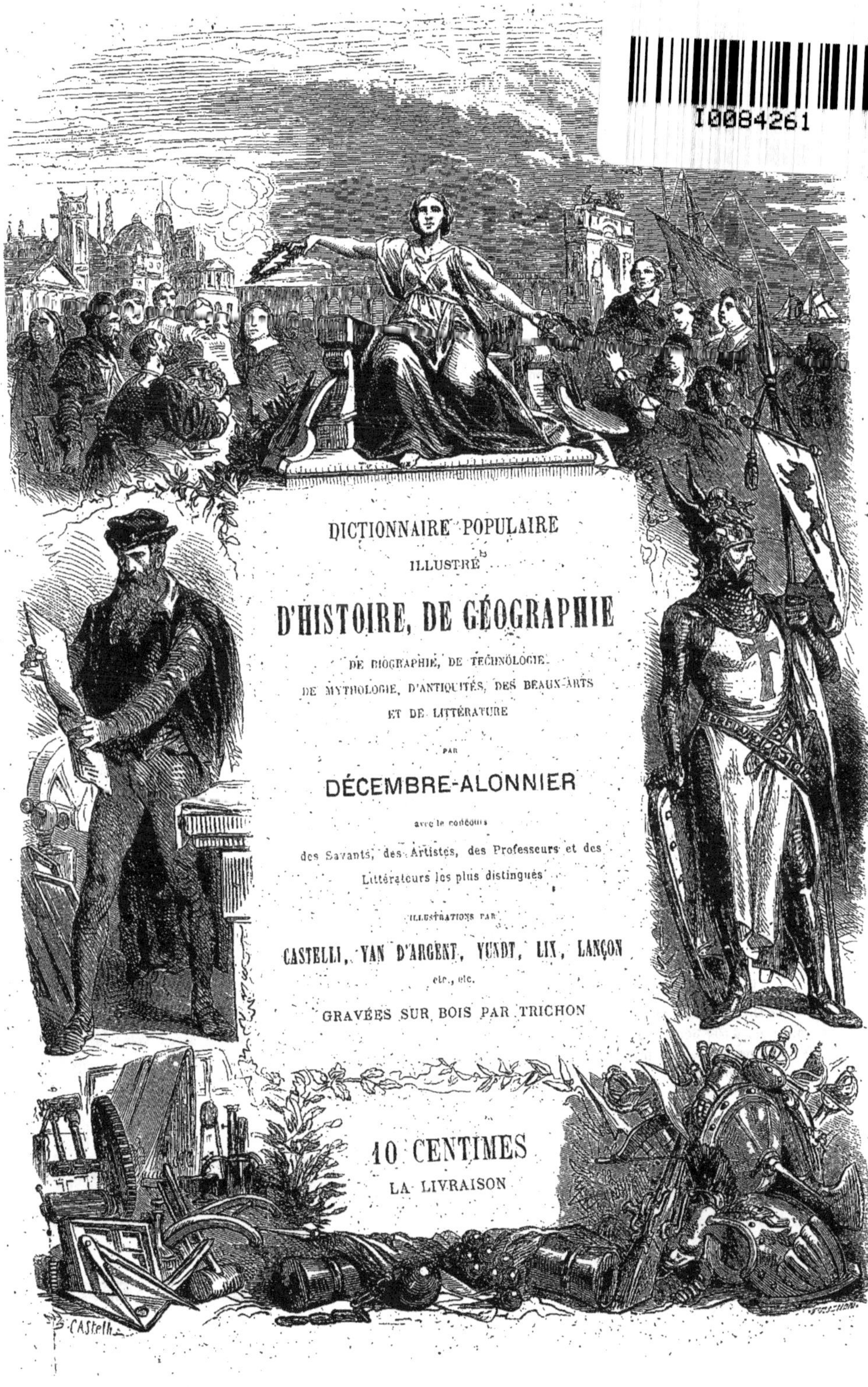

DICTIONNAIRE POPULAIRE

ILLUSTRÉ

D'HISTOIRE, DE GÉOGRAPHIE

DE BIOGRAPHIE, DE TECHNOLOGIE

DE MYTHOLOGIE, D'ANTIQUITÉS, DES BEAUX-ARTS

ET DE LITTÉRATURE

PAR

DÉCEMBRE-ALONNIER

avec le concours

des Savants, des Artistes, des Professeurs et des Littérateurs les plus distingués

ILLUSTRATIONS PAR

CASTELLI, VAN D'ARGENT, YUNDT, LIX, LANÇON

etc., etc.

GRAVÉES SUR BOIS PAR TRICHON

10 CENTIMES

LA LIVRAISON

CE DICTIONNAIRE SE COMPOSE DE HUIT GRANDES DIVISIONS

1° HISTOIRE

Cette partie comprend l'histoire générale de tous les peuples, les événements marquants, les batailles, les siéges, les conquêtes, non-seulement au point de vue du fait, mais surtout à celui de la philosophie, c'est-à-dire de l'influence des unes sur les autres, et des déductions que le passé peut fournir pour l'avenir.

2° GÉOGRAPHIE

Description de tous les points du globe, villes, forteresses, lieux remarquables par les événements qui y ont eu lieu, ou par les hommes qui y ont pris naissance, leur degré de latitude et de longitude; leur distance kilométrique de Paris; étude philosophique de l'état politique, religieux, industriel et commercial de tous les peuples; description de tous les monuments remarquables.

3° BIOGRAPHIE

Vie des hommes célèbres de tous les temps et de tous les pays qui se sont illustrés par leurs actes ou par leurs travaux, avec mention, pour ceux qui se sont occupés de littérature, des ouvrages qu'ils ont faits et des sources où ils les ont puisés. Ils sont examinés surtout au point de vue de l'influence qu'ils ont pu exercer, soit comme conquérants, comme capitaines, comme philosophes, comme littérateurs ou comme inventeurs. Des rapprochements, des comparaisons ou parallèles mettront en relief les caractères et les montreront sous leur vrai jour.

4° TECHNOLOGIE

Description de toutes les sciences physiques, mathématiques, naturelles, morales et politiques; leur influence et leurs rapports avec les différents développements de la civilisation humaine.

5° MYTHOLOGIE

Elle comprend la mythologie grecque, romaine, hindoue, gauloise, saxonne, scandinave, ainsi que celle des peuplades sauvages semées sur tous les points du globe. Les rapports des différentes religions avec les mœurs, l'état social des peuples qui les pratiquaient, et les causes de progrès et de décadence des unes et des autres.

6° ANTIQUITÉS

Description des coutumes, usages des peuples anciens, ainsi que leur organisation administrative et militaire; détails sur l'industrie antique; notions sur les divers objets d'art et d'industrie anciens qui sont parvenus jusqu'à nous.

7° BEAUX-ARTS

Architecture, archéologie, musique, peinture et sculpture; études sur les différentes théories et manières des maîtres; analyse des diverses écoles de peinture et de sculpture; le beau et l'esthétique.

8° LITTÉRATURE

Littérature ancienne et moderne; aperçu sur la littérature de tous les peuples; poésie et prose; classiques et romantiques; querelles littéraires; études sur le journalisme.

Ce Dictionnaire paraît le mardi de chaque semaine en livraisons de 16 pages à 3 colonnes, représentant une valeur de 4,500 lignes de texte. Il formera 150 livraisons à 10 centimes, c'est-à-dire 3 beaux volumes de 2,400 pages ornées de près de 1,000 gravures par les premiers artistes, pour le prix de 15 francs, soit 5 francs le volume.

En vente chez tous les Libraires de France et de l'Étranger

ET A L'ADMINISTRATION DU DICTIONNAIRE POPULAIRE ILLUSTRÉ, RUE D'ENGHIEN, 14

PARIS. — IMPRIMERIE PARISIENNE. — DUPRAY DE LA MAHÉRIE, IMPASSE DES FILLES-DIEU, 5 (BOUL. BONNE-NOUVELLE, 25) 613

DICTIONNAIRE POPULAIRE

ILLUSTRÉ

D'HISTOIRE, DE GÉOGRAPHIE

DE BIOGRAPHIE, DE TECHNOLOGIE
DE MYTHOLOGIE, D'ANTIQUITÉS, DES BEAUX-ARTS
ET DE LITTÉRATURE

A

A, première voyelle de toutes les langues humaines. Dans les langues primitives, elle était considérée, avec l'*i* et l'*u*, comme la base du langage, tandis que l'*e* et l'*o* n'étaient en quelque sorte que des diphthongues abrégées produites par l'union de l'*a* avec l'*i* ou avec l'*u*. Selon certains auteurs, l'ordre des voyelles est indiqué par la nature même, et la lettre A est la première qui se prononce du côté du larynx, tandis que la lettre U expire en quelque sorte sur les lèvres; A, E, I, O, U formeraient donc une gamme vocale, ayant entr'elles une série de nuances de prononciation que l'on ne peut rendre sensibles par des signes et qui varient suivant les localités, les races et les mœurs. Les Grecs ont sans doute emprunté la figure de l'A à l'angle que forment les lèvres en prononçant cette lettre. Dans la numismatique, la lettre A indique des monnaies frappées soit à Athènes, soit à Argos. Sur les monnaies actuelles, A indique la provenance de Paris, et AA, sur les monnaies de cuivre de la République, qu'elles ont été frappées à Metz.

AA, est un mot qui dérive du teuton *aach* et qui signifie *eau courante*. C'est un mot générique que l'on rencontre dans la structure des désignations géographiques de la Suisse, du nord de la France, de la Belgique, de la Hollande, des trois royaumes scandinaves et des provinces du nord

de l'Allemagne, et qui indique généralement un ruisseau. Cette expression tendrait à établir la communauté de races de ces différents peuples que les Romains ont désignés tour à tour sous le nom de Jutes, Teutons, Cimbres, et qui, par les émigrations, qui étaient le propre de leur caractère, ont occupé des points si divers sur le continent européen. — Rivière de France qui prend sa source dans le Pas-de-Calais, près de Fauquembergues; navigable à partir de Saint-Omer, elle se jette dans la mer, près de Gravelines.

AACH, petite ville du grand-duché de Bade, sur les bords de l'Aach. Elle formait autrefois, avec ses dépendances, un État appartenant à l'Autriche; donnée au Wurtemberg avec le landgraviat de Vellenbourg par suite de la paix de Presbourg; elle passa, en 1810, au duché de Bade. Le 25 mars 1799 eut lieu, près d'Aach, entre les Autrichiens et les Français, un combat connu sous le nom de bataille de Stockach.

AALBORG, ville du Danemark, prov. du Jutland septentrional, ch.-l. du diocèse et du bailliage du même nom, au N.-O. d'Arrhuus, sur le Limfiord, et à 71 kil. N.-E. de Viborg. Pop. 10,000 hab. — Cette ville, presque entièrement consumée par les flammes en 1530, fut prise par les Suédois en 1658, et rendue à la suite du traité de paix de Rœskilde conclu entre le Danemark et la Suède.

— Aalborg est le siège d'un évêché luthérien, et le consul de Suède y a sa résidence. Cette ville possède un château, un collége, une école de navigation, une bibliothèque, des manufactures de soieries et d'armes blanches, des tanneries, des raffineries et des fabriques de tabac. Son principal commerce consiste dans l'exportation des grains et des harengs dont il se fait une pêche considérable. Le port est assez bon, mais l'entrée du Limfiord est difficile, et les vaisseaux tirant plus de 3 mètres d'eau ne peuvent la franchir et sont obligés de débarquer partie de leurs marchandises près de Hals. — Il s'y tient 5 foires par an, dont 3 pour les bestiaux.

AALEN, ville du royaume de Wurtemberg, dans le cercle de Iaxt-Kreis, à 10 kil. S. d'Elwangen, sur le Kocher. Pop. 2,900 hab. — Aalen appartint longtemps au roi de Bohême, et c'est au XVe siècle qu'elle reçut le titre de ville impériale. En 1575, Valentin Andrea y tint le premier prêche. — Cette ville possède des filatures de laine et de coton, des fabriques de rubans de laine et des brasseries renommées dans le pays. Les habitants s'occupant principalement de la culture des terres, le commerce y est peu actif. Mines de fer aux environs et élève considérable de bestiaux. — C'est la patrie de J.-G. Pahl.

AALESUND, ville de Norwége, bâtie sur

l'une des trois petites îles qui avoisinent la côte occidentale de la Norwége; 1,856 hab. Elle possède un port excellent et de belles pêcheries. Son commerce consiste principalement dans l'exportation des poissons salés et fumés et des peaux : elle a 109 navires, d'un port total de 1980 tonnes; elle porta jusqu'en 1823 le nom de Borgesund.

AALL (Jacob), homme d'Etat et écrivain norwégien, né à Porsgrund, 27 juillet 1773, d'un riche négociant; il fit ses premières études à l'école latine de Nyborg et étudia la théologie à Copenhague en 1791-94. Ses goûts le portèrent vers l'étude de l'histoire naturelle, de la minéralogie et de la géologie, et il visita la plupart des académies allemandes afin d'augmenter ses connaissances. Mais bientôt la mort de son père le rappela dans sa patrie, en 1799, et il se trouva à la tête d'une importante usine à fer près Arendal. Il employait les quelques loisirs que lui laissaient ses nombreux travaux à l'étude des sciences politiques et historiques. En 1814, il fut envoyé comme représentant à Eidsvold et fut l'un des promoteurs ardents de la constitution actuelle de la Norwége. De 1816 à 1830, il fit partie du Storthing, en qualité de représentant de la circonscription électorale de Nadenae. Après avoir exercé longtemps une grande influence sur cette assemblée, il mourut le 4 août 1844, laissant de curieux écrits pour servir à l'histoire politique de la Norwége, parmi lesquels nous citerons : *Erindringer som Bidrag til Norges Historie fra 1800 til 1815* (Souvenirs se rapportant à l'histoire de la Norwége depuis 1800 jusqu'en 1815.)

AAL (Nills), frère aîné du précédent, né à Porsgrund en 1770, se livra d'abord au commerce, où il acquit une grande fortune, et attira l'attention du gouvernement par ses grandes capacités commerciales; il fut appelé au ministère en 1814, où il prit le département du commerce et des douanes. Il donna sa démission lorsque, le 20 octobre 1814, le Storthing eut prononcé la réunion de la Norwége à la Suède, et rentra dans la vie privée; il mourut en 1855.

AALTEN, ville de Hollande, dans la prov. de Gueldre, à 53 kil. de Zutphen. Pop. 3,900 hab. C'est un ch.-l. de canton, qui possède des tanneries, des tisseranderies, des briqueteries, etc.

AAR. L'une des grandes rivières de la Suisse. Elle prend sa source au pied du Finster-Aarhorn, dans le canton de Berne. Après avoir passé au Grimsel et fait à la Handeck une chute de 65 m. de hauteur, elle se précipite, de rochers en rochers, dans la vallée du Hash, et devient navigable au sortir de Thun, passe ensuite à Berne, Aarberg, Buren, Soleure, Aarau, Brugg, où sa rapidité devient dangereuse, et va se jeter dans le Rhin à Coblentz. Son cours est de 265 kil. et correspond à peu près à la sixième partie du territoire de l'Helvétie. Elle charrie des paillettes d'or, mais on n'en tire aucun parti. — En 1799, l'archiduc Charles voulut tenter le passage de cette rivière, mais il y fut repoussé par les généraux Ney et Heudebet.

AARAU, ville de Suisse, ch.-l. du cant. d'Argovie, sur l'Aar, à 67 kil. N.-E. de Berne, 168 de Genève, 37 O. de Zurich et 40 S.-E. de Bâle. Pop. 4,300 hab., la plupart réformés luthériens allemands. — Cette ville n'est pas riche en monuments remarquables; cependant on peut citer à juste titre ses collections oryctognostique, zoologique, ornithologique, géognostique et de pétrifications, ainsi que les bas-reliefs admirables que Rodolphe Mayer a laissés partout; la bibliothèque, qui possède de nombreux manuscrits relatifs à l'histoire de la Suisse; une école cantonale, qui se compose d'un gymnase et d'une école polytechnique élémentaire, où les bataillons de la milice vont étudier; son église paroissiale, qui sert aux deux cultes; les palais du Gouvernement et du Grand-Conseil; la tour du château féodal des comtes de Rohr, devenue célèbre par les récits de Zschokke; le Casino et la maison des Orphelins. Aarau possède en outre une fonderie de canons, des manufactures d'indiennes et de rubans, des fabriques de vitriol. Sa coutellerie est très-estimée, ainsi que ses instruments de physique et de mathémathiques. — Aarau a été souvent le théâtre de luttes politiques ou religieuses; encore quelques années, et il ne restera plus rien de l'antique cité des comtes de Habsbourg, car elle se renouvelle de jour en jour par des quartiers neufs, autour desquels viennent se grouper une foule de maisons de campagne élégamment construites. — Cette petite ville est la patrie de Bronner, poëte bucolique, et de Scheuermann; elle fut aussi la patrie adoptive du célèbre romancier Zschokke. C'est à Aarau que fut conclue la paix de 1712, qui termina la guerre du Toggenbourg entre les cantons.

AARBOURG, ville de Suisse, du cant. d'Argovie, sur l'Aar, à 15 kil. S.-O. d'Aarau. Pop. 2,000 hab., appartenant au culte réformé. — Cette petite ville possède plusieurs manufactures, des forges de fer et de cuivre. Hors de ses murs se trouve une grande filature de coton qui occupe un très-grand nombre d'ouvriers. Il s'y tient 6 foires par an. A l'embouchure de la Wigger on voit un rocher couronné d'un château fort, construit en 1660 par les Bernois, et où l'on arrive par 384 marches taillées dans le roc. Plusieurs remparts s'élèvent les uns au-dessus des autres, et sur le dernier est placé le canon d'alarme, qu'on tire en cas d'incendie. C'était, jusqu'en 1798, la résidence des baillis bernois; on y enfermait aussi autrefois les criminels d'Etat, mais aujourd'hui il sert d'arsenal. C'est de ce château que le colonel Hichéli du Cret mesura les hauteurs des Alpes. Au mois de mai 1840, cette ville fut presque entièrement la proie des flammes; aussi a-t-elle été reconstruite, et la ville nouvelle va chaque jour grandissant.

AARGAU. Nom allemand de l'Argovie, cant. suisse. *Voir* ARGOVIE.

AARHUUS, ville du Danemark, ch.-l. du diocèse et du bailliage du même nom, prov. du Jutland septentrional, au N.-O. de Copenhague, près du Cattégat, à l'embouchure d'un lac qui la divise en deux parties. Pop. 7,800 hab. — Cette ville est le siége d'un évêché; elle a un collége, un hôpital, un hôtel de ville, un gymnase et une bibliothèque. Sa cathédrale, monument gothique du XIIIe siècle, est la plus grande, la plus belle et la plus élevée du Danemark. Son port est excellent et favorise un commerce très-étendu qu'alimentent surtout ses brasseries, raffineries, distilleries et manufactures de tabac. Commerce avec les Indes occidentales; exportation de grains, de gros bétail, d'eau-de-vie, etc. — Il y a une succursale de la banque de Copenhague, qui contribue à la prospérité de cette ville et de toute la province; c'est aussi là qu'existe la seule école de commerce scientifique du pays. — Il s'y tient 3 foires par an. Navigation sur bateaux à vapeur entre Aarhuus et Copenhague.

AAROE, île du Danemark, dans le petit Belt, entre Fionie et la côte du duché de Schleswig. Elle a 3 kil. de long. sur 1 kil. de larg., et fait partie du bailliage d'Hadersleb. Elle se compose d'un seul village, qui compte à peu près 250 hab.

AARON, frère de Moïse, fils d'Amram et de Jochebed. Lorsque Moïse reçut l'ordre de Dieu de se présenter devant le pharaon qui gouvernait alors l'Egypte, pour solliciter la délivrance des Hébreux, en raison du peu de facilité de son élocution, ce fut Aaron qui fut chargé de parler pour lui. Dieu lui donna, ainsi qu'à ses descendants, les fonctions de grand prêtre. Moïse s'étant rendu sur le mont Sinaï pour recevoir les ordres du Seigneur et tardant à revenir, Aaron, cédant aux instances des Juifs, leur fondit un veau d'or, en souvenir sans doute du bœuf Apis qu'adoraient les Egyptiens. Il fut épargné dans les châtiments que Dieu infligea à son peuple; mais il n'eut pas le bonheur d'entrer dans la Terre sainte. Il mourut à l'âge de 123 ans, sur le mont Hor, à la frontière de l'Idumée. Ce fut son troisième fils, Eléazar, qui lui succéda dans la dignité de grand prêtre.

AARON, prêtre chrétien et médecin, qui vivait à Alexandrie, sous Héraclius, vers 620. Il est auteur d'un grand ouvrage sur la médecine qui, sauf quelques fragments réunis par Sprengel, est à peu près perdu. C'est lui qui parla le premier de la petite-vérole, qu'aucun de ses contemporains n'a mentionnée.

AARSCHOT, petite ville de Belgique. *Voir* ABRSCHOOT.

AASI, grand fleuve de Syrie, plus connu sous le nom d'Oronte. *Voir* ORONTE.

ABA ou ABÆ, ville de Phocide, dans l'ancienne Grèce, près du fleuve Céphise. Elle fut fondée, dit-on, par Abas, roi d'Argos. Elle avait un temple d'Apollon et un oracle célèbre. Ce temple, deux fois détruit par l'incendie, fut rebâti par l'empereur Adrien. Lors de l'invasion de Xercès, les habitants quittèrent Aba et allèrent s'établir dans l'Eubée, qui prit alors le nom d'Abantis.

ABA, roi de Hongrie. Profitant de la haine qu'inspirait Pierre l'Allemand, il le renversa et s'empara du trône en 1041. Mais il s'attira l'animadversion des Hongrois, qui, s'étant révoltés, et secourus par l'empereur Henri III, le détrônèrent et rappelèrent Pierre l'Allemand, qui le fit mettre à mort.

ABABDEH, nom d'une peuplade du N.-O. de l'Afrique, qui habite la partie de la haute Egypte comprise entre le Nil et la Mer rouge. Cette race tient le milieu entre celle des Nègres et celle des Arabes, et son langage est le begani. Elle habite à demeure fixe des huttes et des chaumières et compte à peu près 125,000 têtes.

ABACUC ou HABACUC, l'un des douze petits prophètes d'Israël. On a de lui une admirable prophétie annonçant la captivité de Babylone. Retiré en Judée pendant cette captivité, il mourut, selon les rabbins, deux ou trois ans avant le retour de Zorobabel, vers l'an 535 av. J.-C.

ABAD Ier (Aboul-Kassim-Mohammed ben) était le fils d'un riche négociant de Syrie. Il plut tellement au roi de Cordoue que celui-ci lui donna le titre de grand cadi et le gouvernement de Séville. Après la chute du roi de Cordoue, en 1026, il proclama l'indépendance du pays qu'il gouvernait, combattit vigoureusement pour l'assurer, après avoir pris le titre de roi, et mourut en 1042, laissant une réputation de bon capitaine et de politique consommé.

ABAD II (Abu-Amru-ben-Abad), dit *al Motadhed-Billah*, né en 1012, suivit la politique guerroyante de son père, et mourut en 1069, après avoir soumis plusieurs princes du sud de l'Espagne et agrandi ses Etats.

ABAD III (Aboul-Kassim-Mohammed), dit *al Motamed-Billah*, né en 1039. Ce prince, grand ami de la poésie et des arts, fit la conquête de Cordoue et soumit l'île de Malaga. Effrayé des succès d'Alphonse Ier, roi de Castille, il conclut une alliance avec les rois maures d'Almeria, Badajoz, Grenade et Valence, pour faire une guerre générale aux chrétiens. Cette guerre sainte fut conduite par Jusuf-ben-Tachfin, roi de Maroc, qui était venu en Europe au secours de ses coreligionnaires. L'armée musulmane et celle des chrétiens se rencontrèrent près de Zalaca; un combat meurtrier s'ensuivit, dans lequel Alphonse et ses alliés furent complétement battus (1086). Mais le roi de Maroc n'avait pas vu sans convoitise les belles contrées de l'Espagne; peu après son retour dans son royaume, il revint en Europe avec des forces considérables, en apparence pour assiéger Alphonse dans Tolède, mais en réalité pour tâcher de s'emparer de tous les royaumes maures. En effet, il abandonna le siége de Tolède pour se reporter sur Grenade, qu'il enleva par un coup de main; puis il rentra en Afrique, laissant son lieutenant Shir-Aboubekre poursuivre la guerre. Celui-ci porta d'abord ses efforts sur Abad, qui déploya la plus vigoureuse résistance; mais ayant eu le tort d'accepter l'alliance d'Alphonse, il vit se tourner contre lui tous les princes maures. Fait prisonnier, il fut conduit avec sa famille en Afrique où, renfermé dans une tour, il mourut dans la plus grande misère. Avec lui s'éteignit la dynastie des Abadites.

ABADITES, nom d'une dynastie de rois maures qui régnèrent de 1023 à 1091 sur le royaume de Séville.

ABADIOTES. Peuplade candiote. *Voir* ABDIOTES.

ABAFFI Iᵉʳ (Michel). Le prince de Transylvanie se nommant par voie d'élection, Abaffi triompha, par suite de l'assistance que lui donna la Porte, du candidat présenté par l'Autriche. Il se joignit, en 1681, aux Hongrois révoltés, et fit la guerre à l'empereur, avec lequel il conclut la paix, en 1687. Il mourut en 1690.

ABAFFI II (Michel), né en 1682, fils du précédent, fut le dernier prince de Transylvanie. L'empereur, après l'avoir protégé quelque temps, le força de lui céder sa principauté en échange d'une pension annuelle, et c'est ainsi que la Transylvanie devint partie intégrante de l'empire d'Autriche.

ABAILARD, ou *Abeilard*, ou *Abélard* (Pierre), né au Palet, en 1079, fut l'un des plus grands savants et théologiens du moyen âge. Aîné de la famille, il devait embrasser la carrière des armes; mais poussé par la soif de l'étude, il renonça à son droit d'aînesse pour aller d'écoles en écoles. Après avoir été l'élève de Jean Roscelin, le fondateur du *nominalisme*, il devint celui de Philippe de Champeaux, son adversaire, dont la réputation attirait un grand nombre d'élèves. Se plaçant dans une sorte de juste milieu entre les deux théories qui soulevaient alors toutes les passions, il devint un terrible adversaire de son ancien maître, l'enserrant dans une logique claire, précise, qui ne permettait point le vague des systèmes philosophiques. Lorsque Philippe de Champeaux fut promu au siége épiscopal de Châlons, Abailard, qui avait enseigné à Meaux, Corbeil et Sainte-Geneviève, prit la direction de l'école de Notre-Dame. C'est à cette époque qu'il s'éprit d'une vive passion pour la nièce du chanoine Fulbert, la belle Héloïse, dont il était le précepteur. Il avait alors 39 ans et la jeune fille 17. Le chanoine s'aperçut de cette passion alors qu'il était trop tard pour en éviter les conséquences. Abailard, en présence de la colère de Fulbert, qui voulait l'empêcher de revoir Héloïse, enleva celle-ci et partit en Bretagne avec elle, où elle donna le jour à un enfant. Désireux de poursuivre la carrière ecclésiastique, il contracta un mariage secret avec Héloïse, et celle-ci rentra dans la maison de son oncle. Le chanoine ne connut la véritable pensée d'Abailard que lorsque celui-ci s'opposa à ce que son mariage devînt public; pour se venger, Fulbert exerça sur lui cette affreuse mutilation qui lui fermait le chemin des ordres et renversait son ambition. Abailard entra comme moine dans un couvent de Saint-Denis, tandis qu'Héloïse prenait le voile à Argenteuil. Mais le calme du cloître ne pouvait convenir à cet esprit ardent, avide de combats oratoires et de discussions philosophiques; il ouvre une école au prieuré de Maisonville et publie son *Introductio in theologiam*, qui lui attira de nombreuses persécutions, car le livre fut condamné au feu et lui à être enfermé au cloître de Saint-Médard. Ayant obtenu à grand'peine la remise de cette condamnation, il se retira à Nogent-sur-Seine, où il se bâtit un petit ermitage auquel il donna le nom de Paraclet, où de nombreux disciples vinrent le rejoindre; lorsqu'il fut nommé abbé de Saint-Gildas de Ruys, Héloïse vint habiter le Paraclet avec ses religieuses. Le séjour dans son abbaye fut attristé par son amour, que les malheurs n'avaient pu éteindre, et la haine que lui portaient les moines. Après avoir reçu du pape la permission d'abandonner la direction de son abbaye, il s'occupa de la révision de ses nombreux ouvrages et reprit sa chaire à Sainte-Geneviève. Mais ses doctrines furent vivement attaquées par saint Bernard et saint Norbert et condamnées par le concile de Sens. S'étant retiré près de Pierre le Vénérable, abbé de Cluny, il se réconcilia avec ses adversaires et mourut dans les sentiments de la plus profonde piété. Héloïse, qui lui survécut de 20 ans, réclama son corps et le fit enterrer au Paraclet dans la sépulture qu'elle comptait partager un jour. Le tombeau de ces deux amants malheureux fut déposé au musée des monuments historiques en 1808, et, en 1818, transporté au cimetière du Père-Lachaise. Les écrits d'Abailard, tout en révélant un grand penseur, ont beaucoup perdu de nos jours, car les questions qu'ils soulèvent n'ont plus de valeur et sont la plupart complétement inconnues. Abailard, sans le savoir, en proclamant la liberté de l'examen, établissait entre la philosophie et la religion une rivalité qui pouvait devenir dangereuse et précédait en quelque sorte le protestantisme.

ABAKAN, rivière de la Russie d'Asie, dans le gouvernement de Tomsk, district de Krasnoïarsk. Elle a sa source aux monts Altaï et se jette dans la rive gauche du Iénisei, à Oulianova, après un cours d'environ 320 kil.

ABAKANSK, fort de la Russie d'Asie, dans le gouvernement de Tomsk, sur le Iénisei, à 208 kil. de Krasnoïarsk. Il fut établi par Pierre le Grand en 1707, et réparé en 1818. Ce bourg renferme 129 maisons et une église en bois. On compte de 7 à 800 hab., sans y comprendre les femmes; ils y élèvent des bestiaux dont ils font commerce avec des marchands de Krasnoïarsk, qui viennent s'y approvisionner de houblon récolté dans les environs.

ABALAK, village de la Russie d'Asie, dans le gouvernement de Tobolsk, et à 20 kil. de cette dernière ville, sur l'Irtich. Population : 1,800 hab. — Ce lieu est célèbre par une image de la Vierge qu'on transporte avec une grande solennité à Tobolsk, où elle reste exposée du 8 au 22 juillet. La croyance populaire attribue à cette Vierge beaucoup de miracles; aussi attire-t-elle chaque année un grand nombre de pèlerins.

ABALLO, nom latin d'Avallon, ville de la Gaule, dans la Lyonnaise, chez les Eduens, à 80 kil. de *Divio* (Dijon). L'itinéraire d'Antonin et la table théodosienne la placent entre *Autissiodurum* (Auxerre) et *Sidolocum* (Saulieu). *Voir* AVALLON.

ABANÇAY, ville du Pérou, dans l'Amérique méridionale, à 135 kil. de Cuzco. Pop. 2,600 hab. Cette ville, située sur la rivière à laquelle elle donne son nom, se trouve au milieu d'une immense vallée très-riche en blé, en maïs, et surtout en sucre. Elle possède quelques mines d'argent et d'importantes sucreries. C'est l'ancienne capitale de la province de son nom.

ABANCOURT (Charles-Xavier-Joseph de Franqueville d'), né le 4 juillet 1758. Neveu de M. de Calonne, il était simple capitaine de cavalerie au commencement de la Révolution; s'étant fait remarquer dans les différents mouvements révolutionnaires, il fut appelé par le roi au ministère de la guerre après les événements du 20 juin 1792. Il dut comparaître à la barre de l'Assemblée nationale pour donner quelques explications relatives à la défense des frontières du N.-O. et se défendre des accusations de quelques soldats qui lui reprochaient d'avoir fait mettre du verre pilé dans le pain de munition. Il lui fut facile de se disculper de cet acte, qui était le fait d'employés subalternes. Dénoncé par Thuriot; après le 10 août, il fut envoyé dans les prisons d'Orléans. Après les massacres de septembre, une bande de meurtriers résolut de se porter sur Orléans. Le gouvernement décida d'abord d'envoyer les prisonniers à Saumur; ils étaient en route, lorsque, changeant d'avis, il ordonna de les diriger sur Versailles. Ils y arrivèrent dans la nuit du 9 au 10 septembre : les assassins les attendaient. Malgré les efforts du commandant Fournier, qui fut même jeté à bas de son cheval, les voitures furent assaillies; les prisonniers, au nombre de 52, parmi lesquels se trouvaient M. d'Abancourt, M. Delessart et le duc de Brissac furent égorgés : aussitôt après commencèrent les massacres des prisons.

ABANCOURT (François-Villemain d'), né à Paris, le 22 juillet 1743, mort en 1803. Poëte fort médiocre; ses ouvrages, publiés dans différents recueils de l'époque, sont complétement oubliés : on a de lui une traduction de la *Mort d'Adam* de Klopstock. Dans la *Correspondance* de La Harpe, d'Abancourt est souvent tourné en ridicule.

ABANCOURT (Charles Frérot d'), ingénieur militaire français du plus haut mérite. Chargé d'une mission en Turquie par le gouvernement, il revint en France au commencement de la Révolution avec une magnifique collection de cartes et de plans. Membre de la Constituante, il rendit de grands services comme ingénieur géographe et prit plus tard la direction du bureau topographique de l'armée du Danube. Il mourut en 1801, à Munich. On a de lui une carte générale de la Suisse et une de la Bavière qui sont fort estimées.

ABANO, ville d'Italie, dans le gouvernement de Venise, à 8 kil. S.-E. de Padoue, au pied des monts Euganéens. Pop. 2,915 hab. — Cette ville a des eaux thermales que le poëte Claudien a chantées, et qui ont conservé leur renommée, car aujourd'hui encore elles sont très-fréquentées. C'est l'*Aponum* des Romains, qui donnaient à ces eaux minérales les noms d'*Aquæ Aponi, Patavinæ aquæ*. On a fait d'Abano le lieu natal de l'historien Tite-Live.

ABANO (Pierre d'), aussi connu sous le nom de *Pierre de Padoue*, né à Abano, près de Padoue. Savant médecin, philosophe et astrologue de la fin du moyen âge; après avoir étudié le grec à Constantinople et les mathématiques à Padoue, il vint à Paris, où il acquit le doctorat en médecine et philosophie. De retour à Padoue, il enseigna ces diverses sciences avec tant d'éclat et de savoir que ses rivaux, jaloux de ses succès, le dénoncèrent comme sorcier à l'inquisition et l'accusèrent de posséder la pierre philosophale. Mis en prison, il mourut en 1316, avant la fin de son procès, dont l'issue n'était pas douteuse si l'on juge par ce qui s'ensuivit. Son corps ayant été mis en sûreté par un de ses amis, il fut brûlé en effigie par le bourreau sur la place publique. Pierre d'Abano était un zélateur ardent des doctrines des médecins et des alchimistes arabes.

ABANTIDAS, tyran de Sicyone, 267 av. J.-C., s'empara du pouvoir en tuant Clinias, et après avoir commis bon nombre de cruautés, fut assassiné par Dinias et Aristote le Dialecticien.

ABANTIDES, nom donné aux descendants d'Aba, roi d'Argos, 1498 av. J.-C.

ABAQUE, *abacus*, nom donné, chez les anciens, primitivement à une table de forme rectangulaire, mais qui a été appliqué à différents objets, tels que tablettes d'arithmétique, table de triclinium, console, etc. La tablette arithmétique, appelée aussi table de Pythagore, était composée de rainures dans lesquelles étaient placées des chevilles, par dizaines, que l'on déplaçait. Lorsqu'on faisait des calculs sur la place publique, on traçait de grandes lignes dans le sable et des cailloux remplaçaient les chevilles. — En architecture antique, on appelle abaque la partie plane qui surmonte le chapiteau et sur laquelle pose l'architrave. L'abaque varie selon les ordres; carré dans le toscan, le dorique et l'ionique, il est échancré sur ses faces dans le corinthien et le composite; dans ce cas, ses angles prennent le nom de *cornes*.

ABARIM, chaîne de montagnes en Palestine, à l'orient de la Mer morte et du Jourdain. D'après la géographie de la Bible, elle s'étendait à travers le pays de Moab et dans la tribu de Ruben. Le torrent d'Arnon la séparait en deux parties, celle du nord et celle du sud, d'où son nom, qui signifie littéralement *lieu des passages*. C'est à la première de ces deux parties qu'appartient le mont Nébo, d'où Moïse vit la terre promise, et sur lequel il mourut.

ABARIS, magicien scythe, fort habile dans la médecine. Selon les uns il était contemporain de Crésus et de Pythagore, et selon les autres d'Orphée. Prêtre de l'Apollon hyperboréen, il avait reçu de lui une flèche d'or à l'aide de laquelle il pouvait traverser les airs et se porter où il le désirait. Il délivra plusieurs peuples de la Grèce des fléaux qui les affligeaient.

ABASCAL (don José-Fernando), né à Oviédo en 1743. Entré au service comme cadet en 1762, il fit partie, en 1775, de l'expédition contre Alger et resta une vingtaine d'années dans les grades inférieurs. Nommé colonel en 1793, il fut nommé lieutenant du roi à Cuba et défendit, en 1796, la Havane contre les Anglais avec tant de vigueur et d'habileté qu'il attira l'attention sur lui et lui fit confier le commandement général de la Nouvelle-Galice. Nommé vice-roi du Pérou, il déploya tant de zèle dans ce nouvel emploi, en maintenant la concorde entre les habitants, en créant des arsenaux, en fondant des villes et des villages, qu'il put envoyer des subsides aux cortès pour soutenir la guerre contre Napoléon Ier; grâce à lui, le Pérou ne se sépara que le dernier de la métropole. Il résigna son commandement en 1816, au milieu des regrets des Péruviens, et revint à Madrid, où il mourut en 1821.

ABASIE, très-grande contrée de la Russie d'Asie, bornée à l'E. par la Mingrélie, au S.-O. par la Mer noire, au N.-E. par le Caucase et la Circassie, et située entre 42° 30' et 44° 45' de lat. N., et entre 34° 48' et 38° 21' de long. E. Pop. près de 150,000 hab. — Cette contrée se divise en *Grande-Abasie*, au S. du Caucase, et en *Petite-Abasie*, sur le revers opposé, entre le Kouban et le Térek. Elle est habitée par les Abases ou Abkhases, qui lui donnent leur nom, et appartenait autrefois aux Turcs, qui la cédèrent à la Russie en 1813. Cette province est entrecoupée de montagnes et de vallons bien arrosés et bien boisés. Elle est très-fertile en froment, seigle, millet, volailles et bestiaux. Les Abases, pour la plupart nomades, élèvent des abeilles, des chevaux d'une race très-estimée et fabriquent des armes que l'on recherche dans les contrées voisines. Ils ne sont guère que nominalement partie de l'empire russe, dont ils méconnaissent souvent l'autorité. Belliqueux et pillards, ils infestent les côtes de la Mer noire, et se livrent au brigandage dans les montagnes. L'Abasie était jadis beaucoup plus considérable, les incursions des Tcherkesses l'ont un peu amoindrie. Convertie au christianisme du temps du Bas-Empire, elle embrassa l'islamisme en passant sous la domination des Turcs; mais, à la suite de sa révolte, en 1771, elle retourna à ses anciennes superstitions. Elle conserva toutefois non-seulement ses églises, pour lesquelles son peuple a une grande vénération, mais encore quelques-unes des fêtes du christianisme. La Russie y possède les forts d'Anapa, d'Anakria, Soudjould-Kale, et plusieurs points militaires établis depuis la guerre contre les montagnards du Caucase. L'Abasie, soumise tour à tour aux Persans, aux Géorgiens, aux Byzantins, aux Turcs et aux Russes, a néanmoins conservé un idiome particulier, l'*absné*, différent des autres langues du Caucase. Les Abases étaient connus des anciens Grecs sous le nom d'*Achéeros* ou d'*Hesniques*. C'est chez eux qu'était la fameuse Dioscuriade. Ils forment plusieurs tribus composées d'indigènes, de Géorgiens, de Turcomans, de Russes, de Grecs, d'Arméniens. Chez eux, les femmes sont belles, et plus d'une est vendue dans les harems turcs comme Circassienne. Les hommes, même les enfants, marchent toujours armés.

ABATELLEMENT. Sentence par laquelle le consul de France, aux Echelles du Levant, interdit tout commerce avec les marchands français insolvables ou qui refusent d'exécuter leurs marchés.

ABATON, mot grec qui signifie *inaccessible*. Partie du chœur des églises grecques qui est interdite au commun des fidèles. Nom du trophée dressé par Artémise dans l'île de Rhodes et dont les Rhodiens avaient interdit l'accès en l'entourant d'un mur.

ABATOS, île entourée de rochers, située au milieu du Nil, près de Phila, et où se trouvaient les tombeaux d'Isis et d'Osiris, que les prêtres avaient seuls le droit de visiter.

ABATTOIRS. Etablissements dans lesquels se fait l'abattage des bestiaux destinés à la consommation et à l'approvisionnement d'une ville. Ces sortes d'établissements ne doivent pas être réservés seulement à l'abattage des bœufs, veaux et moutons, ils doivent aussi servir à l'abattage des porcs. Au nombre des monuments utiles qui depuis près de 40 ans ont été élevés dans Paris, les abattoirs doivent sans contredit être mis au premier rang, car ils ont fait disparaître du centre de la capitale les tueries infectes que d'anciens usages avaient concentrées dans les rues les plus étroites. Ils ont été fondés dans un but d'hygiène et de salubrité publiques; aussi sont-ils généralement situés à l'extrémité de la ville ou hors de son enceinte. Par là, les habitants des villes ne sont plus exposés aux émanations putrides et délétères et aux dangers que leur faisait souvent courir, dans l'intérieur de la cité, le passage des animaux destinés à être abattus. Un autre avantage non moins important, c'est que ces établissements permettent à l'administration d'exercer une surveillance plus active sur la qualité des viandes livrées à la consommation publique. Les abattoirs construits sur une grande échelle, comme ceux de Paris, se composent d'une avant-cour, dans laquelle sont : un corps de bâtiment ou pavillon consacré à l'administration; des parcs pour les bestiaux, des greniers à fourrages, des bouveries, des bergeries, des échaudoirs, des triperies, des fondoirs de suif, des remises et écuries pour les bouchers. Dans ces vastes enceintes, fermées de hautes murailles et de grilles, l'eau arrive partout en grande abondance, tant pour l'assainissement que pour les besoins de chaque partie du service. On a fait, dans ces derniers temps, des expériences d'après lesquelles il résulterait que les viandes provenant d'animaux morts de maladies contagieuses perdent leurs propriétés nuisibles par la cuisson. Néanmoins, on doit exiger que les animaux tués dans les abattoirs, et dont la chair est destinée à l'alimentation, soient dans un bon état de santé; il faut n'y admettre jamais d'animaux surmenés, morts de maladies charbonneuses, de porcs atteints de ladrerie, etc. L'inspection doit être faite par des médecins vétérinaires.

ABAUJVAR, prov. administrative de la haute Hongrie; c'est l'un des dix comitats qui partagent le cercle en deçà de la Theiss. Elle est bornée au N. par le comitat de Saros, à l'E. et au S. par celui de Zemphin, à l'O. par ceux de Borsod, Torna et Zips. Elle a pour ch.-l. Kaschau. Sa population qui, en 1837, était de 207,484 hab., se compose de Hongrois, Allemands, Esclavons et Bosniaques. Son territoire est couvert d'une partie des montagnes des Karpathes, qui contiennent du fer et du cuivre. Au septentrion de ces monts se trouvent des mines d'opale, au S. des eaux minérales, et plus loin des mines d'or. Ses vallées sont très-fertiles; la récolte des grains y est abondante, et les fruits, ainsi que les vins, y sont les meilleurs du royaume. C'est en effet dans le comitat d'Abaujvar et dans le district de Zemphin que se trouve la montagne de Tokay, si célèbre par ses vignobles, dont les produits peuvent passer pour les premiers de tous les vins de l'Europe.

ABAZÉES, fêtes en l'honneur de Bacchus, instituées par Denis, fils de Caprée, roi d'Asie, et ainsi appelées parce que, contrairement aux autres, qui étaient bruyantes, elles se célébraient dans le plus grand silence.

ABAUZIT (Firmin), né à Uzès en 1669, d'une famille protestante; il suivit ses parents à Genève à la suite de la révocation de l'édit de Nantes et devint bibliothécaire de cette ville. Il mourut en 1767, laissant de nombreux écrits traitant d'histoire, de critique et de théologie.

ABAYTE, grande rivière du Brésil qui coule dans la province de Minas-Geraës et se jette dans le Rio San-Francisco, après un cours d'environ 200 kil. du S.-O. au N.-E. Elle prend sa source dans la Serra da Marcella. C'est dans l'Abayte qu'a été trouvé le plus gros diamant que l'on connaisse.

ABBACH, bourg de Bavière, sur le Danube, dans le cercle du Kegen, à 8 kil. S.-S.-O. de Ratisbonne. Pop. 690 hab. Ce bourg a des sources qui contiennent du soufre. L'empereur Henri II, par qui la Hongrie fut érigée en royaume, y naquit.

ABBADIE, célèbre théologien protestant. La date de sa naissance n'est pas très-précise, les uns la fixent en 1654, d'autres en 1658. Issu de pauvres laboureurs qui habitaient Nay, dans le Béarn, ce fut grâce aux secours de ses coreligionnaires qu'il put étudier à Puy-Laurent, Saumur et Sedan. Ce fut dans cette dernière ville qu'il obtint le grade de docteur, et partit ensuite pour Berlin, où, à l'aide de la protection du comte d'Espence, il fut nommé pasteur de l'église française. Après la mort de l'électeur Frédéric-Guillaume, qui lui était très-favorable, il suivit le maréchal de Schomberg en Angleterre, où il devint pasteur de l'église de Savoie à Londres, et mourut à Marylebone, le 6 novembre 1727. Ses écrits, ayant tous trait à la religion, se distinguent par une grande clarté et une certaine élégance de style. Son *Triomphe de la religion* est rempli d'un fanatisme qu'on ne rencontre pas dans ses autres ouvrages et ne vaut pas l'*Art de se connaître soi-même*, dont le succès a été si grand.

ABBAS, oncle de Mahomet, dernier fils d'Abed-el-Mottalib, né à la Mecque, en 566. Après la mort de son père, quoiqu'il fût encore fort jeune, il lui succéda dans les fonctions de gardien du puits sacré de Zemzem, et acquit une grande influence parmi les populations de la Mecque. Lorsque son neveu commença à prêcher une nouvelle religion, il le combattit de toutes ses forces et même par la voie des armes; fait prisonnier à la bataille de Bèdre, où les disciples du prophète remportèrent une victoire éclatante sur les Coreschites, on ne lui rendit sa liberté que contre une forte rançon; il se rallia à la doctrine de Mahomet, qu'il aida dans la conquête de la Mecque et dont il devint bientôt le confident et le conseiller. Il mourut dans un âge fort avancé, en 652, entouré de la considération générale.

ABBAS, fils du précédent, ne joua aucun rôle bien marqué; s'appliquant à étendre la religion mahométane, il en devint un des principaux docteurs. Il mourut en 687.

ABBAS Ier dit *le Grand*, septième roi de Perse de la dynastie des Sophis, né en 1557; il était le dernier fils du shah Mohammed-Rhodabeldeh. Il était gouverneur du Korassan à la mort de son frère, en 1585. Après avoir fait mettre ses deux frères à mort, il s'empara du trône et se mit en guerre contre les Turcs, aux dépens desquels il agrandit son territoire; aux qualités du capitaine il joignait celles de l'homme d'État, et, sous son règne, la Perse fut plus florissante que jamais. On pourrait cependant lui reprocher ses nombreuses cruautés, et surtout le meurtre de son fils, si le remords n'avait empoisonné la fin de sa vie.

ABBAS II régna de 1641 à 1666, après avoir succédé à son père Sphy. Le fait le plus remarquable de son règne est la conquête de la province du Kandahar et l'accueil qu'il fit aux voyageurs Chardin et Tavernier.

ABBAS III, dernier roi de la dynastie des Sophis. Il fut proclamé roi en septembre 1731, alors à peine âgé de huit mois, sous la régence de Khuli-Khan, qui le fit mourir en 1736 pour s'emparer du trône.

ABBAS-MIRZA, né en 1783 du shah de Perse Feth-Ali, principalement connu par les guerres qu'il soutint contre la Russie. Abbas-Mirza possédait de grands talents et des connaissances fort rares jointes à un caractère franc et loyal. Il était encore fort jeune lorsque son père le nomma gouverneur de Tebris, où il s'occupa, avec l'aide d'Européens, à réformer l'armée persane; aussi, lorsque la Perse, cédant aux influences de la France, déclara la guerre à la Russie en 1811, le jeune prince eut l'honneur de commander en chef l'armée persane. Mais le sort des armes ne lui fut pas favorable et la Perse dut signer, le 12 octobre 1813, le traité de Gulistan, par lequel elle abandonnait toutes les contrées situées près du Caucase et laissait arborer le pavillon russe sur la Mer caspienne. Abbas-Mirza, comprenant qu'avec un adversaire comme la Russie toutes les ressources étaient nécessaires, s'occupa activement à aguerrir ses soldats, et, en 1826, la guerre éclatait de nouveau. Après bien des prodiges de valeur et plusieurs batailles gagnées, le prince, vaincu par les généraux Yermolow

et Paskewitch, dut déposer les armes et demander la paix. Une des conditions de cette paix fut qu'Abbas-Mirza serait exclu de la succession du trône persan. Lorsqu'en février 1829 les ambassadeurs russes furent assassinés à Téhéran à la suite d'un mouvement populaire, Abbas-Mirza dut se rendre à Saint-Pétersbourg en personne, afin de présenter des excuses à l'empereur Nicolas, qui le reçut avec une grande bienveillance et lui fit de riches cadeaux. Pris du choléra devant Hérat, il mourut en décembre 1833. Ce fut son fils aîné, Mohamed-Mirza, qui monta sur le trône persan, grâce à la protection de l'Angleterre et de la Russie, après la mort de Feth-Ali, qui arriva en 1834.

ABBAS-PACHA, vice-roi d'Égypte, fils de Tussun et petit-fils de Mehemed-Ali; il avait à peine seize ans quand on lui confia le poste de gouverneur; il commanda en 1831 une partie de la cavalerie égyptienne et fit, en 1841, la campagne de Syrie comme commandant une division. En 1843, Mehemed-Ali sentant ses forces l'abandonner, l'appela à prendre part à la gestion des affaires publiques; mais, lorsque le 17 juin Mehemed-Ali fut déclaré fou, Ibrahim-Pacha, avec l'assentiment de la Porte, s'empara du pouvoir sans résistance. Mais étant mort trois mois après, Abbas-Pacha lui succéda, et montra dès lors la haine qu'il portait aux Européens ainsi qu'à tout ce qui touchait à la civilisation. Pendant que par ses vexations il paralysait le commerce et l'industrie, il cherchait à contenter sa soif d'argent par des confiscations et des spoliations. Enfin son règne fut signalé par les cruautés et les injustices les plus criantes. Quelques fonctionnaires voulurent lui faire des représentations, il les bannit dans le Soudan. Bientôt des membres de sa famille même se rendirent auprès du sultan solliciter son intervention; mais leur démarche fut inutile, car Abbas-Pacha, profitant des embarras du trésor turc, paya le tribut une année d'avance et se tira ainsi d'embarras. Au commencement de la guerre de Crimée, entre la Russie et la Porte, il mit à la disposition de celle-ci 15,000 hommes et une flotte qu'il avait équipée à grands frais et en toute hâte. Le 13 juillet 1854, il fut trouvé mort sur son divan. Deux de ses mamelucks furent accusés de l'avoir étranglé, mais on ne put trouver aucune preuve certaine contre eux.

ABBASSIDES, dynastie arabe, fondée en Asie vers 750, par Aboul Abbas, arrière-petit-fils d'Abbas, oncle de Mahomet. Cette dynastie conserva le kalifat de Bagdad pendant près de 500 ans, et, sous son influence, on vit se développer les lettres, les arts et enfin tout ce qui caractérise la civilisation la plus élevée. Elle fut renversée par les Mongols, en 1258, sous Motasem, qui s'enfuit en Égypte, où il conserva, ainsi que ses descendants, le titre de kalife avec la prépondérance religieuse qui y était attachée, jusqu'à ce que ce titre passât au sultan ottoman. On prétend qu'il existe encore quelques descendants des Abbassides en Turquie et dans les Indes orientales.

ABBATE (Nicolo dell'), ou ABATI, né à Modène en 1512, connu surtout par ses peintures à fresque. Après avoir étudié les principes de la peinture sous Raphaël et le Corrége, il se forma un genre mixte qui prépara la décadence artistique que l'on remarque dans les travaux du XVIe siècle. Son œuvre la plus remarquable est l'*Adoration des Bergers*, qu'il peignit à Bologne au portique de Leoni. En 1552, le Primatice l'emmena avec lui à Fontainebleau pour réparer les peintures à fresque représentant les Aventures d'Ulysse, abîmées par la maladresse de l'architecte. Il mourut à Paris en 1571.

ABBATIS-VILLA. Nom latin d'Abbeville, ville de la Gaule (Picardie), sur la Somme. *Voir* ABBEVILLE.

ABBATUCCI (Jacques-Pierre), général de division français, né en Corse, en 1726. A peine avait-il terminé ses études à Pise, qu'il s'associa au mouvement de l'indépendance de la Corse. Après avoir été quelque temps l'adversaire de Paoli, qui était à la tête de l'insurrection, il sacrifia ses sentiments à l'intérêt de la patrie et devint son émule. Gênes, ne pouvant comprimer le mouvement, céda la Corse à la France, et le marquis de Chauvelin fut chargé de continuer la guerre. Après quelques luttes, Abbattucci se soumit et reçut de Louis XV le grade de lieutenant-colonel. Enveloppé par le comte de Marbeuf dans le procès des patriotes corses, il fut condamné; mais les États corses ayant rappelé de cette sentence, Louis XVI, après lui avoir d'abord rendu son grade, le nomma chevalier de Saint-Louis et maréchal de camp. En 1793, Paoli s'étant mis à la tête des mécontents et ayant appelé le secours des Anglais, Abbattucci défendit la Corse au nom de la France. Mais il ne put rester dans l'île, et se rendit en France, où on lui donna le grade de général de division, en l'envoyant à l'armée d'Italie, où il resta peu de temps. Il mourut en Corse en 1812.

ABBATTUCCI (Charles), fils du précédent, né en 1771. Il avait à peine seize ans quand il entra dans l'armée, française comme lieutenant d'artillerie, après avoir fait ses études militaires à Metz. En 1794, il remplit les fonctions d'aide de camp de Pichegru à l'armée du Rhin. Par sa bravoure et son intrépidité, il mérita le grade de général de brigade, et au passage du Rhin, à Kehl, en 1796, il montra tant d'intelligence et d'activité qu'on le récompensa en le nommant général de division. Vers la fin de la même année, il défendit vaillamment Huningue contre les Autrichiens, et fut tué dans une sortie qu'il exécuta dans la nuit du 1er au 2 décembre. On lui éleva, en 1854, une statue en bronze à Ajaccio.

ABBATTUCCI (Jacques-Pierre-Charles), ministre de la justice. Neveu du précédent et petit-fils de Jacques-Pierre Abbattucci, il naquit le 22 décembre 1791, à Zicavo (Corse). Il fit ses premières études au lycée Napoléon, à Paris, et fit celle du droit à Pise. Après avoir rempli diverses fonctions dans la magistrature, il fut envoyé, en 1839, par le collége d'Orléans, à la Chambre, où il se rangea du côté de l'opposition pendant le ministère Guizot, et fut, en 1848, l'un des instigateurs du banquet de la Réforme. Nommé conseiller à la cour de cassation par le gouvernement provisoire, il représenta le département du Loiret à la Constituante ainsi qu'à la Législative, et devint l'un des partisans les plus dévoués du prince Louis-Napoléon. Après le 2 décembre, il fut nommé membre de la commission consultative, ministre de la justice le 22 juin 1852, puis sénateur. Il remplissait ces diverses fonctions lorsque la mort le surprit le 11 novembre 1857. A une grande rectitude de jugement Abbattucci joignait une connaissance profonde du droit, et fut l'un des dignes représentants de la magistrature française.

ABBAYE, nom donné à toute communauté religieuse d'hommes ou de femmes, dirigée par un abbé ou une abbesse. Dans l'origine du christianisme, les premières abbayes furent fondées dans des contrées sauvages et désertes, et devinrent en quelque sorte le centre d'où la religion et la civilisation partaient pour régénérer le monde. Un grand nombre de villes se sont formées autour de ces abbayes, dont plusieurs devinrent très-puissantes et fort riches. Parmi les plus célèbres, nous citerons celles de Cîteaux, de Clairvaux et du

Mont-Cassin ; la plus ancienne de France est celle de Sainte-Radegonde, à Poitiers. Plus tard, il se glissa de graves abus, qui détournèrent pour ainsi dire le but de cette institution. Les rois de France ayant la faculté de nommer aux abbayes, s'en servirent pour récompenser, et c'est ainsi que l'on vit Sully, qui était protestant, avoir une abbaye. Mais, malgré ces abus, on doit reconnaître que les abbayes ont rendu les plus grands services à la cause de la civilisation, en sauvant les monuments littéraires de la fureur des Barbares et de l'ignorance du moyen âge, en protégeant les pauvres et les vassaux contre l'oppression des puissants et des seigneurs.

ABBAYE (prison de l'), prison située à côté de l'Abbaye de Saint-Germain-des-Prés, et qui avait été construite pour

titre d'abbé, quoique n'appartenant à aucun ordre religieux, mais parce qu'ils étaient censés postuler à quelque prieuré, bénéfice ou abbaye. Ils portaient un vêtement de drap noir ou violet, surmonté d'un petit collet, et avaient les cheveux longs et coupés en ronds. En Espagne, en Italie et en Portugal, il y a encore des abbés commendataires.

ABBEOCUTA, capitale du royaume nègre de Yoruba, dans la partie orientale de la haute Guinée, près du fleuve Ogun, à 15 milles de Badagry et à 18 de Lagos ; d'une population de près de 100,000 hab. Cette ville, d'un aspect pittoresque, est complétement entourée de murailles et sise dans une campagne dont l'excellente culture dénote un état de civilisation assez avancé. Les progrès du royaume de Yoruba

numents d'Abbeville, on peut citer la tour du Beffroi, l'église gothique de Saint-Vulfran, dont le portail, construit sous le règne de Louis XII, est très-beau. Son industrie est très-variée ; elle a des manufactures, des fabriques, des filatures, des teintureries, des tanneries et des papeteries. Les produits de la fabrication d'Abbeville ont figuré avec honneur aux expositions de l'industrie nationale. Sa position est on ne peut plus avantageuse pour le commerce. Sept grandes routes y aboutissent et facilitent la communication entre la Picardie, l'Artois, la Champagne et la Normandie. Le port d'Abbeville reçoit annuellement 350 navires. La foire dure vingt jours et commence le 22 juillet. — C'est dans cette ville que fut ratifié, en 1258, le traité par lequel Louis IX rendit

Aaron donnant le veau d'or aux Israélites (p. 4, col. 2).

les gardes françaises. Elle a acquis une triste célébrité par les massacres qui y eurent lieu le 2 et le 3 septembre 1792.

ABBÉ, titre que portent les ecclésiastiques. Dans le principe, ce titre n'appartenait qu'au chef de l'ordre ; plus tard, il fut donné au chef de communauté religieuse, érigée en abbaye, soit qu'il en fût le fondateur, soit qu'il ait été élu par les religieux. Pendant longtemps les abbés dépendirent des évêques, mais avec le temps ils devinrent peu à peu indépendants, et plusieurs portèrent la crosse et la mitre. Vers le ve siècle, les grands et les rois s'emparèrent des titres d'abbés, afin d'en avoir les bénéfices, et malgré tous les efforts, cet état de choses dura jusqu'à l'époque du concordat entre Léon X et François Ier. Dès lors, les abbés furent divisés en réguliers et en commendataires. Les premiers étaient des prêtres ou des religieux, suivant la règle de leur ordre et remplissant les devoirs de leur charge, tandis que les seconds, qui étaient des laïques tonsurés, touchaient les deux tiers des bénéfices, laissant l'autre tiers au roi. Vers le XVIIIe siècle, beaucoup de jeunes gens de familles nobles, ayant reçu la tonsure, prenaient le

sont dus au chef Shodekkey, qui, dès 1825, avait noué des relations commerciales avec l'Europe, en attirant les missionnaires dans ses États ; aussi, grâce à ses efforts, se vit-il bientôt en état de résister avec avantage aux agressions de son puissant voisin le roi de Dahomey.

ABBEVILLE, ville de France, l'un des chefs-lieux d'arrondissement du département de la Somme, à 43 kil. N.-O. d'Amiens, et à 158 kil. de Paris. Pop. 19,000 hab. — Cette ville est située dans une agréable et fertile vallée, arrosée par la rivière de la Somme, qui se divise en plusieurs bras. Trois autres petites rivières, qui font tourner un grand nombre de moulins et alimentent plusieurs manufactures, arrosent encore la partie principale d'Abbeville. Elle a des tribunaux de 1re instance et de commerce, un collége communal, une bibliothèque de 22,000 volumes, un hospice d'enfants trouvés, des casernes, un haras impérial. Dans l'origine, Abbeville était la maison des champs de l'Abbaye de Saint-Riquier, de là le nom latin *Abbatis villa* ; Hugues Capet y éleva un château et en fit la capitale du comté de Ponthieu. Parmi les mo-

à Henri III le Limousin, le Périgord, l'Agenois, le Quercy et une partie de la Saintonge, à charge par le monarque anglais de lui rendre hommage pour ces provinces et pour Bayonne, Bordeaux et la Guyenne. — Abbeville est la patrie de quelques hommes célèbres, parmi lesquels on distingue J. d'Estrées, grand maître de l'artillerie de France, le cardinal Aligrin, les géographes N. Sanson, Phil. Brick et Pierre Duval, les graveurs Cl. Mellan et Fr. de Poilly, le compositeur J. F. Lesueur, le poëte Millevoye, Pongerville, Lerminier, etc.

ABBIATEGRASSO, bourg d'Italie, dans la province de Milan, chef-lieu du district de ce nom, sur le Naviglio-Grande, à 30 kil. N.-O. de Pavie, pop. 3,200 habitants. Ce bourg fut saccagé par Frédéric Barberousse, en 1167, lors de la guerre des Guelfes et des Gibelins, et Bayard y mourut en 1524. C'est non loin que se trouvent Buffalora, Magenta et Turbigo, célèbres dans les fastes de la campagne d'Italie de 1859.

ABBOT, prédicateur anglais. Fils d'un drapier, il naquit à Guilford en 1562. Après avoir étudié à l'université d'Oxford, il y professa et fut l'un des huit théologiens chargés de transcrire les saintes Écritures en langue anglaise. Le grand chancelier Dunbar l'appela en Écosse, en 1608, afin de préparer la fusion de l'église presbytérienne avec l'église anglicane, ce qui lui ouvrit le chemin des honneurs ecclésiastiques. Évêque de Lichfield et de Coventry, il fut promu au siége de Londres au commencement de 1610, et nommé archevêque de Cantorbéry en novembre de la même année. Esprit éclairé et droit, Abbot était de la plus grande intolérance. Ayant eu le malheur de tuer son garde-chasse par mégarde, la fin de sa vie fut cruellement empoisonnée et il mourut en 1633. Il a laissé plusieurs ouvrages où respire une foi sincère obscurcie par un fanatisme intolérant.

Abbot (Robert), frère du précédent, né en 1560. Après avoir été également professeur à l'université d'Oxford, il fut l'un des plus profonds et des plus éclairés théologiens de son temps. Son livre *Antichristi demonstratio* lui valut la faveur de Jacques Ier, et c'est ce qui le décida à écrire un ouvrage *De suprema potestate regia*, dans lequel il plaça le droit des rois au-dessus de tout. Il mourut le 2 mars 1617.

ABBOTSBURY, village et paroisse d'Angleterre, comté de Dorset, cant. d'Uggscombe, près de la mer, à 8 milles, ou 12 kil. O.-S.-O. de Dorchester. Pop. environ 1,000 hab. — Ce village possède des ruines curieuses, une chapelle et un château. Il fut jadis célèbre par la magnifique abbaye dont elle tirait son nom et qui avait été fondée en 1026 par Orcus, majordome de la maison du roi Canut. Il s'y tient un marché tous les jeudis et une foire le 22 juillet.

ABBOTSFORD, château gothique en Écosse, dans le comté de Roxburgh, près de la Tweed. Après avoir été un couvent, il fut acheté, en 1811, par Walter Scott, qui l'orna comme ceux que son imagination dépeint dans ses romans. Le titre de baronnet d'Abbotsford lui fut concédé ainsi qu'à sa postérité; mais ce ne fut pas pour longtemps, car en 1847, il s'éteignait avec le dernier fils de Walter Scott. Le château passa ensuite à Walter Scott Lockhart, petit-fils du romancier, et fils du fondateur de la *Quartely Review*.

ABBT (Thomas), écrivain allemand, né à Ulm en 1738. Après avoir étudié à Halle, il enseigna la philosophie à Francfort-sur-l'Oder, et, sous l'impression de la guerre de Sept-Ans, il écrivit son livre de *la Mort pour la patrie*, où les sentiments les plus nobles et les plus patriotiques s'allient aux maximes philosophiques les plus consolantes. En 1762, nommé professeur de mathématiques à Rinteln, il se rendit à Berlin, où il se lia avec Euler, Nicolaï et Mendelssohn. L'année suivante, il parcourut la France, la Suisse et l'Allemagne méridionale, et à son retour il publia un ouvrage intitulé *du Mérite*, qui mit le comble à sa réputation en le plaçant au premier rang des philosophes et des littérateurs. Le comte Guillaume de Schaumbourg-Lippe, qui l'honorait de son amitié, le nomma conseiller à Bückebourg. Abbt mourut le 3 novembre 1766. Ses écrits se font remarquer par la grande clarté et l'élégance du style ainsi que par l'élévation des idées. Abbt contribua beaucoup à la régénération de la littérature allemande, ainsi qu'à celle de la langue.

ABD, mot arabe qui signifie serviteur, esclave, et qui, chez les peuples qui professent le mahométisme, uni avec les différents noms de Dieu, forme les noms propres. Ex. : Abd-Allah, serviteur de Dieu; Abd-el-Kader, serviteur du Dieu tout-puissant.

ABDALLAH, fils d'Abd-el-Mottalib, père de Mahomet, né en 545, à la Mecque. Sa vie est entourée des voiles légendaires de la tradition, qui exalte sa beauté, sa vertu et son intelligence. Mahomet avait à peine deux mois lorsqu'il mourut (570).

Abdallah, fils d'Abbas, oncle des deux premiers kalifes de la dynastie des Abassides. Après avoir vaincu le kalife Mervan II à la bataille, il le força à chercher un refuge en Égypte. Il contribua beaucoup à l'élévation de sa famille par ses talents militaires, mais se déshonora par les cruautés qu'il exerça contre les derniers membres vaincus de la dynastie des Ommiades, et fut cause que son neveu reçut le surnom d'Al-Saffa, c'est-à-dire *le sanguinaire*. Lorsque celui-ci mourut, en 754, Abdallah voulut se faire proclamer kalife; mais Abu-Moslen, frère d'Al-Saffa, son deuxième neveu, se mit à la tête d'une grande armée et marchant à sa rencontre le força à fuir à Bassora, où son frère Soliman le cacha. Découvert quelque temps après, il fut mis à mort en 754.

ABDALLAE-BEN-YASIN, Arabe de l'ouest de l'Afrique. S'étant uni, en 1035, avec le prince Yahya, il s'occupa de la prédication de l'islamisme parmi les tribus arabes de cette partie de l'Afrique. Lorsqu'il ne pouvait réussir par la persuasion, il employait la force des armes; il mourut dans un combat en 1058, avec la réputation d'un saint et laissant à son successeur, Aboubekr-ben-Omar, un royaume fort puissant dans le N.-O. de l'Afrique. Aboubekr étendit davantage sa domination, fonda la ville et l'empire du Maroc, et fut le premier prince de la dynastie des Almoravides.

ABDALLAH-BEN-ZOBAIR, l'un des kalifes indépendants de la Mecque, régna jusqu'en 691. Le kalife Abd-el-Melek le soumit et le fit mourir à cette époque.

ABD-EL-HAMID, sultan ottoman. Il avait cinquante ans lorsqu'il succéda à son frère Mustapha, en 1774. Son règne fut rempli par les guerres qu'il eut à soutenir contre les Russes, qui s'emparèrent de la Crimée en 1783 et lui firent subir des pertes considérables dans deux actions navales. Abd-el-Hamid mourut entouré du respect et de la vénération de ses peuples.

ABD-EL-MENOUD, fils d'un potier, dut sa fortune à l'attachement qu'il montra à Toumrouth, apôtre d'une nouvelle secte musulmane, et lui succéda en 1130. Réunissant entre ses mains les fonctions militaires et religieuses, il fit la conquête de

Abailard et ses disciples au Paraclet (p. 5, col. 2).

l'ouest de l'Afrique et du sud de l'Espagne. Il mourut en 1163, laissant son pouvoir à son fils.

ABDENAGO, nom chaldéen d'Azarias, l'un des trois jeunes israélites jetés dans la fournaise par ordre de Nabuchodonosor, et qui furent sauvés par un miracle du Seigneur.

ABDERA, ville maritime de l'ancienne Espagne. *Voir* ADRA.

ABDÉRAME (Abd-ul-Rahaman), vice-roi d'Espagne vers 730. Il est célèbre par l'invasion qu'il fit en France, à la tête d'une formidable armée, en 732. Charles-Martel marcha à sa rencontre, et, après une bataille des plus sanglantes, écrasa complétement l'armée des Sarrasins. Abdérame fut tué au moment où il cherchait son salut dans la fuite.

ABDÉRAME Ier, dit le *Juste*, 1er kalife des Ommiades d'Espagne. Dernier de sa famille, qui avait été massacrée, il fut choisi par les Maures d'Espagne pour les gouverner. Son règne est remarquable par la protection éclairée qu'il accorda aux arts, et il a laissé lui-même des poésies où le génie oriental se développe dans toute sa fraîcheur de pensées et sa profondeur de métaphores.

ABDÉRAME II, dit le *Victorieux*, 4e kalife de la dynastie des Ommiades d'Espagne. Se signala par ses talents militaires et parvint à maintenir en respect les princes chrétiens, qui commençaient à faire sentir leur force par leurs attaques continuelles. Sous son règne, qui dura de 822 à 852, il attira à sa cour tout ce qui pouvait le charmer et la fit la plus brillante de l'époque, si l'on en croit les poésies dont on retrouve encore les traces parmi les Arabes de nos jours.

ABDÉRAME III, dit *Emir-al-Moumenin* (prince des croyants), 8e kalife de la dynastie des Ommiades d'Espagne. Repoussant les attaques continuelles des princes chrétiens, il fut battu à la grande bataille de Zumancao. Néanmoins il répara ce désastre et poussa l'Espagne dans la voie du progrès le plus large (912-961).

ABDÉRAME IV, dernier kalife de la dynastie des Ommiades d'Espagne. Loin d'imiter les vertus de ses aïeux, il se laissa corrompre dans les plus viles orgies, et fut renversé du trône, en 1008, après avoir régné à peine quelques mois.

ABDÈRE, ancienne et puissante ville maritime de la Thrace, située dans le pays des Bistons, sur la rive orientale du Nestus, et presque en face de l'île de Thasos. Elle passe pour avoir été fondée par Hercule, en l'honneur d'Abdéras, l'un de ses compagnons les plus chers, et c'est là que la fable place l'aventure de Diomède mangé par ses chevaux. En effet, parmi les ruines de la ville antique on cite: un *temple de Jason* et une tour nommée par Méla la *tour de Diomède*. On possède de cette ville un assez grand nombre de médailles, dont les types ordinaires sont un griffon et un cantare. Ainsi que les Phocéens, les Abdéritains dévouaient, au commencement de chaque année, un homme qu'ils tuaient ensuite à coups de pierres, pour le salut commun. Les anciens attribuaient aux exhalaisons des vastes marais que formait le Nestus près de son embouchure le peu d'intelligence des habitants d'Abdère, dont la stupidité était, en effet, devenue proverbiale. On cite, entre autres traits, qu'ayant reçu une fort belle statue de Vénus, ils résolurent de la mettre bien en vue: ils la placèrent sur une colonne tellement haute qu'on ne pouvait plus la distinguer. Cette ville avait cependant donné naissance à plusieurs personnages célèbres: Démocrite, Protagoras, Anaxarque, Hécatée; Paul Émile, vainqueur de Persée, donna aux Abdéritains les priviléges des villes libres, priviléges qu'ils conservaient encore au temps de Pline. On ignore à quelle époque cette ville fut détruite.

ABDIAS, l'un des douze petits prophètes de l'époque de la captivité de Babylone, connu seulement par la prédiction qu'il fit de la ruine des Iduméens.

ABDICATION, nom de l'acte par lequel un souverain renonce volontairement au pouvoir pour rentrer dans la vie privée. Voici la nomenclature des principales abdications des temps modernes: 1556, Charles-Quint; 1654, Christine, reine de Suède; 1707, Auguste, roi de Pologne; 1724, Philippe V, roi d'Espagne; 1735, Stanislas Leczinski; 1795, Poniatowski, roi de Pologne; 1802, Charles-Emmanuel, roi de Sardaigne; 1808, Charles IV, roi d'Espagne; 1810, Louis Bonaparte, roi de Hollande; 1814-1815, Napoléon Ier; 1819, Victor-Emmanuel Ier; 1830, Charles X, roi de France, à la suite des journées de juillet; 1840, Guillaume Ier, roi de Hollande; 1848, Louis Ier, roi de Bavière; Louis-Philippe, roi des Français; Ferdinand, empereur d'Autriche, et Charles-Albert, en 1849, à la suite de la défaite de Novare.

ABD-UL-AZIZ, l'un des vice-rois maures de l'Espagne, fit en 713 la conquête de plusieurs provinces espagnoles et poussa ses incursions jusqu'en France. Il fut assassiné, en 717, pour avoir essayé de secouer le joug du kalife Soliman.

ABD-UL-HAMID-BEY (DUCOURET), voyageur français, né à Huningue, en 1812. Poussé par la passion des voyages, il se rendit en Orient en 1834. De l'Égypte il remonta le Nil jusqu'en Abyssinie et revint au Caire, en longeant le rivage de la Mer rouge. Là il embrassa le mahométisme en adoptant un nom arabe, fit le pèlerinage de la Mecque, où il reçut le titre honorifique d'*Hadji*, traversa une grande partie de l'Arabie; puis, malade, exténué de fatigue, se rendit à l'île Bourbon. Il visita la Perse en 1846; pris pour un intrigant, il fut jeté en prison, et ne dut sa liberté qu'à la fuite. Chargé par le gouvernement français d'une mission pour découvrir la meilleure route pour se rendre à Tombouctou, il publia à son retour un *Mémoire à Napoléon*, et, plus tard, sous le titre *Médine et la Mecque*, l'historique de ses voyages et de ses aventures dans ces contrées.

ABD-UL-LATIF, savant historien et médecin arabe, né à Bagdad, en 1162. Sur l'invitation de Saladin, qui aimait à s'entourer des hommes les plus instruits de son époque, il se rendit à Damas; où le sultan l'honora de son amitié. Au Caire il se lia d'amitié avec le célèbre rabbin Maimonise, et exerça la médecine-tour à tour à Damas, à Jérusalem et à Alep. Quoiqu'il fût versé dans toutes les branches des connaissances humaines, il était surtout fort instruit en médecine, et la moitié de ses nombreux ouvrages lui sont dédiés. On connaît de lui principalement son *Histoire de la médecine*, et un livre sur l'Égypte qui a été traduit par M. Sylvestre de Sacy, après avoir été publié en arabe et en latin, à Oxford, sous le titre: *Abdollatiphi historiæ Ægypti compendium*. Abd-ul-Latif mourut à Bagdad, le 8 novembre 1231.

ABD-UL-MEDJID, 31e sultan ottoman, né le 23 avril 1823; il succéda à son père, Mahmoud II, le 1er juillet 1839. Lorsqu'il prit les rênes du pouvoir, l'empire ottoman était en proie à tous les tiraillements que peut causer l'état de barbarie dans lequel il est resté; la guerre était déclarée avec l'Egypte, et Ibrahim-Pacha, après avoir mis en déroute les troupes turques à la bataille de Nisib, le 24 juin 1839, menaçait Constantinople. Grâce à l'intervention des grandes puissances, l'intégrité du territoire ottoman fut sauvegardée. D'après les conseils de sa mère et de la France, il se décida à continuer l'œuvre de réforme commencée par son père; et, par un hatti-shérif du 3 novembre 1839, il proclama l'égalité des races et la liberté des cultes. Malheureusement Abd-ul-Medjid, énervé par les jouissances faciles du sérail, n'avait pas l'énergie nécessaire pour faire face aux événements et infuser dans le corps usé et vieilli de la monarchie ottomane le sang jeune et fort de la civilisation européenne. Des révoltes éclatèrent de tous les côtés, tandis que des voisins ambitieux lui suscitaient toutes sortes d'embarras. Lorsque, vers la fin de 1852, Omer-Pacha voulut entrer en Monténégro, l'Autriche s'y opposa par une sorte d'ultimatum, et le sultan termina cette difficulté à l'amiable. La Russie, voyant l'empire des Osmanlis se disloquer de toutes parts, crut le moment propice pour mettre à exécution ses projets de conquête et tira des cartons poussiéreux de la diplomatie la question des Lieux-Saints, une de ces éternelles questions que l'on ne peut jamais résoudre et qui servent de merveilleux prétexte aux entreprises de tout genre. Abd-ul-Medjid repoussa avec dignité les propositions du prince Menschikoff, et la Russie ayant envahi les principautés danubiennes, il lui déclara la guerre: la lutte s'engagea immédiatement en Europe et en Asie. Ce moment était des plus critiques pour le sultan. Malgré le concours loyal et efficace que lui donnaient la France et l'Angleterre, l'avenir ne laissait pas que de lui inspirer quelques appréhensions; néanmoins il fit face au danger avec courage. A sa voix des milliers de combattants accoururent de toutes parts se ranger sous sa bannière; de nouvelles réformes furent accordées; enfin, le vieux corps musulman parut se galvaniser et entrer franchement dans la voie nouvelle. Mais le sultan ne sut pas mettre ce moment à profit: au lieu de prendre une part active aux événements à la tête de ses troupes, il laissa, dans l'oisiveté du harem, la querelle se vider entre la France, l'Angleterre et la Russie, comme s'il n'y eût pas été intéressé. Ses troupes se désorganisèrent dans l'inaction, et lorsque la paix fut conclue, le 30 mars 1856, il se trouva abandonné par l'élément progressif, en face du vieil élément turc qui, imbu de fanatisme et de barbarie, regardait ses concessions et ses réformes comme autant de lâchetés et de trahisons. La découverte d'un complot, ourdi par les ulémas, lui prouva que, malgré le caractère sacré attaché à sa personne, la révolte était presque sur les marches du trône. Cependant, en cette occasion, il fit preuve d'une grande magnanimité en faisant grâce de la vie à tous les coupables; chose singulière, les mêmes hommes qui l'eussent accusé de cruauté, de barbarie, s'il eût fait périr les ulémas, ne virent dans sa générosité qu'un acte de faiblesse de plus. Le mauvais état des finances, augmenté encore par des dépenses inconsidérées et des opérations financières plus que douteuses, le forcèrent à engager plusieurs branches du revenu public, pendant que des troubles et des soulèvements donnaient de nouvelles secousses à son empire. Abd-ul-Medjid mourut le 25 juin 1861, peu de temps après les massacres de Syrie, laissant le trône à son frère Abd-ul-Aziz, après la mort duquel il reviendra à Méhémed-Mourad-Pacha, né le 21 septembre 1840. D'un caractère doux et généreux, d'une grande dignité, Abd-ul-Medjid avait toutes les qualités d'un bon prince; mais il manquait de cette hauteur de vues, de cette énergie, qui seules lui eussent permis de pacifier la Turquie et de la faire entrer sans trop de secousses dans le courant des idées du progrès moderne.

ABD-UR-RAHMAN, sultan de Fez et du Maroc, né en 1778. Muley-Soliman, son oncle, usurpa le trône, après la mort de son père, en 1794, mais le lui laissa par testament, et c'est ainsi que Abd-ur-Rahmân monta sur le trône en 1823. Il employa les premières années de son règne à soumettre les tribus montagnardes. Bientôt il entra dans une série de conflits avec les puissances européennes : avec l'Autriche d'abord, en 1828, et l'Espagne, en 1844 ensuite. Celle-ci avait demandé à l'empereur du Maroc une satisfaction pour l'assassinat de son consul, M. Victor Darmon; au lieu de lui accorder ce qu'elle demandait, on s'empara du vaisseau espagnol, et on mit l'équipage à mort. La guerre était inévitable, et des deux côtés on s'y préparait avec ardeur, lorsque l'Angleterre interposa ses bons offices et rétablit la paix. Abd-el-Kader, qui, à cette époque, luttait contre la France, s'empara de l'enthousiasme fanatique qui agitait les tribus marocaines et les entraîna contre les Français. Pendant que le prince de Joinville bombardait Mogador et Tanger, le général Bugeaud écrasait les bandes marocaines et celles d'Abd-el-Kader à la bataille d'Isly. La France ayant accepté la médiation de l'Angleterre, un traité de paix, fixant les limites de l'Algérie, fut signé avec le Maroc, à Tanger, le 10 septembre. Abd-el-Kader essaya alors vainement de se fonder un royaume aux dépens du Maroc; mais, serré de près par Abd-ur-Rahmân, il ne put continuer la lutte et se rendit prisonnier de la France en 1847. Le sultan était dès lors débarrassé d'un dangereux ennemi; mais bientôt il eut à réprimer l'insurrection des tribus montagnardes et celle d'un prince de sa famille qui avait affiché la prétention de le renverser. Mais les déprédations des pirates du Riff lui suscitèrent encore des démêlés avec la France et l'Angleterre. La Prusse eut aussi à se plaindre; son grand amiral, le prince Adalbert, y éprouva un grave échec, et les troupes de la marine prussienne qui avaient débarqué au Riff ne durent leur salut qu'à la fuite. Bientôt plusieurs agressions ayant été commises contre les possessions espagnoles de Ceuta et de Melilla, il se refusa à toute satisfaction et mourut, en 1859, laissant son fils et successeur engagé dans une guerre avec l'Espagne. Abd-ur-Rahmân avait conservé les mœurs farouches de ses prédécesseurs et était non moins cruel qu'eux. Avare jusqu'à l'excès, tous ses soins se portaient à accumuler des trésors dans ses châteaux fortifiés : on estima à 60 millions de piastres la fortune qu'il laissa après sa mort.

ABEGG (Jules-Frédéric-Henri), célèbre criminaliste allemand, né à Erlangen en 1796. Il a écrit de nombreux ouvrages sur le droit criminel, et a pris une grande part aux travaux de la législation prussienne.

ABEGG (Bruno-Erhard), homme d'État allemand, cousin du précédent, né le 17 janvier 1803, à Elbing. Il se livra d'abord à l'étude du droit, et fut envoyé au Landrath prussien par le cercle de Fischhausen. Nommé président de police à Kœnigsberg, en 1835, il s'acquitta de ces délicates fonctions avec un tact et une habileté qui lui attira tous les suffrages. En 1845, il remplit l'intérim du ministère de la justice, et, en 1848, il fit partie de la députation chargée de poser le programme populaire au roi. Envoyé par les électeurs de Breslau au parlement allemand de Francfort, il s'y fit distinguer par son patriotisme et son dévouement à la chose publique. De retour en Prusse, il fut envoyé à la chambre des députés, où il ne siégea que fort peu de temps. Il mourut le 16 décembre 1848, regretté de tous comme un libéral sincère et convaincu, n'ayant d'autre but que la grandeur et la prospérité de son pays.

ABEILLE (l'abbé), littérateur, né à Riez (Provence). Après avoir été secrétaire du maréchal de Luxembourg, il fit partie de l'Académie française en 1704. Ses ouvrages seraient complètement oubliés, ainsi que sa mémoire, sans l'Eloge que prononça d'Alembert.

ABEL, deuxième fils d'Adam, tué par Caïn, pris d'une funeste jalousie.

ABEL, roi de Danemark de 1250 à 1252, monta sur le trône après avoir assassiné son frère Éric VI. Voulant châtier les Frisons, qui s'étaient révoltés, il pénétra dans leur pays; mais tombant dans un marais, il y trouva la mort. On l'enterra d'abord dans une église; mais son âme, poussée par le remords du fratricide qu'il avait commis, gémissait la nuit. On releva le corps et on l'ensevelit près d'un marais de Gottorp, où chaque soir les paysans croient l'apercevoir à cheval, conduisant une chasse gigantesque. La légende du *Chasseur noir*, si populaire en Allemagne et qui a pénétré même en France, n'a sans doute pas d'autre origine que l'histoire du roi Abel.

ABEL (Charles-Frédéric), musicien allemand, né à Cothen-Anhalt, en 1719. Elève de J.-S. Bach, sa célébrité vient surtout de son habileté à jouer de la viole. Grâce à la protection du duc d'York, il fut nommé maître de chapelle de la reine d'Angleterre.

ABEL (Nicolas-Henri), l'un des mathématiciens les plus profonds de notre époque, né en 1802, à Frindoë (Norwége). Pris d'une violente passion pour les sciences exactes, il obtint du gouvernement de voyager dans les principales villes de l'Europe. A Berlin, il rencontra M. Crelle, qu'il aida dans la publication d'un journal traitant des mathématiques transcendantes. Sa pauvreté l'empêcha de produire ses ingénieux travaux sur les équations algébriques, les fonctions elliptiques. Pris de dégoût et de découragement, il mourut misérablement, à peine âgé de 27 ans. Sa mort causa dans le monde savant, comme cela arrive presque toujours, des regrets qui n'eurent que le tort d'être trop tardifs.

ABEL (Joseph), peintre d'histoire, né à Aschach (Autriche), en 1676. Ses travaux les plus remarquables sont *Antigone à genoux près du cadavre de son fils; Socrate enseignant; l'Apothéose de Klopstock aux champs Elysées.* Il mourut à Vienne, le 4 octobre 1818.

ABELITES, secte d'hérétiques du temps de saint Augustin, qui faisaient vœu de chasteté pendant le mariage.

ABELLA, ville de l'anc. Italie, dans la Campanie. Vespasien y envoya une colonie romaine. C'est aujourd'hui *Avella-Vecchia. Voir* AVELLA.

ABELLINUM, nom lat. d'Avellino, ville située dans le Samnium, sur le territoire des Hirpini, à 40 kil. N.-E. de Neapolis (Naples). *Voir* AVELLINO.

ABELLY (Louis), théologien français, né en 1603, mort en 1691, se fit remarquer par la haine qu'il porta aux jansénistes.

ABENCERRAGES, nom donné par les poëtes et les auteurs des romans de chevalerie à une puissante tribu maure qui aurait habité le royaume de Grenade. Une cinquantaine de ses membres auraient été massacrés dans l'Alhambra par les ordres de Boabdil, à l'instigation d'une tribu rivale, qui accusait le chef des Abencerrages d'adultère avec la reine. Un page, qui parvint à s'échapper, épargna, en les prévenant de ce qui se passait, le massacre des autres. Cette histoire ne repose sur aucun fait sérieux et n'a servi qu'à défrayer les romans du moyen âge, jusqu'à ce que Châteaubriand, s'en emparant, fit cette œuvre charmante connue sous le nom des *Aventures du dernier Abencerrage*. Chérubini a écrit un opéra sur ce sujet.

ABENDROTH, né à Hambourg le 16 octobre 1767. Il fut maire de sa ville natale pendant l'occupation française et chef de la police municipale pendant celle de l'armée austro-russe. Dans ces circonstances difficiles, il fit preuve d'un patriotisme éclairé et défendit avec une rare délicatesse les intérêts de ses concitoyens. Il n'hésita pas, plusieurs fois, à exposer sa vie pour mettre un terme aux rixes qui, à cette époque, ensanglantaient souvent les rues de Hambourg, par suite de la présence de soldats d'armées étrangères.

ABENSBERG, ville de la Confédération germanique, royaume de Bavière, cercle du haut Palatinat, sur l'Abens, à 22 kil. de Ratisbonne. Pop. 1,400 hab. — Cette ville possède des sources minérales et un château, ancienne résidence des comtes d'Abensberg. Il y a aussi des exploitations de terre à porcelaine, des fabriques de flanelles et autres tissus de laine, des brasseries; on y récolte du houblon. Abensberg est célèbre par la victoire que Napoléon y remporta, le 20 avril 1809, sur l'armée autrichienne, commandée par l'archiduc Louis et le général Hiller. C'est la patrie de l'historien bavarois Thurnmayer, connu sous le nom d'Aventinus.

ABEONA, divinité romaine à laquelle se recommandaient les voyageurs en se mettant en route. A leur retour, ils adressaient leurs remercîments à la déesse *Adeona.*

ABER, syllabe préfixe de noms géographiques anglais, qui signifie *à l'embouchure de.* Elle désigne donc spécialement les lieux situés à l'embouchure d'une rivière ou d'un fleuve.

ABERCONWAY ou CONWAY, petite ville maritime d'Angleterre, faisant partie de la principauté de Galles, dans le comté de Carnarvon, à l'embouchure et sur la rive gauche du Conway, qui a près de 4 kil. de large. Pop. 1,350 hab. — Cette ville possède une très-belle église dans le genre gothique et un beau pont suspendu sur le Conway. Elle exporte du cuivre, du plomb, de la calamine et des truites. C'est l'une des plus anciennes et des meilleures fortifications du royaume. Son château fort fut construit, en 1284, par Edouard Ier; pour tenir en bride les habitants du pays de Galles, et, en 1645, les troupes d'Olivier Cromwell s'en emparèrent et jetèrent à la mer, dit-on, tous les Irlandais qui s'y trouvaient, après les avoir liés dos à dos.

ABERCROMBY (sir RALPH), général anglais du plus haut mérite. Né en 1734, d'une ancienne famille écossaise dont le chef, Humphrey d'Abercromby, fut un des compagnons de Robert Bruce. Entré dans l'armée anglaise en qualité de cornette, il fit la guerre de Sept-Ans sous Ferdinand de Brunswick. Il gagna tous ses grades en combattant les Espagnols dans les Antilles et dans la guerre d'Irlande. Vers la fin de 1800 il reçut le commandement en chef de l'armée anglaise, forte de 18,000 hommes, qui devait arrêter l'expédition française en Egypte. Débarqué le 8 mars 1801 à Aboukir, il repoussa l'avant-garde française à Mandora et attaqua, le 21, le général Menou; mais, frappé d'une blessure mortelle, il expira le 28, à bord du *Foudroyant.* On lui éleva un monument dans l'église Saint-Paul, à Londres.

ABERDALGIE, paroisse d'Ecosse, comté et presqu'île de Perth, sur l'Earn, à 4 kil. S.-O. de Perth. Pop. 5 à 600 hab. — On y fait la pêche du saumon, et c'est de là que les saumons sont portés à Perth, où ils sont enveloppés de glace et envoyés à Londres. Ce lieu est célèbre par la bataille sanglante qui s'y livra, en 1322, entre Edouard Baliol, secondé par les Anglais, et le comte de Marr, régent d'Ecosse, qui fut complétement défait. Cette bataille est dite bataille de Dupplin.

ABERDARE, ville d'Angleterre et paroisse du pays de Galles, comté de Glamorgan, à environ 4 milles 1/2 (8 kil. 38) S.-O. de Merthyr-Tydvil. Pop. 14,000 hab. — Aberdare possède, outre l'église paroissiale, d'autres églises et chapelles pour les baptistes, les indépendants, etc., des écoles nationales et autres. L'accroissement de la population est dû à l'extraction extraordinaire du fer et du charbon. En 1850, on comptait 14 fourneaux en pleine activité, et l'extraction du charbon ne se borne pas à leur alimentation, on en transporte aussi en grande quantité à Caerdiff.

ABERDEEN, ville d'Ecosse, ch.-l. du comté de ce nom, prov. de Galles, à l'embouchure de la Dee, dans la mer du Nord, et à 170 kil. N.-E. d'Edimbourg. Pop. 80,000 hab. — Cette ville, la plus importante de la partie septentrionale de l'Ecosse, a beaucoup souffert pendant la guerre civile sous Charles Ier; mais depuis lors elle a été fort embellie, surtout dans notre siècle. Elle a de belles rues, de larges places ou *squares*; trois ponts sur la Dee, dont l'un en pierre de sept arches, l'autre suspendu, et le troisième, celui du chemin de fer, dont les huit arches ont été achevées en 1850. Union-Street, Union-Place et Castle-Street forment une belle et large rue, longue d'un mille, et dont toutes les maisons sont de granit gris. Parmi les établissements publics, on peut citer la salle de l'Assemblée, l'hôtel de ville, le palais de justice, la prison, le marché neuf, les deux églises de Saint-Nicolas, l'église épiscopale de Saint-André, l'hôpital des orphelins, la caserne jadis forteresse, l'hôpital Gordon et le collége Marischal. Aberdeen a en outre un séminaire, plusieurs écoles et académies, beaucoup d'établissements et d'œuvres de charité, une infirmerie et un asile pour les fous, une institution de sourds-muets, un grand hôpital de filles et un autre pour l'entretien et l'éducation des aveugles. Ses établissements industriels comprennent la filature et le tissage du coton, du lin et de la laine. On y fait des tapis, des couvertures, de la serge, des bas et du tricotage au métier. On a établi de grandes usines où l'on construit des machines à vapeur, des ancres, des chaînes et des machines à filer. On y produit aussi en grande quantité du papier excellent; on y fait des bateaux, des cordes; il y a beaucoup de tanneries, de fabriques de savon, de peignes, des distilleries, des brasseries, etc. L'exportation consiste principalement en bétail, en saumons expédiés dans la glace à Londres, en granit dont on pave les rues de Londres, en œufs, beurre, porcs, grains, etc. Le port dans le bras de mer, à l'embouchure de la Dee, a été considérablement amélioré. On y a construit, il n'y a pas longtemps, un magnifique bassin de mouillage ou port flottant, avec écluses par lesquelles les plus larges bateaux à vapeur peuvent passer. Tous les quais sont solidement bâtis en granit. On a élevé à Girdle-Ness, au point sud de la baie, un phare qui a deux feux fixes dans une tour. Aberdeen est reliée par un canal long de 18 kilomètres à Juverary, et par un chemin de fer à Montrose, Perth, Edimbourg, etc. Cette ville est gouvernée par un prévôt, quatre baillis et quatorze conseillers. Depuis la réforme de 1832, Old Aberdeen et une grande partie du pays sont inclus dans le bourg parlementaire. Aberdeen a trois grandes banques et une poste régulière entre Aberdeen et Edimbourg. Elle occupe aussi une place distinguée dans la littérature d'Ecosse : sa première imprimerie date de 1621, et le premier almanach d'Ecosse de 1677. Elle a maintenant plusieurs journaux hebdomadaires, dont le plus ancien, *Aberdeen journal*, est d'une création qui remonte à 1748. Les environs d'Aberdeen ont des établissements industriels qui ne le cèdent pas à ceux de la ville.

ABERDEEN (OLD), ville ancienne d'Ecosse et peu considérable, à environ 1 kil. N. d'Aberdeen. Pop. environ 2,500 hab. — Cette ville, jadis le siége d'un évêché, ne fait pas de commerce et possède fort peu d'immeubles; ses principaux édifices sont le collége du Roi, la cathédrale et les ponts sur le Don. Elle a une bibliothèque qui contient environ 15,000 volumes imprimés et plusieurs manuscrits curieux. Son importance est entièrement due à son collége, qui a un chancelier, un recteur, un principal, etc., avec neuf professeurs et onze lecteurs.

ABERDEEN, comté maritime d'Ecosse, borné au N. et à l'E. par les comtés de Perth, Forfar et Kincardine, et à l'O. par ceux de Banff, Elgin et Inverness. Dans le district de Mar, au S.-O. du comté, se trouvent quelques-unes des plus hautes montagnes de l'Ecosse. La plus remarquable, Ben Macdhu, s'élève à 4,390 pieds au-dessus du niveau de la mer et dépasse toutes celles de la Grande-Bretagne. Les principales rivières sont la Dee et le Don; les autres sont le Deveron, le Bogie, l'Ythan, l'Ugie, etc. Pop., en 1841, 192,387 hab. Ce comté abonde en pierre à chaux, en excellentes ardoises et en meules de moulin de bonne qualité. On y trouve aussi de grandes quantités de granit, qui sont transportées d'Aberdeen à Londres, pour le pavage des rues. Quelques montagnes contiennent beaucoup de cristaux colorés, parmi lesquels on a trouvé quelquefois de vraies topazes. La côte est d'une grande étendue, et c'est à cela que les hivers doivent d'être doux, tandis que les étés sont courts et froids. Toute l'activité du comté est principalement portée sur les travaux agricoles. La plus grande récolte est celle de l'avoine; on y cultive l'orge, un peu de blé, des navets et surtout des pommes de terre. Partout on défriche activement le sol pour le rendre labourable. Le bétail y est plus nombreux que dans tout autre comté de l'Ecosse. Les bêtes ovines y sont comparativement en petit nombre. Il y a une grande diversité dans la grandeur des fermes, où l'on consacre souvent plusieurs arés aux ateliers de machines. L'étendue immense des bois offre un excellent abri au gibier. On voit un grand nombre de manufactures de coton, de laine, de lin, surtout à Aberdeen. La pêche est considérable sur les côtes et dans les rivières. Les principales villes de ce comté sont : Aberdeen, Peterhead et Fraserburgh. On y compte plus de 38 paroisses. Ce comté envoie un membre au parlement.

ABERDOUR, village d'Ecosse, dans le comté de Fife, sur le Forth, à 15 kil. N.-N.-O. d'Edimbourg. Pop. 2,000 hab. Port sûr et commode; il est assez animé, surtout dans la saison des bains, qui sont très-fréquentés. Il y a aux environs des exploitations de fer, de houille et de pierres à chaux et à bâtir.

ABERGAVENNY, ville d'Angleterre, dans le comté de Monmouth, sur la Gavenny et l'Usk, à 26 kil. S.-O. de Monmouth, et 223 kil. O. de Londres. Pop. 4,200 hab. Cette ville n'offre de remarquable qu'une vieille église, un beau pont, qui a 15 arches, et un très-vieux château, dont on voit les ruines sur une hauteur au S. de la ville. Houille, mines et forges aux environs. C'est la patrie de Thaliassin, barde gallois.

ABERLI (Jean-Louis), peintre et dessinateur, né en 1723, à Winterthur (Suisse). Il s'adonna principalement au paysage et fit, soit en gravure, soit en peinture, tous ceux de la Suisse. Il est en quelque sorte l'instigateur de l'enluminage des estampes. On a de lui trente grandes planches fort remarquables.

ABERNETY, célèbre chirurgien et anatomiste anglais, né à Derby en 1763. Il fit des travaux remarquables et fit faire à l'anatomie des progrès considérables. Il mourut le 20 avril 1831, laissant de nombreux ouvrages relatifs à la science chirurgicale. L'un entre autres : *Observations on the constitutional origin and treatment of local deseases*, dans lequel il prouve que les affections locales ne sont que le résultat d'un vice constitutionnel, et qu'attaquer celui-ci est la méthode la plus certaine pour guérir celles-là, mit le comble à sa réputation.

ABERYSTWITH, ville et port de mer d'Angleterre, dans le pays de Galles, comté de Cardigan, à l'embouchure de l'Ystwith, et à 331 kil. O.-N.-O. de Londres. Pop. 4,300 hab. — Cette ville, bâtie sur une hauteur qui commande la baie, fait un commerce considérable, surtout avec Liverpool; elle fait des exportations de plomb, écorce de chêne, flanelle, etc. Ses bains de mer sont très-fréquentés; on y trouve des salons et un théâtre. Son port, dont les eaux sont assez basses, ne peut recevoir que de très-petits vaisseaux. Il paraît qu'Aberystwith était jadis une ville solidement fortifiée; il ne reste plus que les ruines d'un vieux château qui avait été rebâti par Edouard Ier.

ABEZAN, 10e juge d'Israël, de 1182 à 1175 av. J.-C.

ABGAR, titre générique du fondateur d'un royaume situé dans la Mésopotamie. Les détails donnés sur ce roi sont fort vagues et ne se trouvent que dans Evagrius et Eusèbe. Selon ces deux auteurs, Abgar, atteint de la lèpre, écrivit au Sauveur pour le prier de venir le guérir. Jésus-Christ lui envoya, après son ascension, Thaddée, l'un des soixante-dix disciples, qui, après l'avoir guéri, le baptisa.

ABGAR, savant arménien, né à Tokat. Envoyé par le patriarche Michel en mission près du pape Pie IV, il dédia au pontife un ouvrage relatif aux croyances et à la discipline des Arméniens. Il introduisit l'imprimerie dans sa nation, après avoir imprimé lui-même, à Venise, un livre de psaumes fort curieux.

ABIA ou ABIAM, roi de Juda, fils de Roboâm, petit-fils de Salomon, régna de 957 à 955 av. J.-C.; vécut en guerre continuelle avec Jéroboam, roi d'Israël, qu'il vainquit plusieurs fois. — Le livre Ier des *Rois* le représente comme un impie abandonnant la foi de ses pères pour s'adonner à l'idolâtrie.

ABILA, ancienne ville de la Syrie, sur les bords du Chrysoroas, au N.-O. de Damas. C'était, au rapport de Pline le jeune, le chef-lieu d'une tétrarchie. Après Alexandre, les Grecs lui donnèrent le nom de *Leucos*, sans pourtant faire oublier celui d'*Abila*. Seulement, pour la distinguer des autres villes du même nom, on l'appelait quelquefois *Abila Lysaniæ*, du nom du tétrarque Lysanias, qui la gouvernait au temps d'Antoine. Plus tard, elle changea de nom et prit celui de *Claudiopolis*, en mémoire de l'empereur Claude, qui lui avait accordé plusieurs priviléges. Ce prince la détacha de l'empire et l'offrit à Agrippa, roi de Judée; mais, celui-ci mort, elle retourna à ses anciens maîtres. D'après les médailles de cette ville, on voit qu'Hercule et le Soleil en étaient les principales divinités. Ses ruines sont aujourd'hui connues sous le nom de NÉBI-ABEL.

ABILDGAARD (Nicolaï), le plus grand des peintres danois, né le 4 septembre 1744, à Copenhague. Après un séjour de 5 ans à Rome, il revint dans sa ville natale, où il professa jusqu'en 1802, époque à laquelle il prit la direction de l'Académie des beaux-arts; il mourut à Frédériksdal, le 4 juin 1809. Abildgaard fut un peintre éminent qui posséda les qualités les plus sérieuses de l'art avec une imagination fantaisiste des plus originales. Ses compositions respirent un air de grandeur, et si l'exécution laisse un peu à désirer au point de vue de la correction, ce défaut est amplement racheté par un coloris ferme et éclatant. Ses œuvres sont dispersées par toute l'Europe; mais la plupart de celles qui étaient au palais de Christiansborg ont été détruites par l'incendie de 1794.

ABILÈNE, contrée de la Syrie, entre l'Anti-Liban et le mont Hermon, au N.-O. de Damas. Elle appartenait au tétrarque Lysanias, que Cléopâtre fit assassiner, et avait pour capitale Abila.

ABIMÉLECH, nom générique des rois philistins. Ce fut un Abimélech qui enleva la femme d'Abraham, croyant que c'était sa sœur. Dieu l'ayant averti de son erreur et menacé des plus grands châtiments, il rendit Sara à son époux en la comblant de présents. Son fils Abimélech commit la même erreur au sujet de Rébecca, femme d'Isaac.

Abimélech, fils de Gédéon, s'empara du pouvoir après la mort de son père, et se fit déclarer roi ou juge d'Israël. Il massacra soixante-dix de ses frères, excepté Jonathan. Les Sichémites se révoltèrent contre lui et le chassèrent; mais Abimélech ne tarda pas à prendre la ville et la détruisit, puis il alla assiéger Thèbes. Il mettait le feu à une tour, lorsqu'une femme jeta d'en haut un morceau de meule de moulin et le blessa mortellement. Honteux de mourir de la main d'une femme, il se fit tuer par son écuyer, l'an 1235 av. J.-C. Abimélech avait gouverné comme juge pendant trois ans.

ABINGDON, ville d'Angleterre du comté de Berks, à 86 kil. O. de Londres. Pop. 7,000 hab. On y voit les ruines d'une ancienne abbaye.

ABIPONS, race d'Indiens qui habite en Amérique entre le 28° et le 30°, près de Santa-Fé. Cette peuplade, autrefois fort nombreuse, a subi le joug de cette loi qui semble décimer les Indiens chaque jour pour les faire disparaître complétement du globe : héros de la barbarie, ils aiment mieux mourir que de se civiliser.

ABIRON, lévite qui, s'étant uni avec Dathon et Coré, pour renverser l'autorité de Moïse, fut englouti avec eux et deux cent cinquante de leurs complices dans la terre, qui s'entr'ouvrit sous leurs pas.

ABJURATION, mot qui s'emploie principalement pour indiquer le passage d'une secte hérétique, mais chrétienne, dans la religion catholique. On appelle *conversion* l'entrée dans le catholicisme d'un juif, d'un musulman, tandis qu'on donne le nom d'*apostasie* au renoncement de la religion catholique. La première abjuration, qu'on trouve dans notre histoire nationale, est celle de Clovis, qui, n'ayant jamais cédé aux instances de sainte Clotilde, reconnut la puissance du Christ en voyant ses troupes, qui faiblissaient devant les efforts des Allemands, reprendre courage et remporter la victoire. Onze siècles plus tard, le roi de Navarre abjurait le protestantisme. Par extension, on appelle encore abjuration le passage d'un homme politique d'un parti dans l'autre.

ABLANCOURT (Nicolas-Perrot d'), littérateur français, naquit à Châlons-sur-Marne, le 5 avril 1606. Il étudia d'abord le droit, et fut reçu avocat au parlement de Paris. De retour à Châlons, il était sur le point de se marier avantageusement lorsqu'il céda aux obsessions de sa famille, qui était catholique, et renonça au protestantisme. Il se lia intimement avec Conrart et Patru, et l'on trouve dans les ouvrages de celui-ci des détails curieux sur sa vie et ses écrits. Il traduisit bon nombre d'ouvrages anciens, mais, avec trop de liberté peut-être, sacrifiant le sujet primitif à l'élégance de la forme, ce qui explique pourquoi, malgré la vogue dont elles ont joui autrefois, ces traductions sont complétement tombées dans l'oubli. Les continuelles altérations qu'on y rencontre les ont fait appeler *les belles infidèles* et valurent à leur auteur le nom de *Hardi d'Ablancourt*. Il mourut âgé de 58 ans, le 17 novembre 1664, d'une maladie de vessie.

ABLUTION, cérémonie de diverses religions qui consiste à se purifier le corps ou une partie du corps en se lavant. Les Hindous se purifient de leurs souillures en faisant leurs ablutions et en se baignant dans le Gange.

ABNER, général de Saül; se mit au service de David et fut assassiné par Joab, jaloux de sa faveur.

ABNOBIA, ancienne montagne de la Germanie, qui fait aujourd'hui partie des chaînes de la Souabe. Quelques géographes prétendent que c'est là que le Danube prend sa source.

ABO (prononcez *Obo*), ville de Russie d'Europe, en Finlande, ch.-l. du bailliage de ce nom. En 1817, l'évêché d'Abo fut transformé en archevêché protestant par le gouvernement russe. En 1827, un violent incendie détruisit une grande partie d'Abo, et principalement l'Université, fondée en 1640, par la reine Christine, et dont la bibliothèque comptait plus de 40,000 volumes. Sa population s'élève à 14,000 hab. C'est à Abo que fut conclue entre la Suède et la Russie, le 17 août 1745, la paix qui mit fin à la guerre suscitée par la France, qui voulait paralyser l'Autriche et l'empêcher de prendre part à la guerre de succession. Les Russes conquirent toute la Finlande, par suite des fautes que commirent les généraux suédois Lœwenhaupt et Buddenbrocke, qui les payèrent de leur tête.

ABOBRIGA, ville d'Hispanie, chez les Callaici (Galice), sur les bords de la mer, un peu au nord de l'embouchure du Minius (Mincio). C'est aujourd'hui Bayona.

ABOLITION, terme de droit romain par lequel on désignait l'annulation d'une procédure, qui pouvait au besoin être reprise. Dans l'ancienne jurisprudence française, le droit d'*abolition* était une des formes du droit de grâce des princes qui supposait l'existence du crime; aussi l'abolition n'enlevait-elle que la peine en laissant subsister l'infamie.

ABOLITIONISTES, nom donné, aux Etats-Unis aux partisans de l'abolition de l'esclavage. Ce sont les manœuvres et les prétentions exagérées, intempestives des abolitionistes qui ont suscité la guerre civile entre le Nord et le Sud.

ABOLLA, sorte de manteau qui, au dire de Servius, était fait de toile mise en double et attaché par une broche sous le cou ou au haut de l'épaule. Ce vêtement était porté, dans l'origine, à Rome, par les soldats; plus tard les habitants des villes s'en servirent, au lieu de la toge, pendant les troubles ou les invasions étrangères. Dans la suite, l'usage en devint à peu près général. Il ne différait pas matériellement du *sagum*, mais l'étoffe en était plus fine et il avait moins d'ampleur. Voilà pourquoi Martial recommandait aux voleurs de ne pas porter une *abolla*, parce qu'elle n'était pas assez large pour cacher sous ses pans les objets dérobés. Il y avait aussi une autre *abolla*, qu'on appelait *abolla major*. C'était une large couverture dont s'enveloppaient les philosophes grecs, surtout les cyniques. Comme ces derniers ne portaient pas d'autre vêtement de dessous, ils jetaient autour d'eux, pour la décence, une pièce d'étoffe fort ample.

ABOMEY ou Ahomey, grande ville de l'Afrique occidentale, cap. du royaume de ce nom, à 300 kil. de Benin, et 83 kil. N. de Juda et des comptoirs européens. Lat. N. 7° 30'; long. O. 0° 3'. — Cette ville, qui s'étend dans une plaine aride et sablonneuse, est bâtie sans aucun plan et sans régularité. Elle est entourée de tous côtés par un fossé large et profond qu'on traverse sur quatre ponts en bois continuellement gardés par des sentinelles. Le palais du roi se compose de deux vastes maisons entourées de murailles en terre d'environ 62 mètres d'élévation; c'est, comme les habitations des autres familles, un amas de cabanes destinées aux femmes et aux principaux officiers. La population, qui, du temps du voyageur Noris, en 1772, ne dépassait pas 24,000 âmes, s'est beaucoup augmentée depuis 30 ans, sous le règne de Quezo, qui occupe le trône depuis 1817. Il se tient à Abomey plusieurs foires importantes, où l'on vend des esclaves, de la poudre d'or, ainsi que les produits de l'intérieur de l'Afrique.

ABONDANT, village de France, arrond. et à 8 kil. de Dreux, cant. d'Anet, dép. d'Eure-et-Loir. Pop. 1,200 hab. On y voit un beau château qui a un parc de 50 hect. Il y a des fabriques de poterie renommée et des carrières de terre à porcelaine dont il se fait une grande exploitation.

ABORIGÈNES, nom donné aux premiers habitants d'un pays, par opposition aux colonies qui sont venues plus tard s'y établir. On les appelait ainsi parce qu'on supposait qu'ils tiraient leur origine du pays même. Ce mot désignait spécialement la nation la plus ancienne de celles qui habitaient le Latium; mais on ne sait pas positivement d'où lui venait ce nom, ni d'où elle sortait elle-même. Selon Pausanias, c'était parce qu'elle habitait les montagnes; selon Aurélius Victor, ce serait parce qu'elle menait une vie errante; enfin, selon d'autres, ce nom lui aurait été donné parce qu'elle tirait son origine des Arcadiens, qui se croyaient enfants de la terre. Quant au lieu d'où sortait cette nation, on n'est guère plus d'accord. En effet, quelques-uns la font venir d'Arcadie, sous la conduite d'Hercule; d'autres de l'Asie, sous la conduite de Janus, de Saturne ou même de Cham; d'autres de la Scythie ou des Gaules. On en a fait aussi une colonie de Chananéens, chassés de leur pays par Josué. Ce qui paraît probable, c'est que les Aborigènes habitaient le Latium près de deux mille ans avant notre ère.

ABORRHAS, fleuve d'Asie, dans la Mésopotamie; il est connu aujourd'hui sous le nom de *Chabor* ou *Khabour*. C'est celui que l'Ecriture désigne sous le nom de *Membré*. Il coulait entre le Tigre et l'Euphrate, vers le S.-E., jusqu'au 36° de lat., puis se dirigeait vers le S.-S.-E., recevait le Mygdonius et allait se perdre dans l'Euphrate au S.-O., près de la ville de Circésium; il baignait, dans son cours, les murs de Resaina et de Theodosiopolis. *Voir* Chabor.

ABOTIS, ancienne ville de la haute Egypte, dans la Thébaïde, sur la rive droite occidentale du Nil. C'est l'emplacement qu'occupe aujourd'hui Aboutig. *Voir* Aboutig.

ABOU ou Abu, ce mot arabe signifie *père, chef*, et se met au commencement d'un grand nombre de noms propres chez les Arabes, tels que *Abou-Bekr, Abou-Hanifeh*, etc.

ABOU-ARYCH, principauté de l'Arabie heureuse, ou Yémen, prov. de Téhamah, sur les bords de la Mer rouge. Elle s'étend de 15° 20' à 17° 40' de lat. N. Ses villes principales sont Ghéran, avec un port sur la Mer rouge, Harrad, Arych et Abou-Arych, ville fortifiée qui est le chef-lieu de ce petit Etat, auquel elle donne son nom. Il est gouverné par un chef qui a le titre de chérif, et prétend descendre de Mahomet en ligne directe. Le sol de ce territoire, naturellement stérile, est fertilisé par des cours d'eau qui découlent des montagnes voisines.

ABOU-BEKR, le premier des kalifes arabes, successeur immédiat de Mahomet, né vers 573, mort à Médine en 634. Il était le père de la belle Aïcha qu'épousa le prophète. Son nom était d'abord Abd-el-Caaba; il le changea ensuite pour celui d'Abou-Bekr, qui signifie littéralement le *père de la Vierge*. Il exerçait à la Mecque les fonctions de juge criminel, lorsqu'à la mort de Mahomet (632) il fut élu kalife de préférence à Ali ou à Omar. Il apaisa plusieurs révoltes, tandis qu'un de ses lieutenants dispersait l'armée du faux prophète Mocaylama. Cet ardent propagateur de l'islamisme est le premier qui ait réuni en un seul corps d'ouvrage les feuilles du Coran éparses jusque là, en les faisant transcrire sur des feuilles de palmier et des peaux de brebis. Par sa conduite habile et ferme, ainsi que par les victoires de ses généraux, surtout d'Omar, il hâta les progrès de la nouvelle religion. C'est sous son règne que la Syrie fut soumise.

ABOUCHEHR, ville du royaume de Perse, sur la côte orientale du golfe Persique, dans le Farsistan, sur une presqu'île qui s'avance à environ 11 kil. dans le golfe. Lat. N. 28° 58', long. E. 48° 20'. Pop. 12,500 hab. — Cette ville, qui est bâtie en forme de triangle, avec des fortifications flanquées de grosses tours, est fréquentée par les caravanes et les négociants de la Compagnie anglaise, qui y entretient une agence. Elle est gouvernée par un cheick arabe, tributaire du roi de Perse. Les rues, au nombre de plus de 800, sont étroites, et les maisons généralement mal construites. On y compte sept mosquées, deux caravansérails, trois bains publics. Les habitants de cette ville, qui sont Arabes ou Hindous, font un grand commerce de toutes les denrées et étoffes des Indes orientales. L'entrée du port, quoique difficile, permet aux bâtiments qui ne tirent pas plus de 4 mètres d'eau d'y pénétrer à la marée montante et de se mettre à l'abri. Les équipages y trouvent à s'approvisionner de vivres, et principalement de dattes.

ABOU-DJAFAR ou GIAFAR, surnommé *El Mançour*, c'est-à-dire l'*Invincible*, 2e kalife abbasside, régna de 754 à 775. Ayant succédé à son frère Aboul-Abbas, il fit la conquête de l'Arménie, de la Cilicie, de la Cappadoce, et fonda Bagdad (762), dont il fit la capitale de l'empire musulman. Instruit autant qu'habile et courageux, il protégea les sciences et les lettres, et prépara les règnes brillants de Haroun-al-Raschid et al-Mamoun, ses successeurs.

ABOU-HANIFA, chef des Hanéfites, et le plus célèbre docteur des musulmans orthodoxes, né à Koufah en 699. Il se distingua par sa piété et ses efforts pour assurer la pureté de la foi. S'étant opposé au projet d'Almanzor, qui voulait détruire Monoul, il fut empoisonné en 767. Ses partisans le regardent comme un martyr. On a de lui un commentaire célèbre sur le Coran, intitulé *Sened* ou l'*Appui*, qui fait loi pour les musulmans.

ABOUKIR, village maritime de la basse Egypte, prov. de Baheyreh, sur la Méditerranée, et la baie de son nom, que défend une citadelle, à 24 kil. N.-E. d'Alexandrie. Ce village, bâti sur les ruines de l'ancienne Canope, est habité par une centaine d'Arabes. On y voyait un temple où les Egyptiens adoraient Sérapis, sous la figure d'un vase au gros ventre surmonté d'une tête humaine. Ce temple fut détruit, sur l'ordre de Théodose, par Théophile, patriarche d'Alexandrie, qui fonda un monastère sur son emplacement. Quelques auteurs prétendent que les ruines et les salles taillées dans le roc, que l'on voit à Aboukir, appartiennent à l'ancienne Topodiris. La mer entre encore dans les bassins destinés jadis à servir de baignoires; elle recouvre des fragments de sculpture et d'architecture qui faisaient peut-être partie des 400 colonnes de granit que, sur l'ordre de Saladin, le gouverneur d'Alexandrie, Caradjak, fit jeter à la mer, pour empêcher les navires des croisés d'approcher de la côte. La citadelle d'Aboukir est construite sur la pointe de rocher la plus avancée vers le N.-E. La rade, qui a pris le nom de ce village, est formée à l'O. par la langue de terre sur laquelle il est situé, et à l'E. par la pointe de Boghaz de Rosette, qui est la pointe de l'embouchure occidentale du Nil. Le village et la baie sont devenus célèbres dans les guerres contemporaines par les trois batailles qui y furent données, lors de l'expédition d'Égypte. Le 1er juillet 1798 l'armée française, commandée par Bonaparte, avait heureusement débarqué. En quelques heures Alexandrie avait été prise, et, vingt jours après, le drapeau tricolore flottait sur la citadelle du Caire. Le général en chef s'occupait d'organiser le gouvernement du pays conquis, et se préparait à soumettre les autres provinces de l'Egypte, lorsque la flotte anglaise, commandée par Nelson, parut sur les côtes. Bonaparte avait donné à l'amiral Brueys l'ordre de faire entrer la flotte française à Alexandrie ou de la conduire à Corfou. Cet officier n'exécuta pas cet ordre, et alla s'embosser dans la rade d'Aboukir. Il ne tarda pas à y être rejoint par la flotte anglaise. Le combat commença le 1er août, vers six heures du soir, et dura jusqu'au lendemain midi. La flotte française était détruite, et Brueys avait payé de sa vie son audacieuse, mais imprudente infraction; le 24 juillet 1799, Bonaparte vengea cette défaite dans une bataille de terre où les Turcs, commandés par Mustapha-Pacha, virent leur armée presque entièrement détruite. Enfin, le 7 mars 1801, 6,000 Anglais débarquèrent à Aboukir. L'armée française n'était plus commandée par le général Bonaparte; c'était Friant qui était chargé de la défense de ce poste. Il n'avait pas 1,200 hommes à sa disposition. Avec un si petit nombre il tint tête longtemps aux ennemis et arrêta leur marche; il ne se retira qu'au moment où une nouvelle division de 6,000 Anglais allait débarquer. Ceux-ci n'entrèrent dans la ville qu'après que les Français eurent épuisé tous les moyens de défense.

ABOUL-ABBAS ou ABDALLAH-MOHAMMED, surnommé *Al Saffah* (*le Sanguinaire*), premier kalife de la race des Abbassides. Il fut placé sur le trône par les efforts d'Abdallah, son oncle, et d'Aboul-Moslem, gouverneur du Korasan. Il régna de 750 à 754. Sa domination s'établit par le meurtre de presque tous les Ommiades, il ne se montra pas fort reconnaissant envers ceux auxquels il devait son élévation.

ABOUL-FARADJ, célèbre historien arabe, né en 1226, à Matatia, dans l'Asie mineure, mort en 1286. Il était chrétien de la secte des jacobites, et devint successivement évêque de Goubat, d'Alep, et primat des jacobites d'Orient. Il a composé en syriaque et traduit lui-même en arabe une *Histoire universelle*, qui a été traduite en latin.

ABOUL-FAZEL, grand écrivain persan du XVIe siècle. Il fut premier visir de l'empereur mogol Akbar, et mourut assassiné, en 1608, par des émissaires de Sélim, fils d'Akbar, qui était jaloux de la faveur dont il jouissait auprès de son père. Il a écrit une histoire intitulée *Akbar-Nameh* (livre d'Akbar), qui renferme l'histoire de ce prince et des institutions qui lui sont dues. Cet ouvrage a été traduit en anglais.

ABOULFÉDA, historien et géographe arabe, de la race illustre des Ayoubites, né à Damas en 1273, mort en 1331. Il se distingua à la fois comme écrivain et comme guerrier pendant les croisades, et fut investi, en 1310, par le sultan d'Egypte, de la principauté de Hamath, en Syrie. On a de lui une *Histoire abrégée du genre humain*, extrêmement précieuse pour l'histoire de l'islamisme, et une géographie intitulée : *Vraie situation des pays*. Ces deux ouvrages, écrits en arabe, ont été traduits en latin.

ABOULIOUM, lac de la Turquie d'Asie, où le Supol prend sa source. C'est l'*Apolloniatis Locum* des anciens. Il est de forme irrégulière et renferme plusieurs îles, ainsi que la petite ville d'Aboulioum. Ce lac est très-poissonneux.

ABOUL-MANÇOUR-AMER, kalife fatimite d'Egypte.

ABOUTIG, ville de la haute Egypte, sur la rive gauche du Nil, à 20 kil. S.-E. de Syout; elle occupe l'emplacement de l'*Abôtis* des anciens. C'est le siége d'un évêché copte. Son territoire fournit une grande quantité de pavots noirs, d'où l'on tire le meilleur opium de l'Orient. A peu de distance de cette ville on aperçoit les restes de l'ancienne Lycopolis.

ABOUZYR, bourg de la basse Egypte, dans la province de Garbieh, à 7 kil. S. de Mehattet-el-Kebyr, et à 88 kil. N. du Caire, sur l'une des branches du Nil. Près de ce bourg on voit une des célèbres pyramides, qui a 330 mètres de hauteur, et dans les environs se trouvent les ruines d'un temple d'Isis. On pense que ce bourg est situé sur l'emplacement de l'antique Busiris, car non loin de là un voyageur y a vu les fameuses catacombes ornithologiques, c'est-à-dire de vastes corridors remplis de petits vases renfermant des momies d'oiseaux.

ABOVILLE (François-Marie, comte d'), général d'artillerie, né à Brest en 1730, mort en 1817. Il était colonel lors de la guerre de l'indépendance américaine, et se trouvait sous les ordres de Rochambeau; en 1789, il fut nommé général de brigade; en 1792, il commanda comme général de division les armées du Nord et des Ardennes, et fut un des premiers à se prononcer contre la trahison de Dumouriez. Après le 18 brumaire, il fut successivement nommé premier inspecteur général de l'artillerie, sénateur, grand officier de la Légion d'honneur; en 1809, appelé à Brest, avec le titre de gouverneur, il entra à la Chambre des Pairs en 1814, conserva cette dignité pendant les Cent-Jours, et fut maintenu par Louis XVIII. On lui doit quelques perfectionnements dans son arme, entre autres les *roues à voussoir*, c'est-à-dire à moyeux en métal.

AB OVO, expression latine qui signifie littéralement *de l'œuf* et qui indique une chose prise au commencement de son existence. Les Romains, commençant assez souvent leurs repas par des œufs et le terminant par des fruits, indiquaient par la locution *ab ovo usque ad mala*, de l'œuf à la pomme, le commencement des choses et leur fin, ce que nous exprimons par *depuis l'alpha jusqu'à l'oméga*.

ABRACADABRA, mot magique auquel, dans le moyen âge, on attribuait de grandes vertus contre certaines maladies. On l'écrivait sur un morceau de parchemin et on se le mettait sur la poitrine. Voici quelle était la disposition qu'on lui donnait :

ABRACADABRA
ABRACADABR
ABRACADAB
ABRACADA
ABRACAD
ABRACA
ABRAC
ABRA
ABR
AB
A

ABRABANEL, célèbre rabbin juif, né à Lisbonne en 1437, mort en 1508. Il fut ministre d'Alphonse V, roi de Portugal, et de Ferdinand, roi de Castille. Après que les juifs eurent été bannis de l'Espagne, il se réfugia à Naples, puis à Venise, où il mourut. On a de lui des *Commentaires sur l'Ancien Testament* et un *Traité des prophéties qui regardent le Messie.*

ABRAHAM, le plus célèbre des patriarches, qui doit être considéré comme le père de la nation juive, et qui fut surnommé le *père des croyants*. C'est à lui que remonte l'histoire des Israélites, et que se rattachent les promesses que Dieu leur fit et les miracles qu'il opéra en leur faveur. Il naquit à Ur en Chaldée, vers l'an 2366 avant J.-C. Il était le huitième des descendants de Sem, l'aîné des fils de Noé. Il mourut à l'âge de 175 ans, 2191 av. J.-C.

ABRAHAM, patriarche arménien, fondateur du monastère de Saint-Sauveur (Liban), né en 1673. Après avoir embrassé la religion catholique, il se mit à la prêcher avec ardeur, et dut se réfugier dans le Liban pour éviter les persécutions : Benoît XIV le nomma patriarche de Cilicie en 1742 et le décora du pallium. Abraham mourut en 1749.

ABRAHAM DE SAINTE-CLAIRE, fameux prédicateur allemand et moine augustin, né en Souabe en 1642, mort en 1709. Son vrai nom était Ulrich Meyerle. Il entra, en 1662, dans l'ordre des Augustins déchaussés, étudia la philosophie et la théologie à Vienne, dans le couvent de son ordre, passa comme prédicateur au couvent de Taxa dans la haute Bavière, et fut rappelé à Vienne en 1669, avec le titre de prédicateur de la Cour impériale. Ses sermons se distinguent par une originalité burlesque et abondent en idées les plus comiques et les plus singulières; mais, comme cela était dans le goût de son époque, ils ne manquaient pas de lui attirer de nombreux auditeurs. Il exerçait même une sorte d'influence, non-seulement parce qu'il était très-populaire, mais parce qu'il avait l'art d'assaisonner ses discours de traits mordants. C'est avec une franchise pleine de hardiesse qu'il s'emporte contre les désordres et la débauche de son temps, et, seul dans son style bizarre, mais qui ne manque cependant pas de vivacité et d'énergie, il contraste étrangement avec le froid mysticisme et la subtilité prétentieuse des prédicateurs de son siècle.

ABRAHAM ECCHELLENSIS, savant maronite, né en Syrie. Il professa les langues syriaque et arabe, d'abord à Rome, puis à Paris, au collége de France, où le célèbre Le Jay l'avait appelé, vers 1630, pour présider à l'impression de sa Bible polyglotte. Il retourna ensuite à Rome, où il mourut en 1664.

ABRAHAMITES, sectaires bohémiens qui s'étaient tenus dans l'ombre jusqu'à l'époque où Joseph II proclama son édit de tolérance des cultes. Ils suivaient la doctrine d'un hérétique d'Antioche, du nom d'Abraham, qui niait la divinité de Jésus-Christ et n'admettait d'autre religion que celle qu'Abraham professait avant qu'il fût circoncis. Comme les Abrahamites ne voulaient être assimilés ni aux juifs, ni aux sectes chrétiennes, cela embarrassa un peu ceux qui étaient chargés de l'exécution de l'édit; pour trancher la difficulté, ils leur ordonnèrent de se convertir au catholicisme, et ceux qui s'y refusèrent furent incorporés dans les colonies militaires des frontières autrichiennes.

ABRAHAMSON (Werner-Jean-Frédéric), écrivain danois, né en 1744, mort en 1812. Après avoir fait partie de l'armée en qualité de capitaine d'artillerie, il quitta le service pour s'adonner à la littérature : il s'attacha surtout à recueillir les chants nationaux danois.

ABRAHAMSON (Joseph-Nicolas-Benjamin), fils du précédent, né le 6 décembre 1789. Commissaire général des guerres, il fit tous ses efforts pour faire participer les populations danoises au bienfait de l'instruction gratuite.

ABRAHAMSON (Abraham), directeur de la monnaie des médailles à Berlin, né à Postdam en 1754, mort en 1811. Remarquable artiste, il fit, par ses travaux, faire de grands progrès à l'art de graver des médailles.

ABRANTÈS, petite ville de Portugal, dans l'Estramadure, sur la rive droite du Tage, à 124 kil. N.-E. de Lisbonne. Pop. 6,500 hab. Cette ville est un des boulevards de Lisbonne, à cause des montagnes dont elle est environnée. On y jouit d'une vue délicieuse; elle fait un très-grand commerce et possède un vieux château, trois églises, dont une, celle de Saint-Vincent, est regardée comme une des plus vastes et des plus riches du royaume. Le général Junot, commandant l'armée française du Portugal, s'empara d'Abrantès le 22 novembre 1807, et l'empereur, pour lui témoigner sa satisfaction, lui conféra le titre de *duc d'Abrantès*.

ABRANTÈS (le duc D'). *Voir* JUNOT.

ABRANTÈS (Saint-Martin Permon, duchesse D'), écrivain distingué, née à Montpellier en 1784, morte en 1838. Elle descendait, par sa mère, de la famille impériale des Comnène. En 1799, elle épousa le général Junot, qui, plus tard, en 1807, reçut de Napoléon Ier le titre de *duc d'Abrantès*; elle le suivit dans toutes ses campagnes, et, après sa mort, en 1813, se voua à l'éducation de ses enfants. Elle a écrit des *Mémoires* qui renferment des détails intéressants sur la cour impériale. On a d'elle encore plusieurs romans, entre autres l'*Amirante de Castille* et les *Salons de Paris*.

ABRAXAS ou BASILIDIENNES, espèce de pierres gravées, très-répandues, et qui représentent le génie à tête de coq, ayant des serpents pour jambes; ce génie panthée tient un fouet à la main; puis le serpent à tête de lion ou de chien, entourée d'une auréole, est la figure de l'agatho-démon du Dieu sauveur. Les pierres de ce genre, dont un grand nombre a passé d'Égypte, d'Asie et d'Espagne dans les collections européennes, sont faciles à reconnaître, parce qu'elles portent pour inscription le mot *Abraxas* écrit en lettres grecques qui semblent dénoter une origine barbare. Ces pierres, qui appartiennent à la secte christiano-gnostique des basilidiens, servaient tantôt de symboles auxquels on rattachait des doctrines mystérieuses, tantôt des signes de reconnaissance, tantôt d'amulettes ou de talismans. Ce mot d'*Abraxas* a été l'objet de beaucoup de discussions : les savants ont avancé force hypothèses pour lui trouver une étymologie et un sens. En effet, les uns y ont vu un mot persan ou pelvi, d'autres le croyaient composé de deux mots égyptiens, *abrah* et *sax*, et ils le traduisaient par *le mot béni, saintement vénéré*, dont la forme mystique rappelle le tétragrammaton, qu'il était défendu aux Juifs de prononcer. Déjà chez les anciens gnostiques, ce mot exprimait le nombre 365, écrit en lettres grecques. Il signifiait pour eux le Dieu manifesté ou l'ensemble des manifestations émanées du Dieu suprême, car, dans leur doctrine, 365 intelligences formaient le plérome ou la plénitude des intelligences supérieures. Nous ne poursuivrons pas plus loin ces recherches, attendu qu'il règne encore trop d'incertitude à cet égard. Considérées en elles-mêmes, les pierres basilidiennes sont fort imparfaitement connues. Les savants, malgré leurs efforts, ont jusqu'à présent jeté peu de jour sur cette branche si obscure de la glyptique, seulement ils ont fait voir que l'on avait souvent mal à propos confondu des monuments basilidiens avec des pierres qui appartiennent à d'autres doctrines, soit asiatiques, soit grecques, soit égyptiennes.

ABRETTÈNE, contrée de la partie orientale de la Mysie (Anatolie), sur les frontières de la Bythinie. Elle était consacrée à Jupiter, qui avait reçu le surnom d'*Abrettenus*. Ses habitants, que Suidas appelle *Abrettani*, avaient pris parti pour Auguste et combattirent Antoine.

ABRÉVIATIONS. Chez les Romains, il y en avait de trois sortes : dans les livres, dans les inscriptions, sur les médailles. — Il y a aussi des abréviations numérales. *Voir* CHIFFRES, MONNAIES.

ABRIAL (André-Joseph, comte), savant jurisconsulte, né en 1750, à Annonay, mort le 14 novembre 1828.

ABRIL (Pedro-Simon), en latin *Aprilus*, grammairien espagnol, né vers 1530, à Alcoraz, près de Tolède.

ABRINCATUI, ville de la Gaule lyonnaise (Normandie), située à 2 kil. de la mer. Elle était nommée auparavant *Ingena*, et aujourd'hui c'est *Avranches*.

ABROGATION, acte par lequel une loi, une coutume ou un usage est abrogé. Il y a l'abrogation légale, qui résulte d'une loi formelle, ou l'abrogation tacite, lorsqu'elle est la conséquence forcée de nouvelles dispositions légales.

ABRUZZES (les), prov. d'Italie, dans l'ancien royaume de Naples, dont elle forme la partie N.-E., sur la Mer adriatique. C'est un pays de montagnes; là finit l'Apennin central et commence l'Apennin méridional; le mont Vélino est le point de cette division. Là aussi se trouvent les plus hautes sommités des Apennins; on remarque sur cette partie du faîte le mont Corno, la cime la plus élevée du *Gran Sasso d'Italia* et en même temps de toute la péninsule; il a 2,902 m. Pop. : 1,000,000 hab. Les Abruzzes se divisent en Abruzze citérieure et Abruzze ultérieure. Cette dernière se subdivise en Abruzze ultérieure 1re et Abruzze ultérieure 2e. Les rivières les plus remarquables des Abruzzes sont : le Tronto, le Vomano, la Pescara, le Sangro, le Trigno, etc. L'Abruzze ultérieure 1re, limitée par le Tronto, du côté des États romains, et par la Pescara, du côté de l'Abruzze citérieure, est divisée en deux districts : Térano au N. et Cività di Penne au S. L'Abruzze ultérieure 2e est la partie la plus septentrionale de l'ancien royaume de Naples. Elle est partagée en quatre districts : celui d'Aquila au N., celui de Città ducale au N.-O., celui de Solmona au S.-E., et celui d'Avezzano au S.-O. L'Abruzze citérieure, séparée de l'Abruzze ultérieure 1re par la Pescara et de la prov. de Molise par le Trigno, est divisée en trois districts : Chieti au N., Lanciano au milieu, et Il Vasto au S. Le climat des Abruzzes est rigoureux; la neige couvre le sommet des montagnes depuis le mois d'octobre jusqu'au mois d'avril; d'épaisses forêts couronnent les hauteurs; les vallées seules sont fertiles. Les amandiers, les noyers et d'autres arbres fruitiers y réussissent partout; les oliviers croissent dans les terrains les plus bas au bord de la mer. De magnifiques troupeaux de toute espèce paissent sur les hauteurs et dans les vallons, et sont presque le seul objet d'exportation du pays. Les montagnes renferment des carrières de gypse, de pierre à bâtir et de marbre. Quant à l'industrie manufacturière, elle y est nulle. Les Abruzzes sont surtout remarquables par leur position militaire. Elles forment comme le rempart naturel de l'ancien royaume de Naples, et, pendant les guerres de la première République, les habitants des Abruzzes sentirent se réveiller en eux, pour quelques instants, le courage de leurs ancêtres, les Samnites, les Marses, les Sabins, qui avaient autrefois fait trembler les Romains, et qui, avant eux, occupaient ces montagnes. En 1798, les

Abruzzions résistèrent victorieusement à l'invasion des Français; ils tuèrent le général Hilarion, firent prisonnier le général Rusca, et causèrent beaucoup de dommage à la colonne du général Duhesme.

ABSALON, fils de David et de Maacha; il assassina dans un festin son frère aîné Ammon. S'étant révolté contre son père, il fut vaincu par Joab dans la forêt d'Ephraïm. Absalon ayant pris la fuite, sa longue chevelure s'embarrassa dans les branches d'un chêne, et il resta suspendu. Joab l'ayant trouvé dans cet état, le tua de sa propre main, l'an du monde 2980, malgré la défense expresse de David.

ABSALON ou AXEL, né en 1128, mort en 1201. Il fut élu par le clergé évêque de Roeskilde (Danemark), en 1158. Il remplit un rôle très-actif sous Valdemar Ier et Canut IV; alliant le caractère religieux au caractère militaire, il délivra sa patrie des déprédations des pirates, et jeta les fondements de Copenhague en construisant un château fort près du bourg de Hofn.

ABSARUM, rivière peu considérable de la Colchide, dans la partie S.-O. de l'Asie. Elle traversait le pays des Cassiens, et se jetait dans le Pont-Euxin, à 60 stades (12 kil.) de l'Archabis. A l'embouchure de cette rivière se trouvaient une ville et un château fort, où, suivant la mythologie, Médée assassina son frère.

ABSCHATZ (Jean ASZMANN, baron D'), un des principaux poëtes allemands du XVIIe siècle, né le 4 février 1646, à Wurbitz (Silésie), et mourut le 22 avril 1699. Ses œuvres, publiées par W. Müller dans la *Bibliothèque des poëtes allemands du XVIIe siècle*, quoique d'une certaine valeur, méritent le reproche de l'enflure et de la sonorité pompeuse aux dépens de la clarté du style.

ABSENTÉISME, nom donné, en Angleterre, à l'acte de ceux qui quittent leur patrie pour aller habiter une contrée quelconque pour le seul avantage d'y vivre à meilleur compte. C'est ainsi qu'un grand nombre d'Anglais quittent la Grande-Bretagne, parce qu'avec une fortune qui leur permet de faire une certaine figure sur le continent, ils seraient dans une misère relative dans leur pays.

ABSIDE, partie de l'église où se trouvent le chœur et le maître-autel.

ABSIMARE (Tiberius-Absimarius-Augustus), empereur du Bas-Empire. D'une naissance obscure, il parvint, par ses talents militaires, à acquérir la confiance des soldats, qui le proclamèrent empereur (698). Mais Justinien II, qui s'était réfugié à l'étranger, vint à la tête des barbares assiéger Constantinople, et, s'étant emparé d'Absimare, le fit mettre à mort en 707.

ABSOLU: Ce mot, en métaphysique, s'emploie par opposition à *relatif*. Ainsi le vrai *absolu* est celui qui est immuable, indestructible, et qui, quand même l'univers s'abîmerait en un gigantesque cataclysme, subsisterait éternellement. Tandis que le *vrai relatif* peut varier selon les temps, les mœurs, les usages. — Le *beau absolu* n'existe pas dans la nature et n'est entrevu que par les intelligences d'élite : on comprend que, dans les arts, ne sont des artistes de talent que ceux qui se rapprochent le plus du *beau absolu*, qui n'est pourtant pas l'*idéal*; car l'idéal varie selon les imaginations, tandis que les règles du beau absolu sont rigoureuses, et, quoiqu'elles ne puissent se définir exactement, sont parfaitement sensibles. — Le *bien absolu* est la perfection morale à laquelle tous les efforts de l'homme doivent tendre.

ABSOLUTISME, puissance illimitée du souverain. L'absolutisme diffère du despotisme en ce que celui-ci n'existe que par une série d'actes arbitraires et injustes, tandis que celui-là, quoique sans bornes, se renferme dans les bornes de l'équité et de la droiture. Plus les sociétés se policent, plus elles tendent vers l'absolutisme; car les gouvernements à pouvoirs limités se rencontrent plutôt dans l'origine des peuples, alors que les familles s'agrégeant, apportent en commun une série de forces se pondérant les unes par les autres : c'est ainsi que l'on vit les Romains, après s'être constitués en république, passer sous le gouvernement absolu des césars.

ABSTEMIUS (Laurent), en italien *Astemio*, fabuliste, né à Macerata, en Italie. Il florissait au commencement du XVIe siècle. Il fut professeur à Urbin et bibliothécaire du duc de cette ville. On a de lui deux recueils de fables, en partie traduites du grec, en partie de son invention. Il donna aussi une traduction des fables d'Esope. La Fontaine lui a fait quelques emprunts. Ces fables ont été traduites par Pillot en 1814.

ABSTRACTION, faculté par laquelle l'esprit se dégage d'un ordre d'idées pour passer à un autre.

ABSTRAIT, terme par lequel on désigne une qualité ou une propriété isolée d'un corps, d'une chose. Tout dans la nature est complexe, et lorsque l'idée s'en évoque dans l'imagination, elle est nécessairement accompagnée d'une série d'idées secondaires qui la complètent. Ainsi si l'on pense à une *pierre*, inévitablement on songera qu'elle est *grosse* ou *petite*, *carrée* ou *ronde*, etc.; chacune de ces idées, prise en elle-même, est une idée abstraite. — On a donc tort d'appeler abstrait tout ce qui est obscur ou difficile à comprendre.

ABSURDE, nom donné à un argument qui consiste à prendre la proposition du côté opposé à la vérité et, par des assimilations, à en démontrer l'absurdité, pour arriver à prouver le contraire.

ABSYRTE, fils d'Œtès, roi de Colchos. Sa sœur Médée le mit en pièces, et dispersa ses membres pour arrêter ceux qui étaient à sa poursuite, lorsqu'elle fuyait avec Jason de la maison de son père. Ce meurtre eut lieu sur les bords d'un fleuve de Colchide, qui prit de là le nom d'Absyrte.

ABUDIACUM, ville de la Vindélicie (Bavière), sur le Danube, à 16 kil. S.-E. de Regina (Ratisbonne).

ABUS, fleuve de la Grande-Bretagne qui

Abad III s'emparant de Cordoue (p. 4, col. 3).

se jetait dans l'Océan, sur la côte orientale de l'Angleterre. *Voir* HUMBER.

ABUSINA, ville de la Vindélicie (Bavière), sur le Danube, à 20 kil. S.-O. de Regina (Ratisbonne). *Voir* ABENSBERG.

ABYDOS, ville de l'Asie mineure, en Mysie, sur la rive méridionale de l'Hellespont, en face de Sestos, dans un des endroits les plus resserrés du détroit qu'Hérodote n'évalue qu'à environ sept stades. Cette ville, aujourd'hui en ruines, fut fondée par des Milésiens; elle est citée par Homère, Hérodote, Thucydide, Xénophon, Diodore, Strabon, Tite-Live, Méla, Ptolémée, etc. Elle est célèbre dans l'histoire par l'héroïque défense de ses habitants, qui, assiégés par Philippe II, père de Persée, dernier roi de Macédoine, aimèrent mieux s'ensevelir sous les ruines de leur ville que de se rendre à discrétion. C'est là que Xercès passa le détroit sur un pont de bateaux qu'il y avait fait jeter. Elle est également célèbre dans la Fable pour avoir été le théâtre des amours d'Héro et de Léandre, que lord Byron a chantées dans un petit poëme bien connu : *la Fiancée d'Abydos*. Les Abydéniens passaient pour être mous et efféminés, et leur mollesse avait donné lieu à ce proverbe : *N'abordez pas sans précaution à Abydos*. La ville qui a été élevée sur les ruines d'Abydos est *Nagara-Bouroun*.

ABYDOS, cité considérable de la haute Égypte, près de la rive gauche du Nil, au S. de Ptolémaïs. Son nom égyptien est *Ebot* et les Grecs en ont fait *Abydos*. C'est une des plus anciennes villes de l'Egypte, très-florissante jadis, à cause de son peu de distance du Nil à la grande Oasis, ce qui permettait aux caravanes qui venaient du Darfour et du Kordofan, d'y déboucher. Cette ville, qui paraît avoir été un des principaux sanctuaires du culte d'Osiris, a dans ces derniers temps acquis une grande célébrité par suite de la découverte qu'on y a faite d'une inscription hiéroglyphique qui a reçu le nom de *Table d'Abydos*, et qui a été découverte par M. J.-W. Bankes, en 1818, sur le mur d'un petit temple creusé dans le roc. Elle contient une table chronologique des ancêtres de Ramsès III ou Sésostris le Grand. Cette table fut achetée pour le *British Museum*, où elle est déposée. Les ruines de l'antique Abydos sont aujourd'hui occupées par le village connu sous le nom de Madfounèh, c'est-à-dire la *ville enterrée*. *Voir* MADFOUNÈH.

ABYLA, aujourd'hui *Ceuta*, montagne et cap de l'Afrique septentrionale, vis-à-vis du mont Calpé (Gibraltar), en Espagne. Ces deux montagnes ne sont séparées que par quelques milles, et forment ce qu'on appelait les *colonnes d'Hercule*. Elles étaient ainsi nommées parce qu'on voulait indiquer qu'elles étaient le terme des courses de ce héros, et les bornes du monde alors connu. *Voir* CEUTA.

ABYSSINIE, vaste contrée de l'Afrique orientale, bornée au N. par la Nubie, à l'E. par la mer Rouge, à l'O. par le Kordofan, et au S. par une haute chaîne de montagnes. Elle peut avoir 200 lieues de long. du 15e au 17e degré de latitude N., sur 230 lieues de larg. du 32e au 42e degré de longitude E. de Paris. La pop. est de 2 millions d'hab., selon les uns, et de 4 millions, selon les autres. Les royaumes regardés aujourd'hui comme les puissances prépondérantes de cette partie de la région du Nil, sont : Gondar, Tigré, Lasta et la confédération des Gallas. Elle est arrosée par plusieurs rivières qui presque toutes prennent leur source dans les montagnes; les principales sont : le Malek, le Bahr-el-Azrec ou fleuve Bleu, le Nil d'Abyssinie, l'Astapus des anciens, le Bahadaura, le Taccazze, le Mareb, qui coulent à droite et se jettent dans le Nil; le Zèbey, qui porte ses eaux vers le Zanguebar; le Havach, le Hamzo qui se dirigent vers le golfe d'Arabie et sont absorbés par les sables. Il y a dans l'intérieur des terres plusieurs lacs, dont le plus étendu est celui de Dembéah, que traversent les eaux du Nil; il est situé dans le royaume de Gondar. De vastes chaînes de montagnes sillonnent cette contrée; on peut citer, parmi les principales, celle du Samen, qui offre dans le Tigré le mont Abba-Jaret, qui a 4,547 m. de hauteur, et celle qui avoisine la mer Rouge, à laquelle appartient le mont Taranta dans le même royaume; ce mont a 2,376 m. de hauteur. Grâce à ses innombrables rivières et à ses pluies périodiques, l'Abyssinie jouit d'un climat tempéré, si on le compare à celui des autres parties de l'Afrique. De vastes forêts couvrent plusieurs cantons de l'Abyssinie; on y remarque le *cusso*, le *vougiños*, l'*érythrine* à fruit de corail, le tamarinier, diverses espèces d'acacias épineux, le dattier et d'autres arbres curieux. Le caféier croît spontanément sur quelques montagnes; les plus arides nourrissent les euphorbes ligneuses. On cultive le sorgho ou mittel, le froment, l'orge et le sef, graminée du genre des pois, dont la graine est extrêmement mince et sert à faire des gâteaux. Deux récoltes ont lieu tous les ans, l'une pendant la saison des pluies, l'autre au printemps; dans quelques endroits la terre donne jusqu'à trois récoltes. L'*ensété*, espèce de bananier, et la vigne, obtiennent aussi les soins des Abyssins, qui font cependant peu de vin; ils aiment mieux une espèce d'hydromel. Les jardins offrent plusieurs espèces d'arbres fruitiers et de légumes; les champs produisent des plantes oléagineuses inconnues en Europe. On trouve en Abyssinie le cyperus à papier, l'arbre qui donne le baume de Judée et celui de la myrrhe. Les quadrupèdes y sont nombreux et d'espèces très-variées. Le bœuf galla, aux cornes immenses, et le bœuf à bosse y sont très-gros; on y trouve une espèce particulière de moutons dont la queue pèse de 15 à 20 kilog. Les Abyssins se servent peu du chameau, qu'ils remplacent avantageusement par l'âne et le mulet, surtout dans les parties montagneuses. Un grand nombre de bêtes féroces, entre autres les lions, les léopards, les panthères, les lynx bottés, les hyènes, infestent l'A-

Acca Laurentia trouvant Romulus et Rémus (p. 20, col. 1).

byssinie. La girafe, diverses espèces de gazelles, des singes, des sangliers, le rhinocéros à deux cornes et l'hippopotame se trouvent aussi dans ce pays. Le zèbre y erre dans les provinces méridionales. On fait encore mention de l'*ach-koko*, petit animal de la famille des pachydermes. Le buffle y vit par troupeaux et à l'état sauvage. Les plaines sont couvertes de lièvres, regardés comme des animaux impurs par les Abyssins. Plusieurs oiseaux singuliers font l'ornement des campagnes et des forêts; on y voit plusieurs espèces d'aigles et d'autruches; mais les oiseaux aquatiques y sont rares. On ne connaît pas bien les sortes de poissons de cette contrée. Les abeilles y sont très-communes et font la richesse d'un grand nombre de cantons; elles y donnent un miel excellent; quelques-unes construisent leurs ruches sous terre. Les sauterelles sont un fléau dévastateur pour cette région; mais l'insecte le plus funeste est le *zemb* ou *tsaltsalya*, espèce de mouche dont la vue et même le seul bourdonnement répand la terreur et le désordre parmi les animaux. Les montagnes de l'Abyssinie renferment des mines de cuivre et de plomb; mais leur exploitation est très-imparfaite. On retire de l'or extrêmement pur du lavage des sables et graviers de quelques fosses peu profondes. On trouve l'or le plus fin au pied de quelques montagnes des provinces occidentales. Dans les plaines situées au bas de la chaîne, on rencontre du sel gemme en cristaux d'une dimension considérable. C'est sur les bords du lac Dembéah et dans la province de ce nom que se réunit l'élite de la nation abyssinienne pour y passer la saison des pluies et s'occuper des affaires générales du pays. Cette province est depuis plus de soixante ans le centre du gouvernement civil et ecclésiastique. La ville de Gondar, située à 230 kil. N.-E. des sources du Nil, sur les bords de la Cabba, qui la divise en deux parties, est peuplée de 11,000 familles, qui n'ont pour habitation que des maisons d'argile. Depuis quelques années seulement les Européens leur ont appris à se loger plus commodément. Les Abyssins sont d'une taille élancée et bien prise; ils ont les cheveux longs et les traits du visage assez semblables à ceux des Européens; leur teint est bronzé ou d'un brun foncé; quelques-uns l'ont d'un brun olivâtre, d'autres de la couleur de l'encre pâle. On aperçoit dans leur physionomie quelques vestiges de celle des nègres. Les Enaréens, qui habitent dans le S.-O., ont le teint plus clair; les Chihos, qui vivent sur les côtes de la Mer rouge, sont les plus noirs; les Hazortas, leurs voisins, sont cuivrés. Au milieu de l'Abyssinie vivent des peuples barbares presque semblables aux nègres; ils demeurent dans les cavernes et les bois. L'Abyssinie est aujourd'hui divisée en cinq provinces ou *ras*, gouvernées par autant de chefs qui se sont rendus indépendants, par suite des guerres qui ont, pendant plus d'un demi-siècle, désolé ce pays. Leurs résidences sont Axoum, Bégemder, Goïoum, Gondar et Séaman. Ces princes sont toujours en guerre, et on ignore si un de ces cinq prétendants est parvenu à s'emparer de toute l'Abyssinie et à former un empire unique. Les Gallas ont envahi et possèdent trois Etats : le Tigré au N.-E., l'Amhara à l'O., le Choa et l'Effat au S. De toutes les villes de cette vaste contrée, les plus importantes sont : Adova, Agot, Ankober, Antalo, Axoum, Buzé, Godjam, Gondar, Ibala, Kobbenou, Komboïche, Sokota et Tagoulat. Les divers peuples qui se sont fixés sur les plateaux et dans les vallées de l'Abyssinie diffèrent de races, de mœurs et de langage; les habitants des hauts plateaux se nomment eux-mêmes Atiopovans, et prétendent descendre d'une colonie de gens libres venus du Nord. Les Abyssins appartiennent à la race éthiopienne; la langue d'Amhara est le dialecte vulgaire; celle du Tigré, appelée *Gheez*, est consacrée au culte; on la regarde comme un idiome dérivé de l'arabe ou plutôt de l'ancien égyptien; on y retrouve beaucoup de mots grecs. En outre, sur le littoral abyssin, dans les parties méridionales, et chez les Gallas, on parle d'autres idiomes peu connus. La religion des Abyssins est un mélange de christianisme et de judaïsme; elle a pour chef spirituel l'*abouna*, qui est nommé par le patriarche copte d'Alexandrie. Il y a beaucoup de couvents et de moines, presque tous agriculteurs; il leur est défendu de mendier; ils font vœu de chasteté, mais les prêtres peuvent se marier. Ils admettent le divorce et la polygamie. Comme les Grecs, ils observent le sabbat et le dimanche, invoquent la Vierge et les saints; le peuple a conservé quelques habitudes païennes : il adore le serpent et se livre au fétichisme. Sur le littoral, c'est l'islamisme qui domine. L'année des Abyssins commence le jour de la décollation de saint Jean-Baptiste, qu'ils fixent au 1er septembre. Leurs maisons sont des cabanes rondes couvertes d'un toit en chaume et de forme conique. Les enfants sont nus jusqu'à quinze ans; le costume des hommes se compose d'une large tunique et d'un manteau blanc; ils ont pour coiffure un large turban; les grands seigneurs sont si indolents qu'ils se font mettre les aliments dans la bouche. Ils mangent de la viande crue; leur boisson est une espèce d'hydromel appelé *maïzé*, où il entre beaucoup d'opium. L'ivrognerie est assez commune dans toutes les classes de la société. Les Gallas se barbouillent le visage du sang des animaux. Les sciences et les arts sont très-arriérés dans ces contrées, et l'industrie manufacturière y est presque nulle. On y trouve seulement quelques fabriques d'étoffes de coton, de gros draps et d'armes blanches. Le port de Massouah, sur la Mer rouge, est le débouché de tout le commerce de l'Abyssinie avec l'extérieur; c'est de là que s'exportent la poudre d'or, l'ivoire, les résines et les esclaves; c'est par là aussi qu'entrent dans l'intérieur les draps, le fer-blanc, le plomb, l'or, la soie et les tapis de Perse. L'Abyssinie, partie de la vaste région que les anciens nommaient *Ethiopie*, après avoir formé une monarchie puissante, dont le souverain prenait le titre de roi des rois d'Ethiopie (le *grand Négus* ou *prêtre Jean* du moyen âge), repoussa d'abord avec succès les invasions souvent renouvelées des Musulmans, qui l'attaquaient par l'E., tandis que les hordes sauvages des Gallas, Schaugallas et autres peuples barbares la pressaient au S. et à l'O. Aujourd'hui elle est bien déchue, et ses différents royaumes, devenus indépendants, sont livrés à toutes les horreurs de la guerre civile et de la guerre étrangère. Si l'Abyssinie, de même que la Chine, s'ouvre enfin aux relations de l'Europe occidentale, le port de Massouah deviendra un centre important de commerce. On établira des agents à Gondar, à Adova, à Antolo, à Socota, dans le Dembéah, dans le Godjam, etc. Sur ces divers points les Abyssiniens et les Arabes du littoral de la Mer rouge arriveront avec les productions et les denrées de ce vaste pays, et porteront dans l'intérieur des terres les merveilles de notre industrie. Malheureusement il est à craindre que les guerres intestines ne retardent cette régénération d'un peuple autrefois civilisé. Les dernières nouvelles que donnent les voyageurs les plus récents laissent peu d'espoir à ce sujet.

AC, du latin *aqua*, eau; finale commune à un grand nombre de noms dans le midi de la France.

ACACE, patriarche de Constantinople, 471-488. Il porta l'empereur Zénon à favoriser les Eutychéens, et fut condamné par le pape Félix comme hérétique.

ACACE, surnommé le *Borgne*. Chef de la secte des Acaciens; il remplaça Eusèbe comme évêque de Césarée, en 340, et aidé de l'empereur Constance, il fit déposer saint Cyrille et exiler le pape Libère.

ACADÉMIE, place au bord du Céphise et à 6 stades (1,100 m.) d'Athènes. Ce lieu était rempli d'eaux stagnantes et malsaines. Cimon le dessécha, y planta des allées de platanes et des bosquets, et dès lors l'Académie devint la promenade favorite des Athéniens. Voici comment l'abbé Barthélemy décrit la métamorphose de ce lieu, au temps du voyage de son jeune Anacharsis : « On y voit maintenant un gymnase et un jardin entouré de murs, orné de promenades couvertes et charmantes, embelli par des eaux qui coulent à l'ombre des platanes et de plusieurs autres espèces d'arbres. A l'entrée est l'autel de l'Amour et la statue de ce dieu; dans l'intérieur sont les statues de plusieurs autres divinités. Non loin de là, Platon a fixé sa résidence auprès d'un petit temple qu'il a consacré aux Muses. » Les derniers traits de cette description, à laquelle il manque le groupe des Grâces à côté des Vierges du Parnasse, ne semblent-ils pas indiquer d'avance cette philosophie rêveuse, passionnée, quelquefois sublime, qui se composait d'imagination, d'amour, de culte pour les dieux, de poésie, et prêtait à la science le charme de la plus suave éloquence? L'école de Platon prit le nom d'Académie, du lieu où des disciples enthousiastes l'écoutaient, suspendus à chacune des paroles d'or qui sortaient de ses lèvres. L'Académie, faisant partie du Céramique, qui était rempli de monuments et d'urnes funéraires, était aussi consacrée aux sépultures; on y ensevelissait ceux qui avaient rendu des services signalés à la patrie. Le nom d'*Académie* venait du héros Académus, qui avait découvert à Castor et Pollux l'endroit où Hélène, leur sœur, s'était cachée avec Thésée son ravisseur; ils étaient venus, à main armée, la redemander aux Athéniens, qui avaient répondu qu'ils ne savaient où elle était; Académus, pour arrêter la guerre qui allait commencer, leur apprit qu'elle était cachée à Aphidna. Ces deux frères allèrent attaquer cette ville, la prirent d'assaut et la rasèrent. Reconnaissants de ce service rendu aux Dioscures, les Lacédémoniens épargnèrent le gymnase et les jardins de l'Académie, toutes les fois qu'ils ravagèrent les faubourgs d'Athènes; mais le farouche Sylla détruisit ces bosquets délicieux. Cicéron voulut faire revivre le nom de l'*Académie*; il le donna à la maison de campagne qu'il possédait près de Pouzzoles. C'est là qu'il se plaisait à converser avec ses amis sur divers sujets de philosophie, et qu'il composa ses livres de la *Nature des Dieux*, et ses livres de la *République*. Plusieurs autres académies s'élevèrent à Athènes, mais aucune d'elles ne put balancer la renommée de celle du maître, par qui se réfléchissait un rayon de la gloire et de la vertu de l'immortel Socrate.

ACADÉMIE, société de gens de lettres, de poëtes, de savants et d'artistes qui se proposent, par leurs travaux communs, par les encouragements qu'ils distribuent, de contribuer au progrès des sciences, des lettres et des arts. Entendues dans ce sens, les académies ou sociétés savantes, littéraires et artistiques ont été inconnues aux anciens, et ce n'est guère qu'à l'époque de la renaissance qu'elles apparaissent dans l'histoire. On a voulu voir en Europe la première de ces institutions, dans une espèce de société bizarre fondée par Charlemagne; mais ce n'était qu'un simple cercle d'amis littéraires du monarque. On ne peut pas davantage citer l'espèce d'académie qu'un siècle plus tard Alfred fonda à Oxford, car cette académie n'était qu'une école, une faculté, pour nous servir d'une expression moderne, et cette académie n'a été que le commencement de l'Université établie depuis dans cette ville. L'Académie que l'on peut avec le plus de fondement regarder comme la mère de celles qui se sont établies en si grand nombre dans tout le monde civilisé, c'est sans contredit l'*Académie des Jeux floraux*, fondée à Toulouse par Clémence Isaure, en 1325, dans le but d'encourager la poésie et de distribuer des prix et des récompenses aux troubadours. C'est si bien de la renaissance que datent les académies, qu'à cette époque on vit dans l'Italie, centre des lumières et siége du mouvement intellectuel, surgir de tous côtés des réunions de savants, de littérateurs qui, sous les sobriquets les plus étranges, travaillaient à la propagation des langues anciennes, au perfectionnement de la langue nationale, à la publication des grands auteurs de l'antiquité. Il n'y eut peut-être pas pour ainsi dire une seule ville qui n'eût son académie. Après l'Italie vient la France, qui peut revendiquer sa bonne part dans l'idée de la création des académies, car c'est après qu'elle a eu fondé les siennes que les autres contrées de l'Europe s'empressèrent d'en établir d'analogues. La première, la plus ancienne de ces sociétés en France, celle qui s'est acquis le plus d'illustration, sinon par ses travaux du moins par les membres qui la composèrent, est l'*Académie française*.

ACADÉMIE FRANÇAISE, corps littéraire constitué par Richelieu. Voici comment Chamfort en raconte la formation : « Quelques gens de lettres plus ou moins estimés de leur temps, s'assemblèrent librement et par goût chez un de leurs amis qu'ils élurent leur secrétaire. Cette société, composée seulement de neuf ou dix hommes, subsista inconnue pendant quatre ou cinq ans, et servit à faire naître divers ouvrages que plusieurs d'entre eux donnèrent au public. Richelieu, alors tout-puissant, eut connaissance de cette association; il lui offrit sa protection et lui proposa de la constituer en société publique. Ces offres, qui affligèrent les associés, étaient à peu près des ordres; il fallut fléchir. » On obéit donc, en chargeant Bois-Robert de remercier le cardinal. Les statuts furent dressés, et la docte compagnie quitta l'asile que lui avait offert Conrart, son secrétaire perpétuel, pour aller siéger à l'hôtel de la rue du Bouloi, où elle fut plus tard remplacée par la direction des fermes. Les plus hauts personnages sollicitèrent l'honneur d'être admis dans son sein, et le chancelier de France, Pierre Séguier, apposa le sceau sur les lettres patentes en demandant à être inscrit sur le tableau des académiciens. Le parlement prit ombrage de cette fondation du ministre, et y vit une censure établie à son usage : il se refusa pendant deux ans à l'enregistrement des lettres patentes, et, après bien des menaces du ministre, il s'y décida en ajoutant quelques clauses restrictives. Ceci pourra paraître une plaisanterie, mais rien n'est plus sérieux : tous les robins s'étaient imaginé que leurs actes seraient soumis à l'Académie, qui examinerait s'ils étaient rédigés en bon français: Dieu sait qu'elle besogne la grave assemblée aurait encore de nos jours! Richelieu, qui voulait exercer son pouvoir sur tout et régenter la langue comme il avait régenté la noblesse féodale, donna à l'Académie la mission de polir et d'améliorer la langue, et pensionna Vauglas, qui devait en être le rédacteur immédiat. « J'espère, lui dit-il finement, que, dans le dictionnaire que vous allez faire, vous n'oublierez pas le mot *Pension*. — Ni le mot *Reconnaissance*, » répondit immédiatement l'académicien. La première édition en parut en 1694, la seconde en 1718 ; la troisième en 1740; la quatrième en 1762, la cinquième en 1813 et la sixième en 1835. L'Académie fut longtemps en butte aux critiques et aux satires pour la faiblesse qu'elle montra en certaines circonstances; pour avoir condamné le *Cid*, pour plaire au cardinal, qui, par ses prétentions littéraires, ne pouvait pardonner au génie de Corneille. Puis la complaisance qu'elle montra constamment à l'autorité; les éloges pompeux et ampoulés des rois et des ministres, qu'on retrouvait constamment dans les discours publics; le peu de mérite de quelques uns de ses membres, et l'inutilité de la plupart de ses conférences, furent une cause de cette espèce de discrédit dont elle est frappée dans l'opinion ; discrédit habilement exploité par des ambitieux et des intrigants littéraires qui, désespérant d'entrer par leur mérite dans le sein de cette compagnie, la méprisent et la déprisent, croyant par là se donner plus de valeur et de talents. On se souvient encore de Victor Hugo qui, après avoir tiré toutes ses flèches contre l'Académie, épuisé pour elle la coupe de l'ironie et du ridicule, lorsqu'il y fut entré, éleva la dignité d'académicien à des hauteurs tellement empyréennes, que le récipiendaire auquel il adressait son discours en pâlissait d'effroi et se demandait, pour la première fois peut-être, s'il était réellement digne de cet insigne honneur. A la Révolution, l'Académie tomba avec le trône, dont elle tenait la vie. Jusqu'à nos jours elle subit de nombreuses modifications pour revenir à peu près à ses formes primitives. Le ministre Vaublanc, chargé par la Restauration de modifier l'Académie, commit une faute énorme en supprimant l'inamovibilité des académiciens et en prononçant l'exclusion d'un certain nombre d'entre eux. Cet acte, qu'il fallut désavouer plus tard, causa un grand tort à Louis XVIII. On a beaucoup reproché à l'Académie de n'être qu'une brillante inutilité, et de marcher à la remorque du mouvement littéraire, sinon contre lui, alors qu'elle devrait être à sa tête afin de le diriger dans une voie utile. Pourquoi les pères conscrits de la littérature, au lieu de se borner à être les serviles gardiens du monument de notre langue et d'en défendre l'approche aux néologismes et aux locutions vicieuses, ne s'emparent-ils pas de la critique, si puissante à notre époque, et, la dispensant d'une façon majestueuse, avec autant de décence que d'impartialité, ne condamnent-ils pas les funestes tendances qui corrompent et abaissent notre littérature en la faisant rétrograder jusqu'à la barbarie? Quelle ne serait pas l'autorité de l'Académie lorsqu'on verrait sortir de son enceinte les oracles du goût et de la raison! Comme la justice qu'elle rendrait aux ouvrages dignes de son examen réduirait bientôt au silence et au mépris cette critique ingrate, déloyale et passionnée des journaux, qui portent des coups si funestes à la littérature en décourageant les esprits honnêtes et sérieux et en prodiguant ses faveurs aux bateleurs et aux histrions littéraires! Pourquoi ne s'emparerait-elle pas de l'instruction du peuple, qui doit préoccuper avant tout le penseur et le philosophe? pourquoi ne l'initierait-elle pas à ces vérités éternelles qu'il est apte à comprendre et à juger? De cette façon elle opposerait une digue exempte d'influences aux écrits qui faussent le jugement et le cœur. Nous posons ces questions, espérant que leur solution est prochaine.

ACADÉMIE DES INSCRIPTIONS ET BELLES-LETTRES. Cette compagnie s'occupe des langues savantes anciennes et modernes, des antiquités et des monuments, de l'histoire des sciences politiques et morales dans leurs rapports avec l'histoire. Elle est composée de 40 membres, plus 10 membres libres.

ACADÉMIE DES SCIENCES. Elle s'occupe des sciences naturelles, physiques et mathématiques, et pousse dans la voie du progrès par des sujets qu'elle met au concours. Elle compte 63 membres.

ACADÉMIE DES BEAUX-ARTS, ayant pour spécialité les arts du dessin ; elle dirige les concours pour les grands prix de peinture, sculpture, architecture, gravure et composition musicale; elle présente au ministre des candidats pour les places de professeur des écoles de beaux-arts de Paris et des départements. Les 40 membres se divisent ainsi : 14 peintres, 8 sculpteurs, 8 architectes, 4 graveurs, 6 compositeurs de musique. Elle compte aussi quelques membres libres.

ACADÉMIE DES SCIENCES MORALES ET POLITIQUES. Elle s'occupe de philosophie, de morale, de législation, etc.

ACADÉMIE IMPÉRIALE DE MÉDECINE, instituée, en 1820, pour étudier les questions qui intéressent la santé publique.

ACADÉMIE, circonscription administrative universitaire en France. Les divisions de l'administration universitaire, établies par le décret du 17 mars 1808, furent d'abord en nombre égal à celles des cours d'appel; réduites à 20 par l'Assemblée constituante de 1848, elles ont été portées à un nombre égal à celui des départements par la loi du 15 mars 1850, et enfin fixées à 16 en 1854.

ACADÉMUS, Athénien à qui appartint le gymnase avec de vastes jardins qui porta son nom.

ACADIE, presqu'île de l'Amérique septentrionale. Elle forme le gouvernement anglais de la Nouvelle-Ecosse, un de ceux des colonies anglaises de l'Amérique du Nord. *Voir* ECOSSE (*Nouvelle*).

ACAMAS, promontoire ou cap de l'île de Chypre, au S.-E. de la ville d'Arsinoé. Ce promontoire, que les géographes anciens placent à l'extrémité d'une petite péninsule formée par le prolongement d'une montagne, fut appelé depuis cap *Pifano* et cap *Saint-Epiphane*.

ACANTHE (*Acanthus*), ville maritime de la Macédoine, dans la presqu'île Chalcidique, au N. du mont Athos.

ACAPULCO, ville du Mexique, dans l'Etat et à 280 kil. S.-S.-O. de Mexico, sur l'Océan pacifique. Sa population, qui autrefois était portée jusqu'à 9,000 hab., n'est plus guère aujourd'hui que de 4,000. Elle ne possède guère qu'une trentaine de maisons et une centaine de huttes. Elle est environnée de tous côtés de hautes montagnes et exposée à la chaleur étouffante de la zone torride. Elle a un port excellent, c'est même un des meilleurs du monde entier par son étendue, sa profondeur et la sécurité qu'il offre aux navires; les plus grands vaisseaux peuvent jeter l'ancre au pied même des rochers qui l'abritent de tous côtés. Malheureusement, ce beau port est aujourd'hui sans commerce et ne reçoit plus que quelques barques. La température, qui est pendant le jour de 86 à 90 degrés, les moustiques, les miasmes pestilentiels que répand un marais qui s'étend à l'orient de la ville, la rendent presque inhabitable. La fièvre jaune, le choléra-morbus y déciment les Européens. Acapulco deviendra sans doute un entrepôt où les Etats du N.-E. de l'Amérique enverront leurs richesses. Sur une hauteur qui domine la ville s'élève le château San-Carlos, vaste et forte citadelle.

ACARNANIE (*Acarnania*), province de l'ancienne Grèce, entre le golfe Ambracique, qui la séparait de l'Epire au N., la Mer ionienne à l'O. et le fleuve Achéloüs, qui la séparait de l'Etolie, à l'E. Sous les Romains on y comptait 200,000 hab. Il y avait des ports très-commodes sur cette côte. Ses villes principales étaient Ambracia, Actium, Leucos sur les côtes; Acarnanon, Astacus et Argos Amphilochicum dans l'intérieur. Les Acarnaniens étaient un peuple sauvage et belliqueux, souvent en guerre avec ses voisins de l'Etolie; leurs mœurs grossières avaient donné lieu au proverbe : *Porcus acarnas*. Cette province a été réunie à l'Etolie, avec laquelle elle forme une seule division administrative. — Les Acarnaniens, dit un historien, ne jouèrent jamais un rôle important dans les affaires de la Grèce, quoiqu'ils y fussent toujours mêlés; ils furent surtout occupés à défendre leur indépendance, sans cesse menacée par les Etoliens. Une guerre qu'ils eurent à soutenir contre les Messéniens, mis en possession de Naupacte par leurs alliés les Athéniens, et la difficulté qu'ils eurent à les chasser d'Æniades, l'une de leurs villes les plus importantes, qu'ils avaient laissée surprendre, donnent une mauvaise idée de leur puissance et de leurs forces militaires; cependant on voit plus tard ce peuple résister vaillamment aux Romains et aux Etoliens conjurés contre sa liberté, effrayer même ses ennemis par son attitude ferme et désespérée et retardant sa soumission jusqu'à la bataille de Cynocéphales, qui fut suivie de la prise de Leucade par Flamininus. Le nom de l'Acarnanie disparaît alors de l'histoire; on sait seulement, par les rares mentions des historiens byzantins, que les Scytho-Sclaves ou Triballes l'occupèrent longtemps; que les Normands s'en emparèrent, et que Roger, roi de Sicile, s'intitulait prince des Acarnanes et des Etoliens; que l'empereur Andronic réunit de nouveau l'Acarnanie à l'empire grec; que les Serviens la prirent ensuite et la gardèrent jusqu'en 1357; que Jean Cantacuzène la leur enleva alors; et qu'au commencement du XVe siècle elle fut cruellement dévastée par les Albanais d'Epidamne. Enfin les Turcs en firent un voiwodilik partagé en deux cantons, celui de Vonitza et celui de Xeromeros.

ACASTE, fils de Pélias et roi d'Iolcos, fut l'un des Argonautes. Il fit célébrer des jeux funèbres en l'honneur de son père.

ACATALEPSIE, doctrine des pyrrhoniens, qui faisaient profession de douter de tout.

ACCA LAURENTIA, femme de Faustulus, gardien des troupeaux de Numitor, sauva la vie à Romulus et à Rémus, qui avaient été exposés sur les bords du Tibre. La licence de ses mœurs la fit surnommer *Lupa*. De là la fable qui donne à Romulus une louve pour nourrice (794 ans av. J.-C.).

ACCARON, ville du pays des Philistins, sur les bords de la mer, au S.-E. de Joppé. Cette ville que les Philistins possédaient bien qu'elle eût été donnée à la tribu de Juda, est souvent citée dans l'histoire des Juifs. L'arche y fut déposée, et il y avait dans ses murs un oracle appelé Beelzébuth, qui en était comme le dieu tutélaire. Sous les rois de Syrie, cette ville, qui n'offre plus aujourd'hui que des ruines, fut réunie au royaume de Juda avec son territoire.

ACCENSUS. Chez les Romains, on appelait *accensi* un corps de soldats surnuméraires destinés à remplir les vides qui pouvaient se produire dans les légions. Plus tard, on en forma un corps séparé, appartenant aux troupes légères et classé au dernier rang. Ils n'avaient d'autre armure ni d'autres armes offensives, à proprement parler, que leurs poings et des pierres. Postés, sur le champ de bataille, à l'arrière-garde de toute l'armée, ils formaient la dernière ligne, d'où l'on pouvait les porter en avant pour diriger des attaques, selon l'occasion. On donnait aussi le nom d'*accensus* à un officier civil attaché au service de plusieurs magistrats romains, tels que les consuls, les préteurs et les gouverneurs de provinces. Il était généralement l'affranchi de la personne qu'il servait, et son devoir était de convoquer le peuple aux assemblées, d'appeler devant le tribunal les parties engagées dans un procès, d'y maintenir l'ordre.

ACCENT, abaissement ou élévation de la voix sur telle ou telle syllabe, toute modification ayant trait à la durée ou au ton des syllabes ou des mots. L'accent, en musique, est une modulation de la voix allant du grave à l'aigu ou de l'aigu au grave, diminuant ou allongeant le son et donnant au chant un caractère tantôt simple et naïf, tantôt impétueux et passionné.

ACCIAIUOLI (les), famille florentine, originaire de Brixia et qui tirait son nom de son commerce d'acier.

ACCIAIUOLI (Nicolas), né en 1310, mort en 1366. Grand sénéchal sous Jeanne Ire, reine de Naples, cette reine ayant été chassée de ses Etats, il parvint à la rétablir. Il laissa de grandes richesses qui préparèrent la fortune extraordinaire de son neveu.

ACCIAIUOLI (Renier), duc d'Athènes, était Florentin et neveu du précédent. Appelé à Naples, il fut adopté par son oncle. Marie de Bourbon, impératrice latine de Constantinople, lui concéda une grande partie de la Grèce, les seigneuries de Vonitza, de Corinthe, Thèbes, Athènes, etc.; il prit alors le titre de duc d'Athènes. Il maria sa fille à Théodore Paléologue, fils de l'empereur Jean Paléologue, auquel il laissa une partie de ses vastes possessions. Après sa mort, sa famille conserva le duché d'Athènes jusqu'en 1456, époque où Mahomet s'en empara.

ACCIUS ou ATTIUS (Lucius), un des plus anciens poëtes tragiques de Rome, né vers l'an 170 avant J.-C. Fils d'un affranchi, il eut pour protecteur le consul Decimus Brutus. Il mourut dans un âge avancé. Ses tragédies, presque toutes empruntées aux Grecs, ont été perdues; il n'en reste que quelques fragments.

ACCOLTI (Benoît), jurisconsulte et historien italien, né à Arezzo en 1415, mort en 1466. Professeur de droit à Florence d'abord, il se consacra exclusivement à l'histoire. Il publia une histoire de la première croisade, dans laquelle le Tasse puisa, dit-on, la première idée de son poëme.

ACCOLTI (Benoît), poëte, fils du précédent, né à Arezzo, en 1440. Il vécut à la cour des papes Urbain et Léon X, et s'acquit une telle célébrité que ses contemporains le surnommèrent l'*Unico Aretino*. La postérité n'a point confirmé ce jugement, et ses poésies sont presque oubliées aujourd'hui.

ACCORAMBONI (Virginia), Italienne qui vivait au XVIe siècle et que ses aventures ont rendue célèbre. Elle avait épousé Francesco Peretti, neveu de Sixte-Quint, et par son esprit et sa beauté, enflamma le cœur du cardinal Farnèse et celui d'Orsini, qui venait de tuer de sa propre main sa femme, Isabelle de Médicis. Deux des frères de Virginia favorisèrent les vues du cardinal, pendant que les deux autres se rangèrent du côté d'Orsini; celui-ci n'ayant pu séduire la jeune femme, fit assassiner son mari dans les rues de Rome. Virginia fut accusée de ce meurtre et enfermée au château Saint-Ange, où son innocence fut bientôt reconnue. Rendue à la liberté et cédant aux obsessions de ses frères, elle épousa Orsini, qui, ne se sentant pas en sûreté à Rome, alla s'établir avec elle sur les bords du lac de Garde, où il mourut peu de temps après, laissant 100,000 écus d'or à sa femme. Cette fortune excita la cupidité de Ludovic Orsini, qui, ayant perdu le procès qu'il lui avait intenté, la fit assassiner par plusieurs bravi, parmi lesquels se trouvait l'un des frères de Virginia, le 22 décembre 1585.

ACCORDS (Tabourot, sieur des), procureur du roi au bailliage de Dijon, né en 1547. Poëte français, il chercha dans ses ouvrages à exciter la gaieté; il est à regretter qu'il n'ait pas reculé, pour atteindre ce résultat, jusqu'à traiter des sujets licencieux : ce reproche s'adresse principalement *aux Touches*, publiées à Paris en 1585.

AC-COYUNLU, nom d'une dynastie de Turcomans qui régna dans l'Asie mineure de 1375 à 1515; ce nom, qui signifie *mouton blanc*, lui a été donné par opposition à Cara-Coyunlu, *mouton noir*, qui était le nom de la dynastie qu'elle avait renversée pour s'emparer du trône.

ACCUM (Frédéric), chimiste allemand, né à Bückebourg en 1769. En 1803, il se rendit à Londres et y enseigna la physique et la chimie. C'est lui qui eut le premier l'idée d'appliquer le gaz hydrogène à l'éclairage.

ACCURSE ou ACCORSO (François), célèbre jurisconsulte, né à Florence en 1152, mort en 1229. Il professa le droit à Bologne, et composa, sous le titre de *Grande Glose*, une vaste compilation dans laquelle il réunit les meilleures décisions des jurisconsultes ses prédécesseurs sur le droit romain. Il s'acquit une telle réputation que ses contemporains le surnommèrent l'*Idole des jurisconsultes*. Il laissa plusieurs enfants qui se distinguèrent dans l'enseignement du droit.

ACCUS, bourg de France, départ. des Basses-Pyrénées, ch.-l. de cant. de l'arrondissement et au S. d'Oloron, sur le gave d'Aspe. Pop. 1,700 hab. On croit que ce bourg est l'*Aspalunca* des anciens. Près de là on trouve la fontaine d'eau minérale tiède de Superlachée. Le pays est traversé par la route de Bordeaux en Espagne; les autres voies de communication sont des chemins vicinaux assez mal entretenus et insuffisants. Les marchés se tiennent à Bedons et à Oloron. Les habitants, assez aisés, sont presque tous pasteurs. Le cant. contient 15 comm., et le territoire est arrosé de nombreux cours d'eau, dont le plus considérable est le gave d'Aspe, torrent dont les fréquents débordements causent de grands dégâts.

ACCUSATION, action intentée et suivie, au nom de la société, par le ministère public devant un tribunal, contre un ou plusieurs individus réputés coupables d'un délit ou d'un crime, soit que cette accusation soit prouvée par le flagrant délit, soit qu'elle résulte de l'ensemble des faits. Voici d'une façon rapide la marche tracée par le Code d'instruction criminelle. Après un ou plusieurs interrogatoires, le juge d'instruction fait son rapport, qui est examiné par trois magistrats au moins en chambre du conseil, qui statuent si le fait incriminé est de nature à être puni de peines infamantes ou afflictives et si la prévention est suffisamment établie. Il suffit qu'un seul de ces juges soit de cet avis, pour qu'ils décernent une ordonnance de prise de corps et adressent les pièces au procureur général près la cour d'appel. Celui-ci a cinq jours pour mettre l'affaire en état, et cinq autres jours pour faire son rapport. Pendant ce temps le prévenu ou la partie civile peuvent donner tous les mémoires qu'ils jugent nécessaires à la cause. La chambre des mises en accusation, formée d'une section de la cour d'appel, désignée spécialement pour cet objet, se réunit une fois par semaine à la chambre du conseil pour entendre le rapport du procureur général et statuer sur ses réquisitions. Lorsque le greffier a donné lecture de toutes les pièces, il se retire, ainsi que le procureur général, et la cour prononce sans entendre les parties ni les témoins. Si elle ordonne la mise en liberté du prévenu, il ne peut plus être recherché à cause du même fait, à moins qu'il ne se produise de nouvelles charges : alors on recommence toute la procédure. La chambre des mises en accusation peut ordonner des informations nouvelles ou la production des pièces de conviction; elle prononce également sur les oppositions faites à la mise en liberté du prévenu par les premiers juges. D'après la nature de l'objet qui fait la base de l'accusation, elle prononce le renvoi du

l'accusé, soit devant un tribunal de simple police ou de police correctionnelle, soit devant la cour d'assises. L'arrêt de mise en accusation doit être signé par cinq juges au moins, et il est entaché de nullité s'il ne fait mention du nom des juges, de la réquisition du ministère public, et si l'ordonnance de prise de corps ne s'y trouve pas jointe. Lorsque le prévenu est renvoyé devant la cour d'assises, le procureur général doit rédiger un acte d'accusation indiquant la nature du délit ou du crime qui fait la base de l'accusation et les faits et circonstances qui peuvent aggraver ou diminuer la peine; le nom des prévenus clairement désigné, et se terminant ainsi : *En conséquence*, X... est accusé d'avoir commis tel crime, *avec telle et telle circonstance*. Aussitôt que l'arrêt de renvoi et l'acte d'accusation ont été signifiés à l'accusé et que copie en a été laissée, celui-ci est transféré de la maison d'arrêt à la maison de justice établie près la cour où il doit être jugé, et l'on envoie les pièces au greffe de cette cour. Vingt-quatre heures après, le président ou un juge délégué à cet effet doit interroger l'accusé et lui demander s'il a fait choix d'un conseil pour l'aider dans sa défense. Dans la négative, il lui en désigne immédiatement un d'office, sous peine de nullité de tout ce qui suivrait : cette nullité pourtant, ne peut être prononcée si l'accusé ensuite fait choix d'un conseil. A moins que l'accusé n'obtienne du président de la cour d'assises la permission de prendre un de ses parents ou de ses amis pour conseil, il doit être choisi parmi les avocats ou avoués de la cour d'appel ou de son ressort. L'accusé est en outre averti que, dans le cas où il se croirait fondé à faire une demande en nullité, il a cinq jours de délai pour cela, après quoi elle n'est plus recevable. Le conseil communique avec l'accusé après l'interrogatoire, prend communication de toutes les pièces, à la condition de ne point retarder l'instruction; il y a défense de publier les actes d'une procédure criminelle en cours d'instruction. Le ministère public et l'accusé peuvent se pourvoir en cassation contre l'arrêt d'accusation, dans les cinq jours suivant l'interrogatoire; 1° pour cause de nullité : lorsque le fait imputé n'est pas qualifié crime par la loi; lorsque le ministère public n'a pas été entendu; lorsque l'arrêt a été rendu par un nombre de juges inférieur à celui indiqué par la loi; 2° pour incompétence, lorsqu'à tort le renvoi a été fait à une cour d'assises; lorsque les juges déclarent qu'il n'y a pas lieu à suivre, soit que, sans apprécier les charges qui pèsent sur l'accusé, soit que le fait imputé n'est pas un crime, ou bien qu'il est couvert par la prescription, par la chose jugée. Les demandes en nullité se font au greffe, et la cour de cassation, toutes affaires cessantes, prononce sitôt les actes reçus. L'accusé, après avoir reçu copie de la liste des témoins que le procureur général veut faire entendre contre lui, fait délivrer à celui-ci la liste des témoins qu'il veut produire pour sa défense. Lorsqu'on lui a notifié la liste des jurés, il comparait libre et sans fers devant la cour d'assises, concourt à la formation du tableau des douze jurés qui prononceront sur son sort, et assiste à l'examen et au jugement des différents chefs de l'accusation qui pèse contre lui. Lorsque l'accusé, par sa fuite ou tout autre motif, n'a pu être saisi, on procède contre lui par contumace, de la même manière, en mentionnant sur les actes son absence chaque fois que les actes nécessitent sa participation personnelle.

ACÈNE, *acena*, mesure de longueur des anciens, formant la dixième partie du plèthre. Elle servait à l'arpentage. L'acène olympique valait 10 pieds olympiques. En Grèce l'acène carrée valait 100 pieds grecs.

ACERBI (Giuseppe), voyageur italien, né à Castel-Gofredo, mort en 1836. A laissé de nombreuses relations de voyages dans le nord de l'Europe.

ACERBI (Enrico), célèbre professeur de clinique italien, né à Castano en 1785, mort en 1827.

ACERENZA, ville d'Italie, dans l'ancien royaume de Naples, province de Basilicate, district de Potenza, sur le Brandano, à 160 kil. E. de Naples, et 20 kil. N.-E. de Potenza. Pop. 4,000 hab. — Cette ville, l'*Acherontia* des Romains, était considérée par eux comme le boulevard de la Pouille et de la Lucanie. Elle est le siége de l'un des diocèses de l'archevêché d'Acerenza-e-Matera, et possède un château fort, une église cathédrale, deux couvents, un séminaire et un hôpital.

ACERNO (*Acernum*), ville d'Italie, dans l'ancien royaume de Naples, province de la Principauté-Citérieure, district, et à 25 kil. N.-E. de Salerne. Pop. 2,600 hab. — Cette ville, qui est le chef-lieu d'un diocèse administré par l'archevêque de Salerne, possède une cathédrale, une église paroissiale, une fabrique de papier, plusieurs forges et un mont-de-piété qui avance des grains aux cultivateurs indigents.

ACERRA, petite boîte carrée avec un couvercle, renfermant l'encens des sacrifices. L'encens n'était pas brûlé dans l'*acerra* même, mais la boîte était portée à l'autel par un assistant. Quand on voulait se servir de l'encens, on le prenait dans cette boîte et on le répandait sur l'autel brûlant. Suivant Festus, on donnait aussi le nom d'*acerra* à un petit autel portatif placé devant les morts et sur lequel on brûlait de l'encens.

ACERRA (*Acerræ*), ville d'Italie, dans l'ancien royaume de Naples, province de Terra-di-Lavoro, district, à 12 kil. O.-N.-O. de Nola et à 14 kil. N.-E. de Naples, sur l'Agno. Pop. 8,000 hab. — Cette ville fut, dit-on, fondée par les Étrusques. Tite-Live nous apprend qu'elle fut élevée au rang de ville municipale romaine. Annibal la prit d'assaut et la livra aux flammes; Rome la rebâtit à ses frais. Acerra est le chef-lieu de l'un des diocèses de l'évêché de Santa-Agata de Goti-ed-Acerra. Elle possède une cathédrale remarquable par son architecture, un séminaire et un mont-de-piété. Il s'y tient une foire vers la fin d'août.

ACÉSINES, fleuve de l'Inde septentrionale en deçà du Gange; il se jetait dans l'Indus, après s'être réuni à l'Hydaspe. C'est aujourd'hui *Tchenab*.

ACETABULARII, joueurs de gobelets chez les anciens Romains. Ce mot vient d'*acetabulum*, gobelet employé par les escamoteurs de la classe appelée maintenant joueurs de gobelets, pour exécuter le tour de la muscade. C'était un tour d'escamotage très-usité chez les Grecs et chez les Romains et exécuté exactement de la même façon qu'aujourd'hui.

ACETABULUM, coupe remplie de vinaigre que les anciens plaçaient sur leur table à manger pour y tremper leur pain.

ACEVEDO (Félix-Alvarès), général espagnol, né vers la fin du XVIII° siècle, à Otero. Colonel en 1808, il résista avec énergie à l'invasion française, et fit appel au libéralisme pour stimuler le courage de ses compatriotes. Aussi lorsque Ferdinand VII remonta sur le trône, on ne lui tint aucun compte de ses services et fut-il regardé comme suspect. Se trouvant en Galice, lorsque l'île de Léon se révolta, il passa dans les rangs de l'insurrection, dont il devint aussitôt l'un des principaux chefs, et la conduisit avec une telle vigueur qu'il balaya toutes les troupes fidèles au roi jusqu'au delà du Minho. Il fut tué, le 8 mars 1820, à Zadornelo, au moment où il exhortait les troupes royales à faire cause commune avec lui.

ACH, nom générique donné en Allemagne à tous les ruisseaux et aux petites rivières.

ACHAB, roi d'Israël en 918 av. J.-C. Son règne fut signalé par son impiété et les victoires qu'il remporta sur les Syriens.

ACHÆUS, fils de Xuthus et de Kréuse, petit-fils d'Hellen, forcé de fuir à la suite d'une meurtre, se retira en Argolide avec une peuplade d'Hélènes.

ACHAÏE, ancienne et grande province de la Grèce, région du Péloponèse, qui, du temps de la domination romaine, ne comprenait que le versant septentrional de la presqu'île de Morée. Elle était bornée à l'O. par l'Elide et la Mer ionienne; au S. par l'Arcadie; à l'E. par la Sicyonie, et au N. par le golfe de Corinthe. Les Ægialéens, peuple sicyonien, les Ioniens, les Achéens d'Argos et de Lacédémone se succédèrent dans la possession de ce pays, qui, de bonne heure, fut partagé entre douze villes confédérées. Ces villes étaient : *Dyme*, voisine de la frontière d'Elide; la petite ville d'*Olenus*, sur la rive gauche du Pirus, le plus grand des torrents de l'Achaïe; *Patras*, près de l'embouchure du Glaucus et du cap Rhium; *Elice*, ou, à une certaine distance de la mer; *Rhyper*, *Ægium*, *Hélicé*, *Bura*, *Buraïcus*, *Æges*, *Ægira* et *Pellène*. Autour de ces petits États se groupèrent ceux dont plus tard se composa la fameuse *ligue des villes achéennes*, dont la formation fut provoquée par les menaces des rois de Macédoine. Cette ligue, qui existait déjà en germe dans le *Conseil achéen*, séant à Ægium, subsista de 204 à 146 av. J.-C., année de son anéantissement et qui fut aussi le signal pour la Grèce, de la ruine de sa liberté. A cette époque, le nom d'*Achaïe* fut étendu à la province que les Romains formèrent du Péloponèse, de la Grèce propre, de la Thessalie et de l'Épire. Cette province, au temps de l'empire, fit partie du royaume de Macédoine.

ACHAÏE (*principauté d'Achaïe*). On appela pendant 300 ans ainsi (XIII°-XV° siècle) une partie de l'empire byzantin qui, après la deuxième conquête de Constantinople par les Francs, fut donnée à la famille des Ville-Hardouin de Champagne, à titre de souveraineté relevant de l'empire latin.

ACHAINTRE (Nicolas-Louis), né à Paris le 17 novembre 1771; correcteur d'imprimerie, fort versé dans la philologie. Il publia les auteurs grecs et latins avec une perfection de correction inouïe; il mourut vers 1840, après avoir édité un grand nombre de travaux et mis en lumière des ouvrages fort curieux.

ACHANTI (l'*Ashantee* des Anglais), vaste État de l'Afrique occidentale et le plus puissant empire de Guinée, entre les 4° et 10° lat. N. et 6° 30' et 30° long. E.; il domine aujourd'hui sur toute la côte d'Or et sur une grande partie de la Nigritie; il est borné au S. par le royaume de Tufet; au N. par ceux de Tokina, d'Assin et d'Akim; à l'E. par celui d'Amiéna; à l'O. par les États de Soné et de Dankara. Pop. 3,000,000 hab. Sa superficie est évaluée à 343,000 kil. carrés. Cet empire compte 22 États ou royaumes tributaires. La capitale, Coumassie, résidence du roi, est le centre d'un commerce considérable, dont la traite des esclaves est l'objet principal. Diverses routes partent de cette ville et conduisent dans les pays de l'intérieur de l'Afrique, vers Tombouctou, le Houssa et d'autres pays du Niger. L'industrie a fait très-peu de progrès chez les Achantis. Leurs maisons se composent de deux rangées de pieux et de claies, séparées par un intervalle égal à l'épaisseur que l'on veut donner au mur. Ils tirent leurs serrures de l'Houssa; les habitations des riches étincellent d'or et d'argent. Les métiers de leurs tisserands sont à peu près sur le modèle de ceux des Européens; ils troquent leurs étoffes avec des espèces de bois, l'un rouge, l'autre jaune. Les potiers de Coumassie sont d'une habileté remarquable; mais les orfèvres n'ont jamais pu lutter avec ceux du Dagoumba. Leur musique diffère de celle des Européens; elle a des airs doux et animés. Le *sanko*, espèce de violon grossièrement fabriqué, la flûte à trois trous et le tambour sont leurs principaux instruments. La religion des Achantis est basée sur le fétichisme. Il y a deux classes de prêtres: les premiers demeurent avec les fétiches, dans une maison isolée, et rendent des oracles; les seconds disent la bonne aventure sur les places publiques. Chaque famille a plusieurs fétiches domestiques; les Maures de l'intérieur leur vendent des morceaux de parchemin, sur lesquels sont écrits des versets du Coran. La plus brillante de leurs fêtes est celle de l'*Igname;* elle se célèbre le 5 septembre, dans les environs de Coumassie. Une autre fête est celle de l'*Adaï*, pendant la durée de laquelle les sacrifices humains ne discontinuent pas, et les esclaves du roi tuent dans les rues les personnes désignées pour apaiser la colère du fétiche. Les guiriots, les bouffons et les poëtes jouent un grand rôle dans les réjouissances publiques. La langue des Achantis est euphonique et harmonieuse; elle est bien supérieure aux idiomes des autres peuples africains; elle est pittoresque et pleine de figures, et parmi les cabachirs on rencontre souvent des orateurs fort distingués. Une sorte d'urbanité règne dans la haute noblesse militaire, qui pratique admirablement l'hospitalité. Les Achantis sont entourés de peuples nombreux, qu'ils ont fini par subjuger. Ils durent pousser d'abord leurs conquêtes du côté du nord; puis, avant d'atteindre les royaumes du littoral, ils eurent à soumettre plusieurs Etats intermédiaires. On pense que les Achantis et les autres peuples de leur empire sont les descendants de ces Ethiopiens civilisés, dont parlent Hérodote et Diodore, que les guerriers égyptiens ont refoulés vers le S.-O., et d'autres populations qui, dans le principe, voisines de la Méditerranée, ont été incessamment repoussées vers le midi par les Carthaginois, les Romains et les Arabes. Une longue guerre entre les Achantis et les Fantis, peuples de la côte d'Or, voisins du golfe de Guinée, fit descendre les Achantis des montagnes de l'intérieur et les amena jusque sous les forts anglais et hollandais qui protégent le commerce sur cette côte. Ce fut ainsi que les Européens connurent ce peuple belliqueux. Cette guerre commença en 1806, à l'occasion de l'hospitalité et des secours que les Fantis de la ville d'Annamaboé avaient donnés au roi du pays d'Assin, pays intermédiaire entre le royaume d'Achanti et le Fanti. Elle se prolongea pendant les années 1806 et 1807, reprit avec plus de force en 1808, 1811 et 1816, et, malgré l'épuisement des Fantis, ne cessa jamais entièrement. Les Hollandais et les Anglais, dont les principaux établissements sont situés dans le pays des Fantis, se trouvèrent mêlés à cette cruelle guerre et en souffrirent souvent. Les Hollandais y perdirent le fort d'Amsterdam ou de Cormcontine, que Ruyter avait enlevé aux Anglais en 1663; ils se virent même assiégés plusieurs fois par les Achantis dans Elmina ou Saint-George de la Mine, le chef-lieu de leurs établissements; les Anglais soutinrent aussi un siége terrible dans le fort d'Annamaboé contre 20,000 Achantis. Mais ils entrèrent, dès 1807, en négociations avec ce peuple, intervinrent en faveur des Fantis en 1816; envoyèrent, en 1817, une ambassade à Coumassie, capitale des Achantis, et y laissèrent un résident. En même temps ils préparèrent les moyens de changer, dans ces contrées, leurs forts en comptoirs et en vastes entrepôts, firent relever avec soin les côtes difficiles et dangereuses de cette partie du golfe de Guinée, ménagèrent les tribus intermédiaires qui, comme les Fantis, pouvaient entraver les relations commerciales et pressèrent enfin la colonisation, auparavant négligée. La richesse, la civilisation, la puissance et l'étendue de l'empire d'Achanti légitimaient une semblable prévoyance.

ACHARD (Charles-François), naturaliste et chimiste distingué, né à Berlin le 28 avril 1754, mort à Kunern le 21 avril 1821. Il doit surtout sa célébrité, sinon à la découverte du sucre de betterave, que Margraff avait faite dès 1796, mais du moins au procédé de fabrication de ce sucre, fabrication inconnue jusqu'en 1800, et qui a fait depuis de si grands progrès. Pour lui faciliter les moyens d'exploiter plus en grand cette nouvelle industrie, que l'Institut de France, dès le mois de juillet 1800, avait déclarée être de la plus grande importance pour l'industrie nationale, le roi de Prusse lui donna la terre de Kunern, village du cercle de Breslau, en Silésie. Achard y établit une fabrique de sucre de betterave qui acquit une telle importance lors du blocus continental que, pendant l'hiver de 1811, elle fournissait 300 livres de sucre par jour. En 1812, il joignit à cette fabrique une école pour l'enseignement de cette nouvelle fabrication, qui attira beaucoup d'étrangers. Il fut admis à l'Académie de Berlin, et y devint directeur de la classe de physique. Outre un grand nombre d'écrits sur la physique et l'économie agricole, il a publié plusieurs ouvrages relatifs à la fabrication du sucre de betterave.

ACHARIUS (Eric), médecin et botaniste suédois, né à Géflé, en 1757, mort en 1819 à Wadstena. Il eut la gloire de tracer le système de classification des lichens, et si ses travaux ont vieilli ils ont du moins ouvert la route à la science moderne.

ACHARY, docteur musulman, chef de la secte des achariens.

ACHATE, compagnon d'Enée, qui est devenu un des types de l'amitié fidèle et inébranlable.

ACHAZ, roi de Juda, fils et successeur de Joathan (741 ans av. J.-C.). Ce prince fit élever des autels aux faux dieux, leur sacrifia son propre fils, et donna tout l'or du temple de Jérusalem à Téglath-Phalassar, roi de Syrie et son allié. Il régna 16 ans (de 737 à 723), et mourut l'an 725 avant J.-C., privé de la sépulture des rois. C'est sous son règne que l'on trouve mentionné pour la première fois le cadran solaire.

ACHE. Cette plante, connue sous le nom de *céleri sauvage*, était, à cause de la teinte sombre de son feuillage, une des plantes funéraires des anciens. On couronnait d'ache les vainqueurs des jeux isthmiques et néméens.

ACHÉENNE (ligue). Au siége de Troie, les Achéens formaient la plus nombreuse et la plus brave des nations grecques. Après la prise de cette ville, repoussés par les Doriens, ils s'établirent en Ionie, sur la côte septentrionale du Péloponèse, nommèrent ce pays Achaïe, et y fondèrent une république qui, plus tard, fut surtout célèbre pour avoir donné son nom à la *ligue achéenne*, qui eut à sa tête les Aratus, les Philopœmen et autres hommes illustres. Sicyone et quelques villes composèrent d'abord cette ligue, créée pour le maintien de leur sûreté et de leur indépendance commune; mais les autres villes de l'Achaïe, ainsi qu'Athènes, Mégare, etc., à l'exception de Sparte, vinrent successivement s'y adjoindre. Pendant 138 ans, cette ligue se rendit redoutable et conserva son indépendance; elle combattit longtemps contre les Romains pour la liberté de la Grèce; mais elle fut anéantie par le consul Alummius. Les Etats dont cette ligue se composait formèrent, après la destruction de Corinthe (146 ans av. J.-C.), une province romaine sous le nom d'Achaïe.

ACHÉENS, peuples de l'Achaïe proprement dite, qui tirent leur nom d'Achéo, descendant d'Hellénus. L'origine de ces peuples se perd dans la nuit des temps. D'abord maîtres de presque toute la Grèce, ils en furent chassés par les Doriens, et se virent forcés de se renfermer dans la petite contrée qui porte leur nom. Quoique Grecs d'origine, les Achéens avaient adopté les usages les plus barbares; ils ne vivaient que de rapines; ils immolaient sans pitié tous les étrangers sur les autels des dieux du pays. Avec le temps cependant cet horrible sacrifice se borna à une seule victime tirée au sort.

ACHÉENS DU CAUCASE. *Voir* ABASIE.

ACHELOUS, fleuve de la Grèce qui séparait l'Acarnanie de l'Epire et se jetait dans la Mer ionienne. Il prenait sa source dans les montagnes qui sont au S.-O. de la Thessalie, et dont une partie avait le nom de Pindus. Ce fleuve portait aussi les noms de Thoas, Axenus, Thestius, etc., et aujourd'hui il s'appelle *Aspropotamo*. C'est sur ses bords que la Fable place la mort du centaure Nèssus. Son cours, tortueux et embarrassé de roseaux, gênait la liberté des eaux. De là le bruit qu'elles produisaient, et que l'on comparait aux mugissements d'un taureau. On entreprit de débarrasser son lit et d'en rendre la navigation plus facile. Ces travaux considérables furent attribués à Hercule. La mythologie supposait qu'Achéloüs, fils de l'Océan et de la Terre, épris des charmes de Déjanire, osa la disputer à Hercule. Vaincu dans une première lutte, il revint au combat sous la forme d'un serpent, et ensuite sous celle d'un taureau; mais il ne fut pas plus heureux cette fois, et céda le champ à son redoutable adversaire. Confus de sa défaite, Achéloüs se cacha, dit-on, dans le Thoas, et lui donna son nom.

ACHEM ou ACHIN et ATSHÉ, Etat qui forme la partie septentrionale de l'île de Sumatra, en Océanie, s'étend sur la côte occidentale jusqu'à la rivière Sinkel, la plus considérable de toutes celles de ce versant, et sur la côte orientale depuis le cap Achim jusqu'au cap Diamant; au S.-E. il confine au pays des Battas. Sa superficie est d'environ 58,300 kil. carrés, et sa population de 500,000 hab. La capitale, *Achem*, située sur une rivière du même nom, à l'extrémité N.-O. de Sumatra, sans être, comme au XVIe siècle, l'entrepôt général du commerce de l'Inde et de l'Arabie, fait cependant encore un commerce considérable avec la côte de Coromandel et les îles Maldives. L'objet principal de ce commerce est le poivre et la poudre d'or qu'on recueille sur les montagnes d'Achem et surtout près de Mucki, à l'O. de Sousou. Le sultan d'Achem s'en est réservé le monopole, et il le maintient contre les empiétements et les révoltes des grands. L'histoire du royaume d'Achem offre une longue suite de glorieuses conquêtes depuis la fin du XVIe siècle jusqu'au milieu du XVIIe. A cette époque, le royaume d'Achem était le plus puissant de la Malaisie. Sa domination s'étendait sur la moitié de Sumatra, les îles de la Sonde et une partie de la presqu'île de Malacca. Il comptait au nombre de ses alliés plusieurs nations commerçantes, depuis le Japon jusqu'à l'Arabie. C'est à la fondation de la métropole de Malacca, par Albuquerque, en 1511, que commence sa longue lutte contre les Portugais. Achem, la capitale, défendue par le rajah Ibrahim, résista en 1521 à l'attaque de Jorge de Britto. Les agresseurs eurent à repousser à leur tour les expéditions que le sultan Siri-al-Radin dirigea contre Malacca en 1537, 1547 et 1567, avec 15,000 hommes et 200 pièces d'artillerie, et en 1575, avec une flotte qui couvrait tout le détroit de Malacca. En 1583, Redouka-Siri, le plus puissant des rois d'Achem, parut en personne devant Malacca avec 500 voiles et 60,000 hommes; mais il fut forcé de prendre la fuite. En 1628, il fit une nouvelle tentative qui eut un résultat plus désastreux encore; enfin, avec le secours des Hollandais, il s'empara de Malacca en 1640. Après lui, la couronne tomba en quenouille, et jusqu'à 1700 on ne voit plus que des dynasties de femmes, sous lesquelles la puissance d'Achem déchut considérablement. Les Hollandais viennent camper sous les murs de la capitale, et les Français, commandés par Beaulieu, y paraissent en 1721. Bien que déchus de leur ancienne puissance, les Achémois ou Achinais sont encore un des peuples de la Malaisie le plus adonnés au commerce et à la navigation.

ACHÉMÉNIDES, famille puissante de la tribu des Pasargades, qui régna en Perse, et dont descendaient Darius et Cyrus.

ACHEN ou *Aachen*, nom allemand d'Aix-la-Chapelle.

ACHENEAU, petite rivière de France, dans le départ. de la Loire-Inférieure. Elle a sa source dans le canal du Grand-Lieu, et son cours a 19 kil. de longueur. On l'appelle aussi l'Etier de Buzay. Sur la rive gauche se trouvent d'excellents pâturages où sont engraissés les bestiaux qui servent à la consommation de Nantes. Les travaux qu'on a entrepris pour opérer le dessèchement des marais avoisinants ont amené la canalisation de cette rivière, qui est navigable dans tout son cours. C'est par l'Acheneau qu'arrivent à Nantes les denrées du pays de Retz.

ACHENWALL (Godefroy), célèbre publiciste, né à Elbing, en Prusse, le 20 octobre 1719, mort à Gœttingue le 1er mai 1772. Il fut professeur de droit public, d'abord à Marbourg, ensuite à Gœttingue. Il passe, à tort ou à raison, pour être le créateur de la science statistique. Du moins est-il juste de reconnaître qu'il a donné à la statistique, qui n'existait alors que dans des matériaux épars, une forme précise et constante. C'est en 1748, à Gœttingue, qu'il en publia le premier plan raisonné et un manuel. Il donnait à cette nouvelle science le nom de statistique ou science de l'Etat, science dynamique et d'énumération de forces. Achenwall a publié, outre ce manuel, plusieurs ouvrages sur l'histoire des Etats de l'Europe, sur le droit public et sur l'économie politique. Son dernier ouvrage a pour titre : *Observations sur les finances de France.*

ACHÉRON, fleuve des enfers des anciens, sur lequel Caron passait dans une barque les âmes des morts, moyennant un droit de passage, pour l'acquittement duquel on plaçait une obole sous la langue du mort. Dans la géographie ancienne, plusieurs fleuves portaient ce nom. Le plus célèbre d'entre eux est celui de l'Epire, dans la haute Albanie; il commençait vers la forêt de Dodone, et se jetait, avec le Cocyte, dans un marais appelé Acherusia. Il y avait aussi près de Memphis un bras du Nil nommé Achéron, et un lac Acherusia. C'est sur ce bras du Nil que les Egyptiens transportaient leurs morts pour les enterrer dans une île du lac ou sur l'autre rive, ou bien pour les précipiter dans le fleuve lorsque le juge des morts les avait condamnés. Il est très-probable que c'est cet usage qui a donné lieu à la fable grecque.

ACHERUSIA, nom donné à plusieurs lacs ou marais, que les anciens regardaient comme des ouvertures vers les régions infernales.

ACHÉRY (dom Jean-Luc D'), savant bénédictin de la congrégation de Saint-Maur, né à Saint-Quentin en 1609, mort à Paris en 1685. Il s'occupa de recueillir tout ce qui pouvait intéresser l'histoire ecclésiastique, et publia un grand nombre de pièces inédites.

ACHEUL (Saint-), hameau de France, départ. de la Somme (Picardie), arrond., cant., poste, et à 2 kil. d'Amiens, dont il est un faubourg, 80 hab. C'est à une ancienne abbaye de l'ordre de Saint-Benoît que ce hameau doit son origine. Cette abbaye, qui, avant la Révolution, était occupée par des chanoines réguliers de la congrégation de Sainte-Geneviève, était au VIIe siècle l'église cathédrale d'Amiens. Les bâtiments ont été réparés et fort augmentés pour y établir un collége sous la direction des jésuites.

ACHEUS D'ERETRIE, auteur dramatique grec, contemporain de Sophocle.

ACHEUX, commune et village de France, départ. de la Somme, ch.-l. de cant., arrond. et à 14 kil. S.-E. de Doullens. 911 hab. Le canton se compose de 25 communes.

ACHILLAS, principal ministre et général de Ptolémée-Denys, roi d'Egypte. Il fit croire à ce prince que le meurtre de Pompée serait agréable à César et s'en chargea. Il fut mis à mort par César (48 ans avant J.-C.).

ACHILLE, fils de Pélée, roi de la Phthiotide, en Thessalie, et de Thétis, fille de Nérée. Ce fut le plus grand des héros qui se signalèrent au siége de Troie. A sa naissance, Thétis le plongea dans les eaux du Styx, ce qui le rendit invulnérable dans toutes les parties du corps, le talon excepté, car c'était par là que sa mère le tenait en le plongeant dans le fleuve. Elevé par le centaure Chiron, qui lui donna l'éducation la plus mâle, il montra de bonne heure son ardeur belliqueuse. La guerre de Troie venant à se déclarer et les Grecs faisant déjà leurs préparatifs, Thétis qui craignait pour son fils, l'envoya déguisé en femme, sous le nom de Pyrrha, à la cour de Lycomède, dans l'île de Scyros. Mais le devin Calchas ayant annoncé aux Grecs que sans Achille ils ne pourraient jamais s'emparer de Troie, on chercha longtemps le lieu de sa retraite. Ulysse réussit enfin à le découvrir. Déguisé en marchand, il se présenta à la cour de Lycomède, et offrit à ses filles des marchandises de tout genre, parmi lesquelles étaient aussi des armes. Les princesses choisirent les objets de parure, et Achille les armes. Dès lors il ne fut pas difficile de déterminer ce jeune héros à s'unir aux autres princes grecs pour aller assiéger Troie. Achille ne tarda pas à s'y distinguer, mais Agamemnon lui ayant enlevé Briséis, jeune captive qu'il chérissait, le héros, irrité, se retira du combat. Ni les dangers de ses troupes, ni les offres et les prières ne purent fléchir la colère du fils de Pélée; il permit cependant à Patrocle de marcher au combat à la tête de son armée, et revêtu de sa propre armure. Patrocle n'en tomba pas moins sous les coups d'Hector; alors, pour venger la mort de son ami, Achille reparut dans les combats. Il tua Hector, et, dans sa fureur, traîna son cadavre autour des remparts, attaché par les pieds à son char. Après cela, il le rendit aux prières du vieux Priam, qui lui apportait une rançon. Ici se termine la narration d'Homère. La suite de l'histoire d'Achille est racontée de la manière suivante : Epris des charmes de Polyxène, fille de Priam, il la demanda, l'obtint pour femme, et s'engagea alors à défendre Troie; mais s'étant rendu dans le temple d'Apollon pour y célébrer cette alliance, il fut frappé par Pâris, qui l'atteignit d'une flèche au talon. Suivant d'autres, ce fut Apollon qui le tua, ou qui guida le trait de Pâris.

ACHILLÉE, parent de Zénobie, se révolta sous Dioclétien, en 291, et se fit proclamer empereur en Syrie; il fut pris et mis à mort en 296.

ACHILLÉES, fêtes en l'honneur d'Achille, considéré comme dieu de la valeur.

ACHILLEOS DROMOS, presqu'île entre le Borysthène et le golfe de Carnicites. Cette presqu'île avait la forme d'une épée, et devait son nom aux jeux guerriers qu'Achille y fit célébrer.

ACHILLES TATIUS, écrivain grec d'Alexandrie, qui vivait au IIIe siècle. Il embrassa le christianisme et devint évêque. On lui doit un des meilleurs romans que nous ait laissés l'antiquité : *les Amours de Clitophon et de Leucippe*. Ce roman a été d'abord traduit en latin et ensuite en français.

ACHILLES STATIUS, savant Portugais, né en 1524, mort en 1581, à Rome, où il était secrétaire de Pie V. Son vrai nom était Estaço. On a de lui des *Commentaires* sur Cicéron, Horace, Catulle, Tibulle, etc.

ACHILLINI (Alexandre), anatomiste et philosophe, né à Bologne en 1463, mort en 1512. Il adopta les opinions d'Averroès, et est un des premiers qui aient disséqué des corps humains. Ses contemporains le surnommèrent le *second Aristote*. On a de lui un traité ayant pour titre : *De Universalibus*, et plusieurs ouvrages de médecine et d'anatomie qui sont estimés.

ACHILINI (Claude), poëte italien, né à Bologne en 1574, mort en 1640. C'est un des descendants du précédent.

ACHMET Ier, empereur ottoman, fils de Mahomet III, monta sur le trône en 1603, à l'âge de 15 ans, et mourut en 1617. Il se distingua par sa modération. Après avoir combattu sans succès Abbas, sophi de Perse, il obtint quelques avantages sur l'empereur Rodolphe II.

ACHMET II, fils du sultan Ibrahim, fut tiré du sérail, à l'âge de 16 ans, pour être placé sur le trône. Il régna 4 ans, de 1691 à 1695. Son règne ne fut pas très-heureux; il perdit la bataille de Salankemen contre les impériaux.

ACHMET III, empereur turc, fils de Mahomet IV, succéda à son frère Mustapha II, et régna de 1703 à 1730. Son règne fut signalé par des événements mémorables. Il donna asile à Charles XII, après la défaite de Pultawa; il battit Pierre le Grand sur le Pruth et conquit la Morée sur les Vénitiens; mais il fut vaincu par les impériaux à Péterwaradin, et signa avec eux, en 1718, la paix de Passarowitz. Vers la fin de son règne, les janissaires se soulevèrent contre lui, et il fut enfermé dans la prison où il avait fait détenir jusqu'alors celui qui fut son successeur sous le nom de Mahmoud Ier. Il mourut en 1736, à 74 ans. Ce fut Achmet III qui établit à Constantinople la première imprimerie.

ACHMUNEIN. Voir AKMOUNEIN.

ACHRAF ou ECHREF, ville de Perse, prov. de Mazanderan, près de Fharhabad. On y voit les ruines d'un magnifique palais, bâti par Abbas le Grand.

ACIDALIE ou ACIDOLIE, fontaine de la Béotie, dans la Grèce propre, près d'Orchomène. Elle était consacrée à Vénus. Les poëtes en font le bain des Grâces.

ACIDALIUS (Valens), commentateur et poëte latin, né en 1567, à Witstock, dans le Brandebourg, mort en 1595, à 28 ans. Il donna une édition de *Velleius Paterculus*, et des *Commentaires sur Quinte-Curce*. On a publié après sa mort ses *Notes sur Plaute* et sur les *Panégyriques anciens*.

ACILIO, ville de la Gaule, en Agénois, à 120 stades (24 kil.) N.-E., d'Aginum. *Voir* AIGUILLON.

ACILIUS, famille célèbre dans l'ancienne Rome; elle était plébéienne. Acilius Glabrio, consul, l'an 191 avant J.-C., avec P. Scipion Nasica, remporta sur Antiochus, roi de Syrie, la bataille des Thermopyles, et soumit l'Etolie.

ACILIUS, rivière de l'ancienne Sicile, prend sa source au pied septentrional de l'Etna.

ACIMINCUM, ville ancienne de la Pannonie, dans l'Esclavonie, à 32 kil. S.-O. d'Acunum, dans un angle que formait le Danube. Cette ville fut, en 359, le tombeau des Limigrantes; ils avaient obtenu de l'empereur Constance l'autorisation de s'établir dans l'empire; mais ces Barbares se révoltèrent, et allaient même s'emparer de la personne de l'empereur, qui fut assez heureux pour leur échapper. Aussitôt les soldats se ruèrent sur ces perfides et en firent un horrible carnage. Quand tous furent massacrés, on sonna la retraite.

ACINCUM ou AQUINCUM, ville d'Europe, dans la Pannonie inférieure, sur le Danube. Valentinien II y fut proclamé empereur en 375. *Voir* BUDE.

ACINIPO, ville d'Espagne, dans la prov. de Malaga. Elle était située dans les environs de Ronda, et il n'en reste aujourd'hui que des ruines.

ACI-REALE, ville de Sicile, située sur le littoral de la Méditerranée, et à l'E. de l'île, prov., district et à 16 kil. N.-E. de Catane, entre Riposto et Catane. Population 15,000 hab. Cette ville est bâtie sur une coulée de lave, au pied de l'Etna et sur les ruines de l'antique Xifonia. Elle est défendue par un fort dont on a fait une prison d'État. Grâce à son port, elle fait un commerce assez actif en vins, fruits, coton, lin et grains. Elle possède une Académie, qui a le titre de haute école classique; ses rues sont larges, et elle est ornée de belles places. Il s'y tient des foires importantes. Elle est célèbre par ses eaux minérales, par la caverne de Polyphème, par la grotte de la malheureuse Galatée, et par le fameux rocher sous lequel, disent les mythologistes, gémit encore Acis.

ACIS, berger de Sicile, fils de faune, aimé de Galatée.

ACITODUNUM, ville de la Gaule, dans l'anc. Aquitaine, chez les Lémovices, à 320 stades (64 kil.) N.-E. d'Augustoritum: C'est aujourd'hui *Ahun*.

ACK (pays d'). Pagus-Agnensis. Pays de l'ancienne Gaule, dont Lesnevon était le chef-lieu.

ACKERMANN (Conrad-Ernst), né à Schwerin en 1710, mort en 1771. L'un des acteurs que les Allemands considèrent comme les régénérateurs de leur scène.

ACOLHUACANS ou ACOLHUES, peuple qui occupa le Mexique avant les Aztèques.

ACOMAT ou plutôt ACHMET-GIÉDICK, grand visir de Mahomet II, et l'un des plus grands guerriers de l'empire ottoman. Il enleva la Crimée aux Génois, fit une descente dans la Pouille et repoussa les Persans. Le fils de Mahomet, Bajazet II, auquel il avait rendu les plus grands services, le fit lâchement étrangler en 1482.

ACONCAGUA, prov. du Chili, dans l'Amérique méridionale, bornée au N. par la prov. de Quillota, à l'E. par les Andes, et au S. par le Santiago. Elle a pour capitale San-Felipe. 8,500 hab. Cette ville, qui est traversée par une assez belle route, dangereuse cependant en certains endroits, possède des mines de cuivre et d'argent. Les blés, les fruits, les melons et l'origan sont les principales productions.

Achillas assassinant Pompée (p. 23, col. 2).

AÇORES, archipel de l'Océan atlantique, situé à 1,300 kil de la côte de Portugal, entre 36° 56' et 39° 44' de lat. N., et entre 27° 14' et 33° 32' de long. O., composé de trois groupes d'îles ou îlots bien distincts: Flores et Corvo au N.-O.; Fayal, Pico, Saô-Jorge; Graciosa et Terceira au centre; Saô-Miguel, Santa-Maria et les Formigas au S.-E. Superficie, 3,125 kil. carrés. Pop. 300,000 hab. — Toutes ces îles portent l'empreinte des volcans, et elles sont sujettes aux coups de vent et aux tremblements de terre; quelquefois ils renversent les villes et les villages, divisent des montagnes et font jaillir du sein de l'Océan des tourbillons de feu, de cendres, de laves et de pierres. Le plus terrible, celui de 1391, dura douze jours, et détruisit entièrement la ville de Villa-Franca. Le point culminant des Açores est le pic de l'île de Pico, qui s'élève à plus de 2,500 m. au-dessus du niveau de la mer. Ces îles jouissent d'une température plus douce que celle des contrées d'Europe situées sur le même parallèle. Le sol des Açores, arrosé par un grand nombre de cours d'eau, est très-fertile, et produit les bananes, les patates, les ignames, ainsi que tous les végétaux d'Europe, excepté l'abricot, qui ne se trouve que dans l'île de Fayal. Malgré le mauvais état de la culture, on y fait deux récoltes par an. Le blé, le vin, les fruits délicieux et surtout les oranges qu'on y récolte en grande abondance sont l'objet d'un grand commerce d'exportation. Les relations commerciales des Açores ont lieu particulièrement avec le Brésil et les autres parties de l'Amérique, ainsi qu'avec l'Angleterre. Ces îles n'ont aucun animal venimeux; leurs côtes sont très-poissonneuses. Les Açores appartiennent au Portugal, et, depuis 1835, le gouvernement de ces îles est divisé en deux districts administratifs : celui des Açores orientales, qui comprend Saô-Miguel, Sainte-Marie, et a pour ch.-l. Ponta-del-Gada; celui des Açores occidentales, qui comprend le reste de l'archipel, et a pour ch.-l. Angra. Les prêtres, les moines et les religieuses y sont très-nombreux. Les familles riches envoient leurs enfants en Portugal ou dans d'autres parties de l'Europe pour y faire leur éducation. Les Portugais, si longtemps maîtres des Açores, y ont transplanté leur race, leurs coutumes, leurs superstitions. Ces îles reçurent leur nom du mot portugais *açor*, qui veut dire *milan*, à cause de l'immense quantité de ces oiseaux qu'y rencontrèrent les Portugais lorsqu'ils en firent la découverte en 1432 et en 1446.

ACOSTA (Joseph D'), jésuite espagnol, né vers 1539, mort en 1600. Il devint provincial de son ordre au Pérou, et fut recteur de Salamanque. On a de lui une *Histoire naturelle et morale des Indes*, et plusieurs ouvrages de théologie.

ACOSTA (Uriel), gentilhomme portugais, né à Oporto, vers la fin du XVIe siècle, d'une famille juive convertie au catholicisme. Après s'être fait d'abord catholique zélé, il se fit juif, et, pour se soustraire aux poursuites, quitta son pays et se réfugia en Hollande, tomba dans le scepticisme et l'incrédulité, eut de violents démêlés avec les juifs et les catholiques d'Amsterdam, et, dans un violent accès de désespoir, mit fin à ses jours, en 1640. Avant sa mort, il avait composé une histoire de sa vie, sous le titre d'*Exemplar vitæ humanæ*.

ACOUSTIQUE, partie de la physique qui a trait à la théorie des sons, et qui a pour objet la recherche des lois qui président à sa formation, à sa propagation et à sa transmission. Le son ayant pour cause le mouvement vibratoire des corps qui consiste dans l'oscillation des molécules autour d'un même centre, il y a donc vibration chaque fois qu'il y a son; mais il ne faudrait pas conclure de là qu'il y a son chaque fois qu'il y a vibration. Pour que ces vibrations produisent le son, il faut de certaines conditions, c'est-à-dire que leur nombre ne soit pas inférieur à trente-deux par seconde: il ne paraît pas toutefois qu'il dépasse jamais soixante-douze mille à la seconde. Les philosophes anciens, tout en connaissant le mode de formation et de transmission du son, avaient deviné en quelque sorte l'acoustique, sans l'avoir jamais élevée à la hauteur d'une science. Galilée et Bacon en posèrent les principes, qui furent complétés par les travaux de Newton, Euler, Laplace et d'autres savants.

ACQUAPENDENTE, ville d'Italie, Etats romains, dans la délégation de Viterbe, à 20 kil. O. d'Orvieto. Pop. 2,500 hab. C'est le siége d'un évêché érigé en 1650. Elle est mal bâtie, et renferme une cathédrale et cinq églises. Son nom lui vient d'une vaste cascade qui tombe avec abondance du rocher sur lequel elle est bâtie. Anciennement cette ville n'était qu'un château entouré de quelques habitations. Les habitants de Castro ayant assassiné leur évêque, le pape Innocent transféra le siége épiscopal à Acquapendente, qui prit dès lors le titre de ville, et, avec ce titre, une certaine prépondérance.

ACQUAVIVA, ville d'Italie, dans la Terra-di-Bari, ancien royaume de Naples, district, et à 25 kil. S. de Bari. Pop. 6,500 hab. — Elle est entourée de murailles et de fossés, et possède une belle église paroissiale, deux hôpitaux et un mont-de-piété.

ACQUAVIVA (André-Mathieu D'), duc d'Atri, prince de Terramo, né en 1456. Il prit le parti de Charles VIII, roi de France, lorsque celui-ci envahit le royaume de Naples. Combattant la domination espagnole, il fut fait prisonnier par Gonzalve de Cordoue. Rendu à la liberté, il rentra dans sa patrie et se livra à l'étude des lettres et des sciences.

ACQUAVIVA (Claude D'), général des jésuites, né en 1542, mort en 1615. On l'accuse d'avoir approuvé le livre dans lequel Mariana soutenait qu'il était permis d'attenter à la vie des rois, quoique ses défenseurs citent des passages de lettres qui sembleraient prouver le contraire.

ACQUI, ville d'Italie, anciens Etats sardes, sur la rive gauche de la Bormida, à 25 kil. S.-S.-O. d'Alexandrie, 40 N.-E. de Gênes, ch.-l. de la province du même nom. Pop. 7,000 hab. — Cette ville est le siége d'un évêché suffragant de Turin; elle a un château fort, une cathédrale, deux églises et un collége royal. Elle doit son nom à ses eaux thermales sulfureuses, qui sont très-fréquentées, ainsi que l'établissement royal des bains; ses boues sont renommées pour les douleurs rhumatismales et les blessures. Son industrie consiste dans la fabrique des rubans et cordons de soie. Il s'y tient trois foires par an, principalement pour la vente des bestiaux. Acqui possède encore quelques ruines de l'*Aquæ statiellorum* des Romains. Elle fut prise par les Espagnols en 1745, et par les Piémontais en 1746. Les Français y remportèrent, en 1794, une victoire sur les Piémontais unis aux Autrichiens.

ACQUITTEMENT, renvoi d'une accusation ou d'une poursuite, qui résulte soit que l'accusation manque de preuves ou est fausse, soit que l'accusé n'ait pas agi avec discernement ou qu'il se trouve dans le cas d'excuse légale. Tout prévenu dont l'acquittement a été prononcé, quand même de nouvelles preuves surgiraient après le jugement, ne peut être repris et accusé à raison du même fait, et doit être remis en liberté, à moins qu'il ne soit retenu pour une autre cause.

ACRAH, ville maritime de l'Afrique occidentale, dans la Côte d'Or; lat. 5° 31'; long. 10°. Capitale du petit Etat de ce nom. Pop. 6,000 hab. Cette ville était le centre d'un commerce très-important, lorsque la traite des nègres n'était pas défendue. Elle entretient encore de grandes relations avec l'Afrique centrale. Les Européens y ont construit de jolies maisons.

ACRÆ, ville d'Europe, dans la Sicile, à l'O. de Syracuse.

ACRAGAS, montagne de Sicile, qui était située près d'Agrigentum, sur la côte méridionale de l'île; elle tirait son nom de la rivière qui l'arrosait.

ACRAGAS ou AGRAGAS, rivière de Sicile qui passait près d'Agrigentum. *Voir* GIRGENTI.

ACRE, mesure agraire de superficie, employée autrefois en France. Elle variait selon les provinces où elle était en usage. Sa valeur ordinaire était d'un arpent et demi. En Angleterre, l'*acre*, mesure légale de toute la Grande-Bretagne, vaut 40 ares 47 centiares en mesure française.

ACRE, ou SAINT-JEAN D'ACRE, ville forte de la Turquie d'Asie, dans la Syrie, ch.-l. du pachalik du même nom, à 120 kil. N.-O. de Jérusalem, et à 40 kil. S. de Sour, près d'une baie semi-circulaire formée par les ramifications du mont Carmel, avec un port sur la Méditerranée. Pop. 22,000 hab. — Au moyen âge on l'appelait *Ptolémaïs*, mais l'ancienne Ptolémaïs était plus étendue que la ville moderne. Quoique son port soit engorgé et assez petit, il n'en est pas moins le centre d'un commerce considérable; c'est un des meilleurs de la côte, et l'entrepôt des cotons de la Syrie. La ville, bâtie à l'extrémité N. de la baie et sur un promontoire, est entourée de remparts qui

Achille traînant le corps d'Hector autour des murs de Troie (p. 23, col. 2).

en font la place la plus forte de la Syrie. Au moyen âge, pendant les croisades, Saint-Jean d'Acre était comme le dernier boulevard de la chrétienté contre les musulmans; c'était le point de débarquement des chrétiens et le siége de l'ordre des chevaliers de Saint-Jean, d'où vint le nom qu'elle porta depuis. Les Templiers la défendirent contre les Sarrazins jusqu'en 1291. En 1799, les Turcs, commandés par Djezzar, pacha fameux par ses cruautés, et appuyés par Sidney-Smith, commodore de la flotte anglaise, furent assiégés dans cette forteresse par l'armée française, que commandait Bonaparte. Les annales de la guerre offrent peu d'exemples d'une résistance aussi opiniâtre que celle des Anglo-Turcs, et d'une attaque aussi vivement exécutée que celle de l'armée française. La perte fut immense. Les morts encombraient le champ de bataille. Berthier offrit une suspension d'armes pour enterrer les morts de part et d'autre. Cette proposition resta quelques jours sans réponse. Enfin le commodore anglais écrivit que lui seul pouvait disposer du terrain qui se trouvait sous son artillerie. Bonaparte, voyant chaque jour diminuer le nombre de ses braves compagnons, que décimaient impitoyablement la mitraille et la peste, apprenant d'ailleurs à chaque instant quelque nouveau soulèvement sur ses derrières, résolut, le 20 mai 1799, de lever le siége, après avoir toutefois ordonné d'employer le reste des munitions de guerre à raser les fortifications, le palais de Djezzar et tous les édifices publics de la ville. Ibrahim-Pacha, après un siége d'environ 60 jours, s'en empara. Enfin, naguère, en 1840, les Anglais l'enlevèrent au pacha d'Égypte, après une faible résistance.

ACREL (Olof), né en 1717, aux environs de Stockholm, mort en 1807. Chirurgien remarquable par les progrès qu'il fit faire à son art et par son ouvrage des *Cas chirurgicaux*.

ACRISIUS, roi d'Argos, arrière petit-fils de Danaüs et frère jumeau de Prœtus. Il régna à Argos vers 1800 av. J.-C. On lui avait prédit qu'il serait tué par son petit-fils. Il enferma donc sa fille Danaé; mais on sait comment Jupiter trompa toute surveillance et il lui naquit un petit-fils auquel on donna le nom de Persée, qu'on exposa à la mer. Persée échappa à la mort par miracle, et, plus tard, réuni par le hasard avec son père à Larisse, il le tua avec un disque qu'il avait lancé pour lui faire voir son adresse.

ACROCÉRAUNIENS (monts), c'est-à-dire exposés à la foudre. Montagnes qui s'étendaient dans le nord de l'Épire, haute Albanie, et qui formaient les limites de la Mer ionienne. Leur cime est presque constamment couverte de neige, et les orages et la foudre y éclatent souvent, d'où leur nom. Elles étaient habitées par les Chaones ou Chaoniens, et, en s'étendant vers le N.-O., elles formaient la péninsule appelée Acrauceraunia.

ACROCORINTHE, citadelle de Corinthe, qui était placée sur la partie la plus élevée de la ville. *Voir* CORINTHE.

ACRON, héros étrusque, né à Cortone, fut tué par Mézence.

ACRON (Hélénius), commentateur latin qui vivait au plus tard vers la fin du IVe siècle. On a de lui un *Commentaire sur Horace*. On lui attribue aussi un *Commentaire sur les Adelphes de Térence* et un autre sur les *Satires de Perse*.

ACROPOLE. Ce mot, dérivé du grec, signifie *ville haute*, et s'applique aux parties des villes grecques, telles que les citadelles, qui sont bâties sur des éminences naturelles. Fortes par leur position élevée, et entourées d'épaisses murailles, ces parties offraient un refuge assuré contre les invasions. Celle d'Athènes, voisine de la colline de l'Aréopage, était l'Acropole par excellence.

ACROPOLITE (George), né à Constantinople vers 1220, mort vers 1282, après avoir été grand logothète ou premier ministre, sous l'empereur Théodore Lascaris. Il est auteur d'une *Chronique de l'empire grec* qui va depuis la prise de Constantinople par les Latins jusqu'à la reprise de cette ville par Michel Paléologue.

ACROPOLITE (Constantin), fils du précédent, connu pour s'être opposé à la réunion de l'Église grecque à l'Église romaine sous Michel Paléologue.

ACROTÈRE, nom donné en architecture aux assises qui s'élèvent au-dessus de l'entablement ou du fronton et qui sont généralement destinées à supporter des statues.

ACTA APOSTOLORUM ou ACTE DES APOTRES, histoire des apôtres contenue dans le Nouveau-Testament.

ACTA ERUDITORUM, nom du premier journal littéraire qui a paru en Allemagne vers le milieu du XVIe siècle.

ACTA SANCTORUM, désignation sous laquelle on comprend tous les renseignements qui nous sont parvenus sur les saints et les martyrs de l'Église romaine et de l'Église grecque. Ce fut un jésuite nommé Bolland qui, en 1643, commença ce travail, qui depuis a été continué par d'autres jésuites que l'on appela *bollandistes*.

ACTE, ancien nom de l'Attique, ou, selon Suidar, du rivage seulement.

ACTÉON, nom d'un grand chasseur de la Fable, fils d'Aristée et d'Antinoé. Ayant surpris Diane lorsqu'elle était au bain, il fut métamorphosé par elle en cerf, et périt dévoré par ses chiens.

ACTEUR, nom générique qui comprend le modeste comparse jusqu'au tragique, et qui se remplace par les mots *artiste dramatique*. Autant les acteurs étaient honorés chez les Grecs, autant ils étaient méprisés chez les Romains, qui les choisissaient parmi les esclaves. En France, la profession d'acteur fut longtemps regardée comme déshonorante, et ce n'est que depuis que les Baron, les Lekain, les Talma et tant d'autres ont su le réhabiliter par leur talent et leur esprit que ce préjugé a été renversé.

ACTIAQUE (Ère). *Voir* ÈRE.

ACTIAQUES (jeux). Ces jeux sont fort anciens; ils se célébraient d'abord tous les trois ans, à Actium, en l'honneur d'Apollon. Mais Auguste, après la victoire d'Actium, les ayant renouvelés et leur ayant donné plus d'éclat, les transporta dans sa nouvelle ville de Nicopolis, où, depuis, on les célébra tous les cinq ans. Ils eurent lieu ensuite à Rome. Tibère les présida dans sa jeunesse.

ACTINOMANCIE. C'était la divination par les étoiles.

ACTION, terme commercial par lequel on désigne la part d'intérêt afférente aux membres d'une société de commerce dans les fonds et dans les bénéfices. Le titre qui établit cette part d'intérêt porte aussi le nom d'action, qui est dite *nominative* quand elle porte le nom de celui qui en a payé la valeur, et *au porteur* quand elle ne porte aucun nom et peut être négociée sans autre formalité que la signature du cédant. L'invention des actions remonte au commencement du XVIIIe siècle, et tout le monde a entendu parler de la fameuse banque par actions de l'Écossais Law, qui jeta une si grande perturbation dans les fortunes de cette époque.

ACTIUM, ville et promontoire sur la côte occidentale de la Grèce, dans l'ancienne Épire, formant l'extrémité septentrionale de l'Acarnanie, à l'entrée du golfe d'Ambracie, aujourd'hui *capo de Figolo* ou *punta de la Civola*. Ce cap est célèbre par la victoire navale qu'Octave y remporta sur Antoine, le 2 septembre de l'an 31 avant J.-C., et qui mit fin à la république romaine. En mémoire de cet événement, Octave bâtit la ville de Nicopolis en face d'Actium, releva le temple d'Apollon Actiaque et renouvela les jeux actiaques, qu'il fit transférer à Rome.

ACTON (Joseph), premier ministre de l'ancien royaume de Naples, naquit à Besançon en 1737, où ses parents irlandais étaient venus s'établir. Après avoir achevé ses études, il entra dans la marine française, qu'il quitta bientôt pour passer au service du grand-duc de Toscane, et fit partie de l'expédition contre les Iles barbaresques, où il trouva l'occasion de se distinguer. Sa bravoure et ses talents engagèrent le roi de Naples à lui offrir du service. Acton accepta et sut se concilier la faveur de la reine Caroline, qui le fit ministre de la marine, des finances, enfin premier ministre. Il chercha toutes les occasions de nuire aux Français. Après plusieurs vicissitudes, il fut définitivement renvoyé du ministère en 1803, sur la demande de la France, et se retira en Sicile, où il mourut en 1808, haï et méprisé de tous les partis.

ACTUAIRE, scribe, sténographe qui recueillait les discours des orateurs au Forum et au Sénat.

ACTUARIUS (Jean), médecin grec, qui vivait vers la fin du XIIIe siècle. Il est le premier qui ait fait usage de la manne, de la casse et du séné comme purgatifs.

ACTUS, mesure de longueur et de superficie chez les anciens Romains; c'était leur chaîne d'arpentage et faisait 24 pas.

ACUNHA (don Antonio OSORIO D'), évêque espagnol devenu célèbre par le rôle qu'il remplit dans les luttes qui suivirent l'avénement de Charles-Quint. En 1519, lors de l'insurrection de la sainte Ligue, il eut pour adversaire le comte d'Albe et dut chercher du secours dans le parti des *comuneros*, qui lui donnèrent des soldats et des armes. Malgré son âge avancé, il marcha de victoires en victoires, s'empara de la reine-mère, Jeanne la Folle et fortifia Tordesillas; tout était désespéré, lorsque le comte de Haro s'empara de Tordesillas après avoir battu l'armée de d'Acunha. Après bien des efforts et des alternatives de succès et de revers, l'insurrection fut vaincue à Villalar; d'Acunha songea à passer en France; mais, découvert, il fut enfermé dans la prison de Simancas. Charles-Quint ayant obtenu un bref du pape qui permettait de le livrer au bras séculier, lui fit trancher la tête et pendre son corps aux créneaux du vieux château.

ACUSILAUS d'Argos, contemporain de Solon, logographe, qui vivait avant la guerre médique. Cet historien grec a écrit sur la chronologie des rois d'Argos, mais il n'en est resté que quelques fragments.

ACUTO (Jean). *Voir* HAKSWOOD.

ADAD-REMMON ou MAGEDDO, ville de Judée.

ADAIR (Sir Robert), diplomate anglais, né le 24 mai 1763. Après la prise d'Otchakow par les Russes, en 1789, il fut envoyé, par Fox, qui était alors à la tête de l'opposition, près de Catherine II, chargé d'une mission secrète. Il venait d'être envoyé au parlement pour le comté d'Appleby lorsque Fox, qui venait d'être nommé ministre des affaires étrangères, le nomma ambassadeur à Vienne et le chargea de poser les bases d'une nouvelle coalition contre la France : il échoua complétement dans cette tentative. Lorsque les tories revinrent aux affaires, les capacités de Sir Robert Adair furent fort appréciées, et il parvint à renouer les relations diplomatiques de l'Angleterre avec la Turquie, qui étaient rompues depuis l'expédition de Duckworth dans les Dardanelles. Revenu à Londres en 1811, il resta sans prendre part aux affaires publiques jusqu'en 1830, où il fut envoyé par le gou-

ADA

vernement britannique en qualité d'ambassadeur à Bruxelles. En 1835, il se démit de ses fonctions pour entrer au conseil privé. Il mourut le 10 août 1855.

ADALBÉRON, archevêque de Reims en 969. Il sacra Hugues Capet, et fut grand chancelier de France sous Lothaire, Louis V et Hugues Capet. Ce fut l'un des plus savants prélats de son siècle. Plusieurs de ses lettres se trouvent parmi celles de Gerbert, son successeur.

ADALBÉRON, surnommé *Ascelin*, évêque de Laon, né en Lorraine en 977, mort l'an 1030. Il mit entre les mains de Hugues Capet le duc de Lorraine, son compétiteur au trône de France, et l'archevêque de Reims Arnould. Il a composé un poëme satirique sur l'état du royaume à son époque. Ce poëme se trouve dans le 10e volume des *Historiens de France*.

ADALBERT (saint), évêque de Prague, né en 939, mort en 997. Il fut l'apôtre des Prussiens, prêcha la religion en Bohême, en Hongrie et en Prusse, et périt martyr.

ADALBERT, nom de plusieurs princes qui régnèrent en Toscane sous le titre de ducs: Adalbert Ier, de 845 à 890; Adalbert II, de 890 à 917; Adalbert III, de 1001 à 1014.

ADALBERT, fils de Bérenger II, roi d'Italie, qui l'associa à son trône en 950. Il fut chassé de ses Etats par l'empereur Othon Ier, et se réfugia à Constantinople.

ADALBERT, archevêque de Hambourg et de Brême. Après avoir failli être élu pape, en 1046, il fut nommé légat de Léon IX dans le Nord. Il échoua dans les efforts qu'il fit pour obtenir le titre de patriarche. Après s'être fait nommer tuteur de l'empereur Henri IV, il conserva le pouvoir après la majorité de celui-ci et entra en lutte ouverte avec les seigneurs saxons, qui lui mirent plusieurs fois son diocèse à feu et à sang. Il mourut à Goslar le 17 mars 1072. Adalbert avait déployé les plus grandes qualités pour gouverner, mais il manqua constamment de générosité et de modération; néanmoins ses contemporains lui donnèrent le titre de *Grand*.

ADALGISE, fils de Didier, roi des Lombards, qui l'associa à son trône. Il épousa une sœur de Charlemagne; mais cela ne l'empêcha pas d'être dépouillé de ses Etats par ce prince, en 775.

ADALHARD, cousin de Charlemagne, né en 753, mort en 827.

ADALIA, ville et port sur la côte méridionale de l'Asie mineure. C'est l'ancienne *Attalia* des Romains. Aujourd'hui *Sotalieh*.

ADAM. Le premier homme et le père du genre humain. Il fut formé de terre, d'après la Genèse, et comme son nom l'indique, le sixième jour de la création. C'est par l'homme que Dieu compléta son œuvre; il le fit à son image et le rendit maître de tous les animaux. Après lui avoir donné pour compagne Eve, qui avait été formée de sa chair, pour que de leur union naquît une nombreuse postérité qui peuplât la terre, Dieu les plaça dans le Paradis terrestre, l'Eden, jardin de délices rempli d'arbres à fruits, où ils trouvaient tout ce qui pouvait satisfaire leurs besoins et servir à leurs plaisirs. Ils y jouissaient d'un bonheur sans mélange; mais au milieu de ce jardin se trouvait l'arbre de la science du bien et du mal, dont le fruit leur avait été interdit par le Seigneur. Eve se laissa séduire par le serpent; et cueillit de ce fruit dont elle fit manger à son mari, après en avoir mangé elle-même. Leur bonheur fut à l'instant détruit. Tout prit à leurs yeux une face nouvelle, un autre aspect. Pour la première fois ils s'aperçurent de leur nudité, et se servirent de feuilles pour se couvrir. En vain Adam chercha-t-il à se dérober à la vue de Dieu, en vain s'efforça-t-il de rejeter sa faute sur sa compagne, l'anathème fut lancé contre eux et enveloppa la nature tout entière. Désormais déchu de l'état d'innocence dans lequel il avait été créé, Adam se vit condamné à manger son pain à la sueur de son front, et fut dès lors en proie à toutes les misères de l'existence et à toutes les terreurs de la mort. Il eut trois fils, Caïn, Abel et Seth, et mourut à l'âge de 930 ans.

ADAM DE BRÊME. Il appartenait au diocèse de Brême, et fut élu chanoine en 1077. Il écrivit une histoire de l'église chrétienne dans le diocèse de Brême et dans le nord de l'Europe, depuis le règne de Charlemagne jusqu'à celui de l'empereur Henri IV. Il écrivit également une description du Danemark. C'est à tort qu'il est regardé comme le plus ancien géographe du moyen âge. La géographie d'Adam de Brême se ressent de l'ignorance et de la confusion des idées qui régnaient encore au moyen âge. Quoiqu'il fût habitant du nord de l'Europe, il le connaissait si peu lui-même qu'il transforme la Courlande et l'Esthonie en îles de la Mer scythique, place les Amazones dans la Scandinavie, etc. Mais ces erreurs et beaucoup d'autres n'ont pas empêché que la saine critique n'ait puisé dans ses écrits des notions intéressantes sur l'histoire du nord de l'Europe.

ADAM dit l'*Ecossais* ou le *Prémontré*, religieux prémontré du XIIe siècle.

ADAM DE LA HALE, dit le *Boçu d'Arras*, trouvère français du XIIIe siècle.

ADAM, abbé de Perseigne, dans le diocèse du Mans.

ADAM (maître), menuisier de Nevers et poëte. *Voy.* BILLAUT.

ADAM (Jacques), né à Vendôme en 1663. Rollin le présenta à l'abbé Fleury, qui l'associa à ses recherches historiques.

ADAM (Lambert-Sigisbert), célèbre sculpteur, né à Nancy en 1700, mort en 1759. A l'âge de 18 ans, il alla à Metz et de là à Paris. Après y avoir travaillé pendant quatre ans, il remporta le premier prix à l'Académie, et alla, comme pensionnaire du roi, à Rome, où il passa dix ans. Le cardinal de Polignac lui fit restaurer les douze statues de marbre connues sous le nom de la famille de Lycomède, et qu'on venait de découvrir dans le palais de Marius. Il s'acquitta de ce travail avec un grand talent. Lorsqu'on eut l'intention d'établir à Rome la fontaine de Trevi, Adam fut l'un des seize sculpteurs admis à présenter leurs dessins, et sa composition l'emporta sur toutes les autres, car elle fut choisie par Clément XII. En 1737, il fut élu membre de l'Académie, et dans la suite il y fut attaché comme professeur. Lui et son frère ont exécuté plusieurs des plus beaux sujets qui ornent les parcs de Saint-Cloud et de Versailles. On a de lui un *Recueil de sculptures antiques*, qu'il publia en 1754. Adam maniait bien le marbre, et savait travailler le nu avec une certaine correction; il drapait aussi les figures avec une rare élégance; mais il paya un peu le tribut au mauvais goût de son temps.

ADAM (Robert), architecte écossais, né en 1728, à Kerkaldy.

ADAM (Jean-Louis), célèbre pianiste, né à Müttersholtz (Bas-Rhin) vers 1760, mort en 1848.

ADAM (Alexandre), savant Ecossais, né dans le comté de Murray en 1741, mort en 1809. Il fut longtemps recteur de la principale école d'Edimbourg. On lui doit plusieurs ouvrages de philologie, entre autres les *Antiquités romaines*, livre réimprimé, et une *Biographie classique*, publiée en 1802.

ADAM (Edouard-Jean), chimiste, né à Rouen en 1768, mort le 11 novembre 1807. Il est célèbre par la découverte qu'il fit d'un nouveau procédé pour distiller les vins.

ADAM (Adolphe-Charles), compositeur français, né le 24 juillet 1803, à Paris, où il mourut le 3 mai 1856. Après avoir fait ses premières études au lycée Napoléon, il entra au Conservatoire, où Reicha et Boïeldieu furent ses maîtres. Nous ne mentionnerons pas ici toutes ses compositions, qui furent autant de succès, mais nous constaterons que son talent était tout prime-sautier, rempli de fraîcheur et de finesse; peut-être doit-on lui reprocher d'avoir laissé glisser, dans la rapidité du travail, quelques trivialités et quelques morceaux d'un goût douteux.

ADAM (Albert), peintre allemand de batailles et de chevaux, né le 16 avril 1786, à Nœrdlingen; il voyagea pour étudier la peinture et s'attacha au prince Eugène de Beauharnais, avec lequel il fit la campagne de Russie en 1812; de même en 1849, il fit avec Radetsky, la campagne austro-italienne et assista à la bataille de Custozza et de Novare. Il fit, en 1825, pour le roi Louis de Bavière, le tableau représentant la bataille de la Moskowa. Dans ses œuvres, on compte en grande partie les épopées militaires de l'Allemagne et de la France, car Adam avait conservé ses sympathies pour ce pays, dont il avait admiré les soldats dans les grands combats de géants que commandait Napoléon. Par son talent comme peintre de chevaux et de batailles, l'Allemagne peut le considérer comme son Horace Vernet. Il mourut le 28 août 1862, au moment où il mettait la dernière main à la bataille de Zorndorf. L'empereur d'Autriche et le baron de Rothschild possèdent la plupart de ses œuvres.

ADAM (pic d'), montagne de l'intérieur de l'île de Ceylan, au S. de Candy, dans le district de Dinasaco, à environ 72 kil. de la ville de Colombo. Elle a 1919 mètres de hauteur. La vue dont on jouit de la haute plate-forme de ce pic sacré est admirable. C'est l'un des plus célèbres pèlerinages des bouddhistes. Au sommet de ce pic, qui domine l'île entière, se trouve une petite pagode en bois, au milieu de laquelle on voit l'empreinte d'un pied gigantesque taillé grossièrement dans la pierre, et dont les doigts sont séparés par des lignes en plâtre. Les Cingalais et les peuples de l'Inde transgangétique croient que ce pied est la trace de Bouddha, qui, après 999 métamorphoses, s'élança de ce lieu vers le ciel. Les musulmans prétendent que c'est la marque du pied du père des hommes; car Adam, disent-ils, vint pleurer ici son expulsion du Paradis terrestre; il y resta debout sur un seul pied jusqu'à ce que Dieu lui eût pardonné sa désobéissance, et de là il s'envola vers les demeures célestes. Selon les chrétiens, ce pied est celui de saint Thomas.

ADAMA, ville de l'ancienne Pentapole de Palestine, dans la plaine du Jourdain, au bord de la vallée des Bois. Cette vallée, qui est remplie de sources de bitume, est devenue depuis la Mer salée ou la Mer morte. Adama fut détruite par une pluie de feu, avec les villes voisines, Sodome, Gomorrhe, Séboïm et Bala ou Ségor, auxquelles elle était réunie.

ADAMITES, secte de fanatiques qui vivaient en communauté dans l'une des îles du Lusinitz et qui fut traquée, en 1421, par Ziska, qui les fit périr par milliers.

ADAMS (Guillaume), navigateur anglais, mort en 1620.

ADAMS (John), ancien président des Etats-Unis de l'Amérique septentrionale, né à Baintree, le 10 octobre 1735, mort à New-York le 4 juillet 1826. C'était un des premiers hommes d'Etat de sa patrie; il était issu d'une famille respectable de puritains, qui, en 1608, avait contribué à l'établissement de la colonie de Massachusets-Bay. Avant la révolution qui éleva sa patrie au rang des Etats indépendants, il s'était distingué comme avocat. Il avait une aversion prononcée pour les mesures violentes. Cependant le capitaine Preston, qui fit faire feu sur le peuple, à l'occasion d'une émeute à Boston, trouva en lui un ardent défenseur. En 1774 et 1775, il fut élu membre du congrès. Persuadé qu'une réconciliation durable avec la métropole était désormais impossible, il fut un des promoteurs et des signataires du mémorable décret du 4 juillet 1776, qui déclara les colonies américaines Etats libres, souverains et indépendants. Il fut, conjointement avec Franklin, envoyé en 1778, à la cour de Versailles, pour conclure en qualité de ministre plénipotentiaire des Etats-Unis un traité d'alliance et de commerce. A son retour, il prit une part active à la confection de la constitution gouvernementale. Les Etats-Unis le nommèrent ensuite leur ministre plénipotentiaire près les Etats généraux de Hollande. En 1782, il fut chargé de la négociation du traité de paix avec l'Angleterre, par lequel l'indépendance des Etats-Unis était reconnue. Pendant la guerre de l'indépendance, Adams fut un des premiers à proposer de donner plus d'unité au pouvoir. Washington, Franklin, Madison, Hamilton, etc., se réunirent à lui, et de cet accord résulta la constitution actuelle des Etats-Unis de l'Amérique septentrionale, qui fut arrêtée seulement en 1787. Washington fut élu président, et John Adams vice-président. Quand Washington quitta la présidence, Adams fut élu à sa place, et prit en toute circonstance la défense de l'administration. A l'expiration de ses fonctions, il se retira des affaires. Avant de mourir, il eut la consolation de voir la présidence accordée à son fils John-Quincy Adams. Pendant son séjour en Europe, il publia son célèbre ouvrage : *Defense of the constitution of government of the United-State*.

ADAMS (John-Quincy), fils du précédent et président des Etats-Unis de 1825 à 1829. Lorsque son père fut nommé président, il fut accrédité à Berlin comme ministre plénipotentiaire. Comme homme d'Etat, il était loin de partager les doctrines démocratiques de son père, et il pensait que le salut de l'Amérique ne pouvait se trouver que dans la constitution d'une forte aristocratie. Le souvenir de son père le fit arriver à la présidence, où il ne joua qu'un rôle effacé, et le seul fait important de sa carrière politique, c'est qu'il est le premier qui ait osé déposer au bureau de la Chambre des représentants, en 1841, une pétition demandant la dissolution des Etats-Unis. D'une instruction profonde et solide, ses discours fourmillent de citations et d'allusions classiques, et parmi eux on en trouve quelques-uns de remarquables, entre autres un éloge de Lafayette. John-Quincy Adams mourut le 17 février 1848.

ADAMS (Samuel), né en 1722 et mort en 1802. L'un des plus hardis défenseurs des colonies anglaises, et l'un des plus ardents promoteurs de l'indépendance, joua un rôle très-important et prit une part active aux événements de son époque, il était le contraste, par sa vivacité et sa violence, le plus frappant avec Washington, auquel il essaya d'enlever le commandement.

ADAMS, comté des Etats-Unis d'Amérique, Etat de Pensylvanie, qui a pour ch.-l. Gettysburg. Sa superficie est de 1,600 kil. carrés ; il compte 25,000 hab. ; à l'O. sont les montagnes South-Mountains, couvertes de forêts.

ADAN ou AZAN, appel des musulmans à la prière.

ADANA, ville de la Turquie d'Asie, dans l'Anatolie, ch.-l. du pachalik du même nom, sur le Seïhoun, près de la Méditerranée. Pop. 25,000 hab. La ville moderne a un aspect très-pittoresque ; on y voit entre autres belles ruines, celles d'un aqueduc romain. Son commerce consiste principalement en céréales, vins et fruits. Les rois de la petite Arménie y résidèrent pendant plus de deux siècles. On attribue aussi à l'empereur Justinien le pont sur lequel on traverse le Seïhoun ou Adana.

ADANSON (Michel), célèbre naturaliste français, né à Aix, en Provence, le 7 avril 1727, mort le 3 août 1806. Il était d'une famille d'origine écossaise. Venu à Paris pour faire ses études, il montra de bonne heure une grande passion pour l'étude de l'histoire naturelle. Réaumur et Jussieu furent ses principaux guides, et quand il eut connaissance du système de Linnée, qui commençait alors à se répandre, ce système excita son émulation. Voulant se livrer exclusivement à ses études favorites, il quitta l'état ecclésiastique, auquel ses parents l'avaient destiné, et dès l'âge de 21 ans, il entreprit de visiter le Sénégal, pays qui n'avait pas encore été exploré. Il recueillit avec le zèle le plus ardent d'immenses trésors dans les trois règnes de la nature. Il ne tarda pas à être frappé du vice que présentaient les classifications suivies jusqu'alors, et voulut les remplacer par une méthode universelle. Après avoir séjourné 5 ans dans un pays aussi brûlant et aussi malsain, il revint dans sa patrie avec les collections les plus précieuses, et publia en 1757 son *Histoire naturelle du Sénégal*. Quelques dissertations du plus grand mérite, que l'Académie des sciences inséra dans ses Mémoires, lui valurent le titre d'académicien, et dans la même année, il fut nommé censeur royal. Il publia, en 1763, son grand ouvrage botanique ayant pour titre : *Familles des plantes* ; mais cet ouvrage, quoique renfermant une admirable variété de connaissances, et destiné à faire une révolution dans la botanique, n'eut pas tout le succès qu'il méritait. Comme il en préparait une seconde édition, il conçut le plan d'une encyclopédie complète. Dans l'espérance que Louis XV appuyerait cette vaste entreprise, il se mit à en amasser les matériaux, qui bientôt devinrent immenses. Soumis à l'Académie, ce plan, par sa vaste étendue, excita une admiration générale. On en fit l'objet d'un examen approfondi, mais le résultat ne répondit pas à l'attente de l'auteur. Il ne renonça pas cependant à son projet, et épuisa toutes ses ressources pour en hâter l'exécution. Mais la révolution, qui vint à éclater, le réduisit à la plus triste situation. En effet, sa misère était telle que, lorsque l'Institut national, après sa fondation, l'invita à siéger parmi ses membres, il répondit qu'il ne pouvait pas se rendre à cette invitation, parce qu'il n'avait pas de souliers. C'est alors qu'il obtint une pension du Directoire. Jusqu'à sa mort, il ne cessa de s'occuper de son grand projet : aussi le nombre de ses ouvrages imprimés est-il infiniment petit comparativement à la masse immense de manuscrits qu'il a laissés. Cuvier a prononcé son éloge à l'Institut en 1807.

ADAR, nom du sixième mois de l'année civile des Israélites, douzième de leur année ecclésiastique. Il contient vingt-neuf jours ; commençant dans le mois de février, il finit en mars.

ADASPIENS, peuple du Caucase, qui fut soumis par Alexandre.

ADDA, rivière d'Italie, dans l'ancien royaume Lombard-Vénitien, prend sa source dans la Valteline, passe à Sondrio, traverse les lacs de Côme et de Lecco, baigne Lodi et Pizzighettone, et se jette dans le Pô après un cours de 253 kil. Elle a pour affluent principal le Serio. — Cette rivière est célèbre par le passage du général Bonaparte en 1796 et par l'échec de Cassano, sous le général Moreau, le 27 avril 1799.

ADDISON (Joseph), célèbre écrivain anglais, né en 1672 à Milston, dans le Wiltshire, mort en 1719. Il apprit les premiers éléments des sciences dans sa ville natale, et plus tard à Litchfield, où son père était devenu doyen. A l'âge de 15 ans, il alla à l'université d'Oxford, où il commença sa réputation par des poésies latines. Il s'était destiné à l'état ecclésiastique ; mais lord Sommers et lord Montagu, alors chancelier de l'Echiquier, s'étant intéressés à lui, il conçut des idées d'ambition. En 1689, il adressa un poëme au roi Guillaume, qui, pour encourager un jeune homme qui donnait de si belles espérances, voulut bien lui accorder une pension de 300 liv. sterl. par an. Addison visita la France et y fit un assez long séjour, et alla ensuite en Italie. Sa pension lui ayant été retirée par suite du changement de ministère, il fut obligé de retourner en Angleterre. Il était dans le dénûment le plus complet, mais sa position s'améliora bientôt. La bataille d'Hochstedt (1704) répandait la joie dans toute l'Angleterre. Lord Godolphin désirait qu'un poëte célébrât cet événement national. Sur la recommandation d'Halifax, il en chargea Addison, qui, avant même d'avoir terminé son poëme, reçut la place de commissaire d'appel, dont le célèbre Locke s'était démis. En 1705, Addison accompagna lord Halifax en Hanovre, et fut, l'année suivante, nommé sous-secrétaire d'Etat. Le marquis de Warton venait d'être nommé vice-roi d'Irlande, Addison l'y accompagna comme secrétaire, et réunit à cette charge celle d'archiviste du château de Birmingham, sinécure de 300 liv. sterl. Ce fut vers cette époque que Steele, l'un de ses intimes amis de jeunesse, forma le dessein de publier une feuille périodique ayant pour titre : *the Tatler (le Causeur)*. Addison prit part à cette entreprise, remplacée quelques mois après par *le Spectateur*, où Addison présentant le tableau des mœurs de son siècle, esquissant les caractères, flagellant les ridicules et les vices à la mode, acquit une grande célébrité. En 1713, il fit jouer sa tragédie de *Caton*, qui eut 35 représentations, et obtint à Londres et dans les provinces un succès immense, il la fit suivre d'une comédie *(le Tambour)* qui est peu connue (1715). Addison prouva par là qu'il était plus bel esprit que poëte. Après la mort de la reine Anne, il se rendit pour la seconde fois en Irlande, en qualité de secrétaire du vice-roi, le comte de Sunderland. Il fut nommé ensuite lord du bureau de commerce, et en 1717 ministre secrétaire d'Etat. Mais on s'aperçut bientôt de son incapacité pour un poste si élevé. Comme il ne pouvait pas parler en public, il ne pouvait pas non plus défendre les mesures du gouvernement. Les mortifications qu'il reçut à cette occasion et l'affaiblissement graduel de sa santé le forcèrent de résigner ces fonctions ; on lui donna en dédommagement une pension de 1,500 liv. sterl. Dans sa retraite, il écrivit une *Défense de la religion chrétienne* ; mais il la laissa inachevée ainsi que beaucoup d'autres ouvrages. Il mourut à Holland-House, près de Kensington, et son corps fut déposé dans l'abbaye de Westminster. Addison s'est surtout fait un nom par son élégance et son goût ; *le Spectateur* et son *Voyage en Italie* sont peut-être les ouvrages en prose les plus remarquables de la littérature anglaise. En politique, il s'attacha au parti whig et eut de puissants protecteurs dans Montagu et Halifax. Il était lié avec les plus grands écrivains de son temps, particulièrement avec Steele et Congreve. En 1716, il avait épousé la comtesse de Warwick ; mais cette femme, qui possédait un grand fonds d'orgueil, ne le rendit pas heureux. Addison avait les mœurs les plus pures ; il était partisan sincère de la religion, sérieux et réservé dans sa conduite, timide et embarrassé en société ; il parlait peu devant les personnes qu'il ne connaissait pas. « Jamais de ma vie, dit lord Chesterfield, je n'ai vu d'homme plus modeste et plus gauche. »

ADDITION, opération par laquelle on réunit plusieurs nombres pour n'en former qu'un seul, qui prend le nom de *total*.

ADDITIONNEL (acte), nom donné au projet de loi élaboré pendant les Cent-Jours et qui devait être en quelque sorte le complément de la constitution de l'Empire. Rédigé dans le sens de la charte de Louis XVIII, il établissait une pairie héréditaire et une chambre de députés; le pouvoir législatif était dévolu à l'Empereur, assisté des deux Chambres. Cet acte fut soumis au suffrage universel et adopté à une immense majorité; la promulgation s'en fit avec une grande pompe en présence de l'Empereur, des grands corps de l'Etat, des députations des colléges électoraux et de l'armée, qui quitta cette solennité pour entrer immédiatement en campagne; Napoléon la suivit quelques jours après.

ADEL, ou ATHEL, signifie *noble* dans les langues teutoniques. Dans la langue arabe, il signifie *juste*, et a été porté par un grand nombre de souverains musulmans.

ADEL, contrée de l'Afrique orientale, qui s'étend au S. de l'Abyssinie, le long du golfe d'Aden, entre le détroit de Bab-el-Mandeb à l'O. et le cap Gardafui à l'E. Ce royaume eut successivement pour capitales Zeilah et Auça-Guriel. Il est habité par les Somanlis; il est célèbre par les combats qu'il eut à soutenir contre les Portugais au temps de sa puissance. Le chiffre de la population de cette partie de l'Afrique orientale n'est pas encore connu.

ADELAAR (Cord-Sivertseen), le plus grand marin du XVIIe siècle après Ruyter. Né en 1622 à Brévig (Norwége), il avait à peine 15 ans lorsqu'il entra en qualité de cadet au service de la Hollande, sous les ordres de l'amiral Tromp; puis il passa au service de la république de Venise, qui le chargea de conduire la guerre contre les Turcs; il montra dans cette circonstance tout ce que l'on pouvait attendre de son courage et de son habileté. Plus tard, sous les ordres de Mocenigo, après avoir remporté la bataille de Paros, il rencontra les Turcs dans les Dardanelles, le 13 mai 1654, où, enveloppé par 67 galères, il les traversa après en avoir coulé la moitié et causé la perte de près de 5,000 hommes. Le lendemain, attaqué près de Tenedos par l'amiral turc, monté sur un navire de 60 canons et 1,000 hommes d'équipage, il riposta avec tant d'impétuosité qu'il s'empara du navire turc et mit l'amiral à mort de sa propre main. Les plus grands honneurs lui avaient été décernés en récompense de ses éminents services, et les puissances maritimes cherchaient à se l'attacher par toutes sortes de promesses. Après avoir repris du service en Hollande, il passa en Danemark, où Christian V lui donna le commandement de la flotte danoise destinée à opérer contre la Suède; mais il mourut le 5 novembre 1675, sans avoir pu livrer une seule bataille. Il avait été anobli par le roi de Danemark.

ADÉLAIDE, impératrice, fille de Rodolphe II, roi de Bourgogne. Elle naquit dans la première moitié du Xe siècle, en 931. Sa mère fut Berthe, fille de Burchard, roi de Souabe. Rodolphe, son père, ne possédait que cette partie de la Bourgogne qui s'étendait entre le Jura et les Alpes. Il jeta ensuite les yeux sur la haute Italie; que des troubles intérieurs livraient sans défense à l'ambition des princes voisins; les événements le secondèrent d'abord, et il put un moment se croire affermi sur le trône qu'il venait de conquérir. Mais ses ennemis se réunirent pour lui opposer Hugues, comte de Provence, qui fut aussi couronné roi après une victoire remportée à Novare. Adélaïde, encore enfant, se trouva mêlée à toutes ces luttes, et elle fut le gage d'une réconciliation. La querelle des deux princes, après avoir duré 15 années, finit par un accommodement; Hugues retint pour lui l'Italie et céda la Provence à son rival, qui devint par là le roi des deux Bourgognes; son fils Lothaire, qu'il associa au trône, devait un jour épouser Adélaïde. La douce enfant venait de perdre son père quand elle reçut la promesse d'une couronne. Hugues gouvernait les Italiens avec autant de tyrannie que de rapacité; sa conduite les irrita. Abandonné de ses vassaux, menacé par les étrangers, forcé de plier devant le vœu national, il consentit à résigner sa royauté compromise. Son fils Lothaire fut choisi pour le remplacer (947). C'est alors qu'eut lieu le mariage d'Adélaïde, fiancée à ce jeune prince 14 ans auparavant; elle devint ainsi reine d'Italie. Jeune et douée de qualités aimables, elle exerça la plus heureuse influence sur le caractère de son époux, qui du reste avait d'excellentes inclinations : Lothaire était l'amour des Lombards comme Hugues, son père, en avait été l'aversion. Les intrigues ambitieuses de Bérenger III, marquis d'Ivrée, troublèrent constamment cette prospérité intérieure. Bérenger avait cependant, comme les autres seigneurs, reconnu Lothaire pour roi; mais cette soumission apparente cachait le plus noir dessein. Au bout de 3 ans, Lothaire mourut. On pensa généralement qu'il avait été empoisonné par son compétiteur; ce qu'il y a de certain, c'est que Bérenger se fit couronner roi d'Italie et demanda la main d'Adélaïde pour son fils Adalbert (950). La noble veuve refusa fermement, voulant passer sa vie dans la retraite avec sa fille Emma, qui épousa plus tard un roi de France et fut mère de Louis V, le dernier des Carlovingiens. Bérenger, irrité de ces résistances, qui contrariaient ses vues politiques, la maltraita, la fit enfermer dans le château de Garda et la dépouilla de tous ses biens. Une si grande infortune émut de compassion tous ceux qui avaient connu les vertus de la princesse. Adélard, évêque de Reggio; Martin, l'un de ses prêtres, et Alberto Azzo, seigneur de Canossa, tentèrent de délivrer la prisonnière. Quelques gardes furent gagnés; on creusa dans la tour un passage souterrain, puis Adélaïde et sa suivante s'enfuirent à la faveur d'un déguisement et de l'obscurité de la nuit. La proscrite de la veille devint souveraine le lendemain, et Lothaire trouva un vengeur. Le gouvernement de Bérenger avait lassé les seigneurs italiens, qui, poussés à bout, appelèrent à leur secours Othon de Saxe. L'Italie ne pouvait que séduire ce monarque, et des convenances politiques, jointes aux troubles de la France, l'avaient seuls empêché d'intervenir dix ans plus tôt dans les affaires de la Péninsule. Cette fois il franchit les Alpes, et, peu de temps après la fuite d'Adélaïde, il entra sans coup férir dans la capitale des rois lombards. Veuf luimême depuis plusieurs années, les hautes qualités de la jeune veuve le touchèrent, et il l'épousa solennellement aux fêtes de Noël de l'année 951. Bérenger et Adalbert furent d'abord traités avec douceur; mais, déposés plus tard à cause de leurs menées séditieuses, ils allèrent expirer en exil, le premier à Bamberg, le second à Autun. Adélaïde fut régente pendant la minorité d'Othon III, son petit-fils, et gouverna avec une grande sagesse. Elle expira en son monastère de Seltz, sur les bords du Rhin. La France, qui avait eu plus d'une fois l'occasion d'admirer ses vertus, la regretta sincèrement, et l'Allemagne porta son deuil. Elle est regardée comme sainte et honorée le 16 décembre.

ADÉLAÏDE DE FRANCE (Madame), fille aînée de Louis XV et tante de Louis XVI, née en 1732, morte en 1800. Vertueuse au milieu d'une cour corrompue, elle resta étrangère à toutes les intrigues politiques qui s'ourdissaient autour d'elle. Cependant, effrayée des troubles du royaume, elle obtint de Louis XVI la permission de quitter la France avec sa sœur, madame Victoire, en 1791. Elles se retirèrent à Rome, et forcées, en 1799, par l'invasion des Français, de quitter cette ville, elles se réfugièrent successivement à Naples, à Corfou et enfin à Trieste, où madame Adélaïde mourut à l'âge de 67 ans.

ADÉLAÏDE (Madame), princesse d'Orléans, fille du duc d'Orléans, sœur de Louis-Philippe, née à Paris, le 23 août 1777. Elevée par madame de Genlis, elle fut assaillie dès sa jeunesse par les revers de la fortune, et dut à la force de son caractère de ne point se laisser abattre. Portée sur la liste des émigrés, à la suite d'un voyage qu'elle avait fait en Angleterre, elle alla rejoindre son frère au moment où celui-ci, sous le coup de l'accusation de trahison, se trouvait à la veille d'être arrêté. Le duc de Chartres la conduisit jusqu'aux avant-postes autrichiens, où ils se séparèrent pour se retrouver à Schaffouse. Après plusieurs voyages qui les séparèrent, ils se retrouvèrent à Portsmouth, en 1803. Lorsque le duc de Chartres, devenu duc d'Orléans, épousa la fille du roi des Deux-Siciles, elle alla le rejoindre à Palerme, et dès lors ne le quitta plus. Elle prit une grande part aux événements qui préparèrent l'avénement de son frère au trône. Après avoir reçu, le 29 juillet 1830, la députation qui venait offrir la couronne au duc d'Orléans, elle surmonta les hésitations de celui-ci, qui craignait d'oser ce qu'il désirait. Sans trop insister sur le rôle qu'elle a pu jouer auprès de Louis-Philippe, nous devons cependant constater que l'opinion populaire lui attribuait une grande influence sur l'esprit du monarque, qui, pris souvent de velléités d'absolutisme constitutionnel, aimait néanmoins à la consulter. Elle est morte en 1847.

ADÉLAÏDE, ville de l'Australie du Sud, capitale de la colonie anglaise d'Australie, sur le Torrens, à environ 12 kil. S.-E. de son port, qui s'ouvre près du golfe Saint-Vincent, par 34° 57' de lat. S. et 138° 38' de long. E. Pop. 30,000 hab. — Cette ville, aux environs de laquelle se trouvent des minières de cuivre et de plomb qui constituent une partie de la prospérité de la colonie, renferme plusieurs belles places, un palais, un hôpital et un grand nombre de jolies villas; on y remarque les églises de la Trinité et de Saint-Jean, la banque du Conseil législatif, la cour de justice, la banque de l'Australie orientale, l'hôtel des ventes. On y remarque aussi une croix gothique de 45 pieds, qui fut élevée à la mémoire du colonel Light, fondateur de la ville. Adélaïde possède des chapelles pour tous les principaux cultes, un hôtel pour les *meetings des Friends*, une synagogue, un grand nombre d'écoles et un jardin botanique. On y publie plusieurs journaux, et ses fabriques occupent une grande quantité d'ouvriers.

ADÉLIE, une des terres antarctiques, au delà du cercle polaire, entre 134° et 140° long., par 60° et 67° lat. Elle est inhabitée, et fut découverte, le 19 janvier 1840, par Dumont d'Urville. C'est au S. de cette terre et à l'O. de la terre Victoria que l'on a placé le pôle magnétique austral.

ADELNAU, nom d'une petite ville de Pologne, près de laquelle les troupes prussiennes furent battues par les insurgés polonais, le 22 avril 1840.

ADELSBERG, ville des Etats autrichiens de la Confédération germanique, dans le royaume de l'Illyrie, gouvernement de Laybach; ch.-l. du cercle du même nom, au S.-O. de Laybach. Pop. 14,000 hab. Près de là se trouvent les fameuses grottes à stalactites, dont la principale a 2 kil. de long. et est traversée par la Laybach. Ces grottes sont regardées comme les plus vastes et les plus curieuses de l'Europe.

ADELUNG (Jean-Christophe), savant linguiste, né en 1732, en Poméranie, mort en 1809. Il se fit un nom par son *Dictionnaire critique du haut Allemand* et l'*Aperçu raisonné de toutes les langues anciennes et modernes*.

ADEN, ville de l'Arabie, dans l'Yémen, sur le golfe d'Aden, au S.-E. de Moka. Pop. 35,000 hab. C'est le principal port de la côte d'Arabie au S. Dès le temps de Constantin, Aden était une colonie d'entrepôt. Elle était très-florissante au moyen âge, et faisait avec l'Inde un très-grand commerce. Au XVIe siècle, Soliman le Magnifique en fit une dépendance de la puissance ottomane, l'agrandit et l'entoura de fortifications. Les Anglais, qui s'en sont rendus maîtres en 1839, augmentèrent ses fortifications, et firent d'Aden une position militaire unique. C'est l'entrepôt du commerce de l'Arabie et de l'Abyssinie, et la principale station de la navigation à vapeur entre Bombay et Suez. Elle dépend de la présidence de Bombay.

ADENEZ (Adam), nommé quelquefois le *roi*, célèbre ménestrel du XIIIe siècle. Il est auteur du roman de *Guillaume d'Orange* et de plusieurs autres ouvrages. Il était à la cour des ducs de Flandre et de Brabant, et florissait sous saint Louis et Philippe le Hardi.

ADÉONA, divinité romaine. *V.* ABÉONA.

ADEPTE, nom qu'on donne à ceux qui se sont fait initier aux mystères d'une secte soit religieuse, soit politique ou philosophique. Il s'applique également à ceux qui sont versés dans un art ou une science, quelle qu'elle soit.

ADER (Guillaume), médecin français, qui vivait vers le XVIe siècle. Il s'adonna à la poésie et cultiva la langue romane; après avoir publié une *Henriade* en vers gascons, il fit paraître une dissertation sur les maladies guéries par Jésus-Christ. On peut, à bon droit, le considérer comme un continuateur des troubadours, et, malgré les ironies de ses détracteurs, on doit reconnaître un certain mérite à sa poésie, déparée, il est vrai, par des trivialités et des naïvetés que l'époque à laquelle il vivait explique, mais n'excuse pas.

ADERBACH, village de Bohême, remarquable par les rochers qui l'avoisinent et qui peuvent passer pour une des merveilles de la nature. Commençant au village, ils s'étendent au loin, séparés entre eux par des abîmes, et représentent assez bien une forêt de pierres gigantesques, dont les formes varient à l'infini: toutes les figures de la géométrie s'y trouvent rassemblées, tandis que, par une série d'illusions d'optique, on croirait voir des tours, des églises, des monstres antédiluviens, avec leurs immenses proportions.

ADERBIDJAN, prov. de Perse, entre l'Arménie russe au N., l'Arménie et le Kourdistan ottoman à l'O., l'Irak-Adjémy au S., le Ghilan et la Mer caspienne à l'E. Pop. 1,600,000 hab., ch.-l. Tauris ou Tebris. Ce pays, montagneux et entrecoupé de vallées fertiles, a d'abondantes mines de fer et de cuivre. Il renferme le lac d'Ourmiah, des eaux duquel on tire une immense quantité de sel.

ADERNO, ville de l'anc. royaume des Deux-Siciles, dans la Sicile, province et au N.-O. de Catane, au pied de l'Etna. Pop. 7,000 hab.

ADESSENAIRES, hérétiques du XVIe siècle qui croyaient à la présence réelle de Jésus-Christ dans l'Eucharistie, comme l'Eglise, mais à leur façon; ils se divisaient en quatre sectes, dont la première prétendait que Jésus-Christ était dans le pain; la deuxième autour du pain; la troisième sur le pain, et la quatrième sous le pain.

ADHED-LEDIMILLAH, dernier kalife fatimite d'Egypte.

ADHERBAL, général carthaginois. Il commandait en Sicile pendant la première guerre punique. Il remporta à Drépane une célèbre victoire navale sur les Romains

(280 av. J.-C.). Les Romains perdirent 93 vaisseaux et 38,000 hommes. Adherbal s'occupa de ravitailler Lilybée et Drépane, et revint à Carthage, où il fut comblé de gloire.

AD HOC, locution latine dont le sens littéral signifie *pour cela* Dans le discours français elle signifie *un rapport spécial et exprès*.

AD HOMINEM, locution latine qui sert à désigner l'argument *personnel* dont l'éloquence est irrésistible lorsqu'il s'appuie sur la vérité. Cette argument consiste à s'emparer des moyens de défense, des idées de l'adversaire, pour le vaincre, le confondre.

AD HONORES, locution latine qui désigne une chose dont on a l'honneur sans en avoir les profits.

ADIABÈNE, contrée septentrionale de l'Assyrie, à l'E. du Tigre. L'Adiab, qui l'arrosait, lui donnait son nom. Cette province est aujourd'hui comprise dans le Kourdistan ottoman.

ADIGE, fleuve d'Italie, dans les anciens Etats autrichiens, prend sa source dans les Alpes rhétiques, arrose le Tyrol et les provinces de l'ancien royaume Lombard-Vénitien, passe à Trente, à Vérone et à Legnago, et se jette dans l'Adriatique, au S. et près de Chioggia, après s'être partagé en plusieurs branches. Son cours est de 350 kil. et a pour affluent principal l'Eysach. La fonte des neiges, en occasionnant des crues subites, cause de grands dommages aux territoires riverains. L'Adige a été passé trois fois par les armées françaises: par Bonaparte à Arcole; Masséna à Caldiero et Brune à Marengo.

ADJÉMIR, ville de l'empire anglo-indien, Hindoustan, présidence de Calcutta, ch.-l. du district d'Adjémir, au S.-O. de Djeypour. Pop. 25,000 hab. — C'est une jolie ville, bien bâtie sur la pente d'une colline que couronne le Taraghar, forteresse importante, dont l'enceinte a 3 kil. de tour. Les musulmans font d'Adjémir le but d'un pèlerinage célèbre. Cette ville renferme le tombeau du cheick Kodja-Maouddin, auquel les Hindous attribuent beaucoup de miracles. Elle était assez considérable au temps des empereurs mogols. Son palais impérial, aujourd'hui en ruines, était autrefois la résidence de l'empereur Akbar.

ADLERCREUTZ (Charles-Jean, comte D') général suédois, né en 1757. Entré dès la plus tendre enfance dans l'armée, il gagna tous ses grades à la pointe de l'épée, dans les guerres que soutenait alors la Suède contre la Russie. Lœwenhjelm ayant été fait prisonnier par les Russes, il le remplaça dans le commandement des troupes que, grâce à sa prudence et à son habileté, il conduisit constamment à la victoire. Lorsque la paix fut conclue, il se mit résolûment à la tête de la révolution, et déclara à Gustave IV qu'il devait se retirer. Il mourut en 1815.

ADLERFELD (Gustave), né à Stockholm en 1671. Accompagna Charles XII dans toutes ses campagnes, et a laissé sur ce monarque une histoire fort curieuse qui a été consultée par Voltaire. Il fut tué à Pultawa en 1709.

ADLERSPARRE (Georges, comte), général suédois, né en 1760, mort en 1830 Il avait été anobli dès l'année 1757. Après avoir terminé ses études à Upsal, il commença sa carrière militaire en 1775, et servit, en 1778, dans la guerre de Russie. En 1790, il fut envoyé en Norwége avec la mission secrète d'exciter les Norwégiens à se révolter contre la domination danoise. Cette tentative n'eut aucun succès. A la mort de Gustave III, il se retira du service avec le grade de chef d'escadron. Ses essais poétiques n'ayant pas eu de succès, il se livra à l'étude de l'histoire, de la politique et de l'art militaire. Rappelé sous Gustave IV, il ne jouit pas longtemps de la

faveur de ce nouveau roi. Adlersparre, poursuivant toujours sa carrière littéraire, publia de 1797 à 1800, un journal qui fut vu de mauvais œil par le gouvernement. Plus tard, la guerre contre la Russie et le Danemark le ramena tout à coup avec éclat sur la scène politique. A la recommandation du duc de Sudermanie, il obtint, en 1808, le commandement d'une division de l'armée de l'ouest, et, du grade de major, qu'il avait alors, il parvint bientôt à celui de lieutenant-colonel. Nous ne le suivrons pas dans toutes ses campagnes. Bornons-nous à dire qu'il eut le principal rôle dans la révolution qui précipita Gustave IV du trône; mais il en retira cet avantage, qu'il fut comblé d'honneurs par le nouveau souverain. On a de lui un ouvrage extrêmement curieux: *Documents pour servir à l'histoire de la Suède*, qui fut publié en 1830.

ADMÈTE, fils de Phérès et roi de Phérès, en Thessalie. Il donna l'hospitalité à Apollon après son bannissement du ciel, et obtint de ce dieu qu'il ne mourrait pas si quelqu'un consentait à mourir pour lui. Sa femme Alceste se dévoua.

ADMINISTRATION. Gestion des affaires d'un particulier, d'une société. Il s'applique plus généralement à la gestion des affaires de l'Etat. Les Romains, qui avaient perfectionné l'administration, s'en servaient comme d'un moyen pour affermir leurs conquêtes et compléter dans l'ordre moral les effets obtenus par leurs armes dans l'ordre matériel. Aussi la Gaule, sous leur domination, eut une administration admirable, qui fut renversée par les barbares lors de leurs invasions, et depuis on ne trouve de tentatives pour une nouvelle organisation que vers Charlemagne; mais les efforts centralisateurs de l'empereur d'Occident vinrent échouer contre la féodalité qui enserrait le pays de mille liens difficiles, sinon impossible à rompre immédiatement. C'est pourquoi on constatait encore en France, du temps de saint Louis, deux grandes divisions: *les pays d'obéissance le roy* et *les pays d'obéissance hors le roy*. Le pouvoir royal, pour recouvrer la plénitude de ses droits, dut recourir à un mode d'empiétements successifs, et ce n'est que sous Philippe le Bel que l'on voit une administration, laissant encore beaucoup à désirer, mais déjà capable de donner une bonne et sage impulsion à la gestion des affaires publiques. Cette administration, par des réformes, des adjonctions, des extensions d'attributions, se perfectionna; mais là il y eut un autre inconvénient, c'est qu'à force de perfectionner on en arriva à compliquer, et la machine administrative, en 1789, par ses propres embarras, se trouva dans l'impossibilité de fonctionner. La Révolution s'occupa donc des réformes nécessaires à cette partie du gouvernement, et l'organisation administrative qu'elle constitua, basée sur l'unité de la nation, est encore celle, à peu de choses près, qui fonctionne aujourd'hui. La France, divisée administrativement en départements, arrondissements et communes, possède, à la tête de chacune de ces divisions, un fonctionnaire qui représente le pouvoir central, avec lequel il est en constante relation. Pour tempérer en quelque sorte l'immixtion peut-être trop immédiate de l'autorité centrale dans les affaires locales, ce fonctionnaire a un conseil avec des pouvoirs plus ou moins étendus, plus ou moins consultatifs, tout en réservant à l'administration supérieure le droit de surveillance ainsi que celui de contrôle. Le conseil d'Etat est institué pour juger les cas d'arbitraire des fonctionnaires de tous rangs. Les ministres se trouvent à la tête de l'administration et veillent à l'exécution des lois tout en administrant l'Etat. Ils communiquent directement avec les préfets, quoique ceux-ci soient placés immédiatement sous l'autorité du ministre de l'intérieur. Quant à la gestion financière des employés des diverses administrations, elle est contrôlée et examinée par la cour des comptes.

ADMIRAL (Henri). *Voir* AMIRAL.

ADOLPHE (comte DE NASSAU), de la branche de Wiesbaden, né en 1250, mort en 1298. Il fut élu roi des Romains en 1292, et couronné à Aix-la-Chapelle la même année. Albert d'Autriche, son compétiteur, marcha contre lui et lui livra bataille près de Spire en 1298. Ils se joignirent dans la mêlée, et Albert d'Autriche lui porta dans l'œil un coup mortel.

ADOLPHE FRÉDÉRIC, évêque de Lübeck, duc de Holstein-Gottorp, roi de Suède. Son élection fut imposée à la Suède par la Russie comme une des conditions de la paix d'Abo, 1743. Ses réformes, constamment contrecarrées par l'aristocratie, le dégoûtèrent au point de le faire abdiquer, mais il reprit le pouvoir huit jours après. Il mourut en 1771, laissant à son fils, Gustave III, le soin de relever l'autorité royale.

ADONAI, un des noms qui désignaient Dieu chez les Juifs.

ADONIAS, quatrième fils de David et d'Haggith, né à Hébron. Après la mort de ses deux frères aînés, Ammon et Absalon, il se fit proclamer roi. David, au contraire, s'était hâté de faire reconnaître pour roi Salomon, son troisième fils. Adonias se réfugia alors au tabernacle, et Salomon lui pardonna. Mais, après la mort de son père, ayant demandé Abisag la Sunamite, une de ses femmes, cette demande lui coûta la vie, l'an 1010 av. J.-C.

ADONIES, fêtes en l'honneur d'Adonis. Elles se divisaient en deux parties, l'une triste et lugubre, destinée à pleurer la mort du dieu, portait le nom d'*aphanisme* (disparition); l'autre, consacrée à la réjouissance, pour fêter sa résurrection, s'appelait *henèse* (découverte).

ADONIS, jeune chasseur d'une beauté remarquable. Elevé par les Dryades, sa beauté devint si ravissante, que Vénus le choisit pour son favori. La déesse quittait l'Olympe pour le suivre à la chasse dans les forêts, et lui montrait les dangers auxquels il s'exposait. Adonis ne tint aucun compte de ses avertissements, et un jour il manqua un sanglier, qui se retourna furieux contre lui et le blessa mortellement. Vénus vola trop tard à son secours et ensanglanta ses pieds aux épines des rosiers, dont les fleurs, jadis blanches, devinrent alors rouges, de la couleur de son sang. Jupiter, cédant aux larmes de Vénus, permit qu'Adonis revît la lumière pendant une moitié de l'année dans l'Olympe, à condition qu'il passerait l'autre moitié dans les enfers.

ADONIS (aujourd'hui Ibrahim Nahr), fleuve d'Asie, dans la Phénicie. Il prend sa source au mont Liban, se jette dans la mer entre Byblos et Béryte. Il reçut le nom d'Adonis, parce qu'à certaines époques ses eaux rougies par les sables qu'elles entraînaient, semblaient teintes par le sang du dieu.

ADONISÉDEC, un des cinq rois vaincus par Josué, et que celui-ci fit murer tout vivants dans la caverne où ils s'étaient réfugiés.

ADORATION, acte par lequel la créature reconnaît la toute-puissance du Créateur et lui rend hommage. L'adoration ne peut, ne doit donc être rendue qu'à Dieu; mais l'homme, dont l'orgueil égale la faiblesse, a voulu quelquefois s'attribuer ce privilége de la divinité, et c'est ainsi que plus d'un despote, après s'être fait dresser des statues, s'est érigé des temples en imposant l'adoration de sa personne à des populations. Il est à remarquer que de pareils faits ne se produisent que lorsqu'une nation est en pleine décadence. Le propre d'un peuple qui sort des langes de la barbarie est cette fierté native que Dieu a déposée sur le front de l'homme lorsqu'il le créa à son image; lorsqu'il l'a perdue sous le joug, et qu'elle est remplacée par cette servilité vernie que l'on appelle la civilisation, l'heure de sa ruine n'est pas loin. L'humanité s'ennoblit en s'élevant vers Dieu; elle se dégrade en s'abaissant vers l'homme. L'adoration, en s'adressant à Dieu, est donc un état de l'âme, qui, se dégageant des entraves importunes de la matière, cherche à remonter vers la perfection, dont elle a le sentiment, et qui est dans sa nature.

ADORNO, famille plébéienne de Gênes, du parti gibelin. Elle fournit un grand nombre de doges, et a lutté pendant près de 200 ans contre la famille Fregoso. André Doria mit fin aux querelles des deux familles, en 1528, en anéantissant leur crédit et en les forçant à changer de nom.

ADOUR, fleuve de France, qui prend sa source dans les Hautes-Pyrénées, arrose ce département et ceux des Landes et des Basses-Pyrénées, baigne Bagnères, Tarbes, Saint-Sever, Dax et Bayonne, et se jette dans le golfe de Bayonne, après avoir reçu dans son cours, qui est d'environ 300 kil., la Midouze à droite et le gave de Paris à gauche, ses principaux affluents.

ADOUSE, fleuve de l'Afrique septentrionale, qui arrose Hamza, coupe la chaîne des Bibans, et se jette dans la Méditerranée, près de Bougie.

ADOVA ou ADOUEH, ville de l'Abyssinie, royaume de Tigré, par 14° 12' lat. N. et 36° 45' long. E. Pop. 9,000 hab. — Cette ville, autrefois la capitale de l'empire d'Abyssinie, est restée le principal entrepôt du commerce des provinces à l'E. du Tacazzé.

ADRA, bourg d'Espagne, capitainerie générale de l'Andalousie, intendance et au S.-E. de Grenade, sur la Méditerranée. Pop. 10,000 hab. Les mines de plomb que possède son territoire sont les plus riches de l'Europe.

ADRAMITI, ville de la Turquie d'Asie, pachalik d'Anatolie, à l'E. de Koutaïèh, sur le golfe d'Adramiti. Pop. 6,000 hab.

ADRAR, grande oasis au nord du Sénégal.

ADRASTE, fils de Talaos et de Lysimaque, roi d'Argos. Chassé par Amphyaraos, il sut chercher un refuge près de son grand-père, auquel il succéda. S'étant réconcilié avec Amphyaraos, il lui donna sa sœur Eryphyle en mariage et revint à Argos. L'oracle lui ayant ordonné de marier ses deux filles Argia et Deiphyle avec un sanglier et un lion, Polynice et Tydéus agirent de ruse et obtinrent les deux jeunes filles en se déguisant avec les peaux de ces animaux. Polynice, qui avait été banni de Thèbes par son frère Etéocle, excita son beau-père à défendre ses droits. Adraste se ligua avec six princes grecs et entreprit cette guerre, connue sous le nom de *Guerre des Sept*, où il perdit ses confédérés et ne dut son salut qu'à l'intelligence et à la vitesse de son cheval qui, fruit des amours de Cérès et de Neptune, qui s'étaient changés en chevaux, parlait et prédisait l'avenir. Dix ans après, il forma une nouvelle armée commandée par les *Epigones*, c'est-à-dire les descendants de ceux qui avaient été tués à la guerre des Sept. Les Thébains furent vaincus; mais cette victoire coûta cher à Adraste, qui y perdit son fils Ægialée, et en mourut de chagrin à Mégare, où il fut enseveli.

ADRESSE. Ce mot, dans notre langue politique, signifie une lettre d'adhésion, de demande, de félicitation ou de respect, qu'un corps politique ou qu'une agrégation de citoyens adresse au souverain. C'est de l'Angleterre que nous vient l'usage des adresses; il a passé depuis dans les mœurs politiques de la plupart des Etats constitutionnels. En France, le souverain, en ouvrant la session législative, expose, en un discours, le résumé des faits qui se sont produits à l'intérieur et à l'extérieur pendant l'année qui s'est écoulée, établit l'état de la situation, et fait part de la conduite que doit tenir le gouvernement dans la nouvelle période qui s'ouvre. La Chambre des députés et le Sénat répondent chacun de leur côté à ce discours par une adresse qui en est, en quelque sorte, la contre-partie et qui indique la manière de voir de ces deux grands corps, et, par conséquent, celle du pays. La discussion de l'adresse ouvre les travaux de la session et forme une sorte de revue où sont examinées toutes les questions de politique intérieure ou extérieure. Sous le gouvernement de Louis XVIII, de Charles X et de Louis-Philippe, il était de la plus haute importance que la discussion de l'adresse commençât les travaux législatifs, car jusque-là les ministres n'étaient pas certains de conserver leur portefeuille, attaqués qu'ils étaient sur tous les points, et ils étaient, en quelque sorte, obligés de défendre pied à pied leur politique. — En Angleterre, l'adresse n'a presque pas d'importance; proposée par un membre de la majorité, elle n'est, en quelque sorte, qu'une paraphrase du discours de la reine. — Parmi les adresses mémorables en France, nous devons citer celle des 221, ainsi nommée du nombre des votants de la majorité qui prépara la révolution de juillet 1830, et celle qui fut faite en réponse au discours du roi relatif aux banquets et dont la discussion causa la révolution de février 1848.

ADRETS (François DE BEAUMONT, baron DES). Ce nom se dresse comme une ombre sanguinaire sur l'histoire des malheureuses guerres de religion qui ensanglantèrent notre pays, et nous représente assez exactement le type de l'homme sans foi et sans conviction, se mettant tour à tour au service des partis opposés dans le seul but d'assouvir la soif de sang qui consume ses entrailles. Né au château de la Frette, en 1513, il fit son éducation militaire en Italie et entra, à l'âge de 19 ans, au service de François Ier en qualité de gentilhomme. Il ne tarda pas à faire connaître la violence de son orgueil et l'impétuosité de son caractère en insultant de Pecquigny pour avoir rendu Montferrat aux Espagnols, et en le défiant en champ-clos, selon les anciennes lois de la chevalerie. Les ducs de Lorraine soutinrent de Pecquigny et firent déclarer et flétrir du nom de calomniateur le baron des Adrets, par un jugement authentique. Cherchant une occasion de se venger, il entra dans les vues de Catherine de Médicis, qui voulait à tout prix détruire les Guise, qu'elle redoutait, et, dirigeant avec une activité prodigieuse le fanatisme protestant, il s'empara en peu de temps d'une dizaine de villes, se noyant dans le carnage. Bientôt les chefs protestants reculèrent d'effroi devant ce capitaine souillé de sang, dont les victoires n'étaient que d'immenses boucheries humaines, et l'exclurent du commandement. Alors il se dirigea du côté des catholiques, et, Condé, ayant en mains des preuves de trahison, le fit arrêter; mais la terreur qu'il inspirait était telle qu'on n'osa prendre aucun parti à son égard, et que l'édit de pacification de 1563 vint le remettre en liberté. Lorsque la guerre recommença, il marcha cette fois contre les protestants et, selon sa cruelle et cynique expression, il s'occupa à *défaire* ce qu'il avait *fait*. En 1571, chargé de pacifier la Savoie, il y apprit la mort de ses fils, l'un tué au siége de la Rochelle, l'autre dans la nuit de la Saint-Barthélemy. Il se retira dans son château, où il mourut en 1586, dans le plus profond désespoir et chargé de l'exécration publique. Triste exemple d'un homme sans cœur ni honneur, qui, sacrifiant tout au désir de la vengeance, avait accumulé la honte, les trahisons et les inarmies. Loin d'être mu par des sentiments patriotiques ou religieux, chez lui la bravoure française avait été faussée par son éducation et son immense orgueil.

ADRIANI (Jean-Baptiste), historien florentin, né en 1513, mort en 1579. Il a écrit une *Histoire de son temps*, qui s'étend de 1536 à 1574.

ADRIANIES, fêtes par lesquelles on célébrait, tous les cinq ans, la mémoire de l'empereur Adrien, à Ephèse, à Thèbes et à Rome.

ADRIANOPOLIS, ville de la Thrace, sur l'Hèbre, ch.-l. de la prov. dite *Hœmi mons*. Elle fut embellie par Adrien, qui lui donna son nom, Licinius y fut défait par Constantin, en 323, et Valens par les Goths, en 398. Les Thraces la nommaient *Uscudama*. C'est aujourd'hui *Andrinople*.

L'armée française devant Saint-Jean d'Acre (p. 26, col. 1).

ADRIATIQUE (mer), grand golfe d'Europe, formé par la Méditerranée entre l'Italie, les prov. de l'anc. royaume Lombard-Vénitien, d'Illyrie et de Dalmatie, et la prov. turque d'Albanie. Elle s'étend sur une long. de 700 kil., entre 40° 5' long. et 45° 53' lat. N.; forme les golfes plus petits de Manfredonia, de Venise, de Trieste et de Quarnero, et reçoit le Pô et l'Adige, ses principaux affluents. Ancône, Venise et Trieste sont ses ports les plus importants. Elle reçoit un nombre considérable de cours d'eau, et cependant elle est plus salée que l'Océan.

ADRIEN (Publius-Ælius-Adrianus), empereur romain, né à Rome en 76. Tribun d'une légion à la mort de Domitien, il fut chargé de complimenter Trajan, qui venait d'être adopté par Nerva, et fut honoré de son amitié. Il gouvernait la Syrie lorsqu'il apprit la mort de Trajan, qui l'avait adopté; il se fit aussitôt proclamer empereur à Antioche, en 117. L'empire romain, à ce moment, était arrivé à son apogée de puissance et de force; son admirable administration enserrait le monde entier comme dans les mailles d'un vaste réseau; mais aussi les éléments de dissolution entretenus dans son sein étaient nombreux: c'était, d'un côté, l'extrême diversité des races dans lesquelles le citoyen romain disparaissait; de l'autre, les agressions continuelles des Barbares, pendant que les esclaves s'agitaient, prêts à secouer le joug. Adrien comprit que derrière cette puissance gigantesque se cachait une ruine immense, et qu'il était temps d'arrêter la croissance de l'empire romain si on ne voulait le voir craquer et se disloquer de toutes parts. Quoique doué de brillantes et sérieuses qualités militaires, il s'occupa de restreindre l'empire romain, et ne fit de guerres que celles exigées par la conservation; c'est ainsi qu'il combattit les Alains, les Daces et les Sarmates pour mettre un terme à leurs incursions, et les Juifs, qui s'étaient révoltés à la voix d'un faux Messie, nommé Barchochebas. Afin de resserrer les provinces autour du pouvoir central, il parcourut tout l'empire, élevant ici des monuments, là des capitoles et des forts, faisant occuper les points stratégiques par des légions, étendant l'administration. Après la mort de Lucius Verus, qu'il avait adopté, il adopta Antonius, à la condition que celui-ci, adopterait Marc-Aurèle et le fils d'Ælius Verus. Vers les dernières années de son règne, il se retira à Tibur, laissant son successeur s'essayer au gouvernement de l'empire, et mourut, à Baïes, à l'âge de 62 ans. Si Adrien n'est pas complètement exempt de reproches devant la postérité, on doit reconnaître que seul il avait compris la situation périlleuse de l'empire romain, que ses successeurs eussent pu sauver en suivant sa politique et sa règle de conduite.

ADRIEN Ier, pape de 772 à 795. Ami de Charlemagne, il défendit avec ardeur les droits de ce monarque, et l'aida puissamment de ses conseils dans sa tâche civilisatrice. L'empereur le protégea contre le roi des Lombards (771), et confirma les donations de Pépin. Un léger nuage s'éleva entre eux à propos d'une décision du concile de Nicée, en 786, relativement au culte des images, que Charlemagne fit rejeter par un synode de Francfort-sur-le-Mein, en 794. Ce nuage ne tarda pas à se dissiper, et, à la mort du pontife, arrivée en 795, l'empereur donna les marques du plus profond chagrin.

ADRIEN II, pape de 867 à 872. Il avait 72 ans lorsqu'il monta sur le trône pontifical. Hostile à la France, il échoua dans la tentative qu'il fit pour ramener l'Eglise de Constantinople sous la dépendance de celle de Rome.

ADRIEN III, pape de 884 à 886. Après avoir diminué l'influence des empereurs sur l'élection des papes, il avait formé le projet, qui n'eut aucun succès, de réunir l'Italie en une seule monarchie.

ADRIEN IV (Nicolas BREAKSPEARE), pape de 1154 à 1159, né à Abboto-Langley (Angleterre), de parents mendiants, et mendiant lui-même, il entra en qualité de domestique dans un couvent de France, où, après avoir embrassé l'état religieux, il devint supérieur, et, de dignités en dignités, fut élu pape. Son règne est rempli de ses querelles avec Frédéric Barberousse. C'est sous son pontificat que l'on trouve les premières traces du denier de saint Pierre. Henri II, roi d'Angleterre, voulant envahir l'Irlande, lui en demanda la permission. Adrien la lui accorda, à la condition qu'il payerait annuellement au Saint-Siége une rente d'un denier par maison.

ADRIEN V (Ottoboni DE FIESQUE), pape en 1276. Il ne régna que quelques mois. Il avait, en qualité de légat, terminé la querelle de Henri III d'Angleterre avec les grands du royaume.

ADRIEN VI (Adrien FLORENT), pape de 1522 à 1523. Dans les diverses fonctions qu'il remplit avant son exaltation, nous devons rappeler qu'il fut l'instituteur de Charles-Quint. Comprenant que les abus, les prodigalités et la vente honteuse des indulgences pourraient nuire aux intérêts de l'Eglise, il voulut les combattre, mais ses efforts furent rendus inutiles par les cardinaux, intéressés au maintien de l'ancien ordre de choses. Du reste, il est douteux que les réformes qu'il tentait eussent arrêté cet immense mouvement dont Luther était la tête, et qui s'étendait partout, renversant tout sur son passage. On doit aussi lui reprocher l'hostilité qu'il montra toujours à la France. Aussi, malgré la pureté de ses intentions et la droiture évidente de ses vues, Adrien s'attira l'animadversion générale, et mourut en regrettant d'avoir accepté le pouvoir.

ADRUMÈTE, ville de la côte d'Afrique, ch.-l. de la Bysacène, au S. de Carthage. Trajan lui donna le titre de colonie et le surnom de *Concordia*. Plus tard, elle fut nommée *Justiniana*. Aujourd'hui, *Sousah*.

ADULA, montagne ou chaîne de montagnes des Alpes, au pied de laquelle le Rhin prend sa source. Aujourd'hui mont Saint-Gothard.

ADULIS, ville de l'Éthiopie, sur la côte O. du golfe Arabique. Elle a un port très-important et très-fréquenté. Un célèbre monument y fut élevé en l'honneur de Ptolémée Evergète. C'est aujourd'hui Zulia.

ADULTÈRE. Nom donné à la violation de la foi et de la fidélité conjugale, et que l'on donne aussi, par extension, à celui qui le commet. Chez tous les peuples, anciens et modernes, l'adultère a toujours été considéré comme une attaque contre la société et le droit de propriété, parce qu'il introduit subrepticement dans la famille des étrangers qui viennent faire du tort aux enfants légitimes, c'est pourquoi il a toujours été l'objet d'une répression sociale. Il n'y a peut-être que la république lacédémonienne qui puisse offrir l'image d'une nation où l'adultère ne pouvait exister, par suite de la communauté et parce que les enfants étaient élevés aux frais de l'Etat. Nous ne relaterons pas ici les pénalités qui ont été appliquées par les divers peuples : elles ont varié selon leur degré de barbarie ou de civilisation ; mais nous constaterons que la peine a toujours été moins forte pour l'homme que pour la femme, et cela se comprend jusqu'à un certain point : le mari infidèle manque, il est vrai, à la foi jurée et à la morale, mais le tort qu'il fait à sa femme est bien léger, et même nul si celle-ci ignore la faute ; mais il n'en est plus ainsi pour l'épouse infidèle : quand même le mari n'aurait aucune connaissance de sa culpabilité, il n'en serait pas moins attaqué dans son honneur et dans sa fortune en partageant ses caresses et ses biens à des enfants étrangers pour lui, et issus d'un commerce honteux. En France, l'opinion, par une de ses singulières divergences, frappe toujours l'offensé plutôt que le coupable.

AÈDES, chantres grecs ; nom donné aux poëtes de l'époque primitive qui, dans les grandes solennités, chantaient des hymnes, des poésies mystiques, des cosmogonies, des théogonies composées par eux-mêmes. Les aèdes les plus fameux ont été Linus, Amphion, Orphée et Homère.

ÆGIALUS ou **ÆGIALEE**, c'est-à-dire rivage, nom primitif de l'Achaïe et de la Corinthie.

ÆGILA, ville de Laconie, connue par un temple de Cérès, où l'on célébrait des mystères auxquels les femmes seules pouvaient assister.

ÆGIUM, ville de la Grèce, dans le Péloponèse, au S.-E. de Patras. C'était l'une des douze villes dont se formait la fameuse *ligue achéenne*. Elle était le siége des assemblées générales de cette ligue. Il n'y a plus que des ruines qu'on voit aux environs de Vostitza.

ÆGOS POTAMOS (c'est-à-dire *fleuve de la Chèvre*), petit fleuve de la Chersonèse de Thrace, affluent de l'Hellespont. C'est dans ses eaux qu'eut lieu la célèbre bataille de Lysandre contre les Athéniens, bataille qui amena la prise d'Athènes et qui termina la première guerre du Péloponèse (an 404 av. J.-C.).

ÆLIA CAPITOLINA, nom donné à Jérusalem après sa destruction par l'empereur Titus. Adrien (*Ælius*) y établit une colonie romaine et y fit élever un temple à Jupiter Capitolin, sur le lieu même où avait été placé l'ancien sanctuaire des Juifs.

ÆNARIA, île de la Méditerranée, à l'entrée du golfe de Naples, vers le N. et près de Puteoli. Cette île, qui s'appela d'abord *Pithecusa*, puis *Inarime*, est aujourd'hui *Ischia*.

ÆNÉSIDÈME, philosophe pyrrhonien, né à Gnosse, en Crète, dans le 1er siècle avant J.-C., fut, en son temps, le restaurateur du scepticisme. Photius a conservé des fragments de ses *Discours pyrrhoniens*.

ÆPINUS (François-Marie-Ulrich-Théodore), célèbre physicien, né en 1724, à Rostock, mort en 1802, à Derpt, en Livonie. Il enseigna la physique à Saint-Pétersbourg et se fit connaître par ses travaux sur l'électricité. On le regarde comme le véritable inventeur du condensateur électrique et de l'électrophore.

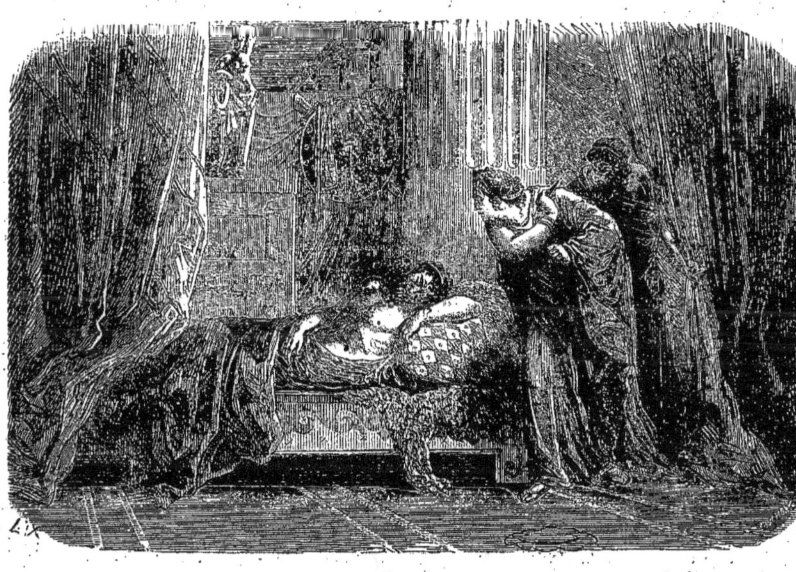

Agamemnon assassiné par Clytemnestre (p. 35, col. 3).

ÆORA, fête athénienne en l'honneur d'Icarius et d'Erigone.

ÆRARIUM, nom du trésor public dans l'ancienne Rome. Sous l'empire, on le distingua du *fiscus* ou trésor particulier des princes.

ÆRIA, géographie ancienne, ville de la Gaule méridionale, située sur le territoire des Cavares, à peu de distance du Rhône, dans la province appelée Viennensis, voisine du mont Ventoux (Vaucluse), à l'extrémité du diocèse de Carpentras.

AERMEL ou **ÆRMEL SUND**, nom allemand du canal de la Manche.

AERSCHOT, ville de Belgique, prov. du Brabant méridional, au N.-E. de Louvain, sur la Demer. Pop. 3,600 hab. Elle eut jadis le titre de comté, puis de duché. Les Français s'en étaient emparés en 1746 et en 1793.

AERSEELLE, ville de Belgique, prov. de la Flandre occidentale, au N.-E. de Courtray et à 18 kil. S.-E. de Bruges. Pop. 3,400 hab.

AESERNIA, ville de l'ancienne Italie, dans le Samnium.

AESIS, fleuve d'Italie, affluent de l'Adriatique, dont le cours traçoit la limite entre le Picenum et l'Ombrie. Aujourd'hui *Esi*.

AÉTIUS, général romain. Fils d'un Scythe qui avait rempli d'importantes fonctions de l'empire, il fut donné en otage à Alaric, sous lequel il apprit l'art de la guerre, et profita de son séjour chez les barbares pour conquérir une certaine influence sur eux. C'est ainsi qu'en 424, il soutint les prétentions de Jean, à la tête de 60,000 Huns. Celui-ci ayant été vaincu, Aétius fit sa soumission à Placidie, régente d'Occident pour Valentinien III, qui lui donna le commandement de l'Italie et de la Gaule. S'entendant avec Boniface, gouverneur de l'Afrique, ils levèrent tous deux l'étendard de la révolte; mais Boniface ne tarda pas à faire sa soumission, pendant qu'il affermissait son pouvoir dans les Gaules. Il attaqua une première fois son ancien complice sans succès, mais, la seconde fois, il fut plus heureux et le tua de sa propre main. Puis il passa les Alpes à la tête de 60,000 hommes, et vint en armes exiger son pardon de Placidie. Dès lors, ses efforts eurent pour but de relever la puissance romaine, et c'est ainsi qu'il se ligua avec tous les peuples de race germanique contre Attila, qui venait de passer le Rhin à la tête d'une formidable armée. La marche du barbare fut si rapide, qu'il était déjà à Orléans lorsque les Francs et l'armée d'Aétius le rencontrèrent. Les Huns, surpris, rétrogradèrent avec leur rapidité habituelle; mais ils furent atteints près de Châlons-sur-Marne, où eut lieu, en 451, cette bataille mémorable qui commença les fastes de la monarchie française, et qui sauva encore quelques années l'empire romain de sa chute. Valentinien III, souverain mou et efféminé, jaloux des succès de son lieutenant, le flatta tant qu'Attila fut à craindre; mais, à la mort de celui-ci, il le fit venir au palais, et, prenant un glaive pour la première fois de sa vie, il assassina le sauveur de son empire.

AÉTIUS, médecin grec, né à Amida en Mésopotamie, vers la fin du ve siècle. Il est auteur d'une vaste compilation des travaux entrepris par les plus grands médecins des âges antérieurs. Cette encyclopédie médicale avait pour titre: le *Tetrabiblos*, en 16 livres, dont 8 seulement ont été imprimés.

AFER (Domitius), célèbre orateur romain, né à Nîmes, 16 ans avant J.-C., mort en 59. Il excella dans l'éloquence, et fut le maître de Quintilien. Courtisan et délateur, il ne pouvait manquer d'arriver aux honneurs; aussi fut-il élevé à la dignité de consul par Caligula.

AFFAIRES ÉTRANGÈRES (ministère des), celui qui est chargé des intérêts de la France à l'étranger, de la préparation et de la conclusion des traités politiques et commerciaux, de la surveillance et de la protection des nationaux. Il comprend l'administration centrale à Paris et le corps diplomatique à l'étranger. Les affaires étrangères furent longtemps dans les attributions du principal ministre, et ce n'est que vers Henri II que l'on voit un secrétaire d'Etat chargé de quelques relations extérieures; depuis la Révolution ce ministère a constamment formé un département distinct.

AFFINAGE, RAFFINAGE. Ces deux mots, qui signifient tous deux l'action de purifier une substance, ne doivent pas s'employer indifféremment comme on le fait. Le premier s'applique aux métaux, tandis que le second s'applique à toutes les autres substances.

AFFLICTION, état de l'âme sous le poids d'une peine assez profonde pour être sentie, et assez longue pour n'être pas une atteinte passagère.

AFFO (Ireneo), bibliothécaire du duc de Parme, né à Busseto (duché de Parme), en 1742, mort en 1797.

AFFRANCHI, nom donné à Rome à celui qui avait été délivré de l'esclavage selon les formes légales. Lorsque l'affranchi recevait la liberté, il se faisait raser la tête et se coiffait du bonnet phrygien, qui est devenu plus tard le symbole de la liberté.

AFFRANCHISSEMENT. Chez tous les peuples dont l'esclavage a fait partie de l'ordre social, l'affranchissement avait été prévu et réglé par les lois. La république des Lacédémoniens l'avait seule proscrit et imposait à ses esclaves une dure servitude, qui n'avait d'autre terme que la fin de la vie. A Rome il y avait trois modes d'affranchissement: 1° A chaque recensement quinquennal, le chef de famille faisait inscrire sur le livre de cens l'esclave qu'il voulait rendre libre; 2° quelquefois un maître, ne voulant pas attendre le délai de cinq ans pour affranchir un esclave dont il voulait récompenser les services, se faisait intenter un procès par un de ses amis, qui soutenait devant le magistrat qu'il détenait un homme libre, et comme il ne se défendait pas de cette accusation, le magistrat prononçait la mise en liberté de l'esclave; 3° les riches, par testament, affranchissaient tout ou partie de leurs esclaves, qui jouissaient de leurs droits à l'année lustrale. Les affranchis, par leur position mixte, formèrent assez longtemps une caste particulière dans la république romaine, et peu à peu ils acquirent des richesses, eurent des emplois publics, et on en vit au Sénat. Liés par leur condition aux patriciens, on se servait d'eux comme de contre-poids dans les affaires publiques; selon les circonstances on en faisait entrer un certain nombre dans les tribus dont on voulait rompre l'équilibre électoral. Tibérius Gracchus voulut, en 586, les exclure des tribus; mais il rencontra une telle opposition qu'il dut se borner à les renfermer dans la tribu Esquilina. — La forme de l'affranchissement, selon la coutume romaine, se retrouve dans la législation des peuples barbares qui ont renversé l'empire. Ce serait une erreur de croire que le servage fut la conséquence de l'ordre social élevé par eux; lorsqu'ils s'emparèrent des Gaules toute la population rurale était réduite à l'état de colons ou de serfs, qui tombèrent du régime de la loi romaine dans le fief du conquérant franco-germain. Cet état de choses fut le même pendant près de 700 ans; cependant vers la fin du xe siècle de nombreuses insurrections, l'établissement des communes, firent entrevoir des changements dans un avenir assez prochain. En effet, vers cette époque, la masse des serfs commença à réclamer l'affranchissement, et Louis X, en 1315, donna le magnifique spectacle de tous les serfs des domaines rendus à la liberté. Ce fut assez lentement que les seigneurs suivirent cet exemple; mais enfin, à la veille de la Révolution, il ne restait d'autre trace de la servilité de la plupart des habitants de la France que la corvée, qui fut supprimée par Louis XVI, pendant que, dans la nuit du 4 août 1789, l'Assemblée nationale décrétait l'égale répartition des impôts, l'abolition des justices seigneuriales et le rachat des droits féodaux. — Tandis qu'en Europe le peuple cherchait à reconquérir sa liberté, le principe de l'esclavage trouvait un asile dans les colonies du Nouveau-Monde: le nègre devint l'esclave du blanc, et les conditions qui furent mises à son affranchissement étaient plus que dérisoires. La première République proclama en principe l'abolition de l'esclavage dans les colonies françaises; mais ce n'est qu'en 1848 qu'elle a réellement eu lieu. La question de l'abolition de l'esclavage est la cause de cette lutte meurtrière et fratricide qui fait s'égorger le Nord et le Sud de l'Amérique, et qui fait la ruine de contrées richement favorisées.

AFFRE (Denis-Auguste), archevêque de Paris, né en 1793, à Saint-Rome de Tarn, mort en 1848. Il fut professeur de théologie à Saint-Sulpice, et ensuite aumônier des Enfants-Trouvés, vicaire général à Luçon et à Amiens, puis coadjuteur de l'évêque de Strasbourg, enfin appelé au siège de Paris en 1840. Pendant les terribles journées de juin 1848, poussé par le désir d'arrêter l'effusion du sang, il se présenta devant la formidable barricade élevée à l'entrée du faubourg Saint-Antoine; frappé d'une balle égarée, il tomba entre les mains des insurgés. Le vénérable prélat expira le 27, en prononçant ces admirables paroles: « Que mon sang soit le dernier versé! le bon pasteur donne sa vie pour ses brebis. »

AFFRIQUE (Saint-), ville de France, départ. de l'Aveyron, ch.-l. de l'arrond. du même nom, au S.-E. de Rodez, sur la Sorgue. Pop. 6,400 hab. Elle a un tribunal de 1re instance et de commerce, un collège communal. Son commerce de laines, qui est fort considérable, approvisionne les fabriques de Castres et de Carcassonne.

AFFRY (D'), ancienne famille noble, originaire de Fribourg (Suisse), dont le chef assistait à la bataille de Morten, en 1476. Cette famille s'est surtout fait remarquer par son dévouement pour la France.

AFFRY (Louis-Auguste, comte D'), né à Versailles en 1713, assista en qualité de capitaine des gardes, en 1734, à la bataille de Guastalla, où son père fut tué. Nommé maréchal de camp, en récompense de sa belle conduite pendant la campagne de 1746 à 1748, il fut envoyé ensuite en qualité d'ambassadeur en Hollande. Revenu en France en 1767, il reprit du service en qualité de colonel des Suisses, et se retira, après les événements de 1792, près de Fribourg.

AFFRY (Louis-Auguste-Philippe, comte D'), fils du précédent. Il était maréchal de camp lorsqu'à la suite de la Révolution il suivit son père en Suisse, où on le nomma au Grand-Conseil, qui lui donna, en 1798, lors de l'invasion française, le commandement des troupes fédérales. Lorsque Bonaparte eut proposé sa médiation pour arranger les affaires de la Suisse, il fit partie de la députation qui se rendit à Paris pour rédiger la nouvelle constitution helvétique. D'Affry attira l'attention du futur empereur, qui le nomma premier landamman, titre dont il conserva les fonctions jusqu'à sa mort, arrivée le 16 juin 1810.

AFFRY (Charles-Philippe), fils du précédent, né en 1772. Après avoir fait partie de la garde suisse, il passa dans l'armée française et fit la campagne de Russie à la tête d'une division (1812). En 1815, lorsqu'on reforma les régiments suisses pour la garde de Louis XVIII, il fut nommé colonel de l'un d'eux. Il mourut le 9 août 1818.

AFFRY (Guillaume, comte D'), dernier membre de cette famille. Se distingua surtout par son dévouement à la cause du peuple suisse, qu'il défendit chaleureusement lors de la domination française. Il mourut en février 1860, âgé d'environ 80 ans.

AFGHANISTAN, vaste région d'Asie, au N.-E. du plateau de l'Iran, bornée à l'E. par le royaume de Lahore, le pays des Seykhs et le Sind; à l'O. par la Perse, au S. par le Béloutchistan, au N. par les Khanats turkestans de Balks et de Badeschan. Lat. 29° 36'; long. 70° à 90°. Sa superficie est de 14,000 myriam. carrés. Pop. 14 millions d'individus de diverses nations. Les Afghans en forment la majeure partie. Ils prétendent descendre des Juifs emmenés en captivité par les rois d'Assyrie. Leurs tribus ou peuplades, toutes mahométanes, sont au nombre de plus de 300. Les principales sont les Berdouranis, les Douranis, les Ghildjis, et en dernier lieu les tribus nomades des Nakirs. Leur langue est le *poutschou*, qui s'est répandu jusque dans l'Hindoustan septentrional. Cette région est traversée par des montagnes qui ne sont que des ramifications de l'Himalaya. L'Indus en est le seul fleuve navigable. Ses villes principales sont : Caboul, Hérat, Candahar et Ghasnar. La religion est le mahométisme.

AFIOUM-KARA-HISSAR (c'est-à-dire *Château noir de l'Opium*), ville de la Turquie d'Asie, pachalik d'Anatolie, au S.-E. de Koutaièh, sur l'Akhar-Sou. Pop. 50,000 hab. Les pavots de son territoire fournissent un opium qui est recherché dans cette partie de l'Orient.

AFRANCESADOS, nom qu'on donna, en 1808, aux Espagnols qui prêtèrent serment à la constitution donnée par Joseph Bonaparte, parce qu'en acceptant l'ordre de choses introduit par les Français, ils étaient regardés comme ayant abdiqué leur qualité d'Espagnols ; on les appelait également *Joséphinos*. Après la chute de Joseph et le retour de Ferdinand VII, les *Afrancesados* durent émigrer au nombre de plus de 16,000. Les amnisties ne changèrent rien à leur sort, et ils ne purent rentrer en Espagne qu'en 1820, avec défense de s'établir à Madrid. Les cortès leur rendirent la même année la jouissance de leurs biens, mais non pas celle de leurs dignités, titres et pensions.

AFRANIUS (Lucius), l'un des partisans de Pompée, auquel il devait son élévation au consulat l'an 60 av. J.-C. Lorsque la lutte s'engagea entre César et Pompée, Afranius et Pétréius essayèrent, mais en vain, de se maintenir en Espagne; ils furent contraints de déposer les armes, et n'obtinrent leur grâce qu'à la condition qu'ils ne combattraient plus contre César. Afranius rejoignit Pompée en Epire, l'accompagna à Pharsale, et, à la suite de la bataille de Thapsus, fut livré au vainqueur, qui lui fit encore grâce de la vie. Mais il périt quelques jours plus tard, tué dans une sédition (47 ans av. J.-C.).

AFRANIUS (Lucius), poëte comique latin, vivait 100 ans av. J.-C. Le premier il abandonna l'imitation grecque pour la peinture des mœurs romaines. Il ne nous est resté que quelques fragments de ses ouvrages, qui ne brillaient pas par la décence et le bon goût, ce qui a fait dire de lui qu'il était un homme du peuple revêtu d'une belle toge.

AFRICANUS (Sextus-Julius), historien latin, né dans la Palestine vers l'an 218. Il embrassa le christianisme en 231. Il écrivit une chronique depuis le commencement du monde jusqu'à l'an 221 de J.-C., dans laquelle il soutenait qu'il s'était écoulé 5,500 ans depuis la création jusqu'à Jules César. On a de lui, parmi quelques fragments, une lettre à Aristide, où il cherche à concilier les contradictions apparentes qui semblent se trouver dans les généalogies de Jésus-Christ données par saint Luc et saint Matthieu.

AFRICUS, nom latin du vent d'O.-S.-O., furieux et humide, qui souffle d'Afrique.

AFRIQUE, une des cinq parties du monde, bornée au N. par la Méditerranée et le détroit de Gibraltar; à l'E. par l'Océan indien, la Mer rouge et l'Isthme de Suez; au S. par l'Océan, et à l'O. par l'Atlantique. Formant une immense presqu'île, elle est rattachée à l'Asie par l'Isthme de Suez. D'une surface d'environ 29,300,000 kil. carrés, elle compte près de 80,000,000 d'hab. Ses golfes, au nombre de 4, sont ceux de Sidrah et de Cabès au N.; de Guinée à l'O.; le Golfe arabique au N.-E. Elle est entourée de 15 groupes d'îles qui sont : Açores, Madère, Canaries, les îles du Cap Vert, Fernand-Po, du Prince, Saint-Thomas, l'Ascension, Sainte-Hélène dans l'Océan atlantique; Comores, Madagascar, les Mascareignes, Seychelles, Socotora et Zanzibar dans la Mer des Indes. Elle a 6 caps : Aiguilles, Blanc, Bon, Delgado, Guardafui et Spartel. Parmi ses montagnes, nous citerons l'Atlas, les monts de Kong, les monts de la Lune, les monts de Lupata. Ses principaux fleuves sont le Nil, qui se jette dans la Méditerranée; Sénégal, Niger, Gambie, Orange et Zoïre, qui se jettent dans l'Atlantique, et le Zambèze affluant dans l'Océan indien. La plus grande partie de l'Afrique est située sous la zone torride. Les productions du continent africain sont des plus riches. La végétation, chétive et rabougrie au moment où les grandes chaleurs ont desséché la terre, devient magnifique aussitôt que les pluies ont déversé l'eau en abondance. La civilisation a pénétré un peu sur les côtes; mais l'intérieur de l'Afrique est dans un état complet de barbarie; aussi le commerce, entièrement aux mains des Arabes, n'a pas d'impulsion et se fait par caravanes. Il n'a pour objet que les productions naturelles du pays, qui consistent en poudre d'or, cuivre, corail, gomme, ivoire, et se fait par voie d'échange : l'usage de la monnaie est inconnu dans la plupart des contrées, et encore là où on l'emploie n'est-elle qu'une valeur conventionnelle donnée à des coquillages, à des bâtons de soufre, etc. Les populations africaines se composent de plusieurs variétés de la race humaine, parmi lesquelles on compte les nègres, qui, prédestinés à l'esclavage, ont été envoyés en grand nombre dans les colonies européennes. Ainsi, pour donner une idée de l'extension que pouvait avoir cet ignoble trafic lorsqu'il était libre, il nous suffira de dire que, dans l'espace de dix années, les navires chargés de surveiller la côte occidentale de l'Afrique ont pris environ 300 marchands d'esclaves, avec à peu près 50,000 esclaves, représentant une valeur vénale de 40 millions. Les Hottentots et les Cafres habitent le S., les nègres le S.-O, et on trouve la race caucasienne en Abyssinie, et les Coptes et Fellahs en Egypte. Quant à la religion, elle n'a pas de forme bien définie dans la plupart des contrées : fétichisme grossier, christianisme corrompu et faussé et mahométisme idolâtre, voilà à peu près les nuances religieuses qui dominent chez ces peuplades, qui, éloignées de tout contact avec l'Europe, sont encore plongées, et pour longtemps, dans la barbarie la plus profonde. On a divisé l'Afrique, d'après la configuration du sol, en 7 parties, qui sont : 1° la Barbarie, qui comprend l'Algérie, le Maroc, Tripoli et la Tunisie; 2° le Sahara, qui n'est qu'un vaste désert entrecoupé de loin en loin par une île de verdure qu'on appelle oasis; 3° la région du Nil, comprenant l'Abyssinie, Darfour, l'Egypte, Kordofan, la Nubie, Sennâar; 4° la Nigritie; 5° l'Afrique méridionale; 6° l'Afrique orientale, et 7° les îles. L'Afrique a été fort peu connue des anciens, qui n'ont guère pénétré plus loin que, dans la partie N., jusqu'au Sahara et à l'île Eléphantine. Carthage y fut fondée par les Phéniciens, et les Grecs pénétrèrent en Egypte, sous la conduite de Psammitique, vers 650 av. J.-C. Du temps des Romains, l'Egypte avait acquis une très-haute importance, et était en quelque sorte l'entrepôt du commerce de l'Orient avec l'Occident. Puis les bouleversements qui changèrent la face du globe dans les premiers siècles de l'ère chrétienne se firent sentir dans la partie connue et civilisée de l'Afrique, qui changea plusieurs fois de maîtres jusqu'en 600, où les Arabes fondèrent une civilisation forte et puissante qui formait un singulier contraste avec l'état de barbarie dans lequel était plongée l'Europe du moyen âge. Ce n'est que vers le XVIIIe siècle que l'on commença à avoir quelques données sur l'intérieur de l'Afrique. L'expédition française, conduite par Bonaparte, et les recherches de nombreux et intrépides voyageurs, ont ouvert le champ aux explorations, et le temps n'est pas loin où l'Afrique n'aura plus de secrets pour la science.

AGA, mot turc qui signifie commandant, chef ou gardien. Titre donné chez les Turcs à toute personne investie d'un commandement quelconque.

AGADER (l'), petit pays de l'ancienne Gaule, qui forma, au Ve siècle, l'évêché d'Agde. On y comptait 19 paroisses et 2 abbayes.

AGADÈS ou **AGHADÈS**, ville d'Afrique, dans le désert de Sahara, par 18° 40' lat. N. et 11° 2' long. E., sur la route de Mourzouk à Kaschna. Capitale du royaume d'Asben, elle est aussi grande, aussi peuplée et aussi importante que Tripoli.

AGADIR ou **SANTA-CRUZ**, ville et port d'Afrique, au S.-O. du Maroc, sur l'Atlantique. Après la révolte qui eut lieu contre l'empereur, en 1773, ses habitants ont été transférés à Mogador. Son port, un des meilleurs de la côte, faisait autrefois un grand commerce avec l'Europe.

AGAG, roi des Amalécites. Il fut vaincu et pris par Saül, qui avait reçu de Dieu l'ordre de ne faire grâce à personne. Mais, pris de compassion, il crut devoir épargner le roi captif. A la vue de cette faiblesse, Samuel, saisi de colère, fit couper Agag en morceaux.

AGAMÈDE, fils d'Apollon ou de Jupiter, et frère de Trophonius. Il passait pour habile architecte. *Voir* TROPHONIUS.

AGAMEMNON, roi de Mycènes et d'Argos, fils ou petit-fils d'Atrée, et frère de Ménélas. Une implacable destinée ne cessa depuis Tantale jusqu'à lui et ses enfants de poursuivre cette race héroïque, et finit par les anéantir. Généralissime des Grecs lors de la guerre de Troie, ce qui lui valut le titre de *roi des rois*, il avait armé cent vaisseaux, qui, montés par son armée, étaient rassemblés dans la baie d'Aulis. Le départ de la flotte fut longtemps retardé par les vents contraires; pour obtenir des dieux des vents favorables, Agamemnon sacrifia sa fille Iphigénie. La flotte enfin partit, et arriva devant Troie. Pendant le long siége de cette ville, siége qui fut si désastreux, Agamemnon fit des prodiges de valeur. Sa querelle avec Achille est le sujet de toute l'*Iliade*. A son retour dans ses foyers, après la prise de Troie, il fut lâchement assassiné par Clytemnestre, sa femme, excitée par Egisthe, fils de Thyeste, auquel il avait pardonné le meurtre d'Atrée, et à qui il avait confié ses enfants (1183 ans av. J.-C.).

AGANIPPE, fontaine célèbre de la Grèce, en Béotie, près l'Hélicon, fort célébrée par les poëtes comme consacrée aux muses. Il suffisait, disait-on, de boire des eaux de cette fontaine pour éprouver une fureur poétique.

AGAPES. C'est le nom que l'on donnait dans la primitive Eglise aux repas en commun qui précédaient la sainte communion. Des hommes de tous les rangs y mangeaient ensemble en signe de l'amour fraternel qui doit unir les chrétiens. Chacun y contribuait selon sa fortune, et le riche défrayait le pauvre. Cette coutume fut introduite par les apôtres ; elle répond on ne peut mieux à l'esprit de communauté et d'égalité qui doit régner parmi les chrétiens. Elle fut abandonnée quand l'accroissement de la communauté l'eut rendue difficile à pratiquer, et par suite des abus qui s'y glissèrent au IVe siècle. Les agapes furent formellement abolies par des décrets synodaux. De nos jours, les frères moraves ont renouvelé l'usage des agapes, qu'ils célèbrent dans des occasions solennelles, avec du thé et du pain blanc.

AGAPET Ier (saint), pape, né à Rome, succéda à Jean II en 535, mort à Constantinople le 17 avril 536. Il fit partie, malgré sa jeunesse, du clergé romain ; il exerçait les fonctions d'archidiacre, lorsque, après le décès de Jean II, il fut appelé aux honneurs du pontificat. Sacré, le 4 mai 535, il reçut la profession de foi de l'empereur Justinien, qu'il reconnut pour orthodoxe. Il alla à Constantinople, où les catholiques lui ayant porté des plaintes contre Sévère et quelques autres évêques du parti des acéphales, il se proposait de les soumettre à un concile; lorsqu'il tomba malade, et mourut, après avoir siégé près d'une année. Son corps fut porté à Rome et enterré dans l'église de Saint-Pierre du Vatican, le 20 septembre 536.

AGAPET II, pape de 946 à 955. Il demanda, pour se défendre des attaques de Bérenger, le secours d'Othon Ier, empereur d'Allemagne.

AGAR, servante égyptienne de Sara, qui la donna à Abraham pour femme de second ordre. Elle en eut Ismaël. Mais ayant manqué de respect à sa maîtresse, à cause de sa stérilité, Abraham la chassa dans le désert avec son fils.

AGAR (Jean-Antoine-Michel, comte de MOSBOURG), né en 1771, à Mercues (Lot); député de Cahors en l'an IX. Murat l'appela à organiser la Toscane; Agar fut son premier ministre dans le grand-duché de Berg, il le nomma comte de Mosbourg en lui donnant la main d'une de ses nièces. Murat, étant devenu roi de Naples, le nomma ministre des finances. Après la catastrophe de 1815, dans laquelle il avait fait preuve des plus grandes lumières et du plus noble courage, il revint en France, où il rentra dans la vie privée. Elu député en 1830, il fut nommé pair en 1837, et mourut à Paris en 1844.

AGARTH (Charles-Adolphe), évêque de Carlstad, en Suède. Naturaliste célèbre par ses recherches et ses écrits sur les algues et les cryptogames, qui ont éclairci bien des points de la science qui étaient demeurés jusqu'à lui fort hypothétiques. C'est lui qui a démontré que les racines des plantes marines ne servaient nullement à les sustenter comme celles des plantes terrestres, mais ne sont que des attaches, des crampons naturels qui les fixent au fond de la mer; la sustentation des plantes marines se fait par les pores.

AGASIAS, sculpteur d'Ephèse, qui vivait vers l'an 110 av. J.-C., et auquel on attribue la statue du Gladiateur de Borghèse qui fut retrouvée en même temps que celle de l'Apollon du Belvédère.

AGATARCHIDE, historien et géographe grec, né à Cnide, vers l'an 150 avant J.-C. Il écrivit un *Périple de la Mer rouge* et des *Traités de l'Europe et de l'Asie*, dont il ne reste que des fragments.

AGATHA, ville de l'ancienne Gaule, fondée par les Phocéens, aujourd'hui AGDE.

AGATHE (sainte), vierge, née à Palerme, fut martyrisée le 5 février 251, sous l'empire de Dèce, par ordre du gouverneur de Sicile Quintien, qui ne put s'en faire aimer, ni changer ses croyances.

AGATHOCLE, tyran de Sicile, et l'un des plus hardis aventuriers de l'antiquité. Né vers l'an 361 av. J.-C., mort l'an 289. Fils de Carcinos, qui, chassé de Rhegium, vint s'établir à Therme, en Sicile, il apprit le métier de potier à Syracuse. Ce fut sa beauté qui, lui ayant gagné les bonnes grâces d'un nommé Damas, riche Syracusain, le fit sortir de son obscurité et lui confia même le commandement d'une armée envoyée contre Agrigente. Ayant épousé la veuve de son protecteur, il devint l'un des plus puissants habitants de Syracuse. Obligé de se réfugier à Tarente, sous le règne de Sosistrate, il revint à Syracuse à la mort de ce prince, s'empara du pouvoir suprême, et fit la conquête de presque toute la Sicile (317 av. J.-C.). Il se maintint au pouvoir pendant 28 ans. Ayant voulu expulser les Carthaginois de la Sicile, il fut vaincu par eux, et ils l'assiégèrent même dans Syracuse. Il passa alors en Afrique avec le reste de son armée, et y fit la guerre pendant quatre ans, et presque toujours avec succès (jusqu'en l'an 307 av. J.-C.). Les troubles de Sicile le forcèrent deux fois de quitter son armée pour venir les réprimer. A son second retour en Afrique, il trouva son armée révoltée contre son petit-fils Archagathe; ayant apaisé la sédition, mais battu par les Carthaginois, il n'hésita pas à abandonner ses fils à la vengeance de ses soldats désespérés; ils furent massacrés, et l'armée se rendit prisonnière. Ensuite il pacifia la Sicile, et conclut, l'an 306 av. J.-C., une paix qui rétablit la tranquillité. Il employa alors ses forces à attaquer l'Italie, où il vainquit les Brutiens, et pilla Crotone. Sur la fin de sa vie, il éprouva des chagrins domestiques qui abrégèrent ses jours. Il avait le projet de remettre la couronne à son dernier fils Agathocle; mais son petit-fils Archagathe, s'étant révolté, assassina l'héritier présomptif et engagea Menon, favori du vieux roi, à empoisonner ce vieillard. Ce crime fut exécuté à l'aide d'un poison violent dont Menon enduisit le cure-dents dont se servait Agathocle après ses repas. En peu d'instants, la bouche et le corps du prince devinrent noirs et livides, et on le jeta vivant encore sur le bûcher. Cependant, avant d'expirer, il eut le temps de sauver sa femme, Texena, et ses deux fils, en les envoyant en Egypte. S'il avait toutes les qualités d'un souverain et d'un capitaine, Agathocle avait aussi de grands vices. Son ambition, sa cupidité et sa cruauté ont fait de lui un des plus odieux tyrans de Syracuse.

AGATHIAS, historien grec, né à Myrine, dans l'Asie mineure, vécut au VIe siècle. Il exerçait la profession d'avocat. Il écrivit une *Histoire de Justinien*, qui fait partie de la collection byzantine.

AGATHON (saint), pape, élevé au pontificat en 679, mort en 682. Le premier il se révolta contre l'abus qui existait avant lui, et refusa d'acquitter le tribut que chaque pape, à son élection, était tenu de payer aux empereurs. Il condamna les monothélites dans un concile. L'église latine l'honore le 10 janvier, et les Grecs célèbrent sa fête le 20 du même mois.

AGATHON d'Athènes, poète contemporain de Platon et d'Euripide, couronné aux jeux olympiques comme poète tragique.

AGATSCH, mesure milliaire turque qui équivaut à 5 kil. 1/4.

AGAVÉ, fille de Cadmus et d'Harmonie; elle était la mère de Penthée, qu'elle fit égorger et mettre en lambeaux pendant les fêtes de Bacchus. *Voir* PENTHÉE.

AGDE, très-ancienne ville maritime de France, départ. de l'Hérault, à 51 kil. S.-O. de Montpellier, et 772 kil. de Paris. C'est le ch.-l. de canton de l'arrondissement de Béziers, sur l'Hérault. Pop. 4,000 hab. — Cette ville, située au milieu d'une plaine riche et fertile, est entièrement bâtie en lave basaltique, et flanquée de tours rondes et noires; les quais et la plupart des maisons sont construits en lave; les rues en sont pavées, et les environs sont couverts de produits volcaniques. Le port, qui peut contenir 450 navires de 60 à 200 tonneaux, est fréquenté par un grand nombre de petits bâtiments qui font un cabotage très-actif et très-productif. La cathédrale d'Agde est un bel édifice; c'était originairement un temple païen; le retable de cette église est regardé comme un chef-d'œuvre d'architecture. Colonie de Marseille, Agde fut, en 508, le siège d'un concile. Elle a vu naître M. Victor de Moléon, fondateur de la Société philotechnique.

AGE, nom collectif qui indique le nombre d'années qu'a vécu un homme, un animal; néanmoins on divise la vie de l'homme en quatre périodes que l'on appelle âges: 1° l'enfance, qui commence à la naissance pour se terminer à quatorze ou quinze ans pour les garçons, et dix ou onze ans pour les filles; 2° l'adolescence, qui dure jusqu'à vingt-cinq ans pour les hommes et vingt pour les femmes; 3° la virilité, dont le terme varie selon les fatigues, les maladies, les excès, les chagrins, etc.; 4° enfin la vieillesse, où l'homme, revenant à son point de départ, devient faible, puéril, enfant, en un mot.

AGE LACUSTRE. Les travaux de la science font connaître chaque jour des détails curieux sur cette période obscure de l'existence de la race humaine qui s'est effacée de tous les souvenirs, même de celui de la tradition, et qui est révélée par les traces que l'on rencontre dans les formations géologiques. Les débris humains se rencontrent en quantités considérables dans les lacs, et font supposer avec quelque raison que lorsque l'homme parut sur la terre, celle-ci était tellement infestée d'animaux féroces d'une puissance extraordinaire, qu'il avait dû, par mesure de prudence et de sûreté, se réfugier sur les lacs. Ainsi, il est prouvé que de nombreux villages existaient sur tous les lacs de la Suisse; ces villages se composaient de pilotis plus ou moins grossiers enfoncés dans la vase, et l'on voit par les distances observées dans ces constructions que ceux qui les avaient établies ne l'avaient fait que pour se mettre à l'abri de toute surprise venant du rivage, soit de la part des hommes, soit de celle des animaux. En examinant les pilotis, on a pu reconnaître que des ponts formaient les rues qui reliaient les habitations. Les objets trouvés dans ces bourgades aquatiques ont fait subdiviser l'âge lacustre en trois parties: 1° l'*âge de pierre*; 2° l'*âge de bronze*; 3° l'*âge de fer*. L'âge de pierre fut la période tout à fait primitive, où l'homme, poussé par son instinct naturel, chercha à se procurer les objets nécessaires au bien-être que désirait le développement de son intelligence: les ustensiles et les armes furent en pierre et affectèrent une forme qui se retrouve dans celle des peuples sauvages. L'âge de bronze commença une ère de progrès que compléta plus tard l'âge de fer: là, l'homme avait su se procurer les outils propres à fabriquer toutes les choses qu'il pouvait désirer; son vêtement devint plus complet, et l'on peut supposer par l'ameublement de son habitation que son goût s'épurait et que ses sens se raffinaient. D'énormes squelettes de chiens, mêlés à ces débris d'une époque lointaine, attestent que c'est cet animal qui a aidé l'homme à faire la conquête du monde, tandis que les ossements épars çà et là prouvent que sa nourriture était animale autant que végétale. Mais la guerre fut connue de ces peuples primitifs, et la plupart des villages lacustres furent détruits par le feu qu'ils mettaient en lançant une sorte de bombe de terre pleine de charbons allumés sur les toits de chaume.

AGELÉE ou AGELIE, surnom donné à Pallas, la déesse guerrière. On la nommait aussi *Agéléis* (conductrice du peuple) parce qu'elle conduisait, protégeait le peuple d'Athènes.

AGEN, ville de France, ch.-l. du départ. de Lot-et-Garonne, à 730 kil. S.-O. de Paris. Pop. 16,000 hab. Cette ville, située sur la rive droite de la Garonne, au milieu d'une belle et vaste plaine, est généralement mal percée et mal bâtie; elle possède, sur la route de Bordeaux, une des plus magnifiques avenues du midi de la France. Cette promenade délicieuse, formée de gigantesques ormeaux, est bornée d'un côté par un élégant péristyle, et de l'autre se lie à la rive gauche de la Garonne, par un pont de 11 arches et une passerelle de 170 mètres d'ouverture. On l'appelle la promenade du *Gravier*. Agen offre plusieurs édifices remarquables: une belle cathédrale, l'église des Jacobins, l'hôtel de la préfecture, ancien palais épiscopal, entouré d'un superbe parc, la bibliothèque publique, le beffroi de l'hôtel de ville, vieux château habité autrefois par le terrible Montluc; une fort belle halle, et et enfin le mont Pompéian ou de l'Ermitage, dans lequel des solitaires ont creusé, en pleine roche, une église, plusieurs chapelles et un escalier remarquable par son ingénieuse construction. La ville d'Agen est d'une origine très-ancienne. C'était la capitale des *Nitiobriges*, qui fut prise tour à tour par les Goths, les Huns, etc. Au moyen âge, elle passa des rois de France aux ducs d'Aquitaine, aux rois d'Angleterre, puis aux comtes de Toulouse, et eut beaucoup à souffrir des guerres de religion. Elle retourna à la France au XVIe siècle, vers 1592. Elle a vu naître Sulpice Sévère, Scaliger, Bernard de Palissy, Lacépède, Bory de Saint-Vincent, et enfin le poëte Jasmin.

AGENAIS ou AGÉNOIS, ancien petit pays de France, dans la province de la Guyenne, formant aujourd'hui une grande partie du départ. de Lot-et-Garonne.

AGENDICUM ou AGEDINCUM, ville de la Gaule, dans la IVe Lyonnaise (départ. de l'Yonne), à 120 stades (24 kil.) O. de Clanum, sur l'Icauna. Plus tard, cette ville devint la capitale de la IVe Lyonnaise, et s'appela *Senones*. C'est aujourd'hui *Sens*, et selon d'autres *Provins*.

AGÉNOR, roi d'Argos, un des aïeux de Didon; il régna vers 1500 av. J.-C., et fut le père de Cadmus et d'Europe, qui fut enlevée par Jupiter.

AGES (les quatre). L'idée d'une dégénérescence constante, ainsi que celle d'un bonheur complet, ayant existé primitivement, ont été admises de tout temps. Elle fait le point de départ de la Bible et explique comment l'homme, sorti parfait des mains du Créateur, a été peu à peu accablé de toutes les misères. La Fable, appuyée sur la tradition, a admis 4 âges différents dans l'univers. Voici ces 4 âges tels que nous les trouvons dans les *Métamorphoses* d'Ovide : 1° le règne de Saturne, ou *âge d'or :* dans un printemps éternel, qui couvrait la terre de fleurs et de fruits, les hommes vivaient, heureux et libres, dans une douce fraternité qui éloignait toute contrainte et toute sujétion; 2° le règne de Jupiter, ou *âge d'argent :* le printemps ne règne plus qu'une partie de l'année, et se voit remplacé par des saisons chaudes et froides, dont les intempéries forcent les hommes à se construire des habitations; 3° l'*âge d'airain* mit en relief l'humeur farouche de l'humanité, qui, si elle ne se rendit coupable d'aucun crime, commença à préparer l'*âge de fer*, qui est le nôtre. Les penseurs ajoutent même que le temps n'est pas loin où la race humaine, tombant par la corruption dans une décadence nouvelle, inaugurera l'*âge de plomb*, signe symbolique du peu de valeur qu'aura la vertu et de l'importance qu'acquerra le vice.

AGÉSANDRE, fameux sculpteur de Rhodes, qui vivait, selon les uns, à l'époque la plus brillante de la Grèce (vers le IVe siècle av. J.-C.); d'autres le placent sous les premiers empereurs romains, et même sous Vespasien, peu avant Pline l'Ancien. Il est auteur du célèbre groupe de *Laocoon*, qui fut retrouvé, sous Jules II, par Félix de Frédis, et que l'on admire encore aujourd'hui comme le chef-d'œuvre de la statuaire antique.

AGÉSILAS, roi de Sparte depuis l'an 390 jusqu'à l'an 360 av. J.-C. Après la mort de son frère Agis, Lysandre le fit monter sur le trône avec l'intention de l'en précipiter plus tard; mais ses projets, une fois découverts, furent déjoués. Les Ioniens l'ayant appelé à leur secours contre Artaxercès, il se signala en Asie par une victoire qu'il remporta sur les Perses. Par la

suite, il fut obligé de tourner ses armes contre Thèbes et Corinthe, qui s'étaient liguées contre Sparte, et de combattre contre Epaminondas et Pélopidas, les deux plus grands capitaines de ce temps. Par sa prudence et son habileté, il parvint à sauver Sparte en évitant une bataille rangée. Il était alors octogénaire; mais il ne triompha pas moins d'Epaminondas et sauva la ville, qui était déjà tombée au pouvoir de ce général. Au retour de sa dernière campagne en Egypte, sa flotte fut jetée sur les côtes de la Libye; il y mourut à l'âge de 84 ans, couvert de gloire et regretté de tous ses concitoyens.

AGÉSIPOLIS, nom de trois rois de Sparte de la race des Agides. Le premier, fils de Pausanias, lui succéda l'an 397 av. J.-C. Il remporta une grande victoire sur les Mantinéens et mourut l'an 380. Le second, fils de Cléombrote, ne régna qu'un an, 371 ans av. J.-C. Le troisième était encore fort jeune à son avénement, l'an 219 av. J.-C. Il fut mis sous la tutelle de Cléomène et de Lycurgue. Ce dernier lui ravit la couronne.

AGÉTORIE, fête en l'honneur de Mercure-Agétor (conducteur) ou guide des voyageurs.

AGGÉE, le 10e des petits prophètes. Il prophétisa à Jérusalem vers l'an 520 av. J.-C. Il encouragea les Juifs à rebâtir le temple, en leur prédisant que le second serait plus illustre que le premier.

AGGER DE ROME, élévation de terre établie sur le mont Esquilin par Servius, et terminée par Tarquin le Superbe, pour former l'enceinte orientale de la ville.

AGGERSHUUS, une des provinces administratives du royaume de Norwége, bornée au N. par le diocèse de Drontheim, à l'E. par la Suède, au S. par le Kattégat, et à l'O. par les diocèses de Christiansand et de Bergen. Sa superficie est de 77,818 kil. carrés. Pop. 500,000 hab. — C'est la province la plus fertile, la plus étendue et la plus peuplée du royaume. Elle tire son nom d'un château fort près de Christiania, qui est le ch.-l. d'Aggershuus. Elle renferme 20 villes, 3 places fortes et 296 paroisses. C'est un pays montagneux, rempli de lacs et de fleuves. Les vallées sont étroites, et le sol assez peu fertile. La mer forme au S. le grand golfe de Christiania, qui, dès le mois de novembre, est fermé par les glaces jusqu'en avril. Le climat y est très-rude, et les chaleurs n'arrivent guère qu'en juin. On rencontre sur les bords des fleuves une quantité de scieries.

AGGRAVANTES (circonstances), nom donné dans la législation criminelle aux faits secondaires qui, en s'ajoutant au fait principal, augmentent l'importance du crime et entraînent une pénalité plus forte. Ainsi le meurtre peut devenir, par la préméditation, un assassinat.

AGIER (François-Marie). Il débuta au barreau en 1804, comme défenseur de deux complices de Moreau, refusa pendant les Cent-Jours de signer l'acte additionnel, et, à la tête d'une compagnie de volontaires royalistes, apporta à la Chambre des représentants une pétition demandant le rétablissement des Bourbons. Les doctrines ultra-royalistes le firent destituer en 1818, et ne rentra dans la magistrature que sous le ministère Villèle. Envoyé par les Deux-Sèvres à la Chambre, il contribua, avec 35 députés votant sous son impulsion, à compléter cette majorité de 221 qui eut tant d'influence sur les destinées de la France. Après avoir occupé diverses fonctions dans la magistrature sous Louis-Philippe, Agier dut prendre sa retraite en 1848.

AGILOLFINGER, nom de la première dynastie des ducs de Bavière. Ils étaient ainsi nommés d'Agilolf, qui, vers 530, secoua le joug des Ostrogoths, et rendit la Bavière indépendante.

AGILULPHE, duc de Turin, devint roi des Lombards, par son mariage avec Théodelinde, veuve du dernier roi, Autharis. Il fit la guerre avec avantage contre plusieurs princes révoltés, et combattit contre le pape et l'empereur d'Orient, Phocas. Il mourut en 615, après s'être converti au catholicisme.

AGINNUM, nom latin d'Agen. C'était une ville de la Gaule, et la capitale des Nitiobriges, dans la seconde Aquitaine, à 108 kil. S. de Pretocorii.

AGIO, différence qui existe entre la valeur nominale d'une monnaie et sa valeur réelle. L'agio ne s'exige pas dans les relations commerciales journalières d'un peuple qui se sert constamment de la même monnaie, qui n'est après tout qu'une valeur conventionnelle fortifiée par un cours légal; mais il a lieu de nation à nation, afin de n'être pas victime de la valeur inférieure de certaines monnaies. Ainsi, par exemple, les pièces suisses, dont la valeur nominale était exactement semblable à notre monnaie française par sa valeur réelle, étaient de 10 0/0 inférieures à celles-ci : donc un marchand qui aurait eu 1,000 fr. à payer, aurait dû, en le faisant en monnaie suisse, un agio de 100 fr. Le mot agio s'emploie aussi pour exprimer le bénéfice que l'on obtient par l'échange des monnaies d'un métal contre celles d'un métal différent. Ainsi parfois, lorsque l'or est recherché, il faut payer une prime pour échanger de l'argent contre de l'or; c'est cette prime à laquelle on donne le nom d'agio.

AGIOTAGE. Sous ce nom on désignait autrefois tout ce qui constitue aujourd'hui la profession de banquier. Puis, par une extension naturelle, on l'appliqua à toutes ces opérations fictives, sans aucun fond sérieux, et il devint un terme de mépris. Autant la sage mise en valeur des richesses d'un Etat en fait la prospérité, autant l'agiotage le pousse vers sa ruine en excitant la passion du jeu, le goût des spéculations aventureuses, sur lesquelles on compromet des fortunes entières.

AGIS, nom de quatre rois de Sparte, dont un de la race des Agides, et trois de la race des Proclides. Agis, chef de la race des Agides, à laquelle il donna son nom, succéda l'an 1060 av. J.-C., à son père Eurysthène, et eut pour successeur Echestrate. Son règne est peu connu.

AGIS Ier, fils et successeur d'Archidamus, régna de 427 à 397 av. J.-C. avec Pausanias. Il combattit avec succès les Athéniens et les Argiens pendant la guerre du Péloponèse. Il était de la race des Proclides.

AGIS II, roi de Sparte, fils d'Archidamus III, monta sur le trône en 338 av. J.-C. Il souleva le Péloponèse contre Alexandre le Grand. Vaincu par Antipater, général d'Alexandre, il mourut de ses blessures l'an 324 av. J.-C.

AGIS III, roi de Sparte, le plus célèbre des rois de ce nom, succéda à son frère Eudamidas II (244 av. J.-C.). Il tenta de remettre en vigueur les lois de Lycurgue, voulut abolir les dettes et proscrire la communauté des biens; mais il échoua dans ses desseins par la perfidie de ceux à qui il avait accordé sa confiance. Arraché d'un temple où il s'était réfugié, il fut étranglé par l'ordre des éphores, 239 ans av. J.-C.

AGLABITES, dynastie musulmane élevée sur les ruines de la puissance des kalifes de Bagdad. Les Aglabites régnèrent environ 109 ans (de 800 à 908) en Afrique, sur le pays qui s'étend de l'Egypte jusqu'à Tunis. Ils avaient pour chef Ibrahim-ben-Aglab, qui fut nommé, vers l'an 800 de J.-C., gouverneur de l'Afrique par Haroun-al-Raschid. Ils siégeaient à Kairouan, près de Tunis. Leur dernier chef, Ziadat-Allah, fut dépouillé de ses Etats en 909 par les kalifes fatimites qui gouvernaient l'Égypte.

AGLAÉ, nom de l'une des trois Grâces, dont le nom signifie *pur éclat;* fille de Zéus et d'Eurynome, l'une des Océanides.

AGLAOPHAMOS, maître de Pythagore, qui l'initia aux premières notions de philosophie.

AGLAOPHON, peintre de l'antiquité, qui vivait vers la 70e olympiade, et auquel Quintilien attribue l'invention de la peinture.

AGLIE, ville des Etats sardes, dans la prov. de Turin. Pop. 4,000 hab. Remarquable par le musée établi dans le château royal, et où l'on a réuni toutes les antiquités trouvées à Tusculum.

AGNADEL, village des Etats sardes, remarquable par la victoire qu'y remporta Louis XII sur les Vénitiens, en 1509, et la défaite du prince Eugène par le duc de Vendôme, en 1705.

AGNANO, lac de l'ancien royaume de Naples, à 8 kil. de cette ville, et qui s'est formé dans le cratère d'un ancien volcan. C'est près de ce lac que se trouve la grotte du Chien, que ses exhalaisons délétères ont rendue célèbre, et les eaux sulfureuses de San-Germano, qui, quoique froides, semblent être en ébullition.

AGNANT (Saint-), ch.-l. de cant. de l'arr. de Marennes (Charente-Inférieure); 271 hab.

AGNAT. Dans la législation romaine, la famille se composait de deux sortes de parents: les agnats et les cognats; ceux-ci étaient tous les membres, masculins ou féminins, sans distinction de degré de parenté, qui formaient la famille naturelle sans avoir aucun droit légal; ceux-là, au contraire, étaient les membres masculins qui, en vertu des lois, conservaient la plénitude de leurs droits; ils formaient la famille civile, légale en quelque sorte. Les agnats perdaient ces droits, soit par l'émancipation, soit par l'adoption dans une autre famille. De même, l'adopté acquérait les droits de la famille dans laquelle il entrait. La loi salique, en fixant l'ordre de la succession au trône de France, suivit l'agnation, qui est encore en vigueur en Allemagne, où l'on observe toujours le droit féodal. C'est cette règle surannée d'agnation et de cognation qui a soulevé les querelles interminables du Danemark avec l'Allemagne, et qui n'ont servi sans doute qu'à cacher des pensées de conquête.

AGNEAU PASCAL. Nom donné à l'agneau que les juifs mangeaient chaque année pendant leurs Pâques, en mémoire de celui que mangèrent leurs pères lorsqu'ils se préparèrent à fuir de l'Egypte, et dont le sang avait servi à marquer leurs portes pour les faire reconnaître de l'ange exterminateur qui devait tuer les premiers-nés des Egyptiens.

AGNÈS (sainte), jeune fille qui souffrit le martyre sous Dioclétien; elle avait à peine 13 ans. Le Tintoret et le Dominiquin nous ont laissé deux magnifiques tableaux sur ce sujet.

AGNÈS DE MÉRANIE, femme de Philippe-Auguste, qui avait répudié Ingeburge de Danemark. Elle fut éloignée de son mari par ordre du pape, qui le forçait à reprendre sa première épouse. Elle mourut de chagrin en 1201, et fut inhumée à Saint-Corentin, près de Mantes.

AGNÈS D'AUTRICHE, fille de l'empereur Albert Ier, elle épousa André III, roi de Hongrie. Lorsque son père fut assassiné, elle eut la cruauté, d'accord avec sa belle-mère, de faire mourir toutes les personnes parentes des assassins; on en compte près de 1,200. On n'est pas fixé sur la date de sa mort, qui dut arriver vers 1360.

AGNÈS SOREL, née en 1409, à Fromenteau, près Clermont. Elle vint à la cour de France avec la duchesse d'Anjou, dont elle

était la dame d'honneur. Son étonnante beauté, son esprit distingué et son instruction profonde séduisirent le roi, qui, pour la conserver auprès de lui, l'attacha, en qualité de dame d'honneur, au service de la reine. Mais on était à une période néfaste pour les armes françaises; les Anglais foulaient en maîtres le sol de la moitié de la France, et, malgré les efforts des braves qui s'étaient dévoués au salut de la monarchie, les envahisseurs avançaient toujours. Charles VII, quoique très-brave et très-courageux, était tombé dans un découragement profond, et ne cherchait même plus à défendre les quelques lambeaux de territoire qui lui restaient. Agnès Sorel, qui avait cédé à son amour, mit à profit l'ascendant qu'elle avait sur lui pour ranimer en lui la soif de la gloire. Charles VII, obéissant à sa maîtresse, se lança de nouveau dans les hasards des combats, et vit le succès marcher avec ses étendards. Comblée des faveurs du monarque, dont l'attachement augmentait chaque jour, elle resta simple et modeste. Rappelée à la cour, qu'elle avait quittée pour se retirer à Loches, elle alla habiter le Mesnil, où elle mourut si subitement, le 9 février 1449, qu'on crut qu'elle avait été empoisonnée par ordre du dauphin, depuis Louis XI. Nous ne relèverons pas ici ce qu'il y a d'absurde dans cette accusation; mais nous comptons, lorsque nous parlerons de Louis XI, dégager la figure de ce roi, qui fut le véritable organisateur de la France populaire contre la France seigneuriale et féodale, des ombres dont on l'a obscurcie à dessein.

AGNÈS, nom donné au théâtre à tout rôle de jeune fille simple et naïve, sans aucune expérience et, si nous ne craignions d'être accusé d'antithèse, qui fait de l'esprit sans le savoir, par maladresse.

AGOBARD, archevêque de Lyon, né en 776. Il déposa Louis le Débonnaire après avoir appuyé la révolte de ses fils. Plus tard, il se réconcilia avec lui, et fut chargé des affaires du royaume d'Aquitaine. Agobard, malgré les tergiversations de sa conduite politique, est une des grandes figures de son époque. S'élevant avec force contre les préjugés d'alors, contre les combats singuliers, contre les épreuves judiciaires, contre les coutumes superstitieuses, Agobard a porté le premier coup à cet édifice demi-barbare, appelé le moyen âge, qui devait mettre encore quelques siècles avant de s'écrouler, tandis que par ses œuvres, remarquables par un style presque pur et fort clair, il a donné en quelque sorte l'image exacte de l'esprit humain à son époque. Il mourut en 840.

AGON, petit port situé à 11 kil. de Coutances, canton de Saint-Malo de la Lande (Manche). Il compte environ 1,600 hab., dont la majeure partie se livre, à Terre-Neuve, à la pêche de la morue. Jean-sans-Terre y avait établi une foire qui fut autrefois aussi célèbre que celle de Beaucaire, et que les Anglais pillèrent plusieurs fois; elle fut réunie à celle de Guibray.

AGONALES, fêtes que l'on célébrait le 9 de janvier, en l'honneur de Janus. On les célébrait également le 21 mai et le 11 décembre: les Romains considéraient ces deux jours comme néfastes.

AGONIE. Moment qui précède immédiatement la mort. Les phénomènes de l'agonie ne sont pas toujours les mêmes et varient suivant les causes qui la déterminent. L'agonie est calme, imperceptible presque chez les malades dont les forces ont été usées par des maladies longues, tandis que chez ceux qui ont été frappés rapidement, il y a une lutte effroyable de tous les principes vitaux tendant à la réaction. Tantôt le malade perd toutes ses facultés, tantôt il meurt avec sa pleine connaissance. La question a été soulevée de savoir si, malgré

toutes les convulsions de la nature prête à s'anéantir, l'agonisant n'a pas en quelque sorte la perception intuitive de ce qui se passe autour de lui? Nous ne résoudrons point cette question; mais, quoi qu'il en soit, on ne doit pas cesser d'entourer le moribond de sollicitude, de tendresse et de soins à ce grand moment où du temps il passe dans l'éternité.

AGONIOS, surnom que l'on donnait aux divinités dont les statues, se trouvant dans un gymnase, étaient censées le présider, et s'appliquaient spécialement à Jupiter, Mercure et Neptune.

AGONIUS, divinité que les Romains supposaient veillant à tous les actes de la vie, et dont les conséquences étaient désastreuses ou heureuses, selon la protection qu'elle accordait.

AGONTHÈTES, magistrats chargés, chez les Grecs, de présider aux jeux, de les organiser, de régler le théâtre, d'examiner les pièces.

AGORA, place publique d'Athènes, située dans le quartier du Céramique, non loin du jardin de l'Académie. C'est là qu'était élevée la tribune aux harangues, les enceintes destinées aux divers tribuns et la pierre sacrée sur laquelle les magistrats juraient d'observer les lois. On y trouvait le Métroon, ou temple de la mère des dieux; le Léocorion, élevé en l'honneur des filles de Léos qui s'étaient dévouées pour éloigner la peste d'Athènes, et le temple d'Euque.

AGORÆOS, surnom des divinités présidant les assemblées populaires, les débats judiciaires, les réunions de tribus, etc.

AGOSTA, ville sur la côte de Sicile, fondée, au XIIIe siècle, par Frédéric II; prise et ruinée, en 1268, par les soldats de Charles d'Anjou, elle fut séparée du continent, en 1693, par un tremblement de terre. C'est près de cette ville que Duquesne remporta, en 1676, une brillante victoire navale sur Ruyter.

AGOSTINI, (Niccolo-Degli), poëte italien du XVIe siècle, connu pour avoir continué, d'une façon assez médiocre, le *Roland amoureux* de Boïardo.

AGOUB (Joseph), orientaliste distingué, né au Caire, en 1795. Venu en France dès sa plus tendre enfance, il fit ses études au collége de Marseille, et fut nommé, en 1820, professeur de langue arabe au lycée Louis-le-Grand, à Paris. Ses travaux se rapportent tous aux langues orientales. Il mourut à Marseille, en 1832.

AGOUT, rivière du midi de la France, qui arrose Castres et Lavaur, et dont le cours est de 140 kil.

AGRA ou AGRAH, province de l'Inde anglaise, dans la présidence de Calcutta, dont le ch.-l. est la ville du même nom. Agra, une des plus belles villes de l'Asie, était autrefois la résidence du grand mogol Akbar, et comptait alors près d'un million d'habitants. Aujourd'hui la population n'est plus que de 150,000 hab. La ville est de nos jours entourée de ruines gigantesques, attestant sa splendeur passée, et du milieu desquelles s'élèvent encore le fort Akbarabad et la mosquée des Perles, le plus beau de tous les temples mahométans de l'Asie. Parmi les monuments qui sont encore restés debout, nous devons citer le mausolée que l'empereur Shah-Djehan fit élever en l'honneur de la sultane Nourdjehan, et qui, par ses belles proportions, son architecture originale et sévère tout à la fois, peut passer pour l'une des merveilles de la terre. En 1501, Agra n'était encore qu'un village et doit ses embellissements à Sekunder-Lodhy, qui en fit la capitale de ses Etats. Mais lorsque le siége de l'empire indien fut transporté à Delhi, une ère de décadence commença pour Agra, qui, quoique bien fortifiée, tomba au pouvoir des Mongols, en 1784. Convoitée depuis longtemps par les Anglais, qui s'en emparèrent en 1803, elle fut ajoutée à leurs immenses possessions indiennes.

AGRAFE, terme d'architecture par lequel on désigne un ornement qui semble réunir plusieurs parties les unes avec les autres.

AGRAIRES (lois). Les Romains, peuple essentiellement conquérant, avaient admis en principe la confiscation des terres résultant des conquêtes, qui tombaient dans le domaine public. Ce domaine public s'agrandit plus tard par des donations volontaires de rois ou de peuples alliés, les confiscations résultant des jugements et les biens vacants. Ces nouveaux territoires étaient partagés entre les légionnaires et les citoyens romains, selon des conditions déterminées par les lois agraires, et dont la principale stipulait que les colons n'étaient que possesseurs et non propriétaires. Ces principes furent bien observés à l'origine; mais bientôt les abus surgirent, et ce furent les riches et les puissants, ceux qui n'avaient pris part à aucune guerre, qui s'emparèrent des terrains destinés à récompenser le soldat, à faire vivre le pauvre; puis, comme de la possession à la propriété réelle il n'y a qu'un pas, ils le franchirent et mirent le comble à leur spoliation en expulsant, par la force, leurs voisins faibles des domaines qu'ils possédaient encore. C'est ainsi que se formèrent ces immenses propriétés, mises en valeur par de vils esclaves, qui, en dépeuplant le Latium de ses habitants forts et énergiques, amenèrent la faiblesse de Rome et en précipitèrent la ruine. Cet état de choses devait soulever l'indignation et les récriminations du peuple, qui, ne pouvant faire entendre d'une façon efficace sa voix dans le Forum, fit entrer, à force d'efforts, des siens au sénat. Mais à peine ces plébéiens furent-ils dans l'assemblée patricienne qu'ils renièrent leur origine, et, pour la faire oublier, se prêtèrent à toutes les lâches complaisances qu'on leur demanda. La populace romaine se trouva dès lors dans la position la plus immorale: privée de ressources, à la merci du sénat par les distributions publiques et gratuites des grains, elle dut trafiquer de ses votes, pendant que de vils affranchis, arrivant par leurs intrigues aux honneurs et au pouvoir, se vengeaient de leur esclavage en insultant ce peuple qui se disait le maître du monde. Telle était la situation de Rome lorsque Tibérius Gracchus, tribun du peuple, voulant mettre un frein à ces déprédations générales, proposa sa loi Sempronia, qui rappelait toutes les dispositions agraires que le temps et les usurpations avaient virtuellement abrogées. D'une grande élévation de caractère, il se mit trop au-dessus des hommes de son temps, en proposant une loi digne de philosophes, mais non d'un peuple tombé dans l'abjection et le mépris de lui-même. Néanmoins cette loi fut adoptée, malgré le mécontentement des chevaliers et du sénat; Tibérius Gracchus, pour les apaiser, fit des concessions qui lui aliénèrent l'esprit de ceux qu'il avait sauvés de la misère, et un lâche assassinat fut la récompense de son dévouement à la chose publique. Quelque temps après, son frère, Caïus Gracchus, voulant marcher sur ses traces, subit le même sort. Bientôt la loi agraire devint la source de querelles intestines: les Romains la voulaient tout à leur profit, tandis que les Italiens, qui fournissaient les légions qui s'emparaient des territoires, protestaient contre l'exclusion qui était prononcée contre eux. La guerre sociale fut la conséquence de cette politique du sénat, qui n'osant mettre un frein aux envahissements des chevaliers, devenait leur complice par son inaction. Enfin lorsque la lutte entre Pompée et César eut donné le pouvoir à celui-ci, la loi agraire fut encore modifiée, et ce fut en quelque sorte la spoliation et l'usurpation revêtues des formes légales: les citoyens paisibles furent dépossédés de leurs propriétés, qui servirent de récompenses aux fauteurs des discordes civiles. Le domaine public fut la cause de la perte de Rome par les facilités qu'il offrait aux usurpateurs de récompenser les soldats qui les avaient aidés dans leurs attentats, et c'est ainsi que le plus grand empire du monde devint le jouet d'une poignée de prétoriens, et plus tard la proie des Barbares.

AGRAM, ch.-l. du comitat d'Agram (Croatie), à 240 kil. de Vienne; elle a une population de 20,000 hab.; résidence du vice-roi, archevêché, haute cour de justice et cour d'appel. Partagée par le Mudreschon, elle se divise en ville haute et en ville basse. La cathédrale et le palais des Etats sont des monuments fort remarquables. Le comitat d'Agram compte 71,000 hab., la plupart catholiques.

AGRANIES, fêtes que l'on célébrait à Argos en l'honneur d'une fille de Prætus: les femmes seules y assistaient, à l'exception de celles de Minyas, qui en étaient exclues parce que des Minyennes, dans l'une de ces fêtes, avaient égorgé un jeune garçon et l'avaient dévoré en un horrible festin.

AGRARIA, petit fort ou station que les Romains établissaient sur leurs frontières pour les surveiller, ou sur les points stratégiques des pays étrangers qu'ils avaient soumis. Le nom d'Agraria était spécialement donné à ces forts parce que les légionnaires qui y étaient casernés cultivaient les terres environnantes pour y puiser leur subsistance. C'est par une série de ces forts, se reliant entre eux et avec les villes, que les Romains parvinrent, avec des armées relativement faibles, à maintenir de vastes contrées dans l'obéissance.

AGRAULIES, fêtes en l'honneur d'Agrolos, fille de Cécrops, qui se dévoua pour Athènes en se jetant du haut de l'acropole ou citadelle. C'était sur l'autel du temple qu'on lui avait élevé que les jeunes Athéniens prêtaient serment de dévouement à la patrie.

AGRESSEUR, nom donné à celui qui attaque un homme, soit par paroles, soit par des faits. Il est de droit naturel que tout homme peut se défendre contre une agression et les lois humaines n'ont jamais porté de peines contre le meurtre commis en état de légitime défense. Néanmoins, si l'attaqué a été plus loin que ne l'exigeait sa sûreté personnelle, l'agression ne devient plus que l'excuse du meurtre.

AGRÈVE (Saint-), ch.-l. de cant. du département de l'Ardèche; cette ville, bâtie sur le mont Chiniac, compte environ 1,600 hab. Elle fut brûlée, en 1580, à la suite d'un siége qu'y soutinrent les calvinistes.

AGRIANA, nom des fêtes que les anciens Agriens célébraient en l'honneur de leurs morts.

AGRICOLA (Cnéius-Julius), remarquable général romain, né à Fréjus, en 40 après J.-C.; il fit son éducation sous les yeux de sa mère. En 59, il faisait sa première campagne dans l'Armorique, et obtenait en 65 les fonctions de questeur en Asie. Etant arrivé à la préture en 68, il fut nommé, par Vespasien, au commandement d'une légion avec laquelle il fit la conquête de la Bretagne en moins de trois ans. Il avait conquis les Orcades et pénétré en Ecosse, lorsque Domitien, jaloux de ses succès et de sa popularité, le rappela, et, dit-on, le fit empoisonner.

AGRICOLA (Georges LANDMANN), né en 1494, à Chemnitz, en Saxe. S'étant adonné dans sa jeunesse à l'alchimie, son esprit, après avoir reconnu l'inanité de cette science, prit une direction plus sérieuse et se livra aux sciences métallurgiques, auxquelles il fit faire de réels progrès. On a de lui un ouvrage intitulé *de Re metallicæ*, qui donna des détails fort curieux.

AGRICOLA (Rodolphe), professeur de philosophie à Heidelberg, né en 1443 et mort en 1485. Quoique l'on doive reconnaître qu'Agricola fut un des hommes les plus instruits de son époque, on ne saurait comprendre l'engouement des Allemands à son égard: ils allèrent jusqu'à le placer au-dessus des grands esprits de l'Italie et de la Grèce. D'une nature quelque peu égoïste, il refusa toute espèce de fonctions publiques, et ne voulut point se marier pour ne point troubler la quiétude et le repos dont il jouissait.

AGRICOLA (Jean), né en 1492. S'étant rangé du côté de la réforme, Luther l'envoya prêcher à Francfort; mais non moins audacieux et non moins réformateur que le maître, il alla si loin qu'il en vint à professer que la foi évangélique était complétement inutile au salut. Il mourut en 1566, après avoir pris part à l'intérim d'Augsbourg.

AGRICOLA (Jean-Frédéric), compositeur de musique distingué, né dans le duché de Gotha, en 1720, il eut pour maîtres Quants et Sébastien Bach. Entré au service de Frédéric II, il écrivit tous ses opéras selon la manière italienne de cette époque, pour la célèbre cantatrice Molteni, qu'il avait épousée et qu'il aimait avec passion.

AGRICULTURE, art d'obtenir par le travail de la terre le plus de produits possibles, sans toutefois trop l'épuiser. Sans entrer dans des détails fastidieux et ne voulant donner de l'agriculture que des détails forts succincts, nous dirons qu'elle se divise en grande et en petite culture. La grande culture se fait dans les grands domaines et a pour objet la production des céréales. La petite culture comprend les prairies, les pâturages, les légumes, les arbres fruitiers, la vigne, etc. L'agriculture a toujours été en grand honneur chez les nations civilisées, dont elle forme la richesse principale, et l'on peut affirmer que tout pays dont le sol est bien mis en valeur est beaucoup plus riche que ceux qui n'ont d'autre ressource que le commerce. La France, douée par la nature d'un climat favorable, est essentiellement agricole, et pourtant l'agriculture y fut constamment négligée. Louis XIV, préoccupé par le commerce et l'industrie, les arts et la guerre, lui prêta peu d'attention. Plus tard, l'agiotage, introduit dans les mœurs par l'Écossais Law, détourna les capitaux de l'agriculture, qui commença à se relever vers la moitié du XVIIIe siècle, pour s'élancer dans la voie du progrès à la Révolution, qui, en morcelant les grandes propriétés, diminua les terrains incultes en augmentant et en stimulant l'activité des laboureurs. Dans ces dernières années, l'agriculture a fait des pas de géants, et quoiqu'elle n'ait pas encore dit son dernier mot, elle est assez avancée pour qu'on puisse lui prédire le plus bel avenir.

AGRIGAN, île de la Polynésie, du groupe des Mariannes, appartenant aux Espagnols, et habitée par une colonie d'Américains, qui en a obtenu l'autorisation de l'Espagne, à la condition de reconnaître sa domination.

AGRIGENTE, ville antique qui était située sur la côte de Sicile, à l'endroit où se trouve actuellement Girgenti; elle avait été fondée par une colonie dorienne, qui s'y établit l'an 582 av. J.-C. Le tyran Phalaris s'empara du pouvoir vers 565. Détruite par les Carthaginois soixante ans plus tard, cette ville se releva et passa sous la domination romaine, et son histoire se ressent des secousses de cette époque. On la voit plus tard soumise aux Sarrasins, et le comte Roger s'en empara en 1086. Agrigente était bâtie sur plusieurs collines, dont la plus haute était surmontée de la citadelle. Ses temples se ressentaient du style dorique; ils ont laissé des ruines gigantesques, parmi lesquelles on reconnaît celui de Jupiter Olympien et plusieurs autres.

AGRIMENSOR, magistrat religieux et militaire tout à la fois. Il avait pour mission de mettre à exécution la loi agraire et de procéder à la répartition des terrains.

AGRIPPA (Marcus-Vipsanius), né en 63. Quoique d'une origine fort obscure, il sut, par ses talents, conquérir les plus hautes dignités. Il commanda la flotte d'Octave à la bataille d'Actium. Il avait épousé Julie, fille de l'empereur, et était désigné pour lui succéder, mais il mourut avant Auguste, à la suite d'une expédition en Pannonie, l'an 12 av. J.-C. C'est lui qui a fait construire le Panthéon à Rome.

AGRIPPA (Henri-Corneille), de Nettesheim, philosophe, médecin et alchimiste, né à Cologne, en 1486. Homme remarquable par ses talents et son génie, il eut le tort d'avoir eu recours au charlatanisme pour se mettre en valeur. Après avoir acquis une certaine réputation à Dôle, où il professait, il passa à Londres et revint à Metz, où il accepta la place de syndic général de la ville. S'étant mis les moines à dos pour les avoir cruellement plaisantés et tournés en ridicule, il dut chercher un refuge à Cologne; mais là, il ne se sentit pas en sûreté; il alla à Fribourg. Revenu à Metz, en 1524, il se livra à l'exercice de la médecine, et y acquit une telle réputation, que la mère de François Ier l'attacha à sa personne. Tombé en disgrâce, il reçut de Marguerite d'Autriche, sœur de Charles-Quint, le titre d'historiographe de cet empereur. Mais, poursuivi par la manie de ridiculiser tout le monde, il se fit un grand nombre d'ennemis, s'aliéna ses bienfaiteurs, et, après avoir erré de ville en ville, évitant la prison à grand'peine, il mourut à Grenoble, dans la plus affreuse misère, en 1535. Son seul mérite est d'avoir frondé hardiment les travers de son époque.

AGRIPPINE, fille de Vipsanius Agricola et de Cæcilia Attica, fut la première femme de Tibère, qui se vit forcé, par Auguste, de la répudier, malgré l'amour qu'il lui portait, pour épouser Julie, veuve de Marcellus et d'Agrippa. Aussi, ne voulant pas la savoir en la possession d'un autre, il condamna à une détention perpétuelle Asinius Gallus, qui avait osé l'épouser.

AGRIPPINE, fille de Vipsanius Agrippa et de Julie, épouse de César Germanicus, fut remarquable par sa beauté, ses vertus et sa chasteté. Elle accompagna son mari dans toutes ses campagnes, et montra le plus bel exemple de l'abnégation que peut inspirer la vertu. Après la mort de Germanicus, empoisonné par les ordres secrets de Tibère, elle revint à Rome avec ses trois enfants, et accusa publiquement les meurtriers de son mari. Tibère, la redoutant, à cause des nombreux partisans qui la soutenaient, la relégua dans l'île Pandétaria, où elle mourut de faim.

AGRIPPINE (Julie), fille de la précédente et de Germanicus, née à Cologne, l'an 16 après J.-C., fut la femme la plus dissolue et la plus cruelle dont l'histoire fasse mention; elle avait à peine douze ans lorsqu'elle épousa Domitius Ahénobarbus, dont elle eut Néron, et qui mourut peu de temps après. Après avoir mené une vie de débauches avec ses deux sœurs, elle fut exilée par Caligula pour avoir trempé dans un complot contre lui. Mais, lorsque celui-ci fut assassiné, elle se hâta de revenir; après avoir épousé Cassien Crispus pour sa fortune, elle s'en débarrassa par l'empoisonnement; et, la mort de Messaline étant survenue, elle força Claude à l'épouser, et l'empoisonna ensuite. C'est ainsi qu'elle procura à son fils le trône, qui revenait de droit à Britannicus. Néron fut bientôt importuné par les reproches qu'elle ne cessait de lui adresser; il résolut de s'en débarrasser à tout prix : après avoir tenté de la noyer, il la fit assassiner. Poursuivie par l'esclave chargé de ce meurtre, dans les appartements du palais, elle se retourna tout à coup, et, avec une profonde ironie : « *Frappe au ventre !* » lui dit-elle. D'une grande beauté et d'une rare intelligence, Agrippine est l'image parfaite de cette société romaine dont la corruption et les crimes préparaient la ruine.

AGTÉLEK, village du comitat de Gomor (Hongrie), remarquable par une vaste caverne remplie de magnifiques stalactites, qui fut explorée, pour la première fois, en 1785, par des savants envoyés par la Société royale de Londres. Elle se compose d'une série de grottes plus merveilleuses les unes que les autres, et qui se termine par une plus vaste, à laquelle on a donné le nom de *Jardin des plantes*, à cause de la forme des stalagmites qui couvrent la terre, et qui, d'une finesse extrême, affectent la forme de petits treillages de jardins : elle a 30 m. de hauteur, sur 30 de large, et environ 400 de profondeur; un petit ruisseau, qui coule au milieu de cette grotte, en augmente le charme poétique.

AGUADO (Alexandre-Marie), l'un des plus habiles banquiers de notre époque, né à Séville, en 1784, d'une famille juive. Après avoir servi dans l'armée française, il se livra à la banque, et fut chargé par Ferdinand VII de la négociation des emprunts espagnols. Cette négociation, pour laquelle il avait les pouvoirs les plus étendus, souleva à l'époque une polémique des plus ardentes dans la presse de tous les pays. Ferdinand VII le récompensa en lui donnant le titre de marquis de Las Marismas del Guadalquivir. Aguado se retira des affaires avec une fortune de près de 60 millions, qu'il employa à protéger les artistes et à faire du bien. Sa mort arriva dans des circonstances assez étranges pour être mentionnées. Dans l'hiver de 1842, il voyageait en Espagne pour surveiller de grandes exploitations de houillères qu'il organisait. Il fut pris sur la route par la neige, sans que ses voitures pussent avancer; il voulut continuer sa route à pied, mais, après s'être égaré deux ou trois fois, il parvint à gagner, rompu de fatigue et transi, une misérable auberge, où, malgré sa fortune immense, il

Agar chassée par Abraham (p. 36, col. 1).

ne put trouver aucun secours, et mourut misérablement.

AGUARICO, rivière de la république de l'Equateur, qui forme l'une des branches du Nupo; elle charrie des sables mêlés de parcelles d'or.

AGUAS CALIENTES, ville florissante du Mexique, qui tire son nom de ses eaux thermales, qui jouissent d'une certaine réputation en Amérique. Sa population est d'environ 18,000 hab.

AGUILA (d'), officier du génie, astronome et historien dont l'origine et la vie sont peu connues. Après avoir fait de nombreux voyages scientifiques, il quitta la France en 1789, et se rendit en Suède avec une mission secrète des princes. Ayant échoué, il tomba dans leur disgrâce et rentra en France. Pris de dégoût, il se retira dans la vie privée, et publia des écrits politiques et scientifiques qui ne sont pas sans mérite. Il mourut en 1815.

AGUILAR DE LA FRONTERA, ville d'Espagne, située dans le royaume de Cordoue; elle compte environ 12,000 hab. Lorsque les Maures occupaient l'Espagne, elle était le boulevard du royaume de Cordoue.

AGYEUS, mot grec qui signifie littéralement *qui se tient devant les portes*. Nom que l'on donnait aux statues d'Apollon qu'on élevait devant les maisons.

AGYRIUM, ville de l'ancienne Sicile, patrie de l'historien Diodore.

AHANTA, l'un des territoires de l'Afrique, sur la côte de Guinée, dont les habitants sont les plus avancés dans la civilisation de cette contrée. La capitale est Boussona.

AHASVÉRUS, nom donné dans la Bible à plusieurs princes syriens et babyloniens, et l'un des surnoms du Juif-Errant.

AHAUS, village de Westphalie, à 40 kil. de Munster, remarquable par le château des princes de Salm-Kirbourg.

AHENOBARBUS, (barbe de couleur d'airain), surnom de la famille des Domitius, dont l'un épousa Agrippine, et fut le père de Néron.

AHMEDABAD, ancienne capitale d'un empire indien du XVIe siècle; elle est aujourd'hui bien déchue de son antique splendeur; elle compte néanmoins près de 100,000 hab., et fait partie de la présidence de Bombay.

AHMEDNAGOR, ville de la présidence de Bombay (Hindoustan anglais). Pop. 20,000 hab. Elle fut prise, en 1803, par le duc de Wellington.

AHMED-REMI-HADJI, ambassadeur de Mustapha III, près Marie-Thérèse, à Vienne, en 1758, et près Frédéric le Grand, en 1763. Il a laissé des relations fort curieuses qui ont été traduites en allemand.

AHMED-SCHAH-EL-ABDALHY, appartenant à une tribu d'Afghans; il était prisonnier du gouverneur de Candahar, lorsque Nadir-Schah s'empara de cette province en faisant la conquête de l'Hindoustan. Ahmed assassina son bienfaiteur; il se fit proclamer souverain de Candahar et de Caboul, et fit une guerre acharnée au Grand-Mogol. Il chassa les Mahrattes de Delhi et conquit le Kachemyr. Il mourut en 1773. A de grands talents militaires, il joignait la plus basse cruauté, et il ne parvint au pouvoir que par un crime.

AHRIMANE. Dans toutes les religions orientales, on remarque toujours le dualisme du bien et du mal érigé en principe fondamental: les Orientaux admettent que le principe du mal est constamment en lutte avec celui du bien, et que les événements qui en résultent pour les hommes sont heureux ou malheureux, selon que l'un ou l'autre principe triomphe ou succombe. Dans la religion des Perses, Zoroastre a indiqué Ahrimane comme principe du mal, tandis qu'Ormudz est celui du bien.

AHUN, anciennement *Acitodunum*, ch.-l. de cant. du départ. de la Creuze, à 343 kil. de Paris; la population est de 900 hab. Au bas de la montagne sur laquelle la ville est bâtie, on voit encore de belles ruines d'une célèbre abbaye de l'ordre de Cluny, qui fut fondée vers 975.

AI ou **AY**, anciennement *Aggeium*, ch.-l. de cant. de l'arrond. de Reims (Marne), sur la rive droite de la Marne, à 140 kil. de Paris. La population de cette ville, renommée par ses vins mousseux, est de 3,200 hab.

AIBAR, ville d'Espagne, dans la province de Navarre, célèbre par la bataille où don Garcia fut vaincu par les Maures en 885, et la victoire que Jean Ier, roi de Castille, remporta sur son fils don Carlos, qui s'était révolté contre lui en 1451.

AICHA, nom de l'épouse favorite de Mahomet et fille d'Abou-Bekr. Ennemie implacable d'Ali, elle le combattit sans relâche, lorsqu'il fut promu à la dignité de kalife.

Agnès Sorel à la cour de Charles VII (p. 38, col. 1).

AIEUX, ANCÊTRES. Ces deux mots, qui s'emploient presque toujours indifféremment l'un pour l'autre, n'ont pourtant pas la même signification. Le mot *ancêtres* s'applique aux peuples, et le mot *aïeux* aux familles. Les Francs et les Gaulois sont nos ancêtres, tandis que chaque famille a ses aïeux.

AIGLE. L'aigle, ce roi majestueux des airs, devait être considéré comme l'emblème de la toute-puissance: c'est ainsi que dans la mythologie antique il fut par excellence l'oiseau de Jupiter, portant la foudre dans ses serres, et depuis il servit de symbole à des armées, à des peuples et à des princes. Dès la plus haute antiquité, on avait reconnu la nécessité d'avoir, à la guerre, des signes de ralliement: d'abord ils furent assez modestes, et c'est avec une botte de foin au bout d'une lance que les Romains préludèrent à la conquête de l'univers. Ce fut vers l'an 650 que Marius abolit toutes les enseignes pour faire de l'aigle le signe de ralliement des légions. L'aigle, adoptée par Charlemagne, disparut pour ne revenir que sous le règne de Napoléon Ier. L'aigle à deux têtes fut l'attribut des empereurs d'Orient, qui voulaient indiquer par là leurs droits sur celui de l'Occident. Elle se trouve maintenant dans les armes de l'Autriche et de la Russie.

AIGLE BLANC (Ordre de l'), ordre Polonais, institué par Vladislas IV, en 1326, et réuni maintenant aux ordres russes.

AIGLE D'OR. Ordre de Wurtemberg, institué en 1702.

AIGLE NOIR, ordre appelé aussi *de la Sincérité*, institué en Prusse par Frédéric Ier, pour récompenser les grands du royaume.

AIGLE ROUGE, ou *ordre de la Fidélité*, institué en Prusse, en 1784; il a été modifié deux fois, en 1777 et en 1791.

AIGNAN (Étienne), écrivain, membre de l'Académie française, né à Beaugency-sur-Loire, en 1773. Ses meilleurs travaux sont les traductions qu'il a faites d'ouvrages en diverses langues. Il est auteur de tragédies plus que médiocres. Il remplit quelques fonctions au palais, pendant l'Empire, et mourut en 1824.

AIGNAN, ch.-l. de cant. de l'arrond. de Mirande (Gers), dont il est distant de 36 kil. Pop. 630 hab.

AIGNAN (Saint-), ch.-l. de cant. de l'arrond. de Blois (Loir-et-Cher), dont il est distant de 38 kil. Pop. 3,500 hab. Le vin de ses environs jouit d'une certaine réputation comme bonne qualité ordinaire, et l'on s'en sert pour adoucir les vins aigrelets et peu alcooliques.

AIGNAN-LE-DUC, ch.-l. de cant. de l'arrond. de Châtillon-sur-Seine, dont il est distant de 30 kil. Pop. 830 hab.

AIGNAN-SUR-ROË (Saint-), ch.-l. de cant. de l'arrond. de Château-Gontier, dont il est distant de 35 kil. Pop. 300 hab.

AIGOMANCIE. Les anciens appelaient ainsi l'art de prédire l'avenir d'après les sauts, les mouvements et les cris d'une chèvre.

AIGRE, ch.-l. de cant. de l'arrond. de Ruffec (Charente), dont il est distant de 16 kil. Pop. 1,500 hab. Grand commerce d'eaux-de-vie dites de Cognac.

AIGREFEUILLE (Fulcrand D'), gastronome célèbre, né en 1745; il était procureur général à Montpellier, et eut souvent Cambacérès à sa table. Lorsque la fortune de celui-ci l'eût poussé aux honneurs et à la fortune, d'Aigrefeuille avait perdu sa position, et il eût été infailliblement guillotiné sans le crédit de son ancien commensal, dont il devint le commensal à son tour. Cambacérès aimait le faste et la bonne chère, et il chargea d'Aigrefeuille d'être son maître de cérémonies pour ces deux choses. Nous ne citerons pas les repas fameux que l'on fit chez le second consul, nous dirons seulement qu'on y mangeait d'une façon savante en analysant en quelque sorte les qualités du plat. Que de doctes discussions s'élevèrent dans ce triclinium, et les entendre en mangeant du pain sec eût été presque une jouissance. Sans être courtisan, d'Aigrefeuille semblait avoir oublié qu'il occupait autrefois une position plus élevée que son patron, et c'est sans doute ce qui lui valut son crédit près de lui. Il l'appelait si sérieusement altesse sérénissime, que Cambacérès lui dit un jour, dans un mouvement adorable de singulière modestie : « Pas tant de cérémonies, d'Aigrefeuille, appelez-moi tout bonnement monseigneur. » A la table de l'archichancelier de France se trouvait un autre commensal qui formait le plus parfait contraste avec le marquis d'Aigrefeuille: c'était le marquis de Vieilleville, aussi long que l'autre était court, aussi maigre que l'autre était gros et gras. Ces deux personnages formaient d'admirables caricatures, et combien de fois n'a-t-on pas cru à une émeute en voyant, dans le jardin du Palais-Royal, la foule s'attrouper sur un point: c'étaient les deux amis qui, coiffés à l'oiseau royal, l'habit à la française, l'épée au côté, le claque sous le bras, faisaient sensation par l'antithèse vivante qu'ils présentaient. La Restauration, qui refit la fortune de bien des nobles, causa le malheur de d'Aigrefeuille. Cambacérès fut obligé de faire éteindre les fourneaux de ses cuisines, et adieu, pour le marquis, aux fins morceaux, aux plats friands que Grimod de la Reynière décrivait si savamment dans l'*Almanach des Gourmands*, dont il lui dédia la première année. Le ministre de la police générale lui offrit une pension de 2,000 fr. par an. C'était là le cas ou jamais de dire que c'était trop pour mourir, pas assez pour vivre. Il mourut en 1818, aussi maigre que son ami Vieilleville, qu'il avait plaisanté tant de fois à ce sujet.

AIGREFEUILLE, ch.-l. de cant. de l'arr. de Rochefort (Charente-Inférieure), dont il est distant de 15 kil. Pop. 1,000 hab.

AIGREFEUILLE, ch.-l. de canton de l'arr. de Nantes (Loire-Inférieure), dont il est distant de 20 kil. Pop. 1,500 hab.

AIGREFOIN, nom donné anciennement à un pays en plaine de l'Ile-de-France, dont la capitale portait le même nom. Il forme maintenant le canton de Chevreuse.

AIGREMONT, village des environs de Chaumont (Haute-Marne), qui possède un château fort, et qui fut le théâtre de nombreuses luttes sanglantes.

AIGUEBELLE, anciennement *Carbonaria* et *Aqua-Bella*, ch.-l. de cant. de l'arr. de Saint-Jean de Maurienne (Savoie), dont il est distant de 25 kil. Pop. 1,300 hab. Cette ville avait été érigée en principauté par Charles-Emmanuel.

AIGUEPERSE, anciennement *Aquæ Sparsæ*, ch.-l. de cant. de l'arr. de Riom (Puy-de-Dôme), dont il est distant de 15 kil. Pop. 2,700 hab. Patrie de Delille. Non loin de cette ville se trouve le château de la Roche, qui vit naître le chancelier de L'Hôpital.

AIGUES-MORTES, ch.-l. de cant. de l'arrond. d'Uzès (Gard), dont il est distant de 20 kil. Pop. 2,600 hab. Cette ville, bâtie en forme de parallélogramme, a conservé sa physionomie du moyen âge, quoique bien déchue cependant; elle est entourée d'une muraille crénelée et défendue par de grosses tours. C'est là que saint Louis s'embarqua pour la Terre-Sainte. C'est là aussi qu'eut lieu, en 1538, l'entrevue de François Ier avec Charles-Quint.

AIGUES-MORTES, bourg situé aux environs de Labrède (Gironde), et dont l'origine remonte aux temps celtiques. Son nom était alors *Koma*, qui signifie *bas, marécageux*; il était traversé par une voie romaine, réparée par ordre de Brunehaut, et dont il reste quelques traces dans la forêt de Tartus.

AIGUES-VIVES, bourg situé à 20 kil. de Nîmes (Gard). Pop. 1,600 hab.

AIGUILLE, montagne des Alpes située dans le département de l'Isère, et dont le sommet a été reconnu en 1492; il s'élève à 2,000 mètres au-dessus de la mer.

AIGUILLES (Cap des), point le plus méridional du continent africain, situé à 130 kil. du cap de Bonne-Espérance.

AIGUILLES. Nom générique que l'on donne aux sommets des montagnes taillées en pointes aiguës.

AIGUILLES, ch.-l. de cant. de l'arrond. de Briançon (Hautes-Alpes); pop. 717 hab.

AIGUILLON, ch.-l. de cant. de l'arrond. d'Agen (Lot-et-Garonne), dont il est distant de 30 kil. Pop. 2,400 hab. Cette ville possédait autrefois un château dont il ne reste que quelques ruines; elle résista victorieusement contre Jean II de Normandie et fut, en 1600, érigée en duché-pairie, au bénéfice de la maison de Lorraine-Mayenne.

AIGUILLON, famille ducale de France, dont le duché fut acheté par Richelieu, en 1638, pour sa nièce, la veuve d'Antoine du Roure de Combalet, femme du plus haut mérite et honorée de la confiance de son oncle. A sa mort, survenue en 1675, le duché passa aux mains de son neveu, le marquis de Richelieu, dont le petit-fils fut déclaré duc d'Aiguillon en 1731.

AIGUILLON (Armand Vignerot-Duplessis-Richelieu, duc D'), né en 1720. Louis XV le fit partir pour l'armée d'Italie, parce qu'il était devenu le favori de la duchesse de Châteauroux. Après avoir été gouverneur de l'Alsace, il fut envoyé en Bretagne, où il ne fit pas preuve d'un bien grand courage, car pendant que ses troupes se battaient contre les Anglais, en 1758, il s'était prudemment mis à l'abri dans un moulin. Après ses persécutions contre la Chalotais, procureur général du parlement de Bretagne, il faillit se perdre; mais, grâce à la protection de madame Dubarry, il se tira de ce mauvais pas, et il succéda comme ministre au duc de Choiseul. En ce moment, la Pologne se débattait héroïquement contre ses ennemis, peut-être qu'alors si d'Aiguillon eût montré un peu plus d'énergie dans sa politique : le partage de cette courageuse nation n'eût pas eu lieu et eût épargné bien du sang et des regrets à l'avenir. Il dut quitter le ministère à l'avénement de Louis XVI, et fut exilé sur les instances de la reine, qui le détestait. Il mourut oublié de tous en 1787.

AIGUILLON (Armand Vignerot-Duplessis, duc D'), fils du précédent. Envoyé par la noblesse d'Agen aux Etats généraux de 1789, il se montra partisan des idées nouvelles, et fut le second à renoncer à ses priviléges. Il commandait l'armée, en remplacement de Custine, lorsqu'il écrivit une lettre à Barnave, dans laquelle il parlait d'une façon assez cavalière de l'Assemblée, qu'il accusait d'abus de pouvoir; cette lettre ayant été interceptée, il dut émigrer en 1792. Il mourut en 1800, à Hambourg.

AIGURANDE, anciennement *Igorandis Biturigum*, ch.-l. de cant. de l'arrond. de la Châtre (Indre), dont il est distant de 20 kil. Pop. 1,500 hab. Grand commerce de bétail.

AIKIN (John), médecin et littérateur anglais, né en 1747. Il était médecin à Yarmouth lorsque éclata la révolution française, dont il embrassa les principes avec ardeur, et critiqua avec une telle amertume certains actes du gouvernement anglais, qu'il dut quitter sa petite ville et se réfugier à Londres. Il dirigea pendant dix ans un journal hebdomadaire, et publia des ouvrages politiques fort remarquables sur le règne de George III; mort en 1790.

AILHAUD (Jean-Gaspard), célèbre charlatan du siècle dernier, qui gagna tant d'argent à vendre une certaine poudre magique, qui n'était que de la scammonée mélangée avec d'autres substances sans valeur, qu'il put acheter la baronnie de Pellet.

AILLANT-SUR-THOLON, ch.-l. de cant. de l'arr. de Joigny (Yonne), dont il est distant de 13 kil. Pop. : 903 hab.

AILLAS (pays d'), pays de l'ancien Bazadais, situé dans le canton d'Auros (Gironde), et dont la capitale était Aillas-le-Vieux.

AILLY (Pierre D'), dit l'*Aigle des docteurs de la France* et *le Marteau des hérétiques*, cardinal, né à Compiègne en 1350. Lorsque d'Ailly parut sur la scène, l'Eglise était en proie au schisme, deux prétendants se disputaient la tiare pontificale, pendant que Jean Huss commençait ce grand mouvement de réforme qui fermentait dans les esprits, et que Luther devait compléter plus tard ; enfin, l'esprit philosophique se mêlait aux principes de la foi et ses subtilités engendraient les querelles des nominaux et des réalistes ; d'Ailly se lança à corps perdu dans l'arène, et prit part à ces luttes avec une audacieuse impétuosité, qui le conduisit aux honneurs ecclésiastiques.

mais qui faillit causer sa perte. Heureusement qu'en sa qualité de chancelier de France, il obtint du roi un sauf-conduit, et c'est ainsi qu'il échappa à la vengeance de ses ennemis. Il assista, en 1409, au concile de Pise, où il fit prononcer la destitution des trois prétendants au trône pontifical, et mit ainsi un terme au schisme. Il figura au concile de Constance en qualité de légat de Jean XXIII. Là il s'éleva avec de grandes hauteurs de vues contre l'état de l'Église, et termina son discours en déclarant « qu'il était temps de la réformer, si l'on ne voulait que les hérétiques se chargeassent de ce soin. » Néanmoins il se joignit à ceux qui persécutaient les novateurs, et poursuivit avec ardeur Jean de Huss, au supplice duquel il prit une grande part. Il mourut à Avignon vers l'an 1420.

AILLY-LE-HAUT-CLOCHER, ch.-l. de cant. de l'arr. d'Abbeville (Somme), dont il est distant de 15 kil. Pop. 1,200 hab.

AILLY-SUR-NOYE, ch.-l. de cant. de l'arr. de Montdidier (Somme), dont il est distant de 22 kil. Pop. 1,100 hab.

AILSFORD, village d'Angleterre, dans le Kent, à 40 kil. de Londres, célèbre par la victoire remportée par Henghist, sur les Bretons, en 455.

AIMACOURIE, nom d'une fête du Péloponèse, dans laquelle on fouettait jusqu'au sang de jeunes enfants sur le tombeau de Pélop. C'était une coutume des anciens de fouetter ainsi les enfants lorsqu'on célébrait un acte solennel, qu'on signait un traité, afin qu'ils s'en souvinssent plus longtemps, en raison des souffrances qu'ils avaient éprouvées à cette occasion.

AIME, ch.-l. de cant. de l'arr. de Moutiers (Savoie), dont il est distant de 12 kil. Pop. 1,100 hab. On trouve près de cette ville de magnifiques ruines romaines.

AIN, département de la France, formé des anciennes provinces de Bresse, du Bugey, du Valzomen, du territoire de Gex et de la principauté de Dombes; borné au N. par le départ. du Jura, à l'E. par le départ. de la Haute-Savoie et la Suisse, au S. par le Rhône, qui le sépare du départ. de l'Isère, et à l'O. par la Saône, qui le sépare des départ. de Saône-et-Loire et du Rhône. Il est divisé en cinq arrondissements, dont les ch.-l. sont : Bourg, Belley, Gex, Nantua et Trévoux. Superficie : 592,674 hect. Pop. 371,000 hab. Il est arrosé par l'Ain, qui lui donne son nom, la Bienne, la Reyssouse, et possède de nombreux étangs que l'on convertit en prairie lorsque la pêche est faite. Ce pays est assez pauvre en grains, c'est ce qui explique cette émigration annuelle de 8 à 9,000 paysans, presque tous montagnards, qui vont chercher leur vie dans les contrées voisines.

AIN, petite rivière navigable de France, qui prend sa source dans les montagnes du Jura, non loin de Vozeroi, traverse le départ. de l'Ain, et va se jeter dans le Rhône à 28 kil. au-dessus de Lyon, après un cours de 170 kil.

AINESSE (droit d'). Ce droit, malgré l'exemple d'Esaü vendant son droit d'aînesse à son frère Jacob pour un plat de lentilles, était complétement inconnu chez les anciens, et il n'est pas possible d'en retrouver la moindre trace dans la législation d'aucun peuple, pas plus dans celle des Grecs que dans celle des Romains. En effet, le droit d'aînesse est une institution purement féodale, qui n'a commencé à être réellement en vigueur que sous le règne des derniers Carlovingiens ou sous celui des premiers Capétiens. A cette époque, où la France était morcelée en une foule de fiefs, dont chacun était à peu près indépendant et en quelque sorte souverain, la succession devait se faire comme pour le trône royal : c'était moins l'héritage des biens que celui de la puissance qui passait aux mains de l'aîné de la famille, et la meilleure preuve de ce que nous avançons là, c'est que, lorsque cet aîné était mort civilement, soit par exhérédation, soit par suite de son entrée en religion, le droit d'aînesse passait au frère puîné. Mais lorsque Louis XI et Richelieu eurent abattu la féodalité et réduit les grands vassaux suzerains à l'état de premiers sujets du roi, le droit d'aînesse perdit sa nature politique et devint purement civil : il demeura ainsi jusqu'à la Révolution, qui, en supprimant ce privilége absurde, rétablit l'égalité qui était déjà depuis longtemps dans nos mœurs. Lorsque Napoléon Ier constitua sa noblesse, il fonda quelques majorats pour la consolider. Sous la Restauration, on voulut rétablir, mais sans succès, le droit d'aînesse, en laissant pourtant aux pères la faculté d'établir, par testament, l'égalité du partage. Le droit d'aînesse est resté dans toute son intégrité en Angleterre, et c'est ainsi que l'aristocratie de ce pays se trouve en possession de propriétés immenses et de fortunes incalculables. On suppose que le territoire de la Grande-Bretagne appartient à deux cents familles environ.

AIN-MADHY, ville du désert algérien, à 300 kil. de Mascara. Bâtie sur un rocher au milieu d'une plaine aride et entourée de jardins très-boisés, cette ville forme une sorte d'oasis au milieu du désert. Lorsque Abd-el-Kader eut signé, avec la France, le traité de la Tafna, il voulut s'emparer de cette ville pour compléter sa prise de possession de cette partie du Sahara; mais, après un siége de quatre mois, il dut y renoncer, et, à la suite, recommença la guerre avec la France.

AINSA, ville d'Espagne, dans la province d'Huesca. Elle fut autrefois une forte ville, qui servait de résidence aux rois de Sobrarbe; mais elle est bien déchue de son ancienne splendeur, et compte à peine aujourd'hui 500 hab.

AINSWORTH (Henri), théologien anglais non conformiste du XVIIe siècle. Il se réfugia en Hollande pour se mettre à l'abri des persécutions dont il fut l'objet sous le règne de la reine Elisabeth. Il a laissé quelques travaux sur la Bible.

AINSWORTH (Robert), grammairien anglais du XVIIIe siècle, auquel on doit un excellent dictionnaire latin-anglais, publié à Londres, en 1736 et en 1830.

AINTAB ou ANTAB, ville de la Turquie d'Asie, à 90 kil. d'Alep. Pop. 20,000 hab. Célèbre par la victoire remportée par Ibrahim-Pacha, le 24 juin 1839, sur les Turcs commandés par Hafis-Pacha.

AIR, royaume d'Afrique, situé dans une oasis du Sahara. Ce royaume, peu connu avant le voyageur Barth, est gouverné par un sultan nommé par voie d'élection, et choisi dans la famille des Ischolang, originaire de Constantinople. La capitale est Aghadez, fondée en 1460 par les Berbères, pour servir de point de ralliement aux caravanes venant du Soudan, du Maroc, du Fezzan et de Tripoli; elle est le principal marché de cette partie de l'Afrique et compte environ 50,000 hab.

AIRAIN. Ce métal, produit du mélange de plusieurs autres, et que nous nommons bronze, était considérablement employé par les anciens, et sa fabrication était la partie la plus importante de leurs travaux métallurgiques, car ils l'employaient à toutes sortes d'usages. Les Romains s'en servirent en grandes masses comme moyen d'échange jusqu'à Servius Tullius, qui fut le premier qui en fit des morceaux d'un poids et d'une dimension uniformes frappés d'un coin. Il y avait diverses qualités d'airain, parmi lesquelles nous citerons l'airain de Corinthe, que les amateurs estimaient plus que l'or, et croyaient reconnaître au flair. On prétendait qu'il avait été produit par l'incendie de Corinthe; lors de la prise de cette ville, par Mummius, un nombre considérable de statues et des matières d'or et d'argent, mises en fusion par le feu, se mélangèrent et formèrent ce métal précieux. Il y avait aussi un airain d'un brun foncé, couleur de foie, qui venait immédiatement, comme valeur, après celui de Corinthe.

AIRDRIE, ville d'Écosse, à 15 kil. de Glasgow, remarquable par ses usines. Pop. 6,594 hab.

AIRE, rivière de France, qui prend sa source dans le département de la Meuse, près de Ligny, et se jette dans l'Aisne au-dessus de Vouziers, après un cours de 80 kil.

AIRE (anciennement *Æria, Aria, Atrebatum*), ch.-l. de cant. de l'arrond. de Saint-Omer (Pas-de-Calais), dont il est distant de 16 kil. Pop. 4,900 hab. Cette ville appartenait autrefois à la maison de Bourgogne, et se forma autour d'un château fort, construit vers 630. Prise par les Français, en 1641, et reprise la même année par les Espagnols, elle fit tour à tour partie des Pays-Bas et de la France, à laquelle elle fut cédée définitivement, en 1713, par la paix d'Utrecht.

AIREBAUDOUSE, famille noble du Languedoc, de la religion protestante, qui, dans le XVIe siècle, acheta de l'évêque du Puy et de Canillac la seigneurie d'Anduse. Les moins obscurs de ses représentants furent : Guy d'Airebaudouse, seigneur d'Anduse, président à la chambre des comptes de Montpellier, qui se trouva du nombre des protestants condamnés à mort, en 1569, par arrêt du parlement de Toulouse, pour avoir, lors de la deuxième guerre de religion, détruit le fort Saint-Pierre; et Jean-Guy d'Airebaudouse, seigneur de Clairan, conseiller au présidial et premier consul de Nîmes, de 1566 à 1575.

AIRE-SUR-L'ADOUR (anciennement *Vicus Julii, Aturæ*), ch.-l. de cant. de l'arrondissement de Saint-Sever, sur l'Adour (Landes), dont il est distant de 21 kil. Pop. 2,000 hab. Cette ville, dont l'évêché fut fondé au Ve siècle, fut prise le siècle suivant par les Visigoths, conduits par Alaric II.

AIROLA, ville du royaume de Naples (Terre de Labour). Pop. 4,600 hab. Cette ville est située à 16 kil. de Nola.

AIROLA, village de Suisse (Tessin), situé sur la route du Saint-Gothard, à 6 kil. de l'hospice et à 54 kil. de Bellinzona, sur la rive gauche du Tessin. Pop. 1,600 hab. Le 13 septembre 1799, les Français, se battant contre les Russes, y furent vaincus.

AIRVAULT, anciennement *Aurea-Vallis*, ch.-l. de cant. (Deux-Sèvres), arrond. distant de 20 kil. de Parthenay, et de 344 kil. de Paris. Pop. 1,750 hab.

AISNE (départ. de l'), situé entre les départ. du Nord, de la Somme, de l'Oise, de Seine-et-Marne, de la Marne et des Ardennes, ch.-l. Laon. Sous-préfectures : Château-Thierry, Saint-Quentin, Soissons et Vervins. Superficie 728,530 hectares. Pop. 555,550 hab. Ce départ. est arrosé par l'Aisne, l'Oise, la Marne, l'Ourcq, la Somme, la Vesle, le canal de Saint-Quentin et celui de Crozat. C'est aussi dans l'Aisne que l'Escaut prend sa source. Ce département est couvert de grandes forêts. Quoique l'Aisne soit pierreux et couvert de montagnes, son sol est productif; on y récolte beaucoup de betteraves à sucre, de houblon, de lin. L'industrie y est très-active sur toutes les branches de commerce. Ce département ressort de la cour impériale d'Amiens.

AISNE, *Axona*, rivière qui prend sa source dans l'Argonne (Meuse), est navigable; se jette dans l'Oise, à Compiègne, après un parcours de 180 kil.

AISSÉ (mademoiselle), jeune Circassienne d'une figure sympathique, et qui dut en partie ses malheurs et ses succès aux mœurs dépravées de la régence. Cinq ans environ après sa naissance, en 1698, un marchand d'esclaves la vendit, comme fille de prince, 1,500 livres, à l'ambassadeur français à Constantinople, le comte Ferréol, qui l'emmena avec lui lorsqu'il retourna en France. Dans cette société, aussi charmante que corrompue, elle attira tous les regards par sa beauté et enflamma le régent, dont, malgré les persécutions intéressées de madame Ferréol, elle repoussa courageusement les hommages peu respectueux. Elle vit le chevalier d'Aydie, qui avait prononcé ses vœux à Malte, et ne tarda pas à éprouver pour lui la plus ardente passion. Le jeune homme partagea cet amour, et voulut se faire relever de ses vœux pour épouser celle qu'il aimait. Mais celle-ci s'y refusa, bien que, entre eux, il y eût un trait d'union, une fille qui fut élevée en Angleterre, par les soins de lady Bolingbroke. Aïssé, saisie par le remords d'avoir cédé à son amant, appela la religion à son secours; espérant arriver à terrasser son amour; mais elle mourut, en 1733, victime de cette lutte. On a d'elle des lettres curieuses, contenant des détails intéressants sur mesdames Tencin, de Villars, etc.; elles se ressentent des mœurs de l'époque; mais, quoique sans élégance, elles ne manquent ni de charme, ni de naturel, ni même d'une certaine éloquence. Voltaire les annota en 1767, et, en 1846, M. Sainte-Beuve y joignit une notice.

AISVARIKHA, sectes bouddhiques qui se rapprochent des cosmogonies primitives en n'admettant qu'un seul être divin, créateur de toutes choses.

AITON ou HÉTOUM, historien, seigneur de Courcy en Cilicie, parent du roi d'Arménie, Hétoum II, et, de plus, moine en Chypre; en 1305, visita Rome et dédia à Clément V son histoire orientale, intitulée: *Histoire merveilleuse du grand Khan*, écrite en français et traduite en latin par Salconi. C'est le récit des guerres des Assyriens, des victoires des Tartares et de quelques exploits des rois Arméniens de Cilicie. On le dit, en outre, auteur d'une chronologie qui embrasse depuis 1076 jusqu'à 1296.

AIUS LOCUTIUS ou LOQUENS (Aïus parlant). A l'approche des Gaulois, une voix prévint les Romains; de cette voix on fit une divinité sous le nom d'Aïus, et on lui éleva un temple.

AIX, vieux mot français qui signifie *eaux*.

AIX, anciennement *Aquæ Sextiæ*, ch.-l. d'arrond. du départ. des Bouches-du-Rhône, à 20 kil. de Marseille. Pop. 27,000 hab. Elle tire son nom du consul C. Sextius Calvinus, qui la fonda l'an 124 av. J.-C. près d'une source d'eaux thermales. Archevêché, cour d'appel, tribunal de première instance et tribunal de commerce, facultés de droit, des lettres et de théologie; collége communal, école normale primaire, école impériale d'arts et métiers, chambre consultative des arts et métiers, cabinet d'histoire naturelle, musée de tableaux et d'antiquités, bibliothèque publique contenant près de 120,000 volumes et 1,200 manuscrits. Cette ville, magnifiquement bâtie, se fait remarquer par une place publique d'une grande étendue et de belles promenades; quant à ses bains chauds, qui jouissaient d'une certaine renommée le siècle dernier, ils ont perdu toute leur vogue. Son industrie consiste principalement dans l'éducation des vers à soie. Ses huiles jouissent d'une réputation européenne et forment sa principale richesse. Aix fut un objet de sollicitude pour les Romains: embellie par Marius et César, elle devint la capitale de la Gaule narbonnaise deuxième. Dévastée par les Visigoths et les Bourguignons, elle fut entièrement ruinée par les Sarrasins, et commença à se relever vers 796. Au XIIe siècle, Aix était le centre et le foyer du mouvement littéraire provençal; on y conserve encore le souvenir du roi René, populaire même dans le restant de la France, et auquel on éleva une statue en 1819. Aix fut pillée par les Marseillais, sous le règne de François Ier, et Charles-Quint, après s'en être emparé, en 1535, s'y fit couronner roi d'Arles.

AIX, île et ville fortifiée de France, située sur la côte de l'Atlantique (Charente-Inférieure), à l'embouchure de la Charente. Pop. 500 hab.

AIX, village de la Drôme, arrondissement de Die, dont il est distant de 5 kil. Pop. 250 hab.

AIX D'ANGILLON (les), ch.-l. de cant. de l'arrond. de Bourges (Cher), dont il est distant de 18 kil. Pop. 1,300 hab. Cette ville possédait autrefois des fortifications qui furent démantelées.

AIX-EN-OTHE, ch.-l. de cant. de l'arrond. de Troyes (Aube), dont il est distant de 18 kil. Pop. 1,200 hab. Il est placé près de la forêt d'Othe.

AIX-LA-CHAPELLE, anciennement *Aquis Granum*, ville d'Allemagne dans la province prussienne du Rhin. La cathédrale, d'un style gothique, est le monument le plus digne d'intérêt de cette ville; elle fut construite sous Charlemagne, dont elle possède le tombeau; ses richesses sont immenses, et renferment de nombreuses reliques, qui attirent, tous les sept ans, en juillet, de nombreux pèlerins pour les visiter. Aix est remarquable par son hôtel de ville, ancien palais impérial. Son commerce est très-étendu en draps, quincaillerie, produits chimiques, etc. On croit que les Romains bâtirent cette ville. Plus tard, elle fut détruite par les Barbares, et Charlemagne la rétablit et en fit sa résidence. C'est depuis 813 à 1531 que les empereurs d'Allemagne s'y firent couronner. Cette ville est remarquable par ses eaux thermales, qui sont au nombre de six et qui attirent chaque année plus de sept mille baigneurs. Aix-la-Chapelle perdit de sa prospérité par suite de la translation du couronnement à Francfort, les guerres religieuses et un incendie qui eut lieu en 1656. Un siècle et demi plus tard, elle fut assiégée par les Français (1793-1794). Les traités de Campo-Formio et de Lunéville la réunirent à la France. Le 2 mai 1668, Aix-la-Chapelle vit signer le traité entre l'Angleterre, la Suède et la Hollande, pour mettre fin à la guerre de dévolution. Louis XIV abandonnait la Franche-Comté, mais on lui avait assuré la Flandre. Le 18 octobre 1748, on y conclut le traité qui termina la guerre de la succession d'Autriche. Le traité d'Aix-la-Chapelle (30 septembre—21 novembre 1818), présidé par les empereurs d'Autriche et de Russie, et le roi de Prusse eut pour but de rédiger un protocole, base de la politique ultérieure, et de régler le payement des dernières contributions imposées à la France. La population d'Aix-la-Chapelle est de 55,000 hab., dont 12,000 protestants et 300 juifs.

AIX-LES-BAINS, anciennement *Aquæ Allobrogum*, ch.-l. de cant. (Savoie), arr. de Chambéry, dont il est distant de 12 kil., et de 540 de Paris. Ses eaux thermales, dont l'origine remonte au temps des Romains, sont aujourd'hui très-fréquentées; son établissement de bains est très-beau. On y remarque les ruines d'un arc de triomphe dédié à Campanus, et d'un temple consacré à Diane. Pop. 2,500 hab.

AIXE, ch.-l. de cant., arrond. de Limoges (Haute-Vienne), dont il est distant de 11 kil. On fait dans Aixe un grand commerce de tuiles. Cette ville très-ancienne fut célèbre par son château fort dans les guerres du XIVe siècle contre les Anglais; il n'y a plus maintenant que des ruines.

AJACCIO, anciennement *Urcinium*, ch.-l. du départ. de la Corse, à 875 kil. de Paris. La population de cette ancienne ville maritime est d'environ 9,500 hab. Evêché, tribunal de première instance et tribunal de commerce, collége communal, école normale primaire, séminaire, société d'agriculture, école de navigation, jardin botanique, cathédrale, bibliothèque publique composée de 15,000 volumes. Elle a été bâtie, en 1495, sur l'emplacement de la ville d'*Ajasso*, fondée par les Lesbiens. Son port spacieux et commode est bordé par un magnifique quai et défendu par une citadelle placée dans une position inexpugnable. Ajaccio a la gloire d'avoir vu naître Napoléon.

AJAN (côte d'), anciennement *Azania*, région aride de la partie orientale de l'Afrique, occupée par les Somaulis. L'intérieur en est peu connu.

AJAX, fils d'Oïlée, roi locrien. D'après Homère, il arma 40 vaisseaux; et, aidé d'Ajax, fils de Télamon, il combattit contre Troie, et sauva les restes de Patrocle et les coursiers d'Achille. Célèbre surtout par son impiété, au sac de Troie il poursuivit Cassandre et se livra sur elle aux actes de la plus révoltante brutalité, dans le temple même de Minerve; mais cette déesse, pour le punir de cet infâme sacrilége, donna à son rival, Ulysse, le prix de la course aux jeux des funérailles de Patrocle, et déchaîna une affreuse tempête contre ses vaisseaux, lorsqu'il s'éloigna de Troie pour rentrer dans sa patrie. Ajax parvint à se sauver sur un rocher; et, là, il insulta encore à la puissance des dieux; mais bientôt Neptune frappa le roc de son trident, et le blasphémateur disparut englouti par les flots. Les Grecs le vénérèrent néanmoins après sa mort, et crurent longtemps qu'aux combats l'ombre du héros, de sa place restée vide, portait encore la mort parmi les ennemis.

AJAX, fils de Télamon, roi de Salamine; pour la valeur, il venait immédiatement après Achille dans tout le camp grec. Il assiégea Troie avec douze vaisseaux, se mesura souvent avec Hector, et eut avec lui, une fois entre autres, une lutte qui dura un jour entier sans victoire ni défaite. Après la mort d'Achille, il voulut obtenir les armes de ce héros; mais Ulysse, avec sa finesse habituelle, le supplanta. Ajax se retira en proie à une violente colère; soudain aveuglé par la folie, il prit les troupeaux pour des Grecs et les extermina; quand il revint à lui, pris de honte en voyant qu'il avait été la risée générale, il se perça de son épée. Ce sujet a été mis au théâtre par Sophocle, dans une tragédie intitulée *Ajax furieux*.

AJOUR, expression qui sert à indiquer un genre de monture qu'on adapte aux pierres fines, qui consiste à les entourer d'un cercle qui, en laissant les faces libres, établit la transparence.

AJOURNEMENT, terme de procédure qui signifie l'assignation ou avertissement qu'on fait donner, par le ministère d'un officier public, à une personne pour qu'elle se présente devant un tribunal, à jour et à heure fixes.

AJUSTER, terme de l'art militaire qui indique l'acte d'établir la position du fusil, d'après des règles déterminées, en raison du but que la balle doit atteindre et de la distance qu'elle doit parcourir. Avant les perfectionnements apportés dans les armes à feu, et lorsque celles-ci ne portaient qu'à des distances relativement assez petites, on ajustait en faisant passer le rayon visuel du point de mire, situé à la culasse du canon, au point de repère; mais depuis que l'on était parvenu à donner aux fusils une longue portée, ce mode était vicieux, car la balle, dans la courbe qu'elle traçait, rencontrait la terre avant d'avoir atteint le but; cela provenait de ce que le canon était trop baissé. Pour remédier à cet inconvénient, on ajouta à la culasse des armes à longue portée une hausse de pointage garnie de trois trous dans le sens de sa hauteur, et l'on ajuste, selon la distance, en faisant passer le rayon visuel par l'un de ces trous. Si la distance est longue, on prend les trous supérieurs, et *vice versâ*. Cette théorie du tir n'est pas comprise par la plupart des soldats qui, n'ayant généralement aucune notion de mathématiques, ne se rendent pas compte de son effet et sont toujours tentés d'ajuster selon l'ancienne méthode; aussi, pour obvier à cet inconvénient, on a fondé à Vincennes une école de tir, où chaque régiment envoie tour à tour des officiers et des sous-officiers qui, en retournant à leurs corps respectifs, une fois leur instruction terminée, y portent et y propagent la connaissance des vrais principes du tir. On a longtemps discuté pour savoir s'il était préférable, lorsque l'infanterie se bat en ligne, qu'elle ajuste ou non son feu. On a objecté la perte de temps résultant de l'ajustage, qui deviendrait inutile dans un combat en règle, contre de grandes masses de troupes, où tous les coups doivent nécessairement porter. Nous croyons qu'il est préférable d'ajuster, et que, lorsque le soldat en a pris l'habitude, il n'en résulte plus de perte de temps pour lui. La question se pose ainsi: Est-il préférable qu'un homme tire en une heure dix coups de fusil qui ne porteront peut-être pas, ou qu'il n'en tire que cinq qui porteront?

AK, signifie *blanc* dans la langue tartare. Ak-tan, nom donné à une montagne qui signifie montagne blanche.

AKABAH (golfe d'), anciennement *Sinus Aclamticus* situé sur la côte N.-O. d'Arabie, entre la presqu'île du Sinaï et la Péninsule, est formé par une branche de la Mer rouge. Les Turcs possèdent aujourd'hui, sur le sommet de ce golfe, un château fort qui porte le même nom, et où les caravanes qui vont du Caire à la Mecque viennent se reposer. On croit que c'est l'ancien Ælana d'où les navires de Salomon partaient pour Ophir.

AKAKIA, famille de médecins français qui cachèrent, sous un mot grec signifiant *sans malice*, leur nom de famille français. C'était, du reste, assez l'usage parmi les savants de traduire leurs noms, soit en grec, soit en latin. Voltaire, dans sa *Diatribe du docteur Akakia*, a baptisé de ce nom presque ridicule Maupertuis, qui venait de publier un livre dont beaucoup de passages étaient cités dans le public sous forme de plaisanterie.

Akakia (Martin), né à Châlons, en Champagne, et mort en 1552. Médecin de François Ier, il professa au collége de chirurgie. L'Université le choisit pour la représenter au collége de France et au concile de Trente (1545); Clément Marot lui dédia quelques pièces de vers. Après avoir publié différents ouvrages de Galien sur les propriétés médicinales des plantes, Martin laissa aussi quelques travaux. C'est lui qui habilla en grec son nom de famille : Sans-Malice.

Akakia (Martin), fils du précédent, professeur au collége de chirurgie et médecin du roi Henri III, fut rayé de la Faculté, les uns disent interdit pour avoir eu recours, contre son serment, à la science de médecins étrangers; il en mourut de chagrin en 1588.

Akakia (Jean), fils du précédent, médecin de Louis XIII, et doyen de la Faculté de médecine, mourut en 1630.

Akakia (Martin), fils de ce dernier, eut des démêlés fameux avec la Faculté, et fut professeur au collége de chirurgie en 1644.

AKBAR (Mohammed), descendant de Tamerlan, fut un des plus grands souverains de l'Hindoustan. Né en 1542, il monta sur le trône en 1556, et commença son règne par apaiser la sédition dans plusieurs de ses provinces révoltées. Il s'empara d'une partie du Décan, réorganisa son empire, protégea les arts et les sciences. A l'aide d'un cadastre général, de recherches sur la population, des produits de chaque province, il répartit justement les impôts. Il ne se contenta pas seulement de la gloire du législateur et de celle du capitaine, il fonda une religion à son tour. C'est à lui que commence la *grande ère* ou *ère d'Akbar*. Il mourut empoisonné le 16 octobre 1605, après avoir fait commencer une description de l'Inde et l'histoire de son règne par Aboul-Fazel.

AK-CHEHER (ville blanche), est une cité considérable de la Turquie d'Asie (Karaman). C'est là où mourut, captif de Timour, le sultan Bajazet. Pop. 4,500 hab.

A KEMPIS (Thomas), ainsi nommé de Kempen, son pays natal, chanoine de l'ordre de Saint-Augustin, fut considéré comme l'auteur de plusieurs ouvrages latins, et entre autres de l'*Imitation de Jésus-Christ*. Lorsqu'on imprima ce dernier livre au Louvre, une controverse assez piquante s'engagea entre les chanoines de Sainte-Geneviève et les Bénédictins, les premiers l'attribuant à Thomas A Kempis, tandis que les autres penchaient pour un abbé de Verceil, Jean Gerson. Un arrêt du parlement décida la question en faveur de A Kempis, sans cependant arrêter la querelle, qui s'éteignit par la lassitude des deux partis. Enfin, une nouvelle discussion prouva que cet ouvrage était l'œuvre de Gerson, le chancelier de France. L'erreur vient, sans doute, de ce que A Kempis, excellent calligraphe, recopia cet ouvrage: la signature du copiste fut prise pour celle de l'auteur.

AKENSIDE (Marc), fils d'un boucher, né à Newcastle, sur la Tyne, en 1721, étudia la médecine et publia plusieurs ouvrages sur cette science; mais il est plus connu, comme poëte, par son livre écrit en vers blancs: *les Plaisirs de l'Imagination*, traduit par d'Holbach. Dans cet ouvrage, il se montre métaphysicien un peu obscur et quelque peu puritain.

AKERBLAD (Jean-David), né en Suède, mort à Rome en 1819, s'occupa surtout des inscriptions lapidaires, dans les nombreux voyages qu'il fit en Palestine, en Troade, à Gottingue, à Paris. Attaché d'ambassade, puis chargé d'affaires, il se retira à Rome, où il vécut dans la plus grande retraite. Ses ouvrages et ses principes furent commentés par Champollion jeune. La correspondance du célèbre P.-L. Courier contient des lettres de lui.

AKHALTZIKH, ville de Russie d'Asie, à 125 kil. de Tiflis. Cette ville était autrefois la capitale d'un pachalik turc; les Russes s'en emparèrent en 1829. Cette ville est remarquable par la belle mosquée du sultan Ahmed et par sa forteresse importante. Pop. 12,000 hab.

AKHDAM, nom sous lequel on désigne les parias de l'Yémen, qui sont sans doute les anciens Isamgarites asservis par les Arabes. On leur laisse les métiers considérés comme dégradants; ils sont barbiers, bateleurs, etc.; et, comme les bohémiens, comptent quelquefois sur les produits de la maraude ou du charlatanisme pour vivre.

AK-HISSAR (château blanc), anciennement *Tiyatira de Lydie*, que l'on croit fondée par Séleucus Nicator; ville de la Turquie d'Asie, à 100 kil. de Smyrne, célèbre par ses étoffes de pourpre. Ce fut dans cette ville que l'on entendit les prédications du christianisme pour la première fois. On récolte du coton très-renommé; elle possède aussi des teintureries importantes.

AKHMIN ou **Akmyn**, anciennement *Chemmis*, appelée par les Grecs *Panoplis*, ville de Pan. — Ville de la haute Egypte sur le Nil, à 25 kil. de Girgeh. On y remarque quelques ruines antiques. Persée y avait un temple magnifique. Patrie de Nonus.

AKHMOUNEIN ou **Achmunein**, anciennement *Hermopolis magna*, ville d'Egypte à 23 kil. de Minyeh, et à 180 kil. du Caire. On considère comme un des restes les plus remarquables de l'architecture égyptienne, et décrit dans l'ouvrage de la commission d'Egypte, la base d'une colonne portant le nom de Philippe d'Arrhidée, seul reste d'un portique couvert d'hiéroglyphes.

AKHTAMAR, île de la Turquie d'Asie, située dans le lac de Van, à 25 kil. de la ville qui porte le même nom. Cette île possède un monastère, bâti en 653, qui est la résidence d'un des patriarches d'Arménie.

AKHTIRKA, ville de Russie, dans le gouvernement de Kharkof, ch.-l. de district. Pop. 16,000 hab. Cette ville, fondée par les Polonais, en 1641, possède dans une de ses églises une image de la Vierge qui attire un grand nombre de pèlerins.

AKIBA, fils de Joseph, célèbre docteur de la loi, qui vivait en Judée en l'an 100 après J.-C. Il se livra à l'étude dans un âge assez avancé, mais il ne tarda pas à dépasser en science et en lumières tous les savants de son époque. Il fit tous ses efforts pour relever la condition des Juifs, qui étaient alors sous le joug des Romains, et fit des voyages dans les trois parties du monde connu dans ce but. Rufus le fit écorcher vif en 135, pour avoir pris part au soulèvement de Barkokhebas. On lui attribue un grand nombre d'écrits cabalistiques qui sont tous apocryphes.

AKKERMAN, anciennement *Alba Julia*, ville forte de la Russie d'Europe (Bessarabie), petit port à 48 kil. d'Odessa, ch.-l. de district. On y exploite les lacs salés; on y fait du bon vin. Le 7 octobre 1826, les Turcs et les Russes y signèrent un traité de paix qui émancipait les principautés de Moldavie, de Valachie et de Servie. Deux ans plus tard, la Porte ayant violé ce traité, la guerre éclata de nouveau. Pop. 14,000 hab.

AKOUSKA, petit pays et bourg à l'E. de la Russie, habité par les Lesghis.

AKOVA, pays situé dans les montagnes de l'ancienne Arcadie, et qui fut érigé en baronnie lors de la conquête de la Morée par les Français, en 1205, et donné à Gaultier de Ronchères.

AK-SERAI, anciennement *Garsaura*, ville de la Turquie d'Asie (Karaman), à 133 kil. de Kaisarieh, ch.-l. d'une division administrative, dans laquelle se trouve un grand lac salé.

AKYAB, ville et port de l'Inde anglaise, dans la province d'Arakan et l'île d'Akyab. Cette ville est l'entrepôt principal du commerce d'Aracan. C'est depuis peu que les Français visitent ce port, où ils achètent du riz.

AL, article masculin de l'arabe, et que l'on rencontre souvent dans la formation des noms propres de cette origine.

ALA, ville des Etats autrichiens (Tyrol), sur l'Adige, à 11 kil. de Roveredo. Cette ville est remarquable par ses manufactures d'étoffes moirées et de soie et par ses velours. Pop. 4,000 hab.

ALABAMA, rivière navigable des Etats-Unis, qui se jette dans le Tombigbee, affluent du golfe du Mexique.

Alabama, l'un des Etats-Unis de l'Amérique du Nord, cap. Montgomery. Les esclaves composent à peu près la moitié de la population, qui est de 841,800 hab. Cet Etat renferme plusieurs tribus indigènes: les Cherokees, les Creeks et les Chactaws. La principale branche de commerce est le coton, la canne à sucre et les céréales. On y exploite aussi le fer, la houille, qui y sont en abondance.

ALABANDA, ville ancienne de Carie, au S.-O. de l'Asie mineure, près du fleuve Méandre. Le commerce et les arts lui donnèrent beaucoup de renommée, mais les mauvaises mœurs de ses habitants la dégradèrent. Cette ville fut le siége d'un con *ventus juridicus*, c'est-à-dire tribunal sous les Romains. On y remarque de nos jours, près de Carpuscly, des ruines imposantes. Les habitants tiraient du verre d'une certaine pierre fusible qu'on trouvait aux environs.

ALABASTRITES, nom donné aux grosses perles, ou aux vases à parfums, imitant la forme d'une perle.

ALABASTRON, ville de l'anc. Egypte, située au pied des monts d'Albâtre.

ALACOQUE (Marguerite), née dans le diocèse d'Autun, à Lauthecour, le 22 juillet 1647. Cette jeune fille montra, dès sa plus tendre enfance, des prédispositions au mysticisme, qui provenaient sans doute des infirmités qui la clouaient sur son lit et la forçaient à une sorte de vie intérieure. Elle attribua à la Vierge sa guérison et en prit le nom par reconnaissance, au lieu de celui qu'elle portait. Elle entra en religion, et avait fait profession en 1671, au couvent de la Visitation. Elle eut des apparitions, fit des révélations, etc., et prédit même sa mort pour le 17 octobre 1690, qui arriva effectivement. C'est son ouvrage : *la Dévotion au cœur de Jésus*, qui fit établir la fête du Sacré-Cœur; mais il est probable que son nom ne fût pas parvenu jusqu'à nous sans les vers que Gresset a faits sur son héros, Vert-Vert, qui était un élève des Visitandines :

Il savait même un peu du Soliloque
Et des traits fins de Marie Alacoque.

ALA-DAGH, ou ancien Taurus, chaîne de montagnes de la Turquie d'Asie, dont les branches s'étendent les unes du côté de cette province, et vont se terminer vers la Méditerranée, et les autres vers l'Archipel.

ALADIN, ou ALA-EDDIN, personnage quelque peu légendaire du XIIIe siècle, prince des Assassins ou Hatchichins, secte d'Ismaéliens; qui fit trembler les rois ses voisins, qui, pour échapper aux poignards de ses séides, lui firent de riches cadeaux; seul, en allant en Palestine, saint Louis le brava et en reçut des présents. Contes ou réalités, il court bien des histoires sur ce prince, surnommé le Vieux de la Montagne. On prétend que l'autorité qu'il avait sur ses disciples provenait d'une composition nommée *hatchich* (d'où *hatchichin*, mangeur d'*hatchich*, et que l'on défigura par le mot *assassin*), qu'il leur faisait manger, et qui leur procurait une sorte de sommeil extatique.

ALA-EDDIN, 8e sultan seldjoucide, philosophe, législateur et guerrier; il combattit le soudan d'Egypte, conquit l'Anatolie, et fut vaincu par les Tartares. Il régna 17 ans, et mourut en 1237.

ALAGOAS, ville du Brésil, port sur l'Océan atlantique. On récolte dans cette ville un tabac très-estimé.

ALAGOAS, province située au N. de l'embouchure du Rio de San-Francisco. Superficie 19,139 kil. carrés. Pop. 205,000 hab.; ch.-l. Porto-Calva.

ALAIGNE, ch.-l. de cant. de l'arrond. de Limoux (Aude), dont il est distant de 11 kil. Pop. 400 hab.

ALAIN (Blanchart). Il fut l'un des chefs du parti bourguignon, au XVe siècle, se distingua en Normandie à la défense de Rouen contre les Anglais en 1418-1419; il fut fait prisonnier à la tête des arbalétriers qu'il commandait. Quelques prisonniers se rachetèrent; alors on lui attribue ce mot sublime : « Pour moi, je n'ai pas d'or, mais si j'en avais, je ne voudrais pas racheter les Anglais de leur déshonneur. » Il fut condamné au dernier supplice.

ALAIN DE L'ISLE, connu sous le nom de *docteur universel*, s'occupa surtout des sciences philosophiques; il passa pour l'un des plus puissants génies du moyen âge. Après avoir enseigné avec succès la théologie à l'Université de Paris, il connut saint Bernard à l'abbaye de Clairvaux. Son langage n'est pas obscur et diffus comme celui de la plupart des philosophes, et il essaya de donner aux sciences qu'il enseignait quelque teinte de poésie. Bien qu'il fût nommé évêque, il aima mieux terminer ses jours à l'abbaye de Citeaux, où il s'adonna aux sciences hermétiques. Le plus célèbre de ses nombreux écrits en vers et en prose est un ouvrage qui traite de la pierre philosophale. Ses œuvres ont été réunies par le P. Charles de Visch.

ALAINS, peuples nomades et originaires de Scythie, menant une vie toute pastorale; ils vivaient du produit de leurs troupeaux dans les steppes du Caucase, quand les Huns débordèrent sur l'Europe et les entraînèrent avec eux. Avec les Suèves, les Bourguignons, les Vandales, ils envahirent les Gaules en 407-410; passèrent en Espagne et y furent détruits par Vallia, roi des Visigoths. Les débris de ce peuple se confondirent alors avec les Vandales.

ALAINS (monts), que l'on croit être le Caucase et où l'on retrouve les restes du peuple des Alains. — Au dire d'un historien latin, Ammien Marcellin, ce fut à ces montagnes que ces peuplades empruntèrent leur nom.

ALAIS, anciennement *Alesia nova*, sous-préfecture (Gard), à 42 kil. de Nîmes, au pied des Cévennes. Pop. 15,700 hab. Cette ville possède un tribunal de première instance, une bibliothèque, un collége. Son commerce est assez important; on y remarque des forges, des filatures et le commerce de soie y est étendu. Son sol lui procure des richesses minérales importantes de toute sorte; on y trouve entre autres choses plusieurs mines de houille. Son école de mineurs est fort remarquable. — Les protestants de cette ville se rendirent indépendants au XVIe siècle; en 1629, ils furent soumis par Louis XIII. Cette ville eut beaucoup à souffrir de la révocation de l'édit de Nantes, qui lui ruina alors en partie son commerce.

ALAISE, anciennement *Alesia*, petit village situé à 25 kil. de Besançon (Doubs). C'est dans ce hameau que Vercingétorix fut vaincu par César.

ALALCOMENÆ, ancienne ville de Béotie qui était située au pied du mont Tilphassium. Cette ville est célèbre par le culte qu'y recevait Minerve, qui y était née, disait-on, et dont le temple se trouvait à peu de distance de là. Sylla, dans ses ravages, fut le premier qui osa la piller, et s'empara de la statue de la déesse. On suppose que les ruines que l'on voit près du village de Sulinari sont les débris du temple de Minerve.

ALAMAN (Lucas), homme d'Etat et historien mexicain, né à Mexico en 1775. Envoyé comme député des colonies aux cortès espagnoles, il rentra au Mexique en 1823, après la chute d'Iturbide, et se rallia au mouvement national. Nommé ministre des affaires étrangères, par Guadelupe Victoria, alors président de la république, il se prononça contre le fédéralisme et donna sa démission. Il s'adonna alors à l'industrie et fonda la première imprimerie lithographique du Mexique. En 1829, Bustamente lui donna le ministère des affaires étrangères et celui de l'intérieur, et c'est en cette qualité qu'il résista au président Pedrazza, qui voulait s'emparer du pouvoir suprême. Persuadé qu'un gouvernement fort et monarchique pouvait seul ramener la prospérité au Mexique, il appuya les manœuvres de Santa-Anna et s'associa franchement et loyalement aux mesures dictatoriales de celui-ci. Il s'attacha à favoriser et à développer l'industrie, en facilitant l'introduction des machines les plus remarquables. Il mourut le 2 juin 1855, laissant de nombreux travaux sur l'histoire du Mexique.

ALAMANN (Luigi), poëte italien d'une certaine célébrité, né en 1495, mort en 1556. Forcé de quitter sa patrie, après avoir échoué dans une conspiration contre le cardinal Jules de Médicis (depuis pape sous le nom de Clément VII), il se retira à Venise, puis ensuite à Gênes. Il fut parfaitement accueilli en France par le roi François Ier, qui l'envoya en qualité d'ambassadeur auprès de Charles-Quint. Poëte d'un style pur, harmonieux et facile, il composa des hymnes, des églogues, des fables, des élégies, des satires très-sévères, des épigrammes réussies, des pièces de théâtre, etc. Après avoir fait une pâle imitation de l'*Iliade* dans l'*Avorchide*, poëme sur le siége de Burgos, il emprunta aux récits de la Table-Ronde une épopée froide et ennuyeuse, *Giron le Courtois*, où il mit trop d'art et d'afféterie, et imita les *Géorgiques*, de Virgile, dans la *Coltivazione*, qui est son meilleur ouvrage, et où il sema des épisodes charmants et poétiques.

ALAMO (l'), forteresse située près de San-Antonio de Bexar, dans l'Etat du Texas, célèbre par le combat acharné qui y eut lieu entre les Texiens et les Mexicains, lorsque, en novembre 1835, le Texas prononça solennellement sa séparation du Mexique, pour se joindre aux Etats-Unis d'Amérique et expulsa le général Martin Perfecto de Cos, et le força à rendre l'Alamo, le 11 décembre de la même année. Le 21 février 1836, le dictateur mexicain parut en personne devant San-Antonio de Bexar : les troupes texiennes, inférieures en nombre, évacuèrent la ville sous les ordres du colonel Travis, et se réfugièrent dans le fort de l'Alamo, qui fut bientôt enveloppé par l'armée mexicaine, qui donna l'assaut le 5 mars. Les Texiens résistèrent courageusement; mais, écrasés par le nombre, ils furent massacrés jusqu'au dernier. Ce glorieux échec excita le courage des autres soldats texiens, qui attaquèrent les Mexicains le 2 avril, avec le cri de : *Souviens-toi d'Alamo!* comme ralliement. L'ennemi éprouva des pertes considérables, Santa-Anna et de Cos furent faits prisonniers, et l'indépendance du Texas fut assurée.

ALAMOS, ville du Mexique, à 150 kil. de Cinaloa. Pop. 9,000 hab. Cette ville renferme des mines d'argent d'une grande richesse.

ALAMOUT, ville de Perse, ancienne forteresse des Assassins. (*Voir* ce mot.)

ALAN, ALLEN ou ALLYN (Guillaume), né à Rossal en 1532, surnommé le *cardinal d'Angleterre*. Ardent catholique, il refusa avec fermeté de reconnaître l'autorité spirituelle de la reine Elisabeth, dont il blâma vivement l'intolérance. Dans la crainte des persécutions qui le menaçaient, il s'enfuit à Louvain, où il composa des opuscules qui le rendirent suspect au gouvernement. Il se retira alors en Flandre, où il professa la théologie à Malines, dont Sixte V le nomma plus tard archevêque. Après quelques travaux sur la Bible, il combattit la religion anglicane par ses écrits, et suscita des ennemis à la reine d'Angleterre, exaltant la foi religieuse jusqu'au fanatisme. Il subordonnait les sentiments du cœur, la famille et les lois aux interprétations plus ou moins erronées des commandements du Christ et de l'Eglise. Avec la célèbre armada périrent de nombreux exemplaires d'un livre qu'il avait écrit en collaboration avec le P. Parsons et approuvant l'expédition de Philippe II contre l'Angleterre.

ALAND (Archipel d'), prononcez *Oland*, groupe composé de 60 îles habitées et de 200 îlots environ, et situé dans la Mer baltique; sa longueur à l'entrée du golfe de Bothnie est de 80 kil. et sa largeur de 60. Pop. 15,000 hab. La pêche et le petit cabotage sont toute l'industrie de ses habitants, et suffisent à leurs besoins. Le sol en est inculte, c'est à peine si on y rencontre quelques pins. Les moissons y mûrissent rarement. La principale île a 36 kil. de long sur 28 kil. de large. Eric XIV y fut emprisonné dans le château de Castelholm ; c'est non loin de cette île que se trouve Ekeroe, dont le couvent jouissait d'une certaine célébrité au XVe siècle. A Signilskear, qui est l'îlot qui commande le lac de Mélar et l'entrée du golfe de Bosnie, on a établi un télégraphe et des pilotes y sont entretenus. Cet archipel, qui appartenait autrefois à la Suède, passa, en 1809, sous la domination de la Russie.

ALANSON (Edouard), chirurgien anglais du XVIIIe siècle, connu surtout par le procédé qu'il imagina pour obtenir des plaies coniques dans les amputations.

ALAON, nom que portait au IXe siècle un couvent de bénédictins, qui s'appelle aujourd'hui Notre-Dame-des-Champs (diocèse d'Urgel).

ALARCON Y MENDOZA (Juan-Ruiz DE), l'un des auteurs dramatiques espagnols les plus remarquables et peut-être le moins connu. Il appartenait à une ancienne famille espagnole qui avait émigré en Amérique et naquit vers la fin du XVIe siècle à Taxo (Mexique) et vint en Espagne, vers 1622, où il obtint une place fort lucrative, surtout à cette époque où les finances de l'Espagne étaient dans un état si déplorable que l'on disait que le trésor royal ne contenait pas de quoi offrir une *olla podrida* à Sa Majesté. Il se laissa aller alors à sa fougue poétique et se mit à écrire de nombreuses pièces de théâtre qui, fort longtemps, ont été attribuées à différents auteurs. Ainsi, par exemple, la *Verdad sospechosa*, que Corneille imita avec la supériorité de son génie dans le *Menteur* avait été attribuée à Lope de Véga. Alarcon possédait un orgueil immense qui lui faisait insulter le public lorsque celui-ci ne le louait pas suffisamment : c'est ce qui a fait, sans doute, organiser contre lui la conspiration du silence, car Alarcon, jusqu'à ce jour, n'était pas même connu de ses compatriotes.

ALARCOS, lieu voisin de Calatrava (Nouvelle-Castille), province de Ciudad-Real. En 1195, Alphonse IX de Castille y fut défait par Jacoub, chef des Almohades.

ALARD (Marie-Joseph-Louis-Jean-François-Antoine), ancien médecin en chef de la maison de la Légion-d'Honneur, à Saint-Denis, né à Toulouse le 1er avril 1779. Après avoir fait les campagnes de la République et quelques-unes de celles de l'Empire, il rentra dans la vie civile et s'adonna à l'étude de la médecine. Il se lia avec les célébrités savantes de cette époque et dut sa nomination de médecin de la Légion-d'Honneur à Lacépède. Il conserva cette place jusqu'à sa mort, arrivée en 1850. Il a laissé des ouvrages très-curieux ayant trait aux questions les plus obscures de l'art médical.

ALARIC Ier, roi des Visigoths. Il s'était allié d'abord des Romains, et refoula avec eux une invasion des Huns, mais ensuite (400 ans après J.-C.) il se rua à son tour sur le cadavre de l'empire romain. Il se porta menaçant en Grèce, d'où le repoussa Stilicon. Battu encore à Pollentia, il passa en Occident, où il assiégea et prit plusieurs fois Rome, se contentant néanmoins d'y faire du butin et d'y lever de lourdes contributions; cependant la dernière fois qu'il s'en empara, il la livra au pillage. Il se disposait à porter la guerre en Sicile, quand, en 412, la mort le surprit à Cosenza. Les soldats d'Alaric, craignant pour son cadavre les vengeances posthumes de ses ennemis, détournèrent le cours du Busento, couchèrent son cadavre dans le lit de ce fleuve et y ramenèrent les eaux détournées.

ALARIC II, né en 484, succéda sur le trône d'Espagne à Eurée, son père; il prit Toulon pour sa capitale. Clovis le tua de sa main à la bataille de Vouillé, en 507. Alaric fit publier sous son nom un recueil de lois, puisées en grande partie dans le code théodosien.

ALARME. On nomme ainsi un mouvement de troupes occasionné par l'approche de l'ennemi ou la crainte d'une attaque. Aussitôt que l'alarme est annoncée par le canon, la cloche, le tambour ou la trompette, les troupes se rassemblent en armes et se rendent dans les lieux qui leur sont désignés pour s'y mettre en défense. Ce qu'il importe surtout dans ces mouvements, c'est d'éviter la confusion, qui paralyserait toute défense. Le poste d'alarme est celui où les troupes se rassemblent en cas d'alarme; le canon d'alarme est la pièce placée à la tête du camp prête à faire feu au premier mouvement de l'ennemi.

ALARMISTES, nom que l'on donna, à la première révolution et aussi après celle de 1848, à ceux qui répandaient des alarmes fausses ou réelles, des nouvelles propres à semer l'effroi et le trouble. Barrère présenta, le 17 septembre 1793, une motion à la Convention qui avait pour but de déclarer les *alarmistes* passibles de la peine de mort.

ALARY (Pierre-Joseph), académicien, né à Paris, le 19 mars 1690. Après avoir embrassé l'état ecclésiastique, il vint à la cour, et dut sa fortune à une cause qui pouvait le perdre. En 1718, lors de la conspiration de Cellamare, on l'accusa d'y avoir pris part; mais il sut si bien se justifier près du régent que celui-ci lui dit : «Vos accusateurs nous ont servis l'un et l'autre, en me procurant l'occasion de vous connaître. » Nommé sous-précepteur de Louis XV, il exerça les mêmes fonctions auprès du dauphin et des enfants de France. Quoiqu'il n'eût rien écrit, son titre de sous-précepteur le fit admettre, en 1733, à l'Académie française : le poète Roy s'étant permis de faire des épigrammes contre lui à cette occasion, fut mis à la Bastille; Piron fut plus heureux. Si de nos jours on enfermait tous les écrivains qui ont critiqué l'Académie, il n'en resterait guère en liberté. Alary mourut à Paris, le 15 décembre 1753.

ALASCHER, ville de la Turquie d'Asie, à 120 kil. de Smyrne; pop. 15,500 hab.; évêché grec. Cette ville est l'ancienne *Philadelphia* des Grecs, où les Apôtres fondèrent le siége d'une des premières Eglises. Les ruines antiques y sont nombreuses. Ce fut la dernière ville de l'Asie mineure qui résista à la puissance des Turcs; néanmoins, elle fut soumise par Bajazet II, en 1390. Le commerce de cette ville est assez considérable, et consiste dans les produits naturels du pays.

ALASKA, presqu'île de l'Amérique russe. S'étendant considérablement vers l'O., elle va se relier aux îles Aléoutiennes, et forme avec elles le bassin de la mer de Behring.

ALASSIO, ville et port des Etats sardes; elle est située à 7 kil. d'Albenga. Pop. 6,500 hab. Son climat est doux. Cette ville fait partie de la province de Gênes.

ALASTOR, mot grec, qui signifie : *génie redoutable, dieu vengeur*, que craint toute la nature animée, surnom donné à Jupiter et aux Furies. Ce fut aussi le nom d'un des compagnons de Sarpédon, tué par Ulysse, et d'un des chevaux de Pluton.

ALATAMAHA ou ALTAMAHA, fleuve navigable des Etats-Unis, formé par les confluents de l'Oalkanulyee et l'Oconee, et qui arrose l'Etat de Géorgie. Après un parcours de 160 kil., il se jette dans l'Océan, près de Darien ou golfe de Saint-Simon.

ALATRI, anciennement *Alatrium*, ville des Etats de l'Eglise, située sur une hauteur, à 22 kil. de Frossinone. Cette ville est le siége d'un évêché. Pop. 11,000 hab. Les campagnes qui avoisinent Alatri produisent chaque année de belles récoltes de vins et d'olives. Les Herniques furent les premiers habitants de cette ville, qui était entourée de murailles d'un travail cyclopéen.

ALATYR, ville de la Russie d'Europe, à 180 kil. de Simbirsk, située au confluent de la rivière qui porte son nom avec la Soura. Pop. 4,500 hab. Les grains sont le principal commerce de cette ville.

ALAVA, prov. d'Espagne dont le ch.-l. est Vittoria; sa pop. est de 100,800 hab. Ce petit pays défendit longtemps son indépendance, et c'est seulement depuis le XIIe siècle que la Castille y exerça une domination souvent contestée. L'Alava conserva jusqu'à nos jours des libertés particulières, ainsi que d'autres provinces de l'Espagne.

ALAVA (Don Miguel Ricardo D'), général espagnol, né à Vittoria, en 1771, d'une famille noble de la prov. d'Alava. Entré dès sa plus tendre jeunesse dans la marine, il était capitaine de frégate lorsqu'il passa dans l'armée de terre. Lors de l'occupation française, il accepta, comme membre de l'assemblée des notables de Bayonne, la nouvelle constitution donnée à l'Espagne par la France; mais, en 1811, il se rallia un des premiers à la cause nationale. Il se distingua dans la guerre de l'Indépendance, mais, à la restauration de Ferdinand VII, il fut mis en prison, comme suspect de libéralisme, et n'en sortit que par le crédit de son oncle Ethénard, qui remplissait les fonctions d'inquisiteur. Il fut même nommé ministre plénipotentiaire à La Haye, et revint en Espagne après la révolution. Il se fit remarquer par ses opinions avancées et par la part active qu'il prit aux événements; aussi, lorsque le rétablissement du pouvoir absolu fut complet, il dut se réfugier à l'étranger. Il put rentrer en Espagne après la mort du roi, et fit partie de la chambre des *Proceros*, nommée par la régente; où il tint ce fameux discours qui en fit expulser, avec violence, l'ancien ministre Burgos, dont il fut le premier à proposer la réintégration, lorsque celui-ci se fut justifié des accusations qui lui avaient été imputées. Nommé ambassadeur à Londres, en 1835, il s'aliéna les sympathies du parti auquel il appartenait en montrant trop de déférence au ministère que présidait Wellington. Il refusa plus tard le ministère des affaires étrangères. Après avoir occupé encore différentes fonctions, il refusa de prêter serment, après l'insurrection de la Granja, disant qu'il était las de prêter, chaque jour, de nouveaux serments! Il mourut à Baréges en 1843. Le caractère d'Alava fut toujours marqué au sceau de l'indécision, et, s'il fut assez habile pour capter la faveur des divers partis qui ont divisé l'Espagne, il se les aliéna tour à tour par ses revirements politiques continuels.

ALAYA, anciennement *Coracesium*, ville de la Turquie d'Asie, sur la Méditerranée, à 110 kil. de Sataliéh. Sa situation autrefois était très-forte, mais aujourd'hui elle est beaucoup déchue et n'est plus entourée que de fortifications en ruine.

ALAZEA, fleuve de la Russie d'Asie, dans le gouvernement d'Irkoutsk, affluent de l'Océan arctique; son parcours est d'environ 580 kil.

ALBA, anciennement *Alba Pompeia*, ville des Etats sardes, sur le Tanaro, à 40 kil. de Turin. Sa pop. est de 7,600 hab. L'ancienne Alba fut fondée par Scipion l'Africain, en Ligurie, et colonisée par Pompée. Elle est la patrie de l'empereur Pertinax.

ALBA (Marc-David), surnommé LA SOURCE, né en Languedoc, en 1710, pasteur protestant. Choisi par le département du Tarn pour le représenter à l'Assemblée législative, en 1791, il fit décréter d'accusation Lafayette et vota, à la Convention, la mort de Louis XVI. Il mourut, en 1793, sur l'échafaud, pour avoir attaqué Robespierre.

ALBACETE, ville d'Espagne, chef-lieu de la province de Murcie. Pop. 13,150 hab. Les foires qui s'y tiennent sont très-importantes et attirent un nombreux concours d'étrangers; il s'y fait un grand commerce, consistant principalement en quincaillerie.

ALBA DE TORMÈS, ville d'Espagne, dans la province de Salamanque. Elle est distante de cette ville de 22 kil. Pop. 1,500 hab. — Célèbre par la victoire remportée par l'armée française sur les Espagnols, le 25 novembre 1809.

ALBÆ PETRÆ, aujourd'hui *Aubepierre*, nom que portait, en 1149, le monastère de l'ordre de Cîteaux, situé dans le diocèse de Limoges.

ALBA FUCENTIA, ville de l'ancienne Italie, chez les Eques. C'est dans cette ville que les Romains enfermaient leurs prisonniers d'État, et c'est ainsi que Syphax, Persée, Bituitus, roi des Arvernes, y furent détenus. Cette ville, maintenant ruinée, était située sur une colline, près de la vallée de Palenta, où eut lieu la bataille dite de Tagliacozzo. A l'extrémité de la plaine de Palenta se trouve l'aqueduc de l'empereur Claude.

ALBA LONGA (ALBE LA LONGUE). Cette ville fut ainsi nommée parce qu'elle s'étendait en longueur entre un sommet et un lac. Elle est la plus ancienne ville du Latium, et fut fondée par Ascagne. C'est de cette ville que sortirent Romulus et Rémus, pour fonder Rome. Les Romains la détruisirent complétement sous le règne de Tullus Hostilius, 400 ans après sa fondation (88 ans av. J.-C.).

ALBAIN (Mont), anciennement *Albanusmons*, célèbre montagne du Latium, dont la hauteur, qui surpasse celle des autres montagnes, est de 960 m. au-dessus du niveau de la mer; elle est située à 20 kil. de Rome, près d'Albe la Longue. La confédération des peuples latins tenait ses assemblées sur ce mont, dont le sommet était surmonté par le temple de Jupiter Latial, qui servait à célébrer les sacrifices des féeries latines. Les généraux auxquels on avait refusé le triomphe à Rome venaient quelquefois triompher au mont Albain. On voit encore, sur le versant, l'antique voie pavée qui conduisait au sommet. Cette montagne s'appelle aujourd'hui Monte-Cavo.

ALBAN (saint), un des premiers martyrs de l'Angleterre. Après avoir servi en Italie, sous Dioclétien, en qualité de soldat, il embrassa le christianisme à son retour dans sa patrie; il fut mis à mort au commencement du IVe siècle.

ALBAN (Saint-), bourg d'Angleterre (comté de Hertford), à 30 kil. de Londres. Pop. 5,800 hab. Ce bourg est remarquable par ses deux belles églises, dont l'une est la célèbre abbaye élevée, en 795, par Offa; dont on voit le tombeau, et celle de Saint-Michel, où le chancelier Bacon fut enterré. On trouve aux environs de Saint-Alban les ruines de la *Verulamium* des Romains, où les Bretons, commandés par Cassivellaunus, furent battus par César, et où Boadicée fit massacrer l'armée romaine. En 1445, Henri VI y fut battu et pris, et, en 1461, Marguerite d'Anjou y défit Warwick.

ALBAN, anciennement Albaing (Tarn), ch.-l. de cant. de l'arr. d'Alby, dont il est distant de 25 kil. Pop. 468 hab.

ALBANE (François Albani, dit l'), peintre de l'école bolonaise, naquit à Bologne en 1578; on le nomma le peintre des Grâces et l'Anacréon de la peinture; il eut pour maître Denis Calvaert; et pour rivaux, à Rome, le Dominiquin et le Guide, qui fut aussi son ennemi acharné. Il aimait à peindre des anges, des femmes, des enfants; père de douze beaux enfants, il les prit pour ses modèles et maria ainsi le cœur du père à la palette de l'artiste. Il s'adonna avec bonheur à la peinture à fresque, et a laissé dans différentes églises de beaux spécimens de ce genre. Il déclina dans sa vieillesse et fut surpassé par ses anciens rivaux, surtout par Annibal Carrache; on lui reproche, non sans raison, une monotonie et une mollesse qui provenaient de son peu d'imagination. Ses chefs-d'œuvre sont: *Vénus endormie*, *Diane au bois*, les *Quatre Éléments*, *Danaé couchée*, les *Amours de Vénus et d'Adonis*, etc. Il fit de bons élèves et laissa quelques écrits théoriques sur l'art dont il fut l'un des maîtres.

ALBANI, une des plus illustres familles de Rome, qui compte parmi ses membres un grand nombre de prélats, de cardinaux et un pape, Clément XI (1700). Elle fut souvent hostile à la France. Au XVIe siècle, refoulée par l'invasion des Turcs, elle se vit forcée de quitter l'Albanie, sa patrie, pour venir se réfugier en Italie.

ALBANI (Annibal), né en 1682, mort en 1751. Légat de Clément à Vienne, et plus tard évêque d'Urbin, il aimait les arts, comme toute sa famille, d'ailleurs, et après sa mort, le Vatican s'enrichit de sa magnifique collection d'objets d'art.

ALBANI (Alexandre), frère du précédent, né en 1692, mort en 1779. Cardinal, nonce à Vienne, puis ministre de Marie-Thérèse, il favorisa aussi les arts et embellit de ses collections, qui plus tard revinrent en partie à la France, sa riche et superbe villa d'Albani.

ALBANI (Charles), créé prince, né en 1687, mort en 1724.

ALBANI (Jean-François), né en 1720, mort en 1809, favorisa les jésuites, et se montra constamment hostile aux Français; il devint évêque d'Ostie et aida puissamment Pie VII à monter sur le trône pontifical.

ALBANI (Joseph), né en 1750, mort vers 1834, fut créé prince-cardinal; ennemi, comme toute sa famille, des Français, qui, lorsqu'ils furent maîtres de l'Italie, pillèrent son palais, il leur suscita toutes les traverses possibles. Lors des troubles qui éclatèrent dans les légations, en 1831, il fut envoyé avec des troupes pour les réprimer; mais, ayant fait appel à la rigueur excessive, il échoua complétement dans sa mission et dut se retirer avec le regret de l'amour-propre blessé.

ALBANIÆ ou CASPIÆ PYLÆ. On donne ce nom à un passage étroit du Caucase, situé le long de la mer Caspienne, c'est encore aujourd'hui la seule entrée de Schirwan par le nord.

Mort de Mgr Affre, en juin 1848 (p. 31, col. 3).

ALBANIE, nom donné à une partie de l'Ecosse qui était habitée par les Albans, tribus errantes, que la civilisation n'avait pas encore policées; sauvages et même féroces, les Albans passaient leur vie dans les profondeurs des montagnes et des forêts de l'ancienne Calédonie.

ALBANIE, province du S.-O. de la Turquie d'Europe. Cette province, bornée par le Montenegro, la Bosnie, les divisions administratives de Nisch, d'Uskub et de Saloniki, par le royaume de Grèce, les mers Adriatique et Ionienne, se divise, d'après les quatre tribus qui l'habitent, en quatre cercles, qui diffèrent les uns des autres par les mœurs des habitants et le climat. Sur la frontière, s'élève le Pinde, fameuse montagne que les anciens dédièrent aux Muses. Le climat de l'Albanie est très-sain; son sol est si fertile que l'on y récolte, comme en Egypte, deux moissons par an dans plusieurs endroits. Les plantes alimentaires croissent avec facilité; le lin, le chanvre, couvrent la plupart des campagnes, le tabac s'y multiplie et le vin y est excellent. Les arbres fruitiers, tels que pêchers, oliviers, poussent en quelques endroits. Ce qui fait la richesse de cette contrée, ce sont ses gras pâturages, où l'on élève une belle race de chevaux. Parmi les villes remarquables, on doit citer Scutari, siége d'un évêché catholique; Croïa, illustré par les exploits de Scanderberg. La population de l'Albanie dépasse 1,900,000 h. et se compose d'un mélange de cinq races différentes, telles que Grecs, Turcs, Serbes, Juifs et Albanais. Les habitants de l'Albanie furent appelés quelquefois du nom d'Arnautes. Demi-barbares, pirates et brigands plus que laboureurs, ils vivent entre eux constamment en état de guerre, et par leurs instincts belliqueux fournissent de bons soldats à l'armée turque. Ces peuples poussent la soif de la vengeance jusqu'à la frénésie et ne connaissent qu'une justice sommaire, exercée sur le coupable par la victime ou ses parents et ayant pour base la peine du talion. L'état des femmes, dans ces contrées, est des plus déplorable: elles vivent dans une espèce de servitude abjecte et sont assujetties aux travaux les plus rudes. L'autorité de la Porte sur l'Albanie a toujours été fort chancelante et plutôt nominale que réelle; quoique, lors de la révolution grecque, les Albanais s'enrôlèrent sous les étendards musulmans, le temps n'est peut-être pas loin où ils demanderont à faire partie de la Grèce.

ALBANO, anciennement *Albanum*, ville d'Italie, dans les Etats de l'Eglise, à 22 kil. de Rome. Pop. 6,500 hab. Cette ville possède diverses ruines antiques, telles que celles dites du mausolée d'Ascagne et du mausolée des Horaces et des Curiaces. On y remarque les palais Barberini et Orsini; une belle cathédrale orne aussi cette ville, dont les habitants de Rome font un séjour d'été très-recherché.

ALBANO (lac d'), anciennement *Albanus lacus*, lac d'Italie, dans les Etats de l'Eglise. Ce lac, occupant le cratère d'un volcan éteint et s'écoulant par un canal souterrain creusé par les Romains pendant le siége de Véies, a 12 kil. de tour. Il baignait l'antique Albe la Longue; aujourd'hui, comme à l'époque des anciens Romains, les bords de ce lac sont couverts de villas charmantes, parmi lesquelles le pape possède un palais de plaisance à Castel-Gandolfo.

ALBANY (ducs D'). Les plus connus de ce nom sont: Robert Stuart le jeune, premier duc d'Albany, fils du roi d'Ecosse, Robert II, mort en 1420. La première branche, s'arrête à Henri Stuart, qui mourut vers 1460. La deuxième eut pour chef Alexandre Stuart, également fils de Robert II, que son frère Jacques III exila en France; il mourut en 1485. Jean, son fils, suivit avec Louis XII les Français à Gênes, et retourna dans sa patrie avec le titre de gouverneur d'Ecosse, en 1516; il revint encore en Italie avec François Ier, et mourut en 1536, en France, où il était revenu après la célèbre bataille de Pavie.

ALBANY (Louise-Marie-Caroline, comtesse D'), naquit en 1753, à Mons, d'une famille de Stolberg d'Allemagne; en 1772, elle épousa le Prétendant, Charles Stuart, qui prit alors le nom de comte d'Albany; les violences et les emportements de son mari la forcèrent à le quitter en 1780. A la mort du Prétendant, arrivée en 1788, elle reçut une pension de la France. Elle passa pour la maîtresse d'Alfieri, qui l'épousa secrètement; elle fut la muse inspiratrice de son génie; et, à la mort d'Alfieri, en 1803, elle se retira à Florence, où elle mourut en 1824.

ALBANY, ancien duché d'Ecosse. Il était formé des districts actuels d'Athol et d'autres qui formaient l'apanage du deuxième fils du souverain.

ALBANY, district de la colonie anglaise du Cap. Son climat est sain et son sol fertile. La capitale de ce district est Graham. Pop. 11,850 hab.

ALBANY, ville des Etats-Unis, cap. de l'Etat de New-York, dont elle est distante de 233 kil. Pop. 60,000 hab. Elle possède un port très-fréquenté, sur la rive droite de l'Hudson. Ses principaux monuments sont: l'Arsenal, l'Académie et le Musée géologique; parmi les édifices, il faut citer le Capitole, palais du gouvernement, bâti en marbre blanc, le plus beau monument après celui de Washington, le théâtre et le muséum. Le commerce y est florissant; des canaux la relient avec le Mississipi, et deux lignes de chemins de fer facilitent les communications avec Boston et l'Ouest. Son industrie est très-développée. Albany doit sa fondation aux Hollandais, en 1623; elle fut prise par les Anglais en 1664. C'est à la navigation entre Albany et New-York que servit le premier bateau à vapeur public, construit par Fulton en 1807.

ALBANY (NEW-), ville des Etats-Unis, dans l'Etat d'Indiana. Sa population est de 4,250 hab. On s'occupe principalement, dans cette ville, de la construction des bateaux à vapeur.

Albert, grand maître de l'ordre Teutonique, rendant hommage à Sigismond (p. 52, col. 1).

ALBARRACIN, ville d'Espagne (Aragon) située sur le Guadalaviar, au pied des monts qui portent son nom. Pop. 2,000 hab. Cette ville est le siège d'un évêché.

ALBATEGNI (Mohammed-ben-Geber-ben-Senan, Abou-Abdallah) naquit en Mésopotamie, à Batan, et se fit un nom dans l'astronomie, qu'il cultiva, étant gouverneur de Syrie, à Bacca et à Antioche. L'original de son ouvrage: *De scientiâ stellarum*, dont Lalande faisait grand cas, et qui contient les travaux astronomiques de l'école de Bagdad, est perdu; nous n'en possédons qu'une traduction latine. Cet astronome, qui vivait au moyen âge, reçut le nom de *Ptolémée des Arabes*; et, en effet, leurs connaissances astronomiques ne sont autres que celles qu'il a laissées dans ses œuvres.

ALBATRE. On donne ce nom à deux matières différentes, dont l'une, l'*albâtre calcaire*, est composée de carbonate de chaux concrétionné, et qui provient généralement des stalactites et des stalagmites que l'on trouve dans les cavités naturelles de la terre. L'autre, l'*albâtre gypseux*, est formée de sulfate de chaux hydraté, et se trouve dans les terrains primitifs et même dans ceux de troisième formation. Remarquable par sa demi-transparence, l'albâtre calcaire de différentes teintes, affectant des stries ou des veines, sert à l'ornementation des monuments et se prête à tous les caprices de l'art. L'albâtre gypseux, moins précieux que le précédent, est néanmoins très-estimé: on en fait des vases, des pendules, des statuettes, etc.

ALBAY, ville des Philippines, dans l'île de Luçon. Pop. 13,500 hab. En 1814, une éruption du volcan le Majou, la détruisit presque en partie.

ALBE (Ferdinand Alvarez de Tolède, duc D'), né en 1508, d'une des premières familles d'Espagne, qui tirait son nom du château d'Alba; homme d'Etat et général, il pencha toujours pour l'emploi de la force, suivit Charles-Quint en Hongrie, à Tunis, à Alger, fit les guerres de Navarre et de Catalogne. L'empereur ayant mis en doute ses capacités militaires, son orgueil blessé le stimula et lui fit faire des actes d'habileté et de valeur; c'est ainsi qu'il remporta la bataille de Muhlberg sur l'électeur de Saxe, en 1547. Après avoir échoué, avec une perte de 60,000 hommes, devant Metz, défendue par le duc de Guise, il eut quelques succès en Italie sur les armées papales; il ne rendit au pape le pays dont il l'avait dépouillé que contraint par le roi Philippe II, au service duquel il était entré après l'abdication de Charles-Quint. Des troubles ayant éclaté dans les Pays-Bas, Philippe II l'y envoya avec le titre de gouverneur pour les étouffer. Il établit alors le *Conseil des troubles*, auquel on donna ensuite le terrible nom de *Conseil du sang*; à ce tribunal furent traduits tous les suspects. Mais ces exécutions sanglantes, les injustes confiscations qu'il ordonna, soulevèrent tout le pays. Le duc d'Albe vainquit alors les Flamands, commandés par le prince d'Orange; mais, n'ayant pu les réduire complétement, et sa flotte ayant été anéantie par les Hollandais, il quitta ce triste pays, qu'il avait abreuvé de sang, épuisé de contributions pendant sept ans. On cite, comme ses principales victimes, les comtes d'Egmont et de Horn, et il se vanta luimême d'avoir fait périr 18,000 personnes. Son fils, Frédéric de Tolède, ayant séduit une dame de la cour et refusé de l'épouser, malgré l'ordre du roi, fut jeté en prison. Le duc d'Albe le fit évader et lui fit épouser sa cousine; il tomba en disgrâce pour ce fait. Cependant Philippe II lui rendit le commandement de ses troupes quand éclata la révolte du Portugal, sous l'impulsion de don Antonio, qui s'était fait proclamer roi. Le duc d'Albe chassa l'usurpateur et s'empara de tout son royaume en 1581. Il fit piller Lisbonne par ses troupes, s'appropria une bonne partie des richesses, et lorsque le roi voulut obtenir quelques explications sur sa conduite, il fit une réponse hautaine qui dissimulait mal une pensée de révolte. Philippe II se tut et n'eut pas le courage de punir ou de blâmer son général. Le duc mourut à Lisbonne, le 11 décembre 1582. Type du parfait capitaine, il souilla sa gloire par ses ignobles cruautés.

ALBE, anciennement *Alba Pompeia*, ch.-l. de la province de ce nom (Sardaigne), à 57 kil. de Turin. Pop. 7,500 hab. Cette ville joua un rôle assez important dans l'histoire; alliée en 1215 du marquis de Saluces, elle fit la guerre, en 1239, contre Gênes. Après avoir appartenu quelque temps à Charles d'Anjou, l'empereur Henri VII l'inféoda, en 1314, au marquis de Saluces, qui ne put la défendre contre Luchino Visconti, qui s'en empara en 1348; elle passa ensuite au marquis de Montferrat. Elle fut donnée, en 1634, avec 73 villages, à Victor-Amédée Ier, duc de Savoie.

ALBECK, village de Wurtemberg, près d'Ulm. En 1805 les Français y battirent le général autrichien Mack.

ALBEGMINA, part des dieux dans les sacrifices romains. Le crâne et les pieds étaient les seules parties de la victime que l'on offrait aux dieux: on les faisait brûler sur l'autel et les sacrificateurs se partageaient le reste des chairs de la victime.

ALBENAS, famille noble protestante du Languedoc, qui fut en possession, depuis 1524, de la seigneurie de Gajan. Elle est célèbre surtout pour avoir donné naissance à Jacques d'Albenas et à son fils Jean Paul ou Poldo, en 1512; avocat, conseiller du roi et député, des premiers il professa les principes de la réforme et écrivit plusieurs ouvrages fort estimés des savants, un surtout: le *Discours historial de l'antique cité de Nîmes*. Lyon, 1560; in-fol. Il mourut en 1563 avec la satisfaction de voir la doctrine de Calvin parfaitement établie à Nîmes et aux environs. — Jean-Joseph, vicomte, né à Sommières en 1760, officier au régiment de Touraine, suivit Lafayette en Amérique et prit part à la guerre de l'indépendance. A son retour, il obtint plusieurs fonctions publiques, et, en dernier lieu, celle de conseiller de préfecture du Gard. On a de lui plusieurs ouvrages s'occupant des travaux de Napoléon, des maisons de jeu, etc. Il mourut à Paris en 1824. Son fils, Louis-Eugène, né en 1787, lieutenant-colonel, composa les *Ephémérides militaires*, depuis 1792 jusqu'en 1815, en société avec des gens de lettres et des militaires.

ALBENDORF, village des Etats prussiens (Silésie), à 12 kil. de Glatz. Pop. 1,500 hab. 80,000 pèlerins, presque tous habitants de la Bohême, viennent, chaque année, visiter son sanctuaire de la Nouvelle-Jérusalem.

ALBERGATI-CAPACELLI (le marquis François), poëte comique italien, naquit à Bologne en 1728. Il eut pour maîtres les illustres savants: Zannotti, Manfredi, etc. Dès son enfance il se porta vers la littérature et les compositions dramatiques; causeur piquant, bon acteur, surnommé le *Garrick* de l'Italie, il fit supprimer les masques au théâtre et fut en correspondance avec les célébrités de son temps: Voltaire, Fontenelle, Alfieri, Goldoni, etc. Nature fougueuse, dans un accès de jalousie, il tua sa femme, une comédienne qu'il avait épousée à Venise, et se remaria à une danseuse qui le rendit malheureux. On a de lui des *Nouvelles* auxquelles, sans doute par antithèse, il a donné le surnom de *morales*, des comédies sur les mœurs de l'époque, et des farces pleines de verve spirituelle. — Son écrit le plus estimé est le *Préjugé du faux honneur*. Il mourut en 1804.

ALBENGA, anciennement *Albingaunum*, ville d'Italie (Piémont), prov. de Gênes, dont elle est distante de 60 kil. 5,000 hab. Elle est le siége d'un évêché et remarquable par ses belles antiquités.

ALBÈRES (monts), partie des Pyrénées, située entre le département des Pyrénées-Orientales et l'Espagne. Célèbres par la victoire remportée en 1794 par les Français sur les Espagnols.

ALBÉRIC Ier, gentilhomme de Lombardie, qui gagna sa fortune et ses titres dans les guerres civiles, en se mettant tour à tour au service du duc de Spolète, Guido, et de Bérenger, duc de Frioul. Créé marquis de Camerino et ensuite duc de Spolète, il étendit encore son influence sur Rome et augmenta ses propriétés dans l'Italie centrale en épousant la trop célèbre Marozia, qui était toute puissante à Rome. En 925, il appela les Hongrois contre le pape Jean X, qu'il avait aidé à chasser les Sarrasins de Garigliano. Pour le punir de cet appel fait au secours des Barbares, les Romains le tuèrent à Citta-d'Orta la même année.

ALBÉRIC II, de Camérino, seigneur de Rome, fils du précédent et de Marozia. Hugues de Provence, troisième mari de sa mère, l'ayant insulté publiquement et dépouillé des possessions paternelles pour les donner à un étranger, il excita les Romains à la révolte, chassa le roi d'Italie et enferma sa mère au château Saint-Ange. Il jouit d'une certaine dictature qu'il conserva pendant 23 ans, c'est-à-dire jusqu'à sa mort, arrivée en 954. Son fils, Octavien Albéric, devint pape sous le nom de Jean XII.

ALBÉRIC, chroniqueur qui vivait au XIIIe siècle. Il a fait une compilation de tout ce qui s'est passé depuis le commencement du monde jusqu'en 1241. Il n'y a de réellement intéressant que ce qui a trait aux événements contemporains, dont on trouve une peinture assez exacte.

ALBÉRONI (Jules), cardinal romain et premier ministre d'Espagne. Né en 1662, à Firenzuola, près Plaisance, dans le duché de Parme, cet homme célèbre eut une fortune et des aventures si extraordinaires, qu'on serait tenté de prendre l'histoire de sa vie pour une de ces rêveries émanant du cerveau de quelque romancier en délire. Fils d'un jardinier, il déploya autant d'habileté pour entrer dans les ordres qu'il lui en fallut plus tard pour gouverner l'Espagne et faire chanceler tous les trônes de l'Europe. Après avoir rempli quelques emplois subalternes à la cathédrale de Plaisance, il sut gagner la faveur du vice-légat de Ravenne qui s'occupa de lui et lui confie même le poste d'agent du duc de Parme près le duc de Vendôme, qui commandait en chef l'armée française qui opérait en Italie à l'occasion de la guerre de succession. Albéroni sut, par son empressement, ses bons mots, ses traits spirituels, gagner les bonnes grâces du maréchal, qui l'emmena à la cour de France et le présenta à Louis XIV. Une amitié, que des calomniateurs ont voulu ternir en lui attribuant une cause immorale, s'établit entre ces deux hommes qui ne se quittèrent plus. Le duc de Vendôme marcha de succès en succès et se couvrit de gloire dans la guerre de la succession d'Espagne, et Albéroni gagna la faveur de Philippe V, auquel il rendit par son habileté les plus grands services. Le duc de Parme, auquel il put être utile près du roi d'Espagne, lui fournit l'occasion de revenir à la cour de Madrid en lui donnant le titre d'agent consulaire. Dès lors Albéroni envisage avec calme le but qu'il veut atteindre, il manœuvre lentement, mais sûrement: les obstacles ne font qu'augmenter sa force. Deux personnes peuvent porter une entrave à ses desseins: le cardinal del Giudice et la princesse des Ursins, favorite du roi. Il se débarrasse de l'un et de l'autre en faisant épouser à Philippe V Elisabeth Farnèse, nièce du duc de Parme. Enfin il toucha au but de ses désirs : il reçut le chapeau de cardinal en même temps qu'il entra au ministère. C'est là où se révélèrent tout son génie et sa force : homme d'action aux idées vastes et puissantes, il voulut régénérer l'Espagne et la placer une fois encore à la tête des nations européennes; il voulut rendre à la monarchie espagnole son antique splendeur. S'attaquant aux abus, il organisa la marine et l'armée, remit de l'ordre dans les finances, et le royaume se retrouva presque aussi puissant que sous Philippe II. Continuant son vaste projet, il voulut rendre à l'Espagne tout le territoire qu'elle avait possédé autrefois en Italie, et, malgré la défection du duc d'Orléans, régent de France, qui abandonna l'alliance espagnole pour prendre parti avec l'Angleterre, il n'hésita pas à attaquer l'empereur et lui enleva la Sardaigne et la Sicile. Puis, après la défaite et la destruction de la flotte espagnole par l'amiral anglais Byng, il chercha à réparer cet insuccès en fomentant une guerre générale, jeta des ferments de révolte en France, fut l'un des instigateurs de la conspiration de Cellamare et chercha à enlever le duc d'Orléans lui-même au milieu de sa cour. C'est ce qui le perdit. Le régent, se sentant appuyé par l'Angleterre, sortit de son indécision habituelle et déclara la guerre à l'Espagne en publiant un manifeste dans lequel il dévoilait toutes les intrigues et les manœuvres du cardinal. Une armée française entra en Espagne et opéra si vigoureusement que le roi perdit tout courage et signa le traité qu'on voulut. Ce traité contenait entre autres clauses l'exil d'Albéroni, qui ne tarda pas à recevoir l'ordre de quitter Madrid en 24 heures et l'Espagne dans les cinq jours. Cet homme qui, parti des derniers rangs de la société, était arrivé au sommet du pouvoir, avait agi comme s'il eût dû le posséder éternellement, et au lieu de se créer des amis, il ne s'était fait que des ennemis puissants, et cela à tel point, qu'en sortant d'Espagne, sa vie n'était plus en sûreté. Aussi à peine eut-il dépassé les Pyrénées que sa voiture fut attaquée et son domestique tué. Obligé de se déguiser, il erra de ville en ville pendant un an et finit par trouver un refuge sur le territoire de Gênes. Là, il fut persécuté et mis en prison, sur la demande du pape; mais, à la mort de Clément XI, les Génois lui rendirent la liberté. Innocent XIII le poursuivit encore pour le libertinage de sa vie, et le condamna à quatre années de prison; mais enfin il sortit au bout d'un an, et fut nommé légat du Saint-Siége dans la Romagne. Esprit remuant et inquiet, il voulut ajouter aux Etats pontificaux la petite république de Saint-Marin, mais le pape Clément XII l'arrêta dans sa tentative. — Albéroni mourut à Rome en 1752.

ALBERT Ier, duc d'Autriche et empereur d'Allemagne. Né en 1248, il hérita des qualités guerrières de son père, Rodolphe de Habsbourg. A la mort de ce dernier, l'Autriche et la Styrie se révoltèrent contre son fils, qui étouffa cette insurrection et punit les révoltés en déchirant les chartes des priviléges qui leur avaient été concédées. Compétiteur au trône du Saint-Empire d'Adolphe de Nassau, il eût peut-être été nommé, mais son arrogance envers les électeurs le fit exclure. Il parut d'abord accéder à ce choix, craignant de s'attirer contre lui toutes les forces de l'empire et surtout à cause d'une nouvelle révolte de ses sujets; mais, ayant appris qu'Adolphe se faisait détester par sa sévérité, il devint soudain souple, modéré, affable, et gagna ainsi les sympathies des électeurs. Adolphe fut déposé à la diète de Mayence, le 25 juin 1298. Une rencontre eut lieu à Gelheim la même année; Albert, soutenu par de nombreuses forces, triompha de son rival, et le remplaça sur le trône, malgré les efforts de Boniface VIII et de l'archevêque, Gérard de Mayence, pour l'en faire exclure. Albert s'étant assuré des alliances, surtout par le mariage de son fils Rodolphe avec Blanche, sœur du roi de France, envahit l'électorat de Mayence, se rendit maître de plusieurs forteresses, et força l'archevêque à le reconnaître. Le pape effrayé se réconcilia à son tour avec lui, et pour lui plaire il alla jusqu'à excommunier Philippe en lui donnant le trône de France. Albert entreprit de nombreuses guerres injustes, en Hollande, en Bohême, etc. Mais un des événements les plus importants de son règne, c'est la révolte et l'affranchissement de la Suisse, qu'il voulait faire passer dans les biens de la maison d'Autriche. Le 13 janvier 1308, un cri de révolte éclata dans les trois cantons d'Unterwald, de Schwitz et d'Uri, les gouverneurs furent tués et les châteaux enlevés. Il se disposait à aller châtier les révoltés, lorsque Jean de Souabe, son neveu, qu'il avait dépouillé de ses Etats héréditaires, de concert avec son précepteur et trois de ses amis, jura sa mort. Les conjurés mirent à profit, dans une excursion à Rheinfeld, le moment où sa suite ne pouvait le défendre et le tuèrent au passage de la Reuss, le 1er mai 1308.

ALBERT II, duc d'Autriche, surnommé le *Sage*, fils du précédent, né en 1298, refusa la couronne impériale que voulait lui donner Jean XXII; mais il ne fut pas toujours aussi circonspect. Séduit par la haine des nobles de Zurich contre Rodolphe Brunn, et par les vexations que celui-ci, quoique gouvernant au nom du peuple, faisait souffrir aux habitants, Albert II porta la guerre en Suisse, après s'être assuré des alliés, et mit le siége devant Zurich; mais la veille de l'assaut, les coalisés abandonnèrent lâchement le duc d'Autriche, qui, ne pouvant continuer le siége, prit le parti de corrompre Rodolphe Brunn et se fit reconnaître à Zurich. La guerre allait être terminée sans fruit pour les Suisses, lorsque les montagnards de Schwitz se révoltèrent et mirent en fuite les agents d'Albert. Prince actif, économe et circonspect, il put mériter le surnom de Sage, mais n'eut aucune des qualités qui font les grands princes. Il essaya, mais en vain, d'établir dans ses Etats d'Autriche le droit de primogéniture. Il mourut à Vienne en 1358.

ALBERT III, duc d'Autriche, fils du précédent, né en 1347. Il gouverna quelque temps avec son jeune frère Léopold, mais à la suite de quelques démêlés, celui-ci, soutenu par l'empereur Charles IV, le força à partager ses Etats héréditaires, malgré l'ordonnance de leur père, qui établissait le droit de primogéniture. Léopold, tué dans une guerre contre la Suisse, laissa tout le pouvoir à Albert, qui ne s'en servit que pour le bonheur de ses sujets. Prince vigilant, il empêcha les seigneurs de vexer le peuple, maintint une bonne police et protégea les sciences, les arts et les lettres, qu'il cultiva lui-même; il fonda des chaires de théologie et de mathématiques à l'Université de Vienne, et mourut en 1395, lorsqu'il allait en Bohême soutenir la noblesse, révoltée contre Venceslas.

ALBERT IV, duc d'Autriche, fils unique du précédent, surnommé le *Pieux*, à son retour d'un pèlerinage à Jérusalem. Il épousa la fille du duc de Bavière; néanmoins, il vécut dès lors en anachorète, et se retirait souvent dans un couvent de chartreux, où on le nommait *frère Albert*. Il mourut au siége de Znaïm des suites du poison que lui avait administré un traître vendu à l'ennemi, en 1414.

ALBERT II, comme empereur d'Allemagne, bien qu'il n'eût jamais été couronné de fait, et ALBERT V, comme duc d'Autriche, surnommé le *Magnanime*, fils du précédent, naquit à Vienne en 1397. A son avénement à la couronne, à l'âge de sept ans, l'Autriche était livrée aux plus affreux désordres par la mauvaise gestion de son tuteur, Léopold. Celui-ci, pour gouverner sans frein et selon son bon plaisir, essaya de corrompre le jeune duc par de honteuses débauches, mais ses gouverneurs le sauvèrent heureusement de ce péril. L'un d'eux s'entendit secrètement avec les Etats, qui s'engagèrent à ne plus obéir qu'aux ordres d'Albert. A cette nouvelle, Léopold mourut de rage, en 1411. En voyant le jeune duc investi du gouvernement, le peuple s'abandonna à toute sa joie; Albert récompensa dignement ses sujets de leur enthousiasme en les protégeant contre les exactions de la noblesse; il créa une police, purgea les routes des brigands qui les infestaient, rendit de la force aux tribunaux et fit fleurir le commerce et les arts. Ses sujets, pour dépeindre cette prospérité, disaient proverbialement que l'or et l'argent se gardaient eux-mêmes sur les chemins : bel éloge d'un prince qui eut pourtant à se reprocher quelques actes de cruauté et d'intolérance envers les juifs. Il était bon, juste et simple, malgré les tristes exemples qu'il avait eus sous les yeux au début de son règne. Il épousa, en 1422, Elisabeth, fille de Sigismond, qui malheureusement l'entraîna plusieurs fois dans de funestes guerres contre les Hussites. Ce fut alors, en 1438, que Sigismond l'appela au trône de Bohême. Les Hongrois le prirent aussi pour roi, et il leur jura de se consacrer uniquement à leur prospérité. Nommé empereur quelque temps après, il professait un tel respect pour la parole jurée, qu'il n'accepta l'empire qu'après que ses sujets l'eurent délié de son serment. Il rétablit la paix dans l'empire, le divisa en cercles, améliora la justice et arrêta les empiétements de la puissance pontificale. A la fin de son règne, il eut à lutter contre Amurat II, petit-fils de Bajazet, et mourut d'une maladie contagieuse qu'il avait gagnée dans cette malheureuse campagne, en 1439.

ALBERT, archiduc d'Autriche, 6e fils de Maximilien II, né en 1559. Elevé à la cour de Philippe II, il fut créé, très-jeune encore, cardinal-archevêque de Tolède, puis vice-roi de Portugal. Il sut si bien conquérir l'estime universelle par son équité et sa sagesse que le roi d'Espagne le prit pour son lieutenant dans les Pays-Bas, dont venaient de se séparer les Provinces-Unies; mais Albert, tout en cherchant à réparer les maux causés par son cruel prédécesseur, le duc d'Albe, tenta vainement de reprendre la Hollande. L'année même où la paix fut signée à Vervins entre la France et l'Espagne, en 1598; Philippe II accorda à son lieutenant la main de sa fille, Isabelle-Claire-Eugénie, qui, pour récompenser Albert d'avoir renoncé à la pourpre romaine, lui apporta en dot les Pays-Bas. La domination espagnole sur la Hollande touchait à sa fin; l'archiduc, vaincu par Maurice de Nassau, à Nieuport, et n'ayant pu réussir devant Ostende, signa un armistice, et mourut en 1621, avant la reprise des hostilités.

ALBERT de Mecklembourg, roi de Suède, second fils du duc Albert Ier de Mecklembourg et d'Euphémie, fille de Magnus II, roi de Suède. Les grands, mécontents de Magnus et de son fils Haquin, offrirent la couronne à Albert, qui combattit contre Magnus et le fit prisonnier. Mais pour affermir son pouvoir, il appela les Allemands dans son sénat et dans son armée, ce qui indisposa contre lui les nobles suédois, qui réclamèrent l'appui de Marguerite de Waldemar, reine de Danemark, surnommée la Sémiramis du Nord. Elle battit Albert à Falkœping et le fit prisonnier le 24 février 1389. Il ne sortit de prison qu'en 1394. La Suède était épuisée, et pourtant il n'hésita pas à recommencer la guerre, mais son fils Eric étant venu à mourir, il abandonna à Marguerite Stockholm ses droits au trône de Suède et mourut au couvent de Debron, dans le Mecklembourg, en 1412.

ALBERT *l'Ours*, dit aussi le *Beau*, margrave et fondateur de la maison de Brandebourg, fils d'Othon le Riche, né en 1106, acheta les margraviats de Lusace et de Salzwedel. Pour le récompenser de l'avoir aidé contre les Guelfes, l'empereur Conrad lui donna le duché de Saxe, qu'il dut abandonner, en 1142, au jeune Henri le Lion, après en avoir été chassé par les habitants. Il obtint pourtant que son margraviat ne dépendrait plus de la Saxe, mais seulement de l'empire. Il ne fut pas heureux dans ses croisades contre les Vénèdes et dans sa guerre contre Jazko, roi de Pologne. Pour peupler ses États, il appela des ouvriers flamands, hollandais, etc., ruinés par les guerres. Il est le fondateur de Berlin et de Francfort-sur-l'Oder. Il mourut à son retour d'une croisade à Jérusalem, en 1170.

ALBERT, margrave et électeur de Brandebourg, né à Tangermund, en 1414, surnommé, à cause de sa valeur et de sa prudence, l'*Achille* et l'*Ulysse* de l'Allemagne. Troisième fils de Frédéric Ier, qui avait reçu de l'empereur Sigismond la marche électorale de Brandebourg, il débuta dans la carrière des armes, en 1438, contre les Polonais sous les ordres de l'empereur, et plus tard défendit son beau-frère, Louis le Contrefait, contre son père, Louis le Barbu, battit ce dernier et le fit prisonnier. Ayant à se plaindre de la ville de Nuremberg, il l'attaqua et y fit des prouesses merveilleuses. A la mort de son frère aîné, Jean l'Alchimiste, et après l'abdication de son second frère, Frédéric, il réunit dans ses mains tout l'héritage paternel. En Poméranie il continua la guerre commencée par Frédéric II, et n'obtint les droits de suzeraineté et de succession qu'à défaut de descendants des ducs de Poméranie. Après de sages et nombreuses réformes, il céda son trône à son fils, Jean le Cicéron, et mourut dix ans après à Francfort-sur-le-Mein.

ALBERT de Brandebourg, fils cadet de Jean le Cicéron, né en 1489, électeur de Brandebourg, s'attacha à l'Église et à la cour de Rome, favorisa les jésuites et la prédication des indulgences que le célèbre Tetzel vint faire dans ses États. Pour le récompenser de son zèle, il fut nommé tour à tour archevêque de Magdebourg, administrateur de l'évêché de Halberstadt, électeur et archevêque de Mayence. Malgré l'hostilité qu'il montra à la religion réformée, celle-ci fit de tels progrès à Magdebourg qu'il dut accorder le libre exercice de ce culte à ses sujets révoltés. Il mourut à Aschaffenbourg, en 1545.

ALBERT, le dernier grand-maître de l'Ordre teutonique, et le premier duc de Prusse, fils du margrave Frédéric d'Anspach-Baireuth, né en 1490, fut destiné à l'état ecclésiastique. D'un caractère chevaleresque, après avoir rendu hommage à Sigismond, on voulut le contraindre à prêter serment de fidélité; il vendit ses biens pour former une armée et commença la guerre contre les Polonais; mais il ne fut pas heureux. Abandonné de tous, du pape, de Charles-Quint, etc., il se démit de ses fonctions de grand-maître de l'Ordre teutonique, qu'il avait acceptées en 1510, et embrassa le luthéranisme, reçut la Prusse inférieure comme fief de Pologne, et porta le titre de duc de Prusse. Dès lors il s'occupa de religion, créa l'Université de Kœnigsberg, en 1543, chassa les catholiques de ses États; il donna aussi ses soins à la prospérité du commerce et de l'industrie, et, malgré ses efforts, ne put ramener la paix entre le clergé et la noblesse. Il mourut en 1568.

ALBERT le *Belliqueux*, surnommé encore l'*Alcibiade*, à cause de sa grande beauté, marquis de Brandebourg, né en 1522, il se distingua par sa bravoure dans les guerres que Charles-Quint soutint contre la France en 1544. Malheureux dans ses luttes contre les protestants d'Allemagne, il fut battu et pris par le duc Ernest de Brunswick, qui le retint captif à Gotha jusqu'en 1552. Mécontent de Charles-Quint, il prit parti pour la France, fut de la ligue des princes allemands, formée par l'électeur de Saxe, Maurice, et, à la tête d'aventuriers, fit une guerre de brigandage, pillant, rançonnant, se livrant enfin aux plus odieux excès. Il prit Worms, Spire, et n'épargna même pas ses alliés. Au siége de Metz, il prétexta quelques différends avec le duc d'Aumale, pour reprendre le service de Charles-Quint; celui-ci n'ayant pu mettre un frein à ses déprédations, le fit condamner par la chambre impériale à cesser les usurpations qu'il avait commises sur les évêques de Wurtzbourg et de Bamberg, mais il refusa formellement. Alors une ligue se forma contre lui, sous la conduite de Maurice de Saxe, qui eut pour résultat une bataille des plus sanglantes et dans laquelle Albert fut défait et Maurice blessé à mort. Mis au ban de l'empire et exilé, Albert se livra à la débauche, et mourut d'intempérance en 1558. Ce prince est tout à fait le type du soudard, tel qu'on en vit en grand nombre à la fin du moyen âge; sans foi ni honneur, ils n'étaient que des brigands d'un rang plus élevé et ne cherchaient dans la guerre que des occasions de rapines et de pillage.

ALBERT le *Dénaturé*, landgrave de Thuringe, souilla son règne par des actes de cruauté sans nombre. Ayant épousé Marguerite, fille de Frédéric II, il voulut la faire mourir au château de Wartzbourg, d'où elle put s'échapper et se réfugia au couvent de Francfort, où elle mourut, en 1270. Pour couronner dignement sa vie, il se livra à de honteuses débauches et tourna ses armes contre son propre fils, Frédéric le *Mordu*, qu'il essaya de déshériter en cédant ses domaines à Adolphe de Nassau. En 1314, il alla mourir de misère à Erfurth.

ALBERT (Casimir), duc de Saxe-Teschen, fils du roi de Pologne Auguste III, naquit en 1738 près de Dresde. Il épousa, en 1766, l'archiduchesse Christine, fille de Marie-Thérèse. Son armée mit le siége devant Lille; mais, obligée de se retirer, elle fut battue à Jemmapes avec Beaulieu. Albert, forcé par ses infirmités, quitta peu de temps après le service militaire pour se livrer à la culture des arts. Le faubourg de Maria Hilf, à Vienne, lui doit la construction d'un magnifique aqueduc, et Albert enrichit de tableaux précieux ses admirables galeries, qui, à sa mort, en 1822, devinrent la propriété de l'archiduc Charles.

ALBERT D'AIX, chanoine et gardien de l'église d'Aix, en Provence, composa une histoire de la première croisade, d'après les récits de témoins oculaires. Les faits matériels sont exacts et assez piquants; mais parfois, emporté par le merveilleux, il accepte peut-être trop facilement les faits surnaturels. Les noms des lieux et des personnages ne sont pas toujours respectés, quant à l'orthographe. M. Guizot a traduit en français, dans la collection des *Mémoires relatifs à l'histoire de la France*, son *Chronicon hierosolymitanum*. Albert mourut vers 1120.

ALBERT DE BEHAM, ou *Bohemus*, mérita ce surnom par son long séjour en Bohême et sa connaissance approfondie de la langue de ce royaume. Avocat à Rome, puis archidiacre de Passau, il fit exécuter la sentence d'excommunication contre Frédéric II, qu'il voulut remplacer par le fils du roi de Danemark; mais le clergé bavarois s'y opposa. Ayant voulu l'emporter par la violence, il se vit tour à tour banni, proscrit, et, rappelé, il ne cessa de troubler l'Allemagne par ses écrits et ses négociations. Il parvint cependant à rentrer dans tous ses bénéfices à la mort de son ennemi, l'évêque de Nassau, et mourut au faîte des grandeurs en 1258.

ALBERT le *Grand*, de la famille des comtes de Bollstœdt. Né dans le XIIIe siècle, il fut un savant et un philosophe très-distingué pour son époque. A Pavie, où il fit ses études, il laissa bien loin derrière lui ses condisciples; aussi, comme les hommes, surtout les contemporains, admettent difficilement des qualités supérieures chez ceux qu'ils ont connus, voulut-on expliquer ces succès éclatants en les attribuant à des moyens surnaturels. Découragé, il était sur le point d'abandonner l'étude des sciences quand il se décida à entrer dans l'ordre de Saint-Dominique, et acquit une si grande réputation, qu'on le fit appeler en divers lieux pour y enseigner les sciences et la philosophie. A Paris, il commenta Aristote avec succès, et, comme la salle était trop petite pour le nombre d'élèves qui se pressaient de toutes parts à ses cours, il les fit sur une place qui prit le nom de place de Maître-Albert, d'où, par corruption, place Maubert. En quittant Paris, il alla professer à Cologne, où on l'éleva à la dignité de provincial des Dominicains. Nommé évêque de Ratisbonne, il se démit au bout de trois ans, préférant retourner à Cologne, qui offrait alors d'immenses ressources aux savants. Il avait défendu auparavant à Rome les ordres mendiants attaqués par l'Université de Paris. Son amour pour les expériences qu'il appelle magiques, sa supériorité, l'ignorance et la jalousie le firent passer pour magicien; à peine si, à travers tant d'années écoulées, sa grande ombre n'apparaît pas encore coiffée du grand bonnet pointu, vêtue d'une longue robe, et tenant à la main la baguette magique. C'est ainsi que nous avons eu le conte de cet automate, doué du mouvement et de la parole, que saint Thomas d'Aquin, disciple d'Albert, brisa à coups de bâton, croyant ce monstre l'œuvre du diable et non de son maître. Est-ce étonnant après cela si on lui a attribué tant d'ouvrages, dont beaucoup sont certainement apocryphes, et qui, imprimés sur du papier à chandelle, vont se répandre dans les campagnes et suggérer de sottes idées aux paysans, qui n'ont encore pas entièrement secoué le joug de la superstition. Dans les ouvrages qui sont de lui, et qui sont encore assez respectables par le nombre et la qualité, il s'occupe surtout de commenter Aristote et de compiler les traités arabes; cependant il a en propre un système de philosophie, ou plutôt de doctrine, assez complet. Il avait des notions exactes sur les propriétés des pierres, des métaux et des sels, dont il traite principalement dans ses écrits.

ALBERT (maison D'). Cette famille, originaire de Florence, de la branche des Alberti, s'établit dans le Comtat Venaissin dans le XVe siècle. Ses principaux membres furent : Thomas, viguier du Saint-Esprit et panetier de Charles VII; — Léon, seigneur de Luynes, tué à la bataille de Cérisoles; — Honoré, qui servit comme colonel sous Charles IX et Henri III; — Charles, duc de Luynes, pair, premier gentilhomme de la chambre du roi, etc., qui devint premier ministre à la mort du maréchal d'Ancre et décida Louis XIII à faire la guerre aux protestants; — Louis-Charles, duc de Luynes, qui rechercha l'amitié des hommes célèbres de Port-Royal et travailla à la Bible; c'est pour son fils qu'on fit la *Logique de Port-Royal*; — Charles-Philippe, duc de Luynes, qui entretint une correspondance avec Marie Leczinska; — Louis-Joseph-Amable, duc de Luynes, député de la noblesse aux États généraux de 1789; il prit part aux sages mesures de l'Assemblée constituante; — Paul, cardinal de Luynes, évêque de Bayeux, premier aumônier de la Dauphine, archevêque de Sens et cardinal-prêtre; membre de l'Académie française et de l'Académie des sciences, il rétablit l'Académie à Caen et y fonda une bibliothèque. Il était d'une grande érudition.

ALBERT (François-Auguste-Charles-Emmanuel), duc de Saxe, prince-époux de S. M. la reine d'Angleterre, né le 26 août 1819, au château de Rosenau, près de Cobourg, deuxième fils du duc Ernest Ier, de Saxe-Cobourg. Après avoir reçu, sous la direction de son père, la plus brillante éducation, il fit, en 1836, un voyage à Londres, où il causa, par son esprit et ses grâces physiques, une profonde impression sur la jeune princesse Victoria. Dès ce moment, l'union des deux jeunes gens fut arrêtée en principe, et lorsque le duc Albert retourna sur le continent pour compléter son éducation, on lui donna un gouverneur anglais appartenant officiellement à la cour. Après avoir suivi avec succès les cours de l'université de Bonn, il revint à Londres en 1839, et, le 10 février 1840, il épousait la reine Victoria dans la chapelle royale de Saint-James. Il avait déjà reçu le titre d'altesse royale, le grade de feld-marshall et les insignes de l'ordre de la Jarretière. Le parlement britannique réduisit à 30,000 liv. sterl. la liste civile que le ministère avait demandée pour lui. Le prince Albert rencontra dans le peuple anglais, à cause de son origine étrangère, une sorte d'hostilité, longtemps entretenue et excitée même par l'aristocratie et la presse; mais, par la générosité de son caractère et l'élévation de ses sentiments, il ne tarda pas à vaincre cette espèce de résistance. Si le rôle qu'il joua sur la scène politique fut à peu près nul, il sut, dans une sphère moins ambitieuse et plus modeste, déployer les excellentes qualités de son cœur et se consacrer au bonheur de ce peuple qu'il ne gouvernait pas. Protecteur de toutes les institutions de bienfaisance, il contribua puissamment, par ses travaux et son exemple, au développement de l'industrie et de l'agriculture, et c'est grâce à son initiative que la première exposition universelle eut lieu à Londres en 1851, et il s'occupait d'en préparer une seconde lorsqu'il mourut, le 14 décembre 1861. Toute l'Angleterre fut en deuil de cette mort, qui fut considérée comme un malheur public. Si le prince Albert n'eut point de lauriers sur son cercueil, il eut les gloires des conquêtes pacifiques des arts et de l'industrie qui, loin de coûter le sang d'un peuple, ne peuvent qu'ajouter à son bien-être.

ALBERT, chef-lieu de cant. de l'arrond. de Péronne (Somme), dont il est distant de 23 kil.; pop. 3,500 hab. Cette ville portait jadis le nom d'Ancre; mais, en 1617, lors de la chute de Concini, qui en était le seigneur, ce nom fut changé en celui d'Albert, qui appartenait au duc de Luynes. On sait que Louis XIII, à la mort du maréchal d'Ancre, lui donna une grande partie de ses biens.

ALBERTAS (Jean-Baptiste, marquis D'), premier président à la cour des comptes, mourut assassiné par ses vassaux, en 1790, à la suite d'une fête qu'il leur avait donnée.

ALBERTAS (Jean-Baptiste-Suzanne, marquis D'), fils du précédent. Malgré la triste fin de son père, il n'abandonna pas son pays, mais se livra à des spéculations commerciales qui augmentèrent sa fortune dans d'immenses proportions; refusant constamment divers emplois publics qu'on lui avait offerts, il accepta, en 1814, à la première Restauration, les fonctions de préfet des Bouches-du-Rhône, et montra, pendant les Cent-Jours, tant de dévouement à la cause royale, que Louis XVIII, à son retour, lui adressa une lettre autographe des plus flatteuses et l'éleva à la pairie, le 17 août 1815. Le marquis d'Albertas mourut en 1829.

ALBERTET, poëte provençal, né à Sisteron, vers la fin du XIIIe siècle. L'amour qu'il conçut pour la marquise de Malespine et qui ne dépassa jamais les bornes du plus profond respect, lui inspira des vers charmants, empreints de cette naïveté amoureuse qui va droit au cœur, et qu'on trouve dans quelques écrits de cette époque. La dame de ses pensées, s'apercevant que l'amour du poëte nuisait à sa réputation, lui ordonna de quitter la ville, ce qu'il fit non sans douleur. Retiré à Tarascon, il y mourut peu de temps après de chagrin et d'amour.

ALBERTI, nom d'une très-ancienne famille de Florence qui appartenait au gros négoce ou arts majeurs; elle fit une courageuse opposition à l'oligarchie aristocratique qui gouvernait la ville, et, voulant l'égalité républicaine, lutta avec courage contre les Médicis et les Albizzi. S'appuyant sur les corporations des artisans, elle vainquit d'abord le parti aristocratique; mais, en 1387, les Albizzi ayant repris le pouvoir, exilèrent leurs ennemis, qui ne purent rentrer à Florence que sous les Médicis, en 1435. Le plus célèbre personnage de cette famille est le pape Benoît Alberti, qui prit part à ces luttes par l'incendie et le pillage. Auteur de la révolution de Ciompi, il mourut à Rhodes en revenant d'un pèlerinage au Saint-Sépulcre.

ALBERTI (Léon-Baptiste), surnommé le *Vitruve moderne*, né à Florence, en 1404, mort en 1484. Descendant de la célèbre famille des Alberti, il se distingua par ses connaissances étendues et abandonna ses fonctions de chanoine et d'abbé pour se livrer exclusivement à l'étude des arts, de la littérature, de la théologie, de la peinture et surtout de l'architecture. Négligé avant lui, il imprima à ce dernier art une espèce de renaissance, car analysant avec soin les beautés des monuments antiques, il retira de cette étude approfondie les éléments d'un style fin et gracieux. On a construit d'après ses dessins plusieurs monuments à Rome, à Florence, à Rimini, à Mantoue. Ses chefs-d'œuvre sont les églises de Sancta-Maria-Novella, de Saint-Sébastien, et surtout celle de Saint-André, construite dans de belles et grandioses proportions, et de San Francesco. On lui doit un ouvrage très-curieux sur l'architecture, intitulé : *de Re ædificatoria*, des fables et des comédies, dont une surtout, *Philodoxios*, imitait tellement bien la manière des anciens comiques, que Alde Manuce, célèbre imprimeur du XVIe siècle, surnommé *le Jeune*, s'y trompa. D'un caractère aimable et généreux, Alberti compta parmi ses amis Laurent de Médicis, et se fit chérir des artistes, auxquels il ne porta jamais ombrage.

ALBERTINE (ligne), branche cadette de la maison de Stettin, règne depuis environ deux siècles sur la Saxe. Son nom lui vient d'Albert, qui partagea avec Ernest, tous deux fils de Frédéric, électeur de Saxe, l'héritage paternel, en 1485. Ernest a donné son nom à une autre branche qui a gardé le duché de Saxe.

ALBERTINI (Marietto) DI BAGIO, né à Florence vers 1467. Il étudia sous Cosimo-Rosselli, en même temps que Fra Bartolomeo, qui devint son ami. Ses œuvres sont des plus remarquables de l'école florentine, seulement il avait tellement pris la manière de son maître, que souvent on confond leurs tableaux. Aimant la bonne chère et les plaisirs, pour s'y livrer plus facilement, il peignit une enseigne et se fit aubergiste. Cependant il reprit la palette au couvent, près de Viterbe, et mourut à Rome, d'épuisement, en 1512. — Le musée de Paris a un tableau de lui : *Saint Jérôme et saint Zénobe adorant l'Enfant Jésus*. Ses principaux élèves furent Giuliano Bugiardini, Fremia Bigio et le Vesino.

ALBERTRANDY (Jean-Chrétien), historien, fils d'un boucher, naquit à Varsovie en 1731. Il appartint à l'ordre des jésuites. Précepteur de Félix Lubienski, il voyagea avec son élève, qui offrit au roi de Pologne, Stanislas-Auguste, les médailles qu'ils avaient recueillies dans leurs voyages. Ce fut le commencement de la fortune d'Albertrandy, dont le roi s'occupa et le nomma son lecteur et son conservateur d'antiquités. Bientôt il lui fit faire des recherches sur l'histoire de la Pologne, et, pour le récompenser de ses travaux, il le créa bibliothécaire royal et évêque de Zénopolis. Albertrandy fonda à Varsovie la société des Amis des Sciences. Outre l'histoire de la Pologne il a écrit de nombreux ouvrages remarquables par leur érudition et leur clarté. Cet historien avait de rares talents, perfectionnés encore par un travail assidu; il était doué d'une telle mémoire qu'en Suède, où on lui défendait, dans les bibliothèques, de prendre les notes nécessaires pour ses travaux historiques, il transcrivait, en rentrant chez lui, les ouvrages qu'il venait de lire, et se souvenait des moindres détails.

ALBERTVILLE, sous-préf. du départ. de la Savoie; à 60 kil. de Chambéry. Pop. 3,000 hab. Albertville qui, avant l'annexion de la Savoie à la France, faisait partie des États sardes, se compose de deux bourgs séparés par l'Arly, l'un que l'on nomme l'Hôpital, l'autre Conflans, qui étaient autrefois défendus par des fortifications. En 1835, le roi Charles-Albert réunit ces deux bourgs sous leur nom actuel.

ALBESTROFF, ch.-l. de cant. de l'arr. de Château-Salins (Meurthe), dont il est distant de 36 kil. Pop. 800 hab.

ALBI ou ALBY, anciennement *Alba Augusta*, ch.-l. du départ. du Tarn, à 676 kil. de Paris. Pop. 15,000 hab. Quoique situé au milieu d'une magnifique plaine, cette ville est, en général, sombre et mal bâtie. On remarque cependant le Vigan, belle promenade où s'élève la statue de Lapeyrouse. Sa cathédrale fut commencée en 1277 et achevée en 1480. Elle possède d'anciennes peintures qui ne sont pas sans mérite. Albi est le siége d'un archevêché, d'un tribunal de 1re instance; elle possède une bibliothèque et un musée. Son commerce assez étendu consiste en grains, vins, toiles, pastel. — Ville épiscopale dès le IIIe siècle, elle devint archiépiscopale en 1678. Les Sarrasins s'emparèrent d'Albi en 730; Pépin le Bref la soumit en 765 et elle fut érigée en comté en 781. Au Xe siècle, elle passa dans la maison de Toulouse. Confisquée à la suite de la croisade contre les Albigeois, elle fut donnée à Simon de Monfort, retourna ensuite à Louis VIII en 1226; la maison de Toulouse s'en empara de nouveau en 1241 et, en 1284, elle retourna définitivement à la couronne.

ALBIGEOIS, nom d'une secte d'hérétiques du moyen-âge, auquel se rattache le souvenir d'une page sanglante de notre histoire nationale. Les historiens et les chroniqueurs qui ont traité ce sujet, l'ont fait avec une telle partialité que l'on ne saurait les consulter avec fruit, et que l'on est obligé de procéder par voie d'induction et de déduction pour se former une idée exacte sur la portée et les causes réelles de la *guerre des Albigeois*. Aussi, avant de faire l'historique de ces funestes événements, allons-nous aborder quelques considérations sur l'état de la France et de la Provence à cette époque. La Provence et le Languedoc, qui avaient été le centre de la civilisation romaine, avaient conservé des restes précieux du bel ordre social imposé par les vainqueurs; habitées, ainsi que la Catalogne et les pays environnants qui relevaient du royaume d'Aragon, par une race d'hommes industrieuse, intelligente autant que spirituelle, cultivant avec ardeur le commerce et les arts, la poésie et la musique; gouvernées par une série de petits princes, dont les cours étaient autant de centres de lumières; remplies de villes populeuses et riches; voisines, enfin, de l'Italie, elles contrastaient avec le restant de la France, qui était encore plongé dans les ténèbres et l'ignorance du moyen âge. Aussi devaient-elles exciter la convoitise des princes voisins qui saisirent avec avidité l'occasion de la naissance de l'hérésie albigeoise pour tâcher de s'emparer de ces riches contrées. La secte des Albigeois, auxquels les historiens donnent une origine fort ancienne, avait des croyances qui n'étaient qu'un mélange d'éléments gnostiques, de principes manichéens, de prétentions et de cérémonies chrétiennes. Dans le principe, on ne fit aucune attention à eux, et l'on crut que c'était une sorte d'ordre qui se formait, ayant pour but de ranimer la ferveur des fidèles et de ressusciter la foi des temps apostoliques; mais, à leurs attaques contre le Saint-Siége, on ne tarda pas à s'apercevoir que c'étaient des novateurs qui pouvaient devenir dangereux, et Innocent III entreprit de les dompter, malgré l'assistance que leur donnaient les comtes de Toulouse, de Foix, de Béarn et le vicomte de Béziers. Une croisade fut prêchée, et Simon de Montfort, assisté des légats Pierre de Castelnau, Milon, et Arnauld Amaric, abbé de Cîteaux, prit le commandement de l'armée croisée. Le meurtre de Pierre de Castelnau donna le signal des massacres qui, pendant vingt années, ensanglantèrent ce beau pays. Béziers, Carcassonne et plusieurs autres villes furent saccagées par les Français, pendant que Pierre II, roi d'Aragon, qui était venu au secours du comte de Toulouse, perdait la vie à la bataille de Muret en 1213. Raymond VI demanda grâce, espérant conserver ses États; mais le pape, après lui avoir imposé une fustigation publique qu'il reçut de la main du légat, fit donner le comté de Toulouse au cupide Simon de Montfort qui, sous le manteau de la religion, ne cherchait qu'à s'enrichir et à agrandir ses possessions, et fonda, pour achever l'extirpation de l'hérésie, l'ordre des frères prêcheurs ou dominicains, auquel il confia le saint office de l'Inquisition. Simon fut tué d'un coup de pierre lancé par un fauconneau en assiégeant sa capitale en 1218. Raymond VI put recouvrer ses États, mais son fils, Raymond VII, après des luttes désespérées, dut les abandonner au roi Louis VIII, qui profita ainsi des crimes des ambitieux qui l'avaient précédé et put ajouter à la couronne de France l'un de ses plus beaux fleurons.

ALBIGEOIS (l'), ancien pays de France dont Alby était la capitale. Ce pays était situé entre les Cévennes, le Quercy, l'Armagnac et le Rouergue. Ses villes principales sont: Lavaur, Castres. Il forme maintenant une partie du départ. du Tarn.

ALBINOVANUS (C. Pedo), poëte du siècle d'Auguste, dont il nous reste quelques élégies, l'une à Livie sur la mort de son fils Drusus attribuée aussi à Ovide, son ami; elle est parfois touchante bien qu'un peu longue et monotone; l'autre, sur la mort de Mécène, et des fragments d'un voyage de Germanicus dans l'Océan septentrional.

ALBINUS (Decius Clodius Septimus). Il servit en qualité de général sous les empereurs Marc-Aurèle et Commode. En 193, apprenant que, à la mort de Pertinax, Didius Julianus avait acheté l'empire aux prétoriens, il prit le titre d'empereur dans la Bretagne qu'il commandait. Mais Pescennius Niger et Septime Sévère songèrent aussi à s'emparer de la couronne. Ce dernier, endormant Albinus par ses flatteries, après s'être débarrassé de Niger, le défit près de Lyon et lui fit trancher la tête, en 197.

ALBINUS (Bernard). Il appartenait à une famille allemande dont le nom était Weiss, qui signifie blanc, d'où il prit le nom latin Albinus qui a la même signification, et naquit à Dessau, dans la principauté d'Anhalt, en 1653. D'une science considérable et très-habile médecin, il fit de nombreux ouvrages dans les Pays-Bas, en France, et occupa quelque temps la chaire de médecine à Francfort sur l'Oder. Médecin des électeurs de Brandebourg, il reprit les fonctions de professeur à l'Université de Leyde où il avait étudié et s'était fait recevoir docteur. Il mourut vers 1721.

ALBINUS (Bernard-Sigefroy), fils du précédent, né à Francfort sur l'Oder en 1697, mort en 1770, se distingua surtout dans l'anatomie, à laquelle il fit faire de grands progrès. Il partagea les travaux de Boerhaave et de Ruysch, ses maîtres, et obtint des succès à Leyde, dans ses cours d'anatomie et de médecine, pendant environ 50 ans. Son grand ouvrage sur l'anatomie contient des planches qui sont des chefs-d'œuvre d'iconographie.

ALBINUS (Chrétien-Bernard), frère du précédent, né à Leyde en 1696, docteur en 1724, professa à l'université d'Utrecht, ville qui le choisit, en 1750, pour son député aux États généraux; il mourut en 1752.

ALBINI (Franz-Joseph, baron DE), homme d'État allemand. Né à Saint-Gour, en 1748, il débuta dans la carrière politique en qualité de conseiller de régence au service du prince-évêque de Wurtzbourg; après avoir rempli différentes fonctions il se trouva en rapport avec l'empereur Joseph II qui, appréciant ses qualités, lui confia diverses missions auprès de différentes cours de l'Allemagne. A la mort de l'empereur, l'électeur de Mayence lui confia le poste de ministre. Albini, par son administration bienfaisante, avait fait naître la prospérité dans ce petit État lorsque la guerre éclata en 1792. Au congrès de Rastadt, il proposa une levée en masse pour expulser les Français du territoire allemand et prit lui-même le commandement de la levée de Mayence en 1799. D'un patriotisme éclairé, sa conduite politique fut toujours fidèle aux intérêts de l'Allemagne qu'il sut toujours bien défendre. Il était ministre plénipotentiaire de l'Autriche près de la diète lorsqu'il mourut, le 8 janvier 1816.

ALBION, géant, fils de Neptune, voulut arrêter le passage d'Hercule dans la Gaule Narbonnaise; celui-ci, ayant en vain épuisé ses flèches contre son adversaire, Jupiter vint à son aide et ensevelit Albion sous une pluie de pierres. De là l'origine de ces pierres dont est jonchée la Crau, appelée autrefois le *lapideus campus* par les Romains.

ALBION, d'*Alb* ou *Alp*, montagne, est le plus ancien nom de la Grande-Bretagne (Angleterre et Écosse).

ALBION (l') ou le BION, anciennement *Pagus Albionensis*, ancien pays de la Provence. Ses villes principales sont: Saint-Christol d'Albion (Vaucluse), le Revest de Bion (Basses-Alpes).

ALBION (Nouvelle-). Vaste contrée de l'Amérique du Nord, sur l'Océan pacifique. D'après les explorations de Vancouver en 1792, cette contrée est habitée par des tribus indiennes peu nombreuses.

ALBIS (l'), chaîne de montagnes de la Suisse, dont la longueur est de 22 kil. et qui s'étend sur la rive gauche de la Sihl, parallèlement au lac de Zurich.

ALBITTE (Antoine-Louis). Avocat à Dieppe, lorsque la révolution éclata, il fut envoyé par le département de la Seine-Inférieure à l'Assemblée législative, en 1791, où il se distingua par une série de motions plus fortes les unes que les autres; après avoir demandé la démolition des fortifications des villes de l'intérieur « qui, suffisamment défendues contre l'étranger par le patriotisme de leurs habitants, ne

pourraient plus servir de boulevards au despotisme, » il proposa le renversement des statues des rois pour les remplacer par celles de la Liberté. Membre, plus tard, de la Convention, il fut pour la vente des biens des émigrés, vota la mort du roi sans sursis et sans appel, et, le 23 mars 1793, il fut le promoteur du décret qui portait la peine de mort contre tout émigré pris les armes à la main ou non sur le territoire occupé par les troupes de la république. Après avoir rempli les fonctions de commissaire aux armées des Alpes et d'Italie, il se distingua au siége de Toulon. Accusé d'avoir fait partie de l'insurrection de prairial, Albitte, qui était parvenu à se sauver, fut condamné à mort par contumace. Rentré en France, après l'amnistie du 14 brumaire an IV, il fut maire de Dieppe. Nommé plus tard inspecteur aux revues, il mourut de misère à la retraite de Russie, en 1812.

ALBIUS (mont), ancien nom des Alpes Dinariques, qui rattachent les Alpes Carniques à l'Hémus.

ALBIZZI, famille noble de Florence, originaire d'Arezzo, très-puissante par ses richesses et le nombre de ses clients; alliée d'abord à la famille des Ricci, à la fin du XIVe siècle, elle parvint à l'éloigner du pouvoir; mais son influence rencontra des obstacles parmi les familles rivales, celles des Médicis et surtout des Alberti, qui s'étaient mises à la tête du parti démocratique ou gibelin, contre le pape Grégoire XI. — Pierre d'Albizzi, son chef, fut l'âme du parti aristocratique, avec Lapo di Castiglioncho et Charles Strozzi. Leurs adversaires réunirent tous leurs efforts pour les renverser et s'emparer du gouvernement; les trois associés songeaient à les exiler, quand éclata la conjuration des Ciompri ou des compères (arts mineurs), qui assura le triomphe du parti démocratique; Lapo di Castiglioncho s'enfuit, Pierre seul fit face à l'orage; accusé d'avoir attenté à la liberté du peuple et retenu prisonnier, il refusa les secours de ceux de ses puissants amis, qui voulaient le sauver. Le magistrat chargé de le juger ne trouva dans sa conduite aucun motif plausible de condamnation; mais le peuple demandait sa mort et celle de ses complices. Entendant ces cris de fureur, et comprenant qu'il ne pouvait se sauver, Pierre fit des révélations et marcha fièrement au-devant de la mort, que lui préparait la faction triomphante des Alberti, 1378. Peu d'années, après, la décadence et l'exil des Alberti rendirent le pouvoir à Thomas ou Mazo Albizzi, qui vengea cruellement la mort de son oncle Pierre. Il eut des succès glorieux, soumit plusieurs villes rebelles: Pise, Arezzo, etc., et força la noblesse à reconnaître son autorité. Au dehors, son gouvernement était respecté, tandis qu'au dedans il grandissait par la prospérité des arts et des sciences. Thomas d'Albizzi administra Florence avec gloire, de 1382 à 1417; mais cet éclat s'éteignit à l'avénement de son fils Renaud, qui, malgré les sages conseils d'un ami de son père, Nicolas d'Uzzano, dépensa des sommes énormes à faire la guerre au seigneur de Lucques et envoya Côme de Médicis en exil, songeant même à le faire périr de mort violente; mais, malgré son énergie, il rencontra partout de l'opposition. La haine contre l'administration des Ciompri s'affaiblissait, Côme de Médicis jugea le moment favorable pour rentrer dans sa patrie, et réunit ses partisans autour de lui. Près de combattre, les deux partis s'en remirent à la médiation du pape Eugène IV. Côme de Médicis fut rappelé et bientôt Renaud, exilé, implora en vain des protections pour rentrer à Florence.

ALBOIN, fils d'Audouin, roi des Lombards, régna de 561 à 573. Par sa mère, il était du sang des Amales. Il exerça d'abord sa puissance dans le Norique et la Pannonie, aujourd'hui l'Autriche et la Hongrie. Il devait épouser une petite-fille de Clovis, quand il enleva Rosemonde à Cunimond, roi des Gépides; mais celui-ci le battit et lui reprit sa fille. Alboin alors s'unit aux Avares, vainquit et tua Cunimond (567) et épousa sa fille. Cette victoire réunit autour de lui tous les chefs des nations voisines, ce qui lui donna l'idée de conquérir l'Italie. Pour entraîner ses sujets à cette belle conquête, il leur dépeignit les richesses qui les attendaient en Italie. D'ailleurs, Narsès, général de Justinien, injustement exilé, l'appelait; il franchit donc les Alpes, avec l'espoir de fonder un nouveau royaume. Maître du centre, son armée d'aventuriers s'avança, presque sans combattre, jusqu'aux portes de Ravenne et de Rome. Seuls les Lombards résistèrent et Alboin mit trois ans à s'emparer de Pavie, dont il fit sa capitale. Il devait passer tous les habitants au fil de l'épée, mais une chute de son cheval, regardée comme un avertissement du ciel, l'arrêta dans son barbare projet. Alboin se borna à faire la conquête du nord de l'Italie et partagea son nouveau royaume en 36 duchés; il créa le duché lombard en faveur de son neveu, fils de Gizolfe. Si l'on en croit la légende, sa femme le fit poignarder par son amant, Hémilchide, et par son secrétaire, Péridée, pour se venger de ce que, dans une orgie, le roi l'avait forcée de boire dans le crâne de son père.

ALBON (Jacques D'), seigneur de Saint-André, maréchal de France. Brave, bien fait, magnifique, insinuant, il sut gagner les bonnes grâces de Henri II. Après s'être distingué à la bataille de Cérisoles et au siége de Boulogne, le roi lui conféra, en 1547, la dignité de maréchal de France, en même temps qu'il le nommait premier gentilhomme de la chambre. Commandant en chef dans plusieurs batailles, il fut fait prisonnier, en 1557, à celle de Saint-Quentin, et tué à la journée de Dreux, en 1562.

ALBON (André-Suzanne, comte D'), l'un des descendants de cette famille, qui possédait la seigneurie d'Yvetot et dont quelques-uns des membres avaient porté le titre de roi; né à Lyon en 1761, il joua un rôle assez insignifiant jusqu'en 1813, époque où l'empereur le nomma maire de Lyon. Aux événements de 1814, il se prononça contre son nouveau protecteur, refusa des armes aux habitants qui voulaient défendre l'entrée de la ville aux Autrichiens, et prit l'initiative de bon nombre de mesures réactionnaires. Député en 1816, il se fit remarquer par l'exagération de ses principes et fut l'un des plus chauds partisans de la loi contre les régicides. Dès lors, sa candidature fut constamment repoussée et il ne rentra aux affaires que lorsque l'ordonnance du 5 novembre 1827 l'appela à la pairie. Eliminé de la chambre haute, à la suite de la révolution de Juillet, il vécut dans la plus profonde retraite jusqu'à sa mort.

ALBON, ville du départ. de la Drôme, à 8 kil. de Saint-Vallier. Pop. 1,400 hab. On remarque, dans cette ville, les ruines du château d'Albon, qui appartint aux dauphins du Viennois.

ALBONA, ville située sur le littoral des Etats autrichiens, à 35 kil. de Fiume. Pop. 1,150 hab.

ALBORNOZ (Gilles-Alvarez-Carillo), descendant des maisons royales d'Aragon et de Léon, prélat guerrier et homme d'Etat, né à Cuença, vers l'an 1300. En empêchant le roi de Castille, Alphonse XI, de faire, à la bataille de Tarifa, une charge téméraire et inutile contre les troupes des musulmans, plus nombreuses que les siennes, il lui sauva la vie. Aussi celui-ci, par reconnaissance, l'arma lui-même chevalier et le fit archevêque de Tolède. Mais, Alphonse mort, son successeur, Pierre le Cruel, choqué de la liberté avec laquelle l'archevêque blâmait ses mœurs déréglées, allait le sacrifier à la vengeance de sa favorite, Marie de Padilla, quand Albornoz s'enfuit à Avignon, auprès du pape Clément VI, qui l'admit dans son conseil et lui donna la pourpre romaine. Chargé de faire rentrer sous l'autorité des papes, retirés à Avignon, les Etats de l'Eglise révoltés, il s'acquitta avec gloire et succès de cette mission difficile. Mettant son argenterie en gage, il acheta les services de quelques troupes françaises, allemandes, hongroises, et sut, en excommuniant les usurpateurs et en promettant des indulgences aux partisans du pape, intéresser les Italiens à son œuvre. Après s'être ménagé des alliances, il se fit ouvrir les portes de Montefalco et de Montefiascone, s'empara de Viterbe, d'Agobbio, etc.; et, grâce aux succès qu'il remporta surtout sur Malatesti de Rimini, il allait reconquérir tous les Etats de l'Eglise, quand le pape, incité par de mauvais conseillers, le rappela à Avignon. [illegible] successeur perdit toutes ses conquêtes, et le pape, mieux avisé, renvoya en Italie son fidèle serviteur, qui parvint à forcer François des Ardeloffi, seigneur de Forli, à quitter ses Etats, acheta Bologne et détruisit une secte d'hérétiques dans le royaume de Naples. C'est à ce prélat que les papes ont dû la conservation de la puissance temporelle et la consécration des dons à eux faits par Pépin et par Charlemagne, et dont les droits n'étaient établis que dans des chartes constamment mises en discussion. Albornoz gouverna avec éclat et fit chérir son administration; Bologne, où il fonda un collége pour les Espagnols, eut une nouvelle constitution; partout il décréta des lois fort sages. Enfin, le retour des papes était préparé grâce à ses travaux, et Urbain V put rentrer à Rome. Albornoz mourut à Viterbe, regretté de tous; son corps, transporté à Tolède, fut l'objet de magnifiques funérailles. On a de ce prélat un ouvrage sur les Constitutions de l'Eglise, aujourd'hui très-rare.

ALBORRAH, mot arabe qui veut dire: *jeter des éclairs*, nom donné par les musulmans à la jument miraculeuse sur laquelle Mahomet monta au ciel. Cet animal, à visage humain, était doué de quatre ailes, pensait et parlait; sa robe, au lieu d'être un simple pelage comme celui des autres chevaux, était composée de diamants, de rubis et autres pierres précieuses. Sa vitesse était telle que Mahomet montait au ciel et en descendait en moins de temps qu'il n'en faut pour le penser.

ALBRECHTSBERGER (Jean-Georges), musicien et organiste allemand, né en Autriche, à Klosterneubourg en 1736; mort en 1809. Il eut pour maître Monn et devint organiste de la cour. Ses compositions sacrées sont pour la plupart inédites. Il fut nommé maître de chapelle à la cathédrale de Vienne et membre de l'Académie de cette ville. Son excellente méthode de composition a été traduite en français par Choron. Il compte parmi ses élèves: Beethoven, Eybler, Hummel, Preindel, etc.

ALBREDA, ancien comptoir français situé sur la rive droite et près de l'embouchure de la Gambie. En 1857, ce comptoir français fut vendu à l'Angleterre.

ALBRET (maison D'), une des plus nobles et des plus anciennes familles du Midi de la France. Elle eut pour chef Amanieu ou Amanjeu, sire d'Albret, qui vivait au XIe siècle. Les membres de cette famille les plus connus sont: Arnaud d'Amanjeu, sire d'Albret et vicomte de Tortos, qui épousa Marguerite de Bourbon, belle-sœur de Charles VII, et fut grand chambellan; — Charles, son fils, qui accompagna Louis duc de Bourbon en Afrique, joignit aux titres de son père celui de comte de Dreux et de connétable; ayant obtenu le commandement de la Guienne, il fit la guerre aux Anglais, enleva plus de 60 châteaux ou places fortes et faillit se rendre maître de Bordeaux. Ayant pris parti pour les Armagnacs, il fut destitué par la faction des Bourguignons, mais il ne tarda pas à rentrer au pouvoir. Pendant ces désastreuses rivalités de partis, l'ennemi commun, le roi d'Angleterre, Henri V, avec une faible armée, déjà épuisée par ses succès, essayait de gagner Calais. Les Français, commandés par Charles d'Albret, brave jusqu'à la témérité, au lieu de garder les passages de la Somme, volèrent au-devant de l'ennemi qu'ils rencontrèrent à Azincourt. Les Anglais s'offraient à payer tous les frais de la guerre et tous les dommages causés; on ne leur répondit qu'en les attaquant avec impétuosité. On sait le résultat de cette bataille, qui est une des tristes pages de notre histoire (*Voyez* AZINCOURT). Charles d'Albret succomba à la tête de ses troupes, en 1415. — Jean II, qui, devint roi de Navarre par son mariage avec Catherine de Foix en 1434, acquit Foix et le Béarn, mais Ferdinand le Catholique lui enleva la partie de ses Etats située au pied des Pyrénées, en 1512; — Henri II, fils aîné de Jean II, qui, ayant acquis de nombreuses possessions: les duchés d'Alençon et du Béarn, les comtés d'Armagnac et de Rodez, fut fait prisonnier à la bataille de Pavie (1525); mis en liberté, il se maria en 1526 avec Marguerite de Valois, mère de la fameuse Jeanne d'Albret qui, épouse d'Antoine de Bourbon, duc de Vendôme, donna le jour à Henri IV en 1553. (*Voyez* ces noms). En 1550, la vicomté de Henri II fut érigée en duché. Jeanne d'Albret administra presque jusqu'à sa mort les possessions de sa famille, le duché d'Albret, qui, à l'avénement de son fils au trône de France en juillet 1589, furent presque toutes réunies à la couronne. Le Béarn et la basse Navarre firent partie des biens de la couronne sous Louis XIII en 1620. En échange des principautés de Sedan et de Raucourt, Louis XIV donna le duché d'Albret au duc de Bouillon; — Phœbus d'Albret, le dernier de cette puissante maison, bâtard d'Albret, comte de Miossins ou Miossans, maréchal d'Albret, courtisan aimable, amant de Ninon de Lenclos et ami de Mlle d'Aubigné, fit ses premières armes en Hollande sous les ordres de Maurice d'Orange en 1646, fit le siége de Mardick et de Dunkerque; mais le plus sûr moyen qu'il prit pour arriver aux honneurs, fut celui de flatter Anne d'Autriche et Mazarin. Nommé gouverneur de la Guienne, il mourut sans postérité mâle, ne laissant qu'une fille, en 1676.

ALBUCASIS (Aboul-Kasem-Khalaf-ben-Abbascel-Zaharavi), médecin arabe, né à Zahara, près de Cordoue, mort l'an 485 de l'hégire, 1107. S'étant adonné surtout à l'étude de l'art de guérir, il fit faire des progrès énormes à la chirurgie, dont il perfectionna les instruments. Dans son ouvrage: *Al Tacrif* ou Méthode pratique, il se montre partisan de la cautérisation, et quoique reproduisant beaucoup d'idées anciennes, il n'en est pas moins cité comme une autorité pour ceux qui, après lui, se sont occupés de chirurgie.

ALBUCELLA, ville de l'ancienne Espagne tarraconaise. On croit que c'est l'*Arbucale* prise par Annibal.

ALBUERA ou ALBUHERA, c'est-à-dire *lagune d'eau douce*, bourg de l'Estramadure, à 16 kil. de Badajoz. Le 16 mai 1811, une célèbre bataille se livra sous ses murs, entre le général Beresford à la tête d'une armée de 30,000 Espagnols, Anglais, Portugais, et le maréchal Soult qui n'avait que 25,000 hommes sous son commandement: néanmoins son infériorité numérique était compensée par une artillerie formidable. Cette bataille fut très-meurtrière et le maréchal Soult dut battre en retraite après avoir perdu environ 9,000 hommes.

ALBUFEIRA, ville du Portugal (Algarve);

pop. 2,850 hab.; située à 25 kil. de Lagos. Cette ville est remarquable par son port profond et bien défendu, sur l'Océan atlantique.

ALBUFÉRA, c'est-à-dire *Lagune*, marécage de 44 kil. sur 5, situé à 15 kil. de Valence (Espagne); il renferme une assez grande quantité de poissons. Pendant l'été il se dessèche et forme une espèce de marais. Le maréchal Suchet y reçut le titre de duc d'Albuféra pour avoir fait prisonnier et renfermé dans Valence le général anglais Blake, après un combat livré près de ce lac.

ALBUM, muraille blanchie sur laquelle les magistrats romains faisaient écrire, en grosses lettres, leurs édits : elle servait enfin à tous les renseignements que les autorités ou particuliers jugeaient pouvoir intéresser le public et remplaçait les affiches de nos jours. Lorsque la muraille était remplie d'annonces, et que l'on voulait en remettre de nouvelles, on la reblanchissait avec un enduit de stuc blanc. On rencontrait ces albums dans les lieux les plus fréquentés, et on a trouvé près des portes de Pompéi un album de 34 tables quadrangulaires oblongues, séparées chacune par un pilastre et surmontées tour à tour d'un fronton et d'un frontispice. On appelait aussi album la liste de certains magistrats, des sénateurs, des préteurs et des juges. — On appelle aussi album une sorte de portefeuille très-commun de nos jours sur lesquels on dépose des pensées, des portraits, des paysages, des sites curieux et des monuments remarquables.

ALBUNÉE, nom d'une sibylle. Près de Tibur, il y avait un bois, une grotte, une source et un temple que les anciens avaient consacrés à cette sibylle. A Tivoli, on voit encore aujourd'hui, au-dessus des cascades de l'Anio, un temple qu'on lui avait dédié; et d'après Lactance, on avait trouvé dans le lit de cette rivière une statue de la nymphe tenant un livre à la main.

ALBUQUERQUE (Alphonse D'), surnommé le *Mars portugais*, grand navigateur, descendant des rois de Portugal, né à Villa de Ahandra en 1453, près de Lisbonne. On était à l'époque des navigations lointaines ; Christophe Colomb, en découvrant un nouveau monde avait éveillé dans toutes les imaginations le désir et le goût des expéditions aventureuses. Albuquerque rêva aussi la gloire et la splendeur pour sa patrie; il forma des projets gigantesques qui, quatre siècles plus tard, frappèrent d'admiration Napoléon Ier lui-même. Il résolut de fermer aux Vénitiens et aux Sarrasins la route des Indes par l'Egypte, et de détourner dans la Mer rouge le cours du Nil; c'était la ruine complète de l'orgueilleuse république qui avait usurpé le commerce du monde entier et qui s'était posée comme la rivale et l'ennemie de sa patrie. En 1507, aidé par Jean d'Acunha, il bâtit une forteresse dans l'île de Socotora, puis alla saccager et raser Mascate. Chaque année était marquée par un succès : Ormuz, malgré son artillerie et ses fortifications gigantesques, tomba en sa puissance, 1508, ce qui le rendit seul maître de la navigation du Golfe persique; pendant que de Socotora il surveillait les côtes de la Mer rouge, il acquit alors un tel prestige qu'on lui envoya de toutes parts des ambassadeurs. Mais bientôt la trahison éclata autour de lui; beaucoup de ses capitaines l'ayant abandonné, il quitta Ormuz et même sa forteresse. Actif, prévoyant et sage, Albuquerque, au centre des colonies portugaises, parvint à discipliner ses troupes et rétablit l'ordre. Envoyé par le roi Emmanuel dans les Indes à la place d'Alméida, il résolut d'y fonder un empire. S'emparant de Goa, qui plus tard devint la capitale des possessions portugaises dans les Indes, il assiégea et bombarda Malacca, et ce centre important, malgré une vive résistance, tomba en son pouvoir, lui ouvrant la route des Moluques. Il reprit Ormuz et eut alors l'idée dont nous avons parlé plus haut, de détourner le cours du Nil avec le concours des nègres d'Abyssinie; mais l'envie des courtisans parvint à exciter la défiance du roi qui envoya son ennemi personnel, Lopez Soarez, pour le remplacer en qualité de vice-roi. Albuquerque tomba malade à Goa et mourut de la douleur causée par cette ingratitude, le 16 décembre 1515, aimé et admiré des Indiens eux-mêmes, qui vinrent souvent en pèlerinage à son tombeau pour demander sa protection contre les exactions de ses successeurs. — Son fils écrivit ses mémoires sur les documents originaux envoyés à Emmanuel, qu'il intitula : *Commentaires du grand Alphonse d'Albuquerque*.

ALCAÇAR-KEBIR, anciennement *Alcasarium magnum*, ville du Maroc (Fez), située à 25 kil. de Larache. Pop. 8,500 hab. En 1578, Sébastien, roi de Portugal, périt dans une bataille livrée près de cette ville.

Albert Ier, empereur d'Allemagne, assassiné au passage de la Reuss (p. 51, col. 2).

ALCAÇAR-SEYHIR, anciennement *Alcasarium parvum*, petite ville fortifiée du Maroc (Fez), entre Ceuta et Tanger, située à la partie la moins large du détroit de Gibraltar, sur la côte.

ALCACER DO SAL, anciennement *Salacia*, bourg du Portugal, en Estramadure, à 45 kil. de Sétubal. Pop. 2,650 hab. Ce bourg se fait remarquer par son château fort et ses salines.

ALCADE ou ALCALDE. On donna ce nom aux magistrats chargés de rendre la justice dans une ville et à certains juges spéciaux d'Espagne. On le donne aujourd'hui aux chefs de municipalité, choisis par le roi ou par le gouvernement de la province, parmi les conseillers municipaux nommés par voie d'élection. Ils ne reçoivent aucune gratification pour ces fonctions, qui sont obligatoires au moins une fois. Comme marque de leurs fonctions, ils portent une longue baguette ornée d'une main d'ivoire.

ALCADINO ou ALCADINUS, médecin, né à Syracuse, au commencement du XIIIe siècle, professeur à l'université de Salerne, où il avait fait ses études. Plus tard, l'empereur Henri VI, arrêté dans ses opérations par une maladie, l'appela auprès de sa per sonne. Alcadino eut le bonheur de le guérir, et, à la mort de l'empereur, il devint le médecin de son fils, Frédéric II.

ALCAFORADA (Marianne), surnommée l'*Héloïse portugaise*, née au XVIIe siècle, fut une des nombreuses victimes de l'amour. Étant dans un couvent de l'Alentejo, elle eut le malheur de voir un charmant officier français, nommé Chamilly, dont elle s'éprit subitement. Sans espoir, elle lui écrivit cependant cinq lettres touchantes, admirables, que dicta la passion; d'une énergie brûlante, d'un enthousiasme entraînant, elles touchent le cœur du lecteur, mais n'ont rien remué dans celui de l'officier qui, par vanité même, trahit le secret de ce malheureux amour. Ces lettres ont été publiées en français, 1669, in-12, sous ce titre : *Lettres portugaises.* On y joint ordinairement sept autres lettres qui, nous croyons, n'ont rien d'authentique.

ALCAIQUE, vers composé de quatre pieds : un épitrite, deux choriambes et un bachique, dont on attribue l'invention à Alcée, et qu'on retrouve quelquefois dans les poésies grecques et latines. Employé avec bonheur par Horace dans quelques-unes de ses odes, il a été adopté par plusieurs poëtes allemands, entre autres par Klopstock.

ALCALA-DE-HENARÈS, ville d'Espagne sur le Henarès, dans la Nouvelle-Castille, à 34 kil. de Madrid. Pop. 5,000 hab. C'est l'ancien *Complutum* des Romains, ruiné au IXe siècle. Elle est le siége d'une université d'une grande réputation, fondée par le cardinal Ximenès et qu'ont supprimée les nouvelles lois. La célèbre bible polyglotte, dite de *Complute*, fut imprimée dans cette ville par les soins de ce corps savant et aux frais de son protecteur. Parmi ses monuments on remarque le palais de l'archevêque de Tolède, la cathédrale, le palais de l'ancienne université. Patrie de Cervantes, l'immortel auteur de *Don Quichotte*, et de Solis.

ALCALA-LA-REAL, ville d'Espagne, sur le Gualcoton, en Andalousie, à 32 kil. de Jaen. Pop. 6,890 hab. En 1340, le roi Alphonse XI fonda dans cette ville une riche abbaye. Le 27 janvier 1810, la cavalerie espagnole y fut battue par le général Sébastiani.

ALCAMO, ville de Sicile, à 38 kil. de Trapani. Pop. 16,500 hab. On doit sa fondation aux Sarrasins. On remarque aux environs de cette ville les magnifiques ruines de l'antique Ségeste.

ALCANDRA, femme de Polybe, qui régnait à Thèbes, en Egypte, fit don à Hélène, la trop fameuse héroïne du siége de Troie, d'une quenouille d'or et d'une corbeille d'argent, bordée d'or fin et bien travaillée.

ALCANDRE, nom d'un Lycien qu'Ulysse tua sous les murs de Troie. C'était également le nom d'un devin, fils de Munychus, roi des Molosses. Des brigands les ayant attaqués tous deux, Jupiter changea la famille en oiseaux.

ALCANIZ, ville d'Espagne, dans la province de Teruel (Aragon), à 88 kil. de Saragosse. Cette ville est défendue par un château en partie ruiné, mais qui, autrefois, fut très-fort. En 1809 les Français durent l'abandonner aux Espagnols.

ALCANTARA, ville ancienne et fortifiée de l'Espagne, dans la province de l'Estramadure, à 50 kil de Caceres. Pop. 3,400 hab. Cette ville, fondée par les Maures, sur les ruines de l'ancienne ville romaine *Interamnium*, fut prise, en 1214, par Alphonse IX de Léon, qui en fit le chef-lieu de l'ordre militaire d'Alcantara. En 1479, un traité y fut conclu entre la Castille et le Portugal. On arrive dans cette ville par un beau pont jeté sur le Tage, qui a environ 223 m. de long sur 9 m. de large et que décore un arc de triomphe élevé en l'honneur de Trajan. On y remarque les magnifiques couvents de Saint-Benoît et du Saint-Esprit, que possédaient les chevaliers d'Alcantara; ils sont maintenant en partie ruinés.

ALCANTARA (Ordre d'), l'un des trois anciens ordres religieux et militaires de l'Espagne. Il fut fondé, en 1176, par les frères de l'ordre de Saint-Julien du Poirier, Suarez et Gomez, pour défendre la ville d'Alcantara. En 1197, le pape Célestin III le confirma en lui imposant la règle de saint Benoît. Vers 1217 il obtint de l'ordre de Calatrava, en récompense du courage héroïque dont ses membres avaient fait preuve contre les Maures, la ville d'Alcantara, dont il prit désormais le nom, par l'entremise d'Alphonse IX de Léon. En 1509, réuni à la couronne d'Espagne, Ferdinand lui donna pour administrateur le grand-maître don Juan de Zuniga. En 1540, on accorda aux chevaliers le droit de se marier. En 1835, l'ordre d'Alcantara, ainsi que tous les autres ordres religieux, fut supprimé et ses propriétés converties en biens nationaux. Le concordat de 1851 reconnut la réunion des ordres. Le signe distinctif des chevaliers d'Alcantara est une croix d'or verte fleurdelisée, et sur l'écu on voit deux fasces et un poirier qui en rappelle l'origine.

ALCARAZAS, vases poreux en terre, d'origine espagnole et qui ont la propriété de rafraîchir l'eau qu'ils contiennent. Ce phénomène provient de ce qu'ils laissent échapper par leurs pores une légère partie d'eau qui entraîne le calorique de celle qui reste contenue dans le vase.

ALCATHOUS, fils de Pélops; ayant été soupçonné d'avoir pris part au meurtre de son frère Chrysippe, il s'enfuit chez les Mégariens. Il débarrassa ce pays d'un lion redoutable, qui avait dévoré Euripe, fils du roi. Pour le récompenser, ce dernier lui donna sa fille en mariage et, à sa mort, lui laissa le trône. Apollon, chassé du ciel pour avoir tué les Cyclopes, aida ce héros à construire le labyrinthe de Mégare; et l'on dit que, par la suite, une pierre sur laquelle le dieu avait posé sa lyre rendit des sons harmonieux. Alcathoüs, aimé de ses sujets, eut des monuments élevés à sa gloire et des fêtes annuelles.

ALCAVALA, impôt établi par Charles-Quint et qui fut le plus productif de l'Espagne. Il obligeait chaque vendeur de payer

Les soldats d'Alaric l'ensevelissent dans le lit du Basento (p. 47, col. 1).

un maravédi sur dix maravédis du prix d'achat. Supprimé lors de l'occupation française, il fut rétabli au retour de Ferdinand VII.

ALCAZAR DE SAN-JUAN, ville d'Espagne, dans la province de Ciudad-Real, dont elle est distante de 70 kil. Pop. 7,500 hab. Sous le nom d'*Ace*, elle fit partie de l'empire romain à la suite de la bataille gagnée par Sempronius Gracchus, l'an 179, avant J.-C. Elle fut détruite pendant la guerre avec les Maures; l'ordre Saint-Jean l'acquit au XIIIe siècle et la releva.

ALCÉE, de Mitylène, poëte éolien, contemporain, compatriote et, dit-on, amant de la fameuse Sapho, né dans la 44e olympiade; VIIe siècle av. J.-C. Il prit une part active aux événements politiques de son époque; sa patrie était en proie aux troubles causés par les factions de l'aristocratie, de la démocratie, dont Alcée faisait partie, et par la tyrannie. Chassé par cette dernière, il rentra bientôt; mais il avait abandonné à jamais le métier des armes pour allumer son vers menaçant au feu des passions politiques. Ses satires ont un puissant souffle de fierté et de liberté; mais il nous reste peu de ses œuvres, et nous devons le regretter au dire d'Horace, qui l'a imité dans plusieurs de ses odes. Pour faire mieux encore ressortir la vigueur de ses pensées, Alcée inventa un nouveau vers nommé alcaïque de son nom. Mais l'homme était chez lui de beaucoup inférieur au poëte; paresseux et débauché, il attaqua dans ses vers Atticus Pittreus, auquel, pour le récompenser de sa bravoure, ses compatriotes avaient donné l'autorité souveraine, et qui fit exiler l'insolent ivrogne. Les chansons bachiques, guerrières, religieuses et amoureuses d'Alcée nous sont peu connues.

ALCÉE, nom de plusieurs personnages. Un roi de Tyrinthe, en Argolide, portait ce nom; il fut le père d'Amphitryon et aïeul d'Hercule, qui lui emprunta le nom d'Alcide. Hercule eut un fils du même nom.

ALCESTE, fille de Pélias et d'Anaxabie. Elle eut de nombreux prétendants à sa main, mais son père ne voulut la donner qu'à celui qui attellerait à son char des bêtes féroces. Aidé par Apollon, qui lui donna un lion et un sanglier apprivoisés, Admète obtint la main de la princesse. Selon Diodore elle est innocente du meurtre de son père. Admète étant malade, les Parques exigèrent, pour lui laisser la vie, une victime qui se vouât à la Mort. Alceste se sacrifia, mais bientôt Hercule, hôte d'Admète, lia la Mort avec des chaînes de diamant et la força à rendre sa proie, qu'il arracha aux abîmes des enfers. Cette fable a fourni à Euripide le sujet d'une magnifique tragédie, *Alceste*, où l'on admire surtout les adieux d'Admète et d'Alceste.

ALCHIMIE. Cette science qui forma le point de départ de la physique et de la chimie, remonte à la plus haute antiquité, et la fonte des métaux par les premiers hommes fut sans doute son origine. Les prêtres égyptiens l'étudiaient dans le mystère des pyramides et ne révélaient leurs secrets qu'à un petit nombre d'initiés, que menaçait une mort certaine en cas de trahison. En présence des phénomènes qui se produisent lorsque le minerai, soumis à l'action du feu, se transforme en métal, et lorsque celui-ci est uni à un autre, on avait pu croire que l'on pouvait transformer un vil métal en métal précieux; puis, étendant cette théorie, on avait conclu qu'il était également possible d'arrêter le ravage des années et de donner à l'homme une jeunesse éternelle. Cultivée par les Arabes, l'alchimie passa en Europe et fit l'objet des études des savants de ce temps. Si le but que se proposait l'alchimie était impossible à atteindre, en revanche, cette science a découvert une foule de choses précieuses qui ont fourni les éléments de sciences nouvelles.

ALCIAT (André), jurisconsulte célèbre, fils d'un riche marchand de Milan, né en 1492 et mort en 1550. Ayant fait paraître, tout jeune encore, des ouvrages de droit qui firent alors une certaine sensation, il fut nommé professeur à Avignon, puis à Milan; mais il paraît qu'il était d'une très-grande avarice, et comme il était mal payé dans cette dernière ville, François Ier put l'attacher assez facilement, par de fortes sommes, à l'université de Bourges; mais François Sforza le réclamant en le menaçant de confisquer ses biens, Alciat alla professer à Pavie, puis à Bologne, ensuite à Ferrare, attiré par les libéralités du duc Hercule d'Este; partout il obtint de splendides succès et l'on se portait en foule à ses cours. Il revint mourir à Pavie. Charles-Quint l'avait fait comte palatin et sénateur, et le pape Paul III le nomma protonotaire. Alciat est surtout célèbre pour avoir inauguré le triomphe de l'école, à laquelle Cujas a donné son nom, sur les Bartholistes. Les disciples de Cujas pensaient avec raison que, pour connaître les lois romaines, il fallait avoir étudié parfaitement l'histoire et la littérature anciennes. Malgré quelques résistances, cette école fit des progrès et aujourd'hui ses principes sont parfaitement admis partout. On a aussi d'Alciat des pièces sur des sujets moraux, écrites en latin et réunies en un recueil intitulé *Alciati emblemata* (Emblèmes d'Alciat).

ALCIBIADE, né vers l'an 450 avant J.-C., général et homme d'Etat célèbre. Il fut élevé, à la mort de son père Clinias, dans la maison de son oncle Périclès. De bonne heure il se distingua par sa souplesse, son agilité dans les exercices corporels, sa beauté et son esprit; disciple de Socrate, il retira, des leçons de ce sage, cette éloquente persuasion qu'il tourna vers le mal. Il entraîna, dans son avidité du pouvoir, les Athéniens dans de folles entreprises. Rêvant la conquête de la Sicile, du midi de l'Italie et de la côte africaine, il fit construire une flotte dont il prit le commandement avec Nicias et Lamachus. Mais la veille de leur départ, des sacriléges ayant été commis contre les hermès, ses ennemis profitèrent de son absence pour exciter le peuple contre lui, et à peine était-il débarqué en Sicile, où il obtint quelques succès, qu'il fut rappelé à Athènes pour se justifier; mais il n'alla pas jusque-là et s'enfuit à Sparte, où il se plia parfaitement aux mœurs sévères de ce peuple. Il devint l'idole des Spartiates en général, et en particulier de Timœa, femme d'Agis, un des rois de Sparte, qui le chassa par jalousie. Il recommanda aux Lacédémoniens de secourir les Syracusains et de fortifier Décélie, ville de l'Attique. Partout sur son passage il suscita des ennemis à sa patrie, contre laquelle il souleva toute l'Asie Mineure. Jaloux de son influence, les principaux Spartiates voulurent le faire assassiner; mais, devinant leur projet, il se retira auprès de Tissapherne, roi des Perses, auquel il fit entendre qu'il fallait, dans son intérêt, ne faire triompher ni Sparte ni Athènes, mais plutôt les laisser s'entre-détruire. L'armée de Samos l'appela enfin au commandement; et, vainqueur de la flotte lacédémonienne, près d'Ephèse, il rendit à sa patrie l'empire de la mer et rentra triomphant à Athènes. Mais un de ses lieutenants ayant été battu, près d'Ephèse, par les Lacédémoniens, Alcibiade, de nouveau exilé, se retira auprès du satrape persan Pharnabaze, qui, à l'instigation du général lacédémonien Lysandre, le fit tuer à coups de flèches par des assassins qui incendièrent sa maison, 404 ans avant J.-C. Plutarque, qui a écrit sa vie, le compare avec justesse, à cause de la mobilité de son caractère, à un caméléon toujours prêt à prendre l'impression des objets dont il est entouré.

ALCIBIADE, fils du précédent et d'Hipparète, fille d'Hipponicus, n'est connu que par le discours d'Isocrate, espèce d'apologie de son père.

ALCIDAMAS, d'Eolide, philosophe et rhéteur, né à Elée, vers l'an 420 av. J.-C., contemporain d'Isocrate et disciple de Gorgias. Il nous est connu par Cicéron et par deux harangues, l'une d'Ulysse contre Palamède, l'autre contre les rhéteurs du temps.

ALCIMÈDE, fille de Phylas et mère de Jason.

ALCIMÈDE, fils de Glaucus et frère de Bellérophon; on le surnommait aussi Déliade. — C'était aussi le nom d'un fils de Médée et de Jason, que sa mère et Tisandre, son frère, firent périr.

ALCINOÉ, fille du corinthien Polybe. Un jour, elle chassa de chez elle sa tisseuse, Nicandra, sans lui donner le salaire convenu. Pour la punir, Minerve lui inspira une passion violente pour le Samien Xanthus. Pour le suivre, Alcinoé abandonna son époux et ses enfants; dans sa fuite, le cœur déchiré de remords, elle se précipita dans la mer pour mettre fin à son chagrin et à sa douleur.

ALCINOUS, petit-fils de Neptune et roi des Phéaciens. Homère, dans son *Odyssée*, vante les admirables jardins de ce roi. Il accueillit Ulysse qui faisait tous ses efforts pour revenir dans sa patrie, sans pouvoir y rentrer, lorsque la guerre de Troie fut terminée.

ALCIPHRON, le premier des épistolographes grecs, c'est-à-dire des beaux esprits qui ont composé des lettres. On ignore l'époque de sa naissance; quelques auteurs le croient contemporain de Lucien, au IIe siècle après J.-C.; on ne sait rien de sa vie. Le style de ses lettres est élégant et fleuri, rempli de clarté, de pureté et de simplicité; on pourrait peut-être lui reprocher d'être déclamatoire et sans originalité. Utiles à consulter pour la connaissance parfaite de l'antiquité et des dialectes grecs au IIe siècle, on y trouve des détails de mœurs précieux pour l'intelligence de l'histoire ancienne.

ALCIRA, anciennement *Sueco*, ville d'Espagne, dans la province de Valence, dont elle est distante de 35 kil., et dans une île du Xucar. Pop. 18,000 hab. Alliée des Gaulois, elle perdit toute sa splendeur sous le joug des Romains.

ALCITHOÉ, fille de Mynias, sœur de Leucippe et d'Arsippe. Comme ces jeunes filles refusaient de prendre part aux fêtes de Bacchus, ce dieu, pour les y forcer, se changea en taureau, en lion, en panthère, et du lait coulait des métiers où elles travaillaient. Effrayées, elles tirèrent au sort pour savoir celle d'entre elles qui irait à la fête. Le sort tomba sur Leucippe. Celle-ci, devenue furieuse, déchira Hippasus, son propre fils. Ses autres sœurs furent saisies de la même frénésie. Alors Mercure les changea en chauve-souris, en hibou et en chouette.

ALCMAN, lyrique grec, fils de Damanto, né à Sardes en Lydie vers l'an 670 av. J.-C., de parents esclaves; il dut sa liberté à la poésie. Il chanta le vin et l'amour, et eut la gloire d'être admiré et imité par Horace. Alcman mourut, par suite de ses débauches, d'une maladie pédiculaire.

ALCMÈNE, fille d'Electryon, prince argien et femme d'Amphitryon, roi de Tirynthe. Trompée par Jupiter, qui prit les traits de son époux, alors en guerre contre les Téléboens, elle devint la mère d'Hercule. On raconte à propos de cette fable que le maître de l'Olympe fit durer la nuit plus longtemps que d'habitude, et pour que rien ne fût changé dans l'ordre de la nature, raccourcit le jour suivant. Après la mort d'Amphitryon, elle épousa Rhadamante, fils de son divin amant. Détestée, et pour cause, de Junon, elle fut conduite, par ordre de Jupiter, aux îles des Bienheureux. L'histoire d'Alcmène a fourni le sujet d'une comédie antique, qui fut imitée par Molière.

ALCMÉON, fils d'Amphiaüs et d'Ériphyle. Il tua sa mère pour venger la mort de son père, qu'elle avait trahi, en le contraignant à aller au siége de Thèbes où, selon l'oracle, il devait perdre la vie. Poursuivi par les Furies vengeresses, il consulta le Destin, qui ne lui promit sa délivrance que lorsqu'il aurait trouvé un endroit non éclairé du soleil au moment du crime. Il se rendit aux îles Echinades, nouvellement formées, et le roi d'Arcadie, Phlégée, le purifia et lui donna sa fille, Alphésibée, en mariage; mais l'ingrat abandonna sa femme et, malgré ses engagements, épousa Callirhoé, princesse d'Épire. Pour venger l'abandon de leur sœur, les frères d'Alphésibée le tuèrent.

ALCMÉON, descendant de Nélée par son aïeul Nestor, se retira à Athènes, après que sa famille eût été chassée de Messénie par les Doriens. Il se mit à la tête du parti aristocratique et occupa les premières dignités; mais les factions qui déchiraient Athènes, parvinrent à le faire exiler, sous prétexte que son père avait tué Cylon. Mais il revint bientôt à Athènes, à l'époque où Solon, par de sages lois, rétablissait l'ordre; il obtint même le commandement des troupes que les Athéniens envoyaient au secours des Amphictyons, dans la guerre de Cirrha, vers l'an 592 av. J.-C. Exilé de nouveau, il se retira à Delphes avec ses fils, et, ayant eu le bonheur d'expliquer le sens de l'oracle à Crésus, il fut comblé de richesses par ce prince. Il fut la tige de la famille des Alcméonides, si célèbre par ses descendants. Mégaclès, fils d'Alcméon, lutta contre Pisistrate qui avait exilé son père, et épousa la fille du puissant Clisthène de Sicyone, dont il eut deux fils, Hippocrate et Clisthène, qui réforma la constitution athénienne. Du premier naquirent Mégaclès, père d'Isodicé, épouse de Cimon, et Agariste, femme de Xanthippe et mère de Périclès. Le fils de Clisthène, Mégaclès, eut une fille, Dinomaché, qui épousa Clinias, père d'Alcibiade.

ALCOBAÇA, ville du Portugal (Estramadure), à 32 kil. de Leiria. Pop. 2,000 hab. En 1170, Alphonse Ier y fonda l'abbaye des Cisterciens, chef-lieu de l'ordre en Portugal. Le commerce de cette ville consiste en tissus de coton. On y remarque les tombeaux de plusieurs rois de Portugal.

ALCOLEA, ville d'Espagne, sur le Guadalquivir, dans la province de Cordoue, distante de cette ville de 75 kil. Elle est située à l'extrémité d'un pont en marbre, sur lequel passe la grande route de Cordoue. En juin 1808, les Espagnols y furent battus par le général Dupont.

ALCON. Plusieurs personnages de la Fable portent ce nom. ALCON, fils de Mars, fut l'un des chasseurs de l'énorme sanglier qui désolait Calydon. — ALCON, fils d'Hippocoon, autre chasseur de cette bête fauve, tué par Hercule, ainsi que son père et ses frères. —ALCON, fils d'Erechthée, roi d'Athènes, père de Phaléros, l'argonaute, et archer habile. La Fable raconte qu'un serpent s'étant enroulé autour du corps de son fils, il tua le monstre d'une flèche, sans blesser l'enfant.

ALCOY, ville forte d'Espagne, dans la province d'Alicante, distante de cette ville de 40 kil. Pop. 17,000 hab. Chaque année, le jour de la Saint-Georges, on y célèbre une fête curieuse, dans laquelle on simule le siége de la ville par les Maures.

ALCUDIA (Manuel Godoï, duc D'), surnommé le prince de la Paix, naquit à Badajoz, en Espagne, en 1764, d'une famille noble, mais sans fortune. Il fut un exemple frappant de ce qu'une faveur, fondée seulement sur l'immoralité, car Godoï était un homme nul, vain, fourbe, lâche, sans talents militaires ou administratifs, peut produire de désastreux. Distingué par la reine, à cause de son extérieur séduisant, alors qu'il n'était que garde du corps, il parvint rapidement aux premières dignités de l'Espagne. Son faible maître, Charles IV, qu'il dominait par sa femme, le combla, en 1792, de titres : duc d'Alcudia, grand d'Espagne, grand amiral, généralissime des troupes de terre, secrétaire d'Etat, premier ministre, il fut tout. On força même la cousine du roi, fille de l'infant don Louis, Marie-Thérèse de Bourbon, à l'épouser. Ennemi de la France, il gagna à cette hostilité les titres de prince de la Paix et de chevalier de la Toison d'or. Mais le peuple et le prince des Asturies murmuraient de cette toute-puissance accordée à un favori sans éducation et sans valeur, qui précipitait peu à peu l'Espagne vers l'impuissance et l'avilissement. Sentant combien sa position commençait à chanceler, il chercha l'appui de la France et l'obtint par une alliance offensive et défensive, ce qui n'empêcha pas les Anglais de bloquer tous les ports et de ruiner le commerce espagnol; forcé de quitter malgré lui le pouvoir, il le reprit deux ans après; c'est alors qu'il voulut partager, par un traité conclu avec Lucien Bonaparte, le Portugal entre Napoléon et Charles IV, en retenant pour lui le royaume des Algarves. Ce projet échoua, mais il en retira toujours le domaine d'Albuféra. Les mécontents recommencèrent à parler, mais on les réduisit au silence. C'est à cette époque que Napoléon tournait sa pensée vers la conquête de l'Espagne et faisait ses préparatifs. Manuel Godoï conseilla au roi et à la reine de s'enfuir; mais lui, malade, ne put les suivre, et fut fait prisonnier au château de Villaviciosa, dans les Asturies. Sauvé par la révolution qui chassa les Bourbons de l'Espagne, Napoléon se servit de lui pour faire signer à Charles IV son abdication; Godoï rédigea l'acte lui-même et suivit, à Rome, le roi déchu. Plus tard il vint vivre obscur à Paris, d'une pension de 20,000 fr. que lui fit Louis-Philippe. Il mourut à Paris, en 1851.

ALCUDIA, ville et port dans l'île de Majorque (Espagne), à 40 kil. de Palma. Pop. 1,150 hab. Cette ville, autrefois très-florissante, a beaucoup perdu de sa splendeur, il ne reste plus aujourd'hui que les ruines de ses fortifications et quelques restes d'édifices.

ALCUIN, né dans le comté d'York, vers l'an 725; il eut pour maître le vénérable Bède et l'archevêque d'York, Ecbert, et devint abbé de Cantorbéry. Philosophe, mathématicien, historien, poëte, orateur, connaissant l'hébreu, le grec et le latin, ce fut un des hommes les plus savants que produisit la civilisation anglo-saxonne; il jeta sur les lettres et les sciences endormies dans les ténèbres de l'ignorance, un vif rayon de lumière et donna de salutaires conseils à Charlemagne, dont il fut le maître et l'ami, et qui, sur son immense réputation, l'attira à sa cour et le créa abbé de Ferrières, de Saint-Loup et de Saint-Martin. Alcuin fonda de nombreuses écoles pour répandre partout les trésors de l'instruction; la plus célèbre est l'école Palatine, où Charlemagne lui-même ne dédaignait pas de venir étudier la rhétorique, la dialectique et autres arts libéraux. A cette école, principe de l'université de Paris, étaient attachées une bibliothèque et une espèce d'académie dont les membres prenaient les noms des personnages célèbres de l'antiquité, et c'est ainsi que Charlemagne s'appelait David, et Alcuin, Flaccus Albinus. Après un séjour de trois ans en Angleterre Alcuin se fixa en France. Ayant demandé plusieurs fois sa retraite à Charlemagne, qui voulait le garder auprès de lui, il obtint enfin de se retirer à son abbaye de Saint-Martin de Tours. Là, il ouvrit une école, où sa grande réputation de science attira de nombreux élèves. Bien qu'éloigné de la cour, il y jouit toujours d'une grande considération et entretint une correspondance suivie avec l'empereur. Après avoir recopié correctement l'Ancien et le Nouveau Testament, il mourut le 19 mai 804. Ses ouvrages ont certainement perdu de leur réputation (on les appelait *Artium liberalium sacrarium*); mais, quoique se sentant du mauvais goût de l'époque, ils ont de l'intérêt pour bien connaître ce siècle glorieux de Charlemagne dont Alcuin fut une des principales lumières.

ALCYONE, fille d'Eole et d'Ægialé, épousa Céyx. Dans un voyage à Claros, Céyx ayant fait naufrage, Alcyone se jeta dans les flots, mais Thétis les changea tous deux en alcyons. Pour perpétuer le souvenir de ce dévouement, les dieux accordèrent qu'à l'époque de l'année où l'alcyon couve ses œufs, le calme régnerait sur la mer.

ALCYONÉE, nom d'un géant, fils d'Uranus et de la Terre, dont les douze filles, par chagrin de la mort de leur père, se jetèrent dans la mer et furent changées en alcyons par Amphitrite. — Autre géant que tua Hercule et qui voulait empêcher le héros d'emmener les bœufs de Géryon.

ALCYONUS *sinus*, ancien nom de l'extrémité orientale du golfe de Corinthe.— *Alcyonus lacus*, lac de l'ancienne Argolide, d'une grande profondeur. Bacchus descendit dans ce lac pour aller aux enfers chercher Sémélé.

ALDANE, rivière de la Russie d'Asie (Sibérie). Son cours est de 1,300 kil. En grande partie navigable, elle est comprise dans la ligne de communication entre Saint-Pétersbourg et le Kamtschatka.

ALDEGONDE (sainte). Elle appartenait au sang royal de France par son père Walbert, et par sa mère Bertilie, de la race des rois de Thuringe; elle naquit en 630 dans le Hainaut. Poussée par sa vocation, elle se retira auprès de sa sœur, au monastère de Mons; mais ses parents la rappelèrent et, à leur mort, elle fonda, dans un lieu sauvage et inculte, au bord de la Sambre, le célèbre chapitre des chanoinesses de Maubeuge. Elle mourut vers l'an 684.

ALDEGONDE (Philippe de Marnix, baron DE SAINTE-). Ami intime de Calvin, il favorisa la révolte des Pays-Bas en 1565, et se distingua surtout par son ardeur à proclamer la liberté de conscience et à détruire la puissance de l'inquisition; aussi fut-il un des premiers auteurs du compromis de Bréda que rejeta Marguerite de Parme. A l'arrivée du duc d'Albe dans les Pays-Bas, il gagna l'Allemagne, d'où il revint, en 1572, pour se mettre à la disposition du prince d'Orange qui l'envoya aux Etats de Dordrecht et lui confia plusieurs places. Après un an de prison en Espagne, il fut chargé de négociations avec Paris, Londres et bientôt, en 1578, avec la diète d'Augsbourg. Ses titres de gloire sont d'avoir contribué à l'érection de l'université de Leyde et à la pacification de Gand, en 1576. Il soutint, étant bourgmestre d'Anvers, un siége de 13 mois contre le prince de Parme, mais il fut forcé de se rendre. En 1590 il était ambassadeur à Paris, puis il se retira à Leyde où il traduisit la Bible en hollandais.

ALDEGREVER (Henri), dit *Albert de Westphalie*. Élève d'Albert Durer, il imita son maître dans ses qualités comme dans ses défauts. Ses toiles sont rares, mais ses gravures se font remarquer par la finesse du trait et l'élégance de l'exécution; il mourut à Soëst, en 1562, âgé de 60 ans.

ALDENHOVEN, bourg de la Prusse rhénane. Pop. 1,350 hab. Le 1er mars 1793, les Français, écrasés par le nombre, durent reculer devant les Autrichiens, qui avaient à leur tête l'archiduc Charles et le prince de Wurtemberg, et perdirent 6,000 hommes tués ou blessés et 4,000 prisonniers. Le 2 octobre de l'année suivante, Jourdan remporta au même endroit, une revanche éclatante sur les Autrichiens.

ALDERETTE (Joseph et Bernard), frères espagnols, nés à Malaga; ils se distinguèrent tous deux dans leurs études. On les avait surnommés les Burettes, parce qu'ils se ressemblaient tellement qu'au dire de Gongora, pour les distinguer, il fallait les flairer. Joseph, né en 1560, mort en 1616, entra dans la Compagnie de Jésus, devint recteur du collège de Grenade et écrivit plusieurs ouvrages ayant trait à la religion. Son frère Bernard, chanoine de Cordoue, grand vicaire de Séville, le plus savant Espagnol de son temps, publia aussi plusieurs ouvrages, dont un sur les origines de la langue castillane.

ALDERETTE (Diego-Gracian DE), littérateur du XVe siècle. Charles-Quint et Philippe II le choisirent pour leur secrétaire. Parmi ses ouvrages on compte les traductions de Xénophon, de Thucydide, etc.

ALDERMEN, mot anglo-saxon qui signifie *ancien, le plus âgé*. C'est tout à la fois une magistrature et un titre de noblesse. En Angleterre et dans une grande partie des États-Unis d'Amérique, les membres des corporations municipales, représentant le conseil de la ville présidé par le maire, qualifié à Londres de lord-maire, portent le titre d'aldermen. La principale attribution de cette fonction consiste en la surveillance des lois et règlements de police dans le district particulier que représente chacun d'eux dans le conseil municipal. Les aldermen sont l'objet de la plus grande considération et remplacent, en quelque sorte, les édiles de l'ancienne Rome.

ALDINI (Antonio, comte D'). Professeur de droit à Bologne lors de l'invasion française en Italie, il fut envoyé à Paris pour représenter ses compatriotes. Après avoir été membre du conseil des anciens, il fut appelé, en 1801, à faire partie de la consulte de Lyon et nommé, peu après, président du conseil d'Etat. En 1805, il fut créé ministre d'Etat du royaume d'Italie. En 1815, les alliés détruisirent le château qu'il avait fait construire à grands frais aux environs de Montmorency. Il se retira à Milan, où il reçut d'Antomarchi le suprême adieu de Napoléon qui avait conservé pour lui la plus profonde estime. Né en 1756, il mourut à Paris le 5 octobre 1826.

ALDINI (Giovanni), frère du précédent, né à Bologne en 1762, s'occupa principalement de l'étude des moyens de sauvetage en cas d'incendie. Conseiller d'Etat sous l'empire, il suivit son frère dans sa retraite et mourut en 1834.

AL-DJIHED, nom donné à la guerre sainte que les princes maures de l'Espagne faisaient prêcher contre les chrétiens, au moyen âge. D'après les règles de l'islamisme qui ordonnent la destruction de ceux qui ne suivent pas la loi du prophète, les musulmans en accordant ou en demandant, la paix, ne stipulaient qu'une sorte de trêve.

ALDJUBARROTTA, bourg du Portugal (Estramadure), à 24 kil. de Leiria. Pop. 400 hab. Le 14 août 1385, Jean Ier de Castille y fut vaincu dans une célèbre bataille remportée par Jean Ier de Portugal.

ALDOBRANDINI, nom d'une puissante famille de Toscane, dont les principaux membres furent : Silvestre, jurisconsulte florentin, né en 1499, mort à Rome en 1558; il était professeur de droit à Pise, quand les Médicis, ses ennemis, le dépouillèrent de ses biens et le chassèrent. A Rome, le pape Paul III le créa avocat du fisc et de la chambre apostolique ; — Hippolyte, pape sous le nom de Clément VII ;— Jean-Georges, prince de Rossano; dans sa villa sur le Quirinal, à Rome, se trouvaient les fameuses fresques datant du règne d'Auguste, trouvées dans les thermes de Titus et représentant les Noces aldobrandines. Elles sont aujourd'hui au Vatican.

ALDOVRANDI (Ulysse), professeur d'histoire naturelle à Bologne, où il était né en 1522. Il est remarquable par ses travaux, qui ont été utilisés par ses détracteurs mêmes, qui ont voulu, sans doute, dissimuler par là les sources de leur érudition.

ALDSTONE-MOOR, ville d'Angleterre, comté de Cumberland, à 30 kil. de Carlisle. Sa population se divise en deux parties : dont l'une, la paroisse, comprend 6,900 hab., et l'autre, la ville, 1,650 h. L'hôpital de Greenwich possède près de cette ville des mines de plomb d'une grande richesse.

ALDUDES, bourg du départ. des Basses-Pyrénées, arrond. de Mauléon, situé au pied des monts Aldudes. Le 3 juin 1794, le général Muller, à la tête de l'armée des Pyrénées-Occidentales, fit attaquer la position des Aldudes. Les Espagnols se défendirent avec énergie et forcèrent plusieurs fois les Français à se replier; mais l'adjudant général Harispe combattit si vaillamment à la tête des Basques, qu'il parvint à enlever les redoutes espagnoles et à chasser l'ennemi de ses positions.

ALÉA, surnom que le roi d'Arcadie, Aléus, donna à Minerve, et sous lequel cette déesse était adorée à Aléa, à Tégée et à Mantinée. Aléus lui avait fait construire le plus beau temple de tout le Péloponèse. On y voyait une statue en ivoire de la déesse, dont Auguste s'empara, après la bataille d'Actium, pour punir les Arcadiens alliés d'Antoine, et en orna le Forum. Dans ce temple se trouvaient les dépouilles du sanglier Calydon.

ALÉA, ville de l'ancienne Arcadie. Elle fut fondée, dit-on, par Aléus, non loin de Mégalopolis, où Minerve, Bacchus et Diane avaient chacun un temple. On y célébrait, en l'honneur de Bacchus, une fête dans laquelle les femmes se déchiraient le corps de coups de fouet. Cette ville porte aujourd'hui le nom d'Alia.

ALÉANDRE (Jérôme), archevêque de Brindes et cardinal. Il naquit en Carniole en 1480. Appelé en France en 1508 par Louis XII, qui lui donna la charge de professeur de belles-lettres, il devint recteur à l'université de Paris. Secrétaire du pape Léon X et ensuite bibliothécaire du Vatican, Aléandre fut envoyé en Allemagne en qualité de nonce, en 1520, pour parler devant la diète de Worms contre Luther. Il mourut en 1542, à Rome, après avoir été 6 ans cardinal. On lui attribue l'honneur d'avoir établi la première imprimerie de grec à Paris.

ALECTON, nom donné à l'une des trois furies et qui signifie : *infatigable*.

ALECTRYOMANCIE, divination qui se faisait à l'aide d'un coq. On traçait sur le sable les 24 lettres de l'alphabet et, après avoir placé sur chacune un grain d'orge, on lâchait un coq, qu'on avait soumis à des opérations magiques, et on réunissait en mots les lettres sur lesquelles il enlevait les grains, pour y trouver une réponse. Selon l'histoire, c'est ainsi que, sous Valens, on annonça l'avénement de Théodose. Cette pratique superstitieuse, à laquelle le peuple pouvait croire, servit souvent de moyen politique. C'est ainsi que dans les derniers siècles qui précédèrent la chute de l'empire, des conspirateurs forcèrent plus d'un haut personnage à se mettre à leur tête, en le désignant par l'alectryomancie à la défiance du souverain qui, en cherchant à se défaire de lui, l'excitait à la révolte.

ALECTRYON, serviteur de Mars, que celui-ci changea en coq, pour avoir mal veillé sur lui.

ALECTRYONON, combats de coqs, institués par Thémistocle, en mémoire de la bataille qu'il remporta sur les Perses et avant laquelle il avait vu deux coqs se battre.

ALÈGRE (Yves, marquis D'), maréchal de France, né en 1653 et mort en 1733. Maréchal de camp dans les armées d'Allemagne, en 1703, il fut nommé lieutenant-général du Languedoc, ambassadeur en Angleterre, en 1714, et trempa dans la conspiration de Cellamare. Il avait soixante ans de service lorsqu'il fut nommé maréchal de France, en 1724.

ALÉIEN (champ). Plaine de l'ancienne Lycie, où Bellérophon, voulant gagner l'Olympe à l'aide de Pégase, fut précipité par Jupiter; dans sa chute, il perdit la vue et se cassa une jambe.

ALEKSOTA, village de Pologne. C'est là qu'eut lieu le premier engagement de la campagne de 1812.

ALEMAN (Mathieu), écrivain espagnol, né à Séville au milieu du XVIe siècle. Surintendant et contrôleur des finances sous Philippe II, il se rendit illustre par le roman de *Guzman d'Alfarache*. Il mourut en 1620.

ALEMANNI ou ALAMANNI, mot allemand qui signifie gens de toute origine; nom d'une confédération guerrière de plusieurs peuples de la Germanie qui, pour la première fois, attaquèrent l'empire romain au commencement du IIIe siècle après J.-C. Après avoir battu en 211 Caracalla, puis Alexandre sur les bords du Rhin, ils furent eux-mêmes défaits en 236 par Maximien et repoussés au-delà de ce fleuve qu'ils avaient osé franchir. Mais, après sa mort, ils envahirent de nouveau la Gaule. Posthumius les défit complétement et les poursuivit jusqu'en Germanie; et, pour mettre l'empire à l'abri de leurs incursions, il fit élever le long des frontières des remparts garnis de fossés et défendus, de distance en distance, par des forts et des stations agraires. On voit encore aujourd'hui à Pfœring des restes de ces fortifications. En 282, Probus repoussa une nouvelle invasion, mais ils vinrent s'établir, à sa mort, en deçà des fortifications romaines, depuis Mayence jusqu'au lac de Constance. Enfin, en 367, le césar Julien fut envoyé dans les Gaules et vainquit leur armée de 35,000 hommes. Clovis les soumit définitivement à Tolbiac en 496. Après toutes ces défaites, cette confédération se dispersa, pour se fondre dans d'autres nationalités.

ALENÇON, anciennement *Alentium*, ch.-l. du départ. de l'Orne; à 193 kil. de Paris. Pop. 13,900 hab. Jolie ville de France, située dans une grande et fertile plaine entourée de forêts. Ses principaux monuments sont l'église Notre-Dame, édifice gothique commencé en 1450, l'hôtel de la préfecture, l'hôtel de ville, construit en 1783 sur l'emplacement de l'ancien château; l'hôpital, la prison; elle possède aussi une magnifique promenade, des tribunaux de première instance et de commerce, une chambre de commerce, un conseil de prud'hommes, un collège communal, une école normale primaire départementale, une bibliothèque publique qui renferme de riches collections, ainsi que les manuscrits de l'abbaye de Saint-Evroul parmi lesquels on remarque un autographe d'Orderic Vital et un de l'abbé de Rancé. — Cette ville a une industrie très-active; elle est renommée pour son ancienne fabrique de dentelles dites *point d'Alençon*, et pour sa fabrication de tulles, de blondes, de mousselines, de toiles et de chapeaux de paille fine. On remarque encore ses blanchisseries, ses filatures de chanvre et de coton, ses distilleries de cidre et ses tanneries. Ses environs possèdent des minerais de fer, granit, une sorte de quartz dit *diamant d'Alençon*. L'origine de cette ville remonte au XIe siècle. Au IXe siècle, ce n'était encore qu'un bourg où Guillaume de Bellesme fit construire, en 1056, un château fort autour duquel se forma la ville. Geoffroy, comte d'Anjou, s'en empara en 1052, et Guillaume le Conquérant la reprit. Elle fut reprise de nouveau en 1135 par Henri II d'Angleterre. Dans les

les siècles suivants, elle fut prise et reprise par les Anglais, qui l'abandonnèrent complétement en 1450.

Alençon (comtes et ducs d'). Le premier fut Yves, comte de Bellesme, devenu comte d'Alençon en 942. Les plus célèbres furent Roger, qui commandait l'avant-garde normande à la bataille d'Hastings, Guillaume III, mort en 1171, et Robert III, mort en 1218. Jean IV, prisonnier des Anglais en 1424, combattit avec Jeanne Darc; il fut, sans preuves, condamné à mort, en 1548, comme ayant conspiré contre les Anglais. Emprisonné à Loches, il fut délivré par Louis XI, et conspira, cette fois, en faveur d'Edouard, roi d'Angleterre, en 1470, et mourut en prison en 1476. — Catherine de Médicis fut duchesse d'Alençon de 1559 à 1566. En 1612 Marie de Médicis acheta ce duché au duc de Wurtemberg. — Le dernier duc d'Alençon, depuis 1774, fut Monsieur, qui devint Louis XVIII.

ALENTEJO ou Alem-Tejo, c'est-à-dire *au-delà du Tage*, prov. du Portugal, ch.-l. Evora. Pop. 301,100 hab. Cette province est arrosée par le Tage et la Guadiana; son climat est très-chaud et on y rencontre beaucoup de marais. Son commerce consiste en blé, orge, riz, fruits excellents; on y élève des moutons.

ALÉOUTES ou Aléoutiennes (îles). Archipel du grand Océan boréal, composé de plus de 150 îles et occupant une superficie d'environ 450 myriamètres carrés. Ses côtes sont dangereuses, son sol volcanique et peu fertile. Les habitants, au nombre de 6,000, vivent de la chasse et de la pêche, qui consistent en renards, chiens, rennes et loutres de mer. L'état moral de cette population est des plus abjects, attendu que les agents de la compagnie russe de commerce exercent sur eux l'oppression la plus tyrannique. C'est dans cet archipel que se trouve l'île Beringo, où Behring mourut en 1741.

ALEP, ville de Syrie à 201 kil. de Damas. Cette ville, florissante sous les rois de Syrie, devint, sous les Romains, l'entrepôt du commerce de l'Orient et de l'Occident. Sa grandeur s'accrut encore sous la domination des Sarrasins, des empereurs de Constantinople et des Turcs Seldjoucides. Il y a 60 ans, cette ville comptait environ 300,000 âmes, mais, le 13 août 1822, un tremblement de terre ensevelit les deux tiers de ses habitants et transforma en un monceau de ruines la citadelle située au milieu de la ville, qui, depuis, n'a jamais pu regagner son ancienne splendeur. La population actuelle s'élève à 80,000 âmes. Le climat y est sain et son commerce s'est beaucoup accru depuis la découverte du cap de Bonne-Espérance. On y voit un magnifique bazar, composé de plusieurs rues, entièrement voûté et recevant le jour nécessaire par des fenêtres pratiquées dans des coupoles spécialement destinées à cet usage. Ibrahim-Pacha s'empara d'Alep en 1832.

ALERIA, village de Corse. Pop. 80 hab. Bâti sur les ruines de l'antique *Aleria*, fondée par une colonie phocéenne en 564 av. J.-C., ravagée par L. Scipion dans la première guerre punique et colonisée depuis par Sylla. On y remarque encore quelques ruines romaines, et, dans des fouilles qu'on y fit, on découvrit des médailles et des camées.

ALERIONS. On nomme ainsi, en termes de blason, de petites aigles sans bec ni pattes, ayant les ailes étendues.

ALES ou Hales (Pierre-Alexandre d') vicomte de Corbet, né en 1715. Il embrassa d'abord la carrière militaire et se livra ensuite à la culture des lettres. Il publia un ouvrage, l'*Origine du mal*, qui est un bon résumé des principales opinions émises sur le mal physique et le mal moral, dans lequel il prouve que l'on a tort de toujours accuser la Providence, qui a tout sagement ordonné.

Ales, anciennement *Alesia*, ville de l'île de Sardaigne, à 60 kil. de Cagliari. Pop. 1,300 hab. Elle possède une belle cathédrale, dont l'évêché est suffragant d'Oristano, et dont le titulaire réside à Villacidro.

ALÈSE, ancienne ville de la Sicile, aux environs de Messine. On en voit encore des ruines dans le Val di Demone.

ALESCHKI, anciennement *Dnieprovsk*, ville de la Russie d'Europe (Tauride), à 234 kil. de Simphéropol, ch.-l. de district. C'était, au temps du moyen âge, l'*Elice* des marchands italiens.

ALESHAM, ville d'Angleterre (Norfolk), à 20 kil. de Norwich. Pop. 1,650 hab. Son commerce consiste en la fabrication de bas.

ALESIO (Mathieu-Pierre), peintre et graveur, né à Rome et mort en 1600. Il imita beaucoup Michel-Ange, son maître. Dans un de ses voyages à Séville, il peignit à fresque, dans la cathédrale de cette ville, un saint Christophe gigantesque qui excita l'admiration générale.

ALESSANDRI (Felice), naquit à Rome en 1742, et mourut vers l'année 1810. Il fit la musique d'un grand nombre d'opéras, qui trouvèrent des critiques acharnés. Son *Retour d'Ulysse* eut cependant un éclatant succès au théâtre de Berlin, en 1790.

Alessandri (Innocenzo), graveur, né à Venise en 1742; il monta dans cette ville un atelier et publia un grand nombre de planches, parmi lesquelles on distingue les figures allégoriques de la musique, de l'astronomie, de la peinture et de la géométrie, dessinées d'après Domenico Majotti. Il fut aidé dans ce travail par Pietro Scataglia.

ALESSANDRINI ou Alexandrini de Neustain (Julio), médecin, né à Trente en 1506, mort en 1590. Il fit ses études à Padoue et s'appliqua principalement à la littérature grecque et à la médecine. Alessandrini fut le premier qui, dans ses écrits, indiqua le rapport intime qui existe entre les affections de l'âme et l'organisation du corps. Il fut le médecin des empereurs Charles-Quint, Ferdinand Ier et Maximilien II; ce dernier le combla de biens et d'honneurs, pour les fréquents avis qu'il en reçut.

ALESSANDRO (Bartholo d'), architecte vénitien du xvie siècle. Ce fut lui, dit-on, qui inventa la manière de tenir suspendus en l'air les bâtiments, pour les reprendre en sous-œuvre. C'est ainsi qu'il répara le palais ducal de Venise, en 1602, et qu'il refit les fondations des 70 colonnes, situées dans la cour et qui soutiennent ce monument.

ALESSANDRO, ALESSANDRI ou Alexander ab Alexandro, jurisconsulte napolitain, né d'une noble famille, à Naples, en 1461. Il exerça quelque temps la profession d'avocat, qu'il abandonna, en voyant la justice livrée à la corruption et à la faveur, pour s'adonner à la culture des lettres. Connu par un ouvrage d'érudition philologique et archéologique, ayant trait aux antiquités romaines, qui renferme un grand nombre d'aperçus ingénieux, il mourut vers 1523, après avoir rempli quelque temps les fonctions de protonotaire napolitain.

ALESSI (Galeazzo), célèbre architecte, né à Pérugia en 1500, mort dans la même ville en 1572. Il étudia d'abord les mathématiques, puis son goût l'entraîna vers l'architecture, et se forma comme artiste à Rome, où il eut pour maître Michel-Ange. Il jouissait déjà d'une grande célébrité lorsqu'il fut appelé à Gênes, où il accomplit ses plus importants travaux. Après avoir édifié l'église Sainte-Marie de Carignan, l'un des plus beaux édifices de cette ville et qui présente en petit le premier plan de Saint-Pierre de Rome; il y construisit encore la coupole de la cathédrale, en refit le chœur, bâtit les palais Grimaldi et Pallavicini. Ce fut lui qui répandit dans cette ville le goût pour l'architecture moderne, et on admire dans ses ouvrages une grande richesse d'imagination, qui ne se laisse point emporter par un excès de fantaisie.

ALESSIO PIÉMONTÈSE, pharmacopole italien qui publia un livre intitulé : *les Secrets*, traitant des drogues pharmaceutiques. Dans cet ouvrage, il cite une merveilleuse préparation, composée de la rosée du romarin et de plusieurs autres produits, qui rappelait à la jeunesse des femmes âgées et infirmes, et qui eut un certain crédit au moyen âge.

Alessio, ville de la Turquie d'Europe (Albanie), à 25 kil. de Scutari, qui possède un port à l'embouchure de la Drin. Cette ville doit sa fondation à Denys, tyran de Syracuse, et fut ensuite colonisée par les Romains. On y remarquait autrefois le tombeau du fameux Scanderberg, qui mourut dans cette ville en 1467, et dont les ossements furent dispersés par les Turcs en 1478.

ALET ou Aleth, anciennement *Alecta*, ville du département de l'Aude, à 10 kil. de Limoux. Pop. 1,200 hab. Cette ville, située au pied des Pyrénées, doit son origine à une ancienne abbaye de l'ordre de Saint-Benoît, fondée vers 813 par Bera, femme du comte de Barcelone. En 1318, on y érigea un évêché, qui est aujourd'hui supprimé et qui compta Nicolas de Pavillon parmi ses évêques. Dans les environs, on remarque trois sources thermales ferrugineuses et une source minérale froide, dites *Eaux rouges*, déjà connues des Romains.

ALÉTÈS, descendant d'Hercule. Il s'empara du trône de Corinthe, après en avoir chassé la postérité de Sisyphe. Après avoir consulté l'oracle sur sa destinée, il lui prédit qu'il s'emparerait d'Athènes si le roi de cette ville ne recevait aucune blessure. Codrus, roi d'Athènes, l'ayant appris, se déguisa en paysan, blessa un soldat et fut tué. Alors Alétès regagna Corinthe, où ses descendants régnèrent jusqu'à la cinquième génération.

ALETHIA, c'est-à-dire *Vérité*, déesse mentionnée par Lucien dans ses ouvrages, et dont il place le temple dans la ville du Sommeil.

ALÉTIDES, sacrifices solennels que les Athéniens offraient pour apaiser les mânes d'Erigone, qui avait erré longtemps pour chercher son père Icare, qui vivait du temps de Pandion II, roi d'Athènes. Icare, ayant appris aux bergers attiques à faire du vin, ils s'enivrèrent. Croyant que cette liqueur les avait empoisonnés, ils se précipitèrent sur Icare et le tuèrent. Bacchus le vengea, en envoyant une peste qui dura jusqu'à la punition du dernier des meurtriers. Erigone fut tellement tourmentée de la mort de son père, qu'elle se pendit de désespoir, en priant les dieux de faire périr toutes les filles de ceux qui ne vengeraient pas la mort de son père. Pour apaiser les mânes d'Icare, on institua des fêtes nommées *Alétides*, et on les célébrait par des chants et des exercices où les jeunes filles se balançaient à des cordes attachées à des arbres, en chantant l'*Alétis* ou la Vagabonde.

ALETSCH (glacier d'), l'un des plus grands glaciers que possède la Suisse, sur la pente méridionale de la Jungfrau. Il a environ 30 kil. de parcours, et on remarque au pied de ce glacier un lac d'une grande étendue.

ALEU ou Alleu, mot franc, dérivé du teuton *all, alleu* (tout, tous). On appelait ainsi les terres prises, occupées ou reçues en partage par les Francs, au moment de la féodalité. Le propriétaire était libre, indépendant sur son aleu, sauf l'hommage qu'il devait au donateur, dont il devenait le vassal. D'autres propriétés, acquises par achat, par succession ou de toute autre manière, vinrent accroître le nombre des aleux, qui furent difficiles à conserver pendant les violences de l'époque féodale. Au XVIIe et au XVIIIe siècle, ils avaient disparu, laissant les *francs aleux* qui désignaient une terre, une seigneurie ou héritage indépendant de tout seigneur.

ALEUADES, famille qui avait formé, en Thessalie, un parti aristocratique, qui invoqua le secours des étrangers pour combattre contre les autres familles du pays. Alevas, surnommé le Rouge, Héraclide de Thessalie, venu dans le Péloponèse à la suite de l'invasion des Héraclides, fut le chef de cette famille, qui prit une certaine supériorité, lorsqu'elle corrompit le Spartiate Léotychide envoyé, après la guerre des Perses, pour châtier la défection des Thessaliens. Cette famille ne conserva le pouvoir que peu de temps.

ALEUROMANCIE, sorte de divination que les anciens pratiquaient, au moyen de la farine de froment et d'autres grains.

ALEUS, fils de Nyctinus et roi d'Arcadie. Il fit bâtir à Aléa, en Arcadie, un temple dédié à Minerve.

ALEWI (Alkasin-ben-Mohammed). Il naquit à Modaïm et étudia l'astronomie sous Ademi. Il continua les tables astrologiques que son maître avait commencées. Elles sont connues sous le titre de *Nazm-al-Ikd* et c'est l'ouvrage le plus complet sur le système astronomique indien. On y remarque le calcul de la précession et de la retardation des corps célestes.

ALEX, village de Savoie, à 10 kil. d'Annecy. Pop. 1,400 hab. Il est remarquable par ses belles verreries, sa cristallerie et sa manufacture de glaces.

ALEXANDERSBAD, ville de la Bavière, au pied des monts Kœsseme, possédant des eaux thermales composées d'un mélange de sel et d'acide carbonique. Ces eaux se prennent en boisson et on s'y baigne aussi; on en fait même un commerce à l'étranger. Cette source fut découverte en 1734, et le margrave Alexandre y fit établir des bains. Son site est charmant et entouré de magnifiques habitations. Près de là est le château de Luisemburg, ainsi nommé du séjour qu'y fit la reine de Prusse, femme de Frédéric-Guillaume III.

ALEXANDRA, fille de Priam et d'Hécube. On la connaît davantage sous le nom de Cassandre, et par l'attentat odieux dont elle fut victime de la part d'Ajax.

ALEXANDRA, fille d'Hircan II, épousa Alexandre, fils d'Aristobule II, dont elle eut deux enfants, Aristobule et Mariamne. Après la mort d'Antigone, son beau-frère, elle força Hérode, son gendre, à nommer grand-prêtre, son fils âgé de 17 ans, et voulut encore faire nommer roi ce dernier rejeton de la race des Asmonéens; mais Hérode le fit périr. Il ne s'arrêta pas là; après ce premier crime, il fit mourir aussi Mariamne et Alexandra elle-même, qui voulait s'emparer du gouvernement, an 29 av. J.-C.

ALEXANDRE. Ce nom est formé d'un mot grec dont la première partie signifie *je défends, je repousse*, et la seconde signifie *homme*; le tout veut dire *protecteur des hommes*. Ce nom est commun à beaucoup de personnages célèbres. Pâris, fils de Priam, est le premier qui ait porté ce nom.

ALEXANDRE, tyran de Phères, en Thessalie, en l'an 370 av. J.-C. Ce prince, arrivé au pouvoir par la violence, le conserva de même; et pour se débarrasser de ses ennemis, il les faisait enterrer vivants ou les livrait aux bêtes. Pour mettre fin à toutes ces cruautés, les Aleuades de Larisse appelèrent contre lui Alexandre II, roi de Macédoine, puis les Thébains. Pélopidas, qu'Alexandre avait fait prisonnier, ne fut délivré que par l'approche d'Epaminondas, qui attaqua le tyran et le défit à Cynocéphale; mais il mourut dans son triomphe. Affaibli sur terre par cette défaite, Alexandre se livra à la piraterie, pillant les côtes du Péloponèse. Odieux à tous, il fut tué par le frère de sa femme pendant son sommeil, 357 ans av. J.-C.

ALEXANDRE Ier, roi de Macédoine, de 500 à 462 av. J.-C., était le fils d'Amyntas Ier. Ce prince combattit dans les rangs des Perses, lorsque Xerxès envahit la Grèce, par une sympathie qu'il éprouvait pour les Grecs; la veille de la bataille de Platée (479), il fit avertir secrètement Pausanias et Aristide des dispositions de Mardonius, lieutenant de Xerxès, et, pendant l'action, il passa du côté des Grecs. Alexandre Ier fut le premier roi de Macédoine qui se présenta aux Jeux olympiques et fit appeler Pindare à sa cour.

ALEXANDRE II, fils d'Amyntas II, roi de Macédoine, de 369 à 367 av. J.-C. Ce prince aida les Aleuades de Thessalie contre Alexandre, tyran de Phères, et s'empara de Larisse. Ses sujets s'étant révoltés contre lui, il appela à son tour Pélopidas à son secours. Peu de temps après, Ptolémée Aloritès le fit assassiner.

ALEXANDRE III le *Grand*, roi de Macédoine, descendant d'Hercule par son père, Philippe, et de la famille des Æacides, par sa mère Olympias, naquit à Pella, le jour même où Erostrate incendiait le temple de Diane à Ephèse, 356 ans av. J.-C. Son éducation première fut confiée à un austère parent de sa mère, Léonidas, et aussi malheureusement à Lysimaque d'Acarnanie qui l'habitua à la flatterie. Aristote compléta son instruction en lui donnant les connaissances les plus étendues, et, après avoir fait pour son élève un traité sur l'art de régner, malheureusement perdu, il l'initia aux beautés de *l'Iliade*, qui devint le livre favori d'Alexandre. On cite du jeune prince macédonien des traits qui montrent combien son caractère était élevé et noble; il s'attacha, non-seulement à l'art de la guerre, mais aussi à celui d'administrer son royaume, et prenait modèle sur ses voisins. Il refusa de prendre part aux Jeux olympiques, dans la crainte de ne point y trouver de concurrents dignes de lui. Animé d'une noble émulation, les victoires de son père ne faisaient que stimuler son impatience et son désir de se signaler. On cite de Philippe une exclamation qui, pleine d'orgueil paternel, prophétisait en quelque sorte l'avenir brillant qui était réservé à son fils. Alexandre venait de monter Bucéphale, un cheval que personne n'avait pu encore dompter : « Mon fils, s'écria le roi de Macédoine, cherche un autre royaume, la Macédoine ne peut te contenir! » Pendant le siége de Byzance, son père lui laissa, à 16 ans, la direction des affaires; il réprima alors la révolte des Médares, qui croyaient pouvoir facilement secouer le joug. En 338, à la bataille de Chéronée, il écrasa le bataillon sacré des Thébains, et, peu après, sauva la vie à son père en combattant contre les Triballes. Mais ce n'étaient là que les premiers indices du courage qu'il devait montrer sur le trône. Après le meurtre de son père, auquel on l'accuse à tort d'avoir pris part pour venger sa mère, délaissée pour Cléopâtre, nièce d'Attale, il commença son règne à 20 ans, par la punition des assassins de Philippe, par la mort d'Attale, et laissa sa mère assouvir elle-même sa vengeance sur sa rivale. Au moment de sa mort, Philippe rêvait la guerre contre les Perses, Alexandre la réalisa. Mais en quittant ses Etats, il ne voulut pas laisser d'ennemis derrière lui. Il força donc les Gètes, les Thraces, les Illyriens, à respecter ses frontières; les Celtes, si braves qu'ils disaient en manière de dicton ne craindre que la chute du ciel, devinrent ses alliés. Le bruit de sa mort ayant couru en Grèce, Thèbes et Athènes se révoltèrent à la voix de Démosthène; Alexandre vole en Grèce, déconcerte ses ennemis par sa rapidité et son audace et s'empare de Thèbes qu'il ruine de fond en comble, ne respectant que la maison et la famille de Pindare. Athènes s'étant soumise, il se borna à punir Charidème en l'envoyant en exil. A Corinthe, où il rendit visite à Diogène, Alexandre fut nommé généralissime des Grecs, et avant de partir pour la conquête de l'Asie, il voulut consulter l'oracle de Delphes. La Pythie refusait de parler, le jeune roi la traîna sur son trépied : « Mon fils, rien ne te résiste! » s'écria-t-elle. En partant il laissa le gouvernement de la Macédoine à Antipater, distribua tout ce qu'il possédait à ses officiers, se réservant, selon sa propre expression, seulement l'espérance qui lui faisait entrevoir la possession de l'empire du monde. En 334, il partit de Pella avec 30,000 fantassins, 4,500 cavaliers, 70 talents d'or (389,200 fr.) et des vivres pour un mois. Le passage d'Europe en Asie s'effectua sans obstacles, et Alexandre se répandit dans ce pays, presque inconnu avant lui, parfois comme un torrent, il est vrai, mais le plus souvent comme un fleuve versant la fécondité sur ses rives. Instrument de la Providence, il allait dans ces contrées répandre et faire connaître les bienfaits de la civilisation. Il commença sa campagne par un pèlerinage au tombeau d'Achille dont il descendait par sa mère. Anaximène, grâce à une ruse, fit épargner Lampsaque, et Alexandre se porta contre les troupes du satrape de l'Asie mineure, qu'il défit au passage du Granique, où il dut la vie à Clitus. Après cette bataille, il était important pour le vainqueur d'occuper le littoral occidental, qui lui permettait de communiquer avec la Macédoine et d'en recevoir des renforts et des vivres, et d'empêcher les Perses de faire une diversion inquiétante en Grèce ou en Macédoine. Alexandre réussit complétement dans cette tentative qui fut marquée par des victoires sans nombre, s'emparant d'Ephèse, où il détruisit l'oligarchie de Milet d'Halicarnasse, défendue par Memnon le Rhodien, qui songeait à envahir la Macédoine pour forcer Alexandre à retourner sur ses pas, quand il mourut sous les murs de Mytilène. Maître de la Carie, vainqueur des Pisidiens et de quelques villes, il frappa de terreur les peuples voisins en tranchant de son épée le nœud gordien qui devait donner l'empire du monde à celui qui le dénouerait. La Cappadoce se soumit, les frontières de Cilicie, que les Perses n'avaient pas gardées, furent franchies; rien ne résistait au jeune guerrier, lorsqu'il tomba malade à Tarse pour avoir pris, étant en sueur, un bain dans les eaux glacées du Cydnus. Il s'apprêtait à prendre un breuvage préparé par son médecin, Philippe d'Acarnanie et dont l'effet devait être efficace, lorsqu'il reçut une lettre qui l'avertissait que le breuvage était empoisonné. Alexandre tendit la lettre au médecin sans cesser de boire. Cette confiance hâta sa guérison, et il put se remettre en marche, défit Darius qui, avec une puissante armée, voulait lui fermer les issues du Taurus, en 333, et s'illustra après la victoire par un trait de générosité : il rendit la liberté à la famille de ce prince, qui était tombée en son pouvoir. Il envahit la Syrie, tandis que son général Parménion s'emparait des trésors du roi de Perse. Par sa position inexpugnable sur mer, Tyr lui offrit une sérieuse résistance, mais ayant fait construire une digue sur le bras de mer qui la séparait du continent, il parvint à s'en emparer, sans toutefois la détruire, ainsi qu'on l'a prétendu. Selon l'historien Josèphe, dont le témoignage est fort souvent apocryphe, Alexandre serait allé ensuite à Jérusalem où il aurait lu dans les livres saints sa venue et ses exploits, annoncés depuis bien longtemps déjà. Le grand conquérant dirigea ensuite sa course triomphante vers l'Egypte, prit Gaza en deux mois, malgré la défense énergique de Bétis, dont il n'est pas vrai qu'il ait traîné trois fois le cadavre autour des murs. Par haine des Perses et surtout de Cambyse, les Egyptiens reçurent Alexandre comme un libérateur. Il fonda alors Alexandrie et se fit déclarer, dans le temple d'Ammon, fils de Jupiter. La Perse maritime subjuguée, Alexandre se retourna contre Darius, qui pour sauver quelques lambeaux de son empire, lui offrit en vain tout le pays compris entre l'Hellespont et l'Euphrate. Il le défait encore près d'Arbèles, 331, s'empare des capitales et des trésors de ce roi à Suse, fait son entrée triomphante à Babylone, bat les Uxiens, prend Pasargade, Persépolis et enfin Ecbatane. A la même époque, Bessus, croyant se rendre agréable au vainqueur, fait assassiner Darius, mais Alexandre livre le meurtrier à la famille du roi de Perse; après les Branchides, ce sont les Scythes qu'il bat à Iaxarte et ensuite Spitamène révolté qu'il châtie en Sogdiane (329). Mais ici s'arrête la brillante et glorieuse épopée pour laquelle il n'a manqué qu'un Homère. Gâté par ses succès, Alexandre se livra à la débauche, prit les mœurs énervées de l'Orient et ses habillements efféminés, voulut qu'on l'adorât à genoux, et se livra aux orgies pendant lesquelles il tua Clitus, son sauveur, ordonna les supplices de Callisthène, de Dymnus, etc., et fit assassiner Parménion. Ses troupes, mécontentes, murmurèrent; pour calmer les esprits, indignés par ces crimes honteux, il reprit la conquête de l'Inde (327), s'empara d'Aornos et n'épargna Nyra que par respect pour Bacchus, son fondateur. Ayant franchi l'Indus et reçu la soumission de Taxile, il battit Porus; et, en mémoire de cette victoire et de la mort de Bucéphale, tué là, fonda la ville de Nicée. Maître d'autres villes encore, à Hyphase, ses troupes refusèrent de le suivre plus loin. Ne pouvant vaincre cette résistance subite, il éleva aux grands dieux de la Grèce douze autels qui marquèrent le terme de ses conquêtes. Son retour fut encore marqué par des succès, jusqu'à Patala. Tandis que Néarque explorait le littoral jusqu'à l'Euphrate, l'armée, dans les déserts de la Gédrosie, eut à souffrir de la soif et de la faim. Arrivé à Babylone, Alexandre y reçut les députations du monde entier. Les résultats des guerres d'Alexandre furent le progrès implanté en Asie, l'union de l'Orient et de l'Occident par Alexandrie, le mélange des races, l'échange des idées, la fondation de villes et de colonies qui étendaient au loin la civilisation forte de la Grèce. Ce qui permit à Alexandre de faire la conquête du monde, c'est qu'il savait respecter les mœurs, la vanité et la gloire des peuples vaincus. Ses principes étaient *conquérir pour conserver, augmenter la puissance et la prospérité*. Il mourut avec de grands projets ébauchés dans des Mémoires, aujourd'hui perdus. Quelques auteurs ont prétendu qu'il avait été empoisonné par Antipater, mais on attribue généralement sa mort à une fièvre pernicieuse, résultant de ses excès; il avait à peine 32 ans. « Je laisse l'empire au plus digne, » dit-il en mourant, sans prévoir les sanglantes funérailles qu'on allait lui faire. Son empire, ce colosse qu'il avait construit si rapidement, croula avec lui, disloqué par ses généraux, qui s'en disputèrent les lambeaux. Antipater eut la Macédoine et la Grèce; Ptolémée, fils de Lagus, l'Egypte; Laomédon, la Syrie et la Phénicie; Antigone, la Lycie, la Pamphilie et la grande Phrygie; Cassandre, la Carie; Philotas, la Cilicie; Léonatus, la petite Phrygie; Méléagre, la Lydie, la Cappadoce et la Paphlagonie; Pithon, la Médie; Lysimaque, la Thrace. Ptolémée fit inhumer le corps de son maître dans un cercueil d'or. Avant Alexandre, les nations vivaient les unes à côté des autres évitant soigneusement toute relation entre elles; par son système de conquête, respectant toutes les autonomies il prépara cette fusion qui facilita les conquêtes romaines.

ALEXANDRE, fils posthume du précédent et de Roxane, né vers l'an 323 av. J.-C. Il se perd dans la grande ombre du conquérant. Nommé roi par les troupes à Babylone, il resta en tutelle jusqu'à sa mort, que hâta, par le poison, Cassandre, fils d'Antipater, après avoir fait enfermer Roxane et son fils.

ALEXANDRE, 3e fils de Cassandre, régna d'abord, à la mort de son aîné Philippe IV, avec son frère Antipater; mais se craignant et se détestant mutuellement, pour se débarrasser l'un de l'autre, ils réclamèrent des secours chacun de leur côté. Alexandre appela Démétrius Poliorcète et Pyrrhus, roi d'Epire, et Antipater, Lysimaque, son beau-père, roi de Thrace. Une réconciliation apparente eut lieu; mais tandis qu'Alexandre songeait à faire assassiner son frère, il fut égorgé par celui-ci. Il avait épousé Lysandre, fille de Ptolémée Lagus. A sa mort, Démétrius s'empara du trône de Macédoine.

ALEXANDRE, fils de Persée, dernier roi de Macédoine, fut vendu avec sa sœur, après la défaite de son père à la bataille de Pydna, par un serviteur macédonien auquel ils avaient été confiés. Il orna le triomphe de Paul-Emile à Rome, 168 ans av. J.-C. Détenu quelque temps en prison à Albe, le sénat romain, à la mort de son père, lui rendit la liberté mais non ses Etats. Obligé de travailler pour vivre, de greffier il devint tourneur et ouvrier en airain; il se distingua par le fini et la délicatesse de ses ouvrages, et se contenta de ces obscurs succès.

ALEXANDRE, fils de la reine d'Héraclée, Amestris, et de Lysimaque, roi de Thrace et ancien lieutenant d'Alexandre le Grand, fut élevé à la cour de son père, d'où il s'enfuit avec la veuve de son frère Agathocle, pour ne pas partager le sort de ce dernier. Il se rendit auprès de Séleucus Ier, roi de Syrie, qu'il poussa à la guerre contre sa patrie. A la bataille de Cyropédion, Lysimaque fut tué en 282 av. J.-C. Alexandre dut renoncer au trône de Thrace, et échoua également dans ses tentatives pour s'emparer de celui de Macédoine, après la mort de Sosthène (278).

ALEXANDRE Ier (MOLOSSE), roi d'Epire, se rapprocha le plus par sa valeur et ses talents militaires d'Alexandre le Grand. Il était fils de Néoptolème et frère d'Olympias, et dut le trône d'Epire à Philippe. Appelé par les Tarentins contre leurs ennemis les Brutiens et les Lucaniens, il obtint de nombreux succès dans l'Italie méridionale; il conclut un traité de paix et d'amitié avec les Romains qui, séduits par ses grandes qualités, avaient recherché son alliance. Un oracle lui avait prédit qu'il mourrait près de l'Achéron; ayant voulu assujettir ses anciens alliés, ceux-ci s'unirent aux principaux peuples de la Grande-Grèce, battirent et tuèrent Alexandre auprès de l'Achéron, après quatorze années de guerre. Ainsi l'oracle se trouva avoir raison.

ALEXANDRE II, roi d'Epire, 272 à 242 av. J.-C., succéda à son père Pyrrhus. Pendant que les Athéniens étaient occupés à la guerre contre Antigone de Goni, il envahit la Macédoine, mais il en fut chassé par Démétrius, qui même lui enleva son royaume.

ALEXANDRE Ier, ou PTOLÉMÉE IX, 2e fils de Ptolémée VII, roi d'Egypte. Il obtint, grâce à sa mère Cléopâtre, l'île de Chypre avec le titre de roi. Son frère aîné, Ptolémée VIII, ayant été chassé par les Egyptiens, il monta sur le trône à sa place, en 107, mais craignant d'être victime des menées de sa mère, il la devança en la faisant mourir en 89; il fut expulsé par les Alexandrins, en 88, pour avoir enlevé du tombeau d'Alexandre le Grand les trésors qu'il contenait, et périt dans un combat naval, après avoir en vain essayé de ressaisir la couronne qui avait été rendue à Ptolémée VIII.

ALEXANDRE II, ou PTOLÉMÉE X, fils du précédent; fait prisonnier par Mithridate le Grand, roi de Pont, en 87, il s'enfuit au camp de Sylla qui, à la mort de son oncle Ptolémée VIII, l'aida à monter sur le trône, où il ne parvint pourtant qu'après avoir épousé Bérénice, la fille du dernier roi. Assassin de sa femme, il tomba sous le poignard de ses soldats révoltés qui l'égorgèrent dans le gymnase d'Alexandrie, en 80.

ALEXANDRE BALA, roi de Syrie, aventurier rhodien, se fit passer pour le fils d'Antiochus Epiphane. Aidé des ennemis de Démétrius Soter; odieux à ses sujets, et surtout de la propre fille d'Antiochus, Laodice, il se fit accorder le trône par le sénat romain. Maître de Ptolémaïde, secouru par les Romains, le grand prêtre des Juifs, Jonathas, et par les peuples voisins, il attaqua et vainquit, 151 ans av. J.-C., Démétrius, qui fut tué dans la bataille. Ptolémée Philométor, roi d'Egypte, donna même sa fille à l'aventurier qui, enflé de ses succès, devint cruel, se livra aux plaisirs et laissa à un favori ombrageux les soins du gouvernement. Ce fut au tour du fils de Démétrius de tirer parti du mécontement général que souleva cette conduite, il leva une armée, il attaqua et vainquit Bala, qu'avait abandonné son beau-père, après s'être emparé de Ptolémaïde. Alexandre fut poignardé par un Arabe chez lequel il s'était réfugié, 146 ans av. J.-C.

ALEXANDRE II, roi de Syrie, surnommé Zébina, mot qui signifie en syriaque, *esclave acheté*. Fils d'un fripier d'Alexandrie, le roi d'Egypte Ptolémée Physcon, le suscita comme prétendu fils d'Alexandre Bala, contre le roi de Syrie, Démétrius Nicator. L'ancien esclave à la tête d'une armée, et aidé de la faveur du peuple, vainquit Démétrius, qui se sauva à Tyr, où il fut assassiné, 125 ans av. J.-C. Alexandre monta sur le trône aux acclamations du peuple, et s'empara d'une partie de la Syrie, mais ayant refusé de payer tribut à son ancien protecteur, celui-ci le battit et le força de se réfugier à Antioche, où il se rendit odieux en pillant les temples pour payer son armée. Il fut chassé de cette ville, pris par un corsaire qui le livra au fils de Nicator, Antiochus Grypus, roi d'Egypte, qui le fit mettre à mort en 122.

ALEXANDRE JANNÉE, roi des Juifs, 106-79 av. J.-C., 3e fils de Jean Hircan, hérita de son frère Aristobule les dignités de roi et de grand-prêtre. Il fit, avec quelques succès, la guerre dans la Syrie, qui était alors déchirée par les factions des guerres civiles; mais ses propres Etats étant attaqués par Ptolémée Lathyre, roi d'Egypte, il fut forcé d'abandonner le siége de Ptolémaïde pour défendre son royaume; battu sur le Jourdain, il put réparer sa défaite; la Palestine étant en sûreté, il fit le siége de Gaza, qu'il réduisit en cendres et dont il égorgea les habitants. Ses sujets se révoltèrent à cause de ses cruautés, mais à son retour à Jérusalem, il étouffa la rébellion et les rebelles. Il fit des conquêtes en Syrie, en Phénicie, en Arabie, et mourut d'intempérance et d'excès, laissant le gouvernement à sa veuve, Alexandra.

ALEXANDRE, prince de Judée, fils d'Aristobule II, et petit-fils du précédent. Vaincu par Pompée, en l'an 63 av. J.-C., il fut emmené captif à Rome avec sa famille, et orna le triomphe du vainqueur. Alexandre s'échappa en 57, et, s'étant réfugié en Palestine, il parvint à organiser une petite armée contre Hircan, que Pompée avait désigné pour le remplacer. Défait par Marc-Antoine, près de Jérusalem et ensuite au pied du mont Thabor, en 56 av. J.-C., il ne se découragea pas, et, après la mort de

Crassus, tué dans la guerre des Parthes (53), il voulut encore se révolter, mais Cassius sut le contenir. Après la bataille de Pharsale, Alexandre prit parti pour César, tomba peu de temps après au pouvoir du gendre de Pompée, Metellus Scipion, qui le fit mettre à mort.

Alexandre, prince byzantin, 3e fils de Basile le Macédonien, né en 780 av. J.-C. Associé à l'empire par Basile, il partagea le pouvoir avec son frère, Léon le Philosophe, qui avait été désigné pour succéder à l'empire. Mais la mort de celui-ci le laissa seul maître du trône, et il ne profita du rang qu'il occupait que pour mener une vie de débauches et de dégradation. Les hommes les plus vils et les plus corrompus furent ses ministres; après avoir déposé Euthymius, patriarche de Constantinople, il envoya en

occidentales de l'Écosse. Après la mort de ce roi, qui arriva peu de temps après cette défaite, son successeur fit un traité de paix et d'alliance avec l'Ecosse. Alexandre périt à la chasse en 1285.

Alexandre Jagellon, grand-duc de Lithuanie, fils de Casimir IV. Elu par la diète, qui le préféra à un autre compétiteur, pour éteindre, par la réunion des deux peuples, les haines qui divisaient la Lithuanie et la Pologne, il monta sur le trône de Pologne en 1501, succédant à son frère aîné, Jean-Albert. Il combattit et repoussa Boydan, palatin de Valachie, et les Tartares. Mais là s'arrête la vie militante de ce prince indolent, faible et fastueux, qui mourut à Wilna, en 1506, après avoir régné 14 ans en Lithuanie et 5 en Pologne. Son frère Sigismond fut nommé son successeur.

près de l'endroit où il avait vaincu les Suédois.

Alexandre Ier (Paulowitch), empereur de Russie; né le 23 décembre 1777, il succéda à son père, Paul Ier, le 24 mars 1801; couronné la même année à Moscou, il régna 24 ans jusqu'à sa mort, arrivée le 1er décembre 1825, à Taganrog. Son éducation, confiée à Laharpe, fut entourée des doux soins de sa mère, l'impératrice Marie, tandis que sa grand'mère, Catherine II, l'initiait aux arcanes de la politique et, en l'entretenant du passé, le préparait pour l'avenir. Il monta sur le trône, encore sous le coup de la fin terrible de son père, plutôt philosophe qu'homme d'Etat et rempli des sentiments les plus purs et les plus nobles. Décidé à faire entrer la Russie dans le courant des idées européennes, Alexandre Ier

Jupiter écrase Albion sous une pluie de pierres (p. 54, col. 2).

exil l'impératrice Zoé et son fils Porphyrogénète, et mourut subitement, après un excès de table, en 912.

Alexandre Ier, dit *le Farouche*, roi d'Ecosse, de 1107 à 1124, fils de Malcolm III. Son caractère impétueux et dur occasionna la révolte de ses sujets. Il marcha contre eux et, après les avoir vaincus, il fit périr les principaux chefs et finit par s'assurer un règne tranquille.

Alexandre II, roi d'Ecosse, de 1214 à 1249, fils de Guillaume le Lion. Il naquit en 1198 et monta sur le trône à l'âge de 16 ans. Il prit part à la lutte de Louis de France contre Jean sans Terre. Les ravages qu'il exerça dans l'Angleterre, qui était le sujet de la querelle, portèrent le pape à mettre son royaume en interdit. S'étant réconcilié avec Henri III, fils de Jean sans Terre, il épousa sa sœur, en 1221 et mourut en 1248.

Alexandre III, roi d'Ecosse, de 1249 à 1285. Fils du précédent, né en 1240, il monta sur le trône à l'âge de 8 ans. L'Ecosse fut ensanglantée par les querelles des seigneurs, qui le tinrent longtemps en prison. En 1263, il défit, à Largo, Haquin, roi de Norwége, qui voulait s'emparer des îles

Alexandre, tyran qui usurpa la pourpre à Carthage, l'an 308 de J.-C. Il était alors légat du préfet de l'Afrique, alors que Mascena occupait le trône impérial. Vaincu et fait prisonnier, il fut mis à mort, l'an 311.

Alexandre Newski, fils du grand-duc Jaroslaf; il naquit en 1210 et mourut en 1263. Gouverneur de Novogorod la Grande, à l'époque de l'invasion de la Russie par les Mongols, il repoussa les Danois et les Suédois qui, profitant de la position malheureuse du pays, vinrent l'attaquer. En 1240, vainqueur des Suédois sur les bords de la Newa, il reçut, à l'occasion de cette victoire, le surnom de *Newski*, et deux ans plus tard, il battit les chevaliers de l'Ordre teutonique, près du lac Peïpus, les força de lui demander la paix. Nommé grand-duc de Russie en 1252, pendant un règne de 11 ans, il gouverna avec tant de prudence et de sagesse ce pays, alors sous le joug de la conquête, qu'il emporta les regrets de tout le peuple. Il fut enterré dans la cathédrale de Notre-Dame, à Vladimir. Pierre le Grand, après la fondation de Saint-Pétersbourg, lui éleva, en 1714, un somptueux mausolée en argent,

s'appliqua, dès le commencement, aux réformes politiques, et, grâce à ses soins, des universités furent établies dans les principales villes de l'empire. Songeant en principe à supprimer le servage, il commença à apporter quelques entraves aux droits des seigneurs sur leurs paysans et réglementa d'une façon si absolue les attributions des gouverneurs russes, que le despotisme asiatique implanté dans l'empire se trouva éliminé, pour céder la place à l'autorité du souverain. Mais tout en s'occupant activement de l'organisation intérieure de la Russie, Alexandre, abandonnant la ridicule politique de neutralité expectante de Paul Ier, songea à se faire le continuateur des plans gigantesques de Pierre le Grand, et si les temps de la possession du monde n'étaient pas encore arrivés pour l'empire russe, il pouvait lui donner du moins cette domination morale sur les autres nations de l'Europe, qui devait être un acheminement vers cette possession rêvée par le fondateur de la puissance moscovite. L'astre levant de Napoléon, alors premier consul, le séduisit; en le secondant habilement, il pouvait, avec lui, partager l'Europe et arriver, comme le conseillait le fameux testament du czar Pierre, à ce que l'Europe fût divisée en deux, d'un côté la France et de l'autre côté la Russie. Alors commençait ce duel de géants, où la France, limitée par la mer, n'aurait pu puiser de force qu'en elle-même et eût été infailliblement écrasée par la Russie, appelant à son aide toutes les hordes sauvages de l'Asie : c'eût été, en un mot, une copie du démembrement de l'empire romain par les Barbares. Il signa donc le traité d'Amiens, qui, en lui rendant sa liberté d'action, lui permettait de continuer ses envahissements du côté de la Turquie et de l'Asie. Mais, lorsque Napoléon, prenant le titre d'empereur, eut fait comprendre à l'Europe par des victoires et des conquêtes brillantes que c'était un maître qui se préparait pour elle, Alexandre dut reculer; sastreuses pour la France, tandis qu'Alexandre prenait aux yeux de l'Europe les proportions d'un héros; ne voulant laisser aucun répit à un adversaire aussi redoutable, l'autocrate russe, dans sa proclamation de Kalish (23 mars 1813), ne craignit pas de faire appel aux sentiments patriotiques et de prononcer le mot *liberté* pour galvaniser l'Allemagne, écrasée par sa féodalité. Un délire enthousiaste s'empara de la jeunesse allemande, qui abandonna les bancs des universités pour s'armer pour la patrie, chasser les Français et secouer leur joug. Malgré les brillantes victoires de Lutzen, de Bautzen, de Dresde, les armées françaises, obligées de battre en retraite, ne purent même plus défendre l'entrée de la patrie, et le trône du colosse qui avait étonné l'Europe tomba sous les efforts des résolut de la rejoindre. Lorsqu'il fut sorti de Saint-Pétersbourg, on prétend qu'en proie à un secret pressentiment qui lui disait qu'il ne reverrait plus sa capitale, il fit arrêter sa voiture, et, se retournant, il contempla avec mélancolie cette ville qui l'avait vu naître et qui avait été témoin de ses triomphes. Arrivé à Taganrog, il fut pris tout à coup d'une fièvre de forme singulière; il refusa toutes les potions qu'on voulut lui offrir, demandant avec instance à ses domestiques de l'eau glacée, qui seule lui procurait quelque soulagement. Quelques heures après sa mort, son visage se décomposa et devint tout noir, et lorsqu'on voulut le montrer au peuple, on le recouvrit d'un voile. L'ordre vint de Saint-Pétersbourg de clouer immédiatement le cercueil. Le règne d'Alexandre est une des

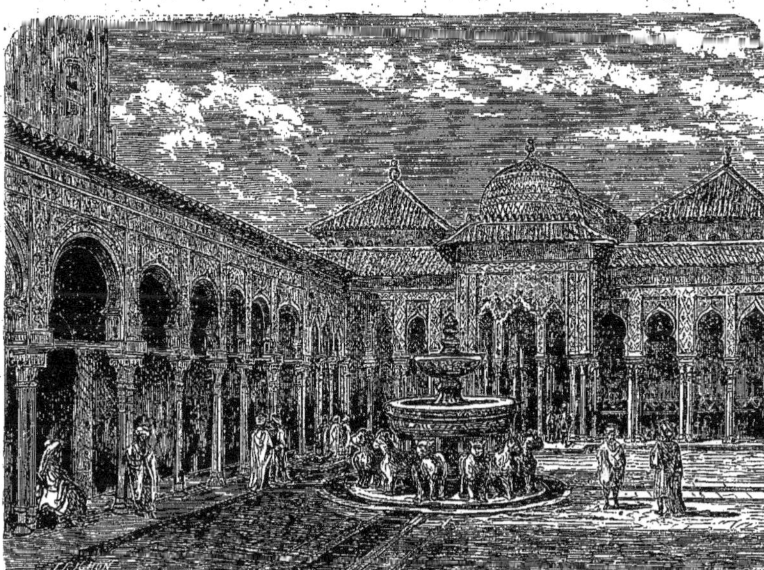

L'Alhambra, cour des Lions, où furent massacrés les Abencérages (p. 70, col. 3).

seconder son rival, qu'il appelait alors son ami, eût été compromettre son salut; il entra donc dans la troisième coalition, organisée contre la France par l'Autriche, la Suède et l'Angleterre. Ses troupes, arrivées trop tard pour sauver l'armée prussienne du désastre d'Iéna, furent battues à Friedland et à Eylau; il conclut avec Napoléon, en 1807, le traité de Tilsitt, qui abandonnait la Prusse à la discrétion de la France, et, rompant la coalition, laissait l'Allemagne désemparée, sans cohésion, au milieu des deux colosses, qui pouvaient la broyer de leur choc, et organisait le blocus continental, qui était en quelque sorte le *delenda Carthago* de l'Angleterre et la condamnait à une ruine certaine. Alexandre qui, en souscrivant au blocus, avait cru qu'il ne pouvait qu'affermir le commerce et l'industrie de son pays, ne tarda pas à reconnaître qu'il avait obtenu un résultat tout opposé; aussi apporta-t-il au système quelques modifications qui soulevèrent le mécontentement de Napoléon; l'amitié que les deux empereurs se témoignaient depuis l'entrevue sur le radeau du Niémen se trouva tout à coup obscurcie, et la guerre, déclarée en 1812, eut des conséquences désastreuses

Allemands et des Cosaques, aidés par la trahison. Alexandre triompha dans la capitale de son rival, où il reçut les acclamations d'un peuple qui oublia en lui le vainqueur pour ne voir que le héros pacificateur. Généreux dans sa gloire, il défendit Napoléon, en lui témoignant le plus grand respect. A la seconde invasion, il arriva trop tard à Paris pour y faire respecter sa volonté, et une froideur marquée lui témoigna la tristesse des Parisiens, qui avaient compris que la bataille de Waterloo était plus que la chute de l'empereur : c'était la ruine de la liberté nationale. Alexandre fit alors la connaissance de madame de Krudener qui, adonnée à des pratiques mystiques, prit un grand ascendant sur lui et joua un grand rôle dans ses déterminations; c'est elle qui lui inspira le plan de la Sainte-Alliance, dont le but était d'enchaîner la France à jamais. De retour en Russie, Alexandre, effrayé par un fantôme de révolution, changea complètement sa ligne de conduite et adopta un système de compression qui fit ourdir plusieurs complots qui échouèrent. L'impératrice s'était retirée à Taganrog pour réparer sa santé; Alexandre, craignant l'explosion d'une conspiration militaire,

belles pages de l'histoire contemporaine et marquera pour la postérité l'entrée de la race moscovite dans la voie de la civilisation et du progrès européens.

ALEXANDRE (saint), évêque de Jérusalem, successeur de Narcisse. Persécuté sous Sévère, il fut sept ans captif et subit une seconde persécution sous Décius; il mourut en prison à Césarée (251).

ALEXANDRE (saint), patriarche d'Alexandrie. Il fut l'instigateur du concile de Nicée, qui condamna les hérésies d'Arius en 325. Il mourut en 326, après avoir nommé saint Athanase pour son successeur.

ALEXANDRE Ier, pape de 108 à 117. L'histoire est presque muette sur ce pape et ne mentionne que son martyre avec d'autres chrétiens.

ALEXANDRE II (Anselme de Baggio, évêque de Lucques), pape en 1061; la cour impériale lui opposa Cadalous. Il fut protégé contre son rival par Godefroy le Barbu, marquis de Toscane. Il mourut en 1073.

ALEXANDRE III (Rolland de Bandinelli), né à Sienne, pape de 1159 à 1181. Frédéric Barberousse lui opposa trois antipapes, qui sont : Octavien (Victor IV); Guy de Tresne (Pascal III); Jean de Sturme (Innocent III. Fugitif pendant sept ans, il rentra à Rome en 1165, d'où il fut chassé de nouveau en 1167. De retour à Rome l'année suivante, il obtint la restitution des droits souverains. En 1179, il tint à Latran un concile qui, pour empêcher l'élection des antipapes, donnait aux cardinaux seuls le droit d'élire les papes.

ALEXANDRE IV, Italien, neveu de Grégoire IX, fut pape de 1254 à 1261. Il fut obligé de quitter Rome de 1257 à 1258, par suite des intrigues de Mainfroy.

ALEXANDRE V (Pierre-Philargé), pape de 1409 à 1410. Né à Candie, en 1340, de parents pauvres, il passa sa jeunesse en demandant partout son pain. Un moine cordelier le recueillit, lui fit prendre l'habit de son ordre; le jeune homme passa par toutes les dignités ecclésiastiques et devint pape, après avoir été archevêque de Milan.

ALEXANDRE VI (Roderic-Lenzuoli-Borgia), né à Jativa, en Espagne (1430), et pape de 1492 à 1503. Il tenta de rétablir la puissance temporelle, qui était alors fort contestée, et il y parvint par son habileté et son énergie. On attribue sa mort à un empoisonnement.

ALEXANDRE VII (Fabio-Chigi), né à Sienne en 1599, pape de 1655 à 1667. Il eut quelques démêlés avec Louis XIV, à cause de la mort du page du duc de Créqui, ambassadeur français, qui avait été tué par sa garde corse. Alexandre était savant et ami des lettres; ce fut lui qui fit construire les colonnades de la place Saint-Pierre, à Rome.

ALEXANDRE VIII, né à Venise en 1610, pape de 1689 à 1691. C'est sous son pontificat que Louis XIV, qui, dans ses luttes avec Innocent XI, s'était emparé d'Avignon et du comtat Venaissin, les rendit au Saint-Siége.

ALEXANDRE D'APHRODISIAS, en Cilicie, philosophe grec du IIIe siècle après Jésus-Christ. Il enseigna la philosophie tour à tour à Athènes et à Alexandrie. Commentateur d'Aristote, il forma à Alexandrie une classe particulière d'interprètes de la philosophie d'Aristote. Ses disciples furent appelés Alexandristes.

ALEXANDRE DE TRALLES, médecin grec, qui vivait vers le VIe siècle, en Lydie, dans la ville dont il porte le nom. C'est le médecin de l'antiquité le plus estimé après Hippocrate et Gallien. Ses écrits sont fort remarquables et consultés encore de nos jours.

ALEXANDRE DE BERNAY, connu aussi sous le nom d'*Alexandre Paris*, ou *de Paris*, parce qu'il habita longtemps cette dernière ville. Poëte français du XIIe siècle, il était né à Bernay, en Normandie. Auteur du fameux poëme sur Alexandre, il employa pour la première fois le vers de douze syllabes, qui fut appelé depuis vers alexandrin. Il a laissé plusieurs écrits qui n'ont point été imprimés.

ALEXANDRE DE HALES, religieux franciscain du cloître de Hales, dans le comté de Glocester. Il exerça la théologie, et sa grande sagacité lui valut le surnom de *docteur irréfragable*.

ALEXANDRE (Noël), né à Rouen en 1639 et mort aveugle en 1724. Zélé janséniste, il fut exilé à Châtellerault, en 1709, pour avoir lutté contre la bulle *Unigenitus* et souscrit au fameux *cas de conscience*. (*Voir* ces mots.)

ALEXANDRE (Dom Jacques), né à Orléans en 1653 et mort en 1733. Bénédictin de la congrégation de Saint-Maur, il s'appliqua à l'étude des sciences exactes. On lui attribue l'invention de l'horloge à équation.

ALEXANDRE (île). Découverte par les Russes dans le grand Océan austral, en 1821, qui lui donnèrent ce nom en l'honneur d'Alexandre Ier.

ALEXANDRE (Aaron), l'un des plus forts joueurs d'échecs de notre époque; on lui doit des problèmes remarquables sur ce jeu. Causeur agréable, il savait enlever aux échecs leur monotonie absorbante et eût l'honneur de jouer avec des têtes couronnées. Né en Bavière en 1766, il mourut le 16 novembre 1850, à Londres, dans la plénitude de ses facultés.

ALEXANDRIE, ville et port d'Égypte. Fondée en 331 av. J.-C. par Alexandre le Grand pour servir d'entrepôt entre l'Orient et l'Occident, elle était située, à l'origine, dans les terrains plats et marécageux qui séparent le lac Maréotis de la Méditerranée, à environ 10 kil. de Canope et à 170 kil. du Caire, avec lequel elle communique par le canal du Malmoudieh, le Nil et un chemin de fer construit en 1853. En avant, dans la Méditerranée, on trouvait l'île de Pharos, à l'extrémité de laquelle s'élevait le phare célèbre qu'on éclairait la nuit pour guider les navigateurs, et qu'une jetée unissait à la terre ferme en formant les deux grands ports de la ville. Alexandrie possédait en outre, dans le lac Maréotis, un port appelé Kibotor, et deux autres ports de moindre étendue à l'angle du grand port situé à l'est de la jetée. Parmi ses monuments actuels, on remarque le palais du vice-roi, l'arsenal maritime, les fortifications; et parmi les restes d'antiquités sont les citernes qui servent encore, la colonne dite de Pompée, deux obélisques, appelés les aiguilles de Cléopâtre, dont l'un est à moitié en ruines, mais dont l'autre, monolithe de 20 m. de hauteur, est encore debout; plusieurs tombeaux de l'antique nécropole. On voyait encore à son origine les palais des Ptolémées avec le musée et la bibliothèque, les tombeaux d'Alexandre le Grand et des Ptolémées, le grand théâtre. On rencontrait les chantiers de vaisseaux, le gymnase, des citernes pratiquées dans le roc calcaire et contenant l'eau nécessaire à la consommation des habitants pendant une année entière. Dès sa fondation, Alexandrie fut la capitale de l'Egypte. Sa population fut évaluée, à l'époque de sa plus grande prospérité, à 300,000 hab. libres, et en comptant les esclaves et les étrangers elle montait à plus du double. Alexandrie perdit de sa splendeur en l'an 29 av. J.-C., lorsqu'elle tomba au pouvoir des Romains: décadence peu sensible, mais qui, plus tard, à la suite de la translation à Rome des chefs-d'œuvre de l'art qui la décoraient et des massacres commis par Caracalla, du siége et du pillage par Dioclétien et enfin de la prospérité toujours croissante de Constantinople, devint en peu de temps si forte qu'au IVe siècle de notre ère le temple de Sérapis était le seul monument architectural de quelque importance qui y subsistât encore. La prise de la ville en 868 par les Turcs acheva de la ruiner, et plus tard la découverte de l'Amérique et des grandes Indes par le cap de Bonne-Espérance anéantit complètement son commerce; enfin la domination des Mameloucks, la conquête qu'en firent les Osmanlis achevèrent de tout détruire. C'est ainsi qu'Alexandrie en arriva à ne plus compter, en 1778, que 5,000 hab. La conquête de l'Egypte par les Français à la fin du XVIIIe siècle commença à la faire sortir de ses ruines, et elle, parvint au point où elle est maintenant à la suite de la domination de Méhémet-Ali, qui y fixa sa résidence et ouvrit une ère nouvelle pour l'Egypte. Sa population, de nos jours, se monte à environ 30,000 hab. de diverses nations. Elle est le siége des consuls accrédités en Egypte par les divers gouvernements européens.

ALEXANDRIE, dite *de la Paille*, ville forte des Etats sardes, ch.-l. de la prov. de ce nom, à 92 kil. de Turin. Pop. 43,000 hab. Cette ville est le siége d'un évêché, possède l'académie des Immobili, fondée en 1562, et une belle cathédrale. Place forte construite à la hâte en bois et en chaume, d'où vient son nom, au XIIe siècle, par les habitants de Crémone et de Mantoue, qui s'y défendirent contre Frédéric Barberousse; elle fut prise en 1522 par le duc Sforza et en 1717 par le prince Eugène. Après la bataille de Marengo, Bonaparte y conclut un armistice avec le général Mélas et la fit entourer de nouvelles fortifications, détruites en 1815, mais qui furent relevées en 1856, en prévision de la guerre avec l'Autriche.

ALEXANDRIE ou BELHAVEN, ville des Etats-Unis (Colombie), à 9 kil. de Washington. Pop. 12,000 hab. Elle possède un port assez sûr et jouit d'un commerce actif.

ALEXANDRIN, nom donné à un vers français de douze syllabes, appelées improprement pieds, et que l'on emploie principalement dans la haute poésie, dans le genre épique ou tragique, quoique cependant parfois on lui donne une destination moins élevée. Ce vers est divisé en deux parties de six syllabes chacune, appelées hémistiches; la coupure qui les forme prend le nom de césure. Le premier hémistiche peut avoir sept syllabes, à la condition que la dernière sera un *e* muet et la première syllabe du second hémistiche sera une voyelle. Le deuxième hémistiche a sept syllabes dans les vers féminins et la dernière est un *e* muet. Ce qui donne de l'élégance et de la noblesse au vers alexandrin, c'est cette forme rhythmique qui, contenant toute l'étendue vocale que l'oreille peut embrasser sans fatigue, imprime une sorte de majesté à la parole. Les pensées qui sont le mieux retenues ce sont celles qui ont été rendues en vers alexandrins; qui ne se souvient du fameux

> A vaincre sans péril on triomphe sans gloire,

et de tant d'autres que nous ne saurions citer. Aussi quand d'imprudents novateurs, sous le spécieux prétexte de progrès littéraire, se sont vantés d'avoir détruit la césure, brisé l'hémistiche, prôné l'enjambement, ont-ils ramené la poésie à l'état barbare, et leurs écrits seront enfouis dans la poussière de l'oubli que les noms des Corneille, des Racine rayonneront encore aux yeux de la postérité.

ALEXANDROS, c'est-à-dire *qui secourt les hommes*, surnom donné à Junon par Adraste, qui fit construire à Sicyone un temple en son honneur.

ALEXANDROVSK, ville forte de la Russie d'Europe, au-dessous des rapides du Dnieper, dans le gouvernement d'Iékatérinoslav, distante de cette ville de 82 kil. Pop. 3,550 hab. Grand entrepôt de commerce, et navigation très-active pour le transport des produits allant vers la Mer noire.

ALEXANOR, fils de Machaon et petit-fils d'Esculape, qui fit bâtir en l'honneur de ce dernier un temple avec sa statue couverte d'une tunique blanche et d'un manteau.

ALEXÉTOR ou ALEXÉTER, un des surnoms de Jupiter, qui signifie *protecteur, sauveur*.

ALEXICACOS, c'est-à-dire *qui détourne le mal*, mot tiré de la langue grecque et que l'on a donné en surnom à Apollon, parce que, pendant la guerre du Péloponèse, il sauva, à l'aide de son oracle, les Athéniens des ravages de la peste. — On le donna aussi à Hercule, qui purgea la terre des brigands qui l'infestaient; à Neptune, que les pêcheurs imploraient sous ce surnom pour qu'il éloignât les poissons dangereux, et à Jupiter qui, comme maître suprême de l'Olympe, devait nécessairement rassembler les attributs disséminés chez les autres dieux, ses subordonnés.

ALEXIS, comique grec, né à Thurinum, vint tout jeune à Athènes, où ses comédies furent jouées. Oncle de Ménandre qu'on lui donne pour élève, il vivait du temps de Denys le Jeune et de Timoléon. On lui doit le caractère du parasite, qu'il mit souvent à la scène. De ses 245 comédies, il ne reste que des fragments que l'on trouve dans les *Excerpta* de Grotius.

Alexis Ier (Comnène), empereur de Constantinople, né en 1048, 3e fils de Jean Comnène et neveu de l'empereur Isaac Comnène; il retarda par ses talents la ruine et la chute de l'empire d'Orient. Il commença sa carrière, sous Michel Parapinace; par plusieurs exploits qui lui firent accorder par l'empereur la main d'Irène, petite-fille de Jean Ducas. Général; lors de la révolte à Nicéphore Botoniate, il servit avec fidélité et succès ce nouvel empereur, mais ayant appris que les lâches ministres de ce prince avaient résolu sa perte, il gagna l'armée de Zurule, et, avec l'aide de la noblesse et de César Jean Ducas, se fit nommer empereur en 1081, s'empara de Constantinople, qu'il livra au pillage, et créa de nouvelles dignités pour [illegible]; ses parents et ses amis. L'empire était menacé de toutes parts; Alexis, après avoir fait couronner Irène, donna l'administration de l'empire à sa mère, Anne Dalascène; combattit ses ennemis et, après quelques revers, il parvint à chasser les Normands commandés par Robert Guiscard; tandis que pour les arracher de l'Orient l'empereur d'Allemagne, Henri, faisait diversion en Italie. Bientôt la mort de Guiscard le débarrassa de ces dangereux ennemis; il reprit les places perdues, battit, après quelques défaites, les Scythes dans la Thrace et les força à la paix. Effrayé des désordres causés dans ses États par les croisés qu'il avait appelés, il se hâta de leur faciliter le passage en Asie, et, malgré sa parole, les abandonna devant Antioche. Après la conquête de la Syrie et de la Palestine, il réclama de ses alliés les villes promises; elles lui furent refusées. Ce fut le prétexte d'une guerre malheureuse pour les croisés, dont le commandant Bohémond se vit forcé de demander la paix. Alexis lutta encore contre les Turcs, essaya de réprimer par la force les erreurs des manichéens, et mourut de la goutte en 1118. On reproche à ce prince des actes de cruauté, de politique insidieuse, mais on doit lui tenir compte des difficultés dans lesquelles se trouvait l'empire grec, et qui, si elles ne doivent l'absoudre, peuvent du moins lui servir d'excuse.

Alexis II (Comnène), empereur de Constantinople, né en 1168. Il avait à peine 11 ans, lorsqu'il succéda à son père Manuel Comnène, et fut mis sous la tutelle de sa mère Marie, fille de Raymond, prince d'Antioche, et de son oncle Alexis Comnène. Tous deux réussirent à corrompre le jeune prince par la débauche et le vice, et, par de nombreuses exactions, firent soulever le peuple contre lui. Bientôt Alexis II, quoique fiancé à Agnès de France, se vit contraint d'épouser Irène, fille de son tuteur, et de partager le trône avec celui-ci, qui le fit déclarer incapable de régner et le fit étrangler par des assassins qui précipitèrent son corps dans la mer après l'avoir placé dans un cercueil de plomb (1183).

Alexis III, dit *l'Ange*, empereur de Constantinople, usurpa le trône en 1195 sur son indigne frère Isaac l'Ange, auquel il fit crever les yeux. Ce fut un triste règne; de toutes parts, les ennemis ravageaient les frontières, pendant que les finances étaient livrées au pillage et que la révolte se dressait menaçante. Alexis signa une paix honteuse avec les Turcs et les Bulgares, et bientôt les croisés, sollicités par un fils d'Isaac l'Ange, qui leur avait promis de faire cesser le schisme dans ses États, chassèrent l'usurpateur du trône, qu'ils rendirent à Isaac II. L'empereur déchu se sauva avec sa fille Irène, abandonnant sa famille. Il mena une existence malheureuse, mendiant des secours, tantôt prisonnier, tantôt vagabond. Enfin son gendre, Théodore Lascaris, qui monta sur le trône grâce à son courage, le fit prisonnier et l'enferma, après lui avoir fait crever les yeux, dans un monastère, où il finit ses jours, en 1210.

Alexis IV, dit *le Jeune*, empereur de Constantinople, fit replacer son père Isaac l'Ange sur le trône par les croisés qui, pour ce service, exigèrent de lui de fortes sommes. Les exactions des Français et des Vénitiens, l'indolence du nouvel empereur qui régnait avec son père, 1203, mécontentèrent le peuple. Murzuphle, leur ministre, qui espérait leur succéder, les poussa à de folles entreprises contre les croisés, espérant que ceux-ci seconderaient ses secrets desseins. Enfin il étrangla le jeune empereur de ses propres mains et lui brisa les os à coups de massue, en 1204.

Alexis V (Ducas), surnommé *Murzuphle* (épais sourcils), empereur de Constantinople, 1204, monta sur le trône après l'assassinat d'Alexis IV. Mais les Français et les Vénitiens, [illegible] il déclara la guerre après leur avoir inutilement fait des propositions avantageuses, s'emparèrent de Constantinople le 2 avril 1204. Alexis V s'enfuit et alla trouver Alexis III, maître de Mosynople, qui lui fit arracher les yeux. Plus tard Alexis V fut livré à Beaudoin, comte de Flandres, commandant des croisés, son successeur, qui le fit précipiter à Constantinople, en 1204, du haut de la colonne de Théodose, en punition du meurtre qu'il avait commis sur son souverain.

Alexis (Michaelowitz), czar de Russie, né en 1630, succéda en 1645 à son père Michel Féodorowitz. Son favori Morosow essaya d'abord de le détourner des affaires publiques; mais Alexis, un instant trompé par lui, reprit en mains les rênes du gouvernement et déploya beaucoup de vigueur et de capacité. Il réprima un soulèvement des Cosaques, et après une invasion en Pologne, il obtint, par un traité, la possession de Smolensk, de la Kiovie et de l'Ukraine; mais il fut moins heureux contre Charles-Gustave, roi de Suède. Plus tard, après s'être rendu maître d'une nouvelle révolte des Cosaques, qui, conduits par Stenko Rozin, s'étaient emparés d'Astrakan, il s'unit aux Polonais contre les Musulmans et contribua pour sa part à la victoire de Chaczin, remportée par Jean Sobieski, en 1674. Alexis se présenta, mais sans succès, comme son compétiteur à la couronne de Pologne, et mourut prématurément en 1676. Ce prince rechercha surtout l'amélioration de ses États; il fit imprimer les lois de son pays, fonda des manufactures et des villes, agrandit Moscou et fit défricher des déserts par ses prisonniers de guerre. Il forma même le dessein d'avoir des flottes sur la Mer noire et la Mer caspienne. Père de Pierre Ier, il prépara en quelque sorte les réformes que celui-ci réalisa plus tard.

Alexis (Pétrowitz), fils du czar Pierre le Grand et d'Eudoxie Lapouskine, né à Moscou en 1690; il épousa Charlotte de Brunswick-Wolfenbütel, sœur de l'impératrice d'Allemagne, femme de Charles VI. D'un caractère dur et sauvage, il rendit sa femme malheureuse par sa brutalité. Méprisant la civilisation, il s'opposa constamment aux innovations de son père, qui se décida à le déshériter en 1718. Il s'enfuit à Vienne, à Inspruck et à Naples, et trama une conjuration contre Pierre le Grand. Le czar le rappela et le fit condamner à mort, ainsi que ses complices, pour crime de lèse-majesté. Cependant il lui accorda sa grâce, mais à la nouvelle de sa condamnation, Alexis, tristement impressionné, déjà par les divers incidents de son procès, était mort de saisissement dans sa prison. On prétend qu'il fut exécuté dans sa prison par un général allemand nommé Adam Weid. Son fils, connu sous le nom de Pierre II, monta sur le trône en 1727.

ALEXISBAD, village de l'Allemagne, qui possède l'une des sources ferrugineuses les plus riches, dans la principauté d'Anhalt-Bernbourg, au milieu de la vallée de Selke. L'établissement thermal y fut organisé en 1810, aux frais du duc Alexis-Frédéric-Christian d'Anhalt-Bernbourg, qui lui donna son nom. Entourée de charmantes promenades, cette source peut procurer aux baigneurs d'agréables distractions au moyen d'excursions dans les environs, qui sont charmants. A trois quarts d'heure d'Alexisbad, se trouve le Mægdes-Prünh, une des forges les plus considérables de l'Allemagne, célèbre par l'obélisque en fer fondu, haut de dix-neuf mètres environ, qui y a été élevé, le 3 août 1812, en l'honneur du prince Frédéric-Albert, créateur de cette usine, mort en 1796. L'eau d'Alexisbad s'emploie presque toujours en bains; néanmoins, lorsqu'on veut en boire, il est bon de la mélanger avec l'eau de Beringerbad, autre source située à Suderod : elle est alors très-efficace contre les scrofules et le rachitisme.

ALFANI (Orazio di Paris), peintre, né à Pérouse vers 1510; il appartient à l'école de Rome par ses œuvres, dont l'une : *Mariage mystique de sainte Catherine d'Alexandrie*, est au Musée de Paris. Élève de son père, Domenico di Paris Alfani, ami intime et condisicple du Pérugin, dont il agrandit la manière, Alfani imita souvent, avec beaucoup de bonheur et de mérite, le divin Sanzio. Il mourut en 1583.

ALFAQUINS, prêtres musulmans qui étaient restés secrètement en Espagne après l'expulsion des Maures et qui s'occupaient de prosélytisme. C'est principalement contre eux que l'Inquisition déploya ses rigueurs.

ALFARABI (Abou-Nars-Mohammed-Ibn-Tarkan), philosophe arabe, naquit dans le xe siècle, à Farab, d'où il tira son nom. Après avoir étudié à Bagdad sous un docteur célèbre, Abou-Bachard-Mattey, les ouvrages d'Aristote, qu'il commenta, il se lia avec Jean, médecin chrétien, qui lui apprit la logique, et Alfarabi parcourut bientôt tout le cercle des connaissances humaines. Son éloquence, ses talents en musique et en poésie lui gagnèrent l'amitié du sultan de Syrie, Leifed-Daulah, qui voulut se l'attacher. Plusieurs auteurs prétendent qu'il mourut assassiné dans un bois par des voleurs; d'autres, qu'il resta à la cour du sultan.

ALFARO Y GAMON (Juan de), peintre, naquit à Cordoue en 1640. Son premier maître fut Antonio del Castillo, et son second Velasquez, à Madrid, dont il imita la manière, surtout dans les portraits. Alfaro devint très-habile par l'étude, suivie qu'il fit des portraits admirables du Titien, de Rubens et de Van Dyck. Ses tableaux d'histoire sont très-estimés. Soit manque d'imagination ou paresse, soit révolte contre un édit qui fixait à l'avenir le prix des portraits, Alfaro abandonna ses pinceaux pour copier des gravures. Il mourut du chagrin que lui causa la perte de l'amitié de son protecteur, l'amirante de Castille. Alfaro fut non-seulement un bon peintre, mais il écrivit encore sur son art avec beaucoup de succès.

ALFERGANI (Mohammed-ben-Ketyr) ou ALFRAGAN, né à Ferganah en Sogdiane, astronome arabe qui participa à la révision des *Tables astronomiques* de Ptolémée. Ses connaissances étendues sur les mouvements célestes et sur la science des étoiles lui valurent le surnom de *Hacid*, qui signifie calculateur. Il mourut vers 520 après J.-C.

ALFES ou ELFES, génies de la mythologie scandinave, qui, tour à tour, font le bien ou le mal, selon que leur fonds malicieux les y dispose.

ALFIDENA, anciennement *Aufidena*, bourg du royaume de Naples (Abruzze ultérieure 2e), à 35 kil. de Sulmona. Pop. 1,700 hab. Le consul Fulvius l'enleva aux

Samnites l'an 455 de la fondation de Rome.

ALFIÉRI (Vittorio, comte D'). L'un des poëtes les plus remarquables de l'Italie, fils d'Antonio et de la comtesse Monique Maillard de Tournon; il naquit le 17 janvier 1749, à Asti (Piémont). Son oncle le fit entrer à l'Académie de Turin; mais s'étant signalé par son inaptitude, il en sortit pour faire partie, comme officier, d'un régiment provincial. Poussé par le goût des voyages, ayant une assez belle fortune à sa disposition, il parcourut toute l'Europe, recherchant les plaisirs et les aventures galantes, qui ne lui firent point défaut. Il eut même la faiblesse de se lier avec une de ces femmes indignes que l'on considère comme une nécessité sociale, et ne parvint qu'avec peine à rompre cette chaîne humiliante et déshonorante à la fois. C'est alors qu'il rencontra la comtesse d'Albany (*Voir* ce mot), la femme du Prétendant, qui fit sur son cœur la plus vive impression. Aussi Alfiéri, pour se rendre digne de cette personne et satisfaire le besoin d'activité qui le dévorait, s'adonna-t-il à la carrière dramatique, dans laquelle il obtint, dès ses débuts, les plus brillants succès, avec des pièces d'un mérite assez mince pourtant. Alors il chercha à épurer son goût et donna une série de pièces d'une valeur plus réelle. Le Prétendant étant venu à mourir, Alfiéri put épouser la comtesse d'Albany et habita avec elle, tour à tour, Paris et l'Alsace. Sur ces entrefaites, la révolution française éclata, et le poëte sentit son cœur vibrer aux élans patriotiques; dans sa *Parigi sbatigliato* il laissa retentir les plus mâles accents, et son vers, agité par le souffle de la liberté, atteignit les beautés du plus pur lyrisme. Il mourut le 5 octobre 1803, et on enterra plus tard à ses côtés celle qu'il avait tant aimée. Son tombeau, exécuté par Canova, est placé entre celui de Michel-Ange et celui de Machiavel. Une statue lui a été érigée dans sa ville natale. On ne peut nier qu'Alfiéri ne soit le premier poëte dramatique de l'Italie, mais on doit lui reprocher de nombreux défauts: à force de vouloir simplifier l'action, il en était arrivé à ne faire que des pièces froides et ennuyeuses, à peine relevées par la pensée toute virile qui en fait le fonds.

ALFORD, village d'Écosse, à 40 kil. d'Aberdeen, sur la rive droite du Dan. C'est près de ce village que Montrose vainquit les *covenanters*, en 1645.

ALFORT, village du départ. de la Seine, à 8 kil. de Paris, sur la rive gauche de la Marne. Pop. 900 hab. Il doit son importance à son école vétérinaire, fondée en 1766. — L'école d'Alfort tire son nom d'un ancien château où elle fut établie à son origine et qui fut acheté par le ministre des finances, Bertin, en 1765, au baron de Bormes; aucune dépense ne fut épargnée dès le principe pour donner à cette école des développements et même de l'éclat. Bourgelat fut chargé de sa direction. A sa mort, qui arriva en 1779, Chabert, son élève, lui succéda, et, depuis cette époque, l'école d'Alfort n'a cessé de recevoir des agrandissements et des améliorations. Son jardin botanique est un des plus beaux de l'Europe. Elle renferme des hôpitaux où l'on soigne les animaux malades qui y sont amenés par les particuliers. On admire dans ses bergeries un superbe troupeau de mérinos et de chèvres de Cachemire. C'est dans cette école, dont les cours sont faits par six professeurs, que sont formés les vétérinaires de l'armée.

ALFRED le *Grand*, roi d'Angleterre, né à Wantage, dans le Berkshire, en 849. Ethelwolf, son père, qui l'affectionnait beaucoup, l'envoya tout jeune à Rome et le fit couronner par le pape, quoiqu'il fût le plus jeune de ses quatre frères. Puis il alla avec lui à la cour de France; et, au moment où

le jeune homme allait épouser la fille de Charles le Chauve, ils durent retourner en Angleterre pour y comprimer une révolte suscitée par le fils aîné de la famille. Mais une réconciliation vint arrêter les maux de la guerre civile, et Alfred, quelques années après, put monter sur le trône. Le nouveau roi dirigea, mais sans succès, ses efforts contre les Danois, qui étaient presque entièrement maîtres du pays; et bientôt, abandonné par les siens, il dut chercher son salut dans la fuite. Pour se dissimuler à ceux qui le cherchaient, Alfred se mit au service d'un pâtre, et un an s'était à peine écoulé que, de toutes parts, les Anglais témoignaient le désir de secouer le joug des oppresseurs. Alfred, pour pénétrer dans le camp danois, se déguisa en barde, séduisit les soldats par ses chants et captiva les chefs par ses récits. Il disparut alors pour revenir bientôt avec une poignée de braves qui, profitant de la surprise des Danois, mirent tout à feu et à sang. Aussitôt l'Angleterre se souleva, et les oppresseurs furent chassés par l'habile politique d'Alfred. Ce roi, qui avait pris Charlemagne pour modèle, ne lui fut pas inférieur, et il est un de ces rares héros auxquels on ne peut reprocher ni fautes ni faiblesse. S'occupant de la fusion des races saxonnes, il est le premier souverain qui donna à l'Angleterre les formes administratives qu'elle a, en grande partie, conservées jusqu'à nos jours.

ALGAJOLA, ch.-l. de cant. de l'arrond. de Calvi (Corse), dont il est distant de 9 kil. Pop. 300 hab. Situé au fond d'un petit golfe, son commerce consiste en vins et en granits.

ALGARDE (Alexandre ALGARDI, dit L'), né à Bologne en 1593 et mort en 1654. Sculpteur et architecte, il marcha sur les traces du Bernin. Parmi ses statues, on remarque la statue colossale d'*Innocent X* au musée du Capitole, *Léon XI* dans le Vatican, et *Attila*. Son meilleur ouvrage est la *Fuite d'Attila*. Léon X le nomma chevalier. S'étant adonné à reproduire en plâtre les tableaux des maîtres, le talent de l'Algarde prit une fausse direction qui l'empêcha de concevoir des œuvres originales; néanmoins, dans ce genre bâtard, il avait acquis une telle habileté qu'il était presque parvenu à donner au marbre les teintes du clair-obscur.

ALGAROTTI (le comte François), né à Venise en 1712, mort à Pise en 1764, littérateur italien distingué. Il fit ses études à Rome, à Venise, à Bologne, sous Eustache Manfredi et François Zanotti. Il acquit rapidement la connaissance complète des sciences et des arts. Partout il obtint les plus grands succès. Conseiller de guerre d'Auguste III, roi de Pologne, ami de Frédéric II, il fut nommé chambellan de la cour de Berlin.

ALGARVE, province qui porte le titre de royaume et qui est située dans la partie la plus méridionale du Portugal. Ch.-l. Tavira. Elle est bornée au S. et à l'O. par l'Océan atlantique, au N. par l'Alentejo et à l'E. par l'Espagne. Cette province a 33 lieues de long sur 10 de large et renferme environ 146,400 hab. Sa superficie est de 5,450 kil. carrés. La neige ne tombe jamais dans cette contrée, et la température y est très-douce en hiver. Son territoire montagneux est en général peu fertile; la récolte des céréales est insuffisante pour la consommation des habitants; elle produit en quantité des citrons, des oranges, des figues, des amandes, grenades, dattes, olives, qu'elle livre au commerce. Elle possède des salines, des mines de sulfure d'antimoine exploitées. Il existe à quelques lieues de Tavira une mine d'argent et de cuivre. Soumise aux Arabes au VIIIe siècle, Algarve fut attaquée dès le XIIe par les Portugais, et, en 1189, Sanche Ier s'empara de Silve, qui, reprise peu après par les Al-

mohades, rentra sous sa domination en 1197. Mais ce pays ne fut réellement conquis que sous Alphonse III (1249-1253). L'intervention du roi de Castille lui en enleva une partie en 1253, qu'il ne recouvra qu'en 1264 en s'engageant à fournir constamment un secours annuel de 50 lances, dont il s'affranchit trois ans après.

ALGAZEL ou mieux ALGAZALI (Abou-Hamed-Mohammed-Ibn-Mohammed), théologien et philosophe arabe. Il naquit vers 1058, à Tus, dans le Khoraçan (Perse); ses grandes connaissances dans la théologie musulmane et dans la philosophie le firent nommer par le vizir Nizhâm directeur du collége de Bagdad. Il enseigna avec éclat à Damas, Jérusalem, Alexandrie et Bagdad, au retour d'un pèlerinage qu'il fit à la Mecque. Il a laissé sur les sciences religieuses un traité très-estimé des Orientaux, et dont le but était d'établir la supériorité de l'islamisme sur toutes les religions ainsi que sur la philosophie. Algazel mourut en 1111.

ALGÈBRE. Science dont le nom dérive de l'arabe et qui a pour but d'analyser en quelque sorte les lois qui régissent les nombres, tandis que l'arithmétique ne fait que constater les faits résultant des nombres. Tous les phénomènes du monde, se produisant dans l'espace et dans le temps, ont dû donner lieu à des considérations de nombres dont l'idée dut d'abord paraître à l'homme comme inhérente aux objets auxquels elle se rapportait. Il ne tarda pas à s'apercevoir que les opérations exécutées par les nombres sont toujours les mêmes, quelle que soit la nature des objets auxquels s'applique l'idée du nombre. De là naquit un système de calculs abstraits qui fut l'origine de l'arithmétique: c'est-à-dire que les nombres étaient dégagés de leur valeur physique et considérés dans les diverses phases que leur faisaient subir l'addition, la soustraction, la multiplication et la division. Plus tard on comprit que les nombres pouvaient être considérés en faisant abstraction de leur valeur et de leur quantité: ce fut l'origine de l'algèbre. Ainsi lorsque l'on dit que:

$$a + b = b + c$$

c'est comme si l'on disait qu'un nombre quelconque (a) ajouté à un autre (b) est égal à un second composé de celui-ci (b) plus un autre (c), ce que l'on pourrait rendre plus appréciable par des chiffres:

$$15 + 5 = 5 + 15$$

L'algèbre emploie des signes et des lettres: celles-ci servent à désigner les nombres, tandis que ceux-là indiquent les diverses modifications qu'on veut leur faire subir.

ALGER (province d'), située au centre de l'Algérie, entre celles d'Oran à l'O. et de Constantine à l'E.; elle a une superficie de 113,000 kil. carrés. Cette province se divise en deux parties: 1° en territoire civil ou département d'Alger; 2° en territoire militaire ou division d'Alger. Elle renferme 66 villes ou villages, et l'effectif de sa population européenne, d'après le recensement de 1855, est de 78,000 âmes. En dehors des centres occupés par les Européens, on y compte 780,000 indigènes.

ALGER, ville principale de l'Algérie, ch.-l. de la province qui porte son nom et siége du gouvernement général des possessions françaises dans le N. de l'Afrique, sur la Méditerranée, vis-à-vis de l'île de Majorque. Elle est située à 1,557 kil. de Paris, à 767 de Marseille, dont le trajet se fait en 48 heures; et à 700 kil. de Toulon, sur une colline de 118 mètres, qui n'est séparée de la mer que par un étroit passage, et dont les autres versants forment au N. la *Plaine* ou *Metidja*, le *Massif* ou *Sahel*. La ville s'étend ainsi en amphithéâtre et forme un triangle dont la base s'appuie sur le rivage, et au sommet duquel se trouve la Casbah ou citadelle, dominée elle-même par le fort l'Empereur. Ses maisons blanches, recouvertes par des terrasses, forment une masse uniforme qui s'aperçoit fort loin en mer. Le grand nombre de maisons de campagne dont elle est environnée lui donne l'aspect d'une ville riche et commerçante. A l'intérieur, les rues sont étroites, tortueuses et sales. Les Français commencent à y multiplier les constructions européennes pour remplacer ses maisons sans fenêtres et à l'aspect monotone. Alger possède un évêché suffragant d'Aix, érigé en 1838, une préfecture, une imprimerie du gouvernement, une académie d'instruction publique, une cour d'appel, un tribunal de première instance, un tribunal et une chambre de commerce; il s'y publie plusieurs journaux : le *Moniteur algérien*, journal officiel; l'*Akhbar*; le *Mobacher*, journal arabe officiel; l'*Atlas*, etc. On y trouve en outre trois théâtres. Elle est aussi la résidence du gouverneur général commandant en chef des troupes, et possède plusieurs églises catholiques, une mosquée hors ligne, trois mosquées de première classe, quatre de quatrième, douze de cinquième; une chaire d'arabe, de nombreuses écoles françaises, maures, juives; un musée, une bibliothèque. Alger est l'entrepôt principal du commerce et de la navigation de l'Algérie. Au 31 décembre 1846 on évaluait ainsi la population d'Alger, en y comprenant sans doute les faubourgs : 55,682 Européens, dont 23,147 Français; 24,996 indigènes, dont 17,858 musulmans, 1,380 nègres, 5,758 israélites. Ses distances sont : d'Alger à Aumale, 128 kil. ; à Blidah, 50; à Cherchell, 83; à Dellys, 66; à Médéah, 90; à Milianah, 118; à Orléansville, 210; à Oran, 365; à Constantine, 280. L'industrie est peu importante à Alger. On y fabrique des soieries, des tapis, des tissus de laine, des armes à feu, des objets de sellerie, de bijouterie, d'horlogerie, des cuirs, etc. Elle possède maintenant 4 usines à vapeur d'une assez grande importance; celle de Bab-el-Oued, de la force de 32 chevaux, subvient à peu près exclusivement à la mouture de l'armée. — Le commerce y a plus d'importance; entrepôt naturel des échanges entre la métropole et la colonie arabe, il s'y fait aussi un certain mouvement de cabotage. Une bourse de commerce a été instituée à Alger par décret du 16 avril 1852. Le palais du gouverneur est un hôtel successivement agrandi et embelli. On y a construit de magnifiques casernes et approprié des prisons. On y a installé des services publics dans des locaux choisis à cet effet à mesure que le besoin s'en faisait sentir. Enfin les souterrains, assainis et réparés, ont pu servir de magasins d'approvisionnements. La bibliothèque d'Alger comprend plus de 3,000 ouvrages imprimés et plus de 700 manuscrits contenant environ deux mille ouvrages et quelques cartes. Le musée d'Alger se divise en plusieurs sections : objets d'histoire naturelle, minéralogie, fossiles, inscriptions, médailles et échantillons divers. On y voit le tombeau du fameux Assan-Agha, qui défendit Alger en 1541 contre Charles-Quint. Les aqueducs qui alimentent Alger sont au nombre de quatre.

ALGÉRIE, colonie française établie depuis 1830 dans la régence d'Alger, située sur la côte de la Méditerranée et bornée à l'O. par l'empire du Maroc, et à l'E. par la régence de Tunis. Le Sahara forme ses limites naturelles du côté du S. Divisée en trois provinces formant chacune une préfecture, elle a pour ch.-l. : Oran, Alger et Constantine. On y compte environ 120,000 Européens; quant à la population indigène, son peu de stabilité a empêché jusqu'ici d'en relever le compte, même approximatif. L'administration se compose d'un gouverneur général assisté d'un conseil de gouvernement. L'administration départementale est exercée par les trois préfets et les sous-préfets de Blidah, Mostaganem, Bone et Philippeville. Dans de certaines parties de l'Algérie, des commissaires civils exercent un pouvoir complexe. L'organisation administrative et judiciaire est en tous points conforme à celle de la métropole; néanmoins les indigènes sont sous la dépendance des cadis et des tribunaux musulmans, qui fonctionnent sous la surveillance officielle. La religion des Arabes a été complétement respectée et on leur a laissé leurs mosquées et le libre exercice de leur culte. L'Algérie est divisée en deux par les montagnes de l'Atlas et par une autre chaîne appelée le petit Atlas, ou le Tell, qui suit le littoral en traversant le Maroc et l'Algérie, pour s'arrêter dans la Tunisie. Ces montagnes, couronnées par de vastes et magnifiques forêts de pins, renferment de grandes richesses minérales. Le climat, quoique très-chaud, est très-sain : on n'y est incommodé que par le *simoun* ou vent du sud, qui, soufflant trois ou quatre fois par mois, amène avec lui une chaleur accablante. La végétation se ressent de ce climat, et l'on y voit mêlés les produits des contrées septentrionales avec les richesses luxuriantes des tropiques; quant au règne animal il n'est pas moins riche, et l'on ne pourrait citer l'immense variété d'animaux, de reptiles et d'insectes qu'on y rencontre. Les habitants, en exceptant ceux d'origine européenne, se divisent en sept ou huit races, parmi lesquelles nous mentionnerons les Arabes, les Berbères ou Kabyles, les Turcs, les Juifs et les Nègres. On applique la dénomination de Bédouins également aux Arabes et aux Kabyles, et c'est à tort, car le mot *bédouin*, qui signifie nomade, ne saurait convenir qu'à l'Arabe et non au Kabyle. Ces deux races, néanmoins, sont en majorité et se partagent le pays, les uns prenant les montagnes et les autres conservant les plaines. L'Arabe, avide de liberté et d'indépendance, couche sous la tente qu'il dresse à côté de celles de sa tribu. Ces tentes, dont la réunion se nomme douar, sont disposées en cercle, de façon à laisser au milieu d'elles un grand espace où sont parqués les troupeaux, tandis que le cheval est attaché, entravé, près de la tente; près de lui se trouvent la selle et les armes, afin d'être prêt à la première alerte. La constitution intérieure des tribus arabes figure assez bien une sorte de féodalité patriarcale, et l'on est étonné de la grande similitude qu'on y rencontre avec les usages des peuples primitifs décrits par la Bible. L'Arabe, entraîné vers les plaisirs, n'a qu'une industrie à peu près nulle et tout à fait insuffisante pour subvenir à ses besoins. Le Kabyle forme un contraste frappant avec l'Arabe. Laborieux et travailleur, il apporte tous ses soins à l'agriculture tant négligée par les Arabes, et il est fort avancé dans l'industrie. Les exportations de l'Algérie s'élèvent chaque année à environ 7 millions de francs pour l'huile d'olive, 2 millions pour les laines et 2 millions pour les minerais de cuivre. La guerre d'Amérique a donné une grande impulsion à la culture du coton, et le temps n'est pas loin où l'Algérie tiendra la place d'honneur sur les marchés. Le chiffre des marchandises que l'Algérie tire de la France, s'élève à environ 50 millions. L'arrivée des Européens en Algérie a donné une vigoureuse impulsion à l'agriculture et à l'industrie : les terres sont mises partout en valeur et produisent des récoltes magnifiques. Les mines sont exploitées, des routes créées, des chemins de fer construits, etc. La colonisation de l'Afrique offrit, dès le principe, de sérieuses difficultés et ne commença réellement que vers 1840, malgré les efforts du duc de Rovigo et du général Clausel : l'état de guerre dans lequel se trouvait l'Algérie et dont les hostilités se faisaient ressentir jusque dans la banlieue d'Alger, en fut la principale cause. On songea un instant à suivre le système de l'Autriche qui, pour défendre ses frontières orientales les peuple de villages militaires, et le village militaire de Fouka fut créé; mais on ne tarda pas à reconnaître que ce système était des plus vicieux et ne pouvait être conduit qu'en dépensant des sommes folles. Enfin, un arrêté du 18 avril 1841 vint donner une vigoureuse impulsion à la colonisation civile, en déterminant la formation de nouveaux centres, avec les concessions à y faire, et en réglant l'action des diverses branches de l'administration publique qui devaient s'occuper de la colonisation, que le gouvernement prenait dès lors sous son patronage, sans la laisser à la merci des hommes et des événements. Les plus grands résultats ne tardèrent pas à être atteints, et en moins de deux ans plus de vingt centres importants furent créés et constitués, pendant que les condamnés militaires construisaient près de deux cents villages. Ce qui fit longtemps du tort à la colonisation de l'Algérie, c'était le manque de confiance d'une part, et d'autre part parce que les colons qui se présentaient étaient, pour la plupart des gens qui n'avaient aucune des connaissances agricoles qui leur eussent permis de mettre en valeur les terrains qu'on leur accordait. Mais, aujourd'hui, la situation est complétement changée; l'ère des tâtonnements a fait place aux faits accomplis, et l'heure de la prospérité a sonné pour notre belle colonie. — Au point de vue historique il est difficile de distinguer les aborigènes parmi les nombreuses races qui foulent le sol de l'Algérie, et l'on ne saurait préciser quelle est celle, si toutefois il s'en trouve une, qui descend des Libyens, des Gétules et des Numides, que l'on voit figurer dans l'histoire et dont la cavalerie joua un rôle si important à la bataille de Pharsale. On se rappelle la situation de l'Algérie pendant les deux guerres puniques qui causèrent la ruine de Carthage, et les luttes qu'elle soutint contre les Romains, dont elle dut accepter le joug; nous passerons rapidement sur ces événements, qui ne forment qu'une page de l'histoire des maîtres du monde et nous arriverons au VIIe siècle, époque de l'invasion des Arabes, qui changèrent complétement la face de cette partie de l'Afrique, et emportèrent jusqu'aux derniers vestiges de la civilisation romaine. De là ils s'élancèrent sur l'Espagne, dont ils s'emparèrent. Repoussés plus tard, ils se réfugièrent de nouveau sur la côte d'Afrique, d'où ils organisèrent une piraterie pour inquiéter les Espagnols. Ferdinand le Catholique, pour mettre fin à ces déprédations, débarqua à son tour en Algérie, où il s'empara de diverses places fortes. Barberousse vint assiéger les Espagnols dans Alger, s'empara de cette ville et y établit sa domination. Son frère lui ayant succédé, menacé par les Espagnols d'un côté et par les Algériens, qui le détestaient, de l'autre, fit sa soumission au sultan Sélim, qui lui donna le titre de dey d'Alger, et envoya des troupes et de l'artillerie à son secours. Son premier soin fut d'expulser les Espagnols. En 1533, Charles-Quint, sur les incitations de Paul III, alarmé des apparitions des Algériens sur les côtes d'Italie, voulut attaquer Alger avec une armée de 25,000 hommes; mais il essuya un éclatant échec qui ne fit qu'augmenter l'audace des Algériens, qui, jusqu'au commencement du XVIIIe siècle, continuèrent leurs rapines et leurs actes de piraterie. En 1665, Louis XIV résolut de châtier ces corsaires, et Duquesne fut chargé de cette expédition : pour la première fois, on employa l'art de lancer des bombes sur les vaisseaux mêmes, que l'on devait à Bernard Renaud d'Eliçagaray. Cette invention fut terrible aux Algériens, dont elle incendia et ruina plusieurs fois la ville, et les força à consentir à une longue paix avec la France.

Les Danois tentèrent une expédition en 1770, et les Espagnols, en 1775, y perdirent une armée. En 1793, la France, ayant quatorze armées sur pied, négocia des fournitures de blé avec les maisons juives Bakri et Busnach d'Alger, avec l'autorisation du dey. En 1819, la créance de ces fournitures fut liquidée à sept millions, qui ne furent point payés au juif Bakri, par suite d'oppositions formées par des Français auxquels il devait d'assez fortes sommes. Le dey irrité chercha dès lors toutes les occasions pour témoigner son mécontentement à M. Deval, consul de France. Le 23 avril 1828, qui était une grande fête musulmane, celui-ci se présenta chez le dey, qui, après quelques paroles assez aigres échangées de part et d'autre, relatives au payement de la créance Bakri, frappa M. Deval de l'éventail qu'il avait à la main et lui ordonna de quitter Alger sur l'heure. Le gouvernement français ayant demandé, sans succès, satisfaction de cet outrage, fit d'abord bloquer Alger. Mais ce blocus, coûtant fort cher, dura deux ans sans donner de résultat; alors une expédition fut décidée, et, le 14 juillet, l'armée française débarquait à Sidi-Ferruch. Les Algériens, qui n'étaient point en force de ce côté, ne purent s'opposer au débarquement et ce ne fut que le 19, au nombre de 40,000, sous le commandement d'Ibrahim-Aga, qu'ils vinrent attaquer l'armée française. Leur impétuosité vint se briser contre la valeur et la tactique de nos soldats, qui remportèrent la brillante victoire de Staouéli. Le 25, le général Bourmont marcha sur Alger, et après quelques jours consacrés aux dispositions nécessaires, le 4 août les batteries de siége commençaient à battre le fort de l'Empereur, que les Turcs ne tardèrent pas à faire sauter, après l'avoir défendu énergiquement. La prise de ce fort amena la reddition d'Alger, par une convention signée dans la matinée du 5 août, qui stipulait la remise de tous les forts, des propriétés du gouvernement et du trésor entre les mains des Français. Mais d'autres événements surgissaient en France; la dynastie des Bourbons avait dû quitter le trône et le drapeau tricolore flottait de nouveau dans les airs. Le maréchal Clausel arriva le 2 septembre à Alger pour remplacer M. de Bourmont. Mais il ne fit qu'un séjour assez court, qu'il mit néanmoins à profit pour jeter les bases qui devaient nous assurer notre conquête : il organisa la justice, la douane, forma les zouaves et les chasseurs algériens et encouragea l'agriculture par la création d'une ferme modèle. Nous allons maintenant passer en revue les différents faits militaires qui se sont produits jusqu'à nos jours. Les généraux Clauzel, Berthezène, 1831, de Rovigo, 1831-1833, Voirol et Desmichels y commandèrent d'abord; s'emparèrent de Bone, Bougie, en septembre 1833, et durent combattre contre les Kabyles et les Bédouins, qui se croyaient désormais affranchis de toute domination. Dès 1834, l'Algérie reçut un général gouverneur. Ce poste fut occupé par le général comte Drouet d'Erlon, pendant l'espace d'un an (1834-1835); le maréchal Clauzel, jusqu'en février 1837; le général Damrémont, tué à la prise de Constantine, 13 octobre 1837; le maréchal Valée, jusqu'au 22 février 1841; le général Bugeaud, jusqu'en mai 1847; le duc d'Aumale, le général Cavaignac, en février 1848; le général Changarnier, en mai; le général Charron, en septembre. L'émir Abd-el-Kader avait organisé la résistance dès 1831. Le traité de la Tafna, 30 mai 1837, consacrait la souveraineté de la France, tout en reconnaissant l'autorité de l'émir sur les provinces d'Oran, Titeri et Alger, excepté les villes d'Oran, Arzew, Mazagran, Mostaganem, Alger, Blidah et Coléah, le Sahel et la Métidja. La prise de Constantine amena la soumission de cette province, qui résistait depuis deux ans. Pendant que l'expédition des Portes-de-Fer, dirigée par le maréchal Valée et le duc d'Orléans, complétait cette soumission, Abd-el-Kader réunissait encore une fois toutes les tribus du sud, et rompait le traité de la Tafna, surprenant les Français à l'improviste. Il arriva jusque devant Alger. On consacra l'année 1840 à réparer ce désastre, et au printemps eut lieu l'épisode héroïque de Mazagran. L'arrivée du général Bugeaud changea le système de défense. Ses razzias tourmentèrent sans cesse les tribus en les ruinant, pendant que ses grandes expéditions contre l'émir lui enlevaient tout le prestige dont il jouissait. Après avoir enlevé Mascara, le 30 mai 1841, il s'avança jusque sur la frontière du Maroc et s'empara de Tlemcen le 30 janvier 1842. Le 14 août 1844, il battit à Isly le sultan du Maroc, pendant que le prince de Joinville bombardait par mer Tanger et Mogador, et enleva cette alliance à Abd-el-Kader. C'est dans ces différentes circonstances que se distinguèrent, par leur intrépidité, leur courage et leur sang-froid, les généraux Lamoricière, Darbouville, Changarnier, Cavaignac. Enfin, après une guerre contre le sultan du Maroc, Abd-el-Kader fut entouré près de la Moulouïa, par les Français, et se rendit en décembre 1847. Puis eurent lieu la prise de Zaatcha par le général Herbillon en novembre 1849; une expédition contre les tribus du Sahel, en 1850, et la prise de Laghouât, le 4 décembre 1852, puis la défaite du schérif d'Ouargla, en 1853, l'expédition contre le Sébaou, la prise de Tuggurt, et la mort de l'agitateur Bou-Bayla en 1854. Au commencement de 1864, un marabout, Si-Emin, voulut ranimer la guerre sainte, et pour entraîner les tribus dans sa révolte, tomba à l'improviste sur un détachement français commandé par le colonel Beauprêtre, qu'il massacra en entier. Tué dans un combat, sa mort enleva le principal élément de l'insurrection, qui depuis a été en diminuant.

ALGÉSIRAS, anciennement *Julia transducta*, ville d'Espagne dans la province de Cadix, à 11 kil. de Gibraltar. Son port est bon et fortifié. Pop. 11,150 hab. Alphonse de Castille la prit sur les Maures en 1344, après un siége assez long, dans lequel on employa le canon pour la première fois. On y voit encore les ruines de fortifications romaines et arabes. Le 4 juillet 1801, le contre-amiral Linois, commandant une escadre française, y battit une division anglaise.

ALGHERO, ville forte de Sardaigne, dont le port, sur la côte de Sassari, peut recevoir les petits bâtiments. Pop. 8,500 h. On remarque dans cette ville la cathédrale et de magnifiques grottes à stalactites, dites de *Neptune*.

ALGIDE (mont), chaîne de montagnes de l'ancien Latium, sur l'une desquelles était bâtie une ville forte des Eques, portant son nom. Cette montagne escarpée est très-boisée et riche en pâturages. Elle fut le premier sanctuaire consacré à Diane.

ALGONQUINS, ou GRANDS ESQUIMAUX, peuplade indienne de l'Amérique septentrionale, que l'on appelle aussi Peaux-Rouges. Ils sont petits, trapus et faibles; leur teint est plutôt d'un jaune rougeâtre sale que cuivré. Leurs huttes, de forme circulaire, sont couvertes de peaux de daim, et l'entrée en est si basse qu'on ne peut y pénétrer qu'en se traînant. Leurs seules ressources consistent dans la chasse et la pêche, et ils se servent de canots formés de peaux de veaux marins, avec lesquels ils naviguent avec beaucoup de vitesse. Lorsqu'ils voyagent sur la neige ou sur la glace, ils emploient des traîneaux tirés par des chiens. Ils sont presque tous catholiques et vont à Québec remplir leurs devoirs religieux. Se rapprochant beaucoup des Esquimaux par les mœurs, ils étaient assez puissants jadis, mais ils sont aujourd'hui presque anéantis.

ALGOS, mot grec qui signifie *la douleur*. Les Grecs personnifièrent ce mot et en firent la fille d'Eris, ou la Discorde.

ALGUAZIL (*al-ghazil*, mot arabe, archer), agent secondaire de la police espagnole et dont les fonctions se rapprochent de celles du gendarme en France. Ce mot a toujours une valeur ironique lorsqu'on l'emploie dans la conversation.

AL-HAKEM Ier, kalife de Cordoue, de 796 à 822. Après avoir combattu ses oncles Abdallah et Soliman, près de Murcie, il poursuivit les comtes francs au-delà des monts, mais ne put empêcher Louis, fils de Charlemagne, de reprendre Tortose, Girone et de soumettre les Baléares.

AL-HAKEM II, kalife de Cordoue, 961 à 976, fils d'Abdérame III. Il n'est connu que par les luttes qu'il soutint contre Léon Sanche le Gros, auquel il reprit Zamora, dont il s'était emparé.

AL-HAKEM-BI-AMR-ALLAH, kalife fatimite d'Egypte, de 996 à 1021. Observateur fanatique de la loi de Mahomet, il prit à tâche de persécuter les juifs et les chrétiens, ne leur permettant de porter que le turban noir. Cette conduite exaspéra le peuple et il périt assassiné dans une émeute.

ALHAMBRA, c'est-à-dire le *palais rouge*. L'Alhambra, situé dans la ville de Grenade, en Espagne, est tout à la fois un palais et une forteresse qui servait autrefois d'habitation aux rois maures. Bâti sur le sommet d'une colline escarpée, d'après sa position il devait être imprenable, surtout alors que le canon n'était pas connu. Il offre maintenant à l'extérieur l'apparence d'un vieux château, flanqué de bastions et de tours. Par l'entrée principale, appelée autrefois *Porte du jugement*, et qui est pratiquée dans une grosse tour carrée, on pénètre dans la première cour, qu'entoure un magnifique portique pavé en marbre blanc. La seconde cour, dite *cour des lions*, orné d'un admirable bassin, qu'ornent douze lions en marbre noir, fut le théâtre du massacre des Abencérages, et est entourée d'une galerie soutenue par des colonnes en marbre blanc. Les appartements, larges, nombreux, sont sans cesse rafraîchis par l'eau des fontaines et sont ornés avec un art inouï, une richesse d'imagination, une hardiesse et une patience d'exécution presque incroyables. On y rencontre partout un mélange heureux de tous les ornements adoptés par les différents peuples de l'univers, à l'exception des représentations humaines, qui sont défendues par la loi du prophète. L'Alhambra fut commencé, au XIIIe siècle, par Abou-Abdallah-ben-Naser, et achevé sous le règne d'Aboulhaggez, en 1338. Charles-Quint en fit abattre une partie pour y bâtir un palais mesquin et sombre, qui n'a même pas le caractère élégant des édifices de la Renaissance. L'Alhambra est encore célèbre par ses beaux jardins du Généralife, qui était le palais de campagne des rois maures, mais qui est moins bien conservé, et par une ancienne mosquée, convertie en église sous l'invocation de sainte Hélène.

ALI, c'est-à-dire *sublime*, 4e kalife arabe, cousin et gendre de Mahomet, fils d'Abou-Taleb, successeur d'Othman, en 856 av. J.-C. Ali fut le premier qui, dévoué à l'apostolat de Mahomet, se consacra entièrement à lui. Il passa à peu près toute sa vie dans les combats que lui livrèrent ses plus proches parents, excités par la veuve de Mahomet, dont il avait mis la fidélité en suspicion. Il remporta néanmoins de brillantes victoires, principalement à Kaibar, à Nahrwan; mais, dans l'impossibilité de résister à ses ennemis, son pouvoir tomba peu à peu et il fut assassiné à Coufa, en 661. Les musulmans le regardèrent comme un martyr et lui élevèrent un tombeau, qui est le but d'un pèlerinage célèbre.

ALI (Ibn-Yousouf-Ibn-Tachefin), prince almoravide, de 1106 à 1143, dont la puissance s'étendait en Afrique depuis l'Atlas jusqu'à la Méditerranée, dans la partie qui forme l'Algérie actuelle. Fondateur de la ville de Maroc, il parvint à implanter sa domination en Espagne, en s'emparant de plusieurs villes de l'Andalousie, de l'Aragon et de la Catalogne.

ALI, grand vizir ottoman, surnommé *Coummourdji* (charbonnier). Adversaire acharné de Charles XII, roi de Suède, il parvint à faire échouer ses projets d'alliance avec Achmet III et le força d'abandonner Bender. Ali périt en 1716 à la bataille de Peterwardin, livrée contre le prince Eugène.

ALI-BEY, né en Abasie, en 1728, mort en 1773. Amené comme esclave en Égypte; il s'éleva peu à peu par ses talents militaires, et, en 1766, il s'empara de l'autorité. Se séparant de Constantinople, il s'unit avec la Russie et conquit, pour les perdre ensuite, la Mecque, les côtes de l'Albanie et la Syrie. Il périt assassiné par son lieutenant Mohammed-Bey, au moment où il songeait à faire entrer l'Égypte dans la voie de la civilisation.

ALI-MOEZZIN, capitan-pacha des Turcs. Commandant de la flotte de Sélim II, il prit aux Vénitiens l'île de Chypre. Il fut tué à la bataille de Lépante, en 1571.

ALI-PACHA, né en 1741 à Tepelen (Albanie), fils d'un des principaux chefs qui, par les hasards de la guerre, avait été tour à tour vainqueur et vaincu. Sa mère, femme d'un caractère énergique et audacieux, rassembla tous ses partisans, et, plaçant à leur tête son fils Ali, le força à marcher contre les ennemis de sa famille. Fait prisonnier, sa beauté et son enjouement émurent Kurd-Pacha, qui lui rendit la liberté moyennant une rançon, ainsi qu'à sa mère et à sa sœur qui, prisonnières aussi, avaient subi les derniers outrages. Etant parvenu à réunir 2,000 hommes, il entra en triomphateur à Tepelen. Il obtint son pardon de la Porte en aidant à comprimer une révolte à Scutari, et chercha dès lors à étendre ses relations et à se créer des alliés. Après avoir épousé Emineh, la fille du pacha de Dervino, il entra en correspondance secrète avec le prince Potemkin; mais la guerre avait éclaté avant que rien fût arrêté; il prêta son concours à la Porte contre la Russie et l'Autriche en 1787, et fut nommé à la suite pacha de Tricala en Thessalie. Là il s'empara de Janina, et, levant une contribution extraordinaire sur les habitants, dont il envoya la somme à Constantinople, il demanda en échange le pachalik de Janina. Cette façon de solliciter, tout étrange qu'elle devait paraître, ne déplut pas au sultan, qui lui envoya le firman d'investiture. Malgré les bonnes relations qu'il avait nouées avec Bonaparte, il se hâta de s'emparer, en 1798, des places que les Français possédaient sur la côte albanaise. Continuant ses conquêtes, ou plutôt ses usurpations, il s'empara de l'Épire, et, malgré la résistance énergique que lui opposèrent les montagnards souliotes, il parvint à les subjuguer après trois années de luttes. Nommé gouverneur général de la Roumanie, malgré ses actes de despotisme et sa cruauté, il introduisit dans les provinces soumises à son autorité une administration sage et régulière, favorisa le développement de l'industrie. Lors de la paix de Tilsitt, Ali, qui avait cru que Napoléon lui donnerait Parga et les Sept-Iles, se ligua avec les Anglais; mais le traité de 1815 vint encore lui enlever l'espoir qu'il avait caressé, et il se décida à acheter Parga. Continuant son système de cruautés, il ensanglanta sa nouvelle possession et commit tant d'exactions, qu'en 1820 Mahmoud le mit au ban de l'empire. Attaqué de toutes parts, Ali se défendit avec courage; mais, abandonné par ses soldats, il se rendit sous la promesse qu'il aurait la vie sauve. Kurschid-Pacha lui montra aussitôt un firman de mort et le fit entourer; Ali voulut se mettre en défense, mais il tomba percé de coups. Ali, malgré tous ses crimes, fut un homme hors ligne, placé par son éducation dans des conditions qui devaient forcément l'entraîner au mal. Fanfaron du vice, il faisait parade de ses crimes, et ne voyait dans les hommes que des ennemis ou des complices.

ALIACMON, petit-fils de Neptune, perdit la vie dans une bataille; son père, Palestinus, à la nouvelle de sa mort, se noya dans le Conozos, fleuve auquel on donna le nom de Palestinos, et plus tard celui de Strymon.

ALIAMET (Jacques), né à Abbeville en 1728, débuta de bonne heure dans la gravure par de charmants petits sujets traités avec beaucoup de goût, mais il ne s'arrêta pas à ce genre secondaire, il surpassa son maître, Lebas, dans la gravure à la pointe sèche, qu'il perfectionna; ses estampes d'après Bergen, Wouwermans, Vernet, etc., remarquables par l'harmonie des teintes, sont très-estimées. Il entra à l'Académie de peinture et mourut à Paris en 1788. — Son frère, François-Germain, qui fit des gravures pour Boydell, d'après les maîtres anciens, le Guide, Carrache, etc., et quelques peintres anglais, fut loin de l'égaler.

ALIBAUD, né à Nîmes en 1810, tristement célèbre par l'attentat qu'il commit sur le roi Louis-Philippe. Ce régicide, d'un esprit sans but arrêté, d'une imagination tourmentée par son impuissance et par le besoin de se hausser à la taille d'un événement, ne manquait pourtant pas d'une certaine intelligence. Tantôt copiste, tantôt novice de marine, soldat, il souhaitait une révolution, un bouleversement, espérant trouver alors un emploi; peut-être même une sinécure lucrative. Selon lui, la sanglante affaire de Saint-Merri lui donna l'idée du crime dont il essaya plus tard de faire l'apologie. Il se procura des armes en se faisant passer pour commis-voyageur dans cette partie, rôda longtemps autour des Tuileries, et enfin, le soir du 25 juin 1836, au moment où la voiture royale, conduisant le roi, la reine et madame Adélaïde, franchissait le guichet du pont Royal, un coup de feu retentit; la balle, passant au-dessus de la tête de Louis-Philippe, incliné pour saluer la garde d'honneur, s'enfonça dans les panneaux. L'assassin, arrêté les armes à la main, ne regretta qu'une seule chose, c'était de ne pas avoir tué le roi, qu'il regardait comme la cause de sa misère. Se posant en Brutus, il voulait se donner en admiration au peuple. Condamné à la peine capitale, comme parricide, il rejeta toute demande en grâce et marcha fièrement à l'échafaud. — De tous les crimes, l'assassinat politique est celui dont les conséquences sont les plus désastreuses. Ceux qui sont encore assez insensés pour préconiser le régicide comme un pas fait vers la liberté, devraient se rappeler ces paroles d'un historien moderne qui, avide de popularité, fit tous ses efforts pour la gagner et ne saurait être accusé de partialité : « César assassiné renaquit plus puissant dans Octave. »

ALIBERT (Jean-Louis), médecin et littérateur, naquit à Villefranche (Aveyron) en 1766. Son père était conseiller du roi au présidial de Rouergue. Alibert entra, ses études terminées, chez les frères de la doctrine chrétienne, et, quand éclata la révolution, il se tint à l'écart, s'occupant avec ardeur de l'étude des belles-lettres. Il entra à l'école normale, presque aussitôt fermée que créée; se lia avec Cabanis et Roussel, et plus tard avec Bichat, et puisa dans ces relations du goût pour la médecine. Alibert, qui cherchait sa voie, se fit connaître par des bluettes littéraires et par des ouvrages de médecine. Médecin de l'hôpital Saint-Louis, sous le Directoire et l'Empire, ses leçons attirèrent un grand nombre d'élèves et le firent nommer professeur à la Faculté de médecine; à la rentrée des Bourbons, il devint premier médecin du roi, qui le créa baron. Caractère charmant, homme aimable, fréquentant les salons, il n'épuise pas dans ses écrits les sujets qu'il traite, il les effleure gracieusement, il cache le scalpel pour ne laisser voir souvent que la plume du brillant écrivain qui se souvenait de quelques succès littéraires. Son mérite est d'avoir, le premier en France, essayé de classer les maladies de la peau; mais cette classification, basée sur des apparences, est sans valeur aujourd'hui. De mœurs peu sévères, il mourut, en 1837; dit-on, d'une révolution que lui causa une personne qu'il avait aimée.

ALIBI, mot latin qui signifie *ailleurs*, et que l'on emploie en jurisprudence pour indiquer que le prévenu, au moment de l'exécution du crime dont on l'accuse, était dans un autre endroit que celui qui en a été le théâtre, et que, par conséquent, il ne peut être coupable.

ALICANTE, anciennement *Lucentum*, ville forte d'Espagne, à 375 kil. de Madrid, ch.-l. de la prov. de son nom. Pop. 25,000 hab. Cette ville possède un château fort, qui depuis la guerre de succession est tombé en ruine. Importante dès son origine, les Romains la soumirent ainsi que les Goths et les Arabes. En 1558, elle fut reprise à ces derniers par les Castillans; l'archiduc Charles s'en empara en 1606. Alicante fut la dernière place qui capitula, en 1823, devant les Français. En 1844, il éclata dans cette ville une insurrection carliste. Elle possède un port sur la Méditerranée, un musée de peinture intéressant, et son commerce maritime est très-important. Alicante est l'entrepôt des productions de Valence, le centre du commerce de l'Espagne avec l'Italie, et exporte des vins célèbres du pays.

ALICATA, anciennement *Phintia* ou *Finzia*, ville forte de Sicile, à 35 kil. de Girgenti. Sa population est de 14,500 hab. Port sur la Méditerranée.

ALIEN-BILL, nom donné à une loi anglaise concernant les étrangers, que l'on mettait sous la surveillance spéciale de la police de sûreté, si leur présence paraissait dangereuse. Cette mesure exceptionnelle et temporaire, établie par lord Granville en 1793, rarement appliquée d'ailleurs, durait un an seulement, sauf à être renouvelée si l'intérêt du gouvernement anglais le demandait.

ALIFE, anciennement *Allifæ*, ville de l'ancien royaume de Naples (Terre de Labour), à 5 kil. de Piedimonte. Pop. 1,700 hab. Son climat est très-insalubre, et elle est tout à fait déchue de son ancienne prospérité.

ALIGHOR, ville de l'Hindoustan anglais, ch.-l. du district de son nom, à 85 kil. d'Agra. Cette ville est défendue par une très-forte citadelle, qui fut prise par les Anglais en 1803.

ALIGRE (Etienne D'), président au présidial de Chartres, né dans cette ville en 1559; il fut choisi, grâce à sa réputation de savoir et d'honnêteté, par Henri IV pour présider le parlement de Bretagne. Entré au conseil d'Etat sous Louis XIII, il dut le titre de garde des sceaux à son protecteur, le marquis de Vieuville, en 1624, et devint chef de la magistrature, puis chancelier de France. Mais bientôt Richelieu, comprenant que ce magistrat, qui passait pour un des plus honnêtes hommes de robe, ne serait jamais sa créature, l'exila de la cour en 1626. Aligre mourut neuf ans après sa disgrâce.

ALIGRE (Etienne D'), fils du précédent,

né en 1591, obtint un grand nombre de dignités, et fut tour à tour conseiller au grand conseil, intendant en Languedoc et en Normandie, ambassadeur à Venise, directeur des finances, doyen des conseillers d'Etat, garde des sceaux, 1672, et chancelier. Il mourut en 1677, estimé de tous.

ALIGRE (Etienne-François D'), né en 1726 d'une famille noble qui se distingua dans les armées et plus tard dans la magistrature; il montra toujours une grande modération, surtout lorsque sa compagnie, dont il était le président, fut exilée. Il s'opposa en 1788, à la convocation des Etats généraux, et, après avoir lu à ce sujet devant le roi et son conseil un Mémoire qui fut accueilli froidement, il donna sa démission. Ses anciens domestiques le sauvèrent des fureurs populaires que lui avait attirées son opposition constante aux réformes qui devenaient pourtant si nécessaires. Aligre s'exila un des premiers, habita Bruxelles, Londres, et mourut en 1798, à Brunswick, laissant, dit-on, près de 4 millions de fortune répandus dans plusieurs banques de l'Europe : à Londres, à Copenhague, à Venise. Son fils, marquis d'Aligre, fut créé pair de France à la Restauration.

ALIMENTAIRES (enfants). On appelait ainsi des enfants que les villes et les empereurs romains élevaient à leurs frais. Cette institution, imitée plus tard sous Antonin pour les filles, fut fondée pour les garçons sous l'empereur Trajan, afin de favoriser le développement de la population. Il en entretenait 5,000. Certaines villes nourrissaient également des enfants alimentaires au moyen de la constitution de rentes établies dans des actes publics gravés sur l'airain, et fondées sur des propriétés cultivées par les citoyens. Ces enfants étaient destinés à combler plus tard les vides des armées.

ALINDA, ville forte de l'ancienne Carie au S.-E. de Stratonice. La reine Ada la possédait lors de la conquête d'Alexandre, qui respecta sa domination. C'est aujourd'hui *Moglah* ou *Mulla*.

ALIODRENISIS PAGUS, nom latin de l'ancienne Bray; cap. Dufay, près de Mortefontaine, cant. de Noailles (Oise).

ALIPÈS, c'est-à-dire *qui a des ailes aux pieds*, surnom de Mercure, donné par les poëtes latins.

ALIPTE, nom donné chez les Romains aux personnes chargées de frictionner et de parfumer dans les bains.

ALISE ou SAINTE-REINE, anciennement *Alegia*, village du département de la Côte-d'Or, à 10 kil. de Semur. Ancienne ville gauloise située sur le mont Auxois. Suivant une opinion longtemps accréditée, César passa la Loire près de Nevers et atteignit dans le pays des Lingons l'armée de Vercingétorix et la défit. Le général gaulois, à la tête de 80,000 hommes, s'étant réfugié dans Alise, César le suivit et vint mettre le siége devant la place. Toute la Gaule, à la voix de Vercingétorix, vint au secours d'Alesia, avec 8,000 cavaliers et 250,000 fantassins. Néanmoins, vaincus dans trois combats, les Gaulois durent se rendre après un siége de 7 mois. Quelques habitations restées debout formèrent le bourg qui porte aujourd'hui le nom de Sainte-Reine. Quelques auteurs placent le théâtre de cet événement à Alaize.

ALISO ou ELISO, ville de l'ancienne Germanie. Drusus y construisit, en l'an II av. J.-C. une forteresse pour s'y défendre contre les Chérusques et les Sicambres. Prise par les Germains après la défaite de Varus, elle fut rétablie par les Romains l'an 15 ap. J.-C. On croit que c'est Elsen, près de Paderborn.

ALITES. On appelait ainsi, chez les Romains, les oiseaux dont les aruspices consultaient le vol pour prédire l'avenir.

ALIX, quatrième fille de Thibaut IV, comte de Champagne. Elle fut l'épouse de Louis VII, mère de Philippe-Auguste et régente en 1190. Elle mourut à Paris le 4 juin 1206 emportant avec elle le respect et les regrets de son peuple, qu'elle avait su captiver par les soins qu'elle avait apportés à son administration pendant sa régence.

ALIXAN, bourg du département de la Drôme, à 7 kil de Valence.

ALIZARD (Adolphe-Joseph-Louis), chanteur remarquable, né à Paris le 29 décembre 1814, mort en 1850. Il obtint de grands succès en province et à Paris et figura dans tous les grands opéras de notre époque. Excellent musicien, il savait avec sa voix de basse aider puissamment aux effets d'ensemble.

ALJUBAROTA, bourg du Portugal (Estramadure), à 24 kil. de Leiria. Pop. 2,000 hab. Jean Ier roi de Portugal, aidé des Anglais, y remporta en 1385 une victoire sur les Castillans et les Français réunis.

ALKENDI (Abou-Yousouf-Yacoub-ben-Ishak), surnommé le *Philosophe par excellence*, mourut en 860. Il tire son origine de la famille Kenda illustre parmi les Arabes. Ce philosophe parvint à toutes les connaissances auxquelles l'esprit de l'homme pouvait prétendre alors; il écrivit un grand nombre de traités sur la philosophie, la médecine, la politique, la musique et les mathématiques.

ALKMAAR, petite ville forte de Hollande, à 25 kil. d'Amsterdam. Pop. 15,000 hab. Elle possède un arsenal et un hôtel de ville magnifique. Sa principale industrie consiste dans la fabrication du parchemin, des toiles à voiles et du sel marin. On y fait aussi un commerce assez actif en grains et en fromages. L'exportation annuelle de ce dernier article ne s'élève pas à moins de plusieurs millions de kilog. Un canal unit cette ville avec Yssel et elle est célèbre par la capitulation que le duc d'York et d'Albany fut forcé d'y signer le 18 octobre 1789, après avoir été complétement battu sous ses murs par le général Brune. — Patrie d'Henri Alkmaër.

ALLACCI (Léone) ou ALLATIUS (Leo), garde de la bibliothèque du Vatican. Il naquit à Scio, en 1586, d'une famille grecque,

D'Aligre sauvé par son domestique (p. 72, col. 1).

et mourut en 1669. Il était doué de toutes les qualités nécessaires pour occuper dignement le poste qu'on lui avait confié. Il laissa un grand nombre d'ouvrages sur la théologie et la philosophie. Ce fut Allacci qui corrigea, publia et expliqua le plus d'auteurs grecs ecclésiastiques et profanes.

ALLAH, nom donné à Dieu par Mahomet dans le Coran, qui le définit ainsi : « Créateur de la nature, seul être qui existe par lui-même et auquel nul être ne peut être comparé ; toutes les créatures reçoivent leur existence de lui ; il n'engendre point et n'est point engendré ; maître et seigneur de tout ce qui existe matériellement et spirituellement. »

ALLAHABAD, c'est-à-dire *ville de Dieu*, nom d'une province et d'une ville de l'Hindoustan, dans la présidence de Calcutta, distante de cette ville de 760 kil. Pop. 20,000 hab. Située sur le Gange et le Djamnâh, cette cité est, par ce seul fait, réputée sainte, et plus de 22,000 pèlerins y viennent chaque année pour s'y baigner dans l'eau sainte et en emporter pour le service des temples situés au loin. Chaque pèlerin doit payer trois roupies au gouvernement. Cette ville était autrefois plus importante qu'aujourd'hui. L'empereur Akbar y éleva, en 1583, une magnifique forteresse en blocs de granit rouge, qui commande la navigation des deux cours d'eau, ainsi que la grande voie de communication entre Delhi et Calcutta : c'est incontestablement l'une des plus vastes constructions qui existent au monde. Les Anglais en ont fait le principal arsenal et dépôt militaire pour leurs provinces septentrionales. Suivant quelques auteurs, cette ville aurait encore 100,000 hab. se livrant à la fabrication des étoffes de soie et de coton et très-habiles dans les arts céramiques. Allahabad jouit d'un sol fertile et possède dans ses environs de célèbres mines de diamants, celles de Paunah.

ALLAINVAL (Soulas D'), naquit à Chartres, en 1700. Dès l'âge de 25 ans, il donna à la Comédie-Française et au Théâtre-Italien plusieurs pièces, parmi lesquelles on remarque : la *Fausse comtesse et l'embarras des richesses*, remplie de naturel et de bon comique. Allainval vécut dans la pauvreté et mourut à l'Hôtel-Dieu de Paris, le 2 mai 1753.

ALLAIRE, ch.-l. de cant. de l'arrond. de Vannes (Morbihan), dont il est distant de 38 kil. Pop. 228 hab.

ALLANCHE, ch.-l. de cant. de l'arrond. de Murac (Cantal), dont il est distant de 15 kil. Pop. 1,100 hab. On y remarque des fabriques de dentelles. Il s'y fait un commerce de grains, et chaque année de nombreux colporteurs en partent pour vendre dans les endroits les plus reculés.

ALLARD (Jean-François), général français, né en 1785, à Saint-Tropez (Var), mort en 1839. Il fut nommé aide de camp du maréchal Brune en 1815, et après l'assassinat de ce dernier, il abandonna la France, se dirigea vers l'Egypte et de là passa en Perse, où il fut nommé colonel dans l'armée d'Abbas-Mirza. Il entra plus tard au service de Rungjet-Singh, roi de Lahore, qui le nomma généralissime. La nouvelle de la révolution de Juillet lui inspira le désir de revoir sa patrie et il arriva à Paris en 1835, où le roi Louis-Philippe lui fit l'accueil le plus flatteur. Sa veuve, indigène du royaume de Lahore, embrassa la religion catholique et vint se fixer à Saint-Tropez.

ALLECO, nom latin de Saint-Malo. Depuis le Ve siècle jusqu'au IXe on y battit monnaie.

ALLECTUS, aventurier, qui assassina l'usurpateur de la Grande-Bretagne, Carausius, pour gouverner à sa place, en 294 ; mais son règne fut de courte durée ; vaincu par Constance Chlore, il fut mis à mort en 297.

ALLEGANY, ou ALLEGHANY, ou APALACHES, grande chaîne de montagnes de l'Amérique, du N. au S.-E., s'étendant parallèlement à l'Atlantique entre les confins de l'Alabama et de la Géorgie (Etats-Unis), jusqu'à l'Hudson, à travers la Caroline du Nord, la Virginie, le Maryland, la Pensylvanie et l'Etat de New-York. Elle sépare les affluents de l'Atlantique de ceux du Mississipi et des lacs. Ses sommets sont généralement peu élevés et couverts d'une magnifique végétation.

ALLEGANY, rivière des Etats-Unis, qui prend sa source dans la Pensylvanie. Elle est navigable à Hamilton, s'unit, à Pittsbourg, au Monongahéla pour former l'Ohio.

ALLÉGEANCE (serment d'), serment que les Anglais prêtent au souverain comme roi et différent complétement du *serment de suprématie* qu'on prête au souverain de l'Angleterre en sa qualité de chef de l'Eglise anglicane.

ALLEGRAIN (Christophe-Gabriel), sculpteur, né à Paris en 1710 et mort en 1795. Il fit plusieurs statues pour Mme du Barry, destinées à sa résidence de Luciennes. Le Louvre possède de lui : une *Vénus entrant au bain*, une *Diane*, ainsi que le *Narcisse* qui le fit entrer à l'Académie.

Allemand assistant le bailli de Suffren à l'attaque d'une frégate anglaise (p. 76, col. 1).

ALLÈGRE, ch.-l. de cant. de l'arrond. du Puy (Haute-Loire), dont il est distant de 21 kil. Pop. 1,100 hab. Site pittoresque situé au pied du dôme de Bar.

ALLEGRI (Gregorio), compositeur de musique, né à Rome vers 1580, mort en 1640. Il tire son origine de la famille du Corrége, fut l'élève de Jean-Marie Naninio et fut attaché à la chapelle du pape. Il composa en 1629 un *Miserere* qui fut son plus bel ouvrage et auquel on attacha tant d'importance que l'on interdit de le copier sous peine d'excommunication. Mozart, malgré cette défense, après l'avoir entendu deux fois, en fit une copie conforme au manuscrit.

ALLEGRI (Alexandre), poète florentin du XVIe siècle. Il se distingua dans le genre burlesque et composa plusieurs poésies latines.

ALLEMAGNE. Cette grande et fertile contrée de l'Europe centrale, offrant tous les climats de la zone tempérée et formée d'un grand nombre d'États unis par la langue, est borné à l'E. par le grand-duché de Posen, la Pologne russe, la Gallicie et la Hongrie; au S. par l'Adriatique et l'Italie; à l'O. par la France, la Suisse, la Belgique et la Hollande; au N. par la mer du Nord et la Baltique. Sa plus grande longueur du N. au S. est de 1,150 kil.; sa plus grande largeur, de l'O. à l'E., est de 980 kil. L'Allemagne se compose politiquement de 35 États indépendants, formant une union internationale dite *Confédération germanique*. Sa superficie est de 71,561,454 hectares et sa population de 43,964,181 hab. Voici le tableau des différents États de la Confédération germanique :

1° *Autriche*: Autriche propre, Salzbourg, Styrie, Carinthie, Carniole, Littoral, Silésie autrichienne, Bohême, Moravie, Duchés d'Auschwitz et Zator en Gallicie..	13,232,429 h.
2° *Prusse* (toutes les provinces excepté la Posnanie et la Prusse propre) avec les principautés de Hohenzollern...	13,172,429 h.
3° Royaume de Bavière.........	4,541,556
4° — de Saxe...........	2,039,075
5° — de Hanovre........	1,819,777
6° — de Wurtemberg....	1,669,720
7° Grand-Duché de Bade........	1,356,943
8° Électorat de Hesse-Cassel.....	736,392
9° Grand-Duché de Hesse-Darmstadt..................	836,424
10° Duchés de Holstein et Lauenbourg...................	573,403
11° Grand-Duché de Luxembourg-Limbourg..................	410,114
12° Duché de Brunswick.........	2(?)0,213
13° Grand-Duché de Mecklembourg-Schwérin..................	539,231
14° Duché de Nassau............	434,064
15° Grand-Duché de Saxe-Weimar.	263,755
16° Duché de Saxe-Meiningen....	165,762
17° — de Saxe-Altenbourg....	133,593
18° — de Saxe-Cobourg-Gotha.	150,878
18° Grand-Duché de Mecklembourg-Strélitz..............	99,628
20° Grand-duché d'Oldenbourg et comté de Kniphausen........	287,163
21° Duché d'Anhalt-Dessau-Coethen....................	114,850
22° — d'Anhalt-Bernbourg....	53,475
23° Principauté de Schwarzbourg-Sondershausen.............	63,452
24° Principauté de Schwarzbourg-Rudolstadt................	68,974
25° Principauté de Lichtenstein...	7,150
26° — de Waldeck......	58,152
27° — de Reuss-Greiz...	39,397
28° — de Reuss-Shleiz..	80,203
29° — de Schaumbourg-Lippe.....................	29,848
30° Principauté de Lippe-Detmold.	105,490
31° Landgraviat de Hesse-Hombourg....................	24,937
32° Ville libre de Lubeck........	55,423
33° — de Francfort........	74,784
34° — de Brême.........	88,856
35° — de Hambourg......	220,401
TOTAL........	43,964,181

L'Allemagne est traversée par deux chaînes de montagnes qui vont de l'O. à l'E. : l'une, assez étroite, part du Harz et va se perdre dans les basses contrées du N.; l'autre, commençant en Silésie, traverse la Saxe, la Bavière et va rejoindre les Vosges. Les principales montagnes sont : au S., les Alpes Rhétiques, Noriques, Carniques et Juliennes; à l'E., les ramifications des Karpathes, les montagnes de Moravie, les Sudètes, la montagne des Géants; au centre, l'Erzgebirge, le Bœhmerwald, le Thuringerwald, le Fichtelgebirge. Au N., le Harz; à l'O., le Westerwald, l'Eifeld, l'Odenwal, le Spessart, le Rhœn; au S.-O., le Schwarzwald ou Forêt-Noire. Parmi les 500 cours d'eau qui arrosent l'Allemagne, 60 sont navigables. Les principaux sont : le Rhin, le Danube, l'Ems, le Weser, l'Elbe, l'Oder, la Vistule. Les principaux lacs sont ceux de Constance, de Chiem, de Wurm, d'Ammer, de Feder, d'Alter et de Traun, au S.; ceux de Fleinhuder et de Dummer au N.; et enfin ceux de Schwérin, de Ratzebourg. Le climat de l'Allemagne, en général, est humide et variable dans le N., rude dans les montagnes, doux et sec dans le S. On y rencontre des mines qui fournissent surtout du mercure, du fer, du plomb, de l'argent, du cuivre, du sel, de la houille, etc. Le règne végétal offre toutes les variétés de céréales, des légumes et des fruits de toutes espèces et de grandes forêts couvrent d'immenses espaces de terrains. Plusieurs nationalités étrangères peuplent l'Allemagne. On compte 6,000,000 de Slaves, la plupart en Bohême; 500,000 Wallons et Français sur la rive gauche du Rhin; 250,000 Italiens en Tyrol et en Illyrie; 6,000 Arméniens et Grecs en Autriche. La religion catholique prédomine en Autriche, Bavière, Bade et dans les pays sur la rive gauche du Rhin; la religion protestante dans le reste. On compte 22,000,000 de catholiques, 20,000,000 de protestants, 500,000 juifs, et 150,000 de différentes sectes. L'industrie allemande est très-développée et rivalise avec celle de la France et de l'Angleterre. On distingue en Allemagne trois grandes lignes ferrées conduisant du N. au S. La première partant de Brême aboutit à Bâle après avoir passé par Hanovre, Cassel, Francfort, Carlsruhe; la deuxième partant de Hambourg et passant par Magdebourg, Leipsick, Nuremberg et Munich, aboutit au lac de Constance; la troisième partant de Stettin et passant par Berlin, Breslau, Vienne, finit à Trieste. En allant de l'E. à l'O., on distingue deux lignes, qui ont des ramifications nombreuses, une longueur de 12,000 kil. et sont longées par autant de lignes électro-magnétiques. Les Allemands occupent un rang éminent parmi les peuples les plus avancés, pour les sciences, la littérature et les beaux-arts. Parmi ses poëtes, elle compte Gœthe, Schiller, Herder, Wieland, Klopstock, Lessing, Schlegel, Uhland; parmi ses philosophes, Leibnitz, Mendelssohn, Kant, Fichte, Hegel, Schelling. On compte en Allemagne plus de 50 sociétés savantes pour l'étude de la langue, de l'histoire et des antiquités nationales. — Les villes principales sont : Berlin, Vienne, Hambourg, Prague, Breslau, Munich, Cologne, Kœnigsberg, Trieste, Francfort-sur-le-Mein, Dantzig, Brême, Leipsig, Stettin, Lubeck, Magdebourg, Stuttgard, Elberfeld, Hanovre. Avant d'aborder l'historique de l'Allemagne, nous allons donner la liste dans l'ordre chronologique des souverains qui l'ont gouvernée et dont on trouvera la notice biographique à leur ordre alphabétique.

CARLOVINGIENS

Charlemagne..........................	800 à	814
Louis le Débonnaire..................	814	840
Lothaire Ier..........................	840	855
Louis II *le Germanique*, 843, roi de Germanie, empereur..............	855	876
Charles le Chauve....................	876	877
Carloman, roi de Bavière............	876	880
Louis III, *le Saxon*, roi de Germanie.	876	882
Charles le Gros, roi d'Alemanie, 876 empereur..........................	882	887
Arnould Ier, roi d'Allemagne, 887, empereur...........................	896	899
Louis IV, *l'Enfant*, roi d'Allemagne.	899	911

MAISON DE FRANCONIE

Conrad Ier, roi......................	911	919

MAISON DE SAXE

Henri Ier, *l'Oiseleur*, roi............	919	936
Othon Ier *le Grand*, roi 936, empereur	962	973
Othon II,...........................	973	983
Othon III,..........................	983	1002
Henri II, *le Saint*..................	1002	1024

MAISON DE FRANCONIE

Conrad II, *le Salique*..............	1024	1039
Henri III............................	1039	1056
Henri IV............................	1056	1106
Rodolphe de Souabe, anti-empereur.	1077	1080
Hermann de Luxembourg, anti-empereur............................	1081	1088
Conrad, fils de Henri IV, anti-empereur..........................	1090	1093
Henri V.............................	1106	1125

ALL

MAISON DE SAXE

Lothaire II, de Suplinbourg........	1125	1138

MAISON DE SOUABE OU DE HOHENSTAUFEN

Conrad III..........................	1138	1152
Frédéric Ier, *Barberousse*..........	1152	1190
Henri VI............................	1190	1197
Philippe............................	1198	1208
Othon IV *de Brunswick*, anti-empereur, 1198-1208, empereur.......	1208	1215
Frédéric II.........................	1215	1250
Henri *le Raspon de Thuringe*, anti-empereur...........................	1247	1254
Conrad IV...........................	1250	1254
Guillaume *de Hollande*, anti-empereur..............................	1247	1254

INTERRÈGNE

Guillaume *de Hollande*, roi........	1254	1256
Richard *de Cornouailles*, roi........	1257	1272
Alphonse de Castille, roi..........	1272	1273

MAISON DE HABSBOURG

Rodolphe de *Habsbourg*............	1273	1291
Adolphe de *Nassau*................	1292	1298
Albert Ier, *d'Autriche*..............	1298	1308

MAISON DE LUXEMBOURG ET DE BAVIÈRE

Henri VII, de Luxembourg........	1308	1313
Louis V, de Bavière................	1314	1347
Frédéric le Bel, d'Autriche, anti-empereur, 1314-1325, associé à l'empereur..............................	1325	1330
Charles IV, de Luxembourg.......	1347	1378
Gunther, comte de Shwarzbourg, anti-empereur..........................	1347	1349
Wenceslas, de Luxembourg........	1378	1400
Robert, comte palatin..............	1400	1410
Josse de Moravie...................	1410	1411
Sigismond de Luxembourg.........	1410	1437

MAISON D'AUTRICHE

Albert II...........................	1438	1439
Frédéric III........................	1439	1493
Maximilien Ier......................	1493	1519
Charles-Quint.......................	1519	1556
Ferdinand Ier.......................	1556	1564
Maximilien II.......................	1564	1576
Rodolphe............................	1576	1612
Mathias.............................	1612	1619
Ferdinand II........................	1619	1637
Ferdinand III.......................	1637	1657
Léopold Ier.........................	1658	1705
Joseph Ier..........................	1705	1711
Charles VI..........................	1711	1740
Charles VII, de *Bavière*..........	1742	1745

MAISON D'AUTRICHE-LORRAINE

François Ier........................	1745	1765
Joseph II...........................	1765	1790
Léopold II..........................	1790	1792
François II, dernier empereur d'Allemagne..........................	1792	1806

Sous le nom de Germanie, les Romains comprenaient d'abord toute l'Allemagne et avec elle la Scandinavie, la Finlande, la Livonie et la Prusse. Lorsque les peuples barbares entreprirent leurs migrations, les Germains, attaqués et repoussés par les Slaves jusqu'à l'Elbe, se jetèrent à leur tour sur les provinces romaines, situées au sud du Danube. Au v° siècle, la Germanie était habitée par six peuples d'origine germanique, savoir : les Saxons, les Frisons, les Thuringiens, les Allemands, les Francs et les Bavarois. Du vi° au commencement du ix° siècle, les Francs-Saliens furent en majorité et eurent le plus de puissance, c'est pourquoi Charlemagne parvint à réunir tous les Germains sous son empire et transplanta en Allemagne le régime féodal et le pouvoir du clergé, qui furent définitivement consolidés par ses successeurs. En 843, le territoire situé au-delà du Rhin fut séparé du reste de l'empire par le traité de Verdun, et forma le royaume de Germanie, qui eut pour roi Louis le Germanique. Ce royaume se vit encore partagé par les fils de Louis, qui créèrent trois parties : la Saxe, la Bavière et l'Alemanie, que Charles le Gros réunit plus tard à la France. Depuis la déposition de ce prince, en 887, jusqu'à l'extinction de la maison carlovingienne, en

911, l'Allemagne fut divisée en divers royaumes, gouvernés par des princes de cette maison. Conrad Ier fut alors nommé roi par les seigneurs et les nobles de Franconie, et c'est de ce moment que la couronne de l'Allemagne devint élective. Henri l'*Oiseleur* lui succéda, en 919, et rétablit l'empire tel qu'il était sous les derniers Carlovingiens; et ce fut son fils et successeur, Othon Ier, qui, ayant obtenu, en 962, la couronne impériale, unifia l'Allemagne sous le titre de *saint empire romain de la nation germanique*. La Lotharingie, l'Italie et la Bohême furent, sous la maison de Saxe, réunies à l'empire. La maison de Franconie lui succéda et régna de 1024 à 1125. Elle l'augmenta en y ajoutant le royaume d'Arles en 1033. A la mort de Lothaire de Suplinbourg, la maison de *Souabe* ou *Hohenstaufen* prit possession du trône impérial, qu'elle conserva de 1125 à 1138, et son règne fut inauguré par Conrad III. Cette famille fut illustrée par Frédéric Ier Barberousse, et Frédéric II; mais leurs débats avec les papes amenèrent des divisions et des troubles au sein même de l'Allemagne. La maison de Hohenstaufen, qui s'éteignit avec Conrad de Souabe, exécuté à Naples sur l'ordre de Charles d'Anjou (1268), donna pour dernier roi à l'Allemagne, Conrad IV, mort en 1254. De cette année à 1273, une anarchie complète régna dans l'Allemagne, qui fut livrée à toutes les horreurs de la guerre civile et des compétitions. Rodolphe Ier, comte de Habsbourg, termina cette époque, qui fut appelée *Interrègne*. Ce prince et ses successeurs firent tous leurs efforts pour rétablir la paix intérieure, mais le pouvoir impérial, vicié par son origine élective, contre-balancé par des princes puissants qui ne visaient qu'à s'en affranchir, ne pouvait désormais atteindre sa première grandeur, et les princes, qui voulaient à tout prix leur indépendance, furent eux-mêmes entraînés à leur tour par le pouvoir toujours croissant de la noblesse féodale. Quant aux souverains de la maison de Luxembourg et de celle de Habsbourg, sachant que leur pouvoir mourrait avec eux, ils ne s'attachaient qu'à l'exploiter en faveur de leurs intérêts de famille, et c'est pour cela seul que Charles VI donna, en 1356, la *bulle d'or*, qui conféra aux sept électeurs le droit d'élire les empereurs. Ce fut en 1438 qu'Albert II d'Autriche inaugura le règne de la maison de Habsbourg, qui, sauf quelques interruptions insignifiantes, a conservé le pouvoir jusqu'à nos jours. Maximilien Ier rendit l'*édit de paix*, qui établit la *chambre impériale*. Charles-Quint, par son génie et ses talents, donna pour quelque temps un peu de force et d'éclat au pouvoir impérial. Mais, au moment de son élection, il avait dû garantir les priviléges et les droits des princes. Ce prince résista, en 1557, à la propagation de la réforme, prêchée par Luther; mais cette résistance amena une guerre de religion, qui dura plus de quarante ans; enfin la paix d'Augsbourg la termina. Les conflits religieux éclatèrent de nouveau sous Ferdinand II, l'ennemi le plus acharné des protestants, et occasionnèrent la *guerre de Trente-Ans*, de 1618 à 1648; cette guerre fut mortelle pour l'Allemagne, dont elle ruina pour longtemps la prépondérance politique et l'unité nationale. Cette guerre fut terminée par le traité de Wesphalie de 1648, qui consacra la liberté religieuse des protestants. La décadence de l'empire fut encore précipitée sous les règnes de Léopold Ier, Joseph Ier et Charles VI, par la *guerre de succession d'Espagne*. La maison d'Autriche perdit son prestige en Allemagne par les hauts faits de Frédéric II, qui venait de fonder, en 1701, le royaume de Prusse et qui sut opposer aux projets de conquête de Joseph II la *ligue des princes*. Enfin, l'empire d'Allemagne se disloqua complétement dans les guerres contre la République française et les victoires des armées de Napoléon. C'est alors que François II abdiqua le titre d'empereur d'Allemagne (1806), pour ne conserver que le titre d'empereur héréditaire d'Autriche, qu'il avait pris en 1804. Déjà, en 1803, on avait sécularisé la plupart des territoires cléricaux, pendant que s'opérait la *médiatisation* d'un grand nombre de petits Etats, c'est-à-dire qu'on enleva à leurs princes tous leurs droits souverains, tandis que les territoires étaient fondus dans ceux des Etats plus grands. Alors Napoléon établit la *Confédération du Rhin*, dont il prit le titre de *protecteur*. Pour contre-balancer l'influence de la France, la Prusse voulut à son tour établir une confédération des Etats de l'Allemagne du Nord; mais la guerre de 1806 mit un obstacle à ses projets. Quelques années plus tard, après la chute de Napoléon, le traité de Vienne, de 1815, établit une *Confédération germanique*, comprenant tous les pays de l'ancien empire, mais qui était complétement impuissante à satisfaire les tendances unitaires de la nation, ainsi qu'à contribuer efficacement au développement des intérêts matériels. Du reste, les Allemands, auxquels on avait promis la liberté pour les décider à s'armer contre les Français, la réclamaient avec une instance qui devenait un danger pour les souverains. Aussi, le congrès de Carlsbad, de 1819, et de Vienne, de 1834, établirent-ils des lois tendant à empêcher le développement des mœurs politiques; car, pour le reste, la diète fédérale s'effaçait le plus possible, se montrait d'une nullité désespérante et redoutait de prendre en main les affaires du pays. Dès lors toutes les aspirations tendirent à constituer une Allemagne unitaire, régie par le système représentatif dans chacun des différents Etats, fondus dans une assemblée nationale. Aussi, après la Révolution de 1848, un mouvement allemand, compliqué d'insurrections surgissant de toutes parts, éclata dans ce sens. D'abord, les tendances républicaines, qui avaient aidé à le produire en se fusionnant aux idées unitaires, se trouvèrent isolées; mais les intérêts dynastiques se mirent en opposition contre l'œuvre de l'union nationale et leur firent gagner du terrain. La diète, forcée par les événements de se dissoudre, convoqua une assemblée constituante à Francfort, qui élut pour vicaire de l'empire et pour chef du pouvoir central provisoire l'archiduc Jean, à qui la diète conféra tous ses pouvoirs. L'assemblée constituante, après avoir terminé la constitution, qui rétablissait l'empire, offrit la couronne impériale à Frédéric-Guillaume IV, roi de Prusse. Ce prince la repoussa, ainsi que la nouvelle constitution, malgré l'assentiment de 29 gouvernements allemands. Cette résolution causa des insurrections sur divers points, dont la répression fut faite par les Prussiens. L'assemblée de Francfort se vit bientôt la proie de dissensions intestines, qui lui enlevèrent la confiance du pays. Ce fut alors que 100 députés du parti radical, restés seuls dans l'assemblée, par suite du rappel des députés prussiens et autrichiens, par leurs gouvernements, résolurent de la transporter à Stuttgard, où elle fut violemment dissoute par ordre du gouvernement de Wurtemberg. La Prusse alors avait essayé d'établir une *union fédérale restreinte* au sein de la grande confédération; mais ce projet, mal conçu et mal défini, échoua complétement. Une *commission centrale fédérale*, composée de deux délégués de l'Autriche et de la Prusse, reprit les pouvoirs du vicaire de l'empire, qui avait abdiqué en septembre 1849, et qui fut définitivement remplacé par l'ancienne diète. Depuis le 1er mars 1851, elle délibère sur les affaires fédérales, toujours dans son ancienne forme. Nous allons exposer succinctement les diverses modifications apportées dans la constitution de l'empire jusqu'à nos jours. Héréditaire depuis Charlemagne jusqu'à Charles le Gros, il devint ensuite électif. Dans le principe, toute l'aristocratie prenait part à l'élection; mais, peu à peu, les plus puissants princes s'en emparèrent comme d'un privilége exclusif; et en 1356, il n'y avait plus que sept électeurs, qui furent, ainsi que nous l'avons déjà dit, confirmés par la Bulle d'or. L'empereur nouvellement élu devait jurer d'observer les *Capitulaires*; puis il allait à l'église, où on le présentait au peuple, après quoi on le proclamait. Depuis cette époque, jusqu'au XIVe siècle, l'élection n'était considérée comme valable qu'autant que le pape avait couronné l'empereur; mais, en 1338, Louis de Bavière laissa le couronnement facultatif. Au XIVe siècle, les empereurs, pour conserver le pouvoir dans leurs familles, firent, de leur vivant, élire leurs fils rois d'Allemagne et leur assurèrent ainsi la succession; c'était un premier pas tenté pour rendre leur pouvoir héréditaire. Deux vicaires de l'empire étaient institués pour les cas de minorité, ou de longue absence de l'empereur. Ces deux vicaires étaient: l'électeur de Saxe et l'électeur palatin. L'empereur ne pouvait exercer le pouvoir législatif et certains autres droits, qu'avec les Etats de l'empire, représentés par le haut clergé; les princes immédiats ou souverains, réunis en corps, appelé *diète*, deux fois par an. Cette diète délibérait en trois assemblées particulières, formées du collége des électeurs, de celui des princes, enfin du collége des villes impériales. Les deux premiers rédigeaient, d'après les délibérations, le rapport de l'empire, qui, après la ratification de l'empereur, s'appelait *Conclusion de l'empire*. Chaque Etat contribuait aux dépenses administratives de l'empire, en payant sa part de la *matricule*, sur laquelle tous les frais étaient inscrits. Les lois fondamentales de l'empire étaient: 1° l'*édit de paix perpétuelle* de 1495, qui, en abolissant le droit du plus fort, établit le tribunal de l'empire; 2° les recez ou délibérations de l'empire; 3° les capitulaires des empereurs; 4° la Bulle d'or; 5° le traité de religion de Passau, 1552; 6° le traité de Westphalie de 1648. La confédération germanique, entièrement différente de l'ancienne constitution de l'empire, a pour but de maintenir la sûreté extérieure et intérieure de l'Allemagne, l'indépendance et l'inviolabilité des différents Etats, ainsi que leur intégrité. Tous les membres sont égaux en droits, et les affaires fédérales se traitent par une diète permanente, composée de leurs représentants, dont le siége est à Francfort. Les délibérations de la diète se font, soit en *conseil restreint*, soit en *assemblée plénière*. La compétence du conseil restreint, qui prend ses résolutions à la majorité absolue des voix, comprend les changements de l'acte fédéral, les déclarations de guerre ou de paix et toutes les affaires qui ne sont pas conférées à l'assemblée plénière. L'Autriche, les royaumes et les grands-duchés ont chacun une voix au conseil restreint: les autres Etats n'ont que des voix collectives, et le nombre des voix est de 17. L'assemblée plénière prend ses résolutions à la majorité absolue des voix et, pour changer la constitution, il faut la majorité. A cette assemblée, l'Autriche et les royaumes ont chacun quatre voix; Bade, les Hesses, Holstein, Luxembourg, trois; Brunswick, Mecklembourg-Schwerin, Nassau, deux; tous les autres chacun une voix, et le nombre total est de 66. En l'absence du plénipotentiaire de l'Autriche, qui préside la diète de droit, c'est celui de la Prusse qui le remplace. Pour la quote-part que chaque Etat doit payer pour les frais de la diète et l'entretien de l'armée fédérale, elle est fixée par la matricule fédérale, basée sur le principe de la population. L'armée fédérale se compose des contingents fournis par les États et comprend 600,000 hommes, divisés en 10 corps d'armée et une division de réserve. Les places fortes fédérales sont : Luxembourg, Mayence, Rastadt, Ulm et Landau.

ALLEMAND (le comte Zacharie-Jacques-Théodore), vice-amiral français, né à Port-Louis en 1762. Il assista, sur le *Sévère*, aux sept combats livrés aux Anglais par le bailli de Suffren, et y reçut plusieurs blessures. Nommé sous-lieutenant de vaisseau, en 1787, et lieutenant en 1792, il fut nommé contre-amiral en 1805, et fit alors éprouver des pertes cruelles aux Anglais; il commanda, en 1809, l'armée navale de la Méditerranée en qualité de vice-amiral. D'un caractère rude et altier, il se créa de nombreux ennemis, et ne dut son élévation qu'à Napoléon, qui ne considérait que le mérite.

ALLEMOND-EN-OYSANS, bourg du dép. de l'Isère, à 29 kil. de Grenoble. Pop. 1,300 hab. Il possède des mines de plomb argentifère et des fonderies remarquables.

ALLEN (Thomas), mathématicien anglais, né en 1542 dans le comté de Stafford, mort en 1632. On a seulement de lui deux ouvrages sur Ptolémée.

ALLENT (Pierre-Alexandre-Joseph, chevalier), né à Saint-Omer, le 9 août 1772. Appartenant à une famille honorable du commerce de cette ville, il entra dans l'armée et fit ses premières armes, comme canonnier, au siège de Lille, en 1792. Il montra tant de capacités qu'on le fit entrer dans le génie, où, montant rapidement de grade en grade, il fit de remarquables travaux de défense dans les principales places fortes. Napoléon l'appela au comité chargé d'étudier le plan de la défense nationale, et il s'y distingua par ses vues larges et ses grandes conceptions. Après avoir rempli diverses fonctions, qui mirent en lumière ses éminentes qualités, en 1814, il se signala, lors de l'invasion, par la part active qu'il prit à l'organisation de la garde nationale, qui, si elle fut empêchée par les événements de repousser les envahisseurs, sut du moins faire respecter l'ordre et forcer les ennemis à la modération. La Restauration eut le bon esprit de conserver un homme aussi capable. Nommé conseiller d'État en 1814, il remplit, de 1817 à 1819, les fonctions de sous-secrétaire d'État, et fut président du contentieux du conseil d'État jusqu'à sa mort, arrivée en 1837. Membre de la chambre des députés en 1828, pour le département du Pas-de-Calais, il fut appelé à la pairie en 1842. Commandeur de la Légion d'honneur, il refusa constamment les ordres étrangers qu'on lui offrit.

ALLER, rivière d'Allemagne qui prend sa source en Prusse, à Seehausen, près de Magdebourg, navigable à Celle; elle tombe dans le Weser après un parcours de 180 kil.

ALLERHEIM, village de Bavière, à 30 kil. de Nordlingen. Célèbre par la victoire remportée sur le général autrichien Mercy par le grand Condé.

ALLETZ (Pons-Augustin), littérateur, né à Montpellier en 1703, mort à Paris en 1785. Oratorien, puis avocat, il nous a laissé un grand nombre d'ouvrages, tels que : *Victoires mémorables des Français*, les *Ornements de la mémoire ou les traits brillants des poètes français*.

ALLEVARD, ch.-l. de cant. (Isère), arr. de Grenoble, à 40 kil. de cette ville. Pop. 1,600 hab. Près de là sont les ruines du château où naquit Bayard. Allevard possède des mines de fer et des eaux sulfureuses très-estimées contre le crétinisme et le goître.

ALLIA, aujourd'hui *Aja*, rivière de l'ancienne Italie. En 390, Rome avait envoyé près des Gaulois, qui assiégeaient Clusium, les trois Fabiens en ambassade pour obtenir la levée du siége. Ces trois jeunes gens, au lieu de s'en tenir strictement à leur mission, entrèrent dans la ville, et, se mêlant aux assiégés dans une sortie qu'ils firent, tuèrent plusieurs ennemis. Les Gaulois indignés, ayant demandé, sans l'obtenir, une satisfaction de cette violation du droit des gens, s'avancèrent contre Rome et rencontrèrent, près d'Allia, l'armée romaine, commandée par ces mêmes Fabiens. Les Romains, étonnés par l'aspect sauvage des Gaulois, commandés par des chefs lâches et ineptes, se débandèrent au premier choc, et une partie se réfugia dans Véïes, tandis que l'autre, courant à Rome, s'enferma dans le Capitole, oubliant, dans son trouble, de fermer les portes de la ville. Les Gaulois, craignant une ruse de guerre, restèrent deux jours sur le champ de bataille; et, ne voyant venir aucun ennemi, se décidèrent à marcher sur Rome : ils trouvèrent la ville abandonnée, habitée seulement par quelques vieillards et quelques enfants qui n'avaient pu suivre les fuyards. Arrivés dans le Forum, ils y virent les pères conscrits de la république assis dans leurs chaises curules, attendant la mort avec calme et dignité. A ce spectacle inattendu, les Barbares demeurèrent interdits : les prenant pour les dieux tutélaires de Rome, ils songeaient presque à les adorer, quand un soldat, plus audacieux que ses compagnons, voulut porter la main à la barbe d'un de ces vieillards; mais avant d'avoir accompli cet outrage, le sénateur, d'un coup de son sceptre d'ivoire, l'étendit à ses pieds. Ce fut le signal d'un massacre général, après quoi les Gaulois, ivres de sang et de carnage, donnèrent l'assaut au Capitole; mais repoussés, ils se contentèrent de le bloquer très-étroitement; et, au bout de sept mois, les assiégés, obligés de capituler, achetèrent la levée du blocus et le départ des Gaulois au prix de mille livres romaines d'or (environ deux millions de notre monnaie). Tite-Live, dont l'imagination embellit parfois l'histoire, prétend qu'au moment où l'on pesait l'or destiné aux vainqueurs, les Romains se plaignirent de ce que les Gaulois faisaient pencher la balance en leur faveur. Alors Brennus, jetant son épée et son baudrier sur l'un des plateaux, s'écria : *Væ Victis!* (Malheur aux vaincus). Les Romains se regardaient tout consternés par ces paroles qui semblaient dénoter que les exigences du vainqueur étaient sans bornes, lorsque tout à coup apparut Camille à la tête d'une armée qui, après avoir repris l'or, tailla en pièces les Gaulois. Ce récit merveilleux, qui ne manque pas d'un certain charme dramatique, est démenti par la plupart des historiens romains et par Tite-Live lui-même dans d'autres passages de ses écrits.

ALLIAGE, corps composé de deux ou plusieurs métaux fondus et combinés ensemble. La fonte des métaux, pour obtenir les alliages, offre généralement de grandes difficultés par le peu d'affinité de ces corps les uns pour les autres, soit par leur différence de densité ou par celle de leur degré de fusibilité, et il arrive fréquemment, malgré toutes les précautions, que les métaux, en se refroidissant, se déposent couche par couche. L'emploi des alliages est très-répandu, et ils servent à tous les usages, préférablement même aux métaux à l'état pur. C'est par les alliages que l'on empêche les monnaies de s'altérer trop rapidement.

ALLIANCE (ancienne et nouvelle), nom donné, dans la Bible, à l'alliance que Dieu contracta avec Abraham et ses descendants; et, dans le Nouveau Testament, à celle que Dieu a contractée avec l'assemblée des chrétiens.

ALLIANCE. On nomme ainsi, en droit international, une ligue formée entre deux ou plusieurs puissances : elle est appelée *offensive*, lorsqu'elle a pour but d'attaquer un ennemi commun, et *défensive* quand c'est pour repousser toute agression contre l'une ou l'autre partie. Généralement toutes les alliances réunissent ces deux caractères; parfois elles se modifient en alliance auxiliaire, dans laquelle une puissance n'entre que pour un chiffre de troupes déterminé, laissant toute direction à l'autre; en traités de subsides, par lesquels on met les troupes à la disposition d'une puissance qui en paye la solde, ou bien par lesquels on s'engage à verser un secours pécuniaire.

ALLIANCE (Sainte-), ligue conclue à Paris le 26 septembre 1815 entre les empereurs de Russie et d'Autriche et le roi de Prusse, après la deuxième abdication de Napoléon Ier, afin d'unir entre eux tous les États chrétiens; mais le but de cette alliance était réellement de comprimer l'élément national en France : cette alliance avait été inspirée à Alexandre par madame de Krudener.

ALLIER, anciennement *Elaver*, affluent gauche de la Loire, dans laquelle il se jette au bec d'Allier, après un parcours de 370 kil., à 5 kil. de Nevers. Il prend sa source à Chabalier (Lozère), arrose les départements de la Lozère, de la Haute-Loire, du Puy-de-Dôme, de l'Allier, coule sur la limite du département du Cher, passe à Château-Neuf-de-Randan, Issoire, Vichy et Moulins. Ses affluents sont : la Dore, la Sioule et le Lachoux.

ALLIER. Ce département est borné au N. par ceux de Saône-et-Loire, de la Nièvre et du Cher; à l'E. par ceux de Saône-et-Loire et de la Loire; au S. par ceux de la Loire, du Puy-de-Dôme et de la Creuse; enfin à l'O. par ceux de la Creuse et du Cher; il comprend 4 arrond., dont les ch.-l. sont Moulins, préfecture, et Gannat, la Palisse, Montluçon, sous-préfectures; 26 cant. et 317 comm. Population 336,758 hab. Situé dans le bassin de la Loire, ce département est arrosé par l'Allier, le Cher, l'Aumance, la Bèbre, l'Andelot, la Queune, le Clamaron, la Bioudre, la Sioule, la Lichon, la Murgon. Il y a quelques montagnes, mais qui sont généralement peu élevées. Le pays est très-boisé, rempli de gibier et d'animaux sauvages; et le poisson abonde dans tous les lacs et les rivières. Le marbre de Vindelat est très-recherché pour la statuaire. Parmi les sources minérales remarquables, nous devons citer celles de Vichy, de Néris et de Bourbon-l'Archambault.

ALLIER (Louis), dit *de Hauteroche*, numismate célèbre, né à Lyon en 1766. Il réunit la plus belle collection de médailles grecques qui ait jamais existé et il allait la publier, lorsqu'il mourut en novembre 1827. Il poussa si loin la passion des monnaies antiques qu'on prétend, que, dans les dernières années de sa vie, il alla jusqu'à dérober des bijoux afin de pouvoir s'en procurer.

ALLITÉRATION. On donne ce nom en poésie à une répétition de consonnes ayant le même son et produisant une sorte d'harmonie imitative. Ainsi, parmi les vers français nous citerons celui-ci :

Pour qui sont ces serpents qui sifflent sur vos têtes?

dont la répétition des *s* rend assez bien le sifflement des serpents.

ALLIX (Pierre), né à Alençon en 1641. Fils d'un ministre protestant, sa renommée le fit appeler, en 1670, comme ministre de l'église de Charenton, où il travailla avec Claude à une nouvelle version française de la Bible. La révocation de l'édit de Nantes le força à se réfugier en Angleterre avec sa famille, où, en 1690, l'évêque de Salisbury le nomma chanoine et trésorier de sa cathédrale. Homme d'une puissante érudition, versé dans un grand nombre de langues, il essaya de réunir les diverses églises protestantes, ainsi que les sectes de Luther et de Calvin. Ses ouvrages, qui sont au nombre de vingt-neuf, traitent surtout de questions religieuses. Dans l'un, intitulé : *Remarques sur l'histoire ecclésiastique des Eglises du Piémont et des Albigeois*, in-4°, 1690 et 1692, écrit en anglais, il essaye de prouver la pureté de ces Eglises qui, jusqu'au XIIIe siècle, ont été indépendantes de l'Eglise romaine. Il mourut à Londres en 1717.

ALLIX (Jacques-Alexandre-François), général français, né en 1776 à Percy (Manche), se conduisit avec bravoure à l'armée du Nord et mérita d'être cité avec honneur dans un décret de la Convention. Colonel à vingt ans, il était au nombre des vainqueurs de Marengo, et plus tard à l'expédition de Saint-Domingue. Attaché à la personne de Jérôme Bonaparte en qualité de général de division, celui-ci le récompensa de ses services en lui donnant le titre de comte de Freudenthal et une pension sur sa cassette. Alix, s'opposant avec courage à l'invasion des alliés, défendit Fontainebleau et Sens, en 1814. A la chute de l'empire, choisi pour fortifier Saint-Denis, il fut bientôt exilé par le gouvernement de la Restauration. Il fut, en 1819, du nombre des amnistiés. On a de lui un ouvrage : *Système d'artillerie de campagne*, Paris, 1827, in-8°. Allix mourut en 1836.

ALLOA, ville d'Ecosse, dans le comté de Clackmann. Pop. 6,500 hab. Elle possède un port à l'embouchure du Forth. Son industrie et son commerce sont très-actifs, et consistent en distilleries, forges, brasseries, etc. On y remarque les ruines d'un château des comtes de Mar, remontant au XIIIe siècle.

ALLOBROGES ou ALLOBRYGES, l'un des peuples les plus puissants de la Gaule transalpine. Habitant le territoire situé entre le Rodanus (Rhône) et l'Isara (Isère), il avait pour voisins, au N., les Ambarri; au S., les Ségalauni et les Vocontii; à l'O., les Segusiani et les Vellavi; à l'E. il était borné par les Alpes grecques et les Alpes maritimes. Ses villes principales étaient Cularo (Grenoble), Vienna (Vienne), Geneva (Genève). Vaincus et soumis par les Romains, dont ils avaient essayé de secouer le joug, de 125 à 121 av. J.-C., les Allobroges, écrasés de dettes, se plaignirent au sénat romain des exactions de leur gouverneur et obtinrent quelque soulagement. Ce pays, en 360, perdit son nom pour prendre celui de Sapaudia, depuis Savoie; mais en 1792, après la conquête française, Bonaparte, qui savait respecter l'orgueil des peuples vaincus, lui rendit son nom, et en forma le 84e département de la France. Les soldats de ce pays, réunis en un même corps, s'appelaient la légion des Allobroges. Ce pays, séparé de la France en 1814, y a été réuni de nouveau depuis 1860.

ALLOPATHIE, nom donné à l'ancien système médical par opposition à un nouveau qui a pris le nom d'homœopathie.

ALLOPROSALLOS, c'est-à-dire *inconstant*, surnom de Mars.

ALLORI (Alexandre), dit le *Bronzino*, naquit à Florence en 1535. D'abord élève de son oncle, Angelo Allori Bronzino, qui lui donna les premiers éléments du dessin, il prit ensuite pour modèles les tableaux de Michel-Ange. Ses toiles se ressentent de ses fortes études anatomiques; elles sont correctes comme dessin, mais elles manquent de vie, de chaleur et de coloris. Nous exceptons pourtant de ce jugement le *Sacrifice d'Abraham*, du musée de Florence, qui se rapproche de l'école flamande, et la *Femme adultère*, qui se trouve dans l'église du Saint-Esprit. Laborieux et expéditif, Allori exécuta de nombreux sujets, religieux, mythologiques et autres, à l'huile, à la détrempe, à fresque; c'est même d'après ses dessins que furent faites les tapisseries du grand-duc François. Il composa aussi, dit-on, des poëmes burlesques et un dialogue sur les principes du dessin. Allori mourut en 1607.

ALLORI (Christophe), peintre, fils du précédent, né à Florence en 1577; il étudia d'abord sous son père; mais ne partageant pas son admiration pour Michel-Ange il devint élève de Cigoli, le plus grand coloriste de l'école florentine, qu'il surpassa. Voulant trop chercher la perfection, Christophe Allori gâta quelquefois ses tableaux; cependant il a laissé des paysages pleins de grâce et des toiles d'un admirable coloris : *Saint Julien*, *Judith*, par exemple, dont les figures ont tant de relief. On dit que, ne trouvant pas assez d'expression dans ses modèles, il posait lui-même devant son ami Pagani. Il mourut d'une blessure au pied, en 1619.

ALLOS, anciennement *Allostrum*, ch.-l. de cant. de l'arrond. de Barcelonnette (Basses-Alpes), dont il est distant de 17 kil. Pop. 450 hab. Il est situé sur un lac très-poissonneux qui porte le même nom.

ALLOWAY-KIRK, ruines voisines du village où Burns naquit, à 3 kil. environ d'Ayr en Ecosse. Il y a placé la scène d'un de ses poëmes et on y voit encore un monument élevé en son honneur.

ALLOY ou HALLOY, pays de l'ancienne Picardie qui avait pour capitale Buire-en-Alloy, situé dans le canton de Ruc, département de la Somme.

ALLRUNES. Le rôle de la femme a toujours eu une certaine importance dans les religions antiques, et les allrunes jouaient, chez les anciens Germains, le même rôle que les druidesses chez les Gaulois. Elles subsistèrent longtemps après que le christianisme eut renversé les autels des dieux teutons et scandinaves, et ce sont elles que le moyen âge fit monter sur les bûchers comme sorcières ou magiciennes.

ALLSTON (Washington), célèbre peintre américain, né dans la Caroline du Sud en 1779. Il vint étudier en Angleterre, où il eut pour maîtres Fuselo et West, mais ayant visité Paris, il s'inspira des grands tableaux des maîtres au Louvre. Ses toiles, qui lui firent donner le surnom de Titien des Etats-Unis, sont remarquables par le fini du dessin et la nuance des couleurs. Parmi ses œuvres on cite surtout : le *Songe de Jacob*, la *Sorcière d'Endor*, le *Festin de Balthazar*, etc. Allston mourut en 1843.

ALMA, rivière de Crimée, qui coule de l'E. à l'O. et se jette dans la Mer noire, entre Eupatoria et Sébastopol. C'est sur ses bords qu'eut lieu, le 20 septembre 1854, la défaite des Russes par le maréchal Saint-Arnaud et lord Raglan. L'armée anglo-française, après avoir débarqué à Eupatoria, se portait vers Sébastopol pour tâcher de l'enlever par un coup de main aussi hardi que rapide, lorsqu'elle rencontra dans la vallée de l'Alma l'armée russe commandée par le prince Mentschikoff, qui avait pris d'excellentes positions, ne laissant inoccupé qu'un terrain offrant les plus grandes difficultés. Le plan primitif des alliés avait été de faire attaquer l'aile droite par les divisions du général Canrobert et du prince Napoléon, qui devaient faire jonction avec les Anglais, pendant que la division Bosquet, attaquant l'aile gauche des Russes, la repousserait jusque sous le feu de la flotte embossée au cap Lukull; la division Forey formait la réserve. Si ce plan avait été exécuté, l'armée russe eût été en partie jetée à la mer ou refoulée au delà de Sébastopol. Mais les Anglais apportèrent une telle lenteur dans leurs dispositions que l'action ne commença que trois heures et demie plus tard, et força à modifier successivement le plan primitif. L'attaque de l'aile droite russe se fit avec tout l'entrain et l'ardeur de la *furia francese*, et nos soldats arrivèrent à temps pour dégager les Anglais qui, avec leur calme britannique, s'étaient laissé envelopper. Pendant que la flotte commençait à ouvrir son feu contre l'aile gauche, la division Bosquet, ayant à sa tête le 3e régiment de zouaves et les tirailleurs algériens, escalada les hauteurs à pic situées au sud de la vallée, au grand étonnement des Russes qui n'avaient pu supposer que des hommes pouvaient gravir de telles difficultés, et qui n'avaient mis qu'un bataillon pour défendre cette position. Ces deux mouvements décidèrent du succès de la journée; et, malgré une immense charge à la baïonnette dirigée par le prince Gortschakoff contre les Anglais, les troupes russes durent battre en retraite. Les alliés, manquant de cavalerie, ne purent compléter la déroute. Il eût été naturel de se porter immédiatement sur Sébastopol; mais les Anglais empêchèrent encore ce mouvement en perdant deux jours sur le champ de bataille pour se réorganiser.

ALMADA, ville de Portugal (Estramadure), à l'embouchure du Tage, à 6 kil. de Lisbonne. Pop. 6,000 hab. On y voit un vieux château et la forteresse Saint-Sébastien qui défend l'entrée du Tage.

ALMADEN, anciennement *Cetobriga*, ville d'Espagne, dans la province de Ciudad-Réal, distante de cette ville de 78 kil. Pop. 10,000 hab. Aux environs sont de célèbres et anciennes mines de mercure qui forment l'une des principales richesses de l'Espagne; exploitées par l'Etat, elles ont servi longtemps de garantie aux divers emprunts que le gouvernement espagnol s'est vu forcé de faire depuis une trentaine d'années. Une école pratique des mines a été fondée dans la ville en 1835.

ALMADEN DE LA PLATA, anciennement *Sisapo*, ville d'Espagne, à 40 kil. de Séville. Pop. 10,000 hab.

ALMAGRO, ville d'Espagne, dans la province de Ciudad-Réal, à 17 kil. de cette ville et 208 kil. de Madrid. Pop. 8,000 hab. Cette ville possède de grandes fabriques de dentelles et de blondes.

ALMAGRO (Diego D'), enfant trouvé, vers 1463, à Almagro, dont il prit le nom; il avait passé, tout jeune encore, en Amérique pour y chercher fortune. Homme sobre, patient et brave, mais fourbe et cruel, il s'associa avec Pizarre et Fernand de Luque pour tenter la conquête du Pérou; la première tentative n'eut pas de succès, mais, douze ans plus tard, Almagro amena du renfort, battit les Indiens et fut nommé par Charles-Quint adelentado ou gouverneur de plus de deux cents lieues de terrain. Il venait de soumettre les Incas et de faire étrangler, de concert avec son allié Pizarre, le roi Atahualpa, comme fratricide, idolâtre, polygame et révolté contre son légitime souverain, le roi d'Espagne, lorsqu'il entreprit la conquête du Chili, remporta quelques avantages sur ces peuplades belliqueuses et indépendantes; mais à la nouvelle d'une révolte des Péruviens, il revint sur ses pas, espérant recueillir les dépouilles de Pizarre, dont il était jaloux. Almagro dispersa les révoltés, s'empara par ruse de Cusco; et, ayant fait arrêter les frères Pizarre, se fit nommer capitaine général. Mais son ancien allié eut bientôt retrouvé une armée d'Indiens et d'Espagnols; une bataille se livra sous les murs de Cusco, le 25 avril 1538; le traître fut fait prisonnier et étranglé dans sa prison avant d'être décapité publiquement. Son fils, nommé aussi Diego d'Almagro, se mit aussitôt à la tête des partisans de son père, et Pizarre périt assassiné dans un soulèvement, en 1541. Mais le triomphe d'Almagro ne fut pas de longue durée, le nouveau gouverneur envoyé d'Espagne, Vaco de Castro, le battit près de Chupos et le fit périr de la main du bourreau, avec 40 de ses amis, en 1542.

ALMAIN (Jacques), natif de Sens, docteur en théologie, professeur au collége de Navarre. Très-érudit, il composa de nom-

-tieux ouvrages de logique, de physique, de morale et surtout de théologie, dont le plus intéressant, *De auctoritate Ecclesiæ*, écrit en 1512 contre le cardinal Cajétan, a été publié au nom de la faculté de théologie de Paris, d'après l'invitation du roi Louis XII. Ce livre, qui traite de l'origine de la puissance temporelle, est une réfutation des doctrines de Jules II. Une mort rapide l'enleva tout jeune encore à l'étude des sciences, en 1515.

AL-MAMOUN, 7e kalife abbasside, fils d'Haroun-al-Raschid, né en 786; il monta sur le trône de Bagdad à la mort de son frère Amyn. Il fit, avec quelques succès, la guerre aux Grecs, et s'empara de presque toute l'île de Candie; mais, au retour de cette expédition, il mourut près de Tarse, en 833. Prince clément, élève de Giafar-ben-Yahia, et protecteur des arts et des sciences, il fonda des académies, fit traduire un grand nombre d'ouvrages grecs en arabe et s'occupa principalement de l'astronomie, dont il accéléra le progrès par les nombreux travaux qu'il fit exécuter. Sous son règne, on mesura l'obliquité de l'écliptique, et un degré du méridien en Mésopotamie, dans la plaine de Singar. Al-Mamoun fit aussi réviser les tables de Ptolémée. Plus tard on a comparé son règne avec celui de Louis XIV.

ALMANACH, nom vulgaire des calendriers et de tout ouvrage paraissant périodiquement à la fin de chaque année, ayant un calendrier en tête ou à la fin. L'usage des almanachs ou calendriers remonte chez tous les peuples à la plus haute antiquité. On n'est pas fixé sur son origine; suivant quelques grammairiens, ce mot vient de l'arabe, *al*, et *manah*, compte; d'autres le font dériver du grec *manakos* et de la particule arabe *al*. Son but est d'indiquer les divisions de l'année, mois, semaines, jours, avec les phases de la lune, les saisons, les fêtes religieuses.

ALMANZA, ville d'Espagne dans la prov. d'Albacète, dont elle est distante de 80 kil. Pop. 7,000 hab. Le 25 avril 1707, lors de la guerre de la succession d'Espagne, les troupes françaises et espagnoles, commandées par le maréchal de Berwick, y remportèrent, sur les Anglo-Portugais, une victoire éclatante dont les résultats furent très-importants: Philippe V rentrait en possession de son trône, la conquête du royaume de Valence devenait un fait accompli, et les opérations militaires de l'armée française pour l'envahissement de l'Aragon se trouvaient par cela même singulièrement facilitées.

AL-MANZOR (Mohammed), Maure d'origine, né près d'Algésiras, en Andalousie, en 939; il fut l'un des plus fameux capitaines des Maures d'Espagne. Grâce à son courage éprouvé, il monta rapidement aux premiers grades de l'armée et mérita le surnom d'*Invincible*. Pendant 21 ans premier ministre ou hadjeb d'Al-Hakem II, kalife de Cordoue, il fit respecter au loin les armes musulmanes, qu'il dirigea contre Léon, Barcelone, la Galice, Saint-Jacques de Compostelle. Al-Manzor, après tous ces succès, était encore parvenu à se rendre maître des lignes du Duero et de l'Èbre, quand les rois chrétiens de Léon, de Castille et de Navarre se réunirent pour le combattre. Vaincu dans la Vieille-Castille, à Calatanazor, en 997, où 50,000 Maures restèrent sur le champ de bataille, Al-Manzor se laissa mourir de faim à Médina-Céli. Nommé régent à la mort du kalife, il administra avec gloire et sagesse.

ALMARAZ, bourg d'Espagne, prov. de Cacérès, près du Tage, à 38 kil. de Truxillo. Pop. 1,000 hab. Les Français y remportèrent, en 1810, une victoire sur les Anglo-Espagnols.

ALMAZAN, ville d'Espagne dans la Nouvelle-Castille, à 22 kil. de Soria. Pop. 2,500 hab. Remarquable par son pont magnifique jeté sur le Duero. Cette ville est célèbre par la paix qui y fut conclue, en 1375, entre Henri de Transtamare, roi de Castille, et Pierre IV d'Aragon.

ALMÉES, c'est-à-dire *savantes*, femmes de l'Inde choisies parmi les plus belles et les plus spirituelles; elles reçoivent une éducation distinguée et sont l'ornement et la joie des fêtes, où elles improvisent des vers qu'elles chantent en dansant. Formant corporation elles sont appelées chez les grands et dans les familles pour les distraire par des danses acceptées par les Orientaux, mais qui sont réglées par le cynisme et la lasciveté.

ALMEIDA, une des plus importantes forteresses du Portugal, à 14 kil. de Pinhel. Pop. 6,200 hab. Les Espagnols la prirent en 1762, et les Français la démantelèrent en 1810; mais les Anglais rétablirent les fortifications de cette ville lors de leur occupation en Portugal.

ALMEIDA (François D'), comte d'Abrantès, amiral portugais, vice-roi des Indes 1505-1509. Il se distingua contre les Maures. Sa prudence et sa valeur agrandirent beaucoup les conquêtes portugaises en Asie, et donnèrent de la force aux colonies naissantes. Il ruina le commerce musulman par la bataille de Diu, en 1508, où il détruisit les flottes combinées du soudan d'Égypte, de Cambaye et de Guzerat, et vengea son fils Laurent, tué dans un combat inégal livré aux vaisseaux égyptiens. Almeida fut assassiné en 1510 par les Cafres du Nord, en regagnant l'Europe.

ALMELO, ville de Hollande (Over-Yssel), à 35 kil. de Deventer, sur le Vecht. Pop. 4,000 hab. C'est une jolie ville, régulièrement construite, surnommée *La Haye* de l'Over-Yssel.

ALMENAR, ville d'Espagne, à 14 kil. de Lérida, est célèbre par le combat que les troupes de Philippe V y soutinrent, le 27 juillet 1710, contre celles de l'archiduc Charles, qui lui disputait le trône d'Espagne.

ALMERAS (le baron Louis), général français, né en 1768, à Vienne en Dauphiné. Engagé volontaire en 1791, il fut nommé aide de camp du général Cartaux en 1795, et, après avoir montré sa valeur au siége de Toulon, il accompagna Bonaparte en Italie et en Égypte. Après bien des combats et des blessures, il fut fait prisonnier et conduit en Crimée, où il resta jusqu'à la chute de Napoléon. Nommé général de division, le 6 octobre 1822, il reçut le commandement de Bordeaux des mains du duc d'Angoulême, et mourut en 1828.

ALMERIA, anciennement *Murgis* et *Portus magnus*, ville d'Espagne, située à 100 kil. de Grenade, avec un port sur la baie de son nom dans la Méditerranée. Pop. 19,000 hab. Siége d'un évêché; son commerce est très-actif. En 1009, après la chute du kalifat de Cordoue, cette ville devint la capitale d'un petit royaume maure; après avoir appartenu tour à tour aux Maures et aux chrétiens, elle fut reprise définitivement par Ferdinand le Catholique, en 1489.

ALMISSA, ville de Dalmatie, à 20 kil. de Spalatro, sur l'Adriatique. Pop. 800 hab. On y voit encore les ruines de la citadelle de Mirabello.

ALMOGARAVES, nom donné en Espagne à une milice d'aventuriers dont les armes de défense consistaient en une lance et un épieu, qu'ils appuyaient, dans leurs combats avec les Arabes, sur leur pied, la pointe dirigée en avant. La cavalerie ennemie en se précipitant sur eux s'enferrait et perdait ainsi tous ses avantages. Ces aventuriers ne vivaient que de vols et de rapines, et se couvraient le corps de peaux d'animaux qu'ils se nouaient autour du corps et des jambes.

ALMOHADES, ou plus exactement ALMOVAHEDDOUN, c'est-à-dire *unitairiens*, nom d'une association musulmane religieuse et militaire fondée par Abou-Abd-Allad-Mohammed, et dont le successeur, Abd-el-Moumen, fut le chef de la dynastie arabe des Almohades, qui régna sur une partie de l'Espagne et sur presque toute l'Afrique, de 1130 à 1273.

ALMONACID DE TOLÈDE, ville d'Espagne dans la province de Tolède, dont elle est distante de 15 kil. Le 11 août 1809, 40,000 Français, commandés par le général Sébastiani, y défirent 110,000 Espagnols; par cette victoire ils écrasèrent complétement l'insurrection et ouvrirent au roi Joseph le chemin de Madrid.

ALMONBURY, ville d'Angleterre, dans le comté d'York, à 3 kil. de Huddersfield. Pop. 7,000 hab.

ALMONDE (Philippe Van), vice-amiral hollandais, né en 1646, mort en 1711. Après avoir pris part au combat naval des 11-14 juin 1668 contre les Espagnols en qualité de capitaine de vaisseau, il se fit une grande réputation par ses heureux coups de main contre les galions espagnols qui venaient des Indes.

ALMORA, ville de l'Hindoustan, de la résidence de Calcutta, ch.-l. du district de Kemaon et à 115 kil. d'Agra. Défendue par l'ancienne citadelle de Gorkha, elle fut prise par les Anglais en 1815. Pop. 6,000 hab.

ALMORAVIDES, c'est-à-dire les *Religieux*, tribu arabe qui soumit, vers 1050, Fez et le Maroc, puis le sud de l'Espagne à la fin du XIe siècle. Les Almohades les en chassèrent au milieu du XIIe siècle.

ALNE. L'abbaye de ce nom, située à 15 kil. de Charleroy, n'est plus qu'un immense amas de ruines perdues dans une imposante solitude. On dit qu'un de ses abbés, Martin, perdit son abbaye pour avoir fait placer à la porte d'entrée ces mots :

Porta patens esto nulli. Claudatur honesto.

Indigné de ce point mal placé, l'évêque l'aurait fait chasser, et de là serait venu le proverbe : *Faute d'un point, Martin perdit son âne*.

ALNMOUTH, ou ALEMOUTH, ou AILMOUTH, ville d'Angleterre, dans le Northumberland, à 6 kil. d'Alnwick, à l'embouchure de l'Aln. Pop. 7,000 hab. Elle possede un port.

ALNOE, île de Suède (Hernœsand), située dans le golfe de Bothnie, près de la côte. Sa superficie est de 30 kil. carrés. Pop. 700 hab. Elle renferme des mines de fer.

ALNWICK, ville d'Angleterre, du comté de Northumberland, à 440 kil. de Londres. Pop. 7,000 hab. On remarque dans cette ville un magnifique château ancien, mais récemment réparé. Alnwick fut la résidence des Percy, depuis Édouard III; aujourd'hui elle appartient aux ducs de Northumberland. On remarque, à l'entrée de la ville, une croix élevée en l'honneur de Malcolm III, assassiné par un soldat en 1093.

ALOÉES, fêtes en l'honneur de Bacchus et de Cérès qui se célébraient à la moisson et à la vendange.

ALOEUS, fils de Titan et de la Terre, dont l'épouse, Iphimédie, eut deux fils de Neptune, Othus et Ephialte, géants qui furent appelés Aloïdes. Othus voulut épouser Junon, et Ephialte osa aspirer à la main de Diane. Pour y parvenir, ils escaladèrent le ciel, en vinrent aux mains avec Mars, qu'ils vainquirent et enfermèrent dans une tour d'airain. Diane et Apollon allèrent délivrer Mars pendant que Jupiter foudroyait ces audacieux.

ALOPA (Laurent-François), imprimeur latiniste et helléniste distingué, qui naquit à Venise dans la moitié du XVe siècle. Ce fut lui qui, pour la première fois, employa, dans ses éditions, des lettres majuscules ou capitales fondues, car jusqu'alors les autres imprimeurs écrivaient les majuscules à la main après le tirage.

ALOPÉUS (Maximilien), diplomate russe, né le 21 janvier 1748, à Viborg (Finlande). Après avoir rempli diverses fonctions diplomatiques, il fut envoyé, en 1788, comme ministre de Russie à la cour de Holstein-Eulin; il s'acquitta plus tard habilement de plusieurs missions délicates que lui confia Catherine II, et servit d'intermédiaire entre le grand-duc Paul et Frédéric le Grand. Ambassadeur à Berlin, de 1790 à 1796, il représenta la cour de Russie en Saxe et à Ratisbonne; il revint à Berlin, puis alla à Londres. Il mourut le 16 mai 1822.

ALOPÉUS (David), frère cadet du précédent, né en 1761; il était ministre de Russie à la cour de Gustave IV, roi de Suède, lorsque Alexandre Ier, pour forcer ce souverain à s'associer au blocus continental, envahit la Finlande. Alopéus fut arrêté par ordre du roi, et ses papiers confisqués; mais il fut dédommagé de cet incident par Alexandre, qui, en lui donnant une terre, le nomma aussi chambellan. Après avoir rempli avec une certaine distinction diverses missions diplomatiques assez difficiles, il fut nommé, lors de l'invasion de 1814 et 1815, gouverneur général de la Lorraine; et, dans ces fonctions, il déploya la plus grande prudence et la plus stricte équité, s'attachant à rendre aux habitants le joug qui pesait sur eux beaucoup moins pénible. Ambassadeur à Berlin jusqu'à sa mort, arrivée en 1831, il fut chargé, lors du démembrement de la Pologne, de régler avec la Prusse la délimitation des frontières, ce qui lui valut le titre de comte.

ALOST, ville de Belgique, dans la Flandre orientale. Elle possède un petit port sur la Dendre, à 27 kil. de Gand. Pop. 18,100 hab. Ancienne capitale de la Flandre impériale, Turenne la prit et la démantela en 1667. Parmi ses monuments, on remarque l'église Saint-Martin et l'hôtel de ville moderne.

ALOUPKA, village de Crimée, sur le bord de la Mer noire, dans une position magnifique, au sud de Simphéropol. Fondé par Justinien, il est défendu par deux forts, et on y remarque un splendide château en style gothique, bâti par le prince Woronzoff.

ALP-ARSLAN, c'est-à-dire le *Brave Lion*, sultan de la dynastie des Turcs seldjoucides, successeur de Togrul-Beg, son oncle, en 1063. Il signala son avénement par des expéditions en Arménie et en Géorgie, et envahit l'Asie mineure. Il vainquit, en 1071, l'empereur grec, Romain Diogène, et le fit prisonnier dans une grande bataille livrée, près de Melozguerd, en Arménie. Alp-Arslan fut poignardé en 1072 par le gouverneur de la citadelle de Berzem, qu'il avait condamné à être écartelé, à cause de la résistance qu'il lui avait opposée. Il fut le premier de sa race qui embrassa l'islamisme.

ALPES, nom de la principale chaîne de montagnes de l'Europe méridionale, et qui tire son nom d'un vieux mot teuton, *alp* ou *alb*, qui signifie montagne. Les Alpes portent les noms suivants, selon leur position géographique: 1° *Alpes maritimes*, de la mer au mont Viso; 2° *Alpes cottiennes*, du mont Viso au mont Cenis; 3° *Alpes grées* ou *grecques*, du mont Cenis au mont Blanc; 4° *Alpes pennines*, du mont Blanc au mont Saint-Gothard; 5° *Alpes lépontiques*, du mont Saint-Gothard au mont Bernina; 6° *Alpes rhétiques*, du mont Bernina au Hoch-Kreutz; 7° *Alpes noriques*, *carniques* ou *juliennes*, du Hoch-Kreutz à Adelsberg; 8° *Alpes liburniques* ou *illyriques*, d'Adelsberg jusqu'à la Servie. De la chaîne principale des Alpes se détachent quelques rameaux secondaires qui sont: 1° *Alpes suisses* ou *bernoises*, qui, du mont Saint-Gothard, se rattachent au Jura; 2° les *Alpes styriennes*, qui se détachent du Hoch-Kreutz et s'étendent entre la Drave et la Muhr; et 3° les *Alpes grises* ou *des Grisons*, qui, du mont Saint-Gothard, s'étendent entre le Rhin et l'Inn. Les Alpes, de Nice jusqu'en Servie, font un parcours d'environ 1,700 kil., et renferment des mines abondantes de cuivre, plomb et fer. Dans le sens de la hauteur, les Alpes se divisent en trois zones: la première, jusqu'à 1,000 m., contient toute la végétation du beau climat de l'Italie; elle disparaît dans la deuxième zone, qui ne renferme plus que des forêts; la troisième, commençant à 3,500 m., est couverte par des neiges éternelles et des glaciers immenses. Voici la nomenclature et la hauteur des principales montagnes: mont Blanc et mont Rose, 4,000 m.; Einsternhorn, 4,300 m.; l'Oertlos, 4,000 m.; le Schreckhorn, 4,000 m.; Wetterhorn, 3,800 m.; Iseran, 3,900 m.; mont Genèvre, 3,700 m.; Grand-Saint-Bernard, 3,600 m.; mont Corvin, 3,400 m.

ALPES (Basses-), départ. du S.-E. de la France, ch.-l. Digne; sous-préfectures: Barcelonnette, Castellane, Forcalquier et Sisteron. Il est borné au N. par les Hautes-Alpes; à l'O. par la Drôme et le Vaucluse; au S. par les Bouches-du-Rhône; à l'E. par l'Italie. La superficie de ce département est de 682,643 hect., et sa pop. de 149,700 hab. Il est arrosé par la Durance et le Var; situé sur le versant méridional des Alpes, il est couvert de montagnes dont le point culminant est le grand Rubron (3,342 m.). On rencontre dans les Basses-Alpes quelques contrées fertiles, qui contrastent avec l'aridité ou les sombres forêts des Alpes. Son commerce consiste en vins, céréales, en fabrication de soie et lainage, exploitation de marbre; on y élève un grand nombre de bestiaux et de vers à soie.

ALPES (Hautes-), départ. du S.-E. de la France. Ch.-l. Gap; sous-préfectures: Briançon, Embrun. Il est borné au N. par le départ. de l'Isère; à l'O., par celui de la Drôme; au S., par celui des Basses-Alpes; à l'E., par les États sardes (Italie). Sa superficie est de 553,264 hect. et sa pop. est de 129,600 hab. Ce département est arrosé par l'Isère et la Durance et entièrement couvert par le versant occidental des Alpes, dont les points culminants sont: le pic des Écrins (4,105 m.), la Meidje (3,986 m.), le mont Viso (3,836 m.). Ce département contient de vastes forêts sur les montagnes qui sont couvertes de neiges éternelles. Son sol est aride; son commerce consiste en céréales, vins, en fabrication de lainages, boissellerie, tissus de soie, en exploitation de marbre; on y élève un grand nombre de bestiaux.

ALPES-MARITIMES, nouv. départ. français, formé, en 1860, de l'arrond. de Nice, cédé par le Piémont, et de l'arrond. de Grasse, distrait du départ. du Var. Il est borné à l'O. par les départ. du Var et des Basses-Alpes; au S. par la Méditerranée, au N. par les provinces italiennes de Port-Maurice et de Coni. Sa superficie est de 419,738 hect., et sa pop. s'élève à 192,973 hab. Son sol est arrosé par le Var et son affluent la Tinea; les ramifications des Alpes maritimes, au N. et à l'E., et celles des Alpes de Provence à l'E. le traversent en entier; le col de Tende est le principal passage entre Nice et Coni. — Ce département est fertile en fruits de toute espèce: le citronnier, l'olivier, l'oranger y croissent en grande quantité; son commerce consiste en parfumeries, fruits secs et confits, huile, soies, vins, poissons, thons et anchois, qui sont renommés. Son climat est des plus doux et des plus délicieux, le pays étant garanti par la ligne des Alpes maritimes. Nice est le ch.-l. de ce départ., qui est divisé en trois arrondissements: Nice, Puget-Théniers, Grasse; il dépend de la 9e division militaire de Marseille et de l'académie universitaire d'Aix.

ALPHABET, mot formé du nom des deux premières lettres de l'alphabet grec (*alpha, bêta*), et qui sert à désigner l'ensemble des lettres ou signes dont un peuple se sert pour écrire son langage. Il est évident que, quoique la plupart des nations européennes aient adopté le même alphabet, les lettres n'ont pas la même valeur dans les diverses langues et ne sauraient exprimer le même son. Les Allemands écrivent exactement comme ils prononcent, sauf quelques lettres, telles que le *b* et le *p*, qui ont le même son, ainsi que le *d* et le *t*. On a beaucoup reproché à l'orthographe française de hérisser les mots d'une foule de lettres complétement inutiles et des tentatives ont été faites pour modifier cet état de choses, mais inutilement; car, par exemple, si le *t* est de trop dans le mot *ont*, lorsqu'on dit: *ils ont mangé*, il devient indispensable, à cause de la liaison, si l'on veut dire: *ils ont aimé*. Puis, comment rendrait-on ces diphthongues *ai*, *ei*, *œ*, *œ*, dont l'usage seul détermine le son et que peut-être vingt signes différents ne parviendraient pas à représenter exactement? Les Anglais poussent beaucoup plus loin que nous cette sorte d'inexactitude de prononciation, et leurs voyelles ont parfois huit à dix sons différents. Des savants ont cherché à créer un alphabet universel de signes, représentant toute la série de sons que peut former la voix humaine; ce n'a été qu'une utopie, qui a produit des systèmes ingénieux mais inapplicables. D'autres, se fondant sur ce que les chiffres sont compris par tous les peuples, essayèrent de former un alphabet représentatif, c'est-à-dire de créer des signes pour chaque chose; mais ce système, outre la difficulté qu'il présentait, par le nombre prodigieux de signes qu'il aurait nécessité, était dans la plus complète impossibilité de représenter d'une façon exacte les diverses évolutions de la pensée, ses allusions et ses finesses.

ALPHÉE, jeune chasseur qui, ayant rencontré la nymphe Aréthuse, s'en éprit et la poursuivit jusque dans l'île d'Ortygie, en Sicile. Arrivée dans cette île, Aréthuse s'y vit changée en fontaine, et Alphée lui-même fut métamorphosé en un fleuve de l'Élide. Ce fleuve, appelé aujourd'hui Roufia, disparaît plusieurs fois sous terre avant son embouchure, et les objets que l'on jette dans ses eaux vont reparaître dans la fontaine de Sicile, dont l'eau se troublait chaque fois que l'on sacrifiait des taureaux à Olympie.

ALPHEN (Jérôme VAN), poëte hollandais, né à Gouda le 8 août 1746. Doué d'une puissance de facultés extraordinaire, il excella en tout et fut également théologien, jurisconsulte, historien, poëte et critique de mérite. Ses chants religieux ont été adoptés par toute la Hollande; mais son triomphe sont ses *Poëmes pour les petits enfants*, où éclatent une fraîcheur de sentiment et une naïveté sans puérilité, que l'on rencontrerait vainement ailleurs. Il remplit jusqu'en 1795, les fonctions de trésorier général des Pays-Bas et mourut à la Haye le 2 avril 1803.

ALPHITO, espèce de loup-garou, dont on effrayait les enfants des Grecs et dont le Croquemitaine de nos jours n'est qu'une pâle copie.

ALPHITOMANCIE, sorte de divination qui se pratiquait en faisant manger, à celui qu'on supposait coupable, un morceau de gâteau fait avec de la farine d'orge. S'il le mangeait sans peine, il était innocent; sinon, il était réputé coupable.

ALPHONSE Ier, le *Batailleur*, roi d'Aragon et de Navarre, 1104-1134, et roi de Castille sous le titre d'Alphonse VII, 1109-1114. Il répudia, pour ses désordres, dona Urraca, qu'il avait épousée en 1109, et qui était la seule héritière du roi de Castille, Alphonse VI, qui n'avait consenti à cette union que parce qu'il avait espéré réunir sous un même sceptre toute l'Espagne chrétienne; mais cet acte lui fit perdre la Castille. Il tourna alors ses armes contre les musulmans, et, vainqueur dans trente batailles, il mit le siége devant Fraga, 1134, où il fut battu par les Maures almoravides, qui étaient venus en force au secours de la ville. Dans le désespoir que lui causa cet échec, il se retira dans un couvent et laissa ses Etats aux templiers.

ALPHONSE II, roi d'Aragon, 1162-1196. Fils de Raymond-Béranger IV, comte de Barcelone, il naquit en 1152. En 1167, il prit la Provence, qui lui revenait par héritage, au comte de Toulouse, et en 1172, il hérita du Roussillon. Les dernières années pendant la première partie de son règne en pardonnant à ceux qui avaient conspiré contre lui, il en marqua la fin par d'atroces rigueurs et d'inutiles cruautés, et on l'accusa d'avoir fait disparaître mystérieusement l'évêque de Saragosse, qui était son ennemi secret. Possesseur de l'Aragon, de la Catalogne, du royaume de Valence, des Baléares, de la Sicile et de la Sardaigne, il se dirigea vers la Corse, l'attaqua et en enleva une partie sur les Génois (1420).

ALPHONSE Ier le *Catholique*, roi des Asturies, de 739 à 757, succéda en 739, à son beau-frère Favilla. Profitant des dissensions des Maures, il étendit son royaume jusqu'en Galice, en Léon et en Castille.

ALPHONSE II le *Chaste*, roi des Asturies, régna de 791 à 835; il abdiqua alors en faveur de son fils Ramire et mourut en 842.

1072, après avoir fait assassiner son frère Sanche II. Vaincu à Uclès, il y perdit son fils aîné, don Sanche, qui y fut tué à peine âgé de 11 ans; Alphonse ne put survivre à ce dernier coup. Il avait donné sa fille Urraca à Alphonse Ier d'Aragon en le désignant pour son successeur.

ALPHONSE VII. *Voir* ALPHONSE Ier le *Batailleur*.

ALPHONSE VIII, roi de Castille, de Léon et de Galice, de 1126 à 1157, fils d'Urraca et de Raymond de Bourgogne, fut reconnu roi de Galice en 1112 et associé au gouvernement en 1122. Il fut surnommé l'*Empereur* en 1134, après avoir secouru les rois de Navarre et d'Aragon, à qui il demanda en retour Saragosse et l'hommage de la Navarre. Il fut très-heureux dans ses entreprises contre les Maures et recula la frontière des

Débarquement de l'armée française devant Alger (p. 70, col. 1).

de ce prince se passèrent dans des guerres continuelles contre les Maures, auxquels il enleva bon nombre de places fortes. Ce prince, qui mêlait le culte de la poésie au métier des armes, marque avec éclat dans l'histoire littéraire de la Provence.

ALPHONSE III le *Magnifique*, 1285 à 1291. Fils de Pierre III, Alphonse, après bien des difficultés provenant de ses ambitieux voisins, fut reconnu roi d'Aragon lors du traité de Tarascon, qui, en arrêtant les hostilités qui avaient lieu en Aragon, lui imposaient des conditions humiliantes. Il mourut à Barcelone en 1291.

ALPHONSE IV le *Débonnaire*, roi d'Aragon, 1327-1336, succéda à son père Jayme II, frère d'Alphonse III. Son règne court et insignifiant fut rempli tout entier par les guerres qu'il fit pour obtenir la Sardaigne et la Corse. Il mourut des chagrins que son fils lui causa en se révoltant contre lui.

ALPHONSE V le *Magnanime*, roi d'Aragon, de Naples et de Sicile, né en 1384, et mort à Naples le 27 juin 1458. A la mort de son père, Ferdinand le Juste, arrivée en 1416, il monta sur le trône; après avoir donné les plus grandes preuves de clémence

ALPHONSE III le *Grand*, roi des Asturies de 886 à 910. Succédant à son père Ordogno, il eut à comprimer plusieurs révoltes qui remplirent la plus grande partie de son règne et remporta plusieurs victoires sur les Maures. Il abdiqua en faveur de son fils Garcie, que lui opposait la révolte, et mourut deux ans après à Zamora. On a de lui une *Chronique* latine qui traite de l'histoire d'Espagne depuis l'invasion des Maures jusqu'en 856.

ALPHONSE IV le *Moine*, roi de Léon et des Asturies de 924 à 927, petit-fils du précédent fut le successeur de Froïla II, son oncle. Après avoir abdiqué en faveur de son frère Ramire, celui-ci lui creva les yeux et le fit enfermer ensuite dans un couvent, où il mourut en 932.

ALPHONSE V, roi de Castille et de Léon de 999 à 1027, mourut au siége de Viseu ville du Portugal, tué par une flèche lancée du haut des murailles, lorsqu'il en faisait le tour pour en découvrir la partie la plus faible.

ALPHONSE VI, roi de Castille, des Asturies, de Galice et de Léon, de 1065 à 1109. Il ne régna d'abord que sur les Asturies et le Léon, il ajouta la Castille à ses Etats en

territoires chrétiens jusqu'à la Sierra Morena. Après avoir réuni un instant toute l'Espagne sous son sceptre, il mourut le 21 août 1157.

ALPHONSE IX le *Noble* ou le *Bon*, roi de Castille, de 1158 à 1214. Pendant sa minorité, les maisons de Castro et de Lara s'agitèrent beaucoup, mais dès qu'il fut majeur, il reconquit tout ce qu'on lui avait pris. Il combattit les Maures à Alarcos, en 1195 mais fut vaincu. Néanmoins la gloire d'arrêter le torrent qui, depuis cinq siècles, ne cessait d'envahir la péninsule, lui était réservée. En mai 1211 Mohammed avait débarqué en Andalousie à la tête de 400,000 hommes. Alphonse IX, décidé à laver l'affront qu'il avait reçu à la journée d'Alarcos, marcha à sa rencontre et le joignit aux plateaux de Tolosa, le 16 juillet 1212. Le choc fut terrible de part et d'autre; mais, après une journée de luttes héroïques, la victoire penchait du côté des Maures; Alphonse, au désespoir, songeait à chercher la mort au milieu de la mêlée, lorsque tout à coup, ranimant l'énergie des soldats, à la tête de sa cavalerie, il traversa les rangs ennemis comme la foudre, semant la mort et le carnage sur son passage, et arriva au cercle de chaînes de fer où l'émir s'était retranché avec sa garde. Cette tentative hardie fut couronnée de succès, et la victoire se rangea du côté des chrétiens: 100,000 musulmans furent massacrés sur le champ de bataille. Dès lors c'en était fait de la puissance des Maures; elle ne fit que décroître de jour en jour pour ne pas tarder à disparaître. Alphonse IX mourut de la fièvre en 1214.

Alphonse X, roi de Castille et de Léon de 1252 à 1284. Il disputa les armes à la main l'empire à Rodolphe de Habsbourg; mais pendant cette expédition, les Maures s'emparèrent de ses États, et son fils don Sanche III le détrôna (1282). Alphonse en mourut de chagrin deux ans plus tard.

Alphonse XI, roi de Castille, fils de Fernando IV; il n'avait que quelques mois lorsqu'il monta sur le trône, en 1312. Sa minorité fut désastreuse pour la Castille. Don Juan et don Pedro se disputèrent pendant sept ans le droit de gouverner en son nom. Il surgit alors un grand nombre de concurrents qui s'arrachèrent à leur tour la tutelle de ce jeune prince. Dona Maria, son aïeule, en mourut de chagrin, en 1324, et l'avénement même d'Alphonse XI ne put arrêter cette sanglante anarchie. Ses conseillers firent périr don Juan le *Tortu*, qui lui avait tendu un piége en lui promettant la main de sa sœur. Alphonse remporta de grands avantages sur les Maures à Tarifa, en 1340, à Algésiras, en 1342, et à Gibraltar en 1350. Il mourut de la peste, âgé de 50 ans.

Alphonse Ier le *Conquérant*, premier roi de Portugal, fils de Henri de Bourgogne, de la maison royale de France, né en 1110. Il monta sur le trône en 1139 après la bataille de Castro-Verde, remportée sur les Maures. Fait prisonnier au siége de Badajoz, il n'obtint sa liberté qu'en rendant toutes ses conquêtes au roi de Léon. Il mourut à Coïmbre, en 1185.

Alphonse II le *Gros*, fils et successeur du précédent, régna de 1211 à 1223, né en 1185. Les Portugais contribuèrent beaucoup à la célèbre victoire des plateaux de Tolosa, sur les Almoravides. Avec l'aide des croisés, il s'empara de l'importante place d'Alcarcer-do-Sol.

Alphonse III, fils d'Alphonse II, né en 1210, fut nommé régent (1245) du Portugal après la déposition de son frère Sanche II; roi après sa mort, il régna de 1248 à 1279. Il vainquit les Maures plusieurs fois et leur prit le pays des Algarves. Il mourut en 1279.

Alphonse IV le *Brave*, né en 1291, fut nommé roi de Portugal après la mort de son père, Denis, contre qui il s'était souvent révolté; fils dénaturé, il se montra père barbare, en faisant assassiner Inez de Castro, l'épouse de don Pedro, son fils, et fut également mauvais frère. La victoire de Tarifa fut le seul fait mémorable de son règne. Il mourut en 1366.

Alphonse V l'*Africain*, né en 1432; roi de Portugal après la mort d'Edouard, son père, il régna de 1438 à 1481, quoique son règne ne date réellement que de 1447. Il contraignit son oncle et beau-père, don Pedro, à s'armer pour sa défense personnelle, et le tua de sa propre main à la bataille d'Alfarrobeira, en 1449. Il porta la guerre contre les Maures en Afrique, et fut vainqueur à Arzile et à Tanger, en 1471; mais ayant été vaincu à Toro, en 1476, il abdiqua en faveur de son fils. Alphonse V mourut de la peste dans un couvent où il s'était retiré, en 1481.

Alphonse VI, roi de Portugal, né en 1643, fut le successeur de Jean IV, son père, en 1656, sous la tutelle de sa mère, qui gouverna jusqu'en 1662. Déposé en 1667 à cause de ses débauches et du dérangement de ses facultés intellectuelles, il fut relégué aux Açores. Son frère, don Pedro, nommé régent à sa place, lui succéda après sa mort et épousa sa veuve.

Alphonse Ier, roi de Naples, de 1416 à 1435 et de 1435 à 1458. Il n'est autre qu'Alphonse V, dit le *Magnanime*, roi d'Aragon.

Alphonse II, roi de Naples, succéda à son père Ferdinand Ier, en janvier 1494. Perfide, cruel et cupide, ce prince eut à soutenir le mécontentement de ses sujets, par suite de l'invasion des Français dont le menaçait Charles VIII. Il abdiqua en janvier 1495, avant que les Français fussent arrivés sur ses frontières, en faveur de son fils Ferdinand II, s'enfuit en Sicile et y mourut, neuf mois après, dans le monastère de Marzara.

Alphonse (François-Jean-Baptiste, baron d') né en 1756, dans le Bourbonnais, il exerça, pendant la Terreur, les hautes fonctions administratives à Moulins et déploya, dans ces moments difficiles, d'éminentes qualités. Membre du Corps législatif après le 18 brumaire, il se prononça, en 1802, contre le consulat à vie et rentra dans la vie privée. Préfet de l'Indre, puis du Gard, il fut chargé, en 1810, d'aller créer l'organisation administrative de la Hollande, et fut nommé maître des requêtes et baron. En 1819 il fut nommé député de l'Allier et mourut à Moulins, en 1821.

L'Amérique est découverte par Christophe Colomb (p. 91, col. 1).

ALPHONSINES (tables), tables astronomiques que publia, en 1252, Alphonse X de Castille et de Léon, qui avait résolu de corriger les tables de Ptolémée; dans ce but, il réunit, de 1248 à 1252, les principaux astronomes chrétiens, juifs et arabes. Elles ne coûtèrent pas moins de 40,000 ducats, somme énorme pour ce temps-là. La première édition parut en 1492.

ALPICUS, domaine appartenant au fisc des rois francs au VIIe siècle.

ALPINI (Prosper), médecin et botaniste, né en 1553 à Marostica, dans l'État de Venise. Reçu docteur en médecine en 1578, il se livra avec ardeur à l'étude de la botanique, et fit un voyage en Égypte, d'où il rapporta, après un long séjour, un grand nombre d'observations précieuses pour la science, et fut nommé médecin de la flotte d'André Doria. Il mourut à Padoue en 1617.

ALPSTEIN, nom d'une branche des Alpes qui s'étend en Suisse, dans les cantons de Saint-Gall et d'Appenzell. Son sommet le plus élevé a 2,491 m. d'élévation.

ALPUJARRAS ou ALPUXARRAS, montagnes d'Espagne dans la province de Grenade. Les principaux sommets ont 1,600 m. de hauteur. C'est dans ces montagnes qu'eut lieu, sous Philippe II, l'insurrection des Maures, ayant à leur tête Mohammed-ben-Omeia. Le marquis de Mondegar les y poursuivit, et ce n'est qu'avec beaucoup de peine que don Juan d'Autriche parvint à les soumettre.

ALQUIER (Charles-Jean-Marie, baron), né à Talmont, près des Sables-d'Olonne, le 13 octobre 1752, fit ses études chez les oratoriens, et voulut d'abord entrer dans leur ordre; mais, préférant le barreau, il devint avocat et procureur du roi à la Rochelle; nommé maire de cette ville, il fut député par le tiers état de l'Aunis aux Etats généraux de 1789, où il se montra ardent et généreux partisan des idées nouvelles. Après la session de l'Assemblée constituante, pendant laquelle il avait prononcé plusieurs discours remarquables, il fut nommé président du tribunal criminel de Seine-et-Oise, et envoyé par ce département à la Convention. Il assista au procès du roi et vota la mort de Louis XVI avec sursis. A partir de ce moment, il tint une conduite prudente, flatta tour à tour le parti dominant, et parvint ainsi sans encombre au 9 thermidor. Dès lors sa carrière devint tout à fait diplomatique, et il occupa divers postes auprès de différentes cours. Il s'opposa à l'alliance que Napoléon projetait avec le Saint-Siège. En 1810, il fit triompher à Stokholm le projet du blocus continental, qui échoua par suite de l'influence de Bernadotte; alors il excita les Danois à faire la guerre à la Suède. Forcé de s'expatrier au retour des Bourbons, par suite de la loi sur les régicides, il put rentrer en 1818, et vécut dès lors dans la plus profonde retraite. Il mourut le 4 février 1826.

ALRED, ALFRED ou ALURED, historien anglais, mort en 1130, a laissé des *Annales* en latin, traitant l'histoire des anciens Bretons, des Saxons et des Normands.

ALSA, fleuve de l'ancienne Vénétie, à l'O. d'Aquilée, et se jetant dans les eaux des lagunes. C'est près de ce fleuve que Constantin fut tué dans la bataille qu'il livra contre son frère Constance.

ALSACE (Thomas-Louis de Hénin-Liétard, cardinal D'), né à Bruxelles, en 1680. Il avait pour frère Charles-Louis-Antoine, prince de Chimai, grand d'Espagne, qui mourut en 1740. Il devint alors l'aîné de la famille, et fut nommé archevêque de Malines, primat des Pays-Bas et cardinal. Il transmit la principauté de Chimai, ainsi que la qualité de grand d'Espagne à son frère puîné, Alexandre Gabriel, gouverneur d'Oudenarde.

ALSACE, grande et belle province de France qui comprend les départements du Haut-Rhin et du Bas-Rhin. Sa superficie est de 185 kil. du midi au septentrion, et de 32 à 48 kil. de l'orient à l'occident. Au VIIe siècle, cette province eut des ducs, puis des comtes; elle échut à Lothaire en 843, et fut réunie comme duché à la Souabe, domaine des Hohenstaufen. Ce duché s'éteignit en 1268, lorsque Conrad V ou Conradin périt sur l'échafaud, à Naples, par les ordres de Charles d'Anjou. Ce prince infortuné n'avait que 17 ans. Il fut le dernier duc d'Alsace et le dernier rejeton de l'illustre famille de Hohenstaufen, qui, depuis 1138, avait porté six fois la couronne impériale. La révolution de 1789 a seule réuni quelques parties de la province qui étaient restées aux princes de Wurtemberg, de Deux-Ponts, de Bade, etc. Vauban fortifia Landau, qui fut donnée à la Bavière par le traité de Paris, en 1815. Mulhouse n'a été réunie à l'Alsace qu'en 1798. Les eaux qui arrosent cette contrée et les immenses forêts qui la couvrent, ainsi que les richesses minérales qui y abondent, en ont fait une des plus florissantes provinces de France, sous tous les rapports. Les empereurs d'Allemagne faisaient gouverner leurs domaines d'Alsace par des officiers qui portaient le titre de *landvogt* (de *land*, pays, et *vogt*, administrateur). L'Alsace fut réunie à la France par le traité de Munster, de 1688, qui mit entre nos mains le plus puissant boulevard de la maison d'Autriche. La langue de l'Alsace est encore la langue allemande, ou, pour parler plus exactement, le *schwobebitsch*, qui est un dialecte de la famille allemande, ayant ses formes spéciales et son génie particulier.

ALSEN ou ALS, île du Danemark, dans la mer Baltique; un étroit passage, nommé *Als-Sund*, la sépare du Schleswig. Sa superficie est de 19,200 hectares, et sa population s'élève à 25,000 hab. Elle est célèbre par sa fertilité, par le haut degré de perfection de sa culture, par ses sites pittoresques ainsi que par l'aisance générale qui règne parmi ses habitants. Ses principales villes sont: Sonderbourg et Norbourg. Dans la première ville, on remarque un vieux château fort, auquel se rattachent de précieux souvenirs historiques. C'est là, en effet, où fut détenu, pendant l'espace de vingt années, Christiern II, surnommé le Néron du Nord. On y montrait autrefois, dans le cachot où il passa de longues heures dans la solitude et le désœuvrement, une table en granit dont ce monarque avait sensiblement altéré la surface en y promenant circulairement ses doigts par manière de passe-temps. L'île d'Alsen a joué depuis quelques années un rôle important dans la question du Schleswig-Holstein. Le 27 mars 1848, lorsque éclata l'insurrection dans les duchés, les Danois en firent leur principale position stratégique, d'où ils lançaient sur le continent des troupes et des munitions: aussi tenta-t-on de les en expulser par deux attaques, l'une du 13 avril 1849, et l'autre conduite par le général prussien Wrangel, le 5 juin. Mais lorsque les troupes combinées des Saxons et des Bavarois se furent emparées de Düppel, l'île d'Alsen perdit de son importance, et l'on se contenta de la maintenir par un corps d'observation. Instruits par les leçons du passé, les Austro-Prussiens portèrent, en 1864, leurs efforts immédiatement du côté de Düppol, et paralysèrent ainsi les forces que les Danois avaient jetées dans l'île d'Alsen lorsqu'ils évacuèrent le Schleswig. L'île d'Alsen tomba au pouvoir des Prussiens en juillet 1864.

ALSFELD, ville de Hesse-Darmstad, à 60 kil. de Giessen, sur la Schwalm. Pop. 3,700 hab. On y remarque des fabriques de toiles, de draps et de lainage.

ALSLEBEN, ville de Prusse (Saxe), sur la rivière de la Saale, à 25 kil. d'Eisleben. Pop. 1,800 hab. On remarque dans cette ville le château des ducs d'Anhalt-Dessau, seigneurs de la ville.

ALSLEBEN (Gross-), bourg d'Anhalt-Dessau, ch.-l. d'un bailliage enclavé dans le territoire prussien, à 15 kil. d'Halberstad. Pop. 900 hab.

ALSTABOURG, ville de Norwége dans l'île d'Alsten.

ALSTATTEN ou ALTSTÆTTEN, ville de Suisse, cant. de Saint-Gall, dont elle est distante de 15 kil., et à 14 kil. de l'embouchure du Rhin dans le lac de Constance. Pop. 6,000 hab. Cette ville possède plusieurs sources sulfureuses et jouit d'une grande activité commerciale et industrielle.

ALSTEN, île de Norwége (Nordland), près de la côte. On y rencontre de hautes montagnes, parmi lesquelles on remarque celle des *Sept-Sœurs*, qui a 1,340 m. d'élévation.

ALSTER, petite rivière d'Allemagne à peine navigable; elle prend sa source dans le Holstein et passe à Hambourg; son parcours est de 40 kil.

ALSTRŒMER (Jonas), né en 1685. Ayant fixé sa résidence en Angleterre, il fut frappé de la splendeur commerciale de cette nation, et résolut de faire marcher sa patrie dans la voie du progrès industriel; il fit transporter en Suède, en 1715, des moutons, et, en 1723, un grand nombre d'ouvriers et de machines. La fabrication des draps fins, des cotonnades et des soieries commença à faire la richesse de la Suède et à réparer les brillantes folies de Charles XII. Pour récompenser ses importants services, il fut nommé membre supérieur du commerce et admis à l'Académie des sciences. On lui érigea une statue dans la salle de la Bourse de Stockholm. Il mourut le 2 juin 1761.

ALTACCENSIS-PAGUS, pays d'Artas, dans le Viennois, cap. Artus, cant. de Saint-Jean de Bournay, dans le départ. de l'Isère.

ALTAI (monts), c'est-à-dire *monts d'or*. Nom d'une longue chaîne de montagnes située en Asie, et qui occupe une partie de la Sibérie méridionale, de la Dsoungarie et de la Mongolie, s'étendant de l'E. à l'O. de la source de l'Irtisch (Sibérie) jusqu'au lac Baïkal. Divisée en *grand Altaï* au S., et *petit Altaï* au N.; et encore en *monts Altaï* proprement dits, entre l'Irtisch et l'Obi; monts Koutnetzk entre l'Obi et l'Iénissei, et *monts Sagan* entre l'Iénissei et le lac Baïkal. Elle a environ 1,200 kil. de longueur. Les principaux sommets de ces montagnes atteignent 3,000 m. de hauteur. Généralement arides, dépourvues de végétation, elles sont peu connues, et renferment des mines d'or et d'argent que les Russes exploitent depuis 1747.

ALTAMIRA. Nom de l'une des plus anciennes, des plus riches et des plus puissantes maisons de l'Espagne, connue par ce mot que l'on prête au chef de la famille, à la fin du XVIIIe siècle, qui était d'une taille assez exiguë: « Mon Dieu! que tu es petit! lui dit un jour Charles IV en plaisantant. — Sire, répondit-il fièrement, les Altamira ont toujours été grands! »

ALTAMURA, ville de l'ancien royaume de Naples, dans la terre de Bari, à 45 kil. de cette ville. Pop. 16,000 hab. Fondée par l'empereur Frédéric II sur les ruines de l'ancienne Lupatia, elle est la résidence d'un gouverneur, et possède une université et une magnifique cathédrale.

ALTAVILLA, ville de l'ancien royaume de Naples (Principauté ultérieure), à 10 kil. d'Avellino. Pop. 3,000 hab. Elle possède des eaux minérales assez renommées.

ALTDORF ou ALTORF. Ville de Bavière, située à 18 kil. de Nuremberg; son université a été réunie à celle d'Erlangen en 1809. Pop. 2,150 hab. Son commerce consiste en jouets et en articles en bois. Cette ville fut sous la dépendance du Palatinat jusqu'en 1504, et de Nuremberg jusqu'en 1815, époque où elle a été donnée à la Bavière par le traité de Vienne.

ALTDORF, ville de Würtemberg. Pop. 2,700 hab. Située près de Ravensbourg, elle est remarquable par son château de Weingarten, et sa belle église, qui est visitée par de nombreux pèlerins.

ALTDORF, village du grand-duché de Bade, à 10 kil. de Lahr. Pop. 1,400 hab. Il possède un magnifique château et un jardin botanique.

ALTDORF, ville de Suisse, ch.-l. du cant. d'Uri, à 110 kil. de Berne, à 70 kil. de Zurich, à 1 kil. du lac des Quatre-Cantons, près de la Reuss et au pied du Grünberg. Pop. 1,250 hab. On voit dans cette ville une fontaine, qui était ombragée, dit-on, par le tilleul près duquel on avait placé le fils de Guillaume Tell, quand ce dernier abattit la pomme posée sur sa tête. Cette ville est aujourd'hui l'entrepôt de la Suisse avec l'Italie.

ALTDORFER (Albert), peintre et graveur, né en 1488 à Altdorf, en Bavière, mort en 1538 à Ratisbonne. On le place au nombre

ALT

des élèves d'Albert Dürer, sans être bien certain, toutefois, qu'il ait fréquenté son atelier; son principal tableau, représentant la *Victoire d'Alexandre le Grand sur Darius*, orne les galeries de Schleisshéim, près de Munich. Les compositions d'Altdorfer sont remplies de poésie et sont la plus belle expression de l'ancien art allemand, si beau dans sa naïveté.

ALTELLUS, c'est-à-dire *nourrisson de la terre*, surnom donné à Romulus.

ALTENA, ville des États prussiens (Westphalie), à 28 kil. d'Arensberg. Pop. 4,500 hab. Elle possède des forges pour la fabrication des fils de fer et d'acier.

ALTENBOURG, jolie ville du duché de Saxe-Altenbourg, dont elle est la capitale et située à environ 50 kil. de Leipsig. Bâtie dans une contrée d'un charmant aspect, sa population s'élève à plus de 15,450 hab. Le principal ornement de cette ville est le château ducal, construit sur un rocher de porphyre qui s'élève en partie à pic, dominant la vallée, et dont les fondations remontent au XIe siècle; mais il fut rebâti et considérablement augmenté au XVIIIe siècle, et forme aujourd'hui l'une des plus belles résidences princières de l'Allemagne. Ce château est célèbre comme ayant été le théâtre de l'enlèvement des princes, commis en 1455 par Kunz de Kaufungen. Ce qui est surtout remarquable dans ce château, c'est la chapelle, la grande salle d'armes et de magnifiques plafonds, peints par Kranach. Il possède un parc qui occupe toute la partie O. de la montagne et qui jouit d'une grande renommée. — La ville d'Altenbourg est le siége des principales autorités du pays; elle possède un gymnase, un séminaire pédagogique et un institut de sourds-muets, fondé en 1838; une maison d'éducation et de retraite pour les filles nobles protestantes, fondée en 1705. Elle possède, en outre, une bibliothèque publique et plusieurs sociétés savantes. Son commerce, consistant en étoffes de laine, en grains et en laines brutes, s'y fait sur une très-grande échelle. Un chemin de fer la met en rapport avec Leipsig.

ALTENDORF, village de Bavière, à 15 kil. de Bamberg. Ce village est célèbre par la victoire que Kléber remporta sur les Autrichiens, le 9 août 1796. Commandant une aile de l'armée de Sambre-et-Meuse, ce général passa la Rednitz le 6 août 1796, se dirigeant vers Altendorf, où les impériaux, que les Français appelaient par dérision de leur nom allemand, *kaiserlich*, étaient campés. Les avant-postes ennemis furent culbutés par la cavalerie de la division Lefèvre, qui formait l'avant-garde et qui, se déployant dans la plaine devant l'armée ennemie, la mit du premier coup dans un désordre complet. Mais l'aile gauche française était loin d'être aussi heureuse que l'aile droite; elle se défendait avec énergie et acharnement contre des forces considérables et allait être obligée de céder le terrain, lorsque tout à coup un régiment de cuirassiers entra en ligne et exécuta contre l'ennemi une charge qui fit tourner immédiatement la victoire. En vain les généraux autrichiens voulurent ramener leurs fantassins au combat, ils les firent charger par derrière par la cavalerie pour les faire avancer, et allèrent jusqu'à faire marcher leur artillerie contre eux, rien n'y fit: la déroute était complète.

ALTENGAARD, bourg de Norwége, à l'embouchure de l'Alten, dans la mer du Nord. Pop. 2,000 hab. Ce bourg est le point le plus septentrional de l'Europe où la terre soit livrée à la culture. Elle y produit un peu d'orge.

ALTENHEIM, village de Saxe, célèbre par la mort de Turenne. Celui-ci, fatigué des marches et contre-marches de Montecuculli, résolut de le forcer à combattre et parvint à l'amener entre Salzbach et Altenheim. Heureux de la bataille qui se préparait et qui pouvait clore cette pénible campagne, Turenne monte à cheval, mais à peine arrive-t-il devant la batterie qu'il veut faire attaquer la première qu'un boulet vient emporter le bras de Saint-Hilaire et le frappe en pleine poitrine (26 juillet 1675).

ALTENKIRCHEN, bourg de Prusse (prov. du Rhin), à 32 kil. de Coblentz. Pop. 1,600 h. Le 31 mai 1796, Jourdan, voulant forcer l'archiduc Charles à repasser le Rhin, fit passer le fleuve près de Dusseldorf, par 22,000 hommes, ayant Kléber à leur tête. Ce mouvement fut exécuté avec une telle rapidité, que les Autrichiens n'eurent que le temps de se réfugier sur le plateau d'Altenkirchen, qu'ils avaient fortifié. Pendant que Kléber attaquait à la fois l'aile gauche et le front de l'ennemi, le général d'Hautpoul, à la tête de la cavalerie, culbutait, avec la rapidité de l'éclair, l'infanterie autrichienne et décidait la victoire. Le 19 septembre de la même année, l'armée de Sambre-et-Meuse, après une série de brillantes victoires, repassait le défilé d'Altenkirchen. La retraite était soutenue par Marceau, qui commandait l'arrière-garde, quand une balle vint terminer les jours de ce jeune héros, dont les vertus avaient mérité l'admiration même des ennemis et dont le deuil fut porté par les deux armées.

ALTENSTEIN, château du duc de Saxe-Meiningen, situé à 30 kil. de Meiningen. De 724 à 727 le christianisme y fut prêché par saint Boniface, et c'est aussi près de ce château que Luther fut arrêté par les soins de Frédéric le Sage, qui, pour le sauver de la fureur de ses ennemis, le fit conduire à Warbourg. On y montre la source où le célèbre réformateur se désaltéra, et depuis 1857, un petit monument a remplacé le hêtre sous l'ombrage duquel il se reposa.

ALTENSTEIN (Charles, baron de STEIN et D'). Homme d'État prussien, né à Anspach le 7 octobre 1770. Directeur des finances de 1810 à 1812, chargé d'une mission en France en 1815, il fut nommé ministre de l'instruction publique et des cultes en 1817, à Berlin, où il s'appliqua à développer les universités et l'enseignement primaire, sur des bases essentiellement libérales.

ALTENZELLE, ancienne abbaye de l'ordre de Cîteaux, située près de Nossen, dans le royaume de Saxe. Fondée en 1162 par Othon le Riche, margrave de Misnie, ses religieux se firent remarquer par leur zèle pour les lettres et les sciences. Cette abbaye possède encore quelques tombeaux des descendants d'Othon le Riche.

ALTHÉE, fille de Thestius et d'Eurythémis, et femme d'Æneus, roi de Calydon. Méléagre, son fils, vainqueur du sanglier de Calydon, ayant tué son oncle, elle en fut tellement irritée qu'elle jeta au feu le tison auquel était attachée la vie de Méléagre, qui mourut lorsqu'il fut consumé. Après cette vengeance, Althée se tua elle-même de désespoir.

ALTHEN (Jean), agronome, né en 1709, à Chaoux (Perse). Réduit en esclavage, par suite de la guerre dans laquelle son père, gouverneur de province, fut vaincu, il s'évada et vint en France. Dans une misère profonde, il chercha des ressources dans l'agriculture, qu'il transforma complétement et enrichit l'industrie d'une de nos provinces, en introduisant la culture de la garance dans le Comtat-Venaissin. Avignon, pour lui témoigner sa reconnaissance, lui érigea, en 1846, une statue sur le rocher de Notre-Dame de Doms.

ALTIN, lac de Sibérie situé dans le gouvernement de Tomsk, de 110 kil. de longueur sur 40 de largeur.

ALTING (Menso), savant bourgmestre de Groningue, né en 1636. Il a laissé plusieurs ouvrages historiques sur la Germanie méridionale, et une description de la Frise. Il mourut en 1713.

ALTIOS, surnom de Jupiter et dont le temple était élevé dans le bois sacré d'Altis, près d'Olympie. On remarquait aussi dans ce bois le palais de Léonidas et l'atelier de Phidias.

ALTITUDE, terme de géographie par lequel on désigne l'élévation d'un point quelconque du globe au-dessus de la mer et dont la détermination sert à compléter l'exacte situation d'un lieu déjà indiqué par la longitude et la latitude. On détermine les altitudes par des calculs trigonométriques. A Paris et dans les principales villes de France, les autorités municipales ont fait établir dans tous les quartiers de petites plaques de fonte indiquant les altitudes des points où ils sont situés.

ALTKIRCH, ch.-l. de cant. (Haut-Rhin), à 57 kil. de Colmar. Pop. 3,100 hab. Cette ville, bâtie sur une hauteur, fut fondée au XIIIe siècle. On y remarque les ruines du château où résidaient quelquefois les archiducs de la maison d'Autriche.

ALTMUHL, rivière de Bavière dont le cours est de 195 kil.; elle se jette dans le Danube.

ALTONA, principale ville du duché de Holstein, sur l'Elbe. Pop. 32,200 hab. Cette ville est contiguë à Hambourg, dont elle n'est séparée que par une chaussée bordée de maisons. Altona est remarquable par son observatoire, devenu célèbre sous la direction de Schumacher. Village en 1602, elle fut érigée en ville en 1664; et, en 1713, le général suédois Steenbock l'incendia. On voit près de cette ville le tombeau de Klopstock, célèbre littérateur allemand. En 1813 et 1814, lors du siége de Hambourg, le général Davoust dut détruire le faubourg de Hambourgberg qui relie Altona à cette ville. Ce fut à Altona, en 1689, qu'on régla la situation du Danemark et des duchés de Schleswig-Holstein; mais les derniers événements ont prouvé que ce traité, comme tant d'autres, n'avait pas grande valeur. Altona fut une des premières villes occupées par les troupes allemandes chargées de l'exécution fédérale, en 1864.

ALTRANSTADT, village de Prusse (Saxe), à 15 kil. de Mersebourg. Charles XII la rendit célèbre par le séjour qu'il y fit de 1706 à 1707, et par la paix qu'il y dicta, le 24 septembre 1706, à Auguste II, obligé de renoncer à la couronne de Pologne.

ALTRINGER (Jean), général de l'empire d'Allemagne, célèbre par le rôle qu'il joua pendant la guerre de Trente-Ans. D'une origine obscure, il entra comme volontaire dans les troupes impériales, et, par son habileté, parvint en assez peu de temps au grade de colonel. Anobli par l'empereur, il suivit Wallenstein dans sa campagne dans le nord de l'Allemagne. Après avoir commandé en chef devant Magdebourg, il s'empara de Mantoue qu'il livra au pillage et aux horreurs d'un carnage. Il fut tué le 12 juillet 1634 par ses soldats, à l'évacuation de la ville de Landshut (Bavière).

ALUMINE, nom donné à l'oxyde d'aluminium. Ce corps, distingué par Margraff en 1754, est blanc, insipide, doux au toucher, et ne fond que sous l'action du chalumeau à gaz. L'alumine se trouve, à l'état mélangé, dans toutes les terres argileuses, auxquelles elle donne leurs propriétés caractéristiques. Elle existe à l'état pur dans le saphir et le rubis. L'alumine, se chargeant facilement de principes colorants, s'emploie dans l'industrie pour les laques et les précipités colorés; on la prépare alors en versant de l'ammoniaque liquide dans une dissolution d'alun, et l'alumine se dépose au fond du vase sous une forme gélatineuse.

ALUMINIUM, corps métallique simple; réduit pour la première fois par Wöhler, il a la même fusibilité que le fer et se présente sous la forme d'une poudre grise. La bijouterie, dans ces derniers temps, l'a beaucoup employé en broches, agrafes, auxquelles on a surtout cherché à donner la forme des marguerites des prés.

ALUMNUS, c'est-à-dire *qui nourrit, nourricier*, un des nombreux surnoms de Jupiter. Cette épithète fut appliquée avec justesse à Cérès, qui enseigna aux hommes l'art de tirer parti de la terre pour se nourrir : l'agriculture, en un mot, dont elle est la déesse.

ALUN, nom donné à un sel dont les bases ne sont pas toujours les mêmes. On distingue : 1° l'alun à base d'ammoniaque; et 2° l'alun à base de potasse. On trouve quelques aluns naturels, mais ils sont assez rares. L'alun s'emploie comme mordant dans la teinture.

ALUNNO (François), mathématicien de mérite, philologue distingué qui naquit à Ferrare dans le XVe siècle. Ses œuvres, estimées des connaisseurs, sont très-utiles quand on veut se livrer à l'étude approfondie de l'italien. Dans ses ouvrages, sorte de dictionnaires, il s'occupe de rechercher les expressions élégantes employées dans les différents écrits estimés, surtout dans ceux de Boccace, et les mots primitifs de la langue italienne. On lui reproche son obscurité et son manque de méthode. Son écriture, dit-on, était si fine et si serrée qu'il fit tenir, dans l'espace d'un denier, le *Credo* et le premier chapitre de l'évangile de Saint-Jean; Charles-Quint, auquel il en fit présent, admira tout un jour ce travail curieux.

ALUNNO (Niccolo), peintre, naquit à Foligno; ses tableaux appartiennent à l'école romaine. Il travaillait avec facilité. Ses principales œuvres sont: la *Naissance de Jésus-Christ*, qu'il fit pour l'église de son pays natal; la *Piété*, à l'église de Saint-François, à Assise. Le musée de Paris possède six de ses toiles. Sa plus grande gloire est d'avoir été le maître du Pérugin.

ALUTA, chaussure romaine, ordinairement noire pour les chevaliers, et blanche pour les femmes. Faite en peau de chèvre et ornée de bandelettes de métal ou d'ivoire, elle était aussi douce et aussi souple que nos peaux de gants. Renfermant tout le pied, cette chaussure montait jusqu'au milieu de la jambe.

ALVARADO (Pierre D'), né à Badajoz, chevalier de l'ordre de Saint-Jacques, compagnon et lieutenant de Cortez dans sa conquête du Mexique, en 1518. Plein de bravoure, aimant les expéditions incertaines et aventureuses, il put facilement livrer carrière à son besoin d'aventures. En l'absence de Cortez, il commandait Mexico et la garde de Montézuma; les trésors de celui-ci excitèrent son avarice, et il voulut les enlever au milieu d'une fête; mais les indigènes coururent aux armes, et Alvarado ne fut sauvé que par l'arrivée de son chef, qui le délivra. Plus tard, à la retraite de Cortez, en 1520, il fit un prodige de valeur qui lui mérita le surnom de Capitaine du Saut; s'aidant de sa lance, il franchit une large ouverture faite dans la digue de Tlacapan. Bouillant et plein d'ardeur guerrière, Alvarado soumit tout ce qui tomba sous les efforts de ses armes : Mistuco, Locomesco, Guatémala; fonda une colonie qu'il baptisa du nom de Segura, à Tatalépée. Accusé d'abus de pouvoir, il se rendit à Madrid pour se justifier, où on lui donna le titre de gouverneur de Guatémala pour le dédommager de son voyage. A son retour, sa province était calme; mais la paix ne pouvait longtemps convenir à cette nature bouillante, excitée en apprenant les exploits de Pizarre; il attaqua alors Quito, attribué à ce dernier, après avoir traversé des obstacles sans nombre. Pizarre envoya alors des troupes contre lui; mais leur chef, Almagro, paya 100,000 piastres au gouverneur de Guatémala, qui consentit à se retirer. Tourmenté par le besoin d'aventures, Alvarado se lança dans des expéditions téméraires, fit une descente en Californie, puis reparut pour marcher contre les Indiens révoltés; mais il succomba dans cette campagne, tué par une pierre détachée d'un rocher, en 1541.

ALVARADO (Alphonse D'), l'un des lieutenants qui aidèrent le plus énergiquement Pizarre dans la conquête du Pérou. Fidèle à son chef, il vola à son secours lors des soulèvements excités contre lui par Almagro; mais, ayant rencontré les révoltés, il ne put se résoudre à combattre ses compatriotes, qui l'achetèrent à ses soldats. Il ne resta pas longtemps prisonnier, et, à son retour, Pizarre le créa général de son infanterie, et c'est en cette qualité qu'il décida la victoire des Salines sur les révoltés. Chargé par le roi, sous le gouvernement de Vaco de Castro, de venger les Pizarre par le châtiment de leurs assassins, il se montra si cruel envers Plata et Potovi révoltées, que les habitants exaspérés élurent Giron pour chef. Alvarado, battu à Chuquinca en 1553, mourut de chagrin.

ALVARADO, ville du Mexique (Vera-Cruz), avec un port commode, près de l'embouchure de l'Alvarado, à 65 kil. de Vera-Cruz.

ALVARENGA (Manoel-Ignacio da Silva), poète, naquit au Brésil et devint professeur de rhétorique à Rio-de-Janeiro. Il se fit connaître par des poésies érotiques qui ne manquent ni de grâce ni de couleur locale. Il mourut vers 1800.

ALVARÈS (François), né à Coïmbre vers la fin du XVe siècle, aumônier du roi de Portugal, Emmanuel, fut désigné comme secrétaire de l'ambassade que celui-ci envoya au roi d'Ethiopie en 1515. Il fit plus tard une curieuse relation de ce pays, presque inconnu alors, et publia un ouvrage intitulé : *Vraie information des États du prince Jean*, qui occupait alors tous les esprits; on le traduisit en français sous le titre : *Historiale description de l'Ethiopie*, et dans plusieurs autres langues. Alvarès vint ensuite à Rome avec l'ambassadeur Zagazab, que le roi d'Abyssinie envoya au Saint-Père.

ALVAREZ (don José), sculpteur, né en 1768, près de Cordoue, à Priégo; quoique dirigé par des maîtres incapables à ses débuts, il fit de rapides progrès en sculpture. Son gouvernement l'envoya à Rome, où il se fit remarquer rapidement par la pureté de son goût et par ses connaissances variées. Il obtint un prix de l'Institut de France, et fut un des artistes auxquels l'empereur Napoléon Ier confia les bas-reliefs du palais du Quirinal; il s'honora par de belles amitiés, celles de Canova et de Thorwaldsen, mais surtout par sa fidélité envers son ancien souverain, en refusant de reconnaître Joseph comme roi d'Espagne. Il est vrai qu'il fut arrêté, mais le général Miollis le rendit bientôt à la liberté. Une charmante statue en ivoire, représentant Ganymède et traitée gracieusement, le posa en rival de Canova. On a aussi de lui un Adonis, qui semble, tant les formes sont délicatement rendues, réaliser tout ce que l'idéal peut offrir de séduisant. Ferdinand, remonté sur le trône, le créa baron, ce qui ne l'empêcha pas de mourir à Rome dans une profonde misère, en 1827.

ALVAREZ DE CASTRO (Mariana), l'un des plus généreux champions de l'indépendance espagnole. Il se distingua surtout dans la défense de Barcelone et dans celle de Girone. Prisonnier de guerre au château de Figuières, il y mourut de chagrin, en 1810, à peine âgé de 35 ans.

ALVAREZ DO ORIENTE (Fernand), l'un des meilleurs poëtes portugais du XVIe siècle; né à Goa, il passa sa vie dans les Indes, où il devint capitaine de vaisseau sous les ordres de l'amiral Tellez. Il charmait les loisirs que lui laissait le service en cultivant la poésie. On lui doit une pastorale en prose et en vers ayant pour titre : *Lusitania transformada*; la 5e la et 6e partie du roman de *Palmerin d'Angleterre*, et une élégie. Son vers est pur et harmonieux; Alvarez excelle surtout dans les peintures et les descriptions.

ALVENSLEBEN (Jean-Ernest-Auguste, comte D'). Ministre du duc de Brunswick jusqu'en 1825, il fit plus tard partie de la diète en qualité de maréchal. Il était membre du conseil d'Etat de Prusse, lorsqu'il mourut (1827).

ALVENSLEBEN (Albert, comte D'), fils du précédent. Il faisait ses études à Berlin lorsqu'il entra comme volontaire dans la cavalerie de la garde, où il ne tarda pas à être élevé au grade d'officier. Ayant quitté le service après 1815, il se consacra à l'étude du droit et remplit plusieurs fonctions judiciaires. Après la mort de son père, il se retira dans ses domaines. Appelé en 1832 au conseil d'Etat, il fut désigné, en 1834, pour faire partie de la conférence ministérielle de Vienne, où il s'attira, non-seulement les félicitations de son gouvernement, mais encore l'estime et l'affection des ministres avec lesquels il eut à négocier. Ministre d'Etat en 1836, il s'occupa activement à constituer le Zollverein ou union douanière de l'Allemagne.

ALVÈRE (Sainte-), ch.-l. de cant. de l'arrond. de Bergerac (Dordogne), dont il est distant de 29 kil. Pop. 500 hab. On y remarque un château en ruines.

ALVERNIA, village de Toscane, près d'Arezzo. Ce village est remarquable par un monastère de franciscains, fondé en 1618 par saint François d'Assise, et berceau de l'ordre.

ALVIANO (Barthélemy), né en 1455. Il se distingua non-seulement comme capitaine, mais encore comme poëte. De la famille célèbre des Orsini, il combattit le pape Alexandre Borgia; il entra bientôt au service de l'Espagne, et, avec Gonzalve de Cordoue, reprit le royaume de Naples sur les Français. Ses tentatives pour ramener Pierre II de Médicis à Florence échouèrent complètement : il éprouva une sanglante défaite à la tour San Vincenzo. Ce fut alors qu'il se mit à la solde de Venise, et qu'il prit quelques villes à Maximilien. Battu et fait prisonnier à Agnadel par Louis XII, en 1509, la paix et l'alliance de Venise avec la France lui rendirent la liberté et le mirent à la suite de Louis XII contre le Milanais, mais il fut défait à Olmo, en 1513. Deux ans après, il se releva de tous ces échecs et prit une éclatante revanche à Marignan, avec ses auxiliaires les Vénitiens, qui tombèrent sur les Suisses et les mirent en fuite, en 1515. Il mourut peu de jours après ce succès. Il avait fondé une académie à Pordenone, dans le Frioul, d'où sont sorties quelques célébrités.

ALVINCZY ou ALVINZY (Joseph, baron D'), feld-maréchal autrichien, né en 1726 au château d'Alvincz, en Transylvanie; il commença sa réputation dans les affaires de Torgan (guerre de Sept-Ans), de Schweidnitz, etc. Il s'occupa surtout de réformer les manœuvres des armées autrichiennes, combattit en Bavière pour la guerre de succession, lutta contre les Turcs et marcha contre les Belges révoltés, auxquels il enleva Liége. Ayant tourné ses armes contre la France, il assista aux batailles de Nerwinde et de Hondschoote, 1793, ainsi qu'aux siéges de Landrecies et de Charleroy. Nommé commandant en Italie à la place de Beaulieu, il fut défait par Bonaparte; son armée remporta bien quelques maigres avantages à la Scalda-Ferro, à Bassano, à Vicence, mais ce fut pour se faire écraser aux grandes journées d'Arcole et de Rivoli, 1796-1797. Accusé d'incapacité et de trahison, il lui fut facile de se laver de cette dernière tache, et l'empereur, pour récompenser le feld-maréchal des leçons qu'il lui avait données sur l'art de la guerre, lui donna une place dans son conseil intime et le gouvernement de la Hongrie (1798). Alvinczy mourut à Bade d'une attaque d'apoplexie, le 27 novembre 1810.

ALVISET (Dom Benoît), d'une famille honorable, naquit à Besançon au XVIIe siècle. Ayant embrassé la vie religieuse, il cultiva avec ardeur la théologie et le droit canonique, devint abbé de Favernay et, voyant la Franche-Comté en proie à des guerres continuelles, il chercha le calme favorable aux études auprès des bénédictins du Mont-Cassin, où il prit le nom de frère Virginius. Il visita ainsi plusieurs monastères, et ce fut dans celui de Lubiaco, où il enseigna avec succès ses nombreuses connaissances, qu'il écrivit son savant ouvrage sur les priviléges des religieux. Quelques expressions, néanmoins, déplurent au pape, qui le fit mettre à l'Index. Alviset mourut au monastère de Saint-Honorat, en 1673.

ALXINGER (Jean-Baptiste D'), poëte allemand, né à Vienne en 1755. Il publia un recueil de poésies diverses qui le fit connaître. Eckhel, son maître, numismate célèbre, développa son goût pour les anciens, ses modèles; d'une imagination ardente, féconde, parfois énergique, Alxinger, bien que souvent incorrect ou peu poétique, sut s'élever jusqu'aux hauteurs de l'épopée dans un poëme en dix chants intitulé : *Doolin de Mayence*, et un autre en douze chants, intitulé *Blamberis*. Malgré quelques défauts; c'est une imitation assez bien réussie de l'œuvre de Wieland. Alxinger écrivit aussi dans plusieurs journaux littéraires, et mourut d'une fièvre nerveuse en 1797. Bon et serviable, gai, dévoué, mais un peu vain et intempérant, il compta parmi ses amis le poëte Hascha.

ALYATTE Ier, de la célèbre famille des Héraclides, fils d'Ardysus, régna en Lydie de 761 à 747 av. J.-C.

ALYATTE II, roi de Lydie, descendant des Mermniades, successeur de Ladyatte, poursuivit la guerre commencée par son père contre les Milésiens, mais ne pouvant les vaincre, il conclut une paix avec eux. Les Cimmériens ayant envahi l'Asie, il les en chassa, s'empara de Smyrne, mais échoua complétement devant Cazomène. Alyatte ayant admis dans ses États quelques Scythes qui avaient insulté le roi des Mèdes, celui-ci se servit de ce motif pour attaquer le roi de Lydie; les armées allaient s'entre-choquer quand survint une éclipse de soleil qui avait été prédite par Thalès de Milet. Les deux rois, regardant ce phénomène comme un avertissement des dieux, firent la paix et la cimentèrent par le mariage de la fille d'Alyatte avec Astyage, fils de Cyaxare. Alyatte est le père de Crésus. Si l'on en croit Hérodote, le tombeau de ce prince, déposé auprès du lac Gygès, avait 430 mètres de diamètre. Il régna de 610 à 559 av. J.-C.

ALYPIUS D'ALEXANDRIE. Philosophe ancien qui passait pour un excellent logicien et qui jouissait d'une grande réputation. Il vivait au temps de Jamblique, et l'histoire, qui le dépeint comme ayant à peine deux pieds de haut, rapporte qu'il remerciait les dieux d'avoir fait dominer chez lui l'âme sur la matière.

ALZEY, anciennement *Alceia*, ville d'Allemagne (Hesse-Darmstadt), à 35 kil. de Mayence. Pop. 4,250 hab.

ALZON, ch.-l. de cant. de l'arrond. du Vigan (Gard) dont il est distant de 15 kil. Pop. 400 hab.

ALZONNE. Ch.-l. de cant. de l'arrond. de Carcassonne (Aude) dont il est distant de 14 kil. Pop. 1,300 hab. Cette ville possédait autrefois de bonnes fortifications, mais dans le XVIe siècle, elle fut assiégée et prise trois fois pendant les guerres de religion.

AMADIAH, ville forte de la Turquie d'Asie (Kourdistan), capitale d'une principauté indépendante, située à 100 kil. de Mossoul. Pop. 4,000 hab. Cette ville, bâtie sur une montagne, possède une mosquée, un couvent arménien et le célèbre tombeau de Mohammed-Bekir, visité par un grand nombre de pèlerins.

AMADIS des Gaules ou de Galles, que ses armoiries firent surnommer le *Chevalier du Lion*, et ses excursions dans le désert, le *Beau ténébreux*, est fils d'un roi de France, Périon, qui ne figure que dans les annales plus ou moins apocryphes de la légende. Tous les peuples aiment à se donner comme les descendants d'un héros fameux : les Romains ont Enée, les Anglais Arthur, les Espagnols ont choisi Amadis, dont ils ont fait le héros d'un roman qui eut autrefois une certaine célébrité; car rien n'est moins certain que ses aventures, pas plus que l'époque où elles se sont passées. Aux yeux de quelques savants le Portugais Pasco Lobeira passe pour être l'auteur du poëme d'Amadis; d'autres, par galanterie sans doute, le disent l'œuvre d'une dame portugaise inconnue; d'autres, enfin, des courtisans probablement, l'attribuent au fils de Jean Ier, roi de Portugal, à l'infant don Pedro; le comte de Tressan en fait l'honneur à un troubadour; quant à nous, nous le croyons le résultat d'une collaboration tacite de plusieurs auteurs de différentes époques réunissant sur un seul héros les faits que les traditions populaires ont attribués à plusieurs. Ce poëme, composé vers le XIVe siècle, comprend vingt-quatre livres, dont treize écrits en espagnol et le reste en français. Cervantès regarde les quatre premiers livres comme des chefs-d'œuvre, et ce n'est pas sans raison, car il y a là de l'héroïsme, de l'enthousiasme, de la naïveté, et l'oreille la plus facile à choquer n'y trouverait rien à retrancher, pas même ces charmantes récompenses qu'accorde un amour fidèle; quant aux autres livres, il n'en est plus ainsi : le style en est rude, les fictions ennuyeuses et les images obscènes. Pourtant, ils ont été traduits, en 1813, en vers français, par M. le baron Creuzé de Lesser.

AMADOCA, ville de l'ancienne Sarmatie européenne, sur le Borysthène (Dniéper), dans le gouvernement d'Iékaterinoslaw, au S. de la Russie.

AMADOCI, peuple sarmate, dont le territoire comprenait les gouvernements russes actuels d'Iékaterinoslaw, de Cherson et de Charkow.

AMAKOUSA, île et ville du Japon, à l'extrémité voisine de la côte de l'île de Kiou-Siou. Les jésuites y avaient fondé un collége et une imprimerie.

AMAL, ville de la Suède, à 70 kil. de Wenerborg, sur un golfe du lac Wener. Pop. 1,400 hab. Son port, fondé en 1640, sert à l'exportation du bois, du goudron et du fer.

AMALAPOUR, ville de l'Hindoustan anglais, dans la présidence de Madras, à 80 kil. de Masulipatam. Son commerce consiste en draps, châles, lainages, etc.

AMALARIC, roi des Visigoths d'Espagne, de 511 à 531, était fils d'Alaric II. A la mort de son père, il eut pour tuteur son aïeul, Théodoric, roi des Ostrogoths, et épousa Clotilde, fille de Clovis. Prince lâche et avare, au lieu de s'appliquer à gouverner sagement ses Etats, il s'adonna à des controverses religieuses et voulut faire reconnaître l'arianisme par sa femme; mais celle-ci refusa et fut dès lors continuellement en butte à la brutalité féroce d'Amalaric. Mais Childebert, roi de Paris, auquel elle avait envoyé un mouchoir teint du sang de ses blessures, s'arma pour la secourir et la venger. Childebert, à la première rencontre, tua le roi des Visigoths d'un coup de lance, près de Narbonne, en 531. A l'avénement de ce prince, les Visigoths s'étaient divisés; Théodoric les réunit sous sa main puissante, tout en gardant la Provence. A la mort de son tuteur, Amalaric partagea ce qui lui restait des Gaules avec son cousin Athalaric, d'Italie, espérant ainsi se faire un allié contre les fils de Clovis, quand fut conclu ce mariage dont nous avons raconté la triste fin. Amalaric clôt la race des Théodomes, qui a régné 111 ans sur les Visigoths.

AMALASONTE, fille de Théodoric Ier, roi des Visigoths, et d'Audifléda, fille du roi Childéric, et surnommée la vierge des Amales, épousa Euthéric Cilicus. Ce dernier était héritier présomptif de Théodoric, mais il mourut jeune, laissant un fils, Athalaric, successeur de Théodoric, dont elle prit la tutelle; elle avait voulu le faire élever à la manière romaine, mais ses sujets exigèrent qu'on éloignât de lui ses précepteurs, prétendant qu'un homme qui s'inclinait sous la férule d'un maître tremblerait devant des épées nues. Mais ce prince était venu à mourir des suites de honteuses débauches, dans lesquelles l'avaient poussé d'infâmes courtisans, Amalasonte partagea le trône avec Théodat, fils d'une sœur de Théodoric; homme perfide et lâche, Théodat se vengea bassement d'une ancienne offense, en livrant la reine aux mains de quelques assassins qui l'étranglèrent dans l'île du lac de Bolséna. Plus tard, ce meurtre fut le prétexte d'une guerre de Justinien contre les Ostrogoths. Pendant son administration, Amalasonte, aidée de son savant ministre romain, Cassiodore, essaya de civiliser ses sujets en leur donnant du goût pour les arts et les mœurs de Rome, et de faire une fusion des peuples vaincus et des peuples vainqueurs dont se composaient ses Etats; mais elle n'obtint aucun succès.

AMALÉCITES, descendants d'Amalec, petit-fils d'Esaü; ils vivaient sous des tentes ou dans les cavernes qui avoisinaient la Mer rouge. Ils sont mentionnés nombre de fois dans la Bible comme un peuple voué à l'extermination.

AMALES, famille illustre des Goths. Cette famille, qui remonte très-haut dans l'histoire, régna sur les Goths jusqu'au milieu du VIe siècle, et donna aux Ostrogoths; entre autres souverains, Augis-Amala, chef de la race; Jearna, Ostrogotha, Unilt Wladimir, Théodoric le Grand et sa fille Amalasonte.

AMALFI, ville de l'ancien royaume de Naples (Principauté citérieure), située à 14 kil. de Salerne. Pop. 3,500 hab. Cette ville possède un port sur la Méditerranée, ainsi qu'un archevêché. Amalfi eut beaucoup à souffrir des villes voisines lors des luttes municipales qui ensanglantèrent l'Italie. Elle fut la patrie de Flavio Gioia et de Masaniello.

AMALGAMATION. Opération métallurgique par laquelle on dégage l'or et l'argent, à l'aide du mercure, des substances qui les contiennent.

AMALGAME. Nom donné aux diverses combinaisons du mercure avec d'autres métaux. C'est par l'*amalgame d'or*, que l'on dore le bronze et l'argent, tandis que l'*amalgame d'étain* sert pour étamer les glaces.

AMALRIC (Arnaud), abbé de Cîteaux, fut l'un des plus ardents parmi ceux qui prêchèrent la croisade des Albigeois contre lesquels, sous prétexte de religion, mais réellement par vengeance personnelle, il déploya un luxe de cruautés inouïes : ce n'était plus une guerre, c'était une extermination qu'il dirigeait de sa parole passionnée, sous les ordres de Simon de Montfort. Il noya Béziers dans des flots de sang : « Tuez! criait-il aux soldats ivres de carnage, tuez les catholiques et les hérétiques; Dieu saura reconnaître ceux qui sont à lui! » Il mit en interdit les Etats du comte de Toulouse qu'il donna, au nom du pape, à Simon de Montfort. Au siége de Minerbe, ce fut une nouvelle série d'atrocités, et ce fougueux abbé alla jusqu'à se souiller du meurtre de Raymond-Roger, après la capitulation signée à Carcassonne. Se servant également de l'épée et des foudres de l'Eglise, il outrepassa tellement ses pouvoirs que le pape Innocent III, qui l'avait chargé de prêcher cette désastreuse croisade, se vit forcé de le révoquer; mais cette disgrâce fut aussitôt couverte par la nomination d'Amalric à l'archevêché de Narbonne, dont il s'empara en 1212, au grand déplaisir de Simon de Montfort qui avait espéré l'ajouter à ses conquêtes. La nature guerrière et inquiète du nouveau prélat ne put se contenter de la crosse; on le vit bientôt en Espagne faire la guerre aux Maures; il a laissé une relation de cette croisade. A son retour il se brouilla avec Simon de Montfort, qui refusa d'ériger l'archevêché de Narbonne en principauté. Amalric mourut en 1225.

AMALTHÉE, nom d'une chèvre de Crète qui, selon la Fable, fut la nourrice de Jupiter. Celui-ci, pour la récompenser, la plaça dans le ciel avec ses deux chevreaux, et donna une de ses cornes aux nymphes qui l'avaient élevé, avec la propriété de produire tout ce qu'elles souhaiteraient: telle est l'origine de la corne d'abondance.

AMALTHÉE, nom d'une famille du Frioul dont presque tous les membres se distinguèrent dans les sciences ou dans les lettres. Les principaux sont trois frères qui composèrent des poésies latines très-estimées de leurs contemporains: — *Jérôme*, qui professa la médecine à Padoue et dans plusieurs autres villes et écrivit un poëme épique à la louange de Pie IV; — *Jean-Baptiste*, précepteur des descendants de la noble famille de Lippomano, à Venise; homme très-érudit, connaissant parfaitement le grec et le latin; secrétaire de la république de Raguse, il devint celui des cardinaux au concile de Trente; parmi ses œuvres on remarque surtout *Lycidas*. — Enfin *Corneille*, médecin, puis secrétaire, en remplacement de son frère, de la république de Raguse; plus tard, il travailla avec Paul Manuce au Catéchisme romain épuré; il mourut en 1603. Comme poëte, il se distingua par la création de *Protée*. Les poésies des trois frères furent réunies sous ce titre: *Amaltheorum fratrum carmina*. Plus tard, elles furent réimprimées à Amsterdam.

AMAN, Amalécite favori d'Assuérus, roi de Perse, voulut faire pendre le juif Mardochée, qui ne s'était pas prosterné devant lui; mais Esther, épouse du roi, détourna la sentence, et Aman fut pendu à la place de Mardochée.

AMAN, mot dérivé de l'arabe *amana*, qui signifie *sécurité*, *protection*. Demander l'amân, c'est se soumettre au vainqueur en implorant sa clémence.

AMANAHEA ou APOLLONIA, ville d'Afrique (Guinée supérieure), sur la côte d'Or. Cette ville possède un fort et une station anglaise.

AMANCE (pays d'), dans l'ancienne Lorraine; Pange, de l'arrond. de Metz (Moselle), en était la ville principale.

AMANCE, ch.-l. de cant. de l'arrond. de Vesoul (Haute-Saône), dont il est distant de 24 kil. Pop. 950 hab. On y remarque quelques ruines.

AMANCEZ, ch.-l. de cant. de l'arrond. de Besançon (Doubs), dont il est distant de 30 kil. Pop. 720 hab.

AMAND (saint), né dans l'Aquitaine, céda, après un séjour de plusieurs années dans le couvent de Bourges, à la vocation qui l'appelait à la conversion des peuples. Il prêcha avec succès en Belgique, où il assura ses conquêtes religieuses par la fondation de plusieurs monastères d'où sortait sans cesse la parole de Dieu. Il accepta malgré lui l'évêché de Tongres (626), puis celui de Maestricht (647); mais, poussé par le besoin de gagner des âmes au ciel, il abandonna les grandeurs pour reprendre son apostolat. Il mourut, en 679, abbé d'Enon.

AMAND (saint), *Amandus*, fut sacré évêque de Bordeaux, son pays natal, en 403. On ignore l'époque de sa naissance, ainsi que celle de sa mort. Sa réputation de sainteté, qui était grande, s'augmenta encore par la gloire qu'il tira de la conversion de saint Paulin, devenu depuis évêque de Nole.

AMAND (Saint-), ch.-l. de cant. de l'arrond. de Valenciennes (Nord) dont il est distant de 13 kil. Pop. 6,300 hab. Saint Amand, moine, vint fonder sur la rive gauche de la Scarpe un monastère qui se vit entouré d'habitations et qui, plus tard, porta le nom de son fondateur. Son commerce consiste dans la fabrication du lin. On remarque à 4 kil. de la ville, au hameau de la Croisette, les eaux et boues minérales de Saint-Amand qui attirent un grand nombre de malades.

AMAND (Saint-), ch-l. de cant. de l'arrond. de Vendôme (Loir-et-Cher), dont il est distant de 14 kil. Pop. 680 hab.

AMAND-EN-PUISAYE (Saint-), ch.-l. de cant. de l'arrond. de Cosne (Nièvre), dont il est distant de 19 kil. Pop. 1,250 hab. Il est remarquable par ses poteries estimées et ses mines d'ocre. On y voit un beau château du XVIe siècle.

AMAND-MONT-ROND (Saint-), sous-préfecture du départ. du Cher, à 38 kil. de Bourges. Pop. 7,100 hab. Cette ville fut fondée au XVe siècle, et les ruines du château de Mont-Rond qui fut démoli en partie en 1652, se voient encore sur la partie haute de la ville. Elle est le siége d'un tribunal de commerce. Son commerce consiste en bois, fers, laines, vins.

AMAND-ROCHE-SAVINE (Saint-), ch.-l. de cant. de l'arrond. d'Ambert (Puy-de-Dôme), dont il est distant de 13 kil. Pop. 600 hab.

AMANICÆ PYLÆ, défilés qui servaient de communication entre la Cilicie et la Syrie.

AMANS (SAINT-), ch.-l. de cant. de l'arrond. de Mende (Lozère), dont il est distant de 32 kil. Pop. 350 hab. Fabriques de serges.

AMANS-DES-COPTS (Saint-), ch.-l. de cant. de l'arrond. d'Espalion (Aveyron), dont il est distant de 40 kil. Pop. 200 hab.

AMANS DE BOUIXE (Saint-), ch.-l. de cant. de l'arrond. d'Angoulême (Charente), dont il est distant de 15 kil. Pop. 950 hab.

AMANS-SOULT (SAINT-), ch.-l. de cant. de l'arrond. de Castres (Tarn), dont il est distant de 26 kil. Pop. 700 hab.

AMANT-TALLENDE (Saint-), ch.-l. de cant. de l'arrond. de Clermont (Puy-de-Dôme), dont il est distant de 18 kil. Pop. 1,400 hab. On y élève un grand nombre de chevaux et d'abeilles.

AMANTEA, ville du royaume de Naples (Calabre citérieure), à 28 kil. de Cosenza. Pop. 2,800 hab. Elle possède un port sur la Méditerranée. Cette ville, fortifiée, fut prise par les Français en 1806, après une défense vigoureuse.

AMANUENSIS, nom de l'esclave qui, chez les Romains, remplissait les fonctions de secrétaire.

AMANUS, nom donné anciennement à une chaîne de montagnes de l'Asie mineure. Elle formait là limite entre la Syrie et la Cilicie.

AMAR (André). Dans toutes les révolutions il semblerait qu'il y ait des hommes spécialement destinés à remplir les plus tristes fonctions: Amar fut l'un de ces hommes. Homme sans foi et sans conviction, il s'associa à toutes les mesures sanguinaires qui compromirent la Révolution et amenèrent la réaction. Né à Grenoble, vers 1750, il était avocat au parlement de cette ville lorsque la Révolution éclata. Amar, qui venait d'acheter la charge de trésorier de France, qui conférait la noblesse, se montra d'abord fort opposé à ce grand mouvement de régénération politique et nationale, qui compromettait ses intérêts. Mais lorsqu'il fut bien certain du triomphe des nouvelles idées, il les adopta et devint alors un patriote fanatique. Envoyé par le département de l'Isère à la Convention, il prit place à la Montagne parmi les membres les plus violents. Il vota la mort de Louis XVI sans appel et sans sursis, prit part à la création du tribunal révolutionnaire et attaqua avec fureur le général Kellermann. Le 3 octobre 1795, il lut le rapport qui causa la mort des Girondins, et, quelque temps après, il en fit un autre qui envoya à l'échafaud ceux qui avaient pris part à leur proscription: Bazire, Chabot, Fabre d'Eglantine, etc. Comme on le voit, Amar modifiait sa conduite chaque jour, et c'est ainsi qu'on le vit proscrire, en sa qualité de membre du comité de salut public, Robespierre, dont il avait été le coryphée. Amar échappa à la justice des lois dans la conspiration de Babœuf, son complice. Dans les débats, à force d'audace, d'hypocrisie, il se fit renvoyer devant le tribunal de la Seine et essaya, en faisant l'apologie de sa conduite, de se hausser à la taille d'un sauveur de la patrie. Son affaire fut oubliée dans les cartons, et il n'a été jugé que par l'histoire. Resté obscur sous l'Empire et la Restauration, Amar mourut tranquillement à Paris en 1816.

AMARAL (J.-M. FERREIRA DO), officier portugais, né en 1805. Il prit de bonne heure Albuquerque et Gama pour modèles de sa conduite. Bien que privé d'un bras, qu'il perdit à l'assaut d'Itaparica, province de Bahia, le 7 janvier 1828, où il fit des prodiges de valeur, il n'en continua pas moins son service comme aspirant de marine. Plus tard, dans les guerres civiles, on le trouve officier sous les ordres de Charles Napier. Nommé gouverneur de Macao, il sut se conduire habilement avec les Chinois; il mourut victime d'un assassinat, le 22 août 1849.

AMARANTE, ville de Portugal (prov. de Duero), à 55 kil. de Porto. Pop. 5,000 hab.

AMARAPURA, ville de l'empire birman. *Voir* UMBRAPURA.

AMARI-FONTES ou AMARI-LACUS, c'est-à-dire les *sources amères* ou les *lacs amers*, marais salés à l'E. du Delta. Sérapis avait un temple à l'E. de ces marais.

AMARIN (SAINT-), ch.-l. de cant. de l'arrond. de Belfort (Haut-Rhin), dont il est distant de 43 kil. Pop. 2,000 hab.

AMARYNTHE, bourg de l'ancienne Eubée, près d'Erétrie. Diane y avait un culte particulier, et on lui célébrait des fêtes sous le nom d'*Amarynthies*.

AMASENUS, fleuve de l'ancienne Italie, dans le Latium. Il prenait sa source dans les montagnes des Volsques et allait se perdre par plusieurs bras dans les marais Pontins, puis de là suivait son cours et allait se jeter dans la mer entre Circeli et Terracine.

AMASIA ou AMASEA, ancienne ville du Pont, fut la résidence des rois de cette contrée. On y voit encore de nos jours beaucoup de ruines, particulièrement celles d'un palais, des tombeaux des princes du Pont, etc.

AMASIAS, 8e roi de Juda, successeur de Joas, son père, dont il fit mourir les assassins, 839 ans av. J-C. Il remporta une grande victoire sur les Iduméens; mais, ayant admis le culte des faux dieux et menacé le prophète chargé de le faire repentir de son impiété, il fut battu complétement par le roi d'Israël, qu'il avait défié et qui s'empara de sa personne ainsi que des trésors du temple pour les déposer à Samarie. Il ne recouvra sa liberté que pour tomber sous le poignard de ses sujets révoltés. Son règne avait duré 29 ans.

AMA

AMASIS Iᵉʳ, pharaon d'Egypte, qui vivait environ 1800 ans av. J.-C. Les hiéroglyphes qui parlent de ce prince le présentent comme ayant expulsé les étrangers de l'Egypte, et en avoir enfermé une partie dans un camp fortifié. On a prétendu que les étrangers mentionnés par ces hiéroglyphes n'étaient autres que les Hébreux; c'est une erreur. (*Voir* PYRAMIDES.)

AMASIS, roi d'Egypte, naquit à Séouph, dans le nome de Saïs. Une insurrection militaire contre Apriès, dont il était devenu, de simple soldat, premier ministre, le porta sur le trône vers 569 av. J.-C. Après une victoire remportée sur son rival, que le peuple mit à mort, il s'attacha par sa justice et ses talents à faire oublier la bassesse de son extraction, que son peuple ne pouvait lui pardonner. Pour y arriver plus facilement encore, il fit faire une statue d'un bassin qui servait à ses ablutions, et qu'il plaça dans un endroit apparent de la ville. Les Egyptiens ne manquèrent pas de l'adorer. « Cette statue que vous adorez, leur dit-il alors, était autrefois un bassin; moi, de plébéien, je suis devenu roi; rendez-moi donc les honneurs qui me sont dus! » Il combattit les Arabes, et, pour se ménager un appui et faire en même temps prospérer le commerce, ouvrit aux Grecs les ports de l'Egypte. Ayant cessé de payer le tribut à Cambyse, fils de Cyrus, roi des Perses, celui-ci marcha contre lui; mais Amasis mourut avant d'avoir vu son royaume passer sous la domination des Perses, 526 ans av. J.-C.

AMASIE ou AMASIEH, ville de Turquie d'Asie, dans la prov. de Sivas, à 70 kil. de Samsoun. Pop. 30,000 hab. On remarque dans cette ville une mosquée et un très-beau collége bâti par Bajazet, ainsi qu'un magnifique château fort bâti sur une hauteur des monts Djandik. Son commerce consiste en soie, grains, vins. Un incendie, qui éclata en 1854, en détruisit une grande partie.

AMASTRAH ou AMASREH, anciennement *Sesamus* et *Amastrie*, ville de la Turquie d'Asie, dans la prov. de Castamouni, à 270 kil. de Constantinople. Elle a un port sur la Méditerranée défendu par une ancienne citadelle, et renferme d'importantes ruines. En 1459, Mahomet II l'enleva aux Génois.

AMATA, femme du roi Latinus, une des héroïnes de l'*Enéide* qui se pendit dans son palais pour n'avoir pu empêcher le mariage d'Enée avec Lavinia, sa fille, fiancée à Turnus.

AMATHONTE, village de l'île de Chypre, à 10 kil. de Limisso. Ce village fut, dit-on, la première colonie des Phéniciens dans l'île de Chypre, et devint célèbre par le culte que l'on y rendait à Adonis et à Vénus. Celle-ci, pour témoigner son horreur aux habitants d'Amathonte, qui lui avaient offert des sacrifices humains, les changea en taureaux. On remarque encore de nos jours les ruines de l'ancienne ville.

AMATI, famille de luthiers fixée à Crémone et qui se rendit célèbre par les perfectionnements qu'elle apporta dans les instruments de musique, surtout dans les instruments à cordes. Les membres les plus connus sont : Nicolas, maître du fameux Stradivarius, Antoine et Nicolas. Cette famille vivait au XVIᵉ et au XVIIᵉ siècle.

AMAURI (de Chartres), né à Bène, philosophe et théologien du XIIIᵉ siècle. Il imagina une nouvelle religion : le panthéisme mystique. Il eut de nombreux disciples; parmi lesquels on cite David de Dinant; ses doctrines furent condamnées par le pape Innocent III. Il mourut, dit-on, de chagrin et de dépit à Saint-Martin des Champs. Ses principaux élèves furent condamnés et brûlés, ainsi que les livres d'Aristote, regardés comme la source de toutes ces erreurs. Les ossements d'Amauri, retirés de la tombe, furent brûlés après avoir subi toutes sortes de profanations.

AMA

AMAURY Iᵉʳ, roi de Jérusalem, successeur de son frère Baudouin III (1165), s'allia avec le kalife d'Egypte, son tributaire, pour s'opposer aux envahissements de Nour-Eddyn, sultan d'Alep, et, après avoir touché des frais de guerre énormes payés par son allié, défit plusieurs fois les troupes du sultan. Prince avare, pour qui tous les moyens étaient bons pour gagner de l'argent, il revint de cette expédition avec des richesses considérables. Mais bientôt il rompit le traité qui le liait avec le kalife, s'allia avec les chevaliers de Saint-Jean et l'empereur, et fondit sur l'Egypte, qui l'avait toujours tenté par ses richesses et la fertilité de son sol. Il s'empara de Bilbéis et consentit alors à écouter les propositions du kalife; pendant les délibérations, le sultan d'Alep, l'ancien ennemi d'Amaury, appelé au secours de l'Egypte, attaqua les chrétiens à son tour et les défit honteusement. Mais il profita de sa victoire pour s'emparer de toute l'Egypte et menaça de toute sa puissance le petit royaume de Jérusalem. Saladin, à son tour, battit Amaury, qui avait demandé des secours aux chrétiens d'Occident. Ce prince mourut en 1173 en laissant un royaume attaqué de toutes parts en héritage à son fils, Baudoin IV.

AMAURY II de Lusignan, roi de Chypre, fut couronné roi de Jérusalem à Ptolémaïs, en 1194. Il avait épousé Isabelle, veuve de Henri, comte de Champagne, et en eut un fils, Hugues, à qui il donna, par testament, l'île de Chypre, et le titre de reine de Jérusalem à Marie, sa belle-fille.

AMAXICHI, ville des îles Ioniennes, cap. de l'île Sainte-Maure. Pop. 6,000 hab. Elle possède un pont sur l'étroit canal qui la sépare de la côte d'Albanie, une citadelle et un fort nommé Alexandre. Elle est aussi le siége d'un évêché grec.

AMAZENA, petite rivière qui prend sa source dans la vallée de Vallecorza; elle est l'un des affluents des marais Pontins.

AMAZONES. Nom donné dans l'antiquité à une peuplade de femmes guerrières et conquérantes, vivant seules, loin de la société des hommes, et se perpétuant par des unions momentanées avec les peuplades voisines. Afin de rendre leurs filles aptes à manier l'arc, elles leur brûlaient le sein droit dès qu'elle avait atteint l'âge de huit ans. Quant aux enfants mâles, elles les faisaient mourir ou les envoyaient sur la frontière du peuple où vivaient leurs pères. Leurs armes étaient l'arc, la javeline, le pelte, la hache; elles les maniaient avec beaucoup d'adresse. Elles se coiffaient d'un casque orné de plumes flottantes et avaient pour vêtement ordinaire une peau de bête tuée à la chasse; dans les combats, elles portaient un corselet composé de petites écailles en fer ou en tout autre métal précieux; sous ce costume fier et martial, elles combattaient presque toujours à cheval. On divise cette peuplade en *Amazones africaines* et *Amazones asiatiques*. Les premières sont beaucoup plus anciennes que les autres, quoiqu'elles aient été connues plus tard. Myrina, leur reine, marcha contre les Numides, les Gorgones, les Atlantes et les Ethiopiens et les vainquit. Après cette victoire, elle fonda une ville au bord du lac Tritonis. Hercule les extermina toutes. Les Amazones asiatiques sont plus célèbres. Leurs émigrations sont remarquables par les victoires qu'elles remportèrent sur leur passage. Leur reine, Hippolyte, fut défaite par Bellérophon, déclara la guerre aux princes phrygiens, etc. Elles fondèrent plusieurs villes, entre autres Smyrne, Ephèse, Paphos, etc.

AMAZONES (fleuve des). Les Indiens l'appelaient *Guiena*. C'est le plus grand fleuve du monde. Il prend sa source au lac de Lauricocha, dans les landes du Pérou, à 3,000 mètres au-dessus du niveau de la mer, traverse tout le continent de l'Amérique méridionale, de l'O. à l'E., et va se jeter dans l'Océan atlantique après un parcours de 4,800 kil. A 250 lieues de son embouchure, sa largeur varie d'une demi-lieue à 2 lieues et près de son embouchure sa largeur est de 50 lieues marines; sa profondeur est de 100 brasses. L'endroit où ce fleuve se jette dans la mer offre la figure d'un immense delta. A 80 lieues du déversement de ses eaux, il produit un courant qui repousse les navires au large, et sa force est telle qu'il diminue le goût salé des eaux de la mer. Ce fut Francisco Orellana, qui reconnut le premier ce fleuve en son entier, en 1540, et Vincent Yanez Pinçon en découvrit l'embouchure, en 1500.

AMB

AMAZONIUS, nom donné anciennement à une montagne de l'Asie mineure (Pont) et dont les bords étaient habités par les Amazones. On cite dans cette contrée une ville nommée Amazonium, qui était la capitale de cet empire féminin.

AMBARVALES, fêtes agrestes consacrées à Mars et à Cérès. Ces fêtes se célébraient au printemps par une procession que l'on faisait autour des champs, où l'on immolait une génisse et une brebis.

AMBASSADEUR, ministre public d'une nation envoyé près d'une puissance étrangère pour la représenter auprès de celle-ci en vertu d'un pouvoir, de lettres de créance, ou de quelque commission indiquant son caractère et déterminant sa mission. On retrouve les ambassadeurs chez toutes les nations anciennes, où ils étaient considérés comme revêtus d'un caractère sacré. Ce n'étaient alors que des envoyés venant remplir une mission déterminée; mais depuis les temps modernes, les nations européennes ont pris la coutume d'entretenir des ambassadeurs à résidence fixe. Le titre d'ambassadeur n'est donné qu'aux agents diplomatiques de l'ordre le plus élevé et chargés de représenter la personne du souverain; il entraîne avec lui le caractère d'inviolabilité. Néanmoins il peut être poursuivi comme un simple particulier étranger pour tous les actes qui sont considérés comme crimes par les lois de tous les pays. Un ambassadeur est également soumis à la saisie et à la contrainte par corps pour dettes. Les ambassadeurs ordinaires résident dans le pays où ils sont envoyés, tandis que les ambassadeurs extraordinaires ne remplissent qu'une mission. On applique aussi, mais à tort, la qualification d'ambassadeur aux envoyés extraordinaires, ministres plénipotentiaires, chargés d'affaires, résidents, etc., qui, du reste, jouissent des mêmes immunités. La mission des agents diplomatiques consiste généralement à faire respecter la vie, la liberté et les propriétés de leurs nationaux et à veiller à ce qu'on ne viole pas le droit des gens à leur égard. Ils doivent également protection aux autres étrangers lorsqu'elle est réclamée à juste titre. En vertu de l'article 48 du Code civil, tous les agents diplomatiques ont le caractère d'officiers de l'état civil.

AMBATO, ville de la république de l'Équateur, à 75 kil. de Quito. Son commerce consiste en excellente cochenille.

AMBAZAC, ch.-l. de cant. de l'arrond. de Limoges (Haute-Vienne), dont il est distant de 22 kil., et à 363 de Paris. Pop. 280 hab.

AMBERG, ville forte de Bavière, à 60 kil. de Ratisbonne. Pop. 10,000 hab. Cette ville, bien bâtie, possède des tribunaux, un lycée, un séminaire, un gymnase, une bibliothèque et un arsenal. On y remarque le palais royal, l'église Saint-Martin, l'hôtel de ville et le magasin de sel. Son industrie, son commerce et sa navigation sont très-actifs; elle possède une manufacture royale d'armes et de porcelaines. Jourdan battit en retraite devant cette ville, en 1796.

AMBERIEUX, ch.-l. de cant de l'arrond. de Belley (Ain), dont il est distant de 42 kil. Pop. 890 hab. On fabrique dans cette ville des draps pour la troupe.

AMBERT, sous-préfecture du départ. du Puy-de-Dôme, à 82 kil. de Clermont. Pop. 3,400 hab. Située au pied des montagnes, cette ville possède un tribunal et un collége, des fabriques de papiers, d'étamines, de lacets et de dentelles. Elle eut à soutenir plusieurs siéges pendant les guerres de religion.

AMBES ou AMBEZ, village de la Gironde situé sur une langue de terre appelée *Bec d'Ambez* au confluent de la Garonne et de la Dordogne, à 22 kil. de Bordeaux. Pop. 800 hab.

AMB

le propre de l'ambitieux, c'est d'affecter la bienveillance, la bonhomie même; mais ce n'est qu'un masque dont il recouvre et ses projets et ses desseins. Et il fait cela de si bonne foi que, si on lui en faisait le reproche, il serait le premier à protester. C'est avec la même ingénuité qu'il trahira un ami et brisera ceux qui auront été assez maladroits pour l'aider à atteindre la puissance. Mais l'ambition, comme toutes les passions, trouve sa punition en elle-même, car elle ne tarde pas à se dégoûter de ce pouvoir qu'elle a tant convoité; et c'est ainsi qu'on voit Tibère abdiquer la domination du monde pour aller se plonger dans la crapule et la débauche dans l'île de Caprée. Les ambitieux se plaisent à rechercher les faveurs populaires qui, seules, donnent du prix au pouvoir, et pour-

AMB

l'envahirent. Napoléon y fit creuser un nouveau port en 1804, mais qui fut abandonné avant d'être achevé.

AMBLÈVE, rivière, affluent de l'Ourthe, à Doux-Flamme (Belgique).

AMBOINE, île de la Malaisie hollandaise, ayant Amboine pour capitale, peuplée de près de 60,000 hab. Cette île est remarquable par la culture du giroflier, qui produit environ 125,000 kil. de clous de girofle, par an. Les Portugais la découvrirent en 1515, et ne purent la défendre contre les Hollandais, qui s'en emparèrent en 1605; les Anglais la possédèrent de 1796 à 1801 et de 1810 à 1814.

AMBOISE, ch.-l. de cant. de l'arrond. de Tours (Indre-et-Loire). Pop. 4,300 hab. Cette ville est desservie par le chemin de fer. Son commerce consiste en aciers esti-

Les Amazones vaincues par Bellérophon (p. 87, col. 2).

AMBIATINUS VICUS, bourg de l'ancienne Gaule, au-dessus de Coblentz. Patrie de Caligula, empereur romain.

AMBIORIX, roi des Eburons, peuplade qui habitait au N.-E. de l'ancienne Gaule. Il résista courageusement à César pour défendre son pays; et, de concert avec le roi des Trévirs, il battit les lieutenants Sabinus et Cotta. Il allait s'emparer de Quintus Cicéron, lorsque César vint à son secours et repoussa Ambiorix. Après une autre défaite, il alla se réfugier dans les Ardennes, où il vécut longtemps, dépouillé de son royaume errant dans les forêts.

AMBITION, nom donné à la passion qui pousse avec excès l'homme à s'élever au-dessus de ses semblables et qui l'excite sans cesse et sans relâche à augmenter sa condition. Le propre de l'ambition est l'égoïsme, qui porte celui qui est possédé de cette passion à ne voir, en ceux qui l'entourent, que les matériaux propres à son élévation, et qu'il brisera sans pitié lorsqu'ils se refuseront à n'être que les instruments passifs de ses projets. « L'esclave n'a qu'un maître, l'ambitieux en a autant qu'il y a de gens utiles pour le servir, » a dit la Bruyère, et cela est bien vrai. Aussi

tant ils terminent toujours par la tyrannie, que l'on pourrait considérer comme inhérente à l'ambition. Le Néron qui se présentait aux jeux du cirque pour solliciter les applaudissements des spectateurs, n'était-il pas le même qui fit couler des flots de sang dans Rome, pour bien faire comprendre au peuple romain qu'il était le maître absolu de sa destinée.

AMBIZA, gouverneur de l'Espagne arabe, qui succéda au kalife Yézid, en 721. Il soumit sous sa domination toute la contrée qu'habitaient encore les Visigoths au N. de l'Espagne, dirigea sa marche, en France, jusqu'à Autun; mais là il rencontra des forces supérieures et fut forcé de reculer jusqu'à l'Aude, où il fut battu et tué par Eudes, duc d'Aquitaine, en 725.

AMBLÉSIDE, ville d'Angleterre (comté de Westmoreland), à 20 kil. de Kendal. Pop. 1,300 hab. Cette ville renferme des mines de plomb et de cuivre. On remarque près de la Rydal-Mount la résidence de Wordsworth.

AMBLETEUSE, ville de l'arr. de Boulogne (Pas-de-Calais), dont elle est distante de 8 kil. Pop. 600 hab. Elle avait un port excellent sur la Manche, mais les sables

més, limes, draps, vins. Un admirable château fort domine cette ville aux rues étroites et tortueuses; il occupe l'emplacement d'un fort romain et remonte au VIIe siècle. Il doit son agrandissement à Charles VIII, Louis XII et François Ier. Cette ville, où naquit et mourut Charles VIII, fut ensanglantée par de cruelles exécutions sous François II. Abd-el-Kader fut détenu dans ce château de 1849 à 1852.

AMBOISE (conspiration d'). Cette conspiration, qui eut lieu en 1560, formée par presque toute la noblesse de France, et surtout les calvinistes, fut le prélude et la cause des guerres qui ensanglantèrent la France pendant plus de cinquante ans. Le but des calvinistes était d'enlever le jeune roi François II dans la maison de Guise, et de s'emparer des princes de Lorraine; car l'ambition effrénée des Guise dirigeait ses vues jusque vers le trône. Barri de la Renaudie, homme d'audace et de courage, ayant toutes les qualités qui caractérisent un chef de parti, était l'organisateur ostensible de ce complot; mais Condé en était l'âme, car tout en se cachant aux yeux de tous, il partageait l'opinion et les vœux des conjurés. On devait arriver en armes à

Blois, en 1560, et demander, d'abord par la prière, puis par la force, le renvoi des Guise. D'Avenelles, avocat de Paris, révéla ce complot aux Guise, en les informant que l'exécution était fixée pour le 15 mars. A cette nouvelle, ils abandonnèrent Blois et emmenèrent avec eux le roi à Amboise. La conspiration éclata, il est vrai, mais fut bientôt réprimée par les supplices. La Renaudie fut tué dans la forêt de Château-Renard d'un coup de pistolet, un grand nombre de conjurés laissèrent leur tête sur l'échafaud et les Guise triomphèrent encore une fois.

AMBOISE (Georges, cardinal D'), naquit en 1460, au château de Chaumont-sur-Loire, mourut à Lyon en 1511, fut premier ministre de Louis XII. Nommé évêque de Montauban à l'âge de quatorze ans, il devint plus tard aumônier de Louis XI et archevêque de Narbonne en 1493, puis de Rouen. A l'avénement de Louis XII, Georges d'Amboise devint son premier ministre et garda constamment sa confiance.

AMBOLOGÈRE, surnom de Vénus à Sparte. Ce nom, formé de deux mots grecs, signifie *qui retarde la vieillesse*.

AMBRA (Francesco D'), littérateur florentin, mort en 1558. Nous avons de lui trois remarquables comédies qui ont souvent été imprimées. Partout brille l'originalité de l'intrigue, ainsi que la correction et la vivacité du style.

AMBRACIE, ville de l'ancienne Grèce, en Epire, dont elle fut pendant un temps la capitale. Fondée par Ambrax, fils de Thesprote, elle fut colonisée par Corinthe vers 660 av. J.-C. On y remarquait deux temples, l'un dédié à Minerve, l'autre à Esculape. Pyrrhus en fit sa résidence après l'avoir embellie.

AMBRIÈRES, ch.-l. de cant. de l'arrond. de Mayenne (Mayenne), dont il est distant de 10 kil. Pop. 1,400 hab. Ambrières était autrefois fortifiée.

AMBRIN, île de l'Océanie (Mélanésie), dans l'archipel des Nouvelles-Hébrides. Elle fut découverte par Bougainville en 1768.

AMBROISE (saint), l'un des plus célèbres Pères de l'Eglise latine, naquit, à ce que l'on croit, à Trèves, en 340, et mourut en 397, après vingt-trois ans d'épiscopat. Ambroise suivit d'abord la carrière du barreau à Milan; il s'y distingua tellement que Pétronius Probus, préfet d'Italie et d'Illyrie, lui confia le gouvernement de la Ligurie et de la province Æmiliana, c'est-à-dire de la haute Italie et de Milan. Ambroise fut nommé évêque de Milan, n'étant encore que catéchumène, à la mort de l'évêque d'Auxerre. Le fait le plus important de sa vie est la courageuse résistance qu'il opposa à l'empereur Théodose, qui avait ordonné le massacre des habitants de Thessalonique qui avaient renversé ses statues. Ayant appris ce fait, Ambroise écrivit à Théodose une lettre se terminant par ces mots : « Je n'ai contre toi aucune haine, mais tu me fais éprouver une sorte d'horreur. Je n'oserais, en ta présence offrir le saint sacrifice : le sang d'un seul homme versé injustement me l'interdirait; le sang de tant de victimes innocentes me le permet-il?... » Théodose persista à vouloir pénétrer dans l'église avec tout son cortége. Mais Ambroise lui défendit énergiquement le passage, et l'empereur, vaincu par cette courageuse résistance, ordonna qu'on laissât désormais trente jours s'écouler entre la sentence et son exécution.

AMBROISE (Saint-), ch.-l. de cant. de l'arr. d'Alais, dont il est distant de 20 kil. Pop. 3,800 hab. On y remarque une église calviniste, et son commerce consiste en soies.

AMBROISIE. Cette nourriture, d'un goût et d'un parfum délicieux, réservée aux habitants de l'Olympe, donnait l'immortalité.

AMBRON, peuple celtique qui combattit contre Rome avec les Cimbres et les Teutons. Marius le vainquit à Aix, l'an 102 avant J.-C.

AMBROSICUS-AURELIANUS, roi des Bretons, d'origine romaine, naquit après que les Romains furent expulsés de l'Armorique. Il fut élevé dans ce pays et vainquit, en 457, les Saxons qui étaient venus l'envahir. Il fut élu après Vortigern et repoussa Hengist. On croit qu'il périt dans une bataille livrée contre Cerdic en 508.

AMBULANCES. Nom donné aux hôpitaux provisoires qui suivent l'armée sur le terrain même du combat. Les ambulances, qui n'étaient qu'à l'état d'enfance, ont été régularisées par le baron Larrey et perfectionnées récemment, lors des campagnes de Crimée et d'Italie.

AMBURBIAL. On appelait ainsi, chez les anciens, le sacrifice purificatoire qui se faisait autour d'une ville, lorsqu'il s'y était manifesté quelque prodige menaçant. On conduisait un taureau et on l'immolait pour apaiser les dieux.

AME. Nom donné particulièrement au principe de la vie humaine. Immatérielle dans sa nature, intelligente dans ses actes, immortelle dans son essence, Dieu l'a donnée comme complément indispensable du corps, et de ces deux choses a fait l'homme.

AMÉDÉE, nom que portèrent plusieurs princes, ducs et comtes de la célèbre maison de Savoie. (*Voir* SAVOIE.)

AMEILHON (Hubert-Pascal), né à Paris en 1730. N'ayant aucun goût ni vocation pour l'état ecclésiastique, il en prit pourtant, dès sa jeunesse, l'habit, qui était alors, pour ainsi dire, une carte d'introduction dans le monde. Savant distingué, il se livra tout entier à des recherches intéressantes sur l'histoire et la littérature anciennes, sur les arts et surtout sur la mécanique. Son *Histoire du commerce et de la navigation des Egyptiens sous le règne des Ptolémées* le fit couronner par l'Académie des inscriptions et lui fit obtenir plus tard une place dans cette même Académie, dont il dota les Mémoires de nombreux travaux d'archéologie. Administrateur de la bibliothèque de la ville de Paris, puis de celle de l'Arsenal, de plus commissaire à l'examen des ti-

Saint Ambroise refusant l'entrée de l'église à l'empereur Théodose (p. 89, col. 2).

tres de noblesse, il était membre de la commission des monuments quand éclata la Révolution, dont il adopta généreusement les principes; mais il eut le tort immense de livrer aux flammes et au marteau des nouveaux Vandales les livres sur la noblesse ainsi que les monuments rappelant les faits les plus importants de notre histoire nationale et qui ont privé la science de matériaux fort précieux. Il dressa lui-même des listes des ouvrages et des objets d'art condamnés. Ce fut une époque désastreuse pour les arts, les sciences et les lettres, et environ 650 livres des plus rares et des plus curieux furent brûlés par son ordre. Mais peut-être ces exécutions barbares, auxquelles il s'associa, furent-elles une concession faite à l'esprit de cette époque, car nous devons, à son éloge, constater qu'au prix même de sa vie il sauva plusieurs bibliothèques publiques ou particulières, principalement celles de Saint-Victor, de Malesherbes, de Lavoisier, etc., en les faisant secrètement transporter, soit dans les hôpitaux, soit dans les églises fermées au culte. Ce fut plus tard, pour lui, quand le calme se rétablit, un long travail de classement et de triage. Ameilhon est l'auteur d'un nombre prodigieux d'ouvrages, signés ou anonymes, dont les plus connus sont: *Histoire du Bas-Empire*, qu'il continua après la mort de Le Beau; *Eclaircissements sur l'inscription trouvée à Rosette*, ouvrage que l'Institut, dont il était aussi membre, le chargea, en son nom, de présenter à Bonaparte. En outre il écrivait dans plusieurs journaux ou recueils qu'il enrichissait de mémoires sur les mœurs et les arts des anciens. Il abjura plus tard ce qu'il appelait ses erreurs révolutionnaires, et accepta les fonctions de marguillier de sa paroisse, qu'il remplissait au moment de sa mort, arrivée le 5 novembre 1811.

AMELAND, île de Hollande (Frise), dans la mer du Nord, à 15 kil. de la côte. Pop. 2,000 hab.

AMELGARD, prêtre de Liége, qui vivait vers la fin du XVe siècle. Certains historiens lui attribuent une histoire de Charles VII et de Louis XI, écrite en latin; pour nous, nous penchons à croire que le véritable auteur de cette histoire est Basin. D'ailleurs, elle n'a jamais été éditée, on la trouve manuscrite à la bibliothèque impériale de Paris. Amelgard, d'après l'ordre de Charles VII, aussitôt que les Anglais furent chassés de France, condamna l'inique procès de Jeanne d'Arc.

AMÉLIA, île des Etats-Unis (Floride), dans l'Océan atlantique. Elle a 22 kil. de long sur 3 de large. Sa ville principale est Ferdinandina, et possède un bon port.

AMÉLIA, ville du royaume d'Italie, à 30 kil. de Spolète. Pop. 5,000 hab. Cité la plus importante de l'Ombrie, elle est le siége d'un évêché, et fut la patrie du célèbre comédien Roscius, ami de Cicéron.

AMÉLIE (Anne), princesse de Prusse, sœur de Frédéric II, naquit en 1723. Elle se distingua par ses vertus, par son goût pour les arts, surtout pour la musique. Elle eut pour maître, en cet art, Keemberger, compositeur de la cour, et obtint du succès en mettant en musique le poëme de Ramler sur la *Mort du Messie*. Ce morceau contient de nombreux passages brillants, pleins de verve et d'harmonie. Elle mourut à Berlin en 1787.

AMÉLIE (Anne), duchesse de Saxe-Weimar, née le 24 octobre 1739, fille du duc Charles de Brunswick-Wolfenbuttel. Veuve à 19 ans du duc Ernest-Auguste-Constantin, elle administra son peuple avec sagesse et sut réparer les maux qui l'avaient accablé pendant la guerre de Sept-Ans. Nature d'élite, elle s'entoura des littérateurs et des artistes les plus distingués de l'époque; c'est ainsi que l'on vit réunis à la cour de Weimar: Wieland, Herder, Gœthe, Seckendorf, Bœttinger, Bode, Knœbel et Musæus. Elle mourut du chagrin que lui causa la perte de la bataille d'Iéna, le 10 avril 1807.

AMÉLIE-LES-BAINS, village du départ. des Pyrénées-Orientales (Roussillon), à 5 kil. de Céret, dans le cant. d'Arles-sur-Tech, à 881 kil. de Paris. Pop. 500 habitants. Louis XIV y construisit le Fort-les-Bains, et, au-dessous, se trouvent les eaux thermales, qui jouissent d'une grande réputation.

AMELOT DE LA HOUSSAYE (Nicolas), né à Orléans en 1634, fut attaché comme secrétaire d'ambassade à Venise, sous les ordres du président Saint-André, 1669. Ses nombreux ouvrages ne purent le sauver de la misère, et peut-être serait-il mort de faim, sans le secours d'un abbé. S'étant d'abord livré aux études politiques, il traduisit Machiavel en 1683, s'occupa ensuite d'histoire, et donna la traduction de l'*Histoire générale de Venise*, de Marc Velserus, avec addition de notes, commentaires, etc. Son style est âpre, haché et pénible, bien que parfois satirique et mordant. Il est rarement à côté de la vérité. Amelot mourut dans la misère à Paris, en 1706.

AMENDE. Nom donné à une peine pécuniaire imposée par la loi à raison d'une contravention, d'un délit ou d'un crime, et prononcée tantôt seule, tantôt accessoirement à une peine plus grave.

AMENDE HONORABLE. Punition infamante, usitée autrefois en France, et à laquelle on condamnait ceux qui s'étaient rendus coupables d'un scandale public, tels que les séditieux, les faussaires, les banqueroutiers frauduleux, les sacriléges, ou ceux qui avaient commis un acte de lèse-majesté. Le condamné, la corde au cou, en chemise, escorté du bourreau, faisait cette amende honorable à genoux devant le parvis d'une église. Elle fut abolie en 1791.

AMENDEMENT. On appelle ainsi, en langage parlementaire, toute modification proposée ou faite à un projet de loi. Dans notre législation actuelle, pour qu'un amendement puisse être présenté, il faut qu'il soit signé par cinq députés ou cinq sénateurs.

AMÉNOPHIS, nom que portèrent plusieurs pharaons de la 18e dynastie, qui régnèrent à Thèbes, en Egypte.

AMÉNOPHIS Ier, chef de la 18e dynastie (1822 ans av. J.-C.); il acheva l'œuvre de son père Toutmosis, en expulsant le peuple barbare des Hyksos.

AMÉNOPHIS III (1692-1661). Il recula les limites de son empire, fit élever de splendides monuments, dont les restes, à Louqsor peuvent encore nous donner une idée, et, ayant invité les prêtres à se rendre dans son palais, il leur annonça que, désormais, ils relèveraient directement de lui. Ce roi est très-probablement le Memnon de la Grèce. Sa statue si fameuse rendait, au premier rayon de l'aurore, des sons harmonieux. On cite encore un autre Aménophis que l'Exode donne comme persécuteur des Hébreux. Nous le croyons le père de Sésostris, qui vit une seconde fois l'Egypte ravagée par une invasion d'Hyksos.

AMENTA (Nicolas), littérateur, né à Naples en 1659, se distingua dans cette ville comme avocat; sorti du barreau, il trouvait encore des loisirs pour perfectionner ses études approfondies de la langue toscane; il a écrit, à ce sujet, un ouvrage intitulé: *Della lingua nobile d'Italia*. Son bagage littéraire s'augmenté encore d'autres recherches de littérature et d'érudition, et surtout de sept comédies en prose, qui ont passé pour les chefs-d'œuvre du genre et du temps: la *Costanza*, *il Forca*, la *Fante*, etc. Amenta sema aussi dans ses ouvrages des poésies diverses, des satires ou *capitoli*, et mourut en 1719.

AMENTHES, AMANTHIS ou AMENTI, nom donné au royaume des morts chez les anciens Egyptiens. Osiris en était le souverain et y prononçait sur le sort des vivants.

AMENTUM. Courroie fixée à un long javelot et dont les soldats romains se servaient pour le lancer à une très-grande distance.

AMERBACH (Vitus), né à Wendingen (Bavière), vers l'an 1487, se livra avec ardeur et succès à l'étude des sciences et surtout de la théologie, de la philosophie et du droit. Il partagea pendant quelque temps les doctrines de Luther et de Mélanchthon, dont il était le disciple; mais il revint à la religion catholique et obtint une chaire à Ingolstadt, où il professa la philosophie. Profond savant et homme sérieux, il ne dédaigna pas la poésie et écrivit des pièces de vers, des épigrammes, des épitaphes; mais il s'occupa surtout de philosophie. On lui doit aussi des notes et des commentaires sur les *Offices* de Cicéron, les *Tristes* d'Ovide, l'*Art poétique* d'Horace, etc., et la traduction en latin de discours grecs, de Démosthène, d'Isocrate, de la *Providence*, de saint Jean Chrysostome et de la *Foi catholique* d'Epiphane. Amerbach mourut en 1557.

AMERBACH (Jean), célèbre imprimeur de Bâle, né en Souabe, à Rutlingen, revit et corrigea les Œuvres de saint Augustin, qu'il publia en caractères ronds, de l'épaisseur de 12 points typographiques (mesure actuelle), 1506. Ces caractères portent encore aujourd'hui le nom de Saint-Augustin. Amerbach commença aussi une semblable édition du saint Jérôme, mais la mort arrêta ses travaux.

AMERBACH (Jean-Boniface), fils aîné du précédent. S'étant adonné à l'étude du droit, il obtint à Bâle, sa patrie, une chaire où il professa la jurisprudence fort longtemps. Il mourut en 1562.

AMÉRIC VESPUCE (Amerigo Vespucci), né en 1451, descendait d'une célèbre famille florentine; il fut d'abord employé dans les approvisionnements des vaisseaux; mais là, entendant sans cesse parler des succès de Colomb, il fut pris soudain aussi de la passion des découvertes; c'était l'époque des grands navigateurs. Améric qui avait étudié avec succès la physique, l'astronomie et la cosmographie, fit d'abord un voyage sous les ordres d'Ojéda, dont les vaisseaux côtoyèrent longtemps la terre ferme. De retour à Cadix, Améric entreprit bientôt un nouveau voyage, dans lequel il découvrit plusieurs îles, mais, devant les murmures des équipages, il dut retourner en Europe. Ferdinand et Isabelle, à la nouvelle de ses succès, l'accueillirent parfaitement; mais il passa au service d'Emmanuel, roi de Portugal, pour lequel il entreprit encore plusieurs voyages, et visita le littoral du Brésil jusqu'à la terre des Patagons. Pendant sa vie, il fut comblé d'honneur par le roi et la république de Florence, sa patrie. Il tenta même, en publiant un journal où se trouve la relation, souvent inexacte, de ses voyages, d'usurper la gloire de Christophe Colomb. Il prétendit que seul avec Ojéda, dans son expédition de 1497, il découvrit l'Amérique, où Colomb n'arriva qu'en 1498; mais les historiens ont fait justice de ce mensonge, car Améric ne fit son voyage qu'en 1499, et encore ne découvrit-il que les côtes septentrionales de l'Amérique du Sud. Quoi qu'il en soit, on donna son nom, de son vivant même, à cette partie du monde, par suite de la publication de son journal, sans doute (1507); mais la gloire de l'immortel Génois n'en rayonna pas moins du plus pur éclat, et même en prononçant le nom de l'Amérique, on pense aussitôt à Christophe Colomb. Dernièrement, M. de Santarem, dans un ouvrage intitulé: *Recherches historiques sur la découverte du nouveau monde, et notamment sur les prétendues découvertes d'Améric Vespuce*, a montré parfaitement la cause et la marche de cette usurpation.

Améric Vespuce mourut, selon les uns, à Séville, en 1512; selon les autres, dans l'île de Terceire, en 1516.

AMÉRIQUE, une des cinq parties du monde, nommée aussi Nouveau-Monde, à cause de sa découverte faite seulement en 1492, et appelée d'abord Indes occidentales par Christophe Colomb, qui la prenait pour la continuation de l'Asie. L'aspect général de cette contrée, un des plus grands continents connus, présente d'immenses terres déchirées, surtout dans le N., par de profondes échancrures, et jetées presque d'un pôle à l'autre, dans une longueur de plus de 14,000 kil. L'Amérique est bornée à l'E. par l'Atlantique, qui la sépare de l'Afrique et de l'Europe; au S. par le détroit de Magellan, qui la sépare de la Terre de Feu; à l'O. par le grand Océan ou Mer pacifique, qui la sépare de l'Asie et de l'Australie, et au N. par l'Océan glacial arctique. Ce vaste continent, dont les limites et la forme, au N., sont encore imparfaitement connues, s'étend du 80e au 55e degré de lat. N., et du 18e au 170e degré de long. O. Sa largeur varie beaucoup, mais elle atteint à peine 45 kil. à l'isthme de Panama, qui divise naturellement l'Amérique en deux grandes parties: l'Amérique septentrionale et l'Amérique méridionale. — *Division*: L'Amérique septentrionale, bizarrement échancrée par des baies et des golfes profonds, séparée de l'Amérique méridionale par l'isthme de Panama et la mer des Antilles, se divise en 7 parties: 1° les Terres arctiques ou Amérique danoise, comprenant: le Groënland, le Spitzberg et la terre de Baffin; 2° l'Amérique russe, sur la mer de Behring, composée des pays des Esquimaux, des Kitègnes, des Kénoïzes, etc., et des archipels des Aléoutes, des Kolucies, etc.; 3° l'Amérique anglaise, comprenant la Nouvelle-Bretagne, les Terres arctiques anglaises, les Antilles anglaises, la Guyane anglaise et l'archipel de Magellan; 4° les Etats-Unis, dont les provinces principales sont New-Hampshire, New-York, Connecticut, Massachussets, etc.; 5° le Mexique, formé de la Nouvelle-Californie, de la Vieille-Californie, du territoire de Colima, etc.; 6° Guatémala; 7° les Antilles, composées de plusieurs îles: Cuba, Haïti (indépendant), la Guadeloupe, la Désirade, la Jamaïque, etc. L'Amérique du Sud, qui a à peu près la forme de l'Afrique, se divise en 12 Etats: les républiques de Vénézuéla, de Nouvelle-Grenade, de l'Equateur, les trois Guyanes, anglaise, française, hollandaise, le Pérou, la Bolivie, le Chili, les provinces de la Plata, le Paraguay, le Brésil, la Patagonie et l'Araucanie.—Principales villes: Québec, Montréal (Amérique anglaise); Washington, Boston, Baltimore, Nouvelle-Orléans (Etats-Unis); Mexico, Acapulco, Vera-Cruz, Santa-Fé, Mérida, Campêche (Mexique); Santiago, Carthage, Léon (Guatemala); la Havane, Puerto del Principe, Santiago de Cuba, Bayans (Antilles); Valenia, Cumana, Barcelona, Varinas, Bogota, Santa-Maria, Lenia, Arequipo, Puno, Cuzco, Huanaco, Sacramento, Maldonado, Santiago, Curico, la Conception, Rio-de-Janeiro, Santa-Cruz, Morica, Mocacu, San-Francisco, San-Salvador, Mato-Grosso, George-Town, Nouvelle-Amsterdam, etc. Les mers et les golfes principaux sont: l'Océan atlantique, l'Océan pacifique et l'Océan glacial arctique; la Méditerranée arctique, qui, dans l'Atlantique, forme les golfes d'Hudson et de Baffin, la Méditerranée Colombienne qui comprend le golfe du Mexique et la mer des Antilles; la Mer vermeille, nommée aussi golfe de Californie, dans l'Océan pacifique, et la Mer de Behring; les golfes de Mackensie, de Kotzebue, de Georges IV, dans l'Océan glacial arctique; les golfes Saint-Laurent, Campêche, Honduras, Maracaïbo, Panama, les baies Repulse, Fundy, Delaware; l'entrée de Cook, etc. — Les principaux détroits sont: Lancaster et Barrow, la Furie, l'Hécla, Davis, Bahama; la Floride, Yucatan, Magellan, Lemaire, Belning.—Les caps sont: Farewell, San-Roque, Froward (Océan atlantique), Pilar, Blanco, Corrientes, Prince-de-Galles (Océan pacifique), Glaces-Barrow, Bathurst (Océan glacial arctique), Horn (archipel de Magellan).—Les péninsules sont: Melville, Labrador, Nouvelle-Ecosse, Floride, Yucatan, Californie, Tchougatches, Aloska, Tchouklthis. — Les îles sont innombrables; on y distingue: Terre-Neuve, les Antilles, les Malouines, Madre-de-Dios, Chéloé, Gallapagos, de Quadra et Vancouver, Aléoutiennes, l'Islande, le Groënland, la terre de Jean Moyen.—Les lacs sont communs; dans l'Amérique du Nord, ce sont les lacs Supérieur, Michigan, Huron, Saint-Clair, Erié, Ontario, Ouinipeg, etc.; dans l'Amérique du Sud, ce sont ceux de Maracaïbo, de Titicaca, des Harayes, etc.—Les fleuves principaux sont: le Saint-Laurent, le Meschacébé ou Mississipi, le Missouri, le Rio del Norte, la Magdalena, l'Orénoque, l'Amazone, l'Uruguay, le San-Francisco, le Rio de la Plata (Océan atlantique), la Colombia, le Colorado (Océan pacifique), le Mackensie (Océan glacial arctique). — Les chaînes de montagnes, qui se dirigent généralement du N. au S., sont: les montagnes Rocheuses (partie occidentale de l'Amérique septentrionale), les Alleghanys (partie orientale des Etats-Unis); les Andes ou Cordillières (Amérique méridionale), les montagnes du Brésil.—Les principaux volcans portent le nom de Copiano et d'Antoco (Chili), d'Arequipa et de Lehama (Pérou), du Cotopaxi et du Pichinca (Equateur), de Guatémala et de San-Salvador (Amérique centrale), etc. La superficie de l'Amérique avec les îles est d'environ 40,000,000 kil. carrés et la population, composée d'Européens, d'Africains, de métis, comprend 50,000,000 hab. environ. Parmi les indigènes, on distingue: les Tchouktches, les Aléoutiens, les Esquimaux, les Iroquois, les Algonquins, les Hurons, les Tcherokis, les Chactas, les Criks, les Natchez, les Osages, les Sioux, les Aztèques, les Caraïbes, les Araucans, les Guaycurus, les Guaranis, les Péruviens, les Puelches, les Patagons, etc.—Bien longtemps avant la découverte de Christophe Colomb (1492), l'Amérique, dit-on, avait été colonisée par des pirates scandinaves, sous la conduite d'Eric le Rouge, qui découvrit le Groënland en 986, et vit ses compagnons s'établir, en 1002, dans l'île de Terre-Neuve. Des vaisseaux, phéniciens et carthaginois, ajoutent certains historiens, ont même abordé, à une époque très-reculée, sur les côtes du Mexique; quoi qu'il en soit de toutes ces versions, c'est le Génois Christophe Colomb qui la fit connaître à l'Europe, et, par une ingratitude qui est le propre de l'humanité, n'eut même pas la gloire de lui donner son nom. A la nouvelle de cette découverte, de tous les points de l'Europe on vit se lever des aventuriers ruinés, que leurs passions avides, trop à l'étroit dans l'ancien monde, poussèrent vers le nouveau. Ce fut une fièvre, un délire général; la soif de l'or était presque partout, l'imagination la plus exaltée ne pouvait rêver plus de trésors que n'en contenait l'Amérique; on déserta l'Europe, on émigra en bandes nombreuses, on se mit à suivre les navigateurs cherchant d'autres mondes encore dans ce monde récemment connu. Ce fut un terrible malheur pour les indigènes, qui se virent soudain à la merci de la cupidité brutale des Européens. Sans cesse, pendant trois siècles, de nouvelles bandes, attirées par des récits éblouissants, arrivèrent avec Fernand Cortez, Pizarre, Almagro, Pinçon, Cabral, Magellan, Lewis et Clarke, Quadra et Vancouver, Franklin et Parry, etc. Et vraiment, il y avait de quoi exciter les imaginations en face des productions en tous genres de ce sol fertile: or, argent, étain, plomb, fer, mercure, cuivre, diamants et pierres précieuses, surtout au Chili, au Brésil et au Pérou; ananas, bananier, canne à sucre, caféier, cactus, nopal à cochenille, campêche, acajou, quinquina, caoutchouc, tabac, maïs, topinambour, pomme de terre, etc.; bison, jaguar, congouar, lama, vigogne, sarigue, tapir, condor, serpent à sonnettes, caïman, etc. L'air de l'Amérique est en général assez sain; cependant quelques endroits sont sujets à des maladies endémiques. Le climat est varié; froid sur les hauts plateaux, il est brûlant aux Antilles, au Mexique, au Brésil, etc. La civilisation était peu avancée et les arts peu cultivés avant la venue des Européens, certaines peuplades même y étaient d'une férocité épouvantable. Les peuples d'origine européenne, soumis d'abord aux puissances dont ils tiraient leur naissance, ont peu à peu secoué ce joug, et presque tous ont recouvré leur indépendance. L'Amérique, à proprement parler, n'a pas d'histoire générale; son histoire ne commence en quelque sorte qu'avec les Etats dont elle se compose, et c'est là que nous nous réservons de la traiter à fond. (*Voir* les mots ETATS-UNIS, MEXIQUE, BRÉSIL, PÉROU, etc.)

AMERSFORD, ville de Hollande, dans la province d'Utrecht, distante de cette ville de 20 kil. Pop. 12,900 hab. Elle fut la patrie de Jean Barneveldt.

AMERSHAM, ville d'Angleterre (comté de Buckingham), à 48 kil. de Londres. Pop. 2,850 hab. Son commerce consiste en la fabrication de dentelles noires.

AMÉRYTES, dynastie arabe descendant d'Abou-Amer-Mohammed Almanzor, qui s'éleva sur les ruines de la monarchie des Ommiades et régna à Valence pendant le XIe siècle.

AMESBURY ou AMBRESBURY, ville d'Angleterre (comté de Wilts), à 12 kil. de Salisbury. Pop. 950 hab. On remarque dans cette ville les ruines d'une abbaye de bénédictins, fondée en 880. Addison naquit près de là, à Milston.

AMFREVILLE, nom connu glorieusement dans la marine française. Trois frères, qui se distinguèrent surtout à la Hogue, en 1692, l'ont porté sous le règne de Louis XIV.

AMFREVILLE-LA-CAMPAGNE, ch.-l. de cant. de l'arrond. de Louviers (Eure), dont il est distant de 16 kil. Pop. 690 hab.

AMHARA, Etat indépendant d'Abyssinie; pays montueux où l'on remarque la haute montagne d'Amba-Goschen. La capitale est Gondar.

AMHERST (Jeffery, lord), général anglais, né en 1717, mort en 1793. Après avoir assisté aux batailles de Raucoux, Dettingen, Fontenoy, Lawfeld et Hastenbeck, comme officier d'état-major du duc de Cumberland, il se mit à la tête des troupes anglaises qui, après avoir réduit en Amérique Louisbourg, le fort Duquesne, le fort Niagara, Ticonderago, Crown-Point, Québec et Montreal, s'empara du Canada. En 1761, il fut nommé gouverneur des provinces anglaises du Nouveau-Monde avec le titre de baron de Holmesdale (comté de Kent).

AMHERST (William Pitt, comte D'), neveu du précédent, né en 1770. Il suivit la carrière diplomatique et quitta l'Angleterre avec une suite nombreuse, après avoir reçu l'ordre de la Compagnie des Indes d'aller en Chine, pour mettre un terme aux difficultés et aux entraves que le commerce anglais éprouvait sans cesse dans ce pays. Il revint sans avoir obtenu de résultat. Nommé gouverneur général des Indes orientales, il s'attira des reproches à cause de sa sévérité. Il mourut en 1845.

AMHERST ou AMHERST-TOWN, ville forte de l'Hindoustan anglais, ch.-l. du Martaban. Pop. 2,000 hab. Fondée en 1828 par les

Anglais, elle possède un port grand et sûr à l'embouchure du Salouen.

AMIANTE, variété de l'asbeste, substance de nature pierreuse et dont les molécules sont disposées en filaments très-déliés et très-souples, d'un aspect soyeux, d'une couleur ordinairement grise. Les anciens en faisaient une étoffe, sorte de toile, dans laquelle on brûlait les corps des grands personnages, afin de recueillir leur cendre non mélangée avec celle du bûcher; car la principale propriété de cette toile minérale est d'être incombustible.

AMICI (Giovanni-Battista), directeur de l'observatoire de Florence, l'un des physiciens les plus illustres de notre époque. Né à Modène en 1786, il remplit d'abord, en 1807, les fonctions d'ingénieur et entra comme professeur de géométrie et d'algèbre au collége de Modène. Il s'appliqua surtout au perfectionnement des instruments d'astronomie. Il mourut à Florence, le 10 avril 1863.

AMIENS, ch.-l. du départ. de la Somme, à 128 kil. de Paris et à 147 par le chemin de fer. Pop. 47,500 hab. Cette ville, située sur la Somme, qui se divise en onze canaux, se compose de deux parties : la ville haute et la ville basse. La ville haute a des rues larges, bien percées, mais mal alignées, bordées cependant par ci par là de belles maisons. La ville basse a été bâtie sur l'emplacement de celle de César, et on raconte des merveilles de la manufacture d'armes qu'y avait fondée le conquérant. Louis XI l'appelait *petite Venise*, parce que la Somme s'y ramifie en onze bras qui, se rejoignant et se séparant de nouveau, forment une infinité d'îles unies par des ponts en pierre. Elle ne contient que de vieilles constructions. Le plus beau monument est la cathédrale, dont Robert de Luzarches fut l'architecte; elle fut commencée en 1220 et fut achevée en 1288. Sa flèche, de 70 mètres de hauteur, fut construite en 1529. L'hôtel de ville est très-mal situé, et sa façade en est à peine convenable; il renferme quelques bons tableaux. Amiens est le siége d'un évêché suffragant de Reims; il possède une église consistoriale de calvinistes, le musée Napoléon, élevé en 1855, une bibliothèque qui contient 45,000 volumes, une académie universitaire, un lycée, une cour d'appel pour les départements de la Somme, de l'Aisne et de l'Oise, un tribunal et une chambre de commerce, une bourse, une école secondaire de médecine et de pharmacie, un grand séminaire, dont le petit est à Saint-Riquier, village situé à 10 kil. d'Abbeville; une école normale primaire départementale, une école modèle d'enseignement mutuel, une académie littéraire, un musée de peinture, un jardin botanique et une salle de spectacle. Son commerce consiste en draps, casimirs, velours, moquettes, étoffes de laine, toiles, indiennes, tapis et toiles peintes, surtout en alépines, satins de laine, étoffes de poil de chèvre, escots, camelots, napolitaines, peluches, pannes, velours d'Utrecht et en velours de coton, linge damassé casimir, dont 130,000 pièces sont annuellement vendues, en bonneterie, tulles, cordes et cordages, cardes, cuirs vernis et produits chimiques. Cette ville possède aussi de nombreuses filatures de laine et de coton, des imprimeries sur étoffes, des teintureries, des moulins à foulon, des tanneries, corroiries et brasseries. Il s'y fait un commerce important en laines, grains, graines, huiles et produits manufacturés. Amiens a beaucoup perdu de sa force. Autrefois entourée de magnifiques fortifications, il ne lui reste plus que sa citadelle, que le temps dégrade de jour en jour. Lors de l'invasion des Barbares, elle fut prise par les Alains, les Vandales et les Francs. Mérovée y fut élu roi et Clodion en fit sa résidence. Elle fut ravagée par Attila et les Normands. Charles VII la vendit au duc de Bourgogne pour 400,000 écus, et Louis XI la racheta pour le même prix. Les Espagnols s'en emparèrent par surprise en 1597; elle leur fut reprise par Henri IV, qui fit bâtir sa citadelle. Amiens est célèbre par le traité qui y fut signé le 27 mars 1802.

AMIENS (paix d'), signée le 27 mars 1802 entre la France, l'Angleterre, l'Espagne et la Hollande, représentées par Joseph Bonaparte, lord Cornwallis, le chevalier d'Azara et M. Schimmelpennink. L'Angleterre devait restituer ses conquêtes coloniales, excepté les îles de Ceylan et de la Trinité; pendant que la France gardait ses conquêtes, mais devait évacuer les Etats de l'Eglise et de Naples; on rendait Malte à l'ordre des chevaliers de Malte, et l'Espagne, ainsi que la Hollande, rentraient en possession de leurs colonies. Cette paix fut bientôt désapprouvée par l'Angleterre, qui ne voyait pas sans appréhension le premier consul préparer une expédition contre Saint-Domingue et vouloir établir dans tous les ports d'Irlande des consulats français. La déclaration de guerre du 18 mai 1803 vint rompre les relations de l'Angleterre et de la France.

AMILCAR, général carthaginois, fils de Magon, fut vaincu en Sicile par Gélon, en l'an 480 av. J.-C. Le jour même avait lieu la fameuse bataille de Salamine.

AMILCAR-BARCA, père d'Annibal, naquit à Carthage, combattit Rome en Sicile pendant la première guerre punique. De retour en Afrique, il défendit Carthage contre les Mercenaires et les Numides coalisés, passa en Espagne et y fut tué, l'an 228 av. J.-C., dans une bataille qu'il livrait aux Vectons, peuple de la Lusitanie, en Portugal. C'est en partant pour cette expédition qu'il fit jurer à son fils une haine implacable pour les Romains. Au milieu de cette nation de marchands qui, de Carthage, enserrait le monde par son commerce, seul il avait compris le danger que présentait la puissance naissante des Romains, et il sentait que l'empire de l'univers allait être mis en question : c'est pourquoi il s'était constamment montré l'ennemi acharné de Rome et avait élevé son fils dans une haine qui devait la mettre un jour à deux doigts de sa perte.

AMILCAR, fils de Bomilcar, fut vaincu en Espagne par les Scipions, avec Asdrubal et Magon, à Illiturgis en Bétique, l'an 215 av. J.-C.

AMINA, royaume nègre de l'Afrique occidentale, sur la côte d'Or en Guinée supérieure. Capitale Dsabbie. Ce royaume est tributaire des Achantis.

AMIOT (le Père), jésuite français, né à Toulon en 1718, mort à Pékin en 1794. Il arriva à Macao en 1750 et fut appelé, l'année suivante, à Pékin, par ordre de l'empereur. Savant distingué et d'un zèle extraordinaire, on lui doit les renseignements les plus complets que l'on ait sur la Chine.

AMIRAL, commandant supérieur d'une flotte. Sous l'ancien régime, la dignité d'amiral était une des premières de la couronne, Richelieu la fit supprimer en 1627 à cause des grandes prérogatives qui y étaient attachées. Depuis 1830, ce grade est assimilé à celui de maréchal de France, et l'amiral en porte le costume.

AMIRANTE, titre d'un des grands officiers de la Castille, répondant à celui de grand amiral de France.

AMIRANTES. On appelle ainsi un groupe de onze îlots de la mer des Indes, faisant partie de l'archipel des Seychelles.

AMIRAUTÉ, conseil consultatif de la marine créé en 1824. On donne ce nom en Angleterre à l'administration générale de la marine.

AMIRAUTÉ (île de l'), île de l'Amérique russe, dans le grand Océan, située entre la côte américaine et l'archipel du roi George. Sa superficie est de 100 kil. de long. sur 30 de larg. Elle fut découverte par Vancouver, en 1794. Parsemée de forêts, elle est habitée par des Indiens.

AMIRAUTÉ (îles de l'), archipel du grand Océan équinoxial, dans l'Australie, entre la Papouasie et la Nouvelle-Irlande. Cet archipel est composé de 20 à 30 îles dont la principale est celle de la *Grande Amirauté*, qui a 100 kil. de long. Découvertes par les Hollandais, en 1616, elles furent visitées en 1767 par Carteret-Maurelle en 1781, et d'Entrecasteaux en 1793.

AMITIÉ, affection de l'âme qui entraîne deux personnes l'une vers l'autre et qui forme entre elles une sorte de contrat tacite de constance et de solide union. Le fonds réel de l'amitié est une sorte d'égoïsme qui fait que l'on aime quelqu'un à cause du charme que l'on éprouve en sa compagnie, des qualités qu'il possède et qui vous plaisent. C'est ce qui explique aussi pourquoi l'amitié entraîne souvent la lassitude et dépérit par l'ennui. Mais lorsqu'au lieu de l'égoïsme, c'est une générosité sans bornes qui anime deux personnes, que cette générosité est fondée sur une estime mutuelle et des qualités sérieuses, alors elle ne finit qu'avec la vie de ceux dont elle a fait le bonheur. Quoi de plus touchant que ces paroles de Montaigne relatives à la Boëtie, qui avait été son ami : « Si on me presse de dire pourquoi je l'aimais, je sens que cela ne peut s'exprimer qu'en répondant : Parce que c'était lui, parce que c'était moi... Les plaisirs même, au lieu de me consoler, me redoublent le regret de sa perte; nous étions à moitié de tout, il me semble que je lui dérobe sa part. »

AMIX ou MIXE (LA), pays de la basse Navarre, capitale Saint-Palais, arrond. de Mauléon (Basses-Pyrénées).

AMLWEH, ville d'Angleterre, avec un port sur la côte N. de l'île d'Anglesey. Pop. 6,000 hab. La montagne de Pary renferme des mines de cuivre, qui ont donné jusqu'à 3,000,000 kilog. de métal par an; mais aujourd'hui leur produit est bien diminué.

AMMAN, fonction civile de la Suisse et de l'Allemagne, qui correspond à celle de maire, bailli ou prévôt. Le grand-prévôt d'une province prend le titre de landamman.

AMMIEN MARCELLIN, historien latin, né à Antioche, dans le IVe siècle, et mort à Rome, vers 390. Il fit longtemps la guerre en Europe et en Asie pendant les règnes de Constance, de Julien et de Valens. A la mort de ce dernier, il abandonna la carrière des armes et se retira à Rome, où il écrivit une *Histoire des Empereurs* en 31 livres, dont les 13 premiers sont perdus. Ecrivant dans une langue qui n'était pas la sienne, le style d'Ammien-Marcellin n'est pas sans reproche.

AMMON, c'est-à-dire *Soleil*, divinité libyque dont le culte, répandu dans toute l'Afrique, fut transporté à Thèbes, puis dans la grande Oasis, appelée aujourd'hui *Syouah*, à 356 kil. d'Alexandrie. On voit encore dans cette oasis les ruines du temple de Jupiter Ammon et la fontaine du Soleil. Ce Jupiter avait une tête de bélier, et ses oracles étaient très-renommés.

AMMON, né, ainsi que son frère Moab, du commerce incestueux de Loth avec ses filles. C'est lui qui fut le père de la race des Ammonites.

AMMONITES, *Ammônitaï*, peuples infidèles, descendant d'Ammon, qui habitaient au S. de la Palestine et avaient Rabbath-Ammon pour capitale. Battus par Jephté, Saül et David, Joab, général de ce dernier, marcha contre eux et les extermina complétement.

AMMONIUS, prêtre égyptien. Après la destruction du temple d'Alexandrie, en 389 ap. J.-C. il se réfugia à Constantinople, où il fut le maître de l'historien ecclésiastique Socrate.

AMMONIUS, fils d'Hermias et élève de Probus. Il enseigna, vers l'an 500 après

J.-C., avec son frère Héliodore, la philosophie à Alexandrie.

AMMONIUS SACCAS, c'est-à-dire *portefaix*, philosophe d'Alexandrie, né dans la pauvreté, il se vit forcé d'abord de se faire portefaix pour vivre. Il fonda, vers l'an 183 de J.-C., l'école néo-platonicienne d'Alexandrie. Il eût pour disciples Longin, Origène et Plotin.

AMNISTIE, acte du pouvoir souverain qui a pour objet de proclamer l'oubli des crimes ou délits commis par toute une classe de coupables. L'usage de l'amnistie se retrouve chez les Grecs et les Romains, qui par là mettaient ordinairement un terme à leurs luttes civiles, parce qu'il y avait trop de coupables pour songer à les punir tous.

AMNON, fils aîné de David. Ayant outragé sa sœur consanguine Thamar, il fut tué par Absalon son frère, deux ans après, dans un festin (1030 av. J.-C.).

AMOL ou **AMOU**, ville de la province de Mazenderan (Perse), à 18 kil. de l'embouchure de l'Herrouz dans la mer Caspienne. Pop. 35,000 hab. Cette ville est remarquable par les ruines du palais de Schah-Abbas, et possède des mines de fer dans ses environs.

AMON, roi de Juda, de 640 à 639 av. J.-C. Ce prince fut assassiné par ses serviteurs.

AMON (Jean-André), compositeur de musique, né à Bamberg, en 1763; élève de Sacchini, il devint excellent chef d'orchestre et professeur de chant. Il était maître de chapelle du prince de Wallenstein, lorsqu'il mourut vers la fin de 1825, laissant un grand nombre d'ouvrages de musique instrumentale.

AMONEBOURG, ville de Hesse-Cassel, située à 12 kil. de Marbourg. Pop. 1,150 hab. Le 21 septembre 1762, les Français et les Alliés se battaient dans cette ville, lorsqu'un traité de paix vint arrêter le combat; pour perpétuer ce souvenir, on a élevé un monument à l'endroit même du combat interrompu.

AMONT (pays d'), dans l'ancienne Franche-Comté; cap. Gray, sur la Saône.

AMONTONS (Guillaume), physicien français, né à Paris, le 31 août 1663. Atteint de surdité à l'âge de 15 ans, il s'appliqua à l'étude des mathématiques et s'occupa à en perfectionner les instruments. Il mourut le 11 octobre 1705.

AMORBACH, ville de Bavière (Basse-Franconie), à 30 kil. d'Aschaffenbourg. Pop. 2,580 hab. Cette ville est remarquable par son ancienne et riche abbaye de bénédictins, qui est devenue l'une des résidences des princes de Leiningen.

AMORETTI (l'abbé Charles), géographe et minéralogiste distingué, né à Onéglia, dans le Milanais, en 1740. Il fut d'abord, jusqu'en 1772, professeur de droit canon à Parme, et devint, à partir de 1797, un des conservateurs de la bibliothèque Ambroisienne. Appartenant à l'ordre de Saint-Augustin, il demanda sa sécularisation afin de pouvoir s'appliquer davantage aux sciences. Il perfectionna ses connaissances dans plusieurs voyages qu'il fit, entre autres dans les Alpes, pour étudier à fond la minéralogie. Amoretti fut nommé membre de l'Institut d'Italie, du conseil des mines, et il était chevalier de l'ordre de la Couronne de fer depuis sa création, en 1805. Il mourut à Milan en 1816, laissant de nombreux ouvrages.

AMORGOS, anciennement *Amorgo*, île de l'archipel des Cyclades, de 50 kil. de tour. Pop. 2,500 hab. Cette île, dans l'antiquité, renfermait trois villes dont on a retrouvé quelques ruines. La capitale de cette île est Amorgos; Minoa fut la patrie du poëte Simonide, d'Arcésine et d'Ægiale.

AMOROS Y ONDEANO (Don Francisco), né à Valence (Espagne) en 1770. Il servit d'abord avec distinction jusqu'au traité de Bâle (22 juillet 1795), et fit adopter son projet d'organisation d'un *ministère de l'intérieur* qui n'existait pas encore en Espagne. En 1807 il fut chargé de l'éducation de l'infant d'Espagne, don François de Paule. Mais ayant eu à se plaindre de Ferdinand VII, il se déclara, lors de l'invasion française, pour Joseph Bonaparte, qui le nomma conseiller d'Etat, intendant général de la police, commissaire royal de la province de Guipuzcoa, puis ministre de l'intérieur, de la police, et gouverneur des provinces de Madrid, d'Avila, d'Estramadure et de la Manche. Le retour de Ferdinand VII, en 1814, le força à chercher un refuge en France; il s'occupa dès lors à doter sa nouvelle patrie d'institutions gymnastiques, qui prirent sous son impulsion de grands développements. Il mourut en 1848.

AMORRHÉENS ou **AMORITES**, peuple chananéen, qui habitait la Palestine avant la conquête qu'en firent les Hébreux.

AMORTISSEMENT. Nom qu'on donne en langage financier à tout fonds destiné à solder, à éteindre, en quelque sorte, des actions, des obligations ou des rentes. Lorsqu'une grande administration ou un Etat contracte un emprunt, il est d'usage de constituer, en dehors du service des intérêts un fonds spécial qui, par sa capitalisation, refait le capital dans un temps déterminé.

AMOS, l'un des douze petits prophètes. Il exerça sa mission à Béthel, sous Jéroboam II, roi d'Israël, et Osias, roi de Juda.

AMOU, ch.-l. de cant. de l'arrond. de Saint-Sever (Landes), dont il est distant de 28 kil. Pop. 1,050 hab. Son sol est fertile et productif.

AMOUR. Sentiment indéfinissable qui attire les sexes l'un vers l'autre, et qui produit chez l'homme une agitation inconnue qui parcourt tout son être, lui ouvrant des horizons nouveaux. L'amour, si on le considère au point de vue métaphysique et philosophique, est cette force universelle et intime, mystérieuse et sans bornes, qui relie les sociétés humaines, anime la nature et embellit la création en la perpétuant.

AMOUR, fleuve d'Asie, appelé *Fleuve noir* par les Mandchous, et fleuve du *Serpent noir* par les Chinois. Il prend sa source aux monts King'an, et après un parcours de 3,460 kil., il se jette dans une baie formée par l'île Tchoka et communiquant avec l'Océan pacifique.

AMOUR, (Saint-), ch.-l. de cant. de l'arr. de Lons-le-Saulnier (Jura), dont il est distant de 28 kil. Pop. 1,600 hab. On y remarque un château en ruines et des forges.

AMOUR (Pays d'), dans l'ancienne Bourgogne, en Franche-Comté, et ses villes principales sont : Charnay-sur-Saône et Chazelles (Saône-et-Loire), Pontailler, arrond. de Dijon, St-Julien (Jura).

AMOUR-PROPRE. Sentiment inhérent à tout homme, qui fait que l'on se préfère moralement à tout autre. De même qu'il n'est point d'individu, quelque laid qu'il soit, qui ne trouve de l'indulgence pour sa laideur physique, il n'en est point non plus qui n'en trouve pour sa laideur morale : l'amour-propre est donc une sorte de complaisance psychologique.

AMOYNES (les), pays de l'ancien Nivernais dont les villes principales sont Montigny et Amoynes.

AMPARLIERS. Nom donné, au commencement du XIVe siècle, aux défenseurs officieux de certaines causes devant le parlement de Paris. Les avocats les ont remplacés.

AMPAZA, ville de l'Afrique orientale, sur la côte de Zanguebar, capitale d'un petit royaume du même nom. On y fait un commerce d'esclaves, de poudre d'or et d'ivoire.

AMPÈRE (André-Marie), né à Lyon le 20 janvier 1775. Son père se chargea de son éducation et développa chez lui la faculté du calcul arithmétique. Il ne connaissait pas encore les chiffres qu'il calculait déjà avec des petits cailloux. Dès qu'il sut lire, il dévora avec avidité la modeste bibliothèque de son père, et s'appliqua ensuite au latin; il fit de tels progrès dans l'étude de cette langue qu'en quelques semaines il put lire avec fruit les auteurs latins Euler et Bernouilli. Après la mort de son père, exécuté en 1793, il s'adonna à la botanique et s'enthousiasma à la lecture des poëtes du siècle d'Auguste. Enfin il s'appliqua à l'acoustique, à la musique, au magnétisme et à l'électricité. Il mourut, le 10 juin 1836, d'une fièvre aiguë jointe à une grave affection de poitrine.

AMPÈRE (Jean-Jacques-Antoine), son fils, professeur d'histoire de la littérature française au collége de France; membre, depuis 1842, de l'Académie des inscriptions et belles-lettres, et, depuis 1847, de l'Académie française. Né à Lyon en 1800, il mourut à Paris en 1863. Après avoir pris part à la rédaction de divers journaux politiques, le savant professeur publia de nombreux travaux historiques recueillis dans ses voyages dans les contrées lointaines et qui dénotent de patientes recherches et une profonde érudition.

AMPFING, village de Bavière, à 10 kil. de Muhldorf; ce village est remarquable par un combat entre les Autrichiens et les Français, où Moreau, n'ayant que des forces inférieures, opéra la savante retraite qui fut couronnée par la victoire de Hohenlinden (1800).

AMPHIARAUS, devin célèbre, fils d'Oïclès. L'oracle lui avait annoncé qu'il mourrait s'il allait combattre Thèbes, et n'osant refuser de secourir Adraste, qui était en guerre avec cette ville, il se cacha; mais sa femme Eriphyle, fille d'Adraste, séduite par l'offre d'un collier, découvrit sa retraite; forcé alors de marcher contre Thèbes, il y fut englouti sous terre. Eriphyle fut poignardée par son fils Alcméon, qui vengea ainsi son père. On éleva un temple à Amphiaraüs, près de la ville d'Oropo en Béotie, à l'endroit même où il avait été englouti, et on lui offrait des sacrifices qui consistaient en un bélier, sur la peau duquel on dormait pour recevoir ses oracles.

AMPHICTYON, fils de Deucalion et de Pyrrha. Il partagea avec Hellen, son frère, les États de son père, dont il eut l'orient et régna aux Thermopyles et sur l'Attique après la mort de Cranaüs, son gendre (497 av. J.-C.). Il fonda aux Thermopyles une amphictyonie, sorte d'association politique et religieuse, ayant pour but de maintenir le bon ordre entre les divers peuples qui fréquentaient le temple de Cérès.

AMPHICTYONIS, surnom de Cérès, dont le temple était situé à Anthéla, près des Thermopyles.

AMPHICTYONS, grand conseil de la Grèce, formé des diverses amphictyonies de l'Attique et composé de douze députés des différents peuples confédérés, qui se réunissaient en assemblées générales, tantôt aux Thermopyles, dans le temple de Cérès, tantôt à Delphes, dans celui d'Apollon. On y traitait principalement les affaires religieuses et les différends qui s'élevaient entre les villes amphictyoniques.

AMPHIDROMÉES. On appelait ainsi des fêtes que l'on célébrait à Athènes, à la naissance d'un enfant, au moment de lui donner un nom. Après avoir promené le nouveau-né autour du foyer (*amphi*, autour; *dromos*, course), on le présentait aux dieux lares et on lui donnait un nom en présence de témoins, qui étaient ordinairement les parents paternels et maternels, qui apportaient des cadeaux. A l'occasion de cette cérémonie, l'extérieur de la maison était orné d'olivier, si c'était un garçon, et de guirlandes de laine, lorsque c'était une fille.

AMPHIGOURI, écrit burlesque, inintelligible, fait à dessein. On donne encore ce nom à un discours, à un écrit qui, contre l'intention de l'auteur, manque d'idées et de suite.

AMPHILOQUE, fils d'Amphiaraüs et frère d'Alcméon qu'il aida dans le meurtre d'Eriphyle leur mère, et avec lequel il avait fait la deuxième guerre de Thèbes et pris part au siége de Troie. N'ayant pu conserver le trône d'Argos, il alla fonder plusieurs villes en Cilicie et dans le golfe d'Ambrocie. Ayant établi un oracle à Mallus, avec l'aide de Mopsus, il fut tué par Apollon.

AMPHILOQUE (saint). Il se signala par son zèle contre les hérétiques et obtint l'évêché d'Icone, au IVe siècle. Président de plusieurs conciles, il condamna la doctrine des Ariens, condamnation qui fut ratifiée par l'empereur Théodose.

AMPHIMALLE, habit d'hiver fort commun chez les Romains; il était couvert de poils des deux côtés.

AMPHIMAQUE. Deux guerriers de l'antiquité ont porté ce nom, l'un était fils de Théatus, un des Molionides, et conduisit dix vaisseaux contre Troie; il fut tué par Hector; l'autre, prétendant d'Hélène et chef des Cariens avec Nastès, s'étant allié avec les Troyens, fut précipité par Achille dans le Scamandre.

AMPHIMÉDON, fils de Mélanthe, fut tué par Télémaque, pour avoir osé prétendre à la main de Pénélope.

AMPHION, fils de Jupiter et d'Antiope, reine de Thèbes, frère de Zéthus; ce sont eux qu'Euripide a surnommés les *Dioscures aux cheveux blancs*. Amphion éprouva une passion irrésistible pour la musique, dont les premières notions lui furent données par Apollon, qui lui avait fait présent d'une lyre. S'étant emparé de Thèbes, et voulant entourer cette ville de murs, il tirait des accords si doux et si mélodieux de son instrument, que les pierres, sensibles à ces sons harmonieux, venaient se placer d'elles-mêmes les unes sur les autres. Cette fable ingénieuse nous montre combien était grande l'influence de la poésie et de l'éloquence sur les premiers hommes. Amphion eut de Niobé, fille de Tantale, quatorze enfants, qui tombèrent sous les coups d'Apollon et de Diane. Il mourut du chagrin que lui causa cette perte cruelle.

AMPHIPOLES, magistrats établis à Syracuse par Timoléon, à la chute de Denys le Tyran, et qui gouvernèrent pendant 300 ans.

AMPHIPOLIS, ville de la Macédoine, située sur le Strymon, près de son embouchure dans le lac de *Cercinitis*, et à 22 kil. de la mer. Sur l'emplacement de cette ville se trouve aujourd'hui le village de *Néokhorio*, où l'on a découvert quelques ruines antiques. L'historien Thucydide, commandant de la flotte athénienne, fut envoyé en exil pour n'avoir pas su défendre Amphipolis. Cette ville fut prise d'assaut par Philippe, en 358. Patrie du grammairien Zoïle.

AMPHISSA ou SALONA, ville de la Grèce, située à 140 kil. d'Athènes. Pop. 8,000 hab. Siége d'un évêché, elle se trouve près de l'embouchure d'une petite rivière, dont elle a pris le nom, avec un port nommé *Porto di Salona*. Amphissa faisait autrefois partie de la Locride Ozole, et était, avec Naupacte, une des capitales des Locriens. Ses habitants ayant eu l'audace de labourer le territoire du temple de Delphes, les Amphictyons résolurent, excités par l'orateur athénien Eschine, une guerre contre Amphissa. Philippe, roi de Macédoine, qui avait été le promoteur secret de cette affaire, reçut le commandement des troupes, et, malgré l'intervention d'Athènes, prit et rasa la ville (339). Amphissa se releva et fournit 400 hoplites contre Brennus; Auguste lui rendit son autonomie pendant que le reste de la Locride Ozole était réunie à Patras.

AMPHITHÉATRE, nom qu'on donne à un endroit garni de gradins, d'où les élèves écoutent le cours d'un professeur, ou bien encore dans un théâtre un endroit élevé et en face de la scène, au-dessus du parterre et des loges. Chez les Romains, on donnait ce nom à un grand édifice généralement rond où s'étageaient de hauts et nombreux gradins; de là les spectateurs assistaient aux jeux ou aux combats de gladiateurs ou de bêtes fauves qui se donnaient dans l'arène. Les Romains, dans le cours de leurs conquêtes, en bâtirent un grand nombre en Italie, en Dalmatie, en Sicile, en Espagne, dans les Gaules. Dans cette dernière contrée, les plus connus sont ceux d'Arles, d'Autun, de Bordeaux, etc. — Vespasien fit ériger l'amphithéâtre Flavien, qui fut l'un des plus remarquables et qui porte aujourd'hui le nom de Colisée.

AMPHITRITE, déesse de la mer, fille de Nérée et de Doris. Elle refusa d'abord d'épouser Neptune et se déroba à ses poursuites. Mais un dauphin, que plus tard le roi des mers récompensa en le mettant au nombre des constellations, sut la découvrir et la décider à devenir l'épouse du dieu. Triton et plusieurs nymphes marines furent les fruits de cette union.

AMPHITRYON, fils d'Alcée, roi de Tirynthe. Il épousa Alcmène, fille d'Electryon, roi de Mycènes, dont il avait vengé le fils, tué par Téléboens. Ayant eu le malheur de faire périr son beau-père, il entreprit plusieurs expéditions à la tête des Béotiens, des Locriens et des Phocidiens; c'est pendant l'une d'elles que Jupiter, prenant les traits du prince, trompa sa femme Alcmène, qui donna le jour à deux enfants, à Hercule, fils de Jupiter, et à Iphiclès, fils d'Amphitryon. Cette aventure a fourni le sujet d'une comédie à Plaute et à Molière. Ce nom est passé dans la langue française pour signifier celui qui offre à dîner, par allusion à ces vers :

> Le véritable Amphitryon
> Est l'Amphitryon où l'on dîne.

AMPHORE, vase antique d'une mesure indéterminée, de forme cylindrique, et se terminant en bas par un cône pointu, en haut par un col étroit. L'amphore ne se tenait debout qu'enfoncée dans le sol, et dans ce vase à deux anses, on conservait le vin, l'huile, etc. Bien que variable, la dimension habituelle de l'amphore était d'environ 25 litres. Samos et Chio fournissaient les plus renommées.

AMPHRYSUS, nom ancien d'un petit fleuve de la Grèce, en Thessalie. C'est sur les bords de ce fleuve qu'Apollon, chassé du ciel, fit paître les troupeaux d'Admète, d'où il reçut le surnom d'*Amphrysius*.

AMPHRYSUS ou AMBRYSUS, ville de l'ancienne Grèce, en Phocide, au S. du Parnasse, aujourd'hui *Dystono*. Cette ville fut fortifiée par les Thébains lors de la guerre contre Philippe.

AMPLEPUIS, bourg du cant. de Thizy, arrond. de Villefranche (Rhône), à 29 kil. de cette ville. Pop. 2,150 hab. Son commerce consiste surtout en cotons filés et en calicots.

AMPOULE, vase ou fiole à col étroit que les Romains employaient pour mettre leurs parfums en se rendant au bain.

AMPOULE (Sainte-) Petite fiole en verre contenant un baume auquel on attribuait une origine miraculeuse et qui servait au sacre des rois de France. On la conservait à l'abbaye de Saint-Remi, à Reims, dans le tombeau même du saint, dont les clefs étaient déposées dans la chambre du prieur de l'abbaye. On ne donnait la sainte-ampoule que pour le sacre, et quatre des plus hauts seigneurs de la cour devaient être livrés en otage.

AMPOULÉ. Se dit d'un style dont l'emphase tombe dans le trivial. Le propre de la langue française est la clarté, la précision et la netteté de la pensée; aussi ce mélange de vulgarité et de violence dans l'expression ne saurait convenir à notre génie national, qui repousse avec raison l'orgueilleuse emphase et ces grands mots qui ne servent qu'à exprimer de petites choses.

AMPSAGAS, ou *Fluvius cirtensis*, ancien nom d'un fleuve de l'Afrique, sur la limite de la Numidie et de la Mauritanie césarienne, et qui passait à Cirta (aujourd'hui Constantine). Ce fleuve porte de nos jours le nom de *Oued-el-Kébir* ou *Oued-el-Rummel*.

AMPSANCTI LACUS. Petit lac de l'ancienne Italie, dans le Samnium, qui exhalait des miasmes méphitiques. Il porte aujourd'hui le nom de *Lago d'Ansante* ou *Mufiti*. Il y avait près de ce lac un temple dédié à la déesse Méphitis; il contenait une caverne, appelée aujourd'hui *Bocca del Lupo*, et que les vapeurs suffocantes qu'elle exhalait faisaient considérer comme une des entrées de l'enfer.

AMPSIVARII ou ANSIVARII. Nom d'un peuple qui habitait le bas Ems, dans la vieille Germanie; les Ampsivarii prêtèrent aux Romains leur concours contre les Chérusques; mais s'étant soulevés à la voix d'Arminius, ils furent vaincus par Germanicus. Vers l'an 57 ap. J.-C., les Chérusques repoussèrent sur les bords de l'Yssel ce peuple, qui tomba ensuite sous la domination des Francs.

AMPURIAS, anciennement *Emporiæ*, bourg d'Espagne avec un port (Catalogne), à 40 kil. de Girone. Pop. 2,000 hab. On a découvert dans ce bourg de nombreuses et riches antiquités.

AMR, guerrier arabe, mort vers l'époque de l'hégire, autant connu par ses exploits militaires que par ses travaux poétiques. Il est l'auteur de l'un des sept poëmes arabes connus sous le nom de *Moallacah*.

AMRETSEIR ou UMRITSIR, anciennement *Tchak* et plus tard *Ramdaspour*, ville des Indes, dans le Lahore, à 65 kil de Lahore. Pop. 122,000 hab. Cette ville, qui fut autrefois la capitale des Seykhs, dont elle était la *cité sainte*, renferme l'*Amretseir*, ou bassin de l'immortalité, dont les eaux effacent tous les péchés, et au centre duquel s'élève un temple consacré à Gouron-Govind-Singh, guerrier législateur, fondateur de la puissance des Seykhs, auteur du livre sacré de leurs lois religieuses et civiles conservé dans ce temple. Amretseir est bâtie fort irrégulièrement, quoique ses maisons soient assez belles; elle est l'entrepôt de sel gemme de Miâni.

AMRI. Général israélite, proclamé roi par l'armée au siége de Gebbéthon, 918 av. J.-C. Il commença son règne par venger la mort d'Eloh, roi d'Israël, son maître, sur son assassin Zambre, en le forçant à se brûler avec toute sa famille dans Thersa. Pendant quatre années, il lutta avec son compétiteur, Tebni, dont la mort le laissa paisible possesseur de tout le royaume d'Israël. Ce prince était valeureux, mais il se livra à des iniquités qui ne furent surpassées que par son fils Achab. Il mourut en 908 av. J.-C., après avoir bâti Samarie, dont il fit sa capitale.

AMROM, île du royaume de Danemark, dans la mer du Nord, en face de la côte du Schleswig. Pop. 1,000 hab. exerçant presque tous la profession de pêcheurs ou de marins. Sa superficie est de 1,800 hect.

AMROU (Ibn-al-Ass), fils d'une courtisane. D'une nature essentiellement poétique, la poésie du Coran le gagna à la cause de Mahomet qu'il avait d'abord poursuivi de ses traits satiriques, et dont il devint un des plus zélés partisans. Il prit part à plusieurs expéditions sous Abou-Bekr, mais il s'illustra surtout sous le règne d'Omar, par la conquête de l'Egypte (638-640). Après la prise d'Alexandrie, exécutant ponctuellement les ordres de son maître, il livra aux flammes tous les ouvrages de la riche bibliothèque de cette ville. Sa bonne administration le fit aimer de ses sujets; il étendit ses conquêtes en Afrique, et fit creuser un canal joignant le Nil à la Méditerranée. Rappelé par Othman, le successeur d'Omar, Amrou revint bientôt calmer les habitants, qui s'étaient revoltés à cause de son départ. Il se déclara peu de temps après pour Moavrah, et reçut de ce dernier d'une façon définitive le gouvernement de l'Egypte; il mourut vers 663.

AMSCHASPANDS, bons génies de premier ordre dans la religion de Zoroastre, et que les Perses considèrent comme opposés aux Darvans ou Deos.

AMSTADTEN ou AMSTETTEN, bourg de la Basse-Autriche, à 12 kil. de Grein. Pop. 2,000 hab. Les Autrichiens y furent battus par les Français en 1805.

AMSTAG ou AMSTEG, ville de Suisse (Uri), à 14 kil d'Altdorf, sur la route du Saint-Gothard. Pop. 250 hab. Ce village est remarquable par les ruines du Zwing-Uri, forteresse de Gessler.

AMSTEL, petite rivière de Hollande, affluent du golfe de l'Y. Elle baigne la ville d'Amsterdam, qui lui doit son nom.

AMSTELVEEN, village du Nord de la Hollande, situé dans l'arrond. d'Amsterdam et à 10 kil de cette ville. Pop. 4,550 hab.

AMSTERDAM. Capitale de la Hollande, quoique le siége du gouvernement soit à la Haye. Bâtie à l'embouchure de l'Y, elle est divisée, par les deux bras de l'Amstel et par plusieurs canaux, en 90 îlots reliés entre eux par 300 ponts, et affecte la forme d'un croissant. Cette ville présente du côté du port un aspect des plus pittoresques et possède des édifices publics de premier ordre, parmi lesquels on remarque l'ancien hôtel de ville, construit de 1648 à 1685 par Jacob van Kampen. C'est dans les caves de ce monument qu'est déposé le trésor de la Banque. Le Treppenhaus sert de lieu de réunion aux diverses sociétés musicales. La population d'Amsterdam s'élève à environ 250,000 hab. Son commerce consiste principalement en cordages, toiles à voile, tabac, draps, peluches, étoffes de soie, orfèvrerie, céruse, produits chimiques, bière, eaux-de-vie, etc. Au XIIIe siècle, Amsterdam n'était qu'un village de pêcheurs, qui, par l'accroissement rapide de sa population, obtint rapidement les droits et privilèges de ville. Ayant passé sous l'autorité des comtes de Hollande, sa prospérité ne fit que s'accroître, et elle fut bientôt la première des cités commerciales des Pays-Bas, lorsque le joug de l'Espagne fut secoué. Quant Anvers retomba au pouvoir des Espagnols, en 1584, le commerce d'Amsterdam prit une telle extension qu'il fallut l'agrandir considérablement et que le nombre de ses habitants s'élevait déjà à près de 100,000. Cette prospérité excita la convoitise de Leicester et de Guillaume II, prince d'Orange, qui se seraient emparés de la ville, le premier en 1587 et le second en 1650, sans la prudence des deux bourgmestres, Bicker et Hooft, qui déjouèrent ces tentatives. La guerre que la Hollande soutint au XVIIe siècle contre l'Angleterre ruina le commerce d'Amsterdam, qui pourtant ne tarda pas à se relever. Les bourgmestres d'Amsterdam jouissaient, dans les États généraux, d'une influence égale à celle du stathouder. Après s'être relevée des désastres de la guerre de 1781-1782 contre l'Angleterre, la prospérité d'Amsterdam alla en déclinant jusqu'en 1813, par suite des différents événements politiques qui se succédèrent en Hollande; mais, à partir de cette époque, le commerce a repris toute son activité. Cette ville était autrefois défendue par vingt-six bastions et des ouvrages qu'on pouvait inonder à volonté. Aussi Louis XIV ne voulut-il point l'attaquer. Pourtant, en 1787, elle dut ouvrir ses portes à une armée prussienne assez faible au point de vue numérique, et, en 1795, la gelée étant venue solidifier la masse d'eau amassée dans les ouvrages qui défendent la ville, Pichegru put s'en emparer sans coup férir. Amsterdam est couverte, du côté de Harlem, par l'écluse de Halfwegen, et à l'E. par la forteresse de Naarden.

AMSTERDAM (île d'), dans l'Océan glacial arctique, près de la côte du Spitzberg. C'est dans cette île qu'était au XVIIe siècle le village de Smeerenberg, qui servait de station aux baleiniers hollandais.

AMULETTES (du latin *amoliri*, écarter, éloigner). Préservatifs imaginaires auxquels la crédulité et la superstition attribuent la puissance de détourner les dangers, les maladies et les sortiléges. Les Musulmans se couvrent de versets du Coran, et le soldat russe se croit garanti de la mort par l'image de saint Nicolus.

AMULIUS, fils de Procas et frère de Numitor. L'héritage d'Enée ayant été divisé en deux parts : d'un côté le royaume d'Albe-la-Longue, et de l'autre les trésors apportés de Troie, Numitor choisit le trône; Mais Amulius sut bientôt tirer parti de ses richesses contre son frère, auquel il arracha la couronne, et, pour n'avoir pas à redouter les descendants que le roi déchu pourrait avoir, il força sa fille Rhéa Sylvia à se consacrer au culte de Vesta, qui entraînait la chasteté. Mais le sort déjoua les combinaisons d'Amulius, et Rhéa eut de Mars deux jumeaux, Romulus et Rémus, qui, devenus grands, chassèrent l'usurpateur et rendirent le trône à Numitor, vers l'an 754 av. J.-C.

AMURAT Ier ou MOURAD, un des plus grands princes ottomans, 3e sultan. Il était fils d'Orkhan, auquel il succéda en 1360. Il dirigea les incursions des Ottomans en Europe contre les princes grecs de Constantinople, s'empara d'Aneyre, d'Andrinople, dont il fit sa capitale en 1362, et enrichit d'une magnifique mosquée le temple de Morad. Habile politique, il sut, sans froisser les intérêts des princes de l'Asie mineure, profiter de leurs discordes et leur fit reconnaître sa souveraineté. Ses invasions en Europe furent une suite de succès, et il traversa en triomphateur la Macédoine et l'Albanie, déjouant la ligue des peuples voisins que ses victoires commençaient à effrayer. Il défit dans les plaines de Cassovie Lazare, prince de Servie et chef de la confédération de Valaques, de Hongrois, de Dalmates et de Bulgares. Mais un soldat serbe, caché parmi les morts, l'assassina, en 1389, pendant qu'il visitait le champ de bataille. Les chefs ottomans vengèrent cruellement la mort de leur maître en massacrant tous les prisonniers. Prince juste et sévère, Amurat porta à son apogée la gloire de son peuple et ne gagna pas moins de 37 batailles. Pour mieux assurer sa puissance, Amurat avait créé la terrible milice des janissaires, qui devait être si redoutable à ses successeurs.

AMURAT II, sultan ottoman, dit *le Juste*, né en 1404. Fils et successeur de Mahomet Ier, en 1422, il marcha contre Mustapha, aventurier qui lui disputait le trône, se disant le frère de Bajazet, s'empara de lui et le fit pendre. Pour se venger de Jean Paléologue, qui était l'instigateur de cette intrigue, Amurat enleva aux Grecs toutes les places qu'ils possédaient encore sur le Pont-Euxin, sur les côtes de la Thrace, dans la Macédoine et la Thessalie; il porta ensuite ses ravages dans le Péloponèse, attaqua Smyrne et s'en empara, et revint en Grèce, où il prit Thessalonique, en 1429. Après plusieurs défaites, Amurat battit, en 1444, à Varna, une armée de Hongrois, de Polonais et de Transylvaniens, commandée par Ladislas, qui fut tué par les janissaires dans la mêlée. Après avoir abdiqué plusieurs fois pendant son règne, il fut forcé de reprendre le pouvoir en voyant les revers des Ottomans. Scanderberg, prince d'Epire, l'attaqua plusieurs fois et arrêta le cours de ses succès. Il mourut à Andrinople en 1451.

AMURAT III, fils et successeur de Sélim II, en 1574. Ce sultan commença son règne par le meurtre de ses cinq frères, et laissa le soin de ses affaires à ses ministres et à ses généraux, qui firent la guerre aux Persans et leur prirent Tauris; ils mirent le siége devant Raab, en Hongrie, et s'en emparèrent après avoir battu l'archiduc Mathias. Il mourut en 1595.

AMURAT IV, surnommé *Errhaz* (le victorieux), succéda à son oncle Mustapha en 1623. Il marcha contre les Druses révoltés et les soumit, pacifia la Transylvanie, attaqua la Perse et s'empara de la ville de Revan. Il fit capituler Bagdad en 1638 et conclut la paix avec Venise. Amurat se signala par les plus horribles cruautés et mourut épuisé par l'excès des liqueurs.

AMUSEMENTS DE L'ESPRIT. On comprend sous ce titre générique ces mille riens difficiles qui amusaient tant nos aïeux, et qui sont tombés, de nos jours, sous le coup du ridicule. L'acrostiche, l'anagramme, le vers burlesque, le calembour, etc., sont condamnés à mort, et si quelques journaux s'obstinent encore à insérer quelques rébus, tout le monde se vante de ne point les comprendre. Sans donner l'explication des différents genres d'amusements de l'esprit, qu'on trouvera à leur ordre alphabétique, nous allons donner ici deux poésies de Panard, dont l'une affecte la forme d'une bouteille et l'autre celle d'un verre.

Que mon
Flacon
Me semble bon
Sans lui
L'ennui
Me nuit
Me suit
Je sens
Mes sens
Mourants
Pesants
Quand je la tien
Dieux! que je suis bien!
Que son aspect est agréable
Que je fais cas de ses divins présents
C'est de son sein fécond, de ses heureux flancs
Que coule ce nectar si doux, si délectable
Qui rend tous les esprits, tous les cœurs satisfaits.
Cher objet de mes vœux, tu fais toute ma gloire!
Tant que mon cœur vivra, de tes charmants bienfaits
Il saura conserver la plus fidèle mémoire.
Ma muse à te louer se consacre à jamais.
Tantôt dans un caveau, tantôt sous une treille,
Ma lyre de ma voix accompagnant le son,
Répétera cent fois cette aimable chanson
Règne sans fin, ma charmante bouteille,
Règne sans cesse, mon cher flacon.

Nous ne pouvons rien trouver sur la terre
Qui soit si bon ni si beau que le verre.
Du tendre amour berceau charmant,
C'est toi, champêtre fougère,
C'est toi qui sers à faire
L'heureux instrument
Où souvent pétille
Le jus qui rend
Gai, riant,
Content
Quelle douceur
Il porte au cœur
Tôt
Tôt
Tôt
Qu'on m'en donne
Qu'on l'entonne
Tôt
Tôt
Tôt
Qu'on m'en donne
Vite comme il faut
L'on y voit sur ses flots chéris
Nager l'allégresse et les ris.

AMYCLÆ, ville de l'ancienne Grèce, en Laconie, à très-peu de distance de Sparte. Fondée par Amyclas, roi de Laconie, elle fut la résidence de Tyndare et la patrie des Dioscures, d'Hélène et de Clytemnestre. Souvent attaqués par les Spartiates, les Amycléens croyaient toujours à une invasion prochaine. Fatigués des alertes contitiuelles que leur causait cet état de choses, ils firent une loi très-sévère contre quiconque répandrait de fausses nouvelles. Ils furent un jour surpris par une attaque bien réelle dont personne n'osa donner le premier avis, et qui causa la ruine d'Amyclæ. Telle est l'origine de ce proverbe : *Amyclæ périt faute de parler*. Il y avait à Amyclæ une statue d'airain d'Apollon au pied de laquelle Hyacinthe avait été enseveli.

AMYCLÆ, ancienne ville du Latium, située sur la Mer tyrrhénienne. Cette ville avait été fondée par une colonie achéenne qui disparut entièrement sous la domination des Romains.

AMYCUS, fils de Neptune, frère du roi des Bébrices, en Bithynie. Inventeur du ceste, il défiait au combat tout étranger qu'il rencontrait. Pollux le vainquit et l'attacha à un arbre, après l'avoir tué.

AMYCUS, fils de Priam, compagnon d'Enée, qui fut tué par Turnus, roi du Latium.

AMYN, 6e kalife abbasside, de 809 à 813, fils et successeur d'Haroun-al-Raschid. Ses désordres ayant excité les mécontentements de son peuple, il fut détrôné par son frère Al-Mamoun, dont les soldats le mirent à mort.

AMYNTAS, nom de plusieurs rois de Macédoine, parmi lesquels nous ne connaissons qu'Amyntas III, qui fut le père de Philippe et aïeul d'Alexandre. Profond politique, il prépara par son habileté la grandeur de la Macédoine et les conquêtes d'Alexandre (396-370 av. J.-C.).

AMYNTAS, guerrier macédonien, qui, poussé par la haine qu'il professait contre Alexandre, abandonna son pays et se retira chez les Perses, où il devint général et conseiller de Darius. Ce dernier le nomma gouverneur de l'Egypte, qui s'était soulevée. Amyntas voulant s'en emparer, fut vaincu et tué par le Perse Mozarès, vers 330 av. J.-C.

AMYOT (Jacques), né à Melun, le 28 octobre 1513, de parents pauvres qui ne purent lui faire donner qu'une instruction élémentaire. Il partit à Paris, où il se livra avec ardeur à l'étude qui était sa passion favorite et son occupation de tous les instants. Il travaillait la nuit, et, pendant le jour, il suivait les cours de latin, de grec et de mathématiques. Ayant été à Bourges pour y étudier le droit, il y fit la connaissance de l'abbé de Saint-Ambroise, qui lui confia l'éducation de ses neveux et lui fit obtenir une chaire de grec. C'est alors que, pour se distraire des pénibles travaux du professorat, il s'adonna à la littérature et traduisit *Théagène et Chariclée*. Puis il publia une partie des *Hommes illustres* de Plutarque, qu'il dédia à François Ier, qui, pour l'engager à la continuer, lui donna l'abbaye de Bellosane. Il suivit en Italie l'ambassadeur de France à Venise, et fut chargé par Odet de Selves et le cardinal de Tournon de présenter au concile de Trente, une énergique protestation contre les prétentions qu'émettait la cour de Rome à une puissance universelle et illimitée. Dès lors Amyot prit rang parmi les hommes marquants de l'époque, et, malgré sa rapide élévation, il conserva toujours la même modestie et la même simplicité de goûts et de mœurs. Précepteur des fils de Henri II, il fut nommé par Charles IX grand aumônier de la cour, conseiller d'Etat et conservateur de l'Université de Paris, malgré l'opposition de la reine-mère. Après avoir reçu en don les abbayes de Roche et de Saint-Corneille, il fut nommé évêque d'Auxerre. Bon et tolérant, il eût été sans doute victime des massacres de la Saint-Barthélemy, ainsi que le chancelier l'Hôpital, sans les précautions prises par Charles IX pour leur sûreté. Il ne reparut à la cour qu'après l'avénement de Henri III, qui lui conféra l'ordre du Saint-Esprit. Amyot rendit un grand service aux lettres en formant une bibliothèque d'ouvrages latins et grecs, tandis que ses œuvres l'ont placé au premier rang des écrivains du XVIe siècle. Il mourut à Auxerre, le 6 février 1593.

AMYRAUT (Moïse), théologien protestant né à Bourgueil, en Touraine, en septembre 1596. Après avoir exercé son ministère à Saint-Aignan, dans le Maine, il fut nommé pasteur de Saumur en 1626, et en 1631, la province d'Anjou l'envoya au synode national de Charenton, où, par sa fermeté, il obtint que les députés du synode ne parlassent pas au roi à genoux. En 1663, reçu professeur à l'université de Saumur, il voulut concilier l'arminianisme et le gomorisme. Attaqué par Du Moulin et Jurieu, il fut absous par le synode, et mourut à Saumur, le 8 janvier 1664.

AMYRTÉE, roi d'Égypte, né à Saïs. Ce prince se rendit indépendant des Perses en 414 av. J.-C., malgré les efforts de Darius II pour rétablir son autorité.

ANABAPTISTE c'est-à-dire qui baptise une seconde fois. Nom d'une secte religieuse qui, rejetant le baptême des enfants et limitant aux adultes les bienfaits de ce sacrement, soumet à un nouveau baptême tous les chrétiens qui embrassent les opinions de leur secte. Cette secte fut fondée en Allemagne par Thomas Münzer, pasteur d'Altstedt en Turinge, qui prêcha, dès 1523, l'indépendance absolue en matière religieuse; ennemi acharné des pratiques religieuses et du gouvernement civil, il en vint bientôt à proclamer la communauté des biens. Il excita par ses prédications tous les paysans de la Franconie à se révolter contre leurs seigneurs, et il fallut qu'une armée les taillât en pièces, en 1525, pour comprimer cette révolte. Cette prétendue réforme s'introduisit à Munster, en Westphalie, en 1532, et en 1534 Jean de Leyde, garçon tailleur, reconnu comme prophète, y fut proclamé roi. Ses crimes et ses débauches irritèrent les anabaptistes, qui n'opposèrent aucune résistance sérieuse aux troupes de l'évêque de Munster lorsqu'elles vinrent mettre le siége devant la ville, qui fut prise le 24 juin 1535, et livrée au pillage. Mais ces doctrines se répandirent dans le Holstein, l'Alsace, la Frise, la Suisse et la

Anacréon chantant le vin et l'amour devant les jeunes esclaves grecques (p. 98, col. 2).

Souabe et furent une occasion de révolte ouverte ou cachée contre les gouvernements et l'Église, pendant qu'il se formait des sectes particulières, comme le *Chiliasme* de Melchior Hoffmann, qui prêcha la doctrine d'un nouveau royaume de Sion, à Kiel, en 1527, à Emdem, en 1528. Étant allé ensuite à Strasbourg, il y fut arrêté et y mourut en prison en 1540. Les anabaptistes furent réunis en communauté par Simonis Mennon, qui en fit un ordre régi par une doctrine et une règle d'une grande sévérité. Mennon, qui mourut en 1561, donna son nom aux anabaptistes d'Allemagne et de Hollande. On rencontre encore de nos jours beaucoup d'anabaptistes suivant la doctrine réformée, à l'exception de quelques coutumes particulières, en Hollande, en Suisse, en Alsace et en Allemagne.

Saulius, roi du pays, indigné de cette impiété envers les dieux indigènes, le fit mourir. Quoiqu'il ne fût pas Grec de naissance, on le place généralement au nombre des sept sages de la Grèce. Il disait que les lois étaient comme les toiles d'araignée qui ne retiennent que les faibles, tandis que les forts les brisent et passent au travers.

ANACHORÈTE, nom donné particulièrement aux moines qui vivaient dans la solitude. Le premier anachorète fut saint Paul l'ermite, qui se retira dans le désert de la Thébaïde, et fut bientôt imité par saint Antoine, saint Pacôme et saint Hilarion. Couchant sur la dure, vivant frugalement, leurs seules occupations étaient la pénitence et les méditations religieuses. Les premiers anachorètes se retirèrent de tout commerce humain pour éviter les persécutions dirigées contre les chrétiens et se mettre à l'abri des invasions des Barbares, pendant que d'autres le faisaient pour éviter les dangers du siècle. Ces cénobites vivant dans le même désert s'agrégèrent bientôt et formèrent des cloîtres pour vivre en commun : telle fut l'origine de l'état monastique.

ANACLET II (Pierre de Léon), petit-fils d'un juif baptisé. Il fut élu pape en 1130, en opposition à Innocent II. Il se maintint malgré les actes de divers conciles et les foudres de saint Bernard, et mourut à Rome, le 7 janvier 1138.

ANACRÉON, de Téos, en Ionie, célèbre poëte lyrique, né vers 559 av. J.-C., mort en 478. Après avoir vécu dans l'intimité de Polycrate, tyran de Samos, et d'Hipparque, fils de Pisistrate, tyran d'Athènes, il s'embarqua pour Athènes, où il se lia avec Simonide de Téos, grand poëte lyrique ionien qui devait lui survivre, car il mourut à l'âge de 85 ans, étranglé, dit-on, par un pépin de raisin. Ses poésies sont pleines de grâce, de mollesse, d'enjouement, de variété et de coloris, enfin tout y est inimitable. Pour faire connaître ce poëte, qui occupe la première place parmi les lyriques grecs, nous ne pouvons mieux faire que de citer cette appréciation de l'un de ses biographes : « Ses poésies sont enchanteresses : grâce, mollesse, enjouement, variété, coloris, tout y est inimitable, c'est le chantre du plaisir par excellence. Vénus et la volupté, le vin et Bacchus, Silène et les Dryades, voilà son univers. Il n'a d'autres passions que la gaieté, l'insouciance et la paresse, d'autre ambition que le sourire. Il a vécu couché sur un lit de feuilles odorantes, buvant et chantant; c'est en buvant et en chantant encore qu'il descend aux enfers pour y danser avec les morts. Ses poésies ne sont pas des rêves d'imagination, des fictions inventées à plaisir; non, leur supériorité, c'est qu'elles sont l'histoire de sa vie. Bien différent de ces faux poëtes qui parlent toujours de leur culte sans idoles, épicuriens sans soif et sans amours, qui disent à jeun l'ivresse, à jeun aussi la volupté; lui, s'il célèbre le vin, c'est qu'il chancelle; s'il célèbre Vénus, c'est qu'il a dénoué la ceinture de sa maîtresse. Vrai poëte, il n'a chanté que le vin et l'amour, parce qu'il n'a vécu que pour l'amour et le vin. C'est le roi des

L'amphithéâtre Flavien ou Colisée de Rome (p. 94, col. 2).

ANABARA, rivière de la Sibérie. Elle prend sa source dans le gouvernement d'Iénisseisk, et, après un parcours de 600 kil., se jette dans l'Océan glacial.

ANABASE, titre donné par Xénophon à son récit de l'expédition du jeune Cyrus contre Artaxercès.

ANACALYPTERIA. Les anciens appelaient ainsi le troisième jour après le mariage. L'épouse, ce jour-là, pouvait se montrer sans avoir la figure voilée et recevait des présents de ses parents, de ses amis, ainsi que de son époux.

ANACAPRI, bourg du royaume de Naples, dans l'île de Capri. Pop. 1,500 hab. Situé sur un vaste plateau du mont Solario, on y arrive par un escalier de 552 marches taillées dans le roc.

ANACHARSIS, fils de Gnurus, roi de Scythie, l'un des sept sages de la Grèce, entreprit de visiter la Grèce et les pays les plus civilisés de l'Europe, dans le but de s'instruire et de cultiver son esprit. Vers l'an 592 av. J.-C., il se rendit à Athènes et se lia avec Solon, Crésus et plusieurs autres hommes remarquables. De retour en Scythie, il chercha à y introduire les cultes et les mœurs de la Grèce; mais son frère

ANACHRONISME, erreur de date contre la chronologie. Les anachronismes sont nombreux dans l'histoire, et il en est qui ont été accrédités par les plus grandes autorités. Sans aller plus loin, nous citerons celui de Virgile, qui fait Enée contemporain de Didon, quoique tous deux fussent séparés de deux cents années environ. Les anachronismes ont été multipliés surtout par les romans historiques forgés par l'école littéraire de 1830, qui, non contente de tronquer les faits et de transposer les rôles, s'est plue à bouleverser les dates. En effet, quand on représente le capitaine d'Artagnan comme ayant sauvé deux ou trois fois la monarchie française, pourquoi ne placerait-on pas la bataille d'Hasting sous Louis XIV?

ANACLET Ier (saint), 3e pape, de 78 à 91; disciple de saint Pierre, il mourut de la mort des martyrs.

riants convives. Son style réunit deux qualités qui vont rarement ensemble : la concision et la légèreté; son talent est irréprochable. Malheureusement, on ne peut pas en dire autant de ses mœurs, et les trois noms de Cléobule, de Smerdias et de Batylle imprimeront toujours une tache à celui d'Anacréon. Mais quant à la réputation du poëte, elle est grande comme celle de Pindare et d'Homère; comme celle de Pindare et d'Homère elle est indestructible. Avec ces deux grands génies, Anacréon partage la gloire d'avoir donné son nom à son genre de poésie; c'est de tous les triomphes le plus sublime. » Il avait laissé cinq livres de poésies en pur dialecte ionien.

ANADYOMÈNE, surnom de Vénus, qui signifie *qui s'élève des flots*. Ce surnom rappelle la naissance de cette déesse, *essuyant ses cheveux en sortant de l'écume de la mer qui l'avait formée*. C'est ainsi que le peintre Apelle l'a représentée, d'après Phryné, qu'il avait vue se baigner dans la mer.

ANADYR, rivière de Sibérie; elle sort de l'extrémité orientale du lac de Youanko, dans les montagnes Stanovoï, et, après un parcours de 1,300 kil., se jette dans la mer de Behring.

ANAFESTE (Paul-Luc), 1er doge de Venise, qui gouverna de 697 à 717. Il arrêta les pirateries des Slaves de la Dalmatie, et fit reconnaître par Luitprand, roi des Lombards, l'indépendance de la république vénitienne.

ANAGNI, anciennement *Anagnia*, ville des Etats de l'Eglise, à 20 kil. de Frosinone, sur le penchant d'une montagne. Pop. 5,550 hab. Elle est le siége d'un évêché; patrie de Boniface VIII.

ANAGNOSTES. On appelait ainsi chez les Romains des esclaves instruits qui faisaient la lecture pendant les repas ou en d'autres moments.

ANAGOGIES, fêtes qu'on célébrait à Erix pour implorer le retour de Vénus, qui s'était enfuie en Libye.

ANAGRAMME. On appelle ainsi la transposition des lettres d'un ou de plusieurs noms, de façon à leur faire former d'autres mots ayant un sens avantageux ou désavantageux à la personne à qui appartient le nom. Parmi les anagrammes célèbres; on cite celle qui a été faite sur l'assassin de Henri III, *frère Jacques Clément : C'est l'enfer qui m'a créé*.

ANAHUAC, région méridionale du plateau de la Nouvelle-Espagne en Amérique. Les Toltèques, les Chichimèques, les Acolhues et surtout les Aztèques l'habitaient avant l'arrivée des Européens; elle forme aujourd'hui le centre du Mexique.

ANAITIS, surnom de Vénus Uranie chez les Arméniens et de Diane chez les Lydiens.

ANAITIS, contrée de la grande Arménie, non loin des sources de l'Euphrate. Vénus y avait un temple.

ANAITIQUE (*Anaïtique*). Nom ancien d'un lac situé en Asie, dans la grande Arménie, près de l'Euphrate. Ses environs produisaient d'excellents roseaux dont on se servait pour écrire.

ANALECTES. Esclaves qui, chez les anciens, étaient chargés du soin de la salle de festin.

ANALOGIE. Terme de logique. On appelle raisonner par analogie l'art d'établir les rapports de similitude qui existent entre deux ou plusieurs choses.

ANALYSE CHIMIQUE. Opération qui consiste à séparer les éléments composant un corps, ou un assemblage de corps. On l'appelle *qualificative* lorsqu'elle a pour but de constater les différents éléments existant dans un corps donné; et *quantitative* lorsqu'elle précise la quantité et le poids des divers éléments. L'analyse se fait par la *voie sèche* lorsqu'on emploie le calorique ou l'électricité, et par la *voie humide* lorsqu'on procède sur les substances en dissolution par le moyen de réactifs donnant naissance à des précipités presque insolubles, exactement connus et précisés.

ANAMANH, peuple de l'ancienne Italie, dans la Gaule cispadane, entre les Liguriens Statielles et le Tarus. C'est ce peuple qui fonda, dans la magnifique plaine où la Trébie vient se réunir au Pô, la ville de Placentia, aujourd'hui Plaisance.

ANAMORPHOSE. On appelle ainsi dans les beaux-arts une copie défigurée d'un objet, faite de telle manière que, lorsqu'on la regarde d'un certain point de vue, elle paraisse exacte. C'est ainsi que les peintures à fresque faites sur des surfaces courbes, défigurées si on les considère de près, font le même effet de loin que si elles étaient sur une surface plane. On peut voir sur le boulevard du Temple une enseigne anamorphose au-dessus de la boutique d'un bijoutier. Lorsqu'on vient de la Madeleine on lit : *bijouterie*; en face, le nom du marchand, et en venant du côté de la Bastille, on ne voit que le mot : *orfèvrerie*.

ANANIAS, surnommé Sédrac, l'un des trois jeunes Hébreux, qui, pour n'avoir pas voulu adorer la statue de Nabuchodonosor, furent jetés dans une fournaise ardente.

ANANIE, l'un des premiers chrétiens de Jérusalem, qui, avec sa femme Saphira, furent frappés de mort par saint Pierre, pour avoir conservé une partie de la somme provenant de la vente de leurs biens et avoir soutenu qu'ils avaient tout donné.

ANAPA, ville de Russie, dans la Circassie. Pop. 3,000 hab. Cette ville est située sur la Mer noire, et possède un bon port. Sa forteresse, élevée par les Turcs en 1784, fut prise par les Russes en 1791, 1807 et 1828, et leur fut définitivement adjugée par le traité d'Andrinople.

ANARCHIE. On appelle ainsi dans l'ordre social l'absence de gouvernement, la confusion des pouvoirs, l'usurpation de l'autorité, le trouble et le désordre organisés par des factieux ou des ambitieux. La conséquence forcée de l'anarchie est la ruine des nations ou l'avénement du despotisme; et l'on peut affirmer qu'elle a toujours précédé la ruine des grands empires dont les monuments épars sous la poussière des déserts attestent pourtant la civilisation puissante. Bien souvent l'anarchie dans l'ordre social n'est que la conséquence immédiate d'une anarchie intellectuelle produite par les idées, et qui éclate par la divergence des opinions sociales, religieuses et politiques.

ANASTASE Ier (saint), pape de 398 à 401, succéda à Sérice. Tous ses actes furent empreints d'un zèle ardent pour la religion. Grâce à ses efforts, les Orientaux, après une séparation de 17 ans, se réconcilièrent avec l'Eglise romaine; il combattit les principes d'Origène et empêcha, autant qu'il était en son pouvoir, les hérétiques de trafiquer de leur prétendue conversion et de s'introduire dans le clergé.

ANASTASE II, pape de 496 à 498, se déclara contre les doctrines ariennes, défendues par l'empereur grec Anastase, auquel il écrivit à ce sujet. On a de lui d'autres lettres sur les hérésies de l'Eglise d'Orient, sur les différends qui partageaient les Eglises de Vienne et d'Arles, et une à Clovis, dans laquelle il le félicite d'avoir embrassé la religion chrétienne.

ANASTASE III, pape de 911 à 913, succéda à Sergius. L'histoire ne parle de lui que pour mentionner sa grande douceur.

ANASTASE IV, pape de 1153 à 1154, successeur d'Eugène III. Il aida puissamment à la fondation de l'ordre des Hospitaliers de Saint-Jean, à Jérusalem. D'une grande capacité dans les affaires religieuses, il est célèbre par la charité dont il fit preuve dans une grande famine.

ANASTASE, anti-pape, en 855. *Voir* BENOIT III.

ANASTASE Ier, empereur d'Orient, surnommé Dicore, parce qu'il avait un œil noir et l'autre bleu, naquit vers 430 d'une obscure famille de Dyrrachium. Parvenu à la charge d'officier silentiaire (chargé de faire faire silence dans le palais), il fut remarqué par la femme de l'empereur Zénon, Ariadne, qui, à la mort de celui-ci, malgré les empêchements d'Euphémius, patriarche de Constantinople, le fit monter sur le trône en 491, et l'épousa ensuite. Les débuts de son règne furent assez heureux, il réprima les Isauriens révoltés, administra ses Etats avec sagesse et justice; mais il retomba bientôt dans les erreurs d'Eutychès, qui avaient déjà failli l'écarter de la couronne, et, cédant aux inspirations de son avarice et de sa violence, il se mit à persécuter et à dépouiller les catholiques révoltés. De toutes parts son peuple exaspéré se soulevait; et, pendant que l'empereur s'occupait de querelles religieuses, les Bulgares et les Perses, commandés par Cobadès, ravagèrent plusieurs fois, de 502 à 507, les frontières de l'empire; Anastase acheta lâchement leur départ à prix d'or. Détesté de tous il parvint pourtant à se maintenir par des concessions habiles, en abolissant certains impôts, et en promettant de désavouer ses erreurs religieuses. Il entoura Constantinople d'un rempart de 18 mètres, et ordonna l'abolition de ces sanguinaires spectacles où des hommes jouaient leur vie contre des bêtes féroces pour amuser leurs semblables. Il avait eu l'idée de s'emparer de l'Italie, après s'être allié avec Clovis, roi de France ; mais une révolte de ses sujets le retint dans ses Etats. Il fut, dit-on, frappé de la foudre, en 518.

ANASTASE II, empereur d'Orient, de 713 à 716, se distingua, sous le nom d'Arthémius, comme secrétaire de l'empereur Philippe Bardane. A la mort de celui-ci, l'empire s'étant trouvé sans maître, les qualités civiles et militaires, la piété et la vertu d'Arthémius le firent choisir par le peuple de Constantinople; il organisa une bonne et sage administration, décréta le rétablissement de la milice, apporta les plus grands obstacles aux envahissements des sectateurs de Mahomet et rétablit l'ordre dans les finances; néanmoins, il se vit contraint de céder la couronne à son rival Théodose III, et de se retirer à Thessalonique dans un monastère, en 716. Plus tard il essaya, avec l'aide des Bulgares, de remonter sur le trône à la place de Léon l'Isaurien, mais il fut vendu et livré par des traîtres à ce prince, qui le fit décapiter en 719.

ANASTASE. Il était abbé d'un monastère de la Vierge, lorsqu'il fut nommé bibliothécaire du Vatican. Sa connaissance parfaite des langues grecque et latine lui valut d'être choisi, en 869, comme interprète du 8e concile général, tenu à Constantinople contre Photius.

ANASTASE (hospitalières de Saint-), dites aussi filles de Saint-Gervais, parce que l'hôpital où elles soignaient les hommes malades était établi, en 1171, près de l'église de ce saint, appartenant à l'ordre de Saint-Augustin. L'emplacement de leur monastère est aujourd'hui occupé par le marché des Blancs-Manteaux. Elles avaient placé leur chapelle sous le patronage de sainte Anastasie, en 1358.

ANASTASIE. Plusieurs saintes ont porté ce nom; deux entre autres : la première, qui vivait dans le IVe siècle, était d'une illustre famille romaine et veuve de Patricius. Dioclétien, qui l'avait exilée dans l'île de Palmaria parce qu'elle avait refusé de sacrifier aux faux dieux, la fit revenir à Rome où elle fut brûlée vive. La seconde, disciple de saint Pierre et de saint Paul, souffrit le martyre sous l'empereur Néron.

ANASTASIMUS, jour fixé par l'Église grecque pour célébrer les fêtes de Pâques.

ANATHÈME. On donnait ce nom, dans l'antiquité, à l'offrande suspendue à la voûte, aux murs des temples, ou exposées sur l'autel. L'anathème, chez les Hébreux, était la chose exécrable, vouée à la haine ou à la mort. Au moyen âge, ce mot ne s'appliquait qu'à la sentence retranchant de la société religieuse ceux qui en étaient frappés.

ANATILI, peuple de l'ancienne Gaule, qui habitait dans la première Narbonnaise et qui faisait partie des Ligures transalpins.

ANATOCISME. On nommait ainsi, autrefois, une convention en vertu de laquelle les intérêts d'une somme sont capitalisés et produisent eux-mêmes un intérêt. L'anatocisme, proscrit par l'ancienne législation, a été autorisé par l'article 1154 du Code civil.

ANATOLE (saint), d'Alexandrie, évêque de Laodicée, en Syrie, né à Alexandrie, en Egypte, vers l'an 230. Il était versé dans la rhétorique, la philosophie, la physique, les mathématiques, l'astronomie et la grammaire. On n'a plus de lui que quelques fragments d'un ouvrage en dix livres : *Recherches arithmétiques*, et *Canon paschalis*.

ANATOLIE ou NATOLIE, du grec *Anatolè*, lever du soleil, c'est-à-dire le *Levant*, ou l'*Orient*; partie occidentale de l'ancienne Asie mineure. Elle forme une presqu'île entre la Mer noire, l'Archipel, le golfe de Chypre et les eyalets de Karbout et d'Erzeroum. Elle a 850 kil. de long, 350 de large; 3,300 kil. de côtes. Son climat est tempéré et son sol fertile. Son commerce consiste en olives, tabac, garance, coton, lin, safran, indigo, pavot et chanvre.

ANATOMIE. Art d'examiner les corps des animaux, au moyen de la dissection, pour étudier la structure et les fonctions de toutes leurs parties.

ANAXAGORE, surnommé *Noûs*, fils d'Hégésibolus, né à Clazomène, vers l'an 500 av. J.-C. Il étudia d'abord la philosophie sous Anaximène ou Hermotime; puis, pour s'initier aux mœurs et aux sciences des différents peuples, il voyagea longtemps, surtout en Egypte. Etant venu se fixer à Athènes, sous le règne de Périclès, qui devint son disciple et son ami, il fonda une école d'où sont sortis plusieurs hommes célèbres, entre autres Archélaüs, Thucydide, Thémistocle, Démocrite, Empédocle, Euripide, et peut-être même Socrate. Son savoir en astronomie, qui lui fit reconnaître et critiquer les erreurs des anciens, lui attira une condamnation à mort, comme impie, peine que Périclès fit commuer cependant en celle de l'exil. Sa doctrine était que, dès le principe, tous les éléments étaient confondus en un obscur chaos, et qu'il avait fallu une intelligence supérieure pour séparer les matières hétérogènes et réunir les atomes homogènes, qu'il nomme *homœomeries*. C'est ainsi que l'étude de la philosophie l'amena à la conception d'un principe vital intelligent, d'un esprit pur et parfait qui n'était autre que Dieu. Sa physique se résume à des hypothèses, mais il fit faire de grands progrès à l'astronomie en expliquant la cause des éclipses et en en indiquant l'époque d'avance. Selon lui, le soleil était une masse de pierres en ignition, plus grosse que le Péloponèse, et la lune était habitée. Après sa condamnation à l'exil, il se retira à Lampsaque, où il se laissa, dit-on, mourir de faim, en 428 av. J.-C.

ANAXANDRIDE, poëte comique grec qui vivait vers le IVe siècle av. J.-C.; il était originaire de Rhodes. D'un esprit frondeur et sceptique, il ne craignit pas de mettre ouvertement en scène des personnages vivants qui n'avaient eu d'autre tort que celui de lui déplaire et, loin de s'entêter, comme certains auteurs de nos jours, à faire accepter de mauvaises pièces au public, il vendait aux parfumeurs, pour en faire des cornets, le manuscrit des ouvrages qui n'avaient point réussi. Ses œuvres, dont Aristote fit grand cas, ne sont point parvenues jusqu'à nous.

ANAXARQUE, surnommé *Eudæmonicos* (qui rend heureux), né à Abdère, était de l'école de Démocrite et eut pour maître Métrodore. Il accompagna Alexandre dans ses expéditions dans l'Asie et se fit un devoir de ne jamais lui déguiser la vérité; mais, à la mort du grand conquérant, Nicocréon, tyran de Chypre, auquel sa franchise déplut, le fit broyer dans un mortier pour se venger. Ce philosophe supporta cet affreux supplice avec courage; il avait des principes de morale très-élevés et prétendait, non sans raison, qu'on ne peut trouver le souverain bien que dans la vertu.

ANAXILAS, poëte grec qui composa de nombreuses comédies, dont il ne reste que fort peu de fragments ; il florissait à Athènes vers l'an 340 av. J.-C.

ANAXIMANDRE, philosophe ionien, né à Milet, en 620; il était le chef de la colonie milésienne qui bâtit Apollonie sur les bords du Pont-Euxin. Disciple et successeur de Thalès, il s'occupa de sciences mathématiques, de géométrie, de physique et surtout d'astronomie. Il regardait l'infini comme le principe de toutes choses. Il découvrit le premier que la lune reçoit sa lumière du soleil et que la terre est ronde. Inventeur des figures de géographie, des sphères et des cartes de géométrie, il détermina, à l'aide du style d'un cadran solaire, l'obliquité de l'écliptique, les solstices et les équinoxes. Il mourut en 556 av. J.-C.

ANAXIMÈNES DE LAMPSAQUE, fils d'Aristoclès, disciple de Diogène le Cynique et de Zoïle, florissait vers l'an 365 av. J.-C. Précepteur d'Alexandre, il le suivit pendant quelque temps dans ses expéditions. On raconte qu'Alexandre s'étant emparé de Lampsaque, la ville natale du philosophe, et ayant dit à ce sujet qu'il lui accorderait le contraire de ce qu'il demanderait, Anaximènes en eût connaissance et pria Alexandre de détruire la ville, ce que celui-ci, gardant fidèlement sa parole, n'eut garde de faire. Historien célèbre, Anaximènes a composé une histoire de la Grèce jusqu'à la bataille de Mantinée, une rhétorique dédiée à Alexandre, qu'on a, à tort, attribuée à Aristote. On ne retrouve que quelques fragments de tous ces écrits dans Stobée.

ANAXIMÈNES DE MILET, philosophe ionien, fils d'Eurytrate, disciple et successeur d'Anaximandre. Il regardait l'air comme le principe de toutes choses, divin, éternel, infini et toujours en mouvement. Selon Pline, il est l'inventeur des cadrans solaires. Il prétendait que le soleil était plat ainsi que la terre, et que tous deux étaient soutenus par l'air, principe premier de toutes choses. Il forma deux élèves célèbres, Anaxagore et Diogène l'Apolloniate; il mourut vers la fin du Ve siècle av. J.-C.

ANAXYRIDES. Nom donné par Hérodote et Xénophon aux pantalons larges, longs et plissés que portaient les Phrygiens, les Perses et plusieurs autres peuples de l'Orient.

ANAZARBA ou ANABARZA, aujourd'hui *Anzarba*, ville de l'ancienne Cilicie propre ou *Campestris*, près du fleuve Pyrame. Auguste lui donna, l'an 19 av. J.-C., le nom de *Cæsarea*. Cette ville, florissante sous les empereurs, devint, au Ve siècle ap. J.-C., la capitale de la Cilicie deuxième; mais elle eut beaucoup à souffrir des tremblements de terre. Anazarba, dont les ruines forment de nos jours d'importantes exploitations, était située à 50 kil. d'Adama, dans la Turquie d'Asie. Elle fut la patrie du médecin Dioscoride, et, au XIIe siècle, la capitale d'un royaume chrétien d'Arménie. L'an 1130, les Sarrasins y défirent Bohémond, prince d'Antioche.

ANBAR ou PERI-SABOUR, ville de la Turquie d'Asie, à 65 kil. de Bagdad, située sur la rive gauche de l'Euphrate.

ANBAR ou *Peri-Sabour*, ville de la Tartarie indépendante (khanat de Khiva). Pop. 1,000 hab. Cette ville est remarquable par sa forteresse et possède une belle mosquée.

ANCELOT (Jacques-Arsène-Polycarpe-François), littérateur français, membre de l'Académie française, né au Havre, le 9 février 1794. Commis au ministère de la marine, il avait déjà écrit une comédie en 5 actes et en vers, qui fut brûlée par un de ses oncles; aussi, ayant conçu le plan d'une nouvelle pièce, *Warbeck*, il la composa toute de mémoire et la récita, le 19 mars 1816, devant le comité du Théâtre-Français, qui l'accueillit avec faveur. Malgré cet encouragement, il retira cette pièce, et le 5 novembre 1819, il faisait représenter *Louis IX*, qui obtint le plus grand succès, justifié d'ailleurs par une versification facile et une étude sérieuse de l'époque où se passait l'action. Le roi accorda au jeune homme une pension de deux mille francs sur sa cassette particulière. Le *Maire du palais*, représenté le 15 avril 1823, qui valut à son auteur la croix de la Légion d'honneur, n'obtint pourtant qu'un succès assez mince; mais il prit, l'année suivante, une éclatante revanche, par sa tragédie de *Fiesque*, empruntée à Schiller, en montrant son talent sous une face nouvelle. Nous n'énumérerons pas ici tous les travaux de M. Ancelot, qui fut l'un des plus féconds et des plus heureux auteurs dramatiques, nous signalerons seulement sa tragédie de *Marie Padilla*, qu'il composa pour répondre victorieusement à ceux qui lui reprochaient de gaspiller son talent dans des genres inférieurs. Nommé académicien en 1841, il prit pendant quelque temps la direction du Vaudeville. Il mourut à Paris en 1854.

ANCENIS, sous-préfecture du dép. de la Loire-Inférieure, sur la rive droite de la Loire, qui y devient souvent dangereuse par ses inondations, à 8 kil. de Nantes. Pop. 3,400 hab. Cette ville communique avec le département de Maine-et-Loire par un magnifique pont suspendu. Son industrie est essentiellement agricole et son commerce consiste en vins et grains de toute espèce. Elle possède un château, situé sur la Loire, et reconstruit en 1700, et une pierre druidique nommée la *Couvretière*. Louis XI y conclut, en 1468, un traité avec François II, duc de Bretagne. C'est près de cette ville qu'eut lieu, en 1795, entre l'armée vendéenne et l'armée républicaine, un combat où la première fut vaincue par Westermann et dut battre en retraite sur Thouars, abandonnant une partie de son artillerie, les radeaux qu'elle avait sur la Loire et ses bagages.

ANCERVILLE, ch.-l. de cant. de l'arrond. de Bar-le-Duc (Meuse), à 20 kil. de cette ville. Pop. 2,050 hab. Son commerce consiste en vins rouges assez estimés et en kirschwasser.

ANCERVILLE-SUR-NIED, village de l'arrond. de Metz (Moselle), et à 20 kil. de cette ville. Pop. 600 hab.

ANCHIN, ancienne abbaye bénédictine, fondée au XIe siècle, située dans une île de la Scarpe, à 8 kil. de Douai. Le cardinal d'York, de la maison des Stuarts, en fut le premier abbé, en 1751.

ANCHISE, prince troyen. Il fut remarqué par Vénus, qui l'aima, et dont il eut un fils, Enée. Ce dernier l'arracha à l'incendie de Troie et le sauva en l'emportant sur ses épaules. Après sa mort, arrivée à Drépane, il fut enterré sur le mont Eryx.

ANCILES, boucliers sacrés, en airain, faits à l'image d'un bouclier que le ciel fit tomber aux pieds de Numa pendant qu'il offrait un sacrifice.

ANCILLON, famille de protestants réfugiés, parmi lesquels plusieurs sont célèbres.

ANCILLON (David), fils d'un jurisconsulte calviniste, né à Metz en 1617. Après avoir fait ses études chez les jésuites, il eut pour maîtres de théologie à Genève, Déodati, Spanheim et Tronchin; de Meaux, où il fut pasteur en 1641, il alla remplir les mêmes fonctions dans son pays natal, de 1653 à 1685. Bientôt exilé par la révocation de l'édit de Nantes, il devint pasteur à Hanau, à Francfort-sur-le-Mein, et enfin à Berlin, où il mourut en 1692. Il a écrit quelques ouvrages : *Apologie de Luther, de Zwingle, de Calvin et de Bèze.*

ANCILLON (Charles), fils du précédent, né à Metz en 1659, fit de brillantes études de droit, ce qui lui valut à l'étranger, lors de la révocation de l'édit de Nantes, la place de juge et directeur des réfugiés français à Brandebourg, d'inspecteur des tribunaux, de conseiller d'ambassade, d'historiographe du roi Frédéric Ier et de surintendant de l'école française. Dans les nombreux écrits qu'il a laissés, il s'attache surtout à montrer que la révocation de l'édit de Nantes a été funeste pour la France. Il mourut à Berlin en 1715.

ANCILLON (Louis-Frédéric), petit-fils du précédent, pasteur, a laissé plusieurs ouvrages estimés. Il mourut à Berlin, en 1814, à l'âge de 70 ans.

ANCILLON (Jean-Pierre-Frédéric), fils du précédent, né le 30 avril 1766, à Berlin. Pasteur et professeur d'histoire à l'Académie militaire de Berlin, il fut nommé secrétaire de l'Académie de Berlin, de 1803 à 1814. En 1810, il fut le gouverneur de Frédéric-Guillaume IV, et ensuite conseiller, après son retour de Paris avec son élève. Il mourut le 19 avril 1857.

ANCILLON (David), chef de la branche cadette des Ancillon, et frère de Charles Ancillon, né à Metz en 1670, et mort à Berlin en 1723. Il fit ses études à Genève, puis à Francfort-sur-l'Oder. Pasteur en 1689, il fut le successeur de son père comme ministre de l'école française de Berlin.

ANCILLON (Joseph), frère du chef de cette famille, né à Metz en 1626, mort à Berlin en 1719, fut le fondateur des justices françaises dans le Brandebourg.

ANCKARSTRŒM (Jean-Jacques), gentilhomme suédois, né en 1761. Ayant perdu un procès dans lequel le roi était intervenu, il s'attacha à la perte de son souverain; il choisit pour complices les jeunes comtes de Ribing et de Horn, et le colonel Lilliehorn. Dans la nuit du 15 mars 1792, pendant un bal masqué, il blessa Gustave III à mort d'un coup de pistolet. Ses complices furent bannis, et lui décapité, après avoir été fouetté pendant trois jours.

ANCLAM, ville de Prusse (Poméranie), à 4 kil. du Frische-Haff. Pop. 6,000 hab. Elle possède un port sur la Baltique.

ANCONE, ville des États de l'Église, à 190 kil. de Rome, place forte et capitale de la délégation de son nom. Pop. 24,000 hab. Cette ville, bâtie en amphithéâtre sur le penchant d'une colline, a un port franc sur l'Adriatique; elle est le siége d'un évêché. Ses principaux monuments sont : la cathédrale, la Bourse, le grand lazaret et un bel arc de triomphe élevé à Trajan sur une jetée de 700 m. de long. Son commerce maritime est actif et étendu. Ancône doit sa fondation aux Syracusains, vers 400 av. J.-C., et fut prise par les Romains l'an 268 av. J.-C.; république jusqu'en 1532, elle fut alors réunie aux États du pape. Les Français la prirent en 1797, les Russes en 1799. Sa forteresse fut occupée par les Français de 1832 à 1838, et fut bombardée, en 1849, par les Autrichiens pour s'être révoltée contre le pape. Evacuée par eux après la bataille de Magenta, elle fut fortifiée par le gouvernement pontifical, qui en fit une place forte de premier ordre. Après l'échec de Castelfidardo (18 septembre 1860), Lamoricière se retira à Ancône avec les débris de son armée; les Piémontais investirent la place, qui se rendit deux jours après (29 septembre). Ancône, l'Ombrie et les Marches ont été annexées au royaume d'Italie le 17 décembre 1861.

ANCÔNE (Délégation d'), ancienne division administrative des États de l'Église. Pop. 176,520 hab. Superficie, 115,574 hect. Son sol est fertile et montagneux. Elle fait partie maintenant du royaume d'Italie.

ANCRUM, village d'Écosse (comté de Roxburgh). Les Anglais y furent défaits par le général écossais Angus, en 1545.

ANCUS MARTIUS, 4e roi de Rome, de 641 à 617 av. J.-C., était petit-fils de Numa. Il enferma le mont Aventin et le Janicule dans la ville de Rome, fit construire le magnifique aqueduc *Aqua Martia*, et jeta sur le Tibre le pont Sublicius. Prince sage et prudent, il avait compris que la véritable force d'une nation reposait sur le peuple, et c'est pour cela qu'il organisa la partie plébéienne de la population, presque entièrement composée de laboureurs, de cultivateurs et d'artisans, auxquels il donna des terres; et l'on peut affirmer que si le génie des patriciens a étendu la puissance de Rome jusqu'aux limites du monde, c'est qu'il a pu s'appuyer sur les plébéiens qui formaient les légions romaines.

ANCY-LE-FRANC, anciennement *Anciacum*, ch.-l. de cant. de l'arrond. de Tonnerre (Yonne), dont il est distant de 15 kil. Pop. 1,550 hab. Cette ville est remarquable par un magnifique château qu'Antoine, duc de Clermont-Tonnerre, fit construire d'après les dessins du Primatice. Louvois l'acheta en 1688, et il resta depuis dans sa famille.

ANCYRE (inscription ou monument d'). On appelle ainsi le sommaire des principaux événements du principat d'Auguste, qu'il écrivit lui-même en style lapidaire. Il était composé de six tables d'airain, qui furent attachées au bas de son mausolée, à Rome. Cette inscription fut plus tard gravée sur marbre et placée dans le temple d'Auguste, à Ancyre (Galatie).

ANDALOUSIE, ancienne division politique du royaume d'Espagne. Cette province est bornée au N. par la sierra Morena, à l'E. par les sierras Segura et Cazorla, au S. par la Méditerranée; et à l'O. par le Portugal. Le Guadalquivir l'arrose; et la Sierra-Nevada la traverse entièrement. Pop. 306,650 hab. Sa superficie est de 70,000 kil. carrés. Les différences de température, qui est très-chaude sur les côtes, et tempérée dans les fertiles vallées du Guadalquivir, permettent les cultures les plus variées, depuis les arbres des pays froids jusqu'aux fruits des tropiques. On trouve dans les montagnes des mines dont les plus riches sont celles qui fournissent le plomb d'Adra.

ANDAMAN (îles), archipel du golfe du Bengale, dont les habitants, au nombre d'environ 3,000, sont d'un caractère féroce et stupide. Ville principale, Port-Cornwallis, qui fut le lieu de déportation destiné, en 1793, par les Anglais aux criminels du Bengale; mais il fut abandonné en 1796.

ANDANIA, ville de l'ancien Péloponèse, située entre Messène et Mégalopolis. Müller découvrit ses ruines en 1840, près de Philia, à 2 kil. du défilé qui conduit de Sténycleros en Arcadie.

ANDAYE ou HENDAYE, village des Basses-Pyrénées, dans l'arrond. de Bayonne, à 26 kil. de cette ville. Pop. 410 hab. Eaux-de-vie renommées.

ANDECHS, ancienne abbaye de bénédictins, dans le district de Weilhem (Bavière). Dans le moyen âge, il fut le ch.-l. d'un comté célèbre appartenant aux ducs de Méranie.

ANDELLE, petite rivière de France. Elle prend sa source près de Forges-les-Eaux (Seine-Inférieure), et, après un parcours de 60 kil., elle se jette dans la Seine, à Pitres (Eure).

ANDELOT, ch.-l. de cant., arrond. de Chaumont (Haute-Marne), et à 16 kil. de cette ville. Les rois mérovingiens y avaient un palais où fut signé, en 587, entre Childebert II, Brunehaut et Gontran, un traité qui assurait aux leudes l'hérédité de leurs fiefs.

ANDELYS (Les), anciennement *Andileyum*, sous-préfecture du départ. de l'Eure, à 28 kil. d'Évreux. Pop. 3,550 hab. Cette ville se divise en deux parties, le Grand et le Petit-Andely. Le Grand-Andely prit naissance d'un couvent fondé par sainte Clotilde, femme de Clovis; et le port du couvent sur la Seine devint le Petit-Andely. Ces deux petites villes furent souvent dévastées par la guerre. En 1119, il s'y livra un combat où Louis le Gros faillit être fait prisonnier. Elle fait un commerce considérable de blé et a des fabriques de draps et des filatures de laine. On remarque, aux environs, les ruines du Château-Gaillard, célèbre forteresse construite, en 1196, par Richard Cœur de Lion. Elle fut la patrie du peintre Nicolas Poussin et de l'aéronaute Blanchard. M. de Ruville a fait sur cette localité un travail d'autant plus remarquable qu'il est unique en ce genre et que, si un semblable était exécuté pour chacune des localités de notre pays, on aurait alors une véritable histoire de France.

ANDENNE, ville de Belgique, dans la province de Namur et à 12 kil. de cette ville. Pop. 5,720 hab. Beyga, femme de Pépin, y fonda, en 692, un couvent de béguines.

ANDÉOL (Bourg-Saint-), ville de l'arrond. de Privas (Ardèche), et à 52 kil de cette ville. Pop. 3,675 hab. On y cultive les mûriers, les oliviers et la vigne. On remarque près de là, à Tournes, une fontaine minérale.

ANDERLECHT, bourg de Belgique, près de Bruxelles, dont il n'est en quelque sorte qu'un faubourg. Pop. 7,470 hab.

ANDERLONI (Piétro), graveur célèbre, né le 13 octobre 1784, à Santa-Eufemia, dans le Bressan. Ses œuvres principales, qui se distinguent par une grande facilité de burin, sont : *Moïse* et la *Fille de Jéthro*, d'après le Poussin; une *Vierge*, d'après Raphaël, et la *Femme adultère*, d'après le Titien. Il mourut le 13 octobre 1849, après avoir été directeur de l'école de gravure de Milan pendant 18 années.

ANDERLONI (Faustino), frère du précédent, graveur distingué, est l'auteur d'une *Mater amabilis*, d'après le Sasso-Ferrato; il mourut à Paris le 9 janvier 1847.

ANDERMATT ou URSEREN, village de Suisse (Uri), à 6 kil. du Saint-Gothard. Pop. 600 hab. On remarque aux environs d'Andermatt, le *Trou d'Uri*, passage creusé dans un rocher, et le *Pont du Diable*, jeté au-dessus d'un précipice profond.

ANDERNACH, village de Prusse, dans la province du Rhin, à 18 kil. de Coblentz. Pop. 3,500 hab. On y remarque une ancienne forteresse romaine et une magnifique église carlovingienne. En 876, Louis le Saxon, fils de Louis le Germanique, y battit son oncle Charles le Chauve.

ANDERSON (James), agronome et fermier anglais, naquit, en 1739, à Hermiston, près d'Édimbourg. Après avoir étudié la chimie sous Cullen, qui devint son ami, il s'attacha à l'appliquer à l'économie rurale. Malgré le temps que lui prenaient les travaux de sa ferme, il s'occupait encore d'ouvrages sur l'agriculture; on lui doit un *Traité de chimie pratique*, in-12, 1776; *Essai sur les plantations*, 1777; *Essais sur l'agriculture*, 1777; *Recherches sur les troupeaux*, etc., et la fondation de plusieurs

AND

journaux ou recueils scientifiques, entre autre l'*Abeille*. Anderson est mort en 1808.

ANDERSON (Laurent), né en Suède, en 1480. Il introduisit dans sa patrie la réforme religieuse opérée par Luther et fit déclarer Gustave Wasa, dont il était devenu le chancelier, chef de l'Eglise suédoise, par la diète réunie à Westéras, en 1527. Ayant négligé de révéler un complot contre la vie du roi, dont il avait eu connaissance, il avait été condamné à mort; mais il en fut quitte pour une forte amende et vécut dès lors dans la plus profonde retraite. Il a publié une traduction de la Bible qui est considérée comme un chef-d'œuvre. Il mourut en 1552.

ANDES, petite ville de l'ancienne Italie, près de Mantoue; patrie de Virgile. Elle porte aujourd'hui le nom de *Pietola*.

ANDES ou CORDILLIÈRES, immense chaîne de montagnes située dans l'Amérique du Sud, qui a environ 6,800 kil. de long. On y remarque le Nevado de Sorata (7,896 m.), le Nevado d'Illimani (7,506 m.), le volcan de Gualatieri (7,100 m.), le Chimboraço (6,700) et le Cayambe Urcu (6,140 m.). Les montagnes des Andes renferment de grandes richesses minérales d'argent, d'or, de cuivre, etc., dont beaucoup sont exploitées, et la végétation y est très-florissante.

ANDILLY, village du dép. de Seine-et-Oise, situé dans la forêt de Montmorency et à 4 kil. de cette ville. Pop. 400 hab. Patrie d'Arnauld d'Andilly.

ANDOCIDE, fils de Léogoras, d'une noble famille d'Athènes qui prétendait descendre de Mercure. Né à Athènes, l'an 465 av. J.-C., il fut mêlé de bonne heure aux affaires publiques de sa patrie, et fut un des négociateurs de la paix dite de Trente ans, avec les Lacédémoniens, qui précéda la guerre du Péloponèse. Ayant eu à se plaindre de l'injustice du conseil des 400, ainsi que de la méchanceté des Athéniens, qui l'accusaient d'avoir été le complice d'Alcibiade, son ami, dans la mutilation sacrilége des Hermès, il se retira dans l'Elide, où, dégoûté des affaires, il se livra au commerce. Rentré à Athènes, lorsque la démocratie eut repris le dessus, il fut envoyé en ambassade à Sparte. Mais ayant échoué dans sa mission, il n'osa pas revenir dans sa patrie et mourut dans l'exil volontaire auquel il s'était condamné.

ANDOLSHEIM, ch.-l. de cant. de l'arrond. de Colmar (Haut-Rhin), et à 5 kil. de cette ville. Pop. 1,065 hab.

ANDORRE. Nom donné à une vallée située entre la France et l'Espagne, dans les Pyrénées, située sur le versant méridional. Son étendue est de 40 kil. du N. au S. et 32 kil. de l'E. à l'O. Pop. 18,000 hab. Elle renferme six communes ou villes dont le ch.-l. est Andorre, à 36 kil. de Foix. Sorte de république indépendante, son gouvernement se compose d'un conseil de 24 consuls et d'un syndic général, élu à vie et chargé du pouvoir exécutif. Deux juges, nommés, l'un par la France, et l'autre par l'évêque d'Urgel (Espagne), rendent la justice. Andorre tient son indépendance de Charlemagne, qui lui imposa; néanmoins, quelques droits féodaux dont Louis le Débonnaire abandonna une partie à l'évêque d'Urgel, en donnant au val d'Andorre la constitution qui la régit encore aujourd'hui. Napoléon s'arrêta à Andorre lorsqu'il se rendit en Espagne, et accepta le titre de protecteur de la république, en lui promettant un code complet de lois écrites. Le code andorran, publié en 1846, ne contient que cent articles pour régir toutes les matières civiles et criminelles.

ANDOVER, ville des Etats-Unis (Massachussetts), à 32 kil. de Boston. Pop. 4,000 hab. Cette ville possède deux florissants établissements d'éducation : le séminaire théologique et le collége *Philipp's academy*.

ANDRADA (E. Sylva Bonifazio José DE), né en Portugal, en 1765. Après avoir fait de brillantes études, il parcourut l'Europe, visitant les universités pour s'instruire. A Paris, il suivit les cours de Lavoisier, de Fourcroy, de Chaptal, de Laurent de Jussieu et d'Haüy; à Pavie, ceux de Volta, et, à Freyberg, ceux de Werner. Quand il revint dans sa patrie, on lui offrit une chaire de métallurgie et de géognosie, créée spécialement pour lui, et il fut nommé inspecteur général des mines, directeur de la canalisation de Mondego. Nommé secrétaire perpétuel de l'Académie des sciences de Lisbonne, après avoir fait des recherches utiles pour l'agriculture, il se retira au Brésil, en 1819, où il embrassa avec ardeur la cause du peuple, et fit proclamer son indépendance. Il fit partie de l'Assemblée constituante de 1825; mais déporté ensuite en France, il s'occupa de poésie. De retour en Portugal, en 1829, il devint le précepteur de l'empereur actuel du Brésil, D. Pedro. Il enrichit plusieurs recueils de ses écrits, de ses mémoires généralement assez courts.

ANDRADE (Antonio DE), Portugais de la compagnie de Jésus, naquit vers 1580. Son ardeur à servir les intérêts de l'Eglise l'entraîna dans les Indes et dans la Tartarie, où il fut chargé de missions importantes. Il mourut empoisonné en 1634. Son *Voyage au Thibet*, bien qu'il s'y trouve quelques erreurs, a fait faire un grand pas à la science géographique.

ANDRADE (Paiva DE), poëte né en Portugal dans le XVIe siècle, connu par un poëme épique latin, *Chauleïdos*, assez estimé, et dont l'action se passe aux Indes orientales.

ANDRADE (Jacinthe Freire DE), poëte, né à Béja, en Portugal, en 1597. Homme gai, léger, d'un caractère charmant, il sut s'attirer les bonnes grâces du roi d'Espagne, qui lui donna, en récompense de ses talents, l'abbaye de Sainte-Marie des Champs, ce qui n'empêcha pas le poëte de défendre sa patrie contre le roi d'Espagne, refusant de reconnaître les droits qu'il prétendait avoir sur le Portugal, parce qu'ils n'étaient fondés que sur la force. Craignant d'être poursuivi, il se retira dans une abbaye où il s'adonna entièrement aux études littéraires. Il a laissé : *Vie de Jean de Castro*, vice-roi des Indes; cet ouvrage est un modèle du genre historique, malgré quelques légers défauts. Dans un petit poëme sur les *Amours de Polyphème et de Galathée*, il se moque avec esprit du style ampoulé des imitateurs de Gongora. Andrade mourut en 1657.

ANDRADE CAMINHA (Pedro DE), poëte portugais, qui se distingua par des épîtres pleines d'énergie et de feu, ainsi que par des épitaphes et des épigrammes qui ne manquent pas de finesse; quant à ses élégies et à ses églogues, elles sont guindées et froides. Il mourut en 1589.

ANDRÉ (saint). Premier apôtre de Jésus-Christ et disciple de saint Jean-Baptiste. Il exerçait la profession de pêcheur à Capharnaüm, près du lac de Bethsaïde, ainsi que saint Pierre, son frère, lorsqu'il suivit la doctrine de Jésus-Christ et se voua à l'apostolat. Le nom de ce saint figure dans le récit du miracle de la multiplication des pains. Mais depuis on ne sait précisément ce qu'il devient. Cependant on s'accorde généralement à dire qu'il souffrit le martyre en Achaïe, à Patras, sur une croix ayant la forme d'un X, d'où est venu le terme *croix de saint André*, donné à ce genre de croix.

ANDRÉ DU CHARDON (Ordre de Saint-). Jacques Ier, roi d'Ecosse, créa, en 1434, cet ordre militaire qui fut aboli en 1688.

ANDRÉ (Ordre de Saint-), décoration russe, créée par Pierre Ier en 1698, dont l'insigne est une croix émaillée en bleu, représentant le martyre de saint André, surmonté d'une couronne impériale, d'un côté; de l'autre, c'est un aigle aux ailes éployées, avec ces mots : *Pour la foi et la fidélité*. Des croix de saint André, alternant avec des couronnes impériales, composent le collier. Le cordon est bleu.

ANDRÉ Ier, roi de Hongrie vers 1047, prince du sang royal et cousin de saint Etienne, fut chassé par Pierre Ier dit l'Allemand; réfugié en Russie, André fut rappelé par les seigneurs hongrois mécontents, qui lui firent jurer de respecter la religion; mais dès qu'il fut sur le trône, André proclama le christianisme religion d'Etat. Des murmures ayant éclaté, le roi fit couronner son jeune fils, Salomon, au préjudice de Béla, son frère, qui devait lui succéder. Ce dernier lors se mit à la tête des mécontents, et, après une défaite, 1061, André mourut de chagrin dans la forêt de Boron.

ANDRÉ II, surnommé le Hiérosolymitain, fils de Béla III, l'un des plus vénérés et des plus grands rois de Hongrie. Il essaya d'abord d'arracher la couronne à son frère Emeric; mais ayant échoué dans ses tentatives, il ne monta sur le trône qu'à la mort de son neveu Ladislas, et régna de 1205 à 1235. Pendant 12 ans il fit fleurir la paix dans ses Etats; mais, en 1217, menacé d'excommunication par le pape, il partit pour la Terre-Sainte. Bientôt André, sans écouter les prières des chefs croisés, abandonna l'expédition et revint dans ses Etats, qu'il trouva en révolte et dans un grand désordre. Pour calmer les murmures soulevés par les dépenses faites à l'occasion de cette croisade, il réunit, en 1222, une diète générale dans laquelle il promulgua la célèbre *Bulle d'Or*, qui est restée comme le monument du droit public des Hongrois et où sont établis les priviléges de la noblesse et du clergé, ainsi que les droits du peuple. La fin de son règne fut tourmentée par des invasions de Tartares.

ANDRÉ III, surnommé le Vénitien, parce qu'il était né à Venise, gouverna la Hongrie de 1290 à 1301. Retenu prisonnier, contre le droit des gens, par le duc d'Autriche, lorsqu'il passa dans les terres de ce dernier pour aller prendre possession du royaume de Ladislas, il n'obtint la liberté qu'en jurant d'épouser Agnès, la fille du duc d'Autriche; mais il se promit à part lui de tirer vengeance de cette insulte. Au bout de cinq ans il marcha enfin contre l'Autriche, et cette campagne se termina par une paix et le mariage, qu'il avait cru rompre par cette guerre. Il avait été obligé de partager son royaume avec Charles-Martel, fils du roi de Naples, et tous deux moururent la même année, en 1301. André, ne laissant qu'une fille, Elisabeth, termina la dynastie des rois descendant de la famille de saint Etienne. La maison d'Anjou, maîtresse du royaume de Naples, recueillit la couronne.

ANDRÉ DEL SARTO, dont le vrai nom est André Vannucchi, prit ce surnom de la profession de son père, tailleur. Il naquit à Florence, en 1488. Ce peintre dont les toiles, manquant peut-être de majesté, sont gracieuses, d'un harmonieux et pur coloris, étudia la peinture sous plusieurs maîtres médiocres, Jean Barille, Pierre de Cosimo; pour suppléer à ce défaut d'enseignement, il analysa les chefs-d'œuvre de Léonard de Vinci, de Raphaël et de Michel-Ange et surtout de Masaccio et du Ghirlandaio; sans parvenir à la hauteur de ceux-ci, il se créa pourtant une certaine réputation qui, commencée par des peintures en grisaille dans plusieurs cloîtres et surtout dans celui de la Nunziata, le fit appeler par François Ier, qui le combla de bienfaits et le chargea de l'exécution d'ouvrages importants; mais bientôt, obéissant à sa femme dont il subissait les caprices, il revint en Italie avec des sommes

AND

considérables que le roi de France lui avait confiées pour l'achat de plusieurs chefs-d'œuvre des maîtres de l'art. André del Sarto laissa sa femme, Lucrezia del Fede, dissiper ce dépôt sacré, et, après avoir en vain essayé d'obtenir le pardon de François Ier, il abandonna ses pinceaux et mourut dans la misère, atteint de la peste, en 1530, à 42 ans. Ses chefs-d'œuvre sont : la *Charité*, deux *Sainte-Famille*, l'*Annonciation*, au musée du Louvre; *Jules César recevant les tributs des provinces romaines*, au monastère de San Salvi, le *Sacrifice d'Abraham*, à Dresde; un *Christ mort*, etc. André a, en outre, la gloire d'avoir formé des élèves distingués, parmi lesquels nous citerons : Jacques de Pontormo, François Salviati, Georges Vasari, André Sguazzella, etc.

ANDRÉ ou ANDREÆ (Jean-Valentin), théologien et mystique, né à Herremberg dans le Wurtemberg, en 1586, il usa de son influence comme aumônier du duc de Wurtemberg, Eberhard III, et abbé d'Adelberg, pour faire prospérer l'instruction publique. On le regarde généralement, sinon comme le fondateur, du moins comme le réorganisateur de l'ordre des Rose-Croix. Il a laissé des poésies où il emploie avec charme le dialecte de la Souabe ou *schwöbetitsch*, et plusieurs écrits dont les principaux sont : *Invitation à la fraternité chrétienne*, Strasbourg, 1617-1618, in-12; *Ménippe, centurie de dialogues satiriques*, 1617, in-12; la *Cité chrétienne*, 1619, in-8°, etc. Il mourut en 1654.

ANDRÉ (Yves-Marie, dit le *Père*), écrivain distingué, né à Châteaulin en Basse-Bretagne, en 1675, mort en 1754, professa longtemps les mathématiques à Caen, à sa sortie de chez les jésuites. Son magnifique ouvrage sur le *Beau*, réimprimé plusieurs fois et dont la dernière édition est de Paris, 1810, in-12, le fit connaître avantageusement. De l'école de saint Augustin et de Mallebranche, son ami, il aimait peu les disputes théologiques. On lui doit encore un *Traité sur l'homme*, où il essaye de montrer l'action de l'âme sur le corps, et plusieurs manuscrits, conservés à la bibliothèque de Caen. M. Cousin a publié ses *Œuvres philosophiques*.

ANDRÉ (Jean), musicien, gai, naturel et gracieux, sans grandes connaissances, naquit à Offenbach, sur le Rhin, en 1741, et fut d'abord dirigé vers le commerce; mais il abandonna bientôt cette carrière et fit jouer avec succès le *Potier*, ensuite l'opéra d'*Erwin et Elmire*, dont Gœthe avait composé les paroles. Directeur du grand théâtre de Berlin, ensuite maître de chapelle du margrave de Brandebourg-Schwedt, il a laissé une vingtaine d'opéras. Il mourut, tué par le travail, en 1799. Son fils, Jean-Antoine, eut en sa possession tous les manuscrits de Mozart.

ANDRÉ (plaine ou campagne de Saint-), une des divisions de l'ancienne Normandie, dont les villes principales sont, dans le départ. de l'Eure, Saint-André et Verneuil.

ANDRÉ (Saint-), ch.-l. de cant. de l'arrond. de Castellane (Basses-Alpes), à 16 kil. de cette ville. Pop. 750 hab. On y récolte des fruits en grande abondance.

ANDRÉ DE CUBZAC (Saint-), ch.-l. de cant. de l'arrond. de Bordeaux (Gironde), et à 19 kil. de cette ville. Pop. 1,475 hab. On y remarque les restes d'un ancien château.

ANDRÉ (Saint-), ville des États autrichiens (Hongrie), à 15 kil. de Bude, dans le comitat de Pesth. Pop. 8,000 hab.

ANDRÉ D'APCHON (Saint-), bourg. du départ. de la Loire, à 11 kil. de Roanne. Pop. 1,800 hab. Il possède des eaux minérales.

ANDRÉ DE SANGONIS (Saint-), bourg du départ. de l'Hérault, à 18 kil. de Lodève. Pop. 2,225 hab.

ANDRÉ DE VALBORGNE (Saint-), ch.-l. de cant. de l'arrond. du Vigan (Gard), et à 30 kil. de cette ville. Pop. 820 hab. Il renferme des filatures de coton et de soie grège.

ANDRÉ-LA-MARCHE (Saint-), ch.-l. de cant. de l'arrond. d'Évreux (Eure), et à 20 kil. de cette ville. Pop. 1,160 hab. On y fabrique des toiles et des cotonnades.

ANDREA (Pisano), sculpteur et architecte, né à Pise en 1270, contribua puissamment à affranchir la sculpture et l'architecture du joug du style gothique. Admirateur passionné des anciens, il fit, à Gênes, les sculptures de l'admirable monument de Sainte-Marie del Fiore, et un groupe magnifique en marbre, la Madone et les deux anges. Comme ingénieur, il entoura Florence de fortifications, et il se distingua dans la fonte du bronze par les ciselures du baptistère de cette ville. Il a laissé aussi plusieurs modèles de sculpture et d'architecture pour des églises et des palais. Comblé de biens et d'honneurs par les Florentins, qui lui donnèrent chez eux droit de cité, il mourut en 1343.

ANDRÉANOFF, groupe d'îles de l'Amérique russe, dans l'archipel des Aléoutes. Ces îles sont remarquables par le grand nombre de volcans qu'elles renferment.

ANDRÉASBERG, ville de Hanovre, à 24 kil. de Klausthal. Pop. 4,500 hab. On y exploite plusieurs mines d'argent, de cuivre, de plomb et de fer, et, depuis le XVIe siècle, elle possède une usine pour la fonte du minerai. On fabrique aussi des dentelles.

ANDRÉEVA, ville de Russie, dans la Caucasie, à 55 kil. de Kizliar. Elle est le ch.-l. d'une principauté.

ANDREINI (François), comédien, né à Pistoïa, dans le XVIe siècle. Il se fit une grande réputation dans les rôles de bravache, et avait épousé Isabelle de Padoue, comédienne aussi, mais qui s'acquit une certaine célébrité par ses poésies. Andreini composa plusieurs pièces et des dialogues, et donna, en 1616, une édition de quelques fragments tirés des œuvres de sa femme, morte à Lyon, en 1604.

ANDREINI (Jean-Baptiste), fils du précédent. Il se distingua aussi comme poëte, puis comme comédien sous Louis XIII, en jouant les rôles d'amoureux, sous le nom de Lelio. Il a laissé plusieurs pièces qui se ressentent du mauvais goût de l'école italienne d'alors; cependant on prête à l'une d'elles, intitulée *Adama*, l'honneur d'avoir inspiré le *Paradis perdu* à Milton. Andreini mourut à Paris, vers 1650.

ANDRELINI (Publio-Fausto), poëte latin de la Renaissance, né à Forli, vers 1450, il obtint, avec sa poésie des *Amours*, la couronne poétique à Rome, vers 1472. On lui offrit une chaire à l'université de Paris en 1489, et fut reçu à la cour, où il sut captiver le roi et les grands. Il chanta en latin les louanges de Charles VIII, de Louis XII, de François Ier, d'Anne de Bretagne, ses protecteurs, et obtint ainsi plusieurs pensions, et une telle considération que ses ennemis se turent. Erasme même n'osa l'attaquer qu'après sa mort, arrivée en 1518. Il a laissé un grand nombre d'écrits, des élégies, des poésies érotiques, des distiques moraux, etc.

ANDRÉOSSI (François), mathématicien et ingénieur, né à Paris en 1633, mort à Castelnaudary, en 1688. On le considère généralement aujourd'hui, par suite des réclamations de son petit-fils le général Andréossi, dans son *Histoire du canal du Midi* (1800), pour avoir eu le premier l'idée du canal du Languedoc ou du Midi, malgré les prétentions de Riquet, auquel il succéda comme directeur particulier du creusement de ce canal.

ANDRÉOSSI (Antoine-François, comte), lieutenant-général, descendant d'une famille originaire d'Italie, né à Castelnaudary, en 1761; il était arrière-petit-fils du précédent. Officier d'artillerie, il embrassa avec ardeur le parti de la Révolution et prit part à toutes les campagnes de cette époque. Sous Bonaparte, il se distingua par ses talents et par son courage, devint chef de brigade et plus tard un des membres les plus distingués de l'Institut du Caire. Tour à tour chef d'état-major, général, ambassadeur à Londres, après la paix d'Amiens, puis à Vienne dont il fut gouverneur, il séjourna quelque temps à Constantinople, d'où il rapporta des ouvrages précieux sur l'hydrostatique. Pair de France, en 1815, il se prononça en faveur des Bourbons, mais il se retira complétement des affaires publiques, et n'accepta qu'avec peine la direction des subsistances militaires. Membre de l'Académie des sciences, en 1826, il fut élu député de l'Aude, en 1827, mais il mourut un an après, à Montauban, laissant plusieurs ouvrages scientifiques.

ANDREOZZI (Gaetano), compositeur dramatique, né à Naples, dans le XVIIIe siècle. Il eut pour maître Jomelli, et fit plusieurs voyages à Rome, à Florence, à Venise, à Genève, à Paris, à Naples, en Espagne, faisant représenter partout des opéras. Son style est facile et naturel; et son meilleur opéra est *Giovanna d'Arco*. Il mourut au commencement de ce siècle.

ANDRÉS (Jean), travailleur infatigable et savant très-instruit. Il naquit en 1740, dans le royaume de Valence, à Planès, d'une noble famille. Il entra chez les jésuites, et, à l'expulsion de son ordre, il passa d'Espagne en Italie, où il professa la philosophie; mais bientôt connu par son érudition et les savantes recherches dont il fit preuve, surtout plus tard, dans son grand ouvrage *Dell' origine, progresso et stato attuale d'ogni litteratura*, qui, malgré quelque fautes et imperfections, est d'un goût et d'un style purs, il fut appelé à remplir la place de conservateur et de bibliothécaire à Naples. Il a laissé de nombreux écrits sur la musique arabe, sur Pompéi et Herculanum, sur le culte d'Isis, etc. Andrés est mort à Rome, en 1817.

ANDREWS (Saint-), port et ville d'Écosse, à 62 kil. d'Édimbourg. Pop. 6,050 h. Elle est le siége d'un archevêché, et possède les ruines d'une belle cathédrale, fondée en 1159, et qui fut détruite en 1559, à la suite des prédications de J. Knox; une université fondée en 1411; les colléges Saint-Loénard, 1521; Sainte-Marie, 1537; Saint-Salvator, 1455; une institution, dite *Collége de Madras*, fondée par le R. Andrew Bell, inventeur de l'enseignement mutuel et natif de Saint-Andrews; cette institution compte environ 800 élèves. Saint-Andrews est la patrie de Jacques III.

ANDRIA, ville de l'ancien royaume de Naples (Terre de Bari), à 14 kil. de Barletta. Pop. 15,000 hab. Elle est le siége d'un évêché et d'une cathédrale.

ANDRIEUX (Bertrand), graveur en médailles, né à Bordeaux en 1761. Par ses nombreux travaux, il donna une impulsion nouvelle à son art, qui était fort déchu depuis Louis XIV. Il grava la plupart des médailles frappées sous la Restauration, et presque tous les modèles des billets de banque. Il mourut à Paris en 1822.

ANDRIEUX (François-Guillaume-Jean-Stanislas), homme de lettres, né à Strasbourg en 1759. Après avoir étudié le droit, il se trouva mêlé à toutes les affaires publiques de son temps et sut toujours rester homme d'honneur. Il remplit avec zèle un grand nombre de fonctions publiques, entre autres celles de juge au tribunal de cassation (1796), de membre du conseil des Cinq-Cents (1798), puis du tribunat (1800). Sous l'Empire et la Restauration, il devint professeur à l'École polytechnique, et ensuite au Collège de France (1814), secrétoire perpétuel de l'Académie française en 1829. Il était déjà de l'Institut depuis sa création (1797). Jamais, dans ses diverses positions, il n'abandonna le culte de la poésie, et plusieurs années de sa vie furent marquées par de beaux succès littéraires : *Anaximandre* (1782), les *Etourdis* (1788) (peut-être son chef-d'œuvre), *Helvétius* (1802), la *Suite du Menteur* (1803), le *Trésor* (1803), la *Soirée d'Auteuil* (1804), le *vieux Fat* (1810), la *Comédienne* (1816), le *Manteau* (1826), et *Junius Brutus*, tragédie (1828), marquent avec honneur dans les fastes de la littérature. Avec ses contes en vers et en prose, dont plusieurs sont dignes de Voltaire, son maître, il eut beaucoup de succès. Pour se délasser à Auteuil, il avait les causeries de ses bons amis Picard et Collin-d'Harleville. Andrieux mourut en 1833.

ANDRINOPLE, ville de la Turquie d'Europe (Roumélie), à 200 kil. de Constantinople; elle est la seconde capitale de l'empire turc. Pop. 160,000 hab., composée de Juifs, Bulgares, Turcs, Grecs et Arméniens. Cette ville est la résidence d'un métropolitain grec et le ch.-l. du premier eyalet d'Europe; elle renferme de nombreuses écoles et plusieurs belles mosquées, parmi lesquelles on remarque celles de Sélim II, de Bajazet II et d'Amurat Ier; un grand nombre de bazars, entre autres celui d'Ali-Pacha, qui est regardé comme un des plus beaux du monde. On y remarque encore une fonderie de canons, un arsenal, des caravansérails, des aqueducs et des fontaines. Son commerce est très-florissant, et consiste en tissus de soie, laine, coton, maroquins, tapis, eau de rose, etc. En 323, Licinius fut vaincu près de cette ville par Constantin, et Valens y fut battu par les Goths en 378. En 1360, Andrinople fut prise par les Turcs et devint leur capitale de 1366 à 1453. Le 20 août 1829, les Russes s'en emparèrent, et y signèrent, le 14 septembre, un traité qui leur donnait les bouches du Danube et la protection des principautés danubiennes.

ANDRISCUS, aventurier, né à Adramytte, qui se fit passer pour le fils de Persée, dernier roi de Macédoine, et parvint ainsi à s'emparer du trône de Macédoine, 152 ans av. J.-C.; mais les Romains, commandés par le préteur Métellus, l'ayant battu à Pydna, le firent prisonnier et l'emmenèrent à Rome pour servir au triomphe de leur général. La Macédoine devint alors province romaine (148 ans av. J.-C.).

ANDROCLÈS, esclave romain, qui fut le héros d'une charmante anecdote qu'Aulu-Gelle place vers le Ier siècle de J.-C. Androclès, condamné à être exposé aux bêtes féroces pour s'être enfui de la maison de son maître, fut reconnu dans le cirque par un lion auquel il avait autrefois arraché une épine du pied, et avec lequel il avait vécu pendant trois années; le roi des déserts l'épargna par reconnaissance, et l'empereur, cédant aux désirs du peuple, pardonna à l'esclave rebelle.

ANDROGÉE, fils de Minos, roi de Crète, et de Pasiphaé. Il fut tué par des jeunes gens d'Athènes et de Mégare, par l'ordre d'Egée, roi d'Athènes, qui était jaloux de sa renommée et de ses succès aux Panathénées. Minos, pour le venger, déclara la guerre à ces deux villes, et, les ayant vaincues, ne leur accorda la paix qu'à condition qu'elles livreraient chaque année sept jeunes filles et sept jeunes garçons au Minotaure. Thésée affranchit ses compatriotes de cet affreux tribut.

ANDROMAQUE (l'ancien), né en Crète, archiâtre de Néron, de 54 à 68 de J.-C. Il découvrit la thériaque et la vanta dans un poëme grec; sa formule pour la composition de ce médicament, quoique barbare, fut en grande faveur auprès des médecins.

ANDROMAQUE, princesse troyenne, fille d'Aétion, roi de Cilicie. Elle avait épousé Hector, et ne put se consoler de la mort de son mari. Après la prise de Troie, elle tomba au pouvoir de Pyrrhus, fils du meurtrier d'Hector, qui fit précipiter son fils unique, Astyanax, du haut d'une tour, et l'emmena en Epire où il l'épousa. Bientôt ce prince, l'ayant répudiée, la donna pour femme à Hélénus, frère de son premier mari et fils de Priam. Euripide, que Racine a imité en le modifiant profondément, a laissé une tragédie d'Andromaque, où l'on remarque des scènes palpitantes d'intérêt.

ANDROMÈDE, fille de Céphée, roi d'Ethiopie, et de Cassiopée. Celle-ci, ayant prétendu que sa fille surpassait Junon et les Néréides en beauté, excita la colère des déesses. Pour les venger, Neptune suscita un monstre marin qui désolait le pays par ses ravages. L'oracle d'Ammon, consulté, répondit que, pour mettre fin à ce fléau, il fallait livrer Andromède aux fureurs du monstre. Déjà la jeune princesse était attachée sur un rocher, quand Persée, monté sur Pégase, la sauva en tuant le monstre marin, et obtint sa main en récompense. L'Arioste a reproduit cette scène dans son poëme de *Roland furieux*. Andromède fut mise au nombre des astres par Minerve.

ANDRONIC Ier (*Comnène*), empereur grec, né en 1110, fils d'Isaac. Il avait été envoyé en exil par suite de ses débordements, lorsque, à l'avénement d'Alexis II, il revint à Constantinople pour s'emparer de la tutelle d'abord et du trône ensuite, en faisant périr le jeune prince (1183). D'un caractère sauvage, aigri encore par l'exil, il réprima les exactions des grands par des cruautés inouïes. Précipité du trône par Isaac l'Ange, en 1185, il fut pendu par le peuple, que ses atrocités avaient révolté. Il fut le dernier empereur de la famille des Comnène qui régna à Constantinople.

ANDRONIC II (*Paléologue*), né en 1258. Il avait déjà été associé à l'empire par Michel VIII, son père, avant de monter sur le trône en 1282. A la mort de ce dernier, il fit preuve de la plus grande incapacité politique : il désunit les Eglises grecque et latine, pressura le peuple pour acheter la paix des Catalans et des Turcs ottomans qui ravageaient les frontières de l'empire; il altéra les monnaies, détruisit le commerce et ruina l'industrie. Enfin son petit-fils, Andronic III, le détrôna en 1328, et l'empereur déchu mourut dans un monastère, où il avait pris le nom de frère Antoine, en 1332.

ANDRONIC III (*Paléologue*), dit le *Jeune*, empereur de Constantinople, né en 1295, fils de Michel Paléologue et petit-fils du précédent. Après avoir fait tuer son frère par méprise, il parvint, à la tête d'une armée, à se faire associer au trône par son aïeul, qu'il relégua bientôt dans le palais. Il repoussa plusieurs fois les Turcs et les Bulgares, qui continuaient leurs invasions dans l'empire d'Orient. Il forma contre les premiers une ligue avec plusieurs princes, entre autres avec le roi de France, Philippe de Valois, et le roi de Naples, pour arrêter leurs envahissements. Il s'occupa sérieusement du bonheur de son peuple en diminuant les impôts, mais il ne put surmonter les obstacles qu'on lui opposait de tous côtés, et mourut de chagrin en 1341.

ANDRONIC IV (*Paléologue*), fils aîné de l'empereur d'Orient, Jean V, qui l'associa d'abord au trône, mais dut l'exclure plus tard à cause de ses vices. Il fut condamné à perdre la vue pour avoir voulu détrôner son père (1375); mais l'opération fut mal faite, et il en profita pour s'allier avec les Génois, qui s'emparèrent de Jean, ainsi que de l'héritier désigné du trône, Manuel, et proclamèrent Andronic IV empereur. Forcé bientôt par Amurat Ier de rendre la couronne, il finit ses jours en exil.

ANDRONICUS (*Livius*), poëte comique. Il fut d'abord esclave, mais son maître, Livius Salinator, l'ayant affranchi, il lui confia l'éducation de ses enfants. Vers l'an 240 av. J.-C., il fit représenter une pièce, traduite du grec, dans laquelle il joua lui-même. L'art dramatique était encore dans l'enfance à cette époque, et pourtant dans les fragments qui nous restent de ce poëte, le style est facile, pur, et ne manque pas d'harmonie. On lui doit aussi une Odyssée et des Hymnes qui ont joui d'une certaine réputation.

ANDRONICUS, philosophe péripatéticien, né à Rhodes, qui obtint peu de succès dans ses cours. Etant venu à Rome, il eut connaissance que l'on avait retrouvé chez Apellicon les ouvrages d'Aristote; il les revit, les classa et les annota; puis, d'après les ordres de Sylla, les publia pour la première fois, ainsi que les écrits de Théophraste. C'est à tort qu'on lui a attribué une paraphrase des *Ethiques à Nicomaque*, dont le véritable auteur est Héliodore de Pruse. Andronicus mourut vers l'an 59 av. J.-C.

ANDROS, île de Grèce, l'une des Cyclades, située à 21 kil. de Négrepont. Sa superficie est de 41 kil. sur 11. Pop. 15,000 hab. Son sol est montagneux, mais fertile; on y récolte une grande quantité de soie et de vins. Elle fut prise par les Athéniens, puis par les Macédoniens et par les Romains, qui la cédèrent à Attale, roi de Pergame.

ANDROUET (*Jacques*), né en 1540, à Paris ou à Orléans, appelé aussi *du Cerceau*, surnom qu'il reçut à cause d'un cerceau qui servait d'enseigne à sa maison. Il se distingua, comme architecte, par la construction de plusieurs beaux palais ou hôtels, et par la publication de plusieurs ouvrages sur son art. Henri IV le choisit pour les embellissements et les augmentations à faire aux Tuileries, et pour construire une galerie du Louvre que cet architecte ne termina pas. Paris lui doit aussi les hôtels de Sully, des Carnavalet, des Bretonvilliers, etc. Androuet fut exilé comme partisan de la religion réformée. Il a écrit plusieurs ouvrages sur l'architecture, sur les édifices des anciens Romains, et a laissé des leçons de perspective.

ANDROUET (*Jean-Baptiste*), fils du précédent, dirigea la construction, à Paris, du pont Neuf, qu'Henri III avait commandé à son père.

ANDROUSSOF, petite ville de Russie (gouvernement de Mohilev). En 1667, un traité y fut conclu entre la Pologne et la Russie. Par ce traité, le duché de Sévérie, l'Ukraine, Smolensk et Tchernigoff jusqu'au Dniéper étaient échus aux Russes, et la Pologne gardait la Livonie, les palatinats de Polotsk et de Vitebsk.

ANDRY (*Nicolas*), médecin, né à Lyon, en 1658. Il devint célèbre par la rivalité hostile qu'il déploya contre ses confrères. Professeur, puis doyen de la faculté de médecine de Paris, il commença d'abord par subordonner la chirurgie à la médecine; nommé doyen, il chercha, pour satisfaire son ambition, des alliés puissants dans les médecins de la cour, afin de dominer ses collègues, mais ceux-ci lui enlevèrent sa place et la donnèrent à Geoffroy. On lui reproche ses critiques acerbes contre les œuvres estimées de J.-L. Petit. Andry est auteur de plusieurs mémoires, dont un passablement ridicule, sur la génération des vers dans le corps humain, et d'autres sur les abus de la saignée. Il mourut à Paris, en 1742.

ANDRY (*Charles-Louis-François*), médecin célèbre, né à Paris, en 1741. Il joignit à ses lumières le plus profond désintéressement et avait pris pour règle de donner aux pauvres le dixième de son revenu. Ardent partisan de la vaccine, il se prononça avec vigueur contre les jongleries des disciples de Mesmer. Il fut l'un des quatre médecins consultants de Napoléon Ier et reçut de Louis XVIII le grand cordon noir de l'ordre de Saint-Michel.

ANDUJAR, anciennement *Illiturgis*, ville d'Espagne, dans la province de Jaen et à 38 kil. de cette ville, située près du Guadalquivir. Pop. 9,350 hab. Les Arabes en prirent possession en 1224. Le général Dupont y fixa son quartier général avant la bataille de Baylen. En 1823, le duc d'Angoulême y rendit un ordre qui restreignait la liberté des tribunaux et de la presse de l'Espagne pendant l'occupation de l'armée française. Cette restriction souleva une vive opposition des cortès, tout en recevant l'approbation des libéraux.

ANDUZE, ch.-l. de cant. de l'arrond. d'Alais (Gard), à 14 kil. de cette ville. Pop. 5,000 hab. On remarque dans cette ville, située au pied des Cévennes, une église calviniste, et dans les environs, une grotte curieuse par ses stalactites. Fabrication de bonneterie.

ANE (Fête de l'). Cette fête, instituée vers le xe siècle, était une sorte de naïve représentation de la fuite de la Vierge Marie en Égypte. On choisissait une jeune fille, la plus belle qui se pût trouver, que l'on faisait monter sur un âne magnifiquement caparaçonné; on lui mettait entre les bras un petit enfant, et elle figurait ainsi la Vierge avec son divin fils. Elle tenait la tête de la procession, suivie de l'évêque et du clergé, qui se rendaient de la cathédrale à une autre église. Elle pénétrait dans le sanctuaire avec sa modeste monture et allait se placer devant l'autel, du côté de l'Évangile. On commençait l'office de la messe, et après l'épître, on chantait la prose de l'âne, et le peuple venait faire une génuflexion devant lui pour l'exhorter à oublier son ancienne nourriture ainsi que le chardon. Le sacrifice de la messe terminé, l'âne, la jeune fille et son cortège retournaient en procession au lieu d'où ils étaient partis.

ANEAU (Barthélémy), dit Annulus, né à Bourges, au commencement du xvie siècle, auteur de nombreuses poésies françaises et latines qu'il sema de bons mots, d'épigrammes, de pointes, suivant en cela d'ailleurs le goût de son époque. Elève de Melchior Wolmar, et probablement condisciple d'Amyot, de Bèze et de Calvin, il eut pour ami, Clément Marot. Professeur de rhétorique à Lyon, au collège de la Trinité, dont il fut le principal de 1558 jusqu'à sa mort, il périt dans une émeute populaire, en 1561, massacré par des furieux qui l'accusaient de donner à ses élèves une instruction peu chrétienne et d'avoir, dans une procession, lancé une pierre sur le prêtre portant le saint-sacrement. On l'accusa également de protestantisme, mais sans preuve bien fondée. Il est auteur de nombreux ouvages en français, en latin et en grec.

Baptême de Clovis.

ANECDOTE. Récit court et amusant d'un événement extraordinaire ou comique d'un trait remarquable ou spirituel. L'anecdote est le côté agréable de l'histoire, et c'est par elle que bien souvent les plus grands événements sont expliqués; mais combien d'anecdotes fausses se sont-elles glissées parmi les véritables; aussi, généralement, on n'exige pas d'une anecdote les preuves de son authenticité, on se contente qu'elle ait à peu près le caractère de la vraisemblance. Presque tous les bons mots, les reparties heureuses ont été attribuées à quatre ou cinq personnages historiques. Ainsi les Prussiens prêtent à Frédéric le Grand les traits de Napoléon Ier, tandis que les autres nations les attribuent à leurs personnages marquants. Il est de ces anecdotes qui se reproduisent chaque année dans les journaux sous une forme en quelque sorte épidémique: on a donné le nom de *canard* à ce genre, qui fait pâmer d'aise les lecteurs des grands journaux.

ANEL (Dominique), chirurgien français, né vers la fin du xviie siècle, à Toulouse. Il suivit le cours des plus célèbres professeurs de sa ville natale, Montpellier, et fit un voyage sur mer, comme chirurgien de marine. Elève, à Paris, d'Antoine Petit et de Maréchal, puis chirurgien major d'un régiment, il fit ensuite plusieurs voyages, mandé par les plus nobles personnages : le comte de Gronsfeld, Madame Royale de Savoie, etc. Il mérita sa grande réputation par la découverte d'un moyen de guérir la fistule lacrymale, sur laquelle il a écrit plusieurs mémoires. Il a laissé un grand nombre de traités, d'observations, de remarques, etc. L'époque de sa mort nous est inconnue.

ANEMABOU, ville de la Guinée supérieure, à 16 kil. de Cape-Coast-Castle. Pop. 4,000 hab. Cette ville possède un fort et un établissement anglais avec un port. Autrefois, elle avait un marché très-fréquenté pour le trafic des esclaves. En 1808, elle fut prise et brûlée par les Achantis.

ANEMURIUM, cap de la Cilicie, avec une ville située un peu au N.-O., qui portait autrefois le même nom et qui s'appelle aujourd'hui *Anemour*. Elle est remarquable par les ruines de deux théâtres antiques.

ANERIO. Deux compositeurs italiens ont porté ce nom : *Félix*, né à Rome, vers l'an 1560, élève de Jean-Marie Nanine, et *Jean-François*, son frère; tous deux furent maîtres de chapelle; le premier remplaça Palestrina, à la chapelle pontificale, et l'autre remplit ces fonctions près de Sigismond III, roi de Pologne, et ensuite à la cathédrale de Vérone et à Saint-Jean de Latran.

ANET, ch.-l. de cant. (Eure-et-Loir), arrond. de Dreux et à 16 kil. de cette ville. Pop. 1,350 hab. Elle est remarquable par les ruines du château d'Anet, élevé par Henri II pour Diane de Poitiers. La principale façade de ce château fut transporté au palais des Beaux-Arts, à Paris.

ANFOSSI (Pascal), compositeur, né à Naples, en 1736. Il passa de son temps pour le rival heureux de son ancien maître, Piccini. Partout on applaudit ses opéras, sans trop savoir pourquoi; mais la mode ne s'explique pas; aussi comme il arrive presque toujours en pareil cas, lorsque l'engouement public cessa, ses pièces tombèrent dans l'oubli. Il mourut en 1797.

ANGADREME ou **ANGADRISMA**, vierge chrétienne dont la châsse ou *fierte*, portée sur les remparts par des jeunes filles, délivra Beauvais attaqué par les Normands en 1472. Cette vierge est devenue la patronne de cette ville, qui la fête le 17 mars par une procession et par des coups de canon tirés par des jeunes filles de Beauvais.

ANGE, nom d'une famille noble de Philadelphie, qui dut sa haute fortune à l'un de ses membres, Constantin l'Ange, amant et ensuite époux de Théodora, fille d'Alexis Comnène, empereur d'Orient. Trois de ses descendants montèrent sur le trône de Constantinople, mais n'y brillèrent d'aucune vertu : Isaac II, qui régna de 1185 à 1195; détrôné à cette époque par Alexis III, qui gouverna de 1195 à 1203, il reprit les rênes du pouvoir en 1203 jusqu'en 1204, et enfin Alexis IV. En 1204, un fils naturel de Jean l'Ange établit le despotat d'Épire, dont ses descendants furent maîtres jusqu'en 1336.

ANGE (Château Saint-), forteresse de Rome située sur la rive droite du Tibre, près du Vatican. Elle fut fondée au XIIe siècle, et reçut son nom d'une petite église de *Saint-Michel-dans-les-Cieux* qui y fut construite en 593. Cette forteresse était le mausolée d'Adrien. La tour a 67 m. 46 cent. de diamètre.

ANGE DE SAINTE-ROSALIE, savant théologien et généalogiste, né à Blois de la famille Raffard ou Vaffard, en 1655. Il appartint à l'ordre des Augustins déchaussés et de la maison des Petits-Pères ; il passa sa vie à des recherches historiques, à compulser des pièces diplomatiques, des chartes, de vieux parchemins, etc. Il est juste de reconnaître que le travail du P. Anselme, qui servit à tant d'historiens, l'aida puissamment dans ses ouvrages ; *Sur l'État de la France*, réimprimé et augmenté par lui d'abord et ensuite par les religieux bénédictins de Saint-Maur, et sur l'*Histoire généalogique de la maison de France et des grands officiers de la couronne*, où il donna l'origine, la nature, les droits, les fonctions, etc., des officiers ecclésiastiques, civils et militaires. Le P. Ange mourut à Paris, en 1726, avant la publication de son travail généalogique que fit paraître, en 1726, son collaborateur, le P. Simplicien.

ANGE DE LA BROSSE, dit le *Père Ange de Saint-Joseph*, né à Toulouse, carme déchaussé. Après une mission apostolique en Orient, il devint supérieur de son ordre en Belgique. Son ouvrage : *Gazophylacium linguæ Persarum*, fait peut-être preuve de connaissance de la langue persane vulgaire, mais aussi d'inexactitude et parfois de mauvais goût.

ANGELI (Petrus-Angelus Bargæus), poëte latin, né en 1517, en Toscane, à Barga, d'où il tira son surnom. Il abandonna ses études de droit pour se livrer à la culture des belles-lettres. Sans ressources, il fut assez heureux pour trouver un riche protecteur qui lui fit terminer ses études, et après une vie fort aventureuse et des voyages en Italie, à Venise, où il copia des manuscrits grecs pour François Ier, en Grèce et en Orient, il vint à Reggio, en 1546, professer les langues grecque et latine ; Cosme Ier lui donna une chaire de belles-lettres à l'université de Pise, et, 17 ans après, une chaire de politique et de morale, où il expliquait Aristote. Angeli fit preuve d'attachement à cette université en ne désertant pas son poste, lors du siége de Pise par Pierre Strozzi, qui commandait l'armée siennoise ; au contraire, se rappelant sa jeunesse aventureuse, il se mit à la tête des étudiants et résista jusqu'à l'arrivée du grand-duc, son protecteur (1554). Il mourut comblé d'honneurs, à Pise, en 1596.

ANGELO-DEI-LOMBARDI (San-), ville de l'ancien royaume de Naples (Principauté ultérieure). Pop. 6,400 hab. Cette ville est le siége d'un évêché.

ANGELO-IN-VADO (San), ville des États de l'Église, au S.-O. d'Urbin. Pop. 2,500 hab. Siége d'un évêché.

ANGELOT, espèce de monnaie qui valait un écu d'or fin, ainsi appelée parce qu'elle portait l'image de saint Michel. Les angelots avaient cours en France vers le XIIIe siècle.

ANGELUS, prière instituée par l'Église catholique pour honorer le mystère de l'Incarnation. Son nom vient de ce qu'elle commence par les mots : *Angelus Domini*. Louis XI ordonna que cette prière fût annoncée trois fois par jour au son des cloches ; le matin, à midi et le soir.

ANGELY (L'). D'une famille noble, mais sans fortune, il passa des écuries, où il remplissait les fonctions de valet, dans l'intimité du prince de Condé, qu'il avait suivi en Flandre, et qui s'amusait beaucoup de ses reparties parfois méchantes. L'Angely ayant plu à Louis XIII il entra comme bouffon au service de ce roi. Détesté de tous les seigneurs, qui le craignaient et qu'il égratignait de temps en temps, ceux-ci, pour échapper à ses ongles et à ses traits d'esprit, vidèrent souvent leurs bourses dans la sienne, qui devint bientôt un coffre-fort rempli de sommes considérables. Ménage raconte que l'Angely fit mourir de chagrin le comte de Nogent, qu'il détestait, en lui disant au dîner du roi : « Monsieur le comte, couvrons-nous, cela est sans conséquence pour nous ! » Boileau a sauvé de l'oubli le nom de ce fou, en le mentionnant dans ses *Satires* I et VIII.

ANGENNES (François D'), chef des marquis de Monthouet. Il remplit plusieurs fonctions importantes ; de chambellan du duc d'Alençon, il devint maréchal de camp, ambassadeur en Suisse et gouverneur de Nogent, grâce à l'appui de Catherine de Médicis. A l'avénement de Henri IV, qu'il servit avec zèle, il ne voulut pas changer de religion et resta huguenot. Gaston d'Orléans s'attacha son fils, *Jacques*, en lui donnant la charge de grand-louvetier.

ANGENNES (Julie D'), nom de la célèbre

Les anabaptistes reconnaissent Jean de Leyde pour leur roi.

madame de Montausier. (*Voyez* ce dernier mot.)

ANGERBOURG, ville de Prusse, à 48 kil. de Gumbinnen. Pop. 2,950 hab. Elle possède une école normale primaire d'instituteurs polonais. Son industrie consiste en la fabrication des lainages, et fait un grand commerce de bois.

ANGERMANIE, *Angermanland*, ancienne province de Suède, située au N. de Stokholm, d'une superficie de 20,574 kil. carrés; elle fait aujourd'hui partie du Nordland occidental, capitale Hernœsand. Cette province est une des parties de la Suède les plus magnifiques par ses beautés naturelles.

ANGERMUNDE, ville de la Prusse rhénane, à 10 kil. de Dusseldorf, située à l'embouchure de l'Anger. Pop. 3,600 hab.

ANGERS, ancienne capitale de l'Anjou, ch.-l. du départ. de Maine-et-Loire, à 302 kil. de Paris, et 334 par le chemin de fer. Pop. 41,150 hab. Cette ville, bâtie en amphithéâtre, s'est beaucoup embellie depuis dix ans, et les nouveaux quartiers, qui entourent la préfecture, sont remarquables par l'élégance et la richesse de leurs constructions. Les principaux monuments de cette ville, sont : la cathédrale Saint-Maurice, l'église de la Trinité, en style roman du XIe siècle; l'église Saint-Serge, en style gothique et construite par le moine architecte Vulgrin; l'hôtel-Dieu (1555), et le château commencé sous Philippe-Auguste et achevé sous Louis IX. Angers est le siège d'un évêché suffragant de Tours, et possède une cour impériale, un tribunal de première instance, un lycée, une école des arts et métiers, une école préparatoire des sciences et des lettres, un musée de tableaux et un d'antiquités, une bibliothèque, un cabinet d'histoire naturelle et un jardin botanique. Son commerce consiste en toiles à voiles, toiles, coutils, vins blancs, dit vins d'Anjou, grains, légumes secs. Angers fut prise en 461 par Odoacre, chef des Saxons. Hasting la brûla en 845; et, en 1793, une armée de 9,000 Vendéens y fut défaite.

ANGERVILLE, ville de l'arr. d'Étampes, départ. de Seine-et-Oise, et à 20 kil. de cette ville. Pop. 1,500 hab. La grande route et le chemin de fer d'Orléans à Paris traversent cette ville. Son industrie consiste en la fabrication de bas et de dentelles. On y fait un grand commerce de grains, laines et bestiaux.

ANGES, créatures purement spirituelles que l'on représente avec un corps et des ailes. Dans la hiérarchie des êtres, les anges sont placés immédiatement au-dessous de Dieu et au-dessus des hommes. On trouve dans presque toutes les religions une croyance aux anges : la Bible parle de l'ange qui demanda à Abraham le sacrifice de son fils; Jacob lutta contre l'un d'eux, etc. Les Perses ont les amschapands et les deos; les bons et les mauvais anges ou génies; le mahométisme a Gabriel, Azraël, etc., et la religion hindoue admet aussi de bons et de mauvais esprits.

ANGHIARI, bourg de Toscane, à 23 kil. d'Arezzo. Pop. 1,500 hab. Les Florentins y vainquirent les Milanais en 1425, mais ceux-ci reprirent une éclatante revanche en 1440.

ANGHIARI, ville des États autrichiens (Vénétie), à 5 kil. de Legnano. Pop. 1,800 hab. Le 14 janvier 1797, les Français y battirent les Autrichiens.

ANGILBERT, descendant d'une noble famille de Neustrie. Il fit ses études sous la direction d'Alcuin, à l'École palatine, où Charlemagne lui avait donné le surnom d'Homère. Il épousa secrètement Berthe, la fille du roi, mais seulement lorsque cette union fut devenue nécessaire pour légitimer la naissance de deux enfants. Après avoir embrassé la vie monastique à Saint-Riquier, selon un vœu qu'il avait fait dans une maladie, il fut chargé de trois ambassades en Italie où il devint premier ministre de Pépin. On a de lui des poésies éparses dans divers recueils; mais nous croyons qu'on lui attribue à tort un roman portant le titre d'*Histoire des expéditions de Charlemagne*, dont le véritable auteur est Dufresne de Franconville. Angilbert mourut, en 814, abbé de Centule, en Ponthieu.

ANGIVILLER (Charles-Claude la Billarderie, comte D'), protecteur zélé des arts et des lettres. Grâce à ses talents et à sa place de précepteur des enfants de France, il fut admis dans l'intimité de Louis XVI, qui, plusieurs fois, eut recours à ses conseils. Il parvint facilement aux postes les plus élevés et fut tour à tour directeur général des jardins, des manufactures et des bâtiments royaux; maître des requêtes, conseiller d'État, etc. Sa femme, amie de la marquise de Pompadour, l'aida dans ses encouragements aux artistes, aux gens de lettres et de sciences. Lié avec Ducis et Delille, les ministres Vergenne et Calonne, il fut nommé membre des Académies des sciences, de peinture et de sculpture, et le Jardin des plantes lui doit la continuation des travaux d'embellissement ordonnés par Buffon. Peu partisan de la Révolution, Angiviller vit ses biens confisqués, par suite d'une accusation de dépenses inutiles, dans la séance du 7 novembre 1790, renouvelée le 15 juin 1791 par Camus. Il émigra, voyagea en Allemagne, en Russie et mourut à Altona, en 1810. Son riche cabinet de minéralogie fait partie du muséum d'histoire naturelle de Paris.

ANGLADE, village du départ. de la Gironde, à 9 kil. de Saint-Ciers. Pop. 180 hab. Ses environs, autrefois malsains, furent desséchés par les soins du marquis de Lamoignon. On y remarque les restes d'un vieux château et deux tumulus.

ANGLE FACIAL. On appelle ainsi un moyen fort simple, proposé par les anatomistes modernes, pour évaluer le volume du cerveau et, par là, juger du degré d'intelligence de l'être qu'on examine. Cet angle consiste dans la rencontre de deux lignes imaginaires, partant l'une du point le plus saillant du front pour venir rejoindre, au bord des dents incisives supérieures, l'autre ligne partant du conduit auditif. Quoiqu'il soit à peu près prouvé que les individus intelligents sont ceux qui ont l'angle facial le plus ouvert, il est surabondamment démontré que ce moyen n'a pas plus de mérite que tous ceux que l'on a imaginés pour découvrir, par l'examen de l'enveloppe, les qualités de l'âme.

ANGLES, peuple germanique, qui habitait le S. du Danemark actuel. De ce pays, il alla, en 547, envahir le nord de la Grande-Bretagne, où il fonda quatre royaumes : 1° ceux de Deïre et de Bernicie réunis en un seul royaume de Northumberland, en 547; 2° Est-Anglie, 271; et 3° Mercie, 584. La Grande-Bretagne fut appelée de leur nom : Angleterre.

ANGLES, village de l'arrond. de Cognac (Charente). Pop. 200 hab. Son commerce consiste en excellentes eaux-de-vie.

ANGLES, de l'arrond. de Montmorillon (Vienne). Pop. 1,682 hab.

ANGLÈS, ch.-l. de cant. de l'arrond. de Castres (Tarn), et à 25 kil. de cette ville. Pop. 2,700 hab. Fabriques de draperies.

ANGLÈS (Charles-Grégoire), né en 1736. Après être demeuré longtemps en prison, à cause de l'hostilité qu'il montra constamment aux principes de la Révolution, il dut son salut à la chute de Robespierre. Nommé maire de Vergnes, sous l'Empire, député au Corps législatif en 1815, il remplit diverses fonctions. Envoyé par le département de l'Isère, en 1815, à la Chambre, qu'il présida, en qualité de doyen d'âge, à l'ouverture de cinq sessions successives, M. Anglès se montra constamment l'ennemi des institutions libérales et s'associa à toutes les mesures restrictives de la liberté. Il mourut le 5 juin 1823.

ANGLÈS (Jules), fils du précédent, né à Grenoble en 1780. Se destinant à la carrière militaire, il se rendit à Brest pour s'y faire recevoir dans l'artillerie de marine; là, il se lia avec l'amiral Morard de Galles, dont il épousa la fille. Ce fut le point de départ de sa fortune, et, à la chute de l'Empire, en 1814, il fut nommé ministre de la police du gouvernement provisoire. L'impartialité nous force de blâmer le rôle qu'il joua alors et dans les différentes occasions de sa vie publique. A peine fut-il en fonctions qu'il prit une foule de mesures qui montraient la haine la plus aveugle contre le gouvernement qui venait de tomber : il poursuivit avec une sorte de rage tous ceux qui se permettaient de ne pas considérer les alliés comme des amis et rétablit la censure des journaux. Maubreuil ayant résolu d'assassiner l'empereur et son fils, Anglès lui donna ses instructions et une commission ainsi conçue : « Il est enjoint à toutes les autorités chargées de la police, commissaires généraux, spéciaux et autres, d'obéir aux ordres de M. de Maubreuil, et de faire exécuter à l'instant même tout ce qu'il prescrira, M. de Maubreuil étant chargé d'une mission secrète de la plus haute importance. » De Maubreuil recula devant le crime qui lui avait été suggéré et se contenta de piller les bagages de la reine de Westphalie. Les mesures prises par M. Anglès firent peur, même à ceux qui les conseillaient, et on lui retira ses fonctions en se servant du prétexte d'un remaniement d'administration. S'étant retiré à Gand pendant les Cent-Jours, il revint à Paris après la bataille de Waterloo et fut chargé de la préfecture de police. C'est alors que la police adopta ces mesures déplorables qui ne peuvent qu'augmenter le désordre : voulant à tout prix prouver son utilité et ne trouvant pas assez de conspirateurs, elle inventa des complots que créaient des agents provocateurs : c'est ainsi que l'on vit monter sur l'échafaud une série de malheureux qui n'eussent jamais songé à conspirer si l'on ne fût venu les y exciter. Nous devons dire néanmoins que bon nombre d'agents provocateurs, reniés par ceux qui les dirigeaient, payèrent de leur tête leur vile et ignoble complaisance. On se rappelle encore cette odieuse comédie du bossu Gravier qui, victime des agents provocateurs, fut accusé d'avoir fabriqué le pétard trouvé sous les croisées de la duchesse de Berri, alors enceinte du duc de Bordeaux, et finit ses jours au bagne. Ainsi, pendant que M. Anglès s'évertuait à trouver des conspirateurs pour faire preuve d'un zèle factice, conserver sa place et repousser les reproches que son incapacité réelle lui attirait de toutes parts, ses agents, par leur négligence, laissaient assassiner le duc de Berri à la porte de l'Opéra. Accusé de cupidité et de dilapidation par M. Robert, avocat, dans une *Adresse aux Chambres*, et à la tribune par M. Duplessis de Grénédam, M. Anglès dut abandonner son poste en 1821. Cependant on doit reconnaître que, s'il eut le tort de s'abandonner trop aux passions politiques, il marqua son administration par de bonnes et utiles mesures : on lui doit la création du conseil de salubrité publique, celle du dispensaire, et, enfin, la réglementation des abattoirs de Paris. Il mourut le 6 janvier 1828.

ANGLESEY ou *Anglesea*, île d'Angleterre, dans la mer d'Irlande, située près de la côte de Galles, à laquelle elle est unie par un pont tubulaire. Pop. 50,000 hab. Sa superficie est de 69,376 hectares. On y exploite des mines de marbre. Son commerce consiste en étoffes de laine et dans l'exportation considérable du gros bétail. Cette île, prise et pillée par les Saxons et les Normands, tomba plus tard au pouvoir d'Édouard Ier, roi d'Angleterre.

ANGLESEY (Henri-William Paget, comte d'Uxbridge, marquis D'), né le 17 mai 1768. Il entra dans l'armée anglaise dès le commencement des guerres de la Révolution française et fit la campagne de 1793-94. Commandant supérieur de la cavalerie dans la guerre d'Espagne, il se distingua d'une façon remarquable. A Waterloo, il eut une jambe enlevée par un boulet de canon. Lorsqu'il rentra en Angleterre, le Parlement lui décerna, comme récompense, le titre de marquis d'Anglesey. Nommé vice-roi d'Irlande, en 1828, il administra avec prudence et sagesse, accordant les légitimes satisfactions que réclamaient les catholiques et qui lui avaient été constamment refusées. Nommé colonel des grenadiers à cheval de la garde, en 1842, il fut promu à la dignité de feld-marshall, en 1846, et mourut en 1854.

ANGLET, village de l'arrond. de Bayonne (Basses-Pyrénées), et à 4 kil. de cette ville. Pop. 3,080 hab. On y récolte de bons vins blancs.

ANGLETERRE. Cette contrée, visitée, dit-on, par les Phéniciens et les Carthaginois, qui venaient y chercher de l'étain, était néanmoins peu connue avant les conquêtes des Romains. Aussi les commencements de son histoire sont enveloppés des voiles de la légende et se composent de récits fabuleux. Lors de ses campagnes dans les Gaules, César y fit deux descentes, 55 et 54 av. J.-C., afin d'étendre plus loin encore la puissance romaine; Claude y porta aussi ses armes en 43; mais ce pays ne fut en partie conquis que par Agricola, général de Domitien, de 78 à 85 ap. J.-C. Vers 411, l'empereur Honorius, ne pouvant faire respecter par les Barbares les frontières de son vaste empire, attaqué de toutes parts, crut prudent de rappeler ses troupes et abandonna la Bretagne (*Britannia*) aux invasions des Pictes, des Scots et des Calédoniens. Ceux-ci, à l'étroit chez eux, ou, peut-être, poussés par le besoin d'asseoir enfin leur nationalité quelque part, après plusieurs tentatives sans succès, parvinrent à franchir les remparts élevés par les anciens conquérants et voulurent expulser les Bretons. Les Saxons, déjà célèbres par leurs ravages et leurs descentes sur les côtes du N. de l'Europe, accoururent à l'appel des Bretons, accompagnés des Angles, qui donnèrent plus tard leur nom à l'Angleterre; mais ceux-ci, au lieu de protéger leurs alliés, les dépouillèrent complètement. Malgré la résistance du roi Arthur, les Anglo-Saxons, maîtres d'une partie de ce pays, y fondèrent une heptarchie ou confédération de sept royaumes que le Saxon Egbert réunit sous son autorité en 827. Ses successeurs, toujours inquiétés par les Normands ou Danois qui commençaient leurs excursions, se maintinrent néanmoins jusqu'en 1013, et, après bien des succès et des revers, perdirent et reperdirent plusieurs fois le trône. Le tableau suivant donnera une idée exacte des victoires, des défaites et des différentes transformations de la monarchie britannique :

1° ROIS ANGLO-SAXONS.

Egbert	800
Ethelwolf	836
Ethelbald	857
Ethelbert	860
Ethelred Ier	866
Alfred *le Grand*	871
Edouard Ier, *l'Ancien*	900
Athelstane	925
Edmond Ier	941
Edred	946
Edwy	955
Edgar	957
Edouard *le Martyr*	975
Ethelred II	978

2° ROIS DANOIS ET ANGLO-SAXONS.

Suénon, Danois	1013
Ethelred rétabli	1014
Edmond II	1016
Canut *le Grand*, Danois	1017
Harold, Danois	1036
Hardi-Canut, Danois	1039
Édouard *le Confesseur*	1041
Harold II	1066

Pendant cette succession de rois, le christianisme, introduit dans la Grande-Bretagne par les derniers Romains, et développé encore par les prédications du moine Augustin, enfantait plusieurs hommes justement célèbres : Alcuin, saint Boniface, saint Sturm, etc., qui portèrent à un très-haut point la civilisation saxonne. Mais, en 1066, le duc Guillaume le Conquérant, entraînant en Bretagne les Normands de France, s'empara, après avoir chassé le dernier roi, Harold, défait à la bataille d'Hastings, de la couronne, que ses successeurs gardèrent jusqu'en 1154.

3° ROIS NORMANDS.

Guillaume *le Conquérant*	1066
Guillaume II	1087
Henri Ier	1100
Étienne de Blois	1135

A l'avénement de la famille des Plantagenet, comtes d'Anjou, descendant, par les femmes, des ducs de Normandie, il s'agissait pour la France presque de son existence nationale, comme royaume; car Henri II, en joignant à la couronne d'Angleterre les cinq provinces qu'il possédait en France, devenait un voisin gênant et redoutable. De là naquit entre la France et l'Angleterre cette longue rivalité, qui se traduisit par des luttes acharnées, mêlées de part et d'autre de succès et de revers, et d'où la première sortit enfin victorieuse, en chassant l'ennemi de son territoire. De grands événements s'accomplirent sous le règne des Plantagenet : Henri II conquit l'Irlande, en 1171; Richard Cœur de Lion tourna ses armes contre la France, de 1195 à 1199; Jean sans Terre, après avoir perdu la Normandie (1204), se vit forcé de signer la grande charte; puis vint la guerre de cent ans, si désastreuse pour la France; mais l'épée de Jeanne d'Arc répara brillamment les défaites de Crécy, de Poitiers et d'Azincourt.

4° ROIS DE LA FAMILLE DES PLANTAGENET.

Henri II	1154
Richard Ier, *Cœur de Lion*	1189
Jean sans Terre	1199
Henri III	1216
Édouard Ier	1272
Édouard II	1307
Édouard III	1327
Richard II	1377

Cette période fut marquée par la sanglante guerre des deux Roses, guerre civile excitée par la famille de Lancastre et celle d'York, et qui se termina par la chute de la maison royale.

5° ROIS DE LA FAMILLE DE LANCASTRE.

Henri IV	1399
Henri V	1413
Henri VI	1422

6° ROIS DE LA FAMILLE D'YORK.

Edouard IV	1461
Edouard V	1483
Richard III	1483

En 1485, une branche collatérale, la famille des Tudor, monta sur le trône; les rois de cette dynastie rendirent presque absolu le pouvoir de la royauté. Ils favorisèrent le protestantisme, moins dans un but religieux que dans un but d'utilité pratique, et voulurent réunir le pouvoir spirituel au pouvoir temporel. En vain les catholiques, soutenus par Marie Tudor, essayèrent d'arrêter ces tendances, l'Église anglicane se sépara de l'Église romaine, en 1559. On connaît les règnes pleins de cruautés de Henri VII, Henri VIII, Élisabeth, etc.

7° ROIS ET REINES DE LA MAISON DES TUDOR.

Henri VII	1485
Henri VIII	1509
Édouard VI	1547
Jeanne Gray	1553
Marie	1553
Élisabeth	1558

Jacques Ier, de la famille des Stuarts, réunit à la couronne d'Angleterre l'Écosse et l'Irlande, et en forma le royaume de la Grande-Bretagne; mais ses successeurs, trop faibles pour soutenir dignement l'héritage qui leur était dévolu, furent en proie aux horreurs d'une révolution, et l'un d'eux même, Charles Ier, en fut victime. Ce fut une succession de pouvoirs ou plutôt d'anarchie. Les presbytériens furent renversés par les puritains; puis Cromwell ramassa, sous le nom de Protecteur, le sceptre brisé; les Stuarts, rappelés par Monk, mais peu mûris par le malheur, ne surent point conserver l'autorité royale.

8° ROIS DE LA FAMILLE DES STUARTS.

Jacques Ier	1603
Charles Ier	1625

9° RÉPUBLIQUE (1649, 30 janv. — 1660, 29 mai).

Cromwell, protecteur	1652
Richard, son fils, protecteur	1658

10° RETOUR DES STUARTS.

Charles II	1660
Jacques II	1685

Mais la *glorieuse révolution* chassa ce dernier roi, qui fut réduit à demander un asile à Louis XIV. Cette révolution de 1688 appela au trône d'Angleterre un ennemi acharné du roi de France, Guillaume d'Orange, qui porta de rudes coups au catholicisme, sans toutefois pouvoir l'abattre, et édicta la loi commune, mot vague qui désigne une chose plus vague encore.

11° ROIS ET REINES DE LA MAISON D'ORANGE.

Guillaume III et Marie	1689
Anne	1702

Les libéraux ou whigs ayant arraché, en 1714, à la reine Anne l'acte connu sous le nom d'acte de succession, appelèrent sur le trône la maison de Hanovre, qui règne encore aujourd'hui.

12° ROIS ET REINE DE LA MAISON DE HANOVRE.

Georges Ier	1714
Georges II	1727
Georges III	1760
Georges IV	1820
Guillaume IV	1830
Victoria	1837

L'Angleterre, en anglais *England*, appelée autrefois Bretagne ou *Britannia*, du nom des Celtes bretons, ses premiers habitants; Angleterre au moyen âge, et Albion, nom tiré du celtique *alb* (montagne), forme la plus grande partie des trois continents dont se compose le royaume uni de Grande-Bretagne et d'Irlande, ayant Londres pour capitale. L'Angleterre, comprise entre 50° et 55° 46' lat. N. et 1° 45' long. E., 5° 45' long. O., est séparée de l'Écosse par le golfe de Solway et les monts Cheviot, au N.; au S., par la Manche; à l'O., par l'Océan atlantique, et, à l'E., par la Mer du Nord. La population de l'Angleterre était, en 1845, de 17,922,768 habitants. Elle se divisait, sous les Romains en cinq provinces; sous les Anglo-Saxons, en comtés (shires), en centaines (hundreds) et en paroisses. Aujourd'hui elle forme 52 comtés, dont 6 au N., 9 à l'E., 10 au S., 15 au centre et 12 à l'O., qui composent la principauté de Galles.

Comtés du nord. — Northumberland, cap. Newcastle. — Cumberland, cap. Carlisle. — Durham, cap. Durham, ville princ. Sunderland. — York, cap. York, v. princ. Leeds-Sheffield. — Westmoreland, cap. Appleby. — Lancastre, cap. Lancastre, v. princ. Manchester, Liverpool.

Comtés de l'est. — Lincoln, cap. Lincoln. — Norfolk, cap. Norwick. — Suffolk, cap. Ipswich. — Cambridge, cap. Cambridge. — Huntingdon, cap. Huntingdon. — Bedford, cap. Bedford. — Hertford, cap. Hertford. — Essex, cap. Chelmsford, v. princ. Colchester. — Middlesex, cap. Londres.

Comtés du midi. — Kent, cap. Canterbury. — Surrey, cap. Guildford. — Sussex, cap. Chichester, v. princ. Brighton. — Berks, cap. Reading. — Hamps ou South-ampton, cap. Winchester, v. princ. Portsmouth. — Wilts, cap. Salisbury. — Dorset, cap. Dorchester. — Somerset, cap. Bath, v. princ. Bristol, Wels. — Devon, cap. Exeter, v. princ. Plymouth. — Cornwall ou Cornouailles, cap. Launceston.

Comtés du centre. — Chester, cap. Chester. — Derby, cap. Derby. — Nottingham, cap. Nottingham. — Rutland, cap. Oakham. — Leicester, cap. Leicester. — Stafford, cap. Stafford. — Shrop ou Salop, cap. Schrewsbury. — Hereford, cap. Hereford. — Worcester, cap. Worcester. — Warwick, cap. Warwick, v. princ. Birmingham. — Northampton, cap. Northampton. — Buckingham, cap. Buckingham. — Oxford, cap. Oxford. — Glocester, cap. Glocester. — Monmouth, cap. Monmouth.

Comtés du sud. — Anglesey, cap. Beaumaris. — Caernarvon, cap. Caernarvon. — Denbigh, cap. Cenbigh. — Flint, cap. Flint. — Merioneth, cap. Dolgelly. — Montgomery, cap. Montgomery. — Cardigan, cap. Cardigan. — Radnor, cap. Radnor. — Brecknock, cap. Brecon ou Brecknock. — Pembroke, cap. Pembroke. — Caermarthen, cap. Caermarthen. — Glamorgan, cap. Cardiff, v. princ. Merthyrr-Tydwil.

Les principaux fleuves sont : la Tamise, formée des deux rivières de Thame et d'Isis, et qui se jette dans le Pas-de-Calais; la Severn, qui a son embouchure dans le canal de Bristol, la Tyne, la Tees, etc. Les lacs sont rares, mais on trouve plusieurs canaux, tels que le canal de Leeds à Liverpool, unissant la mer d'Irlande à la mer du Nord; le grand Trunk de la mer d'Irlande à la Trent, à la Severn et à la Tamise par le canal de Junction; le canal d'Oxford de la Severn à la Tamise. L'aspect général de l'Angleterre représente des plaines marécageuses à l'E., des collines et des vallées, et surtout de gras pâturages, au centre, principalement dans les comtés de Chester et de Shrop; au N. et à l'O., des chaînes de montagnes, les Moorlands et les montagnes de Galles, dont la plus haute, dans le comté de Caernarvon, atteint 1,089 m. de hauteur. Les golfes sont ceux de Solway, limite de l'Ecosse et de l'Angleterre; de Morecamb, d'Harlech et de Bristol, nommé aussi canal, à l'O.; le Wash, à l'E., etc. Les principaux caps, au S.-O., sont Land's-End et Lizard.

Iles d'Angleterre en Europe. — Man (mer d'Irlande), cap. Castletown, v. princ. Douglas. — Sorlingues ou Scilly (S.-O.). — Wight (Manche), cap. Newport.

Iles normandes. — Aurigny ou Alderney (Manche). — Guernesey, cap. Saint-Pierre. — Jersey, cap. Saint-Hélier. — Helgoland (mer du Nord). — Malte (Méditerranée).

Les possessions de l'Angleterre en Europe sont : Gibraltar, au S. de l'Espagne; en Asie; presque tout l'Hindoustan, Bengale, etc., une partie de l'île Ceylan; plusieurs provinces des Birmans, Malacca, îles Sincapour, Aden (Arabie), Hong-Kong (Chine.) En Afrique : plusieurs établissements sur la Gambie, la colonie de Sierra-Leone, capitale Freetown, le cap Corse, Port-Natal, les îles de Sainte-Hélène et de l'Ascension, de Rodrigue, de Maurice, autrefois de France, et des Seychelles (mer des Indes). En Amérique : dix-neuf des îles Antilles, Terre-Neuve, les Bermudes, le N. du Groënland, une partie de la Guyane et du Yucatan. En Océanie : plusieurs établissements dans la Nouvelle-Hollande, capitale Sidney; villes princ. Port-Jackson, prison d'Etat; Botany-Bay; la terre de Van-Diémen et d'autres établissements dans la Nouvelle-Zélande. L'Angleterre produit de graines, des plantes oléagineuses, des fruits, du houblon, mais pas de vin. Son sol est riche en mines de houille, de fer, d'étain, de plomb, etc. L'industrie y est développée; elle consiste en fabrique de drap, de coton, de lainage, de coutellerie, d'orfèvrerie, etc. La population de l'Angleterre se divise en deux races bien distinctes : celle d'origine saxonne et celle d'origine celte. L'instruction est encore fort arriérée, et si la civilisation a épuré les classes supérieures de la nation, il n'en est pas de même des classes inférieures, qui sont restées dans un état d'abjection produit par la vie des manufactures et des fabriques, le travail forcé et la misère produite par le chômage. Depuis le commencement du siècle, la moyenne des crimes a été en croissant d'un septième en Irlande, d'un sixième en Ecosse, et d'un cinquième en Angleterre. Pays essentiellement industriel et ne tirant ses ressources que du commerce, l'Angleterre est le pays où la misère et le paupérisme ont atteint les proportions les plus effrayantes : et ce qu'il y a de pire dans cet affreux état de choses, c'est qu'il n'y a aucun remède à y apporter. Pour que la misère fût détruite, il faudrait que tout le monde pût travailler; mais, pour atteindre ce résultat, il faudrait également que les Anglais fussent les seuls fournisseurs en quelque sorte du monde entier, ce qui devient chaque jour de plus en plus impossible, à cause du développement de l'industrie chez toutes les nations. Cette situation anormale préoccupe singulièrement les hommes d'Etat anglais et leur inspire cette politique qui soulève tant d'animadversion. En effet, nation essentiellement marchande, elle ne peut faire la guerre simplement pour l'honneur, car ce serait une opération à inscrire en perte sur ses livres : il faut que la guerre rapporte, sinon on ne la fait pas. Et c'est ainsi que, pendant que l'Angleterre laisse écraser, subjuguer des nations alliées ou amies qui ont réclamé son secours, elle ouvre à coups de canon, chez des peuplades inoffensives et incapables de se défendre, les marchés qui doivent servir à écouler ses produits et à faire vivre ses populations affamées. On compte 800 *workhouses* ou maisons de détention pour les pauvres, et le budget comporte une somme de 600,000 livres sterling (15,000,000 fr.) destinée à cet effet. L'émigration varie chaque année entre 200 à 250,000 individus; et la misère systématique, organisée par l'Angleterre en Irlande, a réduit en moins de vingt années la population de cette île, tant par l'émigration que par la famine, de deux millions. L'armée de terre ne joue qu'un rôle secondaire dans le système de défense de l'Angleterre, grâce à sa position insulaire. Elle se compose de trois éléments distincts : l'armée permanente, les milices et la population tout entière. L'armée permanente comprend 130,000 hommes liés au service pour quatorze années. La milice, formée par la voie du tirage au sort, se compose d'individus âgés de dix-sept à quarante-cinq ans, et dont le nombre est déterminé par le gouvernement : le temps de service pour les miliciens est fixé à cinq ans. Enfin, en cas de danger, toute la population peut être appelée aux armes. Dans l'armée anglaise, les grades se vendent et s'achètent. Malgré tous les efforts tentés par le gouvernement britannique pour l'organisation de son armée, les résultats obtenus sont presque nuls. Jouissant d'une liberté absolue, fort peu tenu par ses devoirs militaires, le soldat anglais se laisse séduire par les gin-pallace, les tavernes, et, à la rentrée aux casernes, le soir, ce sont des scènes scandaleuses de désordre, où bien souvent l'autorité des chefs est méconnue, et il est arrivé que des villes ont illuminé pour fêter le licenciement et le départ des régiments qui tenaient garnison chez elles. Les Anglais, qu'on a vu à l'œuvre en Crimée pour la première fois depuis Waterloo, n'ont pas répondu à la réputation militaire qu'on leur avait faite; par leur lenteur un peu trop britannique, ils ont failli compromettre le succès de la bataille de l'Alma et ont retardé d'un an la prise de Sébastopol. Les forces de mer de la Grande-Bretagne sont réellement imposantes et forment un effectif considérable. En voici à peu près la liste, déduction faite des navires cuirassés : 100 bâtiments de guerre de 70 à 120 canons; 115 bâtiments de guerre de 25 à 70 canons; 187 bâtiments de guerre divers et 200 navires de guerre à vapeur. Le nombre total des bouches à feu composant la marine anglaise est de 19,000. Les équipages de la flotte comprennent 12,000 soldats de marine et 30,000 matelots. A l'article *Grande-Bretagne*, nous étudierons cette nation au point de vue de son rôle dans la civilisation européenne.

ANGLETERRE (Nouvelle). Nom donné autrefois à la partie N.-E. des Etats-Unis de l'Amérique du Nord.

ANGLEUR, village de Belgique, arrond. de Liége, et à 5 kil. de cette ville. Pop. 900 hab. Il possède des fonderies et laminories de zinc. On y remarque le château de *Quincampoix*.

ANGLICANE (Eglise). Nom donné à l'Eglise qui domine en Angleterre depuis le XVIe siècle, époque où Henri VIII y introduisit la réforme. Cette réforme, définitivement organisée par l'*acte d'uniformité* après le règne tout catholique de Marie, fut publiée, en 1562, par la reine Elisabeth, et fut distinguée sous le titre de *Haute Eglise* ou d'*Eglise épiscopale*. Elle admet la plupart des principes du protestantisme et la hiérarchie du catholicisme. Le chef suprême de cette Eglise est le souverain, qui se charge de nommer les évêques et archevêques, et de veiller au maintien de l'espèce de symbole religieux dont les trente-neuf articles, rédigés par la reine Elisabeth, forment la base invariable de la foi anglicane.

ANGLOMANIE. Nom donné à l'imitation exagérée des idées, des coutumes et des manières anglaises, qui a été introduite en France par le Régent.

ANGLOTS (port des), c'est-à-dire *des Anglais*, ancien port de la côte du départ. de la Gironde. On croit que c'est aujourd'hui Grayan, situé à 3,600 mètres de Saint-Vivien.

ANGLURE, ch.-l. de cant. de l'arrond. d'Epernay (Marne), et à 60 kil. de cette ville. Pop. 360 hab.

ANGO, né à Dieppe vers la fin du XVe siècle, mort en 1551. Fils unique d'une famille peu aisée, il reçut cependant une bonne éducation. Il était fort jeune lorsqu'il partit pour les côtes d'Afrique, et alla visiter celles des grandes Indes comme simple officier, puis comme capitaine. Il devint armateur, puis acquit une fortune qui le rendit beaucoup plus riche que beaucoup de princes de son temps. Il fit bâtir dans sa ville natale un magnifique hôtel, où il reçut François Ier lors d'un voyage en Normandie. Il lui rendit tous les honneurs dus à son rang, et François, pour le récompenser, le nomma gouverneur de la ville et du château de Dieppe. Les Portugais ayant attaqué et pris un de ses vaisseaux (1530), il équipa dix-sept vaisseaux, qu'il envoya contre Lisbonne et qui la ravagèrent. Ango, ruiné par les avances qu'il avait faites au gouvernement, par des spéculations malheureuses, mourut de chagrin dans une petite maison de campagne, près de Dieppe.

ANGOISSE. Nom donné à un sentiment de peur et de terreur qui résulte de la vue du danger, ou de la conscience qu'on a de sa faiblesse, ou de l'impossibilité que l'on reconnaît de s'y soustraire.

ANGOISSE, village de l'arrond. de Nontron (Dordogne), et à 35 kil. de cette ville. Pop. 1,300 hab. Ce village est remarquable par ses hauts-fourneaux et ses forges.

ANGOLA, province coloniale et administrative du Portugal, située sur la côte occidentale d'Afrique, dans la Guinée inférieure. Pop. 659,000 hab., dont 12,000 blancs. Cette province renferme tous les entrepôts de commerce des Portugais sur la côte d'Anguela et de Benguela. Ses premières factoreries furent fondées en 1485, et exportent aujourd'hui l'or, l'ivoire, le cuivre, le fer, la gomme, la cire, le miel, les drogues médicinales, le piment, l'huile de palmier. Les Portugais n'exercent leur autorité que dans un petit rayon autour de cet établissement.

ANGOLA, royaume d'Afrique, dans la Guinée inférieure, dont la capitale est Loanda. Ce royaume, couvert de montagnes, bien arrosé, est fertile, et sa végétation est admirable. La population d'Angola est de 2,500,000 hab., qui font un commerce d'ivoire, d'or, de fruits, de gomme et de drogueries.

ANGORA, ville de la Turquie d'Asie à 330 kil. de Constantinople. Pop. 35,000 hab. Cette ville est le siége d'un évêché métropolitain grec, et possède des fabriques d'étoffes très-recherchées en poil de chèvres, dites *angoras*. Son commerce consiste en fruits excellents, opium, miel et cire. Au VIIe siècle, les Sarrasins s'en emparèrent; et c'est aux environs de cette ville que se livra une bataille dans laquelle Tamerlan s'empara de Bajazet II.

ANGOSTURA, c'est-à-dire le *détroit* ou Nueva-Guyana, ville de la république de Venezuela. Pop. 8,000 hab. Siége d'un évêché. Son commerce consiste en café, coton, indigo, tabac, cacao, et en peaux de bœufs et de cerfs. Cette ville fut fondée en 1588 et porte aussi le nom de Ciudad-Bolivar.

ANGOULÊME, grande et très-ancienne ville, ch.-l. du départ. de la Charente, à 439 kil. de Paris. Pop 20,300 hab. Cette ville, bâtie sur une montagne hérissée de rochers, à 100 m. au-dessus du niveau de la mer, est en général bien construite. Elle est remarquable par sa cathédrale, commencée en 1120; l'ancien château des comtes d'Angoulême et ses jolies promenades. Angoulême est le siége d'un évêché suffragant de Bordeaux, possède une subdivision militaire, un tribunal de première instance et un lycée. Son commerce consiste en serges, eaux-de-vie, et les belles papeteries d'Angoulême jouissent d'une réputation justement méritée. Patrie de Marguerite de Valois, Montalembert, de Balzac et de Ravaillac. Angoulême fut plusieurs fois prise dans les guerres de religion.

ANGOULÊME (Louis-Antoine de Bourbon, duc D'), né à Versailles, le 6 août 1775, mort à Groitz, le 3 juin 1844, fils aîné du comte d'Artois (depuis Charles X), et de Marie-Thérèse de Savoie. Son éducation fut médiocre, interrompue par l'émigration de 1789. En 1799, il épousa, à Mittau, sa cousine, fille unique de Louis XVI. S'étant réfugié à Hartwell, il quitta ce pays pour l'Espagne, d'où il entretint des intelligences avec le Midi. Il contribua au succès de la Restauration, et fut, bientôt après, nommé général des cuirassiers et des dragons, puis grand-amiral de France. Lors du débarquement de Napoléon à Cannes, il reçut le titre de lieutenant général du royaume; mais, abandonné de ses troupes, il dut se rendre prisonnier, le 17 avril 1816. Le 2 août 1830, il signa, après Charles X, son abdication en faveur du duc de Bordeaux, et alla mourir en exil sous le nom de duc de Marnes.

ANGOULÊME (Marie-Thérèse-Charlotte de France, duchesse D'), née à Versailles, le 19 décembre 1778, morte au château de Frohsdorf (Autriche), le 19 octobre 1851, fille de Louis XVI et de Marie-Antoinette. Elle entra au Temple, après le 10 août 1792, pour partager la captivité de sa famille, et, à la fin de l'année 1795, le Directoire l'échangea contre les commissaires rendus par l'Autriche, à qui Dumouriez les avait livrés. Elle épousa son cousin, le duc d'Angoulême, à Mittau, et suivit dès lors la fortune de la famille royale.

ANGOULEVENT (Nicolas-Joubert), connu aussi sous le nom d'Imbert, grotesque personnage, que le roi Henri IV pensionna sans pourtant l'attacher à la cour, et qui se faisait appeler le prince de la Sotie ou des Sots. Ce bouffon qui est celui dont parlent la *Satire Menippée* et la *Confession de Sancy*, sous le nom d'Engoulevent, eut un procès à soutenir contre les comédiens de l'hôtel de Bourgogne. Dreux du Badier en dit quelques mots dans ses *Récréations historiques*.

ANGOUMOIS, ancienne province de France. Elle dépendait du gouvernement de Saintonge-et-Angoumois et ressortissait du parlement de Paris. Cette province tire son nom d'Angoulême, sa capitale. Elle fut longtemps le théâtre de combats entre la France et l'Angleterre, et fut reconquise définitivement par Charles V.

ANGOXA (îles), groupe situé sur la côte orientale de l'Afrique, dans le canal de Mozambique, et en face du district d'Angoxa, appartenant aux Portugais. Son commerce consiste en riz, ambre gris et esclaves.

ANGRA, ville et port de l'île de Terceire et capitale de tout l'archipel des Açores. Pop. 13,000 hab. Elle possède un arsenal, et fait l'exportation des vins et des grains.

ANGRA-DOS-REIS, ville et port du Brésil, à 110 kil. de Rio-Janeiro. Elle fait un commerce considérable en produits du sol.

ANGUIER (François), sculpteur, né à Eu. Il eut d'abord un maître assez médiocre; mais, possédant quelques ressources, il voyagea en Italie, où il se lia avec Poussin, Mignard, Dufresnoy et Stella. De retour à Paris, il fut nommé gardien des antiques par Louis XIII; il exécuta plusieurs tombeaux d'un style peut-être un peu lourd; son chef-d'œuvre est le mausolée du duc de Montmorency, à Moulins. On cite encore celui du cardinal Bérulle, la statue de Rohan-Chabot, un crucifix en marbre, le maître-autel de la Sorbonne, etc. Anguier est mort à Paris, en 1669.

ANGUIER (Michel), frère du précédent, né à Eu en 1612. Il étudia longtemps seul; ensuite, ayant fait le voyage de Rome, il eut pour maître l'Algarde; de retour à Paris, il fit une statue de Louis XIII, des figures et des bas-reliefs pour Anne d'Autriche; mais son chef-d'œuvre est la *Nativité*, qui se trouve au Val-de-Grâce; il exécuta sous la direction de Lebrun, les figures et les bas-reliefs de la porte Saint-Denis; Anguier eût été un excellent sculpteur si son style eût été plus élégant. L'âge et l'excès de travail le tuèrent en 1686; il était de l'Académie depuis 1668.

ANGUILLARA (Louis ou Aloysio), médecin et botaniste, né dans les États de l'Église, à Anguillara, d'où il tira son nom, vers le commencement du XVIe siècle, devint directeur du jardin botanique de Padoue, qu'il organisa, après de longs voyages scientifiques dans les îles de Chypre, de Candie, en Grèce, en Turquie, en Sardaigne, à Marseille, etc. Il avait étudié et approfond les botanistes anciens, en cherchant à connaître les plantes qu'ils citaient; aussi put-il rendre de grands services aux savants. Son ouvrage sur les simples est clair, facile, et contient les noms et la description de plusieurs plantes nouvelles. C'est à lui que nous devons plusieurs fragments de Cratævos, auteur grec. La science d'Anguillara excita la jalousie de ses ennemis. Dégoûté des traverses qu'on lui suscitait, il alla mourir à Ferrare, en 1570.

ANGUILLARA, ville des États romains, à 28 kil. de Rome, située sur le lac Bracciano. Pop. 7,800 hab.

ANGUILLARA (Giovanni-Andrea dell'), poëte célèbre, né à Sutri, en Toscane, vers l'an 1517. D'une famille obscure, il fut d'abord correcteur d'épreuves à Rome, puis à Venise, où il fit, en vers italiens, une élégante traduction des *Métamorphoses* d'Ovide, qui égalait presque les beautés de l'original. Dans presque tous ses ouvrages il ne se borne pas à imiter, il cède au besoin d'inventer, et souvent avec bonheur; ses quatre satires, ou *capitoli*, sont gaies, amusantes et écrites dans le genre burlesque. Ce poëte, qui eut plus d'une aventure galante, mourut dans la plus profonde misère, après avoir vendu tout ce qu'il possédait.

ANGUILLE (île de l'), île de la mer des Antilles, dans le groupe des Caraïbes, 47 kil. de long sur 7 de large. Pop. 30,000 hab. Elle fut découverte par les Anglais en 1650 et colonisée par eux en 1666. Son sol est bas et plat, et les 9 dixièmes en sont incultes. Anguilla en est le chef-lieu.

ANGUS (Williams), graveur, né en Angleterre vers le milieu du XVIIIe siècle; il grava surtout des paysages; il a laissé une célèbre collection de vues des résidences de la grande et de la petite noblesse. Il est mort en 1821.

ANGUSTICLAVE. Vêtement des chevaliers romains. C'était une tunique courte, étroite et sans ceinture, descendant vers le milieu de la cuisse. Les manches ne couvraient que la moitié de l'arrière-bras.

ANHALT. État de la Confédération germanique enfermé dans les provinces prussiennes de Brandebourg et de Saxe. Cet État forme deux duchés : 1° *Anhalt-Bernbourg* dont la superficie est de 845 kil. carrés et la pop. de 56,000 hab.; villes principales, Bernbourg et Ballensted; 2° *Anhalt-Dessau-Cœthen*, formé en 1853. Pop. 119,515 hab.; villes principales : Dessau, Zerbst, Cœthen. Le pays d'Anhalt est arrosé par l'Elbe, la Mulde, la Saale, la Bode et la Wipper. Son commerce consiste en produits du sol, principalement en céréales, et on y élève un grand nombre de gros bétail.

ANHALT-CŒTHEN (le prince Louis D'), né à Dessau, en 1579. Il encouragea la culture des lettres et des sciences, et se distingua aussi dans la guerre de Trente-Ans, après laquelle il devint gouverneur de Magdebourg et d'Halberstadt. On lui doit la fondation de la société des Fructifiants, dont il fut président, et qui avait pour but d'enrichir et d'épurer la langue allemande. Prince savant, connaissant parfaitement plusieurs langues, il traduisit le livre de Job en vers allemands, et écrivit : les *Triomphes de Pétrarque*, la *Vie de Tamerlan*, etc. Il mourut en 1650.

ANHALT-DESSAU (Léopold, prince D'), feld-maréchal de Prusse et de l'Empire, né en 1676. Il fit plusieurs campagnes sur le Rhin, où il assista à la prise de Namur; en Italie, dans les guerres de succession, où il se distingua à Turin; en Poméranie, il se signala contre Charles XII, à la prise de Stralsund, et eut la gloire de le battre à Rugen. En 1745, sous Frédéric II, il contribua puissamment au gain de la célèbre bataille de Kesseldorf, sur les Saxons et les Autrichiens. La Prusse lui doit l'organisation de son infanterie, qu'il disciplina et organisa sur le meilleur pied. Violent et emporté, il fut pourtant aimé de ses sujets. Il mourut à Dessau, en 1747.

ANHALT-BERNBOURG (Christian Ier, prince D'), d'une célèbre famille de la maison d'Ascanie, né en 1568, hérita de son père, Joachim-Ernest, de vastes propriétés. Il fit la guerre en France, où il remporta plusieurs avantages sur les Lorrains (1592), battit les troupes du roi de Bohême et fut vaincu à son tour à Prague. Mis au ban de l'empire, il se réconcilia bientôt avec Ferdinand II. Il mourut en 1639. — Son fils Ernest, né en 1608, blessé à Prague et à Lutzen, mourut des suites de ses blessures, en 1632. Son autre fils, Frédéric, né en 1613, mort en 1670, se distingua comme guerrier et aussi comme chimiste.

ANHALT-DESSAU (Princesse D'), nièce du roi de Prusse, Frédéric II. Elle s'occupa surtout de sciences naturelles et reçut des leçons du célèbre Euler sur la physique et la philosophie. Ces leçons ont paru sous le titre : *Lettres à une princesse d'Allemagne*.

ANHALT-DESSAU (Léopold-Frédéric-François-Pierre, prince D'), petit-fils de Léopold, feld-maréchal, né en 1740. Il suivit d'abord avec honneur la carrière des armes; mais, sa santé l'ayant obligé à quitter la vie des camps, il s'occupa de l'administration intérieure de son pays, qui lui doit des réformes utiles, des routes et des palais magnifiques. C'est lui qui fonda le célèbre établissement d'éducation appelé *Philanthropinum*, à Dessau. Allié de l'empereur Napoléon Ier, il se sépara de la Confédération du Rhin pour entrer dans la Confédération germanique en 1813. Il mourut en 1817.

ANHOLT, île du Danemark, située dans le Cattégat. Pop. 150 hab., pour la plupart pêcheurs. Les Anglais l'occupèrent en 1809.

ANHOLT, ville de Prusse (Westphalie), à 28 kil. de Borken. Pop. 1,900 hab. On y remarque un château, résidence des princes de Salm-Salm.

ANI ou ANISI, ville fortifiée de la Turquie d'Asie, à 40 kil. de Kars. En 1045, elle fut prise par les Grecs; en 1064, par Alp-Arslan, et, en 1219, par les Tartares. Cette ville fut détruite, en 1819, par un tremblement de terre.

ANIAN (détroit d'), nom que le navigateur Gasp donna au détroit d'Hudson. Sur la relation de Cortéreal, on chercha ce détroit pendant deux siècles, supposant qu'il était au N. de l'Amérique. On le découvrit, en 1852, au N.-O. de cette contrée.

ANIANE ou SAINT-BENOIT-D'ANIANE, ch.-l. de cant. de l'arrond. de Montpellier (Hérault), à 30 kil. de cette ville. Pop. 3,390 hab. On y remarque un ancien couvent du temps de Charlemagne, et qui a été converti en maison de détention.

ANIANUS, astronome et poète, écrivit, au XVe siècle, en vers hexamètres léonins, un poème en latin sur l'astronomie, intitulé : *Computus manualis magistri Aniani*. On connaît surtout de lui ces deux vers qui comprennent les noms latins des divers signes du zodiaque :

Sunt Aries, Taurus, Gemini, Cancer, Leo, Virgo,
Libraque, Scorpius, Arcitenens, Caper, Amphora, Pisces.

ANICET, affranchi de Néron; d'abord précepteur de ce prince, il devint bientôt l'instrument de ses crimes. Inventeur du navire qui devait faire périr Agrippine, il dirigea contre elle les assassins chargés de la tuer, et, ensuite, causa la mort d'Octavie, fille de Néron, en l'accusant d'adultère. Il mourut dans l'île de Sardaigne, où il avait été exilé.

ANICET (saint), né en Syrie, fut pape de 157 à 168 et eut pour ami saint Polycarpe. Il souffrit le martyre sous le règne de Marc-Aurèle.

ANICHE, village du départ. du Nord, arr. de Douai, et à 13 kil. de cette ville. Pop. 3,400 hab. Il est remarquable par son importante exploitation de houille, sa verrerie et sa fabrication de sucre de betterave.

ANIEN, jurisconsulte, qui vivait vers le Ve siècle ap. J.-C. Après avoir étudié les lois, il composa le code d'Alaric, d'après les ordres de ce prince. C'est en grande partie une copie des belles lois romaines de Gaïus, dont les *Institutes* furent réduits de quatre livres à deux livres. Il publia divers fragments d'autres codes. Il mourut à Vouillé, dit-on, en 507.

ANILLEROS, Nom donné en Espagne, lors de la révolution de 1820, aux partisans du système représentatif et de la constitution.

ANIMAL, Être organisé, individuel, qui se meut et qui sent. On a divisé les animaux en 4 grandes classes : 1° Les vertébrés, comprenant les mammifères, les oiseaux, les reptiles et les poissons; 2° les mollusques, comprenant les céphalopodes, les ptéropodes, les gastéropodes, les acéphales, les branchiopodes et les cirrhopodes; 3° les articulés, comprenant les annélides, les crustacés, les arachnides et les insectes; 4° les rayonnés, comprenant les échinodermes, les intestinaux, les acalèphes, les polypes, les infusoires.

ANIMUCCIA, nom commun à deux compositeurs de l'école italienne : — *Jean*, maître de chapelle du Vatican, se distingua par son style plus harmonieux et plus nourri que celui de ses prédécesseurs, dans les hymnes ou *laudi* à plusieurs voix que l'on chantait dans les oratorios; — et *Paul*, directeur de la musique sacrée, à Saint-Jean de Latran.

ANIO, ou ANIEN, rivière de l'ancienne Italie qui prenait sa source dans les monts des Herniques, et se jetait dans le Tibre, près d'Antemnæ.

ANISSON (Laurent), imprimeur à Lyon, dans le XVIIe siècle, fit sortir de ses presses des collections célèbres ; la *Bibliothèque des Pères*.

ANISSON (Jean), fils et successeur du précédent. Il dirigea avec succès, en 1691, la Bibliothèque royale, direction qu'il céda plus tard à Claude Rigaud, son beau-frère, et devint député de Lyon à la chambre de commerce, jusqu'en 1721, époque de sa mort, arrivée à Paris. On lui doit l'impression du *Glossaire grec* de du Cange.

ANISSON (Louis-Laurent), neveu du précédent, succéda, dans la direction de l'imprimerie royale, à Claude Rigaud, et mourut en 1761, laissant sa survivance à Jacques, son frère, mort en 1788.

ANISSON-DUPÉRON (Etienne-Alexandre-Jacques), né à Paris, en 1748, fils de Jacques Anisson. Il fut directeur de l'imprimerie royale, d'abord, et ensuite de l'imprimerie exécutive nationale, s'occupa de recherches sur le papier pour les assignats et sur l'impression en lettres. Accusé plusieurs fois d'avoir imprimé des écrits contre-révolutionnaires, il porta sa tête sur l'échafaud en germinal an II (1794). Auteur de plusieurs Mémoires sur l'impression en lettres, il dispute à MM. Didot la gloire de l'invention de la presse à un coup. — *Hippolyte*, fils du précédent, après les troubles révolutionnaires, occupa la charge si brillamment relevée par ses ancêtres.

ANISSON-DUPÉRON (Alexandre-Jacques-Laurent), pair de France, né en 1776, d'une famille qui s'était illustrée dans l'imprimerie. Il sauva, étant directeur de l'imprimerie impériale, les types orientaux, lors de l'invasion de 1815. Il se distingua, en outre, comme homme politique; préfet de l'Arno, en 1809, député de Thiers en 1830, puis de Seine-et-Oise en 1833, enfin pair de France en 1844, il se fit connaître par plusieurs publications en faveur de la liberté des échanges et de la liberté civile. On lui doit un *Esssai sur les effets du Traité de Methuen* et du *Traité de 1786 entre l'Angleterre et la France*, etc. Sa femme, mademoiselle de Barante, lui donna trois enfants. Il mourut en 1852.

ANIZI-LE-CHATEAU, ch.-l. de cant. de arrond. de Laon (Aisne), et à 15 kil. de cette ville. Pop. 940 hab.

ANJOU. Nom d'une ancienne province située entre l'ancienne France, la Bretagne, le Poitou et la Touraine, et qui avait pour capitale Angers. Son étendue est de 120 kil. de longueur sur 80 de largeur. On y comptait environ 37 forêts et 49 rivières. Des monuments druidiques, des restes de voies romaines et de nombreux châteaux féodaux, attestent encore aujourd'hui l'ancienne prospérité de l'Anjou. Son climat est très-doux et son sol renferme de riches gîtes d'ardoises. Cette province fut la patrie de Jean Bodin, Volney, Ménage et Jérôme Bignon. Lorsque Childéric, roi des Francs, eut conquis l'Anjou, cette province passa ensuite sous diverses dominations féodales. D'abord, au IXe siècle, Robert le Fort, comte d'Anjou, attaqua les pirates normands et les battit à Brissarte en 886, et c'est ainsi qu'il fonda la puissance de sa famille, celle des Capétiens. Au XIe siècle, Foulques V, comte d'Anjou et du Maine, seconda de ses armes les premiers progrès de la royauté sous Louis VI, et devint lui-même roi de Jérusalem (1021). Henri Plantagenet, petit-fils de ce dernier, réunit à l'Anjou et au Maine la Touraine et la Normandie, et, par son mariage avec la reine Eléonore, il y ajouta le Quercy, la Guyenne, la Saintonge et le Périgord. Mais la réunion de l'Anjou à la couronne fut occasionnée par les premières guerres entre Philippe-Auguste et l'Angleterre en 1024, époque à laquelle finit la famille d'Anjou. Cette province passa en 1226 à Charles, frère de saint Louis, et avec ce prince, les Angevins allèrent, en 1266, conquérir le royaume des Deux-Siciles. Les comtés d'Anjou et du Maine passèrent, en 1290, dans les mains de Charles de Valois, fils de Philippe le Hardi, et, en 1356, furent donnés en apanage à Louis, fils du roi Jean. Cette province passa encore dans différentes mains jusqu'à ce que Louis XI l'eut réunie à la couronne, en 1480, et dès lors son histoire se confond avec celle de la monarchie. Elle fut le théâtre des guerres religieuses qui ensanglantèrent la France de 1560 à 1598, des troubles de la Ligue (1592), et des guerres vendéennes pendant la Révolution française.

ANJOU (François de France, duc D'), quatrième fils de Henri II et de Catherine de Médicis, frère de François II, Charles IX et Henri III, né en 1554. Il porta d'abord le titre de duc d'Alençon jusqu'à ce que Henri III, qui portait alors le titre de duc d'Anjou, montât sur le trône. A la mort de Charles IX, il autorisa, en 1574, les projets d'un parti, dit *politique*, qui voulait empêcher le retour de Henri III, alors roi de Pologne; mais ses desseins échouèrent, et son favori La Molle fut décapité. Après avoir passé quatre ans en prison, avec Henri de Navarre, il fut mis en liberté, et se mit à la tête de la noblesse protestante du royaume, qu'il abandonna quelque temps après pour faire sa paix avec la cour, et reçut en apanage la Touraine, l'Anjou et le Berri. En 1576, pendant la guerre civile, il fut le chef du parti catholique et, attaquant ses anciens alliés, il s'empara de la Charité-sur-Loire et d'Issoire, en Auvergne, et fut nommé ensuite souverain des Pays-Bas. Il espéra même épouser la reine Elisabeth, mais sa fortune changea bientôt; il se fit chasser des Pays-Bas, qui, en 1584, l'avaient proclamé duc de Brabant. Le chagrin qu'il en ressentit conduisit au tombeau ce prince, trompé dans toutes ses espérances et abreuvé de dégoûts. Il mourut le 10 juin 1584.

ANJOUAN ou JOANNA. Ile de l'Océan indien, une des Comores; elle a 34 kil. de longueur sur 28 kil. de largeur. Pop. 20,000 hab., tous mahométans. Cette île forme un petit Etat, dont la capitale est Anjouan ou Makhadou. Son climat est sain et son sol fertile.

ANKOBER, ville de l'Afrique, en Abyssinie, capitale du royaume de Choa, à 425 kil. de Gondar. Pop. 5,000 hab.

ANNABERG, ville de Saxe, à 37 kil. de Freyberg. Pop. 10,000 hab. Elle possède un gymnase, une bibliothèque et des fabriques de soieries, tulles, passementeries, etc. On y exploite, depuis 1491, des mines d'argent et de fer. On y remarque l'église Sainte-Anne, qui date du XVIe siècle, et qui passe pour le temple protestant le plus richement décoré qu'on connaisse.

ANNABERG, village de Prusse (Silésie), à 10 kil. de Gross-Strélitz. Pop. 200 hab. On y remarque les bâtiments d'un couvent de franciscains, qui fut supprimé en 1810.

ANNABOR, ville des Etats-Unis de l'Amérique du Nord, dans l'Etat de Michigan. Elle possède une université et une faculté de médecine.

ANNAH, ville de Turquie d'Asie, dans le pachalik de Bagdad, située sur la route des caravanes qui traversent le désert de Mésopotamie. Pop. 4,000 hab. Elle fut la patrie du prophète Jérémie.

ANNALES (Grandes), ou ANNALES DES GRANDS PONTIFES, ou ANNALES PUBLIQUES. On nomme ainsi les tables chronologiques relatant, année par année, les événements mémorables de Rome. Elles portaient aussi le nom de *Grandes annales*, parce que les souverains pontifes les rédigeaient. Elles furent commencées vers l'an 350 et furent poursuivies jusqu'en 631 de Rome.

ANNAN, ville d'Ecosse, à 24 kil de Dumfries. Pop. 5,000 hab. Elle possède un bon port et exporte beaucoup de salaisons; possède de nombreuses carrières.

ANNA PERENNA. Nymphe du fleuve Nucmius, déifiée par les Romains, qui la considéraient comme la protectrice de ceux qui aiment la vie joyeuse et facile; aussi ses fêtes étaient-elles fort gaies, et Ovide nous en a laissé la description la plus gracieuse.

ANNAPOLIS, ville de la Nouvelle-Ecosse, qui possède l'un des plus beaux ports du monde, située à 135 kil. d'Halifax. Pop. 1,200 hab. Cette ville est l'ancien *Port Royal*, le premier établissement européen créé dans l'Amérique du Nord. Il fut fondé par les Français en 1604, et cédé à l'Angleterre avec toute l'Acadie par le traité d'Utrecht, en 1713.

ANNAPOLIS, ville des Etats-Unis, ch.-l. de l'Etat de Maryland, à 40 kil. de Baltimore. Pop. 6,000 hab. Cette ville est le siège du gouvernement, et possède un port, une banque et un théâtre.

ANNAT (François), né à Rodez, en 1607. Il obtint successivement tous les grades de l'ordre des jésuites et fut confesseur de Louis XIV, de 1654 à 1670. S'étant livré à une polémique ardente, il laissa plusieurs écrits, parmi lesquels on remarque le *Rabat-Joie des jansénistes*, dont il fut l'un des plus ardents adversaires.

ANNATES. Redevance qui était imposée autrefois par la cour de Rome, d'après le revenu d'une année, à tous ceux qui jouissaient d'un bénéfice dans n'importe quel pays, et devait être payée à l'autorité supérieure ecclésiastique à l'occasion de leur nomination. Elles furent abolies en 1789. Depuis 1801, la cour de Rome reçoit maintenant une modique somme pour l'expédition des bulles aux nouveaux évêques et archevêques.

ANNE (sainte), fille de Nathan, prêtre de Bethléem, et mère de la Sainte Vierge.

ANNE (Ordre de Sainte-). La Russie, qui reconnut cet ordre sous l'empereur Paul Ier, en 1796, doit cette institution à Charles-Frédéric, duc de Holstein-Gottorp, qui, dès l'an 1725, l'avait créé en l'honneur d'Anne, sa femme, fille de Pierre le Grand et de l'impératrice Anne Ivanowna. La devise de cet ordre, placée autour de la croix rouge de la plaque, est : *Amantibus pietatem, justitiam et fidem!* Une croix à quatre branches émaillées, supportée par un cordon rouge à liseré jaune, est l'insigne de cet ordre, qui comprend cinq classes, dont la dernière est pour les soldats, avec une croix plus simple. La plaque se porte à droite.

ANNE DE RUSSIE, fille du duc Jaroslav. Elle épousa Henri Ier, roi de France, et fut la mère de Philippe Ier.

ANNE COMNÈNE, fille de l'empereur d'Orient Alexis Ier et de l'impératrice Irène Ducas, née en 1083, morte en 1148. Son éducation fut très-brillante pour son temps. Elle nous a laissé plusieurs ouvrages, parmi lesquels on remarque l'*Alexiade* ou histoire d'Alexis Ier, dont la véracité et l'exactitude peuvent à bon droit être mises en suspicion.

ANNE DE SAVOIE, impératrice d'Orient, fille d'Amédée V, comte de Savoie, et femme d'Andronic le Jeune. Elle est connue principalement par ses intrigues contre Cantacuzène, homme de talent, auquel elle voulut plusieurs fois enlever la régence de son fils Jean Paléologue. Cantacuzène, malgré les Bulgares et les Turcs, appelés par l'impératrice, força cette dernière à partager avec lui la tutelle du jeune prince. Elle mourut en 1351.

ANNE DE FRANCE, dite *Anne de Beaujeu*, du nom de son mari, duc de Bourbon; fille de Louis XI et de Charlotte de Savoie, née en 1462, elle fut choisie par son père pour administrer l'Etat pendant la minorité de Charles VIII. Elle comprima avec fermeté et prudence les troubles excités par les nobles; vainquit le duc d'Orléans, qui devint plus tard roi de France sous le nom de Louis XII, à la bataille de Saint-Aubin du Cormier, et le retint deux ans prisonnier à Bourges pour se venger, dit-on, d'un amour qu'il avait dédaigné. Elle convoqua les Etats généraux dès 1484 et, par le mariage de son frère, Charles VIII, avec Anne, héritière de Bretagne, prépara l'adjonction de cette dernière province à la France. Abandonnant les affaires publiques, elle mourut au château de Chantelle, en 1522.

ANNE DE BRETAGNE, reine de France, née à Nantes, en 1476, fille du duc François II, et héritière de la Bretagne. Elle eut de nombreux prétendants à sa main. Mariée, seulement par procuration, à Maximilien d'Autriche, elle devint la femme de Charles VIII, grâce à l'habile politique de la régente, Anne de Beaujeu, qui lutta énergiquement pour empêcher, par l'accomplissement du premier mariage, la Bretagne de passer dans la maison d'Autriche. Toutefois, il fallut que Charles VIII conquît, en quelque sorte, sa femme, qui, plus tard, lors de l'expédition du roi en Italie, gouverna habilement le royaume. A la mort de ce prince, qu'elle regretta sincèrement et dont elle porta le deuil en noir, contrairement à l'usage qui était de le porter en blanc, elle épousa son successeur, Louis XII (1599), ainsi que le voulait le contrat de mariage. Les trois fils qu'elle avait eus de Charles VIII étaient morts lors de son second mariage avec Louis XII, dont elle eut une fille, Claude de France, épouse du duc d'Angoulême, depuis François Ier, qui joignit à la couronne le duché de Bretagne, à son avénement. Anne, d'un caractère altier et chevaleresque, aimait à récompenser les actions d'éclat. Elle mourut au château de Blois, en 1514, et fut enterrée à Saint-Denis.

ANNE DE HONGRIE, fille de Ladislas VI, roi de Pologne et sœur de Louis II, roi de Hongrie. D'une beauté remarquable, elle apporta à son époux, Ferdinand d'Autriche, les couronnes de Hongrie et de Bohême. Malgré le courage dont elle fit preuve en défendant Vienne contre Zapolski, voïvode de Transylvanie, et son allié, Lohman (1529), Ferdinand fut obligé plus tard de partager avec Zapolski; depuis lors (1528), l'Autriche imposa sa domination à la Hongrie. Aïeule des célèbres Anne de Médicis et Anne d'Autriche, cette princesse mourut, en 1547, à Prague.

ANNE D'AUTRICHE, fille aînée du roi d'Espagne, Philippe III, née en 1602. Elle épousa Louis XIII, roi de France, en 1615. Réduite à l'impuissance par le cardinal-ministre Richelieu, qui voulait la prospérité de la France et la ruine de ses ennemis, dédaignée par son époux, qui lui préféra toujours ses favoris, Anne d'Autriche eut le tort assez grave de ne point garder les convenances que son sexe et surtout son rang lui imposaient, en accueillant les hommages de Bellegarde et ceux du duc de Montmorency. Elle se compromit tout à fait avec Buckingham, dans une rencontre qu'elle eut avec lui dans un jardin et où ils quittèrent tous deux la suite. Louis XIII cessa dès lors toute relation intime avec sa femme. On affirme que le Masque-de-Fer n'était autre que le fruit des amours de la reine avec Buckingham. La naissance de Louis XIV fut due à un rapprochement que les uns attribuent au hasard, tandis que les autres le mettent sur le compte de Richelieu. Louis XIII, revenant fort tard d'une visite au couvent de Chaillot, fut forcé de coucher au Louvre, où il ne trouva que le lit de la reine; forcé de céder à la nécessité, le roi s'exécuta de bonne grâce. Anne, après plusieurs fausses accusations de complots, surtout avec Talleyrand, comte de Chalais, fut reléguée au Val-de-Grâce, comme prisonnière, par Louis XIII qui redoutait ses menées. Cependant la naissance de Louis XIV, en 1638, lui avait rendu une influence que grandirent encore la mort de Louis XIII et celle de Richelieu. Mûrie par le malheur, elle regretta ce dernier, et eût voulu le voir encore à la tête des affaires pendant qu'elle gouvernait. Aussi, pour prouver combien elle l'admirait, elle prit Mazarin, la créature de Richelieu, pour ministre, afin de continuer la politique de ce dernier; mais alors éclatèrent les révoltes de la Fronde avec les prétentions du parlement. Dans ces troubles, Anne d'Autriche tint ferme, et, malgré les injurieux soupçons répandus sur elle dans cette guerre civile, elle sut transmettre intacte l'autorité à son fils Louis XIV, qui la pleura sincèrement à sa mort, arrivée en 1666.

ANNE, reine d'Angleterre, fille de Jacques II et de la première femme de ce prince, Anne Hyde; née en 1665, elle épousa le frère du roi de Danemark, le prince Georges, en 1683. Elevée dans la religion réformée, elle monta sur le trône d'Angleterre à la mort de Guillaume III, époux de sa sœur Marie, et régna de 1702 à 1714. Elle fut sous la complète dépendance des whigs, et si son règne eut quelque éclat, elle le doit à ses généraux, surtout à Marlborough, qui, dans la guerre de la succession d'Espagne, remporta les victoires de Hochstædt, Ramilies, Oudenarde et Malplaquet, en 1709; de ce règne datent aussi la prise de Gibraltar (1704), et l'union de l'Ecosse et de l'Angleterre en un seul parlement, où furent admis 16 pairs écossais à la chambre haute et 45 députés à la chambre des communes. Mais la paix intérieure fut troublée par l'invasion du chevalier de Saint-Georges, Jacques III, frère de la reine, qui voulait s'emparer de la couronne d'Ecosse; par la révolte des whigs, à la suite de la disgrâce de la duchesse de Marlborough et à la faveur des manœuvres des torys, qui firent signer à la reine le traité d'Utrecht, en 1713, qui dépouillait Jacques III au profit des Stuarts, pour le punir de sa rébellion. Cependant, ce règne s'est illustré également dans la littérature, et l'histoire de cette époque cite avec orgueil : Prior, Addison, Gay, Thompson, Swift, Pope, Young, etc., les ducs Hamilton, Bolingbroke, pour l'éloquence parlementaire, etc. La reine Anne mourut en 1714.

Anne de Clèves, reine d'Angleterre, épouse de Henri VIII. (*Voir* ce dernier nom.)

Anne Ivanowna, impératrice de Russie, fille d'Ivan V, née en 1693. Elle épousa le duc de Courlande dont elle n'eut point d'enfant. A l'exclusion des deux filles de Pierre le Grand, elle fut appelée au trône, en 1730, par le chevalier Ostermann et les deux princes Ivan et Basile Dolgorouki, mais toutefois à la condition d'éloigner son favori, Jean de Biren, et d'accorder quelque liberté. Elle n'eut pas plutôt la couronne qu'elle manqua à ses engagements, servit les fureurs et les cruautés de Jean de Biren, qui, après avoir exilé les princes Dolgorouki, les fit rappeler et condamner au dernier supplice avec leurs nombreux partisans. S'il se rendit redoutable aux nobles, il faut avouer aussi que, au dehors, il fit respecter la Russie, dont les armées, sous les ordres de Munich, vainquirent les Turcs, dispersèrent les Tartares, après avoir donné la Pologne à Auguste III, et secouru l'empereur Charles VI. Anne mourut en 1740, après avoir choisi pour successeur le petit-fils de Catherine, Ivan Antonowitch.

Anne (Sainte-), mont situé près d'Alençon (Orne), remarquable par une chapelle visitée par les malades qui espèrent y obtenir leur guérison.

ANNEAU. Nom de certaines bagues et que l'on donne également aux ornements en forme de cercle. Dans l'antiquité, l'anneau était un signe d'esclavage ou de servitude, et, plus tard, il devint la marque distinctive de la puissance : c'est alors que l'on grava sur la partie qui restait en dehors de la main, des signes qui formèrent le sceau. De nos jours, l'anneau est un ornement; les nouveaux époux échangent, le jour de leur mariage, un anneau, appelé *alliance*, qui se divise dans le sens de l'épaisseur en deux parties, sur lesquelles on grave le nom des époux et la date du mariage.

Anneau de Gygès. Anneau merveilleux qui avait la propriété de rendre invisible celui qui le portait.

Anneau de Salomon. Ce roi avait reçu un anneau dans le chaton duquel il voyait tout ce qu'il désirait savoir. S'étant rendu un jour au bain, un mauvais ange lui prit cet anneau et le jeta à la mer; Salomon, privé des lumières que lui donnait cet anneau, n'osait plus paraître en public, lorsqu'au bout de quarante jours, il le retrouva dans le ventre d'un poisson servi sur sa table.

Anneau du pêcheur. Sceau particulier dont les papes se servent depuis le XIIIe siècle, ainsi appelé parce que saint Pierre, qui est considéré comme le premier pape, exerçait la profession de pêcheur. Ce sceau porte d'un côté l'image de saint Pierre et de saint Paul, et, de l'autre, le nom du pape régnant.

Anneau épiscopal. Anneau d'or enrichi d'une pierre précieuse, mais qui, d'après la prescription d'Innocent III, ne doit être orné d'aucune figure; il est le symbole de la dignité des évêques ainsi que la marque de leur puissance spirituelle.

ANNEBAUD (Claude, maréchal d'), ministre intègre, homme d'Etat habile et guerrier plein de bravoure. Il naquit près de Pont-Audemer, à Annebaud, d'une ancienne famille de Normandie, dont un des membres, Jehan d'Annebaud, était à la croisade de 1097. Annebaud fut un de ceux qui se battirent avec le plus d'acharnement à la bataille de Pavie, 24 février 1525; aussi son courage d'abord, ensuite sa fidélité et son dévouement à l'Etat le rendirent-ils cher à François Ier, qui l'employa avec succès dans ses campagnes d'Italie, de Flandre et de Champagne, non-seulement comme guerrier, mais souvent comme diplomate. Annebaud, créé tour à tour colonel général, gouverneur du Piémont, maréchal de France, amiral, ambassadeur, puis ministre, reçut la mission difficile de faire une descente sur les côtes d'Angleterre. Cette campagne se termina sans résultat décisif, par un traité conclu par Annebaud, devenu grand-amiral de France, et le grand-amiral d'Angleterre. Malgré les recommandations de François Ier, Henri II éloigna ce vieux conseiller des affaires, mais plus tard Catherine de Médicis le rappela et lui donna place dans son conseil. Il mourut à la Fère, le 29 novembre 1552. Son frère Jacques devint évêque de Lisieux, puis cardinal sous le nom de Sainte-Suzanne. Il mourut à Rouen, en 1547. Le fils de Claude, Jean d'Annebaud, baron de la Hunauderie, périt à la bataille de Dreux, en 1562.

Aménophis recevant les prêtres égyptiens (p. 90, col. 2).

ANNECY, anciennement *Annecium*, ch.-l. du dép. de la Haute-Savoie, à 18 kil. de Chambéry. Pop. 9,700 hab. Cette ville, située sur le joli lac de ce nom, possède des fabriques de coton, des verreries, quincailleries et poteries. Elle est aussi le siége d'un évêché. Annecy est remarquable par un château ruiné qui fut la résidence des comtes de Genève et par la statue du chimiste Berthollet. Elle fut la patrie de saint François de Sales, qui naquit au château de Sales et occupa le siége épiscopal de cette ville.

ANNÉE. Le cours du soleil et celui de la lune ont donné naissance à deux sortes d'années, l'année solaire et l'année lunaire. L'année proprement dite comprend l'espace de temps dans lequel le soleil parcourt ou paraît parcourir les douze signes du zodiaque, c'est-à-dire les 365 jours 5 heures 48 minutes 51 secondes qui forment l'année fixe, et, pour effacer autant que possible l'excédant des 365 jours, on ajoute tous les quatre ans un jour de plus, que l'on place dans le mois de février, ce qui forme l'année bissextile.

ANNÉE JULIENNE. Nom donné à l'année du calendrier romain après sa réforme par Jules César.

ANNÉE ÉGYPTIENNE. Le collége des prêtres avait réglé l'année civile de la façon suivante : elle comprenait 365 jours, divisés en 12 mois de 30 jours, suivis de 5 jours épagomènes ou complémentaires. Les mois s'appelaient : 1° Thôt; 2° Paophi; 3° Athir; 4° Choïac; 5° Tybi; 6° Méchir; 7° Phaménoth; 8° Pharmouti; 9° Pakhôn; 10° Payni; 11° Epiphi; 12° Mesori.

ANNÉE HÉBRAIQUE. Les Hébreux avaient deux sortes d'années : l'une religieuse et l'autre civile, également divisées en 12 mois portant le même nom. L'année religieuse commençait à l'équinoxe du printemps, tandis que l'année civile commençait à l'équinoxe d'automne. Les mois portaient les noms suivants : 1° Habit; 2° Ziav; 3° Liban; 4° Thammoug; 5° Ab; 6° Eloul; 7° Tischrhi; 8° Bohul; 9° Kasler; 10° Tebeth; 11° Schebeth; 12° Adar. Ils se composaient alternativement de 29 et de 30 jours, ce qui faisait une année de 354 jours; aussi, pour compléter, ajoutait-on de temps à autre un treizième mois qui s'appelait Adar second.

ANNÉE ATHÉNIENNE. Elle était composée comme l'année hébraïque, et les mois portaient les noms suivants : 1° Gamélion; 2° Anthestérion; 3° Elaphébolion; 4° Munychion; 5° Thargélion; 6° Scirrophorion; 7° Hécatombœon; 8° Métagitnion; 9° Boédromion; 10° Mœmactérion; 11° Pyanepsion; 12° Posidéon. Composée de 354 jours, on intercalait un mois de 30 jours trois fois tous les 8 ans pour rétablir la concordance avec l'année solaire.

ANNÉE ARABE ou *turque*. Elle est divisée en 12 mois de 29 et 30 jours et contient quelquefois 13 mois pour rétablir la concordance. Noms des mois : 1° Muharram ; 2° Saphar; 3° Rabia; 4° Rabia 2°; 5° Jomada; 6° Jomada 2°; 7° Rajab; 8° Schaaban; 9° Sanadon; 10° Schawal; 11° Dulkaadah; 12° Dulheggia.

ANNÉE JUIVE. L'année juive se compose également de 12 ou 13 mois qui portent les noms suivants : 1° Tisri; 2° Marzhesran; 3° Cisleu; 4° Thebeth; 5° Schebeth; 6° Adar; 7° Veadar (lorsqu'il y a 13 mois); 8° Visan; 9° Jiiar; 10° Sivan; 11° Thamug; 12° Ab; 13° Elul.

ANNÉE CLIMATÉRIQUE. On appelle ainsi certaines périodes de l'âge de l'homme que les astrologues prétendaient critiques pour la santé et la vie.

ANNÉE DE CONFUSION, nom donné à l'an 47 av. J.-C., et 708 de Rome. César fit cette année de 445 jours, en ajoutant à l'année lunaire de 355, 3 mois, dont l'un avait 23 jours et les autres 67, ce qui fit une année de 15 mois. C'est ainsi qu'il rétablit la concordance des deux années solaire et civile.

ANNÉE DE PROBATION. Temps d'épreuve fixé pour le noviciat d'un religieux.

ANNÉE DU JUBILÉ. Année qui se célébrait tous les 50 ans. Tous les esclaves devenaient libres, et ceux qui avaient aliéné leurs biens en reprenaient possession.

ANNÉE ECCLÉSIASTIQUE. Cette année commence à l'Avent, et sert à régler l'office divin suivant les jours et les fêtes.

ANNÉE EMBOLISMIQUE. Tous les deux ou trois ans, les Grecs ajoutaient à l'année lunaire, qui était de 354 jours, un treizième mois, afin de se rapprocher de l'année solaire, de 365 jours. L'année qui recevait ce 13° mois s'appelait embolismique, du nom de ce mois, *embolismœus*.

ANNÉE ÉMERGENTE. Epoque à partir de laquelle chaque peuple commença à compter les années, comme, par exemple, la création, la naissance de J.-C., la fondation de Rome.

ANNÉE SABBATIQUE. Tous les sept ans, les Juifs consacraient une année au repos. On laissait alors la terre sans la cultiver, et tous les esclaves étaient rendus à la liberté.

ANNÉE SAINTE. Année pendant laquelle s'ouvre le grand jubilé, à Rome, le jour de Noël; elle arrive tous les 25 ans.

ANNÉLIDES. Animaux faisant partie de la classe des articulés; ils ont le corps plus ou moins mou et presque toujours divisé en un nombre plus ou moins grand d'anneaux. Chez certaines espèces, ces anneaux sont garnis de pieds; chez d'autres, ce sont des poils ou des crochets qui servent à la locomotion; il est des espèces, comme les sangsues, par exemple, qui sont totalement dépourvues de pieds.

ANNÈSE (Gennaro), ancien ouvrier fourbisseur. Lors de la révolte des Napolitains, il reprit le commandement, après l'assassinat de Masaniello, de 1647 à 1648. Les révoltés, réclamant leurs anciens priviléges et refusant de reconnaître l'autorité du roi d'Espagne, appelèrent Henri de Lorraine, duc de Guise, pour protéger la nouvelle république; mais la division se mit bientôt entre le duc de Guise et Annèse, et ce dernier livra les clefs de Naples à don Juan d'Autriche; mais le traître n'échappa pas au châtiment qu'il méritait; il fut du nombre des condamnés pour cause de révolte, et, par ordre du roi Philippe IV, le comte d'Onotte, gouverneur de la ville, lui fit trancher la tête.

Annibal jurant une haine éternelle aux Romains.

ANNESLEY (Arthur), comte d'Anglesey, homme d'Etat et écrivain, né à Dublin, en 1614. Remarquable par sa modération et son habileté, il sut toujours être du parti le plus avantageux; d'abord partisan de Charles Ier, prévoyant les résultats de la révolution, il passa bientôt au service de cette dernière; puis, avant la restauration, il prit le parti de Charles II, qui, plus tard, le créa comte et garde du sceau privé, en 1673. Disgracié, il était trop habile pour rester longtemps éloigné des affaires, et reparut sous le règne de Jacques. Annesley mourut en 1680. Il avait fait de bonnes études de littérature, d'histoire et de droit.

Son histoire sur les troubles d'Irlande, de 1641 à 1650, est perdue, mais il nous reste de lui des Mémoires assez curieux et des écrits de controverse politique et religieuse.

ANNIBAL ou HANNIBAL, nom carthaginois tiré de deux mots phéniciens : *Hhanna* et *Baal*, qui signifient *grâce* et *seigneur*, desquels on a fait Annibal, qui veut dire : *gracieux seigneur*.

ANNIBAL, fils de Giscon, suffète et général carthaginois, vengea cruellement la défaite et la mort de son aïeul Amilcar, en livrant à la fureur des soldats Sélinonte et Himera, prises d'assaut. Plus tard, il vint mettre, avec Imilcon, son lieutenant, le siége devant Agrigente ; mais, au moment du succès, il mourut de la peste, en 400 av. J.-C.

ANNIBAL l'*Ancien*, amiral carthaginois, fit diversion en ravageant les côtes de l'Italie, pendant la première guerre punique ; mais, vaincu par le consul Duilius d'abord, ensuite sur les côtes de la Sicile par les Romains, il fut mis en croix et lapidé par ses propres soldats, qui le regardaient comme la cause de leurs sanglantes défaites.

ANNIBAL, général carthaginois, né à Carthage vers l'an 247, mort l'an 183 av. J.-C. Amilcar Barca, son père, lui fit jurer, dès l'âge de neuf ans, une haine éternelle aux Romains. Jamais serment ne fut mieux rempli. Amilcar l'emmena en Espagne, de 238 à 229. Amilcar étant mort (229), Asdrubal lui succéda ; il avait été chargé par Carthage de conquérir l'Espagne ; Annibal revint en Afrique. Asdrubal ayant été assassiné en 221, les soldats le mirent à leur tête, croyant retrouver en lui Amilcar lui-même. Il s'était formé à l'art de la guerre sous son père et sous son beau-frère. C'est alors qu'il remporta plusieurs victoires sur les Olcades et les Vaccéens, puis commença la deuxième guerre punique (219-202), en brûlant Sagonte, ville alliée des Romains. Rome envoya à Annibal une ambassade qui n'eut aucun résultat ; alors elle en envoya une seconde à Carthage, dans le but de déclarer la guerre aux Carthaginois. Rome mit sur pied trois armées et les envoya en Espagne, en Afrique et dans la Gaule cisalpine. Les deux premières, apprenant l'arrivée d'Annibal en Italie, reculèrent, et la troisième fut défaite par les Gaulois. Annibal marcha vers Rome, cinq mois après son départ de Carthagène. Il ne lui restait plus que 20,000 hommes d'infanterie africaine et espagnole et 6,000 chevaux. Sa première rencontre eut lieu près du Tesin (218) et de Vegerano (218). Scipion, vaincu, se retira dans une forte position près de Parsance. En 217, il vainquit Flaminius au lac Trasimène, battit, en 216, à Cannes, les consuls T. Varron et Paul Émile. Mais Annibal fut vaincu trois fois à Nole, par Marcellus. Il combattit seul pendant seize ans contre Rome. En 202, il vainquit Publius Cornelius Scipion à Zama. Poursuivi par la haine des Romains, il alla trouver Antiochus, roi de Syrie, pour l'exciter contre Rome, et ensuite Prusias, qui le trahit et le livra à ses ennemis. Alors Annibal s'empoisonna et mourut âgé de soixante-quatre ans.

ANNIBALIEN, neveu et gendre du grand Constantin. Il fut roi de Cappadoce, de Pont et d'Arménie. L'empereur Constantin, son cousin, le fit massacrer par ses soldats, après la mort de Constantin le Grand, 338 ap. J.-C.

ANNICÉRIS, philosophe grec, de l'école cyrénaïque, vers 330 av. J.-C. Il admettait, comme souverain bien, le plaisir, et recommandait l'amour des parents et de la patrie, l'amitié et la reconnaissance.

ANNICERIS, de Cyrène, postérieur au précédent. Il se trouvait à Égine lorsque Denis le Jeune fit vendre Platon comme esclave. Annicéris l'acheta et le remit en liberté.

ANNIUS de Viterbe, dont le vrai nom était Jean Nanni. Né à Viterbe vers 1432, il entra fort jeune dans l'ordre des frères prêcheurs des dominicains, et se livra avec ardeur à l'étude des langues anciennes et de l'histoire. Les papes Sixte IV et Alexandre VI le reçurent avec distinction, et ce dernier le nomma maître du sacré palais (1499). César Borgia, fils d'Alexandre VI, qui le haïssait, le fit empoisonner (13 nov. 1502). Annius a laissé plusieurs ouvrages parmi lesquels on remarque un *Traité de l'empire grec*.

ANNIVERSAIRE. On donne ce nom aux fêtes que l'on célèbre à certains jours consacrés, pour perpétuer la mémoire de faits arrivés à pareils jours. La plupart des fêtes du christianisme ne sont en réalité que des anniversaires.

ANNOBON, ANNABON ou ANNOBA, île d'Afrique dans le golfe de Guinée, à 300 kil. du lac Lapoz. Sa superficie est de 30 kil. de tour, et sa population est de 1,000 hab. Cette île fut découverte, le 1er janvier 1473, par les Portugais, et cédée aux Espagnols, à qui elle appartient encore. Elle a pour ch.-l. Annobon, sur la côte.

ANNON (saint), archevêque de Cologne, né dans une condition inférieure ; il devint chancelier de l'empereur Henri III, et ensuite administrateur de l'empire pendant la minorité de l'empereur Henri IV. Il s'occupa beaucoup de la réforme des monastères, et soutint le pape Grégoire VII dans la question du célibat des prêtres. La dignité de sa conduite, le zèle qu'il mit pour la fondation des couvents et d'un grand nombre d'églises, la sollicitude toute paternelle qu'il montra pour son diocèse, le firent ranger au nombre des saints après sa mort, arrivée en 1075.

ANNONAY, ch.-l. de cant. (Ardèche), arrond. de Tournon, et à 26 kil de cette ville. Située sur le sommet et la pente de plusieurs coteaux, ainsi qu'au fond de plusieurs vallons, cette ville offre un aspect bizarre par son irrégularité. Elle est remarquable par son château, ancienne résidence des princes de Soubise, la bibliothèque, le cabinet d'histoire naturelle, l'hôtel de ville et l'église de Trachi. Elle a de célèbres fabriques de papiers dont l'exportation est très-considérable. Son commerce consiste en lainage, mégisseries et tanneries. Annonay est la patrie des frères Montgolfier et du jurisconsulte Abrial. Cette ville fut prise et ruinée plusieurs fois dans les guerres de religion du XVIe siècle.

ANNONCE. On appelle généralement ainsi les avis insérés à la fin des journaux, par lesquels on fait connaître quelque chose au public. L'annonce, quoique déjà connue au XVIIIe siècle, n'a réellement pris son véritable caractère qu'au XIXe siècle. L'annonce, grâce aux progrès de la publicité, est devenue, en quelque sorte, une nécessité commerciale, et l'on s'accorde à reconnaître que l'on peut vendre de fort mauvaises choses avec beaucoup d'annonces, tandis que de fort bonnes ne trouvent pas d'écoulement. Ce n'est guère que vers 1830, que l'annonce, qui jusque-là s'était traînée fort languissante, prit cette largeur d'allures qui séduit les niais et entraîne même les gens d'esprit : c'est alors qu'on imagina de donner les journaux presque pour rien, afin d'avoir beaucoup d'abonnés, et par là, attirer un plus grand nombre d'annonces : on se rappelle la révolution causée par la *Presse* à 40 fr. Dans le principe, les annonces se fabriquaient traîtreusement dans le corps de la rédaction, et prenaient, selon la place qu'elles occupaient, des proportions gigantesques ! on comprend, en effet, quelle importance acquéraient de minces commerçants, tout bouffis d'orgueil, lorsqu'on annonçait, au milieu des faits politiques, qu'ils vendaient des châles ou des bonnets de coton meilleur marché qu'ailleurs ; aussi, les gens qui faisaient insérer des annonces dans les journaux, comme ils payaient les éloges qu'on leur donnait, les trouvaient toujours au-dessous du mérite qu'ils s'attribuaient, et c'est ainsi qu'on vit, dans un journal, un fabricant d'objets que nous ne voulons pas nommer, exalté plus haut qu'un général qui venait de remporter une victoire. Cette promiscuité devint tellement ridicule, que la rédaction fut presque impossible, et il fallut alors parquer les gens aimant les éloges tarifés comme ailleurs on parque les moutons et les bœufs. Non pas que l'on ne puisse plus maintenant se carrer dans les loges et les stalles d'un journal, mais un petit signe connu des initiés indique combien coûtent les lignes qui disent *que le livre de M. tel est une étude remarquable, fortement pensée, brillamment écrite;* et comme tout le monde n'est pas au courant de ces arcanes, on peut encore obtenir avec son argent une certaine réputation aux yeux des gens simples et naïfs.

ANNONCIADES, nom commun à plusieurs ordres religieux ou militaires, institués en l'honneur du mystère de l'Annonciation : 1° l'ordre des *Servites* (1232) ; 2° l'ordre de l'*Annonciade*, de Savoie (1434) ; 3° les *Annonciades* de Bourges, instituées par Jeanne de Valois, fille de Louis XI ; 4° les *Annonciades célestes* (1604) à Gênes ; 5° la société de l'*Annonciade*, à Rome (1460) ; elle dote tous les ans plus de 400 filles pauvres. Les religieuses, dites *Annonciades du Saint-Esprit*, établies à Paris, en 1636, rue de Popincourt, furent supprimées en 1782. En 1802, leur église (Saint-Ambroise) devint une succursale de la paroisse Sainte-Marguerite.

ANNONCIATION (fête de l'), instituée en souvenir de la nouvelle que l'ange Gabriel apporta à la Sainte Vierge du mystère de l'Incarnation.

ANNONE. Administration publique de l'ancienne Rome, chargée de l'approvisionnement, de la vente ou de la distribution gratuite du blé nécessaire à la nourriture du peuple. Cette distribution avait lieu une fois par mois.

ANNONE CIVIQUE. On appelait ainsi, sous le Bas-Empire la ration donnée aux soldats, et qui consistait en pain, vin, biscuit et vinaigre.

ANNONE MUNICIPALE. Administration de vivres établie dans les villes municipales dépendant de Rome, et dont les distributions se faisaient deux fois l'an. On croit que c'est Nerva qui l'établit en 97 ap. J.-C.

ANNOT, ch.-l. de cant. de l'arrond. de Castellane (Basses-Alpes), et à 40 kil. de cette ville. Pop., 900 hab. On remarque aux environs la curieuse grotte de Saint-Benoît.

ANNUAIRE. On substitua, en 1795, lors de la réforme du calendrier, ce nom à ceux d'*almanach* et de *calendrier*, impropres à désigner la chose à laquelle ils s'appliquent. Mais ce nom n'a prévalu que pour les ouvrages de ce genre, ayant rapport aux sciences, tels que l'Annuaire des longitudes, celui des beaux-arts, etc.

ANNUITÉ. On appelle ainsi le payement fait par un débiteur d'une certaine somme pendant un certain nombre d'années, de façon qu'au bout de ce temps ces sommes réunies remboursent capital et intérêts.

ANNWEILLER, ville de la Bavière rhénane, à 10 kil. de Landau. Pop., 4,000 hab. Ancienne ville libre. On remarque aux environs le château de Trifels, où Richard Cœur de Lion fut, dit-on, emprisonné, et où les empereurs déposaient les insignes et les joyaux de leur couronne.

ANOBLIR, ENNOBLIR. Le premier se dit des personnes, et le second particulièrement des choses. *Anoblir* se dit lorsqu'on confère une distinction nobiliaire à un homme. *Ennoblir* se dit des choses du cœur, des sentiments.

ANOBLISSEMENT. Dans l'origine de la

monarchie française, alors qu'il n'y avait que des hommes libres ou nobles, et des serfs ou roturiers, l'anoblissement résultait en quelque sorte de l'affranchissement; ainsi, le descendant d'un serf affranchi devenait noble à la troisième génération. Plus tard l'anoblissement fut accordé à ceux qui se distinguèrent dans les armes et fut également la conséquence de certaines charges. Si la noblesse n'avait été que la récompense accordée aux services rendus, aux illustrations nationales, elle eût longtemps conservé son prestige; mais l'anoblissement perdit son caractère éminemment national pour devenir une sorte de trafic. Odieuse au peuple, pour qui elle était en quelque sorte le symbole du despotisme féodal, la noblesse fut abolie par l'Assemblée nationale en 1789. Les titres de noblesse, rétablis depuis, furent supprimés par une loi du gouvernement provisoire de 1849 : cette loi a été rapportée, et un conseil du sceau a été institué pour la vérification des titres.

ANONSHEIHR, ville de l'Hindoustan anglais (prov. d'Agra), à 150 kil. de Delhi. Cette ville, située sur la rive occidentale du Gange, est bien fortifiée et très-peuplée; son commerce consiste en coton, sel et indigo. Les Anglais la possèdent depuis 1801.

ANONYME. Se dit des écrivains qui ne signent pas leurs œuvres. On appelle également *lettre anonyme* celle qui n'est pas signée de son auteur et qui n'est ordinairement qu'une basse dénonciation et plutôt encore une vile calomnie. La lettre anonyme peut, quelquefois, trouver son excuse dans le désir que l'on a de donner un avis utile aux personnes auxquelles on s'intéresse et qu'on ne saurait le faire ouvertement sans compromettre sa position; mais il faut se rappeler que les lettres anonymes n'ont ordinairement d'autre résultat que celui d'augmenter la faveur dont jouit celui qui en est l'objet. Quand on n'a pas le courage de dire sa pensée sans détours et sans se cacher, il est préférable de s'abstenir.

ANOSSI, contrée de l'île de Madagascar. Elle s'étend depuis le Manatengha jusqu'à la rivière de Mandrerei. Elle est peu habitée et peu cultivée, mais elle est riche en bois et en pâturages.

ANQUETIL (Louis-Pierre), historien, né à Paris, en 1723, mort en 1806. Ancien génovéfain, ensuite directeur du séminaire de Reims et du collége de Senlis. Curé de la Villette près Paris, lorsque la révolution de 1793 éclata, il fut pris et enfermé; mais sa détention fut de courte durée. Il devint membre de l'Institut à la réorganisation de ce corps et attaché au ministère des relations extérieures. Parmi ses ouvrages, on remarque: *Louis XIV, sa Cour et la Régence*, et l'*Histoire de France*. Celle-ci n'est qu'une vaste compilation manquant souvent de méthode et d'enchaînement: l'auteur s'est trop attaché à relater les faits et n'a pas assez déduit les rapprochements et les conséquences philosophiques.

ANQUETIL-DUPERRON (Abraham-Hyacinthe), frère du précédent, savant orientaliste, né à Paris, en 1731, mort en 1805. Après avoir fait de brillantes études, il étudia l'hébreu, le persan et l'arabe. Il parcourut l'Inde et revint en France (1762) avec 180 manuscrits. L'année suivante, il fut nommé interprète pour les langues orientales et membre de l'Institut. Parmi ses ouvrages on remarque : la traduction du *Zend-Avesta; Législation orientale; l'Inde en rapport avec l'Europe*. Savant consciencieux, il révéla, par ses travaux, la vie intime de l'Inde, avec mille détails précieux pour la science. Il vivait avec la plus stricte économie, dépensant à peine vingt-cinq centimes par jour, refusant constamment les secours et les récompenses pécuniaires qu'on voulut lui offrir.

ANQUISITION. Requête judiciaire qui, dans le droit romain, rentrait dans les demandes qui se traitaient publiquement; le juge prononçait à haute voix la pénalité réclamée par le demandeur contre le défendeur.

ANSANI (Giovani), né en Italie, dans le XVIIIe siècle. Il se distingua non-seulement comme compositeur de musique de chambre, mais encore comme ténor. Ce qui faisait sa supériorité, c'était une grande justesse d'intonation, une bonne méthode, une voix puissante et agréable et un geste expressif, quoique très-sobre.

ANSCHAIRE (saint), né en Picardie, le 8 septembre 801. Après de solides études chez les Bénédictins, il devint recteur du couvent de Corvey, en Westphalie. Plus tard, il suivit, avec son ami Autbert, le roi de Danemark, Harald, baptisé depuis peu à Mayence, en 827, pour aller prêcher l'Évangile dans ces contrées encore à demi sauvages; il fonda une école à Hadeby, aujourd'hui Schleswig, mais, par son zèle trop ardent, il fit révolter les sujets du roi de Danemark et il dut s'enfuir pour se soustraire à la mort. Il accompagna en Suède l'ambassadeur du roi Biœrn à son départ de la cour de Louis le Pieux, roi de Germanie. Anschaire obtint du roi la permission de prêcher la parole divine, et convertit un grand nombre de soldats, et même des gens de la cour. A son retour dans son cloître, en 831, Louis le Pieux et le pape Grégoire IV le nommèrent premier archevêque de Hambourg, et plus tard le pape Pascal l'éleva à la dignité de légat du Nord; mais le feu ayant dévoré son couvent et son église, Anschaire parvint à grand'peine à Brême, dont il obtint l'évêché à la mort de l'évêque; depuis ce temps, cet évêché dépendit de l'archevêché de Hambourg et lui fut réuni plus tard. Quittant son siége épiscopal, Anschaire alla encore porter au loin l'Évangile, qu'il prêcha avec succès de nouveau en Danemark, en Suède et dans le Holstein. Il mourut à Brême de la dyssenterie, le 3 février 864. Il fut canonisé par Nicolas Ier.

ANSE, ch.-l. de cant. de l'arrond. de Villefranche (Rhône), et à 5 kil. de cette ville. Pop. 1,450 hab. Cette ville fut, au Xe siècle, la résidence royale. On y tint aussi plusieurs conciles.

ANSE (Grande-), bourg de la Martinique. Pop. 4,000 hab.; remarquable par ses sucreries nombreuses et importantes.

ANSE DE PANIER. On appelle ainsi, en architecture, la courbe qui remplace l'ellipse dans la construction des cintres de voûte. Cette voûte est formée d'un nombre indéterminé, mais toujours impair, d'arcs de cercle, dont la somme de degrés est toujours égale à celle de la demi-circonférence, soit 180 degrés.

ANSEAUME, auteur dramatique, né à Paris. On a peu de détails sur sa vie, cependant on croit qu'il fut d'abord maître de pension à Paris, souffleur au Théâtre-Italien, puis sous-directeur à l'Opéra-Comique. Il composa de nombreuses pièces, dont plusieurs en collaboration, qui obtinrent quelque succès lorsqu'elles parurent. Deux de ses œuvres sont restées au répertoire, et obtiennent encore aujourd'hui des applaudissements : les *Deux Chasseurs* et la *Laitière*, 1763 (musique de Dune), dont les airs sont devenus populaires; le *Tableau parlant*, un chef-d'œuvre de Grétry comme musique. Anseaume fit réunir ses œuvres théâtrales en 3 vol. in-8°, 1766. Il mourut à Paris, en 1784.

ANSEDONIA, village de Toscane, à 11 kil. d'Orbitello. On y voit encore les restes de *Casa Volcentium*, ancienne ville d'Étrurie, et de belles murailles cyclopéennes très-bien conservées.

ANSEGISE, abbé de saint Wandrille. Il fut chargé par Charlemagne de plusieurs travaux littéraires importants à Aix-la-Chapelle. Mais son plus juste titre à la gloire, c'est la réunion des Capitulaires en une collection que continua un diacre de Mayence, nommé Benoît. Il mourut en 833.

ANSÉGISE, archevêque de Sens, né dans le diocèse de Reims. Il fut d'abord abbé de Saint-Michel; après la mort de Lothaire II, Charles le Chauve envoya Anségise en Italie une première fois pour faire valoir ses droits au royaume de Lotharingie auprès du pape Adrien II, et une seconde fois pour appuyer ses prétentions à la couronne impériale auprès de Jean VIII, qui donna à l'archevêque le titre de primat des Gaules; mais les prélats romains refusèrent de ratifier cette nomination. Anségise eut l'honneur de sacrer Louis et Carloman, en 879, dans l'abbaye de Serrières en Gâtinais. Il mourut en 882.

ANSELME DE RIBEMONT (le comte), chroniqueur français qui vivait vers le milieu du XIe siècle. Il partit pour la croisade, en 1095; il est probable qu'il fut tué au siége d'Arcos. Chroniqueur de talent, il a écrit deux relations des événements auxquels il prit part, mais la première est malheureusement perdue.

ANSELME (saint), né à Aoste en 1033, archevêque de Cantorbéry. Il tenta de bonne heure d'affranchir le clergé de toute puissance temporelle et de mettre l'Église toujours au-dessus de l'État. Profond théologien et philosophe instruit, il fut d'abord abbé du monastère du Bec, en Normandie, où il devint l'ami et le successeur du célèbre Lanfranc; Anselme fut appelé en Angleterre par Guillaume le Roux, roi d'un caractère absolu, et qui ne souffrait chez ses sujets d'autre opinion que celle qu'il avait imposée; Anselme lui résista lorsqu'il voulut faire reconnaître l'autorité de l'antipape Guibert contre Urbain II; ayant en vain demandé qu'on rendît au clergé les biens qu'on lui avait confisqués, il se retira à Rome et se rendit au concile de Bari (1098), où il plaida contre les Grecs la défense de la procession du Saint-Esprit, et soutint énergiquement que le clergé devait seul nommer aux dignités ecclésiastiques; mais la cour de Rome n'osa pas le suivre sur ce terrain, et Anselme, dégoûté et découragé, se retira à Lyon, d'où il fut rappelé par Henri Ier, successeur de Guillaume le Roux. Il eut encore des démêlés avec ce nouveau roi; mais, malgré ces quelques discordes, Anselme ne refusa jamais de rendre service aux deux rois dont il était l'antagoniste. Retiré de nouveau à l'abbaye du Bec, il s'occupa encore de faire reconnaître la puissance du pape, mais Henri Ier le ramena lui-même dans ses États, aux acclamations des Anglais. C'est à juste titre que le christianisme s'honore d'avoir formé un tel homme, qui fut le rival de gloire et de talent de Platon et de saint Augustin. Sa renommée s'est surtout étendue par ses magnifiques et profonds écrits théologiques, métaphysiques, etc., dont deux contiennent les principes de sa doctrine: le *Monologium* et le *Proslogium*, où il soutient que l'être infini peut être perçu et démontré par la raison. Roscelin essaya de détruire cette proposition, et ces querelles amenèrent les réalistes et les nominalistes. Nous ne croyons pas trop nous avancer en disant que Descartes lui a emprunté plusieurs de ses principes. On doit à saint Anselme d'autres ouvrages : un *Traité de la Trinité et de l'Incarnation du Verbe*, destiné à réfuter les erreurs de Roscelin. Saint Anselme mourut en 1109.

ANSELME (Jacques-Bernard-Modeste D'), général de division, né à Apt, en 1740. Il fut porté, âgé de cinq ans à peine, en qualité de fils d'officier, sur les registres de l'armée. Il s'éleva graduellement aux plus hauts emplois militaires: enseigne, lieutenant, major au régiment de Périgord, lieutenant colonel au régiment de Soissonnais, maréchal de camp; lieutenant général, il s'empara, lors de la conquête de Nice, en 1792, de Montalban et du château de Villefranche. Général en chef de l'armée d'Italie, il était dans une position défavorable: ses troupes manquaient de tout, de vivres, de vêtements, de souliers, par la neige et la pluie; pour les ravitailler et les habiller, il attaqua et prit Oneille, que les soldats saccagèrent et livrèrent au pillage. Il est vrai de dire que les habitants avaient tué ou blessé des parlementaires qu'on leur avait envoyés. Plus tard, la Convention suspendit Anselme et le décréta d'accusation en février 1793; mais, grâce à des mémoires expliquant sa conduite et le dénûment des troupes qu'il avait à commander, il parvint à sortir de prison, le 27 juillet 1794, et vécut depuis loin des camps et des affaires, jusqu'en 1812, époque de sa mort.

Anselme de Laon. Né d'une famille obscure, vers l'an 1030, élève de saint Anselme de Cantorbéry, il se distingua comme professeur de théologie, à Paris, où il expliqua les Saintes-Écritures, et à Laon, où la réputation de ses talents attira d'illustres disciples: tels que Vicelin, Guillaume de Champeaux, Abailard, etc. Tout entier à l'enseignement, il assista, sans y prendre part, aux luttes des partis politiques, de même que, sans ambition, il refusa les honneurs de l'épiscopat, aimant mieux, disait-il, faire des évêques que le devenir. Son meilleur écrit, à la suite du commentaire du maître des sentences, Pierre Lombard, est une glose interlinéaire intitulée: *Glossa in Psalterium Davidis*. Anselme mérita, par les succès qu'il obtint comme professeur, les surnoms de *Scolastique* et de *Docteur;* il mourut en 1117.

Anselme de Sainte-Marie (Pierre de Guibours, connu surtout sous le nom d'), augustin déchaussé, né à Paris en 1625. Il s'occupa de recherches qui sont fort utiles aujourd'hui aux historiens. Son *Histoire généalogique et chronologique de la maison de France et des grands officiers de la couronne* est un travail fort curieux, mais dont la plus grande gloire doit revenir aux savants qui l'ont continué; on lui doit aussi plusieurs ouvrages héraldiques assez estimés. Le P. Anselme mourut à Paris en 1694.

Anselme (Antoine), célèbre prédicateur, fils d'un chirurgien; il naquit à l'Isle-Jourdain, dans l'Armagnac, en 1652. Tout jeune encore, il reçut, à ses débuts dans l'art de la chaire, le surnom de *Petit prophète*, et il obtint par la suite un tel succès que les paroisses se le disputèrent et que le marquis de Montespan lui confia l'éducation de son fils, le marquis d'Antin. Il prononça devant l'Académie française, en 1681, l'éloge de saint Louis et prêcha deux fois à la cour. Après trente années de sa vie consacrées à la prédication, il s'occupa de belles-lettres, de beaux-arts, et fut associé de l'Académie des inscriptions, à laquelle il rendit de grands services. Retiré à Saint-Sever en Gascogne, dans une abbaye que Louis XIV lui avait donnée, Anselme s'occupa de relever des églises, de bâtir des hôpitaux, et mourut le 8 août 1737. Il a laissé des odes, des panégyriques, des mémoires de l'Académie des inscriptions, etc.

ANSES D'ARLETS (les), bourg de la Martinique, ch.-l. de cant. de l'arrond. de Port-Royal, et à 12 kil. de cette ville. Pop. 1,800 hab. Sa richesse consiste en la récolte du café, qui est réputé le meilleur de l'île.

ANSHELMUS (Thomas), imprimeur, né à Bade au commencement du XVIe siècle. Il cultiva son art avec succès à Forscheim, à Tubingen et à Haguenau, où il se fit connaître par ses magnifiques éditions des beaux ouvrages anciens.

ANSON (George), navigateur anglais, né en 1697. A la tête de plusieurs navires, il alla trois fois, de 1724 à 1735, à la Caroline du Sud. En 1738 et en 1739, il alla en Guinée et en Amérique. De retour en Angleterre, il reçut l'ordre de ruiner les colonies espagnoles; il s'embarqua le 18 septembre 1740, prit Payta, Acapulco, et s'empara, n'ayant qu'une barque à sa disposition, du riche galion qui partait de cette ville pour l'Espagne, et revint le 15 juin 1743. En 1747, il fut nommé pair d'Angleterre, et de 1751 à 1756, premier lord de l'amirauté. En 1758, il fut chargé de bloquer Brest et de protéger la descente des Anglais à Cherbourg et à Saint-Malo. Mais ses tentatives n'eurent aucun succès. Il venait de recevoir le titre suprême d'amiral et de commandant en chef de la flotte lorsqu'il mourut, en 1762.

ANSPACH, ou Ansbach, ou Onolsbach, ville du royaume de Bavière, à 43 kil. de Nuremberg. Pop. 15,000 hab. Ancienne résidence des margraves d'Anspach. Cette ville est remarquable par son beau château royal, sa bibliothèque et sa galerie de tableaux. Son commerce consiste en draps et en laines. Elle possède des fabriques de cotons, d'étoffes de soie, de parchemin, de tabac, etc. Cette ville est la patrie du médecin Stahl et du poëte Uz, à qui on a élevé un monument dans le parc du château.

Anspach (ancienne principauté d'). Cette principauté, d'une superficie de 300,000 hect. et d'une pop. de 357,500 hab., passa de la domination des bourgeois de Nuremberg, sous celle des margraves de Brandebourg. En 1774, elle échut à Frédéric, fils cadet d'Albert l'Achille, et fondateur de la ligne franconienne de la maison de Brandebourg. Cette ligne se divisa en deux branches, Anspach et Baireuth; elles furent réunies après l'extinction de cette dernière, en 1769. Charles-Frédéric, dernier margrave d'Anspach-Baireuth, vendit sa principauté le 2 décembre 1791 au roi Frédéric-Guillaume III de Prusse. La France la posséda en 1805, et la Bavière en 1806.

Anspach-Baireuth (Charles-Frédéric, margrave d'), né en 1736, fils de la duchesse de Baireuth, sœur de Frédéric II, roi de Prusse. Il épousa une princesse de Saxe-Cobourg, en 1754; ayant succédé à son père en 1757, il réunit la principauté de Baireuth, en 1769. Il fit plusieurs voyages en Europe, et, après la mort de sa femme, arrivée en 1790, il épousa lady Craven. Il vendit ses deux principautés au roi de Prusse, le 2 décembre 1791, et passa ensuite en Angleterre, où il mourut en 1806.

Anspach (lady Elisabeth Craven, margravine d'), fille cadette du comte Berkeley, née en 1750. Elle épousa, en 1767, Guillaume, comte de Craven, dont elle eut sept enfants, et dont elle se sépara en 1781. Après la mort de lord Craven, en 1790, elle fit plusieurs voyages et principalement dans toutes les cours de l'Europe. Devenue veuve, elle contracta une nouvelle union avec le margrave Frédéric, neveu de Frédéric le Grand, et le suivit en Angleterre. Après la mort de son mari, elle voyagea de nouveau, et vint finir ses jours à Naples, en 1828. Elle publia plusieurs ouvrages, parmi lesquels on remarque un *Voyage à Constantinople par la Crimée*.

ANSPESSADE ou Lancepessade, nom donné autrefois, dans l'armée française, au fantassin qui aidait le caporal, en cas d'absence. Ce grade était donné aux cavaliers qui ne pouvaient plus faire leur service à cheval. Il fut supprimé en 1776.

ANSPRAND, né en Bavière, vers 657. Il fut élu roi des Lombards, en 712, malgré Ragimbert, duc de Turin. Il ne porta la couronne que trois mois et fut massacré par ses sujets.

ANTÆOPOLIS, ville de l'ancienne Haute-Égypte, sur la rive droite du Nil. Elle reçut son nom d'Antée, vaincu par Hercule. On voit encore aujourd'hui ses ruines près du village de *Kau*.

ANTALCIDAS, général lacédémonien. Il fut envoyé vers le satrape Tiribaze, et conclut avec la Perse, en 387 av. J.-C., le honteux traité qui porte son nom. Toutes les villes grecques d'Asie étaient abandonnées au Grand-Roi, qui les rendit indépendantes les unes des autres. Envoyé de nouveau en Perse, il y fut reçu avec mépris et revint en Grèce, où il se laissa mourir de faim, dans la crainte des rigueurs que ses compatriotes pourraient exercer contre lui.

ANTANDROS, ville de la Turquie d'Asie (Anatolie), à 15 kil. d'Adramiti. C'est dans ce lieu qu'Énée construisit sa flotte et s'embarqua pour l'Afrique.

ANTAR, poëte et guerrier arabe, fils d'une esclave abyssinienne nommée Zébida, et de Cheddad, chef de la tribu d'Abs. Reconnu par son père, et devenu libre, il s'illustra par ses talents poétiques et ses exploits guerriers. Aboul-Moyyed-Ibn-Essâigh, écrivit les aventures de ce célèbre guerrier. Cet ouvrage intéressant et très-volumineux est connu sous le nom de *Roman d'Antar*, il offre une peinture très-fidèle des mœurs des Arabes du désert, et le fonds historique est orné d'épisodes et de détails tirés de sa propre imagination. En Égypte et en Syrie, il y a encore des personnes, nommées *Antari*, dont la profession est de lire et de réciter dans les cafés les fragments de cet ouvrage. Antar fut tué par les ravisseurs qui voulaient lui enlever sa maîtresse.

ANTEAMBULO. On nommait ainsi, dans l'ancienne Rome, le client qui marchait en tête du cortége de son patron lorsque celui-ci descendait du Forum.

ANTECHRIST. Nom donné à l'ennemi du Christ. Il doit, selon l'Apocalypse, se faire adorer sur la terre; il la remplira de crimes et d'impiété et sera vaincu après un règne de trois ans et demi. Il annoncera par sa venue la fin du monde. Ce nom fut donné bien souvent à différents personnages, célèbres à divers titres. Grotius fit de volumineux commentaires pour prouver que l'Antechrist était Caligula; les catholiques donnèrent ce nom à Luther.

ANTÉDILUVIEN. Mot qui s'applique à tout ce qui a existé dans la période que l'on désigne comme celle qui a précédé le déluge. La terre a possédé, antérieurement aux époques que nous connaissons, une température supérieure à celle qu'elle a aujourd'hui, et l'on pourrait dire qu'elle est comme un corps qui, se trouvant dans un milieu plus froid, se refroidit peu à peu de l'extérieur à l'intérieur: tout prouve donc que la terre, dans son origine, n'était qu'un globe incandescent lancé dans l'espace; c'est ainsi qu'elle perdit peu à peu son calorique et que sa surface se coagula: c'est de même que se formèrent les roches ignées remarquées par les géologues. Après un temps plus ou moins long, cette première croûte était devenue assez épaisse pour tempérer l'expansion de la chaleur intérieure: la vapeur de la terre se condensa et les premières eaux tombèrent. Ces eaux accumulèrent peu à peu des dépôts sédimentaires et des détritus divers, et, insensiblement, se forma cette couche de terre nécessaire à la vie et à la végétation. Celles-ci s'annoncèrent par des plantes et des animaux d'une organisation fort simple, tels que des polypiers, des mollusques, des crustacés, des poissons, tous animaux vivant dans les eaux. L'atmosphère, chargée d'une énorme quantité de gaz acide carbonique, était très-propre à la vie végétale, qui prit une immense expansion, couvrant la terre de gigantesques forêts de fougères, de calamites, etc., pendant que surgissaient des races colossales de reptiles aux formes bizarres et d'animaux aux proportions impossibles. Mais au fur et à mesure que l'atmosphère se refroidissait, des espèces entières de plantes et d'animaux mouraient pour faire place à d'autres mieux organisés. Et c'est ainsi que peu à peu les mastodontes, les ichthyosaures, les plésiosaures, etc., disparurent pour faire place à la nature telle que nous la connaissons aujourd'hui. Il est évident que de grandes catastrophes géologiques ont eu lieu, car les mines de houille ne sont autres que des forêts antédiluviennes ensevelies dans le sein de la terre, alors qu'elles étaient en pleine combustion. (*Voir* le mot Fossiles.)

ANTÉE, géant de Libye, fils de la Terre et de Neptune. Lutteur redoutable en ce qu'on ne pouvait le vaincre, car chaque fois qu'il touchait la Terre, celle-ci, qui était sa mère, lui renouvelait ses forces. Hercule, après l'avoir terrassé vainement trois fois, s'étant aperçu qu'il reprenait ses forces chaque fois qu'il touchait terre, le souleva en l'air et l'étouffa dans ses bras.

ANTÉNOR, l'un des gérontes de Troie. Pendant le siége de cette ville, il entretint des intelligences avec les Grecs et ouvrit la porte au cheval de bois qui contenait dans ses flancs un grand nombre de guerriers. Après la ruine de Troie, il se retira en Italie, où il fonda Padoue.

ANTEQUERA, ville d'Espagne, dans la province de Malaga, à 44 kil. de cette ville. Pop. 20,000 hab. Elle fut très-importante sous les Romains et reçut le titre de municipe. Fortifiée par les Maures, elle leur fut prise en 1410.

ANTEROS, dieu ennemi de l'amour. Longtemps on avait prétendu que ce dieu, qu'on représente, comme l'Amour, sous la figure d'un enfant, était le frère de celui-ci et figurait l'amitié, qui remplace assez souvent l'amour. Mais les travaux de Koeppler ont démontré qu'il n'en était pas ainsi, et qu'Anteros était adoré par des sectes philosophiques qui repoussaient l'amour.

ANTHÉLA, ville de l'ancienne Thessalie près du golfe Maliaque et des Thermopyles. On y remarquait un temple de Cérès qui possédait une amphictyonie.

ANTHÉLIENS (dieux). Ces dieux avaient à Athènes leurs statues devant les portes des maisons qu'ils étaient censés protéger.

ANTHÈME (Saint-), ch.-l. de cant. de l'arrond. d'Ambert (Puy-de-Dôme), et à 25 kil. de cette ville. Pop. 950 hab.

ANTHÉMIUS, célèbre ministre de l'empire d'Orient, de 408 à 414; consul en 405. Il administra l'empire pendant la minorité de Théodose II et remit les affaires entre les mains de Pulchérie, sœur de ce prince.

Anthémius (Procope), fils du précédent; empereur d'Occident de 467 à 472. Il fut d'abord nommé comte d'Illyrie, consul et général des troupes de l'Orient. Vainqueur des Huns et des Goths, Léon de Thrace le désigna pour aller régner à Rome, où il fut acclamé par le peuple et le sénat. Anthémius fut mis à mort d'après l'ordre de Ricimer, auquel il avait marié sa fille pour s'en faire un ami, et qui voulut s'emparer du pouvoir.

Anthémius, mathématicien et architecte, né à Tralles, en Lydie, sous Justinien, vers 550. Ce fut lui qui construisit la basilique de Sainte-Sophie à Constantinople. Il ne reste de ses écrits qu'un fragment sur les miroirs ardents d'Archimède. Il est prouvé qu'Anthémius connut la force de la vapeur sans songer à l'utiliser.

ANTHESPHORIES. On appelait ainsi la fête des fleurs chez les anciens Grecs. Elle était consacrée particulièrement à Cérès et à Proserpine, pour célébrer le retour de cette dernière près de sa mère au moment du printemps. A Mégalopolis, deux jeunes filles étaient chargées d'apporter des fleurs et d'en parsemer le temple de Cérès.

ANTHESTÉRIES, fêtes qu'on célébrait à Athènes en l'honneur de Bacchus. Ces fêtes duraient trois jours; pendant ce temps, les maîtres servaient leurs esclaves.

ANTHESTÉRION. Mois de l'année athénienne qui correspondait, dans le principe, à nos mois de mars et d'avril. A partir de l'an 432 av. J.-C., il correspondit à ceux de janvier et de février.

ANTHOINE (Jean-Ignace), baron de Saint-Joseph, né à Embrun en 1749, d'une famille de magistrats. Ayant été chargé de diriger une maison de commerce à Constantinople, il remit au comte de Saint-Priest, ambassadeur en Turquie, des mémoires qui le firent charger de missions en Russie et en Pologne, afin de nouer des relations par la Mer noire avec ces deux contrées (1781-1783). Il fonda à Cherson un établissement qui jouit encore de nos jours d'une grande prospérité. Louis XVI le récompensa par des lettres de noblesse. Anthoine se fixa ensuite à Marseille, où il épousa mademoiselle Clary; par sa sage administration, il préserva cette ville de la famine en 1790. Il exerça les fonctions de maire de Marseille de 1805 à 1813 et fit partie de la Chambre des représentants en 1815, après le retour de Napoléon. Une de ses filles épousa le maréchal Suchet. Il mourut en 1826.

ANTHOLOGIE, c'est-à-dire *bouquet de fleurs*. Recueils d'anciennes poésies grecques, composés l'un par Constantin Céphalus, au xe siècle, l'autre par Maxime Planside, au xive siècle.

ANTHONY (Saint-), fort des États-Unis (Mimesota). Ce fort est situé sur le Mississipi, à plus de 3,200 kil. de son embouchure, au-dessus des cataractes appelées *Chutes de Saint-Antoine*.

ANTHROPOPHAGES. On donne ce nom aux peuples sauvages qui mangent de la chair humaine. Les peuplades anthropophages sont assez rares aujourd'hui; cependant on rencontre encore les Caraïbes et quelques tribus de l'Amérique du Nord et de l'Archipel indien qui se livrent à ces horribles festins. En décembre 1850, les Français, lors de leur débarquement sur les côtes de la Nouvelle-Calédonie, près de Bolude, eurent plusieurs de leurs matelots mangés par les tribus de Menemer et de Ballep. On retrouve des traces d'anthropophagie chez les peuples les plus anciens, et on l'a attribuée généralement à un sentiment de vengeance surexcité par le besoin.

ANTIBES, ch.-l. de cant., arrond. de Grasse (Alpes-Maritimes), à 23 kil. de cette ville et 32 kil. de Nice. Pop. 3,920 hab. Place de guerre, elle possède un port profond et d'un abord facile, protégé par une longue jetée, et un phare de premier ordre. Son commerce consiste en oranges, tabac, huile d'olive, dont l'exportation est très-considérable. Cette ville fut fondée vers l'an 340 av. J.-C., par les Phocéens de Marseille dans la Gaule Narbonnaise. Les Romains l'agrandirent et l'embellirent d'édifices, dont quelques restes subsistent encore. Au vi[e] siècle, elle devint le siége d'un évêché, qui fut transporté à Grasse en 1252. Antibes fut fortifiée par François Ier et Henri IV. En 1706, elle fut assiégée par les Impériaux.

ANTIBOUL (Charles-Louis), né à Saint-Tropez, en 1752. Député du Var à la Convention, il refusa de prendre la qualité de juge de Louis XVI, et vota la détention. Envoyé en mission en Corse, puis décrété d'accusation pour avoir pris parti pour les Girondins, il fut condamné à mort et exécuté le 31 octobre 1793.

ANTICLÉE, fille d'Antolycus et épouse de Laërte. Elle fut la mère d'Ulysse, et mourut du chagrin que lui causa la longue absence de son fils. Suivant Homère, elle le retrouva aux enfers.

ANTICONSTITUTIONNAIRES. Nom donné, au xviiie siècle, aux jansénistes, parce qu'ils repoussaient la bulle *Unigenitus*.

ANTICONVULSIONNISTES. Nom qu'on donnait aux jansénistes qui blâmaient les convulsions ridicules que faisaient leurs confrères au tombeau du diacre Pâris, érigé dans le cimetière de Saint-Médard, à Paris.

ANTIGOSTI ou de l'Assomption (île). Cette île, située dans l'Atlantique, à l'embouchure du Saint-Laurent, à 180 kil. de long sur 64 de large. Elle fut découverte, en 1534, par Jacques Cartier, et, depuis ce temps, on y a fait un dépôt de provisions et deux petits ports de sauvetage pour les pêcheurs de morue.

ANTIDORE. Nom donné au pain que l'on bénit et distribue dans l'Église grecque au lieu d'eucharistie à ceux qui n'ont pas pu communier.

ANTIGNAC, chansonnier, né à Paris en 1772. Il disait plaisamment, en faisant allusion à son emploi de facteur des postes : « J'ai doublement droit au titre d'homme de lettres. » Comme tous ses confrères du Caveau moderne, il chanta le vin, la table et l'amour, et lutta de gaieté, sinon de verve, avec Panard, Gouffé et Désaugiers, qui fit, dans une chanson pour le 10 octobre 1825, l'oraison funèbre d'Antignac, mort à Paris, le 21 septembre 1823. Il fit partie du Caveau moderne, des Banquets maçonniques, etc., et sema, dans divers recueils, ses chansons faciles, mais médiocres, dont trois ou quatre au plus touchent à des questions politiques, parmi lesquelles nous citerons : *Cadet Roussel aux préparatifs de la fête* (le mariage de Napoléon en 1810), le *Retour de Louis XVIII et celui de l'Empereur*. Ses chansons et ses poésies ont paru dans le *Caveau moderne*, dans le *Chansonnier des Grâces*, dans l'*Épicurien français*, etc.

ANTIGONE, fille d'Œdipe et de Jocaste. Elle partagea l'exil de son vieux père, banni, aveugle et dont elle guidait les pas. Malgré la défense cruelle du roi de Thèbes, Créon, elle rendit elle-même aux restes de son frère, Polynice, les suprêmes devoirs de la sépulture. Condamnée, pour ce fait, à être enterrée vive, elle échappa au supplice en s'étranglant. Cette mort, par contre-coup, frappa ce roi dans la personne de son fils, Hémon, qui, s'étant épris de cette princesse, se poignarda de douleur de l'avoir perdue. Sophocle a immortalisé ce type de la piété filiale par sa belle tragédie d'*Antigone*.

Antigone, surnommé *Gonatas*, du nom de Gonni ou Gonnuse, son pays natal, en Thessalie. Il se rendit maître de la Macédoine, dont il se fit proclamer roi, 277 av. J.-C. A cette époque, les Gaulois se ruaient sur le Nord de la Grèce et sur la Macédoine. Antigone porta ses armes contre eux pour les arrêter dans leurs envahissements et en fit un horrible massacre. Plus tard, vainqueur et maître d'Apollodore, il fit passer Cassandrée sous le joug; mais Pyrrhus, roi d'Epire, auquel il avait refusé de porter secours contre les Carthaginois, lui arracha la couronne, 274 av. J.-C. Antigone ne reparut qu'à la mort du roi d'Epire, et s'empara d'Athènes, à laquelle il laissa son gouvernement.

Antigone, surnommé *Dozon* (parce qu'il promettait toujours sans jamais donner), petit-fils de Démétrius Poliorcète, roi de Macédoine. Il chassa du trône son neveu et pupille Philippe, et s'en empara en 232 av. J.-C. Appelé par les Achéens, il porta ses armes contre les Lacédémoniens, vainquit Cléomène à Sellone, et, maître de Sparte, il abolit la législation établie par Lycurgue, espérant par là mieux consolider la puissance de la Macédoine sur la Grèce. Toutefois, il se conduisit toujours avec prudence et douceur, d'après les conseils de son ami Aratus. Il mourut l'an 221 av. J.-C.

Antigone, fils d'Aristobule II, roi des Juifs. Il fut emmené captif à Rome, avec son père, après la prise de Jérusalem par Pompée, 61 av. J.-C. Tous deux étant parvenus à s'échapper, ils furent de nouveau faits prisonniers par Gabinus. Antigone obtint sa liberté de Jules César, et la couronne de Pacorus, roi des Parthes, après avoir renversé Hyrcan, son oncle, qui était incapable de régner, 40 av. J.-C. Mais, après trois ans de règne, vaincu et chassé par Hérode, soutenu par Marc-Antoine, son ennemi déclaré, Antigone tomba entre les mains de ce dernier, qui le fit ignominieusement frapper de verges et tuer après ce supplice, l'an 37 av. J.-C.

ANTIGONE, de Caryste, dans l'île d'Eubée, naturaliste et polygraphe, qui florissait vers le IIIe siècle av. J.-C. Si on le juge d'après ce qui nous reste de lui : *Recueil d'histoires merveilleuses*, dont Beckmann a fait la meilleure édition, c'était un écrivain d'un jugement assez faux et d'un goût médiocre. Ses *Vies d'Ecrivains célèbres*, son *Histoire des Animaux* et son poëme d'*Antipater* ne sont pas venus jusqu'à nous.

ANTIGONIDE, nommé plus tard l'*Attalide*, tribu d'Athènes à laquelle Antigone avait donné son nom ; elle fut, ainsi que la tribu Démétriade, qui tirait son nom de Démétrius, fils d'Antigone, réunie aux dix anciennes tribus.

ANTIGONIE, ville de l'ancienne Syrie. Antigone Ier en fit sa capitale. Plus tard Séleucus en transféra les habitants à Antioche, qu'il fonda dans le voisinage.

ANTIGUA ou ANTIGOA, île de la mer et de l'archipel des Antilles (Antilles anglaises), à 64 kil. de la Guadeloupe. Cette île, de 32 kil. de long sur 20 de large, a 35,000 hab., dont 33,000 nègres affranchis en 1834. Ch.-l. *Saint-Jean* ou John's-Town, résidence du gouverneur. Son sol est montueux, les sécheresses y sont très-fréquentes ; une partie de l'île est très-fertile et l'autre tout à fait inculte. Son commerce consiste en coton, tabac, gingembre, anis et sucre. Antigua fut découverte par Christophe Colomb, en 1493, et colonisée par les Anglais en 1632.

ANTI-LIBAN ou SCHERKI, une des chaînes du Liban, dans la Turquie d'Asie. La vallée qui sépare l'Anti-Liban du Liban a 160 kil. de longueur, et s'appelle El-Bekah ; elle est habitée par les Druses.

ANTILLES, le plus considérable des archipels connus, situé entre l'Amérique du Nord et celle du Sud, dans l'Océan atlantique, depuis la Floride jusqu'au Nord de l'embouchure de l'Orénoque. Sa superficie est de 247,500 kil. carrés. Pop. 3,000,000 hab. Aucune mer ne possède un archipel aussi étendu, composé d'îles aussi nombreuses, aussi fertiles, aussi importantes, sous le double rapport de la richesse et du commerce, que celui des Antilles. Les Antilles se divisent en grandes et petites Antilles. Les *Grandes Antilles* sont Cuba, Haïti ou Saint-Domingue, la Jamaïque et Porto-Rico. Les *Petites Antilles* sont : le groupe des îles Vierges, les îles Anguilla, Saint-Martin, Saint-Eustache, Saint-Barthélemy, Saba, la Barboude, Nevis, Saint-Christophe, Antigua, Montserrat, la Désirade, Marie-Galante, la Guadeloupe, la Dominique, les Saintes, Sainte-Lucie, la Martinique, la Barbade, les Grenadilles, Saint-Vincent, Grenade, la Trinité et Tabago. Toutes ces îles ont été appelées, par les Espagnols, *Iles du vent*, parce qu'elles sont exposées à l'action des vents alisés ; les suivantes ont reçu le nom d'*Iles sous le vent*: Blanquilla, Tortuga, Margarita, Aves, Curaçao, Arouba et Bonaire. Les Antilles offrent d'admirables ports, un climat humide et chaud, souvent insalubre. Depuis juillet jusqu'à octobre, la saison y est très-dangereuse à cause des orages qui y règnent constamment, tandis que la fièvre jaune y est très-meurtrière pour les Européens. Les îles qui appartiennent *aux Anglais* sont : les Bahame, la plupart des îles Vierges, la Barboude, la Jamaïque, Aiguilles, Nevis, Antigua, Saint-Christophe, la Dominique, Montserrat, la Barbade, Sainte-Lucie, Saint-Vincent, Tabago, la Trinité, la Grenade et les Grenadilles. *Aux Français:* la Martinique, les deux îles de la Guadeloupe avec la Désirade, Marie-Galante et les Saintes. *Aux Espagnols :* Cuba et Porto-Rico. *Aux Danois :* Saint-Thomas, Saint-Jean, Sainte-Croix. *Aux Hollandais :* Saint-Eustache, Saba, Saint-Martin, Bonaire, Curaçao, Aves et Arouba. *Aux Suédois :* Saint-Barthélemy. Les tremblements de terre sont très-fréquents dans ces îles. Leur sol fécond renferme des mines qui sont peu exploitées. Leur commerce est très-étendu et consiste en l'exportation du sucre, café, tabac, coton, indigo, cacao, poivre, muscade, girofle, maïs, cannelle, ananas, coco, olive, réglisse, aloès, bambou, acajou, etc. Les Antilles furent les premières terres découvertes par Christophe Colomb, qui croyait toucher aux Indes occidentales, nom qui est resté à tout le continent de l'Amérique. Parmi toutes ces îles, Haïti est le seul État qui soit indépendant.

ANTILLES (Mer des) ou des CARAÏBES. Mer comprise entre les Antilles à l'E., et le continent Américain à l'O. ; elle communique avec le golfe du Mexique au N.-O. par le canal Yucatan, et avec l'Atlantique à l'E. par seize détroits principaux. Elle forme les golfes de Macaraïbo et de Darien, et la baie des Mosquitos ; le golfe Honduras et la baie de Yucatan.

ANTIMAQUE, poète épique, né à Claros ou à Colophon, qui florissait au temps des guerres médiques ; les contemporains font de lui le plus grand éloge ; quelques-uns même le placent immédiatement au-dessous d'Homère ; nous sommes obligés de nous en rapporter à ces appréciations, car nous ne connaissons de ce poëte que quelques fragments, parus dans la collection Didot. La *Thébaïde*, dont Platon entendit la lecture, et *Lydé*, poëme qu'Ovide vante pour son élégance et sa grâce, sont malheureusement perdus.

ANTIMOINE. Métal de couleur blanche tirant légèrement sur le bleu, de texture lamelleuse. Son nom lui vient de ce qu'un moine, nommé Basile Valentin, lui attribuant des vertus médicinales, en administra à tous les frères de son couvent, qui en moururent.

ANTIN (Louis-Antoine de Pardaillan de Gondrin, marquis d'abord et ensuite duc D'), né à Paris, en 1665, fils de M. et Mme de Montespan. Courtisan habile et prévenant, il sut réussir auprès de Louis XIV, en faisant scier en une nuit tous les arbres d'une allée de Fontainebleau qui avait déplu au roi parce qu'elle lui dérobait un point de vue, et qui, à un signal donné, tombèrent aux yeux surpris de Sa Majesté. Antin, après son mariage avec mademoiselle d'Uzès, petite-fille de Montausier, parvint aux plus belles positions militaires ; suspect à Ramillies, en 1707, il ne perdit sa place de lieutenant-général que pour rentrer en grâce et devenir, par son attention à plaire à Louis XIV, gouverneur de l'Orléanais. Il succéda même à Mansart dans la charge de directeur des bâtiments ; plus tard, membre du conseil de régence, à défaut de gloire il retira de l'argent du système de Law. Un des beaux et élégants quartiers de Paris a pris son nom. Antin a laissé des Mémoires historiques inédits. Un aperçu de sa vie a paru dans les *Mélanges de la société des Bibliophiles* (1822). Il mourut en 1736.

ANTIN, bourg et seigneurie de Bigorre (Hautes-Pyrénées). Depuis le XVIe siècle, appartenant à la famille de Pardaillan. En 1612, il fut érigé en marquisat, et en duché en 1711.

ANTINOÉ, fille de Céphée, roi de Tégée, fonda la ville de Mantinée, suivant l'ordre d'un oracle. On dit que dans cette entreprise un serpent guidait ses pas. Dans cette ville, on voyait une magnifique colonne élevée en l'honneur de la fondatrice.

ANTINOOPOLIS ou ADRIANOPOLIS, ville de l'ancienne Egypte, à 9 kil. d'Hermopolis. Elle doit son nom à Antinoüs, favori d'Adrien.

ANTINOUS, roi d'Ithaque et l'un des nombreux amants de Pénélope. Dans sa cruauté, il poussait ses rivaux à se défaire de Télémaque. Grossier, il repoussa de la porte de son palais Ulysse, revenu sous des habits de mendiant, et alla jusqu'à le frapper ; aussi le héros se vengea-t-il en le tuant à coups de flèches dans un combat qu'il eut avec Irus.

ANTINOUS, né en Bithynie, célèbre par une rare beauté qui passa en proverbe. D'esclave, il devint le favori de l'empereur Adrien, qui, dans un voyage en Egypte, conçut pour lui une passion honteuse et contre nature. Selon certains historiens, Antinoüs se noya dans le Nil, mais d'autres croient qu'il se sacrifia pour Adrien, auquel l'oracle consulté avait répondu que pour pour prolonger sa vie il fallait qu'une autre personne fît le sacrifice de la sienne. Adrien, dit-on, fut inconsolable de cette mort dévouée ; mais la reconnaissance seule ne parlait pas chez lui quand il faisait élever à son favori des temples et des statues, dont celle du Belvédère est au Vatican et une autre au Capitole ; ou bien lorsqu'il faisait frapper en son honneur des médailles avec une effigie qui rappelait les traits de Bacchus, ou qu'il donnait son nom à plusieurs villes.

ANTIOCHE, ville de la Turquie d'Asie (Syrie), dans le pachalik d'Alep, à 85 kil. de cette ville, et à 35 kil. de la mer. Pop. 5,600 hab. Cette ville, à demi ruinée, a un aspect fort pauvre ; elle est remplie de jardins et occupe à peine la sixième partie de l'ancienne cité, dont il reste de nombreuses traces. Fondée par Séleucus Philopator, celui-ci la peupla par une colonie d'Athéniens ; puis elle devint la capitale de la Syrie et la résidence des Séleucides, qui la surnommèrent la *Reine de l'Orient*. Sa magnificence, le luxe de ses habitants, leur amour pour le plaisir la rendit célèbre ; enfin, elle était devenue un lieu de fêtes et de spectacles et comptait alors 700,000 hab. Ses environs étaient ravissants ; des fontaines, le bois sacré de lauriers-roses de Daphné et le temple d'Apollon ornaient ses portes. Elle fut conquise par les Romains, l'an 64 av. J.-C., et Antonin le Pieux en fit une colonie en lui conférant les droits italiques. Les apôtres y prêchèrent le christianisme, et c'est dans cette ville qu'ils furent, pour la première fois, appelés *chrétiens*. De 252 à 380, il s'y tint dix conciles, et Antioche devint, au VIe siècle, le siége d'un patriarcat qui s'étendait sur la Syrie, la Mésopotamie et la Cilicie. Deux tremblements de terre abîmèrent en partie cette ville, et l'invasion des Perses, sous Chosroes, la ruina entièrement. Justinien la rebâtit, et, en 635, elle fut prise par les Sarrasins. Au Xe siècle, elle fut réunie à l'empire d'Orient, et les Mahométans la reprirent en 1084 ; mais elle fut reprise par les croisés, ayant à leur tête Bohémond Ier, fils de Robert Guiscard, qui devint prince d'Antioche. Cette ville fut la patrie de saint Chrysostome et du poëte Archias.

ANTIOCHE (Pertuis d'), détroit situé entre les îles d'Oléron et de Ré, près de la côte occidentale de la France.

ANTIOCHIA. Plusieurs villes fondées ou agrandies et élevées par Séleucus Nicanor, roi de Syrie, en l'honneur d'Antiochus son père, ont porté ce nom dans l'antiquité. Nous citerons : Antiochia Epidaphnes, aujourd'hui Antioche, sur l'Oronte ; Antiochia ad Cragum, aujourd'hui Antiochette, connue pendant les croisades sous ce dernier nom, était située dans la Cilicie Trolhée ; Antiochia ad Taurum, ville de Comagène, près de l'Euphrate, nommée aujourd'hui Aïn-Tab ; Antiochia de Magdonie, en

Mésopotamie, autrefois Nisibe, ville forte, aujourd'hui Nisibin; Antiochia ou Opis, placée au confluent du Tigre et du Physeus, a dû une grande importance aux kalifes arabes. Les principales villes agrandies qui portèrent ce nom furent: Antiochia Margiona, sur le Margus, en Bactriane, dont le fondateur fut Alexandre; aussi s'appelait-elle encore, outre Séleucie, de son autre nom, Alexandrie. Aujourd'hui, c'est Maru Schahhian; Antiochia ad Mœandrum, en Carie, due à Antiochus Ier, sur l'ancienne Pythopolis; de nos jours, ce ne sont plus que des ruines près d'Ienischehr.

ANTIOCHIDE, nom d'une tribu d'Athènes qui compta Socrate parmi ses membres.

ANTIOCHUS Ier, fils de Séleucus Nicanor et d'Apamé, et 2e roi Séleucide de Syrie. Il se distingua par son courage à la bataille d'Ipsus. Il succéda, en 279 av. J.-C., à son père, qui lui avait déjà cédé la Haute-Asie, qu'il affermit contre les attaques des peuples voisins. Epris des charmes de Stratonice, sa belle-mère, il se mourait de langueur; mais son père, conseillé par le médecin, qui avait deviné le secret de sa maladie, lui céda l'objet de ses vœux. Il gagna son surnom de Soter (sauveur), en délivrant, à l'aide de ses éléphants, ses États d'une invasion gauloise. Il remporta aussi plusieurs avantages sur les Macédoniens, les Bithyniens et les Galates. Néanmoins, l'histoire lui reprochera son alliance avec Ptolémée Céraunus, assassin de son père. Antiochus, à la fin de son règne, éprouva plusieurs défaites en luttant contre Ptolémée Philadelphe, contre Philétère, roi de Pergame, et contre Eumènes, à Sardes. Il fut tué par un Gaulois, à Ephèse, en 260 av. J.-C.

ANTIOCHUS II, appelé *Théos* (Dieu), surnom que lui donnèrent les Milésiens, qu'il avait délivrés de la tyrannie de Timanque; 3e roi de Syrie, de la famille des Séleucides, régna de 260 à 247 av. J.-C. Fils d'Antiochus Ier et de Stratonice, il reprit les armes contre les Egyptiens sans plus de succès que son père. Pendant cette campagne, les Parthes, qui commençaient à jeter les fondements de leur vaste empire, se révoltèrent sous les ordres d'Arsace (255). Pour pouvoir réprimer cette révolte, il fit la paix avec Ptolémée, dont il épousa la fille, Bérénice, après avoir répudié sa première femme Laodicée. A la mort du roi d'Egypte, il chassa Bérénice pour reprendre Laodicée; mais celle-ci, dans la crainte d'une nouvelle inconstance, et sans doute aussi par vengeance, empoisonna Antiochus, en 247 av. J.-C. Voulant capter la bienveillance des grands et obtenir la couronne pour son fils aîné, Séleucus, elle arriva à son but en plaçant dans le lit du roi un homme du peuple qui lui ressemblait parfaitement et qui, jouant le rôle du roi décédé, feignit d'abdiquer pour faire proclamer roi Séleucus: celui-ci était en pleine possession du pouvoir lorsque la fraude fut découverte.

ANTIOCHUS III, surnommé le *Grand*, 6e roi de Syrie, de la famille des Séleucides, fils de Séleucus Callinicus et de Laodice. Il monta sur le trône à la mort de son frère, Séleucus Céraunus. Il tourna ses armes contre des officiers de son frère qui s'étaient déclarés indépendants, il parvint à les faire rentrer sous son obéissance, sauf Arsace qui s'était réfugié chez les Parthes et Euthydème, en Bactriane. Ayant tenté de reprendre la Syrie, perdue par Séleucus Callinicus, il échoua contre le roi d'Egypte, Ptolémée IV, à Raphia, dans la Palestine, 217 ans av. J.-C. Epuisé, il conclut une trêve, mais, reprenant bientôt les armes, il reconquit ses provinces de Syrie, s'avança jusque dans les Indes et défit Arsace. Il s'allia avec Philippe, roi de Macédoine, d'après les conseils d'Annibal, pour faire la conquête de la Grèce; mais les Romains le vainquirent à Magnésie (191), et aux Thermopyles, grâce à L.-C. Scipion (190). Un traité, désastreux pour Antiochus, suivit ces défaites; condamné à payer un tribut énorme pour les frais de la guerre, il dut reconnaître l'indépendance des villes grecques d'Asie, et ses frontières furent refoulées jusqu'au delà du Taurus. Pour acquitter son tribut, il pilla le temple de Bélus, en Elymoïde; mais les habitants, furieux de ce sacrilège, l'assassinèrent en 186 av. J.-C.

ANTIOCHUS IV, surnommé Epiphane (illustre), fils d'Antiochus le Grand. Il succéda à son frère Séleucus IV, sur le trône de Syrie, 174 ans av. J.-C. Ses débuts, comme roi, lui méritèrent d'abord le surnom d'Epimané (insensé); il se livra à toutes sortes d'extravagances, sans oublier, toutefois, ses intérêts. Maître de la Basse-Egypte et de la liberté du roi Ptolémée Epiphane, il se vit contraint par Rome d'abandonner ses conquêtes et le trône d'Egypte à Ptolémée Philométor. Rentré dans ses États, il exaspéra ses sujets en les forçant à délaisser la religion grecque pour le culte de Zoroastre; il se conduisit de même envers les Juifs, qui se révoltèrent; Antiochus les traita avec cruauté, en en faisant mourir un grand nombre, parmi lesquels se trouvaient les sept Machabées, et le vieillard Eléazar. Mais les Perses et les Arméniens prirent les armes, et Mathathias et Judas Machabée vengèrent la mort des leurs. Bouillant de colère à cette nouvelle, Antiochus marcha contre les révoltés pour les punir cruellement, mais il mourut en route, à Tabes, en Perse, d'une chute de cheval, 164 av. J.-C.

ANTIOCHUS V, surnommé Eupator, fils d'Antiochus IV, qui lui avait choisi Philippe pour tuteur, monta sur le trône de Syrie à l'âge de neuf ans. Les Romains, ne respectant pas le choix de son père, lui donnèrent pour tuteur Lysias, que vainquit Judas Machabée. Après un règne de dix-huit mois, Antiochus fut dépouillé de la couronne et mis à mort par son cousin germain, Démétrius Soter.

ANTIOCHUS VI, surnommé Dionysius ou Bacchus, fils d'Alexandre Bala, servit d'instrument aux projets d'un ambitieux. Tryphon, qui lui donna le trône, en le faisant passer pour fils d'Antiochus Théos, en 143, et qui le fit bientôt périr entre les mains des médecins, en le faisant traiter pour la pierre, en 142 av. J.-C.

ANTIOCHUS VII, surnommé Sidétès (chasseur). *Voir* Démétrius II.

ANTIOCHUS VIII, surnommé Grypus, à cause de son nez crochu, était fils de Démétrius Nicator. Il chassa du trône, dont il s'empara, en 123 av. J.-C., l'usurpateur Zébina; et, après avoir fait empoisonner sa mère Cléopâtre, dont il craignait les manœuvres, il essaya aussi du poison pour se débarrasser de son frère, Antiochus de Cyzique. Celui-ci, malgré l'alliance d'Antiochus VIII avec le roi d'Egypte, Ptolémée Physcon, dont il avait épousé la fille Tryphæné, vint attaquer son frère et le força à partager avec lui la couronne, qu'ils gardèrent ensemble jusqu'à la mort de Grypus, tué dans les troubles des guerres civiles, par Héracléon, en 97 av. J.-C. Il laissa cinq fils, qui suscitèrent bien des troubles et des guerres pour arriver au trône.

ANTIOCHUS IX, dit *Philopator* (qui aime son père), appelé aussi Cyzique, du nom de la ville où l'avait fait élever sa mère Cléopâtre. Il était fils d'Antiochus Sidétès et frère utérin de Grypus, qu'il força à l'associer au trône, et auquel il succéda dans le gouvernement de la Syrie, 79 av. J.-C. Antiochus Philopator, vaincu par Séleucus VI, son neveu, fut réduit à se donner la mort, en 94 av. J.-C.

ANTIOCHUS X, surnommé *Eusèbe* (pieux) et Philopator, fils d'Antiochus de Cyzique, vengea la mort de son père, en détrônant Séleucus VI, en 94 av. J.-C.; mais deux autres fils d'Antiochus Grypus lui arrachèrent la couronne, et il alla mourir, dit-on, chez les Parthes, vers l'an 75 av. J.-C.

ANTIOCHUS XI, surnommé *Epiphane Philadelphe* (qui aime son frère), fils d'Antiochus Grypus, régna avec son frère Philippe, après que leur aîné Séleucus VI eut été brûlé vif à Mopsueste. Pour venger cette mort, ils passèrent au fil de l'épée les habitants de cette ville; mais les deux rois furent battus par Antiochus X, et Antiochus XI, en voulant fuir, périt avec son cheval dans les flots de l'Oronte, 93 av. J.-C.

ANTIOCHUS XII, surnommé *Dionysius* ou *Bacchus*, cinquième fils d'Antiochus Grypus; sachant son frère, Démétrius III, retenu captif chez les Parthes, il s'empara du royaume, auquel il joignit Damas et quelques pays voisins. Mais, ayant voulu refouler les Arabes, après quelques succès il fut vaincu et tué, en 85 av. J.-C. C'est à cette époque que les Syriens, épuisés par les luttes, reconnurent pour chef Tigrane, roi d'Arménie.

ANTIOCHUS XIII, dit l'*Asiatique*, parce qu'il vécut en Cilicie, sous Tigrane. Il était fils d'Antiochus X et de Séléné. Lucullus, vainqueur de Tigrane, rendit la couronne à Antiochus, en 69 av. J.-C.; mais bientôt Pompée le dépouilla de ses États, qui, dès lors, devinrent province romaine, en 64 av. J.-C.

ANTIOCHUS, dit aussi l'*Académique*, né à Ascalon, en Palestine. Il apprit la philosophie académicienne sous Philon, et la professa à Athènes, à Alexandrie et à Rome, toutefois avec des modifications, car ses principes tendent à remplacer le scepticisme par le stoïcisme, et à montrer que, entre les académiciens, les péripatéticiens et les stoïciens, il n'existe de différence que dans l'emploi des mots. Il essaya donc de concilier Aristote et Xénocrate, et devint chef d'une nouvelle académie. Ses élèves les plus remarquables furent Cicéron, Lucullus, Brutus, Varron, etc. Il mourut vers l'an 69 av. J.-C.

ANTIOPE, fille de Nyctée; elle eut de Jupiter deux fils jumeaux, Amphion et Zéthus. Dircé, femme de Lycus, roi de Thèbes, étant devenue jalouse d'Antiope, la fit enfermer. Antiope vit un jour ses liens se briser d'eux-mêmes; elle se réfugia chez ses fils, qui, pour la venger, prirent Thèbes et tuèrent Dircé. Alors Bacchus lui inspira une démence si violente, qu'elle parcourut toute la Grèce en furieuse.

ANTIOPE, reine des Amazones. Hercule s'en étant rendu maître, la donna à Thésée. Ayant été délaissée pour Phèdre, elle se mit à la tête des Amazones et l'attaqua. Elle eut un fils nommé Hippolyte.

ANTIPAPES, nom donné aux prêtres qui ont disputé le Saint-Siége à des papes canoniquement élus. Quoique l'on ne soit pas bien d'accord sur le nombre des antipapes, il est à peu près prouvé qu'il y en eut trente-trois, dont quelques-uns sont restés compris dans la liste des papes établie par l'Eglise.

ANTIPAROS, anciennement Oliaros, île de l'Archipel grec, dans le groupe des Cyclades, en face de Posos. Elle est remarquable par une grotte à stalactites magnifiques, qui se divise en plusieurs salles.

ANTIPASCHA. On nomme ainsi, dans l'église grecque, le dimanche de Quasimodo. La semaine de Quasimodo porte, pour cette raison, le nom d'antipaschale.

ANTIPATER, nom d'un des lieutenants de Philippe et d'Alexandre. Quand Alexandre partit pour son expédition en Asie, il lui confia le gouvernement de la Macédoine et de la Grèce. Il réprima, en Thrace, une révolte suscitée par Memnon, général des troupes grecques à la solde de la Perse. Après avoir pacifié la Thrace, soumis les

Lacédémoniens et tué leur roi dans une bataille acharnée, Antipater, malgré toutes ses victoires, allait se voir remplacer par Cratère, lorsque Alexandre mourut avant l'exécution de cet ordre. On croit qu'il participa à la mort de ce prince pour se venger, et devint alors un objet d'horreur pour les Macédoniens. Malgré ce soupçon, Antipater eut en partage les provinces dont il avait été le gouverneur. Il marcha contre les Grecs soulevés par Démosthène, fut vaincu et se retira dans Lamia, en Thessalie, ou il fut assiégé et contraint de capituler, en 323 av. J.-C. Délivré par Léonat et Cratère, (322), il subjugua les Grecs. Il empêcha Perdiccas de s'emparer de la suprématie, passa en Asie, et, après la mort de Perdiccas, ayant la tutelle de la famille d'Alexandre, il fut regardé comme le premier des généraux. Il mourut, en 319 av. J.-C., dans un âge fort avancé.

Anicet conduisant les assassins contre Agrippine

ANTIPATHIE. Aversion naturelle, irréfléchie, pour des personnes, des animaux ou des objets quelconques. On a longtemps prétendu que l'antipathie provenait des oppositions d'humeur, de caractère, et que la sympathie provenait, au contraire, de la similitude. Nous croyons que l'axiome: *similis simili gaudet*, s'est trompé, et l'harmonie que l'on voit toujours exister entre le faible et le fort, le violent et le calme, l'enjoué et le triste, prouve que l'antipathie n'est pas le résultat des oppositions, mais serait plutôt celui des similitudes.

ANTIPATRIDES. Nom donné aux descendants d'Antipater, lieutenant d'Alexandre, qui essayèrent de s'emparer du trône de Macédoine.

ANTIPHILE, peintre, né en Egypte. Elève de Ctésodème, il vivait du temps d'Apelle et fut son rival. Il fit tous ses efforts pour le perdre, en l'accusant de conspirer contre le roi Ptolémée. Toutes ses calomnies tournèrent contre lui et le firent emprisonner jusqu'à sa mort. Ce peintre florissait vers l'an 33 av. J.-C.

ANTIPHON, orateur grec et homme d'État, fils de Sophilus, son maître, naquit à Rhamnus, en Attique, vers l'an 479 av. J.-C. Il professa la rhétorique à Athènes, où il eut pour disciple le célèbre historien Thucydide. Comme orateur, il s'occupa de développer les principes de l'art oratoire, mais il eut rarement des causes à défendre. Ses discours, dont l'argumentation ne s'élève jamais à la hauteur de la vraie éloquence, sont de véritables exercices de plaidoirie; ils ont été réunis par Reiske dans sa collection des auteurs grecs, avec des notes de plusieurs philologues; on les trouve aussi dans la collection Didot: *Oratores Græci*. L'abbé Auger en a traduit plusieurs. Comme homme d'État, il commanda les Athéniens dans la guerre du Péloponèse et aida puissamment à l'établissement du conseil des Quatre-Cents. Après un échec à Sparte, où il avait été envoyé pour négocier la paix, il fut condamné à mort, comme traître, et déclaré infâme, malgré ses efforts pour prouver son innocence (411 av. J.-C.)

ANTIPODES, nom donné aux habitants des parties du globe diamétralement opposées les unes aux autres. Ils ont les jours et les nuits d'égale longueur, mais dans un ordre inverse; et il en est de même du lever du soleil et des saisons. Les antipodes de Paris sont situés sur le 49° degré lat. S., au S.-E. de la Nouvelle-Zélande.

ANTIQUE. Cet adjectif, pris substantivement, s'applique à l'ensemble des chefs-d'œuvre des arts antiques.

ANTIQUITÉ. On entend par ces mots les temps les plus reculés et presque fabuleux.

ANTISANA, volcan des Andes péruviennes, dans la république de l'Equateur, situé au S.-E. de Quito. Ce volcan, de 5,984 m. de hauteur, possède une métairie placée à une hauteur de 4,101 mètres.

ANTHISTHÈNES, fondateur de l'école philosophique des cyniques, né à Athènes vers l'an 424 av. J.-C. Disciple de Gorgias et professeur de rhétorique, il se livra tout entier à l'étude de la philosophie, après avoir assisté à une leçon de Socrate, dont il devint le disciple fervent. Affichant à dessein une pauvreté déguenillée, courant les rues bâton au poing et le bosace au dos, il fut appelé le *Cynique*, mot qui a passé dans notre langue, et Socrate disait de lui: « Je vois son orgueil à travers les trous de son manteau. » Ses principes, d'une morale austère, consistent à regarder la vertu comme tout ce qu'il y a de plus beau, et le vice, comme ce qu'il y a de plus laid; à affranchir, le plus possible, l'âme des entraves du corps, et celui-ci des besoins matériels. Il foulait aux pieds le respect des convenances et la prétendue science des savants, ne croyant qu'en la vertu. On le vit s'élever avec courage contre les accusateurs de Socrate, et, après la mort du philosophe, les poursuivit et les fit condamner à l'exil ou à la mort. Après Socrate, il s'établit au gymnase d'Athènes. Malade et vaincu par la souffrance, il disait à son célèbre disciple, Diogène: « Qui donc me débarrassera de mes souffrances? — Ce fer, répondit l'élève en lui offrant un poignard. — C'est de mes maux et non de la vie que je voudrais être soulagé, » répondit le philosophe. On lui a attribué des ouvrages dont plusieurs sont apocryphes: *Ajax et Ulysse*, ses *Déclamations* et des *Lettres*. Ses apophthegmes sont célèbres. Richter a donné des détails sur sa vie, ses mœurs et ses principes.

ANTITAURUS, chaîne de montagnes de l'Asie mineure. Elle part du Taurus, en Arménie, traverse la Cappadoce et le milieu de la péninsule, parallèlement à la chaîne du Taurus.

ANTIUM, aujourd'hui *Torre* ou *Porto d'Anzio*, à 52 kil. de Rome; ville de l'ancien Latium. Cette ville doit sa fondation à un fils d'Ulysse et de Circé, et fut habitée, selon la tradition, par des pirates tyrrhéniens. Elle devint une des capitales des Volsques, servit de refuge à Coriolan et fut prise par Quintius Capitolinus, 470 ans av. J.-C. Patrie de Néron et de Caligula, elle avait des temples dédiés à la Fortune, à Esculape et à Neptune. Il ne reste de l'antique Antium qu'une tour, un port à demi comblé et les ruines du palais de Néron, parmi lesquelles on trouva, en 1503, l'Apollon du Belvédère.

ANTIVARI, ville forte de la Turquie d'Europe (Haute-Albanie), à 5 kil. de l'Adriatique, sur laquelle elle a un port, et à 35 kil. de Scutari. Pop. 4,000 hab. Elle est le siége d'un archevêché, et son commerce est très-actif.

ANTOINE (Marc), orateur grec et homme d'Etat, né en 143 av. J.-C. Il avait, assure Cicéron, le talent de l'improvisation et savait séduire les juges par sa verve et son éloquence. S'il n'écrivit pas ses discours, peut-être ne doit-on pas en chercher d'autre raison que celle-ci, qu'il craignait, en les publiant, de montrer les contradictions de ses nombreuses défenses. Partisan de Sylla, lors du triomphe de Marius il fut condamné à mort, et sa tête fut attachée à cette même tribune d'où il avait tonné si souvent contre les ennemis de la république, en 87 av. J.-C. Cicéron et Plutarque ont immortalisé son nom. Il est l'aïeul du célèbre triumvir qui porte son nom. Son fils Marc-Antoine eut d'abord quelques succès contre les pirates, mais il souilla ses victoires, en Cilicie, par ses exactions et ses vols. Il périt dans une expédition malheureuse contre la Crète, d'où il tira son surnom de Crétique.

ANTOINE (Marc), triumvir, né l'an 86 av. J.-C., petit-fils de l'orateur de ce nom. Il fit la guerre aux Juifs et fut nommé, tout jeune encore, tribun du peuple. Ayant tout ce qu'il fallait pour faire un grand homme, il déshonora sa vie par d'infâmes débauches. Partisan de César, il lui conseilla de marcher sur Rome, après le passage du fameux Rubicon, et prit part à la bataille de Pharsale. Le célèbre dictateur le récompensa de ses services en lui donnant le commandement de sa cavalerie. Après le meurtre de César, dont il fut en quelque sorte l'instigateur involontaire en lui mettant, pendant la fête des Lupercales, une couronne sur la tête, il ne savait trop quelle conduite tenir, et il montra au peuple la robe de l'imperator, incertain s'il allait approuver l'assassinat ou le blâmer; tiré de son incertitude par l'attitude générale, il se leva comme le défenseur de César, et, après avoir prononcé son oraison funèbre, il poursuivit avec ardeur ses assassins. Interprétant à sa guise son testament, il rappela les bannis et disposa de plusieurs charges importantes. Mais déjà s'annonçait, par des signes non équivoques, la répulsion qu'il inspirait aux Romains, excités par Cicéron; pendant qu'il était dans la Gaule cisalpine, occupé contre Décimus Brutus, meurtrier de César. Antoine, battu par les consuls Hirtius et Pansa, fut déclaré ennemi public. Gagnant alors à son parti les troupes de Lépide, il s'unit au jeune Octave, général déjà célèbre, et qu'il avait naguère dédaigné comme un rival indigne de lui. Il épousa même sa sœur Octavie, après la mort de sa première femme Fulvie. De là date ce triumvirat formé d'Octave, Antoine et Lépide, qui prononça tant de proscriptions et répandit tant de sang; les plus célèbres victimes furent Lucius César, oncle d'Antoine, et Cicéron, qui paya de sa vie ses ardentes Philippiques. Après ces atroces vengeances, les triumvirs Antoine et Octave anéantirent, à Philippes, le parti républicain, par la victoire qu'ils remportèrent sur Brutus et Cassius, 42 av. J.-C., et ensuite se partagèrent le monde. Par ce partage, Antoine, devenu maître de la Grèce et de l'Asie, se souilla dans de honteuses orgies et se déshonora par sa passion effrénée pour Cléopâtre, reine d'Egypte, contre laquelle il marchait d'abord pour la punir d'avoir pris le parti de Brutus et de Cassius, mais qui le subjugua par le seul prestige de sa royale beauté. Dès lors ce furent des fêtes continuelles, dans lesquelles Antoine perdit son énergie de soldat et sa dignité de maître d'une partie du monde. Il songea bien encore parfois à reprendre les armes pour la guerre de Pérouse, qui se termina par un nouveau traité d'alliance avec Octave et un nouveau partage de l'empire, et pour seconder son lieutenant Ventidius contre les Parthes; mais dans l'Atropatène, pris d'une folle ardeur pour revoir la reine d'Egypte, à laquelle il avait donné la Phénicie, la Celœ-Syrie, la Judée, l'île de Chypre et presque toute la Cilicie, il compromit ses troupes, en abandonnant ses machines de guerre pour hâter sa marche et son retour; cependant il fit une brillante retraite, et par dix-huit combats maintint les Barbares à distance. De retour à Alexandrie, auprès de Cléopâtre, il délaissa sa femme Octavie, que son frère s'apprêtait à venger de ce dédain, et oubliant toute dignité humaine, compromettant l'Etat par des donations de provinces aux fils de la reine, il revêtit le costume oriental, prit le nom et les attributs d'Osiris et s'abandonna à la plus vile débauche. Bientôt la guerre éclata entre Octave et Antoine, et le sort de l'empire fut décidé à la célèbre bataille navale d'Actium, l'an 31 av. J.-C. La plupart des officiers d'Antoine, pressentant sa chute, l'avaient déjà abandonné, mais sa défaite fut complétée par la retraite de la flotte de Cléopâtre, qui s'enfuit honteusement devant les vaisseaux ennemis. Antoine abandonna, à son tour, ses troupes et ses navires pour rejoindre sa maîtresse à Alexandrie, où il se consola dans de nouvelles orgies. Mais Octave, marchant de succès en succès, allait atteindre son ennemi, quand celui-ci, de nouveau délaissé par Cléopâtre, se perça de son épée pour ne pas tomber aux mains du vainqueur, et expira aux pieds de cette reine, l'an 30 av. J.-C.

Les Saxons débarquant en Angleterre.

ANTOINE (saint), surnommé le *Grand*, naquit à Côme, en Egypte, en 251, d'une riche famille, mais il abandonna ses biens aux pauvres pour se consacrer uniquement aux pratiques de la religion et à la lecture des livres saints. Retiré dans une profonde solitude, il vit bientôt accourir près de lui un grand nombre de chrétiens, ce qui lui donna l'idée de fonder un monastère; il s'enfonça encore plus avant dans la Thébaïde, et de nouveaux disciples vinrent se joindre à lui pour peupler ces déserts. Un second cloître s'éleva et fut rattaché au premier, ainsi que beaucoup d'autres dont saint Antoine conserva la direction générale. Deux fois il quitta son monastère pour exciter de sa parole les habitants d'Alexandrie à supporter jusqu'à la mort les persécutions de Maximin (311), et pour défendre la foi contre les attaques des ariens (355). Ses vertus le firent aimer des chrétiens, respecter des barbares et estimer des empereurs. Chacun connaît les tentations dont, pendant plus de vingt ans, le démon le poursuivit, et le porc que la légende lui donne pour compagnon. Dans la bibliothèque des Pères, on trouve plusieurs de ses lettres, dont une à l'empereur Constantin, qui lui avait demandé de l'aider de ses prières. Saint Antoine mourut en 356, entouré de ses disciples et des chrétiens que ses vertus avaient attirés dans son monastère.

ANTOINE DE PADOUE (saint), né à Lisbonne, en 1195, d'une famille militaire. Il quitta les chanoines réguliers pour entrer dans l'ordre de Saint-François et aller prêcher l'Evangile en Afrique; malade, il fut jeté par une tempête sur les côtes de Sicile, où il visita saint François d'Assise et d'où il passa en Italie. Là, il se rendit célèbre par ses talents comme prédicateur et la profondeur de ses connaissances en théologie. Il mourut à Padoue, en 1231. Il a laissé des sermons remarquables.

ANTOINE DE BOURBON, roi de Navarre, père de Henri IV. Il naquit, en 1519, de Charles de Bourbon, duc de Vendôme, prince du sang. Il épousa Jeanne d'Albret, qui lui apporta en mariage le royaume de Navarre et de Béarn, en 1548. Toutes ses actions dénotent beaucoup de bravoure, mais aussi beaucoup d'indécision; sans convictions religieuses ou politiques, il flotta entre les deux religions et les deux partis qui divisaient alors la France, servant souvent ceux qu'il détestait. Presque exilé de la cour, il ne sut pas profiter de l'occurrence pour se mettre à la tête des huguenots, qui attendaient un chef et qui prirent Condé. A la mort de François II, il fut nommé lieutenant-général du royaume, et perdit son temps au service de Catherine de Médicis et des Guise, qui l'amusaient par des promesses fallacieuses. Après avoir embrassé la religion catholique, il s'unit à Montmorency, de Guise et Saint-André, et, à la tête de l'armée royale, il marcha, en 1562, contre Condé, s'empara de Blois, de Tours, et fut mortellement blessé au siège de Rouen, défendu par les protestants (1562). Il refusa de répudier Jeanne d'Albret pour épouser Marie Stuart.

ANTOINE, grand prieur de Crato, roi de Portugal, né en 1531. Il était le fils naturel de l'infant don Luis, duc de Béja, et d'Yolande de Gomez. Accompagnant le roi don Sébastien en Afrique, il fut fait prisonnier à la défaite d'Alcazarquivir, en 1578, puis rendu à la liberté par un esclave. A son retour en Portugal, il réclama la couronne à son oncle, le cardinal Henri, prétendant que don Luis, son père, avait épousé secrètement sa mère, mais il ne l'obtint qu'en 1580, à la mort de son oncle. Il rassembla une armée pour lutter contre le roi d'Espagne, Philippe II, descendant d'Emmanuel par sa mère, mais il fut vaincu à Alcantara par le duc d'Albe, qui soutenait par les armes les droits de Philippe II (1585). Défait de nouveau sur les bords du Duero, il quitta le Portugal, et sa tête fut mise à prix. En vain, il mendia des secours à Catherine de Médicis, à Elisabeth; il ne put remonter sur le trône, erra dans les cours étrangères et mourut à Paris, en 1595.

ANTOINE (Jacques-Denis), architecte, né à Paris en 1733, débuta par le métier de maçon. Il acquit quelques connaissances que l'étude perfectionna, et sa réputation grandissant, il donna la preuve de ses talents en faisant la voûte du palais de justice et la salle des Pas-Perdus. Paris lui doit encore l'hôtel des Monnaies; Berne, son hôtel des Monnaies, et Madrid, l'hôtel de Berwick. Antoine fit partie de l'Institut. Il mourut en 1801.

ANTOINE (Clément-Théodore), roi de Saxe, né le 27 décembre 1755. Il passa sa jeunesse loin des affaires; la mort de Frédéric-Auguste Ier lui donna, en 1827, un royaume démembré par les derniers traités, dont les clauses étaient en faveur de la Russie et de la Prusse. Ses débuts sur le trône tendirent à assurer la prospérité et le bonheur de ses sujets; comme ses prédécesseurs, il reconnut la liberté des cultes; mais bientôt la révolution française de 1830 eut un terrible contre-coup en Saxe. Dresde et Leipsig se révoltèrent; la discorde éclata entre les troupes et le peuple qui imposa à Antoine pour co-régent son neveu, le prince Frédéric. Ce dernier devint tout-puissant et, pour apaiser les émeutes, il diminua les impôts, donna une constitution au peuple et renvoya les ministres. Antoine laissa, en 1836, la couronne au seul roi de fait, et mourut sans enfant, quoiqu'il se fût marié deux fois.

ANTOINE DE LEBRIXA, littérateur espagnol. (*Voir* LEBRIXA.)

ANTOINE (chanoines réguliers de Saint-), congrégation de religieux fondée, en 1070, par un nommé Gaston, gentilhomme dauphinois, au retour d'un pèlerinage qu'il fit à Saint-Didier, près de Vienne en Dauphiné, où les reliques de saint Antoine avaient été transportées de Constantinople. L'occupation de ces religieux était de soigner les malades atteints de l'affection appelée alors *feu Saint-Antoine*. Cet ordre fut érigé en abbaye par Boniface VIII et incorporé dans l'ordre de Malte, en 1777.

ANTOINE (petit Saint-), maison de chanoines, fondée à Paris en 1361. Elle était située rue Saint-Antoine, n° 67; elle fut rebâtie en 1689, et démolie en 1792. Ces chanoines secouraient les malades atteints du *feu infernal* ou *mal ardent*. Le passage du Petit-Saint-Antoine remplace aujourd'hui cette maison.

ANTOINE (abbaye de Saint-), fondée à Paris en 1198. Elle servait de refuge aux pauvres filles. L'église fut construite au commencement du XIIIe siècle et dédiée en 1233. En 1770, tous les bâtiments furent reconstruits sur les dessins de Lenoir, dit le *Romain*. En 1790, l'abbaye fut supprimée, l'église démolie et les bâtiments transformés en hôpital.

ANTOINE (porte Saint-), l'une des portes de l'ancien Paris, construite sous le règne de Charles V et de Charles VI. Elle était située rue Saint-Antoine, entre les rues Jean-Beaussire et de la rue des Tournelles. Sous Henri II, elle fut transportée et reconstruite derrière les fossés de la Bastille, du côté du faubourg Saint-Antoine; on la décora d'un arc de triomphe dont les sculptures furent confiées à Jean Goujon. En 1573, elle servit à l'entrée de Henri III, alors roi de Pologne. Restaurée en 1670, F. Blondel la décora d'emblèmes en l'honneur des victoires de Louis XIV. Elle fut détruite en 1778.

ANTOINE (Saint-), bourg du dép. de l'Isère, arrond. et cant. de Saint-Marcellin, et à 14 kil. de cette ville. Pop. 2,000 hab. Ce bourg, situé au milieu des montagnes, doit son origine à la célèbre abbaye de ce nom. L'église du monastère, qui est magnifique, date du XIIIe siècle.

ANTOINE DE L'ISLE (Saint-), bourg du dép. de la Gironde, dans le cant. de Coutras, à 13 kil. de cette ville, et à 33 kil. de Libourne. Pop. 530 hab. On y remarque un tumulus nommé la *Motte-Soudane*.

ANTOINE (Saint-), en portugais *Saô-Antaô*, île de l'Atlantique, dans le groupe du Cap-Vert. Pop. 15,000 hab. Le ch.-l. est Saô-Antaô.

ANTOINE (Saint-), cap situé à l'embouchure du Rio de la Plata, dans l'Atlantique.

ANTOINE (Saint-), cap situé dans la Terre-de-Feu, entre les baies d'Arenas et de Santa-Catalina.

ANTOINETTE D'ORLÉANS, fille du duc de Longueville et de Marie de Bourbon. Douée d'une grande beauté, elle épousa Charles de Gondi, marquis de Belle-Isle, qui périt assassiné, en 1595, auprès du mont Saint-Michel. Après avoir en vain essayé de venger son mari, sa veuve entra chez les Feuillantines de Toulouse, en 1599, et partagea ensuite avec Eléonore de Bourbon-Vendôme le titre d'abbesse de Fontevrault. Plus tard, elle fonda le couvent des Filles-du-Calvaire, à Poitiers, sous la direction du célèbre P. Joseph, capucin, qui en dressa les statuts d'après la règle de Saint-Benoît. Antoinette mourut en 1612.

ANTOLINEZ (Joseph), peintre de paysages, né à Séville en Espagne, en 1639. Il étudia sous plusieurs maîtres dont le plus connu est François Rizi que, dans sa moquerie jalouse et mordante, il appelait peintre de paravents, en faisant allusion aux décors que Rizi avait fait pour le théâtre du Buen-Retiro. Il avait de grands talents comme paysagiste et coloriste; mais, comme homme, il ne manquait pas de défauts. Vain outre mesure, il fit sentir à ses confrères les pointes de son esprit et celles de son épée, car il aimait l'escrime, qui le fatigua et causa sa mort, en 1676. Plus d'une fois, François Rizi fut obligé d'avoir recours aux alcades pour se faire aider de son élève, qui préférait les salles d'armes aux ateliers. Les paysages d'Antolinez sont très-goûtés pour leurs couleurs bien fondues.

ANTOLINEZ DE SARABIA (François), peintre, neveu du précédent, naquit à Séville en 1644. Il étudia d'abord le droit, mais des tableaux de Murillo ayant enflammé son imagination, il adopta la carrière artistique, sans pourtant jeter aux orties sa robe d'avocat; au contraire, cette dernière profession était la seule qu'il avouât dans le monde, et, après avoir terrassé ses adversaires en chicane, il allait broyer secrètement des couleurs, et cherchait à imiter l'éclat et la fraîcheur de son maître vénéré. A la mort de sa femme, il voulut entrer dans les ordres, mais sa vocation ne fut pas jugée assez sérieuse, et on le refusa. Les sujets de ses toiles, bien imaginés et faits d'après la manière de Murillo, ont du coloris, de la fraîcheur et ne sentent pas le travail. Il mourut à Madrid, en 1700.

ANTOMMARCHI (C.-François), médecin, naquit en Corse, en 1780. Après avoir professé l'anatomie à l'université de Florence, il dut au cardinal Fesch la place de médecin de Napoléon Ier, lors de son exil à Sainte-Hélène (1820). Il soigna l'empereur avec dévouement jusqu'à sa mort et repoussa avec vigueur le projet d'autopsie, rédigé et proposé par les chirurgiens anglais (1821). Plein de dévouement pour les faibles et les souffrants, il alla, en 1831, soigner les Polonais blessés, et les encourager dans leur héroïque résistance. On a de lui un ouvrage intitulé : *Derniers moments de Napoléon*, 2 vol. in-8°, Paris, 1825, où se trouve le codicille de l'empereur. Il mourut à San-Antonio de Cuba, en 1838.

ANTON (Conrad-Gottlob), né à Lauban, en Lusace, en 1745. Il se distingua surtout par une vaste érudition. A l'université de Wittemberg, où il mourut, en 1814, il eut une chaire de professeur de morale et ensuite de langues orientales. Traducteur et commentateur, il a, en outre, écrit de nombreux ouvrages philologiques.

ANTON (Charles-Gottlob), de la même famille que le précédent, né à Lauban, en Lusace, en 1751. Avocat et sénateur à Goerlitz, il cultiva les lettres avec quelque succès. Il a laissé de nombreux ouvrages sur des sujets divers.

ANTON-GIL, baie sur la côte de Madagascar. Les Français y avaient un établissement nommé Port-Choiseul. Le climat de cette baie est très-malsain.

ANTONELLE (Pierre-Antoine D') né à Arles, en 1747. Après avoir servi comme capitaine au régiment de Bussigny, il rentra dans la vie civile, en 1782. Adoptant avec ardeur les principes de la Révolution, il fit paraître le *Catéchisme du tiers-état*, écrit dans lequel il exprimait ses opinions, et qui obtint alors un immense succès. Il était maire d'Arles quand il fut nommé commissaire à Marseille et à Avignon, ensanglantées par les troubles et les factions. Antonelle se conduisit avec sagesse et prudence, tout en faisant preuve de la plus grande énergie. Sa conduite lui attira les sympathies universelles et lui valut sa nomination à l'Assemblée législative. Antonelle, quoique possédant les qualités les plus solides, n'avait rien de ce qui constitue l'orateur; aussi ne parut-il à la tribune que pour lire quelques rapports au nom des commissions dont il fit partie. Envoyé en mission à l'armée des Ardennes avec Bancal et Camus, il fut mis, avec ses collègues, en état d'arrestation par Lafayette, et ne recouvra sa liberté que lorsque celui-ci, craignant pour sa tête, passa à l'ennemi. Nommé juré au tribunal révolutionnaire, il protesta avec énergie contre l'illégalité des actes de ce tribunal exceptionnel, qui, en attentant arbitrairement à la vie des citoyens, constituait une attaque permanente contre la liberté. Jeté pour ce fait dans les prisons du Luxembourg, il dut sa liberté au 9 thermidor. Il protesta également contre les violences de la réaction thermidorienne, accusa ceux qui prétendaient avoir sauvé la France de la Terreur, d'organiser une nouvelle Terreur non moins sanguinaire et de trop sacrifier à leurs vengeances personnelles, et, au 13 vendémiaire, il se prononça pour la Convention. Le gouvernement directorial, redoutant les allures franches et loyales d'Antonelle, essaya de l'impliquer dans le procès de Babœuf; mais la cour de Vendôme recula devant cette prétendue complicité morale. Pendant la période impériale, Antonelle ayant reçu l'ordre de quitter Paris, vécut obscurément dans sa ville natale; mais, à la chute de l'empereur, il eut le tort de faire paraître le *Réveil d'un vieillard*, dans lequel, en prodiguant trop d'éloges aux vainqueurs de Napoléon, qui, après tout, étaient les ennemis de la France, il tomba dans le travers de tant d'hommes politiques qui, lorsqu'ils en veulent à un gouvernement, vont jusqu'à souhaiter sa ruine par les armes étrangères. Il mourut en 1816.

ANTONELLO, de Messine, illustre peintre, né en 1426, voyagea en Flandre et eut pour maître le célèbre Van Eyck, dit Jean de Bruges, qui lui enseigna l'art, nouvellement découvert par lui, de la peinture à l'huile. Il apprit cette nouvelle manière, inconnue en Italie, à Dominique, de Venise, qui de son côté la montra à André del Castagno. Ce dernier, voulant jouir seul des bénéfices et de la gloire de cette admirable découverte, assassina Dominique, mais sans retirer beaucoup de fruits de son meurtre, car Antonello avait révélé ce secret à son ami Pino, de Messine, et d'ailleurs un élève de Van Eyck l'avait déjà répandu à Venise. Les toiles d'Antonello pèchent presque toutes du côté de la couleur. Il mourut en 1496.

ANTONIA (Major), née en 39 av. J.-C., était la fille aînée du triumvir Marc-Antoine et d'Octavie, sœur d'Octave; elle épousa Domitius Ahænobarbus, dont elle eut plusieurs enfants, entre autres Domitius, père de l'empereur Néron.

ANTONIA (Minor), seconde fille du triumvir Marc-Antoine et d'Octavie. Elle épousa Drusus, fils de Livie, dont elle eut : Germanicus, père de Caligula; Claude, qui devint empereur, et Livie, célèbre par ses débordements. Antonia consacra sa vie à l'éducation de ses enfants; elle découvrit par une lettre adressée à Tibère, frère de son mari, la conspiration de Séjan. Caligula, son petit-fils, lui prodigua d'abord les honneurs et lui donna le surnom d'Augusta; mais, ensuite, après l'avoir honteusement traitée, il la fit, dit-on, assassiner vers l'an 38 après J.-C.

ANTONIA, fille de l'empereur Claude, née vers l'an 35 ap. J.-C. Elle fut accusée d'avoir pris part à la conspiration de Pison et condamnée à mort, parce qu'elle refusa de devenir l'épouse de l'empereur Néron.

ANTONIN *le Pieux* (Titus-Aurélius-Fulvius-Boionius), empereur romain, naquit à Lanuvium, 86 ans ap. J.-C., d'Aurélius Fulvius et d'Aria Padilla. Issu de la puissante famille Aurélia, originaire de Nîmes, il fut chargé de plusieurs fonctions honorables avant d'être distingué et adopté par Adrien. Aimant peu le bruit du monde, aussitôt sa mission terminée comme questeur, préteur ou consul, il retournait vivre aux champs. Quand il revint d'Asie, où il avait été envoyé comme proconsul, il fut désigné pour être l'un des quatre magistrats consulaires chargés de l'administration judiciaire en Italie, et entra dans les conseils de l'empereur. Adrien, appréciant les rares qualités d'Antonin, voulut dès lors l'adopter et le choisir pour son successeur. Celui-ci craignit d'abord de ne pouvoir porter une si lourde couronne; mais cédant aux prières d'Adrien, il accepta et monta sur le trône en 138, à la grande joie des Romains, dont il avait gagné les suffrages par sa douceur, et qui lui donnèrent le surnom de *Pius*, le plus bel éloge qu'on puisse faire d'un prince. Maître de l'empire, il pardonna généreusement à ceux qui avaient comploté contre lui, et sut, par sa bonne administration, réparer les maux causés par les disettes, les inondations et les incendies qui désolèrent plusieurs contrées sous son règne. Chaque jour de sa vie fut marqué par des preuves de sa sollicitude pour ses sujets, dont il voulait le bien et la prospérité. C'est ainsi qu'il s'appliqua à faire des lois justes, des réformes utiles, et à développer la civilisation en instruisant le peuple. S'appuyant sur la beauté de la religion, qui lui avait été démontrée dans l'*Apologie de Justin*, il mit un terme aux persécutions et prit la défense du christianisme. Sans être avare, il put, en économisant les deniers publics, fonder des asiles pour les orphelines et faire un traitement aux savants qu'il envoyait dans les provinces pour professer et semer ainsi partout, dans toutes les classes, les bienfaits de l'éducation. Il se plaisait à rendre lui-même la justice, et fit des lois admirables qui ont été recueillies par notre législation, et dont quelques-unes sont encore en vigueur aujourd'hui. Il décréta qu'un accusé ne pouvait être rappelé en raison d'un fait pour lequel il avait été renvoyé; que désormais on ne déshériterait plus, en faveur de l'Etat, les enfants des citoyens romains; qu'une femme accusée d'adultère aurait le droit de faire examiner ses griefs sur la conduite de son mari. Il supprima aussi la délation et mit un terme aux exactions des gouverneurs des provinces. Relevant les villes détruites dans les guerres précédentes, il les embellit. Rome fut enrichie par lui d'un temple élevé à la mémoire d'Adrien, pendant qu'il construisait à Nîmes l'aqueduc nommé aujourd'hui pont du Gard. Mais son règne ne fut pas seulement utile au dedans, il fut aussi glorieux au dehors. En Bretagne, il étendit les limites de l'empire au delà du mur d'Adrien, jusqu'à l'embouchure de l'Esk et celle de la Tweed, où il fit construire une muraille. Ses lieutenants firent avec succès la guerre pour protéger les frontières contre les invasions des Daces, des Maures et des Germains (140). Respecté au loin, Antonin n'eut qu'une lettre à écrire pour empêcher les Parthes de fondre sur l'Arménie. Sa réputation de justice et de vertu attira à sa cour des rois et des ambassadeurs, et le fit choisir comme arbitre entre les rois de l'Inde, de Bactriane et d'Hyrcanie. Cependant, la vie de cet empereur justement célèbre fut empoisonnée par les désordres de sa femme, Faustine, qu'il ne voulut pas répudier par crainte d'un scandale public. Après avoir adopté, ainsi que le lui avait recommandé Adrien, Antonin, plus connu sous le nom de Marc-Aurèle, et Vérus, il fut emporté par la fièvre, en 161 ap. J.-C. Qu'on juge, par ce court aperçu d'un règne juste, bienfaisant et glorieux, combien de regrets fit éclater sa mort! Aussi les Romains, qui tous l'admiraient et l'aimaient, lui élevèrent-ils une colonne nommée Antonine, après lui avoir décerné les honneurs divins. Cette colonne existe encore aujourd'hui, mais la statue d'Antonin a été remplacée par celle de saint Paul. C'est par l'ordre d'Antonin qu'on réunit les recherches sur les routes militaires des Romains en un livre qui porte son nom et qui a pour titre : *Itinerarium provinciarum*. Cet itinéraire est d'un grand secours pour ceux qui veulent étudier la géographie ancienne.

ANTONIN (Saint-), ch.-l. de cant., arrond. de Montauban, à 41 kil. de cette ville (Tarn-et-Garonne). Pop. 2,800 hab. Il possède plusieurs fabriques importantes de cuirs, cadix et étoffes de laine. On y remarque un ancien monastère. Saint-Antonin fut la patrie de Jean de la Valette, 48e grand-maître de l'ordre de Malte.

ANTONINUS LIBERALIS, grammairien grec qui florissait probablement vers l'an 147 ap. J.-C., sous le règne d'Antonin le Pieux, dont il fut, à ce que l'on croit, l'un des affranchis. Puisant dans des ouvrages qui ne nous sont point parvenus, il fit un recueil de métamorphoses divisé en 41 chapitres, livre précieux pour les mythologues et dont on a fait plusieurs traductions.

ANTONIO (Nicolas), né à Séville (Espagne), en 1617. Il fit ses premières études chez les Dominicains et les compléta à Salamanque. Chanoine de Séville, puis agent de Philippe IV à Rome, il se rendit surtout célèbre par des travaux de bibliographie très-importants pour l'histoire littéraire. Ces ouvrages précieux sont très-rares aujourd'hui. Antonio mourut à Madrid en 1684.

ANTONIO (San), rivière de l'Amérique du Nord, dans le Texas; elle est un affluent du golfe du Mexique.

ANTONIO DE BEJAR (San), ville du Texas, ancienne capitale de cet Etat. Pop. 3,000 hab. Cette ville est située sur le San Antonio.

ANTONIUS MUSA, médecin d'Auguste. (*Voir* MUSA.)

ANTONIUS PRIMUS, général, né à Toulouse. Il se déclara pour Vespasien, dont il devint l'un des lieutenants, contre Vitellius, dont il vainquit les partisans à Bédriac. Plein d'ambition, il se vit disgracié par l'empereur, qu'il avait si habilement soutenu de ses discours et de son épée, et supplanté par Mucien. Il se retira alors dans sa ville natale, loin des affaires, pour ne plus s'occuper que de poésie. Il mourut l'an 99 ap. J.-C.

ANTONNE, village du dép. de la Dordogne, arrond. de Périgueux, et à 12 kil. de cette ville. Pop. 900 hab. Patrie de Lagrange-Chancel.

ANTONY, village du dép. de la Seine, situé sur la rive gauche de la Bièvre. Pop. 1,360 hab. Son commerce consiste en la fabrication de bougies et de plâtre. Il formait autrefois une ancienne seigneurie qui dépendait de l'abbaye de Saint-Germain-des-Prés.

ANTRAIGUES (Emmanuel-Louis-Henri de Launay, comte D'), politique intrigant, descendant d'une noble famille du Vivarais, naquit à Villeneuve-de-Berg, en 1755. Il entra d'abord au service, qu'il quitta bientôt pour une affaire d'honneur qu'il ne voulut pas vider. Il fit ensuite plusieurs voyages, et, à son retour, il applaudit aux principes de la Révolution, qu'il appuya dans des écrits tendant à prouver que l'insurrection des peuples est légitime. Sans but arrêté dans ses déclamations, il ne flattait l'effervescence populaire que pour se faire connaître et arriver plus tard au pouvoir. Aussi, lorsqu'en 1789 il fut nommé député aux états généraux, il changea de tactique et défendit la noblesse; cependant, il fut d'avis d'abandonner les priviléges nobiliaires en matière d'impôts, et de déclarer les droits de l'homme. Peu estimé, d'ailleurs, des gens de sa caste, il se retira en Espagne, et plus tard, grâce au marquis de Las-Casas, fut reçu par le comte de Provence, qui, séduit par ses manières et sa prétendue connaissance des affaires, le créa son ministre en Italie; fourbe, rusé, habile, il sut se faire valoir et eut le bonheur de découvrir la conspiration de Lemaître. Fait prisonnier par les Français, il fut conduit devant Bonaparte, mais il put échapper à une condamnation, grâce à sa femme, madame Saint-Huberti, artiste de l'Opéra. Plus tard, tombé en disgrâce près du comte de Provence, il fut appelé par la Russie avec le titre de conseiller de légation. C'est en Russie qu'il s'empara des articles tenus secrets du traité de Tilsitt, qu'il vendit à l'Angleterre. Forcé de se réfugier dans ce pays, il y passa pour un grand homme politique. Cet homme sans conviction, qui salua tous les pouvoirs, et vécut de présents dans les dernières années de sa vie, mourut près de Londres, assassiné avec sa femme par un domestique, qui se suicida ensuite (1812).

ANTRAIGUES, ch.-l. de cant., arrond. de Privas (Ardèche, et à 26 kil. de cette ville). Pop. 550 hab. On y fait un grand commerce de châtaignes. Cette ville est située sur le sommet d'une énorme masse de lave.

ANTRAIN, ch.-l. de cant., arrond. de Fougères (Ille-et-Vilaine), et à 25 kil. de cette ville. Pop. 1,200 hab. Son industrie consiste en boissellerie, saboterie et tanneries. Le 20 novembre 1793, les Vendéens y battirent l'armée républicaine.

ANTRIM, ville d'Irlande, dans le comté de ce nom, à 25 kil. de Belfast. Pop. 2,650 hab. Elle possède des manufactures de papier, bonneterie et calicots.

ANTRIM (comté d'), au N.-E. de l'Irlande, sur l'Atlantique, capitale Belfast. Sa superficie est de 448,456 hect., et sa pop. de 360,880 hab. Son sol est marécageux au S.-O. et montagneux au N. Il possède plusieurs manufactures de cotons. On remarque à Antrim des colonnes de basalte qui forment la *chaussée des Géants*.

ANTRUSTIONS, de *trustis* (foi). Ce terme signifiait, chez les Barbares, les compagnons fidèles du roi. Leurs principales attributions étaient de suivre le roi à la guerre, de le servir dans son palais et à sa table, où ils avaient le droit de s'asseoir. On les appelait aussi *ministeriales* ou officiers. Cette création d'une garde fidèle, qui ressemble en beaucoup de points aux *leudes* ou vassaux francs, aux masnadieri lombards, aux thanes chez les Anglo-Saxons, fut le principe de la féodalité; car si d'abord la valeur ou les services des antrustions ont été récompensés par des présents d'armes, de chevaux, etc., plus tard, les rois barbares leur partagèrent les terres conquises et formèrent ainsi des fiefs.

ANUBIS ou ANÉBO, dieu égyptien, que

les uns disent fils, les autres frère d'Osiris. Divinité des enfers, elle avait pour empire la nuit ou les ténèbres, et présidait à la séparation des corps et des âmes, qu'elle conduisait jusqu'aux portes des enfers. Mercure ou Hermès avait aussi cette dernière attribution chez les Grecs. Anubis, dépeint d'abord sous la forme d'un chien, fut représenté, plus tard, avec le corps d'un chien et la tête d'un homme.

ANULUS, poëte français du XVIe siècle. (*Voir* ANEAU.)

ANURADHAPURA, village de l'île de Ceylan, à 109 kil. de Trincomaly. Ce village était autrefois une ville importante, et fut, pendant douze siècles, la capitale de l'île. Fondé par Anuradra, il y a plus de vingt siècles, il fut la résidence de Pandukabhaja, 3e successeur de Véjaja, fils d'un roi des régions du Gange. On y remarque de superbes ruines.

ANVERS, ville de Belgique, ch.-l. de la prov. du même nom, à 36 kil. de Bruxelles. Pop. 108,500 hab. Cette ville est située sur la rive droite de l'Escaut, qui a, en cet endroit, 780 m. de larg. et 19 de prof. Son port est l'un des plus beaux de l'Europe. Les principaux monuments d'Anvers sont: la cathédrale, où se trouve la *Descente de croix*, chef-d'œuvre de Rubens; l'édifice a 162 m. de long, 73 de large, et 116 m. de haut; l'église Saint-Jacques, où se trouve le tombeau de Rubens; le musée, l'hôtel de ville, de 1531. Elle possède une académie royale des beaux-arts; bibliothèque, citadelle, arsenal, chantiers de construction, et un port qui reçoit par an 7 à 800 navires. Son commerce consiste en dentelles, dites *malines*, toiles cirées, soieries, mousselines, orfèvrerie, raffineries de sucre, etc. Elle fut la patrie de Van-Dyck, Jordaëns, Téniers, du graveur Edelinck, du géographe Ortelius, etc. Anvers fut prise, au VIIIe siècle, par les Normands et fit partie de la ligue hanséatique. En 1584-1585, les habitants soutinrent un siége de treize mois contre les Espagnols. Les Français la prirent en 1792, et elle fut réunie à la France en 1795. Le 26 octobre 1832, les Français attaquèrent la citadelle pour en expulser les Hollandais; Anvers capitula le 23 novembre et fut remise aux Belges.

ANVILLE (Jean-Baptiste Bourguignon D'), célèbre géographe français, né à Paris, le 11 juillet 1697, mort le 28 janvier 1782. Il publia deux cent onze cartes, qui sont des modèles d'exactitude. Il possédait la plus riche collection de cartes (près de onze mille); elle se trouve aujourd'hui à la bibliothèque impériale.

ANXIÉTÉ, état de malaise plus fort que l'angoisse, produit par l'incertitude, l'attente d'un événement.

ANYSIS, ville de l'ancienne Egypte. Patrie du roi aveugle Anysis, que détrôna Sabacos, roi d'Ethiopie.

ANYTUS, fils d'Anthémius. On ne sait exactement ni la date de sa naissance, ni celle de sa mort. L'an 409 av. J.-C., la république athénienne le chargea de conduire cinquante galères au secours de Pylos, assiégée par les Lacédémoniens; mais il revint sans avoir pu accomplir sa mission. L'an 400, il fut un des principaux promoteurs de la condamnation de Socrate. Quelque temps après, le peuple, ayant reconnu l'injustice de la mort de ce philosophe, exila Anytus, qui se retira à Héraclée, où il fut lapidé.

ANZI, bourg du royaume de Naples (Basilicate), à 20 kil. de Potenza. Pop. 3,300 hab.

ANZIANI, nom donné, au XIIIe siècle, dans certaines villes italiennes, telles qu'à Pise, Florence (de 1250 à 1260), à Gênes, à Lucques, à Pistoïa, aux membres de la *Seigneurie* chargée d'administrer la cité, soit seule, soit avec un *capitaine du peuple*. En 1265, Napoléon Della Torre reçut le titre d'*Anziano perpétuel*, à Milan, et le conserva jusqu'à ce que l'archevêque Othon

Visconti, après avoir vaincu les Torriani, fut nommé seigneur perpétuel, en 1277.

ANZIN, bourg du dép. du Nord, à 2 kil. de Valenciennes. Pop. 4,900 hab. Il est célèbre par l'immense exploitation de houille qui s'y fait. Cette exploitation ne remonte qu'à 1734, époque à laquelle la mine fut découverte par le vicomte Desandrouin et l'ingénieur J. Mathieu. Il y a 42 puits d'extraction qui produisent annuellement 6,000,000 d'hect. de charbon, et emploient 6,000 ouvriers. La Compagnie possède plus de 500 machines à vapeur et gagne environ 3,000,000 de francs chaque année. Ce village possède encore des usines à fer, des forges à l'anglaise, des hauts-fourneaux, verreries et briqueteries.

ANZO ou ANZIO, bourg des Etats de l'Église, à 40 kil. de Rome. Il possède un port sur la Méditerranée avec un beau môle. On y remarque les ruines de l'antique Antium.

AOD ou HAOD ou HEHUD, 2e juge d'Israël de 1496 à 1416 av. J.-C. Fils de Gera, de la tribu de Benjamin, il délivra le peuple juif de la tyrannie d'Eglon, roi des Moabites, en plongeant un couteau dans le cœur de celui-ci. A la tête des Israélites, il fondit sur les ennemis et leur tua 10,000 hommes.

AORNE, c'est-à-dire sans oiseaux, lac infect de l'ancienne Grèce, en Epire. Les Latins traduisaient ce nom par le mot Averne.

AORNE, en sanscrit *Awarana*, mot qui signifie *rocher fortifié*. Alexandre le Grand prit ce fort situé sur les bords de l'Indus, au S. de la Bactriane.

AOSTE ou CITÉ D'AOSTE, ville des Etats sardes, ch.-l. de la prov. de son nom, à 77 kil. de Turin, à l'ouverture du grand et du petit Saint-Bernard. Pop. 7,000 hab., dont la plupart sont goîtreux et crétins. C'était autrefois la capitale des *Sallassii*. Auguste, irrité de leurs révoltes, fit détruire leur cité par Térentius Varro Murena. On remarque encore aujourd'hui un arc de triomphe très-bien conservé, et deux portes à trois ouvertures. Aoste est le siége d'un évêché suffragant de Chambéry, possède un collége communal et un séminaire; elle fut la patrie de saint Anselme. Son commerce est assez actif et on trouve aux environs les célèbres mines et bains de Saint-Didier.

AOSTE (arrond. d'), division administrative du royaume d'Italie, située entre l'arrond. d'Ivrée et la Suisse. Pop. 84,000 hab. Il s'appuie au N. sur les plus hauts massifs des Alpes. On y remarque plusieurs fabriques d'aciers.

AOUDJELAH ou AUDJELAH, ville de la régence de Tripoli, située sur la route du Caire à Mourzouk. Ses rues sont étroites et malpropres. Cette ville est le ch.-l. de l'oasis de son nom, qui forme une prov. gouvernée par un bey dépendant de celui de Tripoli. L'agriculture et le commerce des esclaves sont les seules occupations des habitants.

AOUST (le marquis Jean-Marie D'), né à Douai, vers 1740, d'une des plus nobles familles de la Flandre. Entré d'abord au service, il donna bientôt sa démission. Député de la noblesse de sa ville natale en 1789, il s'associa à toutes les mesures violentes de la Révolution. Député du département du Nord à la Convention, puis commissaire du Directoire, il vota la mort de Louis XVI. Sous le consulat de Bonaparte, il devint maire du village de Quercy, où il mourut en 1812.

AOUST (Eustache D'), fils aîné du précédent, né à Douai, en 1763. Aide de camp de Rochambeau, il l'accompagna dans sa campagne du Nord, en 1792. Général de brigade en 1793, il fut envoyé, comme général de division, à l'armée des Pyrénées-Orientales. Ses troupes désorganisées, indisciplinées, méconnaissant son autorité, furent vaincues en Espagne. Accusé de trahison par la Convention, il ne put être sauvé par son père et fut exécuté le 2 juillet 1794.

AOUST-EN-DIOIS, bourg du dép. de la Drôme, à 35 kil. de Dié, cant. de Crest, et à 3 kil. de cette ville. Pop. 1,250 hab. Situé sur l'emplacement d'une colonie romaine fondée par Auguste, il possède plusieurs moulins à huile, des papeteries et fait le commerce des vins. On y remarque quelques débris antiques.

AOUT, huitième mois de l'année selon notre calendrier. Il tire son nom d'*Augustus*, en l'honneur de César-Auguste.

AOUT 1789 (Nuit du 4). Cette nuit est célèbre dans les fastes de la Révolution française par la mémorable séance que tint l'Assemblée constituante. La prise de la Bastille, en portant les premiers coups au vieil ordre social qui s'écroulait de toutes parts, venait de donner le signal de l'affranchissement des populations rurales; mais de graves désordres venaient ensanglanter ce grand mouvement d'un peuple renaissant à la liberté, et l'Assemblée recevait chaque jour des rapports signalant ces désordres qui, en jetant le trouble dans les esprits, paralysaient l'action de l'autorité : les propriétaires réclamaient aide et protection; il était impossible de percevoir les taxes, et les troupes refusaient de seconder les agents du pouvoir et de marcher contre les paysans qui brûlaient les châteaux et tous les monuments du despotisme féodal. L'Assemblée constituante, pour calmer l'effervescence publique, chargea son comité de rédiger une solution en ce sens. Le 4 août, Target lut une première fois ce projet en présence des députés, présidés par Chapelier. Ce projet n'ayant satisfait personne, l'Assemblée s'ajourna à huit heures du soir pour entendre la nouvelle rédaction. Ce nouveau projet, lu encore par Target, déclarait le maintien des anciennes lois et des anciens impôts. Le vicomte de Noailles demanda la parole au moment où on allait ouvrir la discussion, et proposa : de supprimer tous les droits féodaux et de décréter la répartition égale des impôts. Cette proposition ouvrit la voie à d'autres propositions non moins généreuses, et l'on vit tour à tour le clergé et la noblesse abandonner tous les droits iniques qu'ils possédaient depuis si longtemps. Voici comment Garat appréciait les conséquences de la nuit du 4 août 1789 : « En une nuit la face de la France a changé; l'ancien ordre de choses, que la force a maintenu malgré l'opposition de cent générations, a été renversé; en une nuit, l'arbre fameux de la féodalité, qui couvrait toute la France, a été abattu; en une nuit, le cultivateur est devenu l'égal de l'homme qui, en vertu de ses parchemins antiques, recueillait le fruit de ses travaux, buvait, en quelque sorte, ses sueurs et dévorait le fruit de ses veilles..... En une nuit la France a été sauvée, régénérée; en une nuit un peuple nouveau semble avoir repeuplé cet empire..... »

AOUT 1792 (Journée du 10). Depuis quelque temps déjà la Révolution se formait, terrible et menaçante; l'Assemblée législative n'avait pu obtenir de Louis XVI la vente des biens des émigrés, la déportation des prêtres réfractaires, etc.; les esprits commençaient à s'exalter, quand parut le manifeste du duc de Brunswick, lancé au nom des puissances étrangères; on accusa le roi, dès lors, d'avoir des intelligences avec celles-ci pour amener une invasion. Malgré cette accusation, l'Assemblée refusa de déclarer le prince indigne de la couronne. Ce fut là le prélude de cette page sanglante de l'histoire de notre émancipation nationale. Les faubourgs, soulevés à la voix de Santerre, de Westerman, de Fournier, se joignirent aux Cordeliers avec Danton, Camille Desmoulins et Carra; et forcèrent le roi et sa famille à demander protection à l'Assemblée législative. La prise des Tuileries et le triomphe de l'insurrection amenèrent la déchéance du roi, demandée par Vergniaud. Il fallait une nouvelle constitution : l'Assemblée législative se forma en Convention nationale pour la discuter et la rédiger, pendant que la famille royale entrait au Temple. Cette mémorable journée était le triomphe définitif de la Révolution non-seulement sur la royauté mais aussi sur le vieil ordre de choses.

APACH, village du départ. de la Moselle, à 20 kil. de Thionville. Pop. 557 hab. Renommé pour sa fabrication de pipes en terre.

APAMÉE. Cette ville, située sur l'Oronte, était la capitale de l'Apamène, en Syrie, au sud d'Antioche. Elle tire son nom d'Apama, femme de Séleucus Nicator, qui l'agrandit et la fortifia. Elle était célèbre par ses haras.

Apamée, ville de la grande Phrygie, à 4 kil. de Célènes, elle doit sa fondation à Séleucus Nicator. Située dans une plaine arrosée par le Méandre, elle devint la plus importante ville après Ephèse. Elle porte aujourd'hui le nom d'*Ishaklé*.

Apamée, ville de Bithynie, fondée par Colophon et agrandie par Prusias. Cette ville fut deux fois prise, l'an 75 av. J.-C., par deux généraux de Lucullus. Elle est appelée aujourd'hui *Amapoli*.

Apamée de Mésène, ville de l'ancienne Mésopotamie, sur l'île de Mésène, au confluent du Tigre et de l'Euphrate; aujourd'hui *Korna*.

Apamée de Sittacène, ville qui était située dans l'île de Mésène, à l'endroit où le canal royal venait s'unir au Tigre.

Apamée, capitale de la Mésopotamie, située sur l'Euphrate, en face de Zeugma. Séleucus Nicator en fut le fondateur. Aujourd'hui *Ram-Kala*.

Apamée Rhagiane, ville située au sud des Portes caspiennes, dans le pays des Parthes.

APANAGE. Ce mot s'employait dans l'origine pour désigner toute attribution d'aliments, toute dotation. Plus tard, on ne s'en servit plus que pour indiquer la dotation des princes puînés du sang royal, auxquels on donnait, pour soutenir leur rang, des terres, des provinces, des seigneuries. Cet *apanage* retournait toujours à la couronne, soit à leur mort, soit à l'extinction de leur ligne masculine. Les filles de France reçurent aussi des apanages jusqu'au temps de Philippe-Auguste. Depuis ce règne, elles ne reçurent plus qu'une dot en argent; mais Philippe le Bel prononça leur exclusion. En 1790, l'Assemblée constituante ôta l'*apanage* aux fils de France, et décréta qu'ils seraient entretenus aux dépens de la liste civile jusqu'à l'âge de 25 ans. On leur constitua alors des *rentes apanagères*. Napoléon Ier rétablit les apanages au profit des princes de sa race; mais ces apanages ne devaient pas dépasser 3 millions par an.

APANTOMANCIE. On appelle ainsi la divination qui se fait par les objets qui se présentent à la vue d'une façon inattendue.

APARTÉ. On appelle ainsi la partie des paroles d'un personnage en scène qui ne s'adresse qu'au public, et qui est censée n'être pas entendue par les autres acteurs.

APATHIE. Absence de sensibilité ou de passion.

APCHAT, village du départ. du Puy-de-Dôme, à 20 kil. d'Issoire. Pop. 1,050 hab.

APCHÉRON ou **Okoressa**, presqu'île de la Russie d'Asie, sur la mer Caspienne, dans le gouvernement de Schirwan, dont elle forme un des trois khanats. Ch.-l., Bakou. Cette île possède de nombreuses sources de naphte d'où s'exhalent des vapeurs d'hydrogène carboné, qui s'enflamment au seul contact de l'air.

APCHAN, bourg du départ. du Cantal, à 35 kil. de Mauriac. Pop. 950 hab. Il est remarquable par les ruines d'un vieux château qui domine la vallée de la Rise.

APEL (Jean), en latin *Apellus*, né à Nuremberg, en 1486, jurisconsulte et réformateur. Il obtint une chaire de professeur de droit à l'université de Wittemberg, et, adoptant les principes de Luther, il l'imita en épousant une religieuse, quoiqu'il fût chanoine de Wurzbourg. Il fut arrêté, mais les soldats impériaux, en garnison à Nuremberg, le délivrèrent. Il donna sa démission de chanoine, devint conseiller de l'électeur de Brandebourg et jurisconsulte de sa ville natale, où il mourut. Il est célèbre pour avoir essayé d'amener de la logique et de la clarté dans le droit, en abandonnant les vieux errements.

APELLE, peintre célèbre de l'antiquité qui se distingua par l'élégance, la pureté de sa couleur et la grâce inimitable de ses poses. Il naquit vers l'an 332 av. J.-C. Trois villes se disputent l'honneur d'avoir donné naissance à ce peintre : Cos, Ephèse et Colophon. Pour se perfectionner dans cet art dont il devait être un jour l'un des maîtres, il parcourut les écoles de Sicyone, de Rhodes. C'est dans ce dernier voyage qu'il alla visiter l'atelier de Protogène. Celui-ci étant absent, il traça sur une planche un trait de pinceau, d'une finesse étonnante, qui le fit reconnaître de Protogène. Admirateur de la grâce, il la chercha constamment dans ses modèles. Pour juger du mérite de ses compositions, il les exposait aux regards des curieux et, caché derrière un rideau, il recueillait les critiques qu'elles soulevaient. Un jour un cordonnier ayant blâmé une sandale, Apelle la corrigea; mais, le lendemain, le cordonnier, fier de son succès, voulant continuer ses critiques, Apelle se montra, et lui adressa ces mots, qui sont devenus proverbe: *Ne sutor ultra crepidam!* (Ne dépasse pas la chaussure). Alexandre avait une telle amitié pour Apelle, qu'il lui céda une de ses maîtresses, Compaspe, dont le peintre était devenu follement amoureux. Les meilleures œuvres d'Apelle étaient un *Alexandre tonnant*, une *Vénus endormie*, une *Vénus Anadyomène*, sortant des eaux. On parle aussi d'une cavale tellement bien faite, que les chevaux, en la voyant exposée, se mettaient à hennir. On raconte qu'Apelle, impatienté de ne pouvoir peindre l'écume qui sortait de la bouche d'un cheval, jeta l'éponge qu'il tenait à la main contre le tableau, et obtint ainsi, par l'effet du hasard, la ressemblance qu'il avait cherchée en vain. Il n'employait, dit-on, que quatre couleurs qu'il fondait à l'aide d'un vernis. A la mort d'Alexandre, il passa quelque temps à la cour de Ptolémée. Aucun de ses tableaux n'est parvenu jusqu'à nous, mais bien des historiens, entre autres Plutarque, Pline, Pausanias, en parlent avec une grande admiration.

APELLICON, de Téos, philosophe péripatéticien du IIe siècle av. J.-C. Il forma, en volant des dépôts publics, une riche bibliothèque que Sylla transporta à Rome.

APENNINS, chaîne de montagnes qui court dans toute la longueur de l'Italie, depuis le col d'Altare jusqu'au cap Delli Armi. Elle se divise en trois parties : l'*Apennin septentrional*, l'*Apennin central* et l'*Apennin méridional*. Cette chaîne de montagnes a une hauteur moyenne de 1,000 à 1,200 m. Ses principaux sommets sont : le Vettore, 2,479 m., le Saint-Augustin, le Saint-Oreste, le Vésuve, etc. La principale richesse des Apennins est le marbre. Leurs flancs sont couverts d'orangers, de citronniers, d'oliviers, etc.

APENRADE, ville du Schleswig-Holstein, à 30 kil. de Flensbourg. Pop. 3,800 hab. Son commerce consiste en produits agricoles. Cette ville est remarquable par l'ancien château de Brunland.

APER (Marcus), orateur latin, né en Gaule, mort vers l'an 85 ap. J.-C. Dans sa jeunesse, il vint à Rome, où il fit des études brillantes et s'acquit un grand renom d'orateur. Plus tard il devint sénateur, puis questeur, enfin, tribun et préteur.

APEX, ou ALBOGALERUS, bonnet des flamines romains. Fait en peau de brebis blanche, il était surmonté d'une baguette et muni de rubans pour le nouer sous le menton.

APFELSTÆDT, rivière du duché de Saxe-Cobourg-Gotha, qui prend sa source près de Tambach, et se jette dans la Gera.

APHORISME, sentence dans laquelle on expose, sous une forme brève et concise, un principe de doctrine.

APHRODISIES, fêtes que l'on célébrait en l'honneur de Vénus Aphrodite, déesse de la beauté, dans les principales villes de la Grèce, entre autres à Amathonte, à Paphos et à Corinthe.

APHRODITE, nom grec de Vénus, qui signifie *née de l'écume de la mer.* C'était ainsi, comme on le sait, que la mythologie expliquait la naissance de Vénus.

APHTHONIUS, rhéteur et fabuliste grec du IIIe siècle ap. J.-C. Il nous a laissé des exercices de rhétorique et des fables.

APICIUS (Marcus Gabius), gastronome du temps d'Auguste et de Tibère. Il sacrifia plus de 20 millions de notre monnaie à sa passion culinaire et il s'empoisonna, au milieu d'un repas, parce qu'il ne lui restait plus que 2 millions et qu'il craignait de mourir de faim avec cette somme.

APICULTURE. Art d'élever les abeilles. Cette industrie rapporte environ 15 millions en France.

APION, grammairien d'Alexandrie, qui vivait vers le Ier siècle ap. J.-C. Il composa contre les Juifs une violente satire qui fut réfutée par Josèphe. Nous n'avons de lui que quelques fragments de son *Histoire d'Egypte.*

APIS, roi d'Argos, fils de Phoronée et de Laodicée. On donna son nom au Péloponèse, qu'on appela *Apia tellus, terre d'Apis.*

APIS. Osiris, ayant été chassé du ciel, chercha un refuge en Egypte, où il se cacha sous la forme d'un bœuf. C'est en mémoire de cet événement que les prêtres égyptiens honoraient un bœuf. On a cru longtemps que ce bœuf était l'objet de l'adoration du peuple, mais c'est une erreur enfantée par l'ignorance.

APIS, ville de l'ancienne Marmarique, où l'on adorait le bœuf Apis. De nos jours, ses ruines marquent la limite des possessions de l'Egypte et de Tripoli.

APLUSTRE, ornement de poupe des vaisseaux romains. Il consistait en une grande planche découpée en quart de cercle, tournée vers l'intérieur du navire, et dont l'extrémité supérieure était taillée en forme de palme.

APOCALYPSE, c'est-à-dire *révélation.* Nom du dernier livre canonique du Nouveau Testament écrit par saint Jean, l'an 68 ou 69. Ce livre est divisé en trois parties: la première contient une instruction adressée aux évêques de l'Asie mineure; la deuxième renferme la description des persécutions que l'Eglise devait souffrir de la part des Juifs, les vengeances de Dieu contre les persécuteurs; la troisième décrit le bonheur de l'Eglise triomphante. On prétend que ces révélations furent faites à saint Jean dans l'île de Pathmos, pendant la persécution de Domitien.

APOCRÉOS, c'est-à-dire *privation de chair.* On appelle ainsi l'époque de l'année qui, chez les catholiques grecs, correspond à nos jours gras, depuis le lundi de la septuagésime jusqu'au dimanche suivant, parce qu'on cesse de manger de la chair après le dimanche qui suit cette fête.

APOCRISIAIRE, nom porté autrefois par les envoyés, les agents, les chanceliers des princes. Les nonces résidant auprès des princes catholiques portaient aussi ce nom.

APOCRYPHE. On appelle livre apocryphe tout ouvrage dont l'autorité est suspecte.

APODIPNE, nom donné dans l'Eglise grecque, qui correspond à ce qu'on appelle *Complies* dans l'Eglise latine.

APODYTÈRE. C'était, chez les Romains, la première salle d'un bain, celle où l'on se déshabillait.

APOLDA, ville du grand-duché de Saxe-Weimar, à 14 kil. de Weimar. Pop. 4,000 hab. Elle possède des sources minérales et des fabriques de bas.

APOLINAIRE (Saint-), village du département de la Côte-d'Or, à 4 kil. de Dijon. Pop. 250 hab. En 1513, lorsque les Suisses assiégèrent Dijon, ils détruisirent ce village. On y remarque une belle tour carrée, seul reste de l'ancien château.

APOLLINAIRE l'*Ancien*, né à Alexandrie, dans le IVe siècle. Il professa d'abord la rhétorique, et entra dans les ordres après la mort de sa femme. Julien l'Apostat ayant défendu aux chrétiens l'étude des belles-lettres païennes, Apollinaire, avec son fils, songea à remédier à cet inconvénient en écrivant différents ouvrages religieux à la manière des anciens.

APOLLINAIRE le *Jeune*. Hérésiarque, fils du précédent. Il professa les belles-lettres à Laodicée. Il fut nommé évêque de cette ville, en récompense des nombreux services qu'il avait rendus à la religion, en la défendant surtout contre les attaques des ariens; puis il tomba dans les erreurs de ceux qu'il avait combattus.

APOLLINAIRES (jeux), fête instituée chez les anciens Romains en l'honneur d'Apollon, qui avait combattu avec eux. On la célébrait par des jeux scéniques, des chasses qui duraient huit jours.

APOLLINE (sainte), vierge d'Alexandrie; elle subit le martyre en l'an 248 ap. J.-C., sous l'empereur Philippe l'Arabe.

APOLLO, juif d'Alexandrie. Il se fit chrétien l'an 54 ap. J.-C., et ses prédications à Ephèse et dans plusieurs autres contrées lui valurent une autorité telle, qu'on l'opposait à celle de saint Pierre et de saint Paul.

APOLLODORE, célèbre peintre athénien, qui vivait vers l'an 408 av. J.-C. Ce fut lui qui, le premier, connut l'art de fondre et de dégrader les couleurs, et d'imiter l'effet de l'ombre portée.

APOLLODORE, grammairien d'Athènes, qui vivait vers l'an 140 av. J.-C. Elève d'Aristarque, il laissa un *Commentaire sur Homère* et une *Chronique grecque* en vers.

APOLLODORE, architecte célèbre, né à Damas. D'après l'ordre de Trajan, il construisit un pont colossal sur le Danube, le Forum de Trajan à Rome, la colonne Trajane, etc. L'empereur Adrien le fit périr, en 130 ap. J.-C.

APOLLON, dieu de l'Olympe, fils de Jupiter et de Latone, et frère jumeau de Diane ou de la Lune. Selon l'opinion la plus accréditée, il naquit dans l'île de Délos. Son nom, en grec, signifie destructeur, et il lui fut donné, parce qu'à peine sorti du berceau, il tua à coups de flèches l'horrible serpent Python, que Junon avait envoyé contre sa mère; puis, aidé de sa sœur, il massacra Niobé et ses enfants; plus tard, pour venger son fils Esculape, foudroyé par le maître de l'Olympe, parce qu'il avait osé ressusciter un cadavre, il mit à mort les Cyclopes. Exilé du ciel pour ce fait, il se retira chez Admète, roi de Thessalie, dont il garda les troupeaux; c'est alors que Mercure lui vola ses bœufs, sa lyre et son carquois. Plus tard, avec l'aide de Neptune, il fonda, pour Laomédon, la célèbre ville de Troie; mais, n'ayant pas reçu le prix de ses travaux, au mépris des conventions, il dépeupla la contrée par une terrible épidémie. Son exil terminé, Jupiter le rappela au ciel, et lui donna la direction du char du soleil; de là lui vint son surnom de Phœbus, dieu de la lumière. D'une jeunesse éternelle et d'une beauté sans égale, Apollon sacrifia à Vénus; il aima des nymphes, mais il ne dédaigna pas non plus de simples mortelles: c'est ainsi qu'on le vit tour à tour aimer Cassandre, à laquelle il accorda le don de prophétie; Clytée, qu'il changea en héliotrope; Coronis, mère d'Esculape; Clymène, dont il eut Phaéton. Celui-ci ayant un jour demandé à remplacer son père dans la direction du char du soleil, faillit incendier le monde. Malgré tous ses succès, il ne put séduire Daphné, qui résista à son ardente passion, et qu'il métamorphosa en laurier. Elevé à la hauteur d'un type idéal, Apollon est ordinairement représenté avec la figure et le corps d'un beau jeune homme, tenant, à la main, soit un arc, soit une lyre. Sa tête, à la longue chevelure blonde et flottante, est couronnée d'une auréole lumineuse. Apollon avait aussi plusieurs attributs: dieu des Muses ou de la poésie, il présidait les assemblées des neuf sœurs sur le sommet du Pinde, de l'Hélicon ou du Parnasse; dieu de la lumière, sous le nom de Phœbus, il conduisait le char du soleil; dieu de la médecine, on avait recours à lui dans les épidémies pestilentielles; dieu de la vengeance, il était armé du carquois et des flèches, et dieu prophétique, il rendait ses oracles, soit par la bouche de la pythonisse, ainsi nommée parce que le trépied de cette prêtresse était revêtu de la peau du serpent Python, soit par le murmure des arbres, soit encore par des sources dont les ondes donnaient la science de l'avenir à ceux qui les buvaient. On connaît les malheurs arrivés à Marsyas, qui fut écorché tout vivant pour avoir osé défier le dieu de l'harmonie, et à Midas, roi de Phrygie, qui, pris pour arbitre entre Pan et Apollon dans une lutte musicale sur la flûte et sur la lyre, et ayant accordé la palme au satyre, reçut, en récompense de son bon goût, une longue paire d'oreilles d'âne, ce qui a inspiré ce vers de Boileau:

Midas, le roi Midas a des oreilles d'âne.

Apollon, que l'on adorait dans toute la Grèce, dans la mer Egée, en Crète, en Asie mineure, en Lycie, etc., avait un temple admirable à Rome, construit sur le mont Palatin, d'après les ordres de l'empereur Auguste; de nombreux oracles à Delphes, à Délos, à Claros, etc.; et des fêtes: les Délies, les Hyacinthies, en mémoire d'Hyacinthe, ami intime et regretté d'Apollon, qui, sans le vouloir, le tua d'un coup de disque; les Daphnéphories, en souvenir de Daphné, les jeux séculaires, les Apollinaires, etc. De toutes les statues de ce dieu, la plus belle est l'Apollon du Belvédère, ainsi nommé de ce que, retrouvée en 1503 dans les ruines d'Antium, à Nettuno, elle a été transportée au Vatican dans le pavillon du Belvédère. Le colosse de Rhodes, sous lequel voguaient les navires, voiles déployées, lui était aussi dédié. On lui a consacré, parmi les arbres, le laurier, le palmier, l'olivier; parmi les animaux, le cygne, le coq, le vautour, l'épervier et le loup.

APOLLONIA (cap), situé sur la côte occidentale de l'Afrique.

APOLLONIUS DE PERGA, né à Perga, en Pamphylie, vers l'an 220 av. J.-C., sous le règne de Ptolémée Evergète Ier, mort sous le règne de Ptolémée Philopator. Il reçut de l'antiquité le titre de *grand géomètre*, au moment où Archimède achevait sa brillante carrière.

APOLLONIUS DE RHODES, poète épique, né à Alexandrie ou à Naucratis vers l'an 276 av. J.-C. Fils de Sillée et de Rodé, il eut pour professeur de rhétorique le célèbre Callimaque, qui, tout-puissant auprès de

Ptolémée Philadelphe, et jaloux de son élève, qui avait composé un poème épique sur l'expédition des Argonautes, le fit exiler. Apollonius se retira à Rhodes, où il fonda une école de belles-lettres qui attira de nombreux élèves. Mais le regret de la patrie absente le fit revenir à Alexandrie, où Ptolémée Epiphane lui donna la direction de la fameuse bibliothèque de cette ville. Il mourut 186 ans av. J.-C., après avoir revu son poème épique, qui, malgré certaines faiblesses, renferme cependant quelques peintures chaleureuses dans les amours de Médée et de Jason.

APOLLONIUS DE RHODES, architecte grec, qui vivait vers l'an 200 av. J.-C. Son principal ouvrage est le fameux groupe appelé *Taureau de Farnèse*: il représente Amphion et Zéthus attachant Dircé aux cornes d'un taureau sauvage. Ce groupe est aujourd'hui au musée de Naples.

APOLLONIUS DE TYANES, thaumaturge et philosophe pythagoricien, naquit à Tyanes, en Cappadoce, au commencement de l'ère chrétienne. Après avoir étudié la rhétorique et la grammaire à Tarse, il se pénétra de tous les systèmes de philosophie et adopta les principes de Pythagore à cause de leur austérité. Retiré dans un temple d'Esculape, il ne vivait que de plantes et ne buvait jamais de vin, ainsi que l'enseignait son philosophe favori. A peine vêtu de toile, il laissa croître ses cheveux et alla pieds nus. A la mort de son père, il abandonna sa fortune à son frère et fonda une école de philosophie à Egé. Il entreprit alors de grands voyages, réglant sa conduite d'après la doctrine pythagoricienne; il resta cinq ans sans parler. Il enseigna aussi aux peuples l'amour du travail et la fraternité, et, cherchant toujours à s'instruire, il visita la Pamphylie, la Cilicie, Antioche, Éphèse, les mages de Babylone et les brahmes de l'Inde. A Ninive, il s'était attaché un compagnon nommé Damis, qui lui resta fidèle et qui écrivit plus tard la vie de son maître. Partout il recueillit des marques d'admiration pour sa sagesse et ses leçons, qu'il savait mettre à la portée de toutes les intelligences. Sa réputation s'étendit au loin, et on lui prêta de nombreux miracles que les païens n'oublièrent pas de mettre en parallèle avec ceux de Jésus. Après avoir quitté l'Inde, il revint à Babylone et se rendit en Italie par la Grèce. Forcé de sortir de Rome par l'ordre de Néron, il suscita à ce prince des ennemis dans les Gaules et en Espagne; à la mort de celui-ci, il revint en Italie et se lia avec Vespasien, qu'il appuya auprès du peuple. Apollonius, après d'autres voyages en Egypte, en Ethiopie, en Arabie, vint fonder une nouvelle école pythagoricienne à Ephèse, où, dit son biographe, il s'écria soudain au milieu d'un cours : « Tue, Stéphanus! courage, tue le tyran! » A cette heure même, ainsi qu'on l'apprit peu de temps après, Domitien tombait sous les coups des assassins. Il est permis de supposer, si toutefois cet incident de sa vie est vrai, que ce philosophe savait le secret de la conspiration. On ne sait rien de certain sur la mort d'Apollonius; cependant on croit généralement qu'il mourut vers l'an 97 de J.-C. Les Mémoires de Damis sur la vie d'Apollonius tombèrent au pouvoir de Julie, femme de Sévère, qui les donna au sophiste Philostrate. Plus tard, celui-ci s'en servit pour écrire son histoire d'Apollonius, où se trouvent des aventures bien imaginées peut-être, mais certainement fabuleuses.

APOLLONIUS D'ALEXANDRIE, grammairien du IIe siècle ap. J.-C. Il fut le premier écrivain qui composa une grammaire générale et philosophique. Il ne reste plus de cette grammaire que le traité *sur la syntaxe*, le meilleur morceau en ce genre qui nous soit venu de l'antiquité.

APOLOGIE. On appelle ainsi tout discours fait pour justifier ou défendre quelqu'un, quelque action ou quelque ouvrage.

APOLOGISTES ou APOLOGÈTES, nom donné aux écrivains chrétiens du IIe siècle qui présentèrent aux empereurs des apologies de la religion.

APOSTASIE. Ce mot, qui signifie changement de religion, s'applique plus particulièrement à l'action de quitter la religion catholique pour en embrasser une autre.

APOSTOLE. Impôt que les patriarches juifs levaient dans les provinces par le ministère de receveurs qu'ils nommaient apôtres.

APOSTOLIQUES (lettres). Nom donné aux documents émanés du pape, tels que lettres, privilèges, nominations, rescrits, monitoires, grâces, jussions, constitutions ou jugements. Les lettres apostoliques se divisent en quatre classes : les bulles, les brefs, les *motu proprio* et les signatures de la cour de Rome.

APOSTOLIUS (Michel), né à Constantinople, mort vers 1480. Il fut un des laborieux copistes de manuscrits anciens qui, par leurs modestes travaux, sauvèrent les lettres du naufrage. Il nous a laissé plusieurs ouvrages manuscrits.

APOTHÉOSE. Elévation d'un mortel au rang des dieux. Les Romains, au temps même de la république, déifiaient tout proconsul qui avait rendu ses administrés heureux, et lui élevaient un temple. Romulus et César furent les deux premiers souverains à qui on décerna cet honneur.

APOTRES, c'est-à-dire *envoyés*. Titre que l'on donne aux douze disciples de J.-C. qu'il envoya prêcher son Évangile et propager la foi par toute la terre. On doit aux apôtres le symbole qui porte leur nom et qui contient les principaux articles de foi.

APOTRES (ordre des), fondé en 1260 par Sagarelli de Parme. A leur début, ils imitèrent les apôtres de J.-C. par leur pauvreté et leurs prédications. Ils furent supprimés par la force en 1307, à cause de leurs débauches et des orgies auxquelles ils se livraient.

APPARENCE. On appelle ainsi la surface extérieure du corps en ce qu'elle affecte d'abord les sens et l'imagination. Il y eut un philosophe de l'antiquité qui prétendait que tout ce qui environnait l'homme, n'était que des apparences, et que les qualités sensibles des corps n'existaient pas.

APPARITION. On appelle ainsi la manifestation d'un être surnaturel, n'appartenant pas ou plus à l'ordre physique. Parmi les apparitions célèbres, nous citerons celle du mauvais génie de Brutus, venant le visiter la veille de la bataille de Philippes et lui prédisant sa fin prochaine; l'apparition du diable à Luther. Deux apparitions qui se rattachent à notre histoire nationale, sont celle qui causa la folie de Charles VI et celle des *bonnes dames* qui décidèrent Jeanne Darc à aller trouver Charles VII.

APPEL, en droit français, signifie une voie ouverte à une partie qui, se croyant condamnée à tort par un tribunal inférieur, a recours à un tribunal supérieur pour lui demander la réformation du jugement qui la lèse dans son intérêt. L'appel est ou principal ou incident : l'appel principal est celui qui est formé le premier; l'appel incident est celui qui est formé par le défendeur à l'appel principal.

APPEL MILITAIRE. Action d'assembler les soldats afin de s'assurer s'ils sont tous présents.

APPEL A ROME. A Rome sous la république, les condamnés criminels appelaient de leur sentence devant le tribunal du peuple, réuni en comices. Valérius Publicola fit consacrer ce droit, auquel des hommes, aimés du peuple, ou poussés au meurtre pour servir leur patrie, ont dû leur salut; ainsi Horace qui tua sa sœur, pleurant son amant Curiace, ne fut condamné par le peuple, grâce à l'appel, qu'à passer sous un poteau qui s'appela par la suite *poteau de la sœur*. Les tribunaux n'ayant pas de hiérarchie en matières civiles, ce recours n'existait pas dans cette partie, mais on créa les tribuns qui en tinrent lieu avec leur terrible *veto*, ou empêchement à l'exécution d'un jugement. L'appel civil ne s'introduisit à Rome que sous la législation impériale.

APPEL AU MOYEN AGE. Sous le régime féodal, malgré les capitulaires de Charlemagne, une grande obscurité enveloppait les lois et les coutumes; de sorte que les seigneurs rendaient la justice selon leur bon plaisir; de là l'origine du duel judiciaire ou jugement de Dieu, manière prompte, mais souvent injuste et toujours cruelle, de régler un différend. Le peuple, jugé par ses pairs ou égaux, avait recours à son seigneur, les seigneurs à leur suzerain et les suzerains au roi; mais un roturier, par suite de son manque de noblesse, ne pouvait jamais en appeler de l'injustice de son seigneur. Sous Philippe-Auguste, il y avait l'appel de défaut de droit au plus puissant seigneur, en cas de déni de justice, l'appel en faux jugement qui se terminait, devant un juge (seigneur) supérieur par un combat entre le condamné et le juge accusé de déloyauté. On trouve encore des restes de cette législation barbare au XIVe siècle. C'est saint Louis qui, le premier, en 1260, fit cesser ces moyens de rendre la justice et introduisit peu à peu dans tout son royaume l'examen des preuves des parties; c'était là un grand pas de fait vers la conquête d'un corps de lois, composées par des hommes compétents et non plus rendues, au nom de Dieu, avec l'épée. Les appels se firent dans la hiérarchie seigneuriale, inférieur à un seigneur immédiatement supérieur, celui-ci à son suzerain, et ainsi jusqu'au roi. Le siège où ces appels se rendirent, fut le parlement, où l'on condamnait le juge qui avait mal jugé. Enfin, la révolution de 1789 vint modifier tous ces degrés de juridiction : basse, moyenne, haute justice, prévôtés, vigueries, bailliages, présidiaux, cours souveraines, etc., en renversant le vieil édifice de la féodalité. Elle donna enfin un corps de lois, et maintenant, grâce à des principes fixes, on sait où en appeler d'un jugement ou d'un arrêt regardé comme fait à tort.

APPEL COMME D'ABUS. Après l'établissement du christianisme, l'Eglise jouit sous les empereurs romains et sous la féodalité, malgré de nombreux efforts du peuple pour s'affranchir de cette autorité, d'une grande influence dans les affaires judiciaires et même dans les affaires civiles. Par l'appel comme d'abus, on facilita autant que possible cette tendance des laïques à secouer la puissance religieuse pour en appeler à l'autorité séculière. Ainsi, avait-on à se plaindre d'un jugement rendu par la juridiction ecclésiastique, on avait recours au pouvoir civil. Au XIVe siècle on en appela au pape, après au saint-siège apostolique, ou au concile, et parfois l'affaire retournait au conseil du roi ou au parlement, s'il y avait abus. Ces appels, anéantis, puis de nouveau édictés, ont beaucoup perdu de leur importance. Ils sont portés aujourd'hui devant le conseil d'Etat.

APPELDOORM, village de Hollande (Gueldre), arrond. d'Arnheim et à 28 kil. de cette ville. Pop. 5,900 hab.

APPENANS, village de l'arrond. de Baume-les-Dames (Doubs), à 18 kil. de cette ville. Pop. 230 hab. Son commerce consiste en l'exploitation du marbre.

APPENRODE, village d'Allemagne (Hanovre), à 8 kil. de Neustad. Pop. 300 hab. On y remarque la grotte dite *Keller*, c'est-à-dire cave.

APPENZELL, canton suisse, dont la population est de 54,900 hab. Il est enclavé dans celui de Saint-Gall, et à 45 kil. sur 26. Son climat est froid. Il possède des fabriques de mousselines brodées, de riches pâturages où on y élève des bestiaux. Ce canton est coupé par de nombreuses et hautes montagnes qui sont des ramifications des Alpes.

APPENZELL, ville de Suisse, située dans le canton du même nom, à 12 kil. de Troyon. Pop. 2,900 hab., tous catholiques. Elle est le siége de l'assemblée générale du canton. On remarque aux environs les bains fréquentés de Weissbad et l'ancien château fort de Claux.

APPERT (Charles-Nicolas), inventeur, qui obtint, aux expositions des produits de l'industrie de 1827-1834, des médailles et un prix de 2,000 fr. de la société d'encouragement pour son procédé de conservation parfaite des substances alimentaires pendant plusieurs années. Appert est mort en 1840, laissant un ouvrage sur sa découverte, intitulé : *Art de conserver toutes les substances animales et végétales*, 1810.

APPEVILLE dit *Annebaud*, bourg du dép. de l'Eure, à 13 kil. de Pont-Audemer. Pop. 1,080 hab. Il est remarquable par son église du XVIe siècle et par les restes du château d'Annebaud, bâti sur pilotis, par l'amiral Annebaud, premier ministre de François Ier.

APPIANI (le chevalier Andréa), peintre célèbre, né, en 1754, d'une noble famille de Milan. Il fut d'abord destiné au barreau par ses parents ; mais, déjà passionné pour la peinture, il se retira, pour échapper aux reproches de sa famille, chez les jésuites, qu'il quitta bientôt. Dès lors il se livra aux études de la peinture, en étudiant la manière des maîtres, à Parme, à Bologne, à Florence et à Rome, où il se lia avec des artistes distingués. S'étant fait une certaine réputation dans la peinture à fresque, il décora le palais de Monza et la coupole de Saint-Celse à Milan, sans toutefois négliger l'étude de la peinture à l'huile, de la musique et de la poésie. Au palais de Milan, il donna, en bas-reliefs, les victoires de Napoléon Ier. L'empereur le nomma son peintre, et chevalier de la Légion d'honneur. Appiani décora les plafonds de sujets mythologiques d'un chaud coloris et d'une grande pureté. Il a fait les portraits de presque toute la famille Bonaparte et de plusieurs maréchaux et généraux. Son plus beau tableau à l'huile se trouve dans la galerie du comte Sommariva et représente *Vénus et l'Amour*. Appiani, mourut d'une attaque d'apoplexie, en 1818; il était membre de l'Institut d'Italie, et correspondant de celui de France. On lui éleva un monument à Milan, en 1826.

APPIEN, né à Alexandrie. Il florissait, comme historien, sous les empereurs Trajan, Adrien et Antonin, c'est-à-dire dans le IIe siècle. Venu tout jeune à Rome, il se livra d'abord à l'étude de la jurisprudence, mais il abandonna bientôt la profession d'avocat et devint ensuite surintendant du palais des empereurs, peut-être même gouverneur d'Egypte. Dans son *Histoire romaine* en 24 livres, remontant jusqu'à la chute de Troie et allant jusqu'au règne de Trajan, on trouve séparément l'histoire de chaque peuple connu alors. Sa méthode manque de cohésion et offre une série d'événements que l'on ne peut saisir d'un seul coup d'œil. Plusieurs livres de cet important ouvrage, précieux monument de la puissance des divers Etats, de l'histoire, de la géographie et des mœurs de l'époque, ont été perdus. On remarque, dans ceux qui restent, les guerres civiles où il fait un tableau saisissant de vérité, des troubles sanglants et des proscriptions, les guerres d'Espagne d'Annibal, de Carthage, de Mithridate, etc. Sans Appien dont le style est pur et clair, nous serions privés de bien des renseignements sur l'empire romain.

APPIENNE (Voie). Route la plus ancienne et la plus connue, qui conduisait de Rome à Capoue ; elle fut construite sous la direction d'Appius Claudius Cœcus, qui lui donna son nom, et de Caïus Plautius Venox. La voie appienne était destinée à assurer la domination romaine sur toutes les populations italiques dont elle traversait les territoires, en permettant de transporter rapidement les troupes qui devaient réprimer les insurrections.

APPLAUDISSEMENT. Action de témoigner sa joie, son plaisir en battant des mains.

APPLEBY, ville d'Angleterre, cap. du comté de Westmoreland, à 370 kil. de Londres. Pop. 850 hab. On y remarque un château très-ancien qui fut rebâti, en 1686, et qui appartient maintenant aux comtes de Thanet. Important marché aux grains.

APPLECROSS, village d'Ecosse (comté de Ross), à 18 kil. de Jeantown. Il renferme un beau château.

Anson s'emparant d'un galion espagnol.

APPOIGNY, bourg du dép. de l'Yonne, à 10 kil. d'Auxerre. Pop. 1,720 hab. Il possède une source minérale ferrugineuse froide.

APRAXINE (Fédor-Matvéitch, comte), amiral, né, en 1671, en Russie. Il se distingua comme général, en repoussant les dernières troupes de Charles XII, à Ingrie, et en s'emparant de Viborg et de Carélie, et comme amiral de la marine russe dont il fut le véritable créateur, et qu'il commanda contre la Finlande à la terrible bataille navale d'Angout (1714). Cette campagne valut à la Russie la possession de l'île d'Aland. Plus tard, Apraxine souilla ses victoires par son avarice et ses honteuses manœuvres pour obtenir les vivres et les munitions de guerre (1715-1718); le czar Pierre le fit arrêter, mais il en fut quitte pour une amende et quelques mois de prison, car il rentra bientôt en grâce. La guerre recommençant contre l'Angleterre, l'Allemagne et la Suède, il reprit le commandement de la flotte et ravagea les côtes de la Suède. Cette campagne amena la paix de Nystadt. Apraxine se couvrit encore de gloire dans sa campagne contre la Perse, et mourut en 1728.

APRAXINE (Etienne-Fédorovitch, comte), petit-fils du précédent. Il fut nommé feld-maréchal des armées russes, après une campagne qu'il fit en Turquie sous Munich; plus tard, il s'illustra dans la guerre de Sept-Ans contre Frédéric le Grand (1756-1763). Apraxine, après la prise de Memel, vainquit le général Lehwald à la sanglante bataille de Jœgerndorf, qui faillit causer la perte de la Prusse; mais les intrigues du chancelier Bestucheff, qui voulut se rendre agréable à l'héritier d'Élisabeth mourante, Pierre III, admirateur de Frédéric le Grand, arrêtèrent, au grand étonnement de l'Europe, le vainqueur prêt à marcher sur Berlin. Bientôt Apraxine, accusé de trahison, passa devant un conseil de guerre, mais il se donna la mort avant la fin de cette affaire, qui était le résultat des intrigues de son adversaire (1760).

APREMONT, village du départ. des Ardennes, à 30 kil. de Vouziers. Pop. 650 hab. Il possède un haut fourneau.

APREMONT, village du cant. de Saint-Mihiel, arrond de Commercy (Meuse), et à 13 kil. de cette ville. Pop. 775 hab. Ce village était autrefois le ch.-l. d'un comté considérable de Lorraine.

APRÈS DE MANEVILLETTE (Jean-Baptiste-Nicolas Denis D'), né au Havre, le 11 février 1707, habile navigateur et savant hydrographe. Après de fortes études en géométrie et en astronomie, il montra ses capacités comme officier de vaisseau, en sauvant le *Maréchal d'Estrées*, sur le point de couler. Il a laissé le *Neptune oriental* (1745), qui contient des cartes, dont un grand nombre d'erreurs commises sur la Chine ont été rectifiées à l'aide des instruments à miroir, d'Hadley. Cet ouvrage, auquel aujourd'hui même il y aurait peu de chose à changer, est d'un grand secours dans la navigation; la seconde édition parut en 1775, in-fol., et a été suivie d'un supplément au *Neptune oriental*. Après de Manevillette est le premier qui ait calculé les longitudes d'après les distances du soleil à la lune. Il est encore auteur d'un ouvrage intitulé : *Description et usage d'un nouvel instrument pour observer la longitude, appelé le quartier anglais*. Après quelques autres voyages comme capitaine, de Manevillette, attaqué pour sa conduite dans plusieurs affaires, se retira du service; décoré de l'ordre de Saint-Michel par Louis XV, il mourut, le 1er mars 1780, directeur d'un dépôt de cartes et plans.

APRIÈS, roi d'Égypte, succéda à son père Psammis, en 594, et régna jusqu'en 569 av. J.-C. Il s'empara de Sidon et de Chypre. Ses sujets se révoltèrent contre lui, le déposèrent et élurent Amasis, qu'ils mirent à sa place.

APS, village du départ. de l'Ardèche, à 10 kil. de Viviers. Pop. 1,450 hab. Il fut le siège primitif d'un évêché, transporté en 411 à Viviers.

APT, anciennement *Apta-Julia*, sous-préfecture du départ. du Vaucluse, à 54 kil. d'Avignon. Pop. 4,350 hab. Cette ville possède un tribunal de première instance. On y remarque la vieille cathédrale et un pont romain jeté sur le Calavan, à 4 kil. de la ville. Son commerce consiste en truffes et fruits du Midi, en fabrication de faïences, en bougies et confiseries. Apt est une des plus anciennes villes de la Gaule, et quand César s'en empara (dernier siècle av. J.-C.), elle était la capitale des *Vulgientes*.

APULÉE, ou plutôt **APPULÉE** (LUCIUS APPULEIUS), écrivain et philosophe de l'école de Platon, né à Madaure, en Afrique, en 114, d'une famille illustre qui comptait Plutarque parmi ses ancêtres. Il se distingua d'abord à Rome comme avocat; mais, poussé par le besoin de s'instruire, il parcourut la Grèce, et ne parvint à rétablir sa fortune, détruite dans ses voyages, qu'en épousant Pudentilla, riche veuve; ce mariage le fit accuser de magie par les parents de sa femme, trompés dans leur espoir de succession. Apulée se tira à son honneur de cette affaire en prononçant une éloquente apologie qui nous est parvenue. A l'abri du besoin, il put dès lors se consacrer uniquement à l'étude des belles-lettres jusqu'à sa mort, arrivée en 190. Apulée a écrit de nombreux ouvrages qui ont eu plusieurs éditions, dont la plus estimée est celle d'Oudenhorp, Ruhken et Bosscha, 3 vol. in-4°, Leyde, 1786-1823. Son œuvre la plus connue est la métamorphose appelée l'*Ane d'or*, en 11 livres; c'est un roman ingénieux, composé dans le genre des fables milésiennes et imité du grec de Lucius de Patras, où l'on trouve l'épisode célèbre de Psyché, qui a tant inspiré le génie des artistes français; la Fontaine lui-même n'a pas dédaigné de l'imiter.

APULIE ou LA POUILLE, anciennement *Puglia*, province de l'ancienne Italie méridionale ou grande Grèce, située sur l'Adriatique. Elle comprenait la Daunie, la Peucétie, la Messapie, qu'occupaient des colonies grecques venues d'Arcadie et de Crète. Venusia, fondée par Diomède, Salapia, Canusium, Lucérie, avec un temple de Minerve, Siponte et Argos-Hippium étaient ses villes principales. L'Apulie forme aujourd'hui la Capitanate et une partie des terres de Bari, d'Otrante et de Basilicate.

Antigone et Œdipe.

APURE, rivière de la république de Venezuela, dont le cours est de 600 kil., et qui se jette dans l'Orénoque. Cette rivière donne son nom à une province de la république dont le chef-lieu est Achaguas.

APURIMACO, rivière du Pérou; prend sa source près d'Arequipa, au point de jonction des Andes du Pérou et des Andes du Chili, et, après un parcours de 900 kil., elle se réunit au Béni pour former l'Ucuyale.

AQUAPIM ou AQUAPIEM. Etat tributaire des Achantis, situé dans l'Afrique occidentale, sur la côte d'Or (Guinée).

AQUARELLE. Procédé de peinture sur papier, vélin ou même sur ivoire, dans lequel on emploie des couleurs délayées dans l'eau.

AQUAVIVA (Claude), célèbre général des

jésuites, né en 1545. Il succéda dans le généralat à François Borgia, duc de Candie et ancien vice-roi de Catalogne, et prit la direction de l'ordre dans des moments difficiles. Lainez, le prédécesseur de Borgia, avait étendu l'influence de l'ordre sur tous les points du globe, et, en moins de neuf ans, le nombre des membres de la Compagnie s'était accru de près de 3,000. Mais cette force, que Lainez avait su discipliner et diriger, déborda entre les mains faibles et inhabiles de Borgia, et dégénéra en une audace qui, abordant les régions de la politique, pouvait compromettre le salut de l'ordre. Forcés de quitter les Pays-Bas à cause de la résistance qu'ils opposaient à la révolution excitée par le despotisme de l'Espagne, les jésuites ne furent pas plus heureux en Portugal, où ils laissèrent percer un tel amour du pouvoir qu'une défiance universelle fut éveillée. Aquaviva résolut de mettre un frein à cet ordre de choses et de faire rentrer la Compagnie dans les règles primitives de son institution. Mais l'impulsion était donnée, et il était impossible de dompter cette association si forte : aussi tous les efforts d'Aquaviva furent nuls, et, grâce à son esprit de propagande, la Compagnie s'étendait en Espagne, en Portugal et en France, tandis qu'elle s'établissait en Allemagne, en Pologne, en Lithuanie, en Suède, en Hongrie, en Transylvanie, en Chine et au Japon. Ces succès effrayèrent, et l'ordre fut banni par la Suède, la Russie, la France et l'Angleterre. Néanmoins, les réformes introduites par Aquaviva eurent pour résultat de développer l'esprit de discipline militaire introduit dans l'ordre par Loyola, et d'établir un système de pondération qui, tout en assurant la force et le progrès de la Compagnie, devait maintenir l'esprit de propagande dans des limites telles, qu'il ne pourrait plus inspirer d'inquiétudes. Aussi les jésuites rentrèrent-ils, avec plus d'influence encore, dans tous les États d'où ils avaient été bannis. Aquaviva mourut en 1615.

AQUEDUC. On nomme ainsi une construction ayant pour but d'amener l'eau d'un point à un autre. Les plus anciens aqueducs sont dus aux Romains, qui ont laissé en France plusieurs spécimens curieux de ce genre de constructions; nous citerons, entre autres, l'aqueduc de Nîmes, dit le *pont du Gard*, construit par Agrippa, et qui avait environ dix lieues de longueur. La partie principale, qui est la mieux conservée, traverse la vallée profonde dans laquelle coule le Gard; on y fit, en 1743, quelques travaux de soutènement, et on y établit un pont qui fait partie de la route de Nîmes à Avignon.

AQUILA, architecte juif, né à Sinope, dans la province de Pont. Chargé par l'empereur Adrien de rebâtir le temple de Jérusalem, il embrassa la religion chrétienne et se fit baptiser; mais, excommunié pour s'être livré à l'astrologie, il embrassa le judaïsme et étudia sous la direction d'Akiba. Auteur d'une version grecque de la Bible (138), traduction littérale du texte hébraïque, il souleva d'abord les critiques; mais, plus tard, les Pères de l'Église eux-mêmes préférèrent sa traduction à celle des Septante. Origène en a donné des fragments dans ses Hexaples.

AQUILA, ville du royaume de Naples, chef-lieu de l'Abruzze ultérieure 2e, à 190 kil. de Naples. Pop. 8,000 hab. Siége d'un évêché. Cette ville fait un grand commerce de safran. Aquila fut fondée, en 1240, par Frédéric II; des tremblements de terre la dévastèrent plusieurs fois, et les Français s'en emparèrent en 1798. On remarque aux environs les ruines d'*Amiternum*, patrie de Salluste.

AQUILÉE, ville des États autrichiens (littoral), à 25 kil. de Goritz. Pop. 1,500 hab. Aquilée fut fondée par les Romains en 182 av. J.-C., et devint la capitale de la Vénétie. En 167 ap. J.-C., elle arrêta, par sa courageuse résistance, l'invasion des Alemans; Maximin périt en l'assiégeant, 238 ap. J.-C. En 452, elle fut prise et détruite par Attila, et en 1751 elle devint le siége d'un patriarcat catholique. Cette ville, presque dépeuplée aujourd'hui, avait 130,000 hab. du temps d'Auguste.

AQUILICES. On appelait ainsi, chez les Romains, les sacrifices que l'on faisait à Jupiter pour demander la pluie.

AQUILIFÈRE. Nom donné au porte-aigle d'une légion romaine. Il était primipilaire de la première cohorte, et son casque était couvert d'un mufle de lion, de loup ou d'ours dont la peau lui couvrait les épaules.

AQUILIUS (Manius), consul romain. Chargé de faire la guerre à Aristonic, roi de Pergame, il réduisit son royaume en province romaine (129 av. J.-C.). Pour triompher de la résistance qu'il rencontra dans ses projets de conquête de l'Asie mineure, il eut, dit-on, recours au poison qu'il faisait jeter dans les fontaines ou les puits des villes assiégées. Mithridate V, roi de Pont, qu'il avait appelé à son secours, lui réclama la Phrygie pour prix de ses services. Obligé de la lui céder, il fut à son retour accusé de trahison par P. Lentulus; mais il parvint à se justifier.

AQUILIUS NEPOS (Manius), général romain, consul et collègue de Marius (101 av. J.-C.). Il réussit à vaincre les esclaves révoltés en Sicile, en les prenant par la famine et en attaquant leur chef Athénion, qu'il vainquit. Profitant de cette victoire, les Romains massacrèrent les rebelles. Accusé et convaincu de concussion et de stellionat, Aquilius fut défendu par Antoine l'Orateur, qui le sauva en découvrant devant le peuple la poitrine de son client, couverte de glorieuses blessures reçues au service de la république. Envoyé en Asie pour arrêter le cours des conquêtes de Mithridate, roi de Pont, et pour secourir les rois qu'il avait vaincus, il fut battu plusieurs fois par ce prince, entre autres à Protostachium, et, fait prisonnier, il fut livré par les villes grecques. Il périt au milieu de tortures atroces, étouffé et brûlé par de l'or fondu qu'on lui avait versé dans la gorge, pour punir, disait le vainqueur, les Romains de leur cupidité.

AQUILIUS GALLUS (Caïus), avocat romain, renommé pour son éloquence et sa connaissance profonde du droit, dans lequel il introduisit la célèbre formule : *De dolo malo*. Aquilius, qui était de l'école de Mucius Scævola, fut l'ami de Cicéron, et préteur avec lui (66 av. J.-C.).

AQUILON, nom donné par les Romains au vent du N.-N.-E. Ce vent, très-froid en hiver, prenait en été le nom d'*étésien*, parce que la chaleur de la canicule le tempérait.

AQUILONIA, ville du Samnium. Papirius Cursor y remporta une célèbre victoire sur les Samnites, l'an 293 av. J.-C.

AQUIN ou AQUINO, anciennement *Aquinum*, ville du royaume de Naples (Terre de Labour), à 5 kil. de Ponte-Corvo. Pop. 800 hab. Elle dépend d'un évêque relevant immédiatement du Saint-Père. On y remarque des ruines romaines. Aquin fut la patrie du poëte Juvénal, du satirique mémoire. C'est près de là, à Rocca-Secca, que naquit saint Thomas d'Aquin.

AQUIN (île), une des Antilles, voisine d'Haïti.

AQUITAINE. Grande contrée des Gaules occidentales. Un lieutenant de César, Crassus, s'empara d'une grande partie de l'Aquitaine, en 57 av. J.-C. César lui-même, attiré par le désir de conquérir cette belle province, la soumit en détruisant Gergovie, sa ville principale (52 av. J.-C.). L'Aquitaine tomba en 419 au pouvoir des Visigoths, qui venaient d'envahir l'Italie, sous la conduite de leur chef Wallia; celui-ci choisit Tolosa pour sa capitale. Après la célèbre bataille de Vouillé (507), le roi des Visigoths, Alaric II, vaincu, fut forcé de l'abandonner à Clovis; en 628, Dagobert l'érigea en royaume d'abord, pour Aribert, son frère, et ensuite, en duché, en 631, pour Boggis, deuxième fils de celui-ci; mais ses ducs : Eudes, Hunald et Waïfre, ayant refusé de reconnaître l'autorité royale, Pépin le Bref ravagea l'Aquitaine, et Charlemagne la reprit en 769. Formée en royaume, Louis le Débonnaire la donna à son fils Pépin, en 814; Charles le Chauve la conquit ensuite sur Pépin II, en 848, et en investit, en 805, son fils Charles, qui eut pour successeur Louis le Bègue, de 867 à 877. Ce dernier, monté sur le trône de France, fit de l'Aquitaine un duché héréditaire qu'il donna à Rainulfe Ier, fils de Bernard, comte de Poitiers, qui changea alors son nom d'Aquitaine contre celui de Guienne, en 877. Cette province, à cette époque, comprenait les puissants fiefs d'Armagnac, de Fezenzac, de Périgord, de Poitou, d'Angoulême, de la Marche, et, plus tard, celui de Gascogne. Un instant réuni à la couronne de France par le mariage de Louis VII avec Éléonore, fille du dernier duc de Guienne, Guillaume X, l'Aquitaine en fut séparée par le divorce des deux époux, en 1152, et, plus tard, par l'union d'Éléonore avec Henri Plantagenet et par l'avénement de ce dernier à la couronne d'Angleterre, en 1154. Philippe-Auguste la confisqua sur Jean-sans-Terre, vers 1202, sous prétexte que celui-ci était son vassal. Par un scrupule peut-être exagéré, saint Louis la restitua, par le traité de 1259, à Henri III, roi d'Angleterre. Après avoir suscité plusieurs luttes, la Guienne, ou Aquitaine, fut définitivement réunie à la couronne de France, en 1453, sous Charles VII, par suite de la défaite complète des Anglais à Castillon. L'Aquitaine, que les Romains avaient nommée Aquitania (pays des eaux), ou Novempopulania (pays des neuf peuples), était l'une des plus grandes régions de l'ancienne Gaule; partagée en quatre parties, elle était bornée au S. par les Pyrénées et le golfe de Gascogne, à l'O. et à l'E. par la Garonne (Garumna). César recula ses bornes au N. et à l'E. jusqu'à la Loire, et Auguste jusqu'au Berri et au Bourbonnais actuels inclusivement (anciennement territoire des Bituriges Cubi). Vers l'an 369 ou 381, sous Constantin ou sous Dioclétien, elle fut divisée en trois parties : 1° Aquitaine première, dont la capitale était Avaricum (Bourges), et qui comprenait le Berri, une partie du Nivernais, le Bourbonnais, la Marche, le Limousin, l'Auvergne, le Rouergue, l'Albigeois, le Quercy, le Gévaudan et le Velay; 2° Aquitaine seconde, capitale Burdigala (Bordeaux), renfermant le Poitou, la Saintonge, l'Aunis, le Périgord, l'Agénois, l'Angoumois et le Bordelais; 3° et Novempopulanie ou Aquitaine troisième; capitale Lugdunum Convenarum (Saint-Bertrand de Comminges), comprenant la Gascogne, le Bazadais, le Condomois, la Lomagne, l'Armagnac, le Comminges, le Conserans, le Bigorre, une partie du comté de Foix, le Béarn, les Landes, le Marsan, le Tursan, le Gabardan, le Labourd, le pays de Soules et la Basse-Navarre. Cette dernière partie tirait son nom de Novempopulanie, des neuf principaux peuples, descendants des anciens Ibères chassés des Gaules par les Celtes, qui habitaient cette contrée : Tarbelli, habitant le pays de Béarn aujourd'hui; Ausci (Armagnac); Arverni (Auvergne), Bituriges Vivisci (Bordelais), Pictones (Poitou), Lemovices (Limousin), Cadurci (Quercy), Convenæ (Comminges) et Bigorrones (Bigorre). — Les villes principales étaient : Burdigala (Bordeaux), Aquæ Taberlicæ (Dax), Cadurci (Cahors), Tolosa (Toulouse, devenue capitale sous le règne des Visigoths), Gergobia (Gergovie, détruite par César), Lactora (Lectoure), Eluza (Eauze), Consoranni (Conserans), Turba (Tarbes), etc. — Plusieurs de nos départements actuels se sont formés, complétement ou en partie, de l'Aquitaine, ou plutôt de la Guienne; ce sont : le Gers, les Landes, l'Ariége, les Hautes et les Basses-Pyrénées, la Haute-Garonne, le Lot, la Garonne et la Gironde.

ARA le *Beau*, prince d'Arménie, descendant de la dynastie des Haïganiens, fils et successeur d'Aram ; il fut l'ami de Ninus, roi d'Assyrie, qui lui avait envoyé, ainsi qu'à son père, les insignes de la royauté. Pendant son règne, il rechercha surtout le bonheur de ses sujets, qui, par reconnaissance, donnèrent à la plus grande province de l'Arménie le nom d'Ararad, tiré du nom de ce prince. La belle et célèbre reine d'Assyrie, Sémiramis, conçut une grande passion pour lui et lui proposa même de partager son trône ; Ara repoussa ses offres, et la grande reine outragée leva une armée et s'avança contre l'Arménie, en recommandant, toutefois, d'épargner le dédaigneux objet de sa passion ; mais Ara fut trouvé parmi les morts, et son royaume passa alors sous la domination de Sémiramis.

ARA PALLADIS, c'est-à-dire *autel de Minerve*, île située sur la côte de l'ancienne Éthiopie, dans le golfe Arabique.

ARABAT (flèche), presqu'île qui se rattache à la Crimée.

ARABIE. L'histoire de l'Arabie, une des premières contrées habitées, ne nous est pas bien connue jusqu'aux premiers siècles ap. J.-C., sans doute par cette raison que les Romains, qui trouvaient toujours des historiens pour enregistrer leurs conquêtes, ne purent en soumettre qu'une faible partie, c'est-à-dire l'Arabie Heureuse, sous Trajan. Les peuples les plus célèbres qui l'habitèrent furent les Moabites, les Madianites, les Amalécites, les Ammonites, etc. ; tribus d'abord nomades, divisées en deux races, reconnaissant pour fondateurs de leur puissance Cahtan Yecton (dans l'Écriture Sainte), et, plus tard, Adnan, descendant d'Ismaël, qui se réunirent pour résister aux invasions de leurs ennemis et prirent, dès lors, la dénomination générique d'Arabes. Depuis longtemps déjà, une dynastie, qui prit le nom d'Himyarites, d'Himayer son fondateur, arrière-petit-fils de Cahtan, s'était établie dans l'Arabie, et Toba, comme Pharaon chez les Egyptiens, devint le titre générique de ces princes, qui gardèrent le pouvoir jusqu'à la conquête de l'Yémen par les Abyssins, en 570 ap. J.-C. Un de ces rois appartenant à la religion chrétienne, Abraha, voulut s'emparer de la caba des Arabes, mais son armée fut battue et dispersée. Les Himyarites furent forcés de se disperser dans les autres provinces presque désertes de l'Arabie, par suite de la rupture de la célèbre digue de Sel-al-Arim, établie par Locman, de la race des Adites, pour régler le cours des eaux provenant des torrents. Cette émigration forcée fut le principe de deux royaumes, celui d'Hira, dans l'Irak, et celui de Ghaçan, en Syrie, et de la souveraineté des Khosaïtes à la Mecque, qui furent plus tard chassés par les Djozomites, ou adorateurs des idoles. Une nouvelle dynastie, celle des Coraychites, s'empara du pouvoir en 440, et le garda jusqu'à la venue de Mahomet, qui fut le véritable fondateur de la puissance arabe, en la développant et en lui donnant pour mission de propager les principes de sa nouvelle religion, l'islamisme (622). Le prophète, après avoir renversé toutes les religions qui régnaient dans la caba, se servit du fer et du feu pour imposer ses croyances, qui se répandirent rapidement en Arabie, en Syrie, en Egypte, en Perse, au nord de l'Afrique, en Espagne, dans les îles indiennes et jusque dans la Chine, grâce à ses successeurs, qui continuèrent son œuvre. Ces farouches guerriers se ruèrent sur toutes les parties du monde connu et firent trembler l'Europe entière, car il semblait que rien ne pouvait entraver leur marche triomphante à travers les peuples effrayés et vaincus. La France seule eut la gloire d'arrêter leur invasion, en 721. Mais bientôt cet immense empire, fondé dans un fiévreux transport religieux, avec le glaive et la flamme, perdit son unité religieuse et politique établie par Mahomet. Après les célèbres kalifes, Abou-Bekr, Omar, Othman, ce corps gigantesque se disloquait au milieu des dissensions et des luttes suscitées par les rivalités. A Bagdad, les Abassides triomphaient des Ommiades (759); les Aglabites à Kairwan (800) ; les Toulorinides (883), les Fatimites en Egypte (909) et les Ommiades, refoulés en Espagne, à Cordoue, arboraient le drapeau de l'indépendance. Vers le XIIe siècle, cet empire éphémère était passé aux mains des Maures d'Afrique et d'Espagne, aux Turcs et aux Mongols d'Orient ; l'Arabie même n'appartenait plus aux descendants de Mahomet; elle résista aux invasions des Mongols, des Tartares, des Turcomans. Au XVIIe et au XVIIIe siècle, les Wahabites essayèrent, mais sans beaucoup de succès, d'y asseoir leur puissance avec leur chef Adoul-Wahhab, guerrier et prophète, mais Méhémet-Ali, pacha d'Égypte, les refoula dans le Nedjed, leur patrie. Aujourd'hui, l'Arabie est indépendante, à l'exception d'une grande partie de l'Hedjaz, qui appartient à l'Égypte, sous la protection de la Turquie. Lors de leur conquête, les Romains avaient divisé l'Arabie (*Arabia*) en trois parties : l'Arabie Pétrée au N. O., l'Arabie Déserte au centre et à l'E., et l'Arabie Heureuse au S.-O.; mais les indigènes, s'ils ont connu cette division, ne l'ont pas respectée, car ils partagent leur vaste pays en cinq parties : 1° l'Hedjaz, qui, comprenant l'Arabie Pétrée et une portion de l'Arabie Heureuse, et s'étendant le long de la côte N.-O., a pour cap. la Mecque, siége du chérifat, où se trouve le tombeau de Mahomet, et pour ville principale, Médine. C'est dans les déserts de l'Arabie Pétrée que les Israélites errèrent pendant 40 ans, dans les environs de l'isthme de Suez et de la Palestine; 2° l'Yémen, qui, renfermant le reste de l'Arabie Heureuse, occupe le S.-O. de la péninsule et comprend l'imanat de Sana, le pays d'Aden, l'Hadramant et le désert du Mahrah; la capitale est Sana, résidence de l'iman; certains districts appartiennent à des cheikhs; 3° l'Oman, situé au S.-E, où se trouvent divers territoires et l'imanat de Mascate, cap. Mascate, ville principale Rostoq; 4° le Bahreyn ou Lhahsa, ou Hesse, l'E., où s'étend une longue plaine pierreuse; 5° le Barria, ou Nedjed, dont la cap. est Deraya, et qui comprend les vastes déserts du centre de l'Arabie. L'Arabie, peuplée d'environ 12 millions d'habitants, une des plus considérables contrées de l'Asie occidentale, située entre le 12° et le 34° deg. de lat. N., le 30° et le 57° deg. de long. E.; bornée à l'E. par le golfe Persique et le détroit d'Ormus, au S. par le détroit de Bab-el-Mandeb ou Mer d'Oman, à l'O. par la Mer rouge et l'isthme de Suez, et au N. par la Palestine et la Syrie, où se trouvent d'immenses déserts, est une vaste péninsule dont la partie septentrionale renferme les monts Sinaï et Horeb; l'Yémen est très-montagneux au S.-O. Les fleuves, peu nombreux, n'y ont pas un long parcours; on y remarque le Méidam et le Chabb. Le Nedjed offre, sur son plateau, quelques lacs d'ailleurs peu importants. La plus grande partie de l'Arabie septentrionale est couverte d'un sable brûlant que soulève le souffle mortel et empoisonné du simoun. En revanche, les parages maritimes sont très-fertiles, surtout pendant la saison des pluies; ils produisent des plantes aromatiques et des épices, le café connu sous le nom célèbre de Moka, l'aloès, le baume, l'encens, les perles, le coton, le cocotier, le grenadier, le maïs, le dattier, etc. Les chevaux y sont d'une rare beauté et d'une grande intelligence; on y trouve aussi les chameaux, que les Arabes, en raison des services qu'ils en reçoivent, appellent les *vaisseaux du désert*, des moutons à grosse queue, des buffles, etc., et dans les sables du nord, des bêtes féroces et des insectes nuisibles. Les Arabes, petits, nerveux et basanés, graves, toujours prêts à piller, par suite de leurs habitudes nomades, ont tous les signes distinctifs de la race sémitique. Les habitants du Hedjaz reconnaissent le protectorat de la Turquie, mais les Bédouins indépendants sont gouvernés par des cheikhs (vieillards); ils professent l'islamisme et sont soumis à la loi du Coran, qui est non-seulement un corps de doctrines religieuses, mais qui contient encore des lois civiles, militaires, politiques et criminelles. Cette religion, répandue autrefois dans l'Orient romain, en Perse, en Égypte, en Afrique, en Espagne, dans l'Archipel indien, en Chine, en Tartarie et en Sibérie, a perdu aujourd'hui beaucoup de son ancien prestige. Les Arabes, dès la plus haute antiquité, ont fait faire de grands progrès aux mathématiques, à l'astronomie, à la physique et à la philosophie, en les analysant, en les commentant et, surtout, en dissipant les ténèbres dont elles étaient enveloppées. On leur doit de nombreux ouvrages de géographie (système de Ptolémée développé), d'histoire, de philosophie, d'après les doctrines d'Aristote, et de poésie, dont les *Sept moallaquâts*, les *Makomats* (séances littéraires) et les *Mille et une Nuits* sont les plus beaux monuments. La poésie arabe primitive est d'une majestueuse simplicité, qui parfois s'élève jusqu'au sublime; elle atteignit son apogée sous les Abassides, mais elle perdit peu à peu son caractère original lorsqu'elle voulut s'étudier et rechercher les effets; aujourd'hui, pour dissimuler sa décadence, elle recherche par les métaphores à remplacer la naïve inspiration qui l'animait autrefois. Avant Mahomet, les poëtes récitaient leurs vers dans les fêtes, et les vainqueurs voyaient leurs poëmes écrits en lettres d'or au-dessus des portes de la Caba. Les Arabes citent avec orgueil les noms des sept poëtes auteurs des *moallaquâts*, de Caab, de Nabéga, de Chanfara, de Akhtal, de Farasdaq, de Djérir, de l'auteur des *Makomats*, des *Mille et une Nuits*, etc. En médecine, ils avaient adopté la méthode de Galien et ont fourni des médecins distingués qui, la plupart, se sont également illustrés dans d'autres sciences, et parmi lesquels nous citerons les deux Mesne, Haly, Rhazès, Isaac, Avicenne, Albucosis, Avinzoar, Averrhoès, Algazel, etc. L'astronomie a été cultivée avec succès par les Arabes, et leur kalife, Al-Mamoun, ordonna, en 840, de construire des instruments pour perfectionner cette science. Comme astronomes, ils ont Mohammed-Ben-Geber, Albategnè, etc. En philosophie, ils s'appliquèrent à commenter, à éclaircir les maîtres en les traduisant : Euclide, Archimède, Apollonius, Ptolémée, et surtout Aristote. Les philosophes Alfarabi, Algazali, Alkendi, Avicenne, Averrhoès, etc., leur font honneur. En jurisprudence, ils ont l'*Hédaya* (guide), qui est le corps le plus complet de leurs lois, tirées principalement du Coran et des coutumes arabes, traduit en anglais par Hamilton. Hadji-Khalfa prétend que les Arabes avaient écrit plus de 1300 ouvrages d'histoire, mais presque tous nous sont inconnus. Les grammairiens, les commentateurs, les scoliastes sont très-nombreux; quant aux arts, le Coran ne les protégeant pas, ils n'ont été cultivés que par les Arabes d'Espagne ou Sarrasins. Cependant on retrouve encore en Arabie des restes de monuments, temples, mosquées ou pa-

ARA

lois qui prouvent que cette nation possédait également le goût de l'architecture. Ils cultivèrent la musique avec quelque succès, et Alfarabi a laissé un écrit sur cet art. En physique, nous devons aux Arabes l'invention des instruments pour distiller les eaux, et en mathématiques, notre système de numération et l'algèbre. Depuis longtemps, les Arabes, qui se plaisaient à recueillir chez eux les poëtes et les savants malheureux, sont retombés dans l'impuissance et dans leur ignorance, et c'est en vain que Méhémet-Ali a essayé de faire renaître en eux l'amour des belles-lettres, des sciences et des arts.

ARABITÆ ou **Arabites**, tribu de la Gédrosie qui habitait une contrée maritime, située près de l'embouchure de l'Indus, c'est-à-dire la partie sud du Lous, petite province du Béloutchistan, et une portion de la région maritime du Sindhy, dans l'Hindoustan.

ARABUS, fleuve de la Gédrosie, aujourd'hui *Pouraly*, se jette dans l'Océan indien, à Soumiâny, ville du Béloutchistan.

ARACAN, contrée de l'Inde, appartenant à l'Angleterre, située sur la côte occidentale de la péninsule. Pop. 9,000 hab. Son commerce est assez actif, et consiste en la culture du riz. Son sol est très-fertile et possède de vastes forêts. On remarque, dans cette contrée, les ruines du palais des rois. L'Aracan forma un Etat libre jusqu'en 1783. Lorsque les Anglais l'enlevèrent aux Birmans, en 1824, elle avait alors 221,550 hab. La ville principale est Aracan, bâtie autour d'un fort.

Aracan (Archipel d'), groupe d'îles dans le golfe du Bengale. Les deux principales sont : Tchedoba et Tamri, et renferment plusieurs volcans vaseux.

ARACATY, ville du Brésil, dans la province de Ciara, et à 75 kil. de cette ville. Pop. 9,000 hab. Son commerce est très-actif, et consiste en moutons et en cuirs.

ARACHNÉ, c'est-à-dire *araignée*, fille d'Idmon, de la ville d'Hypæpa, en Lydie. Elle défia Minerve dans l'art de tisser, et fit une toile sur laquelle étaient représentées les amours des dieux. Minerve, jalouse, la frappa de sa navette. Arachné se pendit de désespoir, et fut métamorphosée en araignée.

Arachné (mont), en Morée. On voit, au pied de ce mont, un reste de pyramide de construction cyclopéenne.

ARACHOSIE, prov. de l'ancien empire de Perse, fait aujourd'hui partie du Caboul. Elle doit sa fondation à Sémiramis, et Alexandre y fonda une Alexandrie, appelée aujourd'hui Skandarie.

ARACHTHUS, fleuve de l'ancien Epire. Il prenait sa source au mont Lacmon, et se jetait dans le golfe d'Ambracie.

ARACK, boisson très-spiritueuse que les Indiens obtiennent par la fermentation et la distillation des sucs du palmier et du riz.

ARACKTSCHEJEF, général russe, qui par son amour de la discipline, sa sévérité et ses connaissances militaires, sut plaire à Paul Ier. Celui-ci, lorsqu'il monta sur le trône de Russie, lui donna le gouvernement de Saint-Pétersbourg; disgracié par suite de plaintes contre sa trop grande sévérité, Aracktschejef fut chargé, cependant, de diverses missions de confiance, notamment près du czarewitch Alexandre, soupçonné de conspirer contre son père. Après l'assassinat de Paul Ier, en 1801, il devint ministre de la guerre, et songea à établir des colonies militaires pour développer la puissance de l'armée russe et faire des économies par ce système peu dispendieux d'entretien des troupes. Les bords du Volkoff, d'abord, furent colonisés par de l'infanterie, et ceux de la Séguiska ensuite par de la cavalerie; enfin, l'on colonisa ceux du Bug et du Dniéper. Alexandre comprit parfaitement la pensée de son ministre dans sa création de soldats-cultivateurs, et le remercia plusieurs fois publiquement de ses services. A la mort du czar, Aracktschejef fut envoyé à Naples et éloigné des affaires publiques.

ARAD (Alt-) ou **Vieil-Arad**, ville forte de Hongrie, à 230 kil. de Bude. Pop. 13,800 hab. Siége d'un évêché et séminaire grec; possède un gymnase catholique. Commerce agricole.

Arad (Neu-), bourg de Hongrie, vis-à-vis d'Alt-Arad. Pop. 4,000 hab. Son commerce est très-actif.

Arad (Comitat d'), sur la frontière de Transylvanie. Superficie 5,950 kil. carrés. Pop. 230,000 hab. Son sol est très-accidenté et très-fertile, et on y rencontre des mines de cuivre, de fer et de beaux marbres.

ARADUS, **Arvad** ou **Arvadite** des Hébreux. Ile et ville de l'ancienne Phénicie, à 152 kil. de Sidon. Cette ville fut ruinée par les Arabes de Moaviah.

ARAFAT, montagne d'Arabie, à 24 kil. de Mekke. Les pèlerins musulmans viennent y faire leurs dévotions pendant le mois consacré à la visite des lieux saints.

ARAGO (Dominique-François), un des savants les plus distingués du XIXe siècle, né dans le département des Pyrénées-Orientales, à Estagel, le 26 février 1786, apprit à lire dans cette commune, et son père, ayant été nommé trésorier de la monnaie, à Perpignan, il fit des études sérieuses dans cette ville, travaillant avec ardeur, seul le plus souvent, et recevant à peine quelques conseils. Comme il le dit lui-même, le point de mire de son ambition fut d'entrer dans l'artillerie; il passa de brillants examens, et fut admis à dix-sept ans à l'Ecole polytechnique, dont il fut un des meilleurs élèves. Abandonnant la carrière militaire, Arago entra à l'Observatoire, où il travailla, avec M. Biot, à des recherches sur la réfraction des gaz. En 1806, ces deux savants, aidés des commissaires espagnols Rodriguez et Chaix, reprirent, en Espagne, le travail du prolongement de la méridienne, que la mort de Méchain avait interrompu. A Formentera, qui formait l'extrémité de leur arc dans le Midi, ils déterminèrent la latitude du méridien terrestre. Mais pendant les troubles d'Espagne, en 1808, Arago fut pris, à cause de ses travaux mêmes, pour un espion, et jeté en prison par les habitants de Mayorque, dans la citadelle de Belver, où il échappa à la mort en se sauvant à Alger, sur une barque, avec Rodriguez et trois matelots. Mais à son voyage pour revenir en France, le navire qu'il montait fut capturé par un corsaire espagnol de Palamos, et Arago fut conduit d'abord dans la forteresse de Rosas, et ensuite sur les pontons de Palamos, conservant toujours avec soin ses précieux manuscrits. Grâce, enfin, au consul d'Alger, M. Dubois-Thainville, il fut rendu à la liberté; mais, en faisant route vers Marseille, il fut jeté par la tempête sur les côtes de Bougie (5 décembre 1808), d'où il se retira à Alger, dans la maison du consul de France. Enfin, après divers événements, le savant débarqua à Marseille, le 2 juillet 1809, et le 18 septembre de la même année, il fut nommé, âgé de vingt-trois ans à peine, membre de l'Académie des sciences, en remplacement de Lalande, et, peu après, astronome adjoint au bureau des longitudes; puis remplaça Monge à l'Ecole polytechnique, dans sa chaire d'analyse appliquée à la géométrie. Le 7 juin 1830, Arago succéda à Fourier comme secrétaire perpétuel de l'Académie pour les sciences mathématiques, mais il abandonna dès lors sa chaire de professeur à l'Ecole polytechnique; ses éloges académiques se distinguent par leur impartialité, leur clarté, et forment en quelque sorte l'historique de la science. Il eut pour amis les hommes les plus distingués : Humboldt, Faraday, Brewster, Melloni, Lagrange, qui l'avait deviné, Biot, etc., et fut membre de toutes les académies : de Berlin, où il succéda à Volta; d'Italie, où il fut nommé après Laplace. Homme supérieur, il ne tira jamais vanité des décorations que tous les princes s'étaient plu à lui donner. Sa carrière ne se borna pas aux sciences. A la révolution de 1830, Arago prit franchement parti pour la démocratie. Ami du duc de Raguse, il voulut user de son influence auprès du maréchal pour arrêter l'effusion du sang. Malgré la fusillade, il se rendit, avec son fils, aux Tuileries; où il obtint de Marmont cette réponse qui est devenue célèbre : « Une horrible fatalité pèse sur moi, il faut que mon destin s'accomplisse! » Après les événements de 1830, il fut envoyé à la Chambre par les électeurs des Pyrénées-Orientales. Siégeant à l'extrême gauche, un des premiers il parla du droit au travail, du besoin d'une réforme, de la nécessité de l'indépendance pour les électeurs et pour les élus, et se fit surtout remarquer dans les questions touchant à la marine, aux canaux, aux chemins de fer, aux forts et à l'instruction publique. Il fut élu président du conseil général de la Seine en 1848. A la révolution de Février, il fit partie du gouvernement provisoire, et devint ministre de la guerre et de la marine. Après la convocation de l'Assemblée constituante, il fut un des cinq membres choisis par cette Assemblée pour former la commission exécutive. Aux journées de juin 1848, on le vit exposer sa vie sur les barricades. Mais une si longue carrière avait brisé son énergie, et ses forces étaient détruites par excès de fatigue : son rôle politique était fini, membre de l'Assemblée législative, il demeura obscur. Le génie puissant d'Arago a embrassé toutes les connaissances humaines; mais où le savant a surtout brillé d'un splendide éclat, c'est par ses admirables découvertes en physique. Grâce à sa clarté et à ses facultés puissantes de rendre les choses évidentes, il a su étonner les savants eux-mêmes par sa profondeur, et instruire le peuple par la manière simple de présenter ses principes. En lumière, il détruisit le système de Newton et admit la théorie des ondulations, c'est-à-dire l'éther, fluide insaisissable, toujours en mouvement, transmettant les ondes lumineuses, ainsi que fait l'air pour le son. Ces ondes se produisent à la manière de celles que fait naître une pierre jetée dans l'eau, mais d'une façon insensible. Il renversait ainsi le système de l'émission directe des rayons lumineux. Inventeur de la polarisation colorée, d'un photomètre précieux, du polariscope, il démontra que la lumière n'émane ni d'un corps liquide, ni d'un corps solide, mais bien d'un corps gazeux. Arago expliqua la scintillation des étoiles, mesura le diamètre des planètes, aimanta une barre d'acier entourée d'une hélice par laquelle passait un courant électrique, découvrit le magnétisme par rotation, et prouva que tous les corps peuvent acquérir du magnétisme; que l'aiguille aimantée de Paris est sous l'influence des aurores boréales, et que l'inclinaison est sujette à diverses variations; il s'occupa aussi du niveau des mers, de la température, de l'air autour du pôle boréal, et fit, avec Dulong, des expériences sur la célèbre loi de l'abbé Mariotte. Ses précieux travaux se trouvent dans les Mémoires de l'Académie des sciences, dans les Mémoires de la Société d'Arcueil et dans les *Annales de physique et de chimie*, fondées avec Gay-Lussac. Parmi ses ouvrages les plus importants, on remarque : *Mémoires sur les affinités des corps par la lumière, et particulièrement sur les forces réfringentes des différents gaz*, en collaboration avec M. Biot. Paris, 1806, in-4°; *Mémoire sur l'ation que les rayons de lumière polarisés exercent les uns sur les autres*, avec Fresnel, 1819; *Recueil d'observations géodésiques, astronomiques*, pour déterminer la variation de la pesanteur et des degrés terrestres sur le prolongement du méridien de Paris, avec M. Biot, 1821, in-4°. On trouve, en outre, dans l'*Annuaire du bureau des longitudes* : *Sur les Chronomètres*, 1824; *Sur les quantités de pluie qui tombent à diverses hauteurs au-dessus du sol*, 1824; *Sur la lune rousse*, 1827 et 1828; *De la rosée*, 1827 et 1828; *Sur les explosions des machines à vapeur*, 1830; *Notice sur les machines à vapeur*, 1830; *Sur les étoiles multiples*, 1833; *Sur les puits artésiens*, 1835; *Notice sur Herschell, sur le tonnerre*, 1838, etc. Ses œuvres complètes ont été réunies par M. Barral; Paris, 1856-1857, 14 vol. in-8°. M. Audiganne a écrit un ouvrage intitulé : *François Arago, son génie et son influence*. Paris, 1857, in-8°. François Arago est mort à Paris, le 2 octobre 1853.

ARAGO (Jean), frère du précédent. Il prit du service au Mexique, où il arriva au grade de général et mourut en laissant les souvenirs les plus honorables dans ce pays dont il avait contribué à fonder l'indépendance.

ARAGON, rivière d'Espagne, qui prend sa source dans les Pyrénées et qui, après un parcours de 180 kil., se jette dans l'Ebre près d'Afaro (Soria).

ARAGON (canal d'). Il fut commencé sous Charles-Quint, en 1528, sur le territoire de Fontellas, à 4 kil. de Tudela, et fut interrompu. Charles III le continua et rendit à l'agriculture 10,000 hect. de terrain; mais il n'est pas encore achevé. Sa longueur actuelle est de 115 kil.

ARAGON. L'Aragon, situé dans l'ancienne Tarraconaise, est la Celtibérie des anciens. Les Romains la possédèrent jusqu'en 470; les Visigoths y établirent alors un royaume qui, en 714, passa sous la domination arabe. Au IXe siècle l'Aragon était compris dans la Marche carlovingienne de Gascogne et, sous le nom de comté, appartint jusqu'en 1035 aux rois de Navarre. A la mort de Sanche III, dit le *Grand*, ses fils se partagèrent ses Etats; l'un d'eux, Ramire, fils naturel de Sanche, eut pour sa part cette contrée, qu'il érigea en royaume et qu'il agrandit par ses conquêtes. La dynastie qu'il fonda augmenta ses possessions de Sobrarve et de Ribagorza, et enleva aux Maures les villes de Huesca et de Saragosse, qui devinrent tour à tour les capitales du royaume (1096-1118).

1° ROIS DE LA DYNASTIE DE NAVARRE.

Ramire Ier	1035
Sanche Ramire	1063
Pierre ou Pèdre Ier	1094
Alphonse Ier, dit *le Batailleur*	1104
Ramire II, *le Moine*	1134

Après l'abdication de ce dernier roi, sa fille Pétronille prit le titre de reine, et son fiancé, Raymond Bérenger, comte de Barcelone, l'épousa, en 1151, et administra le royaume en son nom. Par ce mariage, l'Aragon s'augmenta du comté de Barcelone, en Catalogne, de l'autre côté des Pyrénées. Cette dynastie nouvelle, dite *Barcelonaise*, ajouta au royaume d'Aragon : la Provence, Montpellier, acheté à son seigneur; le Roussillon et la Cerdagne, les îles Baléares, d'où elle chassa les Zéreïdes (1229-1235), une grande partie du royaume de Valence conquise sur les Maures d'Espagne (1238), la Sicile, lors des Vêpres siciliennes (1282), une partie du royaume de Murcie (1305), et la Sardaigne, enlevée aux Pisans (1323-1326). Différentes provinces se séparèrent de ce royaume, de 1285 à 1409, mais elles furent définitivement réunies à la couronne sous Jayme II, roi de Majorque, à l'exception de Montpellier, qui fut vendu au roi de France, en 1349.

2° ROIS ET REINE DE LA DYNASTIE DE BARCELONE.

Pétronille avec Bérenger	1135
Alphonse II	1162
Pierre II	1196
Jayme Ier *le Conquérant*	1213
Pierre III	1276
Alphonse III *le Magnanime*	1285
Jayme II	1291
Alphonse IV	1327
Pierre IV	1336
Juan Ier	1387
Martin	1395
Interrègne	1410 à 1412

L'Aragon, augmenté de la couronne de Naples (1435), s'unit à la Castille par suite du mariage de Ferdinand, héritier du trône d'Aragon, et d'Isabelle, héritière de Castille (1469), à l'avénement de ce prince. Cette union fut affermie par Charles-Quint (1516). La couronne d'Aragon se composait alors de l'Aragon, du comté de Barcelone (Catalogne et Roussillon), le royaume de Valence et de Murcie, en Espagne, et des îles Baléares, de la Sardaigne et des Deux-Siciles.

3° ROIS DE LA DYNASTIE DE CASTILLE.

Ferdinand Ier	1412
Alphonse V	1416
Juan II	1458
Ferdinand II	1479

Charles-Quint, en 1516, réunit toute l'Espagne sous sa domination.—L'Aragon, dont la capitale est Saragosse, est une des douze capitaineries générales de l'Espagne; elle est bornée au N. par les Pyrénées, qui la séparent de la France; à l'E. par la Catalogne, à l'O. par la Vieille-Castille et la Navarre, et au S. par la Catalogne et la Nouvelle-Castille; elle est partagée en trois provinces : Saragosse, Huesca et Téruel. Ses montagnes sont à l'E. et au N.; le centre est aride et sablonneux; on y trouve les rivières suivantes : l'Ebre, le Gallego, le Xalon, le Guadalaviar, le Tage, etc. Le recensement de 1849 a donné 847,105 hab. sur une étendue de 40,000 kil. carrés environ. — L'Aragonais fut célèbre dans le moyen âge par la fierté de son caractère; son amour de la liberté et de ses priviléges ou *fueros*. On connaît les paroles que leur *justiza* ou justicier adressait à chaque nouveau roi en lui remettant la couronne : « Nous qui, séparément, sommes autant que toi, et qui, réunis, pouvons davantage, nous te faisons roi, à la condition que tu respecteras nos priviléges; sinon, non! » Le peuple s'imposait lui-même et nommait des cortès pour le gouverner. L'Aragonais est très-entêté; ce défaut a donné lieu à ce proverbe : « Donnez-lui un clou, il l'enfoncera avec sa tête plutôt qu'avec un marteau. »

ARAGON (Tullie D'), fille naturelle du cardinal Pierre Tagliavia d'Aragon et de la belle Giulia. Elle eut un prodigieux succès dans le monde, non-seulement par sa beauté, son élégance, son esprit, mais encore par ses talents de femme érudite, poëte et musicienne; elle eut de nombreux admirateurs et pour amis plusieurs hommes célèbres : le cardinal Hippolyte de Médicis, Bentevoglio, Pierre Manelli de Florence, le poëte Muzio, etc. La plus grande partie de sa vie s'écoula à Ferrare et à Rome, puis à Venise et à Florence auprès de la duchesse Léonore de Tolède. Elle a laissé de nombreuses poésies qui ne sont pas sans mérite. Tullie florissait dans le XVIe siècle.

ARAGONA, ville de Sicile, à 12 kil. de Girgenti. Pop. 6,500 hab. Elle est remarquable par son château et sa belle galerie de peinture et d'antiques. On voit aux environs le volcan vaseux de Maccaluba.

ARAGUAY ou ARAGUAYA, fleuve du Brésil, qui prend sa source dans la chaîne Seiada, et forme dans sa course l'île Sainte-Anne, longue de 350 kil. Après un parcours de 1,500 kil., il se jette dans le fleuve du Tocantins.

ARAKEL l'*Historien*, docteur arménien du XVIe siècle, né à Tauris (Perse). Il a fait l'histoire de son temps, de 1601 à 1662. Son style est simple et naturel.

ARAL (Mer ou lac d'), autrefois *Mer Bleue*, à 250 kil. de la mer Caspienne. Elle a 220 kil. de l'E à O. et 500 du S.-O. au N.-O. Son niveau est à 40 m. au-dessus de celui de la mer Caspienne; elle est très-poissonneuse et l'eau en est peu salée.

ARAM, cinquième fils de Sem. Il donna son nom aux *Araméens* ou habitants de la Syrie.

ARAM, prince d'Arménie, célèbre par sa vaillance. Il descendait de la famille des Haïganiens dont le chef descendait lui-même de Japhet, vainqueur du roi de Médie, Niou-kar, qu'il fit clouer par le front, et s'empara de son royaume. Parscham, prince de Babylone, ayant franchi la frontière de l'Arménie pendant l'absence de son roi, celui-ci, à son retour, dirigea ses armes contre lui, le tua et contraignit l'Assyrie à lui payer un tribut chaque année. Triomphant de tous ses ennemis, maître de la Cappadoce où l'un de ses gouverneurs fonda Mazaca, nommée depuis Césarée, il alla visiter Ninus, qui lui était hostile, parce que Haïg avait autrefois tué son aïeul Bélus; il conclut avec lui un traité de paix et en reçut les insignes royaux. Pendant un règne glorieux de 58 ans environ, ce prince étendit les frontières de son royaume, qui reçut le nom d'Arménie, du nom d'Aram qui laissa pour fils et successeur Ara le Beau.

ARAM (Eugène), savant anglais, fils d'un jardinier, naquit dans le comté d'York, à Ramsgill, dans le XVIIIe siècle. Poussé par la jalousie il assassina Daniel Clark, qu'il croyait l'amant de sa femme. Treize ans après, alors qu'il composait un dictionnaire comparé des langues celtique, anglaise, latine, grecque et hébraïque, qu'il avait apprises en vivant de ses leçons d'écriture et de latin, il fut poursuivi, condamné et exécuté pour ce crime à York, en 1759.

ARAMITS, ch.-l. de cant., arrond. d'Oleron (Basses-Pyrénées), et à 17 kil. de cette ville. Pop. 520 hab.

ARAMON, ch.-l. de cant. de l'arrond. de Nîmes (Gard) et à 29 kil. de cette ville. Pop. 3,400 hab. Il possède des fabriques de salpêtre, de poteries et de cordages.

ARAMONT (Gabriel de Lutz, baron D'), ambassadeur de France à Constantinople, né à Nîmes dans le commencement du XVIe siècle, fut, sous Henri II, ambassadeur de France de 1546 à 1558; François Ier ne sut pas profiter des talents politiques d'Aramont, qui voulait contrebalancer la puissance menaçante de Charles-Quint par une alliance avec Soliman II. Ce dernier aurait pu faire une utile diversion contre Naples et la Sicile, et diviser ainsi les forces de l'empereur. Celui-ci se récria contre cette alliance d'un roi chrétien avec le souverain des infidèles, non, comme il le prétendait, parce que c'était un scandale pour la religion, mais bien parce qu'il se sentait sérieusement menacé. D'ailleurs le pape Paul III avait été partisan de cette union, dont la France ne retira aucun avantage réel, par suite d'un malentendu; Aramont suivit plus tard Soliman dans sa campagne contre la Perse, et visita la Syrie, la Palestine et l'Egypte. Le secrétaire de cet homme d'Etat a laissé un compte rendu de ses voyages. Un comte allemand, Roquendolf, qu'il avait, par son influence, arraché à la prison du château des Sept-Tours, lui donna, par reconnaissance, les îles d'Or ou d'Hyères. Au retour de cette ambassade, qui n'eut aucun résultat, Aramont rentra dans la vie privée et mourut en Provence, en 1553.

ARAN (Val d'), vallée d'Espagne (Catalogne), située sur le versant N. des Pyrénées, près de la frontière de France. Elle a 55 kil. de long. sur 40 de larg. Pop. 7,350 hab. La Garonne et la Noguera prennent leur source dans cette vallée.

ARANDA (Emmanuel D'), né à Bruges, en 1602, fit un voyage en Espagne, où il passa la plus grande partie de sa jeunesse; mais, lorsqu'il voulut revoir sa patrie, il fut capturé par des corsaires, qui l'emmenèrent en Algérie. Après deux ans de captivité, il revint en Brabant, en 1642, et écrivit l'histoire de ses infortunes, précédée d'un aperçu sur les antiquités d'Alger.

ARANDA (don Pedro-Pablo-Abarco de Boléa, comte D'), ministre d'Espagne près d'Auguste III, roi de Pologne; naquit à Saragosse en 1716, d'une puissante famille d'Aragon. Aranda se distingua comme officier à la bataille de Campo Santo et comme ambassadeur à Dresde en 1765. Nommé capitaine général de Valence, il sut, par son courage et son énergie sauver Charles III et la royauté des suites de l'émeute dite des *chapeaux*. Le roi, pour le récompenser, l'éleva à la dignité de ministre, puis de président du conseil de Castille. Bon administrateur et partisan des idées nouvelles et philosophiques qui commençaient à travailler les esprits à cette époque, il expulsa les jésuites, sans doute d'après les inspirations du duc de Choiseul, son ami (août 1767). Après avoir fondé des établissements pour répandre et propager l'instruction dans le peuple, il protégea les sciences et les arts, réprima les abus des couvents et du droit d'asile, organisa la marine, fit faire un dénombrement exact de la population, embellit Madrid et veilla à la sûreté des habitants. Malgré ces actes, qui dénotaient un homme d'énergie et plein de zèle pour la chose publique, Aranda succomba dans la guerre que le clergé et les jésuites, alors retirés en Italie, lui avaient déclarée. Pour voiler sa disgrâce on le nomma ambassadeur en France; puis, rappelé en 1784, il reparut pendant quelques mois à la tête des affaires (1792), et à la mort de Charles III, au grand scandale de la cour, Manuel Godoï lui succéda au ministère. D'un caractère indépendant, Aranda avait déplu par sa liberté dans les discussions, et pour s'être déclaré, en plein conseil, opposé à la guerre contre la France; exilé dans ses terres, il mourut vers l'an 1793.

ARANDA DE DUERO, ville d'Espagne dans le royaume de Burgos et à 65 kil. de cette ville. Pop. 4,200 hab.

ARANJUEZ, ville d'Espagne, à 35 kil. de Tolède et à 49 kil. de Madrid. Pop. 3,650 hab. On y remarque un magnifique château, avec de délicieux jardins, qui est la résidence de printemps de la cour d'Espagne; il fut commencé en 1387 par le grand maître de l'ordre de Saint-Jacques. Un traité d'alliance y fut conclu en 1772 entre la France et l'Espagne contre l'Angleterre.

ARANYOS, rivière de Transylvanie qui se jette dans le Maros après un parcours de 150 kil. Elle roule des paillettes d'or.

ARANZI (Jules-César). Pour imiter les savants de son époque, il prit le nom latin d'Arantius; né, à Bologne, en 1530, il se distingua dans la chirurgie et dans l'anatomie, qu'il enseigna avec succès dans sa ville natale; il fit surtout d'importantes recherches sur le développement de l'embryon, sur les muscles, l'œil, l'oreille et les organes circulatoires. Son nom désigne même encore aujourd'hui les légers tubercules qui se trouvent au-dessus des valvules de l'aorte et de l'artère, qu'il décrivit avec soin.

ARAPILES, village d'Espagne près de Salamanque. C'est près de ce village que Marmont, par son imprudence, dut reculer devant Wellington le 22 juillet 1810. Cette bataille est devenue célèbre en Angleterre sous le nom de Salamanque; et en France sous celui des Arapiles.

ARARAT, aujourd'hui Agri-Dagh, montagne isolée de 5,350 m., située en Arménie, à 65 kil. d'Erivan. On croit, d'après la Bible, que c'est sur ce mont que l'arche de Noé s'arrêta.

ARAS, rivière d'Arménie (Russie d'Asie), prend sa source dans l'Arménie turque, à 35 kil. d'Erzeroum, et après un parcours de 690 kil., elle va se joindre au Kour.

ARATOR, poëte latin, né en Ligurie l'an 490 ap. J.-C., mort l'an 556. Il fut secrétaire et intendant d'Athalaric; et devint plus tard sous-diacre de l'Eglise chrétienne.

ARATUS, fils de Clinias, né à Sicyone vers l'an 272 av. J.-C. Echappé tout jeune aux meurtres dont se souillaient les tyrans de sa patrie, soutenus par Antigone Gonatas, roi de Macédoine, il se retira à Argos, où chaque jour il sentit grandir en lui la haine qui bouillonnait dans son cœur contre les tyrans qui opprimaient sa patrie, et le désir de conquérir la liberté. La plupart des villes grecques étaient divisées par des querelles intestines qu'envenimait à dessein le roi Antigone. Aratus songea d'abord à les affranchir du joug de leurs gouverneurs et à les réunir ensuite dans l'intérêt commun de la patrie. Agé de vingt ans à peine, il trouva des jeunes gens animés comme lui du désir de secouer un joug honteux, et qui, au mot de liberté, firent des prodiges de valeur; Sicyone fut délivrée en une nuit. Pour se procurer l'argent nécessaire à ses généreux desseins, Aratus envoya des tableaux à Ptolémée Philadelphe, connu par son goût éclairé pour les arts, et dès lors il put marcher vers son but constant : la création de la ligue achéenne, dont le but était d'affranchir les villes grecques du joug de l'étranger. Cette ligue devint puissante sous la direction d'Aratus, qui, maître de l'Acrocorinthe, que l'on nommait avec raison la clef du Péloponèse, vit bientôt Mégare Epidaure, Trézène se joindre à lui contre les Etoliens et le roi de Macédoine; à la mort de ce dernier, les Etoliens eurent des démêlés avec son fils, Démétrius II, et s'unirent, pour se défendre, aux Achéens dont l'influence libératrice s'étendit bientôt sur Mégalopolis, Argos, Hermione, Phliase et d'autres cités, telles que Munychie, Sunium et Salamine, qu'Aratus acheta à Diogène, leur gouverneur, en 229. Forte au dedans, cette ligue avait pour protecteur le roi d'Egypte, Ptolémée Philadelphe, qui tenait en respect les Macédoniens. Cependant, à partir de cette époque, la puissance des Achéens commença à décliner; Aratus voulut en vain lutter contre Sparte, excitée par Cléomène, dont les idées tendant à l'abolition des dettes et au partage des biens, trouvèrent de la sympathie dans le peuple; il essuya trois défaites successives en Arcadie contre les Lacédémoniens. Le résultat de ces échecs fut la perte de Mantinée, de Tégée et d'Orchomène. La paix fut proposée, mais Cléomène y mettait de telles conditions qu'Aratus préféra appeler à son secours Antigone Doson, auquel il donna le titre de généralissime de la ligue et lui rendit l'Acrocorinthe. Ce prince battit Cléomène à Sellasie (223), et parvint à s'emparer de Sparte, en se conduisant toujours d'après les conseils d'Aratus. A la mort d'Antigone Doson, son neveu et successeur Philippe III, homme débauché et cruel, ne pouvant supporter les conseils d'Aratus, dont la sévérité lui déplaisait, le fit empoisonner; il voulut ensuite se défaire du fils d'Aratus par le même moyen; mais la dose de poison, insuffisante pour le tuer, rendit ce malheureux jeune homme en proie à une folie furieuse. Les Achéens firent à Aratus de magnifiques funérailles et l'enterrèrent à Sicyone, ville qui était destinée à recevoir la dépouille des héros. Aratus, plutôt homme d'Etat que général, a laissé une histoire de son temps en 30 livres, fort estimée par Polybe pour sa clarté et sa véracité. Plutarque a écrit la vie de ce grand homme.

ARATUS, poëte de l'école d'Alexandrie, né à Soles, vers l'an 270 av. J.-C. Il quitta Ptolémée Philadelphe pour se retirer auprès du roi de Macédoine, Antigone Gonatas, et là il composa un poëme sur la physique, dédié à son nouveau protecteur, et divisé en deux parties: les *Phénomènes*, ensemble des connaissances d'alors sur la sphère céleste, figure et mouvement des constellations et des planètes; et les *Pronostics*, où il donne les signes propres à faire augurer le beau ou le mauvais temps.

ARAUCANIE, contrée de l'Amérique méridionale, située entre les Andes et l'Océan pacifique. Elle est habitée par les Araucans, qui forment une confédération de quatre Etats gouvernés par des chefs héréditaires. Ce peuple belliqueux, à demi civilisé, et que les Espagnols n'ont jamais pu soumettre, est très-fier d'avoir conservé son indépendance, qu'il est toujours prêt à défendre. Les Araucans s'adonnent à l'agriculture et élèvent de nombreux troupeaux de bœufs, de chevaux et de vigognes. On s'est beaucoup occupé, en ces derniers temps, de l'Araucanie, dont les naturels avaient élu pour roi M***, avoué de Périgueux; sous le nom d'Orllie Ier; celui-ci fut enlevé à ses sujets par suite d'une trahison des Chiliens, qui ne voyaient pas sans inquiétude ce pays se développer au contact de la civilisation.

ARAUCOS, petite ville du Chili, avec un fort; elle est située à l'embouchure du Tucapel. Cette ville fut élevée pour former une barrière contre les incursions des Araucans.

ARAXÈS, rivière de l'ancienne Perse; elle prenait sa source dans la Parétacène, passait à 13 kil. de Persépolis et se jetait dans le Médus. Cette rivière porte aujourd'hui le nom d'*Ab-i-bend-i-Emyr*, et se perd dans le grand lac salé de *Deria-i-Niriz*.

ARBACES, gouverneur des Mèdes pour Sardanapale, roi d'Assyrie. Indigné des mœurs efféminées de son maître, il se révolta et s'unit au chaldéen Bélénis pour lui enlever le trône. Sardanapale résista avec plus de courage qu'on n'eût pu lui en supposer; mais Arbaces, secondé par tous les officiers de l'armée, mit le siége devant Ninive, dont les murs furent abattus par un débordement du Tigre. Sardanapale, pour se dérober au sort qui l'attendait, se brûla dans son palais avec toute sa famille. Un partage suivit la prise de Ninive, et Arbaces obtint la Médie, qu'il érigea en royaume, dont Ecbatane devint la capitale, et, pendant 23 ans, son administration sage et modérée fit le bonheur de ses sujets. Il mourut vers l'an 734 av. J.-C.

ARBALÈTE (compagnies de l'), de l'arc ou de l'arquebuse. Ces compagnies, essentiellement bourgeoises et indépendantes, étaient très-nombreuses avant la Révolution. Réunies à cette époque à la garde nationale, elles ont à peu près complétement disparu, et si quelques-unes subsistent encore, c'est plutôt par exception. Nos voisins sont loin d'avoir négligé cette institution, qui peut fournir à l'occasion de bons tireurs; les chasseurs du Tyrol et les associations de la Suisse sont en quelque sorte des pépinières de tireurs; et nous n'avons rien de semblable à leur opposer. Il serait à désirer que l'on cherchât à organiser, dans les principales communes de France, des tirs qui, en fournissant chaque dimanche une saine distraction, habitueraient les jeunes gens au maniement des armes à feu.

ARBALÉTRIERS. Cette milice, dont il est question pour la première fois sous le règne de Louis le Gros, a joué un rôle important dans plusieurs batailles célèbres. Bien que défendue au deuxième concile de Latran, comme une arme trop meurtrière, l'arbalète vit pourtant son usage s'étendre, et surtout dans les villes du Nord : Rouen, Tournai, Paris, et plus tard à Laon, à Beauvais, à Compiègne, à Béthune, etc. On vit les arbalétriers, qui jouissaient alors d'une grande considération, jouer un grand rôle à la bataille de Bouvines, puis aider puissamment Philippe-Auguste à vaincre les Allemands, les Flamands, etc. (1214); ils combattirent à Marignan, sous François Ier, contre les Suisses et le duc de Milan (1515); à Mézières, sous les ordres de Bayard, qui arrêta pendant six semaines les troupes de Charles-Quint; à Saint-Quentin, avec Coligny, contre les Espagnols (1557); contre Condé, en 1653; au siége de Saint-Omer, d'Arras et de Dunkerque, sous Louis XIV. Ils eurent plusieurs grands-maîtres, dont le dernier fut Aymar de Prie (1534). Plus tard, on ne conserva les arbalétriers que pour veiller au bon ordre dans les villes.

ARBELLES, Arbil ou Erbil, ville de la Turquie d'Asie, à 66 kil. de Mossoul. Pop. 5,000 hab. Cette ville, appelée autrefois Arbela, était située dans l'Adiabène orientale, en Assyrie. Alexandre le Grand défit, dit-on, Darius III près de cette ville (331 av. J.-C.); d'autres prétendent que ce fut sur les bords du Bumadus, à 110 kil. d'Arbelles.

ARBIS, bourg du département de la Gironde, à 6,400 m. de Targon. Pop. 350 hab. On y remarque un château ayant appartenu aux seigneurs de Benauge.

ARBITRE, *arbiter*, citoyen que le préteur chargeait de juger, suivant sa conscience et non d'après la loi écrite, les causes dites de bonne foi; pour rendre son jugement, il ne siégeait pas au tribunal, mais il prenait place sur un banc. Ce terme a passé dans notre langue pour signifier : juge d'un différend nommé d'office par le tribunal, ou choisi à l'amiable par les parties elles-mêmes.

Arbitre (libre). On appelle ainsi la faculté que possède l'homme de faire ou de ne pas faire une chose, de faire le bien ou le mal, à sa volonté.

ARBOGA, anc. ville de Suède, à 50 kil. de Westeras. Pop. 1,200 hab. Commerce actif de fers, cuivre et bois.

ARBOGAST (Louis-François-Antoine), géomètre, né à Mutzigen (Bas-Rhin), en 1759. Professeur à l'école centrale de ce département, il devint membre de l'Institut de France et de l'Académie des sciences de Saint-Pétersbourg, puis recteur de l'Université de Strasbourg. Membre de l'Assemblée législative et de la Convention, il n'est connu que par le rapport qu'il fit sur le télégraphe de Chappe et par son vote tendant à ce que le roi Louis XVI fût retenu prisonnier jusqu'à la conclusion de la paix. Lorsqu'il abandonna les affaires publiques, il s'occupa de sciences et écrivit un ouvrage estimé sur l'uniformité des poids et mesures, intitulé : *Calcul des dérivations.* Il mourut en 1803.

ARBOGASTE, Gaulois de l'Aquitaine, un des meilleurs et des plus courageux officiers de Théodose. Il accompagna ce prince marchant au secours de Valentinien II, et guerroya avec succès dans les Gaules contre l'empereur Maxime (388). Nommé préfet du prétoire, il servit d'abord Valentinien, son nouveau maître, avec zèle; mais peu à peu il empiéta sur son autorité, et le fit étrangler par des eunuques; pour déjouer les projets de Théodose et saint Ambroise, qui étaient devenus ses ennemis. Pour dissimuler ses projets ambitieux, il donna le trône au rhéteur Eugène; mais Théodose profita de ce qu'Arbogaste était en guerre contre les Francs pour passer les Alpes juliennes. Arbogaste marcha à sa rencontre; mais, après quelques succès, Eugène tomba au pouvoir de ses ennemis et fut décapité; Arbogaste, perdant tout espoir, s'enfuit dans les montagnes, et se perça le sein de deux coups d'épée, en 394 ap. J.-C.

ARBOIS, ch.-l. de cant. de l'arrond. de Poligny (Jura), à 28 kil. de Lons-le-Saulnier. Pop. 5,550 hab. Patrie de Pichegru. Arbois fait un commerce considérable de vins rouges et blancs très-estimés.

ARBON, ville de Suisse, canton de Thurgovie, située sur le lac de Constance, à 14 kil. de Saint-Gall. Pop. 950 hab. Elle est remarquable par un ancien château des évêques de Constance et par quelques ruines.

ARBORLOWE, village d'Angleterre, comté de Derby. On y remarque un temple druidique fort curieux.

ARBRE GÉNÉALOGIQUE, nommé aussi Stemma. C'était une figure très-répandue chez les Romains : elle représentait un arbre d'où sortaient diverses branches indiquant les degrés de parenté, selon l'ordre chronologique; cet arbre était ordinairement dessiné sur le mur de l'atrium des familles romaines. Sous le régime féodal, les familles nobles conservaient leur arbre généalogique figuré sur des parchemins.

ARBRES DE LA LIBERTÉ. On donna ce nom, à la première révolution, aux arbres que l'on planta dans toutes les communes de France, et qui devaient grandir avec les nouvelles institutions. Cet usage fut renouvelé en 1848.

ARBRESLE (l'), ch.-l. de cant. de l'arrond. de Lyon (Rhône), et à 26 kil. de cette ville. Pop. 2,250 hab.

ARBRISSEL, village du départ. d'Ille-et-Vilaine, à 28 kil. de Rennes. Patrie de Robert d'Arbrissel, fondateur de l'ordre et de l'abbaye de Fontevrault.

ARBROATH, ville d'Ecosse, comté de Forfar, à 96 kil. d'Edimbourg. Pop. 15,000 hab. Elle possède des manufactures de toiles et des blanchisseries. On y remarque les ruines d'une magnifique abbaye fondée par Guillaume le Lion en 1778.

ARBUTHNOT (Jean), né près de Montrose en Ecosse, au village qui porte son nom, en 1658. Il se distingua non-seulement comme médecin, mais encore comme écrivain. Professeur de mathématiques, il se fit connaître par la publication de quelques traités sur les sciences, et devint médecin du prince Georges de Danemark et de la reine Anne, dont la protection lui fit obtenir une place au collége des médecins de Londres, en 1710. Lié avec Swift, Gay, Pope, etc., il obtint de légitimes succès dans les lettres par son *Essai sur les mathématiques*, dans lequel il démontre leur utilité pour habituer l'esprit à suivre une bonne méthode. Il composa plusieurs satires pleines d'originalité, entre autres *John Bull* ou le *Procès sans fin.* Cette première dénomination est restée depuis lors au peuple anglais. C'est un roman original, publié sous le nom de Swift, où Marlborough et le parti de la guerre sont tournés en dérision. Arbuthnot est mort vers 1735.

ARC ou Har, rivière du départ. des Bouches-du-Rhône. Après un parcours de 60 kil., elle se jette dans l'étang de Berre. Cette rivière est remarquable par ses crues considérables.

Arc. On appelle ainsi, en géométrie, toute portion de ligne courbe. On appelle *corde* d'un arc la ligne droite qui joint ses extrémités. La *flèche* de l'arc est la ligne droite qui tombe perpendiculairement sur le milieu de la corde.

Arc. Terme d'architecture, par lequel on désigne une construction dont le profil a la figure d'une courbe. On distingue : 1° l'*arc doubleau*, celui qui fait saillie au-dessous d'une voûte, et qui est destiné à la consolider; 2° l'*arc-boutant*, celui qui fait contrefort à l'extérieur d'une construction pour contenir la poussée des voûtes; 3° l'*arc en plein cintre*, celui dont le profil est un arc de cercle, et 4° l'*arc surhaussé*, qui est plus courbé qu'un arc de cercle.

Arc (Pont de l'), immense arcade naturelle de 30 mèt. de hauteur et de 60 de largeur. Il traverse l'Ardèche à 20 kil. au-dessus de son embouchure.

ARC-EN-BARROIS, ch.-l. de cant. (Haute-Marne), à 23 kil. de Chaumont. Pop. 1,100 hab. On y remarque un château qui appartenait à la maison d'Orléans.

ARC-SUR-TILLE, village du département de la Côte-d'Or, à 10 kil. de Dijon. Pop. 2,000 hab. On y trouve des carrières de marbre.

ARC DE TRIOMPHE, monument que les Romains élevaient à la gloire d'un général vainqueur. D'une grande simplicité dans le principe, ces monuments virent leurs proportions grandir peu à peu, et on les enrichit de tout ce que l'art avait de plus pompeux et de plus grandiose. Le portique, appuyé sur les deux marges de la voie, était couronné d'une archivolte et d'une tribune où se trouvaient des musiciens et des hommes portant des couronnes, ou quelquefois deux statues représentant la Victoire et offrant des palmes pour couronner le vainqueur. Les faces, fouillées en bas-reliefs, contenaient les images des batailles, des villes conquises, des victoires remportées, des dépouilles des vaincus, etc. A Rome, vers l'an 555, la voie Sacrée était spécialement attribuée à l'érection des arcs de triomphe et à la marche des vainqueurs; quant aux voies Flaminia et Appia, elles étaient consacrées à la rentrée victorieuse des troupes à Rome. Ces monuments, construits peu solidement et détruits après la fête, donnèrent aux Romains l'idée d'en construire en pierre et en marbre. Les plus célèbres sont : l'arc de Constantin, élevé en mémoire des victoires de ce prince sur Maxence; de Septime-Sévère, au pied du Capitole; de Gallien, construit, vers l'an 260, par Marc-Aurèle Victor; de Titus, élevé pour perpétuer le souvenir des victoires de cet empereur en Judée : il est un des plus beaux par ses proportions grandioses et par ses bas-reliefs, qui représentent les dépouilles sacrées de Jérusalem.

Arcs de triomphe. La coutume d'ériger des arcs de triomphe, essentiellement romaine et toute guerrière, a été imitée chez plusieurs peuples qui ont aussi consacré ces monuments à la gloire de leurs héros. — En France, nous devons citer l'Arc ou Porte Saint-Antoine, à Paris, élevé sous le règne de Henri II, en 1585; — l'Arc ou Porte Saint-Bernard, que la ville de Paris construisit en l'honneur de Louis XIV : ces deux arcs furent détruits à la Révolution; — l'Arc ou Porte Saint-Denis, que Paris fit élever en 1673, à l'occasion du passage du Rhin par Louis le Grand; — l'Arc ou Porte Saint-Martin, érigé en l'honneur de ce même roi lors de la conquête de la Franche-Comté et du Limbourg; — l'Arc du Carrousel, élevé à la gloire des armées françaises, sur le modèle des arcs anciens; — l'Arc de l'Etoile, un des plus beaux qu'on ait jamais vus; commencé dans des proportions colossales, d'après les dessins de M. Chalgrin, en 1806, il fut terminé sous le règne de Louis-Philippe et dédié à la gloire des armées de la République et de l'Empire. — L'Espagne possède plusieurs arcs de triomphe : à Mérida, à Santiago, à Alcantara, etc. Les Chinois ont également consacré la renommée de leurs hommes célèbres ou la mémoire de leurs événements fameux par des arcs de triomphe, qu'ils nomment *peyleou*, très-communs et construits en bois.

Arcs honoraires. On appelait ainsi les arcs élevés soit par des villes, soit par des particuliers, aux empereurs, pour perpétuer le souvenir de leurs exploits, de leur bonne administration ou de leurs travaux. Ils se distinguent des arcs de triomphe en ce que ceux-ci ne pouvaient être érigés qu'à Rome, seule ville de l'empire où le héros vainqueur pouvait triompher; les autres se trouvaient dans toute l'étendue de l'empire, et admettaient moins d'ornements que les premiers. Les principaux arcs honoraires sont ceux de Bénévent, élevé à Trajan; d'Ancône, au même prince; à Martiana et à Plautine; de Rimini, dédié à Auguste : il est regardé comme un des plus anciens; de Vérone, construit par Lucius Vitruve Cerdone; de Suze, au pied du mont Cenis, à Auguste, etc. Les Romains en ont élevé plusieurs dans les Gaules, surtout dans le midi : l'Arc de Saint-Remi; d'Orange, élevé, dit-on, à Marius, en souvenir de ses victoires sur les Cimbres, les Teutons et les Ambrons; de Reims, nommé aussi porte de Mars, érigé, selon les uns, en souvenir des routes établies par Jules César, et, selon d'autres, en mémoire de la campagne de l'empereur Julien en Germanie; de Besançon, de Saintes, etc. Il y eut aussi des arcs honoraires en Afrique, un entre autres à Thébesse, élevé à Septime Sévère.

ARCACHON (bassin d'), situé sur la côte occidentale de la France, à 56 kil. de Bordeaux; seul refuge des vaisseaux sur cette côte. Le bassin a 50 kil. de tour, et dans l'intérieur se trouve une île, nommée la Teste, de 5 kil. de circonférence.

ARCADE. On appelle ainsi une construction composée d'une série de colonnes sur la même ligne, et surmontées d'arcs dont la concavité regarde le sol. Beaucoup de villes ont des rues bordées par des arcades. A Paris on remarque celles de la rue de Rivoli.

ARCADELT (Jacques), un des plus savants musiciens du XVIe siècle, né dans les Pays-Bas. On a de lui trois livres de messes, des chansons et deux livres de madrigaux.

ARCADIE, province de l'ancien Péloponèse. Pop. 190,600 hab. Cette contrée montagneuse a des vallées bien arrosées, célèbres par leur aspect pittoresque, et renferme de nombreuses forêts. La royauté y fut abolie après la mort d'Aristocrate, vers 671 av. J.-C. Vers 632, elle entra dans la ligue achéenne, à qui elle donna Philopœmen pour chef. En 1204 ap. J.-C., elle passa sous la domination de Venise, et échut en 1470 aux Turcs, à qui elle appartient aujourd'hui.

ARCADIE, nom donné à la Moyenne-Égypte, au Ve siècle ap. J.-C., en l'honneur de l'empereur Arcadius.

ARCADIUS, fils de Théodose Ier et premier empereur d'Orient (395-408). Ce prince faible et vicieux abandonna l'administration de son empire à Rufin, à l'eunuque Eutrope et à l'impératrice Eudoxie, qui ne purent arrêter les progrès des Barbares. Il n'osa pas mettre un frein aux persécutions que sa cour suscita à saint Jean Chrysostome.

ARCAS, fils de Jupiter et de Calisto, qui régna sur la Pélasgie, à laquelle il donna le nom d'Arcadie. Il apprit à ses sujets l'art de cultiver la terre, ainsi que celui de tisser la laine. Se trouvant à la chasse, il allait percer de ses traits sa mère, changée en ourse, lorsqu'il fut métamorphosé également en ours par Jupiter. Si nous en croyons la Fable, ils furent placés tous deux au ciel, où ils ont formé la grande et la petite Ourse.

ARCÉSILAS, philosophe grec, né à Pitane, en Eolide, en 316, mort en 229 av. J.-C. Il niait la certitude des sensations. Arcésilas est le fondateur de la seconde académie.

ARCHAISME. Nom donné à l'emploi d'une tournure, expression, forme grammaticale d'une langue antérieure à une époque. Ainsi, par exemple, l'auteur moderne qui emploie des tournures du langage français du moyen âge, fait de l'archaïsme.

ARCHE D'ALLIANCE. On appelle ainsi le coffre dans lequel les Juifs conservaient les Tables de la loi, la verge d'Aaron et un vase rempli de la manne du désert. Il avait 45 pieds de long, était garni d'or et fermé par un couvercle d'or appelé propitiatoire. Ce coffre fut construit au pied du mont Sinaï, et fut confié à la garde de la tribu de Lévi. L'arche d'alliance fut déposée à Silo, puis à Sion, et de là fut transportée dans le temple de Jérusalem par Salomon.

ARCHÉLAUS, roi de Macédoine en 413 av. J.-C. Fils naturel de Perdiccas, il monta sur le trône après avoir assassiné plusieurs princes de sa famille; mais il se fit pardonner ses crimes par son administration, qui eut constamment pour but le bonheur de ses sujets. Protecteur des arts et des sciences, il sut attirer à sa cour les hommes les plus éminents de son époque : Euripide, Agathon, Xeuxis. Non content d'initier son peuple aux bienfaits de la civilisation, Archélaüs veilla aussi à sa prospérité. Il s'empara du port de Pydne, d'où ses ennemis pouvaient faire invasion dans son royaume, introduisit la discipline dans ses armées, fortifia les villes des frontières et créa une flotte. Un de ses favoris l'assassina vers l'an 398 av. J.-C.

ARCHÉLAUS, philosophe grec, né à Milet vers 444 av. J.-C.. Il fut disciple d'Anaxagore et enseigna à Athènes; il eut Socrate pour disciple.

ARCHÉLAUS, né à Cappadoce, fut un des meilleurs généraux de Mithridate; ennemi des Romains, il souleva la Grèce contre eux, lorsqu'il se fut rendu maître d'Athènes. Il éprouva deux défaites sanglantes, à Chéronée et à Orchomène, l'an 87 av. J.-C., en combattant contre les armées romaines commandées par Sylla. Ayant engagé Mithridate à faire la paix avec ses puissants ennemis, il devint suspect à ce prince et se retira à Rome, où il mourut respecté de ses vainqueurs.

ARCHÉLAUS, fils du précédent. Protégé par Pompée, il devint pontife de la déesse de Comana en Arménie, et l'allié des Romains; s'étant fait passer pour le fils de Mithridate, il épousa Bérénice ou, selon certains historiens, Cléopâtre, fille du roi d'Égypte; mais les Romains, pour rendre

Antoine montrant au peuple la robe de César.

la couronne à Ptolémée Aulète, dépouillèrent Archélaüs, qui périt dans une guerre contre Rome, défait par Gabinius (56 av. J.-C.).

ARCHÉLAUS, petit-fils du précédent. Grâce à l'impression que les charmes de sa mère avaient produite sur Marc-Antoine, il devint roi de Cappadoce; à Actium, il servit les intérêts du triumvir contre Auguste; mais, sous le règne de Tibère, auquel il avait dédaigné de rendre hommage, il fut dépouillé de son royaume, qui fut réduit en province romaine; il mourut l'an 17 de J.-C., à Rome, où il avait été attiré dans un piége et emprisonné.

ARCHÉLAUS, fils du roi de Judée, Hérode le Grand. Il monta sur le trône l'an 3 de J.-C., mais il ne régna que sur une partie des Etats de son père, et se vit bientôt privé de sa couronne pour avoir fait massacrer trois mille Juifs. Auguste l'exila à Vienne, dans les Gaules, où il mourut, l'an 6 de J.-C.

ARCHENA, ville d'Espagne (prov. de Murcie), à 22 kil. de cette ville. Pop. 1,950 hab. Elle possède des sources minérales et des bains qui sont très-fréquentés.

ARCHENHOLZ (Jean-Guillaume D'), capitaine et historien estimé, né à Dantzig, en 1745. Il servit, en Prusse sous Frédéric II, dans la guerre de Sept-Ans; mais sa passion effrénée pour le jeu le força de donner sa démission de capitaine; il fit de nombreux voyages en Europe, à Dresde, à Leipzig, à Berlin, à Hambourg, etc. Homme instruit et observateur, il s'adonna aux belles-lettres et obtint de grands succès en se rendant populaire, grâce à son habileté à suivre la mode et le goût du jour. Ses principaux ouvrages sont: l'*Angleterre et l'Italie*, qui a eu de nombreuses traductions dans plusieurs langues; les *Annales de l'Angleterre depuis 1788*; l'*Histoire de la guerre de Sept-Ans*; l'*Histoire de la reine Elisabeth, de Gustave Wasa; Opuscules historiques*; il créa aussi la *Minerve*, journal politique, et mourut en 1812.

ARCHÉOLOGIE. Etude des anciens monuments.

ARCHERS (francs), milice créée en 1448 par l'ordonnance de Montils-lès-Tours, sous le règne de Charles VII. Dans chaque province, il y en avait un exempt de taille; il portait un casque, un justaucorps en cuir matelassé de laine, une épée, une dague, un arc et une trousse pour 17 flèches. Louis XI les supprima en 1480.

ARCHESTRATE, poëte didactique grec, né à Géla en Sicile, vers le milieu du IVe siècle av. J.-C. Ses ouvrages sont intitulés; *Gastrologie*, *Gastronomie*, et n'ont trait qu'à la science de la gourmandise.

ARCHEVÊQUE, le chef et le premier d'une province ecclésiastique, non pas au point de vue spirituel, mais seulement dans l'ordre hiérarchique. L'archevêque confirme l'élection des évêques ses suffragants, les consacre et peut les interdire; il juge les appels de leurs sentences, convoque et préside les conciles provinciaux.

ARCHIAC, ch.-l. de cant. de l'arrond. de Jonzac (Charente-Inférieure), à 14 kil. de cette ville. Pop. 700 hab.

ARCHIAS, un des tyrans imposés par les Spartiates à la ville de Thèbes, dont ils s'étaient emparés, en 482 av. J.-C. Au milieu d'un festin, il reçut une lettre qui l'informait du complot de Pélopidas; il la jeta sans la lire, sous son coussin, en disant: « A demain les affaires sérieuses. » Peu d'instants après (478), il était égorgé avec ses complices.

ARCHIATRE, dignité médicale établie sous les empereurs romains. Elle existe encore en Allemagne sous le nom de *Leibartz*.

ARCHICHANCELIER, nom de deux grandes charges créées par Napoléon Ier: l'*archichancelier de l'Empire*, grand officier du palais, qui était le deuxième des grands dignitaires, président de la haute cour impériale et des sections réunies du conseil d'Etat; il était chargé de la promulgation des lois et sénatus-consultes organiques, des actes de l'état civil de la famille impériale, et de la signature des nominations dans l'ordre judiciaire; 2° l'*archichancelier d'Etat* était le troisième des grands dignitaires, chargé de promulguer les déclarations de guerre, les traités de paix et d'alliance.

ARCHIDAMUS Ier, de la famille des Proclides, fils et successeur d'Anaxidamus. Il régna à Sparte. Il vivait vers l'an 690 av. J.-C.

ARCHIDAMUS II, roi de Sparte, de 469 à 427 av. J.-C., petit-fils de Léotychide; il appartenait à la famille des Proclides. Les Messéniens et les Ilotes s'étant révoltés et s'étant fortifiés sur le mont Ithôme, en 465, Archidamus les attaqua et les vainquit après environ dix ans de défense (465-457). Cette guerre fut appelée: troisième guerre de Messénie. Il envahit deux fois l'Attique et s'empara de Platée.

ARCHIDAMUS III, roi de Sparte (361-338 av. J.-C.). Il s'allia aux Phocidiens dans la guerre sacrée contre les Thébains, et fut tué dans un combat en allant secourir les Tarentins.

ARCHIDAMUS IV, roi de Sparte (296-261), Démétrius, fils d'Antigone, le vainquit près de Sparte, l'an 293 av. J.-C.

ARCHIDIACRE, titre ecclésiastique, dont la fonction consiste dans l'administration des affaires des archidiaconés, à l'exception de celles qui sont spécialement attribuées aux vicaires généraux.

ARCHIDONA, ville d'Espagne, dans la prov. de Malaga et à 35 kil. de cette ville. Pop. 6,000 hab.

ARCHIDONA, ville de la république de l'Equateur, à 200 kil. de Quito. Pop. 2,000 hab.

ARCHIDUC, titre porté par les princes et les princesses de la maison d'Autriche. Ce titre devint héréditaire par la bulle d'or (1356). Sous le règne de Dagobert, il y eut en France un archiduc d'Austrasie.

ARCHIGALLE, chef des Galles, prêtres de

Antonelle et ses amis arrêtés par ordre de Lafayette.

Cybèle; il jouissait d'une haute considération et portait une tiare d'or.

ARCHILOQUE, en latin *Archilochus*, poète lyrique grec très-distingué, né à Paros, vers l'an 700 av. J.-C. Fils de Télésiclès et de l'esclave Enipo, il embrassa la carrière des armes, et l'abandonna pour s'adonner à la poésie; il se distingua par des pièces énergiques, vives et vigoureuses. Ses attaques satiriques et mordantes contre les habitants de Paros lui suscitèrent de nombreux ennemis, et bientôt, tombé dans une profonde misère, il se retira à Thasos, colonie fondée par son père. Sa raillerie était tellement redoutée qu'on refusait d'exercer envers lui les devoirs sacrés de l'hospitalité. Cependant il se rendit célèbre aux jeux olympiques, où il chanta un hymne à Hercule, qui excita la plus vive admiration et pour lequel il obtint un prix de musique et de poésie. Couvert de gloire, il fut rappelé par sa patrie; mais il n'était pas guéri de son besoin de tourner ses ennemis en dérision, aussi fut-il assassiné. Après sa mort, comme il n'était plus à craindre, on lui rendit les plus grands honneurs, et, comme Homère, il eut une fête annuelle pendant laquelle on chantait ses poésies. La Grèce lui attribua l'invention des ïambes, des scazons, des épisodes et de la musique; mais ses œuvres ne sont pas parvenues jusqu'à nous, et à peine, en trouve-t-on quelques fragments dans les œuvres des poètes grecs.

ARCHIMANDRITE, titre de l'abbé d'un monastère de premier ordre, chez les Grecs. Le supérieur d'un ou plusieurs couvents, porte encore ce titre, en Orient, en Sicile, en Hongrie, etc.

ARCHIMÈDE, célèbre géomètre et physicien, né à Syracuse, en 287 av. J.-C., d'une famille distinguée qui comptait Hiéron dans son alliance; il est un des plus grands savants de l'antiquité. Ses découvertes ont servi de point de départ à ses successeurs. Que d'hommes ont dû leur renommée en appliquant ou en développant des principes en germe dans les écrits d'Archimède! Son influence a été prodigieuse par l'utilité pratique des questions qu'il traita, et on peut dire de lui que c'est une lumière brillante qui a éclairé la science. Dans sa jeunesse, Archimède visita Alexandrie, où il devint un des disciples d'Euclide; son ardeur pour l'étude était telle, qu'elle absorbait toutes ses autres facultés. De retour dans sa ville natale, il consacra ses talents à la défendre contre les Romains, qui, sous les ordres de Marcellus, firent, pendant trois ans, le siége de cette ville et ne purent s'en emparer que par la ruse; mais le génie inventif d'Archimède suppléait au petit nombre des défenseurs de Syracuse et déjouait les entreprises des Romains. Tantôt, à l'aide de leviers puissants armés de crampons, Archimède soulevait les vaisseaux romains dans les airs et les brisait en les laissant retomber sur les rochers; tantôt avec ses miroirs ardents il incendiait la flotte romaine. Quand Syracuse fut prise, Marcellus, admirant les talents de celui qui l'avait si bien défendue, ordonna de l'épargner; mais un soldat brutal, l'ayant découvert, plongé dans une méditation que ne pouvaient interrompre même les bruits d'une ville prise d'assaut, le tua, parce qu'il avait tardé à répondre à ses questions (212 av. J.-C.). On doit à Archimède, en hydrostatique, la découverte de cet important principe : que tout corps plongé dans un fluide y perd de son poids autant que pèse un volume d'eau égal au sien. On raconte à ce sujet une anecdote assez répandue : Archimède, auquel le roi Hiéron avait confié sa couronne, afin de s'assurer si elle ne contenait pas un alliage, était au bain, dit-on, quand il obtint la solution qu'il cherchait. Dans sa joie, il s'élança tout nu dans les rues de Syracuse, en s'écriant : *Eurêka! eurêka!* (j'ai trouvé! j'ai trouvé!) Il inventa une vis pour dessécher les marais du Nil. Il trouva le premier la théorie du levier, et, dans l'étonnement profond que lui causa la découverte d'une si grande force, il s'écria : « Donnez-moi un point d'appui et je soulève le monde. » On lui doit aussi de nombreuses découvertes en astronomie, en géométrie et en mécanique; on lui attribue l'invention de la vis sans fin, des roues dentelées, de la poulie, des moufles, de la sphère, etc. Ses principaux ouvrages sont réunis dans l'édition *princeps* de Thomas. Archimède a laissé des travaux étonnants qui faisaient dire à Leibnitz : « Ceux qui peuvent comprendre Archimède admirent moins les découvertes des plus grands hommes modernes. » Par respect pour ce savant, Marcellus lui fit élever un tombeau sur lequel on grava une sphère inscrite dans un cylindre, en souvenir de sa plus belle invention. Plus tard, Cicéron retrouva ce tombeau, qui tombait en ruines au milieu des ronces, et le fit restaurer.

ARCHIMIME, acteur chargé des premiers rôles dans les drames mimiques. Dans les funérailles, il imitait les manières et la démarche du défunt.

ARCHINE, mesure de longueur, en Russie, équivalant à 0 m. 711,19.

ARCHINTO (le comte Charles), né en 1669, à Milan. Il étudia les mathématiques et la philosophie à Ingolstadt, en Bavière, et fit plusieurs voyages en France, en Allemagne, en Hollande, en Italie, pour développer ses connaissances. De retour à Milan, en 1700, il fonda, dans son palais, une bibliothèque importante et une académie dite *Société palatine*, qui donna des éditions des meilleurs ouvrages. Protecteur éclairé des lettres, des arts et des sciences, il fut décoré de l'ordre de la Toison-d'Or, et nommé grand d'Espagne, ainsi que gentilhomme de la chambre de l'empereur Léopold. Il mourut à Milan, revêtu des premières dignités de cette ville, en 1732. Il a laissé des ouvrages de peu d'importance, écrits en latin ou en italien : *Carmina plura latina; Table des sciences et des arts*, et de nombreux manuscrits.

ARCHIPEL, mer formée par la Méditerranée et située entre la Grèce à l'O., la Turquie d'Europe au N., l'Anatolie (Turquie d'Asie), à l'E. Elle a 600 kil. du N. au S., et 400 de l'E. à l'O. Elle communique avec la mer de Marmara par le détroit des Dardanelles. Elle a 80 îles.

ARCHIPRÊTRE, titre honorifique ecclésiastique donné au curé de l'église métropolitaine. Il était autrefois le premier fonctionnaire d'un diocèse après l'évêque, et était son vicaire, pendant son absence, pour les fonctions intérieures.

ARCHITECTE. On appelle ainsi celui qui fait les plans des édifices, des constructions, etc., qui en dirige et en surveille l'exécution.

ARCHITECTURE. Cet art, créé par la nécessité, se borna dans le principe à élever des constructions informes, destinées à abriter les premiers hommes contre les rigueurs et les intempéries des saisons. Peu à peu cet art se perfectionna, et chercha, après avoir donné satisfaction aux besoins physiques, à s'embellir et à produire un effet agréable à la vue; c'est alors que, tout en s'occupant à construire les édifices avec solidité, l'architecture s'attacha à les disposer avec convenance et à les orner avec goût. Au point de vue artistique, comme tous les beaux-arts, l'architecture a ses règles et ses conditions, et doit toujours rechercher la beauté des proportions, la régularité des formes et la symétrie. Elle doit également imprimer aux monuments l'aspect analogue à leur emploi.

ARCHITECTURE HYDRAULIQUE. Art de conduire, de diriger, de retenir les eaux et d'élever des constructions dans leur sein.

ARCHITECTURE NAVALE. Art de construire les navires.

ARCHITECTURE MILITAIRE. Art d'élever tous les travaux de construction nécessaires à l'attaque ou à la défense d'une ville, d'un camp, etc.

ARCHITECTURE CIVILE. On nomme ainsi celle qui s'applique spécialement aux besoins de la vie civile et sociale.

ARCHITECTURE RURALE. Elle comprend tout ce qui tient et se rattache à la construction et à la disposition des bâtiments ruraux.

ARCHITRAVE. On nomme ainsi l'une des trois parties de l'entablement qui pose immédiatement sur les chapiteaux des colonnes. La forme de l'architrave varie selon les ordres; dans le toscan, elle n'a qu'une bande couronnée d'un filet; dans le dorique et le composite, elle a deux faces, tandis qu'elle en a trois dans l'ionique et dans le corinthien.

ARCHITRÉSORIER, nom donné au quatrième des grands dignitaires de la couronne, sous Napoléon Ier. Il visait les comptes des dépenses et des recettes avant qu'ils fussent présentés à l'Etat. Il arrêtait chaque année le grand-livre de la dette publique.

ARCHIVES. On nomme ainsi les dépôts de titres manuscrits intéressant les familles, les villes, les provinces et les Etats, et contenant leurs droits, prérogatives, priviléges, etc. Le lieu où ces documents sont déposés prend également le nom d'archives. Tous les peuples ont senti le besoin de perpétuer la mémoire de leurs actions ou de leurs droits, par des monuments ainsi que par des manuscrits que, dans l'antiquité, on confiait à la garde des dieux. Les Grecs conservaient les leurs avec le trésor sacré, et les Romains, sur le mont Tarpéien, où veillaient des édiles. Au moyen âge, les archives, écrites en latin, par conséquent impossibles à comprendre pour le peuple, étaient disséminées dans plusieurs monastères, et ont servi à faire les premières histoires ou chroniques : celles de Saint-Denis, de Fulde, etc. Ce fut François Ier qui ordonna d'écrire en français les actes publics et les jugements. Peu d'archives, chez nous ou chez les Allemands, remontent au delà du XIIe siècle. Ainsi, chez ces derniers, la fameuse Bulle d'or, sous Charles IV, est du XIVe siècle, et le Code des fiefs, du XVe. Ils avaient, sous Maximilien Ier, au commencement du XVIe siècle, des dépôts à Mayence pour l'archichancellerie, à Vienne pour la vice-chancellerie, et à Spire pour la chambre impériale, sous le nom de *voûtes*. Depuis lors, aucun fait important ne s'est passé sans qu'il y fût consigné. Les Anglais ont gardé leurs archives avec un soin précieux, et elles sont bonnes à consulter, même pour des faits propres à d'autres nations. Les villes de Kempten, d'Ulm, la maison de Brandebourg avaient d'importantes archives. Chez nous, Charlemagne avait ordonné de les conserver dans le palais; mais, plus tard, elles suivirent nos rois dans leurs campagnes, et les hasards de la guerre pouvaient les faire perdre. C'est ainsi que Philippe-Auguste s'en vit dépouiller par Richard Cœur de Lion, en 1194; perte qui ne fut réparée en partie que par la création d'un nouveau trésor des chartes. A proprement parler, nos archives n'ont commencé que sous le règne de Louis XIV, avec l'infatigable Baluze, qui créa le dépôt de la guerre, recueillant les capitulaires et classant les manuscrits. La maison royale eut ses papiers déposés au Louvre, en 1716, après la mort de Louis XIV. Choiseul et d'Argenson, sous Louis XV, firent construire un bâtiment à Versailles pour les archives de la guerre et de la marine, où Raynal et Voltaire ont puisé la plupart de leurs renseignements. Jusqu'à la révolution de 1789, les lieux où étaient conservées les archives n'étaient pas ouverts au public; mais là

République, en centralisant les archives, les rendit publiques. Cependant les papiers domaniaux et judiciaires furent laissés au palais de justice, et ceux qui étaient utiles aux travaux des ministres restèrent à leur disposition. Malheureusement, on a à déplorer bon nombre de pièces anéanties par les gouvernements qui se sont succédé depuis cette époque, et même par des agents qui croyaient ainsi détruire toutes preuves incriminant leur conduite. Bien que fort incomplètes, nos archives présentent encore des documents très-utiles à consulter.

ARCHIVES DE FRANCE. Avant 1789, la France ne possédait aucun dépôt général et spécial des actes, titres et autres pièces originales concernant l'histoire de la nation, le gouvernement, les administrations, les cours souveraines, etc. Elles furent établies par un décret de l'Assemblée constituante, le 24 août 1789, et confiées à Camus, l'un de ses membres. Elles furent d'abord placées aux Capucins de la rue Saint-Honoré. Après, le 10 août 1792, elles furent transférées au Louvre, et de là au palais Bourbon; enfin, en 1809, on les transporta à l'hôtel Soubise. En 1812, on commença la construction d'un palais spécial destiné aux archives, entre le pont de la Concorde et celui d'Iéna, mais il fut interrompu en 1812, et les archives durent rester à l'hôtel Soubise, où elles sont encore. Les archives de l'empire formaient, en 1812, trois divisions: française, italienne et allemande. La première, la seule qui nous soit restée, se composait de six sections: *Législative, administrative, historique, topographique, domaniale et judiciaire.* Il n'en reste plus que trois aujourd'hui: la *section historique*, la *section administrative* et la *section judiciaire*. La *première* contient le trésor des chartes et son supplément, les monuments historiques, dont quelques-uns remontent au VIIe siècle; les monuments plus spécialement ecclésiastiques, les mélanges relatifs aux ordres militaires, aux anciens établissements d'instruction publique, aux titres généalogiques. La *deuxième* renferme les archives du conseil d'Etat, du conseil de Lorraine, lettres patentes, ordonnances, bons et brevets du roi, enfin tout ce qui appartient au régime constitutionnel de 1791, à la Convention, au Directoire exécutif, au Consulat, etc.; elle se compose encore de mémoriaux, aveux et dénombrements de l'ancienne chambre des comptes de Paris, des papiers relatifs aux domaines des princes, aux déshérences, etc. La *troisième* contient les lois, ordonnances, édits, arrêts, décrets impériaux, les copies authentiques et minutes des procès-verbaux de l'Assemblée des notables et des Assemblées nationales, les papiers des représentants en mission, et des comités de la Constituante de 1789, et de la Convention; les archives du sénat, de la chambre des pairs, de la chambre des députés, de la Constituante de 1848, de l'Assemblée législative, etc. On y trouve également les pièces et titres de la grande chancellerie, secrétairerie de l'empereur, prévôté et requêtes de l'hôtel, tribunaux criminels, civils et extraordinaires. Les pièces les plus précieuses, munies de sceaux d'or et d'argent, sont renfermées dans une armoire de fer, ainsi que des clefs de villes, les étalons du mètre et du kilogramme, et divers modèles, etc. Les pièces les plus importantes sont celles qui ont trait à l'histoire de France, à la géographie, à l'histoire ecclésiastique, au droit français, au droit public.

ARCHIVOLTE. On appelle ainsi, en architecture, le bandeau plus ou moins orné de moulures qui règne à la tête des voussoirs d'une arcade et qui vient se terminer sur les impostes.

ARCHONTES. Nom donné, vers 1132 av. J.-C., après la mort de Codrus, aux neuf magistrats chargés du gouvernement d'Athènes. Il y avait: 1° l'archonte éponyme, qui donnait son nom à l'année, jugeait les affaires civiles et religieuses à l'Odéon, et avait sous sa direction l'inspection des jeux; 2° l'archonte roi, qui avait dans ses attributions les cérémonies religieuses, fêtes, mystères, sacrifices et les affaires criminelles, principalement les homicides, qu'il renvoyait à l'aréopage, où il se tenait comme juge; 3° l'archonte polémarque s'occupait de la guerre et des étrangers domiciliés à Athènes. Les six autres, nommés Thesmothètes, étaient chargés de l'inspection des tribunaux et des lois, dont ils surveillaient l'exécution. L'archontat fut dans le principe une charge à vie, mais il devint plus tard décennal, puis annuel en 684. Ces fonctions furent d'abord le partage exclusif de l'aristocratie; mais elles passèrent, par les soins de Solon, aux mains des citoyens fortunés, et enfin, grâce à Aristide, toutes les classes d'Athènes purent y prétendre. Nommés par le peuple, les archontes, en quittant leurs fonctions, faisaient de droit partie de l'aréopage.

ARCHYTAS, philosophe de l'école de Pythagore, né à Tarente, dont il fut sept fois chef et qu'il défendit avec succès contre ses ennemis; il se distingua comme général, et aussi comme mathématicien, astronome et homme d'Etat; il eut Platon pour ami, qu'il sauva de la colère de Denys le Tyran et, avec lequel il ne cessa d'entretenir un commerce de lettres. Archytas, dont on retrouva le cadavre sur les côtes d'Apulie, périt dans un naufrage vers l'an 360 av. J.-C. De ses nombreux ouvrages sur la musique, la cosmogonie, l'astronomie, les mathématiques, la morale, la politique, il ne reste que quelques fragments que l'on trouve dans l'*Histoire des sciences chez les Grecs*, de Memers, et un *Traité de la nature des Universaux*, très-peu authentique. On lui attribue l'invention de la vis, de la poulie et d'une colombe volante. Horace a célébré sa mort dans une ode.

ARCIS-SUR-AUBE, sous-préf. du départ. de l'Aube, à 27 kil. de Troyes. Pop. 2,750 hab. Son commerce consiste en la fabrication de la bonneterie en coton; grains, charbons. Patrie de Danton. Cette ville fut presque détruite par la sanglante bataille qu'y livra Napoléon aux alliés le 1er mars 1814.

ARCO, ville des Etats autrichiens (Tyrol), cercle de Trente, à 12 kil. de Roveredo. Pop. 2,050 hab. Son commerce consiste en huile, en soie et en marbre.

ARCOLE, bourg des Etats autrichiens (Vénétie), à 25 kil. de Vérone. Célèbre par la victoire que les Français, commandés par Napoléon et Augereau, remportèrent sur les Autrichiens (15, 16 et 17 novembre 1796). C'est à cette occasion que Bonaparte, pour s'emparer du pont d'Arcole, qui était le point principal de la lutte, paya vaillamment de sa personne; saisissant le drapeau du 5e bataillon de grenadiers, il s'élança à la tête de la colonne, et le planta au milieu du pont.

ARCOLE (pont d') à Paris. Ce pont, construit en 1828, s'appelait alors *pont de la Grève*, et était suspendu. Il prend son nom d'un jeune homme nommé d'Arcole qui, le 28 juillet 1830, s'élança à la tête de plusieurs combattants qui se dirigeaient vers l'hôtel de ville, et fut tué.

ARÇON (Jean-Claude-Eléonore Lemichaud D'), né, en 1733, à Pontarlier. Il sortit avec le titre d'ingénieur de l'école de Mézières en 1754, et se distingua dans la guerre de Sept-Ans, à la défense de Cassel. Homme d'idée et d'action, il inventa, pour enlever Gibraltar aux Anglais, des batteries insubmersibles et incombustibles, revêtues d'un blindage, mais l'envie l'empêcha de réussir et il ne recueillit guère que les louanges d'Elliot, défenseur de Gibraltar, son adversaire. Il fut pourtant chargé d'étudier un projet d'invasion en Hollande. Poursuivi par la jalousie, il se retira, et c'est alors qu'il écrivit, par ordre du gouvernement, son fameux ouvrage intitulé: *Considérations militaires et politiques sur les fortifications*. Il a laissé, en outre: *Correspondance sur l'art militaire; Réflexions d'un ingénieur en réponse à un tacticien; Correspondance sur l'art de la guerre*, et plusieurs autres ouvrages très-estimés sur l'art militaire et surtout sur la défense des places fortes. Il mourut en 1800.

ARCONA, cap de l'île de Rugen. Valdemar Ier, roi de Danemark, s'empara de la forteresse qui le défendait, le 15 juin 1168.

ARCOS (Rodrigue-Ponce de Léon, duc D'), vice-roi de Naples en 1646. Son insolence et ses exactions provoquèrent l'insurrection de Masaniello, qu'il comprima. Il céda le pouvoir à don Juan d'Autriche, en 1648, et tomba dans l'oubli.

ARCOS DE LA FRONTERA, ville d'Espagne dans la prov. de Cadix et à 45 kil. de cette ville. Pop. 10,000 hab. Cette ville est située sur un rocher escarpé; elle élève des chevaux estimés.

ARCOT, ou ARCATE, ville de l'Hindoustan anglais, présidence de Madras, située à 45 kil. de cette ville. Pop. 40,000 hab. Elle est remarquable par sa belle mosquée, sa citadelle et les ruines du palais des Nababs. Les Français la possédèrent de 1751 à 1760; elle appartient aux Anglais depuis 1801.

ARCTIQUES (régions). Nom donné aux deux portions de la sphère terrestre, dont chacun des deux pôles marque le sommet et le centre. La mer qui environne le pôle austral porte le nom d'*Océan glacial arctique*; elle s'étend dans la zone glaciale du N., depuis le pôle arctique jusqu'au cercle polaire arctique. Elle baigne les côtes septentrionales de l'Europe, de l'Asie et de l'Amérique, communique avec l'Océan atlantique et le grand Océan boréal. La mer qui environne le pôle austral s'appelle *Océan glacial antarctique*; elle s'étend depuis le cercle polaire antarctique jusqu'au pôle antarctique ou central.

ARCUEIL, village du départ. de la Seine, situé à 6 kil. de Paris. Pop. 2,220 hab. On y remarque les ruines d'un aqueduc construit par l'empereur Julien pour amener les eaux de Rongis au palais des Thermes. Jacques Debrosses y a élevé, en 1618, un très-bel aqueduc construit en pierres de taille, de 390 m. de longueur et 24 de hauteur, sur 24 arcades. Il était, à l'origine, destiné à conduire au Luxembourg les eaux de Rongis, c'est lui qui alimente aujourd'hui le quartier Saint-Jacques.

ARCY (Patrice D'), né en Irlande, en 1725. Il vint à Paris en 1739 pour étudier les mathématiques et s'y fixa; il fut admis à l'Académie des sciences en 1749. Nommé capitaine dans le régiment de Condé, il devint colonel en 1757 et maréchal de camp en 1770; il mourut en 1779.

ARCY-SUR-CURE, village de l'arrond. d'Auxerre (Yonne), et à 29 kil. de cette ville. Pop. 1,500 hab. On y remarque de curieuses grottes à stalactites.

ARDA, rivière de la Turquie d'Europe près d'Andrinople, qui, après un parcours de 180 kil., se jette dans la Maritza.

ARDABURIUS, général de Théodose II. En 421, il marcha contre la Perse à la tête d'une nombreuse armée, battit et assiégea Narsès dans Nisibe. Il fut prisonnier, en 425, l'usurpateur Jean, qui voulait s'emparer du trône d'Orient, et protégea Marcien qui, par ses soins, devint empereur d'Orient.

ARDAGH, village d'Irlande, comté de Langfort et à 8 kil. de cette ville. Pop. 4,950 hab. Siége d'un évêché catholique.

ARDASCHES ou ARTAXERCE Ier, roi d'Arménie, fils d'Arschag Ier, auquel il succéda vers l'an 114 av. J.-C. Il se rendit célèbre par les victoires qu'il remporta sur les Perses, par la conquête de l'Asie mineure et de la Thrace. Il vainquit aussi les Lacédémoniens pendant que les Romains, paralysés par les rivalités de Marius et de Sylla, ne pouvaient les secourir. A son retour, Ardaschès s'empara de Thèbes et de Babylone. Il maria sa fille Ardaschana à Mithridate le Grand et donna le royaume d'Arménie à son fils, Diéran, auquel, peu de temps avant sa mort, il se plaignait en pleurant de la vanité de la gloire humaine. Il mourut assassiné par ses propres soldats, l'an 90 av. J.-C.

ARDASCHÈS ou ARTAXERCE II, roi d'Arménie, fils de Sanadroug. Il fut sauvé, par le chevalier Sempod, de l'extermination de sa race, ordonnée par l'usurpateur Erouant (67 ap. J.-C.). Elevé à la cour de Darius, roi de Perse, celui-ci l'aida puissamment à reconquérir son trône, et par son secours lui fit remporter une victoire décisive sur l'usurpateur. Pour se ménager les Romains, et afin qu'ils ne vinssent pas mettre opposition à ses conquêtes, il leur paya volontairement un tribut beaucoup plus fort que celui de son prédécesseur. Lorsqu'il eut atteint le but de ses désirs, il se fortifia, assura la défense de ses frontières et refusa le tribut aux Romains, qu'il battit dans la vallée de Posène; plus tard, pour calmer les ressentiments de Trajan, il lui envoya de riches présents, et dès lors ne s'occupa plus que du bonheur et de la prospérité de son pays, qu'il initia aux bienfaits de la civilisation; il s'appliqua à inspirer à ses sujets l'amour de l'agriculture, étendit au loin le commerce, créa des voies de communication et protégea les arts, les sciences et les lettres. Il avait transporté le siége de sa cour à Ardaschad, qu'il avait restaurée et embellie. Aimé de ses sujets, Ardaschès mourut en 128 ap. J.-C.

ARDASCHIR ou ARDASCHÈS, fils et successeur de Vramschabouh; il monta sur le trône à dix-huit ans, et fut le dernier roi arménien de la dynastie des Arsacides. Ses sujets, indignés de ses mœurs dissolues, le détrônèrent et l'exilèrent dans l'intérieur de la Perse, où il mourut, en 428 ap. J.-C. La dynastie des Arsacides avait gouverné l'Arménie pendant près de 580 ans.

ARDATOF, ville de la Russie, ch.-l. du district de ce nom, dans le gouvernement de Ni-Novogorod, et à 152 kil. de cette ville. Pop. 1,000 hab.

ARDATOF, autre ville de Russie, ch.-l. du district de ce nom, dans le gouvernement de Simbirsk, et à 145 kil. de cette ville. Pop. 1,600 hab.

ARDEBYL, ville de Perse, à 170 kil. de Tauris. Pop. 4,000 hab. Cette ville est remarquable par sa citadelle et le mausolée de Scheyk-Sofi.

ARDÈCHE, rivière de France, dans le département de l'Ardèche; elle prend sa source dans les Cévennes, et, après un parcours de 110 kil., elle se jette dans le Rhône, à 2 kil. du Pont-Saint-Esprit.

ARDÈCHE (départ. de l'), ch.-l. Privas; situé entre les départements de la Haute-Loire et de la Loire au N.-O., de l'Isère au N., de la Drôme à l'E., du Gard au S., de la Lozère à l'O. Superficie 538,988 hectares. Pop. 383,850 hab. Ce département est arrosé par le Rhône, l'Ardèche, la Loire et l'Allier, qui y ont leurs sources. Il est traversé par les montagnes du Vivarais. Divisé en trois arrondissements, dont les ch.-l. sont Privas, siége de la préfecture; l'Argentière et Tournon, sous-préfectures, ce département compte 31 cantons et 333 communes. Il renferme de nombreuses curiosités naturelles, parmi lesquelles on remarque le cratère de Saint-Léger, qui exhale une grande quantité d'acide carbonique; la Chaussée des Géants, réunion de prismes basaltiques; la Gueule-d'Enfer, cascade qui tombe, en bouillonnant, d'un rocher granitique haut de plus de 150 m.; le pont de l'Arc, arche à plein cintre formée naturellement, d'une largeur de 60 m., et sous laquelle coule l'Ardèche.

ARDECHYS-BABEGAN, nommé Artaxercès par les historiens du Bas-Empire. Il fonda le second empire des Perses, détrôna Artaban IV, roi des Perses, et mourut vers 240 ap. J.-C.

ARDÉE, ville des Rutules située dans le Latium; elle était la résidence de Turnus. Assiégée plus tard par Tarquin le Superbe, elle fut colonisée par les Romains, en 443 av. J.-C., et dévastée dans la guerre du Samnium.

ARDÉE, ville d'Irlande (comté de Louth, prov. de Leinster), à 58 kil. de Dublin. Pop. 4,000 hab. Cette ville, autrefois très-forte, fut plusieurs fois assiégée. Elle est aujourd'hui un des siéges des sessions générales du comté, et son ancien château fort sert de palais de justice. Son commerce consiste en grains et farine.

ARDENNE, vaste région aride de la France, de formation ardoisière; elle est couverte de forêts, et s'étend sur une longueur de 200 kil. Elle est bornée au N. par la chaîne appelée Condros et par le Hainaut; au S.-E. par des forêts, la chaîne de l'Eifel et par celle du Hundsrück. On y trouve des plateaux marécageux absolument incultes, des tourbes, des bruyères et de riches ardoisières.

ARDENNES (départ. des), ch.-l. Mézières, situé entre les départements de l'Aisne à l'O., de la Marne au S., de la Meuse à l'E., et la Belgique au N. Superficie 517,385 hect. Pop. 322,150 hab. Ce département est divisé en 5 arrondissements, dont les ch.-l. sont: Mézières, préfecture; Réthel, Rocroi, Sedan et Vouziers, sous-préfectures, et compte 31 cantons et 478 communes. Il est arrosé par la Meuse, l'Aisne et l'Oise. On y exploite des mines de fer, de marbre et des ardoisières estimées; on y élève des moutons, dont la laine et la chair sont très-estimés. Son industrie pour les draps, lainages, quincaillerie, ferronnerie, clouterie, verrerie, est importante.

ARDENTS (mal des), maladie endémique qui régna en France au moyen âge. Au XIIe siècle, elle ravagea plusieurs fois Paris. Cette maladie était déjà connue du temps de Virgile, qui lui donna le nom d'*ignis sacer;* son symptôme principal consistait en une soif inextinguible.

ARDES, ch.-l. de cant., arrond. d'Issoire (Puy-de-Dôme), et à 20 kil. de cette ville. Pop. 1,280 hab. Ardes est située dans une contrée hérissée de roches volcaniques; il s'y fait un grand commerce de moutons et de laines.

ARDGLAAS, ville d'Irlande, à 8 kil. de Downpatrick, petit port de mer, avec un établissement pour les bains de mer. Pop. 1,700 hab. Cette ville était autrefois très-forte et très-commerçante.

ARDJICH, ville des Principautés-Unies (Valachie), à 130 kil. de Bukarest.

ARDOCH, ville d'Ecosse (comté de Perth), à 12 kil. de Dunblanc. Cette ville est remarquable par le camp romain très-bien conservé qu'on voit aux environs. A peu de distance, on trouve encore les restes de trois camps qui, réunis, pouvaient contenir 40,000 hommes. On les attribue à Agricola.

ARDOIN ou HARDWIG, successeur d'Othon III, roi d'Italie. Il fut couronné à Pavie, en 1002. Vaincu dans deux expéditions (1004-1013), il alla mourir, en 1015, dans une abbaye du Piémont.

ARDOISE, espèce de schiste dont la couleur est généralement bleue; il y a aussi de l'ardoise verte, jaunâtre et rougeâtre. Divisée en lames minces, l'ardoise sert à couvrir les maisons et remplace assez avantageusement la tuile. L'exploitation de l'ardoise se fait par galeries ou à ciel découvert, suivant la position du banc; lorsqu'elle sort de la mine, elle est très-facile à fendre, mais elle perd cette qualité en restant exposée à l'air; elle la recouvre par la gelée pour la reperdre au dégel.

ARDRAH, ou AZEN, Etat de la Guinée supérieure, tributaire du Yrriba, un des premiers royaumes du Soudan. Pop. 20,000 hab. Cap. *Alladah.*

ARDRES, ch.-l. de canton, de l'arrond. de Saint-Omer (Pas-de-Calais), et à 23 kil. de cette ville, située sur le canal de ce nom. Pop. 1,120 hab. Place de guerre de deuxième classe. C'est près de cette ville, qu'en 1520 eut lieu l'entrevue dite du *Camp du Drap d'Or* entre François Ier et Henri VIII.

ARDROSSAN, ville d'Ecosse, à 32 kil. de Glasgow. Pop. 3,500 hab. Elle doit sa fondation au dernier lord d'Eglington.

ARDWROCK, château d'Ecosse (Perth). Le marquis de Montrose y fut enfermé en 1650, après avoir été pris par le laird d'Assint. Ce château fut détruit par la foudre en 1795.

ARE, mesure agraire équivalant à 100 m. carrés, c'est-à-dire à un carré de 10 m. de côté.

ARED (El), chaîne de montagnes située au centre de l'Arabie.

AREGIO (Paul), élève de Léonard de Vinci, né à Valence en Espagne. Sa manière se distingue par la simplicité, la vigueur et la pureté. Les panneaux du maître-autel de Valence, représentant six épisodes de la vie de la Vierge, ont été peints par lui et par François Neapoli, en 1506.

ARÉGISE Ier, fondateur du duché de Bénévent, 591-641, dont l'investiture lui fut donnée par Agiluf, roi des Lombards. Arégise se signala par la prise de Crotone sur les Grecs (596).

ARÉGISE II, duc de Bénévent (758-787). Il prit le titre de prince et refusa de se soumettre à Charlemagne. Il combattit treize ans pour son indépendance; mais, obligé de céder, il devint feudataire du royaume d'Italie.

ARÉNA (Joseph). Appartenant à une des familles considérables de la Corse, il fut élevé dans les idées les plus libérales, et embrassa avec ardeur les principes de la Révolution. Nommé à 21 ans chef de bataillon de la garde nationale de son district, il fut un des premiers à demander le rappel de Paoli. Républicain austère, homme aux principes rigides, il vit un danger public dans la popularité du vieux général, et se posa dès lors comme son adversaire. Forcé de se réfugier en France, il se distingua au siége de Toulon, où il exerça les fonctions d'adjudant général. Membre du Corps législatif en 1796, il demanda des mesures de répression contre le parti anglais qui agitait alors son pays. Après le 18 brumaire, il donna sa démission de chef de brigade de la gendarmerie, et se montra dès lors l'un des plus ardents ennemis de Bonaparte. Impliqué dans la conspiration Cerrachi, Topino-Lebrun, etc., il fut exécuté le 31 janvier 1801.

ARÉNA (Barthélemy), frère du précédent. Il adopta les idées républicaines de son frère. Membre du conseil des Cinq-Cents lors de la fameuse journée de brumaire, il s'élança contre Bonaparte, qu'il voulut saisir au collet pour l'expulser de la salle. C'est ce mouvement qui fit accréditer le bruit qu'il avait voulu l'assassiner. Condamné à la déportation, il eut le bonheur de se sauver et se réfugia à Livourne, où il mourut en 1832.

ARENBERG, ancienne famille d'Allemagne, qui prit son nom du bourg et du château d'Arenberg, situés entre Cologne et Juliers, dans la régence de Coblentz, à 10 kil. N.-O. d'Adenau. Arenberg était autrefois un comté qui, en 1298, devint la propriété des comtes de la Mark, et passa en 1547 dans la maison de Ligne par le mariage de Jean de Barbançon avec l'héritière des la Mark. En 1576, ce comté fut élevé au rang de principauté et prit place parmi les Etats germaniques. Albert, prince de Ligne et duc d'Aerschoot, le fit ériger en duché en 1644, et ses descendants restèrent dépendants de l'empire jusqu'en 1801, époque où ce duché fut médiatisé. En 1815, la plus grande partie passa dans la souveraineté de Hanovre, et l'autre dans le grand-duché du Bas-Rhin, appartenant à la Prusse. Ce duché, qui a une superficie de 300,000 hectares, compte de 80,000 à 90,000 habitants.

ARENBERG (Léopold-Philippe-Charles-Joseph, duc D'), né à Mons en 1690, mort en 1754. Il fit les campagnes de Hongrie en qualité de général autrichien, sous les ordres du prince Eugène. Il fut, plus tard, nommé gouverneur général des Pays-Bas.

ARENBERG (Auguste-Marie-Raymond, prince D'), né à Bruxelles en 1753. Il servit en France avec distinction dans le régiment allemand de la Mark, d'où lui vient son nom très-connu de comte de la Mark, et ensuite dans la guerre d'indépendance aux Indes occidentales, de 1780 à 1782. Partisan enthousiaste des idées nouvelles, il se fit nommer à son retour député de la Flandre française à l'Assemblée constituante, où il se lia avec Mirabeau; mais la révolution qui éclata en Brabant, et qui était appuyée par sa famille, lui ayant enlevé ses biens, pendant que celle de France lui faisait perdre son régiment, il sentit son ardeur se refroidir et se rangea de nouveau du côté du parti royal, auquel il essaya de gagner son ami Mirabeau, dont il fut l'exécuteur testamentaire. Le comte de la Mark, jugeant à la tournure que prenaient les événements, que la cause du roi était perdue, se retira d'abord dans les Pays-Bas, puis en Autriche, où il obtint le grade de major-général, il fut chargé de plusieurs missions diplomatiques. Il essaya en vain de rentrer au service de la France sous Napoléon. Il mourut à Bruxelles en 1833; il avait fait rédiger ses mémoires par Beaulieu.

ARENDAL, ville et port de Norwége, à 50 kil. de Christiansand. Pop. 3,600 hab. Cette ville, bâtie sur des lagunes, fait un grand commerce de bois et de fer.

ARENDT (Martin-Frédéric), antiquaire, né à Altona en Holstein, en 1769. Pendant son surnuméariat de botoniste au jardin de Copenhague, il s'occupa plutôt d'archéologie que de l'étude des plantes. Renvoyé pour ce fait, il se trouva sans ressources. Il partit de la Norwége, où il étudia les monuments anciens, passa en Suède, en Danemark, etc., analysant, prenant des notes et des vues des édifices, copiant des inscriptions. Après bien des aventures plus pittoresques les unes que les autres, il vint à Paris et publia dans le *Magasin encyclopédique* de Millin (1808) un précis de ses voyages et de ses travaux d'antiquaire. A Venise, où il alla déchiffrer l'inscription runique du lion de Saint-Marc, son bizarre accoutrement, qui ressemblait plutôt à celui d'un vagabond qu'à celui d'un savant, le fit prendre pour un espion; il fut enfermé dans une prison à quelques lieues de Milan, et ne fut rendu à la liberté que grâce à Malte-Brun. Ce fut bien pis en Autriche, où on le prit, à cause de son nom, pour l'auteur de l'*Esprit du temps*, Arndt; tandis qu'à Naples on le suspectait de carbonarisme et on l'enfermait dans les cachots de Saint-François, dont il eut grand'peine à sortir. Il mourut aux environs de Venise, des suites de cette captivité, en 1824. Antiquaire d'une grande érudition, il avait étudié par goût et par passion les inscriptions et les monuments, il est à regretter qu'il n'ait pas consigné par écrit ses grands travaux, qui auraient pu jeter un nouveau jour sur bien des questions archéologiques. Ses papiers et ses collections ont été déposés à la bibliothèque royale de Copenhague. Outre l'ouvrage cité plus haut, nous avons encore d'Arendt une notice sur les idoles wendes du cabinet de Strelitz.

ARÈNE, c'est-à-dire *sable*. Partie de l'amphithéâtre, chez les Romains, où avaient lieu les combats des gladiateurs et des bêtes; elle occupait le milieu du cirque. Pris au pluriel, ce mot désigne l'amphithéâtre lui-même : c'est ainsi qu'on dit les *arènes de Nîmes*, pour l'*amphithéâtre de Nîmes*.

ARENSBERG ou ARNSBERG, ville de Prusse (Westphalie), chef-lieu de la régence et du clercle de son nom, à 70 kil. de Munster. Pop. 4,500 hab. Elle possède une cour civile et criminelle, une école d'agriculture et un gymnase.

ARENSBERG (Régence d'), contrée située au S. de celles de Munster et de Minden. Sa superficie est de 7,700 kil. carr., et sa population de 504,000 hab.; elle est divisée en 14 cercles.

ARENSBOURG, ville de la Russie d'Europe, ch.-l. de l'île d'Œsel (Livonie), à 190 kil. de Riga. Pop. 2,000 hab. Son commerce est actif. Les Russes s'en emparèrent en 1710.

ARÉOPAGE, tribunal grec célèbre qui tirait son nom d'*Areios pagos*, colline consacrée à Mars, sur laquelle se rassemblaient les juges. On fait remonter à Cécrops l'origine de ce tribunal suprême d'Athènes, qui était chargé, dans le principe, de juger les affaires criminelles seulement; il est vrai que plus tard Solon, qui passe pour être le véritable fondateur de l'aréopage, étendit son pouvoir jusque sur le gouvernement de la république. Le nombre des membres de l'aréopage était indéterminé, et les archontes sortis du pouvoir, après avoir rendu compte de leur administration, faisaient de droit partie de cette assemblée; en dehors des archontes, les hommes vertueux et d'une conduite irréprochable y étaient seuls appelés. Cependant, vers la fin de la république, on abandonna ces sages prescriptions, et l'aréopage perdit de son importance et de sa valeur. Ces juges, qui ont eu une réputation universelle et incontestée d'impartialité, de sévérité extraordinaire envers eux-mêmes, eurent l'honneur de voir non-seulement les Grecs, mais même les Romains, recourir à leur arbitrage. Ils tenaient leurs séances en plein air, pour ne pas être souillés par le contact des criminels, la nuit, et sans avocats, pour ne pas se laisser égarer dans leurs jugements ni par l'accusé, ni par les discours pathétiques du défenseur. Plus tard, lorsque les avocats furent admis à plaider devant eux, ils furent contraints de bannir de leur langage tous les vains ornements, les exordes, les péroraisons pathétiques, enfin tous les artifices oratoires qui auraient pu émouvoir les juges et surprendre leur religion. Après Solon, l'aréopage eut dans sa juridiction, non-seulement les affaires civiles, criminelles, mais encore les affaires religieuses; ce n'est que plus tard, sous l'administration de Périclès, qui prit de l'ombrage de l'autorité de ce tribunal, que son pouvoir fut restreint. Par la suite, les aréopagites, de la colline de Mars, où ils siégeaient les trois dernières nuits de chaque mois, se retirèrent au Portique, où ils s'assemblèrent quatre fois par mois, puis tous les jours, à cause de la multiplicité des affaires. A une certaine époque, le nombre des juges fut restreint à neuf, et, sous Périclès, malgré le relâchement des mœurs qui préparait la chute d'Athènes, ils jouissaient encore d'une telle considération qu'Ephialte, ayant fait passer une loi contre ce tribunal, fut assassiné comme sacrilége par les Athéniens révoltés.

AREQUIPA (départ. d'), Situé dans la partie O. du Pérou, et baigné par le grand Océan. Pop. 121,600 hab. Capitale, Arequipa; villes principales, Arica, Yslay. Ce département renferme plusieurs volcans.

ARÉQUIPA, mot de la langue des Incas qui signifie *Hé bien! restez-y*. — Ville du Pérou, ch.-l. du département de ce nom, à 310 kil. de Cuzco, et à 80 kil. de l'Océan. Pop. 40,000 hab. Cette ville, située dans la fertile vallée de Quilca, à 2,560 m. au-dessus de la mer, est le siége d'un évêché et possède un consulat anglais. Elle doit sa fondation à Pizarre, qui la bâtit en 1536; elle est jolie et régulière; de fréquents tremblements de terre la détruisirent au XVIe siècle, et forcèrent les habitants à changer l'emplacement de leur cité. Elle possède des manufactures de tissus d'or, d'argent, de coton, de laine, des mines d'argent et des fonderies d'argent. Elle est l'entrepôt d'un commerce actif.

ARES, village du département de la Gironde, situé près du bassin d'Arcachon. Ce qui rend ce village remarquable, c'est le grand réservoir du château, dans lequel on conserve une immense quantité de poissons, qui alimentent le marché de Bordeaux dans les temps peu favorables à la pêche.

ARÉTAS Ier, roi d'Arabie, qui régnait vers 170 av. J.-C.; il était contemporain de Jason, grand prêtre des Juifs.

ARÉTAS II, dit *Philhellène*, roi d'Arabie. Il secourut les habitants de Gaza, assiégés par Alexandre Jannée, et régna sur la Cœlé-Syrie. Il mourut en 79 av. J.-C.

ARÉTAS III, dit *Enée*, roi d'Arabie. Beau-père d'Hérode Antipas, roi des Juifs, il lui fit la guerre parce qu'il avait répudié sa fille pour épouser Hérodiate. C'est lui qui, l'an 33 ap. J.-C., voulut faire arrêter saint Paul à Damas.

ARÊTE. On appelle ainsi, en architecture, l'angle saillant que forment, en se rencontrant, deux faces droites ou courbes d'une pierre, d'une pièce de bois ou d'une barre de fer.

ARÉTÉ DE CYRÈNE. Fille d'Aristippe l'Ancien, elle continua l'école cyrénaïque, dont son père était le fondateur, et se fit un nom dans la philosophie. Elle vivait vers le IVe siècle av. J.-C.

ARÉTÉ, dit *de Cappadoce*, du nom du pays de sa naissance. Il fut un des plus célèbres continuateurs de la méthode d'observation, tracée par Hippocrate; donna des principes sûrs et d'une grande efficacité pour rechercher les causes des maladies. Il a laissé des ouvrages très-estimés qui sont devenus classiques. Il vivait dans le Ier siècle de notre ère.

ARÉTHUSE, fille de Nérée et de Doris. L'une des nymphes de Diane; cette déesse, pour la dérober aux poursuites du fleuve Alphée, la changea en fontaine.

ARÉTHUSE, fontaine de Syracuse, dans le grand port. Elle sort d'un rocher situé vers la pointe S.-O. de l'île d'Ortygie, et donne un volume considérable d'eau douce.

ARÉTIN. Poëte italien célèbre, connu par ses poésies satiriques, mais licencieuses. Il était le fils naturel d'un gentilhomme d'Arezzo, né dans cette ville en 1492. Il vendit sa plume et son talent au plus offrant, à Charles-Quint après François Ier, à la religion après la licence, aux seigneurs, dont il a été surnommé le fléau, parce qu'il savait leur décocher de sanglantes ironies, des sarcasmes mordants, quand ils ne le payaient pas convenablement. Plein d'orgueil et de vanité, quoique sans vergogne, il se qualifia lui-même de divin, et trouva des admirateurs qui consacrèrent ce surnom. Il débuta dans la carrière des lettres par des sonnets licencieux contre les indulgences, qui le firent chasser d'Arezzo, où il avait ébauché ses études. Retiré à Péronne, il y vécut de l'état de relieur, et se rendit peu de temps après à Rome, où il

ARG

gagna la faveur de Léon X et de Clément VII. Là, il se lia avec Michel-Ange, le Titien, Jules Romain; etc., mais il se fit exiler de cette ville pour seize sonnets qu'il composa pour des figures licencieuses peintes par Jules Romain et gravées par Marc-Antoine de Bologne. Jean de Médicis l'appela alors auprès de lui; à la mort de son protecteur et ami, il se retira à Venise, en 1537, où il vécut de ses productions littéraires, ainsi que des présents que Charles-Quint, François Ier, les princes et les nobles lui faisaient à l'envi pour échapper à ses attaques ou pour acheter des louanges. Dès lors, il obtint une réputation européenne; il écrivit aussi des ouvrages dévots, croyant obtenir de Jules III, par ce moyen, la pourpre romaine. Mais l'Arétin, dans sa vie, ne récolta pas que des écus d'or, des présents et des louanges; il lui arriva plus d'une fois d'être payé en coups de bâton et d'épée. Sa mort est assez singulière. Un jour riant à gorge déployée d'une histoire comique qu'on lui racontait, il tomba à la renverse et fut tué du coup (1557). Malgré ses infâmes productions, il montrait pourtant parfois un bon cœur, et son style ne manquait ni d'esprit, ni même d'une certaine délicatesse dans ses plus grands écarts contre la morale. On lui doit des sonnets, des dialogues, des stances, des capitoli, des comédies, entre autres, la *Cortigiana, il Marescallo*, l'*Hipocrito*, une tragédie, les *Horaces*, dont un siècle plus tard le grand Corneille devait faire un chef-d'œuvre; une *Paraphrase des sept psaumes de la pénitence*; des lettres, curieuses pour l'histoire de sa vie, et qu'estimait Ménage; *Traité de l'humanité du Fils de Dieu*.

AREVALO, ville d'Espagne, dans la prov. d'Avila, et à 57 kil. de cette ville. Pop. 2,200 hab. Elle est remarquable par plusieurs belles églises, dont une fut construite sous l'empereur Constantin.

AREZZO, ville forte de Toscane, ch.-l. de la prov. administrative de son nom, à 80 kil. de Florence. Pop. 10,500 hab. Cette ville est située dans la belle et fertile vallée de la Chiana et sur une colline; elle est le siège d'un évêché, et on y remarque la cathédrale commencée au XIIIe siècle; l'église dite la *Pieve*, qui renferme le tombeau de Vasari; le palais de la Fraternité, où se trouve le musée d'antiquités. Patrie de Pétrarque, de Vasari, de l'Arétin et de Gui d'Arezzo. Michel-Ange naquit aux environs, dans le château de Caprèse.

AREZZO (Guittone D'), poëte toscan, mort en 1294. Il fut un des fondateurs de la littérature italienne. Il appartenait à l'ordre religieux et militaire des *Cavalieri gaudenti*.

ARGA, rivière d'Espagne (Navarre), dont les sources sont aux environs de Pampelune, et qui, après un parcours de 120 kil., se jette dans l'Aragon, près de son embouchure dans l'Ebre.

ARGAN (Aimé), inventeur, né à Genève, dans le XVIIIe siècle. C'est dans un voyage en Angleterre, en 1782, qu'il imagina sa lampe à courant d'air et à cheminée de verre, perfectionnée par Lange, avec lequel il s'associa, après avoir pris un privilège pour la vente de ces lampes; mais après la Révolution, qui anéantit les privilèges, il se vit enlever les bénéfices de sa découverte par Quinquet, qui y fit quelques améliorations, et lui donna son nom. Argan quitta Paris et se retira en Angleterre, pour revenir, en 1803, mourir dans sa patrie. Physicien et chimiste de quelque mérite, il donna un moyen de dégeler les vins sans altérer leurs qualités; il s'occupa de sciences occultes.

ARGÉE (mont), aujourd'hui *Ardjich-Dagh*, montagne du sud de l'Asie-Mineure, formée par une chaîne du Taurus. Son sommet s'élève à 3,841 m.

ARG

ARGÉES. On appelait ainsi des simulacres d'hommes en osier qui servaient de victimes de substitution. Le 15 mai de chaque année, le collége des pontifes et celui des vestales, précipitaient dans le Tibre, du haut du pont Sublicius, trente de ces simulacres. Cette fête avait pour but de rappeler la haine qu'on portait aux Argiens, dont les aïeux, sous la conduite d'Évandre, avaient envahi l'Italie.

ARGELÈS, sous-préf. du dép. des Hautes-Pyrénées, à 31 kil. de Tarbes. Pop. 1,660 hab. Cette ville est située à l'entrée de la belle vallée qui porte son nom.

ARGELÈS-SUR-MER, ch.-l. de cant. de l'arrond. de Céret (Pyrénées-Orientales), à 31 kil. de cette ville et à 4 kil. de la mer. Pop. 1,950 hab.

ARGELLATI (Philippe), savant italien, né à Bologne, en 1685, mort en 1755. Il travailla, de concert avec Muratori, au célèbre recueil des *Scriptores rerum Italicarum*; les imprimeries italiennes ne pouvant suffire pour exécuter ce gigantesque travail, le comte Archinto fonda à Milan la Société milanaise et mit à sa disposition une vaste imprimerie.

ARGELLATI (François), fils du précédent, mort en 1754. Parmi ses ouvrages, on remarque un recueil intitulé : *Décamerone*, imité de Boccace.

ARGENS, rivière de France (Var), qui se jette dans la Méditerranée, à 4 kil. de Fréjus, après un parcours de 100 kil. Elle est navigable sur une longueur de 62 kil.

ARGENS (Jean-Baptiste de Boyer, marquis D'), né, le 24 juin 1704, à Aix, en Provence. Argens avait été destiné à la magistrature par son père, procureur général au parlement d'Aix, mais il embrassa la carrière militaire. Il faillit épouser, en Espagne, la belle comédienne Sylvie; mais il en fut empêché à temps par sa famille, qui le confia à l'ambassadeur de France à Constantinople. Après avoir mené une vie pleine d'aventures romanesques chez les musulmans, il revint en France où il reprit la profession des armes, qu'il abandonna à la suite de blessures qu'il reçut aux siéges de Kehl et de Philisbourg. Ne pouvant le guérir de ses idées aventureuses, son père le déshérita; Argens se retira alors en Hollande, où la publication de ses lettres juives, chinoises et cabalistiques le fit connaître de Frédéric II, qui, plus tard, le créa chambellan, puis directeur général des belles-lettres de l'académie de Berlin; mais, s'il lui prodigua les honneurs, il ne lui épargna pas non plus les sarcasmes, surtout après son mariage avec la comédienne Cauchois. Argens mourut, le 11 janvier 1771, dans une petite propriété que lui avait donnée son frère. Outre l'ouvrage cité plus haut, Argens a laissé une multitude d'autres écrits qui obtinrent alors une certaine vogue par leur philosophie bizarre, qui ne manque ni d'originalité, ni d'esprit, mais qui pèchent par trop de diffusion et d'inexactitude; aussi, sont-ils tombés dans un profond oubli.

ARGENSOLA, nom de deux frères, poëtes espagnols. Le premier, Lupercio-Léonardo de Argensola, né en Aragon, à Barbastro, en 1565, fut également homme d'Etat, et remplit plusieurs fonctions importantes : gentilhomme de la chambre du cardinal Albert d'Autriche, secrétaire de l'impératrice Marie d'Autriche, puis secrétaire de la guerre sous Lemos, vice-roi de Naples. Il se rendit dans cette ville et fut un des principaux fondateurs de l'académie des Oisifs. Il mourut à Naples en 1613. Il est l'auteur de trois tragédies : *Isabelle*, *Philis* et *Alexandre*; estimées et goûtées de plusieurs hommes célèbres et il a écrit aussi des épîtres, des satires et des odes. Son frère, Barthélemy-Léonardo de Argensola, né aussi à Barbastro, en 1566, chanoine de Saragosse, chapelain de Marie d'Autriche, recteur de Villa-Hermosa et enfin historiographe d'Aragon, partagea les succès de son aîné, et se fit connaître surtout par une *Histoire de la conquête des Moluques* (1609), et par la continuation des *Annales d'Aragon de Zurita*. Il mourut à Saragosse, en 1631. Les poésies des deux frères ont été imprimées à Saragosse, en 1634.

ARG

ARGENSON (Voyer D'), famille originaire de Touraine, possédant la propriété d'Argenson, près de Chinon, et qui a produit plusieurs membres distingués comme hommes d'Etat.

ARGENSON (René Voyer, seigneur D'), né en 1596, mort en 1651, magistrat au parlement de Paris, intendant d'armée pendant le siége de la Rochelle, puis de justice en Dauphiné, surintendant du Poitou. On lui confia plusieurs missions diplomatiques; avant sa mort il se fit ordonner prêtre.

ARGENSON (René Voyer, seigneur D'), fils du précédent, vécut de 1623 à 1700; il aida son père dans ses travaux, et Anne d'Autriche, ainsi que Mazarin, lui confièrent l'ambassade de Vienne (1651-56), dont il s'acquitta avec quelque succès; mais, ayant déplu au roi par ses principes sévères, il se retira dans ses terres.

ARGENSON (Marc-René Voyer, seigneur D'), fils du précédent, né à Venise, en 1652. Lieutenant-général de la police, à Paris, il en fut le véritable organisateur. On lui attribue la création des lettres de cachet qui constituaient, sous l'ancienne monarchie, un attentat perpétuel contre la liberté des citoyens. Président du conseil des finances et garde des sceaux, en 1720, il donna sa démission après les désastres du système de Law, dont il fut constamment l'adversaire. Il était membre de l'Académie française, et mourut en 1721.

ARGENSON (René-Louis, Voyer, seigneur D'), fils du précédent, né en 1694. Il fit ses études au collège Louis-le-Grand, où il connut Voltaire. Intendant du Hainaut, puis ministre des affaires étrangères, malgré le surnom d'Argenson la Bête, que sa simplicité lui avait fait donner, il se fit connaître par des *Essais* dans le genre de ceux de Montaigne, par des *Considérations sur le gouvernement de la France*. C'était un homme d'un grand savoir, d'une bienfaisance à toute épreuve, mais cachant ses qualités sous la plus grande modestie. On a publié ses Mémoires en 1825.

ARGENSON (Marc-Pierre Voyer, seigneur D'), frère du précédent, né en 1696, mort en 1764. Il remplaça son père au ministère de la police; mais il dut quitter ce poste peu de temps après, à cause de l'opposition qu'il fit au système de Law. Il eut pour protecteur le régent, pendant que d'Aguesseau était son collaborateur pour ses célèbres ordonnances. Directeur de la librairie, puis ministre de la guerre, en 1743, il se fit remarquer par la protection qu'il accorda aux gens de lettres et par son hostilité envers le parlement. Madame de Pompadour le fit disgracier avec Machault, en 1757. Il était de l'Académie française et de celle des inscriptions.

ARGENSON (Marc-Antoine-René, DE PAULMY), fils de René-Louis, né en 1722, mort en 1787. Il n'avait que vingt ans lorsqu'il devint conseiller au parlement; il fut plus tard secrétaire général du ministère de la guerre.

ARGENSON (Marc-René Voyer, marquis D'), fils de Marc-Pierre, né en 1722, mort en 1782. Maréchal de camp en 1752 commandant militaire, en Saintonge, Poitou et Aunis, il présida à l'assainissement des marais de Rochefort et aux fortifications de l'île d'Aix. Il y puisa le germe d'une maladie qui le conduisit au tombeau.

ARGENSON (Marc-René Voyer D'), né, à Paris, en 1771. Engagé volontaire dans les armées de la République, il servit Lafayette en qualité d'aide de camp. Retiré dans ses terres après la fuite de celui-ci, il épousa

ARG

la veuve du vicomte de Broglie et s'adonna à l'agriculture. En 1804, Napoléon le nomma préfet des Deux-Nèthes, où il se distingua lors du débarquement des Anglais. Il donna sa démission en 1813. Nommé, après la première restauration, préfet du département des Bouches-du-Rhône, il déclara qu'il n'accepterait de fonctions que sous un gouvernement libre, et après l'évacuation du territoire. Membre de la chambre des représentants pendant les Cent-Jours, il fit partie de la députation chargée de notifier aux puissances étrangères la déchéance de la famille de Bourbon du trône de France. En 1815, il fut l'un des signataires de la protestation contre la clôture, par la force étrangère, de l'Assemblée. Dès lors en qualité de député, il se signala constamment par son dévouement à la cause de la liberté et du peuple. Il mourut, le 2 août 1842, regretté des partisans des idées libérales, dont il avait été un des fervents défenseurs.

ARGENT. Métal blanc, inodore, insipide, sonore, susceptible de recevoir un beau poli; d'une très-grande ductilité, il est très-malléable et très-tenace. L'Amérique possède les plus riches mines d'argent du globe, parmi lesquelles on remarque celles de Guanachato, Catorce, Zatécas, Yaurichocha et Potosi. Les mines d'argent, très-nombreuses en Europe, sont généralement peu riches, et, en France, les seules mines exploitées sont celles du Finistère, de la Lozère, du Puy-de-Dôme et du Haut-Rhin. Voici le tableau indiquant la production moyenne connue des différentes contrées du globe :

EUROPE.

Espagne	40.000 k.
Confédération germanique	25.000
Autriche	22.000
Suède et Norwége	10.000
Angleterre	6.000
Prusse	4.000
France	3.000
Italie	1.000
Belgique	100
Hollande	80
Total	111.180 k.

ASIE.

Russie d'Asie	25.000 k.
Différentes contrées	5.000
Total	30.000 k.

AFRIQUE.

Algérie	500 k.

AMÉRIQUE.

Bolivie	20.000 k.
Californie	75.000
Chili	70.000
Colombie	100
Buénos-Ayres	130.000
Pérou	150.000
Mexique	530.000
États-Unis	30.000
Total	1.005.100 k.

RÉCAPITULATION.

Europe	111.180 k.
Asie	30.000
Afrique	500
Amérique	1.005.100
Total	1.146.780 k.

Ce qui représente une somme d'environ 229,356,000 francs. (*Voir* le mot NUMÉRAIRE.)

ARGENT, ch.-l. de cant. de l'arrond. de Sancerre (Cher), et à 43 kil. de cette ville. Pop. 765 hab.

ARGENTAL (Charles-Augustin de Ferriol, comte D'), né à Paris en 1700, mort en 1788. Il fut conseiller au parlement de Paris. On croit qu'il est l'auteur du *Comte de Comminges*, roman que l'on a attribué à Mme de Tencin, sa tante. D'Argental n'a acquis quelque notoriété que par l'amitié que Voltaire eut pour lui.

ARG

ARGENTAN, sous-préf. du départ. de l'Orne, à 43 kil. d'Alençon. Pop. 5,050 hab. Elle est le siége d'un tribunal, possède un collége, des tanneries, dentelles dites *point d'Alençon*. Son commerce consiste en grains, volailles, cuirs et chevaux.

ARGENTARO, ou ARGENTALE, mont d'Italie, en Toscane, près d'Orbitello, il a une hauteur de près de 539 m.

ARGENTARO, mont de Turquie d'Europe (Roumélie), un des plus hauts massifs de la chaîne des Balkans. Il s'élève à 2,220 m.

ARGENTAT, ch.-l. de cant. de l'arrond. de Tulle (Corrèze), et à 30 kil. de cette ville. Pop. 2,220 hab. Son commerce consiste en vins très-liquoreux, bois, houille. Cette ville est remarquable par son pont suspendu jeté sur la Dordogne.

ARGENTEA REGIO, c'est-à-dire pays d'Argent. Nom donné par les anciens à la partie occidentale de l'Inde au delà du Gange.

ARGENTEUIL, ch.-l. de cant. de l'arrond. de Versailles (Seine-et-Oise), à 20 kil. de cette ville et à 14 de Paris. Pop. 5,465 hab. Elle se trouve dans une situation agréable sur la rive droite de la Seine, possède un chemin de fer. On y voit des vignobles considérables d'espèce commune. On y remarque les ruines d'un couvent de bénédictines fondé au IXe siècle, dans lequel Héloïse se retira. Les Français et les Anglais s'y livrèrent un sanglant combat, le 2 juin 1815.

ARGENTIER. Ancienne charge de la monarchie française; elle consistait à tenir les comptes des habits et ornements que le roi faisait faire pour sa personne, pour sa chambre, ou pour en faire présent.

ARGENTIÈRE (l'), ch.-l. d'arrond. du départ. de l'Ardèche. Pop. 3,200 hab. Ses environs possèdent des mines d'argent qui étaient exploitées au XIIe siècle.

ARGENTIÈRE (l'), ch.-l. de cant. du départ. des Hautes-Alpes. Pop. 1,200 hab. Elle possède des mines, qui, exploitées dans le principe par les Romains, ont été tour à tour reprises et abandonnées.

ARGENTON-SUR-CREUSE, ch.-l. de cant. de l'arrond. de Châteauroux (Indre), et à 28 kil. de cette ville. Pop. 4,680 hab. Son commerce consiste dans la fabrication des draps. On y remarque les ruines d'un château fort dont Henri IV s'empara, en 1589.

ARGENTON-LE-CHATEAU, ch.-l. de cant. de l'arrond. de Bressuire (Deux-Sèvres), à 17 kil. de cette ville. Pop. 950 hab. Ce chef-lieu, jadis seigneurie, appartint à Philippe de Commines, qui fit reconstruire le château. Argenton fut brûlé pendant la guerre de Vendée, et le château entièrement disparu.

ARGENTON (Marie-Louise-Madeleine-Victoire *le Bel de la Boissière de Sery*, comtesse D'). L'une des maîtresses du régent, née en 1680, à Rouen, et morte à Paris, en 1748. Elle eut du régent un fils qui fut légitimé et reçut le titre de chevalier d'Orléans. Lorsque le régent rompit avec elle, il lui fit don de la terre d'Argenton et de deux millions de francs. Cette générosité qui eût été déplacée chez un simple particulier, était plus blâmable encore chez ce prince, qui avait déjà tant obéré le trésor public.

ARGENTRÉ, ch.-l. de cant. de l'arrond. de Laval (Mayenne), à 10 kil. de cette ville. Pop. 650 hab. Il y a aux environs des carrières de marbres exploitées.

ARGENTRÉ, ch.-l. de cant., arrond. de Vitré (Ille-et-Vilaine), à 10 kil. de cette ville. Pop. 450 hab.

ARGENTURE. On appelle ainsi le procédé qui consiste à appliquer des feuilles d'argent, avec un brunissoir, sur des pièces en métal recuites qu'on a fait chauffer à rouge.

ARGHOUN, fils d'Houlagou, empereur des Mongols, régna à Tauris de 1284 à 1291. Le gouvernement sage de Saad-ed-Daulah, son favori, à qui il laissa l'autorité, ne put

ARG

désarmer la haine et la jalousie des grands, qui le firent mourir en 1290. Peu après sa mort, Arghoun mourut de désespoir.

ARGIA, fille d'Adraste. Après la mort des sept chefs devant Thèbes, de concert avec Antigone, sa belle-sœur, elle ensevelit le corps de Polynice, son époux, malgré la défense de Créon, qui la fit mettre à mort pour ce fait. Elle fut changée en fontaine.

ARGILE. Sorte de terre d'un grain très-fin, qui forme pâte, lorsqu'elle est mélangée avec de l'eau. Elle existe en plus ou moins grande quantité dans les terres arables, qu'elle peut quelquefois rendre impropres à la culture, lorsqu'elle s'y trouve trop en abondance. On emploie l'argile à une foule d'usages industriels. Celle des environs de Limoges sert à faire de la porcelaine.

ARGILÈTE, quartier de l'ancienne Rome situé au bas de l'extrémité S.-E. du Capitolin.

ARGINUSES, groupe de cinq petites îles de la mer Égée, situé entre le continent et l'île de Lesbos. En 406 av. J.-C., les Athéniens y remportèrent une victoire navale sur les Spartiates.

ARGOL, village du départ. du Finistère (Bretagne), à 29 kil. de Châteaulin. Pop. 1,300 hab.

ARGOLIDE, prov. de l'ancienne Grèce, qui forme aujourd'hui la Corinthie, une province du royaume de Grèce. Pop. 130,600 hab. Ch.-l. Nauplie.

ARGONAUTES (d'*Argô*, nom du navire; *nautès*, nocher). Plusieurs héros grecs, fatigués des pirateries qu'exerçaient sur la mer Égée les habitants des côtes asiatiques, ainsi que ceux de l'Attique, en Grèce, et poussés par le désir de reprendre la Toison d'Or, qui avait été volée en Thessalie par Phryxus et Hellé, s'embarquèrent au cap Magnésie, en Thessalie, au nombre de cinquante-quatre ou cinquante-six. Les plus célèbres étaient Hercule, qui fut d'abord le chef de l'expédition, mais qui se perdit en Mysie, à la recherche d'Hylas, enlevé à cause de sa beauté par les Naïades; Jason, son successeur, fils d'Eson, roi de Thessalie; Orphée, qui, pendant le voyage, excitait ses compagnons par les accords harmonieux et guerriers de sa lyre; Thésée, roi d'Athènes; Nélée, père de Nestor; Castor et Pollux, fils de Jupiter et de Léda; Admète, époux d'Alceste; Télamon, qui resta aussi en Mysie avec Hercule; Zétès et Calaïs, fils de Borée, qui délivrèrent Phinée des Harpies; Tiphys, le pilote; Lyncée, chargé de reconnaître les côtes, etc. Après avoir traversé, avec la protection de Junon, la mer Egée, l'Hellespont, la Propontide, le Bosphore de Thrace, la Mer noire, ils abordèrent au Phase, et bientôt, grâce à Médée, fille d'Œtès, roi de Colchide, qui était devenu le possesseur de la Toison d'Or, Jason s'empara des trésors de celui-ci; mais, poursuivi par Œtès, le vaisseau s'égara, et les auteurs ne sont pas d'accord sur la route qu'il suivit alors. Selon Homère, après être sorti du Phase et de l'Océan oriental, il fut traîné par les Argonautes à travers la Libye et remis en mer dans la Méditerranée. Jason avait ramené en Grèce Médée, qui, pour se venger des infidélités de son mari, égorgea ses enfants et s'enfuit sur un char traîné par des dragons. Nous devons à Apollonius de Rhodes et à son imitateur, Valérius Flaccus, des poëmes sur les Argonautes. Euripide et Sénèque y ont aussi puisé un sujet que Corneille a imité dans la tragédie de *Médée*.

ARGONNE, contrée du N.-E. de la France, qui forme un petit plateau dans les départements de la Meuse et des Ardennes. Elle était autrefois couverte de vastes forêts, dont une partie subsiste encore, de Toul à Mézières. En septembre 1792, Dumouriez s'empara des cinq passages de la forêt d'Argonne, dits du *Chêne Populeux*, de la *Croix aux Bois*, du *Grand-Pré*, de la *Chalade* et des *Islettes*, qui seuls pouvaient donner passage à une armée, et qu'il appelait les Thermopyles de la France. Il remporta, près de Grand-Pré, la célèbre victoire de Valmy, qui sauva la France de l'invasion prussienne et autrichienne.

ARGONNE (Noël D'), connu sous le nom de Bonaventure, qu'il prit lorsqu'il embrassa l'état monastique; né à Paris en 1634. Il étudia d'abord le droit; mais, ne se sentant pour cette étude aucune vocation, il s'adonna aux belles-lettres. Par la suite, il entra dans l'ordre des Chartreux, sans toutefois rompre avec le monde. On lui doit plusieurs ouvrages, parmi lesquels on remarque : les *Mélanges d'histoire et de littérature*. C'est une série d'anecdotes très-hasardées, mais fort piquantes. D'Argonne, mourut chez les chartreux de Normandie, à Gaillon, en 1704.

ARGOS, ville de l'ancienne Grèce, aujourd'hui *Planitza*, située sur les bords du fleuve Inachus, au pied de la colline Larissa, à 8 kil. de Nauplie. Pop. 5,800 hab. Elle possède une école supérieure et une école d'enseignement mutuel. On y voit des ruines nombreuses, une citadelle aux assises de construction cyclopéenne, et un long passage souterrain creusé dans le roc, qui communique avec la forteresse; de nombreux débris de palais et de temples. Cette ville fut fondée par Inachus, vers le XIXe siècle av. J.-C. Les Romains en firent la capitale d'une province romaine en 146 av. J.-C. Bajazet la prit d'assaut, en 1397, et, en 1686, les Vénitiens la ruinèrent.

ARGOS AMPHILOCHIUM, aujourd'hui *Filoki*, ville de l'ancienne Acarnanie, à l'O. de la Grèce. Elle fut fondée par Amphiloque, et fit partie de l'Epire, après la conquête romaine.

ARGOS HIPPIUM, aujourd'hui *Arpi*, ville de l'ancienne Apulie, en Italie. Elle fut construite par Diomède.

ARGOSTOLI, ch.-l. de l'île de Céphalonie (îles Ioniennes). Pop. 5,000 hab. Il est le siége d'un évêché grec, et possède un bon port.

ARGOT. De tout temps, il s'est trouvé dans les sociétés des individus qui, par leurs vices, leurs crimes même, se sont trouvés forcés de vivre à part et de former, en quelque sorte, une autre société. Cela admis, la création d'une langue dans une autre langue, de l'argot, en un mot, se trouve tout naturellement expliquée, car il est de toute nécessité que ceux qui vivent en guerre ouverte avec la société aient un langage qui leur permette de comploter contre ceux au milieu desquels ils vivent. Ainsi l'argot français, dont on retrouve des traces vers le XIIIe siècle, ne consiste qu'à changer les substantifs et les verbes, tout en conservant les articles, les prépositions et les adverbes. Depuis que des écrivains se sont faits les historiographes du bagne et des mauvais lieux, l'argot a pénétré jusque dans les classes supérieures, et il n'est pas rare, maintenant, d'entendre des jeunes gens qui, en manière de plaisanterie, emploient la langue des voleurs et des assassins; il se trouve même des ouvrages qui donnent à leurs lecteurs l'explication de tous ces mots affreux qui sont en quelque sorte une honte sociale! Il ne manquerait plus que, logiques avec eux-mêmes, ils donnassent comme supplément l'art de pratiquer l'effraction et l'escalade avec art et élégance.

ARGOU (Gabriel), célèbre avocat au parlement de Paris, qui naquit dans le Vivarais, en 1664. Il aida puissamment à l'unité législative, à la fusion en lois uniformes des différentes coutumes de notre pays, par la publication d'un ouvrage qui fit sensation alors, intitulé : *Institution au droit français*. C'est un résumé, parfait pour l'époque, des principes de droit reconnus au XVIIIe siècle. Argou eut pour amis tous les savants de son temps; il mourut au commencement du XVIIIe siècle.

ARGOUGES, bourg du département de la Manche, à 22 kil. d'Avranches. Pop. 1,600 hab. On y fabrique des toiles dites de *Saint-Georges*.

ARGOULETS, corps étrangers, levés à l'imitation des chevau-légers de la milice vénitienne, admise dans l'armée française sous Louis XI. Ils étaient armés d'une escopette, d'un pistolet, et avaient une banderolle pour étendard. Ils parurent à la bataille de Dreux, en 1562, et furent supprimés vers la fin du XVIe siècle.

ARGOUNE, principale branche du fleuve Amour, en Chine; elle est formée par la réunion du Kheroulun et du Chilka.

ARGOUT (Antoine-Maurice-Apollinaire, comte D'), gouverneur de la Banque de France, né en 1782, à Vessilieux (Isère). Receveur général à Anvers, il entra, en 1811, au conseil d'Etat. A la chute de l'Empire, il se distingua par l'acharnement qu'il montra contre le gouvernement qui venait de tomber, et l'habileté qu'il déploya pour plaire aux Bourbons. A la chute de ceux-ci, il devint ardent partisan de la dynastie de juillet, pour embrasser avec non moins d'ardeur la cause de la révolution de 1848. N'ayant aucune capacité politique, après avoir été préfet du Gard, en 1815, il fut assez habile pour obtenir, en 1830, le portefeuille de la marine, et de là il passa successivement à tous les ministères. Gouverneur de la Banque, il détourna cet établissement de son but primitif, et, au lieu d'en faire l'auxiliaire du crédit, il en fit un dépôt de capital improductif. En 1851, il fut appelé à la commission consultative comme président de la section des finances, puis membre de la commission municipale de la ville de Paris, du conseil général du département de la Seine; il fut nommé sénateur en 1852. Il mourut le 15 janvier 1858, laissant la réputation d'administrateur habile, mais d'homme d'Etat incapable.

Paysage antédiluvien.

ARGOVIE, cant. de la Confédération suisse. Cap. Aarau. Sa superficie est de 1,403 kil carrés, et sa pop. de 199,850 hab.

Il est un des plus grands et des plus fertiles cantons de la Suisse. Il est borné au N. par le Rhin, à l'E. par les cantons de Zurich et de Zug, au S. par celui de Lucerne, à l'O. par ceux de Bâle, de Soleure et de Berne. Il est arrosé par le Rhin, la Reuss, l'Aar et la Limmat. Son industrie consiste en la fabrication de tissus de coton, soie, fil, et de chapeaux de paille. Ce canton forme une république avec un gouvernement représentatif. La représentation nationale, composée de deux cents membres, dont la moitié est catholique, élus pour six ans, prend le titre de grand-conseil, et exerce le pouvoir législatif. Le petit conseil ou régence, composé de huit membres choisis dans le grand conseil, exerce le pouvoir exécutif et dirige l'administration centrale.

ARGUEIL, ch.-l. de cant. de l'arrond. de Neufchâtel (Seine-Inférieure), à 25 kil. de cette ville. Pop. 420 hab.

ARGUELLES (Augustin), homme d'Etat, naquit en Espagne, dans les Asturies, à Ribadarella, en 1775. Il fut chargé de plusieurs fonctions en Portugal, à Londres et fut envoyé aux cortès comme député des Asturies; son éloquence, qui le fit surnommer le Cicéron espagnol, lui valut l'honneur d'être nommé rapporteur d'un projet de constitution. Sa vie, par la suite, devint une série de disgrâces et d'honneurs. Déporté à Ceuta, à la rentrée de Ferdinand VII (1814), ensuite à Cabrera; en 1820, il rentra au pouvoir avec la révolution, et devint ministre de l'intérieur. A la réaction, peu partisan de la royauté, il dut se réfugier en Angleterre, et revint dans sa patrie en 1832. Néanmoins, toujours cher aux cortès, il en fut plusieurs fois président. Il faillit l'emporter sur Espartero pour la régence; mais, devenu tuteur de la reine Isabelle, il céda la tutelle au duc de Baylen (1843), et mourut l'année suivante.

ARGUIN, île de la baie de son nom, dans l'Océan atlantique; située près de la côte du Sahara, en Afrique, au S. du cap Blanc. Les Portugais la découvrirent en 1452. Il y a plusieurs établissements qui appartiennent aux Hollandais, aux Portugais et aux Français. C'est près de cette île que périt la *Méduse*, le 2 juillet 1816.

ARGUMENT. Nom donné, en rhétorique et en logique, à une conséquence que l'on tire de prémisses d'une vérité incontestable, ou tout au moins très-probable.

ARGUS, surnommé *Panoptès*, c'est-à-dire *qui voit tout*, prince argien, fils d'Anténor; il possédait cent yeux, dont cinquante dormaient pendant que les cinquante autres veillaient, et une force extraordinaire. Junon lui confia la garde d'Io, que Jupiter avait métamorphosée en génisse. Mercure l'endormit et le tua. Junon recueillit les yeux d'Argus et les sema sur la queue du paon.

ARGYLE, comté de l'Ecosse, situé entre l'Atlantique, les comtés de Perth, de Dumbarton et d'Inverness. Cap. Inverary. Sa superficie est de 984,000 hect., et sa pop. de 97,371 hab. Son sol est en partie stérile et montagneux. Il y a peu d'industrie.

ARGYLE (Archibald Ier, marquis D'), seigneur écossais, de l'illustre famille des Campbell. Il fut l'un des hommes politiques les plus importants de l'époque de Cromwell, dont il fut l'ami. Il se rangea parmi les indépendants et devint le chef des presbytériens rigides; en 1645, il se mit à la tête de 3,000 hommes pour agir contre les royalistes; mais, surpris à Innerslocky par Montrose, il parvint à grand'peine à s'échapper. En 1661, il fut exécuté pour avoir pris part à la condamnation de Charles Ier, après avoir été pardonné deux fois par Charles II.

ARGYLE (Archibald II, lord Lorn, comte D'), fils du précédent. Il appartenait au parti royaliste, et Charles II le nomma capitaine des gardes. Il se brouilla avec la cour et fut deux fois arrêté; il parvint toujours à s'échapper. Sous le règne de Jacques II, il devint le chef des covenantaires écossais, et tenta une descente en Ecosse. Battu et fait prisonnier, il fut décapité à Edimbourg le 30 juin 1685.

ARGYRASPIDES, c'est-à-dire *qui portent un bouclier d'argent*. Nom donné au corps de fantassins d'élite de la garde d'Alexandre le Grand. En 316, ils trahirent Eumène, qui, à la mort d'Alexandre, défendait la famille de ce prince, et Antigone, pour s'en débarrasser, les dispersa dans la haute Asie.

ARGYROPULO (Jean), savant, né à Constantinople vers 1403. Il est presque oublié aujourd'hui, bien qu'il ait préparé la renaissance des belles-lettres. Après avoir été chassé de sa patrie par les Turcs, il vint à Padoue en 1434, où il enseigna le grec et la philosophie d'Aristote au fils et au neveu de Côme de Médicis. Quand Florence fut ravagée par la peste, il gagna Rome, où il continua à donner des leçons de philosophie péripatéticienne jusqu'à sa mort, arrivée en 1473. Il avait traduit la *Physique* et la *Morale* de son philosophe favori. Sa vie a été comprise dans les *Vies des plus illustres Grecs*, par Hody. Il forma deux élèves distingués: Politien et Reuchlin.

Arc de triomphe de l'Etoile.

ARIA, province de l'ancienne Asie. Elle était bornée au N. par la Bactriane, à l'E. par la région du Paropamisus, au S. par la Drangiane, et à l'O. par le pays des Parthes. Cap. Artacoana; elle était située sur le fleuve Arius (aujourd'hui Hari-Round), lors de la conquête d'Alexandre. Ce prince fonda un peu plus au sud, sur le même fleuve, la ville d'Alexandrie des Ariens (aujourd'hui *Hérat*), pour remplacer la première. Cette province forme aujourd'hui le Khoraçan oriental et le Sedjistan.

ARIADNE, impératrice d'Orient, née en 474, morte en 515. Fille de Léon Ier, elle n'est connue que par ses intrigues contre son mari, Zénon l'Isaurien. On l'accuse même de l'avoir fait enterrer tout vif, pour mettre à sa place Anastase Ier (491), qu'elle épousa.

ARIANA. Les anciens désignaient quelquefois par ce nom la vaste région de l'Asie qui s'étend de l'Indus au Tigre, du golfe Persique et de l'Océan indien à la mer Caspienne et au Tanaïs.

ARIANE, ou mieux ARIADNE, fille de Minos et de Pasiphaé. Elle s'éprit d'amour pour Thésée, qui voulait tuer le Minotaure, et lui donna le fil qui devait l'aider à se reconnaître dans les détours du labyrinthe, dans lequel on enfermait chaque année sept jeunes filles et sept jeunes garçons. Thésée l'enleva et la délaissa ensuite dans l'île de Naxos. Ariane, de désespoir, se précipita dans la mer.

ARIANO, bourg de l'ancien royaume de Naples (Principauté ultérieure), à 32 kil. d'Avellino. Pop. 12,000 hab.; siége d'un évêché.

ARIANO, ville des Etats autrichiens (prov. de Vénétie), dans la délégation de Venise. Pop. 2,750 hab.

ARIAS MONTANUS (Benoît), philosophe, fils d'un notaire. Il naquit en Estramadure, à Frexenal, près de Séville, en 1598; après avoir étudié avec fruit à l'université d'Alcala, le latin, le grec et les langues orientales, il entra dans l'ordre de Saint-Jacques, voyagea pour compléter ses connaissances, et se fit remarquer au concile de Trente. Recherchant le calme, il se retira en Andalousie, au cloître d'Aracena, d'où l'arracha Philippe II, séduit par sa réputation, pour lui confier le soin de préparer une nouvelle édition de la Bible polyglotte. Arias, malgré les attaques jalouses et envieuses d'un professeur de Salamanque, Léon de Castro, termina ce travail à son honneur, et l'accompagna même de paraphrases chaldaïques et de 9 livres sur les antiquités juives. Pour le récompenser de ce travail gigantesque, le roi d'Espagne le créa chapelain et bibliothécaire de l'Escurial.

ARIBERT, fils de Clotaire II et frère de Dagobert Ier, roi d'Aquitaine de 628 à 630. A sa mort, il laissa un fils qui ne lui survécut que très-peu de temps; on accuse Dagobert d'avoir avancé sa fin.

ARIBERT Ier, roi des Lombards, 653-661. Il proscrivit l'arianisme dans ses Etats. Ses deux fils, Pertharite et Gondebert, montèrent sur le trône après sa mort.

ARIBERT II, roi des Lombards, 701-712. Ce prince se signala par ses cruautés; il fit mourir Luitpert, dont son père Ragimbert avait usurpé la couronne; il fut détrôné par Ansprand.

ARICA, ville du Pérou, sur l'Océan pacifique, à 285 kil. d'Arequipa. Pop. 20,000 h. Son commerce est assez actif. Elle possède un port d'un accès difficile, quoiqu'il soit le meilleur de cette côte.

ARICIE, princesse athénienne, de la famille des Palantides. Elle épousa Hippolyte rendu à la vie par Esculape. Cette princesse donna son nom à une ville et à une forêt du Latium.

ARICIE, ville ancienne du Latium, à 23 kil. de Rome. Elle est située sur la voie Appia, dans un fond, avec une citadelle sur le haut de la montagne. Aricie doit sa fondation à Hippolyte, qui lui donna le nom de sa femme. Elle fut ruinée pendant les guerres du moyen âge.

ARICIE, aujourd'hui *Laricia*, gros bourg des Etats de l'Eglise. Pop. 1,300 hab. Il fut bâti dans la citadelle de l'ancienne Aricie. Ce bourg est remarquable par une jolie église et un beau château des princes Chigi.

ARIÉE, ami de Cyrus le Jeune. Il combattit à Cunaxa, l'an 401 av. J.-C., et commandait l'aile gauche. A la mort de Cyrus, on lui proposa l'empire, mais il refusa et s'enfuit. Il traça aux Grecs un plan de retraite et les abandonna quand le roi de Perse lui eut pardonné sa rébellion.

ARIÉGE, rivière de France, prend sa source dans les Pyrénées-Orientales, et, après un parcours de 180 kil., se jette dans la Garonne à 8 kil. de Toulouse. Elle arrose les départements de l'Ariége et de la Haute-Garonne, baigne Tarascon, Foix, Pamiers, Saverdun, Cintegabelle, où elle devient navigable. Cette rivière, qui charrie des paillettes d'or, est très-renommée pour ses truites et ses aloses.

ARIÉGE (département de l'), situé au S. de la France. Il est borné au N. par les départements de la Haute-Garonne et de l'Aude, à l'E. par ceux de l'Aude et des Pyrénées-Orientales, au S. par celui des Pyrénées-Orientales et les Pyrénées, à l'O. par le départ. de la Haute-Garonne. Divisé en trois arrondissements dont les chefs-lieux sont : Foix, préfecture; Pamiers et Saint-Girons, sous-préfectures, il renferme 20 cantons et 336 communes. Sa superficie est de 454,808 hect., et sa population de 270,250 hab. Ce département est arrosé par l'Ariége, la Garonne et la Salat, et renferme un grand nombre de sources d'eaux thermales et minérales, dont les plus renommées sont celles d'Andinac, d'Ax et d'Ussat. Appuyé au faîte des Pyrénées, il fait partie de leur versant septentrional et du bassin de la Garonne. Les points les plus élevés dans l'Ariége sont la Maladetta (3,312 mèt. de haut.), le pic d'Estat (3,141 mèt.), et le pic de Montcal (3,080 mèt.). On y extrait le fer, le cuivre, le zinc, le plomb, le jais et l'alun, des marbres de toutes qualités et de toutes couleurs qui sont la principale richesse du pays; les marbres statuaires de Belesta sont surtout très-renommés.

ARIMASPES, peuple mentionné par la Fable, et qui habitait l'Asie, dans la Scythie, au delà de l'Imaüs. Ils n'avaient, suivant la Fable, qu'un œil au milieu du front. Ils étaient toujours en guerre contre les Griffons, animaux sauvages qui tiraient l'or des entrailles de la terre.

ARIMATHIE, ville de l'ancienne Palestine, près de Jérusalem. Elle fut la patrie de Joseph, disciple de Jésus-Christ.

ARINTHOD, ch.-l. de cant. de l'arrond. de Lons-le-Saulnier (Jura), à 35 kil. de cette ville. Pop. 1,050 hab. On y fait un grand commerce de mulets.

ARION DE MÉTHYMME, célèbre lyrique, fils de Cyclée, né dans l'île de Lesbos, florissait vers l'an 626 av. J.-C. Dans un voyage qu'il fit en Italie avec le roi de Corinthe, Périandre, qui l'avait appelé à sa cour, il acquit de grandes richesses. En revenant en Grèce, il faillit être victime de la cupidité des matelots du navire qu'il montait : pour s'emparer de ses trésors, ils voulurent le faire périr dans les flots. Cependant, avant de mourir, il obtint de jouer une dernière fois de sa lyre, puis il se précipita dans la mer; mais un dauphin, ému par ses accords harmonieux, le sauva et le porta jusqu'au cap Ténare, en Laconie; et, en mémoire de cet événement, Arion éleva une statue à Apollon, et plus tard le dauphin fut mis au nombre des constellations. Ce poëte inventa le dithyrambe en l'honneur de Bacchus, ainsi qu'un nouvel accompagnement musical pour les tragédies. Dans les *Analecta* de Brunch, on trouve un hymne à Neptune, conservé par Elien. C'est tout ce qui nous reste de ce poëte, qui était disciple d'Alcmon.

ARIOSTE (Ludovico Ariosto, dit Louis l'), un des plus grands poëtes de l'Italie. Il naquit à Reggio de Modène, le 8 septembre 1474. Son père, Nicolo Ariosto, gouverneur de cette ville, qui appartenait à une noble famille, le destinait à la magistrature et lui fit faire des études distinguées au collége de Ferrare; mais le jeune homme, dont quelques succès littéraires avaient déjà préparé l'avenir, préféra les triomphes du théâtre à ceux du barreau, et délaissa les *Institutes* et le *Digeste* pour les comédies de Plaute et de Térence, qu'il imita avec succès dans quelques-unes de ses productions. Son nom eut bientôt un certain retentissement dans l'Italie, après l'apparition des *Capitole amorosi*, recueil d'élégies, de sonnets à la manière de Pétrarque, de fins madrigaux et de chansons; il fit ensuite paraître ses comédies, où, avec une entente parfaite de la scène et du cœur humain, il sait faire naître et exciter de plus en plus l'attention par la peinture de types naturels et d'une grande ressemblance; enfin des satires, au nombre de sept, qui lui firent donner le surnom d'Horace italien, et où il y a peut-être moins de philosophie insouciante que chez le poëte aimé de Mécène, mais où l'esprit sourit avec finesse, sans jamais mordre. L'œuvre capitale de l'Arioste, celle qui a fait sa gloire, c'est son *Orlando furioso*, Roland le furieux, qui dépasse du tout au tout le *Roland amoureux* de Boïardo. Il l'écrivit à la cour des ducs de Ferrare, qui ne goûtèrent pas son talent, et lui marchandèrent et les écus et les éloges. A propos de cette magnifique épopée romanesque, que le cardinal Hippolyte d'Este ne comprenait pas et auprès duquel l'Arioste tomba en disgrâce pour avoir refusé de l'accompagner en Hollande, on raconte une aventure qui tendrait à prouver le succès prodigieux qu'avait obtenu ce poëme. L'Arioste avait été envoyé dans un district de l'Apennin pour le défendre contre les brigands qui le ravageaient. Un matin, il était sorti de la forteresse qu'il habitait pour aller rêver dans la montagne. Soudain apparaissent des hommes à mine patibulaire qui s'emparent du poëte; mais le chef de la bande, qui, à ses moments de loisir, avait lu et goûté *Roland furieux*, apprenant qu'il a devant les yeux son auteur favori, se confond en excuses et en protestations de dévouement et le força d'accepter de riches présents. *Roland furieux* fut d'abord publié en 40 chants, que son auteur corrigea, pour ainsi dire, toute sa vie avec une patience admirable, et qu'il augmenta même de six chants nouveaux. Il mourut d'une maladie de vessie occasionnée, dit-on, par le chagrin de n'avoir pas pu faire atteindre à son poëme la perfection qu'il rêvait (1533).

ARIOSTI (Attilio), musicien de Bologne, né en 1660, mort en 1740. Il acquit une grande réputation au commencement du XVIIIe siècle.

ARIOSTI (Lippa), jeune fille de Ferrare qui, par sa beauté et ses qualités morales, inspira la plus vive passion au marquis d'Este; il eut d'elle cinq enfants qu'il légitima et qui furent la souche de l'illustre maison d'Este.

ARIOVISTE, un des chefs de la Germanie, dont le nom allemand, *Ehrenvesth*, signifie *fort en honneur*. Allié des Séquanes, il les défendit contre les Eduens à Amagetobria; mais ayant eu à se plaindre de ses alliés, il tourna ensuite ses armes contre eux. César saisit cette occasion pour compléter la conquête de la Gaule; il fit dire à Arioviste qu'il eût à rendre ce qu'il avait pris par trahison. La guerre fut déclarée, et, malgré des prodiges de valeur, Arioviste fut vaincu à Vesontio, en 58 av. J.-C. Il put à grand'peine traverser le Rhin avec ses femmes et gagner le mont Taunus.

ARISCH (EL), village de la Basse-Egypte, à 270 kil. du Caire, situé à l'embouchure du torrent d'Egypte dans la Méditerranée. Il est défendu par un château fort réparé par les Français, qui s'en emparèrent le 15 février 1799. C'est dans ce village que fut signée, en 1800, la capitulation par laquelle l'Egypte dut être évacuée par notre armée.

ARISPE, ville du Mexique (Etat de Sonora), à 75 kil. de cette ville. Pop. 7,500 hab. En 1836, on découvrit aux environs les riches mines d'or de *Quitovac* et de *Sonoitac*.

ARISTOGORAS, de Milet, fils de Molpagoras. Il obtint le commandement de cette ville, en l'absence d'Histiée, son beau-père, en 504 av. J.-C. Après avoir en vain essayé de s'emparer de Naxos pour le roi de Perse, il fit révolter les Ioniens contre ce dernier, chassa les tyrans et gagna la Grèce, où il ne fut accueilli que par les Athéniens; mais, n'ayant pas assez d'énergie pour mener à bonne fin cette grande entreprise, il fut vaincu dans l'Ionie par Darius Iᵉʳ. A la suite de cette défaite, il laissa le gouvernement de Milet à Pythagore, et se retira dans la Thrace, où les Barbares le tuèrent (498 av. J.-C).

ARISTARQUE, astronome et mathématicien, né à Samos, en Grèce, vers 260 av. J.-C. Il étudia la philosophie péripatéticienne avec Straton. Il s'occupa surtout de recherches astronomiques qui ne manquent pas de génie, mais dont les résultats sont faux pour la plupart, par suite du peu d'instruments qu'il avait à sa disposition. Il prétendit, le premier, que la terre se meut sur son axe et fait sa révolution autour du soleil; cette doctrine, qui renversait la cosmogonie religieuse de l'époque, le fit accuser d'impiété par Cléanthe. Si nous en croyons Vitruve, Aristarque aurait inventé un nouveau cadran solaire. Son ouvrage principal sur la grandeur du soleil et son éloignement de la terre, où il essaye de prouver que la distance de la terre au soleil est dix-huit à vingt fois plus grande que celle de la terre à la lune, a été imprimé à Venise, puis à Oxford, par Wallis, et traduit en français par M. de Fortia.

ARISTARQUE, disciple d'Aristophane de Byzance et critique célèbre. Né en Samothrace (160 av. J.-C.), précepteur des enfants de Ptolémée Philométor, à Alexandrie, il s'immortalisa par les corrections qu'il fit subir à l'*Iliade* et à l'*Odyssée* d'Homère; il changea ou rejeta tous les vers qui lui parurent avoir été ajoutés, ce qui le fit vivement attaquer par les écrivains de son époque. Il avait aussi exercé ses critiques sur Pindare, Archiloque, Eschyle, Aristophane, Aratus, mais ces œuvres sont malheureusement perdues. D'un goût pur, mais peut-être trop difficile, Aristarque peut être considéré comme le type du critique. Villoison a donné une édition du texte primitif de l'*Iliade* d'Homère, et l'on peut, en comparant les deux éditions, se rendre compte du goût et de la sévérité d'Aristarque. Ce critique, atteint d'une hydropisie, se laissa mourir de faim dans l'île de Chypre, en 88 av. J.-C.

ARISTÉE (*Aristæus* en latin), né dans la Libye, fils d'Apollon et de Cyrène, fille du fleuve Pénée. Célèbre berger, il enseigna aux hommes à soigner les troupeaux et les abeilles, et épousa Antinoé, fille de Cadmus, roi de Thèbes, dont il eut Actéon. Pour calmer le violent chagrin que lui causa la mort cruelle de son fils, Aristée voyagea en Sardaigne et en Thrace, où il devint le disciple de Bacchus; mais, soudain, il disparut pour toujours du mont Hémus. Dans ses *Géorgiques*, Virgile en fait l'amant d'Eurydice, dont il causa la mort, et le montre faisant sortir un essaim d'abeilles du cadavre d'un taureau.

ARISTÉE, poëte grec de Proconèse, vivait, dit-on, l'an 580 av. J.-C. Il composa les *Arimaspies* sur la guerre des Arimaspes et des Griffons.

ARISTÉE, savant juif qui vivait vers 280 av. J.-C. Ptolémée II l'envoya à Jérusalem pour demander au grand prêtre Eléazar des savants pour traduire en grec l'Ancien Testament.

ARISTÉNÈTE, né à Nicée, dans le IVᵉ siècle ap. J.-C., écrivain grec qui compta Libanius parmi ses amis; on lui attribue un roman en forme de lettres; mais ces lettres manquent de goût et de naturel et n'ont d'autre mérite que celui de donner une peinture assez exacte des mœurs de l'époque. Aristénète périt dans le tremblement de terre qui bouleversa Nicomédie, en 358.

ARISTER, nom donné à une espèce de gâteaux que les anciens offraient aux dieux; il était composé de la farine du blé nouveau.

ARISTIDE. Fils de Lysimaque, il décida, comme polémarque de la tribu Antiochide, du gain de la bataille de Marathon, en 490 av. J.-C.; on avait une telle confiance dans sa probité qu'on lui donna la garde des dépouilles des ennemis; mais, par suite du caractère léger et ingrat des Athéniens, Thémistocle, qui était jaloux de lui, parvint par ses calomnies à le faire exiler (483 av. J.-C.). Pendant que s'accomplissait le vote de l'ostracisme, un paysan, qui ne connaissait pas Aristide, s'approcha de lui et le pria de mettre son nom sur sa coquille. « Que t'a-t-il donc fait? lui demanda le célèbre Athénien. — Rien, seulement je suis fatigué de toujours l'entendre appeler le juste! » Lors de l'invasion de Xerxès, il revint à l'appel de sa patrie menacée, et, se réconciliant avec Thémistocle (480), combattit à Salamine. L'année suivante, il prit part, comme archonte des Athéniens, à la bataille de Platée. Il profita de cette dernière victoire pour récompenser le courage des vainqueurs et favoriser l'élément populaire; il fit rendre toutes les charges publiques accessibles aux diverses classes de citoyens d'Athènes. Le peuple, qui lui décerna le surnom de *Juste*, s'en rapporta toujours à son équité, et, d'après son avis, rejeta le projet discuté seulement entre Aristide et son auteur, Thémistocle, d'assurer la suprématie de la flotte athénienne en brûlant les navires des autres villes grecques. En Asie, Pausanias, par sa hauteur insolente, s'était fait détester des équipages de l'escadre qu'il était chargé de conduire contre le roi de Perse. Aristide parvint à calmer les esprits et à faire passer le commandement de la flotte aux Athéniens. Aristide mourut dans un âge avancé (469), et tellement pauvre, malgré les richesses qu'il avait administrées, que le peuple se chargea de ses funérailles et des frais de son tombeau, élevé à Phalère, et la république, pensant qu'elle n'avait pas assez fait en honorant sa mémoire, dota son fils et ses deux filles.

ARISTIDE (Ælius), né à Hadrianes, en Bithynie, l'an 129 de J.-C. Il parcourut l'Asie, l'Egypte, l'Italie, la Grèce et l'Ethiopie pour entendre les orateurs célèbres : Atticus, Aristoclès, Polémon, etc. Ses talents, comme rhéteur, ont sans doute été exagérés, cependant il jouit d'une certaine réputation près de ses contemporains. Après le tremblement de terre qui renversa Smyrne, en 178, il fut député par les habitants et parvint, par son éloquence, à faire relever les murs de la ville détruite par Marc-Aurèle; les habitants le récompensèrent en lui élevant des statues. Dans ses cinquante-quatre discours sur divers sujets, on est ébloui par son langage étincelant, mais le cœur reste étranger à l'émotion; son principal ouvrage est son *Tableau de l'empire sous les Antonins.* Il mourut vers l'an 189.

ARISTIDE (saint), philosophe athénien. Il apaisa en partie la persécution qui sévissait contre les chrétiens sous Adrien, en présentant à ce prince l'*Apologie* de la religion chrétienne.

ARISTIDE (Quintilien), écrivain grec du IIᵉ siècle ap. J.-C. Il s'acquit une grande réputation par un *Traité sur la musique*, le plus important qui nous soit venu de l'antiquité.

ARISTION, sophiste athénien, mort en 87 av. J.-C. Il se fit nommer tyran d'Athènes, après avoir entraîné cette ville dans l'alliance de Mithridate contre les Romains. Il défendit Athènes contre Sylla, qui le fit mettre à mort après la soumission de la ville.

ARISTIPPE, philosophe de l'école cyrénaïque, né à Cyrène, d'une famille distinguée, vers l'an 435 av. J.-C. Ayant entendu parler de Socrate, il éprouva une telle admiration pour ce sage qu'il vint à Athènes suivre ses leçons, mais sans toutefois adopter tous ses principes. Fondateur d'une nouvelle école, rejetant, comme son ancien maître, les discussions hors de la portée de l'esprit humain, et méprisant la physique et les mathématiques, il divisa les sensations en deux parties : douleur et plaisir. Selon lui, le but de la vie ne doit tendre qu'à chercher la volupté, sans jamais devenir son esclave; en un mot, amasser, par tous les moyens possibles, la plus grande somme de bonheur. Peu d'accord avec Socrate, Aristippe se retira à la cour de Denys le Tyran, dont il fut l'ami et non le courtisan. Amoureux du luxe et des plaisirs, il vécut dans la richesse et dans les délices. Il eut plusieurs maîtresses, dont la plus célèbre est Laïs, qui accordait aussi ses faveurs à Diogène le cynique. Esprit prompt et fin, l'histoire nous a conservé plusieurs de ses reparties. On lui attribue la fondation d'un cours public à Athènes et un ouvrage intitulé : *Du luxe ancien*, et des *Lettres*, mais nous croyons que c'est à tort qu'on lui attribue ces écrits. Sa fille, Arété, à laquelle il avait enseigné ses principes de philosophie, et son petit-fils, nommé aussi Aristippe, développèrent sa doctrine en la professant publiquement à Athènes.

ARISTIPPE, surnommé *Métrodidacte*, c'est-à-dire *instruit par sa mère*. Il s'appliqua à réduire et à coordonner en système l'enseignement d'Aristippe, son aïeul.

ARISTOBULE Iᵉʳ, grand prêtre des Juifs, fils et successeur de Jean Hircan; il prit le titre de roi, l'an 107 av. J.-C. Il soumit en partie les Ituriens.

ARISTOBULE II, fils d'Alexandre Jeannée, roi des Juifs, en 70 av. J.-C. Il détrôna Hircan II, son frère; mais les Romains ne le reconnurent pas. Il défendit Jérusalem contre Pompée; la ville, après trois mois de résistance, fut forcée de se rendre (60), et Aristobule orna le triomphe du vainqueur. Remis en liberté par César, l'an 50, les partisans de Pompée l'empoisonnèrent sur la route de Judée.

ARISTOBULE, philosophe juif de l'école d'Aristote, naquit à Alexandrie. Par des commentaires grecs sur le Pentateuque, dans lesquels il essaye de prouver avec une certaine habileté que les philosophes et les poëtes anciens de la Grèce se sont inspirés des lois de Moïse, et que l'histoire juive n'était pas inconnue des historiens grecs, il a induit en erreur plusieurs Pères de l'Eglise et même des historiens profanes. Mais depuis longtemps on a fait justice de ses audacieux mensonges.

ARISTOCLÈS, de Messène, philosophe péripatéticien du IIᵉ siècle ap. J.-C. Il fut le maître de Septime-Sévère. Il composa une *Histoire des philosophes*, une *Rhétorique*, dont Eusèbe a conservé quelques fragments.

ARISTOCRATE, roi d'Arcadie, 680 av. J.-C. Il fut lapidé par ses sujets pour avoir trahi les Messéniens, ses alliés, dans la guerre contre les Lacédémoniens; dès lors la royauté fut abolie (671).

ARISTOCRATE, aïeul du précédent, roi d'Arcadie, en 720 av. J.-C., subit le même supplice.

ARISTOCRATIE. Ce mot qui, par son étymologie, signifie *gouvernement des meilleurs*, a complètement changé d'acception dans la langue française, et il éveille aujourd'hui dans l'esprit une idée de priviléges fondés sur l'abus, d'oppression du faible par le fort, du pauvre par le riche. Avant la révolution de 1789, il était facile de définir les limites de l'aristocratie, qui, en somme, n'était autre que la noblesse; maintenant, cela est beaucoup plus difficile. L'aristocratie française a trouvé son origine dans la conquête, et elle tirait sa force de ses grandes possessions territoriales : c'est là aussi que se trouvait la cause des luttes continuelles entre les seigneurs et le roi, luttes qui contraignaient celui-ci à s'appuyer sur le peuple, sur qui pesait presque exclusivement la masse croissante des impôts. On peut donc affirmer que les premiers coups portés à l'aristocratie le furent par la royauté, par l'établissement des communes, par la création des parlements, qui substituèrent peu à peu l'autorité royale à la juridiction féodale ; par la formation des armées permanentes, qui, en rassemblant toutes les forces disponibles du pays entre les mains du souverain, enlevèrent aux seigneurs la faculté de recruter des troupes dans ces bandes indisciplinées d'aventuriers qui battaient les grands chemins. Louis XI, par sa profonde politique, prépara le triomphe de l'égalité des classes en s'attaquant aux grands vassaux ; Richelieu l'assura en détruisant tous les castels ou en faisant opérer leur désarmement, et Louis XIV l'affermit en ruinant la noblesse et en la forçant de fréquenter la cour. Ce sont, en quelque sorte, ces trois étapes qui ont préparé 1789. Cette époque fut le signal d'une vaste rénovation sociale qui transforma toutes les classes de la société par la création de l'unité nationale, l'abolition de tous les privilèges : l'aristocratie nobiliaire se trouva alors détruite de fait. Napoléon Ier tenta de former une sorte d'aristocratie militaire ; mais elle ne tarda pas à s'évanouir au choc des événements.

ARISTODÈME, fils d'Aristomaque et de la famille des Héraclides. Il se mit à la tête des Doriens et conquit le Péloponèse, de 1190 à 1186 av. J.-C. Il eut d'Argia, son épouse, Proclès et Eurysthène, qui furent les chefs des deux branches qui, après lui, régnèrent conjointement à Sparte. Il mourut à Delphes, frappé d'un coup de foudre.

ARISTODÈME, roi de Messénie, de 744 à 724 av. J.-C. Il remporta plusieurs victoires sur les Lacédémoniens, qui menaçaient l'indépendance de son pays. Il sacrifia sa fille pour le succès de la guerre, et se perça lui-même de son épée pour obéir à un oracle.

ARISTODÈME, grammairien d'Alexandrie. Il fut un des disciples et des successeurs immédiats du grand critique Aristarque.

ARISTOGITON, né à Athènes. Il résolut de chasser les tyrans Hippias et Hipparque, qui avaient outragé la sœur d'Harmodius, son ami intime. D'accord avec ce dernier, il forma une conjuration dans ce but ; mais, pendant une procession, un conjuré s'étant approché d'Hippias pour lui parler bas, ils crurent leur projet découvert et se précipitèrent alors sur Hipparque, qui fut tué ; Harmodius perdit également la vie. Fait prisonnier et torturé pour faire connaître ses complices, Aristogiton nomma les favoris d'Hippias, qui furent mis à mort, et, à une nouvelle demande de révélations, il répondit qu'il ne connaissait plus que le tyran qui méritât le supplice. Après l'exil de ce dernier (509), on éleva des statues à ces deux courageux ennemis de la tyrannie, et leurs noms devinrent un cri de guerre.

ARISTOMAQUE, philosophe péripatéticien, né en Cilicie, dans le IIIe siècle av. J.-C. Il s'appliqua à l'histoire naturelle, et concentra toutes ses études sur les abeilles.

ARISTOMÈNE, fils de Nicomède, naquit à Andanée, vers l'an 684 av. J.-C. La Messénie était alors fatiguée du joug de Sparte et ne demandait qu'à le secouer : une jeunesse ardente, amoureuse de la liberté, se groupa sous les ordres d'Aristomène, qui obtint des succès éclatants, mêlés de quelques revers, dans cette longue lutte que les historiens ont appelée la deuxième guerre de Messénie. Il harcela tellement ses ennemis que ceux-ci implorèrent le secours d'Athènes, qui leur envoya, en manière de dérision, Tyrtée, poète boiteux et borgne. Deux fois captif, le général messénien s'échappa d'abord du précipice de la Ceada, dans lequel il avait été jeté, et ensuite des mains des archers crétois. A son retour, il reprit les armes avec une nouvelle ardeur et battit les Corinthiens ; mais, vaincu à son tour, il se retira dans la ville d'Ira, que pendant onze ans il défendit avec courage ; mais les vivres et les soldats étant venus à manquer, il fut forcé de l'abandonner, après avoir sauvé les habitants (671 av. J.-C.). Alors, sa patrie, à laquelle il avait un instant fait entrevoir la liberté, retomba sous le joug de Sparte. Quant à Aristomène, il gagna l'Arcadie et se retira ensuite à Rhodes, où il périt. Pausanias nous a laissé une histoire de sa vie.

ARISTONIC, fils naturel d'Eumène II, roi de Pergame. Après la mort d'Attale III, il réclama les États de son père aux Romains, que ce prince avait faits ses héritiers. Il défit Publius Licinius Crassus ; mais Perpenna le battit et le fit prisonnier. Il orna le triomphe de Manius Aquilius, qui avait réduit le royaume de Pergame, et fut étranglé dans sa prison.

ARISTOPHANE, célèbre poète comique, fils de Philippe, né vers l'an 450 av. J.-C. ; on ignore le lieu de sa naissance. Il parvint rapidement à acquérir une grande réputation, en osant attaquer dans ses comédies l'ordre social d'Athènes, les guerres, la justice, les philosophes, les puissants et même les dieux. Le peuple, séduit par des dialogues satiriques d'un comique étincelant d'esprit et de verve, oubliait que ses ridicules, sa légèreté, sa sotte crédulité, son ingratitude, étaient livrés en pâture à la curiosité, et, publiquement, lui décerna la couronne d'olivier, distinction peu commune. Sans doute, on peut reprocher à Aristophane ses allusions, ses personnalités, ses bons mots souvent grossiers, et que nous ne saisissons plus guère, parce qu'ils ont perdu l'attrait et l'explication de l'actualité ; pourtant, il faut reconnaître qu'il nous a donné de nombreuses et importantes connaissances sur les mœurs d'Athènes et même sur celles de la Grèce entière, et que la licence avait parfaitement accès chez les Grecs, comme chez les Romains ; d'ailleurs Platon, d'un goût si sévère, disait que les Grâces avaient choisi pour temple l'esprit d'Aristophane. Ses pièces, qui ne manquent ni d'audace, ni de sel, ni de causticité, étaient au nombre de cinquante-quatre, avec des chœurs ; c'est à peine s'il nous en reste onze : les *Acharnéens*, dirigés contre Euripide, qu'il détestait, et où il démontre les bienfaits de la paix pour amener les Athéniens à cesser la guerre ; les *Chevaliers*, dans lesquels, à défaut d'acteur assez courageux pour remplir le rôle du tout-puissant démagogue Cléon, vivement attaqué, il prit lui-même le masque pour le jouer ; les *Guêpes*, qui ont fourni à Racine la charmante comédie des *Plaideurs*, et dans lesquelles Aristophane a ridiculisé les gens à procès ; les *Nuées*, dans lesquelles Socrate est méchamment accusé d'impiété ; les *Grenouilles* et la *Paix*, dans lesquelles Bacchus, Hercule et Jupiter ont vu tourner en dérision leur pauvre divinité ; les *Oiseaux*, qui osèrent déchiqueter à coups de bec les théories politiques ; *Cocalus*, *Lysistrate* ; les *Femmes à la fête de Cérès* ; *Plutus*. Ces quatre dernières ne sont plus des allusions personnelles, car, en 388, les orateurs et les puissants, blessés par ces mordantes et spirituelles critiques, firent porter par Lysimaque une loi qui défendait, sous les peines les plus graves, de représenter sur la scène un personnage vivant. Cette époque ouvrit une ère nouvelle à la comédie et mit fin au règne de la vraie comédie ancienne. Dans cette voie, Aristophane, créateur du genre, eut de nombreux imitateurs.

ARISTOPHANE, de Byzance, grammairien grec, né vers l'an 240 av. J.-C. Il étudia sous Zénodote d'Éphèse, à Alexandrie, fut chargé de la direction de la bibliothèque de cette ville sous Ptolémée III. Il mit en ordre et commenta les poésies d'Homère et de plusieurs autres, et fut le maître du fameux Aristarque. On lui doit les signes de la ponctuation et de l'accentuation grecques.

ARISTOTE, philosophe célèbre, un des plus vastes génies qu'aient produits les temps anciens, né en Macédoine, à Stagyre, l'an 384 av. J.-C. Il descendait d'Esculape par son père, Nicomaque, médecin distingué, très-bien vu à la cour d'Amyntas III, roi de Macédoine, et qui enseigna son art à son fils. Ayant entendu vanter la philosophie de Platon, il quitta Atarné, où il s'était réfugié à la mort de ses parents et se rendit à Athènes, où, sous les auspices de Platon, il professa l'éloquence et publia des ouvrages philosophiques qui commencèrent sa réputation. A la mort de son maître, n'ayant pas été choisi pour lui succéder, il se retira auprès d'Hermias, son ami, souverain d'Atarné, dont il épousa la jeune sœur Pithias, qu'il aima si tendrement. Il était depuis quelque temps à Mitylène, quand Philippe, père d'Alexandre, l'appela à sa cour pour lui confier l'éducation de son fils, remerciant les dieux, disait-il, non-seulement de ce qu'ils lui avaient donné un héritier, mais surtout de ce qu'ils l'avaient fait naître du temps d'Aristote, qui le rendrait digne de lui et du trône des Macédoniens. Peut-être Aristote, qui, par son origine grecque, était l'ennemi déclaré des Perses, n'a-t-il pas été étranger par ses leçons aux idées de conquêtes que caressait déjà et que réalisa ensuite son royal élève. On prétend même qu'il accompagna Alexandre dans une partie de ses expéditions, pendant lesquelles, sans doute, il prépara et réunit les éléments de son *Histoire naturelle*. Il quitta le jeune conquérant en Égypte et revint à Athènes, où il fonda au Lycée une nouvelle école qui devint bien vite célèbre et porta le nom d'école péripatéticienne, du grec *péripatéin* (se promener), parce que les leçons se donnaient en se promenant sous les ombrages des jardins du Lycée. Là, il enseignait, d'après l'usage des philosophes, deux doctrines : une des principes usuels de la vie, qu'il exposait à la foule dans ses cours publics ; l'autre sur les problèmes difficiles des sciences, qu'il réservait pour ses disciples. Alexandre mort, Aristote se vit bientôt en butte à des calomnies de toutes sortes de la part des Athéniens, qui voulaient secouer le joug de la Macédoine, et des sophistes jaloux qui, ne pouvant lui pardonner ses succès, l'accusèrent d'impiété. Le philosophe, ayant présent à l'esprit l'exemple de Socrate, se retira à Chalcis dans l'Eubée, ne voulant pas, disait-il, rendre les Athéniens coupables d'un nouvel attentat contre la philosophie. Il y mourut quelque temps après, en 322 av. J.-C., à l'âge de 62 ans. Hérychius de Milet prétend qu'il but de la ciguë. Le seul disciple qui marcha sur ses traces fût Théophraste, auquel nous devons la conservation des œuvres de son maître. Aristote a mérité à juste titre le surnom de Prince des philosophes, que lui fit donner son profond génie, apte à comprendre ou à découvrir les théories scientifiques. Son style concis et clair trouve le mot juste, procède par analyse pour arriver à la synthèse, tandis que Platon, brillant et pompeux, plein de grâce et d'atticisme, mais sans justesse dans le raisonnement, admet l'idée prototype et préexistante. On conçoit que la philosophie d'Aristote, qui, pour être comprise, demande du travail et une grande attention, fut abandonnée par les Grecs pour celle de Platon, moins profonde et moins vaste, mais qui ne demandait pas la concentration de toutes les facultés de l'âme. Plus tard les Romains étudièrent et commentèrent les nombreux ouvrages d'Aristote rapportés à Rome par Sylla ; nous devons leur conservation aux Arabes, dont l'un d'eux, Averroès, appelle Aristote le comble de la perfection humaine. Mais, chez les Romains, la doctrine péripatéticienne commença à s'altérer et subit des modifications importantes, les siècles suivants, jusqu'à Descartes, qui parvint, non sans peine toutefois, à la rétablir dans sa pureté primitive. Après avoir été critiquée, ridiculisée, elle fut reprise avec gloire par Newton et Locke. Nous l'avons dit, Aristote a embrassé toutes les sciences de son génie puissant : logique, métaphysique, morale, politique, mathématiques, physique, histoire naturelle, rhétorique et poétique ; il forma une sorte d'encyclopédie qui jouit longtemps d'une grande autorité et aida puissamment au développement de la civilisation, surtout à la Renaissance. Dans sa logique intitulée *Organon*, divisée en *Catégories Traité de l'interprétation, Analytiques, Tragiques et Sophismes*, il donne des règles pour distinguer les faux raisonnements des vrais à l'aide du syllogisme, et prétend que l'âme n'acquiert de connaissances que par les sens ou la perception des objets extérieurs. En métaphysique, il admet un Dieu suprême avec toutes les perfections, et l'éternité du monde. Il reconnaît une âme matérielle aux animaux, et à l'homme l'intelligence et la raison, comme venant de Dieu ; mais, selon lui, l'âme humaine est imparfaite : ce n'est qu'après la mort qu'elle se dégage de la matière, de ses sensations, de ses désirs, de ses passions, pour ne plus garder que sa substance divine. En physique, il n'admet pas le vide, ni la formation, ni la destruction de la matière. Dans son histoire des animaux, il a décrit sur un vaste plan un grand nombre d'êtres animés avec un talent qui, de l'avis de Buffon et de Cuvier, n'a peut-être pas encore été surpassé. C'est toujours la méthode d'observation, rangeant les faits acquis selon les organes et les fonctions, et non d'après les espèces. Pour sa poétique, il a suivi les règles établies par Homère et les grands poëtes tragiques. En morale, il établit en principe qu'on ne peut arriver au bonheur, but de tous les hommes, que par la vertu, qui consiste dans un juste milieu : ne pas trop aimer le plaisir ni redouter la douleur. Comme moyen de développer la vertu, il donne l'amour du beau et l'horreur du vice. En politique, il remarque deux sortes de productions dans l'existence des nations : l'une naturelle, l'autre artificielle ; il vante et accepte la première, parce qu'on se propose de consommer les productions, et rejette la seconde, parce qu'elle a pour but la vente de ces productions. On a peine à se figurer comment un homme, avec le peu de documents qu'il avait à sa disposition, soit parvenu à élever un tel monument ; on ne peut que rester saisi d'admiration et excuser les quelques erreurs qui se sont glissées dans la foule de ces ouvrages, dont malheureusement quelques-uns sont mutilés, altérés ou perdus. Les œuvres d'Aristote sont restées longtemps oubliées : ce n'est que deux siècles après sa mort qu'elles furent remises au jour.

ARISTOXÈNE DE TARENTE, philosophe et musicien, naquit vers l'an 324 av. J.-C. Il fut le disciple d'Aristote. Il composa 453 volumes, mais il n'est parvenu jusqu'à nous que ses *Éléments harmoniques*, en trois livres, et aucun traité n'est plus utile pour la connaissance de la musique chez les anciens.

ARITHMÉTIQUE. Science qui a pour but de connaître toutes les modifications dont les nombres sont susceptibles. L'arithmétique se divise en numération et en calcul numérique.

ARITHMOMANCIE. Art de deviner les événements d'après la valeur numérale des lettres d'un nom. Dans l'opinion des Grecs, lorsque deux individus se battaient, celui dont le nom renfermait le nombre le plus élevé devait infailliblement remporter la victoire. Les Chaldéens furent les inventeurs de cette espèce de divination ; elle fut aussi pratiquée par les Musulmans et les Juifs.

ARIUS, célèbre hérésiarque, né en Cyrénaïque ou à Alexandrie, vers la seconde moitié du IIIe siècle. Il renouvela les doctrines d'Ebion, d'Arthémas et de Théodote, qui niaient la divinité de J.-C., mais avec cette variante que le Verbe, selon lui, était sorti du néant, qu'il se rapprochait de Dieu, sans l'être pourtant. Sous les empereurs Constance, Valence, etc., l'arianisme fut protégé ouvertement, et devint très-redoutable pour l'Eglise, quand enfin les partisans de cette secte qui commençaient à se diviser, malgré les approbations de quelques conciles, furent poursuivis par l'empereur Théodose. Cette hérésie, étouffée pendant quelques années, reprit de la vigueur, au commencement du Ve siècle, chez les peuples qui s'étaient partagé l'empire romain, les Goths, les Vandales, les Suèves, les Bourguignons et les Lombards ; cette secte était divisée en plusieurs branches qui s'étendaient déjà sur l'Europe, quand l'Espagne la condamna, en 589, l'Italie en 660, avec l'abjuration d'Aribert Ier, dernier roi de Lombardie, reconnaissant cette doctrine. Après la réformation, l'arianisme a reparu dix siècles plus tard, sous le nom principal de socianisme qui compta d'honorables défenseurs : Locke, Socin, Servet, Newton, Clarke, Capiton, Leclerc, Cellarius, etc. Le P. Maimbourg a écrit l'*Histoire de l'arianisme*.

ARIZONA, district des Etats-Unis de l'Amérique, dans la partie S. du Nouveau-Mexique. Pop. 10,000 hab. ; superf. 160,000 kil. carrés. Le traité de Gadsden (1854) le céda aux Etats-Unis.

ARJUZANX, ch.-l. de cant. de l'arrond. de Mont-de-Marsan (Landes), à 35 kil. de cette ville. Pop. 150 hab. Renommé par ses bons vins.

ARKANSAS, rivière des Etats-Unis. Elle prend sa source dans les Montagnes rocheuses, et, après un parcours de 3,470 kil., elle se jette dans le Mississipi ; presque entièrement navigable, elle arrose le Kansas, le territoire indien et l'Etat de ce nom.

ARKANSAS, un des 26 Etats de l'Amérique du Nord, cap. Arkopolis, ville principale Davidsonville. Il est borné au N. par les Etats du Missouri, à l'E. par ceux de Tennessee et de Mississipi, au S. par la Louisiane, et à l'O. par le territoire indien. Il est arrosé par le Mississipi, l'Arkansas et la Rivière rouge (*Red-River*). Sa superficie est de 1,500 myriam. carrés, et sa population de 331,250 hab. Il est montagneux et fertile en céréales et cotons.

ARKHANGEL ou ARKHANGELSK, c'est-à-dire *ville du couvent de l'archange saint Michel*, ville de la Russie d'Europe, ch.-l. du gouvernement de son nom. Pop. 25,000 hab. Siége d'un évêché russe, d'un gouverneur civil et d'un gouverneur militaire. Elle possède un séminaire théologique, un comptoir de la banque de Saint-Pétersbourg, un gymnase et un beau port militaire et de commerce sur la Mer blanche, près de l'embouchure de la Dwina, à 737 kil. de Saint-Pétersbourg. Le commerce de cuirs et de pelleterie y est considérable. Arkhangel fut fondé à la fin du XVIe siècle.

ARKHANGEL ou ARKHANGELSK (gouvernement d'), situé à l'extrémité N. de la Russie d'Europe. Il est baigné par la Mer glaciale et la Mer blanche. Superf. 892,100 kil. carrés. Pop. 263,000 hab. La plus grande partie du sol est stérile et couverte de glace pendant dix mois de l'année.

ARKHANGEL ou ARKHANGELSK (Novaïa), ville de l'Amérique russe. Pop. 1,000 hab. Elle est le ch.-l. des établissements russes et possède un bon port dans l'île et sur le détroit de Sitka. Elle est bâtie autour d'une citadelle où siége l'administration de la compagnie russe-américaine. Tout y est bâti en bois : fortifications, casernes, magasins, etc. On y remarque l'hôtel du gouverneur, construit avec une certaine élégance, et une bibliothèque, qui est pour ces parages lointains un trésor sans prix.

ARKIKO ou ARKEEKO, ville d'Abyssinie, à 175 kil. d'Axoum ; possède un petit port sur la Mer rouge.

ARKLOW, ville et port sur la côte E. de l'Irlande, à 22 kil. de Wicklow. Pop. 3,500 hab. La pêche y est active, surtout en huîtres, que l'on exporte dans les parcs de Baumaris et d'Anglesey. Cette ville, autrefois fortifiée, fut prise et démantelée par Cromwell, en 1649.

ARKWRIGHT (sir Richard), mécanicien, né à Preston, dans le comté de Lancastre, en Angleterre, d'une famille pauvre, en 1732. Il exerça d'abord la modeste profession de barbier. Il avait 36 ans lorsqu'il pensa à chercher le mouvement perpétuel ; heureusement qu'il se lia avec l'horloger John Kay, qui le détourna de cette téméraire et inutile entreprise et lui conseilla de diriger son aptitude à la création d'une machine à filer le coton. Cette grave question, ayant pour but la suppression presque complète de la main-d'œuvre et l'abaissement du prix des produits fabriqués, avait déjà préoccupé bien des savants, mais aucun des différents essais n'avait atteint la solution. Après quelques tâtonnements malheureux et des jours de profonde misère, Arkwright finit par exécuter enfin une machine à filer le coton, pour laquelle il prit un brevet d'invention en 1771. Après de nouveaux essais, l'inventeur et son associé, Kay, montèrent une filature dans le Derby, à Cromfort, puis une seconde, et le succès de cette magnifique découverte fut si grand, qu'il ameuta contre Arkwright tous les fabricants ; il fut attaqué dans de nombreux procès, pour avoir volé de prétendues inventions abandonnées par leurs auteurs. Ses rivaux, voyant qu'ils ne pouvaient le ruiner par la chicane, se liguèrent contre lui pour empêcher l'écoulement de ses produits ; mais, en homme bien avisé, Arkwright fit non-seulement filer, mais encore tisser le coton chez lui et détruisit l'effet de ces basses manœuvres. Il devint ainsi l'un des premiers manufacturiers de l'Angleterre qu'il venait d'enrichir. Créé grand sherif du comté de Derby (1786), il fut nommé chevalier ensuite. Après avoir doté son pays d'une invention utile et avoir amassé une fortune de plus de 12 millions de francs, Arkwright mourut à l'âge de 59 ans, en 1792.

ARLANC, ch.-l. de cant. de l'arr. d'Ambert (Puy-de-Dôme), à 15 kil. de cette ville. Pop. 2,100 hab. Arlanc est situé sur le penchant d'une montagne et possède une source d'eau minérale froide et ferrugineuse.

ARLANGES (Joseph-Marie-Gaston D'), né à Mareschè (Sarthe) en 1774, mort en 1843. Il suivit sa famille à l'étranger et prit part à toutes les campagnes de l'armée de Condé. Rentré dans la vie civile, il commanda l'un des bataillons de la garde nationale de Brest, en 1813, et fut nommé lieutenant-colonel d'une légion départementale, en 1816. Il se distingua dans la guerre d'Espagne de 1823, comme colonel du 7e de ligne. Nommé maréchal de camp en 1834 au camp de Saint-Omer, il partit pour l'Algérie, où il avait déjà donné des preuves de courage à la prise de Mascara et à la défense de la Maison-Carrée. Il fut assez heureux dans l'expédition de Tlemcen ; mais ayant éprouvé plus tard quelques échecs, il revint à Oran en 1836 et fut mis en non-activité.

ARLAY, bourg du département du Jura (Franche-Comté), à 11 kil. de Lons-le-

Saulnier. Pop. 1,800 hab. Ce bourg était autrefois une baronnie de la Franche-Comté et appartenait à la maison de Châlons, d'où les princes d'Orange tirent leur origine.

ARLBERG, c'est-à-dire *montagnes de l'aigle*, montagnes du Tyrol, formant l'un des contre-forts des Alpes des Grisons. Elles séparent les bassins du Rhin et du Danube, se divisent en deux rameaux, l'un qui va en Bavière, dans le Wurtemberg et le duché de Bade, et l'autre longeant l'Inn.

ARLEQUIN, personnage comique qui, des théâtres grecs et romains, a passé sur la scène italienne, excitant partout les railleries et provoquant le rire; chez les Romains, ce rôle était joué par un esclave barbouillé de suie, coiffé d'un chapeau et armé d'un sabre de bois; il s'appelait *sannio*. Chez les Italiens, il conserva son type primitif, raillant sans pitié, sous le nom de *zannio*, les travers et les ridicules. Quand Arlequin vint en France, il monta d'abord sur les planches des théâtres forains, où sa naïveté et son esprit obtinrent un grand succès. Dominique, Vicentini, Thomassin et Carlin jouèrent ce personnage avec un comique désopilant. On prétend que le nom d'Arlequin vient d'*Harlequino*, célèbre comédien italien, qui était très-bien vu de M. de Harlay. Aujourd'hui la comédie italienne est morte; Arlequin a cédé son sceptre à Pierrot qui, lui-même, ne le tient plus que d'une main débile. Les Anglais ont le *clown* et les Allemands le *hanswurst*, qui sont bien loin d'atteindre la verve perdue de l'arlequin français.

ARLES, sous-préfecture du départ. des Bouches-du-Rhône, à 89 kil. de Marseille. Pop. 20,000 hab. Elle possède un musée, une bibliothèque, des archives, un collège et une école de navigation. Son principal monument est l'église métropolitaine, magnifique par son portail. Ce qui rend cette ville remarquable, c'est l'amphithéâtre, laissé inachevé, l'obélisque égyptien, l'hôtel de ville et l'abbaye de Montjour. La ville d'Arles, dont l'origine est incertaine, fut conquise par les Romains en l'an 366 de la fondation de Rome. Les Visigoths s'en emparèrent en 426 ap. J.-C. Elle passa dans différentes mains de 593 à 933, époque à laquelle fut établi le royaume d'Arles. Raymond VII l'assiégea inutilement pendant tout l'été de 1240. Cependant, en 1251, elle reconnut l'autorité de Charles Ier, comte d'Anjou et de Provence.

ARLES-SUR-TECH, ch.-l. de cant., arrond. de Céret (Pyrénées-Orientales), à 8 kil. de cette ville. Pop. 1,750 hab. Situé au pied du mont Canigou. On y remarque une belle église et des sources minérales.

ARLEUX, ch.-l. de cant., arrond. de Douai (Nord), à 11 kil. de cette ville. Pop. 1,500 hab. On y remarque le château fort où fut enfermé Charles le Mauvais; il fut pris par les Français en 1645 et démantelé en 1711. Arleux est la patrie du jurisconsulte Merlin.

ARLON, ville de Belgique, ch.-l. de la prov. du Luxembourg belge, à 170 kil. de Bruxelles. Pop. 5,550 hab. On y fabrique des étoffes de laine et on y fait un commerce de fers et de grains. Le 19 avril 1793, les Français y battirent les Impériaux. Arlon était autrefois le ch.-l. d'un comté du pays des Ardennes, qui fut érigé en marquisat en 1103, et réuni au Luxembourg en 1214.

ARLOTTO MAINARDO, écrivain et prêtre, né à Florence en 1395, mort en 1483. Il est moins connu comme écrivain que par ses plaisanteries et sa bonne humeur, qui divertirent les cours d'Edouard V d'Angleterre, d'Alphonse, roi de Naples, et de René d'Anjou, comte de Provence. On a de lui : *Patron de l'honnête raillerie, contenant les bons mots, brocards, etc.*

ARLUNO (Bernardin), savant jurisconsulte et noble Milanais, vivait à Milan de 1507 à 1537. On a de lui : *De la guerre de Venise; Histoire de la patrie.*

ARMADA, mot espagnol qui signifie *flotte de guerre*. Ayant à se plaindre d'Elisabeth, qui avait refusé de lui donner sa main, et dont la marine lui avait fait éprouver des échecs sur les côtes de la péninsule et dans la mer du Sud, tandis qu'elle appuyait la révolte des Pays-Bas, Philippe II, désirant aussi s'approprier l'Ecosse et l'Angleterre, que lui avait léguées Marie Tudor, fit construire une flotte formidable dans les ports d'Espagne, de Sicile, de Naples, de Portugal et de Flandre, et lui donna orgueilleusement le titre d'*Invincible*. Le 28 mai 1588, cet armement gigantesque sortit du port de Lisbonne et jeta la terreur chez les Anglais. — L'invincible *Armada* portait 8,460 matelots, 19,205 soldats, 2,088 galériens et 2,630 canons, sous les ordres de Médina Sidonia, et comprenait 130 grands vaisseaux armés en guerre et 30 bâtiments moins grands, avec un renfort de 14,000 hommes que la flotte devait prendre dans les Pays-Bas. Le lendemain de son départ, elle fut assaillie par un coup de vent qui la dispersa; cependant elle parvint jusqu'au cap Finistère, où une nouvelle tempête vint l'assaillir; après avoir lutté avec les éléments, il fallut combattre contre les vaisseaux anglais, commandés par l'amiral Drake, qui mit les Espagnols en fuite. Les vaisseaux qui échappèrent au désastre de Calais échouèrent contre les côtes d'Ecosse et d'Irlande. A peine si le duc de Médina Sidonia put regagner le port de Santander avec les tristes débris de sa flotte. Les Anglais tirent encore aujourd'hui une grande gloire de cette victoire; mais il faut dire que les éléments et les brûlots des côtes les aidèrent puissamment.

ARMAGH, ville d'Irlande, cap. du comté de ce nom, à 110 kil. de Dublin. Pop. 13,000 hab. Elle est bâtie en marbre rouge. Siége archiépiscopal du primat anglican d'Irlande. On y remarque une bibliothèque de 14,000 volumes et un observatoire. Elle doit sa fondation à saint Patrick, en 450.

ARMAGH (comté d'), situé entre ceux d'Antrim au N., de Down à l'E., de Lowth au S., et de Monaghan à l'O. C'est un pays généralement montagneux. Sa superficie est de 132,800 hect., et sa pop. de 235,000 hab. On y récolte du lin, des pommes de terre et du froment. Son commerce consiste en la fabrication des toiles.

ARMAGNAC, ancien pays de France, dont Lectoure était le ch.-l. Il forme aujourd'hui le dép. du Gers et une partie des dép. de la Haute-Garonne, du Lot-et-Garonne et du Tarn-et-Garonne. Ce comté date du xe siècle et fut réuni à la couronne en 1481. Charles VIII le rendit au comte Charles Ier, 23e comte d'Armagnac. En 1645, Louis XIV le donna à Henri de Lorraine, dont les descendants le possédèrent jusqu'à la Révolution.

ARMAGNAC (Bernard VII, comte D'), chef de la faction des Armagnacs, né au milieu du XIIIe siècle. Il prit le titre de comte à la mort de son frère Jean III, en 1391. Il porta d'abord ses armes contre les Anglais, en Guienne; puis bientôt des deux factions de Bourgogne et d'Orléans qui ruinaient la France, pendant la démence de Charles VI, il prit parti pour celle d'Orléans, et donna au fils de ce duc sa fille en mariage. Après l'assassinat du duc d'Orléans, il devint l'âme de cette faction, à laquelle il eut le triste honneur de donner son nom. Il combattit le duc de Bourgogne avec des succès mêlés de revers, et enfin s'avança sur Paris, où il entra triomphant en 1413. Nommé connétable, puis premier ministre, il réunit encore sous son autorité la direction des finances et la garde des forteresses; après la bataille d'Azincourt, la reine Isabeau l'appela à la défense du royaume; dès lors il devint tout-puissant (1415); mais il ne sut pas se faire aimer du peuple, qu'il traita avec hauteur et accabla d'exactions et d'impôts. A la mort du roi de France, il se crut assez fort pour rompre avec la reine Isabeau qu'il fit enfermer à Tours. Mais le duc de Bourgogne la délivra et s'avança sur Paris, dont les habitants, fatigués de la tyrannie du duc d'Armagnac (1418), lui ouvrirent les portes, le 29 mai. Obligé de se cacher, le connétable fut trahi par un maçon chez lequel il s'était réfugié. On lui avait promis la vie sauve; mais le peuple, furieux, brisa les portes de sa prison et l'immola à sa vengeance. Ce ne fut que 19 ans plus tard que ses obsèques furent célébrées, sous le règne de Charles VII.

ARMAGNAC (Jean V, comte D'), petit-fils du précédent et fils de Jean IV, naquit en 1420. Il combattit sous les ordres de Dunois dans la conquête de la Guienne, en 1451. Devenu prince d'Armagnac, il ressentit, quoique déjà marié, pour Isabelle, sa propre sœur, une honteuse passion que les excommunications et les obstacles de toute sorte ne servirent qu'à pousser jusqu'au délire. N'ayant pu obtenir de dispense, il brava l'opinion et l'épousa publiquement; il en avait eu deux enfants. Le pape Pie II le releva plus tard de cette excommunication; mais Charles VII, sachant qu'il était en relation avec les Anglais, fut inflexible, et le parlement bannit le traître incestueux et bigame, et le dépouilla de ses biens en 1455. Louis XI le rappela et lui rendit ses possessions, en 1461; mais d'Armagnac ne le récompensa que par son ingratitude en se révoltant contre lui. Le roi lui pardonna et le releva même de l'infamie de son mariage; ces bienfaits ne servirent qu'à lui faire croire à l'impunité et le poussèrent à de nouvelles trahisons. Il vendit sa patrie aux Anglais et aux Aragonais, et entra dans le parti du duc de Guienne, ennemi acharné du roi, lors de la ligue du bien public. Mais il fut condamné par le parlement pour trahison; le comte d'Armagnac, forcé de fuir, gagna les montagnes de Guipuzcoa, abandonnant ses terres et ses châteaux. Il se jeta ensuite dans Lectoure, où vint l'assiéger le cardinal Joffrédy, par ordre du roi. Un traité fut convenu entre eux, mais au moment de la réunion, les troupes royales entrèrent par trahison dans la ville et tuèrent le comte d'Armagnac, en 1473. Charles, son frère, condamné aussi, passa de la Conciergerie, où il espérait être acquitté, dans la prison de la Bastille, et n'en sortit que 14 ans après, sous le règne de Charles VIII.

ARMAGNAC (Georges), évêque de Rhodes, fils de Pierre d'Armagnac, occupa plusieurs fonctions importantes dans le clergé et même dans l'Etat. Il fut tour à tour administrateur des évêchés de Valère et de Lectoure; ambassadeur à Venise, à Rome, conseiller d'Etat, archevêque de Toulouse et colégat du cardinal de Bourbon à Avignon, qu'il administra sagement et conserva aux papes, malgré les troubles des guerres civiles. En 1544, pour le récompenser de ses services, le pape le créa cardinal, et bientôt il occupa, à la place de Félicien Capiton, le siége d'Avignon, où il mourut en 1585, après avoir fondé des établissements religieux et écrit quelques lettres et des *Statuts synodaux* pour l'évêché de Rhodes.

ARMAGNACS (guerre des) sous Charles VI. (*Voir* ARMAGNAC, Bernard VII, comte d').

ARMANÇON, rivière de France, prend sa source près du village d'Essey (Côte-d'Or), et, après un parcours de 180 kil., elle se jette dans l'Yonne, à 8 kil. de Joigny.

ARMANSPERG (Joseph-Louis, comte D'), ancien président du conseil de régence du roi Othon Ier. Né en 1787, à Kosslingen (Bavière), mort le 3 avril 1853. Ministre du roi Louis, il le seconda habilement dans l'exécution de ses projets de réforme; mais, par sa résistance aux empiétements de la cour de

Rome, il s'attira la haine du parti clérical; celui-ci manœuvra si bien qu'il parvint à lui faire perdre son portefeuille. Conseiller à vie depuis 1828, il céda aux instances du roi Louis, et suivit le prince Othon lorsque celui-ci fut appelé à gouverner les Hellènes. Chancelier d'Etat, il eut le tort de chercher à se rendre indispensable, et ce fut ce qui mécontenta le roi, qui lui donna pour successeur M. de Rudhart. M. d'Armansberg quitta la Grèce dans les premiers jours de mars 1837, et se retira en Bavière, où il vécut dans l'intimité de la famille jusqu'à la fin de ses jours.

ARMATOLES ou KLEPHTES. On appelait ainsi les capitaines chrétiens qui se maintinrent indépendants au milieu de la Grèce septentrionale, depuis l'établissement de l'empire ottoman en Europe. Au XVIIe siècle, ils se répandirent dans toute la Grèce. Ils possédaient des forts remplis de soldats, et, en 1821, ils servirent la cause de l'indépendance, quand éclata la révolte des Grecs contre les Turcs.

ARMBRUSTER (Jean-Michel), journaliste, né en Allemagne, à Lultz, dans le Wurtemberg en 1761. Malgré quelques succès, il mena une existence assez malheureuse, à laquelle il mit fin lui-même, en 1817, lorsqu'il se vit à bout de ressources. D'abord secrétaire de Lavater, il fut rédacteur de la *Gazette de Zurich*, et passa ensuite à Constance, où il cultiva les lettres, et fonda l'*Ami du Peuple*, qui le rendit populaire, surtout à cause de la haine qu'il professait contre la France; ce qui lui procura une place en Autriche, qu'il garda jusqu'à la prise de Günsberg par les Français; il se retira à Vienne, où il devint commissaire de police, puis secrétaire de la cour suprême de police et de censure. Dans ces diverses positions, il avait publié des journaux qui ne manquaient pas d'un certain mérite, et des contes pour les enfants.

ARMÉE. Sous ce nom, on désigne l'ensemble des troupes qu'une nation entretient dans l'intérêt de sa défense et de sa sûreté.

ARMÉE COMBINÉE. On appelle ainsi celle qui est composée de troupes de différentes puissances, réunies pour agir dans un but commun.

ARMÉE D'OBSERVATION. On donne ce nom à un corps de troupe placé sur la frontière pour surveiller l'ennemi et appuyer des négociations pendantes; on appelle encore ainsi les troupes destinées à protéger un siége.

ARMÉE DE RÉSERVE. Celle qui est formée en arrière des troupes qui pénètrent dans un pays, et qui est destinée à leur fournir des renforts et à contenir les populations qu'elles laissent derrière elles.

ARMÉE DE SECOURS. Celle qui a pour but de faire lever un siége ou de faire passer des vivres ou des renforts aux assiégés.

ARMÉE FRANÇAISE. Notre armée se recrute par les appels faits chaque année et par les engagements volontaires. Elle se divise en états-majors, en troupes et en réserve. Sous la première désignation, on comprend l'état-major général, le corps d'état-major, le corps de l'intendance militaire, l'état-major des places, l'état-major particulier de l'artillerie et l'état-major particulier du génie. — Les troupes se divisent en troupes de la garde, troupes de la ligne, troupes spéciales et troupes de l'administration. — La réserve comprend les hommes faisant partie du contingent annuel qui ne sont pas appelés sous les drapeaux, et ceux qui sont renvoyés dans leurs foyers en attendant leurs congés de libération.

ARMÉE NAVALE. On appelle ainsi une réunion de trois escadres, divisées chacune en trois divisions de trois vaisseaux, ce qui représente un effectif de vingt-sept vaisseaux. La tactique préside aussi bien aux combats maritimes qu'à ceux qui se livrent sur terre, et l'on a remarqué que le vaste ensemble que présente l'armée navale, se décomposant en parties homogènes, présente à la mer le tout le plus complet et le plus favorablement divisible. En effet, on peut se faire une idée exacte de la puissance d'une armée navale en songeant que ces navires exécutent les ordres de l'amiral avec une précision et un ensemble qu'on ne saurait trouver que dans l'armée de terre. Une armée navale possède également quelques navires légers destinés au service de chacune des divisions. La première escadre forme le corps de bataille; la seconde l'avant-garde, et la troisième l'arrière-garde.

ARMEMENT. On appelle ainsi, dans l'art militaire, l'ensemble des préparatifs d'une armée qui va entrer en campagne, c'est-à-dire la concentration des troupes, la réunion du matériel, l'organisation des approvisionnements sur les points qui doivent servir de base à l'opération qu'on médite. De toutes les puissances, c'est la France qui peut le plus rapidement entrer en campagne, tandis que la Russie, malgré ses immenses armées, perd un temps très-précieux, à cause de l'étendue de son territoire et de son peu de ressources, qui rendent les armements très-difficiles.

ARMEMENT. Dans la marine, on appelle ainsi les dispositions prises pour mettre un navire en état de prendre la mer. L'armement d'un navire se compose: 1° de la mâture; 2° de l'arrimage; et 3° du gréement.

ARMÉNIE. Les commencements de l'histoire de l'Arménie, comme ceux de beaucoup de peuples, d'ailleurs, se perdent dans la nuit des temps. Maribas Catina, au dire de Moïse de Horen, fut le premier qui réunit les documents historiques de cette nation. Cet historien cite comme premier roi d'Arménie, Haïg, fils de Thorgom, qui vivait à l'époque de la construction de la tour de Babel (2107 av. J.-C.). Les plus célèbres parmi les successeurs de ce prince furent Aram, qui recula les bornes de son royaume; son fils Ara, après la mort duquel l'Arménie dut reconnaître l'autorité de l'Assyrie. La dynastie haïganienne, assez obscure d'ailleurs, a régné pendant environ dix-huit siècles.

ROIS DE LA RACE HAÏGANIENNE

Indépendants :

	Av. J.-C.
Haïg	2107
Arménag	2026
Aramaïs	1980
Amasia	1940
Herghain	1908
Harma	1858
Aram	1827
Ara	1769

Sous la domination assyrienne :

Gaatos	1743
Anouschavan	1725
Bared	1662
Arpag	1612
Zavan	1568
Pharnace Ier	1531
Souz	1478
Havanag	1433
Vaschdag	1403
Haïgag Ier	1381
Ampag Ier	1363
Arhnag	1349
Schavarsch Ier	1332
Noraïr	1326
Vesdam	1302
Gar	1289
Horag	1285
Orontes	1267
Endsag	1242
Heleg	1227
Horoï	1197
Zarmaïr	1194
Interrègne de 1182 à	1180
Schavarsch II	1180
Berdj Ier	1137
Arpoun	1102
Berdj II	1075
Pazoug	1035
Hoï	985
Housag	941
Ampag II	910
Gaïbay	888
Pharnabace Ier	838
Pharnag II	805
Sgaïorti	765
Baroir	748
Hratchéa	700
Pharnabace II	678
Badjoïdj	665
Gornhag	630
Pharos	622
Haïgag II	605
Evorant Ier	569
Tigrane Ier	565
Vahakn	520

Sous la domination des Perses :

Arhavan	493
Nersch	475
Zareh	440
Armok	394
Baïkham	385
Van	371
Vahé 351 jusqu'à	328

Après la conquête d'Alexandre, l'Arménie fut administrée par un gouverneur, nommé par lui, mais à la mort du roi de Macédoine et lors du partage de son empire par ses généraux, l'Arménie échut à Séleucus, roi de Syrie. L'histoire nous a donné les noms de quelques-uns de ces princes, parmi lesquels Tigrane II s'acquit quelque gloire, comme allié de Mithridate, et en combattant les Romains; il s'était emparé de la Syrie, après avoir vaincu les Parthes et mis en danger la fortune de Rome. L'Arménie qui, dès l'an 189 av. J.-C., avait secoué le joug des Séleucides, était divisée en grande et en petite Arménie; celle-ci, après avoir eu ses rois particuliers, tomba sous la domination romaine, vers l'an 75 de J.-C., sous Artavasde. La grande Arménie conserva ses rois, dont voici la liste :

	Av. J.-C.
Artaxès II	30
Tigrane II	20
Tigrane III	15
Artavasde II	6
	Ap. J.-C.
Erato, reine dépossédée	2
Ariobarzane	2
Artavasde III	4
Erato rappelée	5
Vonones	16
Interrègne	17
Zénon	18
Tigrane IV	23
Arsace II	35
Mithridate	45
Rhadamiste	51
Tiridate Ier, chassé	52
Tigrane V	60
Tiridate rétabli	62

A cette époque, la famille des Arsacides, qui régnait sur les Parthes, voulut s'emparer du trône arménien, mais Evorant II, un de ses membres, après s'être rendu maître de l'Arménie par plusieurs crimes, en détruisant la postérité d'Abgare, fut détrôné par Ardaschès qui lutta contre Rome, ainsi que son fils Tigrane. Après une longue succession de crimes et de guerres entre les Sassanides, vainqueurs en Perse des Arsacides, et ces derniers, la religion chrétienne s'introduisit en Arménie; Théodose, après avoir favorisé les Arsacides d'abord, se partagea ensuite l'Arménie avec la Perse.

ROIS DE LA PETITE ARMÉNIE

Dynasties des Arsacides et des Sassanides

	Av. J.-C.
Arscham	38
Abbanou	10
Abgare	5
	Ap. J.-C.
Anané	32
Sanadroug	36
Evorant	58

Ardaschès III	78
Ardavost IV	120
Diran Ier	121
Tigrane IV	142
Vagharsch	178
Chosroès	198
Ardeschir	232
Tiridate II	259
Interrègne	314
Chosroès II	316
Diran II	325
Arsace III	341
Pap	370
Varaztad	377
Arsace IV et Valarsace	382
Arsace IV, seul	383
Kazavon	389
Vrham-Schabouh	392
Hosrov III	414
Schabouh	415
Interrègne	419
Ardaschès IV	422

2 juin 451. Ce pays se remettait à peine des secousses qu'il avait éprouvées, lorsqu'apparut Mahomet. Les Arabes, un instant maîtres de l'Arménie, par le fer et le feu, tournèrent leurs armes contre eux-mêmes; les querelles religieuses s'envenimèrent; ce triste pays ravagé compta un grand nombre de martyrs. Cependant le calme allait renaître, après de si terribles tempêtes, par l'avénement de la dynastie des Pagratides, qui parvint à s'asseoir sur le trône avec le secours des grands.

ROIS DE LA DYNASTIE DES PAGRATIDES

Achod	748
Sempad	758
Achod-Mesager	781
Sempad, *le Confesseur*	820
Achod *le Grand*	859
Sempad Ier	890

Héthoun	1224
Léon III	1267
Héthoun II abdique	1289
Thodos II	1293
Héthoun II, rétabli, abdique	1295
Sempad	1296
Gosdantin II	1298
Héthoun encore rétabli	1300
Léon IV	1305
Osehin	1308
Léon V	1320
Gosdantin III	1342
Guy	1343
Gosdantin IV	1343
Interrègne	1363
Léon VI	1365

Tamerlan ravagea l'Arménie, après ses conquêtes en Perse et en Syrie; ce malheureux pays, après le passage, en 1603, de Shah-Abbas, ne conserva même pas l'om-

Bonaparte au pont d'Arcole.

A cette époque, l'Arménie retomba complétement sous le joug de la Perse, qui lui donna les gouverneurs suivants :

Véh-Méhir-Schahpour	428
Vasag	442
Adrormizt-Arschagan	452
Aderveschnasb-Jozmentéan	464
Sahag	481
Schapour-Mihranéam	483
Antégan	484
Yaham	485
Vart	511
Pourzan	515
Mejej	518
Tenschabouh	548
Veschnasvahran	552
Varaztad	558
Souran-Djihrveschnasbouhen	564
Vartan	571
Mihran-Djihrveghon	578
Sempad	593
David	601
Varazdirots	625

Pendant cette longue succession de rois et de gouverneurs, obscurs pour la plupart, l'Arménie, en proie aux persécutions, était torturée par les Romains et les Perses; malgré leur courage, les Arméniens furent défaits à la sanglante bataille d'Artaxate, le

Achod II	914
Achod, usurpateur	921
Apas	928
Achod III	952
Sempad II	977
Kakig Ier	989
Jean	1020
Interrègne	1040
Kakig II	1042

Après les Grecs et les Turcs, ce fut le tour des Mongols, qui ravagèrent cette contrée sous la conduite de Djinguiz-Khan. De la puissance nationale, il resta à peine une petite principauté fondée par Rhoupen, après l'extinction des Pagratides.

ROIS DE LA DYNASTIE DES RHOUPÉNIENS

Rhoupen Ier	1080
Gosdantin Ier	1095
Thoros Ier	1100
Levon Ier	1123
Interrègne	1138
Thoros II	1144
Thomas, régent	1168
Meleh	1169
Rhoupen II	1174
Léon II	1185
Zabel, reine	1219
Philippe, son mari	1220
Interrègne	1222

bre d'une nationalité; sous la domination de la Turquie, elle fut partagée en plusieurs pachaliks, d'abord sous les Turcs Seldjoucides, ensuite sous les Turcs Ottomans. Les Perses enlevèrent à ces derniers l'Arménie orientale, et en furent eux-mêmes dépossédés par les Russes qui, avec les Turcs, sont demeurés les maîtres de l'Arménie. Cette vaste contrée de l'Asie occidentale, s'étend entre la Géorgie et l'Imérétie au N., le Kurdistan et l'Aderbidjon à l'E., l'Adjerireh au S., l'Anatolie à l'O. Elle se divise en deux parties : l'Arménie turque qui s'étend des montagnes de la Géorgie à celles de la Mésopotamie et des bords de l'Euphrate au delà du mont Masis, comprend quatre pachaliks : Kars, Arzroum, Anied et Van; l'Arménie russe, située le long du Kour et de l'Aras au N.-E., comprend deux gouvernements : Erivan et Akhaltsiché, naguère aux Turcs. Les villes principales sont Kars, Arzroum, Van, Anied, Erivan, etc. Les montagnes de l'Arménie relient la Caucase au Taurus, et la plus célèbre d'entre elles est l'Ararat, consacré par des souvenirs bibliques. Les fleuves qui l'arrosent sont l'Euphrate, le Tigre, l'Aras et le Kour; le lac le plus grand de cette contrée est le lac Van. Ce pays, dont les montagnes sont couvertes de neiges éternelles, a dans les vallées une température assez douce; c'est là que les historiens ont prétendu que se trouvait le paradis terrestre. On y récolte des grains, du chanvre, du tabac, du coton et des fruits; les mines produisent du fer, du cuivre, de l'argent, du plomb, du marbre, du jaspe, etc. L'Arménien est poli, simple, hospitalier tant que son amour pour l'or n'est pas excité: alors il devient perfide; les femmes sont généralement belles et vivent retirées. L'Arménie appartient à la religion chrétienne, mais réformée par la secte dite d'Eutychès qui n'admet pas la divinité de Jésus-Christ. La religion, selon eux, consiste dans le jeûne; elle admet le mariage des prêtres et ne reconnaît point la puissance du pape. L'idiome est la langue dite haïgienne, que l'on écrit avec les caractères des Perses, des Syriens et des Grecs. Les premiers ouvrages littéraires de l'Arménie ont été perdus, cependant on en retrouve des traces dans les chants des montagnards de Darôn. Maribas Catina, Syrien de naissance, fut le premier qui, d'après les ordres du roi Valarsace, réunit les documents historiques épars et composa une histoire nationale; Lérubna écrivit ensuite l'histoire du roi Abgar. Les écrivains arméniens ont généralement emprunté leurs récits ou leurs faits aux Grecs, aux Chaldéens et aux Perses, et leur littérature nous est presque inconnue; peut-être est-elle enfouie dans leurs couvents, ou est-elle complétement détruite? Il paraît que Ninus fit brûler un grand nombre de recueils d'annales. Les Arméniens citent pourtant Olympe, qui écrivit sur les idoles et une histoire des événements de son temps; Ardite, Corobuto, historien de Sapor, de Julien l'Apostat, etc.; saint Grégoire l'Illuminateur, Agathange, saint Jacques de Nisibe, auteur d'un livre d'homélies dogmatiques morales; Narsès le Grand, Isaac le Grand, Mesrob qui, tous deux, traduisirent les livres saints; Moïse de Khoun, historien et rhéteur; Mambré, traducteur d'ouvrages classiques grecs; David de Herkem, philosophe; Anania de Chira, mathématicien; Jean VI, historien, qui composa une histoire nationale; Léon Yérets, Grégoire de Narey, le Pindare et le Tibulle de l'Armédie; Makisdros, érudit, grammairien et poëte. Au XIIe siècle, on vit tous les couvents s'adonner aux belles-lettres et devenir des pépinières d'hommes supérieurs, tels que: Nersès de Cla, Nersès de Lampron, théologien; Jean le Diacre, Mathieu d'Urha, écrivain fidèle de l'histoire des Pagratides; Samuel Yérets, chroniqueur; Mékhitar, médecin; Mékhitar de Coss, fabuliste; Arisdaguès, grammairien; Varton de Partzrpert, un des premiers historiens de l'Arménie; Jean d'Erzinga, docteur; Etienne Orpélian, Aiton, historiens. Mais au XIVe et au XVe siècle, les écrivains s'effacent, et ne reparaissent qu'après l'introduction de l'imprimerie en Arménie.

ARMENTIÈRES, ch.-l. de cant., arrond. de Lille (Nord), à 14 kil. de cette ville. Pop. 8,800 hab. Cette ville possède un hospice d'aliénés, un collége. Fabrication de toiles de lin, linge de table, toiles, coutils, dentelles, huiles et sucres indigènes; on y rencontre des blanchisseries, brasseries, genièvreries, distilleries, teintureries, savonneries, et de nombreuses briqueteries.

ARMES D'HONNEUR. L'institution des armes d'honneur, créée par un décret du 4 nivôse an VIII, précéda la fondation de l'ordre de la Légion d'honneur. Des armes d'honneur étaient données aux militaires qui s'étaient distingués par des actions d'éclat.

ARMET, nom donné sous Henri II et ses fils à un casque de guerre léger et mince que les chevaliers portaient hors de la mêlée, en place du *heaume*. Il était sans ornement, sans visière ni gorgerin.

ARMIDE. Une des plus séduisantes héroïnes de la *Jérusalem délivrée*. Habile magicienne, elle séduisit Renaud, le plus brave des croisés, et le retint dans ses jardins enchantés. Renaud, rappelé par l'honneur et le devoir, s'échappa de ce lieu de délices; alors Armide, à l'aide de son pouvoir magique, ébranla le ciel et la terre, et, invoquant les puissances de l'enfer pour l'aider à retrouver celui qu'elle aimait, elle vola de tous côtés pour le retrouver. Dépitée de ses insuccès, elle alla trouver l'armée des infidèles et demanda aux plus braves d'entre eux la tête du perfide.

ARMILLAIRE (sphère). On en attribue l'invention à Anaximandre, elle a pour but de faire comprendre la position et la révolution des corps célestes, d'après le système admis par Ptolémée, qui se figurait la terre immobile et formant le centre de l'univers. Cette sphère se compose d'un globe représentant la terre, autour duquel sont des cercles de métal au nombre de dix, dont six grands, représentant l'horizon, le méridien, l'équateur, le zodiaque comprenant l'écliptique et les deux colures; 4 petits, figurant les deux cercles polaires et les deux tropiques. Il y a également d'autres sphères armillaires, construites d'après les différents systèmes astronomiques.

Arago et son fils se rendant aux Tuileries pour arrêter l'effusion du sang.

ARMILUSTRES, fête purificatoire qui se célébrait à Rome, sur le mont Aventin, vers le milieu d'octobre. Ceux qui célébraient cette fête étaient armés et dansaient au son des trompettes.

ARMINIENS ou REMONTRANTS, secte protestante de Hollande. *(Voir* ARMINIUS.)

ARMINIUS (Jacques), ou *Harmensens*, ou encore *Hermanns*, théologien et chef des *Arminiens* ou *Remontrants*. Il naquit, en 1560, à Oudewater, dans la Hollande. Il voyagea pour entendre la parole des maîtres célèbres : Théodore de Bèze, Grynœus, Zabarella; à son retour dans sa patrie, il obtint de grands succès dans l'Eglise réformée, ce qui lui valut la place de ministre à Amsterdam, 1587. C'est là qu'il réfuta la doctrine des supralapsaires, regardant la chute de l'homme comme inévitable, et enseigna le pardon attaché au repentir sincère, ainsi que la grâce de Dieu assurée à ceux qui s'en rendraient dignes. Arminius eut beaucoup de disciples et aussi un grand nombre d'ennemis ardents; ses talents, et le bruit qui se fit autour de son nom, lui valurent une chaire de théologie à l'université de Leyde (1603). Dans cette ville, il lui fallut recommencer la lutte contre Gomarus, partisan de la prédestination enseignée par Calvin. Après de vains efforts pour ramener la réunion et la concorde entre toutes les communions chrétiennes, il mourut du chagrin que lui causèrent ces controverses, en 1609. Ses talents, sa bonté et sa douceur lui avaient gagné l'amitié de Grotius, de Jean de Barnevelt, de Hoogerbeets. Après sa mort, ses nombreux disciples exposèrent ses principes dans un mémoire intitulé : *Remontrances*, d'où vint le surnom de *Remontrant* qui leur fut donné. Libres d'abord de professer, ils se virent ensuite condamner au synode de Dordrecht, en 1618, par suite de la haine de Maurice contre Barnevelt, leur défenseur. Mais, rappelés en 1630, ils enseignèrent et étendirent la doctrine de leur chef en toute liberté; aussi eurent-ils de grands succès, et, aujourd'hui encore, les Arminiens sont très-nombreux en Hollande, en Angleterre et en Amérique, surtout dans les États-Unis.

ARMLEY, ville d'Angleterre, dans le comté et au S.-O. d'York. Pop. 5,500 hab. On y remarque des draperies et des filatures de laine.

ARMOIRE DE FER. Pratiquée dans une épaisse muraille des Tuileries et garnie d'une forte porte en fer, dissimulée par un lambris de bois, cette armoire avait été faite par le serrurier Gamin, d'après l'ordre de Louis XVI et sous sa direction, pour y enfermer la correspondance que ce roi entretenait avec l'étranger. L'ouvrier révéla l'existence de cette armoire à l'Assemblée législative, qui s'empara des papiers qui y étaient contenus. Il résulta de l'analyse qu'en fit Gohier, député d'Ille-et-Vilaine, devant l'Assemblée nationale, que le roi, sans approuver formellement les préparatifs formés à l'étranger pour le sauver, était cependant loin de les repousser. Madame Campan affirme que les pièces les plus compromettantes avaient été distraites avant la révélation.

ARMOIRIES, ou ARMES. On appelle ainsi les emblèmes de noblesse, représentés autrefois par les bannières, étendards, armures, sceaux, monuments publics ou particuliers. L'origine des armoiries remonte à l'époque de la chevalerie; alors les combattants, enveloppés dans de pesantes armures de fer, la figure presque toujours cachée par la visière du casque, avaient besoin d'un signe extérieur pour se faire reconnaître. Libres dans le principe, les armoiries devinrent peu à peu, par la diversité de leurs figures, leur nombre, leur position et leur spécialité, une sorte de décoration fixe et héréditaire, particulière aux membres d'une même famille. L'art de la peinture étant complétement dégénéré au moyen âge, on dut rechercher des signes de la plus grande simplicité pour désigner les objets les plus complexes : c'est ainsi que l'on voit le casque représenté par le *chef;* tandis que la *fasce* et la *bande* représentent le baudrier et l'écharpe, etc.

ARMORIAL. Catalogue ou registre renfermant les armoiries, peintes, dessinées ou décrites, d'une ville, d'une province ou d'un royaume. Le plus curieux est celui qui fut fait par d'Hozier, en 1696; la pénurie des finances suggéra l'idée de spéculer sur la vanité des bourgeois enrichis, et l'on délivra, à raison de vingt livres, des brevets d'armoiries. D'Hozier, chargé de l'inscription de ces armoiries, confondit dans l'*Armorial général* les princes et les cabaretiers, les financiers et les barons;

puis il attribua des armes fausses aux nobles qui refusèrent de faire inscrire les leurs. Cet *Armorial général* fait partie des manuscrits de la Bibliothèque impériale.

ARMORIQUE, en gaulois *Ar-mor-righ*, nom donné à la côte N.-O. de la Gaule, depuis l'embouchure de la Seine jusqu'à celle de la Loire. Ce nom s'appliquait également à toutes les peuplades maritimes.

ARMSTRONG (John), poëte et médecin, né vers 1709, à Castleton, mort en 1779. Il fit ses études à Edimbourg, et fut reçu docteur en médecine, en 1732. En 1741, il partit pour les Indes occidentales, en qualité de médecin militaire, et revint à Londres en 1749; et, de 1760 à 1763, il accompagna l'armée allemande comme chirurgien. Il publia un poëme didactique : *The art of preserving health*, qui fit sa réputation.

ARNAC-POMPADOUR, village de France, arrond. de Brives (Corrèze), à 28 kil. de cette ville. Pop. 1,390 hab. On remarque aux environs l'ancien château de Pompadour, élevé, au XIe siècle, par Guy de Lastours. Louis XV le donna à Mme d'Etioles, qui prit dès lors le titre de marquise de Pompadour. A sa mort, Choiseul en devint le possesseur, et y établit, en 1763, un haras que l'on y voit encore.

ARNAGE, bourg du départ. de la Sarthe, situé sur la rive gauche de la Sarthe. Il possède un port où se déchargent toutes les marchandises venant d'Angers.

ARNALL (William), né en 1705, mort en 1751; écrivain politique sous le ministère de Robert Walpole. On a de lui plusieurs pamphlets assez curieux.

ARNAUD DE BRESCIA, né en 1100, à Brescia. Il vint tout jeune en France pour suivre les leçons de l'illustre Abailard. Esprit inquiet, âme exaltée, il se laissa emporter par le torrent des idées nouvelles, et, de retour en Italie, après avoir pris l'habit monastique, il plut au peuple par ses prédications ayant pour but de ramener le clergé à la pauvreté des premiers temps de l'Eglise, et le pape à la seule puissance spirituelle. Sa parole ardente et sa profonde conviction lui gagnèrent de nombreux partisans, qui souvent se portèrent à de fâcheux excès. Condamné par Innocent II au concile de Latran, en 1139, et chassé de Brescia, il gagna Zurich, où, malgré les épîtres de saint Bernard et les persécutions, ses principes firent de rapides progrès. Esprit audacieux, il avait rêvé de rétablir à Rome l'ancienne république, et il se servit de son éloquence pour faire chasser le pape Eugène III et les cardinaux. Maître de cette ville, dont il avait séduit les habitants par la peinture de sa grandeur effacée, il créa un sénat et un ordre équestre; mais ne sut pas maintenir l'ordre; car, pendant les dix ans qu'il gouverna la république qu'il avait fondée, ce furent des excès et des pillages continuels. Enfin, le pape Adrien IV rentra à Rome, et parvint à gagner à sa cause l'empereur Frédéric Ier, surnommé Barberousse. Arnaud se réfugia en Toscane, où il fut bien accueilli par le peuple et les grands, qui détestaient le pape; mais qui, étant vassaux de l'empire, furent obligés de remettre leur protégé entre les mains de leur souverain. Livré au préfet de Rome, Arnaud fut brûlé vif, et ses cendres jetées dans le Tibre, en 1155. Son nom a été bien souvent depuis lors le cri de guerre des Romains contre les papes. Sa doctrine religieuse ne fut pas toujours en accord avec les Saintes Ecritures; mais le novateur s'est effacé pour ne laisser en pleine lumière que le hardi politique qui avait entrepris le rétablissement des vertus antiques du clergé et de l'ancienne puissance romaine.

ARNAUD DE VILLENEUVE, alchimiste et médecin, qui vivait vers la fin du XIIIe siècle. Il naquit en Languedoc, à Villeneuve.

Pour augmenter ses connaissances, il entreprit plusieurs voyages en France, en Italie et en Espagne; mais, à Paris, ayant avancé que la charité et les services rendus sont supérieurs aux œuvres pies et même au sacrifice de la messe, il fut condamné comme hérétique, et dut demander asile, en Sicile; à Frédéric d'Aragon. Le pape Clément V étant tombé malade, l'appela pour le soigner, s'en remettant à ses profondes connaissances en médecine; mais Arnaud mourut pendant la traversée de Naples à Avignon, en 1314. Les sciences, surtout la chimie, lui doivent d'importantes découvertes, amenées par des recherches sur la pierre philosophale, qu'il prétendit avoir trouvée, et sur laquelle il écrivit un ouvrage inintelligible. On lui doit la découverte des acides sulfurique, muriatique et nitrique, la composition des alcools et de l'essence de térébenthine, et sinon la création, du moins le perfectionnement des alambics. Il connaissait parfaitement le grec, l'hébreu, l'arabe, et la médecine, qu'il professa avec succès à la faculté de Montpellier; la chimie, à laquelle il ouvrit la voie du progrès, et qu'il divisa en traités partagés en sections; il avait une grande diversité de connaissances en pharmacologie, et ses principes en théologie furent condamnés par l'inquisiteur de Tarragone; il s'occupa aussi d'alchimie et d'astrologie, et fit des recherches sur la fin du monde, qui, selon lui, devait avoir lieu en l'année 1335.

ARNAUD (l'abbé François), né à Aubignan, près de Carpentras, en 1721; après avoir embrassé l'état ecclésiastique, il vint à Paris, où il ne tarda pas à devenir membre de l'Académie des inscriptions et belles-lettres en 1762, puis, en 1771, de l'Académie française. Instruit et admirateur des belles-lettres, Arnaud n'a guère dû ses succès qu'à ses talents d'homme du monde, car il était trop paresseux pour développer ses pensées en de longs ouvrages. D'abord attaché à la maison de Wurtemberg, puis abbé de Grandchamp, il devint bibliothécaire de Monsieur, puis historiographe de l'ordre de Saint-Lazare. Ennemi des philosophes, il embrassa le parti des gluckistes contre Marmontel, son confrère à l'Académie, et contre les piccinistes; tous deux, dans cette lutte futile, ont pu dépenser quelque esprit, mais en pure perte. Arnaud mourut en 1784. On lui doit une brochure sur la musique et divers articles dans plusieurs journaux, etc.

ARNAUD (Armand-Jacques Leroy de Saint-), maréchal de France, né à Paris, le 20 août 1801. Entré dans l'armée en 1816, il assistait en qualité de capitaine à la prise de Constantine, où il se fit remarquer par une bravoure et un courage qui lui valurent la décoration de la Légion d'honneur. Dès lors commença pour lui la phase glorieuse de sa vie, où chaque succès lui valut une récompense, et où il conquit vaillamment ses grades à la pointe de son épée. Après l'affaire du col de Mouzaïa, où il fut blessé, il fit toutes les campagnes de la Kabylie, et, le 2 novembre 1847, il était nommé maréchal de camp. A la révolution de Février, il fut chargé de la défense de la préfecture de police. Rentré en Afrique, il dirigea avec habileté l'expédition de la Kabylie, qu'il soumit complétement. Nommé ministre de la guerre le 26 octobre 1851, il contribua au succès du coup d'Etat du 2 décembre. Elevé à la dignité de maréchal de France, il résigna ses fonctions de ministre de la guerre pour prendre le commandement en chef de l'armée d'Orient, en 1854; il assura le débarquement des troupes en Crimée ainsi que le succès de la mémorable bataille de l'Alma, et mourut le 29 septembre 1854, au moment où il s'apprêtait à marcher sur Sébastopol.

ARNAULD (Antoine), avocat général, né à

Paris en 1560, mort en 1619. Il prononça, en 1594, un célèbre plaidoyer en faveur de l'Université de Paris contre les jésuites, sur le compte desquels il mit les forfaits de la Ligue. Il restaura le monastère de Port-Royal des Champs, dont sa fille, la mère Angélique, fut supérieure. On a de lui un *Avis au roi pour bien régner*, et la *Première et deuxième philippiques contre le roi d'Espagne*.

ARNAULD D'ANDILLY (Robert), fils aîné d'Antoine, né à Paris en 1589, mort en 1674. Il remplit, jeune encore, des charges importantes à la cour, et se fit estimer par ses talents et son intégrité. A l'âge de 55 ans, il quitta la cour et se retira dans le monastère de Port-Royal des Champs. Il a écrit plusieurs ouvrages, parmi lesquels on remarque la traduction des *Confessions de saint Augustin*.

ARNAULD (Antoine), fils d'Antoine Arnauld, avocat distingué, dont il était le vingtième enfant, naquit à Paris, en 1612, et se fit recevoir docteur en théologie, en 1641, d'après les conseils de sa mère Catherine Marion et de Saint-Cyran. Il n'obtint ce grade qu'après de vives controverses avec les professeurs de la Sorbonne. Deux ans après, il souleva autour de lui un concert de louanges et de critiques amères par la publication d'un livre intitulé : *De la fréquente communion* (1643), dirigé contre les jésuites et les abus de ce sacrement. Ce fut pour lui un début magnifique dans cette longue et ardente lutte religieuse pour laquelle il trouva tant d'armes puissantes dans son fertile génie. Puis, bientôt s'élevèrent des disputes sur la grâce; Arnauld embrassa avec chaleur le parti de Jansénius, condamné par la cour de Rome, et écrivit à ce sujet deux lettres, dites *de droit et de fait*, qui, dénoncées à la Sorbonne, valurent à leur auteur un renvoi de cette faculté, après un examen qui dura près de deux mois (1656). Retiré à Port-Royal des Champs où, seul et parfois avec le concours de ses amis, savants très-distingués, tels que : Nicole, Lancelot, Pascal, il éleva des monuments admirables à sa gloire et à celle des belles-lettres. Plus tard, Arnauld, compris dans la pacification du pape Clément IX, en 1668, sortit de cette calme retraite, tourna de nouveau ses armes contre les jésuites et les calvinistes, et les combattit avec les puissants arguments de ses beaux livres : la *Perpétuité de la foi de l'Eglise catholique touchant l'Eucharistie*, commencé avec Nicole ; le *Renversement de la morale de Jésus-Christ par les calvinistes*; l'*Impiété de la morale des calvinistes*, qui le rendirent si redoutable à ses ennemis. Cependant ceux-ci s'agitaient, et parvinrent à le rendre suspect à Louis XIV, qui ordonna de l'arrêter. Arnauld se tint pendant quelque temps caché à Paris, puis gagna Bruxelles, où il refusa la retraite que lui offrait, à Rome, Innocent XI. Là, il s'attaqua aux protestants, et surtout au ministre Jurieu dans son ouvrage que Racine compare aux *Philippiques* de Démosthène : *Apologie pour les catholiques contre les faussetés du ministre Jurieu*. Ne pouvant supporter le repos, il chercha un nouvel ennemi à combattre et lança son *Traité des vraies et des fausses idées*, sur la grâce et sur la vision de Dieu, contre le P. Malebranche. Accablé de vieillesse et fatigué de tant de luttes auxquelles il n'avait cessé de prendre part, malgré les conseils de son ami Nicole : « Me reposer! eh! n'aurai-je pas pour me reposer toute l'éternité! » Il mourut à Bruxelles, dans les bras du P. Quesnel, le 8 août 1684.

ARNAULD (la mère Marie-Angélique), de Sainte-Madeleine, née en 1591, sœur d'Antoine Arnauld et abbesse de Port-Royal des Champs, en 1605. Elle parvint, par ses vertus et sa persévérance, à introduire dans ce couvent la réforme de Cîteaux et les règles austères de Saint-Bernard. Après s'être mise sous la direction de saint François de Sales, elle transféra son monastère des Champs à Paris; mais des scrupules s'étant élevés dans son esprit au sujet de son élection, elle se démit de sa charge, que lui rendirent, douze ans après, les religieuses de cet ordre. Après le rétablissement de Port-Royal des Champs, elle administra ces deux monastères et se fit remarquer par ses vertus, ses talents et son esprit. Elle mourut, en 1661; après avoir écrit la relation des persécutions exercées contre ses religieuses. — Sa sœur, la mère Agnès, qui la remplaça pendant son absence, gouverna Port-Royal pendant dix-sept ans comme coadjutrice; elle mourut en 1671. — Leur nièce, la mère Angélique de Saint-Jean Arnauld, sœur du marquis de Pomponne, née en 1624, devint aussi abbesse et aida puissamment à établir le nécrologe de Port-Royal, elle est auteur de plusieurs écrits : *Réflexions*, *Relations* et *Confidences*. Toutes les religieuses de cette famille se montrèrent attachées au jansénisme, ce qui faisait dire à Péréfixe, archevêque de Paris : « Que ces filles étaient pures comme des anges, mais orgueilleuses comme des démons. »

ARNAUT (Antoine-Vincent), né à Paris, en 1766. Poëte tragique très-fécond, il quitta la place qu'il occupait dans la maison de Monsieur (Louis XVIII), pour se consacrer uniquement aux lettres. Ses débuts datent du commencement de la révolution; mais, effrayé par les massacres de septembre, il chercha un refuge en Angleterre. De retour en France en 1793, il fut arrêté comme suspect et émigré, et ne dut sa liberté qu'à sa qualité d'homme de lettres. Il s'attacha à la fortune de Bonaparte, qu'il accompagna en Egypte, et qui lui donna, en récompense, le gouvernement des îles Ioniennes. Arnaut prit part au coup d'Etat du 18 brumaire; Napoléon le chargea de réorganiser l'instruction publique et le nomma conseiller, puis secrétaire de l'Université. Après l'abdication de l'empereur, il rechercha et obtint la faveur des Bourbons, mais après les Cent-Jours, comme il avait accepté une place à la Chambre des représentants, il tomba en disgrâce et fut exilé de la cour et renvoyé de l'Institut, où il avait un fauteuil depuis 1799. Dix ans après, il rentra à l'Académie française, dont il devint secrétaire perpétuel en 1833. Il mourut l'année suivante. Ses œuvres, publiées par lui-même, à Paris, en 1824, forment huit volumes; parmi ses tragédies, on remarque : *Marius à Minturnes*, 1791; *Lucrèce*, 1792; *Cincinnatus*, 1795; *Oscar*, 1796; les *Vénitiens*, 1799, qui lui furent inspirés dans son voyage aux îles Ioniennes, le *Roi et le Laboureur*, 1802; *Germanicus*, pièce jouée pendant son exil, en 1817. Ses autres ouvrages sont des poésies diverses, des fables estimées où le genre satirique n'exclut pas la philosophie, une *Hitoire de Napoléon*, dont il retrace la vie politique et militaire, 1822, 3 vol. in-fol., et des Mémoires curieux sur lui-même et sur les hommes et les événements de son temps, qui portent pour titre : *Souvenirs d'un sexagénaire*, 4 vol. in-8° (1833). Arnaut, malgré quelques succès, et des parties assez bien traitées dans ses tragédies, est loin d'être au premier rang parmi les poëtes tragiques de l'école classique. Peut-être sa grande facilité et sa fécondité nuisirent-elles à la perfection de ses œuvres.

ARNAUTES, nom donné, par les Turcs, aux peuples que nous appelons *Albanais*, et dont le nom véritable est *Schypétars*.

ARNAY-LE-DUC, ch.-l. de cant., arrond. de Beaune (Côte-d'Or), à 33 kil. de cette ville. Pop. 2,280 hab. Cette ville est célèbre par la bataille qui fut livrée par l'amiral Coligny à Cossé-Brissac (1570).

ARNDT (Ernest-Maurice), patriote allemand, professeur de l'Université de Bonn; né le 26 décembre 1769, à Schoritz, dans l'île de Rügen, mort le 29 janvier 1860, se rendit populaire par sa haine contre la France. Son éducation formée auprès de son père, fut simple, mais sévère sous plusieurs rapports. A vingt-neuf ans, il alla étudier la théologie et la philosophie, d'abord à Greifswald, puis à Iéna. Il voyagea ensuite (1795) en Suède, en Autriche, en Hongrie, en Italie, en France. En 1806, il fut nommé professeur à l'Université de Greifswald, y fit un cours d'histoire et publia, dans cette ville, plusieurs ouvrages, parmi lesquels on remarque : la *Germanie et l'Europe*, où il y a beaucoup d'idées neuves sur les arts; l'*Histoire du servage en Poméranie et dans l'île de Rügen*, qui lui attira les accusations et les dénonciations de la part de la noblesse; l'*Esprit du Temps*, dans lequel il attaquait Napoléon avec la plus audacieuse liberté. Il fut obligé de se réfugier en Suède, après la bataille d'Iéna. Il revint en 1809, et reprit sa chaire de Greifswald; mais, en 1812, à l'approche de la guerre de Russie, il se retira dans ce pays. De concert avec des hommes considérables; il s'attacha à arracher l'Allemagne au joug étranger, et pour raviver la haine des Allemands contre les oppresseurs, ainsi que pour entretenir en eux l'amour de la patrie et de l'indépendance, il écrivit de nombreuses brochures qui se vendirent par plusieurs centaines de milliers, dont la plupart contenaient des chants qui devinrent populaires. En 1815, il se fixa à Cologne, et, en 1817, il se retira à Bonn, où il fut nommé professeur d'histoire à l'Université de cette ville. Il fut suspendu de ses fonctions pendant vingt ans; mais le roi Frédéric-Guillaume IV lui permit de reprendre sa chaire en 1840. Il fut nommé recteur de l'Université et reçut la décoration de l'Aigle-Rouge en 1842.

ARNE (Thomas-Augustin), né à Londres en 1710, mort en 1778, musicien de talent. Il était fils d'un riche tapissier qui lui fit faire ses études à l'école d'Eton. Destiné au barreau, il quitta bientôt cette carrière pour s'adonner à la musique, et fut attaché au théâtre de Drury-Lane. Il composa 23 opéras, dont plusieurs sont fort remarquables.

ARNE (Magnasson-Arnas-Magnœus), historien islandais très-érudit, né en 1663. Secrétaire de l'anatomiste Bartholin, il fit plusieurs voyages en Allemagne, puis en Islande. Par sa vaste érudition, il obtint la place de professeur, puis celle de bibliothécaire à l'université de Copenhague. Là, il s'occupa de recherches historiques, compulsa les manuscrits et réunit de précieux documents qu'il avait recueillis surtout dans ses voyages; mais tous ces travaux, destinés à compléter ceux de Torfesen, devinrent la proie des flammes lors du terrible incendie de Copenhague, en 1728. On a de lui une *Chronique des Danois* et une *Vie de Sœmund*. Il légua à l'Université de Copenhague sa fortune et ses manuscrits, au nombre de 1,800, dont plusieurs ont été publiés par la commission chargée de les classer. Il mourut en 1730.

ARNEMUIDEM ou ARMUYDEN, ville de Hollande, située dans l'île de Walcheren (Zélande), à 6 kil. de Middelbourg. Pop. 1,200 hab. C'est de son port que partit le premier navire hollandais allant aux Grandes-Indes.

ARNHEIM, ville de Hollande, cap. de la province de Gueldre, située sur la rive droite du Rhin, au pied du mont Velum, à 80 kil. d'Amsterdam. Pop. 18,000 hab. Place forte de première classe, siége d'un gouvernement, d'un tribunal de commerce et d'une chambre d'états provinciaux. Ses fortifications furent augmentées en 1702 par le célèbre ingénieur Cohorn. Ses principaux édifices sont : l'hôtel de ville, l'ancien palais des ducs de Gueldre et l'église Saint-Eusèbe, qui contient leurs tombeaux. Cette ville possède, en outre, une école de beaux-arts, un gymnase et plusieurs institutions scientifiques. On remarque encore un grand nombre de manufactures de papier situées dans un rayon de 40 kil. autour de cette ville. Louis XIV s'en empara en 1672, et les Prussiens en 1813.

ARNHEIM (Terre d'), nom donné à la partie de la côte de l'Australie septentrionale, à l'O. et au S. du golfe de Carpentarie. Les maladies de cette contrée forcèrent les Anglais d'abandonner, en 1826, l'établissement de Port-Raffles qu'ils y avaient formé.

ARNIM, ancienne famille allemande appelée aussi Arnheim. Elle compte un grand nombre d'hommes d'Etat et de généraux; elle existe encore aujourd'hui en Prusse.

ARNIM ou ARNHEIM (Jean-Georges D'), d'une ancienne et noble famille d'Allemagne, né à Boitzenburg en 1581, joua un rôle assez équivoque dans la guerre dite de Trente-Ans. Colonel dans l'armée de Gustave-Adolphe, il passa au service de la Pologne et ensuite à celui de Ferdinand II, qui le nomma feld-maréchal. Sous les ordres de Wallenstein, il porta les armes contre son ancien maître, Gustave-Adolphe. Il avait espéré de l'empereur d'Allemagne une récompense que celui-ci lui refusa. Déçu dans son attente, il offrit son épée à l'électeur de Saxe, qu'il poussa à s'allier avec les Suédois; sans cesser ses relations avec Wallenstein, son ancien général, il fit la guerre aux Impériaux et remporta sur eux quelques avantages. Suspecté par tous, il se retira dans ses terres après la paix de Prague, mais le chancelier Oxenstiern le fit enlever et conduire en Suède, sous l'accusation de trahison (1637). Prisonnier à Stockholm, il parvint, au bout d'un an, à recouvrer sa liberté. Il reprit du service auprès de l'empereur et se préparait à marcher contre la Suède à la tête de troupes qu'il avait levées, lorsqu'il mourut à Dresde (1641).

ARNIM (Louis-Achim D'), poëte et romancier allemand, né à Berlin, le 26 janvier 1781, d'une noble et ancienne famille d'Allemagne. Incertain sur la voie qu'il devait suivre, il publia quelques travaux scientifiques; mais se laissant entraîner par son imagination ardente, il abandonna l'étude des sciences pour tenter, avec d'autres jeunes gens, d'édifier sur les ruines d'une littérature surannée, une littérature plus en rapport avec les tendances de l'époque. C'était, en un mot, le romantisme qui s'agitait en Allemagne. Ces idées nouvelles, dont Arnim se fit l'apôtre, lui firent entreprendre de nombreux voyages pour étudier les mœurs des campagnes et recueillir les contes et les ballades populaires. C'est ainsi qu'avec Clément Brentano, son beau-frère, il réunit, sous le titre : l'*Enfant au cor merveilleux*, les chansons populaires et les naïves poésies des trois derniers siècles. On ne peut refuser à Arnim de grandes qualités comme poëte et moraliste; mais son âme fiévreuse et sombre, rarement éclairée d'un rayon de gaieté, se complut un peu trop parmi les fantômes et les revenants. Dans ses romans, il mêla avec originalité les féeries fantastiques des religions scandinaves aux turpitudes des dernières classes de la société. Arnim a joui d'une certaine renommée; mais son style, semé d'expressions nouvelles et bizarres, a fini par fatiguer ses compatriotes, et ses ouvrages sont presque oubliés aujourd'hui. M. Th. Gautier fils a traduit en français ses contes bizarres. Mais son œuvre la plus remarquable, c'est sans contredit *l'Enfant au Cor merveilleux*. Ses œuvres, curieuses comme objet d'étude, ont été publiées à Berlin, 1839-1844. Arnim collaborait aussi à plusieurs recueils ou journaux. Il mourut à Berlin, entouré d'une nombreuse famille, le 21 janvier 1831.

ARNO, anciennement *Arnus*, rivière de Toscane, qui prend sa source sur le revers méridional des Apennins, au mont Falterona, et qui, après un parcours de 250 kil., se jette dans la Méditerranée. Elle passe à Florence, à Empoli et à Pise; elle est navigable sur une longueur de 130 kil.

ARNOBE l'*Ancien*. Apologiste de la religion chrétienne, né à Sicca en Numidie, vers la fin du IIIe siècle de l'ère chrétienne. Professeur d'éloquence, de belles-lettres et de philosophie, il se convertit au christianisme vers l'an 300, et se fit remarquer en attaquant dans un de ses écrits la religion païenne, dont, mieux qu'un autre, il connaissait les erreurs. Un des plus célèbres disciples d'Arnobe fut Lactance.

ARNOBE le *Jeune* vivait dans la Gaule, dans le Ve siècle; il a laissé un *Commentaire sur les Psaumes*. On croit qu'il fut un des moines de Marseille qui s'armèrent contre la doctrine de saint Augustin.

ARNOLD WINKELRIED, héros suisse du XIVe siècle. Le 6 juillet 1386, à la bataille de Sempach, les Suisses ne pouvant entamer les chevaliers autrichiens, qui, pressés les uns contre les autres, formaient une phalange impénétrable; Arnold se dévoua alors, et, saisissant dans ses bras tout ce qu'il put de lances, les entraîna dans sa chute et ouvrit ainsi une espèce de brèche aux Suisses, qui remportèrent la victoire.

ARNOLD (Samuel), né en Allemagne en 1740, musicien, organiste et compositeur, qui jouit d'une certaine réputation, surtout en Angleterre, où il donna un grand nombre d'opéras, principalement au théâtre de Covent-Garden. Arnold publia des sonates, des ariettes, des canons et des ouvertures pour le clavecin; d'après les ordres de Georges III il publia une édition des œuvres de son maître Haendel (1786), où manquent pourtant les opéras italiens de ce célèbre compositeur.

ARNOLD (Benoît), général américain, né vers l'an 1745 dans le Connecticut. Il se distingua dans la guerre de l'indépendance, où il commandait une compagnie de volontaires; grâce au courage dont il fit preuve dans différentes circonstances, il se fit remarquer par Washington, qui le nomma commandant de Philadelphie et chef d'une partie de l'expédition qu'il dirigeait contre Québec; mais son arrogance et ses dilapidations le firent traduire devant un tribunal de guerre qui le condamna à une réprimande publique. Plus tard, en 1780, poussé par la misère et par le désir de venger cette honte publique, il consentit à vendre au général anglais Henri Clinton, pour le prix de 36,000 l. st., la forteresse de West-Point, située à la frontière et dont il était le gouverneur, livrant ainsi l'entrée de sa patrie à l'ennemi. Mais ce honteux traité ne fut pas mis à exécution, par l'habileté de Washington qui sut déjouer le projet d'Arnold; ce misérable se retira auprès des Anglais et ne craignit pas d'augmenter l'ignominie de sa conduite en portant les armes contre sa patrie. Cette action infâme lui attira le mépris de ceux qui l'employèrent, et, lorsque la paix fut signée, il se retira à Londres, où il mourut de misère, en 1801.

ARNOLD (Georges-Daniel), professeur de droit et publiciste, né à Strasbourg, en 1780. Il fit ses études sous la direction d'Oberlin, Koch, Heyne, Heeren, Martens, Hugo, et vint à Paris où il eut pour amis Fontanes, Pastoret et Chabot (de l'Allier), avec lesquels Koch le mit en relation. Grâce à ses capacités, il devint professeur de droit à Coblentz, et plus tard dans sa ville natale où il fit, avec succès, des cours sur le droit romain, le droit des gens et l'histoire de la jurisprudence. Conseiller de préfecture, il se démit de ces fonctions, voyagea en Angleterre et cultiva la poésie allemande. Il mourut en 1829, laissant de nombreux ouvrages ayant trait au droit et à la littérature.

ARNOLD (Christophe), paysan du village de Sommerfeld, près de Leipzig, né en 1630. Il se rendit célèbre par les connaissances astronomiques qu'il acquit par ses propres observations; il avait construit dans sa chambre un observatoire que l'on conserva jusqu'en 1794. Il découvrit plusieurs phénomènes célestes et appela le premier l'attention des savants sur les comètes de 1683 et 1686. La bibliothèque de Leipzig possède les manuscrits inédits qu'il a laissés après sa mort, arrivée en 1695.

ARNOLD (Jean), meunier prussien, qui est le héros d'une histoire semblable à celle du *Meunier de Sans-Souci*. Il se plaignit à Frédéric II, roi de Prusse, que M. de Gersdorf, pour de certains embellissements, lui enlevait son moulin, en le forçant néanmoins à payer le prix de son fermage ordinaire. Cette exigence injuste avait réduit le meunier à la mendicité. Le roi, indigné de ce fait, destitua son grand-chancelier pour sa mauvaise administration de la justice, fit arrêter les deux conseillers qui avaient instruit le procès et obligea les quatre magistrats qui composaient le tribunal qui avait condamné Arnold, à payer, de leurs propres deniers, une indemnité importante à ce dernier.

ARNOLDI (Barthélemy), né à Ussingen, vers la fin du XVe siècle, philosophe et défenseur de l'école scolastique. Maître et ami de Luther, il le combattit dans son *Sermo de sacerdotio* qui donna lieu à une vive polémique entre l'auteur et Culsheimer. Il était à Erfurt, lorsqu'il fut obligé de quitter cette ville avec le clergé pour n'y rentrer qu'après la confession d'Augsbourg, à laquelle il assista. Luther, malgré toutes ses tentatives, ne put jamais l'entraîner à partager les principes de la réforme. Arnoldi mourut au couvent des Augustins, en 1532.

ARNOLFO DI LAPO, sculpteur et architecte, né en Italie, en 1232, à Colle di Valderso, partagea avec son père la gloire d'avoir ramené le goût des monuments antiques en le débarrassant des exagérations du style gothique. Son dessin est élégant et correct. Il donna les plans de l'église de Sainte-Croix, de la place de San Michele, du palais de Lignori; son chef-d'œuvre est sans contredit l'église célèbre de Santa-Maria-del-Fiore à Florence, qui fut achevée par Brunelleschi. Ses importants travaux lui valurent le titre de citoyen de Florence. Arnolfo mourut en 1300.

ARNON (torrent d'). Ce torrent, situé en Palestine, sort des monts de Galaab, et, après un parcours de 75 kil., se jette dans la Mer morte.

ARNON, petite rivière de France, qui arrose les départements de l'Allier et du Cher, et qui, après un parcours de 135 kil., se jette dans le Cher au-dessous de Vierzon.

ARNOUL (saint), né vers 580, mort en 640; aïeul de Pépin d'Héristal, il fut la tige de la race carlovingienne. Théodebert II le nomma ministre des affaires intérieures et privées. Après la mort de sa femme, Doda de Saxe, il embrassa l'état ecclésiastique, vécut dans la solitude et s'adonna aux pratiques les plus austères de la piété.

ARNOUL ou ARNULF DE CARINTHIE, empereur d'Allemagne et arrière-petit-fils de Charlemagne, né en 849. Exclu de la succession de son père, à cause de sa naissance illégitime, il fit déposer, en 888, Charles le Gros à la diète de Tribur, et lui succéda, comme roi d'Italie, après avoir vaincu les Normands à Louvain, en 892, et son rival et compétiteur le roi Gui. Aidé des Hongrois, il porta ses armes contre Zwentebold, roi de Moravie, auquel il avait donné la Bohême, et le força à lui payer le tribut convenu pour cette donation. En 896, il se fit couronner empereur par le pape Formose, mais le concile de Rome annula cette élection, et Arnoul mourut empoisonné, en 899, après avoir essayé vainement de rétablir l'unité de l'empire et forcé les rois de France et de Bourgogne à lui rendre hommage. Il laissa pour successeur Louis IV, dit l'Enfant, le dernier roi carlovingien en Germanie.

ARNOUL ou ARNOLD, dit *le Mauvais*, fils de Léopold, roi de Bavière, 907-937. A la mort de Louis l'Enfant, il refusa l'hommage à Conrad Ier, et prit le titre de roi (911). Après deux défaites, il se retira chez les Hongrois, qu'il décida à envahir l'Allemagne (919); mais il fut vaincu et soumis par Henri l'Oiseleur.

ARNOULD (Madeleine-Sophie), actrice de l'Opéra, née à Paris en 1740. Elle est célèbre par ses mots spirituels et mordants, et par la création des rôles de Thélaïre dans *Castor et Pollux*, d'Ephise dans *Dardanus* et *Iphigénie en Aulide*. Elle avait une voix touchante et sympathique qui lui valut les éloges de Garrick et de Dorat. Sophie Arnould mourut en 1803; elle avait débuté en 1757 et s'était retirée de la scène en 1778. Femme d'esprit, son amitié fut recherchée par d'Alembert, Diderot, Helvétius et Rousseau. Chantée par Dorat, Favart, qui la comparèrent à Aspasie, elle fut la femme la plus recherchée de son époque. Lorsque le curé de Saint-Germain-l'Auxerrois se présenta pour l'administrer, elle lui dit : « Je suis comme Madeleine, il me sera beaucoup pardonné, car j'ai beaucoup aimé. » Elle avait eu du comte de Lauraguais plusieurs enfants, dont l'un, Constant Dioville de Brancas, colonel d'un régiment de cuirassiers, fut tué à la bataille de Wagram.

ARNOULT (SAINT-), petite ville du départ. de Seine-et-Oise, arrond. de Rambouillet, à 14 kil. de cette ville, autrefois fortifiée. Pop. 300 hab. Son église paroissiale est remarquable par ses vitraux. Patrie de Hubert, intrépide capitaine de vaisseau, mort à Trafalgar.

ARNOUVILLE-LEZ-GONESSE, village du départ. de Seine-et-Oise, à 35 kil. de Pontoise. Pop. 300 hab. Le domaine de ce nom fut érigé en comté en 1757, en faveur de Marchault, ancien garde des sceaux.

ARNSBERG, ch.-l. de la régence du même nom (prov. de Westphalie), à 70 kil. de Munster. Pop. 4,000 hab. Siége du tribunal d'appel du duché de Westphalie et de la principauté de Siegen; elle possède un gymnase catholique, une école normale d'instituteurs primaires. Elle possède plusieurs fabriques de toile et de drap, des brasseries, des distilleries, etc.; elle possède un vieux château qui appartenait, au XIe et au XIIe siècle, aux comtes d'Arnsberg.

ARNSTAD, ville de la principauté de Schwarzbourg-Sondershausen, à 4 kil. d'Erfurt. Pop. 6,000 hab. Elle possède une école normale primaire et un gymnase. Elle fait un commerce considérable de grains et de bois. On y remarque les ruines du château fort de Kafernburg.

ARNTZENIUS (Jean), né en 1702 à Wesel, mort à Utrecht en 1759, professeur de poésie, d'éloquence et d'histoire à Nimègue, ensuite à Utrecht, en 1742. Parmi ses écrits, on remarque les savantes éditions d'*Aurelius Victor* et du *Panégyrique de Trajan*, par Pline le Jeune.

ARNTZENIUS (Othon), frère de Jean, né à Arnheim en 1703, mort en 1763, professeur au gymnase d'Utrecht, de Gouda, de Delft et d'Amsterdam. On estime beaucoup ses *Distiques* de Dionysius Caton.

ARNTZENIUS (Jean-Henri), fils de Jean, né à Nimègue en 1734, mort en 1797, fut professeur de droit à Groningue, à Leuwarden, et, depuis 1774 jusqu'à sa mort, à Utrecht; laissa de précieuses éditions de Sédulius, d'Arator, et les *Panegyrici veteres*.

AROLSEN, ville d'Allemagne, capitale de la principauté de Waldeck-Pyrmont, à 18 kil. de Waldeck. Pop. 2,500 hab. Elle possède un palais où s'assemblent les Etats, un hôtel des monnaies et un beau château, résidence des princes; la bibliothèque de ce château est riche en livres et en manuscrits précieux. L'industrie d'Arolsen consiste en la fabrication de lainages et du coton.

ARONA, ville des Etats sardes, prov. de Novare, à 35 kil. de cette ville. Pop. 4,000 hab. Possède un port fortifié sur le lac Majeur et des églises renfermant d'intéressantes peintures. On y remarque une statue colossale élevée en l'honneur de saint Charles Borromée, en 1697, située sur une colline; cette statue colossale a 21 m. 41 cent. de haut.; elle est posée sur un piédestal de 14 m. 94 cent.

AROU ou ARROU, archipel de la Malaisie hollandaise, situé entre les Moluques et la Nouvelle-Guinée. Ses îles principales sont : Wounner, Wocan, Kabosoat; son commerce consiste en perles, oiseaux de paradis et nids d'hirondelles.

AROUBA ou ARUBA, île de la mer et de l'archipel des Antilles (Antilles hollandaises), située à l'entrée du golfe Macaraïbo, à 72 kil. de Curaçao. Pop. 3,000 hab. Le ch.-l. est Oranjestadt. Ce pays est montagneux et couvert en partie de grandes forêts.

AROURA, mesure de longueur usitée chez les Grecs, valant 50 pieds grecs. Ce mot désigne encore une mesure de 2,500 pieds carrés grecs.

ARPAD, khan des Hongrois, qui vivait vers la fin du IXe siècle. Chassé des bords du Volga, il vint avec sa nation s'établir sur les rives de la Theiss, où il fit alliance avec l'empereur carlovingien Arnoul, pour combattre les Moraves (895). Il s'empara, en 911, de la Pannonie, sous le règne de Louis l'Enfant, et son peuple s'établit dans cette contrée. Saint Etienne, petit-fils d'Arpad, prit le titre de roi, que tous ses descendants portèrent jusqu'à la mort de Henri III, mort sans enfants en 1300. Cette dynastie est désignée sous le nom d'*Arpades*, en Hongrie.

ARPAGES, nom donné, chez les anciens, aux enfants morts au bout de quelques jours. Chez les Romains on ne leur faisait pas de funérailles et on ne leur élevait pas de tombeaux. Lorsqu'ils avaient vécu quarante jours, on brûlait leur corps, et on célébrait leurs funérailles au lever de l'aurore.

ARPAJON, autrefois *Châtres*, ch.-l. de cant., arrond. de Corbeil (Seine-et-Oise), à 24 kil. de cette ville. Pop. 1,850 hab. Cette ville possède une halle très-vaste où il se fait un grand commerce de grains, farines, bestiaux et volailles.

ARPENT, ancienne mesure de superficie, remplacée aujourd'hui par l'are. L'arpent de Paris renfermait 900 toises carrées ou 3,419 m. carrés; l'arpent royal des eaux et forêts renfermait 1,544 toises carrées ou 5,107 m. carrés. On a donné à l'hectare le nom d'arpent métrique.

ARPENTAGE (mot dérivé d'*arpent*). On appelle ainsi l'art de mesurer les terrains. L'arpentage se divise en trois parties : 1° Les opérations que l'on exécute sur le terrain même, ou l'*arpentage proprement dit;* 2° la représentation sur le papier de la figure du terrain dans des proportions données, ou *levée des plans;* 3° l'ensemble des calculs nécessaires pour trouver la superficie du terrain, ou le *toisé*. L'arpentage proprement dit se borne à la mesure sur le terrain des côtés des figures et de leurs angles. Les instruments nécessaires pour exécuter les opérations de l'arpentage sont : les jalons, la chaîne et les fiches, l'équerre de l'arpenteur, le niveau, la boussole, le graphomètre. Pour arriver à mesurer les terrains dont la figure est souvent fort irrégulière, il est nécessaire de les décomposer, selon les cas, en rectangles, triangles, trapèzes, etc.

ARPINO, ville du royaume de Naples (Terre de Labour), à 10 kil. de Sora. Pop. 10,000 hab. Elle possède un collége, dit *Tulliano*. Patrie de Marius et de Cicéron, Arpino, autrefois *Arpinum*, fut fondée par les Volsques, et ensuite comprise dans le Samnium. Elle devint, plus tard, municipe romain (302 ans av. J.-C.).

ARQUA ou ARQUATO, village des Etats autrichiens (Vénétie), dans la délégation de Padoue, et à 18 kil. de cette ville. Pop. 1,500 hab. On y remarque la villa que Pétrarque habita vers la fin de sa vie, ainsi que son tombeau.

ARQUEBUSIERS. L'origine de l'arquebuse remonte à l'année 1550, sous Henri II, roi de France. Cette arme fut perfectionnée, en 1554, par Dandelot, général de l'infanterie française. Il y en avait de deux sortes, l'une à rouet et l'autre à croc. Elle était si pesante, que pour s'en servir, on l'appuyait sur une espèce de fourchette. Des compagnies de soldats à pied et à cheval furent armés de l'arquebuse, et reçurent le nom d'*arquebusiers*.

ARQUES, bourg du départ. de la Seine-Inférieure, arrond. de Dieppe. Pop. 950 hab. On y remarque une église fort curieuse. Ce bourg fut, pendant le moyen âge, le boulevard de la Normandie, et on y admire aujourd'hui les ruines d'un ancien château fort, bâti pour arrêter les invasions des Normands. Le 21 septembre 1589, Henri IV y remporta une brillante victoire sur le duc de Mayenne. C'est à propos de cette bataille que le Béarnais écrivit à son ami ces mots devenus célèbres : « Pends-toi, Crillon! nous nous sommes battus à Arques et tu n'y étais pas! »

ARQUES, rivière de France (Seine-Inférieure). Elle prend sa source à 8 kil. de Saint-Saen, et se jette dans la mer à Dieppe, après un parcours de 50 kil.

ARQUIJAS, gorges de montagnes situées dans la province de Navarre (Espagne), près de la ville de Zuniga. Le 12 décembre 1835 et le 5 février 1836, Zumalacarregui, à la tête des carlistes, battit les cristinos dans ces gorges.

ARRAGEOIS, nom donné aux habitants d'Arras.

ARRAN, île d'Ecosse (comté de Bute), à 7 kil. de cette ville, à l'embouchure de la Clyde. Brodick en est le ch.-l. Sa superficie est de 36,000 hectares; elle a 26 kil. de long. sur 14 de larg. Pop. 6,500 hab. Cette île est très-montagneuse, ses côtes sont très-escarpées et possèdent de bons ports. La culture du chanvre y est considérable, on y extrait du cristal de roche dit *diamant d'Arran*. L'agriculture y a fait de grands progrès par les soins du duc d'Hamilton, qui possède cette île depuis 1815. On y remarque le château de Brodick, qui est la résidence du duc.

ARRAN. Nom de deux petits groupes d'îles situés sur la côte d'Irlande, dans l'Océan atlantique: North-Arran, dont la pop. est de 1,000 hab., presque tous pêcheurs, et South-Arran, 3,300 hab. adonnés à l'agriculture et à la pêche.

ARRAN (Jacques-Hamilton, comte D'). A la mort de Jacques V, en 1543, il reçut la régence du royaume d'Ecosse pendant la minorité de Marie Stuart. Faible et pusillanime, il administra le royaume en suscitant le mécontentement de tous les partis. Il dut abandonner la régence à Marie de Lorraine, reine douairière et sœur des Guise. Arran reçut du roi de France le titre de duc de Châtellerault et une pension de 12,000 livres.

ARRAS, ch.-l. du dép. du Pas-de-Calais, à 174 kil. de Paris, et 224 par le chemin de fer. Pop. 24,400 hab. Place forte avec citadelle. Elle est le siége d'un évêché suffragant de Cambrai, d'un tribunal de 1re instance, d'un tribunal de commerce et d'une chambre de commerce. Cette ville renferme une école secondaire de médecine, un collége, une école secondaire ecclésiastique, un séminaire théologique, un jardin botanique, une société des sciences fondée en 1737, et une bibliothèque riche de 30,000 volumes. On remarque la cathédrale, la chapelle du Saint-Sacrement, l'hôtel de ville, bâti en 1510. Arras fait un commerce considérable de charbon, et l'industrie est très-active; il s'y fait une production importante d'huile blanche, de sucre indigène, chicorée; fabriques de dentelles, de bonneterie, ateliers de construction de machines. — César s'empara d'Arras l'an 50 av. J.-C. Cette ville fut dévastée par les Vandales en 407, et pillée par les Normands en 880. Charles le Simple la prit en 911, et la rendit au comte de Flandre en 915. Arras devint très-florissante sous la domination des comtes de Flandre, et, en 1435, il s'y tint une assemblée solennelle sous la médiation du pape et du concile de Bâle, pour réconcilier le roi de France et le duc de Bourgogne. En 1597 Henri IV échoua contre elle, et Louis XIII s'en empara en 1640, après cinq semaines de siége. Les Espagnols avaient gravé sur une des murailles cette inscription :

Quand les Français prendront Arras
Les souris mangeront les chats.

Quand la place fut rendue, les Français effacèrent le *p* du mot prendront, et depuis cette époque, Arras est demeuré à la France.

ARRAS (traités d'). Plusieurs traités célèbres ont été signés à Arras. Dans le premier, signé le 4 septembre 1414, après les troubles causés par les Armagnacs et les Bourguignons, Jean Sans-Peur s'engageait à ne rien entreprendre contre Charles VI et à ne pas revenir à Paris; le deuxième, conclu entre Charles VII et Philippe le Bon, fils de Jean Sans-Peur, le 21 septembre 1435, eut pour résultat de mettre fin aux rivalités sanglantes des Armagnacs et des Bourguignons, et de donner à Philippe le Bon les comtés d'Auxerre et de Mâcon; le troisième, conclu le 23 décembre 1482, entre Louis XI et Maximilien d'Autriche, contenait pour clause que la fille de l'archiduc, fiancée au Dauphin, devait lui apporter comme dot ses droits sur la Bourgogne et sur l'Artois.

ARRAS (collége d'). Ce collége, qui dépendait de l'Université de Paris, fut fondé par Nicolas le Candrelier, abbé de Saint-Waast d'Arras, afin d'y faire instruire des jeunes gens sans fortune. Établi dans le principe dans la rue Chartière, il fut transporté dans la rue d'Arras, en 1332, et fut réuni au collége Louis-le-Grand à Paris, en 1763.

ARREAU, ch.-l. de cant. de l'arrond. de Bagnères-de-Bigorre (Hautes-Pyrénées), à 32 kil. de cette ville. Pop. 1,250 hab. Cette ville, admirablement située dans une des belles vallées des Pyrénées, est l'entrepôt du commerce du val d'Arreau et de la vallée de Berdères.

ARRÉE (monts), petite chaîne de montagnes de la Bretagne qui aboutit à la pointe Saint-Mathieu.

ARRÉRAGES. On donne ce nom à ce qui est échu, et encore dû d'une rente, d'un loyer, etc. Les arrérages de rentes payables en nature peuvent être exigés en nature dans la dernière année, sauf le cas d'impossibilité; mais pour les années qui précèdent, les arrérages ne peuvent être demandés qu'en argent. Les arrérages sont prescrits au bout de cinq ans.

ARRESTATION. On appelle ainsi l'acte par lequel on s'empare d'une personne. Elle peut avoir lieu en matière criminelle, en matière civile, et en matière commerciale. Dans le premier cas, l'arrestation peut s'exécuter avant le jugement, et la personne arrêtée est dite, dans ce cas, en état de *détention provisoire*. En général, l'arrestation n'est que l'exécution de la peine prononcée contre l'accusé déclaré coupable par jugement et condamné à l'emprisonnement. L'arrestation ne peut être ordonnée que par les juges d'instruction ou par les cours d'appel. Néanmoins, en cas de flagrant délit et lorsque les faits peuvent entraîner une peine afflictive ou infamante, le droit d'arrestation est conféré aux procureurs impériaux, aux juges de paix, aux commissaires de police, aux officiers de gendarmerie, aux maires et aux adjoints, aux préfets de départements et au préfet de police à Paris. Les présidents de cours d'assises peuvent faire arrêter à l'audience les témoins dont les dépositions sont entachées de mensonge. Les arrestations sont opérées par les agents de la force publique ou les huissiers, qui doivent montrer au prévenu l'acte, en vertu duquel ils l'arrêtent.

ARRÊT. On appelle arrêt, en terme de jurisprudence, les décisions d'une cour souveraine; telles que celles de la cour de cassation; les sentences des cours de justice criminelle et des cours d'appel sur une question de droit ou de fait. On appelle encore *arrêt* l'arrestation, la saisie d'une personne ou d'une chose.

ARRÊTÉ. Sont ainsi appelés les actes de l'autorité administrative qui ont pour but l'exécution des lois et des règlements d'administration, et on donne également ce nom à certaines décisions ministérielles.

ARRETIUM, aujourd'hui *Arezzo*, cité de l'ancienne Etrurie, très-puissante et l'une des douze de la confédération. Elle était célèbre par une fontaine qui passait pour rendre des oracles. On croit que cette ville fut la patrie de Mécène.

ARRHES. On appelle ainsi les espèces ou les objets que l'on donne pour assurer l'exécution d'une convention ou d'un marché. D'après le Code civil, art. 1590, lorsqu'une promesse de vente a été faite avec des arrhes, chacun des contractants est libre de se départir de la convention, mais si c'est celui qui a donné les arrhes qui se dédit, il les perd; si c'est celui qui les a reçues, il doit en rendre le double. Néanmoins, des juges ont décidé que lorsque les arrhes données doivent former à-compte sur la somme à verser, le marché ne peut être rompu.

ARRHIDÉE, fils de Philippe de Macédoine et frère d'Alexandre le Grand, fut proclamé roi avec le fils du conquérant. Il épousa Eurydice en 322 av. J.-C. Olympias les fit périr tous deux.

ARRIA, noble Romaine, femme de Cæcina Pætus. L'an 42 de J.-C., son époux ayant été accusé d'avoir attenté à la vie de l'empereur Claude, elle fit tous ses efforts pour le délivrer; mais sans succès. Elle le pria alors de se donner la mort, afin d'éviter l'ignominie du supplice. Pætus ne pouvait se décider à mourir; mais elle saisit un poignard, se le plongea dans la poitrine, et le retirant de sa blessure elle le présenta à son époux en lui disant : *Pœte, non dolet* (Pætus, cela ne fait pas de mal). A cette vue, Pætus saisit le fer que lui tendait sa femme et se donna la mort.

ARRIEN FLAVIUS (Flavius-Arrianus), historien grec, né à Nicomédie, en Bithynie, vers l'an 105 ap. J.-C., il eut Épictète pour maître de philosophie. Il prit Xénophon pour modèle de ses actions et de ses écrits et fut l'heureux émule de cet historien. Par sa bravoure; il se fit remarquer par l'empereur Adrien, qui lui donna le gouvernement de la Cappadoce, après lui avoir conféré le titre de citoyen romain. Il se distingua dans plusieurs guerres qu'il dirigea contre les Alains (134 ap. J.-C.). Il avait été élevé aux dignités de consul et de sénateur, lorsqu'il prit la résolution de quitter la vie des camps pour se livrer à l'étude. Il écrivit de nombreux ouvrages relatifs à l'histoire, à la géographie, à la philosophie et à la tactique militaire. Son histoire de l'*Expédition d'Alexandre* et ses *Indiques* sont de véritables chefs-d'œuvre.

ARRIÈRE-BAN. *Voir* BAN.

ARRIÈRE-FIEFS. *Voir* FIEFS.

ARRIÈRE-GARDE. Nom que l'on donne au corps détaché qui marche à la suite d'une armée dans le but de la couvrir et de la protéger dans sa retraite.

ARRIGHI DE CASANOVA (Jean-Toussaint), duc de Padoue. Général français, né à Corte dans le département de la Corse, il appartenait à la famille de Bonaparte par les alliances. A seize ans, il débutait dans la carrière militaire comme simple soldat, mais il conquit rapidement ses grades dans la grande épopée impériale. Capitaine à vingt ans, il reçut au siége de Saint-Jean d'Acre une grave blessure. A Marengo, il obtint par sa bravoure le titre de chef d'escadron. Il fut créé, quelques années après, duc de Padoue, et se signala sur tous les champs de bataille : Austerlitz, Friedland, Essling, où il fut nommé général de division, et Wagram. Napoléon le choisit pour défendre contre les Anglais tout le littoral, depuis la Somme jusqu'à l'Elbe, et le chargea de l'organisation de la garde nationale. Il prit part à la bataille de Leipsig et se distingua dans la campagne de France. Pendant les Cent-Jours, il fut créé sénateur et gouverneur de la Corse, mais après la bataille de Waterloo, la Restauration l'exila, et ce ne fut qu'en 1820 qu'il put rentrer en France. En 1848, il fut envoyé par la Corse à l'Assemblée législative. Nommé sénateur et gouverneur des Invalides, il mourut à Paris le 22 mars 1853.

ARRIMAGE. On appelle ainsi, en terme de marine, le placement de tous les objets qui doivent composer le chargement d'un navire.

ARROBE, mesure de capacité chez les Espagnols. L'arrobe avec lequel se mesurent les vins, eaux-de-vie, etc., se nomme *arroba mayor* et vaut 15 litres 98 centilit.; l'*arroba menor* sert pour les huiles et vaut 12,3 lit. Il y a encore l'arrobe dont le poids est de 11,5 kilog.

ARROE, île du Danemark (Schleswig), située dans le Petit Belt, au S. de l'île de Fionie. Sa superficie est de 53 kil. carrés, et sa pop. de 8,000 hab. Son sol est fertile et bien cultivé. La ville principale d'Arroë est Arroëskiobing, dont la pop. est de 1,500 hab.

ARRONDISSEMENT. Nom donné aux divisions administratives d'un département. Chaque département se divise en plusieurs arrondissements administrés par des sous-préfets, sous les ordres d'un préfet. L'arrondissement du chef-lieu administré spécialement par le préfet, n'a pas de sous-préfet. — Paris est divisé en 20 arrondissements, ayant chacun une mairie et une justice de paix.

ARROS (Bernard D'), baron protestant du Béarn, mort en 1579. Il se rendit célèbre par sa valeur et sa fidélité inviolable à Jeanne d'Albret, qui le chargea de faire échouer les projets de Henri II contre ses Etats. Il défendit, avec succès, en 1569, la forteresse de Navarreins contre les troupes de Charles IX.

ARROUX, anc. *Arrosius*, rivière de France. Elle prend sa source dans l'étang de Mouillon (Côte-d'Or), et, après un parcours de 90 kil., se jette dans la Loire, près de l'embouchure du canal du centre. Cette rivière est navigable sur une longueur de 20 kil.

ARROWSMITH (Aaron), cartographe anglais, né en 1751, mort à Londres en 1823. Il publia 130 cartes, dont la netteté lui valut une grande réputation. Il fut aussi pendant quelques années hydrographe du roi.

ARS-EN-RÉ, ch.-l. de cant., arrond. de la Rochelle (Charente-Inférieure), à 28 kil. de cette ville. Pop. 2,350 hab. Cette ville

, est située sur la côte O. de l'île de Ré, possède un petit port et fait un commerce de cabotage. Le prince de Soubise fut battu dans la plaine d'Ars, en 1624.

ARSAC, bourg du départ. de la Gironde, dans le cant. de Castelnau. On y remarque les vestiges de voies romaines.

ARSACIDES, dynastie des rois parthes; cette famille, qui monta sur le trône avec Arsace Ier, en l'an 255 av. J.-C., garda la couronne jusqu'à l'an 226 de J.-C., époque où elle en fut dépossédée par les Sassanides. Un des successeurs d'Arsace Ier, Arsace VI, contribua puissamment à étendre les bornes du royaume des Parthes en s'emparant de la Bactriane et de la Médie, après avoir vaincu Démétrius Nicator, roi de Syrie, en 138 av. J.-C. Bientôt les Alains, les Daces, les Massagètes, etc., devinrent les tributaires de cette vaste monarchie, dont la puissance s'étendait de l'Indus à l'Euphrate, et du Golfe persique à la Mer caspienne. Ce royaume se divisait en quatre parties: Perse, Arménie, Bactriane et Scythie; mais à l'avénement des Sassanides, 226 ap. J.-C., les Arsacides de Perse se retirèrent en Arménie, dont ils gardèrent le trône jusqu'en 428 de notre ère. Les Arsacides, maîtres de la Bactriane, c'est-à-dire de tout le pays arrosé par l'Indus, régnaient sur les Gètes, les Alains, etc. On ignore à quelle époque finit leur puissance; cependant elle existait encore l'an 370 de J.-C., lors de la guerre des Arsacides contre le roi de Perse, Sapor II. Les Arsacides de Scythie, qui avaient les Mèdes, les Indiens, les Scythes et les Gètes sous leur domination, virent crouler leur puissance après la défaite de leur roi Sanésan, en Arménie, et les Huns, dans leur course précipitée, ont dû entraîner avec eux plusieurs de ces peuples, entre autres les Alains. Quant aux Arsacides d'Arménie, avec des alternatives de succès et de revers, ils régnèrent jusqu'en 428 ap. J.-C., époque où Ardaschès, dernier représentant de cette dynastie, fut dépouillé de la couronne par la dynastie des Sassanides.

ARSACE, fondateur de l'empire des Parthes et chef de la famille des Arsacides. Simple soldat dans l'armée d'Antiochus II, roi de Syrie, il songea à profiter de la faiblesse de ce souverain et de la haine qu'excitait la tyrannie de Périclès, gouverneur des provinces situées au delà de l'Euphrate, pour l'affranchissement de sa patrie. Il appela ses compatriotes aux armes, en leur peignant les horreurs de la servitude, et leva l'étendard de la révolte. Il fonda un royaume dont Hécatompyles devint la capitale; mais il périt au bout d'un an de règne, en 254 av. J.-C. Son frère Tiridate ou Arsace consolida ce trône naissant par une grande victoire qu'il remporta sur le successeur d'Antiochus II, Séleucus Callinicus, qu'il fit prisonnier, et régna de 254 à 216 av. J.-C.

ARSACE ou ARSCHAG, roi arménien, fils de Vagharschag Ier, auquel il succéda vers l'an 127 av. J.-C. Il fit la guerre avec succès aux peuples du Pont; pour perpétuer le souvenir de ses victoires, il construisit sur les bords de la Mer noire une colonne qui passa longtemps pour une œuvre divine. Arsace apporta tous ses soins au bonheur de ses sujets, auxquels il donna de sages lois, et mourut en 114 av. J.-C., après un règne de 14 ans.

ARSACE TIRANUS. Allié des Romains, il les abandonna au moment où ils avaient besoin de ses services. Les Perses, qu'il avait trahis plusieurs fois aussi, tirèrent vengeance de ses trahisons: Sapor, leur roi, l'invita à un festin splendide, et le fit charger de chaînes. Arsace, après une courte captivité, fut assassiné, et l'Arménie passa sous le joug de la Perse (363 ap. J.-C.).

ARSENAL. Magasin public ou lieu destiné à la garde et à la conservation des armes de toute nature d'une nation. Les principaux arsenaux de France sont ceux de Vincennes, Besançon, Lille, Metz, Perpignan et Strasbourg. Les arsenaux maritimes comprennent les chantiers, bassins, ateliers, corderies, forges, magasins, armes, munitions de guerre et vivres qui forment l'approvisionnement des armements maritimes. Brest, Cherbourg, Rochefort et Toulon sont les quatre premiers arsenaux maritimes de la France.

ARSÈNE (saint), né à Rome en 350, mort en 445. Il fut gouverneur des enfants de Théodose le Grand. Il abandonna la cour et se retira dans le désert de Scété, en Egypte, où il vécut 50 ans.

ARSENIC. Métal vénéneux d'un gris d'acier, se ternissant promptement à l'air, et d'une texture grenue, écailleuse; parfois il se cristallise en aiguilles de forme prismatique, manquant d'adhérence.

ARSÈS, roi de Perse, 338 à 336 av. J.-C. Il fut assassiné par l'eunuque Bagoas, qui l'avait fait monter sur le trône après le meurtre de son père, Artaxerce Ochus.

ARSIA, petit fleuve qui formait la limite de l'ancienne Italie entre l'Istrie et l'Illyrie. Il se jette dans le Golfe flanatique, situé dans la Mer adriatique.

ARSILLE ou ARZILAH, ville du Maroc, à 45 kil. de Tanger. Pop. 1,000 hab. Elle possède un petit port sur l'Atlantique.

ARSINOÉ, fille de Leucippe et nièce d'Alphârée. Quelques auteurs prétendent que c'est elle qui, aimée d'Apollon, fut la mère d'Esculape, auquel on donne le plus souvent Coronis pour mère.

ARSINOÉ, fille de Nicocréon, roi de Chypre. Acréophon, brûlant d'amour pour elle, mourut de désespoir de n'avoir pu s'en faire aimer. Vénus la changea en caillou pour la punir d'avoir assisté aux funérailles de son amant sans verser une larme.

ARSINOÉ. Nom commun à plusieurs princesses de la dynastie grecque qui gouverna l'Egypte.

ARSINOÉ, fille de Ptolémée et de Bérénice, épouse de Lysimaque, l'un des généraux d'Alexandre, et roi de Thrace. Son mari ayant été tué dans une bataille en Asie, Arsinoé se retira avec ses enfants dans Cassandrie à l'approche de Kéraunos, son frère, qui venait de s'emparer de la Macédoine. Pour affermir son pouvoir, Kéraunos sollicita la main de sa sœur; Arsinoé, malgré ses répugnances, la lui promit. Alors Kéraunos massacra ses enfants et l'exila en Samothrace, d'où Ptolémée, son autre frère, la retira pour l'épouser. Arsinoé mourut vers l'an 280 av. J.-C., et Ptolémée, qui l'avait beaucoup aimée, éleva, pour honorer sa mémoire et comme témoignage de sa douleur, une statue, faite d'une topaze haute de quatre coudées.

ARSINOÉ, fille de Ptolémée Evergète. Elle contribua puissamment par sa présence au gain de la bataille de Raphia, où elle avait accompagné son mari, Ptolémée Philopator (217 av. J.-C.). Mais ce prince, aussi ingrat que cruel, la fit mourir peu de temps après.

ARSINOÉ, princesse égyptienne, sœur de la trop fameuse Cléopâtre et fille de Ptolémée Aulète, essaya de s'emparer du trône d'Egypte; mais César mit obstacle à ses projets, dispersa les troupes qu'elle avait levées, et l'emmena à Rome pour orner son triomphe. Plus tard, les Romains lui ayant rendu ses possessions et la liberté, Antoine, pour venger Cléopâtre, la fit mourir.

ART. On donne ce nom à l'ensemble et à la disposition des moyens et des principes pratiques par lesquels l'homme fait un ouvrage, exécute un objet ou une œuvre exprimant son sentiment, sa pensée, soit par voie d'imitation, soit par voie de sympathie. Chaque fois que l'on revêt une pensée d'une des formes du sentiment, et que l'on en fait, par suite, un signe pouvant en provoquer l'imitation, on fait œuvre d'art. Quoiqu'il n'y ait, en réalité, aucune règle fixe pour définir le mérite d'une œuvre d'art, il est évident que l'on doit mesurer l'habileté ou le génie de l'artiste à l'émotion que son œuvre nous fait éprouver. Cette émotion, résultant d'une impression toute morale, n'est, après tout, qu'une sympathie qui établit une sorte de lien entre le créateur d'une œuvre d'art et celui qui la juge. L'art s'adresse donc à l'intelligence et aux sens: à ceux-ci par les formes matérielles qu'il revêt, et à celle-là par la pensée intime qui a présidé à la disposition des formes matérielles. Les règles de l'art ont existé de tout temps, avant ceux qui les ont formulées, et sont intimement liées à l'esprit humain, dont elles suivent et le progrès et la décadence.

ART ou AARTH, bourg suisse (cant. de Schwitz). Pop. 2,150 hab. catholiques. Il est situé à l'extrémité S. du lac de Zug, et donne son nom à une pittoresque vallée. On y remarque l'église Saint-Georges, et une très-vaste fontaine faite d'un seul bloc de granit.

ARTA (golfe d'), golfe de la Mer ionienne, situé entre la Turquie d'Europe et le royaume de Grèce. Il a 40 kil. de long. sur 15 de larg. Ce fut à l'entrée de ce golfe, qu'eut lieu, l'an 31 av. J.-C., la bataille d'Actium.

ARTA, ville de la Turquie d'Europe (Albanie), à 55 kil. de Janina. Pop. 7,000 hab. Elle est le siége d'un évêché grec et d'un consulat français. Son commerce consiste en bétail, coton, tabac, chanvre, vin, tissus et cuirs. On remarque, auprès d'Arta, d'anciennes murailles qu'on croit être celles de l'*Ambrakia* des Grecs.

ARTA, ville d'Espagne, située sur la côte N.-O. de l'île Majorque, près du cap Pera. Pop. 8,000 hab.

ARTABAN, fils d'Hystaspe, frère de Darius Ier. Il chercha vainement à détourner ce prince de marcher contre les Scythes, et Xerxès contre la Grèce. A la mort de Darius, ses fils, Xerxès et Artabazane, s'en remirent à lui pour qu'il décidât lequel des deux occuperait le trône. Artaban se prononça en faveur du premier.

ARTABAN D'HYRCANIE, capitaine des gardes de Xerxès. Il assassina ce prince et accusa de ce crime le fils du défunt, qu'il fit condamner comme parricide. Il chercha également à faire périr Artaxerce Longue-Main, second fils de Xerxès; mais celui-ci, ayant découvert le piége qu'Artaban lui tendait, le tua l'an 471 av. J.-C. Il avait occupé le trône de Perse pendant six mois.

ARTABAN Ier, roi des Parthes, de 216 à 196 avant J.-C. Il vainquit Antiochus III, roi de Syrie, et lui imposa son alliance.

ARTABAN II, roi des Parthes, de 127 à 124 avant J.-C. Il périt dans la guerre contre les Scythes.

ARTABAN III, roi des Parthes, de 18 à 44 après J.-C. Aidé de Germanicus, il détrôna Vononès; plus tard, il se brouilla avec Tibère, et combattit Tiridate que ce prince lui opposait.

ARTABAN IV, roi des Parthes, de 216 à 226 après J.-C. Caracalla, à la tête des Romains, envahit les Etats d'Artaban et les ravagea. Le roi parthe se vengea alors par une guerre sanglante et désastreuse pour Rome. L'empereur Macrin fut réduit à lui demander la paix. Les Perses, révoltés sous Artaxerce, le détrônèrent, et, avec lui, finit l'empire des Parthes.

ARTABAZE ou ARTAVASDE, général perse. A la mort d'Artaxerce Longue-Main, il se révolta contre Artaxerce Ochus; obligé de fuir, malgré les quelques succès qu'il avait remportés, il se retira en Macédoine et, en 350 avant J.-C., il rentra en grâce auprès de son souverain qu'il servit depuis avec dévouement. A la bataille d'Arbelles, sous Darius Codoman, il refusa de tremper dans la trahison de Bessus contre ce prince et, forcé de fuir pour ce fait, il demanda asile à Alexandre qui le créa satrape de la Bactriane, vers l'an 330 avant J.-C. Le roi de Macédoine protégea constamment sa famille.

ARTABAZE ou ARTAVASDE, roi d'Arménie, fils de Tigrane le Grand, de la famille des Arsacides, auquel il succéda vers l'an 50 avant J.-C. Il avait abandonné deux fois Crassus et Antoine dans les guerres qu'ils avaient entreprises, d'après ses conseils, contre les Parthes. Antoine, pour se venger, envahit brusquement la Mésopotamie et s'empara d'Artabaze qu'il emmena en Egypte, ainsi que ses deux fils, pour orner son triomphe. Après la défaite d'Antoine à Actium, Cléopâtre lui fit couper la tête, qu'elle envoya au roi des Mèdes, espérant, par cet acte barbare, captiver ses bonnes grâces. Artabaze était fort instruit, et Plutarque rapporte qu'il composa des tragédies, des discours et des ouvrages historiques.

ARTAGERA ou ARTOGERASSA, ville forte de l'ancienne Arménie, entre l'Euphrate et le Tigre. Caïus César, frère de Drusus, fut blessé à mort près de cette ville. Pour venger cette mort, les Romains rasèrent la forteresse.

ARTAGNAN, seigneurie du Bigorre (Hautes-Pyrénées), à 4 kil. de Tarbes, qui appartenait à la maison de Montesquiou.

ARTAPHERNE, fils d'Hystaspe et frère de Darius Ier, gouverneur de Sardes, l'an 506 avant J.-C. Il découvrit et dénonça la conspiration d'Histiée de Milet.

ARTAPHERNE, fils du précédent, dirigea, avec Datis le Mède, la première expédition des Perses contre les Grecs, et fut battu à Marathon (490).

ARTARIA, célèbre éditeur de musique, né à Vienne en 1778, mort en 1799. Ce fut lui qui, le premier, eut l'idée de faire graver la musique.

ARTAUD (François), archéologue de mérite, né à Avignon en 1766. On remarque, parmi ses principaux ouvrages : *Voyage dans les catacombes de Rome.* Il fut nommé conservateur du musée de Lyon et membre de l'Académie française. Il mourut en 1828.

ARTAUD DE MONTOR (Alexis-François, le chevalier), littérateur et homme d'État, né en 1772 à Paris. Il émigra, lors de la Révolution, et servit sous les ordres du prince de Condé. Il revint en France en 1802, et fut nommé secrétaire de l'ambassade envoyée à Rome. A la chute de l'empereur, il continua sa carrière diplomatique, mais la révolution de 1830 lui enleva sa place, et il s'adonna à la littérature jusqu'à sa mort, arrivée en 1849. Il a laissé différents ouvrages parmi lesquels nous citerons : *Considérations sur l'état de la peinture en Italie*; une traduction du Dante ; *Machiavel, son génie et ses erreurs*; une *Histoire des pontifes romains*; mais son plus beau titre de gloire est son *Histoire de Pie VII.*

ARTAUNUM, forteresse de l'ancienne Germanie, élevée par Drusus sur le Taunus, et rebâtie plus tard par Germanicus. On croit que le village de *Salburg*, près de Hombourg, est bâti sur l'emplacement de cette forteresse.

ARTAXATE, ou ARTAXIASATE, ou ARTASCHAD, cap. de l'ancienne Grande-Arménie, située sur l'Araxe. Son nom lui vient d'Artaxias, fondateur du royaume d'Arménie. Corbulon la brûla. Elle fut reconstruite par Tiridate, qui lui donna le nom de *Néronia*. Cette ville existait encore sous Jovien, et on remarque aujourd'hui ses ruines entre la forteresse Abbasabad et le confluent de l'Arpatschaï dans l'Araxe.

ARTAXERCE Ier, dit *Longue-Main*, roi des Perses, fils de Xerxès. A peine fut-il monté sur le trône, en 471 av. J.-C., que, pour venger son père, il fit périr Artaban, son assassin. Il marcha contre les Egyptiens, qui s'étaient révoltés; son entreprise échoua d'abord par suite des secours que les Athéniens fournirent aux révoltés; mais une seconde expédition fut plus heureuse, et il parvint à faire rentrer l'Egypte dans l'obéissance. Les Athéniens firent alors la guerre pour leur propre compte, et Cimon, se rendit maître de l'île de Chypre. Artaxerce consentit à signer un traité par lequel il s'engageait à rendre la liberté aux villes grecques d'Asie et à mettre entre ses troupes et la mer une distance de trois journées de marche. Ce prince recueillit Thémistocle à sa cour. Artaxerce se montra très-favorable aux Juifs, et plusieurs historiens croient que c'est le même personnage qu'Assuérus, époux d'Esther, dont parlent les Saintes Ecritures. Il était surnommé *Longue-Main* parce qu'il avait la main droite plus longue que l'autre. Il mourut en 424 av. J.-C., après avoir doté son pays des institutions les plus sages.

ARTAXERCE II, surnommé *Mnémon*, à cause de sa mémoire extraordinaire, roi des Perses, petit-fils du précédent et fils de Darius II, monta sur le trône l'an 405 av. J.-C. Cyrus, son jeune frère, s'étant révolté, il s'empara de lui et allait le faire mourir, lorsque sa mère intervint en sa faveur. Ému par ses supplications, Artaxerce accorda non-seulement la vie et la liberté à son frère, mais il le rétablit dans sa dignité de gouverneur de l'Asie mineure. Cet acte de générosité eût dû faire naître la reconnaissance dans le cœur de Cyrus, mais celui-ci se révolta de nouveau et accepta des Lacédémoniens un secours de 13,000 hommes; Artaxerce le battit et le tua dans les plaines de Cunaxa, en 401; les Grecs, restés au nombre de 10,000, battirent en retraite sous le commandement de Cléarque; mais celui-ci ayant été tué, Xénophon fut désigné pour le remplacer. Artaxerce s'allia avec les Athéniens, fit relever leurs murs, et, avec leur secours, il marcha contre les Spartiates et dépouilla Agésilas de ses Etats. Peu après, en 387 av. J.-C., Artaxerce II obtenait les villes grecques d'Asie par le honteux traité d'Antalcidas, conclu avec les Spartiates. Il dirigea ensuite ses efforts contre l'île de Chypre, dont il força le roi Evagoras II à lui payer un tri-

Vue du pont du Gard (aqueduc).

ART

but annuel. Artaxerce essaya vainement de faire rentrer l'Egypte sous sa domination. Il fit mourir son fils Darius, qui, désigné pour lui succéder, avait comploté sa mort. Un autre de ses fils, Ochus, pour lui succéder, fit assassiner ses deux frères aînés. Ces crimes causèrent un tel chagrin au vieux roi qu'il mourut peu de temps après, l'an 362 av. J.-C.

ARTAXERCE III, dit *Ochus*, surnom qui signifie bâtard, fils du précédent, auquel il succéda, en 362 av. J.-C. Après s'être rendu maître de l'insurrection d'Artabaze et de la Phénicie, plus heureux que son père, il parvint à ramener l'Egypte sous le joug. Il fut secondé dans ses entreprises par l'eunuque Bagoas. Celui-ci, qui était né en Egypte et qui avait conservé de l'attachement pour sa religion, éprouva un

ART

cours du célèbre Boerhaave. Celui-ci, frappé des connaissances d'Artédi, le fit entrer chez le naturaliste Séba, d'Amsterdam, qui s'occupait alors de composer un riche cabinet d'histoire naturelle. A l'abri de la misère, Artédi, dans sa nouvelle position, écrivit un traité sur les poissons. Le 25 septembre 1735, il venait de souper chez un ami; l'obscurité de la nuit l'empêcha de distinguer son chemin, et il tomba dans un canal, où il se noya. Linné fit imprimer l'ouvrage de son ami sous le titre: *Ichthoylogia*, Leyde, 1738. Cet ouvrage, parfait au point de vue de la division, se distingue par les connaissances les plus variées, résultant d'observations sérieuses. Artédi s'était occupé aussi de botanique.

ARTÉMIDORE, nom commun à plusieurs

ART

elle attaqua un navire de Xerxès, et put ainsi se retirer du danger. Ses actes de courage firent dire à Xerxès qu'à la bataille de Salamine les hommes s'étaient conduits comme des femmes, et les femmes comme des hommes. Plein d'admiration pour elle, ce roi, forcé de battre en retraite, lui confia la garde de ses enfants. Elle augmenta ses Etats de la ville de Latmus; mais elle s'éprit d'une folle passion pour Dardanus d'Abydos, qui dédaigna son amour. Dépitée, elle lui fit crever les yeux pendant son sommeil, et, ne pouvant calmer la violence de sa passion, elle se précipita du haut du rocher de Leucade.

ARTÉMISE II, reine d'Halicarnasse, fille du roi de Carie, Hécatomus, célèbre dans l'histoire par l'ardente passion qu'elle éprouva pour son frère, Mausole, qui devint son

Le colonel d'Arlanges défendant la Maison carrée.

grand ressentiment lorsqu'Artaxerce donna l'ordre d'envoyer le bœuf Apis à l'abattoir et d'en servir la chair sur sa table. Bagoas dissimula jusqu'à son retour en Perse : il fit alors empoisonner Ochus, dépecer son corps, en donna les lambeaux aux chats et fit faire des poignées de sabre avec ses os. Il compléta sa vengeance en faisant mourir tous ses enfants, à l'exception d'Arsès le plus jeune des fils, qu'il plaça sur le trône (338 av. J.-C.).

ARTAXERCE, nom de plusieurs rois d'Arménie. *Voir* ARDASCHÈS.

ARTAXIAS, ou ARDASCHAS, général d'Antiochus le Grand qui lui avait confié, en 189 av. J.-C., le gouvernement de la Grande-Arménie. Il bâtit Ardaschad (Artaxate), dont il fit la capitale de toute l'Arménie (187). Après la défaite d'Antiochus, il fit alliance avec les Romains, qui lui donnèrent le titre de roi, l'an 180, et régna jusqu'en 159 av. J.-C.

ARTÉDI (Pierre), médecin et naturaliste suédois. Né en 1705, dans la province d'Angermanland, il étudia à Upsal, et se lia d'une grande amitié avec Linné. Tous deux voyagèrent, l'un en Angleterre, l'autre en Laponie et se retrouvèrent à Leyde aux

personnages de l'antiquité grecque et romaine.

ARTÉMIDORE le *Géographe*, né à Ephèse; il vivait l'an 104 av. J.-C. Il est connu par son *Périple*, ou *Description de la terre*, en 11 livres, ouvrage fort estimé des anciens.

ARTÉMIDORE D'EPHÈSE, surnommé le *Daldien*, du pays de sa mère, qui était de Daldis, en Lydie. Il vivait dans le IIe siècle de notre ère, sous le règne d'Antonin le Pieux. Cet écrivain se livra à l'interprétation des songes. Il voyagea en Grèce, en Italie et dans les îles de la Mer ionienne. On a de lui un ouvrage intitulé *Onéirocriticon*, qui peut offrir quelque intérêt aux philologues.

ARTÉMISE, nom grec de la Diane des Latins. On célèbre à Delphes et à Syracuse des fêtes appelées *Artémisies*, en l'honneur de cette déesse.

ARTÉMISE Ire, reine d'Halicarnasse. Elle accompagna Xerxès lors de son invasion en Grèce, et se distingua par son habileté et sa prudence. A la bataille de Salamine, qui fut livrée contre son avis, et qui fut si désastreuse pour la flotte perse, elle fit des prodiges de valeur. Entourée de navires grecs, elle allait tomber au pouvoir des Athéniens; pour leur donner le change,

époux, mais son bonheur fut de courte durée. A la mort de ce prince, elle éternisa sa douleur en faisant élever à son mari un admirable tombeau qui fut compté plus tard parmi les sept merveilles du monde. Elle augmenta ses Etats des îles de Rhodes et de Cos, et de quelques villes du continent asiatique. Le chagrin la conduisit au tombeau deux ans après la mort de Mausole.

ARTEMISIUM PROMONTORIUM, cap situé au N. de l'Eubée. C'est près de ce cap que, l'an 480 av. J.-C., la flotte de Xerxès fut détruite par les tempêtes.

ARTENAY, joli bourg, ch.-l. de cant., arrond. d'Orléans (Loiret), à 20 kil. de cette ville. Pop. 880 hab. Il est situé sur le chemin de fer de Paris à Orléans.

ARTÉPHIUS, philosophe hermétique qui vivait vers l'an 1130 ap. J.-C. Il a laissé un *Traité sur la pierre philosophale* et plusieurs ouvrages d'alchimie.

ARTEVELD ou ARTEVELLE (Jacques D'), issu d'une famille noble; vers 1290, il exerçait la profession de brasseur à Gand. Par ses richesses et les nombreux ouvriers qu'il employait, ainsi que par ses discours séditieux, avec lesquels il savait si bien émouvoir la fibre populaire, il parvint à se créer une sorte d'autorité qui en lui permettant d'organiser le parti populaire, le posa en rivalité ouverte avec Louis Iᵉʳ, de Nevers, comte de Flandre. Les officiers du comte ayant voulu faire assassiner d'Arteveld, une sédition éclata, et Louis Iᵉʳ fut forcé de se réfugier en France. Arteveld devint dès lors un homme politique; à cette époque, la France et l'Angleterre étaient en lutte. Arteveld, après avoir pesé les résultats probables de son alliance, se déclara, en 1340, pour Edouard III, auquel il conseilla de prendre le titre de roi de France pour vaincre les scrupules de ses compatriotes, qui avaient juré de ne pas porter leurs armes contre le roi de France et promis au pape de lui payer 2 millions de florins si cela leur arrivait. Louis de Nevers fut battu par Arteveld, qui réunit ses forces à celles de l'Angleterre; mais Edouard III l'abandonna après la défaite des comtes de Salisbury et de Suffolk. Un moment Arteveld songea, pour échapper à la vengeance du comte de Flandre, à donner la souveraineté au prince de Galles, fils d'Edouard; mais il échoua auprès de ses compatriotes, qui ne voulurent pas d'un prince étranger. Sa puissance commençait à décliner; et lorsqu'il revint dans la ville de Gand, il fut tué par la populace ameutée, en 1345.

ARTEVELD (Philippe D'), fils du précédent. Lorsque les Gantois se révoltèrent, en 1329, ils lui offrirent l'autorité. Homme d'énergie et d'action, comme son père, il commença à mettre la ville en état de résister au comte Louis II, qui, voyant ses efforts infructueux, résolut de la prendre par la famine. Une conférence s'ouvrit à Courtrai pour obtenir la paix, et les envoyés de Gand, sans souci de leur dignité, acceptèrent toutes les conditions qu'il plut au comte d'imposer. Irrités de cette lâcheté, Arteveld et Dubois poignardèrent deux des envoyés, et, après une nouvelle conférence dans laquelle le comte Louis se montra encore plus dur et plus exigeant; les Gantois, exaspérés, sortirent au nombre de 5,000 hommes, et, rencontrant les troupes du comte près de Bruges, les taillèrent en pièces après un combat acharné. Louis II implora alors le secours de la France. Une nombreuse armée, commandée par le connétable de Clisson, entra dans les Flandres, dont elle emporta successivement les principales villes, et rencontra Philippe Arteveld à Rosebecque; il en résulta une boucherie affreuse des artisans flamands. On trouva le cadavre de Philippe sur le champ de bataille; le jeune Charles VI le considéra quelques instants et le fit pendre à un arbre.

ARTHEZ, ch.-l. de cant., arrond. d'Orthez (Basses-Pyrénées), à 14 kil. de cette ville. Pop. 550 hab.

ARTHUR ou ARTUS, roi de la Grande-Bretagne, l'un des héros du roman de la *Table Ronde*. La légende rapporte qu'il reçut du célèbre enchanteur Merlin une épée avec laquelle il accomplit des prodiges de valeur contre les Anglo-Saxons, les Pictes, les Ecossais, qu'il battit plusieurs fois sur la rivière de Douglas, à Badon-Hill, et soumit l'Irlande, les Orcades et l'Islande à sa puissance. Les romanciers, auxquels les plus grands exploits ne coûtent que des efforts d'imagination, lui font conquérir la Norwége, le Danemark et la France. Epoux de la charmante, mais peu fidèle Ginevra, il créa l'ordre fameux de la Table Ronde, dont les héros furent considérés comme les plus beaux types de la chevalerie, et couronna dignement ses exploits en battant les Saxons et les barbares du Nord, venus au secours de son neveu Modred, qui s'était révolté.

ARTHUR Iᵉʳ, duc de Bretagne, fils posthume de Geoffroy, troisième fils d'Henri II, roi d'Angleterre, et de Constance de Bretagne. Né à Nantes en 1187, il fut reconnu comme duc de Bretagne. En partant pour la croisade, Richard Cœur de Lion le désigna pour son héritier, et lit reconnaître ses droits à la couronne d'Angleterre. Ce roi revint sur sa décision, et désigna Jean Sans Terre pour son successeur, en 1199. Philippe-Auguste se déclara pour Arthur, qui, plein d'ardeur et de courage, mit le siége devant Mirebeau; mais Jean Sans Terre accourut en forces, s'empara de son neveu et l'enferma dans la tour de Rouen. Pour assurer son trône contre les tentatives des partisans de son neveu, Jean résolut de le faire mourir; mais ne trouvant personne qui voulût lui servir de bourreau, il fit descendre Arthur dans une barque pendant la nuit, lui plongea plusieurs fois son épée dans le corps et le jeta dans la Seine.

ARTHUR, prince de Galles, fils aîné de Henri VII, né en 1486 à Winchester. Son père, qui se disposait à porter ses armes en France contre le roi Louis XII, le chargea de gouverner l'Angleterre pendant son absence. Obligé de se séparer de sa femme, Catherine d'Aragon, fille de Ferdinand et d'Isabelle, pour aller surveiller les Marches de Galles, il mourut du chagrin que lui causa cette séparation, après un an de mariage. La cathédrale de Worcester renferme son tombeau.

ARTIBONITE, fleuve d'Haïti, qui, après un parcours de 200 kil., se jette dans la baie des Gonaïves, au N. de Saint-Marc.

ARTILLERIE. On donne ce nom à la fabrication et à la conservation du matériel des armes mobiles, portatives ou non portatives, ainsi que l'usage et le service des bouches à feu dans les places, en campagne, sur les vaisseaux et sur les côtes. Les anciens se servaient de différentes machines pour lancer des projectiles : la baliste et la catapulte, dont l'une lançait des pierres et l'autre des traits. L'origine de l'artillerie moderne se rattache à celle de la poudre, mais les auteurs ne sont pas d'accord sur l'époque de sa première apparition dans les combats. D'après un registre de la cour des comptes, il y aurait eu des canons en France dès 1339. En 1340, les Français, assiégeant la ville du Quesnoy, furent repoussés à coups de canons et de bombardes. A la bataille de Crécy, les Anglais employèrent six pièces de canon, qui, par la terreur qu'elles inspirèrent, déterminèrent la victoire en leur faveur. Les premières bouches à feu étaient en tôle renforcée par des cercles de fer; plus tard, on les fabriqua en fonte, en fer forgé et en bronze : les projectiles alors en usage consistaient en boulets de pierre, carreaux de fer, etc. Après bien des tâtonnements, l'artillerie française n'eut une véritable importance que sous le règne de Louis XI; et lors de la conquête du royaume de Naples par Charles VIII, l'armée française qui entra en Italie avait à sa suite 36 bouches à feu de gros calibre et 64 de calibre inférieur. En 1525, le service de l'artillerie était déjà si important qu'il nécessitait le secours de 4,000 chevaux. En 1577, au siége de Dantzig, les Polonais se servirent pour la première fois de boulets rouges, et, à cette époque, les fusées de guerre étaient déjà fort répandues. Les guerres civiles amenèrent une sorte de décadence de l'artillerie, car les parties belligérantes, la plupart du temps, n'avaient pas le moyen d'entretenir les équipages nécessaires; ainsi, à la bataille d'Ivry, il n'y avait que quatre canons dans les deux armées. Sully, créé grand maître de l'artillerie, s'appliqua à la réorganiser et à la remettre sur un pied respectable. Sous Louis XIII, on adopta l'usage des bombes; mais on ne parvint à les lancer avec quelque précision que vers 1633. Pendant longtemps on ne posséda, à proprement dire, pas d'artillerie de campagne. Gustave-Adolphe fut le premier qui employa des canons en fer extrêmement légers, et Frédéric le Grand doit être considéré comme le véritable créateur de l'artillerie de campagne. En 1765, on adopta en France le système de Gribeauval, supérieur à tous les systèmes en usage alors en Europe. Napoléon modifia le système de Gribeauval en adoptant le calibre des bouches à feu des nations étrangères, afin de se servir de leurs munitions lorsqu'elles tombaient en son pouvoir. Depuis l'Empire, un comité d'artillerie est constitué afin d'étudier toutes les innovations et les perfectionnements qui se produisent chaque jour, et d'en décider au besoin l'adoption. Une des plus récentes modifications est l'adoption des canons rayés, dont l'emploi a été si funeste aux Autrichiens lors de la campagne d'Italie, en 1859.

ARTILLERIE (maître de l'), dignité établie par Louis XI, qui réunit en un seul corps les anciennes divisions de l'artillerie, et lui donna un chef suprême. De 1479 à 1515, il y eut sept maîtres généraux de l'artillerie qui portèrent le titre de capitaine général. Ce fut une des plus importantes charges du royaume, car le grand maître avait sous ses ordres les troupes d'infanterie, les travaux militaires, les siéges, les marches et les campements, et le corps des arbalétriers. Sully fut grand maître de l'artillerie et eut son fils pour successeur; mais peu à peu cette charge tomba en désuétude et fut remplacée par le titre d'inspecteur général d'artillerie. Rétablie en l'an VIII, elle subsista jusqu'en 1815.

ARTISAN. Ouvrier qui exerce un art mécanique.

ARTISTE. Nom que l'on donne aux personnes exerçant un art libéral, tel que la peinture, la sculpture, l'architecture, l'art dramatique.

ARTOIS. Sous les Romains, l'Artois faisait partie de la deuxième Belgique, mais les Francs s'en rendirent maîtres vers le vᵉ siècle de J.-C. Cette province, qui appartenait à la France, passa, en 863, au comte de Flandre, Baudouin Bras-de-Fer, par suite de son mariage avec Judith, fille de Charles le Chauve, qui la lui apporta en dot. Elle resta dans cette famille jusqu'en 1180, Philippe-Auguste la réunit alors à la couronne de France, en épousant Isabelle de Hainaut, fille du comte de Flandre; en 1236, saint Louis la donnait avec le titre de comte à Robert, son frère puîné. Ce comté passa, par des mariages, dans trois maisons différentes : d'abord dans celle des Capétiens de Bourgogne; puis, par le mariage de Marguerite, dans la famille de Louis de Mâle, son mari (1382), et enfin, en 1477, dans la maison d'Autriche, après la mort de Charles le Téméraire, par l'union de Marie de Bourgogne, comtesse d'Artois, avec Maximilien; il y resta jusqu'en 1640, époque où la France le reconquit. Le traité des Pyrénées (1659) et la paix de Nimègue (1678) ratifièrent cette conquête. Plusieurs princes de la famille royale portèrent le titre de comtes d'Artois, le plus célèbre d'entre eux fut le troisième frère de Louis XVI, qui devint roi sous le nom de Charles X. L'Artois, une des plus anciennes provinces des Gaules, est borné au N. par la Flandre française, à l'E. par le Hainaut et le Cambrésis, à l'O. par le Pas-de-Calais, au S. par la Picardie; il avait autrefois pour capitale Arras et pour villes principales : Avesnes, Bapaume, Hesdin, Saint-Pol, Aubigny, Lens, Béthune, Lilliers, Aire et Saint-Omer. Aujourd'hui il forme presque tout le département du Pas-de-Calais. Ce pays, plat et fertile, produit toute espèce de graine; les prairies nourrissent de magnifiques bestiaux; mais la principale richesse de cette contrée, c'est l'industrie du fer, de l'acier, etc., qui est très-développée. Parmi les hommes qui appartiennent à l'Artois par leur naissance, nous citerons : Adam de la Halle, Jehan Rodel, François Bauduin, Nicolas

Gosson, Jehan Crépin, Pierre de Fénin, Philippe Meyer, Charles Cluscies, médecin, les deux Robespierre, Joseph Lebon, Buridan le philosophe, Racier d'Albe, etc.

ARTOIS (Jacques Van), peintre de paysage, né à Bruxelles en 1613. Son coloris est brillant et flatte l'œil, mais peut-être est-il parfois un peu sombre; il travaillait avec facilité. Ami de Téniers, qui ne lui ménagea ni les retouches ni les conseils, on croit qu'il fut élève de Jean Wildens. Il mourut dans la pauvreté en 1665. Les musées de Bruxelles, de Malines; de Gand et de Dusseldorf possèdent quelques-uns de ses paysages.

ARTS MAJEURS et ARTS MINEURS. Distinction établie à Florence entre les divers corps d'arts et métiers, qui se classaient dans l'une ou l'autre de ces divisions, selon leur importance et leurs richesses. En 1266, ces métiers étaient au nombre de douze, dont sept majeurs, comprenant les jurisconsultes, les banquiers, les médecins, les marchands de draps étrangers, les fabricants de soie et les merciers, et enfin les pelletiers; ces corps formèrent une véritable aristocratie qui, peu à peu, s'éleva jusqu'aux premières charges de la république; les cinq mineurs, portés bientôt à quatorze, et même un instant à seize, ne parvinrent au pouvoir qu'en 1343.

ARTS (Beaux-). On comprend généralement sous ce nom la peinture, la sculpture, la gravure, l'architecture, la musique et la danse.

ARTZHEIM, village du départ. du Haut-Rhin, à 15 kil. de Colmar. Pop. 700 hab.

ARUDY, ch.-l. de cant. de l'arrond. d'Oloron (Basses-Pyrénées), à 18 kil. de cette ville. Pop. 1,600 hab.

ARUNDEL, ville d'Angleterre (Sussex), à 16 kil. de Chichester. Pop. 2,800 hab. Possède un port sur l'Arun, à 5 kil. de son embouchure dans la Manche, et des bains de mer fréquentés. Cette ville est remarquable par son château gothique, qui formait autrefois une forteresse importante; il appartient aujourd'hui aux ducs de Norfolk, et peut être considéré comme l'une des résidences les plus belles et les plus anciennes de l'Angleterre.

ARUNDEL (Thomas), né en 1353, mort en 1414, fils du comte Robert d'Arundel. Il n'avait que vingt-deux ans lorsqu'il fut nommé évêque d'Ely, sous le règne d'Edouard III. En 1366, le pape le nomma à l'archevêché d'York; il fit construire dans cette ville un palais épiscopal magnifique. Il remplit peu après les fonctions de lord chancelier, qu'il conserva jusqu'en 1396, et passa cette même année à l'archevêché de Cantorbéry; cette nouvelle dignité le faisait de droit primat du royaume. Il fut accusé de haute trahison, et Richard II, qui régnait alors, le condamna à l'exil. Il se retira à Rome et le pape Boniface IX lui conféra l'archevêché de Saint-André en Écosse. Arundel alors se vengea du roi et détermina le duc de Lancastre (depuis Henri IV) à détrôner Richard et à s'emparer du royaume d'Angleterre.

ARUNDEL (Thomas-Howard, comte D'), maréchal d'Angleterre sous les rois Jacques Ier et Charles Ier, né vers l'an 1580. Il se rendit célèbre par son enthousiasme pour les arts et surtout pour les antiquités. Désireux de réunir une collection de monuments antiques, il envoya Evelyn à Rome et Guillaume Petty en Orient, où ce dernier découvrit, à Paros, en 1627, les célèbres *Marbres d'Arundel*, connus aussi sous le nom de *Chroniques de Paros* et retraçant tous les événements importants de l'histoire grecque depuis 1582 jusqu'en 264 av. J.-C., ainsi que quelques traités conclus à Priène; à Magnésie et à Smyrne. Ses magnifiques galeries s'enrichirent aussi de bustes, de statues, d'autels, de bijoux; mais la guerre civile le força d'abandonner ses trésors, et il ne put emporter avec lui à Anvers que quelques pierres gravées, des diamants et des tableaux. D'Arundel mourut à Padoue, où il s'était retiré, en 1646. Sa riche collection devint le partage de ses deux fils; l'aîné fit don de ses marbres écrits à l'université d'Oxford, en 1667. Jean Selden a publié, en 1629, ces précieux documents avec une traduction latine et des commentaires. Ces monuments, si importants pour l'histoire, portent aussi le nom de *Marbres d'Oxford*.

ARUNS, frère de Tarquin le Superbe. Il épousa Tullie, fille de Servius Tullius; celle-ci le mit à mort pour épouser Tarquin (536 av. J.-C.).

ARUNS, fils de Tarquin le Superbe. Il fut chassé de Rome, avec sa famille, l'an 509 av. J.-C. Dans un combat, il rencontra Junius Brutus, qui avait été son ami; s'attaquant avec fureur, ils se tuèrent réciproquement.

ARUSPICES, nom donné, à Rome, aux prêtres qui examinaient les entrailles des victimes pour en tirer des indices révélant l'avenir. Les aruspices avaient un chef qui prenait le titre de grand aruspice.

ARUSPICINE, science qui consistait à expliquer l'avenir d'après les palpitations des entrailles des victimes. Cette science fut enseignée par Tagès, qui, dit-on, sortit miraculeusement de terre sous le soc d'un laboureur.

ARVA ou ARWE, village de Hongrie, situé sur la rive droite de l'Arva, affluent du Waag. Ce village, dominé par un vieux château très-fort, donna son nom à un comitat réuni, en 1853, à celui de Thurocz, et qui a pris depuis le nom d'Arva-Thurocz, dépendant du territoire administratif de Presbourg. Pop. du comitat, 163,000 hab.

ARVALS (frères). Collége de flamines, fondé par Romulus en l'honneur de Cérès, déesse de l'agriculture. Ce nom de frères leur vint de ce que sur les douze premiers membres, onze étaient frères et fils d'Acca Laurentia, qui recueillit Romulus; celui-ci était le douzième flamine. Ils célébraient la fête de Cérès à la pleine lune de mai. Ils avaient la dignité de pontifes majeurs, étaient revêtus de la robe prétexte, et portaient sur la tête une couronne d'épis retenue par des bandelettes blanches.

ARVALS (chant des). Ces chants, trouvés dans une fouille qu'on fit à Rome, en 1778, et inscrits sur des tables de marbre, ont été attribués aux arvals. On croit qu'ils contiennent une prière aux dieux, pour leur demander de protéger les champs. Ces tables sont déposées au Vatican.

ARVE, rivière de la Haute-Savoie qui prend sa source au col de Balme, et qui, après un parcours de 100 kil., se jette dans le Rhin, à un kil. au-dessous de Genève (Suisse).

ARVERNES, un des peuples les plus puissants de la Gaule celtique. Le territoire des Arvernes s'étendait entre la Loire, les Cévennes, le Limousin et le Forez, c'est-à-dire dans les départements du Cantal, de la Haute-Loire, du Puy-de-Dôme et de l'Allier. Ils aidèrent les Romains à combattre Arioviste, roi des Suèves, et le forcèrent à fuir en Germanie.

ARVERT, bourg du départ. de la Charente-Inférieure, situé dans la presqu'île de son nom, à 4 kil. de la Tremblade. Pop. 475 hab.

ARVIEUX (Laurent D'), né à Marseille, en 1635. Il étudia l'histoire et les langues des peuples orientaux pendant un voyage qu'il fit en Syrie, en Palestine et en Arabie. Envoyé extraordinaire de la France à Tunis, il délivra 380 Français réduits à l'esclavage par les corsaires algériens. Nommé ambassadeur à Constantinople, il assista à la signature du traité entre la France et Mahomet IV; plus tard, il remplit les fonctions de consul à Alger, où il fit encore rendre la liberté à 240 Français. En 1673, le roi, pour le récompenser de ses services, lui accorda le titre de chevalier de Saint-Louis et une pension de 1,000 livres sur l'évêché d'Apt. Il mourut en 1702, laissant des relations fort curieuses de ses voyages.

ARZACQ, ch.-l. de cant. de l'arrond. d'Orthez (Basses-Pyrénées), à 32 kil. de cette ville. Pop. 750 hab.

ARZAMAS, ville de Russie, dans le gouvernement de Nijni-Nowgorod, à 109 kil. de cette ville. Pop. 8,000 hab.

ARZANO, ch.-l. de cant. de l'arrond. de Quimperlé (Finistère), à 5 kil. de cette ville. Pop. 185 hab.

ARZEW, ville de l'Algérie, à 40 kil. d'Oran; située près de la baie de son nom. Pop. 1,200 hab. Son port, situé à 6 kil. de la ville, est très-sûr. Arzew a quelque commerce. On remarque aux environs *El-Mélah*, lac salé.

ARZIGNANO, ville des Etats autrichiens (Vénétie), délégation de Vicence, à 17 kil. de cette ville. Pop. 4,000 hab. Vins très-renommés.

ARZOUF, *Asor* de Salomon, anciennement *Apollonia*, bourg de Turquie d'Asie (Syrie), dans l'eyalet de Saïda, sur la Méditerranée.

ARZROUNI (Thomas), historien arménien qui florissait vers le IXe siècle; il se distingua par une vaste érudition qui l'aida puissamment dans la recherche des matériaux dont il se servit pour édifier son *Histoire*, qui commence à l'époque du déluge et finit à l'an 338 de J.-C. Cette œuvre, écrite à la prière de Kakik, renferme des documents précieux relatifs à l'histoire de l'Arménie.

AS. Les anciens Romains désignaient par ce mot trois choses: 1° une unité quelconque, considérée comme divisible; 2° l'unité du poids; 3° l'unité de monnaie, etc. L'as, comme unité de poids ou livre romaine, valait 6194,20 grains, et comme unité de monnaie, sa valeur a souvent varié.

ASA, roi de Juda (944 à 904 av. J.-C.) Il brisa les idoles et vainquit les Madianites et les Ethiopiens, s'allia à Ben-Hadab, roi de Syrie, contre Baasa, roi d'Israël, et fit emprisonner le prophète Ananus.

ASANIDES. *Voir* BULGARES.

ASAPH (Saint-), bourg d'Angleterre (principauté de Galles), à 8 kil. de Denbigh. Pop. 3,400 hab. Il est le siége d'un évêché.

ASBAMÆON, source consacrée à Jupiter, Asbamæus, ou *gardien des serments*. Elle était située dans l'ancienne Asie mineure, près de Tyane, en Cappadoce.

ASBERG, bourg de Wurtemberg, seule place fortifiée dans l'intérieur du royaume, à 3 kil. de Ludwigsbourg. Pop. 1,500 hab. On y remarque une ancienne forteresse qui servait de prison d'Etat.

ASBESTE, substance minérale, d'un tissu fibreux ou filamenteux, dont l'amiante est une des variétés. Son nom, qui signifie *inextinguible*, lui vient de ce que les anciens l'employaient comme mèches pour les lampes perpétuelles alimentées par des sources de bitume.

ASCAGNE, fils d'Enée et de Créuse, qu'il accompagna dans leur voyage en Italie, après la destruction et l'incendie de Troie. Il succéda à son père, comme roi de Lavinium, vers l'an 1175 av. J.-C. Son règne dura 38 ans; il fonda Albe la Longue, vers 1152 av. J.-C.

ASCALAPHE, fils de l'Achéron et de la nymphe Orphné. Gardien de Proserpine, il rapporta qu'il l'avait vue cueillir et manger une grenade dans le jardin de Pluton. Cérès, pour punir l'indiscrétion d'Ascalaphe, lui jeta de l'eau du Phlégéton au visage, et le changea en hibou. Minerve le prit sous sa protection.

ASCALON, aujourd'hui *Ascalân*, ville de Syrie (Damas), à 50 kil. de Jaffa. C'était autrefois une des principales villes des Philistins, entre Azoth et Gaza. Elle passa successivement sous la domination des Juifs, des Grecs, des Perses et des Romains. Les Scythes la pillèrent, ainsi que ses temples. Cette ville est célèbre dans les fastes des croisades par la victoire que Godefroi de Bouillon y remporta sur les Égyptiens, la veille de l'Assomption (1099). Cette ville, presque entièrement détruite, n'est plus qu'un amas de ruines imposantes. Ses remparts seuls sont encore debout, ainsi que leurs portes.

ASCANIE, ancien comté dans le N. de l'Allemagne, qui appartenait autrefois aux princes d'Anhalt, et qui fait aujourd'hui partie de la Saxe prussienne. Le château fort, depuis longtemps tombé en ruines, était situé près d'Aschersleben. Le margrave Albert, dit l'*Ours*, comte d'Ascanie, le laissa à son petit-fils, Henri, premier prince d'Anhalt. En 1812, l'Ascanie fut cédée à la Prusse.

ASCANIENNE (maison). Issue de la famille d'Anhalt, cette maison monta sur le trône de Saxe au commencement du XIIIe siècle, en la personne de Bernard d'Ascanie.

ASCENSION, île de l'Océan atlantique, à 960 kil. de Sainte-Hélène et à 1,550 kil. du point le plus rapproché du continent africain. Sa superficie est de 12 kil. de long. sur 9 de larg. Son sol, volcanique et couvert de cendres et de lave, est couvert de montagnes dont la plus élevée est le *Green-Mountain*, à 890 m. au-dessus du niveau de la mer. Chaque année, on y prend de 500 à 1,500 tortues, dont quelques-unes pèsent jusqu'à 350 kilog. L'Ascension fut découverte, en 1501, par Jean de Nueva, et les Anglais, qui en sont les maîtres, y établirent un poste militaire en 1815, pour empêcher toute entreprise ayant pour but de délivrer Napoléon Ier.

ASCENSION (fête de l'), du latin *ascensio*. Fête que les chrétiens célèbrent quarante jours après Pâques, en l'honneur de Jésus-Christ, quand il monta au ciel, en présence de ses disciples sur la montagne des Oliviers.

ASCÈTES, nom par lequel on désignait les premiers chrétiens qui remplissaient leurs devoirs religieux au milieu des macérations, du jeûne, de la prière et de la plus dure pénitence. Comme les philosophes grecs, ils revêtaient une longue robe et un manteau de couleur sombre. Ce fut là le début de la vie monacale qui devait, plus tard, s'étendre dans tout le monde chrétien. Parmi les Ascètes, il s'est trouvé quelques hommes de génie, nous citerons entre autres : Tertullien, Origène, etc. Ce mot a passé depuis dans la langue pour désigner les personnes dont l'austérité et la sévérité dans la pratique des devoirs sont poussées à leurs dernières limites.

ASCHAFFENBOURG, anc. *Ascapha*, ville de Bavière (Basse-Franconie), près de l'embouchure de l'Aschaff, à 22 kil. de Würtzbourg. Pop. 7,500 hab. Écoles académique et forestière, séminaire, bibliothèque, gymnase et plusieurs musées. On y voit le beau château de Johanisburg, plusieurs églises et des tombeaux remarquables.

ASCHERSLEBEN, ville de Prusse (Saxe), à 22 kil. de Quedlimbourg. Pop. 7,950 hab. Fabrication importante de lainages. Cette ville était autrefois le ch.-l. du comté d'Ascanie.

ASCHOD *le Grand*, Premier roi d'Arménie, fils de Sempad le Confesseur, de la dynastie des Bagratides. Il s'appliqua à augmenter la prospérité de son pays en chassant les ennemis qui l'infestaient, et en répandant les bienfaits de la civilisation. Il fut d'abord gouverneur de l'Arménie pour le kalife de Bagdad. Après plusieurs avantages remportés sur les peuples voisins, les satrapes le demandèrent pour roi; le kalife y consentit, moyennant un tribut, et lui envoya la couronne et la pourpre. Aschod reçut un présent semblable de l'empereur Basile le Macédonien, issu de la famille des Arsacides, et plus tard il alla à Constantinople, où il fut traité avec les plus grands honneurs par Léon le Philosophe; mais en regagnant sa cour, établie à Pacaron, il mourut dans la Grande Arménie, sur les frontières de son royaume, en 890.

ASCHOD II, surnommé *Ergat* (le Fer), petit-fils du précédent. Il succéda, sur le trône d'Arménie, à son père Sempad Ier, en 914; mais il fut obligé en quelque sorte de reconquérir son royaume sur les satrapes révoltés, dont l'un d'entre eux avait assassiné son père. Malgré quelques succès, il fut forcé de céder au nombre; l'empereur Constantin Porphyrogénète lui fournit alors une armée avec laquelle il battit ses rivaux, ainsi que les peuples du nord de l'Arménie. Il obtint par ses victoires la soumission des Géorgiens, des Albaniens, des Circassiens. Les satrapes, rentrés dans le devoir et satisfaits de sa bonne administration, lui décernèrent le titre de roi des rois. Il mourut en 927.

ASCHOD III, dit *Oghormadz* (le Miséricordieux), fils d'Abbas, auquel il succéda en 952. Il est célèbre par ses bienfaits. Il fit élever des hôpitaux pour les pauvres malades, fonda des églises et des couvents, et facilita le développement de la civilisation dans ses États. Il embellit et agrandit Ani, qu'il avait choisie pour sa capitale. Florissant à l'intérieur, son royaume était respecté au dehors, grâce aux victoires qu'il remporta sur ses ennemis, entre autres sur Hamdoun. Le kalife, pour lui témoigner son estime, lui envoya des présents et une couronne. Il mourut regretté de ses sujets, en 977.

ASCIA. Hache du dieu gaulois Thor, que l'on retrouve gravée sur les tombeaux gaulois.

ASCLÉPIADE, poète lyrique grec, contemporain d'Alcée et de Sapho. Il était fils de Sikelos et composa 39 épigrammes. Il a donné son nom au vers *asclépiade*, dont il est l'inventeur, qui est composé d'un spondée, d'un dactyle, d'une césure longue et de deux dactyles.

ASCLÉPIADE, médecin célèbre, né à Prusa, en Bithynie, qui vint s'établir à Rome vers l'an 110 av. J.-C. Homme de talent, il professa la rhétorique, puis se livra à l'étude de la médecine : il adopta la méthode d'Épicure et repoussa l'usage des remèdes violents. Ses principes sont souvent contradictoires, cependant il était partisan de la diète dans les faiblesses, les frénésies, etc. Il attaqua la doctrine d'Hippocrate, qu'il appelait méditation sur la mort. Ce médecin mourut d'une inflammation de poitrine, vers l'an 60 av. J.-C.

ASCLÉPIADES. Ce nom a été porté par plusieurs familles vouées spécialement à l'étude de la médecine, et qui fondèrent des écoles célèbres à Epiduure, à Rhodes, à Cnide et à Cos. Le plus célèbre membre d'une de ces familles fut Hippocrate, qui professa avec tant d'éclat et de succès à Cos, et qui eut pour disciples et successeurs Thessale, Dracon et Polybe, qui épousa une de ses filles. Cette brillante école s'éteignit peu à peu.

ASCLEPIUS, nom grec d'Esculape.

ASCOLI, ville forte du royaume d'Italie, à 140 kil. de Rome. Pop. 12,500 hab. Elle est située sur le Tronto, à l'embouchure duquel elle a un port. Siège d'un évêché. On y remarque l'église Saint-Grégoire et le palais *Auxianale*.

ASCOLI DI SATRIANO, ville de l'ancien royaume de Naples (Capitanate). Pop. 6,000 hab. Elle est le siège d'un évêché et possède une belle cathédrale. C'est près de cette ville que, l'an 279 av. J.-C., Pyrrhus remporta une éclatante victoire sur les Romains, commandés par P. Sulpicius.

ASCOLIES, fêtes en l'honneur de Bacchus, chez les Grecs. On s'amusait à sauter à cloche-pied sur une outre frottée d'huile et remplie de vin. Celui qui avait l'adresse de demeurer sur l'outre sans tomber, avait l'outre pour sa récompense. Cette fête avait lieu le 29 du mois poséidon (28 mars), on immolait à Bacchus un bouc, parce que cet animal, friand des bourgeons de la vigne, en était en quelque sorte l'ennemi.

ASCONA, ville de la Suisse (Tessin), à 3 kil. de Lorcano. Pop. 950 hab. catholiques. Elle est située sur la rive droite du Lac Majeur. On y remarque un séminaire de capucins, sécularisé en 1851.

ASCONIUS PEDIANUS (Quintus), orateur et grammairien romain, né à Padoue, l'an 50 av. J.-C., mort sous le règne de Néron, à l'âge de 85 ans. Il fut l'ami de Virgile, et il compta Tite-Live et Quintilien parmi ses élèves. Il fit des cours publics à Rome, sous l'empereur Tibère.

ASDRUBAL, fils et successeur de Magon. Il fut onze fois suffète et obtint quatre fois les honneurs du triomphe. L'an 489 av. J.-C., il fut chargé de la conquête de la Sardaigne et livra une bataille dont le succès assura à Carthage la possession de cette île. Il périt dans cette bataille.

ASDRUBAL, fils d'Hannon. Pendant la première guerre punique, il fut nommé général et envoyé contre Régulus, qui était descendu en Afrique (257 av. J.-C.); mais Asdrubal fut vaincu, et on attribua sa défaite à son incapacité. Il fut encore vaincu en l'an 250, devant Panorme, par le proconsul Cæcilius Metellus. De retour à Carthage, il fut mis à mort.

ASDRUBAL, général carthaginois, surnommé *le Beau*. Il embrassa la cause d'Amilcar Barca avec tant d'ardeur qu'il fut accusé de s'être laissé corrompre par ce général. Pour ne point se séparer de lui, il épousa sa fille et suivit son beau-père en Espagne. En Afrique, il montra son courage contre les Numides, qui s'étaient révoltés. A la mort d'Amilcar, les troupes choisirent Asdrubal pour leur général; ce choix fut confirmé par le sénat, qui lui envoya des renforts. Il débuta dans le commandement en chef par une éclatante victoire sur Oresson, prince espagnol, et força douze villes à lui ouvrir leurs portes. Afin d'assurer la possession de ses conquêtes, il bâtit Carthago-Nova, aujourd'hui Carthagène, dont l'opulence et la richesse furent bientôt célèbres. Les Romains prirent ombrage de ces succès rapides, et conclurent un traité par lequel les Carthaginois s'engageaient à ne point s'étendre au-delà de l'Èbre; mais Asdrubal se rendit maître, néanmoins, de toute la contrée comprise entre ce fleuve et l'Océan. Il fut assassiné par un esclave gaulois dont il avait fait mourir le maître. Son successeur fut Annibal, dont il avait guidé les premiers pas dans la carrière des armes.

ASDRUBAL, surnommé *le Chauve*. L'an 215 av. J.-C., il fut envoyé en Sardaigne pour appuyer la révolte des habitants de cette île. Manlius le vainquit et le fit prisonnier.

ASDRUBAL, surnommé *Barca*, fils d'Amilcar et frère d'Annibal. Il obtint de ce dernier le commandement des troupes carthaginoises en Espagne, et remporta sur les Romains des succès mêlés de revers. Vaincu par Cnéius Scipion et par les Celtibériens, il ne se découragea pas, et, après avoir reçu des renforts, il se dirigea vers l'Italie pour y rejoindre son frère. Harcelé dans sa marche par les deux Scipions, il parvint néanmoins à les défaire en les attaquant séparément, en 212, dans deux batailles où ils trouvèrent la mort. Il perdit un temps précieux à faire inutilement le siège de Plaisance, et, lorsqu'il voulut ga-

ASPROPOTAMO, anciennement *Achéloüs*, fleuve de la Grèce et de la Turquie d'Europe. Il prend sa source à 35 kil. de Janina, et, après un parcours de 225 kil., il se jette dans la Mer ionienne.

ASSAINISSEMENT. On appelle ainsi toute opération qui consiste à assainir un endroit, une maison, un quartier, c'est-à-dire à en enlever toutes les causes morbides qui pourraient altérer la santé de ceux qui s'y trouvent. Parmi ces causes, les principales sont le voisinage de marais ou de grandes masses d'eau stagnante, l'accumulation des hommes dans les hôpitaux, dans les camps, etc.; la décomposition de matières organiques déposées sur une plus ou moins grande étendue, et enfin tout ce qui peut enlever à l'air la quantité d'oxygène indispensable à la respiration. Le principal mode d'assainissement consiste dans la ventilation, et l'on se sert du chlore pour détruire les miasmes résultant des matières organiques en décomposition.

ASSALINI (Pierre), médecin italien, né à Modène vers 1765, mort en 1840. Il fit partie de l'expédition d'Egypte et se distingua par son zèle pendant la peste de Jaffa. Il fut nommé par Napoléon Ier premier chirurgien de la cour et chirurgien en chef de l'hôpital Saint-Ambroise, à Milan. Après la campagne de 1812, en Russie, il se retira à Modène.

ASSAM ou **ASCHAM**, vaste contrée de l'Hindoustan anglais, dont la superficie est de 47,320 kil., et la population de 710,000 hab.; cap. Djorhat. Elle comprend la vallée de Brahmapoutra, séparée du Boutan, au N., par les premières chaînes de l'Himalaya boutanien et par le Thibet; au S., par les montagnes de Garraus, celles du pays de Kossya et les monts Noras. Cette contrée est arrosée par le Brahmapoutra, qui reçoit 34 rivières descendant des montagnes du N., et 26 descendant de celles du S.; elles sont toutes navigables. Son climat est très-malsain à cause de la chaleur, des exhalaisons des eaux stagnantes et des inondations annuelles. Mais lorsque les eaux reprennent leur cours, elles donnent à la terre une grande fertilité. On y récolte le riz, le poivre, la graine de moutarde, le coton, millet, tamarin, opium, canne à sucre, noix de cocos, oranges, thé, noix de bétel, froment, seigle; les vers à soie y vivent et se multiplient sans les soins de l'homme, et produisent une soie excellente. Cette contrée possède des mines d'or, de fer et de sel. Avec une végétation si belle, si la population était plus nombreuse et le pays assaini, il deviendrait un des plus fertiles de la terre. On y rencontre en abondance des buffles et des bœufs, que l'on emploie à la culture; des moutons, des chèvres, des éléphants. La principale industrie de ce pays consiste dans le tissage des étoffes de soie à un assez haut degré de perfection, et son commerce en gomme laque, étoffes de soie, bois, ivoire, poissons secs, thé, coton en graines, est assez important. L'Assam fut cédé aux Anglais en 1826.

ASSAPH, Lévite contemporain de David, et qui rassembla les psaumes dont on attribue la composition à David. Les critiques qui ont émis cette assertion sur Assaph se sont fondés sur quelques passages des *Paralipomènes*, et sur ce que le nom de ce lévite signifie *assembler*, en hébreu.

ASSARACUS, roi de Troie, l'un des fils de Tros, aïeul d'Anchise, père d'Enée; il vivait dans le XIVe siècle av. J.-C.

ASSARHADDON, roi de Ninive en 707 av. J.-C., mort en 667, succéda à Sennachérib. Il reconquit Babylone en 680, fit la guerre à Manassès, roi de Juda, et acheva de disperser le peu qui restait des dix tribus d'Israël.

ASSAROTTI (Octave-Jean-Baptiste), instituteur des sourds-muets, naquit à Gênes en 1753. Après avoir fait des études de jurisprudence, il abandonna le droit pour entrer dans l'ordre religieux de Scuole Pie, et fit des cours publics dans lesquels il obtint tant de succès, que l'archevêque de Gênes lui confia l'examen de son clergé. Ayant entendu parler de l'admirable institution des sourds-muets de Paris, Assarotti abandonna sa place, en 1801, pour s'adonner tout entier à l'éducation de ces malheureux. Sans aucun secours ni appui du la part du gouvernement, Assarotti ne se découragea pas, et, après des démarches et des travaux sans nombre, il parvint à organiser une institution de sourds-muets qu'il établit dans les bâtiments d'un ancien couvent. Cet homme dévoué et modeste sut comprendre et analyser les aptitudes de ses élèves, et fut récompensé par les plus grands résultats. Il mourut en 1829.

ASSAS (Nicolas, chevalier D'), capitaine français au régiment d'Auvergne, né au Vigan, dans le Languedoc, se rendit célèbre par un de ces actes de dévouement qui rappellent les beaux temps de Rome. Parti avant l'aube, le 16 octobre 1758, pour reconnaître les positions de l'ennemi, vers Clostercamp, près de Gueldre en Westphalie, il tomba au milieu d'une troupe de grenadiers autrichiens qui s'avançaient pour surprendre le camp français. Menacé de mort s'il appelait aux armes, d'Assas n'hésita pas, et poussa alors ce cri sublime qui est passé à la postérité : « A moi, Auvergne; voilà l'ennemi ! » Il tomba percé de coups, mais il avait sauvé l'armée des dangers d'une surprise.

ASSASSINAT. On appelle ainsi l'attentat prémédité contre la vie d'une personne, tandis que le crime commis sans préméditation et dans des circonstances fortuites prend le nom de meurtre.

ASSASSINS. Hassan, fils d'Ali, initié à la religion secrète des Ismaélites, résolut de fonder un empire en créant un ordre secret, une sorte de franc-maçonnerie. Il choisit l'assassinat comme moyen d exécution, fit tomber sous le poignard de ses sicaires un grand nombre de princes et d'hommes d'Etat, et parvint ainsi à se créer une puissance redoutable. Possesseur de la forteresse d'Alamond, il vit son autorité s'étendre au loin ainsi que sous ses successeurs, qui furent désignés sous le titre de *Vieux de la montagne*. Les possessions des Assassins s'étendirent depuis la mer Méditerranée jusque dans le Turkestan. Ils divisèrent leurs forteresses en trois provinces : de Djébal, de Turkestan et de Syrie, où ils avaient Masyat ou Maysut, dans l'Anti-Liban; chacune de ces provinces avait un chef nommé diailbekir, relevant du Vieux de la montagne ou Sheyck-al-Djebal. Cette secte, qui sema la terreur et les meurtres, fut renversée et exterminée par les Mongols et par Bibars, soudan d'Egypte, en 1258. Cette dynastie d'Assassins, qui comptait parmi ses membres les plus farouches : Hassan, Kia-Buzurgomid, Ala-Eddin, Rockneddyn, avait duré environ 180 ans.

ASSAUT. On appelle ainsi les combats livrés par une armée assiégeante pour s'emparer, soit des fortifications avancées, soit de la ville même.

ASSAZIE, fleuve d'Afrique (Guinée supérieure), qui se jette dans le golfe de Guinée, au N. du cap Lopez.

ASSCHE, ville de Belgique (Brabant méridional), à 12 kil. de Bruxelles. Pop. 5,950 hab.

ASSECTATOR, nom donné, à Rome, au client qui accompagnait son patron par la ville.

ASSELIN (Jean), peintre flamand, né à Anvers en 1610, fit plusieurs voyages à Rome pour s'inspirer des chefs-d'œuvre des maîtres. Ami du naturel, il suivit la manière de Bamboche pour les batailles, et de Claude Lorrain pour les paysages. Il obtint de grands succès dans ces divers genres. De retour à Amsterdam, il s'appliqua à épurer le goût et à ramener le culte de la vraie nature. Ses toiles, où se montrent quelques rares scènes historiques ou des batailles, représentent des paysages agréablement accidentés de monuments ou de ruines et sont d'un coloris fin et chaud. Le musée Napoléon a de cet artiste : *Bestiaux traversant le Tibre à gué* et *Marine en temps d'orage*. Il mourut à Amsterdam en 1660.

ASSEMANI (Joseph-Simon), orientaliste, né en 1687, d'une famille syrienne professant la religion chrétienne, mort en 1768. Il fut archevêque de Tyr et préfet de la bibliothèque du Vatican. Il publia : *Bibliotheca orientalis Clementino-Vaticana*, recueil plein de faits curieux. Cet ouvrage est une mine inépuisable pour le philologue, l'historien, le géographe.

ASSEMANI (Etienne-Evode), mort en 1782, neveu du précédent; lui succéda à la bibliothèque du Vatican, et fut nommé archevêque d'Apamée. Il a donné divers ouvrages où brille une rare érudition.

ASSEMANI (Joseph-Eloi), neveu de Joseph-Simon, mort en 1782. Il fut professeur de langues orientales au collége de la Sapience.

ASSEMANI (l'abbé Simon), né à Tripoli de Syrie en 1752, mort en 1821, à Padoue. Il fut élevé à Rome, devint bibliothécaire à Vienne et à Padoue, et remplit la chaire de professeur de langues orientales depuis 1807 jusqu'à sa mort. Il publia la description d'un globe céleste arabe du XIIIe siècle, du musée Borgia.

ASSEM-KALASSI, petite ville de la Turquie d'Asie, eyalet d'Aïdin, à 130 kil. de Smyrne. On y remarque les belles ruines de l'ancien *Iassos*, d'un théâtre en marbre, etc.

ASSEMBLÉE CONSTITUANTE ou **ASSEMBLÉE NATIONALE CONSTITUANTE DE 1789**. Deux fois, dans notre histoire, la France a eu recours aux assemblées constituantes pour établir la constitution qui devait régler les pouvoirs de l'État. La première assemblée constituante date du 17 juin 1789, et voici dans quelles circonstances cette assemblée délibérante se forma. Louis XVI avait convoqué les états généraux pour briser la résistance du parlement, dont l'autorité contre-balançait celle du roi dans les derniers temps de la monarchie. Les états généraux étaient composés des trois grands ordres de la nation : la noblesse, le clergé et le tiers état. Le tiers état, composé des députés des communes, était fort de son origine démocratique : il représentait, en effet, la masse des citoyens. Il avait d'abord obtenu qu'il serait représenté dans la même proportion que les deux autres ordres privilégiés, et suivant la forme de convocation des états généraux de 1614. Ainsi, les trois ordres devaient délibérer séparément, et cette combinaison, qui parut à la noblesse et au clergé une garantie contre les prétentions du tiers état, devait, au contraire, amener la ruine des deux premiers ordres. Le tiers état, de son côté, ne cessait de demander un nombre double de représentants et la délibération en commun. Il parvint à obtenir la première concession; mais la noblesse et le clergé ne purent se résoudre à des délibérations communes. Ce fut alors que les députés du tiers-état parlèrent de se constituer et prirent le titre absolu d'*Assemblée nationale*. Cette Assemblée s'empara des pouvoirs de l'État, abolit, dans la fameuse nuit du 4 août, les priviléges établis en France, et consacra le principe de l'égalité par la déclaration des droits de l'homme et du citoyen. Cependant, le roi refusait sa sanction à cette déclaration, et projetait même de transférer l'Assemblée nationale à Tours, où il aurait plus facilement tenté de la dissoudre. Une insurrection se prépara, et le peuple, appuyant l'Assemblée, envahit le château de Versailles, afin de protéger ses députés, qui s'y étaient rendus et à qui l'on avait refusé l'entrée de la salle des délibérations. Ceux-ci s'étaient rassemblés au Jeu de paume, où ils firent le serment de ne se séparer qu'après avoir doté la France d'une Constitution. Le roi, paralysé par les démonstrations populaires, se laissa arracher une concession nouvelle : il invita les représentants de la noblesse et du clergé à se réunir aux députés de l'Assemblée nationale pour délibérer en commun. On vit alors ces deux ordres privilégiés sacrifier eux-mêmes, les uns par déférence pour les nouveaux principes et les autres par crainte, leurs droits, qu'ils avaient jusqu'alors essayé de défendre. C'est ainsi que l'Assemblée nationale décréta successivement la conversion des biens du clergé en biens nationaux, la création des assignats, la division territoriale de la France en départements, l'établissement de l'autorité municipale, la destruction des parlements et la création des tribunaux, la suppression de la vénalité des charges et des titres de noblesse, l'obligation du serment pour tout ecclésiastique fonctionnaire public, la réforme de la procédure criminelle, la codification des lois civiles et la suppression des coutumes. L'Assemblée nationale osa même suspendre l'exercice de l'autorité royale jusqu'à ce que le roi eût accepté la Constitution nouvelle. Le 3 septembre 1791, une députation de l'Assemblée vint présenter l'acte constitutionnel à l'acceptation de Louis XVI. Cette Constitution, dont l'élaboration et la discussion avaient duré trois années, distinguait le pouvoir législatif, exercé par les députés de la nation, du pouvoir exécutif, réservé au roi. Elle instituait une *Assemblée législative* seule chargée de faire les lois, et accordait au roi un simple droit de *veto*, en vertu duquel il pouvait se refuser à sanctionner une loi. L'Assemblée nationale se sépara le 30 septembre suivant, après avoir reçu solennellement du roi l'acceptation du pacte constitutionnel.

ASSEMBLÉE LÉGISLATIVE DE 1791.—Cette Assemblée, à laquelle était délégué le pouvoir législatif par la Constitution du 3 septembre 1791, était composée de 745 représentants temporaires, librement élus par le peuple. La sanction des lois par elle admises était soumise à l'autorité royale. Cette Assemblée était permanente et n'était composée que d'une seule chambre. Elle devait être formée tous les deux ans par de nouvelles élections. L'Assemblée devait être ainsi renouvelée de plein droit; elle ne pouvait être dissoute par le roi. Elle ouvrit sa session le 1er octobre 1791, le lendemain du jour où avaient expiré les pouvoirs de l'Assemblée constituante; mais, d'après la Constitution, les représentants devaient se réunir le 1er mai, vérifier leurs pouvoirs, et, le dernier jour du mois, se constituer en Assemblée législative. Voici quelles étaient les principales attributions de l'Assemblée: droit de proposer et de voter les lois (le roi ne pouvait s'immiscer dans les attributions législatives que pour inviter l'Assemblée à prendre un objet en considération); fixation du budget de l'Etat, fixation du contingent militaire; aliénation des biens du domaine national; droit d'accuser et de poursuivre les ministres devant la haute cour nationale. La guerre ne pouvait être décidée que par un décret du pouvoir législatif, rendu sur la proposition du roi, à qui l'initiative était abandonnée. L'Assemblée devait ratifier les traités de paix, d'alliance et de commerce, et aucun traité ne pouvait avoir d'effet que par cette ratification. L'Assemblée fixait le lieu de sa réunion et pourvoyait à sa sûreté, disposant même pour cela des forces militaires. Cette Assemblée édicta la peine de mort contre les émigrés, déclarés coupables de conspiration s'ils n'étaient rentrés en France avant le 1er janvier 1792; elle prononça la peine de la déportation contre les prêtres qui refuseraient de se soumettre à la nouvelle constitution du clergé. Le 11 juillet 1792, elle déclara que la patrie était en danger, appela sous les armes toutes les gardes nationales, se déclara en permanence, et ordonna que les conseils municipaux et départementaux siégeassent aussi sans interruption. Le 10 août, elle suspendit l'autorité royale et ordonna la convocation d'une nouvelle Assemblée sous le nom de *Convention*. Les Girondins et les Montagnards commencèrent à se grouper au sein de l'Assemblée législative.

ASSEMBLÉE NATIONALE CONSTITUANTE DE 1848. — Le gouvernement provisoire qui fut proclamé après la révolution de 1848 avait arrêté, le 24 février, que la représentation nationale se composerait d'une seule Assemblée, et, le 5 mars 1848, il décréta que l'élection des représentants du peuple à l'Assemblée nationale, qui devait élaborer la nouvelle Constitution, aurait pour base la population; que le nombre des représentants serait de 900, y compris l'Algérie et les colonies françaises, et enfin que le vote aurait lieu par le suffrage direct et universel. Ce fut en conformité de ce décret que se fit l'élection des représentants à l'Assemblée constituante. La Constitution républicaine fut votée le 4 novembre 1848 et promulguée le 12 novembre suivant. Le préambule de la Constitution établissait les principes du gouvernement que la France venait d'acclamer : « En adoptant cette forme de gouvernement, y est-il dit, l'Assemblée nationale s'est proposé pour but de marcher plus librement dans la voie du progrès et de la civilisation, d'assurer une répartition de plus en plus équitable des charges et des avantages de la société, d'augmenter l'aisance de chacun par la réduction graduée des dépenses publiques et des impôts, et de faire parvenir tous les citoyens, sans nouvelle commotion, par l'action successive et constante des institutions et des lois, à un degré toujours plus élevé de moralité, de lumières et de bien-être. » La Constitution déléguait le pouvoir légis-

L'Arioste arrêté par des brigands.

latif à une Assemblée unique, composée de 750 membres, y compris les représentants de l'Algérie et des colonies françaises; elle consacrait le suffrage universel et décidait que l'élection des représentants se ferait par département et au scrutin de liste. L'Assemblée législative devait être élue pour trois ans, et l'Assemblée nouvelle était convoquée de plein droit pour le lendemain du jour où finissait le mandat de l'Assemblée précédente. Le pouvoir exécutif était délégué à un président de la République, qui devait être élu pour quatre ans. La Constitution réglait, en outre, les attributions du conseil d'Etat et celles du pouvoir judiciaire. L'Assemblée nationale traversa les tristes journées de juin; elle délégua, dans cette circonstance, les pouvoirs les plus étendus au général Cavaignac.

ASSESSEURS. Nom donné à Rome aux jurisconsultes qui formaient, auprès des magistrats, une espèce de conseil, les assistaient de leurs avis dans les décisions à prendre; mais ils n'avaient par eux-mêmes aucune juridiction. En France, avant la révolution, on appelait *assesseurs* ou *gradués* des hommes compétents qui servaient de conseil à des juges d'épée, dans la maréchaussée, les bailliages et sénéchaussées, et avaient les mêmes priviléges que les juges de la juridiction. Sous l'empire, on donnait encore ce nom aux juges des cours et des tribunaux de douanes. De nos jours on nomme ainsi ceux qui aident le président d'une assemblée électorale à recueillir et à compter les votes.

ASSIENTO, c'est-à-dire en français *traite*, mot espagnol qui désigne spécialement les traités conclus par l'Espagne, au XVIe siècle, avec diverses puissances, en vue de permettre le monopole de la traite des nègres dans les colonies transatlantiques. Les Gênois l'obtinrent en 1580, les Portugais en 1696, la Compagnie française de la Guinée en 1702, l'Angleterre en 1713. La France abandonna l'assiento en 1711. C'est à partir de l'assiento qu'eut lieu l'odieux trafic des *noirs*. Dans l'espace de trois siècles, 3,000,000 de nègres furent transportés dans les Antilles et le continent américain.

Renaud dans les jardins d'Armide.

ASSEMBLÉE LÉGISLATIVE DE 1848.—L'Assemblée législative, élue conformément à la Constitution du 4 novembre 1848, fut constituée le 8 mai 1849. Avant l'expiration de ses pouvoirs, elle fut dissoute, le 2 décembre 1851, et c'est alors que fut promulguée la Constitution nouvelle qui régit aujourd'hui la France.

ASSEN, ch.-l. de la prov. de Drenthe (Hollande), à 125 kil. d'Amsterdam. Pop. 3,000 hab. Cette ville est située sur le Horn-Diep, joint par un canal avec le Zuiderzée. Le roi Louis Bonaparte érigea Assen en ville.

ASSENÈDE, ville de la Flandre orientale (Belgique), à 18 kil. de Gand. Pop. 4,150 hab.

ASSENS, ville du Danemark, située dans l'île de Fionie, sur le Petit-Belt, à 20 kil. d'Odensée. Pop. 2,300 hab. On y remarque plusieurs distilleries, ainsi qu'un port d'embarcation pour le Schleswig et le Jutland.

ASSERMENTÉ. On appelle ainsi celui qui a prêté serment avant d'entrer dans l'exercice d'une fonction publique. On donna ce nom, lors de la première révolution, aux prêtres qui prêtèrent le serment exigé par l'Assemblée constituante.

ASSIGNATION. Acte de procédure par lequel une personne en appelle une autre en justice. On l'appelle : 1° *citation*, lorsqu'elle somme de comparaître en justice de paix; 2° *ajournement*, quand l'affaire est portée devant un tribunal de commerce ou de première instance; 3° *acte d'appel*, lorsque c'est pour comparaître devant la cour d'appel; et 4° *acte de pourvoi*, quand c'est devant la cour de cassation.

ASSIGNATS. Les assignats furent créés, le 19 avril 1790, par un décret de l'Assemblée nationale. Cette création avait été faite sur la proposition de Bailly, afin d'empêcher la dépréciation des biens nationaux d'une part, et, de l'autre, pour faire face à toutes les exigences du moment sans recourir à l'augmentation de l'impôt. En effet, l'Etat abandonnait aux communes les biens nationaux situés sur leur territoire; les communes devaient revendre ces biens en détail, et les payer au trésor public au moyen de bons à longues échéances, dont les ventes effectuées dans l'intervalle fourniraient les fonds : l'Etat, avec ces bons, désintéressait ses créanciers en leur laissant la faculté de les donner comme argent comptant en payement des acquisitions de biens nationaux. Les assignats n'étaient donc pas un papier-monnaie, comme on pourrait le croire, puisque les biens nationaux constituaient une valeur réelle qu'on évaluait à dix milliards. La première émission d'assignats s'éleva à 400 millions et rendit tous les services qu'on en attendait.

Mais bientôt les manœuvres des partis, la désorganisation du corps social, les menaces des émigrés, l'agiotage effréné des spéculateurs, ébranlèrent la confiance publique, et les assignats tombèrent dans un discrédit tel que leur valeur, comparée à celle du numéraire, était comme de 7 à 1. Les émissions inconsidérées du gouvernement augmentèrent encore ce discrédit: enfin, le 30 pluviôse an IV (19 février 1796), la planche aux assignats fut brisée : on en avait émis pour près de 46 milliards.

ASSING (Rose-Marie), née Varnhagen von Ense. Elle naquit à Dusseldorf en 1783. Elle habita Strasbourg pendant la Révolution, se fixa ensuite à Hambourg, et y épousa, en 1816, M. Assing, médecin de Kœnisberg, et s'occupa de travaux poétiques, qui furent publiés en 1841 par son mari.

ASSINIBOINE, rivière de l'Amérique anglaise. Après un parcours de 690 kil., elle se jette dans le lac Ouinipeg. Les Indiens Sioux habitent ses bords et y élèvent beaucoup de chevaux.

ASSISE, ville des Etats de l'Eglise, à 20 kil. de Pérouse. Pop. 6,500 hab. Cette ville, située sur le revers d'une montagne, siége d'un évêché, possède une magnifique cathédrale avec une église souterraine renfermant les reliques de saint François d'Assise; un temple de Minerve, devenu l'église Sainte-Marie de la Minerve, des tombeaux, des aqueducs, les ruines d'un théâtre, etc. Cette ville est la patrie du poëte Métastase.

ASSISES. On appelait ainsi, au moyen âge, des assemblées non permanentes, chargées à certaines époques de rendre la justice. Sous Charlemagne, les assises étaient tenues par les *missi dominici*, qui présidaient quatre fois par an des réunions d'évêques, de seigneurs, etc., dans leurs provinces respectives. Ensuite elles furent présidées par les seigneurs hauts justiciers; puis on eut recours à des hommes de loi, des sénéchaux et des baillis, qui s'occupèrent de la juridiction et de la perception des impôts royaux, sous Philippe-Auguste et ses successeurs. Les assemblées ordinaires portaient le nom de *plaids* ou petites assises, et les assemblées extraordinaires celui de grandes assises. Plus tard, Henri II, roi de France, créa les présidiaux, chargés de l'appel dans leur juridiction, et qui diminuèrent insensiblement l'influence des assises. Quant aux assises présidées par les seigneurs ou par leurs hommes de loi, elles perdirent de leur importance par la réunion successive des provinces à la couronne de France; la révolution de 1789 acheva de disperser les derniers vestiges de cette institution. Après la conquête de l'Angleterre, Guillaume le Conquérant donna à son peuple un corps de lois rédigées de 1066 à 1087 sous le titre : *les Lois et les Coutumes*, qu'augmenta son fils Henri Ier; mais Henri II est le véritable fondateur de la grande assise qui, réunissant des chevaliers pouvant juger les causes, détruisit le duel judiciaire et devint, après plusieurs transformations, le jury, fondement de la justice civile et criminelle en Angleterre. Nous avons emprunté quelque chose à cette institution en adoptant l'intervention du jury. Les plaids communs, le banc du roi, l'échiquier et la chancellerie sont composés de douze juges, qui, dans les loisirs que leur laissent les intervalles entre les sessions, vont présider dans les comtés, avec les juges de paix, les assises civiles et criminelles, système auquel répond en grande partie notre cour d'assises. Aux États-Unis, les affaires importantes sont jugées, deux fois par an, par les magistrats supérieurs, et les petites causes quatre fois, par des juges inférieurs.

ASSISES (cour d'). Après l'adoption du jury en France pour les affaires criminelles, en 1791, le code d'instruction criminelle a donné le nom de cour d'assises à l'assemblée des juges chargés d'appliquer la loi suivant la décision du jury sur la culpabilité avec circonstances atténuantes ou non, ou sur la non culpabilité de l'accusé. — Ces réunions sont temporaires et ont lieu dans chaque département, généralement au chef-lieu, quatre fois par an : cependant, quand la nécessité l'exige, il y a des sessions extraordinaires; à Paris, elles ont lieu tous les quinze jours. Ce sont les trois conseillers choisis à la cour impériale du chef-lieu, et parmi lesquels le ministre de la justice en désigne un pour être le président des assises, qui fixent l'époque de la réunion de cette assemblée. Les pouvoirs de ces magistrats cessent avec la session. Un membre du parquet de la cour remplit le rôle du ministère public. Quand les chefs-lieux de département n'ont pas de cour impériale, un conseiller de celle-ci, nommé par le ministre, va présider les assises avec des assesseurs pris par lui parmi les magistrats du tribunal de première instance du lieu. Un membre de ce parquet remplace le ministère public.

ASSISES DE JÉRUSALEM. Après la conquête de la Terre-Sainte, Godefroy de Bouillon songea à donner aux croisés, régis par des coutumes différentes, un corps de lois uniformes. Il réunit alors en assemblée les différents seigneurs des croisades, et prit, après un mûr examen, les usages et les coutumes de leurs pays respectifs, propres à développer la civilisation et la prospérité dans le nouveau royaume. Ce code, divisé en deux parties, l'une pour les nobles, l'autre pour les bourgeois, est le premier exemple, après les lois romaines, d'une législation écrite; il traitait des matières civiles et des matières criminelles. Un exemplaire fut déposé dans le Saint-Sépulcre, et on ne pouvait le consulter qu'en présence de douze témoins. Ces lois, dont l'original, tombé au pouvoir de Saladin, ne nous est point parvenu, ont subi diverses transformations, amenées surtout par Beaudoin IV, dit le *Lépreux*, et par Amaury Ier; mais nous en avons les commentaires et les changements qui forment un des monuments les plus parfaits de la législation féodale. Nous les devons à Venise, d'après les travaux de Jean d'Ibelin et de Philippe de Navarre, que publia la Thaumassière, en 1690, sous le titre d'*Assises de messire Jean d'Ibelin*.

ASSISES DES EAUX ET FORÊTS. Les officiers des eaux et forêts devaient se réunir deux fois l'an pour donner des instructions, examiner la conduite des employés des forêts et juger les différentes causes soumises à la juridiction des eaux et forêts. Ces séances portaient le nom d'assises et avaient été enjointes par l'ordonnance de 1669; elles furent détruites, en 1790, avec les anciennes juridictions.

ASSOGICK ou ASSOLIK (Étienne), historien arménien qui vivait vers le xe siècle. Il a laissé une *Histoire de l'Arménie* depuis son origine jusqu'en l'an 1000 de J.-C. d'une grande exactitude de dates.

ASSOMPTION (fête de l'), fête de l'Église célébrée le 15 août en l'honneur de l'élévation ou assomption de la Sainte Vierge au ciel. C'est ce jour-là (1638) que Louis XIII mit sa personne et son royaume sous la protection de la Sainte Vierge. Ce prince se trouvait alors à Abbeville (Somme), à l'endroit où existe maintenant le couvent des Augustines, et l'arbre sous lequel il fit ce vœu existe encore.

ASSOMPTION, ville de l'Amérique méridionale, capitale du Paraguay, à 1,300 kil. de Buenos-Ayres. Pop. 25.000 hab.; située sur la rive gauche du Paraguay. Elle est la résidence du président de la république; et le siége d'un évêché suffragant de celui de la Plata, érigé en 1547. Son territoire est fertile en coton, *maté* ou thé du Paraguay, canne à sucre et riche en abeilles et en bétail. Son commerce est très-important et consiste en bois, peaux, tabac, cire.

ASSOMPTION (Notre-Dame de l'), ville du Brésil. *Voir* CEARA.

ASSOMPTION (île de l'). *Voir* ANTICOSTI et MARIANNES.

ASSOUAN ou AÇOUAN ou SOUAN, ville de la Haute-Égypte, située sur le Nil, près de la dixième et dernière cataracte de ce fleuve, à 100 kil. d'Edfou. Pop. 4,000 hab. On remarque près d'Assouan des rocs granitiques qui ont servi, dès l'antiquité la plus reculée, à la construction des édifices. Elle est aussi célèbre par son puits, au fond duquel, au solstice d'été, l'image du soleil se reflétait tout entière. C'est dans cette ville, qui portait alors le nom de Syène, que Juvénal fut exilé, et, le 16 mai 1799, les Français y battirent les Mameloucks.

ASSOUR ou HACHOUR, village de Nubie. Il est situé sur la rive droite du Nil. On remarque aux environs de très-belles ruines que l'on croit être celles de l'antique Méroé.

ASSUÉRUS, roi de Perse, qui épousa Esther. On ne sait pas au juste quel était le roi de Perse qui portait ce nom. Usher dit que c'était Darius, fils d'Hystaspe; Dom Calmet est du même avis; mais on croit que c'était Artaxerce Longue-Main, qui, dit Sulpice Sévère, avait épousé une Juive.

ASSUR, Second fils de Sem, qui fonda le royaume d'Assyrie et jeta les premiers fondements de Ninive sur les bords du Tigre et y fit sa résidence.

ASSUS. Ville de l'Asie mineure (ancienne Médie), située sur le golfe d'Atramyttium, près du petit village de Kalesi. Elle doit sa fondation à une colonie grecque et fut la patrie de Cléanthe le stoïcien. Ruines très-remarquables de plusieurs temples, d'inscriptions, de tombeaux, parmi lesquelles on trouve un théâtre conservé presque en entier. Aristote habita cette ville pendant quelque temps.

ASSYRIE, contrée de l'Asie ancienne située sur le Tigre. Elle était bornée au N. par l'Arménie, à l'E. par la Médie, au S. par la Babylonie et à l'O. par la Mésopotamie. L'Assyrie proprement dite, formant le Kurdistan actuel, a été le siége d'un des plus anciens États connus. Ses habitants appartenaient à la famille sémitique ou araméenne; ils adoraient les étoiles, et la civilisation fit chez eux de rapides progrès. Assur, fils de Sem et petit-fils de Noé, chassé de son pays par Nemrod, fonda le royaume d'Assyrie et lui donna son nom, et Ninive naissante devint la capitale de cette contrée. Il y eut deux monarchies différentes qui portèrent le nom d'empire d'Assyrie. Le *premier empire* fut fondé par Bélus, il comprit toute la partie de l'Asie située entre la Méditerranée et l'Indus. Ce royaume eut pour souverains : Bélus, Ninus, Sémiramis, Ninyas et Sardanapale, qui mourut en 759 av. J.-C. Sous ce dernier prince, Arbacès, gouverneur de Médie, s'empara du trône, et le royaume se divisa, en 888, en Babylonie et nouvelle Assyrie. Le *second empire* ou *empire de Ninive*, qui comprenait Ninive ainsi qu'une partie de la Médie, s'éleva à un haut degré de puissance sous Phul ou Sardanapale II; Téglatphalasar et Salmanasar (759-724); les rois qui vinrent après furent : Sennachérib, Assar Haddon, Nabuchodonosor Ier et Sarac (712-617). La Babylonie avait été reconquise; mais, en 600, la Médie s'en détacha, et Cyaxare, roi des Mèdes, s'unit au gouverneur de Babylone, Nabopolassar; il prirent et ruinèrent Ninive. Plus tard l'Assyrie fut réduite en une province de la Médie, et le royaume de Babylone rétabli, devint un grand empire par les conquêtes de Nabuchodonosor. Vers 550, Cyrus réunit ces différents États sous son sceptre. Les principales villes de l'Assyrie étaient Gaugamele et Arbelles.

AST (George-Antoine-Frédéric), érudit et philosophe allemand, né à Gotha en 1778, mort en 1841. Il fut professeur de littérature classique à Landshut et à Munich. Dans ses leçons, il développa la philosophie de Schelling. On a de lui une *Vie* de Platon, où se trouvent des conjectures téméraires sur les doctrines de ce philosophe.

ASTAFFORT, ch.-l. de cant. de l'arrond. d'Agen (Lot-et-Garonne), à 20 kil. de cette ville. Pop. 1,320 hab. Cette ville est située sur la rive droite du Gers.

ASTAPA, aujourd'hui *Estepa la Vieja* ville de l'ancienne Espagne, en Bétique. Pendant la seconde guerre punique, elle fut assiégée par Marius, lieutenant de Scipion. Les habitants se défendirent avec un courage héroïque et résistèrent jusqu'à ce que toute défense ne fut plus possible. Alors, pour ne pas se livrer à la merci des ennemis, ils construisirent un immense bûcher sur lequel ils placèrent toutes leurs richesses et se brûlèrent avec leurs familles.

ASTARA, ville de la Transcaucasie (Russie), située à 3 kil. de l'embouchure du petit fleuve de son nom dans la Mer caspienne. Elle possède un petit port et son commerce consiste en soie, fruits et grains.

ASTARAC. On appelait ainsi un comté de Gascogne dont la capitale était Mirande. Ce pays fait aujourd'hui partie des départements du Gers et des Hautes-Pyrénées.

ASTARTÉ. Divinité syrienne et phénicienne. Elle avait un temple à Hiéropolis où l'on célébrait des fêtes fort lascives en son honneur. Elle est désignée dans la Bible sous le nom d'*Astaroth*.

ASTEMIO (Laurent), fabuliste, né à Macerata (Ancône), vers la fin du XVe siècle. Il fut professeur et bibliothécaire du duc d'Urbin.

ASTER, habile archer d'Amphipolis. Il s'était présenté à Philippe, roi de Macédoine, pour faire partie de son armée, mais Philippe ne voulut pas l'accepter. Aster se retira en promettant de se venger. Au siége de Méthone, Aster, du haut des murailles de cette ville, apercevant Philippe, décocha sur ce prince une flèche sur laquelle étaient écrits ces mots : « A l'œil droit de Philippe » et, en effet, il lui creva l'œil droit. Philippe arracha la flèche, la lança dans la ville, après y avoir attaché ces mots : « Si Philippe prend la ville Aster sera pendu. » Après un combat acharné, la ville fut prise et la menace reçut son accomplissement.

ASTERABAD, ville de Perse, à 280 kil. de Téhéran. Pop. 12,000 hab. Cette ville est située sur le Gourgan, à 18 kil. de son embouchure dans la Mer caspienne. On y voit des manufactures de laine et de soie. Cette ville, autrefois très-importante, fut prise et brûlée par Tamerlan.

ASTI, anciennement *Asta Pompeia*, ville du royaume d'Italie, ch.-l. d'un arrond. de la prov. d'Alexandrie, au confluent du Tanaro. Pop. 22,500 hab. Elle est entourée d'anciennes murailles flanquées d'un grand nombre de tours. Elle est le siége d'un évêché suffragant de celui de Turin, possède un séminaire théologique, une école secondaire de droit, un collége; une cathédrale gothique, des filatures de soie; des manufactures d'étoffes et un commerce considérable de soie, vins rouges et blancs. C'est près de cette ville que l'on récolte le muscat le plus estimé du Piémont. Patrie d'Alfieri. — Cette ville, très-ancienne, était encore au moyen âge la capitale d'une petite république indépendante, et, au XIVe siècle, elle appartenait au duché de Milan. En 1155, elle fut brûlée par l'empereur Barberousse. En 1314, elle échut à Robert d'Anjou, roi de Naples; en 1528, l'empereur Charles-Quint la donna à la maison de Savoie.

ASTIER (Benoît-Charles), pharmacien militaire, né à Mont-Dauphin (Hautes-Alpes), en 1771, mort à Paris, en 1836. Son savoir, son courage et sa probité furent appréciés par le célèbre Parmentier, son maître. De concert avec Wably et Senillas, il perfectionna l'œnologie et fit une série d'expériences sur la germination, la fermentation et la putréfaction. On lui attribue l'idée de l'application du sublimé corrosif pour conserver les bois de construction.

ASTIER (Saint-), ch.-l. de cant. de l'arrond. de Périgueux (Dordogne), à 20 kil. de cette ville. Pop. 850 hab.

ASTLEY, village d'Angleterre (comté de Warwick), à 8 kil. de Nuneaton. Pop. 371 hab. On y remarque son château qui appartint au marquis de Dorset, père de Jeanne Grey.

ASTOLPHE, roi des Lombards, de 749 à 756. Il envahit l'exarchat de Ravenne. Il fut battu par Pépin le Bref, que le pape Etienne II avait appelé à son secours, et forcé de rendre au souverain pontife les places dont il s'était emparé dans les Etats de l'Eglise.

ASTON (Antoine), célèbre acteur comique anglais. Il figura comme gentilhomme poëte, avocat, soldat, acteur, matelot et financier, en Angleterre, en Ecosse, en Irlande, en Amérique et aux Indes occidentales. Il jouait Fondlewife dans le *Vieux Garçon*, de Congrève, et, en 1717, au *Globe* et à la *Tête de Marlborough*. Il a laissé une autographie dans laquelle il dit qu'il monta sur la scène la dernière année du règne de Guillaume III.

ASTOR (Jean-Jacob), négociant américain, né à Wallendorf (Allemagne), en 1763. Il se rendit aux Etats-Unis en 1784, et fit le trafic des fourrures avec les Indiens Mohawks, et établit, en 1809, avec les capitaux qu'il amassa dans ses entreprises, la *Compagnie américaine des pelleteries*, et, en 1811, le comptoir d'*Astoria* sur la rive gauche de la Colombia, dont les Anglais s'emparèrent en 1813. Cet homme, qui était sans appui et presque pauvre à ses débuts, s'acquit une grande fortune par son habileté et son intelligence. Lorsqu'il mourut, en 1848, il fonda par testament la bibliothèque publique de New-York.

ASTORGA, ville d'Espagne, dans la province de Léon, et à 40 kil. de cette ville. Pop. 2,850 hab. Ville épiscopale nommée sous la domination romaine *Asturica Augusta*, parce qu'Auguste y avait envoyé une colonie. En 1465 elle fut érigée en marquisat par Henri IV. Elle est située dans une plaine fertile. En avril 1810, Junot, à la tête des Français, s'en empara, après un mois de siége; l'année suivante, les Espagnols en reprirent possession, et cette même année les Français la reprirent encore aux Espagnols; enfin, en 1812, les Français durent l'abandonner. Astorga est entourée d'épaisses murailles, restes de ses anciennes fortifications. On y remarque quelques antiquités romaines.

ASTORGA (marquise D'). Cette femme vivait vers le XVIIe siècle. Elle tua la maîtresse de son époux et servit à ce dernier le cœur de la victime, qu'elle avait apprêté. A la fin du repas, elle révéla à son mari le secret de cet horrible festin et lui montra la tête encore sanglante de sa rivale. Après cette vengeance, elle se retira dans un couvent, où elle ne tarda pas à mourir atteinte de folie.

ASTORGA (Emmanuel D'), compositeur de musique religieuse, naquit en Sicile vers 1680. Forcé d'assister au supplice de son père, qui, appartenant à la plus haute noblesse de la Sicile, avait mis obstacle à l'incorporation de sa patrie à l'Espagne, Emmanuel tomba dans une insensibilité complète. Plus tard, il se retira dans un couvent de la ville d'Astorga, grâce à l'intercession de la princesse des Ursins, grande-maîtresse de la cour de la reine, femme de Philippe V. Il apprit dans ce couvent la musique, art qui florissait en Italie et qui était cultivé avec ardeur. Emmanuel sortit de ce couvent, quelques années après, avec le nom d'Astorga, se rendit à Parme, où il fut reçu à la cour; mais le duc, soupçonnant quelque liaison entre sa fille et l'artiste, ne tarda pas à l'éloigner et le recommanda à l'empereur Léopold. Après la mort de ce prince, Emmanuel parcourut toutes les contrées de l'Europe. Enfin il se fixa à Prague, où il mourut en 1710.

ASTRAGALOMANCIE. Divination qui se faisait en jetant au hasard des osselets ou des dés marqués des lettres de l'alphabet, et les lettres qui résultaient du coup formaient la réponse à ce que l'on voulait savoir. Cette divination était encore en usage au moyen âge.

ASTRAKHAN (gouvernement d'), un de ceux de la Russie orientale qui passa en 1554 sous la domination d'Iwan Wasiliévitch. Sa superf. est de 15,550 kil. carrés, et sa population de 414.550 hab. Il est borné au N. par le gouvernement de Saratow, à l'E. par celui d'Orenbourg, au S. par la mer Caspienne et la Caucasie, et à l'O. par le pays des Cosaques du Don. Son sol est plat et couvert en partie d'immenses plaines stériles; les hivers y sont extrêmement rudes, les étés brûlants, et les étrangers n'y séjournent qu'autant que l'exige l'intérêt de leur commerce. La population de ce gouvernement se compose de Kalmoucks, de Kirghises, de Russes, de Perses, d'Hindous, de Tatars et d'Arméniens. Commerce de transit, de poissons et de bestiaux.

ASTRAKHAN, ville de la Russie d'Europe, dans le gouvernement de son nom, située dans l'île Seitza, formée par le Volga, à 50 kil. de l'embouchure de ce fleuve dans la mer Caspienne, et à 1,900 kil. de Saint-Pétersbourg. Pop. 50,000 hab. Siége d'un archevêché grec et arménien. On y compte 37 églises grecques, 2 catholiques romaines, 2 arméniennes, 1 protestante, 1 temple indien, 15 medjeds, 1 séminaire, 1 gymnase, 1 jardin public, et beaucoup de fabriques. On y remarque un magnifique palais archiépiscopal. Astrakhan est irrégulièrement bâtie en bois et entourée d'une vaste enceinte de briques; elle possède le port le plus fréquenté de la mer Caspienne; il sert d'entrepôt au commerce de la Russie avec la Boukharie, la Perse et l'Inde. Son commerce consiste en pastèques, fruits, raisins et vins excellents, en mûriers; pêcheries considérables. Son exportation consiste en cuirs, lainages, toiles, etc. Astrakhan était jadis la capitale du khanat d'Astrakhan, et elle appartient aux Russes depuis 1554. En 1569, elle fut en vain assiégée par les Turcs.

ASTRÉE. Déesse de la Justice, fille de Jupiter et de Thémis, ou, selon certains auteurs, d'Astræus et de l'Aurore. Pendant l'âge d'or, elle descendit sur la terre pour habiter parmi les hommes; pendant le siècle d'argent, elle se montra rarement; enfin, pendant le siècle d'airain, cette déesse eut tant d'horreur des crimes des hommes, qu'elle les abandonna et retourna au ciel, où elle brille, selon la fable, sous le nom de la Vierge parmi les constellations du Zodiaque.

ASTRONOME (l'), chroniqueur français du IXe siècle, qui reçut ce nom à cause de ses connaissances en astrologie. On a de lui une *Vie de Louis le Débonnaire*, ouvrage remarquable par l'exactitude des détails.

ASTRONOMIE. Science ayant pour but la connaissance du ciel et des astres, des mouvements vrais et apparents des corps célestes, ainsi que celle de leur nature et de leur distance relativement à notre globe.

ASTROS (Paul Thérèse-David D'), prélat français, né en 1772. Il reçut, en 1809, le bref du pape qui rappelait le cardinal Maury à Montefiascone, et la bulle d'excommunication contre l'empereur Napoléon. Incarcéré pour avoir publié la bulle, il redevint libre à la première restauration, et suivit Louis XVIII à Gand lors des Cent-Jours. A la seconde restauration il fut successivement nommé évêque de Bayonne, archevêque de Toulouse, puis de Narbonne (1830), et enfin cardinal en 1850. Il a combattu vivement l'idée de dom Guéranger, abbé de Solesmes, d'obliger tous les diocèses à se servir de la liturgie romaine, défendant ainsi quelques liturgies particulières. Il est mort en 1851.

ASTRUC (Jean), médecin remarquable, né près d'Alais, à Sauves, dans le Languedoc, en 1684, mort à Paris en 1766. Après d'excellentes études, il se rendit célèbre par son éloquence et par son érudition, qui lui attirèrent de nombreux disciples. Il se livra alors à de nouvelles études sur son art, et devint professeur de médecine à Toulouse (1710), à Montpellier (1716), au collége de France (1730), et à la faculté de médecine de Paris (1743). Après avoir été premier médecin du roi de Pologne, il fut celui de Louis XV.

ASTURA, village des Etats de l'Eglise, à l'embouchure de l'Astura, dans une île. Ce village était autrefois une petite ville du

Latium; Cicéron y avait une villa et fut tué près de là. En 1227, Frédéric ruina cette ville et, en 1268, le jeune Conradin, battu à Tagliacozzo, y fut pris.

ASTURIES (LES), ancienne principauté d'Espagne, bornée au N. par l'Océan atlantique, au S. par le royaume de Léon, à l'E. par la Vieille-Castille, à l'O. par le royaume de Galice. Cette contrée compte 350,000 habitants et a pour chef-lieu Oviédo. Elle se divisait autrefois en deux parties: l'Asturie d'Oviédo à l'ouest, et la province de Santillane, limitée par les provinces basques; elle forme aujourd'hui une des treize capitaineries générales que comprend l'Espagne. De nombreuses ramifications des montagnes des Pyrénées s'étendent dans les Asturies; le Pena de Penaranda et la sierra de Penaniarella en sont les plus hauts sommets. Le Nalon, qui reçoit les eaux de plusieurs rivières, est le fleuve principal qui descend des montagnes. Productions: blé, maïs, lin, chanvre, vin, arbres à fruits de toute espèce. Les forêts sont renommées pour leurs bois à construire. Dans le sein de la terre, on trouve de l'or, de l'azur, du vermillon, du fer, du cuivre, de la houille, etc., et, sur les côtes, de l'ambre et du corail. Les bestiaux, les chevaux et les mulets de ce pays sont connus. Les villes principales sont: Oviédo, capitale; Santillane, dans la province du même nom, et Gijon, port de mer, le plus important centre de commerce. Quand les Romains se furent rendus maîtres d'une grande partie de l'Espagne, ils partagèrent cette province en Transmontane au N., et en Augustane, au S.; ils y comptaient plusieurs villes: Asturica Augusta, depuis Astorga; Legio Septimo Gemina, Léon, Lucus Asturum, Fluvionavia Pœnicorum, Aviles, Pelontium Lingonum, Ablons, etc. C'est de là que sortit la monarchie espagnole chrétienne; les Goths réfugiés dans les montagnes se précipitèrent, sous la conduite de Pélage, sur les Maures, qu'ils battirent à Cavadonga (718) et sur les bords de la Deva (719). Le fils aîné du roi d'Espagne prend le titre de prince des Asturies depuis l'an 1388. Les Asturiens, descendants des anciens Goths, sont sobres et moins paresseux que les autres peuples de l'Espagne.

ASTYAGE, dernier roi des Mèdes, fils de Cyaxare. Il régna de 595 à 560 av. J.-C. Sa fille Mandane épousa Cambyse, dont elle eut Cyrus. Ce dernier, selon Hérodote, détrôna Astyage. Cyrus hérita de la Médie après la mort de Cyaxare II, fils et successeur d'Astyage.

ASTYANAX, fils d'Hector et d'Andromaque. Il fut précipité du haut des murs de Troie par Ulysse, qui, averti par l'oracle, craignait en lui le futur vengeur d'Ilion. Une autre version rapporte que sa mère le sauva en l'emmenant avec elle à la cour de Pyrrhus, roi d'Épire.

ASTYNOMES, nom donné à ceux des magistrats d'Athènes qui avaient soin des édifices publics et de tout ce qui avait rapport à la police.

ASYCHIS, roi d'Egypte. Il vivait, croit-on, vers le XIᵉ siècle av. J.-C. On rapporte que ce fut lui qui ordonna que ceux qui emprunteraient de l'argent donneraient la momie de leur père en gage.

ASYLE ou **ASILE**, nom d'un bois situé sur le mont Capitolin. Il y avait un temple bâti par Romulus, qui servait de lieu de refuge aux suppliants. Ce bois occupait la partie occidentale de l'intermont, aujourd'hui place moderne du Capitole, du côté du grand escalier. Il existait encore sous les derniers empereurs, mais ne servait plus de lieu d'asile.

ASYLE ou **ASILE**. Le droit d'asile est le résultat d'une législation défectueuse qui, ne pouvant défendre le faible contre le fort, essayait de lui donner un refuge. Il existait dès la plus haute antiquité, mais devenait fort souvent illusoire, car celui qui avait demandé protection aux dieux en se réfugiant dans les temples, dans les tombeaux, auprès des statues divines ou des autels, s'il n'était point frappé de mort immédiatement, il mourait d'une manière plus horrible, parce qu'assez souvent on lui interceptait toute nourriture. Admis dans les mœurs du moyen âge, ce droit s'appuya du moins sur un principe moral, en ce sens que la religion exigeait du coupable, non-seulement l'amendement ou le repentir, mais encore le payement de la dette ou du dommage causé; cependant on comprend que ce système dut amener bien des abus, car le criminel, aussi bien que l'innocent, y avait recours, et bien des asiles furent violés quelquefois par la force, le plus souvent par la ruse, surtout dans les cas de crimes. Ce droit d'asile, passé en coutume chez les Visigoths, les Lombards, les Alamans, les Francs, etc., comprenait tout le pourtour des églises, à quarante pas des grandes et à trente des petites; on alla plus loin encore: des anneaux scellés dans les murs des maisons de Dieu, des croix trouvées sur la route, les tombeaux, les demeures des évêques et des chanoines, les ministres du Seigneur, l'hôtel du roi et des princes du sang, des villes, de simples pierres eurent le privilége de sauver un coupable de la mort. Ces abus furent réprimés souvent en France, en Espagne et en Angleterre, malgré les foudres de l'Eglise. Parfois, pourtant, les violateurs furent cruellement punis de mort ou de fortes amendes; mais, à partir de 1416, ce droit tomba peu à peu en désuétude; le parlement exigea la comparution des coupables devant les juges, sauf à les renvoyer ou à les punir ensuite. Plusieurs rois aidèrent à faire disparaître la coutume d'asile, surtout Louis XII, François Iᵉʳ, Louis XIV, Louis XV, et la Révolution, qui décrétait l'égalité devant la loi, lui porta le dernier coup. Les plus célèbres asiles en France furent Notre-Dame de Paris, Saint-Jacques-la-Boucherie, Saint-Martin de Tours, la cour des Miracles, le pardon de Saint-Romain, etc.

ASYLUM, ville des Etats-Unis (Pensylvanie), à 22 kil. de Towanda, et à 132 kil. de Philadelphie.

ATABECK, c'est-à-dire *père du prince*, nom que prirent, chez les Turcs, dans le XIᵉ et le XIIᵉ siècle, plusieurs gouverneurs émirs depuis le déclin de la dynastie des Sedjoucides, jusqu'à la conquête de la Perse par le fameux Houloyou. Ils usurpèrent le pouvoir suprême, mais n'osèrent prendre le titre de sultan. Parmi les plus fameux il faut citer Omud'Eddin-Zenghi, appelé Sanguin par les croisés. L'an 1144, il prit la ville d'Edesse, et son fils Noureddin fit la conquête de l'Egypte, en 1171, et eut pour général Saladin. Le dernier des Atabeks fut Rokneddin, mort en 1339.

ATACAMA, ville de Bolivie, ch.-l. d'une contrée du même nom.

ATACAMA, contrée de la Bolivie (Haut-Pérou), bornée par l'Océan pacifique et la chaîne des Andes; par le fleuve Lao au N., et par celui de Salado au S. Cette contrée n'est qu'un vaste désert de sables mouvants, et l'on ne rencontre quelques terrains fertiles que dans le nord. Les villes principales sont Cobija, seul port de mer de la république, et San Francisco d'Atacama.

ATACINI, peuple de la Gaule (Narbonnaise Iʳᵉ), entre les Volces Tectosages et les Volces Arécomiques, ainsi nommés de l'Atax (Aude), qui baignait leur pays. Ils étaient compris dans la province romaine et habitaient le pays qui forme aujourd'hui la plus grande partie des départements de l'Aude et de l'Hérault). Ils avaient pour capitale *Atacinus Vicus* (Aussières), village situé à 12 kil. de Narbonne. Patrie de Terentius Varron.

ATAHUALPA, dernier roi indigène du Pérou, de la race des Incas. Il était en guerre avec son frère lorsque Pizarre et d'Almagro arrivèrent dans son royaume. Les deux frères avaient envoyé, chacun de leur côté, des députés aux Espagnols afin de demander leur secours. Mais avant que Pizarre eût pu se prononcer, Atahualpa avait vaincu son frère et l'avait fait mettre à mort. L'audacieux Espagnol résolut de s'emparer de la personne de l'Inca, et lorsque celui-ci, comptant sur un allié, se présenta sans défiance, il le fit arrêter tandis que ses soldats massacraient les Péruviens qui accompagnaient le roi. Atahualpa fut mis en jugement par cette horde de brigands et condamné au feu. Pizarre le fit étrangler par grâce, après l'avoir fait baptiser.

ATAIDE (Louis D'), comte d'Attouguia, vice-roi portugais des Indes, de 1568 à 1572. Il eut à repousser les Indiens confédérés qui l'attaquèrent de toutes parts et l'assiégèrent même dans Goa. Cerné de tous côtés, il se défendit avec un courage étonnant, et remporta sur ces armées formidables plusieurs victoires signalées. Il mourut à Goa en 1581.

ATALANTE, fille de Jasus et de Clymène. Chasseresse célèbre, qui tua à coups de flèches les centaures Rhœcus et Hylœus; prit part à l'expédition des Argonautes, ainsi qu'à la chasse du sanglier Calydon, auquel elle porta le premier coup.

ATALANTE, fille de Schœnœ, roi de Scyros. D'une grande beauté, elle défiait à la course ses prétendants, et les tuait lorsqu'ils étaient vaincus. Hippomène, fils de Mégarée, ayant reçu des pommes d'or de Vénus, les laissa tomber une à une devant Atalante, qui, se baissant pour les ramasser, perdit un temps précieux et fut vaincue.

ATALANTI, ville de la Grèce, située sur le canal de ce nom, et qui la sépare de l'île de Négrepont, à 100 kil. d'Athènes. Pop. 6,000 hab. Siége d'un évêché.

ATAULPHE, roi des Visigoths et beau-frère d'Alaric, auquel il succéda en 411. Il avait contribué par son courage à la prise de Rome, d'où il emmena en captivité Galla Placidie, fille du célèbre Théodose et sœur d'Honorius. Cette princesse qu'il aima avec passion, prit sur lui un ascendant qui lui fit donner une direction nouvelle à ses idées; mais Honorius, malgré des secours que lui avait donnés Ataulphe contre l'empereur Constantin, refusa son consentement à l'union de sa sœur avec un roi barbare. Celui-ci s'allia avec Jovinien contre les Romains, qui, effrayés, consentirent à des accommodements et donnèrent l'Aquitaine au roi des Visigoths. Pour vaincre la résistance d'Honorius, Ataulphe combattit dans les Gaules les ennemis de ce dernier et lui envoya même la tête de Jovinien. Malgré ces exploits, il fut encore repoussé dans sa demande; il épousa alors Placidie, et, pour se venger, ravagea la Provence et s'empara de Narbonne; mais il échoua devant la résistance des Marseillais. Cédant bientôt aux prières de sa femme, il rendit Narbonne à Honorius et porta ses armes en Espagne contre les Suèves, les Alains et les Vandales, dont il eût sans doute refoulé les invasions, s'il ne fût tombé à Barcelone (415) sous les coups d'un assassin; Singeric, un de ses officiers, s'empara de la couronne, et, malgré les dernières paroles d'Ataulphe mourant, qui demandait que Placidie fût renvoyée avec honneur à la cour de son frère, força cette reine à suivre à pied son char de triomphe.

ATCHAFALAYA, bras occidental du Missisipi (Amérique du Nord), dans la Louisiane. Il a 310 kil. de parcours.

ATÉ, divinité malfaisante, fille de Jupiter. D'après l'*Iliade*, elle fut chassée du ciel par son père et, exilée sur la terre, elle sema tous les maux sur son passage. Derrière elle marchaient, en boitant, les *Prières* qui essayaient de consoler ceux que cette déesse avait affligés. Até était adorée chez les Grecs.

ATELES. Nom donné dans l'ancienne Athènes aux citoyens exempts de la plupart des impositions; cette exemption était une distinction donnée à ceux qui s'étaient distingués d'une manière quelconque, mais ils devaient néanmoins contribuer aux frais de guerre.

ATELLA, ville de l'Italie ancienne, dans le pays des Osques. Elle était située à 15 kil. environ de Capoue. Elle a donné son nom aux drames osques, dits *Atellanes.*

ATELLANES, ou JEUX OSQUES. Elles tiraient leur nom d'Atella, ville de la Campanie, et représentaient généralement des farces, où les mœurs des campagnes étaient tournées en ridicule. Revêtus d'un étrange costume, les acteurs de ces espèces de comédies débitaient de grosses facéties où l'esprit se mêlait trop souvent à la grossièreté. Plus tard ces pièces, perdant un peu de leurs rudes allures, furent jouées sur les théâtres de Rome, après la comédie et la tragédie, par les jeunes gens appartenant aux familles les plus aristocratiques. Abandonnées pendant les guerres civiles, elles reparurent avec Memmius, mais parfois coûterent cher à leurs auteurs, qui, voulant critiquer les puissants du jour, payèrent de leur vie leurs plaisanteries trouvées mauvaises. Lors des fouilles faites à Herculanum, on retrouva plusieurs peintures représentant un *civis atellanus*, ou acteur de ces sortes de pièces.

ATÉNOLPHE, duc de Bénévent. Après avoir usurpé la principauté de Capoue, il conquit, en 900, le duché de Bénévent sur Rodolgise, qu'il chassa de ses Etats. A sa mort (910), ses deux fils, Aténolphe II et Landolphe, lui succédèrent conjointement et reconnurent la suzeraineté de l'empereur d'Orient. Aténolphe II mourut en 940.

ATERGATA ou ATERGATIS, célèbre déesse des Ascalonites; elle avait la tête d'une femme et le reste du corps d'un poisson. C'est Dagon dont parle l'Ecriture.

ATERNO ou PESCARA, rivière de l'ancien royaume de Naples; elle prend sa source dans l'Abruzze ultérieure 2ᵉ, et, après un parcours de 140 kil., se jette dans l'Adriatique. Cette rivière formait la limite de l'empire de Charlemagne.

ATESSA, ville de l'ancien royaume de Naples (Abruzze citérieure), à 18 kil. de Vasto. Pop. 7,500 hab. Patrie du poète Cardone.

ATH, ville du Hainaut (Belgique), à 30 kil. de Mons. Pop. 7,800 hab. Elle possède de nombreuses manufactures, un arsenal. Son commerce consiste en toiles, dentelles, gants, épingles, bière, sel raffiné. Ath fut prise en 1667, par Louis XIV; en 1697, par Vauban, qui s'y servit pour la première fois de parallèles régulières, ainsi que du tir à ricochet. Louis XV la reprit en 1745 et la démantela. En 1853, cette ville fut démantelée de nouveau par suite des conventions intervenues entre les puissances après les événements de 1830.

ATHALARIC, roi des Ostrogoths, en Italie, petit-fils de Théodoric. Il régna de 526 à 534 ap. J.-C. Sa mère Amalasonte gouverna sous son nom pendant sa minorité.

ATHALIE, reine de Juda, fille d'Achab, roi d'Israël, et épouse de Joram, roi de Juda, dont elle eut un fils, Ochosias, se rendit célèbre par son impiété, son ambition et ses crimes. A la mort de son mari et de son fils, qui tomba sous les coups de Jéhu, elle s'empara du trône en faisant massacrer quarante-deux princes de la famille royale; mais l'un d'eux, Joas, sauvé de l'extermination par Jocobed, et élevé secrètement dans le temple par le grand prêtre, fut proclamé roi devant les prêtres et les lévites. Accourue au bruit des acclamations de la foule, Athalie ne pénétra dans le temple que pour assister au triomphe de Joas, autour duquel tout le peuple de Juda, las de meurtres et du culte de Baal, s'était rangé avec enthousiasme. Des soldats la traînèrent devant la porte de son palais et la tuèrent, sans qu'un bras s'élevât pour la défendre. Elle avait régné six ans (877 av. J.-C.) Racine a éternisé le souvenir de ce sanglant épisode de l'histoire juive dans une de ses plus belles tragédies.

ATHAMAS, fils d'Eole, roi de Thessalie. Il répudia Néphélé, dont il avait eu Phryxus et Hellé, pour épouser Ino, fille de Cadmus. Junon, irritée contre lui parce qu'il avait élevé Bacchus, fit manquer la récolte. Puis elle corrompit ceux qui étaient allés consulter l'oracle à ce sujet: ils rapportèrent au roi que le fléau ne cesserait qu'à la mort de Phryxus et d'Hellé; mais leur mère les sauva sur le bélier à la toison d'or. Junon jeta alors Athamas dans un tel accès de frénésie qu'il tua Léarque, son fils, et poursuivit Ino qui, pour se dérober à sa fureur, se précipita avec Mélicerte dans la Mégaride.

ATHANAGILDE, 14ᵉ roi des Visigoths, régna de 554 à 567 à Tolède, dont il fit la capitale de ses Etats. Il maria sa première fille Galswinthe, à Chilpéric, roi de Soissons (567), et Brunehaut, la deuxième, à Sigebert, roi d'Austrasie.

ATHANASE (saint), célèbre docteur et père de l'Eglise grecque, né à Alexandrie vers l'an 296; se distingua au concile de Nicée par une réfutation de la doctrine des ariens. Il succéda comme patriarche d'Alexandrie à son ami saint Alexandre. Les ariens se liguèrent contre lui avec la secte des Méléciens et l'accusèrent de plusieurs actes de cruauté et de sacrilège. Fatigué d'avoir à examiner toutes ces calomnies, l'empereur Constantin renvoya saint Athanase devant les conciles de Tyr et de Jérusalem. Les évêques qui composaient ces conciles, exaspérés par ses réponses victorieuses, tentèrent de lui arracher la vie et le déposèrent de ses fonctions sacerdotales; il fut exilé plusieurs fois par les empereurs Constantin, Constance, Julien, Jovien, par suite des accusations de sédition que portèrent les ariens contre lui. Retiré dans les déserts de la Thébaïde, où il avait été obligé de se réfugier pour sauver sa tête, mise à prix, il écrivit là ces pages éloquentes qui sont la gloire de l'Eglise. Enfin, après avoir passé vingt ans en exil, il fut rappelé par l'empereur Valens, qui craignait le soulèvement des Alexandrins en faveur de leur prélat, et reprit jusqu'à sa mort, arrivée en 373, l'exercice de ses fonctions de patriarche.

ATHAPESCOW ou ATHABASCO, lac de l'Amérique septentrionale, de 250 kil. de long sur 20 de large. Il reçoit la rivière de ce nom, qui sort des Montagnes rocheuses.

ATHÉISME. Système de ceux qui nient l'existence de Dieu.

ATHELSTAN, 8ᵉ roi des Anglo-Saxons, qui régna de 925 à 941 et se distingua par son courage et ses vertus. Il vainquit les Danois en 938, à Brunambur (Chester), ainsi que Constantin, roi d'Ecosse, et les princes de Galles et de Cornouailles.

ATHÉNAGORE, philosophe éclectique, né à Athènes, au IIᵉ siècle ap. J.-C. Il embrassa la religion chrétienne et fonda une école à Alexandrie; il essaya de concilier les dogmes chrétiens avec la philosophie de Platon. Il adressa, en 177, une apologie des chrétiens à l'empereur Marc-Aurèle.

ATHÉNÉE, *Athenæus*, rhéteur et grammairien grec, né à Naucratis en Egypte, dans le IIᵉ siècle de J.-C. On n'a pas de détails sur sa vie, qui se passa sous les règnes de Marc-Aurèle et de ses successeurs jusqu'à Alexandre-Sévère inclusivement. Il a laissé un ouvrage plein d'érudition et de détails curieux sur l'antiquité, les *Deipnosophistes* ou le *Banquet des Savants*, en 15 livres complets, sauf les deux premiers, dont il ne reste qu'un sommaire. Cet ouvrage est précieux par la description détaillée qu'il donne des usages des anciens et les noms des auteurs qu'il cite.

ATHÉNÉE, nom donné à un lieu consacré à Minerve, où se réunissaient les poètes, les philosophes et les orateurs à Athènes.

ATHÉNÉES, fête de Minerve. *Voir* PANATHÉNÉES.

ATHÈNES, d'*Athénè*, nom grec de Minerve, capitale de la Grèce orientale, à 8 kil. de la mer. Pop. 50,000 hab. Athènes fut fondée, dit-on, vers 1643 av. J.-C., par une colonie égyptienne conduite par Cécrops. Elle eut pour rois Cécrops Iᵉʳ, Cranaüs, Amphictyon, Erichthonius, Pandion Iᵉʳ, Erechthée, Cécrops II, Pandion II, Egée, Thésée, Ménesthée, Démophoon, Oxyntès, Aphidas, Thymète, Melanthe, Codrus, qui mourut l'an 1132 av. J.-C. Des archontes perpétuels succédèrent aux rois dans le gouvernement, de 1132 à 754, puis des archontes décennaux jusqu'en 684, enfin des archontes annuels, et le gouvernement tyrannique ou des Pisistratides, de 560 à 510. Elle eut pour législateurs Dracon (624) et Solon (594), et, après 510, elle reçut de Clisthènes une organisation plus démocratique qui dura jusqu'à la réduction de la Grèce en province romaine (146 av. J.-C.). Brûlée par Xerxès (480), elle se releva de ses ruines et prit une grande part au triomphe de la Grèce. A la suite de la guerre du Péloponèse (404), Athènes fut prise par les Lacédémoniens, et depuis lors elle fit de vains efforts pour se relever; enfin elle fut assujettie à la Macédoine (338). En 146 elle fut soumise aux Romains, et, en 87, prise et ruinée par Sylla. Les grands hommes qu'Athènes donna à la Grèce furent: Miltiade, Aristide, Thémistocle, Cimon, Périclès, Sophocle, Euripide, Phidias, Eschyle, etc. On vit s'élever les monuments dont les ruines donnent une idée de la grandeur de cette nation : le Parthénon, les Propylées, le temple de Thésée, le Pœcile, l'Odéon, le temple de Jupiter, de la Victoire, etc., le théâtre de Bacchus, d'Hérode Atticus, etc. Jusqu'en 1205 après J.-C. l'histoire d'Athènes disparaît dans celle des empires romain et grec. Elle devint la capitale d'un duché de la principauté d'Achaïe et qui appartint successivement à Othon de la Roche et à Gauthier de Brienne. Les Catalans s'en emparèrent en 1312, et ces derniers se soumirent à Frédéric II, roi de Sicile, en 1326. Vers 1370, Athènes tomba au pouvoir des Acciajuoli, famille plébéienne de Florence, et, en 1456, Mahomet II l'enleva à François Acciajuoli. Depuis cette époque jusqu'en 1827, Athènes fut soumise aux Turcs. Redevenue capitale de la Grèce, en 1827, Athènes se relève de ses ruines; toutes les nations visitent ses monuments, ses écoles s'ouvrent de nouveau. La France y a fondé une école dite d'*Athènes*.

ATHÉNION, esclave qui se mit à la tête des esclaves révoltés de Sicile; pendant quatre années il fit la guerre contre les Romains, qu'il battit plusieurs fois. Il fut tué par le consul Aquilius (101 ans av. J.-C.).

ATHÉNODORE, lieutenant d'Alexandre et gouverneur de la Bactriane. Athénodore profita de l'absence d'Alexandre, qui était dans l'Inde, pour se faire proclamer roi; mais il fut tué par un Grec.

ATHÉNODORE DE TARSE, fils de Sandon, né à Cana, près de Tarse en Cilicie; philosophe stoïcien et précepteur d'Octave, il n'usa de son crédit sur ce prince que pour lui enseigner la clémence et la modération. Il lui conseilla de compter les lettres de l'alphabet avant de céder à l'entraînement de la colère. Retiré à Tarse, il y établit de bonnes lois, qui assurèrent la paix de cette ville, et mourut âgé de 82 ans.

ATHÉNODORE DE TARSE, dit *Cordylion*, philosophe stoïcien, conservateur de la bibliothèque de Pergame. Il fut l'ami de Caton.

ATHÉNODORE DE SOLES, stoïcien, disciple de Zénon. Il rejetait le paradoxe stoïcien de l'égalité des fautes.

ATHÉNODORE DE CLITORE, statuaire célèbre, né à Clitore, en Arcadie. Il fut l'élève de Polyclète.

ATHÉNODORE DE RHODES, statuaire du temps de Vespasien. De concert avec Agésandre et Polydore, il fit le Laocoon, d'après un modèle antique.

ATHERSTONE, ville d'Angleterre (Warwick), à 38 kil. de Warwick. Pop. 3,900 hab. Cette ville est située sur le canal de Coventry.

ATHERTON ou CHOWBENT, ville d'Angleterre (Lancastre), à 18 kil. de Manchester. Pop. 4,250 hab.

ATHINÉES. Fête en l'honneur de Minerve. Cette fête se célébrait chez les Libyens, sur les bords du lac Triton; c'est sur les bords de ce lac que Persée parvint, avec l'aide de Minerve, à vaincre la Méduse; la déesse porta, dans la suite, la tête de cette gorgone sur son égide.

ATHIS, ch.-l. de cant. de l'arrond. de Domfront (Orne), à 29 kil. de cette ville. Pop. 3,850 hab. Draps et lainages.

ATHLÈTES. Les athlètes étaient des hommes qui, généralement, faisaient profession de combattre aux jeux nationaux de la Grèce, soit à la course, armés ou nus, à la lutte, au pugilat, soit au pentathle ou au pancrace. Avant d'entrer dans la lice, l'athlète devait prouver qu'il était Grec de naissance, de famille respectable et qu'il avait suivi pendant dix mois les exercices des palestres, présidés par un gymnasiarque. Soumis à un régime sévère, les athlètes mangeaient rarement de la viande et ne se nourrissaient, pour conserver leur agilité, que de fromage mou, de figues sèches ou de froment. Plus tard ils vécurent de viandes rôties et, si nous en croyons Diogène le Cynique, ne dédaignèrent ni le porc, ni le bœuf, ni le vin. Lorsqu'ils entraient dans l'arène, un héraut s'informait si l'on n'avait rien à reprocher aux combattants, que l'on réunissait ensuite par couple et auxquels on recommandait la loyauté dans la lutte. La récompense du vainqueur était, dans le principe, des bœufs, des esclaves, des armes, des coupes, de l'argent; plus tard on donna des couronnes qui variaient selon la nature des fêtes. C'était un grand triomphe, non-seulement pour le vainqueur, mais encore pour sa famille, ainsi que pour ses concitoyens, qui lui ouvraient une brèche aux murs de la ville, et il faisait son entrée sur un char traîné par quatre chevaux blancs qui le conduisaient au temple au milieu des applaudissements de ses compatriotes. La cérémonie se terminait ordinairement par des festins. Le triomphateur était exempté de l'impôt, nourri aux frais de la patrie. A Sparte, il combattait aux côtés du roi; à Athènes, il recevait 500 drachmes, et 100 drachmes aux jeux inférieurs. Mais les honneurs et les récompenses ne s'arrêtaient pas là, les poëtes chantaient les exploits des athlètes victorieux, parfois les sculpteurs leur élevaient des statues; on gravait leurs noms sur des médailles, et le peuple leur décernait les honneurs divins. Nous savons que c'était une profession chez les Grecs, cependant quelques hommes célèbres combattirent quelquefois, non pour les récompenses, mais pour la gloire; nous citerons entre autres le Crotoniate Phaylus, qui dirigeait un vaisseau à Salamine, Doricus de Rhodes, qui s'opposa aux envahissements d'Athènes.

ATHLÈTES, à Rome. Trop fiers pour se donner en spectacle, les Romains ne consentirent jamais à descendre dans l'arène pour y disputer le prix de la force et de l'agilité. Les premiers athlètes qui parurent à Rome furent appelés par Ancus Marcus du fond de l'Etrurie. Plus tard, protégés par les empereurs, ils formèrent une corporation et eurent un lieu de réunion pour y discuter leurs intérêts. On les appelait *herculanei* ou *xystici*, et leur président prenait le titre de *xysturchus*.

ATHLONE, ville d'Irlande, au N. du comté de Roscommon, à 35 kil. de Mullingar. Pop. 11,000 hab. Cette ville est défendue par des fortifications qui datent du XIIe siècle, et qui ont été renouvelées et augmentées au commencement du XIXe siècle. Elle possède un arsenal et des sources ferrugineuses très-renommées. Elle fut prise en 1691 par les Orangistes.

ATHOR. Divinité égyptienne représentée avec une tête de vache et portant entre ses cornes le disque du soleil. Elle était femme ou sœur de Fta (dieu du feu et de la lumière). Elle avait un temple dans l'île de Philæ et dans l'île de Béréb, et on lui consacrait une vache.

ATHOS (mont) ou MONTE SANTO, c'est-à-dire *Montagne sainte*, montagne de la Turquie d'Europe entre le golfe de Monte Santo et celui d'Orphano. Elle a 115 kil. de circonférence et 2,066 m. d'élévation, est couverte de forêts, de vignobles, de bosquets d'orangers, de noisetiers, de figuiers. Il y a sur cette montagne 19 couvents qui comptent près de 6,000 moines grecs de l'ordre de Saint-Basile. La plupart de ces couvents possèdent des bibliothèques très-riches en livres et en manuscrits.

ATHY, ville d'Irlande, cap. du comté de Kildare, dans le Leinster, à 55 kil. de Dublin. Pop. 9,400 hab. Cette ville fut pillée, en 1308, par les Irlandais; brûlée, en 1315, par Bruce. Athy fait un grand commerce de blé avec Dublin et Waterford.

ATINA, ville de l'ancien royaume de Naples (Terre de Labour), à 17 kil. de Sora. Pop. 7,200 hab.

ATKYNS (Robert). Célèbre jurisconsulte anglais. Né en 1621, il obtint de grands succès dans le barreau, en se tenant soigneusement à l'écart de la politique. Il se distingua surtout dans la défense de lord John Russel, accusé de haute trahison: il fit tous ses efforts, mais sans succès, pour sauver cet homme d'Etat qu'on était décidé à perdre. Après la révolution qui amena Guillaume III sur le trône, il fut nommé, en 1689, premier baron de l'Echiquier. Il mourut en 1709.

ATLANTES. Terme d'architecture par lequel on désigne les figures ou demi-figures d'hommes servant de colonnes pour soutenir un entablement.

ATLANTIDE (île). Cette île, située, selon les géographes anciens, non loin du détroit de Gibraltar, fut submergée par les flots.

ATLANTIDES, filles d'Atlas et d'Hespérie; on les nommait aussi Pléiades. Enlevées par Busiris, roi d'Egypte, elles furent délivrées par Hercule. Changées en étoiles, elles formèrent la constellation des Pléiades.

ATLANTIQUE (Océan). On donne ce nom à la portion de l'Océan comprise entre l'Europe et l'Afrique à l'E., et l'Amérique à l'O. Sa longueur s'étend d'un pôle à l'autre, et varie de 3,500 à 7,000 kil. L'Océan atlantique se divise en trois zones: 1° l'Océan atlantique boréal, entre le cercle polaire et le tropique du Cancer; 2° l'Océan atlantique équinoxial, entre les deux tropiques; 3° l'Océan atlantique austral entre le tropique du Capricorne et le cercle polaire austral. Il forme à l'E. les golfes de Guinée, de Gascogne, la Méditerranée, la Manche, la mer d'Irlande, la mer du Nord, la mer Baltique, etc.; à l'O., la mer du Mexique, la mer des Antilles, la mer d'Hudson. Trois grands courants traversent l'Atlantique: 1° le *courant équinoxial*, de l'E. à l'O.; 2° le *courant septentrional* ou *Gulf-Stream* de l'E. à l'O.; 3° le *courant méridional*, de l'O. à l'E. On rencontre quelques îles dans l'Océan atlantique, sur les côtes de l'Europe et de l'Amérique.

ATLAS. L'un des Titans qui fut condamné par Jupiter à porter le ciel sur ses épaules, pour avoir voulu escalader l'Olympe avec les autres Titans.

ATLAS, célèbre chaîne de montagnes d'Afrique, qui s'étend depuis les bords de l'Océan atlantique jusqu'au golfe de la Sidre, traversant l'Etat de Sidi-Hescham, le Maroc, l'Algérie, les Etats de Tunis et de Tripoli. On divise l'Atlas en deux grandes branches, le *Grand* et le *Petit Atlas*. Le premier, le plus voisin du désert, s'étend du cap Noun à la grande Syrte, le second est plus rapproché de la Méditerranée. Les montagnes les plus élevées de l'Atlas sont: le Miltsin, 3,465 m., est situé à 95 kil. du Maroc; le Jurjura, 2,400 m., près d'Alger. Le consul Suétonius Paulinus est le premier Romain qui ait franchi l'Atlas.

ATMOSPHÈRE. Nom de la masse d'air qui enveloppe la terre. En terme de mécanique, on donne le nom d'*atmosphère* à l'unité de force imaginée pour évaluer la pression des machines à vapeur.

ATOSSA, fille de Cyrus, qui épousa successivement son frère Cambyse, le mage Smerdis, et enfin Darius, fils d'Hystaspe, dont elle eut Xerxès et Artabazane.

ATOSSA, fille d'Artaxerce-Mnémon. Elle inspira à son père une passion incestueuse.

ATOUNIS, tribu arabe qui habite entre la vallée de Coseir et l'isthme de Suez. On croit que son nom est une corruption de celui de saint Antoine, donné à une partie des déserts de l'Egypte occidentale.

ATRAMENT, nom de l'encre à écrire des Romains. Elle était faite avec de la suie broyée dans de l'eau contenant de la gomme en dissolution.

ATRATO, rivière de la Nouvelle-Grenade. Elle prend sa source dans les montagnes de Choco, et, après un parcours de 365 kil., elle se jette dans la mer des Antilles, au golfe de Darien. On l'a confondue à tort avec le Darien.

ATREBATES, peuple de la Belgique 2e, entre les *Ambiani*, les *Veromandui*, les *Nervii* et les *Morini*. Ils occupaient une partie du département actuel du Pas-de-Calais. Leur capitale était *Nemetacum*, aujourd'hui Arras.

ATRÉE, roi d'Argos et de Mycènes, fils de Pélops, régna de l'an 1307 à l'an 1280 av. J.-C. Pour se venger de son frère Thyeste, qui avait séduit sa femme Erope, il chassa cette dernière de sa cour, et invitant son frère à un festin, il lui servit la chair des enfants nés de ce commerce adultérin. En outre Atrée arma contre son frère Egiste, fils que celui-ci avait eu avec sa propre fille; mais, avant la consommation de ce crime, la reconnaissance eut lieu, et Atrée succomba sous les coups d'Egiste. On désigne sous le nom d'Atrides les petits-fils de ce roi, Ménélas et Agamemnon. Sophocle et Crébillon ont mis sur la scène l'histoire de Thyeste et d'Atrée.

ATRI, ville de l'ancien royaume de Naples (Abruzze ultérieure 2e), à 30 kil. de Teramo, sur un mont escarpé. Pop. 6,000 hab. Elle doit sa fondation à Denys le Tyran. Atri fut possédé tour à tour par les Goths, les Normands et les rois de Naples. Siége d'un évêché et duché.

ATRIBA, docteur juif célèbre, qui florissait quelque temps après la destruction de Jérusalem, par Titus. A l'instigation de la fille de Kalvah Schuvah, qui lui avait promis de l'épouser s'il faisait des progrès dans les sciences, il se mit à étudier avec ardeur et fit de tels progrès qu'il ne tarda pas à avoir de nombreux disciples. S'étant prononcé pour Barchochebas, il fut pris par

ATT

les troupes d'Adrien et mis à mort par les plus horribles supplices. 24,000 de ses disciples périrent avec lui.

ATRIENSIS, esclave de confiance chez les Romains, qui avait l'argenterie, les tableaux et le mobilier en général sous sa direction.

ATRIUM. Nom qu'on donnait chez les anciens à une espèce de portique couvert qui précédait les temples, les édifices publics et les maisons particulières. Les Romaines plaçaient dans l'atrium les images de leurs ancêtres.

ATROPATÈNE, aujourd'hui l'Aderbidjan, contrée de l'ancien empire perse, dans la Médie septentrionale. Elle reçut son nom d'*Atropatus*, lieutenant d'Alexandre le Grand. Il en fut nommé gouverneur sous Darius Codoman, 340 ans av. J.-C. La capitale était Gazaca, aujourd'hui *Tauris*. Artavasde, le dernier roi de cette contrée, ayant pris parti pour Antoine contre Octave, perdit son armée et fut détrôné par les Parthes.

ATROPOS. Une des Parques, dont la fonction consistait à couper le fil de la vie des hommes. On la représentait sous la figure d'une femme âgée, avec des ciseaux à la main; près d'elle se trouvaient des pelotons de fils de différentes grosseurs.

ATTALE Ier, roi de Pergame, qui régna de 241 à 197 av. J.-C. Il succéda à Eumène, qui n'avait pas osé porter le titre de roi. Il s'agrandit par ses conquêtes sur la Syrie, mais pour se défendre contre les entreprises de Philippe III, roi de Macédoine, et celles d'Antiochus, il embrassa le parti des Romains et resta toujours leur fidèle allié. Il mourut à l'âge de 72 ans, avant la mémorable bataille de Cynocéphale, où Philippe fut défait. Attale fonda la célèbre bibliothèque de Pergame.

ATTALE II, *Philadelphe*, roi de Pergame, fils du précédent, qui régna de 157 à 137 av. J.-C. Il monta sur le trône après la mort de son frère Eumène, qui avait succédé à Attale Ier (159 av. J.-C.) Il ne fut pas moins fidèle à l'alliance romaine. Il repoussa Prusias, qui menaçait ses États, et rétablit Ariarathe, roi de Cappadoce; bâtit plusieurs villes. Il avait abandonné ses affaires à Philopœmen, un de ses favoris, et passait sa vieillesse dans les plaisirs de la table, lorsqu'il fut empoisonné par son neveu Attale Philométor. Il avait 82 ans.

ATTALE III, *Philométor*, roi de Pergame, qui régna de 137 à 133 av. J.-C., neveu du précédent. Les commencements de son règne furent ensanglantés par une série de crimes; il repoussa Nicomède, roi de Bithynie, qui avait tenté de s'emparer de son royaume. Mais, bourrelé de remords, il renonça aux affaires publiques, se couvrit de haillons sordides et laissa croître sa barbe et ses cheveux, fuyant toute espèce de société. Il mourut misérablement et institua le peuple romain héritier de toutes ses richesses, qui étaient considérables.

ATTALE, lieutenant de Philippe, roi de Macédoine. Il était oncle de Cléopâtre, que Philippe épousa après avoir répudié Olympias. Après la mort de Philippe, Alexandre craignant qu'Attale, poussé par les conseils de Démosthène, se révoltât, le fit assassiner par Hécatée.

ATTALE, lieutenant d'Alexandre. Fait prisonnier par Antigonus, il profita de l'absence de celui-ci pour ourdir, dans la forteresse où il était détenu, un complot qui eut pour résultat de lui donner la possession de la citadelle. Attale, ayant attaqué Bessus, fut fait prisonnier, et, à cause de sa ressemblance avec Alexandre, livré à Darius.

ATTALE (Flavius), riche sénateur romain, préfet de Rome sous Honorius. Il naquit en Ionie, et se convertit au christianisme. L'an 409, Alaric le fit élire empereur pour l'opposer à Honorius. Mais Attale, oubliant qu'il devait son élévation au Visigoth, celui-ci lui arracha ses insignes en présence de l'armée et le fit habiller en esclave. Attale, détrôné, suivit humblement son maître, après la mort duquel il passa comme histrion au pouvoir d'Ataulphe, frère d'Alaric, qui le chargea, en 414, de faire les préparatifs de son mariage avec Placidie, fille de Théodose, dont il chanta l'épithalame. Ataulphe, furieux de la résistance qu'il rencontrait chez Honorius, rendit les marques du pouvoir à ce jouet de la fortune. Attale, surpris par Constance, fut livré à Honorius, qui le fit exposer dans une cérémonie triomphale; puis, après lui avoir fait couper les doigts de la main droite, il l'envoya mourir à Lipari.

ATTALIATA ou ATTALIOTA (Michel), jurisconsulte et proconsul du Bas-Empire. Il vivait sous le règne de Michel Ducas VII (1070).

ATTANCOURT, village du cant. de Vassy (Haute-Marne), à 4 kil. de cette ville. Pop. 400 hab. On rencontre aux environs des eaux ferrugineuses très-fréquentées, d'immenses bois et des usines considérables.

ATTENTAT. On nomme ainsi toute atteinte portée aux droits, aux biens ou à la personne d'autrui.

ATTER (lac d'), le plus grand lac de la haute Autriche au S.-O. de Vocklabruck. Sa superficie est de 2,175 hect.

ATTERBURY (François), né, en 1662, à Middleton (comté de Buckingham). Elevé à Oxford, il écrivit une *violente Apologie de Martin Luther* contre les catholiques. En 1692, il devint tour à tour prédicateur à Londres, chapelain du roi Guillaume, puis de la reine Anne (1702), évêque de Rochester (1713). Il fut enfermé dans la tour de Londres, en 1722, pour s'être déclaré pour le prétendant, et condamné par la cour des pairs à l'exil. Il se réfugia à Paris, où il mourut en 1732.

ATTICHY, ancienne *Attipiacum*, ch.-l. de cant. de l'arrond. de Compiègne (Oise), à 18 kil. de cette ville. Pop. 850 hab. Commerce de grains, fabrique de bonneterie. Source d'eau minérale.

ATTICISME. On nomme ainsi la finesse de pensée jointe à un grand à-propos, l'élégance et la convenance des expressions, en un mot, l'art de plaire par la parole, des Athéniens. Ce mot, passé dans la langue, s'applique au style de tout écrivain qui réunit toutes ces qualités.

ATTICUS (Titus Pomponius), chevalier romain, ami intime de Cicéron, naquit à Rome, en 110 av. J.-C. Il se retira à Athènes pour ne point prendre part aux dissensions qui déchiraient Rome, pendant la rivalité de Marius et de Sylla. Il apprit à parler si purement et si correctement la langue grecque, qu'on lui donna le surnom d'*Atticus*. Quand le calme fut rétabli, il revint dans sa patrie où, enrichi par une succession, il sut gagner et conserver l'amitié des hommes les plus éminents et les plus divisés d'opinions politiques, sans jamais blesser aucun d'eux. Il se tint toujours éloigné des emplois publics et se plut à obliger avec la plus grande délicatesse ceux de ses amis frappés par l'infortune. Aussi tous les hommes politiques qui se succédèrent tour à tour au pouvoir lui témoignèrent la plus grande estime. Il administra les affaires des deux Cicéron, de Caton, de Marius, et composa des *Annales* qui sont malheureusement perdues, ainsi que les lettres qu'il écrivit à plusieurs hommes célèbres de son époque. Arrivé à l'âge de 77 ans, il se laissa mourir de faim, 33 ans av. J.-C., afin d'échapper aux tortures d'une maladie aiguë. Cicéron a parlé de lui en termes flatteurs dans plusieurs de ses lettres, et Cornélius Népos a écrit sa vie.

ATTICUS (Tibérius-Claudius-Hérode), célèbre rhéteur grec, né à Marathon, vers l'an 110 après J.-C. Disciple de Scopélianus, de Favorinus, de Secundus et de Polémon, les meilleurs rhéteurs de son époque, il fit de rapides progrès dans ses études et plus tard professa à Athènes avec tant de succès qu'Antonin le chargea de l'éducation de Marc-Aurèle et de Vérus, qu'il avait adoptés. Archonte, puis consul en Asie et en Grèce (143), Atticus renonça aux honneurs afin de satisfaire son goût pour les arts, et se servit de sa fortune pour doter Athènes de magnifiques monuments, parmi lesquels on cite un théâtre et un stade en marbre blanc. Comme orateur, il excellait surtout dans l'improvisation. Il ne nous reste de lui que quelques fragments réunis par Fiorillo et par Gruter.

ATTIGNY, ch.-l. de cant. de l'arrond. de Vouziers (Ardennes), à 15 de kil. cette ville. Pop. 1,450 hab. Clovis II fit bâtir, dans cette ville, en 647, un palais qui servit plusieurs fois de résidence aux Mérovingiens de Neustrie, et dont il ne reste plus que quelques ruines. En 786, Witikind y fut baptisé en présence de Charlemagne; Louis le Débonnaire y fit pénitence publique, en 822. Il s'y tint plusieurs conciles, en 765 et 870. On remarque dans cette ville une belle église qui dépendait du palais mérovingien.

ATTILA, roi des Huns et fils de Mandras, partagea d'abord la royauté avec son frère Bléda, en 434. Il rêva de faire, à la tête des Huns, la conquête de l'univers, et se débarrassa de son frère, après dix ans de règne commun. A la tête de 700,000 combattants, parmi lesquels se trouvaient des Vandales, des Ostrogoths, des Gépides et des Francs accourus sous ses drapeaux, il commença la série de ses exploits, en s'intitulant lui-même le *Fléau de Dieu*, et en ravageant l'Orient et l'Occident. Plusieurs victoires exaltèrent le courage de ses soldats enivrés par le carnage et dont la cupidité était excitée par le butin. Rien ne résista aux armes et à la cupidité du farouche conquérant : la Thrace, la Macédoine, la Grèce vaincues virent leurs cités florissantes détruites par le fer et le feu. Le monde entier, tremblant devant lui et redoutant l'esclavage, lui envoyait des ambassadeurs chargés de trésors et de riches présents. Il marcha ensuite sur les Gaules, où il entra répandant partout la consternation et faisant fuir les peuples effrayés devant lui. Après avoir traversé la Champagne, il vint camper sous les murs d'Orléans à la tête de 500,000 hommes; mais enfin les Goths, les Romains, les Armoricains, les Alains, les Bourguignons et les Francs de Mérovée, honteux des audacieux succès et de l'insolence de ce roi barbare, vinrent au secours de cette ville, soutenue par le courage de son évêque Agnan. Les Huns se retirèrent et attendirent l'ennemi dans les plaines Catalauniques; près de Châlons-sur-Marne, où se livra alors une bataille sanglante. Vaincu, grâce au secours que Thorismond, fils de Théodoric, roi des Goths, apporta aux Romains, Attila, encore redoutable, malgré sa défaite, se retira en Italie où l'appelaient Honoria, sœur de Valentinien III, et le désir de s'emparer des belles provinces italiques (452). Il détruisit Aquilée, incendia Padoue, Vicence, Vérone, Bergame, et déjà il entrait à Rome, privée de défenseurs, quand le pape Léon Ier sauva cette ville, en s'avançant au-devant du barbare, auquel il promit, au nom de l'empereur Valentinien III, de lui accorder la main d'Honoria, dont les droits seraient reconnus. A peine était-il de retour en Pannonie qu'il leva de nouvelles troupes et recommença son invasion en Gaule, mais sans plus de succès que la première fois. Il allait réclamer, en Italie, l'exécution de la promesse faite au nom de Valentinien, quand il s'éprit soudain d'une jeune fille nommée Ildico, qu'il épousa. Mais le jour même de ses noces, Attila se livra à une honteuse débauche et mourut d'une hémorragie, selon les uns, ou fut tué par sa jeune épouse, selon les autres. Le corps du guerrier fut déposé dans un cercueil d'or, entouré de deux autres de fer et d'argent, et enterré pendant la nuit pour tenir secret le lieu de sa sépulture (453). Attila, bien qu'il ait semé au loin la terreur, ne manqua pas toujours de clémence ni de justice; mais, guerrier avant tout, il ne songea pas à consolider ses conquêtes, aussi de son vaste empire ne resta-t-il, après sa mort, que le souvenir de plus de cinq cents villes détruites. A l'époque où surgit ce dévastateur, l'empire romain craquait de toutes parts, et Attila paraissait être l'homme choisi par Dieu pour achever la ruine de cette nation qui, confiante dans sa force, s'était cru éternelle.

ATTINGHAUSEN, petit village de Suisse, situé vis-à-vis d'Altdorf. Pop. 520 hab.

ATTIQUE. On appelait ainsi une des huit contrées de la Grèce centrale, qui avait Athènes pour capitale. Elle était bornée au N. par la Béotie, à l'O., par le golfe Saronique et la Mégaride, au S. par la mer de Myrtos, à l'E. par la Mer Egée et l'Euripe. Elle était divisée en 174 dèmes ou bourgs. Les principales montagnes étaient: le mont Hymette, célèbre par le miel de ses abeilles, le mont Laurium, qui renfermait des mines d'argent, et le mont Pentélique, qui contenait des carrières de marbre. Le climat est chaud et sec, le sol produit peu de grains, mais beaucoup d'oliviers, des figues excellentes. Elle forme aujourd'hui, avec la Béotie, une province du royaume de Grèce.

ATTIQUE. On appelle ainsi, en architecture, un petit ordre qui sert de couronnement à un plus grand.

ATTIRET (le frère Jean-Denis), jésuite et peintre, né à Dôle en 1702. Il étudia d'abord la peinture sous son père. Après un séjour à Rome, il revint à Lyon, où il acquit quelque célébrité et entra chez les jésuites, qui l'envoyèrent en Chine vers 1737, où il devint peintre de l'empereur Kien-Long. Celui-ci n'aimait pas la peinture à l'huile, Attiret se vit donc obligé, pour répondre au goût du souverain, de recommencer de nouvelles études de peinture sous des maîtres chinois. Il acquit un tel talent en ce genre que l'empereur, pour le récompenser, voulut le créer mandarin, mais Attiret refusa ce titre ainsi que les émoluments qui y étaient attachés. Épuisé par ses études et ses travaux continuels, Attiret mourut à Pékin, en 1768, et Kien-Long daigna l'honorer publiquement de ses regrets, après avoir concouru aux frais de ses funérailles. On ne connaît d'Attiret que les tableaux de l'*Adoration des rois*, dont il fit cadeau à l'empereur, et l'*Ange gardien* à la chapelle des Néophytes, à Pékin.

ATTIRET (Claude-François), neveu du précédent, né en 1773, mort en 1804, se distingua dans la sculpture.

ATTOCK ou ATEK, ville de la Confédération des Sikhs (Afghanistan), à 375 kil. de Lahore, ville très-ancienne et qui est aujourd'hui complétement déchue; elle était située sur le Sindh (Sindus) qui a, dans cet endroit, 260 m. de largeur.

ATTORNEY. Le barreau anglais se compose de deux sortes d'avocats : les attorneys, qui seuls ont le droit de recevoir les communications et les observations des clients, et les barristers, qui plaident devant le tribunal, d'après les communications écrites et déposées devant eux. Les premiers remplissent donc des fonctions analogues à celles des avoués en France. L'attorney général, choisi parmi les barristers, est seul admis à représenter la reine ; il remet à la cour de l'Échiquier les projets de lois ou bills, et, en matière civile, il agit au nom de la couronne dans ses attaques et dans ses poursuites.

ATTRIBUTS. On nomme ainsi les signes ou symboles dont les anciens se servaient pour caractériser les dieux et les héros. C'est par ces attributs qu'ils indiquaient la destination de leurs édifices publics et de leurs temples.

ATVIDABERG, village de Suède, à 30 kil. de Linkœping. Il est remarquable par ses importantes mines, de cuivre dont l'exploitation remonte au XVe siècle.

ATWELL (Hugues), acteur anglais, mort en 1621, contemporain de Shakespeare.

ATWOOD (George) physicien anglais, né vers 1745. Professeur de l'université de Cambridge, il attirait par ses leçons un grand nombre d'auditeurs. Il est l'auteur de l'ingénieuse machine qui porte son nom et dont on se sert pour rendre sensible aux yeux les lois de la chute des corps. Il mourut en 1807.

ATWOOD (Thomas), compositeur anglais, né en 1767. Il était fils d'un charbonnier. Il avait un goût très-prononcé pour la musique, et le prince de Galles l'ayant entendu chanter dans la chapelle royale, l'envoya étudier à Naples. A son retour, il fut nommé organiste de Saint-Paul. On a de lui un grand nombre de morceaux de musique religieuse.

ATYS, roi de Lydie, qui vivait vers le XVIe siècle av. J.-C. Il fut le chef de la dynastie des Atyades, qui régna de 1579 à 1292, et qui fut remplacée par celle des Héraclides.

AUBAGNE, ch.-l. de cant. de l'arrond. de Marseille (Bouches-du-Rhône), à 17 kil. de cette ville. Pop. 6,000 hab. Son commerce consiste en vins blancs et rouges.

AUBAINE. On appelait droit d'aubaine, celui en vertu duquel le roi héritait des étrangers morts en France; soit même des étrangers naturalisés, lorsqu'ils n'avaient pas disposé de leurs biens par testament.

AUBAN (Saint-), ch.-l. de cant. de l'arr. de Grasse (Alpes-Maritimes), à 50 kil. de cette ville. Pop. 2,200 hab. On remarque aux environs la *Clue de Montauban*, passage effrayant situé entre deux montagnes.

AUBE, rivière de France qui prend sa source près de Praslay (Haute-Marne), devient navigable à Arcis, et après un par-

Arioviste forcé de repasser le Rhin.

cours de 202 kil., se jette dans la Seine à Conflans, près de Marcilly (Marne).

AUBE (départ. de l'), situé au N.-E. de la France, dans le bassin de la Seine, borné au N. par les départements de la Marne, de la Haute-Marne, à l'E.; de la Côte-d'Or et de l'Yonne, au S.; de Seine-et-Marne, à l'O. Il est divisé en 5 arrondissements, dont les ch.-l. sont : Troyes, préfecture; Arcis-sur-Aube, Bar-sur-Aube, Bar-sur-Seine, Nogent-sur-Seine, sous-préfectures, et compte 26 cant. et 444 comm. Il est formé de la Champagne et d'une petite partie de la Bourgogne. Sa superficie est de 609,000 hect. Pop. 261,700 hab. Il est arrosé par la Seine et l'Aube. Son sol est plat, excepté au N. et à l'O., presque stérile au N., où il ne se compose que de craie; très-fertile au S. Il produit des céréales; vins ordinaires et fins dits *de Champagne*; miel. On y fait un grand commerce de bétail, moutons, volailles; pierres de taille, grès à paver, marbre. Industrie : tissus divers, draps communs, tricots, papeteries, chamoiseries, cordes à boyau; filatures de soies ouvrées et grèges. Ce département fait partie de la 1re division militaire et relève de la cour impériale de Paris.

AUBENAS, ch.-l. de cant. de l'arrond. de Privas (Ardèche), à 29 kil. de cette ville. Pop. 7,400 hab. Elle est située sur une colline dont le pied est baigné par l'Ardèche. Elève des vers à soie, récolte de fruits, marrons, truffes. Son commerce consiste en soies ouvrées et grèges.

AUBENTON, ch.-l. de cant. de l'arrond. de Vervins (Aisne), à 25 kil. de cette ville. Pop. 880 hab. Cette ville est située sur le Thun, près de son confluent avec l'Aube.

AUBERIVE, ch.-l. de cant. de l'arrond. de Langres (Haute-Marne), à 25 kil. de cette ville. Pop. 330 hab. On y remarque plusieurs hauts-fourneaux.

AUBERT DU BAYET (Jean-Baptiste-Annibal), général français, né à la Louisiane le 19 août 1759. Après avoir fait la guerre en Amérique sous les ordres de Rochambeau et de Lafayette, il vint en France à l'époque de la révolution. Nommé député à l'Assemblée législative, il en devint le président. Après la dissolution de cette assemblée, il reprit les armes, contribua au succès de Valmy et à la défense de Mayence contre les troupes alliées, en 1793. Après la prise de Mayence, il fut mis en accusation, mais il vint se justifier à la Convention et y réussit si bien que le président lui donna l'accolade fraternelle. Envoyé en Vendée, il fut d'abord battu à Clisson; mais il répara glorieusement cet échec et fut nommé commandant des troupes stationnant sur les côtes de Cherbourg; il devint ministre de la guerre et, enfin, ambassadeur à Constantinople, où il mourut le 17 décembre 1797.

AUBERT (l'abbé Jean-Louis), fabuliste et critique, né à Paris en 1731, mort en 1814. Il acquit une grande réputation, dès l'âge de vingt-cinq ans, par la publication d'un recueil de fables, dont trois : le *Merle*, le *Patriarche* et les *Fourmis*, lui valurent cette courte et juste appréciation de Voltaire : « C'est du sublime écrit avec de la naïveté. » Aubert se distingua aussi par une critique sensée, vive, pleine d'érudition et de goût aux *Petites Affiches*, dont il fut un des principaux rédacteurs, au *Journal des Beaux-Arts* et enfin à la *Gazette de France*. Pendant onze ans, Aubert occupa, au collége de France, une chaire de littérature française, qu'on avait créée exprès pour lui, et devint ensuite censeur royal.

AUBERVILLIERS ou NOTRE-DAME-DES-VERTUS, village du départ. de la Seine, arrond. de Saint-Denis, à 8 kil. de Paris. Pop. 3,100 hab. On y allait autrefois en pèlerinage à la chapelle de Notre-Dame des Vertus. On y voit un fort construit en 1842, et se rattachant au système des fortifications de Paris.

AUBESPINE (Claude DE L'), baron de Châteauneuf, homme d'Etat français, d'une famille noble de Bourgogne. Il fut chargé de plusieurs négociations sous François Ier, Henri II, François II et Charles IX; il se fit remarquer par son habileté diplomatique au traité de Cateau-Cambrésis, auquel il prit part comme plénipotentiaire de la France, aux états de Paris (1559), à l'assemblée de Fontainebleau, dans un édit de tolérance en faveur des réformés (1560), et à la reddition de Bourges (1562). Ce diplomate habile mourut investi de toute la confiance de Catherine de Médicis, en 1567.

AUBESPINE (Charles de l'), marquis de Châteauneuf, né à Paris en 1580. Il embrassa l'état ecclésiastique et obtint, sous Louis XIII, les ambassades de Bruxelles et de Hollande, ainsi que le titre de garde des sceaux. Quoique vendu à Richelieu, il n'en fut pas moins privé des sceaux, puis bientôt retenu prisonnier par ce cardinal. A la mort de Louis XIII, la régente Anne d'Autriche lui rendit la liberté et ses dignités pour l'exiler ensuite. Cette disgrâce le fit se jeter dans le parti de la Fronde, mais, d'un caractère irrésolu et perdant sa dignité dans des intrigues, il rentra en grâce à la cour pour devenir l'esclave de Mazarin jusqu'à sa mort, arrivée en 1653.

Aspasie entourée de philosophes et de poëtes.

AUBETERRE, ch.-l. de canton de l'arr. de Barbezieux (Charente), à 31 kil. de cette ville. Pop. 750 hab. On y remarque une église taillée dans le roc, ainsi qu'un ancien château.

AUBETTE, petite rivière du départ. de la Seine-Inférieure, qui se jette dans la Seine, à Rouen, après un parcours de 15 kil. On prétend que ses eaux sont excellentes pour la teinture.

AUBIGNAC (François Hédelin, connu surtout sous le nom d'abbé D'), fils de Claude Hedelin, avocat, et de Catherine Paré, fille du médecin Ambroise Paré, né à Paris en 1604. Il quitta le barreau pour embrasser la carrière ecclésiastique, et devint précepteur du duc de Fronsac, neveu de Richelieu. Pour récompense il obtint l'abbaye d'Aubignac, dont il garda le nom, et celle de Mainac. A ses moments de loisirs, Hédelin cultivait la littérature, qu'il n'abandonna pas à la mort de son élève. Quoique d'humeur assez douce, il eut, avec Ménage et Pierre Corneille, de nombreuses querelles littéraires, qui se traduisirent par une guerre d'épigrammes, de bons mots et d'opuscules. A propos des règles aristotéliciennes, que d'Aubignac prétendait avoir suivies dans sa pièce de *Zénobie*, le prince de Condé disait : « Je sais bon gré à l'abbé d'Aubignac d'avoir si bien suivi les règles d'Aristote, mais je ne pardonne pas aux règles d'Aristote d'avoir fait faire une si mauvaise tragédie à l'abbé d'Aubignac. » Retiré à Nemours, d'Aubignac y mourut en 1676; il a laissé des romans, des sermons, des satires, des sonnets, des brochures complètement oubliées aujourd'hui. Il est le premier qui ait avancé qu'Homère n'a jamais existé, mais que les œuvres qui portent son nom sont de diverses époques et de divers auteurs.

AUBIGNÉ (Théodore-Agrippa D'), favori de Henri IV, fils de Jean d'Aubigné, seigneur de Brie, né à Saint-Maurice, près de Paris, en 1550. A la mort de son père, d'Aubigné avait treize ans à peine lorsqu'il prit les armes pour défendre ses coreligionnaires et assista au siège d'Orléans, où il se distingua par son grand sang-froid. Envoyé à Genève pour étudier sous le célèbre Théodore de Bèze, il quitta son maître pour entrer au service du prince de Condé et passa bientôt à celui du jeune roi de Navarre qui lui voua une amitié inaltérable et le fit successivement écuyer, puis aide de camp, gouverneur d'Oloron et de Maillezais, et enfin vice-amiral de Guienne et de Bretagne. D'Aubigné aida puissamment par sa bravoure Henri IV à conquérir son royaume, mais n'en fut point récompensé. On cite de lui un acte de grande loyauté : fait prisonnier par Saint-Luc, il obtint quelques jours de liberté sur parole; mais Catherine de Médicis et le duc d'Épernon, qui avaient juré sa perte, ordonnèrent de le transporter à Bordeaux; d'Aubigné, qui pouvait se dérober à cette vengeance, revint, à cette nouvelle, se reconstituer prisonnier de Saint-Luc. Il refusa de servir les amours du roi, et se retira dans son gouvernement de Maillezais. Dans la solitude, d'Aubigné put reprendre ses travaux littéraires souvent interrompus, et il écrivit une histoire universelle de son temps, depuis 1550 jusqu'en 1601, dont la hardiesse mordante et l'indépendance d'idées lui valurent une condamnation du parlement de Paris; l'auteur, poursuivi en outre par ses ennemis, qui l'accusaient d'avoir fait servir aux bastions de Genève les matériaux d'une vieille église, s'exila dans cette dernière ville, où il se maria à une veuve fort noble et très-riche (1622). Il mourut le 30 avril 1630.

AUBIGNY, ch.-l. de canton de l'arr. de Saint-Pol (Pas-de-Calais), à 20 kil. de cette ville. Pop. 660 hab. On y voit plusieurs fabriques de calicots, des filatures de coton et des verreries.

AUBIGNY (Robert Stewart, seigneur D'), d'une ancienne famille noble d'Angleterre, se distingua sous Charles VIII et sous Louis XII dans les guerres d'Italie; son courage, récompensé par le gouvernement du Milanais en 1501, le poussa encore à prendre part au siège de Gênes, en 1507, après lequel il fut nommé commandant de la garde écossaise, en 1512, puis maréchal de France, en 1514, après les batailles de Marignan et de Pavie, auxquelles il prit part sous les ordres de François Ier, en 1515. D'Aubigny mourut, laissant le souvenir d'une vie remplie d'honneurs et d'actes de bravoure, en 1544.

AUBIGNYVILLE, ch.-l. de cant. de l'arrond. de Sancerre (Cher), à 38 kil. de cette ville. Pop. 2,600 hab. Ville autrefois fortifiée.

AUBIN, ch.-l. de cant. de l'arr. de Villefranche (Aveyron), à 33 kil. de cette ville. Pop. 3,050 hab. On y remarque plusieurs hauts-fourneaux, et, tout près de là, la belle usine de Decazeville.

AUBIN (Saint-), ville d'Angleterre, dans l'île de Jersey. Pop. 2,000 hab. Commerce florissant. Cette ville possède un port sur la baie de son nom et une importante forteresse.

AUBIN D'AUBIGNÉ (Saint-), ch.-l. de cant. de l'arr. de Rennes (Ille-et-Vilaine), à 18 kil. de cette ville. Pop 330 hab.

AUBIN DU CORMIER (Saint-), ch.-l. de cant. de l'arrond. de Fougères (Ille-et-Vilaine), à 19 kil. de cette ville. Pop. 1,160 hab. Cette ville est située sur une montagne, près de la forêt de son nom. En 1488, la Trémouille y battit le duc d'Orléans (depuis Louis XII).

AUBLET (Jean Baptiste-Christophe), botaniste et pharmacien français, né en 1720, à Salon, en Provence. Il se fit remarquer de bonne heure par son amour pour l'étude des plantes. Il visita les colonies espagnoles de l'Amérique, où il s'établit pharmacien. Envoyé, à son retour en France, à l'Ile-de-France pour y fonder une pharmacie et un jardin botanique (1752), il quitta ce pays au bout de neuf ans et visita la Guyane où il réunit un magnifique herbier, et l'île Saint-Domingue. De retour à Paris, d'après les conseils de Bernard de Jussieu, il fit paraître son ouvrage sur les plantes de la Guyane. Aublet est mort à Paris, en 1778.

AUBONNE, ville de Suisse (Vaud), à 18 kil. de Lausanne. Pop. 1,800 hab. On y remarque l'ancien château de l'amiral Duquesne, ainsi que son tombeau. Vignobles renommés.

AUBRAC. Mont qui se détache de la Lozère et situé dans l'Aveyron. Il y avait autrefois un hospice fondé par Adalard, vicomte de Flandre, et destiné à servir de refuge aux pèlerins.

AUBRAC, village du départ. de l'Aveyron, à 20 kil. d'Espalion. Pop. 250 hab. Il est situé au milieu des montagnes et on y remarque les ruines de la célèbre abbaye de l'ordre hospitalier d'Aubrac.

AUBRIET (Claude), peintre d'histoire naturelle, né à Châlons, dans le départ. de la Marne, en 1651, mort à Paris en 1743. Il voyagea dans le Levant avec Tournefort, et fit, pour les ouvrages de ce savant botaniste, des dessins et des figures qui lui donnèrent une certaine réputation. Il succéda à Jean Joubert, comme peintre au Jardin du roi. On lui doit de nombreuses collections de papillons, d'oiseaux, de poissons, de coquillages, de plantes, ainsi que la continuation des travaux de Nicolas Robert.

AUBRIOT (Hugues), né à Dijon d'une famille obscure, intendant des finances et prévôt de Paris sous le règne de Charles V qui le chargea d'embellir et de défendre sa capitale; il éleva la Bastille, le Petit-Châtelet (1369), pour réprimer les révoltes d'étudiants; la porte Saint-Antoine, jeta sur la Seine le pont au Change et le pont Saint-Michel, et inventa les égouts pour faire écouler les immondices. D'une sévérité excessive dans l'exercice de ses fonctions, Aubriot, haï des étudiants, fut accusé d'hérésie, enfermé à la Bastille, puis aux oubliettes de l'évêché, d'où les maillotins l'arrachèrent en 1381, pour le mettre à leur tête, mais, craignant pour ses jours, Aubriot refusa cet honneur et se retira dans sa ville natale, où il mourut en 1382. Sa statue figure parmi celles qui décorent l'hôtel de ville de Paris.

AUBRY DE MONTDIDIER, chevalier français, qui fut assassiné dans la forêt de Montargis par Richard de Macaire, un de ses compagnons d'armes. Il avait laissé un chien qui, chaque fois qu'il rencontrait l'assassin, aboyait avec tant de force contre lui qu'il finit par faire naître des soupçons. Charles V, informé du fait, ordonna qu'un duel eût lieu entre Macaire et le chien dans l'île Louviers, à Paris. Pour égaliser les chances du combat on donna au chien un tonneau percé pour lui servir de refuge, et un bâton à l'homme. La lutte fut courte : après quelques manœuvres de part et d'autre, le chien s'élança à la gorge du chevalier qui avoua son crime et fut envoyé à la potence.

AUBRY (Claude-Charles, baron), général français, né en 1773, à Bourg-en-Bresse. Il servit dans les armées du Nord et de la Moselle. Il fut envoyé à Saint-Domingue; s'illustra à la bataille d'Essling. Durant la retraite de Russie, ce fut lui qui construisit le pont de la Bérésina. Il fut tué à la bataille de Leipzig, en 1813.

AUBRY (François), conventionnel, né à Paris en 1750; d'abord soldat d'artillerie, il fut choisi ensuite par le départ. du Gard pour le représenter à la Constituante, puis à la Convention, en 1792. Après la chute de Robespierre, Aubry remplaça Carnot comme membre du comité de salut public et comme directeur des opérations militaires; mais ayant destitué le général Bonaparte, et compromis les succès de la République contre ses ennemis, Aubry, membre du conseil des Cinq-Cents, fut victime du coup d'Etat du 18 fructidor an V (4 septembre 1797), et déporté à Cayenne par le Directoire. Rendu à la liberté, il fixa sa résidence à Démérary, dans la Guyane anglaise, où il mourut en 1802.

AUBURN, ville des Etats-Unis, dans l'Etat de New-York, à 503 kil., située à l'extrémité N. du lac Owas. Pop. 10,500 hab. Un pénitencier y fut établi en 1816; le travail s'y fait en commun, et le silence le plus rigoureux y est observé.

AUBUSSON, sous-préfect. du départ. de la Creuse, à 38 kil. de Guéret. Pop. 6,000 hab. Cette ville est située dans une gorge entourée de montagnes granitiques. Elle fut fondée au VIIIe siècle par les Sarrasins, et fut une ancienne seigneurie. C'est dans son château fort, aujourd'hui détruit, que fut enfermé Zizim, le frère infortuné de Bajazet. Fabrique de draps communs, tapis de table et de pied, siamoises et teintureries, tanneries; manufacture renommée de tapisserie de haute lisse, fondée, en 1763, par Laporte, intendant de la généralité.

AUBUSSON (Pierre D'), grand-maître de l'ordre de Saint-Jean de Jérusalem, né en 1423, dans la Marche, au château de Monteil-le-Vicomte, descendant d'une ancienne et illustre famille. Dès sa jeunesse, il embrassa la carrière militaire et tourna ses armes contre les ennemis de la religion, sous les ordres de l'empereur d'Allemagne, Sigismond de Luxembourg. Il prit également part à la guerre qu'Huniade soutenait contre les Ottomans qui, sous les ordres d'Amurat, avaient envahi la Hongrie. Une nouvelle lutte étant sur le point de se déclarer entre la France et l'Angleterre, d'Aubusson revint dans sa patrie, se lia avec le Dauphin, fils de Charles VII, qu'il accompagna au siége de Montereau et au combat de Saint-Jacques. Ennemi du repos, il s'occupa d'histoire, de géographie et de mathématiques au milieu de la vie des camps; après avoir essayé de réconcilier le Dauphin avec son père, il entra dans l'ordre de Saint-Jean de Jérusalem. Son courage lui valut bientôt la commanderie de Salins; puis on lui confia une mission en France pour y réclamer des secours contre les infidèles. A son retour à Rhodes, il fut nommé bailli capitulaire de la langue d'Auvergne, en 1471; il obtenait, cinq ans après, la charge de grand-maître, laissée vacante par la mort de des Ursins. C'est alors qu'il mérita son surnom de *Boucher de l'Église*. Mahomet II, à la tête de 160 vaisseaux de haut bord et de 100,000 hommes, et fier de ses succès sur Constantinople, se dirigeait contre l'île de Rhodes. D'Aubusson se montra à la hauteur des circonstances, rappela autour de lui ses chevaliers, fit fermer le port avec des chaînes et construire des forts, excitant ses soldats par son exemple et sa parole énergique. Il força l'ennemi, après deux mois d'un siége désastreux, à se retirer honteusement et avec des pertes considérables (1480). Mahomet II, furieux de cet échec, préparait un armement formidable, quand il vint à mourir en 1481. D'Aubusson accueillit généreusement Zizim, proscrit par son frère Bajazet II; mais il ne trempa en rien dans les cruautés qu'on déploya contre ce prince, victime d'Alexandre VI. Dévoré du chagrin de voir son nom mêlé dans cette triste affaire, et la croisade annoncée contre Bajazet II, et dont il devait être le chef, n'aboutir qu'à de stériles menaces, d'Aubusson mourut de langueur, au milieu des regrets et de la vénération de ses chevaliers, en 1503.

AUCH, très-ancienne ville, ch.-l. du dép. du Gers, à 677 kil. de Paris. Pop. 10,870 hab. Cette ville est divisée en haute et basse ville qui communiquent entre elles par un escalier de plus de 200 marches. Cette ville est le siége d'un archevêché, possède un tribunal de commerce, un lycée, une école normale primaire départementale, une bibliothèque publique de 5,000 volumes. On y remarque la cathédrale, commencée sous Charles VII et achevée sous Louis XV, célèbre par l'élévation de ses voûtes et ses beaux vitraux, que Marie de Médicis projeta de faire transporter à Paris; l'église de l'Immaculée-Conception, du XIVe siècle; l'hôtel de la préfecture, le cours d'Etigny, musée de tableaux et d'antiquités; un vaste hôpital, un séminaire et une jolie salle de spectacle. Fabriques d'étoffes en fil et en coton, laines, plumes à écrire; cadis, burats, calmandes et chapeaux. Patrie de Joseph Duchêne, médecin de Louis XIV, du duc de Roquelaure et de l'amiral Villaret de Joyeuse. Cette ville était la capitale des *Ausci*, peuple gaulois; elle fut soumise par Crassus, lieutenant de César (Ier siècle av. J.-C.). Les Vandales la ravagèrent en 406, les Sarrasins en 732, et les Normands en 843. De 1140 à 1484, elle appartint aux ducs de Gascogne, puis aux comtes d'Armagnac, et fut réunie à la couronne à l'avénement de Henri IV au trône de France. En 1818, on découvrit dans les ruines romaines, qui sont assez nombreuses dans cette ville, des médailles d'or et d'argent, ainsi que des mosaïques.

AUCHY-EN-BRAY, village du départ. de l'Oise, à 9 kil. de Songeons. Ce village est célèbre par la bataille qui s'y livra entre Guillaume le Conquérant et son fils Robert Courte-Heuse, en 1077.

AUCKLAND (William Eden, lord), homme d'Etat et troisième fils de sir Robert, se rendit célèbre, de 1769 à 1814, dans la diplomatie. Partisan des principes politiques de Pitt, d'Eton et d'Oxford, il fut tour à tour avocat, sous-secrétaire d'Etat, député de Woodstock, en 1774. En 1778, lors de la révolte des colonies américaines, de concert avec lord Howe, sir Henry Clinton et Johnstone, il essaya, mais vainement, de faire rentrer les colonies sous la domination de la mère-patrie. Secrétaire d'Etat en Irlande, sous la vice-royauté de Carlisle, en 1780, il usa de son influence pour étendre les libertés publiques de ce pays; il fut nommé, en 1785, lord commissaire des colonies et du commerce; c'est en cette qualité qu'il négocia, en 1786, à Versailles, le traité qui fut si onéreux pour la France. Ambassadeur en Espagne, en 1788, en Hollande, en 1789, il revint, en 1793, reprendre, dans sa patrie, son siége au parlement, où il se montra ennemi acharné de la révolution française. Directeur général des postes, il porta le titre de baron d'Auckland et mourut en 1814, après avoir écrit des Mémoires sur sa conduite dans ses fonctions diplomatiques.

AUCKLAND (George Eden, lord), fils du précédent, né en 1784, mort en 1849, fit, en qualité de gouverneur général des Indes orientales, ses premières armes en Perse, et s'allia avec Rusyeit-Singh contre les Afghans. En récompense de ses services, il fut créé comte d'Auckland, lord de la Trésorerie, membre du conseil chargé de la direction de l'hôpital de Greenwich.

AUCKLAND, ville et paroisse d'Angleterre, dans le comté de Durham, à 17 kil. de cette ville. Pop. 3,000 hab. Cette ville a donné les titres de baronnet et de lord aux membres de la famille Eden.

AUCKLAND, ville située dans l'île de ce nom (Nouvelle-Zélande), sur la Tamise. Pop. 8,000 hab. Cette ville est la résidence du gouverneur anglais de l'île

AUCKLAND (îles), en Australie, au S. de la Nouvelle-Zélande, de formation volcanique, montagneuses et boisées. Le climat des sept îles qui forment le groupe d'Auckland est très-beau et très-sain. On y rencontre de bons ancrages. Ces îles furent découvertes, en 1806, par Briston, capitaine de l'*Océan*. Les Anglais en prirent possession pour en faire une station pour la pêche de la baleine.

AUCTUM. On appelait ainsi chez les Romains un sillon rempli de craie, en travers de l'arène du Cirque, du côté des bornes, destiné à indiquer la limite des courses.

AUCUN, ch.-l. de canton de l'arrond. d'Argelès (Hautes-Pyrénées), à 6 kil. de cette ville. Pop. 800 hab.

AUDACE. On appelle ainsi la hardiesse poussée à sa dernière limite, sans être toutefois de la témérité. Tous les grands hommes ont fait preuve d'audace, et ce n'est que par elle, pour ainsi dire, qu'ils ont fait de grandes choses. Alexandre, César, Auguste, Attila, Charlemagne, Frédéric le Grand, Napoléon ont été des audacieux habiles qui ont su forcer la fortune à leur être favorable.

AUDE, rivière de France qui prend sa source près de Mont-Louis (Pyrénées-Orientales) dans l'étang d'Aude, se divise en deux branches un peu au-dessous de Capestang (Hérault), et qui, après un parcours de 217 kil., se jette dans la Méditerranée près de l'étang de Vendres.

AUDE (départ. de l'), dans le S. de la France, ch.-l. Carcassonne. Il est borné au N. par les départements de l'Hérault, du Tarn et de la Haute-Garonne, à l'E. par la Méditerranée, au S. par le département des Pyrénées-Orientales et de l'Ariége, et à l'O. par ceux de l'Ariége et de la Haute-Garonne. Il est arrosé par l'Aude et le canal du Midi; traversé au N. par les Montagnes noires, prolongement des Cévennes; au S. par les Pyrénées, à l'E. et à l'O. par les montagnes secondaires des Corbières. Pop. 282,850 hab. Sa superficie est de 606,397 hect. Sous-préfectures : Castelnaudary, Narbonne et Limoux. Ce département est très-montagneux et renferme beaucoup de gibier. Le sol est fertile et produit des céréales, fourrages. Les vins y sont très-estimés. Fabriques de draps, aciers, etc., minoteries, salines importantes, et grand commerce de grains. On exporte des vins, eaux-de-vie, cuirs, sel, soude, draperies pour le Levant, fers, plomb, cuivre, cobalt, marbres, pierres lithographiques.

AUDEBERT (Jean-Baptiste), célèbre peintre et naturaliste français, né à Rochefort, en 1759. Il s'acquit à Paris une grande réputation comme peintre de miniatures. Il rapporta de ses voyages en Hollande et en Angleterre un grand nombre de dessins d'animaux et d'oiseaux. Ces travaux lui donnèrent le goût de l'histoire naturelle, et il publia un ouvrage intitulé : *Histoire naturelle des singes, des makis et des galéopithèques; Histoire des colibris, des oiseaux-mouches, des jacamars et des promerops*, le plus parfait en ce genre. Il prouva à la fois son talent comme dessinateur et graveur, remplaça les couleurs à l'eau par celles à l'huile, trouva le moyen d'imprimer diverses couleurs sur la même planche, et ajouta l'art de nuancer l'or pour mieux imiter les brillants effets produits par la nature.

AUDENYE, ch.-l. de cant. de l'arrond. de Bordeaux (Gironde), à 39 kil. de cette ville. Pop. 750 hab. Il est situé au milieu de marais salants, et on y remarque deux tumulus, ainsi que la chapelle Saint-Yves.

AUDEUX, ch.-l. de cant. de l'arrond. de Besançon (Doubs), à 12 kil. de cette ville. Pop. 350 hab.

AUDE ou AUDH, royaume de l'Hindoustan anglais. (Voy. OUDE.)

AUDGELAH, oasis de l'Afrique, gouvernée par un bey qui dépend de celui de Tripoli, et a pour chef-lieu Audgelah.

AUDIERNE, port et ville maritime du départ. du Finistère, à 36 kil. de Quimper, située sur la baie de ce nom. Pop. 1,050 hab. Ses côtes sont dangereuses.

AUDINAC, hameau du départ. de l'Ariége, à 5 kil. de Saint-Girons, qui possède des sources minérales et des établissements de bains.

AUDINCOURT, ch.-l. de cant. de l'arrond. de Montbéliard (Doubs), à 6 kil. de cette ville. Pop. 2,520 hab. On y voit des hauts-fourneaux, forges, etc., et une fabrique de canons, ainsi qu'une église consistoriale protestante.

AUDINOT (Nicolas-Médard), acteur et auteur dramatique, né à Bourmont en 1732, se retira du Théâtre-Italien où il avait débuté en 1764, pour aller jouer, pendant deux ans, à Versailles. A son retour à Paris, il inaugura des représentations avec des marionnettes en bois, auxquelles il avait donné les traits des acteurs de la Comédie-Italienne, dont il avait eu à se plaindre. La nouveauté de ce spectacle attira les curieux à la foire Saint-Germain, où il parut pour la première fois et d'où il passa sur l'emplacement actuel de l'Ambigu-Comique, auquel il donna ce nom en 1770. Audinot remplaça plus tard ses marionnettes par des enfants et mit cette inscription latine sur la toile de son théâtre : *Sicut infantes audi nos*. Il obtint de tels succès qu'il se vit obligé d'agrandir sa salle. Audinot est mort en 1801. Il avait composé le *Tonnelier*, opéra-comique qui obtint un grand succès au Théâtre-Italien, et fut réimprimé et traduit plusieurs fois, les *Preux chevaliers* et *Dorothée*. Il avait créé les rôles dits à tablier, et se distingua dans celui du *Maréchal-ferrant*.

AUDITEURS. On appelle ainsi les membres du conseil d'Etat, chargés d'assister les conseillers et les maîtres des requêtes dans la préparation et l'instruction des affaires.

AUDLEY (lord James), né dans le comté de Stafford, à Héleig, en 1314, mort en 1386; nommé gouverneur de Berwick, il suivit Edouard III, quand ce roi se présenta pour réclamer la couronne de France, et, plus tard, le comte de Derby, en Gascogne (1343). A la célèbre bataille de Poitiers, Audley se fit remarquer aux premiers rangs de l'armée ennemie. Il revint encore en France avec Edouard pour y négocier la paix (1360). En récompense de ses services, il obtint, un des premiers, le titre de chevalier de la Jarretière, de constable de Glocester, puis d'Aquitaine, et enfin celui de sénéchal de Poitou.

AUDOUIN ou ALDUIN, neuvième roi des Lombards, mort en 553. Il acheva la conquête de la Pannonie et vainquit les Gépides.

Audouin (Jean-Victor), entomologiste, né à Paris en 1797. Suppléant de Latreille au Muséum en 1824, il lui succéda en 1833. Il fut nommé sous-bibliothécaire de l'Institut et membre de l'Académie des sciences en 1838, et fut un des créateurs de la Société entomologique de France. Il mourut à Paris, le 3 mars 1843.

AUDRAN, nom d'une famille de graveurs dont plusieurs membres s'illustrèrent dans les arts; les plus célèbres sont : Claude, né en 1592, mort en 1677, professeur de gravure à l'académie de Lyon; Charles ou Karle, né à Paris en 1594, mort en 1674, fils de Louis Audran, louvetier de Henri IV, et frère du précédent. Il étudia le dessin et la gravure, surtout avec Corneille Bloemaert, en Italie, et laissa un grand nombre d'estampes d'après les tableaux du Dominiquin, du Titien, de Cortone, du Guide, de l'Albane, de Lesueur, de Sacchi, des Carrache, etc., parmi lesquelles on remarque : l'*Annonciation* et l'*Assomption*.

Audran (Claude), graveur assez médiocre et peu connu, né à Paris en 1597, mort à Lyon en 1677, père de Girard.

Audran (Germain), fils du précédent, né en 1631, mort en 1710, professeur à l'académie de Lyon, et auteur de quelques estampes.

Audran (Claude), frère du précédent, peintre, né à Lyon, en 1641, mort à Paris, en 1684. Elève de Perrier, il fut employé plus tard par Charles Lebrun aux ébauches des batailles d'Alexandre, destinées aux appartements de la reine. Copiste servile, il ne put s'affranchir de l'imitation, ce qui ne l'empêcha pas d'entrer à l'Académie en 1675, pour son tableau de l'*Institution de l'Eucharistie*, et de devenir professeur en 1681. On a de lui la *Décollation de saint Jean-Baptiste*, le *Miracle des cinq pains*, *Daphnis et Chloé*, etc.

Audran (Claude), neveu du précédent, né à Lyon, en 1658, mort à Paris, en 1734, peintre d'arabesques pour la maison royale; il fut le maître de Watteau.

Audran (Girard), né à Lyon, en 1640, mort à Paris, en 1703. Elève et fils de Claude, il apprit le dessin, et atteignit rapidement la place distinguée qu'il occupe parmi les graveurs d'histoire; il copia les toiles de Raphaël à Rome, à l'aide du crayon et du pinceau. Colbert, ayant entendu vanter son talent, le présenta à Louis XIV. Girard, logé aux Gobelins, devint graveur du roi, conseiller de l'Académie de peinture en 1681. Connaissant toutes les ressources de son art, cet artiste a su rendre toutes les beautés de ses modèles et donner un style large aux scènes historiques. Parmi ses plus belles productions on remarque les *Batailles d'Alexandre*, d'après son ami Lebrun; *Recueil des proportions du corps humain*, d'après ses propres dessins; le *Martyre de saint Laurent*, d'après Lesueur; le *Plafond du Val-de-Grâce*, d'après Mignard; la *Femme adultère*, le *Coriolan*, le *Baptême du Pharisien*, l'*Enlèvement de la Vérité*, d'après Poussin.

Audran (Benoît), graveur, fils de Germain, né à Lyon en 1661, mort à Louzouer, près de Sens, en 1721; membre et conseiller de l'Académie, protégé par Louis XIV, il a laissé, entre autres ouvrages, les *Sept Sacrements*, d'après le Poussin; *Alexandre malade*, d'après Lesueur; et le *Serpent d'airain*, d'après Lebrun.

Audran (Jean), frère du précédent, né à Lyon, en 1667, mort à Paris, en 1756; graveur habile, pensionnaire du roi, membre de l'Académie, il a laissé l'*Enlèvement des Sabines*, d'après le Poussin; *Esther* et *Athalie*, d'après les Coypel, etc.

AUDRUICK, ch.-l. de cant. de l'arrond. de Saint-Omer (Pas-de-Calais), à 20 kil. de cette ville. Pop. 2,370 hab.

AUDRY DE PUYRAVEAU. *Voir* **Puyraveau.**

AUDUBON (Jean-Jacques), célèbre ornithologiste, fils d'un amiral français retiré à la Nouvelle-Orléans, naquit dans cette ville en 1774, et mourut à New-York, en 1851. Il étudia la peinture à Paris, sous la direction de David. De retour en Amérique, il se consacra uniquement à des recherches sur les mœurs et la vie des oiseaux. Pendant vingt ans, il habita le Kentucky, parcourant les bois et les montagnes, traversant les plaines et les torrents pour se livrer à ses études de prédilection. Muni de ses précieux dessins d'oiseaux, il revint en Europe, se lia avec Humboldt et Cuvier, et, en quatorze ans, fit paraître à Edimbourg et à Londres son ouvrage sur les oiseaux. Cette œuvre se recommande, non-seulement par des gravures admirables, mais encore par un style pur et correct.

AUDUN-LE-ROMAN, ch.-l. de cant. de l'arrond. de Briey (Moselle), à 16 kil. de cette ville. Pop. 450 hab.

AUE, ville de Saxe, à 7 kil. de Schwarzerberg, sur la Mulde. Pop. 1,752 hab. On voit près de cette ville des gisements de mica les plus riches du monde, et la minière de terre à porcelaine de Neufang.

Aue (Hartmann von der), troubadour allemand qui vivait vers le XIIe siècle. On ne connaît aucun détail sur la vie de ce poète qui a laissé des œuvres charmantes, dans lesquelles on retrouve la sensibilité et la rêverie qui sont le propre de la littérature allemande de cette époque.

AUENBRUGGER (Léopold), médecin allemand, né à Grætz, en Styrie, en 1722. Médecin de l'hôpital espagnol de Vienne, il inventa la méthode de percussion pour constater les maladies internes; il mourut en 1809.

AUERBACH, village de la Hesse, à 22 kil. de Darmstadt. Pop. 1,650 hab. Exploitation de calcaire. On y remarque les ruines du château fort d'Auersberg, et le château de *Furstenbau*, résidence d'été du grand-duc.

Auerbach (Henri Strœmer, *dit*), médecin, né en Bavière, en 1482, au village d'Auerbach d'où il tira son surnom, mort en 1543. Il obtint du duc de Saxe, Georges le Barbu, une chaire de médecine à l'université de Leipzig. Il avait bâti, sur le terrain où se tenait la foire, une vaste maison dont la cave, selon l'usage de l'Allemagne, avait été convertie en taverne, sous le nom d'*Auerbachkeller*; la légende prétend que le docteur Faust, illustré par Goethe, venait en ce lieu, qui subsiste encore de nos jours, boire et philosopher. Deux peintures, placées au-dessus de la porte d'entrée, perpétuent ce souvenir.

AUERSBERG, ville et château des Etats autrichiens (Illyrie), à 35 kil. de Neustad. Pop. 3,000 hab.

AUERSWALD (Jean-Adolphe Edmann d'), général, né en Prusse en 1792. Il remplit près du général baron de Bulow, les fonctions d'aide de camp dans la guerre de 1813, et se fit remarquer dans plusieurs batailles. Colonel en 1841, major-général en 1846, Auerswald devint membre du parlement de Francfort après la révolution de 1848. Auerswald périt dans l'insurrection qui éclata à Francfort, après la dissolution du parlement national allemand et l'armistice de Malmoe, signé par la Prusse et le Danemark.

AUGE, ou *vallée d'Auge*, petit pays de l'ancienne Basse-Normandie, remarquable par sa fertilité. Les villes principales étaient : Pont-Lévêque, Touques, Dives, Exmes, Beaumont-en-Auge. Ce pays fait aujourd'hui partie des départements du Calvados et de l'Orne.

AUGER (Edmond), jésuite, né en 1515 au village d'Allemans, près de Troyes, était fils d'un laboureur. Après avoir étudié chez son oncle, curé de campagne, Auger se rendit à pied à Rome où, d'écrivain public au Campo de' Fiori, il devint garçon de cuisine, puis novice au collége des jésuites, et enfin professeur de philosophie et d'humanités au collége romain. Bon prédicateur, il fut envoyé en France par Lainez, en 1559, pour y convertir les huguenots; tombé au pouvoir du terrible baron des Adrets, il dut son salut à son éloquence ainsi qu'à l'espoir que les huguenots avaient de le gagner à leur secte. Il prêcha avec succès en Auvergne, à Lyon et devant Henri III, qui devint son pénitent. C'est la première fois (1575) qu'il est fait mention d'un jésuite confesseur d'un roi. Les ligueurs, furieux de son attachement à la cause royale, le forcèrent à s'exiler à Côme, où il mourut de fatigue et de chagrin, en 1591.

Auger (l'abbé Athanase), savant helléniste, né à Paris, en 1734, mort en 1792. Il obtint une chaire de professeur d'éloquence à Rouen, le titre de grand vicaire de l'évêque de Lescar, qui, faisant allusion à sa profonde connaissance de la langue grecque, l'appelait son grand vicaire *in partibus Atheniensium*, et une place à l'Académie des inscriptions. Savant simple et modeste, il traduisit plusieurs orateurs grecs, entre autres Démosthène, Eschine, Isocrate; mais ses traductions, froides et calmes comme sa vie, n'ont ni le feu, ni la véhémence de ses originaux.

Auger (Louis-Simon), littérateur, né à Paris en 1772. Il entra, en 1793, dans l'administration des vivres de l'armée, passa au ministère de l'intérieur, fut couronné par l'Académie pour plusieurs *Eloges* et entra à l'Académie française, en 1818, dont il devint secrétaire perpétuel. On a de lui : *Mélanges philosophiques et littéraires*, le *Commentaire de Molière*. Il mourut en 1829.

AUGEREAU (Antoine), imprimeur libraire en 1531, mort vers 1544. Il grava le premier les poinçons des lettres romaines qui devaient remplacer les lettres gothiques.

Augereau (Pierre-François-Charles, duc de Castiglione). Maréchal de France. Né à Paris, le 11 novembre 1757, il était le fils d'un fruitier qui habitait le faubourg Saint-Marceau. Engagé de bonne heure, il resta simple soldat jusqu'en 1787; il passa alors à l'armée des Pyrénées-Orientales, et montra tant de bravoure et d'audace, qu'il acquit ses grades rapidement, et qu'en 1794, il était général de brigade, sous les ordres de Dugommier. En 1796, il passa, en qualité de général de division, à l'armée d'Italie, et se distingua à Millesimo, Montenotte et au pont de Lodi, qu'il enleva sous une pluie de mitraille; à Castiglione, où il arrêta pendant deux jours la marche de l'ennemi. En 1797, il battit le général Provera, près d'Anghiari, et le poursuivant jusqu'à Castellero, le força à lui abandonner 5,000 hommes, 700 chevaux. Après la prise de Mantoue, il se rendit à Paris pour offrir au Directoire, au nom de l'armée d'Italie, 62 drapeaux autrichiens. Il prit part alors aux intrigues gouvernementales, espérant peut-être jouer le rôle de dictateur; mais, lorsque les directeurs se furent servis de lui pour faire le coup d'Etat du 18 fructidor (4 septembre 1797), après lui avoir décerné le titre de *Sauveur de la patrie*, ils l'envoyèrent à l'armée de Rhin-et-Moselle, et pour détruire tout à fait son influence, lui donnèrent le commandement de la dixième division militaire. Mais désireux de prendre une part plus active au pouvoir, il parvint à se faire nommer député par le département de la Haute-Garonne, et revint à Paris. Bonaparte venait d'accomplir le 18 brumaire. Augereau fut un des premiers à se rendre à Saint-Cloud pour offrir ses services au premier consul. Nommé commandant en chef de l'armée de Hollande, il écrasa les levées allemandes et se distingua au combat de Hohenlinden. Après trois ans de repos, il reparut, en 1805, en Allemagne. L'empereur l'avait élevé à la dignité de maréchal de France et créé duc de Castiglione en souvenir de son beau fait d'armes. Dans cette campagne, Augereau se couvrit d'une nouvelle gloire à Constance, à Bregentz, à Louden contre les Autrichiens, et, par ses succès, hâta la conclusion de la paix glorieuse de Presbourg. Il prit part aux batailles d'Iéna, d'Eylau. C'est là qu'épuisé, malade, il se fit lier sur son cheval (1807). Envoyé en Espagne, il subit quelques insuccès en Catalogne et fut remplacé par Macdonald; il prit part à la campagne de Russie et protégea la retraite de l'armée. Il se distingua également à la bataille de Leipzig. Il est à regretter que cet homme, si brave et si valeureux, ait terni sa gloire par le soin mesquin qu'il mit à acquérir de la fortune et à la conserver. A Lyon, il abandonna le parti de Napoléon, et laissa les alliés envahir la France. La Restauration le nomma grand-croix de Saint-Louis, pair de France et commandant de la 14e division militaire. Au retour de Napoléon, il osa lui offrir ses services, mais l'empereur le repoussa et le flétrit dans sa proclamation. Cependant, après les Cent-Jours, Augereau, quoique rappelé par Louis XVIII à la chambre des pairs, refusa de juger le prince de la Moscowa et se retira dans sa propriété de la Houssaye, où il mourut le 12 juin 1816.

AUGIAS, l'un des Argonautes, et roi d'Elide, fils, selon les uns, de Phorbas, roi des Lapithes, et, selon d'autres, d'Elius. Possesseur d'immenses troupeaux, il avait des étables qui n'avaient pas été nettoyées depuis trente ans et qui répandaient la peste dans la contrée. Il promit à Hercule le dixième de son troupeau s'il se chargeait de ce travail. Le héros le conduisit à bonne fin en faisant couler les eaux du fleuve Alphée à travers les étables. Mais le perfide roi lui ayant refusé le prix convenu, Hercule, indigné, pilla Elis, tua Augias et donna ses États à Philée, fils de ce prince, qui avait encouru la colère de son père et l'exil pour avoir décidé le différend en faveur d'Hercule.

AUGMENTATION. Henri VIII, roi d'Angleterre, lors de la lutte qu'il engagea contre l'Eglise romaine, abolit les petits monastères, afin de s'emparer de leurs revenus. Il institua alors une cour dite d'*augmentation*, qui s'occupa de régulariser les nouvelles possessions arrachées aux couvents et injustement acquises à la couronne. Aujourd'hui, cette cour est dépositaire d'archives d'une grande importance.

AUGSBOURG, ville de Bavière, chef-lieu du cercle de Souabe et de Neubourg, à 63 kil. de Munich. Pop. 37,000 hab. Cette ville est le siége du commissariat général, d'un tribunal commercial d'appel et d'un évêque. On y remarque la cathédrale, l'hôtel de ville, le château royal, autrefois le siége de l'évêque, de grandes maisons de banque, la bibliothèque de 135,000 volumes, Luidwigsplatz; grande place, l'hospice Fugger, composé de 106 maisonnettes pour les familles pauvres, une grande manufacture de coton qui occupe plus de 7,000 ouvriers. Grand commerce de librairie, d'expédition et de transit avec l'Italie, la Suisse, Vienne, Lyon, Francfort. Ses relations avec Vienne et l'Italie sont immenses. Patrie d'Holbein. Augsbourg fut fondée par Auguste, qui y établit une colonie l'an 13 av. J.-C. Au VIe siècle, elle fut incorporée dans l'empire franc; au XIIe siècle, elle passa sous la domination des ducs de Souabe, fut indépendante en 1267, et ville libre de l'empire en 1276. En 1530, Augsbourg se rendit célèbre par la *diète d'Augsbourg*, en 1534 par l'*alliance d'Augsbourg*, entre François Ier et les princes allemands luthériens contre Charles-Quint et les catholiques. En 1548, Charles-Quint présenta à la diète l'*intérim d'Augsbourg*, concordat entre les deux partis, et, en 1555, il y conclut la *paix de religion*. En 1686, il s'y forma la *ligue d'Augsbourg*, composée de l'Autriche, de la plupart des Etats de l'empire et de la Suède contre Louis XIV. En 1806, Augsbourg perdit ses droits de ville libre impériale et fut cédée à la Bavière.

AUGSBOURG (Confession d'). *Voir* CONFESSION D'AUGSBOURG.

AUGST, ville de la Suisse (Bâle-Campagne), à 8 kil. de Liestad. L'Ergolz la sépare en deux parties, l'une bâloise, appelée *Basel-Augst*, dont la population est de 380 hab. protestants, l'autre argovienne, appelée *Kaiser-Augst*, dont la population est de 410 hab. catholiques.

AUGURALE. On appelait ainsi l'enceinte palissadée de 200 pieds carrés (60 mèt) qui entourait la tente du général. Cette enceinte avait reçu son nom d'un autel devant lequel le général observait les augures.

AUGURE. Nom donné chez les Romains au présage qu'un magistrat tirait vers minuit du chant des oiseaux dans l'enceinte du Pomœrium. Ce magistrat était accompagné d'un consultant qu'il interrogeait sur les bruits et les objets qui frappaient son oreille ou sa vue; alors l'augure prononçait selon son intérêt. Parfois un coup de tonnerre servait aussi de présage; il était considéré comme funeste ou propice, selon qu'il éclatait à gauche ou à droite. Cette divination perdit de son importance politique vers la fin de la république, sans pourtant disparaître complètement, malgré les attaques des philosophes contre cette croyance grossière.

AUGURE DU SALUT. L'augure du salut était une cérémonie qui devait avoir lieu à Rome une fois par an, et à jour fixe pour demander aux dieux leur protection et le salut du peuple.

AUGURES. Les augures étaient les ministres de la religion chez les Romains; vêtus d'une robe blanche et de deux manteaux de pourpre, armés du lituus et tournés vers l'Orient, ces prêtres interprétaient l'avenir d'après le vol, le chant et même l'appétit des oiseaux. Ces cérémonies, ridiculisées par Caton, qui disait que deux augures ne pouvaient se regarder sans rire, et par Cicéron dans son *Traité de la divination*, furent apportées à Rome de la Chaldée à travers la Grèce, et contribuèrent puissamment à maintenir la puissance pendant longtemps dans les familles patriciennes, dont les membres seuls, dans le principe, pouvaient remplir les fonctions d'augures. Rien ne pouvait être entrepris sans eux, et l'on conçoit ainsi quelle influence ces prêtres eurent dans les affaires publiques. De trois qu'ils étaient sous Romulus, leur nombre fut porté à quatre, puis à cinq, puis à neuf, et enfin à quinze sous Sylla. Les augures formaient un collége à Rome et furent choisis parmi les patriciens jusqu'en l'an 452 de la fondation de Rome; les tribuns portèrent alors une loi afin de faire entrer pour moitié dans ce collége des plébéiens consulaires ou triomphateurs. Cependant, sous les empereurs, avant de nommer un augure, on consultait le prince; autrefois le peuple les nommait; ce droit passa ensuite au collége, puis aux comices.

AUGURELLI (J.-Aurelio), poëte lauréat de Rimini et alchimiste, né en 1441, mort en 1524. Il fut professeur de belles-lettres à Trévise et à Venise. On a de lui un poëme intitulé la *Chrysopéi*, ou l'art de faire de l'or. Il dédia ce poëme au pape Léon X, qui lui envoya en retour une bourse vide avec cette inscription: « Celui qui sait faire de l'or n'a besoin que d'une bourse pour l'y mettre. »

AUGUSTA, ville des Etats-Unis (Géorgie), à 115 kil. de Columbia. Pop. 8,000 hab. Cette ville est située sur la Savannah, qui a à cet endroit 500 mèt. de large; elle est très-florissante.

AUGUSTA, ville des États-Unis, chef-lieu du comté de Kennebec et capitale de l'Etat du Maine, à 950 kil. de Washington. Pop. 5,330 hab.

AUGUSTALES. Fêtes établies en l'honneur d'Auguste, l'an 735 de Rome, lorsque le temple de Janus fut fermé pour la deuxième fois, pour perpétuer le souvenir d'Auguste à Rome, après avoir pacifié l'Orient et battu les Parthes. Ces fêtes avaient lieu le 12 octobre de chaque année.

AUGUSTALS. Les augustals étaient des prêtres qu'Auguste créa en l'honneur des dieux domestiques dont on célébrait solennellement les fêtes au printemps et au mois d'août. De Rome, ce culte passa dans tout l'empire romain. Les ministres chargés de ces solennités s'appelèrent d'abord *magistri vicorum*, puis *magistri Larum Augustorum*, ou *séviri* (*sex viri*, les six hommes), et enfin augustales. Ils formaient un ordre, avaient un trésor ou *arca*, prenaient part aux affaires municipales, se recrutaient dans toutes les classes de la société, donnaient des fêtes, des repas, distribuaient de l'argent, protégeaient les corporations d'ouvriers, et se divisaient en *juniores* et *seniores*. Cette institution, qui marque un progrès vers l'égalité, tomba avec le culte des idoles.

AUGUSTALS. Soldats qu'Auguste incorpora dans les meilleures troupes des alliés, pour servir de chefs de files, en tête des légions, avant que l'action fût engagée.

AUGUSTAMNIQUE, contrée de l'Egypte inférieure, située entre le petit Delta et l'Arabie proprement dite. Elle fut partagée en deux provinces portant le même nom après la mort de Théodose II.

AUGUSTE, en grec *Sébaste*, vient du verbe latin *augere* qui signifie agrandir, augmenter. Surnom que le sénat romain décerna à Octave, l'an 28 av. J.-C., pour le remercier d'avoir étendu la puissance de Rome. Les successeurs d'Auguste prirent aussi ce surnom en y ajoutant même les épithètes de *semper*, *perpetuus Augustus*. Ce titre devint synonyme d'empereur et, sous Dioclétien, l'empereur régnant s'appelait Auguste, l'héritier présomptif César, et les princesses Augusta. On retrouve ce nom chez les premiers rois francs et wisigoths.

AUGUSTE (Caius-Julius-Cæsar-Octavius), connu d'abord sous le nom d'Octave, naquit sous le consulat de Cicéron, l'an 64 av. J.-C. Il était neveu de Jules César par sa mère, Attia. Octave était seulement âgé de dix-huit ans quand César tomba sous les coups de Brutus. Le dictateur avait laissé aux mains de son beau-père, Pison, un testament dont il le laissait exécuteur, par lequel il adoptait, pour son fils, cet Octave, petit-fils de sa sœur, et le faisait héritier de la plus grande partie de ses biens. Octave était en Epire, lorsqu'il fut instruit du meurtre de son père adoptif. Sa mère et ses amis, redoutant l'influence de Brutus et des autres conjurés alors tout puissants dans Rome, lui conseillaient de se cacher, et de renoncer au bénéfice de l'adoption et de l'héritage de son grand-oncle. Mais ce jeune homme, habituellement réservé et fort prudent, savait se montrer hardi dans les occasions décisives: il prit au contraire la résolution de porter le nom de César et de le venger de ses assassins. Il partit pour l'Italie et débarqua à Brindes, où les vétérans de César le reçurent avec enthousiasme. Enhardi par ce premier succès, il se rendit à Rome où le peuple, les soldats et les magistrats s'empressèrent de venir à sa rencontre. Antoine, alors consul, avait d'abord essayé d'exploiter la mort de César au profit de son ambition, en soulevant le peuple contre Brutus et les autres conjurés. Possesseur des papiers de César, il publiait chaque jour des décrets qu'il lui attribuait; il disposait du trésor public, trafiquait des emplois et accumulait d'immenses richesses. L'arrivée soudaine d'Octave le désappointa. Il craignit surtout de voir ses projets renversés quand Octave parut le lendemain sur le Forum et déclara solennellement qu'il acceptait l'adoption de César. Immédiatement après, Octave se rendit chez Antoine, et, malgré le froid accueil qu'il en reçut, il lui proposa de s'unir à lui pour l'exécution du testament de son père adoptif, bien résolu, dit-il, à vendre tous ses biens, s'il le fallait, pour remplir les legs magnifiques que le testateur faisait au peuple. Antoine s'était emparé de tous les trésors de César montant à plus de sept cents millions, qui avaient été déposés dans un temple; il se refusa cependant à les rendre, alléguant qu'il ne lui restait plus rien, et que les dépouilles du tyran avaient été partagées. Octave, indigné, se rendit en Campanie, y leva une armée et marcha sur Rome à la tête de dix mille soldats. Antoine appelait aux armes de son côté. Cependant le peuple, ami d'Octave, lui ouvrit les portes de Rome, et celui-ci y entra à la tête de ses légions, déclarant habilement, pour ménager la susceptibilité des républicains ombrageux, qu'il n'avait levé ces troupes que pour sa sûreté personnelle, et qu'il les mettait à la disposition du sénat. Cicéron, trompé lui-même par ses protestations, rassura le sénat. Pendant ce temps, Antoine réunissait quatre légions dans la Gaule cisalpine, et battait les consuls romains envoyés contre lui. Octave se sentait fort de l'appui du sénat, mais il était effrayé des victoires d'Antoine, et surtout de l'attitude de Brutus et de Cassius qui se trouvaient à la tête de vingt légions républicaines. Aussi il proposa à Antoine une réconciliation qui fut acceptée, mais des deux côtés on promit de la tenir secrète. Sur ces entrefaites, le sénat refusa à Octave le consulat que son armée demandait pour lui, à cause de son extrême jeunesse. Octave exploita l'exaspération de ses légions, franchit le Rubicon, comme autrefois César, et marcha sur Rome. Le sénat, effrayé, envoya des députés à sa rencontre pour lui accorder tout ce qu'il voulait, et le lendemain il fit son entrée dans Rome, aux acclamations du peuple. Octave jeta alors le masque et forma avec Antoine et Lépide un triumvirat, pour combattre leurs ennemis communs. Dès ce moment eurent lieu ces proscriptions qui coûtèrent la vie à tant d'hommes illustres, et notamment à Cicéron. On égorgeait dans les maisons, dans les temples et dans les rues. Le sénat seul compta trois cents victimes. Les soldats gardaient les remparts pour empêcher de fuir. Une femme mit fin à ces massacres: Hortensia osa braver les tyrans sur la place publique et releva le courage de la multitude. Les triumvirs eurent peur, et les proscriptions cessèrent. Elles n'eurent d'ailleurs d'autre résultat que de grossir les camps de Brutus et de Cassius. Il fallut deux batailles pour que les triumvirs vinssent à bout de leur résistance. Enfin la cause de la liberté succomba avec Brutus dans la plaine de Philippes. Après cette victoire, Auguste chercha à faire oublier le souvenir des proscriptions. Les trois triumvirs s'étaient partagé le monde romain: Octave avait choisi l'Italie; Antoine, l'Orient; Lépide, l'Afrique. L'administration d'Octave qui avait promis un gouvernement doux et modéré, fut troublée par Fulvie qui entreprit de lui disputer l'empire, de concert avec Lucius-Antonius, son beau-frère, pendant que son époux s'oubliait avec Cléopâtre dans les plus honteuses débauches. Antoine commença, cependant, à redouter l'influence d'Octave, et il marcha contre lui, après s'être allié à Sextus Pompée; il débarqua à Brindes, mais là les deux triumvirs se réconcilièrent de nouveau. Octave donna même à Antoine sa sœur Octavie en mariage. Il répudia, de son côté, sa femme Scribonia pour épouser Livie. Il eut ensuite à combattre Sextus Pompée qu'il vainquit, aidé par la trahison. Dès lors il put s'appliquer, sans être troublé, à gouverner le peuple romain suivant le programme qu'il s'était tracé; il fut généreux quand il n'eut plus intérêt à être cruel; et il devint, sous le nom d'Auguste, un monarque sage et respecté. Le repos, les fêtes et le luxe des arts firent oublier la liberté mourante. Cependant Antoine régnait toujours en Orient; il avait repoussé la vertueuse Octavie pour retourner auprès de Cléopâtre. Saisissant le prétexte de cette injure, Auguste livra la bataille d'Actium où Antoine fut complètement défait. Ce triumvir fut bientôt réduit à se donner la mort pour ne pas tomber entre les mains de son ennemi. C'est alors que le temple de Janus fut fermé en signe de paix. Auguste, seul maître de l'empire, n'osait prendre le titre de roi, bien qu'il en eût tous les pouvoirs; mais il se fit décerner le titre d'*imperator*, en l'an 29 av. J.-C. Il reçut plus tard le titre de prince du sénat. Il composa, pour la garde des frontières, une armée permanente de quatre cent mille hommes, et institua les cohortes prétoriennes pour sa garde particulière. Il fit construire dans tout l'empire des routes magnifiques, et organisa un service de postes. Rome s'était tellement embellie de constructions nouvelles qu'il se vantait de laisser de marbre une ville qu'il avait trouvée de briques. Il eut cependant quelques luttes à soutenir contre les barbares du Nord; il perdit même trois légions de Germanie attirées dans une embuscade par les Chérusques. Ces trois légions, Varus à leur tête, furent massacrées et leurs aigles prises. « Varus! s'écriait Auguste pénétré de douleur, Varus, rends-moi mes légions. » Les dernières années de son règne furent attristées par la perte de ses parents les plus chers, ainsi que par les désordres de sa fille Julie et de ses petits-fils. La solitude s'était faite autour de lui, quand il mourut en l'an 19 après J.-C., à l'âge de 76 ans.

AUGUSTE Ier, duc et électeur de Saxe, fils de Henri le Pieux et frère de Maurice, auquel il succéda, de 1553 à 1586, naquit, en 1526, à Freyberg. Ce fut le dernier qui reçut l'investiture de ses États. Tous ses efforts tendirent à réunir les luthériens, divisés entre eux, par le corps de doctrine dit *formule de concorde*. A la diète d'Augsbourg, en 1582, gagnant à ses raisons tout le parti protestant, il refusa d'accéder à l'ordre du pape qui voulait lui faire recevoir le calendrier grégorien. Par sa bonne administration, il put doter la Saxe de plusieurs beaux monuments et laisser encore, à sa mort arrivée en 1586, une fortune s'élevant à dix-sept millions d'écus.

AUGUSTE II (Frédéric dit le *Fort*), électeur de Saxe et ensuite roi de Pologne. Il succéda à son père comme électeur de Saxe, en 1783, et voulut avoir aussi la couronne de Pologne. Sobieski venait de mourir, vingt candidats au trône se présentaient; mais Auguste l'emporta sur eux, grâce aux trésors qu'il prodigua. Ses prétentions allumèrent une guerre presque générale en Europe. Il s'allia avec le czar Pierre le Grand pour résister à Charles XII, roi de Suède, dont les victoires lui démembraient déjà son nouveau royaume. Auguste était alors mal affermi en Pologne. La plus grande partie des Polonais redoutaient autant l'influence des Saxons et des Russes que l'invasion des Suédois. Auguste comptait de son côté sur l'appui de la Diète, qui lui obéissait par crainte. Il en résulta une guerre civile en Pologne, de telle sorte qu'Auguste n'avait fait qu'irriter le monarque suédois, sans pouvoir tirer partie de sa nouvelle alliance. Il s'appuyait, il est vrai, sur les Saxons; mais ce peuple, épuisé par les défaites que lui faisait subir Charles XII, et soutenant seul le poids de la guerre, ne tarda pas à s'affaiblir. En effet, la Saxe eut à fournir, pendant le règne d'Auguste, plus de 100 millions d'argent et près de 100,000 hommes. Auguste fut même détrôné par Charles XII, qui fit reconnaître aux Polonais Stanislas Leczinski pour leur roi. La Saxe fut aussi envahie et dévastée. Cependant, Pierre le Grand n'abandonnait pas Auguste dans ses malheurs; et, vainqueur de Charles XII à Pultawa, il rétablit son allié dans ses Etats, après avoir obligé Stanislas Leczinski à abdiquer. A la mort de Charles VI, il fut un des nombreux prétendants à l'empire; et après avoir, en 1741, accédé à la coalition formée contre Marie-Thérèse, il envahit la Bohême. Peu de temps après, il y eut un revirement complet dans sa politique; mais alors la Prusse, la Russie et l'Autriche se liguèrent contre lui. Auguste fut battu, et son armée complètement détruite à Kesseldorf. La Saxe eut alors à supporter de lourdes contributions de guerre, et Auguste n'obtint la paix qu'en cédant la ville de Furstemberg et les péages de l'Oder. Il mourut en 1763.

AUGUSTE III (Frédéric), électeur de Saxe, succéda, en 1763, à Frédéric Christian, qui n'avait régné que six semaines. Son oncle, qui gouverna pendant sa minorité, s'appliqua à diminuer les impôts et à réparer les désastres causés par les précédentes guerres. A sa majorité, les Polonais lui offrirent le trône; mais, se souvenant des malheurs causés à son pays par l'ambition d'Auguste II, qui avait accepté cette couronne, il la refusa. Pendant les guerres que l'Allemagne soutint contre Napoléon, il ne voulut pas entrer dans la coalition européenne soulevée contre l'empire français, et demeura, au contraire, le fidèle allié de l'Empereur. En 1806, après la paix de Tilsitt, son électorat fut érigé en royaume, et l'année suivante, il fut fait grand-duc de Varsovie. Cependant, en 1814, le congrès de Vienne le punit de sa fidélité envers Napoléon, en lui enlevant la Lusace, la Thuringe et la Misnie, qui furent données à la Prusse. On lui laissa son titre de roi. Ce royaume, ainsi amoindri, continua à prospérer sous l'administration intelligente et paternelle d'Auguste. Il mourut en 1827.

AUGUSTE (Frédéric-Guillaume-Henri), prince de Prusse, né en 1790, et mort en 1843, à Bromberg. Il était fils du prince Auguste-Ferdinand, frère du grand Frédéric. Il est célèbre par la générosité avec laquelle il se comporta envers les Français, quand il les combattit en 1814. Il attaquait Landrecies, et la place résistait; mais, réduite à capituler, elle s'attendait à être traitée avec la plus grande rigueur. Auguste, au contraire, fit sortir la garnison avec les honneurs de la guerre, et laissa leurs armes à cinquante hommes par bataillon et à un régiment de vétérans. Il fit, avec le roi de Prusse, les campagnes de 1813 à 1815.

AUGUSTE D'OR, monnaie d'or du royaume de Saxe, équivalant à un frédéric d'or de Prusse. Sa valeur est de 5 thalers ou 20 fr. 65 cent.

AUGUSTENBOURG, ville du duché de Schleswig, située sur la côte O. de l'île d'Alsen, à 31 kil. d'Apenrade. Pop. 6,000 hab. On y remarque le château des ducs d'Augustenbourg.

AUGUSTENBOURG (famille D'). Cette famille prend son nom du château d'Augustenbourg, bâti en 1651, par le duc Ernest-Gunther de Schleswig-Holstein, dans le bailliage de Stavesboelle (île d'Alsen), qu'il avait acheté à Frédéric III, roi de Danemark.

AUGUSTIN (saint), né à Tagaste, près d'Hippone, en 354, sous le règne de Constance. Augustin, parlant de sa jeunesse, avoue qu'il éprouvait une profonde aversion pour l'étude : il préférait les jeux du cirque et les spectacles. On dut employer la sévérité pour vaincre sa paresse; mais il ne tarda pas à surpasser ses maîtres. Il acheva ses études à Carthage, et étudia surtout la rhétorique et l'éloquence pour se préparer au barreau. C'est alors qu'il s'attacha à une femme, qu'il aima fidèlement pendant quinze ans. La lecture de l'*Hortensius* de Cicéron, livre perdu pour nous, lui donna le goût des investigations philosophiques; l'étude approfondie de la philosophie devait le conduire à la religion. Il embrassa d'abord la doctrine des manichéens, et lut Aristote, qui l'attacha davantage à ce système : il était persuadé aussi que les idées avaient leur principe dans les sens. Mais s'il fut séduit par la philosophie des manichéens, ce ne fut pas sans faire des objections contre les superstitions magiques et les fables grossières dont ils entouraient leur panthéisme. Il conversa avec Fauste, chef de la secte, qu'on disait fort savant, et qui ne put résoudre les objections que souleva Augustin. Dès lors, ses premières convictions furent profondément ébranlées. Il écrivit son premier ouvrage, qui nous est parvenu : *De la beauté et de la convenance*. Il passa ensuite en Italie, et vint professer l'éloquence à Milan. Saint Ambroise était évêque de cette ville. Augustin alla d'abord l'écouter pour connaître l'orateur; mais peu à peu il goûta sa doctrine. La lecture attentive de Platon, qui s'est le plus rapproché des idées chrétiennes, le fit divorcer avec les manichéens. Il était sur le seuil de la religion : Platon, dont il s'enthousiasmait, lui montrait l'essence divine, et saint Ambroise le dogme. Il fut baptisé par saint Ambroise, et perdit sa mère peu de temps après. Il retourna alors en Afrique, où il vendit ses biens pour en donner le prix aux pauvres. Dans sa solitude, il fit des travaux considérables. Sa réputation de sainteté s'était répandue dans son pays. Ainsi, l'évêque d'Hippone, devenu vieux, chercha un homme pieux qui pût l'aider, et plus, lui succéder. Le peuple, d'une commune voix, lui désigna Augustin. En 395, il devint évêque d'Hippone, conjointement avec le vieux Valère. Il s'adonna alors à l'instruction des enfants et des catéchumènes, et forma des communautés de prêtres qui furent plus tard le modèle des séminaires. Il ouvrit la célèbre conférence de Carthage, où il fut convenu que les évêques catholiques céderaient leur siége, s'ils succombaient dans la lutte. Cinq cents évêques se réunirent à Carthage, et la conférence dura trois jours. Augustin démontra l'universalité de l'Eglise et parvint à ramener un grand nombre d'évêques schismatiques. Augustin étudia alors les questions de libre arbitre, de grâce et de prédestination, et il écrivit son livre de la *Prédestination*, auquel on peut reprocher un fatalisme plus dangereux que la doctrine qu'il combattait. Il écrivit ensuite la *Cité de Dieu*. Rome venait d'être prise par Alaric; les Barbares inondaient le vieux monde, entraînant à leur suite d'effroyables calamités : il fallait consoler les peuples plongés dans une misère qu'on ne peut dépeindre. Il entreprit alors de démontrer l'impuissance de l'idolâtrie pour le bonheur de l'homme, et il expliqua la Cité céleste, l'Eglise de Dieu dans toute sa gloire. Il avait 75 ans, quand il vit l'Afrique envahie par les Vandales qu'avait appelés Boniface; il vit ces Barbares devant Hippone, et souhaita de mourir avant qu'ils entrassent dans la ville. Il mourut, en effet, le troisième jour du siége, en 430. Son corps fut transporté, plus tard, dans l'église de Saint-Pierre de Pavie. Il a mérité d'être surnommé le docteur de la grâce.

AUGUSTIN KAESENBROT, né à Olmutz, en 1470, mort le 15 mai 1513. Il fut un des promoteurs de la Renaissance en Moravie. Les frères moraves, appelés aussi *frères agneaux*, occupaient alors ce pays. Persécutés pour leur doctrine, qui rappelait celle des hussites, ils trouvèrent un peu de repos au temps de Kaesenbrot; et sous son administration bienfaisante, les frères moraves comptèrent bientôt plus de deux cents églises en Bohême et en Moravie, et de six à sept cents villages sur les bords de l'Oder. Il contribua à resserrer les liens qui unissaient les membres de ces sociétés patriarcales, et à leur donner cette constitution, rêvée de nos jours par les socialistes, qui leur permit d'acquérir d'immenses richesses. *Voir* MORAVES.

AUGUSTIN (Antoine), archevêque de Tarragone, jurisconsulte, philologue et numismate, auditeur de la Rote sous Paul III, à Saragosse en 1516. On a de lui des ouvrages remarquables sur diverses matières. Il fut l'un des premiers qui fit servir les antiquités romaines à l'intelligence du droit romain et représenta l'Eglise d'Espagne au concile de Trente. Il mourut en 1586.

AUGUSTIN (J.-B.-Jacques), peintre en émail et en miniature, né en 1759 à Saint-Dié. Il vint à Paris en 1781 où il lutta contre le mauvais goût qui régnait dans les arts à cette époque. Ses miniatures se distinguent par la pureté du dessin, la vigueur du ton et la richesse du coloris. Il mourut en 1852.

AUGUSTIN (Saint-), ville forte des Etats-Unis (Floride), à 250 kil. de Talahassee. Pop. 3,000 hab. Cette ville possède un port sur l'Océan atlantique; son climat est très-doux. C'est dans cette ville, qui était autrefois la capitale de la Floride, que l'Espagne signa la cession de cette colonie aux Etats-Unis.

AUGUSTIN (baie de Saint-), située dans la mer des Indes, sur la côte O. de Madagascar, à l'embouchure du Darmouth.

AUGUSTIN (saint), apôtre de l'Angleterre. Il appartenait à l'ordre des bénédictins lorsque le pape saint Grégoire le Grand l'envoya, en 596, prêcher le christianisme en Angleterre. Il fut très-heureux dans son apostolat, qui dura onze ans, et convertit la majeure partie des Anglo-Saxons.

AUGUSTINES, religieuses qui suivent la règle donnée par saint Augustin à un monastère de femmes, fondé par sa sœur à Hippone, et qui se consacrent à la garde des malades et au service des hôpitaux. Ces sœurs hospitalières sont établies à l'Hôtel-Dieu de Paris, où elles remplacèrent une association de frères et de sœurs formée par saint Landry, et ont été réformées par la mère sainte Geneviève. Elles portent une robe noire serrée par une ceinture de cuir.

AUGUSTINS. Ordre religieux, composé primitivement d'ermites qui prétendaient, ainsi que les chanoines réguliers, avoir été fondés par saint Augustin. Ils professent la règle contenue dans sa lettre aux religieux d'Hippone; et tout prouve qu'Augustin n'est leur fondateur que dans ce sens qu'ils lui ont emprunté leur règle. Cet ordre n'est constitué d'ailleurs que depuis 1256. Auparavant, les communautés d'ermites qui reconnaissaient le patronage de saint Augustin n'avaient pas de discipline; ils étaient le plus souvent errants. Le pape Innocent IV les constitua en un ordre régulier divisé en quatre provinces : France, Allemagne, Espagne et Italie. Le cardinal Richard leur fit élire un général. Mais les Guilhelmites de Bourges refusèrent de le reconnaître, et constituèrent un ordre séparé sous le nom de *Petits-Augustins*, parce qu'ils portaient un habit plus court et plus étroit. Les Augustins se divisèrent encore au XIVe siècle; et alors se formèrent les *Augustins déchaussés*. Leur règle fut approuvée en 1589. Les chanoines réguliers de saint Augustin forment aussi un ordre différent.

AUGUSTOWO, ville de Pologne, à 217 kil. de Varsovie. Pop. 3,350 hab. Cette ville fut fondée par Sigismond-Auguste, en 1557. La Russie en a fait le ch.-l. d'un district portant le même nom.

AUGUSTOWO (Gouvernement d'), l'un des cinq de la Pologne. Pop. 618,900 hab., ch.-l. Augustow.

AUGUSTULE (Romulus-Momyllus-Augustus), dernier empereur romain d'Occident en 476. Il reçut ce nom en marque de dérision; fils d'Oreste, général des armées romaines dans les Gaules, il fut proclamé par son père à Ravenne; mais Odoacre, roi des Hérules, qui occupaient alors toute l'Italie, le détrôna et l'exila en Campanie, lui assigna pour retraite la ville de Lucullus, en lui laissant un revenu de 6,000 livres d'or, après avoir pris et décapité Oreste. Ainsi finit l'empire romain d'Occident, dont le premier et le dernier souverain portèrent le nom de Romulus.

AUGUSTUS (fort). Ce fort, situé dans le comté d'Inverness (Ecosse) sur le canal calédonien, fut bâti après l'insurrection de 1715 et peut loger 300 hommes.

AUHAUSEN, village de Bavière, à 6 kil. d'Œttingen. Pop. 450 hab. Il est célèbre par l'*Union évangélique* qu'y conclurent les protestants en 1608; cette union fut renouvelée à Halle.

AULÆUM. On appelait ainsi, chez les Romains, le voile qui dérobait la vue du proscenium dans les théâtres, avant le spectacle, et qui faisait l'office du rideau employé dans nos théâtres modernes.

AULAYE (Saint-), ch.-l. de cant. de l'arr. de Ribérac (Dordogne), à 20 kil. de cette ville. Pop. 455 hab.

AULDEARN, village d'Ecosse, situé sur la route d'Aberdeen à Inverness. Pop. 1,600 hab. Célèbre par la sanglante bataille qui s'y livra entre le marquis de Montrose et les parlementaires.

AULICH (Louis), un des chef de la révolution hongroise, né à Presbourg en 1792, il était lieutenant-colonel d'un régiment autrichien lors de l'insurrection de 1848. Il se distingua à l'attaque de la forteresse de Santhamas et obtint de brillants succès sur les troupes autrichiennes commandées par Schwartzenberg et Simunich. Il contribua aux revers qu'éprouva Windischgraetz, et remplaça Goergi comme ministre de la guerre après la prise d'Ofen. Trahi par Goergi, il fut saisi aux conférences ouvertes par celui-ci à Arad, avec les Russes, et pendu, avec douze de ses compagnons, le 6 octobre 1849. D'une bravoure éprouvée, Aulich manquait de l'énergie nécessaire pour le poste qu'il avait accepté.

AULIDE, ou mieux AULIS, ville et port de l'ancienne Grèce (Béotie). La flotte grecque s'y réunit avant son départ pour Troie, et Iphigénie y fut sacrifiée par les Grecs dans l'espoir d'obtenir des vents favorables.

AULIQUE (conseil). Nom d'un tribunal suprême érigé en Allemagne par Maximilien Ier, en 1501, pour juger les causes de l'empereur. Tenant ses sessions dans la capitale de l'empire, résidence de la cour, ce conseil était composé, avant 1806, d'un vice-chancelier, d'un président catholique et de dix-huit assesseurs, dont neuf catholiques et neuf protestants.

AULNAY, ch.-l. de cant. de l'arrond. de Saint-Jean d'Angély (Charente-Inférieure), à 18 kil. de cette ville. Pop. 1,350 hab.

AULNAY-SUR-ODON, ch.-l. de canton de l'arrond. de Vire (Calvados), à 30 kil. de cette ville. Pop. 1,050 hab.

AULNE, rivière de France, qui prend sa source dans le départ. des Côtes-du-Nord, et, après un parcours de 120 kil., se jette dans la rade de Brest.

AULNOY (Marie-Catherine-Jumelle de Berneville, comtesse D'), romancière, née en 1650, morte en 1705. Un épisode assez dramatique signala les commencements de son mariage. Son mari, accusé de lèse-majesté par trois Normands, allait perdre la vie, lorsque l'un des trois accusateurs, cédant à un remords de conscience, avoua le mensonge. Elle ne débuta que fort tard dans la carrière des lettres. Elle avait déjà 40 ans lorsqu'elle publia le meilleur de ses romans: *Hippolyte, comte de Douglas*. On y trouve de la chaleur, du naturel dans le style et des aventures attachantes; La Harpe place les *Contes des Fées* de la comtesse d'Aulnoy au-dessus de ceux de Perrault.

AUMALE, ch.-l. de cant. de l'arrond. de Neufchâtel (Seine-Inférieure), à 24 kil. de cette ville. Pop. 1,950 hab. Cette ville possède un collége et une ancienne abbaye bénédictine. — En 1070, Aumale fut érigé en comté par Guillaume le Conquérant, en faveur d'Eudes de Champagne. En 1194, Philippe-Auguste prit ce comté aux Anglais et le donna à Simon de Dammartin; puis il passa à la maison de Castille, qui le conserva jusqu'en 1342. En 1471, il passa à René II de Lorraine, qui le laissa, en 1508, à son fils Claude, et fut érigé en duché-pairie en 1547. La maison de Savoie posséda Aumale jusqu'en 1675, époque à laquelle Louis-Auguste de Bourbon, duc du Maine, l'acheta. Le titre de duc d'Aumale est porté aujourd'hui par le quatrième fils de Louis-Philippe.

1550, il fut nommé gouverneur de Bourgogne. D'un orgueil excessif, il ne voulait point céder le pas aux princes de la maison royale: « Monseigneur de Lorraine, son père, ne relevant, disait-il, que de Dieu et de son épée. » Il se distingua à la défense de Metz, quand cette ville fut assiégée par Charles-Quint, en 1552, en se jetant hardiment dans la place. Plus tard, il fut blessé et fait prisonnier en se défendant avec une poignée d'hommes contre le margrave de Brandebourg. En 1553, il fut mis en liberté, et se trouva plus tard en Piémont, puis à la reprise de Calais et aux combats de Dreux, de Saint-Denis et de Moncontour. Emporté par sa haine contre l'amiral de Coligny, à qui il reprochait la mort de François, duc de Guise, son frère, il fut l'un des promoteurs de la Saint-Bar-

Arteveld massacré par les bourgeois de Gand.

AULT, ch.-l. de canton, arrond. d'Abbeville (Somme), à 35 kil. de cette ville. Pop. 1.380 hab. Il possède un port sur la Manche, et fait un grand commerce de poissons frais avec Paris.

AULU-GELLE (Aulus-Gellus), critique latin du IIe siècle, sous Adrien, Antonin et Marc-Aurèle. Il commença ses études à Rome, et il alla ensuite, suivant l'usage de son temps, se perfectionner à l'école d'Athènes. De retour à Rome, il étudia la jurisprudence et fut nommé juge. Ses *Nuits attiques* lui valent un rang distingué parmi les grammairiens et les critiques. Il donna ce titre à son ouvrage, parce qu'il l'écrivit à Athènes pendant les longues soirées d'hiver. Ce sont des mélanges et des morceaux détachés qu'il composa ou qu'il compila pour l'éducation de ses enfants. On y trouve des anecdotes curieuses, une histoire critique des auteurs, des discussions sur la grammaire, les antiquités, la physique et la philosophie. Il nous a laissé bien des fragments d'auteurs dont les ouvrages sont aujourd'hui perdus. C'était un observateur profond et un homme d'une vaste érudition, qui joignait à ces qualités une remarquable élégance de style.

AUMALE, ville de la province d'Alger, à 128 kil. de cette ville. Pop. 2,000 hab.

AUMALE (Claude Ier de Lorraine, duc D'), fils de René, duc de Lorraine, auquel il succéda au comté d'Aumale, vint se fixer en France, où il obtint la charge de grand-veneur. En 1515, il commanda, à Marignan, les troupes du duc de Gueldre, son oncle. Il prit part à la lutte contre les Anglais et les Allemands, en France et en Lorraine. Pendant la captivité de François Ier, il battit les paysans révoltés de la Misnie, de la Souabe et de l'Alsace. Il remporta sur eux une victoire décisive à Saverne. Le parlement de Paris lui adressa, à ce sujet, des lettres de félicitation; et François Ier le récompensa en le nommant gouverneur de la Champagne et en érigeant sa terre en duché. En 1542, il fit la conquête du Luxembourg. Dès ce moment, il demeura attaché à la cour de France. Il mourut à Joinville en 1550, laissant la réputation d'un habile capitaine.

AUMALE (Claude II de Lorraine, duc D'), troisième fils de Claude Ier de Lorraine, né en 1523. Il eut en partage la terre d'Aumale et la charge de grand-veneur de France, qui avait été occupée par son père. En

thélemy; mais plus tard il regretta ce rôle, et nous le trouvons, pendant les massacres, parcourant les rues de Paris pour apaiser la fureur du peuple. Il fut emporté par un boulet de canon au siége de la Rochelle, en 1573.

AUMALE (Charles de Lorraine, duc D'), fils d'Aumale Claude II de Lorraine, lui succéda au duché d'Aumale et occupa aussi sa charge de grand-veneur. Il fut l'un des plus intrépides défenseurs de la ligue. Il présida, avec le duc de Guise, en 1586, la réunion des ligueurs qui eut lieu dans l'abbaye d'Orcamp, et où fut prise la résolution de s'armer contre les huguenots sans l'ordre du roi. Cependant la puissance des Guise excita bientôt sa jalousie, et il prit parti contre eux en faisant avertir Henri III qu'ils méditaient de s'emparer de sa personne. Il voulait ainsi perdre ses deux rivaux et rester seul chef de la ligue. Son espoir fut réalisé en 1589: la ligue des Seize lui déféra le commandement de Paris. Il sortit de la capitale pour assiéger Senlis; mais il fut vaincu par le duc de Longueville. Il subit une autre défaite à Arques, où il commandait avec le duc de Mayenne. Vaincu de nouveau à

Ivry, où il manqua d'être fait prisonnier, il réussit cependant à se jeter dans Paris, dont il empêcha ainsi l'occupation. Défait de nouveau par Biron, et se trouvant ruiné, il aima mieux, malgré les conseils de sa femme, servir les intrigues de l'Espagne que de se soumettre à Henri IV. Le parlement le condamna pour crime de lèse-majesté à être écartelé, et il fut exécuté en effigie en 1595. Il ne rentra jamais en France, et mourut à Bruxelles en 1631.

AUMALE (Claude, chevalier D'), frère du précédent, chevalier de Malte, ardent ligueur, né en 1563. Il se rendit célèbre à la bataille d'Arques. Il fut tué en voulant enlever la ville de Saint-Denis à Henri IV (3 janvier 1591).

AUMONE. On appelle ainsi les dons, de

sinat du duc de Guise: il jugeait nécessaire la mort de cet homme qui trahissait son roi; mais il voulait une exécution publique. Cependant quand le duc de Guise fut frappé dans une chambre voisine de celle où il se trouvait en compagnie du frère du duc de Guise et de plusieurs de ses partisans, il mit l'épée à la main pour arrêter quiconque eût voulu prendre la défense du duc. Il a laissé une descendance illustre.

AUNE, ancienne mesure dont la longueur changeait chez chaque peuple, dans chaque province, et même dans chaque ville. L'*aune de Paris* avait trois pieds sept pouces et huit lignes; elle valait donc 1 m. 1884.

AUNEAU, ch.-l. de cant. de l'arrond. de Chartres (Eure-et-Loir), à 22 kil. de cette ville. Pop. 1,550 hab. Pèlerinage à la Fon-

1360, Jean rendit la province à l'Angleterre; par le traité de Bretigny, mais les habitants expulsèrent les Anglais et se donnèrent à Charles V, en 1371. En 1666, Louis XIV commença le port de Rochefort, et, en 1790, l'Aunis fut compris dans le département de la Charente-Inférieure.

AUPS, ch.-l. de cant. de l'arrond. de Draguignan (Var), à 26 kil. de cette ville. Pop. 2,350 hab. Cette ville très-ancienne portait le nom d'*Alba Augusta;* elle est située au pied d'une montagne.

AURANITIDE, partie de la Palestine située à l'E. du Jourdain; elle appartenait à la tribu de Manassé.

AURAY, ch.-l. de cant. de l'arrond. de Lorient (Morbihan), à 28 kil. de cette ville. P p. 3,900 hab. Cette ville est située dans une profonde baie, possède un port pou-

Mort du chevalier d'Assas.

quelque nature qu'ils soient, que l'on fait à un pauvre.

AUMONT, ch.-l. de cant. de l'arrond. de Marvejols (Lozère), à 24 kil. de cette ville. Pop. 655 hab.

AUMONT, village du départ. de l'Oise, à 4 kil. de Senlis. Pop. 300 hab.. Exploitation de carrières de sable pour la manufacture de glaces de Saint-Gobain.

AUMONT (Jean D'), d'une ancienne famille de France, né en 1522. Il se battit en Italie sous le maréchal de Brissac; il fut blessé et pris à la bataille de Saint-Quentin, en 1557. L'année suivante, il se trouva à la bataille de Calais. En 1562, il combattit contre les huguenots à Dreux, à Saint-Denis, à Moncontour et au siége de la Rochelle. Henri III le fit maréchal de France. Il fut l'un des premiers qui reconnurent Henri IV, et il se signala sous ses ordres à la journée d'Arques et à celle d'Ivry. Nommé gouverneur de la Bretagne, il lutta contre Mercœur, qui y commandait les huguenots. Il leur prit plusieurs places importantes; mais il tomba mortellement frappé, en 1595, au siége de Camper. C'était un soldat franc et généreux. Il avait refusé à Henri III de participer à l'assas-

taine Saint-Maur. Cette ville est une ancienne seigneurie qui appartenait au maréchal de Joyeuse. Guise le Balafré y battit les Allemands en 1587.

AUNEUIL, ch.-l. de cant. de l'arrond. de Beauvais (Oise), à 12 kil. de cette ville. Pop. 1,300 hab. Patrie du peintre Lebrun. On y remarque les ruines d'un château fort.

AUNIS, petite prov. de France, qui était bornée au N. par le Poitou, à l'E. et au S. par la Saintonge, et à l'O. par l'Océan; cap. la Rochelle. Superf. 151,871 hect. Elle est comprise aujourd'hui dans les départements de la Charente-Inférieure et des Deux-Sèvres — Sous Honorius II l'Aunis faisait partie de la seconde Aquitaine. De la domination des Romains, cette province passa sous celle des Visigoths, et les Francs s'en emparèrent, en 507, par la victoire de Vouillé. Depuis cette époque, l'Aunis fut étroitement lié à la Saintonge, et, au xe siècle, il appartint aux Mauléon, sur lesquels l'usurpa, en 1130, Guillaume X, duc d'Aquitaine. En 1137, l'Aunis appartint à Louis VII, roi de France, et, en 1152, à Henri II, roi d'Angleterre. En 1224, Louis VIII s'empara de la Rochelle. En

vant recevoir des navires d'un fort tonnage. On y remarque l'église Saint-Gildas, construite en granit. Près de là se trouve l'église Sainte-Anne, célèbre par ses pèlerinages, ses neuvaines et ses cures merveilleuses. Cette ville était très-florissante, et les Danois, les Suédois et les Norwégiens, venaient s'y approvisionner. Le 29 septembre 1364, le comte Jean de Montfort y vainquit Charles, comte de Blois, son compétiteur, qui y périt. Duguesclin fut obligé de se rendre au général anglais, Jean Chandos, à la fin du combat. Cette guerre mit fin à la succession de Bretagne.

AURE, petite rivière de France; elle limite les départements de l'Eure et d'Eure-et-Loir, passe à Verneuil et Nonancourt, et, après un parcours de 50 kil., se jette dans l'Eure.

AURÉLIEN (Lucius-Domitius-Aurélianus), empereur romain. Aurélien, fils d'un colon de Dacie, dut son élévation à son mérite. Il était tellement sévère sur la discipline que ses soldats, pour le distinguer d'un autre tribun militaire du même nom, l'avaient surnommé *la main au glaive*. Avec trois cents hommes, il avait arrêté une irruption de Sarmates; il en avait tué quarante-huit de sa main en un seul combat et près de mille les jours suivants. Deux chansons militaires célébrèrent cet exploit. Il fit un jour écarteler un soldat qui avait outragé la femme de son hôte. Il écrivait à son lieutenant : « Si tu veux devenir tribun, et même si tu tiens à ta tête, contiens la main du soldat. Que nul ne vole une poule, ni ne touche à un mouton... Ce qu'il aura, qu'il l'ait gagné sur l'ennemi et non sur les larmes des provinciaux. » Tel était le prince que les légions romaines élevèrent à l'empire, en 270, après avoir renversé Quintilius que le sénat avait élu. Il demanda les conseils des sénateurs. L'un d'eux lui répondit qu'il suffisait, pour gouverner, d'avoir du fer et de l'or. Les barbares faisaient, de tous côtés, irruption dans l'empire; Aurélien leur fit face partout. Il battit les Goths, puis les Alamans. Mais ces derniers, faisant un mouvement oblique, le laissèrent campé au nord de l'Italie, tandis qu'ils marchaient sur Rome. Il courut alors à leur poursuite; mais il tomba dans une embuscade et essuya une défaite si terrible que Rome fût tombée en leur pouvoir, s'ils avaient su utiliser la victoire. Mais profitant de ce que ces barbares s'étaient dispersés pour piller, Aurélien les attaqua à plusieurs reprises et les repoussa jusqu'au Danube. Là il fit la paix avec eux et prit même deux mille des leurs pour les incorporer dans son armée. Rome avait cru qu'elle allait succomber, et une sédition s'était élevée dans son sein. Aurélien punit cruellement les rebelles, ayant soin surtout de frapper les plus influents. Il recula l'enceinte de Rome, qui renferma alors un espace de cinquante milles, et en releva les remparts dégradés. Ces précautions prises, il partit contre Zénobie, reine de Palmyre, et marcha en suivant le Danube, afin d'imposer encore aux Barbares par sa présence. L'Illyrie et la Mœsie étaient tellement dévastées par les invasions successives, qu'il transporta tous les habitants de l'Illyrie dans la Mœsie et y concentra les troupes des frontières. Il poursuivit son chemin, et, après avoir remporté une première victoire sur Zénobie, il arriva devant Antioche, qui se rendit. Dans une rencontre de cavalerie qui eut lieu ensuite, l'avantage resta à Zénobie, mais Aurélien vengea cet échec à Emèse. Il dut entreprendre ensuite le siége de Palmyre, qui fut long et difficile. Il y fut même blessé. Il proposa une capitulation, que la reine repoussa fièrement. Elle comptait sur les secours des Sarrasins, des Arméniens et des Perses; mais les Perses ayant perdu leur roi, et Aurélien ayant gagné les autres, les efforts de la reine se trouvèrent paralysés. Palmyre se rendit, et Zénobie prit la fuite. Elle fut cependant atteinte par des soldats romains qui la conduisirent à Aurélien. Celui-ci résista aux cris de ses soldats qui demandaient sa mort, et la réserva pour son triomphe. Cependant il fut impitoyable pour l'illustre Longin qui avait dicté la fière réponse que Zénobie lui avait adressée, et le fit mettre à mort. Il avait laissé dans Palmyre une garnison de 600 hommes; mais ces troupes ayant été massacrées, il revint sur ses pas avec une vitesse qui ne permit pas aux habitants de s'armer, et les passa tous jusqu'au dernier au fil de l'épée; la ville fut détruite de fond en comble. Il se rendit en Égypte pour y comprimer une révolte. Pendant ce temps-là, un obscur usurpateur, un traficant, Firmus, avait rassemblé les débris des troupes de Zénobie et tenté de nouveau le sort des armes. Il fut vaincu et finit par la main du bourreau. Aurélien marcha alors contre Tétricus, qui avait été proclamé en Gaule; ce malheureux que les légions avaient revêtu de la pourpre, malgré lui, suivait son armée plutôt qu'il ne la commandait. La rencontre eut lieu près de Catalaunum (Châlons-sur-Marne). Au plus fort de la mêlée, Tétricus passa dans le camp de son adversaire et abdiqua entre ses mains. Après cette victoire, Aurélien rentra dans Rome en triomphateur, traînant derrière son char Zénobie et Tétricus. Cependant tous deux furent assez bien traités : Tétricus reçut le gouvernement de l'Italie, et Zénobie put se retirer dans une villa de Tibur. Aurélien s'occupa ensuite de réformer l'administration de l'empire. La sévérité de ce prince était telle que ses justices ressemblaient à des vengeances. Il se préparait même à persécuter les chrétiens, quand il mourut, victime d'un complot. Mnesthée, un de ses affranchis, redoutant la colère de son maître pour une infidélité, dressa une liste de personnes qu'il alla trouver ensuite, en leur assurant que leur vie était menacée, et les intéressa ainsi à se débarrasser d'Aurélien, qui fut tué pendant un voyage, en l'an 275.

AURELIUS VICTOR (Sextus), historien latin, né en Afrique, vers le milieu du IVe siècle de notre ère, florissait sous Julien et ses prédécesseurs. Il fut préfet de Rome et consul en 369; il ne voulut point embrasser la religion chrétienne. On a de lui *De viris illustribus urbis Romæ*, attribué aussi, mais sans preuves, à Cornélius Népos, à Pline le Jeune, à Suétone; *de Cæsaribus historia* (depuis Auguste jusqu'à Julien).

AURENGABAD, c'est-à-dire *ville du trône*, ou *Aureng-Zeib*, ville de l'Hindoustan, dans les États de Nizam, ch.-l. de la prov. de ce nom, à 290 kil. de Bombay, sur le Kowluh, à 35 kil. de son embouchure dans le Godavery. Pop. 20,000 hab. Cette ville est très-grande, mais elle n'offre qu'un monceau de ruines. On y remarque un bazar de 2 kil. de long, des mosquées; le palais d'Aureng-Zeib, le mausolée de ce prince et celui d'une de ses femmes sont des monuments remarquables, mais malheureusement en ruines. Cette ville fut bâtie au milieu du XVIIe siècle.

AURANGABAD (province d'). Anc. prov. de l'Hindoustan; elle dépend aujourd'hui de la présidence anglaise de Bombay; elle a 450 kil. de longueur sur 250 de largeur. Pop. 6,000,000 hab., presque tous Mahrattes. Son sol est très-fertile, on y cultive la canne, le coton, le riz, l'indigo. Cette province est traversée par la double chaîne des Ghattes, d'où coulent le Godavery, la Bhyma et la Nyra.

AURENG-ZEIB (Mohi-Ouddine-Mohammed-Alamgiur), empereur du Mogol, de 1659 à 1707. Il était le dernier fils du sultan Shah-Jehan. Son père l'ayant nommé gouverneur de Dékan, il remporta des victoires sur le roi de Golconde et sur celui de Bedjapour. Il avait trois frères, qui avaient aussi reçu une éducation guerrière, et qui étaient vice-rois. Shah-Jehan étant tombé gravement malade, Dara, son fils aîné, s'empara du gouvernement. Ses trois autres frères lui disputèrent le pouvoir. L'empereur revint à la santé, mais il ne put apaiser la révolte. Dara seul lui remit le gouvernement. Aureng-Zeib s'allia d'abord avec son frère Mourad, et gagna sur Dara une bataille décisive. Il fit prisonniers son père et ses frères, et sut habilement se faire solliciter par les grands d'accepter la couronne. Il tint son père captif dans un palais, et le garda avec une certaine apparence de respect. Ses frères s'étant échappés de leur prison, il eut d'abord à les soumettre; puis il poussa ses conquêtes jusqu'à l'Arracan. Il gouverna ses peuples avec justice, mais avec une rigueur et une intolérance religieuse qui souleva contre lui les Rajpoutes. Cette révolte amena un grand changement dans l'empire. Les Mahrattes, qui étaient soumis depuis trois cents ans, se soulevèrent sous la conduite d'un aventurier, et après des alternatives diverses, se constituèrent en État indépendant. Aureng-Zeib ne pouvait que les atteindre difficilement dans leurs montagnes inaccessibles à sa lourde cavalerie. Il lutta cependant contre eux jusqu'à sa mort.

AUREOLUS (Manius-Acilius). Pâtre dace qui s'enrôla dans les armées romaines, devint général sous les empereurs Valérien et Gallien, et prit la pourpre impériale en 267. Gallien et Claude II, auxquels il disputait l'empire, le battirent plusieurs fois, et il périt dans une bataille sous les murs de Milan, en 268.

AURÈSE, chaîne de montagne de l'Afrique (Algérie), à 160 kil. de Constantine, dans le pays de Zab, et qui se prolonge à l'E. dans l'État de Tunis. Autrefois les Maures, sans cesse en révolte contre les Vandales ou les Grecs, se réfugiaient dans ces montagnes.

AURICH, ville de Hanovre, ch.-l. de la province de son nom à 22 kil. d'Emden. Pop. 4,500 hab. Elle est le siége de l'assemblée des états; cour d'appel civile et criminelle; gymnase et bibliothèque.

AURICH (province d'). Elle comprend l'ancienne principauté d'Ost-Frise, le territoire de l'Harlinger-Land, ainsi que quelques îles de la mer du Nord. Pop. 189,100 hab.

AURIGNAC, ch.-l. de cant. de l'arrond. de Saint-Gaudens (Haute-Garonne), à 21 kil. de cette ville. Pop. 1.200 hab. Son commerce consiste en bestiaux, cuirs et laines.

AURIGNY, petite île d'Angleterre, dans la Manche, à 13 kil. des côtes de France, à 32 kil. de Guernesey. Pop. 3,400 hab. L'air est sain; le sol bien cultivé, et on y fait une abondante récolte de grains. Aurigny est séparée de la côte de France par le ras d'Aurigny ou de Blanchard, à 55 kil. de la côte d'Angleterre. Elle appartient aux Anglais et relève du petit gouvernement de Jersey, et Sainte-Anne en est l'unique ville.

AURILLAC, ville de France, ch.-l. du départ. du Cantal, sur la Jordanne, à 554 kil. de Paris. Pop. 10,900 hab. Siége d'un tribunal de première instance et d'un tribunal de commerce, elle possède une société d'agriculture, une bibliothèque publique de 7,000 volumes, une salle de spectacle et un collége. On y remarque le château de Saint-Étienne, qui était autrefois la résidence des comtes d'Auvergne; l'église Saint-Geraud, l'abbaye des bénédictins et l'église Notre-Dame des Neiges, l'hôtel de ville, l'hôpital, l'hospice des aliénés, la colonne de Montyon et une statue élevée au pape Silvestre II, qui naquit dans cette ville. Patrie de Carrier, de Piganiol de la Force.

AURIOL, bourg du cant. de Roquevaire, arrond. de Marseille (Bouches-du-Rhône), et à 27 kil. de cette ville. Pop. 2,700 hab. Non loin de ce bourg on trouve les ruines d'un château bâti au XIe siècle, ainsi que des vestiges de villas romaines.

AURON, rivière de France, qui prend sa source à Cerilly (Allier), passe à Bourges, où elle prend le nom d'Yèvre, et qui, après un parcours de 100 kil., se jette dans le Cher à Vierzon.

AURORE, déesse, fille d'Hespérion, mère de Memnon et de Phaéton. On la représente couverte d'un voile ouvrant avec ses doigts de rose les portes de l'Orient. Elle précédait le soleil sur un char de vermeil attelé de deux chevaux blancs. La Fable prétend que la mort de ses deux fils la rendit tellement sensible, que la rosée qui humecte la prairie n'est autre chose que les *larmes de l'Aurore*.

AUROS, ch.-l. de cant. de l'arr. de Bazas (Gironde), à 8 kil. de cette ville. Pop. 500 hab. On y remarque un ancien château qui appartenait à la maison de Foix, aujourd'hui en ruines.

AUSONE (Décius Magnus), poëte latin, né à Bordeaux, vers 309. Son père, protégé par Valentinien, avait été préfet d'Illyrie. Ausone étudia sous les meilleurs maîtres de Bordeaux, où il y avait alors une école célèbre. Il alla étudier le droit à Toulouse. De retour dans sa patrie, il parut au barreau avec un certain éclat; mais cédant à ses goûts littéraires, il accepta une chaire de grammaire, puis une chaire d'éloquence. Sa réputation s'étendit tellement dans tout l'empire, que Valentinien lui confia l'éducation de son fils Gratien, et le fit successivement comte de l'empire, questeur et préfet du prétoire. Quand Gratien monta sur le trône, il manifesta sa reconnaissance envers son maître, en le nommant consul dans les Gaules, en 379. Il lui écrivit même, à l'occasion de sa nomination, une lettre des plus flatteuses. Plus tard Ausone quitta la cour, et revint à Bordeaux, où, entouré d'amis qu'il affectionnait, il s'adonna entièrement à la culture des lettres. Il mourut vers 394. Ses poésies, souvent licencieuses, se ressentent de la fréquentation d'une cour corrompue; mais le poète s'excuse par ce vers de Martial, qui réhabilite l'homme :

Lasciva est nobis pagina, sed vita proba.

Il a laissé d'excellentes épigrammes; mais son style est souvent dur et affecté, et sa latinité n'est pas toujours pure. Ses écrits en prose n'ont pas été conservés.

AUSPICES, présage tiré du vol ou du chant des oiseaux. Chez les anciens, la science des augures consistait à connaître la volonté des dieux et, par conséquent, à prédire l'avenir, d'après des signes tirés des oiseaux. Il est assez probable que les Romains tenaient cette institution des Étrusques, qui l'avaient empruntée vraisemblablement aux Orientaux. Lorsque les armées romaines étaient en campagne, le général en chef seul avait le droit de consulter les auspices qui ne regardaient que lui seul et comprenaient tous ceux qu'il avait sous ses ordres. C'est pourquoi l'on disait : Combattre sous les auspices de tel ou tel général.

AUSSÉE, bourg des États autrichiens (Styrie). Pop. 1,500 hab. On y rencontre de riches mines de sel gemme et de sulfate de soude.

AUSSIG, ville de Bohême à 22 kil. de Leitmeritz. Pop. 1,800 hab. Grand commerce de houille. Patrie du peintre Meings.

AUSTEL (Saint-), ville d'Angleterre, dans le comté de Cornouailles, près de la baie de son nom. Pop. 10,500 hab. Siége d'une justice des mines.

AUSTERLITZ, ville des États autrichiens (Moravie), à 15 kil. de Brünn. Pop. 2,800 hab. On y remarque le château des princes de Kaunitz-Rittberg, possédant une précieuse collection de tableaux. C'est à 5 kil. de cette ville qu'eut lieu, le 2 décembre 1805, la célèbre bataille dite d'Austerlitz ou des *Trois Empereurs*, où Napoléon battit les armées réunies de l'Autriche et de la Russie, commandées par les empereurs François II et Alexandre Ier. C'est à la suite de cette victoire que fut conclu le traité de Presbourg (le 26 décembre 1805).

AUSTIN, ville de l'Amérique septentrionale, capitale du Texas depuis 1838, située sur la rive gauche du Colorado, près de la mer et au centre de l'État.

AUSTRAL (Grand-Océan), il s'étend entre le tropique du Capricorne et le cercle polaire austral. Cette mer baigne les côtes méridionales de la Nouvelle-Zélande, de l'Afrique, de l'Australie ou Nouvelle-Hollande et de l'Amérique, et prend le nom d'Océan atlantique austral entre l'Afrique et la côte méridionale de l'Amérique.

AUSTRALIE ou **AUSTRALASIE**, l'une des quatre grandes divisions géographiques de l'Océan austral, entre la Malaisie et la Polynésie. La Nouvelle-Hollande en forme la plus grande partie. Le reste se divise en dix groupes : 1° La Papouasie ou Nouvelle-Guinée; 2° les îles ou archipel de la Louisiade; 3° l'archipel de Quiros; 4° le groupe de la Nouvelle-Calédonie; 5° l'archipel de la Pérouse; 6° l'archipel de la Nouvelle-

Grenade; 7° l'archipel de Salomon; 8° le groupe de Norfolk; 9° le groupe de la Nouvelle-Zélande ou Tasmanie; 10° le groupe de la Diéménie. On attribue aux Espagnols et aux Portugais la première découverte de ces terres au XVIe siècle. En 1605, les Hollandais reconnurent le continent, et, en 1614, ils avaient étudié une partie de la côte. La Tasmanie fut découverte, en 1642, par Tasman. Au commencement du XIXe siècle, la côte du continent était presque entièrement reconnue.

AUSTRALIE OU CONTINENT AUSTRAL OU NOUVELLE-HOLLANDE. Vaste continent de l'Océanie situé au S.-O. de l'Asie. Sa longueur de l'E. à l'O. est de 3,861 kil., et du N. au S. de 3,170 kil. Sa superficie est de 4,827,000 kil. carrés. Pop. 928,000 hab. Elle est séparée de la Papouasie, au N., par le détroit de Torrès; de la Tasmanie, au S., par le détroit de Bass; de la Nouvelle-Zélande et de la Nouvelle-Calédonie, à l'E., par un canal de 1,300 kil., et baignée à l'O. par l'Océan indien. Les principaux golfes sont : celui de Carpentarie et celui de Cambridge au N., les golfes de Saint-Vincent et de Spincer au S., la baie des Chiens-Marins à l'E. La côte orientale, désignée sous le nom de Nouvelle-Galles méridionale, est la plus fréquentée, on y trouve le port de Macquarie, la baie Jervis, le port Jackson ou Sydney, Botany-Bay, etc.; la côte méridionale comprend les terres de Nuyts, de Flinders, de Freycinet et de Gand; elle renferme la baie du Roi-Georges, le port Philippe, celui de Western dans l'île des Kangourous; la côte occidentale comprend les terres de Leeuwin, Edels, Endracht, tandis qu'au N. sont situées les terres de Witt et d'Arnheim; au S.-O., on trouve les monts Darling; au S. les monts Warragong ou Alpes australiennes et les Montagnes noires; à l'E. les Montagnes bleues. Ces montagnes s'étendent à peu de distance des côtes, et pendant longtemps on crut qu'elles défendaient l'entrée de l'intérieur du continent. Les Montagnes bleues ont été franchies en 1813. L'Australie renferme d'immenses plaines arides ou marécageuses, coupées par des terrains boueux qui se perdent dans les terres. Le climat est très-varié; dans le N., les chaleurs sont insupportables; dans la partie moyenne, le climat est plus tempéré, les saisons peu marquées, et des variations brusques; dans le S.-O., on retrouve la température de l'Afrique centrale. Les Australiens ou nègres Papous, d'une grande laideur, vivent misérablement. Les Hollandais découvrirent les premiers (1605) les côtes de ce vaste pays. En 1616, Dick Hartighs, Hollandais, découvrit les côtes occidentales, et, en 1627, Picter Nuyts explora presque toute la côte S. Abel Tasman, envoyé par la compagnie hollandaise des Indes orientales, visita la côte septentrionale en 1642, et, en 1644, explora plusieurs parties inconnues de la côte orientale. Le capitaine Dampier, en 1688 et 1699; Cook, en 1770, achevèrent de visiter les diverses côtes de cette île immense. Le capitaine Furneaux, en 1773, Vancouver, en 1791, firent de nouvelles reconnaissances. De 1818 à 1822, le capitaine King reconnut la partie septentrionale avec une rare précision. En 1818, Freycinet, Dumont d'Urville en 1827, ajoutèrent de nouvelles découvertes. En juillet 1851, Heargreaves découvrit des mines d'or en Australie. On connaît environ 26 gisements aurifères à 50 kil. de Port-Melbourne (prov. de Victoria).

AUSTRASIE, royaume des Francs orientaux du VIe au VIIIe siècle. Il se composa d'abord de l'ancien royaume de Metz ou France rhénane occidentale (Lorraine), de l'ancien royaume de Thuringe ou France rhénane orientale (Franconie), du duché d'Alemanie (Bade, Alsace, Wurtemberg), du duché de Bavière et de la Frise. La ca-

pitale était Metz. Il comprit ensuite pendant quelque temps une grande partie de l'Aquitaine (Auvergne, Marche, Bourbonnais, Limousin, Bordelais, Béarn), une partie de la Provence. — Thierry Ier, fils de Clovis, en fut le premier roi, et fixa sa résidence à Metz (511-534). Il eut pour successeurs : Théodebert Ier (534-548; Théodebald (548-555), Sigebert Ier (561-575), Childebert II (575-596), Théodebert II (596-612), Thierry (612-638), Sigebert II (638-556), Childéric II (656-673). L'Austrasie chercha plusieurs fois à assurer son indépendance et mit à sa tête des maires du palais de la famille des Héristals. Charles Martel (714) défendit l'Austrasie contre Maintfroi, maire de Dagobert III, roi de Neustrie. A la mort de Charles Martel, l'Austrasie échut à Carloman, frère de Pépin le Bref. Carloman, s'étant fait moine, céda son royaume à son frère, élu roi de France, en 752. L'Austrasie devint dès lors partie intégrante du royaume.

AUSTRÈGUES, nom de certains arbitres institués en Allemagne pour vider les différends qui s'élevaient entre les seigneurs, les cités, les prélats ou les princes. Albert II le Grave ou le Magnanime, duc d'Autriche, empereur d'Allemagne, voulant rétablir la paix publique, sans cesse troublée par les discordes des nobles, convoqua successivement deux diètes à Nuremberg. Il y fit réformer la procédure de la cour westphalique, et décider que les différends des grands seraient jugés par des austrègues.

AUTARIS, roi des Lombards (584-590 après J.-C.), arien. Il soumit l'Istrie, fit des courses jusqu'aux portes de Rome et de Ravenne, repoussa Childebert II, roi des Francs austrasiens, qui venait au secours de l'empereur grec Maurice, et poussa ses armées jusqu'à Reggio.

AUTERIVE, ch.-l. de cant. de l'arrond. de Muret (Haute-Garonne). Pop. 2,800 hab. Fabrique de draps.

AUTEUIL, ci-devant village du départ. de la Seine, à 7 kil. de Paris, situé sur une colline qui borde la rive droite de la Seine, et à l'entrée du bois de Boulogne. Pop. 5,730 hab. Il est remarquable par un grand nombre de villas. Ce village a été habité par Boileau, Molière, Franklin, la Fontaine, d'Aguesseau, Condorcet, Helvétius et Rumford. Depuis 1860, Auteuil fait partie de Paris; il est dans le 16e arrondissement municipal.

AUTHIE, petite rivière de France qui sépare les départements de la Somme et du Pas-de-Calais, passe à Doullens, et, après un parcours de 85 kil., se jette dans la Manche.

AUTHION, rivière de France qui prend sa source dans les étangs d'Hommes et de Rillé (Indre-et-Loire), suit parallèlement le cours de la Loire, et après un parcours de 100 kil., navigable sur 42, elle se jette dans la Loire à Saint-Aubin-des-Ponts-de-Cé (Maine-et-Loire).

AUTHON, ch.-l. de cant. de l'arrond. de Nogent-le-Rotrou (Eure-et-Loir), à 17 kil. de cette ville. Pop. 1,300 hab.

AUTICHAMP (Jean-François-Thérèse-Louis de Beaumont, marquis D'), général français, né en 1738, au château d'Angers, en Dauphiné. Il était fils d'un colonel tué à la bataille de Lawfeld. Il entra au service au moment de la Révolution. A onze ans, il était sous-lieutenant dans le régiment du roi; il fut aide de camp du maréchal de Broglie, et servit plus tard sous ses ordres comme colonel de dragons. Il fut ensuite brigadier des armées du roi et commandant de la gendarmerie sous le maréchal de Castries. Il devint enfin maréchal de camp et inspecteur général. Son avancement rapide s'explique par la faveur de la cour. Il quitta la France après la prise de la Bastille, et suivit le prince de Condé. Il entra même dans le conseil du comte d'Artois. Il conspira avec les mécontents de Lyon et les insurgés du camp de Jalès, et entretint des intelligences sur les frontières. En 1791, il fit l'expédition de Champagne à la tête de ses hommes d'armes à cheval. Plus tard il entra au service de Paul Ier, empereur de Russie, et commanda, en 1799, le corps de réserve de 30,000 hommes qui devait faire sa jonction avec l'armée de Souwarow, en Suisse; mais son plan fut déjoué par Masséna. Rentré en France, en 1815, il obtint le commandement de la 10e division militaire.

AUTOCRATE, du grec *autocrator*, celui qui règne de son propre droit. Chez les Athéniens on donnait ce nom aux généraux, qui, comme Aristide à Platée, Alcibiade, Nicias et Lamachus en Sicile, jouissaient de la plus grande liberté d'action et n'étaient pas tenus de rendre compte de leur conduite à la fin de la campagne. Ce nom n'est plus porté maintenant que par l'empereur de Russie.

AUTO-DA-FÉ, c'est-à-dire acte de foi. On appelait ainsi, en Espagne et en Portugal, l'exécution des jugements rendus par le tribunal de l'inquisition contre les hérétiques. Torquemada, dominicain inquisiteur, et grand cardinal sous Ferdinand et Isabelle, y intronisa les bûchers. Les règles à suivre pour les exécutions de cette nature étaient réglées par le *Code de l'Inquisition*. (*Voir* INQUISITION.)

AUTOGRAPHE. On appelle ainsi un écrit fait de la main de l'auteur.

AUTOGRAPHIE. Procédé d'impression qui consiste à écrire, avec une encre grasse, sur un papier préparé *ad hoc*, et que l'on fait décalquer sur une pierre lithographique à l'aide d'une pression. L'écriture se trouve ainsi reportée sur pierre, et, après quelques préparations, on peut imprimer comme pour la lithographie ordinaire.

AUTOLYCUS, savant grec, né à Pitane, en Eolie, vers 360 av. J.-C., maître du platonicien Arcésilas. Il a laissé plusieurs ouvrages ayant trait à l'astronomie.

AUTOMATE. On donne généralement ce nom à toute machine représentant un être vivant, et qui, par son mécanisme, en imite les mouvements. Vaucanson fit le *Joueur de flûte* et le *Canard mécanique*, qui étaient deux chefs-d'œuvre du genre; le canard surtout, dans sa structure, était une copie exacte de la nature.

AUTOMÉDON, habile écuyer, qui conduisit le char d'Achille ainsi que celui de Pyrrhus.

AUTONOMIE. On appelle ainsi le droit de se gouverner d'après ses propres lois. Sous l'empire romain, ce mot désignait en même temps l'état des villes grecques et des villes conquises qui jouissaient de ce privilége ainsi que du droit de battre monnaie.

AUTREY, ch.-l. de cant. de l'arrond. de Gray (Haute-Saône), à 11 kil. de cette ville. Pop. 1,100 hab. On y remarque des hauts-fourneaux.

AUTREY, village du départ. des Vosges, à 25 kil. d'Epinal. Pop. 500 hab. Il y avait autrefois une abbaye de l'ordre de Saint-Augustin, fondée en 1150.

AUTRICHE (empire d'), en allemand *Œstreich*, l'un des plus grands États de l'Europe, situé au centre du continent. Elle est comprise entre 42° 7' et 54° 2' de latitude N., et entre 6° 12' et 24° 14' de longitude à l'E. de Paris. Sa longueur est de 1,120 kil., sa largeur de 1,160 kil.; elle est bornée au N. par la Saxe, la Prusse et la Pologne; à l'E. par la Russie et la Turquie; au S. par la Turquie et la mer Adriatique; à l'O., par la Lombardie, la Suisse et la Bavière. L'empire autrichien est composé de diverses nationalités qui diffèrent entre elles par l'origine, la langue, les mœurs et les usages. On y distingue l'archiduché d'Autriche, la Styrie, le Tyrol, l'Illyrie, la Bohême, la Moravie, une portion de la Silésie, la Gallicie, la Hongrie, l'Esclavonie, la Croatie, la Transylvanie, la Dalmatie et la Vénétie. Sa population est de 40,000,000 d'habitants de religions diverses. Cependant, la majorité de la population est catholique. Les deux tiers de la surface de l'Autriche sont couverts de montagnes. Le principal fleuve est le Danube, qui la traverse de l'O. au S.-E.; la Hongrie possède de grands lacs. Le climat est doux dans les plaines, mais rigoureux dans les pays montagneux. Les terres sont fertiles, et l'on y rencontre toutes les productions de l'Europe. On trouve quelques mines d'or en Hongrie et en Transylvanie, des mines de mercure en Carniole; il y a aussi des mines d'étain et de sel gemme. C'est un des pays les plus civilisés et les plus industrieux de l'Europe; il suffit à sa consommation intérieure et fait une grande exportation. Cependant, il ne communique avec la mer que par les côtes de l'Adriatique, et la nature de ses ports ne lui permet pas l'entretien d'une flotte considérable. La diversité des nationalités paraît être dans ce pays un obstacle à la prospérité des arts et des belles-lettres. Les habitants, satisfaits de la fertilité de leur sol, ont rarement illustré leur patrie par la culture des arts libéraux. D'ailleurs, les souverains ont presque toujours mis obstacle au développement intellectuel : aucun livre ne peut paraître sans être soumis à une censure préalable. L'enseignement officiel ne laisse pas, cependant, d'être encouragé dans de nombreuses écoles. L'empereur jouit d'un pouvoir presque absolu, à peine tempéré par un pouvoir législatif sans vigueur. La dette de l'empire accuse un déficit effrayant que comble difficilement un papier-monnaie souvent déprécié dans les temps de crise. L'armée se compose de près de quatre cent mille hommes en temps de paix. L'empereur d'Autriche est membre de la Confédération germanique et président né de la Diète. Il fournit à l'armée fédérale un contingent de près de cent mille hommes. Vienne est la capitale de l'empire; les autres villes importantes sont : Lintz, Salzburg, Inspruck, Graëtz, Trieste, Fiume, Pesth et Venise. L'empire d'Autriche est de fondation moderne. François Ier prit le titre d'empereur d'Autriche, au commencement de notre siècle, en déposant la couronne impériale d'Allemagne. La couronne d'Autriche est héréditaire dans la ligne masculine par ordre de primogéniture; mais elle passe aux femmes à défaut d'héritiers mâles. L'empereur d'Autriche exerce une autorité presque illimitée dans toutes les provinces, excepté en Hongrie et en Transylvanie, où les diètes et chancelleries prennent part à l'exercice du pouvoir législatif et exécutif. Les états provinciaux, dont les prérogatives diffèrent suivant les provinces, n'ont guère d'autres attributions que de répartir l'impôt et d'adresser des requêtes au souverain. Dans le Tyrol, la classe des paysans fait partie des états provinciaux. La Dalmatie n'en a point. Les frontières militaires ont un gouvernement particulier qui relève du ministère de la guerre.

AUTUN, sous-préfecture du départ. de Saône-et-Loire, à 82 kil. de Mâcon. Pop. 10,650 hab. Grande et très-ancienne ville, siége d'un évêché, possède un collége, une belle cathédrale, un champ de Mars. On y remarque un arc de triomphe, les ruines d'un théâtre, d'un amphithéâtre, d'un aqueduc, de plusieurs temples, la belle mosaïque de Bellérophon. On y voit, en outre, deux portes de construction romaine assez bien conservées. L'église Saint-Martin renferme le tombeau de la reine Brunehaut. Tribunal de première instance et de commerce, grand et petit séminaire, société d'antiquaires, musée d'antiquités. Autun, fondée par les Phocéens, fut la capitale des Eduens et l'une des villes les plus importantes de la Gaule, s'allia aux Romains, et, sous Auguste, fut comprise dans la Lyonnaise. Elle possédait alors une célèbre école de rhétorique. Autun fut assiégée sept fois, prise et pillée par Tétricus, et relevée par Constantin au IVe siècle. Elle eut à ce moment d'importantes écoles où la jeunesse des Gaules et même de l'Italie venait étudier. Les Sarrasins la saccagèrent en 731 et les Normands en 888. Au XIe siècle, il s'y tint plusieurs conciles, entre autres celui qui excommunia Philippe Ier. Brûlée par les Anglais en 1379, elle souffrit encore pendant l'héroïque campagne de 1814.

AUVERGNE, province de l'ancienne France, bornée au N. par le Bourbonnais et le Berri, à l'E. par le Velay et le Forez, au S. par le Rouergue et le Gévaudan, à l'O. par le Quercy, la Marche et le Limousin. La capitale était Clermont-Ferrand. L'Auvergne forme aujourd'hui les départements du Puy-de-Dôme et du Cantal, et l'arrond. de Brioude dans celui de la Haute-Loire. Elle se divisait en Haute-Auvergne, ch.-l. Saint-Flour, et en Basse-Auvergne, ch.-l. Clermont. Le sol de l'Auvergne offre partout des traces volcaniques, et on voit encore aujourd'hui de nombreux cratères éteints. Les montagnes les plus importantes sont : Puy ou Pic-de-Dôme, Mont-Dore, Cantal, Le Cezallier. L'Auvergne est riche en mines de fer, de plomb, d'antimoine; ses eaux minérales sont fort nombreuses (Vic-le-Comte, Mont-Dore, Chaudes-Aigues, Pontgibaud). L'Auvergne tire son nom des Arvernes, l'un des peuples les plus puissants de la Gaule transalpine, et c'est d'elle que sortit Vercingétorix, le plus opiniâtre adversaire de César, et dont la soumission attira celle de toute la Gaule. Après la conquête, les Arvernes, bien traités par les Romains, adoptèrent leur civilisation. Alors l'Arvernie devint florissante, et les lettres y furent cultivées avec succès. Austremoine et Nectaire y prêchèrent le christianisme en 250, et, sous Honorius, l'Auvergne fit partie de la première Aquitaine. Les Visigoths s'en emparèrent en 475, et Clovis la leur prit en 507. L'Auvergne devint un comté dépendant de l'Aquitaine sous les Mérovingiens, et appartint ensuite comme fief féodal aux comtes de Poitiers et de Toulouse. En 979, il devint héréditaire dans la maison des vicomtes d'Auvergne, vassaux des ducs d'Aquitaine, et passa avec la Guienne sous la domination anglaise. En 1155, l'Auvergne fut divisée en deux parties : le comté d'Auvergne, appartenant à la branche cadette de la maison, fut donné à Alphonse, frère de saint Louis, puis, comme duché, à Jean, duc de Berri, mort en 1416; à Jean Ier, duc de Bourbon, puis confisqué par Philippe-Auguste, en 1527, et réuni en 1531. Le dauphiné d'Auvergne, appartenant à la branche aînée, comprenait une partie de la Limagne et la moitié de la ville de Clermont. Vers la fin du XIVe siècle, il passa par mariage à la maison de Montpensier, branche de la maison de Bourbon, et un deuxième comté d'Auvergne fut érigé en faveur de Guillaume XI, dont le fils obtint, en outre, le comté de Boulogne. Par mariage, ces deux comtés arrivèrent à la maison de la Tour, dite depuis de la Tour d'Auvergne, furent légués en 1524, à Catherine de Médicis par la comtesse Anne, et Catherine les donna au duc d'Angoulême, Charles, fils de Charles IX (1589); mais Marguerite de Valois, fille de Catherine les lui enleva en 1606. Ils furent enfin cédés par cette dernière à Louis XIII, encore dauphin qui les réunit à la couronne en 1610. — L'Auvergne est la patrie de Grégoire de Tours, de Gerbert, de l'Hôpital, du chancelier Duprat, d'Anne Dubourg, de Pascal, de Turenne, etc.

AUVILLARS, ch.-l. de cant. de l'arrond. de Moissac (Tarn-et-Garonne), à 20 kil. de cette ville. Pop. 2,275 hab. Cette ville est située sur la rive gauche de la Garonne, où elle a un port très-fréquenté.

AUXERRE, ancienne capitale de l'Auxerrois, ch.-l. du départ. de l'Yonne, grande et ancienne ville, à 169 kil. de Paris. Pop. 12,450 hab. Elle est située sur le penchant d'une colline; port très-commerçant. Tribunaux de première instance et de commerce, collége communal, école normale primaire départementale, bibliothèque de 25,000 volumes, cabinet d'antiques et d'histoire naturelle, jardin public où l'on cultive 1,500 espèces de plantes envoyées du Jardin botanique de Paris, hôpital général. On y remarque la cathédrale de Saint-Etienne, commencée en 1216 et achevée au XVIe siècle; l'église de Saint-Germain; l'église Saint-Pierre, l'hôtel de la préfecture, la salle de spectacle, de très-belles promenades autour de la ville. Auxerre fut la patrie du président Jeannin, de l'abbé Lebeuf, de Lacurne de Sainte-Palaye, du grand géomètre Fourier, du [illegible]. — Auxerre fut soumise par les Romains, ravagée par les Huns en 451, et conquise par les Francs en 486. Des comtes la gouvernèrent au VIIIe siècle. Charles V la réunit à la couronne. En 1040, Robert, duc de Bourgogne, s'en empara. En 1370, le roi Charles V l'acheta à Jean V de Châlons, et y établit un siége royal de justice et, en 1435, elle revint définitivement à la couronne sous Louis XI.

AUXONNE, ch.-l. de cant. de l'arrond. de Dijon (Côte-d'Or), à 31 kil. de cette ville. Pop. 5,400 hab. On y remarque un château construit par Louis XII et François Ier. Place forte de 4e classe, direction d'artillerie, arsenal de construction, fonderie et magasins à poudre, casernes, bibliothèque publique. Elle possède la statue de Napoléon Ier. Auxonne fut cédée à l'Espagne par le traité de Madrid, en 1526; les habitants refusèrent de se rendre aux Espagnols, se défendirent courageusement et les forcèrent à se retirer. En 1586, elle fut prise par le duc de Guise.

AUXY-LE-CHATEAU, ch.-l. de cant. de l'arrond. de Saint-Pol (Pas-de-Calais), à 30 kil. de cette ville. Pop. 2,500 hab. Située dans une contrée marécageuse.

AUZANCE, rivière de France qui prend sa source dans le départ. des Deux-Sèvres, et qui, après un parcours de 40 kil., se jette dans le Clain, au-dessous de Chasseneuil.

AUZANCES, ch.-l. de cant. de l'arrond. d'Aubusson (Creuse), à 26 kil. de cette ville. Pop. 1,200 hab. Cette ville est située sur un coteau près de la rive gauche du Cher.

AUZON, petite rivière de France qui prend sa source près de Flassan (Vaucluse), et qui, après un parcours de 40 kil., se jette dans la Sorgues, près de Bédarrides.

AUZON, ch.-l. de cant. de l'arr. de Brioude (Haute-Loire), à 14 kil. de cette ville. Pop. 1,200 hab.

AVA (royaume d'). *Voir* BIRMAN.

AVA, ville de l'Indo-Chine, capitale de l'empire Birman, à 25 kil. d'Umerapura. Pop. 50,000 hab. Cette ville est située dans une vaste plaine sur l'Iraouaddy, qui n'a pas moins de 1,300 mètres de largeur à cet endroit. Elle est mal bâtie, mais cependant elle offre de loin un aspect imposant. On y remarque plusieurs beaux édifices, entre autres le palais du souverain, terminé en 1824; plusieurs temples blancs, surmontés de tours dorées, dont l'un renferme une statue colossale en grès du dieu Gautama.

AVA, ville du Japon (Niphon) sur la côte S. et à 100 kil. de Yeddo.

AVA, ville du Japon, sur la côte S. de l'île de Sikoko, au fond d'une baie, avec le meilleur port de l'île.

AVAILLES, ch.-l. de cant. de l'arrond. de Civray (Vienne), à 31 kil. de cette ville. Pop. 900 hab.

AVAL. Espèce de cautionnement propre aux effets de commerce, qui consiste dans l'obligation contractée par une personne tierce de payer un effet à l'échéance, à défaut de celui qui l'a souscrit.

AVALANCHES. On appelle ainsi dans les Alpes les grandes masses de neige qui se détachent des montagnes et vont tomber dans les vallées, entraînant tout sur leur passage.

AVALLON, ville de France, sous-préfecture du dép. de l'Yonne, à 48 kil. d'Auxerre. Pop. 5,550 hab. Cette ville s'élève sur un rocher de granit, à l'entrée d'une riante vallée. Siége d'un tribunal de première instance, d'un tribunal de commerce. On y remarque l'église, l'hôpital, le collége et la salle de spectacle. Il s'y fait un commerce important de bois de chauffage, de grains, de vins, et on récolte dans ses environs les meilleurs vins de la Bourgogne. Avallon fut prise et démantelée sous le roi Robert. Elle embrassa le parti de la ligue et ne se soumit à Henri IV qu'en 1594.

AVALOS (Ferdinand-François D'), marquis de Pescaire. Il était issu d'une noble famille de Naples, originaire d'Espagne. Il fit ses premières armes sous le vice-roi Raymond de Cardone. Il était âgé de vingt et un ans quand il fut fait prisonnier au siége de Ravenne. Il se consola de sa détention en adressant des poésies à sa jeune femme, Vittoria Colonna, qui était elle-même poëte. Dès qu'il fut libre, il retourna à l'armée. Il se distingua par son habileté à Vicence, et prit Milan sur le maréchal de Lautrec, alors que les autres généraux n'osaient en tenter le siége. Cette campagne fut brillante pour lui; il se signala à l'attaque de la Bicoque. Plus tard il contraignit les Français, qui occupaient le Milanais, à capituler et à évacuer cette province. Il fut l'un des meilleurs et des plus fidèles généraux de Charles-Quint. Une conspiration s'était formée pour le mettre à la tête du royaume de Naples; il fut le premier à dévoiler le complot à son souverain. Les Milanais lui reprochèrent cependant d'avoir écouté les conspirateurs pour les trahir ensuite. Il mourut à Milan en 1525.

AVALOS (Alphonse D'), marquis de Vasto, neveu du précédent, né à Naples en 1502. Il servit sous son oncle à l'affaire de la Bicoque, où il fut blessé; il le suivit en Provence, et lui succéda, en 1525, comme général des armées de Charles-Quint. Il commanda en Italie en qualité de capitaine général du duché de Milan. Il se distingua ensuite au siége de Pavie, en 1532; puis en Autriche, où il défendit ce pays contre Soliman. Il suivit Charles-Quint dans ses expéditions à Tunis, à Alger et en Provence. C'était un brave capitaine, mais ses qualités étaient amoindries par la vanité et la perfidie. Ainsi il fit assassiner les envoyés de François Ier qui venaient de conclure un traité avec la Porte, lors de leur passage par le Milanais. Après une longue suite de victoires, il fut battu à Cerizoles par le duc d'Enghien, qui avait été battu lui-même auparavant. Il perdit dix mille hommes dans cette rencontre, et le duc d'Enghien s'empara des chariots qu'il avait chargés de menottes pour enchaîner ses prisonniers. Quoique blessé dans ce combat, il conserva assez d'énergie pour lever de nouvelles troupes et sauver ainsi Milan. Accusé de concussion et de cruautés par les Milanais, il mourut en 1546, au moment où Charles-Quint allait faire examiner sa conduite.

AVANT-GARDE. Troupe d'élite qui précède la marche d'une armée pour l'éclairer et la couvrir des attaques imprévues.

AVANT-SCENE, *proscenium*. Les Romains appelaient ainsi la partie du théâtre que nous appelons la scène.

AVARAY (Claude-Théophile Besiade, marquis D'), né en 1655. Il fut d'abord page de Monsieur; puis nommé, en 1688, mestre de camp du régiment de son nom, il fit toutes les campagnes de la guerre de Hollande et contribua au gain de la bataille d'Almanza (1707). Louis XIV le nomma son ambassadeur en Suisse. Il mourut en 1745, à l'âge de 90 ans.

AVARAY (Claude-Antoine Bésiade D'), petit-fils du précédent, né en 1740, mort en 1829, député de la noblesse de l'Orléanais aux états de 1789, où il défendit les principes monarchiques. A la rentrée des Bourbons, en 1814, il fut nommé lieutenant-général pair de France en 1815, puis duc en 1817.

AVARAY (Antoine-François de Bésiade, comte, puis duc D'), fils du précédent, né en 1759. Il s'attacha à la personne du comte de Provence et lui fournit le moyen de sortir de France en 1791, le suivit dans l'exil et lui servit d'agent. Le futur roi de France, pour lui témoigner sa reconnaissance, lui concéda le droit de prendre les armes de France et le créa duc. Il mourut le 3 juin 1811, dans l'île de Madère, où il était allé pour rétablir sa santé.

AVARES, peuple originaire de la Tartarie, de la famille des Huns, qui parut vers 557 à l'O. du Don et vint s'établir sur les bords du Danube. Baïan, un de leurs chefs, conquit le royaume des Gépides, soumit les Tchèques, se rendit redoutable à l'empire grec, fut battu par Héraclius en 626 sous les murs de Constantinople. Néanmoins, ils avaient étendu leur puissance assez loin, lorsque Charlemagne les subjugua entièrement, de 796 à 799. On retrouve cette race dans les montagnes du Caucase.

AVARIE ou HAVARIE, khanat de l'empire russe, situé sur le versant septentrional du Caucase, habité par environ 12,000 familles, descendant des anciens Avares, obéissant à un *Avar-Khan*, vassal de la Russie, qui lui donne une pension.

AVARICE. Passion de posséder, même au prix des plus grandes privations, et surtout de conserver des richesses.

AVATSCHA, rivière de la Russie d'Asie (Kamtschatka). Elle se jette dans le Grand Océan par la baie de son nom, seul côté abordable des côtes du Kamtschatka.

AVATSCHA ou PETROPAVLOVSK, ville forte de Russie d'Asie (Irkoutsk), sur la côte du Kamschatka, et sur la baie d'Avatcha, le principal port de la Russie, dans le grand Océan. Pop. 1,100 hab. A 40 kil. de là se trouve un volcan dont on cite une grande éruption en 1737. Ses fortifications furent en partie détruites par une escadre anglo-française, lors de la guerre qui eut lieu en 1855, à propos de la question d'Orient.

AVAUX (Claude de Mesme, comte D'), surintendant des finances, maître des requêtes et conseiller d'Etat. C'est l'un des plus illustres négociateurs que la France ait produits. Il joignait à un jugement net et solide une éloquence ferme et persuasive, une rare activité et une parfaite connaissance de l'histoire et des langues. Ainsi, il écrivait d'une manière remarquable en allemand, en italien et en latin, comme en justifient ses Lettres et Mémoires. On lui a seulement reproché trop de condescendance pour les intérêts cléricaux. Envoyé comme ambassadeur à Venise, en 1627, il engagea cette république à s'armer pour assurer au duc de Nevers la possession de Mantoue. Il rendit ensuite un grand service à cette république, en apaisant des divisions qui s'étaient élevées entre elle et le pape Urbain VIII. Ce pontife fut même si satisfait de l'habileté du négociateur français, qu'il le demanda pour ambassadeur à la cour de France. Mais Louis XIII avait trop besoin de ses services, et il l'envoya en Danemark, puis en Suède et en Pologne, pour amener un rapprochement entre ces deux puissances. D'Avaux remplit l'attente du roi, et conclut, entre les deux royaumes, une trêve de vingt-cinq ans. Au moment de la signature du traité, une question de préséance manqua d'en compromettre la conclusion. D'Avaux et l'ambassadeur anglais se disputaient le droit de signer le premier. Il fut enfin convenu que les puissances médiatrices n'interviendraient pas à la signature, et qu'elles seraient seulement mentionnées dans le préambule du traité. De là il fut envoyé à la Haye et à Munster pour y négocier la paix générale. Dans cette circonstance, il prit le pas sur l'ambassadeur espagnol. On lui avait adjoint Servien, une créature de Mazarin. Gêné par ce ministre, plus ambitieux qu'habile, il demanda son renvoi, mais ne put l'obtenir. Il parvint cependant à concilier les intérêts des Suédois et de l'électeur de Brandebourg. Après de tels services, il succomba sous les intrigues de Servien, qui l'accusa d'avoir mal parlé de Mazarin. Il était alors à la veille de conclure un traité. Il fut exilé dans sa terre; mais la présence de son frère ayant paru nécessaire à la cour, on dut le rappeler aussi, et il fut rétabli dans la surintendance des finances. Il mourut en 1650.

AVAUX (Jean-Antoine comte D'), petit-neveu du précédent, né en 1640. Il fut successivement conseiller au parlement, maître des requêtes, conseiller d'Etat, puis ambassadeur. Le roi le choisit pour son plénipotentiaire au congrès de Nimègue, où il fut heureux dans sa négociation. Il fut ensuite envoyé en Hollande, où il ménagea une trêve avec l'empereur, et fit céder la province du Luxembourg à Louis XIV. Il fut ensuite ambassadeur en Angleterre, puis en Suède, où il renouvela d'anciens traités. Il mourut à Paris, en 1702, après avoir tenté la paix avec les états généraux de Hollande, et en déclarant publiquement qu'elle était impossible. Il a laissé des Lettres et des Mémoires politiques.

AVEBURY ou ABULY, village d'Angleterre (Wilt), à 10 kil. de Marlborough. Pop. 750 hab. Remarquable par une église très-ancienne et un temple druidique en ruines.

AVÉE (Sainte-), village du départ. du Morbihan, à 4 kil. de Vannes. Pop. 1,900 hab. On remarque aux environs une enceinte qui forme les restes d'une construction romaine.

AVEIN, village du Luxembourg, prov. de Liége (Belgique), à 8 kil. de Rochefort. Ce village a été le théâtre d'une victoire remportée par les maréchaux de Châtillon et de Brézé sur les Espagnols, en 1635.

AVEIRO (D. Joseph Mascarenhas et Lancastre, duc D'), né à Lisbonne en 1708, mort le 13 janvier 1759. Tout-puissant pendant le règne de Jean V, il perdit sa position à l'avénement de Joseph Ier. Un soir que le roi sortait de chez sa maîtresse, deux coups de feu furent tirés sur son carrosse; le nouveau favori, le marquis de Pombal, accusa d'Aveiro de ce crime (1758). On ne saurait affirmer si celui-ci était réellement coupable; quoi qu'il en soit, le duc d'Aveiro fut brûlé vif, après avoir subi les plus affreuses tortures.

AVEIRO ou NOUVELLE-BRAGANCE, ville de Portugal (prov. du Bas-Beïra), à 55 kil. de Coïmbre. Pop. 7,000 hab. Siége d'un évêché suffragant de Braga.

AVEIS Ier, sultan de Bagdad, fils de Haçan-Buzurk, 2e prince de la dynastie des Ilkhaniens. Il monta sur le trône en 1336, et mourut en 1374, après avoir conquis l'Aderbidjan, Mossoul, Mardyn et tous les pays voisins.

AVEIS II ou AHMED-GÉSAÏR, fils du précédent, dernier prince de la dynastie des Ilkhaniens; il se fit proclamer sultan en 1381, après avoir fait périr son frère Hussein, et se rendit tellement odieux par ses cruautés, que le peuple appela Tamerlan à son secours. Ce conquérant détrôna Aveis en 1390; mais celui-ci reprit sa couronne à l'aide d'une sédition, et la garda jusqu'en 1410, époque de sa mort.

AVELGHEM, ville de Belgique (Flandre occidentale), à 12 kil. de Courtray. Pop. 3,800 hab. Grand commerce de bière.

AVELLA-VECCHIA, ville de l'ancien royaume de Naples (Terre de Labour), à 8 kil. de Nola. Pop. 6,000 hab. On y remarque les ruines de l'ancienne *Abella*.

AVELLINO, ville forte de l'ancien royaume de Naples, ch.-l. de la prov. de la Principauté ultérieure ou Montefurco, à 45 kil. de Naples, au pied du mont Vergine. Pop. 15,650 hab. Evêché suffragant de Bénévent; cour criminelle, tribunal civil, collége royal. Cette ville, qui est fort mal bâtie, a beaucoup souffert des tremblements de terre, principalement de ceux de 1696, de 1731 et de 1805. Fabriques de draps, macaroni; le commerce de grains et la teinture forment les branches principales de l'industrie des habitants. Non loin se trouve le défilé demeuré célèbre et connu sous le nom de *Fourches Caudines*, par la victoire des Samnites sur les Romains, en 321 av. J.-C.

AVELLINO (Francesco), archéologue, né à Naples en 1788. Il a laissé, comme médecin, une grande réputation. Il a écrit contre les partisans de l'application de la chimie à la science médicale.

AVE MARIA, prière de la religion catholique qui commence par ces mots, que l'on attribue à l'ange Gabriel, lorsqu'il vint visiter la Vierge Marie.

AVENAS, village du départ. du Rhône, à 26 kil. de Villefranche. Pop. 300 hab. On y remarque une église construite par Louis le Débonnaire, en souvenir de la victoire de Charlemagne sur Ganelon.

AVENAY, bourg du départ. de la Marne, à 26 kil. de Reims. Pop. 1,250 hab. On remarque auprès de ce bourg les restes d'un camp romain et une ancienne abbaye. Le vin d'Avenay jouit parmi les amateurs de vin de Champagne d'un certain mérite.

AVENCHES, en allemand *Wiflisburg*, ville de Suisse (cant. de Vaud), à 2 kil. du lac de Morat et à 12 kil. de Fribourg. Pop. 1,650 hab. Cette ville, connue anciennement sous le nom d'*Aventicum*, fut fondée l'an 569 av. J.-C.; célèbre sous les Gaulois, elle devint la capitale des *Helvetii* sous les Romains, et fut détruite par les Germains en 307 ap. J.-C., et par Attila en 447. Elle fut relevée en 1476, par Burkard, évêque de Lausanne, et, en 1556, elle tomba sous la domination de la ville de Berne.

AVÈNE, joli bourg de l'arrond. de Lodève (Hérault), et à 19 kil. de cette ville. Pop. 1,400 hab. Sources thermales et bains.

AVENELLES (Pierre), avocat au parlement de Paris, qui dénonça, en 1560, aux Guise le secret de la conjuration d'Amboise, qui lui avait été confié par la Renaudie. Sa trahison fut payée par une charge en Lorraine et une somme de 12,000 livres.

AVENHEIM, village du départ. du Bas-Rhin, à 20 kil. de Strasbourg. Pop. 500 hab. Possède une source d'eau minérale alcaline, appelée le *puits intarissable*.

AVENSAN, village du départ. de la Gironde, à 2,700 m. de Castelnau, en Médoc. Pop. 1,050 hab. Eglise romane remarquable. Patrie de Pierre Berland, archevêque de Bordeaux.

AVENT. Nom donné dans l'Eglise catholique aux quatre semaines qui précèdent la fête de Noël. L'avent commence ordinairement le 1er dimanche après la Saint-André (30 novembre).

AVENTIN (Mont). *Voir* COLLINES DE ROME.

AVENZA, bourg du royaume d'Italie, à 6 kil. de Carrare. Pop. 2,000 hab. On y remarque un château magnifique.

AVEN-ZOAR, médecin arabe, né à Penaflor, en 1169. Il était fils et petit-fils de médecins, et appartenait à la religion juive. Son père, effrayé des empoisonnements si fréquents chez les Arabes, fit prêter serment à son fils de ne jamais employer de poison dans sa médication. Il guérit le tyran de Séville qui avait été empoisonné par ses parents; mais ceux-ci en conçurent un tel ressentiment contre lui, qu'ils le persécutèrent et le firent jeter en prison. Une fois libre, il alla chez Yousef, prince de Maroc, qui venait de faire des conquêtes en Espagne. Il acquit alors de grandes richesses et mourut en 1261. Aven-Zoar fut le maître d'Averroès qui ne parle de lui qu'avec vénération et enthousiasme, en recommandant ses ouvrages. Il suivait une méthode d'observation, mais il n'admettait les faits qu'en les expliquant par les principes, suivant la doctrine de Galien. Il a laissé de nombreux ouvrages de médecine.

AVERNE (lac), situé dans l'ancien royaume de Naples, au fond du golfe de Baïa. Il occupe le cratère d'un ancien volcan; de forme circulaire, il a 3 kil. de tour, et sa profondeur est assez grande en quelques endroits. — Ce lac était considéré dans l'antiquité comme l'entrée des enfers.

AVERROES, philosophe arabe, né à Cordoue au commencement du XIIe siècle; mort au Maroc en 1198. Il étudia la jurisprudence, les mathématiques et la médecine. Il est le premier traducteur des œuvres d'Aristote; les écrits qu'il a laissés sur ce grand philosophe de l'antiquité l'ont fait surnommer le *Commentateur*. Il a aussi écrit le *Collyget*, livre de médecine où Averroès, qui était plus philosophe que praticien, se livre à des spéculations qui ont pour base la philosophie péripatéticienne, mais qui s'éloignent trop de la nature et des traditions d'Hippocrate. Averroès et Avicenne ont contribué, malgré leur génie incontestable, à retarder les progrès de la médecine en l'éloignant de ses véritables voies. Averroès était athée ou tout au moins sceptique : ainsi il considérait la religion mahométane, qui exaltait la satisfaction des sens, comme une religion de pourceaux; la religion juive comme une religion d'enfants, et la religion chrétienne comme une impossibilité. On rapporte que l'empereur du Maroc, l'ayant accusé d'hérésie, le força à se rétracter, puis qu'il l'exposa à la porte de la mosquée, où ceux qui entraient lui crachaient au visage.

AVERSA, ville de l'ancien royaume de Naples (Terre de Labour), à 14 kil. de Naples. Pop. 18,400 hab. Siége d'un évêché. On y remarque une cathédrale, un grand nombre de couvents, un hospice d'aliénés et un hospice d'orphelins. Cette ville, située au sein d'une contrée magnifique, est riche en vignes, orangers et en *villas*. Aversa fut fondée en 1030 par Rainulf, qui en fit le premier établissement des Normands en Italie.

AVERTIN (Saint-), village du départ. d'Indre-et-Loire, à 6 kil. de Tours. Pop. 1,300 hab. Les eaux des sources qui s'échappent des rochers qui l'environnent sont conduites à Tours par des canaux établis sous le lit du Cher.

AVESNES, sous-préf. du dép. du Nord, à 84 kil. de Lille. Pop. 4,150 hab. Place forte de 3e classe, siége d'un tribunal de première instance; collége, société d'agriculture, possède trois églises, dont l'une a une tour de 100 mètres de hauteur, hôtel de ville, palais de justice, bâtiments militaires. Avesnes fut cédée à la France par le traité des Pyrénées, et ses fortifications furent relevées et améliorées par Vauban. Elle fut bombardée par les Prussiens en 1815.

AVESNES-LE-COMTE, ch.-l. de cant. de l'arrond. de Saint-Pol (Pas-de-Calais), à 20 kil. de cette ville. Pop. 1,450 hab.

AVESTA, bourg de Suède, à 70 kil. de Falun. Pop. 1,000 hab. Ce bourg possède des fonderies et usines à cuivre remarquables, établies en 1686.

AVEU ou ADVEU. Ce mot signifiait, d'après le droit féodal, la déclaration par laquelle une personne, stipulant pour elle seule et souvent aussi pour ses héritiers, se reconnaissait dans la dépendance et se mettait sous la protection d'un roi, d'un seigneur, d'une communauté où d'une abbaye. Le protecteur devenait alors un avoué (*Voir* AVOUÉ). Il y avait aussi des aveux de vasselage, de servage et de seigneurie. L'aveu de vasselage s'appelait *foi et hommage*. L'aveu emportait obligation de fidélité, celle de payer des impôts et enfin rendait justiciable de l'avoué. Les seigneurs ne pouvaient obtenir d'aveu que de ceux qui habitaient sur leurs terres; le roi avait le privilége d'être avoué de toute personne même sur les terres du seigneur. Ce fut pour les souverains un moyen d'attirer les hommes libres et plus tard de constituer les communes, qui contribuèrent à détruire la féodalité. Les officiers du roi en vinrent à recevoir eux-mêmes l'aveu, au nom du roi; c'est ce qu'on appelait l'aveu indirect. C'était un moyen pour les serfs et les vassaux de décliner la juridiction de leur seigneur. Enfin on appelait aussi aveu la déclaration que celui qui cédait un fief faisait par écrit de tous les biens qui composaient ce fief. Les jurisconsultes appelaient quelquefois aveu la revendication d'un meuble; et contre-aveu l'opposition du défendeur. Aujourd'hui l'aveu ne sert plus qu'à indiquer la déclaration, produite en justice, d'un fait de nature à entraîner une obligation légale. Le code distingue entre les aveux judiciaires et les aveux extrajudiciaires. L'aveu extrajudiciaire, donné hors de l'enceinte du tribunal, doit être par écrit lorsque l'objet de la demande excède cent cinquante francs. L'aveu judiciaire est la déclaration faite en justice par la personne en cause ou par son fondé de pouvoir. L'aveu est indivisible, en ce sens qu'on ne peut le scinder pour l'admettre partiellement. Sous la jurisprudence criminelle actuelle, le seul aveu ne suffit pas pour entraîner une condamnation. Sous l'ancienne jurisprudence, au contraire, il fallait l'aveu. L'invention de la torture n'a pas d'autre explication.

AVEYRON, rivière de France qui prend sa source à 1 kil. de Séverac-le-Château (Aveyron), passe à Rodez, Villefranche, Négreplisse, où elle devient navigable, et, après un parcours de 220 kil., elle se jette dans le Tarn à peu de distance de Moissac.

AVEYRON (dép. de l'), dans le S. de la France. Il est borné au N. par le dép. du Cantal, à l'E. par ceux de la Lozère et du Gard, au S. par ceux du Gard, de l'Hérault et du Tarn; à l'O. par ceux du Tarn, de Tarn-et-Garonne et du Lot. Divisé en cinq arrondissements, il a pour ch.-l. Rodez; et pour sous-préf.: Espalion, Milhau, Saint-Affrique et Villefranche, et compte 42 cant. et 277 com. Superficie 887,873 hectares. Pop. 393,900 hab. Il est arrosé par le Lot, le Tarn, le Viaur, la Truyère et l'Aveyron; presque entièrement couvert par les monts Espinause, Garriguen, d'Aubrac et quelques rameaux du Cantal. De vastes forêts ombragent le penchant des montagnes. Le sol est fertile en quelques parties. Un des produits les plus importants de ce pays est le *fromage de Roquefort*, dont la fabrication s'élève à environ 800,000 kilogr. par an. On compte dans l'Aveyron un grand nombre de hauts fourneaux et des usines importantes; l'extraction du fer, du cuivre, du plomb sulfuré argentifère, de l'alun, sont d'une grande importance pour le pays. On rencontre dans quelques cantons des sources d'eaux thermales et minérales.

AVEZZANO, ville de l'ancien royaume de Naples (Abruzze ultérieure 2ᵉ), à 35 kil. d'Aquila. Pop. 3,500 hab. Cette ville, située près du lac Fucino, possède un beau palais qui appartient à la famille Colonna.

AVICENNE (Ibn-Sina), médecin et philosophe célèbre; son vrai nom est *Abou-Ali-Hoceyn*. Il naquit en 980, près de Chiraz, en Perse. A l'âge de dix ans, il était déjà instruit dans les principes de la grammaire, des belles-lettres et du droit. A dix-huit ans, il n'avait plus rien à apprendre de ses maîtres. L'émir étant tombé gravement malade, il le guérit, et grandit rapidement en réputation et en faveur. Mais son protecteur étant menacé d'être renversé, il le quitta, et erra de cour en cour, poursuivi par les émirs qui, connaissant sa science profonde, se le disputaient pour le retenir en quelque sorte prisonnier près d'eux. Etant parvenu à s'enfuir, il se cacha dans le désert, où il erra sans guide, sans vivres et exposé aux ardeurs du soleil, en compagnie d'Aboul-Sahal, un savant comme lui. Aboul mourut, et Avicenne se réfugia, lui-même dans un caravansérail, où il parvint à guérir le neveu de Cabous, qui régnait alors dans ce pays, atteint d'une langueur incurable; Avicenne trouva sans peine le remède à un mal qui n'avait d'autre cause que l'amour. Il fut de nouveau en faveur. Mais Cabous ayant passé du trône à la prison, Avicenne se vit poursuivi par son successeur qui voulait le retenir de force près de lui. Il se retira à Rey où le suivit le bruit de sa renommée. Chassé de nouveau il se cacha; mais, Chams-Eddaulah étant tombé malade, le fit chercher, le découvrit, et le força à reprendre ses dignités. Il remplissait ses fonctions le jour, et passait les nuits à écrire. Il composa alors ses ouvrages métaphysiques et ses *Canons*. A la mort de son protecteur, il fut emprisonné sous prétexte de conspiration. Ayant été délivré, il alla à Ispahan où les plus grands honneurs lui furent rendus. Il fut même nommé vizir. Il se distingua par son habileté politique. Un de ses esclaves l'ayant empoisonné pour s'emparer de ses richesses, il résista quelque temps au mal qui le dévorait, mais il ne tarda pas à mourir, en 1037. On voit son tombeau à Hamadan. C'était un homme extraordinaire, doué d'une mémoire prodigieuse et d'une facilité étonnante. Sa philosophie est généralement ignorée; mais son système médical, emprunté à Galien et à la doctrine d'Aristote, a exercé pendant longtemps un grand empire en Europe, où ses *Canons* servaient de règles.

AVIGLIANA, ville du royaume d'Italie, à 24 kil. de Turin. Pop. 2,280 hab. On remarque, près de cette ville, la belle église gothique de Rinverso. Les Français y vainquirent les Piémontais en 1600.

AVIGLIANO, ville de l'ancien royaume de Naples (Basilicate), à 20 kil. de Potenza. Pop. 9,300 hab. On élève dans ses environs beaucoup de bétail.

AVIGNON, ch.-l. du dép. de Vaucluse, sur la rive gauche du Rhône, à 681 kil. de Paris. Pop. 31,800 hab. Siége d'un archevêché, tribunaux de première instance et de commerce, chambre et bourse de commerce, conseil de prud'hommes, lycée, bibliothèque de 28,000 volumes, musée, jardin botanique, théâtre, mont de piété. Les principaux monuments sont: la métropole, dite Notre-Dame des Doms, rebâtie par Charlemagne, sur le sommet du rocher des Doms, c'est dans cette église que les papes officiaient pendant leur séjour à Avignon; sur la tour, on voit une statue colossale, en fonte de fer, de Marie Immaculée, érigée en 1859; l'église Saint-Agricol, avec le tombeau de l'architecte Mignard; l'église Saint-Pierre, rebâtie en 1358; l'église Saint-Martial; le palais des papes, majestueux monument du XIVᵉ siècle; l'hôtel de ville; l'ancien hôtel des monnaies; le musée, contenant des collections de statues, d'antiques, de tableaux et médailles; le musée d'histoire naturelle; l'hôtel-Dieu, fondé en 1353. Fabriques importantes et commerce très-actif. Avignon fut la patrie de Mignard, de Joseph Vernet, de Folard, de Fortia d'Urban, d'Artaud. Cette ville, fondée par les Phocéens de Marseille vers 539 av. J.-C., fut longtemps la capitale des Cavaris, jusqu'à la conquête des Gaules par Jules César. Elle fit d'abord partie de la Gaule Narbonnaise, puis de la deuxième Viennaise, fut conquise par les Bourguignons vers le milieu du Vᵉ siècle, et, en l'an 500, Gondebaud y soutint un siége mémorable contre Clovis. Elle tomba au pouvoir des Goths et des Francs, sous Thierry, roi d'Austrasie (612). Les Sarrasins s'en emparèrent de 730 à 737, et Charles Martel les en chassa deux fois. Ville carlovingienne jusqu'en l'an 800, elle appartint ensuite au royaume d'Arles, devint république sous la protection de l'empire d'Allemagne, adhéra à l'hérésie albigeoise, et fut prise le 10 septembre 1226 par Louis VIII, qui la ruina. En 1251, elle fut forcée de se soumettre à Alphonse de Poitiers et à Charles d'Anjou. En 1271, après la mort d'Alphonse, la ville échut à son neveu Philippe le Hardi et plus tard à Philippe le Bel, fils de celui-ci, qui la céda à Charles II, comte de Provence. En 1309, Avignon redevint la résidence des papes; en 1348, elle fut achetée par Clément VI à la comtesse de Provence, Jeanne de Sicile. De 1377 à 1791, Avignon fut administrée par un légat du pape. Elle fut réunie à la France par le traité de Tolentino, 19 février 1797; en 1815, la réaction y fit de nombreuses victimes, dont la plus illustre fut le maréchal Brune. En 1793, le district d'Avignon était devenu un département français.

AVIGNON (comtat d'). (*Voir* COMTAT VENAISSIN.)

AVIGNONET, ville du départ. de la Haute-Garonne, à 6 kil. de Villefranche-de-Lauraguais. Pop. 2,000 hab. En 1242, les Albigeois y tuèrent cinq inquisiteurs envoyés par le pape; ce massacre amena une nouvelle croisade contre eux, pendant que le comte Raymond se trouvait frappé d'excommunication.

AVILA, anciennement *Abula*, ville d'Espagne, ch.-l. de la province de son nom, à 88 kil. de Madrid. Pop. 4,150 hab. Cette ville, située au centre de montagnes élevées, est le siége d'un évêché, possède une belle cathédrale, réédifiée en 1091 et 1107, un château mauresque; elle avait une université, qui fut supprimée en 1808. Patrie de sainte Thérèse. C'est dans cette ville qu'eut lieu l'assemblée des nobles castillans qui déposa le roi Henri IV (1465).

AVILA (prov. d'), une des sept intendances de la capitainerie générale de la Vieille-Castille, entre les intendances de Ségovie, Valladolid, Salamanque, Tolède. Ch.-l. Avila. Superficie 663,490 hectares. Pop. 187,160 hab.

AVILA Y ZUNIGA (don Louis, D'), né à Placentia (Espagne), vers 1500, diplomate, général et historien célèbre, fut ambassadeur de Charles V auprès des papes Paul IV et Pie IV, et chargé de presser les opérations du concile de Trente. Il accompagna l'empereur en Allemagne, dans la guerre de 1546, contre les protestants, et a laissé des *Commentaires de la guerre d'Allemagne faite par Charles V pendant les années* 1546 *et* 1547, en espagnol. Cette histoire, quoique entachée de partialité, est fort estimée.

AVILER (Augustin-Charles D'), architecte, né à Paris, en 1653. Après avoir étudié à Rome, il revint en France, où il travailla sous la direction de Mansard. Il construisit la porte de Peirou à Montpellier, et le palais archiépiscopal de Toulouse, orna de plusieurs édifices Nîmes, Béziers, Carcassonne. Il a laissé un ouvrage intitulé: *Dictionnaire des termes de l'architecture civile et hydraulique*. Il mourut à Montpellier, en 1700.

AVILES, ville d'Espagne (Oviédo), à 19 kil. d'Oviédo, à l'embouchure de l'Avilès, dans le golfe de Gascogne. Pop. 6,000 hab.

AVIOTHE, village du départ. de la Meuse,

à 10 kil. de Montmédy. Pop. 400 hab. Il possède une belle église du style gothique le plus pur.

AVIS ou **AVIZ**, ville de Portugal (Alentejo), à 53 kil. de Portalègre. Pop. 1,500 hab.

AVIS (ordre d'). Cet ordre fut institué, en Portugal, vers le milieu du XIIe siècle, par le roi Alphonse Henriquez. Ce n'était d'abord, sous le nom de nouvelle milice, qu'une association militaire libre, établie à Massa, que le roi venait de reprendre sur les infidèles. Le roi avait aussi institué l'ordre de *l'aile de Saint-Michel*, qui s'éteignit bientôt, et l'ordre d'Evora.

AVITUS (Marcus-Mæcilius), empereur romain, né dans la Gaule, chez les *Arverni*, au commencement du Ve siècle. Il se distingua dans plusieurs guerres, et contribua par sa valeur à repousser les Huns; il fut nommé préfet des Gaules sous Théodoric, et après la mort de Maxime, fut proclamé empereur à Toulouse (455). Après un règne peu heureux de quatorze mois, il fut déposé par le patrice Ricimer, qui lui donna l'évêché de Plaisance. Ne se croyant pas en sûreté dans cette ville, il voulut retourner dans son pays, mais il mourut dans le voyage. Sidoine Apollinaire, son gendre, a raconté son histoire.

AVIZE, ch.-l. de cant. de l'arrond. d'Epernay (Marne), à 9 kil. de cette ville. Pop. 1.670 hab. Commerce de vins de Champagne. On y remarque de magnifiques caves pour la conservation des vins.

AVLONE ou **VALONE**, ville de la Turquie d'Europe (Albanie), à 140 kil. de Janina, et à 85 kil. d'Otrante. Pop. 6,000 hab. Cette ville est le chef-lieu d'un livah du même nom. Son sol est rempli de marécages et coupé par de petites rivières, ce qui rend le climat très-insalubre.

AVOCAT. On appelle ainsi celui qui, ayant rempli certaines conditions de capacité et de moralité exigées par les lois et règlements, a le droit de soutenir par la parole, devant les tribunaux, les prétentions des plaideurs (*Voir* BARREAU). Cette profession fut en honneur à Rome et dans les Gaules, après la conquête de César. Au temps de saint Louis, elle était déjà réglementée, et des avocats étaient institués auprès des tribunaux, des parlements, des bailliages, des sénéchaussées, des officialités, des prévôtés et des seigneuries. Les ecclésiastiques furent d'abord seuls avocats; mais les laïques leur firent une telle concurrence qu'ils renoncèrent bientôt au barreau. Philippe le Bel créa, en faveur des avocats, un ordre de chevalerie, substituant le titre de *maître* à celui de messire ou monseigneur. Les rois intervinrent souvent pour réprimer les abus de la profession d'avocat. Philippe III exigea d'eux le serment sur les saints Evangiles de bien remplir leur mission. Il fixa par les ordonnances les honoraires de l'avocat, qui ne pouvaient dépasser trente livres tournois (cinq cents francs). Les avocats avaient la barbe rase et la chevelure longue. Ils parlaient couverts. Quand le duel en champ-clos suivait la discussion orale, ils accompagnaient leurs clients sur le terrain, et les aidaient de leurs conseils et souvent même de leur bras. Cette coutume dura jusqu'au XIVe siècle. Au XIVe siècle on distinguait les avocats-plaidants, les avocats-consultants et ces jeunes avocats auditeurs. Ces divers ordres portaient un costume différent. C'était parmi eux que se recrutaient les magistrats. En 1790, l'ordre des avocats fut supprimé; il n'y eut plus que des défenseurs officieux. On supprima même l'école de droit, à qui on reprochait de n'enseigner que les vieilles institutions, dont on voulait faire table rase. L'ordre des avocats et l'école de droit furent rétablis par les lois des 2 nivôse an XI et 22 ventôse an XII. Un décret du 14 décembre 1810 réglementa l'ordre à peu près tel qu'il est constitué aujourd'hui. Pour être avocat, il faut être licencié en droit et avoir prêté serment devant la cour impériale. Les avocats sont soumis à un stage de trois années. Le conseil de discipline est élu par tous les avocats inscrits : il choisit lui-même le bâtonnier dans son sein. Le conseil de discipline statue sur l'admission au tableau et sur les peines disciplinaires dont on peut toujours appeler devant la cour impériale. Les tribunaux ont aussi le droit de réprimer les fautes que les avocats commettent à l'audience. L'avocat désigné d'office pour défendre une cause ne peut s'y soustraire. L'exercice de la profession est incompatible avec toute espèce de négoce ou d'emploi salarié.

AVOGADORS, magistrature vénitienne, créée vers 1180, ou même suivant d'autres, dès 864. L'institution des avogadors reçut une certaine extension au temps où les Vénitiens, jaloux de la puissance du doge, restreignirent son pouvoir presque absolu.

AVOGADRO (Louis, comte D'), gentilhomme de Brescia, souleva, en 1512, ses compatriotes contre les Français qui s'étaient emparé de la ville et l'occupaient depuis 1509; il conspira pour livrer la place aux Vénitiens. Gaston de Foix arriva à temps pour prévenir cette trahison, comprima l'insurrection et fit exécuter Avogadro.

Atalante et Hippomène.

AVOISE, bourg du départ. de la Sarthe, à 25 kil. de la Flèche. Pop. 1,120 hab. Papeteries, commerce de bois, fer, ardoises; on y remarque les ruines du château de Pecheseul et plusieurs autres manoirs du moyen âge aux environs.

AVOLA, ville de Sicile, à 20 kil. de Syracuse. Pop. 9.000 hab. Elle possède un petit port sur la Mer ionienne. On y remarque une route souterraine formée par le Cassibili. Cette ville est bâtie sur l'emplacement d'Aula qui fut détruite par un tremblement de terre, en 1693.

AVOLD (Saint-), ch.-l. de cant. de l'arrondissement de Sarreguemines (Moselle), à 20 kil. de cette ville. Pop. 2,950 hab. Fabriques de molletons, bleu de Prusse, teintureries, tanneries et chamoiseries. Au XVe siècle, Saint-Avold était une place de quelque importance. Source d'eau minérale.

AVOLSHEIM, ville du départ. du Bas-Rhin, à 20 kil. de Strasbourg. Pop. 4,000 hab. On y remarque une église paroissiale très-ancienne.

AVON, ville du départ. de Seine-et-Marne, à 10 kil. de Fontainebleau. On y remarque une église très-ancienne où fut enterré Monaldeschi, favori de la reine Christine, qu'elle fit assassiner pendant son séjour à Fontainebleau.

AVONGO, fleuve d'Afrique; il coule entre les deux Guinées et se jette dans l'Atlantique au N. du cap Lopez. Son cours est peu connu.

AVOUÉ. Ce mot vient du latin *advotio*, *se vovere ad... se dévouer à...* Après la destruction de l'empire romain par les Barbares, les églises, les monastères, et même les villes et les provinces constituèrent, pour les défendre, des avoués qui étaient d'ordinaire de puissants seigneurs, chargés de les défendre devant les tribunaux et quelquefois en champ clos, et d'administrer leurs biens et domaines. Des rois, des papes eurent leurs avoués. Pépin et Charlemagne furent avoués de l'Église de Rome; Godefroy de Bouillon était avoué du Saint-Sépulcre. Plus d'une fois, malgré les excommunications, ces protecteurs devinrent spoliateurs. Les avoueries se transformèrent en fiefs. On appelait aussi avoués les champions par lesquels ceux qui étaient incapables de lutter se faisaient défendre en combat singulier. Saint Louis institua des avoués autorisés par *lettres de grâce à plaidoyer par procureur*. On les appelait aussi procureurs; ils étaient attachés au parlement. Ces charges devinrent bientôt des offices transmissibles par vente ou par héritage. Supprimés en 1791, les avoués furent rétablis par la loi du 27 ventôse an VIII, qui leur attribue, à l'exclusion de tous autres, le droit d'intenter les demandes, d'y répondre et de prendre des conclusions, tout en laissant aux parties le droit de se défendre par elles-mêmes ou par un avocat. Aujourd'hui les avoués sont nommés par le chef de l'État; ils ont seulement le droit de présenter leurs successeurs. Leurs charges sont ainsi devenues de véritables valeurs commerciales. Pour exercer les fonctions d'avoué, il faut être âgé de vingt-cinq ans, avoir obtenu un brevet de capacité et même le diplôme de licencié pour Paris. Pour exercer près d'une cour impériale, il faut justifier d'un stage de cinq ans dans une étude d'avoué. Les avoués doivent déposer un cautionnement en argent. Les avoués sont régis par un conseil disciplinaire; le droit de suspension appartient aux tribunaux. Les honoraires de l'avoué sont établis par un tarif spécial et réglés par le juge.

AVRANCHES, anciennement *Ingenia*, sous-préf. du départ. de la Manche, à 55 kil. de Saint-Lô, à peu de distance de la mer. Pop. 8,000 hab. Tribunal de première instance, collège, bibliothèque, jardin des plantes, musée archéologique dans l'ancien palais épiscopal. De la cathédrale, il ne reste qu'une colonne près de laquelle Henri II, roi d'Angleterre, aurait reçu l'absolution du meurtre de Thomas Becket. Patrie du général Walhubert, dont on y voit la statue. La contrée qui entoure Avranches portait autrefois le nom d'Avranchin.

AVRE, rivière qui prend sa source près de Tourouvre (Orne), et qui, après un parcours de 45 kil., et avoir passé à Verneuil, Nonancourt, Menil-sur-l'Estrée, se jette dans l'Eure près de Montreuil.

AVRE, rivière qui se jette, après un cours de 56 kil., dans la Somme au-dessus d'Amiens.

AVRIGNY (Charles-Joseph Lœillard D'), poète français, né vers 1760 à la Martinique. Il a composé une tragédie de *Jeanne d'Arc à Rouen*, qui se distingue par le mérite du style; un *Tableau historique des commencements et des progrès de la puissance britannique dans les Indes orientales*. Il mourut à Paris, le 17 septembre 1833.

AVRIL, 4e mois de l'année qui prend son nom du latin *aperire*, parce qu'à cette époque la végétation commence à s'ouvrir. Avril est dépeint par Ausone sous la figure d'un jeune homme qui danse, le front couronné de myrte.

AVRILLÉ, village du départ. de la Vendée, à 23 kil. des Sables. Pop. 1,000 hab. Dans les environs, on rencontre un grand nombre de pierres druidiques.

AVRILLY, village du départ. de l'Eure, à 12 kil. d'Evreux. Pop. 190 hab. On y voit les ruines d'un château qui fut détruit par Philippe-Auguste, en 1199.

AWE, rivière d'Écosse (Argyle), qui forme le lac Awe, qui a 50 kil. de longueur sur 3 de largeur, se jette dans l'Atlantique à Bunawe.

AX, ch.-l. de cant. de l'arrond. de Foix (Ariége), à 46 kil. de cette ville. Pop. 2,300 hab. On y compte trente-deux sources sulfureuses thermales, réparties sur trois points : Teix, l'Hôpital, Coulombret. Établissement de bains très-fréquentés. Patrie du célèbre médecin P. Roussel.

AXEL, ville forte de Hollande (Zélande), à l'embouchure de l'Escaut occidental, à 11 kil. de Hulst. Pop. 2,900 hab.

AXIM, bourg de la Guinée supérieure, dans le royaume d'Ahanta, à 45 kil. d'Apollonia, située près du cap des Trois-Pointes, où se trouve le comptoir hollandais de Saint-Antoine.

AXINOMANCIE, divination par une hache mise debout. Si la hache tombait quand on prononçait en priant les noms de ceux qu'on soupçonnait d'un crime, on croyait qu'elle désignait ainsi le coupable.

AXIOME. Proposition qui renferme une vérité évidente et incontestable.

AXMINSTER, ville d'Angleterre (comté de Devon), à 41 kil. d'Exeter. Pop. 2,800 hab. Grande fabrication de tapis, imitant ceux de Perse et de Turquie.

AXUM, ville d'Abyssinie, ancienne cap. du royaume de Tigré, à 620 kil. de Sennaar. On n'y compte plus aujourd'hui que 600 maisons. Cette ville possède une belle église bâtie en 1657, où se conserve l'histoire authentique de l'Abyssinie. Cette ville, très-

Agrippa d'Aubigné revenant se constituer prisonnier.

ancienne, était le centre du commerce de l'ivoire au temps de Strabon. Au IVe et Ve siècle, elle fut très-florissante et capitale d'un royaume qui étendit sa domination sur une partie de l'Arabie, et même reçut un tribut des empereurs byzantins. On voit encore au N. de la ville un obélisque sans hiéroglyphes et de nombreuses ruines de monuments antiques.

AY, ville de l'arrond. de Reims (Marne). Pop. 2,800 hab. Vin renommé.

AYACUCHO, un des départements de la république du Pérou; il renferme le célèbre lac Titicaca et les hauts pics *Nevada* ou *Illimani* et *Novada de Sorata;* ce dernier s'élève à plus de 7,990 m. Pop. du départ. 129,940 hab.

AYACUCHO (Pays d'). *Voir* PAZ D'AYACUCHO.

AYALA (Pedro Lopez D'), ministre et général espagnol, né en 1332, dans le royaume de Murcie, mort à la Calahorra, en 1407. Il servit sous quatre rois de Castille : Pierre le Cruel, Henri de Transtamare, Jean Ier, et Henri III. Il combattit à Navarette (1367) et à Aldjubarotta (1385); fut ambassadeur de Henri de Transtamare, près de Charles V, roi de France, puis grand chambellan et chancelier sous Jean Ier. Il cultiva les lettres, traduisit en espagnol quelques auteurs latins, entre autres Tite-Live, et rédigea une *Chronique des rois de Castille*, fort curieuse pour le règne de Pierre le Cruel, dont il raconte les crimes avec fermeté, sans réflexions ni commentaires ; ce livre n'en est pas moins un arrêt terrible.

AYAMANTE, ville forte d'Espagne, province de Huelva, à 35 kil. de cette ville, sur la Guadiana, à 3 kil. de son embouchure. Pop. 5,000 hab. Petit port. Cette ville était la résidence des rois maures et se trouve souvent citée dans les *romanceros* espagnols.

AYAT, village du départ. du Puy-de-Dôme, à 32 kil. de Riom. Pop. 670 hab. Patrie du général Desaix.

AYEN-BAS, ch.-l. de cant., arrond. de Brives (Corrèze), à 18 kil. de cette ville. Pop. 500 hab. Mines de cuivre et d'argent, mêlé d'antimoine et de plomb. Cette ville était autrefois le chef-lieu d'un comté, érigé en duché en faveur de Louis de Noailles, en 1737. Avant la Révolution elle avait une riche collégiale et une commanderie de l'ordre de Malte.

AYLESBURY, ville d'Angleterre (Buckingham), à 45 kil. de Londres. Pop. 5,000 hab. Bel hôtel de ville.

AYLESFORD, village d'Angleterre (comté de Kent), à 10 kil. de Rochester, sur la Medway. Pop. 1,300 hab. Alfred le Grand y vainquit les Danois et les Saxons. Hengist y battit les Bretons, en 455.

AYMON (Les quatre fils), guerriers d'une renommée populaire au moyen âge, et qu'on représente montés tous sur le même cheval, appelé Bayard. On s'est demandé ce qu'on devait croire de l'existence de ces quatre frères ; mais il paraît établi qu'ils ont bien existé sous les noms de Renaud, Guichard, Alard et Richardet. Aymon avait son comté près des Ardennes : Berthem, nom qui signifie *demeure du cheval*, village situé près de Louvain, a pour armoiries ce quadrupède. On montrait autrefois l'empreinte de ses pieds sur la roche. Le vieux roman consacré aux aventures des quatre fils Aymon, est une chanson de geste ou plutôt un véritable poëme contenant plus de mille vers. Nos anciens auteurs ont souvent fait des emprunts à cette naïve légende de nos premiers trouvères.

AYOUBITES, c'est-à-dire *enfants de Job*, dynastie turque qui régna sur l'Égypte et la Syrie; fut fondée en 1171 par Saladin, fils d'Ayoub, qui renversa les kalifes fatimites. Elle a formé 4 branches : celle d'Égypte, 1171-1254, la dynastie des Mameluks la remplaça ; celle de l'Yémen, 1173-1229; celle de Damas, 1174-1258; celle d'Alep, 1183-1260; les Tartares détruisirent ces deux dernières branches.

AYR, ville d'Écosse, ch.-l. d'un comté du même nom, à 108 kil. d'Edimbourg. Pop. 9,110 hab. Patrie de Burns.

AYR (comté d'), en Écosse, entre ceux de Renfrew, Lanark, Dumfries, Galloway, la mer d'Irlande et le golfe de la Clyde. Superficie 414,310 hect. Pop. 164,350 hab. Le sol est montagneux à l'E. et au S.-E., et fertile au N. L'agriculture y est florissante, surtout dans les domaines du duc de Portland. Industrie métallurgique; exportation de houille.

AYRAUT (Pierre), jurisconsulte, né à Angers en 1536, mort en 1601. Il fut disciple de Cujas. Après avoir exercé la profession d'avocat à Paris, il retourna à Angers pour y remplir la charge de lieutenant-criminel au présidial de cette ville. Profond investigateur, il chercha dans l'antiquité les origines de toutes les procédures criminelles; il s'appliqua aussi à l'étude des rapports qui existaient entre les lois françaises et les lois romaines.

AYUNTAMIENTO. Tel est le nom donné, dans les villes d'Espagne, au pouvoir municipal et aux assemblées qui le représentent. Cette institution se rencontre dans les *fueros* ou constitutions des anciens États qui divisaient l'Espagne.

AYZAC, village du départ. des Hautes-Pyrénées (Gascogne), à 13 kil. d'Argelès. Pop. 320 hab. Ce village est célèbre par ses montagnes de marbre gris, et la grotte d'Ouzous, qui a servi à la célébration du culte.

AZAIS (Pierre-Hyacinthe), né à Sorrèze, en 1766, mort en 1845. Il est l'auteur d'un double système philosophique et physique qui fit grand bruit au commencement du XIXe siècle. Il considérait les facultés de l'homme comme des excroissances fortuites, une superfétation en dehors de sa nature, et sans lien avec son organisation intime. Ses opinions ont tellement varié qu'on est tenté de voir en lui un charlatan de publicité qui cassait les vitres pour faire du bruit et appeler sur lui l'attention des autres. Il fut d'abord secrétaire d'un évêque. Il adopta ensuite les idées révolutionnaires pour les condamner plus tard. Poursuivi devant le tribunal d'Albi pour ses opinions, il trouva asile chez les sœurs de charité de l'hospice de cette ville. Il conçut alors sa fameuse théorie des *Compensations*. Peu de temps après, le tribunal d'Albi réforma sa sentence, et il se vit libre. Il composa alors son système unitaire. Il prétendait expliquer, par la loi des compensations, toutes les vicissitudes des destinées humaines, et, par la loi de l'équilibre, tous les phénomènes de la nature. Il devint professeur d'histoire et de géographie au prytanée de Saint-Cyr. Là, il écrivit à l'empereur une lettre sous le titre de *Discours sur la vérité universelle*. Cette vérité, c'est que Napoléon avait bien fait, par droit de conquête et par droit de génie, de s'emparer de la couronne. Ayant été nommé inspecteur de la librairie à Avignon, il continua ses travaux, qui attirèrent sur lui un ridicule mérité. Dans les Cent-Jours, le général Rampon le nomma, on ne sait pourquoi, recteur de l'académie de Nancy. On critiqua la compétence du général, et Azaïs perdit son emploi, sans une *compensation* qui justifiât son système. Il se fit alors pamphlétaire, et publia des écrits politiques antinationaux. Mais, quoiqu'il prît les choses de très-haut, il n'accouchait jamais que d'une souris.

AZAMOR, ville forte de l'empire du Maroc, à 130 kil. de Maroc. Pop. 1,000 hab. Cette ville est située sur l'Omm'er-Rbia, à son embouchure dans l'Atlantique.

AZARA (Don Joseph-Nicolas, chevalier D'), diplomate espagnol, né en 1731, en Aragon, mort à Paris en 1804. Ambassadeur de Ferdinand VII, roi d'Espagne, à Rome, pendant vingt ans, il y exerça une grande influence, et y protégea de tout son pouvoir les savants et les artistes. Il était particulièrement lié avec le cardinal de Bernis et le peintre Mengs. Dans ses dernières années, il fut chargé de l'ambassade de France, en 1798, et disgracié en 1803. Il a traduit en espagnol la *Vie de Cicéron*, de Middleton, et publia les écrits de Mengs avec la vie de ce peintre.

AZARIAS ou OSIAS, dixième roi de Juda, 802 à 752 av. J.-C. Il défit les Philistins, vainquit les Arabes et les Ammonites, fit abattre les murs de Geth, de Jamnie et d'Asoth. Il voulut faire l'office de grand sacrificateur, et fut frappé de la lèpre par un rayon de soleil.

AZAT-LE-RIZ, village du départ. de la Haute-Vienne (Limousin), à 25 kil. de Bellac. Pop. 750 hab.

AZAY-BRULÉ, village du départ. des Deux-Sèvres, à 19 kil. de Niort. Pop. 900 hab.

AZAY-LE-FERRON, bourg du départ. de l'Indre, à 25 kil. du Blanc. Pop. 460 hab. Il possède une source thermale sulfureuse, dite la Caillanterce.

AZAY-LE-RIDEAU, ch.-l. de cant. de l'arr. de Chinon (Indre-et-Loire), à 21 kil. de cette ville. Pop. 1,750 hab. On y remarque un château bâti au XVIe siècle.

AZERAC, village du dép. de la Dordogne, à 38 kil. de Périgueux. Pop. 1,340 hab. On y remarque des grottes à stalactites, de 200 mètres de profondeur.

AZEVEDO (don Jérôme D'), vice-roi des Indes. Il fut d'abord commandant des Portugais dans l'île de Ceylan. Il s'empressa de reconnaître Philippe II, quand il eut fait la conquête du Portugal, et lui fit prêter serment par ses officiers, en 1597. Chassé de Ceylan par un soulèvement populaire, il rassembla des troupes, y rentra et signala sa reprise du gouvernement par de grandes cruautés. Peu après, il fut nommé vice-roi des Indes, et administra ce pays avec une grande dureté. De retour en Portugal, en 1617, il fut accusé d'avoir favorisé les Anglais par trahison, condamné pour ce fait ainsi que pour ses atrocités, et jeté dans les fers. Il mourut en prison.

AZINCOURT, bourg du départ. du Pas-de-Calais, à 20 kil. de Saint-Pol. Pop. 450 hab. Ce lieu est célèbre par la lutte sanglante qui y eut lieu entre les Anglais, au nombre de 50,000, commandés par Henri V, roi d'Angleterre, et les Français, au nombre de 14,000 seulement (25 octobre 1415).

AZIZ-BILLAH, deuxième kalife fatimite d'Égypte, en 975, mort en 996; il donna la conduite de ses affaires au général Djanher. Il fut l'ami de son peuple, se maria à une chrétienne, dont les deux frères devinrent, l'un patriarche de Jérusalem et l'autre d'Alexandrie.

AZONES, nom donné, chez les Romains, aux dieux que toutes les nations reconnaissaient et adoraient.

AZOTE, gaz qui forme la plus grande partie de l'air et qui est incolore, inodore et transparent.

AZOV ou *Azof*, ville de la Russie d'Europe, dans le gouvernement de Ekatérinoslav, à 345 kil. de cette ville. Pop. 1,200 hab. Elle possède de mauvaises fortifications et un port ensablé. Elle fut fondée, au XIIe siècle, par les Génois, à l'O. de l'ancienne Tanaïs, sous le nom de *Tana*. Elle fut prise par Tamerlan en 1392, par les Turcs en 1471, par les Russes en 1696, et rendue aux Turcs en 1711. Elle fut démantelée à la paix de Belgrade, en 1739, et cédée à la Russie en 1774.

Azov (Mer d'), sur la côte S. de la Russie d'Europe; elle est unie à la Mer noire par le détroit d'Iénikalé. Sa longueur est de 300 kil.; sa largeur de 220. Cette mer est très-poissonneuse. Dans l'antiquité, elle était appelée *Mare putridum* à cause de ses exhalaisons malsaines. La partie occidentale est seule putride.

AZPEZITA, ville d'Espagne (prov. de Guipuzcoa), à 22 kil. de Tolosa. On y remarque une belle église gothique. Saint Ignace de Loyola, le fondateur de l'ordre des jésuites, est né au château de Loyola, situé sur le territoire de cette ville.

AZRAEL, ange de la mort, chez les mahométans, qui reçoit les âmes des hommes à leur dernier soupir et les conduit devant Dieu.

AZTÈQUES, peuple qui habitait le Mexique lors de l'arrivée des Européens dans ce pays. Les Aztèques vinrent s'établir dans cette partie de l'Amérique que nous nommons Mexique, avec d'autres tribus indiennes, après qu'une épidémie terrible eut presque anéanti la population primitive, vers le XIIe siècle. Après de longues luttes avec leurs voisins, ils se fixèrent là où s'élève aujourd'hui Mexico. Cette ville n'était alors qu'un amas de cabanes de joncs; le gouvernement était exercé par les nobles et les prêtres. En 1352, ils adoptèrent la forme monarchique; Acamapitzin fut leur premier roi. Sous ce roi et ses successeurs, l'agriculture fut encouragée et Mexico prit un énorme accroissement. Vers le milieu du XVe siècle, il se passa un événement qui mérite d'être rapporté : les Tapanèques avaient vaincu les Aztèques et s'étaient même emparé de leur roi au milieu de Mexico; le peuple craignait d'être réduit en esclavage; les nobles proposèrent alors au peuple de se charger de sa délivrance, à la condition que la classe inférieure serait réduite en esclavage, sous leur domination, s'ils étaient vainqueurs; et qu'au contraire, s'ils étaient vaincus, ils se sacrifieraient aux dieux et se voueraient à la mort. Ces conditions acceptées, les nobles attaquèrent les Tapanèques et les défirent. Le peuple s'exécuta de bonne grâce. Ce fut là l'origine de l'esclavage que les Européens trouvèrent établi en Amérique, et qu'ils se crurent autorisés à maintenir. Les nobles avaient, dans cette circonstance, élu un nouveau roi nommé Itzcoatl. La prospérité de Mexico ne fit que s'accroître sous son règne et surtout sous Montezuma Ier. Quand les Espagnols arrivèrent au Mexique, sous la conduite de Cortez, l'empire aztèque s'étendait jusqu'aux frontières du Guatemala et du Yucatan. Dès lors, l'histoire de ce peuple se lie à celle de Cortez et de Montezuma. Nous dirons quelques mots des institutions civiles et politiques de ce peuple. La monarchie était élective; le roi était élu par quatre des principaux nobles, choisis par leur corps sous le règne précédent. On adjoignait à ces électeurs les deux rois alliés de Tezcuco et de Tlacopan. Cependant le roi était presque toujours choisi dans la famille du roi mort. Cette heureuse disposition valut à la nation une suite de rois habiles et belliqueux. Le roi était couronné au milieu des sacrifices humains : alors coulait le sang des prisonniers. Les nobles électeurs, assistés de quelques autres, formaient le conseil privé. Les fonctions politiques étaient réservées à la caste des nobles, qui composaient une sorte de féodalité. Le roi exerçait le pouvoir législatif; il nommait les juges, mais ils étaient inamovibles. Le peuple avait aussi des magistrats inférieurs élus par lui pour connaître des affaires peu importantes. Un tribunal spécial jugeait les causes matrimoniales. Les esclaves étaient ceux qui s'étaient vendus volontairement, les prisonniers de guerre, les criminels et les débiteurs du trésor public. Les enfants de l'esclave naissaient libres; ils pouvaient se marier, posséder des biens et avoir des esclaves. Les possesseurs de terres devaient à la couronne une redevance en nature. Il y avait aussi une administration postale; les dépêches étaient portées par des coureurs établis de deux lieues en deux lieues, et qui les transmettaient en un jour à une distance de deux cents milles. Le dieu de la guerre était la principale divinité; on faisait sur ses autels des hécatombes de captifs. L'armée était composée des contingents des diverses provinces, commandés par les nobles; l'équipement était d'un luxe inouï. Des hôpitaux militaires étaient établis dans les principales villes. Les temples, dont la construction rappelait celle des pyramides d'Egypte, se comptaient par centaines dans les villes. Le faîte de ces temples formait une large plate-forme surmontée d'une ou deux tours de cinquante pieds de hauteur : c'était là le sanctuaire. Devant ces tours s'élevait la pierre du sacrifice, à côté de laquelle étaient dressés deux grands autels sur lesquels brûlait le feu sacré qui ne devait jamais s'éteindre. Les Aztèques avaient fait de grands progrès dans les mathématiques, ainsi que dans l'agriculture et les arts mécaniques. Telle était la civilisation que les Espagnols, plus barbares que les gens qu'ils avaient soumis, s'appliquèrent à détruire. Les moines affluèrent, dès 1522, à la suite des Espagnols. Les idoles furent brisées, les temples renversés, les prêtres immolés. Les populations, frappées de terreur, se soumirent à la religion des vainqueurs; les conversions furent opérées par le fer et le feu, et bien souvent le zèle religieux ne servait qu'à couvrir la rapacité des missionnaires. Malgré les ordres de Charles-Quint, les Aztèques étaient réduits en esclavage et employés comme bêtes de somme. La dépopulation fut alors effrayante, et il ne reste plus aujourd'hui au Mexique qu'un bien petit nombre de descendants de ce grand peuple. Leur sort commença à s'améliorer à la fin du XVIIIe siècle.

AZUN, jolie vallée située dans le départ. des Hautes-Pyrénées (Bigorre). A l'extrémité se trouve un *port*, ou passage, qui conduit en Espagne. On y compte dix villages. Sur le chemin de la vallée aux Ferrières, on y voit le gouffre nommé *Puits d'Aubès*.

AZY, village du départ. du Cher, à 19 kil. de Sancerre. Pop. 1,080 hab.

AZY-LE-VIF, village du départ. de la Nièvre, à 30 kil. de Nevers. Pop. 750 hab. Forges et hauts fourneaux remarquables.

AZYME, pain sans levain, que les Israélites faisaient cuire la veille de Pâques, en mémoire de celui que mangèrent leurs ancêtres à leur sortie d'Egypte.

AZYMGOR, ville de l'Inde anglaise (Calcutta), à 59 kil. de Djouanpour. Les Anglais s'en emparèrent en 1801.

AZZANA, village de Corse, à 44 kil. d'Ajaccio. Pop. 304 hab.

AZZANO, village de Vénétie, dans la délégation de Vérone, à 12 kil. de cette ville. En 1799, les Français y repoussèrent les Autrichiens.

AZZ-ED-DIN-BEY, fondateur de la première dynastie des Mamelouks d'Egypte, en 1254. (*Voir* BAHARITES.)

B

B, deuxième lettre de l'alphabet français ainsi que de celui de la plupart des peuples du globe. Elle a beaucoup d'affinité avec le *v*, et dans plusieurs langues ces deux lettres se remplacent réciproquement. Les Allemands prononcent généralement le *b* comme le *p*. Chez les Romains, la valeur numérale du *b* était de 300, et elle était de 3,000 lorsqu'il y avait un trait horizontal au-dessus.

BAADER (Joseph), ingénieur et mécanicien, né à Munich en 1763. Il fut d'abord médecin, mais il montra fort jeune de telles dispositions pour la physique et la mécanique, qu'il fut nommé directeur des machines et conseiller des mines à Munich. Il fut nommé ensuite conseiller particulier de la direction générale des mines et des salines de Bavière. Il parcourut la France et l'Angleterre. A Paris notamment, il observa la machine de Marly et fit un mémoire remarquable sur la restauration de cette machine. Il en adressa un autre à l'Institut, dans lequel il signalait une nouvelle application de la machine à colonnes, pour communiquer le mouvement à de grandes distances par le moyen de l'eau, et remplacer ainsi la machine de Marly. Il a laissé d'importants travaux sur la physique, la mécanique et la technologie.

BAAL ou BEL, divinité mâle des Chaldéens, des Phéniciens et des Babyloniens, paraît n'être autre chose que le soleil, en tant que cet astre gouverne et féconde la nature par sa chaleur et sa lumière. On lui associait d'ordinaire une divinité femelle, *Baattis*, appelée plus généralement Astarté.

BAAZA, roi d'Israël de la tribu d'Issachar, mort en 919. Il fut d'abord général du roi de Nadab, fils de Jéroboam. Il extermina ce prince avec toute sa race, et s'empara du trône en 942 av. J.-C. Il se livra à l'idolâtrie, fut vaincu par Assa, roi de Juda.

BAB, mot qui signifie, en arabe et en chaldéen, *porte, cour;* ainsi *Bab el Mandeb*, porte du deuil; *Babylone* ou *Babbel*, cour de Bélus.

BABA, ville de la Turquie d'Asie (Anatolie), à 120 kil. de Gallipoli. Pop. 4,000 h. Elle possède un port sur l'Archipel. Fabrique de lames renommées pour couteaux et sabres.

BABA, ville de Turquie d'Europe, à 23 k. de Larisse. Pop. 2,000 hab.

BABA, mot qui signifie en turc, *père*. On ajouta ce nom à celui de certains prêtres respectés.

BABA, imposteur turc, qui se fit passer pour prophète et qui dévasta l'Asie. Pour le réduire, les mahométans appelèrent les chrétiens à leur aide, le vainquirent et le firent périr, ainsi que tous ses partisans (1240 ap. J.-C.).

BABA-DAGH, ville forte de la Turquie d'Europe (Bulgarie), à 130 kil. de Silistrie, près de la mer Noire. Pop. 10,000 hab. Cette ville fut fondée par Bajazet Ier. Son port est à Kara-Kerman, sur la lagune de Ramsin. Cette ville fut bombardée le 27 mars 1854 par les Russes.

BABA-DAGH, anciennement *Cadmus mons*, chaîne de montagnes de la Turquie d'Asie, l'une des ramifications du Taurus.

BABECK, surnommé le *Libertin* et l'*Impie*, imposteur musulman du VIIIe siècle ap. J.-C. Il professa une religion de meurtre, de plaisirs et de libertinage, et la répandit les armes à la main. Après vingt ans de guerre contre les généraux des kalifes, Babeck et ses adeptes furent vaincus par le kalife Motassem, qui lui fit couper les bras et les jambes et fit traîner son corps dans les rues de Bagdad (837).

BABEL, c'est-à-dire *Confusion*, nom donné, dans l'Ecriture, à une tour immense que les descendants de Noé construisirent, avant de se séparer, pour se mettre à l'abri d'une nouvelle inondation. On croit encore aujourd'hui en retrouver des débris. (*Voir* BABYLONE.)

BAB-EL-MANDEB (détroit de), situé entre l'Abyssinie et l'Arabie, fait communiquer la Mer rouge et la mer d'Oman. Sa largeur varie de 26 à 52 kil. et sa navigation est dangereuse. Les Anglais ont pris possession de l'île de Périm, qui appartenait autrefois aux Portugais.

BABENBERG (comtes DE), ancienne famille allemande, ainsi nommée du château de Babenberg. Vers 866, Henri, comte de Babenberg, avait le titre de duc des Francs orientaux. En 983, Léopold Babenberg fut nommé margrave d'Autriche. Sa maison conserva cette dignité jusqu'en 1246, et s'éteignit avec le duc Frédéric le Belliqueux.

BABENHAUSEN, ancienne seigneurie immédiate de l'Empire. Superf. 124 kil. car. Pop. 6,762. Au XVIe siècle, cette seigneurie passa aux comtes de Kirchberg, puis aux sires de Fœrber, aux barons de Rechber, aux comtes de Fugger, et, en 1806, elle fut médiatisée. Aujourd'hui, elle fait partie du cercle bavarois de Neubourg et de Souabe.

BABEUF (François-Noël). Célèbre communiste et fameux niveleur, né à Saint-Quentin en 1764; mort à Vendôme, le 27 mai 1797. A l'âge de 16 ans, ayant perdu son père, il entra chez un inspecteur de la petite ville de Roye (Somme), et obtint bientôt la place de commissaire à terrier. Il atteignait sa vingt-cinquième année, quand la révolution éclata. Il publia alors, à Amiens, le *Correspondant picard*, dont la violence lui attira des poursuites et le fit arrêter. Mis en liberté quelque temps après, le 14 juillet 1790, il fut successivement nommé administrateur du département de la Somme, commissaire du district de Montdidier, et se fit destituer. Il vint alors à Paris, où il obtint la place de secrétaire général de l'administration des subsistances du département de la Seine. Ces nouvelles fonctions ne tardèrent pas à lui faire découvrir un pacte de famine organisé par le fameux Manuel, procureur général de la commune; il eut alors le courage de le dénoncer à la France entière, dans un pamphlet répandu partout avec profusion. Malheureusement pour lui, on se souvint qu'il n'avait point encore purgé une contumace qui pesait sur lui comme condamné pour avoir substitué un nom à son véritable nom dans une adjudication de biens nationaux à laquelle il présidait, et il fut arrêté, bien qu'il ne s'agît que d'un petit bout de terre de trois arpents. Il fut renvoyé par le tribunal de cassation devant le tribunal du département de l'Aisne, qui l'acquitta. Après le 9 thermidor, il publia un pamphlet réactionnaire contre les terroristes, intitulé: *Système de dépopulation, ou la vie et les crimes de Carrier;* plus tard vint le *Tribun du peuple*, journal d'opposition dirigé également contre le parti thermidorien, et qu'il signait *Caïus Gracchus*. Jusque-là, Babeuf n'avait guère joué qu'un rôle assez obscur; tout d'un coup, il s'élança, et ne craignit pas de se poser comme le messie de l'égalité absolue, comme le réalisateur prochain d'une république fondée sur le principe de la communauté des biens, et nivelée sur cette égalité telle qu'il la concevait. Le *Tribun du peuple* lui servait à mener de front la théorie et l'application; mais comme ses idées ne se réalisaient pas assez vite, de concert avec Darthé et Buonarotti, et à l'aide d'une propagande secrète des plus actives, il organisa une conspiration, la plus vaste, la plus redoutable qui ait été tramée pour le renversement du gouvernement dictatorial, et qui a eu pour résultat de faire de son nom la racine du mot *babouvisme*, mot qui ne se trouve pas dans le dictionnaire de l'Académie, mais dont s'est un peu occupé plus tard l'Académie des sciences morales et politiques; ce mot, on s'en est servi pour généraliser les principes des partisans de la loi agraire. Le directoire connut à temps ce complot et put le déjouer. Il ne fut fatal qu'aux principaux conjurés. Le procès fut déféré à une haute cour convoquée à Vendôme, et les débats se prolongèrent pendant trois mois. Ces débats furent solennels, et Babeuf sut s'y défendre en homme de cœur et de conviction, bien qu'il ne lui fût pas permis d'établir sa défense sur le terrain des principes. Un verdict de culpabilité fut rendu, le 26 mai 1797, contre plusieurs des accusés. En entendant leur condamnation à la peine capitale, Babeuf et Darthé se poignardèrent sous les yeux de leurs juges, et, le lendemain, ils n'en furent pas moins portés expirants sur l'échafaud. Les autres de leurs coaccusés furent ou déportés ou acquittés. En terminant cette esquisse, que nous avons le regret de ne pouvoir faire plus longue à cause des limites qui nous sont assignées, nous citerons le passage suivant qui se trouve dans la plus remarquable des pièces saisies lors du procès : « Peuple de France... d'anciennes habitudes, d'antiques préventions, pourront de nouveau faire obstacle à l'établissement de la *République des Egaux*. L'organisation de l'égalité réelle, la seule qui répondait à tous les besoins, sans faire de victimes, sans coûter de sacrifices, ne plaira peut-être point d'abord à tout le monde. L'égoïste, l'ambitieux frémira de rage. Ceux qui possèdent injustement crieront à l'injustice. Les jouissances exclusives, les plaisirs solitaires, les aisances personnelles, coûteront de vifs regrets à quelques individus blasés sur les peines d'autrui. Les amants du pouvoir absolu, les vils suppôts de l'autorité arbitraire, ploieront avec peine leurs chefs superbes sous le niveau de l'égalité réelle. Leur vue courte pénétrera difficilement dans le prochain avenir du bonheur commun, mais que peuvent quelques milliers de mécontents contre une masse d'hommes tous heureux et surpris d'avoir cherché aussi longtemps une félicité qu'ils avaient sous la main?... Peuple de France, à quel signe dois-tu donc reconnaître désormais l'excellence d'une constitution?... Celle qui tout entière repose sur l'égalité de fait est la seule qui puisse te convenir et satisfaire à tous les vœux. Les chartes aristocratiques de 1791 et 1795 rivaient tes fers au lieu de les briser. Celle de 1793 était un grand pas fait vers l'égalité réelle, on n'en avait pas encore approché de si près, mais elle ne touchait pas encore le but et n'abordait point le bonheur commun, dont pourtant elle consacrait solennellement le grand principe. Peuple de France, ouvre les yeux et ton cœur à la plénitude de la félicité, reconnais et proclame avec nous la République des Egaux. » Ces paroles nous paraissent devoir suffire pour faire connaître l'organisation sociale rêvée par cet homme devenu célèbre, et qui, un demi-siècle après sa mort, a pu encore agiter les esprits en France.

BABIA, divinité de l'ancienne Syrie qu'on adorait principalement à Damas. On croit qu'elle était la déesse de la jeunesse.

BABINAGREDA, ville des Etats autrichiens (confins militaires de l'Esclavonie), située près de Vinkovize. Pop. 4,200 hab.

BABINE (république de). Pszonka, noble polonais, fonda en 1568 dans son domaine de Babine, près de Lublin, une société de plaisir, à laquelle il donna le nom de république. Pour y être admis, il fallait s'être distingué par quelque folie. Cette société, bien qu'éloignée de toute politique, exerça quelque influence sur les mœurs en Pologne, et dura plus d'un siècle, mais elle disparut au milieu des événements qui préparèrent la chute de ce malheureux pays.

BABO (Joseph-Marie DE), auteur dramatique allemand, né à Ehrenbreitstein (Prusse), le 14 janvier 1756. Il professa la philosophie à Munich et l'esthétique à Manheim. On a de lui plusieurs pièces qui eurent un grand succès, entre autres celles ayant pour titre : *Le bonheur du citoyen*, *Otto de Wittelsbach*. Il mourut le 5 février 1822.

BABŒUF. (*Voir* BABEUF.)

BABOLNA, célèbre haras en Hongrie, à 16 kil. de Komorn. On y compte près de 600 chevaux de race arabe, qui sont tous destinés à la cour de Vienne. Les chevaux de ce haras furent pris, en 1848, par les insurgés hongrois.

BABOUR (Zéphyr-Eddyn-Mohammed), fondateur de l'empire mongol dans les Indes. Omer, son père, descendant de Tamerlan, régnait entre Samarcande et l'Indus: ce royaume se composait des débris des conquêtes de Tamerlan dans l'Inde. Babour montra dans une extrême jeunesse de telles dispositions qu'il fut, à l'âge de douze ans, chargé du gouvernement d'Indidjah. A la mort de son père, il fut proclamé par les grands souverains de l'empire mongol dans la Tartarie occidentale et dans le Koraçan. Il prit alors le titre de *Zéphyr éddyn* (protecteur de la religion). A peine monté sur le trône, il conçut le projet de conquérir l'Hindoustan. Il eut d'abord à réprimer les conspirations de plusieurs de ses oncles qui prétendaient à la couronne. Il défit plusieurs souverains voisins qui étaient venus à leur secours et prit l'offensive à son tour en marchant sur Samarcande. Cette ville capitula pour éviter le pillage; mais ses soldats mécontents de voir une proie leur échapper, l'abandonnèrent. Babour, aidé de quelques compagnons fidèles, leva une nouvelle armée et vint reprendre Samarcande. Peu de temps après il s'empara par ruse des Etats du roi Kandoz, qu'il avait accueilli dans sa capitale. Il profita de cette circonstance pour y susciter une révolte et le renverser du trône. Il marcha ensuite contre des rebelles du Caboul, et, ayant joint leur armée, il osa défier en combat singulier les plus braves d'entre eux. Cinq se présentèrent successivement, et Babour leur fit mordre la poussière. L'Hindoustan lui étant ouvert par ces conquêtes, il marcha sur Dehly, capitale du royaume de Lahore, où régnait Ibrahim Lody. Cette invasion eut lieu vers 1517. Babour, à la tête de 12,000 hommes seulement, défit l'armée d'Ibrahim qui comptait 100,000 cavaliers et cent éléphants. La bataille eut lieu dans les plaines de Panniput. Ibrahim y trouva la mort, Babour régna ensuite paisiblement, et sa dynastie occupa le trône pendant deux siècles et demi. Il mourut en 1530, à l'âge de 49 ans. Il a laissé des *Commentaires* qui comprennent la relation de ses conquêtes et l'histoire de sa vie.

BABOUVISTES. On donna ce nom aux partisans de Babeuf. (*Voir* BABEUF).

BABRIUS, fabuliste grec de l'antiquité. Il mit en vers les fables d'Esope, et son œuvre eut un succès qui fit oublier la prose originale. Il paraît probable qu'il vécut dans le Ier siècle av. J.-C. Quelques fragments de ses poésies étaient parvenus jusqu'à nous; il y a quelques années, la découverte d'un manuscrit dans un couvent du mont Athos mit en possession de ses œuvres complètes.

BABUYANES (mot qui signifie *île des porcs*), île de la Malaisie, dans l'archipel des Philippines, au N. de Luçon. Pop. 7,000 hab., presque tous chrétiens.

BABYLONE, cap. du royaume de Chaldée, puis des empires d'Assyrie et de Babylone, sur l'Euphrate, dans le voisinage de la ville actuelle d'Hilleh. Elle fut fondée vers 2680 av. J.-C., par Nemrod. Elle avait plus de 100 kil. de tour, possédait cent portes de bronze, de magnifiques quais, des jardins suspendus, des murailles flanquées de deux cent cinquante tours, beaucoup de palais. La tour de Babel, enfermée dans son enceinte, servait aux observations astronomiques des prêtres chaldéens. Bélus la soumit et l'agrandit; Sémiramis y fit, dit-on, construire plusieurs monuments. Nabuchodonosor accrut sa magnificence, ce qui valut à Babylone le titre de *Reine de l'Orient*. Cette ville déclina beaucoup du temps d'Alexandre (330), et lors de la conquête du deuxième empire perse, elle existait encore, mais petite et presque vide. Les Juifs y furent envoyés captifs pendant 70 ans, de 605 à 536. Cyrus s'étant emparé de cette ville, les délivra deux ans après par un édit. Babylone est présentée dans l'Ecriture comme le type d'une ville riche et puissante, mais corrompue.

BABYLONE (empire de), fondé par Nemrod, vers l'an 2640 av. J.-C. Il eut huit rois de la dynastie de Nemrod, et, après avoir été démembré par des Arabes (2218), il fut divisé en petits royaumes, entre autres Elam, Babylone, Sennaar, et les Arabes lui imposèrent six rois choisis parmi eux; il fut soumis au premier empire d'Assyrie jusqu'à la mort de Sardanapale (759). Alors il forma un Etat séparé et eut pour rois Bélésis (759), Nabonassar (747), Nadius, Chinzir, Porus, Hulé (de 733 à 721); Mardokempad et cinq autres princes, jusqu'en 688, et retomba sous la domination assyrienne, en 680. Affranchi de nouveau en 625, il subsista jusqu'à la conquête de Cyrus, 538, et fut gouverné pendant ce temps par les rois Nabopolassar (625-606); Nabuchodonosor II (606-562); Evilmédorac (562-560); Nériglissor (560-555); Laborosoarchod (555-554); Labynit ou le Balthasar de l'Ecriture, (554-538).

BABYLONE, ville ancienne de la Basse-Egypte, située sur la rive droite du Nil, à la naissance du grand canal qui va du Nil au golfe Arabique, et non loin des pyramides. Cette ville doit sa fondation aux habitants de la Babylonie que Sésostris amena captifs en Egypte. Sous Auguste, cette ville fut la résidence d'une des trois légions de l'Egypte. On remarque aujourd'hui ses mines près de *Fostat* ou *Vieux Caire*.

BABYLONIE, aujourd'hui Irak Arabi, contrée de l'Asie occidentale, au S. de la Mésopotamie et au N. du Golfe persique. Villes principales: Babylone, Ctésiphon, Séleucie, etc. Après avoir formé un empire indépendant, cette contrée fut tour à tour subjuguée par les Perses (538 av. J.-C.); Alexandre (331); les Parthes (140); les Arabes (632-634 ap. J.-C.) Enlevée par les Persans aux kalifes abbassides, elle forme aujourd'hui le seul eyalet de Bagdad, et appartient aux Turcs.

BAÇAIM, ville de l'Inde anglaise (Bombay), située près de l'île Salsette. Les Anglais s'en emparèrent en 1780.

BACCALAR Y SANNA (Vincent), marquis de Saint-Philippe), homme d'Etat et littérateur, naquit vers 1660, dans l'île de Sardaigne, d'une ancienne famille espagnole. Après avoir étudié les langues, l'histoire et la jurisprudence, il voyagea pour s'instruire encore. Ses talents attirèrent l'attention de Charles II, roi de Sardaigne, qui lui confia des emplois importants. A la mort de ce prince, il contribua beaucoup à faire reconnaître dans l'île de Sardaigne l'autorité de Philippe V, son successeur; il était alors gouverneur de Cagliari. Les partisans de l'Autriche en Sardaigne y suscitèrent des troubles. Baccalar proposa au roi des mesures sévères contre les chefs de la révolte; mais le roi se montra faible, tandis que les rebelles s'enhardirent jusqu'à appeler les Anglais dans l'île. Ceux-ci occupèrent les places les plus importantes que la trahison leur livra, et Baccalar dut se réfugier en Corse. De là, il passa à Madrid, où le roi d'Espagne le nomma son écuyer et le fit marquis de Saint-Philippe, en 1710. Le conseil d'Espagne ayant résolu de conquérir la Sardaigne, Baccalar partit pour Gênes avec mission de seconder le duc d'Uzéda, chef de l'expédition. L'entreprise échoua par la trahison de ce général, vendu à l'ennemi. Il n'attaqua que quand il sut que les Anglais étaient prêts à défendre l'île. Plus tard Albéroni renouvela l'expédition, et Baccalar l'accompagna encore. Sa présence valut à l'Espagne de nombreux partisans; et quand l'autorité du duc de Savoie eut été rétablie dans l'île, il se retira à Madrid, où il mourut subitement, en 1726. Il a laissé des travaux historiques fort importants sur le règne de Philippe V.

BACCARAT, ch.-l. de cant. de l'arrond. de Lunéville (Meurthe), à 25 kil. de cette ville. Pop. 3,100 hab. Elle possède une manufacture de cristaux et de verres, la première de France pour la qualité de ses produits.

BACCHANALES, *bacchanalia*, nom donné aux fêtes célébrées en l'honneur de Bacchus; elles avaient lieu la nuit au bruit éclatant des tambours et des cymbales phrygiennes. Les femmes seules y furent d'abord admises; mais, vers 198 av. J.-C., on y admit aussi les Etrusques et les Campaniens, et aux transports délirants de ces fêtes, ces peuples y ajoutèrent de tels désordres d'ivresse, que le sénat romain en interdit la célébration (187 av. J.-C.). Sous l'empire, ces fêtes se renouvelèrent encore avec plus de licence que jamais.

BACCHANTES, prêtresses de Bacchus. Les premières bacchantes furent les nymphes nourrices de Bacchus qui le suivirent à la conquête de l'Inde. On nommait aussi les bacchantes Ménades, Bassarides, Mimallonides, Thyades, Eviades, Eléides, etc. Ces femmes échevelées, demi-nues ou couvertes de peaux de tigres, la tête couronnée de lierre et de pampre et tenant un thyrse à la main, couraient çà et là dans les villes et dans les campagnes, poussant des cris et faisant retentir les grelots attachés à leurs vêtements.

BACCHIDÈS, général de Démétrius Soter, roi de Syrie. Les Juifs, mécontents d'Alcime, leur grand prêtre, méditaient une alliance avec le sénat romain. Démétrius, qui haïssait Rome, saisit cette occasion pour pénétrer en Judée. En 162, il chargea de cette expédition Bacchidès, alors gouverneur de Mésopotamie. Celui-ci rétablit Alcime, qui fut bientôt forcé par Judas Macchabée de quitter Jérusalem; Bacchidès rentra de nouveau en Judée pour combattre les Juifs rebelles et venger Nicanor, autre lieutenant de Démétrius qui avait succombé contre Judas. Bacchidès remporta sur le héros Macchabée une victoire longtemps disputée. Judas trouva la mort dans le combat. Maître de Jérusalem, Bacchidès persécuta les Juifs et releva les autels des faux dieux. Il apaisa de nouveaux soulèvements suscités par les frères de Judas; mais, en 157, il succomba à son tour sous les efforts de Simon Macchabée, et dut accepter la paix.

BACCHIGLIONE, rivière des Etats autrichiens (Vénétie), formée de plusieurs ruisseaux qui s'unissent au-dessus de Vicence; elle se divise en deux bras près de Chioggia, dont l'un se jette dans l'Adriatique et l'autre dans la Brenta.

BACCHUS, que les Grecs appelaient aussi Iacchos dans les mystères, était le dieu du vin. Il était fils de Jupiter et de Sémélé, fille de Cadmus, roi de Thèbes. La Fable rapporte que Bacchus, étant venu au monde avant terme, fut enfermé dans la cuisse de Jupiter, jusqu'à ce que le reste du temps qu'il aurait passé dans le ventre de sa mère fût accompli. Pour bien entendre cette aventure, il faut savoir que Junon, jalouse des visites que Jupiter rendait à Sémélé, se transforma en vieille, et lui persuada de demander à Jupiter de venir la voir *avec le même appareil qu'il prenait lorsqu'il allait rendre visite à Junon*. Sémélé entra dans ce sentiment sans peine; elle fit promettre à Jupiter de lui accorder la grâce qu'elle allait lui demander. Jupiter jura par le Styx, serment terrible même pour les dieux, qu'il accordait ce qu'elle demanderait. Sémélé s'expliqua, et Jupiter, contraint de tenir sa parole, foudroya Sémélé par sa simple apparition. C'est alors que Jupiter prit l'enfant dont elle était enceinte et le mit dans sa cuisse. Bacchus fut élevé par Silène. Devenu grand, il parcourut le monde et se rendit maître de l'Inde. Il passait pour avoir découvert l'usage du vin. Dans les sacrifices, on lui immolait un bouc, parce que cet animal ronge les bourgeons des vignes. On dit encore que Bacchus est le premier qui ait attelé des bœufs à la charrue, et c'est pour cela qu'on le peint avec des cornes à la tête, pour marquer ainsi la force et la hardiesse ordinaire à ceux qui sont ivres. Il portait une javeline ou thyrse entourée de lierre et de pampres. On représentait toujours Bacchus nu, parce qu'un homme ivre découvre aisément sa pensée, et avec un visage d'enfant, parce que le vin fait tomber dans une espèce d'enfance. Des tigres étaient attelés à son char. Les Grecs l'appelaient aussi *Dionysius*, du nom de Jupiter *(Dios)*, son père, et de la ville de Nysa où il fut élevé par des nymphes; ils le surnommaient *Lyœus*, ce qui correspondait au surnom de *Liber*, que lui donnaient les Latins (*liber*, franc, ingénu). Les Athéniens avaient aussi les Ascolies qui étaient plutôt des jeux champêtres. Il y avait enfin les Nyctélies, véritables orgies nocturnes. Les bacchantes couraient au milieu des forêts et sur le sommet des montagnes dans un accès de folie furieuse: « Oh! quel plaisir, » chante le chœur des bacchantes dans Euripide, « de s'égarer dans les montagnes, de quitter les danses rapides pour se précipiter sur la terre, de revêtir la peau du cerf, de poursuivre le bouc et de verser son sang, de manger sa chair palpitante. » Cependant les fêtes de Bacchus ne se présentaient pas toujours avec ce caractère de désordre. Dans certains lieux et dans certaines circonstances, elles présentaient un caractère purement religieux. Ainsi la mère d'Alexandre, Olympias, était bacchante. La chaste Antigone célébrait les fêtes de Bacchus. Enfin, au temps de Plutarque, les bacchantes formaient un collège séparé où les hommes n'étaient jamais admis.

BACCHYLIDÈS, poëte grec, neveu du fameux Simonides, florissait vers l'an 450 av. J.-C. Il composa des odes, des hymnes et des épigrammes d'un tel mérite qu'Hiéron préférait les poésies de Bacchylidès à celles de Pindare même. Il fut souvent imité par Horace.

BACCIARELLI (Marcellin), peintre italien, né à Rome en 1731, mort à Varsovie en 1818. Il fut appelé en Saxe, en 1753, où il travailla aux dessins de la galerie de Dresde, fit les portraits de la famille impériale à Vienne (1761), et, en 1765, Poniatowski roi de Pologne, lui donna la direction des beaux-arts de ses Etats. On lui doit les portraits des rois et des personnages les plus célèbres de la Pologne et plusieurs scènes de l'histoire de ce pays.

BACCIO DA MONTE LUPO, sculpteur florentin, naquit vers 1445. Il passa sa jeunesse au milieu des plaisirs, profitant peu des leçons de Laurent Ghiberti, son maître. Mais, parvenu à l'âge mûr, il étonna par ses progrès ceux qui avaient pu douter de son aptitude. Florence possède sa belle statue de *saint Jean-Baptiste*; il excellait surtout à reproduire la crucifixion. Il se retira à Lucques, qu'il embellit de travaux de sculpture et d'architecture, et il mourut dans cette ville vers 1533, à l'âge de 88 ans. Il a laissé après lui toute une génération d'artistes secondaires.

BACCIO DELLA PORTA, peintre célèbre, né à Savignano (Toscane), en 1469. Il étudia dans l'atelier de Cosimo Rosselli, où il fit de rapides progrès, s'appliquant surtout à l'imitation de Léonard de Vinci. Exalté par les prédications de Savonarole, il s'attacha à ce fougueux prédicateur qui faisait appel à la révolte. Il le suivit dans le couvent de Saint-Marc qui dut être emporté d'assaut. Baccio vit la mort de si près qu'il fit vœu de prendre l'habit de dominicain s'il échappait au danger. Il entra, en effet, dans cet ordre religieux, et ne voulut plus dès lors reprendre ses pinceaux. Cependant, cédant aux instances des moines, il s'adonna à la peinture religieuse. Les productions de ses dernières années atteignent un tel degré de pureté qu'on les a souvent attribuées à Raphaël. Il excellait dans la disposition des draperies, qu'on négligeait avant lui. Son couvent profitait seul du fruit de ses travaux. Il mourut, en 1517, à l'âge de 48 ans. Son dernier tableau, qui n'était qu'une ébauche en grisaille, passa encore pour un chef-d'œuvre de l'art.

BACCIOCHI (Félice-Pasquale), né en Corse le 18 mai 1762. Il dut son illustration et sa fortune à son mariage avec Elisa Bonaparte, sœur de Napoléon Bonaparte, qu'il épousa en 1797. Bacciochi n'était alors que capitaine d'infanterie. Bonaparte qui commandait en chef l'armée d'Italie, avait désapprouvé ce mariage. Sa mère, pour le réaliser, usa de finesse en lui écrivant que n'ayant pas reçu de réponse à sa demande, elle avait conclu ce mariage. Dès lors Bonaparte s'occupa de la fortune de son beau-frère. En 1804, il le fit officier de la Légion d'honneur et général. Madame Bacciochi, sa femme, reçut de l'empereur la souveraineté de Piombino, puis celle de Lucques. La princesse Bacciochi en prit possession et fut couronnée avec son époux le 10 juillet 1805. La princesse exerça seule l'autorité. En 1815, ils se retirèrent tous deux en Allemagne.

BACH (Jean-Sébastien), naquit à Eisenach, le 21 mai 1685. Il fut successivement musicien du duc de Weimar, organiste à Mulhausen et maître de chapelle du prince d'Anhalt-Cœthen. En 1737, il reçut le titre de compositeur de la cour de l'électeur de Saxe, roi de Pologne. Comme organiste et claveciniste, il n'avait pas de rival à son époque. On rapporte que Marchand, le célèbre pianiste français, devait un jour lutter avec lui sur le forté-piano; mais que Marchand, pressentant sa défaite, s'était esquivé du concert, pour ne pas avoir à avouer son infériorité. — Le père de Sébastien, aussi musicien, avait quitté Presbourg pour échapper à une persécution religieuse, et il s'était fixé en Allemagne, où il fut la tige d'une famille d'où sont sortis plus de cinquante musiciens distingués.

BACH (Jean-Christian), surnommé l'*Anglais*, né à Leipsig, en 1735. Sa réputation lui valut la place de maître de chapelle de la reine d'Angleterre. Il composa un certain nombre d'opéras qui sont parvenus jusqu'à nous.

BACH (Jean-Auguste), jurisconsulte, né à Hohendorf, en Misnie, en 1721. Il fit des études si brillantes à Leipsig que l'Université de cette ville l'accueillit comme professeur de jurisprudence ancienne. Il cultiva aussi les lettres avec succès; ainsi on lui doit, outre ses travaux sur la législation romaine, d'excellentes éditions de divers auteurs anciens. Il mourut en 1759.

BACHARACH, ville de Prusse (prov. du

Rhin), à 35 kil. de Coblentz. Pop. 3,000 hab. On y remarque un ancien château qui appartenait aux comtes palatins, des ruines, et une pierre couverte d'inscriptions qui est connue sous le nom de *Bacchi ara* (autel de Bacchus), et que l'on suppose avoir été élevée en l'honneur de ce dieu, pour le remercier d'une bonne année. Les environs de Bacharach renferment d'excellents vignobles.

BACHAUMONT (François le Coigneux DE), né à Paris, en 1624, de Jacques le Coigneux, président à mortier au parlement de Paris. Il entra lui-même de bonne heure au parlement en qualité de conseiller-clerc. C'est à lui que nous devons le terme de *frondeur*, ayant dit un jour que le parlement agissait comme ces écoliers qui s'amusent à *fronder* dans les fossés des boulevards. Le mot parut si piquant que les ennemis de Mazarin prirent, pour signe de ralliement, des cordons de chapeau en forme de fronde. Bachaumont cultiva la poésie avec succès, mais sans chercher la publicité. Il a mérité cependant que Voltaire rappelât son nom comme poëte. Il mourut en 1702, dans un âge avancé.

BACHAUMONT (Louis-Petit DE), naquit à la fin du XVIIe siècle. Il vécut chez madame Doublet, alors en grande réputation à cause de son esprit, et qui rassemblait chez elle les illustrations de son temps dans la politique, les belles-lettres et les beaux-arts. Bachaumont y présidait des conférences académiques. Toutes les anecdotes piquantes trouvaient là un débit assuré. Aussi Bachaumont se servit des productions apportées dans ces réunions pour en composer des *Mémoires secrets pour servir à l'histoire de la république des lettres*. On y trouve l'analyse des pièces jouées à cette époque, les relations des assemblées littéraires, des notices sur les livres nouveaux, même clandestins ou prohibés, des anecdotes, des bons mots, etc. Bachaumont laissa encore quelques livres qui traitent d'architecture et de sculpture. Il mourut en 1771.

BACHELIER (Jean-Jacques), peintre français, né en 1724. Comme peintre, il ne mérite qu'une réputation médiocre; mais on lui doit un établissement célèbre et plusieurs inventions. Ainsi il a consacré une somme de 60,000 francs à la création, à Paris, d'une école gratuite de dessin pour les artisans. Aidé par le gouvernement et encouragé par quelques souscriptions, il a pu fonder et soutenir cette école. Plus tard, il fut directeur de la manufacture de porcelaine de Sèvres. Il a retrouvé le procédé employé pour conserver les tableaux de marbre par l'encaustique. Il retrouva aussi le secret de la peinture encaustique ou à la cire; mais cette dernière découverte n'offre qu'un intérêt de simple curiosité. Il mourut en 1805, âgé de 81 ans.

BACHMANN (Jean-Henri), conseiller intime et archiviste du duc de Deux-Ponts, né en 1719 et mort à Deux-Ponts en 1786. Il a laissé des travaux étendus sur les archives et la généalogie de la maison de Deux-Ponts; cet ouvrage savant et plein d'intérêt est précieux pour l'étude de beaucoup de points de l'histoire de l'Allemagne qui seraient restés obscurs.

BACICCIO (J.-B. Gaulli), peintre, naquit à Gênes, en 1639. Il vint de bonne heure à Rome, où il s'attacha à Bernin. Rome lui doit la voûte de l'église de Jésus, œuvre remarquable à tous les points de vue, mais surtout pour la composition et la perspective. Son *Saint François-Xavier* est d'un effet saisissant. Il faisait parler et s'animer ceux qu'il voulait peindre, ne voulant pas, disait-il, reproduire des statues. Il était d'un caractère violent: ainsi il s'emporta, un jour, jusqu'à donner un soufflet à son fils devant une nombreuse compagnie. Le jeune homme, sensible à cet affront, alla se jeter dans le Tibre. Baciccio mourut en 1709.

BACKHUYSEN (Ludolf), peintre hollandais, naquit à Embden, en 1631. Il montra d'abord des dispositions étonnantes pour la calligraphie. A dix-huit ans, il fut placé dans une maison de commerce d'Amsterdam. Là, sans l'aide d'aucun maître, il dessinait les vaisseaux qu'il voyait dans le port. Ses premiers essais ayant eu du succès, il entra dans l'atelier de Van Everdingen, où il acquit bientôt une grande habileté. Observateur passionné de la nature, il bravait les dangers pour mieux en observer les effets. Parfois, monté sur une barque fragile, il s'exposait à la tempête pour étudier de sang-froid le mouvement des vagues, la tourmente des vaisseaux, le choc des lames sur les rochers, le sillonnement des éclairs et de la foudre. Alors on le ramenait à terre malgré lui, et son premier soin, dès qu'il était à terre, était d'esquisser ses impressions et de reproduire ces ciels qu'il avait le talent de varier à l'infini. C'est ainsi qu'il occupa le premier rang parmi les peintres de marine. Pierre le Grand visita ses ateliers et voulut même prendre ses leçons. Un de ses tableaux, offert à Louis XIV par la ville d'Amsterdam, imitait merveilleusement l'agitation des vagues. Il mourut en 1709, à l'âge de 78 ans.

BACKMEISTER (Hartmann Louis-Christian), naquit à Hernbourg, en 1736. Après avoir étudié dans les universités allemandes, il alla se fixer à Pétersbourg, où il fut favorablement accueilli par Pierre le Grand. Il contribua au progrès des lettres et des sciences dans ce pays ouvert à la civilisation, notamment en dirigeant le collège allemand de Pétersbourg. Il mourut dans cette ville en 1806. On lui doit des écrits sur la géographie de la Russie, des mémoires sur Pierre le Grand, et surtout une revue bibliographique des lettres en Russie. Ce dernier travail constitue une véritable statistique.

BACKNANG, ville du Wurtemberg (cercle de Neckar), à 20 kil. de Ludwigsbourg. Pop. 4,450 hab. L'église possède les tombeaux des premiers margraves de Bade. Cette ville fut en partie brûlée lors de la guerre de Trente-Ans.

BACLER (Louis-Albert Ghislain, baron d'Albe), peintre et ingénieur géographe, naquit à Saint-Pol, en 1761. Il se passionna à la fois pour la peinture et l'histoire naturelle. Dans un voyage qu'il fit en Suisse, il vit notre armée révolutionnaire, et, entraîné par l'élan général, il s'enrôla comme volontaire dans un des bataillons des chasseurs de l'Ariége. Il était capitaine d'artillerie quand il assista au siége de Toulon. Il se distingua ensuite dans des reconnaissances militaires et fut remarqué par le général Bonaparte, qui, pour utiliser ses connaissances spéciales, en fit le chef de son bureau topographique. Il prit part à toutes les actions mémorables, notamment à la bataille d'Arcole. Après la paix de Campo-Formio, Napoléon le chargea de la carte militaire de l'Italie. Il mit sept ans à achever ce travail considérable. Plus tard, il fut nommé chef des ingénieurs géographes du dépôt de la guerre, et occupa cette place jusqu'en 1815. C'était un homme actif, habile et plein de franchise; ses connaissances étendues furent d'un grand secours à l'empereur pendant les guerres dans lesquelles il le suivit. Nous avons de lui deux tableaux qui sont deux chefs-d'œuvre : la *Bataille d'Arcole* et la *Veille d'Austerlitz*. La lithographie lui doit de grands progrès.

BACON (Robert), théologien anglais, naquit vers la fin du XIIe siècle. Il est étranger à Roger Bacon, bien qu'on ait voulu établir entre eux une certaine parenté. Il étudia à Oxford, puis à Paris, où il professa la théologie et fonda sa réputation comme prédicateur. De là il revint à Oxford. Sous Henri III, les barons s'étaient coalisés pour résister à l'oppression de l'évêque de Winchester, ministre du roi, et à l'influence des étrangers, à qui ce ministre confiait tous les emplois. Pour faire cesser les troubles, le roi convoqua à Oxford un parlement où les barons refusèrent de se rendre. Le roi y vint, et à cette occasion Bacon dut prêcher devant lui. Il expliqua alors dans un langage digne et éloquent les griefs des barons et persuada au roi que le renvoi de son ministre pouvait seul apaiser la nation.

BACON (Roger), naquit en 1214, à Ilchester, dans le comté de Sommerset. Il étudia d'abord à l'université d'Oxford; puis, selon l'usage du temps, il vint entendre à Paris les maîtres les plus célèbres de l'Europe. De retour en Angleterre avec le titre de docteur, il entra, en 1440, dans l'ordre des Franciscains. Bientôt la liberté de sa parole, qui frondait les mœurs dissolues de l'Église, souleva contre lui la haine du clergé. D'ailleurs son génie avait éveillé l'envie, et ses découvertes en physique le faisaient soupçonner d'un commerce avec les esprits infernaux. Accusé à Rome pour ses opinions et ses travaux, il fut d'abord condamné au silence, puis à une dure captivité. Clément IV monta à son tour sur le trône pontifical. Il avait connu Roger Bacon alors qu'il était légat du pape en Angleterre; aussi n'hésita-t-il pas à le rendre à l'enseignement. Quatre ans plus tard, sous le pontificat de Nicolas III, la persécution recommença contre lui. Ce ne fut qu'après une détention de dix ans qu'il fut remis en liberté. Il mourut peu de temps après, vers 1292. — Cet homme, supérieur à son siècle, mérita le surnom de *Doctor admirabilis*. Il commença la réforme scientifique qui fut plus tard consommée par François Bacon. Il ébranla sur sa base la philosophie du moyen âge que renversa François. Tous deux ont exercé leur action dans le domaine des sciences physiques aussi bien que dans celui de la philosophie. Il trouva le télescope, avant même que le premier de ces instruments eût été fabriqué, par la seule observation des lois de la réfraction. Il proposa une rectification rationnelle du calendrier. Il annonça aussi la possibilité de l'invention de la poudre à canon. Cependant Roger Bacon n'avait pu s'affranchir complétement des erreurs et de la superstition de son siècle: il chercha la pierre philosophale et s'appliqua à l'astrologie judiciaire. Désabusé par l'inanité de ses recherches, il écrivit un ouvrage sur l'impuissance de la magie. Son travail le plus remarquable est l'*Opus majus*, dans lequel il traite des préjugés, des causes de l'ignorance humaine, de l'utilité des sciences et de la nécessité des langues. Cet ouvrage peut être regardé comme le préambule du *Novum organum* de François Bacon. La bibliothèque de Leyde possède encore plusieurs ouvrages de Roger Bacon qui n'ont pas été publiés.

BACON (Nicolas, baron de Vérulam), célèbre jurisconsulte anglais et père du fameux François Bacon, né en 1510, à Chilshurst, dans le comté de Kent. Il étudia à Cambridge et vint se perfectionner à Paris sous les plus illustres maîtres. De retour en Angleterre, il s'appliqua à l'étude du droit. La faveur de Henri VIII, lors de la réformation de l'Angleterre, lui valut plusieurs domaines situés dans le comté de Suffolk et provenant du monastère de Saint-Edmund. Il fut ensuite nommé procureur de la cour des tutelles. La reine Elisabeth l'appela plus tard aux fonctions de garde du grand sceau et de membre du conseil privé. La part qu'il prit à l'établissement de la religion réformée en Angleterre lui valut la haine des catholiques. Il encourut une fois la disgrâce de la reine, en défendant une opinion contraire à celle du comte de Leicester, dans les débats sur la discussion du trône. Il lui fut même défendu de reparaître à la cour et dans le conseil. Cependant il sut, par sa prudence et son habileté, rentrer en grâce et même augmenter son crédit. En 1568, il fut désigné pour présider les commissions chargées d'examiner les plaintes réciproques de la reine Marie et de ses sujets rebelles. Il mourut en 1579, après avoir été, pendant vingt ans, garde du grand sceau. Il a laissé quelques traités de politique et de législation qui n'ont jamais été imprimés. On rapporte que la reine Elisabeth, lui ayant rendu visite, trouva sa maison trop petite pour lui : — « Non, madame, répondit-il; mais vous m'avez fait trop grand pour ma maison. »

BACON (François), fils de Nicolas Bacon, chancelier d'Angleterre sous Elisabeth, naquit à Londres en 1561. Dès l'âge de 16 ans, il avait fini ses études, et déjà il écrivait contre la philosophie d'Aristote. Au sortir du collége, son père le fit voyager. En 1577, il était à Paris. L'ambassadeur d'Angleterre, Pawlet, en conçut une idée si avantageuse qu'il le chargea d'une mission importante auprès d'Elisabeth. Obligé, après la mort de son père, d'embrasser un état, il se décida pour la jurisprudence, et ce fut avec tant de succès que la reine en fit, quoiqu'il n'eût encore que vingt-huit ans, son conseil extraordinaire. C'est alors que, pour plaire à Elisabeth, Bacon, sans y être forcé, plaida contre le malheureux comte d'Essex, dont il avait reçu les services les plus signalés, et justifia sa condamnation. Plus tard, sous Jacques Ier, parvenu aux fonctions les plus importantes, chancelier d'abord, et ensuite garde des sceaux, il se déshonora tellement par sa cupidité, que la chambre des lords, dont il faisait partie, le condamna à payer une amende de 40,000 l. sterl. et à être emprisonné dans la Tour, le déclarant, en outre, incapable d'occuper jamais aucun emploi public, de siéger au parlement, et même d'approcher du lieu où résiderait la cour. Mais le philosophe a su, heureusement pour sa mémoire, faire oublier l'homme d'État. Dans les dernières années de sa vie, retiré des affaires, il se livra, jusqu'à sa mort, qui eut lieu en 1626, à des travaux qui, quoique incomplets, immortaliseront son nom. Ses ouvrages sont de quatre sortes : philosophiques, moraux, politiques et historiques. Tous portent l'empreinte d'un profond génie; mais c'est surtout comme philosophe, et pour avoir imprimé à la science cette direction qu'elle suit avec tant de succès, que Bacon a droit à la reconnaissance de l'humanité. — C'est à Gassendi que revient la gloire d'avoir fait connaître en France ce philosophe, qu'il juge en ces termes : « Considérant combien peu les hommes, depuis le temps où ils avaient commencé à s'occuper de la philosophie, avaient avancé dans la connaissance de la vérité et de la nature des choses, Bacon entreprit, avec un courage vraiment héroïque, de leur ouvrir une route entièrement nouvelle, et il osa espérer que, s'ils étaient fidèles à la suivre, ils arriveraient à une philosophie nouvelle. — Quelque nombreuses et importantes que puissent être les découvertes réservées à la postérité, il sera toujours vrai de dire que Bacon en a jeté les fondements d'avance, qu'il les avait préparées et que nos neveux devront lui en faire hommage. » — Dans son traité *de Dignitate et augmentis scientiarum*, il combat les préjugés qui arrêtent les progrès de l'esprit humain; il fait le bilan des connaissances humaines, indique les sciences négligées ou restées inconnues, et trace une méthode pour perfectionner les unes ou découvrir les autres. — Avant Bacon, la philosophie s'égarait en discussions de mots, en argumentations futiles; le grand philosophe la ramena à l'observation de la nature, et donna les règles de cette observation. Il montra ce qu'on devait tirer de l'expérience et de l'histoire pour l'étude des causes. Tel est surtout le but du *Novum organum*, le plus important de ses ouvrages. On rapporte qu'après l'avoir composé, il passa douze années à le corriger et à l'augmenter, le copiant chaque fois de nouveau. — Les observations de Bacon sur la mémoire offrent ce qu'on peut dire de plus complet sur la nature de cette faculté et les moyens de l'exercer et de la fortifier par l'application du raisonnement. — Dans cet ouvrage, il aborde aussi la philosophie politique, dont il trace les règles nouvelles avec une justesse d'esprit qui nous étonne, lorsque nous nous reportons à l'état des sciences au temps où il vivait.

BACON (Nathaniel), célèbre partisan américain. Il était d'origine anglaise et s'était établi en Virginie, où il devint membre du conseil et colonel de la milice. En 1676, Bacon, irrité de l'inaction du gouverneur anglais, en présence des incursions des Indiens, réunit une petite armée dont il fut le général, et marcha contre eux. Mais, désavoué par le gouverneur, il chercha son salut dans la révolte, s'empara de James-Town et de la Virginie. Le roi d'Angleterre avait envoyé une escadre au secours de son gouverneur, quand la mort de Bacon arrêta les progrès de cette tentative d'indépendance.

D'Aubusson défendant Rhodes contre Mahomet II.

BACONTHORP ou BACON (Jean), né vers la fin du XIIIe siècle, à Baconthorp, prov. de Norfolk; étudia à Oxford, puis à Paris, où il se distingua. C'était un homme d'une telle activité et d'une telle fermeté, qu'il mérita le surnom de *docteur résolu*. En 1329, il fut nommé provincial des carmes anglais dans une assemblée générale de cet ordre, à Londres. Son zèle pour la défense de la foi contre les juifs, les Turcs et les hérétiques lui valut les plus pompeux éloges en vers et en prose. Il est auteur de plusieurs écrits de polémique religieuse. Il mourut à Londres, en 1346.

BACQUEVILLE, ch.-l. de cant. de l'arr. de Dieppe (Seine-Inférieure), à 17 kil. de cette ville. Pop. 1,350 hab.

BACS-BODROGH (comitat de), ancienne division administrative du royaume de

Hongrie, dans le cercle en deçà du Danube, entre ceux de Pesth, Csongrad, Torontal, Smyrmie, Baranya. Il a 113 kil. sur 97. Pop. 297,000 hab. Célèbre dans les fastes de la révolution hongroise de 1849, par la sanglante guerre qui éclata entre les diverses races qui habitent ce comitat.

BACS, ville des Etats autrichiens (Woïwodie serbe), à 45 kil. de Zombor. Pop. 2,800 hab. Autrefois archevêché catholique, évêché grec depuis les événements de 1849. Le premier a été réuni à celui de Colocza, et le second transféré à Neusatz.

BACTRES ou ZARIASPA, aujourd'hui Balkh, capitale de la Bactriane, au pied du Paropamisus, sur le Bactrus. Les plus anciens roi de Perse y fixèrent leur résidence. Balkh s'élève au pied de l'Hindou-Kosh, sur le Dehas. Elle fut prise par Ninus, qui, dit-on, dut cette conquête à l'habileté de Sémiramis.

BACTRIANE, contrée de la Haute-Asie (aujourd'hui khanat de Balkh) dans le Turkestan indépendant. Elle était séparée de l'Inde, au S., par le Paropamisus ou Caucase (Hindou-Kosch), de la Sogdiane, au N., par le fleuve Oxus (Amou-Daria), de la Scythie, à l'E., par les monts Imaüs (Belour), et touchait, vers l'O., à la Margiane et aux Massagètes. Les montagnes sont très-hautes; les principales rivières sont : l'Oxus et ses affluents, le Bactrus et le Bascatis. Le climat est varié. Les habitants sont belliqueux; ils appartiennent aux Aryars germaniques. Parmi les tribus, on trouve les Zariaspes, les Salatares, les Tambyges, les Tochares, les Marycéens. Villes : Bactres (Balkh), Aornos (Talikhan), Guria (Gouroudja). La Bactriane formait une des grandes satrapies de la monarchie persane, elle était l'entrepôt du commerce entre la Chine et l'Inde d'une part, les pays riverains et la mer Caspienne, du Pont-Euxin et de la Méditerranée de l'autre, et ne produisait d'elle-même que le térébinthe et le laser dont on tirait l'assa fœtida. Au temps d'Alexandre, Bessus, satrape de Bactriane, assassina Darius, afin de régner en maître dans sa satrapie, et d'en faire un Etat indépendant, mais il ne put y parvenir; Alexandre joignit ce pays à ses conquêtes, y fonda 12 villes et y laissa 14,000 Grecs. Après la mort d'Alexandre, les Séleucides s'en emparèrent et la gardèrent jusqu'au règne d'Antiochus II, Theos, en 256 av. J.-C. En 255, Théodote, qui en était gouverneur, se rendit indépendant d'Antiochus et fonda l'Etat grec bactrien, qui eut pour rois après lui : Théodote II (243-221); Euthydème (222-195), qui fut vaincu par Antiochus III le Grand; Démétrius (195-181); Eucratide Ier (181-147); Eucratide II (147-141). Pendant ce laps de temps cet Etat s'agrandit beaucoup; Eucratide Ier recula les frontières du royaume au delà du Paropamisus, et la domination grecque se maintint jusqu'en l'an 90. Alors les Sakers la renversèrent complétement.

Augereau à la bataille d'Eylau.

BACULARD (François-Thomas-Marie-Arnaud ou d'Arnaud DE), littérateur, né en 1718, mort en 1805, d'une famille noble du Comtat Venaissin. Il fit des vers dès l'âge de neuf ans, et, à dix-sept ans, il avait déjà composé trois tragédies. Ce talent précoce lui valut la protection de Voltaire, qui l'aida de ses conseils et même de sa bourse. Frédéric II, roi de Prusse, le choisit pour son correspondant à Paris, puis l'appela à Berlin, où il fut nommé membre de l'académie. Vers 1751, il fut nommé conseiller de la légation française à Dresde et revint se fixer à Paris, où il se livra tout entier à la composition de ses écrits. Malgré ses succès, il vécut et mourut dans la gêne.

BADAJOZ, ville d'Espagne, ch.-l. de l'intendance de son nom, et autrefois de l'Estramadure, à 365 kil. de Madrid, et près de la frontière portugaise. Pop. 16,500 hab. Place de guerre très-forte. Siége d'un évêché suffragant de Santiago; citadelle, deux forts, arsenal, belle cathédrale, pont magnifique de 28 arches, long de 1,870 pas, construit par les Romains. Son commerce est assez actif avec le Portugal. Badajoz fut la patrie du peintre Moralès. Cette ville existait déjà sous les Romains et fut la capitale d'un des petits Etats formés lors du démembrement du kalifat de Cordoue (1031); dès 1020, Schabour-el-Farcy (Sapor le Persan), en était le wali ou gouverneur indépendant; il eut quatre successeurs. Cet Etat, bientôt tributaire de la Castille, ne fut protégé contre les chrétiens qu'au prix de sa liberté, que lui enleva l'invasion des Almoavides (1094); le général du kalife Yousouf fit exécuter le dernier roi de cet Etat. Au XIIe siècle, Badajoz subit plusieurs siéges et passa diverses fois de l'Espagne au Portugal. Le roi d'Espagne et le régent de Portugal y signèrent, le 6 juin 1801, un traité de paix par lequel l'Espagne et le Portugal abandonnèrent l'alliance anglaise pour celle de la France, et qui fut le préliminaire de la paix de Madrid. En 1808, elle se révolta contre la France, et le maréchal Soult la prit et soutint trois siéges successifs (1811-1812); elle ne fut reprise par les Anglais (6 avril 1812) qu'après deux siéges meurtriers.

BADAJOZ (province de), capitainerie de l'Estramadure, située sur la limite O. de l'Espagne. Pop. 427,900 hab.

BADAKSCHAN, contrée d'Asie dans la Grande Boukharie, séparée du Turkestan chinois par le mont Belour, et arrosée par le Djihoun. Ce pays a été bouleversé par un tremblement de terre, en 1832.

BADAKSCHAN ou *Feisabad*, ville du Turkestan, baignée par le fleuve Kotscha, au N.-E. de Balkh, ancienne capitale d'un khanat de son nom.

BADALOCCHIO (Sisto-Rosa), peintre et graveur italien, naquit à Parme en 1581. Il étudia sous Annibal Carrache, son maître et son ami, et chercha surtout à reproduire son style. Il fut lié avec Lanfranc, dont il affecta aussi d'imiter la manière; il a gravé avec Lanfranc les *loges* de Raphaël. Il eut aussi un grand succès à Saint-Grégoire, où il travaillait sous le Guide et le Dominiquin, et à Vérospi sous l'Albane.

Galatée, qu'il exposa dans ce palais, est digne de l'Albane. Cet artiste a un mérite réel. Il mourut à Rome en 1647.

BADAMY, ville de l'Hindoustan anglais (présidence de Bombay), place de guerre très-forte, à 98 kil. de Beydjapour. Pop. 2,500 hab. Elle fut prise, en 1818, par les Anglais.

BADE (grand-duché de), un des Etats de la Confédération germanique. Il est borné au N. et à l'E. par la Bavière, le Wurtemberg, le pays prussien d'Hohenzollern et la Hesse-Darmstadt; à l'O. et au S. par le Rhin, qui le sépare du Palatinat, de la France et de la Suisse. Superf. 15,284 kil. carrés. Pop. environ 2,000,000 d'hab. (905,000 catholiques). Depuis 1832, le grand-duché est divisé en quatre cercles, ceux du Lac, ch.-l. Constance; du Haut-Rhin, ch.-l. Fribourg; du Rhin-Moyen, ch.-l. Carlsruhe; du Bas-Rhin, ch.-l. Manheim. Les villes principales, après les précédentes, sont : Bade, Kehl, Dourlach, Rastadt, Reichnau, et surtout Heidelberg, célèbre par son université. Les principales montagnes sont : le Schwarzwald, qui couvre une grande partie du pays, à l'O.; l'Odenwald, au N.-O.; une partie du Jura allemand, au S.-E.; le Kaiserstuhl, au S. Le Danube traverse le pays au S.-O.; le Rhin reçoit le grand Neckar dans son parcours par le grand-duché, et le lac de Constance le borde au S. Au N. sont des plaines vastes et fertiles; le climat est très-doux. L'agriculture et l'horticulture y sont fort développées. On y rencontre des mines de sel et de houille, d'argent, de cuivre, de plomb, de fer, de cobalt. On y compte près de 60 sources thermales, la plupart sulfureuses ou acides, et la plus renommée est celle de Baden-Baden. L'industrie y est très-active. Le vin et le bois sont les articles principaux d'exportation. Le chemin de fer de Bâle à Francfort traverse le pays du S. au N., sur une longueur de 275 kil. — Le pays de Bade était autrefois habité par les Alemans, et fut ensuite subjugué par les Francs; il eut des ducs particuliers. Après la dissolution du duché d'Alémanie, les fils de Godefroy, dernier duc du duché, ne furent plus que des simples comtes des districts de la Baar et de Brisgovie. Le comte Berthold Ier, duc de Zæhringen et de Carinthie, est le chef de la dynastie actuelle de Bade. Herman Ier, comte de Hochberg, prit le titre de margrave, et son fils, Herman II, fut le premier qui s'appela margrave de Bade; il régna de 1074 à 1130. Ses Etats furent plusieurs fois partagés entre ses descendants, ce qui donna naissance à différentes branches de la maison de Bade. Les petits-fils de celui-ci, Herman IV et Henri, fils d'Herman III, furent les fondateurs des branches de Baden-Baden et Bade-Hochberg. Le margrave Frédéric, petit-fils de Herman IV, est le même qui, en 1268, fut décapité à Naples avec Conradin de Souabe. Christophe Ier, qui régna de 1503 à 1557, après avoir réuni toutes les possessions de sa famille, les partagea de nouveau entre ses trois fils, dont l'un mourut bientôt après. Les deux autres frères formèrent encore deux nouvelles lignes : celle de Bade-Baden, dont le chef fut Bernard, fils aîné, et celle de Bade-Dourlach, qui eut pour chef Ernest, son second fils. Bernard introduisit la réforme dans son pays. Baden-Baden s'éteignit en 1771, et tous les Etats de Bade furent réunis à ceux de la maison de Bade-Dourlach. Après la paix de Lunéville, en 1803, le margrave Charles-Frédéric prit le titre de prince électeur, et, en 1806, celui de grand-duc souverain, que lui conféra l'empereur Napoléon, en lui augmentant son territoire. En 1818, il donna une constitution qui établissait l'indivisibilité du pays, et, par le recez de Francfort, en 1819, cette constitution fut mise sous la garantie de l'Autriche, de la Prusse, de l'Angleterre et de la Russie. La révolution de 1848 eut son contre-coup dans le grand-duché de Bade; le grand-duc, obligé de fuir devant l'émeute, ne put remonter sur son trône qu'avec l'aide des armes prussiennes.

BADE, *Baden-Baden*, c'est-à-dire les bains, ville d'Allemagne, dans le grand-duché de Bade, dans le cercle du Rhin-Moyen, à 30 kil. de Carlsruhe, et à 32 kil. de Strasbourg, presque à l'entrée d'une des plus belles vallées latérales de la Forêt Noire. Pop. 7,500 hab. Cette ville est célèbre par ses eaux thermales, qui attirent chaque année plus de 50,000 étrangers. Ces eaux furent connues des Romains, et, après des fouilles, on a retrouvé des thermes antiques. On remarque encore le château grand-ducal, fort curieux, le *muséum palæotechnicum*, l'ancien collége des Jésuites, l'église, avec les tombeaux des margraves, et les ruines de l'ancien château fort de Hohen-Baden. Cette ville était déjà connue au IIIe siècle, et fut longtemps la résidence des margraves de Bade et la capitale de tout le margraviat.

BADE, ville d'Autriche, à 25 kil. de Vienne, au pied du Weinberg. Pop. 2,800 hab. Elle possède des eaux sulfureuses thermales très-fréquentées, et 16 établissements. On y remarque un château de plaisance de l'empereur. Aux environs est le château de Weilburg, bâti, en 1820, par l'archiduc Charles.

BADE (en Argovie), ville catholique suisse, à 21 kil. de Zurich. Pop. 2,700 hab. Son commerce consiste en vin; on y fait un transit considérable. Cette ville, entourée de murailles et resserrée dans un défilé étroit, est située sur la Limmat, que traverse un pont couvert; elle possède des eaux thermales renommées et connues des Romains, qui y bâtirent un château fort. On remarque près de la ville, sur une éminence, les ruines d'une forteresse des archiducs d'Autriche. Bade fut, de 1426 à 1711, le siége de la diète fédérale. En 1714, Eugène de Savoie et le maréchal de Villars y signèrent la paix, dite *paix de Bade*, entre l'Empire et la France.

BADE, village de Suisse, à 10 kil. de Louèche (Valais), au pied du mont Gemmi. Pop. 500 hab. Il possède des eaux thermales et des bains.

BADE (Georges-Frédéric, margrave de), né en 1573, succéda à Ernest-Frédéric, son oncle. Il figura avec gloire dans les premières années de la guerre de Trente-Ans. Mais, entraîné par son goût pour les armes, et ne voulant pas, d'un autre côté, trahir les intérêts de sa maison en lui imposant des alliances dangereuses, il abdiqua, en 1622, en faveur de Frédéric V, son fils. Il se réserva, toutefois, le commandement de son armée; mais, ayant été vaincu par Tilly à Wimpfen, et ayant subi quelques revers en 1627, il se retira à Strasbourg, où il vécut tranquillement jusqu'en 1638, époque de sa mort.

BADE (Louis-Guillaume, margrave de). Ce prince qui eut Louis XIV pour parrain, succéda à son aïeul en 1617, et devint célèbre sous le nom de *Louis de Bade*. Il mit sa bravoure et ses grands talents militaires au service de l'Allemagne et de l'Autriche dans toutes les guerres de l'empire contre les Français, les Hongrois et les Turcs. Il fut partout où il y avait des dangers à courir. Ainsi il fit vingt-six campagnes, dirigea vingt-cinq siéges, livra treize batailles, et eut la gloire de ne pas subir une seule défaite. Pendant qu'il captivait l'admiration de l'Europe entière, ses Etats, qu'il avait délaissés, étaient ravagés par les Français, et sa seigneurie de Luxembourg lui était enlevée. En 1701, Léopold lui confia la préfecture de l'Ortenau. Il mourut à Rastadt, en 1707.

BADE-DURLACH (Charles-Guillaume, margrave de), né en 1679. Ce prince fut appelé à régner en 1709. Il voulut, comme son aïeul Frédéric VI, rendre la tranquillité à son pays, toujours désolé par les guerres, et placé entre l'Allemagne et la France comme un champ de bataille ménagé pour les hostilités des deux peuples; mais les dernières années de son règne furent encore troublées par la reprise des hostilités entre la France et l'Empire. Il se retira à Bâle, où il mourut en 1746.

BADE-DURLACH (Charles-Frédéric, d'abord margrave, puis grand-duc DE), naquit en 1728. Il était petit-fils de Charles-Guillaume et fils de Frédéric, mort en 1732. Pendant la minorité de ce prince, la régence fut confiée à Charles-Auguste, neveu du dernier margrave, qui gouverna avec une grande sagesse. Devenu majeur, Charles-Frédéric n'eut qu'à suivre son exemple. Son pays lui doit la réforme de la législation et de l'organisation judiciaire; il abolit le servage et la torture. En 1765, il obtint du margrave de Baden-Baden un traité d'alliance perpétuelle et de confraternité héréditaire entre les deux maisons. En 1711, l'extinction de la maison de Bade mit entre ses mains les possessions du margraviat de Bade. Mais bientôt survint la révolution française. Charles-Frédéric ne put soutenir l'attaque de Moreau, malgré le secours du duc de Wurtemberg, et, abandonné par l'empereur, il fit avec la France un traité de paix particulier. Ses Etats furent encore ravagés en 1799; mais le traité de Lunéville, en 1801, lui valut un accroissement de territoire et la dignité d'électeur. En 1805, il s'allia à la France et entra bientôt dans la confédération du Rhin. C'est alors qu'il fut gratifié de la dignité de grand-duc et qu'il devint altesse royale. Malgré cette splendeur, Charles-Frédéric voyait avec chagrin l'abaissement de la patrie allemande; il mourut en 1811, laissant la couronne à son petit-fils, Charles-Louis-Frédéric.

BADENWEILER, village du grand-duché de Bade, à 25 kil. de Fribourg. Pop. 400 hab. Il possède des sources thermales et des bains chauds fréquentés. On y remarque de magnifiques ruines de thermes romains. Ce village fut pris par les Français en 1678.

BADIA, ville des Etats autrichiens (Vénétie), dans la délégation de Rovigo et à 25 kil. de cette ville. Pop. 5,000 hab.

BADIA-CALAVERA, bourg des Etats autrichiens (Vénétie), dans la délégation de Vérone et à 17 kil. de cette ville. Pop. 2,000 hab.

BADIA-SAN-SALVATORE, bourg du royaume d'Italie, à 65 kil. de Sienne. Pop. 2,900 hab. On y remarquait autrefois une riche abbaye qui fut supprimée en 1782.

BADIA Y LEBLICH (Domingo, dit *Aly Bey* ou *Castillo*), savant espagnol, né en 1766. Il apprit l'arabe, et étudia si bien la religion et les mœurs musulmanes qu'il pouvait passer pour un vrai croyant. En 1802, il sollicita du prince de la Paix, premier ministre de Charles IV, une mission particulière en Afrique et en Asie. Le gouvernement espagnol lui accorda une pension pour sa famille et lui ouvrit un crédit de trois millions. Il alla alors se faire circoncire à Londres, pour être entièrement préparé à son nouveau rôle, puis il partit pour l'Afrique sous le nom d'Aly-Bey, prince de la race des Abassides. Il étala un luxe tout oriental, et détourna tout soupçon d'imposture en produisant de faux titres écrits en ancien arabe et reproduisant des sceaux et des signatures dont l'authenticité parut incontestable. Ce prince des Abassides passa de là à Tripoli, au Caire, à la Mecque, où il vit le chérif et le pacha d'Acre. Il put pénétrer dans les saints lieux, dont l'accès est interdit aux infidèles et observer ainsi les cérémonies les plus mystérieuses. Il revint en Europe par

Constantinople et alla à Munich. Il y entra en mahométan et en sortit en Espagnol. Napoléon était à Bayonne; il se rendit auprès de lui, afin de lui rendre compte de sa mission. Il demandait à l'empereur 20,000 hommes pour conquérir les États barbaresques, et l'on croit que ce secours lui aurait été accordé si certaines complications politiques n'étaient survenues. Il fut nommé préfet à Cordoue, en 1815; où il publia ses voyages. En 1819, il mourut d'une maladie épidémique dans un nouveau voyage qu'il avait entrepris en Syrie.

BADIUS (Jodocus ou Josse), surnommé *Ascensius*, parce qu'il était d'Asch, près de Bruxelles, célèbre imprimeur, né en 1462. Badius, professeur de belles-lettres dans l'université de Paris, et ensuite à Lyon, s'employa dans cette ville comme correcteur d'épreuves chez Jean Trechsel, dont il devint le gendre. Il avait appris la typographie à Bruxelles. Après la mort de son beau-père, il vint à Paris, en 1495, où il imprima un grand nombre d'auteurs grecs et latins, souvent enrichis de ses notes. Badius fut l'un des libraires jurés de l'Université. Nous avons de lui un ouvrage utile pour la recherche et l'intelligence des vieux mots de notre langue en usage au temps de Guillaume le Conquérant. En 1512, il imprima l'*Éloge de la folie*, par Erasme. Près de 400 ouvrages sortirent de ses presses. A sa mort, survenue en 1535, son gendre continua l'imprimerie pendant vingt-cinq ans.

BADIUS (Conrad), fils de Josse Badius, né à Paris, vers 1510. C'était un imprimeur très-instruit. Il s'établit d'abord à Genève, où, après s'être associé à Jean Crespin, il finit par quitter Genève pour se fixer à Paris, où il avait trois gendres imprimeurs. Il s'associa avec l'un d'eux, le célèbre Robert Estienne et partagea ses persécutions. Il mourut en 1568.

BADJA, ville d'Afrique, dans la régence de Tunis, à 1 kil. de l'Oued-Badja. Pop. 6,000 hab. Cette ville possède deux mosquées, des bains, des bazars et des marchés. Badja est entourée de tribus à peu près indépendantes.

BADOERO (Pierre), doge de Venise vers 1570, et l'un des principaux avocats de cette ville, était fils naturel d'un noble Vénitien. On a conservé de lui plusieurs plaidoyers remarquables. Il mourut en 1591.

BADONVILLER, ville du départ. de la Meurthe, à 34 kil. de Lunéville. Pop. 2,300 hab. Fabriques de faïence et de verrerie.

BADUS (le), montagne de la Suisse, dans le canton des Grisons; elle s'élève à une hauteur de 3,028 mètres. A son sommet, on jouit d'une vue étendue sur les pics des Alpes.

BAELEN, ville de Belgique (province d'Anvers), à 28 kil. de Turnhout. Pop. 3,500 hab.

BAELEN, ville de Belgique (province de Liége), à 9 kil. de Verviers. Pop. 2,350 hab.

BAENA, ville d'Espagne, dans la province de Cordoue et à 8 kil. de cette ville. Pop. 4,800 hab.

BÆNISSEY (la), montagne de la Suisse, dans le canton de Berne. Elle a 1,700 mèt. de haut.

BAERLE (Gaspar Van), né à Anvers en 1584. Son père était greffier de cette ville; il la quitta quand elle fut prise par les Espagnols, et vint se réfugier en Hollande. Baerle fut un théologien remarquable. Après avoir été ministre de l'Église réformée dans un modeste village, il devint professeur de théologie, puis de logique, à Leyde. Il étudia alors la médecine. On le retrouve plus tard professeur de philosophie et d'éloquence à Amsterdam. Il a laissé de nombreux ouvrages, notamment des recherches historiques intéressantes, mais écrites dans un style prétentieux et déclamatoire.

BÆRUM, village de Norwége, à 10 kil. de Christiania. On y remarque de très-anciennes forges et des scieries de planches.

BAEZA, ville d'Espagne, dans la province de Jaen et à 40 kil. de cette ville. Pop. 10,800 hab. On y remarque une cathédrale gothique; le collége des Jésuites et de l'Oratoire; une belle fontaine. Cette ville eut un évêché qui fut transporté à Jaen, en 1248, et une université supprimée en 1533. Au VIIIe siècle, Baeza fut la capitale d'un petit royaume arabe et fut enlevée aux Maures, en 1228, par Ferdinand III.

BAEZA, ville de la Nouvelle-Grenade, à 106 kil. de Quito. Fondée en 1559, par Gil Ramirez d'Avalos, elle fut presque détruite par les Indiens.

BAFFA, ville de la Turquie d'Asie, dans l'île de Chypre, possède un port sur la côte S.-O. Bâtie sur l'emplacement de la célèbre *Paphos* des anciens, elle eut quelque importance pendant la domination des Vénitiens à Chypre. Elle est aujourd'hui en ruines et presque inhabitée.

BAFFIN (William), habile navigateur anglais, né en 1584. De 1612 à 1616, il accompagna dans leurs voyages Hall, Hudson, Button, Gibbins, et les autres navigateurs anglais qui explorèrent le N. de l'Amérique. En 1615 et 1616, il pénétra jusque dans la baie à laquelle les géographes ont donné son nom. Il fut tué en 1622, au siége d'Ormuz, par les Anglais.

BAFFIN (baie ou mer de), grand golfe ou mer dans l'Océan atlantique. Elle est ainsi nommée de Baffin, qui la visita le premier en 1616. Elle a 1,500 kil. de longueur sur 550 dans sa plus grande largeur, et est presque toujours couverte de glaces. Elle communique à l'Atlantique par le détroit de Davis, à l'Océan glacial arctique, par celui de Lancastre-et-Barrow, et à la mer d'Hudson par ceux de Cumberland et d'Hudson. On remarque près des côtes quelques îles telles que Balesin et Disco, qui appartiennent aux Danois. Pêche de phoques et de baleines. Cette baie fut explorée en 1818 par le capitaine Ross.

BAFFIN-PARRY (archipel de), dénomination de toutes les îles qui s'étendent entre la mer de Baffin et celle d'Hudson, au S. du détroit de Lancastre-et-Barrow, et qui furent découvertes par Parry (1822-1829). Les principales îles sont : Cumberland, Southampton, Winter, Cokburn, James, Manfield, Nouveau-Galloway, Somerset septentrional.

BAFFO, sultane, de la famille patricienne des Baffo, à Venise. Dans son enfance, elle fut prise par des corsaires turcs qui s'emparèrent du vaisseau sur lequel son père se rendait à Corfou, dont il avait le gouvernement. Sa beauté rare la fit entrer dans le sérail (1575), où elle donna le jour à Mahomet III. Amurath III resta constamment sous l'influence de cette femme, dont il était ardemment épris. La sultane-mère ayant persuadé à son fils que Baffo employait des sortiléges pour se faire aimer ainsi, le sultan mit à la torture les esclaves de Baffo; mais bientôt il tomba plus amoureux que jamais à ses genoux. Elle ne put cependant, comme autrefois Roxelane, se faire proclamer impératrice. A la mort d'Amurath III, elle jouit d'une autorité absolue sous le règne de Mahomet III, son fils; mais celui-ci étant mort, elle fut reléguée dans le vieux sérail (1603), où elle finit ses jours dans l'oubli.

BAFFO (Georges), patricien de Venise, naquit vers la fin du XVIIe siècle. C'est un poëte licencieux, obscène, et qui souvent inspire le dégoût par la façon cynique dont il appelle les choses par leur nom. Cependant les Vénitiens et leurs auteurs ont loué son esprit original et la naïveté de son style. Baffo était, dans la vie privée, d'une remarquable rigidité de mœurs, parlant comme une vierge et écrivant comme un satyre. Il mourut en 1768.

BAGATELLE, nom donné à un joli petit château situé sur la limite du bois de Boulogne, près de Paris, non loin de la Seine. Il fut bâti en soixante jours par le comte d'Artois (1779); il en fit un lieu de plaisance et y recevait un grand nombre de personnes. Pendant la Révolution, on loua ce château aux entrepreneurs de fêtes champêtres; il fut rendu au comte d'Artois à la Restauration. Ce château se nomme aujourd'hui *Babiole*.

BAGAUDES. On désigne sous ce nom les paysans gaulois révoltés contre les empereurs romains. Leur nom vient du mot celtique *bagad*, qui signifie attroupement. Ils apparurent vers 170. A cette époque, Victoria, surnommée *la mère des légions romaines*, avait essayé de renverser la domination romaine dans les Gaules. Elle succomba; mais les paysans gaulois continuèrent la lutte qu'elle avait entreprise pour leur indépendance. Ils étaient surtout poussés à la révolte par l'affreuse misère qui dévorait les campagnes. L'énormité des impôts, les désordres de l'anarchie militaire, le pillage organisé par les légions victorieuses, avaient rendu leur sort insupportable. Les bagaudes se firent pillards à leur tour. Ils vinrent même assiéger Autun, que l'empereur Claude ne sut pas secourir. Cette ville, dont on admirait les édifices et les écoles, fut saccagée et détruite de fond en comble. Ils se maintinrent en armes jusqu'à Aurélien, qui les apaisa par des remises d'impôts et une amnistie. Ils reprirent les armes sous Dioclétien. Cette seconde bagauderie fut plus terrible que la première. Des bandes d'esclaves, de colons, de paysans ruinés, de chrétiens persécutés, se soulevèrent en attaquant les grandes cités, et en mettant à mort les officiers du fisc. Ils s'organisèrent et nommèrent deux empereurs : Ælianus et Amandus, qui étaient chrétiens. La bagauderie menaçant de s'étendre à tout l'empire, Dioclétien associa Maximien au pouvoir. Celui-ci assaillit les bagaudes. C'est dans cette circonstance que la légion thébaine, composée de chrétiens, ayant refusé de combattre d'autres chrétiens, fut massacrée au début de cette guerre. Æmilius et Amandus vaincus, périrent les armes à la main dans un lieu où ils s'étaient retranchés, et qu'on appela depuis *le champ des Bagaudes* (Saint-Maur des Fossés, près Paris). Au moyen âge, la bagauderie se réveilla sous le nom de *jacquerie*.

BAGDAD, c'est-à-dire *jardin* de l'ermite *Dad*, ville de la Turquie d'Asie, dans l'Al-Gézireh; cap. d'un eyalet du même nom, bâtie sur les deux rives du Tigre, à 1,650 kil. de Constantinople. Pop. 75,000 hab., composés d'Arabes, d'Hindous, d'Afghans, d'Égyptiens, de Persans, de Juifs, et un petit nombre de chrétiens arméniens; ville fortifiée, siége d'un archevêché catholique. Commerce actif avec la Perse, le Turkestan, l'Arabie et l'Inde. Cette ville est défendue par de hautes murailles en briques, fossés et divers ouvrages de fortifications, et possède plusieurs monuments : les tombeaux de Zobéide, femme d'Haroun-al-Raschid; du cheik Abdoul-Kadir-Ghilhani, et enfin celui du cheik Marouf-Karkhi, magnifique monument d'une époque postérieure, et but de pèlerinage; les bâtiments de la Médresseh, ou collége fondé par Mostansir, en 1223, qui servent aujourd'hui de caravansérai; de très-beaux bazars et un pont de bateaux sur le Tigre. En été, la chaleur est extrême et le vent brûlant. Bagdad, fondée en 729 par le kalife Abou-Djafar-el-Mançour, est entourée d'un mur flanqué de 163 tours; pendant cinq siècles elle fut la capitale du kalifat musulman d'Orient. Houlayou, petit-fils de Gengis-Khan, la prit en 1258, et Tamerlan en 1416, et fut au pouvoir des Turcs en 1638.

BAGDAD (eyalet de), ancienne Babylonie et partie de l'Assyrie et de la Mésopotamie. Pop. 1,000,000 d'hab. Il est divisé en quatre sandjaks : Bagdad, Bassora, Kerkouk, Suleïmanieh.

BAGE (Robert), romancier anglais, né en 1728 d'un papetier de Darley, près de Derby. Il succéda d'abord à son père; mais, entraîné bientôt par son goût dominant, il écrivit des romans qui eurent un succès mérité. Ils sont remarquables par l'expression des passions, la vérité des caractères et la fidélité de peinture des mœurs. De nos jours, il eût appartenu à l'école réaliste. Il mourut en 1801.

BAGÉ-LA-VILLE, bourg du départ. de l'Ain, à 31 kil. de Bourg. Pop. 2,095 hab. Patrie de Duret, médecin de Charles IX et de Henri III.

BAGÉ-LE-CHATEL, ch.-l. de canton de l'arr. de Bourg (Ain), à 30 kil. de cette ville. Pop. 700 hab. Son commerce consiste en volailles et bétail.

BAGETTI (le chevalier Joseph-Pierre), artiste italien, né à Turin en 1764, mort en 1831. Après la guerre du Piémont, en 1798, il mit ses pinceaux au service de la France et peignit les victoires des armées françaises. On remarque à la galerie de Fontainebleau et au dépôt de la guerre près de cent aquarelles qui rappellent les opérations militaires en Italie et en Allemagne, de 1796 à 1805.

BAGFORD (Jean), bibliophile anglais, né à Londres, en 1651. Il fut d'abord cordonnier, puis libraire. Alors entraîné par son goût pour les collections de livres rares, il parcourut les pays étrangers pour s'en procurer. Il avait de grandes connaissances bibliographiques. Les incorrections de son orthographe et de son style se ressentaient de son premier métier; il n'en publia pas moins les *Transactions philosophiques* et un prospectus assez remarquable d'une histoire générale de l'imprimerie. Il mourut en 1716.

BAGGESEN (Emmanuel), poëte danois, né à Korsoër, dans l'île de Seeland, en 1764, mort à Hambourg en 1826. Il était d'une famille pauvre, et fut d'abord simple copiste. Il parcourut la France, l'Italie, l'Allemagne, puis la Suisse, où il épousa la fille du célèbre Haller. Il excellait surtout dans la poésie fugitive. Un de ses ouvrages, intitulé: *Parthenaïs ou Voyage dans les Alpes,* a été traduit en français par Fauriel.

BAGHTCHÉ-SÉRAI, c'est-à-dire *palais des jardins*, ville de la Russie d'Europe (Tauride), à 30 kil. de Simphéropol. Pop. 12,400 hab. Ancienne capitale de la Crimée sous les khans tartares; elle possède encore un palais très-curieux.

BAGIRATHI, rivière de l'Inde, qui prend sa source dans les monts Himalaya, se réunit à l'Alakamanda et forme le Gange. La source de cette rivière a été découverte en 1817, par Hodgson.

BAGLEN, possession hollandaise de l'île de Java; cap. Puzworedjo. Pop. 668,000 hab.

BAGLIONI (Jean-Paul), tyran de Pérouse, vers la fin du XVe siècle. Sa famille avait été pendant longtemps à la tête du parti gibelin et de la noblesse. Quant à lui, il fut d'abord condottiere, puis il fut appelé à gouverner sa patrie. Le pape Borgia l'ayant engagé dans une guerre contre Florence, en lui promettant son appui, il eut l'imprudence de se fier à la parole de ce pape, et il fut chassé de Pérouse. Il y rentra cependant, après la mort d'Alexandre VI, pour être chassé de nouveau par le pape Jules II, qui voulait reconquérir tous les Etats du Saint-Siége. Il se fit alors condottiere et servit Venise. Il fut pris par les Espagnols. Après avoir recouvré sa liberté, il rentra encore dans Pérouse, où il reprit la souveraineté avec l'appui des troupes de la ville qui lui étaient restées fidèles. Son retour fut marqué par des proscriptions. Léon X saisit le prétexte du mécontentement qu'il avait soulevé pour l'appeler à Rome, afin de le consulter, disait-il, sur certaine affaire d'Etat. Baglioni vint à Rome sur la foi d'un sauf-conduit; mais, arrivé là, il fut arrêté et soumis à la torture et forcé de convenir de tous les crimes imaginaires qu'il plut aux bourreaux-juges et aux juges-bourreaux de lui faire avouer. Il eut la tête tranchée.

BAGLIONI (Astorre), fils du précédent, s'enfuit à Venise avec sa mère, en 1520, après le meurtre de son père. Il resta toujours fidèle à sa patrie d'adoption, et dédaigna les occasions qui se présentèrent de rentrer à Pérouse. Chargé d'un commandement dans l'île de Chypre, il y fut attaqué par Mustapha, en 1570, et forcé de capituler, faute de munitions. Mustapha lui avait promis de le laisser retourner à Venise; mais, au mépris de la foi jurée, il lui fit trancher la tête. Baglioni était un peintre estimé ; ses œuvres ne nous sont pas parvenues.

BAGLIVI (Georges), célèbre médecin et professeur de sapience à Rome, membre de la société royale de Londres et de celle des Curieux de la nature; il est né à Raguse, en 1668. Ses études sur la médecine contribuèrent à ramener cette science à l'observation de la nature, suivant la méthode d'Hippocrate. Les Arabes, puis les médecins du moyen âge s'appliquèrent trop, en effet, aux discussions purement théoriques, aux systèmes qui reposaient sur des hypothèses ou des données qui n'avaient rien de certain et qui attestaient plus d'imagination que de véritable science. Baglivi chercha à décrire les phénomènes plutôt qu'à les expliquer arbitrairement. Sa méthode était une réaction contre l'emploi abusif de la chimie. Stahl, en Allemagne, poursuivait le même but que lui. Baglivi mourut en 1707. Ses observations ont été réunies en un volume et publiées.

BAGMUTHI, rivière de l'Inde qui prend sa source dans les montagnes de l'Himalaya (Népaul), et se jette dans le Gange.

BAGNACAVALLO, bourg du royaume d'Italie, à 18 kil. de Ravenne. Pop. 11,000 hab. Commerce de soie et de chanvre. Patrie de Bartholomeo Ramenghi, qui prit le nom de Bagnacavallo.

BAGNA-LOUKA, ville forte de la Turquie d'Europe (Bosnie), à 45 kil. de Gradiska. Pop. 8,000 hab. Ch.-l. de Sandjak.

BAGNARA, ville de l'ancien royaume de Naples (Calabre ultérieure 1re), à 25 kil. de Reggio. Pop. 5,800 hab. Elle possède un petit port à l'entrée du détroit de Messine. Vins muscats. Lors du tremblement de terre de 1783, elle perdit les deux tiers de ses habitants.

BAGNAREA, ville des Etats de l'Eglise, à 25 kil. de Viterbe. Pop. 3,000 hab. Siége d'un évêché.

BAGNE. On désigne ainsi les bâtiments où l'on tient enchaînés des prisonniers ou des forçats. Les Italiens ont donné ce nom à un édifice de Constantinople destiné à cet usage, à cause des *bains* qui y étaient attachés. Plus tard le nom est devenu commun à tous les établissements de cette nature. Le bagne de Constantinople était le plus considérable et le plus remarquable. Des bois de lit étaient établis sur toute la longueur des murs, en formant deux lignes parallèles séparées par une large allée. Au milieu de cette allée se trouvait l'eau destinée aux bains. Il y avait en France, avant 1852, quatre bagnes, placés à Brest, à Toulon, à Rochefort et à Lorient. Le bagne de Lorient était exclusivement réservé aux militaires condamnés pour cause d'insubordination. Le nombre des forçats s'élevait, année commune, à 6,000. Cependant la statistique criminelle constate que si, d'un côté, le nombre de certains délits tendait à s'accroître, d'un autre côté le nombre des crimes, et surtout des meurtres, diminuait dans une proportion qui atteste les progrès de la morale publique. Les forçats étaient transportés aux différents bagnes dans des voitures cellulaires. En arrivant à leur destination, ils étaient soumis à une opération assez dangereuse : c'était celle du ferrement. Les condamnés à temps ont un bonnet rouge, avec une plaque sur laquelle est inscrit le nombre des années de leur détention; les condamnés à vie ont un bonnet vert. Tous couchent sur des lits de camp garnis de paillasses faites en forme de sacs; une chaîne qui court le long de tous les lits, passe dans un des anneaux de la chaîne qui pend à leur pied. Pendant le jour, ils sont répandus sur le port, occupés à divers travaux, sous la surveillance des gardes chiourmes. Les punitions sont la retenue à un banc, au pain et à l'eau, les menottes, le cachot et la bastonnade. Mais cette dernière peine, assez cruelle, est très-rarement appliquée. Depuis 1852, un décret impérial a transporté la majeure partie des forçats de France à Cayenne, où ils sont employés à d'importants travaux de culture et de colonisation. L'épreuve de ce nouveau système paraît préparer de meilleurs résultats pour la moralisation des condamnés. Nous avons parlé des bagnes d'esclaves. Ces derniers ne se rencontrent guère qu'à Tunis et Tripoli. Celui d'Alger était célèbre avant 1830. On aura peine à croire qu'il ait existé des bagnes *volontaires* où se rendaient les misérables qui venaient chercher là une subsistance qu'ils ne pouvaient trouver ailleurs. Cependant il n'est que trop vrai que Venise et Gênes ont possédé de tels bagnes jusqu'à la Révolution. Ces malheureux appelés *bonavoï (de bonne volonté)*, étaient soumis au régime des autres galériens; leur costume seul était différent; ils recevaient aussi une paye de quatre sous par jour.

BAGNÈRES-DE-BIGORRE, sous-préfecture du départ. des Hautes-Pyrénées, à 20 kil. de Tarbes. Pop. 8,100 hab. Cette ville est située sur la rive gauche de l'Adour, au pied des Pyrénées, et à l'entrée de la vallée de Campan. Ses eaux et sa belle situation attirent chaque année beaucoup de malades et d'étrangers. Tribunal de première instance et de commerce, collége communal, sources d'eaux thermales, connues des Romains. Salle de spectacle; ancienne église de l'ordre de Malte. On y remarque encore le jardin de Chees, les allées de Maintenon, les bains de Salut, l'Elysée Cottin, la Penne de Lhéris, etc.

BAGNÈRES-DE-LUCHON, ch.-l. de cant., de l'arr. de Saint-Gaudens (Haute-Garonne), à 48 kil. de cette ville. Pop. 2,690 hab. Cette ville est située près de la frontière de l'Espagne, dans la belle vallée de Luchon, au milieu des Pyrénées, à 612 m. au-dessus de la mer. Eaux thermales et bains très-fréquentés. On y remarque le Cours, planté par l'intendant d'Etigny; l'allée de la Pique, près du torrent de ce nom; l'allée des Soupirs, la fontaine d'Amour, les cascades de Montauban et du Juzet, la fonderie d'argent, les Lacs glacés, les Quinze-Lacs, l'écho de Néré, la vallée du Lis, les Cascades illustres, le val d'Aran, le trou du Taureau, etc.

BAGNES, village de la Suisse (Valais), à 9 kil. de Martigny. Pop. 4,600 hab. catholiques. Sources minérales et bains. Elle souffrit beaucoup, en 1818, d'une inondation résultant de la fonte de plusieurs glaciers.

BAGNEUX, village du départ. de la Seine, arrond. et cant. de Sceaux, à 8 kil. de Paris. Pop. 825 hab. On y remarque une église du XIIIe siècle, et de jolies maisons de campagne.

BAGNI DI SAN GIULIANO, village du royaume d'Italie, à 6 kil. de Pise. Eaux gazeuses thermales. Ce village fut rétabli au XIIe siècle par la comtesse Mathilde.

BAGNO, village du royaume d'Italie, à 25 kil. de Lucques. Pop. 800 hab. On y remarque un ancien palais ducal, un théâtre. Bains d'eaux thermales très-fréquentés.

BAGNO, village du royaume d'Italie, à 25 kil. de Sarsina. Pop. 800 hab. Sources thermales très-fréquentées et connues depuis très-longtemps.

BAGNOLES, village du départ. de l'Orne, à 18 kil. de Domfront, situé dans la charmante vallée de la Vée. Il possède des sources sulfureuses chaudes et des sources ferrugineuses froides; les bains sont fréquentés.

BAGNOLET, village du départ. de la Seine, arrond. de Saint-Denis, cant. de Pantin, à 6 kil. de Paris. Pop. 1,300 hab. Jolies maisons de campagne; carrières de plâtre; culture du pêcher.

BAGNOLI, ville du royaume d'Italie (Principauté ultérieure). Pop. 5,000 hab. Ruines romaines.

BAGNOLS, ch.-l. de cant. de l'arrond. d'Uzès (Gard), à 23 kil. de cette ville. Pop. 4,320 hab. Collège, fabrique de soies grèges. Patrie de Rivarol.

BAGNOLS-LES-BAINS, village du départ. de la Lozère, à 14 kil. de Mende. Pop. 400 hab. Sources sulfureuses chaudes et établissements de bains.

BAGOAS, eunuque égyptien, favori du roi de Perse, Artaxercès-Ochus, vivait vers 360 av. J.-C. Profitant de la faiblesse de son maître, Bagoas gouverna en son nom, luttant sans cesse contre les satrapes, jaloux de sa puissance. En 338 av. J.-C., il empoisonna Artaxercès et disposa du trône en faveur d'Arsès, fils d'Artaxercès. Il attendait beaucoup de la docilité d'Arsès, espérant régner en son nom; mais bientôt il le tua ainsi que tous ses frères, parce qu'ils avaient manifesté l'intention de s'affranchir de son autorité. Il donna ensuite la couronne à Darius III, qui jugea prudent de faire périr un tuteur aussi incommode. C'est en 336 qu'il subit la peine de ses crimes.

BAGOLINO, bourg du royaume d'Italie, dans la province de Brescia, à 35 kil. de cette ville. Pop. 3,650 hab. On remarque aux environs des sources sulfureuses chaudes de *San Giacomo*.

BAGRADAS, aujourd'hui Medjerdah, petit fleuve qui arrosait le territoire de l'ancienne Carthage; elle prenait sa source au mont Mampsarus et se jetait dans la Méditerranée, entre la mer Utique et Carthage. C'est sur ses rives, l'an 255 av. J.-C., qu'une armée romaine, conduite par Régulus, se vit disputer le passage par un serpent gigantesque; il fallut pour le détruire employer les machines de guerre : sa peau fut envoyée à Rome.

BAGRATION (le prince Pierre), naquit en Géorgie, en 1765. Il entra de bonne heure au service de la Russie et fit les campagnes de Pologne de 1792 à 1794. En 1799, il combattit en Italie sous le général Souwarow, qui l'appelait son bras droit et lui confiait les commandements les plus importants. Il est surtout célèbre par la brillante retraite qu'il fit en 1803, en présence de l'armée française victorieuse. Koutouzof, commandant l'armée russe chargée de secourir les Autrichiens, se voyait perdu; il remit alors le commandement à Bagration, qui s'ouvrit un passage à travers l'armée française et se retira sans désordre. Il était à la Moskowa, où les vaincus s'illustrèrent presque autant que les vainqueurs; il commandait l'aile gauche de l'armée russe qui eut à supporter presque tout le poids de l'attaque. Il mourut peu de temps après, en 1812. Il avait le grade de maréchal de camp.

BAHAIRE, village de la Nouvelle-Grenade, bâti sur les ruines d'une ville indienne qui compta près de 200,000 hab., et qui fut détruite par Pedro de Heredia.

BAHAMA (archipel de) ou LUCAYES, archipel de l'Océan atlantique dans les Indes occidentales anglaises. Il se compose d'immenses bancs de sable d'où s'élèvent un grand nombre d'îles. Parmi ces bancs de sable, on remarque le *grand banc de Bahama*, le plus considérable de tous, qui comprend les îles Andrews, Binini Isaac, les Berry, les îles Naranjos, Membrès, Nouvelle-Providence (cap. Nassau, siége du gouvernement), Long-Island, l'île de Sel et l'île Verte. Le *petit banc de Bahama* comprend les îles de Grande-Bahama, une des principales de l'archipel, dont la superficie est de 90 kil. de longueur sur 20 de largeur; de Guana, les îles Galapagos. Outre ces îles, on remarque encore San-Salvador (île du Chat), première terre du nouveau monde que découvrit Christophe Colomb, (12 octobre 1492). Superficie totale 14,000 kil. carr. Pop. 27,100 hab. Son commerce consiste en coton, bois précieux, fruits, etc. Les Anglais y établirent leurs premières colonies en 1629, et ne la possédèrent réellement qu'après la paix de Versailles, en 1782.

BAHAR ou **BEHAR**, ancienne province de l'Hindoustan, qui appartient aujourd'hui aux Anglais et fait partie de la présidence de Calcutta. Superficie 140,000 kil. car. Pop. 8,117,000 hab. Elle forme une partie de la vallée du Gange; cap. Patna. Son sol est très-riche. Industrie florissante; indigo, opium estimé, sucre, tabac, bétel, riz, blé, maïs, coton; possède des fabriques de tissus de coton, tapis, essences, etc.

BAHAR, ville de l'Hindoustan anglais, dans la prov. de Bahar, à 56 kil. de Patna. Pop. 30,000 hab. Quoique déchue de sa splendeur primitive, elle possède de riches mosquées et de beaux bazars.

BAHARITES, première dynastie des Mamelucks qui ont régné sur l'Égypte, de 1254 à 1382 ap. J.-C.

BAHAVOLPOUR, Etat de l'Hindoustan au S. du Pendjaub, gouverné par un khan, aujourd'hui dépendant du gouvernement anglais. Pop. 400,000 hab. Cap. Bahavolpour, à 510 kil. de Delhi. Pop. 20,000 hab.

BAHIA, prov. du Brésil, cap. Bahia ou San-Salvador, située près de l'Océan atlantique, sur la baie de Tous-les-Saints. Superficie 770 kil. de long sur 290 de large. Pop. 110,000 hab. C'est dans cette province qu'éclata la révolution de 1820.

BAHIA ou SAN-SALVADOR, ville forte du Brésil, cap. de la prov. du même nom, port sur le cap Saint-Antoine, dans une situation magnifique, à 1,350 kil. de Rio-Janeiro. Pop. 180,000 hab. environ. Siége d'un évêché. Son commerce consiste en sucre, café, diamants, etc. Parmi ses monuments, on remarque la cathédrale et l'église de la Conception, le palais du gouverneur, le tribunal d'appel, l'hôtel de ville, le palais archiépiscopal, la bourse; on remarque encore l'hôpital militaire, l'école de chirurgie, le gymnase, le séminaire, etc. Cette ville fut fondée au XVIe siècle et fut la capitale du Brésil jusqu'en 1763. Les jésuites la défendirent en 1588, contre les Anglais, et elle fut en partie détruite par le tremblement de terre de 1843.

BAHMAN ou BAHAMON, divinité favorable des anciens Persans, venant immédiatement après Ormuz. Ce dieu inspirait la bonté, apaisait la colère, répandait l'abondance sur la terre, protégeait les animaux domestiques et recevait les âmes des justes à leur entrée dans le séjour céleste.

BAHOL. L'une des îles Philippines, couverte de montagnes très-boisées; elle possède de nombreuses mines d'or. Capit. Lobog.

BAHRDT (Charles-Frédéric), théologien protestant, naquit à Bischofswerda en Saxe, en 1741. La vie de cet homme actif et indépendant est une longue suite d'événements bizarres et imprévus. Il fit ses études à Leipsig, où il obtint une chaire de philologie biblique, et où il se distingua comme prédicateur. Cependant il dut quitter Leipsig, à cause de certains désordres qu'on lui reprochait. Il alla enseigner la philosophie et la théologie à Erfurt; mais ses opinions hétérodoxes lui attirèrent la persécution du clergé. Il alla ensuite à Giessen, qu'il quitta pour les mêmes motifs. Son humeur inquiète le porta en Suisse; bientôt après, il devint surintendant général du prince de Linanges-Dachsbourg. Cette fonction paisible ne convenant pas à son esprit remuant, il voulut fonder un collége, mais il échoua si bien et géra si mal, que ses ennemis eurent beau jeu contre lui. Ils feuilletèrent ses livres, et y trouvant des éléments suffisants d'accusation, ils firent rendre par la cour impériale un arrêt qui le déclarait incapable d'exercer aucune fonction ecclésiastique, *ni de rien publier* jusqu'à rétractation de ses écrits. Il partit pour la Prusse, où on le retrouva établi tavernier aux environs de Halle. Là il publia des écrits où il affichait le déisme pur, rejetant les miracles et doutant un peu de l'immortalité de l'âme. Ses pamphlets religieux et politiques le firent jeter en prison. A peine remis en liberté, il mourut, le 24 avril 1792.

BAHREIN, AWAL, AOUAL ou HADJAR, archipel du Golfe persique, situé près de la côte d'Arabie. Les îles principales sont : Bahrein dont la superf. est de 40 kil. de long sur 10 kil. de large et la pop. de 50,000 hab. La pêche des perles y est considérable et rapporte chaque année deux à trois millions de francs; le commerce maritime est assez actif. Ces îles furent occupées tour à tour par les Portugais, les Persans et les Arabes, elles sont sous la dépendance d'un cheik arabe, tributaire de l'Iman de Mascate, fixant sa résidence à Maharag.

BAHR-EL-GHAZAL, vallée du Ouaday. Cette vallée doit son nom aux phénomènes du mirage que les Arabes appellent de ce nom : *mer* ou *rivière de la Gazelle*.

BAI ou **BAY** (Thomas), né à Crevalcuore, territoire de Bologne, dans la seconde moitié du XVIIe siècle, fut pendant plusieurs années ténor de la chapelle du Vatican, et le 19 novembre 1713, il fut élu maître de la même chapelle, honneur dont il ne jouit pas longtemps, car il mourut le 22 décembre 1714. Il ne fit qu'une composition, mais cette composition fut un chef-d'œuvre et assura sa réputation. C'est un *miserere* qui lutta longtemps contre ceux d'Allegri, fort en vogue à cette époque.

BAIAN était chef ou *khagan* des Avares, barbares sortis des steppes situés au N. du Caucase. Chassés de leur pays par les Turcs, ils se ruèrent sur l'empire romain, soumettant et entraînant avec eux les Alains et les Turcs occidentaux. Il envoya à Constantinople des ambassadeurs que sut séduire l'empereur d'Orient. Dès lors Baïan devint son allié et l'aida à soumettre les Bulgares et les Francs, qui s'agitaient au N. de l'empire. Mais une telle alliance était dangereuse; en effet, les Avares, qui convoitaient les richesses de Constantinople, assiégèrent cette ville, en 626, après avoir ravagé la Thrace. La mort de Baïan vint seule mettre fin à ces incursions désastreuses.

BAIARDI, poëte italien, né à Parme vers le XVe siècle. Il fut en faveur auprès de Louis Sforce, duc de Milan, et obtint un grade dans ses milices. Il composa des poëmes romanesques, d'une versification médiocre. Pétrarque a illustré Laure; il voulut, lui aussi, illustrer ses amours, mais il avait deux maîtresses qui partageaient son cœur, Aurore et Phénix, et l'étrangeté de sa passion a nui peut-être à son génie poétique. On ignore la date de sa mort.

BAIE. Terme de géographie par lequel on désigne un espace de mer compris entre deux terres et où les vaisseaux sont à l'abri des dangers de la pleine mer.

BAIER (Jean-Jacques), médecin et naturaliste, né à Iéna, en 1677. Il professa la médecine à Halle et à Altorf, et fut directeur du jardin botanique de cette ville. Il fut aussi président de l'académie des Curieux de la nature. C'était un esprit à la fois étendu et judicieux. On lui doit de nombreux ouvrages sur la médecine, l'histoire naturelle et la botanique. Il mourut en 1735.

BAIES, ville du royaume d'Italie, dans la province de Naples, à 17 kil. de cette ville. Elle possède un port passable et plus sûr que celui de Naples, et un fort bâti par Charles-Quint. Cette ville ne se compose que de chaumières que l'on rencontre çà et là parmi de magnifiques ruines. Bains fort célèbres sous les Romains. On y remarque les restes d'un château fort, construit par Pédro de Navarre; des temples de Vénus Génitrix, de Diane Lucifer; des bains de Néron, des villas de Cicéron, d'Agrippine.

BAIF, poëte français du commencement du XVIe siècle. Il était de l'école de Dorat et de Ronsard, qui furent ses maîtres et devinrent ses amis. Baïf était un poëte de cour, flattant les grands pour en tirer quelques gratifications qui l'aidaient à vivre, et maudissant ensuite leur défaut de générosité. Dans ses principaux ouvrages érotiques : *Méline* et *Francine*, il exagéra, si c'est possible, les excentricités linguistiques de Ronsard. Après avoir tenté de réformer la langue, il essaya aussi de réformer la poésie, et il composa des vers appelés de son nom *baïfins*. Les vers français étaient mesurés à la manière des grecs et des latins. Il mourut pauvre, en 1589.

BAIGNES, ch.-l. de cant. de l'arrond. de Barbezieux (Charente), à 13 kil. de cette ville. Pop. 730 hab. On y remarque les restes d'un aqueduc et de bains antiques, et une ancienne abbaye.

BAIGNEUX-LES-JUIFS, ch.-l. de cant. de l'arrond. de Châtillon-sur-Seine (Côte-d'Or), à 36 kil. de cette ville. Pop. 430 hab.

BAIGOREY, vallée de France, dans le départ. des Basses-Pyrénées; elle doit son nom au mont Baigoura. Elle est située à 30 kil. de Mauléon. Mines de cuivre abandonnées depuis 1770.

BAIKAL (lac), situé dans la Sibérie méridionale, dans le gouvernement d'Irkoutsk; il a 600 kil. de long sur 40 à 100 kil. de large. Ses eaux sont très-profondes, la navigation y est dangereuse à cause de la violence des tempêtes, des écueils et des hauts fonds; cependant un grand nombre de navires équipés par les marchands d'Irkoutsk le sillonnent de toutes parts. Ce lac renferme une île assez grande appelée Olkhon.

BAIL. Acte par lequel une personne, qui prend le titre de *bailleur*, s'engage à faire jouir d'une chose une autre personne, appelée *preneur* ou *locataire*, pour un temps et moyennant une somme déterminés.

BAILLET (Adrien), né à la Neuville-en-Hez, près de Beauvais, en 1649. Ses parents étaient pauvres et ne pouvaient lui donner une instruction en rapport avec ses dispositions naturelles. Le curé de son village lui enseigna d'abord tout ce qu'il savait, et le mit ensuite au collége de Beauvais. Il étudia avec passion les langues et l'histoire, négligeant tout le reste. Il fut d'abord curé de campagne, puis bibliothécaire de Lamoignon. Son ardeur à l'étude dépasse ce qu'il est possible de croire; il mourut, en effet, d'excès de travail, en 1706. C'était un savant critique: on a de lui le recueil des jugements des savants sur les principaux ouvrages des auteurs; il a écrit aussi des biographies et des traités d'histoire religieuse.

BAILLEUL, ch.-l. de cant. de l'arrond. d'Hazebrouck (Nord), à 14 kil. de cette ville. Pop. 10,000 hab.

BAILLEUL (Jacques-Charles), conventionnel, né en 1762, à Bretteville (Seine-Inférieure), était fils d'un paysan. Il fut membre des Assemblées nationales pendant dix ans sans interruption. Il fut d'abord avocat au parlement de Paris; puis quand la Révolution survint, il alla exercer sa profession au Havre. En 1792, il fut nommé député à la Convention nationale, où il vota pour la réclusion de Louis XVI. En 1793, il protesta avec soixante-treize de ses collègues contre les atteintes qui avaient été portées à l'inviolabilité de la représentation nationale par la mise en accusation des Girondins. Cet acte de courage le fit proscrire, et il dut prendre la fuite. Arrêté à Provins, il fut conduit à Paris, les fers aux mains. Dubouchet, membre de la Convention et commissaire à Provins, lui infligea cette ignominie. Bailleul s'en vengea en le surnommant le *maréchal ferrant*. Il comparut deux fois devant le tribunal révolutionnaire; mais, sur sa réclamation, Danton fit rendre un décret qui le renvoyait devant le comité de salut public. Après seize mois de détention, on abandonna les poursuites contre lui, et il rentra même à la Convention. Il contribua à la mise en liberté du célèbre peintre David, emprisonné comme complice de Robespierre, et ne cessa, en toute occasion, de combattre les terroristes. Il fut plus tard élu membre du conseil des Cinq-Cents par vingt-quatre départements à la fois. Sous l'empire, il fut appelé au tribunat. Enfin, en 1804, il fut nommé directeur des droits réunis dans le département de la Somme, Il a laissé divers écrits sur la Révolution et des mémoires politiques.

BAILLI. Dans l'origine on appelait ainsi les officiers chargés de rendre la justice, de commander les armées, de percevoir les impôts et de veiller à tous les détails d'administration. Il y avait deux sortes de baillis : 1° les *baillis royaux*, dont les offices étaient nobles ou d'épée, et leur première mention se trouve dans le testament de Philippe-Auguste, en 1190; à cette époque, ils recevaient les appels des vicomtes et prévôts, et la cour du roi revisait leurs jugements; 2° les *baillis seigneuriaux* dits *de robe longue ou petits baillis*.

BAILLIE (Mathieu), l'un des plus célèbres graveurs d'Angleterre, naquit vers 1736. Il fut d'abord capitaine de cavalerie; mais son goût pour la gravure lui fit quitter la carrière militaire. Il excella dans le dessin et la gravure au burin, à la pointe, au lavis et en manière noire. Ses gravures d'après Rembrandt offrent une imitation surprenante et passent pour des chefs-d'œuvre. Il mourut au commencement de ce siècle.

BAILLON (Emmanuel), naturaliste français. Il s'occupa spécialement d'ornithologie et de physiologie végétale dans leurs rapports avec l'économie rurale et même politique. C'était un habile et profond observateur des faits curieux. Il étudia aussi l'action des sables de la mer et les causes de dépérissement des bois. Comme il ne sortit jamais de France et que la nature de son esprit le portait à n'étudier que les phénomènes qu'il pouvait scrupuleusement contrôler, le champ de ses observations fut assez borné. Il était le correspondant et l'ami de Buffon, qui le cite avec éloge et qui en reçut de précieux renseignements. Il mourut à Abbeville en 1803.

BAILLOT (Pierre-Marie-François), professeur de violon au Conservatoire, célèbre exécutant, né à Passy le 1er octobre 1771. A neuf ans, il eut les maîtres les plus illustres. Son père, procureur général à Bastia, en Corse, étant mort sans fortune, le gouvernement de l'île se chargea de son éducation et l'envoya à Rome. Il fut l'élève et l'ami de Viotti. En 1791, il fut attaché au théâtre de Monsieur; en 1795, il fut nommé professeur au Conservatoire, et fit plus tard partie de la musique de Napoléon Ier et de la chapelle des Bourbons. Il mourut à Paris, en 1842. Sa méthode toute classique, est large, franche et sans ornementations stériles et fatigantes. Ses compositions ont un caractère grave et mélancolique.

BAILLOU (Guillaume DE), né à Paris, en 1538. C'est un de nos plus célèbres médecins. Il contribua à affranchir la médecine de la méthode arabe, qui, au fond, est celle de Galien, pour la ramener à la saine doctrine d'Hippocrate, à l'observation des phénomènes de la nature. Il étudia sous Duret, Houllier et Fernel, et devint plus tard professeur de la faculté de Paris; il en devint le doyen en 1580. Il était praticien, grand observateur et professeur éloquent. Il donna l'impulsion à la réforme médicale dont la réalisation est l'une des gloires de la faculté de Paris. Il renversa les théories systématiques et souvent spécieuses de Galien. Il voulait que les observations des grands maîtres fussent reprises pour être confirmées, critiquées ou étendues. Malheureusement il est resté sous l'influence des idées superstitieuses de son temps : ainsi il croyait à l'astrologie et à l'influence des astres. Nous lui devons une étude approfondie des épidémies qui désolèrent Paris de 1570 à 1579. Il brava le fléau autant par humanité que pour enrichir la science d'observations nouvelles. Il fut nommé par Henri IV médecin du Dauphin, en 1601; il mourut en 1616, à l'âge de 78 ans.

BAILLY (Jean-Sylvain), né à Paris, le 15 septembre 1736. Il fut, dans la première partie de sa vie, garde honoraire des tableaux du roi, membre de l'Académie des sciences, de l'Académie française et de l'Académie des inscriptions et belles-lettres. La seconde partie de sa vie fut remplie par les agitations de la Révolution, à laquelle il fut mêlé, et se termina par l'échafaud. Son père, qui fut aussi garde des tableaux du roi, le destinait à la peinture; mais son goût le portait vers les belles-lettres. Il s'essaya dans la poésie, et même dans la tragédie. Il se mit ensuite à étudier l'astronomie, aidé de l'abbé de Lacaille, son ami. En 1762, il envoyait à l'Académie des observations de la lune, calculées sous sa direction. Il publia ensuite des tables de mouvements astronomiques. En 1789, la ville de Paris le nomma député aux états généraux. Il fut choisi pour les présider et conserva la présidence jusqu'au moment où les états généraux se constituèrent en assemblée nationale. Il présida la séance du jeu de paume, et fut nommé maire de Paris le 16 juillet. La populace se livrait alors à des excès que Bailly était impuissant à réprimer. Il eut un moment d'énergie, et ce fut plus tard la cause de sa perte. Des factieux s'étaient réunis au champ de Mars; il s'y rendit, et, sur leur refus de se disperser, il proclama la loi martiale. L'Assemblée approuva la conduite de Bailly, mais il perdit sa popularité et donna sa démission le 19 septembre 1791. Au moment de la Terreur, il chercha un refuge à Melun, mais il y fut reconnu et arrêté, puis conduit en prison. Condamné à mort le 11 novembre 1793, il fut exécuté le lendemain. Pendant le trajet de la charrette fatale, il se sentit traverser par une pluie froide et pénétrante. Les hurlements de la foule l'accompagnèrent jusqu'à la place de la Révolution. Arrivé là, on changea d'avis, et, par un raffinement de cruauté, on voulut l'exécuter sur le champ de Mars où il avait proclamé la loi martiale. L'échafaud était déjà démonté quand la foule se ravisa : — il ne fallait pas profaner le champ de Mars par une exécution. — Au milieu de ces préparatifs, Bailly demeurait inaccessible à la crainte : « Tu trembles, Bailly, lui dit un des assistants. — Non, j'ai froid, » répondit simplement le vieillard. Il subit enfin le dernier supplice. Sa veuve resta longtemps dans la plus profonde indigence.

BAILY (François), savant anglais, né à Newburg en 1774, mort en 1844. Après avoir fait une grande fortune dans le commerce et la finance, il s'adonna tout entier à la science.

BAIN. On appelle ainsi l'immersion partielle ou complète du corps. Les bains sont employés, soit comme moyens hygiéniques, soit comme moyens médicaux. Les bains faisaient partie des mœurs des peuples de l'antiquité. Les bains, chez les Grecs, étaient en usage depuis les temps les plus reculés. Une partie de la demeure des rois était consacrée aux bains. A Sparte, il y avait des bains assez vastes pour que les deux sexes pussent y nager à l'aise. Au VIIe siècle de J.-C., on comptait à Alexandrie 4,000 bains. Dans l'origine, Rome ne possédait que des établissements appelés *laveries*, où l'on se baignait tous les neuf jours, uniquement par propreté. Plus tard on construisit des édifices appelés *bains*, où pénétrèrent le luxe et la recherche. Un bain se composait de cinq pièces : 1° l'*apodytère*, salle où les baigneurs se déshabillaient; 2° le *frigidaire*, salle du bain froid; 3° le *tépidaire*, salle des bains tièdes; 4° le *sudatoire* ou *caldaire*, salle pour le bain de vapeur; 5° enfin l'*éléotose* ou *onctoire*, salle pour se faire essuyer et parfumer après le bain. Dans le VIIe siècle, on établit des bains publics pour l'usage du peuple, et la rétribution n'était que d'un *quadrans* (1 cent. 1/4). Agrippa, étant édile, vers l'an 32 av. J.-C., créa 170 bains publics où l'on ne trouvait que le nécessaire pour la propreté; plus tard, les empereurs bâtirent pour le peuple des bains complets, d'une magnificence toute royale, appelés *thermes*, parce qu'on y trouvait toutes les sortes de bains chauds. En Turquie, il n'est pas un village qui ne possède un bain public; en Egypte, on n'en trouve que dans les villes de quelque importance. Les bains publics commencent à entrer dans nos mœurs, et dans la plupart des villes de France on en trouve à des prix très-modiques.

BAIN, ch.-l. de canton, à 31 kil. de Rennes (Ille-et-Vilaine). Pop. 1,400 hab.

BAIN (ordre du). Henri IV institua cet ordre en Angleterre lors de son sacre, en 1399. On attribue sa dénomination à la coutume où l'on était alors de plonger dans un bain tout nouveau chevalier. Le roi conféra cet ordre à trente-six écuyers qui s'étaient *baignés* de compagnie, après avoir veillé toute la nuit. Par la suite, les rois d'Angleterre créèrent des chevaliers de l'ordre du Bain : 1° avant le jour de leur couronnement; 2° à l'inauguration du prince de Galles; 3° à l'occasion de leur propre mariage ou du mariage d'un membre de la famille royale; 4° enfin dans de grandes solennités toutes particulières. En 1725, le nombre des chevaliers fut de trente-six ou trente-huit; mais en 1815 cet ordre fut destiné au courage militaire et civil, et divisé en trois classes : soixante-douze grands-croix, cent trente-commandeurs et un nombre illimité de chevaliers. Le cordon de la première classe est un ruban rouge avec une médaille en or portant un sceptre entre une rose et un chardon, au milieu de trois couronnes impériales, avec cette inscription : *Tria juncta in uno*. Sur ces soixante-douze grands-croix, douze sont réservées à récompenser des services rendus dans l'ordre civil ou dans les fonctions diplomatiques.

BAIN-MARIE, bain d'eau chaude dans lequel on fait bouillir des substances susceptibles de s'altérer par un degré de chaleur supérieur à celui de l'eau en ébullition.

BAINS, ch.-l. de cant. de l'arrond. d'Epinal (Vosges), à 32 kil. de cette ville. Pop. 2,500 hab. Fabriques de broderies, clouterie, kirchwasser, fers-blancs, tôle, etc. Sources d'eau saline thermale, bains.

BAINS (les), village des Pyrénées-Orientales, à 31 kil. de Perpignan. Pop. 1,800 hab. Louis XIV fit construire en cet endroit, en 1670, un fort destiné à défendre la frontière.

BAINS DU MONT-DORE, village du départ. du Puy-de-Dôme, arrond. d'Issoire. Pop. 1,000 hab. Sources thermales très-fréquentées.

BAIONNETTE. On appelle ainsi une sorte de poignard, fort épais et un peu triangulaire, long de 60 cent. environ et qui s'ajoute au bout d'un fusil. Son nom lui vient, dit-on, de Bayonne où on l'inventa vers l'an 1671. Cette arme s'ajustait d'abord dans une tige de bois que l'on emmanchait dans le canon du fusil, de sorte qu'on ne pouvait plus tirer. En 1701, on inventa une douille à jour qui permit de laisser libre l'ouverture du canon, et l'usage en devint plus facile. En 1703, l'infanterie française en fut armée.

BAIOQUE, nom donné à une monnaie de cuivre en usage dans les Etats de l'Eglise, valant à peu près cinq centimes et formant la centième partie du scudo ou écu.

BAIRAKTAR (Mustapha), célèbre vizir ottoman. Né en 1775 de parents pauvres, il gagna tous ses grades par sa vaillance, et fut nommé pacha de Routschouk, en 1804. Il livra de nombreux combats aux Russes, et détruisit, en 1806, plusieurs fois leur armée. Lorsque Sélim III fut détrôné, il marcha sur Constantinople pour le rétablir, mais il arriva trop tard : Sélim avait été étranglé par ordre de Mustapha IV. Il déposa celui-ci et le remplaça par Mahmoud II, frère de Sélim. Devenu grand-vizir, il s'appliqua à réorganiser l'empire turc, mais ses réformes soulevèrent le mécontentement, et Bairaktar périt dans une révolte de janissaires, le 15 novembre 1808.

BAIREUTH, ville de Bavière, ch.-l. du cercle de la Haute-Franconie, et de l'ancienne principauté de Baireuth, à 65 kil. de Nuremberg, dans une contrée charmante et très-fertile. Pop. 17,000 hab. Beau château, théâtre, plusieurs maisons d'aliénés. Patrie de Jean-Paul-Frédéric Richter.

BAIREUTH, ancienne principauté ou margraviat, auparavant appartenant à la Bavière, et faisant partie de la Haute-Franconie; elle avait autrefois une superficie de 287,000 hect. et 223,000 hab., et avait pour villes principales : Beireuth qui en était la capitale, Culmbach, Pegnitz, Erlang, Neustadt-sur-Aisch, Bayersdorf, Neuhausen.

BAIREUTH (Sophie-Wilhelmine, margravine DE), née à Potsdam, en 1709, morte en 1758, eut beaucoup à souffrir, comme son frère le grand Frédéric, des violences du roi Frédéric-Guillaume Ier, leur père.

BAIROUTH ou BEYROUTH, ville de la Turquie d'Asie (Syrie), à 100 kil. de Damas. Pop. 20,000 hab. Evêchés grec et maronite. Consulats français et autres. Commerce important. Port comblé par les sables. Cette ville fut bombardée et prise par les Anglais lors des événements de 1840.

BAIRAM, en turc *fête*. Nom de deux grandes fêtes chez les musulmans. Le premier baïram est nommé *'id el-fitr*, et a lieu immédiatement après le jeûne de Ramadân, en commémoration du pèlerinage de la Mecque que tout musulman doit faire dans ce mois, et dure trois jours; le second est appelé *'id el-kébir*, et met fin au jeûne du Ramadân, et dure quatre jours. Il se célèbre le 10 du mois de *zil-hiddja*. Pendant le *petit baïram*, le sultan fait des largesses. Les musulmans attachent une grande importance à cette solennité.

BAIS, ch.-l. de cant. de l'arrond. de Mayenne (Mayenne), à 16 kil. de cette ville. Pop 780 hab.

BAISE (la), rivière de France, prend sa source sur le plateau de Pinas (Basses-Pyrénées), et, après un parcours de 160 kil., elle se jette dans la Garonne vis-à-vis d'Aiguillon et près du confluent du Lot.

BAISE (la), petite rivière de France, qui prend sa source près de Bèze (Côte-d'Or), et se jette dans la Saône après un parcours de 28 kil.

BAISE-MAINS. On appelait ainsi, dans le régime féodal, l'hommage du vassal au seigneur, avec redevance pécuniaire ou en denrées, lors du renouvellement du bail.

BAISY-THY, village de Belgique (Brabant), près de Nivelles. Pop. 2,350 hab. On y remarque les ruines du château où naquit Godefroy de Bouillon.

BAIUS ou MICHEL DE BAY, théologien, né à Mélin, dans le Hainaut, en 1513. Il professa la philosophie à Louvain avec éclat pendant six ans. Il fut ensuite professeur d'Ecriture sainte. C'était un savant modeste, doué d'un esprit facile. Le mauvais goût de la scolastique le révolta, et il substitua à cet enseignement, souvent pédantesque, la méthode des Pères de l'Eglise, réglant son enseignement sur leurs ouvrages et sur l'Ecriture sainte. Il fut dénoncé successivement à la faculté de théologie de Paris et au Saint-Siége, à raison de ces innovations qui, au dire des docteurs, constituaient une hérésie. Ses écrits furent censurés, et il dut en signer la rétractation. L'acte de rétractation offre ceci d'original qu'une virgule, placée à droite ou à gauche, permet de croire que Baïus rétracte ou ne rétracte pas les principales propositions que la censure avait proscrites. Il fut chancelier de l'Université en 1571, et mourut en 1589.

BAIX, village du départ. de l'Ardèche, arrond. de Privas, à 18 kil. de cette ville. Pop. 1,300 hab.

BAJA, ville des Etats autrichiens (woïwodie serbe), dans le cercle de Zambov, et à 45 kil. de cette ville. Pop. 15,000 hab. Château des princes de Grassalkovies.

BAJAZET Ier (surnommé *Ilderim*, *le foudre de guerre*), fut proclamé par ses soldats empereur des Ottomans dans la plaine de Cassova, où son père avait trouvé la mort au milieu de son triomphe, en 1390. Il commença son règne par un fratricide, et, à ce sujet, il formula ce principe érigé par les Turcs en loi d'Etat, et tiré du Coran : La révolte est pire que les exécutions. Cependant, pour prévenir l'effusion du sang, ses successeurs aimèrent mieux prévenir la révolte par l'empoisonnement. Bajazet recueillit les fruits de la victoire de son père, en soumettant les Serviens et les Bosniens. Il acheva de détruire l'empire grec, où son père n'avait pas encore consolidé sa puissance, et vint régner à Constantinople. Jean et Emmanuel; les deux empereurs d'Orient, lui remirent eux-mêmes Philadelphie, abandonnant ainsi toute l'Asie mineure. Sigismond, roi de Hongrie, lui ayant demandé de quel droit il s'emparait des terres de la chrétienté, Bajazet, pour toute réponse, envahit ses Etats avec une armée formidable. Sigismond n'avait pour se défendre qu'une faible armée dans laquelle se trouvaient 6,000 hommes commandés par Jean sans Peur. Il subit une horrible défaite; mais ses troupes disciplinées avaient jonché le champ de bataille des cadavres de 60,000 Ottomans. Bajazet, aussi furieux de sa victoire que d'une défaite, fit égorger 10,000 chevaliers chrétiens qui étaient tombés en son pouvoir dans différents combats. Il ravagea ensuite la Hongrie, mais sans oser s'en emparer. Bajazet poursuivait en Asie le cours de ses conquêtes quand il y rencontra les ambassadeurs de Tamerlan, chef des Mongols, qui vinrent le sommer de se ranger sous les lois du vainqueur de l'Asie. Bajazet répondit avec orgueil. Mais Tamerlan vint assiéger Constantinople. Bajazet accourut à la défense de cette ville, et livra bataille aux Mongols dans les plaines d'Angora, en Phrygie. Il fut battu et fait prisonnier. Ses tentatives d'évasion irritèrent Tamerlan et rendirent sa captivité plus sévère; mais il y a loin de là à cette cage de fer qui n'est due qu'à l'imagination de certains historiens, et où ils se sont plu à enfermer Bajazet. Il mourut un an après, en 1403.

BAJAZET II succéda à son père, Mahomet II le Conquérant, en 1481. Il eut d'abord à lutter contre son frère Djem ou Zizim, beaucoup plus habile que lui. Cependant Djem fut vaincu et dut se réfugier à Rhodes et de là à Rome, où il mourut empoisonné. La guerre continua sous Bajazet, mais elle fut mal conduite et presque toujours malheureuse ou sans résultat. Il se maintint mal en Moldavie et en Dalmatie; il traita avec Venise quand il pouvait écraser ses forces. Son peuple, toujours belliqueux, s'indignait contre cet empereur fainéant. De là des troubles, puis une révolte des janissaires qui l'obligèrent, agenouillés devant lui, à abdiquer. Bajazet voulait choisir pour successeur son fils Achmet; les janissaires lui imposèrent Sélim. Il mourut trois jours après son abdication, en 1512.

BAJAZET, fils de Soliman Ier et de Roxelane, disputa le trône à son frère Sélim II. Roxelane n'avait pu obtenir de Soliman le trône de Constantinople pour son fils. Celui-ci ne cessa pas cependant d'élever des prétentions, et comptant sur ses nombreux partisans, il leva une armée, en 1561, et se ligua avec le roi de Perse. Mais celui-ci, redoutant les Ottomans, livra à Sélim Bajazet et ses cinq fils. Sélim les fit tous étrangler, en 1566.

BAJAZET, fils d'Achmet Ier et de la sultane Kioseus, et frère d'Amurath IV. Elevé dans le sérail, il donnait les plus belles espérances. Son intelligence et son caractère l'avaient fait aimer des Ottomans. Ibrahim, son frère, issu de la même mère, imbécile et ignoré, jalousait son frère et avait résolu de le tuer, malgré les prières de leur mère commune. Pendant une expédition contre les Perses, en 1561, Ibrahim le fit mettre à mort. Cet événement est le sujet d'une tragédie de Racine, où la vérité historique est souvent trahie.

BAKER (Thomas), philosophe anglais, né à Crook, dans le comté de Durham, en 1656. Il étudia à Cambridge et entra dans les ordres. Ayant refusé le serment de fidélité à Georges Ier, il fut renvoyé du collège de Saint-Jean, à Cambridge, où il occupait une chaire avec distinction. Le poëte Prior, qui le remplaça, eut la générosité de lui abandonner son traitement. Mais le cœur plein d'amertume, il signait tous ses ouvrages : *Socius ejectus (membre chassé).* Il continua cependant à résider au collège, où il mourut en 1740. Il était un peu sceptique : ainsi il écrivit sur l'incertitude des sciences un ouvrage qui montre qu'il n'avait pas compris les progrès déjà accomplis de son temps, qu'il ignorait les ressources de la méthode sans laquelle il n'y a pas de logique sûre. Ainsi, il ne sut pas comprendre Bacon, ne lut pas même Locke, et se montra injuste envers Copernic.

BAKER (John), naquit vers 1540, à Sissingherst, dans le comté de Kent. Il fut chancelier de l'Echiquier sous Henri VIII, Edouard VI et Marie.

BAKER (Richard), fils du précédent, historien anglais, naquit en 1568, à Sissingherst, comté de Kent. Il étudia d'abord à Oxford, puis il parcourut l'Europe pour s'instruire. De retour en Angleterre, il fut institué chevalier par Jacques Ier, puis grand shérif du comté d'Oxford, en 1620. Ayant eu l'imprudence de cautionner les parents de sa femme, il fut arrêté comme débiteur insolvable, et passa en prison les dernières années de sa vie. On a de lui une *Chronique des rois d'Angleterre jusqu'à Jacques Ier*. Cet ouvrage contient beaucoup d'erreurs et de défectuosités que ne rachète pas un style lourd et commun.

BAKER (Robert), voyageur anglais, mort en 1580, alla deux fois en Guinée (1562 et 1560). Abandonné sur une côte après une tempête, il courait risque d'être dévoré par des nègres qui étaient armés, lorsque deux vaisseaux français parurent et le reçurent à bord, comme prisonnier de guerre, il est vrai. Après quelques mois de séjour en France, il racheta sa liberté et retourna en Angleterre.

BAKER (Henri), naturaliste anglais, naquit à Londres au commencement du XVIIIe siècle. Il s'adonna d'abord à la poésie, et s'occupa aussi de l'éducation des sourds-muets; mais, entraîné bientôt par son goût pour l'étude de la nature, il étudia l'histoire naturelle. En 1740, il devint membre de la Société royale et de celle des antiquaires. On lui doit des découvertes microscopiques sur la cristallisation et la configuration des molécules salines, sur les polypes d'eau douce et sur les animalcules. Ses expériences, très-curieuses, sont consignées dans deux ouvrages : le *Microscope à la portée de tout le monde*, et l'*Usage du microscope*. Il mourut à Londres, en 1774, à l'âge de 70 ans.

BAKEWELL, ville d'Angleterre, dans le comté de Derby, à 35 kil. de cette ville. Pop. 2,000 hab. On remarque aux environs de cette ville le château de Chatsworth, appartenant au duc de Devonshire, bâti sur l'emplacement de celui où fut enfermée Marie Stuart.

BAKKER (Gerbrand), médecin hollandais, né à Enkhuisen, dans la Nord-Hollande, le 1er novembre 1771, mort le 14 juin 1828. Il était professeur à l'Université de Groningue. Il fut surtout habile dans l'art des préparations anatomiques et des injections. Ses cours d'accouchements contribuèrent beaucoup à former d'excellents élèves. Il s'oc-

Le chien de Montargis.

cupa aussi avec zèle de l'anatomie du cerveau et de l'anatomie comparée. Il a publié divers ouvrages en hollandais.

BAKKER (Pieter Huysinga), poëte hollandais, né à Amsterdam, en 1715. Il a laissé plusieurs ouvrages qui sont classiques chez les Hollandais, notamment un poëme sur l'inondation de 1740, et des satires contre les Anglais. Il mourut à Amsterdam, en 1801.

BAKOU, ville forte de la Russie d'Asie, dans la péninsule de Bakou, sur la côte de la mer Caspienne, à 44 kil. de Chamakié. Pop. 12,000 hab. Place forte de première classe, bon port. Grand commerce avec Astrakhan et les contrées environnantes. On y remarque le palais du shah, bâti par Abbas II; le grand bazar, le caravansérail, l'église arménienne. Aux environs se trouvent des marais d'où s'échappe un gaz qui s'enflamme au contact de l'air; ce phénomène frappa les imaginations et y attira un grand nombre de pèlerins guèbres, adorateurs du feu, qui y bâtirent un temple subsistant encore de nos jours. — Bakou fut d'abord un petit khanat indépendant, puis passa sous la domination de la Perse; prise par les Russes (1723) avec tout le Chirvan, cette ville revint à la Perse (1735), et retourna définitivement aux Russes (1801).

BAKOWA, ville des Principautés-Unies (Moldavie), à 80 kil. d'Iassy. Siége d'un évêché catholique. Cette ville, jadis très-florissante, a perdu son ancienne splendeur.

BALA, ville d'Angleterre, dans la principauté de Galles (comté de Merioneth), à 50 kil. de Shrewsbury. Pop. 1,850 hab. Fabrique de bas et de gants tricotés.

BALAAM, fameux devin d'Aram, en Mésopotamie. Quand les Israélites, après avoir erré pendant quarante ans dans le désert, arrivèrent sur les bords du Jourdain, Balac, roi de Moab, fut effrayé de leur approche, et envoya chercher Balaam pour maudire les Juifs et lui indiquer le moyen de les chasser. Balaam ayant consulté le Seigneur, reçut, au contraire, l'ordre de les bénir. Le roi, peu satisfait de la réponse du devin, lui envoya des députés pour le séduire par des présents et obtenir ainsi une meilleure réponse. Balaam, ébranlé par la générosité du roi, consentit à suivre ses députés, mais toujours sous la condition qu'il ne ferait rien contre la volonté du Seigneur. Il partit donc, bien résolu de flatter Balac. Cependant l'ânesse sur laquelle il était monté se roidissait et cherchait à renverser son maître. Celui-ci frappa l'animal, qui se défendit et se mit même à parler à son maître. Pendant cet étrange colloque, l'ange du Seigneur apparut et fit promettre à Balaam de ne faire que ce que le Seigneur ordonnerait. Arrivé auprès de Balac, Balaam, qui n'était pas maître de sa volonté, n'eut que des bénédictions pour les Israélites, malgré les supplications du roi. Le prophète alla même jusqu'à prédire l'avénement du Christ. Tel est du moins ce qu'on a cru voir dans ses prédictions d'une ambiguïté toute pythique. Quelque temps après, Balaam fut tué par les Hébreux victorieux des Madianites. Ceci se passait en l'an du monde 2515.

BALAGHAUT, Province intérieure du S. de l'Hindoustan anglais, dans la présidence de Madras. Capitale Bellary. Elle est bornée au N. par le territoire de Nizam, à l'E. par l'Arcot; au S. le Maissour, et à l'O. le Dharwar. Superf. 66,185 kil. carrés. Pop. 2,176,000 hab. Cette province appartient aux Anglais depuis 1800, et fait partie de la province de Bombay.

BALAGUER, ville forte de l'Espagne, dans la province de Lérida, à 26 kil. de cette ville. Pop. 3,700 hab. Cette ville fut prise en 1645 par le général d'Harcourt.

BALAKLAVA, ville de la Russie méridionale (Crimée), à 6 kil. de Sébastopol. Pop. 2,000 hab.; elle possède un bon port sur la mer Noire. Cette ville, aujourd'hui déchue, était un des comptoirs importants des Grecs anciens et des Génois au temps de leur puissance. Lors de la guerre de Crimée (1854) Balaklava fut occupée par les Anglais, qui en firent leur magasin général et qui la relièrent au camp par un chemin de fer. Le 25 octobre 1854, les Russes essayèrent de s'en emparer par un coup de main, et auraient réussi si les Français ne fussent venus au secours des Anglais.

BALANCIER. Instrument dont on se sert pour frapper des monnaies, des médailles, imprimer des timbres secs. Il se compose d'une arcade en métal dont la dimension varie selon l'usage auquel on destine le balancier; dans le sommet de cette arcade est logé un écrou dans lequel joue une forte vis surmontée d'une barre de fer dont les extrémités sont chargées par des boules plus ou moins grosses.

BALARUC, village du départ. de l'Hérault, près de l'étang de Thau, à 25 kil. de Montpellier. Pop. 600 hab. On y remarque des sources sulfureuses et alcalines.

Une bacchanale à Rome. (Page 198.)

BALASORE, ville maritime de l'Hindoustan, dans la présidence du Bengale (prov. d'Erissa), à 200 kil. de Calcutta. Pop. 10,000 hab. Le rajah de Ragpoor céda cette ville aux Anglais en 1803.

BALATON, lac de Hongrie entouré de vastes marais. Il a 76 kil. de long, 3 à 12 de largeur et 12 à 22 m. de profondeur.

BALBATRE (Claude-Louis), célèbre organiste, né à Dijon en 1729. Il fut l'élève et l'ami de Rameau, son compatriote. S'étant fait entendre, en 1755, dans un concert spirituel, il commença à établir sa réputation. Il fut tour à tour organiste de Saint-Roch et de Notre-Dame, avec un si grand succès que l'archevêque de Paris lui défendit de jouer à certains jours de fête, à cause de l'affluence mondaine. Il a laissé de brillantes compositions; on lui doit aussi le perfectionnement du forté-piano et du clavecin.

BALBEK, ville de la Turquie d'Asie (Syrie), au pied de l'Anti-Liban, à 65 kil. de Damas. Pop. 200 hab. environ. Cette ville florissante au temps des Antonins, offre des ruines magnifiques, les plus belles après celles de Palmyre. On y remarque surtout les restes de trois temples, dont les péristyles, les murailles, les colonnes, de très-grandes proportions, offrent les plus beaux et les plus riches modèles de l'architecture corinthienne. Balbek fut ravagée par les longues guerres qui ensanglantèrent ces contrées, et le tremblement de terre de 1759 acheva de détruire ce que les Turcs, les Mongols et les Arabes avaient laissé debout.

BALBES. Tel était le nom des premiers habitants qui fondèrent la république de Quiers, dans l'Italie septentrionale. Ils tirent leur nom du romain Balbus, qui fut leur chef. Après avoir subi les invasions successives des Barbares, ils se constituèrent en république au temps de Charlemagne. Ils étendirent leur domination sur quarante villes ou châteaux, et devinrent assez puissants pour faire rechercher leur alliance par Gênes et Venise. Etant en guerre continuelle avec les petits tyrans du Montferrat, ils se défendirent à la faveur de leurs forteresses, appelées *tours des Balbes*. Mais vers le XIIe siècle Frédéric Barberousse étant accouru au secours du marquis de Montferrat, les Balbes succombèrent, leurs tours furent démolies, leur pays ravagé et incendié. Ils se relevèrent cependant lors de la lutte des Guelfes et des Gibelins. Leurs familles dispersées se réunirent et combattirent pour les Guelfes. Ceux-ci les récompensèrent en leur laissant restaurer Quiers; ils s'allièrent dès ce moment avec leurs voisins et notamment avec la république de Testone; l'empereur d'Occident les protégeait. Ils instituèrent des podestats; mais ceux-ci étant pris le plus souvent parmi les familles de Testone, Quiers se trouvait asservie. De là une lutte de cinquante ans et des dissensions intestines entretenues par les premières familles du pays. La république marchant ainsi à une ruine certaine, les Balbes ne virent d'autre remède à leurs maux que de se donner à la maison de Savoie. Ils choisirent pour souverains Amédée de Savoie, dit le Comte Vert, et Jacques de Savoie, son cousin. Ils avaient stipulé que leurs coutumes seraient conservées et que les magistrats seraient pris parmi eux; mais ces droits souvent violés furent plus d'une fois une cause de troubles.

BALBI (Jérôme), littérateur vénitien, m. en 1525. Il fut d'abord élève de Pomponio Leto, à Rome; puis il vint à Paris, où il obtint une chaire de belles-lettres dans l'université. Il voulut enseigner aussi le droit canon, le droit civil et la philosophie morale. Mais Tardif fit justice de la présomption de ce jeune professeur. Tous deux se disputèrent grossièrement dans des pamphlets qui firent grand bruit. Balbi, maltraité par les rieurs, quitta Paris et vint à Vienne, où il occupa une chaire de droit impérial. De là il passa en Hongrie, où il prit l'habit ecclésiastique et devint précepteur des enfants du roi Ladislas. Plus tard il fut mis à la tête de plusieurs ambassades honorables. A la fin de sa carrière, il devint évêque de Gurck. Nous avons de lui quelques livres d'histoire de son temps et des poésies quelque peu licencieuses qu'il rangeait parmi ses fautes de jeunesse.

BALBI (Jacques-François-Marie, marquis de Piovera, comte DE). C'était un Génois de la famille des doges de ce nom. En 1792, il fut membre du petit conseil de la république de Gênes. Il maintint, par son influence, la neutralité de son pays en présence des Français et des Autrichiens, et malgré les sollicitations pressantes de l'Autriche qui invoquait l'exemple du roi de Sardaigne; mais les Français, qui comptaient beaucoup de partisans dans cette ville, empêchèrent sa réélection. Il quitta son pays pour ne pas être témoin de l'invasion par les armées étrangères. Déclaré émigré quand la république ligurienne fut établie, il vit ses biens confisqués. Cependant le souvenir de sa probité fit que personne ne voulut se rendre adjudicataire de ses propriétés. Il se fixa à Paris, où les dénonciations le poursuivirent jusqu'à sa mort.

BALBI (la comtesse DE), fille d'un marquis de Caumont La Force, et femme d'un noble génois, le comte P. M. A. de Balbi, née en 1753, morte en 1832. Elle est demeurée célèbre par sa liaison avec le comte de Provence (depuis Louis XVIII). Elle était dame d'atours de *Madame*, comtesse de Provence, et maîtresse de *Monsieur*. Elle suivit le prince dans son émigration, et s'imaginait, comme tous les émigrés, que ce voyage n'était autre chose qu'un petit voyage d'agrément. Il dura vingt-cinq ans! La comtesse comptait beaucoup sur les étrangers pour le rétablissement des Bourbons sur le trône de leurs pères: aussi ne se sentait-elle pas de joie quand elle apprenait que nos jeunes bataillons de volontaires éprouvaient le moindre échec. C'est surtout sur le prince de Waldeck, officier supérieur allemand sous les ordres du prince de Hohenlohe, que les émigrés, et principalement le beau sexe de l'émigration, fondaient leurs plus belles espérances. Ce preux tant acclamé se dirigeait à marches forcées sur Thionville, qu'il voulait prendre d'assaut. Nous regrettons de ne pouvoir citer ici une lettre que la comtesse de Balbi écrivait de Luxembourg à son *ami* (Monsieur) et où, en terminant, elle lui dit: « N'oubliez pas de me faire savoir sur-le-champ que Thionville se rend... Je vous embrasse, mon ami, de tout mon cœur, et je voudrais, en vérité, faire de même à votre prince de Waldeck. » Notre comtesse voyait déjà son héros presque maître de la ville, même sans coup férir; mais elle se trompait, car Thionville ne fut pas prise, grâce à l'héroïque résistance de ses habitants et de sa garnison. Les Prussiens furent obligés de lever le siége, et le prince de Waldeck, qui commandait une reconnaissance, eut un bras emporté. La comtesse de Balbi n'eut rien de mieux à faire que de se retirer en toute hâte en Allemagne; car les soldats républicains que le prince de Waldeck devait faire prisonniers, entrèrent en vainqueurs dans le Luxembourg. Combien dans son voyage avec son ami ne dut-elle pas regretter souvent, même à la cour de Mittau, sa jolie petite maison de Paris, où Monsieur se rendait par une porte secrète! Après bien des années, elle put revoir cette petite maison qui n'était séparée du palais que par le jardin du Luxembourg; mais Monsieur n'habitait plus ce palais, il était roi de France, et une autre rivale l'avait remplacée aux Tuileries. *Sic transit gloria mundi.*

BALBI (Adrien), géographe et statisticien, né à Venise en 1782, mort à Vienne en 1848. Son père, Rodolphe Balbi, avait été gouverneur de l'île de Veglia, et fut ruiné par la révolution de 1797. C'est alors que le jeune Balbi se livra à l'enseignement. Il fut successivement professeur de géographie à San-Michele de Murano, près de Venise, et professeur de physique au lycée de Fermo. En 1821, il vint à Paris, et lutta longtemps pour arriver à une position modeste. Il publia, en 1826, un *Atlas ethnographique du globe*, et, en 1832, un *Abrégé de géographie*. Ce fut lui qui le premier établit l'étude de la géographie sur la distinction des bassins. Ses ouvrages, qui se faisaient remarquer par leur nouveauté et leur originalité, le firent appeler à Vienne par le gouvernement autrichien, qui lui donna le titre de conseiller pour la géographie et la statistique. Balbi a encore publié plusieurs tableaux sur les divers États de l'Europe et plusieurs ouvrages de géographie qui ont fait sa réputation.

BALBI (Pic), montagne située dans l'île Bougainville (archipel Salomon), et dont la hauteur est de 3,223 mètres.

BALBINUS (Décius-Claudius), jurisconsulte romain issu de l'historien Théophane, affranchi de Pompée. Il jouissait d'une grande fortune et ses goûts étaient magnifiques, c'est-à-dire qu'il avait *tout ce qui pouvait rendre un homme agréable au peuple romain dégénéré*. Il était simple sénateur quand il fut élevé à l'empire, en 237, par le sénat romain, qui lui adjoignit Maximus Pupianus, soldat de mœurs honnêtes. Toutefois, le peuple exigea que Gordien, alors âgé de quatorze ans, fût aussi créé césar par le sénat. Le sénat romain l'avait proclamé après avoir déclaré ennemi public le Goth Maximin, qui s'avançait sur Rome avec une armée, et afin de conjurer le péril qui la menaçait. Le règne de Balbinus fut de courte durée. Le sénat romain ayant cherché à éloigner les prétoriens, qui entretenaient l'agitation, ceux-ci s'en vengèrent par le pillage, le massacre et l'incendie des maisons. Pendant plusieurs jours on se battit dans les rues de Rome. Les deux empereurs apaisèrent les prétoriens par une distribution d'argent, mais ceux-ci, ayant été injuriés en plein sénat, se révoltèrent de nouveau, et pendant que le peuple se portait aux jeux du cirque, ils envahirent le palais où se trouvaient les deux empereurs, se jetèrent sur eux et les traînèrent ensanglantés vers leur camp.

BALBO (Cesare, comte), homme d'Etat et écrivain italien, né en 1789, à Turin. Il remplit diverses fonctions en France, sous l'empire et, après la seconde abdication de Napoléon, il remplit à Londres les fonctions de secrétaire de la légation sarde. Rentré dans sa patrie à la suite de la révolution de 1821, il abandonna les affaires publiques jusqu'en 1847, où il devint le chef du parti libéral italien. Patriote généreux, il prépara par ses écrits et ses efforts l'indépendance de l'Italie, qu'il ne lui fut pas donné de voir réalisée, car il mourut le 3 juin 1853.

BALBOA (Vasco-Nuñez), aventurier espagnol, naquit vers 1475. Sa jeunesse fut celle d'un homme bouillant et emporté par ses passions. Son esprit inquiet et remuant lui fit entreprendre avec Bastidas un premier voyage dans le Nouveau-Monde. Il aborda avec lui à la côte de Paria. De retour en Espagne, il contracta tant de dettes qu'il se vit forcé de fuir. Le capitaine Enciso faisait voile pour les Indes occidentales; il s'embarqua sur son navire. Son esprit d'insubordination le fit condamner par le capitaine à être abandonné dans la première île déserte qu'on rencontrerait. Le navire fit naufrage dans le golfe d'Uraba, et les marins qui gagnèrent la côte se virent attaqués par les Indiens. Mais Balboa, aussi brave qu'il était indocile, se mit à la tête de l'équipage, et battit 500 Indiens. Il avait ainsi gagné sa grâce. Ses compagnons le choisirent pour leur chef. Emporté alors par sa haine contre Enciso, il le fit emprisonner et confisqua ses biens. Cette vengeance le perdit plus tard. Il se rendit maître du pays où l'avait jeté la tempête, et le rançonna si bien qu'il put envoyer au roi Ferdinand cent mille écus, la cinquième partie de son butin. Un jour que ses soldats se querellaient pour le partage d'un lingot, un cacique alors présent lui dit: « Pourquoi vous quereller pour si peu? Venez avec moi, je vous conduirai sur le rivage d'un autre océan, où l'or sert aux usages les plus communs. » Balboa partit avec lui, à la tête de 190 Espagnols et de 1,000 Indiens. Quand il fut arrivé à une montagne d'où il apercevait à ses pieds les côtes du Pérou, la grandeur du spectacle qui s'offrit à ses yeux le frappa d'admiration. Il tomba à genoux et remercia le ciel de sa découverte. Puis entrant dans la mer, il déclara solennellement « qu'il prenait possession de cette mer, au nom de la couronne de Castille, et que son épée saurait lui en conserver le domaine. »

Trop faible pour attaquer les Péruviens, il revint dans le Darien. Un nouveau gouverneur venait d'y être installé par Ferdinand. Il se soumit à son autorité; mais, l'année suivante, le souverain répara son injustice en le nommant *adelantado* de la mer du Sud. Le gouverneur, envieux de sa puissance, feignit de se réconcilier avec lui, et lui donna même sa fille en mariage. Mais bientôt il trouva l'occasion de le faire emprisonner, et le fit condamner à mort pour insubordination envers le capitaine Enciso, et aussi pour révolte contre le gouvernement et infidélité au roi. Il eut la tête tranchée à Santa-Maria, en 1517. C'est sous Balbo que Pizarre fit ses premières armes.

BALBUENA (Bernardo), poète espagnol, né à Valdepeñas, dans le diocèse de Tolède. Evêque de Porto-Rico en 1620, il mourut en 1627. Il a laissé des poèmes pleins d'imagination et de majesté; il est très-estimé des vrais amateurs de la littérature espagnole.

BALBUS (Lucius-Cornelius), consul romain, en l'an 40 av. J.-C. Il était né à Cadix, en Espagne. Il y servit la cause des Romains contre Sertorius, en combattant sous Métellus et sous Pompée. Ses services lui valurent d'être fait citoyen romain par la protection de Pompée. Cette qualité lui ayant été contestée en justice, il fut maintenu dans ses droits, grâce au crédit de son protecteur et à l'éloquence de Cicéron. Lié à la fois avec César et Pompée, il suivit prudemment, lors de leur rupture, la fortune du plus fort. Ses richesses immenses lui permirent de léguer au peuple romain 25 deniers par tête. Il fut le premier étranger, né hors de l'Italie, qui parvint au consulat.

BALCON. Terme d'architecture par lequel on désigne une saillie entourée d'une balustrade et qui se trouve généralement au niveau du premier étage, avec lequel il communique et auquel il sert en quelque sorte de promenoir.

BALDAQUIN. Terme d'architecture par lequel on désigne un ouvrage élevé en forme de dais, sur plusieurs colonnes, pour couvrir un autel. Le plus remarquable en ce genre est le baldaquin de Saint-Pierre, de Rome, exécuté tout en bronze.

BALDECG (lac de), situé en Suisse, dans le canton de Lucerne. Ce lac a 7 kil. de tour; il est situé à une hauteur de 516 m. au-dessus du niveau de la mer.

BALDER ou **BALDOUR**, divinité de la mythologie scandinave, fils d'Oddin et de Frigga. Il présidait à l'éloquence, est le génie de la paix, de la piété et de la modération. Tous les êtres de la nature avaient fait serment de ne jamais lui nuire; mais l'aveugle Hoder, dieu du hasard, ayant été excité par Loke, génie du mal, lui lança un javelot dans un tournoi et le tua. Les dieux essayèrent, mais en vain, de le retirer des enfers.

BALDÉRIC ou **BAUDRY**, chroniqueur, évêque de Dol, naquit à Meung-sur-Loire, vers le XIe siècle. Il fit ses études à Angers, et fut d'abord moine, puis abbé en 1109. Son goût pour la poésie et les lettres profanes contribua à faire de lui un moine tolérant et d'une piété souvent douteuse. Ainsi il s'inquiétait assez peu de l'abstinence du samedi. Il avait sollicité l'évêché d'Orléans; mais il échoua, malgré la protection de la reine Berthe. Rentré alors en lui-même, il fit acte de repentir et mena dès lors une vie édifiante. Il fut évêque de Dol. Sa mission chez les Bretons, peuple barbare et encore païen, ayant eu peu de succès, il passa chez les Anglais, dont il étudia les mœurs monastiques. De retour en Normandie, il resta dans son évêché, où il s'occupa de propager l'instruction dans la population qui lui était confiée. On lui doit la construction de deux églises. Il assista à tous les conciles de son temps, et écrivit des chroniques curieuses et qui répandent un grand jour sur les événements de cette époque. Il mourut en 1130.

BALDÉRIC (surnommé *le Rouge*), fils du seigneur de Sarchonville en Artois, il fut évêque de Noyon et de Tournai. Il mourut en 1112. Il est auteur des *Chroniques de Cambrai et d'Arras*. Cet ouvrage curieux, plein de recherches et de renseignements précieux, s'arrête à l'année 1070.

BALDI (Bernardino), abbé de Guastalla, littérateur célèbre, né à Urbin, en 1553, d'une famille noble. Il fit ses études à Padoue, sous les meilleurs maîtres. Etant écolier, il traduisit les *Phénomènes* d'Aratus du grec en vers italiens; il traduisit également Homère et d'autres poètes grecs en vers latins. Il devint aussi habile dans les langues allemande et française. Chassé de Padoue par la peste, il revint, plus tard dans son pays, et se livra à l'étude des mathématiques, sans négliger l'histoire, les langues et la poésie. Il était également versé dans les langues orientales. Il fut protégé par le duc de Guastalla, puis par Charles Borromée, oncle du prince. Sans avoir jamais pris l'habit ecclésiastique, il fut nommé abbé de Guastalla. Il s'adonna alors à l'étude de la théologie et des Pères de l'Eglise. Il résigna son bénéfice pour retourner dans son pays natal où il mourut en 1617.

BALDINUCCI (Philippe), illustre écrivain italien, né à Florence en 1624. Il étudia les belles-lettres, tout en s'occupant de dessin et de peinture. Il fit un ouvrage important sur l'histoire des artistes célèbres. Sa réputation était telle que la reine Christine de Suède l'engagea à écrire la vie du chevalier Bernin. Il fit, à cet effet, le voyage de Rome, où il reçut un brillant accueil. De retour à Florence, il entra à l'Académie. Son grand ouvrage sur les artistes célèbres fut continué par son fils. Il mourut en 1696.

BALDO (Monte), montagne des Etats autrichiens (Vénétie), qui s'étend sur une longueur de 35 kil., entre le lac de Garde et l'Adige. Sa hauteur est de 2,180 mètres.

BALDUCCI (François), poète italien, né à Palerme au commencement du XVIIe siècle. Il mena, dans sa jeunesse, une vie errante, et s'enrôla dans les troupes du pape Clément VIII. De retour à Rome, il se livra à ses goûts littéraires. C'était un poète de cour, flattant les grands pour en tirer des récompenses. Cependant sa prodigalité le laissait toujours misérable. Il s'attacha à plusieurs seigneurs, que son humeur inconstante lui aliéna ensuite. Plus malheureux que jamais, il prit l'habit ecclésiastique et fut chapelain de l'hôpital de Saint-Sixte. Il mourut, en 1642, à l'hôpital de la basilique de Saint-Jean-de-Latran. Il a laissé des poésies lyriques du genre anacréontique, et il passe pour le premier poète qui composa des cantates.

BALDUNG (Jean), dit Baldegreen, peintre et graveur sur bois, né à Gemunden, dans la Souabe, vers 1476. Il était contemporain d'Albert Durer, et il ne lui a manqué, pour avoir la réputation des grands maîtres, que d'avoir vécu sur un plus grand théâtre et que le soleil d'Italie vînt échauffer son génie. Il a signé quelques estampes, dont les plus connues sont: *Jésus-Christ et les douze apôtres*, *Adam et Eve*, *Bacchus ivre*. Ses compositions se font remarquer par une touche hardie, une exécution gracieuse. Ses têtes sont fort belles. On ignore l'époque de sa mort, mais tout fait croire qu'il vivait encore en 1534, puisque plusieurs de ses estampes portent cette date.

BALE, ville du N.-O. de la Suisse, ch.-l. du canton de Bâle et du nouveau canton de Bâle-Ville, à 75 kil. de Berne. Pop. 27,500 hab. Place forte. Université réorganisée en 1817. Ecole normale, gymnase, institution théologique de Frey et de Grinæus, collége d'Erasme, bibliothèques et collections. La bibliothèque de l'université comprend 4,000 manuscrits et une collection de tableaux, principalement ceux d'Holbein. Parmi les édifices, on remarque une ancienne cathédrale gothique ou *Münster*, qui renferme le tombeau d'Erasme et d'Œcolampade; l'église Saint-Martin, l'hôtel de ville, l'arsenal, les cloîtres de l'ancien couvent Klingenthal que l'on a transformé en caserne et en magasins, et où il y avait autrefois une copie de la danse macabre. Bâle est le grand entrepôt de commerce entre l'Allemagne, la Suisse et la France; elle possède des fabriques de rubans et étoffes de soie, des imprimeries d'indiennes, des tanneries, des papeteries, tabacs. Patrie d'Euler, des Bernouilli, de Holbein. De 1431 à 1443, il s'y tint le fameux concile pour la réforme du clergé et la réunion des Grecs. Deux célèbres traités furent signés à Bâle, l'un en 1499, entre Maximilien Ier et les Suisses, qui mit fin à la guerre des Suisses avec la Confédération souabe; l'autre en 1795, entre la république française et la Prusse.

BALE (canton de). Ancien Etat de la Confédération suisse; il est situé au N.-O., entre la France, le grand-duché de Bade et l'Argovie au N., le canton de Soleure à l'E. et au S., et celui de Berne à l'O. Superf. 460 kil. carrés. Ce canton fut admis dans la Confédération en 1501, et, depuis le 26 août 1833, il se divise en deux cantons séparés: Bâle-ville et Bâle-campagne.

BALE-VILLE (canton de). Etat de la Confédération suisse, cap. Bâle. Pop. 30,000 hab. Il est gouverné par un grand conseil de 119 membres élus pour 6 ans. Ce conseil élit deux bourgmestres qui sont alternativement en charge, chacun une année. Ce grand conseil nomme les députés à la diète fédérale. Le petit conseil se compose de 2 bourgmestres et de 13 membres, que le grand conseil choisit dans son sein.

BALE-CAMPAGNE (canton de). Etat de la Confédération suisse, cap. Liestal. Pop. 47,885 hab. Le conseil national s'élève à 64 membres ou plus, suivant le chiffre de la population; ils sont élus pour 6 ans. Le conseil du gouvernement est composé de 5 membres élus pour 4 ans par le conseil national parmi tous les citoyens.

BALE (concile de). Le concile de Bâle eut lieu sous les pontificats de Martin V et d'Eugène V. Il avait été ordonné par Martin V, qui avait choisi, pour le présider, Julien Cæsarini, cardinal de Saint-Ange. Ce concile avait pour objet de mettre fin au grand schisme d'Occident et de réformer l'Eglise, complétant ainsi l'œuvre inachevée du concile de Constance. Il avait surtout pour but de confondre les hussites, dont le supplice de Jean Huss n'avait fait que ranimer l'ardeur. Le concile fut ouvert le 23 juillet 1431. Mais à peine était-on arrivé à la vingt-sixième session, que le pape Eugène IV, qui venait de succéder à Martin V, ordonna la dissolution de ce concile, qui devait être convoqué dans une autre ville. Cette mesure lui paraissait commandée par l'arrogance du bas clergé allemand, qui avait osé demander la suppression des abus introduits dans l'Eglise, prétendant ainsi prévenir et même extirper l'hérésie. Mais l'assemblée résista au pape, se prétendant supérieure à lui, et Eugène IV dut rapporter la bulle de dissolution. Le concile reprit alors ses opérations. Après avoir entamé avec les hussites des discussions qui ne pouvaient convaincre personne, le concile songea à réformer la discipline intérieure de l'Eglise, et même à porter la main sur les priviléges du pape. C'est ainsi que le concile supprima certains abus qui régnaient dans le clergé, et qu'il abolit d'un seul coup *tous les priviléges temporels du pape*, en lui ôtant les annates, les réserves et les expectatives, affranchissant même l'Eglise de tout tribut au Saint-Siège. De là s'ensuivit une lutte entre le pape et le concile. La discorde fut entretenue par Jean Paléologue, envoyé de Constantinople pour traiter de la réunion des deux Eglises. Il prit le parti d'Eugène IV, ne voulant pas se présenter devant un concile qui ne fût pas convoqué en Italie. Le clergé dressa alors un acte d'accusation contre le pape, le citant à comparaître dans un délai de 60 jours. Le pape répondit en déclarant le concile de Bâle schismatique, et en convoquant un nouveau concile à Ferrare. Eugène IV fut jugé par contumace et déposé. Amédée, ancien duc de Savoie, fut élu en sa place, sous le nom de Félix V. Eugène excommunia le nouveau pape et persista dans son plan. Cependant le concile de Bâle s'affaiblit par la retraite de plusieurs de ses membres. Les membres qui persistèrent se retirèrent à Lausanne et de là à Lyon. Enfin, sur les conseils des souverains, ils reconnurent Nicolas V, successeur d'Eugène IV, engagèrent Félix V à déposer la tiare, et, le 29 avril 1449, ils prononcèrent eux-mêmes la dissolution du concile, après une lutte de dix-sept ans. Ainsi fut encore une fois trompé l'espoir des peuples chrétiens. Les décrets les plus importants de Constance et de Bâle touchant l'omnipotence des conciles généraux furent si vite mis en oubli, que, 50 ans plus tard, Léon X allait jusqu'à les frapper de nullité, et cela sans opposition d'aucune part. Mais toute idée de réforme n'était pas perdue, et ces décrets, si vite oubliés, contenaient des semences qui devaient tôt ou tard se faire jour et trouver à se produire. Si la réformation ecclésiastique avait échoué, la réforme allait triompher; car, au moment même où les conciles finissaient, l'imprimerie venait d'être inventée en Allemagne.

Bale (évêché de), ancienne principauté ecclésiastique de l'empire germanique qui subsista jusqu'en 1801. Il se composait de pays vassaux de l'empire germanique et d'une portion indépendante alliée de sept cantons catholiques suisses. Les évêques de Bâle, créés princes par Charlemagne, puis princes de l'empire, par la Bulle d'or (1356), se retirèrent, lors de l'introduction de la réforme, dans leurs riches domaines sur la rive gauche du Rhin. L'évêque de Bâle siégeait aux diètes de l'empire; son domaine se divisait en deux parties : Elgow et Franches-Montagnes. Les habitants érigèrent l'évêché en république de Rauracie, lors de l'invasion française qui favorisa son abolition. En 1793, il fut réuni par la Convention à la France et forma avec les districts de Delémont et de Porentruy, le département du Mont-Terrible. Sous le consulat, l'évêché de Bâle forma deux sous-préfectures du département du Haut-Rhin, et le congrès de Vienne l'adjugea à Berne. L'évêché de Bâle, depuis 1815, s'appelle Jura bernois et ne possède plus aucune puissance temporelle, sa juridiction tout ecclésiastique s'étend sur les cantons de Zug, Soleure, Lucerne et sur la partie catholique de ceux de Berne, de Thurgovie, d'Argovie et de Bâle. Cet évêché fut rétabli en 1828.

Bale (John), théologien et historien anglais, né à Cove, province de Suffolk, en 1495. Elevé dans la religion catholique, il entra chez les carmes à l'âge de quatorze ans; mais il embrassa plus tard la religion réformée, et écrivit contre ses premières croyances. Il s'attira la haine et la persécution des catholiques, qu'Henri VIII ménageait encore. Il s'enfuit dans les Pays-Bas, et ne revint en Angleterre qu'à l'avènement d'Edouard VI. Il fut alors nommé évêque d'Ossory, en Irlande. Là, il prit des mesures si rigoureuses pour propager la réforme, qu'il souleva contre lui ce peuple éminemment catholique. Dans une émeute, il vit cinq de ses serviteurs massacrés sous ses yeux. Il n'échappa à la mort qu'en s'embarquant à Dublin. Le navire, sur lequel il s'était réfugié, fut capturé par un vaisseau de guerre hollandais, et Bale, fait prisonnier, n'obtint sa liberté qu'en payant une rançon; quand il revint en Angleterre, Elisabeth était montée sur le trône. Il mena, dès ce moment, une vie obscure et se contenta d'un simple canonicat. Il mourut en 1563. Nous avons de lui, outre des écrits en vers et en prose, un précis des vies des écrivains célèbres de la Grande-Bretagne; ce travail passe pour un chef-d'œuvre. Il écrivit aussi pour le théâtre, et il est le plus ancien auteur dramatique qui ait écrit dans la langue anglaise.

BALÉARES, groupe d'îles situé dans la Méditerranée, à l'E. de la côte d'Espagne, et appartenant à ce royaume. Elles forment la capitainerie générale des Baléares et l'intendance générale de Palma. Ce groupe se compose des îles de Majorque, Minorque, Iviça, Formentera et Cabrera, ayant Palma pour capitale. La superficie est de 4,565 kil. car. La population est de 266,950 hab. Le climat est sain et fertile, le sol très-fertile : céréales, vins, olives, oranges, blé, huile, fruits et vins exquis. Ces îles reçurent le nom de *Baléares*, à cause, dit-on, de l'adresse extraordinaire de ce peuple dans le maniement de la fronde. L'an 123 av. J.-C., les Carthaginois, puis les Romains, soumirent les îles Baléares. Vers la fin du ve siècle, elles furent la proie des Vandales. Elles passèrent successivement sous la domination des Goths, des Arabes, de Charlemagne (790), des Zeïrites, des Almoravides, et enfin sous Jayme Ier, roi d'Aragon (1235), et constituèrent sous ses descendants un royaume particulier qui fut réuni à la couronne d'Aragon en 1343.

BALECHOU (Jean-Jacques), célèbre graveur, fils d'un bonnetier, né à Arles en 1715. Il étudia la gravure sous Micher, à Avignon, et vint ensuite à Paris, où il travailla sous la direction de Lépicié, secrétaire de l'Académie de peinture. Il fut chargé de graver le portrait en pied d'Auguste, roi de Pologne; il fut accusé d'avoir détourné et vendu des épreuves. Contraint de quitter Paris, il revint à Avignon, où il se vit rayé de l'Académie. Il mourut en 1765. Sa gravure est incomparable pour la pureté du burin; mais sa composition s'éloigne souvent de la nature.

BALEN (Henri Van), peintre d'histoire, né à Anvers. Cet artiste, qui est au premier rang des peintres flamands, fut le premier maître de Van-Dyck. Ses copies de l'antique sont très-remarquables. Il mourut à Anvers, en 1632.

BALFOUR (Jacques), jurisconsulte écossais, mort en 1583. Il s'était d'abord destiné à l'Église et se tourna vers l'étude des lois. La doctrine protestante le séduisit, il l'embrassa et devint le plus chaud partisan de John Knox. En 1547, il était, avec ce sectaire au château de Saint-Andrews, quand la place fut prise par les Français, qui combattaient comme auxiliaires de la reine régente, et du cardinal Beatoun, primat d'Écosse. Les deux prisonniers furent transférés sur le continent, et, tandis que Knox avait trouvé moyen de s'évader, Balfour ne recouvra sa liberté qu'en 1549, époque où la paix fut signée. En rentrant dans son pays, il se déclara revenu au catholicisme. Ce revirement fut récompensé par un archidiaconat, et l'on vit l'ex-huguenot persécuter violemment ceux qui n'étaient plus pour lui que des hérétiques. Pendant la guerre civile que les lords écossais fomentèrent contre l'autorité de la reine régente, Balfour se déclara en faveur de celle-ci. Sa conduite lui valut, en 1561, lors de l'arrivée de Marie Stuart, le titre de *lord de la session*. Ayant présidé ensuite la cour des commissaires d'Edimbourg, il devint, en 1665, membre du conseil privé de la reine. Dans la nuit où David Rizzio fut lâchement assassiné par quelques seigneurs sous les yeux mêmes de Marie Stuart, Balfour était au château de Holy-Rood, et l'histoire incline à penser qu'il ne fut pas étranger à la conception de ce meurtre. Ses honneurs n'en souffrirent pas et même ils s'accrurent. Balfour eût la tâche de relever les actes du parlement dans une période de cent cinquante ans : mais il apporta trop de précipitation dans ce travail. Toujours mêlé aux intrigues populaires, il fut soupçonné d'avoir trempé dans la mort violente du mari de la reine, de Darnley, que ses ennemis firent sauter avec sa maison de l'Église du Champ. Lord Lennox, le père du malheureux Darnley, comprit Balfour dans les poursuites qu'il dirigea contre les assassins; et l'ex-sectaire fut obligé par deux fois de se réfugier en France, jusqu'à ce qu'il parvînt à tourner l'accusation sur Morton, qui eut la tête tranchée. En résumé, la vie de Balfour fut une suite continuelle d'intrigues, et nul homme n'a traversé avec plus de souplesse une époque plus féconde en tragédies.

BALFROUSCH, ville de Perse, dans la province de Mazenderan, à 140 kil. de Téhéran. Pop. 50,000 hab. Cette ville, située près de l'embouchure du Bawoul, dans la mer Caspienne, est très-florissante, possédant des écoles renommées, de beaux caravansérais et des bazars.

BALHASCH ou Balkhasch-Noor, grand lac de l'empire russe, situé dans le Turkestan septentrional. Sa longueur est de 200 kil., sa circonférence de 944. De nombreuses rivières se jettent dans ce lac.

BALI ou Petite Java, île de la Malaisie hollandaise, à 7 kil. de Java. Elle est séparée de cette ville par le détroit de Bali, et appartient aux Hollandais. Superf., 5,575 kil. car. Pop. 800,000 hab. Son sol est volcanique mais fertile; on y récolte le maïs, le riz, le coton, la canne à sucre. La religion dominante est le brahmanisme. En 1846, le principal chef des indigènes fut défait par les Hollandais.

BALIOL ou Bailleul (Jean de), roi d'Écosse (xiiie siècle). Pour faire bien comprendre quels étaient les droits de Bailleul à la couronne écossaise, nous devons dire d'abord que le roi Alexandre III avait laissé pour unique héritière sa petite-fille, Marguerite de Norwége, et que le roi d'Angleterre, Édouard Ier, s'était hâté de demander aux six régents la main de la jeune princesse, pour son fils aîné. Cette alliance, en unissant, dès ce moment, les deux peuples, eût prévenu bien des agitations pour l'avenir. Le consentement était donné; la princesse venait de s'embarquer, et les cœurs s'ouvraient à la joie, lorsque Marguerite succomba, dans la traversée même, à un mal aussi terrible qu'imprévu. Cet événement remit tout en question. Douze compétiteurs se présentèrent pour briguer le trône. Edouard Ier, que les barons d'Écosse choisirent, imprudemment peut-être, pour arbitre, commença par exclure neuf candidats. Restaient Bailleul, Bruce et Hastings, tous trois issus d'autant de filles du comte Hundington, lequel était le troisième fils de Henri, prince d'Écosse, mort avant David Ier, son père. Leurs droits étaient égaux : mais, aux yeux de l'ambitieux Edouard, l'essentiel était de choisir celui de ces princes dont le caractère faible semblerait devoir s'accommoder le mieux d'une étroite dépendance envers l'Angleterre. Bailleul, en effet, ne rougit pas de prêter un serment de vasselage. Les conséquences de cet acte impolitique ne tardèrent pas à se manifester. Les gens qui croyaient avoir à se plaindre de la justice de Bailleul le citaient devant son suzerain. Cette persécution humiliante, les hauteurs d'Edouard, tout contribua à lasser la patience du vassal. Bailleul fit alliance, en 1295, avec Philippe le Bel, et ayant refusé de comparaître au parlement de Newcastle, où l'avait appelé Édouard, il répondit fièrement qu'il ne relevait que de Dieu et en appela au sort des armes. L'ardeur écossaise obtint de rapides succès. Des partis pénétrèrent dans le comté d'York et brûlèrent dix-huit vaisseaux anglais. Mais Édouard accourut avec des forces considérables, entra par stratagème dans Berwick et mit cette ville à feu et à sang. Les autres places fortes se hâtèrent d'ouvrir leurs portes au vainqueur. Toute résistance étant devenue impossible après la bataille de Dumbar, Bailleul, monté sur un petit cheval et tenant à la main une baguette blanche, en signe de vasselage, alla trouver le roi d'Angleterre et implora son pardon. Édouard le fit conduire avec son fils à la Tour de Londres, où on traita courtoisement les prisonniers. Le 1er avril 1298, Bailleul signa un acte de renonciation au trône. La liberté lui fut rendue et, six ans après, il mourait en Normandie, dans sa seigneurie de Château-Gaillard. Pendant sa captivité, il avait fondé à Oxford le collége qui porte son nom.

BALIZE, ville de l'Amérique anglaise, ch.-l. de la colonie de Honduras. Pop. 5,000 hab. Située sur le fleuve dont elle a pris le nom, à son embouchure, sur la côte du Yucatan, dans la baie de Honduras. Balize est la seule ville de la colonie. Son port a une grande importance comme centre du commerce anglais avec les États de Guatemala.

BALKANS (monts), chaîne de montagnes qui traverse le N. de la Turquie d'Europe et forme dans l'Europe orientale jusqu'au cap Emineh, sur la Mer noire, le prolongement de la chaîne des Alpes, à partir de la source de la Maritza. Sa longueur est de 775 kil. Le principal passage des monts Balkans est la *Porte Trajane* ou de *Soulou Derbend*, de Sophia à Philippopoli, ou de Vienne à Constantinople; les autres passages sont peu praticables. Les monts Balkans séparent les eyalets de Silistrie, Widdin, Tissa, au N.; d'Andrinople et de Salonique, à l'O. et au S. L'Erison, qui en est le point culminant, a 3,000 m. d'élévation.

BALKH, ville de l'Asie centrale, capitale de la province du même nom. Pop. 10,000 hab. Commerce de soieries et d'armes blanches. Balk dépend du khanat de Boukhara.

BALLADE. Chant rappelant quelque légende, quelque fait ou événement se rattachant à l'histoire nationale d'un peuple.

BALLE. On appelle ainsi les projectiles en plomb dont on se sert pour les fusils, pistolets et autres armes à feu. Dans le principe les balles étaient de forme sphérique; mais depuis 1846, elles ont été remplacées, pour le service de l'armée, par des balles cylindro-coniques.

BALLENSTÆDT, ville du duché d'Anhalt-Bernbourg, à 25 kil. d'Halberstadt. Pop. 4,500 hab. On y remarque un beau château, résidence des ducs d'Anhalt-Bernbourg et qui fut le berceau de l'ancienne famille ascanienne qui donna plusieurs margraves au Brandebourg, ainsi que plusieurs rois à la Saxe. La culture des céréales, et surtout celle des légumes et des arbres fruitiers, constituent la principale richesse des habitants.

BALLEROY, ch.-l. de cant. de l'arrond. de Bayeux (Calvados), à 14 kil. de cette ville. Pop. 1,100 hab.

BALLESTEROS (don Francesco), né à Béra (Aragon) en 1770, mort à Paris en 1832. De très-bonne heure il entra au service militaire, et il n'avait pas vingt-trois ans lorsque, dans la campagne de 1793, il partit comme lieutenant dans les volontaires aragonais. Il avait obtenu le grade de capitaine quand une accusation de détournement vint peser sur lui et provoquer sa destitution. Mais l'accusation fut déclarée injuste, et, par le crédit du prince de la Paix, Ballesteros fut nommé chef des douaniers dans les Asturies. L'invasion française de 1808 le tira de ce poste obscur. La junte asturienne avait besoin d'hommes énergiques : on jeta les yeux sur Ballesteros et on lui confia le commandement d'un régiment. Sous les ordres de Blake et Castanos, il prit part à la victoire de Baïlen. Mais bien qu'il eût, en plusieurs circonstances, donné des preuves de talent et de sang-froid, il se laissa surprendre à Santander en 1809, et, l'année suivante, il subit de nouveaux échecs à Banquillo. Il fut plus heureux dans l'Estramadure et dans l'Andalousie, notamment, à Castana, et à Ossuna. Cependant le sort des armes tourna encore contre lui. Vivement poursuivi dans les montagnes de la Ronda, il dut se réfugier sous le canon de Gibraltar et demanda d'entrer dans la place. Le gouvernement anglais se garda bien de lui accorder une hospitalité qui n'eût pas manqué d'être dangereuse; car Ballesteros, dont l'antipathie pour les Anglais était notoire, se promettait bien, s'il avait été admis dans Gibraltar de les en expulser. L'animosité de Ballesteros éclata lorsque le marquis de Wellesley vint prendre le commandement des armées espagnoles; Ballesteros refusa de marcher sous ses ordres et fut, pour cet acte d'insoumission, relégué à Ceuta par les cortès. Mais loin de rester inactif dans son exil, il écrivit un mémoire justificatif qui lui valut de chauds défenseurs. Les cortès elles-mêmes le rappelèrent en lui confiant un corps de troupes, et, en 1811, la régence de Cadix le nomma lieutenant général. A sa rentrée, en 1814, le roi Ferdinand VII qui semblait ramené par les idées libérales, dut naturellement s'entourer des hommes du parti national, et, dans le nombre, il désigna Ballesteros comme ministre de la guerre. Mais le souverain, restauré caressait trop les idées de pouvoir absolu pour rester longtemps en bonne intelligence avec son ministre, qui fut exilé à Valladolid. Plein de ressentiment, Ballesteros épousa la cause de l'armée lorsqu'en 1820 elle se souleva dans l'île de Léon en réclamant une constitution. Il accourut, le mouvement eut un chef, la junte provisoire un président. Ballesteros concentra tous les pouvoirs dans sa main, tint le monarque en chartre privée, dispersa la garde qui avait tenté de le délivrer, et plus tard, quand les Français pénétrèrent en Espagne, sous la conduite du duc d'Angoulême, il eut le commandement général des troupes chargées de défendre la Navarre et l'Aragon. Cette campagne ne fut pas heureuse pour ses armes. Repoussé derrière l'Èbre, il opéra, tout en combattant, sa retraite sur les provinces méridionales. Près de Grenade, dans une forte position, il essaya une résistance inutile. Le 4 août, il signait à Grenade une convention par laquelle il se soumettait à la junte de Madrid et résignait ses fonctions. Le premier acte de Ferdinand VII, en rentrant dans sa capitale, fut d'annuler les actes du gouvernement constitutionnel et de bannir tous les fonctionnaires qui y avaient coopéré. Un nouvel et dernier exil frappa Ballesteros, qui, après avoir protesté contre cette violation de la capitulation signée, vint se réfugier en France, où il acheva à Paris, au sein de la retraite, une existence qui avait été si agitée.

BALLESTEROS (Louis-Lopez), né dans la Galice en 1778. En 1808, il exerçait les fonctions de commissaire des guerres; puis il remplit celles de directeur général des revenus publics; et enfin, de 1825 à 1833, il eut le portefeuille des finances. Son passage aux affaires intéresserait médiocrement la France si ce ministre n'avait eu l'art d'inonder la place de Paris de ces effets espagnols, valeurs hypothétiques contre lesquelles furent échangés tant de capitaux qui allèrent grossir le trésor de Ferdinand VII et faire en même temps au ministre une fortune considérable. Ces valeurs subirent une dépréciation désastreuse. Sous la régence de Marie-Christine, Ballesteros tomba en disgrâce. Cependant, il parvint à se faire nommer conseiller d'État, à entrer au sénat et à présider le conseil d'outre-mer. Il mourut en 1853, à Madrid.

BALLIN (Claude). En 1615, naissait à Paris, chez un riche orfévre, un enfant qui devait porter jusqu'au plus haut degré de perfection l'art de la gravure sur métaux. Claude avait apporté une véritable passion pour le dessin; la vue de quelques ouvrages de Poussin acheva de décider sa vocation, et détermina surtout dans son esprit le genre qu'il lui convenait d'adopter. A dix-neuf ans, il était devenu un maître; et il en donnait la preuve par l'exécution de quatre bassins d'argent, de 60 marcs chacun, sur lesquels se trouvaient, en relief, des figures représentant les *Ages du monde*. Le cardinal de Richelieu, ayant entendu parler de cette œuvre merveilleuse, se la fit apporter et en fut tellement ravi que non-seulement il l'acheta, mais qu'il voulut avoir, de la même main, quatre vases également en argent, avec figures et ciselures, d'un style analogue. La réputation de Ballin ne fit que s'accroître. Louis XIV ne lui laissa point le loisir de se reposer. Pour le grand roi, l'argent subissait toutes les transformations qu'il peut recevoir. Candélabres, surtouts, tables incrustées, toilettes, c'était une incroyable profusion de magnificence. Mais la guerre de la Succession vint clore tristement ce règne unique; les désastres se succédèrent, le trésor fut épuisé, et il fallut porter à la Monnaie et fondre les chefs d'œuvre de Ballin!... C'est là le sort trop souvent réservé aux morceaux d'un métal précieux. Ceux-ci ne vivraient plus que par un souvenir vague, s'il ne s'était trouvé un orfévre, nommé Delaunay, qui en avait fait la gravure. Ballin ne subit pas la douleur de survivre à ses travaux; car il mourut en 1678. Il avait obtenu du roi la place de directeur du balancier des médailles et jetons.

BALLINA, ville d'Irlande, comté de Mayo, à 32 kil. de Castlebar. Pop. 7,800 hab. en y comprenant celle du village d'Ardnaree, qui en dépend.

BALLINASLOE, ville d'Irlande (comté de Galway). Pop. 4,600 hab. On y remarque un vieux château autrefois très-fort, et autour duquel s'est formée la ville. Chaque année il s'y tient, du 5 au 9 octobre, une foire pour la vente des bestiaux.

BALLISTE. Au temps de la décadence romaine (III siècle ap. J.-C.), les préfets du prétoire avaient usurpé le privilége de faire et de défaire les empereurs. Balliste tint en main ce pouvoir et sut s'en servir à propos. L'infortuné Valérien était devenu le prisonnier de Sapor; les soldats, consternés par la prise de l'empereur, s'étaient dispersés, comme un troupeau; à la voix de Balliste, ils se rallièrent; le préfet du prétoire les mena en Cilicie combattre les Perses, qu'il força à lever le siége de Pompéiopolis. Étant entré ensuite en Lycaonie, il y rencontra encore les Perses, qu'il défit et auxquels il enleva leur butin. Odenat, roi de Palmyre, qui avait à se plaindre de Sapor, fut pour le général romain un auxiliaire très-utile. Pour Balliste, le temps n'était pas venu encore de se faire proclamer empereur. Entre lui et le trône il fallait qu'il y eût d'abord un César, fantôme impérial qu'il montrerait aux soldats et renverserait ensuite pour se mettre à sa place. Il proposa donc aux légions d'acclamer Macrien. En partant pour l'Italie où il avait à combattre ses deux compétiteurs Auréole et Gallien, le nouvel empereur, confia son second fils Quiétus à Balliste, qui devait défendre la Syrie contre les incursions des Perses. Le sort servit l'ambition de Balliste en faisant tomber Macrien et son fils aîné sous les coups de leurs ennemis. A cette nouvelle l'armée s'agite, les Perses relèvent la tête. Pressé de toute part, Balliste s'enferme dans Emèse, il harangue les habitants de la ville, leur montre Quiétus comme un danger vivant, et le jeune prince subit le sort de son père et de son frère. Après ce crime, Balliste s'empara du trône, fit crier son avènement par ses soldats, et comme la plupart des habitants d'Emèse refusaient de le reconnaître, il ordonna à ses légionnaires de les égorger. Malgré ces affreux commencements, il parvint à se maintenir pendant quelque temps ; mais comme la vie de ces Césars d'aventure devait toujours avoir un dénoûment tragique, Balliste fut assassiné par un soldat, à l'instigation du roi de Palmyre, qui avait hâte de se débarrasser d'un voisin trop redoutable.

BALLON, ch.-l. de cant. de l'arrond. du Mans (Sarthe), à 20 kil. de cette ville. Pop. 900 hab.

BALLON-D'ALSACE. Nom d'une montagne des Vosges, sur la frontière des départements des Vosges et du Haut-Rhin. Sa hauteur est de 1,403 m.

BALLONIUS (Guillaume de BAILLOU), célèbre médecin français, né en 1538, mort en 1616. Pour découvrir la trace de Ballonius on aurait quelque peine, car la latinité de son nom scientifique pourrait déconcerter les recherches, si l'histoire n'avait parlé de Guillaume de Baillou, le célèbre docteur de la Faculté de Paris. Baillou était originaire du Perche, où son père avait excellé comme géomètre et architecte. Les lettres latines et grecques et la philosophie devinrent de si bonne heure familières à Guillaume, qu'il les enseigna dans l'université de Paris. Une autre passion lui vint tout à coup : celle de la médecine. Il l'étudia avec tant d'ardeur qu'il fut reçu bachelier en 1569, et docteur l'année suivante. L'assiduité qu'il mettait à remplir tous les devoirs imposés par la Faculté lui valut la plus haute estime de la part de ses confrères : aussi fut-il nommé, à l'unanimité des voix, doyen en novembre 1580, et continué en 1581. La familiarité des œuvres d'Aristote lui valut les connaissances précieuses qu'il apporta dans l'exercice de la médecine. Il y avait acquis tant de réputation, qu'en 1600 Henri IV le choisit pour remplir la place de premier médecin du Dauphin. Mais ce savant ne put se résoudre à quitter ses études pour vivre parmi les grands. Baillou mourut à 78 ans, laissant de nombreux ouvrages très-estimables, bien qu'un peu diffus et trop surchargés de mots grecs. Les deux fils de Baillou étant devenus, l'un capucin, l'autre inspecteur dans les troupes, ce furent deux petits-neveux de cet homme éminent, Jacques Thevar et Simon Le Telier, docteurs de la Faculté de Paris, qui prirent soin de publier ses manuscrits.

BALLYCASTLE, ville maritime de l'Irlande dans le comté d'Antrim (Ulster), à 57 kil. de Belfast. Pop. 1,700 hab. Fondée sous le règne de Jacques Ier, cette ville devint importante, en 1770, par l'exploitation de ses mines de houille.

BALLYMENA, ville d'Irlande, à 45 kil. d'Antrim. Pop. 4,100 hab.

BALLYSHANNON, ville d'Irlande, dans le comté de Donegal, à 22 kil. de cette ville. Pop. 3,850 hab.

BALME (la), village du départ. de l'Isère, arrond. de la Tour-du-Pin, à 32 kil. de cette ville. Pop. 900 hab. On y voit les ruines du château des Dauphins du Viennois, et une grotte curieuse, au fond de laquelle se trouve un petit lac.

BALME (col de), gorge des Alpes Pennines, entre la vallée de Chamouni (Savoie) et celle de Trient (Haut-Valais).

BALMÈS (Jacques-Lucien), écrivain espagnol, né à Vich en Catalogne, en 1810, mort en 1848. Ses idées, ses convictions, le portèrent de bonne heure vers la cause religieuse ; au milieu des troubles occasionnés par la lutte des carlistes et des christinos, il fonda à Madrid un organe catholique sous ce titre : *El pensamiento de la Nacion*. Ses ouvrages sont nombreux et ont eu un grand retentissement. La plupart ont eu l'honneur d'être traduits en français. La vie de Jacques Balmès a été écrite par N.-A. de Blanche-Ruffin.

BALMORAL, résidence royale en Écosse. (*Voir* CRATHY.)

BALSTALL, bourg de Suisse, cant. de Soleure, à 20 kil. de cette ville, ch.-l. du district de ce nom. Pop. 1,100 hab. catholiques. L'industrie métallurgique y est très-développée.

BALT ou BELT. Ce mot, en langue celtique, signifie *amas d'eau*. De là est venu le nom de mer Baltique, celui des détroits *grand et petit Belt*.

BALTA, ville de la Russie d'Europe (gouv. de Podolie), à 358 kil. de Kamenetz-Podolsk. Pop. 8,950 hab.

BALTADJI, c'est-à dire *fendeur de bois*. On appelle ainsi chez les Turcs les employés inférieurs du sérail, dont la fonction est de fendre et de porter du bois. Au XVIIe siècle, c'étaient de pauvres chrétiens de Morée et d'Albanie qu'on élevait pour cet emploi.

BALTARD (Pierre-Louis), à la fois architecte, peintre et graveur, naquit à Paris en 1765. Il suivit les leçons de Peyre, et devint lui-même professeur à l'école des beaux-arts en 1818. Bien que la somme des travaux de gravure l'ait emporté dans sa vie d'artiste, Baltard édifia la chapelle de Saint-Lazare et de Sainte-Pélagie, à Paris, et le palais de justice à Lyon. Il est permis d'admirer son activité quand on considère l'importance de ses ouvrages, et si l'on ajoute qu'il collabora pour un grand nombre de planches aux travaux des savants de son époque. Sa manière était hardie ; mais la vivacité de son burin ne nuisait en rien à la pureté du dessin. Son existence calme fut remplie par le travail et le succès. Il mourut en 1846, à l'âge de 81 ans. M. Victor Baltard, un de ses trois fils, est cet architecte éminent qui, en 1833, obtint le grand prix de Rome sur le sujet d'un plan d'*École militaire*, se signala par l'envoi du *théâtre de Pompée*, et qui, depuis son retour, a exécuté pour la ville de Paris tant de beaux travaux, parmi lesquels il faut placer au premier rang la décoration des églises Saint-Germain des Prés, Saint-Séverin et Saint-Eustache. De plus, M. Victor Baltard a élevé les Halles centrales, qui sont peut-être le seul monument de notre siècle auquel on puisse reconnaître une originalité propre.

BALTCHIK, ville de la Turquie d'Europe (Roumélie), à 24 kil. de Varna. Non loin de cette ville se trouvait *Tomi*, célèbre par l'exil d'Ovide.

BALTES ou BALTHES. On appelait ainsi la famille sacrée où les Visigoths choisissaient leurs rois. Cette famille était rivale des Amales, Alaric et Ataulf étaient Baltes, et, plus tard, ce nom s'est corrompu en celui de *Baux*.

BALTEUS. On appelait ainsi chez les Romains une sorte de balcon placé dans tout le pourtour d'un amphithéâtre.

BALTHAZAR, dernier roi de Babylone (554-538 av. J.-C.). Ce souverain, mis à la tête du plus grand empire oriental par la mort de son père Evilmérodac, ne parut, dès le premier jour, préoccupé que de ses plaisirs. Confiant dans l'énergie de sa mère, Nitocris, il lui abandonna les rênes de l'État. Mais un ennemi terrible, Cyrus, roi des Mèdes et des Perses, vint troubler sa quiétude et, après avoir dispersé ses armées, l'assiéger dans sa capitale même. Balthazar n'en continua pas moins à donner des fêtes à ses courtisanes. Mais tandis qu'il profanait dans un festin les vases sacrés ravis par son aïeul Nabuchodonosor au temple de Jérusalem, une main invisible traça sur le mur de la salle ces mots : *manè, thécel, pharès*. Les devins, appelés en toute hâte au palais, ne purent expliquer le sens de cette inscription mystérieuse. Alors on courut chercher le prophète Daniel, qui dit au roi : « Ces mots annoncent que tu es jugé et vas être puni. » En effet, les Perses ayant détourné le cours de l'Euphrate, donnèrent l'assaut et se précipitèrent dans Babylone, tandis que Balthazar faisait de son palais un immense bûcher.

BALTIMORE (lord Cecil Calvert, comte DE), né en 1578, dans le comté d'York. Son père, seigneur de Baltimore, en Irlande, ayant fait un séjour de plusieurs années à Terre-Neuve, sollicita de Jacques Ier la province de Maryland, qui jusqu'alors avait fait partie de la Virginie. Son but principal était d'y offrir un asile aux catholiques persécutés. Mais il mourut avant que cette charte fût accordée, et fut remplacé dans son entreprise par son fils aîné Cecil. Celui-ci obtint, en 1632, de Charles Ier, les lettres patentes qui l'instituaient véritable et absolu propriétaire du pays, en reconnaissance de quoi il devait « payer, tous les ans, deux arcs d'Indiens, et livrer le cinquième de tout l'or et l'argent en mine qui serait trouvé là. » Une colonie de 200 catholiques, sous ses ordres, débarqua, le 24 février 1634, à la pointe de Comfort, reconnut plusieurs îles, et arriva, le 27 mars, à la ville de Yoamaco, dont elle prit possession. Par sa douceur et ses bienfaits, le gouverneur eut bientôt gagné l'affection de toutes les peuplades indiennes. Les émigrations successives grossirent assez la population pour qu'en 1639 on établit une chambre d'assemblée. Malgré des troubles et deux tentatives de rébellion, la colonie devint florissante. Le gouvernement, remis en 1656 à Josias Kendall, fut rendu, quelques années après, à lord Baltimore, qui donna son nom à l'un des ports les plus importants de l'Amérique du Nord. Au temps de Cecil, le nombre des Anglais établis dans la province était déjà de 16,000.

BALTIMORE, ville maritime d'Irlande (comté de Cork, dans le Munster), à 71 kil. de Cork. Pop. 460 hab.

BALTIMORE, ville des États-Unis (Maryland), à 300 kil. de New-York, à 160 de Philadelphie, à 60 de Washington. Pop. 215,000 hab. Cette ville, la troisième des États-Unis par son importance, possède un port sûr et spacieux sur le Patapsco, à 22 kil. de son embouchure dans la baie de Chesapeake. Elle est le siége d'un archevêché catholique métropolitain des États-Unis, d'un évêché anglican ; possède une université, une école de médecine, une riche bibliothèque, des musées, un observatoire, un collége dit de *Sainte-Marie*, de nombreux établissements d'instruction ; pénitencier d'État ; maison d'aliénés ; consulat français. Parmi les principaux monuments, on remarque la cathédrale catholique, la colonne élevée en l'honneur de Washington, l'Exchange, etc. Baltimore fut fondée en 1729, et joua un grand rôle dans la guerre de l'Indépendance. Les 12 et 13 septembre, elle fut attaquée par les Anglais, qui furent repoussés avec perte. En 1831, il se tint dans cette ville le premier concile catholique tenu dans le Nouveau-Monde.

BALTIQUE (mer), vaste golfe de la mer du Nord ; elle a 1,500 kil. de long, sur 85 à 240 kil. de larg. ; elle est comprise entre le Danemark, la Prusse, la Courlande, la Livonie, la Finlande et la Suède. Le flux et le reflux ne se font presque pas sentir ; cette mer se couvre de glaces en hiver, du mois de décembre au mois d'avril. Elle fut entièrement glacée dans les années 1323, 1399, 1423 et 1429. La mer Baltique communique avec le Cattegat et la mer du Nord par le détroit du Sund et le petit Belt, forme les golfes de Finlande, de Bothnie et de Riga; comprend le groupe d'Aland et l'archipel danois; les îles de Rugen, Bornholm, Œland, Gottland, Dago, Œsel; reçoit les fleuves de l'Oder, de la Vistule, de la Duna, de la Tornea, etc. La mer Baltique baigne Saint-Pétersbourg, Stockholm, Riga, Copenhague, Kœnigsberg, Dantzig, Stralsund, etc. Chaque année, environ 4,500 vaisseaux traversent cette mer pour le commerce ou pour la pêche. Saumons, strœmling (sorte de hareng), phoques, etc..

BALTISTAN ou PETIT-THIBET, contrée située entre le Turkestan chinois, au N., et le Cachemire, au S. Pop. 500,000 hab. Le souverain de cette contrée est tributaire des Anglais.

BALTUS ou BALTHUS (Jean-François), savant jésuite, était né à Metz, en 1667; il mourut à Reims en 1743, ayant professé les belles-lettres à Dijon et la théologie à Strasbourg. Telle est toute la biographie de Baltus, et il ne peut y en avoir d'autre pour un religieux, qui passa sa vie dans le modeste exercice des devoirs de son état et dans la pratique de l'enseignement. Toutefois Baltus mettait au service de la religion sa plume bien trempée et son vaste savoir. Ses ouvrages lui acquirent de la réputation, à une époque où les questions de foi avaient d'aussi chauds partisans que de violents adversaires.

BALUE (le cardinal Jean de la), nul homme ne fut un exemple plus frappant de la fortune où peut atteindre celui que n'arrête aucun scrupule. Né en 1421 au bourg d'Angle (Poitou), Jean Balue sortait de la famille la plus obscure; son père était tailleur d'habits ou meunier. Il entra dans les ordres, ce qui alors était le meilleur moyen pour réussir. Habile à capter la confiance des grands, Jean Balue gagna celle de Jacques Juvénal des Ursins, évêque de Poitiers, qui le nomma son exécuteur testamentaire. Merveilleuse occasion pour Jean Balue de s'enrichir aux dépens des héritiers. Le nouvel évêque d'Angers, Jean de Beauveau, le prit en amitié et se l'attacha comme grand vicaire. Dans ce poste, Balue trafiqua des bénéfices, mais il eut l'art de cacher à son maître ce commerce scandaleux. Au retour d'un voyage à Rome il s'attacha à la cour et s'insinua dans les bonnes grâces de Louis XI. Il fut successivement conseiller au parlement, administrateur du collége de Navarre, des hôpitaux et des aumôneries, dispensateur des bénéfices, trésorier de l'épargne, conseiller d'Etat, et enfin évêque d'Evreux. Il procura un décime au pape Pie II sur le clergé de France, et le chapeau de cardinal fut sa récompense. Arrivé au comble des honneurs, la bassesse de son caractère le perdit; il se prit dans la trame de ses intrigues, fut arrêté et convaincu d'avoir été l'agent secret du duc de Bourgogne. Par ordre du roi, on l'enferma dans une cage de fer de huit pieds carrés, cachot qu'il avait imaginé lui-même. Au bout de onze ans de captivité, il obtint son élargissement, sur les instances du cardinal-légat. Louis XI avait stipulé qu'on le jugerait à Rome; mais, à Rome, on fit fête au coupable, qu'on osa renvoyer en France avec le titre de légat, malgré l'opposition du parlement. De retour en Italie, il devint évêque d'Albano. Il mourut en 1491. Ce fut le modèle le plus achevé de tous les vices. Il n'eut d'autre mérite que d'avoir collectionné des manuscrits précieux.

BALUSTRADE. On appelle ainsi une réunion de petits piliers ou balustres en bois, à hauteur d'appui, destinés à former séparation, clôture ou garde-fou.

BALUZE (Etienne). Né à Tulle en 1630, d'une famille de robe, il révéla, au collége de Saint-Martial, à Toulouse, une aptitude extraordinaire qui lui valut une bourse. Un opuscule qu'il avait publié étant encore écolier, et, en outre, la renommée précoce de son savoir lui assurèrent la faveur de M. de Montchal, archevêque de Toulouse, qui le prit pour son secrétaire, et de M. de Marca, successeur de ce prélat, qui l'associa à ses travaux; plus tard aussi, de M. de la Motte-Houdancourt, archevêque d'Auch. Mais la théologie scolastique était médiocrement du goût de Baluze, qui accepta, en 1667, les offres de Colbert pour venir diriger sa bibliothèque. Baluze n'était pas un bibliothécaire ordinaire. Il avait pour les livres une passion profonde. La collection de Colbert devint donc précieuse dans ses mains, et Baluze en garda la direction, même après la mort du ministre. Cependant le besoin de repos l'entraîna un jour hors de la sphère où il s'était tant complu. En 1700 il s'en alla habiter une maison dépendante du collége des Ecossais. C'était une sorte de Thébaïde : il y vécut sept ans, ne demandant son bonheur qu'à l'étude, lorsqu'une ordonnance de Louis XIV l'appela aux fonctions d'inspecteur du collége royal. Qui aurait pu croire que cette faveur si honorable serait suivie d'une disgrâce et même d'une persécution violente? Mal en prit à Baluze d'avoir écouté l'amitié qui l'unissait au cardinal de Bouillon et consenti à écrire l'*Histoire généalogique de la maison d'Auvergne*. Dans cet ouvrage, qui parut en 1709, il eut le malheur d'insérer un cartulaire et un obituaire, par lesquels il était prouvé que les Bouillon descendaient en ligne directe des anciens ducs de Guienne, comtes d'Auvergne. Or, comme le cardinal se prétendait indépendant de Louis XIV, étant né d'une maison souveraine dans la principauté de Sedan, avant que l'échange de cette souveraineté avec le roi de France fût consommé, une forte accusation pesa sur l'écrivain comme fauteur de rébellion. Sur l'ordre exprès de Louis XIV, on instruisit son procès. Baluze ne fut pas même admis à faire entendre sa justification; par arrêt du 20 juin 1710, l'ouvrage fut supprimé et l'auteur frappé d'exil et de confiscation. Dépouillé de presque toute sa fortune, privé de sa liberté, le malheureux Baluze fut successivement interné à Rouen, à Blois, à Tours, à Orléans. Ce ne fut qu'en 1713, après la paix d'Utrecht, qu'il obtint son retour, et encore ne rentra-t-il pas en possession de sa place. L'étude, sa constante amie, devint sa consolatrice. C'est à Baluze qu'est due la création des soupers littéraires qui devinrent tant à la mode. Baluze ne laissa pas moins de quarante-cinq ouvrages imprimés, parmi lesquels nous mentionnerons les *Capitulaires des rois de France*, les *Lettres du pape Innocent III*, la *Nouvelle collection des conciles*; tout cela écrit en latin, selon l'usage des vrais savants d'autrefois, et enfin la *Vie des papes d'Avignon*, mise à l'index par la cour de Rome, pour ses doctrines trop gallicanes. Baluze, mort à Paris en 1718, fut enterré à Saint-Sulpice.

BALZAC, village de l'arrond. d'Angoulême (Charente), à 7 kil. de cette ville; situé sur la rive gauche de la Charente. Pop. 1,000 hab.

BALZAC (Jean-Louis Guez, seigneur DE), né à Angoulême en 1597, mort en 1654. Ce gentilhomme a été un des premiers écrivains qui ait fixé la langue française. Il aimait le beau langage, et il y réussissait. Sa prose a de la noblesse et de la gravité, comme on peut s'en convaincre en lisant le *Socrate chrétien*, le *Prince* et l'*Aristippe*. Après avoir suivi à Rome le cardinal de la Valette, il vint à Paris, où le cardinal de Richelieu, appréciant son mérite, le nomma conseiller d'Etat et lui accorda une pension de 2,000 livres. La réputation de Balzac s'accrut au point de susciter à cet homme supérieur les ennemis les plus acharnés comme les admirateurs les plus fanatiques. Pour se délivrer des uns et des autres, il prit le parti de se retirer dans une terre qu'il possédait aux bords de la Charente. Son adieu au monde fut la fondation qu'il fit à l'Académie française, dont il était membre, du prix d'éloquence qui est décerné tous les deux ans. Balzac, en outre, légua en mourant 12,000 livres à l'hospice de sa ville natale, justifiant ainsi les belles maximes de son *Socrate chrétien*.

BALZAC (Honoré DE), romancier contemporain, né à Tours en 1799, mort à Paris en août 1850. Tout fut lent et tardif dans la destinée de celui que pendant longtemps on appela « le plus fécond de nos romanciers, » et qu'on salue aujourd'hui comme un puissant créateur. Les commencements lui furent pénibles, et le déroulement de sa carrière ne cessa d'être entravé par des obstacles jaloux. Eût-on deviné le futur écrivain, destiné à prendre place au Panthéon de notre littérature, dans l'écolier indocile et paresseux du collége de Vendôme? Peut-être était-il nécessaire que le plus original des génies ne dût rien à l'enseignement du passé? De là peut-être ses qualités toutes nouvelles et ses défauts aussi énormes que ses qualités? Enfin la tradition classique, qui conserva une influence active et heureuse sur V. Hugo, Alfred de Vigny, Théophile Gautier, n'eut aucune prise sur Honoré de Balzac. Nous le voyons, en 1826, à la fois imprimeur, libraire et écrivain. Toutes ses spéculations le trompèrent; dès lors il se rêvait à la tête de grandes entreprises industrielles et financières; ce fut l'illusion de toute sa vie. Mais là n'étaient pas les combinaisons vraiment fécondes de son génie. Il jeta successivement dans un moule imparfait plusieurs romans, condamnés à l'oubli. Alors il signait Horace de Saint-Aubin, Viellerglé, Tom Rhoone. Ce ne fut qu'après avoir trouvé sa voie qu'il abdiqua ces pseudonymes. En 1829, parut le *Dernier Chouan* avec le nom de Honoré de Balzac. Ce fut une promesse; la *Peau de chagrin* fut une révélation. Le succès vint à Balzac, qui fut considéré, d'après ce roman et ceux qui suivirent, comme un analyste ingénieux et comme un observateur original : tel le montrèrent à la critique ses premières *Scènes de la vie privée*; *Madame Firmiani*; le *Bal de Sceaux*; la *Grenadière*. Mais son ambition était plus vaste. Il conçut le plan d'une large œuvre romanesque où il ferait entrer toute la société contemporaine, promenant ses enquêtes de la ville aux champs, du Paris tumultueux et mondain à l'étroite et mesquine province. Par le retour des mêmes personnages, élevés à la hauteur de types, humains et surhumains à la fois, par la hardiesse et la poésie puissante des conceptions, cette œuvre devait prendre un caractère épique. Malgré quelques récriminations impuissantes, on ne peut douter maintenant que Balzac n'ait atteint son but. Si on a contesté plus ou moins ses tendances autoritaires en religion et en politique, son génie est du moins incontestable. La *Comédie humaine* exprime aussi fidèlement et aussi poétiquement le XIXe siècle que le poëme de Dante exprimait le moyen âge. La seule épopée possible et vivante a été faite par Balzac. Ses héros en lutte avec le sort sont aussi grands et aussi sublimes que le *Prométhée* d'Eschyle ou que l'*Ajax* de l'*Iliade*. A ce titre Balzac est un poëte tout aussi bien que Victor Hugo et que Lamartine. Peu nous importe qu'il n'ait pas emprunté la forme du vers à laquelle il était absolument rebelle. Le rhythme n'est pas étranger à sa prose;

toujours travaillée avec un soin jaloux. Les *Contes drôlatiques* en font foi. C'est une restitution surprenante du style du XVIe siècle, une œuvre maîtresse d'artiste. Le *Lis dans la vallée*, les *Mémoires de deux jeunes mariées*, *Séraphita*, contiennent dans leurs pages frissonnantes autant de lyrisme qu'il en court dans les odes immortelles des *Chants du crépuscule* ou des *Harmonies*. Le mode d'observation de Balzac était des plus curieux : il regardait en lui-même plus qu'au dehors et devinait la société par une intuition spéciale. Il a vu ainsi le *monde* de son temps; ainsi il a contribué à former le *monde* de notre époque, car une moitié des personnages de Balzac n'a vraiment vécu qu'après sa mort. L'auteur de tant de chefs-d'œuvre si divers fut le plus malheureux des génies. La gêne matérielle l'opprima presque continuellement. L'injustice de la critique et du public l'accabla plus douloureusement. Longtemps on se plut à confondre le romancier philosophe avec de vulgaires inventeurs. Ce fut l'erreur des Sainte-Beuve, des Janin, des Planche. Vers 1845, les lecteurs délaissèrent ces conceptions profondes pour les fictions décevantes d'Alexandre Dumas et d'Eugène Sue, et Balzac fut abandonné au moment même où il élargissait encore son génie. Depuis quinze ans le public et la critique ont fait un retour légitime et vengé Balzac de cet inique traitement. Mais le poëte méconnu ne devait pas jouir de sa gloire. Il mourut en 1850, au lendemain d'un mariage honorable avec la comtesse de Hanska, union qui lui assurait le bonheur et la fortune. Que lui eût réservé une plus longue existence? Sans doute un agrandissement de ses facultés. Maître du roman transformé, il eût probablement appliqué au théâtre la plénitude de son génie: les chutes de ses premières pièces ne l'avaient pas découragé. *Mercadet*, écrit peu de temps avant la mort de Balzac, semble, à des juges excellents, la meilleure comédie contemporaine. Mais devant le mystère d'une existence interrompue s'arrêtent les investigations de la critique; on peut seulement dire, sans se tromper, que l'œuvre de Balzac, à la fois histoire, synthèse romanesque et poëme épique de notre temps, grandira chaque jour dans l'admiration et dans la reconnaissance de la postérité.

BAMBA ou **Pampa**, petit État de la Nigritie méridionale, tributaire du Congo, situé entre le Lolundo et le Lodschi; il est très-riche en mines aurifères et argentifères.

BAMBARA, royaume intérieur de l'Afrique occidentale (Soudan), cap. Ségo, dont les limites ne sont pas bien connues. Les villes principales sont : Bemmathou et Djemny. Pop. 2,000,000 d'hab., dont les trois quarts sont esclaves. Ce pays est fertile, on y récolte des grains, riz, maïs, etc.

BAMBERG, ville de Bavière (Haute-Franconie), à 35 kil. de Baireuth. Pop. 25,000 hab. Siége d'un archevêché, cour d'appel, lycée académique, autrefois université (de 1647 à 1803), gymnase, muséum d'histoire naturelle, bibliothèque royale; Bamberg possède une magnifique cathédrale et un château qui fut la résidence des princes-évêques de Bamberg. Industrie variée : chantiers de construction, navigation active. Cette ville est une des plus commerçantes de la Bavière.

BAMBOCHE (Pierre de Laar), peintre hollandais. Cet artiste a eu le singulier privilége de donner à un genre le nom que lui-même il avait reçu, en Italie, à cause de la nature de son talent. *Bambocchio* désigne un grotesque. Ce n'est pas que les figures peintes avec tant de facilité par Pierre de Laar soient de celles que Louis XIV appelait dédaigneusement des « magots. » Mais l'aimable enjouement qu'elles expriment, joint à la gaieté expansive que l'artiste hollandais portait partout avec lui et à la bizarre conformation de sa figure, tout contribua à en faire un Bambocchio. Né en 1613, à Laaren, village peu distant de la ville de Naarden, il devina plutôt qu'il n'apprit la peinture. Très-jeune encore, il vint en France, d'où il passa presque aussitôt en Italie. Là, il ne tarda point à être à la mode. On goûta infiniment ses petites compositions champêtres, ses chasses, ses marines, ses animaux. Cela reposait des formes solennelles et de l'allure sévère des écoles italiennes. On se disputait les *bambochades*, et leur heureux auteur, admis dans l'intimité de Poussin et de Claude Lorrain, ne songeait qu'à dépenser sa gaieté comme son argent. Pressé de revoir sa patrie et d'échapper, au sein de sa famille, à de cruels souvenirs, il regagna la Hollande et s'établit à Amsterdam, où son talent et sa réputation lui valurent d'abord de brillants succès. Peu à peu cependant la faveur du public lui échappa pour se porter sur Wouverman. Accablé d'ennui, d'infirmités, sentant la verve lui échapper en même temps que la vogue, cet homme, qui avait été le gai *Bambocchio*, tomba dans la sombre mélancolie qui précède le suicide, et un jour il se précipita dans un puits. Il avait 62 ans.

La pêche à la baleine.

BAMBOUK, vaste royaume d'Afrique (Sénégambie); il est habité par quelques nègres de race mandingue, qui sont peu intelligents. Le sol est élevé et montagneux, et sa végétation est d'une richesse extraordinaire; gisements d'or, peut-être les plus riches du monde; abondantes mines de fer. Les habitants exportent leur or en échange de sel et de quelques produits manufacturés. Les Portugais y pénétrèrent au XVe siècle et y dominèrent pendant quelque temps; Mongo-Park et le major Hougsthon sont les premiers qui nous aient donné quelques renseignements sur cette contrée, qui est encore presque inconnue.

BAMIAN ou **Baumian**, ville ruinée du Caboul, à 90 kil. de Caboul. On y remarque deux figures colossales, homme et femme, taillées dans le roc; la plus grande a environ 40 m. de haut. On croit que ces figures étaient des idoles du culte de Bouddho.

BAMPTON ou BATHAMPTON, ville d'Angleterre (Devon), à 35 kil. d'Exeter. Pop. 2,000 hab. Sources ferrugineuses.

BAMPTON-IN-THE-BUSH, ville d'Angleterre (Oxford), à 15 kil. d'Oxford. Pop. 2,530 hab.

BAN. C'était le nom que l'on donnait, au moyen âge, à toute proclamation d'un intérêt public. Dans le moment de la moisson, de la vendange, de la fauchaison, on proclamait l'ouverture de ces travaux, et cette proclamation faite, avant la Révolution, au nom du seigneur du lieu, prenait également le nom de *ban*. — On donne de nos jours aussi ce nom aux annonces de mariage qui se font dans l'église le dimanche, au prône.

BAN DE L'EMPIRE. On appelait ainsi, dans l'ancienne constitution germanique, la déclaration d'un prince, d'une ville, déchus de leurs dignités, droits et privilèges; et *bannissement* lorsqu'on prononçait l'exil.

BAN DU ROI. Nom donné au règlement émané du roi et proclamé; *banalité*, la proclamation qui défendait certains actes ailleurs que dans les lieux indiqués : par exemple, de se servir d'un autre four que du four banal appartenant à un seigneur qui en percevait un droit.

BAN et ARRIÈRE-BAN. On appelait ainsi la réunion des vassaux et arrière-vassaux convoqués par le suzerain pour marcher contre l'ennemi.

BAN DE LA ROCHE, vallée des Vosges, à 30 kil. de Strasbourg. Elle est bornée au N. et à l'O. par la Brusche; à l'E. par les pays d'Obernai et de Barr; au S. par le val de Villé. Ce fut une principauté féodale, en 1648, qui fut réunie à la France par le traité de Westphalie, mais demeura étrangère à la civilisation jusqu'à la fin du XVIIIe siècle. Le pasteur Oberlin se donna la tâche d'initier les habitants de cette vallée aux bienfaits de la civilisation, et ses efforts, couronnés de succès, ont fait bénir son nom plus d'une fois.

BANAT. On appelait ainsi, en Hongrie, une province administrée par un chef qui prenait le titre de ban.

BANAT DE TEMESWAR, ancienne contrée de la Hongrie, située entre le Maros, la Theiss, le Danube, la Transylvanie et la Valachie. Cap. Temeswar. Pop. 1,147,800 hab. Le banat a été séparé, en 1849, de la Hongrie, et forme, sous le nom de *batna de Temès*, avec la *voïvodie serbe*, une province particulière.

BANBURY, ville et paroisse d'Angleterre, dans le comté d'Oxford, à 35 kil. de cette ville. Pop. 6,000 hab. En 1469, il s'y livra une bataille entre les partisans d'York et de Lancastre. Le comte de Pembroke et ses frères y furent faits prisonniers et décapités.

BANC DU ROI OU DE LA REINE. On appelle ainsi une des trois grandes cours de justice en Angleterre, dont le siége est à Westminster. Son nom lui vient de cette formule : *Coram ipso rege*, qu'elle emploie dans ses actes. Sa juridiction s'étend sur tous les tribunaux inférieurs, ainsi que sur toutes les corporations.

BANCA, île de la mer des Indes, archipel de la Sonde, à 18 kil. de Sumatra, dont elle est séparée par le détroit du même nom. Cap. Bangkakota. Superf. 215 kil. sur 40. Pop. 47,700 hab. Sol fertile; riches mines d'étain de première qualité. Cette île appartient aux Hollandais depuis 1828.

BANCAL (DES ISSARTS, Jean-Henri), né en Auvergne, en 1750, mort à Clermont-Ferrand, en 1826. Connu jusqu'alors sous le nom de Des Issarts, il était notaire à Paris et possesseur d'une des principales études quand s'annonça la Révolution, dont il embrassa avec ardeur les principes. Dès le 21 avril 1789, il faisait paraître une brochure établissant les droits des citoyens vis-à-vis des états généraux. Au mois de juillet 1791, Bancal fut chargé, par les patriotes de Clermont, de protester devant l'Assemblée nationale contre un décret qui venait de prononcer la dissolution des réunions électorales. L'énergie dont ses pétitions étaient empreintes le fit, l'année suivante, envoyer comme député à la Constituante par le département du Puy-de-Dôme. Mais déjà Bancal n'était plus le même homme, et la fougue de ses opinions tendait à se calmer. C'est ainsi qu'il combattit les motions exagérées d'Anacharsis Clootz; c'est ainsi encore qu'il demanda que la Savoie, qu'on venait d'annexer, fût libre de choisir son gouvernement. Dans le procès de Louis XVI, il contesta à l'Assemblée le droit de juger le roi, puis il vota simplement la détention et l'appel au peuple. Il eut, dans la fameuse séance du 28 février, le courage de demander que Marat fût expulsé comme fou, et renfermé dans une maison de santé. Il fit aussi des efforts pour que les attributions du comité de salut public fussent bornées à la surveillance des actes du conseil exécutif. Une circonstance qui put d'abord lui sembler cruelle, vint lui sauver la vie, car, lié avec le parti qui succomba le 31 mai, ennemi de Marat et dénoncé comme l'un des votants de l'appel au peuple, il n'eût pas manqué d'être envoyé sur l'échafaud. Mais il était du nombre des commissaires qu'on avait envoyés à Dumouriez pour lui enjoindre de se rendre à la barre, et que ce général fit arrêter et livra en otage aux Autrichiens. Bancal qui, présent, eût été décrété d'accusation, resta inscrit sur la liste des représentants. Durant trois ans, il fut, avec ses collègues, transféré de prison en prison, à Ehrenbreitstein, à Egra, au Spielberg, à Olmutz. Au bout de ces trois années, les prisonniers furent échangés à Bâle avec la fille de Louis XVI. Bancal publia sur sa captivité un mémoire qui fut jugé trop modéré, et lui attira même l'épithète de « capucin, » de la part de ceux qui ignorent combien trois années de méditations peuvent modifier les idées. Au conseil des Cinq-Cents, où il fut appelé par un décret spécial, Bancal s'appliqua uniquement à faire triompher des principes d'ordre et de religion. Il se retira, en 1797, à Cler-

Ballo présentée au sultan Amurat. (Page 203.)

mont-Ferrand pour s'y consacrer à la retraite et à l'étude.

BANDA (îles), groupe de la mer et de l'archipel des Moluques, appartenant à la Hollande. Les principales sont : Banda-Neira, où est le chef-lieu Nassau ou Waterford; Banda-Lantoir, Gounoug-Api. Pop. 110,500 hab. Son sol, élevé et volcanique, est souvent agité par des tremblements de terre; on y cultive spécialement la muscade dont la récolte est importante. Ces îles furent découvertes, en 1512, par le Portugais Albreus ou Albreu. Les Hollandais l'enlevèrent aux Portugais, en 1599, et les Anglais en chassèrent les Hollandais de 1810 à 1814. Les habitants sont pour la plupart d'anciens soldats ou employés subalternes au service de la Hollande, qui ont obtenu des concessions gratuites à titre de retraite.

BANDA, ville de l'Hindoustan anglais (Calcutta), à 130 kil. d'Allahabad. Pop. 5,000 hab. Depuis la guerre d'Amérique, on y cultive le coton avec succès.

BANDARRA (Gonçalo), né à Francoso (Portugal), mort vers 1566, à Lisbonne. On peut s'étonner, à juste titre, de l'autorité immense que prirent sur les Portugais les chansons de Bandarra, quand on songe que cet homme, simple savetier, était complètement illettré. Il vécut sous les rois Emmanuel, Jean III et Sébastien, et se mit à composer des poésies allégoriques dans le genre des *Centuries* de Nostradamus. Il y prédisait la ruine de la nation portugaise livrée à l'ascendant espagnol, ainsi que la résurrection de sa prospérité. L'esprit populaire, en proie à un vif mécontentement, s'attacha à ces prédictions ; mais, par contre, le cardinal Henri, grand-inquisiteur, ordonna des poursuites contre Bandarra qui fut condamné par le Saint-Office à faire pénitence publique et à paraître dans un auto-da-fé, en 1541. Bandarra, soutenu par l'opinion, n'en continua pas moins à chanter et prédire, et fit même agréer la dédicace de ses poésies à D. Jean de Portugal, membre de la famille royale. Durant l'occupation du pays par les Espagnols, les Portugais, impatients du joug, se rattachèrent plus étroitement encore à Bandarra, dont les chansons devinrent, en quelque sorte, leur livre sacré. La secte des *sébastianistes*, qui attendit longtemps le retour du roi Sébastien, tué ou disparu en Afrique, considéra Bandarra comme un prophète. Ce poëte, éminemment national, fut enterré à Saint-Pierre de Francoso, où le général portugais, D. Alvaro de Abranches, lui fit ériger un mausolée en 1641.

BANDE NOIRE. Sous le règne de Louis XVIII, il se forma en France une association de spéculateurs qui, peu touchés des intérêts des arts, achetaient les vieux châteaux, les abbayes, les monuments d'art les plus précieux, afin de les démolir, d'en vendre les matériaux et de spéculer sur les terrains. Le nom de *bande noire* était une dénomination satirique donnée à cette troupe de destructeurs parce qu'elle était composée en grande partie de chaudronniers et de marchands de ferraille.

BANDELETTE, terme d'architecture par lequel on désigne une petite moulure plate qui couronne habituellement l'ordre toscan, ou le dorique.

BANDELLO (Mathieu), conteur italien, né en 1480, à Castel-Nuovo, dans le Milanais, mort en 1561. Bandello avait étudié avec succès, à Rome et à Naples, et, au lieu de se jeter, comme ses contemporains, dans la scolastique et l'alchimie, il vint se fixer à Mantoue, où il cultiva les belles-lettres. Là, il se lia avec Pirro Gonzaga, et, à sa prière, dirigea l'éducation de Lucrèce Gonzague, à qui il enseigna le latin et le grec. A la suite de la bataille de Pavie, Bandello, qui était du parti français, vit ses biens confisqués, et dut s'enfuir sous un déguisement. Il s'attacha à César Fregose, général vénitien, qui s'était mis au service de François Ier. Son protecteur ayant été assassiné en 1541, Bandello n'en resta pas moins fidèle à sa mémoire, et il se fixa à Agen, auprès de la famille de Fregose; là, il prit l'habit de dominicain. Vers l'âge de 70 ans, comme nous le disions plus haut, il se mit à écrire ses nouvelles dans le genre de celles de Boccace, dont les diverses éditions parurent successivement à Lucques, à Lyon, à Milan, à Venise. Shakespeare a fait de larges emprunts à ce conteur.

BANDERALI (David), célèbre professeur de chant, né à Milan vers l'an 1785, mort en 1849. Après avoir terminé d'excellentes études musicales, il débuta au théâtre Carcano, de sa ville natale, comme *buffo tenore*, emploi créé en quelque sorte pour lui. Il ne resta au théâtre que jusqu'en 1811 et, s'étant livré à l'enseignement du chant, il fut nommé professeur au conservatoire de Milan. Il forma plusieurs cantatrices remarquables. Consulté par le vicomte de la Rochefoucauld sur le choix d'un bon maître de chant italien pour le Conservatoire de Paris, Rossini indiqua Banderali, à qui des avantages considérables furent assurés. Cet artiste éminent vint donc s'établir à Paris, en 1828. Il garda ses fonctions jusqu'à sa mort.

BANDIÈRE. (*Voir* FRONT DE BANDIÈRE.)

BANDINELLI (Bartolomeo, et par abréviation Baccio). Dans l'atelier de F. Rustici, à Florence, se trouvaient, vers la fin du XVe siècle, deux élèves qui, partis du même point, devaient avoir un sort bien différent : Bandinelli et Léonard de Vinci. Celui-ci fut le grand peintre qui occupe le sommet du ciel des artistes; quant à Baccio, ses études en peinture furent si infructueuses qu'elles durent être interrompues. Mais au lieu de continuer à tenir le pinceau d'une main inhabile, Baccio Bandinelli s'arma du ciseau : il étudia avec ardeur les ouvrages de Donatello et de Verrocchio. Le jeune sculpteur se crut bientôt l'égal de Michel-Ange; et, au lieu de se borner à la noble émulation qui produit les chefs-d'œuvre, il conçut et nourrit dans son cœur une haine violente contre le grand Buonarotti. Cette haine, qu'il ne savait pas cacher, lui attira à lui-même de nombreux détracteurs. Ce fut une guerre dans laquelle tout le monde avait tort. Il a donné des preuves d'un talent supérieur dans son *Saint Pierre* de la cathédrale de Florence, son *Orphée* du palais Pitti, et surtout son groupe d'*Hercule et Cacus* qui orne la place du Palazzo Vecchio. François Ier, qui sut demander tant de bons ouvrages à l'Italie, acheta le *Mercure* de cet artiste. L'art doit aussi à Baccio une très-belle copie du *Laocoon*, ce chef-d'œuvre entre les chefs-d'œuvre des Grecs; mais, par malheur, cette copie précieuse fut gravement endommagée dans l'incendie qui ravagea la galerie de Florence, en 1762. Bandinelli mourut en 1560, âgé de 73 ans. Notre musée ne possède de lui qu'une peinture, un simple portrait.

BANDINI (Ange-Marie), célèbre littérateur italien, né à Florence en 1726, mort en 1800. Privé dès le berceau de ses parents, Ange-Marie retrouva chez son frère aîné, jurisconsulte distingué, la tendresse paternelle. Il paya ces soins touchants par une rare application; élève des jésuites, il se livra avec passion à la recherche des manuscrits rares, au déchiffrement des inscriptions. Un instant il essaya la voie poétique, mais il eut le bon esprit d'en sortir pour se consacrer exclusivement à la science. Ayant, en 1747, suivi à Vienne, comme secrétaire, l'évêque de Volterra, il fut présenté à l'empereur, qui daigna agréer la dédicace de son *Specimen litteraturæ florentinæ*. Partout sur sa route il se lia avec les savants. A Rome, où il prit l'habit ecclésiastique, il passait tout son temps à la bibliothèque du Vatican. Le pape Benoît XIV, qui l'estimait fort, lui confia le soin de décrire le fameux obélisque d'Auguste, qu'on venait de retrouver sous les ruines du champ de Mars. En 1750, il fut appelé par Alexandre Marucelli à diriger la riche bibliothèque que son oncle lui avait laissée et qui, d'après le vœu du testateur, devait être ouverte au public. Mais à peine Bandini commençait-il son œuvre, que le propriétaire de cette précieuse collection mourait, le nommant son exécuteur testamentaire. Il fallut à Bandini deux années laborieuses pour venir à bout de la liquidation. Une douce retraite s'ouvrit enfin pour lui, en 1756, à la bibliothèque Laurentienne, dont l'empereur le fit bibliothécaire en chef. Durant 44 ans il resta à ce poste, où il rendit d'innombrables services. En mourant il convertit en maison d'éducation publique une jolie villa qu'il possédait près de Fiesole. Le reste de son bien fut distribué aux pauvres. Ses œuvres sont nombreuses sans avoir une étendue considérable. Presque toutes sont écrites en latin.

BANDON, ou BANDONBRIGDE, ville d'Irlande, dans le comté de Cork, à 20 kil. de cette ville. Pop. 9,300 hab.

BANDURI (Dom Anselme), savant bénédictin, né à Raguse en 1670. Issu d'une famille noble, mais pauvre, Banduri entra fort jeune dans l'ordre de Saint-Benoît, commença ses études à Naples, les acheva à Florence, se mit à visiter la plupart des villes de l'Italie, sans autre ressource que son talent d'organiste. Le renom de son savoir lui concilia la sympathie de D. Bernard de Montfaucon, qui le recommanda au grand-duc de Toscane. Ce prince envoya le jeune savant à Paris, à l'abbaye de Saint-Germain-des-Prés, où il pouvait faire d'utiles travaux. En effet, Banduri se mit avec ardeur à préparer une édition des œuvres du patriarche Nicéphore, et divers commentaires sur les Pères grecs. Il eut, quelques années après, la douleur de perdre la protection de son souverain, et dut accepter l'emploi de bibliothécaire du duc d'Orléans. La fin de sa vie fut tourmentée par de violents accès de goutte; et ce fut de ce mal cruel qu'il mourut le 14 janvier 1743.

BANER (Jean-Gustave), général suédois. Ce brillant guerrier qui devait être le compagnon d'armes de Gustave-Adolphe, et recevoir le glorieux surnom de *second Gustave*, naquit à Djursholm, près Stockholm, en 1595. Ce fut d'abord contre les Polonais et les Moscovites qu'il essaya son courage. En 1630, bien jeune encore, il était nommé chambellan et conseiller du royaume. L'année suivante, il accompagnait Gustave-Adolphe dans son aventureuse expédition en Allemagne. A Leipzig, il commandait l'aile droite. Trois villes tombèrent successivement en son pouvoir : Magdebourg, Donawerth et Munich. Quand le héros de la guerre de Trente-Ans eut succombé à Lutzen, son successeur naturel dans le commandement de l'armée fut Baner. Les circonstances étaient graves; l'empereur d'Allemagne avait rallié à sa cause les Saxons, et la Suède se trouvait à peu près seule en face d'une confédération. Baner marcha droit à l'ennemi, délivra Dœnitz, et défit totalement le général saxon Bandissin. Pliant un moment devant des forces supérieures, il reprit sa revanche le 24 septembre 1636, à Wittstock. Ce fut une victoire éclatante. Baner, profitant du succès, passa l'Elbe et poussa les Impériaux par la Hesse et la Thuringe jusqu'en Westphalie, puis revint prendre ses quartiers d'hiver sur le territoire saxon. En 1637, il ouvre la campagne par le siége de Leipzig, est repoussé vers Torgau; entouré de troupes ennemies, il exécute vers la Poméranie une retraite incroyable d'audace et de succès. Deux fois il passe l'Oder à gué sans ponts, sans bateaux et arrive à son but. L'année suivante, renforcé de 14,000 hommes, il bat le général Salis près d'Elsterbug, détruit l'armée saxonne à Schemnitz, s'empare de Pirna, pénètre en Bohême, passe l'Elbe, menace Prague, prend Brandeis et Leutmeritz, écrase le général Hofkirchen et répand la terreur dans tout le royaume. La suite de la lutte fut pour Baner un mélange de succès et d'échecs. Il est à présumer que le chagrin, joint à une fâcheuse intempérance, abrégea ses jours. Sa mort, faussement attribuée au poison, eut lieu à Halberstadt, au mois de mai 1641. Nul général ne fut plus fécond en ressources, plus froid dans le péril, plus grand dans les revers.

BANFF, ville et port d'Écosse, cap. du comté de ce nom, à 200 kil. d'Edimbourg. Pop. 3,950 hab. Son commerce consiste en harengs, saumons, bestiaux qu'elle envoie à Londres. On remarque dans cette ville les ruines d'un ancien château royal.

BANFF (comté de), situé au N.-O. de l'Écosse et sur le golfe de Murray. Superf. 102 kil. sur 48, cap. Banff. Pop. 49,679 hab. Sol montagneux. Villes principales : Portsoy, Cullen. Ce comté possède le château de Gordon, une des résidences du duc de Richmond.

BANGALORE, ville forte de l'Hindoustan, la plus grande du Maïssour, à 95 kil. de Seringapatam. Pop. 60,000 hab. Climat très-doux, étoffes renommées de soie et de coton; elle possède une citadelle avec un beau palais de Tippoo-Saëd. Cette ville fut fondée par Haïder-Ali.

BANGOR, ville d'Angleterre, dans le N. du pays de Galles, dans le comté de Carnarvon, à 14 kil. de cette ville. Pop. 7,500 hab. Cette ville est située dans une belle vallée, sur la baie de Baumaris. Palais épiscopal; la cathédrale date de l'an 525, et dans une des chapelles, le service se fait en langue gaélique. On remarque près de la ville le pont tubulaire de Menaï.

BANGOR, bourg d'Angleterre, dans le pays de Galles (comtés de Flint et de Denbigh), à 12 kil. d'Ellesmere. Pop. 1,250 hab. On y remarquait le célèbre monastère où 1,200 moines furent massacrés au VIIe siècle par les Saxons northumbriens; l'historien Gildas fut moine dans ce monastère.

BANGOR, ville et port d'Irlande (Ulster), dans le comté de Down, à 20 kil. de Belfast. Pop. 3,500 hab. Bains de mer; commerce de toiles, pêcheries. Cette ville avait autrefois un monastère qui fut détruit par les Danois, en 820. On remarque près de là un château, résidence du comte de Bangor.

BANGOR, bourg des États-Unis (Maine), à 200 kil. de Portland. Pop. 8,650 hab. Il possède un bon port sur le Penobscot.

BANIANS, Caste des Indous qui fait le commerce en gros dans les ports de Bombay, Surate, Cambay, etc. Ces Indous vont en caravane dans l'intérieur de l'Asie et jusqu'aux frontières de la Russie et de la Chine. Ils reconnaissent un Dieu créateur et adorent en même temps le démon; croient à la métempsycose, et s'abstiennent de manger quoi que ce soit qui ait eu vie.

BANIER (Antoine), littérateur français, né à Dalet (Auvergne), en 1673, mort à Paris, en 1741. La vie de ce polygraphe fut entièrement renfermée dans le travail. En 1716, Banier avait été admis comme associé à l'Académie des inscriptions et il y fut nommé pensionnaire en 1728. Son caractère doux et simple le rendit cher à tous ses confrères.

BANIM (John), romancier irlandais; né en 1800, mort en 1843, à Windgap-Cottage, près Kilkenny. Ce fut Walter Scott qui devina son talent, et non-seulement il l'aida de ses conseils, mais encore il le mit sur la voie du succès. Les ouvrages de Banim produisirent une grande sensation en Angleterre, où ils apportaient la révélation et la peinture des maux de l'Irlande. En dégageant la déclamation et les tirades politiques, il reste un grand fonds de vérité et d'observation.

BANKNOTE. Mot anglais qui signifie billet de banque, et qui désigne spécialement les billets de la banque d'Angleterre.

BANKOK, c'est-à-dire *ville des jardins*, ville d'Asie, capitale du royaume de Siam, depuis 1766, à 80 kil. de Siam. Pop. 350,000 hab. Cette ville possède un arsenal maritime; un port sur le Menam, à 32 kil. de son embouchure dans le golfe de Siam; une flotte de quinze beaux navires environ, construits et commandés par les Anglais. Toutes les maisons sont en bois, à l'exception de la résidence royale et d'un temple fort curieux, consacré à Bouddha. On y voit encore plusieurs pagodes d'une grande magnificence, ornées de mosaïques en porcelaine, ivoire, or et argent. De nombreux navires chargés de sucre partent chaque année pour Bombay et Singapore.

BANKS (sir Joseph), naturaliste anglais, né à Londres en 1743, mort dans cette ville en 1820. Sa famille était originaire de Suède; son grand-père avait exercé avec éclat la médecine dans le comté de Lincoln et gagna une fortune considérable que son héritier sut conserver. Joseph Banks, en sortant de l'université d'Oxford, se trouva à 18 ans maître de lui-même et de son bien. A cette époque, le goût des sciences naturelles, sous l'impulsion de Buffon et de Linnée, avait fait de rapides progrès, personne n'y apporta plus d'ardeur que le jeune Banks. Il s'en allait partout, étudiant et herborisant. Mais son zèle pour la science voulait un théâtre plus large : Banks se fit le compagnon de Cook, et dans une expédition qui dura de 1768 à 1773 et où il mit une partie de sa fortune, il visita successivement, avec le célèbre capitaine, Madère, les îles du Cap-Vert, Rio-Janeiro, la Patagonie et les archipels de l'Océan pacifique. En 1772, il se rendit aux Hébrides et alla étudier l'Islande. Malheureusement, la relation scientifique de ses voyages n'a pas été publiée; néanmoins les efforts intelligents de Banks ne furent point perdus pour l'humanité. On ne sait pas assez combien nos jardins lui doivent de plantes exotiques et que les contrées lointaines qu'il visita furent dotées par ses soins des légumes et des fruits de l'Europe. Partout son aménité le faisait aimer, et les sauvages le prenaient volontiers pour arbitre de leurs différends. De retour de ses expéditions, Banks ouvrit sa maison à tous les savants anglais et étrangers : pour lui, le mérite n'avait pas de nation; sa riche bibliothèque; ses collections précieuses étaient à la disposition de tout le monde. Nommé en 1766, membre de la Société royale des sciences de Londres, il en fut élu président en 1778, et conserva ce poste durant 41 ans, malgré les attaques violentes dont il avait été d'abord l'objet, surtout de la part du docteur Horsley. Elevé à la dignité de baronnet, en 1781, il fut décoré, en 1795, de l'ordre du Bain, faveur si rarement accordée en dehors de la pairie et de l'illustration militaire. En 1797, il fut encore nommé conseiller d'État et membre du conseil privé. S'il ne prit point aux affaires une part politique, du moins il usa du pouvoir dans la plus généreuse acception, en étendant sa protection à tous les savants, et en veillant à ce que leurs collections capturées par les bâtiments anglais leur fussent scrupuleusement rendues. Les nobles actions de cet homme de bien sont innombrables. En 1802, l'Institut de France s'associa Joseph Banks. Après avoir vécu pour la science, Banks voulut qu'elle fût son héritière : il légua au muséum britannique sa magnifique bibliothèque d'histoire naturelle, collection inestimable formée par cinquante années de recherches assidues.

BANLIEUE. Terrain dépendant de la ville et l'entourant, où l'on avait droit de proclamer comme dans la ville. On donne ce nom aux différents villages et territoires qui environnent immédiatement une ville.

BANNALEC, ch.-l. de cant. de l'arrond. de Quimperlé (Finistère), à 13 kil. de cette ville. Pop. 600 hab.

BANNIÈRE, sorte de drapeau en usage au temps du moyen âge. Les bannières des chevaliers étaient carrées, portant leurs armes brodées ou peintes, et fixées sur le côté de leurs lances. Au XIe siècle, la bannière de France était une grande pièce de velours violet ou bleu, carrée, et semée de fleurs de lis d'or.

BANNISSEMENT. Peine infamante qui consiste dans l'éloignement du territoire français, pendant un temps déterminé, de celui qui l'a encourue.

BANNOCKBURN, village d'Écosse, dans le comté et à 5 kil. de Stirling. Pop. 750 h. Manufactures de tartans pour les régiments des highlanders; châles, tapis, etc. Le 24 juin 1314, Robert Bruce et les Écossais y remportèrent une célèbre victoire sur Édouard II et les Anglais. C'est près de ce village, à Sauchie Burn, que, le 11 juin 1488, Jacques III, roi d'Écosse, fut battu et tué par son fils révolté.

BANON, ch.-l. de cant. de l'arrond. de Forcalquier (Basses-Alpes), à 12 kil. de cette ville. Pop. 660 hab.

BANQUE. S'il est difficile d'indiquer avec quelque certitude l'origine du commerce de la banque, il n'en est pas de même à l'égard du mot lui-même. Rien de plus simple et en même temps de plus modeste que son étymologie; car, de même que les *tabularii* de Rome avaient pris leur nom de la table sur laquelle ils étalaient les monnaies de change, les *banquiers* modernes tirent le leur de la table ou plutôt du banc, *banco*, sur lequel, dans les villes italiennes du moyen âge, chaque négociant attitré, ou du moins chaque changeur, effectuait ses payements et ses recettes. Le mot *banque*, comme tous les termes qui s'y rattachent, dérive donc de l'italien. Et quand il arrivait que le négociant, par suite de mauvaises affaires, manquât à ses engagements, on rompait, on cassait son banc, comme marque de dégradation : son *banco* était *rotto*, rompu; d'où nous est venu le mot *banqueroute*, c'est-à-dire *déroute de la banque* ou *banque en déroute*. Banque se dit du commerce d'argent et du lieu où il s'exerce, mais il ne faut pas confondre les banquiers avec les voleurs publics ou privés qui achètent ou s'arrogent le droit d'ouvrir des maisons de jeu, qu'ils décorent, pour dissimuler l'infamie de leurs tripots, du titre honorable de banque. On a prétendu, avec quelque apparence de raison, mais sans autorité suffisante, que le commerce de banque était connu et pratiqué dans la plus haute antiquité par les Phéniciens et par les colonies qu'ils fondèrent sur les bords de la Méditerranée et de l'Océan; mais c'est en Italie et au moyen âge que l'histoire nous montre la première banque publique, celle qui fut établie à Venise dans le courant du XIIe siècle. On porte la date de cet établissement, les uns à l'année 1157, les autres à l'année 1171. Mais d'après un ancien écrivain, il paraît qu'il y avait à Venise trois banques, ou plutôt trois établissements constituant une seule et même banque, savoir : le *Monte-Vecchio* (Vieux-Mont), érigé vers l'an 1156, sous le duc Vitalis Michaël; le *Monte-Nuovo*, établi en 1580, et le *Monte-Novissimo*, qui ne fut fondé qu'en 1410, sous le duc Leonardo Loredano. La constitution de ces trois monts n'était autre chose qu'un expédient imaginé par le gouvernement pour pourvoir à certains besoins pressants de l'État. En effet, sous le duc Vitalis Michaël, la république de Venise, épuisée par la guerre qu'elle avait eu à soutenir contre l'empire d'Orient, eut recours à un emprunt forcé sur les citoyens riches, et cet emprunt fut établi en rente constituée. C'est donc le corps des créanciers de l'État, réunis en une sorte de chambre syndicale, qui forma le premier noyau de la banque, et son premier capital fut une créance. Mais comment ces trois monts pouvaient-ils ne former qu'une seule banque? C'est ce qu'on a peine à comprendre; et, à cet égard, comme tout ce qui est relatif à l'origine et aux premiers temps de la banque de Venise, nous ne possédons que des données fort incertaines. Ce qu'on sait de plus positif, c'est que son organisation primitive fut modifiée, en 1587, par un édit, qui lui constitua en même temps, aux dépens de l'État, un capital de cinq millions de ducats, dont elle demeura débitrice, sans en payer l'intérêt. Ses opérations étaient à peu près les mêmes que celles de toutes les banques qui s'établirent dans la suite. Elle recevait en dépôt l'argent des particuliers, et leur ouvrait en conséquence sur ses registres un crédit, qui se transmettait ensuite, d'un particulier à l'autre, au moyen d'une cession et d'un transfert. La banque de Venise a subsisté jusqu'en 1797, époque où Bonaparte, maître de l'Italie et de Venise, vint renverser la constitution de cette république. Nous ne parlerons ici que pour mémoire de la banque de Barcelone, fondée, dit-on, vers la fin du XIVe siècle, sous la garantie des autorités municipales de cette ville. Cette institution, qui du reste ne se distinguait pas par un caractère particulier, a rempli un rôle trop peu important pour que nous nous y arrêtions. La banque dite de Saint-Georges, établie à Gênes, en 1407, fut créée dans des circonstances à peu près semblables à celles où s'était trouvée la république de Venise, au XIIe siècle. Son premier capital fut, comme à Venise, une créance des particuliers sur l'État, pour garantie de laquelle on lui avait donné l'île de Corse et quelques autres territoires. Elle reçut des dépôts et effectua les payements des particuliers. Elle était dirigée par huit administrateurs, choisis parmi les intéressés. Elle avait aussi une monnaie spéciale, supérieure d'environ 15 p. 100 à la monnaie courante. Mais la banque de Gênes doit être considérée plutôt comme une caisse d'emprunts publics que comme une institution commerciale; car, les guerres civiles et étrangères qui affligèrent continuellement la république de Gênes, la mirent très-souvent dans la nécessité de recourir aux emprunts, et c'était la banque de Saint-Georges qui était appelée à intervenir dans ces opérations. Cette banque, pillée en 1740 par les Autrichiens, fut forcée de suspendre ses payements. Nous ne poursuivrons pas plus loin cet historique. Prise dans son acception générale, dit un homme compétent, M. Gauthier, la banque représente aujourd'hui parmi nous le commerce qui consiste à effectuer pour le compte d'autrui des recettes et des payements, à acheter et à revendre, soit des monnaies en matière d'or ou d'argent, soit des lettres de change ou des billets à ordre, des effets publics, des actions d'entreprises industrielles, en un mot, toutes les obligations dont l'usage du crédit, de la part des États, des associations et des particuliers, amène la création. Ce genre d'industrie est tout à fait moderne, et paraît être né, au XIVe siècle, de l'invention de la lettre de change. En effet, tant que l'échange d'un pays à un autre ne se fit qu'avec la monnaie d'or ou d'argent, la circulation des produits rencontra de grands obstacles. L'invention de la lettre de change fut pour le commerce d'une haute importance, car elle lui donnait une immense extension; les mouvements d'argent devinrent inutiles entre les pays les plus éloignés faisant commerce entre eux. Par exemple, la Russie nous envoie des chanvres et des bois de construction; la France, à son tour, lui envoie des vins, des eaux-de-vie, des étoffes de soie. Eh bien, le payement peut s'effectuer de part et d'autre sans aucun transport d'argent. Pour cela, les marchands français tireront sur les marchands russes une lettre de change représentant la valeur livrée à ces derniers, la vendront aux personnes qui ont reçu les marchandises russes, et ces personnes renverront la lettre de change en Russie, pour que les commerçants dont ils ont acheté en reçoivent le montant chez eux. On confond assez souvent, dans la conversation surtout, les banques publiques des banques privées ou particulières. Les *banques publiques* sont des établissements de crédit qui ne peuvent être constitués qu'avec l'autorisation du pouvoir. Le gouvernement s'en attribue presque partout la direction, et parfois aussi il en prend l'administration même. Dans toutes les capitales on trouve aujourd'hui de ces sortes d'établissements, car la banque est tout à la fois le prêteur, le caissier et l'intendant du commerce et de l'industrie. C'est ce triple avantage qui lui a ouvert les portes de tous les pays, indépendamment de la nature et des formes de gouvernement; on la voit fonctionner sans crainte aussi bien avec le despotisme qu'avec l'aristocratie; avec le pouvoir absolu aussi bien qu'avec la monarchie; avec l'autorité constitutionnelle aussi bien qu'avec la république. Les *banques privées* sont ou des maisons particulières, n'ayant que de médiocres capitaux et un crédit borné, ou de puissantes compagnies, pourvues d'un capital considérable et jouissant d'un crédit fort étendu. Les procédés peuvent différer des unes aux autres, mais le but qu'elles se proposent est en quelque sorte le même. Réduites à de faibles ressources, les maisons particulières n'opèrent en général que sur une petite échelle, tandis que les grandes compagnies, pourvues d'immenses capitaux, opèrent sur une échelle infiniment plus large. Voilà en quoi elles diffèrent. Nous allons énumérer et décrire sommairement les principales banques publiques. Nous commencerons naturellement par la banque de France, parce qu'elle est, sans contredit, la plus importante de toutes. La *banque de France*, dont le siége est à Paris, a été constituée en 1803, à peu près telle qu'elle est aujourd'hui. La Banque de France a, par les lois du 24 germinal an XI, du 22 avril 1806, et du 9 juin 1857, le droit d'émettre seule des billets de banque jusqu'au 31 décembre 1897. Un grand nombre d'opérations de diverses natures se font à la banque de France. Elle escompte, à un taux qui varie, des lettres de change et des billets à ordre, payables à des échéances fixes, qui ne peuvent excéder trois mois, timbrés et revêtus de trois signatures au moins de commerçants notoirement solvables, ou à deux signatures seulement pour des effets créés pour fait de marchandises avec un transfert d'effets publics français ou d'actions de la Banque, ou de récépissés de marchandises. Elle ne se borne pas à l'escompte, elle fait encore des avances sur dépôt de fonds publics, d'actions et obligations de chemins de fer et autres. Elle tient en outre une caisse de dépôts volontaires pour toutes sortes de titres, et pour lingots d'or et d'argent, monnaies, diamants, moyennant un droit de garde calculé sur la valeur estimative, à raison d'un demi-quart pour cent, par chaque six mois. Elle se charge aussi des recouvrements des effets de commerce qu'on lui remet; elle reçoit en compte courant les sommes versées par les négociants ou établissements publics. Elle a aussi le privilége d'émettre des billets payables à vue. Ces billets, qui pendant longtemps ont été de 1,000 fr. et de 500 fr., admettent depuis 1848 des coupures de 200 et de 100 fr., et tout récemment il a été émis des coupures de 50 fr. D'après ses statuts primitifs, la banque ne pouvait émettre des billets que pour une valeur égale à son capital; mais en 1848, elle a été autorisée à faire des émissions beaucoup plus considérables, qui ont été élevées par la loi du 24 décembre 1849; un décret du 14 mars 1848 avait même donné temporairement cours forcé à ses billets, mais ce décret n'a pas tardé à être rapporté. Une assemblée d'actionnaires, représentée par deux cents d'entre eux, nomme quinze régents et trois censeurs, qui forment six comités, dits des comptoirs, des billets, des comptes, des caisses, des relations avec le trésor et les receveurs généraux, des livres et portefeuilles. La direction supérieure est attribuée à un gouverneur et à deux sous-gouverneurs, nommés par le chef de l'État; mais ils n'exercent qu'un pouvoir négatif, au moyen d'un droit de *veto*; la direction effective appartient au conseil général de la banque. Tous les ans, la banque de France distribue d'importants dividendes à ses actionnaires. Elle publie à des époques périodiques son état de situation, qui est publié dans le *Moniteur*. La banque de France a la faculté d'élever le taux de son escompte; mais cette faculté, qui a pour but d'arrêter l'exportation du numéraire dans les moments de crise, a aussi pour résultat de restreindre ses opérations au moment où il faudrait qu'elles s'étendissent de la façon la plus large; de sorte que la banque de France devient une sorte de caisse de dépôt alors qu'elle devrait être une caisse de circulation. La banque de France peut établir des comptoirs ou succursales dans les départements. Ces succursales, dont plusieurs formaient, avant 1848, des banques distinctes, sont : Agen, Amiens, Angers, Angoulême, Annonay, Arras, Avignon, Bar-le-Duc, Bastia, Bayonne, Besançon, Bordeaux, Brest, Caen, Carcassonne, Chalon, Chateauroux, Clermont-Ferrand, Dijon, Dunkerque, Flers, Grenoble, le Havre, Laval, Lille, Limoges, Lyon, le Mans, Marseille, Metz, Montpellier, Mulhouse, Nancy, Nantes, Nevers, Nice, Nîmes, Orléans, Poitiers, Reims, Rennes, la Rochelle, Rouen, Saint-Etienne, Saint-Lô, Saint-Quentin, Sedan, Strasbourg, Toulon, Toulouse, Tours, Troyes, Valenciennes. Indépendamment des banques départementales, il existe encore des banques coloniales, qui ont été créées par une loi du 11 juillet 1851, et une banque de l'Algérie, instituée par une loi du 4 août 1851, sur le modèle de la banque de France. Les principales banques de l'Europe sont, en y comprenant la banque de France : La *banque de Londres*, fondée en 1694, et dont les *banknotes*, ont cours en tout lieu; — la *banque d'Amsterdam*, qui fut établie dès 1609, et qui, un moment suspendue à l'époque de la réunion de la Hollande à l'empire français, a repris depuis ses opérations; cette banque célèbre sur laquelle a roulé pendant si longtemps la circulation de toutes les monnaies européennes et la liquidation du commerce de l'univers, mérite de servir d'exemple à tous les établissements qui auront pour objet la prospérité réelle du commerce et les véritables développements de l'industrie; — la *banque de Hambourg*, fondée en 1619, qui ne prête que sur lingots; — la *banque de Berlin*, reconstituée en 1816; elle est tout à fait dépendante du gouvernement; — la *banque de Naples*, fondée en 1808, qui jouit d'un crédit assez solide et assez étendu; — la *banque d'Autriche* ou *de Vienne*, fondée en 1816, qui prête sur dépôt d'obligations d'État, à un taux très-modique; — la *banque de Russie*, fondée par Catherine II, en 1786. — La plus ancienne des banques de l'Europe était la *banque de Venise*, dont nous avons parlé plus haut. Hors de l'Europe, on compte aussi quelques banques importantes. En Amérique on connaît surtout la *banque de Philadelphie* ou *des États-Unis*, fondée en 1791, avec privilége de l'Union pour vingt années, et qui retira tous ses billets de la circulation en 1815; la *banque de l'Amérique du Nord*, fondée en 1816. On compte en outre, une infinité de banques dans les divers États de l'Union; en 1836, il n'y en avait pas moins de 588, plus 146 succursales; mais la plupart de ces établissements s'étant livrés à des spéculations aventureuses qui compromettaient la fortune publique, le président Jackson les fit supprimer en 1833; ils ne tardèrent cependant pas à se reconstituer.

BANQUEROUTE, FAILLITE. Ces deux mots, que l'on confond assez souvent dans le langage usuel, n'ont pourtant pas la même acception. La *faillite* est l'état d'un négociant qui cesse ses payements, tandis que le mot *banqueroute* entraîne l'idée d'une faute grave ou de fraude. On distingue la banqueroute simple et la banqueroute frauduleuse. La première résulte de dépenses exagérées, d'opérations fictives, etc., tandis que la seconde est la conséquence d'une fraude soit dans les écritures, soit dans les actes publics ou privés.

BANQUET DE JUPITER. On appelait ainsi le banquet que l'on servait, à la suite des jeux romains et des jeux plébéiens, aux sénateurs, aux chevaliers et aux grands magistrats dans le temple de Jupiter Capitolin.

BANSWARRA, ville de l'Hindoustan, ch.-l. d'une principauté de son nom dans la prov. de Guzzerat (Bombay), à 130 kil. d'Ahmednagor. Pop. 35,600 hab. Cette principauté est une des possessions médiates de l'Angleterre.

BANTAN, ville de l'île de Java, cap. de l'ancien royaume de Bantham, à 85 kil. de Batavia. Cette ville fut le premier établissement des Hollandais à Java (1602) pour le commerce des épices. Son port est ensablé et encombré de bancs de corail.

BANTI (Giorgina-Brigida), cantatrice italienne, née à Crema en 1757, morte à Bologne en 1806. Comment et par les soins de qui cette cantatrice, qui était douée d'une voix extraordinaire, fut-elle initiée aux secrets de son art? On l'ignore. Elle se révéla en 1778, à Paris, dans un de ces cafés du boulevard où il se faisait de la musique pour attirer les amateurs, usage qui a été renouvelé de nos jours. Le hasard l'ayant fait entendre à Devismes, directeur de l'Opéra, celui-ci ne négligea point de s'assurer d'un sujet si précieux. La signora Banti passa de Paris à Londres où, durant neuf ans, elle charma un public enthousiaste. Le *Magasin encyclopédique* de 1806 rapporte qu'on l'avait surnommée la *Virtuose du siècle*.

BANTRY, ville d'Irlande, dans le comté de Cork, à 24 kil. de Baltimore. Pop. 4,300 hab. Son port est un des meilleurs havres de l'Europe. Le 30 avril 1689, la flotte française y battit la flotte anglaise commandée par l'amiral Herbert. En 1796, le général Hoche y tenta un débarquement.

BANYA (NAGY-), NEUSTADT ou *Ujváros*, ville de Hongrie, à 48 kil. de Nagy-Károly. Pop. 5,000 hab. Comitat de Szathmar. Cette ville est le siége d'une administration supérieure des mines et d'une Monnaie.

BANYULS-LES-ASPRES OU SUR MER, bourg de l'arrond. de Céret (Pyrénées-Orientales). Pop. 1,520 hab. On y remarque, aux environs, des vignobles qui fournissent les vins dits de *grenache* et de *rancio*.

BAOUSK, village de la Russie d'Europe (Courlande), à 40 kil. de Mittau. Pop. 1,000 hab. En 1705, Pierre le Grand y vainquit l'armée suédoise.

BAPAUME, ch.-l. de cant. de l'arrond. d'Arras (Pas-de-Calais), à 20 kil. de cette ville. Pop. 3,600 hab. Ancien château, bel hôpital. Cette ville fut autrefois forte et ses fortifications ont été détruites en 1847. En 1196, elle obtint une charte de franchise; elle fut fortifiée en 1335, et de nouveau, par Charles-Quint. En 1414, Bapaume fut assiégée et prise par les Armagnacs; en 1477, par Louis XI; en 1521, par le duc de Guise; enfin, en 1641, par la Meilleraie; depuis 1659, elle fait partie de la France.

BAPAUME, bourg du départ. de la Seine-Inférieure, arrond. de Rouen, à 4 kil. de cette ville. Pop. 400 hab. Fabrique d'indiennes; filatures.

BAPHOMET, symbole des templiers dont on n'a que des données fort incertaines. M. de Hammer prétend que ce sont des statuettes en pierre, hermaphrodites et à deux têtes, dont les corps étaient entourés de serpents, de lunes, de soleils, d'inscriptions, la plupart en arabe, et d'autres emblèmes symboliques, et qui servaient au baptême des gnostiques.

BAPTÊME, cérémonie de la religion chrétienne qui est évidemment empruntée aux ablutions des anciens. Toutes les anciennes religions ont admis en principe des purifications extérieures concordant avec un changement moral : c'est ainsi que toutes les sectes baptisaient ou purifiaient par l'eau leurs nouveaux adeptes.

BAPTÊME DE LA LIGNE. Les matelots sont d'usage, lorsqu'ils passent le tropique, de faire une cérémonie burlesque dans laquelle on baptise tous ceux qui effectuent ce passage pour la première fois.

BAPTISTE aîné (Nicolas-Anselme), acteur célèbre, né à Bordeaux en 1761, mort à Paris en 1835. Le décret de l'Assemblée constituante qui assurait la liberté des exploitations dramatiques avait fait éclore de nombreux théâtres; ce fut un avantage précieux pour les jeunes talents qui demandaient à se produire, et Baptiste aîné était du nombre. En 1791, il débuta au théâtre de la rue Culture-Sainte-Catherine, en plein Marais. Tout Paris s'y pressait pour voir *Robert, chef de brigands*, imitation de ce drame de Schiller qui a remué l'Allemagne entière. Baptiste aîné y remplissait le rôle principal, fort bien approprié à sa haute taille, à sa tournure majestueuse. De ce théâtre, il passa à celui de la République, une des fractions de la Comédie française, dont les sociétaires s'étaient séparés pour dissidence d'opinions. Sa belle diction, sa tenue, la noblesse de son jeu firent bientôt de lui un artiste hors ligne. Le rôle du *Glorieux* était son triomphe; il excellait aussi dans les *Deux Frères*, drame imité de Kotzebue. Son unique défaut était une certaine lourdeur dans la prononciation. Lors de la réorganisation du Théâtre-Français, il fit naturellement partie de la compagnie; et quand il prit sa retraite, en 1827, il fut nommé professeur de déclamation au Conservatoire.

BAPTISTE cadet (Paul-Eustache-Anselme), né à Grenoble, en 1766, mort à Paris en 1839. Comme son frère, une vocation déclarée l'entraîna vers le théâtre, mais dans un genre bien opposé. Autant Baptiste aîné était épris des belles manières, de la grande tournure et des savantes traditions du passé, autant Baptiste cadet se complaisait dans le comique et même le bouffon. Il fit donc ses premières armes au théâtre de la Montansier, et l'on peut dire qu'il fut le précurseur de Brunet, car il créa le type si éminemment populaire de Jocrisse; ce type est un peu passé de mode au théâtre, mais il vivra éternellement sur les tréteaux. Ainsi que son frère, Baptiste cadet entra au théâtre de la République; puis de Feydeau il passa à la Comédie-Française pour y tenir en chef l'emploi des comiques. *L'Intimé*, *Basile*, *Brid'Oison*, *Thomas Diafoirus* devinrent, grâce à son talent si vrai et si plein de franchise, comme des créations nouvelles. Les vieux amateurs ont gardé de Baptiste cadet un souvenir ineffaçable.

BAPTISTÈRE. On appelle ainsi le lieu où l'on conserve l'eau pour baptiser. A l'origine du christianisme, on bâtit des édifices entièrement séparés de l'église, destinés à l'administration du baptême. Ils étaient très-vastes, car comme on administrait le baptême deux fois l'an, aux deux fêtes les plus solennelles de l'année, il se trouvait un grand nombre de personnes qui venaient le réclamer. Les plus beaux baptistères sont ceux de Constantin, à Rome, près de Saint-Jean de Latran; de Sainte-Sophie, à Constantinople, de Ravenne, bâti en 540, par saint Orso; de Florence et de Pise. Aujourd'hui les baptistères sont placés dans l'intérieur des églises.

BAPTISTERIUM. On appelait ainsi chez les Romains, un grand bassin dans lequel plusieurs personnes pouvaient prendre un bain froid ou chaud. Il était assez vaste pour qu'on pût y nager.

BAQUOY (Pierre-Charles), graveur au burin, né à Paris en 1764, mort en 1829. Deux générations d'artistes distingués, le grand-père et le père, précédèrent ce graveur habile. Le premier brillait dans le paysage et a laissé aussi une suite de vignettes sur les dessins de Boucher pour l'*Histoire de France* du P. Daniel; le second *illustra* les *Métamorphoses* d'Ovide. Quant à Pierre-Charles, il a produit un chef-d'œuvre, l'estampe du *Martyre de saint Gervais et saint Protais*, d'après Lesueur. Ses autres travaux rentrent plus dans l'art industriel, consacrés qu'ils ont été à des éditions illustrées. Le principal est une suite de planches pour les œuvres de Voltaire et de Rousseau.

BAR-LE-DUC, ch.-l. du départ. de la Meuse, à 68 kil. de Metz. Pop. 13,340 hab. Cette ville est située sur le sommet et le penchant d'un coteau dont le pied est arrosé par l'Ormain et par le canal de la Marne au Rhin, qui transporte les bois, fers, grains, etc. Tribunaux de première instance et de commerce, bibliothèque, lycée. Fabriques de toiles, bonneteries, tissus de coton, filatures de coton, teintureries en rouge d'Andrinople. Commerce de vins dit *de Bar*, confitures de groseilles renommées. Patrie d'Excelmans et d'Oudinot qui y a une statue. Bar-le-Duc se forma autour d'une forteresse que bâtit Frédéric Ier, duc de Masselane. Le château fut détruit en 1670; il n'en reste plus que la terrasse.

BAR-SUR-AUBE, sous-préfecture du dép. de l'Aube, à 53 kil. de Troyes. Pop. 4,500 hab. Tribunal de première instance. Eaux de-vie et liqueurs, tanneries, mégisseries, toiles de coton; marchés considérables de céréales; vins estimés. Les Romains bâtirent une forteresse sur l'emplacement de cette ville. Au xe siècle, Bar-sur-Aube devint le ch.-l. d'un comté réuni à la Champagne vers 1095. En 1328, les bourgeois donnèrent leur ville au roi. En 1814, les Français y vainquirent les Autrichiens.

BAR-SUR-SEINE, sous-préfecture du dép. de l'Aube, à 33 kil. de Troyes. Pop. 2,550 hab. Tribunal de première instance. On y remarque une belle église gothique, de magnifiques promenades, un beau pont. Fabriques d'eaux-de-vie, papier, bonneterie, cuirs, etc. Récolte et commerce de chanvre, laine, vins et bois. Bar-sur-Seine fut fortifiée jusqu'au XVIe siècle.

BAR, bourg de la Russie d'Europe (Podolie), à 70 kil. de Mohilew. Pop. 2,500 hab. Le 26 février 1768, les nobles polonais y signèrent la *Confédération de Bar*, qui avait pour but de combattre les tendances de la Russie et d'assurer l'indépendance de la Pologne.

BAR, ville de l'Hindoustan anglais (Bengale), à 3 kil. de Bahr. Pop. 26,000 hab. Cette ville est située sur les bords du Gange et est très-commerçante.

BAR (le), ch.-l. de cant. de l'arrond. de Grasse (Alpes-Maritimes), à 8 kil. de cette ville. Pop. 1,300 hab. Seigneurie érigée en comté sous François Ier.

BARABA, vaste contrée marécageuse de la Sibérie, située entre l'Obi, l'Irtysh et l'Altaï. Sa longueur est de 500 kil. On a commencé, sous le règne de Catherine II, à coloniser cette contrée désolée, avec les exilés russes et l'on y compte maintenant à peu près soixante villages.

BARAGUAY-D'HILLIERS (Louis), général français, né à Paris en 1764, mort à Berlin en 1812. La Révolution le trouva lieutenant au régiment d'Artois. Étant devenu aide de camp des généraux Crillon et la Bourdonnaye, il se fit remarquer dans la campagne du Palatinat. Le 4 avril 1793, il était promu au grade de général de brigade, et Custine le choisissait pour chef d'état-major. L'accusation qui frappa ce guerrier illustre, faillit perdre en même temps Baraguey-d'Hilliers. Il fut détenu jusqu'au 9 thermidor : cependant le tribunal révolutionnaire l'épargna. Au sortir de sa prison, il devint chef d'état-major de l'armée de l'intérieur. Il servit ensuite en Italie sous les ordres de Bonaparte, s'empara de Bergame, contribua à la seconde victoire de Rivoli et enleva les batteries de Pinsonna. Le 10 mai 1797, il était nommé général de division, et durant plusieurs années ne fit que passer d'une armée à l'autre. Ce fut en 1805 que, mis à la tête des dragons à pied de la grande armée, il revint au service actif. Stuttgard, Elchingen, Waldmunchen, Bolsen furent témoins de son courage et de ses talents militaires. Le 22 septembre 1806, il fut envoyé en Italie. Après avoir exercé le commandement dans le Frioul, et à Venise, il alla faire la campagne contre l'Autriche et paya de sa personne à la bataille de Raab. En 1810, nous le retrouvons en Espagne, investissant le fort de Figuière et battant le corps de Campo-Verde. Appelé en 1812 à faire partie de l'expédition de Russie, il tomba malheureusement avec une partie de sa division au pouvoir de l'ennemi. Révoqué de ses fonctions par l'empereur qui avait ordonné une enquête sur sa conduite, le brave général ne put survivre à sa douleur et à son humiliation. Il mourut à Berlin d'une maladie de langueur.

BARANGES, espèce de gardes du corps des empereurs du Bas-Empire. Ils étaient étrangers et étaient armés d'une hache. Ils gardaient les clefs de la ville où résidait l'empereur.

BARANOW, bourg des États autrichiens (Gracovie), à 62 kil. de Tarnow. Pop. 1,000 hab. Il est situé sur la Vistule. Baranow est remarquable par son ancien château, bâti par Étienne Bathory. En 1656, les Polonais y furent battus par Charles-Gustave, roi de Suède.

BARANYA, comitat de Hongrie. Superf. 90 kil. sur 65. Pop. 267,000 hab. Ch.-l. Funfkirchen ou Cinq-Églises. Ce comitat est compris, avec ceux de Tolna, de Bacs, de Verocse et de Schumegh, dans le territoire administratif d'Œdenbourg.

BARATARIA, île du golfe du Mexique, à l'entrée de la baie de son nom, aux États-Unis (Louisiane), à 90 kil de Balize. On y remarque une forteresse et un bon port.

BARATARIA, lac formé par le Mississipi, afflue dans la baie de Barataria.

BARATIER (Jean-Philippe), enfant précoce, né en 1721, mort en 1740. Ce qu'on raconte de Pic de la Mirandole et de tant d'autres enfants précoces fut égalé par Baratier; fils d'un simple pasteur réformé de Schwalbach (margraviat d'Anspach). Son père s'appliqua tellement à cultiver ses admirables dispositions, que dès l'âge de quatre ans ce petit prodige savait lire et écrire en allemand et en français, et à cinq ans, en latin. A treize ans il publiait son premier ouvrage, intitulé: *Itinéraire de Benjamin de Tudèle*. Le roi de Prusse voulut le connaître, et fut si ravi de Baratier qu'il lui accorda pour quatre ans une pension de cinquante écus, et, de plus, donna au père une cure à Halle, où il voulut que le jeune savant étudiât le droit. Mais ce n'est pas impunément que le génie brise les lois de la nature; les forces physiques ne répondaient pas, chez Baratier, au développement de l'intelligence. A 19 ans, ce prodige de savoir avait disparu de ce monde.

BARATYNSKI (Abram), célèbre poëte russe; lié avec le poëte Pouschkine, il fut grand ami du plaisir. Ce fut, sans doute, pour le calmer que le czar Nicolas l'envoya en Finlande dès qu'il fut devenu officier. Baratynski vécut huit longues années dans l'isolement, sous ce rude climat, et ce fut, probablement, à la triste monotonie de son existence qu'il dut le développement de ses facultés poétiques. Son premier ouvrage, *Eda*, est empreint de la couleur des mœurs finnoises. Rappelé enfin à la sollicitation d'amis influents, Baratynski put donner librement l'essor à sa muse. Il habitait tantôt Moscou, tantôt un domaine peu éloigné de cette ville. C'est de sa paisible retraite que sortit son poëme de la *Bohémienne*, sans rival dans la littérature russe. Comme tous ses compatriotes, Baratynski voulut voir l'Italie; mais au lieu de la santé qu'il demandait à ce beau ciel, il y trouva la mort, en 1844.

BARBACANE, terme d'architecture par lequel on désigne des ouvertures longues et étroites, pratiquées dans les murs qui soutiennent des terres, afin de faciliter l'écoulement des eaux.

BARBACENA (Felisberto-Caldeira), diplomate brésilien, né à Sabora en 1772, mort à Rio-Janeiro en 1842. De la marine, où il servit d'abord, Barbacena passa dans l'armée de terre. Sa réputation d'habileté était faite, et il avait atteint le haut grade de maréchal, quand le prince régent, devenu empereur, le chargea de négocier avec la mère-patrie l'indépendance du Brésil. Les efforts de Barbacena furent couronnés d'un plein succès; le traité du 27 août 1823, signé à Rio-Janeiro, consacra la séparation du Portugal et de son ancienne colonie. Barbacena fut récompensé par les titres de vicomte et de marquis. C'est lui qui eut l'honneur d'accompagner, en Europe, la jeune reine du Portugal, et il défendit avec fermeté les droits de Dona Maria. Il apporta le même zèle à soutenir, au Brésil, les intérêts de Pierre II, pendant sa minorité. Deux fois ministre des finances, cet homme honorable procura tout le progrès possible à son pays et s'appliqua à y introduire les inventions et perfectionnements de la science moderne. Le premier steamer qui sillonna les eaux du Brésil fut acheté par les soins de Barbacena.

BARBACOAS, ville de l'Amérique du Sud (Nouvelle-Grenade), État de Cunoa, à 204 kil. de Popayan. Mines d'or aux environs.

BARBADE (la), île de la mer et de l'archipel des Antilles (Antilles anglaises), la plus orientale des petites Antilles. Superficie 33 kil. sur 19. Pop. 135,000 hab. Ch.-l. Bridgetown. Climat très-sain, sol fertile en sucre. Sources bitumineuses, minérales, salines. Des ouragans terribles s'y font quelquefois sentir. La Barbade fut découverte par les Portugais, et les Anglais la colonisèrent en 1624. Elle fut longtemps le plus grand entrepôt d'esclaves de la côte orientale.

BARBALISSUS, ville forte de l'ancienne Asie (Syrie), dans la Chalybanitide, puis dans l'Euphratésienne. Elle était située sur la rive droite de l'Euphrate. L'empereur Justinien la fit reconstruire. Aujourd'hui *Bales*.

BARBANÇOIS (Charles HÉLION, marquis DE), agronome distingué. Né en 1760, au château Villegongis, près de Châteauroux, mort en 1822. Après avoir débuté par le service militaire, comme tous les nobles d'autrefois, et être même parvenu au grade de lieutenant colonel, le marquis de Barbançois quitta l'armée pour se livrer sans partage aux travaux agricoles. Il appliqua de nouvelles méthodes sur ses domaines du Berri, où, le premier, il introduisit les moutons d'Espagne. Aussi les toisons qu'il obtint purent-elles rivaliser avec ce que l'étranger recueillait de mieux en ce genre. La Révolution ne parvint pas à distraire M. de Barbançois d'une occupation à laquelle il avait voué sa vie. On lui doit de précieuses innovations pour les modes d'assolement; en 1800, la société d'agriculture de Paris lui décerna un prix. Non content d'appliquer sans cesse ses idées, M. de Barbançois voulut qu'elles pussent être utiles à tous sous forme d'écrits. Il a consigné ses observations dans un assez grand nombre d'ouvrages, sans compter une quantité d'articles publiés par lui dans les recueils consacrés à l'agriculture.

BARBANÈGRE (le baron Joseph), général français, né à Pontacq (Basses-Pyrénées), en 1772, mort à Paris le 9 novembre 1830. Marin d'abord, il entra ensuite à 22 ans, avec le grade de capitaine, dans le 5e bataillon des volontaires de son département. Chef de bataillon en 1804, colonel du 48e de ligne en 1805, il accomplit un mémorable fait d'armes à Austerlitz, en chassant des hauteurs de Sokolnitz un corps de grenadiers russes, et prenant à l'ennemi quatre pièces de canon et trois drapeaux. A Iéna, à Eylau, il ne se distingua pas moins; et comme général de brigade, il se fit remarquer encore à Eckmühl, à Ratisbonne, à Wagram. Dans la retraite de Russie, il faisait partie de l'arrière-garde et réussit à gagner Stettin. Toujours fidèle à l'empereur, Barbanègre accepta en 1815 la tâche difficile de défendre Huningue, dont les fortifications étaient restées, depuis l'an VII, dans un déplorable délabrement, et où il ne se trouvait pour toute garnison que quelques invalides et un petit nombre de recrues. On était au lendemain de Waterloo; le découragement avait gagné l'armée du Jura qui se repliait en battant en retraite. Barbanègre, sommé par l'archiduc Jean de se rendre, résista encore avec tant d'énergie qu'il obtint la capitulation la plus honorable. Ce fut un étrange spectacle lorsqu'il sortit d'Huningue à la tête de quelques pelotons d'hommes blessés pour la plupart. Il s'achemina vers la Loire où, selon l'ordre de Louis XVIII, étaient relégués tous les débris de l'armée impériale. Un instant il reprit un service actif, lorsqu'en 1818 il fut appelé aux fonctions d'inspecteur général. Mais, remis en disponibilité l'année suivante, il vint se fixer à Paris, où il acheva paisiblement son existence, laissant une mémoire justement honorée.

BARBARELLI (le Giorgione), né en 1478. Peu de gens s'aviseraient d'aller chercher sous son nom patronymique, le grand peintre qui, avec Titien, a gardé la tête de l'école vénitienne. La plupart des artistes célèbres italiens ont en effet tiré le nom sous lequel ils sont connus, d'une circonstance quelconque ou du lieu de leur naissance. Ce qui valut à Giorgio Barbarelli l'augmentatif de *Giorgione*, ce fut sa jactance, son orgueil fanfaron. Il vint de bonne heure à Venise et d'abord ce ne fut pas la peinture, mais bien la musique qui fut sa passion et l'objet de son étude. Il excellait à chanter et à jouer du luth. Partout on l'invitait pour l'entendre. Dans ce commerce continuel avec les patriciens il puisa ce goût des belles étoffes, des riches ajustements que révèlent toutes ses peintures. Sa seconde vocation s'étant manifestée, il entra chez Jean Bellin, qu'il ne tarda point à surpasser, puis se mit à peindre des sujets de dévotion et des portraits pour les marchands de tableaux. La vue de quelques ouvrages de Léonard de Vinci compléta son immense talent par une utile comparaison. C'est à cette époque que se place la mésintelligence qui éclata entre Giorgione et Titien qui avait sollicité la faveur d'étudier sous le jeune maître. Titien parut à Giorgione un rival plutôt qu'un élève, et l'élève fut congédié pour devenir bientôt un maître à son tour. Giorgione, en s'avisant de peindre la façade de sa maison, mit à la mode ce genre de décoration, pour lequel plusieurs nobles employèrent à l'envi son pinceau facile. La correction lui manquait; mais il rachetait ce défaut par la richesse de la couleur et la molle élégance des contours. On pourrait s'étonner du grand nombre d'ouvrages qu'il a pu produire en songeant que le plaisir prélevait une bonne partie de son temps et que la mort le surprit à l'âge de 33 ans (en 1511). La peste vint le saisir au milieu des folies d'une fête. Triste et frappant contraste, leçon éloquente qui plus tard devait être perdue pour Van Dyck. Les toiles de Giorgione furent dispersées; il y en a un peu partout, à Crémone, à Vérone, à Rome, à Milan, à Modène. La France possède de Giorgione un *saint Sébastien* avec la Vierge, la *Pastorale*, *Hérodias tenant la tête de saint Jean*, le portrait de Gaston de Foix, deux joueurs de violon, la Comédie, une *Adoration des bergers*, et le portrait du Pordenon, sous la figure de David.

BARBARESQUES. Les Européens ont donné ce nom à des peuples qui habitaient le N. de l'Afrique et qui, au XVIe siècle, se rendirent redoutables par leurs pirateries. La conquête de l'Algérie par les Français, en 1830, arrêta les brigandages de ces peuples.

BARBARIE ou ASANIE. Les anciens appelaient ainsi ce qu'ils connaissaient de la côte E. de l'Afrique, au S. du promontoire des Aromates (cap Guardafui). Ce pays appartenait aux Arabes et fournissait de l'ivoire, des esclaves, etc. Rhapta en était la principale place de commerce; elle était située près du cap actuel de Formosa.

BARBARIE ou *Etats barbaresques*, vaste région de l'Afrique septentrionale, située entre le Sahara et la Méditerranée, l'Égypte et l'Atlantique. Elle comprend les royaumes de Maroc, Tunis, Tripoli et l'Algérie. Elle est aussi nommée des Berbères, ses habitants primitifs.

BARBARO (Josaphat), voyageur vénitien, du XVe siècle, mort en 1494. Venise avait au moyen âge le privilége des voyages lointains et presque fabuleux. Un de ses fils, Marco-Polo, s'acquit en ce genre une réputation impérissable. D'autres voyageurs moins connus furent aussi hardis, entre autres Josaphat Barbaro, un des négociants aventureux de cette Carthage chrétienne. En 1436, cet audacieux trafiquant alla jusqu'à Tana (aujourd'hui Azof). Il y était appelé par l'intérêt du commerce vénitien. Il voulait lui ouvrir des relations avec la Chine. Ses services attirèrent l'attention du conseil, qui le nomma agent consulaire. En cette qualité il poussa jusqu'en Tartarie où, après un assez long séjour, il fut surpris par la conquête mahométane. Nous devons à sa mission et à ses fonctions diplomatiques, un livre de voyages, excellent pour l'époque, une relation intéressante, malheureusement rare de nos jours, mais qui, sur bien des points, est aussi précise qu'on peut le désirer.

BARBARO (François), né à Venise en 1398, mort en 1454. François Barbaro se distingua parmi cette élite de citoyens qui rendit Venise si forte et si puissante. Il fut le citoyen complet, tel qu'on peut le rêver dans une république; orateur éminent et soldat émérite. Trois villes de la confédération l'élurent successivement podestat. Il eut à prouver sa valeur en défendant Brescia contre un général milanais. La ville reconnaissante offrit à Barbaro un étendard brodé d'or. Barbaro, dans ses loisirs, écrivit plusieurs ouvrages, un commentaire sur le siége de Brescia, et un traité sur l'état du mariage : *De re uxoria*. Plus tard, promu en dignité, il devint procurat de Saint-Marc. Barbaro mourut dans ces importantes fonctions.

BARBARO (Ermolao), né à Venise, le 21 mai 1454, mort le 11 juin 1493, petit-fils du précédent. Celui-ci fut un des plus ardents collaborateurs à la grande œuvre de la Renaissance. Il eut à Rome pour professeur le cicéronien Pomponius Lætus. A peine eut-il terminé ses études, qu'il se signala par un ouvrage sur le célibat. Ce traité resta manuscrit. Peut-être était-ce une reprise des idées exprimées par son aïeul dans son ouvrage. De là, il suivit les cours de la faculté de Padoue. Il s'y distingua comme humaniste; on lui confia l'éloge funèbre du doge Nicolas Marcello; puis on l'éleva à la chaire de philosophie de Padoue; il y fit des leçons sur la Morale d'Aristote. Plus tard, changeant de sujet, il expliqua les poëtes grecs, et passa ensuite aux orateurs. A cette époque, tout humaniste contenait un diplomate. Ce fut ainsi qu'il alla en négociation auprès de Ludovic Sforze, et à la cour du pape Innocent VIII. Le pontife le nomma patriarche d'Aquilée. Ermolao ayant accepté cette dignité sans le consentement du sénat vénitien, fut obligé d'y renoncer. Il se vit alors réduit à vivre d'une pension pontificale dans une retraite studieuse. Cette retraite eût été féconde si une mort prématurée n'eût frappé l'humaniste. La peste l'atteignit à l'âge de trente-neuf ans, près de Rome. Il avait publié quatre ou cinq traités volumineux, roulant presque tous sur l'œuvre d'Aristote. Il laissa également plus de onze mille vers latins en manuscrit. C'est la partie la moins utile et la moins intéressante de son œuvre.

BARBAROUX (Charles-Jean-Marie), né à Marseille, en 1764, mort à Bordeaux, en 1794. Barbaroux, l'un des hommes les plus célèbres du drame de la Révolution française, préluda à sa tragique destinée par les occupations modestes de savant de province. Correspondant de Franklin, il se livra avec passion à l'étude des sciences, et publia des Mémoires sur les volcans éteints de la Provence. La Révolution, qui révéla des héros et des politiques, le révéla à lui-même. Il se jeta dans le mouvement avec une remarquable énergie. Marseille l'envoya à Paris comme un agent d'insurrection. Il se lia aux jacobins avec Brissot, Vergniaud et Gensonné, et fut admis dans l'intimité par M. et Mme Roland. Il ne cessa de provoquer à l'établissement d'une république. Il fut un des combattants du 10 août, en vue duquel il avait organisé les bataillons des fédérés marseillais : la victoire de la gauche devait porter Barbaroux à la nouvelle assemblée. Il fut élu à la Convention; il y marqua, dès le début, sa carrière législative par de grands emportements et des violences convaincues. Les principaux représentants de la Montagne lui étaient antipathiques. Il suspectait l'ambition de Robespierre, et haïssait les atroces fureurs de Marat. Il s'éleva fortement contre ces deux hommes, et réclama la mise en accusation des auteurs des massacres de septembre. Peut-être, dans la lutte de la Gironde et de la Montagne, Barbaroux empira-t-il ces débats, et contribua-t-il à rendre les parties irréconciliables. Ce fut le tort et la faute trop chèrement payée de cette brillante et malheureuse Gironde. Une lutte d'antipathies, voilà à quoi se réduisit le grand duel de la droite et de la gauche. Sur les questions capitales, girondins et montagnards votaient de concert. On ne le vit que trop fatalement dans le procès de Louis XVI, où les principaux orateurs des deux partis s'accordèrent pour opiner dans le sens le plus rigoureux. Barbaroux vota la mort; cependant il ajouta la clause de l'appel au peuple. Les passions anarchiques qui firent le 31 mai renversèrent Barbaroux de son siége de représentant. Il n'avait pas figuré à la Convention seulement comme homme de parti. Dans toutes les discussions économiques, il avait brillé du plus vif et du plus solide éclat. Il empêcha l'emprunt forcé d'un milliard et tâcha de prévenir la taxe des grains. Exclu de la Convention par l'émeute, il crut de son devoir de protester contre cette violation du droit. Il partit, et fut un de ceux qui, de Caen, appelèrent les départements à l'insurrection. Hélas! c'était amener la guerre civile en face de la guerre étrangère. D'autre part, la résistance à l'oppression des clubs n'était-elle pas imposée aux représentants du pays outragés dans leur majesté d'élus de la nation? Terrible problème, qui, fut résolu pour les Girondins par la défaite et par la mort. Les prises d'armes de Caen ne produisirent que l'assassinat de Marat par Charlotte Corday. On sait la défaite des Girondins mal soutenus. Les tribuns vaincus traversèrent en fugitifs toute la France. Cette douloureuse odyssée nous a été relatée par Louvet. Barbaroux s'était enfin réfugié auprès de Bordeaux; mais il fut découvert. Il se tira deux coups de pistolet, mais la commission révolutionnaire le fit traîner à l'échafaud agonisant, et, devant les Bordelais consternés, tomba la noble tête de celui que sa beauté avait fait surnommer *l'Antinoüs de la Révolution*. Barbaroux nous a laissé un volume de Mémoires.

BARBASTRO, ville d'Espagne, dans la prov. d'Huesca, à 45 kil. de cette ville. Pop. 5,900 hab. Siége d'un évêché suffragant de Saragosse; belle cathédrale. En 1064, cette ville fut prise par Sanche-Ramirez. Le 2 juin 1837, il s'y livra une sanglante bataille, sans avantage décisif, entre les carlistes et les troupes de la reine.

BARBAULD (Lætizia). Née à Kibworth-Harcourt, en 1773, morte en 1825. Lætizia Barbauld fut une des femmes intelligentes qui se mêlèrent au mouvement romantique anglais au commencement de ce siècle. Comme Mme Tastu, chez nous, elle figura avec honneur parmi les poëtes de son temps. Ses poésies morales annoncent Wordsworth, tout en se ressentant davantage de l'influence de Gray et de Collins. Imagination épurée, Mme Barbauld, née Aikin, se tourna naturellement vers la morale et la pédagogie. Elle composa des livres élémentaires, écrivit des livres religieux, fit des choix d'auteurs classiques à l'usage de la jeunesse. Elle ne fut pourtant pas infidèle à la poésie; car, douze ans avant sa mort, elle publiait un recueil, *the female Speaker*, mélange de vers et de prose; et un poëme intitulé : *Mil huit cent onze!*

BARBAZAN, village du départ. de la Haute-Garonne (Bigorre), à 10 kil. de Saint-Gaudens. Pop. 550 hab. C'est de là qu'étaient originaires les sires de Barbazan.

BARBAZAN (Guilhelm DE), né en 1384, mort en 1432. La chevalerie, ayant de s'éteindre, jeta quelques vives lueurs sur plusieurs figures héroïques. Un des derniers représentants de cette ligne de l'héroïsme fut, vers la fin du XIVe siècle, Guilhelm, seigneur de Barbazan. Il se révéla tout jeune dans un combat singulier, sous les murs du château de Montendre, en Saintonge. Les champions français, dont il faisait partie, furent victorieux des Anglais. Les deux armées assistaient à cette passe d'armes qui fit la renommée de Barbazan. Charles VI s'attacha à ce brave paladin, et lui donna le titre de *chevalier sans reproche*, mérité depuis par Bayard. Barbazan devait, par caractère, rester fidèle à la royauté, sans être pourtant Armagnac. Les Bourguignons ne réussirent pas à l'entraîner dans leur parti. Energique défenseur de la cause royale, il battit le duc de Bourgogne au faubourg Saint-Antoine, et soutint noblement les sièges de Corbeil et de Melun. Mais, à ce dernier siége, contraint à la reddition par la famine, il fut maltraité par les vainqueurs. Enfermé au Château-Gaillard, près de Rouen, il souffrit une captivité de huit ans. En 1430, Lahire délivra le prisonnier, qui fit bon usage de sa liberté dans l'intérêt de la France, si opprimée alors. A peine sorti de prison, Barbazan gagna sur les Anglo-Bourguignons la bataille de la Croisette. Charles VII le récompensa dignement. Il l'investit du gouvernement de Champagne et de Brie, et, par lettres-patentes, le déclara *restaurateur du royaume et de la couronne de France*, et l'autorisa à porter trois fleurs de lis sans brisure dans ses armes. La fin de Barbazan fut glorieuse. En 1431, il alla en Lorraine soutenir René d'Anjou, et, dans une sortie imprudente tentée par ce jeune prince, il fut percé de coups. Cependant il ne mourut de ses blessures que quelques mois après. Il alla rejoindre dans la sépulture de Saint-Denis son devancier Duguesclin.

BARBAZAN (Etienne), né à Saint-Fargeau, diocèse d'Auxerre, en 1696, mort à Paris, en 1770. Etienne Barbazan fut un des plus estimables érudits du XVIIIe siècle. Ses travaux, tout spéciaux, s'appliquèrent à la vieille littérature française. Il étudia les patois, les vieux dialectes, et donna plusieurs éditions savantes, entre autres l'*Ordine de chevalerie* et le *Castoiement d'un père a son fils*. Mais sa plus importante publication fut de beaucoup l'édition des *Fabliaux et contes des poëtes français*. La science doit beaucoup à cet homme laborieux et modeste.

BARBE (sainte), vierge et martyre (IVe siècle). Le nom de cette sainte est resté en grande vénération aussi bien chez les Grecs que chez les Latins; mais on peut dire de cet hommage qu'il est légendaire. Aucun acte formel ne l'établit. Suivant Baronius, Barbe aurait été disciple d'Origène et subi le martyre à Nicomédie, sous le règne de Maximin Ier, auteur de la sixième persécution générale. D'autres hagiographes pensent que la sainte fut suppliciée à Héliopolis, en Egypte, sous le règne de Galère, vers l'an 306. Quoi qu'il en soit de ces assertions contradictoires, la sainte martyre donna son nom à un très-ancien monastère près d'Edesse, comme, chez nous, elle l'a donné au collége florissant qui s'est mis sous son invocation. Sainte Barbe, nous ne savons pourquoi, est la patronne des canonniers, et c'est sans doute par extension de cette vénération particulière que, sur les vaisseaux, la soute aux poudres s'appelle la *sainte-barbe*.

BARBE (SAINTE-). Collége fondé, en 1430, à Paris, sur la montagne Sainte-Geneviève, par Jean Hubert, et dirigé par des religieux. Il fut régénéré et agrandi par une association de ses anciens élèves.

BARBE (SAINTE-), île du grand Océan, à l'O. de Bornéo.

BARBÉ-MARBOIS (François, marquis DE), né à Metz en 1745, mort en 1837. Il fut d'abord consul général aux Etats-Unis, puis intendant de Saint-Domingue. Le roi le nomma ensuite secrétaire de légation à Ratisbonne et à Dresde, et enfin chargé d'affaires auprès des électeurs de Saxe et de Bavière. En 1795, il fut nommé, par son département, membre du conseil des Anciens. Il y joua un rôle assez important. Sous le Directoire, il fut condamné à la déportation pour avoir voté des remerciements au conseil des Cinq-Cents. Il ne voulut pas fuir et fut déporté à Cayenne. Sa femme eut le courage de le suivre. Il rentra en France après le 18 brumaire, et fut nommé sénateur. Il vota la déchéance de Napoléon; mais quand l'empereur revint de l'île d'Elbe, il eut la pudeur de rester fidèle au serment qu'il venait de prêter aux Bourbons, et résista à toutes les instances de Napoléon. En 1815, il fut nommé ministre de la justice. Ce fut lui qui porta l'accusation dans le procès du maréchal Ney. Il fut plus tard président de la cour des comptes. Il a publié des écrits et des mémoires politiques et historiques.

BARBENTANE, bourg du dép. des Bouches-du-Rhône, arrond. d'Arles, à 31 kil. de cette ville. Pop. 2,000 hab. Bons vins muscats.

Mort de Baïraktar. (Page 207.)

BARBERINO DI MUGELLO, bourg du royaume d'Italie, à 30 kil. de Florence. Pop. 1,100 hab. On remarque aux environs la villa de Cafaggolio, ancienne résidence des Médicis.

BARBERINO DI VAL D'ELSA, bourg du royaume d'Italie, à 30 kil. de Florence. Berceau de la famille Barberini.

BARBERINO (François DE), poëte lyrique, né à Florence en 1597, mort en 1679. Il était neveu du pape Urbain VIII, qui l'envoya comme légat en France et en Espagne. Il fut nommé successivement vice-chancelier de l'Eglise, bibliothécaire du Vatican, évêque de Sabine, puis d'Ostie, etc. Il était savant dans les langues anciennes et orientales. On lui doit une excellente traduction de Marc-Aurèle.

BARBEROUSSE Ier (Aroudj), né à Mételin (Lesbos), en 1474. Les Espagnols s'étant emparés d'Alger en 1510, les habitants, traités durement par leurs vainqueurs, se révoltèrent, en 1516, et appelèrent à leur secours un prince arabe qui ne vit d'espoir que dans l'assistance d'un écumeur de mer, le premier Barberousse. Cet homme était fils d'un renégat sicilien, nommé Yacoub, et pirate lui-même. Barberousse avait couru les mers dès l'âge de treize ans, et son intrépidité avait attiré sous ses ordres une foule d'aventuriers qui le rendaient redoutable sur la Méditerranée. Il avait perdu un bras devant Bougie, qu'il voulait enlever aux Espagnols, et il venait de s'emparer de Gyge, avec le secours de son frère Khaïr-Eddyn, plus tard Barberousse II. Le pirate s'empressa de secourir les Algériens; il attaqua par mer les Espagnols enfermés dans Alger; les Arabes l'investissaient par terre. Le fort et la ville furent pris, et la garnison espagnole mit bas les armes; mais Alger délivrée des Espagnols ne fit que changer de maître: Barberousse se débarrassa du prince arabe qui l'avait appelé, et resta seul maître d'Alger avec ses Turcs, qui devinrent le noyau de sa milice algérienne. Les Arabes tentèrent une attaque contre Alger, mais leur flotte se brisa contre les rochers, et les troupes débarquées furent anéanties par Barberousse, pendant qu'elles se livraient au pillage. Il entreprit de chasser les Espagnols des côtes d'Afrique, mais il fut tué, en 1518, pendant une expédition contre Tlemcen, en combattant les Espagnols d'Oran.

BARBEROUSSE II (Khaïr-Eddyn), frère du précédent, né à Métélin (Lesbos), vers 1476. Avant de quitter Alger, Barberousse avait appelé pour gouverner en son absence, Khaïr-Eddyn, son frère, surnommé aussi Barberousse. A peine en possession du pouvoir, celui-ci fut menacé par une flotte espagnole de 26 vaisseaux portant 6,000 hommes. Une tempête fit périr cette flotte. Cependant Khaïr-Eddyn, toujours attaqué par les Espagnols et les Arabes, eut recours au sultan Sélim Ier, et en obtint pour prix de sa soumission le titre de bey d'Alger, un secours de 2,000 janissaires, de l'artillerie et de l'argent. Il s'empara, avec ces nouvelles forces, du fort espagnol qui n'était pas encore soumis, et fit construire par les esclaves chrétiens la jetée qui réunit à la terre ferme l'île sur laquelle le fort est élevé. En 1533, le sultan Soliman ayant appelé auprès de lui Khaïr-Eddyn qu'il fit capitan-pacha, cet homme aussi habile que redoutable, profita de son influence pour obtenir une flotte avec laquelle il vint s'emparer de Tunis, d'où Charles-Quint l'avait chassé quelques années auparavant. Maître de la ville et du fort de la Goulette, il infesta la mer de ses brigandages, menaçant non-seulement la Sardaigne et la Sicile, mais ravageant même les côtes d'Italie et d'Espagne. Charles-Quint rassembla, pour le combattre, 30,000 hommes, et réunit 500 navires à Cagliari. Charles-Quint s'empara successivement du fort, de la Goulette, de la flotte tunisienne, de l'arsenal et enfin de la ville. 20,000 chrétiens furent délivrés. A son retour la flotte espagnole fut dispersée par une violente tempête. L'empereur méditait une nouvelle expédition contre Alger; il avait même réuni ses flottes et l'élite de ses troupes; mais la longueur de ces préparatifs avait permis à Khaïr-Eddyn de préparer sa défense. Aussi le pape voulut-il détourner Charles-Quint d'une expédition dont le succès était douteux. Celui-ci persista dans son entreprise, et vint débarquer à une demi-lieue d'Alger avec 22,000 hommes et 1,100 chevaux. Malgré un temps rigoureux, la place fut investie. La veille du jour fixé pour l'attaque, un orage épouvantable assaillit les Espagnols, sans tentes et sans abri. En même temps la tempête dispersait la flotte. Les Turcs, profitant de ces circonstances, attaquèrent les Espagnols et détruisirent la troupe des chevaliers de Malte, forte de 500 hommes. L'empereur avait perdu 150 vaisseaux et 8,000 soldats ou marins. Ne pouvant plus continuer le siége, il revint à Bougie avec les débris de sa flotte et de son armée. Dès lors Khaïr-Eddyn put continuer jusqu'à sa mort ses pirateries et ses dévastations.

BARBEU-DUBOURG (Jacques), médecin et botaniste, né à Mayence en 1709, mort à Paris en 1779. Il étudia d'abord les langues anciennes et l'hébreu, puis il s'adonna à la médecine, qu'il exerça à Paris. Il a publié des ouvrages recommandables qui attestent la profondeur de ses connaissances. J.-J. Rousseau lui a reproché, sans fondement, d'avoir mis dans ses recherches plus d'imagination que de vérité. Il fut lié avec Franklin, à qui il dédia son *Code de la raison humaine*. Il fit paraître, en 1761, la *Gazette de médecine*; il écrivit ensuite une série d'ouvrages sur la botanique.

BARBEYRAC (Charles), médecin, né à Céreste en Provence, en 1629, mort à Montpellier, en 1699. Il fut reçu docteur en médecine à Montpellier; il acquit dans l'exercice de sa profession une grande réputation. Locke le compare à son illustre ami Sydenham. Il n'a rien publié, et on le regrette d'autant plus qu'il était profond observateur de la nature, et que sa méthode consistait dans l'emploi très-modéré des médicaments.

BARBEYRAC (Jean), neveu du précédent, né à Béziers en 1674, mort en 1744. Ses parents, qui étaient calvinistes, l'emmenèrent en Suisse, lors de la révocation de l'édit de Nantes. Il étudia la jurisprudence et spécialement le *droit de la nature et des gens*, sur lequel il écrivit un traité. C'était un savant laborieux et exact, mais son style est sec; ses travaux ne sont que des traductions ou des compilations d'ouvrages de droit, recommandables par les commentaires. Il fut d'abord professeur de belles-lettres au collége de Berlin, puis professeur de droit et d'histoire à Lausanne, et enfin professeur de droit politique à Groningue. Il fut nommé, en 1729, membre de la société royale des sciences de Prusse.

BARBEZIEUX, sous-préf. du départ. de la Charente, à 34 kil. d'Angoulême. Pop. 3,700 hab. Tribunal de 1re instance. Manufactures de grosses toiles et fil de chanvre. Commerce de truffes, de fromages, de grains; eaux-de-vie, bestiaux, volailles, etc. On y remarque un vieux château. Barbezieux est une ancienne seigneurie dépendante de

Julie de Gonzague fuyant devant Barberousse.

BAR

celle de la Rochefoucauld, et qui passa dans la maison de Louvois.

BARBEZIEUX (Louis-François-Marie le Tellier, marquis DE), troisième fils du célèbre Louvois, né en 1668, à Paris. Louis XIV n'hésita pas à lui donner la direction des affaires de la guerre, quoiqu'il n'eût que 23 ans, et que son père, qui avait occupé cette importante fonction, fût en disgrâce. Il se montra d'abord actif et pénétrant. Ainsi il trouva des ressources pour les guerres engagées en 1692; mais bientôt il s'adonna à de honteuses débauches, malgré les remontrances paternelles de Louis XIV, qui menaçait de lui retirer son emploi. Il mourut des suites de ses excès, en 1701, à l'âge de 33 ans; il croyait à l'astrologie, et se plaisait à raconter une prédiction qui fixait à cet âge le terme de sa vie.

BARBIÉ DU BOCAGE (Jean-Denis), géographe et philologue, né à Paris, en 1760, mort en 1825. Il étudia au collège Mazarin, et fut l'unique élève de Danville. En 1785, il fut employé comme géographe au ministère des affaires étrangères et passa ensuite au cabinet des médailles de la bibliothèque royale; il espérait même succéder à l'abbé Barthélemy. Arrêté en 1793, il recouvra sa liberté et rentra au ministère des affaires étrangères. Il entra à l'Institut en remplacement d'Anquetil, et, en 1816, il fut nommé membre de l'Académie royale des inscriptions et belles-lettres. Il a laissé des mémoires et des cartes géographiques, ainsi que des recherches historiques. Ses travaux sur la géographie ancienne sont surtout précieux.

BARBIER (Antoine-Alexandre), savant bibliographe, né à Coulommiers, en 1765, mort en 1825. Il était vicaire de Dammartin quand la Révolution éclata. En 1791, il fut élu curé de la Ferté-sous-Jouarre. En 1794, il fut élève de l'école normale. Barrois, savant libraire avec qui il était lié, le fit nommer membre de la commission temporaire des arts; il fut alors chargé de recueillir dans les couvents dévastés les livres de sciences et d'arts. En 1807, l'empereur le nomma son bibliothécaire. Il composa la belle bibliothèque du conseil d'Etat, qui fut plus tard transférée au château de Fontainebleau. Il a publié, outre le catalogue de cette bibliothèque, un dictionnaire des ouvrages anonymes et pseudonymes, des mémoires historiques et des ouvrages de critique littéraire.

BARBIER (Edmond-Jean-François), né à Paris le 16 janvier 1689, mort le 29 janvier 1771. Il fut reçu avocat au parlement en 1708. Ses travaux de cabinet le firent bientôt remarquer et admettre parmi les plus grands personnages, tels que M. d'Argenson et la famille Nicolaï. Ce qui a surtout sauvé son nom de l'oubli, c'est l'ouvrage qu'il a publié sous le titre de : *Chronique de la Régence et du règne de Louis XV*, ou *Journal historique et anecdotique*. Dans ce journal, où Barbier se montre homme d'une moralité fort douteuse, il consigne chaque soir les nouvelles de la cour et de la ville, en ayant soin, toutefois, de mentionner l'impression qu'elles ont produite dans Paris. Cette gazette est remplie de détails piquants que l'on chercherait vainement dans les autres publications de l'époque. Elle comble une lacune entre les *Mémoires de Saint-Simon*, qui s'arrêtent en 1723, et ceux de Bachaumont, qui commencent en 1762, et présente un grand intérêt pour l'histoire des mœurs de ce temps. La Société de l'Histoire de France en a donné une édition expurgée en 1847-49.

BARBIER D'AUCOUR (Jean), né à Langres, en 1635, mort à Paris, en 1694. Il était répétiteur au collège de Lisieux, quand une aventure décida de sa vocation. Les bons pères avaient exposé des tableaux profanes dans l'église du collège. Barbier en fit la critique en ces termes : *Si locus est* SACRUS... On rit beaucoup et il fut surnommé *Sacrus*. Mais il se fâcha, et se jeta même dans le parti opposé aux jésuites. Il publia contre eux une première satire : *Onguent pour la brûlure*. Son succès l'emporta trop loin : il osa attaquer Racine dans de plates satires; mais il en fit plus tard amende honorable. Les *Sentiments de Cléanthe*, qu'il publia ensuite, passent pour un chef-d'œuvre : la fine plaisanterie et l'esprit le plus délicat distinguent cette production, qui lui ouvrit les portes de l'Académie française. Il voulut aborder le barreau, mais, à sa première cause, il resta coi. Il fut pendant quelque temps précepteur d'un des fils de Colbert; la mort de ce ministre le fit bientôt tomber dans la misère. Il épousa la fille de son libraire, et mourut peu après dans une grande indigence.

BARBIER à Rome, anciennement *tonsor*. Le vrai mot serait plutôt *tondeur*, car il faisait la barbe, la taillant avec des ciseaux ou la rasant, coupait les cheveux et rognait les ongles. Les barbiers quittèrent la Sicile et vinrent s'établir à Rome l'an 454. Ils exerçaient leur métier dans les rues, mais plus tard ils eurent des boutiques. Les barbiers publics étaient affranchis et beaucoup même étaient esclaves : les premiers travaillaient pour leur compte, et les autres rapportaient à leurs maîtres les gains du métier. Agrippa, étant édile, fournit gratis, au peuple, pendant un an, des barbiers pour les hommes et pour les femmes. Auguste l'imita en 60.

BARBIERS en France. Dès le XIIIe siècle, les barbiers formaient une corporation, et le siècle suivant ils portaient le nom de *mire*. Parfois on voit dans l'histoire le *mire du roi* devoir une importance politique à ses rapports intimes avec le roi. Louis IX renouvela plusieurs fois les statuts des barbiers ainsi que leur organisation. Voilà pourquoi on a vu pendant longtemps, et encore de nos jours, les boutiques des barbiers peintes en bleu avec des fleurs de lis couleur d'or. En 1674, les barbiers furent de nouveau constitués en corps, moyennant une somme de 1,500 livres que chacun dut payer. En 1790, la corporation des barbiers disparut par l'abolition des corps d'états.

BARBOSA (Pierre), jurisconsulte portugais, né près de Braga, mort en 1606. Il fut le premier professeur de droit à l'université de Coïmbre. Le roi Sébastien le plaça dans le conseil suprême de justice, où il resta jusqu'à sa mort. Il avait une grande réputation de droiture, d'intégrité et d'indépendance. Ainsi, persuadé que le roi Philippe, qui régna ensuite, possédait injustement la couronne de Portugal, il manifesta hautement ses sentiments. Le roi comprit qu'il perdrait sa popularité en persécutant un tel homme; aussi il le combla d'honneurs, mais sans pouvoir jamais le gagner. Dès que Barbosa apprit que l'usurpateur venait de mourir avec une grande piété : « A-t-il ordonné dans son testament, dit-il, qu'on rendît le Portugal à qui il appartient de droit? » Il a laissé des commentaires du *Digeste*.

BARBOSA-BACELLAR (Antonio), littérateur portugais, né près de Lisbonne, en 1610, mort en 1663. Barbosa fut célèbre dans son pays comme jurisconsulte, historien et poëte. A vingt-cinq ans, il avait déjà publié des poésies lyriques qui faisaient espérer au Portugal un poëte national; mais, contre l'attente générale, il se livra à l'étude de la jurisprudence. Après la révolution de Portugal, il composa une excellente défense du droit de la maison de Bragance au trône de Portugal. Ces mémoires juridiques jouaient alors un grand rôle dans la diplomatie du XVIIe siècle, et sont encore en usage dans la diplomatie allemande. Ce travail lui ouvrit la carrière des dignités et de la fortune. On lui doit deux ouvrages sur l'histoire portugaise.

BARBOSA-MACHADO (Diégo), littérateur portugais, né à Lisbonne, en 1682, mort vers 1770. Il fut abbé de Sever, membre de l'Académie royale de l'histoire portugaise. Il était érudit, mais sans goût littéraire. Il publia cependant un ouvrage intitulé la *Bibliographie des auteurs portugais*.

BARBOTAN, bourg de l'arrond. de Condom (Gers), à 39 kil. de cette ville. Pop. 250 hab. Eaux et boues minérales; établissements de bains.

BARBOU, nom d'une famille d'imprimeurs, célèbre par la correction et l'élégance de ses impressions. Cette famille remonte au XVIe siècle. Jean Barbou vint à Lyon en 1539; il publia les œuvres de Clément Marot, et prit pour devise celle du célèbre poëte : *Mort n'y mord*. Ses successeurs prirent cette autre devise : *Meta laboris honor*. Hugues, son fils, quitta Lyon pour aller à Limoges. Jean-Joseph Barbou fut le premier de cette famille qui s'établit à Paris, où il fut reçu libraire en 1704. Son frère fut libraire et imprimeur. On doit à cette famille une admirable collection des auteurs de l'antiquité, qui suppléa à la rareté des éditions elzéviriennes.

BARBOU-DESCOURIÈRES (Gabriel), général français, né à Abbeville en 1761, mort à Paris en 1827. Il descend de la famille Barbou, si célèbre dans l'imprimerie. Lieutenant avant la Révolution, il partit pour l'expédition de Saint-Domingue. Il remplit les fonctions d'adjudant-général aux armées des Ardennes et de Sambre-et-Meuse. Il était chef d'état-major de l'armée à Fleurus. Il fut nommé ensuite général de brigade.

BARBOUDE (la). L'une des Antilles anglaises, à 43 kil. d'Antigua. Superf. 24 kil. sur 12. Pop. 1,400 hab. Sol bas mais fertile. Côtes très-dangereuses. Récolte de coton, tabac, indigo, canne à sucre, gingembre, etc. Les Anglais occupent cette île depuis 1628. Elle appartient aujourd'hui à la famille Codrington.

BARBOUR (Jean), poëte écossais, archidiacre d'Aberdeen, mort en 1396. Il fut chapelain de David Bruce, roi d'Ecosse, et chargé de plusieurs ambassades en Angleterre. C'était un poëte distingué pour son siècle. Il a écrit en vers héroïques l'histoire de Robert Bruce, qui délivra l'Ecosse du joug des Anglais.

BARBUTES. Nom donné aux soldats mercenaires employés en Italie au XIVe siècle. Ce nom leur vient de *barbute* ou *barbue*, masque à barbe propre à les déguiser lorsqu'ils s'abandonnaient à des excès.

BARBY, ville de Prusse, dans le cercle de Magdebourg, à 8 kil. de Kalbe, un peu au-dessous de l'embouchure de la Saale. Pop. 3,600 hab. Fabriques de toiles et de draps. Cette ville fut érigée en comté en 1497. En 1749, les frères Moraves y avaient fondé un établissement qui fut transféré depuis à Nieski

BARCA (famille de). Famille puissante de Carthage dont le chef était Annibal Barca, et compta parmi ses membres Asdrubal et le fameux Annibal. Cette famille formait une faction opposée à celle de la famille d'Hannon, et était ennemie jurée du nom romain.

BARCA, BARKAH ou BARQUAH, anciennement *Cyrénaïque*, *Libye extérieure* et *Marmarique*. Contrée d'Afrique, située sur les bords de la Méditerranée, depuis l'Egypte à l'E. jusqu'au golfe de la Sidre à l'O. Elle est bornée au S. par le Sahara oriental. 900 kil. de l'O. à l'E., 120 à 160 kil. du N. au S. Pop. 100,000 hab. Le sol est élevé, sablonneux et pierreux; on y rencontre quelques oasis, tels que : Syouah, Santarieh, Audgelah, Albaretoun, et vers le S. les monts Gerdobah qui offrent de délicieuses vallées. Le climat est sain et tempéré. On y récolte des olives, dattes, riz, safran; élève de chevaux estimés. Les principales villes de cette contrée sont : Lebdah, Grennah, Derna, Benyhazi, Barca, etc. Quelque commerce avec l'Egypte, le Mourzouk et le Fezzan. En 643, les Arabes, sous le kalife Omar, s'emparèrent du pays de Barca et le conquirent de nouveau sous Othman. Il obéit ensuite aux Thoulounides d'Egypte, aux Aglabites, aux Fatimites, aux Ayoubites, aux souverains de Tunis. Depuis le XVIe siècle, il est tributaire du bey de Tripoli.

BARCE, aujourd'hui *Barça*, ville de la Cyrénaïque, sur la Méditerranée. Ce fut des ruines de cette ville que Louis XIV fit tirer les marbres antiques dont on orna le château de Versailles et le grand Trianon.

BARCELONA LA NUOVA, ville de l'Etat de Venezuela, à 70 kil. de Cumana, près de l'embouchure du Neveri. Pop. 4,500 hab. Climat malsain. Cette ville, autrefois chef-lieu du département de Maturin, dans l'ancienne Colombie, est aujourd'hui déchue.

BARCELONE, ville d'Espagne, ch.-l. de l'intendance de son nom, et ancienne cap. de la Catalogne, à 504 kil. de Madrid. Pop. 252,000 hab. Cette ville est située sur la Méditerranée, et près de l'embouchure du Llobregat. Place très-forte, défendue par une citadelle et les forts Montjuich, Pio, Aterazanas. Vaste port de guerre et de commerce, arsenal pour la marine. Elle est le siége d'un évêché suffragant de Tarragone; écoles d'artillerie et du génie; établissements pour l'instruction publique et les arts, musées, bibliothèque. Parmi les monuments, on remarque le palais de l'*Audiencia*, la bourse, l'hôtel de ville, l'hôtel de la douane, un théâtre, la cathédrale (XIVe siècle). Antiquités nombreuses. Industrie active, grand commerce. Exportation de vins et eaux-de-vie; fabriques de draps, cotonnades, toiles, rubans, soieries, chapeaux, etc. Manufactures d'armes à feu et armes blanches; fonderie de canons. Fondée vers 230 av. J.-C., par Amilcar Barca, Barcelone fut soumise aux Romains, aux Goths, aux Sarrasins, à Charlemagne, et devint la capitale du comté de son nom; puis fut le chef-lieu d'un comté vassal de la France jusqu'en 1258. Prise par les Arabes en 916, par les Français en 1640, qui la conservèrent jusqu'en 1642, en 1677 par Vendôme, par Berwick en 1714 et en 1808; la fièvre jaune y fit de cruels ravages en 1821; elle fut bombardée en 1842 et 1843.

BARCELONE, village de l'arrond. de Mirande (Gers), à 62 kil. d'Auch, sur l'Adour. Pop. 1,200 hab.

BARCELONNETTE, sous-préfecture du départ. des Basses-Alpes, à 84 kil. de Digne. Pop. 1,850 hab. Tribunal de première instance; collége. Fabrique de petite draperie, commerce de blé, mulets, bœufs, moutons. On compte dans cette ville environ deux cents métiers à soie. Patrie de Manuel. Barcelonnette fut fondée, vers 1225, par Raymond Bérenger, comte de Provence, de la maison de Barcelone. Elle fut plusieurs fois prise et reprise par les Français et les ducs de Savoie, et resta définitivement à la France par le traité d'Utrecht.

BARCHUSEN ou BARCKHAUSEN (Jean-Conrad), médecin allemand, né, en 1666, à Horn en Wesphalie, mort à Utrecht, en 1723. Il fut d'abord chimiste, mais l'étude de la chimie le conduisit à celle de la médecine. Il interrompit ses études pour servir comme médecin dans les troupes vénitiennes en Morée. Il revint ensuite à Utrecht, où il professa la chimie. Il a publié, outre des ouvrages sur la chimie, une histoire de la médecine. Il est le premier qui ait reconnu la nature acide du sel de succin obtenu par la sublimation.

BARCILLONETTE, ch.-l. de cant. de l'arrond. de Gap. (Hautes-Alpes), à 16 kil. de cette ville. Pop. 900 hab.

BARCLAY (Alexandre), auteur anglais du XVIe siècle, mort en 1552. Les Anglais et les Ecossais se disputent l'honneur de lui avoir donné naissance. On croit cependant qu'il était Ecossais. Il fit ses études à Oxford. Il voyagea beaucoup en Europe. A son retour, il se fit bénédictin, puis franciscain; ce qui ne l'empêchait pas d'être peu réglé dans ses mœurs. Il a écrit, entre autres ouvrages, la *Nef des fous*, satire burlesque, moitié en vers, moitié en prose. Il a laissé aussi des traductions remarquables. Son style est pur et facile; il passe pour avoir puissamment contribué à fixer la langue anglaise.

BARCLAY (Guillaume), né à Aberdeen, en 1543, mort en 1605. Il étudia le droit à Bourges, sous l'illustre Cujas. Il fut ensuite professeur de droit à Pont-à-Mousson, dans l'université des jésuites. Le duc de Lorraine le prit en affection et le fit conseiller d'Etat et maître des requêtes. Mais, par suite de discussions avec les pères jésuites, il perdit sa place. Il professa alors à Angers, et prit parti contre la ligue et les ultramontains. Jacques Ier étant monté sur le trône, il se souvint qu'il avait été élevé à sa cour, en Ecosse. Il se rendit près de lui, mais il ne voulut pas renoncer à sa religion pour accepter les honneurs qu'on lui proposait. Jurisconsulte habile, il publia des commentaires du droit romain, et un ouvrage sur la puissance temporelle et spirituelle des papes.

BARCLAY (Jean), fils du précédent, né à Pont-à-Mousson, en 1582, mort à Rome, en 1621. A la mort de son père, il passa en Angleterre où il avait déjà publié un poëme latin sur le couronnement de Jacques Ier. Il y fut bien accueilli, quoique catholique. Cependant les catholiques le poursuivirent de leur haine à cause de son commerce avec les gallicans. Il quitta alors l'Angleterre et alla à Rome, où il publia son *apologie* pour confondre ses calomniateurs. Il a laissé des commentaires d'auteurs anciens, des satires et quelques livres d'histoire.

BARCLAY (Robert), de la même famille que les précédents, né en 1648, à Gordonstown (comté de Murray), mort en 1690. Il était issu d'une ancienne famille d'Ecosse. Il était quaker ainsi que son père. Il étudia le grec, l'hébreu et la théologie. Son enthousiasme était si grand, et il croyait tellement à une révélation intérieure et immédiate, à un commerce avec Dieu, qu'il crut un jour qu'il lui était commandé de se promener dans les rues d'Aberdeen couvert d'un sac et de cendres, et il le fit en effet. Cependant l'exagération de ses coreligionnaires était telle qu'il dut plusieurs fois condamner leurs pratiques ridicules. Il contribua par ses écrits, en dénaturant un peu, il est vrai, la doctrine des quakers, à la faire respecter et à la propager. Il fut persécuté ainsi que plusieurs personnes de sa secte, et jeté en prison, à l'instigation de l'archevêque de Saint-André. Il ne dut sa liberté qu'à de puissantes protections, et acquit même une certaine faveur à la cour. En 1682, les propriétaires de la Nouvelle-Jersey, dans l'Amérique du Nord, l'élurent gouverneur de cette province, mais il ne crut pas devoir accepter cette fonction.

BARCLAY DE TOLLY (prince Michel), né en 1755, d'un pasteur de la Livonie originaire d'Ecosse. Il reçut une forte éducation qui le mit en état d'obtenir un avancement rapide dans l'armée. Il se distingua en Pologne, en 1806, et fut nommé général après la campagne de Finlande. En 1812, il commanda la belle retraite de l'armée russe en présence de l'armée française. Lors de l'invasion de la France, en 1814, il commanda l'armée russe en qualité de feld-maréchal. Il fut alors fait prince par l'empereur Alexandre, et comblé d'honneurs par Louis XVIII. Il mourut en 1818.

BARCOCAB ou BARCOKHEBA, imposteur juif, qui vivait vers 134, sous l'empereur Adrien. Il fut d'abord voleur et s'appelait Barcoziba, qui signifie *fils du mensonge*. Il résolut de jouer le rôle de prophète, et il n'eut pour cela qu'à changer son nom en celui de Barcokheba qui signifie *fils de l'étoile*. Sous ce nouveau nom, il se présenta à Akiba, chef du sanhédrin, qui, voulant avoir un rôle dans cette comédie, se donna lui-même pour son précurseur, et l'annonça comme l'étoile sous laquelle Balaam avait désigné le futur libérateur de la nation. Pour en imposer aux Juifs, il fallait des miracles : Barcokheba, se souvenant des ruses de son ancien métier, vomit devant eux des flammes au moyen d'un morceau d'étoupe enflammée qu'il avait mis dans sa bouche. Les Juifs se rendirent à un tel témoignage. Ils étaient d'ailleurs irrités de ce qu'Adrien avait fait élever un temple à Jupiter à la place du temple de Jéhovah; puis ne se croyaient-ils pas destinés à commander aux autres nations? C'en était assez pour qu'ils suivissent le premier aventurier venu. Barcokheba, profitant de ces dispositions, assembla une nombreuse armée, se fit proclamer roi, fit même battre monnaie, et appela naturellement au partage du butin tous les brigands des pays voisins. Cependant son zèle pour la religion l'emporta jusqu'à faire massacrer les chrétiens qu'il considérait comme apostats de la religion juive. Tinnius Rufus, gouverneur du pays au nom d'Adrien, fut battu par lui dans diverses rencontres. Jules Sévère fut alors envoyé en Judée. Cet habile général, qui n'avait qu'une faible armée, épuisa l'armée juive en la harcelant sans cesse, tout en évitant de livrer bataille. Bientôt Barcokheba fut réduit à se renfermer dans Bither, où il fut assiégé. Il fit périr ceux qui parlaient de se rendre. La ville fut cependant emportée et Barcokheba tué dans la mêlée; son armée tout entière fut passée au fil de l'épée. Le carnage fut si atroce qu'on vit le sang ruisseler dans les campagnes. Cette guerre avait coûté aux Romains l'élite de leurs meilleures troupes. Les Juifs, dans leur liturgie, ont consacré un jour solennel de jeûne et de prières destiné à perpétuer la mémoire de ce terrible événement.

BARD, village du royaume d'Italie, à 36 kil. d'Aoste, à l'entrée de la vallée d'Aoste, et possède un fort qui défend cette vallée. Ce fort fut pris et rasé par les Français en 1800, mais reconstruit en 1815.

BARDAJI-Y-AZARA, neveu du ministre espagnol d'Azara, né à Rome en 1760, mort en 1792. Il fut auditeur de la Rote et accompagna Pie VI dans ses différents voyages en Italie et en France. Il fit partie du conclave tenu à Venise pour l'élection du successeur de Pie VI, et il revint à Rome avec lui. Lors de la révolution d'Espagne, en 1808, il y joua un rôle assez important, et l'empereur Napoléon le fit interner à Valence, où il resta jusqu'à la Restauration. Il rentra alors à Rome. Il était cardinal depuis 1806.

BARDARIOTES, soldats de la garde des empereurs de Constantinople et gardiens de la porte du palais. A l'armée, ils faisaient sentinelle près de la tente impériale. Lorsque l'empereur sortait dans la ville, les bardariotes le précédaient, et, armés d'un bâton, ils écartaient la foule sur son passage. Ces soldats étaient d'origine perse, et leur costume consistait en un habit rouge et un bonnet à la persane avec une bordure jaune. Leur chef était *primicerius* de la cour.

BARDAS, patrice de l'empire d'Orient, dut son élévation au mariage de sa sœur Théodora avec Théophile, empereur d'Orient, en 830. Bardas était un ambitieux, capable de tous les crimes, et cachant ses vices sous des dehors séduisants. Il trompa si bien l'empereur qu'en mourant, il le fit tuteur de son jeune fils Michel, en lui donnant pour collègue Théoctiste et Manuel.

Tous trois formaient le conseil de régence de l'impératrice. Bardas, jaloux de ses collègues et gêné par la popularité de Théodora, eut recours à la ruse pour se débarrasser d'eux. Il développa chez son pupille le germe des vices les plus honteux. Théoctiste fut assassiné par ordre de Michel, Manuel exilé, et Théodora, chassée du palais, fut exilée dans un cloître avec ses filles. Bardas se fit alors donner le titre de césar. Sous prétexte de conspiration, il fit mettre à mort les patrices et les seigneurs les plus distingués. Le patriarche d'Antioche, qui lui fit des représentations, fut enfermé dans un cachot. Mais un homme habile avait su, malgré son obscurité, se glisser auprès de Michel : c'était Basile, le Macédonien. Il lui ouvrit les yeux sur les manœuvres de Bardas, et l'empereur, comprenant alors ses vues ambitieuses, n'hésita pas à le faire assassiner dans la tente impériale. Basile lui porta lui-même les premiers coups.

Bardas-Phocas et Bardas-Sclérus, deux généraux de l'empire grec dont les destinées furent étrangement unies. Sclérus fut élevé aux premières charges militaires par Zimiscès, vers 970. Il se signala lors d'une invasion des Russes. Ces Barbares, qui ravageaient depuis longtemps les frontières de l'empire, avaient franchi le mont Hémus sous la conduite de Wenceslas, et étaient venus jusque sous les murs d'Andrinople. L'empereur n'avait pas eu le temps de réunir une armée, mais Sclérus s'enferma dans la ville avec dix mille soldats, et en arrêtant ainsi le flot de l'invasion, il sauva l'empire. Il battit les Barbares séparément, en divisant leurs forces; et par ses manœuvres savantes, il les contraignit à la retraite, après leur avoir fait perdre vingt mille des leurs. De là, Zimiscès l'envoya en Asie pour combattre Bardas-Phocas, neveu de l'empereur Nicéphore, qui avait péri assassiné. Phocas s'était d'abord réfugié à Amasie, attendant l'occasion de venger son oncle; quand il avait cru le moment favorable, il s'était dirigé sur Césarée avec les secours que lui avaient envoyés son père et son frère; et cette ville lui avait été livrée. Jetant alors le masque, il s'était fait proclamer empereur. Son père et son frère venaient d'être arrêtés au moment où ils allaient le rejoindre, et emprisonnés. Sclérus arriva alors en Phrygie; mais les rebelles, déconcertés par la présence de son armée, abandonnèrent Phocas, qui se soumit, à la condition qu'il aurait la vie sauve. Sclérus le promit, et Phocas fut envoyé dans un monastère de l'île de Chio. Sur ces entrefaites, Zimiscès mourut en 975. Alors l'eunuque Basile, chambellan et premier ministre des jeunes empereurs Basile et Constantin, disposa du pouvoir. Redoutant l'influence de Sclérus, il lui retira le commandement de son armée de Phrygie, en le faisant duc de Mésopotamie, et il lui envoya pour successeur Pierre Phocas, second frère de Bardas-Phocas qui venait d'être vaincu. Sclérus, indigné, se fit proclamer empereur et rallia une puissante armée. Les Sarrasins, heureux d'entretenir cette division, lui fournissent de l'argent. Le ministre, épouvanté, envoie plusieurs généraux, qui sont tous battus. Il se décide alors à mettre en liberté Bardas-Phocas. Celui-ci jette le froc, et lui, autrefois sujet rebelle, il se voit chargé à son tour de châtier la rébellion. D'abord les avantages furent balancés, les deux généraux étant animés de la même haine et déployant les mêmes talents. Mais une bataille générale s'engagea. Elle durait depuis plusieurs heures, et la fureur des deux armées était à son comble, quand Phocas vit ses soldats se replier. Préférant la mort à la honte d'une défaite, il marcha droit à Sclérus et l'attaqua. Pendant ce combat singulier, les deux armées s'arrêtèrent, cessèrent le carnage, et attendirent les résultats de cette lutte d'où allait dépendre le sort de l'empire. Sclérus, frappé d'un coup terrible, fut renversé de son cheval. Son armée se débanda aussitôt, et lui-même dut se réfugier chez le kalife de Bagdad, où il fut jeté en prison. Phocas reçut, pour prix de sa victoire, le gouvernement de l'Asie, qu'il garda pendant dix ans. Pendant ce temps-là, Sclérus avait vu sa captivité s'adoucir; il avait même rendu quelques services aux Sarrasins contre les Perses. On lui confia même une armée de 3,000 chrétiens. Dès lors, il se sentit indépendant; il abandonna ses alliés; à la tête de sa troupe, il passa l'Euphrate, s'empara de Malatria et reprit le titre d'empereur. Pendant ce temps-là, l'empereur Basile renversait son ministre qui avait été le protecteur de Phocas. Celui-ci, se voyant menacé, reprit aussi une seconde fois la couronne. Sclérus, son concurrent, se rapprocha de lui, et lui proposa une paix qu'il se promettait de rompre bientôt. En même temps, il envoyait à Constantinople son fils Romain avec la mission de tromper et d'endormir l'empereur, et plus tard d'obtenir la grâce de son père, s'il venait à échouer. Phocas fit semblant d'être sa dupe et consentit même un traité. Mais ayant réussi à attirer Sclérus en Cappadoce, il l'enferma dans une forteresse. Il marcha ensuite contre l'empereur; mais au moment de livrer bataille, il se sentit saisi d'un mal subit, il s'éloigna de ses soldats et alla mourir au pied d'un arbre. Il venait de succomber à l'action du poison. Sa veuve, irritée, remit Sclérus en liberté. Celui-ci allait, à son tour, engager le combat, quand il se ravisa. Les fatigues avaient achevé de le briser; il avait d'ailleurs 80 ans. Il proposa à l'empereur de se soumettre à lui, à la condition d'un traitement honorable. Sa demande fut accueillie, et il licencia alors son armée. Il vécut encore jusqu'en 990.

BARDES. On appelait ainsi les poëtes, chez les Galls et les Kymris, dès la plus haute antiquité. Ils étaient chargés de composer des hymnes en l'honneur des dieux, de chanter sur la harpe les exploits des héros, excitaient les guerriers à combattre et distribuaient à tous le blâme et l'éloge avec la liberté que leur donnait leur caractère inviolable. Les chants des bardes se sont le plus longtemps conservés en Ecosse et dans les principautés de Galles, et quelques-uns de ces chants sont parvenus jusqu'à nous. Les bardes qui sont devenus à jamais célèbres sont Fingal et Ossian.

BARDIN (Etienne-Alexandre, baron), né à Paris en 1774, mort en 1840. Il fit les campagnes de 1792 à 1796 à l'armée du nord; il servit, de l'an VIII à l'an XII, aux armées de Sambre-et-Meuse et d'Italie, sous Beurnonville, Jourdan, Macdonald et Masséna; il prit part à la défense d'Ancône et de Gênes. Ce général a laissé, sur l'art militaire, des écrits d'un mérite incontestable. Ainsi, il est auteur d'un manuel d'infanterie, d'un mémorial de l'officier d'infanterie, d'un traité de législation militaire et d'un dictionnaire d'art militaire.

BARDNEY, village d'Angleterre (Lincoln), à 6 kil. de Wragby. Pop. 1,100 hab. On y remarque les ruines d'une célèbre abbaye de bénédictins.

BARDSTOWN, ville des Etats-Unis (Kentucky), sur la Beech-Fork, à 60 kil. de Francfort. Siége d'un évêché catholique; collége de Saint-Joseph.

BARDYLIS. De simple charbonnier, il devint chef de voleurs, puis roi d'Illyrie, en 359 av. J.-C. Il défit Perdiccas, roi de Macédoine, qui fut tué dans le combat, et s'empara de plusieurs de ses provinces. Mais bientôt vaincu, à son tour, par Philippe, successeur de Perdiccas, il perdit ses conquêtes. Peu après, il revint attaquer Philippe avec le secours des Thraces et des Pæoniens, mais, battu de nouveau, il devint tributaire de la Macédoine. Il avait alors 80 ans et combattait encore à cheval. Clitus, son fils, brava Alexandre, qui venait de monter sur le trône; mais celui-ci le défit, le dépouilla de ses Etats et le força à fuir chez les Taulentiens.

BAREBONE (Louez-Dieu). C'était un fanatique de la secte des saints, du temps de Cromwell. Il fut d'abord corroyeur, puis il entra dans le parlement de Cromwell, en 1653. Il s'y montra si âpre et si violent que ce corps politique fut appelé de son nom (Barebone, *os décharné*), *parlement Barebone*. Pour conserver une ombre de république, Cromwell avait décrété que l'autorité résiderait dans les 140 membres de son parlement, vil ramas d'ignorants et de fanatiques qui, affublés de noms ou de sentences tirés de l'Ecriture-Sainte, se croyaient inspirés du Saint-Esprit. Quand Monck vint à Londres pour rétablir la royauté, Barebone se montra à la tête d'une populace si furieuse, que Monck fut un instant intimidé. Barebone présenta au parlement une motion afin d'exclure du trône le roi et sa famille; mais Monck sut parer ce coup, et, bientôt, les fougueux apôtres politiques rentrèrent dans l'obscurité.

BARÉGES, petit hameau du départ. des Hautes-Pyrénées, à 35 kil. de Tarbes, arrond. d'Argelès, entre deux chaînes de montagnes et sur le gave de Bastan, n'a qu'une seule rue et ne compte que 450 hab. Eaux thermales sulfureuses renommées, surtout pour la guérison des plaies d'armes à feu. En 1675, madame de Maintenon y conduisit le duc du Maine et commença par là la célébrité de ces eaux. Les premiers établissements de bains furent établis en 1735.

BAREILLY, ville forte de l'Inde anglaise (prov. du N.-O.), à 1,120 kil. de Calcutta. Pop. 66,000 hab. Ch.-l. du district. Industrie active.

BARÊME (François), arithméticien célèbre, né à Lyon vers 1640, mort en 1703. Il publia plusieurs ouvrages d'arithmétique pratique, des livres de comptes faits. La vogue de ses ouvrages a fait donner son nom à ce genre de calcul.

BARENTIN, village du départ. de la Seine-Inférieure, à 16 kil. de Rouen. Pop. 2,200 hab. Papeteries, filatures de coton.

Barentin (Charles-Louis-François de), né en 1739, mort à Paris en 1819. Il fut successivement avocat général au parlement de Paris, premier président de la cour des aides, et, en 1788, garde des sceaux en remplacement de Lamoignon. Il avait une certaine réputation d'intégrité comme magistrat, mais il était sans énergie et n'avait aucune éloquence. Il défendit maladroitement la royauté aux états généraux. Mirabeau l'ayant accusé d'indisposer le roi contre l'Assemblée et de lui suggérer des conseils perfides, il s'effraya et ne sut pas répondre. Il donna alors sa démission. Ayant été accusé plus tard de conspiration sous la République, il se cacha et fut assez heureux pour être acquitté. Il revint en France après le 18 brumaire. Louis XVIII le nomma chancelier honoraire.

BARENTON, ch.-l. de cant. de l'arrond. de Mortain (Manche), à 10 kil. de cette ville. Pop. 550 hab. Son commerce consiste en grains, toiles, bestiaux.

BARETOUM (Al), ville de la Barbarie située sur la Méditerranée, à 244 kil. d'Alexandrie. On y remarque des ruines antiques.

BARETTI (Joseph), poëte italien, né à Turin en 1716, mort en 1789. Il fut d'abord placé chez un riche négociant comme secrétaire. Ce négociant avait un associé également poëte, nommé Cantini, qui le prit en affection. Il aborda à la fois la haute poésie et la poésie burlesque; mais il réussit mieux dans ce dernier genre. Ses critiques philosophiques sont d'assez mauvais goût. Il traduisit Pierre Corneille en vers libres. Il voyagea beaucoup; ainsi il alla à Londres, où il se familiarisa si bien avec la langue de ce pays qu'il put en compiler un dictionnaire.

BARFLEUR, bourg du départ. de la Manche, à 26 kil. de Cherbourg. Pop. 1,200 hab. Ce bourg possède un petit port sur la Manche, pouvant recevoir des bâtiments de 300 à 400 tonneaux; un phare magnifique dit de *Barfleur* ou de *Gatteville*, une huîtrière de 8 kil. d'étendue, découverte en 1850. Au moyen âge Barfleur était une ville; c'est là, dit-on, que Guillaume le Conquérant prépara son expédition pour la conquête de l'Angleterre, et c'est près de ce bourg que la *Blanche-Nef* périt avec la famille de Henri Ier, fils de ce prince.

BARGE, bourg du royaume d'Italie, à 16 kil. de Saluces. Pop. 4,000 hab. Ardoisières aux environs.

BARGEMONT, ville de l'arrond. de Draguignan (Var), à 11 kil. de cette ville. Pop. 1,950 hab. Patrie de Moréri.

BARI, ville forte du royaume d'Italie, ch.-l. de la province de Bari, à 230 kil. de Naples. Pop. 21,500 hab. Siége d'un archevêché, collége de nobles, lycée royal, citadelle; grand arsenal; prieuré de Saint-Nicolas, où un grand nombre de pèlerins se rendent très-souvent. Patrie de Piccini. Bari, autrefois *Barium*, quoique soumise aux Romains, conserva son autorité, tomba plusieurs fois entre les mains des Sarrasins, puis des empereurs grecs, fut prise par les Normands et devint sous leur domination la capitale de leur principauté, elle appartint ensuite aux rois de Naples et fut trois fois détruite.

BARI (Province ou Terre de), une des quinze provinces continentales du royaume d'Italie; elle est baignée à l'E. par l'Adriatique, et située entre la Basilicate, la Capitanate et la Terre d'Otrante, traversée par une chaîne des Apennins qui y forme le plateau de San-Agostino. Superf. 155 kil. sur 50. Pop. 545,250 hab. Climat chaud, mais salubre, sol plat et très-fertile; magnifique race de moutons à laine très-fine, salines et pêcheries, fruits et vins renommés.

BARILE, bourg du royaume d'Italie (Basilicate), à 6 kil. de Melfi. Pop. 4,000 hab. Colonie des Grecs du Bas-Empire.

BARING (Francis), né en 1740 à Exeter, mort en 1810. Il fut le fondateur d'une des plus grandes maisons de commerce de Londres et du monde entier. Pendant la politique de Pitt, Baring, à la tête de l'aristocratie financière, seconda avec ardeur les efforts de cet homme d'Etat.

BARING (Alexandre), homme d'Etat anglais, deuxième fils du précédent, né en 1773, mort en 1848. Membre du parlement depuis 1806, il négocia, en 1819, le grand emprunt français, au congrès d'Aix-la-Chapelle, et en 1834, il devint directeur des monnaies et président du bureau de commerce. En 1835, il fut promu à la pairie, sous le titre de baron Ashburton, et en 1842, par son habileté, il mit un terme aux différends qui étaient survenus entre les Etats-Unis et l'Angleterre.

BARJAC, ch.-l. de cant. de l'arr. d'Alais (Gard), à 36 kil. de cette ville. Pop. 1,830 hab. Exploitation de charbon de terre.

BARJESU, en arabe *Elymas*, c'est-à-dire faux prophète, magicien. C'était un juif qui fut, à ce qu'on croit, proconsul avec Sergius Paulus, dans l'île de Crète. Sergius Paulus voulait voir et entendre saint Barnabé et Saül. Barjesu voulut l'en détourner. Alors Saül, tout rempli du Saint-Esprit, dit la légende, pria Dieu de lui enlever la vue. Et Barjesu tomba aveugle. Sergius Paulus cria au miracle et embrassa la foi chrétienne. A cette occasion Saül changea son nom en celui de Paul.

BARJOLS, ch.-l. de cant. de l'arrond. de Brignoles (Var), à 38 kil. de cette ville. Pop. 3,150 hab. Récoltes de figues, olives, fabrique de vermicelle et nougat, huiles estimées, distilleries. On y remarque une chapelle souterraine à stalactites curieuses.

BARKANI, ville de Hongrie (comitat de Komorn), située au confluent du Danube et du Gran. Cette ville appartenait autrefois aux Turcs, qui y soutinrent un siége en 1594, et y furent défaits en 1684, par les Impériaux.

BARKER (Edmond-Henri), célèbre philologue, né à Hollym (Yorkshire) en 1788, mort à Londres en 1839. Ce fut lui qui, le premier en Angleterre, osa traiter les matières d'archéologie en langue vulgaire et non en latin, dans ses *Classicals recreations*.

BARKIAROK, 4e prince de la dynastie des Seldjoucides, en Perse. Il fut élevé au trône, en 1092, puis chassé d'Ispahan par sa belle-mère, qui avait fait proclamer son fils Mahmoud à Badgad. Barkiarok leva une armée, livra bataille à sa belle-mère, et remporta une victoire qui le replaça sur le trône. Il dut néanmoins abandonner à Mahmoud la moitié des trésors laissés par leur père. Le prince de Damas, Tanack, qui avait déjà soumis la Syrie, s'avança contre lui. Il eut la témérité d'aller à sa rencontre avec mille hommes seulement, et subit une déroute complète. Comme il fuyait vers Ispahan, il trouva les portes de la ville fermées; on les ouvrit cependant, mais ce fut pour le prendre et le jeter en prison. Une révolution s'était accomplie à Ispahan pendant son absence: les Seldjoucides, partisans de Mahmoud, son frère, venaient de le proclamer. Mahmoud avait déjà ordonné qu'on crevât les yeux à Barkiarok, quand il mourut. Dès lors Barkiarok remonta sur le trône, et marcha de nouveau contre Tanack qu'il défit. Il eut ensuite à réprimer des révoltes continuelles des émirs puissants ou des gouverneurs infidèles: ses officiers ne pouvaient s'accommoder de sa rigidité et de sa probité sévère qui contrastaient avec la prodigalité des Seldjoucides. A la suite d'une révolte de cette nature, il fut de nouveau chassé d'Ispahan et chercha du secours dans les provinces. Les armées qu'il y leva furent successivement battues. Mais ayant rencontré un ancien esclave, Ayyas, que ses talents militaires avaient élevé aux premières charges de l'empire, il le rallia à sa cause. Ayyas battit les rebelles, dont les principaux étaient Mohammed et Sandjar, tous deux frères de Barkiarok. Enfin les trois frères, épuisés par la guerre, conclurent la paix, en 1104, et se partagèrent la Perse. Ispahan, la capitale, et Bagdad restèrent à Barkiarok; mais celui-ci mourut dans la même année.

BARKING, ville d'Angleterre (Essex), à 12 kil. de Londres. Pop. 4,000 hab. On y cultive des légumes pour l'approvisionnement de Londres. On y remarque les ruines d'une abbaye baroniale de bénédictines, fondée en 677.

BARKOK, Daher Ier, sultan de la dynastie des mamelucks Bordjites, en Egypte. C'était d'abord un esclave circassien qui fut vendu à Ilbogha, émir d'Egypte. Son maître le fit parvenir aux premières dignités, ce qui était facile dans ces temps d'anarchie. Il se fit déclarer régent du jeune sultan Hadjy, et il le renversa, en 1382, pour régner à sa place. Mais quelques officiers, prétendant avoir plus de droits que lui à la couronne, conspirèrent et se révoltèrent. Barkok fit emprisonner le kalife, et mit à mort plusieurs émirs. Mais affaibli par des soulèvements continuels, abandonné du peuple et des soldats, sans crédit ni autorité, il tomba au pouvoir de ses ennemis et fut envoyé prisonnier à Kirac. Hadjy fut tiré de sa prison par Ilbogha qui gouverna en son nom. Les dissensions ne s'apaisèrent pas: le sang coulait chaque jour dans les rues du Caire; le pillage, l'incendie et le carnage étaient le jeu ordinaire de la populace et de la milice. Enfin l'un des rebelles, Mantach, devint maître du pouvoir. Il venait d'ordonner la mort de Barkok, quand celui-ci, instruit du sort qui l'attendait, s'échappa de sa prison et se présenta à la tête d'un parti considérable. Il était devenu puissant: il renversa Mantach et fut acclamé par le peuple, en 1390. Il emprisonna de nouveau Hadjy, tout en gardant des égards pour lui. Ainsi périt la dynastie des mamelucks Baharites qui avait régné un siècle et demi. Le règne de Barkok fut heureux. Tamerlan menaça un instant l'Egypte, mais il se tourna d'un autre côté. La prospérité revint; l'ordre fut rétabli dans l'Etat et dans les finances. Quand Barkok mourut, en 1399, il laissa un trésor considérable et une excellente armée. Son fils lui succéda.

BARLAAM, savant moine de l'ordre de Saint-Basile, célèbre au XIVe siècle, né vers 1348, à Séminara, dans la Calabre ultérieure. Il s'appelait Bernard, mais il quitta son nom pour celui de Barlaam. Il étudia la théologie, les mathématiques et l'astronomie. Il alla ensuite en Orient pour apprendre le grec. Il fut protégé par l'empereur Andronic le Jeune; mais son orgueil excessif lui aliéna les Grecs et le força à quitter Constantinople. Il embrassa le schisme grec pour l'attaquer ensuite par ses écrits, et c'est ce qui a fait croire qu'il avait existé deux Barlaam. Il revint cependant à Constantinople où il attaqua les moines du mont Athos. Ses attaques furent si violentes que les moines le cherchèrent jusque dans Salonique pour l'égorger. Fort de la protection de l'empereur, qui l'avait chargé de diverses missions auprès des princes latins, afin d'obtenir d'eux du secours contre les Turcs, il ne cessa de le fatiguer pour obtenir la convocation d'un synode à Constantinople, afin de juger les erreurs des moines du mont Athos. Il leur reprochait leur manière de prier et leurs opinions sur la lumière du Thabor. Les Turcs étaient aux portes de Constantinople; le synode eut cependant lieu, et fut même présidé par l'empereur et le patriarche. Barlaam parla le premier: il critiqua la longue barbe des moines, et la manière dont ils priaient en regardant leur nombril, croyant y voir la lumière du Thabor, lumière incréée qui était l'objet de la discussion. Palamas, qui lui répondit, fut assez adroit pour défendre victorieusement les solitaires. Barlaam, prévoyant sa défaite, fit la paix avec eux, et le synode fut dissous. Cependant il n'était pas absolument convaincu; car après la mort d'Andronic, il revint encore sur cette question. Il revint en Italie, où le roi Robert l'accueillit et le mit, avec le grammairien Paul de Pérouse, à la tête de sa bibliothèque. Ce fut alors qu'il rencontra Pétrarque, et qu'il lui enseigna les premiers éléments du grec. Il fit, en Italie, la rétractation des erreurs qu'il avait embrassées dans ses voyages en Orient, et il écrivit même en faveur de l'Eglise romaine. Clément VI le récompensa par un évêché. Il mourut en 1348.

BARLÆUS (Gaspard Van, *Baerle*, en latin), né à Anvers, en 1584, mort en 1648. Il étudia la théologie et devint ministre de l'Eglise réformée dans un village. Il obtint la sous-régence du collége de théologie des Etats de Hollande à Leyde, et devint ensuite professeur de théologie dans l'université de cette ville. Pendant les dissensions qui éclatèrent entre les partisans de Gomarre et ceux d'Arminius, il prit parti pour ces derniers et les défendit par ses écrits. Mais la doctrine arminienne ayant été condamnée, il perdit ses emplois. Il vint alors étudier la médecine en France, où il se fit recevoir docteur à Caen. Il retourna cependant à Amsterdam où il occupa une chaire de philosophie et d'éloquence. Ses poésies latines ont mérité d'être comparées à celles de l'antiquité; ses vers hollandais méritent d'être retirés de l'oubli; ils atteignent souvent le sublime.

BARLETTA, ville forte du royaume d'Italie (Terre de Bari), ch.-l. de district, à 35 kil. de Bari. Pop. 20,000 hab. Elle possède un port sur l'Adriatique, une citadelle presque ruinée. On y remarque la cathédrale, le collège fondé par Ferdinand IV et une statue colossale de l'empereur Héraclius. Commerce actif d'exportation; salines riches, pêche active. Barletta fut fondée au IXe siècle par les Normands, agrandie et embellie, en 1250, par Frédéric II, et au XVe siècle, elle devint une des premières places fortes de l'Italie. Elle fut prise, en 1503, par Gonzalve de Cordoue.

BARLETTA (Fra Gabriele DE), prédicateur dominicain du XVe siècle. Il eut, de son temps, une réputation qui est difficile à expliquer quand on lit les sermons qui ont été publiés sous son nom. *Nescit prædicare qui nescit* BARLETTARE, disaient ses contemporains. Les uns ont prétendu qu'un mauvais plaisant lui avait attribué les sermons que nous connaissons de lui; d'autres ont prétendu que l'ignorance populaire avait fait sa célébrité. Un tel ridicule après tant d'éloges se comprend peu.

BARLOW (Joël), poète et écrivain politique américain, né à Reading, en 1755. Il était fort jeune quand il perdit son père, et acheva péniblement ses études. Il prit ensuite part à la guerre de l'indépendance, et écrivit quelques poésies patriotiques. En 1787, il publia la *Vision de Colomb*, poëme d'un grand mérite qui étendit sa réputation jusqu'en Europe. Son gouvernement le chargea de diverses négociations diplomatiques en Europe et surtout en France. Il était en mission auprès de l'empereur, alors à Wilna, en Pologne, quand il y mourut en 1812. Il a laissé aussi des ouvrages politiques estimés.

BARMECIDES. On nomme ainsi les enfants de Barmek, riche et noble famille du Khoraçan, qui s'attacha à la famille des Abassides. Khaled, fils de Barmek, dont l'élévation avait commencé sous les Abassides, devint grand-vizir d'Aboul Abbas al Saffah, premier kalife de cette maison; et il obtint, en 748, le gouvernement de Mossoul. Khaled eut pour fils Yahia, prince doué de toutes les vertus et de tous les talents civils et militaires. Yahia fut d'abord secrétaire du prince Haroun, à qui il assura le kalifat, en dissuadant son frère du projet de le déshériter au profit de son propre fils. En 786, Yahia fut nommé grand vizir. Il possédait la sagesse, les lumières et les qualités qui étaient héréditaires chez les Barmecides. Il avait deux fils: Djâfar et Fadhl. Si l'on en croit les légendes qui sont toute l'histoire de ce pays, Djâfar, qui a été célébré dans les *Mille et une Nuits*, était aimé de tous pour sa bonté, son éloquence et sa sagesse. Son frère Fadhl était également bon, mais courageux et prodigue à la fois. La légende lui attribuait, avec cette imagination orientale que nous connaissons, une fortune composée d'incalculables millions. Des motifs de rivalité et de haine survinrent entre les deux frères et Haroun, leur souverain. Leur puissance était devenue si grande qu'elle devait exciter la jalousie de ce dernier. Il accumula les prétextes : d'abord les deux frères pratiquaient le zendikisme, sorte de culte ayant quelques rapports avec la religion des mages; puis Djâfar avait eu le tort de pardonner à un prisonnier que son souverain lui avait ordonné de mettre à mort. Enfin, Djâfar avait été assez criminel pour aimer la sœur du kalife que celui-ci lui avait fait épouser à la condition qu'il la respecterait comme si elle lui eût été étrangère. En effet, le kalife ne pouvait, suivant les préjugés religieux, fréquenter sa sœur dont il aimait la société. En la mariant, il pouvait continuer à la fréquenter sans être coupable. Mais la sœur du kalife était belle et Djâfar s'était épris d'elle. De leur union étaient issus deux jumeaux qui avaient été cachés en Arabie. Haroun, ayant eu connaissance de ce fait, ne voulut plus différer sa vengeance, et le drame s'accomplit sur l'Euphrate, en 803. Djâfar s'était diverti dans la soirée en compagnie d'un médecin et d'un poëte aveugle, quand l'eunuque Mesrour, son ennemi, se fit annoncer et lui demanda sa tête de la part du kalife. Djâfar n'osant croire ce qu'il entendait, espérant d'ailleurs fléchir son maître, demanda à être conduit à l'entrée du lieu où se trouvait le kalife auquel Mesrour annoncerait l'exécution de son ordre. Son espoir fut déçu : il fut décapité, et sa tête, après avoir été présentée au kalife sur un bouclier, fut exposée à Bagdad, au haut d'un pal. Djâfar n'avait que 37 ans. Tous les membres de sa famille furent emprisonnés ou proscrits.

BARMEN, ville de Prusse, dans le cercle de Dusseldorf. Pop. 49,680 hab. Elle est contiguë à Elberfeld, et semble ne former qu'une seule ville avec elle. Industrie très-florissante; quincaillerie, blanchisseries, velours, soieries et tissus de coton.

BARMOUTH, ville d'Angleterre, dans le pays de Galles, comté de Merioneth, à 17 kil. de Dolgelly. Pop. 2,000 hab. Cabotage. Bains de mer très-fréquentés dans la baie de Cardigan.

BARNABÉ (saint), naquit dans l'île de Chypre, d'une famille de la tribu de Lévi. Saint Luc lui donne le nom d'apôtre, bien qu'il ne fût pas l'un des douze disciples de Jésus, mais bien parce qu'il avait composé le collége apostolique. Il eut une grande part à leur mission pour l'établissement du christianisme. Après l'Ascension, il changea son nom de Joseph en celui de Barnabé, qui signifie *fils de consolation*, suivant saint Luc, et *fils de prophète* suivant saint Jérôme. On le disait, en effet, doué du don de prophétie. Il vendit son patrimoine et en donna le prix aux apôtres pour être remis aux pauvres. Il prêcha l'Evangile à Antioche, et parcourut avec saint Paul l'Asie, la Syrie et la Grèce. Puis ils se séparèrent, et Barnabé alla en Chypre. Les uns lui font subir le martyre à Salamine, ou l'on montre son tombeau; les autres le font mourir à Milan, où l'on a consacré une église à l'apologie de son martyre.

BARNABITES, congrégation fondée à Milan en 1530, par Antoine-Marie-Zaccharia-Barthélemy Ferrari et Jacques Morigia, et qui tire son nom d'une église dédiée à saint Barnabé, dans laquelle ils s'étaient d'abord établis. Ils se vouaient à la prédication, à l'instruction de la jeunesse et aux missions. Ils s'établirent en Italie, en Espagne, en Autriche, en Bohême et en France, où ils fondèrent des colléges et fournirent un grand nombre d'hommes célèbres. Aujourd'hui, il n'y a plus de barnabites qu'en Espagne et en Italie. Ils eurent une église à Paris, elle était située place du Palais-de-Justice et servait autrefois de salle de vente. Les religieuses *angéliques*, appelées aussi *guastallines* du nom de Louise Torrelli, comtesse de Guastalla, qui les a instituées, sont des religieuses de l'ordre de Saint-Barnabé.

BARNAOUL, ville de la Russie d'Asie, gouvernement de Tomsk, à 350 kil. de Tomsk. Pop. 9,200 hab. Cette ville doit son origine à une fonderie établie par Nikita Demidoff, en 1730; manufacture de glaces, fours à chaux, fonderie impériale d'argent. Barnaoul est le siége de la direction générale des mines de l'Altaï.

BARNARD-CASTLE, ville du N. de l'Angleterre, dans le comté de Durham, à 35 k. de cette ville. Pop. 4,450 hab. Marché aux grains, fabriques de chapeaux. On y remarque l'ancien château bâti par Barnard, aïeul de J. Baliol, et des ruines qui sont tout ce qui reste de la ville de Markwood.

BARNAVE (Antoine-Pierre-Joseph-Marie), né à Grenoble, en 1761. Il était fils d'un procureur et protestant. Il fut d'abord avocat du parlement de Grenoble à 22 ans; puis le tiers-état du Dauphiné le nomma député aux états généraux de 1789. Il se montra partisan dévoué de la Révolution, et il en fut l'un des apôtres les plus éloquents : son imagination ardente, sa parole vive et facile, tout cela joint à sa jeunesse contribuait à sa popularité. Il lutta souvent contre Mirabeau. Mais lorsque Louis XVI prit la fuite, qu'il vit le tableau de la grandeur royale dégradée et qu'il fut témoin des larmes de la reine, il regretta les opinions souvent exagérées qu'il avait émises. On l'accusa de corruption. En effet, il avait été accessible à la pitié. Il combattit pour l'inviolabilité de la personne du roi, et dans un discours prophétique, il montra les orages de la Révolution et les malheurs qui devaient plus tard fondre sur la France. Après la session de l'Assemblée constituante, il se retira à Grenoble. Mais le tribunal révolutionnaire ayant découvert sa correspondance avec la cour, il fut emprisonné à Grenoble pendant quinze mois. Il semblait oublié quand arriva l'ordre de le transférer à Paris. Il comparut devant le tribunal révolutionnaire; sa fermeté et son éloquence ne purent fléchir ses juges : il fut condamné à mort et exécuté le 29 octobre 1793, à l'âge de 32 ans.

BARNES (Robert, dit *Barnaby*), poëte anglais. Il fut chapelain de Henri VIII. Le roi l'envoya en Allemagne, en 1535, pour conférer avec les théologiens protestants de Wittemberg, relativement à son divorce. Il sut les convaincre et ménager une transaction. Le roi le chargea ensuite de négocier son mariage avec Anne de Clèves; mais bientôt il changea d'avis, et conçut même une haine violente contre l'habile négociateur qu'il avait employé. Il trouva plus tard l'occasion de satisfaire sa basse vengeance : Barnes avait plaisanté dans un sermon l'évêque Gardiner qui avait combattu Luther; il fut conduit à la Tour, par ordre du roi, et condamné comme hérétique à être brûlé vif. Il subit ce supplice en 1540. Il a laissé des écrits contre les catholiques.

BARNES (Joshua), théologien anglais, fils d'un marchand de Londres, né en 1654, mort en 1712. Il était poëte, et montra, fort jeune, une grande facilité de versification; mais il avait plus d'imagination et d'esprit que de goût et de jugement. Le docteur Bentley disait de lui qu'il savait autant de grec qu'un savetier d'Athènes. Il était d'une intolérable vanité et d'une grande bizarrerie de conduite. Il épousa une femme vieille et laide qui s'était présentée à lui pour lui faire accepter un legs, en lui disant que sa conscience ne lui permettait de prendre ce legs, d'ailleurs fort modique, qu'à la condition d'épouser la testatrice. Il s'essaya malheureusement dans la poésie épique, et nuisit à sa propre réputation en publiant son *Histoire d'Edouard III*.

BARNET, bourg d'Angleterre (Hertford), à 16 kil. de Londres. Pop. 2,400 hab. Grand marché de bestiaux. En 1771, Edouard d'York y vainquit Warwick, qui y périt. Un obélisque a été élevé pour perpétuer le souvenir de cette victoire.

BARNEVELDT, bourg des Pays-Bas (Gueldre), à 20 kil. d'Arnheim. Pop. 2,500 hab. Ce bourg possède un assez beau château.

BAR

Barneveldt, île située dans le détroit de Magellan, au N. de la Terre-de-Feu. Elle fut découverte par les Hollandais en 1616.

Barneveldt (Jean Van Olden), grand-pensionnaire de Hollande, né à Amersfoord vers 1549. C'était un homme d'une grande simplicité de mœurs, ardent pour l'indépendance des Pays-Bas, qui venaient de secouer le joug de l'Espagne, et doué d'une profonde pénétration. Nommé avocat général de la province de Hollande, il se signala dans sa magistrature comme un habile négociateur. Il sut ménager à son pays l'alliance de Henri IV, et si ce prince ne vint pas plus énergiquement au secours des Pays-Bas, obligé qu'il était de ménager l'Espagne et l'Angleterre, il fit passer du moins en Hollande de grands secours en hommes et en argent. Les Mémoires de Sully témoignent des talents diplomatiques de Barneveldt. Maurice de Nassau venait d'être nommé stathouder, ou capitaine général. C'était un brouillon et un ambitieux, jaloux de l'influence de Barneveldt. Celui-ci le surveilla et chercha sans cesse à réduire sa puissance en demandant le partage et l'amovibilité des pouvoirs de l'Etat, et l'extension des droits du pouvoir législatif. Les Pays-Bas étaient épuisés par la guerre contre l'Espagne, qui s'était usée aussi dans des expéditions sans résultat. Barneveldt, aidé de l'influence française, voulait la paix; Maurice voulait la guerre, parce qu'elle était plus favorable à ses projets. L'Angleterre et la France ne savaient à quoi se résoudre en présence de ces déchirements. Cependant Barneveldt parvint à conclure avec l'Espagne une trêve de douze ans : c'était un véritable traité de paix déguisant la faiblesse de l'Espagne. Le grand citoyen triomphait. Sur ces entrefaites, une querelle religieuse servit de prétexte pour couvrir les passions politiques. Il y avait deux factions dans Leyde : Arminius voulait établir des règles qui adoucissaient la rigidité calviniste; Gomarre voulait, au contraire, rendre le culte plus sévère. Barneveldt ayant donné raison à Arminius, Maurice embrassa la cause des partisans de Gomarre. Ces deux factions déchirèrent la Hollande et rendirent la guerre civile inévitable. La lutte avait commencé par des libelles; on en vint bientôt aux mains. Les Etats levèrent des troupes pour comprimer les factieux, et Barneveldt fut chargé de cette mission. C'est alors que Maurice publia contre lui des pamphlets calomnieux pour abaisser son crédit. Il fut assez puissant pour faire convoquer un synode qui condamna la doctrine d'Arminius. Maurice fit alors arrêter Barneveldt et ses partisans, cachant sa haine sous le masque de la religion; il choisit des commissaires qui condamnèrent Barneveldt à mort pour un crime imaginaire; on l'accusait d'avoir vendu sa patrie. L'intervention de l'ambassadeur de France et de la princesse douairière d'Orange n'empêcha pas qu'il fût traîné à l'échafaud, où il subit le dernier supplice, le 13 mai 1617, à l'âge de 72 ans. La postérité a vengé la mémoire de Barneveldt et flétri la maison d'Orange. Vondel, le poëte national hollandais, a voué cet événement à l'exécration universelle. On a conservé la lettre touchante que Barneveldt écrivit à sa femme avant de mourir : c'est un beau monument de tendresse et de grandeur d'âme.

BARNEVILLE, ch.-l. de cant. de l'arrond. de Valognes (Manche), à 24 kil. de cette ville. Pop. 700 hab. Son commerce consiste en céréales qu'elle envoie à Jersey, Guernesey et Aurigny.

BARNSLEY, ville d'Angleterre, dans le comté d'York, à 54 kil. de cette ville. Pop. 12,300 hab. Blanchisseries, fonderies, fabriques de toiles, exploitation de houille.

BARNSTABLE, ville très-ancienne d'Angleterre, comté de Devon, à 55 kil. d'Exeter, dans une baie de la Manche. Pop. 10,250 hab. Industrie et commerce d'exportation. Lainages, toile, poterie commune.

Barnstable, ville des Etats-Unis (Massachussets), à 105 kil. de Boston. Pop. 4,300 hab. Cette ville possède un port au fond de la baie de Cap-Cod; salines aux environs.

BAROCCI (Fiori-Federigo, dit *le Baroche*), peintre de l'école romaine, né à Urbain en 1528, mort en 1612. Il était d'une ancienne famille depuis longtemps célèbre dans la sculpture, la ciselure, l'horlogerie et les sciences mathématiques. Il étudia sous Batista Veneziano la peinture des grands maîtres; Michel-Ange applaudit à ses premiers succès. Son dessin est beau et pur, dans le style de Raphaël. Il s'appliqua ensuite à l'imitation du Corrége, dont il enviait le coloris et la grâce. Vers le milieu de sa vie, il fut empoisonné dans un repas par des artistes jaloux de sa gloire. Il échappa à la mort, mais ne guérit jamais; ses cruelles souffrances firent souvent tomber le pinceau de ses mains. Il vécut cependant jusqu'à 84 ans, et mourut d'une attaque d'apoplexie. Son succès dans l'imitation a beaucoup contribué à amener le règne de décadence des copistes.

BARODA ou Brodera, ville de l'Hindoustan, cap. de la principauté de Guikovar, à 130 kil. de Surate. Pop. 100,000 hab. Commerce considérable.

BAROMÈTRE. Instrument inventé par Torricelli, composé d'un tube en verre rempli de mercure, fixé sur une planchette graduée, et destiné à indiquer les différents changements de l'atmosphère.

BARON. Ce mot, en basse latinité *baro*, *barus*, vient du germain *bar*, qui signifie homme. A l'époque de l'invasion des Barbares, *baro* ou *barus*, employé pour *homo*, était toujours opposé à *femina*. Nous le trouvons souvent employé dans les lois des Ripuaires, des Allemands, des Lombards et même des Normands. Quand le système féodal s'établit, il n'y eut plus que des serfs et des possesseurs de fiefs à qui ces serfs étaient soumis. Ces feudataires prirent le nom de barons. On distingua plus tard les hauts barons ou *hauts bers* : c'étaient les pairs de la cour du roi ou pairs de France, relevant immédiatement du roi; il n'y en avait que quatre. La qualification de baron fut alors plus spécialement réservée aux fils aînés des puissants seigneurs. Sous Philippe-Auguste, on comptait en France cinquante-neuf barons, vassaux du roi ou arrière-vassaux.

Baron (Michel Boyron, dit), né à Paris en 1653, mort en 1729. Il suivit la troupe de Molière comme acteur et auteur. Comme acteur, il lui fut supérieur, mais comme auteur, il appartient au second ordre. Il possédait tous les dons de la nature perfectionnés par l'art; il a mérité d'être appelé le Roscius de son siècle. Racine qui donnait toujours ses instructions aux acteurs, disait à Baron : « Pour vous, monsieur, je vous livre à vous-même, votre cœur vous en apprendra plus que mes leçons. » Baron avait compris toute la puissance du geste, mais il excellait dans son jeu, parce qu'il en était sobre; et que le geste lui était en quelque sorte arraché par l'explosion de la passion, et qu'il accompagnait les mouvements de la pensée, plutôt qu'il ne suivait les paroles. Suivant lui, les bras ne devaient pas s'élever au-dessus de l'œil; « mais si la passion les porte au-dessus de la tête, disait-il, laissez-la faire : la passion en sait plus que les règles. » J. B. Rousseau mit cette inscription au bas de son portrait :

Du vrai, du pathétique il a fixé le ton ;
De son art enchanteur l'illusion divine
Prêtait un nouveau lustre aux beautés de Racine,
Un voile aux défauts de Pradon.

Il estimait peu sa profession; mais il comprenait la grandeur de son art. Il affectait avec les grands un air d'égalité, et fut même recherché des dames de la cour. Cependant il n'était reçu chez elles qu'à la dérobée et presque nuitamment. Il s'avisa une fois de rendre visite à l'une d'elles en plein jour : « Que venez-vous chercher ici? lui demanda la dame scandalisée. — Mon bonnet de nuit que j'ai oublié, » répondit Baron avec impudence. Il passait pour posséder une vaste érudition. Il avait pour frère le baron d'Hénouville.

Baron (Hyacinthe-Théodore), médecin, né à Paris en 1686, mort en 1758. Il fut successivement médecin des armées, médecin de l'Hôtel-Dieu et doyen de la Faculté. Il écrivit sur la partie historique et littéraire de la médecine.

Baron (Hyacinthe-Théodore), fils aîné du précédent, né en 1707, mort en 1758. Il fut doyen de la Faculté de médecine en 1730, et eut l'honneur très-rare d'être continué dans le doyennat jusqu'en 1733. Il a peu écrit et n'a rien laissé d'important sur la théorie; mais on lui doit d'avoir commencé la belle bibliothèque qui orne aujourd'hui la Faculté. C'est par ses soins que fut rédigé, en 1732, le *Codex medicamentarius* qui indique aux pharmaciens la série des procédés à suivre pour la confection des médicaments. Il écrivit quelques dissertations qui se rapportent plutôt à la réglementation médicinale qu'à la doctrine.

Baron d'Hénouville (Théodore), frère du précédent, chimiste, né en 1715, mort en 1768. Il fut élève de Rouelle et de Bourdelin. Il fut médecin, mais surtout chimiste et pharmacien. Il a écrit sur ces matières des ouvrages excellents pour son époque.

BARONIUS (César), cardinal, historien, né à Sora, dans la terre de Labour, en 1538. Il fut le disciple de saint Philippe de Néri, fondateur de l'Oratoire d'Italie, et il lui succéda. Clément VIII, dont il était le confesseur, le fit cardinal en 1596, puis bibliothécaire du Vatican. Il s'en fallut de peu qu'il ne portât la tiare : trente et une voix lui furent données au conclave, mais les intrigues du parti espagnol le firent échouer à cause de son ouvrage sur la *Monarchie de Sicile*, où il avait combattu l'usurpation de Philippe III. C'était un homme pieux et probe. Il composa les *Annales ecclésiastiques*, et travailla à cet ouvrage jusqu'à sa mort survenue en 1607. Ses annales s'arrêtent à l'année 1198. Malgré des fautes de chronologie et d'histoire qui s'expliquent par l'insuffisance des documents qu'il avait entre les mains, cet ouvrage est le plus complet et le plus utile qui ait paru sur cette matière.

BARONNET. Cette dignité, toute particulière à la Grande-Bretagne, est un titre héréditaire de noblesse qui tient le milieu entre la noblesse ou pairie et la chevalerie. Jacques Ier fonda cette institution le 22 mai 1611, dans un intérêt purement fiscal. Le nombre des baronnets limité par lui à 200 fut porté à 205. Plus tard, ce titre fut accordé à ceux qui illustraient leur pays; c'est ainsi que Walter Scott fut fait baronnet.

BAROTSCHE ou Broach, ville de l'Hindoustan anglais (Bombay), à 60 kil. de Surate. Pop. 33,000 hab. Cette ville, quoique déchue, a encore un commerce considérable; Barotsche fut prise par les Anglais en 1772.

BAROUIR, 1er roi d'Arménie de la race de Haïg. Il aida Arbace dans la conquête du royaume de Sardanapale et reçut pour son dévouement le titre de roi d'Arménie (759 av. J.-C.).

BAROUS, ville située sur la côte ouest de Sumatra, cap. des Battas. On y fait un grand commerce de camphre, de benjoin et d'or.

BARQUE. Petit bâtiment de 100 à 150 ton-

BAR

neaux employé principalement dans le cabotage. On donne également ce nom à tout petit navire sans forme particulière.

BARQUISIMETO, ville de l'Amérique du Sud (Venezuela), à 145 kil. de Valencia. Pop. 12,000 hab. Cette ville, fondée en 1552, fut complétement détruite par un tremblement de terre en 1812, et elle a été depuis rebâtie sur un plan très-régulier.

BARR, ch.-l. de canton de l'arr. de Schelestadt (Bas-Rhin), à 14 kil. de cette ville. Pop. 4,550 hab. Près de cette ville se trouve la montagne de Hohenburg, d'où la vue s'étend sur les Alpes et le cours du Rhin, et où l'on voit encore les ruines du château de Landsperg, le monastère et la chapelle de Sainte-Odile, et les ruines dites *Mur des Païens*, bâti par les Romains. Aux environs de Barr est la grande forêt de

BAR

fant crie *Vive la République !* et tombe criblé de balles.

BARRABAND (Pierre-Paul), l'un des peintres d'oiseaux les plus distingués, né à Aubusson en 1767, mort en 1808. Il était fils d'un ouvrier de la manufacture d'Aubusson. Il fut d'abord dessinateur des Gobelins, et montra des dispositions remarquables. Il se mit ensuite à étudier la nature. Cependant il dut à un heureux hasard la révélation de son talent. Le célèbre voyageur Levaillant, qui l'avait chargé de peindre des oiseaux pour sa collection d'histoire naturelle, fut frappé de la perfection de ses dessins, il le recommanda à Buffon et à Latreille. Barraband contribua à étendre la réputation de la manufacture de Sèvres.

BARRAL (l'abbé Pierre), littérateur, né à

BAR

voué à la maison impériale, il se rallia aux Bourbons, et officia pontificalement à leur rentrée en France. Cependant, après les Cent-Jours, il ne put regagner la confiance de Louis XVIII, et se crut obligé de se démettre de son archevêché. Le chagrin le fit tomber malade, et il mourut d'une attaque d'apoplexie, en 1816. Il a laissé quelques écrits de polémique religieuse.

BARRAS (Paul-Jean-François-Nicolas, comte DE), né à Fos-Emphoux (Var), en 1755. Il partit, comme sous-lieutenant, pour l'Ile-de-France, en 1775; il alla ensuite dans l'Inde, où il servit, comme capitaine, sur l'escadre de Suffren. De retour à Paris, il blâma l'impéritie de nos généraux dans les Indes. Une lettre de cachet manqua de l'en punir; mais il fut sauvé par de Breteuil, qui en

Le festin de Balthazar.

Barr, et une source minérale tiède dite de Saint-Ulrich.

BARRA ou BARREY, île d'Ecosse (comté d'Inverness), l'une des Hébrides, à 6 kil. de South-Uits. Superficie 12 kil. sur 3 à 6. Elle possède plusieurs ports.

BARRA, bourg du royaume d'Italie (Calabre ultérieure 1re), situé dans le district de Reggio. Pop. 2,200 hab.

BARRA, Etat de la Nigritie occidentale, situé au N. de la Gambie, cap. Barra-Idding, à 288 kil. de Saint-Louis. Pop. de l'Etat : 200,000 hab.

BARRA (Joseph), né en 1780, à Palaiseau. Il n'avait que treize ans lorsqu'il entra dans les armées républicaines, et se distingua par son courage, ainsi que par l'élévation de ses sentiments. Le bataillon dont il faisait partie, combattant en Vendée, fut enveloppé par les insurgés. Le commandant envoie alors plusieurs tambours avec mission de traverser les lignes ennemies et de battre la charge pour simuler l'arrivée de renforts. Ce stratagème déconcerte les Vendéens, qui, battant en retraite, arrivent à l'endroit où Barra accomplissait sa périlleuse mission. Ils l'entourent et veulent le forcer de crier *Vive le roi !* L'héroïque en-

Grenoble, mort à Paris en 1772. Il se livra à l'éducation de la jeunesse, et défendit les jansénistes dans ses écrits. Il composa, en collaboration avec d'illustres oratoriens, un *Dictionnaire historique, littéraire et critique des hommes célèbres*. La bonne exécution de ce travail, jointe à l'utilité des renseignements qu'on y trouvait, lui valut dans son temps un succès considérable et mérité. Il écrivit aussi sur la politique et sur les antiquités.

BARRAL (Louis-Mathias, comte DE), prélat français, né en 1746. Il fut élève du séminaire de Saint-Sulpice. Il était évêque *in partibus*, et coadjuteur de l'évêque de Troyes, son oncle, quand la révolution éclata. Il reprit son siége sous le consulat. Il refusa alors le serment politique, ainsi que quarante-quatre autres évêques, non par hostilité au nouveau gouvernement, mais pour faciliter la conclusion du concordat. Le premier consul lui fit un excellent accueil, et lui donna le siége de Meaux. Il fut plus tard aumônier de l'impératrice Joséphine, puis archevêque de Tours. L'empereur l'employa dans ses négociations avec le pape; il le fit ensuite sénateur et comte de l'empire. Malgré l'attachement qu'il semblait avoir

empêcha l'exécution. Barras embrassa ardemment les idées révolutionnaires, et figura dans les assemblées bailliagères du tiers-état, tandis que son frère siégeait dans celles de la noblesse. Le 14 juillet, il fut parmi les combattants de la Bastille, mais il blâma les excès populaires. Il entra parmi les Jacobins, et fut nommé commissaire à l'armée d'Italie. A la Convention nationale, il vota la mort de Louis XVI sans sursis ni appel. Envoyé de nouveau à l'armée d'Italie, avec les représentants Bayle et Beauvais, il apprit en route que ses collègues venaient d'être arrêtés à Toulon, et que sa tête y était mise à prix. Sa femme et sa fille, qui l'avaient précédé dans cette ville, avaient été insultées. Echappant alors aux insurgés qui le poursuivaient, il se rendit à Nice, y rassembla des troupes et vint bloquer Toulon. Le général Dugommier prit le commandement de l'armée, et Barras assista au siége avec la division de gauche. L'artillerie était dirigée par Bonaparte. Les redoutes furent emportées, et les Anglais, un instant maîtres de la ville, durent l'évacuer. L'armée républicaine y entra mèche allumée. Sa victoire fut célébrée par les proscriptions des commissions révolutionnaires dont les arrêts étaient exécutés sur-le-champ. La terreur était à son comble. Barras rentra à la Convention, mais il n'osait plus y paraître qu'en armes. Robespierre, dont l'influence diminuait, chercha à se rapprocher de lui; mais Barras repoussa ses avances. Il fut même un de ceux qui le dénoncèrent à la tribune, après que Tallien eut porté les premiers coups. Robespierre, arrêté, fut délivré par la commune. Henriot, commandant de la garde nationale de Paris, marchait même sur la Convention. Barras fut alors nommé général en chef, et chargé de sa défense. Pendant que Robespierre perdait son temps à discourir à l'hôtel de ville, Barras y pénétra avec quelques troupes, le saisit et le conduisit immédiatement à l'échafaud. Il arrêta ensuite les exécutions déjà ordonnées, et sauva les malheureux qu'on venait d'entasser sur les charrettes funèbres. Après avoir exercé cette dictature, il fut nommé secrétaire, puis président de la Convention nationale. Il fit partie du comité de sûreté générale, et il commença alors à faire rayer beaucoup d'émigrés des listes de proscriptions. Il fut encore chargé de la dictature, lorsque le parti montagnard voulut venger Robespierre. Il eut alors une seconde fois recours à Bonaparte, qui dispersa l'émeute. Barras, abdiquant la dictature, présenta Bonaparte à la Convention pour lui succéder dans le commandement de l'armée de l'intérieur; il lui fit obtenir bientôt après celui de l'armée d'Italie. Plus tard, Barras fit partie du directoire, ainsi que Carnot, qui était spécialement chargé de l'administration de la guerre. Mais des dissensions étant survenues entre les conseils et les membres du directoire, puis entre ces derniers mêmes, Barras fut une troisième fois investi de la dictature. Il s'opposa aux mesures rigoureuses qu'on proposait contre la noblesse. Toutefois son ambition le perdit; il ne résista pas aux menées de l'Angleterre; il écouta Ayries, agent anglais qui fut chargé par Pitt de l'aider à conquérir le pouvoir avec l'appui de son gouvernement. Il accueillit même des propositions de la famille déchue, et envoya près d'elle, en Allemagne, Monnier avec ses instructions. Il demandait une récompense de douze millions pour rétablir l'autorité royale. Au moment où Barras, aidé de Sieyes, songeait à renverser la constitution de l'an III, Bonaparte, informé par son frère Lucien de tout ce qui se passait, accourut d'Egypte et fit la révolution du 18 brumaire. Barras demanda alors un sauf-conduit au premier consul. Rendu à la vie privée, il se tint à l'écart et n'accepta pas les avances qu'on lui fit dans la suite. Fouché lui appliqua le décret qui obligeait les militaires en non-activité à se retirer à quarante lieues de Paris, en disant: « Si Barras avait du pouvoir, il me ferait pendre avec les auteurs du 18 brumaire. » Barras se livrait à l'agriculture quand on l'impliqua dans une conspiration. Il fut alors exilé à Rome, où il vécut tranquillement jusqu'au moment où Murat entra dans cette ville. Il en sortit alors, mais il fut encore arrêté à Turin pour une conspiration réelle ou imaginaire, dans laquelle se trouvait compromis le roi d'Espagne lui-même. La chute de Napoléon lui permit de retourner à Paris, où il mourut en 1829.

BARRAUX, village du départ. de l'Isère, arrond. de Grenoble, à 38 kil. de cette ville. Pop. 1,750 hab. Place de guerre de 4e classe. Le *fort Barraux*, construit par Charles-Emmanuel, duc de Savoie (1596), fut pris par le maréchal de Lesdiguières, en 1598, et resta à la France par le traité de Vervins (1598).

BARRE, ch.-l. de cant. de l'arrond. de Florac (Lozère), à 10 kil. de cette ville. Pop. 420 hab.

BARRE DE MONT (La), bourg du départ. de la Vendée. Pop. 400 hab. Il possède un petit port de commerce sur un chenal de la baie de Bourgneuf.

BARRE (Joseph), littérateur français, né en 1692, mort en 1764. Il fut chanoine régulier de Sainte-Geneviève, puis chancelier de l'Université de Paris. Il a écrit une histoire générale de l'Allemagne : ce n'est qu'une mauvaise compilation, sans critique, et souvent sans l'intelligence des faits. Le style en est même très-incorrect.

BARRE, BARREAU. Ce mot s'entend de la partie du tribunal réservée aux avocats. Dans l'ancien parlement de Paris, une barre de fer séparait les juges des avocats et des plaideurs, ou des accusés. De là le mot barreau qui, au figuré, signifie la profession même de l'avocat. L'institution du barreau remonte aux premiers temps de la monarchie; elle fut l'objet de nombreuses ordonnances de nos rois, qui eurent souvent à intervenir pour la répression de certains abus. C'est ainsi qu'on fixa les honoraires des avocats, et qu'on leur défendit d'en faire la demande en justice. Le règlement de leur discipline intérieure leur fut toujours abandonné. La révolution de 1789 entraîna la ruine de l'ordre des avocats, qui comptait déjà 487 ans d'existence. Le barreau devint accessible à tous, sans aucune condition; mais si l'on vit alors des hommes d'un mérite douteux s'approcher de la barre, on y vit aussi des orateurs du plus grand mérite, et aucune époque ne fut plus féconde en illustrations de ce genre. En 1810, l'ordre des avocats fut rétabli; il a été depuis l'objet de plusieurs lois et décrets.

BARRÉ (Pierre-Yves), auteur dramatique, né à Paris, en 1749, mort en 1832. Il fut d'abord avocat au parlement de Paris, où il était *greffier à peau;* il devint, après la Révolution, fondateur et directeur du Vaudeville. Il a composé une foule de pièces, tantôt seul, tantôt en collaboration, et souvent même en associant à ses pièces jusqu'à quatre noms d'auteurs. Désaugiers lui succéda en 1815.

BARREAUX (Jacques Vallée, seigneur DES). *Voir* DES BARREAUX.

BARRÊME (val de), petit pays de l'ancienne Provence, ch.-l. de cant. de l'arrond

Le cardinal La Balue dans la cage de fer.

de Digne (Basses-Alpes), à 28 kil. de cette ville. Pop. 760 hab.

BARRETO (Moniz DE). Il fut vice-roi des Indes, en 1573, sous le règne de Sébastien, roi de Portugal. Il passa en Afrique, après l'expiration de sa vice-royauté, comme gouverneur général des côtes orientales. A Mozambique, il soutint une guerre sanglante contre les peuplades africaines; mais il fut forcé de revenir sur ses pas pour châtier la rébellion du gouverneur de la citadelle. Celui-ci fut effrayé de son retour soudain, et il implora à genoux un pardon qui lui fut accordé. Barreto préparait une nouvelle expédition, quand il fut arrêté par les imprécations d'un religieux puissant à la cour, qui le rendit responsable des malheurs qu'il allait attirer sur les Portugais en Afrique. Il fut tellement impressionné de ces menaces, qu'il mourut deux jours après.

BARRETT (Jean-Jacques DE), né à Condom, en Ecosse, en 1717, mort à Paris en 1792. Il était fils de Jacques Barrett, qui suivit le roi Jacques en France. Il fut professeur de langue latine à l'école militaire, et devint plus tard inspecteur des études dans cette école. Il donna sa démission pour vivre dans la retraite et s'occuper de la traduction de nombreux auteurs latins.

BARRHEAD, village d'Ecosse situé près de Glasgow. Ce village est devenu un centre manufacturier des plus importants, et compte près de 5,000 ouvriers.

BARRIA ou BARR-ARAD, partie centrale de l'Arabie, comprenant le Nedjed, habité par les Wahabites, et les déserts voisins, jusqu'à la Syrie et à l'Euphrate. Un grand nombre de tribus nomades parcourent sans cesse ces déserts.

BARRICADES (journées des). On donne ce nom à deux insurrections qui éclatèrent à Paris : la première, le 12 mai 1588, et la seconde, les 25 et 26 août 1648. — Au commencement de 1588, Henri III, qui redoutait le duc de Guise, chef de la Ligue, apprit qu'il venait d'entrer dans Paris, où il avait été salué par d'immenses acclamations comme le soutien de l'Etat et le plus ferme appui de la religion. Henri III, comprenant combien l'ambition du duc de Guise pouvait tirer profit de l'exaltation des catholiques, tenta de réprimer l'esprit de révolte des Parisiens et de faire arrêter les principaux ligueurs. Il fit entrer dans Paris 4,000 Suisses et 2,000 soldats français. Les habitants, réveillés par le bruit des tambours et des fifres, se préparèrent à la défense. C'était le jeudi 12 mai de l'année 1588. Le comte de Brissac souleva d'abord le quartier des écoles, et il éleva, vers la place Maubert, la première barricade. Les bourgeois, imitant son exemple, s'armèrent et se barricadèrent dans les rues. Les barricades furent poussées jusqu'à cinquante pas du Louvre. La cour essaya, mais trop tard, d'arrêter l'effusion du sang : un soldat ayant fait feu sur le peuple, le bruit de la mousqueterie retentit sur tous les points. Les soldats furent repoussés, les Suisses désarmés, les gardes du roi mis en fuite. Henri III, prêt à se voir assiégé dans le Louvre, envoya des messages au duc de Guise pour le prier d'arrêter la révolte. Celui-ci, dont le courage n'était pas à la hauteur de son ambition, ne profita pas de la victoire du peuple. Il parcourut les rues; le peuple le saluait des cris de : Vive Guise! mais il chercha à le calmer en disant : « *Non, mes amis, c'est assez; criez : Vive le roi!* » Cependant Henri III, ne se voyant plus en sûreté dans sa capitale, sortit secrètement par les Tuileries et le faubourg Montmartre, d'où il gagna Chartres. Des négociations furent alors entamées entre la reine-mère et le duc de Guise. La décision en fut remise aux états de Blois, où Henri III accomplit cet assassinat qui le délivra de son ennemi. — En 1648, le peuple et le parlement étaient mécontents de la régence d'Anne d'Autriche et de l'administration du cardinal Mazarin, son ministre. On réclamait la suppression de certains impôts et le renvoi des *intendants*, officiers du fisc royal. Les Parisiens avaient déjà manifesté leur mécontentement par des émeutes. La cour voulut avoir recours à la force pour réprimer l'audace des Parisiens. Le 25 août 1648, pendant un *Te Deum* qu'on chantait à Notre-Dame pour célébrer la victoire que le prince de Condé venait de remporter à Lens sur les Espagnols, la cour fit arrêter trois membres du parlement qui s'étaient signalés par l'énergie de leurs protestations : c'étaient Novion-Blancménil, Charton et Broussel. La servante de Broussel, voyant le lieutenant des gardes du corps jeter son maître dans un carrosse, ameute le peuple. Aussitôt on entoure le carrosse et on le brise. Mais les gardes françaises surviennent, et le prisonnier est enlevé, puis conduit sur le chemin de Sedan. La fureur populaire était à son comble : on ferme les boutiques, on élève des barricades; les chaînes disposées à l'entrée des rues sont tendues, et Paris hurle de ses quatre cent mille voix : *Liberté et Broussel!* Pendant la nuit, la reine fait entrer des troupes dans Paris pour protéger la cour; mais rien n'arrête l'élan populaire. Les bourgeois, qui s'étaient mis à la tête du mouvement, tenaient conseil chez le coadjuteur de Paris, le fameux cardinal de Retz. Le lendemain 26 août, l'insurrection triomphait. Le chancelier Séguier, qui allait au parlement pour casser les arrêts qui venaient d'être rendus, fut insulté et son carrosse brisé. Il venait à peine de rentrer au Palais-Royal, escorté d'une troupe nombreuse, que la fusillade commença aussitôt. Plusieurs soldats tombèrent percés de coups; toutes les rues furent, en quelques instants, couvertes de barricades, et on les poussa jusqu'à cent pas du Palais-Royal. La cour était consternée. C'est alors que le parlement traversa Paris en grand costume, et vint demander à la reine la liberté de Blancménil et de Broussel. La cour céda; mais le peuple parisien avait compris sa force; et cette journée fut le signal des troubles de la Fronde.

BARRICADES (les), défilé du Piémont, à 56 kil. d'Embrum. En 1742, il fut forcé par le prince de Conti, et, en 1794, par le général Vaubois.

BARRIÈRE (Pierre), batelier d'Orléans, puis soldat. C'était un esprit sombre et fanatique. Exalté par les écrits et prédications des jésuites et des capucins, qui ne cessaient d'encourager les régicides, il résolut d'assassiner Henri IV, en choisissant le moment où le roi était à Melun. Avant de quitter Lyon, il se confessa au P. Séraphin Banchi, qui avertit du complot un gentilhomme nommé Brancalcon. Celui-ci partit précipitamment pour prévenir le meurtrier, et le désigna si bien au roi, sur le portrait que lui en avait fait le prêtre, qu'il fut reconnu à Melun, au milieu de la foule. Il confessa son crime, et désigna comme son complice un capucin de Lyon nommé Aubry, enveloppant même dans son accusation des personnes parfaitement innocentes. Il fut condamné à être roué vif, et subit sa peine en 1593.

BARRIÈRE (Jean DE LA), instituteur de la congrégation des Feuillants, au diocèse de Rieux, né en 1544, à Saint-Céré en Quercy, mort à Rome en 1600. Il voulut faire revivre, dans son diocèse, la règle monastique de saint Bernard : des crânes humains étaient substitués aux gobelets, la flagellation et la pénitence étaient les exercices les plus fréquents. Dénoncé comme novateur, il triompha auprès du pape Sixte V. Ayant été protégé par Henri III, il se tint éloigné des ligueurs; et même après l'assassinat de son protecteur, il eut le courage, alors qu'une populace en délire plaçait sur les autels le portrait de Jacques Clément, de prononcer, dans son cloître, l'oraison funèbre de Henri III. C'était là un crime que Rome ne pouvait lui pardonner. Il fut appelé à rendre compte de sa conduite devant le tribunal de l'Inquisition. Par humilité, il s'avoua coupable de tout ce qu'on voulut. Il fut alors suspendu de l'administration de son abbaye; la célébration de la messe lui fut interdite, et il fut tenu de comparaître chaque mois devant le tribunal de l'Inquisition, pour y rendre compte de sa conduite. Il fut cependant réhabilité plus tard. Le cloître des Feuillants de la rue Saint-Honoré avait conservé dans des tableaux sur verre placés au centre des vitraux, les principaux faits de sa vie.

BARRIÈRE (traité de la). On appelle ainsi le traité particulier qui fut conclu entre Louis XIV et la reine Anne d'Angleterre, le 29 janvier 1713, deux mois avant la paix d'Utrecht, qui intervint, le 11 avril suivant, entre la France, l'Espagne et l'Angleterre d'une part, les Pays-Bas, la Prusse et la Savoie d'autre part. Depuis longtemps la France et l'Angleterre avaient ouvert, en dehors des autres puissances intéressées à la paix, des négociations qui avaient donné lieu à des conventions secrètes entre elles. Ces négociations avaient pour objet de déterminer les places qui devaient servir de frontière ou *barrière* aux Pays-Bas, et c'est de là que vient le nom de *traité de la barrière*, vulgairement donné à la convention du 29 janvier 1713. Cette convention et le traité d'Utrecht, qui en fut la suite, avaient pour objet principal la renonciation du duc de Berri et du duc d'Orléans à toute prétention à la couronne d'Espagne, et réciproquement la renonciation de Philippe, roi d'Espagne, à ses prétentions éventuelles à la couronne de France, les deux couronnes de France et d'Espagne devant toujours être divisées. Mais la convention particulière entre la France et l'Angleterre intéressait plus spécialement le règlement de la succession à la couronne de la Grande-Bretagne. Ainsi, à la mort de la reine, il était convenu, conformément à la décision des parlements d'Angleterre et d'Ecosse, que, si elle ne laissait point d'enfants, la couronne reviendrait à la princesse Sophie, électrice et douairière de Hanovre, et à ses héritiers protestants.

BARROIS, comté ou duché de Bar, anc. prov. de France (Lorraine); elle s'étendait depuis la Champagne jusqu'au-delà de la Moselle, sur les deux rives de la Meuse. Capitale Bar-le-Duc; villes principales : Pont-à-Mousson, Stainville, Commercy, Saint-Mihiel. Il dépendait, pour le spirituel, en partie de l'évêché de Verdun, en partie de l'évêché de Toul. On le divisait en *Barrois royal* ou *mouvant*, et *Barrois ducal* ou *non mouvant*. Frédéric Ier de Mosellane en fut le premier duc (941). Au IXe siècle, les seigneurs de Bar ne portèrent plus que le titre de comte, et vers 1354, ils reprirent celui de duc. En 1301, Philippe le Bel ayant fait prisonnier Henri III, duc de Bar, ce dernier, pour obtenir sa liberté, fit à son vainqueur hommage de la ville de Bar et de tout ce qu'il tenait en franc-alleu en deçà de la Meuse. C'est de ce moment que date le *Barrois royal* ou *mouvant*, c'est-à-dire relevant de la couronne. Mais les empereurs d'Allemagne donnèrent toujours l'investiture du marquisat de Pont-à-Mousson, érigé, en 1354, par Charles IV, et qui formait une portion du *Barrois non mouvant*. A la mort de Robert, beau-fils du roi Jean, le cardinal de Bar, étant resté seul, hérita du duché, en céda la propriété à son petit-neveu René, duc de Guise, qui fut plus tard duc de Lorraine. Depuis lors, le duché de Bar suivit les destinées de la Lorraine. En 1571, le Barrois mouvant fut placé sous la juridiction du parlement de

Paris, par un concordat entre Charles IX et le duc Charles III.

BARROS (Jean de), célèbre historien portugais, né à Viseu, en 1496, mort en 1570. Il entra fort jeune au service du roi Emmanuel, comme enfant-gentilhomme. A 17 ans, il fut remarqué par le roi, et attaché au prince royal comme page-chambellan. Passionné pour l'étude de l'histoire, il écrivait sans cesse, malgré les distractions de la cour. Ses premiers essais plurent au roi, qui le chargea d'une histoire des Portugais dans l'Inde. Cet ouvrage, véritable chef-d'œuvre, ne parut que trente-deux ans après. Comme écrivain, Barros a puissamment contribué à fixer la langue de son pays. On a de lui une grammaire portugaise.

BARROSO (Michel), peintre espagnol, né en 1538, à Consegrua, dans la Nouvelle-Castille, mort à l'Escurial, en 1590. Il étudia à Madrid, dans l'atelier de Becerra. Il est connu non-seulement comme peintre, mais encore comme architecte distingué. Il possédait merveilleusement la perspective, mais il était peu dessinateur. Il était aussi savant en grec et en latin.

BARROW, rivière d'Irlande; elle prend sa source dans les monts Sliebh-Bloom, et après un parcours de 150 kil. presque entièrement navigable, se jette dans l'Atlantique à Waterford.

BARROW, ville d'Angleterre (comté de Leicester). Pop. 6,300 hab.

BARRUEL (l'abbé Augustin), littérateur français, né en 1741 à Villeneuve-de-Berg, près Viviers, mort à Paris en 1820. Il était de la compagnie de Jésus et fut aumônier de la princesse de Conti. Il rédigea avec Fréron l'*Année littéraire*, puis le *Journal religieux*, qui cessa de paraître en 1792. Il émigra alors en Angleterre, où il écrivit, contre la Révolution française, ses *Mémoires sur le jacobinisme*. Cet écrit, plein d'exagérations, émane d'un homme qui ne vivait que dans les traditions du passé. Sa prohibition en France fit son succès; car, comme dit Beaumarchais, les sottises ne sont à craindre que dans les lieux où l'on en gêne le cours. Sous le Consulat, il obtint sa rentrée en France. Le premier consul l'accueillit même avec une grande faveur et le fit chanoine de la cathédrale de Paris. En 1803, il publia l'*Apologie du Concordat*, et écrivit aussi sur l'*Autorité du pape*. Cet ouvrage, qui n'est qu'une suite de dénigrements et d'injures contre la Révolution, ne contient que des lieux communs, et pas une idée qui puisse être retenue. Il fut réfuté très-spirituellement par Blanchard, qui publia les *Controverses pacifiques*. Barruel prêta serment à Louis XVIII; mais quand Napoléon revint de l'île d'Elbe, il soulagea sa conscience par un nouveau serment qu'il reporta encore à Louis XVIII après les Cent-Jours.

BARRUEL DE BEAUVERT (Antoine-Joseph, comte), écrivain royaliste, né en 1756, à Bagnoles (Orne). Il était cousin de Rivarol, dont le père tenait l'auberge des *Trois-Pigeons*, dans sa ville natale. Il se donna cependant pour un noble piémontais, prit le titre de comte et érigea en château la maison paternelle. S'il avait l'orgueil de Rivarol, il ne possédait pas ses brillantes qualités. Il débuta par une satire contre Delille qui lui valut quelque réputation. Il fut ensuite capitaine de dragons dans le régiment de Belzunce; puis, en 1790, il fut nommé colonel de la garde nationale de Bagnols et garda ce titre. Il combattit pour les priviléges que renversa la Révolution, et collabora aux *Actes des Apôtres*, journal pamphlétaire rédigé par Pelletier. Il montra cependant du courage quand Louis XVI se trouva en présence de l'émeute populaire, et il ne cessa d'accompagner le roi, qui le récompensa en le nommant chevalier de Saint-Louis. Oublié pendant la Terreur, il se montra plus tard comme journaliste, et c'est en cette qualité qu'il fut condamné à la déportation en 1797, ainsi qu'une foule de publicistes. Il sut se cacher; mais ayant reparu quand le danger fut passé, il écrivit contre le gouvernement consulaire et fut incarcéré au Temple pendant deux ans. L'impératrice ayant intercédé pour lui, il fut mis en liberté, mais resta interné dans son pays. Il étudia alors la médecine et acquit quelque réputation par l'emploi de remèdes secrets. Du fond de sa solitude, ses opinions évoluèrent dans le sens impérialiste : il adressa une poésie à Joséphine en sollicitant une préfecture. Il ne put obtenir qu'une place d'inspecteur des poids et mesures à Besançon. Modifiant ses opinions avec les circonstances, il se fit dénonciateur en 1816. Ainsi, il accusa Biennais, rôtisseur de la cour, d'avoir participé aux troubles de la Terreur de 1793. Son seul témoignage ruina ce pauvre homme, qui perdit son illustre clientèle et se tua de désespoir. Barruel de Bauvert mourut en 1817.

BARRY (Girald), appelé aussi *Giraldus Cambrensis*, naquit aux environs de Pembroke, dans le pays de Galles, vers 1146, et mourut vers 1220. Il alla étudier à l'université de Paris, et à son retour, Henri II, qui lui refusa l'évêché de Saint-David, parce qu'il redoutait l'influence d'un Gallois de haute naissance, se l'attacha comme chapelain. Dans les conseils du roi, il se montra toujours favorable aux Irlandais. Malheureusement, il avait un caractère vaniteux et présomptueux qui lui fit entreprendre certains travaux littéraires qui n'attestent que son ignorance. Il entreprit la topographie de l'Irlande, ouvrage plein d'erreurs. Il écrivit aussi des pamphlets sur les mœurs monastiques, et une litanie qui finit ainsi : « Délivrez-nous, Seigneur, de la méchanceté des moines. Ainsi soit-il. »

BARRY (Jacques), peintre, né à Cork (Irlande), en 1741; mort en 1806. Il vint à Londres, où il fut protégé par un de ses compatriotes, Burke, aux frais duquel il alla passer quatre ans en France et en Italie. On admire la grandeur de sa composition et la sévérité de son style; mais il est un peu froid, souvent en dehors de la nature, et son coloris est médiocre. Il est cependant l'un des meilleurs peintres d'histoire de l'Angleterre. Il est l'auteur d'un ouvrage qui atteste une profonde connaissance de son art : *Recherches sur les obstacles réels ou imaginaires qui s'opposent au progrès des arts en Angleterre*. Il avait voulu réfuter l'admirable théorie de Montesquieu sur l'influence des climats.

BARS (prononcez Barsch), village de Hongrie (comitat de Bars), à 20 kil. de Kœnigsberg. Ce village était jadis une ville libre. Mines d'or et de cuivre.

BARS (comitat de), prov. de Hongrie, ch.-l. Aranyos-Maroth. Sup. 314,050 hectares. Pop. 140,900 hab. dont 46,800 Hongrois, 80,100 Slaves, 14,000 Allemands et, pour la religion, 179,500 catholiques, 17,920 réformés, 3,420 protestants, 700 juifs.

BARSAC, village du départ. de la Gironde, à 45 kil. de Bordeaux. Pop. 1,350 hab. Vins blancs fins très-estimés.

BARSINE, fille d'Artabaze, fut mariée en premières noces à Memnon de Rhodes. Elle fut prise à Damas avec les autres femmes de la suite de Darius. Son mari étant mort, Alexandre le Grand la prit pour concubine et en eut un fils nommé Hercule. Il la donna ensuite en mariage à Eumène de Cardie. A la mort de son second époux, elle se retira à Pergame avec Hercule. On croit qu'elle perdit la vie en même temps que son fils, quand Polysperchon voulut le faire proclamer roi.

BART ou BARTH (Jean), marin célèbre par sa bravoure extraordinaire, naquit à Dunkerque en 1651; il était fils d'un pêcheur. Il avait pour compagnon et rival de gloire le chevalier de Forbin qui, par sa naissance illustre et sa brillante éducation, contrastait avec le rude marin. Quand tous deux se présentaient à la cour de Louis XIV, on ne manquait pas de dire : « Le chevalier de Forbin nous amène son ours. » L'éclat de ses hauts faits avait appelé l'attention de Louis XIV, qui voulut l'honorer au milieu de sa cour. Il lui annonça un jour qu'il venait de le nommer chef d'escadre. « Sire, répondit simplement Jean Bart, vous avez bien fait. » En entendant ces mots, les seigneurs rirent aux éclats; mais Louis XIV, qui avait compris la réponse et en avait été touché, dut leur expliquer tout ce qu'elle renfermait de grandeur et de noblesse. Il avait, en effet, fort bien fait; car, peu de temps après, Jean Bart, bloqué dans le port de Dunkerque par 32 vaisseaux de guerre anglais et hollandais, sortait du port avec sept frégates et prenait quatre navires anglais richement chargés pour la Russie. Dans la même campagne, il brûla 80 bâtiments ennemis, fit une descente à Newcastle, dont il ravagea la côte, et revint avec un million et demi de prises. Dans la même année, il rencontra, avec trois vaisseaux, la flotte hollandaise de la Baltique, chargée de grains; il l'attaqua et lui prit 16 navires marchands. Il se trouva sous les ordres de Tourville, à la journée de Lagos, où les Français vengèrent de précédents désastres; Jean Bart commandait son vaisseau le *Glorieux*, de 64 canons. Dans ce combat, les Français prirent ou brûlèrent 87 navires de commerce et plusieurs vaisseaux de guerre; le butin s'élevait à plus de 25 millions de livres. L'année suivante, on manquait de blé en France; Jean Bart, affrontant la flotte anglaise, fit entrer dans Dunkerque un convoi de grains. Il apprit alors que l'amiral Hidde venait de s'emparer, avec huit vaisseaux de guerre, d'un autre convoi important, et qu'il les emmenait dans un port hollandais. Jean Bart prit alors avec lui six petits navires, et il attaqua la flotte ennemie. Il enleva le contre-amiral hollandais à l'abordage, lui prit deux vaisseaux de guerre, et ramena à Dunkerque toute la flotte marchande qu'il venait de délivrer. Il reçut, à l'occasion de ce fait d'armes, des lettres de noblesse. En 1696, les Anglais bloquaient le port de Dunkerque avec de grandes forces; cependant il fut assez adroit pour sortir du port, et, rencontrant la flotte hollandaise de la Baltique, composée de 110 voiles et escortée de cinq frégates, il prit les cinq frégates et 40 navires. Mais au moment de rentrer dans le port, une autre flotte ennemie survint, et il se vit obligé de brûler lui-même les vaisseaux dont il venait de s'emparer. La paix qui fut conclue peu de temps après le laissa inactif, et il mourut d'une pleurésie, le 27 avril 1702, âgé seulement de 50 ans. Tout en louant sa bravoure à toute épreuve, on a contesté son habileté à commander une flotte. Cependant, pour se convaincre qu'il possédait aussi le génie propre à son métier, il faut étudier les plans d'attaque qu'il sut concevoir et exécuter avec une soudaineté étonnante, joignant à l'intrépidité une prudence et une habileté qui ne furent jamais déjouées. Ses expéditions les plus brillantes furent conduites avec des escadres de six ou huit vaisseaux.

BARTENSTEIN, ville de Prusse (prov. de Prusse), à 24 kil. de Friedland. Pop. 4,452 hab. Cette ville fut fondée par saint Barthélemy, apôtre de la Prusse.

BARTENSTEIN, ville de Wurtemberg, à 12 kil. de Gerabronn. Pop. 1,100 hab. On y remarque un château, résidence des princes de Hohenlohe-Waldenburg-Bartenstein.

BARTFELD, ville de Hongrie, à 30 kil. d'Eperiès, comitat de Saros. Pop. 5,000 hab.

Papeteries, forges; sources ferrugineuses et bains très-fréquentés depuis. 1787. Il s'y tint, en 1590, un synode général auquel prirent part tous les protestants hongrois.

BARTH (Gaspard DE), en latin *Barthius*, savant critique allemand, fils d'un conseiller de l'électeur de Brandebourg, né à Custrin, en 1587, mort à Halle, en 1658. A douze ans, il traduisit en vers latins les psaumes de David; à seize ans, il composa une dissertation estimée sur la manière de lire les auteurs latins. On lui doit de nombreux commentaires sur les auteurs grecs et latins.

BARTHE-DE-NESTE (LA), ch.-l. de cant. de l'arrond. de Bagnères-de-Bigorre (Hautes-Pyrénées), à 18 kil. de cette ville. Pop. 780 hab.

BARTHE (Nicolas-Thomas), auteur dramatique, né à Marseille, en 1734, mort en 1785. Il fit représenter à la Comédie-Française l'*Amateur*, comédie où l'on trouve une versification facile et spirituelle. Ses autres comédies et ses poésies légères sont assez estimées. La veille d'une première représentation, il paraissait inquiet : « Que craignez-vous, lui dit-on, vous n'avez pas d'ennemis ? — C'est vrai, répondit-il; mais ce sont mes amis que je redoute. »

BARTHÉLEMI (saint), apôtre. Ce nom signifie fils de Tholomée. Bien des savants pensent que ce saint est le même que Nathaniel qui naquit à Cana, en Galilée, fut docteur de la loi et l'un des soixante-douze disciples. On aurait ainsi vu deux saints différents là où il n'y en avait qu'un seul. Malgré le mystère de l'individualité de saint Barthélemy, on raconte qu'il fut témoin des principaux faits de la vie de Jésus-Christ, et notamment de sa résurrection. Il aurait visité les contrées les plus lointaines de l'Orient et pénétré dans les Indes. Suivant Eusèbe, saint Patène, allant à l'extrémité des Indes, y aurait déjà trouvé le christianisme établi, et on lui aurait montré l'Evangile de saint Mathieu, apporté par saint Barthélemi. Ce dernier aurait subi le martyre chez les Arméniens; il aurait été écorché vif, suivant les uns, crucifié suivant les autres, et enfin suivant une troisième version, il aurait subi ces deux supplices à la fois. Quoi qu'il en soit, il a prévalu qu'il avait été écorché vif, et les artistes qui ont voulu étaler leurs connaissances anatomiques, n'ont jamais manqué de le représenter ainsi. Ses reliques sont placées à Rome dans un monument de porphyre, sous le grand autel qui porte le nom de ce saint, dans l'île du Tibre.

BARTHELEMY (Saint-), une des Antilles, ch.-l. Gustava. Superf. 25 kil. de tour. Pop. 1,600 hab. Elle possède un bon port, mais d'un accès difficile. Bois précieux. Elle appartint à la France de 1648 à 1784, et appartient aujourd'hui à la Suède.

BARTHELEMY-DE-GROUIN (Saint-), bourg du départ. de l'Isère, arrond. de Grenoble, à 22 kil. de cette ville. Il s'y trouve une fontaine d'eau bouillante d'où s'échappent des gaz facilement inflammables.

BARTHÉLEMY (Pierre), né en 1096. C'était un prêtre de Marseille; il accompagna Raimond de Saint-Gilles et Adhémar, évêque du Puy, dans la première croisade. Sa piété crédule lui fit jouer un grand rôle au siége d'Antioche. Il raconta aux croisés une vision qu'il prétendait avoir eue : saint André lui était apparu et lui avait dit qu'on trouverait, en fouillant l'église de Saint-Pierre d'Antioche, la lance avec laquelle on avait percé le flanc de Jésus-Christ. C'était une arme céleste qui devait mettre en fuite les infidèles. Les croisés n'en doutèrent pas, et leur enthousiasme s'accrut. Antioche fut emporté, et on se mit à fouiller, mais vainement, sous l'église. Quand la nuit vint, Barthélemy descendit à son tour dans la fosse qu'on venait de creuser, et il en retira le fer merveilleux. L'exaltation fut à son comble. La lance portée au milieu de l'armée entretenait l'ardeur des croisés ; une nouvelle victoire fut remportée sur les Sarrasins. Cependant l'exhibition de la lance valait beaucoup d'offrandes à Barthélemy et aux Marseillais, ses compatriotes. La jalousie fit critiquer l'authenticité de l'objet vénéré. Après de longs débats, Barthélemy proposa, pour attester sa véracité, de se soumettre à l'épreuve du feu. Le vendredi saint de l'année 1099, un grand bûcher fut allumé au milieu du camp, près de Tripoli. Barthélemy, qui avait été en prières pendant trois jours, traversa le feu en présence de 40,000 pèlerins. Il en sortit horriblement brûlé, et sa mort survenue peu de temps après, mit obstacle à l'enregistrement d'un nouveau miracle.

BARTHÉLEMY DES MARTYRS, ainsi appelé de l'église des Martyrs à Lisbonne, où il fut baptisé, naquit en 1514. Il professa la théologie pendant vingt ans, et fut précepteur du neveu du roi Jean III. En 1559, il fut fait archevêque de Bragues. Il siégea au concile de Trente et y proposa des mesures contre le luxe des évêques et des cardinaux. Dans un voyage qu'il fit à Rome, il se montra choqué de voir les évêques debout et découverts devant les cardinaux assis et couverts. Il en fit la remarque au pape, qui abolit cet usage. N'ayant pu obtenir du souverain pontife de se démettre de son archevêché, il se retira dans un couvent, où il mourut simple religieux, en 1590. Il fut béatifié après sa mort. On lui doit une relation des travaux du concile de Trente.

BARTHÉLEMY (Jean-Jacques, abbé), né à Cassis, en Provence, en 1716, mort le 30 avril 1795. Il fut grand trésorier de Saint-Martin de Tours, secrétaire général des Suisses et Grisons. Il renonça de bonne heure au ministère ecclésiastique pour se livrer avec ardeur à l'étude des langues anciennes : ainsi il apprit l'hébreu, le syriaque, le chaldéen et l'arabe. Il se livra aussi à l'étude des mathématiques et de l'astronomie, pour mieux entendre les auteurs asiatiques. Ses recherches numismatiques enrichirent le cabinet des antiques de vingt mille médailles précieuses. Etant devenu riche, il ne voulut pas avoir de voiture, « pour ne pas paraître insulter, disait-il, de pauvres gens de lettres qui valaient mieux que lui. » Il publia, en 1788, le *Voyage d'Anacharsis*, fruit de trente années de travail. Cet ouvrage passe, à juste titre, pour un monument digne des temps anciens. Ainsi Barthélemy fait revivre la vieille civilisation grecque, avec ses usages, ses mœurs et son génie. Le succès qu'il obtint fut inouï, malgré les préoccupations politiques qui troublèrent cette époque, et l'Académie lui ouvrit ses portes en 1789. Pendant la Terreur, il fut arrêté et conduit aux Madelonnettes; il se préparait déjà à mourir, quand on le mit en liberté après une détention de seize heures. Il mourut à l'âge de 80 ans. Il a laissé d'importants travaux sur les antiquités et les inscriptions.

BARTHÉLEMY (François, marquis DE), né à Aubagne en 1747, mort à Paris en 1830. Il fut élevé par l'abbé Barthélemy, son oncle. D'abord employé au ministère des affaires étrangères, puis secrétaire de légation, et plus tard ministre plénipotentiaire en Suisse, il négocia, au nom du gouvernement révolutionnaire avec la Suisse, la Prusse, l'Espagne et l'électorat de Hesse. Il passa de là en Angleterre. En 1797, il fut compris dans la conspiration de Pichegru et déporté à Cayenne. Là il put s'évader avec six de ses compagnons et un domestique, nommé Letellier, qui avait voulu le suivre dans sa déportation. Il se sauva aux Etats-Unis, puis en Angleterre. Le directoire le considéra comme émigré; mais après le 18 brumaire, il fut rappelé par le premier consul, qui le nomma sénateur. En 1800, il reçut le titre de comte de l'empire. Il présida toutes les commissions chargées de présenter à l'Empereur les hommages et les éloges du Sénat. A la rentrée des Bourbons, il employa les mêmes formules pour complimenter l'empereur Alexandre sur sa grandeur d'âme. Aussi les portes de la Chambre des pairs lui furent-elles ouvertes de droit. Il fut l'un de ceux qui proposèrent la loi électorale qui refusait la qualité d'électeur à celui qui payait le montant des contributions alors exigées, en patente industrielle et non en impôt foncier. La Chambre des pairs n'eut pas assez de colère contre les auteurs de la proposition; mais le gouvernement s'étant emparé de ce projet, elle admit l'année suivante ce qu'elle avait combattu si énergiquement.

BARTHÉLEMY (Massacres de la Saint-). On appelle ainsi le massacre des protestants en France, le 24 août 1572, jour de la Saint-Barthélemy. On a voulu prétendre que les huguenots n'avaient été attirés à Paris, à l'occasion du mariage de la sœur du roi, Marguerite de Navarre, avec le roi de Navarre, que pour les faire tomber dans un piége préparé d'avance; mais il est plus probable que la résolution du massacre fut soudaine, et que la cour crut cette mesure nécessaire après la tentative de meurtre faite sur l'amiral Coligni : on craignait des représailles. Le 24 août 1572, à minuit, Catherine de Médecis entra dans l'appartement du roi, dont elle craignait l'irrésolution ou les remords. Charles IX était en compagnie du duc d'Anjou, des ducs de Guise et d'autres seigneurs. « Tout est prêt, lui dit-elle, c'est pitié que d'être cruel, et c'est cruauté que d'avoir pitié. » On vit alors un changement subit sur le visage du roi; il donna l'ordre fatal, jurant par la mort de Dieu, puisqu'on trouvait bon qu'il tuât l'amiral, qu'il le trouvait bon aussi, mais avec lui tous les huguenots de France, afin qu'il ne s'en trouvât pas un seul qui pût le lui reprocher après. La cloche du château donna le signal à une heure et demie après minuit; toutes les églises de Paris sonnèrent à toute volée. Aussitôt des lumières parurent à toutes les fenêtres; les rues se remplirent de soldats et d'hommes armés, portant des croix blanches sur leurs chaperons, une écharpe blanche au bras gauche, et criant de tous côtés: Vive Dieu et le roi! Coligni fut la première victime. Le duc de Guise le fit jeter par la fenêtre, percé de coups de poignard. Il continua ensuite la besogne, aidé du bâtard d'Angoulême, d'Aumale et de Tavannes. On fouillait les maisons pour saisir et massacrer les gentilshommes huguenots. Le comte de la Rochefoucauld, qui avait joué avec le roi pendant toute la soirée, crut, en voyant les hommes chargés de le tuer, à une plaisanterie du roi. C'était la mort qu'il lui faisait porter. Caumont la Force fut trouvé dans son lit avec ses deux fils; les meurtriers les frappèrent et les laissèrent pour morts; mais le plus jeune, âgé de 12 ans, contrefit le mort, et resta baigné dans le sang de son père et de son frère, n'osant exhaler un soupir qui l'eût trahi. Il fut sauvé par Biron, son parent. Le roi de Navarre et le prince de Condé étaient au Louvre; des soldats égorgèrent dans la cour du Louvre les gentilshommes qui les accompagnaient; puis ils les dépouillèrent et rangèrent leurs corps nus sous les fenêtres du palais. La reine de Navarre put sauver un gentilhomme déjà percé de coups et que les meurtriers poursuivirent jusque dans sa chambre. Les échevins, à la tête de compagnies bourgeoises, prirent aussi part au massacre, et envahirent les maisons des protestants. C'est ainsi que périrent parmi beaucoup d'hommes illustres, l'avocat Ferrières, le secrétaire d'Etat Loménie, l'historien Laplace, le philosophe Pierre Ramus.

Leurs corps étaient traînés dans les rues, outragés par la populace, puis jetés dans la Seine. Le roi, plus ardent que tous, prenait plaisir à ce jeu. S'il voyait, de la fenêtre de sa chambre, quelqu'un chercher à se sauver en traversant la Seine à la nage, il prenait une grande arquebuse de chasse et tirait incessamment. Son cri était : Tuez ! tuez ! Il ne voulait épargner qu'Ambroise Paré, son premier chirurgien, et sa nourrice. — Le soir, le roi ordonna aux bourgeois de rentrer dans leurs maisons. On crut que les massacres étaient finis ; mais le lendemain, une aubépine ayant refleuri au cimetière des Innocents, on vit là un miracle qui attestait la satisfaction de Dieu, et le massacre recommença. Les protestants se défendirent peu, et pendant trois jours, Paris fut livré au carnage. Les victimes de ces trois journées s'élevèrent à dix mille ; parmi elles on compte l'Hôpital, qui ouvrit ses portes aux égorgeurs. — Le massacre n'eut pas lieu seulement à Paris : presque toutes les villes eurent leurs *matines parisiennes*. On signale cependant quelques actes d'opposition courageuse de la part de quelques gouverneurs de province. La Provence, le Dauphiné, la Bourgogne, Bayonne, furent ainsi préservés. Hennuyer, évêque de Lisieux, empêcha le lieutenant du roi d'exécuter dans son diocèse ses ordres sanguinaires. La Saint-Barthélemy avait fait près de trente mille victimes, et il y avait en France près de deux millions de protestants. — Le peuple s'était soulevé à l'appel de son roi, plutôt pour abaisser une partie de la noblesse que par intérêt des querelles religieuses. Les Guises s'attribuaient la gloire de ces fatales journées. Pour imposer silence aux uns et aux autres, Charles IX tint, le 28 août, un lit de justice au parlement, et prit sur lui la responsabilité des massacres. Christophe de Thou, président du parlement, eut le courage de le complimenter d'avoir sauvé l'Etat. Le peuple applaudit quand il vit son roi et la cour se rendre à Montfaucon pour y contempler les restes de l'amiral. Des évêques, des magistrats, célébraient la victoire du peuple et la vengeance nationale. On frappa des médailles commémoratives, représentant l'ange exterminateur. L'inquisition espagnole tressaillit de joie. Quelques mois après, Charles IX vit se dresser devant lui l'image de la postérité vengeresse : il chercha à anéantir les lettres et documents écrits qui devaient plus tard appeler sur lui la malédiction nationale ; mais il ne put y parvenir, et la lettre même qu'il adressa à cet effet à M. de Cély, son conseiller privé, nous a été conservée.

BARTHEZ (Paul-Joseph), célèbre médecin, né à Montpellier en 1734, mort à Paris en 1806. A vingt ans, il était docteur en médecine. Il devint professeur honoraire de la faculté de médecine de Montpellier, médecin consultant de l'empereur, membre associé de l'Institut. Il était en grande réputation à la fin du XVIIIe siècle. Il contribua à renverser la doctrine qui empruntait sa médication à la mécanique et à la chimie, en faisant revivre celle d'Hippocrate. Il étudia les mobiles principaux des phénomènes des corps vivants, et notamment l'action de l'*âme*, telle que la définit Hippocrate. Mais sa philosophie s'égara dans des abstractions qui l'éloignèrent souvent de la méthode qu'il avait prétendu préconiser. Dans ses *Nouveaux éléments de la science de l'homme*, il se dégagea des explications physiques et chimiques pour s'élever aux plus hautes aspirations dans la recherche des lois naturelles de l'économie animale. On lui doit aussi des écrits sur la goutte et les fluxions.

BARTHOLE ou **BARTOLE**, célèbre jurisconsulte, né en 1513 à Sasso-Ferrato (Ombrie) ; mort à Pérouse en 1556. A quatorze ans Barthole commença l'étude du droit et, six ans après, il fut reçu docteur à l'université de Bologne. Il enseigna à Pise, puis à Pérouse. Ses succès le rendirent un personnage recommandable, et les habitants de Pérouse, ayant des grâces à solliciter, l'envoyèrent comme député à l'empereur Charles IV. Non-seulement il obtint ce qu'il demandait pour les autres, mais encore les plus hautes faveurs pour lui. Certains auteurs ont prétendu à tort que ces faveurs étaient le prix du concours qu'il prêta à l'empereur dans la rédaction de la *Bulle d'or*. Barthole a laissé plusieurs ouvrages assez remarquables, mais qui ne sont plus consultés aujourd'hui que par quelques jurisconsultes. Son érudition était très-vaste et sa manière d'expliquer était des plus simples.

BARTOLI (Daniel), savant jésuite, né à Ferrare en 1608, mort à Rome en 1685. Il quitta la prédication à laquelle il s'était d'abord livré, pour s'adonner entièrement à la littérature. Il a composé quelques ouvrages qui témoignent de son profond savoir.

BARTOLI (Pietro-Santi), peintre et graveur à l'eau-forte, né à Pérouse en 1635, mort à Rome en 1700. Comme peintre, il fut élève du Poussin, et il a reproduit souvent avec succès des tableaux de ce grand maître. Comme graveur, on a de lui un nombre considérable de monuments antiques qu'il a gravés d'après ses propres dessins. Sa manière n'est pas toujours très-correcte, elle est souvent relâchée et manque parfois d'élégance et de chaleur.

BARTOLINI (Lorenzo), célèbre sculpteur, né à Florence en 1776, mort en 1850. C'est à Paris, dans l'atelier de Lemot qu'il vint étudier. Il avait pour protecteurs Denon et Regnault de Saint-Jean d'Angély. En 1808, il fut envoyé par Napoléon Ier à Carrare pour y fonder une école de dessin. Il devint alors successivement sénateur de Toscane, professeur à l'Académie des beaux-arts de Florence, correspondant de l'Institut de France. Il a exécuté le buste de Napoléon, qui était autrefois placé sur la porte du musée du Louvre ; on a également de lui une foule d'autres bustes, parmi lesquels nous citerons ceux de Méhul, de Denon, de Mme de Staël, de Chérubini, de C. Delavigne, etc. Le monument de lady Strafford Canning, placé dans la cathédrale de Lausanne, est aussi de lui, ainsi que le groupe de la *Charité* qui se trouve au palais Pitti de Florence. Il avait commencé en outre une statue colossale de Napoléon pour la ville de Livourne, mais cette statue est restée dans son atelier. On peut dire à sa louange que de tous les artistes contemporains, c'est le seul qui ait approché le plus de l'antique. Tous ses ouvrages, en effet, se font remarquer par leur pureté et leur simplicité.

BARTOLOZZI (François), l'un des plus célèbres graveurs, né à Florence en 1730, mort à Lisbonne en avril 1815. C'est à Florence, sous Hugfort, Ferretti et d'autres, qu'il étudia le dessin ; à Venise, à Florence et à Milan, il grava à l'eau-forte un grand nombre de sujets religieux. Il se rendit ensuite à Londres, où il se voua entièrement à la gravure pointillée dans laquelle il excella. Il y avait déjà quarante ans qu'il habitait Londres, lorsqu'il fut appelé à Lisbonne pour y graver le portrait du prince régent, qui lui conféra, en 1807, l'ordre du Christ. Cet artiste joignait à l'exactitude du dessin une grande délicatesse d'exécution. Il se servait fort habilement de l'aiguille, et ne faisait usage du burin que pour achever son travail. *Lady and Child* est une de ses plus gracieuses gravures ; mais celle qu'on estime le plus est celle qui représente la mort de lord Chatam, d'après Coypel, dont une bonne épreuve s'est autrefois payée jusqu'à 300 fr. Les planches, que l'on connaît de lui, dépassent le chiffre de 2,000, en y comprenant plusieurs imitations de dessins à la main, gravées à l'eau-forte. Il a laissé un fils qui s'est distingué comme peintre.

BARTON-ON-HUMBER, ville d'Angleterre, dans le comté de Lincoln, à 51 kil. de cette ville. Pop. 3,500 hab. On y remarque une fontaine d'eau salée.

BARTON (Elisabeth), célèbre visionnaire anglaise, surnommée la *Vierge de Kent*, où elle était née vers le XVIe siècle. Au commencement de la réforme en Angleterre, elle servit d'instrument aux catholiques et aux partisans de la reine Catherine pour indisposer le peuple anglais contre le divorce projeté par Henri VIII. Cette fille était affligée d'une maladie nerveuse qui la plongeait souvent dans le délire. Richard Masters, curé d'Aldington, et un chanoine de Canterbury, profitèrent du misérable état de cette fille pour lui persuader qu'elle était inspirée de Dieu, et appelée par lui à déjouer toutes les entreprises du roi. Aussi la pauvre folle, dans ses paroxysmes, fulminait-elle contre le divorce et surtout contre l'hérésie dominante. Elle rendit célèbre une image de la Vierge Marie, qui avait opéré une guérison miraculeuse qu'elle avait prédite elle-même. Elle continua ainsi quelque temps les révélations qu'elle se croyait ou se prétendait autorisée à faire, en exhibant une lettre qu'elle disait avoir reçu du ciel. A la fin, ayant prophétisé que si Henri VIII persistait à divorcer et à se remarier, il n'aurait pas un mois à régner, et qu'au bout de ce temps il périrait d'une mort ignominieuse, elle excita parmi le peuple une grande fermentation. Le roi se vit alors obligé de soumettre l'affaire au parlement, et Elisabeth et ses complices furent condamnés à faire amende honorable et à la prison. Mais, par suite des rétractations que la reine lui conseilla de faire, elle fut de nouveau impliquée dans une conspiration contre le roi, et, convaincue de haute trahison, elle fut exécutée le 30 avril 1534.

BARUCH, de la tribu de Juda. Il fut l'un des douze petits prophètes et disciple de Jérémie (406 av. J.-C.). Les Juifs ne reconnurent pas son livre comme canonique, étant écrit en grec, mais il le fut par les chrétiens.

BARWALDE, ville de Prusse (Brandebourg), à 45 kil. de Postdam. Pop. 3,000 hab. Elle est située sur le lac de son nom. En 1631, il s'y conclut un traité entre la France et Gustave-Adolphe, roi de Suède.

BARYTE, oxyde de baryum, d'une couleur légèrement grisâtre, très-caustique. L'eau fait échauffer la baryte et double son volume.

BARYUM ou *barium*, métal blanc comme l'argent, solide à la température ordinaire, et s'oxydant au contact de l'eau.

BAS, petite île située dans la Manche, sur la côte du Finistère, au N. de Saint-Pol de Léon. Pop. 5,100 hab. On y trouve une rade sûre.

BAS-EMPIRE, nom donné à l'empire romain depuis Constantin, temps de décadence, et à l'empire d'Orient après Théodose. (*Voir* EMPIRE ROMAIN.)

BAS-EN-BASSET, ch.-l. de cant. de l'arr. d'Yssengeaux (Haute-Loire), à 28 kil. de cette ville. Pop. 850 hab. Cette ville est située sur la rive gauche de la Loire. Dentelles et rubans.

BASALTE, sorte de roche, de formation ignée, de couleur noire ou grise, se présentant en masses non stratifiées. Les plus curieuses agglomérations de roches basaltiques sont : la chaussée des Géants, près du cap de Fairhead, et la grotte de Fingal, dans l'île de Staffa.

BASAN ou **BAZAN**, (Pierre-François), graveur, né à Paris, en 1723, mort en 1797. On a de lui un *Dictionnaire des graveurs anciens et modernes, depuis l'origine de la gravure* ; ouvrage assez médiocre.

Son œuvre, qui forme 6 vol. in-fol., 1762-1779, se compose de 650 pièces.

BAS-BLEU, terme de dérision par lequel on désigne une femme qui se mêle d'écrire alors qu'elle ne possède aucune des qualités nécessaires pour le faire avec quelque mérite.

BASCHI, groupe d'îles de l'archipel des Philippines, au N. de Luçon. Elles furent découvertes par Dampier. Elles appartiennent à l'Espagne.

BASÉCLES, bourg de Belgique (Hainaut), à 25 kil. de Tournai. Pop. 2,900 hab. Exploitation de calcaire bleu appelé *marbre de Basècles.*

BASEDOW (Jean-Bernard), savant du XVIIIe siècle, né à Hambourg, en 1723, mort à Magdebourg en 1790. On l'appelle aussi *Bassedau* ou *Bernard de Nordalbingen.* Il était, dès 1753, professeur à l'académie des nobles de Séroë en Danemark, mais il s'en fit chasser à cause de son hétérodoxie. Après avoir lu l'*Emile* de Jean-Jacques Rousseau, il se livra entièrement à la pédagogie. Grâce à des secours qu'il reçut de quelques princes, il publia, en 1774, son *Traité élémentaire*, avec 100 planches par Chodowiecki, espèce d'*orbis pictus* par lequel il se proposait de captiver la curiosité des jeunes gens et de développer en eux l'amour du cosmopolitisme. En 1771, il fut appelé à Dessau par le duc Frédéric-François, et là, il fonda, trois ans plus tard, un établissement modèle d'éducation auquel il donna le titre de *Philanthropinum.* Basedow n'était pas ce qu'on appelle un esprit original; il n'était pas doué non plus du talent de l'organisation; mais on ne peut lui refuser le mérite d'avoir émis des idées utiles et pratiques. Son esprit inquiet et dominateur le mit en querelle avec ses collaborateurs, et, en 1778, il fut obligé de quitter Dessau. Il retourna dans sa patrie et se livra entièrement à la publication d'ouvrages pédagogiques.

BASELICE, bourg du royaume d'Italie à 30 kil. de Campobasso. Pop. 4,000 hab.

BASFOIN, près de Dinan (Bretagne). On y remarque un établissement de fous tenu par les frères de Saint-Jean de Dieu.

BASIENTO, anciennement *Basentinus*, petit fleuve du royaume d'Italie (Basilicate), prend sa source près de Potenza et se jette dans le golfe de Tarente.

BASILAN, île de l'Océanie, située dans l'archipel de Soulou, au S. de Mindanao; 90 kil. de tour. Elle possède deux ports, Gouvarang et Malusa. Récolte de riz et cannes à sucre. En 1845, les Français y châtièrent les pirates qui l'infestaient. Les Espagnols l'occupèrent en 1853.

BASILE (saint), évêque de Césarée en Cappadoce, né à Césarée, en 329, de parents chrétiens, mort en 379. Il étudia à Constantinople, puis à Athènes, où il se lia avec Grégoire de Nazianze, et avec Julien, qui devait monter sur le trône plus tard. De retour dans son pays, il entra au barreau; mais, en 357, il se retira du monde, et alla s'ensevelir dans un désert de la province de Pont où sa mère et sa sœur s'étaient déjà retirées. Il y fonda, sur le bord de l'Iris, un monastère pour lequel il écrivit une règle que les moines de l'Orient lui empruntèrent dans la suite, et dans laquelle les Occidentaux ont puisé plusieurs points de leur constitution religieuse. Il fut nommé, contre sa volonté, évêque de Césarée, en 369. L'empereur Valens chercha à l'engager dans la secte d'Arius; il lui envoya, à cet effet, Modeste, préfet d'Orient. Basile resta inaccessible à la flatterie aussi bien qu'à la crainte. Modeste menaça; Basile se déclara prêt à aller en exil, en prison, à la mort, considérant la persécution comme un bienfait. Valens fut intimidé: il signa, puis rétracta aussitôt un ordre d'exil. Basile travailla sans relâche à combattre les hérésies naissantes, et à apaiser les différends qui divisaient l'Eglise.

BASILE Ier, dit le *Macédonien*, empereur d'Orient, de 867 à 886. Il était né à Andrinople, de parents pauvres. Il fut d'abord simple soldat. Les Bulgares l'ayant fait prisonnier dans une rencontre, il s'échappa et revint à Constantinople avec une besace et un bâton. L'empereur Michel le fit son écuyer, puis son grand chambellan. Il avait su gagner la faveur impériale par son habileté à dresser les chevaux pour la chasse, les jeux du cirque ou les courses de chars. Michel l'associa même à l'empire, en reconnaissance de ce qu'il l'avait délivré de l'ambitieux Bardas. Mais le nouveau parvenu censura la conduite de son collègue. Celui-ci, humilié de recevoir les reproches d'un mendiant qui lui devait l'empire, résolut de le faire périr. Basile le prévint en lui faisant donner la mort. Devenu seul maître de l'empire, il remit un peu d'ordre dans l'administration de l'Etat, et apaisa les querelles religieuses. Il reprit Césarée sur les Sarrasins et les chassa de la Sicile. Il se montra économe des deniers de l'Etat et exigea des restitutions des courtisans qui s'étaient gorgés de richesses sous Michel. Après un règne de 17 ans, il fut éventré par un cerf dans une partie de chasse. C'est sous son règne que fut entreprise la célèbre compilation de lois connue sous le nom de *basiliques.* Il a laissé un traité de l'*art de régner*, adressé à son fils Léon.

BASILE II, empereur d'Orient, fils de l'empereur Romain le Jeune et successeur de Zimiscès, né en 956. Il eut d'abord pour collègue son frère Constantin, prince faible et sans talents, livré à la débauche. Basile, au contraire, gouvernait avec fermeté. C'est sous son règne qu'eut lieu, en Orient, la fameuse lutte entre Bardas-Scélérus et Bardas-Phocas. Délivré de ces usurpateurs, Basile tourna ses armes contre les Bulgares. Il en tua 5,000 dans une bataille et en fit 15,000 prisonniers; mais il souilla sa victoire par une horrible cruauté: il fit crever les yeux aux prisonniers, épargnant un homme sur cent pour servir de conducteur à ses malheureux compagnons, et les renvoya ainsi dans leur pays. Les Bulgares consternés se soumirent. Basile vainquit aussi les Sarrasins. Il mourut, en 1025, après un règne de 50 ans.

BASILICATE, prov. du royaume d'Italie, située sur le golfe de Tarente; ch.-l. Potenza; villes principales, Melfi et Lagonegro. Sup. 130 kil. sur 90. Pop. 517,350 hab. Elle est arrosée par le Basiento, le Bradano et l'Agri. L'Apennin l'environne. Climat tempéré, fréquents tremblements de terre, sol montueux dans l'intérieur, plat sur les bords, très-fertile mais mal cultivé. Son industrie et son commerce sont presque nuls.

BASILIDE, novateur mystique, né à Alexandrie, vers la fin du 1er siècle après J.-C., mort vers l'an 130. Pour expliquer le mal, il forma un système composé des principes de Pythagore, de Simon, des dogmes des chrétiens et de la croyance des juifs; il imaginait trois cent soixante-cinq cieux habités par des intelligences de différents degrés et disait que notre monde avait été créé par des intelligences du dernier degré. Il supposait que nous avons deux âmes pour expliquer le combat des passions et de la raison et croyait à la métempsycose. On a de lui *Antiquité expliquée*, *Abraxas*, talisman formé de lettres grecques.

BASILIDES, nom donné à la principale tribu des Juziges dans la Sarmatie d'Europe.

BASILIQUE, *Basilica.* On appelait ainsi à Rome un grand bâtiment public. C'était une grande galerie quadrangulaire, moitié ou à peu près d'un tiers plus longue que large, elle était divisée en trois nefs par deux rangs de colonnes superposées. La nef centrale avait toute la hauteur des deux genres d'architecture; sur les latérales, moitié moins élevées, régnait une galerie haute. Dans l'origine, les négociants s'y rassemblaient pour y traiter leurs affaires; mais à dater d'Auguste, les basiliques servirent aux tribunaux; alors on modifia leur forme, en terminant l'une des extrémités par un hémicycle, pour le tribunal du juge. La première basilique fut construite à Rome en 185 av. J.-C., par Caton l'Ancien. Depuis ce dernier jusqu'à Constantin, Rome n'eut que huit basiliques bien connues: la *Porcia*, bâtie par Caton; la *Fulvia*, par le censeur Fulvius (573); la *Sempronia*, par le censeur Sempronius (583); l'*Amilia*, par Amilius Paulus (720); la *Julia*, par Jules César; l'*Ulpia*, par Trajan; l'*Alexandrina*, par Alexandre Sévère; et la *Constantiana*, par Constantin. Elles étaient à peu près toutes construites avec une somptuosité et une magnificence extraordinaires. Non-seulement Rome avait des basiliques, mais les villes de province en possédaient aussi, et Otricoli et Pompéi en avaient de très belles.

BASILIQUE PRIVÉE. Du temps de la république, on appelait ainsi une grande pièce de réception et servant à des réunions politiques dans les maisons des citoyens riches et influents.

BASILIQUE CHRÉTIENNE. Eglise construite sur le plan des anciennes basiliques impériales. Après l'introduction et l'établissement du christianisme par Constantin, ce prince convertit plusieurs des anciennes basiliques en édifices destinés au culte. Car la forme de ces basiliques était la plus favorable et la plus convenable par ses vastes dimensions. Devant la basilique, une cour entourée de portiques, dite *atrium*, qui servait de cimetière, et c'est aussi dans cet *atrium* que les pénitents attendaient qu'on leur permît d'entrer dans l'église. La basilique de Saint-Jean de Latran, celle de Saint-Pierre et de Saint-Paul furent les premières basiliques que Constantin construisit à Rome. Paris a aussi quelques basiliques: Notre-Dame de Lorette et Saint-Vincent de Paul sont les plus remarquables par l'exactitude de la forme et la richesse des ornements.

BASILIQUES. On nomme ainsi la collection de lois romaines que l'empereur Léon le Philosophe traduisit en grec. Ce prince l'attribua à son père, Basile le Macédonien, d'où le nom de *Basiliques* leur fut donné. Cette collection comprend les *Institutes*, le *Digeste*, le *Code*, les *Novelles de Justinien*, et quelques édits des autres empereurs.

BASILISQUE, empereur d'Orient, frère de Vérine, femme de Léon Ier. Il devint général d'armée, puis consul et patrice sous Léon Ier. Ayant été envoyé contre Genséric, roi des Vandales, qui ravageait l'Afrique, les ariens, favorables au roi barbare qui avait embrassé l'hérésie d'Arius, lui promirent l'empire, s'il ne s'opposait pas à la marche de Genséric. Basilisque écouta ces promesses et laissa disperser ou brûler sa flotte. Cependant il dut se cacher pour échapper à la colère de l'empereur. Après la mort de ce prince, en 474, il ravit l'empire à Zénon l'Isaurien qui avait déjà été proclamé. Cependant son administration ne fut qu'un pillage, et ses persécutions contre ceux qui n'embrassaient pas l'arianisme le rendirent si odieux, que Zénon put rentrer dans Constantinople à la tête d'une armée, presque sans coup férir. Les portes furent ouvertes à ce prince par le peuple et par Vérine même, la mère de Basilisque. Celui-ci fut pris et enfermé dans une tour d'un château de Cappadoce, on le jeta dans une citerne sèche où on le laissa mourir de faim. Pendant son règne, la bibliothèque de Constantinople, qui comptait cent vingt mille manuscrits, fut détruite par l'incendie, ainsi qu'une partie de la ville.

BASIN ou BAZIN (Thomas), chroniqueur du temps de Louis XI, né à Rouen en 1412, mort à Utrecht en 1491. Il fut évêque de Lisieux sous Charles VII; mais le rôle qu'il joua dans la lutte entre le roi et Louis XI encore Dauphin, le força à s'expatrier à l'avénement de celui-ci. Il se retira à Utrecht, où il devint vicaire de l'évêque David de Bourgogne. Sixte IV le fit archevêque de Césarée en Syrie. Il a laissé des chroniques sur les événements qui se sont passés en Hollande, de 1481 à 1483. Matthéus a conservé des extraits de cet ouvrage.

BASINGSTOKE, ville d'Angleterre (comté de Southampton), à 25 kil. de Winchester. Pop. 4,500 hab. Cette ville est située sur le chemin de fer de Londres à Southampton et reliée à la métropole par un canal qui porte son nom.

BASIRE ou BAZIRE (Claude), né à Dijon en 1764. Il avait fait ses études chez les oratoriens, et se proposait d'entrer dans leur ordre; mais il y renonça pour entrer comme employé aux archives de Bourgogne. Quand la Révolution éclata, il se mit à la tête du club de Dijon, et se fit remarquer par son zèle patriotique. En 1791, il fut nommé administrateur de district, puis député à l'Assemblée législative. Ses accusations contre la cour furent si violentes au sein de l'Assemblée, que le juge de paix de la section du Pont-Neuf décerna contre lui un mandat d'amener. Cependant le mandat ne put être exécuté : l'Assemblée prit la défense de Basire et fit de l'accusation même un puissant grief contre la cour, qui ne craignait pas d'attenter à la souveraineté nationale. La Rivière, le juge de paix qui avait signé le mandat, fut jeté en prison, et mis à mort dans la journée du 2 septembre 1792. Basire devint plus tard membre du comité de sûreté générale, et fut envoyé en mission à Lyon avec Legendre et Rovère. Cependant il se prononça contre la Terreur et devint lui-même suspect. Il fut détenu au Luxembourg, condamné par le tribunal révolutionnaire, et exécuté le 1er avril 1794, à l'âge de 30 ans.

BASKERVILLE (John), célèbre imprimeur, fondeur de caractères et graveur anglais, né à Wewerley, dans le comté de Worcester, en 1706, mort à Birmingham en 1775. Il était maître d'école avant d'ouvrir une imprimerie. Il se fit remarquer par la perfection de ses caractères qu'il fondait lui-même. Toutes ses éditions sont débarrassées des vignettes et autres ornements dont on avait fait abus avant lui. Les ouvrages sortis de ses presses sont aujourd'hui fort recherchés.

BASKIRS, peuple de Russie, appartenant à la famille turque, qui s'établit entre les rivières Bélaïa, Kama, Volga, et Oural dans le gouvernement d'Orembourg et celui de Perm, au nombre de 25,000 hommes environ. En 1770, on comptait 27,000 familles. Les Baskirs vivent sous des tentes l'hiver et campent l'été dans les steppes, sont braves, agiles et prennent souvent du service dans les armées russes; ils ne payent point d'impôts, mais ils sont obligés de se fournir de sel dans les magasins de la couronne. Les Baskirs sont mahométans et leur langue est un dialecte turc.

BASNAGE DE BEAUVAL (Jacques), né à Rouen en 1653, mort en 1723. Il fut ministre protestant à Rouen, puis en Hollande où il s'était réfugié. Quoique éloigné de sa patrie, il lui garda cependant une affection constante. Quand le cardinal Dubois fut envoyé en Hollande, le duc d'Orléans lui enjoignit de se conduire d'après les avis de Basnage. Les services qu'il rendit dans cette occasion, lui valurent la restitution de ses biens, qui avaient été confisqués. Il a laissé un grand nombre d'ouvrages plus remarquables par l'érudition que par le style.

BASOCHE ou BAZOCHE. Au XIVe siècle on donna ce nom à une association qui s'était formée à Paris parmi les clercs du Châtelet et les gens du Palais. Philippe le Bel les mit en communauté en 1303. Cette association eut ses magistrats et ses lois, une monnaie, des armoiries (trois écritoires d'or sur un champ d'azur), ses fêtes, ses revues; le chef prenait le titre de roi de la basoche et rendait la justice deux fois par semaine. Elle fut abolie en 1789.

BASQUES, peuple de l'Europe occidentale, situé entre la France et l'Espagne, et au nombre de 750,000 hab. Ils sont bons soldats, vindicatifs, corsaires, contrebandiers, néanmoins ils sont assez hospitaliers. En 778, ils battirent les soldats de Charlemagne à Roncevaux; ils eurent des comtes au IXe siècle. Ce furent eux qui allèrent les premiers à la pêche de la morue et de la baleine dans les mers du Canada et du Groenland.

BAS-RELIEF. Terme de sculpture par lequel on désigne les objets qui ne sont pas isolés, et qui sont adhérents à un fond ou champ. On distingue : 1° le *haut-relief*, celui dont les figures paraissent complétement détachées du fond; 2° le *demi-relief*, celui dont les figures sont à demi-corps du plan; 3° le *bas-relief*, proprement dit, est celui dont les figures ont perdu leur saillie et paraissent comme aplaties.

BASS, îlot d'Ecosse situé à l'embouchure du Forth. Ce n'est qu'une masse de rocher presque inaccessible. On y remarquait autrefois un château fort qui résista le dernier pour le Prétendant, en 1745.

BASS (détroit de), situé dans l'Océanie, entre le continent de l'Australie et l'île Van Diemen, hérissé de récifs de corail. Il fut découvert par le chirurgien anglais Bass, en 1798.

BASSAN (grand), ville de la Nigritie maritime (côte d'Ivoire). Elle est la capitale d'un Etat dépendant des Achantis. Depuis 1843, on y a établi un comptoir français.

BASSAN (François da Ponte), né à Vicence, mort en 1530, peintre distingué. Il a laissé à Milan de magnifiques fresques.

BASSAN (Jacques du Ponte), dit *le Vieux*, né à Bassano en 1510, mort à Venise en 1592, célèbre peintre, fils et élève du précédent. Il étudia le Corrége et s'attacha surtout à la peinture des paysages et des animaux. Il imitait la nature avec une telle perfection, qu'un jour Annibal Carrache étant allé le voir, ses regards tombèrent sur un livre, il s'avança pour le prendre, mais quel fut son étonnement, s'apercevant que ce livre était peint sur une toile. Le musée du Louvre possède plusieurs œuvres de ce peintre, entre autres: le *Christ porté au tombeau*, la *Naissance de Jésus-Christ*, l'*Entrée des animaux dans l'arche*, etc.

BASSAN (François), né en 1548, mort à Venise en 1591. Il travailla avec Tintoret au palais de Saint-Marc. Le musée du Louvre a de lui : *Jésus chez Marthe et Marie*.

BASSAN (Léandre), dit le *Chevalier*, né en 1560, mort en 1623, peintre célèbre; excella surtout dans le portrait. Le musée du Louvre a de lui : *Les Juifs surpris de la résurrection de Lazare*.

BASSANO, ville des Etats autrichiens (Vénétie), à 25 kil de Vicence. Pop. 11,350 hab. Commerce de draps, soieries, etc.; fabrique de chapeaux de paille; vignobles estimés aux environs. Patrie de Bassan (Jacques), peintre, et de l'ingénieur Terracina. Bassano est remarquable par ses trottoirs en marbre, un pont jeté sur la Brenta et qui conduit à Venise, et par l'ancien château du tyran Eccelino. Le 7 septembre 1796, Napoléon Bonaparte y vainquit les Autrichiens.

BASSARIDES ou BASSARÆ, nom donné aux nourrices de Bacchus. Elles portaient de longues robes faites de peaux de renards ou d'étoffes de diverses couleurs, appelées *bassaris*.

BASSE-TERRE (la), ch.-l. de l'île de la Guadeloupe (Antilles françaises), à 33 kil. de la Pointe-à-Pitre. Pop. 12,500 hab., dont 4,000 esclaves qui furent affranchis en 1848. Cette ville fut fondée en 1635. Siége d'un évêché érigé en 1850, résidence du gouverneur; cour impériale; vaste hôpital. Elle possède un jardin botanique colonial. La Basse-Terre est défendue, du côté de la campagne, par le fort Richepanse et quelques batteries.

BASSE-TERRE (la), ch.-l. de l'île Saint-Christophe, une des petites Antilles anglaises, au S.-O. Pop. 7,000 hab. Son commerce est actif et consiste en coton, gingembre, sucre, etc.

BASSÉE (La), ch.-l. de cant. de l'arrond. de Lille (Nord), à 23 kil. de cette ville. Pop. 2,480 hab. Cette ville est située sur un canal de 9 kil. qui communique de la Deule à Saint-Omer, Dunkerque et Calais. Industrie active et très-variée; teintureries, huileries, distilleries, savon noir, amidon; fabrique de bonneterie, sucre, briques, etc. Cette ville, autrefois place forte, fut réunie à la France, en 1668, par le traité d'Aix-la-Chapelle.

BASSEIN, ville de l'Hindoustan anglais, dans la présidence de Bombay, à 35 kil. de cette ville. Elle fut prise par les Anglais en 1802; ils y conclurent un traité qui anéantissait l'empire fédéral des Mahrattes.

BASSE-FOSSE. Ce mot rappelle une des plus affreuses tortures du régime féodal. La basse-fosse consistait en un trou de quelques pieds de profondeur, dont les parois étaient revêtues en maçonnerie. On y descendait le prisonnier au moyen d'une échelle, et l'on refermait l'ouverture du trou à l'aide d'une trappe ou d'une pierre.

BASSELIN (Olivier), chansonnier normand de Vire, en Normandie, vivait vers la fin du XVe siècle. Il était foulon, à Vire, et il perfectionna même le moulin à fouler. Il composa, bien qu'il n'eût qu'une instruction médiocre, des chansons et des rondes qui attestent un vrai talent poétique. Il chantait ses chansons au pied d'une colline appelée les *Vaux*, d'où est venu le nom de *Vaux-de-Vire*, dont on a fait par corruption le mot *vaudeville*. Cependant on aurait tort de croire qu'il ait été l'inventeur de ce genre de compositions, car elles étaient usitées longtemps avant lui. Les chants de Basselin, quoique remplis de gaîté et de malice piquante, offraient bien des négligences de style; ils ont été corrigés, un siècle après, par Jean le Houx, et c'est dans cet état qu'ils sont parvenus jusqu'à nous.

BASSEPORTE (Madeleine-Françoise), peintre célèbre de fleurs et d'oiseaux, née à Paris, en 1701, morte en 1780. Elle fut élève d'Aubriet, et devint après lui peintre des jardins du roi. Elle enseigna son art aux filles de Louis XV. Ce prince estimait beaucoup son talent, et lui portait un intérêt affectueux. Incapable d'envie, mademoiselle Basseporte n'usait de son influence que pour recommander les artistes qui se signalaient par leurs talents. Elle contribua ainsi à établir la réputation de Larchevêque. Elle n'avait pour vivre qu'une modeste pension de 1,000 francs. Le musée impérial et le muséum d'histoire naturelle possèdent un grand nombre de ses peintures.

BASSES-ALPES (département des). *Voir* ALPES (Basses-).

BASSES-PYRÉNÉES (département des). *Voir* PYRÉNÉES (Basses-).

BASSESSE. L'une des plus ignobles maladies de l'âme, qui ne peut qu'inspirer des actes méprisables et nuisibles. Les nations où l'on trouve le plus de bassesse sont celles qui sont courbées sous le joug du despotisme, comme la plupart des peuples de l'Orient.

BASSET (le), petit pays de l'ancien Velay, arrond. d'Yssengeaux (Haute-Loire). Bas-en-Basset en était le principal bourg.

BASSEVILLE (Nicolas-Jean-Hugon, DE), littérateur. Il a écrit, outre des *Mémoires* sur la Révolution et des articles épars dans les journaux du temps, une *Mythologie*. La Convention l'avait envoyé à Naples comme secrétaire de légation. En passant par Rome, il se vit attaqué par une troupe de forcenés ameutés par le parti rétrograde; il fut frappé d'un coup de rasoir dont il mourut presque aussitôt. La Convention ordonna que ce meurtre fût vengé, et adopta, au nom de la République, le jeune fils de Basseville.

Henri IV et se distingua dans la guerre contre le duc de Savoie, puis dans un combat contre les Turcs, sur le Danube. En 1614, il fut nommé colonel-général des Suisses et Grisons. Il figura avec éclat dans les guerres civiles, sous Louis XIII, et fut nommé maréchal de France en 1622. Cependant ses intrigues amoureuses lui firent des ennemis, surtout parmi les femmes. On rapporte qu'il brûla un jour plus de six mille lettres d'amour. Ses relations avec Marie de Balzac d'Entragues firent grand bruit. Cette dame était la sœur de madame de Verneuil qui fut pendant longtemps la maîtresse de Henri IV; il eut d'elle un fils qui fut depuis évêque de Saintes, et qu'il ne voulut jamais légitimer par un mariage. Madame d'Entragues, qui se faisait appeler madame de Bassompierre, ne négligeait

enfant qu'il avait saisie de force, un acte si criminel.

BASSORA, ou *Basrah*, c'est-à-dire *terrain pierreux*, ville fortifiée de la Turquie d'Asie, ch.-l. de l'eyalet de Bagdad, à 430 kil. de cette ville. Pop. 60,000 hab. Son climat est malsain à cause des inondations du Chat-el-Arab. Commerce considérable, un entrepôt de négoce de la Turquie avec la Perse, l'Inde et l'Asie orientale; toutes les nations de l'Europe ont un comptoir dans cette ville. Bassora fut fondée en 635 par Omar. Les Perses, puis les Turcs (1638) s'en emparèrent successivement.

BAST (Frédéric-Jacques), savant helléniste, né vers 1772 dans la Hesse-Darmstadt, mort en 1811. Il fut secrétaire de la légation de Hesse-Darmstadt, au congrès de Rastadt; il fut ensuite envoyé dans la

Baptême de la ligne.

BASSIGNANA, bourg du royaume d'Italie, sur le Pô, à 12 kil. d'Alexandrie. Pop. 4,000 hab. Le 11 mai 1799, Moreau y battit Souwaroff.

BASSIGNY (le), ancien petit pays de France. La Lorraine en avait une partie, dont le ch.-l. était Vaucouleurs, et la Champagne l'autre partie, ch.-l. Chaumont. Sup. 80 kil. du N. au S., 70 de l'E. à l'O. Ce pays forme aujourd'hui les arrond. de Chaumont, Bar-sur-Aube, Langres, et le cant. de Gondrecourt.

BASSIN, terme d'hydrographie par lequel on désigne les portions du globe dont les eaux pluviales et fluviales se réunissent en quelque sorte dans un réservoir commun.

BASSOMPIERRE (François, baron DE), marquis d'Harouels, né au château d'Harouels en Lorraine, en 1579, mort en 1646. Il voyagea d'abord pour s'instruire, puis il vint à la cour de Henri IV, où il se fit remarquer par son esprit. Il brilla dans les fêtes de la cour et s'attacha si bien au grand roi qu'il renonça à se rendre en Espagne, pour se fixer auprès de lui. Celui-ci, de son côté, ne négligea rien pour attirer un des plus puissants seigneurs de la Lorraine. Il combattit glorieusement sous aucune occasion de l'injurier publiquement. Il se contentait de lui répondre : « Jusqu'où iriez-vous donc si je vous avais épousée? » Il affichait un luxe inouï : ainsi, il porta un jour un habit valant plus de cent mille livres. Il introduisit en France la mode des carrosses ornés de glaces. Le cardinal de Richelieu, s'étant montré irrité de ses relations avec les Guise, et surtout de sa liaison avec la princesse de Conti dont il avait eu un enfant, le fit emprisonner à la Bastille. Il y resta enfermé pendant douze ans. Il en sortit en 1643, et mourut trois ans après. Pendant sa détention, il a écrit le *Journal de sa vie*. Ces mémoires sont à la fois curieux et importants; on y trouve l'explication de beaucoup de faits dont les causes secrètes auraient été ignorées sans lui. Malheureusement, il montra toujours un orgueilleux et insolent mépris pour les classes inférieures; ce mépris alla même souvent jusqu'à la cruauté : ainsi, il raconte dans ses *Mémoires* qu'un de ses amis ayant voulu violer une jeune fille, en Bohême, il l'accompagna pour l'assister, et tint un poignard levé sur la tête du père pendant que son ami accomplissait, sur la pauvre

même qualité à Paris. Il profita de son séjour dans la capitale pour se livrer à l'étude d'un grand nombre de manuscrits grecs. Une *Lettre critique*, adressée à l'un de ses amis, en 1805, le mit au rang des philologues les plus distingués, et l'on reconnaît que ses dissertations paléographiques ont beaucoup contribué au progrès des études helléniques. Il a laissé aussi un *Commentaire critique sur le Banquet de Platon*. Il fut correspondant de l'Institut.

BASTAN, ville de la Turquie d'Asie (Anatolie), à 44 kil. d'Amasieh. Cette ville changea plusieurs fois de nom chez les anciens. Elle fut d'abord appelée *Bythinium*, puis *Claudiopolis*, *Antinoopolis*.

BASTAN (val de), vallée d'Espagne dans la Navarre (Pampelune). Elle est située dans les Pyrénées et sur la frontière de France, au S. du département des Basses-Pyrénées. Sa superf. est de 40 kil. sur 20. Pop. 8,000 hab. Chef-lieu Elizondo. Cette vallée est arrosée par le gave de Bastan. En 1794, les Espagnols y furent vaincus par Moncey.

BASTARD D'ESTANG (Dominique-François-Marie, comte DE), magistrat français, né en 1783, mort en 1844. A 23 ans, il fut nommé conseiller à la cour impériale de Paris; cinq ans plus tard, premier président à Lyon; pair de France en 1819, et président de chambre à la cour de cassation.

BASTARNES, peuple barbare de l'Europe, d'origine gauloise. Ils étaient divisés en deux tribus : les Anthropophages, qui se nourrissaient de chair humaine, et les Mélanchlènes, ainsi nommés à cause de la couleur noire de leurs vêtements. Ils habitèrent d'abord le pays des Scythes, les bords du Dniéper et les monts Carpathes. Chassés par les Goths, vers la fin du IIe siècle ap. J.-C., ils vinrent se jeter sur la Dacie.

BASTELICA, ch.-l. de cant. de l'arrond. d'Ajaccio (Corse), à 22 kil. de cette ville. Pop. 3,050 hab. Élève de bétail. Patrie de San Pietro.

progressif et indéfini de l'esprit humain, et il ne voyait qu'un moyen de l'obtenir : c'était de proclamer le respect de la liberté, c'est-à-dire l'initiative individuelle, de la propriété de tous et de chacun. L'influence de ce philosophe économiste sur les tendances de notre siècle a été immense, et l'on peut dire qu'il a préparé les voies de la régénération sociale. Ses principaux écrits sont intitulés : *Cobden et la ligue*, *Sophismes économiques*, *Harmonies économiques*.

BASTIDE (la), ch.-l. de cant. de l'arrond. de Gourdon (Lot), à 22 kil. de cette ville. Pop. 730 hab. Patrie de Joachim Murat.

BASTIDE (Cenon la), bourg du départ. de la Gironde. Pop. 4,900 hab. Vins connus sous le nom de *vins de Queyries*. On

situé sur l'emplacement de la place de ce nom. Il fut bâti sous Charles V, par Charles Aubriot, pour défendre la ville contre les attaques extérieures. La Bastille servit également de prison d'État et a conservé une triste célébrité. Le fondateur en fut le premier prisonnier; puis, après lui, on vit figurer Jacques d'Armagnac, duc de Nemours, le maréchal de Nemours, et Biron y fut exécuté. Sous Louis XI, on y enferma un grand nombre de nobles, et Richelieu y fit emprisonner plusieurs de ses ennemis, parmi lesquels on cite Bassompierre, le comte de Roussy, le comte de la Suze, le marquis d'O-Seguier, l'abbé de Foix, l'abbé de Beaulieu, Dorval-Langlois, Vautier, premier médecin de la reine-mère; le chevalier de Montaigu, de Marincourt, le comte de Cramail, le chevalier de Grignan. A la

Mort de Barra

BASTERNE, nom donné chez les anciens Romains à une sorte de litière à l'usage des femmes; elle était portée par deux mulets. Les fenêtres de cette litière étaient munies de pierre spéculaire (le talc).

BASTIA, sous-préf. du départ. de la Corse, à 124 kil. d'Ajaccio. Pop. 15,000 hab. Place de guerre de 1re classe, cour impériale et division militaire, école d'hydrographie, lycée. Commerce de vins, huiles, cuirs, corail. Tanneries, forges, savonneries, pêche de corail. Bastia fut prise par les Anglais en 1745 et en 1794. Les Autrichiens et les Piémontais l'assiégèrent vainement en 1748.

BASTIAT (Frédéric), célèbre économiste du XIXe siècle, né à Bayonne en 1801, mort en 1850. Il se livra d'abord au commerce, mais il l'abandonna bientôt, entraîné par son goût pour les études philosophiques. Il étudia les divers systèmes économiques, et publia des articles remarquables dans le *Journal des Économistes*. En 1846, il publia à Paris un journal libre-échangiste, combattant à la fois le système protectionniste et le socialisme, en démontrant que ces deux systèmes partaient du même principe erroné. Il croyait au développement

remarque un beau pont en pierre qui joint ce bourg à Bordeaux.

BASTIDE DE CLAIRENCE (la), ch.-l. de cant. de l'arrond. de Bayonne (Basses-Pyrénées), à 15 kil. de cette ville. Pop. 600 hab. Mines de fer et de cuivre.

BASTIDE DE SÉROU (la), ch.-l. de cant. de l'arrond. de Foix (Ariège), à 17 kil. de cette ville. Pop. 1,000 hab. Cette ville avait autrefois des fortifications.

BASTIEN (Jean-François), libraire et éditeur, né à Paris en 1747, mort en 1824. Il donna une édition des *Lettres d'Héloïse et d'Abailard*; cette édition contient des corrections de l'ancien texte qui en font en quelque sorte une traduction nouvelle. Il publia aussi la *Nouvelle Maison rustique* et des éditions estimées des meilleurs auteurs anciens et modernes.

BASTIE-MONT-SALÉON (la), ch.-l. de cant., à 9 kil. de Gap (Hautes-Alpes). Pop. 200 hab. Ruines romaines, inscriptions, statues, nombreux ex-voto, colonnes, etc.

BASTILLE. On appelait ainsi, au moyen âge, les fortifications que l'on construisait en dehors des murs d'une ville, soit pour la défendre, soit pour la bloquer.

BASTILLE. Château fort de Paris qui était

mort de Richelieu, Mazarin, son successeur, rendit à la liberté tous ceux qui avaient été enfermés à la Bastille pour cause politique. Sous le règne de Louis XIV, on ne peut se faire une idée de la quantité de lettres de cachet qui furent distribuées, et on en fixe le nombre à plus de 80,000. Les princes, les ducs, les maréchaux que l'on enfermait à la Bastille y avaient leurs secrétaires et leurs officiers; le gouverneur était rempli de délicatesse envers eux, ne leur parlait que debout et chapeau bas; leur table était délicatement servie; on leur permettait de se promener et de se réunir; enfin rien ne leur manquait, excepté leur famille et la liberté. Le plus célèbre prisonnier sous Louis XV est Lally-Tollendal, qui fut enfermé à la Bastille le 1er novembre 1762, et n'en sortit que le 9 mai 1766, pour être exécuté. Sous Louis XV, on y incarcéra l'abbé Lenglet-Dufresnoy, qui y fut enfermé quatre fois et y passa une grande partie de sa vie; Mahé de la Bourdonnais, gouverneur des îles de France et de Bourbon, qui y resta huit ans et en sortit après une restitution de 18 millions au trésor public; tous les membres du conseil supérieur du Cap-Français, le maréchal de Richelieu, le Maistre de

Sacy, de Renneville, Voltaire, Latude, célèbre par ses évasions; Linguet; le prévôt de Beaumont, qui resta au secret pendant 22 ans à la Bastille, à Vincennes, à Charenton, et dont la famille ignora pendant 10 ans ce qu'il était devenu, etc. Nous avons parlé de la situation des grands personnages, de leur manière de vivre et d'agir. Il nous répugne de dire le sort réservé aux prisonniers obscurs ou célèbres que la vengeance ou l'indifférence condamnait à une vie de privations et de torture. Souvent ce n'était ni le roi, ni le ministre, ni le parlement qui jetait une foule d'individus à la Bastille : c'était un favori ou même le favori d'un favori qui faisait écrouer ses ennemis ou ceux qui le gênaient au moyen d'une lettre de cachet en blanc : c'était une sorte de bon pour confisquer à plaisir la vie et la liberté d'un citoyen innocent. Toutes ces malheureuses victimes végétaient dans des cachots malsains, sans air, sans nourriture, sans consolation. Ces privations ne suffisaient pas pour assouvir la vengeance et la barbarie des geôliers subalternes ; on les enchaînait par le cou, par les pieds et les mains, et on les laissait pourrir ainsi dans les oubliettes. Lorsqu'on a renversé ce vaste abîme de douleurs, combien en a-t-on trouvé rivés aux murs dans des positions effrayantes; d'autres qu'on avait jetés dans des culs de basse-fosse, et dont la poitrine était brisée par les boulets enchaînés à leurs corps! Ce n'était pas assez de détruire l'homme, il fallait encore détruire le nom, que l'on changeait pour un autre. — Le 14 juillet 1789, la Bastille fut attaquée et détruite de fond en comble, et il n'en reste plus aujourd'hui qu'une vaste place où s'élève la colonne de Juillet, du haut de laquelle plane le génie de la liberté.

BASTIMENTOS, îlots situés dans la mer des Antilles, près de l'isthme de Panama. Ils sont stériles et inhabités.

BASTION. Partie saillante d'une enceinte fortifiée, affectant une forme polygonale.

BASTION DE FRANCE (le), village d'Algérie (Constantine), à 400 kil. d'Alger. En 1520, la Compagnie française d'Afrique y avait construit un bastion, mais il est détruit aujourd'hui.

BASTOGNE, ville du Luxembourg belge, à 60 kil. de Luxembourg. Pop. 2,500 hab. Commerce de grains et bestiaux. Les Français s'en emparèrent en 1684 et en 1697.

BASTONNADE. Peine correctionnelle et supplice capital chez les Romains. A l'origne ce châtiment fut appliqué aux esclaves, et plus tard aux soldats romains; souvent la mort était le résultat de ce supplice : si le coupable survivait, il était banni et réputé infâme. La bastonnade existe encore chez les Turcs et les Barbaresques. (*Voir* FOUET.)

BATAILLON. Chaque régiment se divise en trois ou quatre portions qui prennent ce nom. Quelquefois le bataillon forme régiment et s'administre lui-même : c'est ainsi que sont organisés les chasseurs à pied, les pompiers, etc. Le nombre d'hommes d'un bataillon varie de 500 à 1,500 hommes.

BATALHA, bourg du Portugal, dans l'Estramadure, à 120 kil. de Lisbonne. Pop. 1,600 hab. Sources d'eau salées. Jean Ier de Portugal ayant battu les Castillans à Aldjubarota, fit élever en ce lieu, en mémoire de sa victoire (14 août 1385), un couvent de dominicains sous l'invocation de *santa Maria da Vittoria*.

BATARDEAU. Digue élevée avec des pieux entrelacés avec des branchages, et dont les intervalles sont bouchés avec de la terre, du sable, etc.

BATAVE (république). La Révolution française avait été accueillie avec enthousiasme par le parti anti-orangiste; mais après la mort de Louis XVI, le stathouder de Hollande entra dans la ligue européenne contre la France; il voyait d'ailleurs les intérêts de son pays lésés par l'ouverture de l'Escaut. En 1793, Dumouriez répondit à cette déclaration de guerre par l'invasion de la Belgique et de la Hollande. Un an après les Français remportaient la victoire de Fleurus et profitaient des glaces pour pousser jusqu'à Amsterdam. Le stathouder prit la fuite, et le parti démocratique proclama la république batave. Les états généraux de Hollande conclurent un traité d'alliance avec la République française. Cependant la France obtint la cession de Venlo, d'une partie du Limbourg, de Maestricht, et de la Flandre zélandaise, avec l'obligation pour la Hollande, en temps de guerre, d'entretenir un corps de 25,000 Français. La Hollande dut aussi payer une somme de cent millions de florins pour les frais de la guerre, et accorder aux bâtiments français la libre navigation du Rhin, de l'Escaut et de la Meuse. La nouvelle république nomma, en 1796, une convention nationale qui dota le pays d'une constitution, calqua son organisation politique sur celle de la France. Le pouvoir exécutif était délégué à un directoire. Cette constitution fut acceptée par le peuple. Cependant les Anglais avaient enlevé à la République batave presque toutes ses colonies, et détruit, au combat de Kamperduin, sa flotte, forte de 15 vaisseaux de ligne et de 11 frégates. Une autre flotte équipée à la hâte se rendit sans combattre à une flotte anglaise, à bord de laquelle se trouvait le fils aîné du dernier stathouder. Les Anglais, renforcés par les Russes, tentèrent alors de débarquer; mais ils furent culbutés par l'armée française, et forcés de regagner la mer. Le 18 brumaire fut, en Hollande comme en France, le signal d'une réaction. Une commission de 12 citoyens fut investie du pouvoir exécutif, et 35 autres exercèrent le pouvoir législatif. A la paix d'Amiens, en 1802, la République recouvra une partie de ses colonies; mais la guerre recommença bientôt et fut encore fatale à ce pays. Quand l'empire fut proclamé en France, Napoléon exigea une nouvelle transformation de la République batave : elle fut gouvernée par un magistrat suprême, nommé *pensionnaire du conseil*, assisté d'un corps législatif composé de 19 membres. Enfin, le 5 juin 1806, la République fut abolie et remplacée par un gouvernement monarchique. Louis Bonaparte, frère de Napoléon, fut appelé par lui au trône de Hollande.

BATAVES (île des), aujourd'hui *Bommeler Waard*, delta de 22 kil. de longueur sur 9 de largeur. Il est formé par la branche du Rhin tombant dans la mer du Nord près de Leyde.

BATAVIA, capitale de l'île de Java et ch.-l. de tous les établissements hollandais de la Malaisie. Pop. 143,800 hab. Port fortifié et défendu par une citadelle, résidence du gouverneur, palais, hôpital militaire, hôtel de ville, théâtre, magasin de la marine, sociétés des arts et des sciences, écoles diverses, imprimerie, monuments nombreux. Immense commerce dont la prospérité s'accroît avec une extrême rapidité; café, riz, épices, tabacs, sucre, nids d'hirondelles, indigo. En 1808, le général Daendels voulut abandonner Batavia pour Sourabaya, mais Van Capellan la fit embellir, et aujourd'hui Batavia est une des villes du monde la mieux disposée pour le luxe de la vie orientale. Batavia fut fondée en 1619, et fut au pouvoir des Anglais de 1811 à 1816.

BATAVIA, ville des États-Unis (New-York), située à l'O. d'Albany. Pop. 4,500 hab.

BATCHIAN. Une des Moluques, cap. du même nom. Pop. 4,000 hab. Un sultan vassal des Hollandais y a sa résidence.

BATE (William), médecin anglais, né à Maidsmerton en 1608, mort en 1669. Il a publié un ouvrage intitulé : *Pharmacopœa Bateana*, et un autre sur la comparaison des eaux de Bath avec celles d'Aix-la-Chapelle. Cependant il est plus connu par le triste rôle politique qu'il joua pendant sa vie que par ses travaux. Il avait été médecin de Charles Ier et avait même publié l'*apologie* de ce prince. Il accepta néanmoins l'emploi de médecin au service de Cromwell. La mort du protecteur est restée une énigme; mais beaucoup d'historiens prétendent, non sans quelque fondement, que Bate n'y fut pas étranger. Il devint ensuite médecin de Charles II.

BATE (Jules), théologien anglais, mort en 1771. Il fut l'un les sectateurs des plus célèbres de Hutchinson. Comme lui, il cherchait dans l'Écriture-Sainte la révélation de toutes les connaissances naturelles, et il employait une science très-réelle à torturer les mots de la langue hébraïque pour leur donner des étymologies singulières, et souvent un sens cabalistique. C'est dans cet esprit qu'il composa son *Dictionnaire anglais et hébreu*.

BATH, ville d'Angleterre, capitale du comté de Somerset, à 20 kil. de Bristol. Pop. 52,000 hab.; on y compte en été plus de 15,000 visiteurs. On y remarque une belle église gothique du XVIe siècle; gymnase, établissements littéraires, société d'agriculture, société des lettres et des sciences, société philosophique, société musicale; théâtre, hôpital, promenades, sources chaudes exploitées depuis l'empereur romain Claude; ruines d'un temple de Minerve élevé par Agricola, vestiges d'antiquités, etc. Manufacture de lainage, fabrique de papier.

BATH, ville des États-Unis (Maine), située sur le Kennebeck. Pop. 4,000 hab. Chantiers de construction.

BATHELDE ou BATILDE (sainte), épouse de Clovis II, roi de France. Elle avait été enlevée par des pirates, puis vendue à Archambaud, maire du palais. Celui-ci, séduit par sa beauté autant que par ses vertus, voulut l'épouser. Batilde repoussa les offres de son maître. Archambaud proposa alors sa jeune esclave au roi Clovis. Celui-ci l'épousa en 649, et comme il mourut jeune, Batilde devint régente du royaume. Pendant dix ans, elle gouverna au nom de ses fils, Clotaire III, Childéric II et Thierry III. Sa régence fut troublée par les querelles des trois frères; mais elle n'en sut pas moins gouverner avec sagesse. Se souvenant de sa première condition, elle favorisa l'abolition de l'esclavage. Quand son fils Clotaire prit en main l'administration de l'État, elle se retira à l'abbaye de Chelles qu'elle avait fondée. Elle fut canonisée par le pape Nicolas Ier.

BATHGATE, ville d'Écosse, comté de Linlithgow, à 9 kil. de cette ville. Pop. 3,000 hab. D'importantes foires de bestiaux y ont lieu chaque année.

BATHNA, ville d'Algérie, prov. de Constantine, ch.-l. de subdivision militaire. On remarque près de cette ville les belles ruines de *Lambessa*.

BATHORI, bourg de Hongrie, situé dans le comitat de Szabolcs. Pop. 3,150 hab. Ce bourg fut le berceau de la famille Bathori.

BATHORI, ancienne famille noble de Transylvanie, d'où sont sortis plusieurs voïvodes de cet État et un roi de Pologne.

BATHORI (Étienne), né en 1532, mort en 1586. En 1571, il fut nommé prince de Transylvanie et en 1575 roi de Pologne; battit les Russes en Livonie, rendit la justice indépendante du pouvoir politique et maintint les nobles dans le respect du aux lois.

BATHORI (Sigismond), neveu du précédent, mort à Prague en 1613. Il abdiqua plusieurs fois, fut battu avec les Turcs qu'il avait appelés à son aide, et se retira alors au château de Lobkowitz que l'empereur lui avait donné avec 300,000 thalers pour pension.

BATHORI (Gabriel), frère de Sigismond. Ses cruautés le rendirent tellement odieux qu'il fut assassiné en 1613.

BATHURIN, ville de la Russie d'Europe, dans le gouvernement de Tchernigow. Pop. 9,000 hab. On y remarque un beau château que l'impératrice Elisabeth donna aux comtes Razoumousky. Cette ville est l'ancienne résidence de l'hetman des Cosaques; elle fut saccagée par les Russes en 1708.

BATHURST (Ralph), théologien, médecin et poëte anglais, né dans le comté de Northampton en 1620, mort en 1704. Il devint doyen de Wells, dans le duché de Somerset, et président du collége de la Trinité à Oxford. Il publia, sous le titre de *Nouvelles de l'autre monde*, un ouvrage dans lequel il analysait les sensations qui accompagnent la pendaison. Elisabeth Green avait été condamnée à être pendue pour crime d'infanticide. Après l'exécution, elle avait été transportée à l'amphithéâtre anatomique. Là Bathurst avait tenté de la rappeler à la vie, et y était parvenu. Les observations qu'il fit sur la pendaison le conduisirent encore à des recherches pleines d'intérêt sur les phénomènes de la respiration. Il a laissé aussi des poésies assez estimées.

BATHURST (Allen), gentilhomme anglais, né à Westminster en 1684, mort en 1775. Il fut, sous la reine Anne, l'un des membres les plus distingués du parti des tories, qui l'avait fait entrer à la Chambre haute. Pendant 25 ans, il combattit l'administration de Robert Walpole.

BATHURST (Henri lord), né en 1762, mort en 1834. Il était petit-fils de Bathurst (Allen), et fils du comte Bathurst qui acquit une certaine célébrité comme lord-chancelier de la Grande-Bretagne. Henri Bathurst fut l'un des tories les plus exaltés et l'un des plus énergiques adversaires de Napoléon. Georges IV le nomma membre de la commission des Indes, puis secrétaire d'Etat pour les colonies. Il contribua à fonder deux établissements importants dans la Sénégambie et en Australie. Il eut l'honneur d'être deux fois appelé au ministère.

BATHURST ou BATHURST-TOWN, ville de l'île Sainte-Marie (Sénégambie), ch.-l. des établissements anglais de la Gambie. Cette ville fut fondée, en 1816, à l'embouchure de la Gambie.

BATHURST, île située au N. de l'Australie, près du golfe de Van Diemen. La ville principale est Port-Cockburn, fondée en 1824.

BATHURST, ville de l'Australie (Nouvelle-Galles du Sud), située à l'O. des Montagnes bleues, à 200 kil. de la mer. On y a découvert dernièrement des mines d'or.

BATHYLLE, célèbre pantomime d'Alexandrie, qui vivait sous le règne d'Auguste. Il vint à Rome en même temps que Pylade, qui fut d'abord son ami et devint ensuite son rival. Mécène, qui l'avait acheté, l'affranchit. Bathylle avait su plaire à son maître par ses talents et son esprit souple et malicieux. Il perfectionna avec Pylade l'art de la pantomime, et y acquit une telle habileté qu'il savait réunir et exprimer les sentiments les plus divers et les plus opposés. Il apportait dans ses compositions un esprit badin, léger, facile, mais aussi plein de feu, et émaillé des plus charmantes saillies. La mobilité de son visage ne reflétait que des images vives et riantes, empruntées aux Grâces, dessinées par l'Amour et animées par la Volupté. Il était l'idole des Romains, qui le préféraient à Pylade, et donnaient à ses jeux le nom de *danse italique*. Le philosophe Démétrius le vit, mais il attribua ses effets au langage exprimé par l'harmonie musicale. Les instruments se turent et le pantomime joua. On entendit alors Démétrius s'écrier : « Je ne te vois pas seulement; je t'entends; tu me parles des mains. » Cependant Bathylle et Pylade se brouillèrent. Pylade qui se distinguait davantage dans la pantomime tragique eut son théâtre et ses partisans. Il semblait que Rome était divisée en deux factions : en effet, les querelles politiques étaient oubliées et l'on ne s'animait plus que pour applaudir Bathylle ou Pylade. Les deux partis rivaux manquèrent plus d'une fois d'en venir aux mains.

BATHYLLE DE SAMOS, jeune homme d'une beauté remarquable. Il fut l'ami d'Anacréon, qui le chanta dans ses vers. Le tyran Polycrate plaça sa statue dans le temple de Junon.

BATHYLLE, poëte latin, sous Auguste. Ce poëte, assez médiocre, puisait assez volontiers dans les écrits de ses contemporains, les inspirations qui lui manquaient. Virgile avait attaché nuitamment à la porte du palais d'Auguste des vers dont Bathylle s'était attribué la paternité. Le lendemain on retrouva les mêmes vers accompagnés de ceux-ci incomplets :

Hos ego versiculos feci, tulit alter honores.
Sic vos non vobis.
Sic vos non vobis.
Sic vos non vobis.
Sic vos non vobis.

« Un autre a eu la gloire des vers que j'ai faits, ce n'est donc pas pour vous... » Bathylle ne put compléter ces vers, ce que fit aussitôt Virgile en ajoutant les mots suivants :

mellificatis, apes;
vellera fertis, oves;
nidificatis, aves;
fertis aratra, boves.

« Que vous faites du miel, ô abeilles; que vous portez des toisons, ô brebis; que vous faites vos nids, ô oiseaux; que vous portez le joug, ô bœufs. » Bathylle fut hué, et depuis on emploie ces mots : *Sic vos non vobis*, dans un sens analogue.

BATIGNOLLES-MONCEAUX, ancienne petite ville du départ. de la Seine, faisant partie de Paris (17e arrond.) depuis 1860. Cet endroit fut le dernier qui résista contre les armées étrangères, et la barrière de Clichy, qui séparait Paris de Batignolles, devint célèbre par la défense des gardes nationaux de Paris, ayant à leur tête le maréchal Moncey. En 1856, on comptait à Batignolles 44,100 hab.

BATIMENT. En architecture on donne ce nom aux ouvrages de construction destinés à l'habitation. On appelle également bâtiment tout navire ou moyen de transport par eau.

BATON. Dans tous les temps et chez tous les peuples, le bâton fut le signe de l'autorité. Il y avait des bâtons de maréchaux de France, de capitaines des gardes, etc.; la crosse ou bâton pastoral des évêques; la main de justice des rois. L'origine du bâton de maréchal remonte au règne de Philippe-Auguste, et était le signe du commandement. On se rappelle que Condé, à la bataille de Fribourg (1644), jeta le sien dans les lignes ennemies et alla le reprendre à la tête de ses troupes. Le bâton de maréchal a 50 centim. de longueur; garni de velours bleu d'azur, il est orné de vingt abeilles disposées en quinconces.

BATON-ROUGE, ville des Etats-Unis, dans l'Etat de la Louisiane, à 130 kil. de la Nouvelle-Orléans. Pop. 3,000 hab. Collége, pénitencier, arsenal. A cause des fièvres qui ravagent la Nouvelle-Orléans, beaucoup de familles abandonnent cette dernière ville pour se fixer à Bâton-Rouge.

BATONI (Pompeo-Girolamo), peintre célèbre, né à Lucques en 1708, mort en 1786. Il vint à Rome et étudia les grands modèles sous les maîtres les plus célèbres de son temps. Ses copies des tableaux de Raphaël sont supérieures à toutes les autres. Ses envieux critiquaient son coloris; il leur répondit par son tableau de la *Vierge*, qu'on voit dans l'église de Saint-Grégoire, à Rome. Cependant il n'atteint pas la profondeur ni la finesse d'observation des princes de l'art. On admire encore son tableau du grand autel de l'église Saint-Celse et son *Histoire de Sophonisbe*, bien que ce tableau, qui se rapporte à l'un des incidents de sa vie, soit resté inachevé. Batoni le destinait au prince Farnèse, son protecteur; mais ayant remarqué dans le palais la fille d'un des officiers, il en devint amoureux et l'épousa. Il perdit alors les bonnes grâces du prince, qui lui retira même la pension qu'il lui avait accordée. Par suite, son tableau ne fut jamais fini. Les diverses cours de l'Europe se disputaient ses œuvres.

BATONNIER. Le chef de l'ordre des avocats s'appelle ainsi, parce qu'aux processions il portait autrefois une bannière ornée de l'image de saint Nicolas.

BATOU-KHAN, nommé aussi BATHY ou BATU. Il était fils de Touschi et petit-fils de Gengis-Khan. A la mort de ce dernier, il lui succéda dans la partie septentrionale de son empire, c'est-à-dire dans la Russie méridionale et la Bulgarie. Comme son aïeul, il fut un conquérant. Ainsi, il envahit et dévasta la Russie, tandis que ses généraux s'avançaient en Pologne, en Hongrie, en Dalmatie et jusqu'en Silésie. Il aida Manga-Khan à monter sur le trône des Mongols et à conquérir la Chine. L'empereur Frédéric II eut la gloire d'arrêter, puis de refouler ce nouvel Attila, qui se retira sur le Volga, où il établit le siége de son empire. Il mourut en 1254, après trente ans de règne. Il suivait le culte de Gengis-Khan et n'adorait qu'un seul Dieu. Sa dynastie se maintint pendant deux siècles, et fut enfin anéantie par les Russes.

BATOUM, ville de la Turquie d'Asie, dans l'eyalet de Trébizonde, à 300 kil. de Tiflis. Pop. 8,000 hab. Cette ville possède un port sur la mer Noire, à 6 kil. de l'embouchure du fleuve du même nom. Le sol est fertile : raisins, figues, grenades, etc.

BATROUN, bourg de la Turquie d'Asie, en Syrie, à 25 kil. de Tripoli; possède une bonne rade sur la Méditerranée.

BATTAGLIA, ville des États autrichiens (Vénétie), à 14 kil. de Padoue. Pop. 2,700 hab. Bains d'eau minérale très-fréquentés.

BATTAS, peuple malais qui habite l'île de Sumatra; il est anthropophage. Les Battas, autrefois au nombre de 300,000, aujourd'hui réduits par leurs guerres contre les Padris, ont une langue et une écriture particulières; ils croient aux bons et aux mauvais génies et ont une grande passion pour les combats de coqs. Leurs villes principales sont Tappanouli et Barous; ces deux villes ont chacune un chef héréditaire.

BATTERIE. Massif en terre destiné à recevoir des bouches à feu et à les protéger contre le feu de l'ennemi. — On appelle encore batterie l'ensemble de plusieurs bouches à feu, réunies pour tirer, soit sur des troupes, soit contre des ouvrages. Le personnel destiné à servir ces bouches à feu s'appelle également batterie.

BATTERSEA, ville d'Angleterre (Surrey), située en face de Chelsea, sur la rive droite de la Tamise. Pop. 11,720 hab. Patrie de Bolingbroke, dont elle possède le mausolée.

BATTEUX (Charles), littérateur, né près de Reims en 1713, mort en 1780. Il professa la rhétorique à Reims et fut chanoine de la cathédrale; de là, il vint à Paris, où il enseigna la rhétorique dans les colléges de Lisieux et de Navarre. Il fut nommé ensuite professeur de philosophie grecque et latine au collége de France, appelé alors *Collége royal*. Il fut reçu membre de l'Académie des inscriptions, puis de l'Académie française. Il était pauvre, et sa nombreuse famille ne subsistait que du prix de ses travaux. Ses contemporains ont donc été injustes envers lui en l'accusant d'avarice. Au reste, il ne se distinguait pas moins par ses qualités personnelles que par ses talents comme écrivain. Il a publié un *Cours de belles-lettres* et un *Traité de construction oratoire*. Sa méthode est très-nette et très-précise, mais son style est sec et aride, et le jugement qu'il porte sur divers auteurs atteste souvent un défaut de goût. Il réussit mieux dans sa *Traduction des œuvres d'Horace*, ainsi que dans d'autres traductions et commentaires des anciens, travail qui exigeait plus d'érudition que de style.

BATTHYANI (les), une des plus anciennes et des plus riches familles de Hongrie. En 1585, ses membres obtinrent le titre de baron de l'Empire, de comte en 1630, et de prince en 1764.

BATTHYANI (François DE), né en 1497, mort en 1566. Il fut nommé, en 1526, général en chef à la bataille de Mohacz contre les Turcs.

BATTHYANI (Charles DE), né en 1697, mort en 1772. Il combattit avec le prince Eugène sur le Rhin et contre les Turcs. En 1745, il se distingua par la victoire qu'il remporta sur les Français et les Bavarois, à Pfaffenhofen.

BATTHYANI (Louis DE), né à Presbourg en 1809, mort en 1849. Il embrassa pendant quelque temps la carrière des armes et étudia ensuite l'histoire de son pays. En 1840, il était membre du parti libéral à la Chambre des magnats, et attaqua le chevalier Apponyi. La Hongrie et l'Autriche s'étant séparées, il fit tous ses efforts pour les unir; mais ayant pris part à l'insurrection, il fut fait prisonnier à Pesth, condamné à mort et fusillé.

BATTICE, bourg de Belgique (Liége), à 15 kil. de Verviers. Pop. 4,000 hab. Fabrique de draps, briqueteries, exploitation de houille.

BATTISTA (Spagnuoli), surnommé *le Mantouan*, poëte latin moderne, né à Mantoue, vers 1436, mort en 1516. Il était prieur général de l'ordre des Carmélites; mais il quitta cet ordre, après avoir vainement essayé d'y introduire des réformes. Ses compatriotes enthousiastes l'ont comparé à Virgile; mais la médiocrité de ses œuvres fait croire qu'il dut plutôt sa célébrité aux attaques incessantes qu'il dirigeait dans ses vers contre la cour de Rome. Il a laissé un assez grand nombre de poëmes, d'églogues et de mélanges.

BATTISTA (Joseph), littérateur et poëte italien, né à Naples, vers 1620, mort en 1675. Il fut docteur en théologie à Naples. Il a laissé des épigrammes latines, des poésies lyriques en italien, une tragédie d'*Absalon*, mais il doit surtout sa réputation à sa *Poétique*, malgré cette enflure et ce faux enthousiasme qu'on reproche si souvent aux poëtes italiens.

BATTLE, c'est-à-dire *Bataille*, ville d'Angleterre, à 10 kil. d'Hastings. Pop. 3,000 hab. Cette ville est située à l'endroit même où eut lieu la bataille d'Hastings; on y remarque les ruines de l'abbaye de la Bataille (Battle-Abbey), fondée par Guillaume le Conquérant en mémoire de la victoire qu'il remporta sur Harold II.

BATTUECAS (las), deux vallées dans la province d'Estramadure, à 60 kil. de Salamanque. Elles sont encaissées entre de hautes montagnes. Le soleil ne s'y montre que quatre heures pendant les plus longs jours.

BATTUS, berger de Pylos, en Arcadie. Mercure, qui, suivant la mythologie, attestait souvent sa divinité par des vols, avait enlevé les troupeaux d'Apollon. Battus ayant été témoin du larcin, Mercure acheta son silence en lui abandonnant la plus belle vache du troupeau. Peu de temps après, le dieu apparut à Battus sous la forme d'un paysan et lui offrit un bœuf et une vache s'il voulait révéler où était le troupeau. Battus fut ainsi gagné et découvrit tout. Mais Mercure indigné le métamorphosa en *pierre de touche*, et en fit ainsi le symbole de l'indiscrétion.

BATTUS, de l'île de Théra, descendait d'Euphémus, l'un des Argonautes. En 631 av. J.-C., l'oracle de Delphes le désigna pour conduire une colonie grecque de Théra dans la Libye. Il s'établit d'abord dans une île nommée Platée. Eusèbe rapporte qu'il était bègue, mais que la frayeur qu'il éprouva à la vue des lions lui délia la langue. Il alla ensuite fonder Cyrène dans le voisinage d'une fontaine consacrée à Apollon. Plusieurs de ses descendants, du nom de Battus, occupèrent le trône de Cyrène, et eurent souvent à lutter contre les rois égyptiens.

BATYNE, village situé sur le Danube, près de Routchouk. Il est célèbre par la victoire du général russe Kamenski sur le pacha Muhtar (19 septembre 1810).

BATZ ou BOURG DE BATZ, village du départ. de la Loire-Inférieure, à 82 kil. de Nantes. Pop. 1,170 hab. Église curieuse, avec une belle tour en granit de 60 mètres de hauteur, qui sert de remarque aux marins. On y voit un menhir sur les bords de la mer. Marais salants exploités par tous les habitants du village, et qui rapportent, par an, 17,000,000 de kilog. de sel.

BAUD, ch.-l. de canton de l'arrond. de Napoléonville (Morbihan), à 20 kil. de cette ville. Pop. 1,350 hab. Commerce de grains et de miel.

BAUDART (Wilhem), né à Deynse, en Flandre, en 1565, mort en 1640. Ses parents quittèrent le pays natal, par suite des persécutions contre les protestants, et se réfugièrent à Cologne, et de là à Embden. Baudart étudia avec soin les langues anciennes et les langues orientales. En 1618, il fut choisi par le fameux synode de Dordrecht, avec Bogerman et Bucérus, pour faire une traduction hollandaise de l'Ancien Testament. Bucérus étant mort, il continua le travail avec Bogerman, et tous deux l'achevèrent en six années. Il avait pris pour devise: *Labor mihi quies*. Animé d'un ardent patriotisme, il signala dans un livre éloquent les cruautés des Espagnols. Son *Horologium belgicum* est une sorte de tocsin destiné à réveiller chez ses concitoyens le désir de l'indépendance. Il a publié le récit des événements qui intéressaient son pays, de 1602 à 1624. Il a laissé, en outre, quelques ouvrages théologiques.

BAUDELOCQUE (Jean-Louis), célèbre chirurgien accoucheur, né à Heilly, en Picardie, en 1746, mort en 1810. Son père lui enseigna les premiers éléments de son art; il vint ensuite se perfectionner à Paris, sous Solayrès. Ce maître le distingua et le choisit même pour le suppléer dans son cours. Il fut reçu, en 1776, par le collége de chirurgie de Paris. Plus tard, il devint successivement professeur d'accouchements de l'école de santé, chirurgien en chef et accoucheur de l'hospice de la Maternité. Il publia les *Principes des accouchements*, puis l'*Art des accouchements*. Ces deux ouvrages sont considérés comme classiques, et les observations nouvelles qu'ils renferment ont fait faire un grand pas à cette partie de la science. Il a laissé des Mémoires intéressants.

BAUDELOT DE DAIRVAL (Charles-César), antiquaire, né à Paris en 1648, mort en 1721. Il entra d'abord au barreau; mais ayant eu un jour l'occasion de parcourir les bibliothèques de Dijon, où il avait été appelé pour un procès, il y puisa le goût des antiquités. Ce fut bientôt sa passion dominante. Il publia un premier ouvrage sur l'*Utilité des voyages*. En 1705, il fut admis à l'Académie des inscriptions et belles-lettres, et il y lut un mémoire curieux sur les *Actions de grâces publiques des anciens*. Il composa enfin une dissertation sur la *Guerre des Athéniens contre les peuples de l'Atlantide*. Il avait découvert et acheté deux tables de marbre ayant plus de deux mille ans d'antiquité, sur lesquelles se trouvaient gravés les noms des soldats athéniens morts dans diverses expéditions, et il les avait placées dans sa cour, les offrant ainsi aux regards des curieux. Une de ses voisines, gênée par ces tables, les vendit un jour à des chiffonniers. A cette nouvelle, Baudelot, désespéré, ne prit aucun repos jusqu'à ce qu'il eût retrouvé ces précieuses reliques. Elles figurent aujourd'hui au musée du Louvre.

BAUDIER (Michel), gentilhomme du roi et historiographe de France, sous Louis XIII, né en Languedoc vers 1589, mort en 1645. Il montra quelquefois une certaine érudition historique; mais la lourdeur de son style a fait condamner ses œuvres à un éternel oubli. On y puise, il est vrai, quelques faits utiles à connaître et qui n'étaient pas indiqués par les autres historiens; mais des réflexions prétentieuses et souvent trop naïves en font une lecture ennuyeuse.

BAUDIN (Charles), amiral français, né à Sedan, en 1792. A peine âgé de 16 ans, il prit part, en qualité d'enseigne sur la *Piémontaise*, à un violent combat contre les Anglais, où il fut grièvement blessé. Lieutenant en 1812, il fut chargé de conduire un convoi de munitions de Gênes à Toulon; après avoir assuré le salut de son convoi, il offrit le combat aux Anglais et fut de nouveau blessé (16 juin 1812). Il était capitaine de frégate lorsque la Restauration le mit en non-activité. Il donna sa démission en 1816, et entra dans la marine marchande. Après 1830, il reprit du service, fut nommé capitaine de vaisseau en 1833, et promu au grade de contre-amiral en 1838. Il partit pour le Mexique, à la tête d'une escadre, s'empara, le 27 novembre 1838, de Saint-Jean d'Ulloa, forteresse regardée comme imprenable, et faillit être emporté par un boulet. Le 22 janvier 1839, il fut nommé vice-amiral et reçut le cordon de commandeur de la Légion d'honneur en 1840. En 1849, il fut remplacé dans son commandement par l'amiral Parseval-Deschêne, et se retira à Ischia avec sa famille. L'empereur Napoléon III venait de l'élever à la dignité d'amiral, lorsqu'il mourut à Paris, le 7 juin 1854. On prête ce mot à l'amiral Baudin, dont l'antipathie contre l'Angleterre était notoire : « Si deux vaisseaux français et anglais se rencontraient, les canons partiraient tout seuls. »

BAUDISSON (Innocent-Maurice), abbé, né en 1737, mort en 1805. Il était neveu et élève du célèbre Bogin. Il fut, pendant 30 ans, professeur de droit canonique à l'Université de Turin. Il fut appelé aux premières fonctions par les divers gouvernements qui se succédèrent en Piémont; il lutta plus d'une fois, sous l'empire, pour la conservation de l'université de Turin.

BAUDIUS (Dominique), né à Lille, en 1561, mort en 1613. Il fut d'abord avocat à la Haye. Les états généraux de Hollande le chargèrent de diverses missions diplomatiques à Londres et à Paris. Il fut lié avec Sully, Mornay, de Harlay et de Thou. On a composé un volume de ses correspondances avec ces personnages célèbres. Il fut professeur d'éloquence à Leyde, et enseigna ensuite l'histoire et le droit. Il est surtout connu pour ses poésies, d'une latinité médiocre, mais qui ne manquent pas d'une certaine vigueur. Il composa aussi un *Traité de l'usure*.

BAUDOT DE JUILLY (Nicolas), historien, né à Paris, d'un receveur des tailles de Vendôme, en 1678, mort en 1759. Il fut subdélégué de l'intendant à Sarlat, et partagea sa vie entre les devoirs de sa profession et l'étude de l'histoire. Il a publié un grand nombre d'histoires de souverains français et anglais, et des récits épisodiques. Ses ouvrages se distinguent surtout par l'art et la méthode; mais le style en est souvent négligé. Quelques-uns de ses ouvrages ont paru sous le nom de Mlle de Lussan.

BAUDOUIN Ier, empereur de Constantinople, né à Valenciennes en 1171. Il était fils de Baudouin, comte de Hainaut, et de Marguerite d'Alsace. Il succéda à sa mère dans le comté de Flandre, en 1194. Il fit alliance avec Richard d'Angleterre, et s'empara de Douai, Aire, Saint-Omer, Péronne, Roye et Bapaume. Plus tard, Richard Cœur de Lion ayant recommencé la guerre contre Philippe-Auguste, ces deux rois sollicitèrent l'alliance de Baudouin. Celui-ci, contraint de prendre un parti, se déclara contre son suzerain, dans l'espoir de s'emparer d'une partie de l'Artois, qui dépendait autrefois de la Flandre. Le traité de Péronne, conclu en 1119, lui assura la possession du territoire qu'il convoitait. Il partit pour la croisade, en 1200. Mais les Français s'étant arrêtés à Constantinople, dont ils s'emparèrent en 1204, avec le secours des Vénitiens, il fut proclamé empereur de Constantinople à la mort d'Alexis VI et d'Isaac l'Ange, qu'il avait lui-même placés sur le trône. Il possédait de grands talents militaires et alliait le courage à la bienfaisance. Cependant son règne fut désastreux. Les Grecs, fiers de leur civilisation raffinée, se voyaient, de la part des Français, l'objet de railleries; ils s'en vengeaient en les surprenant pour les mettre à mort. Ils appelèrent même à leur secours Joannice, roi des Bulgares, quoique jusqu'alors ils eussent toujours été en lutte avec ce peuple. Joannice entra dans l'empire avec une armée formidable, au moment où Baudouin faisait le siége d'Andrinople révoltée. Les deux armées se rencontrèrent sous les murs de cette ville. Baudouin fut vaincu, quoiqu'il déployât la plus grande bravoure, et fait prisonnier. Les Bulgares le chargèrent de chaînes et le conduisirent à Ternobe, capitale de la basse Mœsie, où il mourut, en 1206, après avoir langui dans les fers pendant seize mois. On prétend que Joannice trancha ses jours par le plus odieux supplice, qu'il lui coupa les membres et fit dévorer son cadavre par les oiseaux de proie. Quoi qu'il en soit, il est certain que ce roi barbare fit garnir le crâne de Baudouin d'un cercle d'or, pour lui servir de coupe dans ses repas. Baudouin ne laissa que deux filles.

BAUDOUIN II, dernier empereur latin de Constantinople, était fils de Pierre de Courtenay. Il fut élu en 1228, à l'âge de 11 ans. Pendant sa minorité, le gouvernement fut confié à Jean de Brienne. Assiégé deux fois dans Constantinople par Vatace, empereur grec de Nicée et par Asan, roi des Bulgares, ce prince ne sut jamais résister avec ses propres ressources. Il vint plusieurs fois en Europe pour y mendier les secours des princes latins, et n'obtint que des promesses illusoires. Cependant, il défit une fois Vatace et lui imposa une paix qui ne fut pas de longue durée. Baudouin, vaincu de nouveau, sollicita le secours de la France; c'est alors que pour gagner saint Louis, il lui fit présent de la couronne d'épines du Christ. Vatace venait de mourir en laissant la couronne à son fils, Jean Lascaris, âgé de 8 ans, sous la tutelle de Muzalon. Michel Paléologue fit tuer ce dernier et prit, à son tour, la tutelle et la régence. En 1259, il se fit reconnaître empereur, conjointement avec Jean Lascaris. C'est alors qu'il forma le projet de chasser les Français de Constantinople. Il investit la ville, y pénétra par un souterrain, et força la garnison à rendre les armes. Le vainqueur mit le feu aux quartiers occupés par les Français, et les passa au fil de l'épée. Baudouin, jugeant alors la résistance impossible, quitta son palais, après s'être dépouillé des ornements impériaux, qui furent portés à Paléologue; il se sauva dans une barque à la faveur d'un déguisement, et passa dans l'île de Négrepont. Il se retira en Italie, et y mourut en 1273.

BAUDOUIN Ier, second roi de Jérusalem, était fils d'Eutache, comte de Boulogne. Il accompagna en Palestine Godefroy de Bouillon, son frère, et, après sa mort, il fut nommé roi de Jérusalem et de Saint-Jean d'Acre, en 1100, et couronné la même année par le patriarche de Jérusalem. Il avait déjà été mis en possession de la principauté d'Edesse. Il prit Antipatris, Césarée et Azot, et défit 50,000 Sarrasins à Ascalon. En 1104, il prit Acre avec 70 vaisseaux gênois; mais à son tour, il fut attaqué dans Rama; la ville fut prise d'assaut, et il n'échappa qu'à grand'peine au massacre. Il mourut en 1118, et fut enterré à Jérusalem, dans l'église de la Résurrection bâtie sur le Calvaire.

BAUDOUIN II, cousin et successeur du précédent, était fils de Hugues, comte de Réthel. Il monta sur le trône en 1118, par suite de la renonciation d'Eustache, père de Baudouin Ier. Il avait succédé à son cousin au comté d'Edesse. Il remporta sur les Sarrasins une victoire mémorable en 1120; mais en 1124, il fut fait prisonnier. Il dut sa délivrance à Josselin de Courtenay. Il régna douze ans et mourut en 1131. Il laissa la couronne à Foulques d'Anjou, son gendre.

BAUDOUIN III succéda, en 1142, à Foulques d'Anjou, son père. Sa mère fut régente pendant sa minorité. Il prit la ville d'Ascalon, dont ses prédécesseurs n'avaient jamais pu s'emparer, mais il perdit Edesse. Il sollicita, en Europe, une nouvelle croisade. Elle fut dirigée sans succès par Louis VII et Conrad III. Il mourut empoisonné en 1163. Amaury fut son successeur.

BAUDOUIN IV, fils d'Amaury, succéda à son père en 1174. Pendant sa minorité, Raimond, comte de Tripoli, fut chargé de la tutelle. A la majorité de Baudouin, ce prince étant affligé de la lèpre, Raimond continua à gouverner en son nom. Sous son règne, Saladin remporta de grandes victoires. Baudouin se sentant incapable de gouverner, céda la couronne à Baudouin V, et mourut en 1186. Sa mort fut le signal de désordres qui compromirent le trône de Jérusalem. Baudouin V fut empoisonné par la mère de Baudouin IV, qui voulait faire passer la couronne sur la tête de Guy de Lusignan. Un an après la mort de Baudouin V, Jérusalem tombait au pouvoir de Saladin.

BAUDOUIN Ier, surnommé *Bras de fer*, premier comte de Flandre. Il régna vers l'an 862. Avant lui, la Flandre était administrée par des gouverneurs nommés *forestiers*, qui avaient été institués par Charlemagne. Baudouin enleva Judith, fille de Charles le Chauve. Celui-ci voulut d'abord en tirer vengeance, mais le pape Nicolas intervint, et, suivant ses conseils, le roi donna sa fille pour épouse au ravisseur; il lui concéda en même temps les terres situées entre la Somme et l'Escaut, qu'il érigea en comté. Baudouin manifesta sa reconnaissance en défendant l'empire contre les invasions incessantes des Normands. Il eut pour successeur son fils, Baudouin II, dit le Chauve, qui lutta aussi contre les Normands. Il mourut en 879.

BAUDOUIN V, comte de Flandre, surnommé *de Lille* ou le *Débonnaire*, régna en 1036, et mourut en 1067. Il fut surnommé de Lille à cause de sa prédilection pour cette ville, où il se plaisait à résider. Il profita de quelques troubles pour s'emparer du château de Gand qui dépendait de l'empire, et de la forteresse d'Eaene en Brabant. Il put les conserver, à la condition de se reconnaître vassal de l'empire. Il fut tuteur de Philippe Ier et régent de France. Il aida alors Guillaume le Conquérant à s'emparer de l'Angleterre. Il fit lui-même le partage de ses États entre ses deux fils Baudouin et Robert.

BAUDOUIN VI fut surnommé *de Mons*, à cause de son mariage avec Richilde de Hainaut; cette union le faisait comte de Flandre et de Hainaut. Ses contemporains le représentent comme le père des pauvres. Il est l'auteur de la charte municipale de Gérardmont, qui est le premier monument du droit civil et de la constitution communale de la Flandre. Il régna en 1067 et mourut vers 1070.

BAUDOUIN VII, comte de Flandre, fut surnommé à la *Hache* à cause de la rigueur avec laquelle il fit respecter ses droits et prérogatives par ses vassaux; régna en 1111. Le premier acte de son administration fut d'édicter la peine du talion, afin de réprimer les meurtres et les brigandages. Il suivit Louis le Gros en qualité de vassal, lorsque ce prince combattit contre le roi d'Angleterre et le duc de Normandie, mais au siége d'Eu, il fut atteint d'une flèche à la tête, et mourut des suites de cette blessure en 1119.

BAUDOUIN (François), né à Arras en 1520, mort à Paris en 1573. Il fut successivement professeur de droit à Bourges, à Angers, à Paris, à Strasbourg et à Heidelberg. Antoine de Bourbon, roi de Navarre, lui confia l'éducation d'un de ses fils naturels; le roi envoya ensuite Baudouin au concile de Trente pour y être son orateur. Le duc d'Anjou, depuis Henri III, s'adressa à lui pour obtenir un mémoire qui justifiât la Saint-Barthélemy; il s'y refusa. Ce prince honora sa courageuse résistance en le faisant entrer plus tard au conseil d'État. Nous avons de lui des ouvrages de jurisprudence, d'histoire, de théologie et de controverse. Il a laissé aussi des *opuscules* qui ont été publiés par Heineccius, dans le premier volume de sa *Jurisprudence attique et romaine*.

BAUDOUIN (Jean), second traducteur, lecteur de la reine Marguerite, membre de l'Académie française, né à Pradelle en Vivarais en 1590, mort à Paris en 1650. On a de lui la traduction de nombreux fragments d'un grand nombre d'auteurs latins; il a traduit aussi le Tasse, Bacon, Davila et beaucoup d'autres. Il se piquait peu d'exactitude, et se contentait d'un style correct, mais sans élégance. Il fit faire beaucoup de ces traductions, qu'il ne fit que corriger. Il a publié aussi un *Recueil d'emblèmes* et une *Iconologie*.

BAUDRAND (Michel-Antoine), prieur de Rouvres et de Neuf-Marché, né à Paris en 1633, mort en 1700. Le père Briet, qui fut son professeur de rhétorique au collége de Clermont, lui donna le goût des études géographiques en lui faisant corriger les épreuves d'une géographie ancienne et moderne. Il publia un *Dictionnaire géographique* qui fourmille d'erreurs, malgré le soin qu'il apporta à sa composition. Son travail a été cependant estimé dans un temps où le développement des sciences physiques n'était pas encore assez considérable pour favoriser celui de la géographie.

BAUDRILLART (Jacques-Joseph), célèbre agronome, né à Givron, dans les Ardennes, en 1774, mort en 1832. Il fut d'abord attaché aux ambulances militaires qui suivaient nos armées pendant les guerres de l'Empire. En parcourant ainsi l'Allemagne, il étudia l'administration forestière de ce pays, et y observa les divers modes de plantations. Les connaissances qu'il acquit ainsi lui valurent une fonction importante, en France, dans l'administration forestière, et, en 1819, l'emploi de chef de division.

BAUDUN, village de Provence, à 36 kil. de Fréjus. On y remarque encore les restes d'une voie romaine qui allait de Fréjus à Riez.

BAUGÉ, sous-préf. du départ. de Maine-et-Loire, à 38 kil. d'Angers. Pop. 3,200 hab. Tribunal de première instance, collège. Commerce : étoffes de laines, toiles communes, ouvrages en corne, bois de charpente, bestiaux. Cette ville fut fondée au Xe siècle, par Foulques de Néra; au XVe siècle René d'Anjou y éleva un château aujourd'hui en ruines.

BAUGES (monts), nom donné à un chaînon méridional d'un contre-fort des Alpes grées.

BAUGY, ch.-l. de cant. de l'arrond. de Bourges (Cher), à 28 kil. de cette ville. Pop. 800 hab. On y voit les ruines d'un château fort.

BAUHIN (Jean), célèbre naturaliste français, né à Bâle en 1541; mort en 1613. Il fut emmené en Suisse par son père, qui dut quitter la France pour éviter les persécutions dont il était l'objet, à cause de sa qualité de protestant. Il fut d'abord professeur de rhétorique à Bâle; puis il s'attacha à Gessner, qui lui enseigna la botanique. Il fut médecin des princes de la maison de Wurtemberg, et vint séjourner avec eux à Montbéliard. Il a laissé plusieurs ouvrages en latin sur l'histoire générale des plantes, ainsi que d'autres ouvrages sur les faits curieux qu'il eut occasion d'observer.

BAUHIN (Gaspard), frère du précédent, né à Bâle en 1550, mort en 1624. Il n'acquit pas moins de célébrité que son frère comme botaniste et anatomiste. Il professa d'abord la médecine à Bâle, puis la botanique et l'anatomie. Il fut, ainsi que son frère, médecin du duc de Wurtemberg. Il composa plusieurs ouvrages d'anatomie et fit faire à cette science des progrès importants. On lui doit notamment la découverte de la valvule placée entre l'iléon et le colon. Il a aussi essayé de prouver par des faits l'existence des hermaphrodites, qui n'est fondée que sur des apparences.

BAUMA, ville de Suisse, cant. de Zurich, à 28 kil. de cette ville. Pop., 3,000 hab. Remarquable par les ruines du château d'Alt-Landenberg.

BAUMAN (les), groupe d'îles dans le Grand-Océan, situé au N.-O. des îles de la Société; elles furent découvertes en 1722, par Roggeween.

BAUMANN, grotte curieuse par ses stalactites, située dans le duché de Brunswick, à 8 kil. de Blankenburg. On y a trouvé un grand nombre d'ossements fossiles.

BAUMANN (Nicolas), né en 1450, mort en 1526. Il professa l'histoire à Rostock. On lui attribue généralement la fameuse satire intitulée : *Rainer le Renard*, qui est aussi connue sous le nom de *Henri d'Alkmar*, et que Goethe a imitée.

BAUME (Sainte), mont situé dans le départ. du Var, à 35 kil. de Marseille. Hauteur, 1,728 m. On y remarque une grotte pouvant contenir 1,500 personnes.

BAUME-LES-DAMES, sous-préf. du départ. du Doubs, à 28 kil. de Besançon. Pop. 2,250 hab. Tribunal de première instance, collège; taillanderies, tanneries, papeteries, forges. Aux environs : houille, fer, ardoise, marbre, carrière de gypse très-abondante. Baume-les-Dames doit son nom à une riche abbaye de dames nobles de l'ordre de Saint-Benoît, célèbre au XIIe siècle et ruinée pendant la Révolution.

BAUME-MONTREVEL (le marquis Nicolas-Auguste DE LA), maréchal de France, né en 1636, mort en 1716. Il assista avec distinction aux combats de Senef (1674), de Cassel (1678), de Fleurus (1690). Il fut ensuite nommé gouverneur du Languedoc et combattit les Camisards sans jamais les vaincre.

BAUMÉ (Antoine), célèbre chimiste, né à Senlis en 1728, mort en 1804. Il s'établit apothicaire à Paris en 1752; travailleur infatigable, il consacrait la plus grande partie de son temps et sa fortune entière à poursuivre des recherches et des expériences chimiques. Si les livres assez nombreux qu'il composa sur la chimie ne sont plus aujourd'hui au niveau de l'état de cette science, et se trouvent à peu près sans utilité, on lui doit cependant des découvertes d'une certaine importance, notamment en ce qui concerne l'application de la chimie aux arts et à l'industrie. Ainsi, il a indiqué divers procédés de teinture et de dorure, et il a construit l'aéromètre qui porte son

BAUMEISTER (Frédéric-Christian), philosophe allemand, né à Grossen-Kœrner (Saxe-Gotha), en 1709, mort en 1785. Il fut recteur du gymnase de Gœrlitz. Ses ouvrages philosophiques, écrits en latin, prouvent qu'il était de l'école de Wolf, c'est-à-dire partisan de la *philosophie pratique*, et il entendait par là l'application des données philosophiques à la morale, au droit naturel et à la politique. Comme Wolf, il procédait suivant la méthode des mathématiciens, n'abordant une question que quand il avait défini les principes ou résolu les autres questions qui pouvaient lui fournir la solution demandée. Il a écrit aussi des *Eléments de rhétorique*.

BAUMGARTEN (Sigismond-Jacques), célèbre théologien de l'école luthérienne, né à Wolmirtaedt, près Magdebourg, en 1706, mort à Halle en 1757. Il professa la théologie avec succès. Il a laissé plusieurs ouvrages religieux, notamment un abrégé de l'histoire ecclésiastique depuis J.-C. Il a traduit aussi en allemand plusieurs ouvrages relatifs à l'histoire d'Angleterre et d'Espagne.

BAUMGARTEN (Alexandre-Gottlieb), profond philosophe allemand, né à Berlin en 1714, mort à Francfort-sur-l'Oder en 1762. Il étudia la théologie à Halle, et là, il lut à la dérobée les ouvrages de Wolf et de Leibnitz que l'université avait proscrits. Sa grande pénétration lui fit comprendre toute l'influence que pouvait avoir un tel système sur le développement des sciences. Il voulut connaître Wolf et s'attacha à lui. Ce grand maître avait laissé à traiter l'application de sa doctrine à l'enseignement littéraire. Baumgarten combla cette lacune: il posa les principes immuables du beau, qui font de la littérature une véritable science et qui s'appliquent aussi aux beaux-arts. Les définitions qu'il donna dans son *Esthétique* se sont depuis répandues, et ce nom a été consacré pour désigner la théorie du goût, du beau et du sublime. Les anciens avaient déjà fourni des systèmes différents : les uns voyaient la suprême perfection dans la force; les autres, comme Socrate, dans le bon et le juste; d'autres, avec Platon, la voyaient dans le beau et le vrai; Aristote la trouvait dans l'ordre et la grandeur. Longin, dans son *Traité du Sublime*, si mal compris et interprété par Boileau, s'était approché de la vérité dans la définition des effets, mais sans pénétrer la cause. Baumgarten trouva le sentiment du beau dans la *sensation* guidée par le jugement, et fonda la *philosophie des Grâces et des Muses*. Il a laissé aussi quelques écrits philosophiques en latin.

BAURES, rivière du gouvernement de Buenos-Ayres; elle prend sa source dans les monts des Guayares, et, après un parcours de 590 kil., elle se jette dans le Guapore.

BAUSCH (Jean-Laurent), célèbre médecin allemand, né à Schweinfurt en 1605, mort en 1665. Il fonda, en 1652, l'académie des Curieux de la nature, qui a exercé la plus grande influence en Allemagne, en contribuant aux progrès des sciences. Il a laissé des ouvrages, en latin, sur quelques maladies spéciales.

BAUSKE, village de Russie d'Europe (Courlande), à 42 kil. de Mittau. Pop. 1,200 hab. On y remarque un château bâti en 1442 par les chevaliers teutoniques.

BAUSSET (Louis-François DE), cardinal, né à Pondichéry en 1748, mort à Paris en 1824. Il fut nommé évêque d'Alais, et fit partie de l'assemblée des notables en 1789. Emprisonné pendant la Terreur, il dut la liberté aux événements de thermidor. Il a publié une *Histoire de Fénelon* et une *Histoire de Bossuet*, qui sont toute deux très-médiocres. Ce furent cependant ses titres pour entrer à l'Académie en 1816. Napoléon l'avait fait conseiller titulaire de l'Université, et Louis XVIII l'éleva à la dignité de pair de France. Il reçut le chapeau de cardinal en 1817.

BAUTA (pierres de). On a donné ce nom à des monolithes de forme conique, de 4 à 10 m. de hauteur, élevés perpendiculairement, que l'on rencontre en Suède et en Norwége; elles sont destinées à perpétuer la mémoire des héros morts dans les combats. On en éleva 40 sur le champ de bataille de Greby.

BAUTRU (Guillaume), bel esprit du XVIIe siècle, né à Angers en 1588, mort en 1665. Il fut l'un des premiers membres de l'Académie française, quoiqu'il n'eût rien publié. Il plut beaucoup à la cour par ses plaisanteries, bien que l'esprit n'y brillât pas toujours, et qu'elles fussent souvent d'un goût douteux. Il fut ambassadeur en Flandre, en Angleterre et en Espagne, mais il ne se distingua jamais comme homme politique. On rapporte même qu'il se laissa jouer en Espagne par Berthier, qui avait ordre de Richelieu de contrecarrer la mission qu'il avait reçue de Louis XIII.

BAUTZEN ou BUDISSIN, ville du royaume de Saxe, ch.-l. du cercle du même nom, à 52 kil. de Dresde. Pop. 12,000 hab. Cour d'appel, église Saint-Pierre, hôtel de ville, château d'Ortenburg, salle de spectacle, gymnase. Consistoire apostolique de la Saxe. Fabrique de toile de lin, linge de table, draps, bonneterie, etc. Cette ville fut autrefois cité impériale. Patrie du poëte Meissner. Le 21 mai 1813, Napoléon Ier y vainquit les Russes et les Prussiens.

BAUVAIS (Louis-Jacques), né à la Croix-des-Bouquets en 1759, mort en 1800, fut le premier général des affranchis à Saint-Domingue.

BAUX (les), village du départ. des Bouches-du-Rhône. Il n'est habité que par quelques familles de mendiants. Dès le IXe siècle, le comté de Baux était une seigneurie libre, ne relevant que des empereurs: les barons de Baux ont été seigneurs de Marseille, princes d'Orange, et soutinrent à main armée leurs prétentions aux titres de roi d'Arles et de comtes de Provence, où ils possédaient 63 places fortes. Guillaume-Hugues qui vivait au XIe siècle est le plus ancien baron de Baux. Cette puissante maison tomba en 1426. En 1393, Marie de Baux porta la principauté d'Orange dans la maison de Châlons. La baronie de Baux fut réunie au comté de Provence depuis la fin du XIVe siècle jusqu'en 1641. En 1642, Louis XIII la donna à la maison de Monaco, Honoré de Grimaldi, qui s'était mis sous la protection de la France. On voit encore aujourd'hui un vaste espace couvert de magnifiques ruines: c'est tout ce qui reste du château des comtes de Baux.

BAUX (Guillaume DE), prince d'Orange. En 1214, l'empereur Frédéric II le fit roi d'Arles et de Vienne. On raconte sur ce prince une anecdote qui explique le peu d'étendue de la souveraineté du roi de France à cette époque. Un marchand, qui avait traversé les terres de Guillaume de Baux, avait refusé d'acquitter les droits de péage, prétendant ne relever que du roi. Guillaume l'ayant rançonné, il alla se plaindre à Philippe-Auguste, qui lui répondit que son vassal était trop éloigné pour être puni, et lui permit de se venger comme il le pourrait. Le marchand contrefit alors le sceau royal, et invita Guillaume à assister aux fêtes de la cour de France. Guillaume passa dans la ville où demeurait le marchand. Celui-ci qui l'avait bien prévu, fit appel aux bourgeois, et tous s'ameutèrent pour contraindre Guillaume à restituer ce qu'il avait pris au marchand. Les Avignonnais, dévoués aux Albigeois, lui firent la guerre, le prirent dans une embuscade, l'écorchèrent vif et le coupèrent par morceaux. Le pape Innocent appela les croisés à venger cet attentat, et Louis VIII, pour châtier Avignon, vint l'assiéger en 1226. Guillaume était poëte, et composait des vers sous le nom d'*Inglès*.

BAUZILLE DU PUTOIS (Saint-), bourg de France, arrond. de Montpellier (Hérault), à 32 kil. de cette ville. Pop. 1,850 hab. On remarque près de ce bourg la vaste et très curieuse grotte dite *grotte du Gange* et aussi *Baoumo de las doumaiselas* (Baume des demoiselles).

BAVAI, ch.-l. de cant. de l'arrond. d'Avesnes (Nord), à 20 kil. de cette ville. Pop. 1,530 hab. Bavai fut la capitale des Nerviens; prise par César, elle devint très-florissante sous les Romains. Les Barbares la ravagèrent, et c'est de cette époque qu'elle perdit son importance. Fonderies de cuivre et de fer, instruments aratoires. On voit encore à Bavai les ruines d'aqueducs, d'un cirque, d'un arc de triomphe, de temples, de thermes. Sur huit voies romaines appelées *Chaussées de Brunehaut*, parce qu'on les attribuait à cette reine, sept existent encore.

BAVIÈRE (royaume de), appelé chez les anciens *Bojoaria* ou *Bajuvaria*, et en allemand *Bayern*, est le plus considérable des Etats germaniques après l'Autriche et la Prusse. Elle forme aujourd'hui un royaume, après avoir été un duché, puis un électorat. La Bavière est divisée en deux parties séparées l'une de l'autre : la Bavière orientale, qui est la partie principale, est bornée au N. par la Hesse électorale, le duché de Saxe et la principauté de Reuss; à l'E. par le royaume de Saxe et l'empire d'Autriche; à l'O. par le Wurtemberg et les grands-duchés de Bade et de Hesse-Darmstadt; au S. par les Etats autrichiens et le lac de Constance; sa surface carrée est de 1,282 milles. La Bavière rhénane, qui forme la seconde partie, est séparée de la première par le Wurtemberg et le grand-duché de Bade. Elle est bornée au N. par le landgraviat de Hesse-Hombourg, la Prusse et le grand-duché de Hesse; à l'E. par le grand-duché de Bade; à l'O. par la Prusse rhénane et la principauté de Saxe-Cobourg; au S. par la France. Sa superficie carrée est de 100 milles. La Bavière dispose de quatre voix à la diète fédérale. Le sol est accidenté de chaînes de montagnes qui sont des ramifications des Alpes; il est riche en bois et en prairies. L'agriculture et l'éducation des bestiaux y prospèrent plus que dans les autres contrées de l'Allemagne. Le pays produit en abondance du blé, du lin, du chanvre, du houblon et du tabac. Les vins de Constance sont fort estimés. Les productions du sol minéral sont riches et variées : ainsi l'on rencontre des salines d'où l'on tire des approvisionnements énormes, du plomb, de l'étain, du cuivre, du marbre, de la calcédoine, de la cornaline et du porphyre. Le fer, moins abondant, suffit aux besoins du pays. Les pierres lithographiques de la Bavière ont une juste renommée. Le pays est sillonné de nombreux cours d'eau et couvert d'une infinité de lacs; il est arrosé notamment par le Rhin et le Danube. Le climat est généralement sain et tempéré; mais l'hiver est rigoureux dans les pays montagneux. La population s'élève à plus de 4,000,000 d'habitants dont les deux tiers sont catholiques. Le pays est divisé en 8 cercles. Les villes les plus importantes sont : Munich, capitale avec 100,000 habitants; Ratisbonne, Bayreuth, Bamberg, Anspach, Furth et Erlangen. — La Bavière fut occupée, au temps des Romains, par les Boïens qui donnèrent aussi leur nom à la Bohême. Ce pays marquait la limite des frontières militaires de Rome, et fut continuellement le théâtre des guerres que les Romains eurent à soutenir contre les Barbares qui se ruaient sur l'empire. Ainsi il fut ravagé successivement par les Goths, les Huns et les Alamans. Il ne sortit de ses ruines qu'à la fin du ve siècle. Ce fut alors que les Boïariens, issus des Boïens, les Hérules, les Alains et les Suèves formèrent une confédération. Ils durent reconnaître la suzeraineté des rois d'Austrasie; mais ils conservèrent leurs ducs héréditaires de la race d'Agilulfe; ce prince avait épousé l'une des filles de Clovis. A cette époque, les ducs avaient établi leur résidence à Ratisbonne. Les Bavarois reçurent de Dagobert, roi des Francs, un code connu sous le nom de *Lex Bajurariorum*, qui régla longtemps la constitution politique du pays. Après de longues luttes contre les Francs, la Bavière fut incorporée à l'empire de Charlemagne; elle formait alors une province considérable qui s'étendait jusqu'au Tyrol. Après les guerres qui désolèrent l'empire, sous les successeurs de Charlemagne, le traité de Verdun mit Louis II en possession de la Bavière, qui s'étendait jusqu'au Rhin, et embrassait Mayence, Worms et Spire. Sous Louis II et ses successeurs, la Bavière lutta contre les Normands et les Hongrois. En 937, les fils d'Arnulph ayant refusé de reconnaître la suzeraineté de l'empereur d'Allemagne, la Bavière devint une province allemande, et fut gouvernée par des ducs qui recevaient l'investiture de l'empereur. Le duché de Bavière perdit dès lors son importance politique, et il n'offrit qu'un tableau de guerres et de discordes à la faveur desquelles les évêques purent conquérir une certaine autorité. La Bavière eut à subir divers morcellements par suite des partages qui intervinrent entre les héritiers des ducs qui se disputaient la couronne. Elle conserva cependant une ombre d'indépendance jusqu'en 1806. A cette époque, l'empereur Maximilien qui s'était allié à Napoléon, prit le titre de roi, en vertu du traité de Presbourg; mais la Bavière, quoique placée à la tête de la Confédération du Rhin, n'était plus qu'une province de l'empire français. Ses armées suivirent Napoléon sur les champs de bataille jusqu'en 1813. A cette époque, le roi de Bavière fit défection. En 1816, il prit part au traité qui régla le sort de la confédération germanique, et ses possessions furent limitées comme elles le sont encore aujourd'hui. La constitution politique, réglée d'abord par la charte du 26 mai 1818, a été modifiée depuis. Le pouvoir législatif est exercé par une chambre des députés et un sénat.

BAVIUS (Marius), poëte romain dont les œuvres ne nous sont pas parvenues. Il n'est connu que par un vers de Virgile, qui ne fait pas regretter la perte de ses travaux :

Qui Bavium non odit, amet tua carmina, Mœvi.

« Que celui qui n'aime pas Bavius aime tes vers, ô Mævius! »

BAXTER (Richard), théologien anglais, né à Rowton dans le comté de Shropshire, en 1615, mort en 1691. Quand la révolution survint, il était ministre à Kidderminster; mais il quitta alors cette place, et suivit l'armée comme chapelain. Son influence sur les soldats le fit rechercher de Cromwell; mais comme il était ouvertement attaché à la cause royaliste, il repoussa les avances du Protecteur; il fut cependant assez prudent pour n'exciter aucune révolte. A la restauration, Charles II le nomma son chapelain, mais il ne put lui faire accepter l'évêché d'Hereford. En 1685, il fut condamné à deux années d'emprisonnement pour avoir faussement interprété quelques passages du Nouveau Testament; mais sa détention fut abrégée. Il a laissé plusieurs ouvrages de morale religieuse.

BAYADÈRES, du portugais *bailadeira*, danseuses, femmes indiennes adonnées au chant et à la danse. Elles sont choisies parmi les plus jolies filles. Elles forment deux classes principales : les *devadasis*, c'est-à-dire esclaves des dieux, sont choisies parmi les enfants non encore nubiles des familles Vaïcia et Soudra, elles habitent les temples et animent les fêtes et les processions de leurs chants et de leurs danses; les *natsch* qui remplissent les mêmes fonctions, mais ne sont pas attachées à un temple particulier, elles parcourent librement le pays et se consacrent aux divertissements des grands seigneurs.

BAYAN-KARA, Nom donné à une chaîne de montagnes de la Chine; se détachant du grand massif de Kuen-Lun, après avoir séparé les sources du Hoang-Ho et celles du Mouroui-Oussou, elle se rattache aux Montagnes neigeuses et aux monts du Thibet oriental.

BAYAN-OULA, chaîne de montagnes située dans le Turkestan et fait partie de l'Ouloug-Dagh, dans la terre des Kirghiz-Kaïsaks.

BAYARD (Château), village du départ. de l'Isère, à 6 kil. d'Allevard. C'est du nom de ce village que Bayard prit son nom.

BAYARD (Pierre Terrail, seigneur DE), surnommé le *Chevalier sans peur et sans reproche*, né en Dauphiné en 1476. Il fut d'abord page de Philippe, comte de Baugé, alors gouverneur de Lyon, depuis duc de Savoie. A 17 ans, il vainquit, dans un tournoi, le seigneur de Vaudrey, l'un des plus grands guerriers de l'époque. Charles VIII, passant par cette ville, le prit à son service, et l'emmena en Italie, à la conquête du royaume de Naples. Bayard s'y distingua au premier rang. A la bataille de Fornoue, le duc d'Orléans, témoin de sa valeur, le compara à Duguesclin. En 1499, il contribua à la conquête du Milanais, et tua en combat singulier le capitaine Alonzo, qui lui avait porté un défi. Plus tard, il renouvela l'action d'Horatius Coclès, en défendant seul un pont sur le Garigliano, contre deux cents Espagnols qui l'attaquaient; et il protégea ainsi la retraite de l'armée française. A cette occasion, Louis XII lui donna pour emblème un porc-épic avec cette devise : *Vires agminis unus habet*. A la bataille de Brescia, il fut dangereusement blessé. L'hôte qui lui avait donné asile, lui ayant offert un présent de 2,500 ducats pour le remercier de l'avoir garanti du pillage, il donna cette somme à ses deux filles, qui la lui apportaient. A la journée de Quinegate, dite la *Journée des éperons*, Bayard soutint, pendant quelque temps, les efforts de plusieurs corps considérables, et se vit enfin forcé de se rendre. A la bataille de Marignan contre les Suisses, en 1515, il combattit à côté de François Ier. Après la victoire, le roi voulut être fait chevalier de la main de Bayard, suivant les usages de l'ancienne chevalerie. Il défendit, pendant six semaines, Mézières contre Charles-Quint. L'armée espagnole comptait 40,000 hommes et 4,000 chevaux; tandis que la place de Mézières était assez mal fortifiée. Il disait, à ce propos, au roi, qui lui conseillait de l'abandonner : « Il n'y a point de place faible là où il y a des gens de cœur pour la défendre. » Le comte de Nassau le sommait de se rendre; il répondit : « Je ne sortirai jamais d'une place que mon roi m'a confiée, que sur un pont fait du corps de ses ennemis. » Bayard étant retourné en Italie avec l'amiral de Bonnivet, reçut, à la retraite de Romagnano, une pierre d'une arquebuse à croc qui lui cassa l'épine dorsale. « Jésus, mon Dieu, s'écria-t-il en tombant, je suis mort! » Il embrassa la croix de son épée, puis il se fit placer sous un arbre, le visage tourné vers l'ennemi, ne voulant pas, même à ses derniers moments, montrer pour la première fois le dos à l'ennemi. Il chargea d'Allègre d'aller dire au roi « que son seul regret était de ne pouvoir le servir plus longtemps. » Charles de Bourbon, qui avait trahi la France et se trouvait dans les rangs de l'ennemi, le rencontra sous l'arbre où on l'avait déposé, et comme il paraissait plaindre son sort : « Ce n'est pas moi qu'il faut plaindre, mais vous, qui portez les armes contre votre roi, votre patrie et votre serment. » Il expira aussitôt, le 30 avril 1524, à l'âge de 48 ans. Ce fut un grand deuil dans l'armée française; un grand nombre de soldats s'étaient rendus à l'ennemi pour pouvoir s'approcher de Bayard mourant et le contempler. L'ennemi eut la générosité de ne pas vouloir les considérer comme prisonniers. Il remit même aux Français le corps de Bayard, après l'avoir embaumé. Louis XVIII lui fit ériger une statue par souscription nationale et voulut être porté le premier sur la liste des souscripteurs.

BAYARDS (les), ville de Suisse, canton de Neuchâtel. Pop. 830 hab. Cette ville est située à 1,010 mèt. au-dessus du niveau de la mer. On y remarque un hôpital, près duquel se trouve la *tombe à la Vuivra* (*Hydra*, serpent). C'est dans cet endroit, qu'en 1273, Sulpicius Raymond, de Saint-Sulpice, massacra un animal monstre.

BAYAZID, ville forte de la Turquie d'Asie (eyalet d'Erzeroum), à 240 kil. d'Erzeroum. Pop. 12,000 hab. Ville autrefois florissante. On y remarque l'ancien monastère de Karu-Kilecsea.

BAYEN (Pierre), chimiste, né à Châlons-sur-Marne en 1725, mort en 1798. Il suivit, comme pharmacien en chef, l'expédition de l'île de Minorque, en 1755, et y rendit d'importants services. Pendant la guerre de Sept-Ans, il suivit l'armée française en Allemagne. Il passe pour le fondateur des hôpitaux militaires. Le gouvernement l'avait chargé d'une étude sur les eaux minérales de la France; il profita de la paix pour achever son travail. Il fit l'*analyse des eaux de Bagnères et de Luchon*. Les recherches auxquelles il se livra pour cette analyse le conduisirent à la découverte des propriétés fulminantes du mercure. Il rendit de grands services à la minéralogie par son analyse des diverses pierres précieuses. Ses *recherches chimiques sur l'étain*, faites par ordre du gouvernement, ont eu pour résultat important de démontrer que la présence dans l'étain de cette faible quantité d'arsenic qu'on y rencontre, n'est pas une cause d'altération de la santé.

BAYER (Jean), astronome allemand de la fin du XVIIe siècle. Il a publié, sous le titre suivant : *Uranometria*, un atlas céleste, renfermant toutes les cartes sidérales. Il s'est signalé dans l'astronomie moins par ses découvertes que par les modifications qu'il apporta dans les dénominations. Ainsi, il est le premier qui ait désigné les étoiles par les lettres de l'alphabet grec. Il eut aussi la singulière idée de remplacer les noms empruntés à la mythologie par d'autres noms tirés de l'Écriture-Sainte. Il mourut en 1660.

BAYER (Théophile-Sigefroy), célèbre mathématicien et orientaliste, né à Kœnigsberg en 1694, mort à Saint-Pétersbourg en 1738. Il étudia les langues anciennes et modernes, et voulut même connaître le chinois. Après avoir beaucoup voyagé en Allemagne, il se fixa à Saint-Pétersbourg, où il fut nommé professeur des antiquités grecques et romaines. Il a laissé, outre des *Dissertations savantes et curieuses*, un *Musée chinois*, écrit en latin. Il a publié aussi une *Histoire des principales congrégations pour la propagation de la foi*; c'est une satire spirituelle et ingénieuse dirigée contre la cour de Rome.

BAYEUX, sous-préf. du dép. du Calvados, à 28 kil. de Caen. Pop. 8,600 hab. Siége d'un évêché suffragant de Rouen. Tribunal de 1re instance, collége, bibliothèque. On y remarque la cathédrale, l'hôtel de ville, où on conserve la fameuse tapisserie sur laquelle la reine Mathilde retraça la conquête de l'Angleterre par son mari, Guillaume. L'industrie est active et consiste en blondes, dentelles, tulles, toiles, porcelaine, etc. Commerce de bétail, volaille, beurre dit d'*Isigny*. Patrie d'Alain Chartier, du maréchal de Coigny, du peintre Robert Lefèvre.

BAYEUX (collége de), fondé à Paris en 1309, rue de la Harpe, par Guillaume Bonnet, évêque de Bayeux. Il fut réuni, en 1763, au collége Louis le Grand.

BAYEUX (Georges), littérateur, né à Caen vers 1752, mort en 1792. Il fut d'abord avocat à Caen et à Rouen; il devint ensuite premier commis des finances sous Necker. Au commencement de la Révolution, il fut nommé procureur-syndic du département du Calvados; mais convaincu d'avoir entretenu une correspondance avec les ministres Montmorin et Lessart, alors détenus à Orléans, il fut lui-même incarcéré, puis massacré par la population furieuse. Il a laissé une traduction en prose des *Fastes* d'Ovide, avec des notes pleines d'érudition.

BAYLE ou **BAILE**. On appelait ainsi à Venise le magistrat chargé de gouverner et de protéger ses compatriotes habitant Constantinople. De toutes les charges qui existaient dans la république de Venise, cette fonction était la plus lucrative.

BAYLE (Pierre), célèbre philosophe français, né à Carlat, dans le comté de Foix, en 1647, mort en 1706. Après avoir été élevé dans la religion calviniste, il reçut l'instruction d'un jésuite qui lui fit embrasser le catholicisme. M. Bertier, évêque de Rieux, heureux de cette conversion, voulait se charger désormais de l'entretien du jeune Bayle; mais celui-ci, incapable de suivre une croyance qui répugnait à sa conscience, réfléchit profondément, et, au bout de quel-

Jean Bart sur le navire anglais.

ques mois, revint au calvinisme. Un édit du roi, très-sévère contre les relaps, l'obligeait à quitter la France. Il abjura entre les mains d'un ministre et partit pour Genève. De là il passa à Coppet, où il se chargea, pendant quelque temps, de l'éducation des enfants du comte de Dhona. La chaire de philosophie de Sedan était vacante; Bayle la disputa au concours et en fut jugé le plus digne. Les universités protestantes ayant été supprimées en 1681, il se retira à Rotterdam, où le bruit de sa réputation l'avait précédé. On érigea en sa faveur une chaire de philosophie et d'histoire. Bayle avait déjà publié une *Lettre sur la comète qui parut en* 1680. Dans cet ouvrage qui atteint des hauteurs philosophiques qui n'ont pu être dépassées, il attaque le préjugé vulgaire qui voyait dans seulement vu dans le philosophe, un sceptique plein d'esprit qui avait voulu faire étalage d'éloquence, et n'avait visé qu'à la forme. Bayle fit paraître, de 1684 à 1687, un journal intitulé : *Nouvelles de la république des lettres*. Ce sont des critiques où l'on rencontre un jugement rare et une érudition à la fois profonde et variée. On a été étonné d'y trouver certains passages dont les descriptions ont quelquefois paru libres. Mais il ne faut pas oublier que Bayle, dont la conduite était pure jusqu'à l'ingénuité, ne s'apercevait pas toujours de la rudesse de l'expression. Jurieu, ministre protestant, célèbre par son fanatisme, ayant même des prétentions à la prophétie, professait aussi à Rotterdam. Il fut humilié de ce que Bayle avait publié, en gardant l'anonyme, un éloge de l'*Histoire du calvinisme* tait toujours la grandeur de la France, et ravalait ainsi les autres nations. Le comte de Sunderland, qui haïssait les doctrines de Bayle, accueillit ces calomnies, et s'en fit l'interprète auprès du prince d'Orange, devenu roi d'Angleterre. Le malheureux philosophe allait succomber sous ces intrigues, malgré la généreuse protection de mylord Shaftesbury, quand il mourut le 28 décembre 1706. Il refusa le secours de la médecine, jugeant qu'il n'y avait pas de remède à sa maladie héréditaire, et continua ses travaux jusqu'à ses derniers moments. La loi civile, en France, le déclarait *mort civilement* à cause de sa qualité de réfugié. Cependant le parlement de Toulouse rendit hommage à l'un de nos plus grands citoyens en validant son testament. Ses héritiers naturels *ab intestat* réclamèrent en

Vue de la Bastille.

l'apparition de ces météores un présage de grandes calamités. Mais on sent de suite que cette thèse n'est pas le véritable terrain sur lequel a voulu se placer le philosophe. Il semble que, pareil à l'aigle, son vol soit d'abord lourd et pénible; mais peu à peu il s'anime et plane bientôt au-dessus des systèmes philosophiques et religieux qu'il combat, empruntant aux uns des armes contre les autres, accumulant ainsi des ruines du sein desquelles il entrevoit la révélation d'un nouveau système philosophique et social. Il soutient qu'il est moins dangereux de n'avoir point de religion que d'en avoir une mauvaise. Mais c'est là une excuse qu'il veut faire admettre avant l'initiation à sa doctrine; il demande ensuite grâce pour les athées, et cherche à diminuer l'horreur qu'on éprouve pour eux. Il manquait une conclusion à cet ouvrage, et elle manque de même à tous ceux qu'il publia dans la suite; mais le fanatisme religieux était trop ardent de son temps, pour qu'il ne cherchât pas à couvrir d'un voile les idées les plus hardies. Bayle ne fut guère compris de ses contemporains; car il avait devancé son siècle. Les catholiques zélés se contentèrent de sourire ; ils avaient de Mainbourg, tandis qu'il avait lui-même publié une réfutation de cet ouvrage. Les prétextes ne manquèrent pas à Jurieu pour perdre un ennemi préoccupé de toute autre chose que du soin de sa défense. Une conspiration venait d'être découverte : quelques citoyens avaient projeté de négocier la paix avec la France sans l'intermédiaire du gouvernement. Rien n'était plus facile que d'alléguer que Bayle était entré dans la conspiration; Jurieu prouva, même par les écrits de son adversaire, qu'il avait gagné beaucoup de personnes à la cause des conjurés. On ne se donna pas la peine d'aller au fond des choses, et l'accusation suffit pour lui faire ôter sa place de professeur et sa pension. Quand parut le *Dictionnaire historique et critique*, la colère de Jurieu ne connut plus de bornes. Il dénonça l'ouvrage au consistoire de l'église wallonne, et Bayle se vit obligé de corriger ce qu'on appelait ses erreurs. En 1705, les ennemis de Bayle le dénoncèrent comme ayant eu des conférences avec le marquis d'Aligre, prisonnier de guerre, et l'accusèrent de favoriser le pouvoir absolu, monarchique, dans lequel il voyait en effet un allié contre les priviléges féodaux. Puis, il vantait vain l'application de l'édit royal, l'un des juges entraîna la cour par ces belles paroles que dictait un cœur français : « Les savants sont de tous les pays; il ne faut pas regarder comme fugitif celui que l'amour des lettres a appelé en d'autres contrées; il est indigne de traiter d'étranger celui que la France se glorifie d'avoir produit. »

BAYLE (Gaspard-Laurent), médecin, né au Vernet, en Provence, en 1774, mort en 1816. Il fut médecin de la Charité. Il a puissamment contribué, par ses observations, aux progrès de l'anatomie pathologique. Ses recherches sur la phthisie pulmonaire sont fort estimées.

BAYLEN, ville d'Espagne, située dans la province de Jaen, à 30 kil. de cette ville et au pied de la Sierra Morena. Pop. 4,580 hab. Cette ville est célèbre par la capitulation que le général Dupont y signa le 22 juillet 1808.

BAYON, ch.-l. de cant. de l'arrond. de Lunéville (Meurthe), à 16 kil. de cette ville. Pop. 1,000 hab.

BAYON, bourg du départ. de la Gironde, arrond. de Blaye. Pop. 1,400 hab. Célèbre par ses bons vins rouges.

BAYONNA ou BAYONNE, ville d'Espagne

(Galice), à 15 kil. de Vigo, province de Pontevedra; possède un port fortifié sur l'Océan atlantique.

BAYONNE, du basque *baïa-ona*, bonne baie, sous-préfect. du départ. des Basses-Pyrénées, à 79 kil. de Pau. Pop. 18,000 hab. Siége d'un évêché, d'un tribunal de 1re instance, d'un tribunal de commerce, chambre et bourse de commerce, collége, etc. Bayonne est une ville de guerre de 1re classe, possède un port, un arsenal militaire, chantier de constructions navales, grand hôpital militaire, une belle cathédrale; on remarque encore la place d'armes et la place Grammont. Cette ville est divisée en trois parties: le grand et le petit Bayonne, réunis par des ponts de bois, et le faubourg du Saint-Esprit; ce dernier possède une citadelle qui commande la ville, le port et la campagne. Patrie de Jacques Laffite, de l'abbé de Saint-Cyran, du chimiste Pelletier. Son commerce consiste en eaux-de-vie, chocolats et jambons renommés; distilleries. Armements pour la pêche de la baleine et de la morue et pour l'Amérique; cabotage; importations considérables pour l'Espagne. Bayonne fut gouvernée par des comtes jusqu'en 1205 et fut réunie ensuite à la Guienne. Les Anglais s'en emparèrent, mais Charles VII la leur enleva en 1451. Attaquée en 1505 par les Espagnols, et en 1651 par l'armée anglo-espagnole, elle leur résista. Quatorze fois assiégée, elle ne fut jamais prise. Napoléon Ier y reçut la renonciation de Charles IV à la couronne d'Espagne. C'est, dit-on, à Bayonne que l'on inventa la baïonnette.

BAZA, ville d'Espagne, située dans la province de Grenade, à 95 kil. de cette ville. Pop. 6,900 hab. Commerce de chanvre. Elle fut prise aux Maures après un long siége, en 1489. Le 3 novembre 1810, quelques régiments anglais et espagnols y furent battus par une division française.

BAZANCOURT, village du départ. de la Marne, arrond. de Reims, à 14 kil. de cette ville. Pop. 950 hab. Ce village est remarquable par sa filature considérable de laines cardées et peignées, la première de ce genre qui ait été établie en France.

BAZAR. On appelle ainsi en Turquie et en Perse de vastes marchés à ciel ouvert qui sont voûtés et à galeries ouvertes, destinés à l'exposition et à la vente des produits. Les plus beaux bazars sont: celui de Constantinople, qui fut bâti en 1462 par Mahomet II, et celui d'Ispahan, dont l'intérieur est si étendu que 15,000 soldats pourraient très-aisément y tenir.

BAZARD (Armand), l'un des fondateurs de la charbonnerie française, disciple de Saint-Simon, né à Paris, en 1791, mort en 1832. C'était un patriote ardent et convaincu. En 1815, il fut parmi les défenseurs de la capitale. Il conspira sous la Restauration. De 1825 à 1830, il rédigea le *Producteur* et l'*Organisateur*, deux journaux saint-simoniens. Il marcha d'accord avec le P. Enfantin jusqu'en 1830; mais à cette époque, celui-ci prit sur les adeptes du saint-simonisme l'influence dont Bazard avait joui jusqu'à cette époque. Bazard n'avait vu dans la nouvelle doctrine qu'un système philosophique; Enfantin y voyait une organisation sociale à fonder; ils se brouillèrent à un tel point que Bazard, dans l'ardeur de la querelle, fut frappé d'une attaque d'apoplexie.

BAZAS, sous-préfect. du départ. de la Gironde, à 52 kil. de Bordeaux. Pop. 3,500 hab. Cette ville est située sur un rocher. Siége d'un tribunal de 1re instance. On y remarque une belle cathédrale gothique du XIIe siècle, une source, appelée *Trou d'Enfer*, curieuse par ses incrustations. Salpêtrière, verrerie, scieries; commerce de bois de chauffage, grains, bétail. Patrie de Jules Ausone, médecin et préfet d'Illyrie. Bazas était autrefois la capitale des Vasates, elle fut prise par Crassus, dans le 1er siècle av. J.-C., fut ravagée en 408 par les Vandales, en 414 par les Goths, et en 853 par les Normands. Au VIe siècle, elle fut le siége d'un évêché qu'elle garda pendant longtemps. Urbain II (1096) et saint Bernard (1153), y prêchèrent la croisade. Bazas joua aussi un grand rôle dans les guerres de religion et pendant la Fronde.

BAZELS, bourg de Belgique, situé dans la Flandre orientale, à 32 kil. de Termonde. Pop. 5,000 hab. On y remarque des briqueteries considérables.

BAZHENOFF ou BAZHENAR (Wassili-Iwanovitch), célèbre architecte russe, né à Moscou en 1737, mort en 1790. Il reconstruisit, à Moscou, le Kremlin, autrefois le palais des czars et converti aujourd'hui en citadelle. Pétersbourg lui doit sa belle église de Kasan.

BAZIN DE RAUCOU (Anaïs), littérateur et historien, né à Paris en 1797, mort en 1850. Le nom de Bazin lui vient de son père adoptif. Il était fils d'un avoué. Garde du corps de Louis XVIII en 1814, il entra au barreau un an après, mais il le quitta pour se vouer aux belles-lettres. Il fut d'abord rédacteur de la *Quotidienne* et de la *Revue de Paris*. Son *Eloge de Malesherbes* fut couronné par l'Académie; son *Histoire de France sous Louis XIII* reçut de l'Académie le 2e prix Gobert. Cet ouvrage atteste un véritable talent. Il compléta ce travail par l'histoire de France sous le cardinal Mazarin. Il publia encore un roman historique de la même époque: *La cour de Marie de Médicis, mémoires d'un cadet de Gascogne*. Il a laissé aussi des études de mœurs et des esquisses satiriques sous le titre de *l'Epoque sans nom*, et sous celui d'*Etudes d'histoire et de biographie*.

BAZOCHE (la), bourg du départ. de la Sarthe, arrond. du Mans, à 10 kil. de cette ville. Pop. 830 hab. Exploitation de fer.

BAZOCHES, village du départ. de l'Aisne, arrond. de Soissons, à 22 kil. de cette ville. Pop. 350 hab. Il y avait, dans ce village, un palais qui servait de résidence aux préfets romains qui s'étaient établis dans les Gaules.

BAZOCHES-SUR-HOËNE, ch.-l. de cant. de l'arrond. de Mortagne (Orne), à 6 kil. de cette ville. Pop. 350 hab.

BAZOUGES-LA-PÉROUSE, bourg du départ. d'Ille-et-Vilaine, arrond. de Fougères, à 31 kil. de cette ville. Pop. 800 hab.

BAZOUGE-DE-CHÉMERÉ (la), à 20 kil. de Laval (Mayenne). Pop. 1,100 hab. Anthracite, houille.

BEACHY, cap d'Angleterre (Sussex), sur la Manche. Le 30 juin 1690, les Français y vainquirent les Anglais et les Hollandais.

BÉARN et BASSE-NAVARRE. Ces deux pays formaient autrefois l'une des 32 provinces de la France. Le Béarn était situé au pied des Pyrénées et s'étendait jusqu'au pays de Soule et à la Basse-Navarre, avec une étendue de 64 kil. de long sur 60 kil. de large. Ce pays fut autrefois habité par les Basques, qui s'étaient établis sur les deux versants des Pyrénées, dans un pays désigné sous le nom de Cantabrie. Cantabre, dans la langue du pays *khanta ber*, signifie chanteur excellent. Les Cantabres ont été appelés plus tard Basques, du mot *basachos*, qui signifie montagnards. La partie septentrionale du côté de la France fut désignée particulièrement sous le nom de Basse-Navarre. Les Navarrais conservèrent longtemps leurs mœurs et leurs coutumes, qui participent de celles des Espagnols. Jaloux de leur indépendance, ils luttèrent avec succès contre les Maures, comme ils avaient lutté pendant plusieurs siècles contre les Romains. Ils se défendirent aussi victorieusement contre les ducs de Gascogne. En 860, Garcie Ximénès, qui avait contribué par ses victoires à refouler les Gascons dans leurs limites, prit le titre de roi. La Navarre resta dans cette situation jusqu'à Charles-Quint. A cette époque, les Espagnols s'emparèrent de la Haute-Navarre, du côté de l'Espagne. Henri d'Albret resta en possession de la Basse-Navarre. Jeanne d'Albret, sa fille, épousa Antoine de Bourbon, duc de Vendôme. Henri IV, son fils, qui monta sur le trône de France, tout en conservant la couronne de Navarre; fut le premier qui prit le titre de roi de France et de Navarre. La Navarre et le Béarn ont été alors réunis en une seule province, qui a été comprise depuis dans le département des Basses-Pyrénées.

BEAT (Saint-), ch.-l. de cant. de l'arr. de Saint-Gaudens (Haute-Garonne), à 37 kil. de cette ville. Pop. 1,000 hab. Carrières de marbre blanc, crayons, ardoises.

BEATIFICATION, cérémonie ecclésiastique dans laquelle le pape, assisté par ses cardinaux, déclare qu'il y a lieu de penser qu'une personne morte en odeur de sainteté est au rang des bienheureux, et qu'il est permis d'exposer ses reliques au culte des fidèles. L'origine de la béatification remonte à Alexandre III. La béatification n'a lieu que 50 ans après la mort du saint. Dans l'acte de la béatification, le pape ne prononce que comme personne privée, tandis que, dans l'acte de canonisation, il prononce comme juge.

BEATON, BETON ou BÉTHUNE (James), homme d'État célèbre, mort en 1539. Il devint archevêque de Glasgow et fit partie du conseil de régence à la mort de Jacques IV, en 1513. Il fut fait ensuite chancelier et président du conseil, et enfin archevêque de Saint-André. Il s'opposa, sous Henri VIII, à la réunion de l'Ecosse à l'Angleterre. Il a pris part à la condamnation de Patrick Hamilton, le premier protestant qui fut persécuté en Ecosse.

BEATON (David), neveu du précédent, devint cardinal et archevêque de Saint-André en Ecosse. Il négocia, en 1528, le mariage de Jacques V avec la princesse Madeleine de France, et ensuite avec la princesse Marie. Ce cardinal ne se signala que par ses cruautés et ses débauches. Il fut ardent persécuteur des protestants, et fit brûler devant son palais le célèbre Wishart. Peu de temps après, il fut poignardé dans son château par les protestants.

BEATON (Jacques), neveu du précédent, fut archevêque de Glasgow; mais en 1560, il passa en France, emportant les vases sacrés et les archives de sa cathédrale.

BÉATRIX (sainte). Elle donna la sépulture à saint Simplice et à saint Faustin, ses deux frères, décapités à Rome en 303, lors de la persécution de Dioclétien. Un de ses parents la dénonça pour ce fait, afin de s'emparer de ses biens pour prix de sa dénonciation. Béatrix fut arrêtée et étranglée dans sa prison. Ses reliques sont conservées dans l'église de Sainte-Marie-Majeure, à Rome.

BÉATRIX de Bourgogne, fille de Renaud, comte de Bourgogne, fut mariée à l'empereur Frédéric Ier en 1156. Elle suivit l'armée de Frédéric quand il assiégea Rome. Quelques historiens rapportent que les Milanais, irrités d'avoir perdu leur liberté, se saisirent de sa personne, la placèrent sur une ânesse, le visage tourné vers la queue, et la promenèrent ainsi par toute la ville. L'empereur, indigné, marcha sur Milan et rasa complétement la ville, à l'exception de trois églises. Chaque habitant dut, pour sauver sa vie, arracher avec les dents une figue qu'on plaçait dans une partie innommée du corps de l'ânesse.

BÉATRIX de Provence, fille de Raymond Béranger IV, comte de Provence. Elle épousa, en 1245, Charles de France, fils de saint Louis, et assura ainsi la réunion de la Provence à la couronne de France. Ses trois sœurs avaient été unies à des souverains. Elle mourut à Nocera, en 1265, peu de temps après avoir été couronnée à Rome avec son époux, qui venait d'être investi du royaume de Naples et de Sicile.

BÉATRIX (Portinari), née à Florence en 1266, morte en 1290. Dante, qui l'aima, l'a immortalisée par ses vers.

BEATTIE (James), poëte et philosophe écossais, né à Laurence-Kirck, en Ecosse, en 1735, mort à Aberdeen en 1803. Il était fils d'un fermier, qui cherchait dans la littérature une distraction à ses occupations rustiques. Beattie prit avec lui le goût de l'étude. A la mort de son père, il obtint dans l'université d'Aberdeen une bourse qui lui fut accordée au concours. Il fut ensuite professeur de grammaire, puis de philosophie au collège Mareschal, à Aberdeen. Il publia d'abord divers poëmes: le *Ménestrel*, qui eut un juste succès; le *Jugement de Pâris*. Mais c'est surtout comme philosophe et moraliste qu'il se distingua. Dans son *Essai sur la nature et l'immutabilité de la vérité*, il combattit le scepticisme et attaqua la doctrine de Locke et de Hume. Ce dernier en fut affecté au point de ne pouvoir entendre sans émotion ni douleur prononcer le nom de Beattie. Des dissertations morales, des essais sur la poésie et la musique assurent à Beattie un rang distingué parmi les critiques. Comme philosophe, il est de l'école éclectique. Il eut le chagrin, dans ses dernières années, de perdre ses deux fils et de voir sa femme tomber en démence.

BEAUCAIRE, ch.-l. de canton de l'arrond. de Nîmes (Gard), à 24 kil. de cette ville. Pop. 9,700 hab. Cette ville est située en face de Tarascon; un beau pont en chaînes de fer de 220 m. de long réunit ces deux villes. Bibliothèque publique. Ruines d'un ancien château près duquel on remarque un souterrain de 12 kil. de long et passant sous le Rhône. Tous les ans il se tient à Beaucaire une foire qui commence le 1er juillet et qui se termine le 28; elle a lieu dans la ville et dans une vaste prairie sur les bords du Rhône. Au XIIe siècle, elle était la plus importante foire de l'Europe: l'Italie, l'Espagne, la Turquie, la Grèce, l'Asie, l'Egypte y apportaient leurs produits. Quoiqu'elle ait beaucoup perdu, cette foire est encore la plus considérable de la France; elle fut établie par Raymond VII, comte de Toulouse, en 1217.

BEAUCAIRE (canal de). Il fut ouvert en 1773; il commence au Rhône, près de Beaucaire, et se termine à Aigues-Mortes, où il se jette dans le canal de la Grande-Robine. Il a 50 kil. de long et unit la Garonne au Rhône.

BEAUCAIRE DE PÉGUILLON (François), théologien, né au château de Creste, dans le Bourbonnais, en 1514, mort en 1591. Il fut précepteur du cardinal Charles de Lorraine, qui lui assura toujours une généreuse protection, et lui céda même l'évêché de Metz. Cependant Charles de Lorraine osa démentir ce fait au concile de Trente, en présence de Beaucaire lui-même, alors qu'on reprochait à Beaucaire ses idées hardies contre les ultramontains et la nécessité d'une réformation. Beaucaire fut, au sein du concile, l'un des plus éloquents interprètes des opinions gallicanes. Il soutenait notamment que les évêques n'étaient pas les délégués du pape, et ne tenaient leur mission que de Dieu. Il a publié en latin une *Histoire de France de* 1541 *à* 1562. Ce travail est accusé de partialité: en effet Beaucaire se montra trop complaisant à l'égard du connétable de Bourbon et d'autres seigneurs que la postérité a jugés plus sévèrement. On trouve cependant dans cette chronique des détails fort curieux.

BEAUCE, ancien pays de France dans l'Orléanais. La Beauce n'a jamais été une province particulière; elle comprenait le pays chartrain, le Dunois, le Vendômois et le Mantois. Chartres était la ville principale. La Beauce forme aujourd'hui la majeure partie des départements d'Eure-et-Loir et de Loir-et-Cher. Son territoire offre d'immenses plaines où croît un blé magnifique.

BEAUCHAMP (Alphonse DE), historien et biographe, né à Monaco en 1768, mort en 1832. Son père était Français. Il entra d'abord au service de la Sardaigne; mais il vint en France quand la révolution éclata, après avoir subi une détention pour refus de combattre son pays d'origine. Il obtint divers emplois dans les bureaux de la police. Il se livra alors à des études historiques, et publia l'*Histoire de la Vendée*. Cet ouvrage, plein d'intérêt et surtout impartial, lui valut sa destitution. Fouché, alors ministre de la police, haïssait les publicistes. En 1811, il put obtenir un emploi dans les droits-réunis; mais il le perdit en 1814. Il fut l'un des principaux rédacteurs de la *Biographie universelle* de Michaud; et dans cette publication il se montra critique distingué. On lui doit aussi une *Histoire du Pérou*, une *Histoire du Brésil*, une *Vie de César* et quelques biographies contemporaines.

BEAUCHAMP (Joseph), astronome, né à Vesoul en 1752, mort à Nice en 1801. Il entra d'abord dans l'ordre des Bernardins; mais son goût le porta vers les études astronomiques. Il devint l'élève, puis l'ami de Lalande; Miroudot, évêque et consul de France à Bagdad, son oncle, l'appela près de lui pour en faire son grand-vicaire. Beauchamp, qui n'avait aucune vocation pour l'état ecclésiastique, alla cependant le rejoindre; il voyait dans ce voyage une occasion de poursuivre ses observations. Il alla d'abord à Alep, puis à Bagdad, où il fut témoin d'un passage de Mercure sur le Soleil. Il alla ensuite en Perse. Il revint en France en 1790. Ses travaux importants ont été consignés dans le *Journal des Savants*. En 1795, il fut nommé consul à Mascate, en Arabie. Il s'y rendit en passant par la mer Noire, et rectifia la carte des côtes de cette mer. Au moment d'arriver à Mascate, il reçut du général Bonaparte l'invitation de venir le joindre en Egypte. Il s'y rendit et travailla avec la commission scientifique. En 1799, Bonaparte l'envoya en mission secrète à Constantinople; mais à peine sorti du port d'Alexandrie, il fut pris par les Anglais et livré aux Turcs comme espion. Il échappa à la mort par l'intervention des ambassadeurs d'Espagne et de Russie. Il fut emprisonné dans un château sur les bords de la mer Noire, et ne recouvra sa liberté qu'en 1801. Bonaparte, alors premier consul, le nomma commissaire des relations commerciales à Lisbonne, avant son retour en France; mais il n'eut pas le bonheur de revoir sa patrie, et vint mourir à Nice. Les écrits de Beauchamp sont épars dans le *Journal des Savants* et dans les *Mémoires de l'Académie des sciences*.

BEAUCHAMPS (Pierre-François-Godard DE), littérateur et auteur dramatique, né à Paris en 1689, mort en 1761. Il fit d'abord représenter quelques comédies médiocres, qui eurent de son temps quelque succès. Il donna ensuite une traduction ou plutôt une imitation malheureuse des *Amours d'Ismène et d'Isménias*, roman grec d'Eustathius, et une autre traduction des *Amours de Rhadanthe et de Dosiclès*, par Prodrome. Son ouvrage capital a pour titre: *Recherches sur les théâtres de France*. C'est une revue générale des pièces représentées en France depuis Jodelle. On y trouve des appréciations critiques assez intéressantes, mais l'auteur ne paraît pas avoir suffisamment compris les diverses phases du développement de l'art théâtral, ni l'influence des anciens tragiques et comiques sur cette partie de notre littérature. On y trouve encore des particularités curieuses sur la vie de plusieurs comédiens célèbres.

BEAUCOURT, village du départ. du Haut-Rhin, arrond. de Béfort, à 16 kil. de cette ville. Pop. 2,600 hab. Fabriques de peignes à tisser, de grosse horlogerie, de mouvements de montres et de pendules.

BEAUFORT, ch.-l. de cant. de l'arr. de Baugé (Maine-et-Loire), à 20 kil. de cette ville. Pop. 2,650 hab. Collége, ruines d'un château; fabrique de toiles à voiles. Commerce de blé, chanvre, etc. Cette ville fut érigée en comté en 1340; en 1469, le roi René en fit l'acquisition et le donna à Jeanne de Laval, sa femme, à laquelle on érigea une statue en 1841.

BEAUFORT, ch.-l. de cant. de l'arrond. de Lons-le-Saulnier (Jura), à 16 kil. de cette ville. Pop. 2,600 hab. Exploitation de pierres de taille.

BEAUFORT, ancienne baronnie située en Artois, à 16 kil. d'Arras. Elle fut fondée vers le XIIe siècle, érigée en comté en 1733 et en marquisat en 1735.

BEAUFORT (vallée de), nommée, dans sa partie supérieure, *Haute-Luce*. Elle est située en Savoie, s'ouvre dans la vallée d'Arly, près d'Albertville et s'étend jusqu'au col de Bonhomme. Le chef-lieu de la vallée est Saint-Maxime de Beaufort (ch.-l. de cant. de l'arrond. d'Albertville), dont la population est de 1,800 hab. Son commerce consiste en bestiaux.

BEAUFORT-MONTMORENCY, seigneurie située en Champagne, à 38 kil. de Châlons. Henri IV l'érigea en duché en 1597, en faveur de Gabrielle d'Estrées.

BEAUFORT (Henri DE), prélat anglais, né à Beaufort en Anjou, mort en 1447. Il était frère de Henri IV, roi d'Angleterre. Il fut successivement évêque de Lincoln et de Winchester, puis cardinal. Il fut employé comme ambassadeur d'Angleterre dans les affaires les plus importantes de ce royaume. Au concile de Constance, il contribua à la nomination d'un souverain pontife. En 1426, le pape Martin V, confiant dans l'ambition et le fanatisme de Beaufort, l'envoya prêcher, en Allemagne, une croisade contre les hussites. En 1430, il conduisit à Paris le jeune Henri VI, roi d'Angleterre, et le couronna de ses mains roi de France, dans l'église de Notre-Dame de Paris. Ce prélat orgueilleux et turbulent s'immisça dans toutes les affaires de l'Europe. On lui reproche deux crimes affreux: il siégea au tribunal qui condamna Jeanne d'Arc, et il fit assassiner le duc de Glocester, son neveu. Il mourut, six semaines après ce meurtre, à Winchester, où il s'était retiré.

BEAUFORT (Edmond), duc et comte DE DORSET. Après la mort du duc de Bedfort, il se mit sur les rangs pour obtenir la régence de France; Richard d'York lui fut préféré. Cependant, dix ans après, il fut appelé à ce poste. La faiblesse de son gouvernement fut telle que les Français purent reprendre la Normandie. Il fut accusé de trahison et renfermé à la Tour de Londres. Délivré au commencement de la guerre des Deux-Roses, il se jeta dans le parti de la rose rouge contre les yorkistes, et fut tué à la bataille de Saint-Albans, en 1455.

BEAUFORT (François de Vendôme, duc DE), fils de César, duc de Vendôme, et petit-fils de Henri IV et de Gabrielle d'Estrées, né à Paris en 1616, mort dans l'île de Candie en 1669. Il était fier de sa naissance, adroit et brave jusqu'à la témérité, mais il n'avait qu'un faible jugement, et il se montra aussi mauvais général que politique maladroit. Il se distingua, sous le ministère de Richelieu, à Avein, à Corbie, à Hesdin et à Arras. Il voulait à tout prix jouer un rôle dans les affaires de l'Etat: ainsi, lors de la conspiration de Cinq-Mars, il s'enfuit en Angleterre pour faire croire à sa complicité. Au commencement de la régence d'Anne d'Autriche, il voulut gouverner le pays, quoique, suivant l'expression du cardinal de Retz, « il en fut plus incapable que son valet de chambre. » Comme on refusa ses services, il entra dans la cabale des *Importants*, et fut accusé d'avoir attenté à la vie du cardinal Mazarin. Il fut enfermé à Vincennes, et n'en sortit que cinq ans après. C'était dans le temps de la Fronde; il y trouva un rôle et en fut même un des plus tristes héros. Il était adoré de la populace, dont il se plaisait à prendre le langage et les manières. On ne l'appelait que le *Roi des halles*. Les frondeurs se servirent de son influence pour exciter des émeutes. Pendant les dernières luttes de la Fronde, il se ligua avec le prince de Condé contre la cour, et tua en duel le duc de Nemours, son beau-frère. Cependant il fit la paix quand les autres mécontents se soumirent, et obtint même la charge d'amiral de France, que son père avait occupée. En 1664, Louis XIV le chargea d'une expédition contre les corsaires de Gigeri, en Afrique. L'année suivante, il battit deux fois la flotte turque près de Tunis et d'Alger; mais les Turcs ayant assiégé Candie, en 1669, il partit à la tête des troupes chargées de défendre la place. Il sut s'y maintenir pendant trois mois; mais il fut tué dans une sortie et l'on ne put retrouver son corps. La Grange-Chancel a prétendu, sur la foi de quelques témoignages qui n'ont pas d'authenticité suffisante, que Beaufort ne fut pas tué au siège de Candie, mais qu'il fut enlevé, puis séquestré, et que ce prisonnier n'était autre que l'*Homme au masque de fer*.

BEAUFORT (Louis DE), historien français du XVIIIe siècle, mort à Maëstricht en 1795. Il fut membre de la société royale de Londres, et gouverneur du prince de Hesse-Hombourg. Il est auteur d'une *Dissertation sur l'incertitude des cinq premiers siècles de la république romaine*, et de la *République romaine ou plan de l'ancien gouvernement de Rome*. Il se montre, dans ces ouvrages, critique aussi judicieux que Niebuhr. Il s'est surtout appliqué à reconstituer l'administration civile des Romains, et à expliquer le fonctionnement des pouvoirs et des magistratures politiques. Les lacunes qu'il signale font voir combien est encore vaste le champ des découvertes dans ce domaine de la science historique. Il paraît s'être inspiré des travaux de Sigonius.

BEAUFORT (Henri-Ernest Grout, chevalier DE), voyageur français, né en 1798 à Aubevoye (Eure), mort en 1825. Il était élève de l'école de marine de Toulon. Il parcourut le Levant, le Sénégal, et comme il voulait continuer l'exploration de Mongo-Park, il visita la Gambie, le pays des Mandingues, le Bondou, le Karta, le Bambouk. De là, il devait se rendre à Tombouctou, lorsqu'il fut atteint d'une fièvre qui l'emporta.

BEAUFREMONT, village du départ. des Vosges, à 12 kil. de Neufchâteau. Pop. 500 hab. Ce village a donné son nom à la maison des barons de Beaufremont.

BEAUFREMONT ou BEAUFFREMONT-SENESCEY (Nicolas DE), mort en 1582. Il fut estimé pour sa science, mais le fanatisme religieux nuisait à son caractère. En 1540, il fut président de la chambre de la noblesse de Bourgogne. En 1560, il représenta la noblesse de cette province aux états généraux, et y prononça une harangue fière et éloquente. Il ne se distingua pas moins comme jurisconsulte; ainsi il réforma la coutume de Bourgogne, et donna un commentaire des principaux articles. Il fut grand prévôt de France sous Charles IX, et il occupa le premier cet emploi. Lors de la Saint-Barthélemy, il servit les fureurs de Catherine de Médicis; ainsi on le vit, à la tête d'une bande de forcenés, massacrer La Place, président de la cour des aides. Le comte de Charny avait eu le courage de se refuser à exécuter les ordres que le roi lui avait donnés à ce sujet. En 1576, il fut une seconde fois député aux états généraux. La harangue qu'il prononça aux états de Blois a été imprimée sous le titre suivant : *Proposition de la noblesse de France faite au roi par de Beaufremont*. C'est à tort qu'on l'a attribuée à son frère Claude.

BEAUFREMONT (Alexandre-Emmanuel-Louis DE), né à Paris, en 1773, mort en 1833. Il fut l'un des émigrés de Coblentz, mais il rentra en France sous l'empire, et accepta de Napoléon le titre de comte de l'empire. Il ne fut pas moins empressé à accepter le manteau de pair que lui offrit Louis XVIII.

BEAUGENCY, ch.-l. de cant. de l'arrond. d'Orléans (Loiret), à 26 kil. de cette ville. Pop. 4,800 hab. Tanneries, distilleries. Vins estimés; volailles, gibier, grains. On y remarque l'hôtel de ville, une tour très-ancienne appelée *Tour de César*, les ruines d'un château. Chaque année, six foires ont lieu dans cette ville. — Beaugency est une ville très-ancienne, elle possédait un palais des rois carlovingiens. En 1152, le divorce de Louis VII et d'Eléonore d'Aquitaine y fut prononcé par un concile. Le duc d'Alençon et Jeanne d'Arc prirent cette ville aux Anglais (1429), qui l'avaient déjà pillée plusieurs fois.

BEAUGIER (Antoine), né à Niort en 1802, décédé à Sainte-Pezenne, près Niort, en 1863. Il fonda, à Niort, en 1832, l'*Indépendant des Deux-Sèvres*, et, quelques années avant 1848, la *Chronique des Deux-Sèvres*, ces deux journaux, qui n'eurent qu'une courte existence, soutinrent avec fermeté et modération les principes démocratiques. Après la Révolution de février, il fut élu, le premier sur huit, représentant du peuple à l'Assemblée nationale. M. Beaugier, profondément instruit et doué d'une brillante organisation artistique, se livra aux arts et aux sciences. Il publia, en collaboration avec M. Charles Arnauld, une excellente description des monuments des Deux-Sèvres; il prit part à la fondation du Congrès musical de l'Ouest, et fut l'un des membres les plus actifs et les plus zélés de la Société de statistique de ce département, dont les *Mémoires* contiennent un grand nombre de ses dessins et de ses travaux sur la géologie des Deux-Sèvres. Le musée de Niort lui doit une précieuse collection de fossiles rares, dont beaucoup étaient inconnus avant lui.

BEAUHARNAIS (François, marquis DE), né à la Rochelle en 1756, mort en 1823. Il représenta la noblesse aux états généraux de 1789, puis il émigra sous la Convention, et servit dans l'armée de Condé. Il est l'auteur de la fameuse lettre qui invitait Bonaparte à rendre le trône aux Bourbons. Son zèle royaliste ne l'empêcha pas d'entrer au service de Napoléon, et même d'accepter l'ambassade de Florence, puis celle de Madrid. Cependant son refus de se soumettre à des instructions qui lui étaient données par l'empereur le fit exiler en Pologne. Il revint en France en 1814. Il fut atteint d'une cécité complète.

BEAUHARNAIS (Alexandre, vicomte DE), frère du précédent, né à la Martinique, en 1760. Il épousa, n'étant que major dans un régiment d'infanterie, Mlle de la Pagerie, d'une des plus grandes familles de la Martinique. Il fut député de la noblesse du bailliage de Blois aux états généraux de 1789; mais il passa l'un des premiers dans la chambre du tiers état. Il présida deux fois l'Assemblée nationale en 1791. Après la session, il partit pour l'armée du Nord avec le grade d'adjudant général. La manière dont il se comporta, lors de la déroute de Mons, lui valut le commandement du camp de Soissons. En 1792, il reçut le commandement de l'armée du Rhin. Deux mois après, il était appelé au ministère de la guerre; mais il refusait, envoyant même sa démission de général. Cette conduite le rendit suspect; les représentants lui intimaient l'ordre de se retirer à vingt lieues des frontières, au moment où, avec une faible armée, il arrêtait les Prussiens à Landau. Il se retira aux environs de Blois; mais il y fut bientôt arrêté. Traduit devant le tribunal révolutionnaire, il fut condamné à mort et exécuté en 1794, sans qu'on eût relevé contre lui d'autres griefs que de vagues allégations.

BEAUHARNAIS (Fanny, comtesse DE), fille d'un receveur général des finances, née à Paris, en 1738, morte en 1813. Elle épousa un comte de Beauharnais, dont elle se sépara au bout de peu de temps. Elle s'adonna à la littérature et ouvrit chez elle un cercle de savants, où l'on rencontrait Mably, d'Arnaud, Bailly, Mercier, etc. Elle reçut des éloges pour ses poésies; mais elles furent critiquées par quelques littérateurs plus amis de la vérité que de la galanterie, et elle fut la première à rire des épigrammes de Lebrun. Elle fit aussi des romans aujourd'hui oubliés.

BEAUHARNAIS (Claude, comte DE), fils de la précédente, né en 1756, mort en 1819. Il fut chevalier d'honneur de l'impératrice Marie-Louise, et, peu de temps après, il accepta la pairie sous Louis XVIII. L'une de ses filles, Stéphanie-Louise-Adrienne, qui épousa le grand-duc de Bade, est tante de l'empereur Napoléon III.

BEAUJEU, ch.-l. de cant. de l'arrond. de Villefranche (Rhône), à 20 kil. de cette ville. Pop. 2,690 hab. Fabrique de chapeaux; papeteries; commerce de vins rouges estimés.

BEAUJOLAIS (le), *Bellojacensis Ager* était compris entre le Mâconnais, le Charollais, le Lyonnais, le Forez et la Saône. Il avait une étendue de 64 kil. de longueur sur 48 kil. de largeur. Après la domination des Romains, ce pays passa aux Burgundes, puis aux Francs. Boson, roi de Provence, incorpora cette province à ses Etats; mais, après la mort de Boson, elle revint à la couronne de France.

BEAUJOLAIS (petits comédiens du comte DE). Les enfants du peuple s'amusent comme ils peuvent et s'ils le peuvent, mais il n'en est pas de même des enfants de nos rois et princes : il faut qu'ils s'amusent. Or, il s'agissait de trouver un moyen d'amuser l'enfance du comte de Beaujolais, le plus jeune des frères de Louis-Philippe. Le père, Louis-Philippe-Joseph, alors duc de Chartres, fit construire au Palais-Royal, qu'on venait de rebâtir, un petit théâtre qui existe encore, auquel on donna le nom de *Théâtre des petits comédiens de S. A. S. le comte de Beaujolais*. Qu'étaient les acteurs de ce petit théâtre? C'étaient de simples marionnettes, mais de grandes marionnettes, des marionnettes de trois pieds de haut. Le jour de l'ouverture, l'affluence fut immense, et la salle, qui pouvait bien contenir 800 personnes, n'était pas assez grande. La représentation se composait d'un prologue : *Momus, directeur de spectacle*: d'un proverbe mêlé de vaudevilles : *Il y a commencement à tout*, et d'une pièce ornée de chants et de danses : *La fable de Prométhée*. Tout ne fut pas du goût du public : les deux premières pièces parurent exécrables, mais la troisième fut chaleureusement applaudie, grâce à la mise en scène, aux ballets exécutés par de petits enfants et aux voix fraîches et mélodieuses qui partaient des coulisses. Sauf le fil d'archal, qu'on ne pouvait dissimuler, les marionnettes, qui étaient fort bien faites et assez naturelles, s'acquittaient de leur rôle en vrais artistes. Cependant ils ne purent soutenir longtemps la faveur du public, et les directeurs, voyant le vide se faire tous les soirs dans leur salle, étaient sur le point de fermer boutique, quand ils imaginèrent une nouveauté qui eut un plein succès et les sauva de la banqueroute : ils firent jouer de petits opéras-comiques d'un genre tout à fait nouveau. Il y avait pourtant un obstacle, car il leur était interdit de parler et de chanter sur la scène. Ils tournèrent la difficulté, et pour ne pas transgresser la défense qui leur était faite, des enfants devaient y jouer la pantomime, pendant qu'on parlerait et qu'on chanterait pour eux dans la coulisse. Cette fusion des deux genres fut exécutée avec tant d'intelligence, d'ensemble et de perfection, qu'elle produisit une illusion complète et fut accueillie avec enthousiasme. Tout Paris raffola de cette innovation *renouvelée des Grecs*. La première représentation, qui eut lieu en juillet 1785, se composait de : *Le vieux soldat*, de Desmaillot, musique de Froment, premier violon de l'Opéra ; et de l'*Amateur de musique*, paroles et musique du chef d'orchestre Raimond. Les succès de la petite salle Beaujolais alarmèrent les comédiens italiens. Chanter sur la scène, c'était porter atteinte au privilège qu'ils avaient obtenu de l'Académie royale de musique. Ils jetèrent les hauts cris et s'agitèrent tellement, qu'ils firent interdire aux petits comédiens les pièces de chant. Les pantomimes muettes et les bamboches, voilà tout ce qu'on leur permit. Comment ne pas sourire de pitié quand on songe aux petites vexations qu'exerçait alors l'autorité contre les petits théâtres pour favoriser les grands théâtres, les théâtres privilégiés ? Et dire que les ministres, en ce temps-là, s'occupaient sérieusement de ces niaiseries, de ces commérages de coulisse, et qu'ils le faisaient au détriment de la justice, de la morale et du goût ! Heureusement pour eux, nos petits comédiens trouvèrent d'illustres et puissants protecteurs. Trois semaines s'étaient à peine écoulées que l'interdiction fut levée, et aussitôt, le 25 avril, à Paris, les jeunes mimes jouèrent la *Ruse d'amour ou l'Épreuve*, opéra-comique qui fut représenté le 8 septembre devant la famille royale. A partir de cette époque, le succès de ce petit théâtre ne fit que grandir. Le dernier coup ne fut porté à son existence qu'en 1789, alors que la Montansier, directrice du théâtre de Versailles, voulant se fixer à Paris, parvint, à force d'intrigues, à évincer les petits comédiens du théâtre du Palais-Royal, dont elle fit l'acquisition.

BEAUJON (Nicolas), philanthrope, né à Bordeaux en 1718, mort à Paris en 1786. Il fut successivement banquier de la cour, receveur général des finances et conseiller d'état titulaire. Ses diverses opérations financières lui firent acquérir une fortune considérable qu'il consacra à des fondations utiles. Ainsi il établit et dota une école dans le faubourg du Roule et y fonda l'hôpital qui porte son nom. Son testament contenait pour plus de trois millions de legs particuliers.

BEAUJOUR (Louis-Auguste-Félix, baron DE), publiciste, né à Fréjus en 1765, mort en 1836. Il fut secrétaire de légation, puis consul général sous la République ; membre du tribunal et commissaire des relations commerciales aux États-Unis, sous Napoléon ; député de Marseille et enfin pair de France sous Louis-Philippe. Il étudia les divers systèmes politiques modernes, et consigna ses observations dans des ouvrages intitulés : *Théorie des gouvernements et tableau des révolutions de France*. Le style en est élégant et correct ; mais le sujet est traité à un point de vue étroit. Il a laissé, en outre : l'*Expédition d'Annibal en Italie*, et quelques écrits sur la politique contemporaine.

BEAULIEU, ch.-l. de cant. de l'arrond. de Brives (Corrèze), à 39 kil. de cette ville. Pop. 2,500 hab. On y remarque une église gothique. Vins rouges. Beaulieu se forma au IXe siècle autour d'un monastère de bénédictins.

BEAULIEU, ville du départ. d'Indre-et-Loire, à 30 kil. de Tours. Pop. 1,850 hab. Agnès Sorel portait le titre de dame de Beaulieu.

BEAULIEU, village du départ. du Calvados, à 2 kil. de Caen. Pop. 500 hab. Maison centrale de détention.

BEAULIEU, village d'Angleterre (Hants), à 11 kil. de Lymington. Pop. 1,280 hab. On y remarque les ruines d'une abbaye de Cisterciens fondée en 1204, par Jean Sans-Terre.

BEAULIEU (Camut de Vernet dit DE), favori de Charles VII, mort en 1427. Il fut commandant des gardes, capitaine du château de Poitiers, et directeur des finances. Il périt par les ordres du connétable Arthur.

BEAULIEU (Sébastien de Pontault), célèbre ingénieur et topographe sous Louis XIV, mort en 1674. Il est considéré comme le créateur de la topographie militaire. Il dessina et fit graver à grands frais, dans un ouvrage connu sous le nom de *Grand Beaulieu*, les sièges, les batailles et les expéditions militaires du règne de Louis XIV, avec des annotations intéressantes. Cet album donne une idée exacte de l'état de l'art militaire au XVIIe siècle.

BEAULIEU (Jean-Pierre, baron DE), général autrichien, né à Lathuy en Brabant en 1725. Il servit avec distinction pendant la guerre de Sept-Ans. Il vivait retiré, quand une révolte éclata dans le Brabant, en 1789 ; il fut envoyé pour la réprimer. Deux ans après, il eut à lutter contre les Français, et il remporta divers avantages sur le général Biron. Il gagna même la bataille d'Arlon. Il commanda l'armée d'Italie contre Bonaparte, mais sa réputation militaire s'éclipsa devant le génie de son adversaire. Il fut remplacé par Wurmser, et mourut à Lintz, en 1819, où il vivait retiré. On rapporte qu'ayant perdu son fils dans une action, il continua à pousser ses soldats en avant, en leur disant : « Mes amis, ce n'est pas le moment de le pleurer ; il s'agit de le venger et de vaincre. »

BEAULIEU (Claude-François), publiciste, né à Riom en 1754, mort en 1827. Il fut successivement économiste, journaliste et historien. Emprisonné sous la Terreur pour ses opinions royalistes, il dut la liberté aux événements du 9 thermidor. Il a publié des *Essais historiques sur les causes et les effets de la Révolution française*. Cet ouvrage est intéressant à raison des détails qu'on y rencontre sur une foule de faits dont l'auteur avait été témoin.

BEAULIEU (Martin). L'un des élèves de Méhul. Dès son premier concours, il fut couronné grand prix de Rome. Compositeur distingué, il fit des oratorios, des hymnes et des symphonies ; on lui doit aussi quelques cantates remarquables, parmi lesquelles on cite principalement l'*Hymne du matin* et *Héro et Léandre*, cette dernière fut couronnée par l'Académie. Il était membre correspondant de l'Institut, et publia des *Mémoires* estimés sur le rhythme et sur la musique des anciens. Il s'attacha à développer à Niort, sa ville natale, le goût de la musique ; il y organisa une Société philharmonique, et devint le fondateur de la grande Association des congrès musicaux des départements de l'Ouest. M. Beaulieu combla une lacune qui existait dans les bibliothèques musicales, en publiant les partitions d'un grand nombre de chefs-d'œuvre de maîtres étrangers peu connus en France. Plus tard, il devait donner une plus grande extension à cette idée, en fondant un prix de 100,000 francs, dont le revenu est consacré, chaque année, à faire exécuter des morceaux de musique des maîtres anciens. Il mourut à Niort en 1863.

BEAUMANOIR (Philippe DE), célèbre rédacteur du *Droit coutumier*, né en Picardie, vers 1226. Il fut bailli de Clermont en Beauvoisis, et conseiller de Robert, comte de Clermont, fils de saint Louis. Il fut ensuite sénéchal de Saintonge, puis commissaire chargé de l'organisation de l'armée qui devait être envoyée en Flandre, en 1291. A partir de l'année 1296, on perd sa trace, de telle sorte qu'on ne peut préciser la date de sa mort. Il s'est illustré par la rédaction des *Coutumes de Beauvoisis*, remarquable monument de la sagesse humaine. Les diverses provinces de France avaient encore leurs coutumes particulières qui tenaient lieu de lois, et, dans la même province, les coutumes variaient souvent d'un bailliage à un autre ; le midi de la France avait seul un *droit écrit*, dérivé du droit romain. Avant que le droit ne fût constitué par les décrets du souverain, et les lois codifiées, les coutumes étaient rédigées par écrit par de simples jurisconsultes, et l'autorité de leur science les faisait accepter. C'est ainsi que Beaumanoir put rédiger la *Coutume de Beauvoisis*. Il comprit qu'il y avait une corrélation nécessaire entre les coutumes des diverses provinces et les principes fondamentaux dont l'application devait être universelle. Ainsi, il traita non-seulement le droit coutumier du Beauvoisis, mais il traita encore des principes généraux du droit. Il s'inspira d'un grand sentiment de justice et d'égalité. Autant qu'il le put, il restreignit les droits féodaux, agrandissant d'autant les privilèges royaux, comme s'il eût semblé comprendre déjà que la nationalité ne se constituerait vraiment que par l'alliance du peuple et de la royauté, contre une féodalité tyrannique. Il combat l'idée qui présidait à l'institution du jugement de Dieu et du duel ; il pressent les grands principes du droit pénal, et combat les tortures et la question. Il raille les jugements prononcés contre les animaux et les accusations de sortilége. Il définit le pouvoir spirituel et le pouvoir temporel, et il les limite. Enfin il favorise autant qu'il le peut, l'aliénation des fiefs et des autres domaines, au profit des roturiers, dont il consacre les droits. On voit par ce simple exposé que le génie de Beaumanoir a devancé son siècle et que ses coutumes, souvent invoquées par Montesquieu, ont mérité l'éloge qu'il en fait, en les appelant « un admirable ouvrage. »

BEAUMANOIR (Jean, sire DE), célèbre chevalier breton, digne compagnon d'armes de Duguesclin. Il combattit avec Charles de Blois contre Jean de Bretagne, comte de Montfort, qui lui disputait la Bretagne, de 1341 à 1365, et se distingua dans plusieurs combats. En 1351, il était chargé de défendre Josselin, et gémissait de voir les ravages causés par la garnison anglaise de Ploërmel. Il alla trouver le chef de la troupe ennemie, lui reprocha de faire *mauvaise guerre*, et finit par lui proposer *un combat de trente contre trente, entre Ploërmel et Josselin, au chêne de mi-voie*. Au jour fixé, chaque parti se trouva au rendez-vous. L'action s'engagea au milieu d'une foule de spectateurs. Les Anglais eurent d'abord l'avantage, mais leur chef ayant été tué, ils perdirent courage et les Bretons triomphèrent. Beaumanoir, blessé pendant l'action, demandait à boire : « Bois ton sang, » lui cria un de ses chevaliers. Les Anglais érigèrent un monument à la mémoire des braves qui moururent dans ce combat. Charles de Blois récompensa Beaumanoir en le faisant maréchal de Bretagne. Plus tard, il fut chargé de négocier la paix de Guérande.

BEAUMANOIR (Jean DE), connu sous le

nom de maréchal de Lavardin, né dans le Maine en 1551, mort à Paris en 1614. Élevé avec Henri IV et protestant comme lui, il combattit avec les huguenots au siége de Poitiers. Il embrassa la religion catholique après le massacre de la Saint-Barthélemy, dans lequel son père avait péri. Il servit même dans l'armée des catholiques, et assista à la bataille de Coutras, sous les ordres du duc de Joyeuse. Il s'attacha ensuite à la Ligue. Cependant Henri IV parvint à le détacher de ce parti, en lui donnant le gouvernement du Maine, et en le faisant maréchal de France. Sa fidélité envers Henri IV ne se démentit pas depuis; et il acquit la réputation d'un brave soldat et d'un citoyen dévoué aux intérêts de l'État. Il se trouvait dans la voiture de Henri IV, quand ce prince tomba sous les coups de Ravaillac.

BEAUMARCHAIS (Pierre-Augustin, baron DE), écrivain célèbre, né à Paris le 24 janvier 1732, mort le 19 mai 1799. Il était fils d'un habile horloger; son père lui inspira le goût de son art. Il perfectionna même le mécanisme de la montre par la découverte d'une nouvelle espèce d'échappement. Cette heureuse invention lui fut contestée par un des plus célèbres horlogers; mais l'Académie des sciences, juge du conflit, décida en faveur du jeune Beaumarchais. Il avait une fierté naturelle qui s'accrut encore avec sa réputation littéraire. Ainsi, quand il fut écrivain, il ne voulut plus souffrir qu'on lui rappelât sa première condition. Il était musicien habile, et jouait supérieurement de la harpe et de la guitare. Ce talent le fit admettre dans la société des filles de Louis XV. Il profita de son influence à la cour pour se lier avec le célèbre financier Pâris-Duverney. Son intelligence facile, capable d'embrasser toutes les connaissances possibles, et de s'y montrer supérieur, lui fit acquérir en peu de temps l'expérience des affaires et le génie de la finance. Pâris-Duverney l'employa utilement et l'aida à faire lui-même sa fortune. Lorsque les États-Unis commencèrent la guerre de l'Indépendance, Beaumarchais entreprit d'équiper des navires pour leur fournir des armes et des munitions. L'entreprise était dangereuse, en présence des croiseurs anglais. Néanmoins il réalisa, malgré la perte de quelques bâtiments, des bénéfices considérables. Il fit un noble usage de sa fortune en contribuant à l'établissement d'une caisse d'escompte sur le modèle de la banque d'Angleterre. Il fournit aussi des capitaux aux frères Périer pour la construction de la pompe à feu. Son entreprise des eaux de Paris lui attira cependant une violente attaque de la part de Mirabeau. Une spéculation de plusieurs millions sur le sel, ne fut pas aussi heureuse. Il dépensa aussi une somme immense pour la publication des œuvres de Voltaire : l'édition devait être le grand chef-d'œuvre de l'art typographique. Il acheta de Pankoucke, moyennant 200,000 fr., les manuscrits de Voltaire qui avaient été en la possession de madame Denis, sa nièce; il acquit, en Angleterre, les poinçons et les matrices des caractères de Baskerville, qui passaient pour les plus beaux de l'Europe. Il fit reconstruire dans les Vosges d'anciennes papeteries abandonnées; il y fit fabriquer le papier nécessaire suivant le système hollandais; il réunit les meilleurs typographes au fort de Kehl, où était établie son imprimerie; et, avec de si puissants moyens, il ne parvint à faire qu'une édition très-médiocre, remplie de fautes, et attristée par des commentaires qui manquent souvent d'art et de goût. Beaumarchais ne brigua jamais aucune place, et ne fut célèbre que par son mérite personnel. Des qualités brillantes et aimables étaient quelquefois gâtées par une certaine vanité. Un plaisant disait que « si Beaumarchais devait être pendu, il choisirait la plus haute potence. » Lors de la Révolution, il fut membre de la première commune provisoire de Paris. Il alla successivement en Espagne, en Hollande et en Angleterre, pour y traiter des marchés sur les fusils ou sur les blés. Ce commerce dangereux le fit souvent soupçonner de trahison, et il fut tour à tour accusé, condamné, puis justifié. Cependant, à son retour en France, il fut emprisonné à l'Abbaye; mais il sut habilement en sortir, et se cacha jusqu'au 9 thermidor, jour où éclata la réaction contre Robespierre. A partir de ce moment il vécut dans l'obscurité; il fut affligé de surdité sur la fin de ses jours. Beaumarchais s'est d'abord rendu célèbre par des mémoires juridiques qu'il publia à l'occasion de trois procès qui remplirent la plus grande partie de son existence. Il soutint le premier contre le légataire universel de Duverney, de qui il réclamait une somme modique; le second contre Goëtsman, et le troisième contre Kornmann, qui lui reprochait des relations coupables avec sa femme. Dans ces mémoires, Beaumarchais montra une habileté et une finesse inimitables; il semblait, en le lisant, que sa cause était celle de tous les lecteurs, et tous les faits étaient exposés avec une bonhomie apparente, et d'autant plus malicieuse. Ses débuts au théâtre ne furent pas heureux : *Eugénie* et *les Deux amis*, deux drames en prose, n'eurent qu'un succès médiocre. Le *Barbier de Séville* et le *Mariage de Figaro* eurent un succès inouï. Beaumarchais avait merveilleusement représenté la société dans laquelle il vivait, avec ses passions, ses préjugés et ses institutions surannées, mais aussi avec ses ardentes aspirations. Ces deux drames sont à la fois une comédie et une satire. Beaumarchais avait eu l'habileté de prévenir la censure du gouvernement par ces paroles tirées de sa comédie : « Il n'y a que les petits hommes qui redoutent les petits écrits. » Le *Mariage de Figaro* fut représenté pendant deux années, et valut 80,000 fr. à l'auteur. Son opéra de *Tarare* tomba lourdement. La *Mère coupable* ne réussit pas mieux. Beaumarchais avait eu le tort de sortir du seul genre dans lequel il pût réussir. Dans un *Mémoire en réponse au manifeste du roi d'Angleterre*, il eut la hardiesse, lui simple particulier, de répondre en son nom à la déclaration de guerre d'un souverain, revendiquant ainsi la liberté de la presse. Beaumarchais a raconté sa vie dans un ouvrage intitulé : *Mémoires à Lecointre de Versailles, ou mes six époques.*

BEAUMARIS, ville et port d'Angleterre situés au N.-E. de l'île et du comté d'Anglesey (principauté de Galles), à 20 kil. de Caernarvon. Pop. 2,500 hab. On y remarque une jolie église paroissiale, les restes d'un château, bâti, ainsi que la ville, en 1295, par Edouard Ier. Bains de mer très-fréquentés.

BEAUMES DE VENISE (les), ch.-l. de cant. de l'arrond. d'Orange (Vaucluse), à 16 kil. de cette ville. Pop. 1,300 hab. Bons vins muscats.

BEAUMESNIL, ch.-l. de cant. de l'arrond. de Bernay (Eure), à 12 kil. de cette ville. Pop. 400 hab.

BEAUMETZ-LES-LOGES, ch.-l. de cant. de l'arrond. d'Arras (Pas-de-Calais), à 10 kil. de cette ville. Pop. 755 hab. Fabrication de sucre de betterave.

BEAUMETZ (Albert Briois, chevalier DE), né à Arras, en 1759, mort vers 1809. Il était, avant la Révolution, président du conseil provincial d'Artois. Sa province le nomma, en 1789, député de la noblesse aux états généraux. Il fut du parti constitutionnel et se prononça d'abord contre le clergé; mais plus tard il s'opposa à la vente des biens ecclésiastiques et à l'éligibilité des Juifs. Il présida l'Assemblée constituante en 1790. Peu de temps après, il porta contre les ministres l'accusation d'être contraires à la Révolution, et revendiqua pour les représentants le droit de dénoncer les ministres. Il fut membre du comité des réviseurs, après l'arrestation du roi. Cependant il n'en fut pas moins accusé d'avoir conspiré en faveur de l'ancien gouvernement, et forcé d'émigrer. Il revint à Paris après le 18 brumaire, et l'on présume qu'il alla mourir à Calcutta.

BEAUMONT, ville de Belgique (Hainaut), à 30 kil. de Charleroy. Pop. 2,100 hab. Exploitation de très-beau marbre.

BEAUMONT, ch.-l. de cant. de l'arrond. de Bergerac (Dordogne), à 22 kil. de cette ville. Pop. 900 hab. Vins rouges estimés.

BEAUMONT, ch.-l. de cant. de l'arrond. de Cherbourg (Manche), à 17 kil. de cette ville. Pop. 290 hab. Commerce de soude, de varech; clouterie.

BEAUMONT-EN-AUGE, bourg du départ. du Calvados, arrond. de Pont-l'Évêque, à 6 kil. de cette ville. Pop. 900 hab. Marché considérable de bestiaux.

BEAUMONT DE LOMAGNE, ch.-l. de cant. de l'arr. de Castel-Sarrazin (Tarn-et-Garonne), à 28 kil. de cette ville. Pop. 3,300 hab. Cette ville est située dans la fertile vallée de Gimone. Patrie de Fermat. Commerce de grains.

BEAUMONT-LE-ROGER, ch.-l. de cant. de l'arr. de Bernay (Eure), à 16 kil. de cette ville. Pop. 1,450 hab. Toiles, molletons, verrerie, blanchisseries.

BEAUMONT-SUR-OISE, petite ville du départ. de Seine-et-Oise, arrond. de Mamers, à 26 kil. de cette ville. Pop. 2,250 hab. Commerce de farines, grains, fromages de Brie.

BEAUMONT-SUR-SARTHE ou LE VICOMTE, ch.-l. de cant. de l'arrond. de Mamers (Sarthe), à 26 kil. de cette ville. Commerce de grains, bestiaux, volailles. On y remarque les ruines d'un ancien château. Cette ville est une ancienne seigneurie fortifiée et qui soutint plusieurs siéges; elle fut érigée en duché-pairie en 1543.

BEAUMONT (François DE) et FLETCHER (John), poëtes anglais. Ils ont écrit en commun des pièces de théâtre, et cette collaboration a rendu leurs noms inséparables. Beaumont, né à Grâce-Dieu, dans le comté de Leicester, en 1586, est mort à la fleur de l'âge, en 1615; Fletcher, né dans le comté de Northampton, vers 1576, est mort en 1615. Fletcher était fils d'un prêtre anglican qui accompagna Marie Stuart sur les marches de l'échafaud, et dont le fanatisme fut récompensé par l'évêché de Bristol, puis de Londres. Il se lia de bonne heure avec Beaumont, et tous deux donnèrent en collaboration plus de cinquante pièces, tragédies et comédies. Ces deux hommes furent rivaux sans jalousie, et la mort seule les sépara. Leurs chefs-d'œuvre sont : la *Mascarade des gentilshommes de Gray's Inn*, le *Fat*, le *Capitaine et le Voyage des amants*. Ils marchèrent sur les traces de Shakespeare, et obtinrent la première place après leur modèle. Il paraît même que leurs contemporains manifestèrent plus d'engouement pour leurs productions que pour celles du grand poëte. Leurs pièces sont plus régulières que celles de Shakespeare, et montrent infiniment d'esprit, mais elles attestent moins de profondeur de génie dans les peintures. Les deux amis trônaient au cabaret. Un jour que Fletcher déclamait avec feu le plan d'une conspiration contre la vie d'un roi, qu'il avait tiré d'une de ses tragédies, l'aubergiste prit la chose au sérieux et le fit arrêter. Cependant on reconnut bientôt qu'il ne conspirait que sur le théâtre. Après la mort de son ami, Fletcher ne donna que deux pièces qu'il composa seul : la *Bergère fidèle* et l'*Ennemi des femmes*. Plusieurs de leurs pièces ont été traduites dans *les Chefs-d'œuvre des théâtres étrangers.*

BEAUMONT (Claude-Étienne), architecte, né à Beaumont en 1757, mort à Paris en 1811. Il construisit la salle destinée aux séances du tribunat. Il fut chargé du plan de la transformation de l'église de la Madeleine, dont la construction était commencée, en un temple de la gloire. Son plan fut adopté, mais l'exécution des travaux fut donnée à un autre. Il en mourut de chagrin.

BEAUMONT (Claudio-Francesco), peintre, né à Turin en 1696, mort en 1766. Il fut peintre du cabinet de Charles-Emmanuel, roi de Sardaigne. Il peignit, dans le palais du roi, la galerie que ce monarque nomma lui-même *galerie Beaumont*, et représenta l'*Histoire d'Enée*. La peinture d'une des chambres du palais représente l'enlèvement d'Hélène, et une autre *le Jugement de Pâris*. Le chef-d'œuvre de Beaumont, c'est *Saint Charles Borromée donnant la communion à des pestiférés*. Il fut l'un des fondateurs de l'académie de peinture de Turin, et en devint le directeur.

BEAUMONT (Christophe DE), archevêque de Paris, né au château de la Roque, dans le diocèse de Sarlat, en 1703, d'une ancienne famille qui descendait d'Amblard de Beaumont, mort en 1781. Il fut successivement évêque de Bayonne, archevêque de Vienne et archevêque de Paris. Il fallut les plus vives instances de Louis XV pour l'engager à accepter ce poste. Il soutint la bulle *Unigenitus* avec une intolérance qui le fit exiler plusieurs fois. Le roi de Prusse admirant son caractère, regrettait qu'il n'eût pas cherché asile en Prusse, et disait : « Que n'est-il venu dans mes États! j'aurais fait la moitié du chemin. » Il excommuniait les philosophes aussi bien que les jansénistes. La lettre de J.-J. Rousseau, en réponse à l'un de ses mandements, est restée célèbre. Il eut aussi des différends avec le parlement. On lui reproche avec raison un certain entêtement dans des opinions souvent peu réfléchies, et un zèle trop peu éclairé. Il donna cependant l'exemple de la charité, et assista un grand nombre d'indigents.

BEAUNE, sous-préf. du départ. de la Côte-d'Or, à 42 kil. de Dijon. Pop. 10,600 hab. Bibliothèque, collège, célèbre hôpital, fondé en 1443 par Nicolas Rollin. Tribunal de 1re instance, tribunal de commerce. On y remarque l'église Notre-Dame (XIVe siècle). Commerce de vins ; on en exporte par an 30 à 40,000 pièces. Pépinière d'arbres à fruits. Patrie de Monge. — Beaune fut prise par les ligueurs en 1585, et, en 1595, les habitants s'étant révoltés contre les ligueurs, rendirent la ville à Henri IV.

BEAUNE-LA-ROLANDE, ch.-l. de cant. de l'arrond. de Pithiviers (Loiret), à 17 kil. de cette ville. Pop. 2,000 hab. Récolte de miel *du Gâtinais*, de cire, safran et vins. Cette ville dépendait autrefois de l'abbaye de Saint-Denis.

BEAUNE (Florimond DE), mathématicien célèbre, né à Blois en 1601, mort en 1652. Il était conseiller au présidial de Blois. Il fut lié avec Descartes, à qui il proposa un problème célèbre et qui porte son nom : il consiste à construire une courbe dans des conditions qui la rendent difficile. Le problème fut résolu par Descartes. Encouragé par les louanges de ce dernier, il chercha et découvrit un moyen de déterminer la nature des courbes par les propriétés de leurs tangentes. Il a écrit deux opuscules sur la géométrie et les équations ; il a aussi inventé des instruments d'astronomie.

BEAUNE (Renaud DE), petit-fils du marquis de Semblançay, et fils de Guillaume de Beaune, né à Tours en 1527, l'année même où son grand-père fut exécuté ; mort en 1606. Il obtint des lettres royales qui le rétablirent dans les biens et honneurs dont il avait été dépouillé par l'arrêt rendu contre les siens. Il fut d'abord chancelier de François, duc d'Alençon, souverain du Brabant ; il entra ensuite dans l'état ecclésiastique, et devint successivement évêque de Mende, archevêque de Bourges, puis archevêque de Sens. Cependant il attendit six ans les bulles qui devaient consacrer cette dernière nomination : Beaune avait eu le tort de se montrer gallican et patriote, d'avoir absous Henri IV et de lui avoir même proposé de créer un patriarche en France. Il ne négligea aucune occasion de se montrer bon Français, s'inquiétant peu des récriminations des ultramontains, et se contentant d'être un prélat distingué par ses talents et le modèle de toutes les vertus. Il se distingua notamment aux assemblées du clergé, aux états de Blois, où il présida en 1588, et surtout à la conférence de Suresne. Dans cette conférence, qui eut lieu en 1593, il annonça que Henri IV venait d'abjurer : « Comment pouvez-vous le croire, lui dit l'archevêque de Lyon, après qu'il l'a promis tant de fois ? » — « Il est vainqueur, répondit de Beaune ; maître de la plus grande partie des provinces et des principales villes ; s'il se fait catholique, on ne dira donc pas que c'est par la crainte que lui inspirent ses ennemis vaincus. » Peu de temps avant sa mort, il fut nommé grand-aumônier de France et commandant des ordres du roi. Il a laissé, outre quelques écrits religieux, un travail commandé par le roi, sur la *Réformation de l'université de Paris*.

BEAUNOIR (Alexandre-Louis-Bertrand ROBINEAU, dit), auteur dramatique, né à Paris le 4 avril 1746, mort le 5 août 1823. Il était fils d'un riche notaire de Paris qui voulait lui céder sa charge et voyait d'un très-mauvais œil son futur successeur se lancer dans la carrière littéraire. Toutes ses tentatives pour l'en détourner furent inutiles, et Robineau préféra se passer de la fortune que son père lui assurait, plutôt que de renoncer à ses goûts. Le petit collet favorisait alors plus d'une ambition ; Robineau le prit à son début dans le monde littéraire. Il approvisionna les petits théâtres de petites pièces qui obtinrent la faveur du public par leur gaieté franche et spirituelle, telles que *l'Amour quêteur*, dont il avait emprunté le sujet à une chanson un peu leste, qui courait alors les rues : *Jérôme Pointu et Fanfan et Colas*. N'oublions pas de mentionner ici, que si sa première comédie fut goûtée de tout le monde, elle fut trouvée un peu trop licencieuse par l'archevêque de Paris, qui obligea l'abbé à désavouer sa pièce, ou à quitter l'habit ecclésiastique. C'est ce dernier parti que crut devoir prendre Robineau, et, par égard pour sa famille, il changea son nom en celui beaucoup plus connu de BEAUNOIR, qui n'en est autre chose que l'anagramme. La quantité des pièces de théâtre qu'il composa fut immense et lui rapporta plus de cent mille écus. Toutes ses compositions, quoique rapides et faciles, se font remarquer par un enjouement qui ne manque ni d'originalité ni de grâce. Quand la Révolution éclata, Beaunoir émigra en Belgique, puis en Russie, où Paul Ier lui donna la direction des théâtres de Saint-Pétersbourg. En 1804, il revint à Paris et entonna plusieurs hymnes à la gloire de Napoléon Ier ; ce qui ne l'empêcha pas de changer les tons de sa flûte pour célébrer le retour des Bourbons en 1815 ; heureuse facilité que la Restauration récompensa par une place à la division littéraire du ministère de la police. Pour prouver qu'il était digne d'un pareil emploi, il n'eut rien de plus pressé que de publier un ouvrage intitulé : *La liberté de la presse garantie par la censure !* Outre ses pièces de théâtre, on a de cet auteur une relation de *Voyage*, des *Cantates*, une *Petite logique à l'usage de nos orateurs*, *Attila ou le Fléau de Dieu*, etc., etc.

BEAUPRÉAU, ch.-l. de cant., à 55 kil. d'Angers (Maine-et-Loire). Pop. 3,300 hab. Étoffes de laine, toiles ; teintureries, filatures de laine. Cette ville joua un grand rôle dans la guerre de la Vendée.

BEAURAIN (Jean DE), ingénieur géographe, né à Aix en Issart, en 1697, mort à Paris en 1761. Il était originaire d'une ancienne famille de l'Artois. Il étudia la géographie sous le célèbre Pierre Moulart-Sanson, géographe du roi. Ses progrès furent si rapides qu'à vingt-cinq ans il obtint cet emploi. Il composa un calendrier perpétuel religieux et civil. Il doit surtout sa réputation à sa *Description topographique et militaire des campagnes de Flandre, depuis 1690 jusqu'en 1694*, rédigée d'après les *Mémoires* de Vaultier et du maréchal de Luxembourg. Il participa à l'éducation du Dauphin. Il avait une certaine habileté comme négociateur ; aussi le cardinal de Fleury et Amelot se félicitèrent plusieurs fois de l'avoir employé dans des missions délicates. Son fils se distingua dans la même carrière et publia les *Cartes des campagnes du grand Condé en Flandre, en 1655, et celles de Turenne*.

BEAUREGARD, village du dép. de l'Ain, à 4 kil. de Villefranche, arrond. de Trévoux. Pop. 350 hab. Il fut autrefois la capitale de la principauté de Dombes, et la résidence de son parlement.

BEAUREGARD, bourg du dép. du Puy-de-Dôme dans l'arr. de Clermont-Ferrand, à 16 kil. de cette ville. Pop. 1,430 hab. Il possède un château, ancienne résidence des évêques de Clermont-Ferrand, et de ce château on découvre un grand nombre de villes et villages.

BEAUREGARD (Jean-Nicolas), prédicateur jésuite, né à Pont-à-Mousson en 1731, mort à Hohenlohe, en Allemagne, en 1804. C'est l'un des orateurs chrétiens qui, au dernier siècle, entraînèrent le plus d'auditeurs par une éloquence impétueuse et improvisée. Dans plusieurs de ses oraisons, et surtout dans un sermon qu'il prononça à Notre-Dame, en 1777, il annonça les malheurs de la Révolution. Lorsqu'elle éclata, il se réfugia en Angleterre, où il continua à prêcher, et passa de là en Allemagne, près de la princesse de Hohenlohe ; il prêcha à sa cour avec un succès toujours croissant. Il mourut au moment où il se disposait à rentrer en France. On a de lui un *Recueil de sermons* qui a été composé par quelques-uns de ses auditeurs.

BEAUREPAIRE, ch.-l. de cant. de l'arr. de Vienne (Isère), à 22 kil. de cette ville. Pop. 2,230 hab.

BEAUREPAIRE, ch.-l. de cant. de l'arr. de Louhans (Saône-et-Loire), à 12 kil. de cette ville. Pop. 870 hab.

BEAUREPAIRE (Nicolas-Joseph), officier français, né à Coulommiers en 1740. Il était chef du 1er bataillon de Maine-et-Loire, et commandait à Verdun, quand l'armée prussienne vint assiéger cette ville, en 1792. Le conseil municipal voulait se rendre ; Beaurepaire l'engagea vainement à la résistance : le conseil se prononça pour la reddition. Beaurepaire se crut déshonoré par cette décision, et, rentré chez lui au sortir du conseil, il se brûla la cervelle. La Convention nationale, en apprenant ce fait, ordonna que le corps de ce brave officier fût déposé dans les caveaux du Panthéon, et qu'on gravât sur sa tombe l'épitaphe suivante : *Beaurepaire aima mieux mourir que de capituler avec les tyrans.* On accorda une pension à sa veuve, et l'on donna son nom à une des rues de Paris.

BEAUSOBRE (Isaac DE), théologien calviniste d'une profonde érudition, né à Niort en 1659, mort en 1738. Après avoir été pendant deux ans ministre protestant à Châtillon-sur-l'Indre, il se réfugia en Hollande pour éviter les persécutions dont il était l'objet à cause de sa religion. Il avait brisé les scellés d'un temple où on lui avait défendu professer publiquement. De la Hollande il passa à Berlin, où il devint chapelain du roi et conseiller du consistoire royal. Il a publié divers ouvrages et plusieurs dissertations sur la doctrine des réformés. Il publia aussi l'histoire du manichéisme et celle des sectes dissidentes. Ces ouvrages intéressants pour la philosophie, attestent la plus grande érudition. On y trouve toutes les qualités qui doivent distinguer l'historien. Il était versé dans la philosophie de l'antiquité, et montrait admirablement les liens qui unissaient les doctrines dissidentes aux systèmes philosophiques des anciens. Il fut justement apprécié par Voltaire, qui écrivait au roi de Prusse en ces termes : « Nous venons de perdre ici un des plus grands hommes de l'Allemagne. C'est le fameux M. de Beausobre, homme d'honneur et de probité, grand génie, d'un esprit fin et délié, grand orateur, savant dans l'histoire de l'Église et dans la littérature, ennemi implacable des jésuites, la meilleure plume de Berlin, un homme plein de feu et de vivacité que 80 années de vie n'avaient pas glacé. »

BEAUSOLEIL (Jean du Châtelet, baron DE), alchimiste allemand, astrologue et philosophe hermétique du XVIIe siècle. Sa femme, Martine Berthereau, suivait ses expériences, et tous deux croyaient sincèrement à leurs folles conceptions. Ils imaginèrent la *baguette divinatoire*; ils composèrent aussi une foule d'instruments à l'aide desquels on devait reconnaître les mines, les sources, et trouver tout ce qu'on pouvait avoir enfoui en terre; les amateurs du merveilleux leur doivent le *grand compas*, la *boussole à sept angles*, l'*astrolabe minéral*, le *râteau métallique*, les *sept verges métalliques et hydrauliques*, etc. Ils passèrent de Hongrie en France. On les prit assez au sérieux pour les accuser de sortilège. Le baron fut enfermé à la Bastille et sa femme à Vincennes.

BEAUSSET (le), ch.-l. de cant. de l'arrond. de Toulon (Var), à 12 kil. de cette ville. Pop. 3,000 hab. Huile d'olive, savon, draps, verreries; vins. Patrie de Portalis.

BEAUTÉ (château de), forteresse construite par Charles V sur les bords de la Marne, près Nogent; fut la résidence des rois jusqu'au XVe siècle, et fut abattu au XVIIIe siècle.

BEAUVAIS, ville de France, aujourd'hui chef-lieu du département de l'Oise; elle est le siége d'un évêché; sa population est environ de 14,000 habitants. Elle fait un commerce important de toiles et de draps. Au temps de César, Beauvais était la principale ville des Bellovaques; elle dépendit plus tard de la Belgique. Beauvais a joué un grand rôle dans l'histoire; elle fut plusieurs fois ravagée par les Normands, prise et reprise dans les guerres que la France eut à soutenir. En 1232, les bourgeois se constituèrent en commune, sous la protection de leur évêque. C'est dans cette ville que la jacquerie prit naissance. En 1472, Jeanne Lainé, dite Jeanne Hachette, devint célèbre par la résistance qu'elle opposa à l'armée de Charles le Téméraire, à la tête des femmes de la ville.

BEAUVAIS (Guillaume), savant numismate, membre de l'académie de Cortone et de la société littéraire d'Orléans, né à Dunkerque en 1698, mort à Orléans en 1773. Il s'est plus distingué par l'ardeur de ses recherches que par le mérite de son style. Il a publié l'*Histoire abrégée des empereurs romains par les médailles*. On y rencontre plutôt des notices sur le prix et la rareté des médailles, où sur le moyen de les distinguer, que des appréciations ayant un véritable intérêt historique.

BEAUVAIS (Jean-Baptiste-Charles-Marie DE), évêque de Senez, né à Cherbourg en 1731, mort à Paris en 1790. Il étudia au collége d'Harcourt, où il reçut les leçons d'éloquence de Le Beau, successeur de Rollin. Claude Léger, curé de Saint-André des Arcs, son ami, lui fit embrasser la carrière ecclésiastique. Devenu abbé de Beauvais, on le comparait, pour ses vertus et sa douceur, à Fénelon, avec qui on lui attribuait une grande ressemblance. Sa vie fut remplie de bonnes actions, qu'il prenait toujours soin de cacher. Il cultiva surtout l'éloquence de la chaire et devint habile prédicateur. La cour voulut l'entendre; il s'y rendit. La sévérité de ses sermons n'empêcha pas de lui donner l'évêché de Senez. Plusieurs de ses sermons sont des chefs-d'œuvre dignes de Massillon, et quelquefois même de Bossuet. Dans un sermon qu'il prononça sur la vie future, on crut entendre une voix prophétique qui annonçait le cataclysme révolutionnaire. Il eut la tâche difficile de prononcer l'oraison funèbre de Louis XV. Tout en déplorant ses vices, il sut relever les qualités de l'esprit et du cœur qui auraient pu faire de lui un grand prince. On a publié ses *Sermons*, *Panégyriques et Oraisons funèbres*. On y remarque la douceur, la simplicité et une persuasion entraînante. Il se démit de son évêché en 1785. Le bailliage de la banlieue de Paris le nomma député aux états généraux.

Condé à la bataille de Fribourg.

BEAUVALLET (Pierre-Nicolas), sculpteur, né au Havre en 1749, mort à Paris en 1828. Il était élève de Pajou et fut reçu en 1789 à l'académie de peinture. Ses sculptures du château de Compiègne, et surtout celles de la salle des Gardes, lui acquirent une réputation distinguée. A la Révolution, dont il fut un des plus ardents partisans, il consacra son talent à reproduire les bustes des hommes les plus célèbres de l'époque. On a de lui le buste de Marat, qui est d'une ressemblance parfaite, et ceux de Challier et de Guillaume Tell. Ce fut lui qui remit, le 9 thermidor, au conventionnel Le Bas, le pistolet dont il se servit pour se tuer au moment où on venait l'arrêter pour le conduire à l'échafaud. En 1812, il exposa au salon une statue de *Narcisse* et de *Pomone*, une *Suzanne au bain*, ainsi qu'un modèle en plâtre d'une statue du général Moreau. Cet artiste n'avait pas précisément un style élevé; mais tous ses ouvrages se faisaient remarquer par une touche gracieuse et un dessin correct.

BEAUVARLET (Jacques-Firmin), graveur, né à Abbeville en 1731, mort à Paris en 1797. Passionné pour son art, il étudia chez les meilleurs graveurs de son temps, et devint bientôt leur émule. Son mérite décida l'Académie à le recevoir dans son sein en 1762. Voulant propager les ouvrages des peintres français, il traduisit Raoux, de Troy et Vanloo. Ces dernières gravures sont surtout recherchées. Il a formé plusieurs artistes habiles.

BEAUVAU, village du dép. de Maine-et-Loire, à 26 kil. d'Angers. Pop. 370 hab. Il fut jadis une seigneurie, qui fut, en 1664, changée en marquisat. Ce village a donné son nom aux princes de Beauvau.

les Français dans Prague. Les soldats l'appelaient le *Jeune brave*, et Boufflers disait de lui « qu'il était l'aide de camp de tout ce qui marchait à l'ennemi. » Le maréchal de Broglie vantait sa prudence dans le conseil et sa bravoure dans l'action. Il se distingua au passage de la Bormida, à l'assaut de Mahon et à la journée de Corback. Quand la paix fut conclue avec l'Autriche, en 1763, il fut nommé gouverneur du Languedoc. En 1771, l'Académie française le reçut dans son sein, sans autre titre que son goût pour les belles-lettres. Pendant les orages qui précédèrent la Révolution, Beauvau se tint constamment auprès de Louis XVI; ainsi il l'accompagna à Versailles, puis à l'hôtel de ville. Le roi l'appela alors au ministère. Quelques mois auparavant, Beauvau avait cru devoir

BEAUVILLE, ch.-l. de cant., de l'arrond. d'Agen (Lot-et-Garonne), à 20 kil. de cette ville. Pop. 800 hab.

BEAUVILLIERS (Marie DE), fille du comte de Saint-Aignan, née en 1574, morte en 1656, à l'âge de 80 ans. Lors du siége de Paris, en 1590, Henri IV la vit à l'abbaye de Montmartre, où il avait fait transporter ses blessés, et d'où il assista à la prise des faubourgs de Paris. Il en devint amoureux, et quand les luttes dans lesquelles il était engagé lui laissèrent quelque répit, il l'emmena à Senlis, où l'on menait joyeuse vie. Mme de Beauvilliers fut supplantée par sa cousine, la belle Gabrielle d'Estrées. Elle retourna alors à l'abbaye de Montmartre, dont Henri IV la fit abbesse, en 1597.

BEAUVILLIERS (François-Honorat, DE), duc de Saint-Aignan, né en 1607. Il suivit d'a-

Vue de Belle-Isle-en-Mer.

BEAUVAU ou BEAUVEAU (maison de), ancienne et noble famille de l'Anjou, qui remonte au xe siècle. Elle vint plus tard s'établir en Lorraine. On cite, parmi ses représentants les plus illustres, Henri de Beauvau, qui fut ambassadeur de la cour de Lorraine à Rome, puis gouverneur du prince ducal.

BEAUVAU (Marc DE), prince de Craon, né en 1679. Il fut élevé avec Léopold, de Lorraine et le suivit dans les combats. Tous deux se distinguèrent à la bataille de Temeswar, quoique âgés de 15 ans seulement. Quand Léopold monta sur le trône, Beauvau devint grand-écuyer de Lorraine, et fut le conseiller intime du prince. Après la mort de Léopold, François Ier, son fils, appréciant les qualités de l'ami de son père, l'envoya en Toscane comme vice-roi, en 1746. Il y mourut en 1754. Son administration toute paternelle fit bénir sa mémoire.

BEAUVAU (Charles-Juste DE), fils du prince de Craon, né à Lunéville en 1720. Entré au service militaire à 13 ans, il était, à 20 ans, colonel des gardes du roi Stanislas. En 1742, il entra au service de la France, alors que Charles de Lorraine assiégeait

refuser ce poste; mais il l'accepta dès qu'il fut devenu périlleux. Il y resta cinq mois, et l'on a souvent répété que Louis XVI eût été sauvé s'il avait écouté ses conseils. Il ne put survivre longtemps à la fin tragique de son roi.

BEAUVAU (René-François DE), l'un des prélats les plus distingués de l'Eglise gallicane, né à Bayonne en 1700, mort à Narbonne en 1739. Il fut évêque de Bayonne; il passa de là à l'évêché de Tournay; il fut ensuite archevêque de Toulouse et enfin archevêque de Narbonne. Lorsqu'il quitta le siége de Bayonne, les habitants vinrent en foule à son palais, le conjurant de ne pas les abandonner. Ils adressèrent même une supplique à Louis XIV à cet effet; mais le roi avait besoin de son ministère à Tournai. Il donna, dans cette ville, l'exemple de l'esprit de charité qui anima plus tard Fénelon. Il convertit son palais épiscopal et son église en un hôpital destiné à recevoir les soldats blessés en défendant la ville contre le prince Eugène. Il engagea même sa vaisselle et ses bijoux pour soulager les plus pauvres habitants, qui étaient alors écrasés d'impôts et de contributions de toute nature.

bord la carrière des armes, et se signala aux siéges de Dôle et de Landrecies. Il fut ensuite nommé gouverneur de la Touraine. C'était un homme instruit et qui aimait à s'entourer de gens de lettres.

BEAUVILLIERS (Paul, duc DE), fils du précédent, né au château de Saint-Aignan, en 1648, mort en 1714. Il servit d'abord dans l'armée pendant les guerres que soutint Louis XIV. Plus tard, le roi le nomma président du conseil des finances, puis précepteur du Dauphin, le duc de Bourgogne. Bientôt il fut aussi chargé de l'éducation du duc d'Anjou et du duc de Berri. Beauvilliers se souvint alors de Fénelon, avec qui il était déjà lié et à qui il voua dans la suite l'amitié la plus fidèle et la plus constante. Il l'appela à partager ce fardeau, et Fénelon s'attacha au duc de Bourgogne par les liens les plus étroits. Quand Fénelon fut disgracié, après sa fameuse querelle avec Bossuet, Beauvilliers resta auprès de lui pour le consoler. En 1691, il fut nommé ministre d'Etat. Il fut un de ceux qui conseillèrent au roi de ne pas accepter pour sa maison la couronne d'Espagne, et les événements qui survinrent justifièrent la sagesse de ses conseils. Il mourut peu de temps après le duc de Bourgogne, dont la fin prématurée l'affligea vivement.

BEAUVOIR, ville du Dauphiné, aujourd'hui détruite; elle servait de résidence aux Dauphins.

BEAUVOIR-SUR-MER, ch.-l. de canton de l'arrond. des Sables-d'Olonne (Vendée), à 60 kil. de cette ville. Pop. 1,950 hab. Commerce de froment et de sel. Cette ville possède un port sur un canal de 4 kil., pouvant recevoir des barques de 60 à 80 tonneaux. Beauvoir, autrefois fortifiée, fut assiégée, en 1588, par Henri IV.

BEAUVOIR-SUR-NIORT, ch.-l. de cant. de l'arrond. de Niort (Deux-Sèvres), à 10 kil. de cette ville. Pop. 460 hab. Commerce de vins blancs.

BEAUX-ARTS (école nationale des). Cette école, fondée par Mazarin, se divise en deux sections: 1° *peinture et sculpture*; 2° *architecture*. Dans la première section, les études ont pour objet le dessin d'après nature et d'après l'antique; outre ces deux cours, les élèves suivent encore ceux d'anatomie, de perspective et d'histoire. Pour être admis dans la section de peinture et de sculpture, les candidats sont appelés au *concours des places*; il faut fournir 114 meilleurs dessins et 40 meilleures figures modelées. Dans la seconde section, l'enseignement se compose de cours sur la théorie et l'histoire de l'art, les mathématiques appliquées à l'architecture et les principes de la construction. Pour être admis dans la section d'architecture, on examine les candidats sur les éléments des mathématiques, l'application des projections géométrales à l'architecture et la composition architectonique.

BEAUZÉE (Nicolas), grammairien, membre de l'Académie française, professeur de grammaire à l'école militaire, né à Verdun en 1717, mort à Paris en 1789. Après la mort de Dumarsais, il fut chargé de rédiger les articles de grammaire de l'Encyclopédie; ils forment une collection intéressante, intitulée: *Dictionnaire de grammaire et de littérature*. Il fonda sa réputation en publiant la *Grammaire générale*. C'est un ouvrage remarquable, mais dont les explications métaphysiques sont souvent obscures ou trop subtiles. Il a aussi publié des traductions de quelques auteurs de l'antiquité; mais on doit plus en louer l'exactitude que l'élégance. Beauzée a souvent hasardé des innovations orthographiques, qui n'ont pas été sanctionnées par l'usage. Le roi de Prusse essaya de l'attacher à sa cour; mais il refusa les plus brillantes propositions, par attachement à sa famille et à l'Académie française, dont il était l'un des membres les plus assidus et les plus laborieux.

BEAUZELY (Saint-), ch.-l. de cant. de l'arr. de Milhau (Aveyron), à 16 kil. de cette ville. Pop. 5,000 hab.

BÉBÉ, nain célèbre, né dans les Vosges en 1739. Son véritable nom était *Nicolas Ferry*. Il fut élevé à la cour de Stanislas, roi de Lorraine, qui le considérait comme un objet d'amusement. Il avait, à sa naissance, 24 centimètres. A 15 ans, il atteignit 70 centim. et cessa de grandir. Il mourut à 25 ans, dans un état qui présentait tous les signes de la caducité. Son intelligence ne put jamais se développer. Son squelette se trouve au muséum d'histoire naturelle.

BÉBEL ou BÉBÉLIUS (Henri), littérateur allemand, né en 1442, à Justingen en Souabe, d'un laboureur. Il fut professeur d'éloquence dans l'université de Tubingue. Il contribua à introduire dans la littérature de son temps le goût de la bonne latinité. Ses poésies latines eurent un tel succès, que l'empereur Maximilien Ier lui décerna, en 1501, la couronne de poëte-lauréat. Il publia des *Facéties*, contes burlesques et souvent obscènes, et le *Triomphe de Vénus*. On lui doit des recherches savantes sur les antiquités romaines, ainsi que sur les étymologies des noms et leur signification.

BÉBIAN (Auguste), habile instituteur des sourds-muets, né à la Guadeloupe, en 1789. Il se livra de bonne heure à l'étude des procédés d'éducation des sourds-muets. Il avait surtout étudié dans la nature les procédés mimiques qui servent à la transmission de la pensée; il avait approfondi, au point de vue philosophique, les divers phénomènes de la conception de la pensée, et signalé les inversions qui, impossibles dans la langue parlée, accentuent mieux l'idée dans la langue mimée. Il mourut en 1834.

BÈBRE, rivière de France, prenant sa source dans le dép. de la Loire; après un parcours de 72 kil. par la Palisse et Dompierre, elle se jette dans la Loire (dép. de l'Allier).

BEBRYCES, peuple très-ancien de l'Espagne; il habitait les deux versants des Pyrénées, sur la côte de la Méditerranée. Ils furent ainsi nommés de Bebryx, un de leurs premiers rois.

BEC (le), bourg du dép. de l'Eure, à 17 kil. de Bernay. Pop. 1,000 hab. Jadis célèbre abbaye des Bénédictins, fondée vers 1032, par Herluin, qui en fut le premier abbé. Lanfranc et saint Anselme, vinrent s'y établir au XIe siècle et en firent l'école la plus célèbre de la Normandie. De cette abbaye, il ne reste aujourd'hui qu'une grosse tour, et les bâtiments élevés aux XVIIe et XVIIIe siècles furent transformés en haras.

BEC DE CORBIN. Nom donné à une sorte de hallebarde courte ou pertuisane; le fer ressemblait au bec du corbeau. Sous Louis XI (1478), on préposa à la garde du roi une compagnie de cent gentilshommes au *bec de corbin*. Plus tard, on institua une seconde. Mais elles furent supprimées sous le règne de Louis XIV. Le dernier capitaine de cette compagnie fut le duc de Lauzun.

BECCARI (Agustino), inventeur du drame pastoral, né à Ferrare en 1510, mort en 1590. C'est à tort que l'invention de ce genre de poésie a été attribuée au Tasse; car le drame, qui fit la réputation de Beccari, et le seul qu'on connaisse de lui, *il Sacrifizio*, parut en 1555, tandis que l'*Aminte*, du Tasse, parut en 1573.

BECCARIA (César-Bonesana, marquis DE), publiciste célèbre, né à Milan en 1738. Il publia, en 1762, un premier écrit dans lequel il démontrait les abus du système monétaire à Milan et en proposait la réforme. Il travailla ensuite, avec quelques écrivains distingués, à une publication périodique qui traitait de philosophie, de morale et de politique. Il eut la plus grande part à la rédaction d'un long ouvrage sur le *Café*, qui parut dans ce journal. En 1764, il publia le célèbre *Traité des délits et des peines*. Cet ouvrage, qui s'adressait aux défenseurs de l'humanité, est le plus beau titre de Beccaria à l'immortalité. On peut dire qu'il a changé les bases du droit criminel en Europe. La méthode, la précision et la clarté au service de l'éloquence, telles sont les qualités qui distinguent cet ouvrage de premier ordre. Beccaria définissait le caractère de la preuve en matière criminelle et en supprimant la nécessité de de l'aveu, il indiquait la suppression logique de la torture; il recommandait de proportionner la peine au délit, et établissait que la loi devait plutôt prévenir que réprimer. Les attaques les plus violentes se déchaînèrent contre l'auteur, il répondit avec modération et fermeté. Cependant les chagrins dont on l'abreuva l'empêchèrent de rédiger un grand ouvrage sur les principes de la législation en général; il renonça même à écrire. Il eut la satisfaction de voir sanctionner par les législateurs modernes la plupart des principes qu'il avait exposés, et des réformes qu'il avait indiquées. L'abbé Morellet publia, en français, une traduction du *Traité des délits et des peines*; mais il fit quelques changements si heureux dans l'ordre des matières, que Beccaria s'empressa de les adopter. Son ouvrage a été commenté depuis par Voltaire, Diderot et toute la pléiade illustre des philosophes du XVIIIe siècle. En 1768, le gouvernement créa pour lui une chaire d'économie politique à Milan. Il composa, pour suppléer à ses cours, des leçons écrites, qui ne furent publiées qu'en 1804. Il mourut à Milan, en 1793, d'une attaque d'apoplexie.

BECCARIA (Jean-Baptiste), physicien, né à Mondovi en 1916, mort à Turin en 1781. Il professa la philosophie et les mathématiques à Palerme, puis à Rome. Il étudia plus particulièrement l'électricité. Il professa ensuite la physique expérimentale à Turin. Devenu ensuite l'instituteur des princes Benoît et Victor-Amédée, il ne se laissa pas distraire de ses études par le séjour de la cour. Il employait tout ce qu'il possédait à meubler son cabinet de livres et d'instruments. Il a laissé plusieurs écrits et dissertations sur l'électricité. Franklin, dont il avait propagé la théorie, traduisit lui-même en anglais son traité *dell'Elettricismo artificiale* qui est un exposé complet de cette matière.

BECCLES, ville d'Angleterre (comté de Suffolk), à 22 kil. de Yarmouth. Pop. 3,550 hab. Elle possède un port situé sur la Wavenay, recevant des bâtiments de 100 tonneaux.

BECERRA (Gaspard), peintre, sculpteur et architecte espagnol, né à Baeja en Andalousie, en 1520, mort à Madrid en 1570. Il alla à Rome et fut élève du célèbre Michel-Ange. Ce fut sous un tel maître qu'il apprit à la fois tous les arts dans lesquels il s'illustra. La *statue de Notre-Dame de Soledad*, faite par ordre de la reine Elisabeth, épouse de Philippe II, est un chef-d'œuvre qu'on admire à Madrid. Becerra eut aussi un grand succès dans la peinture à fresque.

BÉCHAMEIL (LOUIS DE), marquis de Nointel, financier, mort en 1704. Il fut intendant de la province de Bretagne, qu'il administra avec intelligence. Il entendait l'économie politique aussi bien que la finance. On trouve à la bibliothèque impériale un *mémoire* qu'il composa par ordre du roi, en 1698, *concernant la province entière de Bretagne*. Il a laissé aussi un *Projet d'ordonnance sur le fait général des monnoies, avec les preuves tirées des ordonnances, édits, etc.*

BÉCHER (Jean-Joachim), chimiste allemand, né à Spire en 1628. Il fut d'abord professeur de médecine, puis premier médecin de l'électeur de Mayence, puis de celui de Bavière. Il passa ensuite à Londres, où la fureur de ses envieux le contraignit à chercher un asile, et où il trouva un brillant accueil. L'influence de ses écrits amena la révolution qui s'est opérée depuis dans la chimie. Il sut appliquer la philosophie à l'explication des principes de cette science, et il s'en servit merveilleusement pour démontrer la structure, le tissu et les rapports mutuels des corps. Il croyait à l'absolu : ainsi il chercha un acide simple et primitif dont tous les autres ne fussent que des modifications; il étudia aussi les transformations que subissent les métaux soumis à l'action du feu, et jeta les fondements du système du phlogistique de Stahl. Comme il était habile mécanicien, il s'occupa du mouvement perpétuel, qu'il prétendit avoir trouvé. Il travailla à perfectionner l'imprimerie, et fit aussi d'autres inventions utiles. Son principal ouvrage a pour titre : *Physica subterranea*. Il composa aussi un travail pour établir une langue universelle, ne comprenant pas que cette immense élaboration ne pourra s'accomplir que par le mouvement de la civilisation, en dehors de toute théorie préconçue. Ce rêve utopique l'occupa cependant plus d'une année. L'ouvrage avait été demandé par un prince qui avait promis 3,000 écus à l'auteur d'un système. Mais Bécher reçut pour toute récompense une invitation à dîner, et perdit ainsi le juste bénéfice qu'il attendait d'une année de veilles.

BÉCHEREL, ch.-l. de cant. de l'arrond. de Montfort-sur-Meu (Ille-et-Vilaine), à 19 kil. de cette ville. Pop. 700 hab. Anc. place forte. C'est près de cette ville que commence la lande d'Evron.

BÉCHIK-TÉKÉ, nom donné aujourd'hui au tombeau d'Achille.

BECHIN, ville des Etats autrichiens (Bohême) située à 16 kil. de Tabor. Pop. 2,000 hab. Sources minérales.

BECH-TAMACK, c'est-à-dire *les cinq embouchures*, contrée de la Russie d'Europe (gouvernement de Stavropol). Cette ville est ainsi nommée à cause des cinq rivières qui l'arrosent : la Malka, le Bakzan, le Tchéghem, le Tchérek, qui se réunissent au Térek.

BECH-TAU, c'est-dire *les cinq montagnes*. Nom donné à la partie N. de la chaîne du Caucase. Eaux thermales sulfureuses les plus célèbres de la Russie; excellents chevaux tcherkesses et abazes.

BECK (Chrétien-Daniel), philologue et historien allemand, né à Leipzig en 1757, mort en 1832. Il fut successivement professeur de latin, de grec et d'histoire dans l'université de Leipzig; il en devint chancelier, doyen, puis recteur. Il a laissé d'excellentes éditions de Pindare, d'Euripide, d'Apollonius et d'Aristophane. Il a écrit aussi un *Répertoire général de bibliographie*, immense travail qu'il a rendu aussi complet que possible. Il a publié encore une *Histoire générale du monde*.

BECKER (Daniel), professeur de médecine, né à Dantzig en 1594, mort en 1655. Il a laissé plusieurs ouvrages de médecine fort estimés de son temps.

BECKER (Philippe-Christophe), célèbre graveur en pierres fines, né à Coblentz en 1675. Il obtint de l'empereur Charles VI des lettres de noblesse, et le titre de graveur des médailles impériales. Il exécuta, en Russie, le sceau de Pierre le Grand; ce prince lui fit l'honneur de l'admettre à sa table. Son chef-d'œuvre est le cachet du duc de Liria.

BECKERMANN (Jean), naturaliste, économiste et physicien, né à Hoye, en Hanovre, en 1739, mort en 1811. Il était professeur d'histoire naturelle à l'université de Gœttingue. Il se consacra à l'étude des sciences physiques et à l'application usuelle de ces sciences à l'économie politique, agricole et domestique. Il a laissé sur ces matières un grand nombre d'écrits assez remarquables et fort utiles, en langue allemande.

BECKET (Thomas), archevêque de Cantorbéry et primat d'Angleterre, né à Londres le 21 décembre 1119, mort le 29 décembre 1170. Il commença ses études à Oxford, et les acheva à l'université de Paris. Bientôt après, il alla étudier la théologie à Bologne. De retour dans sa patrie, il se fit distinguer de Thibault, qui occupait alors le siége de Cantorbéry. Ce prélat le fit entrer dans les ordres et le nomma archidiacre de son église métropolitaine. A son avénement sur le trône, Henri II l'appela à la dignité de chancelier, et lui confia l'éducation de son fils aîné; mais le faste qu'il déployait, son goût pour la chasse et les plaisirs du monde, et par-dessus tout la fermeté avec laquelle il défendait les droits du roi contre les prétentions du clergé, lui attirèrent la haine des prêtres et une menace d'excommunication de la part de Thibault, qui avait été son premier protecteur. A la mort de cet archevêque, Henri II, qui depuis longtemps était fatigué des prétentions et des désordres du clergé, voulut placer sur le siége vacant un homme dévoué à ses intérêts; il recommanda son chancelier aux évêques. Cette élection souleva une vive opposition, non-seulement de la part du clergé, mais encore de la part des barons normands qui ne voyaient pas sans crainte un Anglais d'origine élevé au siége primatial d'Angleterre. Le roi crut devoir passer outre, et, après treize mois de retard, le candidat de la cour fut ordonné prêtre le samedi de la Pentecôte de l'année 1162, et, le lendemain, consacré archevêque. A peine élevé à cette suprématie, Thomas Becket se fit remarquer par l'austérité de ses mœurs, et, pour se livrer tout entier à son ministère, il fit remettre à Henri II le sceau de la chancellerie. Un changement aussi subit fit croire au roi et aux barons qu'ils avaient été trahis, et les évêques et le clergé normand lui-même n'en furent pas moins surpris. Le roi conçut dès lors une haine profonde contre Becket, et ne laissait échapper aucune occasion de lui nuire. C'est ainsi que, pour détacher le monastère de Saint-Augustin de l'obéissance du siége de Cantorbéry, Henri II fit valoir des droits antérieurs à la conquête et qui avaient été abrogés par elle. Thomas Becket, se souvenant qu'il était Anglais de race et se fondant sur le même principe qu'invoquait le roi, voulut alors faire rentrer dans le domaine de son siége tout ce que la conquête en avait détaché. N'était-ce pas attaquer la conquête elle-même? Aussi l'alarme fut-elle générale. Une autre fois, Becket n'avait pas craint d'arracher aux justiciers royaux un clerc pour le faire juger par un tribunal ecclésiastique; le roi crut devoir recourir à un synode pour y faire décider la question de compétence. Cette assemblée se tint à Clarendon, au mois de mars 1164, sous la présidence de Jean, évêque d'Oxford. Soit qu'ils eussent été séduits par le roi, soit qu'ils redoutassent son ressentiment, presque tous les évêques normands souscrivirent à la ruine de l'indépendance du clergé. Becket refusa d'y donner son consentement, et le pape Alexandre III, sans les condamner formellement, ne voulut point les sanctionner. Cité devant le conseil des barons pour rendre compte des sommes qu'il avait reçues dans ses fonctions de chancelier, et aussi pour répondre à l'accusation d'avoir manqué à son allégeance, Becket fut condamné à l'emprisonnement; mais il interjeta appel au pape et parvint à s'enfuir. Il se rendit au monastère de Saint-Bertin, dans la ville de Saint Omer. A son arrivée en France, il apprit le bannissement de toute sa famille, la confiscation de ses biens, une tentative d'empoisonnement sur Jean, évêque de Poitiers, son ami. Malgré les réclamations de Henri II, Louis VII lui donna l'hospitalité; mais Becket eut peine à se concilier Alexandre III, que les malheurs de l'Eglise forçaient de tenir sa cour à Sens, et qui craignait de s'aliéner le roi d'Angleterre. Forcé de quitter le monastère de Pontigny, parce que le chapitre général de Cîteaux redoutait les menaces du roi d'Angleterre, Thomas Becket trouva une seconde fois un asile à la cour de Louis. La cause qu'il défendait avec tant de persévérance et d'ardeur était celle du peuple anglais : aussi des mesures furent-elles prises pour qu'il ne pût communiquer avec ses amis en Angleterre. Après un retour passager de bonne intelligence entre les rois de France et d'Angleterre, la politique ramena de nouveau Louis VII à sa haine contre Henri II. Becket fut rappelé auprès du roi et reçut de lui des assurances de protection. Il en profita pour lancer de nouveaux arrêts d'excommunication contre ceux qu'il en avait déjà frappés. Il obtint même d'Alexandre III un bref de suspension pour l'archevêque d'York et une menace de censure ecclésiastique contre Henri II, qui, effrayé de l'accord du pape et du roi de France, céda et consentit à un accommodement. Becket retourna alors en Angleterre, malgré les conseils de Louis VII, qui ne croyait pas à la sincérité de Henri II. Cette crainte n'était pas sans fondement, car Becket ne tarda pas à être averti par un clerc de l'église de Boulogne, qu'il était attendu sur la côte d'Angleterre pour y être assassiné. Il répondit : « Quand j'aurais la certitude d'être démembré et coupé en morceaux sur l'autre bord, je ne m'arrêterais pas dans ma route. C'est assez de sept ans d'absence pour le pasteur et pour le troupeau. » Le bref qui suspendait l'archevêque d'York avait été publié avant l'arrivée de Becket et avait soulevé une grande rumeur. Becket ne le rétracta pas. Ce fut alors que, sur le rapport de l'archevêque d'York, qui vint le trouver en Normandie, Henri II prononça ces imprudentes paroles : « Quoi! un misérable qui a mangé mon pain, un mendiant qui est venu à ma cour sur un cheval boiteux, et portant tout son bien derrière lui, insulte son roi, la famille royale et tout le royaume, et, parmi ces lâches chevaliers que je nourris à ma table, il ne s'en trouvera pas un pour me délivrer d'un prêtre qui me fait injure! ». A peine ces mots furent-ils prononcés que Richard le Breton, Hugues de Morville, Guillaume de Traci et Regnault, fils d'Ours, se levèrent aussitôt et partirent pour Cantorbéry, où ils arrivèrent cinq jours après les fêtes de Noël. Ils prirent douze de leurs amis et se rendirent à l'appartement du primat. Là, ils le sommèrent de lever l'excommunication rendue contre l'archevêque d'York, et voyant qu'il restait sourd à leur demande et qu'ils ne pouvaient l'intimider par leurs menaces, ils se retirèrent tous, en criant : Aux armes! La porte de l'appartement fut fermée aussitôt derrière eux. Regnault s'arma dans l'avant-cour, et, prenant une hache des mains d'un charpentier qui travaillait, il frappa contre la porte à coups redoublés pour l'ouvrir ou la briser. Les gens de la maison, saisis d'effroi en entendant les coups de hache, supplièrent le primat de se réfugier dans l'église, qui communiquait à son appartement par un cloître ou une galerie: il ne le voulut point; mais, entendant sonner l'heure de vêpres : « Puisque c'est l'heure de mon devoir, j'irai à l'église, » dit Becket; et faisant porter sa croix devant lui, il traversa le cloître à pas lents, puis se dirigea vers le grand-autel, séparé de la nef par une grille de fer entr'ouverte. Il avait à peine posé le pied sur les marches de l'autel, que Regnault parut à l'autre bout de l'église, en criant : « A moi! à moi! loyaux servants du roi! » Les autres conjurés, armés comme lui de la tête aux pieds, le suivaient de près en brandissant leurs épées. Comme on voulait soustraire le primat à cette attaque, une voix cria : « Où est le traître? » Becket ne répondit rien. « Où est l'archevêque? » reprit-on. — « Le voici, répondit Becket; mais il n'y a pas de traître ici. Que venez-vous faire dans la maison de Dieu avec ces armes? Quel est votre dessein? — Que tu meures! — Je m'y résigne; vous ne me verrez point fuir devant vos épées; mais, au nom de Dieu, je vous défends de toucher à aucun de mes compagnons, clerc ou laïque, grand ou petit. » Dans ce moment, une voix terrible se fit entendre : « Fuis ou tu es mort! » et aussitôt Thomas Becket reçut par derrière un coup de plat d'épée entre les épaules. Il ne bougea pas. Emporté par la fureur, Guillaume de Traci leva son épée, et d'un coup de revers trancha la main d'un moine saxon et blessa Becket à la tête; un second coup, porté par un autre Normand, le renversa la face contre terre; un troisième lui fendit le crâne d'un coup asséné avec tant de violence que l'épée se brisa sur le pavé. Un homme d'armes poussa du pied le cadavre immobile du primat, en disant : « Qu'ainsi meure le traître qui a troublé le royaume, et fait insurger les Anglais! » Telle fut la fin de Thomas Becket, de ce pontife à jamais célèbre que ses ennemis purent tuer, mais non pas vaincre. Il mourut victime de son zèle pour les libertés de l'Eglise, et c'est avec juste raison que Bossuet, dans un élan d'admiration et d'amour, s'est écrié en célébrant tant d'héroïsme : « Jamais martyre n'a ressemblé aussi parfaitement à un sacrifice. » Thomas Becket a été canonisé.

BECK'NGTON (Thomas), théologien et diplomate anglais, né à Beckington, dans le Sommersetshire, en 1385, mort en 1464 ou 1465. On le signale comme le premier écrivain de cette province qui se signala dans les lettres. Le collège d'Oxford venait d'être fondé; il en fut d'abord membre, et, plus tard, quand il fut évêque de Bath, il le dota généreusement.

BÉCLARD (Pierre-Augustin), médecin anatomiste, né à Angers en 1785, mort à Paris le 16 mars 1825. Il étudia pendant quatre ans à l'école secondaire de médecine d'Angers, et sortit victorieux de tous les concours. Il vint à Paris en 1808, il avait alors 23 ans, et fut plusieurs fois lauréat de l'*Ecole pratique*. Puis il devint successivement répétiteur du célèbre chirurgien Roux, prorecteur de la Faculté, docteur en chirurgie, chef des travaux anatomiques (place inappréciable dans laquelle il remplaçait immédiatement Dupuytren), enfin chirurgien en chef de la Pitié, et, en 1818, professeur à l'école de médecine de Paris. Il faut convenir qu'en dix ans c'était faire un chemin rapide. Béclard s'est distingué moins par des aperçus neufs et fondamentaux que par une science exacte et complète, qu'il puisait à toutes les sources, dans tous les pays et dans tous les temps. On a de lui quelques productions estimables: des thèses, des rapports, des traductions, des articles de dictionnaires et de journaux, des *additions* à Bichat, un *Résumé d'anatomie générale*, et quelques mémoires ou utiles ou curieux. Son style est toujours clair, précis, didactique et froid; sans images. Une des contrariétés qu'il eut à éprouver, ce fut de n'avoir pas été conservé, selon le vœu et d'après l'élection de ses pairs, secrétaire perpétuel de l'Académie de Paris: on lui avait préféré M. Pariset.

BECSKEREK (Gross), bourg des Etats autrichiens (Woïwodie), ch.-l. du cercle du même nom, à 70 kil. de Temeswar. Pop. 12,550 hab. Récolte de soie.

BECULA, ville de l'ancienne Espagne (Bétique). L'an 209 av. J.-C. Scipion y vainquit Asdrubal.

BÉDARIEUX, ch.-l. de cant. de l'arrond. de Béziers (Hérault), à 34 kil. de cette ville. Pop. 9,150 hab. Possède un collège. Industrie très-variée et commerce très-actif : draps fins, étoffes de filoselle, laine, papier, bonneterie.

BÉDARRIDES, ch.-l. de cant. de l'arrond. d'Avignon (Vaucluse), à 15 kil. de cette ville. Pop. 2,150 hab.

BÈDE, dit le *Vénérable*. Moine et historien anglais, né en 672, près de Wermouth, dans le diocèse de Durham, mort le 26 mai 735. Il fut élevé dans le monastère de Saint-Paul à Jarrow, sous la direction des abbés saint Benoît et saint Géolfride, et se distingua de bonne heure par sa piété et son application à l'étude. Il fut ordonné diacre à 19 ans, et prêtre à 30, par Jean, évêque de Hagueldstad. Comme il était réputé pour son savoir, le pape Sergius désirait l'avoir auprès de lui; mais Bède ne voulut pas quitter l'Angleterre. Il a laissé de nombreux écrits, dont le plus important est son *Histoire ecclésiastique*, ouvrage qui, bien que rempli des superstitions du temps, n'en est pas moins étonnant pour son siècle, et a exigé d'immenses recherches. Son style est clair et facile, mais il n'est ni pur, ni élégant, ni élevé, ni poli. Il écrivait avec une merveilleuse facilité, mais sans art et sans réflexion. Il avait beaucoup plus de lecture et d'érudition que de discernement et de critique.

BEDEAU. Nom donné autrefois au sergent à verge dans les justices subalternes. Les bedeaux de l'ancienne université de Paris étaient au nombre de quatorze : c'étaient des huissiers porte-masse.

BEDEAU. Nom donné aujourd'hui à un bas officier d'église.

BEDFORD, ville d'Angleterre, capitale du comté de ce nom, à 72 kil. de Londres. Pop. 9,200 hab. On y remarque une église normande, trois gothiques, un beau pont à cinq arches, sur l'Ouse; vaste pénitencier, hôpital d'aliénés, nombreuses écoles. Grande manufacture de flanelle, dentelles; fabrique de paille tressée. Commerce de bois, fer, houille. Cette ville donne le titre de duc à la famille de Russell.

BEDFORD (comté de), situé entre les comtés de Northampton au N.-O., Hunting au N.-E., Cambridge à l'E., Hertford au S., Buckingham à l'O. Villes principales Biggleswat, Luton. Superf. 120,421 hect. Pop. 95,500 hab. Dentelles, ouvrages en paille; céréales et légumes; grande quantité de beurre pour Londres.

BEDFORD, ville d'Angleterre (comté de Lancastre), à 16 kil. de Manchester. Pop. 3,000 hab.

BEDFORD, ville des Etats-Unis (Pensylvanie), à 300 kil. de Philadelphie. Pop. 1,500 hab. On y trouve des sources minérales et des bains fréquentés.

BEDFORD-NEW, ville des Etats-Unis (Massachussetts), à 85 kil. de Boston. Pop. 8,000 hab. Elle possède un bon port sur l'Océan atlantique. Chantiers de construction; armements pour la pêche de la baleine.

BEDFORT (Jean-PLANTAGENET), troisième fils de Henri IV, roi d'Angleterre, né en 1389, mort en 1435. Il commanda, en 1422, l'armée des Anglais contre Charles VII qu'il réduisit bientôt à n'être plus que roi de Bourges, et qui, tout entier à ses plaisirs, *perdait gaiement son héritage*. Il fit proclamer Henri VI roi de France et d'Angleterre, à Paris et à Londres à la fois; il fut lui-même nommé régent de France. Charles VII avait perdu sa flotte à Southampton, et Bedfort était maître de presque toute la France, quand il s'en vit chasser par Jeanne d'Arc, après avoir été abandonné du duc de Bourgogne. Il n'y posséda bientôt plus que Rouen, Calais et quelques villes du littoral. Il ternit sa réputation par le supplice de Jeanne d'Arc. Il mourut lui-même peu de temps après, et son corps fut déposé dans un mausolée près du grand autel de la cathédrale de Rouen.

BEDJAPOUR ou VISAPOUR, ville de l'Hindoustan (Decan), ch.-l. d'un district anglais. Cette ville était autrefois la capitale du royaume de son nom. Elle est située à 370 kil. de Bombay. Au XVIIe siècle, Bedjapour était fortifiée, très-riche et florissante. On y comptait près d'un million de maisons, et ce n'est plus aujourd'hui qu'un immense amas de ruines habitées par une misérable et peu nombreuse population. Parmi les ruines on remarque quelques beaux monuments: le Makhbara ou mausolée du sultan Mohammed-Schah, celui d'Adil-Schah, celui du sultan Ibrahim II; la Djema'mesdjid, superbe mosquée. Cette ville fut prise, en 1689, par Aureng-Zeyb.

BEDJAPOUR (prov. de), région de l'Inde, baignée à l'O. par la mer des Indes. Superficie 530 kil. sur 300. Pop. 7,000,000 d'hab. Ch.-l. Bedjapour. Sol très-fertile. Industrie de coton, d'armes, etc. Cette province était autrefois un royaume indépendant, qui fut soumise par Aureng-Zeyb et par les Mahrattes. En 1818, ce royaume fut partagé entre les Anglais, le Nizam et le Radjah de Sattarah, réuni aujourd'hui aux possessions anglaises.

BEDLAM, corruption de *Bethléem* (comme *Bicêtre* l'est de *Winchester*). Célèbre hospice d'aliénés en Angleterre, à peu de distance de Londres. Il contient 400 aliénés et 60 criminels.

BEDMAR (Alphonse de la Cuéva, marquis DE), prélat et diplomate espagnol, né en 1572, d'une ancienne maison espagnole, mort en 1655. Il fut évêque d'Oviédo, puis ambassadeur à Venise, sous Philippe III. Il conspira contre la république, au mépris du droit des gens, avec le duc d'Ossone, vice-roi de Naples, et don Pédro de Tolède, gouverneur de Milan. Il avait rassemblé dans la ville des aventuriers étrangers. Les conjurés devaient mettre le feu à l'arsenal et se saisir des principaux postes. Pendant ce temps-là, les Milanais devaient arriver par terre et par mer. La conspiration fut découverte, et les conjurés pris et noyés. Bedmar fut respecté par le gouvernement vénitien, qui redoutait le roi d'Espagne; mais il dut s'enfuir pour ne pas être mis en pièces par la populace. Saint-Réal a raconté ces événements dans son *Histoire de la conjuration contre Venise*. Plusieurs historiens ont mis en doute l'existence même de cette conspiration, et on pouvait, en effet, la nier, puisqu'elle n'éclata pas; mais elle est parfaitement prouvée par des documents. Le gouvernement vénitien garda le secret sur la complicité de Bedmar, pour ne pas être engagé dans une guerre contre l'Espagne. Bedmar passa en Flandre, où il fut président du conseil, et reçut le chapeau de cardinal. Ses rigueurs lui firent perdre le gouvernement. Il se retira à Rome, et devint évêque de Palestrino et de Malaca. C'était un homme d'une sagacité rare et possédant au plus haut degré le génie de l'intrigue. Son habileté politique était extraordinaire, et il prévoyait les événements avec une telle sagesse que ses prévisions pouvaient passer pour des prophéties. Il affectait un grand mépris pour les hommes, et restait toujours impénétrable. Il a laissé des écrits politiques sur l'état de la république de Venise.

BEDNOR ou NAGGOR, ville du royaume indien de Maïssour, à 230 kil. de Seringapatam. Pop. 15,000 hab. Elle fut dévastée, en 1763, par Haïder-Ali.

BÉDOUIN, bourg du départ. de Vaucluse, arrond. de Carpentras, à 12 kil. de cette ville. Pop. 1,450 hab. Poterie dite de Bédouin. Ce bourg fut brûlé par Maignet, en 1794, comme repaire d'aristocrates.

BÉDOUINS ou BÉDOUIS, nom donné aux Arabes répandus en Egypte, en Syrie, dans les Etats barbaresques et dans d'autres parties de l'Afrique. Ils vivent en famille, obéissent à des cheiks héréditaires, professent l'islamisme, sous la direction de prêtres appelés *marabouts*. Ils élèvent des troupeaux, fabriquent eux-mêmes les étoffes et les ustensiles dont ils ont besoin, pillent les caravanes et les voyageurs.

BÉDOYÈRE (Marguerite-Hugues-Charles-Marie HUCHET DE LA), littérateur, né à Rennes en 1709, mort en 1786. Il était fils d'un procureur général au parlement de Bretagne. Il se maria, sans le consentement de son père, avec une actrice du théâtre italien, la belle Agathe Sticoti. Son père, irrité, voulut le déshériter, et fit annuler son mariage. La Bédoyère discuta sa propre cause dans des *Mémoires* très-intéressants qui ont été publiés. Devenu vieux, ses sentiments sur l'autorité paternelle se modifièrent de telle sorte que, son fils ayant contracté mariage dans les mêmes conditions que lui, il en demanda et en obtint l'annulation. Quand il mourut, Agathe, accablée de douleur, ne lui survécut que quinze jours. Il a laissé une comédie en vers, intitulée: l'*Indolente*, qui fut jouée aux Italiens avec un certain succès.

BEDR, village d'Arabie (Hedjaz), situé à 130 kil. de Médine. Récolte de baume. En 624, Mahomet y vainquit les Koreischites.

BÉDRIAC, village de l'ancienne Italie septentrionale, dans la Gaule cisalpine, situé entre Crémone et Vérone. L'an 69 av. J.-C., les troupes de Vitellius y battirent celles d'Othon. Vespasien y défit la même année Vitellius.

BEDWIN (Great-), ville d'Angleterre (Wilts), à 35 kil. de Salisbury. Pop. 2,250 hab. On y remarque une très-ancienne église et les ruines saxonnes du *Chisbury-Castle*.

BÉEK (David), célèbre peintre, né à Deft, en Hollande, et selon d'autres à Arnheim, en 1621, mort en 1656. Il a été l'un des meilleurs élèves de Van Dyck. Charles Ier le chargea d'enseigner le dessin au prince de Galles et à ses frères. Il voyagea en France, en Danemark et en Suède. La reine Christine voulut avoir une galerie des portraits des souverains et des personnages célèbres de l'Europe; ce travail échut à Béek. Il fut comblé de présents dans les diverses cours où il s'arrêta. Il quitta la reine Christine, malgré toutes ses instances pour le retenir près d'elle, et alla se fixer à la Haye. Il peignait dans le goût de son maître et avec une rapidité surprenante. « Parbleu, Béek, lui dit un jour Charles Ier, je crois que vous peindriez à cheval et en courant la poste. »

BÉELDEMAKER (Jean), peintre, né à la Haye, en 1636. Il peignait spécialement les chasses et les tableaux de cabinet. Ses travaux s'appliquant habituellement à l'ornementation des appartements dans les châteaux, ne les rendent pas susceptibles de se transporter. Son goût pour ce genre de peinture lui acquit une grande célébrité. Son fils fut aussi un peintre distingué.

BEER (Michel), poëte dramatique, frère du célèbre Meyerbeer, né à Berlin, en 1800, mort à Munich, en 1833. Il est l'auteur d'un grand nombre de tragédies allemandes qui ont été représentées à Munich avec beaucoup de succès. On cite notamment *Struensée*, qui est un chef-d'œuvre, *Clytemnestre*, le *Paria*, *l'Epée et la main*. Il a laissé aussi des poésies lyriques.

BÉERINGS (Grégoire), peintre, né à Malines vers 1500. Il acquit quelque célébrité, mais il la dut surtout aux railleries qu'excita la composition d'un de ses tableaux. Comme il était parfois sans argent, il faisait alors des peintures destinées au commerce et qui laissaient souvent à désirer. Il fit un jour un grand tableau du *Déluge*. On ne voyait que le ciel et l'eau, et, dans le lointain, une masse laissée dans l'ombre, qui figurait l'arche de Noé; au reste, aucune trace d'hommes, d'animaux ni de végétation. Interrogé à cet égard, il répondit qu'il avait peint le déluge alors que tout était submergé, et avant que les eaux ne se fussent retirées. Ce mot fit fortune, car on lui commanda un grand nombre de copies de son *Déluge*.

BEESKOW, ville des Etats prussiens (Brandebourg), à 28 kil. de Francfort-sur-l'Oder. Pop. 3,500 hab. Commerce de toiles, draps.

BEETHOVEN (Louis Van), compositeur célèbre, né à Bonn, dans l'électorat de Cologne, en 1770, mort en 1827. Il étudia à Vienne, sous Haydn, et devint bientôt le rival de ce grand maître. Il se fixa à Vienne, où le retint la générosité de la cour. C'était un génie d'une grande originalité de conception; il sut tirer des effets prodigieux de la musique instrumentale. Toutes ses compositions sont des chefs-d'œuvre. On remarque surtout l'opéra de *Fidelio* et l'ouverture de *Coriolan*. Malheureusement, il était affligé de surdité, et cette infirmité contribuait à lui donner un caractère chagrin et morose.

BEFFARA (Louis-François), littérateur, né à Nonancourt (Eure), en 1751, mort en 1838. Il a consacré sa vie entière à des recherches historiques et à des commentaires sur les œuvres de Molière.

BEFFROI ou BEFFROY. Ce mot, dérivé du vieux langage *béée* (vois) et *effroy*, servait à désigner les tours placées sur les frontières ou au milieu des villes de guerre, d'où l'on observait les mouvements de l'ennemi dans la campagne. Il servait aussi à désigner les tours mobiles dont on se servait dans les siéges pour escalader les murailles des villes. A partir du XIe siècle, presque toutes les villes du nord de la France eurent leur beffroi. Une cloche, placée au haut de la tour, donnait aux bourgeois le signal d'alarme. Paris avait trois beffrois : au Parloir des bourgeois (hôtel de ville), au Palais et à la Samaritaine. On sonnait le tocsin pendant 24 heures pour la naissance d'un héritier de la couronne.

BÉFORT ou BELFORT, sous-préfect. du départ. du Haut-Rhin, à 69 kil. de Colmar. Pop. 5,500 hab. Elle est située au pied d'un roc fortifié par Vauban en 1686, et que couronne un château plus ancien que la ville, qui maintenant sert de forteresse. Tribunal de 1re instance et de commerce, direction des douanes, collége. Tanneries, forges, horlogeries, scieries, mines de fer aux environs. Commerce d'entrepôt considérable. Eaux-de-vie, vins, grains, etc. On remarque près de Belfort la tour de la Miotte. Cette ville fut plusieurs fois prise, et réunie à la France en 1648. En 1820, il y éclata un complot libéral, ayant pour chef le colonel Caron; il n'eut pas de suite.

BÉFORT (collines de), chaînon se détachant du ballon d'Alsace et se reliant au Jura. On appelle *trouée de Béfort* un espace dépourvu de défense entre les Vosges et le Jura.

BEG, BEK, BEIGH ou BEY, mot employé de ces différentes façons suivant les divers dialectes turcs; c'est un titre honorifique, personnel et non héréditaire, qui correspond au titre de prince ou de seigneur. Cette dignité, assez prodiguée en Turquie, est accordée en récompense du mérite militaire ou des services rendus dans l'administration; elle est même accordée aux chrétiens qui se distinguent dans les arts ou dans le commerce.

BÉGA (Corneille), peintre hollandais, né à Harlem, en 1600, mort en 1664. Il s'appelait *Bégyn*: mais, s'étant brouillé avec son père, il modifia la terminaison de son nom. Il fut l'élève de Van Ostade, dont il reproduisit la manière dans ses tableaux. Il avait supérieurement compris le jeu de la lumière et la perspective. Il peignait habituellement des scènes champêtres ou de cabaret. Il était aussi habile graveur à l'eau-forte. Sa maîtresse ayant été atteinte de la peste, il voulut rester près d'elle pour lui prodiguer ses soins, et fut victime de son dévouement. Le Louvre possède son *Intérieur d'un ménage rustique*. On y voyait aussi une *Assemblée de buveurs* et un *Laboratoire de chimiste;* mais ces deux tableaux en ont disparu.

BÉGARDS ou BÉGHARDS. C'était une secte d'hérétiques qui avaient adopté la théorie de Scot Erigène, mais en lui donnant un caractère mystique que n'avait pas d'abord la doctrine du célèbre dialecticien. Ainsi ils affirmaient que Dieu était dans tout, que par conséquent il était tout, et que par cette union avec l'homme, l'une des parties du grand tout, l'homme s'identifiait avec Dieu et devenait Dieu lui-même. Ce système panthéiste conduisait les Bégards à mépriser les lois divines et humaines, et à admettre une sorte de fatalisme. On les appelait aussi *Frères du libre esprit*. Ils s'établirent dans le nord de la France et en Allemagne; mais, en 1311, ils furent condamnés par le concile de Vienne.

BEG-BAZAR, ville de la Turquie d'Asie, à 80 kil. d'Angora; elle est située près du confluent de l'Indousou avec la Sakaria. Elève de chèvres et de moutons.

BEC-CHEHER, ville de la Turquie d'Asie, à 95 kil. de Konich, sur le lac du même nom.

BEGEMDER, contrée d'Abyssinie, située entre le lac Dembea et l'Amhara. Cette contrée est très-riche en productions minérales.

BÉGER (Laurent), numismate allemand, né à Heidelberg en 1653, mort à Berlin en 1705. Il était fils d'un tanneur. Il fut bibliothécaire de l'électeur Frédéric-Guillaume. Il a publié des travaux sur les médailles de son pays, sur celles de l'ancienne Rome et de la France. Charles-Louis, électeur palatin, voulant, sans divorcer avec sa femme, épouser la baronne de Degenfeld, lui demanda un ouvrage qui justifiât la polygamie. Béger eut le courage d'entreprendre ce travail; mais, à la mort de l'électeur, il donna une réfutation de son propre ouvrage.

BEGGENRIED, ville de la Suisse (cant. d'Unterwalden), Pop. 1,350 hab. Elle est située sur le lac des Quatre-Cantons. Cette ville était autrefois le point central où les Quatre-Cantons se réunissaient pour traiter de leurs intérêts communs.

BEGLER-BEG, mots turcs qui signifient *seigneur des seigneurs*. Titre que prennent, en Turquie, les gouverneurs des grandes provinces. Les principales marques de leur dignité sont trois queues de cheval, que l'on porte devant eux, et, comme le grand vizir, ils peuvent se faire précéder dans leurs promenades d'un certain nombre de fifres et de tambours.

BÉGUELIN (Nicolas DE), célèbre physicien, né à Courtelari (Suisse), en 1714, mort à Berlin en 1789. Il se distingua déjà sous Bernouilli, dont il fut l'élève, et devint gouverneur de Frédéric-Guillaume, roi de Prusse. Conseiller de légation à Dresde, il a été directeur de l'Académie de Berlin.

BÉGUILLET (Edme), agronome, mort en 1786. Il fut avocat, puis notaire à Dijon. Il consacra ses loisirs à l'étude de l'économie agricole, et il a laissé sur cette matière, et notamment sur la vigne et le blé, des travaux utiles.

BÉGUINAGES. On entend par ce mot des habitations de femmes pieuses, nommées béguines, qui, sans prononcer de vœux, vivent en commun dans des maisons religieuses. Les béguines étaient autrefois très-répandues en France, et se consacraient au service des malades. Louis XI les remplaça par les sœurs du tiers-ordre de Saint-François, qui conservèrent encore longtemps le nom de béguines. Leurs associations sont encore nombreuses en Belgique, dans les Pays-Bas et en Allemagne. Quelques historiens attribuent la fondation des béguinages à Begga, fille de Pépin de Landen. Cette institution paraît remonter au XIIe siècle. Les béguines ont été souvent confondues avec les bégards, en raison de la conformité du nom.

BEHADER-KHAN ou BEHAR-DAR-KHAN (Ala-Eddyn-Abou-Layd), né en 1302, mort en 1335. Il succéda à son père Oldjaïtou, sultan de l'empire Mongol, fondé dans le N. de la Perse. Il se laissa conduire par d'indignes favoris qui, à l'abri de son autorité, commirent les actes les plus révoltants. L'un d'eux, l'émir Djouban, ayant refusé sa fille à Behader, et l'ayant même donnée à un autre, fut mis à mort par ses ordres. L'époux de la fille de l'émir l'offrit complaisamment au sultan. Mais celle-ci, voulant venger la mort de son père, empoisonna Behader-Khan au moment où il préparait une expédition contre ses voisins.

BEHADER-SCHAH, fils d'Aureng-Zeyb, empereur des Mongols en 1707. Le trône lui fut disputé par ses frères. A la faveur des déchirements qui désolèrent l'empire, les Mahrattes, ligués avec d'autres peuples voisins, démembrèrent la Mongolie. Behader mourut à Lahore en 1712.

BEHAIM (Michel), poëte allemand, né dans le Weinsberg en 1421, mort en 1490. Il composa, en collaboration avec Mathis, un poëme dont *Frédéric Ier* est le héros. Il publia aussi le *Livre des Viennois*. Ces ouvrages sont intéressants, non-seulement au point de vue du mérite politique, mais surtout à raison de la fidélité historique.

BÉHAIM (Martin), célèbre navigateur, né en 1430, mort à Lisbonne en 1506. Il acquit dans l'exercice de la navigation commerciale de grandes connaissances mathématiques, et se montra habile et savant marin. On lui attribue la découverte de l'astrolabe. Il fit partie de l'expédition de Diégo Can, envoyé en Afrique par Don Juan II, roi de Portugal, pour y faire des explorations. En 1486, il épousa la fille de Job Huerter, célèbre navigateur, à qui l'on attribue la découverte de l'île de Fayal. De retour dans sa patrie, il construisit un globe terrestre sur lequel il traça les pays qu'il avait découverts. De là il passa à la cour de Don Juan II, roi de Portugal, qui lui confia une mission politique en Flandre. Il fut pris par les Anglais, rendu à la liberté, puis bientôt après repris par les Français. Il paya sa rançon et revint en Portugal, où il mourut. Peu de navigateurs avant lui avaient poussé plus loin leurs explorations.

BÉHÉMOTH, animal mystérieux dont parle Job. Selon les Pères de l'Eglise, c'est l'image du démon, du mal, de l'Antechrist, etc. Les rabbins prétendent que le béhémoth est un animal que Dieu réserve pour le festin des élus, à la fin du monde.

BEHETERIA. On entendait par ce mot l'une des formes de la propriété féodale, en Espagne. La beheteria est définie dans *las Partidas* : « une espèce d'héritage qui s'appartient à lui-même, en restant indépendant de celui qui l'occupe; et le propre de ce genre de domaine, est de pouvoir se choisir le maître qu'il préfère et qui lui fait le plus de bien. » La beheteria étant une sorte de terre allodiale qui ne relevait d'aucune suzeraineté, les vassaux des seigneurs qui possédaient ces terres firent introduire dans la constitution féodale une exception à la transmission héréditaire, afin d'assurer le respect de leurs droits et de leurs libertés, dont ils étaient autrefois si jaloux.

BEHN (Aphara), femme de lettres, née à Cantorbéry (Angleterre), en 1640, morte en 1689. Elle suivit en Amérique son père, qui avait été nommé lieutenant général de Surinam, et le perdit dans la traversée. Elle connut le prince Oronoko, dont elle raconta les aventures chevaleresques dans une *Nouvelle* qui est considérée comme un chef-d'œuvre. De retour à Londres, elle épousa un commerçant du nom de Behn. Charles II la chargea d'une mission politique dans les Pays-Bas; elle y déploya cette finesse particulière à son sexe, et sut découvrir le projet formé par les Hollandais, de remonter la Tamise et d'y incendier les navires et les docks. On regrette que cette femme, d'un talent supérieur, se soit abandonnée à ses passions ardentes, et ait ainsi entaché sa brillante réputation d'écrivain. Elle composa, avec le comte de Rochester, des *Chansons et des pièces fugitives*; elle publia aussi des *nouvelles* qui attestent un sentiment exquis. Elle traduisit la *Pluralité des Mondes* de Fontenelle, et les *Réflexions morales* de la Rochefoucault, sous le titre de *Sénèque démasqué*. Elle aborda le théâtre et y introduisit des pièces remarquables par l'intrigue autant que par l'esprit qui y est prodigué, mais où l'on rencontre parfois des scènes où la pudeur est fort souvent offensée.

BÉHNÉCÉ, ville de la moyenne Égypte, à 65 kil. de Bénisouef.

BEHRING, île de l'Océan pacifique. Superf. 120 kil. de long sur 40 de large; montagneuse, stérile et déserte. Elle fut découverte en 1741, par Behring, qui y mourut.

BEHRING (mer de). *Voir* KAMTCHATKA (mer de).

BEHRING (détroit de), situé à l'extrémité de l'Asie, il unit l'Océan pacifique et l'Océan glacial arctique, sépare l'Asie de l'Amérique. Il a 200 kil. de long. sur 88 de large. L'hiver il est couvert de glaces qui ne fondent jamais complètement. Le détroit de Behring fut découvert par Behring en 1728 et fut complètement exploré par Cook, en 1778.

BEHRING (Vitus), navigateur, né à Horsens (Danemark) en 1680. Il entreprit de nombreux voyages d'exploration et mourut épuisé de fatigues, en 1741.

BEILAN, ville de la Turquie d'Asie (Syrie), eyalet d'Adana, à 15 kil. d'Alexandrette. Pop. 4,000 hab. Elle est située sur la cime d'une haute montagne. Beau climat; sources nombreuses. En 1832, les Turcs y furent battus par Ibrahim-Pacha.

BEINE, ch.-l. de cant. de l'arrond. de Reims (Marne), à 12 kil. de cette ville. Pop. 1,130 hab.

BEIRA, province du Portugal, bornée à l'E. par l'Espagne et les provinces Tra-Douro-e-Minho, Tras-os-Montes, Estramadure portugaise, Alentejo; à l'O. par l'Atlantique; superf. 240 kil. sur 135. Pop. 1,181,980 hab. Elle est arrosée par le Tage, le Mondego et le Douro; traversée par les montagnes d'Estrella. Vins, huile, céréales, maïs, bons fruits, châtaignes et grains. Exploitation de marbre et de fer. Cette province se divise, depuis 1835, en Haut-Beïra, ch.-l. Castello-Branco. Pop. 149,893 hab., et Bas-Beïra, ch.-l. Coïmbre. Pop. 1,032,087 hab.

BEIREIS (Gottfried-Christophe), médecin-chimiste, né à Mulhouse en 1730, mort à Helmstadt, en 1809. Il enseigna la physique et la médecine à Helmstadt, et devint médecin du duc de Brunswick. Il perfectionna la préparation du carmin et la fabrication du vinaigre. C'était un homme d'une originalité rare, et qui dut surtout sa réputation à ses excentricités. Il avait amassé dans une maison spacieuse un grand nombre de tableaux et de curiosités auxquelles il attribuait un prix imaginaire. Il prétendait faire de l'or.

BEITH-EL-FAKIH, ville d'Arabie dans l'Yemen (royaume de Sana), à 133 kil. de Moka. Pop. 5,700 hab. Entrepôt de café des environs. Résidents européens.

BEJA, ville du Portugal (Alentejo), à 125 kil. de Lisbonne. Pop. 6,000 hab. Siége d'un évêché; fort bâti par le roi Denis, cathédrale, antiquités. On y remarque d'anciennes murailles et des tours. Riches plantations d'oliviers aux environs.

BEJAR, ville d'Espagne, dans la province de Salamanque, à 76 kil. de cette ville. Pop. 4,700 hab. Fabrique de draps et lainages; jambons renommés. Eaux minérales.

BÉJART, nom d'une famille de comédiens français, qui furent célèbres au XVIIe siècle. La mère de Jacques Béjart et de ses deux sœurs avait épousé secrètement M. de Modène, gentilhomme du comtat Venaissin.

BÉJART (Jacques), comédien de la troupe de Molière, né en 1622, mort en 1659. Il remplissait les emplois de pères, de seconds valets et de confidents. Il fit une chute qui le rendit boiteux; mais le public ne l'accueillit pas moins favorablement, malgré cette infirmité. Les gens de la maison militaire du roi, furieux de ce que Molière avait obtenu du roi qu'ils n'entreraient plus gratis au théâtre, s'étaient portés à de graves excès, Béjart sut les apaiser par son sang-froid en même temps que par d'heureuses saillies.

BÉJART (Elisabeth-Armande-Crésinde-Claire), sœur du précédent, morte en 1700. Molière fut son premier mari, et les chagrins dont elle l'abreuva attristèrent la vie du grand comique. Elle épousa en secondes noces Guérin d'Estriche.

BÉJART (Geneviève), comédienne, sœur de la précédente, née en 1618, morte en 1675. Elle épousa d'abord Villaubrun, puis Aubry, auteur tragique. Elle excella dans l'emploi des soubrettes.

BÉJAUNES, nom donné, au temps de la Basoche, aux jeunes étudiants qui entraient dans la corporation. Ils étaient forcés par les anciens de la Basoche à leur payer une bienvenue.

BÉKÉS ou BEKESVAR, ville de Hongrie, ch.-l. d'un comitat du même nom, à 16 kil. de Gyula. Pop. 17,250 hab. Ville commerçante et jadis forte. Beau château du comte Jos Wenkheim. Marchés à bétail et commerce de blé.

BÉKÉS (comitat de), il est situé entre ceux de Bihar, Arad, Csanad, Csongrad, Hevesch et la Grande-Cumanie, ch.-l. Gyula. Superf. 348,700 hect. Pop. 155,000 hab., Récolte de froment, élève de bétail. Ce comitat fut ensanglanté par les guerres du XVIIe siècle.

BEKKER (Balthazar), théologien, né à Metselawier en Frise, en 1634, mort à Amsterdam en 1698. Doué d'un excellent jugement et même profond philosophe, il se jeta courageusement dans des controverses avec les théologiens de son temps. Il lutta pour soutenir la doctrine de Descartes; il s'attira même des persécutions pour avoir combattu les préjugés de son siècle et notamment l'existence du démon. Il se vit dépouiller de sa place de ministre protestant à Amsterdam; ses travaux furent condamnés par un synode; et on l'accabla d'injures et d'outrages dans d'odieux écrits. Ses principaux ouvrages sont intitulés : *Recherches sur les comètes* et *Le monde enchanté*. Bekker combat la superstition sous toutes ses formes: il prouva que le diable ne s'est jamais mêlé des affaires des hommes, et que, par suite, il n'y a jamais eu ni possédés ni sorciers.

BEKKER (Elisabeth Wolf), née à Flessingue en Hollande, en 1738, morte en 1804. Elle se distingua à la fois comme romancier et comme poëte. Elle apporta dans ses productions un rare esprit d'observation, et écrivait d'un style pur et élégant. Elle possédait, outre le hollandais, le français, l'anglais et l'allemand. Elle s'était déjà fait remarquer par un poëme intitulé : *Plainte de Jacob sur le tombeau de Rachel*, quand son mari mourut. Elle alla demeurer alors avec Agathe Deken, son amie, déjà célèbre aussi par plusieurs ouvrages. Une amitié touchante unit la destinée de ces deux femmes; elles travaillèrent ensemble à des romans d'un mérite incontestable, et gagnèrent cependant péniblement leur vie; elles étaient souvent obligées d'interrompre leurs travaux et de faire des traductions pour subvenir à leurs besoins. Bekker mourut la première, et son amie ne lui survécut que neuf jours. La Société des arts et des sciences d'Amsterdam leur fit de splendides funérailles.

BEKTACHIS ou BEIGTACHIS, ordre de derviches turcs fondé au XIVe siècle par Hadji-Bektach. Ils vivent du travail de leurs mains et d'aumônes.

BÉLA ou BEILA, ville du Beloutchistan, cap. de la province de Lous, à 20 kil. d'Haïderabad. Pop. 15,000 hab. Cette ville est sur un rocher arrosé par le Pourali.

BÉLA, ville de Hongrie (comitat de Zips), à 18 kil. de Leutschau. Pop. 2,800 hab.

BÉLA, nom que les anciens Laconiens donnaient au soleil.

BÉLA Ier, successeur de son frère André Ier, roi de Hongrie, régna de l'an 1061 à 1063. Il réprima la tentative des Hongrois pour retourner au paganisme et parvint à y affermir la religion chrétienne. Il est regardé comme le créateur du commerce dans cette contrée où il institua la représentation nationale par des diètes.

BÉLA II, surnommé l'*Aveugle*, régna de 1131 à 1141. Il reçut le surnom d'*Aveugle* parce qu'il eut les yeux crevés dans son enfance par son oncle Coloman. Il fut appelé au trône par son cousin Etienne II qui n'avait pas d'héritier. Il souilla les dernières années de sa vie par la débauche et des condamnations à mort.

BÉLA III, fils et successeur d'Etienne III, régna de 1174 à 1196, fut élevé à Constantinople, épousa la fille de Philippe-Auguste, roi de France. Il introduisit dans le pays les mœurs et les coutumes byzantines, et fit strictement observer les lois.

BÉLA IV, fils d'André II, régna de 1235 à 1270. En 1236, il battit complétement le duc d'Autriche Frédéric II; il fut vaincu à son tour, en 1241, par les Mongols et se vit obligé d'aller demander asile au prince qu'il avait vaincu. En 1246 il mit en déroute le duc d'Autriche sous les murs de Wiener-Neustadt, et, en 1262, il repoussa vigoureusement l'invasion tentée par les Mongols en Hongrie.

BELABRE, ch.-l. de cant. de l'arrond. du Blanc (Indre), à 12 kil. de cette ville. Pop. 1,250 hab. Forges et hauts-fourneaux.

BELAD-EL-DJÉRID. (*Voir* BELEDULGÉRID.)

BELAIA, rivière de la Russie. (*Voir* BIELAIA.)

BELAIR (Alexandre-Julien DE), général, né à Paris en 1747, mort en 1819. Il est demeuré célèbre par la proposition qu'il fit, en 1792, de convertir en canons les statues et les bronzes des jardins royaux, et en balles tous les plombs du château et du parc de Versailles. Il avait servi quelque temps en Hollande, et pris part en Prusse à la rédaction de la *Gazette de Berlin*. De là il vint à Paris et fut nommé ingénieur en chef, puis commandant de la garde nationale de Paris. Promu au grade de général de division, il fit la campagne de 1793 dans l'armée du Nord, mais il fut bientôt mis à la retraite.

BELASORE, ville de l'Hindoustan anglais. (*Voir* BALASORE.)

BELASPOUR, ville de l'Hindoustan anglais, dans la présidence de Pendjab, à 200 kil. de Delhi. Pop. 15,000 hab. Cette ville était autrefois la capitale d'un Etat appartenant aux Anglais depuis 1822.

BELBEIS, ville de la basse Egypte, à 45 kil. du Caire. Pop. 15,000 hab. Jadis fortifiée. Cette ville fut relevée par Napoléon.

BELBO, rivière du royaume d'Italie; prend sa source entre Ceva et Millesimo; après un parcours de 80 kil., elle se jette dans le Tanaro.

BELCAIRE, ch.-l. de cant. de l'arrond. de Limoux (Aude), à 30 kil. de cette ville. Pop. 950 hab.

BELCHITES, bourg d'Espagne, dans la province de Saragosse, à 32 kil. de cette ville. Pop. 2,500 hab. Le 18 juin 1809, les Espagnols y furent battus par les Français, commandés par le maréchal Suchet.

BÉLENUS. Divinité principale de l'Illyrie, de la Norique, de l'île de Bretagne et de quelques localités de la Gaule. On croit que c'est Apollon ou le Soleil.

BELÉNYES, bourg de Hongrie, dans le comitat de Sud-Bihar, à 40 kil. de Gross-Wardein. Pop. 6,000 hab. Carrières de marbres noirs, mines de cuivre et de fer.

BÉLÉSIS, prêtre chaldéen, nommé aussi *Nabonassar* et *Baladan*, contribua à élever Arbace au trône de Médie, en 770 av. J.-C. Quand Sardanapale, roi d'Assyrie, mourut, ayant appris que ce prince s'était brûlé dans son palais avec des monceaux d'or et d'argent, il demanda la permission de remplir un devoir pieux en emportant les cendres de ce prince; mais, par ce moyen ingénieux, il enleva en même temps les trésors de Sardanapale.

BELESSICHARÈS, c'est-à-dire *qui se complaît en ses flèches*, un des surnoms donnés à Apollon.

BELESTA, bourg du départ. de l'Ariége, arrond. de Foix, à 28 kil. de cette ville. Pop. 2,500 hab. Scieries, forges, exploitation de marbre. On remarque aux environs la source intermittente de Fontestorbe.

BELFAST, ville d'Irlande (comté d'Antrim), à 132 kil. de Dublin. Pop. 100,500 hab. Cette ville est située à l'embouchure du Lagan, dans le golfe de Belfast. Ancienne place forte; siége d'un évêché catholique de Down et Connor; port; deux belles églises, établissements d'instruction et de bienfaisance, bibliothèque. Grandes manufactures de toiles de lin et étoffes de coton, vitriol. Chantiers de construction, brasseries, verreries, fonderies, corderies, savons, tabacs, etc. Exportation en Amérique et en Orient, commerce avec l'Ecosse. Paquebots pour Londres, Liverpool, Dublin, Glasgow. Belfast est la résidence du marquis de Donegal, dont le fils aîné est comte de Belfast.

BELFAST, ville des Etats-Unis (Etat du Maine), à 110 kil. de Portland. Pop. 4,000 hab. Port sur la baie de Penobscot. Commerce important.

BELFAUX, village de Suisse (Fribourg), situé à 5 kil. de Fribourg. Pop. 300 hab. Pèlerinage.

BELFORT, ville d'Alsace. (*Voir* BÉFORT.)

BELGAM, ville forte de l'Hindoustan anglais (présidence de Bombay), district de Darouar, à 70 kil. de Bedjapour. Pop. 8,000 hab. Cette ville fut prise par les Anglais en 1818.

BELGIOJOSO, bourg du royaume d'Italie, situé à 12 kil. de Pavie. Pop. 2,800 hab. On y remarque le château des princes de Belgiojoso.

BELGIQUE (province gauloise). Les Romains désignaient sous le nom de Belges les peuples qui habitaient entre la Seine et le Rhin. Les Belges, continuellement en guerre avec les Germains, étaient plus belliqueux que les autres Gaulois; aussi firent-ils à César une plus longue résistance. Les peuples de cette contrée qui jouèrent le plus grand rôle dans cette guerre furent les Séquaniens, les Bellovaques et les Rémois. Sous Dioclétien, qui opéra le remaniement des provinces de l'empire, la Belgique fut divisée en deux provinces distinctes: la Belgique Ire était limitée par la Belgique IIe, la Germanie, la Lyonnaise et la Séquanaise; la Belgique IIe, limitée par la Germanie, la mer du Nord, la Manche et la Lyonnaise, comprenait à peu près le territoire actuel de la Belgique.

BELGIQUE (royaume de). Ce pays fut primitivement habité par les Celtes; il fut ensuite soumis successivement aux Romains, aux Francs, à la maison de Bourgogne, à l'Espagne, à l'empire d'Allemagne, à la maison d'Autriche, à la France, et enfin à la Hollande. Il forme, depuis la révolution de 1830, un Etat indépendant. Il est borné au N. par la Hollande, à l'O. par la mer du Nord et la France, à l'E. par les provinces rhénanes, et au S. par la France. Sa superficie est de 10,960 kil. carrés, et sa population de plus de 4 millions d'habitants. La Belgique est divisée en neuf provinces administrées chacune par un gouverneur. Les principales villes sont: Bruxelles, capitale; Anvers, Liége, Malines, Louvain, Bruges, Ostende, Namur, Philippeville, Dinan et Arlon. Les pays du nord parlent flamand; le français et le wallon sont parlés à la fois dans les pays du sud. Le sol est généralement plat, et son niveau s'abaisse tellement vers la mer qu'on a dû prévenir par des endiguements considérables l'envahissement des eaux. Les principaux fleuves sont la Meuse et l'Escaut. La Belgique est traversée, en outre, par une multitude de canaux dont la nature du terrain rendait la construction facile. Le climat est généralement sain et tempéré. Le territoire est d'une grande fertilité, mais il la doit surtout à l'industrie de ses habitants et à la protection d'un gouvernement sage et libéral. Le blé, le lin, le chanvre, le colza, l'œillette, le houblon, le tabac et les meilleurs fourrages sont produits en grande abondance. Le bois est rare et ne prospère que dans la partie des Ardennes; mais la houille, le fer, l'alun, le vitriol et la chaux se rencontrent par masses considérables. Il y a aussi de nombreuses carrières de pierre, de marbre et d'ardoises; on y trouve ce sable purifié de chaux qui sert à la fabrication du verre. Les eaux de Spa ont une réputation européenne. Les animaux domestiques y croissent en grand nombre et avec une vigueur incomparable. Dès le moyen âge, les manufactures belges étaient renommées dans le monde entier. Le commerce des draps était surtout florissant, et c'est des Belges que nous vient l'art de les tisser. En 1799, la Belgique précéda tous les autres pays dans l'application d'un système uniforme de poids et de mesures. Aujourd'hui la Belgique est au premier rang pour l'importance commerciale, eu égard à sa population. Les chemins de fer sillonnent son territoire dans tous les sens. Le commerce extérieur et le commerce de transit reçoivent de jour en jour un accroissement surprenant; enfin la navigation n'est pas moins prospère, bien que la Belgique ne possède qu'une seule colonie, celle de Saint-Thomas, dans le Guatemala. Au moyen âge, et avant d'être soumise à la domination bourguignonne, la Belgique était divisée en un grand nombre de fiefs indépendants les uns des autres, et sans aucun lien de nationalité. L'archiduc Maximilien, en devenant l'époux de Marie de Bourgogne, fille et héritière de Charles le Téméraire, réunit le premier sous sa domination le Brabant, le Hainaut, la Hollande, la Zélande et Namur, en 1477. Le sort de la Belgique changea sous l'archiduc Philippe, fils de Maximilien. Philippe et sa sœur Marguerite avaient épousé Jeanne et Jean, tous deux enfants de Ferdinand le Catholique et d'Isabelle de Castille. L'archiduc Philippe mourut en 1506, au moment où il allait recueillir la succession d'Isabelle et prendre la couronne d'Espagne. Après sa mort, les Pays-Bas furent dévolus à l'archiduc Charles d'Autriche, plus tard Charles-Quint, et administrés, pendant sa minorité, par Marguerite, sa tante. C'est ainsi que se trouvèrent réunies la couronne d'Espagne et celle des Pays-Bas. Les troubles religieux désolèrent ce pays pendant la domination espagnole. L'administration du duc d'Albe, qui avait promis de tirer plus d'or des Pays-Bas que n'en rapportait le Pérou, et qui, en effet, ruina le pays par des impôts qui n'étaient qu'une confiscation déguisée, amena une révolte générale. On reprochait aussi au gouverneur d'avoir fait périr 18,000 habitants sur les bûchers de l'Inquisition. Les gouverneurs qui vinrent après lui ne purent apaiser la fureur populaire. Le conseil d'Etat prit la direction des affaires en 1576; les diverses provinces se formèrent en confédération, et les confédérés signèrent à Gand le fameux traité connu sous le nom de *pacification de Gand*, par lequel ils juraient de chasser les Espagnols. Cependant, une transaction intervint, et Philippe II, roi d'Espagne, accepta par l'*édit perpétuel* les conditions que les Pays-Bas mirent à leur soumission. Don Juan d'Autriche fut alors accepté comme gouverneur général; mais les Espagnols et les autres troupes étrangères durent évacuer le pays. Cependant, les confédérés ne déposèrent pas les armes, et en 1579 ils signèrent l'*union d'Utrecht*, qui devint la base constitutive de la république des Etats-Unis. La lutte continua encore contre Philippe II avec des alternatives diverses; mais il fut enfin forcé de reconnaître l'indépendance des Pays-Bas. Il maintenait cependant sa domination dans les provinces du sud. Louis XIV, dans les guerres qu'il soutint contre la maison d'Espagne, s'empara de la plupart des possessions qui lui restaient en Belgique et dans le nord de la France. Par le traité d'Utrecht, conclu en 1713, Louis XIV donna la Belgique à l'empereur Charles VI. Les Hollandais, profitant du dénûment dans lequel se trouvait la Belgique, traitèrent avec l'empereur pour avoir le droit d'y tenir garnison. Leur but était d'asservir la Belgique en détruisant la concurrence commerciale qu'ils pouvaient redouter de la part des Belges, et en même temps de couvrir leurs frontières du côté de la France et de l'Allemagne. A la mort de Charles VI, la Belgique appartint à Marie-Thérèse d'Autriche; mais sa souveraineté ne fut jamais bien établie, en raison de l'immixtion de la Hollande dans les affaires de la Belgique. Les Hollandais étaient parvenus à interdire la navigation de l'Escaut. Joseph II, qui succéda à Marie-Thérèse, fut trop faible pour résister aux Hollandais, et les Belges, honteux de leur asservissement, finirent par se révolter contre lui. Le 24 octobre 1789, le peuple brabançon proclama la déchéance de Joseph II. Les Autrichiens, frappés de terreur, évacuèrent le pays sans coup férir. Les provinces belges se constituèrent alors sous le nom d'*Etats belgiques unis*. Cependant, ne recevant pas les secours qu'ils attendaient de la République française, et craignant d'être attaqués par les Autrichiens, ils élurent spontanément le troisième fils de Léopold, empereur d'Autriche, l'archiduc Charles, *grand-duc héréditaire de la Belgique*. Mais l'armée autrichienne envahit les provinces belges, et exigea une soumission complète. En 1791, une armée républicaine française s'ouvrit la Belgique par la victoire de Jemmapes, et elle fut d'autant mieux accueillie que le premier acte du gouvernement fut de proclamer la liberté de la navigation de l'Escaut. Cependant les Belges, attachés à leurs croyances religieuses, s'effrayèrent des idées nouvelles que les Français répandaient dans leur pays, et rappelèrent les Autrichiens. Ceux-ci ne purent s'y maintenir, et la France resta en possession de ce pays jusqu'en 1814. A cette époque, les Prussiens y pénétrèrent. Napoléon fit de nouveaux efforts pour reconquérir le pays, mais son étoile pâlit à Waterloo; et dès ce moment la Belgique fut perdue pour les Français. La Hollande devint alors maîtresse de cette contrée. Mais en 1830, la révolution française de juillet eut son contrecoup en Belgique. Les patriotes belges conquirent définitivement leur indépendance, résolurent d'appeler au trône de Belgique le duc de Leuchtenberg. Louis-Philippe, craignant les conséquences de la souveraineté d'un membre de la famille de Napoléon sur un royaume si près de la France, contrebalança ce choix en faisant proposer son fils, le duc de Nemours; ce prince ayant été accepté, Louis-Philippe, redoutant l'opinion des grandes puissances, refusa à son tour; c'est alors que le congrès, sur la recommandation de l'Angleterre, élut Léopold de Saxe-Cobourg, qui monta sur le trône et prêta serment à la constitution, le 21 juillet 1831. La Hollande tenta un dernier effort pour ressaisir la Belgique; mais une armée française intervint pour faire respecter l'indépendance de ce pays. Depuis cette époque, la Belgique n'a cessé de prospérer sous un roi dont l'Europe admire la sagesse.

BELGIUS, chef gaulois, fit une expédition en Macédoine l'an 280 av. J.-C., vainquit et tua le roi Ptolémée Céraunus.

BELGODÈRE, ch.-l. de cant. de l'arrond. de Calvi (Corse) à 19 kil. de cette ville. Pop. 1,500 hab. Huile, citrons, orangers, figues d'Inde. Cette ville est située dans une position très-agréable près de la mer.

BELGRAD, ville de Roumélie. (*Voir* BUIUKDÉRÉ.)

BELGRADE, capitale de la Servie. Cette ville, fortifiée par la nature autant que par l'art, est située au confluent de la Save et du Danube. Sa position au nord de la Turquie, entre Constantinople et Vienne, lui donne une situation politique importante, et en fait en quelque sorte l'une des portes de l'Europe. Après avoir été gouvernée par des rois, la Servie passa sous la domination des Hongrois. Après la prise de Constantinople par les Turcs, Belgrade devint en quelque sorte le champ de bataille entre les Turcs, qui cherchaient à envahir l'Europe, et l'Occident, qui leur résistait. En 1525, Soliman II, s'empara de cette ville, après vingt assauts infructueux. Les Autrichiens la reprirent aux Turcs en 1688; mais la possession leur en fut disputée jusqu'en 1717. A cette époque le prince Eugène l'assura à l'Autriche par le traité de Passarowitz. Cependant les Turcs la recouvrèrent en 1739, lorsque fut conclue la paix de Belgrade. Aujourd'hui la Turquie n'exerce plus sur la Servie qu'une souveraineté nominale; elle conserve toutefois le droit d'entretenir une garnison dans la citadelle de Belgrade. La ville est peuplée d'environ 30,000 âmes; elle est renommée pour son commerce et son industrie. On y voit des fabriques d'armes, de tapis et d'étoffes de soie.

BELGRADE (paix de). La paix de Belgrade fut conclue en 1739, entre l'Autriche et la Porte. L'Autriche s'engagea à restituer aux Turcs les provinces conquises par le prince Eugène en 1717, et dont la possession lui avait été garantie par le traité de Passarowitz. Cette puissance dut restituer ainsi la Servie et la Valachie qui avaient prospéré et pris un développement considérable sous sa domination. La Russie, qui intervint au moment de l'échange des ratifications, dut s'engager à restituer aussi le territoire

Beniouski enlevant la fille du gouverneur russe.

qu'elle avait conquis depuis la dernière paix, à l'exception d'Azof; elle dut enfin renoncer à la navigation de la mer Noire. L'exécution du traité fut garantie par la France.

BÉLIAL, idole des anciens Phéniciens; on croit que c'est le même dieu que Baal: c'était aussi l'idole des Sidoniens, mentionnée dans la Bible.

BÉLIDOR (Bernard Forest DE), ingénieur militaire, né en Catalogne en 1697, mort à Paris en 1761. Il eut pour professeur un ingénieur, ami de sa famille, qui en fit un mathématicien distingué. Il enseigna à l'école d'artillerie de la Fère, mais une démarche inconsidérée lui fit perdre cette place, et même celle de commissaire provincial d'artillerie. Ayant découvert un moyen de charger les canons avec huit livres de poudre au lieu de douze, sans diminuer l'effet, il fit part de sa découverte au cardinal de Fleury. Celui-ci en fut d'autant plus satisfait qu'il cherchait à diminuer autant que possible les frais d'administration de la guerre. Mais le grand-maître de l'artillerie, froissé de ce que Bélidor ne lui avait pas d'abord soumis sa découverte, le dépouilla de ses emplois, et l'obligea à quitter la Fère. De Vallière, lieutenant-général d'artillerie, publia un Mémoire pour démontrer l'impuissance du nouveau procédé, et sans qu'aucune expérience fût faite, ce procédé se trouva condamné. Cependant Bélidor rencontra un protecteur dans le prince de Conti, et plus tard dans le maréchal de Belle-Isle, qui le nomma inspecteur d'artillerie à l'arsenal de Paris. Il a laissé plusieurs ouvrages fort importants, moins par la science théorique que par la variété des connaissances pratiques. On cite notamment ses travaux sur l'architecture militaire, civile et hydraulique, sur les fortifications, sur la science de l'ingénieur, et sur l'application des mathématiques à l'artillerie.

BÉLIER, le premier des signes du zodiaque. Ce signe est le bélier qui portait la toison d'or et qui conduisit dans la Colchide Phryxus et sa sœur Hellé.

BÉLIER. On appelle ainsi la machine de guerre dont se servaient les Grecs et, après eux, les Romains, pour battre en brèche les murailles des villes assiégées. Le bélier se composait d'une énorme poutre garnie à l'une de ses extrémités d'un éperon de fer. Le bélier se balançait sur des cordages ou roulait sur des galets. Les soldats qui en faisaient la manœuvre étaient abrités par une espèce de cage en charpente, nommée *tortue*, en raison de sa ressemblance avec la carapace de cet animal. Le toit de la charpente était recouvert d'une couche de gazon et quelquefois même de peaux d'animaux, afin de prévenir l'incendie.

BELIN, ch.-l. de cant. de l'arrond. de Bordeaux (Gironde), à 47 kil. de cette ville. Pop. 280 hab. On y remarque des traces de voie romaine. On croit que cette ville fut la patrie du fameux Prince Noir.

BELIN DE BALLU (Jacques Nicolas), savant helléniste, né à Paris en 1753, mort à Saint-Pétersbourg en 1815. Après avoir été successivement conseiller à la cour des Monnaies, nommé membre de l'Académie des inscriptions, professeur de langues anciennes à l'école centrale de Bordeaux pendant la Révolution, directeur du Prytanée de Saint-Cyr, il finit par accepter la place de professeur de littérature grecque à l'Université, qui venait d'être fondée par Alexandre Ier à Kharkow en Ukraine. Il a publié plusieurs traductions, entre autres celles d'Euripide et d'Oppien; mais ces traductions, malgré leur exactitude, laissent beaucoup à désirer sous le rapport du style.

BÉLISAIRE, l'un des plus grands généraux mentionnés dans l'histoire, né en Thrace vers 490. Il servit d'abord dans les gardes de l'empereur Justinien, et se distingua dans la guerre contre les Perses, en 522. Ce fut là qu'il connut et qu'il admit dans son armée l'historien Procope, qui resta son fidèle compagnon, et qui nous a transmis le récit de ses faits d'armes. Malgré un échec qu'il subit en Mésopotamie, il contraignit les Perses à implorer la paix. De retour à Constantinople, l'impératrice Théodora lui fit épouser une de ses favorites, Antonina, dont le père conduisait les chars dans le cirque. Antonina, fameuse par ses intrigues à la cour, s'attirant et bravant la colère de l'impératrice, puis la ramenant à elle, est l'une des femmes les plus singulières dans l'histoire. Malgré son inconduite et même ses débauches, elle exerça sur Bélisaire une influence qui allait jusqu'à la fascination. Tantôt elle trahissait son amour; tantôt elle se laissait entraîner pour lui à des élans sublimes: elle le suivait alors au milieu des camps et partageait ses dangers et ses fatigues. Après avoir apaisé une sédition qui s'était élevée dans Constantinople contre Justinien, Bélisaire passa en Afrique, en

Bélisaire défendant l'entrée de Rome.

533, et alla combattre les Vandales, qui, sous la conduite de Gélimer, avaient pris possession de cette province, et y exerçaient d'horribles ravages. Il emporta Carthage, rétablit l'autorité de Justinien dans la Mauritanie, et dispersa les Vandales dans un dernier combat où Gélimer fut fait prisonnier. Il revint à Rome en triomphateur, traînant Gélimer derrière son char. Il partit ensuite pour la Sicile, afin d'en chasser les Goths, qui s'étaient même emparé de l'Italie. Après avoir soumis la Sicile, il chassa les Ostrogoths de Naples et de Rome. Il battit successivement Théodat, leur roi, et Vitigès, son successeur. Bélisaire prit ce dernier dans Ravenne et le mena à Constantinople. On rapporte qu'il refusa la couronne que lui offrirent les Ostrogoths. Néanmoins, les courtisans lui firent un crime, auprès de l'empereur, de cette influence qu'il exerçait jusque sur ses ennemis. Il encourut une disgrâce qui ne fut pas de longue durée: Chosroès, roi des Perses, avait repris les armes. Bélisaire fut envoyé contre lui; il le défit et marcha ensuite contre Totila, roi des Goths, qui avait profité de l'absence de Bélisaire pour reprendre Rome et la saccager. Il chassa les Barbares de la ville et la releva de ses ruines. Cependant Bélisaire ne recevait pas de secours de l'empereur, il se voyait même complètement abandonné. Les patrices, jaloux de sa gloire, ne cessaient de l'accuser auprès de Justinien d'aspirer à l'empire. Aussi quand Bélisaire, forcé de quitter l'Italie et d'abandonner son commandement, revint à Constantinople, l'empereur l'accabla des plus durs traitements. Il est aujourd'hui démontré que le récit des historiens qui nous le représentent mendiant dans les rues de Constantinople n'est qu'une fable; il est également faux, quoiqu'on montre encore aujourd'hui la *tour de Bélisaire* à Constantinople, qu'il y fut renfermé. Il est seulement certain que Bélisaire parut à la cour de Justinien, irrité, mais gardant toujours le calme et la dignité, que ses biens furent confisqués, qu'il fut retenu prisonnier dans son palais, et qu'en lui accordant la vie sauve, l'empereur parut lui faire une grâce. Il mourut accablé de douleur, en 565.

BELL (André), fondateur ou plutôt ardent propagateur de l'enseignement mutuel en Europe, né en 1753, à Saint-Andrews, en Écosse, mort en 1832. Ayant été envoyé à Madras, ville de l'Inde anglaise, où il avait été nommé chapelain, il eut occasion de voir cette méthode d'enseignement en usage parmi les Indiens. Il en fit d'abord l'application à des orphelins de l'asile militaire, puis vint l'introduire à Londres. Une riche prébende à Westminster fut la récompense de ses louables efforts. En 1814, le système d'enseignement mutuel fut introduit en France par le comte de Laborde; et bientôt il fut propagé par les soins de MM. de la Rochefoucauld-Liancourt, Jomard, Francœur, de Gérando et l'abbé Gaultier. La méthode de Bell fut aussi adoptée en Suisse, en Russie et en Amérique.

BELL (Benjamin), célèbre chirurgien du XVIIIe siècle. Après avoir étudié sous Monro, il fut nommé chirurgien en chef de l'hôpital d'Edimbourg. Parmi ses ouvrages, qui sont assez estimés, on remarque surtout celui qu'il publia en 1778, sous le titre de *On the theory and management of ulcers*, où il établit la méthode adoptée depuis par Lisfranc.

BELL (Charles), célèbre physiologiste, frère d'André, né à Edimbourg en 1774, mort en 1842. Il fut d'abord chirurgien dans l'armée anglaise pendant la fameuse campagne de Waterloo et devint ensuite chirurgien de l'hôpital de Middlesex, puis professeur à l'école libre de Windmill-Street, ainsi qu'aux universités de Londres et d'Edimbourg. Ses travaux sur le système nerveux, que l'on trouve consignés dans ses *Essais d'anatomie expressive*, dans son *Système de médecine opératoire basé sur l'anatomie*, et dans les *Opérations de chirurgie*, sont célèbres et ont été continués par MM. Flourens et Magendie.

BELL (Jean-Adam SCHALL DE), astronome et orientaliste, né à Cologne en 1591, mort en 1666. Entré dans l'ordre des jésuites en 1611, il alla prêcher l'Evangile en Chine en 1620. C'est lui qui réforma le calendrier chinois, et, après avoir écrit en langue chinoise 150 dissertations sur l'astronomie, il fut nommé mandarin. Les Chinois le surnommèrent le *Maître des secrets célestes*. Les néophytes qu'il baptisa pendant son séjour en Asie s'élèvent à plus de 20,000.

BELL (Henri), mécanicien anglais, né à Torpichen en 1767, mort à Helensburgh en 1830. Il fut le premier, en Europe, qui appliqua avec succès la vapeur à la navigation, car Fulton l'avait devancé en Amérique. Il avait été employé à Londres chez l'ingénieur Rennie.

BELL (John), habile chirurgien, né à Edimbourg en 1763, mort à Rome en 1820. Pour compléter ses études médicales, il entreprit un voyage en Russie et dans le nord de l'Europe, puis se livra à l'enseignement. C'était un des plus savants anatomistes de son temps; aussi était-il recherché pour toutes les opérations qui présentaient quelque difficulté.

BELLA (Giano DE LA), gentilhomme florentin, mort vers 1295. Il embrassa la cause démocratique contre les nobles, dont l'insolence et les cruautés ne connaissaient plus de bornes, et qui en étaient arrivés à se soustraire, grâce aux partisans qu'ils gagnaient à prix d'argent, à l'action des tribunaux, même pour les crimes les mieux avérés. Il arma et organisa le peuple de Florence en 20 compagnies, commandées chacune par un gonfalonier, et placées toutes sous la direction d'un gonfalonier suprême. Les nobles n'y étaient admis qu'à la condition de faire partie d'un des corps de métiers. Les nobles étaient soumis à une loi martiale appelée *Ordinamento di Giustizia*. Cependant son extrême sévérité lui fit perdre sa popularité; il fut traduit lui-même devant le tribunal qu'il avait institué, et condamné à l'exil.

BELLA (Stephano della), graveur et peintre, né à Florence en 1610, mort en 1664. Il fut orphelin de bonne heure et son enfance fut misérable. Placé chez un orfèvre, il se mit à copier les estampes de Jacques Callot, et arriva à une reproduction remarquable. Il vint en France, où Richelieu l'accueillit et lui fit dessiner les diverses batailles livrées sous le règne de Louis XIII. Sa facilité d'exécution lui permit d'achever plus de 1,400 pièces. Il revint à Florence, où le grand-duc le combla d'honneurs et le choisit pour maître de dessin de son fils. Bella n'a pu être surpassé pour la finesse et la légèreté de la touche, non plus que pour le caractère pittoresque de ses compositions. Il a composé aussi une collection de jeux de cartes propres à enseigner à Louis XIV la géographie et les principaux faits de l'histoire. On sait que l'éducation de ce jeune prince fut tellement négligée, qu'il ne reçut guère d'autre enseignement historique.

BELLAC, sous-préfecture du départ. de la Haute-Vienne, à 38 kil. de Limoges. Pop. 2,950 hab. Cette ville est située sur le penchant d'un coteau rapide et sur la rive droite du Vinçon. Commerce de bois de chêne; fabrique de draps, couvertures, chapeaux, papier, toiles, cuirs. On y remarque un ancien château transformé en maison d'arrêt.

BELLAGGIO, bourg du royaume d'Italie, dans la prov. de Côme, à 35 kil. de cette ville; il est situé sur une langue de terre, entre les lacs de Côme et de Lecco. On remarque, aux environs, de riches villas.

BELLAMY (miss Anne-Georgette), célèbre actrice anglaise, née à Fingal en 1733, morte vers 1800. Elle était fille naturelle de lord Tirawley; elle se distingua sur la scène de Londres, à côté de Garrick et de Kean. Après s'être retirée du théâtre, elle publia ses *Mémoires*, qui contiennent un grand nombre de faits intéressants sur la plus brillante période de l'histoire théâtrale en Angleterre.

BELLAMY (Jacques), poëte hollandais, né à Flessingue en 1757, mort en 1786. Il est l'un des meilleurs poëtes de la Hollande. En 1772, à la seconde fête séculaire de l'affranchissement de la Hollande, il célébra cet événement dans des vers patriotiques qui sont de véritables *Messéniennes*. Il chanta ensuite l'amour et l'amitié dans des vers intitulés : *Poésies de ma Jeunesse*. Il avait été boulanger dans sa jeunesse; mais quelques personnes, frappées de ses rares dispositions, lui fournirent les moyens de s'instruire. Les Hollandais lui assignent le second rang parmi leurs poëtes, après Cats et Antonides.

BELLANGÉ (Thierry), peintre français, né à Nancy en 1596. Il fut élève de Vouet, et se distingua comme lui par des compositions d'un excellent goût, mais auxquelles on reproche un peu trop de précipitation. Il travailla à côté de lui aux décorations des châteaux du Luxembourg et de Saint-Germain. Il décora aussi le palais de Charles III, duc de Lorraine; enfin il a doté l'une des églises de sa ville natale d'une Assomption, à laquelle on attache le plus grand prix.

BELLANGER (François-Joseph), architecte, né à Paris en 1744, mort en 1818. Avant la Révolution, il était architecte de la cour, et il éleva, dans le bois de Boulogne, le château de Bagatelle pour le comte d'Artois. En 1795, il fut nommé commissaire de la commune de Paris à la prison du Temple, et dessina le portrait de Louis XVII, que Beaumont reproduisit en marbre. Ce fut lui qui refit, en 1812, la coupole de la halle aux blés de Paris, travail bien remarquable, et qui donna les plans des abattoirs de Paris.

BELLANO, bourg du royaume d'Italie, prov. de Côme, à 28 kil. de cette ville et sur la rive gauche du lac de Côme. Très-commerçante; filatures de soie. On remarque aux environs la belle cascade dite l'*Orrido di Bellano*. Ce bourg, entouré de fortifications, fut la résidence des archevêques de Milan.

BELLARMIN (Robert), cardinal, archevêque de Capoue, né à Montepulciano (Toscane), en 1542; il était fils de Cynthie Cervin, sœur du pape Marcel II. Il montra un talent si précoce que les jésuites le chargèrent de prêcher à l'âge de 18 ans, avant qu'il eût reçu les ordres. Il enseigna la théologie à Louvain; il prêchait dans cette ville avec tant de succès que les protestants eux-mêmes venaient d'Angleterre et de Hollande pour l'entendre. Il revint ensuite à Rome, et enseigna la théologie dans le collége qu'il venait de fonder. Il fut attaché comme théologien au légat que Sixte V envoya en France, en 1590. Neuf ans après, Clément VIII le fit cardinal, « voulant avoir auprès de lui, disait-il, un homme qui lui dît la vérité. » Cependant le pape s'offensa un jour de sa franchise, et le nomma archevêque de Capoue, afin de l'éloigner de sa personne. Paul V, son successeur, le rappela à Rome. Bellarmin se démit alors de son archevêché, et se dévoua à la défense de l'Eglise jusqu'au moment de sa mort en 1621. C'était un des plus savants controversistes; il défendit énergiquement les prérogatives de la cour de Rome, regardant le pape comme le souverain absolu de l'Eglise universelle, le maître et le dispensateur des couronnes, le juge infaillible de la foi, supérieur même aux conciles généraux. Il allait jusqu'à traiter d'hérétiques ceux qui soutenaient que les princes ne relevaient que de Dieu. Ces opinions faisaient passer Bellarmin pour un ultramontain en France, où le parlement condamna son livre de l'*Autorité temporelle du pape*; tandis qu'à Rome on supprimait son *Catéchisme* comme contenant des maximes contraires au pouvoir temporel. Il a laissé, en outre, un corps de controverses souvent invoqué par les théologiens. On a beaucoup vanté sa charité : ainsi il donnait, chaque année, le tiers de ses revenus aux pauvres. Un pauvre lui demande un jour dix écus; ne les ayant pas, il lui remet son anneau pastoral, avec la permission de l'engager pour cette somme.

BELLART (Nicolas-François), magistrat, né à Paris en 1761, mort en 1826. Il fut défenseur officieux pendant la période révolutionnaire, et acquit quelque réputation en défendant un grand nombre de victimes. Il devint plus tard membre du conseil général de la Seine, et fut l'un des plus empressés à voter la déchéance de Napoléon. La Restauration le récompensa en le nommant procureur général, lors du procès du maréchal Ney. Il fit preuve, dans cette affaire, d'un grand zèle royaliste. Il s'attira la haine des libéraux par les poursuites qu'il exerça souvent contre la presse, et notamment contre Béranger, notre illustre chansonnier. Il a laissé quelques écrits politiques et des plaidoyers.

BELLARY, ville de l'Hindoustan anglais, dans la présidence du Pendjab, à 50 kil. de Gorra. Il ne reste plus de cette ville que quelques débris.

BELLARY, ville de l'Hindoustan anglais, dans la présidence de Madras, ch.-l. d'un district du même nom, à 450 kil. de cette ville. On y remarque une forteresse et un bazar militaire.

BELLAS, ville de Portugal (Estradamure), à 14 kil. de Lisbonne. Pop. 4,000 hab. Beau château. Sources ferrugineuses.

BELLE (Clément-Louis-Marie-Anne), peintre d'histoire, professeur-recteur des écoles spéciales de peinture et de sculpture, membre de l'ancienne académie de peinture, et inspecteur à la manufacture des Gobelins, né à Paris en 1722, mort en cette ville, en 1806. Il était lui-même fils d'un peintre qui eut quelque célébrité. Il fut d'abord élève de Lemoyne, et alla ensuite se perfectionner à Rome. On lui doit d'avoir calqué avec une grande perfection les fresques de Raphaël au grand Vatican.

BELLE-ALLIANCE (la), village de Belgique, à 10 kil. de Bruxelles. Ce village est bâti sur le champ de bataille de Waterloo. Les Prussiens ont donné le nom de bataille de la Belle-Alliance à la bataille de Waterloo.

BELLEAU (Remi), né à Nogent-le-Rotrou en 1528, mort en 1577. Il fut un des sept poëtes de la *pléiade française*. Ronsard qui l'aimait beaucoup, l'appelait le *peintre de la nature*, et il lui fut réellement supérieur, parce qu'il échappa davantage au danger des innovations bizarres. Le marquis d'Elbeuf, général des galères de France, le chargea de l'éducation de son fils, Charles de Lorraine. Il a laissé des pastorales, des poëmes et des chansons. Il entreprit la traduction en vers des *Odes* d'Anacréon, mais il laissa bien loin les grâces de l'original. On a aussi de lui un curieux poëme macaronique, intitulé : *Dictamen metrificum de bello huguenotico*.

BELLECOUR (Jean-Claude-Gille, dit Colson DE), comédien célèbre, né à Paris en 1725, mort en 1778. Il étudia d'abord la peinture sous Carle Vanloo; mais son goût pour le théâtre l'emporta, et il débuta au Théâtre-Français, en 1750, par le rôle d'Achille dans *Iphigénie en Aulide*. Il abandonna ensuite la tragédie dans laquelle il ne pouvait lutter avec Lekain, pour s'adonner à la comédie. Son jeu révélait plus d'observation et de profondeur que de chaleur. Il est auteur d'une comédie en un acte, intitulée : *les Fausses apparences*. Sa femme, Mme de Bellecour, née *le Roi Beaumenar*, fut aussi une comédienne distinguée de l'Opéra-Comique, où elle fut connue sous le nom de *Gogo*, et passa de là au Théâtre-Français. Son esprit pétillant, sa grâce, ses yeux expressifs, son jeu naturel firent pendant plus de vingt ans les délices du public. Elle triomphait surtout dans les rôles de servantes de Molière.

BELLEFOREST (François DE), littérateur, né à Sarzan en 1530, mort en 1583. Il étudia d'abord le droit à Toulouse; mais comme il avait une grande facilité à versifier, il se crut poëte, et adressa ses vers aux nobles qui le récompensèrent et fondèrent sa réputation. Il lui fallait un champ plus vaste : il vint à Paris où il obtint l'emploi d'historiographe de France, sous Charles IX. Ce fut alors qu'il entreprit l'*Histoire des neuf rois de France qui ont eu le nom de Charles*. Mais cet ouvrage, plein d'erreurs et fort mal écrit, lui fit perdre sa renommée et bientôt sa place.

Depuis il vécut assez misérablement, et publia une cinquantaine d'ouvrages que les libraires de son temps parurent rechercher. Forcé d'écrire pour vivre, il abordait souvent des sujets qui lui étaient peu familiers, et nécessairement était toujours médiocre dans la manière de les traiter.

BELLEGARDE, ch.-l. de cant. de l'arrond. d'Aubusson (Creuse), à 10 kil. de cette ville. Pop. 1,000 hab. Commerce de cuirs et de chevaux.

BELLEGARDE, ch.-l. de cant. de l'arrond. de Montargis (Loiret), à 23 kil. de cette ville. Pop. 1,050 hab. Commerce de miel, cire et safran.

BELLEGARDE, place forte, située sur la frontière d'Espagne (Pyrénées-Orientales), à 10 kil. de Céret. Elle fut reconstruite en 1679, sous le règne de Louis XIV, sur une montagne. Prise par les Espagnols en 1674, par Ricardos en 1793; elle fut reprise en 1775, et par Dugommier en 1794.

BELLEGARDE (Henri, comte DE), général autrichien, d'une ancienne famille de Savoie, né à Chambéry en 1755, mort à Vérone en 1831. Il fit ses premières armes en Italie dans les guerres que l'archiduc Charles soutint contre la France. En 1800, il fut appelé au commandement de l'Italie en remplacement de Mélas; mais la nouvelle tactique introduite par Bonaparte dérouta toute son habileté, et il ne fut pas plus heureux que son prédécesseur. Ainsi, il se vit enlever successivement les places les plus importantes, et fut obligé d'accepter, à Trévise, l'armistice qui fut bientôt suivi de la paix de Lunéville. Il fut nommé successivement président du conseil de guerre aulique, feld-maréchal, gouverneur-général dans les possessions autrichiennes en Italie.

BELLEGARDE, nom d'une ancienne famille connue depuis le XVe siècle. Nous citerons les deux membres dont les noms appartiennent à l'histoire. — Bellegarde (Roger de Saint-Lary de), petit-neveu du maréchal de Termes. Il se destina d'abord à l'état ecclésiastique, mais son goût le porta vers la guerre. Il suivit le maréchal de Termes en Piémont, et s'illustra dans plusieurs batailles. Henri III le fit maréchal de France en 1574; il lui donna le marquisat de Saluces, et lui assura plus de 30,000 livres de rentes. On l'avait surnommé à la cour le *Torrent de la faveur*. Cependant il paya Henri III d'ingratitude et de trahison : secrètement vendu au duc de Savoie, il engagea son roi à restituer à ce prince Pignerol, Savignan et la Pérouse. Henri III ouvrit enfin les yeux, et relégua Bellegarde dans son gouvernement du Piémont, en 1570. Il s'y rendit, en effet, et chercha à s'y créer une souveraineté indépendante. Henri III, plongé dans la mollesse, n'essaya que timidement de s'y opposer. Catherine de Médicis employa alors le moyen qui lui réussit souvent : elle le fit empoisonner en 1579. — Bellegarde (Roger de Saint-Lary et de Termes, duc de), un des descendants du précédent, grand écuyer de France sous Louis XIII, né vers 1563, mort en 1646. Il se démit, en 1639, de sa charge de grand-écuyer en faveur de Cinq-Mars. Il fut l'amant de Gabrielle d'Estrées, dont il vanta les charmes à Henri IV, qui la lui enleva et l'exila. Il fut obligé de se marier pour rentrer en grâce, et il épousa Mlle de Rucan, nièce du célèbre poëte de ce nom. Henri IV le combla de faveurs, et n'eut pas à s'en repentir; car Bellegarde fut toujours pour lui d'un excellent conseil. Sa franchise et sa loyauté, jointes à une exquise politesse, le firent affectionner par Henri IV.

BELLE-ILE, île de l'Amérique septentrionale, entre Terre-Neuve et le Labrador, dans l'Océan atlantique. Cette île, qui a 30 kil. de tour, est située dans le détroit de Belle-Ile, à 20 kil. du continent.

BELLE-ILE-EN-MER, anciennement Guedel, île de l'Océan atlantique, à 12 kil. de la baie de Quiberon. Superf. 3,000 hect.; 16 kil. de long sur 8 de large; 40 kil. de circonférence. Pop. 10,000 hab. Le climat est doux, le sol fertile; on y rencontre de bons pâturages et des sources excellentes. Élève de chevaux, immense exportation de homards. On remarque le Palais, petit port d'échouage, une citadelle qui sert de prison d'État depuis 1848, et un phare de premier ordre. Au XVIe siècle, cette île appartenait à l'abbaye de Quimperlé. Sous Charles IX, le maréchal de Retz, amiral de Bretagne, la reçut des moines, et y fit construire une forteresse. En 1658, Fouquet acheta Belle-Ile et y plaça des fortifications. En 1718, le duc d'Orléans, régent, la reçut du maréchal de Belle-Isle, héritier de Fouquet, en échange de divers autres biens. En 1761, elle appartint aux Anglais, et revint à la France en 1763.

BELLE-ILE-EN-TERRE, ch.-l. de cant. de l'arrond. de Guingamp (Côtes-du-Nord), à 10 kil. de cette ville. Pop. 700 hab. Hauts fourneaux, forges.

BELLE-ILE ou *Belle-Isle* (Charles-Louis-Auguste Fouquet, comte, puis duc DE), petit-fils du surintendant Fouquet, né à Villefranche, en Rouergue, en 1684. Il étudia les mathématiques et toutes les sciences exactes propres à la tactique militaire; il compulsa aussi tous les auteurs qui pouvaient lui enseigner la politique et l'histoire. A peine sorti de l'adolescence, il prit le commandement d'un régiment de dragons. Il se distingua au siége de Lille, où il fut blessé, et fut nommé brigadier des armées du roi en 1708, et mestre de camp général des dragons, en 1709. Après la mort de Louis XIV, il fut nommé maréchal de camp et gouverneur de Huningue. Sous le ministère du duc de Bourbon, il fut impliqué dans un honteux procès : on lui reprochait sa liaison avec Leblanc, secrétaire d'État de la guerre, et ses relations avec la Jonchère, trésorier de la guerre, qui venaient tous deux de faire banqueroute, après avoir détourné les fonds de l'État. On supposa qu'il avait, ainsi que son frère, entretenu une correspondance avec Leblanc, retenu prisonnier; et, sur ce soupçon, il fut envoyé à la Bastille. Cependant il fut bientôt mis en liberté, mais il dut rester encore quelque temps interné dans ses terres. Il sut adroitement présenter sa justification, et bientôt il reprit ses dignités et se vit même comblé de faveurs. Il fut fait lieutenant-général, en 1731, puis gouverneur de Metz. La guerre venait d'éclater; Belle-Ile obtint le commandement du corps d'armée qui devait agir dans la Moselle, et, plus tard, le commandement de l'armée qui fut envoyée en Allemagne. Il obtint quelques succès dans cette campagne. De retour à la cour, il sut se concilier l'estime du cardinal de Fleury, qui le consulta dans toutes les affaires. Il contribua beaucoup à assurer la Lorraine à la France. Son ambition ne pouvait être satisfaite, tant qu'il ne fut pas maréchal de France, duc et pair. Il comprit que la guerre seule pouvait lui faire conférer cette dignité suprême. Aussi fatigua-t-il le cardinal pour le pousser à la guerre contre la maison d'Autriche, qui prenait une extension redoutable. En 1741, il recueillit le fruit de ses démarches ambitieuses, et reçut le titre de maréchal de France. Il fut alors envoyé à Francfort, et contribua à faire nommer empereur d'Allemagne l'électeur de Bavière, sous le nom de Charles VII. Il dirigea toutes les négociations avec tant d'habileté que le roi de Prusse l'appela ironiquement le législateur de l'Allemagne. La guerre commença aussitôt contre l'Autriche; mais les Français, qui soutenaient Charles VII, se virent bientôt abandonnés des Prussiens et des Saxons. Belle-Ile, isolé dans la Bohême, se trouva enfermé, dans

Prague, et entouré de forces supérieures. Forcé d'évacuer la place, il fit une des plus belles retraites dont l'histoire fasse mention et que l'on a comparée à celle des Dix-Mille. Les Autrichiens avaient coupé les ponts de l'Egra, Belle-Ile fit passer son armée sur des marais glacés par l'hiver; c'est ainsi qu'il put gagner Francfort. Pendant ce temps-là, Chevert, un officier de fortune, défendait Prague avec 3,000 hommes, et succombait malgré une rare intrépidité. En 1743, il fut fait prisonnier, au mépris du droit des gens, pendant un voyage qu'il fit en Allemagne. Rendu à la liberté, il fut envoyé en Dauphiné et en Provence pour y repousser une invasion des Autrichiens, et « réparer, dit Voltaire, les maux d'une guerre universelle que lui seul avait allumée. » Le désordre était à son comble, l'armée était désorganisée, les mulets mouraient faute de nourriture; la Provence et le Dauphiné étaient rançonnés et ravagés par l'ennemi. Le maréchal trouva avec peine 50,000 écus; il disciplina les troupes qu'on lui envoyait par détachements, et repoussa, de ville en ville, les Autrichiens et les Piémontais jusqu'à la frontière. Le roi, qui l'avait déjà fait duc de Gisors, le créa pair de France. Il méditait l'occupation de Turin, quand il apprit que son frère venait d'être tué à Exiles; il en fut accablé de douleur; mais il reprit courage, en disant : « Je n'ai plus de frère; mais j'ai une patrie: travaillons pour la sauver. » Après la paix de 1748, il devint premier ministre, et réalisa d'importantes réformes dans l'administration de la guerre. Il mourut en 1761. Voici le jugement qui a été porté sur lui par Voltaire : « Le maréchal de Belle-Ile, sans avoir fait de grandes choses, avait une grande réputation. Il n'avait été ni ministre, ni général avant 1741, et passait pour l'homme le plus capable de conduire un Etat et une armée. Il voyait tout en grand et dans le dernier détail; c'était, parmi les hommes de la cour, l'un des mieux instruits du maniement des affaires intérieures du royaume, et presque le seul officier qui maintînt la discipline militaire. Amoureux de la gloire et du travail, sans lequel il n'y a point de gloire; exact, laborieux, il était aussi porté par goût à la négociation qu'aux travaux du cabinet et à la guerre; mais une santé très-faible détruisait souvent en lui la politesse d'un courtisan aimable et la franchise d'un soldat. Il persuadait sans s'exprimer avec éloquence, parce qu'il paraissait toujours persuadé; il écrivait d'une manière simple et commune, et on ne se serait jamais aperçu, par le style de ses dépêches, de la force et de l'activité de ses idées. »

BELLENCOMBRE, ch.-l. de cant. de l'arrond. de Dieppe (Seine-Inférieure), à 20 kil. de cette ville. Pop. 950 hab.

BELLENGER (François), docteur de la Sorbonne, né dans le diocèse de Lisieux, en 1688, mort à Paris en 1749. Il possédait, outre les langues mortes, beaucoup de langues vivantes. Il a traduit, avec autant d'intelligence que d'exactitude, Denys d'Halicarnasse et Plutarque. Il a écrit une excellente critique des ouvrages de Rollin, à qui il reprochait de ne pas entendre assez le grec pour puiser ses renseignements dans les historiens qui ont écrit dans cette langue.

BELLE PROVENÇALE (la). (*Voir* GANGES).

BELLER, ou BÉLIER, ou RAM (Jean), imprimeur flamand du XVIe siècle, mort en 1595. Il passe, après Plantin, pour le meilleur imprimeur d'Anvers.

BELLÉROPHON, un des héros mythologiques de la Grèce, était petit-fils de Sisyphe, et fils de Glaucus, roi de Corinthe, et d'Eurimène, fille de Nisus, roi de Mégare. Il se nommait d'abord Hipponoüs, mais ayant un jour tué Bellère, un de ses compatriotes, et suivant quelques-uns son propre frère, il fut condamné, d'après la loi de son pays, à s'expatrier pour un an. Dès ce moment, on l'appela Bellérophon (meurtrier de Bellère). Il alla à Tirynthe, où le roi Prœtus l'admit à sa cour, après l'avoir purifié. La reine Antée avait conçu pour lui la plus vive passion; il ne voulut pas l'écouter; alors celle-ci, suivant en cela les anciennes traditions familières à son sexe, l'accusa auprès de son époux, non-seulement d'avoir trahi l'hospitalité par ses propositions déshonnêtes, mais encore d'avoir projeté de tuer le roi, à qui il devait tant. Prœtus jura de se venger; mais n'ayant pas le courage de le faire ouvertement, il eut recours à la ruse. Ainsi, il envoya, sous un certain prétexte, Bellérophon à la cour de son beau-père, Iobate, roi de Lycie. Bellérophon était chargé d'une lettre qu'il n'eut garde d'ouvrir, dans laquelle le roi de Tirynthe mandait à son beau-père qu'il fît périr le porteur. Cette circonstance donna lieu à ce proverbe, usité chez les anciens: *Gardez-vous de porter la lettre de Bellérophon*. Après avoir bien accueilli son hôte, Iobate ouvrit la lettre, et ne fut pas médiocrement embarrassé. Cependant il imagina un moyen de se défaire de Bellérophon, en l'engageant à purger la contrée de la *Chimère*, monstre énorme, fils de Typhon et d'Echidna; il avait la tête et le poitrail d'un lion; la queue d'un dragon et le corps d'une chèvre. Minerve fit présent à Bellérophon, pour cette expédition, de Pégase, cheval ailé, que la divinité avait dompté et qui devait aplanir les plus grands obstacles. Bellérophon éleva un autel à Minerve, puis il s'élança sur son quadrupède, et chercha dans les airs la région où était la Chimère. Quand il l'eut rencontrée, il la perça de ses flèches mortelles, et la vit expirer. De retour à la cour d'Iobate, il trouva celui-ci peu satisfait de sa victoire. Il reçut l'ordre de marcher contre les Solymes, avec qui Iobate était en guerre; il les dompta, ainsi que les Amazones, avec qui ils étaient alliés. Iobate, désespérant d'en finir avec son hôte, aposta des hommes armés pour l'assassiner. Bellérophon les tua. Le roi changea alors de sentiment à son égard et lui donna sa fille Philonoé en mariage. A la mort de son beau-père, il lui succéda au trône de Lycie; mais son ambition le perdit: croyant qu'avec l'aide de Pégase, aucun lieu n'était inaccessible pour lui, il voulut escalader l'Olympe; mais il fit une horrible chute et fut précipité du haut du ciel. Les mythologues de l'antiquité prétendent, pour la plupart, que cette chute occasionna sa mort. Malgré cette vraisemblance, quelques poëtes se sont plu à prolonger son existence, et le représentent encore errant, tout mutilé, après sa chute, haï des dieux et fui des hommes. Pégase passa au roi Persée, et de Persée à Apollon.

BELLEROSE (Pierre LE MESSIER, dit), célèbre comédien de l'hôtel de Bourgogne, mort en 1670. Il passe pour le premier acteur français qui ait considéré sa profession comme un art, et qui ait cherché les règles de l'interprétation. Ses talents et son esprit le firent apprécier de la noblesse. Il créa les rôles de *Cinna* et du *Menteur*; le cardinal de Richelieu, enchanté du talent qu'il déploya dans ce dernier rôle, lui fit présent d'un habit magnifique. Bellerose fut nommé chef et orateur de la troupe de l'hôtel de Bourgogne.

BELLESME, ch.-l. de cant. de l'arrond. de Mortagne (Orne), à 16 kil. de cette ville. Pop. 3,100 hab. Filature de coton, toiles, etc. On remarque, à 2 kil. de cette ville, dans la forêt, deux sources minérales froides, nommées la *Herse*, découvertes en 1607. Bellesme, autrefois très-forte, était la capitale de la vicomté de Bellesme et de tout le Perche. Elle fut prise en 1114, par Henri Ier, roi d'Angleterre; par saint Louis en 1228; par Jean II, duc d'Alençon, en 1449.

BELLEVAL (Pierre-Richer DE), médecin et botaniste, né à Châlons-sur-Marne en 1558, mort en 1623. Il exerça la médecine à Montpellier, et s'adonna surtout à l'étude de la botanique. On doit le regarder comme le fondateur de la botanique en France. Ainsi, il ne se contenta pas, comme ses prédécesseurs, de compiler les anciens naturalistes, il voulut étudier lui-même la nature, et sans sortir de son pays, il a recherché et décrit d'une manière remarquable les plantes du Languedoc.

BELLEVILLE, anc. Poitronville, anc. bourg de l'arr. de Saint-Denis (Seine), à 2 k. de Paris, cant. de Pantin. Pop. 58,000 h. Il est situé sur une éminence, à 128 m. au-dessus du niveau de la mer. Fabrique de produits chimiques, cuirs vernis, savons, châles. Sa principale rue est célèbre sous le nom de la *Courtille*. Il possède des sources qui approvisionnent une partie des fontaines de Paris. Depuis 1860, Belleville fait partie de Paris et forme le 19e arrond. de cette ville.

BELLEVILLE-SUR-SAONE, ch.-l. de cant. de l'arrond. de Villefranche (Rhône), à 12 kil. de cette ville. Pop. 1,900 hab. Récolte de vins; mousselines, toiles de coton. Cette ville possédait autrefois une abbaye de chanoines de Saint-Augustin.

BELLEVILLE, (Henri LEGRAND, dit). (*Voir* TURLUPIN.)

BELLEVUE, village du dép. de Seine-et-Oise, à 9 kil. de Paris, entre Sèvres et Meudon. Pop. 1,000 hab. C'est sur l'emplacement d'un très-beau château, construit par Mme de Pompadour, en 1748, et détruit pendant la Révolution, que Bellevue fut bâti. Il doit son nom à sa position, d'où l'on jouit d'une vue magnifique.

BELLEVUE-LES-BAINS, nom républicain de Bourbon-Lancy.

BELLEY, sous-préf. du dép. de l'Ain, à 75 kil. de Bourg. Pop. 3,900 hab. Evêché suffragant de Besançon, tribunal, bibliothèque publique, musée d'antiquités; direction des douanes. On y remarque la cathédrale, le palais épiscopal. Patrie de Brillat-Savarin. Commerce de bois de construction, pierres lithographiques, les meilleures de France; élève de vers à soie. Aux environs, on remarque les ruines de Chatillanet, la cataracte de Servérieux, la cascade de Glandieux, etc. Dès le Ve siècle, Belley eut des évêques qui portaient le titre des princes de l'empire sous Frédéric Barberousse.

BELLIARD (Augustin-Daniel, comte), général français, né à Fontenay-le-Comte, en 1769. Il servit d'abord dans l'armée de Dumouriez, en qualité d'officier supérieur. Après la trahison de ce général, il fut impliqué dans la conspiration qu'il avait tramée, mais on n'alla pas jusqu'à l'accuser : il fut seulement destitué. Belliard désireux de venger son honneur, s'enrôla comme simple volontaire, et sut bientôt reconquérir son ancien grade. Il combattit en Vendée sous le général Hoche; de là il fut envoyé à l'armée de Bonaparte, en Italie, et il s'y distingua dans toutes les rencontres. Il se conduisit en héros à la bataille d'Arcole, et Bonaparte le fit général après l'action. Il fit partie de l'expédition d'Egypte, et fut ensuite chef d'état-major général. C'est en cette qualité qu'il fit les campagnes d'Allemagne, d'Espagne et de Russie. Lors de l'invasion de 1814, il sut, quoique usé par les fatigues et couvert de blessures, retrouver son énergie pour défendre le territoire français. En 1831, il fut envoyé comme ambassadeur à Bruxelles, et il y mourut l'année suivante.

BELLIÈVRE, nom d'une famille illustre, originaire de Lyon, dont le nom primitif était Bec-de-Lièvre. Le membre le plus célèbre de cette famille fut Pomponne de Bellièvre, fils d'un premier président au parlement du Dauphiné, et petit-fils de l'intendant du cardinal de Bourbon, archevêque de Lyon, né en 1529, mort en 1607. Il fut président au parlement de Paris en 1579 et se signala dans diverses ambassades, sous les règnes de Charles IX, Henri III et Henri IV. Ce dernier le fit chancelier et chef du conseil. Cependant il lui retira plus tard les sceaux de ses attributions, pour les confier à Sillery, son rival. Bellièvre disait à ce sujet : « Un chancelier sans sceaux est un apothicaire sans sucre. » — On cite encore dans cette famille, outre des magistrats éminents, un premier président au parlement de Paris, sous Louis XIV, à qui l'on doit l'établissement de l'hôpital général de Paris.

BELLIN (Jacques-Nicolas), ingénieur géographe, né à Paris en 1703, mort en 1772. Il dressa pour le service de la marine les cartes des côtes de toutes les mers connues. Il a fait les cartes qui accompagnent l'*Histoire générale des voyages*, par l'abbé Prévôt. Ses ouvrages très-utiles de son temps, ne sont plus consultés aujourd'hui, le progrès des sciences permettant d'arriver à une exactitude qui ne lui était pas possible avec les moyens dont il disposait.

BELLINI (les), famille de peintres vénitiens. Les deux frères Bellini, les plus célèbres de cette famille, nés l'un en 1421, et l'autre en 1426, furent chargés de la décoration de la grande salle du conseil à Venise. Gentile Bellini, l'aîné, mourut en 1501. Jean Bellini eut encore une célébrité plus grande que son frère. Ce fut lui qui forma le Titien et Giorgione. On remarque surtout de lui un *saint Zacharie* et une *bacchante;* il mourut en 1516.

BELLINI (Vincenzo), célèbre compositeur de musique, né à Catane en 1802, mort à Puteaux, près de Paris, en 1835. Il a composé plusieurs opéras qui rendent son nom immortel, notamment *il Pirata, Norma, I Puritani, la Straniera, la Sonnambula.* La mort le frappa à l'âge de trente-trois ans, alors que son génie allait atteindre toute sa puissance.

BELLINI (Laurent), médecin et célèbre anatomiste, né à Forence en 1643, mort en 1704. Il professa pendant trente ans la médecine à Pise, et devint médecin du grand-duc Cosme. Il entreprit, ainsi que Borelli, d'appliquer la mécanique et le calcul à la physiologie. Il fit des découvertes importantes en anatomie, et signala notamment la structure et l'usage des reins. Il introduisit une théorie sur les fièvres, qui fut généralement adoptée au commencement de ce siècle, mais qui a été abandonnée depuis. Outre plusieurs ouvrages de médecine, il composa un poëme assez curieux, intitulé *Bucchéréide.*

BELLINZONA, ville de Suisse, à 27 kil. de Lugano. Pop. 200 hab. L'un des trois chefs-lieux du canton du Tessin. On y remarque une cathédrale, riche par ses marbres, une digue du 804 mètres, pour préserver la ville contre les inondations du Tessin, trois châteaux forts, qui la défendent à l'entrée de la vallée Riviera; passage en Italie par le Saint-Gothard. Commerce d'entrepôt. Bellinzona est située sur les *campi Canini* des Romains. En 1242, cette ville fut prise par les Milanais; en 1459, par les soldats d'Uri; en 1499, elle se soumit aux cantons d'Uri, de Schwitz et d'Unterwalden. En 1798, elle fut réunie au canton du Tessin, et depuis les Suisses l'ont gardée.

BELLMANN (Charles-Michel), surnommé l'*Anacréon suédois*, né à Stockholm, en 1740, mort en 1795. Il a laissé, sous le titre d'*Epitres à Fredmann*, des recueils de chansons et d'idylles que l'originalité de son style et la finesse de ses allusions, rendent à peu près intraduisibles.

BELLO (Francesco), poëte italien qui vivait au XVe siècle. Il était surnommé l'*Aveugle de Ferrare.* Pour amuser la cour de Mantoue, il composa un poëme romanesque en 45 livres, ayant pour titre : le *Mambriano.* Dans ce poëme, qui ne fut publié qu'après sa mort, en 1497, il chante les aventures de Roland et des autres paladins de Charlemagne; l'intrigue en est assez simple, les caractères fort bien tracés, les épisodes pleins d'intérêt, mais l'ouvrage manque d'unité et il est entremêlé de contes graveleux.

BELLOC (Jean-Louis), médecin, né à Saint-Maurin, près d'Agen, en 1730, mort en 1807. Il étudia à Montpellier, puis à Paris, et vint s'établir à Agen. Il a laissé une grande réputation locale; mais ses écrits sont au-dessous de sa réputation, bien que recommandables à certains égards.

BELLONAIRES. Nom donné aux prêtres de Bellone; on les appelait aussi *fanatiques.* Ils se taillaient les épaules et les bras avec un glaive, qu'ils tenaient de chaque main, et faisaient de leur propre sang des libations à leur déesse. Ces prêtres exerçaient une grande influence dans les deux Comana, villes de Pont et de Cappadoce.

BELLONE, déesse de la guerre; elle était sœur ou femme de Mars et lui attelait son char lorsqu'il allait à la guerre. On la représente tenant un fouet et une lance, et quelquefois un fléau ou une verge, teinte de sang. Elle avait un temple à Rome, qui servait de lieu d'audience au sénat pour recevoir les ambassadeurs étrangers.

BELLORI (Jean-Pierre), savant antiquaire italien, né à Rome, en 1615, mort en 1696. Il s'occupa des antiquités et de l'histoire de la peinture. La reine Christine lui confia la garde de sa bibliothèque et de son cabinet. Ses principaux ouvrages se rapportent aux arts dans l'antiquité et à la description des monuments anciens qui subsistent encore.

BELLOSTE (Augustin), chirurgien, né à Paris, en 1654, mort en 1730. Il pratiqua la chirurgie dans les armées, en France et en Sardaigne. Il rechercha et remit heureusement en pratique d'anciens procédés abandonnés.

BELLOVACI. Peuple de la Gaule (Belgique IIe), aujourd'hui le *Beauvoisis.* La capitale était *Bellovaci*, aujourd'hui Beauvais.

BELLOVÈSE, chef gaulois, neveu d'Ambigat, roi des Bituriges, émigra en Italie, en 614 av. J.-C., alors que Tarquin l'Ancien régnait à Rome. Suivi des Berruyens, des Sénonais, des Séquanais, des Arverniens, des Eduens, des Lutéciens et des Carnutes, il franchit le Rhône, après avoir fait alliance avec Marseille, qu'il défendit même contre quelques tribus voisines. Il passa les Alpes et battit les Etrusques ou Toscans sur les bords du Tessin, et soumit la contrée située entre les Alpes, le Rubicon, la mer et les Apennins, qui reçut le nom de Gaule cisalpine. Il fonda les villes de Côme, de Vérone, de Brescia, de Padoue, de Bergame, de Vicence et de Milan. Bellovèse gouverna en paix ses nouveaux États.

BELLOY, seigneurie du Beauvoisis, située à 3 kil. de Compiègne. Elle fut érigée en baronnie en 1646 et en comté en 1653.

BELLOY (Pierre DE), avocat général au parlement de Toulouse, né à Montauban, d'une famille catholique. Son zèle religieux ne nuisit pas à son attachement à la cause de Henri IV. Ainsi il défendit l'autorité royale contre la ligue dans son *Apologie catholique contre les libelles.* Les ligueurs se vengèrent de lui par une détention de deux ans, qu'il subit à la Bastille. Henri IV le dédommagea en le nommant avocat général au parlement de Toulouse. Outre des écrits de polémique politique ou religieuse, qui ne sont aujourd'hui que d'un médiocre intérêt, de Belloy a laissé un ouvrage sur l'*Origine et l'institution des divers ordres de chevalerie.*

BELLOY ou *Bellois* (Jean-Baptiste DE), cardinal, archevêque de Paris, né en 1709, dans le diocèse de Beauvais, mort en 1808. Il fut nommé évêque en 1751 ; c'est en cette qualité qu'il parut à l'assemblée du clergé, en 1755. Il prit place parmi les évêques les plus tolérants, qu'on désignait sous le nom de *feuillants.* Il fut appelé ensuite à l'évêché de Marseille, qu'il occupa jusqu'à la Révolution. A cette époque, il se retira à Chambly, où il vécut dans l'obscurité. En 1802, il fut rappelé et élevé au siége métropolitain de Paris. Il a été enterré à Saint-Denis, et la cathédrale de Paris a consacré un monument à sa mémoire.

BELLOY (Pierre-Laurent BUIRETTE DE), de l'Académie française, né à Saint-Flour en 1727, mort à Paris en 1775. Après avoir fait ses études au collége Mazarin, il entra au barreau. Mais entraîné par son goût dominant pour les lettres, et désespérant de fléchir son oncle, célèbre avocat au parlement, qui l'avait élevé, il s'expatria et alla exercer en Russie la profession de comédien; il y acquit même une certaine réputation. A son retour à Paris, il fit représenter *Titus*, tragédie imitée de la *Clémenza di Tito*, de Métastase. Belloy avait tenté d'imiter le style du grand Corneille, mais il échoua complétement. Il réussit mieux dans les autres pièces. *Zelmire*, imitée aussi de l'*Issipile*, de Métastase, eut quelque succès, bien que l'auteur s'y soit montré prodigue de ces situations violentes et de ces coups de théâtre qui font à peu près le seul succès de nos drames modernes. Le *Siége de Calais*, tragédie qu'il fit jouer en 1765, marque l'époque la plus brillante de sa vie. C'était la première fois que la tragédie s'emparait d'un sujet national. Le roi fit donner à l'auteur une médaille d'or du poids de 25 louis et une gratification considérable. Les magistrats de Calais lui envoyèrent des lettres de bourgeoisie dans une boîte d'or, avec cette inscription : *Lauream tulit, civicam recepit;* ils placèrent en outre son portrait à l'hôtel de ville, parmi ceux des hommes célèbres de la cité. Plus tard, il s'opéra dans l'opinion une réaction contre l'engouement dont le *Siége de Calais* avait été l'objet. On reprocha à l'auteur un style souvent incorrect. Voltaire, qui avait vivement applaudi, rétracta ses éloges. Le duc d'Ayen faisait un jour, à la cour, la critique de cette tragédie : « Est-il vrai, lui dit Louis XV, que vous n'aimez pas le *Siége de Calais?* je vous croyais meilleur Français. — Ah! sire, répondit le duc, je voudrais que les vers de la pièce fussent aussi français que moi. » De Belloy donna ensuite *Gaston et Bayard,* qu'on accueillit moins favorablement. On y trouve une description si embrouillée de la poudre, quoique l'auteur ait voulu la rendre poétique, que le *Mercure de France* eut la malice de l'insérer à l'article des énigmes. Sa tragédie intitulée *Pierre le Cruel* échoua à la première représentation. L'auteur en conçut un si vif chagrin qu'il tomba en langueur et mourut, après avoir épuisé ses dernières ressources. Ce n'est pas sans raison qu'on a reproché à de Belloy la fâcheuse influence qu'il exerça sur la littérature dramatique. En effet, ses défauts ont été exagérés, et même pris pour une qualité essentielle par nos dramaturges. On voit trop bien qu'il n'avait pas le sentiment du vrai, du naturel, du beau dans toute sa pureté. Les *Mémoires historiques* qu'il a laissés fortifient cette opinion en accusant un défaut de jugement. On lui a souvent reproché sa vanité et ses prétentions vis-à-vis des autres gens de lettres. Cependant il était bon et surtout d'une grande tolérance : « Je suis tolérant, même envers les intolérants, disait-il, je ne hais que les persécuteurs. »

BELL-ROCK, c'est-à-dire *Rocher de*

la Cloche. Nom donné à un rocher très-dangereux situé sur la côte du comté de Forfar, en Ecosse, à 18 kil. d'Aberbrothok et près de l'embouchure du Tay. Stevenson y construisit un phare de 115 pieds d'élévation (1807-1811).

BELLUNE, village des Etats autrichiens (Vénétie), ch.-l. d'une délégation du même nom, à 70 kil. de Venise. Pop. 12,950 hab. Place de guerre entourée d'une muraille. On y remarque un aqueduc, le palais de la Préture, une bibliothèque publique. Fabrique de soieries, tanneries, ouvrages en paille. Commerce de fruits, vins, bois. La délégation compte 160,600 hab.

BELMAS (Louis, baron DE), prélat français, né à Montréal (Aude) en 1757, mort en 1841. Nommé professeur au séminaire de Carcassonne, il enseigna les libertés de l'Eglise gallicane. Plus tard il prêta serment à la constitution civile du clergé, et protégea les prêtres non assermentés contre l'exaltation des esprits. En 1801, il fut nommé évêque de Carcassonne, et un an après évêque de Cambrai. Au sacre de Napoléon Ier, il signa en présence du pape une rétractation, mais il ne put faire oublier son passé, et jamais, tant qu'il vécut, le siége de Cambrai ne put être érigé en archevêché.

BELMONT, ch.-l. de cant. de l'arrond. de Sainte-Affrique (Aveyron) à 18 kil. de cette ville. Pop. 1,650 hab. On y remarque une ancienne collégiale de 12 chanoines, l'église paroissiale, dont le clocher à flèche est d'une construction hardie. Petit séminaire.

BELMONT, ch.-l. de cant. de l'arrond. de Roanne (Loire), à 24 kil. de cette ville. Pop. 1,400 hab.

BELMONTE, ville du royaume d'Italie (Calabre citérieure), à 22 kil. de Paola. Pop. 3,050 hab.

BELMONTE, bourg du royaume d'Italie, dans la province de Molise, à 30 kil. d'Isernia. Pop. 1,200 hab.

BELMONTE, bourg du Portugal, dans la prov. de Beira, à 45 kil. de Castello-Branco. Pop. 1,200 hab.

BELMONTE, ville d'Espagne, dans la prov. de Cuenca, à 65 kil. de cette ville. Pop. 1,100 hab.

BELMONTE, ville du Brésil, dans la prov. de Bahia, à 70 kil. de Porto Seguro, située sur l'Océan atlantique.

BELŒIL, bourg de Belgique (Hainaut), situé à 30 kil. de Tournai. Pop. 2,250 hab. On y remarque le château des princes de Ligne.

BÉLOMANCIE (*Belos*, flèche; *manteia*, divination). Divination employée chez les Orientaux pour prendre les augures, surtout avant de commencer des expéditions militaires. On regardait dans le fer poli d'une flèche ce que le sort vous réservait, ou bien encore on lançait en l'air plusieurs flèches, et de l'endroit où elles étaient tombées, on en tirait un augure favorable ou défavorable.

BELON (Pierre), botaniste et médecin, né dans le Maine vers 1517. Il fut protégé par le cardinal de Tournon, qui lui procura les moyens de voyager pour étendre le cercle de ses connaissances; il parcourut l'Europe, puis la Judée, la Grèce, l'Arabie et l'Egypte. A son retour en France, il publia une relation de ce qu'il avait rencontré de plus remarquable dans ces pays. Il a aussi laissé plusieurs autres ouvrages très-estimés et peu connus, sur l'histoire naturelle des poissons, celle des oiseaux et celle des serpents. Il fut assassiné par des brigands, dans le bois de Boulogne près de Paris, en 1564.

BELOUR, chaîne de montagnes. (*Voir* BOLOR.)

BÉLOUTCHISTAN, contrée de l'Asie méridionale dans la région persique, baignée par l'Océan indien; elle est bornée au N. par le royaume d'Afghanistan, à l'E. par la prov. anglaise de Sindhy, à l'O. par la Perse, au S. par le royaume de Kaboul. Superficie, 1,100 kil. de longueur sur 550 kil. de largeur. Pop. 2,700,000 hab. On la divise en 7 parties: le Saravan, le Katch-Gandava, le Djalavan, le Lous, le Mekran, le Kouhistan, le Désert, qui se divisent en districts, gouvernés par des chefs (serdars); ils sont placés sous la dépendance d'un chef suprême ayant sa résidence à Kélat, et lui payent un tribut. Le pays est montagneux et élevé, et le vaste désert de sables de Béloutchistan s'étend du N. au N.-O. et est arrosé par quelques cours d'eau qui sèchent pendant les grandes chaleurs. Vastes plaines peu fertiles dans lesquelles on récolte du coton, de la garance, de l'indigo, des fruits.

BELOVAR, ville forte des Etats autrichiens (confins militaires de la Croatie), chef-lieu du cercle régimentaire de Saint-Georges, située à 25 kil. de Kreutz. Pop. 2,000 hab. On y remarque deux belles églises.

BELPBERG (le), montagne de la Suisse (canton de Berne) de 923 mèt. de haut. Sur cette montagne, on jouit d'un beau point de vue.

BELPER, ville d'Angleterre dans le comté de Derby, à 13 kil. de cette ville. Pop. 12,000 hab. Fabriques de soieries, poteries; exploitation de houille.

BELPHÉGOR, divinité dont le culte était très-répandu chez les Ammonites, les Madianites et les Moabites.

BELSUNCE, ancien vicomté situé à 45 kil. de Pau (Basse-Navarre).

BELSUNCE DE CASTEL-MORON (Henri-François-Xavier DE), né en 1671 au château de la Force, en Périgord; mort en 1755. Il était issu d'une ancienne famille de la Navarre. Il sortit de chez les jésuites pour être grand-vicaire d'Agen. C'est alors qu'il publia l'*Abrégé de la vie de Suzanne-Henriette de Foix*, morte en 1706 en odeur de sainteté. Il se considérait comme le neveu de cette femme, bien que cette parenté fût très-douteuse. Il parvint, en 1709, à l'évêché de Marseille. Durant l'horrible peste qui désola cette ville en 1720 et 1721, il donna le plus sublime exemple de la charité. Au plus fort de la contagion, il courait de rue en rue pour porter aux mourants les secours et les consolations. Pope a célébré son héroïque dévouement dans des vers qu'on a traduits ainsi:

Lorsqu'aux champs de Marseille un air contagieux
Portait l'affreuse mort sur ses rapides ailes,
Pourquoi toujours en butte à ses flèches mortelles,
Un prélat s'exposant pour sauver son troupeau,
Marche-t-il sur les morts sans descendre au tombeau.

Millevoye a aussi célébré son dévouement dans le poëme de *Belsunce*. En 1723, il refusa, pour rester à Marseille, la duché-pairie que lui offrait le roi avec l'évêché de Laon. Quoique évêque il resta toujours attaché à la société de Jésus, et se laissa trop souvent dominer par elle. Il montra un zèle exagéré contre les jansénistes. La soumission à la bulle *Unigenitus* était pour lui un article de foi: ainsi il est le premier qui ait fait interroger les malades sur leur soumission à cette bulle, et qui leur ait fait refuser les sacrements en cas de non-adhésion. Le pape Clément XII l'honora du *pallium*. Dans ces dernières années, Marseille lui a érigé une statue.

BELT (le Grand et le Petit), nom de deux détroits de l'archipel danois qui, avec le Sund, unissent la mer Baltique au Cattégat. Le Grand-Belt est situé entre les îles Fionie et Seland. Sa largeur est de 20 à 25 kil. Le Petit-Belt est situé entre le Jutland et l'île Fionie, et a 650 mèt. de largeur. Ces deux détroits possèdent des bancs de sable et des îles à fleur d'eau qui rendent la navigation dangereuse.

BÉLUS, fleuve de l'anc. Phénicie, prend sa source dans le lac Centenia et se jette dans la mer près de Saint-Jean-d'Acre. Les Phéniciens se servirent pour la première fois du sable de ce fleuve pour fabriquer le verre.

BÉLUS, fils d'Alcée, fut roi d'Assyrie de 1993 à 1966 avant J.-C. Il est probable que *Bélus* n'était qu'un surnom. On sait que le titre de Baal, ou Bélus, qui signifiait maître, seigneur, appartenait à Nemrod, honoré comme un dieu par les Chaldéens. Bélus chassa les Arabes de la Babylonie et gouverna à leur place. C'est de cette époque que date le premier empire d'Assyrie. Il fut, au dire d'Hérodote, l'un des ancêtres des Héraclides qui régnèrent en Lydie. Son fils Ninus le fit mettre au rang des dieux. — Un autre Bélus, père d'Egyptus, de Danaüs et de Céphée, était sur le trône de Phénicie environ 1500 ans avant J.-C.

BELVÉDÈRE, bourg du royaume d'Italie (Calabre citérieure), à 28 kil. de Paola. Pop. 4,000 hab. Commerce de vins et raisins secs.

BELVÉDÈRE. Pavillon du Vatican construit par Bramante et célèbre par la statue d'Apollon dit du *Belvédère*. C'est un des plus beaux points de vue de l'univers. On découvre toute la ville de Rome et les Apennins aux cimes couvertes de neige.

BELVÈS, ch.-l. de cant. de l'arrond. de Sarlat (Dordogne), à 24 kil. de cette ville. Pop. 1,350 hab. Fabrique de papiers, toiles, huile de noix; fours à tuiles, à chaux.

BELZÉBUTH ou BEELZEBUB. Divinité des Syriens; elle avait un temple à Accaron. Les Philistins rendirent aussi hommage à ce dieu. Dans l'Ecriture Sainte, on le nomme *prince des démons*.

BELZONI (Jean-Baptiste), célèbre voyageur, né à Padoue en 1778. Il se destina d'abord à la vie religieuse; mais lors d'un voyage qu'il fit à Londres en 1803, sa vocation le porta à s'engager comme acteur au théâtre d'Astley. Neuf ans après, il quitta Londres pour aller exercer sa profession en Egypte, à Alexandrie. Là il figura comme danseur, et gagna si bien la bienveillance du pacha, qu'il vainquit ses préjugés religieux et lui persuada de faire ouvrir les pyramides et les tombeaux de Thèbes. La vue de ces richesses de l'antiquité l'encouragea à poursuivre ses découvertes. Il fit transporter de Thèbes à Alexandrie le fameux buste de Jupiter Ammon, qui est conservé aujourd'hui au musée britannique. Il parcourut ensuite les côtes de la mer Rouge, découvrit les fameuses mines d'émeraudes de Zoubara et parvint jusqu'à l'oasis d'Ammon. Il revint à Londres, où il écrivit la relation de ses voyages. Il se disposait à pénétrer de nouveau en Abyssinie, où il projetait de parcourir le royaume de Benin, quand la mort le surprit à Gata, en 1823.

BELZUNCE. (*Voir* BELSUNCE.)

BEM (Joseph), général polonais, né en 1795, à Tarnow, en Gallicie, mort en 1850. Il était élève de l'école d'application de Varsovie, et servit dans une batterie d'artillerie commandée par le comte Ladislas Ostrowski. Dans la campagne de 1812, il fut décoré, et nommé lieutenant au siége de Dantzig. Promu au grade de capitaine par le grand-duc Constantin, et chargé de professer un cours à l'école d'artillerie, il ne tarda pas à encourir bientôt, par son indépendance, la disgrâce du proconsul moscovite. Après avoir été mis plusieurs fois à la réforme, il se retira à Léopold, où il trouva moyen de faire, dans les manufactures de la contrée, l'application des connaissances qu'il avait acquises dans les arts mécaniques. A la révolution de 1830, déjouant la surveillance autrichienne, il arriva à Varsovie, où le commandement de la 4me batterie d'artillerie à cheval lui fut confié. Il contribua beaucoup au succès de la bataille d'Iganie, donnée le 10 mars 1831, et reçut en conséquence le grade de lieutenant colonel et la croix polonaise dite *Virtuti militari*. Bem ne reprit du service qu'à l'époque de la bataille d'Ostrolenka. Là, il se posta hardiment, avec dix pièces de canon, à la tête du pont de la Narew, et, en retardant le passage des Russes, préserva l'armée polonaise d'une déroute complète. Il fut alors nommé colonel, puis commandant de l'artillerie polonaise, et s'occupa activement des fortifications de Varsovie, et de son système de défense. Après les affaires de Sochaczew et de Bolimow, où il avait payé de sa personne, il se replia avec toute l'armée sur la capitale menacée. On peut dire qu'à ce moment décisif de la révolution, Bem fit preuve de la plus grande énergie et déploya toutes les ressources de son génie. Il fut promu, au mois d'août 1831, au grade de général de brigade par le généralissime Krukowiecki, qui lui confia en outre le commandement de toute l'artillerie de siége. Les assauts qui eurent lieu les 6 et 7 septembre 1831, vinrent mettre la dernière consécration à sa gloire. Deux jours entiers on le vit, sur la brèche, diriger le feu de deux cents pièces d'artillerie et se porter sur tous les points menacés. Après la capitulation, il suivit l'armée à Modlin, et fut bientôt obligé de se réfugier avec les débris des troupes nationales, sur le territoire prussien, où, voulant ressusciter la nationalité polonaise en y créant des légions, la police prussienne le força de quitter ses compagnons d'armes. Il traversa Dresde et se rendit à Paris. Ses démarches auprès du ministre de la guerre et du duc d'Orléans ne furent pas sans influence sur le sort des soldats réfugiés. En 1848, il tenta d'organiser l'insurrection de Vienne, et se mêla aux Hongrois soulevés contre l'Autriche. Il se rendit maître d'Hermanstadt et de Cronstadt, et chassa Puchner du Banat et de la Valachie; mais à Schœssburg, en 1849, il trouva des forces supérieures qui l'écrasèrent. Appelé ensuite en Hongrie par Kossuth, il assista à la déroute de Temeswar. Désespérant alors de réparer les conséquences de la trahison de Georgey, qui venait de se rendre aux Russes et aux Autrichiens avec une armée de 80,000 hommes, et dans l'impossibilité de tenir plus longtemps la campagne, il prolongea encore dans Comorn une résistance héroïque qui finit par une capitulation glorieuse. C'est alors qu'il crut devoir se réfugier en Turquie, où il embrassa l'islamisme; on lui décerna la dignité de pacha avec le nom d'Amurat, et, en cette qualité, il aida, avant sa mort; à la répression des excès commis dans Alep sur les chrétiens.

BEMBO (Pierre), cardinal et écrivain célèbre, né à Venise en 1470, mort en 1547. Il était fils de Jean Bembo, qui fut doge de Venise et défendit la république contre les Napolitains et les Espagnols. Son père lui enseigna de bonne heure les langues latine et toscane. Il l'envoya ensuite en Sicile étudier le grec sous Constantin Lascaris. Il apprit la philosophie à Ferrare, sous Nicolas Léonicène. Il commença alors à publier ses poésies italiennes, où l'on rencontre beaucoup de mots vieillis qu'il rajeunit avec bonheur, à raison de leur expression plus énergique. Il introduisit dans ses écrits une certaine licence qui entachait sa conduite. Il eut plusieurs enfants de la belle Morosina avec qui il vécut pendant vingt-deux ans, et qu'il célébra dans ses vers. Cependant il corrigea ses mœurs dans la suite. Il fut en grande faveur auprès des princes de Ferrare et d'Urbin. Léon X le nomma son secrétaire. Après la mort de ce pape il se retira à Venise. Paul III le fit cardinal et lui donna l'évêché d'Eugubio et celui de Bergame. Il fut aussi bibliothécaire de la bibliothèque de Saint-Marc, à Venise. Il a laissé des poésies italiennes, dans lesquelles il a essayé d'imiter Pétrarque. Il

composa aussi des poésies latines. On a aussi de lui un grand nombre de lettres et de harangues écrites en latin. Admirateur de Cicéron, il essayait de reproduire son style, et paraissait plutôt vivre avec les écrivains de l'antiquité qu'avec ses contemporains. Ainsi sous sa plume, le pape avait été créé pontife « par les décrets des dieux immortels; » Jésus était un héros et la Vierge une déesse.

BEN, mot arabe qui signifie *fils*. Il fait partie des noms propres arabes.

BENADAD, nom de trois rois de Syrie. Le premier était roi de Juda, et secourut Asa contre Baasa, roi d'Israël. Le deuxième battit plusieurs fois Achab et Joram, dans le xe siècle av. J.-C., et mourut à Damas assassiné par Hazaël, un de ses officiers, l'an 900 av. J.-C. Le troisième était roi de Juda, et fut vaincu par Joas.

BEN-AKNOUN, village d'Algérie, situé dans la commune d'El-Biar. On y transporta en 1845 l'établissement renfermant 317 orphelins, fondé à Alger par le P. Brunault, et soumis à l'éducation agricole.

BÉNALKAZAR (Sébastien DE), aventurier espagnol, né en Estramadure, mort en 1550. Il aida Pizarre à conquérir le Pérou. Ce fut lui qui s'empara de Quito vers 1533, et en assura la possession à l'Espagne. Il en fut nommé gouverneur et passa ensuite au gouvernement du Papayau. Alors commença pour ce pays une suite de guerres civiles, de cruautés et d'infamies. Almagro et Pizarre précipitèrent l'anarchie par leur ambition. Ils voulurent déposséder Bénalcazar de son gouvernement; mais celui-ci, resté fidèle à la maison d'Espagne, parvint à se maintenir. Il fut confirmé dans son gouvernement par La Gasca, qui avait été envoyé d'Espagne pour arrêter les désordres et châtier les rebelles. Il mourut quelques années après.

BÉNARÈS, ville de l'Hindoustan anglais, dans la présidence de Pendjab, ch.-l. de province et de district du même nom, à 640 kil. de Calcutta. Pop. 630,000 hab. C'est l'une des plus remarquables et des plus grandes villes de l'Inde. On y remarque un grand nombre de pagodes et de minarets dorés aux proportions sveltes et élancées, 330 mosquées parmi lesquelles on cite celle d'Aureng-Zeyb, extrêmement remarquable. La plus célèbre de toutes les pagodes est celle qu'on appelle Vishvaïska. On y remarque encore l'observatoire très-curieux bâti par le rajah Jehsingh, avant la conquête musulmane; sa tour est munie d'un énorme cadran solaire dont l'indicateur a 7 m. de haut. Célèbre université indoue, siége principal de la littérature brahmanique et métropole ecclésiastique de l'Inde. Fabriques de soieries, de tissus fins de coton, d'étoffes brodées d'or et d'argent. Turbans de velours brodés; joaillerie, orfévrerie, jouets d'enfants; châles, mousselines très-fines; pierres précieuses, diamants de l'Inde méridionale. Bénarès fut cédé aux Anglais en 1775 par le nabab d'Aoude.

BÉNARÈS (district de), une des contrées les plus florissantes de l'Inde, faisait autrefois partie de la province d'Allahabad, et avait une superficie de 12,000 kil. carrés; ce district compte aujourd'hui 3,000,000 d'hab. Il appartient aujourd'hui aux Anglais.

BENATEK, village de Bohême, situé à 14 kil. de Jung-Bunzlau. Pop. 1,000 hab. On y remarque un château construit au XVIe siècle, où demeura l'astronome Tycho-Brahé.

BENAVENTÉ, ville d'Espagne, dans la province de Zamora, à 63 kil. de cette ville. Pop. 2,450 hab. Il s'y trouve un monastère de Hiéronymites. En 1398, cette ville donna le titre de duc aux membres de la famille Pimentel; ce titre est passé aujourd'hui au duc d'Ossuna.

BENBOW (John), amiral anglais, né vers

1650. Il entra fort jeune dans la marine marchande. En 1686, il commandait un bâtiment avec lequel il faisait le commerce. Il se distingua dans une attaque de pirates; cette action d'éclat fut signalée à Jacques II, roi d'Angleterre, et lui valut le commandement d'un vaisseau de la marine royale. Guillaume III l'envoya en croisière pour protéger le commerce anglais et attaquer au besoin les bâtiments français. Il prit part au bombardement de Saint-Malo, en qualité de commodore; ce fut lui qui dirigea la fameuse machine infernale inventée par l'Italien Zambelli. Il fut chargé ensuite de bloquer le port de Dunkerque où Jean Bart s'était renfermé avec son escadre; il fut battu, il est vrai, par ce capitaine invincible, mais, par sa prudence, il sut encore éviter de plus grands désastres. Nommé contre-amiral en 1698, il fit voile pour les Indes occidentales, avec la mission de protéger le commerce et de surveiller les Espagnols. A son retour, il fut nommé vice-amiral, et mis à la tête de l'escadre bleue. Il fut ensuite envoyé de nouveau aux Indes occidentales où l'on présumait que les Français avaient concentré une flotte considérable. Plusieurs autres amiraux avaient refusé cette station dangereuse. Il commandait la flotte anglaise au terrible combat de la Barbade, en 1701; l'amiral Ducasse commandait la flotte française. La lutte dura cinq jours. Benbow eut la jambe cassée par un boulet ramé; mais aussitôt après avoir fait panser sa blessure, il se fit transporter sur le tillac d'où il continua à commander. Quoiqu'il eût l'avantage, plusieurs capitaines désespérant du succès, refusèrent de continuer la lutte, quelques-uns déclarèrent même par écrit qu'ils cessaient le combat, parce qu'il n'y avait plus rien à faire. Ainsi fut sauvée la flotte française que Benbow eût pu détruire, s'il eût été mieux secondé. A son retour, l'amiral fit fusiller deux des officiers qui avaient failli à l'honneur. Il ne survécut pas à l'amputation de sa jambe, et mourut en 1702.

BENDA (Franz), musicien, né à Althenatka, en Bohême, en 1709, mort en 1788. Il devint maître des concerts de Frédéric II, roi de Prusse. Il excellait sur le violon; il a publié douze solos pour cet instrument.

BENDELKEND ou BUNDELKAND, vaste contrée de l'Hindoustan, dans l'ancienne contrée d'Allahabad. Pop. 2,500,000 hab. Cette contrée, arrosée par le Gange, est d'une très-grande fertilité, et possède des mines de diamants célèbres. Les Anglais possèdent une partie de cette contrée depuis 1817.

BENDER, ville forte de la province russe de Bessarabie, à 56 kil. de Kichenef. Pop. 12,000 hab. composés d'Arméniens, de Tartares, de Moldaves et de Juifs. Commerce considérable et très-actif; fabriques de papiers, manufacture de salpêtre, teintureries, forges. Elle fut prise sur les Turcs, en 1770, par les Russes, commandés par le général Panin, qui fit passer 30,000 hab. au fil de l'épée; elle fut rendue aux Turcs en 1774, à la paix de Kaïnardji. Les Russes s'en emparèrent de nouveau, le 15 novembre 1789, et la rendirent de nouveau à la paix; fut reprise en 1811, et la paix de Bukharest (1812) assura Bender et toute la Bessarabie à la Russie.

BENDER-ABASSY. (*Voir* GOUMROUN.)

BENDER-BOUSCHER, ville de Perse, la même qu'Abouscher.

BENDISE, déesse de la lune chez les Thraces; son culte fut importé en Attique et on le confondit même avec celui d'Artémise. On appelait Bendidéia, la célébration des fêtes en son honneur.

BÉNÉ, ville du royaume d'Italie dans l'arrond. de Mondovi, à 18 kil. de cette ville. Pop. 5,600 hab. Elle fut prise, en 1796, par les Français.

BENEDETTE (Jean-Benoît-Castiglione), né à Gênes en 1616, mort à Mantoue en

1670. Il est connu en Italie sous le nom de *il Grechetto*, et en France sous celui de *le Benedette*. Il prit successivement des leçons de Ferrari, de Van Dyck, du Titien et de Paul Véronèse, et bientôt il égala ses maîtres. Après avoir parcouru l'Italie, il se fixa auprès du duc de Mantoue. Le Benedette était également remarquable comme peintre d'histoire, peintre de portraits et paysagiste. Son talent particulier et son goût était de représenter des pastorales, des marchés, des vendanges, des campagnes remplies d'ouvriers, des troupeaux. Il réussit également dans la gravure à l'eau-forte, dans le genre de Rembrandt. Il se distingua par la délicatesse de la touche, l'élégance du dessin et la vivacité du coloris. Il comprenait merveilleusement le clair-obscur. Ses principaux tableaux sont à Gênes; le

Halle au blé à Paris, exécutée par Bellanger.

musée impérial en possède quelques-uns.

BENEDETTI (Alexandre), célèbre médecin, né à Legnano, en Lombardie, mort en 1525. Il s'éloigna de l'école arabe d'Averroës, qui avait fait négliger l'étude des grands maîtres de la Grèce, pour remonter à ces sources primitives. Bien qu'il suivît Gallien, il ne négligea pas le contrôle de l'observation. Il pratiqua la médecine en Grèce, professa à Padoue et servit ensuite dans les armées de Venise.

BENEDETTO DA ROVEZZANO, sculpteur, né vers 1490, à Rovezzano, près de Florence. Il exécuta plusieurs monuments en marbre dans les églises de sa ville natale, et fit, pour la cathédrale, une statue en marbre de saint Jean. Il travailla pendant 10 ans à un magnifique groupe que lui avaient commandé les religieux de Vall'Ombrosa, à la mémoire de saint Jean Gualbert, leur fondateur; mais il eut la douleur de voir mutiler ce beau monument dans les guerres de 1530. Benedetto passa alors en Angleterre, où ses talents furent honorés et récompensés. Il mourut aveugle en 1550.

BÉNÉDICTINS (ordre des), le plus ancien et le plus considérable des ordres religieux qui aient existé en Occident. Il fut institué, en 529, par saint Benoît, qui en établit le siége principal à l'abbaye du Mont-Cassin. La réforme de l'ordre en France fut accomplie en 942, par Odon, abbé de Cluny; elle remplaça, dans tous les monastères, les règles de Cassien et de saint Colomban; il y eut aussi la réforme de Saint-Maur, en 1621. Les Camaldules, les Chartreux, les religieux de Cîteaux, les Feuillants, les Blancs-Manteaux, les Célestins, les Humiliés, etc., sont des branches de l'ordre de Saint-Benoît. La règle de cet ordre était un choix des meilleurs statuts observés par les monastères de l'Orient; c'était la sanctification du travail et la protestation contre la vie mystique et contemplative qu'on reprochait aux moines orientaux. Cette règle imposait le travail manuel et la culture de l'esprit. L'ordre de Saint-Benoît ouvrit, pendant l'invasion des Barbares, des monastères qui étaient autant de lieux d'asile. Ils conservèrent et perpétuèrent dans leurs cloîtres les quelques connaissances qui nous sont restées de l'antiquité. Ils ont transcrit beaucoup d'auteurs sacrés et profanes, dont les écrits ont pu ainsi parvenir jusqu'à nous. Les bénédictins s'enrichirent beaucoup par le travail, et l'excès d'opulence amena souvent des abus. Les abbés, menant une vie séparée, se servirent de leurs priviléges pour asservir leurs inférieurs, de là le relâchement de la discipline qui amena la chute de l'ordre.

BÉNÉFICE, nom que portait, dans la langue du moyen âge, la terre donnée par nos premiers rois aux guerriers francs et aux administrateurs gallo-romains. Ces terres tenaient lieu des festins, des framées et des chevaux que distribuaient les chefs germains, avant l'invasion du ve siècle. C'était le prix d'un service rendu ou de quelque soumission de cité. C'est ainsi que Clovis accorda le duché de Melun au Romain Aurelianus, son conseiller. Les propriétés territoriales étaient alors réparties entre un petit nombre d'individus. Le roi se réservait la plus belle part, et distribuait le reste aux principaux chefs de l'invasion, qui cherchaient alors à étendre leurs conquêtes au préjudice de leurs voisins. Les concessionnaires devenaient vassaux du souverain. Les bénéfices furent d'abord concédés à vie; mais les seigneurs étant devenus plus puissants et les rois plus faibles, ils devinrent bientôt héréditaires, à la seule condition que le bénéficier demeurât fidèle au donateur. L'hérédité du bénéfice était déjà consacrée au temps de Charlemagne, et ce fut l'origine de la féodalité et du servage. Les souverains travaillèrent plus tard à dissoudre les liens qui unissaient les seigneurs féodaux aux serfs et aux bourgeois établis sur leurs terres, pour les rattacher à la couronne et les mettre sous la dépendance immédiate du souverain. Dans le principe, les bénéfices jouissaient, entre autres immunités, de l'exemption de l'impôt, qui se trouvait consacré à la fois par la coutume germanique et le droit romain. En effet, au nom du droit romain, le bénéfice était affranchi de l'impôt en vertu d'une loi de Constantin qui assimilait, sous ce rapport, l'armée à la milice du palais. Or, les premiers Francs avaient tous la prétention d'appartenir à l'une ou l'autre milice, et en revendiquaient les priviléges.

BÉNÉFICE, concession territoriale faite chez les Romains en faveur d'un soldat ou d'un officier par un général, un gouverneur de province ou un empereur. Alexandre Sévère institua ces concessions en faveur de l'armée et de la milice du palais, afin d'étayer l'empire ébranlé. Elles étaient accordées en propriété sur les territoires conquis, et formaient des stations-frontières. Les concessionnaires devaient consentir à ce que leurs héritiers servissent aussi dans l'armée. L'empereur espérait que ces vétérans sauraient mieux défendre leurs terres que les anciens habitants. Il ajoutait au don du terrain des esclaves et des animaux de culture.

BÉNÉFICE. Dans la langue de l'Eglise, ce mot désignait un archevêché, un évêché, une cure, un canonicat, un diaconat, une prébende, une abbaye, un prieuré, qu'on attribuait à un clerc pour en tirer les revenus pendant sa vie. Les revenus des biens consacrés à Dieu étaient ainsi réservés à ceux qui avaient reçu de l'autorité ecclésiastique un office spirituel. Ainsi les bénéfices ecclésiastiques étaient un salaire en récompense d'un office (*beneficium propter officium*). Cependant le bénéficier ne s'acquittait pas toujours lui-même de ses devoirs religieux, et s'en déchargeait sur d'autres prêtres moins bien partagés. Il n'en percevait pas moins les revenus, et ne réalisait jamais cet excédant de ce qu'il lui fallait pour subsister, qu'il devait primitivement abandonner aux pauvres. Les bénéfices finirent ainsi par être abandonnés au haut clergé et refusés aux simples prêtres.

BÉNÉFICE DE CLERGIE. Immunité ecclésiastique en vertu de laquelle les évêques, en France et en Angleterre, pouvaient réclamer, comme clerc, tout condamné à mort qui savait lire, et l'employer dans leur diocèse. Il n'y avait d'exception que pour le crime de haute-trahison envers le roi.

BÉNÉVENT, ville forte d'Italie, ch.-l. de la délégation de Bénévent, et appartenant aux Etats de l'Eglise, à 200 kil. de Rome. Pop. 16,400 hab. Siége d'un archevêché fondé en 969. On y remarque une belle cathédrale d'architecture gothique, ainsi que le petit obélisque égyptien qui la précède, l'arc de triomphe de Trajan, construit en 114 de notre ère, et qui, sous le nom de porte d'Or (*porta Aurea*) sert de porte à la ville. Deux collégiales. Commerce très-considérable de grains; fabriques de cuirs, parchemins, objets d'art plaqués en or et en argent. — Bénévent fut fondé, dit-on, après la guerre de Troie, par l'Etolien Diomède, et appartint d'abord aux Samnites, et s'appelait alors *Maleventum*; mais les Romains s'en étant emparés l'an 269 av. J.-C., après avoir vaincu Pyrrhus, l'appelèrent *Beneventum*. Sous le règne d'Auguste elle porta le nom de *Julia Concordia*, qu'elle perdit plus tard pour reprendre celui de Bénévent. Au moyen âge, elle fut soumise à l'empire d'Orient, fut saccagée en 545 par Totila, prise en 589 par le roi Autharis, et c'est de ce moment que naquit le duché de Bénévent. En 840, il fut divisé en deux Etats particuliers, et en 850 en trois: Bénévent, Salerne et Capoue. L'empereur Henri III donna en 1052 le duché de Bénévent au pape Léon X, son parent. Aux XIe et XIIe siècles, il se tint quatre conciles dans cette ville. En 1266, Charles d'Anjou y vainquit Manfred, qui périt dans la bataille. En 1448, le duché de Bénévent passa sous l'autorité du roi de Naples, mais Ferdinand Ier le rendit au pape Alexandre VI. Les Français s'en emparèrent en 1798, et le cédèrent au roi de Naples. Napoléon le reprit en 1806, et le donna à Talleyrand avec le titre de prince de Bénévent, qu'il porta jusqu'en 1815. En 1814, Bénévent fut rendu au Saint-Siége, et en 1820, il y éclata une insurrection qui fut bientôt réprimée. La délégation de Bénévent compte 23,200 hab.

BÉNÉVENT, ch.-l. de cant. de l'arrond. de Bourganeuf (Creuse), à 26 kil. de cette ville. Pop. 1,500 hab. Commerce de peaux.

BÉNÉVOLENCES. On appelait ainsi en Angleterre, sous le règne d'Édouard VI, les contributions volontaires et qui devinrent sous ce prince des impôts forcés et abusifs. Elles furent abolies sous le règne de Richard IV.

BENEVOLI (Antoine), né à Norcia, dans le duché de Spolète, en 1685, mort en 1756. Emule de Valsalva et de Morgani, il s'appliqua à l'anatomie et à la chirurgie, et acquit bientôt une grande réputation, surtout pour le traitement des maladies des yeux et des hernies. Il fut premier chirurgien de l'hôpital de Florence. Il a laissé plusieurs écrits sur les maladies qu'il traitait spécialement.

BENEZET (Antoine), philanthrope de la secte des quakers, né en 1713 d'une famille de Saint-Quentin, réfugiée à Londres depuis la révocation de l'édit de Nantes, mort en 1784. Il se distingua par une charité inépuisable. Il disait habituellement que, par charité, on devait souffrir avec patience les attaques de l'envie et l'injustice des hommes. Il exerça en Angleterre la profession de tonnelier. Il suivit sa famille quand elle passa aux Etats-Unis et alla se fixer à Philadelphie. Là il manifesta sa philanthropie, surtout à l'égard des nègres. En 1742, il se fit quaker et devint instituteur d'une école de cette secte. C'était particulièrement parmi les noirs qu'il aimait à répandre l'instruction. En 1756, il assista de sa fortune de malheureux proscrits qu'on transportait d'Acadie en Pensylvanie. Quand il mourut, son convoi fut suivi de nègres qui pleuraient un bienfaiteur. Toute la population voulut honorer sa mémoire. Un officier américain, pénétré d'admiration, s'écria en s'adressant à la foule: « J'aimerais mieux être Benezet dans son linceul que Washington lui-même dans toute sa gloire. » Il ne se nourrissait que de légumes, croyant qu'il y a cruauté à manger des animaux qui vivent avec nous et nous servent.

Brutus condamnant ses fils à mort.

BENFELD, ch.-l. de cant. de l'arrond. de Schelestadt (Bas-Rhin), à 13 kil. de cette ville. Pop. 2,850 hab. Fabriques de tôles. Commerce de chanvre, tabac, grains.

BENGALE, province de l'ancien empire Mongol dans l'Hindoustan. Le Bengale comprend l'immense plaine qui descend de l'Himalaya jusqu'à la mer, sur une longueur de 500 kil. et sur une largeur à peu près égale. Le Bengale formait un royaume gouverné par des princes indiens, quand les Musulmans s'en emparèrent en 1203, sous la conduite de Mohammed-Bakhtyar-Khlidjy. Ils passèrent alors sous la domination des rois de Delhi. Les Afghans s'en emparèrent à leur tour en 1576. Mais en 1596, ils en furent chassés par Mahmoud, descendant des rois de Delhi, qui réunit de nouveau le Bengale à sa couronne. Au commencement du XVIIIe siècle, sous le règne d'Aureng-Zeyb, son petit-fils Azim-Ouchân, gouverneur du Bengale, désirant se faire des alliés puissants pour se déclarer ensuite indépendant, s'allia aux Anglais, qui commençaient déjà à se répandre dans l'Inde; il leur abandonna Calcutta et quelques autres parties de son territoire, et les laissa même se fortifier. Azim-Ouchân fut tué dans un combat contre ses frères; mais Mourched-Kouly-Khan, qui avait été envoyé contre lui, s'empara de la province et se déclara indépendant. Ses successeurs ayant voulu s'opposer trop tard à l'établissement des Anglais, Séradj-Eddaulah fut entièrement défait, en 1757, après avoir remporté d'abord quelques succès importants. Il fut obligé de se soumettre aux conditions qu'on lui imposa. Ce prince ayant été assassiné, les Anglais s'arrogèrent le droit de désigner son successeur, qui ne conserva plus qu'une ombre de pouvoir. Dès lors les Anglais trafiquèrent du trône du Bengale, moyennant des sommes énormes qui leur étaient comptées par les prétendants. Cependant Morgas-Schah-Alem, l'un des derniers rois de ce pays, céda aux Anglais tous les revenus du pays, moyennant une pension annuelle de 16 millions de francs; et dès ce moment la coutume s'introduisit de faire une pension à ses successeurs; mais cette pension diminua à chaque avénement nouveau.

Bengale, province anglaise dans l'Inde. Depuis la conquête des Anglais, le Bengale constitue l'une des dix provinces de la présidence de Calcutta; et c'est la plus riche et la plus importante. Sa population est de 25 millions d'habitants. Elle est arrosée par les deux plus grands fleuves de l'Inde: le Gange et le Brahmapoutra, qui prennent leur source dans l'Himalaya, et se jettent dans le golfe du Bengale. On cultive le riz dans le S., le blé et l'orge dans le N., le sucre, le poivre, l'aloès, le tabac, l'opium, l'indigo, le sésame, le bois de santal, le camphre, etc. Les animaux domestiques y abondent, les éléphants remplacent les chevaux. Les principales villes sont: Calcutta, l'une des plus importantes du monde par son commerce, capitale de la présidence de Calcutta et siége du gouvernement; Dacca, sur les bords du Gange; Gour, ancienne capitale du Bengale; Mouldah, où il se fait un commerce considérable en soie; Hougli, Bu. ar, Putnah, Gadj-Pati, Cuttack et Balessor.

Bengale (golfe du), grand golfe de l'Océan indien, s'étend entre le Bengale au N., l'Indo-Chine et à l'O. les côtes de Coromandel et d'Orissa. Il reçoit le Gange et le Brahmapoutra, l'Arakan, le Godavery et la Chrichwa. La longueur de ce golfe est de 1,600 kil., et sa largeur de 1,900. Parmi les îles les plus importantes sont les îles Ceylan, Nicobar et Andaman.

BENGAZY, ville des Etats de Tripoli; à 260 kil. de Derna; ch.-l. de la province de Barca. Pop. 2,500 hab. Possède un port encombré sur le golfe de la Sidre. Antiquités. Cette ville portait autrefois le nom de *Bérénice* et était l'une des cinq villes de la Pentapole.

BENGUELA, contrée de la Guinée méridionale située entre l'Angola et le Matamba, le désert, les Cimbedas et l'Atlantique. Superficie 730 kil. sur 450. La végétation y est très-riche; grandes richesses minérales, troupeaux de moutons et chèvres, grande quantité d'animaux féroces. Cette contrée renferme un grand nombre de tribus indépendantes et le royaume de son nom. On y rencontre plusieurs établissements maritimes qui appartiennent aux Portugais.

Benguela ou San Felipe, ville d'Afrique dans le royaume de Benguela (Guinée inférieure), ch.-l. des établissements portugais de ce pays, dont la population est de 222,000 hab. On compte à Benguela 3,000 hab. Air très-malsain; lieu de déportation pour les criminels portugais. A 20 kil. de Benguela se trouve une mine de salpêtre, la plus riche du monde.

BENI-HASSAN, prov. de l'emp. du Maroc; ch.-l. Salé. Pop. 300,000 hab.

Beni-Hassan, village d'Egypte, situé au S.-E. de Minyéh. On y remarque des grottes que décorent d'anciennes peintures égyptiennes.

BENI, rivière de l'Amérique du Sud, qui prend sa source dans le plateau du Titicaca, et, après un parcours de 1,200 kil., se jette dans l'Apurimac et forme, avec cette rivière, l'Ucayale.

Beni (Paul), littérateur et critique célèbre, né à Candie en 1552, mort à Padoue en 1625. Il fut choisi par la république de Venise pour professer les belles-lettres à l'université de Padoue. Il sortit de l'ordre des jésuites parce qu'ils refusèrent, par un faux zèle religieux, de faire imprimer son *Commentaire sur le banquet de Platon*. Il commenta aussi la *Poétique* et la *Rhétorique* d'Aristote, les six premiers livres de l'*Enéide*, Salluste, Homère, Platon, ainsi qu'Arioste et le Tasse. Dans son enthousiasme pour le grand poëte italien, il va jusqu'à le mettre au-dessus d'Homère. Il publia aussi un *Traité sur l'histoire*, dans lequel il développe la manière d'écrire l'histoire et de juger les faits.

BÉNIGNE (saint), apôtre de la Bourgogne et martyr. Il fut disciple de Polycarpe, et vint dans les Gaules sous le règne de Marc-Aurèle. Il subit le martyre à Dijon; on prétend qu'on lui scella les pieds avec du plomb fondu dans une pierre et qu'on le laissa mourir dans cette horrible position. Au temps de Grégoire de Tours, on montrait encore la fameuse pierre.

BENIN, cap. du royaume de ce nom, dans la Guinée supérieure, à 120 kil. de l'Atlantique. Pop. 15,000 hab. Commerce important. Le palais du roi ne consiste qu'en huttes en planches; fossé d'enceinte.

Benin (royaume de), un des plus puissants Etats de la Nigritie; il s'étend sur la côte N. du golfe de Guinée. Les habitants sont farouches, cruels, immolent des victimes humaines et sont fétichistes. Grand commerce d'esclaves. Le royaume de Benin fut découvert, en 1484, par le Portugais J. d'Aveiro.

BENINCARLO, ville d'Espagne, dans la prov. de Castellon de la Plana, à 48 kil. de cette ville. Pop. 1,550 hab. Comm. de vins, qu'elle exporte à Bordeaux. Cette ville fut assiégée en 1838 par Cabrera.

BENINCORI (Ange-Marie), compositeur italien, né à Brescia en 1770, mort en 1821. Il avait étudié le violon sous Rolla et la composition sous Cimarosa. Il n'eut cependant pas de grands succès au théâtre. Ses quatuors peuvent être cités après ceux d'Haydn et de Mozart. Il a terminé aussi le grand opéra d'*Aladin ou la Lampe merveilleuse*, que Nicolo laissa inachevé.

BENIOWSKI (Maurice-Auguste, comte DE), aventurier hongrois, né à Verbora en 1741, mort en 1786. Il était magnat des royaumes de Hongrie et de Pologne, et était l'un des chefs de la confédération de Bar, qui se forma en Pologne en 1768. La vie de cet homme présente une suite de circonstances singulières. A l'âge de 14 ans, il entra comme lieutenant dans un régiment de l'armée autrichienne et se distingua dans les grandes batailles que l'Autriche livra à cette époque. Un de ses oncles l'ayant appelé en Lithuanie pour recueillir un héritage, il se rendit auprès de lui et quitta le service. Son père étant mort, il retourna en Hongrie; mais ses beaux-frères, qui avaient pris possession du château de ses ancêtres, lui en refusèrent l'entrée. Beniowski se fit alors reconnaître de ses vassaux, et, se mettant à leur tête, il recouvra son château de vive force. Ce fait fut dénoncé à la cour de Vienne comme un acte de rébellion. Beniowski fut alors forcé de se réfugier en Pologne et vit ses biens confisqués. Il voyageait pour s'instruire dans l'art de la navigation, quand des magnats et des sénateurs de Pologne l'invitèrent à se joindre aux confédérés. Il fut nommé commandant de la cavalerie et quartier-maître général. Il défit un corps de Russes et obtint encore quelques autres succès; mais il fut fait prisonnier, rendu à la liberté, puis repris et enfermé dans une forteresse du Kamtchatka. Là, il se mit à la tête de 150 malheureux prisonniers et s'enfuit de la forteresse, emmenant avec lui la fille du gouverneur russe. Encouragé par ce premier succès, il puisa dans la lecture des voyages d'Anson l'idée de se rendre aux îles Marianne. En effet, il mit à la voile, ayant avec lui 73 hommes, et partit du port de Bolsha, emportant les archives de la ville et les cartes qu'il avait pu se procurer. Après bien des difficultés, il parvint au Japon et alla ensuite à l'île Formose et à Macao. Là, des offres avantageuses lui furent faites par la Compagnie française des Indes. Il les accueillit, et vint en France, où le duc d'Aiguillon le mit à la tête d'un régiment d'infanterie. Il accepta, sous la condition de former des établissements au-delà du cap de Bonne-Espérance. Il partit de Lorient à la tête de 4 ou 500 hommes et vint débarquer à l'Ile-de-France, d'où il fit voile pour Madagascar. Là, il parvint à se ménager habilement l'alliance des peuples qui occupent cette île, et, malgré les maladies qui décimaient sa troupe, il forma l'établissement de Foulepointe. Bientôt après, il fut déclaré souverain de la nation; mais il avait besoin, pour se soutenir, de la protection de quelques grands États européens. Ses propositions furent rejetées à Paris, à Vienne et à Londres. Il revint alors à Madagascar, et, bien résolu de se procurer des ressources par tous les moyens, il attaqua un magasin de vivres que les Français possédaient dans l'île et pilla leur comptoir. Cependant le gouverneur de l'Ile-de-France envoya contre lui 60 hommes, qui le surprirent. Beniowski, dont la troupe ne se composait que d'une trentaine d'indigènes, les vit bientôt prendre la fuite, et ne resta plus qu'avec deux Européens. Il fut alors entouré, et tomba mortellement frappé d'une balle dans la poitrine.

BENI-SOUEF, ville d'Égypte, ch.-l. de la moyenne Egypte, à 90 kil. du Caire. Pop. 6,000 hab. Place de garnison. Commerce de transit très-actif. Entrepôt.

BENIVIENI (Antoine), médecin de Florence, mort en 1502. Deux de ses frères se distinguèrent aussi, l'un dans les lettres et la philosophie, et l'autre dans le genre poétique. Il a laissé un ouvrage traitant de *Plusieurs causes secrètes et étonnantes de maladie et de guérison*. Cet ouvrage reproduit Galien, Apulée et Scribonius Largus, avec quelques observations propres de Benivieni. Il fut commenté par Rembert Dodoens.

BENJAMIN, 12e et dernier fils de Jacob, mort en 2090 av. J.-C., donna son nom à une tribu de la Palestine située entre celles de Juda au S., de Dan à l'O., d'Ephraïm au N., le Jourdain à l'E. Les villes principales furent Jérusalem, Jéricho, Gabaon.

BENJAMIN DE TUDELA, fils d'un rabbin juif de Tudela, en Navarre, vivait au XIIe siècle. Il a laissé des descriptions de voyages en langue hébraïque. Il donne à entendre, dans ses voyages, qu'il aurait voyagé pour connaître les synagogues répandues sur le globe, dans le midi de l'Europe, en Grèce, en Palestine, en Egypte, en Ethiopie et, jusque dans les Indes. Cependant, les graves erreurs géographiques contenues dans ses écrits ont fait supposer qu'il n'aurait jamais voyagé et qu'il n'aurait fait que compiler les travaux d'autres voyageurs.

BENJERMASSING, ville de l'île de Bornéo, sur la côte E., ch.-l. de la résidence hollandaise de la côte E.-S.-E., dont la pop. est de 553,300 hab. Exportation de diamants, or, poivre, camphre. Forteresse.

BENJOHNSON. (*Voir* JOHNSON.)

BENKEN, petite ville de Suisse, dans le canton de Zurich. Pop. 600 hab. C'est près de cette ville que se livrèrent, en 1799, deux combats entre les Français, les Russes et les Autrichiens.

BENKENDORF (Charles-Frédéric DE), passa sa vie entière, retiré dans sa terre de Blumenfeld, à écrire sur l'économie rurale et domestique. Ses ouvrages, écrits en allemand, sont avantageusement consultés dans son pays. Il mourut en 1788.

BENKENDORF (Louis-Ernest DE), général de cavalerie au service de la Saxe, né à Anspach en 1711, mort le 5 mai 1801. Il servit avec distinction dans la première guerre de Silésie; alors que l'électeur de Saxe était allié avec le roi de Prusse. Il combattit ensuite, pendant la guerre de Sept-Ans, contre le roi de Prusse Frédéric II, jusqu'à la paix de Hubertsbourg. Le succès de la bataille de Kollin fut décidé par sa bravoure. Il eut aussi la plus grande part à la prise de Schweidnitz et à l'affaire de Breslaw. Il était uni d'amitié avec le prince Charles de Saxe, duc de Courlande, qui lui assura une honorable fortune. Il comptait plus de soixante ans de service à l'armée.

BENKOULEN ou BEN-KOULEN, ville de l'île Sumatra, ch.-l. d'une résidence de 112,000 hab. sur la côte O., dans une contrée marécageuse et malsaine. Pop. 12,000 hab., dont un grand nombre de Malais et de Chinois. Commerce de café, sucre, camphre, poivre. Les Anglais la cédèrent aux Hollandais en 1824. Dans l'intérieur des terres, un peu plus loin de Benkoulen, on remarque encore le fort Marlborough, création de la puissance britannique.

BEN-LOMOND, montagne d'Écosse, dans le comté de Stirling; 971 mètres de hauteur. On y jouit d'un magnifique point de vue.

BENNET (Henri), comte d'Arlington, ministre d'État et pair d'Angleterre, né d'une ancienne famille du nom d'Arlington, à Arlington (Middlesex), en 1618, mort en 1685. Il se distingua par son dévouement à la cause de Charles Ier, pour lequel il combattit; et il émigra pendant le protectorat de Cromwell. Il rentra en Angleterre avec Charles II, dont il devint grand chambellan. Il fit partie du ministère de la *Cabal* ou *Cabale*, qui exerça pendant quatre ans la plus fâcheuse influence en Angleterre.

BENNETT (Agnès-Maria), romancière anglaise, née vers 1760, morte en 1808. Elle a laissé plusieurs bons romans, entre autres: *Rosa ou la Mendiante*. Ses personnages sont naturels, bien posés et excitent un intérêt croissant.

BEN-NEVIS, montagne d'Écosse dans le comté d'Inverness; 1,331 mètres de hauteur, dans la chaîne des Grampians. Elle est le point culminant de la Grande-Bretagne.

BENNINGSEN (Levin-Auguste-Théophile, comte DE), général russe, né à Brunswick en 1745. Il entra de bonne heure au service de la Russie. Il se distingua en Pologne, où il détruisit, avec une armée peu considérable, le corps des confédérés polonais sous les murs de Wilna. Il prit part à la révolution de palais à la suite de laquelle périt Paul Ier. En 1806, il eut le commandement de l'armée russe pour agir de concert avec les Prussiens contre les Français; mais comme il s'ébranlait pour opérer sa jonction, il apprit que l'armée prussienne était détruite et que Napoléon s'avançait vers la Vistule. Une terreur panique s'était emparée de la Prusse. Les forteresses les plus redoutables se rendaient. Benningsen recueillit les débris de l'armée vaincue et mit les frontières russes en état de défense. Il commandait les Russes à la bataille d'Eylau qu'il prétendit avoir gagnée. Il montra dans ces diverses campagnes un grand talent militaire; mais à la campagne suivante, il ne sut pas sauver Dantzig, et il livra imprudemment la bataille de Friedland, où sa défaite fut d'autant plus complète qu'il s'était lui-même fermé toute retraite. Dans cette lutte où la garde impériale russe fut écrasée, notre garde impériale resta immobile, simple spectatrice du combat. En 1812, on retrouve Benningsen sous les ordres de Kutusof, comme chef d'état-major des armées russes. Il leva des troupes en Pologne. Il prit ensuite part à la bataille de Leipzig; et quand les alliés se mirent en marche pour envahir la France, il vint bloquer Hambourg, dont la défense immortalisa Davoust, et dont il ne put s'emparer. A partir de ce moment, il prit sa retraite, brisé par les fatigues et accablé par l'âge.

BENNINGTON, ville des États-Unis (Vermont), à 60 kil. d'Albany. Pop. 4,000 hab. Le 16 août 1777, le général Stark y vainquit les Anglais.

BENNON (saint), archevêque de Meissen en Basse-Saxe, né en 1011, à Hildesheim, mort en 1107. Dans les guerres que soutint Henri IV, empereur d'Allemagne, contre les papes, Bennon prit parti pour l'empire. Plus tard, il se réconcilia avec Grégoire VII, afin de maintenir son Église dans l'obéissance au Saint-Siège. Il alla même à Rome, et assista au concile où Henri IV fut excommunié; mais son zèle religieux lui attira des persécutions. Il fut canonisé sous Adrien VI. Cette apothéose donna lieu à une vigoureuse et éloquente protestation de Luther, intitulée: *Contre la nouvelle idole qu'on doit élever à Meissen.*

BENOIST DE SAINT-MAUR, trouvère anglo-normand du XIIe siècle, contemporain et rival de Wace. On sait seulement qu'il était revêtu des ordres. On croit que ce ne fut pas un trouvère errant, mais un moine qui cherchait dans la composition des romans une distraction aux exercices de la vie ecclésiastique. Il composa des *Romans spirituels* qui sont en même temps des récits d'histoire.

BENOIT (saint), chef de l'ordre qui a porté son nom, né à Nursia, en Ombrie, d'une famille noble, en 480, mort en 543. Il était fils de sainte Scolastique. A 16 ans, il quitta Rome, où il avait été élevé, et se retira dans une affreuse caverne, dans le désert de Subiaco, à 40 milles de Rome. Il fut bientôt entouré d'une multitude de disciples et de malheureux habitants qui fuyaient les hordes barbares alors maîtresses de l'Italie. Il fonda 12 monastères dans lesquels on trouvait plus de sûreté que dans les villes. Persécuté dans sa retraite par des envieux, il vint s'établir à Cassin, petite ville sur le penchant d'une haute montagne dont les habitants n'étaient pas encore convertis au christianisme. A la parole de Benoît, ils se firent chrétiens, et consacrèrent à la religion nouvelle leur temple d'Apollon. Ce fut là que Benoît éleva un monastère qui devint le berceau de l'ordre des Bénédictins. Les légendes rapportent qu'il avait le don de prophétie. Ainsi Totila, roi des Goths, voulant l'éprouver, lui avait envoyé son écuyer revêtu des habits royaux. Mais Benoît aurait aussitôt reconnu la supercherie. Totila s'étant ensuite présenté lui-même, il lui aurait prédit ses conquêtes et sa mort, en l'exhortant à réparer les malheurs qu'il avait causés par ses ravages. Il mourut un an après. Ce fut dans le VIIIe siècle seulement que la règle de Saint-Benoît prit de l'extension.

BENOIT D'ANIANE (saint), célèbre réformateur de la discipline monastique en France, abbé d'Aniane, dans le diocèse de Montpellier, né en Languedoc vers 750, mort en 821. Il était fils d'Aigulfe, comte de Maguelonne. Il servit d'abord dans les armées et fut ensuite échanson de Pépin et de Charlemagne. Il se retira dans une terre de son patrimoine, où il fonda l'abbaye d'Aniane, sur les bords de la rivière de ce nom, en Languedoc. Il fut en France et en Allemagne ce que saint Benoît avait été en Italie. Il introduisit dans son monastère une nouvelle règle qui était une combinaison de celles de saint Benoît, de saint Pacôme et de saint Basile. Louis le Débonnaire l'établit chef et supérieur général de tous les monastères de son empire. Il donnait des leçons et des exemples, labourant et moissonnant avec ses frères.

BENOIT Ier, pape, surnommé *Bonose*, succéda à Jean III dans le pontificat, en 574, et mourut en 578. Son autorité ne s'étendait guère au delà de Rome, les papes n'exerçant alors aucune suprématie qui les distinguât des évêques des autres villes. Benoît Ier eut à consoler les chrétiens de Rome, qui était désolée par trois fléaux : la famine, la peste et l'invasion des Lombards.

BENOIT II, pape, de 684 à 685. Il fut élu par le clergé, sans l'intervention de l'exarque qui gouvernait Rome, ni de l'empereur. Il fut mis au nombre des saints. On voit son tombeau au Vatican avec une épitaphe en vers latins, qui exprime qu'il a laissé de grands monuments de ses vertus.

BENOIT III, pape, de 855 à 858. Il succéda à Léon IV, et, selon d'autres, à la papesse Jeanne, dont l'existence unanimement niée aujourd'hui dans le monde catholique, était autrefois attestée par 70 auteurs des plus orthodoxes et même par des saints canonisés. Benoît III était un homme simple, humble et vraiment pieux. Les empereurs Lothaire et Louis le Germanique lui suscitèrent un compétiteur dans Anastase, qu'on est convenu de considérer comme un antipape. Anastase vint attaquer Benoît III dans Rome; mais celui-ci fut bientôt délivré par le peuple.

BENOIT IV, pape, de 900 à 903; il succéda à Jean IX. Il gouverna avec sagesse, mais il fut impuissant à corriger les mœurs dépravées de son temps. On le considérait comme le père des pauvres. Ce fut lui qui couronna, à Rome, l'empereur Louis III, dit l'*Aveugle*.

BENOIT V, pape, de 964 à 965. Il succéda à Jean XII. Il eut pour compétiteur Léon VIII, que l'empereur Othon le Grand avait imposé aux Romains pour succéder à Jean XII. Othon, irrité de cette élection nouvelle, enleva Benoît V dans Rome, et l'emmena à Hambourg, où il le confia à la garde d'Adulgague, archevêque de cette ville. Pendant sa captivité, les Romains reconnurent Léon VIII pour leur pape légitime.

BENOIT VI, pape, de 972 à 974, succéda à Jean XIII. Il fut renversé par l'antipape Boniface VII, qui le fit étrangler dans le château Saint-Ange, où il avait été enfermé par Crescentius, fils du pape Jean X et de la fameuse Théodora.

BENOIT VII, pape, de 975 à 984, succéda à Donus II. Il eut à lutter, comme Benoît VI, contre Boniface VII, l'antipape, et contre les simoniaques.

BENOIT VIII, pape, de 1012 à 1024, succéda à Sergius IV. La tiare lui fut disputée par Grégoire, qu'une partie du peuple romain avait élu. Chassé de Rome, il y rentra avec l'aide de l'empereur Henri II, qu'il avait été implorer. Henri II se fit alors couronner à Rome avec son épouse Cunégonde. Henri II était un saint sur le trône, et regardait presque sa grandeur comme une impiété. La cour de Rome ne négligeant aucune occasion de confondre le spirituel et le temporel pour arriver à exercer la plus grande suprématie sur les princes. Benoît VIII ne négligea pas cette occasion d'arracher à la faiblesse de Henri II un serment de fidélité pour lui et ses successeurs. Aussi il lui demanda d'abord sur les degrés de l'église de Saint-Pierre: « Voulez-vous me garder, ainsi qu'aux papes mes successeurs, la fidélité en toutes choses? » Il fit ensuite présent à Henri II d'une pomme d'or représentant le globe, enrichie de deux cercles de pierreries, croisés et surmontés d'une croix d'or. Il lui remettait ainsi les attributs de la puissance impériale; car il est raisonnable, disait-on alors à Rome, qu'aucun prince ne prît le titre d'empereur, sinon celui que le pape aurait choisi pour son mérite. En 1016, les Sarrasins, venus par mer, ravagèrent l'Italie; mais Benoît VIII les attaqua, les défit, et les fit tous massacrer. Leur reine, faite prisonnière, eut la tête tranchée. Le prince sarrasin envoya alors un sac de châtaignes à Benoît, en lui disant que l'année suivante il reviendrait avec autant de soldats qu'il lui envoyait de châtaignes. Le pape répondit par l'envoi d'un sac de millet, annonçant qu'il trouverait autant de défenseurs que le sac contenait de grains. Le prince sarrasin n'exécuta pas sa menace. Benoît VIII combattit aussi les pirates grecs débarqués dans la Pouille, avec l'aide de Raoul de Normandie, qui vint alors s'établir en Italie.

BENOIT IX, pape, successeur de Jean XIX, son oncle, de 1033 à 1048; mort en 1054. Il avait à peine douze ans quand le crédit et l'or de sa famille l'élevèrent au Saint-Siège. Il se livra à toutes sortes d'infamies et de débauches. Le peuple, indigné, le déposa une première fois en 1045. Il manifesta du repentir et revint quelque temps après; mais désespérant de se maintenir, il vendit le pontificat comme il l'avait acheté. Il le reprit une troisième fois pour abdiquer définitivement en 1048. Il se retira alors dans le monastère de la Grotta-Ferrata, où il expia ses fautes.

BENOIT X (Jean), antipape, évêque de Velletri, surnommé *Mincio* (stupide). Il succéda à Étienne IX, en 1058, et fut élevé au trône pontifical par un parti de factieux, puis renversé au bout de dix mois par les Romains, qui lui substituèrent Nicolas II. Il était si ignorant qu'il ne pouvait expliquer un seul verset de psaume.

BENOIT XI (saint), pape, de 1303 à 1304, né à Trévise en 1250; mort en 1304. Il était fils d'un berger, suivant les uns, et d'un notaire, suivant les autres. Il était général des frères-prêcheurs avant son avènement. Il succéda à Boniface VIII. Il annula les bulles de son prédécesseur contre Philippe le Bel, et il donna une autre preuve de faiblesse en rappelant les Colonna, qui avaient osé insulter son prédécesseur et le frapper à la joue. On prétend qu'il fut empoisonné par quelques cardinaux mécontents de l'abaissement du gouvernement théocratique. Il fut enterré à Pérouse, sans cérémonie. Il méritait cependant un meilleur sort, et on vantait sa simplicité et sa modération. On a de lui des sermons et quelques écrits religieux. Il fut béatifié en 1733.

BENOIT XII (Jacques de Nouveau), troisième pape d'Avignon, de 1334 à 1342, né à Saverdun, dans le comté de Foix. Il fut surnommé *Fournier*, parce que son père était boulanger. Il était docteur de Paris, et il avait été, avant son avènement, cardinal-prêtre du titre de Saint-Prisque. On l'appelait le *cardinal blanc*, parce qu'il avait été religieux de Cîteaux et qu'il en portait l'habit. Il fut élu à l'unanimité après Jean XXII, et fut surpris comme les autres cardinaux, de sa nomination. Il était peu propre aux intrigues, mais très-versé dans la théologie et la jurisprudence. Il lui fut impossible, malgré ses efforts, de relever l'autorité des papes. La France avait intérêt à empêcher sa réconciliation avec l'empereur d'Allemagne, et son retour en Italie. Il se résigna, se contentant du rôle de médiateur entre les princes, et de réformateur du clergé. Il confirma les anathèmes de son prédécesseur contre Louis de Bavière, et contre les hérésies des fratricelles. Il réforma l'ordre de Cîteaux, et défendit à l'abbé d'avoir, comme les autres seigneurs, une suite de gentilshommes. Il mourut à Avignon, après avoir jeté les fondements du palais pontifical qui subsiste encore. Il avait une nièce pour qui il refusa l'alliance de puissants seigneurs, préférant la marier à un négociant de Toulouse. Les deux époux lui ayant rendu visite, il leur remit une faible somme en leur disant: « Voilà le petit présent que vous fait votre oncle Fournier; quant au pape, il n'a plus d'autres parents que les pauvres. » Un prince lui ayant demandé quelque chose d'injuste, il répondit à l'envoyé: « Si j'avais deux âmes, j'en pourrais donner une pour ce prince qui vous envoie; mais n'en ayant qu'une, je ne veux pas la perdre. »

BENOIT XIII (Pierre-François Orsini), pape de 1724 à 1730, né à Gravina en 1649, de la famille des Ursins. Il était, avant son avènement, cardinal et archevêque de Bénévent. Lors du tremblement de terre qui ruina cette ville en 1688, et qui renversa le palais archiépiscopal, il fit une terrible chute, et ne dut la vie qu'à quelques cannes de roseau qui amortirent le choc et le préservèrent d'être écrasé par les décombres. Il avait considérablement embelli et restauré Bénévent. A son entrée au pontificat, il confirma la constitution *Unigenitus*, malgré les désordres qu'elle continuait à causer. Il approuva ensuite la doctrine des thomistes sur la grâce et la prédestination. Sa mémoire fut bénie à Rome, qu'il soulagea par sa bienfaisance. On lui reprocha cependant son amitié pour le cardinal Coscia, qui favorisait les Bénéventins au point d'exciter la jalousie des Romains. Coscia faillit être massacré par la populace. A la mort de son protecteur, il fut enfermé au château Saint-Ange, où il mourut gorgé d'or et chargé de malédictions. Benoît XIII a laissé des *Homélies sur l'Exode*.

BENOIT XIII, surnommé *Pierre de Lune*, antipape, né en Aragon d'une famille illustre, vers 1334, élu par les cardinaux d'Avignon après la mort de l'antipape Clément VII, en 1394. Il s'adonna d'abord à l'étude du droit civil et canonique. Il quitta cette étude pour porter les armes, la reprit ensuite et enseigna le droit dans l'université de Montpellier. Grégoire IX l'avait fait cardinal, et Clément VII légat en Espagne. Il fut élu en même temps que les cardinaux de Rome élisaient Boniface IX. Il avait promis, avant son élection, de se démettre, si on l'exigeait, pour mettre fin au schisme; mais, parvenu au pontificat, il oublia sa promesse. Il amusa d'abord les princes de l'Europe et l'université de Paris, et finit par déclarer qu'il garderait la tiare. On voulut employer la force pour le contraindre à abdiquer. Charles VI le fit enfermer dans Avignon. Benoît parvint à s'échapper et se retira à Château-Renard. Les conciles de Pise et de Constance le déposèrent et le déclarèrent schismatique. On disait de son temps qu'il n'y avait que l'éclipse de cette Lune fatale qui pût rendre la paix à l'Église. Benoît répondit en anathématisant à son tour, et de la petite ville de Peniscola, en Valence, il ne cessait de lancer des foudres sur toute la terre. Il mourut à 90 ans, après avoir choisi pour son successeur Gilles Muños, Aragonais, chanoine de Barcelone, qui prolongea encore cette comédie pendant quelque temps.

BENOIT XIV (Prosper Lambertini), pape de 1740 à 1758, né à Bologne en 1675. Il avait été, avant son avènement, archevêque de Théodosie et cardinal. Le conclave où il fut élu, dura cinq mois: les cardinaux partageaient leurs voix sur deux autres candidats; de guerre lasse, ils se décidèrent unanimement à porter Lambertini. Il se montra éclairé, tolérant et chercha à adoucir les rigueurs qu'on avait exercées jusqu'alors à cause de la bulle *Unigenitus*. Comme il cultivait les lettres et les sciences, il sut les protéger. Il fonda des académies à Rome; il fit tracer une méridienne; il fit sortir de terre l'obélisque du champ de Mars, qui était demeuré enseveli. La Sorbonne reçut de lui son portrait et ses ouvrages. Il songeait plutôt à écrire qu'à gouverner, et il se déchargeait volontiers du poids des affaires sur le cardinal Valenti. Les Romains disaient de lui: « *Magnus in folio, parvus in solio*, Grand dans les écrits, petit sur le trône. » Benoît le reconnaissait lui-même, et un jour qu'il venait de faire plusieurs promotions de cardinaux, il dit ingénument en s'adressant au cardinal Porto-Carrero: « Ne prenez pas un docteur pour mon successeur. — Par ses nouvelles promotions, répondit celui-ci, votre Sainteté y a trop bien pourvu. » Il s'était fait construire à Monte-Cavallo une petite maison où il admettait ses familiers. L'étiquette en était bannie, et la fine plaisanterie y était permise. Un jour qu'il s'était mis justement en colère contre son vicaire, il se repentit aussitôt de ce mouvement, et se tournant vers l'image du Christ: « Mon Dieu, dit-il, que vous et moi sommes mal en vicaire. » Il mourut en 1758, à l'âge de 83 ans. Il a laissé 16 volumes d'ouvrages religieux, qui attestent une vaste érudition et une profonde connaissance du droit civil et canonique. D'une extrême tolérance, il condamnait à la fois les libertés gallicanes et les prétentions ultramontaines. Les protestants eux-mêmes ont rendu hommage à la noblesse de son caractère.

BENOIT (René), théologien, né à Savennières, près d'Angers, en 1521, mort en 1608. Il fut doyen de la faculté de théologie de Paris, confesseur de Marie, reine d'Écosse, professeur de théologie au collège de Navarre et curé de Saint-Eustache. Son influence sur les habitants des halles, au milieu desquelles se trouvait son église, le fit surnommer le *pape des halles*. Il donna une traduction de la Bible, qui fut supprimée par la Sorbonne, comme se rapprochant trop de la version calviniste, surtout dans les notes, et condamnée par le pape Grégoire XIII. Il fut enfin exclu de la faculté de théologie. Il protesta d'abord contre sa condamnation; mais il fit amende honorable en 1598. Lorsque la faction des Seize se fut rendue maîtresse de Paris, il se réfugia auprès de Henri IV, qui le nomma plus tard son confesseur. Il paraît qu'il contribua beaucoup à la conversion du grand roi. Ce prince l'avait nommé à l'évêché de Troyes; mais les ligueurs lui firent refuser ses bulles par le pape. Il chercha à amener un rapprochement des catholiques avec les huguenots, non moins à répandre les idées de tolérance. C'est dans cet esprit qu'il écrivit son *Examen pacifique de la doctrine des huguenots*. Il a laissé aussi une *Bibliothèque historique de la France*, ainsi que des sermons et des livres de piété.

BENOIT (Michel), missionnaire jésuite, né à Autun en 1715, mort à Pékin en 1774. Il avait étudié non-seulement la théologie, mais encore les mathématiques, l'astronomie et la physique. Ainsi il se préparait à des missions scientifiques en même temps qu'à sa mission religieuse. Delisle, de la Caille et Lemonnier perfectionnèrent ses connaissances en astronomie. Il alla à Pékin en 1745; il fut bientôt attaché à la cour de l'empereur Kien-Long, qui sut apprécier ses talents; il resta près de lui pendant trente ans. Ce fut lui qui introduisit

BEN

en Chine les machines hydrauliques; il fit construire des pièces d'eau du genre de celles de Versailles. La Chine lui doit, en outre, la gravure sur cuivre et celle en taille-douce, dont il devina les procédés après un long travail.

BENOIT (Saint-), ville sur la côte S.-E. de l'île de la Réunion; elle contient 9,000 hab. Son port, très-fréquenté par les navires de commerce, est d'un mouillage peu sûr.

BENOIT-DU-SAULT (Saint-), ch.-l. de cant. de l'arrond. du Blanc (Indre), à 33 kil. de cette ville. Pop. 1,130 hab. Forges.

BENOZZO-GOZZOLI. (Voir GOZZOLI.)

BENPOUR ou BUGPOUR, ville fortifiée du Béloutchistan, ch.-l. de la province du Béloutchistan; elle est située dans un pays désert et peu productif.

BENSERADE (Isaac DE), né à Lyons-la-Forêt en 1612, mort en 1691. Il vint de bonne heure à Paris; le cardinal de Richelieu, dont il se disait parent, lui fit une pension de 600 livres, mais il la perdit pour un bon mot trop piquant. Depuis cette époque, il devint très-circonspect, et s'il ne cessa pas de plaisanter finement, il apprit du moins à ménager les personnalités. Le cardinal Mazarin lui fit, par des pensions et des bénéfices, un revenu de plus de 12,000 francs. Benserade avait une figure agréable, un esprit délicat quoique porté à la plaisanterie, et savait flatter ceux mêmes sur lesquels il l'exerçait. Il débuta par de mauvaises pièces dont la galanterie faisait le principal objet. Il avait un talent singulier pour faire entrer dans les rôles de ses ballets des divinités mythologiques, qui fournissaient des allusions piquantes aux personnages de la cour chargés de les représenter. Il composa aussi des rondeaux, des sonnets et des chansons. Toute la cour fut partagée, en 1681, sur le sonnet de *Job*, par Benserade, et sur celui d'*Uranie*, par Voiture. On discuta le mérite de ces deux sonnets, et cette discussion fit alors grand bruit. Le prince de Conti tenait pour Benserade, et Mme de Longueville, sa sœur, à la tête de l'autre parti, tenait pour Voiture. Corneille fit, à ce sujet, ce vers plaisant:

Pour deux méchants sonnets on demande: Qui vive?

Mlle de la Vallière chargea Benserade d'écrire pour elle à son illustre amant. Le roi récompensa le poëte en lui donnant 1,000 louis pour les tailles douces de ses *Métamorphoses* d'Ovide, qu'il avait imaginé de traduire en mauvais rondeaux. Il fut membre de l'Académie française. Sur la fin de sa vie, il se retira à Gentilly, et embellit sa retraite de cette inscription:

Adieu, fortune, honneurs; adieu, vous et les vôtres;
Je viens ici vous oublier.
Adieu toi-même, Amour, bien plus que tous les autres
Difficile à congédier.

Comme il souffrait de la pierre, il voulut se faire opérer. Le médecin débuta par une saignée maladroite, et lui piqua l'artère. Perdant alors la tête, il s'enfuit et laissa Benserade expirer sans secours.

BENSLEY (Thomas), célèbre typographe anglais, mort en 1833. Il était lui-même fils d'un imprimeur. Il fonda sa réputation en imprimant une traduction de Lavater. Depuis il se distingua par ses éditions de luxe des principaux auteurs de la Grande-Bretagne; il avait alors recours au talent des meilleurs artistes de son époque. C'est lui qui introduisit le premier la presse mécanique en Angleterre, et notamment l'immense machine qui servait alors au tirage du *Times*. Elle a été perfectionnée depuis, et même établie suivant un nouveau système. Bensley vit deux fois l'incendie détruire les richesses amassées dans son imprimerie; mais il se releva toujours avec courage.

BENTHAM (Jérémie), célèbre jurisconsulte et publiciste, né à Londres en 1748, mort en 1832. Il étudia d'abord pour être avocat, mais frappé des abus consacrés par la législation et des vices de l'organisation sociale, il entreprit de les combattre et de poser les bases nouvelles de la législation et de l'économie politique et sociale. Il fut le père de l'école *utilitaire* qui n'admet d'autre règle sociale que l'utilité, ni d'autre règle morale que l'intérêt bien entendu qui conduit aux mêmes conséquences que l'esprit de charité. Il puisa le germe de sa doctrine dans le livre de l'*Esprit* d'Helvétius. Il vint plusieurs fois en France où sa doctrine eut encore plus de succès et d'influence que dans son propre pays. La Convention nationale lui conféra le titre de citoyen français. Il fut lié d'amitié avec le conventionnel Brissot. Il ordonna par son testament que son corps fût porté à l'amphithéâtre d'anatomie pour être disséqué, afin de combattre un préjugé de ses compatriotes qui paralyse chez eux les progrès de la médecine. Il a laissé de nombreux écrits; plusieurs ont été rédigés en français, d'après ses manuscrits et sous sa surveillance, par Étienne Dumont, ministre de la religion réformée à Genève.

BENTHEIM, ville de Hanovre, ch.-l. du comté de son nom, à 60 kil. d'Osnabrück. Pop. 1,855 hab. On y remarque un château fort. Siége d'une cour criminelle et d'appel civil.

BENTHEIM (comté de), situé sur la frontière hollandaise et prussienne de Westphalie. Sup. 45 kil. sur 30. Pop. 34,900 hab. On y rencontre beaucoup de pâturages, des tourbières et des marais. Napoléon Ier l'enleva au Hanovre (1804), le donna, en 1806, au grand-duc de Berg. Il fut rendu au Hanovre en 1815 et, en 1817, le roi de Prusse donna le titre de princes aux comtes de Bentheim.

BENTINCK (John-William), premier comte de Portland, favori de Guillaume III, né dans l'Over-Yssel, en Hollande, en 1648, mort en 1709. Il fut d'abord page de Guillaume, alors stathouder de Hollande. Il s'attacha à lui et le suivit en Angleterre, où Guillaume alla conquérir une couronne. Devenu roi d'Angleterre, Guillaume le récompensa de sa fidélité, en le créant comte de Portland et pair d'Angleterre. Il fut chargé de diverses missions diplomatiques, notamment en France.

BENTINCK (William-Henri Cavendish), né à Oxford, en 1738, mort en 1809. Il fut nommé pair en 1762, et se rangea d'abord dans le camp de l'opposition. Plus tard il devint premier lord de la trésorerie, et fut le chef du ministère dit de la coalition. Son ministère fut de courte durée, et il rentra bientôt dans les rangs de l'opposition. En 1792, il revint au pouvoir comme chancelier de l'université d'Oxford, lord-lieutenant du comté de Nottingham et secrétaire d'État de l'intérieur. En 1801, il succéda à Pitt et devint président du conseil. Il donna sa démission en 1806, et mourut quelques années après.

BENTINCK (lord William-Henri Cavendish), frère cadet du duc de Portland et gendre du comte de Gosford, né en 1774. Il fut nommé, en 1803, gouverneur des Indes. Après son retour, il partit pour la Sicile, en qualité de lieutenant général de l'armée anglaise, et investi de tous pouvoirs comme ministre plénipotentiaire. Son but apparent était de protéger l'île; mais, en réalité, il songeait à en prendre possession. La reine de Naples, qui comprit ses intentions, fut sacrifiée à ses intrigues, et se réfugia à Vienne. Bentinck inaugura, en 1812, un parlement sicilien, et donna à ce pays une constitution toute anglaise. Il leva ensuite une armée, et parut bientôt en Catalogne à la tête des Anglo-Siciliens. Le début de cette campagne fut assez heureux pour lui; mais il fut défait à Villafranca, et réduit à s'embarquer pour Palerme. A son retour dans l'île, il leva le masque et proclama aux Siciliens qu'ils eussent désormais à accepter la domination anglaise, et à se soumettre à la constitution. Cependant il montra encore quelque condescendance pour le roi Ferdinand dont la souveraineté dans l'île n'était plus que nominale. En 1814, Bentinck quitta la Sicile pour prendre un commandement en Toscane. Dès lors Ferdinand put reconquérir peu à peu son autorité. Arrivé en Toscane, il adressa une proclamation aux Italiens pour les engager à se soustraire au joug de Napoléon; il mit, en même temps, une garnison dans Gênes. Au même moment, Joachim Murat levait une armée dans Naples, et se déclarait indépendant. Les Autrichiens marchèrent contre lui, et on remarqua que Bentinck ne fit aucun mouvement de concert avec eux. Murat fut vaincu et Ferdinand rétabli; mais ce prince garda longtemps rancune à Bentinck de son inaction. A son retour en Angleterre, il fut nommé membre de la Chambre des communes.

BENTINCK (George-Fred. Cavendish), fils cadet du précédent, né en 1802, mort en 1848. Il fut d'abord attaché en qualité de secrétaire particulier à George Canning, qui avait épousé une sœur de sa tante, et entra plus tard à la Chambre des communes.

BENTIVOGLIO, famille souveraine à Bologne. Les Bentivoglio prétendaient descendre d'un fils naturel de l'empereur Frédéric II, et tiraient leur nom d'un village de la Toscane, près de Ferrare. Ils disputèrent longtemps le pouvoir aux papes, et finirent par être dépouillés de leurs possessions par le pape Jules II, en 1506. Antoine Bentivoglio, fameux au XIVe siècle par ses richesses, par son courage et ses vertus, fut la tige de cette famille illustre qui s'est distinguée dans les lettres et la diplomatie. Son fils, Jean Bentivoglio, se rendit maître de Bologne, vers 1400. Il perdit la vie dans une émeute populaire, le lendemain d'une défaite qu'il venait de subir; mais sa famille n'en resta pas moins au pouvoir. Antoine Bentivoglio lui succéda, mais il subit un exil de dix ans, et, comme il se disposait à rentrer à Bologne, le pape Eugène IV le fit arrêter et lui fit trancher la tête sans jugement, en 1435. Annibal Bentivoglio gouverna après lui, mais il fut bientôt assassiné par les principaux de la famille Canetoli, pendant une fête de famille à laquelle ils l'avaient invité. Son fils Jean II, allié de Jules II contre les Vénitiens, fut ensuite chassé par lui de Bologne; ses enfants furent massacrés et son palais rasé. Après avoir été chassés de Bologne, les membres de cette famille se dispersèrent à Ferrare et à Milan. — HERCULE BENTIVOGLIO, un des parents d'Alphonse, duc de Ferrare, est l'un des poëtes italiens les plus remarquables du XVIe siècle. Il prit l'Arioste pour modèle, et mérita de lui être comparé. Il naquit vers 1506, et mourut à Venise en 1573. — GUI BENTIVOGLIO, également célèbre comme historien et comme cardinal, naquit à Ferrare en 1579, et mourut en 1644. Louis XIII le chargea de protéger la France à la cour de Rome. Il est probable qu'il aurait succédé au pape Urbain VIII, son ami, si la mort n'était venue le surprendre. Il a laissé des Mémoires, et des travaux importants sur l'histoire des guerres civiles de Flandre et l'histoire ecclésiastique. Il mérita, comme historien, d'être comparé aux grands modèles de l'antiquité. Il explique admirablement, dans un style facile et pur, les secrets de la politique, et montre une parfaite connaissance du cœur humain. On lui reproche cependant son zèle ultramontain et son attachement aux Espagnols. — HIPPOLYTE BENTIVOGLIO, auteur dramatique distingué, de la fin du XVIIe siècle; — MARTIN BENTIVOGLIO, mort à Rome en 1711;

elle a laissé des vers d'un certain mérite, et fut membre de l'académie des Arcadiens. — FRANÇOISE BENTIVOGLIO, femme de Manfredi, qui assassina son mari pour se venger de ses mépris. — CORNEILLE BENTIVOGLIO, qui s'attacha à la France, et devint lieutenant général en Toscane, sous Henri II. Il était ami des Guises, et fut accusé d'avoir satisfait leur vengeance en tuant François de Bourbon, comte d'Enghien. Il s'en défendit fort mal, en prétendant que c'était sans dessein et par le peu de précaution de jeunes gens qui badinaient. On l'accusa plus tard d'un autre meurtre imaginaire dont il dédaigna de se justifier. Il alla combattre ensuite en Pologne, puis en Hongrie, contre les Turcs. Maximilien II récompensa son courage en l'investissant du château de Gualtieri, entre Guastalla et Reggio. Ce marquisat a été depuis maintenu dans la famille.

BENTLEY (Richard), célèbre critique et philologue anglais, né à Oulton (Yorkshire), d'un artisan, en 1661, mort en 1742. Il fut d'abord maître d'école, puis chapelain de l'évêque de Worcester, bibliothécaire du roi Guillaume, au palais de Saint-James; directeur du collége de la Trinité à Cambridge et archidiacre d'Ely. Son caractère difficile et peu obligeant, lui attira des querelles qui donnèrent lieu à différents écrits, notamment à sa *Dissertation sur les épîtres de Phalaris*. Il gagna le legs de 50 liv. sterl. que Bayle légua, par testament, au théologien qui, dans huit sermons prononcés dans le cours d'une année, défendrait le mieux la religion naturelle et révélée. Ses *Sermons contre les incrédules* ont été publiés et traduits en plusieurs langues. Il a donné des éditions précieuses d'auteurs grecs et latins, tels que Manilius, Térence, Phèdre, Horace, Lucain, Esope. Ces éditions sont enrichies de notes savantes, mais la critique est souvent hasardée. Il réfuta le fameux discours de Collins sur la liberté de penser; cet écrit a été traduit, en France, sous le titre de *Friponneries des esprits forts*.

BENVENUTI (Charles), jésuite italien, mathématicien et physicien célèbre, né à Livourne en 1716, mort à Varsovie en 1789. Il professa les mathématiques à Rome, et après l'expulsion de son ordre, il se retira à Varsovie, près du roi de Pologne, qui lui donna les marques de la plus grande estime.

BENZENBERG (Jean-Frédéric), né à Schœller, près d'Elberfeld, en 1777, mort en 1846. Il fut professeur de physique et d'astronomie au lycée de Dusseldorf; il a fondé dans cette ville une école d'arpentage, et, aux environs, un observatoire.

BÉOTIE, contrée de l'ancienne Grèce, située entre la Phocide au N., l'Attique et la Mégaride au S., le golfe de Corinthe à l'O., et la Mer ionienne, qui la séparait de l'île d'Eubée, à l'E. La Béotie était un riche vallon, entouré de montagnes, ayant de beaux pâturages pour les bœufs, comme son nom l'indique. Ce pays était cité pour la lourdeur d'esprit de ses habitants; il a produit cependant Hésiode, Pindare, Epaminondas, Pélopidas, Plutarque. Les principales villes étaient Thèbes, capitale; Platée, Thespies, Orchomène, Chéronée, Leuctres et Délium. Pendant le XIIe siècle avant J.-C., les villes de la Béotie formèrent une confédération, connue sous le nom de *ligue béotienne*. Les affaires de la ligue étaient réglées par les députés des villes, et le commandement civil et militaire était exercé par onze *béotarques*; ils n'étaient nommés que pour une année. Thèbes brilla d'un grand éclat sous Epaminondas et Pélopidas; mais elle retomba ensuite dans l'obscurité, pour subir la conquête des Macédoniens et des successeurs d'Alexandre, et passa sous la domination romaine. Aujourd'hui la Béotie compose la plus grande partie de la province de Livadie, et l'on voit sur l'emplacement de Thèbes, le misérable bourg de Thiva.

BERAIN (Saint-), bourg du dép. de Saône-et-Loire, à 22 kil. de Châlon-sur-Saône. Pop. 1,200 hab. Exploitation de houille. Verrerie.

BÉRANGER (Pierre-Jean DE), chansonnier national, né à Paris en 1780, mort en 1857. Il était fils d'un agent d'affaires qui se compromit, pendant la Révolution, pour la cause royaliste. Il fut élevé *chez un tailleur, son pauvre vieux grand-père*, puis chez une tante, aubergiste à Péronne. Là, il suivit pendant quelque temps les cours de l'*Institut patriotique*, et ce fut la seule instruction qu'il reçut jusqu'au moment où il entra chez un imprimeur de Péronne, à l'âge de 14 ans. Cet imprimeur faisait des vers. Béranger prit dans sa compagnie le goût de la poésie. Il vint plus tard à Paris, auprès de son père qui faisait la banque. Il s'essaya dans divers genres, sans trouver encore celui auquel son génie devait le mieux se plier. Il trouva un protecteur dans Lucien Bonaparte à qui il avait adressé des poésies manuscrites. Celui-ci lui abandonna généreusement son traitement de l'Institut. En 1809, il entra comme expéditionnaire dans les bureaux de l'Université : il produisit alors ses premières chansons, qui, sans accuser un génie déjà mûr, sont pétillantes d'esprit, de finesse et de franche gaieté. En 1813, il entra au Caveau où trônait Désaugiers, et distança bientôt son rival. Sous la Restauration, il protesta par des chansons pleines de malice gauloise contre les tendances antipatriotiques du gouvernement, et il célébra l'empire dont les partisans partageaient la persécution du gouvernement avec les libéraux. En 1821, il fut privé de son emploi, poursuivi et condamné à trois mois de prison et 500 fr. d'amende. Une seconde fois, il se vit condamner à neuf mois de prison et 10,000 fr. d'amende. Sa muse ne se refroidit pas. *Dix mille francs d'amende! Dieu! quel loyer pour neuf mois de prison!* L'amende fut acquittée par souscription nationale. Après 1830, il vit ses vœux satisfaits et renonça à la chanson politique. Ses amis le pressaient vainement d'accepter un emploi honorable et lucratif : « *Non, mes amis*, leur répondait-il, *non, je ne veux rien être*. » Il traita alors des sujets philosophiques et humanitaires; leur interprétation fournirait au commentateur les bases d'un véritable système social. On peut y démêler, en effet, les idées les plus profondes. En 1848, il fut appelé à la représentation nationale, mais il refusa de siéger. Il ne voulut jamais porter sa candidature à l'Académie française, quoique celle-ci l'eût dispensé des visites officielles que les candidats sont dans l'habitude de faire à chacun de ses membres. Il vécut d'une pension que lui faisait Perrotin, son éditeur, avec lequel il était étroitement lié. A sa mort, le gouvernement impérial se chargea de ses funérailles. Il a laissé une centaine de chansons inédites, destinées à célébrer les gloires impériales; mais ses dernières compositions n'ont plus la vigueur ni la vivacité de ses premiers chants. Son corps a été déposé provisoirement dans le caveau de Manuel, et son tombeau est encore à élever.

BERAR, Etat de l'Hindoustan, dans le Decan, dans l'Inde anglaise. Pop. 4,650,000 hab. Sup. 420 kil. sur 220. Elle est bornée au N. par le Kandeich, le Malouah; à l'E. par le désert de Gandouana; au S. par l'Aurangabad et le Bider. Les villes principales sont : Nagpour, Ellitchpour. Le sol est très-fertile; riches récoltes de grains. Moutons d'espèce particulière; bois de tek. Outils aratoires, armes, étoffes de coton. Cet Etat appartient aux Anglais depuis 1854.

BÉRARDIER DE BATAUT (François-Joseph, abbé DE), ancien professeur d'éloquence, puis grand-maître du collége Louis-le-Grand, né à Quimper en 1729, mort en 1794. Il fut député du clergé de Paris à l'Assemblée constituante, et devint l'un des défenseurs de l'Université au sein de cette Assemblée; il signa la protestation du 12 septembre 1791. Camille Desmoulins qui avait été son élève lui voua une amitié constante, et le célébra dans des vers intitulés : *Adieux au collège*. Quand il se maria, il eut recours à Bérardier, quoique celui-ci n'eût pas prêté serment comme prêtre, et ne voulut recevoir que de lui la bénédiction nuptiale. Ce qu'il y a de curieux, c'est que Saint-Just et Robespierre lui servirent de témoins. Par reconnaissance, Desmoulins protégea son maître au moment de la Terreur. Bérardier a laissé un *Précis d'histoire universelle*, qui est une sorte d'introduction à l'étude de l'histoire. Il a écrit aussi un poëme en vers, intitulé : l'*Anti-Lucrèce*.

BÉRAT, ville de Turquie d'Europe (Albanie), à 50 kil. d'Avlone. Pop. 8,150 hab. Siége d'un archevêché grec, citadelle très-forte.

BÉRAUD (Laurent), savant jésuite, né à Lyon en 1703, mort en 1777. Il professa les mathématiques à Avignon. De là il passa à Lyon où il dirigea l'observatoire du grand collége de cette ville. Il fut correspondant de l'académie des sciences, et membre de celle de Lyon. Il a laissé des mémoires intéressants sur la cause de l'augmentation de poids que certaines matières acquièrent dans la calcination; sur les rapports qui existent entre la cause des effets de l'aimant, du tonnerre et de l'électricité; sur l'influence de la lune, sur la végétation et l'économie animale; sur la question : si les animaux et les métaux ne deviennent électriques que par pure communication? Il a publié aussi la *Physique des corps animés*. Enfin, on lui doit des observations astronomiques importantes. Il compta parmi ses élèves Montucla, Lalande et Bossut.

BÉRAUD-BERCASTEL (Antoine-Henri), poëte, né à Briey en 1722, mort en 1794. Il fut d'abord jésuite, puis curé d'Omerville et enfin chanoine de Noyon. Il a publié un petit poëme qui ne manque pas d'une certaine grâce : le *Serin des Canaries*. Il composa ensuite la *Terre promise*, assez mauvais poëme où la fable est étrangement associée à l'histoire sainte : ainsi, on y voit Jéhovah lançant la foudre comme Jupiter. Son œuvre capitale est l'*Histoire ecclésiastique*, en 24 volumes; mais cet ouvrage n'est le plus souvent qu'une compilation.

BERAUN, ville de Bohême, ch.-l. d'un cercle du même nom, à 26 kil. de Prague. Pop. 3,000 hab. Carrières de marbres, houillères. Les Prussiens y furent battus par les Autrichiens en 1744.

BERBERA ou BARBORA, ville de l'Afrique orientale, située dans le pays des Somaulis. Nombreuses maisons anglaises de commerce. Exportation de poudre d'or, d'ivoire, de parfums, de café, de bestiaux.

BERBERS ou BERBÈRES, peuples indigènes répandus dans le N.-O. de l'Afrique. On les trouve aujourd'hui dans les montagnes du Maroc, et surtout dans les oasis du grand désert, entre le Fezzan et l'Egypte, où ils sont confondus avec les Touaricks. Suivant l'historien anglais Gibbon, le mot Berbers vient du grec *barbaroi*, sous lequel les anciens désignaient les peuples étrangers à leur civilisation. Léon l'Africain fait dériver ce nom de *ber*, racine du mot *bariet* qui signifie désert. Enfin, suivant le Tunisien Ibn-Khadoun, berbers vient de *berberat*, qui signifie un mélange de sons confus, en raison du jargon peu intelligible de ces peuples. La comparaison de leurs diverses langues a beaucoup exercé la sagacité de nos philologues; et leur a servi à remonter à leur origine, à les suivre dans leur mélange avec d'autres peuples ou dans leurs migrations. Leur langue, remontant, en effet, à la plus haute antiquité, offrait un vaste champ d'études comparatives avec celui des autres races. Les Berbères sont les plus habiles agriculteurs de l'Afrique, et seraient susceptibles, par leur intelligence, de profiter des progrès accomplis en Europe et d'atteindre un assez haut degré de civilisation. Au reste, les Kabyles, qui sont aussi de race berbère, passent pour être les plus industrieux de la terre d'Afrique. Les Berbères exportent du blé, des olives et diverses denrées. Ils ont une certaine organisation militaire et même un gouvernement régulier. On rencontre parmi eux la race blanche et la race nègre.

BERBICE, province de la Guyane anglaise; ch.-l. New-Amsterdam. Sup. 65,000 kil. carr. Pop. 21,000 hab. ainsi divisés: 580 blancs, 1,060 hommes libres de couleur; 19,360 nègres. Cette province fut prise par les Anglais en 1796.

BERCH (Charles-Reinhold), numismate suédois, né en 1706, mort en 1777. Admis à la cour par la reine Louise-Ulrique, il devint conseiller de chancellerie. Il a décrit les monnaies et médailles de la Suède. On lui doit notamment une *Histoire des rois de Suède et des personnages remarquables de ce pays par les médailles*. Il a écrit aussi quelques ouvrages sur certaines parties de l'économie politique.

BERCHEM, village de Belgique où l'armée française établit son quartier-général en 1832. Château construit au XIe siècle. Pop. 2,800 hab.

BERCHEM (Nicolas), appelé à tort *Berchem*, un des peintres les plus célèbres de l'école hollandaise, né à Harlem en 1624, mort en 1683. Son véritable nom était Van Harlem. Il montra de bonne heure les meilleures dispositions pour la peinture, et se distingua surtout comme paysagiste. Ses tableaux sont remarquables par la richesse du dessin, la grâce du coloris et l'habileté de la composition. Il savait admirablement produire les effets de lumière. Le musée impérial et la galerie de Dresde possèdent ses principaux chefs-d'œuvre. Il a aussi gravé à l'eau-forte. Sa palette le consola de ses chagrins domestiques. En effet, il avait une femme avare et acariâtre, qui exerçait sur lui la plus insipide surveillance et ne lui permettait pas la plus légère dépense.

BERCHOUX (Joseph), poète, né à Saint-Symphorien en 1761, mort en 1838. Il fut d'abord juge de paix, puis il embrassa l'état militaire pendant la Révolution. Après avoir quitté le service, il s'adonna entièrement à la poésie. Sa versification facile et spirituelle ne convenait qu'à un genre léger. Il publia d'abord une épître sur les Grecs et les Romains, dont les auteurs avaient saturé notre littérature. Il donna ensuite le charmant poème de la *Gastronomie*, celui de la *Danse*, et enfin *Voltaire ou le Triomphe de la philosophie moderne*, satire assez médiocre contre le XVIIIe siècle. L'aménité de son caractère le fit beaucoup rechercher.

BERCHTESGADEN ou BERCHTOLSGADEM, ville de Bavière, dans le cercle de la Haute-Bavière, ch.-l. d'une ancienne principauté, à 100 kil. de Munich. Pop. 3,000 hab. On y remarque un château, une église collégiale, inspection supérieure des salines. Exploitation de salines très-importantes, de mines de plomb, de zinc [illegible]

BERCY, ancien bourg situé au S.-E. de Paris. Pop. 7,050 hab. Il est le centre d'un grand commerce en vins, eaux-de-vie, huiles, vinaigres. Fabriques de sucre raffiné, produits chimiques; distilleries. Il possède un beau pont suspendu avec des chaînes. Entrepôts de bois, toiles et ardoises. Bercy est annexé à Paris depuis 1860 et forme le 12e arrondissement.

BERDIANSK, ville de la Russie d'Europe, dans le gouvernement de Kiew, à 96 kil. de Simphéropol. Pop. 6,000 hab. Cette ville possède un bon port sur la mer d'Azow.

BERDITSCHEF, ville de la Russie d'Europe (Volhynie), à 47 kil. de Jitomir. Pop. 20,000 hab. Nombreux pèlerinages à une statue de la Vierge. Foire; on y vend chaque année 100 à 150,000 chevaux.

BERDOAN, ville de l'Inde anglaise (Calcutta), à 95 kil. de Calcutta. Pop. 50,000 hab. Citadelle, plusieurs monuments et le tombeau de Sukka, prêtre mahométan vénéré.

BÉRÉCYNTHE, montagne de la Phrygie. Cybèle y naquit et y eut un temple; elle prit le surnom de *Bérécynthie*.

BEREGH, bourg de Hongrie, à 8 kil. de Beregh-Szasz, dans le comitat de Beregh.

BEREGH (comitat de), situé au S. de la Galicie; ch.-l. Munkacs. Sup. 310,100 hect. Pop. 135,583 hab. Le climat est froid et le sol montagneux au N. et dans le S. On récolte des vins estimés.

BEREGH-SZASZ, ville de Hongrie, dans le comitat de Beregh. Pop. 5,000 hab.

BÉRENGER Ier, roi d'Italie, était fils d'Évrard, duc de Frioul, et de Gisèle, fille de Louis le Débonnaire. Vers 893, il se fit déclarer roi d'Italie, malgré la compétition de Gui, duc de Spolète, qui le défit dans deux batailles rangées. Bérenger implora le secours de l'empereur Arnoul, qui passa en Italie et affermit l'autorité de son allié. Mais Bérenger s'étant rendu insupportable aux Italiens par son orgueil et sa cruauté, une révolte éclata. Ils appelèrent à leur secours Louis, fils de Bozon, roi d'Arles et de Bourgogne. Bérenger surprit son ennemi et le força à repasser les Alpes. L'année suivante, Louis reparut avec une armée puissante, et marcha presque sans obstacles jusqu'à Rome, où il se fit couronner empereur. Cinq ans plus tard, Bérenger, qui n'avait pas déposé les armes, le surprit à Vérone, en 904, et lui fit crever les yeux. Le vainqueur se fit proclamer empereur à son tour par les papes Jean IX et Jean X. Reconnaissant envers la papauté, il l'aida à délivrer l'Italie des Sarrasins, qui y faisaient de grands ravages. L'opposition des Italiens se manifesta de nouveau; ils appelèrent une seconde fois les Bourguignons à leur secours. Bérenger, de son côté, appela une armée d'aventuriers hongrois qui ravageaient l'Allemagne. Ceux-ci pénétrèrent dans l'Italie, qu'ils traitèrent en pays conquis. Bérenger les égala si bien en cruautés, qu'il y eut contre lui un soulèvement général. Rodolphe, à la tête des Bourguignons, le défit près de Vérone. Bérenger, réduit à s'enfermer dans cette ville, y fut assassiné, en 924, par un nommé Flambert. [illegible]

BÉRENGER II, roi d'Italie, dit *le Jeune*, fils d'Adalbert, marquis d'Yvrée, et de Gisèle, fille de Bérenger Ier. Les Italiens s'étant révoltés contre Hugues, roi d'Italie et d'Arles, Bérenger, qui s'était réfugié à la cour d'Othon le Grand, empereur d'Allemagne, obtint de lui une armée avec laquelle il soumit une partie de l'Italie. Il prit la couronne en 950, après la mort de Lothaire, fils de son compétiteur, qu'il fit empoisonner. Othon, en donnant son appui à Bérenger, voulait en faire son vassal, et exigeait que l'Italie fût un fief relevant de la couronne impériale. Bérenger, qui y avait d'abord souscrit, repoussa plus tard ces prétentions. Othon indigné, et favorisé d'ailleurs par les révoltes que suscitait la cruauté de Bérenger, marcha contre lui et le fit prisonnier. Il l'envoya dans les prisons de Bamberg, où il mourut deux ans après, en 966.

BÉRENGER, novateur, né à Tours en 998, mort en 1088. Il fut maître d'école ou *scolastique* de Saint-Martin de Tours. Il devint, en 1039, archidiacre d'Angers. Il professa la théologie avec quelque succès, mais voyant que les écoliers affluaient davantage aux cours de Lanfranc, il imagina de faire revivre le système d'Érigène, tant de fois condamné, et il attaqua le mystère de l'Eucharistie. Il ne pouvait croire, en voyant que le pain et le vin conservaient leurs qualités propres après la consécration, que ce fussent le corps et le sang de Jésus-Christ. Henri Ier se joignit alors au pape, et le fit condamner dans un concile où il assista lui-même. Le clergé et les nobles déclarèrent que, si Bérenger et ses sectateurs ne se rétractaient pas, toute l'armée de France, le clergé en tête, irait les contraindre à se soumettre ou les punir de mort. Bérenger abjura ses erreurs et brûla ses livres; mais sa condamnation n'avait pu le convaincre, et il professa de nouveau son hérésie. Le pape Nicolas II l'appela à Rome devant un concile de 113 évêques. Là il abjura de nouveau, et signa une profession de foi rédigée par le cardinal Humbert. Il brûla lui-même le livre d'Érigène. Mais à peine sorti du concile, il s'emporta contre le cardinal, et l'accabla d'injures à raison des choses qu'il lui avait fait signer. Il continua son enseignement, de telle sorte qu'on n'a jamais su s'il avait sincèrement abjuré ou s'il avait persisté dans son hérésie. Il manqua d'être tué au concile de Poitiers. Il a laissé une longue série de professions de foi, de protestations et de discussions théologiques.

BÉRENGER (Jean-Pierre), né à Genève, en 1740, mort en 1807. Ses parents voulaient en faire un artisan; son goût le porta vers l'étude. Il fut élevé parmi les *natifs*, partisans généreux qui proclamaient l'égalité politique. Ses écrits égalitaires le firent exiler par un édit du conseil souverain. Il se retira à Lausanne, où il publia son *Histoire de Genève*, où l'on trouve les grandes qualités du philosophe et de l'historien. Il publia ensuite *J.-J. Rousseau justifié envers sa patrie*. Cette publication fut un acte de courage, dans un temps où J.-J. Rousseau était persécuté dans son propre pays. Il composa ensuite les *Amants républicains ou Lettres de Nicias à Cynire*, roman politique. Il a écrit enfin une collection abrégée des voyages autour du monde.

BÉRENGER (Laurent-Pierre), littérateur, né à Riez, en Provence, en 1740, mort en 1822. Il fut professeur de rhétorique au collège d'Orléans avant la Révolution; il devint plus tard inspecteur d'académie et fut membre de diverses sociétés savantes. C'était un auteur facile et fécond; il a laissé des romans assez estimés, des poésies éparses dans les recueils littéraires du temps, des contes, des voyages et des compilations historiques et anecdotiques.

BÉRENGÈRE, reine de Léon et de Castille, fille de Raymond IV, morte en 1149. Cette princesse, célèbre par sa beauté, épousa Alphonse VIII, roi de Léon. Les Maures avaient levé une armée pour marcher contre Alphonse VIII, qui assiégeait Oreja. Bérengère, qui était dans Tolède, vit les Maures entourer cette ville et la sommer de se rendre. Elle leur envoya un héraut d'armes pour leur dire qu'il y avait de la lâcheté à assiéger une ville défendue par une femme; mais qu'ils allassent au contraire combattre le roi Alphonse, contre qui il y avait de la gloire à acquérir. Les assiégeants, surpris de la grandeur et de la noblesse de cette femme, cédant d'ailleurs à ce sentiment de galanterie qui distinguait les Maures, aussi bien que les chevaliers chrétiens, acceptèrent cette proposition, à la condition que Bérengère se montrât à eux sur les remparts de la ville. Elle y parut avec toute sa cour. Les Maures se retirèrent ensuite, et allèrent au-devant d'Alphonse. Deux de leurs généraux ayant été tués dans les combats, elle plaça leurs corps dans de riches cercueils, et les fit porter à leurs veuves. Cette femme sut faire le bonheur de son peuple par son grand cœur et son esprit. Elle eut une fille qui épousa le roi de Navarre.

Bérengère, fille aînée d'Alphonse IX, roi de Castille, et sœur de Blanche de Castille. Elle avait épousé Alphonse IX, roi de Léon, dont elle était parente. Le pape éveilla les scrupules de son mari, et le contraignit à la répudier. En 1214, les Etats de Castille la nommèrent régente pendant la minorité de son frère, Henri Ier. Les chefs de la maison de Lara lui disputèrent la régence, elle abdiqua en faveur de l'un d'eux, Alvar de Lara, qui fit haïr son gouvernement et regretter Bérengère. Celle-ci lui adressa même quelques remontrances. Alvar ne répondit qu'en l'accusant d'avoir voulu empoisonner le roi; et il la bannit du royaume, après l'avoir dépouillée de ses biens. Bérengère se retira au château d'Otella où ses partisans vinrent la rejoindre pour prendre sa défense. Sur ces entrefaites, le roi fut tué par la chute d'une tuile. Bérengère remonta alors sur le trône, et abdiqua, peu de temps après, en faveur de Ferdinand, son fils aîné, qui se montra toujours soumis envers sa mère et accepta ses conseils. Elle mourut en 1244.

BÉRÉNICE, nom de plusieurs reines et princesses de l'antiquité.

Bérénice, petite-fille de Cassandre, frère d'Antipater. Elle épousa Philippe le Macédonien, frère d'Antipater. Elle en eut plusieurs enfants, entre autres Magas, roi de Cyrène, et Antigone, qui devint la femme de Pyrrhus, roi d'Epire. Bérénice étant venue à la cour de Ptolémée, roi d'Egypte, ce prince en devint amoureux, et répudia sa femme pour l'épouser. Il éleva des temples à la nouvelle reine, et fit frapper des médailles en son honneur. Il couronna lui-même le fils qu'il eut de son union avec elle.

Bérénice, fille de Ptolémée Philadelphe, devint la femme de Ptolémée Evergète, roi d'Egypte, en 247 av. J.-C. Ptolémée étant allé combattre en Assyrie, elle fit vœu de couper sa chevelure et de la consacrer à Vénus, si son époux revenait victorieux. Ptolémée étant rentré dans ses Etats, après avoir soumis la Perse, la Médie et la Babylonie, Bérénice accomplit son vœu, et suspendit sa chevelure dans le temple de Vénus Zéphyride, d'où elle fut enlevée la première nuit. On allait y voir un funeste présage, quand Conon de Samos, célèbre astronome, affirma qu'il l'avait vue dans le ciel, où elle formait une espèce de triangle. Depuis on a donné à une constellation le nom de *Chevelure de Bérénice*. Son fils Ptolémée Philopator, voulant se débarrasser de cette princesse et de son frère, qui s'étaient permis de blâmer ses actions, les fit périr, en 216 av. J.-C., en les plongeant dans une chaudière d'eau bouillante.

Bérénice, autre fille de Ptolémée Philadelphe et sœur de Ptolémée Evergète. Antiochus II, surnommé *Théos*, roi de Syrie, répudia Laodicée, sa femme, pour épouser Bérénice, se ménageant ainsi par ce mariage l'alliance de Ptolémée Philadelphe, roi d'Egypte; mais à la mort de ce dernier, il reprit Laodicée, qui se vengea de l'outrage qu'elle avait subi en empoisonnant son mari, et plaça son fils sur le trône. Bérénice s'était réfugiée à Antioche; elle l'y poursuivit, et la fit étrangler, 248 av. J.-C.

Bérénice, fille de Ptolémée Aulète. Elle trahit son père et assassina son époux. Ptolémée Aulète ayant été à Rome pour implorer du secours contre ses sujets révoltés, elle s'empara de la couronne, fit étrangler Séleucus, son mari, et épousa Archélaüs, pontife de Comane. Celui-ci soutint contre les Romains l'usurpation de Bérénice; mais il perdit la vie dans un combat. Ptolémée Aulète, rétabli dans ses Etats, fit mettre sa fille à mort, en 55 av. J.-C.

Bérénice, fille d'Agrippa Ier et sœur aînée d'Agrippa le Jeune, roi des Juifs, fut mariée à Hérode, son oncle, à qui l'empereur Claude donna le royaume de Chalcide, en 48 ap. J.-C. Le bruit ayant couru qu'elle entretenait un commerce incestueux avec son frère, elle épousa Polémon, roi de Cilicie, qui se fit circoncire. Elle le quitta bientôt pour retourner avec son frère, son ancien amant. Juvénal la fouettait d'un vers sanglant, et l'appelait *la Barbare incestueuse*. Elle persuada aux Juifs de se soumettre aux Romains: mais ne pouvant faire entendre raison à ce peuple jaloux de sa liberté, elle appela Titus, s'allia avec lui, et s'en fit bientôt aimer. Titus voulait la faire impératrice; mais le peuple ayant murmuré, Titus eut un sentiment de pudeur, et renvoya cette femme, tout en la regrettant, *invitus invitam*, suivant l'expression de Suétone. Cette séparation a fourni à Racine le thème d'une de ses tragédies. Ce fut devant Bérénice et Agrippa que saint Paul plaida sa cause à Jérusalem.

Le dîner de Claude de Bullion.

Bérénice. Plusieurs villes ont porté ce nom. — Ville de l'ancienne Arabie, aujourd'hui Akaba; elle était située sur le golfe Elanitique — Ville de l'ancienne Egypte supérieure, très-commerçante; on en remarque encore aujourd'hui quelques ruines près du cap Bernos. — Ancienne ville du pays des Troglodytes au S.-E. de l'Egypte, aujourd'hui *Ollak*. Mines d'or.

BERESFORD (îles), situées sur la côte N.-O. de l'Amérique du Nord, au N.-O. de Quadra-et-Vancouver.

BERETTINI (Piètre de Cortone, surnommé), peintre toscan, né à Cortone en 1609, mort en 1669. Il montra d'abord si peu de dispositions pour la peinture, que ses camarades d'école le surnommèrent *Tête d'âne*. Ses dispositions se révélèrent tout à coup. Il acquit une touche à la fois hardie et facile; il négligeait le dessin, et sacrifiait tout au brillant et à la vigueur du coloris. Ses compositions étaient grandes et nobles, bien que ses draperies fussent souvent négligées. Il réussissait moins bien dans les tableaux d'un petit cadre où ses défauts étaient plus sensibles. Le grand-duc Ferdinand, qui l'a-

BER

vait créé chevalier de l'Eperon d'or, admirait un jour sa peinture d'un enfant en pleurs. Berettini donna aussitôt un léger coup de pinceau, et l'enfant parut sourire. Un autre coup de pinceau le remit dans son premier état : « Prince, dit Cortone, vous voyez avec quelle facilité les enfants pleurent et rient. » Cortone réussit également dans l'architecture. Le musée impérial possède sa *Réconciliation de Jacob et d'Esaü*, sa *Nativité de la Vierge* et sa *Sainte Catherine*. Il décora plusieurs chapelles et plusieurs palais; il peignit notamment les plafonds du palais Pitti.

BÉRÉZINA, rivière de la Russie d'Europe, dans le gouvernement de Minsk; elle prend sa source aux environs de Viléika et, après un parcours de 525 kil., elle se réunit au Dniéper. Le 29 juin 1708, Charles XII

BER

rard, prince de Juliers. En 1742, il passa sous l'autorité de l'électeur Charles-Philippe-Théodore de la ligne de Sulzbach; en 1799, au duc palatin Maximilien-Joseph de Deux-Ponts. Le duché de Berg fut cédé à la France en 1806; Napoléon l'érigea en grand-duché. Sa superf. était de 165 myriam. carrés, et sa population de 900,000 âmes. En 1815, il fut adjugé à la Prusse.

BERGA, ville d'Espagne, dans la prov. de Barcelone, à 88 kil. de cette ville. Cette ville fut prise et reprise pendant la guerre civile d'Espagne, en 1840.

BERGAMASQUE. (*Voir* BERGAME.)

BERGAME, ville forte du royaume d'Italie, ch.-l. de la délégation de son nom, à 40 kil. de Milan. Pop. 32,000 hab. Siége d'un évêché, école de peinture et de sculpture, musée, lycée, bibliothèque de 45,000 volumes,

BER

BERGASSE (Nicolas), célèbre avocat, né à Lyon en 1750, mort à Paris en 1832. En 1787, il se fit déjà connaître par ses plaidoyers contre Beaumarchais, poursuivi par Kornmann pour complicité d'adultère. En 1789, il fut nommé, par la ville de Lyon, député aux Etats généraux. Il siégeait comme royaliste, mais les chagrins dont il se vit abreuvé le déterminèrent à donner sa démission. Il fut jeté en prison sous la Terreur; mais il fut délivré par la protection de quelques amis.

BERGEDAN (Guillaume DE), troubadour de la Catalogne, du XIIIe siècle. On a de lui des satires et des poésies obscènes. C'était un libertin forcené. Un jour il assassina lâchement un de ses ennemis. Le roi d'Aragon le punit en le dépouillant de ses biens. Il fut tué par un soldat dans une rixe.

Bussy d'Amboise tué par le comte de Moutsoreau

passa cette rivière au gué de Stoudianka. Cette rivière est devenue célèbre par le passage des Français, le 26 novembre 1812, lors de la retraite de Russie.

BÉRÉZINA (canal de la), en Pologne, exécuté par le gouvernement russe, unit le Dniéper à la Dwina.

BEREZOF, ville de Russie, dans le gouvernement de Perm, à 15 kil. d'Iékatérinembourg. Grand commerce de pelleteries. Mine d'or très-riche.

BERG (comté, puis duché de), partie de la Prusse située entre le duché de Clèves, le cercle de Siegen, le duché de Westphalie, le comté de la Mark et l'archevêché de Cologne. Villes principales : Dusseldorf, Barmen et Elberfeld. L'industrie et le commerce ont acquis dans cette contrée un haut degré de prospérité. Mines de fer, plomb, houille. Fabriques de toiles peintes, dentelles; soieries. Sous la domination des Romains, cette contrée fut habitée par les Ubiens, qui y restèrent très longtemps. Au commencement du XIIe siècle, ce comté fut gouverné par des comtes particuliers, de la famille des comtes de Teisterband. En 1219, il échut au duc Henri IV de Limbourg; en 1348, à Gé-

églises et chapelles, parmi lesquelles on remarque particulièrement : *Santa Maria del sepulchro*, *Santa Maria Maggiore*, *San Alessandro della croce*, etc.; un vaste monument renfermant 600 boutiques, où a lieu, chaque année, une foire importante en soieries, draps, etc. Patrie de Bernardo Tasso, père du Tasse; Maffei, Tiraboschi et Donizetti. Elle fut prise par les Français, en 1509 et 1796.

BERGAME (province de), située entre celles de Sondris, de Brescia et du Tyrol, de Cremone, de Côme et de Milan. Superf. 36 myriam. carrés. Pop. 410,000 hab. Manufactures de soieries et de drap, fabrique de fer, sériciculture; commerce de bois de construction. Les Bergamasques sont lourds et ridicules, mais rusés.

BERGARA ou VERGARA, ville d'Espagne, dans la prov. de Guipuscoa, à 9 kil. de Placencia. Pop. 5,000 hab. Cette ville est célèbre par le traité conclu, en 1839, entre le général carliste Maroto et le gouvernement de Madrid, représenté par Espartero, traité qui mit fin à la guerre civile en forçant don Carlos à se réfugier en France. Ecole des mines, société savante et fabriques d'acier.

BERGEDORF, territoire situé à l'E. de Hambourg. Pop. 11,000 hab. On y remarque : 1° Bergedorf, située à 12 kil. de Hambourg. Pop. 2,400 hab.; 2° les villages Altengramm, Neuengramm, Kirchwærder et Kurslack; 3° la paroisse de Geesthacht.

BERGEN, ville de Hesse-Cassel, à 4 kil. de Francfort-sur-le-Mein. Pop. 1,600 hab. Célèbre par la victoire des Français sur les Prussiens, le 3 avril 1759.

BERGEN, village de Hollande (Hollande septentrionale), situé près d'Alkmaar. Pop. 800 hab. Célèbre par la victoire des Français sur les Anglo-Russes, le 19 septembre 1799.

BERGEN, ville de Prusse (Poméranie), sur la côte N. de l'île de Rugen, ch.-l. de cette île et du cercle de son nom, à 24 kil. de Stralsund. Pop. 3,600 hab. Distilleries, fabriques de drap.

BERGEN, ville de Norwége, à 290 kil. de Christiania. Pop. 25,000 hab. Située sur le golfe de Bergen-Waag. Siége d'un évêché luthérien et des autorités centrales du bailliage, école de navigation, bibliothèques publiques, musée national d'histoire naturelle, d'art et d'archéologie, un théâtre, une bourse, un hôpital. Chantier de constructions maritimes, église allemande, la seule qu'il y ait en Norwége. Commerce de planches, mâts, bois à brûler, lattes, goudron, cuirs, huile de baleine, poissons secs. Patrie du célèbre auteur Holberg. Bergen fut fondée, vers 1070, par le roi Olaf-Kyrre, et fut longtemps la capitale de la Norwége; elle est défendue par le fort de Bergenhuus, la citadelle Frederiksberg et plusieurs batteries.

BERGEN (Diocèse de), contient 165 paroisses. Superf. 35,931 kil. carrés. Pop. 200,000 âmes. Il comprend les bailliages de Bergen, de Sœndre-Bergenhuus, de Nordre-Bergenhuus et une partie de l'amt de Romsdal.

BERGERAC, sous-préfect. du départ. de la Dordogne, à 49 kil. de Périgueux. Pop. 9,870 hab. Tribunal de commerce, collége communal, église consistoriale calviniste. Commerce actif de quincaillerie, bonneterie, serges, pierres meulières, eaux-de-vie, vins. Papeteries, tanneries, distilleries. Patrie du duc de Biron et de Cyrano. Bergerac fut plusieurs fois soumise par les Anglais, qui l'occupèrent de 1345 à 1371, et fut réunie à la France en 1450. Sa citadelle et ses fortifications furent rasées par Louis XIII.

BERGERAC (Savinien Cyrano DE), d'une ancienne famille de Bergerac en Périgord, né en 1620, mort en 1655. Il entra au régiment des gardes, et se signala bientôt par un courage chevaleresque. Il se battait en duel journellement, soit pour lui, soit pour ses amis. Il avait le nez mal fait et même défiguré; mais quiconque souriait en le regardant devait s'attendre à un duel. Cent hommes s'étaient réunis sur le fossé de la tour de Nesle pour insulter un de ses amis, il dispersa seul cette troupe, en tua deux et en blessa sept. On le surnomma dès lors l'*Intrépide*. Les blessures qu'il avait reçues dans les combats le forcèrent à quitter l'armée. Il suivit alors et étudia Gassendi, Molière, Chapelle et Bernier. Il eut aussi quelques amis puissants, mais qui redoutaient ses plaisanteries inépuisables. Il fit représenter une tragédie d'*Agrippine*, et une comédie intitulée : le *Pédant joué*, qui eut quelque succès dans son temps. Il a laissé aussi des romans burlesques et des recueils de calembours. On cite notamment son *Histoire comique des États et empires de la Lune*, pleine d'aventures extravagantes, ce qui fit dire qu'il y avait voyagé souvent. Il publia ensuite l'*Histoire comique des États et empires du Soleil*.

BERGERON (Pierre), géographe du XVIIe siècle, mort à Paris en 1637. Il était versé dans les langues orientales. Il a publié un *Traité de la navigation et des voyages*. Il étudia notamment la Tartarie, et réunit tous les documents qu'il put se procurer sur ce sujet. Avec ces matériaux, il a composé une *Histoire des Tartares, de leurs mœurs et coutumes*, etc. Il publia aussi les *Anciens voyages en Tartarie*.

BERGÈRE DE CREST (Isabeau Vincent, dite la), visionnaire fanatique, fille d'un cardeur de laine de Die, en Dauphiné, de la religion réformée, morte à la fin du XVIIe siècle. Elle gardait les moutons au bourg de Crest, lorsqu'elle rencontra un inconnu, quelques-uns disent que c'était son parrain, qui lui persuada qu'elle était prophétesse. Elle se mit dès lors à prêcher et à prophétiser dans les maisons calvinistes, où elle eut un grand succès. On cria au miracle parmi les gens de son parti. Le ministre Jurieu, bien connu pour ses excentricités, se prononça pour elle. Elle excitait un enthousiasme croissant, quand l'intendant du Dauphiné la fit arrêter et conduire à l'hôpital de Grenoble. On prétend qu'elle avoua sa supercherie.

BERGHEIM, ville de France, arrond. de Colmar (Haut-Rhin), à 15 kil. de cette ville. Pop. 3,130 hab. Fabrique de tissus. Remarquable par l'antique château de Reichenberg.

BERGHEIM, ville des États prussiens, dans la Province rhénane, à 19 kil. de Cologne. Pop. 800 hab. Mines de houille.

BERGHEM (Gérard Van), médecin-juré d'Anvers, mort en 1583. Il a fait des recherches savantes et considérables sur les maladies rebelles aux remèdes connus. Il a consigné ses observations dans plusieurs ouvrages.

BERGIER (Nicolas), antiquaire, né à Reims en 1567, mort en 1623. Il fut professeur dans l'université de Reims, et entra ensuite au barreau où il acquit quelque célébrité. Le président de Bellièvre lui procura un brevet d'historiographe. On lui doit une *Histoire générale des grands chemins de l'empire romain*, qui eut un succès considérable et mérité.

BERGIER (Nicolas-Sylvestre), théologien, né à Darnay, en Lorraine, en 1718, mort à Paris en 1790. Il fut successivement professeur de théologie, curé de Flangebouche, principal du collége de Besançon et chanoine à Paris. Entièrement consacré au soulagement des pauvres, il refusa les plus hautes dignités ecclésiastiques. Il a publié deux ouvrages savants : les *Éléments primitifs des langues* et l'*Origine des dieux du christianisme*. Il a laissé, en outre, un grand nombre d'écrits apologétiques de la religion chrétienne, dans lesquels il se montre ardent adversaire de la philosophie moderne.

BERGMANN (Torbern), célèbre chimiste suédois, né à Catharinberg, en Westrogothie, en 1735, mort en 1784. Il étudia l'histoire naturelle et toutes les branches des sciences mathématiques à Upsal, et devint professeur de chimie dans cette ville. Il forma avec quelques savants une société cosmographique qui se proposait de publier une description de la terre. Bergmann se chargea de la partie physique qui fut publiée séparément sous le titre de *Description physique du globe terrestre*. L'ouvrage eut un immense succès. En chimie, on lui doit un grand nombre de découvertes importantes qu'il a exposées dans divers ouvrages, et notamment celle de l'acide carbonique qu'on appela *air fixe*, celle de l'acide oxalique, de l'hydrogène sulfuré, appelé gaz hépatique. Il réforma la minéralogie en basant les classifications sur la composition chimique des corps, et il signala, le premier, le rapport constant des formes géométriques des cristaux avec la nature de leur substance. Ce fut lui qui contribua à établir la réputation de Scheele. On lui doit aussi l'analyse du fer et un *Mémoire sur les gaz*.

BERG-OP-ZOOM, place forte de Hollande (Brabant septentrional), à 30 kil. de Bréda. Pop. 8,500 hab. Fabriques de poteries fines, briques et tuiles. Pêche et salaison des anchois. On y voit un vieux château, hôtel de ville, collége, école d'architecture et de dessin. Berg-op-Zoom fut fondée en 1287, fut deux fois assiégée par les Espagnols, par le duc de Parme en 1588, par le marquis de Spinola en 1622, et prise par les Français en 1747. En 1814, elle fut bloquée par les Anglais, mais ceux-ci furent repoussés par les Français. Elle fut rendue à la Hollande à la paix de Paris.

BERGUES-SAINT-WINOC, ch.-l. de canton de l'arrond. de Dunkerque (Nord), à 10 kil. de cette ville. Pop. 5,450 hab. Place forte de 1re classe. Commerce de grains, bestiaux, etc. Cette ville doit son origine au château de Berg où se retira saint Winoc; elle fut plusieurs fois assiégée et prise. En 1297, elle tomba au pouvoir de Robert II, comte de Flandre, et des Flamands au commencement du XIVe siècle. Les Français la prirent d'assaut en 1383 et en 1558, et Philippe II, roi d'Espagne, la releva. Les Français s'en emparèrent de nouveau en 1658 et la rendirent l'année suivante. Enfin Louis XIV s'en empara, et depuis ce temps elle resta définitivement à la France par le traité d'Aix-la-Chapelle. En 1793, les Anglais l'attaquèrent, mais ce fut en vain.

BÉRICHAU, célèbre peintre du XVIIIe siècle, né à Hambourg. Il étudia la manière des grands peintres d'histoire; et il devint si habile qu'il parvint à imiter et presque à égaler Rubens, Jordaens et Van Dyck. Ses compositions sont remarquables, mais le coloris est généralement faible. La cathédrale de Brême possède son grand tableau représentant le *Jugement dernier*.

BÉRIGARD ou BEAUREGARD (Claude Guillermet DE), philosophe, né à Moulins en 1578, mort en 1663. Il professa avec distinction la philosophie à Pise et à Padoue. Il a publié le *Circulus pisanus*, dans lequel il examine la philosophie ancienne, combat Aristote, et propose une sorte d'éclectisme emprunté aux pyrrhoniens et aux épicuriens. On l'a accusé d'athéisme, lui reprochant de ne point reconnaître d'autre moteur du monde que la matière première. Ce sont aussi les idées qu'il professe dans son ouvrage intitulé : *Dubitationes in dialogum Galilæi pro terræ immobilitate*.

BÉRINGHEN (Jacques-Louis, marquis DE), comte de Château-Neuf et du Plessis-Bertrand, seigneur d'Armonvilliers, né à Paris en 1651, mort en 1723. Il était destiné à entrer dans l'ordre de Malte, et reçut à cet effet une éducation distinguée; mais son frère aîné, ayant été emporté par un boulet de canon à la tête du régiment qu'il commandait, il quitta Malte et vint à la cour de Louis XIV. Le roi le nomma son premier écuyer, charge que son père occupait déjà sous Louis XIII. Il accompagna le roi dans ses diverses expéditions. Il fut un jour le héros d'une aventure qui, commencée d'une façon dramatique, finit d'une façon comique et piquante. Des partisans français, qui avaient résolu d'enlever le roi, s'avancèrent entre Paris et Versailles, et se postèrent sur le pont de Sèvres, en attendant le carrosse royal. Sitôt que le carrosse fut signalé, leurs détachements se réunirent et firent prisonnier Béringhen, qui s'y trouvait seul. On l'emmenait déjà vers la frontière, à l'aide de relais disposés sur la route, quand Louis XIV, informé de l'événement, fit poursuivre les ravisseurs. On les atteignit à quelques lieues de Ham. Béringhen, ainsi délivré, demanda grâce pour eux, reconnaissant d'ailleurs de leurs bons procédés. Plus tard, Béringhen devint directeur général des ponts et chaussées. Il avait un goût exquis pour apprécier les travaux d'art, et Louis XIV daignait souvent le consulter pour les travaux qu'il projetait. Il laissa une collection remarquable de gravures, que l'on voit aujourd'hui à la Bibliothèque impériale.

BERINGTON (Joseph), historien anglais, né vers 1760, mort en 1820. Il fut, pendant de longues années, curé catholique en France. Il a laissé une *Histoire littéraire au moyen âge*, ouvrage très-estimé, qui a été traduit en français.

BERJA, ville d'Espagne, dans la province d'Almérie, à 56 kil. de cette ville. Pop. 3,000 hab. En 1804, cette ville éprouva un violent tremblement de terre.

BERKELEY, ville d'Angleterre, dans le comté de Glocester, à 22 kil. de cette ville. Pop. 950 hab. Patrie de Jenner. Cette ville possède un château fort, bâti vers 1150 et parfaitement conservé.

BERKELEY (George), philosophe anglais, né en 1684 à Kilerin, en Irlande, mort en 1753. Sa réputation le fit rechercher de Pope, de Steele et du comte de Petersborough. Ce dernier l'emmena, en qualité de secrétaire, en Sicile, où il était envoyé comme ambassadeur. Il passa quatre années à voyager, et visita surtout Naples et la Sicile. Il y réunit de précieux matériaux d'histoire naturelle; mais il les perdit dans la traversée. Sa lettre au docteur Freind et celle à Pope sur la tarentule, sur l'île d'Ischia, sur une éruption du Vésuve, montrent en lui un savant observateur. De retour à Londres, il recueillit la succession d'une riche Anglaise, qui l'institua son légataire universel, après avoir révoqué un premier testament en faveur de Swift, qui avait promis de l'épouser et lui avait été infidèle. Il entreprit alors de fonder dans les îles Bermudes un collége destiné à l'instruction des sauvages de l'Amérique. Il y consacra ses revenus; mais les fonds qu'il attendait du gouvernement anglais lui ayant manqué, il abandonna son projet. En 1733, la reine Caroline le nomma évêque de Cloyne. Pope disait de lui, en le comparant à Benson : « A Benson ont été données les mœurs et la candeur, à Berkeley toutes les vertus. » Il a publié une *Théorie de la vision*, dans laquelle il définit et distingue les divers phénomènes de la vue, expliquant par le jeu de l'imagination les notions qu'on perçoit inexactement par la vue et que redresse le toucher. Dans ses ouvrages il se pose en spiritualiste: il n'y a que des esprits, et le corps n'est qu'une apparence ou n'existe pas. En tête de ces ouvrages, on a figuré une vignette représentant un enfant qui voit sa figure dans un miroir, et court pour la saisir. On lit au bas : « Pourquoi ris-tu? Cette fable, c'est toi que je raconte. »

BERKELEY (George), second fils du précédent, théologien anglais, né à Londres en 1733, mort en 1795. Il a laissé quelques discours remarquables. On recherche surtout celui qu'il prononça, en 1785, pour l'anniversaire de la mort de Charles Ier, et qui a pour titre : *Danger des innovations violentes dans l'État.*

BERKHEYDEN (Job), peintre hollandais, né à Harlem en 1628, mort en 1698. Il fut d'abord relieur; mais son goût le porta vers le dessin et la peinture. Il peignit des portraits et des paysages qui sont très-estimés. Il se noya par accident dans un canal.

BERKHEYDEN (Guérard), peintre hollandais, né en 1645, mort en 1693. Il était frère de Job Berkheyden, et il entreprit de marcher sur ses traces. Il acquit une certaine célébrité comme peintre d'architecture et de perspective Le musée impérial possède de lui une *Vue de la colonne Trajane* et de l'*église de Sainte-Marie de Lorette, à Rome.*

BERKS, comté d'Angleterre, borné au N. par ceux d'Oxford, à l'E. de Middlesex et Surrey, au S. de Hants et à l'O. de Wilts et Glocester. Ch.-l. Reading; villes princip., Windsor, Wallingford, Abington, Newbury. Superficie 192,512 hect. Pop. 161,150 hab. Sol boisé. Peu d'industrie.

BERLAIMONT, ch.-l. de canton de l'arr. d'Avesnes (Nord), à 12 kil. de cette ville. Pop. 1,500 hab. Fabrique de poterie.

BERLICHINGEN, village de Wurtemberg, à 12 kil. de Künzelsau. Pop. 1,400 hab. C'est dans ce village que sont les ruines du château de Gœtz de Berlichingen, rendu célèbre par le drame de Gœthe.

BERLICHINGEN (Gœtz ou Godefroy DE), dit *Main-de-Fer*, né à Jaxthausen, dans le Wurtemberg, vers 1480, mort en 1562. C'était un chevalier allemand, qui entra au service de l'électeur de Bavière et fit la guerre du Palatinat contre l'électeur de Brandebourg. Il eut la main coupée dans un combat et se fit mettre une main de fer; de là son surnom. Il marcha au secours d'Ulrich, roi de Wurtemberg, contre la ligue de Souabe; mais il tomba au pouvoir de ses ennemis, et n'obtint sa liberté qu'au prix d'une forte rançon. Lors de la guerre des paysans, les révoltés le mirent à leur tête. Ce fait historique a fourni à Gœthe le sujet d'un de ses plus beaux drames. Il fut fait de nouveau prisonnier par la ligue de Souabe, et n'obtint sa liberté qu'à grand-peine.

BERLIER (Théophile), jurisconsulte et historien, né à Dijon en 1761, mort en 1844. En 1792, il fut député de la Côte-d'Or à la Convention nationale. Il vota pour la condamnation de Louis XVI à la peine capitale. Il fut, comme jurisconsulte, très-influent à la Convention : ainsi, il proposa des changements à la loi des successions, qui sont passés dans nos lois civiles, et fit réformer aussi la loi sur les donations. Après le 9 thermidor, il proposa la suppression des tribunaux révolutionnaires et l'abolition de la confiscation. Il fut nommé alors membre du comité de salut public, puis président de la Convention. Il appuya Bonaparte, lors de la révolution du 18 brumaire, et fut nommé conseiller d'État. Il eut, en cette qualité, une participation importante à la rédaction des nouveaux codes. En 1814, la Restauration le comprit dans la fameuse loi d'amnistie, et le bannit comme régicide. Il se retira à Bruxelles, où il s'occupa de travaux historiques, qui lui ont valu une certaine célébrité comme historien. Ainsi, il publia un *Précis historique de l'ancienne Gaule avant César* et une traduction des *Commentaires de César*, avec des notes historiques et géographiques importantes. Berlier rentra en France après la révolution de 1830.

BERLIN, capitale de la Prusse, dans la province de Brandebourg. Cette ville, qui est située sur la Sprée, a 16 kil. de circonférence, et renferme environ 507,000 hab. Elle est bâtie au milieu d'une plaine sablonneuse, autrefois aride et stérile, et elle ne doit qu'à des prodiges d'art et d'industrie d'être devenue l'une des plus belles villes du monde. Au reste, la ville est toute moderne, et on y chercherait vainement des traces d'antiquités. Elle est divisée en six parties qui forment autant de villes reliées par des faubourgs. Berlin se divise en 22 quartiers; on y compte 20 portes, 40 places publiques, 41 ponts et plus de 300 rues. On cite surtout la *grande rue Frédéric*, d'une longueur de 4 kil., et la *rue Royale*, qui traverse la cité. On compte 23 églises, ornées pour la plupart de ces peintures sur verre, dont le secret est perdu. On cite parmi les monuments remarquables : la porte de Brandebourg construite sur le modèle des Propylées d'Athènes, la cathédrale, l'église luthérienne de Saint-Nicolas, le château royal, le musée, le Palais royal, la Bourse, l'Université, la salle de l'Opéra et celle de la Comédie. La plupart des lignes de chemins de fer allemands viennent se relier à Berlin. Enfin, les environs de la ville offrent de charmants lieux de résidence, où se trouvent réunis tous les agréments de la villégiature. Berlin est le principal foyer des lumières scientifiques et littéraires de la confédération germanique; le mouvement intellectuel y est plus considérable qu'à Vienne même. Au reste, Berlin a donné naissance à un grand nombre d'hommes célèbres, notamment à Humboldt. La ville est dotée d'une bibliothèque de près de 300,000 volumes. Le commerce et l'industrie y ont pris, dans ces dernières années, un accroissement extraordinaire. On y fabrique surtout les soieries, les étoffes de laine et de coton, la rubanerie, la bonneterie, le papier, le tabac, la porcelaine, l'orfèvrerie, l'horlogerie, le fer trempé appelé *fer de Berlin*, et la poudre à canon. L'histoire de l'origine de Berlin est assez obscure. On pense communément que son nom lui vient du mot vandale *Berle*, qui signifie *terre inculte*. On attribue la fondation de la ville à Albrecht, qui réunit deux villages formés de cabanes de pêcheurs. Jean Ier et Othon III l'entourèrent de murailles. Berlin prit un accroissement considérable sous Waldemar d'Anhalt; au commencement du XIVe siècle. Elle perdit de son importance sous les princes de la maison de Luxembourg; mais sous les princes de Hohenzollern, dont la dynastie règne encore aujourd'hui, elle se releva de sa déchéance. Le luthéranisme, en accueillant les proscrits des autres pays, donna une impulsion toujours croissante aux arts, aux sciences, à l'industrie et au commerce. Cette prospérité fut à peine troublée par les grands événements politiques, dont la Prusse a été le théâtre. Cependant, Berlin a conservé le souvenir de son occupation par les Autrichiens, en 1760, et par l'armée française, en 1806, après la bataille d'Iéna.

BERLINE, voiture légère à quatre roues, suspendue, inventée à Berlin par Philippe Chiese, premier architecte de l'électeur de Brandebourg, Frédéric-Guillaume (XVIIe siècle).

BERLINGHIERI (Francesco), poëte italien du XVe siècle. Il est auteur d'une géographie *in terza rima*, et il serait inconnu si l'on n'avait conservé ses cartes géographiques, dont la gravure informe donne une idée de l'état de cet art au siècle où il vivait.

BERLINGUES, petit groupe d'îles situé dans l'Océan atlantique, sur la côte du Portugal (Estramadure), à 9 kil. du cap Carvoeiro, et défendu par un fort.

BERMEO, bourg d'Espagne (Biscaye), situé à 28 kil. de Bilbao. Pop. 3,400 hab. Patrie d'Alonzo de Ercilla.

BERMUDE ou VÉRÉMOND Ier, dit le *Diacre*, était renfermé dans un monastère, lorsque son frère Aurelio, roi des Asturies, mourut. Il fut alors choisi pour lui succéder, en 788, en la place d'Alphonse II. Il ne voulut pas usurper les droits légitimes de ce prince, et, à l'occasion d'une grande victoire qu'il remporta sur les Maures, il abdiqua en sa faveur. Alphonse ne cessa de manifester sa reconnaissance envers celui à qui il devait le trône.

BERMUDE ou VÉRÉMOND II, dit le *Goutteux*, fils d'Ordogno III. En 982, il renversa du trône de Léon et des Asturies Ramire III, son cousin, et se fit proclamer en sa place. Il séduisit les Galiciens, qui se donnèrent à lui; mais, attaqué par les Maures, il n'eut pas d'alliés pour leur résister. Les Maures, encouragés par la faiblesse de ce roi goutteux et livré aux plaisirs, envahirent la Galice et détruisirent Compostelle, capitale de ce royaume. Bermude, sortant enfin de sa torpeur, se mit à la tête de ses troupes, et força les Maures à se retirer. Mais ceux-ci revinrent, commandés par don Vélos, transfuge espagnol. Ce général fit subir une défaite à Bermude, pendant que ses soldats se dispersaient pour se livrer au pillage. Bermude se réfugia à Léon, et de là à Oviedo, où il fit transporter les tombeaux des rois ses ancêtres. Les Maures ne prirent Léon qu'après une année de siége. Guillen Gonzalès, qui commandait cette ville, chercha la mort dans la mêlée. Le roi de Navarre et le comte de Castille, s'inquiétant alors des progrès des Maures et jugeant que la puissance de Bermude était suffisamment abaissée, vinrent à son secours et l'aidèrent à remporter une victoire mémorable sur Almanzor, qui commandait l'armée ennemie. Bermude recouvra ainsi ses États. Il mourut un an après, en 998.

BERMUDE ou VÉRÉMOND III, succéda, en 1027, à Alphonse V, son père. Ce fut sous son règne que Sanche le Grand, roi de Navarre, s'empara de la Castille et de Léon. Le meurtre de don Garcias, comte de Castille, fut le signal de cette révolution. Ce prince fut assassiné avec quelques-uns de ses vassaux, au moment où allait se célébrer son mariage avec la sœur de Vérémond. Sanche épousa la sœur de Garcias, et réunit ainsi la Castille à la Navarre. Il dépouilla ensuite Vérémond d'une partie de ses États. Vérémond lui laissa ses conquêtes, à la condition que son fils Ferdinand épouserait sa sœur. Cependant Vérémond n'attendait que l'occasion de prendre sa revanche; il leva une armée; mais le nouveau roi de Navarre, don Garcias, qui venait de succéder à son père, lui fit essuyer une défaite; Vérémond, emporté par sa témérité, trouva la mort dans ce combat; il fut mortellement frappé d'un coup de lance, sous les murs de Carion, en 1037. En lui s'éteignit la race de Pélage.

BERMUDES (îles), groupe de l'Océan atlantique, au N.-E. des Antilles, à 950 kil. de la côte de la Caroline du Sud. Ce groupe est composé de 400 petites îles, rochers et écueils appartenant à l'Angleterre. Les principales îles sont: Bermude (superficie de 30 kil. de 1 à 2), dont le ch.-l. est Hamilton; Saint-Georges, Saint-David, Somerset, Ireland, Coopers, Gates, Bird-Island, Nensuch. La population du groupe est de 11,000 hab., dont plus de la moitié de race nègre, le reste est anglais d'origine. Récolte de café, coton, sucre, d'arrow-root; pêche de la baleine. Ces îles furent découvertes, en 1522, par l'Espagnol Juan Bermudez.

BERMUDEZ (Géronyme), poète espagnol, de l'ordre de Saint-Dominique, né en Galice vers le milieu du XVIe siècle. Il fut d'abord professeur de théologie dans l'université de Salamanque; il passait pour être très-versé dans les langues anciennes, ainsi que dans l'arabe et l'hébreu; mais il doit surtout sa réputation à ses poésies et à ses compositions dramatiques. Ses deux tragédies, intitulées: *Nice malheureuse* et *Nice couronnée*, sont neuves par le style et d'un goût remarquable pour l'époque. Ce sont les deux premières tragédies qui aient paru imprimées en Espagne. Elles furent publiées sous le nom d'Antonio de Silva, ce qui a fait croire à l'existence d'un auteur de ce nom.

BERMUDEZ (Jean), médecin portugais du XVIe siècle, mort à Lisbonne en 1575. Il suivit Rodriguez de Lima, ambassadeur du roi Emmanuel, en Abyssinie. Il se concilia si bien la faveur du roi de ce pays, qui était catholique, qu'il le retint près de lui et le fit patriarche d'Abyssinie. Il le chargea de deux missions importantes à Rome et à Lisbonne. Il revint en Abyssinie, et trouva le pays en effervescence. Le roi, son bienfaiteur, venait de mourir, et son successeur s'était prononcé contre les chrétiens. Bermudez se mit alors à la tête des Portugais restés dans le pays, et eut d'abord quelques succès; mais bientôt il fut pris, et n'échappa à la mort que par un miracle. Il revint à Lisbonne, où le roi l'accueillit comme il le méritait. Il a laissé une *Relation* de ses voyages en Abyssinie.

BERNACCHI (Antoine), célèbre chanteur, né à Bologne vers 1700. Il fut le premier chanteur de Bologne au XVIIIe siècle. On lui reprochait cependant trop d'ornements, et le jeu, auquel il sacrifiait souvent le chant, nuisait, dit-on, à la simplicité de la musique italienne. « Quel désagrément pour moi! lui disait Pistocchi, son maître de chant, je t'ai appris à chanter et tu veux jouer. » Bernacchi fut attaché à la musique de l'électeur de Bavière et de l'empereur d'Allemagne.

BERNADOTTE (Charles XIV), roi de Suède, né à Pau, en 1764, mort en 1844. Il était fils d'un avocat. A 17 ans, il s'engagea comme simple soldat; en 1789, il était sergent-major. Son avancement fut rapide sous la Révolution; Kléber le nomma général sur le champ de bataille, en 1794; la même année, il fut nommé général de division et prit une part considérable à la victoire de Fleurus. Il s'empara de plusieurs places et sauva Jourdan forcé de battre en retraite. Il se distingua en Italie sous Bonaparte, et eut l'honneur, après la campagne, de présenter au Directoire les drapeaux enlevés à l'ennemi. Il y eut d'abord quelques froissements entre Bernadotte et Bonaparte. Il fut envoyé comme ambassadeur en Autriche, mais il y montra une fierté patriotique incompatible avec la réserve d'un diplomate. Il excita même une émeute en arborant le drapeau tricolore, et comme on lui refusait des réparations, il quitta Vienne. Barras le fit nommer au ministère de la guerre en 1799; il se montra administrateur habile; mais il fut renversé par les intrigues de Siéyès. Après le 18 brumaire, auquel il ne voulut pas donner son concours, il marcha contre les Vendéens, qu'il parvint à soumettre. En 1804, Napoléon le créait maréchal de France, et lui donnait le gouvernement du Hanovre. Il organisa dans ce pays une armée à la tête de laquelle il accomplit les plus brillants faits d'armes. Ainsi ce fut lui qui décida la victoire d'Austerlitz. Napoléon lui donna en récompense la principauté de Ponte-Corvo. En 1806, il défit les Prussiens et fit Blücher prisonnier. Il traversa ensuite la Pologne et alla battre les Russes derrière la Vistule. Il fut blessé à Spanden et resta quelque temps inactif. Dès qu'il fut guéri, il fut envoyé dans les villes hanséatiques, et se disposait à marcher contre Gustave IV, quand il apprit qu'une révolution venait de renverser ce prince. Comme il savait que les Suédois étaient favorables à la France, il consentit une suspension des hostilités qui le rendit populaire en Suède, quoiqu'elle contrariât les projets de Napoléon. Il se distingua à Wagram, mais il se montra peu satisfait de ce que l'empereur n'avait pas suffisamment signalé dans son bulletin la valeur du 9e corps d'armée, dont il avait le commandement. Cependant Napoléon le chargea de chasser les Anglais débarqués à Walcheren, et il remplit cette mission en deux mois. Il s'était retiré des camps, mécontent de l'empereur, qui lui-même était irrité contre lui, quand il apprit que Charles XIII, roi de Suède, lui proposait de l'adopter, en lui donnant la qualité de prince héritier du trône. Bernadotte accepta avec l'assentiment de Napoléon, et se fit protestant. Il seconda d'abord la politique de l'empereur, et accéda au blocus continental; mais en 1812, les Français ayant occupé quelques points du territoire suédois, il s'allia avec la Russie et se tourna contre la France. Les alliés le nommèrent généralissime de l'armée du nord; il débarqua à Stralsund à la tête de 30,000 Suédois, battit Oudinot, et décida le succès de la bataille de Leipzig en faveur des alliés. Cependant quand il vit les vainqueurs se disposer à l'invasion de la France, il se souvint qu'il était Français; il s'arrêta sur les bords du Rhin, et voulut même persuader aux alliés de renoncer à cette invasion. En même temps, il engageait Napoléon à négocier la paix. Son retour en Suède fut un triomphe. Il réunit presque sans combattre la Norwége à la Suède, en laissant aux Norwégiens leur constitution politique et leurs lois. Quatre ans après, la mort de Charles XIII lui assurait le trône de Suède. Il travailla alors à assurer l'union définitive des Suédois et des Norwégiens. L'agriculture, l'industrie et le commerce prirent un rapide essor sous son règne. Il fit creuser le canal qui réunit l'Océan à la Baltique. Il régna aimé des Suédois; sa devise était: *L'amour de mon peuple est ma récompense*. La postérité ne semble pas avoir ratifié le jugement sévère que Napoléon a porté sur Bernadotte dans le *Mémorial*, et il a conservé la réputation d'un grand capitaine, animé d'un caractère franc et loyal.

BERNARD, roi d'Italie, fils de Pépin et petit-fils de Charlemagne, fut appelé, en 812, au trône qui avait été occupé par son père. En 817, Louis le Débonnaire lui suscita un compétiteur dans Lothaire, qu'il venait d'associer à l'empire, et pour qui il réclamait le royaume d'Italie. Bernard voulut soutenir ses droits et se mit en campagne; mais à l'approche de l'empereur ses troupes l'abandonnèrent, et il se livra lui-même entre les mains du vainqueur. Louis eut la cruauté de lui faire arracher les yeux ainsi qu'à tous ses conseillers. Il ne survécut que trois jours à cette cruelle opération, et mourut en 818.

BERNARD, fils de saint Guillaume, duc de Toulouse, obtint de Louis le Débonnaire, en 820, le duché de Septimanie, qui comprenait une grande partie du Languedoc. L'impératrice Judith l'appela à la cour de Louis le Débonnaire et il y jouit d'une faveur éclatante. Ainsi, il fut nommé successivement premier ministre, grand chambellan et gouverneur du jeune Charles le Chauve, fils de l'empereur et de Judith. La faveur avec laquelle il était accueilli de Judith fut l'arme dont se servirent les courtisans envieux; ils l'accusèrent d'entretenir avec l'impératrice un commerce coupable; et pour mieux assurer leur vengeance, ils l'accusèrent encore de sacrilége et de magie. Bernard fut obligé de se retirer à Barcelone, capitale de son duché. Là, il s'allia avec Pépin, roi d'Aquitaine, et se révolta contre l'empereur. Mais celui-ci l'en punit en lui enlevant la Septimanie. Cependant il recouvra son duché l'année suivante, et l'agrandit encore du duché de Toulouse, en succédant à Bérenger en 835. Pendant la guerre qui éclata entre Pépin et Charles le Chauve, il tint une conduite équivoque. Charles le Chauve le fit condamner à mort dans une diète tenue en Aquitaine, en 844, pour crime de lèse-majesté. Des historiens rapportent qu'il le tua même de sa propre main, et qu'il accomplit ainsi un parricide, étant lui-même le fruit du commerce criminel de Bernard avec Judith.

BERNARD DEL CARPIO, héros castillan du IXe siècle. Les romanciers espagnols lui ont fait une renommée égale à celle de Roland, neveu de Charlemagne. Il était fils de Chimène, sœur d'Alphonse le Sage, et de don Sanche, seigneur de Saldagna, qui avaient contracté un mariage secret. Alphonse, irrité de cette mésalliance, avait emprisonné don Sanche dans un château, et lui avait fait crever les yeux. Cependant, il fit élever soigneusement son fils, et celui-ci, devenu grand, se distingua contre les Sarrasins, espérant ainsi fléchir Alphonse en faveur de son père. Les exploits qu'on lui attribue sont au-dessus des forces humaines. Mais Alphonse ayant refusé la grâce de don Sanche, Bernard se renferma dans Saldagna et lui déclara la guerre. A la mort d'Alphonse le Chaste, Bernard vint à la cour de son successeur, Alphonse le Grand. Il l'aida à remporter sur les Maures les plus brillantes victoires; mais la grâce de son père lui était toujours refusée. Dès lors, il se joignit aux Maures. Alphonse, effrayé, consentit à lui rendre son père, à la condition qu'il livrerait la forteresse de Carpio. Bernard y consentit; mais il apprit que son père venait de mourir dans sa prison. Il vint alors se fixer en France, où il mourut à la fin du IXe siècle. L'histoire de Bernard est rapportée de diverses manières par les romanciers.

BERNARD DE MENTHON (saint), né au château de Menthon, près d'Annecy, en 923, mort en 1008. Il était issu d'une des plus illustres maisons de Savoie. Il embrassa l'état ecclésiastique à Aoste. Nommé archidiacre de l'église de cette ville, il fit des missions dans les montagnes voisines, et convertit de pauvres paysans que leur ignorance tenait encore attachés au paganisme, et dont ils avaient conservé les idoles. Témoin des dangers qu'offrait le passage des

Alpes pour les pèlerins qui se rendaient en Italie, il établit deux hôpitaux destinés à leur offrir asile. L'un était situé sur le mont Jou (montagne de Jupiter), ainsi nommé à cause d'une colonne de Jupiter qu'il fit également renverser. Ces deux montagnes ont pris les noms de *Grand* et de *Petit Saint-Bernard*. Ces hospices sont desservis par des religieux de l'ordre de Saint-Augustin, qui accueillent les voyageurs et recherchent les malheureux qui peuvent avoir été engloutis dans les neiges. Ils sont aidés par des chiens intelligents dressés à cet effet.

BERNARD (saint), né à Fontaine-lès-Dijon, en 1091, d'une famille noble, mort en 1153. A 22 ans, il entra dans l'ordre de Cîteaux, et à peine sorti du noviciat, il en fut nommé abbé. Il réforma cette communauté, dont les religieux prirent de lui le nom de *bernardins*. Il inspira à ses religieux le goût de la simplicité et leur tint un langage qui pouvait paraître étrange, demandant *ce que faisait l'or dans les églises, et pourquoi l'Eglise était si brillante dans les édifices et si désolée dans les pauvres*. Son éloquence attira une foule de novices, dont plusieurs devinrent célèbres. Le pape Eugène III fut tiré du monastère de Cîteaux; les évêques, et même les papes et les rois le prenaient pour arbitres de leurs différends. Quand Innocent II et Anaclet se disputèrent le Saint-Siége, il fut choisi pour arbitre. En 1128, les templiers le chargèrent de dresser leur règle. Au concile de Sens, il fit condamner plusieurs propositions d'Abailard, qui fut son digne rival. Eugène III, son disciple, le chargea de prêcher une croisade. Bernard gagna Louis le Jeune, roi de France, malgré les sages et prudentes observations de Suger, chez qui le zèle religieux n'étouffait pas la sagesse politique. Mais Bernard avait parlé avec son éloquence accoutumée. Un échafaud fut dressé en pleine campagne à Vézelai, en Bourgogne. Bernard y parut avec le roi et prêcha si fortement que tout le monde voulut être croisé. On distribua des croix et comme on en manquait, Bernard déchira ses vêtements pour y suppléer. Il réussit si bien qu'il put écrire au pape : « Vous avez ordonné, j'ai obéi; et votre autorité a rendu mon obéissance fructueuse. Les villes et les châteaux deviennent déserts, et l'on voit partout des veuves dont les maris sont vivants. » On voulut qu'il fût le chef de la croisade, mais il refusa. Il passa en Allemagne et entraîna encore de nouveaux peuples. L'Occident se rua sur l'Orient. Pendant ce temps-là, Bernard s'occupait à réfuter le moine Raoul, qui parlait de massacrer tous les Juifs, Pierre de Bruys, Gilbert de la Porée et les sectateurs d'Arnaud de Bresse. Peu de temps avant sa mort, il publia l'*Apologie* de sa croisade. Pour ne pas avoir à s'accuser lui-même, il prenait à partie les généraux et les soldats; il leur reprochait d'être entrés dans la Terre promise avant de s'être purifiés de leurs souillures, et rappelait les miracles qui auraient assuré sans cela le succès de ses prédications. Il mourut à 65 ans, après avoir exercé sur son siècle un empire extraordinaire. L'Eglise l'a mis au rang des saints. L'abbaye de Cîteaux fournit plus tard tant de saints, qu'on décida dans la suite qu'on n'en canoniserait plus, de peur que leur trop grand nombre n'avilît leur titre. Bernard a laissé quelques ouvrages théologiques aujourd'hui sans intérêt.

BERNARD DE VENTADOUR, troubadour du XIIe siècle, né au château de Ventadour. Son père était un valet chargé du four. Le vicomte Eblos II, ayant un jour remarqué la figure intelligente du jeune Bernard, le fit élever et instruire. Cependant, il excita plus tard la jalousie de son bienfaiteur en adressant ses chants à la femme du vicomte, Agnès de Montluçon. Il fut chassé du château de Ventadour, et se dirigea à tout hasard vers la cour d'Eléonore de Guienne, duchesse de Normandie, qui devint plus tard la femme de Henri II, roi d'Angleterre. Il mena ensuite la vie errante des trouvères, et se retira enfin, suivant Nostradamus, à l'abbaye de Dalon, en Limousin. La Bibliothèque impériale possède trente-cinq compositions de cet auteur.

BERNARD-PTOLÉMÉI (saint), instituteur de l'ordre religieux des Olivétains, né à Sienne en 1272, mort en 1348. Il fonda son monastère dans un désert, à 12 kil. de Sienne, après avoir vendu tous ses biens et en avoir fait distribuer l'argent aux pauvres. Il suivit la règle de Saint-Benoît, et fit approuver son établissement par le Saint-Siége.

BERNARD LE TRÉVISAN, célèbre alchimiste, né à Padoue, en 1409. Il passa la plus grande partie de sa vie à chercher la pierre philosophale. Il voyagea dans ce but, et ses voyages ne furent qu'une suite de tristes aventures et de mécomptes. Après avoir perdu toute sa fortune, il se retira dans l'île de Rhodes, et là, entièrement désabusé, il formula cet axiome qui lui avait demandé soixante années d'études : « Pour faire de l'or, il faut de l'or. » Il publia, en latin, plusieurs ouvrages sur la philosophie hermétique et sur la pierre philosophale. Ses ouvrages ont contribué, même après lui, à perpétuer sa misérable doctrine.

BERNARD (Etienne), né à Dijon, en 1553, mort à Châlon-sur-Saône, en 1609. Il fut député pour le tiers état aux états généraux de Blois, en 1588, et il s'y distingua par son éloquence. Plus tard, il s'engagea dans le parti de la Ligue, et fut très-utile au duc de Mayenne. Cependant il se rallia ensuite à Henri IV, qui l'envoya même à Marseille, pour y traiter de la soumission de cette ville. Il réussit dans sa mission et reçut en récompense le bailliage de Châlon-sur-Saône. Il a publié les discours prononcés aux états généraux et quelques mémoires sur les principaux faits du temps de la Ligue jusqu'à la mort des Guise.

BERNARD (Claude), fils du précédent, né à Dijon, en 1588, mort en 1641. On l'appelait communément *pauvre Bernard* ou *père Bernard*. C'était un prêtre errant, qui ne voulut jamais accepter de bénéfice avec une résidence fixe. Il se consacra au service des prisonniers, et leur abandonna un héritage de près de 400,000 livres. Le cardinal de Richelieu le priant un jour de lui demander une grâce : « Je ne vous demande qu'une seule chose, répondit-il, c'est que vous fassiez raccommoder les planches de la charrette sur laquelle je conduis ceux que vous faites condamner à la potence. » Il flattait les grands, afin d'en obtenir quelque chose pour ses pauvres. Sollicitant un jour, d'un grand seigneur, le pardon d'un malheureux, il en reçut un soufflet : « Ceci n'est pas une réponse, dit-il; donnez-m'en deux, mais accordez-moi ma demande. »

BERNARD, duc de Saxe-Weimar, général célèbre, né à Weimar, en 1604, mort à Huningue, en 1639. Il combattit pour le parti protestant pendant la guerre de Trente Ans, et suivit le duc de Bohême, sous lequel il se distingua. De là il passa dans l'armée hollandaise, puis dans l'armée danoise. Il retourna à Weimar, et fut chargé de diverses missions diplomatiques auprès du prince d'Orange et de plusieurs cours allemandes. Lorsque Gustave-Adolphe vint prendre part à la lutte, Bernard s'engagea sous les drapeaux de ce prince, et remporta sur les impériaux une suite de succès. Quand Gustave-Adolphe succomba, à Lutzen, il prit le commandement en chef et décida du sort de la bataille. L'armée suédoise fut alors réduite, et Bernard fut placé sous les ordres de Horn. Dès ce moment, il essuya des revers successifs. Il eut l'imprudence d'accepter le combat à Nordlingen, malgré les avis contraires de Horn, et perdit cette bataille contre les Impériaux, en 1634. Les Suédois l'abandonnèrent alors, et opérèrent leur retraite. Il entra au service de la France, qui était entrée dans la ligue protestante, et s'empara de l'Alsace. Il prit Rheinfeld, Fribourg, Brisach, et il entrait déjà même en Bohême, quand il fut surpris par la mort à Neubourg sur le Rhin. On prétend qu'il fut empoisonné.

BERNARD (Samuel), riche banquier sous Louis XIV et Louis XV. On l'appelait le *Lucullus de son siècle*. En effet, sa fortune s'élevait à 33 millions, à une époque où les fortunes privées étaient beaucoup moins considérables qu'aujourd'hui. Il s'était enrichi sous le ministère de Chamillard. On a cru qu'il était juif, mais on est aujourd'hui fondé à le démentir. Il mourut en 1739. Il avait une poule noire à laquelle il croyait que son sort était attaché. On conte, en effet, qu'il mourut peu de temps après ce volatile. Louis XIV, sur la fin de son règne, s'estimait heureux quand Samuel consentait à lui avancer un ou deux millions. Il l'accueillait avec distinction et descendait même jusqu'à la flatterie. De son côté, Bernard se montrait généreux envers son souverain; il lui offrit même souvent plus d'argent qu'il n'osait lui en demander. Il vint ainsi en aide à l'Etat dans les temps de crise, et notamment pendant la guerre de Succession. Il n'était pas moins généreux envers les particuliers. Ainsi, il laissa, à sa mort, dix millions de créances qui ne rapportaient pas d'intérêts. Ceux qui étaient dans le besoin ne s'adressaient pas vainement à lui. Dix ans après sa mort, sa fortune était complétement dissipée par ses enfants. L'un d'eux, président au parlement, mourut même insolvable.

BERNARD (Edouard), astronome, critique et philologue, né à Perry-Saint-Paul, dans le Northamptonshire, en 1638, mort à Oxford, en 1697. Il était à la fois profond mathématicien et littérateur distingué. Il a écrit plusieurs ouvrages en latin sur les *Poids et mesures* et sur l'*Astronomie*. Il a laissé aussi des *Recherches sur les caractères samaritains*, sur les *étymologies anglaises*, et enfin une *Grammaire anglo-saxonne*.

BERNARD (Catherine), parente de Pierre et de Thomas Corneille, femme de lettres, née à Rouen en 1652, morte à Paris en 1712. Le Théâtre-Français représenta deux de ses tragédies : *Laodamie* et *Brutus*. Cette dernière fut jouée avec un certain succès. Elle fut plusieurs fois couronnée par l'Académie française et par celle des Jeux floraux; mais on croit que Fontenelle prit parfois heureusement la plume pour l'aider dans ses compositions. Son *Placet à Louis XIV*, pour lui demander le payement de sa gratification annuelle de deux cents écus, montre de la délicatesse. On lui doit aussi deux romans que quelques-uns attribuent à Fontenelle : le *Comte d'Amboise* et *Inès de Cordoue*.

BERNARD (Jacques), littérateur, né à Nyons, en Dauphiné, en 1658, mort en 1718. Il fut ministre protestant en France, puis en Suisse, où il fut obligé de se réfugier. Il se fit remarquer par des prédications énergiques, mais d'une crudité d'expressions qu'on lui reprocha souvent. Il se fit journaliste, sans cesser d'être ministre. Il a continué les *Nouvelles de la république des lettres*, commencées par Bayle. Il a publié un *Recueil des traités de paix, depuis l'an 536 de J.-C. jusqu'en 1700*. Il a laissé aussi des *Mémoires de politique contemporaine* et quelques écrits moraux.

BERNARD (Jean-Frédéric), savant libraire

d'Amsterdam, né en 1711, mort en 1752. Il a fait des publications remarquables, aidé du célèbre artiste Bernard Picart. Il était habile compilateur et profond critique. Il a laissé un grand ouvrage intitulé : *Cérémonies et coutumes religieuses de tous les peuples du monde*. Il publia ensuite les *Superstitions anciennes et modernes*. Bernard a écrit en français, et son style accuse souvent son embarras d'écrire dans une langue qui n'était pas la sienne. Il a laissé aussi un *Recueil de voyages au Nord*, et quelques écrits critiques et philosophiques.

BERNARD (Pierre-Joseph), dit *Gentil-Bernard*, poète, né à Grenoble en 1710, mort en 1775. Il étudia chez les jésuites, dont il fut l'un des élèves les plus distingués ; ils voulurent vainement le retenir parmi eux : comme à l'oiseau des champs, il lui fallait la liberté. Il vint à Paris et entra dans une étude de procureur ; la besogne était aride ; il s'en consola en écrivant sa charmante *Épître à Claudine* et la *Chanson de la Rose*. Son humeur inconstante le porta à s'engager dans l'armée, et il se conduisit bravement aux batailles de Parme et de Guastalla. Le maréchal de Coigny, à qui il fut présenté, le nomma son secrétaire ; mais il lui interdit la poésie, et le traita avec quelque sévérité. Cependant, avant de mourir, il le recommanda à son fils, qui lui fit obtenir la place de secrétaire-général des dragons. Bernard put dès lors satisfaire son goût pour la poésie ; il composa ces vers *nains, vifs et badins* qui charmaient tant Voltaire, et qui sont à la grande poésie ce que la miniature et l'émail sont à la peinture. L'auteur de l'*Art d'aimer* ne pouvait manquer d'obtenir un grand succès auprès des dames. Ainsi il écrivait à Mme du Châtelet, en acceptant une invitation :

Au nom du Pinde et de Cythère,
Gentil-Bernard est averti
Que l'Art d'aimer doit samedi
Venir souper chez l'Art de plaire.

Ses excès ruinèrent sa santé et abrégèrent sa vie. Il composa quelques opéras qui eurent un grand succès, même après Quinault ; on cite notamment *Castor et Pollux*. Son *Art d'aimer* est un poëme remarquable par sa vivacité et sa légèreté, mais il sent un peu le travail et respire moins cette naïveté piquante qui caractérise ses premières productions.

BERNARD (Jean-Étienne), médecin et littérateur, né à Berlin en 1718, mort à Arnheim en 1793. Il exerça longtemps la médecine, mais il se passionna ensuite pour la littérature grecque. Il a publié et commenté les ouvrages de plusieurs savants médecins de la Grèce, notamment Pégagomenus, Palladius, Synésius, Psellus et Hypatus. Il donna aussi une édition grecque et latine du *Roman pastoral* de Longus, et les *Actes littéraires* de la Société transrhénane.

BERNARD (Thomas), philanthrope anglais, né à Lincoln, en 1750, mort en 1818. Il employa sa fortune à fonder dans son pays des établissements utiles. Ainsi l'Angleterre lui doit la création de la société pour le soulagement des pauvres, et d'autres sociétés ayant pour objet de protéger les apprentis employés dans les filatures, et les jeunes enfants que la misère condamne à exercer les professions les plus infimes. Il favorisa parmi eux l'application de la vaccine. Il fonda aussi l'Institut royal d'Albemarle-Street, et cette magnifique collection de tableaux qui compose la galerie britannique.

BERNARD (Pons-Joseph), mathématicien distingué, né à Trans (Var), en 1748, mort en 1816. Il fut élève des Oratoriens, et enseigna parmi eux la philosophie, puis les mathématiques. Il devint directeur de l'observatoire de Marseille et membre correspondant de l'Institut. On lui doit, comme astronome, des observations importantes sur les satellites de Saturne. Ce fut sur ses plans et sous sa direction que fut exécuté l'endiguement du Rhône et de la Durance, depuis Arles jusqu'à la Méditerranée. Il avait spécialement étudié les principes de l'hydraulique, et il publia dans un précieux ouvrage ses observations sur cette matière.

BERNARD (Simon), général français, né à Dôle en 1779, mort en 1839. Il étudia les mathématiques sous les maîtres les plus célèbres du commencement de notre siècle, et devint lui-même savant dans l'art du génie militaire. Il fut aide de camp de Napoléon Ier et chef de son cabinet topographique. Il resta toujours fidèle à l'empereur, et, après Waterloo, il alla aux États-Unis. Il rendit de grands services à sa patrie d'adoption. Ainsi les États-Unis lui doivent la construction de leurs plus belles places fortes et l'établissement de nombreux canaux. Rentré en France après la révolution de 1830, il fut nommé ministre de la guerre en 1836.

BERNARD (Charles Dugrail de la Villette), romancier, né à Besançon en 1805, mort en 1850. Depuis 1830, il publia une série de romans qui sont une heureuse imitation de ceux de Balzac. Comme ce grand maître, il est profond observateur ; mais il ne peut égaler ce qu'il y a de scintillant et d'expressif dans le style de Balzac, dont chaque mot est une image. Quand il veut l'imiter à cet égard, il tombe dans l'afféterie et ne peut suivre le vol de l'aigle. La plupart de ses romans ont paru dans les journaux de son temps, et presque tous ont eu les honneurs de plusieurs éditions. On distingue parmi ses productions : *Gerfaut*, qui est son chef-d'œuvre, la *Femme de quarante ans*, qui fait le pendant de la *Femme de trente ans* de Balzac, l'*Anneau d'argent*, le *Persécuteur*, l'*Arbre de science*, le *Pied d'argile*, les *Ailes d'Icare*, la *Peau du lion*, la *Chasse aux amants*, le *Beau-Père*, le *Gentilhomme campagnard* et le *Veau d'or*.

BERNARD (Grand SAINT-), montagne de Suisse (Valais), dans les Alpes Pennines, située sur la frontière de l'Italie. Hauteur 3,371 mèt. Les armées romaines la franchirent souvent. Charlemagne la traversa en 773, Frédéric Barberousse en 1166, Bonaparte les 12-21 mai 1800, à la tête de 30,000 hommes, avec de la cavalerie et de l'artillerie. A 2,428 mèt. au-dessus de la mer, on remarque le couvent de Saint-Bernard, de l'ordre de Saint-Augustin, fondé vers 982 par saint Bernard de Menthon ; il fut bâti sur l'emplacement d'un autel consacré à Jupiter. Les moines ont avec eux des chiens d'un instinct admirable, et leur occupation est d'aller chercher au milieu des neiges les voyageurs égarés. Napoléon Ier fit de grands dons à ce couvent et y fit élever un monument à la mémoire de Desaix.

BERNARD (Petit SAINT-), montagne des Alpes Grées, située dans le département de la Savoie, au S.-O. du Grand-Saint-Bernard. Son passage est très-facile. A 2,192 mèt. au-dessus de la mer, on remarque un couvent du même ordre que celui du Grand Saint-Bernard, et fondé aussi par saint Bernard de Menthon, qui possède un hospice pour les voyageurs.

BERNARDÈS (Diégo), célèbre poète portugais, né à Ponte-da-Barca vers 1540, mort en 1596. Ses idylles l'ont fait surnommer par ses compatriotes le *Théocrite portugais*. Ses productions inspirèrent Lopez de Véga et lui révélèrent son génie. Il publia aussi les *Fleurs de Lima* et les *Rimes portugaises et espagnoles*. Il se distingua d'abord dans l'armée portugaise et fut fait prisonnier à la bataille d'Alcacer.

BERNARDI (Joseph-Elzéar-Dominique), jurisconsulte français, né à Monteu, en Provence, en 1751, mort en 1824. Il fut arrêté comme royaliste, puis délivré en 1793 ; il émigra depuis cette époque jusqu'au 18 brumaire. Il fit partie du conseil des Cinq-Cents et devint, sous l'empire, chef de division au ministère de la justice. Il composa, avant la découverte des fragments de la *République* de Cicéron, un ouvrage portant ce titre, dans lequel il s'efforça de rétablir l'œuvre à l'aide des fragments épars dans les divers monuments littéraires de l'antiquité ; il en donna même la traduction. Il est aussi connu par la publication de deux ouvrages intitulés : *Essai sur les révolutions du droit français*, et *De l'origine et des progrès de la législation française*. On n'y trouve que des idées empruntées aux jurisconsultes et aux publicistes, sans aucune originalité.

BERNARDIN (saint), né à Massa-Carrara en 1380, mort en 1444. On l'appelle aussi *Bernardin de Sienne*, parce que son père était originaire de cette ville et qu'il y passa lui-même la plus grande partie de sa vie. Il se signala par son courage et son dévouement pendant la contagion de 1400. Il entra ensuite dans l'ordre des Franciscains, réforma la règle de cet ordre, et fonda près de 300 monastères. Il refusa les divers évêchés qui lui furent proposés. Il passa quelque temps à Bethléem, où il avait été envoyé comme gardien du couvent. Il a laissé quelques *Sermons* en basse latinité. Ses prédications ont contribué à apaiser les querelles des guelfes et des gibelins. On lui doit aussi des *Commentaires sur l'Apocalypse*.

BERNARDIN DE SAINT-PIERRE. (*Voir* SAINT-PIERRE.)

BERNARDINES, appelées aussi *Clairettes*, congrégation de religieuses. Elles furent instituées à Villetun, au commencement du XIIe siècle, par sainte Hourbelle ; elles suivirent d'abord la règle de Cîteaux, puis elles subirent la réforme de saint Bernard. Leur principale mission était l'éducation des jeunes filles.

BERNARDINO (le), nom donné à un passage le plus anciennement connu des Alpes, dans le canton des Grisons (Suisse). Hauteur 2,191 mèt. au-dessus de la mer. Le lac Mœsola l'occupe en partie et donne naissance à la Moësa. Il réunit Gênes et Turin à la Suisse et à l'Allemagne occidentale. De 1819 à 1823, on y construisit une route qui unit Coire à Bellinzona. Le général Lecourbe, à la tête d'une armée française, franchit le Bernardino, au mois de mars 1799, pour aller attaquer les Autrichiens.

BERNARDINS, ordre monastique. En 1098, saint Robert, abbé de Molesme, fonda le monastère de Cîteaux. Saint Bernard ayant appliqué sa réforme à cet ordre, les religieux de Cîteaux prirent le nom de Bernardins, qui avait été réservé jusqu'alors à ceux du monastère de Clairvaux. Au reste, leur règle fondamentale était celle de saint Benoît, et, comme les Bénédictins, ils se livraient à la culture des sciences et des lettres. Au XVIe siècle, un abbé introduisit une nouvelle réforme et institua les *Bernardins réformés* ou *feuillants*, qui se répandirent beaucoup en France et en Italie.

BERNAUER (Agnès), née à Augsbourg, au commencement du XVe siècle, fut célèbre en Allemagne par sa beauté et par ses malheurs ; elle était fille d'un barbier. Elle inspira au duc Albert de Bavière une passion si violente qu'il l'épousa malgré son père ; celui-ci la fit noyer dans le Danube. Les poëtes allemands ont célébré cette aventure, et elle a été le sujet de plusieurs tragédies.

BERNAVILLE, ch.-l. de cant. de l'arrond.

de Doullens (Somme), à 12 kil. de cette ville. Pop. 1,100 hab.

BERNAY, sous-préf. du départ. de l'Eure, à 60 kil. d'Evreux. Pop. 7,480 hab. Tribunal de commerce, collége. Fabriques de toiles, draps, rubans de fil, cuirs, peaux mégissées, lainages, bonneterie. Commerce de papiers, fers, grains, bestiaux. Il se tient dans cette ville une foire, dite *foire fleurie*, pour la vente des chevaux, la plus importante de France; elle est fréquentée par plus de 40,000 personnes. Bernay possédait une riche abbaye fondée, au XIe siècle, par Judith, femme de Richard II, duc de Normandie.

BERNBOURG, cap. du duché d'Anhalt-Bernbourg, à 32 kil. de Dessau, traversée par la Saale. Pop. 10,000 hab. Elle est divisée en ville vieille et en ville neuve. On y remarque l'église Notre-Dame, une école des arts et métiers, un gymnase. Manufactures de faïence, de papier; raffineries de sucre, fonderies de cuivre et de fer. Ancien château entouré d'un beau parc.

BERNCASTEL, ville de la Prusse rhénane, à 35 kil. de Trèves. Pop. 2,300 hab. Possède des mines de cuivre aux environs. On y remarque un ancien château construit par l'archevêque de Fintingen en 1277.

BERNE, cap. de la Suisse, siége du gouvernement fédéral helvétique. Cette ville est située sur l'Aar; elle contient environ 30,000 hab. Entre autres monuments, on cite l'ancienne cathédrale, l'hôtel des monnaies, l'arsenal, l'observatoire, le jardin botanique, le musée et la bibliothèque. La ville est fort bien bâtie; les rues sont larges, les maisons sont en pierre de taille et d'une égale hauteur; elles forment des arcades soutenues par des piliers jusqu'à la hauteur du premier étage. Les monuments publics interrompent seuls la monotonie des édifices privés. Berne possède une académie et plusieurs sociétés scientifiques et littéraires. Il s'y fait une exportation assez considérable de toiles, de mousselines et de soieries. Berne fut fondée en 1191, par le duc Berthold V, qui donna, dit-on, ce nom à la ville parce qu'il tua un ours près de ses murs. En 1218, l'empereur Frédéric II déclara Berne ville libre et impériale. La ville ne cessa de gagner en importance malgré les guerres civiles qui déchirèrent son sein, ou celles qu'elle eut à soutenir contre les empereurs d'Allemagne. En 1405, Berne fut entièrement détruite par un incendie, puis rebâtie sur le plan actuel. En 1799, elle devint la capitale de la confédération helvétique, jusqu'en 1804. A cette époque, il fut décidé que le siége du gouvernement serait tantôt à Berne, tantôt à Zurich, tantôt à Lucerne. Mais la constitution fédérale du 12 septembre 1848, a définitivement choisi Berne pour ville fédérale, capitale de la Suisse.

BERNE, cant. situé au centre de la Suisse, est borné au N. par la France et le canton de Soleure; au S. par le canton du Valais; à l'E. par les cantons de Soleure, d'Argovie, de Lucerne, d'Unterwalden et d'Uri; à l'O. par les cantons de Vaud, de Fribourg et de Neuchâtel. C'est le plus grand canton de la Suisse; sa population est évaluée à 467,141 h. Ce canton est divisé par la nature en trois parties distinctes. La première est celle des montagnes et des glaciers gigantesques; on cite notamment le Finster-Aar-Horn, haut de 4,350 mètres, et la Jung-Frau, haute de 4,181 mètres. Les vallées offrent un luxe inouï de végétation, et leurs sites admirables attirent les voyageurs. La seconde partie, celle du centre, est un grand plateau très-fertile; la troisième partie, celle du N., offre un terrain ondulé, occupé par une population industrieuse. La principale rivière est l'Aar, qui reçoit de nombreux affluents. On remarque les lacs de Neuchâtel, de Bienne, de Thun et de Brienz. L'élève du bétail est la principale richesse du pays. On y fabrique surtout les étoffes de laine, de coton et de lin, les montres, les cuirs et les dentelles. On y trouve enfin des mines de fer, de plomb, de cuivre, des carrières de marbre, de chaux et de grès. La richesse en bois est considérable. Le canton est gouverné par un grand conseil composé de 240 membres, dont 200 sont nommés dans les assemblées primaires et par le suffrage universel, et 40 par le conseil lui-même. Le grand conseil est présidé par un landamman nommé pour une année seulement et non rééligible. Le pouvoir exécutif est exercé par 16 membres nommés par le grand conseil; ils sont présidés par un avoyer. Ils sont assistés d'un conseil d'Etat qui est aussi composé de 16 membres. La durée du mandat législatif est de six ans. Il y a un tribunal de cassation qui fonctionne en même temps comme tribunal d'appel.

BERNER (Frédéric-Guillaume), célèbre musicien allemand, né à Breslau en 1700, mort en 1827. Il fut organiste à Breslau; il se distingua surtout par sa méthode d'improvisation. Il a laissé des élèves, qui sont devenus également illustres.

BERNETTI (Thomas), cardinal, né à Fermo en 1779, mort en 1852. Il est surtout connu à cause de la rigidité de ses opinions ultramontaines. En 1810, il refusa ainsi que 12 autres cardinaux, d'assister au mariage de Napoléon Ier et de Marie-Louise. Il eut toujours la confiance des souverains pontifes, et fut employé avec succès dans diverses négociations diplomatiques. Lors de la révolution romaine, en 1849, ses tendances rétrogrades le firent signaler à la haine populaire, et il dut échapper par la fuite au danger qui le menaçait. Quand Pie IX revint de Gaëte à Rome, il le suivit, et vécut depuis retiré à Fermo.

BERNI (Francesco), poëte italien, né dans le Val-di-Nievole, près de Florence, en 1490, mort en 1543. Il est l'un des plus célèbres poëtes de l'Italie. Il étudia à Florence où il vécut jusqu'à 19 ans dans un état voisin de l'indigence. Il alla à Rome auprès du cardinal Bibbiena, son parent; mais il fut accueilli avec une indifférence glaciale. Il fut heureux de trouver un emploi de secrétaire auprès de Giberti, évêque de Vérone; mais là il ne jouissait pas d'une plus grande considération que les valets de la maison. Berni se lia alors avec de jeunes ecclésiastiques qui composaient une académie dite des *Vignerons*, où l'on menait joyeuse vie, et où la rigidité cléricale était assez malmenée. Cette société qu'il ne faut pas trop blâmer, a jeté un certain lustre sur la littérature romaine; plus d'un grand talent s'est formé au milieu de ces banquets épicuriens, présidés non par l'orgie, mais par l'esprit le plus délicat; où l'on se portait des défis poétiques, et où l'on chantait et improvisait. Berni y puisa le goût de la poésie burlesque, qui depuis fut appelé de son nom *bernesque* ou *berniesque*. Il mérita d'être comparé à Juvénal pour ses satires, et à Horace pour ses odes. Il maniait avec la même facilité l'ironie, la grâce et l'élégance. Il composa des vers latins d'une grande pureté. Ses poésies burlesques sont écrites avec une licence qui n'est que le reflet des mœurs de son temps. Son sonnet contre l'Arétin, est écrit d'un style si libre, que l'Arétin lui-même, maître dans ce triste genre, en fut jaloux et désespéré. Sa satire si mordante contre le pape Adrien VI, passe pour un chef-d'œuvre; on cite aussi son éloge de la peste. Le principal ouvrage de Berni, *Roland amoureux*, n'est autre chose que l'ouvrage même de Bojardo, suivi pas à pas dans tous ses détails, mais travesti à chaque pas ou interprété d'une manière inimitable. Rome ayant été saccagée, en 1526, par le connétable de Bourbon, Berni perdit tout ce qu'il possédait. Il se retira alors à Florence pour y vivre du revenu d'un très-modeste canonicat, lorsqu'il fut victime du crime le plus odieux. Le duc Alexandre de Médicis venait d'empoisonner le cardinal Hippolyte de Médicis. Il avait voulu charger Berni de satisfaire sa vengeance, mais le courageux poëte repoussa, au péril de sa vie, les propositions que lui fit Alexandre à ce sujet. Le duc redoutait son confident; il s'assura de son silence par un nouveau crime, en le faisant empoisonner.

BERNIER (Jean), médecin et littérateur, né à Blois en 1622, mort en 1688. Il fut médecin de Madame, douairière d'Orléans; il s'est fait un nom par ses publications littéraires. Il a écrit une *Histoire chronologique de la médecine et des médecins* et des *Essais de médecine*. Bernier s'est peu distingué comme homme de science; il était doué de beaucoup d'esprit, mais l'abus qu'il en faisait nuisait au jugement; aussi les publications critiques qu'il a laissées sont-elles peu estimées. Il écrivit contre Ménage, et se méprit à l'égard de Rabelais dans son *Jugement sur les œuvres de Rabelais, ou le Véritable Rabelais réformé*.

BERNIER (François), célèbre voyageur, né à Angers vers 1625, mort à Paris en 1688. Il vint de bonne heure à Paris et s'enthousiasma pour la doctrine philosophique de Gassendi, qui convenait à son caractère aimable et riant. Il écrivit même un *Abrégé de la philosophie de Gassendi*. Il alla étudier la médecine à Montpellier. Une fois reçu docteur, son goût pour les voyages le fit décider à partir pour l'Orient. Il parcourut la Syrie, l'Egypte et l'Inde. Il séjourna pendant douze ans dans ce pays, et fut médecin du grand mogol Aureng-Zeyb. A son retour en France, il publia une relation de ses voyages. Il était lié avec Ninon de Lenclos, Mme de la Sablière et les plus illustres poëtes de son époque.

BERNIER (Nicolas), maître de musique de la Sainte-Chapelle, de la chapelle du roi, né à Mantes en 1664, mort en 1734. Il passait pour le plus célèbre compositeur de son temps. On cite parmi ses meilleurs morceaux la musique des cantates de J.-B. Rousseau et son *Miserere*. On rapporte qu'il alla à Rome pour y étudier les partitions du célèbre Caldara, mais que, désappointé en apprenant qu'il ne les communiquait à personne, il se présenta comme domestique et se fit agréer. Les partitions étaient dès lors sous sa main. Un jour, que Caldara était sorti, laissant une composition inachevée, Bernier prit la plume et continua le morceau. L'étonnement du maître, à son retour, se laisse concevoir; mais ayant su la vérité, il honora Bernier de l'amitié la plus intime.

BERNIER (Etienne-Alexandre), célèbre Vendéen, né à Daon, en Anjou, en 1762, mort en 1806. Au commencement de la guerre de Vendée, il était curé de Saint-Laud, d'Angers. Il refusa le serment exigé par la Constitution, et fut un des membres les plus importants et les plus actifs du conseil supérieur des armées catholiques de la Vendée. Il suivit dans les combats les chefs de l'insurrection vendéenne, et rallia plusieurs fois leurs bandes désorganisées. Il parcourait les campagnes en prêchant une sorte de croisade. Cependant, après la mort de Charette et la dispersion des Vendéens, il fut l'un des plus empressés à contribuer à la pacification générale et à se rallier à Bonaparte. Le premier consul, satisfait de son intervention, l'employa pour la réorganisation du clergé, et plus tard pour le concordat. Il fut nommé évêque d'Orléans, mais ne put jamais obtenir le chapeau de cardinal qu'il ambitionnait.

BERNINA (mont), montagne de la Suisse (canton des Grisons), à 45 kil. de Coire. Haut. 4,052 mèt. au-dessus du niveau de la mer. On y remarque un glacier magnifique. Le 10 octobre 1850, MM. Coaz et Tscharvar, tous deux Suisses, en firent la première ascension. Sur cette montagne se trouve une gorge, à une hauteur de 2,383 mèt. et qui est très-fréquentée par les voitures légères.

BERNINI (Giovanni-Lorenzo), dit le *cavalier Bernin*, peintre, sculpteur et architecte, né à Naples, d'un sculpteur florentin, en 1598, mort à Rome en 1680. La célébrité qu'il acquit à la fois dans la peinture, la sculpture et l'architecture le fit encore surnommer, par ses contemporains, le *Michel-Ange moderne*. A dix ans, il fit une tête de marbre qu'on conserve encore à Rome, dans l'église de Sainte-Paxède. Le pape Paul V ayant désiré le voir, lui demanda de dessiner sur-le-champ une tête de saint Paul. En une demi-heure Bernini eut achevé son dessin. Ce pontife lui fit présent de douze médailles d'or, et le recommanda au cardinal Barberini. Ce cardinal, devenu pape, le fit directeur-architecte de la basilique de Saint-Pierre. Louis XIV lui offrit une fortune pour venir exécuter à Paris les dessins du Louvre; mais ceux qu'il présenta ne furent pas agréés, parce qu'il voulait abattre les anciennes constructions. On préféra le plan de Perrault. Il était courtisan aussi habile que peintre illustre. Louis XIV voulant avoir son portrait exécuté par lui, il se permit d'écarter une mèche de cheveux qui retombait sur le front de son modèle, en lui disant: « Votre Majesté peut montrer son front à tout l'univers. » On lui doit, à Rome: le *maître-autel*, le *tabernacle*, la *chaire de Saint-Pierre* et la *colonnade qui entoure la place de l'église*. Bernini n'avait que 14 ans quand il vit Annibal Carrache et quelques autres grands maîtres chercher l'endroit où pouvait être placé le maître-autel; et comme Carrache exprimait l'espoir qu'il naîtrait un jour un génie supérieur qui élèverait sous la coupole et dans le fond de l'église deux monuments proportionnés à la grandeur du temple, Bernini s'écria: « Plût à Dieu que ce fût moi! » Son vœu fut en effet accompli. On admire de lui: la *fontaine de la place Navone*, l'*Extase de sainte Thérèse*, la *statue équestre de Constantin*, celle de *Louis XIV*, à laquelle il travailla quinze ans, et dont on fit depuis un Curtius, le buste de ce prince, le groupe d'*Apollon et Daphné*, etc. Les uns lui ont fait un mérite et les autres l'ont blâmé de s'être souvent affranchi de la simplicité antique; mais quelque jugement qu'on porte à cet égard, la postérité ne se lassera pas d'admirer la grandeur de sa composition et sa hardiesse d'exécution. Quand il mourut, il laissa à ses enfants une fortune de plus de trois millions et une statue de la *Vérité*.

BERNIS (François-Joachim-Pierre DE), poëte et cardinal, né à Saint-Marcel de l'Ardèche en 1715, mort à Rome en 1794. Il fut d'abord chanoine, et passa quelque temps au séminaire de Saint-Sulpice; mais la sévérité du directeur convenait peu à son caractère aimable et riant. Comme il était doué d'une figure agréable, et que, sous une certaine apparence de candeur, il se montrait pétillant d'esprit, il fut bientôt recherché de la société, et ne fut pas moins agréable aux hommes qu'aux dames. Il s'était fait remarquer par des poésies légères. Le cardinal de Fleury s'alarma de la réputation du jeune abbé, et lui fit comprendre qu'il n'avait pas à espérer de bénéfice de son vivant. « Monseigneur, répondit-il, j'attendrai. » Il fit des chansons pour Mme de Pompadour, qui l'accueillit plus gracieusement; et le fit même entrer à l'Académie, à l'âge de 29 ans. « Si jeune encore, lui dit alors Piron, entrer aux Invalides! » La protection de Mme de Pompadour lui valut encore une pension de 1,500 livres, sur la cassette du roi, un logement au Louvre, puis l'ambassade de Venise, et plus tard celle d'Espagne. La part qu'il prit au traité de 1756, entre la France et l'Autriche, le fit parvenir au ministère des affaires étrangères, alors le plus important de tous. Il se montra habile; ainsi il réconcilia successivement des ennemis réputés irréconciliables: le parlement avec l'archevêque de Paris, le Saint-Siége avec la république de Venise; il cimenta même cette dernière alliance en faisant élever Rezzonico, un Vénitien, au pontificat. Ce dernier devait quelque chose à Bernis: il lui envoya le chapeau de cardinal. Cependant la France poursuivait, en Allemagne, une guerre désastreuse. Son intérêt était de faire la paix; mais Mme de Pompadour en avait décidé autrement, parce que tel n'était pas l'avis de l'impératrice-mère, que la favorite avait à ménager. Bernis insista pour la paix; Mme de Pompadour brisa cet instrument rebelle, et le fit exiler à Soissons. Sa disgrâce survint en même temps que lui

Derniers instants de la vie de lord Byron.

arriva le chapeau tant désiré, et les frondeurs firent le quatrain suivant:

> Que le sort de Bernis est beau!
> Mais qu'il a peu de consistance.
> N'a-t-il donc reçu le chapeau
> Que pour tirer sa révérence.

En 1764, Bernis fut rappelé et nommé archevêque d'Albi. Cinq ans après il fut envoyé en ambassade à Rome, où il travailla à l'extinction de l'ordre des jésuites, et où il eut beaucoup d'influence pour l'élection de Pie VI. La Révolution le força à quitter la France et le ruina. Il se réfugia pendant quelque temps en Espagne, où il accueillit les tantes de Louis XVI. De là il passa à Rome, où il mourut. Dans tous les pays qu'il parcourut son aménité le faisait chérir. Tous les étrangers étaient accueillis chez lui; ainsi il avait coutume de dire qu'il tenait l'auberge de France dans un carrefour de l'Europe. » Le *poëme des Saisons* est le chef-d'œuvre de Bernis; les descriptions et les peintures mythologiques y sont entassées à profusion; c'est un parterre de fleurs poétiques, aussi Voltaire appelait-il Bernis *Babet la bouquetière*. Cupidon et les dieux de la Fable y jouent aussi un grand rôle.

« Si l'on coupait les ailes au Zéphyre et aux Amours, disait d'Alembert, on lui couperait les vivres. » Bernis publia encore la *Religion vengée*.

BERNON, noble bourguignon, fut le fondateur de l'abbaye de Cluny, et réforma plusieurs autres monastères. Il n'admit à Cluny que douze religieux, à l'exemple de saint Benoît. Il donna sa démission en 926 et mourut en 927.

BERNOUILLI, nom d'une famille célèbre par le grand nombre de savants qu'elle a produits; elle était originaire d'Anvers et quitta cette ville pour échapper aux persécutions religieuses.

BERNOUILLI (Jacques), célèbre astronome, né à Bâle en 1654, mort en 1705. Son père voulait qu'il fût ministre protestant, mais sa passion pour les sciences mathématiques était telle, qu'il étudia seul la géométrie et l'astronomie. Il rappela ce fait dans la devise qu'il adopta, et qui représentait Phaéton conduisant le char du soleil malgré son père : *Invito patre sidera verto*. A 18 ans, il résolut un grand problème chronologique; à 22 ans, il imagina un procédé ingénieux pour enseigner l'écriture à une jeune fille aveugle. Il publia d'abord un *Système des comètes* et une *Dissertation sur la pesanteur de l'air*. Dans le temps où Leibnitz trouvait le calcul différentiel, Bernouilli et son frère Jean trouvaient ensemble le secret de Leibnitz, qu'il avait cependant pris soin de cacher, sur la seule définition qui en avait été donnée; de telle sorte que Leibnitz, aussi modeste que savant, déclara que leur méthode perfectionnée était même supérieure à la sienne. La ville de Bâle le nomma professeur de mathématiques, et plusieurs académies voulurent se l'attacher. Son traité *de Arte conjectandi* et celui des *Infinis*, rendirent son nom européen. Il a laissé aussi quelques poésies estimées en latin, en allemand et en français. A l'exemple d'Archimède, qui avait voulu que son tombeau fût orné de sa plus belle découverte géométrique, il fit graver sur le sien une spirale logarithmique avec ces mots : *Eadem mutata resurgo*.

BERNOUILLI (Jean), frère du précédent, célèbre géomètre, né à Bâle en 1667, mort en 1748. Il succéda à son frère dans la chaire de mathématiques. Ses parents le destinaient au commerce; mais il suivit l'exemple de son frère, se fit son élève et acquit plus tard la même célébrité. Il partagea avec lui la gloire de découvrir le calcul différentiel, qui permet de résoudre les problèmes les plus difficiles. Pendant quelques années une étroite amitié unit les deux frères ; mais bientôt ils furent divisés par la jalousie. Les mathématiciens avaient coutume de se proposer des problèmes ardus à résoudre; Jean, doué d'une plus grande facilité que son frère, mais aussi plus léger, s'appliquait moins à la solution; aussi fut-il souvent vaincu par Jacques : de là leur animosité. Jacques avait combattu les doctrines astronomiques de Descartes; Jean se crut obligé de les défendre. Ce dernier n'accueillit pas avec moins d'aigreur les premiers essais de Daniel, son propre fils. Son caractère orgueilleux le jetait dans des querelles continuelles avec les savants de son époque. Cependant il se montra généreux envers Euler, son illustre disciple, et envers Leibnitz, qu'il défendit contre les attaques des savants anglais. On a conservé sa correspondance avec Leibnitz, et d'Alembert avoue qu'il leur dut les connaissances approfondies qu'il acquit en géométrie. Ses discussions avec le chevalier Renau, inventeur des bombardes, sur sa *Théorie de la manœuvre des vaisseaux*, lui fournit l'occasion de publier son grand ouvrage sur l'art de la navigation. Il publia, sur le phénomène de la nutrition, un remarquable travail qui reçut la plus élogieuse consécration par la haine avec laquelle il fut attaqué par des théologiens stupides et intolérants, qui allèrent jusqu'à le considérer comme contraire au dogme de la résurrection, niant qu'il fût vrai ni possible que les corps se transformassent continuellement par la déperdition d'une partie de leur substance, et par la recomposition résultant de la nutrition. Il fit aussi des recherches curieuses sur le mouvement des muscles, et sur l'évaluation de la force musculaire de l'homme. Il vint à Paris en 1690, pour y connaître Malebranche, Cassini, la Hire, Vatignon et l'Hôpital. Ce dernier, charmé de son entretien, voulut le posséder tout seul. Il l'emmena dans sa terre où ils étudièrent ensemble les problèmes géométriques les plus difficiles. Ce fut dans cette solitude que Bernouilli découvrit le *Calcul exponentiel*. Il cultiva avec succès la littérature grecque et latine; à 18 ans, il avait soutenu une thèse en vers grecs sur cette question : « que le prince est fait pour les sujets. » Voltaire a mis ces quatre vers au bas de son portrait :

> Son esprit vit la vérité,
> Et son cœur connut la justice ;
> Il a fait l'honneur de la Suisse
> Et celui de l'humanité.

BERNOUILLI (Nicolas), célèbre mathématicien, né à Bâle en 1695, mort à Saint-Pétersbourg en 1726. Il était neveu des précédents. Son père lui enseigna lui-même les mathématiques. Il fut appelé à Saint-Pétersbourg par Pierre le Grand, qui lui confia une chaire de mathématiques. La czarine Catherine lui fit faire un somptueux enterrement. — Un autre Nicolas Bernouilli, également neveu de Jacques et de Jean, né à Bâle en 1687, mort en 1759, se distingua comme professeur de mathématiques et de droit. Il est l'auteur d'une thèse dans laquelle il propose d'introduire dans la législation sur les *absents*, le calcul des probabilités.

BERNOUILLI (Daniel), second fils de Jean Bernouilli, professeur de philosophie, de physique et de médecine à l'université de Bâle, né à Groningue en 1700, mort en 1782. Il fut, comme son père et son oncle Jacques, destiné au commerce; mais il

Cambronne à la bataille de Waterloo

préféra étudier la médecine, et alla en Italie suivre les cours des maîtres les plus illustres. Ses connaissances en mathématiques lui valurent l'amitié de Michelotti. Comblé d'honneurs littéraires et de récompenses académiques, il refusa, à l'âge de 24 ans, la présidence d'une académie que venait d'établir la république de Gênes. Il alla passer quelque temps à Saint-Pétersbourg; mais il s'y crut exilé, et, préférant vivre dans un pays libre, il vint à Bâle, où il occupa une chaire de physique et de métaphysique. Il s'occupa particulièrement de la mécanique, et contribua puissamment aux progrès de l'*hydrodynamique*. Il s'occupa de statistique et étudia *les lois de la population* ainsi que les principes qui y président. En physique, il a contribué puissamment au progrès de la science, par sa théorie du son et celle de la vaporisation des liquides dans le vide à une température qui les laisse fixes dans l'air libre. En physiologie, il rechercha l'utilité et le fonctionnement des feuilles dans la vie des végétaux; il comprit le phénomène de la respiration, et alla jusqu'à mesurer la quantité d'air qui pénètre dans les poumons à chaque inspiration, et la transformation qu'il y subit. Il combattait les préjugés religieux, tout en respectant extérieurement les usages admis dans son pays; et c'est à cette sage conduite qu'il dut de ne pas être persécuté pour son athéisme. Peu d'hommes ont, au même degré que lui, embrassé l'ensemble des sciences philosophique et mathématiques, et en ont aussi bien compris les grands principes. Les services qu'il a rendus à l'humanité sont immenses, et surpassent peut-être les progrès que l'on doit à Jacques et à Jean Bernouilli.

BERNOUILLI (Jean), frère de Daniel, né à Bâle en 1710, mort en 1790. Il fut aussi professeur de mathématiques et de métaphysique dans sa patrie. On admire son Mémoire sur le *cabestan*, celui sur la *propagation de la lumière* et celui sur l'*aimant*. Il disputa à son frère Daniel les palmes académiques. Son fils, Jean, né à Bâle en 1744, mort en 1807, se distingua comme mathématicien et historien.

BERNSTORF (Jean-Hartwig-Ernest, comte DE), ministre danois, né à Hanovre en 1712, mort en 1772. Il se fit remarquer de bonne heure par des dispositions si heureuses que le roi Christian VII l'envoya, à l'âge de 20 ans, comme ambassadeur en Pologne. Sa mission fut si heureusement remplie qu'en 1733, il l'envoya à la diète de Ratisbonne, auprès de l'empereur Charles VII. En 1744, il passa à la cour de France. Il fut ensuite ministre, chargé des affaires intérieures du Danemark. Il accompagna le roi dans ses divers voyages en Allemagne, en Angleterre et en France; mais, à son retour, Struensée, dont il avait excité la jalousie, engagea le roi à lui envoyer sa démission. Il subit sa disgrâce avec une noble résignation, et dédaigna même les avances de la Russie, qui voulait s'attacher ce grand ministre. Après la chute de Struensée, Bernstorf fut rappelé et nommé conseiller intime et ministre d'Etat, mais peu de temps après il mourut. Il apporta dans son administration une rare activité et une habileté qui le place au premier rang parmi les ministres. Il fut le premier qui affranchit ses serfs, et leur distribua des terres. Il institua des écoles d'accouchement, protégea les sciences et montra un goût si éclairé pour la littérature et les beaux-arts, qu'on ne doute pas qu'il n'y eût brillé, s'il s'y fût adonné. Il attira dans son pays les artistes étrangers, favorisa le commerce, surtout celui des Indes occidentales, ouvrit des écoles, apporta des réformes importantes dans la législation, introduisit l'uniformité des poids et mesures en Danemark et en Norwége, et encouragea les améliorations agricoles. Il maintint la neutralité du Danemark pendant la guerre de Sept-Ans, et négocia si habilement que le roi Frédéric V put réunir à sa couronne, en 1761, tous les biens du duc de Holstein-Ploen. Lorsque le duc de Holstein-Gottorp, qui devint plus tard le czar Pierre III, voulut faire valoir ses prétentions sur le duché de Holstein, il se prépara si énergiquement à la guerre, que son ennemi abandonna ses prétentions.

BERNSTORF (André-Pierre, comte DE), homme d'Etat, neveu du précédent, né dans le Brunswick-Lunébourg, en 1735, mort en 1797. Après la mort de son oncle, il obtint son emploi de ministre, et se montra digne de son prédécesseur. Il obtint de Catherine II, en 1773, la cession définitive du Schleswig, en lui représentant, pour flatter son orgueil, qu'il était indigne d'elle de conserver un si petit territoire qui la rendait dépendante de l'empire d'Allemagne. Il renouvela les traités avec la Suède et avec l'Angleterre, pour laquelle il montra une certaine prédilection. Le Danemark lui doit l'abolition du servage. Il favorisa la culture des sciences et des lettres par la liberté de la presse, et, sous son ministère, le Danemark fut le refuge des savants à qui l'on refusait dans leur patrie la liberté de penser. Il a laissé plusieurs Mémoires diplomatiques.

BERNSTORF (Christian, comte DE), homme d'Etat, fils du précédent, né à Copenhague en 1769, mort à Berlin en 1835. Il fut ambassadeur en Prusse et en Suède, puis ministre des affaires étrangères en 1797. Dans ce poste difficile, il s'efforça de maintenir la neutralité pendant la guerre européenne. Ce fut sous son ministère que Copenhague s'illustra en résistant au bombardement des Anglais. Bernstorf représenta le Danemark au congrès de Vienne, et fut obligé de consentir la cession de la Norwége à la Suède, en 1815. Il passa ensuite, en 1818, au service du roi de Prusse, qui le nomma ministre des affaires étrangères.

BÉROALD ou BÉROALDE (Mathieu), littérateur, né à Saint-Denis, près de Paris, mort vers 1584. Il abjura la religion catholique et se fit protestant; il devint même ministre à Genève, et fut précepteur d'Agrippa d'Aubigné. Il avait dû quitter la France, après s'être distingué comme professeur de langue hébraïque à Orléans. Il publia la *Chronique de l'Ecriture sainte fondée sur l'autorité*, la *Chronologie* et la *Bibliothèque classique*. Il émit la prétention de ne fonder la science que sur les données de l'Ecriture. Ainsi il efface du catalogue des rois de Perse, Cambyse et Darius, fils d'Hystaspe, parce qu'ils ne figurent pas dans l'Ecriture.

BÉROALDO (Philippe, dit l'*Ancien*), littérateur italien, né à Bologne en 1453, mort en 1505. Il professa les belles-lettres avec succès dans sa ville natale. Il fut aussi prédicateur célèbre. Mais il était passionné pour le jeu et les femmes. Il se maria, cependant et renonça à la dissipation. Il a laissé, sur d'anciens auteurs grecs et latins, d'admirables commentaires. Ses connaissances étaient si étendues que Pic de la Mirandole l'appelait une *Bibliothèque vivante*. Il a commenté Pline le naturaliste, Apulée, Catulle, Properce. Il a laissé aussi des dissertations bouffonnes et satiriques. On cite notamment sa *Déclamation d'un ivrogne et d'un joueur*. Son style est original; il faisait souvent revivre de vieux mots ou en forgeait de nouveaux pour mieux exprimer sa pensée.

BÉROALDO (Philippe, dit le *Jeune*), de la famille du précédent, poëte, né à Bologne en 1472, mort en 1518. Il professa la littérature à Rome, et devint secrétaire du pape Léon X, puis bibliothécaire du Vatican. Il publia des poëmes estimés de son temps, trois livres d'*odes* et un livre d'*épigrammes* latines. Il donna une édition recherchée des cinq premiers livres des *Annales* de Tacite.

BERŒA, ville de l'ancienne Macédoine, au S.-O. de Pella, dans l'Emathie. Les Athéniens s'en emparèrent pendant la guerre du Péloponèse, et fut la première qui se rendit aux Romains après la bataille de Pydna. Elle fut occupée par les Slaves, puis par les Bulgares, et fut au pouvoir des Turcs, en 1397.

BÉROSE, astronome chaldéen, de la fin du IVe siècle av. J.-C. On lui attribue une histoire de Chaldée, souvent citée par les anciens, et dont Josèphe l'historien a rapporté plusieurs fragments. L'histoire de Bérose paraît être mêlée de fables et de mensonges, plutôt propres à flatter l'orgueil d'un peuple qui s'attribuait une antiquité impossible, qu'à éclairer sur la vérité des faits. Cependant son style charmait les anciens. Ainsi les Athéniens lui firent élever, dans le gymnase, une statue avec une langue dorée. Sa fille, prophétesse comme lui, fut sibylle de Cumes. Annius de Viterbe prétendit, en 1545, avoir retrouvé l'histoire de Bérose, et publia un faux manuscrit, qui s'éloigne tellement du style et des idées de Bérose, que l'imposture ne pouvait triompher.

BERQUEN (Louis DE), inventeur, né à Bruges au XVe siècle. Il observa le premier que deux diamants s'entamaient et se polissaient par le frottement. Il imagina alors l'art de les tailler. Avant lui, les diamants qui restaient à l'état brut, étaient peu recherchés. Il a laissé un *Traité des pierres précieuses*.

BERQUEN (Louis), littérateur, né en Artois vers 1490, mort en 1529. C'était un gentilhomme artésien. Il fut conseiller de François Ier; mais l'ardeur avec laquelle il embrassa les idées de Luther, ne négligeant aucune occasion de déclamer contre les moines, le fit jeter en prison. François Ier lui fit grâce une première fois; mais il fut repris et brûlé sur la place de Grève, en exécution d'un arrêt du parlement, après avoir refusé de se rétracter en déclarant qu'il préférait mourir. Il passait pour le plus savant de la noblesse. Il a laissé une traduction d'Erasme.

BERQUIN (Arnaud), littérateur, né à Bordeaux vers 1749, mort à Paris en 1791. Il débuta par des romances et de charmantes idylles. Il donna ensuite les *Tableaux anglais*, qui sont des extraits des journaux anglais. Encouragé par ses premiers succès, il donna l'*Ami des enfants*, qui est une imitation des compositions allemandes de Weiss. L'ouvrage est devenu, sous la plume de Berquin, un chef-d'œuvre de style, qui se recommande par la grâce et le sentiment. Berquin obtint, en 1778, le prix décerné par l'Académie française à l'ouvrage le plus utile de l'année. Cette récompense était bien méritée, car Berquin avait réussi dans l'un des genres littéraires les plus difficiles: il était resté simple et quelquefois naïf, tout en conservant les grâces du style. Sa nature le portait à ce genre de compositions: il aimait les enfants, étudiait leurs penchants et participait volontiers à leurs jeux.

BERRA (la), ramification des Alpes, de 1,776 m. d'élévation au-dessus du niveau de la mer. Elle est de forme conique, et s'étend dans le canton de Fribourg.

BERRE, ch.-l. de cant. de l'arrond. d'Aix (Bouches-du-Rhône), à 27 kil. de cette ville. Pop. 1,450 hab. Récolte d'amandes, de figues et d'huile d'olive; pêche abondante. On y remarque un étang qui communique à la mer par un canal naturel.

BERRUER (Pierre), sculpteur, né à Paris en 1733, mort en 1797. Il fut professeur de l'Académie de peinture et de sculpture. On cite parmi ses meilleures compositions: la *statue de d'Aguesseau*, les *deux bas-reliefs* de la façade de l'Ecole de médecine, et l'*Amour lançant une flèche*. On lui reproche d'avoir surchargé ses statues d'ornements inutiles; ses draperies sont prétentieuses et lourdes.

BERRUGUÈTE (Alonzo), peintre, sculpteur et architecte espagnol, né à Parèdes de Nava, près de Valladolid, vers 1480, mort à Madrid en 1545. Son père, artiste lui-même, lui inspira le goût des beaux-arts. Il l'envoya étudier en Italie, où il devint l'élève de Michel-Ange, qui le fit travailler au Vatican. A son retour en Espagne, Charles-Quint l'admit à sa cour, et le chargea de travaux d'architecture dans l'Alcazar de Madrid et dans le palais de Grenade. Il exécuta les sculptures du chœur de la cathédrale de Tolède. L'empereur le nomma alors maître des œuvres royales et gentilhomme de sa chambre. Sa sculpture offre un reflet du génie de Michel-Ange; on y trouve les beautés de l'antique : pureté du dessin, correction anatomique et sobriété d'ornements. On cite notamment la *Transfiguration*, qui est son chef-d'œuvre. Quand Berruguète mourut, Charles-Quint lui fit faire des obsèques magnifiques.

BERRUYER (Joseph-Isaac), célèbre jésuite, né à Rouen en 1681, mort en 1758. Il se fit d'abord connaître par son *Histoire du peuple de Dieu tirée des seuls livres saints*. Cet ouvrage fit grand bruit; c'était une sorte de paraphrase de l'Écriture. Les faits étaient dépouillés de ces formes qui enveloppent la narration biblique; ils étaient commentés assez crûment, quelquefois avec esprit, mais le plus souvent sans jugement ni science. L'auteur avait eu une idée qui mérite d'être reprise; mais le travail était au-dessus de ses forces et de son talent. On y rencontre des phrases dans le genre de celles-ci : « Après *une éternité tout entière*, Dieu créa le monde. — Le mal allait toujours croissant, *à la honte* du Seigneur Dieu. » L'intention pouvait être pure, mais l'exécution était évidemment ridicule. L'ouvrage fut censuré par Rome. La Sorbonne exigea et obtint de Berruyer une rétractation. Cependant il ne discontinua pas de publier des brochures pour défendre son œuvre.

BERRUYER (Jean-François), général français, né à Lyon en 1737, mort en 1804. Il s'engagea comme simple soldat au régiment d'Aumont. Il gagna les épaulettes d'officier à Souest, en arrêtant avec 60 hommes, une colonne ennemie dans un défilé. Il n'abandonna pas son poste, quoiqu'il eût reçu six coups de sabre et un coup de feu. Il combattit dans la guerre de Sept-Ans, puis en Corse. En 1792, il fut nommé colonel de carabiniers, et, peu de temps après, lieutenant général. En 1793, la Convention lui donna le commandement de l'armée intérieure, puis de celle de la Vendée. Cependant il subit un échec à Saumur, où il fut blessé, et se vit suspendu de ses fonctions. Le Directoire le nomma gouverneur des Invalides en 1796, et ce choix fut ratifié par Bonaparte.

BERRY, ancienne province de France, qui forme actuellement les départements de l'Indre et du Cher. Le Berry était borné au N. par l'Orléanais, au S. par la Marche, à l'O. par la Touraine et le Poitou, à l'E. par le Nivernais et le Bourbonnais. Bourges était la ville la plus importante. Les principales rivières qui arrosent la province sont : la Loire, l'Indre et le Cher. Le sol est généralement peu fertile, et couvert de bruyères; mais on y élève de nombreux troupeaux. Au temps de César, ce pays était habité par les Bituriges Cubi. Plus tard, il fit partie de la seconde Aquitaine. Dans les premiers temps de la monarchie française, le pays fut gouverné par des comtes. Depuis le roi Jean, qui le donna en apanage à son fils, cette province fut érigée en duché, et devint depuis l'apanage d'un fils de France.

BERRY (canal du). Il se détache du canal latéral à la Loire, près de Nevers, et se confond avec le Cher, après un parcours de 320 kil.

BERRY (Jean, duc DE), comte de Poitou, né en 1340, mort à Paris en 1416. Il était le troisième fils du roi Jean et de Bonne de Luxembourg, sa première femme. Son père lui donna le Berry en apanage et érigea cette province en duché-pairie. Il se signala à la bataille de Poitiers, à celle de Rosbecq et dans divers autres combats. A la mort de son frère Charles V, et pendant la minorité de Charles VI, il fut appelé au conseil de régence et nommé gouverneur du Languedoc, où il fit détester son administration; Béthisac, qui gouvernait en son nom, commit tant d'exactions, que le jeune Charles VI enleva le gouvernement de la province à son oncle, et fit périr Béthisac sur un bûcher. Pendant la démence de Charles VI, le duc de Berry revint au pouvoir; mais il souleva encore tant de haines que les bourgeois de Paris s'emparèrent, démolirent son hôtel de Nesle et brûlèrent son château de Bicêtre. Lors des guerres contre l'Angleterre, il trahit son pays, de complicité avec le duc d'Orléans, en promettant aux Anglais de leur livrer la Guienne.

BERRY (Charles, duc DE), petit-fils de Louis XIV, et fils de Louis, dauphin, et de Marie-Christine de Bavière, né en 1686, mort en 1714. Il ne reçut aucune instruction, et ne sut guère que lire et écrire. Louis XIV lui fit épouser, en 1710, Marie-Elisabeth d'Orléans, fille de Philippe d'Orléans, depuis régent de France. Cette princesse étala de bonne heure cette lubricité qui fit la honte de sa vie. Le duc de Berry la surprit un jour avec un de ses amants, mais il eut la faiblesse ou peut-être le courage de dissimuler. Il pardonnait plus à la princesse ses emportements passionnés que son irréligion. Quand il fut mort, la duchesse de Berry se livra sans frein aux plus ignobles débauches.

BERRY (Marie-Louise-Elisabeth d'Orléans, duchesse DE), femme du précédent et fille de Philippe, régent de France, née en 1695, morte à la Muette en 1719. A peine mariée au duc de Berry, elle donna de suite la mesure de son orgueil et de son intempérance. Le duc et la duchesse d'Orléans avaient favorisé ce mariage; mais elle fit entendre qu'avoir contribué à son élévation, c'était avoir encouru son inimitié. Elle parut un jour au théâtre sous un dais; mais les sifflets du parterre protestèrent contre tant d'insolence. Une autre fois, elle voulut recevoir l'ambassadeur de Venise sur une estrade; mais ce ministre se retira, et il ne fallut rien moins, pour lui faire entendre raison, que les protestations du corps diplomatique. Sa dureté envers sa mère était excessive; elle allait jusqu'à lui reprocher, dans les élans de son orgueil, de n'être que la fille légitimée de Louis XIV et de madame de Montespan. Elle surpassa Cléopâtre dans sa vie *inimitable* et égala Messaline. On vit de bonne heure sur son visage les traces de la lubricité et des honteuses maladies qu'elle engendre; ses yeux, enfiévrés et brillants comme ceux des courtisanes, étaient toujours animés par le champagne; ses formes étaient gâtées par l'embonpoint. Elle étonna tout le monde, excepté son père, complice de ses débauches, et son mari, dont la faiblesse allait jusqu'à la niaiserie. Elle devenait folle d'un écuyer et lui proposait un enlèvement; puis elle se donnait au duc de Lauzun, en remplissant les entr'actes de ces amours, qu'elle avouait publiquement, par d'autres relations passagères. Lauzun avait formé son neveu à son école, trop âgé pour jouer lui-même le principal rôle dans l'intrigue qu'il préparait, il jeta son neveu dans les bras de la duchesse de Berry; et il le fit froidement, par calcul, et avec une sorte de mépris hautain : « Ces Bourbons, disait-il, veulent être rudoyés et menés le bâton haut. » En effet, Rions, son neveu, mena rudement la duchesse de Berry. Il parlait en maître, la traitait en esclave, lui imposait ses volontés et ses caprices, et se l'attachait par ses rigueurs mêmes. Il alla jusqu'à lui révéler sa préférence pour Mme de Mouchy, l'une des femmes de la duchesse, et il fallait qu'elle souffrît tout cela. Il exigea qu'elle s'unît à lui par un mariage, et il se fit épouser secrètement à la mort du duc de Berry. Dès lors il ne cessa de tourmenter sa femme pour faire reconnaître son mariage par le régent, et elle y serait sans doute parvenue, si elle n'avait été enlevée par une mort prématurée. Sa liaison avec Rions ne contrariait en rien sa prostitution. Elle triomphait surtout à l'Opéra, dans ces loges fermées où elle se rendait si souvent, en avouant qu'au *paradis* tous les mortels étaient égaux. L'histoire a enregistré sa liaison incestueuse avec son propre père, dont on explique par suite toutes les faiblesses pour sa fille. La mère de la duchesse de Berry possédait de magnifiques diamants; la duchesse en eut envie et alla trouver son père pour qu'il les lui fît donner par sa femme. Elle insista si vivement, en menaçant d'une rupture, que le duc d'Orléans s'abaissa jusqu'à les demander à sa femme, pour les engager, disait-il, afin d'acquitter une dette. Le lendemain, la duchesse de Berry se montrait au bal avec les diamants tant désirés. Chose singulière! elle interrompait souvent ses débauches pour se retirer pendant des jours entiers dans un couvent de carmélites, où elle édifiait par son repentir les pieuses jeunes filles qui y vivaient renfermées. Cependant les excès l'épuisèrent promptement; elle était devenue enceinte, et son état rendait l'accouchement périlleux. Sentant que sa fin était proche, elle manda le curé Languet, pour recevoir de lui les derniers sacrements. « Chez elle, dit Saint-Simon, la peur du diable s'alliait à tous les vices. » Languet refusa de lui donner l'absolution jusqu'à ce qu'elle eût rompu avec Rions, son ami, et la dame de Mouchy, la maîtresse de son mari. Son orgueil s'irritait alors, et elle menaçait de faire jeter Languet par la fenêtre. Elle accoucha et se crut sauvée; elle crut même qu'on avait conservé le secret de sa grossesse, alors que tout Paris le savait. Après quelques jours de repos, elle donna une fête de nuit et y invita son père. Mais cette fête fut pour elle la dernière; elle ressentit d'abord un froid glacial, puis une fièvre brûlante qui l'emporta. On ne lui refusa pas les derniers sacrements. Elle crut jusqu'au dernier moment qu'elle avait donné le change au public, en se montrant en habits de fête, et demanda aux assistants, comme Auguste, si elle n'avait pas bien joué son rôle. Le régent, qui la regretta vivement, eut pourtant la pudeur de ne pas faire prononcer son oraison funèbre, quoiqu'il eût sous la main Massillon, qui avait sacré le cardinal Dubois.

BERRY (Charles-Ferdinand d'Artois, duc DE), né à Versailles en 1778, mort en 1820. Il était second fils du comte d'Artois. Il suivit la famille royale dans l'émigration et servit dans l'armée de Condé. En 1800, il prenait le titre de *chef du régiment noble, au service de l'empereur de toutes les Russies*. A la Restauration, le roi lui conféra le titre de colonel général des chasseurs et lanciers. On lui reprocha souvent sa vivacité et sa brusquerie envers les officiers qu'il ne craignait pas d'offenser. Lorsque Napoléon revint de l'île d'Elbe, il commandait l'armée de Paris; mais son impopularité le fit bientôt abandonner de ses soldats. Il revint à Paris après Waterloo. C'est alors que Louis XVIII fit annuler le mariage qu'il avait contracté avec l'intéressante Mme Brown pour lui faire épouser Marie-Caroline-Thérèse, fille aînée du prince royal des Deux-Siciles. Le duc de Berry, au milieu de tant de prospérités, vit trancher ses jours par un exalté. Louvel le frappa d'un coup de poignard à la porte de l'Opéra.

BERRYAT SAINT-PRIX (Jacques), jurisconsulte, né à Grenoble en 1769, mort en 1845. Il servit dans les armées républicaines au commencement de la Révolution. En 1796, il fut nommé professeur de législation à l'école centrale de l'Isère. Il enseigna ensuite la procédure à l'école de droit de Grenoble. Il publia alors un *Cours de législation générale*, puis un *Cours de procédure*, qui établirent sa réputation comme jurisconsulte. En 1819, il fut nommé professeur à la Faculté de droit de Paris, et devint ensuite membre de l'Académie des sciences morales. Il publia alors une *Histoire du droit romain*, et enfin une excellente édition annotée des *Œuvres de Boileau*.

BERRYER (Pierre-Nicolas), célèbre avocat de Paris, né à Sainte-Menehould en 1757, mort en 1841. Il se fit remarquer à ses débuts par un talent éminent, et il eut à plaider les plus grandes causes de son temps : ainsi il eut à défendre Moreau, le maire d'Anvers, accusé de péculat, et le maréchal Ney. Il avait un bel organe et une éloquence brillante, mais quelquefois prolixe. Il a laissé, pour continuer sa gloire, un fils, avocat comme lui, dont le talent n'a d'égal que son désintéressement et sa haute probité politique.

BERSERKERS. On donnait ce nom aux héros des vieilles légendes scandinaves. Ils étaient à la fois guerriers et magiciens; ils accablaient des armées entières, luttaient souvent entre eux pour montrer leur force et leur courage. Parfois aussi, semblables au don Quichotte espagnol, ils luttaient contre les flots, les rochers ou les arbres des forêts, et rien ne résistait à leur puissance.

BERTAUT (Jean), poète français, né à Caen en 1552, mort en 1611. Il fut précepteur du duc d'Angoulême, aumônier de la reine Marie de Médicis, secrétaire du cabinet et lecteur de Henri III. Il se trouvait auprès du roi quand il fut assassiné par Jacques Clément; il devint ensuite conseiller d'État, et enfin évêque de Séez. Il fut contemporain et ami de Ronsard; mais il ne le suivit pas dans ses extravagances littéraires. Il partage avec Malherbe la gloire d'avoir frayé une route nouvelle à la poésie française. Sa versification est pure et pleine de sentiment. Il a laissé des *poésies chrétiennes et profanes*, des *chansons* et des *sonnets*. Il a aussi traduit le second livre de l'*Énéide*. Quand il mourut, on lui fit cette épitaphe un peu emphatique :

Les doctes sœurs dont vous fûtes la gloire,
Vous pleureraient autant que nous,
Si ces neuf filles de mémoire
N'avaient subi la mort en même temps que vous.

BERTAUT, célèbre musicien, né au commencement du XVIIIe siècle, mort en 1756. Il fut le premier maître de violoncelle en France et forma un grand nombre d'élèves distingués.

BERTAUX (Duplessis), dessinateur et graveur au burin, mort en 1815. Il imita et reproduisit la manière de Callot, tout en lui restant inférieur. On remarque, parmi ses compositions, les *Métiers et les Cris de Paris*, les *Scènes de la Révolution* et les *Portraits des acteurs du théâtre de la République*. Il donna aussi les *Campagnes de Bonaparte en Italie*, par Carle Vernet.

BERTHAULD (Pierre), littérateur français, né à Sens vers 1600, mort à Nantes en 1681. Il fut prêtre oratorien et professeur de rhétorique dans sa congrégation, au collège de Marseille. Il est auteur de deux abrégés d'histoire : le *Florus gallicus* et le *Florus francicus*. Ces deux ouvrages ont été pendant longtemps entre les mains des écoliers. Il ne faut pas le confondre avec l'abbé *Berthauld*, auteur d'un système de lecture intitulé : *Quadrille des enfants*. Ce système consiste à apprendre à l'enfant les syllabes, en lui mettant sous les yeux la figure d'objets dont le nom finit par ces lettres ou ces syllabes.

BERTHAULT (Louis-Martin), architecte, né à Paris en 1771, mort en 1823. Il devint célèbre par son habileté à dessiner les jardins anglais. Il commença par la construction du parc de la Malmaison, et fut ensuite nommé architecte du château de Compiègne. Il fut chargé de la construction du palais du roi de Rome, sous Napoléon Ier; mais les événements de 1814 arrêtèrent l'exécution de ses plans.

BERTHE, nom dérivé du vieil allemand *Berchta* ou *Perahta*, a été commun à plusieurs reines. On cite notamment BERTHE *au grand pied*, ainsi surnommée parce qu'elle avait un pied plus grand que l'autre. Elle épousa le roi Pépin le Bref et fut mère de Charlemagne. — BERTHE, marquise de Toscane, fille de Lothaire, roi de Lorraine, qui épousa Théobald II, comte d'Arles, puis Adalbert II, marquis de Toscane. Cette femme d'un esprit supérieur, gouverna sous le nom de son mari, et son règne fut l'âge d'or de la Toscane. Son nom sert à désigner le bon vieux temps : « Au temps où la reine Berthe filait... »

BERTHÉLEMY (Jean-Simon), peintre d'histoire, né à Laon en 1743, mort en 1811. Il fut élève de Noël Halley. Il obtint le grand prix de Rome, et, à son retour, il fut admis à l'Académie. Il se distinguait par une incroyable rapidité d'exécution : ainsi il peignit en quinze jours un grand tableau de 12 pieds carrés, représentant le *Supplice de saint Pierre*. La composition de cet ouvrage étendit sa réputation. On cite encore de lui le *Siège de Calais*, la *Mort de Sarpédon* et *Paris délivré en 1362*. Il se distingua dans les peintures de plafonds, et décora le musée royal et le Luxembourg. Il entendait merveilleusement la perspective.

BERTHELIER (Philibert), membre du conseil suprême de Genève au XVIe siècle, né à Genève en 1470, mort en 1519. Charles III, duc de Savoie, aidé de l'évêque de Genève, avait entrepris de soumettre cette ville. Berthelier, qui résista à ses projets, fut obligé de se réfugier à Fribourg. Il y conclut un traité d'alliance entre les Fribourgeois et les Génevois. Il revint ensuite à Genève pour ranimer ses concitoyens. Cependant Genève se rendit au duc de Savoie. Il ne restait plus à Berthelier qu'à chercher son salut dans la fuite; il persista, au contraire, à rester à Genève. Le prince-évêque le fit arrêter et constitua pour son juge un arracheur de dents qu'il avait fait prévôt. Berthelier refusa de répondre à un tel juge. Condamné à être pendu au gibet de Champel, il marcha au supplice avec un grand courage. Les Fribourgeois enlevèrent son corps et lui donnèrent la sépulture.

BERTHELOT, poète français du commencement du XVIIe siècle. Il fut l'ami de Regnier et exerça comme lui sa verve satirique. L'esprit règne dans ses compositions; mais sa licence est extrême et rend aujourd'hui impossible la lecture de ses œuvres. Il fut en lutte avec Malherbe, qu'il insulta, et qui s'en vengea par des coups de bâton. Berthelot se plaint de ce que les seigneurs de son temps usèrent souvent de ce procédé à son égard.

BERTHELOT (Claude-François), né en Franche-Comté en 1718, mort en 1800. Il fut professeur de mathématiques à l'école militaire. Il est surtout connu pour deux inventions utiles : ainsi on lui doit les moulins à bras et un modèle d'affût destiné au service de l'artillerie dans les places de guerre et sur les côtes; ce modèle est plus connu sous le nom d'*affût de Gribeauval*.

BERTHEREAU (Georges-François), orientaliste français, né à Bellesme en 1732, mort en 1794. A 20 ans il avait déjà appris les langues grecque et latine, l'hébreu, le chaldéen et le syriaque. Il les enseigna à l'abbaye de Saint-Lucien de Beauvais, puis à celle de Saint-Denis. Les religieux de Saint-Maur, désirant compléter leur *Collection des monuments historiques*, l'associèrent à leurs travaux. Dès lors, il étudia avec ardeur tous les manuscrits de l'antiquité orientale qu'il put trouver dans les bibliothèques de Paris; il étudia même les origines ottomanes et reconstitua les diverses dynasties qui régnèrent en Égypte. Cependant un travail excessif avait tellement affaibli ses organes, qu'il fut hors d'état de mettre la dernière main à ses travaux. L'Assemblée nationale crut qu'il était de son devoir de soulager l'indigence de ce savant infatigable, qui était l'une des gloires de la France, et lui accorda, en 1792, une pension de 2,000 livres; il n'en jouit que pendant deux ans.

BERTHEZÈNE (Pierre, baron), général français, né à Vendargues (Hérault), en 1775, mort en 1847. Il s'engagea, en 1793, dans l'armée des Pyrénées-Orientales, et se distingua au siège de Toulon et dans les campagnes d'Italie. L'empereur le fit colonel et baron de l'empire en 1807. Sa conduite héroïque, à Wagram, le fit nommer général de brigade. Il devint général de division pendant la campagne de Russie. Il émigra sous la Restauration, mais le maréchal Gouvion-Saint-Cyr le rappela. Il se distingua encore dans la campagne d'Alger : ainsi, c'est à lui que l'on doit le gain de la bataille de Staouéli. Louis-Philippe le nomma gouverneur de l'Algérie en 1830, puis pair de France.

BERTHIER (Guillaume-François), né à Issoudun en 1704, mort à Bourges en 1782. C'était un savant jésuite; après avoir professé la philosophie et la théologie, il travailla à la rédaction du *Journal de Trévoux*, depuis 1745 jusqu'aux premiers jours de la Révolution. Sous sa direction, le *Journal de Trévoux* acquit une réputation considérable par sa critique, à la fois judicieuse, impartiale et ferme. Lorsque Voltaire parut et essaya ses forces dans son *Panégyrique de Louis XV*, le P. Berthier voulut bien lui reconnaître quelque esprit et d'assez heureuses dispositions. Voltaire, qui était d'avis qu'il n'y a pas de degré du médiocre au pire, se sentit froissé de ce jugement. Il le fut davantage encore en lisant la critique de son *Essai sur l'histoire générale*, par le P. Berthier; et il ne répondit que par d'adroites plaisanteries. Berthier eut le bon sens de ne pas lutter avec lui sur ce terrain. En 1762, il fut nommé bibliothécaire du Dauphin et précepteur de Louis XVI et de Monsieur. Il alla ensuite à Strasbourg, où il resta jusqu'à sa mort. On lui doit la continuation de l'*Histoire de l'Église gallicane* qu'il enrichit de recherches savantes. Il publia aussi des commentaires des psaumes et divers écrits dans lesquels il entreprend de défendre la compagnie de Jésus.

BERTHIER DE SAUVIGNY (Louis-Bénigne-François). Il fut, avec Foulon, le dernier intendant de Paris. Après la prise de la Bastille, il fut accusé d'avoir pris la direction du camp de Saint-Denis, et d'avoir distribué aux troupes des cartouches pour tirer sur le peuple; on l'accusa encore, avec moins de fondement, d'avoir favorisé, pendant son intendance, la hausse du prix des grains. Il fut arrêté à Compiègne et amené à l'hôtel de ville. La multitude vint l'en arracher, et le pendit à une lanterne au coin de la rue de la Vannerie et de la place de Grève.

BERTHIER (Jean-Baptiste), ingénieur géographe, né à Tonnerre en 1721, mort en 1804. Il fut ingénieur géographe des armées de Louis XV, et suivit le maréchal de Belle-Isle dans ses campagnes. Il exécuta la carte des chasses du roi, qui passe pour un chef-d'œuvre. Il dirigea à Versailles la construction d'hôtels magnifiques.

BERTHIER (Alexandre, prince de Wagram), né à Versailles en 1753, mort en 1815. Il servit, sous Louis XVI, dans le corps du génie, puis dans les dragons de Lorraine. Il passa en Amérique, servit sous Lafayette, et gagna, à la bataille de l'Ohio, les épaulettes de colonel. Sous la Révolution, il fut successivement major général de la garde nationale de Versailles, adjudant général, puis chef d'état-major. Il fit les guerres de la Vendée, et se distingua à Saumur, où il fut blessé, et eut trois chevaux tués sous lui. Il fut nommé général de division au début de la campagne d'Italie; il y prit une part glorieuse, et y gagna l'affection de Bonaparte. Quand ce dernier passa en Egypte, Berthier le remplaça dans le commandement en chef de l'armée d'Italie. Un soulèvement populaire ayant eu lieu dans Rome, et le général Duphot ayant été tué en essayant de protéger nos nationaux, Berthier reçut du Directoire l'ordre de marcher sur Rome. Il y rétablit l'ordre et y proclama la république. Il prit une part active à l'affaire du 18 brumaire; Bonaparte, qui l'honorait d'une confiance toute particulière, le nomma aussitôt ministre de la guerre et commandant en chef de l'armée de réserve. Il prit part à la bataille de Marengo, et fut ensuite chargé de l'administration du Piémont. A son retour à Paris, il reprit le portefeuille de la guerre, et seconda Napoléon de tous ses efforts lorsque celui-ci ceignit la couronne impériale. Il fut alors créé maréchal de l'empire. Il suivit Napoléon dans toutes ses campagnes; et ses conseils furent souvent utiles à ce grand capitaine. Berthier n'était pas seulement un compagnon d'armes pour l'empereur: c'était entre eux une franche camaraderie. L'empereur lui fit don de la principauté de Neuchâtel et de Valangin; il le fit prince de Wagram, vice-connétable de France, et s'il ne lui donna pas de couronne, parce qu'il éprouvait le besoin de le garder auprès de lui, il l'allia du moins à une maison souveraine, en lui faisant épouser la fille du prince Guillaume, beau-frère et cousin du roi de Bavière. Lors de la chute de Napoléon, il reconnut cependant le gouvernement de Louis XVIII, et vint lui prêter serment à la tête de son état-major. Quand Napoléon revint en France, il suivit le roi en Belgique; mais il eut bientôt honte du rôle qu'il jouait auprès du nouveau monarque; il se retira en Bavière, tomba gravement malade, et, dans un accès de délire, se jeta d'une fenêtre du palais de Bamberg; il mourut presque instantanément.

BERTHOD (Claude), savant bénédictin, né à Rupt, en Franche-Comté, en 1733, mort à Bruxelles en 1788. Il se livra à de savantes recherches sur l'histoire de France, et particulièrement sur celle de la Franche-Comté. Il travailla à la continuation des *Acta sanctorum*, commencés par Bollandus. Ses travaux sont consignés dans des mémoires et dissertations académiques. Il fut membre de l'Académie de Besançon et de celle de Bruxelles.

BERTHOLD, abbé de Loccum, en Saxe, vivait au XIIe siècle. Voyant que ses prédications n'avaient aucun effet sur l'esprit des Livoniens, qui persistaient dans le paganisme, il appela, pour suppléer à son éloquence, une troupe de croisés. Mais les Livoniens battirent les envahisseurs, et Berthold fut tué dans le combat, en 1198.

BERTHOLDSDORF, village de la Saxe (Haute-Lusace), situé près de Budissin. Pop. 1,800 hab. Consistoire central des frères moraves.

BERTHOLLET (Claude-Louis), célèbre chimiste, né à Talloire, en Savoie, en 1748, mort en 1822. Il était, avant la Révolution, membre de l'Académie des sciences, et, plus tard, devint membre de l'Institut. Il avait d'abord étudié la médecine, et avait même été médecin du duc d'Orléans; mais il avait abandonné cette profession pour se livrer spécialement à l'étude de la chimie, dans laquelle il entrevoyait un vaste champ de découvertes. En 1796, il fut envoyé en Italie avec Monge pour étudier les monuments. Il suivit Bonaparte en Egypte, et il travailla avec Monge et Fourier à la description géodésique et monumentale de ce pays et partagea les dangers de l'armée française; après le 18 brumaire, il entra au Sénat. En 1814, il vota la formation d'un gouvernement provisoire et la déchéance de Napoléon. Louis XVIII le nomma pair de France. Pendant les Cent-Jours, il fut conséquent avec lui-même et ne se rallia pas à l'empereur, qui venait encore tenter la fortune. La science et les arts lui sont redevables de nombreuses découvertes. Ainsi, on lui doit un procédé pour la conservation de l'eau douce en mer, en charbonnant l'intérieur des barils. Il signala les propriétés décolorantes du chlore et son application au blanchiment du lin, du chanvre et même des filasses de rebut, qui prennent ainsi l'apparence du coton. Il trouva le blanchiment des substances végétales par l'emploi de l'acide muriatique oxygéné. Il fit des recherches importantes sur les acides nitrique et nitreux, et l'analyse de l'ammoniaque, dont il détermina rigoureusement les proportions des éléments. Il fit connaître les combinaisons de l'acide muriatique et celles du soufre avec l'hydrogène. Il opéra une révolution dans la chimie en démontrant l'existence de composés acides où ne se trouvait pas l'oxygène, à qui l'on attribuait seul le pouvoir d'acidifier. Il indiqua les combinaisons de l'acide muriatique oxygéné avec les alcalis et leur propriété fulminante, puis celles de l'oxyde d'or ammoniacal et de l'argent fulminant, plus terrible encore. Il dégagea l'art de la teinture des procédés routiniers de l'ancienne pratique. Bien plus occupé d'étendre le domaine de la science que d'accroître sa réputation, Berthollet a beaucoup fait d'expériences, mais il a peu écrit. Son *Essai de statique chimique* est un chef-d'œuvre. Il assujettit les phénomènes chimiques aux règles de la mécanique. Berthollet a laissé, en outre, un grand nombre de mémoires et d'articles de journaux, ainsi que quelques ouvrages spéciaux. Ses immenses travaux lui ont assuré la réputation de l'un des plus grands savants dont la France puisse s'honorer.

BERTHOLON (Pierre), médecin, né à Lyon en 1742, mort en 1800. Il fut professeur de physique à Montpellier, puis professeur d'histoire à Lyon. Il fut l'ami de Franklin et contribua beaucoup à répandre en France l'usage des paratonnerres. Il découvrit le principe de l'ascension de la foudre passant dans un nuage, lorsque l'électricité de ce nuage est à l'état négatif. Il concourut, avec un rare succès, pour les prix académiques, dont il faisait chaque année une moisson. Il inventa les *œnomètres*, qui servent à déterminer le moment précis de la fermentation du vin. Il publia plusieurs ouvrages et mémoires sur l'application de l'électricité à la guérison des maladies; mais il poussa trop loin son système, en divisant les maladies en maladies électriques et maladies non électriques. On lui doit encore un grand nombre de travaux fort savants relatifs à l'économie domestique ou commerciale. Ainsi, il étudia les divers procédés d'entretien du pavé, les causes des incendies, et les moyens de les prévenir et de les éteindre; il rechercha les moyens d'assurer et de développer la prospérité des manufactures de Lyon.

BERTHOUD (Ferdinand), célèbre horloger-mécanicien, né dans le comté de Neuchâtel en 1727, mort en 1807. Son père le destinait à l'état ecclésiastique; mais entraîné par son goût pour l'horlogerie, il vint à Paris pour y apprendre cet art et se perfectionner dans la mécanique. Il inventa l'horloge marine; on avait vainement essayé avant lui de mesurer à la fois le temps suivant l'usage civil, l'astronomie et les besoins de la navigation. Son horloge fait connaître la longitude en mer avec une remarquable approximation; la différence variait tout au plus d'un quart de degré, c'est-à-dire de cinq lieues après une traversée de six semaines. Le mouvement et le bruit de l'artillerie n'en dérangent pas les ressorts. Il fut nommé membre de l'Institut. Il a publié sur les horloges et les pendules, ainsi que sur les montres marines, des ouvrages d'un grand intérêt. Son neveu, *Berthoud* (Louis), fit des montres marines supérieures à celles même de son oncle, en ce que le modèle en est plus commode, et surtout en ce qu'elles conservent une régularité uniforme, sans se dilater par la chaleur ni se resserrer par le froid.

BERTHOUD ou BURGDORF, ville de Suisse, dans le cant. de Berne, à 18 kil. de cette ville. Pop. 3,650 hab. Commerce de toiles; entrepôt de fromages des environs. Eaux sulfureuses. Cette ville appartint autrefois aux ducs de Zæhringen, puis aux comtes de Kybourg qui la vendirent aux Bernois (1384).

BERTIN (saint), né à Constance, en Suisse, en 610, mort en 709. Il était neveu de saint Omer, évêque de Térouane. Il fonda un grand nombre de monastères dans des lieux incultes et déserts, dont il fit défricher les terres par ses religieux.

BERTIN (Nicolas), peintre, né à Paris en 1667, mort en 1736. L'Académie de peinture lui décerna le premier prix, à l'âge de 18 ans. Il y fut même admis peu de temps après, pour son remarquable tableau représentant *Hercule délivrant Prométhée*. Il alla se perfectionner à Rome, et fut nommé, à son retour, directeur de l'école romaine. Cependant il ne put accepter cet emploi, les parents d'une jeune princesse romaine, qu'il avait séduite, ayant juré de le faire périr s'il revenait à Rome. Il fut accueilli successivement par Louis XIV, l'électeur de Mayence, et celui de Bavière. Il excellait surtout dans les petits tableaux, qu'il composait avec une grâce exquise.

BERTIN (Antoine), poëte érotique, né à l'île Bourbon en 1752, mort en 1790. A peine eut-il terminé ses études à Paris, qu'il se fit déjà connaître par ses poésies, qui révélaient une brillante imagination et une exquise sensibilité. Il fut intimement lié avec Parny, né comme lui à l'île Bourbon. Cette amitié entretint en eux une émulation qui ne fut jamais troublée par la jalousie. Il fonda sa réputation en publiant un recueil d'élégies, intitulé : *les Amours*. Son succès fut considérable; on le compara à Catulle; les moins indulgents le comparèrent à Properce, dont il reproduisait, disaient-ils, les qualités et les défauts. Quoi qu'il en soit, sa poésie respire le naturel, la facilité, la grâce et le mol abandon qu'on exige de ces sortes de poésies. Cependant elle est quelquefois déparée par des images forcées; les emprunts qu'il fait aux élégiaques de l'antiquité ne sont pas toujours heureux, et nuisent souvent à l'unité de composition. Parny l'a justement critiqué en disant qu'il y avait en lui plus d'orgueil personnel que d'amour. Bertin s'étant rendu à Saint-Domingue pour y épouser une jeune créole qu'il avait connue à Paris, fut atteint, la veille de son mariage, d'une fièvre brûlante qui l'emporta au bout de quelques jours.

BERTIN (Exupère-Joseph), médecin anatomiste, né au Tremblay (diocèse de Rennes), en 1712, mort en 1781. L'hospodar de Valachie le nomma son médecin; ce tyran ayant condamné son prédécesseur à mort, le força d'assister au supplice; Bertin, qui était dans l'impossibilité de protester, attendit une occasion favorable pour s'échapper et rentrer en France. Il a laissé un *Traité d'ostéologie* dont Condorcet a fait l'éloge, et qui est encore estimé aujourd'hui; il a aussi laissé des mémoires sur le système de la voix et sur la légitimité des naissances tardives.

BERTIN (Henri-Léonard-Jean-Baptiste), né en 1719, mort en 1792. Il fut d'abord intendant du Roussillon, puis lieutenant-général de police à Paris, sous Louis XV, contrôleur général des finances, et enfin ministre de l'agriculture sous Louis XVI. Il encouragea les établissements utiles; ainsi on lui doit la création du dépôt des archives nationales, où il réunit tous les documents relatifs à l'histoire de France. Il encouragea l'agriculture en fondant diverses sociétés agricoles, et en instituant l'école vétérinaire de Lyon. Il fut membre de diverses académies.

BERTIN (Théodore-Pierre), traducteur et propagateur de la sténographie en France, né à Donnemarie, près Provins, en 1751, mort en 1819. Il fit une étude particulière de la langue anglaise, et partagea son temps entre ses fonctions de chef de bureau dans l'administration des droits-réunis et la lecture des littérateurs anglais, pour lesquels il se passionna. Il a laissé un grand nombre de traductions de ces auteurs. Il a notamment traduit la sténographie anglaise de Taylor, en appropriant à la langue française le système de ce sténographe. Bertin ne fut jamais un praticien bien habile dans cet art; mais le succès de son ouvrage lui attira des élèves et lui suscita des imitateurs, de telle sorte qu'il peut être considéré comme le propagateur de la sténographie dans notre pays. Bertin s'occupa aussi de physique. Ainsi, il est l'inventeur de la *lampe docimastique*, qui remplace le chalumeau de l'émailleur pour le travail du verre.

BERTIN (Jean-Victor), peintre de paysage historique, né à Paris en 1775, mort en 1842. Il se distingua par la correction de son dessin autant que par le mérite de ses compositions; on lui reproche cependant d'avoir trop peu varié la forme de ses paysages, qui figurent en quelque sorte comme une tenture sur le fond de laquelle se détachent les personnages. Ses tableaux les plus remarquables sont les suivants : *Cicéron à son retour d'exil*, *Une fête du dieu Pan*, et *Une offrande à Vénus*. Bertin a formé des élèves qui ont acquis une certaine célébrité.

BERTIN (Louis-François), journaliste connu sous le nom de Bertin l'aîné, né à Paris en 1766, mort en 1841. Il était fils d'un secrétaire du duc de Choiseul. Quand survint la Révolution de 1789, il s'en montra d'abord partisan; mais il s'effraya bientôt de ses tendances, et les combattit dans le journal l'*Éclair*, qu'il fonda en 1795. Cette feuille fut supprimée après le 18 brumaire, quand le premier consul décida qu'il n'y aurait plus que douze journaux désignés par l'administration, et que leur rôle se bornerait à l'enregistrement des actes du gouvernement et des récits de bataille empruntés aux bulletins officiels. Tout au plus leur permettait-il une certaine critique littéraire et une revue théâtrale. Le premier consul s'était fait l'unique journaliste de cette époque si glorieuse pour nos armes. La lassitude des esprits prévint toute protestation contre le nouvel état de choses. Ce fut dans ces conditions que Bertin, aidé de son frère Bertin de Vaux, fonda ou plutôt transforma le *Journal des Débats*, qui n'était avant lui qu'un journal d'annonces. Bertin comprit que la Révolution ayant arrêté le mouvement littéraire, il y avait un beau rôle à remplir pour celui qui entreprendrait de renouer au présent la chaîne du passé. Il s'entoura d'hommes de science et d'esprit, parmi lesquels on remarquait, outre les frères Bertin, Geoffroy, Dussault, Féletz et Delalot. Ces hommes, qui pour la plupart avaient peu l'habitude du journalisme, n'en étaient que plus propres à fonder ensemble le nouveau journal que Bertin avait en vue. En effet, le pays fut étonné en voyant un journal qui, dans un temps où les discussions politiques et religieuses étaient interdites, se jetait dans le domaine philosophique, littéraire, dramatique et, par-dessus tout, critique. Le plan de ce journal fut admiré; Geoffroy tenait le public en haleine par d'intéressants feuilletons. La nécessité de se former des opinions nettes et sûres, au jour le jour, sur les divers objets de discussions encore abordables, produisit un nouveau genre littéraire : le Journalisme. Le théâtre avait besoin de se frayer des voies nouvelles; et il ne vivait plus que de plates tragédies, pâles imitations des œuvres du grand siècle. La critique du *Journal des Débats* le ramena aux sources pures et vivifiantes. Les discussions littéraires amenaient de temps en temps, par la nature des choses, une irruption dans le domaine politique. Ainsi le journal n'affichait pas une opinion particulière, mais en accueillant Mme de Staël, ce nom qui signifiait libéralisme, donnait aussitôt une couleur au journal, et la France comprenait à demi-mot. Le *Journal des Débats*, avec ses 32,000 abonnés, chiffre inouï pour l'époque, comptait pour quelque chose par son influence dans le pays. Cependant il eut un jour la maladresse, dans une critique théâtrale d'*Edouard en Ecosse*, de parler des Stuarts avec beaucoup d'éloges. On interpréta cet article dans le sens d'un regret exprimé en faveur de la monarchie déchue. Il n'en fallut pas davantage pour perdre le journal dans l'esprit de l'empereur, qui s'était un jour fâché de ce que le parterre n'avait pas applaudi comme lui l'*Hector* de Luce de Lancival, et qui souffrait difficilement la contradiction littéraire elle-même. Bertin, qui représentait en quelque sorte l'indépendance de la presse, fut exilé à l'île d'Elbe. On lui enleva la propriété de son journal, aucune loi ne garantissant alors la propriété littéraire, et le revenu en fut distribué à des personnes qui avaient la confiance du gouvernement. Le *Journal des Débats* devint le journal de l'empire. De l'île d'Elbe, Bertin, dès lors oublié, passa en Italie. Il revint même à Paris, où il resta caché. En 1814, il reprit la direction de son journal qui devint plus politique que littéraire. Il fut cependant gouvernemental jusqu'en 1824; mais à cette époque il devint libéral. Après la révolution de 1830, il s'attacha au nouveau gouvernement, dont il devint en quelque sorte l'organe semi-officiel. Pendant cette seconde période, les hommes les plus illustres de notre siècle se trouvèrent honorés de participer à la rédaction du journal.

BERTIN DE VAUX (Louis-François), journaliste, frère du précédent, né à Paris en 1771, mort en 1842. Il coopéra avec son frère à la fondation et à la rédaction du *Journal des Débats*; lorsque ce journal fut supprimé en 1801, il établit une maison de banque. En 1815, il fut élu député. Il devint ensuite, sous Decaze, secrétaire général du ministère de la police, puis conseiller d'État. En 1829, il se prononça contre Polignac, et se jeta dans le parti de l'opposition. Après la révolution de 1830, il fut nommé ambassadeur en Hollande et en Angleterre, et fut enfin appelé à la Chambre des pairs en 1832.

BERTIN (Louis-Marie-Armand), fils de Bertin l'aîné, né à Paris en 1801, mort en 1854. Il fut secrétaire d'ambassade à Londres sous Chateaubriand, et il succéda à son père dans la rédaction en chef du *Journal des Débats*.

BERTINAZZI (Charles-Antoine, dit *Carlin*), comédien, né à Turin en 1713, mort à Paris en 1783. Il se distingua, depuis 1742, dans les rôles d'Arlequin. Il égala même Thomassin, auquel il succéda. Son jeu plein de vérité et de comique fit les délices de nos pères. Il joua jusqu'à un âge assez avancé, sans rien perdre de sa souplesse ni de sa gaieté. On rapporte que le célèbre Garrick voulut le voir, et qu'au moment où Carlin, qui venait de recevoir un coup de pied appliqué suivant les meilleurs principes de la tradition mimique, se frottait les reins d'une main et menaçait de l'autre, Garrick, ravi de la vérité de cette double expression, s'écria : « Voyez comme le dos de Carlin a de la physionomie. » Un autre Anglais qui avait le spleen, fut guéri en voyant Carlin. Cet habile comédien, aussi remarquable par sa bonté que par son génie, éprouva de grands revers de fortune. On lui vola cent mille francs, et il acheva d'être ruiné par des faillites.

BERTINCOURT, ch.-l. de cant. de l'arr. d'Arras (Pas-de-Calais), à 25 kil de cette ville. Pop. 1,540 hab.

BERTINORO, ville des Etats sardes, à 11 kil de Forli. Pop. 4,000 hab. Siége d'un évêché. Vins renommés.

BERTIUS (Pierre), cosmographe, né à Beveren en Flandre, en 1565, mort en 1629. Il fut professeur de philosophie et de mathématiques à Leyde, où il fonda une bibliothèque. Cependant il se vit dépouillé de son emploi, et fut obligé de quitter son pays pour avoir embrassé la doctrine arminienne. Il se lia alors avec Lipse et tous deux voyagèrent en Allemagne et en Russie. Se voyant sans ressources, il vint à Paris, où il abjura le protestantisme. Il fut alors nommé historiographe de Louis XIII, et on lui donna une chaire de mathématiques. Ses travaux géographiques sont assez estimés. Ainsi il a publié trois livres de *Commentaires de l'histoire d'Allemagne*. Ces commentaires consistent dans des notes géographiques auxquelles est jointe une carte de l'empire de Charlemagne. Son *Théâtre de la géographie ancienne* est une compilation de tout ce qui a pu être recueilli dans les auteurs de l'antiquité, avec des notes savantes. Cet ouvrage est rare et très-recherché. Il a laissé enfin un recueil assez curieux de lettres écrites par des Belges, ou qui leur ont été adressées, sur différentes questions scientifiques ou politiques.

BERTOLA DI GIORGI (Aurelio), poëte italien, né à Rimini en 1752, mort en 1798. Il fit une étude approfondie de la littérature allemande, dont il chercha à introduire le goût en Italie. Son *Essai sur la poésie allemande* et son *Essai sur la littérature allemande* sont justement estimés; mais, malgré lui, il reste toujours Italien par son style et par ses idées. Il a imité d'une manière assez heureuse les *Fables* de Gessner.

BERTON (Pierre-Montan), célèbre compositeur et directeur de l'Opéra, né à Paris en 1727, mort en 1780. Après avoir voyagé en Italie pour se perfectionner dans son art, il fut nommé directeur de l'Opéra et du concert spirituel, puis surintendant de la musique de Louis XV. Il revisa et abrégea les anciens opéras, suivant les exigences du théâtre de son temps. Lorsque Gluck et Piccini révélèrent leur talent et opérèrent la révolution musicale, il sut les attacher à son théâtre.

BERTON (Henri-Montan), fils du précédent, compositeur de musique, né à Paris en

1767, mort en 1844. Il fut élève de Sacchini; et se fit entendre avec succès dans les concerts spirituels. Il fut professeur d'harmonie et de composition au Conservatoire, puis il devint directeur de l'Opéra italien. Son *Traité de l'Harmonie* mit le sceau à sa réputation, et le fit admettre à l'Institut. Il se distinguait par une composition fine et expressive plutôt que savante et profonde. Il affecte de reproduire la forme vive et brillante des Italiens. Parmi ses opéras, on remarque le *Délire*, le *Concert interrompu*, *Aline, reine de Golconde*, la *Romance*, les *Maris garçons* et *Françoise de Foix*.

BERTON (Jean-Baptiste, baron), général français, né à Francheval, près de Sedan, en 1769. Il fut élève de l'école militaire de Brienne, et fit les campagnes de la République sous le général Moreau. Il fut particulièrement protégé par le maréchal Victor, qui l'avait remarqué à Austerlitz et à Friedland. Il se distingua à la tête des lanciers polonais, et suivit Sébastiani en Espagne, s'empara avec 2,000 hommes de Malaga, défendu par 7,000 Espagnols, qu'il fit prisonniers. Il assista, comme général de brigade, à la bataille de Toulouse, où 20,000 Français, luttant contre 60,000 hommes commandés par Wellington, leur firent perdre plus de monde que leur armée ne comptait de combattants. A Waterloo, il commandait deux régiments de dragons. Il suivit sur les bords de la Loire les débris de l'armée française. Après le licenciement de ces troupes, il vint se fixer à Paris; mais il y fut arrêté par Mounier, directeur de la police, et détenu pendant plusieurs mois à l'Abbaye. Il protesta vainement contre cette arrestation arbitraire. Il se rendit en Bretagne, et passa à Saumur. Là il connut les chefs de l'association patriotique des *Chevaliers de la liberté*. Après quelques conférences, Berton accepta le commandement qui lui fut offert; mais à la condition que, tout en luttant pour les droits et les libertés populaires, il ne serait fait aucun acte de violence qui eût pu précipiter le pays dans l'anarchie. Cependant Berton et ses amis furent traqués par la police. C'est alors qu'il parut devant Thouars, le 20 février 1822, à la tête d'une petite troupe d'hommes armés. Il proclama un gouvernement provisoire, et fut accueilli aux cris de : Vive la liberté! Vive Napoléon II! Il marcha sur Saumur; mais il se laissa arrêter par le maire revêtu de son écharpe, et dans une entreprise où il devait faire excuser son audace à force de témérité, il manqua de hardiesse et d'initiative. Il n'entra pas dans la ville et se contenta de se barricader sur le pont Fouchard. Pendant ce temps-là les autorités mettaient à profit le temps que perdait Berton. Celui-ci fut obligé de battre en retraite, et bientôt de disperser sa troupe. Il aurait pu se sauver sans la trahison d'un certain Wolfel, sous-officier de carabiniers, qui eut le triste courage, après avoir été le compagnon et l'ami de Berton, de le livrer à la police. Il y gagna les épaulettes de sous-lieutenant. Berton comparut devant la cour d'assises de la Vienne; il lui fut impossible, malgré le droit sacré de la défense, d'obtenir un avocat de son choix. On lui imposa Drault, qui ne put communiquer avec lui qu'à travers les barreaux et sous les yeux des gendarmes. Drault protesta noblement, et, pour avoir rempli ce devoir, il fut rayé du tableau. Berton fut condamné à mort, ainsi que cinq autres accusés. Ses fils ne purent obtenir de l'embrasser avant l'exécution. Sur les cinq condamnés, trois l'étaient par contumace. Berton et Caffé devaient seuls marcher au supplice. Caffé qui était un ancien chirurgien-major des armées, prévint l'exécution en s'ouvrant l'artère crurale. Le 5 octobre 1822, Berton fut extrait de sa prison pour être conduit au supplice; il refusa l'assistance de deux prêtres qu'on lui envoya, en les dispensant même de l'accompagner. Puis il marcha noblement et d'un pas ferme à l'échafaud, en répétant les cris de : Vive la liberté! vive la France! Deux minutes après, il n'était plus. Ses fils se virent refuser l'autorisation de placer une pierre sur sa tombe. Cette exécution fut accueillie en France par un long frémissement d'indignation menaçante.

BERTRADE ou BERTHE DE MONTFORT. Elle avait épousé Foulques, comte d'Anjou, dit le *Rechin*, le *Rechigné* ou le *Revêche*. Ce prince, qui était contrefait, et en outre usé par la débauche, s'était épris de la jeune Bertrade. Elle était sous la tutelle de son oncle Guillaume, comte de Normandie, qui la sacrifia moyennant une concession de terre. Philippe Ier étant venu à Tours pour y régler quelques différends avec Foulques, y vit la jeune femme. Foulques était vieux, laid et difforme; Bertrade était brillante de jeunesse et de beauté; Philippe Ier était roi de France, et Bertrade était ambitieuse; Philippe Ier, fou d'amour, passa par-dessus toutes les considérations politiques et sociales. Il enleva Bertrade et fit casser son mariage, en raison de sa parenté avec Foulques, par Renaud, archevêque de Reims. Cependant Yves, évêque de Chartres, ne cessait de tonner contre ce scandale, refusant même d'assister à la bénédiction nuptiale, qui fut donnée par l'évêque de Senlis. Yves allait jusqu'à demander la convocation d'un concile. Philippe Ier commit l'imprudence de consentir à la réunion de ce concile. Yves y parut pour traiter le roi d'Hérode, de Bélial et de Néron. Bertrade résumait Jézabel et Hérodiade. Philippe et Bertrade furent excommuniés, *ainsi que ceux qui donneraient à Philippe la qualité de roi, et le reconnaîtraient pour souverain*. La majorité du clergé français prit parti pour le roi; mais celui-ci ne sut pas profiter de cet avantage, et se contenta de négocier avec le pape. On répandait déjà le bruit que Philippe avait perdu le don divin réservé aux rois de France de *guérir les écrouelles*. Dans les solennités religieuses, on substituait à la formule *regnante Philippo*, celle de *regnante Christo*. L'amour de Bertrade consolait Philippe. Cependant il ne négligea rien pour obtenir l'absolution du pape Urbain II. Il l'alla trouver à Nîmes, et lui promit même de renoncer à Bertrade. Il eut le bon esprit de n'en rien faire, et la mort seule put séparer les deux amants. Malgré quelques chroniques calomnieuses du temps et les déclamations intéressées de quelques moines, il est certain que Bertrade se montra toujours digne de l'attachement du roi. Quand il mourut, elle s'enferma dans un couvent près de Chartres, qu'elle avait richement doté, et y finit ses jours, en 1118.

BERTRAND (Pierre), cardinal, né à Annonay en Vivarais, mort à Avignon en 1349. Il fut d'abord professeur de jurisprudence, puis évêque de Nevers, d'Autun, et enfin cardinal en 1331. Il fut célèbre par sa discussion avec Pierre de Cugnières. Celui-ci avait soulevé la question de savoir jusqu'où pouvait s'étendre l'autorité royale dans les affaires du clergé, et l'immixtion de l'autorité cléricale dans les affaires temporelles. Bertrand soutint les droits du clergé dans de très-médiocres écrits qui ne prouvaient absolument rien. Le roi Philippe de Valois ne lui donna pas moins raison, et le pape crut devoir récompenser Bertrand en lui envoyant le chapeau de cardinal. Cette discussion donna naissance à l'introduction des appels comme d'abus. Le roi donna aux évêques un délai d'un an pour réformer leurs juridictions, qui avaient fini par se substituer à celles des laïques. Bertrand a laissé quelques ouvrages sur sa fameuse querelle.

BERTRAND (Philippe), ingénieur, né en 1730, près de Sens, mort en 1811. Il a joui d'une célébrité d'emprunt, et voici à quelle occasion : Un officier du génie militaire avait présenté des mémoires et des plans. Bertrand, qui avait été chargé de les examiner, les fit écarter, et plus tard il les reproduisit sous son propre nom. Il proposait d'établir la navigation de Dôle à Saint-Jean de Losne, ainsi que celle du Rhône au Rhin par la rivière du Doubs. L'exécution du premier de ces canaux fut dirigée par lui, de 1783 à 1790; mais le second canal n'a été terminé qu'en 1832.

BERTRAND (l'abbé), astronome, né à Autun en 1755, mort en 1792, au cap de Bonne-Espérance. Il prit part aux travaux aérostatiques de Guyton de Morveau, et réduisit les étoiles cataloguées par Mayer.

BERTRAND (Henri-Gratien, comte), général français, célèbre par son attachement à Napoléon Ier, né à Châteauroux en 1773, mort en 1844. Dès 1792, il était à Paris, et le 10 août il concourut comme simple garde national à la défense des Tuileries. Il entra dans le corps du génie, et s'éleva de grade en grade jusqu'à celui de général de brigade. A Aboukir, son intrépidité le fit choisir pour aide de camp du général. Il se couvrit de gloire à Austerlitz, Friedland, Wagram, Lutzen, Bautzen, Leipzig. En récompense de ses services, il fut nommé comte de l'Empire et grand maréchal du palais. En 1814, il défendit courageusement le territoire français, et se distingua surtout à Montmirail. Après l'abdication de Fontainebleau, il suivit Napoléon à l'île d'Elbe; et, après Waterloo, toujours fidèle à son empereur, il l'accompagna à Sainte-Hélène, d'où il ne revint qu'après lui avoir fermé les yeux. En 1816, il avait été condamné à mort par contumace, mais, en 1821, ce jugement fut annulé, et Louis XVIII lui rendit ses grades. A la révolution de 1830, il fut élu député par l'arrondissement de Châteauroux, et soutint constamment les opinions les plus libérales. En 1840, il accompagna le prince de Joinville à Sainte-Hélène, et rapporta avec lui les cendres de Napoléon, près duquel il repose aux Invalides. Une statue lui a été élevée, en 1854, dans sa ville natale.

BERTRAND DE MOLLEVILLE (Antoine-François, marquis DE), ministre de Louis XVI, né à Toulouse en 1744, mort en 1818. Il fut nommé maître des requêtes, puis intendant de la province de Bretagne, et reçut, avec le titre de commissaire du roi, la dangereuse mission de dissoudre le parlement de Rennes. Il faillit être tué par le peuple breton, qui s'était armé pour défendre ses libertés provinciales. En 1791, il venait d'être nommé ministre de la marine, lorsqu'une forte opposition s'éleva contre lui dans l'Assemblée législative. On n'avait pas oublié que c'était à l'école du ministre Maupeou qu'il avait fait son apprentissage, et tous les partis se défiaient de son zèle imprudent. La perte de Saint-Domingue lui fut attribuée, et une accusation avait été proposée à ce sujet contre lui. Obligé de quitter le ministère de la marine, il fut nommé, par Louis XVI, ministre de la police secrète, ou, comme on disait alors, directeur du comité autrichien. Ce comité était chargé de surveiller les républicains et d'influencer la garde nationale et les sections. En 1792, après avoir tenté une nouvelle évasion de Louis XVI, il fut dénoncé aux Jacobins et décrété d'accusation; il se réfugia en Angleterre, où il séjourna jusqu'en 1814. Là, consacrant les loisirs de l'émigration à des travaux littéraires, il publia une *Histoire de la Révolution française*, en 10 volumes in-8°, et une *Histoire d'Angleterre*, depuis les Romains jusqu'à la paix de 1763. Revenu en France, il fit paraître, en 1816, des *Mémoires particuliers sur la fin du règne de Louis XVI*. Mais ce n'est pas dans les ouvrages de cet ancien ministre du roi qu'il faut étudier l'histoire de la Révolution; l'avocat de la contre-révolution s'y montre toujours.

BERTRAND (Alexandre), célèbre magnétiseur, né à Rennes en 1795, mort en 1831. Il fut d'abord élève de l'école polytechnique, et se livra ensuite à l'étude de la médecine. Il étudia particulièrement les phénomènes du somnambulisme, ceux de l'état extatique, et les rapporta à la prétendue science du magnétisme. Cependant il eut le bon sens de ne pas s'égarer dans les mêmes voies que Mesmer; ainsi il ne croit pas à l'influence du magnétiseur, à l'infusion d'un fluide nerveux; il croit encore moins à l'influence des esprits ou à leur apparition, et combat assez bien ce charlatanisme de tous les temps qui, au fond, repose toujours sur les mêmes principes et qui ne fait que changer de procédés ou de vocabulaire, suivant le besoin de nouveauté. Son *Traité du somnambulisme* peut être consulté avec un certain intérêt. Il a écrit aussi des *Lettres sur les révolutions du globe* et des *Lettres sur la physique*.

BERTRAND DE COMMINGES (Saint-), chef-lieu de cant. de l'arrond. de Saint-Gaudens (Haute-Garonne), à 21 kil. de cette ville. Pop. 500 hab. Marbreries considérables. Cathédrale gothique, musée pyrénéen, vaste grotte de Gorgus. On attribue la fondation de cette ville à Pompée.

BERTRUCH ou BERTUCH (Frédéric-Justin), littérateur allemand, né à Weimar en 1748, mort en 1822. Il a laissé un nombre considérable de traductions des auteurs français et espagnols, parmi lesquelles on remarque celle de *Don Quichotte*. Il a fondé, en Allemagne, le *Journal général de la littérature*, et a laissé quelques travaux géographiques.

BÉRULLE (Pierre DE), cardinal, né au château de Sérilly, près de Troyes, en 1575, mort en 1629. Il fut aumônier de Henri IV, et fut chargé par ce prince d'établir les Carmélites à Paris. Il fonda peu de temps après la congrégation de l'Oratoire de France, dont il devint général. Dans cet ordre monastique, « on obéit sans dépendre, dit Bossuet, et on gouverne sans commander. » Urbain VIII le récompensa en lui donnant le chapeau de cardinal. Il eut la confiance de la reine-mère, Marie de Médicis, au point d'exciter la jalousie du cardinal de Richelieu. On suppose même que ce dernier le fit empoisonner; en tout cas, il est certain que l'autopsie donna la preuve d'un empoisonnement. Bérulle se montra protecteur éclairé des savants, et encouragea Descartes, qu'il connut à ses débuts.

BERVIC (Charles-Clément BALVAY, dit), graveur, né à Paris en 1756, mort en 1822. Il est l'un de nos plus célèbres graveurs au burin; il fut élève de Georges Wille et se distingua par le goût le plus pur. Il opéra une véritable révolution dans la gravure, en substituant à des ornements prétentieux un dessin correct. Son *Enlèvement de Déjanire*, d'après le Guide, lui valut, en 1810, le grand prix décennal. Il fut nommé membre de l'Institut.

BERWICK (NORTH-), ville et port d'Ecosse (comté de Haddington), à 30 kil. d'Edimbourg et à l'entrée du golfe de Forth. Pop. 1,250 hab. Commerce de blé; bains de mer. On remarque aux environs le château de Tantallan, qui fut détruit en 1699 par les Covenanters; il avait servi de forteresse aux Douglas.

BERWICK-SUR-TWEED, ville d'Angleterre (comté de Northumberland), à 75 kil. d'Edimbourg. Pop. 12,600 hab. Port à l'embouchure de la Tweed. Produits agricoles, houille, laines, etc. Pêche de saumons. On y remarque une église gothique, hôpital, théâtre.

BERWICK (comté de), borné à l'E. par la Mer germanique, au S. et à l'O. par les comtés de Northumberland, d'Edimbourg et d'Haddington. Cap. Greenlaw. Sup. 115,553 hect. Pop. 34,450 hab.

BERWICK ou *Barwick* (Jacques-Fitz-James, duc DE), fils naturel du duc d'York, depuis roi d'Angleterre sous le nom de Jacques II, né à Moulins en 1670, mort en 1734. Sa mère le mit au monde en France, en revenant des eaux de Bourbon. Il se distingua de bonne heure contre les Turcs sous le duc de Lorraine; il était colonel du régiment de Taust. L'empereur d'Autriche, à qui il fut présenté, le nomma sergent-général de bataille. A son retour en Angleterre, le roi Jacques II le fit gouverneur de Portsmouth et de Southampton. Il suivit ce prince en France quand il fut renversé du trône, et, en 1703, Louis XIV lui donna le commandement des troupes qu'il envoya au secours de l'Espagne. Ce pays était alors la proie de misérables intrigants qui cherchèrent vainement à le faire entrer dans leurs plans. Il mit un peu d'ordre dans les affaires de l'Espagne; mais il fut bientôt rappelé en France pour apaiser une révolte qui avait éclaté dans les Cévennes. Après avoir comprimé cette révolte, il alla soumettre le comté de Nice. Cette campagne lui valut le bâton de maréchal. De là il retourna en Espagne, où les Portugais avaient fait des progrès et s'étaient même avancés jusqu'à Madrid. Il repoussa vivement leurs troupes jusqu'aux frontières. Il gagna ensuite la bataille d'Almanza sur Gallowai; cette victoire fut décisive et assura le trône d'Espagne à Philippe V. Ce prince le récompensa en le créant duc de Liria et de Xérica, et le fit chevalier de la Toison d'or. Il était alors généralissime des armées d'Espagne. Plus tard, quand Philippe d'Orléans, régent de France, déclara la guerre à Philippe V, Berwick se tourna contre son ancien bienfaiteur et accepta le commandement de l'armée française. On lui reprocha aussi d'avoir abandonné le maréchal de Villeroi lorsqu'il fut disgracié par les intrigues du cardinal Dubois. La mort d'Auguste II, roi de Pologne, ayant rallumé la guerre en Europe, Berwick fut désigné pour commander les troupes françaises en Allemagne. Il vint mettre le siège devant Philipsbourg; mais

Calisto surprise par Jupiter.

il fut emporté par un boulet, qui termina ainsi une brillante carrière. Villars envia sa mort et ne put s'empêcher de s'écrier : « Cet homme-là a toujours été heureux. » Montesquieu a fait de Berwick le portrait suivant : « Le talent particulier du maréchal de Berwick était de faire une guerre décisive, de relever les choses désespérées et de bien connaître toutes les ressources qu'on peut avoir dans le malheur.... Il fallait bien qu'il sentît ses forces à cet égard. Je lui ai souvent entendu dire que la chose qu'il avait toute sa vie le plus souhaitée, c'était d'avoir une bonne place à défendre. Il aimait ses amis. Sa manière était de rendre des services sans vouloir en rien dire ; c'était une main invisible qui vous servait. Il avait un grand fonds de religion et ne disait jamais de mal de personne; aussi ne louait-il jamais les gens qu'il ne croyait pas dignes d'être loués. Personne n'a donné un plus grand exemple du mépris de l'argent. Il avait une modestie dans ses dépenses qui aurait dû le rendre très à son aise, car il ne dépensait rien en frivolités. Cependant il était toujours mal aisé, parce que, malgré sa frugalité naturelle, il dépensait beaucoup dans ses commandements. Toutes les familles anglaises ou irlandaises pauvres, en relation avec quelqu'un de sa maison, avaient une espèce de droit de s'introduire chez lui. Jamais rien n'a mieux représenté l'état où se trouva la France à la mort de Turenne que la consternation produite par la nouvelle de la mort du maréchal de Berwick; tous deux ils avaient laissé des desseins interrompus, tous les deux une armée en péril. »

Camille arrivant au Capitole.

BERYTUS, ville de l'ancienne Phénicie, aujourd'hui *Nahr-Beirut*, située à l'embouchure du Magoras, entre Byblos et Sidon. Au IIe siècle av. J.-C., elle fut détruite par Tryphon. Agrippa la rétablit, et Auguste la colonisa. Théodose II l'éleva au rang de métropole. Patrie de l'historien Sanchoniaton.

BERZÉLIUS (Jean-Jacques), célèbre chimiste suédois, né près de Linkœping, en Ostrogothie, en 1779, mort en 1848. Il était fils d'un maître d'école, et fut envoyé à l'université d'Upsal pour y étudier la médecine; ayant alors fréquenté le laboratoire de chimie d'Afzélius, il prit goût pour la chimie, et, avant même d'avoir terminé ses études, il publia un mémoire contenant une analyse des eaux minérales de Medevi. Le succès de cette première publication l'encouragea à étudier le galvanisme et à faire cette série d'essais sur tous les corps connus; et de recherches pour lesquelles il trouve toujours une méthode nouvelle ou des procédés plus sûrs que ceux qui étaient employés avant lui. Il introduisit dans ses expériences une exactitude qui est devenue désormais la condition de toutes les observations chimiques. Dans ses *Recherches sur les effets du galvanisme*, dans ses *Mémoires relatifs à la physique, à la chimie et à la minéralogie*, il s'occupe de rechercher l'influence de la pile galvanique sur les corps, et surtout sur les sels. Dans la fameuse discussion entre Berthollet, qui admettait que la matière était susceptible d'un nombre infini de combinaisons, et Proust, qui n'admettait que deux combinaisons possibles entre les mêmes corps, Berzélius prit parti pour Proust. En récompense de ses premiers travaux, il fut nommé d'abord professeur de chimie à l'école de médecine de Stockholm; ensuite membre, puis secrétaire perpétuel de l'Académie de cette ville. Bernadotte, devenu roi de Suède, lui accorda des titres de noblesse. Pour faciliter la mémoire des formules, il les emprunta à l'algèbre et simplifia ainsi l'étude de la chimie. Il fit une étude approfondie de la minéralogie, en se servant du chalumeau pour essayer les minéraux, et fit connaître l'utilité de cet instrument pour les analyses exactes. La minéralogie fut basée par lui sur la connaissance des éléments chimiques des corps. Il fit connaître ses nouveaux procédés dans son *Nouveau système de minéralogie*. Il publia encore un *Traité de chimie* et un *Traité des proportions chimiques*. Ce dernier ouvrage résumé, en quelque sorte, ses plus importants travaux, car personne avant lui n'avait poussé plus loin l'analyse des proportions chimiques. Depuis 1822 jusqu'à sa mort, il publia un *Compte rendu annuel des progrès de la chimie et de la minéralogie*. C'est un recueil critique, fort précieux, de tous les travaux des chimistes contemporains.

BESALU, ville d'Espagne, dans la province de Girone, à 18 kil. de cette ville. Elle fut, au XIe siècle, le chef-lieu d'un petit comté qui fut réuni plus tard à celui de Barcelone.

BESANÇON, ville de France, ch.-l. du départ. du Doubs, place de guerre de première classe, siége d'une cour impériale, de la 6e division militaire et d'un archevêché. Il y a aussi à Besançon une académie des sciences et des lettres, une faculté des lettres, une faculté des sciences, une société d'agriculture et de médecine, un lycée impérial, une institution de sourds-muets et une école d'artillerie. La ville est située à l'extrémité d'une vallée arrosée par le Doubs; cette rivière la divise en deux parties que relie un pont construit par Aurélien, empereur romain. La citadelle qui la défend est l'œuvre de Vauban. La cathédrale remonte au XIe siècle; on y admire une *Résurrection* de Vanloo. La bibliothèque contient plus de 50,000 volumes et un grand nombre de manuscrits précieux. On remarque aussi le musée Pâris, le musée d'antiquités et le cabinet d'histoire naturelle. Outre le pont Aurélien, la ville possède, entre autres antiquités, un arc de triomphe et la *porte taillée*, que les Romains creusèrent dans le roc, au IIe siècle, pour y faire passer l'aqueduc d'Arcie, dont il reste encore quelques ruines. Besançon est célèbre par ses manufactures d'horlogerie. Il y a aussi des fonderies, des faïenceries et des tanneries; enfin cette ville fait un grand commerce d'épiceries. Elle a donné naissance à Courvoisier, au comédien Monrose, à Charles Nodier et à Victor Hugo. Besançon, que les Romains appelaient *Vesontio*, *Bisantium* ou *Chrysopolis*, était déjà célèbre avant Jules César. César en fit la conquête en 56 av. J.-C., lorsqu'il fut appelé par les habitants de cette cité contre les Helvétiens, qui menaçaient de l'envahir. Sous Auguste, Besançon devint la capitale de la Séquanaise; elle doit ses plus grands embellissements à Aurélien. Ses écoles, où se distingua Quintilien, étaient célèbres dans la Gaule. La ville fut ravagée par les Barbares. Au moyen âge, elle parvint à se soustraire à la domination de la maison de Bourgogne et à celle des empereurs, pour se constituer en république. Plus tard, elle fut soumise à l'Espagne, à qui elle appartint longtemps. Louis XIV en fit le siège en 1660 et s'en assura la possession par la paix de Nimègue.

BESANT, terme de blason. C'est une pièce de métal circulaire d'or ou d'argent. Les chevaliers français le faisaient peindre sur leurs écus pour faire voir qu'ils avaient fait le voyage de la Terre sainte.

BESENVAL (Pierre-Victor, baron DE), né à Soleure en 1722, mort à Paris en 1792. Il commandait un détachement militaire autour de Paris en 1789; mais, ne voulant pas lutter contre le peuple, il abandonna son commandement et prit la fuite. Il fut arrêté, mais le tribunal du Châtelet l'acquitta. Il a écrit des *Mémoires* qui contiennent des révélations curieuses et piquantes sur les derniers temps de la monarchie.

BESIKA (baie de), mouillage situé à l'entrée du détroit des Dardanelles.

BESME ou BEHME, assassin de Coligny. Il était originaire de Bohême et s'appelait Dianowitz. Il se signala par sa férocité pendant les massacres de la Saint-Barthélemy. Il porta les premiers coups à l'amiral de Coligny, et se montra dans tous les quartiers de Paris, à la tête d'une bande d'égorgeurs. Il avait reçu en mariage, pour récompense de ses crimes, une fille naturelle du cardinal de Lorraine. Cependant les protestants l'arrêtèrent près de Barbezieux en 1575, et l'emprisonnèrent au château de Boutevelle. Comme il tentait de s'évader, le gouverneur Bertauville lui passa son épée au travers du corps.

BESNARD (Pierre-Joachim), ingénieur, né à Rennes en 1741, mort en 1806. Il eut une part importante à la canalisation de divers affluents de la Loire.

BESPLAS (Joseph-Marie-Anne GROS DE), aumônier de la cour de Louis XVI, né à Castelnaudary en 1734, mort en 1783. Il se dévoua pendant longtemps à la mission d'accompagner les criminels au supplice. Ce pénible devoir lui fournit un jour l'occasion de prêcher, devant le roi, sur les cachots où les criminels croupissaient comme ensevelis vivants dans un tombeau. Ce tableau éloquent fit une telle impression que l'établissement de la Force fut aussitôt décidé.

BESSARABA. Famille célèbre qui a donné son nom à la Bessarabie, et qui a fourni à la Valachie un grand nombre de woïwodes. Parmi ses membres, les principaux sont les suivants :

BESSARABA (Rodolphe), dit le *Noir*, mort en 1265. Il fonda la principauté de Valachie aux dépens des Hongrois, pendant les affreux ravages causés par l'invasion de Bathou-Khan, et bâtit Buckharest. Il donna à son peuple des lois empreintes de l'esprit aristocratique et féodal.

BESSARABA (Mirce), woïwode de Valachie, régna de 1382 à 1418. Il guerroya contre les Bulgares et les Turcs, assista à la bataille de Cossova, et signa, en 1393, un traité qui constituait la Valachie vassale et tributaire de Bajazet Ier; ce ne fut que cinq ans après, en 1398, qu'il put s'en affranchir.

BESSARABA (Michel), dit le *Brave*, woïwode de Valachie, de 1592 à 1601. Pour soustraire son pays à la domination des Turcs, il s'allia avec Sigismond Bathori, woïwode de Transylvanie, et l'empereur Rodolphe II, puis, après l'abdication de Sigismond, il voulut s'emparer de la Transylvanie, mais tous ses efforts vinrent échouer devant une coalition de l'Autriche et de la Pologne.

BESSARABA (Mathieu), woïwode de Valachie, de 1633 à 1654. Il s'appliqua à ranimer parmi ses sujets le sentiment de la nationalité, mais il ne put parvenir à s'affranchir complètement de la domination turque.

BESSARABA (Constantin), woïwode de Valachie, de 1688 à 1714. Après avoir constamment tenu une conduite assez équivoque avec les Autrichiens, les Russes et les Turcs, il fut arrêté à Buckharest et décapité à Constantinople. En lui s'est éteinte la célèbre famille des Bessaraba.

BESSARABIE, prov. méridionale de la Russie d'Europe. Elle forme une presqu'île bornée au N. par le Dniester, à l'E. par la Mer noire, au S. et à l'O. par le Danube et le Pruth qui la séparent de la Turquie. Sa longueur est de 360 kil., et sa plus grande largeur de 148. Sa superf. est de 786 milles carrés; elle est peuplée de 780,000 hab. Dans le N. s'élèvent les monts Krapacks; le S. présente d'immenses steppes où l'œil ne peut se reposer sur des habitations, ni sur des arbres. La Bessarabie est arrosée par le Danube, le Dniester, le Moustasa et d'autres rivières moins considérables. La partie montagneuse est couverte de vastes forêts. Le sol, généralement fertile, produit d'assez bon vin, de la garance et du safran. Des salines abondantes fournissent annuellement 50 millions de pouds de sel. L'industrie et le commerce sont abandonnés aux Arméniens, qui exploitent surtout des fabriques de toile, des papeteries et des forges. La population se compose surtout de Grecs-Moldaves. On distingue les propriétaires, les paysans assujettis à la dîme et à la corvée, et les serfs. La Bessarabie est divisée en six districts. Elle était occupée autrefois par les Turcs, qui l'ont abandonnée aux Russes. L'émigration de la population musulmane a considérablement dépeuplé le pays; les Russes y ont transporté un grand nombre de colons allemands qui lui rendent son ancienne prospérité.

BESSARION (Jean), cardinal, né à Trébizonde en 1389, mort à Ravenne en 1472. Il fut d'abord religieux de saint Basile. Il devint archevêque de Nicée, puis patriarche de Constantinople. Il travailla à la fusion de l'Eglise grecque et de l'Eglise latine; mais avec si peu de succès qu'il s'attira la haine des Grecs eux-mêmes, et se vit forcé de rester à Rome. Il fut proposé pour le Saint-Siége, mais quelques cardinaux prétendirent que son élection serait une injure pour l'Eglise latine. Il fut envoyé comme légat du pape à la cour de Louis XI; mais ce monarque l'accueillit assez peu poliment, et se permit même des plaisanteries à son égard. Bessarion en fut tellement affecté qu'il mourut à Ravenne pendant le voyage qu'il fit pour retourner à Rome. Il protégea les savants, et composa une riche bibliothèque qui est encore conservée à Venise. Il fut partisan de la doctrine de Platon, et la défendit même dans un écrit contre d'autres philosophes. Il a laissé une excellente traduction latine de quatre livres de Xénophon.

BESSE, ch.-l. de cant. de l'arrond. d'Issoire (Puy-de-Dôme), à 30 kil. de cette ville. Pop. 950 hab. Non loin de cette ville est le lac Pavin, qui occupe le cratère d'un volcan.

BESSÉ-SUR-BRAYE, bourg du départ. de la Sarthe, arrond. de Saint-Calais, à 11 kil. de cette ville. Pop. 2,320 hab. Fabrique de bougies et de siamoise.

BESSEL (Frédéric-Guillaume), astronome allemand, né à Minden en 1784, mort en 1846. Il était élève d'Olbers et présida à la construction de l'observatoire de Kœnigsberg. Il était associé de l'Académie des sciences de Paris. On lui doit plusieurs ouvrages d'astronomie et des *Lectures populaires*, dans lesquelles, dès 1840, il annonçait la planète Neptune, que M. Leverrier découvrit plus tard.

BESSES, peuple indépendant de l'ancienne Thrace, au N. du mont Rhodope. Leur ville principale était Bessopara. Ils étaient féroces, sauvages et voleurs.

BESSIÈRES (Jean-Baptiste, duc d'Istrie), maréchal de l'empire, colonel-général de la garde impériale, né à Pressac, en Poitou, en 1769, mort en 1813. Il entra au service, en 1792, dans la légion des Pyrénées, et devint capitaine d'infanterie. En 1796, il fit la campagne d'Italie, et se distingua particulièrement au combat de Roveredo et à Rivoli. Un jour il s'élança seul sur une batterie ennemie, perdit son cheval qui tomba sous lui, se releva et chargea seul les artilleurs ennemis. Ses soldats, accourant alors à son secours, s'emparèrent de la batterie ennemie. Bonaparte le mit à l'ordre du jour de l'armée, et lui donna le commandement de ses guides. Il accompagna Bonaparte en Egypte, et y gagna le grade de général de brigade. Il seconda Bonaparte au 18 brumaire, et fut alors nommé général de division. A Marengo, il décida par une charge habile la retraite des Autrichiens. Sa cavalerie chargeait avec une vigueur inouïe l'arrière-garde autrichienne. Au milieu de la mêlée, un cavalier autrichien tombe blessé, en suppliant les Français de ne pas l'écraser sous leurs chevaux : « Ouvrez les rangs! » cria Bessières, et le brave officier fut épargné. En 1804, il fut fait maréchal de France, et, en 1808, duc d'Istrie. A Olmütz, sa cavalerie enfonça la garde noble d'Alexandre, traversa l'armée russe, et lui prit 27 canons. A Eylau, il culbuta 20,000 hommes d'infanterie ennemie, et lui prit toute son artillerie. Pendant la campagne d'Espagne, se voyant menacé de perdre ses communications avec la France, il osa, à la tête de 13,000 hommes, attaquer 40,000 Espagnols, et les battit complètement. Cette bataille s'était livrée sur les hauteurs de Medina de Rio-Secco. Napoléon, en en recevant la nouvelle, ne put s'empêcher de s'écrier : « Bessières vient de placer mon frère sur le trône d'Espagne, » Il alla ensuite en Allemagne où il se signala à Landshut, à Ebersberg, à Essling où l'armée française se trouva en danger, et où il la délivra en enfonçant les lignes autrichiennes. Il y perdit, autour de lui, la plupart de ses officiers d'état-major. Il retourna en Espagne, secourut Masséna à la bataille de Fuente d'Onéro; puis il revint auprès de l'empereur pour le suivre dans la campagne de Russie. Lors de la retraite de Moscou, il sembla que la vigoureuse constitution de son tempérament de fer animait aussi les soldats de son corps d'armée, car il perdit beaucoup moins de monde que les autres chefs de corps. En 1813, Bessières fut appelé au commandement général de la cavalerie française; mais la veille de la bataille de Lutzen, au défilé de Rippach, il fut emporté par un boulet. On cacha sa mort pendant quelques jours, parce que la nouvelle aurait pu porter le découragement dans l'armée. Sa perte fut ressentie plus douloureusement par Napoléon que ne l'eût été la perte d'une bataille.

BESSIN (le), petit pays de l'ancienne Basse-Normandie, ch.-l. Bayeux. Il est aujourd'hui réparti entre les départements de la Manche et du Calvados.

BESSINES, ch.-l. de cant. de l'arrond. de Bellac (Haute-Vienne), à 27 kil. de cette ville. Pop. 2,930 hab.

BESSUS, satrape de la Bactriane. Il était

l'un des généraux de Darius, roi de Perse, à la bataille d'Arbelles. Voyant qu'Alexandre le Grand était victorieux, il s'empara de son maître, et fit proposer à Alexandre de le lui livrer, espérant être récompensé de sa trahison. Cependant Alexandre n'en fut que plus ardent à sa poursuite. Bessus fit alors mettre à mort Darius, et prit le titre de roi. Ses partisans, voyant enfin que les progrès d'Alexandre ne leur laissaient aucune chance de salut, livrèrent eux-mêmes l'usurpateur au roi macédonien. Celui-ci fit alors assembler les Perses et ses propres guerriers, pour juger Bessus. Tous, d'une commune voix, le condamnèrent à mort, et il fut immédiatement écartelé à Ecbatane.

BESTIAIRES. On appelait ainsi, chez les Grecs et chez les Romains, ceux qui combattaient les bêtes féroces dans les arènes. On prit d'abord pour amuser le peuple dans les jeux publics des criminels, puis des esclaves ou des prisonniers de guerre, et enfin des chrétiens. Ils combattaient sans armes et sans défense; et s'ils échappaient une fois à la mort, il leur fallait renouveler le combat. Cicéron rapporte qu'un seul lion égorgea un jour deux cents bestiaires. Souvent aussi les bestiaires étaient des jeunes gens appartenant aux plus illustres familles, et qui venaient se préparer par ces combats, aux exercices de la guerre. Auguste encouragea les Romains à descendre ainsi volontairement dans l'arène. Néron s'y montra lui-même. Commode y triompha et se fit proclamer l'Hercule romain.

BESTIAIRES. On donnait ce nom, au moyen âge, à des fabliaux, des poëmes ou des facéties qui, comme le poëme du *Renart* (Renard), ou les fables d'Esope et de la Fontaine, contenaient des scènes morales dont les animaux étaient les personnages.

BESTOUJEF-RIUMIN (Alexis-Pétrowitch, comte DE), né à Moscou en 1683, mort à Saint-Pétersbourg en 1760. Il était fils d'un officier écossais au service de la Russie. Pierre Ier ayant remarqué la sagacité et aussi la hardiesse de ses idées, l'attacha fort jeune à diverses ambassades pour lui faire étudier la diplomatie. Il l'envoya ensuite en qualité d'ambassadeur en Suède, puis en Danemark. Sous Anne Ivanowna, il fut arrêté avec Biren, dont il était l'ami, mais il échappa à l'exil. Sous Elisabeth, l'administration des affaires lui fut à peu près abandonnée, et il eut l'entière confiance de l'impératrice, bien qu'à l'exemple de ses autres ministres, il n'eût pas été son amant. Il se montra constamment l'adversaire de la France : on l'accusa même d'avoir tenté d'empoisonner l'ambassadeur français qui contrariait ses projets. Il fut exilé vers la fin du règne d'Elisabeth; mais bientôt celle-ci le rappela et lui restitua ses dignités, qu'il conserva jusqu'à sa mort.

BESTOUJEF (Michel-Riumin, comte DE), frère du précédent, né à Moscou en 1693, mort en 1766. Il fut conseiller de l'empereur de Russie et ambassadeur auprès des diverses cours de l'Europe. Sa femme ayant pris part à une conspiration contre Elisabeth, eut la langue coupée après avoir reçu le knout, et fut exilée en Sibérie.

BESTOUJEF-RIUMIN (Michel), lieutenant au régiment de Pultawa. Lors de l'insurrection militaire qu'il avait provoquée et dirigée avec Mourawief contre l'empereur Nicolas Ier, dans le S. de la Russie, il fut pris les armes à la main, et fusillé le 25 juillet 1826.

BESTOUJEF (Alexandre), romancier russe, né en 1795, mort en 1837. Il était aide de camp du duc Alexandre de Wurtemberg. En 1825, ayant été impliqué dans une conspiration contre l'empereur Nicolas Ier, il fut dégradé et envoyé en Sibérie. Après

son amnistie, il prit du service dans l'armée du Caucase, où il trouva la mort.

BÉSIGHIDÈS. Les Grecs désignaient sous ce nom les prêtres d'un temple consacré aux Furies, à Athènes, près de l'Aréopage.

BETANZOS, ville d'Espagne, dans la province de la Corogne, à 16 kil. de cette ville. Pop. 1,800 hab. Cette ville est située sur la baie qui porte son nom.

BÉTHANIE, bourg de la Palestine, dans la tribu de Benjamin; il était situé près de Jérusalem au pied du mont des Oliviers. L'Ecriture dit que c'est dans Béthanie que Jésus-Christ opéra la résurrection de Lazare. L'impératrice Hélène y construisit une église. Aujourd'hui *El-Asarije*.

BETHEL, ville de la Palestine, dans la tribu de Benjamin, au N. de Jérusalem. C'est dans cette ville que Dieu apparut à Abraham et à Jacob, et que moururent Rachel et Déborah.

BÉTHENCOURT (Jean, seigneur DE), baron de Saint-Martin-le-Gaillard, gentilhomme normand, mort en 1425. Ayant entendu dire que quelques aventuriers avaient découvert des terres dans l'Océan occidental, il s'embarqua pour vérifier cette découverte. Il aborda dans une île dépendant des Canaries en 1402; mais n'étant pas assez fort pour en faire la conquête, il revint en Europe, et sollicita de Henri III de Castille des secours en hommes et en vivres pour renouveler l'expédition. Henri III lui cédait le gouvernement de ces îles, à la condition qu'il le reconnaîtrait pour souverain. Béthencourt partit et parvint à soumettre Lancerote, Fortaventure et l'île de Fer. Cependant il lui fallait des colons pour assurer sa conquête. Il revint alors en France, engagea quelques gentilshommes, des soldats, des artisans avec leurs femmes, et les établit dans ses possessions. L'année suivante, il en confia le gouvernement à son neveu, et revint à Madrid, d'où il passa à Rome pour y solliciter la nomination d'un évêque aux Canaries. Il voulut, avant de s'embarquer de nouveau, revoir la France; mais il vint mourir à Granville. Il a publié un *Traité de la navigation et des voyages, des découvertes et des conquêtes modernes*, et principalement des Français, le tout recueilli de divers auteurs. Son neveu, Maciot de Béthencourt, ne pouvant se maintenir dans les Canaries, les céda, en 1424, à l'infant don Henri de Portugal. Ce prince le dédommagea en lui cédant les fabriques de savon de l'île de Madère et en lui accordant une pension.

BÉTHENCOURT Y MOLINA (Augustin DE), ingénieur espagnol, né à Ténériffe en 1760, mort à Saint-Pétersbourg, en 1826. Il exposa, à l'école des ponts et chaussées de Paris, le modèle d'une nouvelle écluse. Il passa en Russie, où il construisit les bâtiments affectés à la foire de Novogorod. Il établit dans ce pays une école d'ingénieurs hydraulistes.

BÉTHENCOURT, village et seigneurie de Normandie, situé à 6 kil. d'Eu.

BÉTHISY (Eugène-Eustache DE), général français, né à Moutiers en 1739, mort en 1823. Il servit sous les ordres du duc de Richelieu et se distingua dans la guerre de Sept-Ans. Il émigra au commencement de la Révolution, et passa dans l'armée de Condé. Sous la Restauration, il fut nommé gouverneur des Tuileries.

BÉTHISY (Henri-Benoît-Jules DE), évêque d'Uzès, né au château de Mézières en 1744, mort en 1817. En 1789, il siégea aux Etats généraux comme député de sa province, et se montra l'adversaire acharné de toutes les innovations alors proposées. Il émigra en 1792, passa en Hollande et en Allemagne, et de là il alla se fixer en Angleterre. Il protesta, avec une opiniâtreté inouïe, contre la nouvelle constitution cléricale inaugurée par l'Empire, et plus tard par la

Restauration elle-même. Ainsi, il n'admettait pas que Louis XVIII disposât de son siége épiscopal, même sur son refus de rentrer en France.

BETHLÉEM, originairement *Ephrata*, aujourd'hui *Beth-Lahm*, village, et autrefois ville de Palestine, dans la tribu de Juda, à 8 kil. de Jérusalem, sur une montagne toute couverte de vignes et d'oliviers. Pop. 3,000 hab. On y voit une église construite par Justinien sur le lieu même où naquit le Sauveur, consacrée à sainte Marie de la Crèche, et on y conserve une crèche en marbre, dans laquelle, d'après la tradition, fut placé l'enfant Jésus. Couvent.

BETHLÉEM, ville des Etats-Unis (Pensylvanie), à 84 kil. de Philadelphie. Pop. 3,000 hab. Cette ville fut fondée en 1741. Siége d'un évêché; belle église, importantes usines, trois grandes tanneries. Pensionnats pour loger les jeunes hommes non mariés, les jeunes filles et les veuves, dirigés par les frères Moraves.

BETHLEN-GABOR, prince de Transylvanie, né en 1580, mort en 1629. Il était issu d'une famille noble, mais pauvre. Battori, alors prince de Transylvanie, le combla de faveurs; mais Bethlen trahit sa confiance, passa en Turquie, sollicita des secours contre son ancien bienfaiteur, et parut bientôt à la tête d'une armée. Battori, ayant dû abandonner ses Etats, Bethlen s'en empara, et se fit même proclamer roi de Hongrie. Cependant l'empereur d'Allemagne, inquiet de ses projets et même menacé par sa marche sur Vienne, s'avança contre lui, et l'usurpateur s'estima heureux de conserver la Transylvanie avec le titre de prince de l'empire, en abandonnant ses autres possessions. Il voulut renouveler plus tard ses prétentions sur la Hongrie, mais cette fois, moins heureux que dans ses premières tentatives, il fut défait et dépouillé de ses Etats.

BÉTHULIE, ville de l'ancienne Judée, dans la tribu de Zabulon, célèbre par le siége qu'en firent les Assyriens et l'action hardie de Judith.

BÉTHUNE, sous-préfect. du départ. du Pas-de-Calais, à 30 kil. d'Arras. Pop. 7,300 hab. Ville forte de 2e classe. Siége d'un tribunal de 1re instance. Collége. Fabriques de savon, de sucre de betterave, de poterie; raffinerie de sel; blanchisseries. Commerce considérable de lin, de graines oléagineuses, de fil, de toiles. C'est dans cette ville qu'ont été percés les premiers puits artésiens. Béthune avait autrefois des seigneurs particuliers. Gaston d'Orléans s'en empara en 1245. Philippe le Hardi la soumit plus tard, et Louis XI s'en empara. Charles VIII la rendit à l'Espagne. Gaston d'Orléans la prit en 1645. Cette ville fut réunie à la France par la paix des Pyrénées. En 1710, elle fut reprise par les alliés, qui la rendirent en 1714, par le traité d'Utrecht.

BÉTHUNE (famille DE), maison originaire d'Artois. Vers l'an 1000, elle se divisa en deux branches: les *Béthune* et les *Carency*. La première branche a produit le célèbre Sully, ministre de Henri IV.

BÉTHUNE (Philippe DE), comte de Selles et de Charost, frère puîné du duc de Sully, ministre de Henri IV, lieutenant-général de Bretagne et gouverneur de Rennes, né en 1561, mort en 1649. Henri IV le nomma ambassadeur en Ecosse et à Rome. Louis XIII l'envoya à Vienne et en Italie.

BÉTHUNE (Louis-François DE), duc de Charost, mort en 1794, à l'âge de 23 ans. C'était un esprit ambitieux et turbulent. Il profita des troubles fomentés en Belgique contre Joseph II, empereur d'Allemagne, pour faire valoir d'anciennes prétentions héréditaires sur la province du Brabant. Il se forma un parti et recruta des aventuriers à Lille; mais il échoua misérablement. Il fut même condamné à mort par la cour criminelle du Brabant. Il se sauva alors, et vint chercher un refuge en France; mais la Terreur ne l'épargna pas, et il fut décapité à Paris.

Béthune (Armand-Joseph de), duc de Charost, né à Versailles en 1728, mort à Paris en 1800. Il entra dans la carrière militaire à 16 ans, et se distingua à Munster, à la tête d'un régiment de cavalerie. En 1758, il fit porter son argenterie à la Monnaie, afin de subvenir aux besoins de l'Etat, profondément troublé par les opérations financières les plus désastreuses, en disant à son intendant : « Je sacrifie tous les jours ma vie pour ma patrie, je peux bien aussi sacrifier mon argent. » Il établit aussi à ses frais, à Francfort, un hôpital militaire pour l'armée française. Il fonda, en Bretagne, des ateliers publics pour assurer aux pauvres leur pain par le travail. Vingt ans avant la Révolution, il abolit la corvée dans ses domaines. Il pourvut à l'instruction et à l'entretien des enfants abandonnés; il établit des médecins et des sages-femmes partout où il en manquait. En Picardie, il étudia les moyens de prévenir les épizooties, et fut, dans ses actes de bienfaisance éclairée, le digne émule de Turgot. Louis XV, le montrant un jour à ses courtisans, leur dit : « Regardez cet homme; il n'a pas beaucoup d'apparence, mais il vivifie trois de mes provinces. » Au commencement de la Révolution, il fit un don patriotique de 100,000 francs. Cependant, malgré tous ces titres à la considération publique, il fut arrêté sous la Terreur; emprisonné à la Force pendant six mois, il n'en sortit qu'après le 9 thermidor. En 1799, il fut nommé maire du 10e arrondissement de Paris. Atteint de la petite vérole, qui exerçait alors de grands ravages, il en mourut. Quand le bruit de sa mort arriva à Meillant, ville qu'il avait enrichie par ses bienfaits, les boutiques furent fermées, les travaux suspendus, et la consternation devint générale.

BÉTIQUE. Une des trois grandes contrées de l'ancienne Espagne. Elle était bornée au N. par la Tarraconaise, à l'E. par la mer et à l'O. par l'Anas, qui la séparait de la Lusitanie. C'est aujourd'hui à peu près l'Andalousie et le royaume de Grenade. Cette contrée tire son nom du fleuve Bétis (aujourd'hui Guadiana), qui la traversait dans toute sa longueur. Les principaux peuples étaient : au N. les Turdules, les Turdétans à l'O., les Bastules au S., et les Béturiens au N.-O. Les villes principales étaient : Corduba, Hispalis, Gadès, Malaca, etc. Son sol était très-fertile, son commerce actif.

BÉTIS, eunuque de Darius, roi de Perse, et gouverneur de Gaza. Alexandre le Grand vint assiéger cette ville et fut blessé au premier assaut. La fureur de ses troupes fut telle qu'après la prise de Gaza, 10,000 Perses furent massacrés. Bétis fut attaché par les talons au char d'Alexandre et traîné ainsi, jusqu'à ce que la mort s'ensuivît.

BETJOUANAS ou **Betschouans**, peuple puissant de l'Afrique méridionale, entre le canal de Mozambique et les Boschismans. Leur pays est arrosé par le Malopo. On y trouve de grandes villes.

BETTEMBOURG, ville des Pays-Bas, dans la province du Luxembourg, à 8 kil. de cette ville. Pop. 1,200 hab.

BETTERTON (Thomas), célèbre comédien et auteur anglais, né à Westminster en 1635, mort en 1710. Son père, qui était cuisinier de Charles Ier, lui fit donner une certaine instruction. Il le plaça chez un libraire, où il eut l'occasion de connaître William Davenant, qui dirigeait une troupe d'acteurs. Davenant lui confia quelques rôles, et bientôt il acquit une certaine réputation. Charles II l'envoya en France pour y étudier les traditions de l'art dramatique. A son retour, il reparut sur la scène, et se montra grand tragédien. Il excellait surtout dans l'interprétation de Shakespeare. Il était doué d'une physionomie mobile, et qui reflétait admirablement toutes les passions. Betterton mourut vieux, mais dans un véritable état d'indigence et le pays qui l'avait laissé mourir dans la misère, le fit solennellement inhumer à l'abbaye de Westminster. Il a composé quelques pièces de théâtre assez médiocres, entre autres la *Veuve amoureuse*, imitée de *George Dandin* de Molière.

BÉTYLES. Pierres que l'on croyait descendues du ciel. On supposait qu'elles étaient remplies d'un esprit divin, et de là à les prendre pour des divinités, il n'y avait pas loin. On les couronnait, on s'agenouillait devant elles en leur adressant des prières. Les plus grosses étaient conservées dans les temples, et on réservait les plus petites pour les demeures particulières. Les Phéniciens, les Hébreux, les Grecs et les Romains s'en servaient comme de talismans, d'amulettes, de préservatifs contre les maléfices et les maladies. On les dressait sur les lieux élevés, et il y en avait beaucoup sur le Liban. Près du temple de Delphes, on en voyait une qui passait pour être la pierre que Saturne avait dévorée. Il paraît certain que les bétyles n'étaient autre chose que des aérolithes, adorés comme ayant une âme; aussi les appelait-on pierres animées.

BETZ, ch.-l. de cant. de l'arrond. de Senlis (Oise), à 24 kil. de cette ville. Pop. 450 hab.

BEUCHOT (Adrien-Jean-Quentin), savant bibliographe, né à Paris en 1773, mort en 1851. Il était fils d'un avocat, mais n'ayant aucun goût pour le barreau, il se livra à la culture des lettres, et prit part à la rédaction du *Nouvel almanach des Muses* et de la *Décade philosophique*. En 1834, il fut élu bibliothécaire de la Chambre des députés, et conserva cet emploi jusqu'en 1850. Il fut un des principaux collaborateurs de la *Biographie universelle*, et rédigea, à partir de 1811, la *Bibliographie de la France*, qu'il continua jusqu'à la fin de 1847. On lui doit aussi plusieurs grandes éditions qui sont fort estimées, entre autres celles des *Œuvres complètes de Voltaire* et du *Dictionnaire historique de Bayle*.

BEUDANT (François-Sulpice), minéralogiste, né à Paris en 1787, mort en 1850. Il entra à l'Ecole normale dès sa fondation, et y devint bientôt répétiteur; puis il fut nommé professeur aux lycées d'Avignon et de Marseille. En 1814, il fut chargé par Louis XVIII de transporter d'Angleterre son cabinet de minéralogie, et à son retour fut nommé sous-directeur de cette collection. En 1818, il fit un voyage d'exploration scientifique en Hongrie, et en 1822, à la mort de Haüy, son ancien maître, il obtint la chaire de minéralogie à la Faculté des sciences de Paris. En 1824, il fut élu membre de l'Académie des sciences, et devint, en 1840, inspecteur général de l'université. La science minéralogique lui est redevable de quelques travaux importants. Il a fait de savantes recherches sur les rapports intimes de la composition chimique des minéraux avec la cristallisation, et surtout sur les phénomènes de l'isomorphisme. Il proposa aussi une nouvelle classification des minéraux, ainsi qu'une nouvelle nomenclature, mais cette tentative ne paraît pas avoir été couronnée de succès.

BEUGNOT (Jacques-Claude, comte), ancien ministre, né en 1761 à Bar-sur-Aube, mort en 1835. Quand la Révolution éclata il était lieutenant général du présidial de Bar. En 1790, il fut élu par son département procureur général syndic de l'Aube; en 1791, il fut nommé député à l'Assemblée législative, où il siégea avec le parti constitutionnel. Il fit décréter d'accusation Marat pour ses provocations incendiaires, et fut incarcéré à la Force sous la Terreur. Après le 18 brumaire, il devint successivement préfet de la Seine-Inférieure, conseiller d'Etat, ministre des finances du roi de Westphalie et administrateur du grand-duché de Berg et Clèves. C'est alors qu'il obtint le titre de comte. Rallié de bonne heure aux Bourbons, il reçut, en 1814, du gouvernement provisoire, le portefeuille de l'intérieur, et de Louis XVIII la direction générale de la police, puis le ministère de la marine. Pendant les Cent-Jours, il accompagna le roi à Gand; mais après la deuxième Restauration, il fut écarté par le parti extrême, et ne reçut que le vain titre de ministre d'Etat. Successivement député de la Haute-Marne et de la Seine-Inférieure, il siégea constamment au côté gauche entre les libéraux et les ultras, et donna sa démission en 1824. Dans les derniers moments de la Restauration, il fut élevé à la pairie. Il a laissé des *Mémoires* assez curieux.

BEUKELS ou **Beuckels** (Guillaume), fameux pêcheur hollandais mort en 1449. Il découvrit, en 1416, la manière de saler et d'encaquer les harengs. Cette découverte permit le transport de cette denrée alimentaire dont on tirait peu de profit auparavant. Les Hollandais ont élevé sur sa tombe un monument en souvenir de leur reconnaissance. Quelques auteurs prétendent que sa méthode était déjà connue des Danois. En admettant cette supposition, il n'en aurait pas moins le mérite d'avoir perfectionné les procédés connus.

BEURNONVILLE (Pierre-Riel, marquis de), maréchal de France, né à Champignolle, en Bourgogne, en 1752, mort en 1821. Il étudia avec ardeur les mathématiques et la géographie. Il fit ses premières armes dans l'Inde, sous le commandement de Suffren. Il fut nommé major de l'île Bourbon; mais il fut sans motif dépouillé de son emploi. Au commencement de la Révolution il servit sous Dumouriez. Il fut placé à la tête d'une armée dirigée contre les Autrichiens; mais il se montra général peu habile et subit plusieurs échecs. Il chercha à les dissimuler dans ses rapports : ainsi il déclarait dans l'un d'eux n'avoir perdu que *le petit doigt d'un chasseur*, et grossissait la perte de l'ennemi. Des malicieux accueillirent ce rapport par le propos suivant : « Le petit doigt n'a pas tout dit. » Il fut pendant quelque temps ministre de la guerre, en 1793; mais poursuivi par la haine des Jacobins, qui tentèrent même de l'assassiner, il quitta ce poste difficile. Dumouriez, qui méditait sa trahison, chercha à le gagner. Beurnonville communiqua sa lettre au comité de défense. On le chargea alors de rejoindre Dumouriez et de l'arrêter; mais Dumouriez, qui était prévenu, le fit arrêter lui-même, ainsi que quatre autres conventionnels. Il fut pendant quelque temps incarcéré à Olmütz; en 1795, on l'échangea, ainsi que ses autres compagnons, contre la fille de Louis XVI. Après le 18 brumaire, Napoléon le nomma inspecteur général des armées, et le chargea de diverses ambassades. En 1814, il vota la formation d'un gouvernement provisoire et la déchéance de Napoléon. Louis XVIII le nomma ministre d'Etat et pair de France. Il suivit le roi à Gand, et après les Cent-Jours il fut rétabli dans ses dignités. En 1816, il fut nommé maréchal de France.

BEUTHEN, ville de Prusse (Silésie), à 15 kil. de Freistadt. Pop. 3,500 hab. Fabrique de poterie. Chef-lieu de la seigneurie de Karolath-Beuthen.

Beuthen (Ober-), ville de Prusse (Silésie), à 70 kil. d'Oppeln. Pop. 4,000 hab. Forges.

BEUVRON, terre et seigneurie de Normandie, à 20 kil. de Lisieux.

BEUZEVILLE, ch.-l. de cant. de l'arrond. de Pont-Audemer (Eure), à 15 kil. de cette ville. Pop. 780 hab.

BEVAGNA, anciennement *Mevania*, bourg des États de l'Église, à 30 kil. de Spolète. Pop. 4,000 hab.

BEVELAND (NOORD), île de Hollande, dans la province de Zélande, dans le delta de l'Escaut. Superf. 12 kil. sur 5.

BEVELAND (ZUID), île de Hollande, dans la province de Zélande, dans le delta de l'Escaut. Superf. 35 kil. sur 17. Cette île, comme la précédente, fut en partie submergée par la mer en 1532.

BEVEREN, bourg de Belgique, dans la Flandre orientale, à 22 kil. de Termonde. Pop. 6,000 hab. Fabrique de dentelles.

BEVEREN, bourg de Belgique, dans la Flandre occidentale, à 15 kil. de Furnes. Pop. 1,700 hab. Manufacture de tabac.

BEVERINI (Barthélemy), littérateur italien, né à Lucques en 1629, mort en 1686. Il professa la théologie à Rome, puis la rhétorique à Lucques. Il a traduit en vers et commenté Virgile. Il a laissé des poésies religieuses et quelques écrits sur l'histoire de la ville de Lucques.

BEVERLEY (JEAN DE), archevêque d'York, au VIIIe siècle, mort à Beverley, en 721. Ses contemporains lui attribuaient le don des miracles. Il se consacra à l'étude de l'Écriture sainte, et il a laissé plusieurs écrits sur ce sujet, notamment des *Homélies* sur l'évangile. On rapporte que Guillaume le Conquérant, ravageant le Northumberland, épargna la ville de Beverley, parce qu'elle renfermait le tombeau du pieux archevêque.

BEVERLEY, ville d'Angleterre, dans le comté d'York, à 45 kil. de cette ville. Pop. 8,800 hab. Cette ville est remarquable par son église gothique, dite *Minster*, et Sainte-Marie.

BEVERLEY, ville des États-Unis (Massachussetts), située sur l'Atlantique. Pop. 4,300 hab. Cette ville possède un pont de 300 m. de long, qui la fait communiquer avec Salem.

BEVERN, bourg du duché de Brunswick, à 60 kil. de Hanovre. Pop. 1,500 hab. Ruines de l'ancien château d'Éberstein. Ce bourg donna son nom à une branche collatérale de la maison de Brunswick.

BEVERNING (Jérôme Van), magistrat hollandais, né à Tergau, en Hollande, en 1614, mort en 1690. Il joua un grand rôle politique dans son pays; ainsi, ce fut lui qui conclut la paix avec Cromwell. Il eût aussi une part importante aux traités de Munster, de Breda, d'Aix-la-Chapelle et de Nimègue. Il savait se plier aux circonstances et apprécier les événements avec une rare sagacité. Il fut amateur de botanique; on lui doit l'introduction, en Europe, de la capucine à grandes fleurs (*tropæolum majus*).

BÉVY (Charles-Joseph), né près d'Orléans en 1728, mort en 1830. Après avoir été bénédictin de Saint-Maur, il fut, sous la Restauration, aumônier et bibliothécaire du ministère de la guerre.

BEWDLEY, ville d'Angleterre, à 23 kil. de Worcester. Pop. 4,000 hab. Commerce de cuirs, sel, etc. Église bâtie par Henri VII.

BEWICK (Thomas), célèbre graveur et dessinateur anglais, né dans le Northumberland en 1753, mort en 1828. Il est le premier qui ait eu l'idée de substituer, dans la gravure sur bois, le bois debout au bois de fil; il put alors reprendre le système des hachures croisées, auquel on avait renoncé en raison de la difficulté. Il a publié un grand nombre de gravures; on admire surtout son *Histoire générale des quadrupèdes*.

BEX, bourg de Suisse, dans le canton de Vaud, à 7 kil. d'Aigle. Pop. 2,850 hab. Sources sulfureuses, bains; salines, dont le produit dépasse 40,000 quintaux. Cette ville est dominée par un vieux château démantelé, en 1465, par les Bernois.

BEXON (Gabriel-Léopold-Charles-Amé), naturaliste, né à Remiremont, en 1748, mort à Paris en 1784. Il embrassa d'abord l'état ecclésiastique; mais l'observation de la nature l'ayant conduit à une étude approfondie de l'histoire naturelle, il y consacra le reste de sa vie et mérita que Buffon l'associât à ses travaux. Il a rédigé, à l'usage des paysans, un *Catéchisme d'agriculture*, ouvrage recommandable par sa clarté, sa simplicité, et qui aurait mérité de devenir le *vade mecum* de tout cultivateur.

BEYAH, rivière de l'Hindoustan, dans la présidence de Pendjab, prend sa source dans l'Himalaya, dans le défilé de Botany, et, après un parcours de 500 kil., elle se réunit au Setledje, au-dessus de Firouzpour.

BEYERLAND, île de la Hollande méridionale. Cette île est formée par la Meuse, et renferme deux villes, *Nieuw-Beyerland*, dont la population est de 1,000 hab., et *Oud-Beyerland*, pop. 3,000 hab.

BEYGTACH (Hadjy), surnommé *Vély le Saint*, fanatique musulman sous Amurat Ier, empereur des Turcs. Ce fut lui qui institua les janissaires. Ainsi, il persuada à Amurat Ier qu'il devait affermir son autorité en établissant une garde particulière, soumise à la plus sévère discipline. Les Turcs traînaient alors avec eux un nombre considérable de prisonniers chrétiens. Beygtach prit les enfants, et, pour les familiariser avec la vue du sang, il les exerça à poignarder les vieillards et à leur mutiler les bras et les jambes. Quand ses élèves trouvèrent dans ces massacres une sorte de volupté, il les organisa en compagnies, les revêtit d'un costume sévère et farouche et leur donna des règlements. Amurat le chargea de bénir l'étendard de cette milice. Il le consacra en présence de ses soldats rangés en bataille, et étendant la manche de sa robe sur la tête du premier soldat : « Que votre contenance, dit-il, soit fière et votre bras victorieux. Ayez toujours le cimeterre tiré, donnez la mort à vos ennemis et revenez sains et saufs de tous les combats; que votre nom soit janissaires (*véni-chéry*), nouveaux soldats. » La coiffure adoptée par les janissaires était de la forme de la manche de Beygtach. Ce corps, qui n'était d'abord que de 6,000 hommes, fut ensuite porté à 60,000. Beygtach mourut vers 1368.

BEYLE (Henri), romancier français, connu aussi sous le nom de Stendhal, né à Grenoble en 1783, mort à Paris en 1842. Il était fils d'un avocat au parlement de Grenoble. Il s'essaya successivement dans la peinture, le commerce et l'administration. Puis, il s'attacha à l'intendance de la maison militaire de Napoléon Ier, où il entra par la protection du comte Daru, son parent. Il suivit, en cette qualité, l'armée française dans la campagne de Russie. Sous la Restauration, il parcourut l'Italie, l'Angleterre et l'Allemagne. Après 1830, il fut nommé consul à Trieste, et, plus tard, à Civita-Vecchia, où il resta jusqu'à sa mort. Ses romans l'ont placé au premier rang de nos plus célèbres romanciers; on y trouve une puissante originalité d'idées, une connaissance approfondie des hommes et des choses. Ce n'est pas seulement un écrivain remarquable, c'est encore un observateur et un philosophe. On l'a comparé à Balzac, bien qu'il lui soit inférieur. On remarque parmi ses romans : *Armance ou quelques Scènes d'un salon de Paris*, le *Rouge et le Noir*, chronique du XIXe siècle; la *Chartreuse de Parme*. Il prit parti pour l'école romantique dans *Racine et Shakespeare*, où il se montre critique, à la fois ingénieux et éloquent. Son ouvrage intitulé : *De l'amour*, exprime le sentiment le plus suave et le plus délicat. Il a raconté ses aventures de voyage dans Rome, Naples et Florence.

BEZBORODKO (Alexandrowitch), homme d'État russe, né en 1742, mort en 1799. Il fut chancelier impérial, puis ministre de l'intérieur, sous Catherine II. Il fut l'adversaire de Potemkin, favori de l'impératrice et alors tout-puissant; mais son importance ne fut jamais que secondaire. Il signa le traité de Jassy qui mit fin, en 1792, à la guerre contre les Turcs. Paul Ier le nomma prince et chancelier de l'empire. Il a formé à Pétersbourg une remarquable galerie de tableaux.

BÈZE, bourg du départ. de la Côte-d'Or, dans l'arrond. de Dijon, et à 22 kil. de cette ville. Usines à fer et à acier.

BÈZE ou BESZE (Théodore DE), poëte français, né à Vezelay, en Nivernais, en 1519, mort à Genève en 1605. Melchior Volmar le convertit de bonne heure à la religion de Luther. Il passa les premières années de sa jeunesse dans la dissipation; il s'essaya alors dans des idylles latines et dans des épigrammes, qui respiraient la volupté et la licence, mais qui annonçaient déjà un poëte. Il se retira à Genève, où il épousa une jeune fille sans fortune et où il embrassa ouvertement la religion réformée, « abjurant, dit-il, la papauté, ainsi qu'il en avait fait serment depuis l'âge de 18 ans. » Quelques années après, Calvin le fit ministre protestant à Genève. Il fut envoyé au fameux *Colloque de Poissy* pour y soutenir la discussion contre les évêques catholiques; il porta la parole le premier en présence de Charles IX, de la reine-mère et des princes du sang. Mais ayant avancé « que Jésus-Christ était aussi éloigné de l'eucharistie que le ciel l'est de la terre, » il souleva ainsi une tempête d'indignation parmi la cour; on alla jusqu'à l'accuser d'athéisme. Cependant le *Colloque de Poissy* ne pouvait amener aucun résultat, aussi la guerre continua-t-elle aussi ardente contre les protestants. Bèze assista à la bataille de Dreux, où les protestants, commandés par Condé, furent défaits et le prince fait prisonnier. L'année suivante, il revint à Genève, et, après la mort de Calvin, il fut le chef de l'Église réformée. Il usa de son autorité pour faire aux princes catholiques une guerre de propagande dans leurs États, et il étendit considérablement l'influence de la religion nouvelle. Dix ans avant sa mort, les jésuites en avaient fait courir le bruit. Ce fut pour lui l'occasion de publier une spirituelle satire, intitulée : *Bèz a ressuscité*. Il a laissé des poésies latines estimées, ce sont des *Élégies*, des *Sylves*, des *Épitaphes*, des *Portraits* et des *Épigrammes*; il a traduit en vers le *Cantique des cantiques*. Il a laissé en outre une *Traduction latine du Nouveau Testament*, et un assez grand nombre d'écrits de polémique religieuse. S'il est vrai que les protestants aient exagéré son mérite et ses vertus, il faut convenir aussi que les catholiques ont surchargé sa mémoire d'odieuses calomnies, et qu'il ne faut pas accepter le jugement que la plupart de ses biographes ont porté sur lui, en puisant à ces sources.

BÉZIERS, sous-préfect. du départ. de l'Hérault, à 60 kil. de Montpellier. Pop. 19,900 hab. Tribunal de 1re instance et de commerce, collége, société archéologique, bibliothèque. On cite, parmi ses monuments, la cathédrale de Saint-Nazaire, les églises de Saint-Aphrodise, de Saint-Jacques, de la Madeleine, l'hospice des enfants trouvés, la maison des sœurs de la Charité; la salle de spectacle, la statue de Paul Riquet, de belles promenades, un pont-canal, la place de la citadelle. Patrie de Pélisson, de Paul Riquet, du père Vanière, de Mairan. Commerce d'eaux-de-vie, produits chimiques, cuirs, laines, etc. Béziers est renommée par la beauté de sa position et par le beau climat dont elle jouit, ce qui a fait dire : *Si vellet Deus in terris habitare, Biterris.* (Si Dieu voulait habiter la terre, il choisirait Béziers.) Béziers fut conquise par les Romains vers 120 av. J.-C.; l'an 52, Jules

César y envoya une colonie de vétérans de la 7e légion. En 406, Honorius la concéda aux Visigoths. Les Sarrasins s'en emparèrent trois siècles plus tard et la pillèrent. Charles Martel les en chassa en 736, et démantela la ville. Les rois d'Espagne la rebâtirent, et elle passa aux mains de Pépin le Bref, en 752. Simon de Montfort s'en empara en 1209, et la saccagea. Elle fut rendue à la France par un traité signé, en 1258, par la maison d'Aragon. La citadelle fut détruite en 1633.

BEZONS, village du départ. de Seine-et-Oise, à 14 kil. de Versailles, sur la rive droite de la Seine. Pop. 600 hab. Ses foires sont très-fréquentées.

BEZOSA (Jacques BAZIN, comte DE), maréchal de France, né en 1645, mort en 1733. Il fit ses premières campagnes en Portugal, sous le comte de Schomberg. Il passa ensuite au service de la France, et se distingua dans l'expédition de Candie et dans les guerres de Hollande. Il fut nommé maréchal de France en 1709. Il fut placé à la tête de l'armée du Rhin en 1710, et s'empara de Landau en 1713. Après la mort de Louis XIV, il fit partie du conseil de régence. Il a laissé la réputation de brave capitaine et d'habile courtisan.

BEZOUT (Etienne), mathématicien, né à Nemours en 1730, mort en 1783. Il fut membre de l'Académie des sciences, et professa les mathématiques. Il est surtout célèbre pour son *Cours de mathématiques à l'usage de l'artillerie*, et par un autre *Cours à l'usage de la marine*. Il a publié aussi la *Théorie des équations algébriques*. Il remplit ses devoirs avec une conscience pleine de bonhomie : ainsi, ayant appris que deux élèves, qu'il devait examiner, étaient atteints de la petite vérole, il n'hésita pas, malgré le danger de la contagion, à se rendre auprès d'eux pour les examiner, et leur éviter ainsi le retard d'une année dans leur avancement.

BHADRINATH, village de l'Hindoustan anglais (présidence du Pendjab), à 100 kil. de Serinagor; n'a que 30 maisons et n'est peuplé que de brahmanes. Ce village est célèbre par son temple, que viennent visiter, chaque année, plus de 50,000 pèlerins.

BHAGHAVAS, c'est-à-dire *le bienheureux*, titre que, dans les livres sanscrits, on donne souvent à Çakia-Muni, le fondateur du bouddhisme. Ce nom, qui est aussi usité chez les bouddhistes que chez les brahmanes, n'est donné qu'au Bouddha ou à l'être appelé à le remplacer, et qui possède toutes les perfections supérieures. Quant aux autres Bouddhas, qui méritent ce nom après s'être plus ou moins instruits par leurs propres efforts, ne prennent pas le titre de bhaghavas.

BHAMO ou BAMMO, ville de l'empire birman, à 270 kil. d'Ava, sur l'Iraouadi. On y compte 2,000 maisons. Entrepôt d'un grand commerce avec la Chine.

BHARTRIHARI, célèbre poëte indien, vivait au 1er siècle av. J.-C. Il vécut au commencement de la grande ère indienne, qui fut pour ce pays une époque de gloire. La littérature du brahmanisme était alors à son apogée. Il était l'une des neuf *pierres précieuses*, et l'on appelait ainsi les savants que Vicramâditya, souverain de l'Inde, avait réunis autour de lui.

BHATGONG ou DHARMAPATAN, ville de l'Hindoustan, dans le Népâl, à 13 kil. de Katmandou. Pop. 25,000 hab. Etoffes de coton, ouvrages de bronze, fer, cuivre. Résidence favorite des brahmanes.

BHAVANI-KODAL, ville de l'Hindoustan anglais, dans la présidence de Madras, à 95 kil. de Coïmbetour, au confluent du Kavéry et du Bhavani. Dans cette ville, on voit deux temples fameux, l'un dédié à Vichnou, l'autre à Siva

BHEGVOR, rivière du Béloutchistan, prend sa source dans le Saraouan et, après un parcours de 600 kil., se jette dans la mer d'Oman.

BHOPAL, ville de l'Hindoustan, ch.-l. d'un Etat du même nom, à l'E. d'Oudjein. Résidence d'un puissant radjah, tributaire des Anglais. Pop. de l'Etat : 1,200,000 hab. Il était autrefois habité par les Pindaris, peuple de brigands.

BHOUDJ, ville forte de l'Hindoustan (Katch), au N.-O. de Surate. Pop. 19,650 hab. Résidence d'un radjah.

BHURTPORE ou BHERTPOUR (Etat de), au N. de l'Hindoustan, capitale Burtpore, à 50 kil. d'Agra. Pop. 2,000,000 d'hab. Cet Etat est gouverné par un radjah sous la protection de l'Angleterre depuis 1826. La capitale fut en vain assiégée par les Anglais pendant la guerre des Mahrattes.

BIAFRA, royaume de l'Afrique occidentale (Guinée supérieure), situé entre le royaume d'Ouari et la côte de Gabon, sur la baie de Biafra.

BIAFRA (baie de), située à l'E. du golfe de Guinée, la plus profonde de ce golfe. Elle est située entre les caps Formose et Lopez. Iles principales : Fernando-Po, San Thomé, etc.

BIAGIOLI (Nicolas-Josaphat), littérateur italien, né à Vezzano, près de Gênes, en 1768, mort à Paris en 1830. Il eut un grand succès à Paris comme professeur de langue et de littérature italiennes.

BIALA, ville des Etats autrichiens (Cracovie), dans le cercle de Wadowice, et à 30 kil de cette ville. Pop. 6,000 hab.

BIALA, ville de la Russie d'Europe (Pologne, gouvernement de Lublin), à 50 kil. de Siedlec. Pop. 3,600 hab. Le monument le plus remarquable de cette ville est le château des Radziwil.

BIALOWICZ, grande forêt située en Lithuanie (gouvernement de Grodno), entre le Boug et la ville d'Isla. Superf. 310 kil. sur 27 kil. dans la plus grande largeur, et son circuit de 1,120 kil. Cette forêt est arrosée par trois rivières : la Narewca, la Narwa, la Bialowiczonka. On y trouve des sangliers, des ours, des élans, des loups et des aurochs.

BIALYSTOK, ville de Russie, ch.-l. de la province de son nom (gouvernement de Grodno), à 800 kil. de Saint-Pétersbourg. Pop. 10,500 hab. Industrie et commerce actifs. Ecole de sages-femmes, hôpital, gymnase, deux églises, un couvent de religieuses. On y voit un beau château, surnommé le *Versailles de la Poldaquie*, appartenant au comte Branicki.

BIANA, ville de l'Hindoustan anglais, dans la province d'Agra, à 80 kil. de cette ville. Biana était autrefois la capitale des Radjepouts, lorsqu'elle n'était encore que village.

BIANCHI (Jean-Baptiste), médecin et anatomiste, né à Turin en 1681, mort en 1761. Il était docteur en médecine à 17 ans. Peu de temps après, il eut la direction des hôpitaux de Turin. Il professa l'anatomie avec la plus grande distinction. Il a laissé un grand nombre d'ouvrages anatomiques, dans lesquels il se montre profond physiologiste. Cependant il procède souvent par voie d'hypothèse, et émet alors des opinions hasardées.

BIANCHI (Jean), médecin et naturaliste italien, plus connu sous le nom de Janus Plancus, né à Rimini en 1693, mort en 1775. Il se distingua à la fois dans l'histoire naturelle, la littérature, la philosophie et les langues grecque et latine. Il fut le médecin des pauvres qui s'empressaient autour de lui dans les villes où il voyageait pour s'instruire. S'étant fixé dans son pays natal, il y ouvrit une école de médecine, de philosophie et de langue grecque. Il a laissé plusieurs ouvrages intéressants sur l'anatomie et la médecine.

BIANCHI (Jean-Antoine), littérateur italien, né à Lucques en 1686, mort à Rome en 1758. Il fut protégé par le pape Benoît XIII. Il a laissé une *Défense des théâtres*. Dans cet ouvrage, il démontre que les spectacles sont essentiellement moralisants et développent le goût d'une nation. Il écrivit un assez grand nombre de tragédies.

BIANCHINI (François), astronome et antiquaire, né à Vérone en 1662, mort à Rome en 1729. Il contribua au rétablissement de l'assemblée des *Aletofili* ou amateurs de la vérité, spécialement ouverte aux mathématiciens. Clément XI sut apprécier son mérite, et le nomma secrétaire des conférences sur la réforme du calendrier. Il travailla huit ans à tirer une ligne méridienne à travers l'Italie. Il perfectionna divers instruments d'astronomie, et découvrit les taches de Vénus.

BIANCHO (Andrea), géographe vénitien du XVe siècle. Il est surtout célèbre par une carte géographique qu'il publia en 1453, avant Christophe Colomb, et sur laquelle on trouve une île du nom d'*Antilia*, indiquée à l'ouest des Açores. La conformité de ce nom avec celui des Antilles a beaucoup exercé la sagacité des savants, qui ont cherché si ces îles n'auraient pas été visitées avant Colomb.

BIARITZ ou BIARRITZ, village du départ. des Hautes-Pyrénées, à 8 kil. de Bayonne, sur le golfe de Gascogne. Pop. 2,430 hab. Etablissement de bains très-fréquentés. Ce village a acquis une certaine importance, depuis quelques années, par le séjour qu'y fait chaque année l'empereur Napoléon III.

BIAS, l'un des sept sages de la Grèce, né à Priène, en Ionie, en 570 av. J.-C. Ayant étudié les lois, il consacrait son temps à défendre ses amis devant les tribunaux, ou se constituait leur arbitre. Il employait une fortune considérable à racheter des jeunes filles enlevées par des pirates, et, après les avoir élevées et dotées, il les renvoyait à leurs parents. Il mourut fort vieux, en plaidant. Il disait souvent qu'il aimait mieux être pris pour arbitre par ses ennemis que par ses amis, parce que dans le premier cas il se faisait un ami, et dans le second un ennemi. Il était d'avis que, le monde étant rempli de méchants, il fallait aimer les hommes comme si on devait les haïr un jour. Priène, sa patrie, ayant été prise par Cyrus, les habitants s'enfuirent, emportant ce qu'ils avaient de plus précieux. Bias n'emportait rien, et comme on s'en étonnait : « J'emporte tout avec moi, » répondit-il, faisant allusion à la sagesse qui ne pouvait l'abandonner. Une tempête s'étant élevée pendant la traversée, il entendit des impies qui imploraient les dieux : « Taisez-vous, leur dit-il, de peur qu'ils ne s'aperçoivent que vous êtes sur ce vaisseau. » Quand il mourut, ses compatriotes lui firent des obsèques magnifiques, et lui consacrèrent un lieu qu'on nomma Teutamion du nom de son père Teutamus. On lui attribue un poëme de 2,000 vers sur l'Ionie.

BIASCA, village de Suisse, dans le canton du Tessin, à 80 kil. de Bellinzona. Pop. 2,050 hab. Biasca, autrefois bourg très-riche, fut deux fois détruit par des inondations (1514 et 1745).

BIBANS (défilé de) ou PORTES-DE-FER. Gorge étroite d'un accès très-difficile et bordée de rochers à pic très-élevés. Située dans le mont Jurjurah, au S.-E de Callah, entre les provinces d'Alger et de Constantine. Le maréchal Valée et le duc d'Orléans, à la tête de l'armée française, franchirent ce défilé en 1839.

BIBARS (Bondokdari), 4e sultan de la dynastie des Mameloucks-Baharites, en Egypte; il fut proclamé en 1260. Il avait d'abord été esclave. Il arriva au pouvoir et fut proclamé par la milice, après avoir tué Cotouz, son prédécesseur, qui venait de défaire les Tartares. Cependant son autorité n'étant pas encore affermie, il fit élire un kalife pour se faire consacrer par lui; mais ce kalife ayant péri dans une expédition contre les Tartares, il en nomma un second à qui il enleva prudemment tout pouvoir temporel. Depuis cette époque, les kalifes n'ont jamais recouvré l'autorité qui les avait rendus redoutables. Il s'avança jusqu'à Antioche en passant au fil de l'épée les populations qui lui résistaient. Il échoua cependant devant Saint-Jean d'Acre qu'il assiégea deux fois. A son retour en Egypte, il y eut une éclipse de lune qui présageait, dit-on, la mort d'un souverain. Pour détourner sur un autre l'effet du présage, Bibars imagina d'inviter à un repas splendide un prince de la maison de Saladin. Ce malheureux vint y chercher la mort; on lui fit boire un vin empoisonné. Pour éloigner tout soupçon, Bibars but quelques gouttes dans la même coupe; mais il restait assez de poison pour le faire périr. Le nom de Bibars fut aussi porté par un ancien esclave circassien qui régna en 1309, mais qui fut renversé bientôt par une sédition, et que son successeur fit étrangler.

BIBBIENA (Bernard-Davizio DE), cardinal, né en 1470, mort en 1520. Il était issu de parents obscurs, mais ayant été remarqué par Laurent de Médicis dont il avait été domestique, celui-ci le fit instruire. Plus tard, il s'attacha à Jean de Médicis, l'un des fils de Laurent, et devint même son précepteur. Jean de Médicis, devenu pape sous le nom de Léon X, se souvint de son maître et le fit cardinal. Cinq ans après, il l'envoya à la cour de François Ier pour l'engager dans une croisade contre les Turcs. Le roi de France avait d'abord adopté cette idée chevaleresque; mais les prétentions et les défiances de la cour de Rome en rendirent l'exécution impossible. Bibbiéna, voyant ses projets détruits par les intrigants qui s'agitaient autour du pape, écrivit au souverain une lettre pleine d'amertume, mais dictée par une noble franchise et par un zèle éclairé. Les sympathies qu'il avait trouvées en France, en faisaient dès lors un homme dangereux. Il fut rappelé; mais, à peine rentré à Rome, il succomba par les effets d'un poison subtil qu'on avait introduit dans des œufs. C'était un homme doué de beaucoup d'esprit; il est considéré comme l'un des restaurateurs de la comédie. Sa pièce, intitulée *Calandria*, est la première comédie qui ait été écrite en prose italienne.

BIBBIENA, bourg du royaume d'Italie, situé à 57 kil. de Florence. Pop. 2,200 hab. Foires importantes.

BIBERACH, ville de Wurtemberg (cercle du Danube), autrefois ville libre, aujourd'hui ch.-l. de l'arrond. de son nom, à 34 kil. d'Ulm. Pop. 4,600 hab. Fabrication très-active de peaux mégissées, de pelleteries, de toiles fortes, de lainages. Commerce important de grains. Patrie de Wieland. Le 2 octobre 1796 et le 9 mai 1800, les Français y battirent les Autrichiens. En 1803, Biberach fut donné au duché de Bade, et en 1806 au Wurtemberg.

BIBESIA, nom donné chez les anciens Romains à la déesse du boire, comme Edesia à la déesse du manger.

BIBIANE (sainte), vierge romaine, qui subit le martyre sous Julien l'Apostat, en 363. Apronien qui venait d'être nommé gouverneur de Rome, perdit un œil pendant qu'il voyageait pour se rendre à son poste. Il attribua cet accident, dont il ne comprenait pas la cause, à la magie des Galiléens, c'est-à-dire des chrétiens. Il jura alors de les exterminer. Bibiane qui était renommée pour sa piété fut une de ses victimes. Elle fut attachée à un poteau et flagellée avec des lanières garnies de plomb; elle mourut avec résignation. Plus tard les chrétiens élevèrent une chapelle sur son tombeau. Au même endroit se trouve une église qui contient les reliques de cette sainte.

BIBLE, du grec *biblion*, signifie livre, et désigne la collection des livres saints. La bible comprend les livres de l'Ancien et du Nouveau Testament; ceux de l'Ancien Testament sont antérieurs à Jésus. Ils contiennent la législation et les légendes hébraïques, depuis l'origine du monde. Le Nouveau Testament renferme les livres écrits depuis la mort de Jésus, par ses apôtres et ses disciples. Les savants de tous les temps et de tous les pays se sont appliqués à expliquer et commenter la Bible qui forme le fondement de la plupart des religions; mais les interprétations ont varié, ainsi que cela est inévitable, lorsqu'il s'agit de faire revivre une langue morte et une civilisation disparue. La défense de ce qui était pour le clergé la saine doctrine, a donné lieu, jusqu'au siècle dernier, à des guerres et à des persécutions qui ont longtemps retardé les progrès de l'humanité. Le clergé catholique a fini par interdire la lecture de la Bible sans la permission toute spéciale d'un prêtre.

BIBLIANDER (Théodore), théologien, né en 1504, mort en 1564. Son véritable nom était Buckmann. Il était professeur de théologie à Zurich; il avait succédé à Zwingle, après avoir embrassé sa doctrine. Il a écrit un grand nombre d'ouvrages contre la cour de Rome; on y trouve des renseignements intéressants sur l'histoire ecclésiastique. Il mourut de la peste à Zurich.

BIBLIOMANCIE. On appelait ainsi au moyen âge une espèce de divination qui s'exerçait par le moyen et par le secours de la Bible, pour connaître les sorciers et pour éviter les embûches du démon.

BIBLIOTHÉCAIRE. Ce mot était pris autrefois dans une acception spéciale, et désignait un ecclésiastique chargé d'administrer le temporel d'un monastère.

BIBLIOTHÈQUE. La bibliothèque la plus ancienne qui soit mentionnée dans l'histoire, est celle d'Osymandias, roi d'Egypte, placé dans son palais de Thèbes. On lisait ces mots au-dessus de la porte principale : *Pharmacie de l'âme.* Pisistrate, tyran d'Athènes, y fonda une bibliothèque publique; elle fut dévastée par Xerxès et les livres transportés en Perse. Séleucus Nicanor les restitua plus tard aux Athéniens. La bibliothèque d'Aristote eut une certaine célébrité. La plus considérable de l'antiquité fut celle d'Alexandrie, fondée par Ptolémée Soter, en 283 av. J.-C. Elle fut augmentée plus tard et compta jusqu'à 700,000 volumes; il y en avait 400,000 dans le Bruchium et 300,000 dans le Sérapéum. Le Bruchium fut incendié quand César s'empara d'Alexandrie; mais le Sérapéum s'agrandit encore, et s'augmenta, sous Antoine, de la bibliothèque de Pergame qui contenait 200,000 volumes, et avait été fondée par Eumène, fils d'Attale Ier. En 390, Théophile, patriarche d'Alexandrie, voulant abolir l'idolâtrie dans son diocèse, et mettre fin aux luttes incessantes entre les chrétiens et les païens, fit incendier le temple de Sérapis et la magnifique collection qui s'y trouvait renfermée. C'est donc à tort qu'un tel acte de barbarie a été imputé aux Arabes; et il ne faut pas confondre l'incendie de quelques livres chrétiens d'un intérêt médiocre avec les trésors de l'esprit humain que contenait Alexandrie. La destruction de cette bibliothèque marque le divorce de la société chrétienne naissante avec l'ancien monde, dont elle voulait effacer ainsi les traditions mêmes. Dès ce moment la société semble rétrograder jusqu'au jour où profitant de quelques épaves échappées à ce déluge, les savants, dont on doit admirer la sublime patience, ont réédifié avec quelques tronçons, l'ancienne constitution sociale et son système scientifique. Il est vrai qu'Omar fit brûler quelques livres chrétiens dont on lui demandait la conservation, et voici la réponse qu'il fit à ce sujet : « Quant aux livres dont vous parlez, si ce qu'ils contiennent est conforme au livre de Dieu (le Coran), ce livre les rend inutiles; si, au contraire, ce qu'ils renferment est opposé au livre de Dieu nous n'en avons aucun besoin. Donnez donc ordre de les détruire. » Il y a là sans doute un acte de fanatisme ; mais l'histoire établissant la complète destruction de la bibliothèque sous Théodose, on ne saurait expliquer comment elle aurait été incendiée deux fois. — A Rome, on citait la bibliothèque d'Asinius Pollion établie dans un temple de la Liberté; celle qu'Octavie consacra en l'honneur de son fils Marcellus, dans un magnifique monument construit par Auguste. Les empereurs en fondèrent un grand nombre. Domitien lui-même répara les désastres causés par l'incendie à diverses bibliothèques, en rassemblant des livres de tous les points de l'empire; il envoya même des copistes à Alexandrie. Au IVe siècle, Rome possédait vingt-neuf bibliothèques qui s'étaient formées et enrichies par la générosité des savants et de quelques riches particuliers. Les livres étaient renfermés dans des armoires à hauteur d'homme, disposées pour qu'on pût tourner alentour. Ces armoires étaient en bois précieux, garni d'ivoire et de verre. Les salles étaient de marbre, et l'or même était prodigué dans les décorations. Les livres étaient catalogués. — En Asie, on citait la bibliothèque de Ninive; celle d'Edesse, composée d'ouvrages syriaques et grecs. — Constantinople eut ses bibliothèques; celles de la Gaule étaient célèbres. — Au moyen âge on vit s'établir les bibliothèques monastiques; chaque église avait la sienne. Charlemagne et ses successeurs eurent leur bibliothèque du palais; mais les livres étaient devenus rares, et les bibliothèques étaient pauvres. Les Maures et les Orientaux se distinguaient entre tous par leur goût pour les livres: ainsi Saheb-Ibn-Abard, vizir de Perse, réunit jusqu'à 117,000 volumes. Leurs bibliothèques étaient publiques. Saint Louis forma une collection qu'il rendit publique: mais il dispersa les livres en faisant divers legs. Charles V fut le premier qui établit une bibliothèque permanente dans une des tours du Louvre, appelée *Tour de la librairie.* Le duc de Bedfort en acheta les 900 volumes moyennant 1,200 livres. Louis XI commença les bibliothèques des rois de France; il réunit les collections éparses dans ses châteaux; il y joignit la bibliothèque des ducs de Bourgogne, celle qui avait été fondée à Naples par la maison d'Anjou, et enfin l'ancienne bibliothèque de Pavie. Les manuscrits ont été conservés à la Bibliothèque impériale, et forment la plus belle collection du XVe siècle. François Ier réunit neuf cent quarante-neuf manuscrits grecs. Henri III enjoignit à tout libraire de remettre un exemplaire à sa bibliothèque, et cette disposition a été conservée. La bibliothèque de Fontainebleau fondée par François Ier, s'enrichit sous ses successeurs, bien qu'elle ait été plusieurs fois pillée. Henri IV la transféra à Paris. Sous l'administration de Colbert, la bibliothèque royale prit un grand développement. En 1684, elle comptait déjà 40,000 imprimés et 10,900 manuscrits. Un siècle plus tard, il y avait 152,868 imprimés. Sous la république, la Convention institua une commission chargée de réunir les collections éparses dans les couvents, afin d'en enrichir la bibliothèque nationale. En 1815, la bibliothèque fut pillée ainsi que nos musées. Cependant elle compte aujourd'hui plus d'un million de volumes imprimés, 80,000 manuscrits et plusieurs centaines de milliers de documents historiques. — La bibliothèque Mazarine, fondée par Mazarin en 1644, fut rendue publique par le cardinal. — On remarque encore de nos jours la bibliothèque de l'hôtel de ville, fondée en 1763, par Moreau, procureur du roi; la bibliothèque de l'abbaye de Sainte-Geneviève qui compte 160,000 volumes et 3,500 manuscrits; la bibliothèque de l'Arsenal avec 170,000 volumes et 6,000 manuscrits; la bibliothèque de l'Université et celle de l'Institut, toutes deux de création récente. Il y a aussi des bibliothèques particulières attachées à tous les établissements scientifiques, etétablies dans tous les monuments affectés aux grands corps de l'Etat. Les bibliothèques les plus importantes après celles de Paris, se trouvent à Besançon, à Lyon, à Aix, à Strasbourg et à Bordeaux. A l'étranger on distingue la bibliothèque du Vatican avec ses 100,000 imprimés et ses 24,000 manuscrits, dont 5,000 grecs, 16,000 latins et italiens et 3,000 orientaux. On regrette que l'administration romaine n'exhume pas de précieux trésors antiques qu'elle possède, et qu'elle prive ainsi le monde des documents les plus importants. On remarque aussi la bibliothèque de Venise; celle d'Oxford, en Angleterre, avec ses 300,000 volumes; celle de Bruxelles, celle de Munich, la plus considérable de l'Allemagne; celle de Vienne; celle d'Upsal, en Suède, où l'on voit le magnifique évangile d'Ulphilas; celle de Copenhague et enfin celle de Saint-Pétersbourg.

BIBULUS (Marcus-Calpurnius), consul romain vers l'an 59 av. J.-C. Il fut nommé consul en même temps que Jules César, au moment où celui-ci venait de former avec Pompée et Crassus le premier triumvirat. L'autorité de Bibulus fut peu respectée par son collègue qui gouvernait seul; c'est ce qui fit dire à Cicéron qu'au lieu de mettre, suivant l'usage, dans les actes du gouvernement, *César et Bibulus, consuls*, il fallait mettre *Julius et César, consuls*. César proposa la loi agraire, et cette loi passa malgré l'opposition de Bibulus, aidé de Cicéron, de Caton et de quelques autres sénateurs. Dans cette circonstance, Bibulus faillit être victime de sa courageuse opposition: on le chassa de l'assemblée du peuple, on blessa ses licteurs et on brisa ses faisceaux. Bibulus se retrancha alors dans sa maison, où il resta enfermé pendant tout le temps de son consulat. Il ne fut pas plus heureux à la guerre: ainsi il trouva la mort à la tête de la flotte de Pompée, dont il avait suivi le parti contre César. Il avait épousé Porcie, fille de Caton d'Utique.

BICANERE, Etat de l'Hindoustan (prov. de Radjepoutana. Superf.) 46,800 kil. carrés. Pop. 1,200,000 hab. Sol sablonneux et aride. Bicanere, la capitale de cet Etat, est située à 380 kil. de Delhi, et soumise à un radjah tributaire des Anglais depuis 1818.

BICEPS. C'est ainsi que les Romains avaient surnommé Janus, parce que ce dieu avait deux visages, l'un par devant et l'autre par derrière.

BICÊTRE, village du départ. de la Seine, situé à 4 kil. de Paris, dans l'arrond. de Sceaux, comm. de Gentilly, cant. de Villejuif. Pop. 6,500 hab. Son nom lui vient d'un ancien château bâti au XIIIe siècle par Jean, évêque de Winchester, d'où sont venus, par corruption, *Bischestre*, *Bicestre*, et enfin *Bicêtre*. Sous Louis XIII, on fit de ce château un asile pour les soldats infirmes. Dès 1757, on y enferma les mendiants, les vagabonds, les aliénés, et, quelquefois, les condamnés à mort. Sous Louis XVI, on y enfermait les voleurs et les filles publiques. Sous le règne de Louis-Philippe, on transféra les prisonniers à la Roquette, et ce bâtiment fut transformé en hospice. On évalue la population de l'hospice de Bicêtre à 4,000. On remarque dans l'intérieur un puits construit en 1733, et l'eau en est tirée par deux seaux contenant chacun près de 270 litres. 24 aveugles ou idiots font mouvoir cette machine.

BICHAT (Marie-François-Xavier), célèbre physiologiste, anatomiste et médecin, né à Thoirette-en-Bresse en 1771, mort en 1802. Il reçut de son père, qui exerçait la médecine, les premières notions de cette science. Il y prit goût, et se rendit à Lyon où il étudia la chirurgie sous le célèbre Petit, chirurgien en chef de l'Hôtel-Dieu de cette ville. L'insurrection de Lyon l'ayant forcé à quitter cette ville, il vint à Paris et suivit les leçons de Dessault, qu'une foule de jeunes gens accompagnaient à l'Hôtel-Dieu pour y recevoir l'enseignement du plus habile maître. Celui-ci remarqua l'élève, se l'attacha, et l'associa bientôt à ses travaux. C'est ainsi que Bichat acquit de très-bonne heure le plus haut degré de savoir et d'expérience. Dessault mourut en 1795; Bichat se crut alors obligé d'acquitter envers sa famille une dette de reconnaissance: il vint au secours de sa veuve et de son fils. Il mit la dernière main à des ouvrages commencés par Dessault, et pour lesquels il avait amassé de précieux matériaux: c'est ainsi qu'il composa le quatrième volume du *Journal de chirurgie*. Avec d'autres matériaux de son maître, il publia les *Œuvres chirurgicales de Dessault, ou Tableau de sa doctrine et de sa pratique dans le traitement des maladies externes*. Il fit paraître ensuite les *Vues nouvelles sur les nombreuses causes des rétentions d'urine*. Il écrivit des mémoires médicaux, et l'on remarqua les articles qu'il publia dans les *Actes* de la société médicale d'émulation: il y émit des considérations nouvelles sur les membranes, sur leurs rapports généraux d'organisation, sur la membrane synoviale des articulations, sur les organes à forme symétrique et sur ceux à forme irrégulière, sur la fracture de l'extrémité scapulaire de la clavicule. Il décrivit un nouveau trépan et un procédé particulier pour la ligature des polypes. Il multipliait ses travaux et ses découvertes avec une activité infatigable, en même temps qu'il remplissait ses

Callot avec les Bohémiens.

fonctions de médecin de l'Hôtel-Dieu, et qu'il professait la médecine. Son *Traité des membranes* accuse un génie déjà mûr, et fait pressentir les découvertes physiologiques qui ont rendu son nom immortel : il alliait la méthode expérimentale aux vues grandes et philosophiques. Il publia ensuite ses *Recherches physiologiques sur la vie et sur la mort*. Dans la première partie, qui contient une exposition générale des principes, Bichat distingue la vie animale de la vie purement organique, qui a ses lois propres, et qui peut survivre à la vie animale elle-même. Il sortit des abstractions et chercha le secret de cette vie organique : il trouva son siége et son principe dans les tissus qui enveloppent les viscères ; il approfondit enfin le mode de vitalité propre à chaque espèce de tissus. Dans la seconde partie, il présente une suite d'expériences sur la liaison mutuelle des trois principaux organes de la vie : le cerveau, le cœur et le poumon. Il publia, dans le même ouvrage, ses expériences et ses observations sur le galvanisme. Il écrivit, en moins d'une année, son *Traité d'anatomie générale, appliquée à la physiologie et à la médecine*. Il commença enfin son *Anatomie descriptive*. On y trouve un examen approfondi des appareils de la vie animale, et notamment de ceux de la locomotion, avec la description des os et des organes qui en dépendent. Cependant, de si grands travaux avaient fortement altéré sa santé ; il avait aussi puisé, dans ses dissections anatomiques, le germe d'une maladie dont il n'était pas guéri ; une chute qu'il fit sur les marches de l'Hôtel-Dieu détermina sa mort. Il rendit le dernier soupir entre les bras de la veuve de son ancien maître, dont il n'avait pas voulu se séparer. Il était âgé de 31 ans.

BICLINIUM. Salle de festin à deux lits chez les Romains.

BICOQUE (la), village du royaume d'Italie dans la province de Milan, à 7 kil. de cette ville.

BICORNIGER ou BICORNIS, c'est-à-dire *qui porte deux cornes*. Un des surnoms donnés à Bacchus.

BIDACHE, ch.-l. de canton de l'arrond. de Bayonne (Basses-Pyrénées), à 30 kil. de cette ville. Pop. 920 hab. Exploitation de pierres de taille.

BIDASSOA, petite rivière presque toujours marécageuse, qui prend sa source à la cime du Bélat, en Espagne (Navarre), coule ensuite entre la France (Basses-Pyrénées) et l'Espagne (Guipuzcoa), et après un parcours de 65 kil., se jette dans la mer de Biscaye, entre le village de Hendaye et la place de Fontarabie. On voit de là les restes de l'île des Faisans ou de la Conférence, où fut conclu, en 1659, le traité des Pyrénées.

BIDAUX, corps d'infanterie de l'ancienne milice française, ainsi appelés de ce qu'ils étaient armés de deux dards.

Vue du Capitole à Rome.

BIDDLE (Jean), théologien anglais et sectaire socinien, né à Wolton, dans le comté de Glocester, en 1615. Il soutint publiquement le système des unitaires, repoussant le dogme de la Trinité, et ne voyant dans le Saint-Esprit que le premier des anges. Il établit une congrégation indépendante. Il publia une *Confession de foi touchant la Sainte-Trinité, et témoignages d'Irénée, de Justin martyr et de Tertullien*. Sa confession fut brûlée par la main du bourreau. Il fut jeté en prison. Cromwell le rendit à la liberté ; mais le *Catéchisme* qu'il publia sous Charles II le fit renfermer de nouveau ; il mourut en prison en 1662.

BIDEFORT, ville d'Angleterre (comté de Devon), à 55 kil. d'Exeter, sur la Torridge. Pop. 5,250 hab. Commerce maritime très-actif ; chantiers de construction ; fabriques de cordages et toiles à voiles. Pêche de la morue. Importation des tabacs d'Amérique. A Bidefort, il y a un pont de 21 arches.

BIDENTAL. On appelait ainsi, chez les Romains, un lieu frappé de la foudre ; les prêtres chargés de le purifier immolaient une brebis de deux ans, *bidens*, d'où *bidental*. Après la purification, on l'entourait d'une palissade, et il devenait alors public.

BIDER ou BAYDER, ville forte de l'Hindoustan (Nizam), située à 115 kil. d'Hayder-Abad. Renommée pour les armes et le placage en argent.

BIDJANAGOR ou BICHNAGAR, ville de l'Hindoustan anglais (Madras), à 190 kil. de Bedjapour. Cette ville était autrefois la capitale d'un puissant État, et l'une des plus riches et des plus vastes de l'Inde. Les Indiens mahométans la détruisirent en 1564.

BIDJNI, ville de l'Hindoustan, capitale de l'État du même nom, arrosé par le Brahmapoutra. Résidence d'un radjah, tributaire des Anglais et du Boutan, depuis 1785.

BIDLIS ou BETLIS, ville forte de la Turquie d'Asie (Kourdistan), à 57 kil. de Mouch. Pop. 12,000 hab. Château fort, ancienne résidence des khans. Commerce considérable de tabac, armes et bijouterie.

BIDLOO (Godefroy), anatomiste et médecin de Guillaume II, roi d'Angleterre, né à Amsterdam en 1649, mort à Leyde en 1773. Il fut professeur d'anatomie et de chirurgie à la faculté de Leyde. Il a laissé plusieurs ouvrages d'anatomie qui éclairent une foule de points restés dans l'ombre avant lui.

BIDOUZE, rivière de France (Basses-Pyrénées), prend sa source à 20 kil. de Mauléon, dans les Pyrénées, et, après un parcours de 85 kil., elle se jette dans l'Adour, après avoir arrosé Saint-Palais et Bidache.

BIDSCHOW (NEU-), ville des États autrichiens (Bohême), dans le cercle de Gitschin, à 70 kil. de Prague. Pop. 3,900 hab.

BIEBRICH ou BIBERICH, bourg du duché de Nassau, à 3 kil. de Wiesbaden. Pop. 2,250 hab. On y voit un beau château, résidence du duc.

BIEDENKOFF, ville du grand-duché de

 ADMINISTRATION : IMPASSE DES FILLES-DIEU, 5, A PARIS.

Hesse-Darmstadt, à 19 kil. de Marbourg. Pop. 3,200 hab. Fonderies, draperies.

BIEL (grotte de), nom d'une cavité très-curieuse, située dans le mont Bielstein (duché de Brunswick), non loin de la grotte de Baumann. Elle fut découverte en 1762. On y remarque 11 salles séparées, pleines de stalactites curieuses par les formes bizarres qu'elles affectent, parmi lesquelles on cite l'orgue de la huitième salle et la mer en courroux de la neuvième.

Biel (Gabriel), professeur de théologie et de philosophie à Tubingue, né à Spire en 1420, mort en 1495. Il professa à Tubingue, où il avait été appelé par le duc de Wittemberg. Il prit parti pour les nominalistes dans leur fameuse querelle contre les réalistes.

BIELAIA, rivière de la Russie d'Europe, dans le gouvernement d'Orenbourg ; prend sa source dans l'Oural, arrose Sterlitamak et Oufa, et, après un parcours de 900 kil., navigable sur 400, elle se jette dans la Kama.

BIELEF, ville de la Russie d'Europe, dans le gouvernement de Toula, à 120 kil. de cette ville. Pop. 8,000 hab. Commerce de cuirs et de suif.

BIELEFELD, ville de Prusse (Westphalie), ch.-l. du cercle de Paderborn, autrefois capitale du comté de Ravensberg. Ancienne ville hanséatique. à 35 kil. de Minden. Pop. 12,000 hab. Grand centre de l'industrie linière de la Prusse. La fabrique livre chaque année plus de 70,000 pièces de toiles fines et damassées. Fabrique de soie, cuirs, tabac. Siége d'un tribunal de cercle, chambre de commerce. Il y a, en outre, dans Bielefeld, trois églises protestantes, une église catholique; gymnase. Ancien château fort servant aujourd'hui de pénitencier.

BIELGOROD ou **Belgorod**, ville de la Russie d'Europe (Koursk), à 110 kil. de Koursk. Pop. 10,300 hab. Commerce de fruits.

BIELGORODOK, ville de Russie. (*Voir* Akkerman.)

BIELITZ, ville des États autrichiens (Silésie), à 25 kil. de Teschen. Pop. 5,550 hab. Toiles, draps, sels, vins. Douanes. On y remarque un beau château des princes de Sulkowsky, ducs de Bielitz.

BIELLA, ville du royaume d'Italie, dans l'arrond. de la prov. de Novare, à 58 kil. de Turin. Pop. 9,000 hab. Siége d'un évêché suffragant de Verceil. A 10 kil. de Biella est le monastère d'Oropa, que visitent un grand nombre de pèlerins.

BIELO-OZERO, c'est-à-dire *lac Blanc*, lac de la Russie d'Europe, situé dans le gouvernement de Novogorod. La Cheksna y prend sa source; la Kovja et la Kama y versent leurs eaux. La ville de Bielozerk est située sur ses bords et compte 3,000 h. Un canal part du lac Bielo-Ozero et va rejoindre le lac Onega.

BIELOWITZ, ou **Bielowicze**, ou **Billewicze**, petite ville et château de la Russie d'Europe, située dans le gouvernement de Kowno, à 2 kil. de Rosienic.

BIELSK, ville de la Russie d'Europe, dans la prov. de Bialystok, à 34 kil. de cette ville. Pop. 2,400 hab. En 1831, les Russes y furent battus par les Polonais. C'est dans cette ville que se tint, en 1564, le congrès qui précéda l'union de la Pologne et de la Lithuanie.

BIEN PUBLIC (ligue du). On donne ce nom à une confédération formée, en 1465, contre Louis XI, par François II, duc de Bretagne. Le duc redoutant l'inimitié de Louis XI qui ne lui pardonnait pas d'avoir fait échouer le mariage de la duchesse Françoise, veuve de Pierre II, avec le duc de Savoie, entra dans la ligue du bien public. Il s'entendit avec le comte de Charolais, devenu peu de temps après duc de Bourgogne sous le nom de Charles le Téméraire, et se mit en marche pour le joindre à la tête de 10,000 hommes. L'armée était richement équipée, et « *toute cette compagnie*, dit Commines, *vivoit sur les coffres du duc*. » Louis XI lui barra le passage près de Chartres, et le duc de Bretagne ne put faire sa jonction qu'après la bataille de Montlhéry, où il rencontra Charles le Téméraire avec 20,000 hommes. Louis XI se vit alors dans la dure extrémité de proposer le traité de Conflans. Le duc de Bretagne fut indemnisé de ses armements, il recouvra le comté de Montfort qui lui avait été confisqué, et fut déclaré lieutenant général du roi en Anjou, dans le Maine et dans la Touraine. Mais cette paix, qui mettait fin à la ligue, ne fut pas de longue durée; Louis XI ne la considérait que comme une trêve, en attendant l'occasion d'abaisser les deux grands vassaux dont la puissance faisait ombrage à la couronne de France.

BIENNE ou **Biel**, ville de Suisse, située dans le canton de Berne, à 25 kil. de cette ville, sur le lac de son nom. Pop. 4,250 hab. Fabrique de coton, fil de fer, cigares, montres. Cette ville fut réunie à la France à la suite de la révolution de 1789 et retourna au canton de Berne en 1815.

Bienne (lac de). Ce lac est assez rapproché de celui de Neuchâtel, s'étend au pied de la chaîne du Jura. Sa longueur est d'environ 17 kil. et sa largeur de 3. Jean-Jacques Rousseau habita, en 1765, la petite île de Saint-Pierre, située au milieu de ce lac.

BIENS NATIONAUX. Tel était le nom par lequel on désignait, pendant la Révolution française, les biens confisqués sur les émigrés. Ces biens furent vendus et morcelés. L'influence de cette mesure, au point de vue économique, a été énorme, et l'on peut dire qu'elle a fondé la prospérité agricole de la France.

BIERLING (Frédéric-Guillaume), théologien et prédicateur célèbre, né à Magdebourg en 1670, mort en 1728. Il professa avec distinction la théologie à Rinteln. Il était en correspondance suivie avec Leibnitz et plusieurs autres savants. Son principal ouvrage est l'*Histoire du pyrrhonisme*. Il a aussi laissé de nombreuses dissertations.

BIERNE, ch.-l. de cant. de l'arrond. de Château-Gontier (Mayenne), à 12 kil. de cette ville. Pop. 550 hab.

BIERVLIET ou **Nieuwe-Biervliet**, ville de la Hollande occidentale (Zélande), à 18 kil. de Sluis. Pop. 1,400 hab. Patrie de G. Beukels. Cette ville est située près de l'embouchure de l'Escaut et était autrefois fortifiée.

BIESBOSCH, lac marécageux très-fertile de Hollande, situé dans le Brabant septentrional, entre Dordrecht et Gertruydenberg. Sup. 200 kil. car. Ce lac fut produit, le 19 novembre 1421, par une inondation qui engloutit 72 villages.

BIESLES, bourg de l'arr. de Chaumont (Haute-Marne), à 12 kil. de cette ville. Pop. 1,240 hab. Fabrication active de coutellerie.

BIÈVRE (la), ou **rivière des Gobelins**, petite rivière de France qui prend sa source à 4 kil. de Versailles, entre Bouviers et Guyancourt, et, après un parcours de 31 kil., elle se jette dans la Seine près du pont d'Austerlitz. Elle fut canalisée vers 1844 dans la partie qui traverse Paris; elle alimente la célèbre manufacture de tapis des Gobelins, dont elle a pris le nom.

Bièvre, village de l'arrondissement de Versailles (Seine-et-Oise), à 8 kil. de cette ville, sur la Bièvre. Pop. 1,150 hab. Ce village est situé dans la belle vallée de son nom.

Bièvre (N. **Maréchal**, marquis **de**), né en 1747, mort en 1789. Il était petit-fils de Maréchal, premier chirurgien de Louis XIV. Il servit d'abord dans les mousquetaires et acquit bientôt de la célébrité par ses jeux d'esprit et ses *calembours*, mot qu'il a introduit dans notre langue; il a laissé des volumes entiers de plaisanteries de cette nature. On cite notamment sa *Lettre à la comtesse Tation* (contestation) *par le sieur de Bois* (scieur de bois) *-Flotté, étudiant en droit-fil*; les *Amours de l'Ange-Lure* (engelure) *et de la Fée-Lure* (fêlure); l'*Almanach des calembours* et *Vercingetorix*, tragédie burlesque en un acte. Avec de tels titres, il se présenta à l'Académie; mais on lui préféra l'abbé Maury, et il s'en vengea par ce jeu de mots : *Omnia vincit amor, et nos cedamus amori* (à Maury). Un jour, il dit à la reine, qui avait des souliers verts unis : « Madame, l'*univers* est à vos pieds. » Il assistait un jour à la tragédie de *Cléopâtre*, de Marmontel. On entendait au cinquième acte le sifflement d'un aspic construit par Vaucanson : « Ma foi, dit-il, je suis de l'avis de l'aspic. » Il composa cependant une pièce sérieuse, le *Séducteur*, qui fut représentée avec un certain succès. On alla jusqu'à comparer cet ouvrage au *Méchant* de Gresset; mais quelques malicieux répondirent que cette pièce était aussi éloignée *du bon que du méchant*. Quand il mourut à Spa, son dernier mot fut encore un calembour.

BIFORMIS, c'est-à-dire *double forme*. Un des surnoms donnés à Bacchus, qu'on représentait tantôt comme un jeune homme, tantôt comme un vieillard.

BIGAT. Nom donné à un denier de la république romaine parce que son revers représentait un bige.

BIGE, *biga*. On appelait ainsi, chez les Romains, un char attelé de deux chevaux que l'on employait à la course dans la lice.

BIGGLESWAD, ville et paroisse d'Angleterre, dans le comté de Bedford, à 16 kil. de cette ville. Pop. 3,300 hab. Renommée par ses grandes foires à bétail et son marché aux grains.

BIG-HORN, c'est-à-dire *grosse corne* ou *grand pic*, rivière des États-Unis (Nebraska), prend sa source dans les Montagnes rocheuses, et, après un cours de 1,200 kil. se jette, au fort Manuel, dans le Yellow-Stone (pierre jaune).

BIGLAND (John), historien anglais, né en 1750 à Skirlangh, dans le comté d'York, mort en 1832. Il était maître d'école de village. Parmi ses principaux ouvrages, on cite les suivants : *Histoire d'Espagne*, traduite en français par Bory de Saint-Vincent, et *Précis de l'histoire politique et militaire de l'Europe depuis 1783*, traduite par Mac-Carthy.

BIGNON (Jérôme), littérateur français, né à Paris en 1589, mort en 1656. Son père, qui était fort savant, fut son premier précepteur. A l'âge de 10 ans, il fut placé auprès du jeune prince de Condé, pour lui inspirer de l'émulation. Il n'avait que 11 ans, quand il publia la *Chorographie ou description de la Terre sainte*. A 13 ans, il composa, pour le jeune duc de Vendôme, un *Traité des antiquités romaines*. Tous les savants furent surpris de son érudition et le recherchèrent. A 14 ans, il publia un ouvrage intitulé : *De l'élection du pape*. A 19 ans, il dédia à Henri IV une dissertation sur l'*Excellence des rois et du royaume de France*, en réponse à un auteur espagnol qui avait cherché à établir la prééminence des souverains de son pays. Après la mort de Henri IV, il passa en Italie, où il reçut les félicitations du pape Paul V et du célèbre Fra Paolo de Venise. De retour en France, il fut nommé avocat général du grand conseil, puis avocat général au parlement de Paris. Il ne produisit pas plus tard les œuvres qu'on était en droit d'attendre de son génie précoce, mais il fut simplement un magistrat honoré pour son intégrité; cette gloire, après tout, valait bien l'autre.

BIGNON (Jean-Paul), petit-fils du précédent, membre de la congrégation de l'Oratoire, abbé de Saint-Quentin, prédicateur et bibliothécaire de Louis XV, membre de l'Académie française, né à Paris en 1662, mort à l'Ile-Belle-sous-Meulan en 1743. Il a écrit dans le *Journal des savants*, et publié les *Explications historiques des médailles* sur les principaux événements du règne de Louis XIV. Il publia aussi, sous le nom de *Sandisson*, les *Aventures d'Abdallah*. Il fut le protecteur de Tournefort qui, en reconnaissance, donna le nom de *Bignonia* à un genre d'arbustes d'Amérique.

BIGNON (Louis-Pierre-Edouard, baron), diplomate, né à la Meilleraye (Seine-Inférieure), en 1771, mort en 1841. Il était fils d'un teinturier de Rouen, et put échapper aux soupçons des comités révolutionnaires en prenant du service dans l'armée. Il se fit remarquer de son général, qui le prit pour secrétaire. En 1798, il devint secrétaire de légation en Suisse, en Piémont, à Berlin, à Cassel, à Carlsruhe, à Vienne, à Varsovie, où il remplit plusieurs missions importantes sous l'empire, et reçut en récompense le titre de baron. En 1813, il fut un des plénipotentiaires à Dresde. Pendant les Cent-Jours, il accepta les fonctions de sous-secrétaire d'Etat aux affaires étrangères, et signa la capitulation de Paris, le 3 juillet 1815. Elu député, en 1817, il siégea au côté gauche, et fut un des plus redoutables adversaires du gouvernement de la Restauration. Après la révolution de 1830, il fut, pendant quelques jours, délégué à l'instruction publique; il tint aussi le portefeuille des affaires étrangères, et, en 1837, il fut élevé à la pairie. Napoléon Ier, qui savait apprécier sa capacité diplomatique, lui avait légué 100,000 fr. pour composer une *Histoire de la diplomatie française depuis* 1709 *jusqu'en* 1815, c'est-à-dire une *Histoire de France sous Napoléon*. Le légataire remplit religieusement sa tâche. Les dix premiers volumes de ce grand ouvrage avaient paru de 1827 à 1838, mais la mort le surprit avant qu'il eût pu terminer le onzième. Son gendre, M. Ernouf de Verclives, l'a complété par la publication de quatre autres volumes. Bignon avait été admis à l'Académie des sciences morales, dès son rétablissement. Outre son *Histoire de France*, Bignon a laissé un grand nombre d'ouvrages de circonstance, qui se font remarquer autant par la lucidité que par la force des arguments. M. Mignet a lu à l'Académie des sciences morales et politiques, une notice historique sur ce diplomate distingué.

BIGOIGNE (Pierre), sculpteur français, célèbre au XVIe siècle. Il a exécuté le tombeau de François Ier, que l'on voit à Saint-Denis.

BIGORRE (comté de), ancien pays de France, qui faisait partie, comme comté, du duché de Gascogne, entre l'Armagnac et le Béarn. Cap. Tarbes; villes principales : Lourdes, Vic, Campan, Luz, Cauterets, Bagnères, Baréges, Saint-Sever, etc. Ce comté forme aujourd'hui presque tout le département des Hautes-Pyrénées. Son nom lui vient de *Bigerriones*, peuple qui vint habiter cette contrée avant la conquête romaine. Il fut érigé en comté en 819, et réuni à la couronne en 922. Charles VII le donna, en 1425, au comte de Foix. En 1484, il passa dans la maison d'Albret, et Henri IV le réunit à la couronne de France au mois d'octobre 1607.

BIGOT (Emery), érudit, né à Rouen en 1626, mort en 1689. Il n'est célèbre que par les recherches scientifiques qu'il fit sur saint Chrysostome, dont il publia la *Vie*. Il passait pour très-savant quoiqu'il n'eût rien publié. Il laissa une bibliothèque considérable dont l'abbé de Louvois fit l'acquisition pour celle du roi.

BIGOT DE PRÉAMENEU (Félix-Julien-Jean), ancien ministre, né à Redon en 1747, mort en 1825. Avant la Révolution, il était avocat au parlement de Paris, et fut successivement élu juge du 4e arrondissement et membre de l'Assemblée législative. La modération de ses opinions le rendit suspect, et il fut obligé de se cacher après le 10 août 1792. Il ne reparut que sous le consulat, et fut alors nommé conseiller d'Etat. Il concourut de la manière la plus active, avec Portalis, Tronchet et Malleville, à la rédaction du Code civil. Il fut fait comte de l'empire en 1804, ministre des cultes en 1808, fonctions qu'il conserva jusqu'à la Restauration. Il était membre de l'Académie française.

BIGOT DE MOROGUES (Pierre-Marie-Sébastien, baron), minéralogiste, agronome et économiste, né à Orléans en 1776, mort en 1840. Après avoir étudié à l'école des mines sous Vauquelin et Haüy, il entreprit, avec le comte de Tristan, son beau-frère, des voyages scientifiques en Bretagne, dans les Vosges, le Jura, la Suisse et la Savoie. Les principaux résultats de ces excursions ont été publiés dans le *Journal des mines* et les *Annales du Muséum*. Ce fut lui qui publia l'un des premiers mémoires sur les aérolithes. Dans plusieurs autres écrits, il chercha à démontrer la possibilité d'améliorer la Sologne. Il fut nommé pair de France, en 1835. Comme publiciste, Bigot de Morogues ne mérite pas les éloges officiels qui lui furent accordés sous la Restauration.

BIHAIN, village de Belgique (Luxembourg), à 40 kil. de Neufchâteau. Pop. 950 hab. Pierres à rasoir très-estimées.

BIHAR, ancien comitat de Hongrie, à l'O. de la Transylvanie, divisé en 2 comitats, celui de Nord-Bihar, chef-lieu Debreczin, et celui de Sud-Bihar, chef-lieu Gross-Wardein. Pop. 445,000 hab. Vastes forêts. Mines d'argent et de cuivre; beaux marbres. Ce comitat tire son nom d'un bourg de Hongrie, situé à 20 kil. de Gross-Wardein.

BIKANIR, ou BIKANÈRE, ville forte de l'Hindoustan, à 23 kil. d'Adjémir, capitale du royaume de Bikanir. Murs flanqués de tours, citadelle. Cette ville est soumise aux Anglais depuis 1818.

BILBAO, ville d'Espagne, ch.-l. de la province, autrefois seigneurie basque de Biscaye, à 436 kil. de Madrid. Pop. 15,000 h. Bilbao, fondée en 1300, est le siége d'un tribunal de commerce de Burgos. On y remarque l'hôtel de ville, l'hôpital, la jolie promenade de l'Arsenal, un beau quai. Arsenal de construction et d'artillerie, chantier de construction pour la marine marchande. Son port est l'un des plus importants du nord de l'Espagne. Entrepôt de commerce de laines. Exportation de fers, aciers, poissons, fruits, grains. Les Français s'emparèrent de Bilbao en 1775, 1808 et 1809. Les carlistes l'assiégèrent vainement en 1835.

BILDERDICK (Guillaume), poëte hollandais, né à Amsterdam en 1756, mort à Harlem en 1831. Ses compatriotes le placent à côté de Gœthe et de Byron. On a de lui une traduction des poésies d'Ossian, une imitation de l'*Homme des Champs*, de Delille, des tragédies, un poëme épique inachevé, la *Destruction du premier monde*, divers recueils de poésies, une *Grammaire hollandaise* estimée. Son attachement à la maison d'Orange lui attira fort longtemps des persécutions.

BILÉDULGÉRID, BÉLAD-EL-DJÉRID, ou BÉLUD-EL-DJÉRID, c'est-à-dire *Terre des palmiers*. Contrée peu cultivée de l'Afrique septentrionale, au S. de l'Atlas. Elle est bornée au N. par les territoires de Tunis, de l'Algérie et du Maroc; à l'O. encore par le Maroc, au S. par le Sahara, à l'E. par le territoire de Tripoli et par le Fezzan. Large environ de 800 kil. sur 2,400 kil. de long. Les habitants sont des Arabes, des Berbères et des Nègres. Les villes principales sont : Tafilet, centre commun, où se réunissent les caravanes; Gadamès.

BILFINGER (George-Bernard), philosophe français, né à Constadt, en Wurtemberg, 1693, mort en 1750. Il était né avec douze doigts et onze orteils, difformité héréditaire dans sa famille. Il embrassa toutes les sciences physiques et philosophiques, et y acquit une certaine célébrité. Il s'attacha à la doctrine de Leibnitz et de Wolf, et ses nombreux ouvrages, en latin, ne sont que la reproduction des théories de ces grands philosophes. Il fut professeur de philosophie à Pétersbourg, et de théologie à Tubingue. Ce qui caractérise sa doctrine, c'est qu'elle n'est jamais purement spéculative, et qu'elle a toujours pour objet l'observation et l'explication des faits utiles, à l'aide d'une logique nette et serrée, qui exclut les hypothèses hasardées.

BILIARSK, ville de Russie d'Europe, dans le gouvernement de Kazan, à 110 kil. de cette ville. Pop. 2,500 hab. On remarque aux environs des ruines considérables de Biliar, ancienne ville tartare.

BILIN, petite ville de Bohême, à 65 kil. de Prague, dans le majorat de la famille de Lobkowitz, dans le cercle de Leitmeritz. Pop. 3,200 hab. Eaux minérales. Beau château des princes de Lobkowitz, construit en 1680. Fabrique de magnésie.

BILL, mot anglais qu'on a voulu faire dériver du latin *libellus* et qui sert à désigner toute déclaration émanant d'un magistrat, comme le *bill de comparution*, qui est une citation en justice, tout projet de loi ou toute déclaration émanant du pouvoir législatif. Dans le premier cas, le *bill* était équivalent du *writ*, avec cette différence que le *bill* émanait du tribunal appelé à juger l'affaire; tandis que le *writ* émanait de la chancellerie, qui déférait une affaire à un tribunal. Aujourd'hui, le mot *bill* s'applique plus spécialement aux actes législatifs, émanant de la Chambre des communes ou de celle des lords, et s'applique aussi bien aux projets de loi appuyés par la Chambre qu'aux lois promulguées. Tout membre de l'une ou l'autre Chambre a le droit de proposer un bill; cependant ce droit est réservé exclusivement à la Chambre des communes, quand il s'agit de l'établissement ou de la modification d'un impôt. Le bill, ainsi présenté, peut être admis sur une simple motion, ou renvoyé à une commission. S'il est adopté sur le rapport de cette commission, il est renvoyé à l'autre Chambre. Si les deux Chambres ne sont pas d'accord sur l'approbation, le rejet ou certaines modifications, la question est portée devant un nombre égal de pairs et de députés, qui décident souverainement. La sanction est donnée par le chef de l'Etat.

BILL DES SIX ARTICLES. On appelle ainsi le bill qui fut publié en 1539, par Henri VIII, roi d'Angleterre, en qualité de chef de l'Eglise réformée, par laquelle il était fait défense, sous peine d'être livré au bûcher, de croire à la transsubstantiation, c'est-à-dire à la présence réelle de Dieu dans l'Eucharistie; et, sous peine d'emprisonnement et de confiscation, d'admettre la seule communion sous l'espèce du pain, le vœu de chasteté, la confession auriculaire et le pouvoir des messes. La récidive, dans ces derniers cas, entraînait la peine de mort.

BILL DES TRENTE-NEUF ARTICLES. Ce bill, publié en 1562, est considéré comme contenant la profession de foi religieuse des protestants. Il supprime la liturgie latine, ordonne l'enlèvement des images catholiques dans les églises, la suppression des autels, l'abolition de l'usage de l'encens, des cierges et de l'eau bénite. Il remplace les ornements sacerdotaux par un costume plus simple. Il condamne la croyance au purgatoire et l'invocation des saints, et abolit le culte de la Vierge. Il supprime les sacrements autres que le baptême et l'eucharistie, et condamne le célibat des prêtres. Au surplus, ce bill ne fait que rappeler et sanctionner celui de 1539.

BILLAUD-VARENNE (Jean-Nicolas), fameux conventionnel, né à la Rochelle en 1762, mort en 1819. Il fit ses études chez les Oratoriens et devint préfet des études au collége de Juilly. En 1785, il entra au barreau. Au début de la Révolution, il embrassa avec ardeur les idées nouvelles, et se lia avec Marat, Robespierre et Danton. Ses écrits violents contre les ministres de Louis XVI et la royauté même le placèrent bientôt parmi les personnages importants de cette époque. Il coopéra, comme substitut du procureur de la commune, aux premiers actes de la Terreur. La commune de Paris l'envoya à la Convention. Il y vota la mort de Louis XVI, et se montra ardent contre les girondins. Il devint membre du comité de salut public; mais il se sépara bientôt de Robespierre dont il blâmait l'orgueil et qu'il accusait d'aspirer à la dictature. Le 9 thermidor, il se prononça contre lui; mais la réaction qui, depuis ce moment, commença à se relever, le fit bientôt déporter à Cayenne avec Collot d'Herbois. Les gouvernements qui suivirent l'y retinrent pendant 20 ans; mais il parvint à s'échapper et se réfugia à Saint-Domingue, où il resta jusqu'à sa mort.

BILLAUT (Adam), connu sous le nom de *maître Adam*, menuisier de Nevers, poëte distingué du temps de Louis XIII, mort en 1662. Il n'avait fait aucune espèce d'étude, mais il était doué d'un talent naturel, et il versifia parfois d'une manière fort heureuse. Ses contemporains l'appelaient encore le *Virgile au rabot*. Ses poésies, intitulées *Chevilles* et *Vilebrequin*, eurent un grand succès, malgré quelques compositions assez médiocres, parmi lesquelles on voit de temps en temps des étincelles de poésie. On admirait surtout sa chanson :

> Aussitôt que la lumière
> Vient redorer nos coteaux, etc.

Il fut pensionné du cardinal de Richelieu et du duc d'Orléans. Il aimait à vivre largement sans blâmer la rigidité des autres, ce qui lui faisait dire que : « Si Épicure et Zénon avaient vécu de son temps, il les aurait fait rire et boire ensemble. »

BILLECOQ (Jean-Baptiste-Louis-Joseph), avocat et littérateur, né en 1765, mort en 1829. Comme avocat, il se distingua dans la défense du marquis de Rivière, accusé de complicité avec Cadoudal. Comme littérateur, il a traduit le *Voyage de Néarque*, du docteur Vincent, et la *Conjuration de Catilina*, de Salluste.

BILLINGTON (Elisabeth WEISCHSEL, mistriss), célèbre cantatrice, née à Londres en 1769, morte à Venise en 1818. Elle fut élève de Sacchini, et fit, pendant près de 30 ans, les délices de Londres; mais elle n'osa jamais se produire sur une scène étrangère.

BILLITON ou BILLINGTON, île de la Malaisie, dans l'archipel de la Sonde, au S.-O. de Bornéo. Superf. 100 kil. sur 80. Pop. 12,750 hab. Mines de fer et d'étain, bois précieux. Cette île fut cédée aux Anglais par le sultan de Palembang et appartient aux Hollandais depuis 1822.

BILLOM, ch.-l. de cant. de l'arrond. de Clermont (Puy-de-Dôme), à 25 kil. de cette ville. Autrefois place forte et siége d'une université qui fut fondée en 1455 et devint, un siècle plus tard, un collége de jésuites. Poteries en terre rouge, dite de *Billom*; fabrique de toile. En 1589, il s'y tint des états que présidèrent la Rochefoucauld-Randon et l'évêque de Clermont.

BILLY, bourg de l'arrond. de la Palisse (Allier), à 16 kil. de cette ville. Pop. 1,050 hab. Ancienne et puissante châtellenie. On y remarque un vieux château qui, au XVIIIe siècle, appartenait aux ducs de Montmorency.

BILMA, ville du désert de Sahara, à 650 kil. de Mourzouk, habitée par des Tibbous.

BILSEN, ville de Belgique (Limbourg), à 12 kil. de Maëstricht. Pop. 3,100 hab. Eau minérale ferrugineuse.

BILSTON, ville d'Angleterre (Staffort), à 17 kil. de Birmingham. Pop. 20,000 hab. Houille, fer aux environs. Fonderies, hauts-fourneaux. Près de cette ville, au village de Bradley, est une mine de houille embrasée depuis plus de 60 ans.

BIMAH, ville de Malaisie, ch.-l. d'un petit État de l'île Sumbava. Exportation de chevaux. Cette ville est soumise aux Hollandais.

BINCHE, ville de Belgique (Hainaut), à 14 kil. de Mons. Pop. 5,000 hab. Broderies sur tulle.

BINDRABUND, ville de l'Hindoustan anglais (présidence du Pendjab), à 55 kil. d'Agra. Temple célèbre de Krischna, lieu de pèlerinage.

BINET (René), traducteur français, né près de Beauvais, en 1729, mort en 1812. Il fut recteur de l'université de Paris au commencement de la Révolution. L'empereur le fit proviseur du lycée Bonaparte. Il a laissé de bonnes traductions d'*Horace*, de *Virgile*, de *Maxime Sévère* et de quelques *Discours de Cicéron*.

BINGEN, ville du grand-duché de Hesse-Darmstadt, dans la province du Rhin, à 24 kil. de Mayence. Pop. 7,000 hab. Commerce actif de transit. Cette ville fut fondée par Drusus et embellie par Julien.

BINGLEY, surnommé le *Garrick* de la scène hollandaise, né à Rotterdam en 1755, mort à la Haye en 1818. Ses parents étaient d'origine anglaise; ils le destinaient au commerce; mais, entraîné par son goût pour le théâtre, il suivit Corver, qui devint son maître dans l'art dramatique. A 24 ans, il débuta à Amsterdam; mais on le crut Anglais, et par antipathie nationale, dans un temps où l'Angleterre faisait contre la Hollande une guerre de piraterie, il se vit mal accueilli. Cependant il persista dans ses débuts, et, à la représentation d'*Achille*, il se distingua si bien dans cette tragédie, que les dispositions du public changèrent. Il excellait dans la comédie aussi bien que dans la tragédie. Comme il entendait parfaitement le français, il joua aussi les pièces de notre répertoire avec non moins de succès.

BINGLEY, ville d'Angleterre, dans le comté d'York, à 60 kil. de cette ville. Pop. 11,850 hab. Cette ville est située sur l'Aire, et près du canal de Liverpool.

BINIE, village de l'arr. de Saint-Brieuc (Côtes-du-Nord), à 12 kil. de cette ville. Pop. 2,810 hab. Ce village possède un port important sur la Manche pour la pêche de la morue et celle de la baleine.

BINTANG, île de la mer et de l'archipel de la Sonde (Malaisie), au S. de la presqu'île de Malacca. Superf. 28 kil. sur 15. Pop. 23,880 hab. Ch.-l. Riouv. Poudre d'or. Commerce de poivre, de gambier ou terre japonique.

BION. Ce nom a été commun à plusieurs hommes célèbres de l'antiquité. Ainsi on a BION le philosophe et BION le poëte, on cite BION d'Abdère qui, le premier, avança, d'après des données précises, qu'il devait exister des contrées où il faisait six mois de jour et six mois de nuit. — BION de Soli, en Cilicie, qui fut un naturaliste célèbre, et que Pline a cité quelquefois.

BION, poëte grec, du IIIe siècle avant J.-C., né à Smyrne, florissait vers l'an 285, sous Ptolémée Philadelphe. Les circonstances de sa vie sont inconnues; on sait seulement qu'il mourut empoisonné, et qu'on en accusa ses ennemis. Moschus, son ami, poëte comme lui, nous apprend cette circonstance dans une touchante élégie qu'il composa sur la mort de Bion. On a conservé de ce dernier dix idylles et quelques fragments. On trouve dans ses descriptions champêtres une poésie douce et facile, une grâce infinie et une grande pureté de sentiment.

BION, philosophe grec, né à Borysthène, ville située sur le fleuve de ce nom, aujourd'hui le Dniéper; il florissait vers 276 avant J.-C., et mourut en 241. Il vint s'établir à Athènes, où il s'attacha d'abord au philosophe Cratès, puis à Théodore, surnommé l'athée, et enfin à Théophraste. Il enseignait que l'homme ne devait s'occuper que de son perfectionnement moral, et rester indifférent aux discussions sur la nature des dieux. Ses écrits sur la morale, dont Stobée nous a conservé quelques fragments, étaient si remarquables, qu'Eratosthène disait qu'il avait revêtu de pourpre la philosophie. Son athéisme lui attira des ennemis et des persécuteurs; on chercha à le perdre dans l'esprit d'Antigone Gonatas, son protecteur, en lui reprochant l'indignité de sa naissance. Antigone l'ayant questionné à ce sujet, il répondit avec une admirable franchise : « Mon père était un affranchi, marchand de poisson salé; ma mère, une courtisane qu'il avait épousée. Mon père ayant commis quelques prévarications dans la perception des deniers publics, fut vendu comme esclave avec toute sa famille. Je tombai en partage à un orateur, à qui j'eus le bonheur de plaire, et qui me laissa tous ses biens en mourant. Je vendis tout, et vins à Athènes pour me livrer à la philosophie. Que mes ennemis s'épargnent donc des recherches inutiles, puisqu'ils peuvent apprendre tout cela de moi. » Antigone, après l'avoir entendu, s'honora lui-même en s'attachant davantage au philosophe. On rapporte de lui mille mots heureux. Il disait, en parlant des savants qui se donnaient beaucoup de peine pour expliquer la route que suivit Ulysse dans ses *erremonts* sur les mers, qu'ils ne se doutaient pas combien ils *erraient* en perdant ainsi leur temps. Il disait souvent à ses disciples : « Quand vous écouterez avec la même indifférence les injures et les compliments, vous pourrez croire que vous aurez fait des progrès dans la vertu. » Il prétendait que la doctrine d'une providence divine et gouvernant toutes choses n'offrait que des contradictions. Bion tomba malade à Chalcis. Antigone, apprenant son état d'indigence, lui envoya des secours, mais il ne put le sauver.

BION (Nicolas), ingénieur cosmographe, né en 1652, mort à Paris en 1733. Il fut ingénieur de Louis XIV pour la construction des instruments de mathématiques. Il joignait à une grande habileté pratique une savante théorie. Ainsi il a publié un *Traité de la construction des instruments de mathématiques*, et un ouvrage intitulé : *De l'usage des globes et sphères*. Son portrait a été gravé avec cette épigraphe, tirée d'Ovide : « Il rapproche de nos yeux les astres les plus éloignés. »

BIORNBOURG ou BJORNEBORG, ville de la Russie d'Europe, dans la Finlande, à 110 kil. N. d'Abo. 4,600 hab. Elle a un port à l'embouchure du Kumo, dans le golfe de Bothnie. Son commerce, qui consiste en bois et goudron, est très-actif. Elle a des fabriques de toiles, des tanneries, etc.

BIOT (J.-B.), célèbre astronome et physicien, né à Paris en 1774, mort en 1862. Il entra à l'école polytechnique dès sa fondation. En 1800, il fut appelé à la chaire de physique au collége de France. En 1803, il fut nommé membre de l'académie des sciences, et en 1804 il fit une périlleuse ascension aérostatique avec Gay-Lussac, pour étudier le magnétisme, l'électricité et déterminer la composition de l'air dans les hautes régions; la relation de ce voyage fut présentée par lui à l'Institut. En 1806, il partit en Espagne avec Arago, pour y achever la mesure de l'arc du méridien terrestre, opération commencée par Delambre et Méchain depuis Dunkerque jusqu'à Barcelone, et qui fut continuée jusqu'aux Baléares. En 1809, il fut nommé professeur de physique à la Faculté des sciences de Paris; ses recherches d'érudition et ses publications littéraires, jointes à ses travaux scientifiques, le firent bientôt admettre à l'Académie des inscriptions et à l'Académie française. C'est surtout à l'optique et à l'astronomie que Biot consacra la plus grande partie de ses travaux. On a de lui un grand nombre de mémoires et d'ouvrages scientifiques.

BIOT (Edouard-Constant), fils du précédent, né à Paris en 1803, mort en 1850. Il était élève de l'école polytechnique et fut reçu membre de l'Académie des inscriptions en 1847. Un des premiers en France il démontra les avantages des chemins de fer et publia, dès 1834, un *Manuel du constructeur de chemins de fer*. Puis il se livra aux recherches historiques et devint un de nos plus savants sinologues. Il a publié, en 1840, un ouvrage sur l'*Abolition de l'esclavage ancien en Occident*, ouvrage qui a été couronné par l'Académie des sciences morales et politiques.

BIRAGUE (René DE), cardinal, né à Milan en 1507, mort à Paris en 1583. Son père était patrice milanais. Birague quitta son pays, alors occupé par les Français, et entra au service de François Ier. C'était un homme d'intrigue et ami des plaisirs; aussi fut-il en grande faveur à la cour du roi. Il fut nommé gouverneur du Lyonnais, puis conseiller au parlement de Paris. Après la mort de François Ier, il se dévoua entièrement à Catherine de Médicis, en flattant ses goûts et ses caprices. Les plus petits moyens lui paraissaient bons pour augmenter son influence. Ainsi ce fut lui qui introduisit à la cour la mode des petits chiens de Malte et de Lyon qu'on appelle *bichons*. Les dames de la cour en portaient partout; Henri III en avait toujours quelques-uns dans une corbeille suspendue à son cou par des rubans. Il mit aussi en faveur les confréries de pénitents. Il fut l'organisateur de la Saint-Barthélemy, et l'un des ligueurs les plus farouches. La vertu sévère de Michel de L'Hospital l'offensait, l'ambition des Guises gênait la sienne, et il s'associait à la haine que Catherine de Médicis leur portait. Il aurait voulu envelopper les Guises dans la Saint-Barthélemy; mais ils se jouèrent de lui et de Catherine de Médicis. Birague convoitait la charge de chancelier, vacante par la démission de L'Hospital; mais on n'osa donner à un étranger cette grande magistrature nationale, et il n'obtint que la garde des sceaux. Cependant il prit le titre de chancelier après la mort de L'Hospital. Il joua le plus triste rôle dans ces processions des nouvelles confréries, où l'on vit Henri III, qui alliait si bien la dévotion au libertinage, figurer avec la noblesse et la magistrature. On cite surtout la procession du vendredi-saint, qui eut lieu par un temps froid et humide, et où beaucoup de pénitents trouvèrent la mort pour avoir parcouru les rues les pieds nus. Georges de Joyeuse fut au nombre des victimes. Birague étant devenu veuf, embrassa l'état ecclésiastique. Il fut nommé évêque de Lavaur, et bientôt après cardinal; mais il ne prit pas la précaution de se faire allouer de bénéfices, ayant toujours eu jusqu'alors la disposition du trésor comme ministre, de telle sorte qu'il se trouva, à la fin de sa vie, sans fortune pour soutenir son rang. Il avait fait construire une fontaine monumentale dans le quartier Sainte-Catherine du Val; mais le peuple la renversa, en haine de son fondateur.

BIRAN, petite ville de l'arrond. d'Auch (Gers), à 15 kil. de cette ville. Pop. 1,400 hab. Ancienne baronnie de l'Armagnac érigée en marquisat en 1630.

BIRBAUM, ville des États prussiens, ch.-l. de cercle, dans la province de Posen, à 70 kil. de cette ville. Pop. 2,700 hab.

BIRCH (Thomas), historien anglais, né à Londres en 1705, mort à Depden, dans le comté d'Essex en 1766. Il fit d'abord partie de la société des quakers, puis il l'abandonna, et devint chapelain de lord Kilmarnock. Il consacra sa vie à l'étude des sciences historiques. Il a publié un *Dictionnaire historique et critique des événements de 1734 à 1741*, une *Histoire orientale*, des *Esquisses biographiques* sur les personnages les plus célèbres de l'Angleterre, des *Mémoires* sur le règne d'Élisabeth et sur Charles Ier. On trouve dans ces divers ouvrages plus d'érudition que de style.

BIRD (William), célèbre musicien anglais, né en 1546, mort en 1623. Il a laissé un grand nombre de compositions remarquable par la mélodie et l'harmonie. On les trouve dans le *Parfait Maître de chapelle* de Mattheson.

BIREN (Jean-Ernest DE), duc de Courlande et de Semigalle, né en 1690, mort en 1772. Il était fils d'un paysan courlandais, qui, ayant gagné les bonnes grâces de son maître, devint propriétaire d'une ferme, et put faire donner à son fils une instruction solide. Il devint chambellan de la duchesse de Courlande, et gagna les bonnes grâces d'Anne Iwanowna qui fut plus tard impératrice de Russie (1730), et devint son chambellan et son confident. Il usurpa alors le nom et les armes de la famille française des Birons. Il apprit bientôt les secrets de la diplomatie, tout en affectant de ne se mêler de rien; mais il fut si insinuant qu'il ne tarda pas à se rendre indispensable. Cependant la noblesse de Courlande, jalouse de son élévation, refusait de le recevoir; il lui rendit un service important en empêchant la réunion des États de Courlande à la Russie, et dès lors il fut admis au nombre des chevaliers courlandais. C'était à qui le comblerait d'honneurs; Charles VI, empereur d'Allemagne, lui accorda le titre de chambellan, et le fit baron de l'empire. Auguste II, roi de Pologne, lui conféra l'ordre de l'Aigle blanc. Il sut même se faire offrir par la noblesse courlandaise le titre de duc de Courlande (1737). Dès ce moment, il quitta sa place de chambellan, et prit rang à côté des princes du sang. Il se fit détester des Courlandais par ses exactions et par la sévérité qu'il déploya contre ceux qui n'étaient pas zélés partisans de la Russie. Ceux qui osèrent lui résister, perdirent la vie ou la liberté. Il fut impitoyable et même féroce dans sa vengeance, comme il l'avait été pour satisfaire son ambition. Pendant les dix années qu'il passa au pouvoir, il fit périr 11,000 personnes, et en fit exiler plus du double. Les Dolgorouki furent surtout l'objet de sa haine. L'impératrice Anne alla jusqu'à se mettre à ses genoux pour le prier de mettre un terme à tant de cruautés. Avant de mourir (1740), elle confia la régence à cet indigne favori qui gouverna au nom d'Ivan Antonowitch, petit-fils de Catherine. Biren, maître du pouvoir, flatta le sénat, sur lequel il voulait désormais s'appuyer, après l'avoir humilié quand il y avait vu l'intérêt de la couronne. Le sénat de Russie lui accorda 500,000 roubles par an, quoiqu'il possédât déjà d'immenses richesses, ainsi que le titre d'Altesse impériale. Cependant des conspirations se tramèrent contre lui, et après 22 jours de pouvoir suprême la princesse Anne le fit arrêter dans son lit et conduire en Sibérie. Le sénat, toujours servile pour ses nouveaux maîtres, la nomma grande-duchesse et régente. Biren fut rendu à la liberté par Pierre III. Catherine II lui restitua ses dignités et son duché de Courlande. Mais quatre ans après, il fut renversé par ses propres sujets, qui, irrités de son despotisme, se donnèrent à la Russie.

BIRGER DE BIELBO, comte du palais ou régent de Suède, né vers 1210, mort en 1266. Il était issu de la famille des Folkungar, la plus puissante du royaume. Il épousa la sœur du roi Eric le Bègue. Il combattit les Danois, et fut récompensé par la charge de comte du palais. Peu après il fit la conquête de la Courlande, dont la population encore barbare n'était pas soumise au christianisme. Sur ces entrefaites, Eric le Bègue étant mort, l'assemblée des électeurs redoutant d'avoir Birger pour roi, et n'osant pas, d'un autre côté, l'exclure de la souveraineté royale, nommèrent roi Waldemar, son jeune fils. Birger, qui combattait alors contre les Finlandais, revint aussitôt, ratifia le choix de la nation, et s'empara de la régence, qu'il conserva jusqu'à sa mort. La Suède lui doit des institutions bienfaisantes et civilisatrices; ainsi il abolit l'esclavage, et édicta des peines sévères contre les meurtriers. Il fut le fondateur de Stockholm et commença la construction de la cathédrale d'Upsal.

BIRGER, roi de Suède de 1290 à 1321, petit-fils du précédent, né en 1280, mort en 1321. Il succéda à son père, Magnus Ladulas. Pendant sa minorité, Thorkel Canutson, maréchal du royaume, son tuteur, gouverna en son nom. Mais des conspirations se tramèrent contre Thorkel; les ducs Eric et Waldemar, tous deux frères de Birger, exigèrent de ce dernier que Thorkel leur fût livré pour être mis à mort. Birger fut forcé d'y consentir; mais bientôt ses frères voulurent usurper la puissance; il chercha alors à se défaire d'eux. Il les invita à un repas, les fit arrêter et les jeta dans un cachot où ils moururent de faim. La nation indignée se souleva alors contre lui, et le força à se réfugier en Danemark, où il mourut bientôt.

BIRKENFELD, ville du grand-duché d'Oldenbourg, à 30 kil. de Trèves. Pop. 2,800 hab. Ch.-l. d'une principauté de son nom, enclavée entre la Prusse (province rhénane) et la Hesse-Hombourg, qui fut réunie à la France (1796-1815), à la Prusse (1814-1816) et donnée au duché d'Oldenbourg par le traité de Vienne.

BIRKENHEAD, ville d'Angleterre près de Liverpool. Cette ville, nouvellement bâtie, a été fondée par une association de spéculateurs et destinée à recevoir 100,000 hab.; elle en a aujourd'hui 40,000.

BIRKSTEIN ou BURGSTEIN, village de Bohême, ch.-l. de la seigneurie de son nom, à 42 kil. de Leitmeritz. Pop. 1,000 hab. Grande manufacture de glaces. On trouve dans ce village et aux environs les plus anciennes et les principales manufactures de cristaux dits *de Bohême*.

BIRMANS (empire des) ou d'AVA, l'un des plus vastes États de l'Asie, dans la partie occidentale de la presqu'île de l'Indo-Chine, au-delà du Gange. Il est borné au N. par le Thibet, la Chine et les provinces de l'Annam; au S. par la mer des Indes; à l'E. par le royaume de Siam; à l'O. par le golfe de Bengale et le Bengale. Il a environ 2,000 kil. de long sur 640 de large; sa superficie est de 164,000 kil. carrés. Dans la partie septentrionale, on rencontre les monts Mogs et diverses autres ramifications de l'Himalaya. La partie méridionale forme une plaine qui va en s'abaissant vers la mer. Les fleuves les plus importants sont l'Arakan, l'Irraouaddy; il forme deux bras qui se subdivisent à leur tour en plusieurs rivières qui forment un delta à leur embouchure vers la mer. Ces rivières débordent dans la saison des pluies et contribuent à fertiliser le pays de la même manière que le Nil fertilise l'Égypte. La population est environ de 8,000,000 d'habitants. Les Birmans se rapprochent beaucoup de la race chinoise; ils sont dans l'habitude de se tatouer le corps, croyant que c'est un charme qui peut empêcher l'effet des armes de leurs ennemis. Le sol est très-fertile; la partie méridionale produit du riz en abondance. On trouve dans le Nord du froment et d'excellents pâturages. On cultive aussi la canne à sucre, le tabac, le coton, l'indigo. Les forêts du Nord produisent de beaux bois. Les éléphants se rencontrent en grand nombre dans le Birman, et y rendent de grands services. Ils sont en telle vénération que l'empereur prend le titre de *Seigneur de l'éléphant blanc et de tous les éléphants du monde*. Les montagnes contiennent quelques mines d'or et d'argent; on y trouve aussi des rubis et des saphirs et de l'ambre jaune. Il y a d'abondantes mines de fer, d'étain et de plomb; il y a aussi des carrières d'un très-beau marbre qu'on emploie à sculpter des idoles et dont l'exportation est défendue. Le Birman expédie en Chine le coton, l'ivoire, l'ambre, les pierres précieuses, le bétel et les nids d'hirondelles. Il reçoit en échange la soie, le velours, la quincaillerie et le papier. Une quantité innombrable de bateaux sont employés au commerce de l'intérieur. Les Birmans n'ont pas d'argent monnayé; ils emploient des lingots d'argent et de plomb; mais le plomb étant le monopole du gouvernement, il peut faire hausser ou baisser la valeur de ce métal qui, dès lors, a tous les caractères de la monnaie. Les villes les plus importantes sont: Amarapoura, capitale de l'empire; Arakan, ancienne capitale; Pégou, Rangoun, port important, et Martaban. La religion des Birmans est le bouddhisme; ils supposent que Bouddha ou Godoma ne gouverne les affaires de ce monde que pendant un certain temps, et qu'il aura des successeurs comme il a eu des prédécesseurs. Les Birmans cultivent beaucoup la musique; ils sont généralement vifs, hardis, entreprenants et d'humeur très-gaie. Il n'y a pas un seul mendiant dans tout l'empire. L'État prend soin de ceux qui sont incapables de gagner leur vie. Le code des Birmans est un commentaire de la loi de Manou dont on admire la sagesse et la morale élevée. Il se termine par des menaces de châtiment terrible contre les juges prévaricateurs et les monarques oppresseurs. Le gouvernement est despotique; mais la propriété est respectée. Il accorde seul le privilége de monter sur les éléphants. L'empereur perçoit le dixième de tous les revenus, et les impôts sont payés en nature. La constitution des diverses classes de l'État rappelle notre ancienne féodalité. Tous les hommes capables de porter les armes sont soumis au régime militaire. — L'histoire des premiers temps de ce pays n'est qu'un tissu de fables et se trouve confondue avec les traditions religieuses. Le culte de Bouddha a été introduit au commencement du IIIe siècle avant J.-C. Depuis cette époque, les Birmans ont été continuellement en lutte avec les Chinois. En 1364, l'empire birman ne se composait guère que du royaume d'Ava. Vers le milieu du XVIe siècle, ils s'emparèrent du Pégou, aidés des Portugais. Au milieu du XVIIIe siècle, les Pégouans se révoltèrent, et il survint une terrible guerre civile. Les Français prirent parti pour les Pégouans, et les Anglais pour les Birmans. Alompra, homme obscur, se mit à la tête des révoltés et parvint à se constituer une souveraineté indépendante. Peu de temps après, une armée de 50,000 Chinois envahit le Birman; mais ils furent défaits, et les vainqueurs eurent la générosité d'établir chez eux les prisonniers. Les successeurs d'Alompra continuent à occuper le trône; mais leur indépendance est sans cesse menacée par les Anglais qui ont occupé plusieurs parties de leur territoire pour y établir des comptoirs.

BIRMINGHAM, l'une des principales villes de l'Angleterre, située au bord du Réa, affluent de la Thame, à l'extrémité N.-O. du comté de Warwick. Son territoire montagneux, autrefois couvert de forêts, est très-riche en mines de fer. Aussi cette ville est-elle l'une des plus industrieuses et des plus commerçantes de l'Angleterre par ses richesses métallurgiques. Sa population, qui n'était que de 5,000 habitants au commencement du XVIIe siècle, en compte aujourd'hui 295,955. Elle n'est pas remarquable par sa beauté et ses monuments; cependant on cite le théâtre, l'Athénée, quelques églises et le monument élevé à la mémoire de Nelson. La ville possède deux belles bibliothèques, une société philosophique, diverses autres sociétés savantes et une institution de sourds-muets. Le produit annuel de ses fabriques dépasse 100,000,000 de francs. C'est à Birmingham que se trouvent les plus belles et les plus gigantesques machines à vapeur du monde, servant à étendre, à couper, à tailler le fer, l'acier et le cuivre sous toutes les formes. On fabrique surtout les machines à vapeur et les machines agricoles, les armes de guerre, la quincaillerie et la coutellerie. Dix canaux qui aboutissent à la ville augmentent la facilité de transport de ses produits. Au XIIe siècle, la ville de Birmingham était renommée pour ses tanneries. Au XVIIe siècle, son industrie métallurgique commença à se développer, et, sous Guillaume III, Birmingham commença à fournir toutes les armes que l'Angleterre tirait auparavant de l'étranger.

BIRNIE, contrée d'Afrique. (*Voir* BORNOU.)

BIRON, petit village de l'arrond. de Bergerac (Dordogne), à 35 kil. de cette ville. Pop. 500 hab. Patrie de Bernard de Palissy. Beau château et tombeau du maréchal de Biron. Ancienne baronnie érigée en duché-pairie par Henri IV, en faveur du maréchal de Biron.

BIRON, nom appartenant à l'ancienne et illustre famille de Gontaut, originaire du Périgord.

BIRON (Jean de Gontaut, baron DE), gentilhomme de la chambre de François Ier. Il fut chargé de négociations auprès de Charles-Quint et combattit vaillamment à la Bicoque, à Pavie, au siége de Metz et à Saint-Quentin, où il reçut des blessures dont il mourut en 1557.

BIRON (Armand de Gontaut, baron DE), fils du précédent, né vers 1524, mort en 1592. Il fut d'abord page de la reine Marguerite de Navarre. Il combattit en Piémont sous le maréchal de Brissac, et reçut au siége du fort Marin une blessure qui le rendit boiteux. Il se signala plus tard aux batailles de Dreux, de Saint-Denis et de Moncontour, et fut fait maréchal de France. Henri III lui donna le commandement de l'armée envoyée dans les Pays-Bas; mais il eut à combattre le duc de Parme, qui passait pour l'un des meilleurs généraux de son temps, et il fut vaincu. Après la mort de Henri III, il s'empressa de reconnaître Henri IV, et il le servit avec autant d'habileté que de courage dans ses diverses campagnes. Il venait de soumettre la Normandie et assiégeait Epernay, quand un boulet de canon lui emporta la tête. Sa mort justifia sa belle devise: *Perit sed in armis*. Il a écrit des *Commentaires* qui ne nous sont pas parvenus. Il était sévère dans l'observation de la discipline, et rappelait souvent qu'il avait parcouru tous les grades depuis celui de simple soldat. Ayant été nommé chevalier du Saint-Esprit, il eut à produire ses titres de noblesse; mais il n'apporta qu'un petit nombre de parchemins, en disant au roi: « Voici ma noblesse ici comprise. » Et mettant la main à la garde de son épée: « Mais, sire, la voici encore mieux. »

BIRON (Charles de Gontaut, duc DE), fils du précédent, né en 1562. Il fut successivement pair, amiral et maréchal de France. Henri IV le combla d'honneurs. De son côté, Biron se distingua dans les diverses batailles qu'Henri eut à soutenir pour conquérir son trône. A 14 ans, il était déjà colonel-général des Suisses. A la bataille d'Ivry, il reçut quatre blessures sans cesser de combattre. Cependant Biron gâta ses bonnes qualités comme militaire par un orgueil insupportable. Il était présomptueux et ne voulait s'assujettir à aucune règle morale; il n'épargnait pas le roi dans ses propos, et lui reprochait souvent de ne pas lui donner de quoi satisfaire son goût effréné pour le jeu. Il y perdit, dans une année, plus de 500,000 écus. Ses discours étaient rapportés au roi, qui pardonnait tout à un ancien frère d'armes dont le corps portait tant de glorieuses cicatrices. Cependant Sully cherchait à éclairer le roi sur les projets ambitieux de Biron, et lui signalait souvent ses liaisons avec les partisans de l'Espagne. Henri IV, quoique vivant au milieu de conspirations toujours renaissantes et d'assassins sans cesse armés contre lui, ne pouvait croire à la perfidie du maréchal. Il fallut que les événements lui en fournissent la preuve éclatante. Biron, qui était aussi ignorant que plein de vanité, interrogeait volontiers les astrologues sur ses projets de grandeur, et il puisait dans leurs prédictions des encouragements qui flattaient son ambition. Il rêvait une principauté indépendante, et il attendait l'occasion de mettre ses projets à exécution. Henri IV l'envoya contre le duc de Savoie, qui lui contestait la possession du marquisat de Saluces. Biron s'empara de ce pays; mais pendant la campagne, il ouvrit une négociation secrète avec le duc de Savoie et le roi d'Espagne. Ce ne furent d'abord que des pourparlers. Biron fut envoyé comme ambassadeur à Londres par Henri IV, qui continuait à lui accorder sa confiance. Là, ses amis lui représentèrent qu'on avait voulu, en lui confiant ce poste, l'éloigner de la France, et que c'était une sorte de disgrâce. Il renoua ses intrigues avec l'Espagne et la Savoie, et arrêta même une convention par laquelle il s'engageait, après la mort de Henri IV, qui n'avait pas encore de descendant légitime, à favoriser l'avénement de la maison d'Espagne au trône de France. On lui promettait, en récompense, la main de la fille du duc de Savoie et la principauté d'une province française. Biron employait pour cette négociation un intrigant nommé Lafin, d'une habileté incontestable, mais pour qui l'intrigue était un jeu et, en quelque sorte, un besoin. Lafin dévoila à Henri IV toute la conspiration de Biron, et lui facilita même la saisie d'une correspondance révélatrice. Henri IV dissimula jusqu'au retour de Biron; il lui fit même un bon accueil; mais il ne procéda à son arrestation qu'après avoir pris les plus grandes précautions pour que le coupable ne lui échappât point, car il savait que ceux qui l'entouraient avaient trempé plus ou moins dans la conspiration, et on craignait surtout une révolte parmi les gens de guerre, auprès desquels Biron jouissait d'une grande popularité. Sully fit disposer un bateau couvert pour faire conduire le maréchal à la Bastille, sans avoir à traverser les rues de Paris. Quand tout fut prêt, Henri appela Biron, qui venait de passer la soirée à jouer dans les appartements de la reine, et, après un court entretien, il le quitta. Le capitaine des gardes épia la sortie du maréchal dans l'antichambre, et, dès qu'il le vit, il le déclara prisonnier du roi et lui demanda son épée. Biron fut conduit à la Bastille. Sa famille vint implorer la clémence du roi; mais celui-ci, qui avait déjà tant de fois pardonné, se montra inexorable. Biron, du fond de sa prison, montra une irrésolution et une faiblesse qui étonnèrent ses amis. Tantôt il demandait au roi l'exil comme une grâce; tantôt il se recommandait à Sully. Parfois aussi il s'emportait contre le roi. Le parlement instruisit son procès, et il fut condamné « à être décapité en place de Grève, comme atteint et convaincu d'avoir attenté à la personne du roi et entrepris contre son Etat; tous ses biens confisqués, sa pairie réunie à la couronne, et dégradé de tous honneurs et dignités. » Le roi, par mesure d'ordre, ordonna cependant que l'exécution aurait lieu à la Bastille. Biron y fut exécuté, mais il ne sut pas mourir avec résignation et dignité: il avouait son crime tout en maudissant ses juges. Il fut décapité le 31 juillet 1602.

BIRON (Armand-Louis de Gontaut, duc DE), connu sous le nom de duc de Lauzun, né en 1747. Il fut colonel des hussards de Lauzun, puis maréchal de camp sous Louis XVI. Lorsque les Etats-Unis commencèrent la guerre de l'indépendance, Biron alla combattre sous Washington. De retour en France, il fut envoyé aux Etats généraux par la noblesse du Quercy. Il se lia avec le duc d'Orléans, tout en restant à la cour de Louis XVI. Quand l'Assemblée nationale décida que les représentants ne pouvaient accepter de place à la cour, il renonça au commandement de la Corse, qui venait de lui être offert. En 1792, il fut envoyé en mission secrète en Angleterre; mais il y fut arrêté pour dettes et envoyé en prison. Il n'obtint sa liberté qu'en fournissant caution. A son retour en France, il publia, sur la défense des frontières du Rhin, un mémoire qui attira l'attention du gouvernement, et lui valut le commandement de l'armée du Rhin. De là il fut envoyé à l'armée d'Italie. Il passa ensuite en Vendée, où il reprit Saumur, et participa à la bataille de Parthenay. En 1793, il donna sa démission, et appela sur lui, par cet acte, les rigueurs du tribunal révolutionnaire. Il fut condamné à mort et exécuté le 22 décembre 1793.

BIRR, ville d'Irlande, ch.-l. du comté du Roi (King's County) province de Leinster, à 110 kil. de Dublin. Pop. 6,550 hab. Au VIe siècle, Birr portait le nom de Biorra, et au IXe, c'était la forteresse de O'Carrots. Jacques Ier la donna, en 1620, à W. Parson, d'où elle se nomma Parson's-Town. Lord Ross possède aujourd'hui le château.

BISACCIA, village du royaume d'Italie (Principauté ultérieure), à 8 kil. de San-Angelo dei Lombardi. Pop. 6,000 hab. Siége d'un évêché.

BISCAYE, province du N. de l'Espagne, et la principale des trois provinces basques. Elle est bornée au N. par la baie de Biscaye; au S. par la province de Burgos et celle d'Alava; à l'E. par la province de Guipuzcoa; et à l'O. par la province de Burgos. Sa superficie est de 240 kil. carrés et sa population de 160,470 hab. Ce pays est couvert de montagnes qui sont des ramifications des Pyrénées; on y voit de magnifiques forêts, et la terre recèle des mines de fer, de plomb et de marbre. Le pays produit un excellent vin nommé *chacoli*, des châtaignes; il nourrit de nombreux troupeaux. Cependant on n'y trouve pas de blé. La capitale est Bilbao. La Biscaye est arrosée par un grand nombre de cours d'eau qui coulent du flanc des montagnes. — Les habitants descendent des Cantabres et des Vascons, peuples pasteurs et dont les bourgades voisines de la mer fournissaient d'habiles pêcheurs et de rudes marins. Ils résistèrent longtemps aux Romains, et ne furent soumis que par Auguste. Ils subirent l'invasion des Barbares; et le pays ne se reconstitua que sous Eudes d'Aquitaine, qui forma le comté de Biscaye. Sous le gouvernement de ses comtes, il fut continuellement en lutte avec les rois de Castille. L'avénement de Jean V, le dernier des comtes de Biscaye, amena la réunion du pays à la Castille, en 1379. Cependant les Biscayens conservèrent leurs *fueros* ou priviléges, que chaque souverain devait sanctionner à son avénement.

BISCAYE (golfe de). (*Voir* GASCOGNE, golfe de.)

BISCAYE (NOUVELLE-), ancienne province du Mexique, comprise aujourd'hui dans l'Etat de Durango (Etats-Unis).

BISCEGLIE, ville du royaume d'Italie, (Terre du Bari), à 20 kil. de Barletta. Pop. 15,100 hab. Siége d'un évêché suffragant de Trani. Vins estimés. Port sur l'Adriatique.

BISCHHEIM, *pagus de Bischovisheim*, c'est-à-dire *demeure de l'évêque*, ch.-l. d'un petit pays de l'ancienne Alsace, arrond. de Strasbourg (Bas-Rhin), à 4 kil. de cette ville. Pop. 3,190 hab.

BISCHOP (Nicolas), en latin *Episcopius*, célèbre imprimeur de Bâle, né à Wissembourg, en Alsace, vers la fin du XVe siècle. Il s'associa avec Jérôme Froben, son beau-frère. Il a laissé d'anciennes éditions qui sont recherchées.

BISCHOFFSHEIM, ville de France, de l'arrond. de Schlesdadt (Bas-Rhin), à 2 kil. d'Oberenheim. Pop. 1,500 hab.

BISCHOFFSTEIN, ville des Etats prussiens, au S.-E. de Kœnigsberg et à 15 kil. de Rœssel. Pop. 2,600 hab. Distilleries, brasseries, tanneries; draps, bonneterie.

BISCHOFZELL, ville de Suisse (Thurgovie), à 14 kil. de Constance. Pop. 1,340 hab. On y remarque l'église collégiale de Saint-Pélage, bâtie au XIIe siècle, et les ruines d'un château du même temps.

BISCHWILLER, *Bischofsweiler*, c'est-à-dire la *villa de l'évêque*, ch.-l. de cant. de l'arrond. de Strasbourg (Bas-Rhin), à 22 kil. de cette ville. Pop. 7,680 hab. Ville autrefois fortifiée. Commerce de draps, savons. Filature de laine. Eglise protestante.

BISELLIUM. Ce mot est synonyme de siége curule. Il s'appliquait à un siége plus grand, plus commode, plus honorable, qui se donnait à certaines personnes aux spectacles et dans les assemblées publiques chez les anciens. Cette espèce de siége était en bois ou en bronze, avec des pieds richement tournés, et l'on mettait dessus un coussin pour s'y asseoir. Il était assez long pour que deux personnes pussent y trouver place, mais il ne servait ordinairement que pour une seule.

BISHOP'S CASTLE, ville et paroisse d'Angleterre, à 30 kil. de Shrewsbury. Pop. 2,000 hab. Foires à bestiaux. On y trouve encore des vestiges du château des évêques d'Herefort.

BISHOP'S WALTAM, ville d'Angleterre, à 12 kil. de Winchester. Pop. 2,000 hab. Tanneries importantes. Ruines d'un ancien château des évêques de Winchester.

BISHOP'S WEARMOUTH, ville d'Angleterre. (*Voir* WEARMOUTH.)

BISIGNANO, ville du royaume d'Italie (Calabre citérieure), à 24 kil. de Cosenza. Pop. 3,900 hab. Siége d'un évêché.

BISKRA ou BISKARA, ville fortifiée de l'Algérie, dans la province de Constantine, à 220 kil. de cette ville. Biskra est située dans l'oasis de son nom et à l'entrée du grand désert, près du grand lac El-Schott. Bureau arabe qui administre la région du Sahara soumise à la France. La perception de l'impôt dans le cercle donne 700,000 fr. par an.

BISOUTOUN, montagne du Kourdistan, près de Kirmanschach. Célèbre par une inscription en caractères cunéiformes que le roi de Perse, Darius Ier, fit sculpter sur l'un de ses côtés, à 1,700 pieds de hauteur, pour remercier les dieux des 19 victoires qu'il remporta sur les rebelles de son empire. On découvrit aussi, en 1846, un grand relief représentant une figure mythologique: un roi avec deux grands et 19 captifs, avec 16 inscriptions cunéiformes achæménides de première espèce.

BISSAGOS, en portugais BISSAOS, groupe d'îles de l'Océan atlantique situé entre le Cap rouge et le cap Verga à l'O. de l'Afrique et près des côtes de la Sénégambie. Ce groupe renferme 16 îles, dont les principales sont: Bissaos (70 kil. sur 30); Bulam, dans laquelle les Portugais ont des établissements; Mauterre, Cavallo, Formosa, etc. Accès dangereux à cause des bancs de sable.

BISSEXTE ou BISSEXTILE. (*Voir* ANNÉE.)

BISSON (Henri) lieutenant de vaisseau, né à Guémenée (Morbihan) en 1796; mort en 1827. Il servait sous l'amiral de Rigny; qui le chargea du commandement du *Panayoli*, brick grec qui avait été capturé. Assailli dans l'île de Stampalie par de nombreux pirates, et voyant que toute résistance était inutile, il fit embarquer le peu d'hommes qui composaient son équipage sur la chaloupe du brick, et resta seul à bord au moment où les pirates envahissaient le navire; il mit alors le feu aux poudres et se fit sauter. En récompense de cet acte d'héroïsme, le gouvernement accorda une pension à sa sœur. Une statue lui a été élevée à Lorient par le corps de la marine.

BISTRITZ, ville des Etats autrichiens, ch.-l. d'un des dix cercles de la Transylvanie, à 125 kil. de Carlsbourg. Pop. 9,600 hab. Filatures et tanneries, élève de bétail, exploitation des forêts et des minéraux.

BISTRITZ (NEU-), ville de Bohême, à 55 k. de Tabor (cercle de Budweis). Pop. 2,500 hab. Usines à fer.

BISTRITZ-AN-DER-ANGEL, village de Bohême, dans le cercle de Pilsen, ch.-l. d'une seigneurie des princes de Palm-Gundelfingen, à 20 kil. de Klattau. Pop. 600 h. Manufacture de glaces.

BISTRITZ-UNTERM-HOSTEIN, ville des Etats autrichiens (Moravie), ch.-l. d'une seigneurie. Pop. 1,500 hab. Château.

BITAUBÉ (Paul-Jérémie), littérateur, né à Kœnigsberg en 1732, mort en 1808. Il descendait d'une ancienne famille française, émigrée en Prusse lors de la révocation de l'édit de Nantes. Il publia une traduction littérale d'Homère. Il en donna ensuite une traduction libre en 22 chants, au lieu de 24; il donna enfin une traduction de l'*Iliade*. Il s'essaya dans d'autres genres : ainsi, il entreprit la *Réfutation de la profession de foi du vicaire savoyard*. Mais cet ouvrage, écrit sans méthode philosophique, n'aurait jamais fondé sa réputation. Il dut surtout sa célébrité au poëme de *Joseph*, qu'il publia en français. Cet ouvrage est plein de sentiment, et il contient de touchantes narrations. On remarque cependant que Bitaubé manie difficilement une langue qui ne lui est pas familière. Il vint se fixer à Paris au commencement de la Révolution, et devint même président de l'Institut.

BITCHE, ch.-l. de cant. de l'arrond. de Sarreguemines (Moselle), à 40 kil. de cette ville. Pop. 3,910 hab. Place de guerre de 4e classe. Fabrique de poterie, faïence, porcelaine; verreries considérables. Possède un château situé sur un rocher de 50 m. de hauteur. Patrie du général Bizot. Bitche fut très-importante au XIIe siècle, soutint plusieurs siéges dans les guerres entre la France et l'Allemagne, fut vainement attaquée par les Prussiens, le 15 octobre 1793, et par les Autrichiens le 17 novembre de la même année.

BITHYNIE, contrée du N. de l'ancienne Asie mineure. La Bithynie tirait son nom des *Bithyni* ou *Thraces Thyni* qui firent la conquête de ce pays vers le VIIIe siècle avant J.-C. Ce pays était occupé auparavant par les *Bébryces*, dont l'histoire est mêlée à la mythologie grecque. En 547, la Bithynie tomba au pouvoir de Cyrus; elle conserva ses rois qui ne furent plus que des gouverneurs des rois de Perse. La mort d'Alexandre le Grand la sauva d'une nouvelle conquête. Nicomède Ier, l'un des rois de Bithynie, ayant à lutter contre ses frères qui lui disputaient le trône, appela à son secours les Gaulois qui venaient d'envahir la Thrace. Pour les récompenser de leur assistance, il leur céda une portion de territoire, qui prit le nom de Galatie. Ce prince mourut vers 246, et sa mort fut le signal de longues guerres civiles. Prusias II ne se maintint sur le trône qu'en montrant aux Romains une honteuse servilité. Il fut assassiné par son fils Nicomède II, qui perdit le trône à son tour par un autre parricide. Nicomède III ne jouit pas longtemps de la couronne ainsi acquise, il fut renversé par Mithridate, puis rétabli par Sylla. Il mourut en 75 av. J.-C., après avoir légué ses États au peuple romain. La Bithynie devint dès lors une province romaine, et suivit le sort de l'empire.

BITHYNIUM, ville de l'ancienne Asie mineure (Bithynie), fut la capitale de la province Honoria sous Théodose II, et devint sous Justinien une dépendance de la Paphlagonie.

BITON, mathématicien grec du IVe siècle av. J.-C. Il vivait vers l'an 335. Il composa un traité des *Machines de guerre* qui est parvenu jusqu'à nous.

BITONTO, ville du royaume d'Italie (Terre de Bari), à 16 kil. de Bari. Pop. 16,250 hab. Siége d'un évêché. Belle cathédrale. Aux environs, vin de Zagarello fort renommé. En 1734, les Impériaux y furent vaincus par les Espagnols.

BITSCHWILLER, bourg de l'arrond. de Béfort (Haut-Rhin), à 38 kil. de cette ville. Pop. 3,400 hab. Bonneterie, ganterie, forges.

BITTERFELD, ville des États prussiens (Saxe), à 37 kil. de Mersebourg. Pop. 3,650 hab. Cette ville fut fondée par une colonie flamande.

BITURIGES. Nom d'un ancien peuple de la Gaule (Aquitaine). Il était divisé en deux branches : les *Bituriges Cubi*, dans l'Aquitaine Ire, ch.-l. *Avaricum* ou *Bituriges* (Bourg). Leur territoire forma depuis le Berry et une partie du Bourbonnais. Les *Bituriges Vivisci*, dans l'Aquitaine IIe, ch.-l. *Burdigala* (Bordeaux). Leur territoire représente aujourd'hui le département de la Gironde.

BIVIA. On appelait ainsi, chez les Romains, la divinité qui présidait aux lieux où deux chemins se rencontraient.

BIZE, bourg de l'arrond. de Narbonne (Aude), à 18 kil. de cette ville. Pop. 1,100 hab. Manufacture de draps.

BIZERTE, ville et place forte de l'État de Tunis, à 55 kil. de cette ville. Pop. 10,000 hab. Port sur une lagune du golfe de son nom. Cette ville était autrefois tristement célèbre par la piraterie de ses habitants.

BJŒRNSTJERNA (Magnus-Frédéric-Ferdinand), écrivain et homme d'État suédois, né à Dresde en 1779, mort à Stockholm en 1847. Il fut élevé en Allemagne, et servit avec éclat dans la guerre de Finlande. Après avoir été envoyé en mission secrète auprès de Napoléon Ier, il se transporta à la Guadeloupe pour y négocier la vente de cette île. Plus tard, il reprit du service dans les armées, et prit part aux combats de Grossbeeren, de Dennewitz et de Leipzig. Il fut chargé de la reddition de Lubeck, de Hambourg et de Maëstricht, et fit partie du corps de troupes qui devait faire passer la Norwége sous les lois de la Suède. Après cette expédition, il fut créé successivement baron, lieutenant-général, comte, et prolongea son séjour à Londres, comme ambassadeur, de 1828 à 1846. Il a laissé un ouvrage en langue allemande, intitulé : *Théogonie, philosophie et cosmogonie des Hindous*.

BLACAS D'AULPS (Pierre-Louis-Jean-Casimir, duc DE), ancien ambassadeur, né en 1770, à Aulps (Var), mort en 1839. Après avoir émigré en 1790, il revint servir quelque temps en Vendée, où il combattit parmi les royalistes. Il s'attacha dès ce moment à la fortune de Louis XVIII, alors comte de Lille, et alla demander pour lui un asile à Saint-Pétersbourg. Quand Paul Ier crut devoir éloigner le comte de Lille, Blacas d'Aulps suivit ce dernier à Londres. En 1814, Louis XVIII le nomma secrétaire d'État et ministre de sa maison. C'est à cette époque qu'il créa le musée égyptien du Louvre. Pendant les Cent-Jours, il accompagna Louis XVIII à Gand, et au retour du roi, il fut nommé pair de France, puis envoyé successivement à Naples, pour négocier le mariage du duc de Berry avec la princesse Caroline des Deux-Siciles, et à Rome, où il fit signer le concordat de 1817. Nommé de nouveau ambassadeur à Naples, il y resta de 1823 à 1830. Il suivit alors Charles X dans son exil, et mourut à Prague en 1839. Il était associé libre des Académies des inscriptions et des beaux-arts, et faisait partie d'un grand nombre de sociétés savantes. Son goût l'avait porté à former une riche collection d'antiquités.

BLACAS, seigneur d'Aulps, surnommé le *Grand Guerrier*, et l'un des neuf preux de la Provence, né vers le XIIe siècle. Il eut, de son temps, une grande réputation comme troubadour. Sa fortune et son nom, car il était haut-baron, lui permirent de paraître avec un certain éclat à la cour d'Alphonse II et de Raimond-Bérenger, comte de Provence. Cependant les vers qui nous sont parvenus sous son nom ne donnent pas une haute idée de son mérite poétique. Il eut plus de mérite comme guerrier, et fut longtemps, dans les chroniques et légendes, la personnification du chevalier accompli; non moins célèbre par sa galanterie que par ses vertus. Il mourut en 1235, dans un voyage qu'il fit à Rome. Les troubadours célébrèrent sa mémoire par des chants funèbres. Celui de Sordello de Mantoue, plein d'une hardiesse sauvage et souvent éloquente, invite les nobles chevaliers à venir manger du cœur de Blacas, pour se sentir animés de son courage.

BLACK (Joseph), célèbre chimiste, né à Bordeaux en 1728, mort à Edimbourg en 1799. Il a mérité d'être surnommé par

Entrevue du camp du Drap d'or.

Fourcroy l'*illustre Nestor de la révolution chimique.* Il était né de parents écossais. Il fit ses études à Glasgow, où il étudia la médecine et la chimie sous le docteur Cullen. Lorsque celui-ci fut appelé à la chaire de chimie à Edimbourg, Black occupa celle de médecine. Il composa pour l'inauguration de son cours une dissertation intitulée : *De la liqueur acide exprimée par les aliments, et de la magnésie blanche.* Ce remarquable travail contient, en substance, tout ce qui a été dit et découvert depuis sur les propriétés de la magnésie et d'autres alcalis. Il étudia particulièrement l'eau de chaux, et recherche les causes de sa causticité. Plus tard il fit une expérience qui eût suffi pour immortaliser son nom : il mesura la quantité de chaleur qu'absorbe la glace en se liquéfiant. Il donna le nom de *calorique latent* à l'absorption de chaleur nécessaire pour faire passer les liquides à l'état gazeux, alors que le thermomètre n'indique plus de degrés d'appréciation. Sa théorie reçut aussitôt un grand nombre d'applications pratiques, et contribua notamment à la connaissance des fluides élastiques. Black était membre associé de l'Académie des sciences.

BLACKBURN, ville d'Angleterre (Lancastre), à 33 kil. de Manchester. Pop. 71,730 hab. Ville industrieuse très-importante. Fabriques de tissus de coton, de calicots.

BLACKBURNE (François), théologien anglican, né à Richmond (Yorkshire), en 1705, mort en 1787. Il fut recteur de Richmond, puis archidoyen de Cleveland. Il a composé un certain nombre d'ouvrages théologiques, aujourd'hui sans intérêt, mais qui lui valurent de son temps une certaine célébrité. Il passait pour faire bon marché des principes de l'Eglise anglicane et de sa discipline. Il compta de nombreux partisans parmi les dissidents.

BLACKLOCK (Thomas), poëte écossais, né à Annan, dans le comté de Dumfries, en 1721, mort en 1791. Il perdit la vue à l'âge de six mois. Il fut élevé par les soins du docteur Stephenson. Il publia un *Recueil de poésies* assez estimées, et une ballade héroïque, intitulée : *Graham.* Il a laissé aussi quelques écrits religieux et moraux.

BLACKMORE (Richard), poëte et littérateur, né vers 1658, mort à Londres en 1729. Il a été, de la part des poëtes de son temps, l'objet des plus cruelles railleries, et bien que ses compositions ne soient pas toujours irréprochables, on convient aujourd'hui qu'elles ne méritaient pas tant de sarcasmes. Son poëme, intitulé : le *Prince Arthur* contient quelques beaux morceaux. Celui de la *Création* lui a valu les éloges d'Addison et de Denis qui, dans le *Spectateur*, le trouve supérieur à Lucrèce. Il a écrit aussi quelques ouvrages de médecine.

Caracalla faisant assassiner son père.

BLACK-ROCK, village d'Irlande, à 7 kil. de Dublin. Pop. 1,300 hab. Bains de mer très-fréquentés.

BLACKSTONE (William), célèbre jurisconsulte anglais, né à Londres en 1723, mort en 1780. Il fut professeur de droit à Oxford, et acquit une telle réputation que la reine le nomma chevalier, juge, puis procureur-général. Il a publié des *Commentaires sur les lois anglaises* qui passent pour un chef-d'œuvre de style autant que de science. Il a publié aussi un *Code criminel* et des *Recherches sur les cours et procédures criminelles d'Angleterre.*

BLACKWALL, village d'Angleterre, à l'E. de Londres, à l'embouchure de la Lea dans la Tamise. Docks de la Compagnie des Indes, dans l'île des Chiens.

BLACKWATER, rivière d'Angleterre (Essex), se jette après un cours de 70 kil. dans la baie de son nom.

BLACKWATER, rivières d'Irlande. 1° Au S., comtés de Cork et Water-Ford; 2° à l'E., affluent de la Boyne, comté de Meath; 3° au N., affluent du lac Nough, comtés de Monagham et d'Armagh.

BLACKWELL (Alexandre), né à Aberdeen en Ecosse, mort en 1747. Il étudia la médecine à Leyde, et alla exercer son art en Suède. Il y étudia le dessèchement des marais, ce qui lui valut une récompense du gouvernement; mais ayant trempé dans la conjuration du comte de Tessin, en faveur d'Adolphe Frédéric, il fut décapité en 1747.

BLACKWELL (Thomas), littérateur écossais, né à Aberdeen en 1701, mort en 1757. Il fut professeur de langue grecque, et suivit une méthode d'enseignement qui étendit la réputation de l'université d'Aberdeen, à laquelle il appartenait. Il a publié les *Mémoires de la cour d'Auguste, empereur romain.* Cet ouvrage très-savant et aussi très-profond, a mérité d'être comparé à l'*Histoire de Rollin;* cependant on y voit un esprit parfois prétentieux. Ses *Recherches sur Homère* et ses *Lettres sur la mythologie* sont des ouvrages savants; mais le style en est trop lourd et trop diffus.

BLAKWOOD (Adam), savant écossais, né à Dumferling en 1539, mort à Poitiers en 1613. Il étudia à Paris sous Turnèbe et Dorat. Il retourna en Ecosse pour y recueillir la succession d'un grand-oncle, chef du parlement écossais; mais les troubles qui survinrent dans ce pays l'obligèrent à retourner en France, et il y suivit Marie Stuart. Il devint conseiller au parlement de Paris. Il a publié, en vers latins, la *Cérémonie funèbre de Charles IX;* il a écrit aussi l'*Alliance de la religion et du pouvoir*, puis la *Relation du martyre de Marie Stuart, reine d'Ecosse, et douairière de France.*

BLACKWOOD (Henri), neveu du précédent, né à Paris en 1670, mort en 1724. Il se distingua dans la médecine, et obtint une chaire au collége royal, qu'il abandonna pour voyager en Italie. La jalousie des autres médecins l'obligea de quitter Rome. Il revint en France, et mourut subitement à Rouen. Il a publié les *Pronostics d'Hippocrate*, avec des commentaires.

BLACQUE (Alexandre), publiciste, né

à Paris en 1794, mort à Malte en 1837. Appelé en Turquie, il fonda bientôt le *Courrier de Smyrne* et le *Moniteur ottoman*, et ces publications lui donnèrent une grande popularité. Il avait compris que pour arrêter la marche des Russes vers les Dardanelles, il fallait répandre la civilisation européenne chez les Ottomans. Cette tâche était grande, et il s'y voua avec la plus vive ardeur. D'un côté, il s'attachait à démasquer les envahissements des Russes, d'un autre il encourageait à la résistance le sultan Mahmoud et son ministre Kosrew-Pacha. Il signalait aussi les moyens propres à régénérer la Turquie et à mériter au sultan les sympathies de l'Occident. Le gouvernement turc, plein de reconnaissance pour ses bons services, a donné une pension à sa veuve et a fait élever son fils à Paris.

BLÆSUS (Junius), général romain, parent de Séjan, ministre de l'empereur Tibère. Il commandait trois légions en Pannonie, lorsque la nouvelle de la mort d'Auguste et de l'avénement de Tibère devint l'occasion d'une sédition dans son armée, en l'an 14 de J.-C. La discipline des camps s'était relâchée; un certain Percennius, ancien histrion, harangueur de cabaret, ameuta les soldats. « Pourquoi donc, leur dit-il, obéir comme des esclaves à une poignée de centurions et de tribuns? Quand donc oserons-nous réclamer contre les abus, si, tenant les armes, nous ne demandons rien à un prince nouveau et encore mal affermi? C'est assez lâchement supporter, depuis si longtemps qu'on nous impose trente ou quarante ans de service, qui nous laissent vieux et mutilés. Encore n'est-ce pas fini là; mais on nous retient au drapeau, et sous un autre nom, ce sont les mêmes fatigues. Si après tant de souffrances il vous reste un peu de vie, on vous traîne au loin pour vous donner ce qu'on appelle des terres, c'est-à-dire un marais ou une pente aride de montagne. Tant que vous servez, toujours de la peine, nul profit; dix as par jour, corps et âme, voilà de quoi vous fournir de vêtements, d'armes et de tentes, de quoi vous racheter des punitions et des corvées. Mais les coups, les blessures, de rudes hivers, des étés bien remplis, une guerre atroce ou une paix stérile, c'est ce qui ne manque jamais. Point d'autre adoucissement possible que des lois fixes sur le service, un denier de paye, le congé au bout de seize ans, ne plus demeurer vétéran sous les enseignes, et une somme aussitôt comptée dans le camp même. Est-ce que les cohortes prétoriennes qui reçoivent deux deniers, qui sont rendues à leurs pénates après seize ans, ont essuyé plus de périls? » Alors la fureur fut à son comble; ils réunirent leurs trois aigles et les placèrent sur un autel de gazon. Blæsus veut intervenir. Les mutins exigent que son fils, tribun légionnaire, aille porter leurs plaintes à Tibère. Quelques soldats se livrent déjà au pillage. Blæsus menace de punir. Au même instant un soldat se hausse sur les épaules d'un camarade, et demande vengeance pour son frère égorgé, la nuit précédente, par les gladiateurs de Blæsus, alors qu'il était envoyé par l'armée de Germanicus, également révoltée, pour s'entendre avec les légions de Pannonie. Ce récit était faux, sans quoi Blæsus eût été tué. Cependant les tribuns et les centurions sont chassés du camp. Tibère, à la nouvelle de cette insurrection militaire, envoya des troupes fidèles pour la comprimer; Drusus les commandait. Son autorité fut d'abord méconnue; mais pendant la nuit, il survint une éclipse de lune. Les soldats effrayés y virent une marque de la colère divine. Ils se troublèrent et vinrent spontanément faire leur soumission à Drusus. Les principaux chefs de la révolte furent mis à mort. Plus tard Blæsus fut envoyé en Afrique, pour y comprimer une révolte. De retour à Rome, il fut entraîné dans la disgrâce de Séjan, forcé de fuir pour éviter le même sort, et trois ans après, en l'an 36 après J.-C., contraint de se tuer pour échapper au supplice.

BLÆSUS (Caïus-Sempronius), consul romain en 252 av. J.-C. Au temps de la première guerre punique, il vint avec 260 galères, mettre le siége devant Lilybée; mais il échoua, et se contenta de ravager les côtes de l'Afrique. Assailli par une tempête au cap Palinure, il perdit 160 galères et presque tout son butin. On vit dans ce désastre un effet de la colère des dieux qui ne voulaient pas laisser aux Romains l'empire de la mer, et le sénat rendit un décret qui réduisait les forces navales de la république à 50 galères. Les honneurs du triomphe furent décernés à Blæsus pour n'avoir pas désespéré du succès. Il fut même réélu consul en 243, et vint mettre de nouveau le siége devant Libybée, où il échoua comme la première fois.

BLAEUW (Guillaume), imprimeur et géographe, né à Amsterdam en 1571, mort en 1638. Il publia des cartes dont il était l'auteur, avec des observations astronomiques qui s'y appliquaient. Il employait à la composition de ses atlas les plus savants géographes et les meilleurs topographes. Il y en a quelques-unes qui passent pour des chefs-d'œuvre.

BLAEUW (Jean), fils du précédent, savant géographe, né à Amsterdam, mort en 1680. Il travailla avec son père à la publication de cartes géographiques, et se distingua par ses éditions d'auteurs classiques.

BLAIN, ch.-l. de canton de l'arrond. de Savenay (Loire-Inférieure), à 37 kil. de Nantes. Pop. 1,180 hab. Tanneries, laines et cuirs. Charbon de bois. Ruines d'un ancien château fort, commencé en 1108 et démoli en 1629. Tour du Connétable, élevée en 1380. Cette ville fut assiégée par le duc de Mercœur, en 1589 et 1591, et prise au second siége.

BLAINVILLE (Henri-Marie DUCROTAY DE), célèbre naturaliste, né le 12 septembre 1777, à Arques, près de Dieppe, mort le 1er mai 1850. Il appartenait à une famille noble et ancienne. N'étant pas encore bien fixé sur le choix de la carrière qu'il devait embrasser, il se livra d'abord à la peinture, et ce ne fut qu'à 27 ans qu'en assistant par hasard à une leçon de Cuvier, il sentit naître en lui le goût de l'histoire naturelle. Après avoir étudié quelque temps sous ce grand naturaliste, il devint son suppléant au Collége de France; puis, en 1812, à la suite d'un concours, il avait été nommé professeur de zoologie à la Faculté des sciences; en 1832, il succéda à Cuvier dans sa chaire d'anatomie comparée au Muséum d'histoire naturelle. Il y avait déjà précédemment occupé la chaire de conchyliologie, laissée vacante par la mort de Lamark. En 1825, l'Académie des sciences l'avait choisi pour remplacer Lacépède. Ses travaux le placent à côté des Cuvier et des Geoffroy Saint-Hilaire. D'un zèle infatigable comme professeur, il fit presque jusqu'à la veille de sa mort des cours qui attirèrent constamment un grand nombre d'auditeurs. Il s'attacha surtout à introduire dans la zoologie une classification méthodique.

BLAIR (Robert), poëte écossais, né à Edimbourg en 1700, mort en 1746. Il partageait son temps entre l'étude et l'exercice de ses fonctions de ministre protestant. Il a laissé un charmant poëme intitulé le *Tombeau*. Il étudia aussi la botanique, et fit des recherches importantes dans le monde microscopique.

BLAIR (Jean), savant chronologiste écossais, né à Edimbourg en 1718, mort en 1782. Il fut d'abord maître d'école à Londres, puis il devint membre de la Société royale et chapelain de la princesse douairière de Galles. Il a publié des *Tables chronologiques*, depuis la création du monde jusqu'en 1755, avec des notes critiques et des cartes géographiques. Cet ouvrage eut un succès considérable, et lui valut d'être choisi par la princesse de Galles comme maître de mathématiques du duc d'York.

BLAIR-ATHOL, village d'Ecosse (Perth), à 32 kil. de Dunkeld. Pop. 2,400 hab. Possède un beau château des ducs d'Athol.

BLAISE (la), rivière de France, prend sa source à Gillancourt (Haute-Marne), et, après un parcours de 70 kil., elle se jette dans la Marne, près de Vitry (Marne). Cette rivière arrose de fertiles vallées et met en mouvement de nombreuses usines.

BLAISE (saint). La plus grande incertitude règne sur les circonstances de la vie de ce saint, et peut-être sur son existence. A-t-il été ou non évêque de Sébaste, en Arménie? Où a-t-il été martyrisé, et l'a-t-il même été? Comment explique-t-on que tant d'églises prétendent posséder chacune exclusivement ses reliques? On a résolu la difficulté en prétendant qu'il avait existé plusieurs saints du nom de Blaise. Cette solution, assez commode, laisse encore la question entière. Quoi qu'il en soit, ce saint apocryphe possédait le don des miracles, et guérissait les foulures ainsi que les maladies des bestiaux.

BLAISOIS, ancien petit pays de France, dans l'Orléanais, cap. Blois; villes principales: Chambary, Romorantin. Superf. 90 kil. de long sur 50 de large. Il est aujourd'hui compris dans le département de Loir-et-Cher.

BLAISY-BAS, village de l'arr. de Dijon (Côte-d'Or), à 43 kil. de cette ville. Pop. 650 hab. On y remarque un tunnel servant au chemin de fer de 4,100 m. de long, 8 m. de large et 7 m. 50 c. de haut.

BLAISY-HAUT, village de l'arr. de Dijon (Côte-d'Or), à 40 kil. de cette ville. Pop. 335 hab.

BLAKE (Robert), amiral anglais, né dans le comté de Somerset en 1599, mort en 1657. Pendant les différends qui survinrent entre le roi et le parlement, Blake, qui venait de terminer ses études, se prononça pour le parlement et leva une compagnie de dragons. Il entra ensuite dans la marine, et se distingua si bien dans divers combats contre les Hollandais, qu'il parvint au grade d'amiral. Il attaqua, à la tête de 1,200 hommes, Tunis en 1655, brûla neuf vaisseaux turcs dans la rade, et défit trois mille Turcs qui s'opposaient à son débarquement. Il fit ensuite une démonstration devant Alger et Tripoli et obtint la délivrance de tous les prisonniers anglais retenus par les Turcs; il exigea aussi la restitution des prises qu'ils avaient faites sur les navires anglais. Il alla ensuite devant Malte, à qui il imposa les mêmes conditions. Les souverains italiens qui avaient eu à souffrir de la piraterie barbaresque, recherchèrent l'alliance de Cromwell, dès qu'ils virent les succès de la flotte anglaise. Les Vénitiens et les Toscans notamment comblèrent Blake de présents. Le pape seul combattit l'influence anglaise. Blake remporta une dernière victoire sur les Espagnols devant Vera-Cruz, et leur enleva les trésors destinés aux frais de la guerre. Puis il revint à Plymouth et mourut au moment de débarquer. Blake passe pour un des plus hardis marins qu'ait produits l'Angleterre. Il changea la tactique navale; ainsi: avant lui, les amiraux étaient surtout préoccupés de la conservation de leurs navires, et n'avançaient que lentement, Blake pensa qu'il était plus habile de ne jamais manquer les occasions, même à travers tous les périls de la mer. C'est à son audace qu'il dut ainsi ses nombreux succès. Il avait enrichi le trésor de l'Angleterre de nombreux millions, mais il n'en mourut pas moins sans avoir augmenté son patrimoine.

BLAKE (William), graveur, peintre et poëte, né à Londres en 1757, mort en 1828. Il était fils d'un bonnetier, mais son père ne put l'attacher à son commerce. Ses goûts étaient tournés ailleurs; il cultiva la poésie et le dessin. Après avoir fréquenté les ateliers de Flaxman et de Fuseli, il ouvrit un magasin d'estampes, et se livra lui-même au travail avec tant d'ardeur qu'il tombait parfois dans de véritables hallucinations, qui suffirent pour expliquer les étranges scènes qu'il produisit.

BLAKE (Joachim), général espagnol, né en 1759, à Velez-Málaga, mort en 1827. Il était d'une famille irlandaise, et prit du service dans l'armée espagnole; au moment de la guerre contre la France (1793), il avait le grade de major et brigadier. Lors de l'invasion de 1808, il commandait dans la Corogne, et, après sa jonction avec Cuesta, qui commandait en Castille, il perdit contre Bessières la bataille de Médina del Rio-Secco, et s'empressa de faire retraite vers les montagnes. A la nouvelle de l'affaire de Baylen, il reprit l'offensive, mais il se fit battre de nouveau près d'Espinosa. Il ne fut pas plus heureux à l'armée d'Aragon et de Catalogne, car il essuya une nouvelle défaite à Murviedo, et se laissa prendre à Valence. On le dirigea alors sur Vincennes comme prisonnier de guerre. En 1814, après sa mise en liberté, il retourna en Espagne, où on lui confia la direction du génie militaire, mais il tomba bientôt en disgrâce pour avoir secondé le libéralisme en 1820.

BLAMONT, ch.-l. de cant. de l'arrond. de Montbéliard (Doubs), à 14 kil. de cette ville. Pop. 630 hab. Église consistoriale protestante. Blamont, ancienne seigneurie, était défendu par un fort qui fut détruit par les Autrichiens en 1814.

BLAMONT, ch.-l. de canton de l'arrond. de Lunéville (Meurthe), à 24 kil. de cette ville. Pop. 2,400 hab. Industrie active. Fabrique de draps, toiles; quincaillerie, tanneries. Patrie de Regnier, duc de Massa. Cette ville était autrefois fortifiée et appartenait aux princes de Salm-Salm.

BLAMONT (François COLIN DE), surintendant de la musique de Louis XV, né à Versailles en 1690, mort en 1760. Il se distingua par ses compositions faciles et élégantes. Il mit en musique la cantate de *Circé*, de J.-B. Rousseau. Il composa aussi quelques opéras qui eurent un certain succès.

BLANC. On a donné ce nom à une menue monnaie dont le souvenir est consacré par l'expression populaire de *six blancs* qui indique une valeur de deux sous et demi ou 30 deniers. Le blanc valait cinq deniers. On fait remonter l'origine de cette monnaie à Philippe-Auguste; c'était alors une pièce d'argent; mais dans la suite, les rois de France l'altérèrent à tel point que ce ne fut plus qu'une monnaie de peu de valeur. Il y avait aussi le *grand blanc*, qui valait deux blancs ou dix deniers. Ces monnaies portaient d'un côté l'image du souverain sous lequel elles étaient frappées, et de l'autre un signe particulier qui déterminait leur titre. C'est ainsi qu'on distinguait les blancs à la fleur de lys, à la couronne, au soleil, au porc-épic, à l'écu, à une vache, à deux vaches, etc.

BLANC (cap), cap de l'Afrique occidentale sur la côte du Sahara. C'est le point le plus occidental de l'Afrique après le cap Vert. Les Portugais l'atteignirent en 1441.

BLANC (mont), pic le plus élevé des Alpes et de toutes les montagnes de l'Europe (Alpes Pennines), 4,920 m. au-dessus du niveau de la mer. Couvert de neiges éternelles. Il est borné par les vallées de Chamouny, de Montjoie, Ferret et l'Allée Blanche. Le naturaliste de Saussure le gravit pour la première fois en 1787.

BLANC (le), sous-préfecture du départ. de l'Indre à 43 kil. de Châteauroux. Population 5,740 hab. Filatures de laine, tanneries, commerce de bois et de fer. Cette ville était autrefois défendue par trois châteaux dont il ne reste plus que quelques débris.

BLANCHARD (Jacques), peintre célèbre, né à Paris en 1600, mort en 1638. Il alla étudier à Rome avec son frère, qui ne fut jamais qu'un artiste médiocre. Il se forma à l'école des grands maîtres, et, de retour à Paris, il peignit une série de tableaux qui l'ont fait mettre au rang de nos meilleurs peintres. Ses effets de lumière et la vivacité de son coloris l'ont fait surnommer le *Titien français*.

BLANCHARD (Nicolas), célèbre aéronaute, né aux Andelys en 1753, mort à Paris en 1809. La découverte de Montgolfier enflamma son imagination; il conçut le projet de diriger les ballons. Il construisit, à cet effet, une machine composée de deux ailes mises en mouvement par un mécanisme, et qui manœuvraient comme des rames. Au moment où il allait faire son ascension à l'aide d'un ballon chargé de cette machine, un jeune élève de l'école militaire voulut y entrer; la garde l'ayant repoussé, il brisa les ailes destinées à diriger l'aérostat. Blanchard, à la suite de cet accident, ne tenta pas de rétablir sa machine, dans laquelle il n'avait sans doute qu'une foi médiocre. Il fit soixante-dix ascensions, et fut le premier qui traversa la Manche de Douvres à Calais, ce qui le fit surnommer le *Don Quichotte de la Manche*. Il fit aussi plusieurs ascensions en Amérique. Plusieurs femmes partagèrent ses dangers. Il est l'inventeur du parachute.

BLANCHARD (Mme), femme du précédent. Elle suivit son mari dans ses diverses ascensions; mais le 6 juillet 1819, alors qu'elle exécutait sa 76e ascension au jardin de Tivoli, ayant emporté dans sa nacelle des pièces d'artifice auxquelles elle mettait le feu, une fusée mal dirigée atteignit l'étoffe du ballon et l'enflamma instantanément. On vit alors comme une masse de flammes, et bientôt, l'infortunée aéronaute tomba sur le toit d'une maison de la rue de Provence; lorsqu'on la releva, elle était morte.

BLANCHE (mer), grand golfe formé par l'Océan glacial arctique, sur la côte septentrionale de la Russie d'Europe, dans le gouvernement d'Arkhangel, entre la presqu'île Kanin et la presqu'île de Laponie. Elle reçoit la Dwina et l'Onéga au S., le Kandela à l'O., la Mézen à l'E. Elle est gelée 8 mois de l'année, d'octobre à juin. Superf. 1,565 myriamètres carrés. Elle forme les golfes Kandalaskaja, Onéga et Dwina. Côte bordée de nombreux îlots. Des canaux joignent la Mer blanche à la Mer caspienne, à la Mer baltique et à la Mer noire. Les habitants du littoral sont les Lapons, les Finnois, et les Samoyèdes, qui s'occupent de pêche et de commerce.

BLANCHE DE CASTILLE, fille d'Alphonse IX, roi de Castille, et d'Éléonore d'Angleterre, née en 1186, morte en 1252. Elle avait 14 ans quand elle épousa Louis VIII. Elle fut mère de plusieurs enfants qu'elle voulut élever et allaiter elle-même. Elle s'opposa de toutes ses forces à la croisade entreprise par son mari, prévoyant qu'elle ne produirait rien d'avantageux. Pendant cette croisade, et après la mort de Louis VIII, pendant la minorité de son fils, elle fut régente du royaume et tutrice du jeune prince. Elle sut gouverner avec habileté: ainsi elle sema la division parmi les seigneurs révoltés contre la couronne et écarta les dangers qui pouvaient venir du côté de l'Angleterre, en corrompant de Bourg, ambassadeur anglais. On a reproché à la reine Blanche sa jalousie contre sa belle-fille, son orgueil excessif, les flatteries qu'elle mettait en œuvre pour circonvenir son fils, et conserver son influence sur lui; on lui a reproché aussi d'avoir souffert les assiduités galantes du cardinal Romain, en qui elle avait mis toute sa confiance. Elle fit plusieurs fois preuve d'un grand courage. Ainsi on la vit en personne au siége de Bellesme au Perche, dont elle voulait s'emparer malgré la résistance du duc de Bretagne. C'était en hiver, un froid rigoureux faisait périr les hommes et les chevaux; elle marchait à côté de son fils, relevant le courage abattu du soldat. Plusieurs assauts infructueux furent livrés. Enfin la grosse tour fut abattue sous les efforts des assaillants qui couvraient la place de projectiles lancés par des pierriers, et la ville se rendit. Quelques mois après, elle assiégea Ancenis, près de Nantes. Le roi d'Angleterre, qui était alors dans cette dernière ville, en partit aussitôt, ne voulant pas donner à Blanche l'occasion d'une nouvelle victoire. Pendant ce siége, Blanche assembla les grands du royaume, et fit condamner, par un arrêt solennel, Mauclerc, duc de Bretagne, comme coupable de félonie et de lèse-majesté. Elle put s'emparer de sa personne; mais elle lui fit grâce de la vie et le laissa même en possession de ses Etats, après avoir pris quelques garanties contre lui. Elle eut ensuite à réprimer la révolte des *pastoureaux*, paysans qui s'étaient rassemblés au nombre de plus de cent mille, pour aller délivrer Louis IX captif. Les *pastoureaux* ayant commis d'affreux désordres dans les provinces, Blanche dut marcher contre eux. Cependant, sa santé s'étant affaiblie, elle se retira à Melun pour y respirer un air plus pur. Elle y mourut à l'âge de 65 ans.

BLANCHE DE BOURBON, fille de Pierre Ier, duc de Bourgogne, née vers 1338, morte en 1361. Elle épousa Pierre de Castille surnommé le *Cruel*; elle n'avait que 14 ans, et était aussi belle qu'aimable; mais son époux la traita avec le dernier mépris. Il la quitta le lendemain de son mariage pour retourner auprès de sa maîtresse. Peu de temps après, il la fit emprisonner à Médina Sidonia. Il s'en délivra enfin par le poison, en 1361. Les Français indignés, pour venger la mort de Blanche, marchèrent contre lui, sous la conduite de Duguesclin.

BLANCHE DE BOURGOGNE (comtesse de la MARCHE). Elle était fille d'Othon IV, comte Palatin de Bourgogne et de Mahaut, comtesse d'Artois. Elle épousa, en 1308, Charles le Bel, second fils de France, qui possédait le comté de la Marche. Jetée jeune au milieu d'une cour dissolue, cette princesse vécut dans les plus honteux désordres. Les débauches auxquelles elle se livra dans la tour de Nesle avec sa sœur aînée, Jeanne, et sa belle-sœur Marguerite, l'ont rendue célèbre. Ayant été convaincue d'adultère, elle fut rasée et renfermée au Château-Gaillard, près d'Andely. Elle y resta sept ans, puis fut répudiée par son mari et forcée de prendre le voile à l'abbaye de Maubuisson, où elle alla expier les désordres de sa vie. Elle y mourut en 1340.

BLANCHE DE NAVARRE, fille de Charles III dit le *Noble*, roi de Navarre, succéda à son père en 1402, et mourut en 1441. Elle épousa Martin, roi de Sicile, et, en secondes noces, Jean d'Aragon, fils de Ferdinand Ier. Elle laissa la couronne à son fils, don Carlos; mais son testament fut attaqué par Jean, son autre fils, et devint la cause d'une guerre sanglante.

BLANCHES (montagnes), montagnes des Etats-Unis de l'Amérique du N. (New-Hampshire). Le point le plus élevé de ces montagnes est le mont Washington; hauteur 2,078 mètres.

BLANCHET (Thomas), peintre, né à Paris en 1617, mort en 1689. Il fut l'élève et l'ami de Poussin, de l'Albane et de Sacchi. Il fut nommé professeur de peinture à l'Académie de Paris, quoiqu'il fût alors en voyage, et Lebrun se chargea de présenter son tableau de réception, représentant *Cadmus semant, par l'ordre de Pallas, les dents du dragon qu'il vient de tuer*. Il se distingua à la fois comme peintre d'histoire et de portrait. Il est remarquable par son coloris et par la correction du dessin; sa composition est hardie et facile. On admire encore son *Apothéose de César*. Il avait peint le plafond de l'hôtel de ville de Lyon; mais son travail ayant été détruit par un incendie, il pensa en mourir de chagrin.

Blanchet (François), littérateur, né à Angerville en 1707, mort en 1784. Il fut d'abord professeur, puis chanoine; mais il se dégoûta de la profession ecclésiastique et vint se fixer à Paris, où il fut nommé censeur royal, interprète à la bibliothèque du roi et bibliothécaire particulier du cabinet du roi. Devenu vieux, il quitta ses emplois, et se retira à Saint-Germain en Laye, où il mourut. Il a publié des *Variétés morales et amusantes*, des *Apologues et contes orientaux*. Le style en est élégant et la narration intéressante. Il a aussi composé des poésies d'un assez grand mérite pour qu'un poëte célèbre de son temps à qui on les attribuait n'en désavouât pas la paternité. Blanchet ne put s'empêcher de dire à cette occasion : « Je suis charmé que les riches adoptent mes enfants. »

BLANCMÉNIL, magistrat. (*Voir* Potier.)

BLANCS ET BLEUS. Sous la première république française, on désignait sous le nom de *blancs* les Vendéens qui combattaient sous le drapeau blanc, pour la défense du principe royaliste. Les Vendéens, de leur côté, donnaient le nom de *bleus* à nos soldats, à cause de la couleur de leur costume militaire.

BLANCS ET NOIRS. On appelait de ce nom deux factions rivales qui, après avoir désolé Pistoia, s'étendirent jusqu'à Florence, au commencement du xve siècle. La querelle entre les guelfes et les gibelins, c'est-à-dire entre les partisans de l'indépendance italienne, alors représentés par le pape, et les partisans de l'empereur d'Allemagne, était encore vivace. Les mêmes passions politiques se couvrirent de noms différents. La famille des Cancellieri était en lutte avec les Panciatichi. Les premiers, qui étaient guelfes, enlevèrent le pouvoir à leurs adversaires. Plus tard, une rixe de cabaret ranima la haine des Panciatichi, et amena une horrible vendetta entre les deux familles. Après les embuscades, vinrent de véritables batailles; la ville se partagea en deux camps. Les Cancellieri, qui comptaient parmi leurs ancêtres une femme du nom de Blanche, furent appelés les *blancs*; les autres, par opposition, s'appelèrent les *noirs*. Blancs et noirs s'égorgèrent dans les rues, dans les maisons et dans les églises. Un juge fut tué sur son siége. Le magistrat suprême, voyant son autorité méconnue, résilia ses fonctions et quitta la ville. Le conseil des anciens, qui gouvernait la ville, appela les Florentins pour rétablir l'ordre. Ceux-ci vinrent en effet et crurent mettre un terme à la guerre civile en exilant à Florence les chefs des deux factions. Mais cette mesure imprudente ne fit que jeter dans Florence un brandon de discorde. Les noirs s'étaient mis sous la protection des Donati, et les blancs sous celle des Cerchi. Or les Donati et les Cerchi se disputaient depuis longtemps le pouvoir. Une querelle survenue dans un bal champêtre amena la guerre civile dans Florence même. Les Donati étaient soutenus par la noblesse; les Cerchi, par les bourgeois et les gibelins; les Cerchi avaient, en outre, l'avantage d'être alors au pouvoir. Le cardinal d'Acquasparta, légat du pape, désespérant de rétablir l'ordre, jeta l'anathème sur la ville. Cependant les noirs, se voyant plus faibles, avaient résolu de demander au pape un prince étranger. Les blancs, qui comptaient parmi eux Dante, le célèbre poëte, qui était l'un des prieurs de la ville, appelèrent aux armes le peuple de la ville et de la campagne, et firent exiler plusieurs chefs des deux factions. Corso Donato, le chef des noirs, qui s'était retiré à Rome, sut attirer le pape dans son parti, et Charles de Valois, frère de Philippe le Bel, roi de France, fut mis à la tête d'une expédition contre les Florentins. Les noirs restés à Florence entrèrent dans la conspiration et firent pénétrer 1,200 hommes d'armes dans la ville. Grâce à ces dispositions, Charles de Valois entra dans Florence et y rétablit les noirs. Les prieurs appelèrent le peuple aux armes; mais, glacé par la terreur, il n'osa se soulever. Pendant plusieurs jours les maisons des blancs furent livrées au pillage; 600 personnes de leur parti furent exilées. Corso Donato, qui avait pris le pouvoir, s'attira bientôt la haine de ses anciens partisans. Il chercha à s'appuyer sur la multitude; mais tous repoussèrent ses avances, et il se vit bientôt accusé d'aspirer à la tyrannie. Deux heures après que l'accusation avait été portée, il était déjà condamné par contumace. Il se retrancha dans sa maison et tenta d'abord de s'y défendre; puis il essaya de fuir, mais il fut atteint et massacré. Peu à peu les blancs et les noirs se confondirent avec les guelfes et les gibelins, et le souvenir de leurs luttes s'effaça peu à peu.

BLANCS-MANTEAUX, nom donné, à cause de la couleur de leurs manteaux, aux *serviles* ou serviteurs de la Vierge. Cet ordre religieux, fondé à Marseille en 1252, suivait la règle de saint Augustin; il fut confirmé par le pape Alexandre IV, en 1257. Ils s'établirent à Paris, dans la rue de la Parcheminerie, qui s'appela dès lors rue des Blancs-Manteaux. Le concile de Lyon ayant aboli leur ordre en 1297, leur maison fut cédée aux guillelmites, qui la cédèrent à leur tour, en 1618, aux bénédictins de Saint-Maur.

BLANDFORT-FORUM ou Blandfort-Chipping ou Market-Blandfort, ville d'Angleterre (Dorset), à 25 kil. de Dorchester. Pop. 3,350 hab. Fabriques de dentelles renommées, manufactures de boutons de chemises. Marché aux chevaux de course.

BLANDIN (Philippe-Frédéric), habile chirurgien, né en 1798, à Aubigny (Cher), mort en 1849. Il était élève de Roux, Marjolin et Béclard. Il devint successivement professeur de médecine opératoire à la Faculté de Paris, après Richerand; chirurgien de l'Hôtel-Dieu, après Breschet; puis membre de l'Académie de médecine et médecin consultant du roi Louis-Philippe. A la révolution de 1830, il éprouva des pertes qui lui causèrent un chagrin mortel. Il a inséré dans le *Bulletin de l'Académie de médecine* de nombreux articles qui attestent l'étendue et la profondeur de son savoir.

BLANDRATA (Georges), novateur, né dans le marquisat de Saluces vers 1520, mort en 1590. Il fut d'abord médecin; mais il abandonna cette profession pour étudier les questions théologiques. Il entreprit de faire revivre la doctrine d'Arius. Poursuivi par l'inquisition de Pavie, il se réfugia à Genève, où Calvin, qui prétendait présider seul à la réforme, l'accueillit très-mal. Il se rendit alors en Pologne, et de là en Transylvanie. C'est surtout dans ce pays qu'il répandit sa doctrine. Il ne reconnaissait pas la divinité de Jésus, et voyait trois personnes distinctes dans la Trinité. Il fut le médecin et le favori d'Étienne Battori, roi de Pologne, qui l'admit dans son conseil. En devenant vieux, Blandrata fut moins ardent dans son prosélytisme; il ne put réprimer un certain penchant à l'avarice, et il en fut la victime; car un de ses neveux l'étouffa dans son lit, pour jouir plus tôt de sa succession. On le représente comme un ambitieux qui éprouvait le besoin de faire parler de lui; mais qui n'avait aucune conviction solide.

BLANDUSIE, nom donné à une fontaine du pays des Sabins, près de Mandèle, et aussi à une maison de campagne d'Horace.

BLANGINI (Joseph-Marc-Marie-Félix), compositeur de musique, né à Turin en 1781, mort en 1841. Il vint à Paris en 1799, et obtint une assez grande vogue avec ses romances et ses nocturnes. Il voulut aborder les opéras, mais il n'eut aucun succès. En 1805, il fut nommé maître de chapelle du roi de Bavière; en 1806, directeur de la musique de la princesse Borghèse, sœur de Napoléon Ier; puis, en 1809, maître de chapelle du roi de Westphalie. En 1814, il revint en France, et fut, sous la Restauration, surintendant honoraire et compositeur de la musique du roi, puis professeur de chant au Conservatoire de musique de Paris, places qu'il perdit entièrement à la révolution de 1830.

BLANGY, ch.-l. de cant. de l'arrond. de Pont-l'Évêque (Calvados), à 8 kil. de cette ville. Pop. 280 hab.

Blangy, ch.-l. de cant. de l'arrond. de Neufchâtel (Seine-Inférieure), à 25 kil. de cette ville. Pop. 1,840 hab. Toiles à voiles; fabrique de savons.

BLANKENBOURG, ville du duché de Brunswick. Elle formait autrefois une principauté. On y admire un magnifique château qui est l'un des plus grands de l'Allemagne, et où Louis XVIII séjourna pendant l'émigration. La ville est peuplée de 3,720 habitants; elle est située au S.-S.-E. de Brunswick, à 55 kil. de la capitale. Dans le voisinage, on trouve la montagne de Heidelberg, avec une chaîne de roches sauvages qu'on appelle la *Muraille du diable*.

BLANQUEFORT, ch.-l. de cant. de l'arrond. de Bordeaux (Gironde), à 10 kil. de cette ville. Pop. 2,050 hab. Vins rouges recherchés en Hollande. Récolte de vins blancs qui s'expédient dans le N. Ruines d'un château du xiiie siècle. L'ancienne seigneurie de Blanquefort date du xie siècle, et fut vendue à Édouard Ier, roi d'Angleterre, en 1272. Cette ville fut prise, en 1453, par Dunois, quelque temps après la bataille de Castillon.

BLANQUI (Jérôme-Adolphe), célèbre économiste, né à Nice en 1798, mort en 1854. Il fut d'abord répétiteur à l'institution Massin, à Paris. S'étant attaché à J.-B. Say, il apprit de lui les principes de l'économie politique. Il se mit alors à voyager, pour étudier les divers systèmes économiques de l'Europe; il étudia surtout la législation industrielle, celle des douanes, les règlements relatifs à l'assistance publique et le régime des prisons. A son retour, il obtint une chaire d'histoire, de l'industrie et d'économie industrielle à l'école du commerce. Il ouvrit en même temps à l'Athénée un cours d'histoire de la civilisation industrielle des nations européennes. Ses cours furent très-suivis, et appelèrent sur lui l'attention des savants. Il écrivit des articles d'un grand intérêt dans les journaux de son temps, notamment dans le *Journal du commerce*, le *Courrier français* et le *Siècle*. Il fonda le *Journal des économistes*, dans lequel il se montra l'un des plus habiles défenseurs de la liberté commerciale et du libre-échange. En 1827, il publia une *Histoire de l'exposition de l'industrie française*. En 1833, il succéda à J.-B. Say dans sa chaire d'économie politique au Conservatoire des arts et métiers. Il fut admis à l'académie des sciences morales et politiques, en 1838, et il fut député de la Gironde de 1846 à 1848. Il a écrit une *Histoire de l'économie politique en Europe, depuis les anciens jusqu'à nos jours*, un *Résumé de l'histoire du commerce et de l'industrie*, un *Précis élémentaire d'économie politique*, un *Rapport sur l'état économique de la Corse*, un autre *Rapport sur nos possessions algériennes*, des *Considérations sur l'état social des peuples de la Turquie d'Europe*. Depuis 1848, il publia un ouvrage sur les *Classes ouvrières en France*, et un *Rapport sur l'exposition universelle de Londres*. Blanqui se distingue par une grande clarté d'exposition, et une sagacité remarquable dans l'observation des faits. Il n'a fondé aucun système, et s'est contenté de développer la doctrine des économistes contemporains. Ses travaux appartiennent autant à la législation, pour laquelle il amassait des matériaux, qu'à l'économie politique proprement dite.

BLANSKO, bourg des Etats autrichiens (Moravie), à 18 kil. de Brunn. Pop 1,500 hab. Fonderies, construction de machines, exploitation de fer, usines importantes.

BLANZAC, ch.-l. de cant. de l'arrond. d'Angoulême (Charente), à 22 kil. de cette ville. Pop. 680 hab. Commerce de bestiaux. Vins rouges.

BLANZY, bourg de l'arrond. d'Autun (Saône-et-Loire), à 37 kil. de cette ville. Pop. 4,550 hab. Grande exploitation de houille.

BLAS (San), ville du Mexique (Xalisco), située à 280 kil. de Guadalaxara, sur une île, à l'embouchure du Rio-Grande dans l'Océan pacifique. Port et arsenal maritime.

BLASIMONT, bourg du départ. de la Gironde, à 6,830 m. de Sauveterre. Pop 1,150 hab. Ancien château de la maison de Bouillon; ancienne abbaye bénédictine.

BLASON. On appelle ainsi la connaissance et l'explication des armoiries des chevaliers et des cités. C'était une langue particulière, enrichie d'images et de symboles, et qui caractérise l'imagination à la fois hardie et naïve de la noblesse féodale. Elle prit un grand développement en France, et s'étendit de là en Allemagne, en Angleterre et en Italie. Elle fut inconnue chez les Espagnols qui, jaloux de leurs libertés, s'appliquèrent toujours dans leurs constitutions à restreindre l'influence féodale. Le blason est ainsi défini par Ménestrier dans l'*Art du blason* : « Le blason est une espèce d'encyclopédie : il a sa théologie, sa philosophie, sa géographie, sa jurisprudence, sa géométrie, son arithmétique, son histoire et sa grammaire. La première explique ses mystères; la seconde les propriétés de ses figures; la troisième assigne les pays d'où les familles tirent leur origine, ceux qu'elles habitent, et ceux où leurs diverses branches se sont étendues; la quatrième explique les droits du blason pour les brisures, les titres, la position des armes aux lieux publics à l'occasion des patronages; la cinquième considère les figures et leur assiette; la sixième en examine le nombre; la septième en donne les causes, et la dernière explique tous les termes et découvre leurs origines. » On fait dériver le mot blason de l'allemand *blasen* qui signifie *sonner du cor*, parce que le héraut d'armes sonnait du cor pour annoncer l'entrée d'un chevalier dans l'enceinte d'un tournoi, et proclamait la forme et la qualité de ses armoiries. On a recherché l'origine des armoiries, et l'on a remarqué que déjà, au temps de l'invasion des Barbares, les chefs se distinguaient par des signes particuliers. C'est au temps des croisades qu'il faut faire remonter l'origine des armoiries se transmettant par l'hérédité. Les trois éléments des armoiries étaient l'*écu*, les *émaux*, les *pièces* et *meubles*. L'*écu* était le champ des armoiries, l'espace dans lequel elles étaient représentées : il formait le plus souvent un carré long, terminé par une pointe à sa partie inférieure. On appelait *émaux* les couleurs, la plaque métallique ou la fourrure qui formait le fond du champ de l'écu. On entendait par *pièces* des signes particuliers tracés sur l'écu : c'étaient des bandes droites ou inclinées, des chevrons, des sautoirs, etc. On donnait le nom de *meubles* aux dessins qui apparaissaient sur l'armoirie, et qui figuraient des *croix d'or*, des *tours d'argent* surmontées de couronnes, d'*ours de sable*, etc. Souvent la figure était ornée de *tenants* ou *supports* : c'étaient des hommes ou des animaux qui paraissaient supporter l'écusson. Enfin on mettait au-dessous de l'écusson une devise en français ou en latin. Cette devise s'appelait aussi *cri de guerre*. Les armoiries étaient figurées sur les tours ou les murailles des châteaux, sur les armes de guerre et quelquefois sur les vêtements. Tout chevalier le portait aussi sur un anneau dont il se servait pour sceller les actes qu'il consentait, et le plus souvent pour suppléer à sa signature. Le roi avait seul le droit de conférer des armoiries.

BLAUBEUREN, ville du Wurtemberg, à 15 kil. d'Ulm. Pop. 2,150 hab. Les Français y battirent les Autrichiens en 1800.

BLAVET, rivière de France qui prend sa source dans le département des Côtes-du-Nord, dans l'étang de Blavet; après un cours de 150 kil., elle se jette dans l'Atlantique à Port-Louis. Cette rivière fut canalisée sur 60 kil.; ce canal fut ouvert en 1825 et a coûté 5,376,000 francs.

BLAVET (Michel), célèbre musicien, né à Besançon en 1700, mort en 1768. Son père voulait lui enseigner son état de tourneur; mais une flûte étant tombée entre ses mains, sa vocation se décida, il apprit la musique sans maître. Il devint bientôt si habile que le duc de Lévis se l'attacha, et l'emmena à Paris; il entra à l'Opéra, et passa successivement de la maison du prince de Carignan dans celle du comte de Clermont. Il fit un voyage à Berlin. Frédéric II, qui jouait lui-même de la flûte, voulut le retenir à sa cour; mais Blavet repoussa ses offres. Il a laissé des compositions estimées. On cite notamment la musique du ballet des *Jeux Olympiques*, celle de la *Fête de Cythère*, opéra, et celle du *Jaloux corrigé*, de Collé. Il fut pendant longtemps musicien ordinaire du roi. On rapporte qu'il possédait un chien qui entrait en fureur quand un autre que son maître faisait de la musique, et qui s'apaisait et venait lécher les pieds de Blavet, aussitôt que celui-ci tirait des sons de sa flûte.

BLAYE, sous-préf. du départ. de la Gironde, à 33 kil. de Bordeaux. Pop 4,100 hab. Place de guerre de 4e classe. Tribunal de 1re instance et de commerce, état-major de la place; station de pilotes; école d'hydrographie; collége, hospice. Commerce actif en blés, vins et eaux-de-vie. Construction de navires de commerce. Citadelle où mourut Caribert Ier, enterré à Blaye en 574. Les Français la prirent aux Anglais en 1339. Les calvinistes s'en emparèrent en 1568. La duchesse de Berry fut détenue de 1832 à 1833 dans le château.

BLAYMARD, ch.-l. de cant. de l'arrond. de Mende (Lozère), à 29 kil. de cette ville. Pop. 450 hab. Fabriques de serge.

BLAZE (Henri-Sébastien), compositeur de musique, né en 1763 à Cavaillon, en Provence, mort en 1833. Ses compositions eurent un plein succès à Marseille. On a de lui des *romances*, des *sonates*, des *duos* pour la harpe et pour le violon; un opéra de *Sémiramis* qui n'a pas été représenté, une *messe* à trois voix, un *Requiem* pour les funérailles du duc de Montebello, etc. La musique ne l'empêchait pas d'exercer ses fonctions de notaire à Avignon. Castil Blaze et Elzéar Blaze sont ses fils, et Henri Blaze est le fils de Castil Blaze.

BLÉCOURT, village du départ. de la Haute-Marne, ancien lieu de pèlerinage, voisin de l'abbaye de Saint-Urbain. Ce village est remarquable par son église, bâtie dans le XIIIe siècle; la nef est du style romano-byzantin.

BLEIBERG, bourg des Etats autrichiens (Carinthie), situé à l'O. de Willach. Pop. 3,500 hab. Riches mines de plomb.

BLEKINGE, province de la Suède, ch.-l. Carlscrone, défendue par deux énormes rochers garnis de batteries formidables. Sup. 2,940 kil. carrés. Pop. 99,800 hab. Forêts; lacs fort poissonneux. Climat doux.

BLEMMYES, ancien peuple de l'Ethiopie. Ils servirent en Egypte le tyran Firmus; Aurélien les vainquit et les fit figurer à son triomphe. Florus, lieutenant de l'empereur Marcien, les dompta l'an 450 ap. J.-C.

BLENEAU, ch.-l. de cant. de l'arrond. de Joigny (Yonne), à 59 kil. d'Auxerre. Pop. 1,180 hab. Condé y vainquit Hocquincourt en 1652, et Turenne y défit Condé.

BLENHEIM ou BLINDHEM, village de Bavière dans le cercle de Souabe, à 35 kil. d'Augsbourg, sur le Danube. Pop. 620 hab. C'est près de ce village que Marlborough et le prince Eugène vainquirent les Bavarois et les Français, commandés par Tallard, Marsin et l'électeur de Bavière (13 août 1704).

BLENHEIM-PARK, village d'Angleterre (Oxford), à 96 kil. de Londres. On y voit une colonne surmontée d'une statue de Marlborough en général romain.

BLÉRÉ, ch.-l. de cant. de l'arrond. de Tours (Indre-et-Loire), à 27 kil. de cette ville. Pop. 1,880 hab. Vins rouges.

BLESLE, ch.-l. de cant. de l'arrond. de Brioude (Haute-Loire), à 21 kil. de cette ville. Pop. 1,320 hab.

BLESSIG (Jean Laurent), théologien protestant, né en 1747, à Strasbourg, mort en 1816. Après de profondes études en théologie, en philosophie, en histoire, il entreprit, en 1772, avec Brunck, un voyage littéraire en Allemagne et dans les Pays-Bas. Il alla également en Suisse et se lia avec le fameux Lavater. En 1781, il fut nommé prédicateur au Temple-Neuf de Strasbourg, puis, en 1783, professeur de théologie. Lors des troubles de 1793, il fut jeté en prison, puis exilé. Après la réorganisation des cultes, en l'an X, il fut reçu membre du directoire et du consistoire général des protestants de la Confession d'Augsbourg en France. A la translation du corps du maréchal de Saxe, il prononça un discours en français qui est resté célèbre. On a encore de lui des *Leçons de psychologie pratique* et un *Recueil de sermons* en allemand.

BLESSINGTON (miss Powell Gardener, comtesse DE), célèbre Irlandaise, née le 1er septembre 1789 dans le comté de Waterford, morte à Paris en 1849. Sa résidence de Gore-House, à Kensington, était le rendez-vous de tous les étrangers de distinction. Comme écrivain, lady Blessington brillait par la grâce et la finesse de son esprit. Elle était liée avec lord Byron, Dickens, Bulwer, le comte d'Orsay et la famille Bonaparte. Ses ouvrages, où elle attaque rudement la pruderie anglaise, respirent une grande liberté philosophique. Elle débuta dans la carrière littéraire par les *Esquisses d'un voyage en Belgique*, et publia, en 1833, ses *Conversations avec lord Byron*, ouvrage qui contient d'intéressantes révélations. Elle donna ensuite plusieurs romans, tels que les *Loisirs d'une femme en France et en Italie*, les *Victimes de la société* et les *Pensées décousues*. Ces divers ouvrages servirent à augmenter sa réputation; mais la hardiesse de ses jugements lui aliéna la haute société de son pays. Elle mourut presque subitement pendant un séjour à Paris, et comme le choléra régnait alors, on supposa qu'elle avait été la victime de ce fléau.

BLETTERANS, ch.-l. de cant. de l'arrond. de Lons-le-Saulnier (Jura), à 11 kil. de cette ville. Pop. 1,050 hab. Commerce de grains, volailles, gibier, bétail, planches de sapin.

BLEUES (montagnes), chaîne orientale des Alleghanys, s'étendant depuis les sources du grand Catawba, dans la Caroline du Nord, jusqu'à la moitié du cours de la Delaware. Le sommet le plus élevé est à Otterpik et a 1,300 m. d'élévation.

BLEUES (montagnes), chaîne de montagnes qui s'élèvent à l'extrémité occidentale de la plaine de Sidney, entre les plateaux d'Hawkesbury et du Hunter. Cette chaîne est traversée par deux routes : le défilé de Mont-York, découvert en 1813, et celui de Bell, découvert en 1822. Ces montagnes ont 1,000 m. d'élévation et sont très-escarpées.

BLEUS ET VERTS. On appelait ainsi, à Rome et à Constantinople, les *factions* qui figuraient dans les courses de chars, à cause des couleurs adoptées par les conducteurs. Les courses de chars formaient la partie essentielle des jeux du cirque. La course ou *mission* consistait à faire sept fois le tour de la Spina. Celui qui avait le premier parcouru cette distance, était proclamé vainqueur. Une *mission* se composait de quatre chars attelés de deux ou quatre chevaux; chaque char avait sa couleur et représentait une *faction*. Les couleurs étaient, à Rome, le vert, le bleu, le rouge et le blanc. Le vert figurait la terre, et le bleu la mer. L'empereur Domitien ajouta deux couleurs : le jaune et le violet; mais elles furent supprimées après lui. Les Romains, qui avaient abdiqué leur liberté, ne se passionnaient plus que pour ces sortes de jeux. Chacun adoptait une couleur. Caligula tenait pour les verts, Vitellius pour les bleus. L'animosité des partis fut telle qu'ils en vinrent plusieurs fois aux mains. Sous Justinien, Constantinople fut le théâtre d'un sanglant combat que se livrèrent les verts et les bleus. Le cri de ralliement des combattants était *nica* (sois vainqueur). Bélisaire apaisa ce formidable soulèvement; Hypatius, que les verts avaient proclamé empereur, fut décapité. Il y périt 40,000 hommes. Les chefs de factions qui faisaient courir s'appelaient *domini factionum*, les cochers étaient les *agitatores*. Des médailles qui ont été conservées mentionnent jusqu'aux chevaux qui ont triomphé dans ces courses.

BLICHER (Steen-Steensen), poëte et romancier danois, né dans le Jutland en 1782, mort en 1848. Son premier début fut une traduction d'*Ossian;* il publia ensuite des poésies, des nouvelles, des contes, qui se font remarquer par leur vigueur et leur originalité, et qui présentent la peinture fidèle des mœurs du Nord. Ses contemporains l'ont surnommé le *Walter Scott* danois.

BLIDAH, ville de la province d'Alger, à 50 kil. de cette ville. Pop. 8,609 hab. Siége d'une sous-préfecture, d'un tribunal de première instance. Quatre belles mosquées, une église catholique. Grande exportation d'oranges. Marché fréquenté. Cette ville est située au pied du petit Atlas, presqu'à l'extrémité de la Métidjah. Blidah fut prise par les Français (1830) et occupée depuis 1838.

BIESKASSEL, ville de Bavière, à 8 kil. de Deux-Ponts. Pop. 1,800 hab. Les Français et les Prussiens s'y livrèrent bataille en 1793.

BLIGH (William), navigateur anglais, né en 1753, mort en 1817. Il se rendit célèbre par ses explorations dans les mers australes. Ainsi, en 1788, il a découvert, au S. de la Nouvelle-Zélande, un groupe d'îles qu'il appela *îles de Bounty;* un an après il découvrit les *îles de Bligh*. En 1791, il découvrit l'*île du Sayon* et l'*archipel du duc de Clarence*. Il a publié un récit intéressant de ses voyages.

BLIGNY-SUR-OUCHE, ch.-l. de cant. de l'arrond. de Beaune (Côte-d'Or). Pop. 1,450 hab. Grains et toiles.

BLIN (SAINT-), ch.-l. de cant. de l'arrond. de Chaumont (Haute-Marne), à 32 kil. de cette ville. Pop. 600 hab. Cette ville possédait autrefois un célèbre prieuré de bénédictins.

BLIN DE SAINMORE (Adrien-Michel-Hyacinthe), poëte, né à Paris en 1733, mort en 1807. C'était un versificateur facile; mais on chercherait vainement dans ses compositions des morceaux dignes d'être cités; il est froid, sans coloris et sans imagination. Les *Héroïdes* ont eu un succès qu'on explique difficilement aujourd'hui. Sa tragédie d'*Orphanis* est la meilleure de ses œuvres. Napoléon le nomma second conservateur de la bibliothèque de l'Arsenal.

BLOCH (Marc-Eléazar), médecin et naturaliste, né à Anspach, en Franconie, en 1723, mort à Carlsbad en 1799. A 19 ans, il savait à peine lire l'allemand, et ne connaissait que les livres hébraïques; mais il se livra avec ardeur à l'étude, et devint bientôt savant en anatomie et en médecine. Il a publié de nombreux ouvrages sur l'histoire naturelle des poissons. Il étudia aussi les vers intestinaux, et quelques variétés d'oiseaux. Ses travaux sont fort estimés, et remplis d'observations neuves qui ont contribué aux progrès de l'histoire naturelle.

BLOCUS CONTINENTAL. On appelle ainsi le règlement adopté par Napoléon Ier à l'égard de l'Angleterre, pour prohiber en Europe tout commerce avec cette puissance et l'amener ainsi, par la ruine de ses fabriques, à consentir la paix. Napoléon, par un décret signé de Berlin, en date du 21 novembre 1806, déclarait les Iles britanniques en état de blocus. L'Angleterre, de son côté, déclara en état de blocus les ports de l'Europe dont les Français étaient maîtres, même alors qu'il n'y avait pas de navires anglais en station. Elle alla jusqu'à défendre aux bâtiments neutres de naviguer d'un port à l'autre de la France, ou d'un autre pays allié de la France. Ces différentes mesures jetèrent la plus grande perturbation dans le commerce européen. L'Angleterre et la France se ruinèrent mutuellement sans que le blocus pût être rigoureusement maintenu au profit de l'une ou de l'autre de ces puissances. L'Europe continuait à être couverte de produits anglais, et Napoléon éprouva que l'anéantissement d'une puissance maritime, sans flottes et sans marins, était une utopie.

BLOEMAERT (Abraham), peintre flamand, né à Gorcum en 1564, mort à Utrecht en 1647. Il s'est surtout distingué comme paysagiste. Le Musée possédait autrefois un tableau de lui, représentant les *Noces de Thétis et de Pélée*. Ses compositions sont grandes et hardies, sa touche facile; mais souvent il s'éloigne de la nature et de la vérité.

BLOEMAERT (Corneille), fils du précédent, graveur, né à Utrecht en 1603, mort à Rome en 1680. Il quitta la peinture pour se consacrer à la gravure. En peu de temps, il devint plus habile que ses maîtres. Il se fixa d'abord à Paris, où il exécuta avec Mathan (Théodore), les gravures du *Temple des muses*, de Marolles. Il grava ensuite la *Sainte Famille* d'après Annibal Carrache, et l'*Adoration des bergers*, d'après Cortone; ces deux ouvrages sont remarquables. Il excellait, en effet, à interpréter par la gravure la manière des grands peintres. Il est le fondateur d'une école de gravure d'où sont sortis plusieurs hommes célèbres.

BLOEMEN (Jean-François), peintre flamand, né à Anvers en 1656, mort à Rome en 1748. On ne sait rien des commencements de Bloemen, sauf qu'entraîné en Italie par l'enthousiasme, il y fut retenu par le succès. Peintre de paysages, il s'attacha surtout à obtenir des effets de brouillard, à imiter les chutes d'eau et le prisme de l'arc-en-ciel. La façon dont il dégradait les teintes lui valut le surnom d'*Orizzonte*, sous lequel il fut admis dans la société académique; les étrangers recherchaient ses tableaux, dont Bloemen puisait les sujets dans les sites magnifiques de Tivoli. Ses deux frères, Pierre et Norbert, suivirent son exemple en le rejoignant à Rome, où le premier surtout réussit.

BLOIS, ville de France, chef-lieu du département de Loir-et-Cher. Cette ville est située sur la rive droite de la Loire; sa population est de 14,515 habitants. La ville est bâtie en amphithéâtre sur la pente d'une colline. On remarque son château, dont la construction remonte au XIIIe siècle. Il s'y fait un commerce de bonneterie, ganterie, corroierie, faïencerie, quincaillerie et distillerie. Le commerce des vins a pris surtout de l'accroissement. La ville de Blois est mentionnée pour la première fois par Grégoire de Tours. Elle fut la capitale d'un comté assez considérable; et au XVIe siècle les rois de France y établirent plusieurs fois leur résidence. Les Etats généraux y furent tenus en 1577 et 1588. En 1814, Blois fut pendant quelque temps la résidence de la cour impériale.

BLONDEL, poëte du XIIe siècle, né à Nesles, en Picardie. Ce fécond chansonnier étant passé en Angleterre, s'attacha à Richard Cœur de Lion et gagna sa faveur. Il ne craignit pas de le suivre en Palestine. On sait que ce souverain ayant fait naufrage au retour, commit l'imprudence de s'aventurer sur les domaines de Léopold, duc d'Autriche, qu'il avait offensé au siége d'Acre. Découvert sous le costume d'un pèlerin, Richard fut arrêté et incarcéré. Ici une chronique anglaise rapporte que Blondel, le type de la fidélité, prit aussi les habits d'un pèlerin et se mit à parcourir l'Allemagne, en quête de son maître. Enfin il apprit qu'un prisonnier d'importance était étroitement renfermé dans une des tours du château de Lœwenstein, et la même chronique ajoute que pour s'assurer de la vérité il chanta la moitié d'une chanson qu'il avait composée avec Richard, et que le roi acheva le reste. Il se hâta de regagner l'Angleterre et obtint qu'une ambassade fut envoyée au duc d'Autriche pour réclamer la délivrance du roi, dont la rançon fut fixée à la somme de 250,000 marcs. Cette anecdote a inspiré à Grétry sa belle musique de *Richard Cœur de Lion*, et on se plaît à l'admettre, quelque invraisemblable qu'elle soit, puisque la captivité de Richard était connue de l'Europe entière. On ne sait rien de la mort de Blondel; et il n'a été conservé que 29 chansons de ce poëte.

BLONDEL (Robert), poëte et historien, né en Normandie vers la fin du XIVe siècle. A l'époque désastreuse où les Anglais, maîtres de presque toute la France, envahissaient la Normandie, Blondel s'exila volontairement de son pays natal et se retira d'abord à Orléans, puis à Angers. Il écrivit la célèbre *Complainte des bons François*. On lui doit aussi l'*Oratio historialis* et l'*Assertio Normanniæ*, faite par l'ordre de Charles VII. La bibliothèque impériale possède le manuscrit des *Douze périls d'enfer* qu'il traduisit pour la reine Marie d'Anjou. Blondel fut successivement précepteur de François, comte d'Etampes, qui devint duc de Bretagne, et du duc de Berry et de Guienne, deuxième fils de Charles VII.

BLONDEL (François), architecte français, né en 1617 à Ribemont (Picardie), mort en 1686. Si cet artiste a reçu de ses contemporains le surnom de *Grand*, il l'a bien mérité par le nombre et la beauté de ses travaux. Fort instruit dans les langues anciennes, Blondel fut choisi pour accompagner le jeune comte de Brienne, et visita avec lui le Nord de l'Europe, l'Allemagne et l'Italie. Son génie se développa par l'étude des chefs-d'œuvre qu'il décrivit soigneusement dans une relation écrite en latin. On voit même, dans son *Cours d'architecture* qu'il fut envoyé à Constantinople avec mission de faire cesser la détention de l'ambassadeur de France. Un brevet de conseiller d'Etat fut la récompense de son succès. Louis XIV le chargea d'enseigner au Dauphin les belles-lettres et les mathématiques. Blondel professa, en outre, cette science au collége Royal. Jusque-là, il n'avait pas soupçonné lui-même son génie pour l'architecture. Il en eût la révélation en rétablissant sur la Charente le pont de Saintes. Cet ouvrage parût si éminent que le roi ordonna qu'à l'avenir les travaux publics de la ville de Paris ne fussent exécutés que sur les plans de Blondel. Ce fut ainsi qu'en 1672, il restaura la porte Saint-Antoine, et, en 1674, la porte Saint-Bernard. Des raisons de commodité publique ont fait démolir ces monuments; mais il en est un qui heureusement a survécu et où Blondel a pu imprimer le cachet de son génie, c'est la porte Saint-Denis, si remarquable par ses proportions. Membre de l'Académie des sciences depuis 1669, Blondel fût nommé directeur et professeur à l'Académie d'architecture, et il réunit en un corps d'ouvrage, toujours consulté avec fruit, les excellentes leçons qu'il donnait à ses élèves. Parmi ses nombreux écrits, il en est deux sur l'art militaire que Louis XIV jugea assez bons pour décerner à leur auteur le grade de maréchal de camp.

BLONDEL (Jacques-François), architecte, neveu du précédent, né à Rouen en 1705, mort à Paris en 1774. Loin d'avoir pu recevoir des leçons de Blondel le *Grand*, ainsi que quelques biographies l'ont prétendu par erreur, Jacques-François Blondel ne vint au monde que 19 ans après la mort du célèbre architecte. Il ne l'égala point assurément; mais il était aussi passionné pour son art, et il lui fit faire de notables progrès, surtout par la voie d'un enseignement toujours consciencieux. Il avait 34 ans déjà quand il quitta Rouen pour venir professer à Paris, et l'on peut dire qu'il rendit d'immenses services par sa manière d'analyser les chefs-d'œuvre. Une de ses innovations, et la non moins utile, ce fût de demander des récompenses pour les meilleurs élèves. Ce qui achève de prouver combien il aimait l'art, c'est que, se sentant atteint d'une maladie mortelle, il voulût être transporté dans son école, au Louvre, pour rendre le dernier soupir dans un lieu où il s'était tant complu. Il avait embelli par divers monuments les villes de Cambrai, Metz et Strasbourg. Blondel mourut presque pauvre, la publication luxueuse de son grand ouvrage sur l'*Architecture française* ayant épuisé ses ressources. D'ailleurs, comme ses contemporains, il aimait le faste et la dépense.

BLONDEL (Merry-Joseph), peintre d'histoire, né à Paris en 1781, mort en 1853. Son maître fut Regnault. A 19 ans, Blondel remporta le grand prix; en 1832, il remplaça Lethière à l'Institut. Bienveillant, actif, il était de bon conseil et ne s'épargnait pas pour ses confrères. Ses ouvrages nombreux tiennent le milieu entre l'école académique et l'innovation romantique; il plaît par des qualités de composition, et sa couleur est loin d'être aussi défectueuse que celle des artistes de sa pléiade. Son principal tableau, *Philippe-Auguste à Bouvines*, a décoré la galerie du Palais-Royal. Il a peint pour le grand escalier du musée du Louvre *Eole* et la *Chute d'Icare*, le plafond de la salle de Henri II; à Fontainebleau, le salon de la galerie de Diane. Versailles possède de lui la *Remise de Ptolémaïs à Philippe-Auguste*. Dans la nouvelle nomenclature qu'on a faite des rues de Paris, une de nos voies publiques a reçu le nom de ce peintre.

BLOOMFIELD (Robert), poëte anglais, né en 1766 au hameau de Honington (comté de Suffolk), mort à Shelford en 1823. Ce fut dans la bien humble maison d'un pauvre tailleur que Robert vint au monde. Il n'avait encore que six mois lorsqu'il perdit son père. Son éducation se fit au hasard, par ce qu'il apprit lui-même, car c'était à peine si sa mère pouvait lui donner du pain, et Robert, en atteignant l'âge de 11 ans, était si chétif que tout travail manuel semblait lui être impossible. Un parent par alliance, M. William Austin, offrit de le prendre dans sa ferme moyennant un petit trousseau; mais cette condition excédait les ressources de la mère, qui, dans son chagrin, écrivit à ses deux fils aînés, ouvriers cordonniers à Londres, pour les prier de pourvoir à l'équipement de Robert. Ils firent mieux : ils répondirent qu'on leur envoyât le jeune garçon, et qu'ils se chargeraient de lui; mais, en le voyant si débile, ils perdirent l'espoir de lui apprendre leur état et se bornèrent à l'employer selon la mesure de ses forces. Robert leur faisait la lecture le soir. On le paya de sa bonne volonté en exauçant ses vœux par l'achat, moyennant 8 sous, d'un vieux dictionnaire qu'il lut et relut. L'étude de son cher dictionnaire et l'audition fréquente d'un prédicateur nommé Fawcett, qui faisait les charmes du quartier de la Vieille-Juiverie, mirent Robert sur la voie des connaissances littéraires et de la poésie. Il devina le rhythme; il devint poëte par la force seule de son génie. Ses deux premiers essais, la *Laitière* et le *Retour du tailleur*, furent admis dans le *London Magazine*. Quel triomphe! Robert était imprimé. D'autres secours lui vinrent; il lut Milton et Thomson; son talent s'agrandit. Sans quitter son métier de cordonnier, il composa le beau poëme du *Garçon de ferme*, et, chose remarquable, il le corrigea dans sa tête sans l'avoir écrit. C'est l'image la plus parfaite de la vie rustique; mais aucun éditeur n'en voulut d'abord jusqu'à ce que, sur la recommandation d'un gentleman éclairé, M. Capel Lofft de Troston, le libraire Hood se chargea de l'impression. Le poëme se vendit à 40,000 exemplaires, et non-seulement Bloomfield en tira de grands bénéfices, mais encore il obtint la généreuse protection du duc d'York et du duc de Grafton. Bloomfield se mit à fabriquer des harpes éoliennes qu'on lui payait très-cher; en réalité, c'était le poëte qu'on voulait encourager. Devenu le bienfaiteur de sa nombreuse famille, il négligea tellement le soin de sa propre fortune que, vers 1819, malade et privé de la vue, il se trouva en face de graves embarras pécuniaires. Sa fille lui donna les soins les plus touchants; mais la raison de l'infortuné poëte commençait à s'altérer, quand une attaque d'apoplexie vint à propos terminer sa vie. Les œuvres de Bloomfield ont été réimprimées plusieurs fois; elles roulent exclusivement sur des sujets champêtres.

BLOSSEVILLE-BON-SECOURS, village de l'arrond. de Rouen (Seine-Inférieure), à 3 kil. de cette ville. Pop. 1,240 hab. Lieu de pèlerinage très-fréquenté. Belle église, Notre-Dame, nouvellement construite et en style gothique.

BLOUET (Guillaume-Abel), architecte, né en 1795, à Passy (Seine), mort en 1853. Cet artiste contemporain entra à l'atelier de Delespine et ne tarda pas à s'y distinguer. Aussi obtint-il, en 1822, le grand prix de Rome. Peu de pensionnaires de la villa Médicis ont envoyé des travaux comparables à sa *Restauration des Thermes d'Antonin Caracalla*. Ce savant travail se composait de 10 planches au trait; l'antiquité y était ressaisie. Le talent de Blouet ne resta pas inoccupé : après avoir été chargé de diriger la partie artistique de l'expédition de Morée, Blouet devint successivement professeur à l'Ecole des Beaux-Arts, architecte de Mettray, membre de l'Institut. On lui confia les travaux de Fontainebleau, et, en 1833, il eut l'honneur de terminer l'arc de triomphe de l'Etoile.

BLOUNT (Charles), né en 1654, mort en 1693. Fils de Henri Blount, un écrivain distingué, que Charles Ier avait créé chevalier et qui combattit pour la cause de ce roi; frère de Thomas Pope, qui était aussi un littérateur éminent, Charles ne resta pas en arrière de ses deux devanciers. Il se fit de bonne heure remarquer par ses progrès dans les arts et les sciences, et publia, à l'âge de 25 ans, son *Exposé historique des opinions des anciens, concernant l'âme après la mort*. Ce livre accusait le déisme le plus absolu; il souleva une tempête, et l'évêque de Londres le condamna. Sans se laisser ébranler, Robert fit paraître la *Vie d'Apollonius de Tyanes*, d'après Philostrate. Ce fut encore le signal du déchaînement des passions, lesquelles ne furent pas calmées par l'ouvrage intitulé : *Origine de l'idolâtrie*. Blount passa pour le plus grand ennemi de la religion révélée. La révolution qui mit Guillaume d'Orange sur le trône d'Angleterre eut en lui un chaud partisan. La fin de la vie de Blount fut tragique. Devenu veuf, il avait, pour se remarier, jeté les yeux sur la sœur de sa femme; celle-ci, éprouvant des scrupules que fortifièrent les avis de l'autorité ecclésiastique, refusa la main de Blount, qui, dans sa douleur, attenta à ses jours en se tirant un coup de pistolet. Le malheureux ne survécut que trois jours à cette tentative de suicide. Un autre déiste, Gildon, réunit ses lettres sous le titre de : *Oracles de la raison*.

BLÜCHER (Gebhart-Lebrecht DE), prince de Wablstdact, né à Rostock, dans le duché de Mecklembourg-Schwerin, le 16 décembre 1742, mort le 12 septembre 1819. Peu d'existences furent aussi remplies que celle de cet homme de guerre. Fils d'un gentilhomme, il fut envoyé par son père, lors de la guerre de Sept-Ans, dans l'île de Rugen, chez une parente. Son éducation avait été très-négligée; mais Gebhart était entraîné par une vocation irrésistible vers la carrière des armes : il prit du service chez les Suédois. Fait prisonnier à l'affaire de Suckow, il inspira par sa bravoure un vif intérêt à un colonel de hussards, et, sur ses instances, passa au service de la Prusse. Son avancement fut rapide. Son courage se manifesta aux batailles de Kunersdorff et de Freiberg. Dans les sept années qui suivirent la paix, il devint capitaine. Des duels fréquents occupaient son ardeur. En 1770, les événements de Pologne appelèrent sur la frontière les hussards noirs, dont Blücher faisait partie. La fougue du jeune capitaine se manifesta avec tant d'intempérance qu'elle lui valut une détention, puis un congé en forme. Rendu à la vie civile, Blücher réussit à contracter un mariage riche avec la fille de M. de Mehling, colonel saxon, et il se consacra au soin de ses terres. Cependant il désirait reprendre du service, et la mort de Frédéric le Grand lui en fournit l'occasion. Il rentra en qualité de major dans son ancien régiment. En 1790, il était colonel des hussards noirs. Deux ans après, il marchait contre la France et se distinguait comme commandant d'avant-garde dans les trois batailles qui furent successivement livrées à Kaiserslautern. Après la paix de Bâle, il fut chargé d'observer les frontières. En 1801, Frédéric-Guillaume III le nomma lieutenant général, et jusqu'en 1806 Blücher remplit les fonctions de gouverneur de Munster. Les loisirs de la paix ne favorisent que trop ses goûts immodérés pour le plaisir, où il apportait la même ardeur que dans la guerre. Il fut heureux lorsqu'il put rentrer en campagne. Dans la célèbre journée du 15 octobre 1806, il fut à Auerstadt, où il chargea à la tête de 25 escadrons. On lui a reproché de s'être retiré trop tôt et d'avoir causé, par l'indécision de son mouvement, la perte de la bataille. Quoi qu'il en soit, il entreprit avec 10,000 hommes une guerre de partisans, se joignit au duc de Brunswick-Œls, se rejeta vers la frontière danoise, et, acculé, força les portes de la ville libre de Lubeck, où les Français le rejoignirent et le firent prisonnier. Lubeck fut livrée à toutes les horreurs d'un assaut. Envoyé à Hambourg, puis à Spandau, Blücher fut échangé contre le maréchal Victor. Après la paix de Tilsitt, il rentra dans la retraite, d'où il sortit lors de la désastreuse campagne de Russie, pour solliciter un commandement. La cour ne l'aimait pas, mais son nom était populaire dans l'armée, et il fut mis à la tête de 40,000 hommes, avec lesquels il s'avança vers les frontières de la Saxe. Le 1er mai, étant sous les ordres de Wittgenstein, il soutint dans la plaine de Lutzen les premiers engagements. La lutte fut acharnée, mais tourna à l'avantage des Français. A Bautzen, Blücher tint quelques moments l'ennemi en échec, mais il fut forcé de se retirer avec perte. Après une longue alternative de succès et d'échecs, nous le retrouvons à Leipzig, où la défection des Westphaliens et des Saxons fit triompher les alliés. Engagé dans une marche pénible à travers les montagnes de la Thuringe, Blücher se dégagea à force d'opiniâtreté, et arriva enfin devant le Rhin. La campagne de France était résolue. — Les 1er, 2 et 3 janvier 1814, Blücher passa le Rhin sur trois points. Le 17, il entrait à Nancy. Se croyant invincible, il se sépara d'York et Schwarzenberg, et fila entre la Seine et la Marne. Napoléon, profitant de cette faute, battit successivement les Russes et les Anglais à Champ-Aubert et Montmirail, et les Prussiens à Vauchamp. En une seule semaine, Blücher perdit plus de 20,000 hommes; mais l'arrivée du corps russe de Wintzingerode lui permit de se réorganiser. Ce fut à Leron, qu'établi avec 80,000 hommes, dans une forte position, il repoussa une attaque de Napoléon. Sa victoire sauva les alliés. Le 30 mars 1814, il contribuait à la prise de Paris, et ne parlait de rien moins que de le brûler. Après la paix, il se rendit en Angleterre, où on lui fit des ovations qui touchaient presque au ridicule. Toutes les femmes briguaient la faveur d'avoir de ses cheveux; à quoi Blücher répondait en montrant sa tête dégarnie. A Oxford et à Cambridge, on lui décerna des diplômes de doctorat, et son souverain le fit prince de Wahlstaedt. De retour en Allemagne, Blücher suivit avec intérêt les négociations du congrès de Vienne, se plaignant que la France fût trop ménagée. Lors du débarquement de Napoléon à Cannes, on lui donna le commandement en chef de l'armée de Rhin et Moselle. Parti de Berlin le 10 avril, il était, huit jours après, à Liége, où des grenadiers saxons, mécontents du démembrement de leur pays, voulurent lui faire un mauvais parti. Le 16 juin, les Français passèrent la Sambre et culbutèrent les Prussiens, qui perdirent 15,000 hommes dans cette sanglante journée. Blücher, renversé sous son cheval, échappa aux cuirassiers français, qui passèrent sans l'avoir remarqué. Blücher alors concentra ses troupes sur Wavres et réussit à tromper la surveillance du général Grouchy. Ce fut ainsi que, dans la soirée du 18, il apparut au flanc gauche de Wellington, à la dernière heure d'une lutte formidable, qu'il devait terminer d'un coup d'épée. Blücher rentra en France, et Paris le revit plus arrogant que jamais. Il dépouilla le château de Saint-Cloud de tout ce qui était à sa convenance; enfin, il voulait faire sauter le pont d'Iéna. Nos départements eurent énormément à souffrir de ses déprédations. Lorsqu'il quitta la France, en octobre, il emporta l'exécration universelle. La fin de sa vie se passa dans la souffrance. Il mourut à Krieblowitz, où on l'enterra. Trois statues lui ont été érigées : à Rostock, à Berlin et à Breslau.

BLUDENZ, ville d'Autriche (Tyrol), à 32 kil. de Bregenz. Pop. 1,900 hab. Cette ville est dominée par le vieux château de la famille Sternbach.

BLUM (Robert), né à Cologne en 1807, mort en 1848. Robert Blum appartint à cette *jeune Allemagne* qui, pendant quinze ans, de 1830 à 1848, travailla sourdement à réaliser les rêves libéraux de 1813; ces rêves qui avaient été encouragés par les promesses trompeuses des souverains. Ces promesses avaient été méconnues, reniées, étouffées dans le sang au lendemain de la chute de Napoléon. Le contre-coup de la révolution de 1830 se fit sentir au-delà du Rhin. Henri Heine a dépeint cette agitation des esprits entretenue par le radicalisme philosophique de l'école hégélienne. Le socialisme lui-même fit son apparition en Allemagne, et conquit de nombreux adhérents à la démocratie la plus avancée. Parmi ces adhérents un des plus actifs fut Robert Blum, issu d'une famille obscure, mais doué d'une intelligence subtile et complexe, né pour le journalisme et pour l'action. Blum avait passé par de modestes emplois lorsqu'il entreprit de rédiger le *Dictionnaire théâtral*. Ces débuts littéraires coïncidaient avec son installation dans les sociétés secrètes. Plus ostensiblement mêlé à la politique, il fonda, à Leipzig, en 1840, l'association de Schiller, en l'honneur du poëte qui avait été le chevalier de la liberté, et il se mit à la tête des *feuilles patriotiques saxonnes*. En même temps il appuyait cette réforme néo-catholique, assez semblable à celle de Châtel, dont Ronge fut le promoteur. Ecrivain, philosophe, quelque peu poëte, il se fit libraire pour éditer des publications démocratiques. Il fit alors paraître, sous le nom de l'*Arbre de Noël*, une série de biographies des libéraux allemands. Tels étaient ses moyens de lutte. Bientôt il devait recourir à d'autres armes. La commotion de 1848 prévint peut-être ses espérances. Blum se donna résolûment au triomphe de son parti. On le vit siéger avec conscience et talent au parlement de Franc-

Une caravane dans le désert.

fort. Plus tard, sur la fin de l'année 1848, il prit part à la révolution de Vienne; mais il tomba aux mains de l'ennemi. Les Autrichiens n'hésitèrent point à le fusiller ; une balle mercenaire anéantit cette existence de lutte et de dévouement. Robert Blum entrait alors dans sa 40e année. Avec lui et quelques autres victimes de la réaction disparut à peu près cette jeune génération ardente et belliqueuse, dont on pouvait attendre un 89 germanique.

BLUMAUER (Aloys), poëte allemand, né à Steyer (Autriche) en 1755, mort à Vienne en 1798. La vie de Blumauer n'offre d'autre incident que des œuvres spirituelles, et dont le ton a lieu d'étonner si l'on songe que ce poëte avait d'abord appartenu à la société de Jésus. Lorsque cet ordre eut été supprimé, Blumauer, obligé de chercher des ressources dans son savoir, donna des leçons pour vivre. Il obtint le poste de censeur des livres, devint libraire et mourut âgé seulement de 44 ans. Ses poésies ne parurent qu'en édition posthume; elles ont eu du succès; le trait y est satirique, l'invention originale. Ainsi que l'avait fait Scarron, Blumauer a travesti l'*Enéide*.

BLUMENBACH (Jean-Frédéric), médecin et naturaliste, né à Gotha en 1752, mort en 1841. L'exemple de son père qui était lui-même un savant distingué, influa sur son enfance. A vingt-trois ans, il recevait à Gœttingue le grade de docteur; sa thèse produisit une grande sensation, et lui valut la place de conservateur du cabinet d'histoire naturelle de cette ville. Il y fut encore nommé professeur extraordinaire de médecine. Dans ses voyages en Suisse, Hollande et Angleterre, il fut l'objet de la sympathie universelle; les souverains allaient le visiter. En 1806, il vint à Paris, et eut une audience de Napoléon, qui, l'année suivante, lui donna la croix d'honneur. Sa cinquantième année de doctorat, c'est-à-dire son jubilé, fut le sujet de fêtes solennelles, le 18 septembre 1825. Sa verte vieillesse, chargée d'honneurs, résistait à toutes les fatigues; jusqu'à sa quatre-vingt-huitième année, Blumenbach continua de faire ses cours. Aucune des branches des sciences naturelles n'échappa à ses recherches curieuses. L'anthropologie surtout eut ses prédilections. Après sa mort, le gouvernement acheta et plaça dans le musée de Gœttingue sa collection vraiment unique de crânes de toutes les races d'hommes. Blumenbach a beaucoup écrit, et il a formé des élèves qui sont devenus illustres comme lui.

BLYTH, ville d'Angleterre (Nottingham), à 40 kil. de Nottingham. Pop. 3,700 hab.

BLYTH (South-), ville d'Angleterre (Northumberland), à 19 kil. de Newcastle. Pop. 2,000 hab. Commerce avec la France. Chantiers de construction. Sel, houille. Port pour les petits navires.

Vue de l'Ecole militaire (casernes de la garde impériale.

BOABDIL ou ABOULA-BOULLAH, fils de Muley-Hassem, roi de Grenade. Il renversa son père en 1481, et usurpa le trône. Mais Ferdinand de Castille et Isabelle l'attaquèrent et le firent prisonnier. Pendant ce temps-là, Muley-Hassem était remonté sur le trône de Grenade. Ferdinand qui méditait de réunir ce royaume à la Castille et à l'Aragon qu'il possédait déjà, promit à Boabdil de lui rendre la liberté et de l'aider à reprendre la couronne, s'il voulait souscrire à certaines conditions qui le plaçaient sous la dépendance de Ferdinand. Muley-Hassem, voyant son fils prendre les armes contre lui, en mourut de douleur. La ville de Grenade ne voulait pas recevoir Boabdil. A la faveur de ces dissensions, Ferdinand attaqua et défit Boabdil, qu'il contraignit même à se réfugier dans les Alpuxares. Il passa de là en Afrique, auprès du roi de Fez, et perdit la vie dans un combat contre le roi de Maroc. Il fut le dernier roi maure de Grenade.

BOADICÉE, BODICÉE ou BOUDICÉE, reine des Icènes, peuple du N.-O. de l'ancienne Angleterre, au temps de l'empereur Néron. Elle avait épousé Prasutagus, qui, pour maintenir sa dynastie dans ses Etats, tout en se soumettant aux Romains, institua par son testament Néron pour son héritier. A sa mort, les soldats romains, sans égard pour les dernières volontés de ce prince, pillèrent ses biens, outragèrent ses filles et fouettèrent publiquement sa veuve. Boadicée indignée souleva la contrée contre les Romains, et leur fit subir une sanglante défaite. Cependant Paulin Suétone, qui commandait les Romains, réunit ses légions et parvint à arrêter la marche de Boadicée. Cette princesse fut vaincue à son tour dans une bataille où elle perdit 80,000 hommes. Se voyant alors hors d'état de continuer la lutte, elle termina ses jours par le poison, l'an 61.

BOAISTUAU ou BOISTUAU (Pierre), dit *Launay*, né à Nantes vers 1500, mort à Paris en 1566. Ce littérateur passa, de son temps, pour un orateur des plus éloquents, s'il faut en croire les louanges que lui décerne la Croix du Maine. Son *Théâtre du Monde*, en 6 volumes in-16, obtint plus de 20 éditions : il porte sur les misères et la dignité de l'homme. Un ouvrage auquel il travailla, mais qui fut achevé par Belleforest, est resté plus connu; ce sont les *Histoires tragiques*, d'après Bandelli.

BOANIPOUR, ville de l'Hindoustan anglais (présidence de Calcutta), à 40 kil. de Porneh. Grande foire à la fête de Nekmorden, saint mahométan, où viennent 100,000 personnes, et il s'y fait 3 à 400,000 roupies d'affaires.

BOARMIA, c'est-à-dire *qui attelle les bœufs*. Surnom de Minerve chez les Béotiens.

BOA-VISTA, c'est-à-dire *bonne vue*. Iles du groupe des îles du cap Vert. Pop. 9,000 hab. Ce fut la première du groupe que les Portugais découvrirent en 1450.

BOBBIO, ville du royaume d'Italie, arr. de la prov. de Pavie, à 60 kil. de Gênes. Pop. 4,000 hab. Siége d'un évêché suffragant de Gênes. L'Autriche la céda en 1743.

BOBROUISK, ville forte de la Russie d'Europe, dans le gouvernement de Minsk, à 161 kil. de cette ville. Pop. 5,500 hab. Cette ville est la station des paquebots à vapeur qui parcourent le Dniéper et la Bérézina. Elle fut assiégée en 1812 par les Français.

BOCAGE (le), pays de l'ancien Poitou, compris aujourd'hui dans le département de la Vendée.

BOCAGE, artiste dramatique, mort à Paris en 1862. Après avoir essayé de plusieurs carrières, il s'enrôla dans une troupe nomade et n'obtint que des succès bien médiocres, qui eussent dégoûté tout autre que lui. Après dix années écoulées dans des courses vagabondes, il sollicita et obtint un début à l'Odéon, où pendant longtemps il végéta dans les rôles secondaires. On était vers 1832, et le romantisme était dans toute sa force et sa vigueur : alors il promettait tant qu'on semblait tout attendre de lui. Bocage devint tout à coup la personnification de la nouvelle école sur le théâtre, et les succès qu'il obtint dans *Antony* firent fureur. De tous côtés, dans les salons comme dans les ateliers, on ne voyait que des jeunes gens au regard fatal, qui ressemblaient à des malades échappés d'un hôpital ou d'une maison de fous; les femmes ne rêvaient plus que des amours impossibles entremêlées de coups de poignard et de scènes de mélodrame. Le talent de Bocage fut exalté par ses partisans, pendant que la critique le niait et le faisait passer sous ses fourches caudines. Mais cet artiste sut également se prémunir contre les adulations de ses amis et contre les attaques de ses ennemis : il s'attacha à bien rendre l'ensemble d'un rôle, ainsi que les plus minutieux détails, et nul, mieux que lui n'a su exprimer les passions et les sentiments intimes qui agitent le cœur de l'homme. En 1845, il prit la direction de l'Odéon, qu'il quitta un instant pour la reprendre après 1848. Appelé au sein de la commission chargée d'élaborer un projet de loi sur les théâtres, il se prononça énergiquement contre la censure.

BOCCACE (Giovan Boccacio), né en 1313, mort à Certaldo en 1375. Certains biographes ont prétendu que cet homme célèbre devait le jour à un simple paysan. C'est une grave erreur. Le père de Boccace, originaire de Certaldo, exerçait à Florence le négoce, alors en grand honneur. Etant venu à Paris pour ses affaires, il y contracta une union illégitime. Giovan en fut le fruit. C'est donc Paris qui a eu l'honneur de voir naître celui qui devait fonder la prose italienne et créer un monument aussi durable que les siècles. Dès ses premières années, Boccace laissa voir un goût décidé pour la poésie. Cela ne pouvait convenir à son père, qui le destinait au commerce et le plaça chez un marchand de ses amis. Mais tous les efforts de son père pour le détourner de la poésie augmentèrent chez Giovan cette passion, qui s'alimenta encore dans un assez long séjour à Naples. Là, Boccace se lia avec les savants que le roi Robert avait attirés à sa cour, et il eut l'insigne bonheur de plaire à la princesse Marie, fille naturelle du roi, qu'il chanta sous le nom de *Fiammetta*. En outre, l'amitié de Pétrarque acheva de déterminer en lui l'enthousiasme. De retour à Naples, après un voyage à Florence, il commença pour la reine Jeanne son fameux *Décaméron*. La mort de son père le laissa libre de ses goûts et aussi de sa fortune, qu'il ne ménagea pas assez. Mais Pétrarque, son ami, son guide, était là, et lui donna de précieux conseils qui le détournèrent à propos de la voie périlleuse des plaisirs. Boccace se retira à Certaldo dans un petit bien de famille. Il s'y livra à des travaux très-sérieux et composa, en latin, des traités d'histoire. Versé dans la connaissance du grec, il fit venir à grands frais des copies de l'*Iliade* et de l'*Odyssée*. Il exhortait ses contemporains à étudier l'antiquité, au lieu de s'abandonner à l'amour stérile de la scolastique. Florence, qui l'estimait, lui confia d'importantes missions. On voulut même qu'il occupât la chaire publique fondée pour l'explication du Dante. Or, personne ne professait plus que Boccace un culte absolu pour la mémoire du grand poète. Tandis que Boccace, à peine remis d'une longue et cruelle maladie, s'occupait de la tâche honorable qui lui avait été confiée, il reçut soudain la terrible nouvelle de la mort de Pétrarque. Il ne survécut qu'une année à celui qui avait été son meilleur ami. Contre sa propre attente, c'est son *Décaméron* qui est resté son principal titre de gloire. C'est la plus grande peinture des mœurs humaines, et en même temps c'est un modèle achevé de style. On l'a traduit en français un grand nombre de fois, et il s'en est fait d'innombrables éditions. Les autres écrits de Boccace ne sont consultés que par les curieux.

BOCCA DI LUPPO, c'est-à-dire *gueule de loup*. Nom que les modernes donnent au défilé des Thermopyles.

BOCCAGE (Marie-Anne LE PAGE, femme de FIQUET DU), née à Rouen en 1710, morte en 1802. Ce fut à Paris, dans le couvent de l'Assomption, que fut élevée cette femme distinguée, si remarquable par les grâces de son esprit. Son mari, receveur des tailles à Dieppe, partageait son goût pour les lettres et s'adonnait surtout à l'étude de la littérature anglaise. Il la laissa veuve de bonne heure. Mme du Boccage revint alors se fixer à Paris, où bientôt elle fut recherchée par les hommes les plus éminents. Fontenelle l'appelait sa fille; Voltaire la comparait à toutes les déesses. La vie de Mme du Boccage dura 92 ans et fut un triomphe continuel. Les académies de Rome, de Bologne, de Padoue, de Lyon et de Rouen voulurent recevoir dans leur sein cette femme supérieure qui joignait la beauté aux dons les plus exquis de l'esprit et à l'aménité la plus charmante. Ses voyages en Italie et en Angleterre furent une suite non interrompue d'ovations. Mme du Boccage a imité le *Paradis perdu*, fait jouer la tragédie des *Amazones*, et publié un poëme intitulé : la *Colombiade*, où il se trouve des beautés. Mais ce qu'on relira toujours, ce sont ses *Lettres*, modèle parfait de grâce. Ses ouvrages ont été traduits dans presque toutes les langues européennes.

BOCCAGE (Manoel-Maria BARBOSA DU), poëte portugais, né à Setuval en 1771, mort à Lisbonne en 1805. Manoel était d'origine française et de la même famille que le mari de la célèbre madame du Boccage. Etant entré dans le corps des gardes-marine, il eut le malheur d'offenser par une repartie piquante le comte de Saint-Vincent; non-seulement ce ministre l'expulsa de son corps, mais il le fit embarquer pour Goa, où le jeune poëte, loin de trouver les rigueurs de l'exil, se fit de nombreux amis et admirateurs par son incroyable verve. Il excellait à improviser; tout sujet lui convenait; les sonnets tombaient par centaines de ses lèvres; et sa mémoire était telle qu'elle avait retenu les œuvres principales des littératures italienne, espagnole, française et portugaise. Jamais il n'écrivait ses vers, et cependant il les savait tous par cœur. Il pouvait réciter tel passage classique qu'on lui indiquait. Parfois, dans l'excès de sa verve, il ne pouvait trouver assez de mots pour ses idées abondantes. On lui a reproché avec raison un penchant trop marqué à la satire et à la raillerie. Cependant, il avait de nombreux amis qui, le vengeant des persécutions de l'inquisition, voulurent faire imprimer ses vers à leurs frais. On en fit une édition en cinq volumes qui obtinrent un grand succès. En 1806, il mourut d'un anévrisme au cœur, dictant un dernier sonnet où se trouve cette belle et religieuse maxime : « Qu'il sache mourir celui qui n'a pas su vivre. »

BOCCALINI (Trajan), auteur satirique italien, né en 1556 à Lorette, mort en 1613. La philosophie et l'histoire furent les études principales de Boccalini. Son esprit était piquant; les agréments de sa conversation lui valurent l'appui de hauts personnages qui le firent nommer successivement gouverneur de plusieurs villes dans les Etats de l'Eglise. Par malheur, il y avait dans ses discours une liberté qui déplaisait à bien des gens. Le moment vint où Boccalini, en butte à des haines puissantes et ayant lieu de craindre pour sa sûreté, fut obligé de se réfugier à Venise. Là, il publia ses *Nouvelles du Parnasse*. Mais l'année suivante (1613), il mourut d'une fièvre violente, selon les uns, assassiné par des séides du parti espagnol, selon les autres. On prétend qu'un jour qu'il était seul en son logis, quatre hommes s'y glissèrent, et que l'ayant étendu par force sur son lit, ils l'assommèrent à coups de sacs remplis de sable. Cette assertion a, du reste, été fortement combattue par plusieurs biographes.

BOCCANERA. Nom d'une famille illustre de l'Etat de Gênes. Guillaume, le premier qui ait marqué dans l'histoire, vivait au XIIIe siècle. Il se fit un parti pour déposer le conseil des huit nobles. Les séditieux lui donnèrent le titre de capitaine du peuple avec 32 anziani pour conseillers. On lui vota pour 10 années le pouvoir souverain; il avait des gardes; des juges lui étaient subordonnés. En un mot, c'était la tyrannie complète. Cependant le peuple se lassa du maître qu'on lui avait imposé au nom de la liberté. Boccanera réussit à comprimer plusieurs séditions; mais, vaincu en 1262, il fut déposé, et sans la généreuse intercession de l'archevêque de Gênes, il eût péri sous les coups de ses ennemis. Son petit-fils Simon marcha comme lui dans la voie démocratique et profita d'une révolte des Génois contre les nobles pour se faire proclamer doge, dignité qui n'existait encore qu'à Venise. Les premières familles de Gênes, les Doria, les Spinola, luttèrent longtemps contre lui, et le contraignirent à abdiquer. Boccanera s'était retiré à Pise et il n'en sortit que pour venir rendre le calme à sa patrie. Le titre de doge lui fut restitué. Durant sept années, Simon Boccanera conserva cette dignité. Mais quelques services qu'il eût rendus à son pays, la haine de ses ennemis veillait toujours : au milieu d'un repas donné à Pierre de Lusignan, roi de Chypre, le doge fut empoisonné. Son frère Gilles Boccanera, amiral de Castille, fut un des plus grands marins qu'ait possédés le moyen âge. Il remporta d'éclatantes victoires sur les flottes portugaise et anglaise.

BOCCHERINI (Luigi), compositeur de musique, né à Lucques en 1740, mort à Madrid en 1806. Fils d'un contre-bassiste de la cathédrale, élevé pour ainsi dire dans la musique, Boccherini avait une telle aptitude qu'à peine eut-il besoin d'étudier son art. A Rome, où il était venu se perfectionner, il entendit la musique de Palestrina et il en garda un souvenir ineffaçable. En compagnie de son compatriote, le violoniste Manfredi, il se mit en route pour l'Espagne. Ils passèrent par Paris, munis des compositions de Boccherini qui, à l'âge de 34 ans, avait déjà fait plus de 84 pièces. Le succès fut grand; tous les amateurs distingués voulurent jouer cette musique. A Madrid, il y eut un enthousiasme égal : Boccherini fut attaché à la cour, avec un traitement convenable, à la condition de fournir 9 morceaux par an. La mort de Manfredi fut pour son associé une cause de malheurs irréparables. Un violoniste distingué, nommé Brunetti, étant venu s'établir à Madrid, capta la confiance de Boccherini, reçut ses leçons, lui prit son style et ensuite sa place. Boccherini eût dû quitter l'Espagne; mais il s'y était marié et sa jeune famille l'y retint. La pauvreté, l'indigence même l'accabla. Réduit à une humble chambre, il avait fait son cabinet de travail d'une soupente à laquelle il grimpait par une échelle! Néanmoins, il conservait l'inspiration; le pauvre artiste se vit au comble de ses maux par la mort du marquis de Bonaventi, qui l'avait un peu soutenu. Un moment, il eut quelque espoir : Lucien Bonaparte, ambassadeur de France en Espagne, s'était intéressé à lui et voulait lui assurer un traitement honorable pour un nombre annuel de morceaux fixé d'avance. Mais ce projet manqua, et Boccherini rentra dans sa misère qui ne tarda pas à le vaincre. Les Espagnols, qui l'avaient méconnu durant 30 ans, se souvinrent alors de l'infortuné maëstro, et la cour de Madrid lui fit de somptueuses funérailles. La postérité a vengé Boccherini; ses trios et quintettes n'ont pas cessé d'être un objet d'étude et d'admiration.

BOCHETTA (la) ou LA BOCQUETTE, célèbre défilé des Apennins, limite de l'Apennin septentrional. Il conduit de la Lombardie vers Gênes et est protégé par 3 redoutes. La cime la plus élevée est à 22 kil. de ces deux villes. Point de vue magnifique. Les Français passèrent ce défilé en 1796.

BOCCHORIS ou BOCCHYRIS, roi d'Egypte. Il succéda à Guéfacte en 781 av. J.-C., mort en 795. Il mérita par sa sagesse d'être comparé à Salomon. Il devint même proverbial en Egypte de dire : « C'est le jugement de Bocchoris, » quand on voulait exprimer qu'une chose était juste. Il fut le législateur de son peuple et le dota d'excellentes lois civiles. On lui attribue notamment la loi suivante, qui a été depuis adoptée par les autres législateurs : « Lorsqu'il n'y aura point de titre par écrit, le défendeur sera cru sur son serment. » Il eut cependant l'imprudence de vouloir réformer les mœurs de son peuple, et de blesser ainsi ses superstitions; mais ce législateur philosophe éprouva que rien n'est plus dangereux que d'introduire de tels changements quand un peuple n'est pas préparé à les recevoir. Les Egyptiens oublièrent ses bienfaits quand ils le virent insulter le taureau sacré; ils appelèrent Sabachus du fond de l'Ethiopie, pour venir venger leur dieu. Bocchoris fut vaincu dans une bataille, fait prisonnier et livré aux flammes. Les historiens ne sont point d'accord sur ce prince; ainsi, il en est qui prétendent que c'est sous son règne que les Juifs sortirent de l'Egypte sous la conduite de Moïse. Il paraît à peu près établi, par le témoignage des anciens historiens, que l'Egypte étant ravagée par une lèpre affreuse que les Juifs avaient importée, Bocchoris les chassa du pays, sur l'avis de l'oracle d'Ammon.

BOCCHUS, roi de Mauritanie. Il s'unit à Jugurtha, son gendre, pour chasser les Romains de l'Afrique. Vaincu deux fois par Marius et craignant le ressentiment des Romains, il noua des négociations secrètes avec Marius, offrant de lui livrer Jugurtha. Ce marché infâme fut accompli, et, pour récompense, Bocchus obtint un vaste territoire qu'il réunit à ses Etats. La trahison du roi de Mauritanie s'accomplit l'an 103 av. J.-C.

BOCCONE (Paolo), naturaliste sicilien, né à Palerme en 1633, mort en 1704. Une vocation marquée l'entraîna dès sa jeunesse vers les sciences naturelles, et principalement vers la botanique. Avide de s'instruire, il voulut voyager pour rencontrer les hommes illustres dont l'entretien agrandirait le cercle de ses connaissances. A Paris, il se lia avec l'abbé Bourdelot; à Londres, avec Hatton, Shévard et Morison. Durant ces voyages, il publia plusieurs traités sur les plantes, moins par vanité

d'auteur que pour complaire à ses amis. La Sicile a été le sujet de la meilleure partie de ses livres. En 1696, il fut reçu à l'Académie des Curieux de la Nature. Le grand-duc de Toscane le nomma son botaniste. Mais Boccone, s'éloignant des honneurs qui le cherchaient, prit l'habit de l'ordre de Cîteaux, et ne fut plus connu désormais que sous le nom de *Sylvius*. C'est ainsi qu'il a signé ses derniers ouvrages. Retiré dans un couvent de son ordre, il y mourut paisiblement à l'âge de 71 ans.

BOCCONIO (Marino), conspirateur vénitien, exécuté en 1299. Cet homme éminent unissait au plus rare mérite une fortune qui semblait l'appeler aux premières dignités de la république; mais voyant que les patriciens se liguaient pour fermer l'entrée du grand conseil aux classes plébéiennes, il conçut le hardi dessein de travailler au rétablissement de l'ancienne égalité. Il trouva deux associés : Giovanni Baldovino et Michel di Giada, et tous trois ils ourdirent une conspiration qui n'avorta que par la vigilance du doge Pierre Giadessigo. Bocconio et ses deux complices furent condamnés à la peine capitale.

BOCHART (Samuel), ministre protestant, né à Rouen en 1599, mort en 1667. Neveu par sa mère de l'illustre Pierre Dumoulin, ministre de l'Eglise de Paris, Samuel Bochart fut initié de très-bonne heure aux langues anciennes; il profita si bien de cette direction, qu'à l'âge de 14 ans il composait des vers grecs. Ses études le conduisirent successivement à Sedan, à Londres et à Leyde. Il devint pasteur à l'église de Caen. On sait combien ses disputes avec le père Véron, jésuite, eurent de retentissement. La *Géographie sacrée*, qu'il publia ensuite, excita l'admiration de Christine de Suède. Cette reine, qui aspirait à faire de Stockholm une Athènes nouvelle, écrivit de sa main à Bochart pour l'appeler à sa cour. Bochart y vint en 1652, sans se douter qu'il trouverait un jaloux dans l'abbé Bourdelot, qui s'ingénia à lui jouer une foule de tours bouffons, le forçant, par exemple, de souffler dans une flûte, exercice auquel ce savant était tout à fait étranger. De retour en France, Bochart se maria et eut une fille unique. Il la perdit, et le chagrin le conduisit au tombeau. L'érudition de Samuel Bochart n'avait d'égale que sa modestie. La plupart des langues orientales lui étaient familières. Sa seule manie était de trouver des mots phéniciens; il en forgeait au besoin et en mettait partout.

BOCHART DE SARON (J.-B.-Gaspard), premier président au parlement de Paris, né dans cette ville en 1730, mort sur l'échafaud en 1794. Issu d'une famille de magistrats, Saron montra de bonne heure un goût marqué pour les mathématiques et l'astronomie. Cette dernière science surtout lui dut de grands services. Grâce à sa fortune, il put faire perfectionner les instruments alors en usage, et son plaisir était de les prêter aux savants. L'aménité de son caractère et la droiture qu'il montrait dans ses fonctions magistrales firent de Saron l'un des plus parfaits modèles de l'homme public au XVIIIe siècle. Le bel ouvrage de Laplace, la *Théorie du mouvement elliptique*, parut à ses frais. On rapporte, comme une preuve de plus de son ardeur pour la science et les lettres, qu'il imprima lui-même, avec le concours de sa femme, sur une presse qu'il possédait secrètement, le *Discours* du chancelier d'Aguesseau, relatif à son père. Pendant la Révolution, il vécut en dehors des événements; mais le souvenir des fonctions qu'il avait occupées au parlement le perdit. Saron fut arrêté, traduit devant le tribunal révolutionnaire, et envoyé à l'échafaud le 20 avril 1794.

BOCHNIA, ville des Etats autrichiens (Cracovie), ch.-l. du cercle, à 28 kil. de Wielicza. Pop. 6,000 hab. Importantes mi-

nes de sel gemme, connues depuis le XIIIe siècle.

BOCHOLT, ville des Etats prussiens (Westphalie), à 70 kil. de Munster. Pop. 4,400 hab. Usines à fer aux environs. Château des princes de Salm-Salm. Belle église gothique. Charlemagne y vainquit les Saxons en 779.

BOCHTOR (Ellious), orientaliste égyptien, né à Syout en 1784, mort à Paris en 1821. Venu en France après l'expédition d'Egypte, il enseigna l'arabe à l'Ecole des langues orientales. Il avait composé un *Dictionnaire arabe et français*, qui a été publié en 1828, par M. Caussin de Perceval.

BOCK ou LE BOUCQ (Jérôme), plus connu sous le nom de *Tragus*, célèbre botaniste, né à Heidesbach, dans le Bas-Palatinat, en 1498, mort en 1554. Il fut d'abord maître d'école à Deux-Ponts, puis prédicateur et médecin à Hornbach. Il est considéré, avec Brunfels et de Fuchs, comme l'un des restaurateurs de la science botanique, qui, depuis les travaux des anciens, avait été à peu près négligée. Il a publié un ouvrage sur les plantes que produit l'Allemagne. Plumier a donné le nom de *tragia* à une famille de plantes du genre des euphorbes.

BOCKOLD. (*Voir* JEAN DE LEYDE.)

BOCOGNANO, ch.-l. de cant. de l'arrond. d'Ajaccio (Corse), à 28 kil. de cette ville. Pop. 2,651 hab. Bourg situé dans une contrée très-fertile. Elève de bétail.

BOCSKAI (Etienne). Figura, avec Bethlem-Gabor, Tékéli, Ragotski, dans des insurrections hongroises qui eurent lieu contre l'Autriche, de 1604 à 1606. Le sultan Achmet Ier lui ayant offert le titre de roi, il le refusa; mais il obtint de l'empereur Rodolphe la paix de Vienne, qui assurait à la Hongrie la liberté des cultes.

BOCZA, bourg de Hongrie, à 18 kil. de Werbicze. Pop. 1,200 hab. On remarque aux environs une fonderie royale de cuivre de Maluszina.

BODE (Jean-Elert), astronome, né en 1747 à Hambourg, mort à Berlin en 1826. Il était élève de Busch, et dirigea pendant 50 ans l'observatoire de la capitale de la Prusse. Ses principaux ouvrages sont : un *Manuel d'astronomie* qui est fort répandu en Allemagne; un *Atlas céleste*, comprenant 20 feuilles et où sont marquées les positions de 17,240 étoiles; des *Ephémérides astronomiques*, en 54 volumes, et des *Considérations générales sur l'univers*. On lui doit la découverte de plusieurs comètes et d'un grand nombre d'étoiles. Son nom est resté attaché à une loi qui avait été déjà entrevue par Képler et qui a été confirmée par des découvertes postérieures. Cette loi fort remarquable du système planétaire, qu'on appelle *loi de Bode*, est une loi d'après laquelle les intervalles des orbites des planètes iraient à peu près en doublant à mesure que l'on s'éloigne du soleil.

BODE, rivière d'Allemagne qui prend sa source dans le Harz et se jette dans la Saal après un parcours de 165 kil.

BODEL ou BODIAUS (Jehan), trouvère et fablier français, florissait au milieu du XIIIe siècle, sous le règne de Louis VIII. On l'appelait aussi *Bodel d'Arras*, parce qu'il était originaire de cette ville. Il en fut cependant chassé, parce qu'il était atteint de la lèpre, et il succomba bientôt à cette horrible maladie. Ses chansons sont remarquables par la naïveté du style, et quelquefois par un certain esprit malicieux. On cite notamment ses *Adieux à la ville d'Arras*, et un mystère intitulé : *Le jeu ou comédie de saint Nicolas*. On trouve dans cette pièce ces deux vers qui ont été à peu près reproduits par Corneille, dans le *Cid* :

Je suis jeune, seigneur, mie n'alcs pas en dépit
On a vu si souvent grand cœur en corps petit.

BODIN (Félix). Publiciste et historien,

né à Saumur en 1795, mort à Paris en 1837. Pendant la Restauration, il écrivit dans les journaux de l'opposition. C'est lui qui, le premier, eut l'idée de publier une collection de *Résumés historiques*. Il commença cette publication par un *Résumé de l'histoire de France* et un *Résumé de l'histoire d'Angleterre*. Il publia en outre des *Études historiques sur les Assemblées représentatives*. Tout le monde connaît l'*Histoire de la Révolution* de M. Thiers, mais ce que tout le monde ne sait pas, c'est que l'éditeur de cet ouvrage ne voulut s'en charger qu'à la condition qu'il serait publié avec une préface de Bodin.

BODIN (Jean), célèbre publiciste, né à Angers en 1530, mort à Laon en 1596. Il fut d'abord avocat au parlement de Paris; mais, ne pouvant se distinguer dans cette profession, il y renonça pour ne s'occuper que de travaux littéraires. Il fut honoré par Henri III qui appréciait le mérite de ses ouvrages et se plaisait dans son entretien. Il fut député du tiers état du Vermandois aux Etats de Blois. Il y soutint que le domaine de la France appartenait au peuple, et que le roi, simple délégué de la nation, n'en était que l'usufruitier. Il parla aussi de choses absolument nouvelles et qui étonnèrent ses contemporains, quand il revendiqua la *liberté de conscience* et des *garanties pour les droits populaires*. Henri III à qui l'on rapporta ce discours, ne put s'empêcher d'avouer que c'était l'opinion d'un homme de bien. Cependant des envieux le supplantèrent dans les bonnes grâces du prince. Bodin quitta alors la cour de Henri III, pour s'attacher au duc d'Alençon qu'il suivit en Angleterre. Il eut la satisfaction de voir que son fameux livre de la *République* était déjà connu et commenté dans ce pays. Après la mort du duc d'Alençon, il revint en France et se fixa à Laon où il obtint une place de juge. La peste s'étant déclarée dans la ville, Bodin se persuada qu'après l'âge de 60 ans, on ne devait plus la redouter, et il négligea de prendre les précautions d'usage; mais il fut victime de son imprudence, et il succomba à l'âge de 67 ans. On a prétendu, quoique ce fait ne soit aucunement prouvé, qu'il était mort dans le sein de l'Église catholique. Quoi qu'il en soit, avant de mourir, il conseilla aux habitants de Laon de se prononcer pour le duc de Mayenne. Il était moins inspiré en cela par son attachement à la Ligue que par sa haine systématique contre la royauté. Le principal ouvrage de Bodin est intitulé : *De la République*. Il y consacra trente années de son existence; il entreprend dans cet écrit d'examiner et de comparer les diverses formes de gouvernement. Il passe en revue les constitutions politiques de tous les peuples, suivant un plan que Montesquieu a adopté dans son *Esprit des lois*, c'est-à-dire que ses théories sont constamment appuyées sur des faits historiques. Ses réflexions sont profondes, et l'on sent par les jugements qu'il exprime et les nouveaux systèmes qu'il édifie, que ce puissant génie avait devancé son siècle. Cependant on lui adresse deux reproches : son attachement pour les mœurs républicaines de l'ancienne Rome, l'entraîna jusqu'à donner sa préférence aux institutions à la fois civiles et politiques qui réglaient les droits du père de famille à Rome, et lui accordaient sur les siens une autorité absolue, allant jusqu'au droit de vie et de mort. On lui reproche enfin d'avoir cru à l'astrologie judiciaire. Mais il y a lieu de se montrer moins sévère, si l'on tient compte de la superstition qui régnait au temps de Bodin, et de la difficulté qu'il y avait pour lui à constituer la *science politique*, alors qu'aucun écrivain, avant lui, n'avait élaboré les éléments de cette science. L'humanité doit surtout se montrer reconnaissante envers Bodin pour le zèle avec lequel il soutint le principe de la tolérance en matière de religion. On a prétendu qu'il était athée; l'indifférence religieuse qu'il manifeste dans ses écrits peut en effet le faire supposer. Cependant il est certain qu'il se montra toujours favorable aux réformés. L'influence du livre de Bodin sur l'esprit de son siècle fut considérable, surtout parmi les protestants. Ainsi nous voyons, pendant les troubles qui précédèrent l'avénement de Henri IV, les chefs les plus influents de la réforme se réunir pour délibérer sur l'établissement, en France, d'une république d'après le plan tracé par Bodin. Il est le premier qui ait affirmé la religion naturelle, et qui l'ait opposée à la fois au judaïsme et au christianisme. Il en développa les principes dans le *Naturalisme* et dans le *Théâtre de la nature*.

BODLEY (Thomas), gentilhomme anglais, né à Exeter en 1544, mort en 1612. Il fut chargé de diverses ambassades sous la reine Elisabeth. Mais il prit bientôt la diplomatie en aversion, et s'adonna entièrement aux études littéraires. Il fut chargé de la conservation de la bibliothèque d'Oxford, et il l'agrandit si considérablement qu'elle est devenue, grâce à lui, l'une des plus importantes de l'Europe, et qu'on lui a donné le nom de *Bibliothèque Bodléienne*. Tous les ans, à Oxford, à la rentrée des étudiants et à la réouverture de la bibliothèque, on prononce solennellement l'éloge de Bodley.

BODMANN, village du grand-duché de Bade, à 7 kil. de Stockach. Pop. 850 hab. Sur le lac de Constance. Il possède un vieux château en ruines, qui fut la résidence des lieutenants des rois carlovingiens.

BODMER (Jean-Jacques), littérateur et poëte, né à Greifenberg, près de Zurich, en Suisse, mort en 1783. Il fut d'abord professeur d'histoire au collége de Zurich, et membre du grand conseil de cette ville. Il se distingua à la fois comme poëte, traducteur et grammairien. Il chercha les véritables règles du goût littéraire, et s'il se montra critique judicieux, il eut cependant le tort de substituer un style parfois emphatique et ampoulé, à un autre style faible et languissant. Il rédigea, en 1722, un journal dans lequel il appréciait et critiquait ses contemporains. Il publia divers poëmes parmi lesquels on cite *Noé*, et le *Paradis perdu*, imité de Milton.

BODMIN, ville d'Angleterre (Cornouailles), à 376 kil. de Londres et à 16 kil. de Camelford. Pop. 5,900 hab. Grand commerce de laines. Manufacture de chaussures. Cette ville fut très-florissante sous la domination saxonne.

BODONI (J.-B.), célèbre typographe, né à Saluces en 1740, mort à Padoue en 1813. Il était directeur de l'imprimerie ducale à Parme, et a publié un excellent *Manuel typographique*. On lui doit d'admirables éditions d'Anacréon et d'Homère, ainsi que des classiques latins, et l'on peut dire qu'il porta l'art typographique au plus haut degré de perfection. L'édition des œuvres de Condillac qu'il donna en 1775 n'alla pas sans encombre. La cour d'Espagne, qui voyait d'un mauvais œil l'ouvrage du célèbre philosophe français, à cause de certains passages, pourtant bien inoffensifs, qu'il contenait, en demanda la suppression au duc de Parme, qui s'empressa de l'accorder. Mais comme il s'en était déjà vendu plusieurs exemplaires, on put réimprimer cet ouvrage à Deux-Ponts, en Bavière, sous le titre de *Parme*, 1776. Ce ne fut qu'en 1782 que la vente de l'ancienne édition fut permise.

BODONITZA, ville de la Grèce moderne (Béotie). Elle est située sur un plateau au milieu d'un vallon que clôt le défilé de Clissoura. En 1204, cette ville fut le ch.-l. d'un marquisat.

BODROG-KERESZTUR, ville de Hongrie, dans le comitat de Zemplin, à 5 kil. de Tokai. Pop. 4,500 h. Vins exquis, vendus sous le nom de Tokai.

BOÉ (François DE LE), anatomiste, né à Hanau en 1614, mort en 1672. Il fut professeur de médecine à Leyde et la pratiqua avec succès. Il démontra l'un des premiers le problème de la circulation du sang, qu'on venait de résoudre depuis peu de temps, et il l'appuya de preuves nouvelles et incontestables. Il dirigea l'attention des médecins vers la chimie qui avait été négligée jusqu'alors. Il a publié des *Dissertations médicales* et un *Discours sur les causes de l'épidémie qui désola Leyde en* 1669.

BOÈCE (Anicius-Manlius-Torquatus-Severinus BOETIUS ou), philosophe de l'antiquité, né à Rome vers 470. Il descendait de la famille des Torquatus et de celle des Anicius; son père avait été trois fois consul. Il reçut une brillante éducation, qu'il alla perfectionner à Athènes. De retour à Rome, il fut remarqué par l'empereur Théodoric, roi des Goths, qui le combla d'honneurs et en fit son familier et son conseiller privé. Boèce fut trois fois consul, comme son père, et sans qu'on lui désignât de collègue. Sous son administration, Rome put respirer plus librement : les impôts furent allégés; les abus réprimés, les sciences et les arts encouragés. Théodoric le félicita dans une lettre de s'être enrichi dans Athènes des dépouilles des Grecs, faisant allusion aux remarquables traductions que Boèce avait données des ouvrages de plusieurs philosophes et mathématiciens. Cependant Théodoric, devenu vieux, écouta les perfides conseils de deux Goths, qui s'emparèrent de son esprit et écartèrent Boèce du conseil. L'administration de ces nouveaux ministres fut déplorable. Boèce éleva la voix en faveur du peuple opprimé; mais ses ennemis, irrités, l'accusèrent de haute trahison, parce qu'il avait défendu le sénat que Théodoric accusait d'avoir conspiré en faveur de l'empereur d'Orient. Il fut arrêté, ainsi que son beau-père Symmaque, et emprisonné à Pavie. Après six mois de détention, on lui appliqua la torture; on lui serra tellement la tête avec une corde, qu'on en fit sortir les yeux; on l'acheva à coups de bâton. Il périt ainsi le 23 octobre 524. Les chrétiens enlevèrent son corps et lui donnèrent la sépulture. Quelques jours après, son beau-père eut la tête tranchée. Boèce, dans sa prison, composa son livre *De la consolation de la philosophie*, qui est admirable de résignation, et qui respire les sentiments les plus élevés.

BŒCLER (Jean-Henri), savant littérateur, né à Cronheim, en Franconie, en 1611, mort en 1692. Il fut conseiller de l'empereur d'Allemagne et de l'électeur de Mayence, historiographe de Suède et professeur d'histoire à Strasbourg. Il fut protégé par Christine de Suède et Louis XIV. Il a publié un *Commentaire de Pline*, une *Dissertation sur les écrivains grecs et latins*, une *Histoire des quatre premiers siècles de J.-C.*, et un commentaire du livre de Grotius *De jure belli et pacis*.

BOÉDROMIA, fêtes que l'on célébrait à Athènes en l'honneur d'Apollon, vers le mois d'août, dans le mois nommé par les Grecs *boédromion*, anniversaire de la victoire de Thésée sur les Amazones.

BOÉDROMIOS, c'est-à-dire *qui vient en aide*. Surnom que les anciens Athéniens donnaient à Apollon.

BŒHM ou BŒHME (Jacob), appelé aussi *Philosophus Teutonicus*, philosophe mystique, né près de Gœrlitz, en 1575, mort en 1624. Son père, qui était paysan, voulut en faire un cordonnier. Mais il fut entraîné par la nature de son tempérament à étudier les philosophes mystiques, et à se pénétrer de leurs extravagantes doctrines. Il eut souvent des extases pendant le cours de sa vie. Ses compositions sont absolument inintelligibles, tant par le défaut du style que par la bizarrerie des idées.

BŒHMER (George-Rodolphe), botaniste, anatomiste et physicien distingué, né en 1723, mort en 1803. Il professa la botanique et l'anatomie à l'université de Wittemberg, et publia un grand nombre d'ouvrages qui sont remarquables par la profondeur d'observation et l'étendue de la science. Il s'est surtout préoccupé des propriétés des plantes, au point de vue de leur application aux arts et à l'industrie. Il a décrit la flore de Leipzig et laissé la *Bibliothèque des naturalistes*.

Bœhmer (Juste-Henning), célèbre jurisconsulte, né à Hanovre, en 1674, mort en 1749. Il fut directeur de l'université de Halle et, quoique protestant, il sut se concilier l'estime du pape Benoît XIV, à qui il dédia même plusieurs ouvrages sur l'ancien droit canonique. Il a écrit aussi le *Droit ecclésiastique protestant*.

BŒHMERWALD, c'est-à-dire forêt de Bohême, chaîne de montagnes de l'Allemagne, qui s'étend entre la Bavière et la Bohême, et sépare le bassin de l'Elbe et celui du Danube. Les points principaux sont : le Gross-Arber, 1,473 m. ; le Rachelberg, 1,400 m. ; le Kubani, 1,330 m. ; le Plœchenstein, 1,310 m. ; le Dreissesselberg, 1,200 m. ; le Schwarzenberg, 1,070 m. ; le Blanskerwald, 1,050 m. Toute la chaîne est sauvage, âpre et inaccessible ; ses flancs sont couverts d'épaisses forêts. Elle n'offre que quelques petits passages, tels que : le défilé de Frauenberg, entre Pilsen et Nuremberg; celui de Waldmünchen, sur la route de Pilsen à Ratisbonne, etc.

BOEN, ch.-l. de cant. de l'arrond. de Montbrison (Loire), à 12 kil. de cette ville. Pop. 1,730 hab. Papeteries, cartons pour les métiers à la Jacquart. Bons vins rouges. Patrie de l'abbé Terroy.

BOÉO, cap situé à la pointe O. de la Sicile, l'un des trois qui firent donner à cette contrée le nom de Trinacrie, à 2 kil. de Marsala.

BOERHAAVE (Hermann), le plus célèbre des médecins des temps modernes, né à Woorhout près de Leyde, le 31 décembre 1668, mort à Leyde le 23 septembre 1738. Il reçut d'abord les leçons de son père, ministre protestant, qui voulait lui céder son ministère. A dix ans, Boerhaave traduisait déjà Hippocrate et Celse. Boerhaave avait un frère nommé Jacques que l'on destinait à la médecine. Mais leurs dispositions naturelles intervertirent les rôles; Boerhaave Hermann fut médecin, et Jacques ministre. A l'âge de 7 ans, il fut atteint d'un ulcère dont il ne guérit qu'à l'âge de la puberté. L'impuissance des médecins qui ne comprirent pas la cause de son mal, le disposa à sonder les secrets de la nature. A 15 ans, il perdit son père, et se vit obligé, pour exister péniblement, d'enseigner les mathématiques. Il possédait déjà les langues orientales, il avait étudié les auteurs ecclésiastiques, et il avait même pris quelques leçons de médecine de Drelincourt. A 20 ans, il fut reçu docteur en philosophie. Les thèses qu'il soutint contre la doctrine d'Épicure et le panthéisme de Spinosa lui valurent une certaine célébrité. La ville de Leyde fit frapper, à cette occasion, une médaille d'or en son honneur. Dans ses discussions philosophiques, Boerhaave montra déjà une vaste intelligence. Son érudition était immense, son jugement net, sa facilité à développer une argumentation prodigieuse; mais il n'y avait pas en lui le génie qui crée. Il profita habilement des travaux de ses devanciers, et en composa un corps de doctrine. Là se borne son mérite; mais il a été distancé depuis par d'autres médecins qui, comme Bichat, ont étonné le monde par la profondeur de leurs investigations et par l'importance de leurs découvertes. Son état d'indigence ne lui permit de poursuivre ses études médicales qu'à l'âge de 22 ans. Mais à partir de ce moment, il s'y livra avec une singulière ardeur; il s'affranchit volontiers des leçons du maître, et prit l'habitude d'étudier seul. Il eut le tort de ne pas se perfectionner dans l'anatomie et de fuir les amphithéâtres, ne comprenant pas que l'anatomie est le régulateur des observations médicales, et que sans elle il n'y a point de guide sûr. Il commença l'étude de la médecine en lisant d'abord les auteurs contemporains pour remonter, en suivant les différents âges et les différentes écoles, jusqu'à Hippocrate. Quand il fut arrivé à cette source créatrice et vivifiante, il fit un retour sur ses premières connaissances acquises, s'enthousiasma pour la doctrine du prince de la médecine, et ne jugea plus du mérite de ceux qui étaient venus après lui, que par leur fidélité à suivre ses traditions. Il procéda de même pour la botanique et la chimie qui était alors dans l'enfance. Après trois années d'études, il se fit recevoir docteur à Haderwich. Il n'avait alors que 25 ans. Il obtint aussi une chaire de médecine, de chimie et de botanique dans l'université de Leyde. La facilité et l'élégance de sa diction, la netteté de ses jugements sur les diverses doctrines et l'étendue de ses connaissances lui valurent la réputation du professeur le plus brillant et le plus accompli de l'Europe. Ce n'était pas seulement de la sympathie qu'il trouvait chez ses élèves : c'était de l'enthousiasme. Son nom fut connu de l'Europe entière, les médecins se partageaient alors en deux camps; d'un côté étaient les médecins qui adoptaient le système de Bellini, de l'autre les chimistes avec Sylvius. Boerhaave entreprit de fondre ces divers systèmes avec la médecine purement spéculative d'Hippocrate. Cependant il penchait, dans son éclectisme à accorder une place plus importante aux forces mécaniques et chimiques qu'aux puissances vitales. Il s'écarta des principes d'Hippocrate en faisant une part trop grande à l'hypothèse, et en introduisant dans son système une foule de mots nouveaux qui avaient la prétention d'être des principes et qui n'étaient que des expressions dont la définition eût été impossible. Ainsi il admettait les *acrimonies*, les *obstructions*, les *attractifs*, les *fondants*, il parlait de *l'irritabilité des nerfs*, *de l'âcreté de la bile*, *du sang calciné*, etc., et attestait ainsi son impuissance à pénétrer les causes. Il avait 40 ans quand il entreprit d'écrire sur la médecine. Il publia les *Institutions* et les *Aphorismes*. Ses *Eléments de chimie*, bien qu'ils ne soient pas au niveau même des découvertes de son temps, témoignent d'une certaine habileté et d'une certaine précision dans les expériences. Il donna ensuite trois *Mémoires sur le mercure*, un autre *sur les maladies vénériennes*. Il n'a pas composé moins de 27 ouvrages dont le retentissement fut immense, mais qui sont aujourd'hui oubliés. Sa générosité envers les autres savants fut inépuisable; plus d'une fois il fit imprimer leurs ouvrages à ses frais. Il publia ainsi la *Botanique parisienne*, de Vaillant, qui venait de mourir; l'*Histoire physique de la mer*, de Marsigli, la *Bible de la nature*, de Swammerdam; il fut enfin le protecteur de Linnée. On a peine à comprendre que son intelligence ait pu embrasser toutes les connaissances dans lesquelles il se distingua : il savait six langues; il était savant dans la médecine, dans l'histoire naturelle, dans la physique et la chimie, dans la métaphysique et la théologie. Il s'occupait à la fois de ses écrits, de ses discours, de son professorat, de sa clinique, de ses consultations et de ses expériences. Les malades lui arrivaient de tous les points de l'Europe; on lui écrivait même de la Chine : « A Boerhaave, médecin en Europe. » Les Académies se le disputaient; Fontenelle et Haller, d'abord indifférents, s'enthousiasmaient pour lui; Pierre le Grand assistait régulièrement à ses cours; la ville de Leyde s'agrandissait considérablement pour recevoir la foule de ses élèves et de ses admirateurs; elle s'illuminait à la nouvelle que Boerhaave était guéri d'une attaque de goutte. Sa générosité et son humanité le faisaient chérir autant que sa science le faisait admirer. Il disait souvent qu'il fallait imposer silence à la calomnie par la persévérance à bien vivre. Vers le milieu de 1737, il sentit les atteintes de la maladie qui devait l'enlever: le mal dégénéra en hydropisie; mais ses cruelles souffrances ne purent lui arracher une seule plainte. Il mourut au milieu de ses amis. La ville de Leyde lui a élevé un magnifique tombeau dans l'église de Saint-Pierre.

BŒRNE (Louis), écrivain politique allemand, né à Francfort-sur-le-Main en 1786, mort à Paris en 1837. Il se passionna pour les grands principes de la Révolution française, et prit la résolution de propager parmi ses compatriotes les grandes idées qu'elle avait enfantées. Sous Napoléon Ier, le bruit des armes étouffa sa voix; mais après 1815, il commença la grande lutte contre l'esprit absolutiste. En 1830, il vint étudier à Paris la révolution nouvelle, fille de 1789, et publia ses *Lettres de Paris*. L'influence de cette publication fut énorme dans toute l'Allemagne, et l'on peut dire que Bœrne a donné à son pays une impulsion régénératrice. Au reste, il était merveilleusement doué comme écrivain politique; il savait allier à la finesse, à l'esprit bonhomme de Paul-Louis Courier, la verve hardie et éloquente de Jean-Jacques Rousseau.

BOERS, c'est-à-dire paysans, nom donné dans la colonie du cap de Bonne-Espérance aux habitants d'origine hollandaise. Ils se divisent en trois classes : les *Boers vignerons*, qui forment la classe la plus riche ; les *Boers agriculteurs*, les *Boers pasteurs*. Une partie de ces habitants fondèrent la colonie de Port-Natal qui est soumise à l'Angleterre.

BŒSSET (Antoine, sieur de Villedieu), compositeur de musique, né vers 1585, mort en 1643. Il était intendant de la musique de Louis XIII, et composa des *airs* de cour et des *ballets* qui lui donnèrent une grande célébrité.

BOÉTIE (Etienne de la). (*Voir* La Boétie.)

BŒTTCHER ou Bœttger (Jean-Frédéric), inventeur de la porcelaine de Saxe, né à Schleiz en Voigtland, en 1685, mort en 1719. Il entra d'abord chez un apothicaire, et étudia l'alchimie. Il fut chassé de Berlin pour avoir prétendu qu'il possédait une poudre avec laquelle il pouvait changer les métaux en or; il passa en Saxe. L'électeur Frédéric II le fit venir à Dresde, et lui demanda s'il était vrai qu'il sût faire de l'or. Bœttcher avoua l'impossibilité de transmuter les métaux. Frédéric croyant qu'il cachait sa science, le fit enfermer dans la forteresse de Kœnigstein, en lui promettant sa liberté quand il aurait fait de l'or. Bœttcher se mit à l'œuvre et confectionna des creusets en mélangeant des terres qui avaient été recueillies aux environs de Messein. Mais quel fut son étonnement en voyant qu'il avait obtenu ainsi une porcelaine? L'électeur, comprenant alors que Bœttcher avait découvert une véritable mine d'or, lui rendit la liberté et le fit baron.

BŒTTIGER (Charles-Auguste), savant archéologue, né à Reichenbach, en Saxe, en 1760, mort en 1835. Il fut successivement directeur du gymnase de Weimar, directeur des études du collège des pages à Dresde, directeur de l'école militaire et inspecteur des musées d'antiquités. Il étudia les antiquités, et surtout celles qui se rapportent à l'ancienne Rome. L'ouvrage le plus remarquable qu'il ait publié est intitulé : *Sabine ou la Matinée d'une dame romaine à sa toilette à la fin du premier siècle de l'ère chrétienne.* C'est un ensemble de recherches curieuses et intéressantes exposées sous la forme d'un roman, et qui donnent une idée parfaite de la vie intérieure des Romains à cette époque. Bœttiger a laissé aussi, dans de nombreux ouvrages d'archéologie et dans plusieurs journaux allemands, une foule de renseignements utiles sur les arts dans l'antiquité. Il fut membre associé de l'Institut de France.

BŒTZBERG (le), montagne de Suisse (Argovie). L'an 69 après J.-C., les Helvétiens y furent défaits par Cæcina et la légion *Rapax*.

BŒUF GRAS. La fête du bœuf gras trouve son origine dans les mœurs de l'antiquité. Bien des savants ont cherché l'allégorie cachée sous cette mascarade. Quelques-uns ont prétendu que c'était une réminiscence des fêtes qu'on célébrait au printemps sous le signe du Taureau. Les Gaulois adoraient un taureau revêtu d'insignes religieux et surmonté de trois grues, ainsi qu'il est représenté sur une pierre druidique découverte à Notre-Dame. Les Egyptiens promenaient le bœuf Apis, mais ils ne le sacrifiaient pas. Les Chinois promènent un bœuf gras lors de la fête du printemps, et à Pékin l'empereur en fait distribuer les morceaux à ses grands mandarins. Les rois fainéants se montraient dans des chars attelés de bœufs :

> Quatre bœufs attelés, d'un pas tranquille et lent,
> Promenaient dans Paris le monarque indolent.

Il est plus probable que la fête du bœuf gras a été instituée par la corporation des bouchers. Le bœuf gras partait de l'Apport-Paris, où étaient les abattoirs, et était conduit solennellement devant la porte des magistrats du parlement. La procession de 1739 fut la plus mémorable; le char et le cortège étaient disposés à peu près comme on les voit aujourd'hui. La fête du bœuf gras, supprimée sous la Révolution, fut rétablie par Napoléon Ier; mais le roi des bouchers, qu'on voyait sur le char, le glaive à la main, fut remplacé par l'Amour.

BOFFRAND (Germain), architecte et ingénieur, né à Nantes en 1667, mort en 1754. Il étudia la sculpture et l'architecture; mais bientôt il renonça à la sculpture et s'attacha à Hardouin Mansard, qui lui confia des travaux importants. Sa réputation s'étendit dans toute l'Europe; plusieurs souverains étrangers lui demandèrent des plans d'édifices. Il se distinguait surtout par la noblesse et l'harmonie des proportions. Il construisit les palais de Nancy et de Lunéville. On lui doit aussi plusieurs magnifiques hôtels à Paris, notamment ceux de Craon, d'Argenson et de Montmorency. L'académie d'architecture le reçut dans son sein en 1709. Il ne se distingua pas moins comme ingénieur et inspecteur général des ponts et chaussées : ainsi il construisit un grand nombre de canaux, de ponts et d'écluses. Il a publié un ouvrage intitulé : *Livre d'architecture*, dans lequel il expose les plans des principaux ouvrages qu'il a fait exécuter. Il a laissé aussi une *Description de ce qui a été pratiqué pour fondre d'un seul jet la statue équestre de Louis XIV*.

BOGDAN, prince moldave, régna vers 1529. Il reconnut spontanément la souveraineté du sultan Soliman Ier, en stipulant certaines garanties qui devaient assurer aux Moldaves la conservation de leurs droits politiques, de leur constitution civile et le respect de leur religion. Bogdan suivit, à cet égard, le conseil de son père, qui ne voyait pas d'autre moyen de rendre la tranquillité à ce pays si longtemps troublé par les guerres des Turcs contre l'Occident. Soliman Ier avait même laissé aux Moldaves le droit d'élire leurs souverains; mais il le leur contesta à la mort de Bogdan.

BOGDANOVITCH (Hippolyte-Fédorovitch), poëte russe, né à Pérévolotchna, dans la Russie Blanche, en 1743, mort à Saint-Pétersbourg en 1803. Il fut d'abord élève de l'école du génie à Moscou. Une représentation théâtrale à laquelle il assista éveilla en lui le goût de la poésie. Il voulait même se faire acteur; mais il renonça bientôt à ce projet. Il étudia les règles de l'art poétique et traduisit les poëtes étrangers; il fut aimé et recherché de la noblesse : le comte Michel-Ivanovitch Dachkolf devint même son ami. Il fut nommé inspecteur à l'université de Moscou, puis secrétaire de légation; il se fit connaître d'abord par le poëme de *Psyché*; il composa plusieurs drames qui offrent une heureuse imitation du théâtre étranger; il s'occupa aussi de travaux historiques, et fut nommé membre du conseil des archives de l'empire. On l'a surnommé l'*Anacréon russe*.

BOGENHAUSEN, village de Bavière, à 3 kil. de Munich. Pop. 200 hab. Magnifique observatoire royal sous 48° 8' 45" lat. N., et 9° 16' 15" long. Château royal.

BOGHAR, ville d'Algérie, à 150 kil. de Médéah. Pop. 500 hab. Marché important pour les laines. Cette ville fut fortifiée par Abd-el-Kader en 1839, incendiée en 1841 par le général Baraguay-d'Hilliers; elle fut relevée par les Français.

BOGOMILES ou BOGARMITES. Ce mot est composé de *bog* (Dieu) et de *milvi* (avoir pitié). Il est emprunté à la langue bulgare; il servait à désigner une secte d'hérétiques qui vinrent de Bulgarie à Constantinople sous le règne d'Alexis Comnène; c'était une secte de fatalistes et de désespérés. Ils niaient le dogme de la Trinité : le monde, suivant eux, avait été créé par de mauvais génies; Jésus-Christ n'était que l'incarnation de l'archange Michel. Ils rejetaient les livres de Moïse, n'admettaient pas les croix et les images, et prétendaient que l'oraison dominicale devait être la seule communion des chrétiens; ils ne reconnaissaient pas le dogme de l'Immaculée Conception. *Ces abominables gens*, comme dit spirituellement Charles Nodier, *qui se confiaient à la miséricorde de Dieu*, devaient naturellement être livrés au fer et au feu. Basile, un des chefs de cette secte, fut brûlé vif à Constantinople. Des Bogomiles se rencontrent encore aujourd'hui en Russie.

BOGORIS, roi des Bulgares, vers 840. Il voulut tenter de s'emparer de l'empire grec, profitant de ce que l'administration de ce pays était confiée à une femme qui gouvernait pour Michel, son jeune fils; mais cette femme était Théodora, et elle fit la réponse suivante aux envoyés de Bogoris, qui vinrent lui déclarer la guerre : « Votre roi se trompe s'il croit que l'enfance de l'empereur et la régence d'une femme lui fournissent une occasion favorable d'agrandir ses Etats, car je me mettrai moi-même à la tête des troupes. S'il est vainqueur, quelle gloire retirera-t-il d'avoir triomphé d'une femme? S'il est vaincu, au contraire, quelle honte ne sera-ce pas pour lui! » Bogoris se ravisa et fit la paix avec Théodora. La sœur de Bogoris était retenue prisonnière à Constantinople. Théodora la mit en liberté. Cette princesse, qui était chrétienne, convertit son frère, et, dès cette époque, le christianisme fut introduit en Bulgarie.

BOGOTA, capitale de la république de la Nouvelle-Grenade, à 750 kil de Quito. Pop. 50,000 hab. Située sur un vaste plateau de 370 kil. de long. sur 145 de larg., et à 2,542 mèt. au-dessus du niveau de la mer. Siége du gouvernement, du congrès, de l'administration centrale et d'un archevêché. Cathédrale, palais du gouvernement, bâti en 1825; douane. Université très-fréquentée, bibliothèque publique, cabinet d'histoire naturelle, académie nationale, académie de médecine et de droit, observatoire, plusieurs colléges, école des mines, hôtel des monnaies. Port sur la Magdalena. Cette ville fut bâtie en 1538, prise par les Espagnols en 1816, délivrée par Bolivar en 1819; presque détruite en 1827 par un tremblement de terre.

BOGUSLAWSKI (Adalbert), auteur et acteur polonais, né en 1752, mort en 1828. Il fut nommé directeur du théâtre royal de Varsovie par Poniatowski; pour donner des rôles à ses acteurs, il traduisit les pièces françaises, anglaises, allemandes, italiennes et espagnoles les plus en vogue; de même que, pour transplanter sur la scène polonaise la musique italienne, il traduisit plusieurs opéras. Là ne se bornèrent pas ses efforts. Voulant répandre le goût de l'art dramatique, il fonda, en 1809, une école dramatique à Varsovie. Ses œuvres complètes forment 10 vol. in-8°. On y trouve une *Histoire du théâtre polonais*.

BOGUSLAWSKI (Louis), astronome prussien, né à Magdebourg en 1789, mort en 1851. Il était élève de Bode, et devint directeur de l'observatoire de Breslau. En 1834, il a découvert une comète à laquelle on a donné son nom.

BOHAIN, ch.-l. de cant. de l'arrond. de Saint-Quentin (Aisne), à 20. kil. de cette ville. Pop. 4,220 hab. Fabrication de châles, gazes, mérinos; horlogerie. Ruines d'un château du connétable de Bourbon.

BOHÊME, ancien royaume d'Europe, qui fait aujourd'hui partie de la confédération germanique et de l'empire d'Autriche. Il est borné : au N., par la Prusse et la Saxe; au S., par l'Autriche; à l'E., par la Moravie; à l'O., par la Bavière. Sa surface carrée est de 10,000 kil.; il est encadré dans des chaînes de montagnes qui en forment les limites. Les principales rivières sont : l'Eger, l'Iser, le Béraun et la Sasawa, qui vont se jeter dans la Moldau, qui elle-même va rejoindre l'Elbe. La Bohême est riche en vins, en bois et en céréales. Elle produit aussi en abondance le houblon, le lin et le chanvre, et contient d'excellents pâturages. Sa richesse minéralogique lui assigne un des premiers rangs en Europe : on trouve dans son sein l'argent, le cuivre, l'étain, le plomb, le fer, le soufre, l'alun et le salpêtre. Les montagnes fournissent du granit, du marbre, de l'albâtre, du porphyre, du jaspe, des cristaux et beaucoup de pierres précieuses. On trouve des paillettes d'or dans plusieurs cours d'eau. Enfin, elle possède en abondance des salines et des eaux minérales. La Bohême fabrique des toiles de lin et de coton, des draps, des dentelles, des rubans, des chapeaux, de la papeterie et de la verroterie. Elle est peuplée de 4,705,525 hab. Les Tcheches, d'origine slave, forment les deux tiers de la population. On rencontre en Bohême des sectes de toutes les religions. La liberté de conscience y a été proclamée en 1781, et c'est de cette époque que date la prospérité du pays. Les habitants sont plus attachés à leur religion qu'ils ne tiennent à leur indépendance. Ils montrent généralement peu de sympathie pour la race allemande et tendent à s'allier aux Hongrois. Malgré le pouvoir absolu de l'empereur d'Autriche, les états provinciaux jouissent de certains droits. Ainsi ils forment une assemblée composée des nobles et des trente-quatre villes royales, qui disposent chacune d'une voix. Cette assemblée a seule le droit de voter l'impôt. Les habitants sont divisés en trois classes : les nobles, les bourgeois et les paysans. Ces derniers sont encore soumis à des corvées. La Bohême est administrée par un gouverneur général qui réside à Prague. Elle est divisée en 16 cercles, et comprend, en outre, le district de Prague. Les principales villes sont : Prague, capitale, centre du commerce et des arts, Pilsen, Egra, Carlsbad, Leitmeritz et Tœplitz. — La Bohême fut primitivement habitée par les Boïens, qui sortirent de la Gaule, vers 589 av. J.-C., et vinrent s'établir dans ce pays. Sous Auguste, les Marcomans chassèrent les Boïens; vers le VIe siècle, les Slaves vinrent des bords de la Mer noire et s'emparèrent du pays. Ils furent d'abord gouvernés par des ducs qui eurent souvent à lutter contre les Allemands. L'établissement du christianisme eut lieu dans ce pays vers la fin du IXe siècle, et ce ne fut pas sans de grands déchirements. Les Bohêmes adoraient auparavant une divinité appelée *Bog*, qu'on représentait blanche ou noire, suivant l'influence bonne ou mauvaise qu'elle exerçait. Cette divinité opérait des miracles et prédisait l'avenir. Borsiwog Ier, élevé en Moravie, et sainte Ludmilla, sa femme, contribuèrent surtout à propager la religion nouvelle; mais leur zèle imprudent les fit chasser du trône. Son fils ne put se soutenir qu'en jurant de protéger les adorateurs de Bog. Boleslas Ier, qui arriva au pouvoir après avoir assassiné son frère, partisan avoué des chrétiens, dut subir la domination de l'empereur Othon Ier, et consentir à payer un tribut et à lui fournir des troupes. Sous Boleslas II, et vers l'an 1000, les chrétiens et les païens se livrèrent une sanglante bataille qui assura le triomphe du christianisme. Sous les successeurs de ce prince, la Bohême offre le spectacle de luttes intérieures, suscitées par l'ambition des princes du sang qui se disputaient la couronne. Cependant elle s'agrandit successivement de la Silésie, de la Moravie et de la Lusace. Brzétislas Ier régla l'hérédité de la couronne, en décrétant qu'elle devait appartenir aux premiers-nés de la branche Przémysl. Ce sage règlement ne mit cependant pas fin aux discordes. Wratislas II érigea son duché en royaume vers la fin du XIe siècle, et se fit reconnaître par l'empereur Henri IV. Sobieslas Ier se reconnut vassal de l'empereur Conrad III, et par cette inféodation, les empereurs d'Allemagne ne cessèrent de s'immiscer dans les affaires de la Bohême, et même de disposer de la couronne en faveur des prétendants les plus favorables à l'empire. A partir du règne d'Ottocar Ier, dit le *Victorieux*, les ducs de Bohême prirent définitivement le titre de rois, qui cessa de leur être contesté. Sous Wenceslas III, dit le *Borgne*, qui régna en 1306, l'Autriche, désespérant de pouvoir se défendre contre ses ennemis, se donna à la Bohême; mais, sous le règne d'Ottocar II, qui lutta contre l'empereur Rodolphe de Habsbourg, elle en fut séparée. Sous Wenceslas IV, qui monta sur le trône en 1378, la Bohême atteignit le comble de sa puissance; ce roi disposa même plusieurs fois de la couronne impériale. Il fut même appelé au trône de Pologne. Ses successeurs ne surent pas maintenir son ouvrage. Wenceslas IV vendait des provinces à prix d'or pour assouvir ses passions brutales; sous Henri, duc de Carinthie, la Bohême se débattait contre la maison d'Autriche et l'empereur d'Allemagne; elle perdait et reprenait tour à tour ses provinces. Jean de Luxembourg, prince aventureux et chevaleresque, fit briller la Bohême d'un certain éclat. Charles IV, son fils, fut à la fois empereur d'Allemagne et roi de Bohême; il embellit Prague, agrandit la Bohême, et attacha à la dignité royale la qualité d'électeur, qui lui permettait d'intervenir dans les affaires de l'empire. Wenceslas VI, son successeur, ne se distingua que par ses exactions et ses extravagances. Sigismond, qui lui succéda en 1419, fut à la fois empereur d'Allemagne, roi de Bohême et de Hongrie. Pendant tout son règne, il eut à combattre les hussites, qui ne cessèrent pendant de longues années de troubler le pays. Sous Ladislas II, le royaume de Bohême fut partagé. Ladislas conserva la Bohême proprement dite, et Mathias, son compétiteur, eut en partage la Lusace, la Moravie et la Silésie. Cependant, à la mort de Mathias il reprit les provinces détachées de son royaume, et s'empara même de la couronne de Hongrie. Louis, son fils, soutint une longue guerre contre les Turcs. Sous Ferdinand Ier, qui régna en 1526, et qui fut roi de Bohême et de Hongrie, le principe de la transmissibilité de la couronne à l'aîné des enfants de la famille fut définitivement consacré. Sous le règne de ce prince, l'Autriche commença à exercer une influence fatale pour l'indépendance du pays. Il fut, après la guerre de Trente-Ans, incorporé à la maison d'Autriche. Cet événement ne s'accomplit pas sans secousses : la Bohême essaya de se reconstituer en se donnant pour roi Frédéric du Palatinat; mais ce prince, trop faible pour résister, fut défait dans une bataille livrée sur la Montagne blanche, le 8 novembre 1620. Une des causes de la décadence de la Bohême fut l'apparition de Jean Huss, qui fanatisa ses sectaires, et amena une longue guerre intestine qui ne prit fin que par l'asservissement du pays. On vit plus d'une fois les hussites appeler contre les catholiques l'intervention étrangère, et prêter ainsi les mains à la ruine de leur nationalité.

BOHÊME (monts de). (*Voir* BŒHMERWALD.)

BOHÊMES (frères). (*Voir* MORAVES (frères).

BOHÉMIENS ou BOHÊMES, ou ZINGARIS. L'existence de cette race humaine, son caractère, ses mœurs, son passage au milieu de la civilisation, sans se laisser séduire par elle, constituent un des plus curieux problèmes physiologiques qu'il y ait à résoudre. D'où viennent les bohémiens? On l'ignore et ils l'ignorent eux-mêmes; leurs instincts, leurs usages, leur langage particulier se sont perpétués parmi eux; mais ils n'ont pas de traditions historiques; en effet, la tradition suppose une patrie, un foyer, et les bohémiens fuient la vie sédentaire, comme les bêtes fauves fuient la domesticité. Le 14 avril 1427, on vit arriver à Paris douze *penanciers* ou pénitents, savoir: un duc, un comte et dix cavaliers, qui se qualifiaient de chrétiens de la basse Egypte; ils racontaient qu'ils avaient été chassés de leur pays par les Sarrasins: ils ajoutaient qu'ils s'étaient confessés au pape Martin V, qui leur avait ordonné de courir le monde pendant sept ans, sans se coucher sur aucun lit. Ces hommes mentaient. Ils avaient une suite de cent vingt personnes. On les logea à la Chapelle près de Saint-Denis; et le peuple courut en foule pour les voir et se faire dire la bonne aventure. Ils portaient des boucles d'argent aux oreilles; leurs cheveux étaient noirs et crépus; leurs femmes étaient laides et voleuses. Tels ils apparurent alors, tels ils sont encore aujourd'hui. L'évêque de Paris les força de s'éloigner, et excommunia ceux qui s'étaient fait dire la bonne aventure. Dès lors le peuple, qui les avait accueillis, les prit en haine, et il les appela *corbeaux d'Egypte*. Les bohémiens sont-ils vraiment originaires de la basse Egypte? Est-il vrai, comme le dit Munster, qu'ils avaient déjà paru en Allemagne en 1417? Viennent-ils du Caucase, comme le prétend le pape Pie II, mort en 1464, qui les cite comme des pillards déjà répandus dans toute l'Allemagne, sous le nom de Zingaris ou Zochoris? Enfin, viennent-ils de l'Inde, de la Perse ou de la Barbarie autrefois appelée Cingitanie? Doit-on voir en eux les descendants des Sigynnes d'Hérodote ou des mages des Perses? La plus grande incertitude règne sur leur origine. Cependant la conformité de leur idiome avec la langue des Hindous, la comparaison de quelques-unes de leurs coutumes avec celles de ces peuples, donne une certaine vraisemblance à l'opinion de ceux qui croient que les bohémiens viennent de l'Inde, que ce sont des parias chassés de leur pays par Tamerlan, et qui mènent parmi nous la vie errante à laquelle ils étaient condamnés depuis tant de siècles dans leur pays d'origine. Les Etats généraux d'Orléans, convoqués en 1650, les condamnèrent, eux et leur postérité, à un bannissement perpétuel, prononçant la peine des galères contre ceux qui tenteraient de revenir. Ils furent successivement bannis, vers la même époque, de tous les Etats d'Europe. Mais ces lois furent impuissantes, et tombèrent peu à peu en désuétude. Les bohémiens, ne s'alliant qu'entre eux, ont conservé leur physionomie caractéristique. Ils sont petits et maigres, mais agiles. Ils sont lâches, et en même temps fanfarons et vindicatifs. Ils travaillent, mais sans renoncer à la vie errante. Ils ne connaissent pas l'épargne, et emploient follement leur argent à s'enivrer. Ils n'ont aucune religion, aucun terme de leur langue, nommée *ghiftas*, n'exprime le mot Dieu ni le mot âme; ils n'ont pas même d'expression pour compter au-delà du nombre sept. Tous les efforts des gouvernements allemands ont été impuissants pour les attacher à la terre, et leur imposer des résidences fixes. Leur répugnance est tellement instinctive, qu'on a vu de jeunes Zingaris, abandonnés au berceau, puis élevés et instruits par des parents adoptifs, les quitter dès qu'ils étaient parvenus à l'âge de puberté, pour suivre la vie errante des bohémiens. Ils se choisissent des chefs qui prennent le titre de woïwodes. Les chefs ont droit à une part du butin recueilli par les leurs. Lorsqu'un bohémien est frappé par la justice pour un vol, il reçoit en punition un certain nombre de coups de fouet, non parce qu'il a volé; mais parce qu'il s'est laissé surprendre.

BOHÉMOND (Marc), prince d'Antioche, fils de Robert Guiscard, duc de la Pouille, mort en 1111. Il suivit son père dans une guerre contre l'empire grec, en 1081, et battit l'empereur Alexis dans deux rencontres. Après la mort de Robert Guiscard, il réunit Tarente à ses Etats. Il fit partie de la première croisade, et s'empara d'Antioche et de Laodicée; il en fit une principauté qu'il transmit à ses successeurs. Il fut fait prisonnier par les Sarrasins. Après avoir recouvré sa liberté, il épousa Constance, fille de Philippe, roi de France. Il échoua dans une seconde expédition qu'il tenta contre les Grecs.

BOHOL, île de la Malaisie espagnole, située dans l'archipel des Philippines. Sup. 70 kil. sur 45. Elle fut découverte par Magellan en 1521. Mines d'or.

BOHRAS. Les Indiens donnent ce nom à des mahométans qui se sont établis dans l'Inde, et principalement dans le Décan. Ils se livrent au commerce.

BOHUS-LAEN, province de Suède (Gothie), s'étendant sur les côtes de la mer du Nord, depuis la Gœta-Elf inférieure au N., jusqu'au Swinesund sur les frontières de la Norwége. Sup. 40 myriam. carrés. Pop. 196,400 hab. Ch.-l. Gothenburg. Ce pays fut conquis en 1523, par Gustave Wasa et repris, en 1532, par Frédéric Ier, roi de Danemark, et cédé à la Suède, en 1658, par la paix de Rœskilde. Ruines de la forteresse de *Bohus-Slot*. La reine Marguerite y fit mettre à la torture le roi Albert, fait prisonnier près de Falkœping, le 24 février 1389.

BOIARD, de *boï*, bataille, est un titre qui désigne, en Russie, un homme de haute naissance ou un fonctionnaire élevé. On croit que cette dignité a été instituée par Ivan Vassiliéwitch Ier. Son successeur, Vassiliéwitch II, eut à réprimer une révolte fomentée par les boïards. Pierre II, jaloux de sa puissance suprême, supprima la formule exécutoire qui se lisait en tête des ukases: *Le grand prince a ordonné, les boïards ont approuvé*. Le peuple russe emploie souvent l'expression de *boïarine*, et, par corruption, *barine*, pour exprimer son respect envers une personne.

BOIARDO ou BOJARDO (Matteo-Maria), comte de Scandiano, fief relevant du duché de Ferrare, né en 1430, mort en 1494. Hercule Ier, duc de Ferrare, le fit gouverneur de Reggio. Il cultiva la poésie, et son *Orlando innamorato* l'a placé au rang des plus célèbres poëtes de l'Italie. C'est le premier poëme qui fut publié en langue italienne. L'amour de Roland pour Angélique forme le fond du sujet. Les sites qui sont décrits par Boïardo sont ceux des environs de Scandiano; il a conservé jusqu'aux noms des paysans qui habitaient ses terres et qu'on retrouve encore aujourd'hui dans le pays; ce sont: Mandricard, Sacripant, Gradasse, Agramant, etc. L'*Orlando innamorato* de Boïardo est resté inachevé. Nicolas Agustini entreprit de le continuer; mais s'il avait une versification facile, on ne trouvait pas chez lui le coloris du style, l'imagination et l'intérêt qui se rencontrent dans le premier poëme. L'Arioste en donna la continuation, et cette tentative fut plus heureuse; l'*Orlando furioso* est l'admirable pendant de l'*Orlando innamorato*. Boïardo a écrit une comédie en vers intitulée: *Timon*, qui est une heureuse imitation du *Timon*, de Lucien. Il a traduit Hérodote, l'*Ane d'or* d'Apulée; il a laissé aussi des sonnets et des églogues latines estimées.

BOICHOT (Guillaume), sculpteur, né en 1738, à Châlon-sur-Saône, mort en 1814. Cet artiste se distingue par la pureté du trait et le goût de l'antique. Ses principaux ouvrages sont: le superbe bas-relief du porche de Sainte-Geneviève; la statue de *saint Roch*, à la même église; l'*Hercule assis;* les bas-reliefs du Carrousel; les bustes de Denon, de Bernardin de Saint-Pierre, de Michel-Ange, etc. On lui doit aussi des vignettes qu'il a dessinées pour le Théocrite, l'Hérodote, le Thucydide et le Xénophon, de Gail. Il était membre de l'Académie des beaux-arts et correspondant de l'Institut.

BOIELDIEU (François-Adrien), célèbre compositeur de musique, né à Rouen le 16 décembre 1775, mort en 1834. Il publia d'abord pour le piano des compositions qui eurent une grande vogue. Il vint se fixer à Paris en 1795. Garat, le célèbre chanteur, contribua à la réputation de Boïeldieu, il ne voulait pas d'autre accompagnateur que lui. Boïeldieu fut nommé professeur de piano au Conservatoire, et il y forma un grand nombre d'élèves distingués. Il débuta à l'Opéra-Comique par la *Famille suisse*, opéra en un acte, qui fut bientôt suivi d'une foule de chefs-d'œuvre, parmi lesquels on remarque: la *Dot de Suzette*, le *Calife de Bagdad, Ma Tante Aurore, Jean de Paris*, le *Nouveau seigneur du village*, et surtout la *Dame blanche*. Boïeldieu n'a pas abordé le grand opéra; mais il a montré dans ses chœurs d'*Athalie* et dans son *Télémaque* qu'il était capable de concevoir la grande composition lyrique. Boïeldieu se distingue par la grâce, la clarté et la légèreté de son style. Il suivit d'abord les traditions de Grétry, et son talent se transforma peu à peu, suivant les exigences de son siècle, jusqu'à s'élever à la hauteur de la *Dame blanche*, dont le succès fut incomparable. Ses opéras ont été traduits et représentés sur toutes les scènes de l'Europe, et ils resteront au théâtre comme les monuments les plus beaux et les plus purs du génie musical. Sa musique militaire eut également un succès inouï.

BOIENS, peuple de l'ancienne Gaule; ils habitaient la partie centrale connue sous le nom de *Celtique*; ils occupaient l'espace compris entre l'Allier et la Loire. Ils suivirent les Gaulois dans leurs expéditions en Grèce, en Asie et en Italie. Quelques-uns d'entre eux restèrent avec les Helvétiens, et César eut à les combattre ainsi que ce dernier peuple, au début de la guerre des Gaules. Les Boïens de la Germanie passèrent dans ce pays vers le ve siècle avant J.-C., après avoir été défaits par les Romains. Ils ont laissé leur nom à la Bohême. Chassés par les Marcomans, ils se réfugièrent dans le pays auquel ils donnèrent le nom de *Boïaria* (Bavière). Les Gaulois qui pénétrèrent en Asie mineure et qui y fondèrent la Galatie, étaient aussi des Boïens.

BOIGNE (Benoît LEBORGNE, comte DE), soldat de fortune, né à Chambéry en 1741, mort en 1830. Il servit d'abord en France et en Russie, puis l'envie lui prit un beau jour de se rendre dans l'Inde. Là, il se fit remarquer du prince mahratte Syndhyah, qui le nomma bientôt général en chef de ses troupes. Après avoir aidé ce prince à fonder un vaste empire, il revint en Europe avec une fortune considérable, dont il sut faire un noble emploi, en recherchant toutes les occasions d'exercer sa bienfaisance.

Henri II blessé par Montgommery.

BOILEAU ou BOILESVE (Etienne), prévôt de Paris, sous Louis VIII, vers 1254, mort vers 1270. Il était originaire d'Angers, et il fut l'un des ancêtres de Boileau Despréaux. On lit dans une chronique du temps que « c'étoit un bourgeois de Paris bien renommé de prud'homie, que le roy mit, en 1258, à la teste de la cour et auditoire du Chastelet de Paris, et alloit souvent le roy audit Chastelet se seoir près le dit Boileaüe, pour l'encourager et donner exemple aux autres juges du royaume. » Comme prévôt de Paris, il était non-seulement magistrat, mais encore chef de la police de la ville, et y exerçait le commandement militaire. La charge de prévôt était vénale avant Louis VIII; ce prince, à son retour de la croisade, abolit la vénalité de la prévôté, et chercha dans le royaume un homme qui fût bon justicier, et qui punît sévèrement les malfaiteurs, sans avoir égard au riche plus qu'au pauvre. « Ung, qu'on appelait Boyleaüe, dit Joinville, fut amené au roy, qui lui donna l'office de prévost de Paris. » Dès lors cessèrent les pilleries et maléfices. Il allégea les impôts sur les denrées que les anciens prévôts avaient grossis outre mesure. Il divisa les marchands et artisans en corporations, auxquelles il donna des règlements qui ont été maintenus jusqu'à la Révolution.

Boileau Despréaux (Nicolas), né à Crosne, près Paris, en 1636, mort en 1711. Il était fils de Boileau (Gilles), greffier de la grand'chambre du parlement de Paris. Son père, absorbé par le soin de ses affaires, négligea son éducation et l'abandonna à une vieille servante qui le maltraitait. Boileau ne se rappelait qu'avec un pénible sentiment les premières années de sa vie. Il accusait surtout son frère Gilles de s'être montré dur envers lui. Son père ne comprit pas ses heureuses dispositions. « Colin, disait-il de Nicolas Boileau, est un bon garçon qui ne dira jamais de mal de personne. » Il suivait sa quatrième au collége d'Harcourt, lorsqu'il fut atteint de la pierre. On lui fit une opération si maladroite qu'il resta mutilé. Après avoir terminé ses études, il se fit recevoir avocat; mais il se dégoûta bien vite du jargon barbare usité au barreau, il le quitta et aborda la théologie; mais cette science eut encore moins de charmes pour lui. Dès lors, il se livra entièrement à son goût pour la poésie, négligeant même les écritures du greffe que son père lui imposait:

La famille en pâlit, et vit en frémissant
Dans la poudre du greffe un poëte naissant.

Dongeois, son beau-frère, l'avait pris chez lui pour le former au style de la procédure. Le greffier dictait sa prose en en savourant les termes; puis il priait Boileau de relire sa dictée; mais parfois le secrétaire n'avait rien écrit du tout et s'était même endormi. Dongeois le renvoya à son père, en disant qu'il ne serait jamais qu'un sot. Boileau publia ses huit premières *satires* en 1766. Elles furent vigoureusement attaquées par la tourbe des auteurs qui se sentaient blessés; mais le public fut pour le satirique. Boileau répondit à ses adversaires dans sa neuvième satire, qui est un chef-d'œuvre de malice et d'ironie. Boileau commença dès lors à mener une vie paisible, embellie par l'amitié et la poésie, et qu'aucune infortune ne troubla jamais. C'est dans sa charmante retraite d'Auteuil, une maisonnette à un seul étage, aux murs tapissés de vignes, que Boileau composait ses vers et qu'il passait les jours les plus heureux dans la compagnie de Racine, de Molière, de la Fontaine et de Chapelle. Cependant son esprit satirique lui attira la haine de plusieurs hommes puissants.

En ce hardi métier,
La peur plus d'une fois fit repentir Regnier.

Après ses satires, Boileau publia l'*Art poétique*, et, dans cette composition, il se montra supérieur à Horace, et fit une sorte de code du bon sens et du goût. Louis XIV fut sollicité de révoquer le privilége qu'il avait accordé pour la publication de cet ouvrage; mais Colbert s'y opposa. Boileau donna ensuite le *Lutrin*, à l'occasion d'une dispute entre le trésorier et le chantre de la Sainte-Chapelle. Louis XIV voulut voir Boileau, il lui fit réciter plusieurs passages de ses poésies; puis il se leva en disant: « Cela est beau, admirable. Je vous louerais davantage si vous ne m'aviez pas tant loué. Je vous donne une pension de 2,000 livres, et je vous accorde le privilége pour l'impression de tous vos ouvrages. » Louis XIV le nomma son historiographe conjointement avec Racine. L'Académie lui ouvrit ses portes peu de temps après. Il fut aussi membre de l'Académie des inscriptions et belles-lettres, qui venait d'être fondée. Son *Traité du sublime*, traduit de Longin, fut son titre à cette dernière nomination. Louis XIV lui ayant un jour montré des vers de sa composition, « Sire, lui répondit Boileau, rien n'est impossible à Votre Majesté; elle a voulu faire de mauvais vers, elle y a réussi. » Il mourut d'une hydropisie le 13 mars 1711. On a reproché à tort, croyons-nous, à Boileau son manque de sensibilité; car, ce qu'il y a de certain, c'est qu'il se montra toujours disposé à venir en aide aux pauvres; ainsi il leur abandonna le revenu d'un prieuré. Ayant appris que le célèbre Patru était obligé de vendre sa bibliothèque, il l'acheta un tiers de plus qu'on ne lui en offrait, et en laissa à Patru la jouissance pendant sa vie. Quant au défaut de pathétique qu'on signale dans Boileau, la réponse est aisée: La nature de ses poésies comportait-elle un étalage de grands sentiments? Aurait-on voulu qu'il soupirât langoureusement son *Art poétique* ou ses *Satires*? Ne faut-il pas le féliciter plutôt de n'être pas sorti du genre dans lequel il s'est acquis tant d'illustration? Du reste, la postérité a sanctionné le jugement porté par Voltaire sur Boileau:

Boileau, correct auteur de quelques bons écrits,
Zoïle de Quinault, et flatteur de Louis,
Mais oracle du goût dans cet art difficile
Où s'égayait Horace, où travaillait Virgile.

Casanova s'échappant des plombs de Venise.

Boileau (Gilles), frère aîné du précédent, né à Paris en 1631, mort en 1669. Il fut avocat au parlement de Paris, et membre de l'Académie française. Il se brouilla avec son frère, pour qui il montra toujours une certaine antipathie. Gilles était poëte comme son frère Nicolas; mais il fut loin de l'égaler. On connaît cette épigramme de Linière:

Veut-on savoir pour quelle affaire,
Boileau le rentier aujourd'hui
En veut à Despréaux, son frère?
Qu'est-ce que Despréaux a fait pour lui déplaire?
Il a fait des vers mieux que lui.

Les deux frères ne cessèrent de manifester leur irritation mutuelle. Gilles ayant été chargé par Colbert de dresser la liste des auteurs dignes de gratifications, il y comprit Chapelain, que Despréaux a voué à un juste ridicule, et alla jusqu'à vanter son poëme de la *Pucelle*. Despréaux trahit alors sa colère dans une de ses satires :

Enfin, je ne saurais, pour faire un juste gain,
Aller, bas et rampant, fléchir sous Chapelain.
Cependant, pour flatter ce rimeur tutélaire,
Le frère, en un besoin, va renier son frère,
Et Phœbus en personne y faisant la leçon.
Gagnerait moins ici qu'au métier de maçon ;
Ou, pour être couché sur la liste nouvelle,
S'en irait chez Bélaine admirer *la Pucelle*.

Boileau supprima ces vers dans son édition de 1674. Gilles était un poëte médiocre. Ses ouvrages en prose sont plus estimés. On cite notamment : La *Vie d'Epictète*, l'*Enchiridion* et le *Tableau de Cébès*. Il a traduit *Diogène Laerce*, et le quatrième livre de l'*Enéide*.

BOILEAU (Jacques), frère des précédents, né à Paris en 1635, mort en 1716. Il fut docteur de Sorbonne, doyen et grand-vicaire de Sens, puis chanoine de la Sainte-Chapelle. Il avait comme Despréaux, un esprit satirique et plaisant. Il a beaucoup écrit sur les antiquités ecclésiastiques, et toujours en latin, « afin, disait-il que les évêques, ne le comprenant pas, ne pussent le censurer. » Le meilleur de ses ouvrages est intitulé : *Traité des empêchements dirimants du mariage*.

BOILLY (Louis-Léopold), peintre de genre et de portraits, né en 1761 à la Bassée (Nord), mort en 1830. Cet artiste excellait surtout à rendre avec une grande exactitude et avec une certaine verve les scènes populaires. On peut citer entre autres le *Boulevard du Temple*, les *Femmes se battent* et principalement le *Théâtre de Polichinelle*.

BOINDIN (Nicolas), auteur dramatique, né à Paris en 1696, mort en 1750. Il entra dans les mousquetaires, mais la faiblesse de sa santé le força de renoncer à la carrière militaire. Il composa, tantôt en collaboration avec Lamotte, tantôt seul, plusieurs comédies qui eurent un certain succès, et dont on apprécie la finesse et la facilité du dialogue. Le *Port de mer* est resté au théâtre. Il se brouilla avec Lamotte, qu'il accusa, ainsi que Saurin et un négociant nommé Malaffaire, d'avoir composé contre lui les fameux couplets faussement attribués à J.-B. Rousseau, et qui motivèrent la regrettable condamnation de ce dernier. Il fut membre de l'Académie des inscriptions et belles-lettres, et il est probable qu'il eût été admis à l'Académie française s'il n'avait professé ouvertement l'athéisme. Il avait un cœur généreux et des mœurs irréprochables. Il était d'une extrême tolérance, revendiquait pour tous la liberté de penser, et prenait volontiers parti pour ceux qui se voyaient persécutés pour leurs opinions. C'est ainsi qu'il défendit les jésuites, dont il appréciait l'intelligence, contre le reste du clergé qui demandait leur expulsion. Il était très-versé dans la science philosophique. Quand il mourut, on lui refusa les honneurs de la sépulture, et il fut enterré secrètement à trois heures du matin.

BOINEBURG. Nom d'une ancienne famille d'Allemagne, et qui lui venait d'un vieux château de la Hesse. Parmi ses membres on cite ; CURT DE BOINEBURG, mort en 1567. Il était officier du connétable de Bourbon, et commandait les troupes de Frundsberg au siége de Rome. Il devint général de Charles-Quint dans les guerres contre les Turcs et contre la ligue de Smalkalde. — *Jean-Christian de* BOINEBURG, né à Eisenach en 1622, mort à Mayence en 1672. C'était un diplomate, attaché au service de l'électeur de Mayence, et qui avait pour secrétaire le célèbre Leibnitz. — *Philippe-Guillaume de* BOINEBURG, fils du précédent, mort en 1717. Il fut créé comte et gouverneur d'Erfurt par l'empereur, et fonda dans cette ville une chaire d'histoire et de politique.

BOINVILLIERS (Jean-Etienne-Judith FORESTIER, dit), grammairien, né en 1764 à Versailles, mort en 1830. Après avoir été successivement professeur de belles-lettres à l'école centrale de Beauvais, censeur aux lycées de Rouen et d'Orléans, il fut nommé inspecteur de l'académie de Douai et correspondant de l'Institut. Il a publié des *Grammaires* et des *Dictionnaires* qui sont depuis longtemps tombés dans l'oubli.

BOISARD (J.-J.-F.-M.), fabuliste, né à Caen en 1744, mort en 1833. Après avoir été secrétaire du comte de Provence (Louis XVIII), il vécut dans l'oubli et dans la misère. C'est peut-être le plus fécond de nos fabulistes, car il a semé ses fables dans tous les recueils. Dans le nombre il y en a quelques-unes d'intéressantes, et qui sont assez bien tournées ; mais la plupart ne se recommandent ni par leur précision ni par l'élégance du style.

BOIS-D'OINGT (le), ch.-l. de cant. de l'arrond. de Villefranche (Rhône), à 14 kil. de cette ville. Pop. 770 hab.

BOISFREMONT (Charles DE), peintre, mort en 1838. Il était page de Louis XVI, et lorsque la Révolution éclata il passa en Amérique. Il s'était fait artiste par besoin. A son retour en France, la manière de Prudhon le séduisit et il voulut l'imiter. Parmi les ouvrages qu'il a laissés, on peut citer : la *Mort d'Abel*; la *Descente d'Orphée aux enfers*; l'*Education de Jupiter sur le mont Ida*, plafond du pavillon de Marsan aux Tuileries; la *Samaritaine* et la *Mort de Cléopâtre*, au musée de Rouen ; enfin la *Clémence de Napoléon envers la princesse de Hatzfeld*, tableau exécuté en tapisserie aux Gobelins. C'est à cet artiste que l'on doit les procédés qui ont servi à rétablir et à conserver les peintures du château de Versailles.

BOISGELIN DE CUCÉ (Jean-de-Dieu-Raymond DE), cardinal français, né à Rennes en 1732, mort en 1804. Il fut archevêque d'Aix en 1770. Il fit partie de l'Assemblée des notables en 1787, et fut député du clergé d'Aix aux Etats généraux. Il vota d'abord la séparation des trois ordres ; mais plus tard il se réunit aux membres du clergé qui consentirent à faire partie de l'Assemblée nationale. Il vota pour le respect des biens du clergé, contre la suppression de la dîme, et il se montra, autant qu'il le put, favorable à l'autorité royale. Il fut cependant appelé à présider l'Assemblée nationale. En 1790, il quitta la France et se réfugia en Angleterre. Il revint lors de l'établissement du clergé, et fut nommé archevêque de Tours, puis cardinal. L'astronome Lalande a cru devoir le placer parmi les athées dans son fameux *Dictionnaire*. Il s'appuyait sur le témoignage général et sur certains faits particuliers qu'il est difficile de contrôler. Quoi qu'il en soit, le cardinal Boisgelin n'en aurait pas moins été un prélat distingué par sa bonté et sa générosité, autant que par son éloquence, quoique fortement attaché aux privilèges temporels du clergé. Au commencement de la Révolution, la population d'Aix, irritée contre ceux qui trafiquaient sur les grains, s'était livrée à de grands excès et avait pillé les greniers; le pain manquait déjà. Boisgelin réunit les commerçants et leur fit promettre d'approvisionner les marchés dans la semaine. Puis il fit appel aux sentiments du peuple, et fit restituer les grains qui avaient été enlevés. Il a laissé une traduction en vers français des *Héroïdes* d'Ovide; mais elle est peu estimée. Il a laissé aussi des Mémoires relatifs aux intérêts du clergé. Il prononça le discours du sacre de Louis XVI, et l'oraison funèbre de Stanislas, roi de Pologne.

BOIS-GUILLEBERT (Pierre LE PESANT, sieur DE), littérateur et économiste, mort en 1714. Il se fit d'abord connaître par des traductions d'*Hérodien* et de *Dion Cassius de Nicée*. Il s'occupa ensuite d'économie politique, et combattit le système financier de Colbert. Il avait de grandes connaissances en matière de finances, dans un temps où bien peu de gens savaient en raisonner ; mais il exagéra les maux du royaume, et ne fut pas toujours juste dans ses critiques. Son principal ouvrage est intitulé : *Testament politique du maréchal de Vauban*. Il crut devoir, dans cet ouvrage, dissimuler son nom, et s'abriter derrière l'autorité de Vauban, dont il était parent.

BOIS-LE-DUC, ville de Hollande, ch.-l. de la prov. du Brabant septentrional, à 80 kil. d'Amsterdam. Pop. 17,000 hab. Siége d'un évêché catholique. Lycée, hôtel de ville, cathédrale soutenue par 50 piliers ; église Saint-Jean, du XIIIe siècle. Célèbres ateliers d'instruments de musique; fabrique de toiles de Hollande, d'épingles. Commerce important en grains. Place forte. Cette ville fut fondée en 1184, prise par les Allemands en 1629, occupée par les Français de 1794 à 1814. Patrie de S'Gravesande.

BOISMONT (Nicolas THYREL DE), prédicateur ordinaire de Louis XV, né près de Rouen en 1715, mort en 1786. Il fut membre de l'Académie française. Après avoir révélé son talent par le *Panégyrique de saint Louis*, il se distingua comme orateur dans diverses oraisons funèbres ; il prononça notamment celle de Marie Leczinska, femme de Louis XV; et celle de l'impératrice d'Autriche, Marie-Thérèse. On y trouve beaucoup de mouvement, des images heureuses et une certaine noblesse de sentiment. Cependant on lui a reproché d'avoir comblé le vide des faits par des traits d'esprit et des phrases emphatiques. A la suite d'un de ses discours pour la fondation d'un hôpital ecclésiastique et militaire, la quête lui valut 150,000 fr. Il était fort spirituel et se plaisait à la lecture des auteurs comiques; il aimait surtout, dans les cercles familiers, à interpréter les rôles de Crispin. On le regarde avec l'abbé Maury, comme l'un des auteurs des *Lettres secrètes sur l'état actuel de la religion et du clergé de la France*. L'abbé Maury qui espérait obtenir, après lui, sa charge auprès de Louis XV, et qui s'attendait, en cette qualité, à devoir un jour prononcer son éloge, le questionnait sur diverses circonstances de sa vie : « Je vous comprends, monsieur Maury, lui répondit Boismont, vous me prenez déjà mesure. »

BOISMORAND (Claude-Joseph CHÉRON DE), né à Quimper en 1680, mort en 1740. Il professa d'abord la rhétorique chez les jésuites, puis il se fit pamphlétaire. C'était l'un des joueurs les plus effrénés de son temps, et un jureur déterminé ; on l'avait surnommé l'*abbé sacrediable*. Quand il avait dépensé tout son argent au jeu, il lançait contre les jésuites, sous le voile de l'anonyme, un pamphlet piquant et injurieux. Puis il allait s'offrir aux bons Pères pour réfuter ces calomnies, moyennant un bon salaire. Ce manége fut découvert; mais les jésuites dissimulèrent pour ne pas s'aliéner un homme qu'ils considéraient comme dangereux. Il avait cependant un rival dans Passavant, assez mauvais sujet et joueur comme lui, et il avouait son infériorité. Un jour qu'il avait tout perdu, il s'écria : « Mon Dieu! je ne te dis rien, je ne te dis rien; mais je te recommande à Passavant. » Il a laissé des chroniques pleines d'intérêt et assez bien écrites.

BOISROBERT (François LE MÉTEL DE), poëte et abbé, né à Caen en 1592, mort en 1662. Il fut abbé de Châtillon-sur-Seine, et membre de l'Académie française. Il contribua, sous Richelieu, à la fondation de l'Académie. Il avait un esprit plaisant et enjoué, qui charmait le cardinal. Il s'était formé par l'étude des plus charmants conteurs, tels que Boccace et Beroalde. Citois, médecin du cardinal, lui disait quelquefois: « Nos drogues seront inutiles, si vous n'y mêlez une ou deux drachmes de Boisrobert.» Ce dernier fut un jour disgracié, et s'adressa alors à Citois, qui écrivit à Richelieu en manière d'ordonnance : « *Prenez Boisrobert.* » Il était passionné pour le jeu et la table. Ses contes n'avaient de valeur que quand ils étaient débités par lui; car ceux qu'il a publiés ne supportent pas la lecture. Ses tragédies et ses comédies, quoiqu'elles aient été applaudies par Richelieu, sont indignes du théâtre.

BOIS SACRÉS. Les bois ont été les premiers lieux destinés au culte des dieux, et on choisissait pour cela les endroits les plus écartés et les plus sombres, les plus impénétrables aux rayons du soleil. Par la suite, on y bâtit de petites chapelles, et enfin des temples. Les bois étaient aussi sacrés que les temples mêmes. On y offrait des sacrifices, on suspendait aux branches les offrandes avec profusion et on ornait les arbres de bandelettes comme les statues des dieux mêmes. Les jours de fêtes ils servaient de lieux de réunion; et, après la célébration des mystères, on y faisait des repas publics, accompagnés de danses et autres joyeux exercices. Couper des bois sacrés eût passé pour un sacrilége; il n'était permis que de les élaguer, de les éclaircir ou d'abattre les arbres que l'on supposait attirer le tonnerre. Rome était entourée de bois sacrés. Les plus célèbres étaient ceux d'Egérie et des Muses sur la voie Appienne; celui de Diane sur le chemin d'Aricie; celui de Junon Lucine au bas des Esquilies; celui de Laverne près de la voie Salaria; enfin, celui de Vesta au pied du mont Palatin.

BOISSARD (Jean-Jacques), antiquaire et poëte latin, né à Besançon en 1528, mort à Metz en 1602. Il parcourut l'Italie, la Grèce et l'Allemagne, pour observer les anciens monuments, et en recueillir les dessins et les inscriptions. Malheureusement il perdit la plus grande partie de ses dessins et de ses manuscrits, lorsque les Lorrains ravagèrent la Franche-Comté.

BOISSEAU, ancienne mesure de capacité employée pour le mesurage des grains. La capacité du boisseau variait suivant les provinces, et quelquefois même de ville à ville et de village à village. A Paris, il valait un setier et demi, et contenait 13 litres 829. Il était dans certains pays deux fois plus grand, et dans d'autres deux fois plus petit. Le boisseau se subdivisait en 4 picotins ou 16 litrons. Le diamètre était plus grand que la hauteur. Il a été remplacé par le double décalitre.

BOISSERÉE (Melchior), artiste et antiquaire, né à Cologne en 1786, mort en 1851. On lui doit une collection de tableaux des anciens maîtres allemands, qu'il entreprit avec l'aide de son frère et de J.-B. Bertram. Cette collection, à laquelle tous trois consacrèrent 20 ans de travaux et leur fortune, fut cédée en 1827 au roi de Bavière pour la somme de 120,000 thalers, et se trouve aujourd'hui placée dans la Pinacothèque de Munich. Plus tard, cet artiste imagina un procédé pour peindre sur verre avec le pinceau, et en fit l'application à la reproduction des meilleurs tableaux de sa collection et de quelques chefs-d'œuvre de l'école italienne. Cette nouvelle galerie se trouve à Bonn.

BOISSERÉE (Sulpice), frère du précédent, né à Cologne en 1783, mort en 1841. Outre la part qu'il prit aux travaux de son frère, il a publié deux grands ouvrages : *Monuments de l'architecture dans le Bas-Rhin, du* VII*e au* XIII*e siècle*, et *Histoire et description de la cathédrale de Cologne*, superbe ouvrage dont les dessins furent exécutés par les plus grands artistes.

BOISSIEU (Jean-Jacques DE), graveur, né à Lyon en 1736, mort en 1810. Il était élève de Frontier, et alla en Italie, où il reçut les conseils de Winckelmann. Il devint un des plus habiles graveurs à l'eau-forte. Parmi ses nombreuses gravures, on estime surtout sa *Porte de Vaise*, ses *Petits maçons*, et une foule de dessins au lavis, des paysages au crayon, des portraits à la sanguine, etc.

BOISSY (Louis DE) auteur comique, né à Vic en Auvergne, en 1694, mort en 1758. Il s'essaya d'abord dans la tragédie, et fit représenter *Admète et Alceste*. La pièce tomba à la première représentation. Il réussit mieux dans la comédie, il s'y montra même supérieur, et l'on ne peut douter que si la misère n'eût émoussé ses brillantes facultés, il ne fût parvenu au rang de nos plus célèbres auteurs comiques. Malheureusement il épousa une femme sans fortune, et se vit exposé à une misère si horrible que sa femme et lui manquèrent plusieurs fois de pain. Sa timidité l'empêchait d'en faire l'aveu; il se voyait alors réduit à travailler pour d'autres écrivains : grâce à sa prodigieuse facilité de versification, il mettait en vers leurs pièces en prose et recevait pour son travail un maigre salaire qui lui était souvent marchandé. Plusieurs pièces qui parurent ainsi sous d'autres noms que le sien passent pour être supérieures à celles mêmes qu'il fit représenter. Cependant il parvint à obtenir le privilége du *Mercure*, et la publication de ce journal lui assura l'aisance. Ses comédies étincellent parfois de beaux vers, de situations ingénieuses et vraiment comiques. Cependant il se montra parfois trop épigrammatique ou trop sentencieux. Il fut membre de l'Académie.

BOISSY D'ANGLAS (François-Antoine), né à Saint-Jean-Chambre (Ardèche), le 8 décembre 1756, mort en 1826. Il se fit recevoir avocat, mais n'exerça jamais cette profession. Il acheta aussi une charge de maître d'hôtel ordinaire de Monsieur, depuis Louis XVIII, espèce de sinécure. Sa seule occupation était la culture des belles-lettres. Il fut élu député aux Etats généraux de 1789 par la sénéchaussée d'Annonai. Il s'y montra le défenseur des droits populaires. S'il ne fut pas l'un des orateurs les plus éloquents, il se fit du moins remarquer par quelques brochures politiques. En 1791, il fut nommé procureur général syndic du département de l'Ardèche; il se montra administrateur à la fois énergique et éclairé. Il protégea, lui protestant, de malheureux prêtres que la multitude armée voulait égorger; il se plaça à la porte de la prison où ils étaient renfermés et contint le peuple furieux. Il les fit mettre en liberté pendant la nuit. En 1792, il fut député de l'Ardèche à la Convention nationale. Quand il fut appelé à prononcer sur le sort de Louis XVI, il résista à l'application de la peine de mort, en se prononçant pour une simple détention. Il prit parti pour les girondins contre les montagnards; et quand ces derniers triomphèrent, il fit distribuer dans son département une circulaire par laquelle il déclarait qu'il resterait à son poste, et engageait ses concitoyens à résister à la Montagne. Boissy risquait ainsi sa tête, mais il dut la vie à la protection d'un ami dévoué, de Voulland, membre du comité de sûreté générale. Voulland supprimait les pièces accusatrices qui lui étaient adressées. Cependant il fut plusieurs fois menacé. Legendre le rencontrant un jour dans les Tuileries, lui dit : « Eh bien! scélérat, tu as osé dire que tu n'étais pas libre, et te voilà ici. — Non, je ne suis pas libre, s'écria aussitôt Boissy, car si je l'étais, je pourrais te répondre. » Après les événements du 9 thermidor, il fut élu secrétaire de la Convention. Peu de temps après, il fut nommé membre du comité de salut public. L'approvisionnement de Paris rentrait dans ses attributions, et ce qui rendait sa tâche difficile, c'est que les subsistances manquaient. La foule ignorante s'en prenait à lui, et on l'appelait *Boissy-famine*. Le 17 mars 1795, des rassemblements tumultueux se formèrent dans Paris, et marchèrent sur la Convention en portant des bannières faites avec des haillons, sur lesquelles on lisait : *Du pain et la constitution de 93!* Ils pénétrèrent dans la salle des délibérations, vinrent se mêler aux représentants, et envahirent la tribune où Boissy venait de porter la parole. Pendant ce tumulte, il était resté devant le bureau du président. Cependant les sections s'assemblèrent pour délivrer la Convention; on battit la générale et on sonna le toscin. Mais les envahisseurs de l'Assemblée, en entendant le bruit du dehors, furent tout à coup saisis de terreur, et se pressèrent aux portes pour évacuer la salle des délibérations. Après leur départ, la séance continua. Peu de temps après, la Convention fut de nouveau envahie par la population des faubourgs Saint-Antoine et Saint-Marceau, que guidaient quelques députés montagnards. Vernier occupait alors le fauteuil de la présidence. Ne pouvant se faire entendre de cette multitude, du milieu de laquelle apparaissaient des femmes que leurs vociférations rendaient effrayantes, il quitta le bureau, et laissa la présidence à Dumont, qui crut devoir se retirer aussi. C'était à Boissy d'Anglas qu'il appartenait de présider en troisième lieu. Il vint occuper le fauteuil resté vacant, lui dont le nom avait servi de prétexte à l'émeute. On exige de lui qu'il mette aux voix le rétablissement des lois révolutionnaires, il reste muet et impassible; il ne répond ni aux menaces ni aux imprécations. On le couche en joue, on croise la baïonnette sur sa poitrine, et son visage ne trahit pas la moindre altération. On vient placer sous ses yeux la tête du député Féraud portée au bout d'une pique; il salue cette tête et attend la mort, qu'il croit inévitable. Cependant un adjudant-général, nommé Fox, parvient à s'approcher de lui pour lui demander ses ordres. Il répond par écrit : « Repoussez la force par la force. » Pendant quelques instants, il crut que ce billet avait été enlevé à Fox; mais il n'en parut pas plus ému. Enfin vers neuf heures du soir, plusieurs sections pénétrèrent dans la salle, à l'instant où le toscin se faisait entendre. Les factieux, apprenant alors que la capitale était en armes pour marcher contre eux, se dispersèrent comme la première fois, et les délibérations reprirent leur cours. Le lendemain, quand Boissy d'Anglas parut à la tribune, il fut salué par des applaudissements frénétiques. Il continua à se montrer républicain sincère, tout en luttant contre les jacobins. Plusieurs fois il se montra éloquent et même grand orateur, surtout lorsqu'il demanda l'annulation des jugements des tribunaux révolutionnaires, et proposa d'indemniser les héritiers des condamnés dont les biens auraient été vendus. Ses propositions à cet égard, furent accueillies par la Convention. Il fit voter la liberté des cultes. Le 3 juillet 1795, il fit partie, pour la seconde fois, du comité de salut public. Il prononça en cette qualité un discours sur la situation de l'Europe, qui fit grande sensation. Aux élections qui eurent lieu la même année pour le renouvellement par tiers de la Convention nationale, Boissy fut élu par 72 départements, et il ne put s'empêcher de s'écrier à cette occasion : « Ils ne savent pas ce qu'ils font; ils me nomment plus que roi. » Il fut élu président du conseil des Cinq-Cents le 19 juillet 1796. Il ne cessa de combattre le Directoire en signalant ses fautes. Il alla si loin que le Directoire le proscrivit, lors des événements du 18 fructidor : Boissy fut condamné à être déporté dans la Guyane. Il y échappa, en se tenant caché pendant deux ans; mais ayant appris que sa famille était menacée de la confiscation, il vint se constituer prisonnier à l'île d'Oléron. Il en sortit après le 18 brumaire; il fut admis au tribunat et il en devint président en 1803. Il fut nommé sénateur en 1805. En 1814, Boissy adhéra au gouvernement de Louis XVIII, et fut nommé pair de France. Quand il se rendit aux Tuileries pour rendre hommage au nouveau roi, il dit à plusieurs de ses collègues : « J'ai été proscrit au 18 fructidor, pour avoir conspiré en faveur des Bourbons; on me croira maintenant quand je dirai qu'il n'en est rien. » Il faut rendre justice à Boissy que tout en acceptant la Restauration, dans l'impossibilité de soutenir l'empire qui croulait de toutes parts, il chercha cependant à faire voter un projet de loi libéral, une sorte de déclaration de principes, qui devait consacrer les droits et les libertés populaires pour lesquelles il avait combattu. A la Chambre des pairs, Boissy se montra aussi libéral qu'on pouvait l'être à cette époque, et revendiqua souvent la liberté de la presse et le développement de l'institution du jury. Il ne cessa d'intercéder courageusement en faveur de ses anciens collègues de la Convention, qui avaient été proscrits comme régicides; il oublia même des inimitiés personnelles ; ainsi il fit rentrer en France un conventionnel qui avait contribué à sa proscription au 18 fructidor. Il mourut à Paris en 1826, à l'âge de 70 ans. Il a laissé un ouvrage intitulé : *Études littéraires et poétiques d'un vieillard.* On y trouve un style pur; mais on y chercherait vainement une idée neuve.

BOISSY-SAINT-LÉGER, ch.-l. de cant. de l'arrond. de Corbeil (Seine-et-Oise), à 20 kil. de cette ville. Pop. 580 hab. Beau château de Gros-Bois.

BOISTE (Pierre-Claude-Victoire), lexicographe distingué, né à Paris en 1765, mort en 1824. Il était avocat, et renonça au barreau pour se livrer entièrement à la culture des lettres. Après avoir publié l'*Univers délivré*, narration épique en prose; un *Dictionnaire de géographie*; un *Dictionnaire de littérature et d'éloquence*; une *Grammaire universelle*, publication complètement tombée aujourd'hui dans l'oubli, il entreprit un *Dictionnaire universel de la langue française*, qui a fait sa célébrité et dont la onzième édition a paru en 1844. Boiste avait consacré vingt années de sa vie à rassembler les matériaux de ce vaste répertoire, dont l'utilité ne saurait être contestée. Il est à regretter que les citations d'auteurs ne soient pas placées immédiatement après chaque définition ou chaque acception, et que l'auteur se soit cru obligé d'attaquer à chaque instant l'école philosophique du XVIIIe siècle. Ce n'est pas sans étonnement qu'on voit Senèque, Tacite, Cicéron, Virgile, Lucain et tous les écrivains de la Grèce et de Rome, invoqués comme autant d'autorités pour le langage français.

BOITZENBOURG, ville d'Allemagne (Mecklembourg-Schwerin), à 54 kil. de Schwerin. Pop. 3,500 hab. Foires aux laines. Industrie, navigation et commerce actifs.

BOIVIN (Jean) dit de *Villeneuve*, né à Montreuil-l'Argilé en 1663, mort en 1726. Son père lui donna une excellente instruction. L'abbé de Louvois lui donna un emploi dans la bibliothèque du roi, dont il était conservateur. C'est là qu'il fit une découverte importante : en parcourant un manuscrit des homélies de saint Ephrem, il aperçut sous l'écriture du texte, qui était du XIVe siècle, une autre écriture beaucoup plus ancienne, à demi effacée : c'était le texte de l'Ancien et du Nouveau Testament. On le mit au net, et on l'étudia pour établir des comparaisons avec les autres textes connus. Il publia une édition des anciens mathématiciens, une autre de Nicéphore Grégoras dont il rétablit le texte altéré. Il fut nommé membre de l'Académie des inscriptions et belles-lettres, et publia divers mémoires intéressants sur l'histoire littéraire des anciens. L'Académie française l'admit dans son sein en 1721. Il mourut d'une fièvre lente en 1727. Il avait épousé Mlle Chéron.

BOIZOT (Louis-Simon), sculpteur, né à Paris en 1748, mort en 1809. Il étudia sous Michel-Ange Slotz, et à 19 ans, il remporta le prix de sculpture. A son retour d'Italie, il fut admis à l'Académie, et y devint professeur en 1785. On admire sa statue de *Racine*, celle de *Miltiade* qui est placée au palais du Luxembourg, 25 morceaux de bas-reliefs de la colonne de la place Vendôme, la statue de la *Victoire* de la fontaine du Châtelet, et les sculptures qui ornent cette fontaine. On lui reproche cependant la monotonie de ses figures, tout en louant le fini et la légèreté de ses formes.

BOJADOR, cap situé sur la côte occidentale de l'Afrique, dans l'Océan atlantique, au-delà de la frontière méridionale de l'empire du Maroc. Les Portugais le doublèrent pour la première fois en 1435.

BOJANO, ville du royaume d'Italie, à 27 kil. d'Issernia. Pop. 3,000 hab. Siége d'un évêché. Ruinée en 1805 par un tremblement de terre.

BOL (Ferdinand), célèbre peintre, né à Dordrecht vers 1611, mort à Amsterdam en 1686. Il fut l'élève de Rembrandt, et ce grand maître devint son protecteur. Il réussit surtout dans les tableaux historiques, et il composa des portraits d'un tel mérite qu'ils furent souvent attribués à Rembrandt lui-même. Quatre de ces tableaux ont été enlevés de notre musée en 1815. Il ne nous en reste plus que deux : Un *Portrait* et un *Philosophe méditant dans son cabinet.* Il excellait surtout dans l'interprétation des scènes bibliques. Sa touche était facile, naturelle et vigoureuse; il imitait assez bien la manière de Rembrandt. Il a laissé quelques gravures à l'eau-forte fort estimées

BOLAN, célèbre défilé, dans le Beloutchistan, conduisant du Sind septentrional à Kandahar et à Ghamah. Son point culminant s'élève à 1,795 m. Le Bolan y prend sa source. Les Anglais franchirent ce défilé en 1839.

BOLBEC, ch.-l. de cant. de l'arrond. du Havre (Seine-Inférieure), à 28 kil. de cette ville. Pop. 8,660 hab. Église consistoriale calviniste. Industrie considérable. Entrepôt de toiles cretonnes. Grandes filatures et fabriques de calicots, cotons façon d'Alsace, draps, flanelles, serges, couvertures, mouchoirs, etc.; blanchisseries, teintureries, imprimeries d'indiennes, papeteries, tanneries. Bolbec fut détruite en 1765 par un incendie qui y consuma 868 maisons.

BOLECHOW, bourg des Etats autrichiens (Galicie), à 22 kil. de Stry. Pop. 2,300 hab., la plupart juifs. Sources salées.

BOLESLAS Ier, dit le Grand, né en 967, mort en 1025. Il succéda au duc Miecislas, son père, en 992. L'empereur Othon III lui conféra le titre de roi, et reconnut l'indépendance de la Pologne, qui avait été jusqu'alors un fief relevant de l'empire. Boleslas battit les Moraves, et leur imposa un tribut.

BOLESLAS II, dit le *Hardi*, roi de Pologne, né vers 1042, mort en 1090. Ce fut un prince chevaleresque; il aida Béla, frère du roi de Hongrie; Jaromir, fils du duc de Bohême, et Isiaslow, duc de Kiovie, à rentrer dans leurs Etats dont ils avaient été chassés par des compétiteurs au trône, ou par des soulèvements populaires. Son séjour à Kiovie, la ville la plus corrompue de la Russie, lui fut fatal : il s'y livra à la débauche; l'indiscipline gagna ses troupes, et elles en vinrent même jusqu'à l'abandonner pour retourner en Pologne. Boleslas, indigné, se mit à la tête d'une armée russe, et, pour punir son peuple, vint ravager ses propres Etats. Stanislas, évêque de Cracovie, lui fit des remontrances publiques. Boleslas en devint furieux et tua l'évêque au pied de l'autel. Grégoire VII l'excommunia, et mit son royaume en interdit. Boleslas, abandonné de ses sujets, mena dès lors une vie errante et finit par se retirer dans un monastère, où le clergé le fit mettre à mort.

BOLESLAS III, succéda à Wladislas Herman, son père, en 1103; il prit le titre de duc pour ne pas offenser la cour de Rome, qui avait aboli la royauté en Pologne, en excommuniant Boleslas II. Il fit mettre à mort son frère qui avait conspiré contre lui et crut avoir expié son fratricide par un pèlerinage. En 1109, il remporta sur Henri IV la victoire de Breslaw. Il porta ensuite ses armes en Poméranie et en Hongrie, mais la fortune l'abandonna : les Russes l'écrasèrent avec des forces supérieures. Cette défaite l'affligea tellement qu'il mourut de chagrin en 1139.

BOLESLAS IV, dit le *Frisé* (*Crispus*), second fils du précédent, fit déposer son frère Wladislas en 1147, en lui laissant toutefois la Silésie, et prit possession du duché de Pologne. Wladislas fit alliance avec l'empereur Frédéric Barberousse, et marcha contre Boleslas. Celui-ci évita de livrer bataille, et manœuvra de manière à affamer l'armée impériale. Il y réussit, et Barberousse fut contraint d'accepter la paix en 1158. Boleslas porta ensuite ses armes en Prusse, sous prétexte de convertir au christianisme la population encore barbare. Il réussit à s'en emparer; mais à peine fut-il retourné en Pologne que les Prussiens se soulevèrent et reprirent leur ancienne religion. Boleslas renouvela son expédition ; mais son armée fût surprise dans un défilé, et taillée en pièces. Il rentra alors en Pologne où il fit chérir son nom par une sage administration. Il mourut à Cracovie en 1173.

BOLESLAS V, succéda en 1227 à Leszko V, son père. Il fut surnommé le *Chaste*, parce qu'il avait fait vœu de chasteté pour complaire à sa femme Cunégonde, princesse de Hongrie, qui avait fait le même vœu avant de se marier. Son règne fut désastreux : les Tartares ravagèrent plusieurs fois la Pologne, et, à chaque invasion, Boleslas prenait honteusement la fuite. Cependant il s'enhardit peu à peu, et marcha contre les Jadzvinges, qu'il défit. Encouragé par ce succès, il voulut combattre les Russes, mais il éprouva un sanglant échec. Il mourut en 1279.

BOLEYN ou BOULEN (Anne), fille de Thomas Boleyn, comte d'Ormond et de Wilshire, née vers 1500, morte en 1536. Elle accompagna en France, comme fille d'honneur, Marie d'Angleterre, sœur de Henri VIII, quand cette princesse vint épouser Louis XII, en 1514. Elle s'attacha ensuite à Claude de France, fille de Louis XII et femme de François Ier; puis, à la mort de cette princesse, elle entra dans la maison de la duchesse d'Alençon, sœur de la reine de Navarre. A son retour en Angleterre, elle se fit remarquer par ses grâces et ses coquetteries plus encore que par sa beauté. Henri VIII la vit et voulut en faire sa maîtresse. Elle parut s'offenser de ses propositions, et eut l'habileté d'irriter sa passion pour se faire épouser. Henri VIII répudia Catherine d'Aragon pour épouser Anne Boleyn. Le pape Clément VII refusa de prononcer le divorce; mais Henri VIII trompa l'évêque de Coventry, en lui disant, au contraire, que le pape l'avait autorisé à répudier sa première femme, et le crédule prélat donna aux deux amants la bénédiction nuptiale. Anne étant devenue enceinte, Henri VIII lui donna publiquement le titre de reine, et la fit couronner à Westminster avec une pompe inouïe. Peu de temps après elle donna le jour à Elisabeth, qui jeta tant d'éclat sur la couronne d'Angleterre. Pendant ce temps-là, Catherine d'Aragon se consumait dans les chagrins; on avait mis à mort sous ses yeux le chancelier Morus et son confesseur. Quand elle mourut, Anne Boleyn défendit à ses serviteurs de prendre le deuil, et parut en habits de fête. Cependant une de ses filles d'honneur, Jeanne Seymour, joua auprès de Henri VIII le rôle honteux qu'Anne Boleyn avait joué elle-même; cette fille sut se faire aimer du roi. Celui-ci ne chercha plus dès lors qu'à perdre Anne Boleyn. Il l'accusa de commerce criminel avec ses domestiques, et notamment avec un musicien. On appliqua la torture à ces malheureux, et il n'y en eut qu'un seul, Smetton, musicien, qui avouât par crainte, et croyant ainsi échapper au supplice, qu'il avait souillé le lit du roi : il fut pendu. Henri VIII fit encore décapiter Rochefort, frère d'Anne Boleyn, qu'il avait aussi impliqué dans cette ignoble accusation. Anne Boleyn fut condamnée à périr; mais auparavant Henri VIII voulut obtenir une sentence de divorce, et la malheureuse femme y consentit, afin d'obtenir, à titre de grâce, d'avoir la tête tranchée par la hache, plutôt que d'être livrée au bûcher. Avant de mourir, elle recommanda à Henri VIII sa fille Elisabeth. Puis elle appela la femme du lieutenant de la Tour, et se mit à genoux devant elle et lui dit : « Allez trouver de ma part Marie, la fille de Catherine d'Aragon, mettez-vous à genoux devant elle comme vous m'y voyez devant vous, et demandez-lui pardon pour tous les maux que j'ai attirés sur elle et sur sa mère. » Elle fut livrée au bourreau, et reçut la mort avec une remarquable fermeté, le 19 mai 1536.

BOLGARY, ville de la Russie d'Europe, (gouvernement de Kasan), à 45 kil. de Kasan. Pop. 650 hab. On y remarque les restes de l'ancienne capitale des Bulgares.

BOLI, ville de la Turquie d'Asie (Kastamouni), à 220 kil. de Constantinople. Pop. 6,000 hab. Eaux minérales très-fréquentées. Près de là on voit les ruines d'*Hadrianopolis* (Esko-Hissar).

BOLINGBROKE (Henri Saint-Jean, lord, vicomte DE), homme d'Etat et littérateur, né à Battersea (comté de Surrey), en 1678, mort en 1751. Il naquit d'une ancienne famille, alliée à la maison de Henri VII, roi d'Angleterre. Il fut membre du parlement sur la fin du règne de Guillaume III. Il se distingua parmi les tories, et l'influence qu'il acquit au parlement le fit accueillir à la cour. Lorsque son parti parvint au ministère il fut secrétaire d'Etat, puis secrétaire de la guerre et de la marine. Renversé par les whigs, il revint de nouveau au pouvoir. En 1712, il reçut avec la pairie le titre de vicomte de Bolingbroke. Il fut envoyé à Paris pour y négocier la paix avec la France, et se distingua par son habileté diplomatique. Lorsqu'on le vit à l'Opéra, les spectateurs se levèrent spontanément pour lui rendre hommage. Après la mort de la reine Anne, il se vit chassé du parlement, et se retira de la cour. Pour échapper à ses ennemis, il se réfugia en France, aux environs d'Orléans, près de madame de Villette, sœur de madame de Maintenon. Il repassa ensuite en Angleterre, et alla finir ses jours dans son domaine. Il a laissé un grand nombre d'*Ecrits politiques*, de *Mémoires* et de *Lettres* se rapportant à l'histoire de son temps. Il s'y montre érudit et parfois éloquent. Comme philosophe, il se montre assez indifférent en matière de religion; cependant il a vivement attaqué le christianisme.

BOLINGBROKE, ville d'Angleterre, dans le comté de Lincoln, à 36 kil. de cette ville. Pop. 725 hab. Patrie de Henri IV, d'Angleterre.

BOLIVAR CIUDAD, ou simplement BOLIVAR. Ville d'Amérique. (*Voir* ANGOSTURA.)

BOLIVAR (Simon), surnommé le *Libérateur*, né à Caracas (Amérique) en 1783, mort le 17 décembre 1830. Il obtint du gouvernement espagnol la faveur assez rare d'aller faire ses études à Madrid, et la faveur plus rare encore de visiter le reste de l'Europe. Sa vivacité d'esprit et ses manières agréables le firent rechercher dans la société; mais il n'oubliait pas, au milieu des plaisirs, les maux qui accablaient sa patrie. Il profita de son séjour à Paris pour y étudier l'art militaire et la science politique; il suivit les cours de l'école normale et de l'école polytechnique; il se lia avec Humboldt et Bonpland, et voyagea même avec eux en Angleterre, en Italie et en Allemagne. Il alla ensuite se marier à Madrid, et revint de là en Amérique. Il y trouva établi un système d'oppression plus dur que jamais : le gouvernement de la métropole n'accueillait plus les plaintes des colonies et persistait à maintenir l'isolement dans lequel elles vivaient depuis plusieurs siècles. Dans cet état de choses, la nouvelle qu'on reçut à Caracas, du renversement de Charles VII et de l'entrée de Joseph Bonaparte en Espagne, produisit l'effet d'un coup de foudre. Les colons se soulevèrent et convoquèrent un congrès national. Bolivar ne jugea pas à propos d'y jouer un rôle politique et se réserva pour l'avenir. L'occasion s'offrit bientôt à lui : un tremblement de terre bouleversa tout le pays, en 1812. Les prêtres, qui avaient conservé un certain ascendant sur la population superstitieuse, ne manquèrent pas de faire valoir que c'était un avertissement céleste, et qu'il fallait rentrer au plus tôt sous la domination des Espagnols. Les partisans de l'Espagne reprirent le dessus. Bolivar fut nommé colonel et commandant du fort de Puerto-Cabello; mais il fut obligé d'abandonner cette position. Le général Miranda se rendait, de son côté, aux Espagnols. Bolivar, sans perdre courage, réunit 6,000 hommes, à la tête desquels il obtint quelques succès. Son lieutenant Briceno tombait dans une embuscade et était fusillé. Tant de cruauté animait les insurgés, dont les rangs grossissaient de jour en jour. Bientôt Bolivar fut assez fort pour marcher sur Caracas. Le général Monteverde essaya d'arrêter sa marche; mais la défection de la cavalerie royale entraîna la perte de l'armée espagnole. Monteverde fut réduit à s'enfermer dans Puerto-Cabello. Il essaya encore un coup de main; mais cette sortie fut malheureuse pour lui : il fut battu et tomba grièvement blessé. Salomon lui succéda dans le commandement militaire. Aussi cruel que Monteverde, il fit arrêter et charger de fers un parlementaire que lui envoyait Bolivar. Celui-ci, indigné, cerna la forteresse et la réduisit à une horrible famine. Les Espagnols restèrent inébranlables. Pendant ce temps-là, le congrès de la Nouvelle-Grenade s'agitait pour mettre fin à la dictature de fait dont Bolivar se trouvait investi. Celui-ci convoqua une assemblée générale en 1814, et y rendit compte des actes de son gouvernement. Il offrit même sa démission, si l'on suspectait ses intentions. Loin de là, le congrès confirma ses pouvoirs. A la guerre régulière, succéda celle de partisans. Les partisans de l'Espagne organisèrent des bandes d'esclaves. L'une d'elles, commandée par Puy, égorgea en un jour 500 prisonniers. Par représailles, Bolivar fit fusiller 800 prisonniers espagnols. Il battit d'abord ces guérillas; mais il dissémina trop ses forces; et la cavalerie espagnole lui fit subir des pertes considérables. Il fut même obligé de lever le siége de Puerto-Cabello et de s'embarquer pour Cumana avec les débris de son armée. Cependant il reparut à Aroguita, puis à Santa-Fé et à Sainte-Marthe, et il échoua encore. La Jamaïque lui envoya des secours, grâce auxquels il put reprendre énergiquement l'offensive; il s'avança en proclamant l'abolition de l'esclavage et en promettant l'amnistie, mais les propriétaires d'esclaves s'alarmèrent et abandonnèrent ses drapeaux. Il s'établit solidement à Barcelona, où il nomma un gouvernement provisoire. Il y fut attaqué, et, après trois jours de combat, la victoire se déclara pour lui. Il marcha de succès en succès, et, en 1819, il ouvrit à Angostura un congrès général. Il passa les Cordillières et livra la bataille de Boyaca, où le général en chef espagnol fut fait prisonnier. La Nouvelle-Grenade demanda à s'unir à Venezuela et choisit Bolivar pour être son président. Les deux Etats se réunirent en un seul, sous le nom de Colombie, en mémoire de Christophe Colomb. La nouvelle de la révolution espagnole survenue en 1820, offrit à Bolivar l'occasion de négocier la paix avec le général Morillo, et un armistice fut conclu. Mais cet état de choses ne dura pas longtemps en Espagne, et Bolivar dut recommencer la guerre. Cette fois, il porta ses armes dans le Pérou. Après des fatigues qu'on ne saurait décrire, il arriva à Quito et y planta le drapeau de l'indépendance. Il apprit bientôt que ses lieutenants avaient remporté des succès décisifs, et que les Espagnols s'étaient embarqués pour Cuba. Il écrivit alors au président du sénat colombien et offrit sa démission, alors que l'ennemi ne foulait plus le sol de son pays. Le sénat ne voulut pas l'accepter; mais Bolivar persista dans sa résolution. Le 5 août 1825, les provinces du haut Pérou se constituèrent en république sous le nom de Bolivie. Bolivar fut appelé à la présidence de la Colombie; et, sous son administration, le commerce, les arts et l'instruction publique prirent un prodigieux développement. Il eut, en 1826, à réprimer un soulèvement qui avait éclaté contre le général Paez, à qui l'on reprochait des actes illégaux. La dictature lui fut encore une fois conférée pour opérer la pacification du pays; mais Santander, vice-président de la république, lui suscita des embarras en lui reprochant même des vues ambitieuses. On voulut réformer la constitution du pays et l'on ne put s'entendre. Bolivar perdit sa popularité par son indécision : un complot fut dirigé contre lui; il fut même attaqué dans sa maison. Cependant le peuple se prononça pour Bolivar, et le complot fut déjoué. Il eut encore à réprimer divers soulèvements provoqués par l'ambition ou la jalousie des généraux; mais il se dégoûta bientôt de ce rôle, et, en 1830, il abdiqua définitivement, malgré tous les efforts du congrès pour prévenir sa résolution. Il se retira alors à San-Pedro, près de Sainte-Marthe. Là, abreuvé de chagrins et plaignant ses concitoyens de leur ingratitude plus qu'il ne les en blâmait, il mourut d'une maladie de langueur, le 17 décembre 1830.

BOLIVIE, république de l'Amérique du Sud. Elle est bornée au N. et à l'O. par l'Océan pacifique et le Pérou, au S. par la Confédération argentine et le Paraguay, à l'E. par le Brésil. Sa longueur est de 1,600 kil., et sa largeur de 1,500; sa superf. carrée est de 270,000 kil. Sa population est de plus de 1,300,000 hab., dont un tiers seulement est d'origine européenne, et surtout espagnole. La partie occidentale est traversée par la chaîne des Andes. Le Nevato de Sorato, qui est le pic le plus élevé après celui de l'Himalaya, s'élève à 7,696 mètres au-dessus du niveau de la mer. Les montagnes sont habitées à des hauteurs supérieures aux plus hautes cimes des Alpes et des Pyrénées : ainsi, Potosi, est à 4,166 mètres au-dessus du niveau de la mer. Les rivières les plus importantes sont : le Rio-Beni, qui se jette dans l'Amazone; le Rio-Cochabamba et le Rio-Grande, qui se jettent dans le Rio-Madeira. Le Pilcomayo, qui traverse le Paraguay, est en quelque sorte le vaste réservoir des rivières qui descendent vers le S., et notamment du Rio de la Plata. La partie montagneuse est couverte, jusqu'à une certaine hauteur, des céréales d'Europe, qui sont entremêlées de productions tropicales. On semble y jouir d'un printemps éternel. Le climat des plaines est très-variable; la chaleur y est excessive en été, et elles sont inondées dans la saison des pluies. Les mines d'argent de cette contrée sont d'une grande richesse; on y trouve aussi des mines de cuivre. La Bolivie est divisée en 7 départements. Les principales villes sont Chuquisaca, capitale de la république, la Paz, Potosi, Cochabamba et Santa-Cruz. L'histoire de la Bolivie se trouve liée à celle du Pérou, jusqu'à l'époque où elle se rendit indépendante (*Voir* PÉROU). En 1808, les Boliviens se soulevèrent contre les Espagnols; ceux-ci furent trois fois chassés du pays, et trois fois ils y rentrèrent. Enfin le général colombien Sucre vint au secours de la Bolivie et remporta sur les Espagnols la victoire d'Agaculcho, qui fut décisive. Bolivar, qui venait d'affranchir la Colombie, laissa la Bolivie libre de se constituer en république indépendante. Les Boliviens le chargèrent de leur rédiger une constitution. Bolivar les satisfit, et le congrès bolivien proclama cette constitution en 1826. L'organisation des pouvoirs est assez compliquée, et les garanties données à chacun d'eux ont souvent été interprétées contre le but du législateur. Le pouvoir exécutif est exercé par un président électif et temporaire; le pouvoir législatif est partagé entre les tribuns, les sénateurs et les censeurs. Sucre, qui avait été placé à la tête du gouvernement provisoire, donna sa démission le jour où la constitution fut proclamée; mais il fut aussitôt réélu. Cependant le pays ne tarda pas à être agité par l'ambition des Colombiens qui avaient contribué à fonder l'indépendance du pays; les Boliviens les expulsèrent, ainsi que le général Sucre, qui se réfugia en Colombie. Les Boliviens appelèrent alors à la présidence le général Santa-Cruz, d'origine espagnole.

BOLKHOF, ville de la Russie d'Europe, dans le gouvernement d'Orel, à 54 kil. de cette ville. Pop. 15,500 hab. Tanneries, bas de laine, chanvre, toiles de chanvre, suif et cuirs.

BOLLAND (Jean), savant jésuite, né à Tirlemont, en Belgique, en 1596, mort en 1665. La compagnie de Jésus le chargea de recueillir tous les documents qui pouvaient servir à écrire les *Vies des saints*. Il avait l'érudition et la patience nécessaires pour ce grand travail. En 1643, il publia, sous le titre d'*Acta sanctorum*, les saints du mois de janvier. Il publia de même ceux du mois de février, et commença ceux du mois de mars. La mort interrompit son travail. Avant Bolland, Rosweide avait écrit les *Vies des Pères du désert*, et il avait conçu le projet d'écrire les *Vies des saints*.

BOLLANDISTES. On appelle ainsi les jésuites qui furent chargés de continuer les *Actes des vies des saints*, dont Bolland avait commencé la publication. Bolland s'était associé Godefroi Henschen et Daniel Papebrœck. Après lui, ses deux collaborateurs prirent la direction de l'ouvrage et s'adjoignirent à leur tour d'autres savants, qui prirent le nom de *Bollandistes*. Plus tard, les jésuites s'adjoignirent des bénédictins. La suppression de l'ordre des jésuites, en 1763, suspendit la publication, qui comprenait déjà 47 volumes, et allait jusqu'au 15 septembre. La collection fut reprise en 1779 et poussée jusqu'au 14 octobre; mais, interrompue une seconde fois par la Révolution française, elle n'a pas été continuée depuis. Les *Actes des vies des saints* ne contiennent pas moins de 25,000 biographies; on y trouve, au milieu d'une foule de faits sans intérêt, quelques renseignements utiles. C'est un curieux monument de la crédulité et de la superstition de nos pères.

BOLLÈNE, ch.-l. de cant. de l'arrond. d'Avignon (Vaucluse), à 38 kil. de cette ville. Pop. 2,800 hab. Filature de soie et teintureries.

BOLLWILLER, village de l'arrond. de Colmar (Haut-Rhin), à 26 kil. de cette ville. Pop. 1,300 hab. Belle pépinière d'arbres, arbustes, fleurs tant exotiques qu'étrangères; vignes.

BOLOGNE, ancienne ville des Etats de l'Eglise. Elle est située entre le Reno et la Savena; elle compte 95,566 hab. Son université, autrefois célèbre, ne compte plus aujourd'hui que 300 étudiants. On y fabrique des cordages, des tissus, du savon, du papier et des armes. Ses églises regorgent de richesses artistiques; ses galeries contiennent les tableaux des plus grands maîtres; enfin ses monuments, ses palais, et l'ensemble de ses constructions font de cette ville entière un magnifique musée. Bologne tire son nom des Boïens, qui en firent la conquête. Après avoir subi l'invasion des Barbares, elle échut aux Lombards, qui achevèrent de ruiner cette antique cité, célèbre sous les Romains par ses florissantes écoles. Charlemagne la releva de ses ruines. En 962, elle se constitua en république. Elle fut d'abord dominée par les familles les plus puissantes; mais, au XIIIe siècle, elle modifia sa constitution dans le sens démocratique. Bologne prit parti pour les guelfes contre les partisans de la domination des empereurs d'Allemagne. Aux horreurs de la guerre se joignirent souvent celles des discordes civiles. Toutefois, Bologne ne cessait de prospérer : elle ne renfermait pas moins de 15,000 étudiants dans ses murs, et ils formaient une cité dans la cité. En 1350, Pepoli, qui désola Bologne par sa tyrannie, vendit sa patrie à Jean Visconti, archevêque de Milan. Peu de temps après, Bologne tomba sous la domination des papes et ne s'en affranchit, à certaines époques, que pour retomber sous la domination aussi dure des tyrans qui régnaient à Milan. Le pape Jules II l'asservit pour la réunir enfin aux Etats de l'Eglise. Sous le gouvernement des papes, sa prospérité ne cessa de décroître, et son université perdit peu à peu son éclat. Les événements de 1860 ont détaché Bologne des Etats de l'Eglise pour la réunir au royaume d'Italie.

BOLOGNE (Jean DE), statuaire, né à Douai en 1524, mort à Florence en 1608. Il fut élève de Michel-Ange, et brilla à côté de ce grand maître, dont il reproduisit, dans plusieurs de ses compositions, la manière originale et grandiose. Marly possède son groupe de *Mercure et Psyché*; Meudon, sa *statue d'Esculape*; Florence, son *Enlèvement d'une Sabine*; Bologne, sa belle *Fontaine de Neptune*. Il avait commencé la statue équestre de Henri IV qui fut détruite pendant la Révolution.

BOLONAIS, région d'Italie réunie à l'Etat ecclésiastique par Jules II en 1513 et qui forma, sous Napoléon Ier le département du Reno et une partie de celui du Tanaro, et, de 1815 à 1859, la *Légation de Bologne*. Sup. 37 myriam. carrés. Pop. 375,650 hab.

BOLOK ou BELOUR, chaîne de montagnes dans l'Asie centrale; elle s'étend depuis l'Hindou-Kho, au N., jusqu'à l'Oulong-Tagh, au S., et rattache le système de l'Altaï à celui de l'Himalaya.

BOLSEC (Jérôme-Hermès), théologien calviniste et médecin, né à Paris, mort à Lyon en 1585. Il fut d'abord carme et aumônier de la duchesse de Ferrare. Il embrassa la doctrine de Calvin et le suivit à Genève; puis tous deux se brouillèrent. Bolsec revint alors en France où il abjura le protestantisme pour revenir au catholicisme. Il se fixa à Lyon et y exerça la médecine jusqu'à sa mort. Il fut médiocre médecin, et plus médiocre théologien encore. Il a écrit la *Vie de Calvin*; mais on ne peut y voir que l'œuvre d'un misérable pamphlétaire.

BOLSENA, ville des Etats de l'Eglise, située dans la légation de Viterbe, à 26 kil. de cette ville. Pop. 2,000 hab. Ruines antiques du temple de la déesse Nursia. Patrie de Séjan.

BOLSENA (lac de), situé dans les Etats de l'Eglise, renferme les deux petites îles de la Bisentina et de la Martana. Sup. 100 kil. carrés; 15 sur 10. Il est très-poissonneux mais ses environs sont insalubres.

BOLSWARD ou BOLSWERT, ville de Hollande (Frise), à 10 kil. de Sneek. Pop. 3,500 hab. Ancienne ville hanséatique. Bel hôtel de ville.

BOLSWERT (Boèce), graveur au burin, originaire de Bolswert en Frise, contemporain de Rubens. Il a gravé, d'après ce dernier, plusieurs pièces remarquables; le *Reniement de saint Pierre*, d'après Gérard Segher, est considéré comme son chef-d'œuvre.

BOLTON ou BOLTON-LE-MOORS, ville d'Angleterre, dans le comté de Lancastre, à 64 kil. de cette ville. Pop. 45,000 hab. Cette ville est située près d'un canal qui va à Manchester. Fabriques de tissus de coton, de laine, de velours. Fonderies pour les machines à vapeur et les métiers, etc. Exploitation de houille aux environs.

BOLTON-CASTLE, village d'Angleterre (York), à 11 kil. de Middleham. Pop. 300 hab. On y remarque les ruines d'un château où fut enfermée Marie Stuart.

BOMARSUND, forteresse de l'île d'Aland, située sur la côte S., au fond de la baie de Lumpar (Baltique). Les Français, sous le commandement du général Baraguay-d'Hilliers, la bombardèrent, la prirent et la détruisirent en 1854.

BOMBA, village du royaume d'Italie (Abruzze citérieure), à 28 kil. du Vasto. Pop. 2,400 hab. On y voit des ruines de constructions cyclopéennes.

BOMBARDIERS. Hommes qui étaient chargés du service des canons ou *bombardes*, et des mortiers. Les anciens bombardiers étaient presque tous Italiens. En 1671, Louvois en forma deux compagnies, qu'il augmenta par la suite, et dont il fit plus tard le *régiment royal des bombardiers*. Le roi en était le colonel. En 1720, on jugea à propos de les réunir à l'artillerie.

BOMBAY, présidence de l'Inde anglaise. Cette présidence comprend presque toutes les anciennes provinces d'Aureng-Abad, de Bidjapour, de Kandeych et de Guzarate. La population de la présidence est environ de 6,000,000 d'habitants. Bombay, capitale de la présidence, près de la côte de Concan, se trouve située dans une île de 28 kil. de circonférence. Bombay est un port franc, une vaste place de guerre, fortifiée surtout du côté de la mer. Grâce à son port admirable, Bombay deviendra bientôt l'une des plus grandes villes du monde. Sa population atteint déjà 700,000 habitants, Anglais, Portugais, juifs, musulmans, Indiens et Parsis. On y voit des docks et des chantiers considérables, et il s'y fait un commerce de plus de 500,000,000 de francs par année. Elle est l'entrepôt général du commerce de l'Inde, de la Malaisie, de la Perse, de l'Arabie et de l'Abyssinie. Le percement de l'isthme de Suez lui prépare encore un développement inouï. Cinq lignes de paquebots à vapeur la relient déjà à Suez. Au nord de Bombay se trouve l'île de Salsette, qui n'est séparée de la ville que par un canal étroit, et plus loin, l'île de Gharipour, dont on admire les antiquités indiennes. On fait à Bombay un grand commerce d'opium pour la Chine, de perles, de bois de sandal, de soies de Chine, d'ivoire et d'épices. Les maisons sont presque toutes bâties sur le même modèle, avec des piliers en bois. Il y a peu de monuments remarquables ; on cite cependant un beau temple guèbre de construction récente. Bombay possède un collége, une société littéraire asiatique et d'autres sociétés savantes, une société d'agriculture et d'horticulture, et un jardin botanique. — Bombay a été cédée par l'Espagne à l'Angleterre, comme partie de la dot de l'infante Catherine, épouse de Charles II. Autrefois son insalubrité était telle qu'on l'appelait le *Tombeau des Européens*; mais on est parvenu à l'assainir.

BOMBELLES (famille de). Cette famille, originaire du Portugal, s'établit en France à la fin du XVIIe siècle, et passa plus tard au service de l'Autriche. Elle s'est distinguée dans la diplomatie et la carrière ecclésiastique. — BOMBELLES (Henri-François), né en 1681, mort en 1760, vint le premier se fixer en France, et s'engagea dans la garde de la marine. Il se fit remarquer dans les guerres de cette époque, et notamment en Hongrie, contre les Turcs. Il était regardé comme un des plus intrépides officiers. Au combat d'Oudenarde, voyant que son régiment était enveloppé, il prit deux drapeaux, s'en couvrit le corps, et, à la tête d'une poignée d'hommes, se fit jour à travers l'armée ennemie. Il fut chargé de l'éducation du petit-fils du régent. — BOMBELLES (Marc-Marie), son fils, combattit contre la France avec les émigrés ; il fut aumônier de la duchesse de Berry et évêque d'Amiens; il mourut en 1822. — BOMBELLES (Louis-Philippe), fils du précédent, passa au service de l'Autriche et fut chargé de diverses négociations diplomatiques.

BOMBELLI (Raphaël), mathématicien italien du XVIe siècle, né à Bologne. Célèbre par ses découvertes en algèbre, il donna notamment une méthode pour la solution des équations des 3e et 4e degrés. Son *Traité d'algèbre* renferme l'exposé de ses découvertes.

BOMBERG (Daniel), célèbre imprimeur, né à Anvers au commencement du XVIe siècle, mort en 1549. Il dut sa réputation à ses éditions en langue hébraïque de la Bible des Rabbins. Il dépensa plus de 3 millions pour ces grands travaux.

BOMILCAR, général carthaginois. En 308 avant J.-C., Bomilcar indigné de l'ingratitude de Carthage envers les généraux qui combattaient pour elle, se révolta et se mit à la tête d'un millier de mercenaires; il entra dans Carthage et massacra tous ceux qui se trouvèrent sur son passage. La population courut aux armes, et le força à se rendre. Il fut mis en croix, et mourut avec un rare courage.

BOMMEL ou ZALT-BOMMEL, ville de Hollande (Gueldre), à 13 kil. de Bois-le-Duc, dans une île fortifiée, le BOMMELER-WAARD, dont la sup. est de 22 kil. sur 9. Pop. 3,200 hab. Cette ville fut prise par les Français en 1672.

BOMONIQUES. Ce mot, dont la physionomie peut effaroucher nos lecteurs, vient de deux mots grecs, qui signifient *autel* et *victime*, c'est-à-dire victorieux aux autels, qui a remporté la victoire pendant les sacrifices au pied des autels. À Lacédémone on appelait *bomoniques* les jeunes enfants qui, dans les sacrifices de Diane, se disputaient à qui recevrait le plus de coups de fouet. Il y avait des enfants qui souffraient quelquefois ce martyre pendant un jour entier, et d'autres qui l'enduraient jusqu'à la mort, pour plaire à leurs mères, qui, au dire de Plutarque, se réjouissaient de ce supplice et encourageaient leurs enfants à le supporter avec constance.

BON (cap), situé sur la côte de l'Etat de Tunis.

BON (Louis-André), général français, né à Romans en 1758, mort en 1799. Il se signala à l'armée des Pyrénées, sous le général Dugommier, et plus tard dans les guerres d'Italie; il se couvrit de gloire à Arcole. Bonaparte, en Egypte, lui confia le commandement d'une division. Il y fit des prodiges de valeur, et la marche de ses troupes ne fut qu'une suite de succès. Il trouva la mort devant Saint-Jean d'Acre, à la tête de ses grenadiers.

BONA (Jean), savant cardinal, né à Mondovi, en Piémont, en 1609, mort en 1674. Alexandre VII le fit venir à Rome et le nomma cardinal en 1667. Il brigua la tiare, mais les plaisanteries qui coururent sur lui, par antithèse, entre son nom et la façon dont on comprenait l'autorité pontificale, le firent échouer : « Un pape bon (*papa bona*), disait-on, serait un solécisme. » Il cultiva la théologie, mais il poussa sa doctrine jusqu'à l'ascétisme.

BONAC (Jean-Louis d'USSON, marquis DE), diplomate, né vers 1672, mort en 1738. Louis XIV, ayant reconnu ses talents diplomatiques, l'employa avec succès comme ambassadeur en Suède, auprès de Charles XII, puis en Espagne, auprès de Philippe V, pour y négocier le traité qui devait mettre fin à la guerre des Pays-Bas. Il fut ensuite envoyé à Constantinople, où il resta neuf ans. Ce fut lui qui décida le sultan à envoyer en France la première ambassade ottomane. Il eut l'honneur d'être choisi pour arbitre par le sultan et le czar de Moscovie, à l'occasion des incursions que Pierre le Grand venait de faire en Perse. Il sut concilier les deux partis, qui le comblèrent d'honneurs. Il fut aussi pendant quelque temps ambassadeur en Suisse.

BONACOSSI, nom d'une puissante famille de Mantoue, qui s'empara du pouvoir dans sa patrie. Bonacossi Pinamonte, préfet de la ville avec Ottonello Zanicalli, vers 1275, fit assassiner ce collègue sans que ce crime fût aussitôt découvert. Ainsi affranchi de tout contrôle, il créa une garde, se ménagea des partisans et, trois ans après, il s'empara ouvertement de l'autorité. Le peuple prit les armes pour lui résister; mais la révolte fut comprimée, et les principaux chefs punis de mort. Il régna pendant 18 ans, et fut empoisonné par son fils Bonacossi (Bardelonne), qui lui succéda en 1293. Celui-ci put se maintenir, grâce à l'appui des guelfes, contre lesquels son père s'était prononcé; mais il fut détrôné par son neveu, du parti des gibelins, en 1302. Bardelonne alla mourir à Padoue, dans une extrême misère. Bonacossi (Bottesella) et son frère Passerino se partagèrent la souveraineté. Ce dernier, demeuré seul maître du pouvoir, s'empara de Modène en 1312, et fit prisonnier François Pic de la Mirandole, qu'il fit renfermer, ainsi que deux de ses fils, dans la tour de Castellero, où il les laissa mourir de faim. Cependant, une révolte éclata contre Passerino. Son fils, dégradé par la débauche, avait menacé un certain Philippino de violer sa femme sous ses yeux. Celui-ci ameuta le peuple; Passerino fut tué aux portes de son palais, et son indigne fils fut massacré à son tour, par l'un des enfants de Pic de la Mirandole. Louis de Gonzague se fit alors proclamer seigneur de Mantoue et de Modène.

BONAFOUS (Mathieu), agronome, né à Lyon en 1794, mort en 1852. On a de lui des *Traités sur le maïs et sur le riz;* mais il s'est surtout occupé de sériciculture, et a laissé un *Traité des mûriers et des vers à soie*, qui en est à sa 4e édition.

BONAIRE ou BON-AIR ou BUEN-AYRE, île de la mer et de l'archipel des Antilles (Petites Antilles hollandaises), sur la côte de la Colombie, à 45 kil. de Curaçao. Sup. 30 kil. sur 9. Pop. 2,745 hab. Ch.-l., Bonaire. Bon port. Riche en bois de construction.

BONALD (Louis-Gabriel-Ambroise, vicomte DE), né près de Milhau (Aveyron), en 1753, mort en 1840. Il se distingua comme publiciste et orateur, et fut compté parmi les plus fanatiques défenseurs du principe monarchique. En 1790, il était président de l'administration de son département; mais il donna sa démission en 1791, et se prononça dès lors contre le principe révolutionnaire. Il émigra aussitôt et ne rentra en France qu'après la proclamation de l'empire. Il refusa les avances que lui fit l'empereur, qui recherchait tous les hommes de mérite. Il accepta cependant une place de conseiller de l'Université impériale. Il rédigea le *Mercure* avec Chateaubriand et Fiévée. En 1815, il reparut sur la scène politique et parut dans les assemblées législatives jusqu'en 1822. Il fut alors nommé pair de France, puis membre de l'Académie française. Après la révolution de 1830, il rentra dans l'obscurité. Sans approuver ses doctrines, il faut cependant reconnaître que ses actes furent toujours conséquents avec ses principes. En 1796, il publia la *Théorie du pouvoir politique et religieux dans la société civile, démontrée par le raisonnement et par l'histoire.* Dans cet ouvrage, Bonald, partant d'un principe faux en lui-même, a mis au service de ses idées une érudition remarquable et une grande facilité d'argumentation. Pour lui, le pouvoir politique n'est qu'une application des principes divins à la société civile. Dans la *Législation primitive considérée dans les derniers temps par les seules lumières de la raison*, il s'applique à démontrer que la souveraineté est dans Dieu et non dans l'homme; que la morale a dû être révélée à l'homme, de même que la langue; que l'homme a dû parler avant de vivre en société. Il prétend justifier ainsi l'intervention divine dans l'établissement des sociétés, et il en déduit la conséquence que Dieu a été le premier législateur. Il entreprend ensuite de justifier que les Ecritures contiennent vraiment la parole divine. De déductions en déductions, il arrive fort loin; le principe de l'intervention divine et la consécration du dogme par l'autorité législative le conduisent à la négation de la liberté de la presse. Dans ses *Recherches philosophiques sur les premiers objets des connaissances morales*, il s'applique à démontrer l'impuissance de la philosophie à fonder la morale. Pour lui, les idées sont innées, parce qu'elles sont révélées, et la doctrine d'Aristote, qui enseigne que les idées ne parviennent à l'intelligence que par l'intermédiaire des sens, a fait descendre la philosophie des hauteurs où Platon l'avait élevée. Bonald se distingue par un style élégant et harmonieux, tout en restant grave et précis.

BONAMY (Pierre-Nicolas), historiographe et bibliothécaire de la ville de Paris, né à Louvres en 1694, mort à Paris en 1770. Il fut membre de l'Académie des inscriptions. Il est auteur de *Dissertations sur la topographie ancienne et les monuments de Paris*. Il est le premier qui ait traité cette matière avec érudition. Il travailla aussi à la rédaction du *Journal de Verdun*.

BONAMY (Charles-Auguste-J.-B.-Louis-Joseph), général français, né, en 1764, à Fontenay-le-Comte (Vendée), mort en 1830. Il fit les campagnes de Champagne et de Belgique sous Dumouriez, de la Vendée sous Marceau; il se distingua au siége de Mayence, où il était chef d'état-major de Kléber. Ayant été forcé de suivre Championnet à Rome et à Naples, il fut impliqué dans sa disgrâce. Il reparut à Marengo, où il fut criblé de blessures, et fut fait prisonnier à la Moskowa. Rentré en France, en 1814, il fut complétement mis de côté par la Restauration.

BONANNO, architecte, né à Pise, pendant le XIIe siècle. C'est lui qui commença, en 1774, avec Guillaume d'Inspruck, la célèbre tour penchée de Pise.

BONAPARTE (maison des). Ce nom s'écrivait indifféremment *Bonaparte* ou *Buonaparte*. Le père de Napoléon signait *Buonaparte*, et son oncle n'écrivait jamais que *Bonaparte*. L'empereur, dans sa jeunesse, écrivait *Buonaparte*, ce qui était plus conforme à l'orthographe italienne; mais, pour le franciser, il prit plus tard le nom de *Bonaparte*. M. de Chateaubriand n'écrivait jamais que *Buonaparte*, et l'on sait pourquoi. Du reste, quelle induction est-il possible de tirer de différences qui sont sans importance? Une lettre de plus ou de moins n'empêche pas la famille des Bonaparte d'être une grande et noble famille. Elle a joué un rôle distingué dans les annales de l'Italie. A Trévise, elle fut longtemps puissante; à Florence, elle était placée parmi les illustrations princières de cette belle cité, où de vieux palais et des monuments sont restés chargés de ses écussons et de ses noms. A Venise, elle fut inscrite sur le *Livre d'or*. Un portrait de la galerie des Médicis représente une demoiselle Bonaparte mariée à un illustre personnage de cette famille. La mère du pape Paul V ou de Nicolas V était aussi une Bonaparte. Comme tant d'autres familles des petits Etats d'Italie, la famille Bonaparte fut victime des révolutions qui désolèrent si souvent ce beau pays; les factions forcèrent les Bonaparte de s'éloigner de Florence. L'un d'eux, *Louis-Marie-Fortuné* BONAPARTE, se retira à Sarzane, dans le territoire de Gênes, et de là passa en Corse; il alla se fixer à Ajaccio, en 1612; ses descendants y vécurent dans l'obscurité jusqu'à la naissance de celui qui devait étonner le monde par l'éclat de sa fortune et de sa gloire vertigineuse. Voici quels sont les membres principaux de cette auguste famille.

BONAPARTE (Charles-Marie), petit-fils du premier Bonaparte qui alla se fixer en Corse, né le 29 mars 1746, mort à Montpellier en 1785. Après avoir fait ses études à Rome et à Pise, il fut nommé un des juges de l'île de Corse. En 1767, il épousa Lætitia Ramolino, qu'on a depuis appelée *madame mère*. Il avait été le compagnon d'armes de Paoli et avait voulu le suivre dans son exil, mais son oncle l'archidiacre Lucien Bonaparte l'en avait empêché. Il avait eu de son mariage avec Lætitia cinq fils et trois filles, savoir :

BONAPARTE (Joseph), frère aîné de Napoléon Ier, né à Corte le 7 janvier 1768, mort le 7 avril 1844. Il fut destiné au barreau et alla étudier à Pise. En 1793, lorsque Paoli eut livré la Corse aux Anglais, il se retira à Marseille avec toute sa famille. Là, il épousa la fille d'un négociant, Marie-Julie Clary, dont une sœur était la femme de Bernadotte. Après avoir été tour à tour secrétaire du représentant Salicetti, commissaire des guerres à l'armée d'Italie, député du département de Liamone au conseil des Cinq-Cents, il fut nommé ambassadeur à Parme, puis à Rome; mais la populace romaine s'étant soulevée contre lui, il fut forcé de s'éloigner de cette ville, où il avait vu son aide de camp, le général Duphot, périr à ses côtés. Il vint alors à Paris siéger au conseil des Cinq-Cents, dont il fut élu secrétaire et qu'il ne quitta qu'en mai 1799. Sous le consulat, il fut nommé conseiller d'Etat, et chargé, en 1800, de négocier le traité de paix et de commerce avec les Etats-Unis. En 1801, il représenta la France au traité de Lunéville, et, en 1802, il signa la paix d'Amiens. En 1804, lorsque l'empire fut proclamé, il devint prince impérial et grand-électeur. En 1806, il fut nommé roi de Naples par son frère et opéra de sages réformes. En 1808, il fut transféré au trône d'Espagne, où il ne put se maintenir qu'avec l'aide des baïonnettes françaises; mais, contraint plusieurs fois d'abandonner Madrid, il quitta pour toujours l'Espagne en 1813. Pendant la campagne de 1814, il fut nommé lieutenant-général de l'empire français et commandant en chef de la garde nationale; mais quand la capitale fut menacée, il fut loin de montrer aux alliés la résistance qu'il avait déployée dans sa proclamation. Au retour des Bourbons, il se retira en Suisse; pendant les Cent-Jours, il vint siéger à la chambre des pairs, fut de nouveau chargé de la lieutenance de l'empire, et nommé président du conseil des ministres. Après l'abdication de Napoléon, il passa aux Etats-Unis sous le nom de comte de Survilliers. En 1826, il revint à Bruxelles où sa femme était restée pour raison de santé. Puis il se rendit en Angleterre et à Florence, où il mourut, laissant deux filles. Ce prince, suivant M. Thiers, était doux, sensé, assez contenu dans ses mœurs; mais il n'avait aucune des qualités du commandement, bien qu'il ambitionnât fort la gloire des armes, comme un patrimoine de famille. Il n'avait ni activité, ni vigueur, ni surtout aucune expérience de la guerre. Il aimait les lettres, et publia un roman, *Moïna ou la Villageoise du mont Cenis*, et une épopée en 12 chants, dont Napoléon Ier est le héros. M. Ducasse a publié en 1853-55 les *Mémoires et correspondance militaire et politique du roi Joseph*, 10 vol. in-8°. De son mariage avec Mlle Clary, il eut deux filles : 1° Zénaïde-Charlotte-Julie, née à Paris en 1801, morte en 1854, qui fut mariée en 1822 à son cousin Charles-Lucien-Jules-Laurent Bonaparte, prince de Canino et Musignano, fils aîné de Lucien Bonaparte; 2° Charlotte, née en 1802, mariée à son cousin Charles-Napoléon-Louis, 2e fils de Louis Bonaparte, veuve en 1831, morte en 1839.

BONAPARTE (Napoléon), empereur des Français, né en 1769, mort en 1821. Il épousa Joséphine Tascher de la Pagerie, veuve Beauharnais, puis Marie-Louise d'Autriche, dont il eut, en 1811, François-Charles-Joseph-Napoléon, roi de Rome, puis duc de Reichstadt, mort en Autriche en 1832. Depuis plusieurs générations le second des enfants de la famille a constamment porté le nom de Napoléon. Elle tenait

Vue de la Casbah, à Alger.

ce nom de son alliance avec un Napoléon des Ursins, célèbre parmi les guerriers de l'Italie. (*Voir* NAPOLÉON Ier.)

BONAPARTE (Marie-Anne), qui se fit appeler plus tard ELISA), sœur de Napoléon Ier, née à Ajaccio en 1773 ou 1774, morte en 1820. Elle fut élevée à Saint-Cyr, et alla, quand la Révolution éclata, rejoindre sa mère à Marseille. Le 3 mars 1797, elle épousa le prince Bacciochi, et devint princesse de Lucques et de Piombino en 1805, puis grande-duchesse de Toscane trois ans après. Elle protégea les lettres et les arts, et montrait une grande affection pour Chateaubriand et Fontanes. Après les événements de 1815, elle se retira en Autriche, sous le titre de comtesse de Compignano, et mourut près de Trieste. De son mariage avec le prince Bacciochi naquirent : 1° Napoléone-Elisa, née le 3 juin 1806, mariée en 1824, au comte Camerata, d'une grande famille d'Italie; son fils unique est mort en 1853; 2° Jérôme-Charles Bacciochi, né en 1810, mort en 1830, 3° Napoléon-Frédéric Bacciochi, né en 1815, mort à Rome en 1833 d'une chute de cheval.

BONAPARTE (Lucien), troisième fils de Charles Bonaparte et de Lætitia Ramolino, né à Ajaccio en 1773, mort à Viterbe le 29 juin 1840. En 1793, il fut obligé de quitter la Corse avec toute sa famille, et fut employé à Marseille dans l'administration des vivres. En 1795, il épousa Christine Boyer, fille d'un aubergiste. Considéré comme terroriste par suite de ses relations avec Robespierre le jeune, il fut quelque temps emprisonné à Aix. En 1796, il fut nommé commissaire ordonnateur en Corse, et député, deux ans plus tard, par le département du Liamone au conseil des Cinq-Cents, dont il fut élu président au 18 brumaire. Il contribua beaucoup au succès de ce coup d'État. Nommé ministre de l'intérieur par son frère, alors premier consul, il tomba en disgrâce par suite de l'indépendance de son caractère. Mais il reprit bientôt faveur. Il avait été chargé d'une ambassade en Espagne, et il parvint à faire prévaloir dans ce pays l'influence française contre le parti anglais. En 1802, il fut successivement nommé tribun et sénateur. Il se maria à cette époque en secondes noces avec la veuve de l'agent de change Jouberthon, mais son frère Napoléon ayant vu ce second mariage d'un mauvais œil, Lucien Bonaparte se retira à Rome auprès du pape Pie VII, qui érigea pour lui en principauté la terre de Canino. Six ans après, il partit pour les États-Unis, mais fut pris en mer par les Anglais, qui lui assignèrent pour résidence Ludlow, ville près de laquelle il acheta la terre de Tomgrave. En 1814, il recouvra sa liberté et se réconcilia avec l'empereur, puis siégea à la Chambre des pairs. Après Waterloo, il soutint avec énergie les droits du roi de Rome et la régence de Marie-Louise. A la chute de Napoléon Ier, il retourna en Italie et fut retenu prisonnier dans la citadelle de Turin. Il en sortit par l'intercession du pape et alla finir ses jours dans la retraite. Il aimait les lettres et les arts, et avait été admis, dès 1803, à l'Institut. Il a formé une superbe collection d'antiquités, surtout de vases étrusques, et a composé plusieurs poëmes. Il a en outre publié un roman : *la Tribu indienne*. Il eut de son premier mariage avec Christine Boyer : 1° Charlotte, née en 1796, veuve aujourd'hui de don Mario, prince Gabrielli; dont elle a eu un fils et trois filles; 2° Christine-Egypta, née en 1798, mariée d'abord à un Suédois, puis remariée, en 1824, à lord Dudley-Stuart, et morte en 1847. Son fils Franck Dudley-Stuart est officier dans l'Inde. De son second mariage avec Alexandrine-Laurence de Bleschamp, veuve de l'agent de change Jouberthon, depuis princesse douairière de Canino, sont issus : 1° Charles-Lucien-Jules-Laurent, prince de Canino et de Musignano, né à Paris en 1803, mort en 1857; marié à sa cousine Zénaïde, fille de Joseph, dont il a eu dix enfants; 2° Lætitia, née à Milan le 1er décembre 1804, épouse séparée de l'Irlandais Thomas Wyse, membre catholique du parlement d'Angleterre; 3° Jeanne, née à Rome en 1806, mariée au marquis Honorati; 4° Paul, mort en 1827 à Spezzia, d'un accident, sur le vaisseau de l'amiral Cochrane; 5° Louis-Lucien, né en janvier 1813, représentant du peuple en 1849; 6° Pierre Napoléon, né à Rome le 12 septembre 1815, représentant du peuple après 1848; 7° Antoine, né à Tusculum, le 31 octobre 1816, représentant en 1849; 8° Alexandrine-Marie, née à Rome le 12 octobre 1818, mariée au comte Vincent-Valentin de Canino; 9° Constance, née à Bologne le 30 janvier 1823, religieuse au Sacré-Cœur à Rome.

BONAPARTE (Louis), cinquième enfant de Charles Bonaparte et de Lætitia Ramolino, né à Ajaccio le 2 septembre 1778, mort le 25 juillet 1846. Il fut élevé en France, et entra fort jeune au service. Il fut envoyé en ambassade en Russie, au commencement du consulat. La mort de Paul Ier l'arrêta à Berlin. De retour en France, il fut nommé colonel, puis général de brigade. Le 3 janvier 1802, il épousa Hortense Beauharnais, fille de Joséphine. En 1804, il fut nommé gouverneur général du Piémont, et, peu après, général de l'armée du Nord. En 1806, le 5 juin, il fut fait roi de Hollande, mais la tolérance qu'il accorda à l'importation des marchandises anglaises ne fut pas du goût de Napoléon Ier, qui envoya des troupes françaises occuper la Hollande; à cette nouvelle, Louis abdiqua (3 juillet 1810) en faveur de son fils, et se retira à Gratz en Styrie, sous le nom de comte de Saint-Leu. Mais en 1814, il revint habiter à Florence, et se livra entièrement à la littérature. Il a laissé un roman, intitulé : *Marie ou les Hollandaises*; des *documents historiques sur la Hollande*, et une *Réponse à sir Walter Scott sur son Histoire de Napoléon*. On a aussi de lui un *Recueil de poésies* et un *Essai sur la versification*, où il propose de supprimer la rime et de rendre les vers français prosodiques à la

Vue des Catacombes de Paris.

manière des langues anciennes. Voici le portrait que M. Thiers a tracé de ce prince : « Il était doué, dit-il, d'un esprit distingué, mais plus actif que juste, aimant le bien, mais s'en faisant une fausse idée, libéral par rêverie, despote par tempérament, brave, mais point militaire, simple et en même temps dévoré du désir de régner, se défiant de lui-même, et plein pourtant de l'amour-propre le plus irritable; renfermant dans son âme l'ardeur naturelle des Bonaparte, employant cette ardeur à se tourmenter sans cesse, en se croyant voué au malheur. » Il eut de son mariage avec Hortense-Eugénie de Beauharnais trois enfants : 1° Napoléon-Charles, né le 11 octobre 1802, mort le 5 mars 1807; 2° Charles-Napoléon-Louis, né en 1804, grand duc de Berg et de Clèves, marié à sa cousine Charlotte, fille de Joseph, mort à Forli, en 1831, sans postérité; 3° Charles-Louis-Napoléon, né à Paris le 20 avril 1808, et aujourd'hui empereur des Français, sous le nom de Napoléon III. C'est en vertu des sénatus-consultes du 28 floréal an XII et du 5 frimaire an XIII qu'à défaut d'enfants mâles de Joseph Bonaparte, et à l'exclusion de ceux de Lucien, l'héritage politique de Napoléon Ier est revenu à la postérité de Louis.

BONAPARTE (Marie-Pauline), deuxième sœur de Napoléon Ier, née à Ajaccio, en 1781, morte à Florence en 1825. Elle fut mariée à 16 ans au général Leclerc, et le suivit dans son expédition contre Saint-Domingue, où il mourut. En 1803, elle épousa le prince Camille Borghèse, mais ne tarda pas à s'en séparer. En 1808, elle fut reconnue duchesse de Guastalla. Entièrement dévouée à l'empereur, elle montrait peu de respect pour l'impératrice Marie-Louise. Napoléon se vit forcé de l'éloigner de la cour. Elle n'en alla pas moins le rejoindre à l'île d'Elbe, et en 1815, elle lui envoya à Paris ses diamants, que l'empereur emporta en Belgique, et qui furent pris à Waterloo. Pauline Bonaparte était douée d'une grande beauté, et c'est sous ses traits que Canova a reproduit la *Vénus* de Praxitèle.

BONAPARTE (Marie-Annonciade-Caroline), sœur de Napoléon Ier, née en 1782, à Ajaccio, morte en 1839. Quand Paoli proscrivit le parti patriote, en 1793, elle vint en France avec toute sa famille, et en 1800 elle épousa le général Murat. Elle reçut le titre de grande-duchesse de Berg en 1806, et celui de reine de Naples en 1808. Elle protégea les lettres et sut se concilier l'affection de tous. Elle fit restaurer le musée des antiques de Naples, organisa les fouilles de Pompéi, fonda une maison d'éducation pour trois cents jeunes filles. Devenue veuve en 1815, elle se retira en Autriche, sous le nom de comtesse de Lipona, anagramme de *Napoli* (Naples). Après la révolution de 1830, elle réclama une indemnité pour le château de Neuilly, qui avait été acheté par son mari, et que l'on restituait à la famille d'Orléans. En 1838, la Chambre lui accorda, sur le grand-livre de la dette publique, une pension viagère de 100,000 fr. Elle mourut à Florence le 18 mai 1839. De son mariage avec Murat elle eut : 1° Napoléon-Achille-Charles-Louis Murat, né le 21 janvier 1801, mort le 15 avril 1847; 2° Lætitia-Josèphe, née le 25 avril 1802, mariée au comte Pepoli, à Bologne; 3° Lucien-Charles-Joseph-François-Napoléon Murat, né le 16 mars 1803, représentant du peuple après 1848; 4° Louise-Julie-Caroline, née le 22 mars 1805, mariée au comte Rasponi, à Ravenne.

BONAPARTE (Jérôme), né à Ajaccio le 15 décembre 1784, mort le 25 juillet 1860. Il fut roi de Westphalie de 1807 à 1813, et prince de Montfort après 1814. Sous la présidence de son neveu, il fut nommé gouverneur des Invalides et maréchal de France. Il avait épousé en 1803 Mlle Paterson, qui vit encore à Baltimore avec son fils Jérôme-Bonaparte; mais ce mariage n'ayant pas été approuvé, la postérité de ce fils ne rentre pas aujourd'hui dans la famille impériale. En 1807, il avait contracté une seconde union avec Frédérique-Catherine-Sophie-Dorothée, princesse royale de Wurtemberg, morte en 1838, et de ce mariage sont issus : 1° Jérôme Napoléon, né à Trieste le 24 août 1814, mort en 1847; il était colonel au service du roi de Wurtemberg, son oncle; 2° Mathilde-Lætitia-Wilhelmine, née à Trieste le 27 mai 1820, mariée en 1840 au prince Anatole Demidoff de San-Donato; 3° Joseph-Charles-Paul-Napoléon, né à Trieste le 9 septembre 1821, qui, après avoir été capitaine au service du roi de Wurtemberg, devint successivement représentant du peuple en 1848, puis ambassadeur de France à Madrid. Il a épousé la princesse Clotilde, fille de Victor-Emmanuel, roi d'Italie.

BONAVENTURE (Jean DE FIDENZA, dit saint), philosophe scolastique, né à Bagnarea, en Toscane, en 1221, mort à Lyon en 1274. Sa mère le surnomma Bonaventure parce que, ayant prié pour sa guérison, ce mot fut celui qui sortit de sa bouche lorsqu'il reprit ses sens. Il vint étudier à Paris et fut disciple d'Alexandre de Halès, de l'ordre des Frères-Mineurs. Cet ordre le fit professeur de philosophie, puis de théologie, et enfin il en fut général. Les bons frères suivaient une discipline assez mondaine; Bonaventure réforma les abus introduits dans leur règle. A la mort du pape Clément IV, les cardinaux lui offrirent la tiare, le priant, en cas de refus, de désigner lui-même un souverain pontife; il choisit Grégoire X. Celui-ci le fit cardinal et lui donna l'évêché d'Albano. Lorsque le chapeau lui fut apporté, on le trouva lavant la vaisselle. Il suivit Grégoire X au concile de Lyon, et y mourut exténué par les efforts d'une vie trop laborieuse. Il a laissé des *Sermons*, des *Méditations* et des *Commentaires sur l'Ecriture*. Il est placé au rang des docteurs de l'Eglise.

BONAVENTURE (Philippe), architecte qui vivait au XIVe siècle. Il était né à Paris, et alla étudier en Italie. C'est lui qui éleva la célèbre cathédrale de Milan, dite *il Duomo*, que continua un autre Français, Mignot, de Paris.

BONCHAMP (Charles-Melchior-Artus, marquis DE), général vendéen, né dans l'Anjou en 1759, mort en 1793. Il servit aux Etats-Unis lors de la guerre de l'indépendance. Quand les Vendéens se soulevèrent, ils mirent à leur tête Bonchamp et d'Elbée. Bonchamp se joignit à la Rochejacquelein et contribua à la prise de Bressuire. Il fit ensuite partie de la grande armée vendéenne, dans laquelle il commanda les Angevins. Il entra l'un des premiers dans Fontenay, et y fut blessé. Dès qu'il fut rétabli, il alla combattre sous les murs de Nantes, où il fut blessé de nouveau. L'armée vendéenne voulait avoir Bonchamp pour généralissime; mais cet honneur échut à d'Elbée, qui ne se fit remarquer que par son incapacité. Bonchamp n'en continua pas moins à servir sous les ordres de d'Elbée; il remporta plusieurs avantages signalés; mais bientôt la division éclata entre les chefs. Dès lors les Vendéens essuyèrent des revers continuels. L'armée républicaine occupait le Poitou et s'était avancée jusqu'à Châtillon. Bonchamp, voulant passer la Loire pour rentrer dans le Poitou, fut blessé mortellement dans un combat héroïque; il expira au bout de vingt-quatre heures. Il apporta dans la guerre civile une loyauté et une modération qu'on y rencontre rarement. Ainsi il sauva la vie à 5,000 prisonniers républicains que les Vendéens voulaient mettre à mort.

BONCHAMP, village de l'arrond. de Laval (Mayenne), à 5 kil. de cette ville. Pop. 1,200 hab. Exploitation de beaux marbres dits *petits-gris*.

BOND (Jean), critique et commentateur anglais, né dans le comté de Somerset en 1550, mort en 1612. Il fut d'abord maître d'école, puis médecin. Il a laissé un *Commentaire sur Horace*, fort estimé, et un *Commentaire sur Perse*.

BONDI (Clément), poëte italien, né en 1742 à Mezzano, dans le duché de Parme, mort à Vienne en 1821. C'était un jésuite que l'abolition de son ordre jeta dans le monde. Nommé bibliothécaire de l'archiduc Ferdinand, il fut en même temps chargé de faire l'éducation de son fils, qui fut depuis duc de Modène. Appelé ensuite à Vienne, il devint professeur d'histoire et de littérature de l'impératrice d'Autriche. On a de lui des traductions de Virgile et d'Ovide, des poëmes badins, des épithalames, des couplets, des sonnets, des canzones, etc. On l'a surnommé le Delille de l'Italie. Ses poésies ont de l'élégance et de la facilité, mais elles manquent d'inspiration.

BONDON, royaume de l'Afrique occidentale, dans la Sénégambie. Sa superficie carrée est de 12,000 kil. La population de ce pays est musulmane. On y compte environ 1,500,000 habitants, presque tous pasteurs ou agriculteurs. La capitale est Boulibané.

BONDUES, bourg de l'arrond. de Lille (Nord), à 7 kil. de cette ville. Pop. 650 hab. Fabrique de sucre indigène et d'huile.

BONDY (Pierre-Marie, comte DE TAILLEPIED), pair de France, né à Paris en 1766, mort en 1847. Il appartenait à une famille de financiers, et fut chargé, en 1792, de la direction des assignats; mais, après le 10 août, il donna sa démission et se retira complétement des affaires. Napoléon Ier le nomma chambellan et lui donna le titre de comte. De 1810 à 1814, il fut préfet du Rhône, fit dessécher les marais de Perrache et embellit Lyon d'un quartier magnifique. Pendant les Cent-Jours, il fut préfet de la Seine; puis, sous la Restauration, député de l'Indre, et vota l'adresse des 221 en 1830. Redevenu un instant préfet de la Seine, il fut la même année nommé pair de France. Il était attaché à la personne de la reine Marie-Amélie, et, pendant le ministère de M. le comte de Montalivet, il fut chargé de l'intendance de la liste civile.

BONDY, village de l'arrond. de Saint-Denis (Seine), à 11 kil. de cette ville et à 12 de Paris. Pop. 1,150 hab. Il est situé sur les bords du canal de l'Ourcq. Près de là est la forêt de Bondy, qui fut longtemps célèbre comme repaire de voleurs.

BONE, ville forte d'Algérie, ch.-l. d'une des deux subdivisions de la province de Constantine, à 156 kil. de cette ville. Pop. 6,000 hab. Siége d'une sous-préfecture, d'un tribunal de première instance et d'une justice de paix. Fabrique d'étoffes de laine dites *constantines*, tapis, burnous, etc. Commerce de cire, jujube, cuirs, blé. Pêche de corail sur la côte. Bone fut fondée, vers l'an 697 après J.-C., sur les débris de l'ancienne Hippone, célèbre par l'épiscopat de saint Augustin, qui fut une des résidences des rois de Numidie et joua un grand rôle dans les guerres de César, des Vandales, sous Genséric, et dans la campagne de Bélisaire. La compagnie française d'Afrique y eut un comptoir depuis Louis XIV jusqu'en 1789. Les Français s'emparèrent de Bone en 1832, l'assainirent, desséchèrent et fertilisèrent les plaines. Elle est aujourd'hui le dépôt de la Calle et le magasin de tous les camps de l'E., depuis Guelma jusqu'à Medjez-Hamar.

BONER (Ulrich), fabuliste allemand du XIIIe ou du XIVe siècle. On n'a point de détails sur sa vie. Il a rimé en vers français des fables qui sont des imitations des fabulistes latins. On admire dans ses vers beaucoup de termes heureux et de riches expressions, qui auraient mérité d'être conservées dans la langue.

BONET (Honoré), écrivain de la fin du XIVe siècle. Il était prieur de Salon en Provence, et fut un des commissaires chargés d'aller en Guienne et en Languedoc réparer les dommages commis par le duc de Guienne. On a de lui l'*Arbre des Batailles*, qu'il dédia à Charles VI et qui fut plusieurs fois réimprimé ; et l'*Apparition de Jehan de Meun*, où sont dépeints les malheurs du royaume. Ce dernier ouvrage a été publié en 1845, par la Société des bibliophiles français

BONET (Guillaume), évêque de Bayeux, en 1306, mort à Angers vers 1312. Il fut un des commissaires que le pape nomma pour instruire le procès des templiers. Ce fut lui qui fonda, en 1309, le *Collège de Bayeux* dans l'Université de Paris, tant pour des boursiers de son diocèse que pour ceux du Mans et d'Angers.

BONFADIO (Jacques), célèbre littérateur italien, né à Gazano, dans le Brescian, en 1500, mort en 1561. Il fut d'abord professeur de droit public et de rhétorique à Gênes. Le gouvernement de Gênes le chargea d'écrire l'histoire de la république ; et il avait achevé ce travail, quand il se vit accusé d'un crime infâme qui devait le conduire au bûcher. Ses amis obtinrent qu'il eût la tête tranchée avant d'être livré au feu. Son *Histoire de Gênes* est un travail intéressant et fort exact.

BONFINIUS (Antoine), historien, né à Ascoli en 1427, mort en 1502. Appelé en Hongrie par le roi Mathias Corvin, il écrivit en latin l'histoire de ce royaume, jusqu'en 1495. Il écrivit aussi sur l'amour conjugal un ouvrage que Rome mit à l'index.

BONGARS (Jacques), historien et critique, né à Orléans en 1546, mort à Paris en 1612. Après avoir étudié le droit sous Cujas, il s'attacha à Henri IV; et quoique calviniste, il fut chargé de diverses négociations à Rome, Sixte V ayant fulminé en 1585, une bulle contre Henri IV et le prince de Condé, Bongars y répondit énergiquement, et fit même afficher sa réponse au champ de Flore. Il a laissé un recueil des chroniqueurs du temps des croisades, sous le titre de *Gesta Dei per Francos*, des *Morceaux choisis des poëtes des* XIIe, XIIIe *et* XIVe *siècles*, des notes sur *Pétrone* et un *Recueil de lettres* en latin. On lui doit aussi une édition annotée de Justin.

BONHOMME (Col du), défilé des Alpes Grecques, au S.-O. du Mont-Blanc, entre les départements de Savoie et de Haute-Savoie. Hauteur 2,217 mètres. Il met la partie de la vallée de l'Arve en communication avec celle de l'Isère.

BONI (royaume de). Etat indigène dans l'île Célèbes qui s'étend depuis la rivière Tjérani jusqu'à 650 kil. au S. Superf. environ 9,600 kil. carrés. Pop. 200,000 hab. Capitale Bayoa.

BONIFACE, général des armées romaines d'Occident, né en Thrace. L'empereur Honorius le fit gouverneur de l'Afrique. Lors de la disgrâce de Placidie, il prit parti pour l'impératrice, et elle l'en récompensa quand elle devint régente, en 424. Les courtisans jaloux tentèrent de le perdre dans l'esprit de Placidie; Aétius qui s'était lié avec Boniface pour mieux le perdre, réussit à le faire déclarer ennemi de l'empire. Boniface ne chercha dès lors qu'à se venger, et appela en Afrique Genséric, roi des Vandales. Les Barbares ravagèrent le pays, puis s'y établirent. Boniface rentra en grâce auprès de l'impératrice. Aétius irrité de ce revirement de fortune, essaya de soulever l'Italie. Boniface marcha à sa rencontre, et les deux rivaux se rencontrèrent près de Ravenne. Aétius périt dans le combat ; Boniface blessé lui-même mortellement, ne tarda pas à expirer, en 432.

BONIFACE (saint), apôtre de la Germanie ; son vrai nom était Winfrid; il naquit dans le Devonshire en Angleterre vers 680, mourut en 755. Le pape Grégoire II, l'envoya dans le N. de l'Allemagne, pour y travailler à la conversion des infidèles. Sa mission eut un tel succès que le pape le fit venir à Rome, le sacra évêque et le renvoya en Allemagne. Grégoire III le fit archevêque et lui accorda le pallium, en lui permettant même de fonder des évêchés. Le 5 juin 755, Boniface administrait le baptême à des néophytes dans une campagne de la Frise, quand les païens fondirent sur la foule en prières, et massacrèrent Boniface ainsi que les prêtres qui l'accompagnaient. Il a laissé des *Sermons*, des *Canons* et un recueil d'anecdotes.

BONIFACE Ier, pape de 418 à 422. Il fut appelé au pontificat par l'empereur Honorius, malgré les prétentions d'Eulalius, archidiacre, que soutenait le préfet Symmaque. Il fut reconnu par un concile. Saint Augustin lui dédia son ouvrage contre les pélasgiens.

BONIFACE II, pape de 530 à 532, succéda à Félix IV. Il était fils d'un Goth. Il émit dans un concile assemblé dans la basilique de Saint-Pierre, la prétention de choisir son successeur, et il désigna, en effet, le diacre Vigile; mais un nouveau concile cassa la décision qui avait été imposée aux évêques, contre les usages de l'Eglise.

BONIFACE III, pape de 607 à 608, monta sur le trône pontifical, un an après la mort du pape Sabinien. Il convoqua un concile à Rome, dans lequel il fit prononcer l'anathème contre ceux qui s'occuperaient, pendant la vie d'un souverain pontife, du choix de son successeur. Cette disposition a été, depuis, rigoureusement maintenue. Il obtint de Phocas, empereur d'Orient, que le patriarche de Constantinople ne prendrait plus le titre d'évêque universel.

BONIFACE IV, pape de 608 à 614, succéda au précédent. Il était fils d'un médecin de Valéria. L'empereur Phocas lui céda le Panthéon, bâti par Agrippa en l'honneur de Jupiter vengeur et de tous les dieux. Boniface IV en fit une église qu'il consacra sous le nom de Sainte-Marie de la Rotonde; et la dédia à la Vierge et à tous les martyrs, le premier jour de novembre, qui est devenu depuis, le jour de la fête de tous les saints.

BONIFACE V, pape de 617 à 625, succéda à Deusdedit. Ce fut lui qui fit défense de poursuivre les criminels qui chercheraient asile dans les églises.

BONIFACE VI, fut pape pendant 15 jours, en 896. Il fut porté au Saint-Siége par une faction populaire; mais comme il avait été interdit et avait, par conséquent, cessé d'être prêtre, il est regardé comme antipape.

BONIFACE VII, pape de 974 à 975. Il se fit reconnaître pontife après avoir assassiné Benoît VI et Jean XIV. Il mourut l'année suivante; son corps fut traîné dans les rues et subit d'horribles outrages.

BONIFACE VIII (Benoît-Gaëtani), né à Agnani, pape de 1294 à 1303. Il fut élevé au trône pontifical après l'abdication de saint Célestin. Celui-ci, dont l'intelligence était affaiblie par l'âge, s'était laissé persuader qu'il devait à Dieu le sacrifice de la tiare ; Boniface avait été jusqu'à le menacer de l'enfer, le pauvre vieillard céda; mais le premier acte de son successeur fut de le faire jeter en prison. Avant d'être pape, Boniface avait été gibelin ; il comprit bientôt qu'il ne pouvait s'allier avec ces ennemis du Saint-Siége, et il devint leur ardent persécuteur. Le jour des Cendres l'archevêque de Gênes s'étant agenouillé devant lui, il lui jeta les cendres aux yeux en disant : « Souviens-toi que tu es gibelin, et qu'un jour tu seras en poussière avec les gibelins. » Les Colonne protestèrent contre son élection et proposèrent la réunion d'un concile. Boniface leur répondit par l'excommunication, et prêcha contre eux une croisade. Cependant il jugea prudent de faire la paix avec eux. Toujours inquiet, jaloux de son autorité et cherchant toutes les occasions de l'exercer, on le voit mettre en interdit le royaume de Danemark, exciter les souverains allemands contre l'empereur Albert, puis lui proposer de le reconnaître, à condition qu'il déclarera la guerre à Philippe le Bel, roi de France. Il allume la guerre entre ce dernier et son fils Charles de Valois; il donne le royaume de France à Albert et justifie cette prétention par une bulle où il déclare que Dieu l'a établi sur les rois et sur les royaumes. Philippe le Bel fit brûler cette bulle à Paris. Boniface s'en vengea par la constitution *Unam sanctam* par laquelle il soumet les royautés temporelles à la puissance spirituelle, et compare le sacerdoce au soleil et le pouvoir impérial à la lune. Les théologiens se contentaient alors sérieusement de pareilles raisons, et les princes n'étaient pas éloignés de s'y soumettre. Cependant le roi de France résista encore. Boniface mit son royaume en interdit. Philippe le Bel en appela à un concile, et envoya Nogaret à Rome sous le prétexte de notifier son appel, mais réellement pour enlever le pape. Il le surprit, en effet, dans son domaine d'Agnani. Il avait été secondé par Sciarra Colonne qui s'était emporté jusqu'à frapper Boniface à la joue avec son gantelet. Nogaret se disposait à emmener son prisonnier à Lyon; celui-ci se revêtit de ses insignes pontificaux, en disant avec fierté : « qu'il était pape et qu'il voulait mourir pape. » Il fut délivré par les habitants d'Agnani; mais un mois après, il succombait dans des accès de rage et de douleur.

BONIFACE IX (Pierre Tomacelli), Napolitain, pape de 1389 à 1404, succéda à Urbain VI. Sa famille, quoique noble, était réduite à la misère; Boniface lui-même l'avait éprouvée. Il ne songea qu'à enrichir ses parents et qu'à satisfaire son penchant à l'avarice et à l'usure. Il institua les annates perpétuelles.

BONIFACE. Ce nom a été porté par trois ducs de Toscane. — BONIFACE Ier, le premier duc de Toscane dont le nom nous soit parvenu, était aussi comte de Lucques. Il mourut vers 823. — BONIFACE II, fils du précédent, succéda à son père en 823, défendit la Corse contre les Sarrasins. L'empereur Lothaire, irrité de ce qu'il avait rendu la liberté à l'impératrice Judith, lui déclara la guerre. Boniface échappa à sa colère en se réfugiant auprès de Louis le Débonnaire. — BONIFACE III prit parti pour Henri II contre Ardoin, qui lui disputait la couronne d'Italie. Il fut assassiné par une main inconnue, en 1027, dans un bois voisin de Mantoue.

BONIFACIO, ch.-l. de cant. de l'arrond. de Sartène (Corse), à 36 kil. de cette ville. Pop. 3,200 hab. Ville forte; bon port sur le détroit de Bonifacio. On y remarque l'église de Sainte-Marie-Majeure; casernes, un phare près du port. Pêche du corail, du thon, des huîtres. Cette ville fut fondée en 830, par Bonifacio, seigneur pisan. Les Génois s'en emparèrent en 1195; elle fut prise par les Turcs et les Français alliés, en 1554.

BONIFACIO (détroit de). Détroit qui sépare la Corse de la Sardaigne. De nombreux écueils le rendent dangereux.

BONIFAZIO, peintre, né à Venise vers 1491, mort en 1553. Il fut élève de Palma, et, suivant quelques-uns, du Titien même. On admire, parmi ses compositions, *les Marchands chassés du temple*, et surtout sa *Résurrection de Lazare*. Ce dernier tableau compte 31 figures disposées avec un art remarquable. On reproche à

Bonifazio de n'avoir pas tenu compte des costumes des différents peuples.

BONINGTON (Richard Parkes), peintre, né en 1801, près de Nottingham, mort en 1828. Il fut amené de bonne heure en France, et, quand il eut fini ses études, entreprit quelques voyages. Il visita les côtes de la Méditerranée, les Alpes suisses et l'Italie. Cet artiste, dont la manière rappelle celle de Canaletto, avait en horreur les règles et les types convenus; sa facture est large, et il règne une sorte de mélancolie poétique dans toutes ses œuvres. On peut le rattacher à l'école romantique en peinture. Il s'est essayé dans presque tous les genres, et on a de lui des marines, des paysages, des monuments d'architecture, des scènes d'intérieur, des aquarelles estimées; l'histoire est la seule partie qu'il n'ait pas traitée.

BONINI (Girolamo), peintre, né à Ancône. Cet artiste, qui florissait vers 1660, était élève et imitateur de l'Albane, qu'il aida même dans ses peintures de la salle Farnèse, à Bologne. La galerie Soult contenait de lui les *Amours endormis*, et le musée du Louvre possède son *Christ adoré par les anges*, *par saint Sébastien et saint Bonaventure*.

BONIVARD (François DE), chroniqueur genevois, né en 1494, mort en 1571. Il descendait d'une famille noble de la Bresse, et obtint jeune encore un prieuré dans un faubourg de Genève. Comme il s'était fait protestant, Charles II, duc de Savoie, qui convoitait la possession de Genève, le fit arrêter et jeter dans les souterrains du château de Chillon. Rendu à la liberté 6 ans après, il rentra à Genève après la réformation, et se maria quatre fois. On a de lui: les *Chroniques de Genève depuis les Romains jusqu'en* 1530, qu'il composa par ordre de la seigneurie. La bibliothèque de Genève possède aussi plusieurs manuscrits de lui tels que: *De la Noblesse*; un *Traité de l'ancienne et nouvelle police de Genève*, où l'on trouve le récit des luttes dont Calvin sortit victorieux; l'*Avis et devis de la source de l'idolâtrie et de la tyrannie papales*, pamphlet curieux par les révélations et les détails biographiques qu'il renferme. Dans ces divers ouvrages, Bonivard cache, sous des dehors plaisants, un écrivain pénétré de son sujet, et qui a apporté dans la critique des faits une certaine érudition et un jugement solide; qualités qui, jointes à l'éclat d'un style animé par les plus heureuses saillies, n'ont pu être contestées par ses adversaires même. Lord Byron, dans ses nouvelles poétiques, n'a pas oublié le prisonnier de Chillon.

BONN, ville de la Prusse Rhénane, dans la régence de Cologne, à 25 kil. de cette ville. Pop. 20,000 hab. Siége d'un évêché catholique, université fondée en 1786; *Académie Léopoldine* de naturalistes, bibliothèque, tribunal et conseil supérieur des mines, riches collections scientifiques, observatoire, jardin botanique, société des sciences naturelles et de médecine. Fabrique de coton, de soieries, de faïence, de vitriol et de savon. Patrie de Beethoven. En 942, il se tint un concile à Bonn. De 1273 à 1794, elle fut la résidence des électeurs de Cologne. En 1673, les Français s'y maintinrent contre les Hollandais, les Espagnols et les Autrichiens. Frédéric III, électeur de Brandebourg, s'en empara en 1689; elle tomba au pouvoir des Hollandais en 1703. La paix de Vienne de 1815 la rendit à la Prusse.

BONN, village de Suisse, dans le canton de Fribourg, à 7 kil. de cette ville. Eaux sulfureuses.

BONNARD (Bernard DE), poëte érotique, né à Saumur en 1744, mort en 1784. Ses élégantes poésies ont enrichi le recueil de l'*Almanach des Muses*. On remarque surtout son *Epître au chevalier de Boufflers*, dont la versification est légère, facile et pétillante d'esprit; on cite aussi son *Epître à un ami revenant de l'armée*. Quoiqu'il aimât les plaisirs, il parlait peu et louait beaucoup le silence pythagoricien. Il mourut de la petite vérole, qu'il avait gagnée en soignant son fils atteint de la même maladie.

BONNARD (Jacques-Charles), architecte, né à Paris en 1765, mort en 1818. Il suivit les principes de l'école classique de Renard, et, après avoir remporté le grand prix d'architecture, il alla continuer ses études à Rome. Là, il retrouva six aqueducs antiques. Ce fut lui qui, en 1789, restaura, avec son maître, le château des Tuileries. La Révolution le força d'émigrer, et il ne revint en France que sous l'empire. Il fut alors nommé architecte du ministère des affaires étrangères en remplacement de Bernard, et le beau palais du quai d'Orsay fut élevé sur les plans qu'il avait laissés.

BONNAUD (Jacques-Philippe), général français, né en 1757, mort en 1797. Il entra de bonne heure au service, et fut, en 1792, attaché à l'armée du Nord avec le grade de général de division. Il défit le duc d'York à Roubaix et à Lannoy, et contribua, sous les ordres de Pichegru, à la conquête de la Hollande. Il accompagna le général Hoche en Vendée, passa à l'armée de Sambre-et-Meuse et mourut à Bonn d'une blessure qu'il avait reçue à Giessen, ville du grand-duché de Hesse-Darmstadt.

BONNECORSE (Balthazar DE), poëte, né à Marseille, mort en 1706. Il fut consul en Egypte; mais il n'est guère connu que par ses ouvrages, ou plutôt par la critique amère qui en a été faite par Boileau. Nous citerons donc, pour mémoire, sa *Montre d'amour*, ses *Maximes d'amour*, ses *Etrennes*, et le *Lutrigot*, assez triste parodie du *Lutrin*, où la muse de Bonnecorse avait été rudoyée. On connaît l'épigramme suivante:

> Venez, Pradon et Bonnecorse,
> Grands écrivains de même force,
> De vos vers recevoir le prix;
> Venez prendre dans mes écrits
> La place que vos noms demandent:
> Linière et Perrin vous attendent.

BONNER (Edmond), théologien anglais, fils d'un paysan, né à Honley, dans le comté de Worcester, à la fin du XVe siècle, mort en 1569. Le cardinal Wolsey le dota de plusieurs bénéfices. Il fut ensuite chapelain de Henri VIII, qui l'envoya à Rome, afin de solliciter du pape son divorce avec Catherine d'Aragon. Il répondit d'un ton arrogant au refus du pape. En 1538, il fut appelé à l'évêché d'Hereford, puis à celui de Londres. A l'avénement d'Edouard VI, son hésitation à prêter serment au nouveau souverain le fit jeter en prison; il promit d'obéir pour obtenir sa liberté, et, une fois libre, il n'en fit rien. De guerre lasse, Edouard, voyant en lui un lancastrien ennemi de sa couronne, lui enleva son évêché et le fit emprisonner de nouveau. La reine Marie lui rendit la liberté pour peu de temps, car Elisabeth, dès qu'elle fut parvenue au trône, le fit enfermer à Marshalsea, et il y resta jusqu'à sa mort. Bonner était un des plus savants théologiens de son temps.

BONNET, philosophe et naturaliste, né à Genève en 1720, mort en 1793. Sa famille, d'origine française, avait émigré en Suisse, vers 1572, par suite des persécutions religieuses. La lecture de l'*Histoire des insectes*, de Réaumur, lui inspira le goût de l'histoire naturelle. Il abandonna l'étude de la jurisprudence, et s'appliqua avec ardeur à observer particulièrement les insectes. Il étudia d'abord les pucerons et fit une remarque peut-être grosse de conséquences dans le domaine de la philosophie appliquée à l'histoire naturelle: il prouva, dans un mémoire, que les pucerons multiplient pendant plusieurs générations sans accouplement. Cette découverte lui valut le titre de correspondant à l'Académie des sciences. Il fit ensuite d'importantes observations sur les polypes, les chenilles, les papillons et le tænia, et il les communiqua aux plus célèbres naturalistes de son temps, avec lesquels il entretenait une correspondance active. Il avait à la fois cet esprit synthétique qui embrasse d'un coup d'œil l'enchaînement et les conséquences des faits, et cet esprit d'analyse qui ne s'attache qu'à l'observation d'un seul point. Dans la démonstration, il passait du simple au composé, se montrait exact, précis, toujours profond, et s'élevait souvent jusqu'à l'éloquence. Il attaqua plusieurs fois Buffon, et, à cause de cela, l'Académie des sciences, qui ne pouvait souffrir qu'on contrôlât son oracle, retarda longtemps son admission. L'excès de travail affaiblit sa vue; il cessa de lire et d'écrire pendant deux ans; mais la nuit ne pouvait se faire dans son cerveau actif; il réfléchit profondément sur les grands problèmes philosophiques et surtout psychologiques. Il publia des *Considérations sur les corps organisés*; un censeur ignorant voulait en empêcher l'introduction en France. Il donna ensuite sa *Contemplation de la nature*; il y examine les facultés et les fonctions de l'homme, des animaux et des plantes. Ses autres ouvrages sont purement philosophiques; on remarque notamment sa *Palingénésie philosophique*, son *Essai analytique sur les facultés de l'âme* et son *Essai de psychologie*. Il distingue le principe pensant de la matière; mais il a le tort de s'embarrasser dans une conciliation impossible d'Aristote et de Platon: il admet la réflexion comme moyen de développer les notions les plus primitives pour s'élever aux connaissances les plus étendues; et, lorsqu'il s'agit d'expliquer le principe des notions premières, il en vient à admettre la révélation. Son point de départ étant faux, les conséquences sont diffuses. Bonnet fit partie du grand conseil de Genève pendant plusieurs années; il se retira ensuite dans une paisible et heureuse retraite, où il finit ses jours à l'âge de 73 ans.

BONNET (Louis-Ferdinand), avocat célèbre, né à Paris en 1760, mort en 1839. Il se distingua dans le fameux procès Kornmann, dans lequel il eut pour adversaire Beaumarchais; avec son esprit inimitable. En 1804, il fut chargé de la défense du général Moreau. Il défendit aussi d'office Louvel, l'assassin du duc de Berry. Il fut député de 1820 à 1824, et fut nommé membre de la cour de cassation en 1826. Il était plus habile jurisconsulte qu'éloquent orateur.

BONNET (Guy-Joseph), général haïtien, né à Léogane en 1773, mort en 1843. Sous le Directoire, il fut chargé d'une mission à Paris par le gouvernement de son pays. Il prit part à la lutte pour l'affranchissement de Saint-Domingue, et fut très-influent dans les affaires, grâce à ses connaissances politiques.

BONNET (Saint-), ch.-l. de cant. de l'arr. de Gap (Hautes-Alpes), à 16 kil. de cette ville. Pop. 1,170 hab. Sources d'eau minérale sulfureuse. Fabrique de grosse draperie.

BONNET-DE-JOUX (Saint-), ch.-l. de cant. de l'arrond. de Charolles (Saône-et-Loire), à 15 kil. de cette ville. Pop. 630 hab. Exploitation de pierres de taille.

BONNET-LA-RIVIÈRE (Saint-), village de l'arrond. de Limoges (Haute-Vienne), à 26 kil. de cette ville. Pop. 1,600 hab. Mines de fer et forges.

BONNET-LE-CHATEAU (Saint-), ch.-l. de cant. de l'arrond. de Montbrison (Loire), à 20 kil. de cette ville, autrefois fortifiée.

Pop. 1,930 hab. Belle église gothique. Commerce de bois de construction. Cette ville est située sur l'ancienne forteresse romaine de *Castrum veri*.

BONNET-LE-DÉSERT (Saint-), village de l'arrond. de Montluçon (Allier), à 45 kil. de cette ville. Pop. 1,120 hab. Importantes usines à fer, hauts fourneaux.

BONNET DE PRÊTRE. En matière de fortification, on donne ce nom à un ouvrage détaché, qui a deux angles rentrants et trois saillants, et dont les côtés sont en forme d'aronde au lieu d'être parallèles.

BONNET (guerre du). On donne ce nom à une querelle qui intervint sous Louis XIV et sous la Régence entre les ducs et pairs et les parlements au sujet d'une question d'étiquette. Il s'agissait de savoir si le président devait se découvrir devant les ducs et pairs, quand ceux-ci siégeaient au parlement et qu'il avait à leur demander leur avis.

BONNET. Dans les anciennes universités de France, le bonnet était le signe qui distinguait les docteurs des simples écoliers.

BONNET VERT. C'était autrefois, comme aujourd'hui, le signe de l'infamie. En Italie, cette peine fut d'abord réservée aux banqueroutiers. Vers le XVIe siècle, c'était un symbole qui indiquait que ceux qui le portaient s'étaient ruinés par leurs prodigalités. Il avait pour effet d'arrêter l'exécution de la contrainte par corps. De nos jours, le bonnet vert est la coiffure des condamnés aux travaux forcés à perpétuité.

BONNET A POIL, sorte de coiffure militaire. Il affecte la forme d'un cône dont la calotte est recouverte en peau d'ours. Les Barbares de l'antiquité se couvraient la tête de peaux de bêtes pour se donner un aspect plus farouche. Le père de Frédéric II coiffa ses soldats prussiens de la plus haute taille de bonnets de peau d'ours, qui se terminaient en cône afin de rendre plus commode la manœuvre du fusil. Vers 1730, nos grenadiers des gardes françaises et nos grenadiers à cheval leur empruntèrent cette coiffure. En 1756, la mode du bonnet à poil fit fureur dans l'armée. L'*Encyclopédie* en parle plaisamment en ces termes : « Est-il croyable que l'époque où l'on ne peut trouver d'assez petits chapeaux soit celle où l'on ne peut trouver d'assez grands bonnets ? Faut-il donc réduire nos grenadiers à faire un apprentissage et une application continuelle de toutes les finesses de l'équilibre ? Malheur surtout aux ivrognes et aux soldats qui sont *courts et ronds !* » L'usage du bonnet à poil devient de plus en plus restreint dans notre armée.

BONNET ROUGE. En 1790, quarante Suisses du régiment de Châteauvieux, condamnés aux galères à la suite des événements de Nancy, traversèrent Paris, coiffés du bonnet rouge qui leur avait été donné au bagne. Le peuple se souvint alors que ce bonnet avait été, chez les anciens, sous le nom de bonnet phrygien, le signe de l'affranchissement ; et il fut adopté pour exprimer que la nation venait d'être affranchie de la tyrannie ; il resta comme emblème distinctif des opinions avancées.

BONNÉTABLE, ch.-l. de cant. de l'arrond. de Mamers (Sarthe), à 24 kil. de cette ville. Pop. 3,340 hab. Château gothique.

BONNETERIE. On entend par ce mot la fabrication des bas, bonnets, tricots, et généralement de tous les tissus à mailles flexibles. L'invention des métiers à bas et celle des métiers à tricoter ont donné la plus grande extension à cette industrie.

BONNETS (faction des). (*Voir* CHAPEAUX.)

BONNETTES. On appelle ainsi, en matière de fortification, un ouvrage composé de deux faces qui forment un angle saillant, avec parapet et palissade au-devant.

BONNETTES, terme de marine, servant à désigner les menues voiles que l'on ajoute pour augmenter la largeur des voiles en vergue du bord du vent et même des deux bords à la fois, lorsque le vaisseau a le vent de l'arrière. La grande voile, sur les bâtiments à trois-mâts, ne grée pas de bonnettes. On distingue les bonnettes suivant le nom de la voile près de laquelle elles sont suspendues. Ainsi, il y a les bonnettes de hunier, les bonnettes de perroquet, les bonnettes de cacatoès. Les bonnettes basses sont celles qui se placent à côté des basses voiles.

BONNEVAL (Claude-Alexandre, comte DE), célèbre aventurier, né en 1675, d'une ancienne famille du Limousin, mort en Roumélie en 1737. Il servit d'abord en Italie sous Catinat et Vendôme. Mécontent de sa position dans l'armée, et emporté par son goût pour les aventures plutôt que par un sentiment politique, il entra au service de l'empereur d'Allemagne et prit ainsi parti contre la France. Le ministre Chamillard le fit condamner par contumace à avoir la tête tranchée. Bonneval combattit sous le prince Eugène, contre les Turcs. Il se distingua à la bataille de Péterwaradin. Il était major-général de l'armée. Se trouvant entouré avec 200 hommes par un corps nombreux de janissaires, il se défendit en héros. Il tomba enfin, blessé d'un coup de lance, et fut foulé aux pieds des chevaux. Ses soldats enlèvent son corps, traversent les rangs ennemis, et vont le porter en triomphe au quartier général. Il fut fait feld-maréchal sur le champ de bataille. Son intempérance de langage et la malice de ses discours, lui firent perdre la faveur d'Eugène ; il fut même condamné à cinq ans de prison ; il passa alors en Turquie, où il fut nommé général d'artillerie, et où il se fit musulman sous le nom d'Achmet-Pacha. Quoique musulman, il ne tenait guère plus à Mahomet qu'à Jésus-Christ ; et disait souvent, en faisant allusion à son turban, qu'il avait troqué son chapeau pour un bonnet de nuit. Il se félicitait toujours de n'avoir jamais perdu son appétit ni sa bonne humeur ; et s'égayait souvent en composant des chansons. On prétend qu'il n'a jamais été circoncis.

BONNEVAL, ch.-l. de cant. de l'arrond. de Châteaudun (Eure-et-Loir), à 14 kil. de cette ville. Pop. 1,770 hab. Fabrique de coton et lainages. Commerce de bois de construction. Belle église. Ville autrefois fortifiée.

BONNEVILLE (Nicolas DE), publiciste, né à Evreux en 1760, mort en 1828. Sincèrement attaché aux institutions inaugurées par la Révolution de 1789, il les défendit énergiquement dans plusieurs journaux politiques, tels que le *Cercle social*, le *Tribun du peuple* et la *Bouche de fer*. Il fut poursuivi et emprisonné pour ses opinions modérées, après la chute des girondins. L'empire le poursuivit, à son tour, à cause de ses opinions avancées. Il renonça alors aux luttes politiques et ne s'occupa que de travaux littéraires. Il a publié en collaboration, soit avec Friedel, soit avec Letourneur, de nombreuses traductions de romans allemands et des chefs-d'œuvre du théâtre de ce pays. Il a laissé aussi une *Histoire de l'Europe moderne*.

BONNEVILLE, ch.-l. d'arrond. (Haute-Savoie), à 30 kil. de Genève. Pop. 1,500 hab., sur l'Arve.

BONNIER D'ARCO (Ange-Elisabeth-Louis-Antoine), né en 1750, à Montpellier, mort en 1799. Il présida d'abord la chambre des comptes de Montpellier ; puis il fut envoyé par le département de l'Hérault à l'Assemblée législative et plus tard à la Convention. Il s'y montra républicain ardent. Le gouvernement le chargea de diverses missions diplomatiques, et l'envoya notamment au congrès de Rastadt. Au moment où il quittait cette ville, il fut assassiné avec le représentant Roberjot, par des hussards autrichiens. La Convention ordonna qu'on continuerait à prononcer son nom, ainsi que celui de son infortuné compagnon, à chaque appel nominal, et que le président répondrait pour eux : Vengeance !

BONNIÈRES, ch.-l. de cant. de l'arrond. de Mantes (Seine-et-Oise), à 12 kil. de cette ville. Pop. 770 hab. Près de là est le grand tunnel de Rolleboise.

BONNIEUX, ch.-l. de cant. de l'arrond. d'Apt (Vaucluse), à 10 kil. de cette ville. Pop. 1,150 hab.

BONNIVET (Guillaume Gouffier, seigneur DE), amiral de France, né en 1488, mort en 1525. Il était fils de Guillaume Gouffier, chambellan de Charles VIII. François Ier l'envoya en ambassade en Angleterre, afin de gagner le cardinal Volsey. A son retour en France, en 1521, il fut mis à la tête de l'armée destinée à conquérir la Navarre, et s'empara de Fontarabie. La paix fut proposée, et comme il fallait rendre Fontarabie, Bonnivet crut que sa gloire était intéressée à ce que la paix n'eût pas lieu à ce prix. Il eut un ennemi dans le connétable de Bourbon, qui cherchait toutes les occasions de l'humilier. Ainsi, Bonnivet ayant fait construire un magnique château près de Poitiers, le roi y conduisit le connétable et lui demanda son avis sur cette construction : « Il n'y a qu'un défaut, répondit le connétable, c'est que la cage est trop grande pour l'oiseau. — Vous êtes jaloux, dit le roi. — Moi jaloux ! réplique le connétable ; je ne le deviendrai jamais d'un homme dont les pères tenaient à honneur d'être écuyers de ma maison. » Après la trahison du connétable, Bonnivet, qui n'avait que la bravoure d'un courtisan, fut envoyé contre lui en Italie ; il s'y montra général inhabile. Il fut blessé dans sa retraite de Turin, où périt le chevalier Bayard. A son retour en France, il conseilla à François Ier de prendre lui-même le commandement de l'armée. Le roi livra la malheureuse bataille de Pavie. Bonnivet y trouva la mort. Le connétable, qui l'avait vainement cherché dans la mêlée, s'écria, en voyant son cadavre : « Ah ! malheureux, tu es cause de la perte de la France et de la mienne. » Brantôme rapporte que Bonnivet avait un tel ascendant sur François Ier, qu'il pouvait tout oser. Ainsi, il résolut un jour de pénétrer dans la chambre de la duchesse d'Alençon, sœur de François Ier, dont il se sentait éperdûment amoureux. Il y arriva par une trappe secrète, et Marguerite ne lui échappa qu'en appelant du secours. François Ier, lorsqu'il fut instruit de l'aventure, loin de s'en indigner, s'en amusa beaucoup.

BONNY, ville de la Nigritie centrale (royaume de Bénin), située dans le delta du Niger. Pop. 20,000 hab. Ville autrefois importante par la traite des nègres.

BONONE (Carlo), peintre, né en 1569, mort en 1632. Il était surnommé le *Carrache de Ferrare*. Son chef-d'œuvre est le *Festin d'Assuérus*, placé dans le couvent de Saint-Jean, à Ravenne, et les *fresques* dont est ornée l'église de Santa-Maria-in-Vado ne cessaient de faire l'admiration du Guerchin.

BONOSUS (Quintus), fils d'un rhéteur, né en Espagne. Il devint lieutenant de l'empereur Probus dans les Gaules, vers 280. Il se fit proclamer César dans cette province, en même temps que Proculus en faisait autant en Germanie. Probus marcha contre lui, le fit prisonnier et ordonna qu'il fût pendu. Pendant l'exécution, Probus faisant allusion aux habitudes d'ivrognerie de Bonosus : « Ce n'est pas un homme pendu, dit-il, c'est un broc. »

BONPLAND (Aimé), naturaliste, né en 1773, à la Rochelle, mort en 1858. Il accompagna Humboldt dans son voyage d'exploration en Amérique, et fut chargé, par l'impératrice Joséphine, de la direction de son jardin botanique de la Malmaison. En

1816, il repartit pour le Nouveau-Monde, parcourut à pied une grande partie de l'Amérique du Sud, créa à Santa-Anna une vaste plantation, où il se livra à des expériences agricoles. Ses principaux ouvrages sont : *Voyage en Amérique*, dont il publia la relation avec Humboldt; *Description des plantes rares de la Malmaison*, *Vue des Cordillères et monuments indigènes de l'Amérique*.

BONPOUR, ville forte du Béloutchistan, à 400 kil. de Kerman, à l'E. du grand désert de son nom.

BONSTETTEIN (Charles-Victor DE), littérateur, né à Berne en 1745, mort en 1832. Il occupa des fonctions dans la magistrature depuis 1775 jusqu'en 1796. Forcé d'émigrer à la suite des troubles de Berne, il voyagea en Italie et en Danemark, et ne revint à Genève qu'en 1802. Il a publié de nombreux ouvrages.

BONTÉ. On entend par ce mot ce sentiment de l'âme qui dispose à venir en aide à tous les êtres sensibles qui ont besoin d'assistance ou de secours. La bonté qui veut s'exercer, mais dont le pouvoir est limité, s'appelle *bienveillance*. La bonté s'appliquant à soulager les souffrances purement physiques, s'appelle *humanité* ou *philanthropie*. L'abnégation préconisée par le christianisme s'appelle *charité*. La bonté qui consiste à rendre des services qui ne nous appauvrissent pas s'appelle *obligeance*. La *sympathie*, la *compassion*, la *clémence*, la *magnanimité* et la *générosité* sont aussi des formes de la bonté. La philosophie moderne a cherché le principe de la bonté, et plusieurs philosophes l'ont trouvé, non dans la charité chrétienne, dont la *pratique absolue* leur paraît impossible, et qui conduirait à l'ascétisme des moines de l'Orient, c'est-à-dire à la ruine de la civilisation, mais dans l'*utilité bien entendue* qui, partant d'un principe absolument opposé, arrive à fonder une morale toute de fraternité et de dévouement, et s'inspirant de la doctrine évangélique la plus raffinée. Qui peut nier, en effet, que l'égoïsme bien entendu ne produise les mêmes effets que la charité? Il fallait seulement définir le principe.

BONTEMPS (Pierre), célèbre sculpteur français du milieu du XVIe siècle. Il n'est connu que par les mémoires de la chambre des comptes, dans lesquels on trouve la mention suivante : « Pierre Bontemps, sculpteur imagier, bourgeois de Paris, a fait les bas-reliefs du tombeau du feu roi François Ier, ainsi que les figures et effigies en forme de prians dudit feu roi, celles de Messieurs, le feu Dauphin et Charlotte de France, ses enfants, placées au-dessus dudit mausolée. » Les bas-reliefs représentent la bataille de Cérisoles. Ils sont d'une exécution remarquable pour l'époque, et le monument lui-même est l'un des plus remarquables de la basilique de Saint-Denis.

BONUS EVENTUS. C'était le nom donné par les Romains à la divinité de l'*heureux succès*. On la représentait sous la figure d'un jeune homme qui tient des pavots et des épis de blé d'une main, et une coupe de l'autre. Sa statue était placée au Capitole, à côté de celle de la *Bonne Fortune*. Les Romains faisaient graver sur des pierres l'image de cette divinité, et les portaient comme des amulettes.

BONZAC, bourg du départ. de la Gironde, situé à 4,430 mètres de Guitres. Pop. 500 hab. On y remarque le château de la Grave, embelli par M. le duc Decazes, et orné de magnifiques plantations et de cultures exotiques.

BONZES. Prêtres chinois de la secte du dieu Foé; on les rencontre en Chine, en Cochinchine et au Japon; mais le caractère de ces prêtres n'est pas le même dans ces divers pays; leurs mœurs varient également. Les bonzes chinois contribuent à entretenir le fatalisme oriental, et atrophient le cœur et l'intelligence du peuple en lui enseignant qu'il est inutile de chercher à dompter ses passions pour arriver aux félicités de la vie future; qu'il suffit de leur faire d'abondantes charités, à eux qui se chargent d'expier les péchés des autres, et de faire seuls pénitence, moyennant de larges rétributions. On les voit alors, pendant le jour, se livrer à des flagellations et à des supplices volontaires qui en imposent à la multitude. Les uns traînent par les rues d'énormes chaînes, en disant au peuple : « Voyez combien nous souffrons pour vous; » d'autres se frappent la tête contre les murs; d'autres se font suspendre au-dessus de brasiers allumés; d'autres, enfin, restent assis des journées entières sur des sièges garnis en dedans de pointes de clous; ils laissent croître leurs cheveux et ne se rasent jamais. Cependant, la nuit, ils se dédommagent volontiers, par de honteuses débauches, des fatigues de la journée. C'est ainsi que s'est altérée la morale de ce peuple, qui est loin, comme on le voit, de la doctrine de Confucius. Il faut toutefois rendre justice à la classe éclairée, qui est généralement incrédule, et laisse au peuple ignorant ces superstitions stupides. Les bonzes du Tonquin entendent autrement leur ministère : ils sont généralement très-pauvres et ne vivent que d'aumônes; ils trouvent encore moyen, avec de faibles ressources, de venir en aide aux veuves et aux orphelins. Ceux du Japon sont le plus souvent des cadets de famille qui, n'ayant pas assez de fortune pour soutenir leur rang, embrassent cette profession à la fois honorable et lucrative. Ceux du royaume d'Ava se distinguent par leur esprit de charité; ils ont une grande influence qu'ils doivent à leurs vertus, et ils contribuent à entretenir la paix et la concorde; ils se distinguent aussi par l'hospitalité généreuse qu'ils donnent aux étrangers, quelle que soit leur religion. Les bonzesses sont des religieuses chinoises du culte de Foé; elles sont enfermées dans des monastères; elles font vœu de chasteté, et sont punies de peines sévères quand elles l'enfreignent.

BOOM, ville de Belgique, dans la province d'Anvers, à 20 kil. de cette ville. Pop. 6,230 hab. Industrie active; chantiers de constructions maritimes; briqueteries, tuileries. Cette ville est située sur le Ruppel, dont la largeur, à cet endroit, est de 262 mètres. Beau pont tournant, inauguré en 1853.

BOOPIS, mot grec qui signifie *aux yeux de bœuf*. Homère applique cette épithète à Junon. Boopis désigne de grands yeux bleus, qui se meuvent lentement, mollement, harmonieusement.

BOOS, ch.-l. de cant. de l'arr. de Rouen (Seine-Inférieure), à 10 kil. de cette ville. Pop. 750 hab.

BOOTÈS, nom grec que les anciens astronomes donnaient à la constellation du Bouvier, voisine de la Grande-Ourse.

BOOTH (Félix), manufacturier anglais, né en 1775, mort en 1850. Il paya les frais de la deuxième expédition du capitaine Ross, dans les mers polaires arctiques. Son nom a été donné au golfe que Ross découvrit en pénétrant au S.-O. de Lancaster-Sund, dans la passe du Prince-Régent.

BOOTHIA, presqu'île de l'Océan glacial arctique, forme l'extrémité nord de l'Amérique septentrionale. J. Ross y découvrit le pôle magnétique.

BOOZ. (*Voir* RUTH.)

BOPPART, ville de Prusse, dans la province du Rhin, à 13 kil. de Coblentz. Pop. 4,500 hab. Ancienne ville libre impériale.

BORAS, ville de Suède, à 60 kil. de Wenersborg. Pop. 3,000 hab. Sources minérales très-fréquentées. Toiles et lainages.

BORAX, nom donné vulgairement au sous-carbonate de soude. Depuis quelques années on a remplacé, dans l'industrie, le borax brut, soumis à un raffinage, par l'acide borique, dont on trouve de grandes quantités en Toscane, dans les eaux chaudes des lacs volcaniques. L'extraction de l'acide borique s'opère par l'évaporation de l'eau des lacs dans des bâtiments de graduation. On peut ainsi le livrer à l'industrie à des prix fort réduits. Le borax ou l'acide borique est employé pour souder l'or et l'argent, pour braser la tôle et le fer, pour composer les émaux, les verres colorés et les cristaux blancs; il sert comme fondant dans les essais de métaux, et dans les essais des oxydes métalliques au chalumeau; on l'emploie pour la teinture et pour vernir certaines porcelaines qui nous viennent d'Angleterre. Le médecine l'administre quelquefois.

BORCE, village de l'arrond. d'Oloron (Basses-Pyrénées), à 30 kil. de cette ville Pop. 800 hab. Exploitation de beaux marbres aux environs.

BORCETTE ou BURTSCHEID, ville de Prusse, dans la province du Rhin, à 2 kil. d'Aix-la-Chapelle. Pop. 8,000 hab. Industrie active; quincaillerie fine, draps. Bains très-fréquentés d'eaux minérales et sulfureuses. Ancienne abbaye de cisterciens supprimée en 1802.

BORD, terme de marine, servant à désigner le côté d'un navire. Il est aussi employer pour désigner le séjour sur un bâtiment.

BORDA (Jean-Charles), célèbre mathématicien et physicien français, né à Dax dans les Landes, en 1733, mort à Paris en 1799. Il fut d'abord ingénieur, puis lieutenant de vaisseau. Il alla en Amérique avec Verdun et Pingré, pour explorer diverses côtes et en déterminer la longitude et la latitude. Il parcourut dans le même but les Açores, le cap Vert et la côte d'Afrique. Il s'enthousiasma pour l'indépendance des Etats-Unis, et combattit pour cette république sous le comte d'Estaing. Il fut très-utile à son chef par ses connaissances maritimes. Il fut le fondateur en France des écoles de construction navale. Parmi ses découvertes les plus remarquables, et dont une seule eût suffi pour l'illustrer, on cite: les *Cercles répétiteurs*, si utiles pour la navigation, et dont Tobie Mayer avait déjà eu l'idée; la *mesure d'un arc depuis Dunkerque jusqu'aux îles Baléares*, qui fut entreprise sous sa direction, et pour laquelle les cercles répétiteurs lui furent d'un grand secours; l'*invention d'un très-petit rayon*, servant à mesurer les angles avec la plus parfaite précision. Il était à la fois grand physicien et profond géomètre, et on doit lui attribuer la gloire d'avoir donné aux sciences physiques cette impulsion qui a déterminé les progrès étonnants accomplis de nos jours. Borda était aussi un homme très-spirituel, et dont on aimait à rapporter les heureuses saillies. On disait un jour devant lui que le fameux Struensée avait avoué, dans son interrogatoire, sa liaison avec la jeune reine de Danemark. « Un Français, s'écria Borda, l'aurait dit à tout le monde, et ne l'aurait avoué à personne. »

BORDE (Louis), mécanicien, né à Lyon en 1700, mort en 1747. Il a apporté quelques perfectionnements au cabestan; les lunettes astronomiques lui doivent quelques supports ingénieux; il a trouvé aussi un diviseur mécanique qu'on emploie dans l'horlogerie; une machine pour le perfectionnement des verres et des miroirs, et les moulins à hélice et à queue en usage sur le Rhône

BORDEAUX, ch.-l. du départ. de la Gironde. Cette ville est située sur la Garonne et à l'embouchure de ce fleuve dans l'Atlantique. C'est une de nos plus grandes villes maritimes, et l'une des plus remarquables par la splendeur de ses édifices, la richesse de ses maisons particulières et la beauté de ses rues. Elle est peuplée de 150,000 hab.

environ; elle est le siége d'un archevêché important dont relèvent les diocèses d'Angoulême, d'Agen, de Poitiers, de Périgueux, de la Rochelle et de Luçon; c'est là que se trouve l'évêché des colonies. Elle est le siége d'une cour impériale; elle possède une chambre de commerce et une Bourse importante par les affaires qui s'y traitent; elle possède une succursale de la Banque de France; elle est le siége de la 14ᵉ division militaire. Elle possède une direction des douanes, une manufacture de tabac, des facultés des sciences, des lettres et de théologie, une école de médecine et un lycée de premier ordre. Sa bibliothèque publique, fondée par Bel, qui légua ses livres et son hôtel à l'Académie, et enrichie plus tard des bibliothèques d'un grand nombre de couvents, possède aujourd'hui plus de cent mille volumes, parmi lesquels on remarque des éditions rares et des manuscrits précieux d'une haute antiquité. Bordeaux possède aussi un magnifique cabinet d'histoire naturelle, et un musée dont on admire la galerie de tableaux. Bordeaux, siége d'un grand nombre de consulats étrangers, possède un port magnifique, capable de contenir 1,200 navires du plus fort tonnage, et qui s'étend sur la Garonne dans toute la longueur de la ville, sur un espace de plus de 4 kil. La Garonne offre une profondeur de 6 mèt., qui est portée à 12 mèt. dans les hautes marées. Bordeaux se divise en deux parties : la ville ancienne et la ville nouvelle, dont la construction date de la fin du XVIIIᵉ siècle. On cite, parmi ses lieux de promenades les plus ravissants, le Chapeau rouge, les Chartrons, le cours de Tourny, où l'on voit une belle statue équestre de Napoléon III, les fossés de l'Intendance et les Quinconces, d'où l'on découvre le port. Bordeaux possède une antiquité précieuse : le palais attribué à l'empereur Gallien, qui s'élève en amphithéâtre. On cite aussi parmi ses monuments du moyen âge, les églises de Saint-Seurin et de Sainte-Croix, et le beffroi de l'église Saint-Michel, auquel se rattachent bien des souvenirs de notre histoire. Parmi les monuments plus modernes, on remarque Notre-Dame, le Palais de justice, l'Hôtel de ville, la Bourse, la Douane et le Grand-Théâtre. Bordeaux se relie au village de la Bastide par un magnifique pont, construit de 1811 à 1821, d'une longueur de 486 mètres; c'est à la Bastide que se trouve l'embarcadère du chemin de fer de Paris. Bordeaux est l'entrepôt des denrées coloniales pour le midi de la France. Son commerce des vins s'exerce sur une immense échelle, grâce à la supériorité de ses crus, que se disputent tous les pays du globe. Bordeaux est la patrie d'Ausone, de Berquin, de François et de Roger Ducos, de Gensonné, de du Haillan, l'historien de Montesquieu, de Boyer-Fonfrède, de Carle Vernet, du général Nansouty, des ministres Martignac et Peyronnet, de MM. Lainé et de Sèze, etc., etc. Avant la conquête des Gaules par César, Bordeaux était la capitale des *Bituriges Vivisci*; elle devint plus tard capitale de la seconde Aquitaine. La belle description qu'Ausone nous a laissée de Bordeaux, à cette époque, nous montre à quel degré de grandeur et de prospérité cette cité était déjà parvenue; les lettres grecques et latines y étaient enseignées dans des écoles où l'on accourait des divers points de l'empire romain. Bordeaux subit l'invasion des Barbares, et fut ravagée tour à tour par les Visigoths, les Sarrasins et les Normands. A partir de 911, les ducs de Guyenne relevèrent cette ville de ses ruines. Elle passa plus tard sous la domination anglaise par le mariage d'Eléonore avec Henri, duc de Normandie, qui devint plus tard roi d'Angleterre. En 1452, sous Charles VII, elle fut réintégrée à la monarchie française. En 1548, la commune s'arma pour la défense de ses priviléges violés par l'autorité royale : l'établissement de la gabelle menaçait de ruiner le commerce de Bordeaux. Les habitants mirent le gouverneur en fuite, mais il revint bientôt avec des forces considérables et soumit les révoltés. Henri II crut que sa vengeance n'était pas encore satisfaite, quoique les chefs de l'insurrection eussent été livrés au supplice. Il envoya contre Bordeaux le connétable de Montmorency avec une puissante armée : la ville était déjà réduite, mais l'énergie de ses habitants faisait encore trembler le souverain; cependant la ville était désarmée et hors d'état de résister; elle fut traitée comme une place ennemie, prise d'assaut; elle dut payer une contribution de 200,000 livres, et l'on pendit un bourgeois de dix en dix maisons. Avant la Révolution, la ville était gouvernée par un maire et quatre échevins; elle était déjà le siége d'un archevêché, d'un parlement, d'une cour des aides et d'une cour des comptes. Son université et son académie étaient célèbres en Europe.

BORDÉE. Ce mot signifie, en terme de marine, la décharge simultanée de tous les canons rangés de l'un des côtés d'un vaisseau.

BORDELAIS, ancien pays de France avec titre de comté, compris dans la Guyenne; cap. Bordeaux. Il se composait du Bordelais proprement dit, du Médoc, avec la Flandre du Médoc, des Landes de Bordeaux, des pays de Buch, de Born, de Marensin, du comté de Benauge, des pays d'Entre-deux-Mers, du pays de Libourne, du Fronsadais, du Cubzagués, du Bourgès, du Blaye et du Vitrezay. Villes principales : Libourne, Bourg, Fronsac, Blaye, Coutras, Lesparre; il est compris aujourd'hui dans les départements de la Gironde et des Landes.

BORDERÈS, ch.-l. de canton de l'arrond. de Bagnères-de-Bigorre (Hautes-Pyrénées), à 34 kil. de cette ville. Pop. 480 hab.

BORDERIE, poëte normand, né en 1507, élève de Clément Marot qui faisait un grand cas de lui, et l'appelait *son mignon*. On a conservé de lui deux poëmes pleins de grâce et de légèreté : l'*Amie de cour*, et *Discours du voyage de Constantinople, envoyé dudit lieu à une demoiselle de France*.

BORDESOULLE (Etienne TARDIF DE POMMEROUX DE), né en 1771 à Luzerets (Indre), mort en 1837. Il entra au service en 1789 et fit toutes les campagnes de la Révolution depuis 1792. Sa brillante conduite à Austerlitz le fit nommer colonel, et, après Friedland, général de brigade. Il contribua, en 1809, à la bataille de Midelin, en Espagne, où furent taillés en pièces 60,000 hommes d'infanterie. Il battit à Soleschniki (1812) l'avant-garde du général Barclay de Tolly, s'empara de Mohilow et fit 900 prisonniers, se distingua à Smolensk, à la Moskowa, à Krasnoï. Baron de l'empire et général de division; il fit la campagne de Saxe. Il fut créé commandeur de la Légion d'honneur, et fit des prodiges de valeur à Lutzen, Bautzen, Dresde, Leipzig et Hanau. Après la première entrée des Bourbons en France, il fut nommé, en 1814, inspecteur général de la cavalerie, chevalier de Saint-Louis, grand-officier de la Légion d'honneur; gouverneur de l'école polytechnique en 1822 et commandant de la garde dans la guerre d'Espagne, il fut élevé à la dignité de pair de France en 1823. En 1830, il fut proclamé chevalier commandeur de l'ordre du Saint-Esprit, et tenta vainement de conjurer les funestes projets de Charles X.

BORDEU (Théophile DE), célèbre médecin, né à Iseste, en Béarn, en 1722, mort à Paris en 1776. Il combattit, dans l'université de Montpellier, la doctrine de Boerhaave, et fonda une nouvelle doctrine basée sur l'observation du pouls. Il reprochait au célèbre médecin de Leyde de s'être souvent écarté de la doctrine hippocratique. Sa thèse sur les *Fonctions des sens*, qu'il publia à l'âge de vingt ans, parut si remarquable, que la Faculté de Montpellier le dispensa de passer ses autres examens. Il disait souvent qu'il fallait laisser agir la nature, et ne pas abuser des médicaments. Bien que profondément savant, il ne craignait pas d'avouer son ignorance sur certaines questions, et répondit souvent : « Je ne sais pas. » Il croyait difficilement aussi à la science dont on dotait trop facilement les autres, et il disait à ce propos : « Ne fera-t-on jamais un cours de bon sens ? » Il vint à Paris, où il s'acquit la plus grande réputation, et fut médecin de l'hôpital de la Charité. Il mourut à l'âge de 54 ans. Ses principaux ouvrages sont intitulés : *Recherches sur les pouls, par rapport aux crises*, et *Traité des maladies chroniques*. Dans le premier de ces ouvrages, il étudie la nature du pouls, ses caractères, ses modifications par l'influence des divers organes; et il ouvre un vaste champ d'observations que personne n'avait aussi bien signalées avant lui.

BORDIER. On appelait ainsi, au moyen âge, le métayer d'une borde, borderie ou bordelage. C'était une petite ferme soumise par un seigneur à des redevances en nature. Cette institution était surtout usitée dans le Nivernais.

BORDING (Anders), poëte danois et professeur de théologie à Ribe, né en 1619, mort en 1677. Il fut chargé par le roi de la rédaction du *Mercure danois*, premier journal politique du Danemark, qui était écrit en vers et paraissait une fois par mois.

BORDONE (Pâris), peintre italien, né à Trévise, vers la fin du XVᵉ siècle, mort en 1570. Il fut élève du Titien, et vint en France, appelé par François Iᵉʳ. Il y fut accueilli avec de grandes marques de considération, et fut chargé de faire les portraits de plusieurs dames de la cour. Il se retira ensuite à Venise. Il se distingua surtout comme peintre de portraits. La finesse de son trait et la délicatesse de l'expression l'ont fait aussi réussir dans les allégories. On cite, parmi ses productions les plus remarquables, l'*Anneau de Saint-Marc*, que notre musée possédait avant 1815, et qui se trouve aujourd'hui au musée de Venise, *Vertumne et Pomone*, *Vénus et Adonis* et l'*Aventure du pêcheur*.

BORE (Catherine DE), femme de Luther, née en 1499. Elle était fille d'un gentilhomme. Elle entra d'abord au couvent de Nimptschen, près de Grimma; mais après avoir lu les écrits du grand réformateur sur l'inutilité et les abus de la vie monastique, elle quitta le couvent, ainsi que plusieurs de ses compagnes. Elles furent recherchées par l'autorité ecclésiastique; mais Luther prit leur défense, en invoquant la liberté de conscience, et trouva des accents éloquents pour justifier leur démarche. La calomnie s'est attachée à cette femme aux mœurs douces et chastes et qui redoutait le bruit que la clameur publique faisait autour d'elle; ainsi les catholiques l'ont accusée d'avoir vécu dans la dissipation et la débauche. Erasme qui a le plus contribué à lui donner cette réputation, s'est noblement rétracté plus tard; mais les passions religieuses ont continué à propager la calomnie, sans faire mention de la rétractation. Luther la vit, en devint épris, et l'épousa en 1525. Elle ne cessa de témoigner à son époux, déjà vieux, l'affection la plus tendre. Elle mourut en 1552, laissant un fils.

BORÉAL (grand Océan). Il forme une des trois subdivisions des Océans pacifique et atlantique du cercle polaire arctique du tropique du Cancer. Il baigne l'Asie, l'Amérique septentrionale, l'Islande, les Iles britanniques.

BORÉASMES. On appelait ainsi les fêtes célébrées à Athènes en l'honneur de Borée, dans un temple situé au bord de l'Ilissus. Lorsque Xerxès entreprit de conquérir la Grèce et jeta un pont sur la mer, les Athéniens invoquèrent Borée, qui rompit plusieurs fois ce pont et dispersa la flotte des Perses. C'est en mémoire de ce fait que les Athéniens élevèrent un temple à Borée.

BORÉE, l'un des quatre vents cardinaux. D'après la Fable, il était fils d'Astrée et de l'Aurore, et résidait en Thrace, au N. de la Grèce. Il enleva Chloris, fille d'Arcturus, la porta sur le mont Niphate, qui fut appelé depuis le lit de Borée, et en eut un fils nommé Hyrpace. Ce dieu devint amoureux

velles et fort curieuses; il entreprit d'expliquer par des calculs exacts les phénomènes de l'économie animale. Sa théorie s'applique assez bien au système musculaire et aux mouvements des os; mais en ce qui concerne la physiologie générale, il y a lieu de la considérer comme une utopie. Il est regardé comme le chef de l'école *iatromathématicienne* ou *iatro-mécanique*.

BOREUM, cap et port de l'ancienne Cyrénaïque, situé sur la frontière de la Pentapole cyrénaïque, à l'entrée orientale de la grande Syrte.

BOREUM, ville de l'ancienne Afrique, située sur la côte de la grande Syrte, au S. du cap Boreum. Temple dédié à Salomon, changé par Justinien en une église chrétienne.

BORGA (prononcez Borgo), ville de Rus-

BORGHINI (Raphaël), littérateur italien de la fin du XVIe siècle. Il a laissé un *Traité sur la peinture et la sculpture*, qui est généralement estimé, ainsi que plusieurs comédies qui eurent un certain succès.

BORGHOLM, ville de Suède, à 30 kil. de Calmar, sur la côte occidentale de l'île d'Œland. Ancien château fort en ruines.

BORGIA (famille des). Le chef de cette famille, d'origine espagnole, est Alphonse Borgia, qui fut nommé pape en 1455, sous le nom de Calixte III. Il permit à son beau-frère, Godefroy Lenziolo, de prendre son nom; et Godefroy le transmit à son fils Roderic, qui devint pape sous le nom d'Alexandre VI. Ce pape souilla le trône pontifical de ses débauches et de ses crimes. Il laissa trois enfants qu'il eut de Vannozia, aussi célèbre par sa beauté que par ses

Potemkin offrant son épée à Catherine II.

des cavales d'Erechthée; il se changea en cheval, et en eut douze poulains si légers à la course qu'ils couraient sur les moissons sans courber les épis. Il fut épris des charmes de Pithys, mais ayant su qu'elle lui préférait Pan, le dieu du vent l'emporta et la jeta avec une telle violence sur les rochers, que son corps fut brisé. Il enleva enfin Orithye, fille d'Erechthée, roi d'Athènes, et il en eut cinq enfants. Borée était représenté à Athènes sur la tour des Vents, sous la figure d'un jeune homme avec des ailes, des cothurnes, et la tête enveloppée dans une draperie.

BOREK, ville des Etats prussiens, dans la province de Posen, à 55 kil. de cette ville. Pop. 1,800 hab. Pèlerinage célèbre à une image miraculeuse de la Vierge.

BORELLI (Jean-Alphonse), célèbre physiologiste, né à Naples en 1608, mort à Rome en 1679. Il fut professeur de philosophie et de mathématiques à Florence et à Pise. La reine Christine le fit venir à Rome, où elle l'honora de ses faveurs; cependant il mourut pauvre. Il a laissé deux ouvrages en latin : l'un *Sur le mouvement chez les animaux*, et l'autre *Sur la force de percussion*. On y trouve des observations nou-

sie, dans la Finlande, à 40 kil. d'Helsingfors. Pop. 4,000 hab. Siége d'un évêché luthérien. Commerce de toiles. Possède un port sur le Borgo, dans le golfe de Finlande.

BORGELLA (Jérôme-Maximilien), général haïtien, né en 1773, au Port-au-Prince, mort en 1844. Après avoir joué un rôle dans les factions que formèrent Rigaud et Pétion, il finit par se soumettre à ce dernier. Le président Boyer lui confia des commandements importants.

BORGHÈSE, célèbre famille romaine, originaire de Sienne. Elle compte parmi ses membres le pape Paul V, qui contribua le plus à son élévation. En 1607, Paul V donna à son frère, François Borghèse, le commandement des troupes qu'il envoya contre la république de Venise. Il fit prince de Sulmone Marc-Antoine Borghèse, son neveu. Un autre de ses neveux, Scipion Caffarelli, fut nommé cardinal. Marc-Antoine Borghèse a seul laissé une descendance.

BORGHETTO, ville du royaume d'Italie, dans la province de Brescia, à 25 kil. de Vérone. Pop. 2,500 hab. Le 28 mai 1796, les Français y battirent les Autrichiens.

intrigues: César, Jean, et Lucrèce Borgia.

BORGIA (César), second fils naturel d'Alexandre VI, né à Venise vers 1457. Il était doué d'une imagination vive, d'un esprit brillant et fascinateur et même d'une certaine éloquence qui ajoutait à ses moyens de séduction. Mais ses passions étaient ardentes et son ambition sans bornes; le crime lui apparut comme un moyen d'exercer l'empire, et il se montra cruel avec froideur et sans remords, brisant sans scrupule les existences qui pouvaient lui nuire. Il vécut dans l'obscurité, à Rome, jusqu'à ce que son père fût parvenu au trône pontifical. Dès lors, il fut nommé prince de l'Eglise et archevêque de Valence; on l'appelait le cardinal Valentin. Il négocia un mariage avec la fille naturelle d'Alphonse, duc de Calabre; mais son ambition ayant été déçue, il songea à s'enrichir, et entraîna son père dans la voie des exactions, des assassinats et des empoisonnements, pour s'emparer des biens des victimes. Zizim était prisonnier à Rome; le sultan Bajazet, son frère, offrit à Alexandre VI 300,000 ducats pour la tête de ce malheureux prince; Charles VIII exigeait de son côté que le prisonnier lui fût livré. Il espérait ainsi susciter un compétiteur à Bajazet, et se ménager un prétexte pour intervenir dans les affaires de l'Orient. César Borgia trouva moyen, en administrant un poison lent à Zizim, de satisfaire Charles VIII tout en gagnant les 300,000 ducats. Il eut même la hardiesse de se livrer en otage au roi de France; mais il s'échappa de son camp dès qu'il vit l'action du poison se manifester. Charles VIII marchait sur Naples, César revint à Rome pour imaginer un moyen de couper la retraite aux envahisseurs. Il ne se contenta pas de prendre ses victimes parmi les barons romains ou les fonctionnaires enrichis, il se souilla encore du meurtre de son propre frère. Jean Borgia, son frère aîné, avait été nommé duc de Gandie par son père; le roi de Naples l'avait investi des gon et à la Castille. L'une des dispenses entraînait l'autre. César Borgia trouva le moyen de concilier ces intérêts divers : il se fit délivrer une dispense par l'archevêque Floride, secrétaire des brefs, et l'accusa d'avoir falsifié le sceau pontifical; en même temps il faisait promettre à ce malheureux archevêque la liberté et même un avancement, s'il consentait à s'avouer coupable. Une pareille demande était un ordre : aussi l'archevêque obéit; mais il n'eut pas le bénéfice de sa lâcheté, car César, qui ne redoutait que l'indiscrétion des vivants, le fit mourir dans un cachot, et put même ainsi s'enrichir de ses biens. Toutefois le mariage qu'il projetait n'eut pas lieu, et il resta cardinal. Il répara bientôt cet échec. Louis XII, roi de France, poursuivait, devant la cour de Rome, la nullité biens de la famille Cajétan, dont il venait de s'emparer. Toutefois sa sœur dut payer à la Chambre apostolique, ou pour mieux dire à César lui-même qui disposait du trésor pontifical, une somme de 80,000 ducats. Il s'empara des principautés de Rimini et de Piombino. Manfredi l'arrêta devant Faënza; il la réduisit par la famine, et, au mépris d'une capitulation, il fit périr Manfredi et son frère. Se sentant trop faible pour attaquer le duc d'Urbin, il lui proposa une alliance pour conquérir la principauté de Camerino. Le duc d'Urbin commit l'imprudence de lui confier le commandement de ses troupes; César s'en servit pour déposséder le duc d'Urbin lui-même; il s'empara ensuite de Camerino, dont il fit étrangler le possesseur, Jules de Verano, ainsi que ses deux fils.

Caulaincourt et Napoléon à la retraite de Russie.

duchés de Bénévent et de Ponte-Corvo. Il n'en fallait pas davantage pour exciter la jalousie de César Borgia; mais ce qui le détermina surtout à accomplir le meurtre de son frère, c'est qu'il s'aperçut que Lucrèce, sa sœur, qu'il avait pour maîtresse, entretenait le même commerce incestueux avec Jean Borgia. On trouva un jour dans les eaux du Tibre, en 1497, le corps du duc de Gandie, percé de neuf coups de poignard. Le pape ne connut pas d'abord l'assassin, et fulmina de terribles menaces; mais César Borgia, en se réfugiant à Naples, se dénonça lui-même. Cependant son père lui pardonna et lui rendit toute sa faveur. Il voulut même lui faire obtenir l'investiture des duchés de Bénévent et de Ponte-Corvo; le mariage de César Borgia avec la princesse Charlotte, fille du nouveau roi de Naples, pouvait amener ce résultat. Il y avait bien une difficulté, c'est qu'il fallait relever son fils de ses vœux. Alexandre VI l'aurait fait sans difficulté; mais la même faveur lui était demandée pour une religieuse, unique héritière du trône de Portugal, et d'un autre côté, la maison d'Aragon s'y opposait, parce qu'elle voulait réunir ce royaume à l'Aragon de son mariage avec Jeanne la Boiteuse, fille de Louis XI. Le pape cassa ce mariage, et chargea César Borgia de porter à Paris le bref pontifical. Celui-ci vint à la cour de France et y déploya un faste inouï : il faisait ferrer ses mules avec des fers d'or, et ne les faisait attacher que par un seul clou, comme s'il eût dédaigné de les perdre. Louis XII se montra reconnaissant : il s'entendit avec lui pour la conquête du Milanais, et le fit duc de Valentinois; il lui assura un revenu de 20,000 fr., et lui donna une compagnie de cent lances. Plus tard il lui donna même un secours de 6,000 fantassins et 2,000 cavaliers. Il lui fit, en outre, épouser la princesse Charlotte, sœur de Jean d'Albret, roi de Navarre A son retour en Italie, il poursuivit le cours de ses crimes et de ses spoliations; mais cette fois il était à la tête d'une armée. Il seconda l'entreprise de Louis XII dans le Milanais, sans négliger d'agrandir ses domaines. Ainsi il prit Imola, Forli et Césène, qui appartenaient à la famille Riario. Il dépouilla son beau-frère de la principauté de Pesaro; Lucrèce, sa sœur, aurait eu à s'en plaindre, s'il ne lui avait donné en dédommagement les Il méditait de s'emparer de Florence et de Bologne, à la faveur des troubles qu'il y entretenait, quand Louis XII résolut de l'arrêter; il l'empêcha d'entrer dans Florence. Les princes que César avait dépossédés l'attaquèrent alors, et rentrèrent presque tous dans leurs possessions. César s'en vengea par de terribles exécutions. Pendant ce temps-là, le pape exterminait les chefs de la famille Orsini, et emprisonnait le cardinal des Ursins pour le contraindre à lui céder son patrimoine. César Borgia revint à Rome, et signala son retour par des massacres, des noyades et des empoisonnements. Il avait résolu d'empoisonner à la fois quatre des principaux cardinaux; il les invita à un festin; mais par erreur ou trahison, le poison fut versé à César et à son père. Ce dernier en mourut; mais César, qui n'abusa jamais des plaisirs de la table, en prit une trop faible quantité pour succomber. Il s'empara immédiatement des clefs du trésor pontifical et appela des troupes pour le protéger contre ses ennemis. Pendant ce temps-là, les princes, ses ennemis, se liguaient pour marcher contre lui. Il se maintint cependant au Vatican et au château Saint-

Ange, et entretint habilement la division entre les cardinaux : les uns tenaient pour l'Espagne, et les autres pour la France. Les deux partis allaient en venir aux mains, quand le peuple intervint et exigea l'éloignement des factions armées. Le conclave nomma Pie III, un faible vieillard. César obtint de lui la permission de rentrer dans Rome avec un millier de soldats. Il fut attaqué dans son palais, et forcé de l'abandonner; mais il se maintint au fort Saint-Ange. Pie III mourut vingt-six jours après son avénement. Le cardinal Rovère qui aspirait à la tiare, se ménagea l'alliance de César en lui faisant les plus brillantes promesses. César, qui comptait trop sur son habileté, assura l'élection de Rovère, sous le nom de Jules II. Celui-ci exigea aussitôt de César la remise des possessions qu'il avait usurpées, et il le retint prisonnier jusqu'à ce que cette remise eût été effectuée. César envoya des ordres secrets pour faire empoisonner ceux que Jules II avait chargés de prendre possession de Césène, de Forli et de Bertinoro. Cependant il fut complétement dépouillé, et s'estima heureux de ce que Jules II lui permit de se réfugier auprès de Gonzalve de Cordoue. Il passa de là à la cour d'Espagne, où il fut arrêté et jeté en prison. Il s'échappa après une captivité de trois années, et chercha un nouveau refuge auprès de Jean d'Albret, roi de Navarre, son beau-frère. Celui-ci le mit à la tête de son armée, et l'envoya contre le connétable de Castille. Il trouva la mort vers 1507, au siége du château de Viane. Chose étrange! cet homme eut de son temps des admirateurs; il était généreux, instruit et même savant; il protégeait les lettres et les arts; à la guerre, il se distinguait par une rare bravoure et une habileté militaire qui faisait de lui l'un des premiers capitaines de son siècle. Avec tant de brillantes qualités, il n'a réussi qu'à faire maudire sa mémoire. Entouré de princes italiens non moins fourbes que lui, mais moins audacieux dans le crime, il ne fut guidé dans les actes de sa vie, que par le profond mépris qu'il éprouvait pour eux, mépris dans lequel il embrassait les autres hommes. Borgia, s'il eût vécu dans l'ancienne Rome, eût été Sylla. Machiavel l'a pris pour modèle dans son livre du *Prince*, dont l'interprétation est encore à donner.

Borgia (Lucrèce), fille naturelle du pape Alexandre VI et de Vannozia, et sœur de César Borgia. Elle fut fiancée, dès son enfance, à un gentilhomme aragonais; mais son père rompit cette alliance et la maria à Jean Sforce, seigneur de Pesaro. En 1497, il prononça le divorce pour cause d'impuissance, et lui fit épouser le fils d'Alphonse II d'Aragon. Il fit assassiner ce dernier, quand il prit parti pour Charles VIII contre la maison de Naples. En 1501, Lucrèce épousa Alphonse d'Este, fils d'Hercule, duc de Ferrare, à la cour duquel elle attira Pierre Bembo, qui l'a célébrée dans ses écrits, l'Arioste qui la compara à la Lucrèce romaine. Tant d'éloges ont paru un problème historique, quand on songe que cette femme se souilla des mêmes crimes que son père et ses frères et qu'elle se vautra avec eux dans la fange de l'inceste. Mais l'étonnement cesse, dès qu'on comprend qu'il y avait, dans cette femme perfide et astucieuse, une intelligence si profonde de l'intrigue et un tel pouvoir de séduction, qu'elle était aussi capable de remplir le rôle d'une Lucrèce antique, radieuse d'une vertu presque divine, que d'étaler l'impudicité d'une Messaline. Elle possédait cet art merveilleux qui n'appartient qu'à une certaine nature de femmes, de se servir de ses propres crimes pour s'en faire une arme, en les imputant à la calomnie. Pontanus lui a composé une épitaphe en latin, dont nous donnons la traduction :

Ci-gît une femme nommée Lucrèce, et qui aurait dû se nommer Laïs, fille, bru et maîtresse du pape Alexandre.

Borgia (François), prince de Squillace, arrière-petit-fils du pape Alexandre VI, et petit-fils de saint François Borgia, 3e général des jésuites, fut envoyé au Pérou en 1614, comme vice-roi. Il y fonda une ville qui s'appela de son nom, *Borja*. Il travailla avec succès à civiliser ce pays. Il revint en Espagne à la mort de Philippe II, et ne s'occupa plus que de la culture des lettres et de la poésie. Il a laissé des vers qui attestent sa persévérance à lutter contre le mauvais goût et le faux brillant de son siècle.

Borgia (Alexandre), archevêque de Fermo, et l'un des hommes les plus célèbres de son temps, comme prélat et comme littérateur, né à Velletri, en 1682, mort en 1764. Il fut l'ami et le conseiller du pape Benoît XIV, qui lui conféra les plus hautes dignités ecclésiastiques. C'est d'après son avis que Benoît XIV supprima beaucoup de fêtes religieuses qui entretenaient un chômage nuisible à l'industrie. Il a laissé une *Vie du pape Benoît XIII*, et diverses biographies religieuses. On y distingue un grand esprit et un vrai mérite littéraire.

Borgia (Stefano), célèbre archéologue, et cardinal, neveu d'Alexandre Borgia, né à Velletri en 1731, mort à Lyon en 1804. Il fut gouverneur de Bénévent et préfet de la congrégation de la Propagation de la foi. A 19 ans, il était membre de l'Académie étrusque de Cortone; il composa un musée qu'il enrichit des manuscrits les plus précieux, et de médailles antiques. En 1789, il fut nommé cardinal. En 1797, Pie VI lui confia le gouvernement de Rome, avec les pouvoirs dictatoriaux les plus étendus pour maintenir les droits de la papauté contre le peuple, qui s'agitait à la nouvelle de l'approche d'une armée française libératrice. Borgia ne put tenir tête à l'esprit révolutionnaire qui triompha à Rome, ni empêcher la proclamation de la république : il dut même prendre la fuite, ainsi que le pape. En 1804, Pie VII le désigna pour l'accompagner en France; mais la mort le surprit à Lyon. Il a laissé, sur les antiquités de plusieurs villes de l'Italie, des écrits intéressants.

Borgia (saint François), né en Espagne en 1510, mort en 1572. Il fut le 3e général des jésuites. Il eut l'habileté, lorsque le parlement de Paris contesta la légalité de l'institution de l'ordre des jésuites, de s'appuyer sur la cour, et de prolonger les débats, de telle sorte que le procès restât en suspens, sans recevoir de solution. Il fut canonisé en 1671.

Borgia, ville du royaume d'Italie (Calabre ultérieure IIe), à 10 kil. de Cantazaro. Pop. 3,500 hab. Un tremblement de terre la ruina en 1783.

BORGO, ch.-l. de cant. de l'arrond. de Bastia (Corse), à 20 kil. de cette ville. Pop. 700 hab. Il est situé sur une éminence, près de la route d'Ajaccio.

Borgo di Val-Sugana, ville du Tyrol, à 26 kil. de Trente. Pop. 2,200 hab.

Borgo-Forte, bourg des États autrichiens (Vénétie), délégation de Mantoue, à 12 kil. de cette ville. Les Autrichiens y furent défaits par les Français en 1796. Château-fort.

Borgo-Manero, ville du royaume d'Italie, dans la prov. de Novare, à 29 kil. de cette ville. Pop. 6,000 hab.

Borgo-san-Dalmazzo, bourg du royaume d'Italie, dans la prov. de Coni, à 8 kil. de cette ville. Pop. 3,000 hab. Abbaye de bénédictins.

Borgo-san-Donnino, ville forte du royaume d'Italie, dans la prov. de Parme, à 24 kil. de cette ville. Pop. 5,000 hab. Siége d'un évêché suffragant de Parme. Ancien palais ducal. Étoffes de soie et de lin.

Borgo-san-Lorenzo, ville du royaume d'Italie, à 25 kil. de Florence. Pop. 3,900 hab. Foires importantes.

Borgo-san-Sepolcro, ville du royaume d'Italie, à 20 kil. d'Arezzo. Pop. 3,350 hab. Siége d'un évêché. Usines à fer, clouteries importantes.

Borgo-Taro, ville du royaume d'Italie, à 50 kil. de Parme. Pop. 1,200 hab.

BORGOGNONE (Ambrosio), peintre italien qui eut une certaine célébrité au XVIe siècle. Ses tableaux religieux rappellent l'enfance de l'art; ils sont cependant remarquables par une certaine naïveté. On a conservé son *Portement de la croix* dans l'église de Saint-Ambroise, à Milan.

BORIÈS (Jean-François-Louis Leclerc), sergent-major au 45e de ligne, né en 1795. Il entra avec trois autres sergents de son régiment, nommés Raoulx, Goubain et Pommier, dans la conspiration dite de la Rochelle contre les Bourbons. Dans le même temps, le général Berton cherchait à soulever les départements de l'ouest; des conspirations éclataient aussi à Saumur, à Toulon et à Nantes. Le gouvernement de Louis XVIII voulut déployer toute sa sévérité contre quatre jeunes sous-officiers. Le procureur général Bellart évoqua l'affaire; il essaya d'y mêler la Fayette, Benjamin Constant, Kératry, Voyer d'Argonson et Laffitte; mais comme il n'y avait contre eux que des rapports d'agents de police que le faux zèle qu'ils déployaient alors rendaient suspects, Bellart ne réussit qu'à faire tomber la tête des quatre sergents. Ils marchèrent à l'échafaud, accompagnés des sympathies du peuple, qui n'a jamais cessé de prononcer leurs noms avec vénération.

BORINAGE, petit pays de Belgique dans le Hainaut, comprenant les communes de : Jemmapes, Quarcynon, Wasmes, Horme, Frameries, Pâturages. Pop. 32,000 hab. Vaste et riche bassin houiller.

BORISOGLEBSK, ville de Russie, dans le gouvernement d'Iaroslaf. Pop. 4,500 hab. Fabrique de tissus en crins. Construction de chaudières à vapeur.

BORISSOV ou Borislov, ville de la Russie d'Europe, dans le gouvernement de Minsk, à 55 kil. de cette ville. Pop. 2,700 hab. C'est près de cette ville, à Stoudianka, que l'armée française opéra en 1812, les 26 et 27 novembre, le désastreux passage de la Bérézina.

BORJA, ville d'Espagne (Aragon), dans la prov. de Saragosse, à 68 kil. de cette ville. Pop. 3,000 hab. Berceau de la famille Borgia ou Borja.

BORKEN, ville des États prussiens (Westphalie), à 55 kil. de Munster. Pop. 3,000 hab. Fabrique de toiles.

BORKUM, île de la mer du Nord, à l'embouchure de l'Ems, à 30 kil. de Hanovre (Frise orientale). Sup. 16 kil. de tour. Pop. 500 hab. Phare. Drusus la découvrit et la conquit autrefois.

BORMIDA, rivière du royaume d'Italie, formée à Bistagno de la réunion de deux branches (la Bormida orientale et la Bormida occidentale) qui prennent leur source dans les Apennins. Après un parcours de 50 kil., elle se jette dans le Tanaro.

BORMIO, ville du royaume d'Italie, dans la prov. de Sondrio, à 50 kil. de cette ville. Pop. 2,500 hab. Eaux minérales, miel estimé. Le 26 mars 1799, le général Dessolles y vainquit les Autrichiens.

BORN (Bertrand de), troubadour et guerrier célèbre du XIIe siècle; il était vicomte de Hautefort, près de Périgueux. Il se distingua par sa bravoure, sa galanterie chevaleresque et le charme de sa lyre. Il forma une puissante ligue contre Richard, comte de Poitou, fils de Henri II, roi d'Angleterre, à qui il voulait reprendre la Guyenne. Il fut abandonné de ses alliés, puis vaincu et obligé d'implorer la paix. Irrité contre ses lâches alliés, il ravagea leurs terres; mais Richard, devenu à son tour roi d'Angleterre, vint assiéger son château et s'en empara. Il suivit alors ce prince. La princesse Hélène, sœur de Richard, ne fut pas insensible au plaisir d'être célébrée par ce poëte. Il s'attacha ensuite à la fille du vicomte de Turenne, qui devint la dame de ses pensées. On rapporte qu'enfin il se retira dans un cloître. Le Dante l'a placé dans son *Enfer*, où il le montre portant, en guise de lanterne, sa tête à la main. La Bibliothèque impériale possède douze *sirventes* de ce troubadour.

BORNAGE. Les pierres placées entre deux champs voisins pour en marquer la séparation s'appellent *bornes*. On entend par bornage l'opération qui consiste à placer les bornes. Tout propriétaire d'un champ a le droit de contraindre les propriétaires voisins au bornage, et s'ils ne s'accordent pas à cet effet, le bornage est établi par le juge de paix compétent, et il en est dressé procès-verbal.

BORNÉO, grande île de la Malaisie, la plus grande du globe après l'Australie, elle offre une longueur de 1,080 kil. sur une largeur de 900; sa superficie carrée est de 164,000 kil. Elle est entourée d'un grand nombre de petites îles, et notamment des îles Soulou. L'intérieur de Bornéo est à peine connu des Européens, qui ne fréquentent que les côtes. On sait seulement qu'on y rencontre de vastes forêts et un grand lac d'où sortent les rivières qui arrosent cette contrée. Les fleuves les plus importants sont: Bornéo au N., Passir à l'E., Bendjarmassin au S., Pontiana et Soccadana à l'O. Le climat est tempéré par les vents et par les pluies, qui durent de novembre en mai; la température varie à peine entre 22° et 27°. Le climat est malsain pour les Européens, et les tremblements de terre sont assez fréquents. La population suit le culte de Mahomet; elle se compose de Javanais, de Bougghis ou Macassares, de Malais et d'Arabes. On y distingue deux peuples de mœurs bien différentes: les Biadjous ou Viahdjas et les Alforèses ou Haraforas. Les premiers se rapprochent de la race malaise; on les nomme aussi Eïdaans ou Dayaks. Ils sont robustes et braves, mais adonnés à la piraterie; ils n'ont qu'une ceinture pour tout vêtement et habitent de misérables huttes. Un Eïdaan ne peut se marier que quand il justifie qu'il a tué un ennemi de sa main et qu'il en apporte le crâne. Ils ne combattent guère qu'avec des flèches empoisonnées et sont anthropophages. Cependant ils cultivent la terre et font un certain commerce avec les Chinois; ils n'ont d'autre monnaie que des mesures de sel. Les Alforèses ne vivent que de chasse et de pêche; les Européens se sont souvent amusés de leurs danses licencieuses. On évalue approximativement la population de l'île à 5,000,000 d'habitants. Le plus puissant Etat qu'on y rencontre est celui de Bornéo, qui est gouverné par un sultan. Bornéo en est la capitale. Les maisons sont bâties sur pilotis, et l'on n'y arrive que par des échelles. On rencontre dans l'île de l'or et des diamants. Il y a aussi des mines de fer, de cuivre et d'étain. Les forêts offrent beaucoup de bois de construction.

BORNŒVED ou BORNHŒFT, village du Holstein, à 30 kil. de Kiel. Le 6 décembre 1813, les Suédois y furent défaits par les Danois. Les prélats, les chevaliers et les villes du Holstein y tenaient leurs diètes au temps du moyen âge.

BORNOU, BOURNOU ou BIRNIE, puissant royaume du Soudan (Afrique centrale), borné au N. par le royaume de Kanem et le désert, à l'E. celui de Begharmi, au S. celui de Mandara, à l'O. celui de Houssa. Cap. Kouka, à 2,000 kil. de Tripoli. Pop. 30,000 hab. Climat très-chaud, sol fertile: maïs, millet, riz, coton, indigo;

bêtes féroces et reptiles. Ce royaume est arrosé par le Yeou et le Schâzy. Superficie, 8,500 myriam. carrés. Pop. 1,200,000 hab. Commerce d'esclaves, poudre d'or, civette. Fabriques d'armures de guerre.

BORODINO, village de la Russie d'Europe, dans le gouvernement de Moscou, à 115 kil. de cette ville, situé près du champ de bataille de la Moskowa, gagnée par Napoléon Ier, le 7 septembre 1812. Les Russes ont donné le nom de bataille de Borodino à cette sanglante affaire, qui ouvrit les portes de Moscou à la grande armée.

BOROUGHBRIDGE, ville d'Angleterre, dans le comté d'York, à 25 kil. de cette ville. Pop. 1,000 hab. Commerce de quincaillerie. Le duc de Lancastre y fut défait par Edouard III en 1832.

BOROVSK, ville de la Russie d'Europe, dans le gouvernement de Kalouga, à 80 kil. de cette ville. Pop. 6,000 hab. On voit aux environs le riche couvent de Pafnoutief-Borovski, fondé en 1444.

BORROMÉE (saint Charles), cardinal et archevêque de Milan, né au château d'Acrone sur les bords du lac Majeur, en 1538, mort en 1584. Pie IV, son oncle maternel, le fit cardinal, puis archevêque de Milan. Il n'avait alors que 22 ans; mais il se montra déjà administrateur intelligent et ami des lettres. Il fonda à Milan une académie où il appela d'illustres savants. Il fut bientôt comblé de dignités par son oncle, qui lui permit d'entretenir une cour fastueuse. Mais tout à coup, Borromée réforma sa maison; il renvoya ses 80 domestiques et s'imposa une vie de privations et d'austérités; il fit de sa maison une sorte de séminaire et introduisit des changements dans la règle de certains ordres religieux. Il indisposa cependant les moines, et l'un d'eux, frère Farina, de l'ordre des *Humiliés*, le frappa d'un coup d'arquebuse. Le meurtrier fut mis à mort et son ordre supprimé. Borromée n'en continua pas moins à donner l'exemple de toutes les vertus et à se faire le serviteur des pauvres. Il montra le plus grand courage lors de la peste qui désola Milan. Il mourut à 46 ans, et fut canonisé par Paul V. Il a laissé un grand nombre d'ouvrages moraux et religieux.

BORROMÉES (îles). On appelle ainsi 4 îles situées dans le lac Majeur (royaume d'Italie): *Isolino*, ou San-Giovani; *Isola Madre*, ou île Mère ou de Saint-Victor, couverte d'orangers, d'arbres et d'arbustes des pays chauds; *Isola di Piscatori*, ou île des Pêcheurs, 200 hab.; petite église, paroisse du groupe; *Isola Bella*, ou île Belle; palais, jardins d'un terrain artificiel formé de terrasses superposées en amphithéâtre.

BORROMINI (François), architecte italien, né à Bissone, près de Côme, en 1599, mort en 1667. Il fut architecte de Saint-Pierre de Rome; il employa un talent vraiment supérieur à gâter ses compositions par une complication d'ornements inutiles et un raffinement exagéré de détails. Il conçut contre Bernin une jalousie qui dégénéra en folie; il voyagea pour se distraire de la pensée qui l'obsédait; il chercha ensuite une diversion dans un travail excessif. Rien n'y fit. Il tomba gravement malade; les médecins ne purent obtenir qu'il laissât son pinceau. Dans un accès de désespoir, il se perça de son épée et mourut de sa blessure. Félibien a fait de Borromini le portrait suivant: « Le Borromini a été l'un des plus grands hommes de son siècle pour la fécondité de son génie et l'élévation de ses idées; mais il a été en même temps le dernier par les abus qu'il en a faits. Il eut les plus grands succès lorsqu'il se borna à imiter les grands maîtres. L'envie qu'il eut de surpasser Bernin l'engagea à ne suivre que l'impulsion de son génie, qui ne tarda guère à l'égarer. Borromini crut marcher à la gloire en introduisant des nouveautés dans

l'architecture. Il méconnut dès lors la simplicité des formes, et il n'employa plus que des contours bizarres et ridicules, des cartouches, des colonnes trop engagées, des frontons brisés et autres extravagances. C'est ce genre outré qui a donné naissance, en Italie, à l'expression *gusto borrominesco*. On remarque cependant, dans les grandes compositions de cet artiste, une sorte de majesté qui annonce un talent supérieur. Il est aisé de voir que si Borromini eût médité davantage ses productions, et qu'il eût tâché d'éviter tous les défauts dans lesquels sont tombés les plus grands hommes en marchant sur la même ligne, il se serait fait un nom célèbre; c'est alors qu'il aurait surpassé non-seulement Bernin, mais tous les autres grands architectes, qui ont en vain tenté cette découverte. Borromini s'écarta de la bonne voie et entraîna avec lui les architectes médiocres, qui se laissèrent séduire par le brillant de ses productions. Leurs erreurs ont été d'autant moins supportables qu'ils avaient moins de génie. Tel a été le sort de la secte de cet artiste. » Il a construit l'église de la Vallicela et celle de la Sapience, à Rome.

BORROWDALE, ville d'Angleterre (Cumberland), à 12 kil. de Keswick. Pop. 400 hab. Riche exploitation de plombagine.

BORROWSTONNESS ou BO'NESS, ville d'Ecosse, à 27 kil. d'Edimbourg. Pop. 2,800 hab. Port à l'embouchure du Forth. Pêche de la baleine et du hareng. Exploitation de houille et salines. Château de Kinneil-House, aux ducs de Hamilton, situé aux environs de cette ville.

BORSA, village des Etats autrichiens (Hongrie), à 75 kil. de Szigeth. Pop. 3,500 hab. Mines de plomb argentifère et de cuivre.

BORSCHOD ou BORSZOD, comitat de Hongrie; cap. Miskolez. Sup. 360,000 hect. Pop. 230,000 hab. Céréales et vins estimés.

BORT, ch.-l. de cant. de l'arrond. d'Ussel (Corrèze), à 29 kil. de cette ville. Pop. 1,750 hab. Exploitation de plomb argentifère à Ribeyrolles. Patrie de Marmontel.

BORY DE SAINT-VINCENT (J.-B.-M.-G.), membre libre de l'Académie des sciences, né en 1780 à Agen, mort en 1846. Il servit comme officier d'état-major sous Brune, Davoust, Ney et Soult, se signala par son patriotisme pendant les Cent-Jours, et fut exilé de 1816 à 1820. En 1829, il dirigea l'expédition scientifique de Morée. En 1838, il présida la commission explorative de l'Algérie, et fut 16 ans chef du bureau historique au dépôt de la guerre. Il a écrit sur plusieurs branches de l'histoire naturelle, et a été le principal rédacteur de la *Bibliothèque physico-économique*, du *Dictionnaire classique d'histoire naturelle*, et a publié de bons résumés géographiques. On a en outre de lui: un *Voyage dans les îles d'Afrique*, et un *Essai sur les îles Fortunées et l'antique Atlantide*.

BORYSTHÈNE, aujourd'hui Dniéper, fleuve de la Sarmatie d'Europe. (*Voir* DNIÉPER).

BOSA, ville du royaume d'Italie, sur la côte O. de l'île de son nom, à 50 kil. de Sassari. Pop. 6,500 hab. Siége d'un évêché. Corail aux environs.

BOSC D'ANTIC (Paul), médecin de Louis XV, né à Pierre-Ségate dans le Languedoc, en 1726, mort en 1784. Il étudia la médecine à Montpellier, et alla prendre à Castres son diplôme de docteur. Il passa ensuite à Paris, où il se lia avec Réaumur et Nollet qui lui enseignèrent la physique et la chimie. Il s'occupa alors de rechercher l'application de ces deux sciences aux arts et à l'industrie, sans négliger la médecine. En 1755, la manufacture de glaces de Saint-Gobain, voulant trouver un procédé qui lui permît de livrer à plus bas prix ses glaces au commerce, s'adressa à l'Académie des sciences, qui lui envoya Bosc d'Antic. Après deux années d'étude, il résolut la difficulté. Il a consigné ses recherches dans deux *Mémoires* où l'on trouve des expériences nouvelles et fort utiles à la fabrication des glaces. Il entreprit lui-même de fabriquer du verre, mais il fit une mauvaise opération commerciale. Il reprit alors ses travaux scientifiques, et l'Académie couronna son *Mémoire sur la nature de la matière électrique et sur la cause de la graisse du verre*. Il étudia aussi la faïencerie et la fabrication de la potasse. A son retour d'un voyage en Angleterre, il reprit l'exercice de la médecine et se signala par ses procédés de médication des maladies chroniques et des laits répandus.

BOSC (Louis-Augustin-Guillaume), naturaliste, fils du précédent, né à Paris en 1759, mort en 1828. Envoyé comme consul aux États-Unis, sous le Directoire; à son retour il alla visiter le nord de l'Espagne. Il abandonna à Fabricius, à Latreille et à Lacépède les collections considérables qu'il avait rapportées de ses voyages. Chargé ensuite d'une mission scientifique en Suisse et en Italie, il en rapporta de nouvelles collections dont il enrichit le Muséum d'histoire naturelle de Paris. Il fut successivement nommé inspecteur des pépinières et jardins de Versailles, membre de l'Institut, puis membre du conseil d'agriculture et du jury de l'école vétérinaire d'Alfort, enfin administrateur des hôpitaux et des prisons de Paris et professeur de culture au Jardin des plantes. Ce savant avait des connaissances approfondies sur toutes les parties de l'histoire naturelle, mais il s'était plus particulièrement occupé de la culture des pépinières et des arbres fruitiers. Il a écrit un grand nombre de mémoires et de rapports qui ont été insérés dans une foule de recueils scientifiques de la France et de l'étranger. On a en outre de lui : une *Histoire naturelle des vers* et une *Histoire naturelle des crustacés*.

BOSCAN ALMOGAVER (Juan), poète espagnol, né à Barcelone en 1485, mort en 1543. Il était d'une ancienne famille. Après avoir servi sous l'empereur Charles V, il devint précepteur du grand-duc d'Albe don Ferdinand. Il entreprit de réformer la poésie syllabe. D'abord il substitua au vers de douze syllabes dont la forme était empruntée à la prosodie française, l'hendécasyllabe ou vers héroïque italien de 5 ïambes. Cette innovation convenait mieux à la nature de la poésie qu'il voulait introduire en Espagne, et peut-être au génie de cette langue. Grâce à cette innovation, il put débarrasser la poésie castillane des images forcées, des expressions boursouflées et de l'enthousiasme à faux, qui formaient le fonds des productions poétiques de son temps. Ainsi la poésie devint plus légère, plus naturelle et peignit mieux les sentiments. Il fut aidé dans cette conception par Cancilasso de la Véga et André Navagéro, ambassadeur de Venise. Au reste, ce genre de poésie avait été autrefois usité en Espagne par les premiers troubadours, puis abandonné. Le poëme intitulé *Léandre et Héro* passe pour le chef-d'œuvre de Boscan. Il a laissé aussi 4 livres de *Poésies diverses*.

BOSCH (Balthazar Van den), peintre célèbre de l'école flamande, né à Anvers en 1675, mort en 1715. Il était fils d'un tonnelier. Il peignit d'abord dans le genre de Téniers, et réussit comme lui dans ces fonds de tableaux où s'entassent les bustes, les vases et les menus objets. Comme Téniers, il sut représenter les paysans, sans atteindre toutefois l'expression et la variété du maître. Il voulut peindre des palais, mais ses personnages conservaient une allure grossière qui n'était pas dans la nature. On le lui reprocha; et il acquit bientôt une manière si heureuse et une telle délicatesse de touche, que ses tableaux furent fort recherchés. L'expression devint nette, vraie, et son coloris séduisant. Gand et Anvers possèdent ses chefs-d'œuvre.

BOSCH (Jérôme DE), helléniste et poëte latin, né à Amsterdam en 1740, mort en 1811. Il étudia sous le célèbre Burmann, le second de ce nom, et il acquit bientôt une grande renommée par ses poésies latines. Ainsi, il a composé un poëme latin assez curieux à la louange de Bonaparte. Il a publié aussi l'*Anthologie grecque* avec la traduction latine de Grotius. Il a laissé, en mourant, une bibliothèque fort riche par la rareté et le prix des livres.

BOSCH (Jérôme), peintre hollandais, né à Bois-le-Duc en 1470, mort en 1518. Il se distingua par des peintures fantastiques. Il représentait des scènes de l'Enfer, de démons, de sorciers. Ses compositions, où le terrible se mêlait au burlesque, sont reflétées par le *Faust*, de Gœthe. Son pinceau est libre et hardi: les objets se détachent admirablement d'un fond obscur, et offrent une remarquable transparence. Malheureusement la plupart de ses tableaux ont été dispersés ou perdus; le musée de Vienne en possède encore trois.

BOSCO, ville du royaume d'Italie, dans la prov. d'Alexandrie, à 12 kil. de cette ville. Pop. 3,000 hab. Abbaye de dominicains où on remarque quelques tableaux de Vasari. Patrie du pape Pie V.

BOSCOVICH (Roger-Joseph), né à Raguse en 1711, mort en 1787. Il fut professeur de mathématiques chez les jésuites, à Rome. Les papes le chargèrent d'étudier les moyens de soutenir le dôme de Saint-Pierre qui menaçait de crouler. Il publia des mémoires intéressants sur les taches du soleil, et des observations sur la lune. Il fut chargé de déterminer les degrés de longitude et de latitude de l'Italie, et c'est par son influence qu'il détermina les gouvernements d'Autriche et d'Amérique à entreprendre la même opération. Il fut chargé de restaurer la grande méridienne de Florence. Il alla ensuite professer les mathématiques et l'astronomie à Pavie, puis à Milan; et de là, lors de la suppression des jésuites en Italie, il vint à Paris, où il fut nommé directeur de l'optique de la marine avec une pension de 8,000 livres. Il se détermina, par suite des tracasseries de quelques envieux, auxquelles il attacha trop d'importance, à quitter la France et à revenir à Milan. Il y mourut d'une attaque d'apoplexie. Il a publié de nombreux mémoires, parmi lesquels on remarque un *Poëme latin sur les éclipses*. Sa méthode pour le calcul des comètes est généralement adoptée comme l'une des plus ingénieuses. On lui doit des observations profondes sur les phénomènes de l'attraction, et sur la théorie des lunettes achromatiques.

BOSIO (François-Joseph), célèbre sculpteur, né à Monaco en 1768, mort à Paris en 1845. Il suivit d'abord la carrière des armes, mais il y renonça bientôt pour se livrer tout entier à la culture des beaux-arts. C'est à l'école de Pajou qu'il étudia son art; et, pour s'y perfectionner, il visita les principales villes d'Italie. En 1808, il vint se fixer à Paris, où, ayant attiré par ses premiers travaux l'attention de Denon, il devint bientôt le sculpteur favori de Napoléon Ier. Il fit les bas-reliefs de la colonne de la place Vendôme, des bustes de l'Empereur et de plusieurs membres de la famille impériale. Sous la Restauration, il fut chargé de la statue équestre de Louis XIV pour la place des Victoires, et des ouvrages de sculpture du monument expiatoire de Louis XVI. Ses principaux ouvrages sont: la *Jeune Indienne*; l'*Hercule au serpent*, qui se trouvent aux Tuileries; la statue de Napoléon, sur la colonne de Boulogne; le *Henri IV enfant*, du château de Pau; la statue du duc d'Enghien, à Vincennes; celle de Monthyon, au péristyle de l'Hôtel-Dieu de Paris. Bosio a formé de brillants élèves, entre autres: Raggi, Marochetti, Durey, Dantan.

BOSJESMANS ou BOSCHIMANS, peuplade de l'Afrique australe (Hottentotie), au N. du Cap, au N. et au S. du Haut-Orange. Ils sont petits, d'une laideur repoussante, au regard aussi sinistre que féroce, sauvages et abrutis. Ils sont divisés en tribus; vivent du produit de leur chasse, de sauterelles, de couleuvres, de fourmis. Ils ne font aucun commerce, ne sont aucunement civilisés, et les missionnaires ont fait de vains efforts pour introduire la religion chez eux.

BOSKOWITZ, ville des États autrichiens (Moravie), à 31 kil. de Brunn. Pop. 5,000 hab. Beau château des comtes de Dietrichstein. Exploitation d'alun aux environs.

BOSNA, rivière de la Turquie d'Europe; prend sa source près de Bosna-Séraï, et, après un parcours de 170 kil., elle se jette dans la Save, et donne son nom à la Bosnie, qu'elle arrose.

BOSNA-SÉRAI, SÉRAÏO, SÉRAÏVO ou SARAÏEVO, ville de la Turquie d'Europe, au confluent de la Migliazza et de la Bosna, à 830 kil. de Constantinople. Pop. 50,000 hab. Ch.-l. de cant. de la Bosnie, quoique la résidence du pacha soit à Trawnik. Défendue par un château-fort situé aux environs. Fabrique d'armes, d'ustensiles de tôle, de fer, de cuivre, de bijouterie, de coton, de laine et de cuir. Palais ou sérail bâti par Mahomet II; plusieurs mosquées et bazars. Entrepôt de commerce entre le sud de l'Allemagne, la Dalmatie, la Croatie et la Turquie.

BOSNIAQUES, nom donné à un corps de cavalerie légère dans l'armée prussienne; il fut organisé, en 1745, par Frédéric II pour l'opposer aux cosaques. Il ne forma d'abord qu'un escadron, et, en 1760, il fut porté à dix escadrons. A la paix de Tilsitt, ils furent remplacés par les hulans.

BOSNIE, prov. de la Turquie d'Europe, à l'extrémité N.-O. de l'empire, sur la frontière des États autrichiens et du Monténégro; cap. Bosna-Séraï. Elle comprend, outre l'ancienne Bosnie, une portion de la Croatie (Croatie turque), une portion de la Dalmatie (Dalmatie turque), et le district d'Herzégovine. Elle est bornée au N. par la Sau et l'Unna; à l'E. par la Drina, les monts Joublanik, et le rameau N.-O. des Alpes argentariques; au S. par le Scardagh; au S.-O. et à l'O. par les monts Kosman, Trimor et Steriza. Superf., environ 46,000 kil. carrés. Pop., 1,100,000 hab., répartis à peu près ainsi : 450,000 musulmans, 230,000 chrétiens grecs, 190,000 catholiques; le reste juifs, arméniens, bohémiens. La Bosnie est traversée par les Alpes dinariques (hauteur de 1,550 à 1,170 m.), du N.-O. au S.-E., et arrosée par la Save et ses affluents, Bosna, Verbatz et par la Nasenta. L'air est sain, le climat tempéré. Récolte de blé, maïs, chanvre, légumes, fruits, vin en grande abondance; élève de brebis, porcs, chèvres, chevaux, bœufs, volailles. Les abeilles sauvages ou domestiques donnent une grande quantité de miel. Mines d'or, d'argent, de fer, de plomb, de houille, de mercure. Sources minérales. Fabriques d'armes à feu, lames de sabres, couteaux; cuirs, maroquins, grosses étoffes de laine. Dans le XIIe et le XIIIe siècle, la Bosnie appartenait à la Hollande. Le roi serbe Étienne la posséda en 1339; elle est réunie à l'empire des Turcs depuis 1528.

BOSON, beau-frère de Charles le Chauve. Il enleva Hermangarde, fille de Louis II, et l'épousa. En 879, le concile de Mantale, près de Saint-Pierre, le proclama roi d'Arles et de Provence. Il n'accepta que *pour obéir aux évêques inspirés de Dieu*. Il fut obligé de reconnaître la souveraineté de

Charles le Gros. Il gouverna paisiblement, et mourut en 888.

BOSPHORE (royaume du). Cet État fut fondé par les Milésiens dans la partie orientale de la Crimée, vers le VIIe siècle av. J.-C. Il s'étendait jusqu'au Caucase. Il se couvrit peu à peu de villes qui acquirent une certaine importance par le commerce. Lorsque Milet passa au pouvoir des Athéniens, les colonies grecques du Bosphore proclamèrent leur indépendance, et établirent des gouvernements démocratiques. Elles furent alors gouvernées par des archontes nommés pour un an. Spartacus fut le premier qui exerça cette magistrature sous les successeurs d'Alexandre. Les peuples du Bosphore formèrent plus tard une monarchie; mais la richesse de leur sol, qui était en quelque sorte le grenier de la Grèce, attira les Barbares du nord. Ne pouvant leur résister, ils se donnèrent à Mithridate Eupator, roi de Pont, vers 118 av. J.-C. Le Bosphore suivit le sort du royaume de Pont, et devint une province romaine sous le nom de Chersonèse Taurique. La ville principale était Cherson. Ce pays subit l'un des premiers l'invasion des Barbares, vers le milieu du IVe siècle ap. J.-C. Son territoire est couvert d'antiquités grecques qui attestent un haut degré de civilisation.

BOSPHORE DE THRACE (du grec *bous*, bœuf ou vache, et *poros*, passage), détroit ainsi nommé parce qu'il fut traversé, suivant la Fable, par Io changée en vache. Il porte aujourd'hui le nom de *canal de Constantinople*, situé entre le Pont-Euxin (mer Noire), et la Propontide (mer de Marmara). Sa longueur est de 30 kil., et sa largeur varie de 1 à 4.

BOSPHORE CIMMÉRIEN, aujourd'hui détroit d'Iénikaléh, situé entre le Palus Méotide (mer d'Azor), et le Pont-Euxin.

BOSSAGE. Ce mot sert à désigner, en architecture, les saillies qui débordent le parement d'un mur ou d'une pierre. Ainsi on donne ce nom aux éminences qu'on ménage sur le tambour d'une colonne. Les bossages sont destinés à recevoir des ornements divers, des armoiries ou des chiffres.

BOSSE. Ce mot s'applique en orfèvrerie, en sculpture et en dessin. En orfèvrerie, il distingue les objets qui présentent une certaine concavité : on dit alors qu'ils sont *relevés en bosse*. En sculpture, on distingue la *ronde-bosse* de la *demi-bosse*. Les ouvrages de *ronde-bosse* sont en plein-relief comme les statues; ceux en *demi-bosse* n'offrent de saillies que sur l'une de leurs faces. On appelle dessin d'après la bosse la reproduction, par le dessin, d'un buste ou d'une statue.

BOSSE (Abraham), célèbre graveur, né à Tours en 1611, mort en 1678. Il était aussi habile dans l'architecture. Élève de Callot, il imita sa manière. Il fut professeur de perspective à l'Académie de peinture de Paris. Son caractère emporté lui attira des ennemis; il combattit les idées de Lebrun et de la plupart des académiciens sur la perspective, se déclarant partisan de Desargues. Bosse apporta une telle violence dans la discussion, qu'il se fit exclure de l'Académie.

BOSSI (Joseph-Aurèle, baron DE), poëte lyrique, né à Turin en 1758, mort à Paris en 1823. Il remplit des fonctions diplomatiques à Berlin, à Saint-Pétersbourg et auprès du général Bonaparte. Nommé membre du gouvernement que Joubert établit en Piémont, il se montra grand partisan de la réunion de ce pays à la France. Après avoir été successivement préfet de l'Ain, baron de l'empire et préfet de la Manche, il rentra dans la vie privée sous la Restauration. Ses principaux ouvrages sont : La *Hollande pacifiée*; *Oromasia*, qui présente le récit des principaux *événements de la Révolution française*; enfin un *Éloge de Joseph II*.

BOSSI (Giuseppe), peintre italien, né dans le Milanais en 1777, mort en 1815. Il exécuta un admirable dessin de la *Cène*, de Léonard de Vinci, qui se trouve au musée de Milan. Il était ami de Canova et président des académies de Milan, de Venise et de Bologne.

BOSSIÈRE, village de Belgique, dans la prov. de Namur, à 15 kil. de cette ville. Pop. 600 hab. Exploitation de beaux marbres noirs.

BOSSINEY, village d'Angleterre (Cornouailles), situé sur le canal de Bristol. Pop. 1,000 hab. On remarque aux environs les ruines d'un château où naquit, dit-on, le roi Arthur.

BOSSOIRS. Ce mot s'entend, en terme de marine, de deux pièces de bois placées en saillie à l'avant d'un vaisseau, et servant à manœuvrer les ancres, et notamment à les soutenir quand elles sont levées.

BOSSU (le). (*Voir* LE BOSSU.)

BOSSUET (Jacques-Bénigne), né à Dijon, le 17 septembre 1627, mort à Paris, le 12 avril 1704. Il était fils d'un avocat au parlement de Dijon. Il révéla, à l'âge de 16 ans, la précocité de son génie. Ayant été présenté au cercle de l'hôtel de Rambouillet, il y improvisa, devant une nombreuse assemblée, un sermon sur un sujet qui lui fut donné. Ses parents le destinaient au barreau; ils voulaient même l'unir à Mlle de Mauléon, dont on vantait l'esprit et les charmes, et qui demeura constamment l'amie du célèbre prélat. Il fut reçu docteur en théologie à l'âge de 25 ans. Il fut d'abord chanoine à Metz. Anne d'Autriche, la reine-mère, le fit charger de prêcher à la cour. Louis XIV, sous le charme de sa parole, fit écrire à son père qu'il devait être glorieux d'avoir donné le jour à un fils qui l'immortaliserait. Mme de Sévigné disait de lui : « Bossuet se bat à outrance avec son auditoire; tous ses sermons sont des combats à mort. » Un athée ne put s'empêcher de s'écrier, après l'avoir entendu : « Il me convertirait, si je pouvais l'être. » En 1670, le roi lui confia l'éducation du Dauphin. C'est vers cette époque qu'il prononça l'*Oraison funèbre de Madame*; il y atteint une éloquence qui ne peut être surpassée. La cour fut surtout émue quand Bossuet mit sous les yeux des assistants le tableau de cette princesse au moment où elle venait d'expirer. La voix de l'orateur prit un accent extraordinaire et jeta une sorte de terreur au sein de cette cour qui devinait déjà que l'empoisonnement n'avait pas été étranger à une fin si funeste. « O nuit désastreuse! nuit effroyable! où retentit tout à coup, comme un éclat de tonnerre, cette nouvelle : Madame se meurt! Madame est morte! » Le cardinal Maury a tracé une admirable peinture de l'éloquence de Bossuet : « Que l'on se représente, dit-il, un de ces orateurs que Cicéron appelle véhéments et en quelque sorte tragiques, qui, doués par la nature de la souveraineté de la parole et emportés par une éloquence toujours armée de traits brûlants comme la foudre, s'élèvent au-dessus des règles et des modèles, et portent l'art à toute la hauteur de leurs propres conceptions; un orateur qui, par ses élans, monte jusqu'aux cieux, d'où il descend avec ses vastes pensées, agrandies encore par la religion, pour s'asseoir sur les bords d'un tombeau, et abattre l'orgueil des princes et des rois devant le Dieu qui, après les avoir distingués sur la terre, durant le rapide instant de la vie, les rend tous à leur néant et les confond à jamais dans la poussière de notre commune origine; un orateur qui a montré dans tous les genres qu'il invente ou qu'il féconde le premier et le plus beau génie qui ait jamais illustré des lettres, et qu'on peut placer, avec une juste confiance, à la tête de tous les écrivains anciens et modernes qui ont fait le plus d'honneur à

l'esprit humain; un orateur qui se crée une langue aussi neuve et aussi originale que ses idées, qui donne à ses expressions un tel caractère d'énergie, qu'on croit l'entendre quand on le lit, et à son style une telle majesté d'élocution, que l'idiome dont il se sert semble changer de caractère et se diviniser en quelque sorte sous sa plume; un apôtre qui instruit l'univers en pleurant et en célébrant les plus illustres de ses contemporains, qu'il rend eux-mêmes, du fond de leurs cercueils, les premiers instituteurs et les plus imposants moralistes de tous les siècles; qui répand la consternation autour de lui, en rendant, pour ainsi dire, présents les malheurs qu'il raconte, et qui, en déplorant la mort d'un seul homme, montre à découvert tout le néant de la nature humaine; enfin, un orateur dont les discours, inspirés ou animés par la verve la plus ardente, la plus originale, la plus véhémente et la plus sublime, sont, en ce genre, des ouvrages absolument à part, des ouvrages où, sans guide et sans modèle, il atteint la limite et la perfection des ouvrages classiques consacrés, en quelque sorte, par le suffrage unanime du genre humain, et qu'il faut étudier sans cesse, comme dans les arts, on va former son goût et son talent à Rome, en méditant les chefs-d'œuvre de Raphaël et de Michel-Ange. Voilà le Démosthène français! Voilà Bossuet! » Dans son *Discours sur l'histoire universelle*, Bossuet s'élève à la hauteur des Pères de l'Église. La magie de son style couvre souvent des appréciations historiques que le philosophe ne peut admettre. Aussi est-il difficile d'entreprendre de juger Bossuet comme historien. Suivant le plan qu'il a admis, il semble que les destinées du monde sont solidaires de celles du peuple juif. En 1680, Bossuet fut nommé premier aumônier de la Dauphine, et un an après, évêque de Meaux. Bossuet appela l'attention sur lui par l'ardeur avec laquelle il attaqua le livre dans lequel Fénelon donnait l'*Explication des maximes des saints sur la vie intérieure*. Il accusait son noble et vertueux adversaire d'avoir exposé une doctrine qui mettait en quelque sorte le libre arbitre de l'homme au-dessus de la grâce. La cour de Rome et le clergé de France donnèrent raison à Bossuet; mais la postérité, imbue de doctrines philosophiques plus élevées, a donné raison à Fénelon, et a surtout reproché à son illustre adversaire l'acrimonie qu'il déploya en cette occasion, et qui résulte moins de ses expressions que du zèle excessif avec lequel il poursuivait un homme qui ne se défendait que par l'exemple des plus rares vertus. « Qu'auriez-vous fait, demanda un jour Louis XIV à Bossuet, si j'avais protégé M. de Cambrai? » — « J'aurais crié vingt fois plus haut, dit-il; quand on défend la vérité, on est assuré de triompher tôt ou tard. » Ce mot ne pouvait sortir que de la bouche d'un fanatique ou d'un courtisan. Les mœurs de Bossuet étaient sévères. Il condamnait le théâtre en disant : « Il y a de grands exemples pour et des raisonnements invincibles contre. » Lors de l'assemblée du clergé, qui eut lieu en 1682, et où furent débattues les plus graves questions qui intéressaient alors la religion, Bossuet combattit pour les libertés de l'Église gallicane. Ce mot a fait longtemps impression; mais notre admiration pour Bossuet diminuera lorsque nous saurons que par ce mot on entendait la liberté pour le souverain d'intervenir dans les affaires de l'Église et d'y exercer sa domination. On flattait ainsi les idées despotiques du maître, et Bossuet cherchait à maintenir un équilibre presque impossible entre l'autorité du roi s'exerçant en matière de religion, et l'autorité du pape cherchant au contraire à s'exercer sur les rois. Il employa tout son génie à esquiver la question plutôt qu'à la résoudre, et nous comprenons difficilement le grand nom qu'on lui a donné, de *défenseur des libertés gallicanes*. Fénelon, en soutenant l'autorité du pape, se montra à la fois plus logique et plus sincère. Dans son zèle pour la religion, Bossuet, fier de quelques conversions faciles, souvent dictées par l'intérêt politique, se crut assez puissant pour tenter contre les protestants une attaque victorieuse, et peut-être pour les convertir. Il composa, à cet effet, son *Histoire des variations des Eglises protestantes*. Ses adversaires y répondirent avec l'avantage incontestable de la logique, par l'*Histoire des variations de l'Eglise gallicane*. Il eut, sur cette question, une conférence avec Leibnitz; celui-ci fit assez bon marché de la forme, et souvent même du dogme; mais Bossuet se retrancha derrière un *non possumus*... qui rendait toute conciliation impossible. Outre ses nombreux ouvrages de théologie ou de polémique religieuse, Bossuet a laissé quelques ouvrages en latin dont le style contraste beaucoup avec ses autres productions.

BOSSUT (Charles), savant mathématicien, né à Tartaras, près de Lyon, en 1730, mort en 1814. Il devint successivement membre de l'Académie des sciences, membre de l'Institut, des académies de Bologne, de Saint-Pétersbourg et de Turin, examinateur des élèves du corps militaire du génie et de l'école polytechnique. Bossut, étant élève des jésuites, montrait déjà une sorte de passion pour les mathématiques. Il admirait surtout Fontenelle. Il lui adressa même une lettre, à laquelle ce savant répondit dans ces termes : « Je vous prie de me donner de temps en temps des nouvelles de votre marche. J'ai un pressentiment qui me dit que vous irez loin; mais je ne pourrai vivre assez pour jouir de vos succès. » Plus tard, Fontenelle l'accueillit à Paris et le présenta à d'Alembert, qui encouragea ses premiers succès. Bossut et d'Alembert furent liés d'une étroite amitié. Bien souvent le célèbre encyclopédiste renvoyait à Bossut les graves questions qu'on lui soumettait. Bossut s'attacha aussi à Camus, qui le fit nommer par le ministre de la guerre, professeur de mathématiques à l'école du génie de Mézières; le jeune professeur n'avait alors que 22 ans. Il fut nommé, la même année, membre correspondant de l'Académie des sciences. Bossut, qui s'était destiné dans son enfance à l'état ecclésiastique, s'était particulièrement attaché à étudier Pascal. Il professa toujours pour ce grand génie une admiration particulière; il donna même une excellente édition de ses œuvres, avec une notice sur sa vie. Bossut était extrêmement réservé dans ses relations; il n'était pas toujours facilement abordable, et voyait partout des ennemis. Il se fit connaître par un mémoire intitulé: *Usages de la différentiation des paramètres pour la solution de plusieurs problèmes de la méthode inverse des tangentes*. On y trouve la solution d'un problème posé par Bernouilli (Jacques), et qui n'avait pas encore été résolu. Il donna aussi une explication du théorème d'Euler, sur la différence de certains arcs elliptiques. Parmi ses ouvrages les plus importants, on cite ses *Eléments de mécanique*, son *Cours de mathématiques*, et surtout son *Histoire des mathématiques*. Il commença ce dernier ouvrage pendant les loisirs que lui fit la Révolution, qui avait supprimé ses emplois, tout en lui laissant un modeste traitement, et il l'acheva dans ses dernières années. Ce remarquable travail est propre à inspirer le goût des études mathématiques; il a été traduit dans diverses langues.

BOSTAN (EL), ville de la Turquie d'Asie (Anatolie), située au pied du Taurus, à 80 kil. de Masrach. Pop. 9,000 hab.

BOSTANDJI, c'est-à-dire *gardiens des jardins*, nom d'un corps d'environ 600

hommes organisés militairement et chargés de la garde du sérail du sultan, et servant de rameurs à ce dernier lorsqu'il se promène sur le détroit. Ils exercent en outre la surveillance sur l'extérieur et sur les jardins du sérail, sur le canal et les maisons de plaisance. Le colonel de ce corps porte le titre de bostandji-bachi, chef des jardiniers.

BOSTAR, général carthaginois. Ayant été chargé de repousser les Romains commandés par Régulus, il perdit la bataille d'Adis et fut fait prisonnier, en 255 av. J.-C. Il fut livré plus tard à la femme de Régulus qui le fit périr pour venger la mort de son mari, et envoya ses cendres à Carthage. Un autre général du même nom commandait dans la forteresse d'Olbie vers 240 av. J.-C., lorsque les troupes mercenaires de Carthage se révoltèrent et l'égorgèrent avec sa garnison. Un troisième général, également du même nom, fut député, vers 215 av. J.-C., par Annibal, vers Philippe, roi de Macédoine, pour confirmer l'alliance que le chef des Carthaginois venait de contracter avec ce prince.

BOSTON, ville d'Angleterre, dans le comté de Lincoln, à 45 kil. de cette ville. Pop. 15,000 hab. Commerce actif. Belle église de Saint-Botolf, construite en 1309 et surmontée d'un phare. Port sur le Witham, à 8 kil. de son embouchure.

BOSTON, ville des Etats-Unis, ch.-l. de l'Etat de Massachussetts, à 697 kil. de Washington, et à 330 de New-York, au fond de la baie de Boston ou de Massachussetts, sur une presqu'île et à l'embouchure du Charles-River. Pop. 162,650 hab. Boston, une des plus belles villes maritimes, se divise en trois quartiers : le *Boston septentrional*, le *Boston méridional* et le *Boston occidental* ou *Nouveau Boston*. Port défendu par des fortifications, peut contenir plus de 500 navires, et assez profond pour recevoir les plus grands vaisseaux. En dehors du port existe un phare de 20 m. de hauteur. Vastes chantiers. Parmi les édifices on cite l'hôtel des Etats, vaste bâtiment de bois; l'Athénée, fondé en 1804, avec une bibliothèque de 40,000 volumes, l'hôpital Massachussetts et le marché, construits tous deux en granit; le nouveau palais de justice, l'hôtel Trémont, la Bourse, trois théâtres, une prison et un institut pour les aveugles. Académie américaine des arts et des sciences, société d'histoire, de médecine; 77 imprimeries; 34 banques et 31 compagnies d'assurance. Des chemins de fer unissent Boston à Lorvell, Springfield, Worcester, Quincy, Providence, Albany et New-York. Exportation de salaisons de porc, bœuf et poisson; articles manufacturés de glaces pour les Etats du sud de l'Amérique, les Indes, la Chine. Importation de coton, laine, soierie, etc. Commerce de transit entre l'Europe et les Etats-Unis. Boston fut fondée en 1630 par des émigrés venus de Boston d'Angleterre, et fut le premier foyer de la guerre de l'Indépendance. Washington s'en empara en 1776. Patrie de Franklin.

BOSTRA ou **BOSRA**, ville de Turquie d'Asie (Syrie), à 90 kil. de Damas, n'offre plus aujourd'hui que de magnifiques débris. Bosra fut d'abord la capitale de l'Idumée, puis celle de la province romaine sous Trajan, qui l'embellit. Sous le règne d'Alexandre Sévère elle devint colonie romaine et sous le règne de l'empereur Philippe, elle porta le titre de métropole. Elle eut ensuite un évêché, puis un archevêché et fut ruinée par les croisades en 1180.

BOSWORTH, ville d'Angleterre, dans le comté de Leicester, à 20 kil. de cette ville. Pop. 1,050 hab. Le 22 août 1485, il se livra aux environs de cette ville une bataille dans laquelle Richard III perdit la vie et qui fit monter les Tudor sur le trône.

BOTALLI ou **BOTAL** (Léonard), médecin

et anatomiste du XVIe siècle, né à Asti (Piémont). Il fut médecin de Charles IX et de Henri III. Il comprit ou mieux pressentit l'un des premiers le système de la circulation du sang; mais il abusa des saignées. Les observations importantes qu'il fit sur l'ouverture qui sépare, dans le fœtus, les oreillettes du cœur, et laisse le sang passer de l'une à l'autre sans traverser les poumons, ont fait donner à cette ouverture le nom de *trou de Botal*. Galien avait déjà signalé ce phénomène; Botal eut seulement le mérite de rappeler sur ce sujet l'attention des anatomistes. Il a laissé sur sa méthode quelques ouvrages intéressants.

BOTANIQUE. On entend par botanique la science qui traite de tout ce qui concerne le règne végétal. Ce mot vient du grec *botanê* (herbe), lequel mot a lui-même pour racine *botos* (aliment), *boô* (je nourris). Cette étymologie se justifie parce que la plupart des animaux se nourrissent de végétaux. La botanique embrasse les arbres les plus élevés aussi bien que les plantes microscopiques; elle les distingue et les classe d'après certaines méthodes qui ont varié suivant les progrès de la science. La botanique n'est pas une science purement spéculative, car elle contribue à perfectionner la médecine, l'agriculture et l'économie domestique. Le système de classification de Linnée est généralement adopté. Lamarck a fourni une excellente méthode d'analyse, pour déterminer à quelle classe telle ou telle plante peut appartenir. La *botanique fossile* a appelé aussi l'attention des savants, et forme aujourd'hui une science particulière. On entend par ce mot l'étude des débris végétaux enfouis dans le sein de la terre, et accumulés par les siècles. Ces débris se retrouvent presque toujours à l'état minéral, mais en conservant leurs formes. Ces corps fossiles sont en quelque sorte les médailles de la terre, qui attestent les révolutions du globe.

BOTANOMANCIE de *botanê*, herbe, et *manteia*, divination; c'est la divination par le moyen des plantes et des arbres. Les anciens consultaient volontiers les plantes pour en tirer des oracles; celui qui voulait adresser une question, l'écrivait sur la feuille d'une plante consacrée à Apollon, et ajoutait son nom; la divinité se faisait alors entendre. Il fallait choisir une plante consacrée à Apollon : la verveine, le figuier, le tamarin ou la bruyère. Cette superstition était aussi en vigueur dans les Gaules; les druides l'avaient consacrée. De nos jours, bon nombre de femmes, surtout parmi la population moins éclairée des campagnes, cherchent encore à connaître leur sort par les cartes et par le marc de café.

BOTANY-BAY. Baie du grand Océan pacifique, ainsi nommée à cause des richesses botaniques que Joseph Banks y trouva. Elle est située sur la côte S.-E. de l'Australie, dans la Nouvelle-Galles. Ses côtes sont basses, marécageuses et sablonneuses. Elle fut découverte par Cook en 1770, et les Anglais la choisirent pour lieu de déportation en 1787. On donne communément le nom de Botany-Bay à toute la côte de la Nouvelle-Galles du Sud.

BOTH (Jean et André), peintres flamands, nés tous deux à Utrecht au commencement du XVIIe siècle, morts l'un à Anvers et l'autre à Venise, en 1650, à peu près à la même époque. Ces deux frères étudièrent sous Bloemaert, peintre sur verre. L'affection la plus vive les unit étroitement pendant leur vie : ils voyagèrent ensemble et firent même la plupart de leurs travaux en commun. Le premier excellait dans le paysage, et le second dans la reproduction des animaux et dans les portraits. Ils étaient parvenus à atteindre la même touche facile et moelleuse, le même coloris frais et animé. Le Musée impérial possède deux de leurs tableaux : une *Vue d'Italie*, *au soleil couchant*, et la *Vue d'un défilé entre des rochers escarpés*.

BOTHNIE (golfe de), formée de la partie septentrionale de la mer Baltique, au N. des îles d'Aland, entre la Russie (Finlande), à l'E., et la province suédoise de Nordland à l'O. Il a 600 kil. de long sur 190 de large. La navigation y est dangereuse à cause des bancs de sable, des écueils et des rochers. La glace, en hiver, est tellement épaisse qu'on peut traverser le détroit en traîneau pour aller de Suède en Finlande. Il reçoit la Tornea et l'Uméa. Des volcans souterrains exhaussent par leur action le sol de ce pays, et l'eau se retire de jour en jour des côtes de la Suède.

BOTHNIE, ancienne province de la monarchie suédoise. Depuis 1809, cette province est divisée en deux parties : 1° la Bothnie russe, à l'E. de la Tornéa et du golfe de Bothnie, faisant partie du grand-duché de Finlande; 2° la Bothnie suédoise, formant deux læn ou départements : du Nordland, *Wester-Botn*, ch.-l. Uméa. pop. 75,980 hab.; Aselle, Sorcelle; elle; *Norr-Botn*, ch.-l. Pitea, pop. 63,600 hab.; Lulea, Ayeplog, Gellivara, Jukkasjarvi.

BOTHWELL, village d'Ecosse; dans le comté de Glasgow, à 9 kil. de cette ville. Pop. 4,000 hab. Ancien château fort aux environs; château moderne des Douglas. Le 22 juin 1679, Monmouth, général de Charles II, y vainquit les covenantaires écossais.

BOTHWELL (James HEPBURN, comte DE), seigneur écossais, mort en 1577. Après le meurtre de Henri Darnley, époux de Marie Stuart, meurtre auquel il ne fut pas étranger, il enleva cette reine et la força de l'épouser (1567). Cette union ayant excité un soulèvement parmi les Écossais, Bothwell se vit forcé de fuir, gagna les Orcades et de là passa en Norwége, où il mourut misérablement dans la forteresse de Malmœ.

BOTOCUDES, peuplade indigène de l'Amérique du Sud. Ils vivent au milieu des forêts vierges du Brésil, entre le Rio-Doce et le Rio-Pardo; ils vont tout nus, se percent le nez et les lèvres pour y introduire des disques de bois en guise d'ornement (d'où leur nom en portugais *bodoque*, bonde de tonneau). C'est un peuple sans foi, mais hardi; les Botocudes sont terribles anthropophages, vident leurs querelles en s'assommant à coups de bâton, sont très-habiles à se servir de l'arc. L'empereur du Brésil a fait bâtir pour eux, en 1824, trois villages, et peu se sont soumis à la civilisation.

BOTOCZANY, ville des Principautés-Unies (Moldavie), à 80 kil. d'Iassy. Pop. 4,500 hab., grecs, arméniens, bohémiens. Commerce de vin, tabac, laine avec l'Allemagne. Foires très-importantes.

BOTRYOCHAÏTES, c'est-à-dire *dont la chevelure est ornée de raisins*. Un des surnoms de Bacchus.

BOTT (Jean DE), architecte, né en France en 1670; mort à Dresde en 1745. Il quitta sa patrie avec sa famille, qui était protestante, et chercha un refuge en Angleterre. Il fut protégé par Guillaume d'Orange, roi d'Angleterre; et après la mort de ce prince, il s'attacha à l'électeur de Brandebourg, qui le nomma capitaine de ses gardes. Il n'abandonna cependant pas l'architecture. On lui doit l'arsenal de Berlin, qui est l'un des plus beaux monuments de l'Allemagne, par la grandeur des formes et la richesse des ornements. Frédéric-Guillaume, devenu roi de Prusse, le nomma major-général. La Prusse lui doit les fortifications de Wesel. En 1728, l'électeur de Saxe, roi de Pologne, le nomma lieutenant-général et commandant du corps des ingénieurs.

BOTTA (Charles-Joseph-Guillaume), historien, né en 1766, à Saint-Georges, en Piémont, mort à Paris en 1837. S'étant trouvé mêlé aux événements politiques de l'Italie, il fut arrêté, puis bientôt exilé. Il se réfugia en France, où il fut employé comme médecin dans les armées des Alpes et d'Italie. En 1798, il accompagna l'expédition française qui s'empara des îles Ioniennes. Lorsqu'il revint en Italie, il fit partie du gouvernement provisoire établi par le général Joubert. En 1803, quand le Piémont fut réuni à la France, il fut nommé membre du Corps législatif. Sous la Restauration, il fut successivement recteur des Académies de Nancy et de Rouen; mais il ne tarda pas à être destitué. En 1830, le gouvernement lui proposa de reprendre des fonctions universitaires, mais il refusa. Parmi les ouvrages qu'il a laissés, on cite : *Histoire naturelle de Corfou*; *Histoire de la guerre d'indépendance des Etats-Unis d'Amérique*; *Histoire d'Italie, de* 1789 *à* 1814; et enfin, *Continuation de l'histoire d'Italie*, de Guichardin.

BOTTARI (Jean-Gaëtan), cardinal et littérateur italien, né à Florence en 1689, mort à Rome en 1775. Il étudia les langues anciennes sous les meilleurs maîtres de son temps; il embrassa également les mathématiques et la philosophie. L'Académie della Crusca le chargea de la révision de son dictionnaire italien; ce travail où Bottari se montra critique savant et judicieux, parut au bout de quelques années. Bottari fut chargé de la direction de l'imprimerie du grand-duc de Toscane. Plus tard le pape Clément XII lui confia la bibliothèque du Vatican. En 1740, Bottari fut nommé cardinal. Benoît XIV le choisit pour son aumônier particulier. On lui doit une excellente édition de Virgile, accompagnée de notes. Il a laissé aussi de nombreux ouvrages se rattachant à l'histoire de la peinture, de la sculpture et de l'architecture.

BOTTE OU PASSE D'ESCRIME. Ce mot vient de l'italien *botta* ou de l'espagnol *bote*. Dans les anciens tournois espagnols, les coups de lance s'appelaient déjà *botes de lanza*. Les Italiens appelaient même un coup de mousquet *botta di muschetto*. En matière d'escrime, ce mot indique le coup qu'on donne de la pointe du fleuret. Ainsi l'on dit porter, recevoir, tirer une botte. La botte portée avec l'épée s'appelle *estocade*.

BOTTÉE DE TOULMON (Jean-Joseph-Auguste), né à Laon en 1764, mort en 1816. Cet homme, qui fut l'inventeur d'une éprouvette hydrostatique pour déterminer la force explosive de la poudre, a été administrateur général des poudres et salpêtres sous la Convention, puis professeur à l'école polytechnique. Il a aussi établi la poudrerie de Maremme, près de Rouen. On a de lui : l'*Art de fabriquer la poudre à canon*, et l'*Art du salpêtrier*.

BOTTESFORD, village et paroisse d'Angleterre, dans le comté de Leicester, à 40 kil. de cette ville. Pop. 1,350 hab. Tombeaux des comtes et ducs de Rutland.

BOTTICELLI (Sandro), dont les noms véritables étaient *Alessandro* FILIPEPI, peintre de l'école florentine, né en 1447, mort en 1515. Il fut d'abord mis en apprentissage chez un habile orfèvre nommé Botticelli, dont il prit le nom. Son talent pour la peinture ne tarda pas à se développer et il étudia sous Fra Filippo Lippi. Parmi ses plus belles œuvres on cite la *Nativité* de la collection d'Young Ottley, à Londres; la *Madone couronnée*, dont on admire la charmante tête, de la galerie des Offices, à Florence; *Moïse exterminant les Egyptiens*, la *Tentation du Christ*, une *Madone* et une *Sainte Famille*.

BOTTOM, village d'Angleterre, situé à 10 kil. de Londres. Ce village est célèbre par les exploits des premiers boxeurs anglais.

BOTURINI (Lorenzo-Benaduci), savant du XVIIIe siècle, né à Milan. Il était d'une ancienne famille, et alla se fixer à Madrid, puis il passa 8 ans dans la Nouvelle-Espagne, où il vécut avec les indigènes, dans leurs huttes et dans leurs cavernes. Là, il amassa de nombreuses cartes hiéroglyphiques sur coton, sur peau, etc.; ainsi que des manuscrits indiens écrits après la conquête; mais toutes ces précieuses richesses furent confisquées par le gouvernement même et perdues par négligence. A son retour à Madrid, Boturini fut nommé historiographe général des Indes. On lui doit un ouvrage assez bizarre, quoique très-savant et rempli de curieux détails; il est intitulé : *Idée d'une nouvelle histoire générale de l'Amérique septentrionale*. C'est un tissu des rêveries les plus creuses.

BOTZARIS (Marco), un des héros de la Grèce moderne, né en Albanie en 1789, mort le 20 août 1823. C'est dans une insurrection contre la Porte qu'il fit ses premières armes. Peu après il passa en France. Mais, en 1820, au soulèvement général de la Grèce, qui, lasse du joug qui avait si longtemps pesé sur elle, voulait prendre sa place dans la régénération universelle, il partit rejoindre ses frères, les Souliotes, peuplade guerrière qui formait une espèce de république dans la partie montagneuse de l'Épire. A son arrivée, il fut nommé *stratarque* ou général de la Grèce occidentale. Plein d'ardeur et bravant tous les dangers, il fit une guerre acharnée aux Turcs, les battit dans plusieurs combats, et leur prit Reniassa et Placa. Il se signala surtout à la fameuse journée de Peta. En Acarnanie, il arrêta, avec l'aide d'Odysseus, la marche de deux divisions turques parties de Larisse. Il profita habilement de la mésintelligence qui avait éclaté entre les deux chefs de l'armée ennemie. Déjà il avait battu Joussouf-Pacha à Krionero, lorsqu'il apprit qu'une 3e division ottomane, sous les ordres de Moustapha, pacha de Scodra, venait se joindre à ses premiers adversaires. Comprenant que c'en était fait de la Grèce occidentale si cette jonction s'opérait, il tenta un coup de désespoir pour l'empêcher. Il alla attendre, à Karpenitzi, l'arrivée du pacha, s'introduisit, par surprise, dans son camp, la nuit, et y fit un grand carnage. Il lui tua, dit-on, 3,000 hommes, tandis que cent chrétiens à peine perdirent la vie; mais, parmi ces cent martyrs de la patrie se trouvait Botzaris lui-même.

BOTZEN ou BOLZANO, ch.-l. du district de Botzen, dans le Tyrol, à 83 kil. d'Inspruck. Pop. 9,600. On cite, parmi ses monuments, la cathédrale gothique de Saint-Jean, l'hôtel de l'ordre teutonique, le palais de l'archiduc Rainier. Entrepôt de commerce entre l'Italie et l'Allemagne. Foires importantes.

BOUAYE, ch.-l. de cant. de l'arrond. de Nantes (Loire-Inférieure), à 16 kil. de cette ville. Pop. 380 hab.

BOUC. (*Voir* PORT DE BOUC.)

BOUCANIERS. On a donné ce nom aux premiers aventuriers qui occupèrent Saint-Domingue. Ils étaient pour la plupart Normands; ils abordèrent dans l'île vers 1635. Leur nom de *Boucaniers* leur vient de ce qu'ils avaient coutume, après la chasse, de rôtir ou *boucaner* les bœufs qu'ils avaient pris. On appelait *boucan* l'emplacement sur lequel les colons disposaient leurs claies pour faire rôtir la viande, étendaient leurs cuirs et disposaient leurs baraques. Les boucaniers s'associaient habituellement à deux, et le premier mourant abandonnait ce qu'il possédait à son compagnon : c'est ce qu'on appelait le matelotage, d'où est venue l'expression s'emmateloter. Il y avait parmi eux la plus grande liberté; mais la licence était réprimée et les voleurs chassés de la société. La loi fondamentale établie parmi eux, c'est qu'en recevant le baptême du tropique, ils s'étaient dégagés de toutes les obligations qu'ils avaient pu contracter en Europe. Ils se distinguaient par des sobriquets et non par leurs noms de famille. Ils n'avaient aucune espèce de religion, aucune espèce de gouvernement, et cependant les étrangers étaient frappés de l'esprit de concorde et de fraternité qui régnait parmi eux; ils n'avaient d'autres vêtements qu'une chemise et un caleçon souvent tachés de sang; ils portaient un tablier ouvert par devant; une courroie leur servait de ceinture. Ils avaient pour armes un couteau flamand, un sabre court et de longs fusils. Leurs meutes étaient considérables. Ils allaient vendre au port de la Tortue les peaux des animaux qu'ils avaient tués. Les Espagnols, qui dominaient dans Saint-Domingue, s'inquiétèrent de voir grossir le nombre de ces hardis chasseurs; ils les attaquèrent avec opiniâtreté, et envoyèrent même des armées contre eux; mais les boucaniers étaient de terribles soldats, et, malgré le nombre de leurs ennemis, ils leur firent subir une longue suite d'échecs; quelques rivières, appelées *rivières du Massacre*, attestent par ce nom combien furent sanglantes les défaites des Espagnols. Ceux-ci, désespérant d'entamer les rangs des boucaniers, leur firent une guerre de partisans : ceux qui s'écartaient des boucans étaient pris ou tués. Ces braves, voyant alors leur nombre diminuer, et ne pouvant recruter de nouveaux compagnons, se décidèrent, soit à se faire habitants du pays et à défricher les terres, soit à passer dans d'autres parties de l'Amérique. Pendant longtemps, on rencontra ces hardis pionniers du nouveau monde sur tous les chemins où il y avait des dangers à braver et un peu de gloire à conquérir.

BOUC ÉMISSAIRE. *Voir* EXPIATIONS (fête des).

BOUCHAIN, ch.-l. de cant. de l'arrond. de Valenciennes (Nord), à 18 kil. de cette ville. Pop. 1,030 hab. Place forte de 2e classe. Ses environs peuvent être facilement inondés. Brasseries, raffineries. Cette ville fut bâtie par Pépin et devint la capitale du petit comté d'Ostrevant qui appartenait aux comtes de Hainaut. Elle fut prise en 1676 par le duc d'Orléans, frère de Louis XIV, et fut réunie à la France par le traité de Nimègue. En 1711, elle tomba au pouvoir de Marlborough, à qui les Français la reprirent l'année suivante.

BOUCHARDON (Edme), sculpteur français, né à Chaumont en Bassagny en 1698, mort en 1762. Son père était sculpteur et architecte, il étudia d'abord ces deux arts; mais bientôt il se borna à l'étude de la sculpture. Il obtint un grand prix à l'Académie, et fut envoyé à Rome. A son retour d'Italie, il fut nommé professeur à l'Académie. Il cultivait aussi les lettres, et ses grandes connaissances l'aidèrent merveilleusement dans le choix de ses compositions. L'église de Saint-Sulpice, à Paris, possède de lui plusieurs figures remarquables. Paris lui doit la fontaine de la rue de Grenelle. Ses deux chefs-d'œuvres sont : *La statue équestre de Louis XV* qu'on voyait autrefois sur la place de ce nom, et l'*Amour adolescent faisant un arc de la massue d'Hercule*. Le cheval sur lequel était posé Louis XV, passait pour un ouvrage digne par la correction et la beauté des formes, de figurer à côté des plus beaux morceaux de l'antiquité. Il sacrifiait tout à l'expression de ses personnages, et négligeait souvent les draperies. Sa modestie était telle qu'il ne sollicita jamais aucun travail, et que les admirateurs de son talent durent, en quelque sorte, venir le chercher.

BOUCHE DU ROI. On appelait ainsi, au moyen âge, les gens qui apprêtaient et servaient la nourriture du roi. Il y avait des échansons ayant la charge du gobelet, des panetiers qui fournissaient le pain, des cuisiniers ou maîtres-queux, des fruitiers, des sauciers, des valets de chaudière, des ramasseurs d'écuelles, des sommeliers, des galopins, des huissiers de salle, etc. Le grand échanson, le grand panetier et le grand écuyer-tranchant, étaient toujours de hauts et puissants seigneurs, dont les fonctions n'étaient pas toujours nominales. Nous les voyons remplir leur office au temps de saint Louis : « A la cour plénière tenue à Saumur, rapporte Joinville, devant la table du roy et vis-à-vis le comte de Dreux mangeoit monseigneur le roy de Navarre; et je tranchois devant li. Devant le roy servoit du mangier le comte d'Artois, son frère; devant le roi tranchoit du coûtel le bon comte Jehan de Soissons. »

BOUCHER (François), peintre célèbre, né à Paris en 1704, mort en 1770. Ses premières compositions n'annonçaient pas un talent supérieur; mais l'étude qu'il fit en Italie des grands modèles éveilla ses facultés. Ses contemporains l'ont surnommé le *peintre des grâces*. Toutefois, la postérité n'a pas ratifié ce jugement, et le mérite qu'on trouve dans ses ouvrages fait regretter qu'il ait tant sacrifié au mauvais goût de son siècle. Son pinceau était fin et spirituel, mais trop maniéré; sa composition brillante, mais contre nature; ses couleurs sont aussi contre la vérité, et, suivant un spirituel critique, *trop nourries de roses*. Dans les dernières années de sa vie, il sacrifia tout à la couleur, et négligea complètement le dessin. Il contribua ainsi à gâter le goût de l'école française. Ses tableaux historiques sont faux sous tous les rapports : Boucher ne pouvait sortir des jardins fantastiques d'Armide. Après la mort de Carle Vanloo, il devint le premier peintre du roi. Malgré de tels défauts, Boucher est cependant un grand peintre; il nous a donné par ce qu'il a laissé, le regret d'apprécier ce qu'il aurait pu faire, s'il s'était moins fié à son incroyable rapidité d'exécution. Il était plein d'admiration pour les grands maîtres, et fort modeste en présence de leurs œuvres. Il refusa un jour de retoucher le tableau d'un peintre célèbre, en disant : « Je ne touche pas aux vases sacrés. » Au reste, il convenait qu'il n'avait flatté le goût de ses contemporains que pour arriver à la fortune.

Bravoure de M. de Cavoie.

BOUCHER (Jean), recteur de l'université de Paris, prieur de Sorbonne et curé de Saint-Benoît, né à Paris en 1551, mort en

BOU

1646. Il fut l'un des chefs les plus ardents de la Ligue; la première assemblée des ligueurs se tint chez lui en 1585. Sa haine contre Henri III l'emporta jusqu'à déclamer en chaire contre ce souverain, et même à faire sonner le tocsin dans son église pour ameuter le peuple. En 1589, il faisait paraître un pamphlet intitulé : *De la nécessité de l'abdication de Henri III, roi des Français.* Le jour où ce prince fut assassiné, il monta en chaire avant même que le meurtrier eût porté le coup mortel et annonça un miracle qui allait délivrer le peuple de la tyrannie de son roi. Il exalta le misérable assassin, publia son *Apologie* et fit même placer son image sur les autels. Sa haine contre Henri IV ne fut pas moins vive, si l'on en juge par les sermons qu'il publia sous ce titre : *Sermons de la simulée conversion, et nullité de la prétendue absolution de Henri de Bourbon, prince de Béarn.* Quand Henri IV rentra dans Paris, Boucher prit la fuite et se réfugia en Flandre, où il devint chanoine et doyen de Tournai. Il revint cependant en France; il y fut même arrêté, mais le roi lui rendit la liberté, en disant : « Il n'y aurait pas assez de forêts dans mon royaume pour dresser des gibets, s'il fallait pendre tous ceux qui ont écrit contre moi; je serais misérable s'il fallait punir tous ceux qui l'ont mérité dans ces dernières guerres. » Cependant il ne put contenir sa douleur quand on lui fit lire les atroces calomnies que Boucher avait répandues sur sa mère; il ajouta cependant : « Je veux tout oublier, je veux tout pardonner, et ne lui savoir pas plus mauvais gré de ce qu'il a fait, qu'à un furieux quand il frappe, ou qu'à un insensé quand il se promène tout nu. »

BOUCHERS (corporation des). C'est l'une des plus anciennes corporations de Paris. Tant que Paris fut circonscrit dans la Cité, il n'y eut qu'une seule boucherie située sur l'emplacement où plus tard on construisit Notre-Dame. La petite église située dans le voisinage s'appelait Saint-Pierre-aux-Bœufs. On voyait encore, en 1756, deux bœufs sculptés sur le portail de cette église. Après l'invasion des Francs, la corporation des bouchers alla s'établir près de la principale porte de la ville, dans le voisinage d'une église qui prit le nom de Saint-Jacques-la-Boucherie. Les *carnifices parisienses* y transportèrent leur commerce; mais déjà, du temps de Louis le Gros, cet établissement qu'on appelait la *Vieille Boucherie*, était devenu trop étroit. En 1222, Philippe-Auguste donna à la communauté des bouchers des statuts et des règlements. Cependant, l'agrandissement de Paris avait nécessité l'établissement de boucheries isolées, en dehors de la Cité, dans la ville et l'Université. Les bouchers restaient soumis à la juridiction de la grande corporation, et ne pouvaient ouvrir d'étal sans en avoir obtenu des lettres patentes. La corporation des bouchers prit part à la querelle des Armagnacs et des Bourguignons. Caboche, qui en faisait partie, se mit à la tête de la populace pour soutenir le parti des Bourguignons. Les *Cabochiens*, comme on disait alors, se signalèrent par d'horribles cruautés. Les bouchers conservèrent leurs anciens statuts jusqu'à l'époque de la Révolution. Après l'assassinat de Henri IV, la corporation des bouchers demanda comme une faveur que le parlement leur livrât Ravaillac pour l'écorcher vif. Cette singulière faveur leur fut refusée, mais la cour tint compte de leurs bons sentiments. Cent cinquante ans plus tard, certains courtisans maladroits firent des démarches auprès des syndycs de la boucherie pour qu'ils renouvelassent cette demande à propos de Damiens, et quoiqu'on leur assurât qu'il ne serait pas fait suite à leur demande, la corporation des bouchers repoussa cette proposition avec indignation! En 1812, les plaintes qui s'étaient élevées contre l'usage de tuer les animaux dans les boucheries, et de laisser couler dans les ruisseaux le sang, qui répandait, en se corrompant, des émanations fétides, provoquèrent de la part de l'édilité parisienne l'établissement des abattoirs.

BOUCHES A FEU. On appelle ainsi, en termes d'artillerie, toutes les armes qui exigent, pour être servies, le concours de plusieurs hommes, et qui sont traînées par des bêtes de trait. On distingue notamment les canons, les mortiers, les obusiers et les pierriers. La fabrication des bouches à feu a toujours préoccupé les nations européennes, jalouses d'assurer la supériorité de leur artillerie. Monstrelet rapporte que, déjà même au temps de Louis XI, on avait fondu un canon qui lançait un boulet de pierre de 500 livres de la Bastille jusqu'à Charenton, à une distance d'une lieue et demie. Les pièces d'artillerie ne peuvent être fondues d'un seul métal; pendant longtemps, elles ont été composées d'un alliage de 11 parties d'étain et de 100 parties de cuivre. Ces proportions ont varié depuis. Aujourd'hui, les divers gouvernements étudient encore les différents systèmes d'alliage qui produisent le plus d'effet, tout en réunissant les conditions de solidité et de durée.

Les Cent-Jours : Napoléon à Grenoble.

BOUCHES-DE-L'ELBE, départ. français sous Napoléon Ier (1811-1814), formé d'une partie de la Basse-Saxe. Il était entre le Holstein au N., le royaume de Westphalie à l'E. et au S.-E., le départ. des Bouches-du-Weser à l'O. et au S.-O. Ch.-l. Hambourg; arrond. : Hambourg, Lubeck, Lunebourg, Stade.

BOUCHES-DE-L'ESCAUT, départ. français sous Napoléon Ier (1810-1814), il était formé de la Zélande, et situé entre les bouches de la Meuse au N., les Deux-Nèthes à l'E. et au N.-E., la mer du Nord à l'O. et le départ. de l'Escaut au S. Ch.-l. Middelbourg; arrond. : Middelbourg, Goes et Zierickzée.

BOUCHES-DE-LA-MEUSE, départ. français sous Napoléon Ier (1810-1814); il était formé de la Hollande méridionale et situé entre le départ. du Zuyderzée au N. et au N.-E., l'Yssel supérieur à l'E., les Deux-Nèthes et les Bouches-de-l'Escaut au

S., et la mer du N. à l'O. Ch.-l. la Haye; arrond. : la Haye, Dordrecht, Rotterdam et Middelharnis.

BOUCHES-DU-RHIN, départ. français sous Napoléon Ier (1810-1814), formé du Brabant hollandais, situé entre l'Yssel supérieur au N., les départ. de la Roer et de la Meuse-Inférieure à l'E., la Meuse-Inférieure au S. et les Deux-Nèthes à l'O. Ch.-l. Bois-le-Duc; arrond. : Eindhoven, Bois-le-Duc et Nimègue.

BOUCHES-DU-RHÔNE, départ. du S. de la France; il forme une partie de l'ancienne Provence. Il est borné au N. par la Durance qui le sépare du Vaucluse, au S. par la Méditerranée, à l'E. par le départ. du Var, à l'O. par le Rhône qui le sépare du départ. du Gard. Sa superficie carrée est de 512,091 hectares. La partie septentrionale est montagneuse; la partie méridionale se compose des plaines basses de la Crau et de la Camargue. Les principaux cours d'eau sont: la Durance et le Rhône, qui se divise, depuis Arles, en deux parties, savoir: le petit Rhône ou Rhône mort, et le grand Rhône ou vieux Rhône. Le Crau est une vaste plaine située entre les Alpines et la mer d'un côté, le Rhône et les étangs de Martigues de l'autre. Cette plaine paraît être un ancien golfe comblé par les alluvions séculaires. Les galets qui la couvrent confirment cette idée. La Camargue forme le delta du Rhône. Cette plaine s'étend chaque jour par les alluvions; elle est couverte d'une grande quantité de marais et de ruisseaux. Le terrain est limoneux et les galets qui y sont apportés sont entraînés vers la mer. Entre le Rhône mort et le canal de Silvéréal, se trouve un autre delta qu'on appelle la petite Camargue. Les principaux étangs sont le Valcarès et le Berre. Le canal d'Arles, qui s'étend sur une longueur de 46 kil., rend de grands services à la navigation. Au sud de Marseille, on trouve un groupe de onze petites îles. La température est sèche et chaude; mais il règne souvent un vent très-froid qui s'élève du N.-O. et qu'on connaît sous le nom de mistral. Les principales productions de ce département sont: l'olivier, le câprier, le pistachier et le figuier; on rencontre sur les montagnes le romarin, le thym, l'hysope et la sauge. Parmi les animaux, les chèvres et les bêtes à laine sont les plus nombreuses. La houille est abondante; on rencontre aussi du marbre, de l'ardoise, du gypse, de l'argile, du silex et du grès calcaire. Il y a enfin des marais salants. Les eaux thermales d'Aix jouissent d'une grande renommée. Le département est divisé en trois arrondissements dont les ch.-l. sont Aix, Arles et Marseille. La population du département est de 507,112 hab. L'industrie manufacturière est assez développée dans les Bouches-du-Rhône, quoique ce département soit essentiellement commerçant; ainsi on y voit de nombreuses fabriques de savon, de soude factice, de coutellerie, d'ouvrages en corail et de bonneterie; on y voit enfin des raffineries et des tanneries.

BOUCHES-DU-WESER, dép. français sous Napoléon Ier (1810-1814), était formé d'une partie de la basse Saxe et situé entre la mer du Nord au N., les Bouches-de-l'Elbe à l'E., le royaume de Westphalie au S., l'Ems supérieur et l'Ems oriental à l'O. Ch.-l. Brême; arr.: Brême, Nienbourg, Oldenbourg, Bremerlehe.

BOUCHES-DE-L'YSSEL, dép. français sous Napoléon Ier (1810-1814), était formé de la province hollandaise d'Over-Yssel et situé entre le départ. de la Lippe à l'E., l'Yssel supérieur au S., et le golfe de Zuyderzée à l'O. Ch.-l. Zwolle; arr. : Zwolle, Deventer et Almeloo.

BOUCHET (le), hameau de l'arr. de Corbeil (Seine-et-Oise), à 12 kil. de cette ville. Pop. 120 hab. Importante poudrerie de l'État.

BOUCHET (Jean), poëte et chroniqueur, né à Poitiers en 1476, mort en 1555. Il fut procureur à la sénéchaussée de Poitiers, composa les *Annales d'Aquitaine*, qui traitent des faits et gestes du roi de France et d'Aquitaine avec les antiquités du Poitou. Ce travail est très-estimé à raison des renseignements qu'on y trouve; mais il n'offre aucune critique, et la lourdeur du style en rend quelquefois l'intelligence pénible. Il a composé aussi un grand nombre de moralités, de rondeaux, de ballades et d'épîtres.

BOUCHOTTE (Jean-Baptiste-Noël), né à Metz en 1754, mort en 1840. Il était simple capitaine au moment de la Révolution. L'ardeur avec laquelle il embrassa les nouveaux principes le fit bientôt parvenir au grade de colonel. Lorsque le ministère de la guerre fut vacant, par suite de la trahison de Dumouriez, qui avait livré aux Autrichiens Beurnonville, alors ministre, la Convention chercha, pour remplacer ce dernier, un homme possédant tous les talents administratifs nécessaires, et qu'une haute probité mît à l'abri de tout soupçon; elle jeta alors les yeux sur Bouchotte. Les services qu'il rendit ne l'empêchèrent pas d'être plusieurs fois accusé, et même d'être arrêté quelque temps avant le 9 thermidor. Il fut cependant relâché après les événements de thermidor, et il alla se fixer à Metz, où il vécut dans la retraite.

BOUCHOUX (Bonneville-les-), ch.-l. de cant. de l'arr. de Saint-Claude (Jura), à 10 kil. de cette ville. Pop. 2,000 hab.

BOUCICAUT (Jean LE MAINGRE, sire DE), maréchal de France, né à Tours en 1364, mort en 1420. Son père, Jean le Maingre, surnommé *le Brave*, fut lui-même maréchal de France; il était comte de Beaufort et vicomte de Turenne. A l'âge de 12 ans, il se distingua à côté de Charles VI, à la bataille de Rosebec, en 1382. Ce monarque le chargea ensuite de défendre les Génois contre Galéas Visconti, seigneur de Milan, qui désolait Gênes par sa tyrannie. Il se montra sévère envers les factieux, et fit trancher la tête à Boccanègre, leur chef. Il fit construire deux forteresses pour protéger la ville : le *Châtelet* et la *Darse*. Cependant il indisposa lui-même la population par ses rigueurs, et fut contraint de battre en retraite devant le marquis de Montferrat. Il fut envoyé ensuite contre les Turcs; mais Bajazet le fit prisonnier, en 1396, à la bataille de Nicopolis, où les Français furent abandonnés par leurs alliés. Il dut la vie à l'intervention de Jean de Nevers, comte de Bourgogne, qui consentit à le racheter moyennant une rançon de 30,000 livres. A la bataille d'Azincourt, il fut encore fait prisonnier par les Anglais, et mourut en Angleterre. Sa postérité s'éteignit peu de temps après lui.

BOUCLE. On appelle ainsi les objets en forme d'anneau; ce mot vient de *buccula*, terme de basse latinité, qui désignait la partie du bouclier dans laquelle le soldat passait son bras. Chez les anciens, les femmes portaient des boucles pour attacher leurs vêtements sur leur poitrine; les chanteurs en mettaient dans leur bouche pour modifier leur voix. Les boucles servaient encore chez les anciens, comme chez les modernes, à une foule d'usages domestiques.

BOUCLES D'OREILLES. Cet ornement était en usage dans la plus haute antiquité. Eliézer donnait à Rébecca des boucles d'oreilles et des bracelets. Les Grecs nous représentent Junon fixant des boucles aux lobes de ses oreilles percées avec art. Pline dit qu'on s'attachait ces ornements aux oreilles, en perçant le lobe ou même sans le percer. L'empereur Alexandre Sévère, fit défense aux hommes d'en porter; les femmes en surchargeaient leurs oreilles. Chez les sauvages nous retrouvons encore cet usage.

BOUCLIER, arme défensive dont on se servait avant l'invention des armes à feu, pour se préserver des coups de l'ennemi dans les combats. Les Egyptiens s'en servaient à la guerre; les Hébreux le leur empruntèrent; les Grecs le prirent, à leur tour, aux Egyptiens, ainsi que le casque. Les premiers boucliers couvraient entièrement le corps de l'homme; ils étaient attachés au cou par une courroie; les guerriers les portaient derrière le dos pendant la marche, et les ramenaient sur la poitrine au moment du combat. Les Cariens furent les premiers qui apprirent aux Grecs à suspendre le bouclier au bras gauche, à l'aide de courroies. Le bouclier des Grecs avait la forme d'un rectangle; celui des Spartiates était concave. Les Romains adoptèrent le bouclier grec; celui de la cavalerie était rond. Ils étaient généralement en cuivre. Chaque légionnaire portait sur son bouclier le signe distinctif de sa légion. Au moyen âge les boucliers étaient ronds ou oblongs, et s'appelaient, suivant leur grandeur, *écus*, *rondaches* ou *rondelles*. Le bouclier des Francs était de bois et recouvert d'un cuir bouilli.

BOUCLIER VOTIF. On appelait ainsi un bouclier d'airain, d'argent ou doré que l'on dédiait comme trophée de victoire, de famille, dans un temple. Ce fut le consul Appius Claudius (l'an de Rome 259), qui imagina le premier de dédier dans le temple de Bellone des boucliers représentant les portraits de ses ancêtres.

BOUDDHA. Au commencement du IVe siècle av. J.-C., Siddhârtha, prince d'une famille royale, renonça au monde et alla vivre dans la solitude. On l'appela d'abord Çakyamouni, nom qui signifie *le solitaire des Çakias*. Il étudia la religion des brahmes, et entreprit de la réformer. Quand il se crut parvenu à la perfection de la science, il prit le titre de *bouddha*, qui signifie l'*éclairé*, le *savant*, et de là vient la dénomination de bouddhisme, qu'il donna à la religion qu'il fonda. On lui doit l'abolition des sacrifices humains. Quand il vit que le nombre de ses disciples assurait le succès de sa doctrine, il monta sur un arbre et y resta en prière pendant deux mois et demi. Il mourut en 542 av. J.-C., à l'âge de 49 ans.

BOUDDHISME. C'est une des plus anciennes religions du monde, et elle domine surtout dans la Chine, le Japon, la Mongolie, le Thibet et dans l'île de Ceylan. Le bouddhisme compte dans ces divers pays plus de 250 millions de sectateurs, tandis que la religion chrétienne, répandue sur un plus grand nombre de points, n'en compte que 240 millions. Les Chinois reportent au IXe siècle av. J.-C. l'avénement du bouddhisme; mais une chronologie plus exacte le place au IVe siècle. Bouddha s'occupa de réformer non-seulement la religion, mais surtout les mœurs. Il proclame, comme Jésus l'a fait plus tard parmi nous, l'égalité devant Dieu, et relève les classes les plus dégradées, en les admettant au sacerdoce. Des brahmanes avaient raillé Bouddha, qui se félicitait d'avoir converti un mendiant : « Ma loi, répondit-il, est une loi de grâce pour tous; et qu'est-ce qu'une loi de grâce pour tous? c'est une loi sous laquelle d'aussi misérables mendiants se font religieux. » Il disait au roi, qui lui reprochait de prêcher devant la caste misérable des Rhodias : « La religion doit être le bien commun de tous. » Voici les commandements de cette religion qui témoignent d'un grand esprit de charité : « Tu ne tueras personne; tu ne regarderas pas comme saints les Védas et les Pouranas, parce qu'ils demandent des sacrifices sanglants; tu ne seras ni menteur ni calomniateur; tu ne jureras pas et ne parleras pas légèrement; tu ne seras pas égoïste;

tu ne tromperas pas et ne léseras pas les autres, car tous les hommes sont nos frères. » Avec cette admirable doctrine, Bouddha n'eut pas de peine à ruiner la religion de Brahma, qui admettait des castes privilégiées, et qui, maintenant dans une de ces castes l'hérédité du sacerdoce, à peu près comme le peuple juif réservait à l'une de ses tribus, la tribu de Lévi, les fonctions sacerdotales. Bouddha n'eut pas la puissance d'abolir complétement les castes, dont le maintien forme la constitution essentielle des sociétés asiatiques, mais il les rapprocha par la charité. La constitution ecclésiastique des bouddhistes, les cérémonies de leur culte, le costume particulier de leurs prêtres, l'usage du rosaire et des cloches, le culte des reliques et un grand nombre d'autres pratiques, offrent une telle analogie avec la constitution de l'Eglise catholique et ses rites, que tous ceux qui ont voyagé en Asie en ont été frappés. Les jésuites, qui en ont été les premiers témoins, ont prétendu que les bouddhistes avaient emprunté ces pratiques aux chrétiens; mais il n'est que trop certain que ces coutumes étaient déjà en vigueur en Asie, et que les chrétiens n'ont fait que les adapter à leur religion nouvelle. Il nous reste à expliquer en quoi consiste le bouddhisme. Cette religion est mêlée, comme toutes les autres, de fables et de légendes. La mère de Bouddha se nommait Mâyâ; quoiqu'elle eût épousé Soudhadanas, elle en eut un fils, tout en restant vierge immaculée. Il n'est pas jusqu'au nom de Suchi, donné à Mâyâ, qui n'offre un rapprochement avec la religion chrétienne. En effet, Suchi signifie vierge. Cette femme est, pour les bouddhistes, le symbole de la maternité. Il est assez probable que les premiers chrétiens ont emprunté au culte de Bouddha l'idée de l'immaculée conception, qu'ils ont introduite dans leur religion. En effet, nous voyons que saint Jérôme avait connaissance de cette tradition merveilleuse. Clément d'Alexandrie connaissait les rites du bouddhisme. Il les avait trouvés lui-même dans Cornélius Polyhistor, qui vivait 80 ans av. J.-C. Les sectateurs de Bouddha ont voulu le diviniser, en en faisant le génie de la planète Mercure. Le culte de Bouddha n'est que le développement rationnel du culte de Vishnou, de même que la révélation de Jésus n'est que le développement du culte hébraïque. Bouddha, et plus tard Jésus l'imita en cela, n'a pas écrit sa doctrine; sa parole a été recueillie par ses disciples, dix ans après sa mort. On croit que ces anciens livres n'existent déjà plus, et qu'ils ont été corrigés et transformés dans des livres religieux plus récents, appelés *Védas*. Ce qu'il y a de certain, c'est que, pendant les quatre premiers siècles qui suivirent la mort de Bouddha, ses sectaires tinrent des conciles qui s'occupèrent de la rédaction des écritures bouddhiques. Ce corps de livres religieux forme un ensemble de 108 volumes considérables. Voici les principaux dogmes de cette religion, dont on admirera, au milieu de fables ridicules, la profondeur philosophique : les mondes sont autant d'êtres roulant dans l'espace infini, qui, à l'image des autres êtres, naissent, vivent, engendrent et meurent, suivant des lois immuables. Notre monde, sorti d'orages terribles par le mélange des atomes, est une sorte de principe absolu qui se diversifie sous des formes innombrables. Quant à ce principe absolu, il est en repos continuel, et ne s'occupe aucunement de régir le monde. Les livres bouddhistes lui donnent souvent le nom de *néant*, ce qui peut se concevoir par cette idée que les qualités infinies attribuées à Dieu sont aussi les qualités du néant. Chaque homme jouit de son libre arbitre, et, après sa mort, il est récompensé ou puni selon ses œuvres. Une doctrine si abstraite ne pouvait être facilement saisie par le peuple. Aussi les bouddhistes, qui avaient en quelque sorte besoin de la représentation matérielle d'un dieu pour y croire, ne le trouvant pas et ne le comprenant pas dans la doctrine de Bouddha, divinisèrent cet homme qui n'avait jamais prétendu à la divinisation, et qui n'était qu'un profond philosophe et un grand moraliste. La même observation peut s'appliquer à d'autres religions qui ont exalté leurs prophètes vivant au milieu d'eux, et les ont mis au-dessus du Dieu dont le symbole leur échappait. Les livres religieux reconnaissent trois mondes : 1° le monde suprême, principe absolu et de vérité, où les êtres n'ont ni couleur ni formes; 2° le monde de couleur et de formes, c'est la région heureuse où les intelligences peuvent parvenir par la méditation et la connaissance du bien; là, il n'y a ni famine ni soif, ni peines ni souffrances; ce monde conserve cependant quelques parties grossières; mais elles se dégagent peu à peu par les progrès de la perfection des êtres qui tendent de plus en plus à se transformer, c'est-à-dire à dépouiller la couleur et les formes qui les séparent du premier monde, éternel et indestructible; 3° le monde de toute vie, le monde inférieur et déchu. Ce monde doit subir des transformations; la durée de la vie humaine et animale doit y décroître pendant une certaine période; puis, par le fait de la perfection, elle doit augmenter. Ce monde vivra ainsi pendant 80,000 ans; après quoi surviendront d'autres révolutions terrestres. Quant aux êtres, ceux qui se sont élevés par la méditation entrent dans le second monde, où l'on domine la matière et d'où l'on peut influer sur le monde sensible et corporel, et opérer des miracles. Ceux qui n'ont pu s'élever à la perfection restent dans le monde inférieur et changent seulement de forme par la métempsycose; leur âme impérissable, et qui se transforme comme la matière elle-même, se répand après leur mort parmi les autres êtres de la nature, et peut ainsi animer les animaux, qui ont aussi une âme immortelle. Le bouddhisme, de même que le christianisme, a eu ses miracles et ses prophéties, sans lesquels aucune religion ne peut être consacrée; il a eu également ses martyrs et ses guerres de religion. Ceux dont la nouvelle doctrine blessait les intérêts ou les préjugés luttèrent contre les castes inférieures, qui s'étaient empressées d'adopter la religion émancipatrice. On a reproché au bouddhisme de favoriser cet esprit ascétique, cette vie contemplative et essentiellement oisive qui convient aux peuples de l'Orient; mais n'oublions pas que le christianisme lui-même suivait déjà cette tendance quand saint Benoît réforma les ordres monastiques en fondant sa règle sur le travail.

BOUDERIE. On entend par ce mot le silence froid et persévérant qui arrête les élans de l'âme et suspend toute communication intime.

BOUDET (Jean-Pierre), pharmacien, né à Reims en 1748, mort en 1829. Il fut tout à la fois membre de l'Institut d'Egypte et de l'Académie de médecine, et fondateur de la Société de pharmacie. Il a coopéré à la rédaction du *Codex pharmaceutique*, à l'usage des hôpitaux civils; du *Bulletin* et du *Journal de pharmacie*.

BOUDET (Jean-Pierre), pharmacien, neveu du précédent, né à Paris en 1778, mort en 1849. Il fut membre de l'Académie de médecine et de la Société de pharmacie de Paris, et l'un des fondateurs de l'établissement d'eaux minérales factices du Gros-Caillou. Il s'est surtout occupé des embaumements.

BOUDET (Jean, comte), général français, né à Bordeaux en 1769, mort en 1809. Après s'être distingué, sous la République, à l'armée des Pyrénées-Orientales et au siége de Toulon, il alla faire la guerre aux Anglais dans les Antilles. Après son retour, il repoussa les Anglo-Russes à Castricum; puis combattit sous Desaix à Marengo, fit partie de l'expédition du général Leclerc contre Saint-Domingue, et se couvrit de gloire aux batailles d'Essling et de Gross-Aspern. Son nom figure avec honneur sur l'arc de triomphe de l'Etoile.

BOUDIN, terme d'architecture servant à désigner un gros anneau saillant et arrondi qui forme l'ornement de la base d'une colonne.

BOUDOIR. On appelle ainsi une pièce d'appartement servant de lieu de retraite. Ce mot est d'origine moderne; car nos anciennes châtelaines se retiraient dans leur *oratoire*. Le boudoir, qui implique une idée plus mondaine, mais aussi plus riante et plus gracieuse, malgré l'antithèse que ce mot exprime, est ordinairement le lieu le plus orné, et celui que l'architecte décore avec le plus d'art.

BOUDROUM, BOUDROUN, ou BODROUN, ville de la Turquie d'Asie, à 150 kil. de Smyrne. Pop. 11,000 hab. Port sur l'Archipel en face de l'île de Cos. Citadelle, autrefois château des chevaliers de Rhodes.

BOUDRY, petite ville du canton de Neufchâtel (Suisse), à 11 kil. de cette ville. Pop. 1,380 hab. Patrie de Marat.

BOUÉE. On appelle bouée, en termes de marine, une masse de bois léger et quelquefois de liége, qu'on fait flotter au-dessus d'un écueil ou d'une ancre mouillée, à laquelle on l'attache par une corde nommée *orin*. On appelle *bouées de sauvetage* celles qu'on jette à la mer pour sauver les hommes qui viennent à y tomber; la bouée à laquelle ils s'accrochent leur offre un point d'appui qui leur permet d'attendre l'embarcation qui doit les recueillir.

BOUES. On appelle *boue* toute terre détrempée avec de l'eau. *Lutèce*, l'ancien Paris, était ainsi nommée, du latin *lutum* (boue), en raison de la nature de son sol, constamment détrempé par l'humidité de la température et les brouillards de la Seine. Le mot *boue* vient lui-même du flamand *brou* qui a le même sens. L'appropriement de Paris a constamment préoccupé l'édilité de cette ville. Les premiers règlements concernant le balayage remontent à l'année 1184, et suivirent l'établissement du pavé, que l'on doit à Philippe-Auguste. Le balayage fut mis à la charge des propriétaires; ils devaient également pourvoir à la réparation et à l'entretien de la chaussée devant leurs maisons. Cependant ce service était si mal fait que les immondices refluaient jusque dans les maisons et les celliers. Un règlement du prévôt de Paris, en date du 3 février 1348, rendu sur la plainte des habitants du faubourg Saint-Honoré, prononça des peines pour le défaut de balayage. Une ordonnance de 1539 alla jusqu'à établir des amendes contre tous les propriétaires de chaque rue solidairement, pour la contravention d'un seul. Plus tard, par suite des inconvénients de ce système, on soumit les bourgeois à une taxe pour subvenir aux frais d'enlèvement des boues et d'éclairage des lanternes. Louis XIV organisa l'administration des boues et lanternes; mais les propriétaires durent payer de fortes taxes qu'on augmentait incessamment en raison de l'agrandissement de Paris. Il y eut tant de murmures, que ces taxes furent supprimées par l'ordonnance de 1790, qui dispose : « A partir du 1er janvier prochain, les dépenses de police de la ville de Paris, celles de son guet et gardes, celles de son pavé, de son illumination, seront retranchées du compte du trésor public, et resteront à la charge de la municipalité. » Dès lors, le nettoiement de la ville de Paris fut divisé en deux parties : le nettoiement à la charge de la ville, et celui à la charge des particuliers. Un décret du 1er octobre 1814 prescrivait l'obligation, pour les propriétaires et locataires, de balayer, aux heures prescrites, le devant de leurs maisons jusqu'au milieu de la chaussée, de tenir libre le cours des ruisseaux, et d'amasser en tas les immondices que les boueurs entassaient ensuite dans leurs tombereaux. Malgré les amendes de simple police, ce service était assez mal fait. On y remédia d'abord par l'établissement des bornes-fontaines et des trottoirs. Le service des tombereaux reçut encore quelques améliorations. Aujourd'hui le service du balayage a encore été perfectionné : le balayage est complètement abandonné aux soins d'un service municipal, organisé comme les ponts et chaussées, et spécialement chargé de l'entretien de la voie publique. L'eau qui s'échappe des bornes-fontaines établies à tous les coins de rue entraîne les ordures et les boues vers les bouches établies à l'extrémité des pentes et servant d'ouverture à des égouts qui convergent, par leur disposition, vers d'autres égouts appelés collecteurs, déversant dans la Seine.

BOUFFARICK ou BOUFARIK, village de la province d'Alger (Algérie), à 40 kil. de cette ville. Pop. 3,900 hab., dont 1,600 Européens. Récolte de tabacs excellents. Marchés fréquentés. Poste militaire sur la route d'Alger à Blidah et Oran.

BOUFFLERS-ROUVREL (Marie-Charlotte-Hippolyte, comtesse DE), née à Paris en 1724, morte vers 1800. Elle recevait dans les salons du Temple, habité par le prince de Conti, les gens de lettres les plus distingués, et eut des rapports fréquents avec J.-J. Rousseau, Hume, Grimm, etc. Elle avait pour rivales d'esprit et d'influence Mlle de Lespinasse et Mme du Deffant.

BOUFFLERS (Marie-Françoise-Catherine DE BEAUVEAU-CRAON, marquise DE), femme du marquis de Boufflers-Remiencourt, mort maréchal de camp et capitaine des gardes du roi de Pologne, duc de Lorraine. Elle était douée des grâces de l'esprit et du corps, et fit longtemps les délices de la cour du bon roi Stanislas, à Lunéville. Voltaire fit pour elle ces vers charmants :

> Vos yeux sont beaux, votre âme encore plus belle,
> Et sans prétendre à rien, vous triomphez de tout.
> Si vous eussiez vécu du temps de Gabrielle,
> Je ne sais pas ce qu'on eût dit de vous,
> Mais on n'aurait pas parlé d'elle.

Mme de Boufflers mourut à Paris, en 1787; elle avait donné le jour au chevalier de Boufflers.

BOUFFLERS (Louis-François, marquis et duc DE), maréchal de France, né en 1644, mort en 1711. A l'âge de quinze ans, il commandait un régiment de dragons. Il se distingua d'abord sous Créqui et Turenne, et reçut plusieurs blessures dans divers engagements. Il s'est rendu célèbre par sa défense héroïque de Namur contre le prince d'Orange, et de Lille contre le prince Eugène et Marlborough, en 1708. Ce dernier siège dura près de quatre mois. Après avoir reçu sa capitulation, le prince Eugène lui dit : « Je suis glorieux d'avoir pris Lille, mais j'aimerais mieux encore l'avoir défendue comme vous. » Au reste, il ne s'était pas montré moins loyal, ni moins généreux envers Eugène, quand un aventurier vint lui proposer, pendant le siège de Lille, d'assassiner ce prince. Boufflers lui répondit simplement : « Votre fortune est sûre si vous pouvez le faire prisonnier; mais vous serez puni avec la plus grande sévérité si vous attentez à ses jours; et si je soupçonnais que vous en eussiez la pensée, je vous ferais enfermer pour le reste de votre vie. » Il consentit, malgré son ancienneté, à servir sous les ordres du maréchal de Villars. Après la bataille de Malplaquet, où les vainqueurs perdirent 30,000 hommes et les vaincus 8,000, il se distingua par une habile retraite, et emporta plus de trente drapeaux pris à l'ennemi. Il mourut à Fontainebleau, à l'âge de 67 ans.

BOUFFLERS (Stanislas, chevalier DE), littérateur, né à Lunéville en 1737, mort à Paris en 1815. Il fut d'abord destiné à l'état ecclésiastique, mais il se sentit plus de goût pour la carrière des armes. Il se distingua, comme capitaine de hussards, pendant la guerre de Sept-Ans. Il fut ensuite nommé gouverneur de Saint-Louis au Sénégal. A son retour en France, il cultiva la littérature, et fit paraître ses ouvrages animés par un esprit à la fois aimable et brillant. Voltaire savait surtout apprécier son élégant badinage. L'Académie française l'admit dans son sein. En 1789, Boufflers fut nommé député aux États généraux; mais il n'était pas formé pour les luttes politiques, et il n'y joua qu'un modeste rôle. En 1792, il se retira en Prusse, où il reçut du roi Frédéric-Guillaume la plus généreuse hospitalité. Il fut nommé membre de l'académie de Berlin. Il rentra en France en 1800, et il publia alors, sur le *libre arbitre*, un ouvrage métaphysique dans lequel il semble s'être inspiré des doctrines allemandes. On fut étonné du nouveau langage du gracieux et charmant conteur qu'on avait connu autrefois; il comprit lui-même qu'il faisait fausse route, et il en revint alors au genre littéraire qu'il avait cultivé avec tant de succès. On remarque, parmi ses productions, ses poésies érotiques, qui lui assurent un rang distingué parmi nos meilleurs poëtes, et ses contes en prose. *Aline, reine de Golconde*, passe pour un chef-d'œuvre. Sedaine a approprié ce sujet à la scène lyrique, et Grétry soutint, par le mérite de sa composition musicale, le libretto, assez médiocre. Il semble même avoir mieux compris et interprété par la musique la charmante naïveté de Boufflers que Sedaine ne l'a fait dans son poëme.

BOUFFON, BOUFFONNERIE. Ce mot vient de l'italien *buffo*, qui signifie *crapaud*. Les souverains et les grands avaient autrefois coutume d'attacher à leur maison des bouffons, qui prenaient aussi le nom de *fous* ou *bateleurs*. Les divers peuples, en remontant même à la plus haute antiquité, ont eu leurs bouffons, et même leurs fêtes bouffonnes. On peut ranger parmi ces dernières les folies du carnaval. Au moyen âge, les écoliers célébraient la *fête des fous* et élisaient un pape; les bons bourgeois célébraient la *fête des ânes*. Les processions religieuses étaient souvent le prétexte, surtout dans le Midi et à la Fête-Dieu, d'indécentes mascarades. Les Bretons avaient leur *saint Guignolet;* les Bourguignons promenaient la *Mère folle*. Dans d'autres pays, on rencontrait des processions de moines qui figuraient des scènes grotesques de l'Écriture. Ces coutumes ont été conservées au Mexique. La scène française a eu ses bouffons, qu'elle a empruntés au théâtre italien. Arlequin, Pierrot et Colombine divertissaient nos aïeux.

BOUGAINVILLE (Louis-Antoine DE), célèbre navigateur, né à Paris en 1729, mort en 1811. Il fut d'abord avocat au parlement de Paris; son goût pour les armes le fit entrer dans les mousquetaires noirs. Il ne négligea cependant pas d'acquérir les connaissances qui devaient lui être si utiles un jour. En effet, il fit paraître presque aussitôt son *Traité du calcul intégral, pour servir de suite à l'analyse des infiniment petits*. Cet ouvrage attira l'attention des savants. Il obtint divers grades dans l'armée, passa quelque temps à Londres comme secrétaire d'ambassade, et fut envoyé au Canada, en 1756, comme aide de camp de Montcalm, qui soutenait, dans ce pays, la guerre contre les Anglais. Il fut bientôt colonel d'un régiment d'élite. Pendant l'hiver, et après une marche forcée de 60 lieues à travers des glaces et des chemins à peine tracés, il parvint au lac Saint-Sacrement, où il prit et brûla la flotte anglaise sous le feu d'un fort. Le 6 juin 1758, il se vit attaquer, avec un corps de 5,000 Français, par 24,000 Anglais. Il se retrancha si bien dans son camp qu'il repoussa les Anglais et leur fit subir une perte de 6,000 hommes. Il passa en France pour solliciter des secours; mais on sait par quelle incroyable incurie la monarchie, qui marchait à sa ruine, abandonna en quelque sorte sa colonie à ses propres forces. Bougainville ne revint au Canada que pour assister à la retraite de l'armée française sur Québec. La bataille qui fut livrée le 10 septembre 1759, assura aux Anglais la possession de cette belle colonie. Bougainville rentra en France et fut nommé aide de camp de Choiseul-Stainville. Il se distingua si bien que le roi l'honora en lui faisant présent de deux canons. La paix de 1762 laissa Bougainville inactif. C'est alors qu'il s'entendit avec des commerçants de Saint-Malo, avec qui il avait eu des rapports dans ses divers voyages au Canada, pour fonder un établissement dans les îles Malouines. Confiants dans son intelligence et son courage, et bien qu'il n'eût jamais servi dans la marine, les commerçants de cette ville équipèrent quelques-uns des vaisseaux qu'ils armaient en course pour la protection de leur commerce, et lui en donnèrent le commandement. Le roi lui conféra le grade de capitaine et lui accorda l'autorisation de fonder, à ses frais, une colonie dans les îles Malouines. Cependant les Espagnols voyaient avec crainte ces projets menaçants pour leurs établissements voisins; ils s'en plaignirent à Louis XVI, qui modifia alors la mission de Bougainville. Celui-ci devait abandonner la possession des îles Malouines aux Espagnols, qui s'obligeaient à lui rembourser les frais de son expédition. Le roi le chargea d'une exploration purement scientifique. Il lui donna, à cet effet, le commandement de la frégate *la Boudeuse* et de *l'Étoile*. Bougainville partit de Saint-Malo le 15 novembre 1766, et entreprit, le premier de tous les navigateurs, un voyage autour du monde. Il fit voile pour la Plata, où il relâcha, passa le détroit de Magellan, et découvrit dans l'Océan Pacifique un archipel comprenant un groupe d'îles sur une étendue de plus de 500 kil. Il lui donna le nom d'*Archipel dangereux*. Il explora Otaïti, puis fit voile vers l'O., et atteignit les *Grandes Cyclades*, que Cook a appelées depuis *Nouvelles-Hébrides*. Il côtoya la Nouvelle-Guinée pour éviter les récifs qui couvrent ces parages, et découvrit des terres auxquelles il donna le nom de Louisiade. Il poursuivit toujours sa route à l'O., et n'échappa que par miracle aux dangers qui l'assaillirent sur cette mer dangereuse, sous une latitude que nul n'avait encore explorée. Il côtoya la Louisiade, et parvint enfin à un cap qu'il nomma *cap de la Délivrance*. Il franchit le détroit, appelé de son nom, détroit de Bougainville, et aborda à l'extrémité de la Nouvelle-Irlande au moment où les vivres allaient lui manquer. Il gagna ensuite la côte N. de la Nouvelle-Guinée, et y découvrit plusieurs groupes d'îles. De là il se dirigea vers l'île Bourou, puis vers Batavia, et rentra dans le port de Saint-Malo le 16 mars 1769. Bougainville avait déployé tant d'habileté et montré tant de prudence, qu'il n'avait perdu que sept hommes dans un voyage aussi périlleux. Il avait traité les sauvages qu'il avait rencontrés avec une humanité dont ils gardèrent longtemps le souvenir. En 1779, il fut nommé chef d'escadre, et l'année suivante maréchal de camp. Il avait projeté un second voyage au pôle, qu'il devait entreprendre avec Cassini; mais il rencontra de telles difficultés de la part du gouvernement, absorbé par les préoccupations politiques, qu'il dut y renoncer. En 1790, il fut envoyé à Brest pour réprimer une émeute qui avait éclaté dans l'armée navale. Ses efforts ayant été impuissants pour rétablir l'ordre, il se détermina à prendre sa retraite. Plus tard l'empereur l'admit au Sénat, et l'Institut dans la section de géographie. La relation de son voyage fut publiée, et accueillie avec enthousiasme. On comprenait, en effet, l'immense service qu'il venait de rendre à la navigation, en explorant l'Océan Pacifique, que les navires n'osaient traverser et dont les terres étaient à peu près inconnues, les premiers navigateurs qui l'avaient parcouru ayant entremêlé la relation de leurs voyages de récits absurdes et fabuleux. Bougainville avait à braver l'inconnu dans des mers hérissées d'écueils, où il n'avançait que timidement, redoutant surtout les écueils que la nuit rendait invisibles. Il avait enfin à craindre le manque de vivres, dans un voyage dont la durée ne pouvait être calculée. Bougainville dissipa les ténèbres qui enveloppaient une portion si considérable du globe; il fit connaître de nouveaux mondes, et rapporta fidèlement tout ce que son esprit observateur lui avait appris sur les mœurs et les coutumes des populations qu'il avait visitées, et sur les productions des pays qu'il avait parcourus. Avec des moyens insuffisants, il fit faire des progrès marqués à la géographie et à l'astronomie.

BOUGAINVILLE, île de l'Océanie située dans le grand Océan équinoxial, une des principales de l'archipel Salomon (Polynésie). Elle fut découverte par Bougainville, le 30 juin 1768. Accès difficile. Peuplée et bien cultivée. On y remarque le pic Balbi, qui y atteint 3,223 m.

BOUGIE, ville forte de l'Algérie, dans la province de Constantine, à 177 kil. d'Alger, Pop. 1,800 hab., dont 1,200 Européens. Ch.-l. d'un cercle de la subdivision de Sétif et d'un commissariat de la sous-préf. de Philippeville. Erigée en commune en 1854. Port sûr et grand près du cap Cardon. La place est défendue par les forts d'Abd-el-Kader, du Gouraya et de la Casbah. Orangers, figuiers. Commerce d'huile, grains, cire, miel. Bougie fut la capitale des Vandales, et fut soumise par les Arabes en 708. Les Espagnols s'en emparèrent en 1609 et Charles-Quint la fortifia. Elle déclina rapidement sous les compagnies turques des deys d'Alger. Le général Trézel s'en empara en 1833.

BOUGIE. On appelait ainsi, autrefois, la chandelle de cire qu'on tirait de la ville de Bougie, située sur la côte d'Afrique. Ce mot désigne aujourd'hui des chandelles composées avec la stéarine extraite des graisses.

BOUGLON, ch.-l. de cant. de l'arrond. de Marmande (Lot-et-Garonne), à 12 kil. de cette ville. Pop. 190 hab.

BOUGUER (Pierre), mathématicien et physicien, né au Croisic en 1698, mort en 1758. Son père qui était professeur d'hydrographie lui enseigna les principes de cette science. L'Académie couronna son *Mémoire sur la mâture des vaisseaux*. Il fut chargé en 1736, avec Godin et de la Condamine, d'aller au Pérou pour une exploration géographique. Ce voyage fut fructueux pour les sciences et pour l'art de la navigation. Bouguer observa notamment, en comparant les oscillations du pendule au niveau de la mer, avec celles qui se produisent sur les montagnes élevées, que la pesanteur des corps diminue en raison de leur éloignement de la terre. A son retour en France, il publia la *Relation de son voyage au Pérou*, ouvrage plus intéressant par la profondeur scientifique que par le style, qui est généralement lourd et pénible. Il apporta à la composition de ses écrits le soin le plus méticuleux; on prétend même qu'il fut si sensible à quelques attaques dirigées contre lui à raison de ses publications, que le chagrin abrégea ses jours. Il eut quelques discussions scientifiques avec la Condamine, et comme le public prit parti contre lui, son amour-propre l'empêcha de se consoler de cet échec.

BOUHIER (Jean), littérateur, né à Dijon en 1673, mort en 1746. Il fut président à mortier au parlement de Dijon. Il se fit d'abord connaître par des poésies assez inégales. Ainsi, il publia une traduction en vers du poëme de Pétrone sur la *Guerre civile* entre César et Pompée, et une traduction d'Ovide, également en vers. Mais il dut surtout sa réputation à ses travaux sur l'antiquité, qui sont pleins d'érudition. Il fut membre de l'Académie française.

BOUHOURS (Dominique), littérateur, né à Paris en 1628, mort en 1702. Il entra dans l'ordre des jésuites à l'âge de 16 ans. Il professa la rhétorique à Tours; il fut ensuite chargé de l'éducation des jeunes princes de Longueville, puis de celle du marquis de Seignelai, fils de Colbert. Il s'occupa de grammaire, de critique et de littérature. Il affectait un purisme de langage qui allait jusqu'à la manie. Ainsi, quand il mourut, il prononça ces dernières paroles : « *Je m'en vas* ou *Je m'en vais*; car l'un et l'autre se disent. » Il aimait à courir les ruelles et à recueillir les bons mots qui circulaient à la ville ou à la cour. Il recherchait aussi les aventures galantes. Ses *Entretiens d'Ariste et d'Eugène* eurent un légitime succès. Il montre dans cet ouvrage beaucoup d'esprit, mais le style en est trop raffiné et trop prétentieux. Il s'attira des attaques assez vives pour avoir soulevé la question suivante : Si un Allemand peut être un bel esprit? Il donna de savantes critiques de nos auteurs, au point de vue grammatical, dans ses *Remarques et doutes sur la langue française*, et dans sa *Manière de bien penser sur les ouvrages d'esprit*. Bouhours était à l'affût des moindres défaillances de nos auteurs. Il publia ensuite les *Pensées ingénieuses des anciens et des modernes*, puis les *Pensées ingénieuses des Pères de l'Eglise*. Il composa ce dernier ouvrage pour répondre à certains reproches qu'on lui avait adressés sur son ignorance des Pères de l'Eglise; mais la pauvreté de son travail fait douter, soit de l'abondance du sujet, soit de l'étendue de ses connaissances en cette matière. Il ne fut pas plus heureux, quand il s'embarrassa dans les *Commentaires du Nouveau Testament* ou dans les biographies de saint Ignace et de saint François-Xavier. Il se perdit alors dans le merveilleux et les miracles, sans être le moins du monde intelligible. Ainsi, il raconte sérieusement qu'Ignace étant sur les bancs de l'école, s'envolait au ciel, et que c'est là l'unique raison pour laquelle il n'apprenait rien. Malgré tant de crédulité, le P. Bouhours est encore plus sensé que ceux qui ont écrit avant lui sur le même sujet.

BOUIDES ou DAILAMITES, dynastie persane, qui descendait de Bouia, simple pêcheur, issu du sang des Sassanides, de la province de Daïlem. Bouia fonda un puissant empire dans l'Irak-Adjémi en 932; les Samanides régnaient alors dans les autres provinces de la Perse. Bouia fit d'importantes conquêtes et s'empara même de Bagdad en 945. Ses descendants enlevèrent au kalife sa juridiction temporelle, et ne lui laissèrent qu'un pouvoir religieux; ils furent toujours partisans secrets de la secte d'Ali. Ils introduisirent dans la Perse des réformes utiles, et y développèrent la civilisation. En 932, cette dynastie se divisa en deux branches : l'une régna dans l'Irak-Adjémi, et fut remplacée par les Gaznévides; l'autre régna dans le Fars, et fut remplacée par les Seldjoucides.

BOUILLE, bourg de l'arrond. de Rouen (Seine-Inférieure), à 18 kil. de cette ville. Pop. 750 hab., situé près de la forêt de la Londe, au pied d'une montagne. Petit port de cabotage. Ruines d'un château dit de Robert le Diable.

BOUILLÉ (François-Claude-Amour, marquis DE), gentilhomme français, né au château de Cluzel en 1739, mort en 1800. Il était parent de Lafayette. Il fut maréchal de camp sous Louis XVI, qui le nomma commissaire général des îles du Vent, au moment de la guerre de l'indépendance américaine. En 1778, il enleva aux Anglais les îles de Dominique, de Saint-Eustache, de Saint-Christophe, de Nièves et de Montserrat. A son retour en France, en 1789, il fut nommé lieutenant général et gouverneur des Trois-Evêchés. La garnison de Metz s'étant révoltée, il sut faire rentrer les soldats dans le devoir, et sauva la vie à l'intendant de la province. En 1790, il fut chargé de la même mission à Nancy, dont la garnison s'était aussi révoltée. Il comprima ce soulèvement, et reçut de la part de l'Assemblée nationale autant de blâme de la part de certains de ses représentants que d'éloges de la part des autres. Louis XVI, plein de confiance dans sa fidélité, le chargea de faciliter son plan d'évasion; il échelonna des troupes sur le chemin que devait parcourir la famille royale; mais ses ordres furent mal exécutés, et son entreprise échoua. Il s'échappa lui-même à grand'peine, et se réfugia dans le Luxembourg d'où il adressa à l'Assemblée nationale une lettre qu'il voulut rendre menaçante, et qui n'était que ridicule. Il terminait en disant que « si l'on touchait à un cheveu de Louis XVI, il ne laisserait pas pierre sur pierre dans Paris. » L'Assemblée nationale le fit condamner par contumace, et se servit de sa lettre comme d'un document important contre Louis XVI. Rouget de Lisle, par ces vers de la *Marseillaise :*

. . . .
Et les complices de Bouillé,
Ces tigres qui, sans pitié,
Déchirent le sein de leur mère....

a donné à son nom une triste célébrité qui n'est que trop justifiée par ses actes réactionnaires. Il alla à Vienne, puis en Suède, afin de soulever les rois contre la France. L'impératrice Catherine lui avait promis de le mettre à la tête d'un corps de 36,000 hommes, armée qu'il jugeait suffisante pour châtier l'insolence des républicains. La mort de Catherine fit oublier ces promesses. Bouillé se rendit enfin à Londres, où il publia ses *Mémoires sur la Révolution*. Il y mourut bientôt après, à l'âge de 62 ans.

BOUILLÉ (Louis-Joseph-Amour, marquis DE), fils du précédent, né à la Martinique en 1769, mort en 1850. Il fut aide de camp de son père dans les dernières années de Louis XVI; il émigra avec son père, et passa dans l'armée de Condé et de là en Vendée. Cependant il profita de l'amnistie proclamée en 1802, et rentra en France. Il se distingua au siége de Gaëte et dans diverses rencontres, notamment à Baza où, avec 1,200 hommes, il battit 5,000 Espagnols. Il était déjà général de brigade en 1812, quand il fut frappé de cécité et se vit obligé de prendre sa retraite. Il s'occupa alors de littérature, et grâce à la plume d'un secrétaire intelligent, il put rédiger un mémoire curieux sur l'évasion de Louis XVI, dont il avait été témoin. Il publia aussi des *Commentaires* sur le *Prince* de Machiavel et sur l'*Anti-Machiavel* de Frédéric II.

BOUILLEURS. On appelle ainsi de petits tuyaux dont les constructeurs de machines se servent pour remplacer les chaudières dans lesquelles se produit la vapeur. Les locomotives à vapeur employées sur les lignes ferrées sont alimentées par des tuyaux établis suivant ce système.

BOUILLIAU (Ismaël), mathématicien et littérateur, né à Loudun en 1605, mort en

1694. Il abjura le protestantisme et se fit prêtre catholique. Il cultiva simultanément les mathématiques, la littérature, l'histoire, le droit et la théologie, et se montra plus érudit que judicieux critique. Sa correspondance avec Desnoyers, secrétaire des commandements de Marie de Gonzague, reine de Pologne, savant mathématicien, fournit à Condorcet des renseignements précieux sur diverses questions de mathématiques, d'astronomie et d'optique.

BOUILLON, ville de Belgique (Luxembourg), à 30 kil. de Neufchâteau. Pop. 2,000 hab. Autrefois capitale du duché de son nom. Fabriques de tulle, de draps; tanneries. Commerce de bétail et de ferronnerie. Cette ville est défendue par un château fort, autrefois château des ducs de Bouillon, qui servit de prison d'Etat sous Napoléon Ier. Godefroy de Bouillon vendit cette ville aux évêques de Liége, qui en furent dépouillés en 1484 par les seigneurs de la Marck; ces derniers furent obligés, plus tard, de la rendre aux évêques. Louis XIV prit Bouillon en 1676, la rendit après la paix de Nimègue aux descendants de Turenne, qui la gardèrent jusqu'à la Révolution. En 1814, son territoire fut donné aux Pays-Bas. Cette ville a donné son nom à plusieurs princes de la famille de la Tour-d'Auvergne.

Bouillon-Lagrange (Edme-Jean-Baptiste), chimiste, né à Paris en 1764, mort en 1844. Il étudia d'abord la médecine; mais bientôt il s'appliqua surtout à la chimie, et fut nommé, en 1788, professeur de chimie au collège de pharmacie. Puis il devint successivement pharmacien-major, chargé de l'organisation des hôpitaux militaires, essayeur à la direction des poudres et salpêtres, répétiteur de chimie à l'école polytechnique, professeur de physique et de chimie à l'école centrale du Panthéon, et enfin professeur au lycée Napoléon. L'impératrice Joséphine le choisit pour son médecin. Sous la Restauration, il fut directeur de l'école de pharmacie, et membre honoraire de l'Académie de médecine. La pharmacie lui doit des analyses et des observations importantes sur l'eau de mer, sur l'ambre gris, sur les acides subérique et camphorique, et sur diverses plantes pharmaceutiques. Il a laissé un *Manuel de chimie* et un *Manuel de pharmacie*. Il a écrit en outre dans divers journaux scientifiques.

BOUILLY, ch.-l. de cant. de l'arrond. de Troyes (Aube), à 15 kil. de cette ville. Pop. 850 hab. Vins rouges.

Bouilly (Jean-Nicolas), auteur dramatique, né à Tours en 1763, mort en 1842. Il était, avant la Révolution, avocat au parlement de Paris. Il se passionna pour les principes révolutionnaires, et fit représenter en 1790, l'opéra de *Pierre le Grand*, dans lequel le public saisit des allusions patriotiques. Il se lia avec Barnave et Mirabeau, et remplit diverses fonctions au commencement de la République. Cependant il s'éloigna des affaires au moment de la Terreur. Après le 9 thermidor, il fit partie de la commission d'instruction publique qui fut chargée de l'organisation des écoles primaires. Il quitta cet emploi en 1800, pour se consacrer entièrement à la littérature dramatique. Il obtint de grands et légitimes succès dans diverses pièces fort bien intriguées, finement dialoguées, et qui n'ont pas vieilli au théâtre. On cite notamment l'*Abbé de l'Epée*, les *Deux Journées*, *Une Folie* et *Fanchon la Vielleuse*. Il essaya aussi d'écrire des *Contes pour l'enfance*; mais il ne sut pas réussir dans ce genre si difficile, et échoua par le défaut de simplicité et une sensiblerie qu'il prit pour la naïveté du cœur.

BOUIN, petite île de l'arrond. des Sables (Vendée), à 58 kil. de cette ville, au fond de la baie de Bourgneuf. Superf. 300 hect. Pop. 2,800 hab. Bons pâturages; marais salants très-productifs. Commerce de cabotage. On trouve au centre de cette île le bourg et le petit port de Bouin.

BOUKHARA, capitale de la Boukharie (Asie), à 190 kil. de Samarkand. Pop. 150,000 hab. Centre de commerce de tout l'Etat. Mosquées, écoles, un grand nombre de bazars. Environs pittoresques et fertiles. Les Arabes s'en emparèrent en 705; elle fut brûlée sous la dynastie des Samanides, et rebâtie par Gengis-Khan. A l'avénement de la dynastie des Usbecks, elle devint la capitale de l'Etat.

BOUKHAREST. (*Voir* Bukharest.)

BOUKHARIE (Grande) ou Khanat de Boukhara. Etat de l'Asie centrale, dans la Tartarie. Cap. Boukhara et jadis Samarkand. Pop. 2,500,000 hab. Sol montagneux et stérile. Climat tempéré. Peu d'industrie; coutellerie, peaux de chagrin; tissus de coton, poil de chèvre. Quelque commerce avec la Russie, la Chine, les Indes. Grand nombre de nations : les Arabes, les Persans, les Usbecks, les Bohémiens, les Tadjiks, les Kirghiz, etc. La religion générale est l'islamisme. Le gouvernement est une monarchie absolue et héréditaire. Le prince porte le titre d'Emir Al-Moumenim, ou Prince des Croyants. Cet Etat a appartenu aux Perses, aux Macédoniens, aux rois de Bactriane. Les Turcs s'en emparèrent au VIe siècle, les Chinois au VIIe siècle, les Arabes en 705, les Turcs seldjoucides en 1037, les Mongols en 1219, Tamerlan en 1383, les Usbecks en 1505 et en 1786.

Boukharie (Petite), province chinoise de Thian-Schan-Nanlu ou Turkestan. (*Voir ces mots*).

BOULAINVILLIERS (Henri, comte de), historien, né à Saint-Saire, en Normandie, en 1658, mort en 1722. Il suivit, dans sa jeunesse, la carrière militaire; il l'abandonna bientôt pour se consacrer à l'étude de notre histoire nationale. Ses appréciations sur les matières religieuses montrent en lui un grand penseur. Toutefois, il ne sut pas dépouiller complètement les préjugés de son siècle : ainsi, il croyait à l'astrologie judiciaire. Il s'effraya de l'agrandissement de l'autorité monarchique, et ne comprenant pas que la liberté devait naître de l'alliance du peuple et de la royauté contre la noblesse, il exalta le régime féodal, qu'il appelait un *chef-d'œuvre de l'esprit humain*. Cet esprit systématique nuisit beaucoup à l'historien : aussi Montesquieu faisait-il peu de cas de ses appréciations sur les commencements de la monarchie française. Il serait fort pénible aujourd'hui de lire son *Histoire de France jusqu'à Charles VIII*, ses *Mémoires historiques sur l'ancien gouvernement de France, jusqu'à Hugues Capet*, et son *Histoire de la pairie de France*. Son *Histoire des Arabes* et sa *Vie de Mahomet* sont de meilleurs ouvrages, bien que son admiration pour le prophète aille parfois si loin qu'on soit tenté de voir en lui un vrai croyant. Son *Essai de métaphysique dans les principes de Spinosa* est une excellente paraphrase qui mérite d'être lue.

BOULAK, ville d'Egypte, sur la rive droite du Nil. Pop. 18,000 hab. Cette ville est l'un des faubourgs du Caire, dont elle n'est séparée que par des jardins. Les Français l'incendièrent en 1799; Méhémet-Ali la reconstruisit et y fonda plusieurs grands établissements industriels et une haute école pour les sciences et les lettres.

BOULANGER (Nicolas-Antoine), littérateur, né à Paris en 1722, mort en 1759. Il montra d'abord peu de goût pour les études classiques; mais comme il y avait en lui l'âme d'un grand penseur, il réfléchissait profondément, en dehors de ses maîtres, sur les matières philosophiques. La nécessité de s'ouvrir une carrière lui fit apprendre en peu de temps les mathématiques et l'architecture; il devint même habile ingénieur des ponts et chaussées. Tout en coupant des montagnes et en creusant des canaux, il étudia les révolutions géologiques du globe; il passa ensuite à la constitution des sociétés; il aborda enfin la haute philosophie. Le latin et le grec, qu'il apprit alors, lui paraissant insuffisants pour découvrir les secrets des premiers âges, il se jeta dans l'étude des langues chaldaïque, hébraïque, syriaque et arabe. Au moment où il allait profiter des immenses connaissances qu'il avait acquises, pour se faire connaître par ses travaux, la mort vint le surprendre. Les quelques écrits que nous avons de lui font regretter cette perte prématurée. Il a laissé un *Traité du despotisme oriental*, l'*Antiquité dévoilée* et de curieuses *Dissertations sur saint Pierre, saint Paul, Elie et Enoch*. On lui doit enfin les articles *Déluge*, *Corvée* et *Société*, dont il a enrichi l'*Encyclopédie*. *Le christianisme dévoilé*, qu'on a attribué, à tort, à Boulanger, appartient au savant d'Holbach. La hardiesse des pensées philosophiques de Boulanger a longtemps autorisé une erreur d'autant plus concevable que d'Holbach se couvrit du nom de Boulanger.

BOULANGERS, Boulangerie. Cette profession était inconnue dans la haute antiquité. La Bible nous montre les femmes juives pétrissant elles-même leur pain, et souvent au moment du repas. On y faisait entrer, avec la farine, du beurre, des œufs, de la graisse et du safran. C'était une sorte de galette qu'on faisait cuire sous la cendre. La mouture du blé était un pénible métier réservé aux esclaves; elle se fit d'abord dans des mortiers à pilon, puis dans des moulins à bras. L'usage des fours fut général chez les Grecs; les Romains les imitèrent vers 583 av. J.-C. Sous le règne d'Auguste, nous voyons qu'il y avait dans Rome 329 boulangeries publiques réparties dans quatorze quartiers; elles étaient tenues par des Grecs, qui passaient pour les meilleurs boulangers. Ils formaient une corporation sur le plan de celle des bouchers, et ils étaient soumis à des règlements spéciaux. Ils composaient en quelque sorte une caste à part, et il leur était défendu, afin qu'une profession si utile ne fût pas désertée, de marier leurs filles avec des comédiens ou des gladiateurs. Leurs biens ne pouvaient être transmis à des parents étrangers à leur corporation. Aucune fonction, même ecclésiastique, ne pouvait détacher le boulanger de sa profession. Au reste, il pouvait parvenir même à la dignité de sénateur. Les institutions romaines relatives à la boulangerie furent introduites dans les Gaules, ainsi que dans les autres provinces de l'empire romain. Dans les premiers temps de la monarchie française, il y eut des boulangers. On employait, pour moudre le grain, des manéges mis en mouvement par l'homme ou par les animaux. Plus tard, ils établirent des moulins sur des cours d'eau. Les boulangers ne pouvaient exercer leur profession sans avoir obtenu la maîtrise du roi, ni sans avoir reçu l'accolade du lieutenant du grand panetier. Le boulanger lui portait un pot de terre rempli de noix et de nieules. Il cassait ce pot contre la muraille, puis, cette cérémonie accomplie, on se mettait à boire en compagnie des mitrons. Le grand panetier de France exerçait une juridiction sur les boulangers de Paris. La charge de grand panetier subsista jusqu'en 1711. Pour éviter l'accaparement des grains, le parlement fit défense aux boulangers d'exercer la meunerie et le mesurage des grains. Les statuts qui réglaient les priviléges et les obligations des boulangers remontaient à Philippe-Auguste. Plus tard, l'exercice de la boulangerie fut réglé par les municipalités. La loi du 22 août 1790 inaugura ce système. Les municipalités eurent le droit de déterminer dans chaque ville le nombre des boulangers, de taxer officiellement le prix du pain, et même d'exiger la justification du dépôt d'une certaine quantité de farine. Ce système fut vivement critiqué par les économistes, comme contraire à la liberté commerciale, et même comme préjudiciable aux consommateurs, qui payaient le pain à un prix plus élevé que si sa valeur avait été déterminée par la concurrence. Aujourd'hui, la boulangerie est libre en vertu du décret impérial de 1863, et le pain a cessé d'être taxé. Cette mesure libérale n'est pas nouvelle. En effet, nous trouvons, à la date du 2 avril 1562, un vieil arrêt du parlement de Toulouse, qui décidait, *attendu que le pain était devenu rare par la malice des boulangers*, qu'il y avait lieu d'accorder à toute personne la liberté d'en faire et d'en vendre.

BOULAY, ch.-l. de cant. de l'arrond. de Metz (Moselle), à 25 kil. de cette ville. Pop. 2,780 hab. Industrie active : tissus de coton, cuir verni, produits chimiques, quincaillerie.

BOULAY DE LA MEURTHE (Antoine-Jacques-Claude-Joseph), homme d'Etat, né en 1761, à Chaumouzey (Vosges), mort en 1840. Il descendait d'une riche famille de cultivateurs, qui lui fit suivre la carrière du barreau. Il fut donc avocat; mais ayant adopté les idées nouvelles, il s'enrôla; puis il fut, en l'an v, envoyé par le département de la Meurthe au conseil des Cinq-Cents; là, il fut l'âme du parti constitutionnel modéré. Le 18 brumaire, il prit part à la révolution gouvernementale qui renversa le Directoire, et s'attacha, dès lors, à la fortune de Bonaparte. Il ne tarda pas à être nommé président de la section de législation au conseil d'Etat, et prit une part active à la confection du Code Napoléon. En 1810, il fut appelé au conseil privé, puis bientôt après au conseil de régence. Aux Cent-Jours (1815), il reçut le titre de ministre d'Etat, et fut un des rédacteurs de l'*Acte additionnel aux constitutions de l'Empire*. Ayant tenté d'établir Napoléon II sur le trône, il fut exilé au retour des Bourbons. En 1819, il revint en France, mais ne rentra point dans la vie politique. Il a laissé des ouvrages qui ont eu quelque influence sur l'opinion publique. On a aussi de lui des *Mémoires* restés jusqu'à ce jour inédits.

BOULAY DE LA MEURTHE (Henri-Georges), fils du précédent, né en 1797, mort en 1859. Il fut longtemps colonel d'une légion de la garde nationale de Paris. Après avoir été successivement député de la Meurthe et des Vosges, et membre du conseil général de la Seine, à la révolution de 1848, ses commettants l'envoyèrent à l'Assemblée constituante. Il fut choisi par l'Assemblée pour remplir les fonctions de vice-président de la république parmi les trois candidats présentés par le prince Louis Napoléon, alors président de la république, qui, après le rétablissement du second empire, l'éleva à la dignité de sénateur.

BOULAY-PATY (Pierre-Sébastien), jurisconsulte, né près de Chateaubriand en 1763, mort en 1830. Il fut d'abord commissaire de la république à Paimbœuf; il défendit énergiquement cette ville contre les bandes vendéennes. Il fut député au conseil des Cinq-Cents, et y soutint loyalement les institutions républicaines, déjà attaquées. Il se signala par son opposition au gouvernement du 18 brumaire; mais, plus tard, il se rallia à l'empire, et devint même, en 1811, conseiller à la cour impérial de Rennes. Il s'occupa spécialement de la jurisprudence commerciale; ainsi il a laissé un *Cours de droit commercial maritime* et un *Traité des faillites et des banqueroutes*.

BOULE D'AMORTISSEMENT. On appelle ainsi en architecture, tout corps sphérique qui surmonte la pointe d'un clocher ou

d'une tourelle. Ainsi la coupole de Saint-Pierre, à Rome, est surmontée d'une boule de bronze d'un diamètre de plus de huit pieds, et qui peut contenir seize personnes.

BOULE (André-Charles), célèbre ébéniste et sculpteur, né à Paris en 1642, mort en 1732. Il porta l'art de l'ébénisterie à une perfection inconnue avant lui. Il savait assortir les bois de différentes espèces, de manière à imiter des animaux, des fleurs et des fruits. Il représenta même des chasses, des paysages et des batailles, dont on admire le dessin et la richesse de composition. Louis XIV lui donna un logement au Louvre; mais à la mort de son protecteur, il resta sans ressources; et cet homme, qui est l'une des gloires de notre industrie nationale, mourut dans l'indigence. Les meubles attribués à Boule sont aujourd'hui payés au poids de l'or; ses imitations même ont une valeur inouïe.

BOULLANGER (André), surnommé *Petit père André*, moine Augustin, né à Paris en 1582, mort en 1657. Il plut beaucoup à la cour par la manière plaisante dont il prêchait. Les comparaisons triviales et parfois bouffonnes dont il entremêlait ses sermons étaient surtout dans le goût des XIVe et XVe siècles. Il comparait volontiers les saints de l'Eglise aux figures du jeu de cartes, et il représentait une partie assez grotesque. Ses expressions étaient boursouflées et son débit déclamatoire; car le *Petit père André* ne laissait pas d'avoir des prétentions à l'éloquence. Il prononça dans ce style l'*Oraison funèbre de Marie-Henriette de Bourbon*.

BOULLÉE ou BOULÉE (Etienne-Louis), architecte, né à Paris en 1728, mort en 1799. Il se distingua par des productions d'un grand caractère, dans un temps où l'architecture n'offrait que des formes bizarres, qui s'éloignaient autant du gothique que du style antique. Il entreprit d'affranchir l'architecture de ces ornements bizarres, de ces figures contournées dont on chargeait alors les monuments. Il étudia les beautés de l'antique, et s'appliqua à les reproduire. Il a laissé des plans remarquables pour la construction d'églises, de palais, de théâtres, de musées, d'arcs de triomphe et de portes de ville. Il fit aussi un plan pour l'achèvement de la Madeleine et un autre pour la restauration du château de Versailles. Son tombeau de Newton, placé au centre d'une sphère, fut surtout admiré. On l'avait d'abord chargé de la construction du palais Bourbon; mais, trop scrupuleux pour ne pas présenter un devis exact, il fut supplanté par un autre architecte qui ne demandait qu'un million et demi, pour une construction qui en coûta treize, sans qu'il pût achever ce palais. Il construisit de nombreux hôtels, parmi lesquels on remarque celui que fit élever Mme de Brunoy aux Champs-Elysées. C'est un véritable morceau d'étude. Boullée fut membre de l'Institut et professeur d'architecture. Il a laissé, outre ses plans, un *Essai sur l'architecture* qui témoigne de la profonde connaissance qu'il avait de son art. Il a formé plusieurs élèves distingués qui ont poursuivi, à son exemple, la réformation de l'art architectural.

BOULLONGNE (Bon), peintre français, né à Paris en 1649, mort en 1717. Il était fils de Louis Boullongne, qui a laissé des copies des anciens maîtres, peintes d'après leurs procédés et avec un tel talent d'imitation qu'il fut quelquefois impossible de distinguer l'original de la copie. Il fut envoyé à Rome, où il acquit un talent comparable à celui de son père. Ainsi *Monsieur*, frère de Louis XIV, acheta un de ses tableaux, imité du *Guide*, croyant posséder l'original. Mignard, qui en avait été le premier la dupe, l'encouragea à ne faire jamais que des *Guide* et non des *Boullongne*. Il fut professeur de l'Académie de

peinture; Louis XIV le chargea de travaux importants au palais de Versailles et à Trianon. Il a laissé des compositions originales qui se distinguent par le dessin et le coloris. Il avait une singulière manie: c'était celle de ne peindre que la nuit, à la lueur d'une lampe qu'il suspendait à son chapeau. On admire surtout son tableau du *Combat d'Hercule contre les Centaures*.

BOULLONGNE (Louis), peintre, frère du précédent, né à Paris en 1654, mort en 1733. Il apprit de son père l'art de la peinture. A dix-huit ans, il obtint le prix de Rome. Il s'attacha surtout à l'étude de Raphaël. A son retour à Paris, il entra à l'Académie de peinture, dont il devint plus tard directeur. Louis XIV lui accorda des titres de noblesse, et en fit son premier peintre. Il se distingua par la noblesse et la grâce du trait; cependant son coloris est inférieur à celui de son frère, et ses tableaux sont moins estimés.

BOULOGNE-SUR-MER, s.-préf. du dép. du Pas-de-Calais, à 118 kil. d'Arras, à 236 de Paris et 272 par le chemin de fer du Nord. Pop. 32,750 hab. Place de guerre de 2e classe. Tribunal de première instance et de commerce, chambre et bourse de commerce, vice-consulats, direction des douanes, collége, bibliothèque de 30,000 volumes, bel établissement de bains de mer, école d'hydrographie, jardin botanique très-riche, musée, société d'agriculture, sciences et arts, théâtre. Commerce de transit important, nombreux armements pour la pêche du hareng et de la morue d'Islande et de Terre-Neuve. Fabriques de grès et de faïences; raffineries de sel et de sucre, fabriques de filets pour la pêche, métiers à tulles, verreries, briqueteries, tuileries. Son commerce consiste en genièvre, vins, eaux-de-vie, thés, toiles fines, dentelles, bois et chanvre du Nord. Parmi les monuments, les plus remarquables sont: l'hôtel de ville, la tour du beffroi (XIIIe siècle), le chœur de l'église Saint-Thomas, la nouvelle église Notre-Dame, le vieux château construit par Philippe Hurepel, en 1231. Port très-fréquenté: c'est de chaque côté de ce port que campa l'armée qui devait envahir l'Angleterre en 1804; service réguliers de bâteaux à vapeur pour Brighton, Douvres et Londres. Patrie de M. Sainte-Beuve, de Daunon et Cuvelier — L'origine de Boulogne est fort ancienne; elle date de l'an 50 avant J.-C. Constance Chlore s'en empara en 292, les Normands la prirent d'assaut en 888. Henri VIII, roi d'Angleterre, la prit après un siége de six semaines, en 1544. Boulogne fut rendue à la France en 1550. En 1801, Bonaparte y tenta une expédition contre l'Angleterre et fit commencer de grands armements à Boulogne; en 1804 il y fit la seconde distribution des croix de la Légion d'honneur, que rappelle encore aujourd'hui une magnifique colonne.

BOULOGNE (camp de). Bonaparte, pénétré de l'idée que l'Angleterre était à la tête d'une vaste conspiration européenne qui se proposait moins l'abaissement politique de la France que la ruine de son commerce, forma le projet d'une descente en Angleterre (1801). Il ne fit que reprendre l'ancien projet formé par le Directoire; mais il ne fut pas plus heureux, et la guerre continentale ne tarda pas à l'appeler sur d'autres points. Les moyens manquaient à Napoléon pour mener à bonne fin une telle entreprise: notre marine avait été détruite et l'Angleterre semblait justifier la pensée exprimée par Lemierre : Bonaparte ne demandait que quelques bateaux pour atteindre le sol de l'Angleterre, bien certain alors que la victoire ne l'abandonnerait pas. Il fit construire dans les chantiers mille barques légères, qui devaient échapper facilement aux boulets des gros navires. Pendant ces préparatifs, il assembla sur la plage de Boulogne ses vieilles troupes d'Allemagne et d'Italie. L'Angleterre ne fit d'abord que rire de ces démonstrations; mais bientôt elle eut peur, et elle envoya Nelson pour détruire les barques réunies dans la rade de Boulogne. Trente vaisseaux de haut bord attaquèrent une division de la flottille française, mouillée à mille mètres du bord; malgré un feu terrible, les marins français firent si bonne contenance que les Anglais durent s'éloigner. Ils revinrent, cinq jours après, renouveler l'attaque; mais ils essuyèrent un échec encore plus complet, bien que les batteries de terre fussent dans l'impossibilité de donner; la chaloupe française *la Surprise*, entourée par quatre péniches anglaises, parvint à les couler toutes. Bonaparte reprit son projet favori, en 1804, après la rupture de la paix d'Amiens. Les bâtiments affluaient dans le port de Boulogne, des côtes de Belgique, de Hollande et du Havre. Les Anglais s'irritaient de ne pouvoir atteindre ces petits navires qui louvoyaient les côtes. Bientôt on vit paraître en vue du port de Boulogne une flotte anglaise de 52 vaisseaux, commandés par l'amiral Keith. Bruix, qui commandait la flottille française, jugea que les bricks du plus petit modèle qu'il apercevait dans les lignes anglaises devaient être des brûlots. Cette observation sauva ses bâtiments: il donna l'ordre de manœuvrer de manière à les éviter. Les brûlots, poussés par un vent favorable, vinrent aborder la terre, où ils firent successivement explosion. Pendant ce temps-là, les Anglais essuyaient un feu si terrible des batteries de terre et de mer, qu'ils perdirent autant de monde que s'ils avaient combattu. L'horrible machination des Anglais fut flétrie comme elle le méritait par tous les gens de cœur. Si l'on rapproche cette manière de combattre des nobles exemples de loyauté que les généraux français ont donnés dans le cours de notre histoire, on explique facilement l'indignation générale qui accueillit la honteuse entreprise de l'Angleterre.

BOULOGNE, bourg de l'arrond. de Saint-Denis (Seine), à 9 kil. de Paris, en face de Saint-Cloud et sur la rive droite de la Seine. Pop. 11,400 hab. Ce bourg est l'un des plus remarquables des environs de Paris. Nombreux établissements de blanchisseurs de linge. Près de Boulogne se trouve le bois du même nom, de 700 hect., promenade habituelle du monde élégant de Paris; il est enclos de murs percés de 11 portes. Il fut cédé par l'Etat à la ville de Paris en 1852.

BOULOGNE, ch.-l. de cant. de l'arrond. de Saint-Gaudens (Haute-Garonne), à 25 kil. de cette ville. Pop. 11,250 hab.

BOULOGNE (Etienne-Antoine DE), évêque de Troyes, né à Avignon en 1747, mort en 1825. Il remporta en 1772 le prix d'éloquence proposé par l'Académie de Montauban; puis, se laissant entraîner par son goût pour la prédication, il vint à Paris en 1774, et se fit bientôt connaître par un *Eloge du Dauphin;* il prêcha devant Louis XVI. Pendant la Révolution, il se fit arrêter trois fois pour avoir combattu la constitution civile du clergé. Il ne put reprendre le cours de ses prédications qu'après le Concordat. En 1806, il fut nommé chapelain de Napoléon Ier; puis aumônier de la cour en 1807, et évêque de Troyes en 1808. Mais, après l'arrestation de Pie VII, il donna sa démission et adressa à l'empereur des remontrances qui le firent arrêter et détenir à Vincennes jusqu'en 1814. A la Restauration, Louis XVIII lui donna l'archevêché de Vienne (1817) et l'éleva à la dignité de pair de France (1823). Ce prélat était le digne émule de l'abbé Maury et passait pour le meilleur orateur de son temps. Il a écrit dans divers journaux, et ses œuvres complètes, formant 8 vol. in-8°, contiennent des mandements, des panégyriques, des sermons, des oraisons funèbres, etc.

BOULOIRE, ch.-l. de cant. de l'arrond. de Saint-Calais (Sarthe), à 16 kil. de cette ville. Pop. 800 hab. Fabrique de toile.

BOULONNAIS, ancien comté de France, faisait partie du gouvernement de Picardie et avait pour capitale Boulogne. Il compose aujourd'hui la plus grande partie de l'arrondissement de Boulogne, dans le Pas-de-Calais.

BOUNDI, ville de l'Hindoustan, capitale de l'Etat de son nom, à 300 kil. d'Agra. Place forte.

BOUNDI, petit Etat voisin du Scindia, gouverné par un radjah, soumis depuis 1818 à la protection de l'Angleterre. Pop. 525,000 hab.

BOUQUENON, ville de France. (*Voir* SAAR-UNION.)

BOUQUET (Dom Martin), savant bénédictin, né à Amiens en 1685, mort à Paris en 1754. Il publia, par ordre du gouvernement, la *Collection des historiens de France*, ouvrage qu'il laissa inachevé et qui fut continué depuis. Il se montre exact dans la relation des détails; mais les faits sont mal présentés, mal jugés: on ne trouve dans cet ouvrage aucune des qualités nécessaires à l'historien.

BOUQUIN. Ce mot, qui comporte, nous ne savons quelle senteur de vieille littérature, devait dériver de l'allemand. En effet, *buch*, en allemand, signifie *livre*, et, dans les langues du Nord, il signifie *hêtre*; c'était sur les feuilles de cet arbre que les Scandinaves écrivaient autrefois. Quelques étymologistes, fouillant dans leurs *bouquins*, ont voulu remonter à l'hébreu, et dans *Cattab*, ils ont vu... *bouquin;* nous nous en tiendrons à l'origine allemande. Le livre attire l'intelligence, le bouquin attire l'œil; il flatte, il miroite. L'antiquité, c'est l'inconnu; et l'inconnu, n'est-ce pas précisément l'objet de toutes les recherches scientifiques? Puis on veut une belle enveloppe de luxe, qui soit en quelque sorte le sanctuaire de l'*idée*. Mais, hélas! la forme l'emporte souvent sur le fond, et, en ouvrant plus d'un ouvrage à riche reliure, on est tenté de dire:

Belle tête! mais de cervelle point.

Cazotte et sa fille portés en triomphe.

Comme on dit communément : tout ce qui reluit n'est pas or; et depuis le temps où Cicéron écrivait qu'il cherchait un peu d'or dans le fumier du poëte Ennius, que de fumier s'est amoncelé, qui rend bien difficile la recherche du beau et du vrai au milieu de tant de détritus littéraires. Toutefois, on rencontre de temps en temps des joyaux sous la modeste couverture de parchemin : des éditions de Virgile, d'Horace ou de Plutarque, signées d'Etienne, d'Elzévir ou d'Aldes. Oh! alors les bibliomanes les disputent aux bibliophiles, et les riches amateurs aux bibliomanes. Heureux quand le prix n'excède pas le taux modeste qui permet à l'érudit d'en prendre possession. Pour le véritable savant, qu'importe la reliure, le luxe des enluminures? Une bonne édition suffit. Il estime les livres en raison des idées qu'il y découvre; ses propres livres sont à tous, de même qu'il entend que les livres des autres soient à lui, non pour les posséder en propriété, mais pour en avoir l'usufruit, car il pense qu'un livre lu ne vaut guère plus qu'une bouteille de vin bu. Pour lui les livres doivent être *res communes*, au même titre que l'air et l'eau.

BOURBON (théâtre du Petit-). Il fut bâti sur le bord de la Seine, près des Tuileries, et c'est ce voisinage qui lui fit donner son nom. On ignore l'époque de sa fondation; on sait seulement qu'une troupe de comédiens italiens y parut en 1577. Le prix des places était de 4 sols par personne. Ces malheureux comédiens furent persécutés par les prédicateurs du temps, jaloux de l'affluence que la modicité du prix des places attirait à ce théâtre. Cependant la cour les soutint pendant quelque temps. On y donna, en 1581, un magnifique ballet, auquel Henri III assista, en l'honneur du mariage du duc de Joyeuse, son favori. En 1645, le cardinal Mazarin y fit venir des chanteurs italiens, et il y introduisit des décors et des machines. Ce théâtre devint ainsi le berceau de l'opéra et de la comédie italienne. En 1650, on y représenta l'*Andromède* de Corneille. En 1658, Louis XIV y installa la troupe de Molière, qui prit le nom de *Troupe de Monsieur*, et qui joua alternativement avec les chanteurs italiens. Molière y fit représenter ses premiers chefs-d'œuvre. En 1660, le théâtre fut démoli, et, sur son emplacement, on vit s'élever la colonnade du Louvre.

BOURBON (maison de). Trois familles princières et royales ont porté ce nom du Bourbonnais qui formait leur domaine et qui fut érigé en baronnie par Charlemagne, dès l'année 770. C'était la première baronnie de France, et on assure que ce ne fut qu'après son érection en duché (1327); que les Montmorency ont pris le titre de premiers barons chrétiens, d'où le titre de *roi très-chrétien*. Ce qu'il y a de positif, c'est que le Bourbonnais a toujours été compté comme l'un des plus anciens fiefs mouvants de la couronne.

BOURBON (1re maison de), autrement dite BOURBON-L'ANCIEN. C'est la plus ancienne de toutes les maisons de Bourbon. Les généalogistes en font remonter l'origine jusqu'à Childebrand Ier, frère aîné de Charles Martel, aïeul de Charlemagne, et dont le fils Nibelong, qui vivait en 805, aurait eu deux enfants : Théodebert, père de Robert le Fort, bisaïeul de Hugues Capet, et Childebrand II, souche de la première maison de Bourbon, dont l'origine se confondait ainsi avec celle des rois de France de la deuxième et de la troisième race. Mais c'est d'Aymar ou Adhémar, sire de Bourbon, qu'est issue la première maison de ce nom. Cet Aymar ou Adhémar est qualifié comte dans une charte de l'année 913, par laquelle le roi Charles le Simple lui fit don de plusieurs terres situées en Berry, en Auvergne et dans l'Autunois, près de l'Allier. Plusieurs de ses successeurs ont porté le nom d'Archambault, et le château de Bourbon prit le nom de Bourbon-l'Archambault pour le distinguer des autres lieux nommés Bourbon. Les sires de Bourbon eurent longtemps à lutter contre les envahissements des moines de Souvigny, dont ils avaient fondé l'abbaye. Archambault IV, surnommé le *Fort*, voulant restreindre leurs empiétements sur la juridiction de ce lieu, y établit à son profit de nouvelles coutumes. Cet acte d'autorité était sur le point de lui attirer les foudres de l'excommunication, quand saint Hugues, abbé de Cluny, parvint à conjurer l'orage, dans l'espoir de rendre ce seigneur plus traitable; mais Archambault ne se démentit pas jusqu'au lit de mort; pourtant (1078), effrayé par les terreurs d'une autre vie, il consentit à renoncer aux droits de sa maison sur les biens litigieux. Il n'en fut pas de même de son successeur. Archambault V était un prince entreprenant, querelleur et violent. Il emprisonna le légat du pape, Hugues de Diez, archevêque de Lyon, tint longtemps captif Hugues, seigneur de Montigny, et donna de vives inquiétudes aux moines de Souvigny, qui, comme tous les autres moines, sous le prétexte de défendre les droits du peuple, ne cherchaient qu'à s'arrondir aux dépens des seigneurs. Il ne fallut rien moins que l'intervention du concile de Clermont pour qu'Archambault les laissât en repos, car, par sa présence, Urbain II n'avait rien fait que modérer son ardeur à ressaisir tous les droits que sa maison avait perdus. Archambault VII, qui avait épousé Agnès de Savoie, accompagna le roi Louis le Jeune, son neveu, à la Terre-Sainte (1147). Archambault VIII, son fils et son successeur, fut nommé, par le roi Philippe-Auguste, gardien de toutes les terres et forteresses que ce monarque avait conquises dans le comté et dauphiné d'Auvergne. La première maison de Bourbon s'est éteinte avec lui, en 1200; car il n'avait eu de son mariage avec Alix de Bourgogne, fille du duc Eudes II, qu'une fille, Mahaut ou Mathilde de Bourbon, qu'un premier mariage avait rendue mère de Marguerite de Vienne. L'année suivante (1197), Mahaut avait été remariée avec Guy II de

Benvenuto Cellini s'emparant de la tour de Nesle.

Dampierre, seigneur de Saint-Just et de Saint-Dizier, en Champagne, avec lequel elle succéda dans la baronnie de Bourbon. Guy de Dampierre mourut en 1215, laissant plusieurs enfants de Mahaut de Bourbon, décédée le 20 juin 1218, entre autres Archambault IX, qui commença une nouvelle maison de Bourbon.

BOURBON (2me maison de), dite BOURBON-DAMPIERRE. Archambault IX, à qui sa valeur et sa générosité ont mérité le surnom de *Grand*, quitta le nom et les armes de sa famille pour prendre ceux de Bourbon. Il accompagna Alphonse, comte de Poitiers, dans une expédition contre la Guyenne, et fut tué à la bataille de Taillebourg, le 21 juillet 1242. Il a laissé en Bourbonnais de nombreuses traces de sa libéralité et de sa bienfaisance, et ce fut à lui que la ville de Gannat fut redevable de son affranchissement (1236). De son mariage avec Béatrix, héritière de Montluçon, sa parente, il laissa Archambault X, qui éleva au plus haut degré, par une grande alliance, la fortune de sa maison, déjà considérablement accrue par la valeur de ses pères. Il avait accompagné Saint-Louis à son premier voyage d'outre-mer, et mourut dans l'île de Chypre, le 15 janvier 1249. La sirerie de Bourbon fut alors portée par les femmes à la maison de Bourgogne, où elle se maintint jusqu'en 1283, époque où Béatrix de Bourgogne, qui avait épousé le sixième fils du roi saint Louis, Robert, comte de Clermont, devint, par la mort de sa mère, héritière du Bourbonnais.

BOURBON (3me maison ou maison capétienne de). Cette maison tire son origine de Louis Ier, fils de Robert de France et de Béatrix, héritier de sa mère, en 1310; il s'était signalé, dès l'âge de 23 ans, en sauvant d'une destruction totale l'armée française, battue par les Flamands à Courtrai, en 1302. Deux ans après, il avait contribué, avec neuf compagnies d'hommes d'armes, à la victoire de Mons-en-Pevèle. Fait pour briller au premier rang dans les exercices chevaleresques comme sur un champ de bataille, on vit ce jeune prince, secondé par Jean, sire de Charolais, son frère, remporter tous les prix du magnifique tournoi célébré à Boulogne-sur-Mer, lors des noces d'Isabelle de France avec Edouard II, roi d'Angleterre (1308). Les deux frères l'emportèrent sur les chevaliers les plus renommés de l'Europe, et leur triomphe fut proclamé par les acclamations d'une assemblée que présidaient huit têtes couronnées et où l'on distinguait quatorze fils ou petits-fils de rois. A la mort du roi Jean Ier, fils posthume de Louis le Hutin, le sire de Bourbon sut faire respecter la loi salique et affermir la couronne sur la tête de Philippe le Long, malgré les efforts que firent le duc de Bourgogne et les comtes de Valois et de la Marche pour élever sur le trône Jeanne de France, fille mineure de Louis le Hutin. Le sire de Bourbon, qui avait succédé à son père dans le titre de comte de Clermont, fut nommé généralissime de la croisade projetée en 1318. Ce fut à cette occasion qu'Eudes de Bourgogne lui transporta le vain titre de roi de Thessalonique; mais il en reçut un beaucoup plus solide et plus éclatant de Charles IV le Bel, qui érigea le Bourbonnais en duché-pairie du royaume (27 novembre 1327). Dans le cours de la même année, le roi lui donna le comté-pairie de la Marche, naguère son apanage, en échange du comté de Clermont. Cependant ce dernier comté fut rendu en pur don au duc de Bourbon, par le roi Philippe de Valois, après les services qu'il lui rendit dans la guerre de Flandre, où on le vit, à la tête de ses neuf compagnies d'hommes d'armes, contribuer vaillamment au gain de la bataille de Cassel (1328). Du mariage que Louis Ier avait contracté en 1310 avec Marie de Hainaut, fille du comte Jean II, il laissa deux fils : Pierre Ier et Jacques Ier de Bourbon, comte de la Marche et de Ponthieu, connétable de France, que sa bravoure fit surnommer la *Fleur des chevaliers*. C'est de lui et de Jeanne de Chastillon-Saint-Paul, dame de Condé et de Carenci, qu'il épousa en 1335, que sont sorties les deux branches de la maison de Bourbon dont nous allons parler.

Branche aînée. Cette branche compte parmi ses membres : Paul Ier, duc de Bourbon, comte de Clermont, né en 1301, et qui, après avoir été grièvement blessé dans les plaines de Crécy, où il combattait à côté du roi Philippe de Valois, périt à la bataille de Poitiers (1356), d'une mort glorieuse, en faisant de son corps un rempart contre les coups dont le roi Jean était assailli. — La duchesse Isabelle, sœur du roi Philippe de Valois, survécut au duc Pierre jusqu'en 1383. Elle en avait eu Louis II et cinq filles. Les principales étaient Jeanne, femme du roi Charles V, et Blanche, qui, mariée à Pierre le Cruel, roi de Castille et d'Aragon, périt en 1361, du poison que ce monstre lui fit donner, après en avoir fait, pendant 9 ans, l'objet privilégié de ses plus cruelles persécutions. — Louis II, surnommé le Bon, duc de Bourbon, comte de Clermont et de Forez, souverain de Dombes, etc., naquit le 4 août 1337. Choisi comme l'un des otages que le roi Jean fournit à Edouard pour recouvrer sa liberté, l'inexécution du traité de Brétigny le retint pendant 8 ans en Angleterre. A son retour, ce prince institua, pour la noblesse de ses Etats, l'ordre de chevalerie de l'*Ecu d'or* (1369). La vie entière de ce prince n'offre qu'une longue suite de services rendus à sa patrie; il mourut à Montluçon, le 10 août 1410, avec la réputation d'un grand capitaine et du plus honnête homme de son siècle. D'Anne, dauphine d'Auvergne, qu'il avait épousée en 1371, il laissa un fils, Jean Ier. — Jean Ier, duc de Bourbon et d'Auvergne, né en 1381, succéda à son père au milieu des complications les plus malheureuses. Il fut l'un des signataires du honteux traité de 1412 qui devait consommer, au profit de l'Angleterre, les immenses cessions territoriales imposées par celui de Brétigny. Sa fatale présomption lui fit payer par 18 ans de captivité à Londres le malheur d'avoir contribué, par ses conseils et son exemple, à la désastreuse défaite d'Azincourt (1415). Trompé trois fois dans l'attente de recouvrer sa liberté, après avoir payé successivement trois rançons de cent mille écus, le désespoir d'une si longue captivité le fit consentir, pour voir briser ses fers, à une infamie : il s'engagea à livrer aux Anglais les principales places de ses domaines et à reconnaître Henri VI pour son souverain légitime. Il mourut à Londres en 1434, couvert de mépris et renié par sa propre famille, qui ne voulut jamais entendre parler de ce traité ignominieux. Il avait épousé, le 24 juin 1400, Marie de Berry, duchesse d'Auvergne, seconde fille de Jean de France, duc de Berry, de laquelle il eut Charles Ier et Louis, duc de Montpensier, qui fut la tige de la famille de ce nom. — Charles Ier, duc de Bourbon et d'Auvergne, naquit en 1401. Il soutint la cause de Charles VII contre les Bourguignons et les Anglais, prit part à la défense d'Orléans avec Dunois, et fut un des négociateurs de la paix d'Arras (1435), mais aussi un des complices de l'insurrection de la Praguerie (1439), dont son frère naturel, Alexandre, bâtard de Bourbon, porta la peine. Il mourut à Moulins, le 4 décembre 1456. Il avait eu d'Agnès de Bourgogne, 6 garçons, dont Jean II et Pierre II, et 5 filles. — Jean II, surnommé le Bon, duc de Bourbon et d'Auvergne, connétable de France, né en 1426, fut l'âme de la ligue du bien public contre Louis XI. Il mourut à Moulins, le 1er avril 1488, sans postérité légitime des trois femmes qu'il avait eues. Un de ses neveux, Pierre de Bourbon, a été la souche de la branche des comtes de Bourbon-Busset, en Auvergne. — Pierre II, duc de Bourbon et d'Auvergne, succéda au duc Jean II, son frère. Il avait épousé Anne de France, fille aînée de Louis XI. Il mourut à Moulins le 8 octobre 1503, ne laissant qu'une fille, Suzanne de Bourbon, qui porta les titres et les domaines de la maison de Bourbon à la famille de Montpensier, en épousant son cousin Charles d'Alençon, qui fut le célèbre connétable de Bourbon, et avec lequel finit, en 1527, la branche aînée des ducs de Bourbon.

Branche cadette. Cette branche compte parmi ses membres : Jacques Ier de Bourbon, comte de la Marche et de Ponthieu, connétable de France, que sa bravoure fit surnommer la *Fleur des chevaliers*. C'était le 3e fils de Louis Ier; il était né vers 1314. Il fut pris à la bataille de Poitiers et tué par les grandes compagnies en 1361. De son mariage avec Jeanne de Châtillon-Saint-Pol, il eut plusieurs enfants, dont l'aîné, Pierre, tué avec son père, mourut sans postérité. Son second fils, Jean Ier, lui succéda. — Jean Ier, comte de la Marche, né vers 1337, devint comte de Vendôme par son mariage avec Catherine, unique héritière de la famille de Vendôme. Il mourut en 1393, laissant plusieurs enfants, entre autres Jacques II et Louis de Bourbon. — Jacques II, fils aîné de Jean Ier, succéda à son père, et mourut en 1438 sans enfants mâles, laissant le comté de la Marche à sa fille Eléonore, qui le transporta dans la maison d'Armagnac. — Louis de Bourbon, comte de Vendôme et de Chartres, second fils de Jean Ier, né vers 1376, pris à la bataille d'Azincourt, en 1415, mort en 1446, laissa de son mariage avec Jeanne de Laval, qu'il avait épousée en secondes noces, Jean II; ayant eu en partage tous les biens de sa mère, il devint par là le chef d'une nouvelle branche dite de *Bourbon-Vendôme*. — Jean II, comte de Vendôme, né en 1429, succéda à son père, et mourut en 1478. Il avait épousé, en 1454, Isabelle de Beauveau, et en avait eu François et Louis, chef de la branche de *Montpensier*, qui se termina à Marie de Bourbon, dite Mademoiselle de Montpensier, morte en 1627. — François, comte de Vendôme, né en 1470, mort en 1495, avait épousé, en 1487, Marie de Luxembourg, fille aînée et principale héritière de Pierre II, duc de Luxembourg, qui lui apporta de grands biens et dont il eut plusieurs enfants, entre autres Charles de Bourbon, François de Bourbon, comte de Saint-Pol, mort en 1545 sans postérité, et Louis de Bourbon, cardinal, archevêque de Sens, mort en 1536. — Charles, comte, puis duc de Vendôme, dit le *Magnanime*, né en 1489, mort en 1538. Il épousa Françoise d'Alençon, duchesse de Beaumont, et devint chef de toute la maison de Bourbon par la mort du fameux connétable de Bourbon. Il eut sept enfants mâles dont cinq lui survécurent, savoir : Antoine de Bourbon, roi de Navarre; François, comte d'Enghien, vainqueur des Impériaux à Cérisolles, mort sans postérité en 1545; Charles, cardinal de Bourbon, proclamé roi de France par la Ligue, sous le nom de Charles X, mort en 1590, laissant un enfant naturel; Jean, comte d'Enghien, mort en 1557, à la bataille de Saint-Quentin, sans postérité; Henri, prince de Condé, tige des branches de Condé, Conti et Soissons, qui s'éteignirent successivement, la première en 1830, en la personne de Louis-Henri-Joseph de Bourbon, prince de Condé; la seconde, en 1807 en la personne de Louis-François-Joseph de Bourbon, prince de Conti, mort émigré en Espagne, et enfin la troisième, en 1641, en la personne de Louis de Bourbon, comte de Soissons, tué en combattant contre la France à la bataille de la Marfée. — Antoine de Bourbon, né le 22 avril 1518 et tué en 1562, au siége de Rouen. Il fut roi de Navarre par son mariage avec Jeanne d'Albret; il eut entre autres frères, François, comte d'Enghien, et Charles, cardinal de Bourbon. Il laissa quatre enfants, dont deux moururent en bas âge; les deux autres furent Henri IV, roi de France, et Catherine de Bourbon, régente de Navarre, duchesse d'Albret, née en 1558, et qui, mariée en 1599 à Henri de Lorraine, duc de Bar, mourut sans postérité à Nancy, en 1604.

BOURBON (maison royale de). Henri IV est la tige des Bourbons qui ont depuis régné en France, en Espagne, à Naples et à Parme.

Bourbons de France. Ils comprennent: Henri IV, roi de France et de Navarre, né à Pau le 13 décembre 1553; il devint roi de Navarre en 1572, par la mort de sa mère, Jeanne d'Albret; la même année il épousa Marguerite de Valois, sœur de Charles IX; en 1589, à la mort de Henri III, le dernier des Valois, il fut appelé à la couronne de France comme premier prince du sang; en 1600, après la dissolution de son mariage avec Marguerite de Valois, il se maria en secondes noces avec Marie de Médicis; il mourut assassiné le 14 mai 1610. Il eut un grand nombre d'enfants, tant légitimes que naturels. De Marie de Médicis: Louis XIII; Gaston-Jean-Baptiste, duc d'Orléans, né à Paris le 25 avril 1608, marié en 1626 avec Mlle de Montpensier, et, en 1627, avec Marguerite de Lorraine; mort en 1660, sans enfants mâles; Elisabeth, née en 1602, mariée, en 1615, à Philippe IV, roi d'Espagne; Christine, née en 1606, mariée, en 1619, à Victor-Amédée, duc de Savoie; Henriette-Marie, née en 1609, mariée, en 1625, au prince de Galles, depuis roi de la Grande-Bretagne; morte à Paris en 1669. — De Gabrielle d'Estrées il eut: César de Bourbon, duc de Vendôme, chef de la 2e branche de *Bourbon-Vendôme;* Alexandre, dit le *chevalier de Vendôme*, né en 1598, mort en 1629; Catherine-Henriette de Bourbon, légitimée en 1597, mariée à Charles de Lorraine, duc d'Elbœuf; morte en 1663. — De la marquise de Verneuil il eut: Henri de Bourbon, évêque de Metz, né en 1601, mort en 1680; Gabrielle-Angélique de Bourbon, légitimée en 1622, mariée au duc d'Epernon, morte en 1627. — De la comtesse de Moret il eut: Antoine de Bourbon, né en 1607, mort en 1632. — De Charlotte des Essarts il eut: Jeanne-Baptiste de Bourbon, abbesse de Fontevrault, légitimée en 1608, morte en 1670; Marie-Henriette de Bourbon, abbesse de Chelles, morte en 1629.

— Louis XIII, né à Fontainebleau le 27 septembre 1601, roi de France et de Navarre, marié, le 25 octobre 1615, avec Anne d'Autriche, mort le 14 mai 1643. Il eut d'Anne d'Autriche: Louis XIV et Philippe, duc d'Orléans, chef de la branche d'Orléans.

— Louis XIV, né à Saint-Germain le 5 septembre 1638. A la mort de son père, il devint roi de France et de Navarre (14 mai 1643); épousa, le 4 juin 1660, Marie-Thérèse d'Autriche, fille de Philippe IV, roi d'Espagne, et mourut le 1er septembre 1715. Il eut, de Marie-Thérèse: Louis, Dauphin; Philippe, duc d'Anjou, né en 1668, mort en 1671; Louis-François, duc d'Anjou, né en 1672, mort la même année. — De Louise-Françoise de Labaume-le-Blanc, duchesse de la Vallière-Vaujour, il eut: Louis de Bourbon, né en 1663, mort en 1666; Louis de Bourbon, comte de Vermandois, amiral de France, né en 1667, légitimé en 1669, mort en 1683; Marie-Anne de Bourbon, qualifiée duchesse de la Vallière-Vaujour, née en 1666, légitimée en 1667, mariée à Louis-Armand de Bourbon, prince de Conti; morte en 1685. — D'Athénaïs de Rochechouart, duchesse de Montespan, il eut: Louis de Bourbon, duc du Maine, né en 1670, mort en 1736; Louis-César de Bourbon, comte du Vexin, abbé de Saint-Denis, né en 1672, légitimé en 1675, mort en 1683; Louis-Alexandre de Bourbon, comte de Toulouse, duc de Penthièvre, amiral de France, né en 1678, légitimé en 1681, mort en 1737; Louise-Françoise de Bourbon, nommée *Mademoiselle de Nantes*, née en 1673, légitimée la même année, mariée, en 1685, à Louis, prince de Condé; morte en 1743; Louise-Marie de Bourbon, nommée *Mademoiselle de Tours*, morte en 1681; Françoise-Marie de Bourbon, nommée *Mademoiselle de Blois*, née en 1677, légitimée en 1681, mariée à Philippe Ier, duc d'Orléans, depuis régent du royaume; morte en 1749.

— Louis, dit *le grand Dauphin*, né à Fontainebleau le 1er novembre 1661, mort le 9 avril 1711. Il avait été marié, en 1681, à Marie-Anne-Christine-Victoire de Bavière, fille aînée de Ferdinand-Marie, électeur de Bavière, et avait eu de ce mariage: Louis, duc de Bourgogne; Philippe, duc d'Anjou, roi d'Espagne et des Indes, chef de la *branche d'Espagne;* Charles, duc de Berry, né en 1686, marié, en 1710, à Mademoiselle, fille du duc d'Orléans, depuis régent; mort en 1714 sans postérité.

— Louis, duc de Bourgogne, puis Dauphin, né le 6 août 1682, mort le 18 février 1712. Il avait épousé, en 1697, Marie-Adélaïde, fille du duc de Savoie, et avait eu de ce mariage: Louis duc de Bretagne, né en 1707, déclaré Dauphin après la mort de son père; mort en 1712; Louis, duc d'Anjou, depuis Louis XV.

— Louis XV, né à Versailles le 15 février 1710; nommé d'abord duc d'Anjou, devint Dauphin en 1712, et roi de France le 1er septembre 1715; il épousa, le 5 septembre 1725, Marie-Charlotte-Sophie-Félicité Leczinska, fille unique de Stanislas, roi de Pologne, et mourut le 10 mai 1774. Il avait eu de son mariage: Louis, Dauphin; Louise-Elisabeth, née en 1727, mariée à Philippe, infant d'Espagne, duc de Parme; morte en 1759; Anne-Henriette, sœur jumelle de la précédente, morte en 1752; Louise-Marie, née en 1728, morte en 1733; Marie-Adélaïde, dite *Madame Adélaïde*, née en 1732, morte à Trieste, dans l'émigration, en 1800; Marie-Louise-Thérèse-Victoire, née en 1733, morte à Trieste en 1799; Sophie-Philippine-Elisabeth-Justine, née en 1734, morte en 1782; Thérèse-Félicité, née en 1736, morte en 1744; Louise-Marie, née en 1737, morte en 1787, à Saint-Denis.

— Louis, Dauphin, né le 4 septembre 1729, mort le 20 décembre 1765. Il s'était marié, en 1745, à Marie-Thérèse-Antoinette-Raphaelle de Bourbon, fille de Philippe V, roi d'Espagne, et avait épousé en secondes noces, en 1747, Marie-Josèphe, fille de Frédéric-Auguste II, électeur de Saxe. Il avait eu de sa première femme: Marie-Thérèse, dite *Madame*, née en 1746, morte en 1748. — De sa seconde femme il eut: Louis-Joseph-Xavier, duc de Bourgogne, né en 1751, mort en 1761; Xavier-Marie-Joseph, duc d'Aquitaine, né en 1753, mort en 1754; Louis-Auguste, duc de Berry, depuis Louis XVI; Louis-Stanislas-Xavier, comte de Provence, depuis Louis XVIII; Charles-Philippe, comte d'Artois, depuis Charles X; Marie-Zéphyrine, dite *Madame*, née en 1750, morte en 1755; Marie-Adélaïde-Clotilde-Xavière, dite *Madame Clotilde*, née en 1759, mariée à Charles-Emmanuel-Ferdinand, roi de Sardaigne, morte en 1802; Philippine-Marie-Hélène-Elisabeth, dite *Madame Elisabeth*, née en 1764, morte en 1794.

— Louis XVI, né à Versailles le 23 août 1754. Nommé d'abord duc de Berry, il devint ensuite Dauphin, en 1765, par la mort de son père; en 1770, il épousa Marie-Antoinette-Josèphe-Jeanne, fille de l'impératrice Marie-Thérèse d'Autriche. En 1774, il monta sur le trône, et fut déposé en 1792. Il mourut sur l'échafaud le 21 janvier 1793. Il avait eu de Marie-Antoinette: Louis-Joseph-François-Xavier, Dauphin, né le 22 octobre 1781, mort le 5 juin 1789; Louis-Charles, duc de Normandie, nommé Dauphin après la mort de son frère; déclaré, en 1792, déchu de son droit à la couronne et proclamé roi à l'étranger par les ennemis de la France, mort le 9 janvier 1795; Marie-Thérèse Charlotte, dite *Madame Royale*, née le 19 décembre 1778, mariée, le 10 juin 1799, à son cousin le duc d'Angoulême, fils du comte d'Artois; Sophie-Hélène-Béatrix, née le 9 juillet 1786, morte le 9 juin 1787.

— Louis XVIII, né à Versailles le 17 novembre 1755, fut d'abord nommé comte de Provence, se maria le 14 mai 1771 avec Marie-Joséphine-Louise de Savoie, puis fut nommé Monsieur à partir de 1770. Il émigra en 1791, et fut déclaré déchu de ses droits à la couronne, en même temps que tout le reste de sa famille, le 21 septembre 1792. Il fut nommé roi de France en 1814, et mourut, le 16 septembre 1824, sans laisser d'enfants.

— Charles X, nommé d'abord comte d'Artois, puis Monsieur, fut marié le 16 novembre 1773 à Marie-Thérèse de Savoie. Il émigra en 1789, puis revint en France avec sa famille, en 1814. A la mort de son frère (1824), il fut nommé roi de France, et, en 1830, il fut détrôné par le peuple. Il mourut à Goritz, le 6 novembre 1836. Il avait eu de Marie-Thérèse de Savoie: Louis-Antoine d'Artois, duc d'Angoulême, né à Versailles le 6 août 1775, marié, en 1797, à sa cousine, Madame Royale, mort en 1844, sans enfants; Charles-Ferdinand d'Artois, duc de Berry, né le 24 janvier 1778, marié, en 1816, à Marie-Caroline-Thérèse, fille aînée de François Ier, roi des Deux-Siciles, assassiné le 13 février 1820. Il avait eu de sa femme quatre enfants, savoir: Louis d'Artois, mort en naissant (1818); Henri-Charles-Ferdinand-Marie-Dieudonné d'Artois, duc de Bordeaux, né posthume le 29 septembre 1820; Louise-Isabelle d'Artois, née le 13 juillet 1817, décédée le lendemain; Louise-Marie-Thérèse d'Artois, née le 21 septembre 1819, mariée en 1845 au prince de Lucques.

Bourbons d'Espagne. Cette branche est issue de Philippe V, duc d'Anjou, 2e fils du grand Dauphin, né à Versailles le 19 décembre 1683. Il fut appelé à la couronne d'Espagne, le 2 octobre 1700, par le testament de Charles II d'Autriche, et proclamé à Madrid le 24 novembre suivant. Marié, en 1701, à Marie-Louise-Gabrielle, fille du duc de Savoie, et, en secondes noces, en 1714, à Elisabeth, fille d'Edouard Farnèse, frère de François, duc de Parme, il descendit du trône par l'abdication volontaire qu'il fit en faveur de son fils, en 1723; mais à la mort de ce prince, il se ressaisit de la couronne. Il mourut le 9 juillet 1746, laissant de sa première femme: Louis Ier, roi d'Espagne; Philippe, né et mort en juillet 1709; Philippe-Pierre-Gabriel, né en 1712, mort en 1719; Ferdinand, prince des Asturies, depuis Ferdinand VI. — De sa seconde femme il eut: Charles, depuis Charles III; Charles-Ferdinand, prince de Capoue, né le 10 octobre 1811; Léopold-Benjamin, comte de Syracuse, né le 22 mai 1813; Antoine-Pascal, comte de Lecce, né le 23 septembre 1816; Louis-Charles-Marie-Joseph, comte d'Aquila, né le 19 juillet 1824; François de Paule Louis-Emmanuel, comte de Trapani, né le 13 août 1827; Louise-Charlotte, née le 4 octobre 1804, mariée à don François de Paule, infant d'Espagne; Marie-Christine, née le 27 avril 1806, mariée en 1829 à Ferdinand VII, roi d'Espagne; Marie-Antoinette, née le 19 décembre 1814; Marie-Amélie, née le 25 février 1818; Caroline-Ferdinande, née le 29 février 1820.

Bourbons des Deux-Siciles. Cette branche commença en 1738, avec Charles VII, fils de Philippe V, roi d'Espagne. Appelé, par la mort de son frère Ferdinand II, en Espagne, il y régna sous le nom de Charles III. En 1759, les Deux-Siciles passèrent à l'un de ses fils, et en 1860, cette branche perdit le trône. Les membres dont elle se compose sont :

— Ferdinand Ier, qui fut roi des Deux-Siciles de 1759 à 1806, et de 1815 à 1825. Il eut de son mariage avec Marie-Caroline d'Autriche : François Ier, qui a hérité des Deux-Siciles; Léopold-Joseph-Michel, prince de Salerne, né en 1790, époux de Marie-Clémentine, fille de l'empereur François Ier; Marie-Christine, née en 1779, mariée en 1827 à Charles-Félix, roi de Sardaigne; Marie-Amélie, née en 1782, mariée en 1806 à Louis-Philippe d'Orléans, et devint en 1830 reine des Français.

— François Ier, roi de 1825 à 1830. Il épousa : 1° Marie-Clémentine d'Autriche, de qui il eut : Caroline-Ferdinande-Louise, née le 5 novembre 1798, mariée en 1816 au duc de Berry; 2° Marie-Isabelle d'Espagne; il en eut Charles-Ferdinand, prince de Capoue, né en 1811; Léopold-Benjamin, comte de Syracuse, né en 1813; Antonin-Pascal, comte de Lecce, né en 1816; Louis-Charles-Marie-Joseph, comte d'Aquila, né en 1824; François de Paul Louis-Emmanuel, comte de Trapani, né en 1827; Carlotta (*Voir* ce mot); Marie-Christine, née le 27 avril 1806; mariée à Ferdinand VII, roi d'Espagne, en 1829; Marie-Antoinette, née en 1814; Marie-Amélie, née en 1818; Caroline-Ferdinande, née en 1820.

— Ferdinand II, né le 12 janvier 1810; proclamé roi des Deux-Siciles le 8 novembre 1830; il épousa, en 1832, Marie-Christine-Charlotte-Joséphine-Gaëtane-Elise, fille de Victor-Emmanuel, roi de Sardaigne. Il eut pour enfants : François, qui régnait aujourd'hui sous le nom de François II, jusqu'en 1860; Louis-Marie, comte de Trapani; Alphonse-Marie, comte de Caserta, etc.

Bourbons de Parme. Cette maison ducale, qui a commencé en 1748 avec l'infant Philippe, fils de Philippe V, roi d'Espagne, a été renversée en 1859. Elle comprend :

Philippe, duc de Parme, Plaisance et Guastalla, né le 15 mars 1720, mort le 18 juillet 1765. Il avait épousé, le 26 août 1738, Louise-Elisabeth, fille de Louis XV, roi de France, et il en eut : Ferdinand, qui lui succéda; Isabelle, née en 1741, mariée à l'empereur Joseph II; Louise-Marie-Thérèse, née en 1751, mariée à Charles IV, roi d'Espagne.

— Ferdinand, né le 20 janvier 1751; mort en 1802; il fut grand-duc en 1765, et épousa, en 1769, Marie-Amélie-Antoinette, sœur de l'empereur d'Autriche François II. Il laissa de son mariage le prince Louis et trois filles. Louis de Parme, né le 5 juillet 1773, mort le 27 mai 1803. Il fut marié en 1798 à Marie-Louise, fille de Charles IV, roi d'Espagne, et fut créé roi d'Etrurie, en 1801, par Napoléon Ier, par suite de sa renonciation à ses anciens Etats, incorporés à l'empire français. De son mariage, il eut le prince Charles-Louis et une fille.

— Charles-Louis, né le 23 décembre 1799, fut nommé roi d'Etrurie, le 27 mai 1803, et dépossédé de ses Etats par Napoléon, le 10 décembre 1807. Il fut élu prince de Lucques en 1814. Il épousa, le 15 août 1820, Marie-Thérèse-Ferdinande-Félicité-Gaëtane Pie, fille de Victor-Emmanuel, roi de Sardaigne. Il eut de ce mariage : Ferdinand-Joseph-Marie-Charles-Victor, né le 14 janvier 1823; marié, en 1845, à Louise-Marie-Thérèse d'Artois.

BOURBON (Louis Ier, duc DE), fils de Robert de Bourbon, comte de Clermont, et de Béatrix de Bourgogne, né en 1279, mort en 1341. Il se distingua de bonne heure dans les guerres de Flandre. Sa mère lui transmit le Bourbonnais, et son père le comté de Clermont. Charles IV ajouta à ses possessions le comté de la Marche, et le nomma duc et pair.

BOURBON (Louis II, duc DE), né en 1337, mort en 1410. Après le traité de Brétigny, il fut emmené en otage par les Anglais, qui le retinrent pendant huit ans. Il se fit remarquer par sa haine contre eux, et les combattit avec du Guesclin, en Anjou et en Guyenne. Pendant la minorité de Charles VI, son neveu, il fut chargé de l'administration du pays avec les ducs de Bourgogne, d'Anjou et de Berry. En 1390, il eut le commandement d'une expédition contre les pirates de la côte africaine, et il les obligea à remettre leurs captifs.

BOURBON (Charles, duc DE), connu sous le nom de *connétable de Bourbon*, fils de Gilbert, comte de Montpensier, et de Claire de Gonzague, né en 1489. François Ier le fit connétable à l'âge de 26 ans, et le nomma plus tard vice-roi du Milanais. Il se couvrit de gloire à la bataille de Marignan. Cependant, la reine-mère, duchesse d'Angoulême, lui suscita un procès qui eut pour résultat de le dépouiller de la plus grande partie de ses domaines. On prétend qu'elle ne fut guidée que par le désir de se venger d'un homme qui n'avait pas répondu à ses sentiments. Le connétable en conçut une irritation si vive, qu'il se ligua secrètement contre la France avec l'empereur d'Allemagne et le roi d'Angleterre. François Ier ayant reçu quelques avis à cet égard, alla trouver le connétable, qui le rassura par des protestations hypocrites. Celui-ci avait promis de rejoindre le roi à Lyon, mais, au lieu de s'y rendre, il se retira dans son château de Chantelle et s'y fortifia. Le roi voulut le surprendre; mais le connétable, désespérant de résister victorieusement, quitta la France à la faveur d'un déguisement. Il se réfugia en pays ennemi. François Ier lui ayant fait demander l'épée de connétable et les insignes de son ordre, il répondit : « Quant à l'épée, il me l'ôta à Valenciennes, lorsqu'il confia à d'Alençon l'avant-garde qui m'appartenait. Pour ce qui est de l'ordre, je l'ai laissé derrière mon chevet, à Chantelle. » L'empereur donna à Charles de Bourbon le commandement de ses armées. Il vint mettre le siége devant Marseille, en 1524, mais il échoua devant l'intrépidité de ses habitants : les femmes mêmes s'armèrent pour le combattre, et repoussèrent plus d'une fois l'assaut. Il fut plus heureux à Pavie, où François Ier fut fait prisonnier. Il passa en Espagne pour participer au traité projeté entre l'empereur et son prisonnier. Sa présence révolta plus d'une fois la loyauté de la noblesse espagnole. Un seigneur castillan manifesta à l'empereur lui-même sa répugnance à accueillir Charles de Bourbon : « Je ne saurais rien refuser à Votre Majesté, dit-il, mais si le duc loge dans ma maison, j'y mettrai le feu au moment où il en sortira, comme à un lieu infecté par la perfidie, et, par conséquent, indigne d'être habité par des gens d'honneur. » L'empereur, qui avait d'abord récompensé le connétable de sa trahison, et lui avait même promis sa sœur en mariage, ne tarda pas à se refroidir, lui faisant ainsi sentir que le traître inspire autant de méfiance à ceux qu'il prétend servir qu'à ceux mêmes contre qui il s'est tourné. L'empereur le chargea de conduire une armée en Allemagne, mais il le laissa sans argent pour payer ses soldats. Charles de Bourbon, qui savait se faire aimer d'eux et qui exerçait sur leur esprit une sorte de fascination, leur proposa de marcher sur Rome. Tous acceptèrent avec enthousiasme, en proférant ce cri : « Nous vous suivrons partout, même en enfer! » Il vint mettre le siége devant la ville éternelle. Un porte-enseigne, qui prit la fuite devant quelques soldats, lui indiqua une brèche praticable. Il s'y précipita aussitôt, mais, au moment où il appliquait une échelle à la muraille, il tombait frappé d'un coup mortel. Il s'était revêtu d'un habit blanc, « afin, disait-il, d'être mieux signalé aux coups des assiégés, et d'être la première enseigne des assiégeants. »

BOURBON (Antoine DE). (*Voir* ANTOINE DE BOURBON.)

BOURBON (Charles DE), fils de Charles de Bourbon, duc de Vendôme, cardinal, archevêque de Rouen. Il embrassa le parti des Guise, et il eut, comme eux, l'ambition de parvenir au trône de France. Henri III, qui connaissait son influence dans le parti de la Ligue, le fit emprisonner, ainsi que l'archevêque de Lyon, après l'assassinat du duc de Guise. En 1589, le duc de Mayenne le fit proclamer roi de France sous le nom de *Charles X*, après la mort de Henri III; mais il comprit bientôt ce qu'il y avait de ridicule dans un tel rôle, alors qu'au moment de sa proclamation, il était retenu, à Fontenai, en Poitou, prisonnier de Henri IV, et sous la garde de d'Aubigné. Il tira habilement parti de cette situation, et comprit l'influence que lui vaudrait la proclamation de Henri IV, son neveu. Il lui écrivit même une lettre par laquelle il le reconnaissait pour roi légitime. Le duc de Vendôme avait déjà même fait frapper des monnaies à son effigie. L'année même de l'abjuration de Henri IV, le parlement fit rayer le nom de Charles X de tous les actes où il se trouvait. Il mourut à Fontenay-le-Comte, en 1590.

BOURBON (Louis-Henri, duc DE). (*Voir* CONDÉ.)

BOURBON (Louis-Henri-Joseph, duc DE). (*Voir* CONDÉ.)

BOURBON (Nicolas), dit *l'Ancien*, poëte latin, né, en 1503, à Vandeuvres, près de Langres, d'un riche maître de forges, vivait encore en 1550. C'est à lui que Marguerite de Valois, sœur de François Ier, confia l'éducation de Jeanne d'Albret, sa fille, qui fut la mère de Henri IV. Quelques années après, il se retira de la cour, pour aller goûter dans la ville de Condé, où il avait un petit bénéfice, les douceurs de la retraite. On a de lui huit livres d'*Epigrammes;* il les appelait lui-même *Nugæ* (des bagatelles). On trouve dans ce recueil son poëme de *la Forge*, qu'il avait composé à l'âge de 15 ans, et dont Erasme faisait un grand cas. Ce poëme offre des détails sur les travaux du forgeron et sur les ouvriers qui exercent ce métier. Joachim du Bellay a fait à ce sujet une épigramme latine qu'on a traduite ainsi.

> Bourbon, dans ses œuvres nouvelles,
> Ne montre pas un grand talent;
> Mais, en les nommant *Bagatelles*,
> Il fait preuve de jugement.

BOURBON (Nicolas), dit *le Jeune*, petit-neveu du précédent, né, en 1574, à Vandeuvres, mort en 1644. Il était professeur d'éloquence grecque au Collége Royal, et chanoine de Langres. L'Académie française le reçut au nombre de ses membres. La France le compte parmi ses meilleurs poëtes latins. Son *Imprécation contre le parricide de Henri IV* passe, avec raison, pour son chef-d'œuvre. Il écrivait aussi bien en prose qu'en vers, et on a de lui trois *Lettres* curieuses, où il prend la défense de Balzac, si vivement attaqué alors par le P. Goulu, général des Feuillants. Ce poëte était un homme vif et ardent; il aimait aussi la dive bouteille, et disait ordinairement, faisant allusion à la platitude des poëtes ses contemporains, que, « lorsqu'il lisait des vers français, il lui semblait qu'il buvait de l'eau.» En présence des auteurs, il se montrait grand approbateur de leurs ouvrages, mais dès qu'ils avaient disparu, il les déchirait à belles dents. A sa mort, on trouva dans son coffre-fort une quinzaine de mille francs, et néanmoins il craignait toujours de mourir dans l'indigence.

BOURBON (lac). (*Voir* WINIPEG.)

BOURBON-LANCY, ch.-l. de cant. de l'arr. de Charolles (Seine-et-Loire), à 47 kil. de cette ville. Pop. 1,460 hab. Nombreuses et riches antiquités; eaux thermales célèbres du temps des Romains. Etablissements de bains fréquentés. Bourbon-Lancy, ancienne baronnie, fut confisquée sur le connétable de Bourbon par François Ier. Pendant la Révolution de 1789, cette ville fut nommée *Bellevue-les-Bains*, par haine du nom des Bourbons.

BOURBON-L'ARCHAMBAULT, ch.-l. de cant. de l'arr. de Moulins (Allier), à 23 kil. de cette ville. Pop. 1,650 hab. Grand hospice, eaux thermales, mines de fer. Au-dessus de la ville, on voit les belles ruines du château, forteresse féodale commencée au XIIIe siècle et achevée au XVe. Cette ville fut la résidence d'une branche cadette de la maison des Capétiens. Mme de Montespan y mourut.

BOURBON-VENDÉE. Ce nom fut porté par le ch.-l. du départ. de la Vendée, de 1815 à 1848. Napoléon-Vendée fut bâtie, en 1805, sur les ruines de l'ancienne forteresse de la Roche-sur-Yon. (*Voir* NAPOLÉON-VENDÉE.)

BOURBONNAIS, anc. prov. du centre de la France, bornée au N. par le Nivernais, à l'E. par la Bourgogne, au S. par l'Auvergne et la Marche, à l'O. par le Berry. Cap. Moulins. Villes principales: Gannat, Bourbon-l'Archambault, Vichy, etc. Cette province formait, avant les Romains, le pays des *Edui*, et d'une partie des *Bituriges Cubi*.

BOURBONNE-LES-BAINS, ch.-lieu de cant. de l'arrond. de Langres (Haute-Marne), à 40 kil. de cette ville. Pop. 3,450 hab. Eaux thermales très-connues des Romains, et aujourd'hui très-fréquentées. Etablissement de bains appartenant à l'Etat. Albâtre, plâtre. Ruines d'un château fort du VIIe siècle et de constructions romaines. Hôpital militaire fondé par Louis XV.

BOURBOTTE (Pierre), né à Vaux, près d'Avallon, en 1763, mort en 1795. C'est une des figures les plus remarquables de notre grande Révolution. Il crut voir dans la Terreur une nécessité politique, et dès lors, il sembla s'appliquer à assumer la responsabilité des faits qui signalèrent cette terrible époque de notre histoire. Il démontra une fois de plus que l'esprit, dans l'application de ses systèmes, est plus impitoyable que le cœur, parce qu'il calcule et qu'il exécute froidement. Néron nous apparaît comme un fou et Richelieu comme le sanglant interprète des aspirations de la nation. Naturellement sensible, Bourbotte fut impitoyable; naturellement humain, il se montra cruel. Il vota la mort de Louis XVI et de Marie-Antoinette. Il déploya, dans le commandement militaire, des talents incontestables et une rare intrépidité. Par son énergie, il contribua à la pacification de la Vendée. A la Convention nationale, il prit la défense de Carrier, mais il ne put le sauver. Voyant alors les progrès de la réaction thermidorienne, il se mit, le 20 mai 1795, à la tête d'une insurrection populaire. Arrêté pour ce fait dans la salle même de la Convention, il fut condamné à mort par une commission militaire. Il chercha vainement à se soustraire au supplice par le suicide. Quand le moment fatal fut arrivé, il marcha à l'échafaud d'un pas ferme; sa figure semblait même souriante. Ainsi finit cet homme que la postérité n'a pas encore jugé.

BOURBOURG ou BOURBOURG-VILLE, ch.-l. de cant. de l'arrond. de Dunkerque (Nord), à 20 kil. de cette ville. Pop. 2,450 hab. Ville autrefois fortifiée. Industrie active : sucres, savons, huiles.

BOURBRIAC, ch.-l. de cant. de l'arrond. de Guingamp (Côtes-du-Nord), à 10 kil. de cette ville. Pop. 2,640 hab.

BOURCHERESSE, domaine des rois mérovingiens en Bourgogne, situé entre Autun et Châlon.

BOURCIER (François-Antoine), général français, né près de Phalsbourg en 1760, mort en 1828. Il fit les guerres de la République; il était, à l'âge de 32 ans, général de brigade et chef d'état-major de l'armée du Rhin. Il assista, comme général de division, aux grandes batailles de l'Empire. Après la retraite de Moscou, il fut chargé de la remonte de la cavalerie. La Chambre des députés le compta parmi ses membres, sous la Restauration.

BOURDALOUE (Louis), célèbre prédicateur, né à Bourges, en 1632, mort à Paris en 1704. Il entra dans l'ordre des jésuites, dont il fut une des gloires. Il obtint par ses *Sermons* une telle réputation que Louis XIV voulut l'entendre. Il prêcha pendant plusieurs années à la cour pour les avents et les carêmes. Louis XIV aimait mieux ses redites que les productions originales des autres. Il mérita le surnom de *roi des prédicateurs* et de *prédicateur des rois*. Après la révocation de l'édit de Nantes, Louis XIV jugeant tardivement que les dragonnades n'étaient pas des arguments suffisants pour opérer la conversion des protestants, envoya Bourdaloue à Montpellier. Mais toute son éloquence eut moins de force que les primes offertes en argent à quelques malheureux, qui aimèrent mieux vendre leur conscience que de chercher un noble exil à l'étranger. Bourdaloue a été ainsi jugé par l'abbé Maury, dans son *Essai sur l'éloquence de la chaire* : « Ce qui me plaît, ce que j'admire principalement dans Bourdaloue, c'est qu'il se fait oublier lui-même; c'est que, dans un genre trop souvent livré à la déclamation, il n'exagère jamais les devoirs du christianisme, ne change point en préceptes les simples conseils, et que sa morale peut toujours être réduite en pratique; c'est la fécondité inépuisable de ses plans, qui ne se ressemblent jamais, et l'heureux talent de disposer ses raisonnements avec cet ordre dont parle Quintilien, lorsqu'il compare le mérite d'un orateur à l'habileté d'un général qui commande une armée; c'est cette logique exacte et pressante qui exclut les sophismes, les contradictions, les paradoxes; c'est l'art avec lequel il fonde nos devoirs sur nos intérêts, et ce secret précieux, que je ne vois guère que dans ses sermons, de convertir les détails des mœurs en preuves de son sujet; c'est cette abondance de génie qui ne laisse rien à imaginer au-delà de chacun de ses discours, quoiqu'il en ait composé au moins deux, souvent trois, quelquefois même quatre sur la même matière, et qu'on ne sache, après les avoir lus, auquel de ces sermons donner la préférence; c'est la simplicité d'un style nerveux et touchant, naturel et noble, la connaissance la plus profonde de la religion, l'usage admirable qu'il fait de l'Ecriture et des Pères; enfin, je ne pense jamais à ce grand homme sans me dire à moi-même: Voilà donc jusqu'où le génie peut s'élever quand il est soutenu par le travail. » On a publié son *Avent*, son *Carême*, et divers autres écrits purement religieux.

BOURDEAU (Pierre-Alpinien-Bertrand), pair de France, ministre de la justice, né à Rochechouart (Haute-Vienne), le 18 mars 1770, mort le 12 juillet 1845. Il se distingua sous l'Empire, et fut une des gloires du barreau limousin. Lors de la première restauration, il fut nommé adjoint au maire de Limoges, à cause de ses opinions royalistes. Il fut destitué sous le gouvernement des Cent-Jours, et, à la rentrée des Bourbons, il fut réintégré. Procureur général de son département, plus tard député, il siégea en cette qualité dans la Chambre introuvable. Il fut destitué en 1824. En 1829, il fut tour à tour sous-secrétaire d'Etat au ministère de la justice, et garde des sceaux; à sa sortie du ministère, on le nomma premier président à Limoges et grand officier de la Légion d'honneur. La révolution de Juillet le fit pair de France. Il donna sa démission en 1835.

BOURDEAUX, ch.-l. de canton de l'arr. de Die (Drôme), à 57 kil. de cette ville. Pop. 800 hab.

BOURDEILLES, village de l'arrond. de Périgueux (Dordogne), à 25 kil. de cette ville. Pop. 1,650 hab. Ancienne seigneurie de la famille des Bourdeilles et patrie de Pierre de Bourdeilles, connu sous le nom de Brantôme. Belles ruines d'un château.

BOURDIN (Maurice), antipape, né dans le Limousin, pape en 1108, sous le nom de Grégoire VIII, mort en 1122. Il était archevêque de Prague; il avait sacré Henri V, empereur d'Allemagne, il fut choisi par ce souverain pour occuper le trône pontifical. C'était un prêtre de mœurs dissolues, qui devait son élévation à Bernard, archevêque de Tolède, et qui avait ensuite trahi son bienfaiteur. On lui reprocha plus tard, au concile de Bénévent, d'avoir couronné l'empereur Henri V, et il fut excommunié pour ce fait. Gélase II, qui avait été précédemment promu au pontificat par les bénédictins de Rome, protesta contre cette élection. Grégoire VIII fut reconnu pontife légitime en Allemagne et en Angleterre; mais, grâce aux intrigues de Gélase, elle fut contestée dans les autres pays. Calixte II, qui succéda à Gélase, excommunia de nouveau Bourdin. Celui-ci se réfugia alors à Lutri. Calixte vint l'y chercher, et les habitants refusant de prendre sa défense, il fut livré au nouveau pontife. Il fut emmené à Rome, placé à rebours sur un chameau, tenant en main la queue en guise de bride, et couvert d'une peau de mouton en guise de chape. Il fut emprisonné jusqu'à la fin de ses jours à Fumone, près d'Alatri.

BOURDON DE NOTRE-DAME. Cette cloche est placée dans la tour du Sud de la cathédrale de Paris; elle pèse 16,000 kil., et son battant 488. Elle fut fondue en 1682, et refondue trois ans plus tard. Elle a pour parrain Louis XIV, et pour marraine Mme de Maintenon, qui lui donnèrent le nom d'Emmanuel-Louise-Thérèse. On ne la sonnait que dans les occasions solennelles, et notamment à l'avénement des rois. En 1830 et en 1848, elle se fit entendre pour annoncer au peuple la déchéance des deux dynasties bourbonniennes.

BOURDON (Sébastien), peintre et graveur, né à Montpellier en 1616, mort en 1671. Il voyagea en Italie, et saisit les divers genres des grands maîtres avec une incroyable facilité. Il se fit connaître par son *Martyre de saint Pierre*, qui est au Musée impérial. Pendant les guerres de la Fronde, il alla en Suède, où la reine Christine l'accueillit avec une distinction marquée. On cite, parmi ses productions les plus remarquables : une *Descente de la croix*, *Jules César devant le tombeau d'Alexandre*, et une *Halte de bohémiens*. Son dessin n'était pas toujours correct; car il se fiait trop à sa rapidité d'exécution. Il paria qu'il peindrait en un seul jour douze têtes d'après nature, et gagna son pari. Ces douze portraits sont cités parmi ses meilleures peintures. Il ébauchait plutôt qu'il ne finissait; mais il le faisait avec une imagination si ardente, une si grande légèreté et une telle originalité de composition, que ses moindres tableaux ont plus de prix que les chefs-d'œuvre de la plupart des peintres de second ordre. Il peignait aussi bien le paysage que le portrait et l'histoire. Il lui arrivait souvent de s'enfermer dans son grenier, sans en sortir pendant des mois entiers.

BOURDON DE L'OISE (François-Louis), fils d'un paysan, né à Remy, près de Compiègne, mort en 1797. Il était procureur au parlement de Paris, quand la révolution éclata. Il s'y jeta à corps perdu, et se montra plus terroriste que Robespierre et Marat. Il se posa en républicain forcené devant les électeurs de l'Oise, qui furent dupes de ses protestations ardentes et l'envoyèrent à la Convention nationale. Il n'avait vu dans la Révolution qu'un moyen de s'enrichir par le trafic des assignats : il payait volontiers avec cette monnaie, en menaçant de la prison, c'est-à-dire de l'échafaud ceux qui refusaient le papier national; mais il acceptait plus volontiers encore, et même exigeait le payement en or ou en argent. Il observait prudemment les pulsations de l'opinion publique, et savait modérer ses opinions, à chaque pas de la réaction, pour les accommoder aux convenances du jour. Il vota l'arrestation de Danton, d'Hébert et de Robespierre. Ce dernier l'avait dénoncé quelques jours auparavant, en signalant à la Convention son honteux trafic. Bourdon ayant été chargé de présider au supplice de Robespierre, mit dans l'exécution de son mandat un soin tout particulier. Il aurait même voulu aller plus vite en besogne, car il proposa de le faire fusiller sur-le-champ, dans la salle même de la Convention. Bourdon, devenu membre du conseil des Cinq-Cents, fulmina contre la Terreur; mais il parla encore contre les prêtres et les émigrés. Les circonstances lui épargnèrent un nouveau pas dans la voie de la réaction : il fut banni par le Directoire, et alla mourir à Sinnamari.

BOURDON DE LA CROSNIÈRE (Léonard-Jean-Joseph), né en 1758, mort en 1815. Il dirigeait, avant la Révolution, une institution de jeunes gens à Paris. Après avoir été l'un des partisans de Robespierre et s'être signalé comme l'un des terroristes les plus acharnés, il l'abandonna au 9 thermidor. Il s'attacha dès lors au parti représenté par Barras. Le 1er avril 1795, il se jeta dans le mouvement insurrectionnel. Il fut alors arrêté; mais, ayant plus tard profité de l'amnistie, il fut employé par le Directoire et envoyé à Hambourg. Sous l'empire, il reprit son ancienne profession.

BOURDON DE VATRY (Marc-Antoine), fonctionnaire public, né à Paris en 1761, mort en 1828. Il fut secrétaire de l'amiral de Grasse pendant la guerre d'Amérique. Il entra dans l'administration de la marine au commencement de la Révolution. Quelque temps avant le 18 brumaire, il occupa le ministère de la marine. Il fut, dans la suite, nommé préfet maritime, puis préfet départemental, et enfin directeur du personnel de la marine et intendant des armées navales. Il fit exécuter, dans les divers départements qu'il administra, d'importants travaux. Ainsi on doit à son initiative la construction des ponts de la Durance et du Rhône, et la reconstruction de la levée de la Loire.

BOURDONNAIS, BOURDONNAYE (DE LA). (*Voir* LA BOURDONNAIS, LA BOURDONNAYE.)

BOURDOUAN ou BERDOAN, ville de l'Hindoustan anglais (présidence du Bengale), à 95 kil. de Calcutta. Pop. 54,200 hab. Commerce d'indigo, cannes à sucre, coton. Cette ville était autrefois la capitale de l'État indépendant de son nom, et fut cédée aux Anglais en 1760.

BOURES (guerre des). Ce mot vient de l'allemand *Bauer*, qui signifie *paysan*. Au XVIe siècle, l'Allemagne eut ses Boures comme la France avait eu ses Bagaudes. C'étaient les mêmes aspirations, les mêmes protestations contre la féodalité, la même soif d'indépendance et de liberté. Luther venait de révéler sa nouvelle doctrine. Les serfs, qui avaient d'abord espéré que l'émancipation sociale sortirait de la réforme religieuse, se voyant frustrés dans leurs espérances, et sentant peser encore plus lourdement sur leurs épaules le manteau de la féodalité, se soulevèrent en masse dans la Souabe et la Thuringe. Il est remarquable que le protestantisme, tel qu'il se constitua à son origine, ne servit qu'à étendre l'influence de l'aristocratie féodale. On le comprenait fort bien, et quand, 50 ans plus tard, le peuple de Paris se rua sur les huguenots, c'était moins pour servir la cause religieuse que pour renverser un parti dont le triomphe eût aggravé l'oppression féodale. Les insurgés de la Souabe se répandirent en Allemagne, et leurs bandes effroyables, qui roulaient comme un torrent dévastateur, se grossissaient de toutes les misères, de toutes les haines, de toutes les colères que le despotisme de la noblesse accumulait depuis tant de siècles. Où allaient-ils diriger leurs pas? Leur instinct les porta vers la France. Ils comprirent que leur émancipation ne serait consacrée que quand la grande voix du peuple français aurait acclamé leur délivrance. Mais ils arrivaient trop tôt, et furent à peine compris. Quatre siècles plus tard, quand la France révolutionnaire fit à son tour appel à l'Allemagne, cette nation, rivée au despotisme, garda le même silence. Les Boures se disaient enfants de Dieu; ils proclamaient l'égalité et la liberté; ils demandaient l'abolition de la tyrannie; ils allaient même jusqu'à admettre le principe de l'égalité des biens. Ils marchaient, accompagnés de leurs femmes et de leurs enfants, en poussant leurs troupeaux devant eux. Ils pillaient, sur leur passage, les châteaux et les monastères. Ils traversèrent le Rhin, au nombre de plus de 40,000, et pénétrèrent en Alsace. D'autres bandes aussi considérables se pressaient derrière eux. Antoine, duc de Lorraine, voyant que déjà les paysans de l'Alsace s'agitaient pour suivre aussi ces hommes étranges, réunit, avec l'aide de son frère, gouverneur de la Champagne, tous les aventuriers, moitié soldats, moitié bandits, que la France recrutait alors pour ses armées; c'étaient les lansquenets, des espannisquenets (des Espagnols), des arquebusiers italiens, des piquiers allemands et quelques Français. Avec une armée de 11,000 hommes, il assaillit Saverne, dont les Boures venaient de s'emparer. Les assiégés n'avaient pour se défendre que des pierres et des bâtons. La lutte fut cependant vive, bien que la défaite des malheureux Boures fût certaine. Ils signèrent enfin une capitulation et livrèrent la ville; mais, dès que le duc de Lorraine en fut maître, il songea qu'une capitulation n'avait d'effet qu'entre gentilshommes, et qu'il n'était aucunement obligé envers ces manants : il en fit massacrer 26,000 en un seul jour. Une autre bande de 24,000 hommes fut ensuite écrasée. Dès lors les paysans découragés reprirent le chemin de leurs chaumières, et la réforme, devenue encore plus dure pour eux, put poursuivre tranquillement ses rapides progrès.

BOURÈTES ou BOUROUTS, peuplade mongole nomade en Sibérie (Irkoutsk), située sur les bords des lacs Baïkal, de l'Iénisséi et de l'Angara. Ils sont soumis aux Russes depuis 1644.

BOURG-EN-BRESSE, ch.-l. du départ. de l'Ain, à 423 kil. de Paris. Pop. 10,300 hab. Tribunal de première instance, collège communal, société d'agriculture, science, lettres et arts, salle de spectacle, jardin botanique, bibliothèque contenant 21,000 volumes, musée, cabinet de physique et de chimie, bel hôtel de la préfecture. Commerce de grains, peaux blanches, bestiaux, poulardes. Pas d'industrie. On cite parmi ses monuments : l'église de Notre-Dame, autrefois cathédrale; des statues élevées à Bichat et à Joubert, la halle au blé, les boucheries, un hôpital. L'édifice le plus curieux est la magnifique église gothique de Notre-Dame de Brou, située hors de la ville et construite en 1511, par Marguerite d'Autriche, tante de Charles-Quint. Patrie de Vaugelas, de J. Michaud, l'historien des croisades, de l'astronome Lalande. La fondation de Bourg-en-Bresse remonte au XIIIe siècle et est attribuée aux seigneurs de Baugé. Cette ville fut la capitale de la Bresse. Elle fut prise par les Français en 1536 et en 1600. Elle fut définitivement cédée à la France en 1601, par le traité de Lyon.

BOURG-ARGENTAL, ch.-l. de cant. de l'arr. de Saint-Étienne (Loire), à 15 kil. de cette ville. Pop. 2,150 hab. Blanchisseries, moulineries de soie.

BOURG-DE-VISA, ch.-l. de cant. de l'arr. de Moissac (Tarn-et-Garonne), à 31 kil. de cette ville. Pop. 430 hab.

BOURG-DIEU. (*Voir* DEOLS.)

BOURG-D'OISANS, ch.-l. de cant. de l'arr. de Grenoble (Isère), à 43 kil. de cette ville. Pop. 1,500 hab. Mines de plomb argentifère et de cristal de roche. Il y a aux environs, un oratoire très-vénéré de saint Nicolas.

BOURG-DU-PÉAGE, ch.-l. de cant. de l'arr. de Valence (Drôme), à 18 kil. de cette ville. Pop. 3,880 hab. Cette ville doit son origine à un droit de péage sur un pont qui traversait l'Isère dès le XIIe siècle. Culture du mûrier, filage de soie.

BOURG-L'ABBÉ. (*Voir* LÔ (Saint-).

BOURG-LA-REINE, village de l'arrond. de Sceaux (Seine), à 10 kil. de Paris. Pop. 1,380 hab. Église très-ancienne. Entre ce village et Sceaux, il se tient chaque lundi un grand marché du bétail pour l'approvisionnement de Paris.

BOURG-LASTIC, ch.-l. de cant. de l'arrond. de Clermont-Ferrand (Puy-de-Dôme), à 54 kil. de cette ville. Pop. 580 hab. Houille, fer et antimoine.

BOURG-LEZ-VALENCE (le), bourg de l'arrond. de Valence (Drôme), à 1/2 kil. de cette ville. Pop. 1,840 hab. Église dont l'origine remonte, dit-on, à Charlemagne.

BOURG-SAINT-ANDÉOL. (*Voir* ANDÉOL.)

BOURG-SUR-GIRONDE ou BOURG-SUR-MER, ch.-l. de cant. de l'arrond. de Blaye (Gironde), à 12,760 m. de cette ville. Pop. 1,390 hab. Archives curieuses. Ancienne maison de plaisance des archevêques de Bordeaux. Cette ville fut la capitale de l'ancien Bourgès, fondé par Ponce Paulin, aïeul de saint Paulin, évêque de Nôle. Les Anglais s'en emparèrent plusieurs fois. Les protestants la pillèrent et la brûlèrent en 1562. Elle fut la résidence de Louis XIV, en 1650, et l'église possède encore le devant d'autel brodé par la reine-mère. Bourg eut une abbaye bénédictine, en 821, puis des récollets et des ursulines.

BOURG (Hubert DU). (*Voir* HUBERT.)

BOURG (Anne DU). (*Voir* DUBOURG.)

BOURGACHARD, bourg de l'arrond. de Pont-Audemer (Eure), à 25 kil. de cette ville. Pop. 1,200 hab. On remarque aux environs le château d'Authonne, bel établissement agricole, haras de chevaux anglais, bergerie de mérinos.

BOURGANEUF, sous-préf. du départ. de la Creuse, à 39 kil. de Guéret. Pop. 2,570 hab. Porcelaine, papeterie. Tribunal de première instance. Zizim, frère de Bajazet II, y fut retenu plusieurs années prisonnier par Pierre d'Aubusson, grand-maître de Malte et prieur de Bourganeuf (XVe siècle). Tour remarquable.

BOURGAZ ou BOURGHAS, ville de la Turquie d'Europe (Andrinople), sur la Mer noire, au fond du golfe de Bourgaz, à 110 kil. d'Andrinople. Pop. 15,000 hab. Commerce en grains; pipes et poterie.

BOURGELAT (Claude), célèbre vétérinaire, né à Lyon en 1712, mort en 1779. Après avoir été mousquetaire dans sa jeunesse, il entra au barreau; mais ne sentant pas en lui l'aptitude nécessaire pour suivre cette carrière, il ne s'occupa plus que d'équitation, et devint chef de l'Académie royale d'équitation à Lyon. Cette profession le détermina à étudier les principes savants de l'art de l'équitation; il consigna ses observations dans un *Traité de cavalerie*. Ces premières études le conduisirent à approfondir l'anatomie du cheval, et ensuite à rechercher les règles de l'*Hippiatrique*, ou médecine des animaux domestiques. Cette science avait été abandonnée jusqu'alors à des empiriques, dont les recettes allaient souvent contre le but; il la tira de l'oubli, ou, pour mieux dire, il en fut le créateur. Après avoir publié ses *Éléments d'hippiatrique, ou nouveaux principes sur la connaissance des chevaux*, il songea à fonder des écoles vétérinaires. Il choisit pour le seconder des hommes d'un mérite incontestable, et bientôt Lyon vit s'ouvrir le premier établissement vétérinaire. L'enseignement s'éleva tout d'abord à une certaine hauteur, et les plus beaux succès récompensèrent les efforts de Bourgelat. Les étrangers venaient étudier à Lyon et allaient à leur tour fonder dans les divers pays de l'Europe des établissements de la même nature. Plus d'une fois l'école de Lyon envoya ses élèves dans les provinces pour y combattre les épizooties. Bourgelat publia encore un ouvrage intitulé: *Matière médicale raisonnée, à l'usage de l'école vétérinaire*. Les progrès surprenants de l'école de Lyon appelèrent l'attention du gouvernement; il chargea alors Bourgelat d'en fonder une nouvelle à Alfort, près de Charenton. L'activité de cet homme était infatigable: ainsi, non-seulement il trouvait le temps nécessaire pour composer, à l'usage des écoles vétérinaires, de nombreux ouvrages qui sont demeurés classiques, mais encore il dirigeait ces écoles, exerçait la surveillance générale des haras royaux, et entretenait une correspondance active avec les hommes les plus célèbres de son temps, notamment avec Frédéric II, roi de Prusse. Il était lié avec d'Alembert, qui le chargea de rédiger pour l'*Encyclopédie* les articles *Manége* et *Maréchalerie*.

BOURGEOISIE. On a prétendu à tort que notre bourgeoisie trouvait sa filiation dans la constitution de la société romaine. Nous comprenons difficilement ce besoin de donner à tout prix une origine antique, même aux institutions de création récente. Après l'invasion des Barbares, et dans les premiers temps de la féodalité, il n'y avait pas de bourgeoisie. Tous ceux qui n'étaient pas d'origine noble se plaçaient sous la protection des grands vassaux ou des riches monastères. La bourgeoisie ne commença à se développer qu'avec les corporations privilégiées qui s'établirent dans les grandes villes. C'est de l'époque de l'affranchissement des communes que date vraiment la constitution de la bourgeoisie. Alors seulement les bourgeois cessèrent d'être justiciables des seigneurs, pour ne relever que de l'autorité royale. Les rois de France, de leur côté, comprirent qu'ils ne triompheraient de l'aristocratie féodale, qui contrebalançait leur pouvoir, qu'en s'appuyant sur la bourgeoisie; et, pour cela, ils étendirent les priviléges des bourgeois et favorisèrent l'affranchissement des communes. Ce n'était pas assez; ils avaient encore à déblayer le sol français de tous ces tribunaux de haute et basse justice, qui, en mettant aux mains des seigneurs l'administration de la justice, enlevaient au roi la principale garantie de son pouvoir. L'enfantement des parlements fut laborieux. Les rois établirent d'abord des tribunaux royaux à côté des tribunaux seigneuriaux; puis ils firent admettre en principe que nul ne pouvait être soustrait à leur justice, s'il la préférait à la justice seigneuriale. C'est ainsi que les rois constituèrent peu à peu l'unité du pouvoir. La bourgeoisie ne pouvait cependant pas s'étendre en dehors des villes, la terre étant la propriété des nobles et du clergé. Les rois vinrent encore à son secours; ils firent participer les bourgeois à la propriété bénéficiaire. Les jurisconsultes, presque tous tirés de la bourgeoisie, vinrent aussi, avec leurs raisonnements subtils, favoriser l'accès de tous à la propriété territoriale : ils laissèrent aux seigneurs le *domaine direct*, qui ne fut plus bientôt qu'une souveraineté nominale, et donnèrent au peuple le *domaine utile*, moyennant redevances. Les bourgeois, jusqu'en 1789, furent confondus avec les cultivateurs et les artisans; ils formaient le tiers état. Cette classe supportait seule les impôts, car les nobles et le clergé surent s'en affranchir pendant longtemps; les paysans étaient, en outre, soumis aux corvées. Les bourgeois des villes cherchèrent dans l'association protection contre les violences et les exactions des seigneurs. C'est surtout dans les villes du Nord que ces associations prirent le plus grand développement. Elles résistèrent souvent avec avantage au clergé et à la noblesse. La bourgeoisie devint une classe intermédiaire entre les vilains et les possesseurs de fiefs. C'est au XIIe siècle, sous le règne de Louis le Gros, qu'elle commença à s'élever par l'érection des communes. La qualité de bourgeois était déterminée par trois caractères distinctifs : 1° la condition libre; ainsi les serfs ne pouvaient devenir bourgeois sans avoir été préalablement affranchis; 2° l'affiliation à une corporation bourgeoise; 3° la résidence au lieu même de cette corporation. C'est du moment de l'émancipation des communes que date vraiment la constitution politique de la France. Les communes contribuèrent à étendre l'autorité royale, de même que les rois les protégèrent contre les seigneurs féodaux. Plus d'une fois même les rois soutinrent par les armes les insurrections des communes. Celles-ci savaient leur fournir en retour des subsides, une milice et une bonne *chevauchée*. Leurs arbalétriers et leurs archers étaient renommés; la flèche protégeait leur indépendance; et c'est peut-être en souvenir de ces anciennes luttes que les sociétés d'archers se sont maintenues jusqu'à ce jour dans plusieurs de nos provinces. Tandis que la noblesse fuyait devant les Anglais ou servait dans leurs armées, la bourgeoisie leur résistait sur tous les points, et s'épuisait pour remplir le trésor royal. Sous Philippe de Valois, les bourgeois commencèrent à se réunir pour aviser aux moyens de secourir la royauté. Ces assemblées contribuèrent à fortifier l'alliance du trône et de la bourgeoisie. Sous le roi Jean, les procureurs de Carcassonne, de Narbonne, de Béziers, d'Albi, d'Agde, de Lodève, de Limoux, de Castres, de Mirepoix, de Saint-Pont et de douze autres communes, avaient comparu devant lui, munis de pleins pouvoirs, et lui avaient offert, pour une année, 50,000 livres tournois pour subvenir aux besoins de la guerre. Philippe le Bel étant en lutte avec le pape Boniface VIII, vers 1302, ne trouvait qu'un appui timide dans la noblesse et le clergé. Il eut alors l'heureuse idée de consulter les députés des villes, qui représentèrent dès lors ce qu'on appela depuis le tiers état. Les bourgeois, qui tenaient le commerce et l'industrie, qui avaient déjà amassé des richesses considérables, parmi lesquels se recrutaient les hommes de robe et les hommes de science, étaient seuls capables d'apporter à la monarchie la force qui lui manquait. Philippe le Bel n'eut qu'à se féliciter de cette mesure; car les bourgeois montrèrent dans leur résistance à la papauté une énergie qui mit bientôt en question l'autorité temporelle des papes. Les syndics et procureurs des communautés des villes et territoires, appelés pour délibérer sur les hautes matières que le roi avait à leur proposer, lui présentèrent cette admirable requête : « A vous, très-noble prince, notre sire, Philippe, par la grâce de Dieu, roi de France, supplie et requiert *le peuple* de votre royaume, *pour ce qui lui appartient*, que ce soit fait que vous gardiez la souveraine franchise de votre royaume, qui est telle que vous ne reconnaissiez de votre temporel souverain en terre, fors que Dieu; et que vous fassiez déclarer, si que tout le monde le sache, que le pape Boniface erra manifestement et fit péché mortel, notoirement en vous mandant par lettres bullées qu'il était souverain de votre temporel, et que vous ne pouviez prébendes donner, ni les fruits des églises cathédrales vacants retenir, et que tous ceux qui croient au contraire, il les tient pour hérétiques. » Plus d'une fois aussi les états s'élevèrent contre les abus de l'autorité royale elle-même. Ainsi, en 1356, ils déclarèrent au régent « que le royaume ayant été mal gouverné ci-devant, ils estimaient que c'était par la faute et les mauvais conseils de ceux que le roi avait employés; pourquoi ils requéraient que tous les officiers du roi en général fussent privés ou suspendus de leurs charges; que le Dauphin fît emprisonner les personnes et saisir les biens de ceux dont ils donneraient la liste; que leurs deniers fussent dès à présent confisqués, et comme tels, après inventaire fait, appliqués aux dépenses de la guerre; qu'à l'égard des personnes, leur serait fait et parfait sur les accusations et articles que les élus des états donneraient contre eux à des commissaires non suspects; et d'autant que le chancelier, le premier de ceux dont ils se plaignaient, était personne ecclésiastique, ils demandaient que le Dauphin écrivît au pape de sa propre main, pour obtenir des commissaires, *au choix des états*, qui fussent autorisés à prononcer jugement définitif contre lui. » Venait ensuite une liste de 22 accusés, parmi lesquels se trouvaient, outre le chancelier, des présidents au parlement, des trésoriers, le maître de la monnaie, des maîtres et des conseillers de requête du parlement, le notaire du roi, et même des officiers de la maison du Dauphin. » Ils demandaient enfin « qu'il fût envoyé dans les provinces des commissaires réformateurs, au choix des états, pour faire le procès à tous les officiers prévaricateurs; que la monnaie fût rétablie, selon que les états l'ordonneraient; qu'il plût au Dauphin de composer son conseil de 28 conseillers qui seraient nommés par les états; et que le roi de Navarre fût délivré, attendu que le Dauphin était intéressé lui-même à ce qu'il fournît sa justification. » Les bourgeois ne furent pas toujours assez forts pour tenir un langage aussi fier; ils furent même écartés de l'administration des affaires par la noblesse et le clergé; mais du moins ils surent toujours exercer un certain contrôle sur les actes du gouvernement : les notables habitants des communes envoyaient souvent des circulaires pour faire connaître au peuple les causes de guerre ou de paix. Pendant les guerres religieuses du XVIe siècle, la bourgeoisie se tint à une distance égale des fougueux ligueurs et des calvinistes. Henri IV fut son roi de prédilection. La satire *Ménippée*, qui est l'œuvre de la bourgeoisie, explique cette tendance. Depuis cette époque jusqu'à la Révolution, la bourgeoisie ne fit que grandir, grâce surtout à l'influence des gens de robe, qui eurent bientôt la supériorité dans les parlements, et qui arrivèrent par là à contrebalancer l'autorité royale. Louis XIV s'appuya volontiers sur la bourgeoisie. On peut dire, pour résumer les considérations qui précèdent, que la bourgeoisie a préparé, avant 1789, la constitution de la nationalité française; et qu'en confondant tous les ordres par la Révolution qu'elle accomplit à la fin du XVIIIe siècle, elle a complétement rempli sa sainte mission, et définitivement assuré la grandeur de la France. De nos jours, et surtout depuis l'établissement du suffrage universel, la bourgeoisie a cessé de former une classe particulière; il n'y a plus de caste privilégiée ni inférieure; il n'y a plus, en France, qu'un grand peuple.

BOURGERY (Marc-Jean), médecin, né à Orléans en 1797, mort en 1849. Il entreprit, soutenu par Benjamin Delessert et M. de Salvandy, un ouvrage d'anatomie aussi remarquable par l'exposition théorique que par l'exécution des planches. A la mort de Bourgery, ce travail fut achevé par M. Claude Bernard. L'anatomie générale et l'anatomie pathologique y ont été traitées en profitant des recherches et des découvertes les plus récentes que la science doit à la France et à l'Allemagne. Enfin cet ouvrage a été du plus grand secours pour les artistes, qui y ont trouvé les secrets de l'anatomie pittoresque. Cette œuvre colossale, qui résout le problème, tant de fois cherché, de l'étude de l'anatomie sans cadavres, et qui a coûté vingt-deux années de travail à son auteur et plus de deux millions à établir, a été achetée par M. Dupray de la Mahérie.

BOURGES, ch.-l. du départ. du Cher, à 219 kil. de Paris, par la voie de terre, à 233 par le chemin de fer du centre. Pop. 21,650 hab. Siége d'un archevêché dont relèvent les évêchés de Clermont, Limoges, le Puy, Tulle et Saint-Flour. Tribunal de première instance et de commerce, 19e division militaire, cour d'appel, école et direction d'artillerie; lycée, bibliothèque de 25,000 volumes; musée; grand et petit séminaire. On cite parmi ses édifices l'archevêché, qui renferme dans ses jardin un monument élevé à la mémoire de Béthune-Charost; la cathédrale (IXe siècle), l'un des plus beaux monuments gothiques de l'Europe; l'hôtel de ville, l'ancienne maison de Jacques Cœur, argentier de Charles VII. Fabriques de draps, de couvertures de laine, et coutellerie; commerce de moutons du Berry, laines, vins et chanvre. Patrie de Jacques Cœur, de Louis XI, de Bourdaloue et de Boucher. Bourges, si l'on en croit Tite-Live, aurait joué un grand rôle sous le nom d'*Avaricum*, l'an 615 av. J.-C.; elle fut la capitale des Bituriges Cubi et fut prise et saccagée par César, l'an 52 av. J.-C. Elle devint la métropole de la première Aquitaine, siége d'un archevêché au milieu du IIIe siècle, la capitale du Berry et la résidence de ses comtes et de ses ducs. Les Visigoths s'en emparèrent en 475. Pépin le Bref s'en rendit maître en 772, après une longue résistance. En 878, les Normands la prirent à leur tour et la pillèrent. Charles VII, pendant que les Anglais étaient maîtres de Paris, y fixa sa résidence ainsi que le siége du gouvernement, et reçut le surnom de roi de Bourges. Les protestants la prirent en 1615. Louis XIV y entra solennellement et fit raser la forteresse de la grosse tour. La pragmatique-sanction y fut décrétée en 1438. Sous Louis-Philippe, elle a servi de résidence, pour raison d'Etat, au prétendant d'Espagne don Carlos. Plusieurs incendies ravagèrent Bourges, et celui de 1487 détruisit plus de 3,000 maisons, désastre qui porta un grand coup à son commerce.

BOURGES-LES-BAINS, nom républicain de *Bourbon-l'Archambault.*

BOURGET (le), bourg de l'arrond. de Saint-Denis (Seine), à 11 kil. de Paris. Pop. 650 hab. Fabriques de toiles cirées et de pâtes alimentaires.

BOURGMESTRE. On appelle ainsi, en Belgique, en Hollande et en Allemagne, un magistrat qui remplit des fonctions analogues à celles de nos maires. L'étendue et l'importance de ses fonctions ont varié selon les lieux et les temps, et ses attributions sont modifiées sans cesse, soit par la forme du gouvernement, soit par l'esprit des localités.

BOURGNEUF-EN-RETZ, ch.-l. de cant. de l'arrond. de Paimbœuf (Loire-Inférieure), à 28 kil. de cette ville. Pop. 1,830 hab. Petit port presque comblé.

BOURGOGNE, ancienne province de France, bornée au N. par la Champagne, à l'E. par la Franche-Comté et la Savoie, au S. par le Dauphiné et le Lyonnais, à l'O. par le Nivernais et le Bourbonnais; cap. Dijon. Les rivières qui l'arrosent sont: le Rhône, la Saône, l'Ain, la Seille, la Seine et la Loire supérieures, l'Arroux et la Reconce, affluents de la Loire; le Serain et l'Armançon, qui se jettent dans l'Yonne. Le canal de Bourgogne unit la Saône à l'Armançon, de l'embouchure de cette rivière à Saint-Jean de Losne; le canal du Charolais unit la Loire à la Saône de Digoin à Châlons. Sup. 2,597,698 hect. Elle comprenait le Dijonnais, l'Autunais, le Chalonnais, le pays de la Montagne, l'Auxois, l'Auxerrois, le Charolais, le Mâconnais, le Bugey, la principauté de Dombes et le pays de Gex. Les villes principales étaient: Auxerre, Autun, Auxonne, Châlon-sur-Saône, Mâcon et Bourg. La Bourgogne correspond aujourd'hui à la plus grande partie du département de la Côte-d'Or, de Saône-et-Loire, à de petites fractions de ceux de la Nièvre, de l'Aube, de l'Ain et de l'Yonne. Le sol est fertile et produit des graines, des fruits, des vins renommés. Les principaux crus de vins rouges sont ceux de Thorins, Moulin-à-Vent, Nuits, Chambertin, Volnay, Romanée, Clos-Vougeot, Saint-Georges, Corton, Mercurey, Beaune, Richebourg; ceux de vins blancs sont ceux de Chably, Montrachet, Pouilly et Meursault. L'industrie y a fait d'immenses progrès et les laines furent la branche la plus considérable de l'industrie bourguignonne. Nombreuses et grandes usines, beaucoup de forges et de fabriques. Manufactures de cristaux

César prêt à traverser le Rubicon.

dits de Moncenis, verreries de Saint-Brain, pierres lithographiques de Bellay, sources d'eaux minérales. Les anciens Bourguignons, *Burgundis* ou *Burgundiones*, étaient d'origine germanique et habitaient les rives de l'Oder et de la Vistule, et occupaient le territoire que nous appelons aujourd'hui la Nouvelle-Marche. Les Bourguignons furent obligés de se retirer vers l'O. à la suite de la grande invasion des peuples scythiques sous le règne de Valentinien (364-375). En 406, le Suève Radagaise, à la tête des Vandales et des Burgundes, se précipita sur l'empire. Les Burgundes se fixèrent dans le pays. Leur premier roi fut Gondicaire, mort en 436; il fonda, en 411, un Etat connu sous le nom de *premier royaume de Bourgogne*, qui eut pour noyau le S. de la Germanique Ire et la grande Séquanaise; c'est-à-dire une partie de l'Alsace et de la Suisse, s'étendit dans tout le bassin du Rhône, moins la portion comprise entre la Durance et la mer. Gondebaud, le dernier roi, fit périr ses trois frères, et se rendit célèbre par la publication de la loi *Gombette*, et, en 516, il laissa toute la monarchie à son fils Sigismond. Ce dernier et son frère Gondemar, combattirent jusqu'en 534 les tentatives des fils de Clovis pour soumettre la Burgundie. Ceux-ci ayant été vaincus, Childebert et Clotaire réunirent la Bourgogne à l'empire des Francs, et Clotaire Ier la posséda de 558 à 561. Il passa successivement à Gontran, mort en 593, à Childebert II, fils de Sigebert et de Brunehaut et roi d'Austrasie. Au VIIIe siècle, la Bourgogne eut beaucoup à souffrir des incursions des Sarrasins, et Autun et Sens furent entièrement brûlées en 732. Lors du démembrement de l'empire d'Allemagne la Bourgogne se divisa en diverses parties, elle forma au N. un duché de Bourgogne, entre le Rhône, le Jura et le Rhin; un second royaume de Bourgogne qui se partagea en Bourgogne cisjurane et en Bourgogne transjurane en 879. Boson de Vienne, beau-frère de Charles le Chauve et comte d'Autun, se fit élire roi de la Bourgogne cisjurane en 879; ses successeurs furent Louis l'Aveugle (889-923) et Hugues de Provence (923-933). Le royaume comprenait la Provence, le Comtat, le Dauphiné, le Bugey et la Bresse, la partie du Languedoc entre la Loire et le Rhône et de petites parties de la Bourgogne propre. En 933, Rodolphe II réunit à la Bourgogne transjurane le royaume d'Arles; après la mort de Rodolphe III, Conrad le Salique réunit le royaume d'Arles à l'empire germanique. De 884 à 1002, le duché de Bourgogne, appartint à des princes issus de Robert le Fort, Thierry, Richard le Justicier qui étendit sa domination de l'Yonne au Jura (887), mort en 921; Raoul, roi de France, Hugues le Blanc; Henri, frère de Hugues Capet. Après ce dernier le duché de Bourgogne fut réuni à la couronne pendant 30 ans (1002-1032). Robert le Vieux, fils du roi Robert, commença une seconde maison de ducs de Bourgogne et régna jusqu'en 1075; ses successeurs furent son fils Hugues; Eudes Ier, mort en 1102, en Terre-Sainte; Hugues II le Pacifique (1102-1142); Eudes II (1142-1162); Hugues III (1162-1193) qui prit part à la 3me croisade (1190) avec Philippe-Auguste; Eudes III (1193-1218), qui alla à la croisade contre les Albigeois et contribua à la bataille de Bouvines; Hugues IV, mort en 1272; Robert II, 3me fils de ce dernier; mort en 1305; Hugues V (1305-1315), Eudes IV (1315-1350), il hérita en 1330 des comtés d'Artois et de Bourgogne; Philippe de Rouvre fut son successeur (1350-1361); à sa mort, Jean, roi de France lui succéda. Cette troisième maison, dite maison de Valois ne compte que 4 ducs: Philippe le Hardi; (1363-1404); Jean Sans-Peur (1404-1419); Philippe le Bon (1419-1467) et Charles le Téméraire (1467-1477). Cette maison fut la plus brillante. Charles le Téméraire ne laissa qu'une fille, Marie, qui épousa Maximilien d'Autriche, et qui, par suite de ce mariage, réunit à sa maison les duchés de Brabant, Limbourg et Luxembourg, la Franche-Comté, le comté Palatin, les comtés de Frandre, Hainaut, Namur, Artois, Hollande, Zélande, le marquisat d'Anvers, et la seigneurie de Malines. Toutes ces provinces, avec quelques autres qu'y joignit Charles-Quint, composèrent le cercle de Bourgogne, qui fût incorporé à l'empire en 1548. Louis XI voulut s'emparer de tout le vaste héritage de Charles le Téméraire; mais il ne put prendre que la Franche-Comté, la Picardie, l'Artois, et Louis de la Trémouille en fut nommé gouverneur en 1513. En 1526, au traité de Madrid, François Ier donna la Bourgogne à Charles-Quint. Louis XIV fit restituer à la France la partie de la Bourgogne cédée à Maximilien en 1493 par Charles VIII. La Bourgogne n'entra en communauté de lois complète avec le reste de la France qu'en 1789. Les personnages illustres qui naquirent en Bourgogne sont: Saint Bernard, Bossuet, Mme de Sévigné, Crébillon, Piron, Rameau, Guyton Morveau, Vaugelas, Vauban, Buffon, Lalande, Prieur, Carnot, Gaspard, Monge, Junot, Marmont, Joubert, etc.

Assassinat de César.

BOURGOGNE (royaumes de). Le premier royaume de Bourgogne subsista de 413 à 534; il fut fondé par suite d'un traité avec l'empereur Honorius, et fut conquis par les Francs. Il eut pour souverains Gondicaire (413-436); Gonderic (436-470); Chilpéric (470-491); Gondebaud (491-516); Sigismond (516-523); Gondemar (523-534). Ce royaume se composait des vallées de la Saône et du Rhône jusqu'à la Durance. Le royaume de *Bourgogne cisjurane* fut fondé en 879 par Boson, beau-frère de Charles le Chauve; il comprenait la Provence, le duché d'Uzès, le Lyonnais, le Vivarais, le Dauphiné, la Franche-Comté, la Savoie et une partie de la Bourgogne. Boson eut pour successeurs Louis l'Aveugle (887-928) et Hugues de Provence (928-933). La Bourgogne transjurane, après la déposition de Charles le Gros (888), fut gouvernée par le duc Rodolphe, qui se rendit indépendant à l'est du Jura. Il comprenait le Valais, le pays de Genève, la Suisse, en deçà de la Reuss, le Bugey et le Chablais. Rodolphe II ayant fait acquisition de la Bourgogne cisjurane, son État prit le nom de royaume d'Arles (933). A la mort de Rodolphe III (1033), le royaume d'Arles passa à Conrad II le Salique, roi de Germanie.

BOURGOGNE (duché de). Le duché de Bourgogne, ou Bourgogne proprement dite, était borné au N. par la Champagne, au S. par le Beaujolais, à l'E. par la Franche-Comté, et à l'O. par le Bourbonnais et le Nivernais. Sa longueur était d'environ 124 kil. et sa superficie carrée de 480 kil. Son territoire était occupé, au temps de Jules César, par les Éduens, mêlés aux Insubriens. Ce fut sous le prétexte de défendre ces peuples contre l'invasion des Helvétiens, que César pénétra dans les Gaules. Le gouvernement des Eduens était aristocratique; ils élisaient chaque année un chef suprême. Bibracte, leur capitale, s'appela plus tard *Augustodunum* (Autun). Ce pays fit peu après partie de la 1re Lyonnaise. Ce fut au commencement du ve siècle que les Burgundes vinrent s'y établir, et donnèrent au pays le nom de *Burgundia* (Bourgogne). Les Burgundes étaient de race vandale et sortaient des bords de la Vistule. Ils apparurent pour la première fois dans les Gaules, sous le règne de Probus. En 407, les Burgundes, sous la conduite de Gondicaire, reparurent dans les Gaules, à la suite des Alains, des Suèves et des Vandales, pour y prendre leur part de butin. Le patrice Constance ne songea pas à les arrêter; il s'en fit, au contraire, des alliés contre les autres Barbares, suivant la politique des Romains au temps de la décadence, et leur permit de s'établir dans le pays qu'ils venaient d'envahir. Gondicaire ne pouvait rester inactif, en présence de ses soldats, à qui il fallait constamment le pillage; il envahit la Belgique en 435; mais, défait par Aétius, il fut contraint de demander la paix. L'année suivante, Gondicaire périt dans une bataille contre les Huns, avec vingt mille de ses soldats. Gondéric, fils de Gondicaire, lui succéda. Il fut d'abord allié aux Romains, et les aida à combattre les Suèves; mais, en 457, il rompit cette alliance, et se jeta sur les possessions des Romains. A la faveur de l'anarchie qui régnait dans l'empire, les Burgundes s'emparèrent de Lyon et de cette partie de la Gaule qui fut nommée depuis Lyonnaise germanique. A la mort de Gondéric, en 470, ses quatre fils, Gondebaud, Chilpéric, Gondégésile et Gondemar, se partagèrent ses Etats. Ils se livrèrent des batailles acharnées. Gondebaud et Gondégésile, restés seuls en possession du royaume, firent un nouveau partage. Gondégésile, moins bien favorisé, recommença la guerre. Gondebaud fut vaincu près de Dijon et assiégé dans Avignon par son frère, allié à Clovis, roi des Francs. Gondebaud fit alors la paix avec Clovis, et, délivré de ce puissant ennemi, il surprit Gondégésile à Vienne, et le tua dans une église où il s'était réfugié. Craignant la colère de Clovis, il flatta les évêques de l'espoir de sa conversion, et, par leur intervention, il obtint la neutralité du roi des Francs. Cependant, Clovis, jaloux de la puissance d'un tel voisin, s'allia avec Théodoric, roi des Ostrogoths, marcha contre Gondemar, le défit et s'empara de ses Etats, qu'il partagea avec son allié. Mais bientôt Clovis, se voyant menacé par Alaric, roi des Visigoths, remit Gondebaud en possession de son royaume, et marcha avec lui contre les Visigoths. Ceux-ci furent taillés en pièces près de Vouillé, et Alaric trouva la mort dans le combat. Profitant de ces succès, Gondebaud prit Narbonne et vint mettre le siège devant Arles. Théodoric vint alors le surprendre, le défit, et s'empara des provinces que le roi de Bourgogne avait conquises en Provence. Celui-ci revint dans ses anciens Etats, et ne songea plus qu'à les administrer sagement. Sigismond, son fils, lui succéda en 516. Il s'était converti au christianisme. Ce prince, poussé par Procopia, sa seconde femme, qui avait pris en aversion Sigéric, fils de Sigismond, issu d'un premier lit, écouta les accusations calomnieuses de cette femme, et fit étrangler son fils. Il ne tarda pas à recevoir le châtiment de son crime. Profitant de l'indignation populaire, les petits-fils de Chilpéric, voulant venger sur Sigismond le meurtre de leur aïeul commis par Gondebaud, père de Sigismond, lui livrèrent bataille. Sigismond fut vaincu, en 523, et abandonné par ses sujets. Il fut conduit à Orléans, et mis à mort peu de temps après. Gondemar, frère de Sigismond, fut appelé au trône, et régna paisiblement jusqu'en 533. A cette époque, il fut attaqué par Thierry, Clotaire et Childebert, qui s'étaient mis à la tête des Francs; il fut vaincu et dépossédé de presque tous ses Etats. A partir de cette époque, la Bourgogne fut l'apanage des rois francs, et cessa d'avoir une existence indépendante. En 561, après la mort de Clotaire, la monarchie française ayant été partagée entre ses fils, le royaume de Bourgogne échut à Gontran, qui devint ainsi le premier roi de Bourgogne de la race mérovingienne. Il combattit son frère Sigebert et s'empara d'Avignon. Il lutta ensuite contre les Lombards et les Saxons. De 571 à 574, il repoussa quatre invasions successives de ces peuples, et acquit ainsi une grande renommée. Childebert lui avait cédé la moitié de Marseille; il voulut la reprendre; mais Gontran n'étant pas disposé à la céder facilement, il s'ensuivit une guerre sanglante. Le patrice Mommole, le plus habile de ses généraux, l'abandonna pour lui susciter un compétiteur au trône de Bourgogne dans Gondovald, fils naturel de Clotaire. Gondovald vint de Constantinople avec des richesses considérables; mais il fut dépouillé par celui-là même qui l'avait appelé. Cependant, en 585, il gagna quelques partisans, qui le proclamèrent roi; Gontran et Childebert s'unirent contre lui, l'assiégèrent dans Comminges et le mirent à mort. Gontran régna encore jusqu'en 593. A sa mort, Childebert, fils de Sigebert, roi d'Austrasie, fils adoptif de Gontran, succéda à ce dernier, et réunit sous sa couronne les deux royaumes d'Austrasie et de Bourgogne. Il ne régna que trois ans. Thierry, 2e fils de Childebert, hérita de la Bourgogne en 596. Brunehaut, son aïeule, fut chargée de sa tutelle. Le règne de Thierry est entièrement rempli par l'histoire de cette femme. L'administration de l'Etat était aux mains des maires du palais. A la mort de Thierry, en 613, la Bourgogne fut une seconde fois réunie à la France. En 835, lorsque Lothaire, fils aîné de Louis le Débonnaire, partagea ses Etats entre ses fils, Charles obtint le Lyonnais, Genève, le Dauphiné, la Savoie et la Provence, avec le titre de *roi de Provence*. Ce prince mourut en 863. Ses fils, Louis et Lothaire, ne montrèrent que de la faiblesse. Les Bourguignons, craignant alors de voir leur pays retourner à la couronne de France, élurent pour roi Boson, qui fut roi de la Bourgogne cisjurane, comprenant la Provence, la Bourgogne proprement dite, le Dauphiné, le Languedoc, la Savoie, et d'autres possessions en deçà des Alpes. Boson était beau-frère de Charles le Chauve; il lutta contre Louis et Carloman, qui voulaient le réduire au rang de vassal. Son fils Louis lui succéda en 887. Il fut en guerre avec Béranger, contre qui il revendiquait la couronne d'Italie, comme petit-fils de l'empereur Louis II. Il parvint à conquérir la couronne impériale, et se fit même couronner par le pape; mais Béranger le surprit dans Vérone, lui fit crever les yeux et le relâcha ensuite. Louis continua cependant à régner jusqu'en 928. Quelque temps avant sa mort, il reprit la couronne d'Italie, aidé de Rodolphe II, roi de la Bourgogne transjurane, et, pour mieux assurer sa nouvelle conquête, il céda à Rodolphe la plus grande partie de ses possessions dans la Bourgogne cisjurane. Rodolphe II avait succédé, en 912, à son père, Rodolphe Ier, qui, à l'exemple de Boson, s'était fait reconnaître roi de la Bourgogne transjurane, comprenant le pays situé entre le Jura et les Alpes, la Suisse jusqu'à la Reuss, le Valais, le Chablais et Genève. Rodolphe II accrut ses possessions de la Provence et d'une partie de la Suisse allemande, que lui abandonna Henri l'Oiseleur. Conrad, dit *le Pacifique*, succéda à Rodolphe II son père, en 937, et prit le titre de roi d'Arles. Il eut à subir une invasion des Hongrois et des Sarrasins, mais il les excita les uns contre les autres, et, quand ces deux peuples se furent affaiblis réciproquement par de sanglantes guerres, il écrasa les débris de leurs armées. A sa mort, survenue en 993, son fils, Rodolphe III, fut proclamé. Ce prince, efféminé et livré aux plaisirs, céda ses Etats à Henri II, empereur d'Allemagne, en 1033. La domination de Henri II fut contestée par la noblesse de Bourgogne. Henri II ne put, malgré une victoire remportée sur le lac de Genève, prendre possession du pays. A la faveur de ces désordres, plusieurs maisons puissantes s'affranchirent de la vassalité; les archevêques de Lyon, de Besançon et de Vienne, les évêques de Genève, de Lausanne, de Bellay, de Valence, de Gap et de Die, se créèrent des principautés indépendantes. La Bourgogne, proprement dite, se constitua, de son côté, une existence indépendante, sous des ducs, qui ne parvinrent à faire reconnaître leur autorité qu'après de longues guerres. Otton et Henri, fils de Hugues le Grand, nous apparaissent, en 958, comme les premiers ducs de Bourgogne. Robert, neveu de Henri, affermit son pouvoir après douze années de guerre. Depuis ce prince jusqu'à Hugues III, qui régna en 1162, nous voyons les ducs de Bourgogne marcher à la remorque des rois de France, dont ils se reconnaissaient les vassaux. Eudes II avait bien essayé, vers 1150, de se soustraire à la vassalité de Louis VII; mais le pape Adrien IV l'avait obligé à rendre hommage au roi de France. Hugues III obtint du roi de France, avec qui il s'était allié contre le comte de Châlon, les possessions importantes de ce dernier. En 1187, il accorda une charte de commune à la ville de Dijon. Il prit part à la croisade entreprise par Philippe-Auguste; mais la jalousie qu'il portait à Richard d'Angleterre fit manquer le but de l'expédition. Eudes IV, qui régna en 1315, agrandit ses domaines du comté d'Artois et se distingua dans la guerre de Flandre. En 1361, Philippe Ier, surnommé *de Rouvre*, étant mort, la Bourgogne retourna à la couronne de France. Le roi Jean le Bon donna la Bourgogne à son fils, Philippe le Hardi, en qualité de lieutenant-général. A la mort de son père, Philippe prit le titre de duc et de premier pair de France. En 1384, il joignit à ses possessions les comtés de Bourgogne, de Flandre, d'Artois, de Rethel et de Nevers. Il rendit hommage à Charles V, et assista ce prince dans la guerre contre les Anglais, qui avaient envahi l'Artois, sous le commandement du duc de Lancastre. Philippe fut chargé, avec le duc de Berry, de la tutelle de Charles VI. Quand Philippe le Hardi eut été assassiné, Jean Sans-Peur, son fils, lui succéda, en 1404. Il s'était rendu célèbre par sa malheureuse expédition contre les Turcs. Il attacha son nom à la fameuse guerre des Bourguignons et des Armagnacs (*Voir* BOURGUIGNONS).

Quoique cette guerre, en favorisant les projets des Anglais, ait attiré les plus grands maux sur la France, Jean Sans-Peur n'en fut pas moins aimé de son peuple à cause de sa libéralité et de son courage. Philippe, dit *le Bon*, son fils, lui succéda en 1419. Il favorisa Henri V, roi d'Angleterre, et engagea le roi de France à signer le honteux traité de Troyes, qui assurait à la maison d'Angleterre la possession de la couronne de France. Il n'avait d'autre but, en s'alliant aux Anglais, que de satisfaire sa vengeance contre le Dauphin, qui avait fait assassiner son père. Cependant il se repentit plus tard d'avoir soutenu les Anglais, quand il les vit agir en maîtres, et surtout après qu'il eut reçu une grave offense du duc de Glocester. Le roi de France était tellement affaibli, que le duc de Bourgogne était, en quelque sorte, l'arbitre des destinées du pays. Il ne négligea rien pour ménager une réconciliation; elle eut lieu en effet, et Philippe montra plus tard, par sa conduite, que sa conversion était sincère. Quand Louis XI, alors dauphin de France, se réfugia dans ses États, après avoir tenté une révolte contre son père, Philippe se hâta d'en avertir Charles VII, ne voulant pas donner à son suzerain des marques de déloyauté. Après la mort de Charles VII, Philippe s'empressa de prêter à Louis XI le serment de fidélité. Le nouveau roi de France se préparait à abaisser un vassal trop puissant; il l'avait même obligé à s'enfuir d'Hesdin, quand la mort vint ravir Philippe à l'affection de son peuple. Charles le Téméraire, son fils, lui succéda en 1467. Ce prince, qui avait déjà entraîné son père dans la ligue du bien public, formée contre Louis XI, soutint contre ce prince une longue guerre, qui finit par la ruine du duché de Bourgogne et sa réunion à la France en 1477. La Bourgogne devint alors une province de la couronne, à laquelle on ajouta la Bresse, et fut dès lors le siége d'un des gouvernements les plus importants. La Bourgogne conserva cependant ses états, qui, tous les trois ans, s'assemblaient à Dijon.

Bourgogne (cercle de). On appelait ainsi les possessions des Pays-Bas de la dernière maison ducale de Bourgogne, réunies à l'empire d'Allemagne.

Bourgogne (théâtre de l'hôtel de). Au XIIIe et au XIVe siècle, la coutume s'était introduite de représenter des scènes de l'Écriture qu'on appelait *mystères*; quelquefois aussi c'étaient des *farces pieuses* ou *sotties*. La scène était établie sur des tréteaux, au milieu de la place publique. On cite notamment les représentations qui furent données en 1380, lors de l'entrée de Charles VI à Paris, et en 1385, pour celle d'Isabeau de Bavière, sa femme. En 1402, une troupe d'acteurs prenant le titre de *Confrères de la Passion*, obtint le privilége de jouer des *mystères*, et établit son théâtre à l'hôpital de la Trinité.

Chez nos dévots aïeux le théâtre abhorré,
Fut longtemps dans la France un plaisir ignoré.
De pèlerins, dit-on, une troupe grossière,
En public, à Paris, s'y montra la première,
Et, sottement zélée en sa simplicité,
Joua les saints, la Vierge et Dieu par piété.

Leurs premières pièces ont été imprimées. Ils eurent bientôt des concurrents dans les *Enfants de Sans-Souci* et dans les joyeux clercs de la Basoche. Les Enfants de Sans-Souci étaient des jeunes gens de bonne famille qui se proposaient de représenter des farces dans lesquelles ils peignaient la sottise humaine. Ils se montraient à la halle, sur des tréteaux. Les Confrères de la Passion, se voyant bientôt délaissés, s'adjoignirent les Enfants de Sans-Souci et adoptèrent un genre beaucoup moins dévot. Ils quittèrent alors la Trinité et louèrent l'hôtel de Flandres. Cet hôtel ayant été démoli sous François Ier, ils achetèrent, moyennant une rente de 225 francs, une portion de terrain sur l'emplacement de l'hôtel de Bourgogne, qu'on venait aussi de démolir. Ils obtinrent, pour y établir leur théâtre, un privilége qui leur défendait cependant de continuer à représenter des mystères. On ne donna plus que des pièces tirées de l'histoire et des romans. Les Confrères de la Passion renoncèrent dès ce moment au théâtre, moyennant une redevance annuelle.

On chassa ces docteurs prêchant sans mission;
On vit renaître Hector, Andromaque, Ilion.
Seulement les acteurs laissant le masque antique,
Le violon tint lieu de chœur et de musique.

Jodelle, Baïf et Grévin se distinguèrent parmi les auteurs dramatiques de cette époque. En 1612, les comédiens de l'hôtel de Bourgogne obtinrent d'être affranchis de la rente qu'ils avaient payée jusqu'alors aux Confrères de la Passion. Parmi les acteurs dont le peuple garda longtemps le souvenir, on cite : Robert Guérin, dit Lafleur ou Gros-Guillaume; Hugues Guérin, dit Fléchelle ou Gautier-Garguille; Boniface, Henri, Legrand, dit Belleville ou Turlupin; Deslauriers, dit Bruscambille; Pierre Lemesier, dit Bellerose. Ce dernier fut orateur de la troupe de 1626 à 1643; il a créé les principaux rôles des tragédies de Corneille. Les femmes n'étaient pas encore admises sur la scène; leurs rôles étaient remplis par des hommes; Alison excella dans les rôles de servante et de nourrice. Ce fut seulement à la représentation du *Menteur*, de Corneille, qu'on vit une femme, la Beaupré, monter pour la première fois en scène. La troupe de Molière rivalisait avec celle de l'hôtel de Bourgogne, et les deux théâtres se lançaient souvent des épigrammes qu'on rencontre même dans leurs pièces. Après la mort de Molière, les meilleurs comédiens de sa troupe passèrent à l'hôtel de Bourgogne, et commencèrent ainsi la fusion consommée peu de temps après, qui marque l'origine du *Théâtre-Français*. La nouvelle troupe se transporta au théâtre de la rue Guénégaud. La salle de l'hôtel de Bourgogne fut abandonnée aux comédiens italiens. Mais en 1697, Louis XIV fit fermer leur théâtre pour avoir représenté la *Fausse prude*, qui contenait contre Mme de Maintenon des allusions trop transparentes. Après avoir été fermée pendant dix-neuf ans, la salle fut rouverte par les comédiens italiens de S. A. R. le duc d'Orléans. On y jouait, outre des pièces italiennes, la comédie et l'opéra-comique. En 1779, la troupe italienne fut supprimée. En 1783, la salle de l'hôtel de Bourgogne fut démolie, et la troupe alla se transporter au théâtre Favart. Sur l'emplacement de l'ancien théâtre, on éleva la halle aux cuirs, qui offrait encore, il y a quelques années, des vestiges de loges et d'escaliers.

Bourgogne (canal de). C'est à François Ier que nous devons l'idée de cette belle voie de navigation qui unit directement la Seine et le Rhône. De nombreux projets furent présentés à diverses époques, sans qu'aucun d'eux ait été admis. Ce fut seulement en 1832 qu'on commença l'exécution des travaux; ils furent poussés avec une telle vigueur que le canal put être livré à la navigation au bout de deux ans. Il ne coûta pas moins de 54 millions et demi. Il part de Saint-Jean de Losne, sur la Saône, et débouche dans l'Yonne entre Saint-Florentin et Joigny. Il fait communiquer la Méditerranée à l'Océan par le Rhône, la Saône, l'Yonne et la Seine. Sa longueur est de 242 kil.; il a 191 écluses.

Bourgogne, ch.-l. de cant. de l'arrond. de Reims (Marne), à 12 kil. de cette ville. Pop. 1,050 hab.

Bourgogne (Louis, duc de), né à Versailles en 1682, mort à Paris en 1712. Il était petit-fils de Louis XIV et père de Louis XV. On rapporte que, dans sa jeunesse, il était naturellement emporté. Fénelon, son illustre précepteur, s'appliqua, en se montrant lui-même le modèle de la plus pure vertu qui puisse apparaître sur la terre, à réprimer ses sentiments irascibles. Pour lui inspirer l'horreur de l'emportement, Fénelon lui mettait sous les yeux des hommes emportés, et expliquait à son élève les tristes conséquences de la colère; il procédait en cela comme les Spartiates, qui inspiraient à leurs enfants l'horreur de l'ivresse en exposant à leur risée des esclaves enivrés. Le duc de Bourgogne corrigea son caractère, au point de se reprocher la moindre parole un peu vive. Toutefois cette éducation développa en lui une certaine timidité et une circonspection qui paralysait son énergie. Ses pratiques minutieuses de dévotion convenaient mieux à un moine qu'à un prince destiné à gouverner. Il eut, dans la guerre d'Allemagne, quelques succès qu'il dut plutôt à Vauban qu'à ses propres talents militaires; mais la campagne de 1708 ne lui fit pas honneur. Il interrompait volontiers une expédition pour se préparer à faire ses Pâques. Ses lamentations humanitaires sur les désastres qu'entraîne la guerre, l'empêchaient de poursuivre des opérations commencées, et causaient quelquefois même plus de malheurs qu'une attaque résolue. Cependant ses intentions étaient excellentes; il avait étudié tous les ressorts de l'administration, et préparé des réformes qui eussent soulagé le peuple accablé d'impôts. Il avait coutume de dire : « Les rois sont faits pour les peuples, et non les peuples pour les rois. » Il disait aussi : « Les sujets ne sont assurés du nécessaire que quand les princes s'interdisent le superflu. » Il avait renoncé aux jeux et aux spectacles. « Le spectacle d'un prince, disait-il, c'est l'état des provinces. » Tant de qualités le faisaient aimer du peuple, qui fondait sur lui les plus belles espérances. On aimait à rappeler la générosité avec laquelle il s'était attaché au duc d'Orléans, que ses intrigues avec la cour d'Espagne avaient fait disgracier. Il espérait rappeler à la vertu ce prince de mœurs dissolues, mais qui montrait un cœur bon et loyal. L'année 1711 fut attristée par les nombreuses victimes que fit, dans Paris, une terrible maladie qui faisait le désespoir des médecins. C'était une sorte de fièvre pourprée qui s'annonçait d'abord avec les caractères de la petite vérole, et dont les effets violents ressemblaient à ceux du poison. Boudin, l'un des médecins de la cour, avouait qu'il n'entendait rien à des maladies de ce genre. La cour fut surtout éprouvée; Louis XIV vit avec une douloureuse tristesse, et bientôt avec effroi, la mort frapper ceux qu'il affectionnait le plus. Le Dauphin était mort le 14 avril 1711; le 5 février 1712, Marie-Adélaïde de Savoie, femme du duc de Bourgogne, éprouva les premiers symptômes d'une maladie qu'on crut être la rougeole pourprée, et dont les remèdes semblaient redoubler le danger. Les médecins étaient déconcertés; on parlait assez haut d'empoisonnement. Le duc de Bourgogne ne pouvait quitter la chambre de sa femme; ses traits étaient décomposés; on voyait déjà sur son visage les premiers signes d'une maladie mortelle : lui seul semblait ne pas y songer. Il épuisait ses forces à soigner sa femme, et comprimait le désespoir qu'il ressentait au fond du cœur. On l'obligea enfin, sur l'avis des médecins, à quitter le chevet de la mourante. Elle expira le 12 février. Personne n'entreprit de consoler le duc de Bourgogne. Il vint même, morne et résigné, assister au lever du roi. Celui-ci fut effrayé en voyant les ravages dont la maladie avait déjà laissé des traces profondes sur son visage : « Retirez-vous, mon fils, lui dit-il, du nom de Dieu, retirez-vous; veillez sur vous-même; j'attends tout du courage de mon fils. Que le ciel vous donne de la force; il en faut, mon fils, dans ces temps malheureux. » Les soins des médecins furent inutiles pour le sauver; il mourut le 18 février. L'autopsie de la duchesse de Bourgogne avait révélé l'action du poison. Les mêmes soupçons ont été accueillis pour expliquer la mort de son mari.

BOURGOGNE (Marie-Adélaïde, duchesse DE), femme du précédent. Les grâces et l'esprit de cette femme firent les délices de la cour de Louis XIV. Elle s'associa à son mari pour justifier auprès du monarque le duc d'Orléans, contre lequel s'élevaient d'horribles accusations. La mort du premier dauphin, survenue le 14 avril 1711, ne séparait plus le duc d'Orléans du trône que d'un seul degré. L'intérêt qu'il avait à la mort de ce prince entretenait les soupçons d'empoisonnement, que l'attitude des médecins ne faisait que fortifier. C'est au milieu de ces sombres préoccupations de la cour et du public que survint la maladie de la duchesse. Son mari lui donna alors les témoignages de la plus vive tendresse dont il l'entoura constamment, sans que son dévouement pût la sauver. Les corps des deux époux furent transportés à Saint-Denis, avec celui d'un de leurs jeunes enfants, mort aussi quelques jours auparavant.

BOURGOIN (Marie-Thérèse-Etiennette), célèbre comédienne, née à Paris en 1781, morte en 1833. Pendant près de trente ans, elle fut l'un des premiers sujets du Théâtre-Français, et y brilla à la fois dans la comédie et la tragédie. Sa beauté et son esprit ajoutaient un charme à la distinction de son jeu.

BOURGOIN, ch.-l. de cant. de l'arrond. de la Tour-du-Pin (Isère), à 14 kil. de cette ville. Pop. 4,200 hab. Tribunal de 1re instance. Filatures de soie. Commerce de laine, chanvre, farines.

BOURGOING (François), 3e général de l'ordre de l'Oratoire, né à Paris en 1585, mort en 1662. Il n'est connu aujourd'hui que par l'éloge de Bossuet, qui prononça son oraison funèbre. Il a laissé des *Homélies chrétiennes* et divers écrits religieux sans intérêt.

BOURGOING (Jean-François, baron DE), diplomate et littérateur, né à Nevers en 1748, mort en 1811. Après avoir suivi le régiment d'Auvergne, il entra dans la carrière diplomatique, et devint secrétaire de légation à la cour de Bavière, puis chargé d'affaires à Ratisbonne et à Hambourg. En 1792, il fut appelé à l'ambassade d'Espagne; il eut de la peine à faire accepter ses pouvoirs, par suite de la froideur qui régnait alors entre l'Espagne et la France. En 1793, il prêta serment à la République, aussitôt qu'il eut appris le renversement de Louis XVI; les royalistes lui reprochèrent cet acte patriotique, mais il n'eut pas de peine à s'en justifier. Il fut rappelé lors de la guerre d'Espagne, et travailla à la rédaction d'un journal. Après le 18 brumaire, il rentra dans la carrière diplomatique, et fut nommé ambassadeur à Copenhague, puis à Stockholm. Il a laissé divers écrits qui lui assurent un rang distingué parmi nos littérateurs; ainsi il fut l'un des collaborateurs de la *Biographie universelle*, ouvrage dans lequel il se montra excellent critique.

BOURGS-POURRIS. Cette expression (*rottenboroughs*) sert à désigner, en Angleterre, l'état dans lequel se trouvaient certaines circonscriptions électorales, avant la réforme qui fut introduite par le bill adopté en 1832. On appelait *borough* (bourg) toute localité ayant le droit de nommer des représentants à la Chambre des communes. La délimitation des circonscriptions électorales avait été opérée au XIVe siècle, sans qu'aucun changement y eût été apporté jusqu'en 1832. L'organisation du pouvoir législatif, en Angleterre, date du moment où une Chambre des communes ou Chambre basse, fut instituée à côté de celle des barons, appelée Chambre haute. La loi électorale alors en vigueur admettait la division administrative des divers comtés en bourgs. Les bourgs étaient composés à peu près comme les communes en France, en ayant égard à la population et à l'étendue du territoire de chaque groupe d'habitations. Par suite des révolutions politiques ou par le développement du commerce, il s'était opéré à la longue un déplacement de la population : certains bourgs, autrefois sans importance, comme celui de Manchester, qui n'offrait qu'un sol ingrat, avaient acquis une population de plusieurs centaines de milliers d'âmes; d'autres avaient été abandonnés, et comptaient à peine quelques habitations formant de misérables hameaux. On cite comme exemple, le bourg d'*Old-Sarum*, qui comptait sept familles habitant de pauvres cabanes. Les électeurs des bourgs-pourris se réunissaient au moment des élections, et mettaient à l'encan, publiquement et sans aucune pudeur, deux places au parlement. Par ce système, des villes considérables ne disposaient que d'un très-petit nombre de sièges; tandis que des localités sans aucune importance assuraient la majorité des intrigants favorisés de la fortune. On croirait difficilement, sans le témoignage de l'histoire, qu'une loi électorale aussi absurde trouva des défenseurs énergiques, même parmi des hommes d'un mérite incontestable. L'aristocratie anglaise reste, en effet, attachée à ses anciennes coutumes, parce qu'elle voit dans leur conservation la garantie de ses privilèges. Elle a toujours su présenter au peuple ces privilèges mêmes comme la sauvegarde de la liberté illusoire dont il paraît si fier. Les partisans de l'ancien système électoral ne manquaient pas de sophismes, pour démontrer à leurs adversaires qu'ils avaient tort de croire que les capacités sans fortune ne pouvaient entrer au parlement. Ainsi, ils rappelaient que le célèbre Horne-Took, l'éloquent adversaire de Pitt, avait été nommé par un de ces bourgs qu'on voulait flétrir, et que son élection avait été due à un parent même de Pitt. L'opinion publique ne se laissa cependant pas abuser; les meetings se prononcèrent énergiquement dans le sens de la réforme; la loi fut modifiée, et dès ce moment on ne vit plus une douzaine de familles aristocratiques disposer de cent sièges au parlement, tandis que le ministère, de son côté, disposait de presque tous les autres, auxquels on donnait le nom de *bourgs de la trésorerie*.

BOURGTHEROULDE, ch.-l. de cant. de l'arrond. de Pont-Audemer (Eure), à 29 kil. de cette ville. Pop. 500 hab.

BOURGUÉBUS, ch.-l. de cant. de l'arr. de Caen (Calvados), à 10 kil. de cette ville. Pop. 180 hab.

BOURGUEIL, ch.-l. de cant. de l'arrond. de Chinon (Indre-et-Loire), à 16 kil. de cette ville. Pop. 3,400 hab. Commerce de vins, fruits séchés, anis, chanvre.

BOURGUIGNONS (faction des). On appelait ainsi les partisans de Jean Sans-Peur, qui, pendant la démence de Charles VI, désolèrent la France par leurs luttes contre les partisans du duc d'Orléans, qui avaient pris le nom d'*Armagnacs*. Le duc d'Orléans ayant été assassiné par Jean Sans-Peur, son fils résolut de le venger. Il fit alors alliance avec Bernard d'Armagnac, son beau-père, d'une des plus puissantes familles du midi de la France, et s'avança jusqu'à Paris, en se livrant à d'horribles déprédations. Jean Sans-Peur comptait dans la capitale de nombreux partisans, notamment parmi les gens du peuple, qui, sous le nom de *cabochiens*, remplissaient la ville de terreur. Jean Sans-Peur, qui s'était éloigné de Paris, y rentra, et usant de son influence sur l'esprit du malheureux Charles VI, il le contraignit à se prononcer contre les Armagnacs. Au moment où les deux armées allaient en venir aux mains près de Bourges, ils signèrent la paix, en 1412. Cependant les Armagnacs profitèrent habilement de cette suspension d'armes pour agir auprès du roi. Jean Sans-Peur fut déclaré, à son tour, ennemi public, et sortit de Paris. Assiégé dans Arras, il fut contraint de signer la paix dans la tente du roi. Ce second traité ne fut pas mieux exécuté que le premier. La haine des deux partis était à son comble. Paris n'avait pu forcer les *cabochiens* à rentrer dans l'ordre, et les rues ne retentissaient plus que du cri de : *Sus aux Bourguignons!* Les deux partis en étaient venus à implorer l'intervention de Henri V, roi d'Angleterre. Celui-ci se déclara pour les Bourguignons; et, sous le prétexte de les appuyer, il vint réclamer l'exécution du traité de Bretigny. Bourguignons et Armagnacs en furent un instant alarmés; ils songèrent à s'unir pour combattre ensemble sous la bannière royale; Henri V, de son côté, se repentait déjà d'avoir entrepris son expédition, lorsque le connétable d'Albret vint s'opposer à sa retraite, et l'obligea à livrer bataille. Les chevaliers français, par leur turbulence et leur indiscipline, renouvelèrent les fautes qu'ils avaient commises à Crécy et à Poitiers, et la bataille d'Azincourt fut pour eux un immense désastre; la fleur de la chevalerie y succomba. Les archers anglais en massacrèrent un grand nombre; le reste fut emmené en captivité. On distinguait, parmi les prisonniers, Charles d'Orléans, neveu de Charles VI; le duc de Bourbon et le maréchal de Boucicaut. Les Bourguignons reprochèrent aux Armagnacs la défaite d'Azincourt; ils s'emparèrent de Paris, grâce à Perrinet Leclerc, qui leur en ouvrit les portes, et y firent leur entrée avec la reine, Isabeau de Bavière. Cette victoire facile fut le signal d'une sanglante réaction. On avait emprisonné les Armagnacs; la multitude les arracha des prisons pour les mettre à mort; les femmes et les enfants même ne furent pas épargnés. Quinze cents personnes périrent dans ces massacres, et l'on compta parmi les victimes six évêques, le connétable et le chancelier. Jean Sans-Peur parut d'abord approuver ce qui avait été fait; il tendit même la main à Capeluche, nouveau chef des cabochiens; mais quand il eut consolidé son crédit auprès du roi, il commença à craindre que ceux qui l'avaient si bien servi ne se tournassent un jour contre lui. Capeluche eut la tête tranchée. Pendant ce temps-là, Henri V continuait ses progrès; il s'emparait de Rouen, de Pontoise, et interceptait les communications de Paris avec la province. Jean Sans-Peur au lieu de combattre, essayait d'arrêter les Anglais par des négociations qui augmentaient encore leur orgueil. Désespérant d'arriver avec eux à aucun arrangement, il se tourna vers le duc d'Orléans. Celui-ci, songeant plutôt à venger la mort de son père qu'à accepter l'occasion de délivrer son pays du joug des Anglais, attira Jean Sans-Peur à une entrevue sur le pont de Montereau. Là, il le fit assassiner par des gens apostés, en 1419. Ce meurtre raviva la haine des Bourguignons et les jeta complétement dans l'alliance anglaise. Philippe le Bon, fils de Jean Sans-Peur, ajouta le Hainaut aux possessions de son père, et, d'accord avec la reine Isabeau, il fit signer à Charles VI le honteux traité de Troyes. Par ce traité, conclu en 1420, Henri V épousait Catherine, fille de Charles VI, et se faisait déclarer régent de France, puis héritier de la couronne à la mort de ce prince. Quant au

Dauphin, il était qualifié par le traité de *soi-disant Dauphin*. Cependant ce dernier n'accepta pas aussi facilement un tel traité, et se maintint au-delà de la Loire. Rien ne pouvait faire prévoir que la France pût dès lors se soustraire à la domination anglaise, quand Henri V mourut à Vincennes, laissant un enfant pour lui succéder. Charles VI mourut lui-même bientôt après. Le Dauphin, devenu roi sous le nom de Charles VII, continua une lutte mêlée de succès et de revers. Il était même réduit à n'être plus que le *roi de Bourges*, quand Jeanne d'Arc apparut. On continuait encore à donner le nom de Bourguignons aux partisans des Anglais. La mort de Jeanne d'Arc réconcilia, dans une haine commune contre l'étranger, les Bourguignons et les Armagnacs. On vit alors cesser ces guerres de province à province, de village à village, à la faveur desquelles l'Angleterre avait pu mettre la France à deux doigts de sa perte.

BOURHANPOUR, ville du Décan, dans l'Hindoustan indépendant, dans le royaume de Scindia, à 330 kil. de Surate. Pop. 10,250 hab. Cette ville était autrefois le chef-lieu de tout le Kandeich; elle est aujourd'hui déchue. Récolte des meilleurs raisins de l'Inde. Les Anglais s'en emparèrent en 1803 et la ruinèrent peu après.

BOURIGNON (Antoinette), née à Lille en 1616, morte en 1680. Elle était issue d'une riche famille; sa laideur parut si monstrueuse quand elle vint au monde, que ses parents délibérèrent s'ils ne devaient pas l'étouffer aussitôt. Quand elle eut grandi, elle s'habilla en ermite et alla vivre dans la solitude. L'archevêque de Cambrai lui permit de fonder une communauté; elle n'y introduisit pas d'autre règle que l'amour de Dieu et de l'Evangile. Mais elle avait une façon d'interpréter la morale religieuse qui s'explique par la haine qu'elle ressentait contre ses semblables, que sa laideur éloignait d'elle. La charité, suivant elle, consistait à ne pas faire l'aumône, de peur que les pauvres n'abusassent des dons qu'elle leur aurait faits; les biens qui lui venaient de Dieu ne devaient être employés qu'à la glorification de son Eglise. Sa dureté envers ses domestiques et même envers quelques parents pauvres n'était encore qu'une application de ses idées sur la charité. De tels sentiments ne l'empêchaient pas de passer pour être inspirée de Dieu : elle faisait des révélations et des miracles. Aveugle sur ses propres extravagances, elle accusait les autres d'aveuglement dans un ouvrage intitulé : *De l'aveuglement des hommes*, *ou de la lumière née en ténèbres*.

BOURLIER (Jean-Baptiste, comte), né à Dijon en 1731, mort en 1821. Il suivit habilement les fluctuations politiques qui lui assurèrent la conservation de son rang et de sa fortune. En 1789, il prêta serment à la nouvelle constitution du clergé; en 1802, il devint évêque d'Evreux, puis comte de l'Empire, et enfin sénateur. Son dévouement à la famille impériale le fit nommer aumônier de l'Impératrice Joséphine. Non moins dévoué au gouvernement de la Restauration, il accepta la pairie en 1815.

BOURLOS, grand lac de la Basse-Egypte, formé par la Méditerranée, à l'E. de Rosette. Sup. 65 kil. sur 35.

BOURMONT, ch.-l. de cant. de l'arrond. de Chaumont (Haute-Marne), à 40 kil. de cette ville. Pop. 900 hab. Coutellerie. Ville ancienne.

BOURMONT (Louis-Auguste-Victor, comte DE GAISNE DE), né au château de Bourmont en Anjou, en 1773, mort en 1846. La vie de cet homme n'est que le triste résumé des palinodies politiques qui signalèrent l'avénement de la République, celui de l'Empire, la chute de Napoléon et les deux Restaurations. Sous la République, il combattit dans les rangs de l'armée de Condé, et fut l'un des organisateurs de l'insurrection vendéenne. Il fut même envoyé par son parti en Angleterre, afin d'y solliciter des secours pour l'armée royaliste. Il y rencontra le comte d'Artois, qui l'arma lui-même chevalier. En 1796, ce prince le nomma maréchal de camp et lui donna le commandement des provinces du Perche, du Maine et de l'Anjou. Il débarqua sur les Côtes-du-Nord, traversa la Bretagne et se mit à la tête des royalistes du Maine. Il surprit quelques détachements républicains et marcha sur le Mans à la tête de 2,000 hommes. Il s'empara et se fortifia dans le faubourg Saint-Jean; mais l'hostilité des habitants suffit pour l'obliger à la retraite. Les républicains lui accordèrent un armistice dont il profita pour préparer une attaque sur Morlaix. Il allait occuper cette ville quand il apprit la capitulation de plusieurs de ses chefs de division; dès ce moment, il abandonna la lutte, fit sa soumission, et indiqua même aux généraux républicains le lieu où les Vendéens avaient caché leurs armes et leurs canons. Il se rendit alors à Paris, où il sut se faire accueillir favorablement par Bonaparte. Il profita de son influence pour jouer le rôle d'espion politique; il feignit pour la cause bonapartiste un zèle dont Fouché, ministre de la police, ne fut pas longtemps la dupe. On voyait souvent de Bourmont dans les bureaux de la police, où il s'occupait beaucoup des intérêts des émigrés. Le jour de l'explosion de la machine infernale, sa conduite fut si équivoque qu'elle attira les soupçons sur lui. Dans la soirée de l'événement, il était entré dans la loge de Bonaparte et il avait hautement accusé les jacobins d'un attentat dont Fouché, avec son tact extraordinaire, le reconnut bientôt complice; il avait même appelé la sévérité du premier consul sur les républicains, espérant faire peser la haine de Bonaparte sur d'autres ennemis et ne pas perdre ainsi tout le bénéfice de la vengeance qu'il avait méditée. Il servait à la fois les intérêts légitimistes et la police de Fouché : la facilité avec laquelle il révélait les menées du parti royaliste montrait suffisamment qu'il continuait à entretenir avec ce parti des rapports assez étranges. Il fut enfermé au Temple, puis à Besançon, d'où il s'évada en 1805, et chercha un refuge en Portugal. Lors de la capitulation de Lisbonne, en 1810, Bourmont rentra en grâce auprès de l'empereur et obtint même le grade de colonel. Il fut nommé général de brigade en 1813, et général de division un an après. A la chute de Napoléon, il se montra l'un des plus empressés à reconnaître le gouvernement de Louis XVIII, et fut nommé commandant de la 6me division militaire, dont le siége était à Besançon. Il occupait ce poste quand Napoléon revint de l'île d'Elbe; il participa à l'acte qu'on est convenu d'appeler la trahison du maréchal Ney; il tint en cette circonstance une conduite équivoque. Cependant, cela ne l'empêcha pas, lors du procès du malheureux maréchal, de venir déposer contre lui un témoignage accablant. Ce procès n'était qu'une honteuse et douloureuse comédie, et, en y acceptant un tel rôle, Bourmont a attaché à son nom une souillure ineffaçable. Napoléon, à son retour de l'île d'Elbe, avait hésité à lui confier un nouveau commandement, et cette hésitation fut d'autant mieux justifiée que Bourmont abandonna ses troupes pour se rendre auprès de Louis XVIII. Ce prince récompensa sa trahison en le nommant commandant de l'armée du Nord, et le chargea de soulever contre l'empereur les royalistes du Nord, qui se montrèrent empressés à le suivre. On retrouve ensuite Bourmont attaché au corps de réserve de l'armée française qui fut chargée, en 1823, de l'expédition d'Espagne. En 1829, il fut appelé au ministère de la guerre; mais un tel choix était une insulte à la nation. L'opinion publique s'était éclairée depuis 1815, et en confiant la direction de ses destinées à de tels hommes, la monarchie légitime n'avait fait que signaler sa décrépitude. Il chercha vainement, en flattant ses anciens compagnons d'armes, à acquérir un peu de popularité : on ne pouvait plus croire à son désintéressement. Il demanda et obtint le commandement de l'expédition dirigée contre Alger en 1829. Il semble que, dans la dernière partie de sa vie politique, il ait voulu faire oublier son passé; car il montra au siége d'Alger une énergie et un talent remarquables. Il se tenait constamment au poste le plus dangereux, ne prenant aucun repos et songeant à peine à sa nourriture. Le soir même du débarquement, il était maître de Sidi-Ferruch. Ses fils se couvrirent de gloire dans diverses actions : l'un d'eux entra l'un des premiers dans une batterie ennemie; Amédée de Bourmont, son autre fils, fut frappé mortellement de quatre coups de feu. Bourmont ne se laissa pas abattre par la douleur, et conserva son sang-froid au milieu des périls qu'il semblait appeler sur sa tête. On disait de lui qu'il passait ses journées à l'ombre des boulets. Le 4 juillet, Bourmont s'empara du fort l'Empereur, et le lendemain le dey capitula. Il fut récompensé de sa brillante conquête par le titre de maréchal. Bourmont ne sut pas se contenir en voyant la chute de Charles X; il tenta de renouveler la guerre vendéenne. En présence de l'insuccès de sa ridicule tentative, il passa en Portugal et se mit au service d'un monarque détesté, qui luttait contre un peuple jaloux de sa liberté. Il y perdit encore un autre de ses enfants, ainsi que le titre de maréchal, que le gouvernement de Juillet lui retira pour avoir servi à l'étranger sans le consentement de la France. Il voulut revenir en France; ses amis lui avaient préparé une ovation à son débarquement à Marseille; mais l'indignation populaire fit justice de cette ridicule tentative; il fut même obligé de se rembarquer. Il rentra cependant en France et alla finir ses jours dans ses terres.

BOUROU, île de la mer et de l'archipel des Moluques (Malaisie hollandaise), à 80 kil. de Céram. Sup. 110 kil. sur 64. Sol montagneux et très-fertile. Bois aromatiques et d'ébénisterie. Oiseaux innombrables dans les forêts. Pop. 60.000 hab. Ch.-l. Bourou. Les Malais habitent sur les côtes et les Haroforas dans l'intérieur de l'île.

BOURRIENNE (Louis-Antoine FAUVELET DE CHARBONNIÈRE DE), secrétaire de Napoléon Ier, né à Sens en 1769, mort en 1834. L'empereur le connut à l'école militaire de Brienne et se l'attacha dès ce moment. Après avoir rempli quelques fonctions diplomatiques, il devint secrétaire intime de Bonaparte au moment de l'expédition d'Italie; il conserva cet emploi jusqu'en 1804. Il se livra à diverses spéculations commerciales d'un caractère si peu honnête que l'empereur s'en indigna et le força même à s'éloigner pendant quelque temps. En 1813, alors qu'il était chargé d'affaires à Hambourg, il introduisit dans le pays des marchandises anglaises, au mépris du décret impérial qui en interdisait le trafic. Tant d'âpreté au gain lui fit encourir une nouvelle disgrâce. Lors de la Restauration, il trahit l'amitié de l'empereur en acceptant du nouveau gouvernement les fonctions de préfet de police, et en se faisant, contre les partisans de l'empire, l'un des agents les plus actifs de la terreur qui régnait alors. Il publia, en 1829, un ouvrage intitulé : *Mémoires de M. de Bourrienne, ministre d'Etat, sur Napoléon, le Directoire, le Consulat, l'Empire et la Restauration*. Les faits y sont travestis avec une partialité révoltante.

BOURSAULT (Edme), littérateur, né à Muci-l'Evêque, en Bourgogne, en 1638, mort en 1701. Il ne fit jamais d'études, et ne savait, quand il vint à Paris, que le patois bourguignon. Il parvint cependant à écrire assez purement pour que Louis XIV lui confiât le soin d'écrire *sur la véritable étude des souverains*. Boursault, qui avait beaucoup lu, ne fit cependant qu'un travail au-dessous du médiocre. Le grand monarque, qui se trompa quelquefois, voulait le nommer sous-précepteur du Dauphin; mais Boursault eut le bon sens de se retrancher derrière son insuffisance. Il devint secrétaire de la duchesse d'Angoulême, veuve d'un fils naturel de Charles IX. La duchesse voulait qu'il fît des vers; il s'y résigna d'abord, bientôt même il y prit goût, et acquit enfin cette manière de conter, à la fois plaisante et sarcastique, qui lui vaut un rang distingué parmi nos poëtes. On l'avait d'abord fort bien pensionné; mais il se vit bientôt réduit au silence, sur les plaintes des franciscains et des capucins, qui avaient été l'objet de ses railleries pour quelques aventures galantes révélées au public. Le confesseur de la reine fit supprimer et sa pension et la gazette qu'il rédigeait : on parla même de la Bastille. Boursault obtint cependant un nouveau privilége et fit paraître *la Muse enjouée*. Cette nouvelle gazette fut aussi supprimée. Il eut plus de succès au théâtre : *Esope à la ville*, *Esope à la cour*, *le Mercure galant*, ont été longtemps conservés à la scène. La facilité du dialogue fait pardonner les négligences du style. Boileau lui avait décoché un trait malin : Boursault essaya de s'en venger par la *Satire des satires*, pièce en un acte dont la représentation fut empêchée. Plus tard, il s'en vengea plus noblement en allant trouver le grand satirique aux eaux de Bourbon et en lui offrant généreusement sa bourse et ses services. Il fut lié avec Corneille, qui l'aurait fait entrer à l'Académie si Boursault n'avait résisté à ses avances. Il a laissé quelques romans qui ne méritent pas d'être tirés de l'oubli. On estime davantage son *Recueil de bons mots*, ses *Contes* et ses *Epigrammes*. Ses vers sont encore lus avec plaisir et semblent, pour la plupart, avoir été écrits de nos jours. On cite parmi ses meilleurs portraits satiriques celui de ce *Longuemain* venant solliciter d'un journaliste une biographie qui couvrît certains péchés, et c'est dans ces termes qu'il lui enseigne comment certains biographes savent parfois écrire l'histoire :

Pour vivre en honnête homme, il faut avoir du bien.
La vertu toute nue autrefois était belle,
Mais le vice à son aise est aujourd'hui plus qu'elle;
Et de quelque talent dont on en soit revêtu,
On ne fait point fortune avec trop de vertu.
Cela posé, j'ai cru pouvoir tout me permettre
Dans les divers états où l'on m'a voulu mettre.
Dès mes plus jeunes ans, dans les plus bas emplois,
J'ai toujours eu le soin d'étendre un peu les doigts.
Cette inclination augmentant avec l'âge,
Dans des postes meilleurs je prenais davantage.
Mais tous ces petits gains, par leurs faibles appas,
En flattant mes désirs, ne les remplissaient pas,
Si bien que, tout d'un coup, l'occurrence était belle,
De deux cent mille francs j'ai fraudé la gabelle.
Et vous m'obligeriez, après ce beau coup-là,
De donner dans le monde un bon tour à cela.

BOURSE (palais de la) et du Tribunal de commerce de Paris. La première pierre de cet édifice fut posée, le 24 mars 1808, dans l'emplacement de l'ancien couvent des Filles-Saint-Thomas, rue Vivienne. Les travaux furent suspendus en 1814, et ne purent être achevés qu'en septembre 1824. C'est à Brongniart qu'on doit le plan de ce monument; il en poursuivit la construction jusqu'en 1813; mais il mourut, et Labarre fut chargé de l'entier achèvement et de l'aménagement intérieur. Le palais de la Bourse ne représente pas un monument spécialement affecté à une réunion de commerçants. Lorsqu'on l'entreprit on demanda à l'architecte un plan grandiose, digne de la capitale du monde, qui commandât l'admiration par la puissance de l'idée autant que par le goût artistique. On ne peut contester que l'architecte n'ait réalisé une œuvre pure, digne d'être comparée aux plus beaux monuments de l'art antique. La Bourse représente une sorte de temple grec périptère, d'ordre corinthien, entouré de 64 colonnes, dont 14 sur les façades et 20 sur les côtés; elles sont élevées sur un soubassement de 2 m. 50, et elles ont une hauteur de 10 m., avec un diamètre de 1 m. L'édifice a 72 m. de long sur 50 de large. Les colonnades offrent un promenoir. La Bourse se tient au rez-de-chaussée, dans une salle magnifique, placée au centre de l'édifice; sa longueur est de 32 m., et sa largeur de 18; elle reçoit la lumière par la voûte vitrée; elle peut contenir 2,000 personnes. La voûte est ornée de peintures en grisaille, de Meynier et d'Abel Pujol, qui représentent des bas-reliefs d'une grande saillie, et produisent une illusion parfaite. Au premier étage se trouvent les salles du tribunal de commerce; et aux étages supérieurs, les divers greffes. Le tribunal de commerce et la Bourse affectée aux opérations commerciales s'étouffant mutuellement dans ce monument, devenu trop étroit par l'affluence des commerçants et des justiciables, il a été décidé que le tribunal consulaire serait transféré dans un autre monument, en face du Palais de justice.

BOURSE (opérations de la). Les achats et ventes de titres de rente sur l'Etat constituent la principale opération des agents de change, seuls chargés d'en opérer la négociation. Les rentes sur l'Etat sont constituées par des emprunts. Le trésor public ne suffisant pas à couvrir les dépenses, dans les temps de guerre ou de crise, les divers gouvernements ont souvent recours aux particuliers qui lui fournissent des fonds à certaines conditions, et moyennant certaines garanties. Autrefois l'emprunt était souscrit par de riches capitalistes, qui opéraient, pour leur compte, la négociation des coupons de rente, et réalisaient souvent d'assez forts bénéfices; aujourd'hui l'emprunt est couvert par voie de souscription nationale. Le taux de l'intérêt est plus ou moins élevé, suivant le crédit de l'Etat; et le crédit se mesure aux ressources que l'Etat tire de ses revenus. L'accroissement de la dette publique a donné lieu à l'institution de la *Caisse d'amortissement*. On a craint que le crédit public ne subît une atteinte, si les particuliers ne voyaient pas le gouvernement faire des efforts pour diminuer sa dette : on affecta alors des fonds votés annuellement au rachat d'une certaine quantité de rentes; mais, les besoins augmentant de jour en jour, les emprunts n'ont cessé de s'accumuler sans que la caisse d'amortissement pût jamais parvenir à combler le déficit. D'un autre côté, les revenus de l'Etat augmentant en raison de l'accroissement prodigieux de la fortune publique, et les particuliers voyant dans cet accroissement des revenus une garantie du payement de la rente, n'ont pas cessé de couvrir les emprunts nationaux, quelque considérables qu'ils fussent. Les opérations de bourse s'effectuent par l'intermédiaire des agents de change, seuls chargés de la négociation des effets publics; les opérations purement commerciales sont négociées par 50 courtiers de commerce et 8 courtiers d'assurances. Les agents de change ont été institués primitivement pour la négociation des lettres de change tirées par les commerçants d'un lieu sur un autre; ils ont conservé cette attribution spéciale dans la province; mais, à Paris, les opérations sur les fonds publics sont devenues si considérables, qu'ils ont renoncé à la négociation des effets de commerce, et l'ont abandonnée à des maisons de banque ou à des compagnies spéciales. A l'heure de l'ouverture de la Bourse, les agents de change prennent place autour d'une balustrade qu'on appelle la *corbeille*. Chaque agent offre alors à un certain taux les titres qu'il est chargé de vendre, et quand un autre agent les accepte, et que le marché est ainsi réalisé, un crieur annonce le prix de chaque vente; ce prix établit ce qu'on appelle le *cours de la bourse*. La vente étant ainsi conclue, on en termine la réalisation par le transfert des inscriptions des rentes à un bureau spécial, appelé *bureau des transferts*. On n'annonce ainsi que les marchés *au comptant*. Les marchés à terme, qui sont presque toujours fictifs, se négocient partout, même en dehors de l'enceinte de la Bourse : ce sont des paris sur la hausse ou sur la baisse des fonds dans un moment déterminé, ils constituent un véritable jeu. On distingue les marchés *à terme* des marchés *à prime*. Supposons, pour donner un exemple des marchés à terme, qu'un particulier pressente, pour la fin d'un mois, une baisse générale ou même sur certains fonds, par suite de circonstances politiques ou de mesures administratives, s'il croit prévoir que la rente qui est à 92 tombera à 90, il vendra un certain nombre de titres livrables à la fin du mois, au taux de 92, alors même qu'il n'aura pas entre les mains les titres à livrer. Si, dans le courant du mois, la rente vient à tomber à un cours inférieur à 92, il pourra acheter à ce cours, et en opérant la livraison, réaliser un certain bénéfice. Il est évident que si le cours de 92 venait à se maintenir ou à s'élever, il serait, au contraire, en perte. Le plus souvent la livraison des titres est purement fictive, et celui des deux contractants qui est en perte, se contente de solder la différence : c'est ce qu'on appelle le marché *à découvert*. Les spéculateurs qui jouent à la hausse sont nommés *haussiers*, et ceux qui jouent à la baisse, *baissiers*. L'intérêt qu'ils ont, les uns et les autres, à produire soit la hausse, soit la baisse, a souvent donné lieu à des manœuvres blâmables, à de faux bruits dont les propagateurs sont aujourd'hui atteints par la loi. On distingue les marchés *fin courant* des marchés *fin prochain*. Le marché *fin courant* est réalisé à la fin de la quatrième semaine du mois dans lequel il a été conclu : c'est alors qu'a lieu la *liquidation*. Le marché *fin prochain* est réalisé à la fin de la quatrième semaine du mois suivant. Les marchés dont nous venons de parler sont appelés *marchés fermes*, par opposition aux marchés *à prime*. Ceux-ci sont également passés pour *fin courant* ou *fin prochain*. Ils ont pour objet de limiter la perte que peut subir l'acheteur : ainsi une personne achète des titres au taux de 97, elle veut limiter sa perte à 1 fr. par 97 fr.; elle remet alors entre les mains de l'agent de change, à titre de garantie, la somme représentant cette différence. Si le cours vient à s'élever au-dessus de 97, il bénéficie de la différence en plus; s'il s'abaisse au contraire, il perd la différence en moins, sans que jamais cette perte puisse dépasser 1 fr. par 97 fr. Les premiers marchés *à prime* ont été passés par Law, qui imagina ce moyen d'étendre la spéculation sur les actions de la Compagnie des Indes occidentales. La liquidation des marchés à prime se règle à la dernière bourse de chaque mois; les agents de change donnent ce qu'on est convenu d'appeler la *réponse des primes*. Souvent les spéculateurs ont intérêt à prolonger leurs opérations au-delà du terme indiqué, et à ne pas liquider, pour éviter une perte certaine, ou pour atteindre le jour du payement de la rente : ils ont alors recours *au report*. On distingue le *report* du comptant du *report* d'un mois à l'autre : le report du comptant constitue la différence entre le taux actuel de la rente au comptant et le taux de la rente fin courant. Le report d'un mois à l'autre est la différence de prix entre la rente fin courant et la rente fin prochain. Par l'emploi du report, le capitaliste conserve ses titres, et peut ainsi faire emploi de ses capitaux. La moindre somme de rentes sur laquelle on puisse spéculer est de 1,500 fr.; elles s'élèvent souvent à des sommes énormes, et alors les fluctuations des cours dans les moments de crise, entraînent des catastrophes qui, en ruinant de nombreuses fortunes, portent indirectement atteinte au crédit de l'État. Les fluctuations mêmes des cours, sont malheureusement un appât pour les spéculateurs, chez qui se développe peu à peu la passion du jeu. Les tribunaux sont intervenus pour refuser le caractère d'opérations légales aux négociations à terme, qui, en raison de la fortune du spéculateur, constituent un véritable jeu. On trouve aussi, à la Bourse, des courtiers-marrons appelés *coulissiers*, qui traitent des marchés pour eux-mêmes ou pour d'autres, et qui jouissent quelquefois d'un grand crédit. Toutefois, l'existence des coulissiers est en dehors de la légalité, et plus d'une fois l'autorité est intervenue pour prévenir leurs réunions. La création de grandes compagnies anonymes par actions a donné à la spéculation une activité et un développement inouïs. Le législateur a cherché à réprimer les désordres financiers qu'entraînait souvent la constitution de sociétés en commandite, qui n'offraient au public aucune garantie de moralité; mais les plaintes des économistes et des commerçants, sur les entraves qu'apportait la loi nouvelle aux transactions commerciales, a fait établir les sociétés à perte limitée.

BOURSE, ville de la Turquie d'Asie. (*Voir* BROUSSE.)

BOURSES DE COMMERCE. L'institution des bourses remonte à l'antiquité; les Romains avaient déjà compris l'utilité de ces lieux de réunion affectés aux commerçants pour y traiter de leurs affaires. L'édifice qui leur était consacré s'appelait *collège des marchands*. Le mot *bourse* fut employé pour la première fois à Bruges, où la ligue hanséatique avait établi l'un de ses principaux comptoirs, vers le XVIe siècle. Le local où se réunissaient les commerçants de cette ville, appartenait à *Wander-Bursé*, et sur la porte de l'édifice on voyait trois bourses sculptées. La Bourse de Londres fut inaugurée solennellement sous le règne d'Élisabeth; on l'appelait alors la *maison de change*. La première bourse qu'on vit en France, fut établie à Toulouse en 1549. Paris eut bientôt sa *place du change*; Lyon, sa *loge du change*, et Marseille sa *loge des marchands*. Paris avait sa *place du change* dans la grande cour du Palais de justice, au-dessous de la galerie Dauphine. En 1720, les commerçants s'installèrent dans le jardin de l'hôtel de Soissons. En 1724, un arrêt du conseil constitua légalement la bourse de Paris, et l'établit à l'hôtel de Nevers, rue Vivienne. Les Bourses, momentanément abolies en 1793, furent rétablies le 6 floréal an III.

BOUSCARIN (Henri-Pierre), général français, né à la Guadeloupe en 1804, mort en 1852. Il fut d'abord officier du génie; en 1851, il devint général de brigade. Il contribua par son énergie et ses talents militaires à la conquête de l'Algérie. Il passait pour l'un des meilleurs généraux de la pléiade africaine. Il trouva une mort glorieuse à Laghouat, où nos soldats eurent à lutter contre un ennemi désespéré, qui les obligea à faire le siége de chaque maison.

BOUSMARD (Henri-Jean-Baptiste DE), ingénieur militaire, né à Saint-Michel en 1749, mort en 1807. Au commencement de la Révolution il passa au service de la Prusse, et fut nommé major général. Il est auteur d'un ouvrage estimé, intitulé : *Essai général de fortification, d'attaque et de défense des places*. Dans cet ouvrage, Bousmard attaque vivement le système de Vauban. Il passait pour le plus habile ingénieur de l'armée prussienne. Il fut tué par un éclat d'obus au siége de Dantzig, où il commandait le génie militaire.

BOUSQUET (chevalier DU). (*Voir* DES LACS.)

BOUSSA, ville fortifiée de l'Afrique centrale, sur une île du Niger, cap. du royaume de son nom. Le voyageur Mungo Park y fut assailli par les habitants, et périt dans le fleuve.

BOUSSAC, sous-préf. du départ. de la Creuse, à 48 kil. du Guéret. Pop. 980 hab. Le tribunal de première instance siége à Chambon. Boussac, bâtie sur un rocher escarpé, est défendue par un château fort du XVe siècle.

BOUSSAC (Jean DE BROSSE DE), chambellan et maréchal de France sous Charles VII, né vers 1375, mort en 1433. Le connétable de Richemond, ayant entrepris la tâche difficile de réprimer le brigandage des seigneurs et des courtisans, n'avait pas trouvé de meilleur moyen que de les traquer et de les emprisonner ou de les faire assassiner. Boussac fut l'un de ses instruments les plus complaisants. Ainsi il se chargea du meurtre de Giac, l'un des favoris de Charles VII, à qui le connétable reprochait d'odieuses exactions. Boussac le frappa dans une rue de Poitiers, presque sous les yeux du roi. Le connétable justifia le meurtrier, en disant qu'il n'avait agi ainsi que par son ordre, pour le bien public et l'honneur du monarque.

BOUSSARD (André-Joseph, baron), général français, né dans le Hainaut en 1758, mort à Bagnères-de-Bigorre en 1813. Il accompagna Bonaparte en Italie et en Égypte. Il fut l'un des meilleurs généraux de cavalerie de l'armée française. Il fit les campagnes d'Allemagne et d'Espagne. Au siége de Lérida, il sauva par une charge vigoureuse l'artillerie, qui allait tomber aux mains de l'ennemi.

BOUSSIÈRES, ch.-l. de cant. de l'arrond. de Besançon (Doubs), à 14 kil. de cette ville. Pop. 250 hab.

BOUSSOLE. On ignore l'époque et le lieu où fut découverte la boussole. On pense toutefois que, pendant les croisades, les Européens l'empruntèrent aux Arabes, et ceux-ci, dit-on, l'avaient reçue des Chinois. Cet instrument est formé par une aiguille d'acier aimantée, aplatie et de très-peu d'épaisseur, dont les bouts se terminent en flèche ; elle est munie au milieu d'une chape de cuivre qui repose sur un pivot de ce métal, et tourne autour d'un cercle gradué où sont marqués les quatre points cardinaux. On nomme pôle austral de l'aiguille la pointe qui regarde le N., et pôle boréal celle qui est vers le S. La boussole sert aux marins pour s'orienter, et joue un grand rôle pour lever des plans.

BOUSSU, ville de Belgique (Hainaut), à 12 kil. de Mons. Pop. 3,200 hab. Beau château des comtes de Caraman-Beaumont. Houille, bière.

BOUSTROPHÉDON. On donne ce nom à une écriture particulière aux Grecs; laquelle consistait à tracer des lignes alternativement de droite à gauche et de gauche à droite, comme les sillons d'un champ sont tracés par les bœufs qui le labourent. Fourmont découvrit dans le temple d'Apollon, à Amyclée, en Laponie, une inscription qui passe pour le plus ancien exemple de boustrophédon. Le musée du Louvre possède un bas-relief où les noms d'Agamemnon et de deux autres personnages sont écrits de droite à gauche.

BOUTADE. On appelle ainsi toute expression vive ou toute action spontanée et inattendue qui se révèle hors de propos ; c'est une sorte de digression par laquelle on abandonne une idée ou une action déjà commencée pour passer à une autre idée ou à une autre action sans rapports avec la première. Les boutades sont parfois la preuve d'une imagination ardente, et souvent aussi, lorsqu'on n'en fait pas abus, elles ajoutent au charme de l'esprit.

BOUTAN, État du N. de l'Hindoustan, tributaire de l'empire chinois. Il est borné au N. et à l'E. par le Thibet, à l'O. et au S. par les possessions anglaises (Bengale, Sikkim, Assam). Sup. 167,000 kil. carrés. Pop. 1,500,000 hab. Cap. Tassisudon ; villes principales : Paro, Ouandipour, Tongsa. Climat très-chaud et malsain dans les parties basses ; cours d'eau torrentiels, vallées très-fertiles. Les habitants s'occupent d'agriculture; leur religion est le bouddhisme. Le gouvernement est une monarchie absolue.

BOUTEILLE DE LEYDE. On appelle ainsi un flacon destiné par sa composition à recevoir une certaine dose d'électricité qu'on décharge ensuite sur un fil conducteur ou un objet quelconque. Le flacon est recouvert d'une feuille d'étain jusqu'à une certaine hauteur ; il est rempli intérieurement de feuilles de cuivre. La bouteille est fermée par un bouchon traversé par une tige de métal dont la partie inférieure touche aux lames de cuivre, et dont la partie supérieure se termine en boule. La bouteille se charge en soumettant la boule de la tige au conducteur d'une machine électrique. Cet instrument fut découvert à Leyde en 1746, par Cuneus et Muschenbroeck.

BOUTEILLER. C'était autrefois la charge d'un des cinq grands officiers de la couronne, chargé de l'intendance des vins, et de percevoir un droit de forage sur tout le vin que l'on mettait en vente dans le domaine royal. Il signait les chartes des rois et siégeait à la cour des pairs. Cette charge fut abolie après Louis XI.

BOUTERWEK (Frédéric), philosophe allemand, né à Oker, en Hanovre, en 1766, mort à Gœttingue en 1828. Il fut professeur de philosophie à Gœttingue. Cependant, avant de se livrer aux grandes études philosophiques qui établirent sa réputation, il publia des poésies et des romans dans le goût voltairien. Il donna ensuite l'*Histoire de la poésie et de l'éloquence modernes*. Cet ouvrage accuse un esprit plus mûr et un jugement plus profond. Ses appréciations sur certains écrivains sont quelquefois superficielles; mais on y trouve dans les autres parties une excellente critique. La littérature espagnole est généralement bien comprise. Bouterwek abandonna la littérature pour la science philosophique. Il avait d'abord été partisan de Kant; mais les systèmes qui se produisirent sur l'interprétation du système de ce philosophe le jetèrent dans une certaine perplexité. La théorie de Shelling, qui saisit et sut compléter la pensée de Kant, effraya son esprit; il crut qu'il avait eu tort d'embrasser une doctrine dont les conséquences pouvaient aller si loin. Pour Shelling, Dieu, c'était l'absolu, et l'on ne pouvait embrasser ce souverain principe que par l'intuition immédiate, et non par des définitions successives ou des démonstrations. Il lui répugnait d'admettre que Dieu ou le principe absolu n'était autre chose que le grand tout comprenant le domaine des choses finies; il refusait de voir dans l'esprit et la nature deux faces de l'absolu. Il s'emporta contre Shelling jusqu'à l'accuser d'athéisme et d'immoralité. Mais lorsqu'il voulut fonder à son tour un système, il s'embarrassa dans des définitions assez vagues. Il y a, suivant lui, une *virtualité absolue* qui comprend toute existence, mais l'homme n'est qu'une *virtualité finie*, une partie de la virtualité absolue; et ne peut par conséquent embrasser l'absolu et arriver ainsi à la connaissance de Dieu. Suivant lui, et c'est en cela qu'il reste panthéiste, Dieu n'a pas une existence substantielle, individuelle. Tel est le système qu'il développa dans son *Manuel des sciences philosophiques*, et plus tard dans sa *Religion de la raison*.

BOUTE-SELLE. On appelle ainsi la sonnerie militaire par laquelle la trompette donne le signal aux cavaliers pour seller les chevaux et se tenir prêts à monter à cheval.

BOUTEVILLE (François de Montmorency, comte DE), né en 1600, mort en 1627. Il était fils de Louis de Montmorency. Il était d'une bravoure à toute épreuve; mais il en faisait le plus triste emploi. De son temps, la fureur des duels était à son comble, malgré les édits de Louis XIII, qui allaient jusqu'à appliquer la peine de mort aux contrevenants. On ne s'abordait plus à la cour qu'en se demandant : « Qui est-ce qui s'est battu hier? — Savez-vous qui doit se battre ce matin? » Bouteville se battait uniquement pour montrer sa bravoure, sans autre orgueil que celui d'un gladiateur ou d'un bestiaire. Il abordait volontiers un seigneur en lui disant : « Monsieur, on prétend que vous êtes brave; il faut donc que nous nous battions demain. » Il blessa un grand nombre d'adversaires et tua le comte de Thorigny. Il fut sur le point d'avoir un duel avec de Valençai, qui devint depuis cardinal. Valençai brûlait d'envie de se battre, et quoiqu'il fût intimement lié avec Bouteville, il voulut un jour, sans que son affection en fût le moins du monde altérée, l'appeler en duel : Bouteville avait eu le tort, dans une précédente affaire, de ne pas le prendre pour second. Cependant, Bouteville trouva le moyen de lui accorder une réparation en provoquant le marquis de Portes, qui se trouva sur ses pas, dans le seul but de prendre son ami pour second. Le comte de Chapelles et lui eurent un jour un duel contre les marquis de Beuvron et de Bussi; ce dernier y trouva la mort. Les deux vainqueurs voulurent se réfugier en Lorraine; mais ils furent arrêtés à Vitry-le-Brûlé et conduits à Paris, où ils furent condamnés à avoir la tête tranchée.

BOU

BOUTHILLIER-CHAVIGNY (Charles-Léon, marquis DE), général français, né à Paris en 1743, mort en 1818. En 1789, il fut député de la noblesse aux Etats généraux. Il y soutint vivement les privilèges de la noblesse et du clergé. Il émigra en 1791, prit du service dans l'armée de Condé, et ne rentra en France que sous le Consulat.

BOUTIÈRES (Guigues-Guiffrey DE), lieutenant-général sous François Ier. Originaire, ainsi que Bayard, d'une famille noble de la vallée de Graisivaudan, il s'attacha à ce héros et servit d'abord dans sa compagnie. Il n'avait que 16 ans lorsqu'il fit prisonnier un soldat albanais, une sorte de Goliath à haute stature. Il présenta son prisonnier à l'empereur Maximilien, qui ne pouvait croire qu'un homme aussi robuste se fût laissé désarmer par un enfant. L'Albanais affirma qu'il avait été saisi par quatre cavaliers. Bayard ayant fait observer que cette réponse touchait l'honneur du jeune chevalier, celui-ci se haussa sur la pointe des pieds : « Vous mentez, dit-il à l'Albanais, et pour vous montrer que je vous ai pris moi seul, remontons à cheval et je vais vous tuer ou vous faire demander une seconde fois quartier. » L'Albanais se déclara satisfait d'une première épreuve. Boutières se distingua dans les guerres d'Italie et obtint le commandement de Turin. Cependant le roi l'ayant remplacé par le duc d'Enghien, il en fut piqué et quitta l'armée. Il oublia son ressentiment en apprenant que de nouveaux combats allaient se livrer; il eut une grande part à la victoire de Cérisolles, en 1544. Trois ans après, on le retrouve sur la flotte de l'amiral d'Annebaut. L'histoire garde le silence sur la fin de sa vie.

BOUTO, l'une des huit divinités du premier ordre chez les Egyptiens; principe générateur féminin de toutes choses. Elle avait un temple à Bouto et dans plusieurs autres villes. On lui consacrait la mygale ou musaraigne et l'ichneumon. Cette

BOU

déesse passe pour la nourrice d'Horus (Apollon) et de Bubastis (Artémise).

BOUTON, petit archipel de la mer des Moluques (Malaisie hollandaise). Ile principale Bouton, au S.-E. de Célèbes. Sup. 135 kil. sur 34. Capit. Kalla-Sousong. Ville fortifiée. Sol élevé et boisé. Arbres à épices. Cet archipel appartient aux Hollandais depuis 1667.

BOUTONT (Charles-Marie), peintre, né à Paris en 1781, mort en 1853. C'est à lui et à Daguerre qu'est due l'invention du *diorama* (1822). Il perfectionna l'art de la perspective et sut tirer un grand parti de la distribution de la lumière. Il faudrait citer presque tous les tableaux qui se sont succédé au Diorama si l'on voulait signaler son chef-d'œuvre. La *Vallée de Sarnen*, l'*Abbaye de Cantorbéry*, l'*Incendie d'Edimbourg*, la *Forêt-Noire*, le *Campo-Santo*, l'*Ile Sainte-Hélène*, le *Mont-Blanc*, etc., ont fait voir les ingénieux procédés mis en œuvre par cet artiste pour attirer l'attention. Chacune de ses exhibitions a été pour lui un nouveau triomphe. Quoi qu'il en soit, comme cet artiste s'occupait exclusivement des procédés matériels de la peinture, on peut dire de lui que c'était plutôt un habile décorateur qu'un grand peintre.

BOUTOURLINE (Dimitri Petrovitch), général russe, né à Saint-Pétersbourg en 1790, mort en 1850. Il était sénateur et directeur de la Bibliothèque impériale, et est plus connu par ses écrits que par ses faits d'armes. On a de lui : *Relation de la campagne de* 1799 *en Italie*; — *Tableau de la campagne de* 1813 *en Allemagne*; — *Evénements militaires de la dernière guerre en Espagne* (1817). Ces trois ouvrages sont écrits en français; mais il a publié en langue russe : *Campagne de Napoléon en Russie*; — *Histoire des campagnes des Russes au* XVIIIe *siècle*; — *Histoire des malheurs de la Russie au début du* XVIIe *siècle*.

BOUVARD (Alexis), astronome, né dans

Charlemagne pleurant en voyant les Normands.

le Faucigny en 1767, mort en 1843. Ses premiers travaux lui valurent la protection de Laplace, qui lui fit faire tous les calculs que renferme la *Mécanique céleste*. Il devint tour à tour membre du *Bureau des longitudes*, de l'Académie des sciences et directeur de l'Observatoire de Paris. Il a donné de *Nouvelles tables de Jupiter, de Saturne et d'Uranus*. On lui doit aussi le calcul des éléments paraboliques de huit comètes qu'il a découvertes. Enfin, il a enrichi les tables précieuses de l'*Annuaire du Bureau des longitudes*. C'était, en un mot, un prodigieux calculateur.

BOUVART (Michel-Philippe), célèbre médecin, né à Chartres en 1717, mort à Paris en 1787. Il enseigna et pratiqua la médecine avec un grand succès. Il combattit souvent les systèmes de Tronchin, de Bordeu et de Sutton; mais il le fit avec une rudesse qu'on lui a souvent reprochée. Il n'a pas écrit pour la science et n'a laissé que des ouvrages de polémique. Il découvrit cependant l'emploi du *polygala* de Virginie dans les hydropisies; il combattit le système d'inoculation de Sutton. Il avait une générosité excessive qui rehaussait l'éclat de ses talents. Il soignait un commerçant que le désordre de ses affaires avait affecté au point de faire craindre pour ses jours. Bouvart voulant à tout prix sauver son malade, lui envoya 30,000 francs qui lui manquaient. Il ne faisait qu'un seul repas par jour et dormait peu. Sur la fin de sa vie, il refusa les soulagements qu'on voulait lui donner : « Ma carrière est finie, dit-il à ceux qui l'entouraient, je n'ai plus rien à désirer que le courage de souffrir. Des remèdes que la nature n'a plus la force de seconder fatigueraient mon existence et ne la prolongeraient que pour la douleur. »

BOUVET (Joachim), savant jésuite, né au Mans, vers 1660, mort à Pékin en 1732. Il fit partie de la mission à la fois religieuse et scientifique que Louis XIV envoya en Chine en 1685. Bouvet et Gerbillon, un de ses compagnons, furent appréciés par l'empereur Kang-Hi qui leur permit d'établir une église dans son palais. Bouvet vint faire un voyage en France pour y chercher de nouveaux missionnaires. Il remit à Louis XIV 49 livres chinois qui furent déposés à la bibliothèque du roi. De retour en Chine, il fut chargé de dresser la carte de l'empire.

BOUVET (François-Joseph, baron), amiral, né à Lorient en 1753, mort à Brest en 1832. Après avoir fait deux campagnes aux Antilles et à Saint-Domingue, il eut le commandement d'une division de la flotte de Villaret-Joyeuse, et prit part à la bataille navale de Brest (1794). Ayant échoué dans l'expédition d'Irlande (1796), il perdit son grade, et ne remplit plus guère que des fonctions administratives.

BOUVET DE LOZIER (Athanase-Hyacinthe), général français, né à Paris en 1769, mort à Fontainebleau en 1825. Après la prise de la Bastille, il émigra avec les princes et servit dans cette armée d'émigrés connue sous le nom d'*armée de Condé*. Impliqué dans l'affaire de Cadoudal, il fit des aveux qui compromirent Moreau, mais qui ne l'empêchèrent point d'être condamné à mort. Grâce à l'entremise de Mme Murat, il obtint d'être seulement déporté. En 1814, il rentra en France à la suite des armées étrangères, et fut nommé commandant de l'île Bourbon. Il périt à la suite d'un duel.

BOUVIER (*Voir* BOOTÈS).

BOUVINES, village de l'arrond. de Lille (Nord), à 13 kil. de cette ville. Pop. 550 hab.

BOUVINES (bataille de). Les environs de Bouvines, village entre Lille et Tournai, ont été le théâtre d'une des plus grandes victoires qui aient été remportées par les Français. Une ligue formidable, s'était formée contre Philippe-Auguste. Othon IV, empereur d'Allemagne, et les princes de l'empire germanique étaient entrés dans cette conspiration. Ferrand de Portugal, comte de Flandre, et la plupart des grands vassaux de la couronne de France avaient pris parti contre leur suzerain. Philippe-Auguste n'avait pour alliés que le duc de Bourgogne et le comte de Champagne. La guerre des Albigeois désolait les provinces méridionales. Les seigneurs du Languedoc et de la Provence avaient bien d'autres préoccupations que la défense du territoire national. On allait entreprendre une croisade contre le comte de Toulouse. L'Aquitaine, l'Auvergne, le Limousin et le Poitou étaient aux mains des Anglais, alliés de Jean Sans-Terre. Le Maine, l'Anjou, la Touraine et la Normandie se révoltaient à chaque instant contre l'autorité royale, et la possession de ces provinces était même une cause d'affaiblissement. Philippe-Auguste ne pouvait compter que sur la Picardie, la Bourgogne, la Champagne, le Berry, l'Ile-de-France et l'Orléanais; et encore beaucoup de seigneurs, comme le duc de Nevers, n'attendaient qu'un échec pour passer à l'ennemi. La noblesse était hostile à la royauté, qui l'avait peu ménagée et s'était récemment agrandie de plusieurs provinces enlevées à la féodalité. Philippe-Auguste pouvait à grand'peine réunir cinquante mille combattants. Othon IV s'avançait avec une armée de 150,000 hommes. Les Anglais devaient rejoindre son armée à Valenciennes. Les chefs de l'expédition avaient déjà réglé le partage de la France. On avait interrogé les astrologues, et l'un d'eux avait fait la réponse suivante: « En combattant, le roi sera renversé à terre, foulé aux pieds des chevaux, et il sera privé de sépulture. Ferrand, après la victoire, sera reçu en grande pompe par les Parisiens. » Cette prophétie encourageait les soldats d'Othon. Le 26 août 1214, Philippe-Auguste partit, à la tête de son avant-garde, à la rencontre de l'armée impériale. Il était arrivé près de Mortagne, lorsqu'il ordonna une halte; c'était un dimanche, et il ne s'attendait pas à combattre. Il était assis au pied d'un frêne, quand son chancelier Guérin, récemment nommé évêque de Senlis, vint lui rapporter que l'armée d'Othon

Les ambassadeurs d'Haroun-al-Raschid offrant à Charlemagne les clefs du Saint-Sépulcre.

marchait en ordre de bataille vers Tournai. Philippe-Auguste donna à son armée, qui franchissait le pont de Bouvines, l'ordre de repasser le pont en toute hâte et de se ranger en bataille. Guérin fut chargé de ces dispositions; il fit preuve, pendant l'action, d'un grand courage, se montrant partout où il y avait du danger, et sans armes, pour animer les combattants. Philippe-Auguste monta sur son cheval; *aussi gai*, disent les chroniqueurs, *que s'il eût été aux noces*. Il fit placer sa couronne sur un autel, en face de son armée, et, se tournant vers ses chevaliers: « Barons, et vous braves soldats, s'écria-t-il, s'il y en a un plus digne que moi, qu'il la prenne. » Les soldats, enthousiasmés par cette proclamation qui rappelait l'énergie des héros francs, s'écrièrent: « Vive Philippe! qu'il garde sa couronne! nous mourrons pour lui. » Ce récit a été révoqué en doute par plusieurs annalistes; mais notre histoire nationale ne perd rien à l'admettre comme certain. L'armée française faisait face au nord, et assurait ainsi sa retraite; l'armée confédérée combattait avec un soleil ardent sur les yeux. Les deux lignes avaient la même étendue; mais les masses germaniques étaient plus profondes. Au milieu de leurs rangs, sur un magnifique chariot, traîné par 16 chevaux, s'élevait, au haut d'un mât, l'aigle des Césars tenant un dragon dans ses serres; cet emblème était le symbole de l'empire et le gage de la victoire. Les Français s'avançaient avant que l'oriflamme eût été déployée aux premiers rangs. La bataille dura trois heures. On se battit avec un acharnement inouï; la bravoure des Français et l'habileté de leur roi compensaient le désavantage du nombre. Le duc de Bourgogne, d'une corpulence énorme, fut démonté et manqua d'être pris; il s'en vengea par des prodiges de valeur. Le roi, engagé au fort de la mêlée, fut aussi renversé de cheval et courut un grand danger; il avait été harponné par des crochets de fer qui le tiraient en tous sens, et, dans cette position, il luttait encore contre les nombreux ennemis qui l'entouraient. Galon de Montigny vint à son secours en agitant l'oriflamme. Il dégagea le roi, qui, remontant en selle, attaqua lui-même avec une nouvelle ardeur la ligne où se trouvait Othon, et pénétra jusqu'à lui. L'infanterie germanique ne put tenir devant cet élan irrésistible; Othon manqua d'être pris, il fut même blessé, et chercha son salut dans la fuite. Un chevalier, du nom de Desbarres, saisit deux fois Othon par la crinière de son casque; mais il lui échappa. Desbarres se vit alors engagé seul au milieu des rangs ennemis; il fut délivré cependant par Thomas de Saint-Valéri, qui accourut avec ses Picards. L'empereur, blessé dans la lutte, prit la fuite, et décida ainsi la victoire en faveur des Français. Le char impérial tomba au pouvoir de Philippe-Auguste, malgré une défense acharnée. L'étendard impérial resta aussi aux mains des Français. Renaud de Boulogne, qui s'était ligué avec l'empereur et avait été l'un des instigateurs de cette guerre, se comporta en héros; il avait formé avec des soldats d'élite un bataillon carré, qui, même après la déroute de l'armée impériale, restait impénétrable. Il sortait de cette muraille de poitrines bardées de fer pour se ruer sur les Français, et faire dans leurs rangs de sanglantes trouées; il y rentrait ensuite pour reprendre haleine. Il attira sur lui tous les efforts des chevaliers français; et, après avoir reçu une blessure cruelle, il se rendit à l'évêque Guérin. Ferrand, comte de Flandre, fut pris ensuite et chargé de fers. Salisbury, frère naturel de Jean Sans-Terre, et chef de l'armée anglaise, fut abattu par l'évêque de Beauvais. Ce prélat avait horreur du sang; mais il conciliait ses préjugés religieux avec ses goûts guerriers, en combattant avec une énorme massue. Il lui suffisait, pour la satisfaction de sa conscience, de réciter un *requiem* pour le repos de l'âme de chaque ennemi qu'il assommait. Il ne restait plus, de toute l'armée d'Othon, qu'une troupe de 700 fantassins brabançons, qui aimèrent mieux périr jusqu'au dernier que de se rendre. Dans cette bataille mémorable, les Français avaient fait prisonniers cinq comtes et une foule de chevaliers. La joie des Français se manifesta par des jeux et des solennités religieuses. On remarqua parmi ceux qui triomphèrent le plus bruyamment Guillaume le Breton; il croyait avoir beaucoup contribué au succès de la bataille en chantant, pendant l'action, l'*exurgat Deus* et d'autres psaumes. Philippe-Auguste eut la générosité d'accorder à Jean Sans-Terre la trêve qu'il sollicita. Il fonda, près de Senlis, l'abbaye de la Victoire, en souvenir de la bataille qui avait sauvé son trône et la nationalité française. En 1340, Philippe de Valois remporta une autre victoire à Bouvines sur les Anglais qui venaient défendre Tournai.

BOUXVILLER, ch.-l. de cant. de l'arr. de Saverne (Bas-Rhin), à 15 kil. de cette ville. Ancien ch.-l. de la seigneurie de Lichtenberg. Pop. 3,420 hab. Collége. Industrie active: tanneries, calicots, produits chimiques, colle forte.

BOUYOUK-DÉRÉH. (*Voir* BUIUK-DÉRÉ.)

BOUZONVILLE, ch.-l. de cant. de l'arr. de Thionville (Moselle), à 30 kil. de cette ville. Pop. 1,550 hab. Tannerie, fabriques de clous, colle forte.

BOUZY, village de l'arrond. de Reims (Marne), à 22 kil. de cette ville. Pop. 400 hab. Vins fins très-estimés.

BOVA, ville du royaume d'Italie (Calabre ultérieure Ire), à 25 kil. de Reggio. Pop. 900 hab. Siége d'un évêché. Cette ville fut fondée vers 1477 par les Albanais, qui forment aujourd'hui presque toute sa population. Bova fut ruinée en 1783 par un tremblement de terre et a été relevée depuis.

BOVES, village de l'arrond. d'Amiens (Somme), à 10 kil. de cette ville. Pop. 1,700 hab. On remarque sur un mamelon élevé deux pans de murailles, restes d'un château fort qui servit de refuge contre les Normands au IXe siècle.

BOVES, ville du royaume d'Italie, dans la province de Coni, à 7 kil. de cette ville. Pop. 7,000 hab. Exploitation de marbre et de fer.

BOVES (Joseph-Thomas), célèbre chef de partisans en Amérique, né en Castille, mort en 1814. Lors de l'insurrection de 1810, il fit partie des troupes royales et servit sous Cagigal. Puis à la tête d'une bande d'esclaves, de vagabonds, de repris de justice, connue sous le nom de *division infernale*, il battit Mariño, Rivas, et Bolivar lui-même. Il s'empara de Valencia et de Caracas, et fut mortellement blessé à Urica.

BOVEY-TRACEY, ville d'Angleterre, à 17 kil. d'Exeter. Pop. 1,700 hab. Grande exploitation de terre à poterie.

BOVINO, ville du royaume d'Italie (Capitanate), à 28 kil. de Foggia. Pop. 6,000 hab. Siége d'un évêché suffragant de Bénévent. Les Espagnols y furent défaits par les impériaux en 1734.

BOWDITCH (Nathaniel), astronome américain, né en 1773 à Salem dans le Massachussetts, mort en 1837. Il était président de l'Athénée et de l'Académie de Boston. On a de lui: *The American practical navigator*, et une traduction de la *Mécanique céleste* de Laplace.

BOWES, ville d'Angleterre, dans le comté d'York (North-Riding), à 6 kil. de Barnard-Castle. Pop. 1,290 hab. Curieux pont naturel.

BOWER, forteresse des Etats-Unis (Alabama), à 50 kil. de Mobile. Les Anglais s'en emparèrent en 1815.

BOWER (William), célèbre imprimeur anglais, né à Londres en 1699, mort en 1777. Il a laissé un grand nombre d'éditions enrichies de notes ou de préfaces savantes. Il publia l'*Histoire de l'origine de l'imprimerie*, ouvrage fort estimé, qui lui valut d'être reçu dans la société des antiquaires de Londres.

BOXER (art de). La boxe est une sorte de pugilat en honneur en Angleterre, où elle est un des signes distinctifs du caractère national. Les Français pratiquent plus volontiers l'*art de tirer la savate*; mais, quoique nos voisins aient souvent éprouvé la prééminence de nos lutteurs à la savate sur leurs boxeurs les plus émérites, il ne paraît pas que nous soyons aussi fiers de nos modestes artistes qu'ils le sont de tel ou tel boxeur qui provoque chez eux une admiration souvent refusée à des talents sérieux. Quand deux boxeurs se portent un défi, les paris s'engagent avec la même ardeur qu'aux courses de chevaux. La loi anglaise proteste contre cette coutume ignoble et barbare; mais elle ne semble protester que pour l'honneur du principe; car la loi est constamment éludée. Les journaux annoncent publiquement que, tel jour et à telle heure, tel boxeur luttera contre tel autre. Il n'y a pas en Angleterre de ministère public agissant d'office; il ne peut intervenir que s'il se produit une dénonciation; mais cette dénonciation n'a jamais lieu. De grands seigneurs, des lords entretiennent à grands frais des boxeurs qu'ils engraissent et exercent pour la lutte, de même que les Romains entretenaient des gladiateurs pour les jeux publics. Ils prennent ensuite plaisir à faire combattre ces brutes féroces, satisfaits du spectacle de ces hommes qui se déchirent la chair et se meurtrissent les flancs. Plus d'une fois les rues de Londres sont témoins de combats de ce genre, et la populace pousse des cris de joie en voyant couler le *claret*, mot qui désigne le vin clairet dans le langage usuel, et qui, dans le langage atroce des boxeurs, signifie *du sang*. Le policeman s'écarte prudemment pour laisser agir librement les combattants.

BOXTEL, bourg des Pays-Bas (Brabant), arrond. de Bois-le-Duc, à 10 kil. de cette ville. Pop. 2,000 hab. L'armée anglo-hollandaise y fut vaincue par les Français en 1794.

BOYACA, ville capitale de l'Etat de ce nom, dans la république de la Nouvelle-Grenade, à 70 kil. de Bogota. Victoire de Bolivar sur les Espagnols, en 1819. Pop. de l'Etat, 379,700 hab.

BOYAU DE SIÉGE. Ce mot est employé, en termes de fortification, pour désigner les tranchées longues et tortueuses qui sont dirigées vers une place assiégée; ce nom a été donné en raison de la ressemblance de ces tranchées avec les boyaux d'animaux.

BOYD (Robert), lord écossais. Le roi Jacques II, dont il était aimé, lui conféra le titre de lord. En 1460, il fut nommé grand justicier. Pendant la minorité de Jacques III, il devint l'un des lords de la régence. Il sut si bien captiver le jeune roi, qu'il se fit déclarer par lui seul régent. Cependant, le roi se repentit d'avoir comblé Boyd de tant de faveurs, et surtout d'avoir uni sa sœur au fils de son favori, le comte d'Arran. En 1469, le roi assembla le parlement pour faire juger Boyd. Ce malheureux prit la fuite, et alla mourir à Alnwick, en 1470. Le roi fit prononcer le divorce du comte d'Arran.

BOYDELL (John), célèbre peintre anglais, né à Dorington, dans le Shropshire, en 1730, mort en 1804. Il était garçon de ferme chez son père, quand le hasard mit entre ses mains des estampes. Il étudia dès ce moment la gravure, et il y acquit bientôt une grande habileté. Il prit aussi goût à la peinture et devint le fondateur d'une école. Il consacra plusieurs millions à sa galerie de Shakespeare, mais les pertes qu'il éprouva, lors de la Révolution française, le forcèrent à mettre sa galerie en loterie.

BOYEN (Hermann DE), ministre prussien, né, en 1771, à Kreusbourg, mort en 1848. Il fit la campagne de 1796, et, en 1806, fut blessé à la bataille d'Auerstædt, où Davoust défit les Prussiens. En 1808, il publia un *Mémoire sur la nécessité de certaines réformes militaires*, qui attira l'attention, et le fit appeler à la commission royale de réorganisation de l'armée. Ses idées prévalurent, et il trouva l'occasion de les appliquer, surtout après la malheureuse expérience que son pays avait dû subir. En 1812, quand la Prusse, humiliée et morcelée par Napoléon Ier, était devenue la vassale de l'empereur des Français, Boyen se rendit, en Russie, auprès d'Alexandre, et ne revint qu'après le manifeste de Breslau. Il fit toutes les campagnes de 1813 et 1814; et, lors de l'entrée des alliés à Paris, il fut nommé ministre de la guerre. Après avoir résigné ses fonctions et passé vingt et une années dans la vie privée, il fut rappelé par le roi de Prusse au ministère de la guerre, où il resta jusqu'en 1847. Il a publié plusieurs ouvrages sur la stratégie et sur l'histoire des dernières guerres.

BOYER (Abel), littérateur, né à Castres, en 1664, mort à Chelsea, en 1729. Il quitta la France après la révocation de l'édit de Nantes, et chercha un refuge à Genève. Il passa de là en Angleterre, où il se livra à des recherches historiques d'un grand intérêt. Il se fit d'abord connaître comme grammairien, et publia un *Dictionnaire anglais et français* et une *Grammaire anglaise*, deux ouvrages fort estimés. Il a publié aussi l'*Histoire de Guillaume le Conquérant* et les *Annales de la reine Anne*.

BOYER (Jean-Baptiste-Nicolas), médecin, né à Marseille en 1693, mort en 1768. Il acquit une grande célébrité pour son traitement des maladies épidémiques. Il signala ses talents et son dévouement, lors de la peste qui désola Marseille, en 1720. Depuis, il voyagea constamment dans les pays où apparaissait le fléau; il passa même en Espagne et en Allemagne. Il eut le bonheur de sauver presque tous ceux qui eurent recours à ses soins. La Faculté de médecine le choisit pour son doyen, et le roi le nomma son médecin ordinaire. Il a laissé une *Relation historique de la peste de Marseille*, et différents ouvrages sur le traitement des maladies épidémiques.

BOYER (Alexis), célèbre chirurgien, né en 1757 à Uzerches, dans le Limousin, mort à Paris en 1833. A la Révolution, il devint tour à tour chirurgien à la Charité et à l'Hôtel-Dieu, premier chirurgien de Napoléon Ier, baron de l'Empire avec une dotation de 25,000 francs. Entra à l'Académie de médecine et à l'Institut, puis fut chirurgien consultant de Louis XVIII, de Charles X et de Louis-Philippe.

BOYER (Pierre-Denis), théologien, né en 1766 à Caissac (Aveyron), mort en 1842. Après avoir prêché avec quelque talent dans plusieurs diocèses, il s'associa avec Emery pour relever le séminaire de Saint-Sulpice, et lui succéda dans la direction de cet établissement. Il seconda aussi Frayssinous dans ses conférences. On a de lui plusieurs ouvrages.

BOYER (Jean-Pierre), homme de couleur, président d'Haïti, né en 1776 à Port-au-Prince, mort en 1850. Cet homme donne un éclatant démenti à l'orgueilleuse décision des savants, qui prétendent que les noirs et les mulâtres sont des êtres d'une espèce inférieure. Boyer avait pris les armes dès 1792; et, lorsque les Anglais vinrent s'emparer de sa ville natale, il était déjà chef de bataillon dans la légion de l'Egalité. Ne voulant pas quitter le drapeau de la république française, il se retira dans le sud de l'île avec les commissaires Polverel et Santhonax, et le général mulâtre Beauvau, qui prit le commandement de la place. Il le remplaça à sa mort dans ces fonctions, et déploya une grande bravoure contre les Anglais au fort Biroton, à la Grande-Anse, à Léogane. Deux partis divisaient alors la colonie : les noirs, ayant à leur tête le fameux Toussaint-Louverture, faisaient une guerre d'extermination aux mulâtres commandés par le général Rigaud. Boyer s'attacha à la fortune de ce dernier chef, et fut nommé général de brigade sur le champ de bataille. Le commandement de Jacmel lui fut confié; mais dans cette lutte terrible Toussaint-Louverture fut vainqueur, et le chef des mulâtres se vit forcé de s'éloigner. Il se retira en France, où Boyer le suivit. Cependant, à la suite de la funeste expédition de Leclerc, ils reparurent ensemble dans la colonie. Mais Boyer avait pu juger des dispositions de la France. C'est alors qu'il conçut le grand projet de délivrer sa patrie en réconciliant les noirs et les hommes de couleur. Il fut un de ceux qui parvinrent à les soustraire au joug de la métropole. Dessalines s'était emparé du pouvoir, et gouvernait sous le titre ridicule d'empereur; il se faisait appeler Jacques Ier. Le despotisme qu'il exerça était affreux, et Boyer, qui aimait sa patrie, ne put qu'en être révolté. Il ourdit secrètement une conspiration parmi les mulâtres et les noirs, et réussit à faire tomber le tyran. L'île reprit alors le nom d'Haïti, qu'elle portait à l'époque de la conquête. Elle se divisa en deux États : à l'E. régnait H. Christophe, digne successeur de Dessaline; à l'O. s'élevait une république dont Pétion prenait le gouvernement. Boyer le seconda activement, et fut nommé commandant du Port-au-Prince et chef de l'état-major de l'armée. Par ses sages mesures, il sut préserver la frontière des attaques de Christophe, et ce n'était pas chose facile, car Christophe avait pour lui le nombre et l'argent; mais aussi Pétion avait de son côté l'intelligence, le dévouement et Boyer. Ce dernier se couvrit de gloire au siége mémorable que soutint le Port-au-Prince contre l'armée de Christophe. On le vit, à la tête d'une poignée de mulâtres, qui périrent presque tous, repousser les hordes de nègres qui avaient déjà pénétré dans la ville, répandant partout l'incendie et la mort. A la mort de Pétion, les pouvoirs de l'État assemblés décernèrent la présidence à Boyer. Il n'eut d'abord le gouvernement que d'une partie de l'île; mais bientôt après Haïti embrassa en entier le parti de la république naissante, que depuis ce temps le général Boyer administra avec autant de sagesse que de prudence. Trois grands événements signalèrent l'administration de cet homme éclairé : 1° La réunion de la partie nord de l'île à la république; 2° celle de l'ancienne partie espagnole; 3° enfin la reconnaissance, par la France, de l'indépendance de la souveraineté d'Haïti. Vers les derniers temps de sa présidence, des réformes dans les institutions ayant été demandées, il ne crut pas devoir y obtempérer; une insurrection éclata alors, et il abdiqua le pouvoir. Banni d'Haïti, Boyer se retira à l'étranger, et vint à Paris passer le reste de ses jours.

BOYER (Pierre-François-Xavier, baron), général français, né à Béfort en 1772, mort en 1851. Il fut d'abord aide de camp de Kellermann, et suivit plus tard Bonaparte en Italie, en Egypte et en Syrie. Il participa ensuite à l'expédition de Saint-Domingue, puis il se distingua à Iéna, à Friedland et à Wagram. En Espagne il devint, avec ses dragons, la terreur des guérillas. A la Restauration, il fut proscrit, et passa au service du pacha d'Egypte. Après 1830, ayant été rappelé par Louis-Philippe, il commanda une division en Afrique sous le maréchal Clausel. Sa mésintelligence avec le duc de Rovigo le fit mettre dans le cadre de réserve.

BOYER-FONFRÈDE. (*Voir* FONFRÈDE.)

BOYLE, ville d'Irlande, dans le comté de Roscommon, à 40 kil. de cette ville. Pop. 4,000 hab. On y remarque les belles ruines d'une abbaye fondée vers 1150, et aux environs, le château de Buckingham.

BOYLE (lord Charles, comte d'ORRERY), né à Chelsea en 1676, mort en 1731. Il se distingua dans la guerre de Succession, et obtint le grade de major-général à la bataille de Malplaquet. Graham, célèbre horloger, lui dédia son *Système planétaire*, admirable instrument qui marquait de lui-même tous les mouvements célestes; on l'appela Orrery, du nom du donataire. Le mécanisme de Noblet est cependant généralement préféré. Boyle eut le malheur d'être accusé de complicité dans certains complots contre la sûreté de l'Etat; et quoiqu'on ne pût produire de preuves contre lui, il n'en resta pas moins soumis à une dure détention; à peine remis en liberté, il mourut d'une maladie qu'il avait contractée dans sa prison. Il a laissé une comédie et quelques poésies assez estimées.

BOYLE (Robert), célèbre physicien, né à Lismore en Irlande, en 1626, mort à Londres en 1691. Son père le fit élever à la campagne pour le soumettre aux habitudes des paysans, afin de l'endurcir et de lui assurer un tempérament robuste. Après avoir terminé ses études, il voyagea pour se fortifier dans la connaissance de la physique et des mathématiques. De retour en Angleterre, il se fixa à Oxford et y fit construire un observatoire. Il découvrit la *pompe pneumatique* qui a servi plus tard à opérer d'autres découvertes des plus importantes. Hook, qui s'était associé à ses travaux, eût le mérite de perfectionner cet instrument. Les rois d'Angleterre l'entourèrent d'honneurs et de considération : grâce à leur protection, il fonda la Société royale de Londres en 1663; il ne voulut jamais en accepter la présidence. Il a laissé de nombreux ouvrages en anglais; il décrit la machine pneumatique, et explique le phénomène de l'absorption de l'air dans la combustion et la calcination; il donne la cause de l'augmentation de poids de la chaux métallique. Ses observations à ce sujet ont servi de base à la nouvelle chimie. Newton, s'étant fondu, comptè de certaines expériences de Boyle, acquit la certitude qu'il avait découvert le moyen de faire de l'or, bien que son génie eût toujours rejeté cette possibilité. Ce qu'il y a de certain, c'est qu'il insista pour que les expériences dont il fit part lui-même à la Société royale ne fussent jamais publiées, de peur d'apporter un trop grand trouble dans la fortune publique et privée. Boyle a laissé un grand nombre d'écrits théologiques dans lesquels ils s'efforce de concilier la raison avec la religion.

BOYNE, rivière d'Irlande qui prend sa source près de Carberry (Kildare), et se jette, après un parcours de 90 kil., dans la mer d'Irlande, près de Drogheda, entre les comtés de Louth et de Meath. Magnifique viaduc du chemin de fer près de Drogheda.

BOYNE (bataille de). En 1690, Jacques II, roi d'Angleterre, ayant été dépouillé de ses Etats par Guillaume de Nassau, son gendre, leva une armée et marcha contre l'usurpateur; la rencontre eut lieu sur le bord de la Boyne. Jacques avait amené avec lui une troupe de Français que Louis XIV lui avait donnés pour reconquérir ses Etats, et qui étaient commandés par Hamilton et le duc de Lauzun. Jacques comptait aussi sur l'appui des catholiques. Jacques II montra un empressement à livrer bataille qui fut cause de sa perte. En effet, Guillaume disposait d'une armée nombreuse et aguerrie; tandis que Jacques ne pouvait compter que sur une poignée de Français, les Irlandais qui s'étaient joints à lui ne composant que des bandes indisciplinées. Guillaume prit l'offensive et renversa du premier choc l'infanterie irlandaise. Hamilton fut vainqueur de son côté, et mit en fuite avec sa cavalerie le corps d'armée commandé par Guillaume. Le maréchal de Schomberg se mit alors à la tête d'une compagnie de protestants français, et fit des efforts désespérés pour ressaisir la victoire. Il fut tué après des prodiges de valeur; mais il parvint à faire reprendre courage aux soldats de Guillaume. La victoire se décida enfin pour celui-ci. Hamilton fut blessé et fait prisonnier. Après cet échec, Jacques II comprit qu'il devait renoncer pour toujours à reprendre possession de son trône.

BOZOULS, ch.-l. de cant. de l'arrond. de Rodez (Aveyron), à 23 kil. de cette ville. Pop. 670 hab.

BRA, ville du royaume d'Italie, dans la prov. de Coni, à 20 kil. d'Alba. Pop. 11,500 hab. Commerce de soie.

BRABANÇONS. On appelait ainsi, au XIIIe siècle, une bande de brigands qui parcouraient la France, tuant, pillant et vendant leurs services au plus offrant. On les appelait Brabançons, parce que le plus grand nombre provenait sans doute du Brabant. Ils portaient encore les noms de *routiers, écorcheurs, cottereaux, cantatours*, etc. Parmi les chefs des Brabançons, l'histoire cite Lupicaire et Martin Arcas, au service de Jean Sans-Terre; Cadoc, au service de Philippe-Auguste.

BRABANT, pays situé au centre du bassin hollando-belge, et occupant une superficie de 204 myriam. carrés, depuis la rive gauche du Wahal jusqu'aux sources de la Dyle, et depuis la Meuse jusqu'à l'Escaut inférieur. Il était borné au N. par la Hollande, à l'E. Liége et la Gueldre, au S. le Hainaut et Namur, à l'O. la Zélande et la Flandre. Le Brabant fut d'abord soumis aux Romains, et le pays fut conquis par les Francs au Ve siècle. Au VIe siècle, lors du partage de l'empire franc, il fut adjugé au royaume d'Austrasie; au IXe, il fut réuni à la Lotharingie; et, après que celle-ci eut été partagée, en 870, la possession en fut attribuée à la France; au Xe siècle, il en fut détaché et fit partie de l'Allemagne. Il était alors partagé en deux duchés, la Basse-Lorraine ou Lothringen, la Haute-Lorraine ou Moselle. Après avoir été possédé par plusieurs comtes des Ardennes jusqu'en 1076 et par Godefroy de Bouillon, l'empereur Henri V concéda le Brabant à titre de fief à Godefroy le Barbu, de la famille des comtes de Louvain et de Bruxelles, dont la dynastie s'y maintint jusqu'au milieu du XIVe siècle. Le titre de duc de Brabant fut porté, vers 1190, par Henri Ier le Guerroyeur. Le Brabant fit alors de rapides progrès en puissance et en indépendance. Parmi les six ducs qu'a eus le Brabant: Henri Ier, Henri II, Henri III, et Jean Ier, Jean II et Jean III, les plus remarquables furent Jean Ier le Victorieux, qui s'empara du Limbourg en 1288, et se rendit célèbre comme poète: il publia, en 1290, le code pénal connu sous le nom de *Land-Karten* ou *Land-Keuren*; Jean II le Pacifique, qui donna en 1312 la charte de Cortemberg, fondement des libertés brabançonnes; enfin Jean III le Triomphant, à qui l'empereur Charles IV accorda, en 1349, la *Bulle d'or brabantine*, qui donnait au duché une organisation judiciaire complétement indépendante de toute juridiction étrangère. En la personne de Jean III finit la descendance mâle des comtes de Louvain (1355). Après ce prince, Anvers et une partie de Malines passèrent à sa fille cadette, Marguerite, duchesse de Bourgogne; l'aînée, Jeanne, eut le reste du Brabant et du Limbourg; celle-ci l'abandonna, en 1404, à son neveu Antoine, 2e fils de Marguerite et de Philippe le Hardi, tige des ducs de Bourgogne de la maison de Valois. Antoine, ayant été tué à la bataille d'Azincourt (1413), et Jean IV et son frère Philippe, ses successeurs, étant venus à mourir sans laisser d'héritiers, l'un en 1427, l'autre vers 1430, Philippe le Bon, de la maison de Bourgogne, héritant des deux duchés, réunit ainsi le Brabant propre, le Limbourg, Anvers, Malines. Le tout passa, avec la main de Marie de Bourgogne, à l'empereur Maximilien d'Autriche (1477), puis à Charles-Quint, et ensuite au fils de ce dernier, Philippe II, roi d'Espagne (1553). Sous ce prince, le Brabant participa à l'insurrection contre l'édit de religion et les cruautés du duc d'Albe, mais sans pouvoir s'affranchir tout entier. A la trêve de 1609, le Brabant fut divisé en *Brabant hollandais* ou *pays de généralité*, qui était incorporé aux Provinces-Unies, et comprenait le quartier de Bois-le-Duc, la ville de Grave, les seigneuries de Kuick et de Ravenstein. Sa superficie était de 920 kil. carrés, et sa pop. de 400,000 hab.; et *Brabant espagnol*, dit *autrichien*, après 1714. Il était divisé en trois quartiers: le quartier de Bruxelles, partagé en pays Flamingam (Bruxelles, Vilvorde, Malines) et en pays Wallon (Nivelle, Genape, Jodoigne, Gembloux, Wavre et Hannat, le comté de Tilly, les baronnies de Rèves et de Sombreffe, le marquisat de Trazégnie); le quartier de Louvain (Louvain, Arschot, Diest, Tirlemont, Leeuwe, Arschot-Handen et Sichem); le quartier d'Anvers, divisé en marquisat de Bas-Empire (Anvers, Lierre) et Campine brabançonne (Hoogstraten, Turnhont, Herenthals). En 1746, les Français conquirent le Brabant autrichien, et le restituèrent, aux termes du traité d'Aix-la-Chapelle de 1748; ils le reprirent en 1794, et le traité de Campo-Formio le réunit à la France (1797); on en fit les départements des Deux-Nèthes, ch.-l. Anvers, et de la Dyle, ch.-l. Bruxelles. Le Brabant hollandais fut réuni à la France en 1810. En 1815, les deux parties du Brabant se trouvèrent réunies du royaume des Pays-Bas et formèrent trois provinces: le Brabant septentrional, Anvers et le Brabant méridional; mais la dissolution du nouvel Etat (1830-1832) les sépara de nouveau: le Brabant méridional et la province d'Anvers entrèrent dans le royaume de Belgique, et le Brabant septentrional resta dans celui de la Hollande.

BRABANT MÉRIDIONAL, province centrale de Belgique, bornée au N. par la prov. d'Anvers, par celles de Liége et de Limbourg à l'E., de Hainaut et de Namur au S., de la Flandre orientale à l'O. Ch.-l. Bruxelles; trois arrond.: Bruxelles, Louvain et Nivelle. Superf. 328,323 hect. Pop. 772,728 h. Ce pays, assez montagneux au S., est arrosé par la Dyle, la Demer, la Senne, la Dendre et la Grande-Geethe. Fabriques de toiles, dentelles, cotons, poteries, papiers, etc.

BRABANT SEPTENTRIONAL, prov. du S. de la Hollande, bornée au N. par les prov. de Gueldre et de Hollande, à l'E. du Limbourg hollandais, au S. d'Anvers et du Limbourg belge; à l'O. de Zélande. Ch.-l. Bois-le-Duc. Superf. 440,000 hect. Pop. 414,470 hab. Ce pays, plat, bas, marécageux et peu fertile, est arrosé par la Meuse, l'Escaut oriental, etc. Elève de bétail, d'abeilles. Fabriques de toiles, lainages, cotons, poteries, etc. Climat sain.

BRABEUTES (du grec *brabeus*, arbitre). On appelait ainsi chez les Grecs les officiers qui présidaient aux jeux solennels et surtout aux jeux sacrés. Les prix qui étaient distribués étaient appelés *brabëia*, et les couronnes *themiplechtès*.

BRACCIANO, ville des Etats de l'Eglise, à 35 kil. de Rome, sur le lac de son nom. Pop. 1,800 hab. Beau château des Torlonia, ducs de Bracciano. On voit encore, près de cette ville, les ruines de Veies.

BRACCIANO (lac de), situé dans les Etats de l'Eglise, près de la ville de son nom; il a 8 kil. de long. Il se décharge dans la Méditerranée par l'Arone.

BRACCIO DE MONTONE (Andrea), célèbre condottiere italien, né à Pérouse en 1368, mort en 1424. Il servit d'abord sous le comte de Montefeltro. Le parti démocratique de Pérouse ayant réussi à s'emparer du pouvoir, les familles nobles furent exilées et leurs biens confisqués. Braccio, forcé alors de quitter sa patrie, s'engagea dans une compagnie d'aventuriers qui s'appelait *compagnie de Saint-Georges*, commandée par Albéric de Barbiano. Sa bravoure lui valut une certaine renommée. Il résolut, en 1416, de rentrer dans Pérouse et d'y rétablir la noblesse. Il vint mettre le siége devant cette ville, battit Malatesti, le força à capituler, et se rendit enfin maître de la place. Il fit reconnaître sa souveraineté, et s'appliqua, par la sagesse de son gouvernement, à apaiser les passions politiques. Il soutint plusieurs guerres contre le pape Martin V, et contre Sforza, qu'il vainquit à Viterbe, en 1419. Mais la victoire l'abandonna à Aquila, où il eut à combattre une armée quatre fois supérieure à la sienne. Il ne renonça à la lutte que quand il se vit atteint de quatre blessures, et hors d'état de commander. Cet échec lui causa un si vif chagrin qu'il refusa toute nourriture, et s'opposa à ce qu'on pansât ses blessures. La mort vint bientôt l'enlever à l'affection de ses soldats et des divers peuples de l'Italie qui avaient espéré un instant qu'il saurait les délivrer du joug étranger et de la domination des papes. Ses soldats déchirèrent leurs vêtements en signe de deuil, laissèrent croître leur barbe, et ne voulurent plus porter d'autre nom que celui de Bracceschi. Les soldats de Sforza prirent, par opposition, le nom de Sforzeschi.

BRACCIOLINI. (*Voir* POGGIO.)

BRACCIOLINI DALLE API (Francesco), poëte italien, né à Pistoia en 1566, mort en 1646. Il embrassa l'état ecclésiastique. Il s'attacha à Urbain VIII dont il avait été secrétaire avant son élévation au pontificat; ce pape le récompensa d'un poëme qu'il avait composé sur son élection au trône pontifical, en ajoutant à son nom celui de *dalle api* (des abeilles) pour exprimer la pureté de sa poésie. La *Croix reconquise*, poëme héroïque, passe pour un chef-d'œuvre digne de la *Jérusalem délivrée* du Tasse. Il réussit moins bien dans le genre burlesque et dans la poésie héroï-comique.

BRACELET, récompense militaire chez les anciens Romains; on la décernait aux centurions légionnaires ou aux soldats qui s'étaient distingués sur le champ de bataille. C'était un cercle de baguettes d'argent ou de tout autre métal repliées sur elles-mêmes et se maintenant fermées par leur élasticité. Il se portait sur le haut du bras gauche et avait 9 à 10 centim. de diamètre.

BRACHMANES. (*Voir* BRAHMANES.)

BRACHODES, aujourd'hui *Capudia*, promontoire de l'ancienne Afrique septentrionale, sur la côte de la province de Byzacium, à l'entrée de la petite Syrte. Bélisaire y aborda lorsqu'il s'avança contre les Vandales, et l'empereur Justinien y fonda la ville *Caput Vada*.

BRACIEUX, ch.-l. de cant. de l'arrond. de Blois (Loir-et-Cher), à 17 kil. de cette ville. Pop. 970 hab.

BRACLAW. (*Voir* BRATSLAF.)

BRACONNIERS, BRACONNAGE. On donnait autrefois ce nom à ceux qui dressaient pour la chasse des chiens appelés *bracs*. Avant de se servir de ces animaux, on se servait du faucon. Aujourd'hui on entend par braconnier celui qui s'occupe de chasse clandestine, soit qu'il s'affranchisse de la permission de porter des armes, soit qu'il poursuive le gibier sur le terrain d'autrui. Sa vie est une lutte continuelle, soit contre les propriétaires qui subissent ses déprédations, soit contre la société qui redoute un homme toujours armé et souvent prêt à faire usage de ses armes pour défendre sa liberté; il a la ruse, l'adresse et le courage du contrebandier. Les engins prohibés sont ceux dont il se sert presque toujours.

BRADFORD, ville d'Angleterre, dans le comté d'York, à 50 kil. de cette ville. Pop. 45,000 hab. Ville industrielle très-florissante. Filage et tissage des laines. Teintureries, fonderies de fer; exploitation de houille.

BRADFORT (Great), ville d'Angleterre, dans le comté de Wilts, à 40 kil. de Salisbury. Pop. 10,570 hab. Fabrique de draps fins.

BRADLEY, houillère embrasée (*Voir* BILSTON.)

BRADLEY (James), célèbre astronome, né à Shireborn, dans le comté de Glocester en 1692, mort en 1762. Il fut professeur d'astronomie à Oxford. En 1727, il découvrit la théorie de l'*aberration de la lumière*, qui fit faire un pas immense à la science astronomique, et qui en fixe en quelque sorte les lois. Ayant succédé à Halley, comme astronome à l'observatoire de Greenwich, il commença, à l'aide d'instruments perfectionnés, une série de belles et intéressantes observations. En 1747, il publia dans les *Transactions philosophiques*, sa découverte du phénomène de la *mutation de l'axe terrestre*. Sa théorie fut complétée par d'Alembert, qui expliqua la cause physique. Il lui arriva souvent de répandre des théories sans recourir à des écrits; c'est ainsi qu'il communiqua aux savants sa méthode pour calculer les éléments d'une comète, et sa règle pour le calcul des réfractions. Les plus célèbres académies de l'Europe s'honorèrent de le compter parmi leurs membres. Cependant son ardeur infatigable au travail finit par l'épuiser; il mourut à l'âge de 70 ans. Ses travaux ont été consignés dans des recueils académiques; car il lui répugna toujours de publier sa pensée dans des écrits.

BRADSBERG, préfecture de la monarchie suédoise (Norwége), dans le Sœndenfields, sur les bords du Skager-Rack. Pop. 76,600 hab. Les villes principales sont : Kragerœ, Skeen.

BRADSHAW (John), un des personnages les plus fameux de la révolution d'Angleterre, né dans le comté de Derby en 1586. Il fut d'abord avocat à la cour. Il se signala parmi les adversaires les plus acharnés de la royauté; aussi, fut-il choisi pour présider la haute cour de justice qui condamna Charles Ier à la peine de mort. Quelques historiens ont prétendu qu'il était mort en 1659, que son corps avait été déterré au moment de la Restauration, ainsi que ceux de Cromwell et d'Ireton, et qu'ils avaient été brûlés sous la potence. Cependant, il paraît mieux établi que Bradshaw se réfugia à la Jamaïque, après avoir fait courir en Angleterre le bruit de sa mort.

BRAEMAR, ville d'Ecosse (Aberdeen), à 35 kil. de Kincardine-O'Neil. On y remarque un ancien château des comtes de Mar, où, en 1745, le prétendant arbora son drapeau.

BRAGA, ville de Portugal, ch.-l. de la nouvelle province de Minho, à 45 kil. de Porto. Pop. 20,000 hab. Siége d'un archevêché érigé en l'an 92 ap. J.-C. Remarquable par sa belle cathédrale du XIIe siècle. Eaux sulfureuses froides. On cite aux environs le sanctuaire *do Senhor-Jesu do Monte*, pèlerinage très-fréquenté. De 455 à 585, Braga fut la capitale des Suèves; elle tomba au pouvoir des Arabes, au VIIe siècle, puis, en 1040, aux mains des Castillans.

BRAGANCE, ville forte du Portugal (Tras-os-Montes), à 55 kil. de Miranda. Pop. 5,000 hab. Siége d'un évêché. Etoffes de soie et de velours. Cette ville fut érigée en duché, en 1442, par Alphonse V. Berceau de la famille de Bragance.

BRAGANCE (maison de). Cette maison eut pour chef, Alphonse, fils naturel du roi Jean Ier. Elle monta sur le trône de Portugal avec Jean IV, qui secoua la domination espagnole. Elle a donné au Portugal, après Jean IV, qui régna de 1640 à 1656 : Alphonse VI (1656 à 1683), Pierre II (1683 à 1706), Jean V (1706 à 1750), Joseph (1750 à 1777), Marie Ire (1777 à 1790), Jean VI (1790 à 1826), Pierre III, don Pédro (1826 à 1834). Les enfants de ce dernier se sont partagé depuis le Brésil et le Portugal. Don Pédro II règne en Amérique, et don Luis en Europe.

BRAGI, dieu de l'éloquence et de la poésie dans la mythologie celtique des peuples du Nord. Il était fils d'Odin, le grand prophète du Nord, que les Scandinaves ont divinisé, et de Frigga. Ils donnaient souvent à leurs poëtes le surnom de *Brages*.

BRAHAM (Maurice-John), ténor anglais, né à Londres vers 1770, mort en 1834. C'est à peu près le seul chanteur de la Grande-Bretagne que l'on puisse citer. Sa voix était fort belle et très-étendue. Il rendait admirablement la musique de Hændel. Il a laissé quelques compositions musicales, parmi lesquelles son chant sur la *Mort de Nelson*, quoique très-médiocre, est resté un chant national.

BRAHÉ (Pierre, comte DE), grand sénéchal de Suède. Pendant la minorité de la reine Christine et celle de Charles XI, il fit partie du conseil de tutelle chargé d'administrer le royaume. Il se rendit utile à son pays par sa bienfaisance et par la protection qu'il accorda aux savants et aux artistes. Il établit en Finlande, dont il avait été nommé gouverneur, des écoles et des colléges; il fonda aussi l'université d'Abo. Christine voulut lui conférer la dignité de duc; mais il eut la modestie de refuser. Il mourut en 1680.

BRAHÉ (Tycho). (*Voir* TYCHO-BRAHÉ.)

BRAHILOV, ville de Valachie. (*Voir* BRAILA.)

BRAHM, dieu suprême des Hindous. Il est représenté par un cercle dans un triangle, de là ses trois incarnations en Brahmâ, Vichnou, Siva, qui forment le Trimourti ou trinité hindoue.

BRAHMA, l'être suprême des Hindous. Ce mot résume dans la langue de ce peuple le dieu *absolu*, invisible, incréé. Brahma n'est pas le créateur du monde. Il est trop au-dessus de l'œuvre de la création pour avoir rien créé. Brahma est aussi appelé le néant, en raison même de son immuabilité improductive. Au-dessous de lui apparaît la grande trinité ou *trimourti*: Brahmâ ou Brahman, Vishnou et Siva. Ces trois dieux inférieurs sont seuls adorés; Brahma n'a pas besoin des hommages des hommes. L'idée monothéiste, qui domine philosophiquement dans la théodicée hindoue, a été complétement abandonnée; et le polythéisme qui s'est dégagé de cette doctrine a seul survécu. Les philosophes indiens qui ont essayé, de notre temps, de démontrer que les attributs des divinités secondaires n'étaient que les attributs du dieu souverain, omniscient et omnipotent, ont ainsi contribué à rapprocher leur religion du système qui domine dans les religions de l'Occident, où l'on n'admet qu'un Dieu créateur; mais ils se sont certainement éloignés du brahmanisme pur. L'être suprême prend aussi le nom de *Para brahma*, qui signifie Dieu supérieur. Le symbole de Para brahma consiste en un cercle dans un triangle : le triangle représente la trinité hindoue, et le cercle l'unité.

BRAHMANES ou BRAHMINES, BRACHMANES. Les Brachmanes étaient des philosophes indiens qui empruntèrent aux traditions égyptiennes plusieurs dogmes qu'ils introduisirent dans la religion hindoue. Ils tenaient ces traditions de prêtres égyptiens qui quittèrent leur pays pour se réfugier dans l'Inde, lors de la conquête de l'Egypte par Cambyse. On ferait une histoire longue et intéressante des divers dogmes que les religions asiatiques se sont empruntés les unes aux autres, et qui ont été importés ensuite dans les religions de l'Occident. Ainsi le dogme de la résurrection de la chair, pour ne citer qu'un seul exemple, nous vient de Zoroastre, qui fonda la religion persane. Les Hébreux l'empruntèrent aux Persans, lorsqu'ils furent emmenés en captivité dans leur pays. En effet, on ne trouve cette idée que dans les livres de la Bible postérieurs à cette époque. On pense que ce fut un prophète du nom de Brachman, dont les disciples s'appelèrent brachmanes, qui introduisit le premier le dogme de la métempsycose. Il enseigna que l'eau était le principe de tous les éléments, et qu'il les contenait en germe. L'eau devint un œuf brillant comme le soleil; ce fut dans cet élève que se développa Brahmâ, l'une des trois personnes de la trinité ou *trimourti*; Brahmâ ayant brisé *par la pensée* l'œuf dans lequel il était renfermé, il se partagea en deux parties, dont l'une forma le ciel et l'autre la terre. Si l'on approfondit ce dogme, on y découvre facilement la vérité de l'idée qui est traduite par ces images. La science géologique, qui explique la formation du monde, nous dira qu'en effet l'eau a été le principal agent de production; que la terre s'est formée par une sorte de cristallisation; que l'humidité et la chaleur ont été les deux éléments de cette immense élaboration. Brahmâ brisant l'œuf, personnifie assez bien la nature agissant d'après des lois fatales, nécessaires, absolues, produisant parce qu'il est de l'essence de tout être, à quelque ordre qu'il appartienne, de produire. Brahmâ n'est pas la divinité éternelle; car il y a au-dessus de lui Brahma, qui représente l'absolu, l'infini, l'éternel. L'idée cosmogonique de l'œuf du monde se retrouve chez les peuples de la plus haute antiquité : chez les Chinois, les Japonais, les Assyriens, les Egyptiens, et généralement dans presque toute l'Asie. Avant les brachmanes, l'Inde avait ses brahmes, brames, bramins ou bramines, qui, depuis, se sont confondus avec les brachmanes en adoptant leur doctrine. Les brahmes sont les premiers prêtres et les premiers législateurs de l'Inde. Strabon nous apprend que, de son temps, les brahmes ne pouvaient acquérir ce titre que par un noviciat de trente-sept années, passées dans les plus grandes austérités. Les disciples ne pouvaient parler, ni même tousser ou cracher pendant que le prêtre parlait. Ils ne pouvaient manger d'autre chair que celle des animaux qui ne rendent pas de services à l'homme. La superstition a étendu plus tard ce précepte à tous les animaux en général, en se fondant sur ce que, par l'effet de la métempsycose, les âmes des hommes impurs passaient dans le corps des animaux. Mais ils auraient pu étendre ce précepte aux plantes mêmes, et se priver ainsi de toute nourriture, puisqu'ils prétendaient aussi que les âmes pouvaient descendre jusqu'à animer les plantes. Après leur noviciat, les disciples devenaient brahmes à leur tour; ils pouvaient se marier et même épouser plusieurs femmes; ils devaient toutefois se garder de les entretenir des mystères de la religion. Selon eux, la mort n'était que le passage à une vie plus heureuse. Aussi voyait-on beaucoup de brahmes la prévenir en faisant préparer leur bûcher, et en s'y précipitant avec joie. Cependant certains brahmes prétendaient, au contraire, que c'était un crime de prévenir l'ordre de la nature, et de ne pas attendre l'arrêt des dieux. Quand le brahme mourait, ses femmes se disputaient l'honneur d'être brûlées sur son bûcher; ce privilége était réservé à celle que le défunt avait le plus aimée pendant sa vie. Celles qui n'avaient pas été préférées s'éloignaient avec désespoir. Cicéron nous montre, dans ses *Tusculanes*, qu'il n'avait pas assez d'admiration pour ces sacrifices humains. Cependant les Anglais, maîtres de l'Inde, comprenant avec raison ce qu'il y a de barbare dans cette coutume, s'efforcent de l'abolir. Grâce à des lois répressives, elle paraît à peu près abandonnée aujourd'hui. Les brahmes prétendent descendre de Brahmâ; ils sont tirés de la classe noble. Ils ne se contentent pas d'enseigner la religion et la morale; ils pratiquent aussi la médecine. C'est parmi eux que se recrutent les magistrats et les hommes de science. Les brahmes ont seuls le droit de lire les *Védas* ou livres sacrés. Le peuple croit que si un profane en lisait seulement le titre, sa tête se fendrait aussitôt. Le brahme qui en ferait la lecture à d'autres que ceux de sa caste, en serait aussitôt exclu. Les brahmes n'en font la lecture qu'à voix basse et enfermés dans un lieu secret. Le meurtre d'un brahme est inexpiable; si c'est le brahme lui-même qui a commis le meurtre, il en est quitte pour réciter une formule sacrée. Le système des Indiens sur la physique et la cosmographie ne diffère guère de celui des Grecs. On est même parfaitement fondé à croire que les Grecs leur ont emprunté leurs idées sur la formation du monde et les éléments.

BRAHMANISME, religion de Brahma. Le monde, suivant les Hindous, a eu plusieurs âges. Le dernier monde, ou monde du dernier âge, date du déluge. La chronologie indienne, à partir de ce grand fait historique, concorde à peu près avec la nôtre. Il ne faut pas trop sourire en songeant à l'antiquité fabuleuse que les philosophes indiens attribuent au monde. Il est d'abord faux qu'ils se soient attribué cette antiquité comme peuple; ils ont seulement avancé que le monde avait plus de 4 millions d'années d'existence. Il est probable que ce chiffre assez arbitraire représentait pour eux une éternité. Ainsi ils affirment, d'accord en cela avec les traditions de tous les peuples et avec la science géologique, que le monde que nous habitons a eu un commencement; mais ils croient à l'existence antérieure d'autres mondes qui se sont succédé. Brahmâ, émanation de Brahma, le Dieu suprême; Brahmâ, personnification de la nature, qui s'identifie avec elle, verra la fin de son règne. Il ira alors s'asseoir à côté de Brahma, dans le monde supérieur; mais d'autres âges viendront encore. Au fond de cette philosophie, nous voyons l'éternité des mondes ou des âges affirmée comme conséquence de l'éternité de Brahma. Quant au monde actuel, son existence ne doit être que de 12,000 ans. Si l'on compare cette allégation avec les données de la science astronomique et cosmographique, on demeure frappé de ce que nos savants qui ont admis la périodicité des déluges tous les 10,000 ans, se sont rencontrés avec la théologie hindoue. Il n'est pas jusqu'à l'explication des phénomènes ayant accompagné le déluge, qui ne concorde aussi avec la tradition des Hindous : « Après la chute des esprits, *les pôles ont changé de position*, les étoiles se sont égarées de leur route, et toute la terre a été punie par un déluge. » Comme on le voit, la philosophie théologique des Hindous est plus profonde dans l'explication des causes que la tradition biblique. D'après les *Védas*, la faculté génératrice de Brahmâ, c'est la *mâya*, émanation de Brahma qui flotte autour de lui comme un brouillard sans forme. La mâya est l'émanation même de Brahma; c'est le principe de toutes choses, le Verbe, le *logos* des Grecs. Brahma s'étant contemplé lui-même dans la mâya éblouissante, cette contemplation dissipa les ténèbres et devint force productrice. Brahma venait d'anéantir les enfants de Pouros, hommes d'un monde antérieur; il descendit alors sur la montagne de Méropurobati, et dit : « Lève-toi, Brahmâ, le premier être du second âge. » Brahma donna alors à la première personne de la Trinité, la puissance de créer. Brahmâ sent son ventre se gonfler; il éprouve de cruel les souffrances, et bientôt il voit sortir de ses flancs deux jumeaux : le premier homme et la première femme, qui, à peine enfantés, se prosternent devant lui et l'adorent. La terre se peupla; mais les hommes du premier âge ayant transgressé la loi divine, Brahmâ remit à Brahmâ le dépôt de la loi nouvelle, et anéantit les premiers hommes par le déluge. Les commencements du second âge furent heureux; la vertu régnait sur la terre; mais bientôt la malice reprit le dessus. Alors le Tout-Puissant appela Brahmâ à lui, et le recueillit dans son sein. Depuis, l'Indien voyant les maux fondre sur lui attend paisiblement, dans une vie inactive et fataliste, la fin de cet âge malheureux, et l'avénement d'un nouveau monde, où les dieux inférieurs disparaîtront eux-mêmes, et où Brahma sera tout en tout. La métempsycose ou *métensomatosis*, que Pythagore a empruntée aux Indiens, nous apparaît sous une face philosophique beaucoup plus élevée que la doctrine du célèbre philosophe grec. En dehors de l'âme animant chaque corps, il y a a l'*âme universelle*, esprit, éther raréfié, immense réservoir de fluide intellectuel, qui nous entoure, et où les individualités particulières vont puiser la somme de fluide que leur organisation leur permet d'absorber. L'âme universelle a sa conscience propre, ses sensations sans jouissances sensuelles; c'est elle qui produit le rayonnement des intelligences les unes sur les autres; elle se manifeste parmi les hommes en produisant la grande voix de l'humanité, la voix du peuple. Cette intelligence universelle et souveraine survit aux êtres grossiers qu'elle anime pour les laisser bientôt se décomposer par la mort; mais aussi elle se perpétue, se transforme et se perfectionne par eux. Cette intelligence s'épurant ainsi d'âge en âge, doit enfin arriver dans le sein de Brahma et dans sa contemplation, à la vérité et à la justice absolue.

BRAHMAPOUTRA, grand fleuve d'Asie, formé par la réunion du Lohit et du Dihong, qui prennent leur source dans l'Himalaya. Après un parcours de 900 kil., et après avoir traversé l'Assam et le Bengale, et reçu le Goddada à droite et le Goumty à gauche, il se jette par de nombreuses bouches dans le golfe de Bengale, sous le nom de Megna, qu'il prend à 200 kil. de son embouchure. Ce fleuve est entièrement navigable, mais difficile et dangereux à cause des bancs de sable et de la rapidité de son courant. Un de ses bras se confond avec le Gange au S. de Dakka. Ses crues annuelles inondent en été toute la vallée qu'il traverse. Le Brahmapoutra est adoré sous la forme masculine par les Hindous.

BRAI ou BABT (lac de). Lac situé en Savoie dans un joli vallon; il a 2,400 m. de long et 32 de profondeur. On a retrouvé, à son extrémité orientale, les ruines de Bromagus, station militaire romaine.

BRAILA, BRAHILOV ou IBRAHILOV, ville forte des Principautés-Unies (Valachie), elle est située sur la rive septentrionale du Danube, à l'embouchure du Sireth dans ce fleuve, et à 20 kil. de Galatz. Pop. 18,000 hab. Commerce en grains, suifs, pelleteries, etc. Exportation de grandes quantités de blé de la Valachie pour Constantinople. Braïla fut assiégée et prise plusieurs fois par les Russes, qui la brûlèrent en 1770. Rendue aux Turcs en 1774, par le traité de paix de Kaïnardji, elle fut fortifiée. Cette ville fut encore assiégée en 1828, et fut de nouveau rendue aux Turcs par la paix d'Andrinople.

BRAINE-LA-LEUDE ou L'ALLEUD, ville de Belgique (Brabant méridional), à 10 kil. de Nivelles. Pop. 3,200 hab. Lainages, cuirs, etc. Elle est située près du champ de bataille de Waterloo.

BRAINE-LE-COMTE, ville de Belgique (Hainaut), à 28 kil. de Mons. Pop. 5,250 hab. Lin et fil pour les dentelles de Bruxelles.

BRAISNE, ch.-l. de cant. de l'arrond. de Soissons (Aisne), à 19 kil. de cette ville. Pop. 1,490 hab. Belle église abbatiale de Saint-Yved (XIIe siècle), renfermant les tombeaux des comtes de Dreux. Braisne fut la résidence des rois de la première race, qui y avaient un palais.

BRAKENBURG (Reinjer), célèbre peintre hollandais, né à Harlem en 1649, mort en 1702. Il était doué d'un esprit fin et enjoué; ses productions se ressentent de la nature de son esprit, et ainsi que de son amour pour les plaisirs. Ses compositions sont remarquables par la variété des sujets, la pose des personnages et le jeu de leur physionomie. Les figures sont parlantes et se groupent harmonieusement dans la pensée toujours joyeuse qui fait le sujet du tableau. Ses bals, ses concerts sont inimitables; ce sont des scènes de haute comédie.

BRAMANTE (Donato-Lazzari, dit), célèbre architecte, né à Castel-Durante en 1444, mort à Rome en 1514. Il quitta la peinture pour l'architecture, et acquit dans cet art une grande célébrité. Il construisit à Naples le couvent *della Pace*; ce beau travail lui valut d'être nommé architecte du pape Alexandre VI; Jules II le fit ensuite l'intendant de ses bâtiments. C'est à lui qu'on doit la jonction du Belvédère au Vatican. Il commença la construction de l'admirable basilique de Saint-Pierre; mais il avait à peine élevé l'entablement que la mort vint le surprendre. Michel-Ange eut la gloire de continuer cet ouvrage. On lui doit encore la *Fontaine de Transtevère*, et la construction de divers cloîtres. Il a laissé un ouvrage remarquable sur les *Règles de l'architecture et de la perspective*. Son cœur était aussi généreux que son esprit était élevé; il comprit le génie de Raphaël; il se fit son protecteur et l'amena à Rome. On voit au Vatican le portrait de Bramante peint par le divin maître. Quand il mourut, le pape lui fit de magnifiques funérailles, et voulut les honorer lui-même de sa présence. On voit au Musée impérial un tableau de Bramante représentant une *Descente de la Croix*.

BRAMPTON, ville d'Angleterre (Cumberland), à 16 kil. de Carlisle. Pop. 3,400 hab. Près de cette ville, on trouve des vestiges d'un camp romain.

BRANCA. Voilà un mécanicien italien qui a signalé un des premiers usages de la force mécanique de la vapeur, et l'on ne sait rien de sa vie; on ne connaît ni le lieu de sa naissance, ni l'époque à laquelle il vivait. Heureusement, il a laissé un ouvrage intitulé : le *Macchine*, qui a été publié à Rome en 1629, et dans lequel il propose de diriger un courant de vapeur sur les palettes d'une roue, pour la faire tourner; cette roue, par un engrenage, fait mouvoir deux pilons, servant à la fabrication de la poudre.

BRANCALEONE DANDOLO, seigneur bolonais. En 1253, les Romains le choisirent pour podestat, et lui déléguèrent le commandement des troupes et l'exercice du pouvoir judiciaire, afin de réprimer les déprédations et le brigandage de la noblesse romaine. Le pape Innocent XIV fut obligé de reconnaître son autorité. Brancaleone prit des brigands et des aventuriers à sa solde, les embrigada et se mit à traquer les nobles signalés à la vengeance populaire; il les faisait pendre, sans jugement, à la porte de leurs palais. Sa sévérité révolta cependant les Romains, qui le chassèrent de Rome. Mais à peine fut-il parti qu'une vive réaction se produisit; le parti aristocratique reprit le dessus. Le peuple romain rappela alors Brancaleone, qui sut maintenir jusqu'à sa mort, survenue en 1258, l'autorité qu'il tenait du parti démocratique.

BRANCAS (famille des). Famille issue de l'illustre maison des *Brancaccio* de Naples, et qui vint s'établir en France sous Charles VII. Plus tard, elle se partagea en deux branches, dont l'aînée, qui s'était éteinte en 1802, portait les noms de Forcalquier-Brancas et de Céreste, avec les titres de duc et de grand d'Espagne. La branche cadette portait les noms de Forcalquier et Villars. Cette famille compte parmi ses membres les plus distingués:

— ANDRÉ, connu sous le nom d'*amiral de Villars-Brancas*, se jeta dans le parti de la Ligue et des Espagnols. Il voulait se faire, de la Normandie, une seigneurie indépendante, et défendit Rouen contre Henri IV; il ne se soumit qu'après l'abjuration de ce dernier (1594). Mais, un an après, fait prisonnier au siége de Doullens, il fut massacré par les Espagnols.

— GEORGES, frère puîné du précédent, obtint, en 1626, que le marquisat de Villars fût érigé en duché-pairie.

— LOUIS DE BRANCAS, marquis de Céreste, né en 1671, mort en 1750. Il servit, comme officier et diplomate, sous Louis XIV et sous Louis XV, et fut nommé maréchal de France en 1741.

— LOUIS-LÉON, duc de BRANCAS-LAURAGUAIS, né en 1733, mort en 1824. Il était pair de France sous la Restauration, et a laissé plusieurs ouvrages en prose et en vers. Il a eu pour successeur, dans la pairie, son neveu, comte, puis duc de Brancas.

BRANCHIDES, descendants de Branchus, fils d'Apollon et d'une Milésienne. Branchus avait obtenu d'Apollon le don de prophétie; ses fils héritèrent aussi du droit de rendre des oracles, et ils acquirent une réputation presque aussi grande que celle de l'oracle de Delphes. On avait élevé à Branchus un temple à Didyme; les Branchides en étaient les grands-prêtres. Xerxès les transporta en Sogdiane, où il bâtit une ville qui porta leur nom; mais elle fut détruite plus tard par Alexandre le Grand.

BRANCHIER (Saint-), village de Suisse (Valais), ch.-l. du dixain d'Entremont, à 25 kil. de Sion. Pop. 750 hab. Forteresse en ruines. Mines de fer et de plomb.

BRANCHU (Rose-Timoléone-Caroline CHEVALIER DE LAVIT, femme), célèbre cantatrice, née à Saint-Domingue en 1780, morte en 1850. Après avoir reçu des leçons de Garat, elle débuta à l'Opéra. Elle joignait à une voix puissante une rare intelligence et une sensibilité vive et profonde. Elle a eu de grands succès dans les ouvrages de Gluck et dans la *Vestale* de Spontini. Elle se retira en 1826.

BRAND, ville de Saxe, à 5 kil. de Freiberg. Pop. 3,000 hab. Importante exploitation d'argent, de plomb et d'arsenic.

BRANDEBOURG (province de). Cette province prussienne est bornée au N. par le Mecklembourg, la Poméranie et l'ancienne Prusse; au S., par le royaume de Saxe et la Saxe prussienne; à l'E., par les provinces de Posen et de Silésie; à l'O., par le duché d'Anhalt-Dessau, le Hanovre et la province de Saxe. Cette province est administrée par un président qui siége à Potsdam; elle est divisée en deux régences, dont les chefs-lieux sont Potsdam et Francfort-sur-l'Oder. Elle renferme Berlin, capitale du royaume, avec une administration indépendante. Brandebourg est l'une des villes les plus importantes de la province; elle est en quelque sorte le berceau de la monarchie prussienne. Les principales rivières sont l'Elbe, le Havel, la Sprée et l'Oder; elles sont reliées entre elles par des canaux. Le pays est riche en céréales, légumes, fruits, chanvre, lin et tabac. On y rencontre des mines de fer, de houille, de plâtre, d'argile et de chaux. On y fabrique le drap, la soierie, la toile, les étoffes de coton, le papier, la poterie, le sucre, le tabac, les cuirs, etc. — Le pays fut primitivement habité par les Suèves. Les Lombards et les Semnones, deux tribus des Suèves, s'ébranlèrent, vers le Ve siècle ap. J.-C.; ils se répandirent dans le nord de l'Allemagne, et se dirigèrent de là vers l'Italie où ils fondèrent le royaume de Lombardie. Les terres qu'ils avaient abandonnées furent occupées par des peuples d'origine slave, les Wendes, qui bâtirent Brandebourg, qui s'appelait alors *Brannibor*. Ils furent soumis par Charlemagne; mais, sous les successeurs de ce prince, ils se rendirent indépendants. Henri, roi d'Allemagne, voulant réprimer leurs incursions continuelles dans la Saxe et la Thuringe, fit la conquête de Brannibor. Il érigea Salzwedel en comté, dont les comtes devinrent les premiers margraves de la Saxe du nord. Les Wendes luttèrent encore contre les margraves avec des chances diverses. Ces luttes durèrent jusqu'en 1134. A cette époque, l'empereur Lothaire investit Albert l'Ours de la marche du Nord. Ce prince guerrier mit fin à la domination des Wendes, et devint le premier margrave de Brandebourg. Il étendit ses États, encouragea l'agriculture pour attacher au sol ses peuples farouches, et jeta les fondements de Berlin, de Stendal et de plusieurs autres villes importantes. Son fils Othon Ier lui succéda, et s'honora du titre d'archichambellan de l'empire romain. Jean Ier et Othon II, ses successeurs, étendirent encore les conquêtes de leurs ancêtres, et bâtirent Francfort. Les margraves Hermann et Othon IV prirent le rang d'électeurs; ils acquirent la Basse-Lusace. Waldemar le Guerrier, qui régna en 1303, fut l'un des plus puissants margraves de Brandebourg. A la mort de ce prince, il se produisit un faux Waldemar qui troubla longtemps la paix du pays. En 1322, l'empereur Louis IV de Bavière investit Louis, son fils, de la marche de Brandebourg. Louis, luttant difficilement contre ses voisins, finit par abandonner Brandebourg à son frère Othon, qui devint électeur à son tour et consolida sa puissance par son alliance avec l'empereur Charles IV et la maison de Luxembourg. Cependant ce prince, aussi lâche qu'avare, vendit à Charles IV plusieurs de ses provinces, notamment la basse Lusace et la marche électorale. L'empereur inféoda Brandebourg à son fils Wenceslas, déjà roi de Bohême, et ce pays passa ainsi à la maison de Luxembourg en 1373. Plus tard, quand Wenceslas parvint à l'empire romain, Charles IV céda Brandebourg à son second fils, Sigismond. Ce prince, parvenu au trône à l'âge de 11 ans, ne sut pas s'y maintenir, et abandonna la couronne à son cousin le margrave Jobst de Moravie. Mais celui-ci ne fut pas plus heureux, et, à sa mort, la couronne retourna à Sigismond, devenu empereur. Celui-ci établit pour gouverneur de la marche de Brandebourg, Frédéric VI, burgrave de Nuremberg, de la maison de Hohenzollern. En 1417, Frédéric VI fut définitivement investi de l'électorat; ce prince est le premier des souverains de la maison qui règne encore aujourd'hui en Prusse. Son règne fut long et prospère. En 1440, Frédéric II, dit *Dent de Fer*, son fils, lui succéda. Sous ce prince et sous ses successeurs, jusqu'à Joachim Ier, Brandebourg jouit d'une heureuse paix. Sous Joachim, les persécutions contre les protestants furent assez vives. Joachim II, son fils, embrassa la religion nouvelle. Jean-Georges réunit la nouvelle marche à la marche électorale. Jean-Frédéric réunit à ses États le duché de Jægerndorf. Pendant la guerre de Trente-Ans, la marche de Brandebourg fut ravagée et ruinée; le comte de Schwartzenberg, à qui la direction des affaires était abandonnée, poussa l'incurie jusqu'à négliger de lever des troupes en quantité suffisante pour faire face à l'invasion. Cependant le pays fut sauvé, grâce à l'alliance de la Suède. Le règne de Georges-Guillaume fut désastreux; ses États, occupés par les Suédois, furent souvent le théâtre de la lutte entre la Suède et la Pologne. L'avénement de Frédéric-Guillaume marque le couronnement de la grandeur de la monarchie prussienne. Frédéric II, son fils, fut le premier qui abdiqua la qualité d'électeur, pour prendre le titre de roi en 1701.

BRANDEBOURG, ville forte de la monarchie prussienne qui a donné son nom à la marche de Brandebourg et qui dépend aujourd'hui de l'arrondissement de Potsdam, à 69 kil. de Berlin. Pop. 20,000 hab. Station de chemin de fer de Berlin à Magdebourg. Siége d'une division militaire, d'un tribunal de cercle, d'une recette générale; vieille cathédrale; école de la noblesse; pénitencier, hôtel de ville. Fabriques d'étoffes de laine, soieries, huiles et cuirs. Brandebourg, anciennement Brennaborch, fut prise par Henri Ier en 928. Othon Ier y fonda un évêché en 948. Détruite par les Wendes, elle fut rebâtie par Albert l'Ours; elle eut à souffrir pendant la guerre de Trente-Ans.

BRANDEBOURG (Nouveau-), ville du grand-duché de Mecklembourg-Strélitz, à 26 kil. de Neu-Strélitz. Pop. 6,200 hab. Cette ville possède un château, deux églises, un gymnase, plusieurs fabriques; draps, cartes à jouer, imprimerie sur toiles, eaux-de-vie, verrerie, tabac, houblon. On remarque aux environs le château du Belvédère.

BRANDEBOURGS. On appelle ainsi des ornements de passementerie qui consistent en des cordonnets de laine, de soie, ou même de fils d'or ou d'argent, adaptés à l'habit, et disposés sur la poitrine en lignes parallèles; l'extrémité de chacun de ces cordonnets forme au milieu de la poitrine, une boucle qui s'attache à un bouton.

BRANDENBURG (Frédéric-Guillaume, comte DE), général prussien, né en 1792, mort en 1850. Il était issu du mariage morganatique du roi Frédéric-Guillaume II, avec la comtesse de Dœnhoff. Il fit, depuis 1807 jusqu'en 1815, les campagnes contre la France. Ennemi des libertés populaires, il se fit remarquer en 1848, par l'ardeur avec laquelle il poursuivit les libéraux qui apparurent un instant au pouvoir. Quand il eut préparé par ses intrigues la scission qui se manifesta au sein de l'Assemblée constituante, à qui le peuple prussien venait de confier ses destinées, il accepta, avec la présidence du ministère, la mission d'en opérer la dissolution. Aux conférences de Varsovie, qui s'ouvrirent en 1850, et où il représenta la Prusse, il se montra l'adversaire le plus ardent de la cause polonaise, qui venait de tenter un vain effort pour reconquérir son indépendance.

BRANDEIS, ville des États autrichiens (Bohême), à 15 kil. de Prague. Pop. 2,800 hab. Succursale de l'hôtel des invalides de Prague. Ancien château fort, construit au Xe siècle. Les impériaux y furent battus par les Suédois, le 30 mai 1639.

BRANDES (Jean-Christian), poëte et comédien allemand, né à Stettin en 1735, mort en 1799. Il est connu à la fois comme acteur et auteur dramatique; ses drames et tragédies sont fortement intrigués; bien que souvent le style soit un peu lâche. Ses personnages sont naturels, mais le dialogue est quelquefois sans chaleur. Il fut le premier qui introduisit le mélodrame sur le théâtre allemand. On cite parmi ses meilleures pièces : le *Marchand anobli*, *Oliver*, l'*Enlèvement d'Ariane à Naxos*.

BRANDO, ch.-l. de cant. de l'arrond. de Bastia (Corse), à 10 kil. de cette ville. Pop. 1,400 hab. Aux environs, on remarque une grotte renfermant de curieuses stalactites et la cascade d'Erbalunga.

BRANDON, ville d'Angleterre (Suffolk), à 50 kil. d'Ipswich. Pop. 3,000 hab. Exploitation de pierres à fusil. Élève de lapins pour les marchés de Londres.

BRANDON-SAISIE. C'est l'acte par lequel un créancier met sous la main de la justice les fruits pendants par racine, appartenant à son débiteur, pour qu'ils soient conservés jusqu'à maturité, afin d'être vendus ensuite et le prix partagé entre les créanciers. Cette saisie est ainsi nommée parce qu'il était d'usage, dans certains pays, de placer sur le champ saisi des faisceaux de paille nommés brandons, suspendus à des pieux fichés en terre. L'huissier qui procède à la saisie commet un gardien qui surveille la récolte.

BRANDT (Sébastien), jurisconsulte et poëte, né à Strasbourg en 1458, mort en 1520. Il fut d'abord professeur de droit à Bâle et à Strasbourg; puis il devint conseiller et chancelier de cette dernière ville. Il a laissé des poésies satiriques en latin assez estimées.

BRANDT, alchimiste de Hambourg, mort vers 1692. Il chercha la pierre philosophale dans l'urine. Ses expériences le firent arriver à un résultat auquel il s'attendait peu : il découvrit au fond de son récipient une matière luisante qui n'était autre chose que le phosphore. Il cacha longtemps son mode de préparation; mais Kunquel parvint facilement à le découvrir.

BRANDT (Georges), chimiste suédois, né dans la province de Westmanie en 1694, mort en 1768. Il passait pour l'un des plus habiles chimistes de son temps, surtout pour l'analyse des métaux. Il fut conseiller au département des mines: l'Académie des sciences de Stockholm a conservé de lui plusieurs mémoires intéressants.

BRANDT (Enevold, comte DE), favori du roi de Danemark. Il fut le complice de Struensée, et fut accusé d'avoir servi ses intrigues auprès de la reine; il fut condamné comme lui à être décapité, et subit son jugement le 28 avril 1772.

BRANDYWINE, rivière des États de l'Amérique du Nord (Pensylvanie et Delaware) se jette dans la Delaware. Le général Howe y vainquit Washington (11 septembre 1777).

BRANICKI (Jean-Clément), né en 1688, mort en 1771. Pendant sa jeunesse, il servit, en France, dans les mousquetaires. De retour en Pologne, son pays natal, il devint castellan de Cracovie, et entra, avec les palatins et sénateurs du royaume, dans une conspiration formée contre Auguste II, pour obliger ce prince, qui régnait à la fois sur la Saxe et sur la Pologne, à renvoyer du pays ses troupes saxonnes. Il parvint à l'y contraindre malgré l'opposition du czar. Sous Auguste III, il fut nommé généralissime du royaume; mais, mécontent de l'influence russe, et voulant chercher un appui dans l'alliance française, il signa l'acte de confédération de Grodno, dans lequel le roi était accusé de violer les droits de la nation polonaise. Il essaya d'attirer dans son parti de Broglie, ambassadeur de France à Varsovie. Cet ambassadeur crut devoir flatter la Russie en repoussant ses propositions; il se laissa entraîner à cette détermination par les Czartoryszki, qui favorisaient le gouvernement de Saint-Pétersbourg. Branicki fut alors exilé, et se retira en Hongrie. En 1752, la France comprit, mais trop tard, qu'elle devait appuyer ce courageux citoyen; le gouvernement français essaya même de le faire monter sur le trône de Pologne; grâce à l'influence russe, Poniatowski, son beau-frère, lui fut préféré, Branicki essaya d'organiser la résistance, mais il fut bientôt contraint de quitter la Pologne; la France l'accueillit dans son exil.

BRANICKI (François-Xavier), intrigant politique, mort en 1819. Pour se faire passer comme membre de la famille des Branicki, il s'avisa de changer une lettre de son nom, qui était BRANECKI. Il commença par se faire l'entremetteur de Catherine II et de Stanislas Poniatowski, et fit de rapides progrès dans la carrière militaire. En 1768, il commanda les troupes de Stanislas-Auguste contre les confédérés de Bar, devint grand général du royaume, et fut pour beaucoup dans le premier partage de la Pologne. Puis il trouva moyen d'épouser une nièce de Potemkin et de se faire doter de biens immenses par les Russes. Voulant arriver au deuxième partage de la Pologne, il forma la confédération de Targowicz, qui était entièrement opposée à la constitution de 1791. Mais déclaré traître à la cause nationale, il prit la fuite et se retira en Russie.

Charles VII recevant Jeanne d'Arc.

BRANLE. C'était une danse fort à la mode au XVIᵉ et au XVIIᵉ siècle. On dansait le branle particulièrement en Poitou et en Bretagne. La danse du Poitou s'exécutait en rond, sur un air très-gai; l'air usité dans la Bretagne était plus lent. On dansait le branle des lavandières, celui des sabots, celui de la moutarde et celui des ermites.

BRANLE-BAS. En termes de marine, on appelle branle-bas les préparatifs de combat qui se font sur un vaisseau lorsqu'il se dispose à lancer ses bordées. Ce mot vient de ce que les hamacs, appelés aussi *branles*, étaient autrefois détachés et placés devant les bastingages pour amortir les boulets de l'ennemi. Cette pratique n'est plus en usage aujourd'hui. Le tambour donne le signal du branle-bas; aussitôt les servants se rendent à leurs pièces; les soutes à poudre sont ouvertes; les cloisons des chambres et des batteries sont enlevées. A ces préparatifs bruyants, un silence de mort succède, et chacun, immobile à son poste, attend le signal du capitaine.

BRANNA, ville des États autrichiens (Bohême), à 4 kil. de Starkenbach. Pop. 2,000 hab. Toile et batiste fines.

BRANNE, ch.-l. de cant. de l'arrond. de Libourne (Gironde), à 10 kil. de cette ville. Pop. 550 hab. Possède un petit port sur la Dordogne, avec un pont suspendu.

BRANTOME, ch.-l. de cant. de l'arrond. de Périgueux (Dordogne), à 26 kil. de cette ville. Pop. 1,260 hab. Commerce de vins et de truffes. Cette ville possédait une abbaye de bénédictins dont les bâtiments existent encore, et dont l'historien Brantôme fut abbé commendataire.

Brantôme (Pierre de Bourdeilles, vicomte et abbé de), né à Bourdeilles, en Périgord, en 1527, mort en 1614. Il obtint très-jeune l'abbaye de Brantôme, qui constituait un riche bénéfice. C'était un de ces abbés, comme on en voyait tant au moyen âge, plutôt homme d'épée que de robe. Brantôme suivit constamment les armées et la cour, et devint gentilhomme de la chambre des rois Charles IX et Henri III. Son esprit subtil le fit souvent employer dans des missions diplomatiques. « Il avoit beaucoup d'esprit et de bonnes lettres, dit le Laboureur; il estoyt fort gentil dans sa jeunesse, mais, j'ai appris de ceux qui l'ont cognu, que le chagrin de ses vieux jours luy fust plus pesant que ses armes, et plus déplaisant que tous les travaux de la guerre; il regrettouoit le temps passé, la perte de ses amis, et ne voyouoit rien qui approchast de la cour des Valois, où il avoit esté nourry. » Brantôme ne fut cependant pas toujours favorisé de la fortune : les rois, ses maîtres, les reines, les princesses et les grands seigneurs l'avaient bien accueilli, mais ils l'avaient amusé par de vaines espérances. Brantôme donna lui-même, dans l'épitaphe suivante, qu'il fit mettre sur son tombeau, le récit de ses aventures : « Passant, si par cas ta curiosité s'estend de savoir qui gît sous cette tombe, c'est le corps de Pierre de Bourdeille, en son vivant chevalier, seigneur et baron de Richemont, conseigneur de Brantôme, extrait du côté du père de la très noble antique race de Bourdeille, renommée de l'empereur Charlemagne, comme les histoires anciennes et vieux romans François, Italiens, Hespagnols, titres vieux et antiques de la maison le temoignent de père en fils, jusques aujourd'hui. Et du côté de la mère, il fut sorti de cette grande et illustre race issue de Vivonne et de Bretagne; il n'a dégénéré, grâce à Dieu, de ses prédécesseurs, il fut homme de bien, d'honneur et de valeur, comme eux. Avanturier en plusieurs guerres et voyages estrangers et hazardeux, il fit son premier apprentissage d'armes sous ce grand capitaine, Emme François de Guise, et pour tel apprentissage, il ne désire autre gloire et los; donc cela seul suffit. Il apprit très bien sous lui de bonnes leçons, qu'il pratiqua avec beaucoup de réputation pour le service des rois, ses maîtres; il eut, sous eux, charge de deux compagnies de gens de pied. Il fut, en son vivant, chevalier de l'ordre du roi de France, et de plus, chevalier de l'ordre du Portugal, qu'il alla quérir et recevoir lui-même du roi don Sébastien, qui l'en honnora, au retour de la conquête de la ville de Bélice, en Barbarie, où ce grand roi d'Espagne, Philippe, avait envoyé une armée de 100 galères et 1,200 hommes de pied. Il fut après gentilhomme ordinaire de la chambre des deux rois, Charles IX et Henri III, et chambellan de M. d'Alençon; et, outre, fut pensionnaire de deux mille livres par an dudit roi Charles, dont en fut très bien payé tant qu'il vécut, car il l'aimoit fort, et l'eût fort avancé s'il eust plus vécu que ledit Henri. Bien qu'il les eust tous deux très-bien servis, l'humeur du premier s'adonna plus à lui faire du bien et des grâces plus que l'autre. Aussi la fortune ainsi le vouloit; plusieurs de ses compagnons, non égaux à lui, le surpassèrent en bienfaits, états et grades, mais non jamais en valeur et mérite. Le contentement et le plaisir ne lui en sont pas moindres. Adieu! passant, retire-toi, je ne t'en puis dire plus, sinon, que tu laisses jouir du repos celui qui, en son vivant, n'en eut ni d'aise, ni de plaisir, ni de contentement. Dieu soit loué pourtant de tout et de sa sainte grâce.» Dans son testament, Brantôme parle de ses ouvrages avec une certaine complaisance : « Je veux aussi, et en charge expressément mes héritiers, de faire imprimer mes livres que j'ai faits et composés de mon esprit et invention, lesquels on trouvera couverts de velours, tant noir que vert et bleu, et un grand volume qui est celui des *Dames*, couvert de velours vert, et un autre doré par-dessus, qui est celui des *Rotomontades*, curieusement gardées, qui sont toutes très-bien corrigées. L'on y verra de belles choses, comme : contes, histoires et beaux mots, qu'on ne dédaignera pas, s'il me semble, lire, si on y a mis une fois la vue. Qu'on prenne sur mon hérédité l'argent qu'en pourra valoir l'impression, qui certes ne se pourra monter à beaucoup, car j'ai vu force imprimeurs qui donneront plutôt pour les imprimer qu'ils ne voudront recevoir. Ils en impriment plusieurs gratis qui ne valent pas les miens. Je veux que ladite impression soit en belles grandes lettres pour mieux paroître, et avec privilége du roi, qui l'octroyera facilement. Aussi prendre garde que l'imprimeur ne suppose pas un autre nom que le mien, autrement je serois frustré de la gloire qui m'est due. » Les récits de Brantôme font quelquefois rougir la pudeur; mais il faut se souvenir qu'il peint ce qu'il a vu et raconte naïvement ce qu'il a entendu. Sa morale est assez facile, et n'est que le reflet du temps où le libertinage s'alliait assez bien aux pratiques religieuses : les aventures les plus gaillardes n'empêchent pas, selon lui, tel moine ou tel évêque d'avoir été un excellent homme, vivant suivant les règles de son état; c'est surtout pour les dames qu'il montre une grande facilité à tout excuser. Brantôme passe souvent d'un sujet à un autre avec une certaine bi-

Vue de Chartres.

zarrerie: il effleure à peine un sujet et l'abandonne aussitôt; mais ses traits les plus légers sont parfois des peintures profondes. Ainsi, après avoir raconté l'abdication de Charles-Quint, il dit brusquement, laissant à son lecteur le soin d'approfondir sa pensée: « Ne pouvant être pape, il se fit moine. » Les ouvrages les plus importants de Brantôme sont: 1° *Vie des hommes illustres et grands capitaines français;* 2° *Vie des grands capitaines étrangers;* 3° la *Vie des Dames galantes;* 4° les *Rodomontades et jurements des Espagnols.* Ces divers écrits sont nécessaires pour faire comprendre l'histoire publique et secrète de Charles IX, de Henri III et de Henri IV. Brantôme mourut à l'âge de 87 ans, le 5 juillet 1614, en disant que: « Comme les autres vieux pécheurs, *il ne se repentait pas mille fois* de la joyeuse vie qu'il avait menée dans sa florissante jeunesse. »

BRAQUE. C'est une épithète qui s'adresse habituellement aux gens étourdis. Ce mot désigne aussi une espèce de chiens de chasse, bons quêteurs, légers et vigoureux. L'étourdi dont les mouvements sont hors de propos, ressemble assez bien par son allure à ces chiens, dont les mouvements vifs et précipités ont du moins une raison de se produire.

BRAS SÉCULIER. On appelle ainsi le pouvoir qui s'exerce sur les choses temporelles par opposition au pouvoir spirituel qui est exercé par la papauté. On entend particulièrement par *séculier* ce qui a rapport aux intérêts matériels et terrestres, aux intérêts du siècle. Le bras séculier représente le bras du souverain s'étendant sur le domaine politique. Au moyen âge, le bras séculier disposant de la juridiction laïque, se heurtait à chaque instant contre la juridiction ecclésiastique. Les papes, qui aspiraient à établir dans tous les États catholiques leur puissance théocratique, ne se contentaient pas d'anathématiser les rois, ils mettaient leurs royaumes en interdit; plus d'une fois même ils disposèrent de leurs couronnes. Le pape, se disant le représentant de Dieu sur la terre, menaçait ainsi de réunir dans sa main le pouvoir temporel et le pouvoir spirituel. Les décisions des papes n'ayant par elles-mêmes d'autre sanction que l'autorité morale qu'ils exerçaient sur les peuples, et cette autorité étant souvent méconnue par les rois, les papes n'eurent d'autre moyen de faire appuyer leurs sentences que d'armer les rois les uns contre les autres; ils prêchaient des croisades contre les rois excommuniés aussi bien que contre les infidèles. L'abus de l'excommunication amena des schismes dans l'Église: l'empressement de la plupart des souverains à embrasser le culte réformé s'explique fort bien par leur désir de se soustraire à la domination papale. En France, les souverains étant parvenus à se maintenir dans une certaine indépendance vis-à-vis de la papauté, la réforme eut moins de succès. Cependant les droits du souverain avaient besoin d'être définis, en présence des droits que voulait s'arroger la papauté. C'est alors qu'on parla des *libertés de l'Église gallicane*, mot assez impropre; car elles n'ont aucunement pour objet d'affranchir, en quoi que ce soit, le clergé français de l'autorité des papes; elles garantissent seulement le souverain de l'immixtion directe de la papauté dans les affaires temporelles ou même ecclésiastiques de la France. Les décisions des papes ne sont donc exécutoires en France qu'après l'approbation et avec l'appui du bras séculier. C'est dans cet esprit qu'a été rédigé le concordat qui règle les rapports de la cour de Rome avec le clergé français.

BRASIDAS, général spartiate. Vers 424 av. J.-C, lors de la lutte entre les Spartiates et les Athéniens, qui divisait alors la Grèce, Brasidas obtint divers succès contre les Athéniens et leur enleva plusieurs villes qu'il contraignit d'entrer dans l'alliance de Sparte. Assiégé dans Amphipolis par Cléon, général athénien fameux par sa vanité, il le défit complètement. Plus tard, il rencontra encore Cléon devant Potidée; ce général y trouva la mort en 422 av. J.-C.; mais il fut blessé lui-même assez gravement, et périt peu de temps après. Les Spartiates lui firent de magnifiques funérailles et lui élevèrent un mausolée au milieu de la place publique. On institua même en son honneur des fêtes nommées *Brasidées.*

BRASIER, *ignitabulum.* Bassin portatif en bronze ou de toute autre espèce de métal, de forme quadrangulaire ou ronde, dont on se servait dans l'ancienne Rome pour chauffer les appartements. Il y avait au centre un récipient que l'on remplissait de charbons allumés.

BRASSAC, village de l'arrond. d'Issoire (Puy-de-Dôme), à 17 kil. de cette ville. Pop. 1,900 hab. Exploitation de houille.

BRASSAC, ou BRASSAC-DE-CASTELNAU, ou BRASSAC-DE-BELFOURTS, ch.-l. de cant. de l'arrond. de Castres (Tarn), à 24 kil. de cette ville. Pop. 1,290 hab. Fabrique de tissus de coton.

BRASSART, partie de l'armure des combattants au moyen âge. C'étaient deux pièces solides, l'une pour le bras, l'autre pour l'avant-bras, réunies à l'endroit du coude par une pièce mobile appelée cubetière.

BRASSE, mesure marine valant en France 1 m. 624; Angleterre (fathom), 1 m. 829; Danemark (faun), 1 m. 883; Espagne (braza), 1 m. 696; Russie (sagène), 2 m. 134; Suède (famnar), 1 m. 783; Hollande (waâm), 1 m. 883.

BRASSERIE, BRASSEUR. La fabrication de la bière remonte à la plus haute antiquité. La mythologie grecque nous montre Cérès remplaçant le vin par une liqueur dont elle enseigne aux hommes la préparation. Les Égyptiens estimaient la bière de Peluse, et les brasseurs égyptiens osèrent même défier Bacchus. Les Gaulois estimaient la bière. Les Germains buvaient la cervèse amère. Aujourd'hui la bière est généralement tirée de l'orge, et quelquefois d'autres grains susceptibles de fermentation alcoolique. On y mêle le houblon, et quelquefois des plantes aromatiques.

BRATSLOF, ville de Russie, dans le gouvernement de Podolie, à 60 kil. de Lipovetz. Pop. 2,600 hab. Cette ville fut fondée en 1331, fortifiée, et fut le chef-lieu du palatinat polonais de son nom.

BRATTLEBOROUGH, bourg des États-Unis (Vermont), à 55 kil. de Boston. Pop. 3,000 hab. Imprimerie considérable. Hospice d'aliénés.

BRAUBACH, bourg du duché de Nassau, à 8 kil. de cette ville. Pop. 1,400 hab. Eaux minérales. Ruines du château fort de Marxbourg.

BRAUNAU, ville forte des États autrichiens (Bohême), à 50 kil. de Kœniginggrætz. Pop. 6,000 hab. Fabriques de toiles, draps écarlates pour la Turquie, draps fins, etc. Abbaye de bénédictins. Cette abbaye fut fondée, comme simple couvent, en 1331; en 1340, elle reçut l'abbé et les religieux de Brewniow, près de Prague. Les hussites les chassèrent, et le couvent reçut alors le titre d'abbaye.

BRAUNFELS, ville des États prussiens, dans la province du Rhin, à 60 kil. de Coblentz. Pop. 1,570 hab. Château fort avec un musée d'antiquités et une riche bibliothèque. Résidence des princes de Salm-Braunfels.

BRAUNSBERG, ville de Prusse (province de Prusse), à 50 kil. de Kœnigsberg. Pop. 10,000 hab. Ch.-l. de cercle. Port sur la Passarge. Lycée académique. Fabrique et commerce de draps, toiles, etc.

BRAURONIA, surnom de Diane chez les anciens Grecs. Tous les cinq ans, on célébrait à Braurone le sacrifice simulé d'une victime. On appliquait légèrement une épée sur la tête d'une victime humaine et on ne faisait couler que quelques gouttes de sang.

BRAUWER (Adrien), peintre flamand, né à Harlem en 1608, mort à Anvers en 1640. Brauwer était un bon vivant, acceptant volontiers la vie avec toutes les misères dont le sort l'avait gratifié, et tâchant de la rendre aussi joyeuse que possible. Son atelier était dans une taverne. Si deux ivrognes se querellaient ou s'arrêtaient pour se battre, Brauwer pratiquait le *laissez-faire*, tant que la lutte n'allait pas trop loin; mais avec quelle finesse d'observation il étudiait ces faces avinées, pour reproduire ensuite sur la toile leurs mouvements et leur physionomie. Il fut un jour arrêté par des voleurs; mais comme il n'avait pas un sou, ils ne purent lui prendre que ses habits. Désespéré de se voir presque nu, il se fit un habit de toile, qu'il peignit ensuite de manière à faire illusion. Il fut arrêté à Anvers dans une émeute contre les Espagnols, qui opprimaient la Flandre. Il demanda et obtint la permission de se procurer des pinceaux. Il se mit alors à peindre les soldats espagnols chargés de le surveiller, qui jouaient dans un corps de garde. Rubens, ayant vu par hasard ce tableau, s'écria qu'il était de Brauwer, et l'acheta 600 florins. Il fit aussitôt mettre le malheureux peintre en liberté. Brauwer ne connut jamais l'usage de l'argent. Son premier tableau lui ayant été payé 100 ducatons, il jeta cette somme sur son lit et ne s'en inquiéta plus. Quand on lui demanda ce qu'il avait fait de son argent: « Dieu soit loué, dit-il, je m'en suis débarrassé, et je m'en trouve bien heureux. » Il mourut à l'âge de 32 ans; ses amis se cotisèrent pour son enterrement. Cependant Rubens, apprenant sa mort, le fit exhumer et l'honora de funérailles magnifiques, dignes, en effet, d'un homme qui, sous le manteau de Diogène, fut l'un des peintres les plus remarquables de la grande école flamande. On admire ses *Querelles de cabaret*, ses *Fumeurs*, ses *Soldats*, ses *Ivrognes*, ses *Filous jouant aux cartes* et ses *Noces de village*. Le musée impérial possède son *Intérieur d'une tabagie.*

BRAVA, île de l'Océan atlantique, dans l'archipel du cap Vert, à l'O. de celle de Fogo. Pop. 500 hab.

BRAVA, ville et port d'Afrique, sur la côte de Zanguebar, à 100 kil. de Magadoxo. Commerce actif avec l'Arabie et l'Inde.

BRAVACHE. On désigne, par ce mot, les fanfarons, et quelquefois aussi les bretteurs qui ont la lâcheté de provoquer les gens inoffensifs parce que leur habileté à manier les armes leur assure une victoire facile.

BRAVADE. Action de porter un défi par des paroles outrées ou par des gestes insolents. On est tenté de répondre à ceux qui en font usage par ces vers de Corneille:

Les bravades, enfin, sont des discours frivoles,
Et qui songe aux effets néglige les paroles.

BRAVALLA, ancienne ville de la Suède; elle était située près de Braawik (Gothie orientale). Elle fut célèbre par la bataille livrée, en 735, entre Sigurd Ring, roi de Gothie, et Harald Hildetung, roi des Danois, qui y périt.

BRAVE. On nomme ainsi celui qui, par devoir ou par dévouement, va au-devant du danger et s'expose à la mort. Il y a plusieurs sortes de bravoure, et souvent elle est inspirée par des sentiments bien contraires: tel homme n'est brave que pour satisfaire sa haine ou sa vengeance; et une idée superstitieuse le frappera de terreur. Dans l'antiquité, les guerriers les plus farouches s'épouvantaient à l'apparition d'une éclipse de soleil ou de lune. La bravoure est souvent relative, et elle n'est parfaite que quand le mépris du danger s'allie à une intelligence éclairée et à un grand cœur.

BRAVO. En Italie, on donnait ce nom à des spadassins à gages qui louaient leurs services pour égorger les gens. Ce mot, qui, en italien, signifie *bon*, a donc reçu une nouvelle acception assez ironique. Ce mot sert aussi, dans la langue française, à manifester l'admiration pour un grand artiste.

BRAY-SUR-SEINE, ch.-l. de cant. de l'arrond. de Provins (Seine-et-Marne), à 20 kil. de cette ville. Pop. 1,850 hab.

BRAY-SUR-SOMME, ch.-l. de cant. de l'arrond. de Péronne (Somme), à 21 kil. de cette ville. Pop. 1,550 hab. Tanneries.

BRAY, ville d'Irlande (comtés de Wicklow et de Dublin), à 20 kil. de Dublin. Pop. 3,700 hab. Restes d'un vieux château. Bains de mer fréquentés.

BRAZIER (Nicolas), vaudevilliste, né à Paris en 1783, mort en 1838. Il a fait représenter, en collaboration avec les meilleurs vaudevillistes de notre temps, un grand nombre de pièces étincelantes d'esprit et de gaieté, qui sont demeurées à la scène. On cite notamment : la *Carte à payer*, *Je fais mes farces*, *Préville et Taconnet*, le *Ci-devant jeune homme*, le *Coin de rue*, le *Savetier et le financier*. Il fut lié avec Désaugiers, et devint, comme lui, membre du Caveau, pour lequel il composa de charmantes chansons. On regrette qu'il ait mis sa muse au service d'une cause qui ne lui inspira que des vers assez médiocres, en publiant ses *Souvenirs de dix ans*, dans lesquels il chante les gloires de la Restauration.

BRAZZA, île de l'Adriatique (Dalmatie autrichienne), au S. de Spalatro, à 20 kil. du continent. Sup. 70 kil. sur 10. Pop. 14,000 hab. Ch.-l. Castel-San-Petro. Vins, olives et fruits renommés.

BRÉA (Jean-Baptiste-Fidèle), général français, né à Menton en 1790. Il combattit bravement à Leipzig et à Waterloo; il se distingua lors de l'expédition d'Anvers (1832). Il fut nommé général de brigade en 1845. Lors de l'insurrection de juin 1848, qui ensanglanta Paris, Bréa, qui commandait une colonne, alla avec le capitaine Mangin, son officier d'état-major, vers les insurgés barricadés à la barrière Fontainebleau, afin de parlementer. La fureur des partis était alors poussée si loin que les insurgés oublièrent le principe sacré du droit des gens, qui protège un parlementaire, même en face de l'ennemi; Bréa et son officier d'état-major furent arrêtés et fusillés le 25 juin 1848.

BRÉBEUF (Guillaume DE), poëte, né à Thorigny, dans la basse Normandie, mort à Venoise, près de Caen, en 1661. Il se fit connaître par une *Parodie* burlesque *du septième livre de l'Enéide*; il publia dans le même style, le *Premier livre de la Pharsale* de Lucain. Ce sont des satires spirituelles où les héros de l'antiquité sont travestis en seigneurs de la cour qui font parade de leurs titres. Il publia ensuite une traduction plus sérieuse de la *Pharsale*; mais en voulant reproduire le style brillant et animé du poëte latin, il tomba dans l'exagération. Son style est boursouflé et les descriptions quelquefois extravagantes. Il y a au milieu de tout cela des beautés qui n'échappèrent pas à Boileau.

Malgré son fatras obscur,
Parfois Brébeuf étincelle.

Mazarin lui fit de belles promesses que la mort l'empêcha de réaliser. Brébeuf a laissé un recueil d'*Epigrammes contre une femme fardée*, dont quelques-unes sont fort piquantes, des *Poésies diverses* et quelques *Poésies chrétiennes* fort inférieures à tout le reste.

BRECEY, ch.-l. de cant. de l'arrond. d'Avranches (Manche), à 15 kil. de cette ville. Pop. 1,630 hab.

BRÈCHE DE ROLAND (la), gorge des Pyrénées (Hautes-Pyrénées), au sommet des rochers qui forment le cirque de Gavarni.

BRÈCHE. On appelle ainsi, dans l'art militaire, l'ouverture faite par une armée assiégeante dans l'enceinte d'une place, pour permettre le passage de l'infanterie et donner l'assaut. Dans l'antiquité, on battait les murailles avec des béliers. On emploie aujourd'hui l'artillerie ou les mines.

BRECHIN, ville d'Ecosse, à 20 kil. de Forfar. Pop. 3,950 hab. Fabrique de toiles. Tour crénelée que surmonte un clocher hexagone, château-fort. Cette ville, très-ancienne, fut érigée en évêché en 1150.

BRECON, ou BRECKNOCK ou ABER-HONDEY, ville d'Angleterre, située dans le S.-E. de la principauté de Galles, capitale du comté de son nom, à 231 kil. de Londres. Pop. 5,460 hab. Fabriques de lainages. Promenades et sites renommés. Patrie de mistress Siddons.

BRECON, ou BRECKNOCK ou ABER HONDEY (comté de), situé entre ceux de Radnor, Cardignan, Caermathen, Monmouth et Hereford. Superf. 195,430 hectares. Pop. 55,000 hab. Villes principales : Brecon, Crickhowell et Builth. Fer, cuivre, houille, plomb, bois de charpente, bétail, etc.

BRECOURT (Guillaume-Marcoureau), comédien célèbre, né en Hollande, mort en 1685. Il se distingua surtout dans les rôles de rois ou de héros antiques; il aborda aussi les grands personnages de la comédie. Son jeu était énergique et exprimait admirablement les fortes passions. Il se rompit une veine en jouant sa comédie de *Timon*, et ne tarda pas à expirer. Il a composé quelques comédies d'un style forcé et dont le dialogue est assez froid.

BREDA, ville de Hollande, ch.-l. du district du même nom, dans le Brabant septentrional, à 40 kil. de Bois-le-Duc. Pop. 15,000 hab. Place très-forte. Siége d'un évêché rétabli par la cour de Rome en 1853; académie militaire, où l'on enseigne le malais et le javanais. Belle église renfermant plusieurs tombeaux des princes de Nassau. Château construit en 1350, par Jean Van Polanen, seigneur de Breda; il fut converti en école militaire en 1828. Commerce de chapeaux, tapis, savon, huile et sel. Breda fut entourée de murs en 1534, par Henri de Nassau. Elle fut assiégée et prise par les Espagnols en 1581, reconquise par Maurice d'Orange en 1590. Spinola s'en rendit maître en 1625, Frédéric-Henri d'Orange la reprit en 1637. Dumouriez s'en empara le 25 février 1793, et l'évacua le 4 avril. Deux congrès ont été tenus à Breda : l'un en 1575 entre l'Espagne et les Provinces-Unies; le second en 1746 et 1747 entre la France, l'Angleterre et la Hollande. La paix signée le 31 juillet 1667 entre l'Angleterre, la France, la Hollande et le Danemark, mit un terme à une guerre occasionnée par des rivalités commerciales. Breda fut acquise à la Hollande par la paix de Westphalie.

BRÈDE (la), ch.-l. de cant. de l'arrond. de Bordeaux (Gironde), à 17 kil. de cette ville. Pop. 350 hab. Château où naquit Montesquieu. On a conservé l'ameublement de son appartement. De 1839 à 1852, ce château a appartenu à la famille d'Orléans.

BREDOUILLEMENT. C'est un vice de prononciation qui consiste à parler d'une manière précipitée ou saccadée, de telle sorte que les mots sont inintelligibles; le bredouillement se distingue du bégayement en ce que celui-ci consiste dans la répétition des mêmes syllabes ou des mêmes mots. Ces deux vices de langage ont leur principe dans un travers d'esprit, plutôt que dans un défaut de conformation physique.

BREDOW (Gabriel-Godefroy), historien, né à Berlin en 1773, mort en 1814. Il a laissé sur l'histoire et la géographie classique un grand nombre d'ouvrages estimés pour leur exactitude plutôt que pour la critique des faits. On cite notamment les *Faits mémorables de l'histoire universelle*, le *Manuel d'histoire et de géographie ancienne*, et l'*Histoire de Charlemagne*.

BRÉE (Mathieu-Ignace VAN), peintre flamand, né à Anvers en 1773, mort en 1839. Ses tableaux sont fort estimés pour le mérite de la composition; ses groupes sont merveilleusement disposés, son trait est hardi et son coloris animé. On admire surtout sa *Mort de Caton*, ses *Adieux de Régulus* et son *Testament de Rubens*.

BREF. On appelle *brefs* des lettres de papes adressées à des souverains, à des prélats, à des communautés et même à des particuliers, pour leur accorder des indulgences, des dispenses, ou pour leur donner des témoignages d'affection ou d'approbation. Les brefs sont scellés en cire rouge, du sceau qui représente saint Pierre jetant ses filets dans la mer et porte le nom du pape. Ils sont rédigés en latin et commencent par ces mots : *Dilecto filio salutem, et apostolicam benedictionem*, etc.

BREGAGLIA, vallée de la Suisse (Grisons), située sur le versant S. du Septimer et de la Maloïa (Alpes lépontines). Cette vallée est étroite et traversée par la route de Coire à Chiavenna.

BREGANÇON, île de France, dans la Méditerranée, arrond. de Toulon (Var), à 30 k. de cette ville, dans la baie d'Hyères. Fort.

BREGENZ, ch.-l. du cercle de Vorarlberg, dans le Tyrol autrichien, à 105 kil. d'Inspruck. Pop. 3,200 hab. Industrie active, commerce de bois. Siége des diverses autorités civiles et militaires. Cette ville, très-ancienne et importante au moyen âge, appartenait alors aux comtes de Montfort, qui la cédèrent à l'Autriche, en 1451.

BRÉGUET (Abraham-Louis), célèbre horloger, né en 1747 à Neuchâtel (Suisse), mort à Paris en 1823. Il appartenait à une famille de protestants français réfugiés. Amené en France à l'âge de 15 ans, il fut placé chez un horloger de Versailles. Ses progrès furent rapides, et il perfectionna d'abord les montres dites *perpétuelles*, c'est-à-dire qui se remontent d'elles-mêmes. La maison d'horlogerie qu'il avait fondée à Paris, jouissait déjà en Europe d'une grande réputation par la délicatesse et la précision infinie de ses produits, lorsque la Révolution le força de s'expatrier. De retour en France après la tourmente, il fut nommé successivement horloger de la marine, membre du bureau des longitudes et de l'Académie des sciences. La navigation, la physique et l'astronomie lui sont redevables d'une infinité d'instruments fort ingénieux et d'une exactitude précieuse. Cet habile mécanicien a inventé les *ressorts-timbres*, qu'on a utilement employés plus tard pour les tabatières, cachets et boîtes à musique; les *chronomètres* de poche; les *horloges marines*; le *compteur militaire*, sonnant le pas de la troupe; le *compteur astronomique*, le *thermomètre métallique*; des *cadratures* de répétition; des *échappements* de toutes sortes. Il avait aussi entrepris un grand ouvrage sur l'horlogerie, mais cet ouvrage est resté inachevé.

BRÉHAL, ch.-l. de cant. de l'arrond. de Coutances (Manche), à 19 kil. de cette ville. Pop. 950 hab.

BRÉHAT, petite île de France, dans la Manche, arrond. de Saint-Brieuc (Côtes-du-Nord), à 50 kil. de cette ville et à 2 kil. de la côte. Pop. 1,600 hab. Petit port de commerce.

BREISLAK (Scipion), savant géologue, né à Rome en 1748, mort à Turin en 1826. Il fut d'abord professeur à Raguse, puis au *Collegio nazareno* de Rome. Napoléon Ier le nomma inspecteur des poudres et salpêtres du royaume d'Italie.

BREITENFELD, village de Saxe, à 6 kil. de Leipzig. Deux batailles y furent gagnées par les Suédois sur les Impériaux, pendant la guerre de Trente-Ans, le 7 septembre 1631 et le 23 octobre 1642. Ces deux batailles furent aussi appelées batailles de Leipzig.

BREITINGER (Jean-Jacques), né à Zurich en 1700, mort en 1776. Il professa l'hébreu et fut savant dans les antiquités asiatiques. Il a laissé un traité assez curieux sur la poésie, la peinture et les antiquités; il a écrit aussi sur les antiquités de la Suisse.

BREITKOPF (Jean-Gottlob-Emmanuel), célèbre imprimeur et fondeur de caractères, né à Leipzig en 1719, mort en 1794. Il fut imprimeur comme son père, mais il apporta dans cet art des améliorations remarquables. Ayant lu par hasard un livre d'Albert Durer, qui démontrait que la forme des lettres alphabétiques était déduite de principes mathématiques, et avait ses lois naturelles, il fut frappé de cette idée et apporta dans la forme des caractères d'impression des améliorations qui ont été conservées. Il trouva un procédé pour imprimer les notes de musique, en se dispensant de la gravure; il imprima même des cartes géographiques. Il réussit moins bien dans l'impression des portraits; mais il eut le mérite d'en démontrer la possibilité, et l'on regrette que ses procédés ne nous soient point parvenus. Son imprimerie et sa fonderie, les plus belles qu'il y eût en Europe, lui permirent même d'imprimer des caractères chinois. Il allait appliquer un nouveau procédé pour l'impression des figures mathématiques avec des caractères mobiles quand la mort vint le surprendre. Il a laissé des écrits fort savants sur l'*Origine de l'imprimerie*, sur l'*Histoire des jeux de cartes*, et sur l'*Invention de la gravure sur bois*.

BRÊME, une des quatre villes libres de la Confédération germanique, la deuxième des villes hanséatiques, et la troisième place commerçante de la Confédération, située au-dessus du confluent de la Wümme avec le Weser, à 74 kil. de la mer. Pop. 60,000 hab. Commerce de vins, eaux-de-vie, tabac, huile de baleine, sucre, café, riz, coton, cuirs, bois de teinture et grains. Ses exportations consistent en produits des manufactures et des mines de l'Allemagne, objets de quincaillerie, verroteries, grains, spiritueux, comestibles, etc.; cordages, voilures, agrès, poulies; chantiers de construction pour la marine; machines et moulins à vapeur; distilleries de genièvre, fabrication de bière, deux industries qui sont exercées dans de vastes proportions; fabrication de cigares qui n'occupe pas moins de 4,000 ouvriers. Parmi ses édifices on remarque la cathédrale luthérienne bâtie vers l'an 1050 par l'archevêque Adalbert, le sénat, la bourse, la marine, deux hospices d'orphelins, l'hôtel de ville, le muséum avec sa collection d'histoire naturelle, une salle de spectacle, la caserne, un hôpital; instituts de toutes espèces, écoles polytechnique, de commerce, d'hydrographie. L'origine de Brême remonte à l'an 788, époque où Charlemagne y fondit un évêché qui fut réuni plus tard à l'archevêché de Hambourg. L'archevêché fut ensuite transféré à Brême. A la fin du XIVe siècle, cette ville fut reconnue ville impériale, et fit partie de la Hanse. Elle embrassa le luthéranisme, puis le calvinisme; mais les troubles de religion ruinèrent sa prospérité. De 1810 à 1813, elle fit partie de la France, et devint le chef-lieu du département des Bouches-du-Weser. Avec les autres villes libres, Brême a la dix-septième voix dans la diète fédérale, et fournit à l'armée 728 hommes. Elle a un sénat de 16 membres. La république dont Brême est le chef-lieu a une superficie de 275 kil. carrés, et une pop. de 88,000 hab. L'ancien duché de Brême, dans le cercle de Basse-Saxe, comprenait le territoire de Brême excepté la ville, elle fait aujourd'hui partie du gouvernement de Stade.

BREMERHAVEN, port dans la république de Brême, à 52 k. de cette ville, situé au confluent de la Geeste et du Weser. Construit, en 1827, sur un territoire cédé à cette ville par le Hanovre. Pop. 5,600 hab. Docks, chantiers de construction; station de la *flotte allemande* après 1848. Service de bateaux à vapeur entre Brême et New-York.

BREMERVORDE, bourg de l'arrond. de Stade (Hanovre), à 30 kil. de cette ville. Pop. 2,200 hab. Distilleries. Ancienne résidence des archevêques de Brême.

BREMGARTEN, bourg de Suisse (Argovie), à 24 kil. d'Aarau. Pop. 1,300 hab. Papeteries, tanneries. Belle église, hôpital, couvent de capucins, pont couvert. Hôtel de ville, vieille tour. Cette ville fut habitée par Louis-Philippe et le général Montesquiou pendant la Terreur.

BRÉMONTIER (Nicolas-Théodore), naturaliste et physicien, né en 1738, mort à Paris en 1809. Il imagina un moyen de contenir les sables mouvants du rivage du golfe de Gascogne. Il fit même des plantations sur les dunes, et donna ainsi à l'agriculture un nouveau sol des plus fertiles. Il étudia la marche progressive de ces montagnes de sable toujours en mouvement, et qui envahissent de proche en proche les terres cultivées, et il découvrit un procédé ingénieux pour les arrêter. Les mémoires de son temps témoignent de l'utilité de ses travaux. Il révéla, l'un des premiers, l'existence de mines de fer dans la Seine-Inférieure. Il avait été nommé inspecteur général des ponts et chaussées.

BRENNUS. Ce nom était commun à tous les chefs gaulois qui prenaient le commandement supérieur de ces armées gauloises qu'on vit apparaître si souvent dans l'Italie septentrionale. Ces invasions répandirent plus d'une fois la terreur dans Rome, et mirent même cette république à deux doigts de sa perte. L'invasion qui eut lieu vers 387 av. J.-C. fut la plus terrible. Un chef des Gaulois Sénonais, peuple qui habitait le pays situé entre Paris et Sens, reçut des ambassadeurs d'Aruns, de Clusium, en Etrurie, qui venaient proposer à ce peuple belliqueux de faire la guerre aux Romains. Séduits par l'appât du pillage, les Sénonais s'ébranlèrent sous la conduite de Brennus. Quand les Romains apprirent que les Gaulois avaient franchi les Alpes, il y eut *tumulte* dans Rome, et on enrôla tous les hommes en état de porter les armes. Les Romains s'avancèrent au-devant des Gaulois, mais ils subirent une sanglante défaite sur les bords de l'Allia. (*Voir* ALLIA.) Les vainqueurs marchèrent sur Rome, qu'ils pillèrent et livrèrent aux flammes. On sait la manière dont Rome échappa aux Barbares, en payant la rançon des vaincus. — Un autre chef gaulois, du nom de Brennus, passa en Orient, vers 277 av. J.-C. Il pénétra en Macédoine, défit et tua Sosthènes, général macédonien, dans une première rencontre. Il ravagea le N. de la Grèce et s'avança vers Delphes, dont il convoitait les trésors. Les Grecs défendirent leur temple d'Apollon avec une telle énergie, que les Gaulois furent repoussés et mis en déroute. Les poëtes grecs prétendaient qu'Apollon lui-même avait combattu pour leur défense, en faisant rouler des rochers sur les assaillants. Le dieu Pan avait frappé les Gaulois d'une telle terreur, qu'ils s'étaient entre-tués les uns les autres. C'est de là qu'est venu le nom de *terreur panique*. Cette expédition ne fut pas absolument inutile pour les Gaulois : ils connurent l'usage de la vigne, qu'ils importèrent en Gaule, et qui devint depuis éminemment gauloise. Brennus, leur chef, désespéré de sa défaite, se donna la mort après s'être enivré.

BRENDITZ, village des Etats autrichiens (Moravie), situé à 5 kil. de Znaïm. Pop. 700 hab. Importante exploitation de terre à porcelaine pour la manufacture de Vienne.

BENETS (les), village de Suisse, canton de Neuchâtel, à 20 kil. de cette ville. Pop. 1,180 hab. Ce village est situé dans la vallée de son nom, sur la rive droite du Doubs, qui le sépare de la France. Fabrique d'horlogerie, instruments d'optique, dentelles. On voit, près de là, la caverne de Tafière et le Saut-du-Doubs.

BRENNER, mont du Tyrol, situé à la pointe des Alpes rhétiennes, entre l'Inn, l'Aicha et l'Adige. Hauteur, 2,022 mètres. Une route le traverse à une hauteur de 1,420 mètres, et réunit Vienne à Inspruck et à Venise.

BRENOD, ch.-l. de cant. de l'arrond. de Nantua (Ain), à 20 kil. de cette ville. Pop. 1,000 hab.

BRENTANO (Clément DE), célèbre poëte et romancier allemand, né en 1777 à Francfort-sur-le-Mein, mort en 1842. Il appartenait à une famille protestante, mais il s'était converti au catholicisme. En Allemagne, il est considéré comme un des chefs de l'école romantique. A l'exemple de Novalis, Wackenrœder et Achim d'Arnim, son collaborateur, il voulut faire servir la poésie à relever le sentiment religieux : aussi ses ouvrages en vers sont-ils remplis d'un mysticisme qui les rend souvent incompréhensibles. Cet écrivain a tout abordé : romans, nouvelles, satires, comédies, drames, etc., et dans tous ses écrits on retrouve une imagination très-vive et une bizarrerie singulière. Nul ne possédait à un plus haut degré le sentiment et le goût de la poésie du peuple. *A Séville!* et les *Musiciens de Prague* sont deux poésies populaires chez nos voisins d'outre-Rhin. Quant à ses nouvelles, la meilleure est l'*Histoire du brave Gaspard et de la belle Nannette*; de toutes ses œuvres dramatiques, les plus remarquables sont : *Ponce de Léon* et la *Fondation de Prague*.

BRENTFORD, ville d'Angleterre (Middlesex), à 12 kil. de Londres. Pop. 37,800 hab. Importantes savonneries. Vaste parc.

BRÉQUIGNY (Louis-Georges Oudard Heudrix DE), littérateur français, né à Granville en 1716, mort à Paris en 1795. Il étudia de bonne heure les langues anciennes, et sut bientôt se faire estimer des savants. Il fut envoyé en Angleterre pour y faire des recherches sur les monuments historiques, concernant l'histoire de France, que renferme la Tour de Londres. Il y amassa une grande quantité de matériaux précieux. Il avait un talent particulier pour prendre des notes et cela avec une merveilleuse rapidité, sans rien omettre d'essentiel. Bréquigny n'était pas seulement un compilateur, il était aussi judicieux critique. Ses travaux sur Mahomet témoignent de sa profondeur d'observation autant que de son érudition : il rétablit la vérité sur le grand législateur de l'Orient, et explique, par des considérations qui n'avaient pas été produites avant lui, les causes de l'influence qu'il exerça. Il a laissé un grand nombre d'écrits sur les *Diplômes*, *chartes* et *titres* relatifs à l'histoire de France; il a collectionné les *Ordonnances des rois de France de la troisième race*; ses *Dissertations sur notre ancienne législation* sont dignes d'un jurisconsulte. Il cultiva aussi la littérature ancienne. Ainsi, il a écrit les *Vies des anciens orateurs grecs* accompagnées d'excellentes traductions; il a enfin donné une édition de la *Géographie* de Strabon d'après un manuscrit qui venait d'être découvert à Constantinople.

BRÉRA (Valérien-Louis), médecin italien, né à Pavie en 1772, mort en 1840. Il a été successivement chirurgien des hôpi-

BRE

taux militaires de Milan, professeur de thérapeutique et de clinique à Pavie, de pathologie à Bologne et à Padoue. Il a publié un travail très-remarquable sur les *Vers intestinaux*.

BRESCELLO, ville du royaume d'Italie, dans la province de Modène, à 25 kil. de Reggio. Pop. 2,000 hab.

BRESCHET (Gilbert), célèbre anatomiste, né en 1784 à Clermont-Ferrand, mort à Paris en 1845. Il a été tour à tour chef des travaux anatomiques à la faculté de Paris, chirurgien de l'Hôtel-Dieu, professeur à l'école de médecine, et a fini par succéder à Dupuytren à l'Institut. Il a travaillé à l'*Encyclopédie des sciences médicales* et aux *Mémoires de l'Académie de médecine*. Il a aussi fondé un *Répertoire d'anatomie*. Il s'est principalement occupé des veines du rachis, de l'organe de l'ouïe des oiseaux et des poissons, des vaisseaux lymphatiques, des anévrismes et de l'ovologie comparée des mammifères.

BRESCIA, ville forte du royaume d'Italie, à 74 kil. de Milan. Pop. 3,500 hab. Située au pied des Alpes et à l'entrée de la grande plaine de la Lombardie. Siége des autorités supérieures de la délégation, d'un tribunal de première instance, de commerce, de deux justices de paix, d'un évêché. Cathédrale, église Notre-Dame des Miracles, plusieurs autres églises renfermant de remarquables tableaux d'Alessandro Buonvicino; le palais épiscopal, la maison des jésuites, remarquable par son architecture, les palais des familles Martonigo, Uggeri, Salini, Gambara, Barbisoni, Fenaroli, Serardi et Sigola; plusieurs établissements de bienfaisance, théâtre, athénée, un cabinet de médailles, d'histoire naturelle, plusieurs gymnases, un jardin botanique; plusieurs académies, entre autres, l'*Academia de Filarmanici*, société d'agriculture, bibliothèque *Quiriniana;* belles ruines du temple de Vespasien, musée. Son industrie consiste en armes, coutellerie; manufactures de soieries, de rubans, de toiles, de couvertures de laine, de chapeaux, de futaine, de bas, de bonnets et d'autres objets en soie, laine et coton; fabriques de papier, d'huile, etc.; commerce considérable en vins, chanvre, étoffes de soie et laine, draps. Patrie d'Arnaud de Brescia. Brescia est une ancienne colonie étrusque qui s'appelait *Briscia*, et était le ch.-l. de la peuplade des Gaulois Cénomans (VIe siècle av. J.-C.); elle passa sous la domination des Romains en 197. Du Ve au VIIIe siècle ap. J.-C., elle fut successivement la possession des Hérules, des Ostrogoths, des Grecs, des Lombards et, depuis 774, elle fit partie de l'empire de Charlemagne. Elle s'attacha à la ligue des villes lombardes confédérées contre Frédéric Barberousse (1167) et arbora tour à tour l'étendard des guelfes et des gibelins. Elle fut presque entièrement détruite et démantelée par Henri IV au commencement du XIIIe siècle, fut vainement assiégée en 1238 par Frédéric II, et força Henri VII à lui accorder une capitulation honorable en 1311. Elle passa ensuite sous la domination des princes de la Scala, seigneurs de Vérone. Adolphe Maximilien s'en empara en 1402, et, en 1421, elle tomba au pouvoir de Philippe-Marie Visconti. En 1426, elle appartint aux Vénitiens jusqu'à la dissolution de leur république (1797). Ils la défendirent contre les Milanais et Piccinio de 1438 à 1440; les Français, de 1504 à 1512, et les Espagnols, de 1513 à 1516, ne la possédèrent que temporairement. Bonaparte la prit en 1796, et, en 1797, Brescia devint le chef-lieu du département du Mela; en 1814, elle tomba au pouvoir des Autrichiens. Elle se révolta en 1848, fut reprise par le général Haynau le 1er avril 1849 et fut délivrée en 1859.

BRESCOU, îlot fortifié, situé à 4 kil. et vis-à-vis d'Agde, près de l'embouchure de l'Hérault. Château fort; débris d'une chaussée que le cardinal de Richelieu avait entreprise pour réunir l'îlot à la terre ferme.

BRÉSIL, vaste empire de l'Amérique du Sud. Il est borné au N. par la république de Colombie, la Guyane et l'Océan atlantique; au S., par le Paraguay, la Banda orientale et l'Océan; à l'O., par la Colombie, le Pérou, la Bolivie, le Paraguay et la Confédération argentine; à l'E., par l'Océan. Sa longueur est de 3,760 kil., sa largeur de 3,300; sa superficie carrée est de 1,932,000 kil. Les limites de cet immense empire ne sont pas encore parfaitement déterminées; sa population ne s'élève qu'à environ 8,000,000 d'habitants qui sont tous fixés sur les côtes, dont l'étendue est de plus de 5,200 kil. Elles offrent des ports magnifiques et des baies excellentes : on cite notamment la baie de Rio-de-Janeiro, celle de Bahia et celle de Santos. Au N. du Brésil, on rencontre quelques chaînes de montagnes qui sont des ramifications des Cordillières. L'intérieur du pays offre de magnifiques plateaux qui s'élèvent souvent à 2,000 m. au-dessus de la mer. Les montagnes du Brésil séparent le bassin de l'Amazone de celui du Rio de la Plata. Parmi les principales rivières, on trouve le Tocantin, au N., le Parana et le Rugay au S. Le San-Francisco est le fleuve le plus important du Brésil; il part du N., tourne vers l'E. et se précipite de là vers l'Océan atlantique. Le Brésil contient beaucoup de lacs. Pendant la saison des pluies, les rives des fleuves se transforment en de vastes marécages. Le lac de Pathos et le lac du Mirin, qui communiquent ensemble, sont les plus considérables. Le climat, ardent sous le tropique, est tempéré dans les lieux élevés au-dessus du niveau de la mer. Les pluies commencent, sous le tropique, de mai en août; et, au sud du tropique, de mai en octobre; dans l'intérieur, elles tombent d'octobre en avril. Les terrains marécageux occasionnent des fièvres périodiques dangereuses pour les Européens. Les forêts du Brésil produisent d'excellent bois de construction et de menuiserie. On y trouve différentes sortes de gomme, le copahu, le brésillet, des bois de teinture, du tabahuga qui remplace le liége, du sapucaya, espèce d'étoupe, diverses espèces de quinquina, le palmier, le cocotier, la salsepareille, l'ipécacuanha, le ricin, le maté et diverses plantes médicinales. On cultive surtout le manioc, les céréales d'Europe, qui viennent assez bien dans le S., le café, la canne à sucre, le figuier, la vigne, l'olivier, le coton, l'indigo et le tabac. Les richesses du Brésil sont considérables; l'or abonde dans les provinces du S., et l'argent dans celles du centre. Il y a aussi de nombreuses mines de fer et d'aimant; mais le cuivre, l'étain et le mercure sont plus rares. Les diamants du Brésil, ses topazes, ses améthystes, et diverses autres pierres précieuses des plus renommées se trouvent dans diverses provinces. On rencontre aussi d'excellentes sources minérales et des mines de sel gemme. Les forêts sont peuplées d'une énorme quantité d'animaux communs à l'Amérique; mais on y rencontre aussi un grand nombre de crocodiles et diverses espèces de serpents dangereux. L'air est infesté de moustiques; et le sol est miné par des fourmilières qui font le désespoir du laboureur. Les chevaux sauvages se sont prodigieusement multipliés dans le pays. La capitale est Rio-de-Janeiro, magnifique ville avec ses 300,000 hab. On cite encore Porto-Allégre, Rio-Grande de San-Pedro do Sul, Chuz, Sainte-Catherine, située dans l'île de ce nom, Saint-Paul, Villa-do-Principé, Fernambouc, composée de trois villes réunies. Lorsque le Brésil était soumis aux Portugais, ceux-ci, aussi jaloux de leur domination que les Espagnols, interdisaient l'entrée du pays aux étrangers. Depuis 1808, le Brésil a été ouvert aux autres nations; ses contrées les plus lointaines ont été explorées; les peuplades indiennes se sont rapprochées de la civilisation; le commerce a pris une grande extension. On regrette cependant que les diamants soient restés un monopole de la couronne. L'agriculture s'étend de jour en jour; on voit s'ouvrir d'importantes fabriques; des voies ferrées traversent les déserts et comblent les distances qui séparent les grandes villes; enfin, la population a doublé depuis 1808. Le pays est divisé en 20 gouvernements, divisés eux-mêmes en arrondissements. L'organisation des tribunaux est une imitation de la législation française. Le gouvernement est constitutionnel; le pouvoir législatif est exercé par une chambre des députés et un sénat; le pouvoir exécutif appartient à l'empereur. Malheureusement les progrès de la civilisation dans ce pays sont retardés par l'institution de l'esclavage, qui contribue à avilir les maîtres autant qu'il dégrade ceux qui y sont soumis; cependant l'esclavage est tempéré par les facilités accordées pour l'affranchissement; il est généralement moins dur qu'aux Etats-Unis. Le fleuve des Amazones fut découvert en l'an 1500 par Pinzon qui prit possession du pays au nom du roi d'Espagne. Quelques mois après, un navigateur portugais nommé Cabral abordait dans la baie de Porto-Seguro et prenait à son tour possession du même pays au nom de son souverain. L'Espagne réclama contre cette usurpation; elle équipa même, pour appuyer ses prétentions, deux vaisseaux sur lesquels se trouvaient Pinzon et Améric Vespuce. Cette expédition aboutit à de nouvelles découvertes. Les Espagnols fondaient surtout leurs prétentions sur la bulle pontificale du 4 mai 1493 qui leur accordait toutes les terres situées au S. ou à l'O. d'une ligne méridienne passant à 400 kil. à l'O. des îles du Cap-Vert, pourvu qu'elles ne fussent pas déjà occupées par un prince chrétien. La ligne de démarcation fut portée à 1,480 kil. des îles du Cap-Vert. Les Portugais n'en continuèrent pas moins à établir des forts et des missions le long du fleuve des Amazones. Ils donnèrent à la terre qu'ils occupaient le nom de Brésil ou Brasil, du mot *braza* (braise), qui désignait la couleur particulière de ce bois du Brésil qu'on appelle brésillet. En 1531, les Français tentèrent vainement de s'établir à Fernambouc. L'amiral de Coligny tenta aussi de s'établir à Rio-de-Janeiro en 1555. Cette ville devint la capitale du Brésil en 1773. Lorsque la cour de Portugal fut forcée, par les événements politiques, de quitter l'Europe, elle s'établit à Rio-de-Janeiro, où elle resta de 1808 à 1821. A cette époque, les Brésiliens, voulant assurer leur indépendance, établirent une constitution qu'ils firent jurer solennellement à dom Pedro, fils du roi de Portugal. Le Portugal était aussi troublé par des mouvements révolutionnaires. Les cortès portugaises proclamèrent, de leur côté, une constitution libérale qu'elles voulaient appliquer à la fois au Brésil et au Portugal. Les Brésiliens défendirent leur constitution, et dom Pedro, ayant refusé d'obéir à la décision des cortès, fut proclamé prince régent constitutionnel et défenseur perpétuel du Brésil en 1822. Peu de temps après, il était proclamé empereur constitutionnel, et la séparation du Brésil et du Portugal était définitivement accomplie. Le nouvel empereur était menacé à la fois par les Portugais et par un parti républicain assez puissant; les dissensions intérieures affaiblissaient encore son pouvoir. Le Portugal se vit enfin forcé, en 1825, de reconnaître la scission accomplie. La mort de Jean VI donnait à son fils, dom Pedro, la couronne de Portugal; mais le Brésil, s'opposant de nouveau à la réunion des deux Etats, dom Pedro renonça à la couronne de Portugal en faveur de sa fille, dona Maria da Gloria. Cette princesse fut dépossédée du trône par son oncle, dom Miguel, qui avait été nommé régent. Dom Pedro voulant résister à cette usurpation, et ne pouvant espérer d'être secondé par le Brésil livré à l'anarchie, abdiqua en faveur de Pedro II, son fils, et revint en Portugal. Pedro II n'avait que 7 ans lorsqu'il monta sur le trône, en 1831; mais malgré les troubles qui affligèrent le pays pendant sa minorité, il sut si bien concilier les droits de la couronne avec les institutions démocratiques, que le pays n'a cessé de jouir de la plus profonde tranquillité, sous une sage administration.

BRESLAU, ch.-l. de la Silésie prussienne et de la régence de Breslau, à 325 kil. de Berlin. Pop. 129,750 hab. Evêché catholique, université célèbre. On cite parmi ses édifices, la cathédrale de Saint-Jean, l'église de Sainte-Elisabeth, l'hôtel de ville, le palais de l'université avec ses collections scientifiques et une bibliothèque de 300,000 volumes, musée d'antiquités de Silésie. Société de Silésie, divisée en sections d'antiquités, d'histoire, de médecine, d'histoire naturelle, etc. Industrie très-active; sucre, huile, tabac, orfèvrerie, quincaillerie, toiles peintes, draps, garance, cuirs, aiguilles, épingles, poteries, chapeaux de paille, toile, eaux-de-vie. Commerce de toiles, draps, liqueurs, laines, produits des mines et des forges. Patrie du philosophe Chr. Wolf, du romancier Van der Velde, du diplomate Gentz et du théologien Schleiermacher. L'origine de Breslau remonte au xe siècle; elle devint la résidence des ducs de Silésie en 1163, et entra dans la ligue hanséatique. Elle appartint aux rois de Bohême en 1137, et fut cédée à l'Autriche en 1526. Frédéric II, roi de Prusse, la conquit en 1741, et, l'année suivante, il s'y conclut le traité de paix qui mit fin à la première guerre de Silésie. En 1763, elle passa sous la domination prussienne. Les Français l'occupèrent de 1807 à 1811. Le 17 mars 1813, Frédéric-Guillaume III y signa l'appel au peuple qui avait pour but de soulever les populations prussiennes contre Napoléon Ier.

BRESLES, grand village de l'arrond. de Beauvais (Oise), à 13 kil. de cette ville. Pop. 1,800 hab. Exploitation de tourbe. Ancien château-fort. On voit aux environs les ruines d'un camp romain et de l'abbaye de Froidemont.

BRESSAY, île d'Ecosse (Shetland), située à l'E. de Mainland. Superf. 6 kil. sur 4. Ardoises excellentes, riches tourbières.

BRESSE, ancienne province de France, dans le gouvernement de Bourgogne. Chef-lieu Bourg. Elle tire son nom d'une forêt, *Brixius saltus*, qui allait du Rhône à Châlon. Elle était située entre le duché de Bourgogne et le Dauphiné au S., la Franche-Comté au N., le Lyonnais et la Saône à l'O , et le Bugey à l'E. Ce pays était habité par les Ségusiens. Elle fut envahie par les Bourguignons, puis par les Francs, et, au ixe siècle, elle fut réunie au royaume de Provence, puis à celui de Bourgogne, à celui d'Arles, et enfin à l'empire. Les sires de Baugé la gouvernèrent au xiie siècle. Elle passa, en 1292, dans la maison de Savoie. Henri IV s'en empara en 1600, et, l'année suivante, le traité de Lyon l'assura à la France.

BRESSON (Saint-), village du départ. de la Haute-Saône, à 25 kil. de Lure. Pop. 2,200 hab. Papeterie magnifique.

BRESSON (Charles, comte), diplomate, né à Paris en 1788, mort en 1847. Sous Napoléon Ier, il fut chef de division aux affaires étrangères; la Restauration l'envoya en mission auprès de la république de Colombie; et, sous Louis-Philippe, il fit accepter à la Belgique les résolutions de la Conférence de Londres. Après avoir renoué les relations d'amitié entre la France et la Prusse, il traita le mariage de Louise d'Orléans avec le roi Léopold. En 1834, il refusa le portefeuille de ministre des affaires étrangères; puis fut nommé pair de France. Envoyé ensuite comme ambassadeur à Madrid, il contribua beaucoup à la conclusion du mariage du duc de Montpensier avec la sœur de la reine d'Espagne. Sa dernière ambassade fut celle de Naples, en 1847.

BRESSUIRE, sous-préf. du départ. des Deux-Sèvres, à 55 kil. de Niort. Pop 2,480 hab. Fabriques de lainages, cotonnades, mouchoirs. Commerce de bestiaux et de grains. Curieuse église en granit, belles ruines d'un château. Cette ville souffrit beaucoup pendant les guerres de Vendée.

BREST, sous-préf. du départ. du Finistère, à 80 kil. de Quimper. et à 596 kil. de Paris. Pop. 41,530 hab. Préfecture maritime, place de guerre de 1re classe. Tribunaux de 1re instance et de commerce. Ecole navale, direction d'artillerie et de douanes, école spéciale du génie maritime; écoles de médecine, de chirurgie et de pharmacie, jardin botanique, bibliothèque, lycée, etc. Vaste port creusé dans le roc par Richelieu, en 1631, pouvant contenir 16 vaisseaux de ligne et plus de 50 autres bâtiments de guerre toujours à flot. La rade pourrait abriter toutes les flottes de l'Europe; bassin de construction, rocher redoutable. Le château de Brest domine l'arsenal, qui emploie près de 10,000 ouvriers, le magasin général, l'hôpital Clermont-Tonnerre, l'ancien bagne, la corderie. Observatoire de la marine, cours d'Ajot, hôtel de ville, salle de spectacle, l'église Saint-Louis. Phare à feu tournant, haut de 54 mèt., et de 23 kil. de portée. Commerce en vins, eaux-de-vie, sardines, denrées coloniales, bois du Nord, chanvre, fer, huile, houille; armement pour la pêche de la morue. Fabrique de toiles à voiles. Patrie de la Motte-Piquet, de Kersaint, d'Orvilliers, etc.

BRET (Antoine), littérateur, né à Dijon en 1717, mort à Paris en 1792. Il voulut embrasser tous les genres. Ainsi il composa des romans, des poëmes, des comédies, des fables, des poésies fugitives; il écrivit même dans les journaux de son temps; mais il ne brilla dans aucun de ces genres, et s'éleva rarement au-dessus du médiocre. Ses ouvrages sont à peine connus aujourd'hui. On cite toutefois ses *Commentaires sur les œuvres de Molière*, dont la critique est assez juste. On cite encore ses *Mémoires sur la vie de Ninon de Lenclos*. Il eut au moins le mérite d'être modeste et de ne pas se montrer jaloux de la réputation des autres. Il avait adopté cette maxime :

> Consacrer dans l'obscurité
> Ses loisirs à l'étude, à l'amitié sa vie,
> Voilà les jours dignes d'envie.
> Être chéri vaut mieux qu'être vanté.

BRETAGNE (ancienne province romaine de). Au temps de Jules César, les habitants de l'île de Bretagne parlaient la même langue et avaient les mêmes mœurs et les mêmes institutions que les Galls ou Celtes, dont ils descendaient. César envahit la Gaule, en 55 av. J.-C.; il la soumit à un tribut, mais ne put entreprendre d'en faire la conquête. L'empereur Claude y envoya Aulus Plautius et Osterius Scapula. La Bretagne fut d'abord réduite presque sans combattre. Mais l'amour de l'indépendance animait trop les Silures qui habitaient le pays de Galles, et les Brigantes qui habitaient la Calédonie méridionale, pour qu'ils acceptassent sans combattre la conquête romaine. Vespasien, qui succéda à Plautius, ne parvint pas à les dompter. Une ligue presque générale se forma en 61 après J.-C. Ce fut à Julius Agricola, nommé gouverneur de la Bretagne, en 78, qu'appartint la gloire de soumettre définitivement les Silures, les Brigantes et les Ordavices, après une lutte de 40 ans. Il porta même la guerre chez les Pictes et les Calédoniens qui habitaient l'Ecosse, et leur fit reconnaître la domination romaine. Agricola fit par mer le tour de la Bretagne, et conquit en passant les Orcades. Il voulait même pénétrer en Irlande, quand il fut rappelé par Domitien, jaloux de ses succès. La soumission des Pictes et des Calédoniens ne fut jamais complète; l'empereur Adrien jugeant même qu'il était trop difficile de les maintenir sous le joug, fit construire, vers 120 après J.-C., une muraille qui séparait la Bretagne proprement dite, convertie en province romaine, de la Calédonie. C'était un retranchement d'une longueur de 80 milles romains (104 kil.), qui s'étendait depuis l'embouchure de la Tyne jusqu'à l'*Itium æstuarium* (Gallway-Firth). Les ruines qui en subsistent encore sont appelées le *rempart des Pictes*. Lollius Urbicus, gouverneur de la Bretagne sous Antonin le Pieux, recula encore les frontières de l'empire et fit construire un nouveau retranchement entre la rivière d'Esk et l'embouchure de la Tweed, en 162. La Bretagne accepta la civilisation romaine, et fut divisée, sous Septime Sévère, en Bretagne Ire et Bretagne IIme, afin d'affaiblir l'étendue d'un gouvernement qui avait permis à Claudius Albinus de se faire proclamer empereur. Après une nouvelle révolte des Calédoniens, Sévère porta les limites de l'empire au-delà d'Edimbourg, et fit construire un troisième retranchement entre les baies de Clyde et de Forth. Caracalla se fit battre par les Calédoniens, et depuis cette époque la puissance romaine ne cessa de décroître; la Bretagne romaine fut difficilement protégée contre les invasions des Calédoniens. En 421, Rome retira ses légions pour résister aux torrents des Barbares qui se pressaient sur les frontières de l'empire. Les Bretons, désespérant de résister par leurs propres forces, appelèrent à leur secours les Angles et les Saxons. Leur chef Hengist s'empara du pays qu'il devait défendre, et la monarchie anglo-saxonne s'établit dans la Bretagne romaine. Après l'invasion des Anglo-Saxons, plusieurs colonies de Bretons Kymrs franchirent la mer et allèrent s'établir dans l'Armorique, qui prit dès lors le nom de Bretagne.

BRETAGNE (Grande). Ce royaume comprend: la Grande-Bretagne proprement dite, qui se compose de l'Angleterre, de l'Ecosse, et de l'Irlande. La Grande-Bretagne proprement dite est la plus grande des îles de l'Europe; elle est séparée du continent par la mer du Nord, le Pas-de-Calais et la Manche dans la partie méridionale et orientale. Sa superf. carrée est de 23,767,660 hect. Sa plus grande longueur est de 928 kil., et sa plus grande largeur de 587. Elle affecte une forme triangulaire. La chaîne des monts Cheviots et la Tweed séparent l'Angleterre de l'Ecosse (*Voir* ANGLETERRE et ECOSSE). Le royaume uni de Grande-Bretagne et d'Irlande est borné au S. par la France, dont il est séparé par la Manche et le Pas-de-Calais; à l'E. par la Belgique, les Pays-Bas, le Danemark et la Norwége, dont elle est séparée par la mer du Nord. La population était, lors du dernier recensement décennal opéré en 1861, de 29,307,149 hab. La population totale de l'empire britannique, en y comprenant ses immenses possessions coloniales, est environ de 215,000,000 d'hab. La superf. carrée de ces possessions dépasse 153,000,000 de kil. L'Angleterre proprement dite possède à elle seule 20,061,725 h.; l'Ecosse en possède 3,061,251, et l'Irlande 5,764,543. C'est dans la Grande-Bretagne qu'on rencontre les cités les plus populeuses. Londres, avec 2,803,034 hab.; Liverpool, Glasgow, Manchester, avec plus de 300,000; Birmingham, Dublin, Leeds en comptent plus de 200,000. L'accroissement de la population eût été bien plus considérable encore, si le courant de l'émigration n'enlevait pas chaque année un grand nombre d'habitants, dont la plupart se portent aux États-Unis et en Australie. Le gouvernement favorise volontiers le départ des colons; il y trouve l'avantage de répandre au loin l'influence de son nom, et d'augmenter le nombre de ses comptoirs; il comprend aussi que l'engorgement de la population dans les grandes cités produirait bientôt, dans les temps de crise et de chômage, des troubles politiques que l'aristocratie veut écarter à tout prix. L'émigration est, en quelque sorte, la soupape de sûreté par où la nation laisse échapper sa surabondance de séve. Le gouvernement est une monarchie héréditaire d'après des lois particulières que le parlement a le droit de changer. La couronne passe dans l'ordre de primogéniture aux enfants mâles et, à leur défaut à l'aînée des filles, ou à l'aînée des petites-filles, qui descend du dernier roi par la branche masculine. Le collatéral le plus proche est appelé à succéder à défaut de descendance directe; entre frère et sœur, la succession est dévolue au fils. La majorité des rois est fixée à 18 ans; la régence est réglée par le testament du dernier roi et, à son défaut, par un acte du parlement. Le roi doit être anglican et ne peut épouser qu'une protestante. Il est admis qu'une reine peut faire participer son époux à l'exercice du pouvoir. Le pouvoir monarchique est tempéré par d'anciennes institutions. Ainsi on admet que le roi est en quelque sorte infaillible et *ne peut mal faire*. Ce qu'il y a d'excessif dans une loi aussi formelle, est adouci par cet autre principe que *le roi ne peut avoir de mauvaises intentions*, c'est-à-dire qu'il ne peut rien vouloir de contraire aux lois. Ainsi toute illégalité est poursuivie d'office, sans intervention de l'autorité royale, par les magistrats qui présument, par une fiction légale, que telle doit être l'intention du roi. Les citoyens ont dans l'*habeas corpus* une garantie contre les abus du pouvoir; ils ont le droit d'attaquer les fonctionnaires devant les tribunaux, d'user du droit de pétition et de recourir à la presse, dont la liberté est illimitée. Il n'y a pas d'action personnelle contre le roi; les ministres sont seuls responsables devant les chambres. Le souverain déclare la guerre, décide de la paix et contracte les alliances; il dispose du commandement dans l'armée et la marine. Toutefois, l'héritier présomptif de la couronne ne peut exercer le commandement hors du royaume; le roi a seul le droit de grâce. Les membres de la famille royale ne peuvent, sous peine de perdre leurs droits à l'hérédité de la couronne, contracter mariage sans le consentement du souverain. Le pouvoir législatif appartient au parlement. Il était déjà institué sous le régime féodal. Ainsi les vassaux de la couronne se réunissaient à la cour trois fois par an, à Noël, à Pâques et à la Pentecôte. Henri III fut le premier qui eut recours à une assemblée des députés du peuple. Chaque comté y envoya deux députés de la noblesse, et chaque cité ou chaque bourg deux députés également. Les députés des deux ordres délibéraient en commun, excepté dans les circonstances graves. Telle fut l'origine de la chambre haute et de la chambre basse. Sous Édouard II, la séparation des deux chambres fut consacrée : la chambre haute comprenait les lords et les prélats; les archevêques et les évêques y étaient admis de droit; les lords n'y étaient admis que par la volonté du roi, et ce fut plus tard seulement qu'ils furent admis de plein droit. La chambre basse, ou chambre des communes, se composait des députés des comtés et des bourgs. La répartition des circonscriptions électorales faite à cette époque, subsista jusqu'en 1832, malgré l'inégalité de population apportée par les révolutions politiques ou le développement du commerce. Sous l'ancienne loi les électeurs des députés se composaient : 1° des francs-tenanciers justifiant d'une rente de 40 shillings, acquise par héritage ou par mariage, mais non par achat; 2° des propriétaires d'un revenu de 10 livres; 3° des fermiers payant au moins 50 livres de fermage; 4° des habitants des cités et des bourgs payant 10 livres de loyer. La loi de 1854 a élargi le droit électoral, en l'étendant à tout homme justifiant d'un salaire annuel de 100 livres, payant 40 shillings d'impôts directs, ayant 50 livres à la Caisse d'épargne depuis trois ans au moins ou payant un loyer annuel de 6 livres dans les bourgs, et de 5 livres dans les autres localités, en justifiant toutefois d'une résidence de deux ans et demi dans la localité où ils exercent leurs droits. Ce système électoral, bien qu'il accorde certaine satisfaction au droit légitime qui appartient à tout peuple de faire connaître ses volontés par ses députés, semble avoir eu surtout pour but d'écarter du corps électoral les artisans qui forment la classe la plus nombreuse, et dont l'aristocratie redoute l'admission au droit électoral, pour la conservation de ses priviléges. L'élection se fait par main levée, dans les *Hustings* qui donnent souvent lieu à de regrettables luttes dont les acteurs sont plutôt animés par le besoin de gagner l'argent que les candidats sèment parmi le peuple, que de manifester leurs sentiments patriotiques. Ces scènes ignobles, où la populace met à nu son abrutissement, ne sont généralement que le prélude du vote écrit ou *pol*. Les lords et les députés sont inviolables dans leur personne; en matière criminelle ils ne sont justiciables que de la chambre haute. Le parlement est nommé pour sept ans. Le parlement n'étant pas toujours assemblé, le souverain a le droit de le convoquer, de le proroger ou même de le dissoudre. Il est dissous de plein droit par le fait même de la mort du souverain. Les décisions du parlement, qu'on nomme *bills*, ne sont exécutoires qu'après avoir reçu la sanction royale. Les séances du parlement se tiennent dans l'ancien palais des rois, à Westminster. Chaque membre du parlement a le droit de formuler des propositions de loi. Les membres de la chambre des lords peuvent se faire représenter, au moment du vote, par des fondés de pouvoir; les membres de la chambre des communes perdent leurs voix en s'absentant. La chambre des communes dispose exclusivement des affaires de finances. La chambre haute fonctionne aussi comme haute cour de justice de la nation. Dans les affaires civiles, elle remplit l'emploi de cour supérieure et de cassation. Elle ne s'assemble dans les causes criminelles que si un lord est mis en jugement. On cite, de nos jours, trois grands procès criminels de cette nature, celui du gouverneur général des Indes orientales, où Waren Hastingst, accusé de concussions et d'abus d'autorité, fut acquitté après un procès qui dura sept années; les frais énormes qu'il fit pour se justifier ayant paru une peine suffisante; on cite encore celui de Dundas, ministre de la guerre, accusé de malversation, et celui du duc d'York, accusé d'avoir vendu, en qualité de généralissime, des brevets d'officiers. La forme du gouvernement a conservé beaucoup de vestiges de l'organisation administrative, usitée sous les Anglo-Saxons. A la tête du gouvernement, se trouve le roi, seigneur et suzerain; aucune terre ne peut être, de son seul consentement, affranchie de sa suzeraineté. Il dispose des emplois publics, sans pouvoir en augmenter ni en diminuer les attributions; c'est lui qui nomme les archevêques et évêques. Le ministère se compose de douze à quinze membres, dont les principaux sont les secrétaires d'État, des affaires étrangères, de la guerre et des colonies, et du chancelier de l'Échiquier, qui est aussi ministre des finances. Le lord chancelier nomme les magistrats; mais le secrétaire d'État de l'intérieur surveille plus spécialement la justice et la police. Les ministres sont nommés et destitués à volonté par le roi; et il est d'usage, quand un ministre est renversé par le parti opposé, que son successeur change à son tour tous ses employés subalternes. A la tête de l'administration générale du royaume se trouve le *conseil privé* de la couronne, qui se compose des princes de la famille royale, des ministres en exercice, des anciens ministres et d'autres personnes nommées par le roi. Le nombre des membres du conseil privé est indéterminé. Leurs fonctions sont à vie; ils peuvent cependant être révoqués par le roi. Dans les affaires politiques, le conseil privé n'a que voix consultative, mais il fonctionne comme cour judiciaire et administrative dans les affaires commerciales; il prononce souverainement sur l'appel des jugements rendus par les tribunaux des îles de Man, de Jersey et de Guernesey. Il est divisé en trois comités : le cabinet, le comité judiciaire et le comité du commerce. Le pays est divisé en 188 comtés. A la tête de chacun d'eux se trouve un gouverneur ou lord-lieutenant chef de la milice. La division du territoire en comtés remonte fort haut dans l'histoire. Le shériff, qui vient après le lord-lieutenant, lui est subordonné. Les shériffs sont choisis tous les ans sur une liste de candidats, dressée par le grand chancelier. Le second fonctionnaire du comté est le coroner : il y en a de 4 à 6 dans chaque comté; ils sont nommés à vie par le peuple. Les coroners sont chargés des enquêtes sur les circonstances qui ont accompagné la mort de ceux qui se suicident, qui décèdent en prison, ou qui sont frappés de mort subite; ils s'informent aussi des causes des naufrages. Les juges de paix sont chargés de l'administration de la justice et de la police. Nous avons emprunté cette institution à l'Angleterre. Au-dessous d'eux viennent les constables, qui sont chargés de venir en aide à la police. — La marine militaire de l'Angleterre est la plus puissante du monde; les marins se recrutent par un enrôlement volontaire. En cas de guerre, le gouvernement a le droit de contraindre au service tous les hommes de la marine marchande et des bateaux pêcheurs, au moyen de la *presse*. La marine anglaise compte environ 70 vaisseaux de ligne, 57 frégates et près de 500 navires inférieurs, armés de plus 16,500 canons. La construction des bâtiments blindés a causé, dans les forces maritimes des différents peuples, une révolution qui, en rendant presque inutiles les anciens bâtiments, construits en bois, ne permet pas encore d'apprécier exactement ce que valent ses forces maritimes, concentrées dans les ports. La marine militaire compte près de 50,000 hommes. — L'armée régulière est composée de 146,000 hommes environ, répartis dans 140 régiments, dont 106 d'infanterie de ligne, 28 de cavalerie et 6 de corps spéciaux, affectés au service des colonies. La cavalerie est divisée en trois classes : 1° la grosse cavalerie, qui compte 4 régiments de dragons, dont deux des gardes du corps (life-guards); 2° la cavalerie moyenne, qui compte 2 régiments de carabiniers, 5 de lanciers, 5 de dragons, dont un de gardes à cheval (horse-guards); 3° la cavalerie légère, qui compte 12 régiments de hussards. Il y a encore différents corps coloniaux : un régiment de chasseurs à cheval du Cap, une brigade de tirailleurs de Ceylan, un régiment de tirailleurs du

Canada, un autre de tirailleurs de Sainte-Hélène, un régiment de Malte, une compagnie de vétérans de Terre-Neuve et un autre des îles Falkland. L'artillerie et le génie comptent ensemble près de 28,000 hommes. A la tête de l'armée se trouve un commandant en chef, un grand-maître de l'artillerie, 3 feld-maréchaux, 93 généraux, 144 lieutenants généraux, 133 majors généraux, 309 colonels et 638 lieutenants-colonels. Il y a une école d'artillerie et de génie à Woolwich, où se trouve aussi le grand arsenal, de construction d'artillerie. Il y a encore une école d'application de génie à Chatham et un collège militaire à Sandhurst. L'armée ne se recrute que par enrôlements volontaires; les procédés des recruteurs rappellent assez bien ceux qui étaient autrefois usités chez nous avant la Révolution de 89, et dont une loi plus libérale au fond a fait bonne justice. Les peines corporelles sont encore en usage dans l'armée anglaise et contribuent à avilir le soldat autant que la constitution aristocratique de l'armée, qui ne permet pas à d'autres que les cadets de famille d'aspirer au grade d'officier. Le budget des dernières années s'élève, en moyenne, en recettes, à 70,000,000 de livres sterling (1 milliard 750 millions), et en dépense à 73,000,000 (1 milliard 825 millions). Le sol de la Grande-Bretagne appartient à un très-petit nombre de propriétaires qui souvent possèdent le territoire sur lequel est bâtie une ville entière. La coutume a corrigé ce qu'il pouvait y avoir d'abusif dans cette constitution toute féodale de la propriété foncière. Les riches propriétaires consentent des baux d'une telle durée qu'ils équivalent à peu près à l'aliénation de la jouissance, moyennant certaines redevances. Le plus souvent elle est donnée à bail amphytéotique dont la durée est de 99 ans et quelquefois même de plusieurs siècles. Le locataire ou fermier est assujetti à payer une rente ou des redevances en nature. Souvent la jouissance est concédée définitivement, à la seule condition d'acquitter un certain droit au profit du propriétaire, à chaque changement d'usufruitier, par suite de vente ou de décès. On conçoit cependant que celui qui n'est pas propriétaire du sol, ne peut jamais songer à l'enrichir de constructions ou d'améliorations dont ses neveux ne doivent profiter que pendant un temps limité. Les houilles et les minerais de fer sont l'une des principales sources de la richesse de la Grande-Bretagne. Les usines transforment annuellement plus de 4,000,000 de tonnes de fer, en fer-blanc, en machines, en quincaillerie et en coutellerie; elle est en possession de ces précieuses mines d'où l'on extrait à la fois le fer et la houille. Près de 300,000 ouvriers sont employés à l'exploitation du fer. L'Angleterre possède encore des mines de plomb, de cuivre et d'étain; on rencontre le zinc dans le Derbyshire, le manganèse dans le Somerset, et des salines considérables dans le Chestershire et le Worcester. La prospérité agricole de l'Angleterre date du règne d'Édouard III, sous lequel les terres passèrent entre les mains des moines et des serfs. La suppression des couvents amena un certain ralentissement dans les progrès de l'agriculture, mais elle contribua au développement du commerce. Le commerce des grains, longtemps entravé par le système prohibitif, est aujourd'hui entièrement libre. La verrerie anglaise, qui remonte au VIIe siècle, a acquis une perfection qu'il est difficile d'égaler; c'est aux Anglais que nous devons la plupart des perfectionnements apportés à cette industrie qui forme une branche considérable de l'exportation. La porcelaine et les poteries ont pris un développement inouï; la fabrication s'élève, dans toute l'Angleterre, à plus de 60,000,000 de livres sterling. La fabrication des laines et des draps acquit une vive impulsion en 1231, quand John Kemp vint s'établir à Kendal avec 70 familles wallonnes de tisserands drapiers. Cette industrie s'est étendue depuis, dans le Devonshire, le Worcestershire, le Glocestershire, le Hampshire, le Berkshire, le comté de Sussex et le pays de Galles. Aujourd'hui, malgré la concurrence étrangère qui a amené une certaine dépréciation, l'exportation des marchandises de laine s'élève à près de 6,000,000 de livres sterling, et leur fabrication occupe environ 350,000 artisans. L'industrie des toiles se développa en 1235, sous Edouard III, qui ordonna qu'une certaine étendue de terrain fût affectée à la culture du chanvre et du lin. Cet article figure à l'exportation pour un chiffre moyen de 1,100,000 livres sterling. L'industrie cotonnière, de création plus récente, a pris un développement incalculable, surtout depuis l'invention des machines que l'Angleterre doit au génie de pauvres ouvriers, de Hyiat, Darkwrigh et de James Hargraves, qui ne furent guère récompensés de leur vivant que par l'ingratitude de leurs concitoyens. Les bénéfices moyens de cette industrie, malgré l'affreuse crise que l'Angleterre vient de traverser, s'élèvent encore, en moyenne, à plus de 30,000,000 de livres sterling; cette industrie occupe un million d'artisans, et les machines qu'elle emploie représentent le travail de plus de 10,000,000 d'ouvriers. La bonneterie, les soieries, la cordonnerie, la pelleterie, la mégisserie et la ganterie comptent aussi parmi les branches les plus importantes du commerce. La bière étant la principale boisson du pays, le houblon forme l'une des branches les plus importantes du commerce. La culture de cette plante fut importée de Flandre, sous Henri VIII. Le chiffre de la consommation est presque incalculable. La Grande-Bretagne est le pays du monde où le commerce est le plus étendu. Ses rivières, ses canaux, ses chemins de fer favorisent cette activité dévorante. Les banques font circuler, au profit du commerce, un capital de près de 40,000,000 de livres sterling. La houille est la grande richesse de l'Angleterre, car elle donne la vie à ses usines, et alimente ses paquebots, qui sillonnent toutes les mers du globe. C'est à la houille que l'Angleterre

Vue de la Grande-Chartreuse, près de Grenoble.

doit tout. C'est sous Henri III qu'on commença à l'employer; on l'appelait modestement alors le *charbon de pierre*, tandis qu'on l'appelle aujourd'hui le roi charbon. En 1316, l'usage du charbon fût bien près d'être supprimé : une ordonnance d'Edouard Ier, se fondant sur ce que la fumée de ce combustible nuisait à la santé publique, prononcait même une amende contre ceux qui en faisaient usage. La diminution du bois contraignit cependant d'y recourir, et bientôt les villes n'employèrent plus d'autre combustible. Le commerce du charbon de terre s'affranchit peu à peu des règlements oppressifs et des lourdes taxes qui pesaient sur lui. En 1667, le revenu qu'on en tira suffit pour rebâtir la capitale. Cet impôt, qui a encore le même objet, est appelé le *droit des orphelins*. Les mines vellement des crises industrielles ou financières, les grèves qui protestent contre l'abaissement des salaires, le manque de coton, l'élévation du taux de l'escompte, contribuent à étendre en Angleterre la plaie du paupérisme. La charité publique et privée, malgré les sacrifices qu'elle s'impose, est impuissante à soulager cette misère hideuse. L'aristocratie comprend fort bien que cet état de choses ne peut cesser que par la ruine de ses privilèges; mais elle aime mieux concéder au peuple une liberté illusoire et mensongère que de l'appeler à jouir des bienfaits de l'égalité sociale. Elle se débat contre le mal qui la ronge et cherche à en imposer au peuple lui-même par des institutions qui ne sont que d'insuffisants palliatifs. La taxe des pauvres, qui s'élève, en moyenne, à 6,000,000 de livres sterling, de l'université d'Oxford, riche de plus de 200,000 volumes, et son musée. On cite encore le musée de la Société zoologique de Londres et le musée oriental de la Compagnie des Indes. — L'Angleterre a toujours été assez indépendante de l'église de Rome; les premiers chrétiens qui y apparurent étaient attachés au pélagianisme. Les Saxons, puis les Normands, qui vinrent après eux, appelés dans ce pays par la politique papale pour assurer le recouvrement régulier du denier de saint Pierre, devinrent eux-mêmes des enfants peu soumis de l'Eglise romaine. L'autorité pontificale fut souvent contestée, et les Lolards, secte dissidente, furent favorisés. Henri VIII, qui répudia Catherine pour épouser Anne Boleyn, et qui sacrifia ensuite sa seconde femme, mécontent du peu d'empressement que mon-

Scène de chauffeurs.

de houille sont les Indes noires de l'Angleterre. On les rencontre, à peu de profondeur du sol, dans le voisinage de la mer. Les principaux bassins houillers sont ceux de Northumberland et Durham, qui sont considérés comme presque inépuisables. On cite encore les bassins du Yorkshire et du Derbyshire; le bassin du Lancashire alimente surtout Manchester. Le produit annuel des mines de houille est, en moyenne, de 67,000,000 de tonnes, représentant environ 460 millions de francs. Les houillères occupent plus de 120,000 mineurs. —La noblesse anglaise ne comprend qu'un petit nombre de familles; le nombre des pairs ne s'élève pas à plus de 750. Au-dessous d'eux on trouve la classe des gentlemen, qui, sans appartenir à la noblesse, ne sont ni artisans ni petits marchands. C'est dans cette classe qu'on trouve les baronnets, qui composent une noblesse inférieure. Ce titre est héréditaire, et il est accordé par le souverain en récompense de services rendus à la nation, dans les armes, les sciences, les lettres, les arts ou le commerce. On distingue encore le knights bachlors, titre dont on honore particulièrement les hommes de science. — Les vicissitudes de l'industrie, le renou- sert à assister près de 2,000,000 de pauvres. Il faut ajouter encore que chaque grande ville possède des maisons de travail, et plus de 20,000 établissements de charité, disposant d'un revenu de plus de 30,000,000 de francs. Les agriculteurs, exploités par les propriétaires et rongés par l'usure, sont dans une situation plus effroyable encore. — L'Angleterre n'a pas à vraiment dire d'instruction publique; l'enseignement est libre et l'Etat n'y intervient pas. Les écoles sont fondées par des corporations puissantes ou par des particuliers; elles ont chacune leur dotation. On cite, parmi les plus beaux établissements du pays, les universités d'Oxford, de Cambridge et de Dublin; l'enseignement professionnel a fait des progrès que nous pouvons envier. Les écoles classiques sont constituées d'une manière remarquable. Enfin il n'est pas jusqu'aux enfants en haillons qui ne soient accueillis dans des écoles où la charité cherche à combattre la démoralisation qui accompagne si souvent la misère. Chaque ville importante a ses sociétés académiques, son musée et sa bibliothèque. On cite notamment le *British museum* (*Voir* ces mots) et la bibliothèque qui y est attachée, la bibliothèque trait la cour de Rome à invalider ces différents mariages, au gré de ses caprices, laissa les réformes propager leur doctrine en Angleterre. Il protesta contre l'anathème du pape, et, le 2 novembre 1533, il convoqua le parlement pour déclarer solennellement la rupture du peuple anglais avec le pape et se faire conférer le titre de chef suprême de l'Eglise anglicane. Henri VIII, tout en détruisant l'autorité pontificale, et en fermant les monastères pour la satisfaction de son ambition personnelle, n'avait pas en vue d'introduire dans son royaume la liberté de conscience. Quelques sectes dissidentes ayant essayé de propager leurs doctrines, Henri VIII alluma les bûchers comme par le passé, et pour qu'on ne se méprît pas sur son intention de faire respecter son pouvoir, il fit décréter par le parlement, en 1539, le fameux bill des six articles, qui fut suivi, en 1562, du bill des trente-neuf articles. (*Voir* ces deux mots.) Ces réformes ne furent pas acceptées sans protestation. La reine Marie Tudor entreprit de rétablir le catholicisme et ralluma les bûchers. Elisabeth, qui régna ensuite, fut beaucoup plus sage, et chercha habilement à concilier ses sentiments secrets pour le catholicisme avec les tendances nationales : elle publia alors la confession de foi de l'Eglise anglicane. Aujourd'hui il règne une telle dissidence dans les doctrines religieuses que les prêtres anglicans ont fini par déclarer eux-mêmes que la fameuse *confession de foi* était un pur symbole servant à unir les fidèles, mais que les divers articles qui en faisaient l'objet, n'étaient pas imposés à leur conscience. La proclamation de tels principes amenait nécessairement la liberté des cultes. Cependant l'Angleterre reconnaît encore et subventionne comme religions de l'Etat, l'Eglise calviniste, qui domine en Angleterre et dans le comté de Galles, et l'Eglise presbytérienne, qui domine en Ecosse. Au-dessous du monarque, chef suprême de l'Eglise nationale, se trouve l'archevêque de Canterbury, qui est le primat de l'Angleterre. On compte, en Angleterre, 2 archevêchés et 20 évêchés; en Irlande, 2 archevêchés et 14 évêchés anglicans. Les catholiques, qui composent la plus grande partie de la population dans ce pays, n'y comptent que 4 archevêchés et 23 évêchés. On trouve aussi, en Angleterre, un archevêché et 12 évêchés catholiques qui ont été institués par le pape en 1850, mais qui n'ont pas d'existence légale. On compte, parmi les sectes dissidentes, 500,000 méthodistes, 350,000 presbytériens, 100,000 frères moraves, 60,000 quakers, 150,000 mennonites, 12,000 luthériens et 300,000 sectaires de religions diverses. Les juifs, privés des droits politiques et souvent même des droits civils, protestent contre cette révoltante inégalité; mais ils ont à lutter contre une noblesse qui croit que toucher à une seule des anciennes coutumes, c'est menacer tout le système sur lequel repose la garantie de ses privilèges. La législation anglaise n'est pas comme celles des autres peuples de l'Europe, le développement des principes du droit romain. Pour nous, le droit romain est la raison écrite, que nous invoquons pour l'interprétation de nos lois; chez les Anglais, l'application de ce droit est l'exception. Il n'a guère eu d'influence qu'en matière ecclésiastique et en matière de mariage et de testament. L'Angleterre a peu de lois formulées législativement et codifiées; elle n'a guère qu'une jurisprudence qui est basée sur les arrêts des anciennes cours. Ces arrêts ne sont eux-mêmes que l'interprétation de la coutume. L'attachement des Anglais à leurs vieilles traditions, souvent bizarres, est entretenu par les cours d'archives qui sont liées par leurs propres décisions, de telle sorte qu'elles ne peuvent s'en écarter à peine de nullité. Cependant les jurisconsultes ont imaginé des distinctions subtiles, des fictions légales qui, tout en affichant, en principe, le respect du droit commun, arrivent cependant à en modifier considérablement les dispositions. C'est ainsi que la législation anglaise a pu recevoir quelques développements, et se mettre peu à peu au niveau de la civilisation moderne, en réformant l'esprit, mais en respectant la forme. Le droit criminel est fondé sur ce principe que tout crime ou délit est une atteinte portée à la majesté royale, tandis que les autres législations y voient une atteinte portée à la société, et que toute peine est appliquée en son nom. Les lois pénales anglaises prodiguent la peine de mort; mais l'application en est considérablement restreinte par le jury. L'organisation judiciaire s'est développée de bonne heure en Angleterre. Le jury est appelé à statuer sur la question de fait, en matière civile, de même qu'en matière criminelle. On distingue la *cour des plaids communs*, qui est une sorte de tribunal de première instance, et la *cour du banc du roi* ou *de la reine*, qui révise en appel les décisions de la *cour des plaids communs*. Cette cour connaît aussi des atteintes portées à la paix publique, et des crimes qui sont considérés comme des actes de félonie ou violation des devoirs de foi et hommage envers le souverain. La *cour de l'Echiquier* ne juge que les causes intéressant les droits et redevances dus au trésor. Au-dessus de ces tribunaux, se trouve la *cour de chancellerie*, qui connaît des causes concernant personnellement le roi ou le domaine royal; elle connaît aussi des contributions dans les faillites et des tutelles. Cette cour s'est peu à peu immiscée dans les affaires civiles, et s'attribue généralement celles qui touchent l'état civil des personnes. Elle juge comme cour d'équité, sans s'astreindre à la rigoureuse observation de la coutume. L'Ecosse a spécialement sa *cour des sessions*, qui a les mêmes attributions que la *cour du banc de la reine*, instituée en Angleterre et en Irlande. — Le dialecte celtique était en usage dans l'ancienne Bretagne; après la conquête des Saxons, leur idiome domina pendant trois siècles et demi. Après eux vinrent les Danois, et après les Normands, qui introduisirent à leur tour la langue française. Les chants des premiers trouvères anglais sont écrits en français. La littérature anglaise commença par des chroniques et des ballades. Cette poésie a été cultivée jusqu'au XIIe siècle et forme l'âge d'or de la littérature anglaise. Chaucer fixa le premier les règles de l'art poétique en Angleterre. Caxton contribua au développement littéraire en traduisant les auteurs de l'antiquité. Les premiers ménestrels sont Robert Vace, Taille-Fer, et Henri Ier, qu'on surnomma le *Beau Clerc*. Richard Cœur de Lion fut aussi poète et écrivit en français. En 1220, la littérature satirique se développa par la publication du *Pays Cokaine* (Cocagne), dont l'auteur, resté inconnu, semble égaler Rabelais. Après Chaucer, le *père de la poésie anglaise*, le génie de l'Angleterre sembla sommeiller pendant deux siècles. Ce fut au XVIe siècle seulement, au temps des Tudor, que la littérature reprit un nouvel essor. Quand Shakespeare parut, l'Angleterre avait une littérature; mais son théâtre n'avait représenté jusqu'alors que des miracles et des mystères. Shakespeare fut véritablement le créateur de l'art dramatique, mais l'impulsion improvisée par son génie s'est toujours ralentie; et depuis, l'Angleterre n'a produit que des auteurs d'un ordre bien inférieur. Milton est, après Shakespeare, la plus grande gloire poétique de l'Angleterre. Dans le domaine scientifique et philosophique, nous voyons apparaître Newton et le célèbre Bacon, qui fixa en quelque sorte les lois des sciences physiques et métaphysiques. Dans la littérature romantique, l'Angleterre a tenu un des premiers rangs. Walter Scott a fait briller du plus vif éclat cette branche de la littérature. Parmi les poètes plus modernes, on doit citer Byron et Thomas Moore. De nos jours la littérature anglaise a été éclipsée par l'éclat de la littérature française; il semble que le genre anglais a perdu sa vive originalité, et qu'il n'a plus de vie propre. Son théâtre et ses romans se traînent à la remorque de la littérature française.

BRETAGNE (Nouvelle-), archipel de l'Océanie (Mélanésie), consistant en deux grandes îles : la Nouvelle-Bretagne et la Nouvelle-Irlande, et plusieurs petites : Nouvel-Hanovre, Gerritz-Denis, York, Caen, Abgarris, Portland, Saint-Mathieu, Dampier, etc. Pop. 100,000 hab environ, de la race des Papous. Cet archipel fut découvert, en 1699, par Dampier, et en 1768 par Carteret.

BRETAGNE (duché de), prov. de l'ancienne France, bornée au N. par la Manche et la Normandie, au S. par le Poitou, à l'O. par l'Océan atlantique, à l'E. par l'Anjou et le Maine. Sa superf. carrée était d'environ 4,000 kil. La Bretagne était habitée, sous les Romains, par des tribus celtiques; les Romains changèrent leur nom de Brythons (hommes tatoués), en celui de Bretons. Les principales peuplades étaient les Diablintes, les Redones, les Namnetes, les Pictes, les Venètes, navigateurs célèbres; les Curiosolites et les Ossismiens. Le pays qu'ils habitaient s'appelait Armorique, mot qui signifie *sur le bord de la mer*. La Bretagne, sous la domination romaine, fit partie de la IIIe Lyonnaise et de la IIe Aquitaine. Au moyen âge, elle fut divisée en *Haute-Bretagne* et *Basse-Bretagne*. Cette province forme aujourd'hui cinq départements: Côtes-du-Nord, Ille-et-Vilaine, Finistère, Morbihan, Loire-Inférieure. Les peuples primitifs de la Bretagne se distinguaient des autres Gaulois par certains caractères particuliers. Ils étaient moins vifs et moins gais, toujours sombres et farouches; ils avaient l'habitude de se tatouer le corps, se ceignaient les reins de ceintures de cuir, et portaient des sayes bariolées assez semblables aux jupes des Calédoniens, avec qui ils avaient une origine commune. Ils maniaient habilement la lance et la pique, et se servaient aussi de longues épées ou de lourdes masses; ils portaient au bras un bouclier d'osier. Leur cri de guerre était : Casse-lui la tête! (*Terre y ben!*). Ils suivaient la même religion que les autres Gaulois, et avaient leurs druides et leurs bardes. C'est à ces derniers que nous devons ces contes de fées, ces poésies pleines de naïveté et parfois d'énergie, dont les traditions ont été conservées par nos premiers trouvères. On trouve encore sur le sol de la Bretagne des pierres druidiques, des pierres levées, qui servaient à leurs cérémonies religieuses, et quelquefois à des sacrifices humains. Ils s'assemblaient autour de ces pierres pour décider, dans des assemblées populaires, de la paix ou de la guerre, nommer leurs chefs. Elles servaient parfois à rappeler le lieu où était enseveli quelque guerrier illustre, ou à perpétuer le souvenir d'une victoire ou d'un grand fait historique : c'étaient des pierres longues, des tables de pierre, des enceintes circulaires, ou des monticules du témoignage. A partir de la conquête romaine, l'histoire de la Bretagne se confond avec celle des Gaules, et offre peu de faits intéressants. Les Bretons insulaires ayant émigré dans la Bretagne gauloise pour fuir les invasions des Calédoniens et des Saxons, proclamèrent pour chef Conan. Celui-ci profita de la faiblesse de l'empire romain, débordé de tous côtés par les Barbares, pour s'affranchir de la domination romaine et se faire reconnaître roi des Bretons armoricains, en 410. Les successeurs de Conan résistèrent aux Alains, qui ravageaient les côtes. Audran, l'un d'eux, prit même part à la victoire qui délivra la Gaule d'Attila. En 799, Charlemagne fit la conquête de la Bretagne; elle essaya vainement de s'affranchir de la domination franque, au commencement du règne de Louis le Débonnaire; mais cet empereur ayant mis à la tête de la Bretagne Nomenoé, homme d'une naissance obscure, mais doué d'une grande énergie, celui-ci parvint, à la faveur des discordes dont l'empire fut le théâtre, à proclamer son indépendance et à établir son autorité dans le pays. En 845, il remporta une grande victoire contre l'empereur Charles le Chauve, qui avait entrepris de le faire rentrer dans l'obéissance. Deux ans après, il prit le titre de roi. Ses successeurs étaient appelés indifféremment rois, ducs, ou comtes. La Bretagne, morcelée par des partages entre des héritiers de la couronne, eut à subir l'invasion des Normands. Charles le Simple céda la Normandie et la Bretagne à Rollon. Conan IV, alors duc de Bretagne, résista à la prétention du roi de France, et appela à son secours Henri II, roi d'Angleterre. Conan fut rétabli sur son trône; mais l'Angleterre, qui savait déjà faire payer ses services, exigea la cession du comté de Nantes. Conan, après la retraite de Henri II, se vit enlever presque tous ses États, et se trouva bientôt réduit à la possession du comté de Rennes. Conan appela de nouveau Henri II, en donnant en mariage sa fille Constance à Jeoffroy, fils du roi d'Angleterre, pour cimenter la nouvelle alliance. Henri II ne profita de cet avantage que pour dépouiller Conan, et faire reconnaître duc de Bretagne son fils Jeoffroy (1166). Les Bretons s'opposèrent à cette usurpation, et Eudes de Bretagne se mit à leur tête. Henri II s'en vengea en violant la fille d'Eudes, qui lui avait été remise en otage. Après la mort de Jeoffroy, en 1186, Constance, sa veuve, accoucha d'un fils. Henri II, que la naissance de cet héritier de la couronne de Bretagne contrariait vivement, contraignit sa fille à épouser un Anglais, Raoul, comte de Chester. Cette princesse se vit alors l'objet des obsessions de la cour d'Angleterre et de celles de Philippe-Auguste, qui se disputaient la suzeraineté du duché de Bretagne. Elle essaya d'associer à son trône son fils Arthur. Richard Cœur de Lion fit alors pendant deux ans une guerre cruelle aux Bretons. A la mort de Richard Cœur de Lion (1199), Arthur s'allia tantôt à l'Angleterre, tantôt à la France, et parvint à s'emparer du Maine, de la Touraine et de l'Anjou. Il essaya, après la mort de Constance, de s'emparer du Poitou avec l'aide de Philippe-Auguste; mais Jean Sans-Terre marcha contre lui et l'investit dans Mirebeau. Arthur fut trahi par Guillaume du Rocher, qui le livra à Jean Sans-Terre. Celui-ci égorgea son rival de sa propre main et fit jeter son cadavre à la Seine. Philippe-Auguste cita Jean Sans-Terre devant les pairs du royaume, pour qu'il rendît compte du meurtre de son neveu. Il fit condamner Jean Sans-Terre, qui eut bien garde de comparaître, à perdre la vie, et fit ordonner la confiscation de toutes les terres qu'il possédait en France. Après en avoir pris possession, il fit reconnaître duchesse de Bretagne, Alix, fille de Constance et de Guy de Thouars. Ce dernier fut nommé régent, à la condition de se soumettre à l'autorité du roi de France. Alix épousa Pierre de Dreux, qui fut alors nommé duc de Bretagne (1213). Sous ses successeurs, la Bretagne essaya toujours de ménager à la fois la France et l'Angleterre. Cette dernière puissance essaya de faire revivre ses prétentions (1309). Edouard introduisit dans le traité qui réglait son mariage avec Isabelle, fille de Philippe le Bel, une clause qui lui transportait la suzeraineté de la Bretagne; mais Arthur II fit assembler les états de son duché, et ils refusèrent de ratifier cette convention. La mort de Jean III, successeur d'Arthur II, fut le signal d'une guerre civile qui désola la Bretagne pendant 25 ans. Jean de Montfort et Charles de Blois se disputèrent la couronne. Le premier invoquait la loi salique, qui excluait les femmes du trône; le second répondait que, selon les anciennes coutumes, les femmes étaient admises au trône de Bretagne, et qu'ainsi il pouvait y prétendre, comme étant aux droits de Jeanne, sa femme. Jean de Montfort se hâta de s'emparer du pouvoir, tandis que son adversaire négociait. Il put ainsi assembler une armée pour appuyer ses prétentions, et il s'allia avec Edouard III, roi d'Angleterre, qui crut devoir venir à son secours par cette seule raison que la France soutenait Charles de Blois. Jean de Montfort fut cité à comparaître devant l'assemblée des pairs de France. Il y parut avec une escorte de 400 cavaliers; mais jugeant que l'arrêt ne lui serait pas favorable, il s'enfuit précipitamment, quoiqu'il eût promis au roi de rester jusqu'à la décision. Peu de temps après, la lutte s'engagea; Montfort, assiégé dans Nantes, y fut fait prisonnier. La comtesse Jeanne, sa femme, continua à opposer une énergique résistance, et se comporta en héroïne. Voyant que les secours promis par les Anglais n'arrivaient pas, elle se rendit auprès d'Edouard, et revint avec une flotte anglaise. Cette flotte ayant rencontré celle des Français, un engagement eut lieu près de l'île de Guernesey. Une tempête survenue dans la nuit sépara les deux flottes. Jeanne fut assez heureuse pour obtenir la liberté de son mari, après quelques succès. Le comte de Montfort essaya encore de recommencer la lutte; mais la mort prévint ses projets. Sa veuve mit à profit la trêve qui lui fut accordée et fit de nouveaux préparatifs. Après la bataille de Crécy, elle entreprit une guerre de siéges dans laquelle elle se distingua par son intrépidité autant que par son habileté. Elle trouva une rivale dans Jeanne de Penthièvre, et la rivalité de ces deux femmes donna à la lutte un caractère chevaleresque. Elle se termina par la mort de Charles de Blois, qui fut tué, en 1364, à la bataille d'Auray. Jean IV, surnommé le *Conquérant*, fut reconnu comme duc de Bretagne par l'Angleterre. Il s'appliqua à donner au roi de France et d'Angleterre des assurances secrètes de soumission, sans accepter la suzeraineté d'aucun d'eux. Le roi de France l'ayant enfin sommé de remplir ses devoirs de vassal en l'assistant dans la guerre, Jean se réfugia à Calais. Le roi cita alors le duc à comparaître devant la cour des pairs comme accusé de félonie. La sentence de la cour le déclara déchu de ses droits; mais un arrangement eut lieu à la mort de Charles V, entre la cour de France et le duc de Bretagne. Celui-ci mourut empoisonné, en 1399. Jean V, son fils, n'avait que 10 ans quand il fut reconnu duc de Bretagne. Quoique sa mère eût épousé en secondes noces Henri IV, roi d'Angleterre, il se montra constamment attaché à Charles VI, dont il épousa la fille, Jeanne de France. Cependant les succès des Anglais l'engagèrent à tenir la balance égale entre la France et l'Angleterre. François Ier, son fils, aida le roi Charles VII à expulser les Anglais de la Normandie. On lui reproche le meurtre de son frère, Gilles de Bretagne. Pierre II, son frère, lui succéda en 1450, à défaut de descendants directs. Arthur III, son oncle, fut proclamé duc de Bretagne en 1457; il voulut garder sa charge de connétable de France. François II, fils de Richard, lui succéda en 1458. Il encourut la disgrâce de Louis XI en empêchant le mariage de la veuve du duc Pierre II avec le duc de Savoie. Il ne vit pour lui de salut qu'en entrant dans la ligue du *Bien public*. Cette guerre aboutit à la soumission du duc de Bretagne, qui prêta serment à Louis XI sur la croix de saint Lô. Il prit encore part aux intrigues qui signalèrent la régence d'Anne de Bretagne. Il eut pour principal ministre un ancien artisan, nommé Landais, qui se fit détester par ses exactions, et fut pendu dans une émeute populaire. François II laissa pour lui succéder sa fille Anne, qui, par son mariage avec Louis XII, opéra la réunion de la Bretagne à la France.

BRÉTENOUX, ch.-l. de cant. de l'arrond. de Figeac (Lot), à 40 kil. de cette ville. Pop. 870 hab. On remarque aux environs les ruines du château de Castelnau, qui date du XIe siècle et fut réédifié sous Louis XIII.

BRETEUIL, ch.-l. de cant. de l'arrond. de Clermont (Oise), à 40 kil. de cette ville. Pop. 2,650 hab. Lainages. Fabrication de souliers pour la troupe et les hôpitaux. Belles pépinières.

BRETEUIL, ch.-l. de cant. de l'arrond. d'Evreux (Eure), à 35 kil. de cette ville. Pop. 1,500 hab. Fabriques d'épingles, clouterie, etc. Hauts-fourneaux. Cette ville fut fondée, en 1060, par Guillaume le Conquérant, et était place forte.

BRETEUIL (Louis-Auguste LE TONNELIER, baron DE), diplomate français né à Preuil, en Touraine, en 1733, mort en 1807. Il fut envoyé en mission diplomatique à Cologne en 1758. Il comprit peu le rôle que la France avait à jouer dans les circonstances difficiles où l'on se trouvait alors; ainsi, tandis qu'il était de son intérêt de soutenir des puissances secondaires de l'Allemagne contre la puissance envahissante de l'Autriche, Breteuil s'appliqua au contraire à flatter la Prusse et l'Autriche, qui travaillaient secrètement à l'envahissement des petits Etats. Louis XV trahissait son embarras en abandonnant la politique de Henri IV et de Louis XIV, qui n'avaient cessé de combattre la maison d'Autriche. Le comte de Broglie, dont l'influence fut des plus désastreuses pour les intérêts de la France, fit admettre Breteuil dans le conseil secret du roi, et le fit même nommer ambassadeur de France à Saint-Pétersbourg. Breteuil arriva à Saint-Pétersbourg au moment où éclata la révolution de palais qui mit Catherine II sur le trône et en précipita Pierre III. Il était de l'intérêt de la France de conserver l'amitié de la Russie, qui l'avait aidée à combattre la Prusse et l'Angleterre; il fallait donc que l'ambassadeur surveillât les événements, en se gardant bien de prendre trop tôt parti pour Pierre ou pour Catherine; mais en les ménageant tous deux de façon à gagner l'amitié de celui qui triompherait. Breteuil ne comprit pas son rôle. Il quitta Saint-Pétersbourg pour se réfugier à Varsovie, au moment où le devoir lui commandait de rester à son poste; et, par cette conduite équivoque, il indisposa Catherine contre la cour de Louis XV. Il refusa aussi à Catherine un emprunt dont elle avait besoin pour la réalisation de ses projets. De retour de cette triste ambassade, il fut nommé ministre de la maison de Louis XV. Il essaya de se rendre populaire par quelques embellissements qu'il fit dans Paris, en supprimant les maisons qui couvraient les ponts; il ouvrit les portes des prisons aux criminels d'Etat; mais le peuple ne lui pardonnait pas son attachement à la maison d'Autriche ni son dévouement à Marie-Antoinette. Il fut chargé de l'instruction de l'affaire du *Collier de la reine*. Au lieu de conduire cette affaire de manière à amener une solution honorable pour la couronne, il l'embrouilla si maladroitement, et y impliqua tant de personnes que le public y vit une occasion de scandale. Il émigra en 1789 et rentra en France en 1802. Il affectait dans ses discours une résolution et une hardiesse qu'on rencontrait peu dans ses actes.

BRETIGNY (traité de). Jean, roi de France, fait prisonnier après la bataille de Poitiers, avait été conduit à Londres, où il supportait assez gaiement son infortune. Edouard III lui avait fait signer à Londres, en avril 1359, un traité qui réglait le partage de la France. Le Dauphin, depuis Charles V, chargé de la régence, fit rejeter ce traité par les Etats généraux. Les hostilités avaient recommencé entre la France et l'Angleterre; Edouard consentait bien à renoncer à la couronne de France, mais il voulait qu'on lui garantît la possession de ces belles provinces, que Philippe-Auguste avait ravies à son fils. Edouard, débarqué à Calais, assiégea vainement cette ville pour obliger le régent à consentir le traité qu'il désirait; il vint camper au Bourg-la-Reine, à deux lieues de Paris. Le Dauphin, enfermé dans la capitale, ne songeait pas à combattre, malgré les sollicitations des gentilshommes qui l'entouraient. Les communes et les villes protestaient par leur énergie à se défendre contre l'indifférence et l'apathie du régent. Le Dauphin consentit enfin au traité que lui demandait Edouard III. Il fut convenu que les négociations auraient lieu à Chartres. Ce fut à Bretigny, village situé près de cette ville, que les conférences eurent lieu. Les conditions furent imposées par le roi d'Angleterre plutôt qu'elles ne furent discutées. Edouard III cédait ses prétentions irréalisables à la couronne de France; il recevait en dédommagement la Guyenne, la Gascogne, le Poitou, la Saintonge, le Limousin, l'Angoumois, ainsi que Calais et le comté de Ponthieu. Un des articles du traité portait que les seigneurs des fiefs situés dans les pays cédés, jureraient foi et hommage au roi d'Angleterre. La rançon du roi Jean était fixée à 3 millions d'écus d'or. Le traité fut juré à Paris, le 10 mai, par le régent, et, le 16 mai, par le prince de Galles. Cependant les provinces cédées à l'Angleterre protestèrent contre ce honteux traité; les seigneurs ne voulurent point jurer foi et hommage au nouveau maître qu'on leur imposait; par suite, les hostilités recommencèrent (1368).

BRETON (île du Cap). (*Voir* Cap-Breton.)

Breton (Pertuis), canal du golfe de Gascogne situé entre l'île de Ré et le département de la Charente-Inférieure.

Breton (Louis-François), sculpteur, né à Besançon en 1731, mort en 1800. Il fut d'abord apprenti menuisier, puis sculpteur en bois. Désirant approfondir son art, il se rendit à Rome, et là il pourvut à son existence en travaillant à des ornements d'architecture. Dès qu'il avait quelques loisirs, il les consacrait à parcourir les ateliers des artistes les plus célèbres. Ses progrès furent rapides. Il concourut avec les élèves de l'école de Saint-Luc, et remporta le premier prix par un bas-relief représentant l'*Enlèvement du palladium*. Il fut admis à l'école française. De retour en France, il produisit des œuvres d'une pureté remarquable. Il ne brillait pas par le mérite de la composition et l'esprit d'invention, mais l'exécution était du meilleur goût. Il fut membre associé de l'Institut. Son magnifique tombeau de *la Baume*, à Nîmes, a malheureusement été détruit lors de la Révolution. On admire de lui : la *Mort du général Wolf*, une statue colossale de *saint André* et un buste de *Cicéron*.

Bretons (mœurs des). Il existait entre les Celtes qui occupaient autrefois la province que nous appelons Basse-Bretagne, et les Celtes qui s'étaient fixés dans la Grande-Bretagne, des rapports qui étonnèrent les Romains lorsqu'ils entreprirent la conquête des Gaules, sous César, et pénétrèrent dans l'île des Bretons. C'étaient les mêmes mœurs, le même langage, la même religion. On trouverait encore aujourd'hui plus d'un rapprochement à faire entre ces deux peuples de même origine. Ils sont l'un et l'autre fortement attachés aux institutions anciennes, et semblent toujours disposés à lutter pour la conservation de leurs coutumes et de leurs préjugés. Chez nos Bretons, les changements à la constitution politique ou sociale ne sont acceptés qu'avec une répugnance difficile à vaincre. On sait qu'ils ont résisté les derniers à l'introduction du christianisme, et aujourd'hui que la foi religieuse semble s'éteindre partout ailleurs, ils s'y attachent avec opiniâtreté. Au moyen âge les Bretons ont longtemps lutté pour ne pas être soumis à la couronne de France; et lorsque le souffle révolutionnaire renversa, en 1789, un trône vermoulu, les paysans bretons s'armèrent pour la défense des vieilles institutions. Il y a peu de pays où les monuments antiques aient été plus religieusement conservés; ils sont là debout, dans les forêts épaisses, au milieu des genêts et des bruyères, et respectés par la superstition. Cependant, là comme partout ailleurs, e vieil ordre de choses commence à s'ébranler, la barbarie recule, et l'on ne peut douter que les Bretons, qui auront été les derniers à accepter les lois de la civilisation nouvelle, ne deviennent un jour ses plus ardents défenseurs. La Bretagne n'a-t-elle pas produit, d'ailleurs, des hommes remarquables dans les sciences ou dans les armes, qui ont fait l'étonnement du monde. A côté d'Hardouin, de Sévigné, de Sainte-Foi, de Lesage, n'a-t-elle pas produit Descartes et l'abbé de Lamennais? N'est-elle pas la patrie de du Guesclin, de Beaumanoir, de Duguay-Trouin, de la Motte-Piquet, et aussi, malgré leurs passions politiques qui ne peuvent amoindrir leurs noms, de Charette et de Moreau? Chateaubriand, enfant de la Bretagne, a admirablement dépeint sa terre natale : « Cette longue presqu'île d'un aspect sauvage a quelque chose de singulier : dans ses trois vallées, des rivières non navigables baignent des donjons en ruine; de vieilles abbayes, des huttes couvertes de chaume, où les troupeaux vivent pêle-mêle avec les pâtres. Ces vallées sont séparées entre elles ou par des forêts remplies de houx grands comme des chênes, ou par des bruyères semées de pierres druidiques autour desquelles plane l'oiseau marin et paissent des vaches maigres avec de petites brebis. Un voyageur à pied peut cheminer plusieurs jours sans apercevoir autre chose que des landes, des grèves et une mer qui blanchit contre une multitude d'écueils; région solitaire, triste, orageuse, enveloppée de brouillards, couverte de nuages, où le bruit des vents et des flots est éternel. Il faut que ce pays et ses habitants aient frappé de tout temps l'imagination des hommes. Les Grecs et les Romains y placèrent les restes du culte des druides, l'île de Sayne et ses vierges, la barque qui passait en Albion les âmes des morts, au milieu des tempêtes et des tourbillons de feu; les Franks y trouvèrent Mur-Mau et mirent Roland à la garde de ses *marches;* enfin les romanciers du moyen âge en firent le pays des aventures, la patrie d'Artus, d'Yseult aux blanches mains, et de Tristan le Léonois. Sur les bruyères et dans les vallées de la Bretagne, vous rencontrez quelques laboureurs vêtus de peaux de chèvre, les cheveux longs, épars et hérissés, ou vous voyez danser au pied d'une croix, au son d'une cornemuse, d'autres paysans en habit gaulois, le sayon, la casaque bigarrée, les larges braies et parlant la langue celtique. D'une imagination vive et néanmoins mélancolique, d'une humeur aussi mobile que leur caractère est obstiné, les Bretons se distinguent par leur bravoure, leur fidélité, leur esprit d'indépendance, leur attachement pour la religion, leur amour pour leur pays; fiers et susceptibles sans ambition, et peu faits pour les cours, ils ne sont avides ni d'honneurs ni de places; ils aiment la gloire, pourvu qu'elle ne gêne en rien la simplicité de leurs habitudes; ils ne la recherchent qu'autant qu'elle consent à vivre à leur foyer comme un hôte obscur et complaisant qui partage les goûts de la famille. »

BRETTE, épée étroite et longue que portaient nos ancêtres. Son nom lui venait de ce qu'elle avait été fabriquée en Bretagne.

BRETTEN, ville du grand-duché de Bade (Rhin-Moyen), à 20 kil. de Carlsruhe. Pop. 2,900 hab. Patrie de Melanchthon, à qui on a élevé une statue.

BRETTEVILLE-SUR-L'AIZE, ch.-l. de cant. de l'arrond. de Falaise (Calvados), à 20 kil. de cette ville. Pop. 600 hab. Tanneries et carrosseries.

BREUGHEL, nom commun à plusieurs peintres flamands, originaires de Breughel, village près de Breda, en Hollande. — Breughel (Pierre), surnommé *Breughel le Vieux* ou *Pierre le Drôle* à cause de l'originalité de ses compositions, né à Breughel en 1510, mort à Bruxelles en 1570. Il fut élève de Koek, qui lui donna sa fille en mariage. Il excellait surtout dans la reproduction des fêtes villageoises ; ses figures respirent la joie la plus naïve; les gestes sont pleins de vérité. On remarque parmi ses tableaux, une *Dispute entre le carême et le carnaval*, une *Laitière*, des *Danses de village* et des *Marches d'armées*. — Breughel (Jean), fils du précédent, surnommé *Breughel de velours*, parce qu'il portait habituellement un habit de cette étoffe, né en 1568, mort en 1642. Il dut sa réputation à ses paysages. Rubens le jugea digne d'être employé à quelques-uns de ses tableaux historiques; il se contentait de composer les paysages; Rubens groupait ensuite les figures. Ses paysages offrent une teinte bleue trop prononcée, bien que la touche soit légère et correcte. Il s'essaya aussi dans le genre historique; mais ses figures laissent à désirer. La *Prédication de Jésus sur les bords de la mer*, le *Paradis terrestre* sont ses meilleurs tableaux. On remarque aussi son *Daniel dans la fosse aux lions*, et son *Repos en Egypte*, dont les figures sont de Rottenhamer. — Breughel (Pierre), dit *Breughel le Jeune* ou *Breughel d'enfer*, parce qu'il peignait habituellement des scènes de sabbat, frère du précédent, né à Bruxelles en 1569, mort en 1625. Son imagination un peu sombre le portait à représenter des laboratoires d'alchimiste, des magiciens, des incendies et des sièges, *Jésus délivrant les âmes du purgatoire* et la *Chute des anges rebelles*, sont ses chefs-d'œuvres — Breughel (Abraham), dit *Breughel le Napolitain*, né à Anvers en 1672, mort à Rome. Son père était directeur de l'académie de peinture d'Anvers. Il alla à Rome, où ses tableaux de fleurs et de fruits lui valurent une certaine célébrité. Il amassa une fortune assez considérable qu'il confia à un négociant de la ville, qui lui avait même promis en mariage sa fille unique, d'une beauté remarquable. La banqueroute de ce négociant entraîna la ruine de Breughel; sa fiancée prit le voile, et Breughel, plus désespéré de la perte de sa fiancée que de la ruine de sa fortune, mourut bientôt de chagrin.

BRÈVES, village de l'arrond. de Clamecy (Nièvre), à 10 kil. de cette ville. Pop. 800 hab. Ancienne seigneurie du Nivernais, érigée en comté en 1625.

Brèves (François Savary, comte de), diplomate et littérateur français, né en 1560, mort à Paris en 1628. Il fut ambassadeur de France à Constantinople pendant 22 ans. Il rapporta du Levant 97 manuscrits précieux. La relation de ses *Voyages* montre qu'il avait parfaitement étudié les ressources de ce pays, et les moyens d'y développer le commerce et l'industrie. Il créa une magnifique imprimerie orientale d'où sortirent plusieurs ouvrages remarquables. A sa mort, Richelieu acheta ses caractères, qui ont été déposés plus tard à l'imprimerie royale. Ce fut lui qui amena à Paris, en 1615, Paulin, le célèbre imprimeur.

BREVET (duc à). On appelait ainsi, dans l'ancienne monarchie, ceux chez qui cette dignité, conférée par brevet, n'était que viagère.

Brevet (habit ou justaucorps à). Justaucorps de moire bleu, brodé d'or et d'argent que Louis XIV avait adopté pour lui-même. Il accordait, par brevet signé de lui, aux principaux courtisans la permission d'en porter de semblables.

Brevet d'invention. On entend par brevet d'invention le titre délivré par le gouvernement, en vertu duquel l'auteur d'une découverte ou invention industrielle peut revendiquer le droit exclusif d'exploiter à son profit, pendant un temps limité, cette découverte ou invention. Avant 1790, les découvertes industrielles ne pouvaient se produire sans un privilège spécial. Les manufactures et les grandes entreprises commerciales ne pouvaient elles-mêmes être fondées, en dehors des corporations, sans ce privilége. Il était accordé pour un temps dont la durée était fixée arbitrairement. L'industrie française était ainsi entravée, découragée; les fabricants français ne pouvaient, sans un privilége souvent contesté par les corporations dont les intérêts pouvaient être lésés, apporter aucune amélioration dans leur mode de fabrication. Si l'un d'eux exploitait secrètement quelque procédé nouveau, son domicile était envahi sur la dénonciation des corporations rivales, ses ateliers bouleversés, ses métiers brisés, et son secret divulgué. Il n'y avait pour les artisans de la même profession qu'une seule manière de travailler. Ajoutons qu'on ne pouvait exploiter d'industrie sans être affilié à une corporation, et qu'on ne devait pas employer d'autres outils que ceux qui étaient prescrits par les édits et règlements. Les maîtrises et les jurandes (*Voir* ces mots), qui étaient en possession du monopole et qui entendaient le conserver, excluaient rigoureusement de leur sein les industriels dont l'esprit inventif leur faisait redouter la concurrence. Lenoir, qui porta si loin la perfection des instruments de physique, avait fait construire chez lui un petit fourneau dont il avait besoin; les syndics de la corporation des fondeurs vinrent eux-mêmes le démolir, parce que Lenoir n'avait pas le privilége de fondre. D'Argant, qui inventa les lampes à double courant d'air, eut à lutter contre les corporations des ferblantiers, des serruriers et des forgerons, qui s'opposaient à l'enregistrement du privilége qu'il avait obtenu. Le nombre de ceux qui obtenaient le privilége du gouvernement était bien petit. Il fallait pour cela de puissantes protections ou une fortune qui permît d'acheter la conscience de quelque commis de finance. Les inventeurs français allaient le plus souvent chercher protection hors de France. On serait étonné du nombre de nos découvertes dont plusieurs pays étrangers, et surtout l'Angleterre, ont su s'enrichir. Le métier à fabriquer les bas, inventé à Nîmes, fut transporté en Angleterre et acheté par le gouvernement. Le balancier à frapper la monnaie, inventé par Nicolas Briot en 1615, fut aussi livré aux Anglais. Il en fut de même de l'art d'emboutir et de vernir la tôle, et d'une foule d'autres découvertes. Le 31 décembre 1790, l'Assemblée nationale réforma cet état de choses, en décrétant la loi qui a régi les brevets d'invention jusqu'en 1844. La loi du 5 juillet 1844 a apporté, à son tour, divers changements qui définissent et garantissent mieux encore les droits de l'inventeur. Le brevet est une sorte de convention passée entre l'inventeur et le peuple français. Toute personne, même incapable comme mineure, peut prendre un brevet. Le breveté est seul juge du mérite de sa découverte; si l'objet de son invention est déjà dans le domaine public, son brevet est sans objet. Un tiers peut toujours attaquer les droits conférés par un brevet, en prouvant que la prétendue invention est déjà brevetée, ou que celui qui a le brevet n'a pas rigoureusement rempli les conditions légales. On distingue trois sortes de brevets: le brevet d'invention proprement dit, le brevet de perfectionnement et le brevet d'importation. Ce dernier a pour objet d'introduire en France une invention déjà brevetée en pays étranger. Toute demande de brevet doit être accompagnée d'un plan et d'un mémoire descriptif. Le privilége qu'il concède est accordé du jour et de l'heure du dépôt; il est fixé à une durée de quinze années. Le breveté est déchu de son privilége, s'il ne justifie pas de l'exploitation de son invention, dans un délai de deux années de la date de la découverte. Les tribunaux ordinaires statuent entre les parties sur les contestations qui peuvent s'élever touchant le mérite d'un brevet. La contrefaçon est

punie de peines correctionnelles, sur la plainte du breveté qui en a souffert.

BRÉVINE (la), village de Suisse, à 25 kil. de Neuchâtel, et près de la frontière de France. Pop. 3,000 hab. Horlogerie et dentelles. Sources sulfureuses.

BRÉZÉ (maison DE), ancienne et noble famille française, qui tire son illustration, au XVe siècle, du grand sénéchal d'Anjou, de Poitou et de Normandie, Pierre de Brézé, mort en 1465, et du grand sénéchal de Normandie, Jacques de Brézé, mort en 1494; au XVIIe siècle, du maréchal de Brézé, mort en 1650. (*Voir* DREUX et MAILLÉ.)

BRÉZÉ (Pierre II DE), grand sénéchal d'Anjou, de Poitou et de Normandie. Il fut en grande faveur à la cour de Charles VII. Louis XI, qui aimait peu les fidèles serviteurs de son père, le vit d'abord d'assez mauvais œil. On prétend même que ce prince l'envoya en Angleterre, au secours de Marguerite d'Anjou, avec une faible poignée d'hommes, dans l'espoir qu'il ne reviendrait pas de cette expédition. Brézé y remporta, au contraire, quelques succès et prit plusieurs villes; mais se voyant bientôt forcé de renoncer à l'entreprise, il revint en France. Louis XI l'accueillit mieux à son retour; il lui fit même part des soupçons qu'il avait conçus sur sa fidélité. Brézé lui fit une réponse plaisante qui satisfit le roi, et, dès ce moment, il obtint sa confiance. Il prit part à la guerre du *Bien public*, et commanda l'avant-garde de l'armée à la bataille de Montlhéry. Il portait la cotte d'armes du roi, afin de donner le change à l'ennemi; mais il attira ainsi sur lui l'attaque la plus violente, et périt au début du combat.

BRÉZÉ (Jacques DE), fils du précédent, né vers 1430, mort en 1494. Il fut grand sénéchal de Normandie. En 1462, il épousa Charlotte, fille naturelle de Charles VII et de la belle Agnès Sorel. Charlotte, non moins galante que sa mère, s'éprit d'une passion ardente pour son veneur. Brézé surprit les deux amants à Romiers, près de Dourdan, et les poignarda. Les magistrats, n'ayant pas cru que l'adultère fût bien prouvé, condamnèrent Brézé à 100,000 écus d'amende. Il abandonna ses terres en payement de cette somme. Mais il se pourvut plus tard devant le parlement, et fit casser le premier jugement, en 1484, sous Charles VIII; il rentra alors en possession de ses biens.

BRÉZÉ (Louis DE), sénéchal de Normandie, mort en 1531. Il épousa en premières noces la duchesse de Valentinois, et en secondes noces Diane de Poitiers, qui devint plus tard la maîtresse de François Ier et de Henri II. — Louis DE BRÉZÉ, grand aumônier, évêque de Meaux, mort en 1589, fut le dernier rejeton de cette famille.

BREZOLLES, ch.-l. de cant. de l'arrond. de Dreux (Eure-et-Loir), à 23 kil. de cette ville. Pop. 830 hab. Commerce de grains.

BREZOWA, ville de Moravie. (*Voir* BRISAU.)

BRIAL (Michel-Jean-Joseph, dom), bénédictin de Saint-Maur, né à Perpignan en 1743, mort à Paris en 1828. Il a travaillé d'abord à l'*Histoire littéraire de France*, puis fut chargé de continuer le *Recueil des historiens des Gaules et de France*. L'Académie des inscriptions l'avait admis au nombre de ses membres en 1805.

BRIANÇON, sous-préf. du départ. des Hautes-Alpes, à 55 kil. de Gap. Pop. 3,200 hab. Cette ville, située dans une vallée des Alpes, et à 1,306 m. au-dessus du niveau de la mer, est la plus élevée de France. Place de guerre de 1re classe. Tribunal, collége. Fabrique de lainages, cotonnades, quincaillerie, clouterie. Commerce de plantes médicinales et tinctoriales, de craie. Briançon est défendu par 7 forts qui, ainsi que sa position, la rendent inexpugnable. Le fort *l'Infernit* est situé à 2,458 m. au-dessus du niveau de la Méditerranée. Briançon, appelée *Brigantium* sous la domination romaine, resta longtemps indépendante et passa sous la souveraineté de la France en 1349. En 1697, elle fut adjugée au duc de Savoie. Les Impériaux y furent battus par les Français en 1709, et, en 1713, Briançon fut rendue à la France.

BRIANSK, ville de la Russie d'Europe, dans le gouvernement d'Orel, à 110 kil. de cette ville. Pop. 6,000 hab. Arsenal de construction, fonderie de canons.

BRIARE, ch.-l. de cant. de l'arrond. de Gien (Loiret), à 10 kil. de cette ville. Pop. 3,120 hab. Entrepôt de vins. Bois, charbon.

BRIARE (canal de). Ce canal fut commencé sous Henri IV, qui y employa 6,000 hommes de troupes, fut terminé en 1642 par Louis XIII et coûta 10,000,000 de francs. Il est le premier qui ait été construit en France. Il va de Briare à Montargis.

BRIARÉE, célèbre géant marin à 100 mains et 50 têtes, fils de la Terre et de Titan ou Cœlus. Il fut deux fois vaincu; la première fois par Neptune, qui le précipita dans la mer d'un coup de son trident; la seconde fois par Jupiter, contre qui il s'était révolté avec ses frères Cottus et Gyès; ils furent emprisonnés sous l'Etna. Mais ensuite Jupiter les appela à son aide contre les Titans, et, ayant été vainqueur, il en fit ses gardes. Briarée était honoré à Caryste et à Chalcis.

BRIBIESCA, ville d'Espagne. (*Voir* BRIVIESCA.)

BRIC-A-BRAC. Cette locution vulgaire s'entend de la vieille ferraille, des vieux meubles et des vieux tableaux, et généralement de tous les objets dont trafiquent les brocanteurs. Les gens de cette profession entendent merveilleusement l'art d'apprécier la valeur marchande d'un objet quand il s'agit de l'acheter, et entendent non moins bien l'art d'en faire ressortir la valeur fictive et purement relative, lorsqu'il s'agit de revendre le même objet à l'amateur. C'est à ce dernier qu'ils s'adressent; aussi avec quel talent d'élocution ils font valoir leurs vieilleries, à l'aide desquelles ils spéculent sur un préjugé qui a jusqu'à un certain point sa raison d'être: le culte du souvenir. Cet antiquaire croit marchander un morceau du miroir dont se servait Virgile; avec quelle volupté il se contemple dans ce morceau de plaque métallique polie, dans lequel se mirait le cygne de Mantoue! Il lui semble que la personnalité du grand homme a en quelque sorte déteint sur sa chose, et qu'en possédant ce qui lui a appartenu, il a le secret de sa pensée. Voyez de quel œil le brocanteur le fixe pour le circonvenir. Il sait que le marché ne lui échappera pas, et qu'il peut taxer le prix aussi arbitrairement qu'il le veut. Malheureusement, l'amateur est trop souvent dupe de sa crédulité. La marchandise ne suffisant pas à la demande, il fait fabriquer des antiquités qui méritent bien alors le nom de bric-à-brac. Ces meubles à marqueteries, d'un genre Boule, que le marchand a laissé se détériorer à l'étalage pour leur faire prendre cette teinte de vétusté qui donne un meilleur cachet d'authenticité, bric-à-brac! Qui croirait que des fabricants de meubles connaissent si bien le préjugé qui augmente la valeur des anciennes choses, qu'ils vendent toujours comme objets de hasard les meubles neufs de mauvaise fabrication, autrement dits de camelote. Ces épées de Jeanne d'Arc, ces tabatières du grand Frédéric, ces cannes de Voltaire, bric-à-brac! Ces statuettes de la Vierge, découvertes dans les ruines de vieux couvents, et auxquelles on a donné une teinte moyen âge, bric-à-brac! Ces tableaux signés Van Dyck ou Rubens, quand l'imprudent ne va pas jusqu'à offrir la signature de Raphaël, bric-à-brac! Les anciens n'avaient-ils pas aussi la folie des vases étrusques? bric-à-brac!

L'amateur se défierait davantage, s'il connaissait toutes les ruses par lesquelles le brocanteur rivalise avec le maquignon. Mais il lui semble que le doute même sur l'authenticité lui suffit; il ne demande qu'à être trompé pour s'abuser lui-même. Respectons cette superstition, qui contribue souvent à la conservation de ces pieuses reliques qui font quelquefois juger les hommes du passé, aussi bien que leurs actes ou leurs écrits; ils semblent vivre encore dans les choses qui leur ont appartenu. Les jurisprudents ont si bien compris cette idée qu'ils présument toujours, par une fiction de droit, que les meubles ne cessent jamais d'accompagner la personne: *Mobilia sequuntur personam*. L'immortel Balzac comprenait si bien cette idée, que quand il avait dépeint la *bricabracologie* d'un appartement, on connaissait les mœurs, les habitudes et les petites passions d'un personnage, avant même qu'il eût été mis en scène.

BRICE-EN-COGLÈS (Saint-) ch.-l. de cant. de l'arrond. de Fougères (Ille-et-Vilaine), à 15 kil. de cette ville. Pop. 660 hab.

BRICHE (Louis-André, vicomte DE), général français, né en 1772, mort à Marseille en 1825. Il entra au service à 17 ans, fit toutes les campagnes de la République; et, sous l'empire, prit une part glorieuse aux affaires de Saalfeld, d'Iéna, d'Ocana, d'Albuféra, de Lutzen et de Bautzen. Au retour des Bourbons, il fut nommé inspecteur général de la cavalerie et commandant de la 9e division militaire. Ce fut lui qui fut choisi pour présider la commission qui condamna à mort, en 1816, le général Mouton-Duvernet.

BRICK (terme de marine), abréviation du mot *brigantin*, désigne particulièrement un navire pourvu de deux mâts perpendiculaires et d'un beaupré gréé comme celui des bâtiments à trois mâts; le brick a l'apparence d'un trois-mâts dont aurait retiré le mât d'artimon. La voile principale du brick s'appelle brigantine. Les bricks sont plus petits que les trois-mâts, et leur tonnage atteint rarement 500 quintaux. Les bricks ne sont généralement pas employés dans la marine militaire.

BRIÇONNET (Guillaume), dit le *cardinal de Saint-Malo*, né à Tours, mort en 1514. Il fut successivement évêque de Nîmes, de Saint-Malo, archevêque de Reims et de Narbonne, et parvint à ces dignités par le crédit dont il jouissait à la cour de Charles VIII. Guillaume fut honoré du chapeau de cardinal en 1495. Cependant, l'animation avec laquelle il parla contre le pape Jules II lui fit enlever cette dignité: elle lui fut rendue par Léon X. Il eut une telle influence qu'on l'appelait l'*Oracle du roi et la colonne du royaume*. Ce fut d'après ses conseils que Charles VIII entreprit la conquête de Naples. Au reste, il montra toujours un zèle plus ardent pour les intérêts de son pays que pour ceux de la cour de Rome. — Guillaume Briçonnet fut évêque de Meaux. C'était un homme aussi remarquable par son esprit que par sa charité. Ami des lettres, et très-tolérant envers ceux qui étaient attachés à une religion différente, il attira auprès de lui quelques savants du culte réformé. Le parlement s'en émut, et contraignit Briçonnet à les chasser. Il mourut en 1553. — Denis Briçonnet, frère du précédent, fut évêque de Toulon et de Saint-Malo. Il recevait tous les jours 13 pauvres à sa table; il les servait lui-même, et ne prenait sa nourriture qu'après eux. Il mérita d'être appelé le *père des pauvres*. Sur la fin de sa vie, il se démit de ses deux évêchés pour se consacrer entièrement au soulagement des malheureux, et ne conserva que les abbayes de Cormery et d'Epernay. — Robert Briçonnet, frère de Guillaume Briçonnet, fut archevêque de Reims et chancelier de France, il parvint à ces dignités grâce au crédit de son frère. Il fut d'abord conseiller au parlement, puis président aux enquêtes et conseiller d'État. Quand Charles VIII partit pour son expédition dans le royaume de Naples, Briçonnet fut nommé chancelier. Il mourut en 1497.

BRIDAINE (Jacques), célèbre prédicateur, né à Chusclan, près Uzès, en 1701, mort en 1767. Il fut élevé par les jésuites, et manifesta de bonne heure les heureuses dispositions qui devaient l'illustrer plus tard. Il fut envoyé en mission à Aigues-Mortes. Il y fit d'abord peu de sensation, et ne réunit qu'un faible auditoire; mais le mercredi des cendres, voyant son église presque déserte, il s'élança dans la rue, une clochette à la main; la foule railleuse le suivit. Il rentra alors dans l'église et monta en chaire; il débuta par une magnifique paraphrase sur la mort. On fit silence, et, bientôt après, l'admiration devint croissante. Bridaine était doué d'un magnifique organe; il pouvait se faire entendre de 10,000 personnes réunies en plein air. Son éloquence n'avait aucune prétention; elle était hardie, ardente et souvent brusque; ses élans d'indignation étaient sublimes; son style revêtait des beautés inconnues. Toutefois, il était inégal; il avait besoin d'un grand auditoire pour exalter son imagination. Il refusa les hautes dignités de l'Église et voulut rester simple missionnaire. Le sermon qu'il prononça pour le carême, en 1751, dans l'église de Saint-Sulpice de Paris, restera comme l'un des plus beaux morceaux d'éloquence de notre langue. Il n'avait encore prêché que dans les campagnes, quand il vit autour de lui un auditoire composé d'évêques et de hauts personnages, plus attentif à relever les moindres faiblesses de l'orateur qu'à profiter de son enseignement. Loin de s'intimider, il commença ainsi: « A la vue d'un auditoire si nouveau pour moi, il me semble, mes frères, que je ne devrais ouvrir la bouche que pour vous demander grâce en faveur d'un pauvre missionnaire dépourvu de tous les talents que vous exigez quand on vient vous parler de votre salut. J'éprouve cependant un sentiment bien différent, et, si je suis humilié, gardez-vous de croire, mes frères, que je m'abaisse aux misérables inquiétudes de la vanité! A Dieu ne plaise qu'un ministre du ciel pense jamais avoir besoin d'excuse auprès de vous! car, qui que vous soyez, vous n'êtes comme moi que des pécheurs. C'est devant votre Dieu et le mien que je me sens pressé dans ce moment de frapper ma poitrine. Jusqu'à présent, j'ai publié les justices du Très-Haut dans des temples couverts de chaume; j'ai prêché les rigueurs de la pénitence à des infortunés qui manquaient de pain; j'ai annoncé aux bons habitants des campagnes les vérités les plus effrayantes de la religion. Qu'ai-je fait, malheureux? J'ai contristé les pauvres, les meilleurs amis de mon Dieu! j'ai porté l'épouvante et la douleur dans ces âmes simples et fidèles que j'aurais dû plaindre et consoler. C'est ici, où mes regards ne tombent que sur des grands, sur des riches, sur des oppresseurs de l'humanité souffrante ou des pécheurs audacieux et endurcis; c'est ici seulement qu'il fallait faire retentir la parole sainte dans toute la force de son tonnerre, et placer avec moi, dans cette chaire, d'un côté la mort qui vous menace, de l'autre, Dieu qui vient vous juger. Je tiens aujourd'hui votre sentence à la main. Tremblez donc devant moi, hommes superbes qui m'écoutez; la nécessité du salut, la certitude de la mort, l'incertitude de cette heure si effroyable pour vous, l'impénitence finale, le jugement dernier, le petit nombre des élus, l'enfer, et, par dessus tout, l'éternité: l'éternité! Voilà les sujets dont je viens vous entretenir et que j'aurais dû sans doute réserver pour vous seuls, et qu'ai-je besoin de vos suffrages, qui me damneraient peut-être sans vous sauver? Dieu va vous émouvoir tandis que son indigne ministre vous parlera, car j'ai fait l'expérience de ses miséricordes. Alors, pénétrés d'horreur pour vos iniquités passées, vous viendrez vous jeter entre mes bras, en versant des larmes de componction et de repentir; et, à force de remords, vous me trouverez assez éloquent... Eh! savez-vous ce que c'est que l'éternité? C'est une pendule dont le balancier dit et redit sans cesse ces deux mots seulement, dans le silence des tombeaux: *Toujours, jamais! Jamais, toujours!* et toujours pendant ces effroyables révolutions, un réprouvé s'écrie: *Quelle heure est-il?* Et la voix d'un autre misérable lui répond: l'*Éternité!* »

BRIDAN (Charles-Antoine), sculpteur, né à Ruvière, en Bourgogne, en 1730, mort en 1805. A 23 ans, il remporta le grand prix de Rome. Il devint ensuite professeur de l'Académie de peinture et de sculpture. Il s'affranchit quelquefois des principes de la sculpture; mais cette hardiesse ajoutait à la noblesse et à la grandeur de ses compositions; elle contribuait surtout à produire d'admirables effets de perspective. L'excès de travail abrégea ses jours. On remarque surtout, parmi ses plus beaux ouvrages, le *Martyre de Saint-Barthélemy* et l'*Assomption de la Vierge*, qui décore le chœur de la cathédrale de Chartres.

BRIDAN (Pierre-Charles), sculpteur, fils du précédent, né à Paris en 1767, mort en 1836. Ses débuts furent assez heureux, et il remporta deux fois le grand prix. C'est lui qui était l'auteur de l'éléphant colossal dont on a vu si longtemps le modèle en plâtre sur la place de la Bastille, à Paris. On lui doit les statues de l'*Immortalité*, aux Invalides; d'*Epaminondas mourant*; de *du Guesclin*, maintenant dans la grande cour du château de Versailles; le bas-relief de *Neptune et Cérès*, dans l'escalier du Louvre; le *Canonnier* de l'arc du Carrousel; les bustes du *Titien*, de *Marlborough*, etc.

BRIDGEND, ville d'Angleterre (comté de Glamorgan, dans le pays de Galles), à 10 kil. de Cowbridge. Pop. 1,800 hab. On voit près de cette ville le curieux monastère d'Evenny Priory, d'architecture normande. Lainages, fabriques d'armes.

BRIDGENORTH, ville d'Angleterre (comté de Shrop), à 30 kil. de Shrewsbury. Pop. 7,000 hab. Commerce actif. Beau pont qui réunit la haute et la basse ville. La ville haute est sur un rocher escarpé et dominée par les ruines d'un vieux château.

BRIDGEPORT, ville des États-Unis de l'Amérique du Nord (Connecticut), à 26 kil. de New-Haven. Pop. 6,000 hab. Port de commerce sur le détroit de Long-Island.

BRIDGETOWN, ville forte et ch.-l. de l'île Barbade (Antilles anglaises), au fond de la baie de Carlisle. Pop. 22,000 hab. Siége du gouvernement et d'un évêché anglican. Bon port avec une vaste rade sur la côte.

BRIDGEWATER, ville d'Angleterre (comté de Somerset), à 40 kil. de Bristol. Pop. 18,000 hab. Industrie et commerce assez actifs. Patrie de l'amiral Blake. Port sur le Parret, à 19 kil. de son embouchure dans le canal de Bristol, avec un beau pont en fer d'une seule arche.

BRIDGEWATER, ville des États-Unis (Massachussetts), située au S. de Boston. Pop. 3,000 hab. Quincaillerie.

BRIDGEWATER, ville des États-Unis (New-Jersey), à 4 kil. de Boundbrook. Pop. 3,500 hab.

BRIDGEWATER (Thomas EGERTON, comte DE), grand-chancelier d'Angleterre, sous la reine Elisabeth et sous Jacques Ier, né en 1547, mort en 1617. Il fut surnommé le *Défenseur incorruptible des droits de la*

-*nation*. Il était d'une rare intégrité. On lui présentait un jour à signer une pétition qu'il croyait contraire à la justice : « Vous voulez, dit-il, que je mette la main-là ; eh bien, j'y mettrai les deux mains, » et il déchira aussitôt la pétition. Il fut lié avec le comte d'Essex, dont il chercha à prévenir la trahison.

BRIDGEWATER (Francis EGERTON, duc DE), né en 1726, mort en 1803. Il conçut, dans sa jeunesse, le plan d'un canal souterrain navigable. Il fit part de son projet au célèbre ingénieur Brindley, qui en reconnut la possibilité. Tous deux entreprirent ce travail, dont Bridgewater supporta les dépenses ; et c'est ainsi que fut construit le canal qui relie Salford à Worsley. Encouragé par ce premier succès, Bridgewater prolongea encore ce canal jusqu'à Manchester ; en utilisant la rivière de Worsley ; il fit encore construire, près de Manchester, un bassin considérable destiné à recevoir les bateaux. Ce canal traverse une montagne sur un parcours de plus d'un mille. Dans certains endroits la voûte est taillée dans le roc, et dans d'autres, elle est formée de briques. Des conduits qui s'élèvent jusqu'au sommet de la montagne, sont ménagés de distance en distance pour la circulation de l'air. La construction la plus curieuse est celle de l'aqueduc construit au-dessus de la rivière d'Irwel ; il s'élève à plus de 40 pieds au-dessus de la rivière, de telle sorte qu'on voit les bateaux passer dans le canal, et, au-dessous, les vaisseaux filer à pleines voiles dans la rivière. Cet aqueduc part de Bartonbridge et s'étend au travers d'une vallée, sur une longueur de 200 verges. Le canal fut encore prolongé plus tard jusqu'à Mersey.

BRIDGEWATER (François-Henri EGERTON, comte DE), né en 1756, mort à Paris en 1829. Il fut protecteur éclairé des lettres. Bien qu'il n'ait publié que des mémoires intéressant sa famille, il a donné quelques excellentes éditions des auteurs de l'antiquité et notamment d'Euripide. Il légua à la Société royale de Londres 8,000 livres sterl. ; pour décerner des récompenses aux auteurs des meilleurs ouvrages sur les attributs de Dieu. Cette institution a beaucoup contribué à encourager les progrès littéraires ; mais elle a été détournée de son but, en ce sens que les prix sont habituellement réservés aux mémoires scientifiques.

BRIDLINGTON, ville d'Angleterre (comté d'York), à 60 kil. d'York. Pop. 5,160 hab. Commerce actif d'entrepôt. Grains. Sources minérales et bains de mer. Port sur la mer du Nord, situé à Bridlington-Quai, à 1 kil. et demi de la ville.

BRIDPORT, ville d'Angleterre (comté de Dorset), à 22 kil. de Dorchester. Pop. 4,500 hab. Commerce de cabotage. Fabrique de toiles. Port sur le Brid, près de son embouchure dans la Manche.

BRIDPORT (lord Henri-Hood), vice-amiral anglais, né à Thornecombe dans le Devonshire vers 1724, mort à Bath en 1816. Il se distingua dans la guerre de la révolution d'Amérique. En 1793, il fut nommé commandant de la flotte de la Méditerranée et vint prendre possession de Toulon au nom de Louis XVII, mais ne pouvant lutter contre les forces républicaines, il l'évacua, après avoir fait incendier les arsenaux et les vaisseaux qui se trouvaient dans le port. Il s'empara de la Corse, mais il fut bientôt forcé de l'abandonner. Il se distingua à la bataille navale d'Ouessant. En 1795, il fut chargé de protéger la descente de Quiberon. Désespéré d'avoir laissé échapper la flotte française qu'il devait surveiller devant Brest, il abdiqua son commandement.

BRIE (la), petit pays de France dans les anciennes provinces de Champagne et Ile-de-France. Superf. 9,600 kil. Elle est aujourd'hui comprise dans les départ. de Seine-et-Oise, Seine-et-Marne, Aisne, Marne et Aube. Commerce de grains et fromage. La Brie fut habitée par les *Meldi*, au temps de César, et fut comprise dans la 4me Lyonnaise, puis dans le royaume de Neustrie. Dès le IXe siècle, ce pays eut des seigneurs particuliers qui prenaient le titre de comtes de Meaux. Hébert de Vermandois, comte de Troyes ou de Champagne, réunit la Brie à la Champagne en 988 ; on la divisait en Brie Champenoise, subdivisée en Haute-Brie, cap. Meaux ; Basse-Brie, cap. Provins. Villes principales : Corbeil, Lagny, Crécy, Rosoy et Brie-Comte-Robert. Elle fut plus tard réunie à la couronne sous les Valois.

BRIE-COMTE-ROBERT, ch.-l. de cant. de l'arrond. de Melun (Seine-et-Marne), à 16 kil. de cette ville. Pop. 2,500 hab. Commerce de grains et fromage de Brie. Ruines de l'ancien château ; église du XIIIe siècle. Cette ville, fondée au XIIe siècle par le comte de Brie, Robert de France, frère de Louis VII, est une ancienne seigneurie, et fut la capitale de la Brie française.

BRIEC, ch.-l. de cant. de l'arrond. de Quimper (Finistère), à 15 kil. de cette ville. Pop. 4,580 hab.

BRIEG, ville de Prusse, à 40 kil. de Breslau. Pop. 12,150 hab. Raffineries de sucre, marché de bestiaux. Direction générale des mines et usines de la Silésie. Cette ville était autrefois place forte et la capitale d'un duché. Elle fut démantelée par les Français en 1807.

BRIELLE, ou BRIEL ou LA BRILLE, ville de Hollande (Hollande méridionale), à 20 kil. de Rotterdam et dans l'île de Voorne. Pop. 3,700 hab. Patrie de l'amiral Tromp et de Guillaume de Witt. Place forte, autrefois plus importante. La tour carrée de l'église Sainte-Catherine sert de phare. Ce fut la première place prise par les insurgés, dits les *Gueux de mer* (1572).

BRIEN. (*Voir* O'BRIEN.)

BRIENNE, ch.-l. de cant. de l'arrond. de Bar-sur-Aube (Aube), à 25 kil. de cette ville. Pop. 2,000 hab. Bonneterie. Commerce en blé, chanvre et laine. Beau château reconstruit au XVIIIe siècle. Son école militaire, supprimée en 1790, est célèbre parce que Bonaparte y commença son éducation militaire (1779-1784). Brienne fut prise le 29 janvier 1814 par les alliés, reprise par les Français, et entièrement détruite par le feu. Cette ville formait un comté possédé par l'illustre maison de Brienne.

BRIENNE (combat et bataille de). Après la terrible campagne de 1813, Napoléon, ayant évacué la Russie, essaya de se maintenir en Allemagne ; mais il se vit abandonné par les Prussiens, les Autrichiens, les Westphaliens, les Wurtembergeois, les Saxons et les Bavarois qu'il avait entraînés à la suite de ses armées. Ses maréchaux, aspirant au repos, désespéraient déjà de sa fortune et se préparaient à passer aux Bourbons. Il ne restait, pour défendre les frontières de France, que 75,000 hommes disséminés en Belgique et sur le Rhin ; 700,000 hommes s'apprêtaient à envahir le pays. Le clergé, d'accord avec les émigrés que Napoléon avait rappelés en France, minait sourdement le pouvoir impérial. Malgré tant d'avantages, les alliés se souvenant de l'énergie des volontaires de 1792, hésitaient encore à franchir le Rhin. Ils voulurent affaiblir davantage l'empire et laisser à la trahison le temps de préparer le terrain pour achever l'œuvre de démoralisation. Ils proposèrent à Napoléon de faire la paix à des conditions qui pouvaient paraître acceptables. Ne se méfiant pas de leurs intentions, celui-ci s'attacha à ce vain espoir et négligea trop de prendre les mesures hardies que commandait la situation intérieure. Les alliés l'amusèrent par des négociations qui ne devaient pas aboutir. Lorsqu'ils eurent accumulé soigneusement tous les moyens d'attaque et détaché la Suisse de la France, ils passèrent le Rhin le 1er janvier 1814, à Bâle et à Manheim. Schwartzenberg commandait leur centre et leur gauche, forts de 317,000 hommes. La droite, sous les ordres de Blücher, passa à Coblentz. L'armée française n'opposait à Schwartzenberg que 9,000 hommes, commandés par le maréchal Victor, et à Blücher 16,000 hommes, commandés par Marmont. Les armées coalisées devaient se réunir entre Châlons-sur-Marne et Bar-sur-Aube. Victor et Marmont se replièrent sur la Meuse et les Vosges. Macdonald, avec 21,000 hommes, quitta Cologne et gagna les Ardennes pour se rendre de là à Chalons, où l'empereur voulait concentrer ses forces. Napoléon arriva à Châlons au moment où Schwartzenberg et Blücher venaient d'opérer leur jonction. Il réunit 73,000 hommes, avec lesquels il se proposait de couvrir Paris, en marchant sur Troyes. Ce mouvement ralentit la marche de l'ennemi ; Blücher se concentra autour de Brienne et Schwartzenberg entre Bar-sur-Aube et la Marne. Napoléon se porta alors contre Blücher avec les corps d'armée de Victor et de Ney. Marmont se dirigeait avec sa cavalerie vers Vassy. Le 29 janvier, le général Piré, à la tête d'une division de cavalerie légère, rencontra à Mézières le corps d'armée de Trebatof, l'un des lieutenants de Blücher. Grouchy vint au secours de Piré et repoussa l'ennemi, qui se replia sur le corps principal. Blücher occupait Brienne et les environs de la ville. Il avait disposé son armée sur trois lignes : le corps d'Alsoufief était placé en avant ; la cavalerie, commandée par Pahlen, était derrière lui ; le corps de Sacken formait la troisième ligne. Le maréchal Victor attaqua la ville, appuyé par Ney avec 27,000 hommes, contre des forces supérieures du double. Cette attaque allait réussir, lorsque Grouchy commit la faute de rester derrière l'infanterie au lieu de couvrir sur la gauche une plaine ouverte à l'ennemi. Blücher en profita pour culbuter une division et prendre une batterie. Ney fut obligé de se replier en arrière. Blücher, croyant que l'armée française était en retraite, fit ses dispositions pour évacuer Brienne pendant la nuit. Il était rentré dans son château, quand un chef d'état-major, à la tête de deux bataillons du 37e et du 56e, pénétra dans le château. Blücher eut à peine le temps de se sauver ; plusieurs de ses officiers périrent les armes à la main. Pendant ce temps, les Français renouvelaient l'attaque hors de la ville. Le corps d'Alsoufief mit le feu à la ville pour protéger sa retraite. Le corps de Sacken fut chargé d'arrêter les Français. Une charge infructueuse donna un moment l'avantage aux Russes ; mais le bataillon du 37e, étant parvenu à se maintenir dans le château, et le maréchal Victor ayant pu pénétrer dans la ville, l'ennemi se décida enfin à la retraite, laissant sa cavalerie à Brienne-la-Vieille. Les Russes avaient perdu 3,000 hommes ; la perte des Français était moindre, mais ils avaient à regretter le général Bast et le général Decouz. Le lendemain, Napoléon, voulant ouvrir un passage au corps de Marmont, qu'il attendait impatiemment, chassa la cavalerie russe de Brienne-la-Vieille. Schwartzenberg crut que l'intention de Napoléon était de se diriger sur Joinville pour arrêter sa marche, mais Napoléon en était empêché par le retard de Marmont et par la nécessité de jeter un pont sur l'Aube. Schwartzenberg, dès qu'il fut convaincu que Napoléon ne se disposait pas à quitter Brienne, le fit attaquer le 1er février ; mais Marmont arriva enfin, après une marche dont la lenteur pouvait paraître une trahison. L'attaque des Russes eut lieu au moment où Napoléon se mettait en marche pour passer l'Aube : 30,000 Français avaient devant eux 123,000 alliés, qui pouvaient compter encore sur un secours de 68,000 hommes. Six bataillons, appuyés d'une brigade de cavalerie, attaquèrent deux bataillons français, qui furent forcés de céder après un long combat. Les efforts des deux armées tendaient à s'emparer de la hauteur de la Jébrie. La victoire fut longtemps incertaine; mais la brigade Joubert, qui ne comptait que 2,500 hommes, ayant été écrasée par un corps de 18,000 hommes, Marmont ayant vainement tenté un mouvement en avant, et les 1,800 cavaliers du général Doumerc ayant vainement chargé 9,000 cavaliers ennemis, les Russes reprirent l'avantage. Napoléon fut plus heureux en repoussant une attaque sur Dieuville; il manqua même plus d'une fois de rompre les masses ennemies. Cependant Blücher, ayant fait avancer des réserves, nos troupes harassées ne purent tenir davantage : les 4,000 hommes de la division Duhesmes furent enfoncés par 20,000 Russes; les autres divisions françaises furent chargées avec le même succès. Dès ce moment, l'armée russe ne cessa de gagner du terrain et de s'emparer de toutes les positions qui avaient été si vaillamment défendues. Napoléon battit en retraite, en contenant encore la cavalerie russe acharnée à sa poursuite. De nouveaux engagements, dans lesquels nos troupes vengèrent leur défaite, eurent pour résultat d'arrêter la marche de Blücher. Les Français avaient perdu dans cette bataille 4,000 hommes, 1,000 prisonniers et 54 pièces de canons; les alliés avouaient une perte de 6,000 hommes.

Brienne (maison de). Cette famille remontait à Engilbert, comte de Brienne sous Hugues Capet, et qui était vassal du comte de Champagne. Cette maison a fourni un grand nombre de personnages illustres, parmi lesquels on compte un empereur de Constantinople, un roi de Jérusalem et de Sicile, des ducs d'Athènes et plusieurs connétables de France. Elle s'éteignit en la personne de Gauthier VI, connétable de France, qui mourut en 1356.

Brienne (Jean de). Il fut nommé roi de Jérusalem en 1210. Les barons français l'élevèrent au trône de Constantinople en 1229. Il avait marié sa fille à l'empereur Frédéric II, en lui donnant pour dot le royaume de Jérusalem. Sa cupidité ternit la réputation qu'il s'était acquise par sa bravoure, et ne contribua pas peu à amener une démoralisation qui hâta la ruine de l'empire. Attaqué dans Constantinople par les Grecs réunis aux Bulgares, il détruisit leurs flottes, et leur fit subir une défaite si terrible qu'ils renoncèrent à la lutte. Il mourut en 1237.

Brienne (Gauthier de), frère du précédent, se distingua par le courage et l'habileté avec lesquelles il défendit Saint-Jean d'Acre contre les Sarrasins, en 1188. Son mariage avec Marie-Albérie lui donna le trône de Sicile et le duché de Pouille. Il mourut en 1205 dans une guerre qu'il entreprit pour faire reconnaître les droits de sa femme. — Gauthier le Grand, son fils, passa dans la Terre-Sainte, où il se distingua par de brillants faits d'armes contre les Sarrasins. Ceux-ci, l'ayant fait prisonnier en 1251, le firent mourir dans les supplices. — Brienne (Gauthier de), arrière-petit-fils de Gauthier le Grand, mena l'existence d'un aventurier. Il fut élevé à la cour de Naples, et fit ses premières armes contre les Florentins en 1326; mais le patriotisme des Florentins l'empêcha de se maintenir dans la ville; il en fut chassé par une révolution sanglante. Il entreprit de s'emparer du duché d'Athènes sur lequel il avait des prétentions. Quoiqu'il échoua dans son expédition, on ne lui en donna pas moins le surnom ironique de duc d'Athènes. Il vint en France, où il rendit des services si importants à Philippe de Valois et au roi Jean. en guerre avec les Anglais, qu'il fut nommé connétable en 1356. Quelques mois après, il succombait à la bataille de Poitiers sans laisser de descendant.

Brienne (Raoul de), comte d'Eu, connétable de France. Il poursuivit Robert d'Artois proscrit par Philippe VI et enleva aux Anglais plusieurs places de la Guyenne (1337-1339). Il défendit aussi contre eux Tournai en 1340, et prit Nantes et Rennes en 1341. Il fut tué dans un tournoi, à Paris, en 1344.

Brienne (Raoul II de), fils du précédent, fut connétable après lui, et servit en Gascogne contre les Anglais. Vaincu et pris aux environs de Paris, il fut accusé plus tard d'avoir eu des intelligences avec l'ennemi, et subit la peine capitale en 1350.

Brienne (Loménie de). (*Voir* Loménie.)

BRIENON ou Brinon-l'Archevêque, ch.-l. de cant. de l'arr. de Joigny (Yonne), à 17 kil. de cette ville. Pop. 2,480 hab. Fabriques de draps et de toiles. Cette ville est située près du canal de Bourgogne.

BRIENZ ou Brientz, ville de Suisse dans le cant. de Berne, à 45 kil. de cette ville. Pop. 3,100 hab. Fromages renommés. Elle est située sur la rive droite du lac de son nom.

Brienz (lac de) situé en Suisse dans le cant. de Berne, à l'E. de celui de Thun. Superf. 15 kil. sur 6 kil. Poissonneux et navigable. Ile de Bœningen.

BRIENZA, ville du royaume d'Italie (Basilicate) à 34 kil. de Potenza. Pop. 4,200 hab.

BRIES, ville de Hongrie (comitat de Sohl), à 48 kil. d'Alt-Sohl. Pop. 6,000 hab. Elève de moutons et d'abeilles.

BRIEUC (Saint-), ch-l du départ. des Côtes-du-Nord, à 455 kil. de Paris. Pop. 11,890 hab. Tribunaux de première instance et de commerce; évêché suffragant de Tours; lycée, bibliothèque, école d'hydrographie, musée d'histoire naturelle, société d'agriculture. Toiles, étoffes de laine. Grand commerce maritime. Armement pour la pêche de la baleine et de la morue. Importation de bois de fers et bois du Nord. Cathédrale du XIIIe siècle, pont en granit, plusieurs places. Port au village de Legué, à 2 kil.

André Chénier en prison.

au-dessous de la ville; il est très-sûr, d'un abord facile et bordé de quais. Saint-Brieuc se forma autour d'un monastère fondé par saint Brieuc. Elle fut érigée en évêché au IXe siècle.

BRIEY, sous-préf. du départ. de la Moselle, à 22 kil. de Metz. Pop. 1,840 hab. Tribunal de 1re instance. Église remarquable. Fabriques de draps, cotonnades, molletons. Filatures.

BRIG ou BRIEG ou BRYG, ville de Suisse, dans le cant. du Valais, à 45 kil. de Sion. Pop. 750 hab. Elle est située à l'entrée de la route du Simplon. Commerce de transit pour les marchandises qui traversent le Simplon. Bains longtemps fréquentés. Collége de jésuites. Le 11 mai 1799, il s'y livra un combat entre les Français et les Autrichiens.

s'épura peu à peu, et, en 1823, la brigade reçut un nouvel accroissement; le nombre des agents fut porté à 28. En 1827, Vidocq fut remplacé par son ancien secrétaire, Coco-Lacour. On allouait aux agents de cette brigade une prime proportionnée à l'importance des arrestations. Aujourd'hui la brigade de sûreté est purgée des éléments impurs dont elle fut d'abord composée, et l'administration de la police a cessé de recourir au service des hommes réprouvés par la justice, *si bons et si loyaux* que puissent être leurs services. Les mandats décernés par le parquet, les juges d'instruction et le préfet de police, sont exécutés par les commissaires des délégations judiciaires ou les officiers de paix.

BRIGADIER. Le mot *brigade* étant tombé en désuétude pour désigner une simple

BRIGHTON, ville d'Angleterre (comté de Sussex), à 75 kil. de Londres, et à 110 kil. de Dieppe. Pop. environ 60,000 hab. Très-jolie ville, jetée suspendue de 300 mètres de long, bains de mer très-fréquentés, source ferrugineuse découverte en 1760. Pêche pour l'approvisionnement de Londres. Palais dans le genre oriental, dit le *Pavillon de Georges IV*. Bateaux à vapeur pour Dieppe et New-Haven. — Brighton, il y a 50 ans, n'était qu'un village de pêcheurs. Georges IV y fixa sa résidence d'été et en fit une ville charmante.

BRIGIDE (sainte), abbesse et patronne d'Irlande, née à Fouchard, dans le canton d'Armagh, au VIe siècle. Elle se construisit une cellule sous un gros chêne; et bientôt plusieurs femmes, attirées par sa réputation de piété, vinrent s'établir auprès d'elle. Elle

Arrestation de Cinq-Mars.

BRIGADE. Ce mot désignait autrefois une troupe d'hommes de guerre quelles que fussent sa force et sa composition. Ainsi il indiquait quelquefois une simple escouade commandée par un *brigadier*. Aujourd'hui une brigade est composée de deux régiments au moins, et compte 6,000 hommes sur le pied de guerre. Elle est commandée par un général de brigade. Deux brigades forment une division. La première brigade de chaque division compte habituellement un bataillon de chasseurs à pied, outre les deux régiments d'infanterie.

BRIGADE DE SURETÉ. Cette institution, si utile pour protéger la société et rechercher les criminels, est due à un célèbre forçat, Vidocq. Après s'être mis en lutte contre la société, cet homme eut l'idée d'offrir à l'administration de la police ses services *loyaux*, en échange de sa liberté. Dans ce nouveau rôle, il fut si utile pour la découverte des crimes alors si fréquents, qu'on crut devoir le récompenser en le nommant chef du service de sûreté. C'est alors qu'il institua la brigade de sûreté, dont il recruta les agents parmi ses anciens compagnons de chaîne. Ce noyau

escouade, le mot *brigadier* a continué à être employé pour désigner le dernier grade dans la cavalerie; il correspond au grade de caporal dans l'infanterie.

BRIGANDINE. Espèce d'armure légère servant de cuirasse, et faite de lames de fer jointes ensemble, dont les soldats se servaient au XIVe siècle.

BRIGANTIN, BRIGANTINE. Ce mot, d'où l'on a tiré par abréviation la dénomination de *brick*, sert à désigner un petit bâtiment à un seul pont, à un ou deux mâts au plus, et qui allait autrefois à voiles et à rames. Les pirates se servaient autrefois de ces bâtiments.

BRIGGS (Henri), célèbre mathématicien anglais, né à Warly-Vood, près d'Halifax, en 1560, mort en 1630. Il perfectionna la méthode des logarithmes inventée par Neper de Marchetion. Il inventa des instruments pour trouver la latitude d'un lieu quelconque dans la nuit la plus obscure, par la seule déclinaison de l'aiguille de la boussole; mais sa méhode remplit mal le but qu'il s'était proposé. Il a publié un mémoire intéressant sur le *Passage à la Mer Pacifique par le nord-ouest et la baie d'Hudson*.

fonda alors un monastère dont la règle est généralement observée en Irlande.

BRIGITTE (sainte), fille de Briger, prince suédois, née en 1302, morte à Rome en 1373. Après avoir eu huit enfants, elle fit vœu de continence. Elle fonda le monastère de Wadstena, qui, contrairement à la règle généralement observée, était composé de religieux et de religieuses. Il comptait 60 filles et 25 hommes; 13 prêtres représentaient les apôtres, 4 diacres les docteurs de l'Église; les autres figuraient les 72 disciples de Jésus. L'abbesse avait l'autorité suprême. Brigitte affirmait que sa règle lui avait été révélée par Dieu. Une vision qu'elle eut à l'âge de 69 ans l'engagea à partir pour Jérusalem. Elle alla mourir à Rome; elle a été canonisée par le concile de Constance. Elle a laissé un volume assez curieux de révélations, qui n'est qu'un tissu d'absurdités mystiques. Cet ouvrage fut déféré à la censure du concile de Bâle; mais il fut respecté malgré la protestation sensée de Gerson.

BRIGNAIS, village du départ. du Rhône, à 12 kil. de Lyon. Pop. 1,900 hab. Le connétable Jacques de Bourbon, comte de la Marche, y fut battu et tué en 1361 par une armée de routiers appelés Tard-Venus.

BRIGNOLLES, sous-préf. du départ. du Var, à 45 kil. de Draguignan. Pop. 5,650 h. Tribunal, bibliothèque, société d'agriculture. Commerce d'excellentes prunes séchées dite de Brignolles, d'huile, de vins; huile d'olive, eaux-de-vie, bougies, savons. Belle fontaine. Château des comtes de Provence reconstruit à la fin du XIIIe siècle et subsistant encore en partie. Patrie de Raynouard, de J. Parrocel. Brignolles, qui était la 2e capitale de la province, vit s'assembler neuf fois les Etats de Provence dans ses murs.

BRIGUE. Ce mot vient de *briga*, qui, en basse latinité, signifie *noise* ou *querelle;* il sert à désigner un ensemble de mesures secrètes et détournées pour arriver au résultat d'une entreprise dans laquelle on engage plusieurs personnes.

BRIHUEGAT, ville d'Espagne, dans la prov. de Guadalaxara, à 96 kil. de Madrid. Pop. de la commune 4,470 hab. Importante fabrique de draps. Le duc de Vendôme la prit aux Anglais et y fit prisonnière l'arrière-garde des alliés, commandée par lord Stanhope (1710).

BRIL (Mathieu), peintre paysagiste de l'école flamande, né à Anvers en 1550, mort à Rome en 1584. Il se distingua par l'agrément et la vérité de ses paysages; il s'appliqua surtout au dessin. Grégoire XIII l'employa à la décoration des galeries et des salles du Vatican. La galerie de Dresde possède son tableau représentant le *Départ du jeune Tobie avec sa nouvelle épouse.* BRIL (Paul), frère du précédent, né à Anvers en 1554, mort à Rome en 1626. Il fut, comme son frère, paysagiste distingué. Annibal Carrache ne dédaigna pas de placer quelquefois des personnages dans ses tableaux. Il s'appliqua à reproduire la manière du Titien. On voit dans le salon du pape son tableau représentant le *Martyre de saint Clément*, qui a 68 pieds de long. Les galeries de Dresde, de Florence et de Manheim possèdent divers tableaux de ce peintre. Ses dessins sont fort recherchés.

BRILLAT-SAVARIN (Anthelme), conseiller, né dans la petite ville de Belley le 1er avril 1755, mort le 2 février 1826. Passionné pour le droit, il exerça pendant quelque temps la profession d'avocat dans les lieux mêmes qui le virent naître, et, en 1789, ses concitoyens le firent entrer à l'Assemblée constituante. Puis on le nomma président du tribunal civil de l'Ain, et, quelque temps après, il siégeait parmi les juges au tribunal de cassation. Sous le régime de la Terreur, élu maire de Belley, il opposa une vive résistance aux adeptes de Marat, de Danton et de Robespierre; mais, vaincu par la force, il s'exila de France et alla chercher en Suisse un refuge tranquille; mais, persécuté jusque-là par les émissaires du gouvernement français, il s'embarqua pour les Etats-Unis et alla se fixer à New-York. Là, il passa deux années dans la plus parfaite sécurité, et occupa comme musicien l'une des premières places à l'orchestre du théâtre de cette ville. Quand la France devint calme, Brillat-Savarin dit aussitôt adieu au sol hospitalier et salua la terre natale vers la fin de 1796. On le vit successivement occuper les emplois de secrétaire de l'état-major général des armées de la République en Allemagne, de commissaire du gouvernement près le tribunal du département de Seine-et-Oise, et enfin de conseiller à la cour de cassation. C'est alors que, recherché par les hommes d'esprit du temps et des sociétés aimables, il fit paraître plusieurs ouvrages, entre autres: deux *Fragments sur l'administration judiciaire* et un *Essai historique et critique sur le duel*, d'après notre législation et nos mœurs. Puis vint la publication, sous le voile de l'anonyme, de sa célèbre *Physiologie du goût.* Atteint d'une pneumonie qui ne devait le quitter qu'au tombeau, Brillat-Savarin mourut à l'âge de 71 ans. On peut dire qu'il n'est peut-être pas de livre plus savant, plus spirituel, plus aimable, plus coquet, et en même temps plus profond, plus utile, que la *Physiologie du goût*, qui est aujourd'hui connue de tout le monde. Quoiqu'ils avouent que cet ouvrage étincelle de verve et d'esprit, certains biographes prétendent qu'il est peut-être peu digne d'un magistrat. Singulière opinion! Comme si l'esprit ne se trouvait pas partout, aussi bien sous la robe d'un juge que sous le frac de l'homme de lettres! Brillat-Savarin n'a pas seulement fait une œuvre spirituelle, originale, philosophique et savante, il a encore doté la littérature d'un chef-d'œuvre de style. Est-ce Boileau, est-ce Racine, est-ce Voltaire, est-ce J.-J. Rousseau, enfin est-ce Buffon qui aurait tracé les intéressantes et gracieuses méditations de la *Physiologie du goût?* Quel est celui de nos plus grands écrivains qui aurait pu parler avec noblesse du *pot-au-feu*, du *potage*, du *bouilli*, en un mot de tout ce qui se rattache à cet art si compliqué que Montaigne appelle si énergiquement l'*art de la gueule?* Reconnaissons-le: si, comme le dit le baron Richerand, il faut au cuisinier plus de génie, plus de pénétration et plus de travail que pour résoudre l'un des problèmes les plus difficiles de la géométrie et de l'infini; quelles études ne faut-il pas avoir faites, quelle imagination ne faut-il pas avoir pour tracer, comme l'a fait Brillat-Savarin, en se jouant et avec toute la gaieté de son esprit et de son caractère, les préceptes d'une science qui se lie à l'histoire naturelle, à la physique, à la chimie, à la cuisine, au commerce, à l'économie politique; à la science qui influe d'une manière toute particulière sur les décisions de nos potentats, de nos ministres et de nos législateurs politiques, aussi bien que sur les jugements de nos aristarques modernes; à la science enfin qui nourrit les hommes et qui vaut bien, comme le dit Brillat-Savarin lui-même, la science qui enseigne à les faire tuer. Non, il ne mourra pas, celui qui a écrit ces aphorismes: « La découverte d'un » mets nouveau fait plus pour le bonheur » du genre humain que la découverte d'une » étoile. » — « Ceux qui s'indigèrent ou » s'enivrent ne savent ni boire ni manger. » — « Les animaux se repaissent; l'homme » mange; l'homme d'esprit seul sait man» ger, etc., etc. »

BRILON ou BRILLON, ville de Prusse (Westphalie), à 30 kil. d'Arensberg. Pop. 3,250 hab. Ancienne ville hanséatique. Administration des mines. Mines de plomb argentifère, cuivre, fer, zinc, etc. Eglise bâtie, dit-on, par Charlemagne.

BRIMHAM (rochers de), groupe de rochers clair-semés irrégulièrement sur un espace de 40 acres, situés en Angleterre dans le Yorkshire, sur la route de Patley-Bridge, près de Ripley. Plusieurs de ces rochers portent à leur sommet des pierres tournantes. L'un d'eux, nommé le *Grand-Canon*, est remarquable par les sons caverneux qu'il rend.

BRIMONT (François-Jean-René RUINART vicomte DE), économiste, né à Reims en 1770, mort en 1850. Il établit, dans sa ville natale, un cours public de géométrie appliquée aux arts, et montra toute sa vie une libéralité inépuisable pour les ouvriers et les pauvres. Il fonda un mont-de-piété, une caisse d'épargne, et ouvrit au commerce des vins de Champagne des débouchés en Russie et en Angleterre.

BRINDES, anciennement *Brundusium*, ville du royaume d'Italie (Terre d'Otrante), sur l'Adriatique, à 70 kil d'Otrante. Pop. 6,900 hab. Port jadis excellent, mais dont la passe est aujourd'hui comblée. Siége d'un archevêché. Patrie de Pacuvius. Cette ville fut célèbre sous les Romains. César bloqua dans ses eaux la flotte de Pompée. La ville déchut dès ce moment.

BRINKMAN (Charles-Gustave, baron DE), diplomate et littérateur suédois, né en 1764, mort en 1848. Il fut tour à tour secrétaire de légation à Dresde, chargé d'affaires à Paris et à Berlin, ministre plénipotentiaire à Londres et conseiller d'Etat. On lui doit des *Aperçus philosophiques* et des *Poésies*, qu'il a publiées sous le pseudonyme de Selmar.

BRINON-L'ARCHEVÊQUE. (*Voir* BRIENON.)

BRINON-LES-ALLEMANDS, ch.-l. de cant. de l'arrond. de Clamecy (Nièvre), à 26 kil. de cette ville. Pop. 450 hab.

BRINVILLIERS (Marie-Marguerite DREUX D'AUBRAY, marquise DE), fille d'un lieutenant civil de Paris. Elle se maria fort jeune avec le marquis de Brinvilliers, mestre de camp du régiment de Normandie. Sa beauté lui attira bientôt de nombreux adorateurs. Elle eut d'abord pour amant un officier de fortune, que son père fit enfermer à la Bastille pendant un an; il se nommait Gaudin de Sainte-Croix, et était bâtard d'une maison illustre. Il connut à la Bastille Exili, Italien qui avait fait, dans son pays, le métier d'empoisonneur, et qui s'était enrichi, sous le pontificat de Léon X, aux gages de plusieurs seigneurs romains; son industrie avait déjà fait plus de 150 victimes. Exili enseigna à Gaudin de Sainte-Croix l'art de composer les poisons. Celui-ci transmit à sa maîtresse, avec qui il avait trouvé moyen d'entretenir des relations secrètes, l'enseignement qu'il avait reçu. La Brinvilliers profita si bien de ces leçons, qu'elle conçut bientôt avec son amant des projets de vengeance. Pour détourner les soupçons, elle fréquentait les hôpitaux et les églises, et, par des pratiques extérieures de dévotion, elle s'acquit bientôt une réputation assez facile de piété. Son père et ses frères furent empoisonnés; plusieurs autres personnes succombèrent de la même manière. Le public s'alarma et la police rechercha vainement l'auteur de ces crimes. La Brinvilliers redoublait de ferveur dans ses exercices religieux. Mais la mort de Sainte-Croix mit sur la trace de ses crimes. Celui-ci, en composant un poison violent, laissa tomber un masque de verre qui servait à le garantir des émanations mortelles; sa mort fut instantanée. Les magistrats firent une perquisition chez la marquise, qui se perdit elle-même par son empressement à réclamer une cassette qu'on venait de saisir. L'ouverture en fut faite, et l'on y découvrit plusieurs paquets portant des étiquettes indiquant la nature de chaque poison et l'effet qu'il devait produire. La Brinvilliers eut le temps de s'enfuir à Liége. Elle y fut arrêtée, conduite à Paris et condamnée à être brûlée vive, comme convaincue d'avoir empoisonné son père, ses deux frères et sa sœur. Elle supporta la question avec un rare courage, affectant même de plaisanter ses bourreaux. Voyant apporter trois seaux d'eau: « Vous prétendez que je dois boire tout cela, dit-elle; c'est assurément pour me noyer! » Elle marcha au supplice sans manifester de frayeur. L'exempt qui l'avait arrêtée était à cheval devant la voiture; elle pria le bourreau de se placer devant elle pour lui épargner cette vue. Son confesseur lui reprochait ce sentiment: « Ah! mon Dieu! dit-elle, je vous demande pardon; laissez-moi donc cette étrange vue? » Des dames qui l'avaient connue se pressaient sur son passage: « C'est un beau spectacle, n'est-ce pas? » leur dit-elle. Le Brun, le célèbre peintre, nous a conservé ses traits, où la dureté se mêle à une grâce étrange. Le lendemain de l'exécution, la populace, superstitieuse, disait qu'on avait fait mourir une grande sainte, et cherchait ses os comme de précieuses reliques. Ce fut à l'occasion de ce célèbre procès qu'on institua la *chambre ardente* à l'Arsenal. On prétend que son mari ne fut pas empoisonné par elle parce qu'il avait été très-complaisant pour ses passions.

BRIOCHÉ (Jean) vivait vers le milieu du XVIIe siècle. Il fut d'abord arracheur de dents. Les succès oratoires qu'il obtint auprès de la populace qu'il haranguait sur la place publique, lui donnèrent l'idée de produire ses talents sur d'autres tréteaux. Il imagina le jeu des marionnettes. Sa dextérité à faire mouvoir ses pantins, ses dialogues plaisants, et surtout la nouveauté du spectacle charmèrent Paris et la province. C'était surtout pour les foires de Saint-Germain et de Saint-Laurent qu'il réservait ses grandes représentations. Le théâtre de Brioché, dont les scènes se sont transmises jusqu'à nos jours par la tradition, avait une originalité piquante. Il flatte l'imagination des enfants, jusqu'à laquelle il est peu facile de descendre; il a souvent égayé et fait réfléchir profondément plus d'un philosophe, ce qui démontre une fois de plus que le génie reproduit quelque chose de la naïveté de l'enfance. Brioché passa en Suisse, et débuta à Soleure. Les Suisses ne comprirent pas, ou comprirent peut-être trop bien, les leçons goguenardes de Polichinelle. Brioché fut dénoncé par les uns comme un insolent histrion, et par d'autres, pieuses gens qui se croyaient animées d'une intention plus pure, comme un magicien et un suppôt d'enfer. Il fut arrêté, et Dieu sait comment aurait fini son martyre, si un capitaine des gardes suisses, qui l'avait connu à Paris, n'avait pris sa défense et obtenu son élargissement. Il mourut à Paris, regretté du peuple qu'il avait si longtemps amusé.

BRIOLLAY ou BRIOLÉ, ch.-l. de cant. de l'arrond. d'Angers (Maine-et-Loire), à 12 kil. de cette ville. Pop. 800 hab.

BRION, village de l'arrond. de Beaugé (Maine-et-Loire). Pop. 1,600 hab. Vins blancs.

BRION (l'amiral DE). (*Voir* CHABOT.)

BRIONI (îles). Groupe d'îles situées dans le golfe de Venise, près des côtes de l'Istrie, dont elles dépendent. Beaux marbres gris.

BRIONNE, ch.-l. de cant. de l'arrond. de Bernay (Eure), à 15 kil. de cette ville. Pop. 3,270 hab. Filatures de coton, huileries, tanneries, draps. En 1050, il s'y tint un concile, où fut condamnée l'hérésie de Bérenger.

BRIOUDE, sous-préfect. du départ. de la Haute-Loire, à 47 kil. du Puy. Pop. 4,670 hab. Tribunaux de 1re instance et de commerce, bibliothèque, collége. Commerce de vins, chanvre, antimoine, etc. Belle église de Saint-Julien, fondée au IXe siècle.

BRIOUDE (Vieille-), bourg de l'arrond. de Brioude (Haute-Loire), à 4 kil. de cette ville. Pop. 1,200 hab. Il y avait un beau pont sur l'Allier, bâti en 1454, et qui s'est écroulé en 1822.

BRIOUZE, ch.-l. de cant. de l'arrond. d'Argentan (Orne), à 30 kil. de cette ville. Pop. 870 hab. Toiles.

BRIQUE. On appelle ainsi des pierres artificielles composées le plus souvent d'argile, et qui sont surtout en usage dans les pays où manque la pierre. La fabrication en a été connue dès la plus haute antiquité. On obtient la brique en humectant l'argile pour lui donner une forme régulière, et en enlevant ensuite l'humidité par l'action du feu, ou en les faisant seulement sécher au soleil. Les briques crues résistent moins à l'action de l'humidité, et ne sont guère employées que dans les climats chauds. Telle est la composition des briques qu'on retrouve dans les ruines de Babylone et dans les anciennes constructions égyptiennes. Les Grecs les ont souvent employées pour la construction de leurs temples. Elles sont encore en usage en Orient. La brique cuite fut aussi connue des anciens; Hérodote nous apprend qu'on s'en servit pour la construction des murs de Babylone. Le stade immense que fit construire Sémiramis était aussi en briques cuites; les murs étaient ornés de bas-reliefs peints représentant diverses espèces d'animaux. Depuis cette époque reculée jusqu'à Agrippa, on ne trouve aucun monument qui constate l'emploi de la brique cuite. Le Panthéon d'Agrippa est ainsi construit. Ces anciennes briques affectent la forme de triangles rectangles ou la forme carrée. En général, les Romains connaissaient l'art de mouler la brique sous toutes les formes possibles, suivant l'usage auquel on la destinait. De nos jours la fabrication de la brique a subi des perfectionnements extraordinaires. Des machines mues par la vapeur ou manœuvrées à bras d'homme, suffisent à toutes les opérations nécessaires pour la confection de la brique; les perfectionnements apportés à ces machines permettent à deux hommes d'en fabriquer plusieurs milliers par jour. Londres et Pékin n'offrent guère que des constructions en briques. On emploie, pour la construction des fours et des creusets destinés à supporter une chaleur considérable, des briques réfractaires, composées d'argile pure, qui est naturellement infusible.

BRIQUEBEC, ch.-l. de cant. de l'arrond. de Valognes (Manche), à 12 kil. de cette ville. Pop. 1,580 hab. Patrie du général Lemarois, à qui on a élevé une statue. Cette ville est située dans la forêt de son nom, et on y remarque les ruines d'un ancien château-fort et un couvent de trappistes.

BRIQUEVILLE (Armand-François-Bon-Claude, comte DE), ancien député, né en 1785, mort en 1844. Il sortait de l'école de Fontainebleau, et fut, après la bataille d'Eylau, nommé aide de camp du colonel Lebrun. Elevé au grade de capitaine, par l'empereur lui-même, qui voulait le prendre comme officier d'ordonnance, il se distingua dans les campagnes de Prusse, de Pologne, d'Espagne, de Portugal et de Russie. Lieutenant-colonel des lanciers de la garde impériale, il défendit, en 1814, la France contre l'invasion étrangère. A la première restauration, il donna sa démission, et ne reprit du service que pendant les Cent-Jours. Chargé du commandement du 20e dragons à l'armée du Nord, il fit des prodiges de valeur à Ligny, et contribua à la victoire que Napoléon Ier remporta sur le prussien Blücher. Envoyé avec le corps de Grouchy à la poursuite de ce dernier, du côté de la Meuse, il insista pour que le maréchal marchât sur Waterloo, au lieu de rester dans l'inaction, ce qui a été regardé comme la cause de la défaite de notre armée. Lors de l'héroïque bataille de Paris, il tailla en pièces une colonne de cavalerie prussienne, mais il y reçut une grave blessure. Pendant la seconde restauration, il rentra dans la vie privée, et fut nommé député de l'opposition en 1827. La révolution de 1830 avait rencontré ses sympathies. Cependant il ne tarda pas à se séparer du gouvernement nouveau. Les dernières paroles qu'il ait prononcées à la Chambre avaient pour objet de demander que le corps du général Bertrand fût transporté aux Invalides à côté des restes de Napoléon.

BRIS Ce mot est employé, en termes de droit, pour désigner un fait de l'homme qui emporte généralement l'idée d'un crime ou d'un délit. Ainsi on distingue le bris de clôture, commis contre la propriété d'autrui; le bris de porte, qui n'est autre chose que l'exercice du droit qui appartient à certains fonctionnaires publics, dans le cas où celui qui est soumis à une perquisition légale, ne veut ou ne peut ouvrir sa porte; le bris de prison, qui est l'effraction faite à une prison pour délivrer des prisonniers; le bris de scellés, qui consiste dans la rupture des scellés apposés par un officier public sur des objets destinés à être inventoriés. On distingue aussi le bris de navire, par suite de naufrage; les circonstances qui l'accompagnent sont l'objet de certaines dispositions du droit maritime. C'est ce qu'on appelait le droit de bris ou d'épave. (*Voir* BRIS ET NAUFRAGE.)

BRISACH (Neuf-), ch.-l. de cant., à 15 kil. de Colmar (Haut-Rhin). Pop. 1,800 hab. Place de guerre de 2e classe. Arsenal. Fortifications importantes construites par Vauban, en 1699; le fort Mortier, sur le Rhin, en dépend. Brisach fut bâtie par Louis XIV, en 1690.

BRISACH (Vieux-), ville du grand-duché de Bade, à 20 kil. de Fribourg-en-Brisgau, vis-à-vis de Neuf-Brisach (France). Pop. 3,200 hab. Fabrique de tabac. Ancienne capitale du Brisgau et ville impériale. Prise, en 1638, par Bernard de Saxe-Weimar; démantelée par l'empereur d'Allemagne, en 1641, et prise par les Français, en 1703.

BRISÆOS, surnom de *Bacchus*. Ce surnom vient de ce qu'il fut nourri par la nymphe Brisa, ou de ce qu'il fut transporté enfant sur le promontoire Brisa, dans l'île de Lesbos.

BRISANTS. On appelle ainsi une masse de rochers contre lesquels les flots de la mer viennent se briser; ces rochers se rencontrent souvent à fleur d'eau, ce qui rend leur présence d'autant plus dangereuse pour les navires, qu'il est souvent difficile de les apercevoir. Dans l'Océan pacifique, on rencontre un grand nombre de brisants formés de bancs de corail.

BRISAU ou BRUSAU, ville des Etats autrichiens (Moravie), à 50 kil. d'Olmütz. Pop. 1,000 hab. Commerce de gruau, farines. Papeteries.

BRISE. On entend par ce mot un petit vent frais et périodique qui souffle dans certaines contrées. Les marins distinguent la *brise de terre*, qui souffle généralement le matin, par suite de la raréfaction de l'air de la mer; la *brise du large*, qui s'élève de la mer et se porte sur la côte; et enfin la *brise carabinée*, qui indique l'action d'un vent plus fort.

BRISÉIS, nom patronymique d'Hippodamie, fille de Brisès, prêtre de Jupiter. Après la prise de Lyrnesse par Achille, elle devint sa captive et sut le charmer. Agamemnon, qui en était également amoureux, l'enleva. Achille, furieux, se retira dans sa tente, et ne voulut plus reprendre les armes contre les Troyens. Cependant on le revit dans les rangs des guerriers grecs, lorsqu'il eut à venger la mort de Patrocle. Agamemnon lui rendit son amante en faisant serment qu'il lui avait conservé son honneur, mais Achille refusa de la reprendre.

BRIS ET NAUFRAGE (droit de). Ce droit consistait dans la prise de possession de tout vaisseau qui s'était brisé sur les côtes de France. L'exercice de ce droit barbare, qui a subsisté chez nous jusqu'au milieu du XVIIe siècle, ne se retrouve plus que chez les Barbares de l'Archipel, qui considèrent tout étranger naufragé comme un ennemi. Les lois romaines protégeaient les naufragés contre cette coutume féroce; mais, après l'invasion des Barbares, cet horrible droit fut rétabli presque sans protestations, parce que les différentes nations admettaient la réciprocité. Les seigneurs féodaux mettaient au nombre de leurs privilèges le pillage des navires échoués sur leurs côtes. Parfois ils s'entendaient avec des pilotes ou *locmans* pour faire échouer les navires sur les rochers. Les habitants des côtes de la Bretagne avaient coutume d'attacher pendant la nuit des feux à la queue des vaches ou aux cornes des taureaux, pour tromper les marins qui s'approchaient de leurs rivages. Louis XI consacra ce droit formel comme un apanage de la couronne. Plus tard, ce

BRI

droit fut concédé exclusivement au grand amiral de France. Louis XIV l'abolit par une ordonnance de 1681; il obligea même les habitants des côtes à venir en aide aux navires en péril et à sauver leurs marchandises.

BRISGAU, ancien pays d'Allemagne, situé au N. de la Suisse, entre le Rhin et la Forêt-Noire. Superf. 33 myriam. carrés. Pop. 150,000 hab. Villes principales : Vieux-Brisach, Fribourg-en-Brisgau, Zæhringen. Il eut longtemps des comtes particuliers. En 1218, une partie passa sous l'autorité des margraves de Bade, descendants du duc de Zæhringen, Berthold Ier, et une autre partie aux gendres du dernier comte, les comtes de Kybourg et d'Urach. Plus tard, il fut réuni aux domaines de la maison d'Autriche et compris dans l'Autriche antérieure. Vins, grains, fruits, chanvre, légumes de tous genres. Mines assez riches en fer, plomb, cuivre et argent.

BRISIGHELLA, ville du royaume d'Italie, dans la province de Ravenne, à 35 kil. de cette ville. Pop. 4,000 hab. Commerce de soie.

BRISSAC, bourg de l'arrond. d'Angers (Maine-et-Loire), à 17 kil. de cette ville. Pop. 1,000 hab. Beau château du XVIe siècle, sauf deux tours plus anciennes. Ce bourg fut érigé en duché-pairie, en 1611, en faveur de Charles de Cossé, maréchal de France. Brissac fut le théâtre, en 1067, d'une bataille entre Geoffroy le Barbu et son frère Foulques le Réchin, comte d'Anjou. Ce bourg a donné son nom à la célèbre famille de Brissac.

BRISSAC. L'une des plus anciennes et des plus illustres maisons de France, originaire du royaume de Naples, selon les uns, et de la province du Maine, selon les autres. Les membres les plus remarquables de cette famille sont les suivants :

BRISSAC (Charles Ier DE COSSÉ, plus connu sous le nom de maréchal DE), célèbre capitaine, né vers l'an 1505, mort en 1563; il était fils de René de Cossé, seigneur de Brissac en Anjou, grand fauconnier de France, et de Charlotte de Gouffier. Il se distingua d'abord dans les guerres de Naples et de Piémont, et se signala ensuite au siége de Perpignan, où il était colonel de l'infanterie française. Il y fut blessé d'un coup de pique, après avoir repris sur les ennemis l'artillerie dont ils s'étaient emparés. Le Dauphin, Henri de France, en voyant son intrépidité, ne put s'empêcher de s'écrier que « s'il n'était le Dauphin de France, il voudrait être le colonel Brissac. » Nommé colonel général de la cavalerie légère, il s'acquit dans ce poste une telle réputation, que les premiers gentilshommes et les princes mêmes voulaient apprendre à son école le métier de la guerre. En 1543, Charles-Quint étant venu attaquer Landrecies, Brissac fit pénétrer par trois fois des secours dans la place, et parvint, malgré les efforts des ennemis, à joindre François Ier, qui était alors avec toute son armée près de Vitry. Ce monarque l'embrassa, le fit boire dans sa propre coupe, et le créa chevalier de son ordre. Après une foule d'autres exploits qui lui valurent la charge de grand maître de l'artillerie, Henri II l'envoya en ambassade auprès de l'empereur, afin de négocier la paix. Il s'y montra bon diplomate. Ses services lui méritèrent le gouvernement du Piémont et le bâton de maréchal de France. A son arrivée à Turin, il rétablit la discipline militaire et s'occupa de la réforme des abus. Il secourut ensuite les princes de Parme et de la Mirandole contre Ferdinand de Gonzague et le duc d'Albe, généraux des ennemis. Il les défit en plusieurs rencontres, sans éprouver le moindre revers. De retour en France, il fut fait gouverneur de Picardie, rendit les services les plus importants dans cette province, contribua, en 1562, à la prise du Havre-de-Grâce sur les Anglais, et au gain de la bataille de Châlons contre les calvinistes. Ce fut un des plus braves généraux de son temps. Voici un trait qui témoigne de la manière la plus éclatante combien ce grand homme savait récompenser le vrai courage : Ayant mis l'armée en bataille au siége de Vignal dans le Montferrat, pour donner l'assaut, un bâtard de la maison de Roissy part du gros de la troupe, sans attendre le signal, met l'épée à la main, monte à la brèche, tue tout ce qui se trouve devant lui, étonne les Espagnols par son audace, et décide de la prise de la place. Ce trait de courage n'empêcha pas qu'il ne fût traduit devant un conseil de guerre et condamné à mort tout d'une voix. « Mon ami, lui dit alors Brissac, la loi a jugé l'action; je veux être clément en faveur du motif. Je te pardonne; et, pour récompenser le courage que tu as montré, je te donne cette chaîne d'or, que je te prie de porter pour l'amour de moi. Mon écuyer te donnera un cheval et des armes, et tu combattras désormais à mes côtés. »

BRISSAC (Charles II DE COSSÉ, duc DE), fils puîné de Charles de Cossé, mort en 1621. Il hérita du courage de son frère, Artus de Brissac, et prit une grande part aux opérations de l'armée royale contre les calvinistes. Il se rangea du parti des ligueurs, et fut nommé, en 1594, gouverneur de Paris par le duc de Mayenne. Il remit cette place à Henri IV peu de mois après, et fut nommé maréchal. Il mourut à Brissac en Anjou. Louis XIII avait érigé cette terre en duché-pairie, en considération de ses services.

BRISSAC (Jean-Paul-Timoléon DE COSSÉ, duc DE), descendant des précédents, né le 12 octobre 1698, mort en 1784. Il était chevalier de Malte, servit d'abord sur mer et combattit contre les Turcs au siége de Corfou (1716). A son retour en France, il prit du service dans les troupes de terre. Le courage qu'il déploya en plusieurs circonstances importantes, lui valut le bâton de maréchal de France en 1768. Il avait toutes les qualités d'un preux chevalier, et conserva le costume de Louis XIV jusqu'à sa mort. Son fils aîné, Louis-Joseph-Timoléon, fut tué à la fameuse bataille de Rosbach, où il commandait un régiment de son nom.

BRISSAC (Louis-Hercule-Timoléon DE COSSÉ, duc DE), 2me fils du précédent, né à Paris le 14 février 1734, mort en 1792. Il était pair et grand-panetier de France, capitaine-colonel des Suisses, chevalier des ordres du roi et gouverneur de Paris. Son attachement pour Louis XVI ne fit que s'accroître pendant la Révolution, et lorsqu'en 1791 il fut nommé commandant général de la garde constitutionnelle, il redoubla de zèle et sut résister aux instances des meneurs qui cherchaient à l'attirer dans leur parti. Un de ses amis lui témoignant son admiration pour une aussi belle conduite, mais ne lui cachant pas les persécutions auxquelles son attachement à la personne du roi pouvait l'exposer : « Je ne fais, répondit-il, que ce que je dois à ses ancêtres et aux miens. » Son zèle, en effet, ne pouvait être que suspect aux factieux; aussi ne manqua-t-on pas de lui en faire un crime. Il fut dès lors décrété d'accusation en août 1792, et transféré à Orléans, puis à Versailles, où des bourreaux se transportèrent bientôt. Le duc se défendit jusqu'au dernier moment, en criant de toutes ses forces : *Vive le roi!* Mais ne pouvant résister au nombre, et atteint d'un coup de sabre, il expira, dans les premiers jours de septembre, au milieu des malheureux prisonniers qui partagèrent son sort.

BRISSARTHE, bourg de l'arrond. d'Angers (Maine-et-Loire), à 25 kil. de cette ville. Pop. 1,100 hab. Robert le Fort y fut tué en combattant les Normands, le 25 juillet 866.

BRISSON (Barnabé), magistrat et littérateur, né en 1531, mort en 1591. Henri III le nomma successivement avocat général au parlement, conseiller d'Etat et conseiller à mortier. Il le chargea d'une ambassade en Angleterre. Henri III disait de lui « qu'il n'y avait aucun prince dans le monde qui pût se flatter d'avoir un homme d'une érudition aussi étendue que Brisson. » Ce prince le chargea de recueillir les ordonnances des rois de France sous le titre de *Code de Henri III*. Brisson se montra toujours zélé pour l'autorité royale; il voulut persister à rester à Paris alors que le parlement en sortait. Le roi l'en récompensa en le nommant premier président du parlement à la place d'Achille de Harlay; mais cette faveur fut cause de sa perte; la faction des *Seize* le fit emprisonner au Châtelet, et ordonna qu'il fût pendu à une poutre de la chambre du conseil. Le lendemain de l'exécution, on attacha son corps à une potence plantée sur la place de Grève, avec cet écriteau : *Barnabé Brisson, chef des hérétiques et des politiques*. Le duc de Mayenne vengea la mort de Brisson en faisant pendre quatre des Seize qui l'avaient ordonnée; les assassins qui avaient procédé à l'exécution furent roués en effigie.

BRISSON (Mathurin-Jacques), mathématicien, né à Fontenay-le-Comte en 1723, mort en 1806. Il fut membre de l'Académie et plus tard de l'Institut. Il devint, sous Louis XVI, maître de physique des enfants de France. Il a publié sur le *Règne animal*, sur l'*Ornithologie*, sur la *Physique*, sur l'*Histoire naturelle et chimique des substances minérales*, divers ouvrages qui sont devenus classiques, et qui ont été traduits dans presque toutes les langues de l'Europe.

BRISSOT DE WARVILLE (Jean-Pierre), conventionnel, né à Chartres en 1754, mort en 1793. Il était fils d'un pâtissier de Chartres; son père ayant acheté une propriété dans le village de Warville, il prit le nom de cette terre. Il fit de fortes études, et se prépara, par la lecture des grands philosophes, à l'austérité des vertus républicaines. Il vint de bonne heure à Paris et entra au barreau; il fit partie de la même étude de procureur que Robespierre et Marat, qui ne s'occupaient alors que d'études scientifiques. Se sentant peu de goût pour le barreau, il embrassa la profession d'homme de lettres, et publia une *Théorie des lois criminelles* qui n'a pas été sans influence sur la réforme de notre droit pénal. La misère fut le seul prix de ses travaux. Il publia encore quelques écrits politiques qui le firent emprisonner à la Bastille. Le duc d'Orléans, qui recherchait les hommes aux opinions avancées, employa son crédit à lui faire obtenir sa liberté, et lui donna une place dans les bureaux de sa chancellerie. Brissot épousa une femme attachée à la maison de Madame d'Orléans. Il passa ensuite en Angleterre où il fonda un lycée qui avait pour objet de réunir dans une vaste association les gens de lettres de tous les pays et de faciliter leurs correspondances. Son activité dévorante le porta à se rendre aux Etats-Unis, où il voulait jouer un rôle dans la révolution qui s'y accomplissait. Le gouvernement français le chargea d'une mission secrète ayant pour objet de rechercher l'état des nègres. Il poursuivit beaucoup de projets; ainsi, il voulait être chef de parti, puis établir une secte; mais la révolution qui se préparait en France le décida à rentrer dans son pays. Il publia, lors de la convocation des Etats généraux quelques écrits sur la noblesse et le clergé. Le succès de cette brillante polémique l'engagea à fonder avec Carra le *Patriote français*. Il soutint ce journal avec une grande persévérance et fut appuyé par Roland et sa femme. L'un des plus beaux caractères de notre Révolution. Mirabeau lui-même écrivit dans ce journal. L'élévation de son esprit et la sincérité de son patriotisme le signalaient aux suffrages populaires. En 1789, il devint membre de la Commune de Paris. Il présida le fameux comité des recherches. Il favorisa la révolte de Saint-Domingue, en y envoyant des commissaires qui avaient pour mission de la soutenir; il attaqua vivement ceux qui, en demandant l'émancipation progressive, n'avaient d'autre but que d'attendre l'occasion de ravir aux malheureux nègres la liberté qu'ils leur marchandaient. Il se mit à la tête de la manifestation populaire qui eut lieu au Champ de Mars pour demander la proclamation de la république après le départ de Louis XVI. Nommé député à l'Assemblée législative, il parvint bientôt au ministère de l'intérieur. Il se distingua par l'énergie avec laquelle il proposa d'organiser la résistance contre toutes les puissances coalisées. Il allait même jusqu'à proposer de provoquer la guerre; sa politique triompha; Louis XVI se vit obligé de déclarer la guerre à l'empereur d'Allemagne le 8 avril 1792. Plus tard, lorsqu'il fit partie de la Convention, ce fut encore sur ses conseils que le comité diplomatique déclara la guerre à l'Angleterre et à la Hollande. Son influence était devenue considérable et rivalisait avec celle de Robespierre. Cependant, tandis que Robespierre à la tête des montagnards poussait toujours la Révolution en avant, Brissot se liait avec les girondins, qu'on appelait aussi *brissotins*; il avait excité la colère de Robespierre en tonnant à la tribune contre « les rebelles de Coblentz, les partisans des deux Chambres et les régicides qui voulaient une république et un dictateur. » Evidemment ces paroles étaient une réaction contre le système politique révolutionnaire dont il n'était plus temps d'enrayer la marche. Brissot ne le comprit pas, et se compromit même par ses relations avec Dumouriez et le duc d'Orléans, et la déchéance de Louis XVI acheva de ruiner son influence. Les montagnards accusaient les girondins de favoriser la réaction royaliste; les girondins leur répondaient en leur reprochant les massacres de septembre. Le 31 mai, les girondins étaient suspendus; le 2 juin, ils étaient mis en accusation par la Convention, sur laquelle le peuple exerçait une certaine pression; c'était un arrêt de mort. Brissot tenta de gagner la Suisse sous le nom d'un négociant de Neufchâtel, mais il fut arrêté à Moulins et ramené à Paris. Il se défendit, comme les autres girondins, avec courage et dignité. Cependant, les partisans des girondins leur ont adressé le reproche d'avoir répondu à l'accusation au lieu de garder le silence ou de se porter eux-mêmes accusateurs. Brissot monta sur l'échafaud avec une rare intrépidité. Il a laissé la réputation d'un homme désintéressé et qui alliait une certaine bonhomie et des vertus simples à un ardent amour de la liberté. Mme Roland disait de lui: « Il a vécu comme Aristide; il est mort comme Sidney. » Ses divers écrits se ressentent un peu de la rapidité avec laquelle ils ont été écrits; on y rencontre toutefois des pages éloquentes.

BRISTOL, cité-comté d'Angleterre, dans les comtés de Glocester et de Somerset, à 190 kil. de Londres et à 15 kil. de la mer. Pop. 155,000 hab. Siége d'un évêché depuis 1541; magnifique palais épiscopal. Bourse construite en 1760, plusieurs banques, un théâtre, palais de commerce; cathédrale, pont suspendu sur l'Avron; Palais de justice, hôtel de ville, bazar couvert construit en 1827. Hospice pour les aveugles. Université, collége, école de marine, institut littéraire, bibliothèque de 15,000 volumes. Fabriques de tapis, d'étoffes de laine, de coton; dentelles, toiles à voile, soieries, aiguilles, poteries. Raffineries de sucre, affineries de cuivre, brasseries, distilleries, filatures et savonneries. Houillères importantes. Son commerce consiste en vins, rhums, cafés, sucres, tabac, térébenthine. Port spacieux et important après Londres, Liverpool et Hull. Patrie de Sébastien Cabot, de Chatterton, de sir Lawrence, de Southey.

BRISTOL (canal de), golfe de l'Atlantique situé entre la principauté de Galles et la presqu'île de Cornouailles, sur la côte de l'Angleterre, 190 kil. de long et 160 kil. de large à l'entrée. Il forme les baies de Swansea et de Caermarthen au N., et celle de Barnstaple au S.

BRISTOL, ville des États-Unis de l'Amérique du Nord (Rhode-Island). Pop. 5,900 hab. Commerce actif. Port sur la baie de son nom, en face de l'île de Rhode-Island.

BRISTOL, bourg dans l'Etat de Connecticut. Pop. 2,900 hab. Fabriques importantes d'horlogerie en bois.

BRISTOL, bourg dans l'Etat de New York. Pop. 2,000 hab. Sources de gaz inflammable aux environs.

BRISURE. On donne ce nom, dans l'art militaire, au prolongement d'une ligne de défense dans le renfoncement d'un bastion à orillons; on l'appelle aussi brisure de la courtine.

BRITANNIA (pont). Pont tubulaire jeté entre l'Angleterre et l'île d'Anglesey sur le golfe de Conway et le canal de Menay; il est assez solide pour supporter les passages des convois des chemins de fer. La partie du pont jeté sur le golfe de Conway a 121 m. 84 de long, 4 m. 14 de large, 7 m. 31 de hauteur; celle du canal de Menay a 454 m. 75 de long. Ces travaux ont été faits de 1847 à 1850. Les deux ingénieurs Fairbairn et Stephenson se disputent la gloire de ce projet gigantesque, mais le mérite appartient à Stephenson, qui le développa et le mit à exécution.

BRITANNICUS (Claudius-Tibérius), fils de l'empereur Claude et de Messaline, né en 42 ap. J.-C., mort en l'an 55. Il avait été salué du nom de Britannicus quand son père revint victorieux d'une expédition contre la Bretagne. Il devait succéder à Claude, son père; mais les intrigues d'Agrippine, seconde femme de Claude, lui firent préférer Néron. Cette femme astucieuse ne cessait, tout en flattant son fils, de ménager Britannicus. Elle avait préparé l'avénement de Néron à l'empire en le faisant adopter par Claude, son beau-père, et n'avait cessé, jusqu'à l'avénement de ce fils, qui n'était que l'instrument de son ambition, de tenir Britannicus dans l'ombre. Elle s'irritait quand elle voyait Claude prendre son enfant dans ses bras, le promener parmi les soldats réunis au champ de Mars, ou le montrer aux citoyens rassemblés dans le cirque. Ses craintes avaient redoublé quand Claude avait dit, en voyant Britannicus revêtu, à l'âge de 13 ans, de la robe virile: « Cette fois Rome va avoir un vrai César. » Elle n'avait pu souffrir que ce Britannicus, qu'elle n'appelait que par son surnom d'Ænobarbus (*barbe de cuivre*), usât de familiarité avec Néron. Quand ses rêves ambitieux furent réalisés, Agrippine se rapprocha de Britannicus, afin d'avoir, dans ce prince qu'elle avait écarté du trône, un instrument qui pût faire trembler son fils, dans le cas où il aurait voulu s'affranchir de l'autorité qu'elle prétendait exercer sur lui. Dans leurs fréquentes querelles, Agrippine et Néron parlaient souvent de poison; la mère menaçait son fils de dévoiler aux Romains, en s'accusant elle-même, les forfaits qui l'avaient fait monter sur le trône. Ses menaces ne manquaient pas de produire une profonde impression sur Néron, qui dissimulait cependant. Peu de temps après, aux saturnales, Néron, désigné par le sort roi du festin, avait ordonné à Britannicus de se lever et de chanter au milieu des convives; il avait espéré que cet enfant de 14 ans, troublé par les fumées de l'orgie, exciterait la risée. Mais le jeune prince se leva avec assurance et déclama ces vers d'Ennius, qui commencent ainsi:

O mon père! ô patrie! ô palais de Priam...

Cette allusion à son existence *renversée de la demeure paternelle et de sa haute fortune* avait attendri les convives, à qui les licences de la fête avaient empêché de dissimuler leurs sentiments. La haine de Néron avait redoublé, et il avait juré dès lors la mort de Britannicus. Il y avait à Rome une célèbre empoisonneuse nommée Locusta, que Julius Pollion, tribun d'une cohorte prétorienne, tenait sous sa garde. Il lui demanda un poison des plus actifs. Les domestiques du palais de Britannicus se chargèrent eux-mêmes de l'administrer à leur maître; celui-ci en fut quitte pour une légère indisposition. Néron, trompé dans son attente, allait se venger de Locusta par le dernier supplice. Il se ravisa pourtant et la fit venir dans son palais. Là, il l'accabla de coups en lui reprochant sa *trahison*. « Crois-tu, lui dit Néron, que je craigne la loi Julia, qui punit les empoisonneurs et les parricides? Répare ton erreur, et fabrique-moi un poison prompt comme le fer. » Le fatal breuvage fut essayé sur un chevreau; mais Néron ne fut pas encore satisfait, car l'animal n'expira qu'au bout de cinq heures; il lui fallut une préparation plus efficace. Locusta se remit à l'œuvre, et le nouveau poison, administré à un marcassin, le fit tomber comme foudroyé. Néron fut transporté de joie. La coupe empoisonnée fut apportée à Britannicus, dans la salle du triclinium. Néron avait placé sa victime en face de lui, sur une table séparée. Il était d'usage qu'un esclave approchât la coupe de ses lèvres avant de la présenter à un convive. Néron voulut observer cet usage sans entraîner la mort de l'esclave, pour écarter les soupçons que ce double crime aurait fait naître. Il fit apporter par l'esclave un breuvage si chaud qu'il fallut le renvoyer pour le rafraîchir, et ce fut dans l'eau qu'on y versa que le poison fut administré. Le malheureux Britannicus tomba tout à coup sans voix et sans connaissance. Ses jeunes compagnons d'enfance se jettent sur lui et le tiennent embrassé. Quelques convives effrayés quittent la salle du festin; mais les autres, plus pénétrants, cherchent à deviner dans les yeux de Néron la contenance qu'ils doivent tenir; celui-ci sans changer de visage et nonchalamment étendu sur son lit: « C'est un accès d'épilepsie auquel il est ordinairement sujet, dit-il; qu'on l'emporte! » Octavie, sœur de Britannicus, n'osait manifester sa douleur et son inquiétude; Agrippine était à la fois surprise et consternée: la mort de Britannicus était une menace de parricide. Après un moment d'horrible silence, la joie reparut sur les visages; et Néron, prince de la jeunesse, couronné de roses, fit circuler au milieu des convives la coupe du festin. Pendant ce repas, le bûcher de Britannicus était dressé dans le champ de Mars. On avait commencé ces préparatifs avant même qu'il vînt s'asseoir à la table du festin. Son corps fut emporté sans pompe, sans que sa sœur Octavie pût lui adresser un dernier adieu. On avait plâtré son visage pour le rendre méconnaissable, mais la pluie qui survint enleva la couche de plâtre, et à la lueur des éclairs on put lire, sur la face déjà décomposée de Britannicus, le forfait de Néron. Le deuil fut général dans Rome; Néron feignit hypocritement de s'y associer. Il écrivit au sénat « qu'il s'excusait du convoi nocturne et précipité de son malheureux beau-frère sur la douleur qu'eût ressentie le peuple romain à l'aspect d'une pompe funèbre plus longue et plus solennelle... Les anciens, ajoutait-il avec un attendrissement poétique qui rappelait les beaux vers de l'*Hippolyte* d'Euripide, jetaient un voile sur les corps de ceux qui avaient été moissonnés dans la fleur de leurs années pour les dérober aux regards. » Locusta reçut en récompense des terres considérables; elle fonda un collège où elle put perpétuer l'enseignement de son art. Les biens de Britannicus furent distribués à ceux qui étaient dans le secret de sa mort; et le peuple romain ne vit pas sans indignation *ceux qui affectaient la gravité des mœurs*, le philosophe Sénèque, le vertueux Burrhus, prendre leur part de cet exécrable butin.

BRITANNIQUES (îles). On appelle ainsi un groupe d'îles situées dans l'Océan atlantique et qui comprend celles de la Grande-Bretagne, d'Irlande, des Hébrides, de Shecland, de Man, des Orcades, d'Anglesey, des Sorlingues, de Wight, Thanet et les îles anglo-normandes.

BRITISH MUSEUM. Vaste et bel établissement public de Londres, qui contient à la fois une riche bibliothèque, une galerie de tableaux, un cabinet de médailles, des collections d'antiquités grecques, romaines et égyptiennes, des collections ethnographiques et d'histoire naturelle. C'est là que sont conservées les antiquités que lord Elgin apporta de la Grèce, le sarcophage en albâtre qui fut trouvé en Egypte, etc. La bibliothèque du Muséum a été fondée vers 1755. Elle contient environ 900,000 volumes et 30,000 manuscrits. Mais, il faut bien le dire, les bibliothèques et les musées publics de Londres n'ont pas, en général, la valeur et l'étendue des établissements de même nature à Paris. Ils sont loin surtout d'être aussi suivis, car la population anglaise aime mieux vagabonder dans les rues ou remplir les tavernes que d'aller s'ensevelir dans ces catacombes de l'esprit. Cet établissement, situé dans Great-Runell street Blomsbury, à Londres, est l'un des plus beaux établissements de ce genre qui existent en Europe. Il a été créé en 1753, par sir Hans Sloane, qui légua à sa nation sa riche bibliothèque, et il a été successivement augmenté de trésors précieux. Le catalogue complet forme près de 40 vol. in-fol. et in-4°. Le nombre des volumes s'élève à 300,000; la collection des manuscrits est surtout fort remarquable. Au rez-de-chaussée est la *Galerie des Antiques*, qui renferme des monuments d'une valeur inappréciable. Nous citerons spécialement la collection connue sous le nom de *Marbres d'Elgin*, achetée par l'ambassadeur de ce nom, et dont les dessins sont attribués au célèbre sculpteur Phidias.

BRITOMARTIS, belle nymphe de Crète, fille de Jupiter et de Charmis; elle était protectrice des ports et de la navigation, et inventa, dit-on, les filets, d'où vient son surnom de Dictynne (*dictos*, filet.)

BRIVE-LA-GAILLARDE, sous-préf. du départ. de la Corrèze, à 22 kil. de Tulle. Pop. 6,500 hab. Tribunaux de 1re instance et de commerce. Collège. Bibliothèque de 2,000 volumes. Filatures de coton, blanchisserie de cire. Fabriques de lainages et de bougies. Commerce actif de truffes, de dindes truffées, de marrons, d'huile de noix, de laines, de vins du pays, de bestiaux. Patrie du cardinal Dubois et du maréchal Brune. Gondebaud y fut proclamé roi d'Aquitaine.

BRIVIESCA ou BRIBIESCA, ville d'Espagne, dans la province de Burgos, à 25 kil. de cette ville. Pop. de la commune, 2,070 hab. Eaux minérales. En 1388, Jean Ier, de Castille, tint dans le château de cette ville des Etats généraux où le titre de prince des Asturies fut pour toujours confirmé à l'héritier présomptif de la couronne.

BRIXEN, ville des Etats autrichiens (Tyrol), à 72 kil. d'Inspruck. Pop. 4,000 hab. Evêché autrefois princier, sécularisé en 1803. Palais épiscopal, cathédrale. Vin renommé.

BRIXHAM, ville d'Angleterre, dans le comté de Devon, à 6 kil. de Dartmouth. Pop. de la paroisse, 6,000 hab. Mines de fer et carrières de marbre aux environs. Célèbre source intermittente. C'est dans cet endroit que débarqua Guillaume III d'Orange, en 1688, pour prendre possession du trône d'Angleterre.

BRIZARD (Jean-Baptiste BRITARD, dit), célèbre comédien français, né à Orléans en 1721, mort en 1791. Il étudia d'abord la peinture sous Carle Vanloo; mais son goût pour le théâtre le décida à s'engager dans une troupe de province. Il vint à Paris en 1759, et succéda au fameux Sarrazin. Sa taille imposante, sa figure, exprimaient une certaine noblesse, sa voix mâle et sonore le disposait merveilleusement à jouer les rôles tragiques. Il atteignait parfois au sublime. Il fut particulièrement honoré de l'estime de Voltaire, et ce fut lui qui dirigea l'ovation faite à ce grand écrivain en plein théâtre. Voltaire, en recevant une couronne de la main de Brizard, ne put s'empêcher de s'écrier : « Vous me faites regretter la vie. »

BRIZO. On appelait ainsi, chez les anciens Grecs, la déesse des songes, ou plutôt des prédictions qui se faisaient par des songes. Elle était révérée à Délos, et les femmes lui offraient, dans des vases ayant la forme de petites barques, toutes sortes de mets, excepté du poisson. On appelait brizomancie l'art de deviner l'avenir par le moyen des songes.

BRIZOUT DE BARNEVILLE, industriel et mécanicien, né à Rouen en 1749, mort en 1842. Il avait perfectionné une machine à filer le coton, et trouva le moyen de donner des mousselines qui rivalisaient avec celles de l'Inde. Son atelier avait été acquis par Louis XVI. Pendant la Révolution, il devint commissaire des guerres, et se ruina. Les efforts qu'il ne cessa de faire sous tous les gouvernements pour se procurer l'argent nécessaire à une nouvelle exploitation de sa découverte, n'eurent aucun résultat.

BROCARD. On appelle ainsi la raillerie amère et brutale. Ce mot a vieilli, et l'argot contemporain l'a remplacé par d'autres expressions plus significatives. Le mot *brocard* s'emploie aussi pour désigner certaines formules de droit ou certaines sentences qui ont la prétention de tout définir en ne définissant rien et qui sont cependant acceptées comme monnaie courante.

BROCART. Cette appellation est commune aux étoffes de soie, satin, taffetas, gros de Naples ou de Tours. On donnait autrefois ce nom à des étoffes tissues d'or ou d'argent.

BROCANTEUR. Cette dénomination sert à désigner certains marchands d'objets d'art et de curiosité, dont le talent consiste à élever à un taux considérable des objets d'une valeur souvent minime. Ils échangent volontiers un tableau de prix contre une paire de fleurets. Ils ne font attention qu'à leur marchande; tandis que l'amateur ne se préoccupe guère que de son goût particulier ou de son caprice. Malheur au tableau qui passe par les mains des brocanteurs; car il subit parfois des transformations dont les connaisseurs même sont parfois dupes.

BROCHAGE, se dit de l'opération qui consiste à plier les feuilles d'un livre, à les mettre dans l'ordre de la pagination, à les coudre et enfin à les couvrir d'une enveloppe.

BROCHURE. Ce mot désigne quelques feuilles imprimées, qui ne sont pas en assez grand nombre pour composer un volume, et qui se vendent toujours non reliées. La brochure a l'avantage de coûter fort peu, et par suite de pouvoir devenir plus populaire. C'est un écrit qui se fait humble et petit pour mieux se répandre, et dont la puissance devient redoutable à certains moments. Les grands auteurs ont si bien compris cette idée qu'ils se transforment parfois en in-douze pour devenir accessibles à tous. Béranger ne fut jamais plus dangereux à la Restauration que quand il se glissa dans toutes les poches, renfermé dans ce cadre étroit.

Je redoute l'esprit qu'on débite en brochure,

disait un satirique du XVIIIe siècle. En effet, quoiqu'elle n'affiche aucune prétention, la brochure en a souvent beaucoup. Elle s'adresse à toutes les intelligences; aussi a-t-elle le droit de se montrer familière, tout en s'animant peu à peu jusqu'à atteindre l'éloquence; elle est souverainement frondeuse, gauloise, et convient essentiellement à notre génie littéraire. Le pamphlet politique surtout s'en accommode volontiers, pour battre en brèche un système. L'histoire se révèle mieux par les pamphlets que par les grandes guerres. Quelle signification aurait la Ligue sans la *Satire Ménippée*, et la Fronde sans les *Mazarinades*? Chansons que tout cela! disait Mazarin. Mais dans un pays où tout finit par des chansons, il importe d'avoir les rieurs pour soi. Les faiseurs de brochures sont les tirailleurs de la grande armée des penseurs. Que peut faire un gouvernement en présence de ces adversaires qui dissimulent si bien de grandes idées, en les enveloppant sous une forme naïve, et dont les réticences et quelquefois le silence même sur certaines questions, ont plus de signification qu'une accusation violente. On connaît l'éloquence des points? Béranger n'en a-t-il pas donné un admirable exemple, en disant à propos de la charte :

Du roi c'est l'immortel enfant,
Il l'aime, on le présume,
. . . .
. . . .

Que fera donc un gouvernement aux abois? supprimer les chansons et les brochures? Beaumarchais n'a-t-il pas dit : « Il n'y a que les petits gouvernements qui redoutent les petits écrits. » Laisser passer? Ce moyen a pu réussir au temps de la Fronde :

« La Chanson répondait : France
Et le garde laissait passer. »

Annihiler sa puissance en se soumettant à l'opinion publique, tel est le seul moyen de paralyser les effets de la brochure; et c'est ce que les gouvernements modernes, auprès desquels, quoi qu'on puisse dire, l'opinion publique est toute-puissante, ont paru comprendre. Bien que l'influence des journaux ait diminué l'utilité et l'importance des brochures, elles n'en ont pas moins leur raison d'être. La brochure est une causerie sur un fait tout d'actualité, et le journal ne peut causer longtemps sur le même sujet; puis ses impressions sont généralement plus passagères. La brochure permet un peu plus de développement. Trop souvent, de nos jours, plus d'un auteur famélique a moins cherché à exprimer son opinion publique dans les brochures qu'à flatter tel ou tel parti; ou à pratiquer, en émettant des systèmes bizarres, une simple spéculation d'éditeur. Que de brochures de ce genre ont inondé Paris et les départements, sur la *question d'Orient*, abandonnée de guerre lasse et sans solution; sur la *question romaine*, et enfin sur la *question danoise*. Souvent aussi la brochure vient en aide à un grand nom politique, pour expliquer sa pensée sur une question à l'ordre du jour.

BROCKEN (mont), nom que l'on donne à la cime la plus haute du Hartz (1,140 m.). Il est situé dans le comté de Stolberg-Wernigerode. Il est ordinairement enveloppé de brouillards et de nuages qui, agités par le vent, offrent de bizarres tableaux dans lesquels la tradition populaire veut voir des danses de sorcières. Le phénomène du *spectre de Brocken* consiste dans la réflexion d'hommes et de maisons sur les nuages faisant face au soleil couchant.

BROCKHAUS (Frédéric-Arnold), fondateur d'une grande et célèbre maison de librairie à Leipzig, né à Dortmund en 1772, mort en 1823. C'est à Amsterdam qu'il établit d'abord une maison de librairie qu'il transféra cinq ans après à Altenbourg, et définitivement à Leipzig. Comme éditeur, il a publié une foule considérable d'ouvrages destinés à servir au développement scientifique. La plus célèbre de toutes ses publications est celle qui est connue sous le nom de *Conversations-Lexicon*, qui a un grand nombre d'éditions.

BROD, ville forte des Etats autrichiens (Moravie), à 15 kil. de Hradisch. Pop. 3,400 hab. Beau château des princes de Kaunitz.

BROD, ville forte et ch.-l. de cercle, située sur les confins militaires de la Slavonie, à 31 kil. de Poséga. Pop. 2,200 hab. Commerce avec les provinces turques.

BROD, ville de Bohême, dans le cercle de Czazlau, au S.-E. de cette ville. Pop. 4,000 hab. Gymnase de prémontrés. Ziska y battit l'empereur Sigismond en 1422.

BRODEQUIN, chaussure romaine. (*Voir* CAMPAGUS et SOCCUS.)

BRODEQUIN, instrument de torture ou de question à laquelle on soumettait les criminels et quelquefois les accusés, les simples prévenus, pour leur faire avouer souvent ce qu'ils n'avaient pas commis. Il consistait en quatre planchettes liées fortement autour des jambes; on y introduisait des coins de fer ou de bois que l'on enfonçait à coups de maillet de manière à briser les os.

BRODERIE. Ce mot s'entend de tout dessin tracé à l'aiguille avec un fil sur une étoffe. On brode habituellement avec du coton blanc sur la mousseline, de manière à former des fleurs, des fruits ou des dessins de fantaisie. On brode de la même manière la laine et la soie; enfin on brode avec des fils d'or ou d'argent. La broderie fut connue des anciens; la plus curieuse pièce que nous ayons conservée est celle qui fut brodée sur toile par la reine Mathilde et ses femmes, et qui représente la conquête de l'Angleterre par Guillaume de Normandie; on l'appelle aussi tapisserie de Bayeux.

BRODERSON (Abraham), gentilhomme suédois du XIVe siècle. Il fut l'amant de la princesse Marguerite, fille de Waldemar, reine de Danemark et de Norwége, et parvint, par la conquête de la Suède, à réunir sous la couronne de Marguerite les trois royaumes du Nord, vers 1397. Il fut comblé d'honneurs et de dignités, mais Eric de Poméranie, arrière-neveu de Marguerite, ayant été appelé à partager le gouvernement avec la reine, devint jaloux de la puissance de Broderson. Il aposta des assassins qui lui tranchèrent la tête, au château de Sonderbourg, en 1410.

BRODY, ville des Etats autrichiens (Galicie), dans le cercle de Zloczow, près de la frontière russe, à 88 kil. de Lemberg. Pop. 25,000 hab. Tribunal de commerce, chambre impériale, direction des douanes, riche hôpital. Toiles, teintureries, corderies, tanneries. Commerce avec la Turquie et la Russie, surtout en cire, miel, fruits, cuirs, suif. Foires considérables. Château du comte Potocki.

BRODZINSKI (Casimir), poëte polonais, né à Krolowsko en 1791, mort à Dresde en 1835. Après avoir fait avec les Français la campagne de 1812 contre les Russes et combattu à Leipzig en 1813, il devint professeur d'esthétique à l'université de Varsovie. C'est le chef d'une école qui compte Mickiewiscz au nombre de ses plus brillants représentants. On a de lui une traduction de *Job*, un *Choix de chants populaires serbes ou bohêmes*, et des travaux de

critique. Ses *Poésies* sont fort remarquables; la vie du paysan polonais y est décrite avec une grande vérité.

BROECK (on prononce Brouck), village de Hollande, à 10 kil. d'Amsterdam. Pop. 1,200 hab. Célèbre par la minutieuse propreté de ses habitants, dont beaucoup, retirés des affaires, sont deux et trois fois millionnaires. Trottoirs dallés en faïence; rues pavées en briques, interdites aux animaux et aux voitures.

BRŒMSEBRO, village de Suède, dans la province de Calmar, à 45 kil. de cette ville. Il s'y conclut, en 1645, un célèbre traité entre la Suède et le Danemark, par lequel les Suédois étaient affranchis du péage du Sund et obtenaient les provinces de Jæmtland et de Herjedale, les îles de Gothland et d'Œsel et la possession du Holland pendant 30 ans.

BROGLIE ou CHAMBROIS, ch.-l. de cant. de l'arrond. de Bernay (Eure), à 11 kil. de cette ville. Pop. 1,000 hab. Commerce de papiers et étoffes de laine.

BROGLIE (tour de), ancien château. (*Voir* LANSAC.)

BROGLIE. Illustre famille originaire de Quiers ou Chiéri, en Piémont, établie dans le Querci dès le XIVe siècle, et qui a fourni à la France plusieurs maréchaux et autres personnages distingués. Nous citerons entre autres :

BROGLIE (François-Marie DE), né vers 1600, mort en 1656. Il s'attacha à Mazarin et quitta le service de Maurice de Savoie pour le suivre en France. Il se distingua au siége de Lérida.

BROGLIE (Victor-Maurice, comte DE), maréchal de France, né en 1639 d'une famille originaire du Piémont, mort en 1727. Il fut l'un des généraux les plus célèbres du siècle de Louis XIV, et contribua beaucoup, avec Villars, au progrès de la science militaire. En 1706, Marcin hésitait à franchir le Rhin débordé pour aller attaquer le camp retranché des Impériaux, et demandait la délibération d'un conseil de guerre. « Les conseils de guerre, dit Villars, sont bons pour excuser l'inaction d'un général qui hésite à se battre. Marchez, comte de Broglie, commandez le débarquement; Marcin nous suivra, et la bataille, en débarquant, nous réchauffera. » Broglie s'élance aussitôt dans le Rhin, malgré la présence de l'ennemi sur la rive opposée; il traverse le fleuve, ayant de l'eau jusqu'à la ceinture, et opère le débarquement en chassant les Impériaux devant lui. Dans une autre occasion, il s'agissait d'attaquer les lignes de Stoloffen, réputées imprenables à cause des écluses qui pouvaient inonder la campagne; 40,000 Impériaux défendaient Stoloffen. Le comte de Broglie résolut cependant d'attaquer du côté de l'île de Newbourg. Une seconde fois, il fit franchir le Rhin à son armée, la baïonnette au bout du fusil. Les Allemands, surpris, prirent la fuite et laissèrent les frontières d'Allemagne ouvertes aux Français. A la bataille de Denain, Broglie s'empara de 500 caissons, de 500 chevaux et de 700 fantassins composant l'escorte. Il trouvait toujours des ressources dans les occasions les plus difficiles, et dans les dernières années du règne de Louis XIV, il redoubla d'activité pour amoindrir les désastres qui affligèrent la France.

BROGLIE (François-Marie, duc DE), fils du précédent, né en 1671, mort en 1745. Il fit ses premières armes sous son père, et ne montra pas un talent militaire moins brillant. Dans la guerre d'Italie, il commanda à la bataille de Guastalla, livrée en 1734, la droite de l'armée française, et contribua beaucoup à la victoire. Pendant la guerre de 1742, il s'illustra par sa glorieuse défense de Prague, dont l'ennemi dut convertir le siége en simple blocus. Il commanda bientôt après les armées de Bavière

et de Bohême. Le roi le récompensa de ses services en le nommant duc de Ferrière. Il osa résister aux ordres du roi, qui voulait le contraindre à défendre la Bavière avec 1,200 hommes seulement. Il sauva ainsi l'armée française, qui eût été évidemment sacrifiée; mais il encourut la disgrâce du souverain, qui l'exila dans ses terres.

BROGLIE (Victor-François, duc DE), fils aîné du précédent, maréchal de France, plus connu sous le nom de comte de Broglie, né en 1718, mort à Munster en 1804. Il apprit l'art militaire sous la direction de son père. En 1747, il fit capituler la garnison de Hulst; il s'empara de Bremen, et remporta divers succès à Sundershausen et à Lutzelberg. La victoire de Berghen, en 1759, est due à l'habileté de sa tactique : à la tête de 22,000 hommes, il avait en face de lui une armée de 44,000 hommes commandés par le prince Ferdinand. Le comte de Broglie fut créé maréchal de France et nommé commandant en chef de l'armée. En 1761, il battit complétement le prince de Brunswick : il lui prit 13 canons, 19 drapeaux et fit plus de 2,000 prisonniers. Un désaccord s'étant élevé entre le maréchal de Soubise et lui, les courtisans prirent parti dans cette querelle, suivant une fâcheuse coutume qui exerça une funeste influence sur les événements militaires qui se produisirent à la fin du règne de Louis XIV et sous celui de Louis XV. Il ne reparut sur la scène politique qu'au commencement de la Révolution; il essaya vainement de réorganiser l'armée. La ville de Metz, dont il était gouverneur, refusa de lui ouvrir ses portes. Il avait désarmé la garde nationale de Toul; mais l'Assemblée nationale avait ordonné que les armes fussent rendues aux citoyens. Voyant l'impossibilité de lutter, il émigra en 1790. L'Assemblée nationale voulut le mettre en accusation; son fils, qui siégeait parmi les représentants, sut toucher l'Assemblée par son éloquence, en demandant si le vainqueur de Berghem pouvait être mis en accusation; il fut même décidé qu'il serait maintenu dans son grade. Le duc de Broglie rejeta ce bienfait et aima mieux seconder l'armée des émigrés. Il passa au service de la Russie et mourut dans l'obscurité.

BROGLIE (Charles-François, comte DE), frère du précédent, né en 1719, mort en 1781. Il était officier général pendant la guerre de Sept-Ans. Ayant été chargé de l'ambassade de Pologne, il usa de son influence dans ce pays pour fortifier son unité. Louis XV lui confia la direction de son ministère secret, qui correspondait directement avec le roi; cette fonction lui donna une grande autorité dans les affaires publiques. Il était au courant de ce qui se passait dans les cabinets européens, dont son influence occulte recherchait les secrets pour les transmettre au roi; il exerçait aussi un contrôle sur les autres ministres et échappait à leurs recherches. L'opposition constante entre sa politique et celle qui dominait dans le ministère rendit souvent sa position embarrassante; enfin Louis XV, mécontent de ces tiraillements, l'exila et ne le rappela plus tard que pour l'exiler de nouveau.

BROGLIE (Maurice-Jean-Madeleine DE), fils de Broglie (Victor-François), évêque de Gand, né en 1766, mort en 1821. Pendant la Révolution, il émigra à Berlin, où le roi de Prusse lui donna la prévôté de Posen. Rentré en France en 1803, il devint aumônier de Napoléon, et plus tard évêque de Gand. Cependant l'empereur, lui ayant reproché d'avoir combattu sa politique au concile qu'il avait provoqué pour la discussion du Concordat, le fit enfermer au château de Vincennes pendant quelques mois. En 1811, il fut exilé à Beaune, et plus tard dans l'île Sainte-Marguerite. En 1814, il recouvra son évêché de Gand; mais sa conduite antinationale et ses discours ultramontains appelèrent sur lui la sévérité des magistrats : la cour d'assises de Bruxelles le condamna par contumace à la déportation. Il revint en France, où il mourut dans l'obscurité.

BROGLIE (Victor-Claude, prince DE), fils de Broglie (François-Marie), né en 1757, mort en 1794. Il fut député de la noblesse de Colmar aux États généraux de 1789; il était alors aide de camp de son père quand il fit le serment « qu'il périrait plutôt que de voir anéantir la monarchie. » Cependant la générosité de ses sentiments le porta bientôt à adopter les principes de la grande révolution : il combattit les royalistes, mais se prononça contre les mesures rigoureuses qu'on prit alors contre les émigrés. Il eut un magnifique mouvement d'éloquence lorsqu'il vint défendre à la tribune de l'Assemblée constituante son père, qu'on voulait décréter d'accusation. Le 4 août 1791, il fut élu président de l'Assemblée constituante. Cependant les événements se précipitaient, et la monarchie allait succomber. Broglie, qui avait rêvé un gouvernement constitutionnel avec des institutions démocratiques, refusa de reconnaître les décrets qui suspendaient le roi : il fut destitué par les commissaires de l'Assemblée. Dès ce moment, sa conduite fut assez équivoque; ainsi on le vit successivement se retirer à Bourbonne-les-Bains, puis rentrer à Paris, protester de son dévouement au roi, et, dans le même temps, haranguer la Convention nationale à la tête de la députation d'une section. Il fut arrêté et condamné à mort par le tribunal révolutionnaire, le 27 juin 1794. On a composé, d'après sa correspondance, des *Mémoires historiques sur la guerre de Sept-Ans.*

BROGNI (Jean ALLARMET, dit DE), connu aussi sous le nom de cardinal de Viviers et d'Ostie, né à Brogni, en Savoie, en 1342, mort à Avignon en 1426. Il était originaire d'une famille noble, mais si misérable, que Brogni fut réduit, dans son enfance, à garder les cochons. Deux moines, frappés de sa physionomie intelligente et de la vivacité de son esprit, le firent étudier à Genève. Il devint chanoine de la cathédrale de cette ville, et acquit une grande réputation par ses connaissances en jurisprudence. Il se fit chartreux à Dijon ; mais Philippe le Hardi, duc de Bourgogne, voulut utiliser ses rares capacités, et le fit sortir du monastère. Il le chargea d'une ambassade à Avignon, auprès du pape Clément VII. Celui-ci, enchanté de l'esprit et des talents de Brogni, le combla de dignités ecclésiastiques, et le fit même cardinal. Jean XXIII le nomma archevêque d'Arles et lui confia la présidence du concile de Constance. Il se distingua par sa modération envers Jean Huss, qu'il chercha même à sauver. S'il n'y parvint pas, il obtint du moins que sa doctrine seule fût condamnée, et que les prélats qui siégeaient au concile n'imprimassent pas à leurs noms une souillure éternelle en allumant le bûcher pour ce célèbre réformateur; le concile se contenta d'abandonner Jean Huss au bras séculier. Annecy dut à Brogni la fondation d'un hôpital, et Avignon celle du collège de Saint-Nicolas. Il mourut entre les bras du pape Martin V, à l'âge de 88 ans. Il n'oublia jamais sa modeste origine, et fit sculpter, dans l'église des Machabées, à Genève, sa rencontre des deux moines au temps où il gardait les pourceaux.

BROMATE. On appelle ainsi, en terme de chimie, une sorte de sel obtenu par la combinaison de l'acide borique avec un autre corps à base salsifiable.

BROMBERG (régence de), dans la prov. de Posen, bornée au N. par la province de Prusse, à l'E. par le royaume de Pologne, au S. par la régence de Posen, à l'O. par le Brandebourg. Superf. 1,607,000 hect. Pop. 177,100 hab. Villes principales : Bromberg et Gnesne.

BROMBERG, ville des États prussiens, dans la province de Posen, ch.-l. de régence, à 135 kil. de Posen. Pop. 15,000 hab. Greniers d'abondance, haras; draps, chapeaux, fabriques de laines, tabac. Commerce en bois, cuirs, grains, laines, fers. Gymnase.

BROMBERG (canal de), ou de la Netze, long de 30 kil. Il unit l'Oder à la Vistule par la Netze et la Wartha.

BROME, du latin *bromus*, lequel mot a été tiré du grec *brômos*, qui signifie fétidité. Il sert à désigner un corps simple qu'on a trouvé dans les eaux mères des lacs salants, où il est combiné avec la magnésie.

BROMIOS, c'est-à-dire *bruyant*, surnom de Bacchus, que célébraient les fêtes bruyantes des bacchantes.

BROMLEY, village d'Angleterre (Kent), à 16 kil. de Londres. Pop. 4,000 hab. Marché. Sources sulfureuses minérales, bains. Palais des évêques de Rochester.

Cicéron fuyant devant les soldats d'Antoine.

BROMPTON, bourg d'Angleterre (York), à 3 kil. de North-Allerton. Pop. 1,400 hab. Renommé pour la salubrité de l'air. Victoire des Anglais sur les Écossais, à la journée dite de l'*Étendard* (1138).

BROMSGROVE, ville d'Angleterre (Worcester), à 18 kil. de Worcester. Pop. 9,900 hab. Clouterie et quincaillerie. Salines aux environs. Toiles, aiguilles.

BRONDOLO, village des États autrichiens (Vénétie), à 4 kil. de Chioggia. Port vaste et sûr à l'embouchure de la Brenta et du Bacchiglione réunis. Ville autrefois florissante.

BRONGNIART (Auguste-Louis), apothicaire de Louis XVI, mort à Paris en 1804. Venu à Paris, ses connaissances en chimie le firent choisir pour professer cette science au Jardin du roi. Pendant une partie de la Révolution, il remplit les fonctions de pharmacien militaire, et fut professeur au Muséum d'histoire naturelle. On a de lui plusieurs *Mémoires*, qui ont été insérés dans les journaux du temps, et un *Tableau analytique des combinaisons et des décompositions des différentes substances par les procédés de la chimie.*

BRONGNIART (Alexandre), minéralogiste

et géologue, fils du précédent, né à Paris en 1770, mort en 1847. Il était, en 1794, ingénieur des mines; en 1796, professeur d'histoire naturelle à l'école centrale des Quatre-Nations; en 1800, directeur de la manufacture de Sèvres, où il ressuscita la peinture sur verre; en 1815, membre de l'Institut. Il remplaça Haüy à la faculté des sciences et au Muséum d'histoire naturelle. Il a fondé le musée céramique et ramené le goût de la peinture sur émail. On a de lui un grand nombre d'ouvrages. Il a aussi donné une foule d'articles à plusieurs journaux scientifiques.

BRONGNIART (Alexandre-Théodore), célèbre architecte français, né à Paris en 1739, mort en 1813. Il était élève de Bouillée, et se fit connaître par la construction de plusieurs hôtels particuliers, tels que ceux d'Osmond, de Frascati, de Montesson, etc. Il a donné les plans du couvent des capucins d'Antin, aujourd'hui lycée Bonaparte, et du cimetière du Père-Lachaise. Il construisit aussi la salle Louvois, détruite en 1825. On cite parmi ses plus belles œuvres le parc de Maupertuis, mais c'est le palais de la Bourse, à Paris, qui est son plus beau titre de gloire; c'est, en effet, un monument d'une grande et belle conception. Brongniart, qui l'avait commencé en 1808, le laissa encore très-imparfait. Ce fut Labarre qui le continua, en améliorant toutefois le plan primitif, car si Brongniart était un excellent architecte, il ne réunissait pas toutes les qualités qui font le grand artiste.

BRONIKOWSKI (Alexandre-Auguste-Ferdinand d'OPELN), romancier allemand, né à Dresde en 1793, mort en 1834. Il appartenait à une famille polonaise, et entra au service de la Prusse, puis à celui de la France, et fit partie de l'état-major du duc de Bellune. Ses romans, quoique un peu longs et écrits avec trop de précipitation, ne manquent point d'intérêt et sont presque tous empruntés à l'histoire polonaise. Ses contemporains l'ont souvent appelé le Walter Scott de la Pologne.

BRONTE, ville de Sicile, à 35 kil. de Catane. Pop. 9,670 hab. En 1799, Ferdinand V donna à Nelson le titre de duc de Bronte.

BRONZAGE. On appelle ainsi l'opération qui consiste à donner à des figures ou à des ornements en métal, en argile ou en plâtre, la couleur du bronze. L'industrie moderne s'est enrichie d'un admirable procédé de bronzage par la galvanisation.

BRONZE. On donne ce nom à un alliage de cuivre et d'étain, dans lequel on fait entrer le plomb et le zinc, et quelquefois l'un ou l'autre seulement. L'emploi de cet alliage était assez répandu dans l'antiquité, on l'a même rencontré dans le nouveau monde. On l'employait à la confection des outils et des instruments aratoires, avant que la confection de l'acier fût connue. Les anciennes monnaies romaines étaient composées de ce métal, qui se conserve beaucoup mieux que le cuivre pur. Le bronze est surtout employé pour la fabrication des statues, des cloches, des cymbales, des médailles et des pendules. L'antiquité montrait avec orgueil des monuments de bronze dont la grandeur et la magnificence a de quoi étonner. Le coulage du bronze prit un grand développement sous Louis XIV, grâce aux frères Keller. Les fondeurs qui sont venus ensuite ont été moins habiles; le fondeur qui fut chargé d'exécuter la statue colossale de Desaix, se vit obligé de la couler par pièces séparées, ce qui altéra les proportions. L'érection de la colonne de la place Vendôme ne fut guère plus heureuse. De nos jours, la chimie est venue au secours des fondeurs, et l'on a ainsi réalisé des œuvres qui ne laissent rien à désirer sous le rapport de la fonte.

BROOKFIELD, ville des Etats-Unis (Massachussetts). Pop. 2,500 hab. Les Indiens l'incendièrent en 1675.

BROOKLYN, ville des Etats-Unis, dans l'île de Long-Island et près de New-York. Pop. 100,000 hab. Industrie active. Arsenal considérable et fortifié de la marine. Les Américains y furent battus par les Anglais, le 27 août 1776.

BROONS, ou LA MOTHE-BROONS, ch.-l. de cant. de l'arrond. de Dinan (Côtes-du-Nord), à 25 kil. de cette ville. Pop. 900 hab. Près de là naquit du Guesclin.

BROSELEY, ville d'Angleterre (Shrop), à 20 kil. de Shrewsbury. Pop. 5,000 hab. Aux environs sont les forges de *Colebrooke-Dale*.

BROSSAC, ch.-l. de cant. de l'arrond. de Barbezieux (Charente), à 20 kil. de cette ville. Pop. 900 hab.

BROSSARD (Sébastien DE), maître de musique des cathédrales de Strasbourg et de Meaux et chanoine, né en 1660, mort en 1730. Il composa un *Dictionnaire de musique*, dont Jean-Jacques tira le plus grand parti pour la composition d'un même ouvrage. Sa collection de musique, qu'il légua à Louis XV, est conservée à la Bibliothèque impériale.

BROSSERIE. On appelle ainsi l'industrie qui consiste à fabriquer les brosses dont on se sert pour nettoyer les étoffes ou le cuir. Elles sont faites en soies de porc ou de sanglier, en crins de cheval, en brins de bruyère ou en racine de riz. La soie ou le crin est appliqué sur une *patte* en bois, percée de trous.

BROSSES (Charles DE), magistrat. (*Voir* DEBROSSES.)

BROSSETTE (Claude), seigneur de Varennes, littérateur, né à Lyon en 1671, mort en 1743. Il fut successivement conservateur de la bibliothèque de sa ville natale, membre de l'Académie de cette ville, et enfin rapporteur au Parlement de Paris. Après avoir publié un *Commentaire des ordonnances de* 1667 *et* 1670, l'*Histoire abrégée de la ville de Lyon*, il s'appliqua particulièrement à étudier et à approfondir les œuvres de Boileau, dont il était grand admirateur; il établit de savantes combinaisons entre le célèbre satirique Régnier, qui l'avait précédé, et les poëtes de l'antiquité, qu'il imita si heureusement. On a

Assassinat de Chilpéric Ier.

conservé de lui une correspondance assez curieuse avec Voltaire et Rousseau. L'amitié dont il fut honoré par ces deux adversaires fit dire qu'il était courtisé à la fois par César et Pompée. Quand sa femme mourut, il eut la singulière idée de faire extraire de son cerveau la substance où quelques physiologistes placent le siége de la pensée.

BROU, ou SAINT-ROMAIN-DE-BROU, ch.-l. de cant. de l'arrond. de Châteaudun (Eure-et-Loir), à 22 kil. de cette ville. Pop. 1,900 hab. Foire aux laines très-importante.

BROU, hameau situé tout près de Bourg (Ain). Belle église gothique, construite de 1501 à 1536. Mausolées en marbre blanc de Marguerite d'Autriche, de Philibert le Beau et de Marguerite de Bourbon.

BROUAGE, bourg de la Charente-Inférieure, à 6 kil. de Marennes. Pop. 800 hab. Port fortifié, et important au XVIe et au XVIIe siècle. Marais salants.

BROUET NOIR, mets national des Spartiates, considéré comme le plus exquis de tous les mets; il était composé, selon les uns, d'un mélange grossier de sel, de vinaigre, de sang et de petits morceaux de viande; selon d'autres, de graisse de porc assaisonnée de sel et de vinaigre.

BROUGHTON (archipel), îles de l'Océanie, situées à l'E. de la Nouvelle-Zélande. Il se compose des îles Cornwallis, Pitter, Chatam. Colonie anglaise depuis 1830.

BROUGHTON (archipel), île du grand Océan, au N. de l'île Quadra-et-Vancouver.

BROUGHTON (William-Robert), navigateur anglais, né en 1763 dans le comté de Glocester, mort à Florence en 1822. Il commandait le brick le *Chatam*, dans le célèbre voyage d'exploration du capitaine Vancouver au N. de l'Amérique. Il découvrit lui-même plusieurs îles à l'embouchure de la Colombia, sur la côte, et leur donna son nom. Il explora aussi les États du Japon, la côte orientale de l'Asie et une partie de l'Océanie. En 1797, il eut part, en qualité de commodore, à la prise de Java. On a de lui, en anglais, un *Voyage de découvertes dans le nord de l'Océan Pacifique*, dont Eyriès a donné une traduction française.

BROUILLARD, vapeur plus ou moins épaisse qui se répand dans l'air, et dont les molécules composent des nuages qui s'abattent parfois sur la terre ou retombent en pluie fine.

BROUILLE. Cette expression s'entend d'une rupture entre des personnes liées par la parenté ou l'amitié. Ce mot n'était pas encore en usage au XVIIIe siècle.

BROUILLER, de l'italien *brogliare*, s'entend de l'action d'introduire de la confusion dans les affaires ou dans les idées d'une personne. En termes d'équitation, on dit d'un cavalier qu'il *brouille un cheval*, quand il le conduit si maladroitement que l'animal ne peut comprendre le commandement.

BROUILLERIE. Ce mot exprime à peu près la même idée que brouille: mais il indique une altération très-passagère de l'amitié: on dit ainsi que les brouilleries peuvent dégénérer en brouille.

BROUILLON. Cette qualification s'applique à toute personne qui, par distraction ou faute de jugement, confond à chaque instant les idées et les choses. Les gouvernements ont souvent été à la merci de brouillons qui ont plus contribué à leur perte que les tyrans eux-mêmes.

BROUKHORST (Pierre Van), peintre hollandais, né à Delft en 1588, mort en 1661. Il excella dans la peinture des temples, des églises et des colonnades antiques; il en ornait habituellement ses tableaux d'histoire. Delft possède le *Jugement de Salomon* et *Jésus chassant les marchands du temple*.

BROUKHORST (Jean Van), de la famille du précédent, né à Utrecht en 1605. Il se distingua dans la peinture sur verre, et surtout dans la peinture encaustique, qu'il avait étudiée sous Corneille Poëlembourg. L'église d'Amsterdam possède six tableaux historiques de ce peintre; il y en a trois qui sont peints sur verre et trois autres à l'huile.

BROUKHORST (Jean), de la famille des précédents, né à Leyde en 1648. Il exerça la profession de pâtissier, et se livra, sans maître et par pur amusement, au dessin et à la peinture. Il a mérité d'être compté parmi les meilleurs peintres à la gouache. Il excellait à copier d'après nature les animaux et surtout les oiseaux; il reproduisait avec une vérité et une finesse inimitables la légèreté et le luisant des plumes.

BROUSSAIS (François-Joseph-Victor), célèbre médecin français, né en 1772 à Saint-Malo, mort à Paris en 1838. Il fit ses études au collége de Dinan, et fut élève de Bichat et de Pinel. Il commença sa carrière par être médecin aux armées, et fit, en cette qualité, toutes les campagnes de la république et de l'empire. A son retour en France, il fut nommé (1814), médecin ordinaire et second professeur à l'hôpital du Val-de-Grâce, où il finit par remplacer le baron Desgenettes. En 1830, il obtint la chaire de pathologie et de thérapeutique générales à la Faculté de médecine. En 1832, il entra à l'Académie des sciences morales et politiques, et devint inspecteur général du service de santé des armées. Broussais est le chef de l'école physiologique, et fut un des plus ardents adversaires des doctrines psychologiques et spiritualistes. C'est vers 1808 qu'il commença sa célèbre réforme; déjà, à cette époque, il avait publié une *Histoire des phlegmasies chroniques*, où il attaquait le système médical généralement adopté. En 1817, il publia son *Examen des doctrines médicales*, qui fit une espèce de révolution dans l'école. Cet ouvrage fut bientôt suivi des *Annales de la médecine physiologique*, du *Traité de physiologie pathologique*, et du fameux *Traité sur l'irritation et la folie*. Broussais faisait de l'irritation la base de son système. Il cherchait à expliquer tous les phénomènes pathologiques par l'irritation et l'inflammation des tissus, et surtout des tissus du canal intestinal. Comme le traitement antiphlogistique était celui qu'il préconisait, ses adversaires en profitèrent pour lui reprocher de professer un système exclusif. Vers la fin de sa vie, Broussais adopta les opinions du docteur Gall, et mit à les défendre autant de chaleur qu'il en avait apporté à soutenir les siennes propres.

BROUSSE, BURSA ou BOURSE, grande ville forte de la Turquie d'Asie (Anatolie), dans l'eyalet d'Anatolis, située au pied de l'Olympe ou Keschick-Dagh, à 90 kil. de Constantinople et à 29 kil. de Mundania, sur les bords de la mer de Marmara. Pop. 100,000 habitants. Archevêchés grec et arménien; nombreuses et belles mosquées; tombeaux des six premiers sultans. Château-fort, deux palais impériaux; trois églises grecques et une église arménienne, plusieurs synagogues. Grande fabrication de soieries, toiles, tapis, gaze, velours, étoffes et broderies d'or et d'argent. Vins, safran, térébenthine, noix de galle. Foire très-fréquentée de Baluk-Issar. Cette ville fut fondée par le roi Prusias, pendant le IIe siècle av. J.-C., devint la capitale de la Bithynie, passa ensuite aux Romains, puis aux Grecs. Orkhan, fils d'Othman, la prit en 1325 et en fit la capitale des sultans ottomans jusqu'à la conquête d'Andrinople, en 1360, par Mourad. Tamerlan la conquit en 1402, et, après l'avoir brûlée, il la rendit à Mousa, fils de Bajazet Ier. Mahomet la rétablit quelques années après. En 1413, elle fut assiégée par le sultan de Caramanie; en 1481, le prince Zizim y fut proclamé sultan. En 1490, elle fut détruite par un violent incendie. Aujourd'hui Brousse est le siége d'un mollah de première classe et d'un pacha. Abd-el-Kader, ancien émir de Constantine, y réside depuis que Napoléon III l'a mis en liberté.

BROUSSEL (Pierre), conseiller au parlement de Paris, joua un grand rôle pendant les troubles de la Fronde, sous la régence d'Anne d'Autriche. Il s'opposa constamment à l'établissement de nouveaux impôts, et partagea l'indignation générale quand il vit la régente élever au pouvoir deux étrangers d'origine italienne: Mazarin et d'Emeri. Broussel, quoique vieux, manifestait avec énergie son opposition aux actes de la cour. Le parlement, comprenant d'ailleurs que la régente lui devait son élévation au pouvoir, par la cassation du testament de Louis XIII, entendait exercer un certain contrôle sur les actes du gouvernement, et refusait l'enregistrement des édits bursaux. Il réclamait encore la diminution des impôts; l'établissement d'une cour de justice chargée de surveiller l'emploi des revenus de l'État, et de poursuivre les ministres et les autres agents concussionnaires; la suppression des intendants, et l'abolition des *acquits au comptant*, sorte de bons du trésor. La régente consentit à une légère diminution des impôts; mais sa proposition fut rejetée sur le rapport de Broussel. Le duc d'Orléans essaya vainement de faire revenir Broussel sur sa détermination. Mazarin médita alors contre les membres du parlement un lâche guet-apens, qui devait être exécuté le 26 août 1648, jour fixé pour le *Te Deum* à l'occasion de la victoire de Sens (*Voir* BARRICADES) (journée des). Cette tentative ayant suscité une insurrection populaire aux cris de: *Broussel et liberté!* la régente se vit forcée de relâcher son prisonnier. Broussel fut alors porté en triomphe par les Parisiens. La lutte recommença bientôt, et la cour dut s'enfuir de la capitale. Un compromis intervint cependant, et la reine consentit à ce que Broussel fût mis en possession de la Bastille, que le peuple s'habituait déjà à considérer comme un rempart élevé par le despotisme. Le fils du vieux Broussel en fut lui-même gouverneur pendant quelques années. Quand le *tribun du peuple*, ainsi que la cour le surnommait, eût cessé d'être dangereux, il fut envoyé en exil, où il mourut au commencement du règne de Louis XIV.

BROUSSIER (J.-B., comte), général français, né en 1766, mort en 1814. Entré au service en 1791, il suivit les armées de Trèves, de Sambre-et-Meuse et d'Italie. Il accompagna ensuite Championnet dans le royaume de Naples, et contribua à l'expulsion de la Pouille des troupes du cardinal Ruffo. Il fit des prodiges de valeur à Marengo et fut successivement nommé gouverneur de Milan, du duché de Parme, de celui de Plaisance, et de Paris. En 1805, il devint chef d'état-major général de l'armée du Nord, et se distingua en Italie sous le prince Eugène, puis à Wagram, à Witepsk, à la Moskowa, à Krasnoï. Lors des invasions des alliés, il défendit Strasbourg et Kehl, et finit sa carrière, sous Louis XVIII, par le commandement du département de la Meuse.

BROUSSONNET (Pierre-Marie-Auguste), célèbre médecin naturaliste, né à Montpellier en 1761, mort en 1807. A l'âge de 18 ans, il mérita d'être nommé professeur de l'université de Montpellier, fonction que son père avait occupée pendant longtemps. De savantes *Dissertations* sur l'histoire naturelle, sur la botanique et sur la médecine, le firent admettre à l'Académie des sciences. Il s'appliqua à propager la doctrine de Linné; il visita les plus belles collections de la France et de l'Angleterre, et entreprit un savant travail sur les poissons. On regrette que les événements politiques qui arrachèrent Broussonnet à ses études ne lui aient pas permis de perfectionner cet ouvrage, où l'on trouve cependant des descriptions de poissons rares et à peu près inconnus avant lui. Son imagination, à la fois fine et plaisante, lui donna l'idée de fronder les moines dans un ouvrage imité d'un manuscrit latin, et intitulé : *Essai sur l'histoire naturelle des diverses espèces de moines*. Il publia aussi un journal que les plus célèbres naturalistes honorèrent de leur collaboration, la *Feuille du cultivateur*. Ses nombreuses *Dissertations* académiques constituent un monument remarquable. En 1789, il fut appelé au conseil chargé de l'administration de la commune de Paris et de son approvisionnement. En 1791, il fut envoyé à l'Assemblée législative; mais les événements politiques dont il faillit être victime le forcèrent à s'exiler. Il se réfugia d'abord à Madrid; poursuivi par la haine des émigrés, qui ne lui pardonnaient pas d'avoir siégé à l'Assemblée nationale, il chercha un refuge à Lisbonne; cet asile n'étant pas encore sûr pour lui, il se mit sous la protection de l'ambassadeur des Etats-Unis au Maroc, et l'accompagna dans ses voyages. Son exil au Maroc ne fut pas inutile à la science : il étudia particulièrement l'histoire naturelle de ce pays. L'avénement du Directoire le décida à rentrer en France. Il fut nommé consul aux Canaries, et occupa ce poste pendant deux ans. De retour en France, l'Institut lui ouvrit ses portes, et il fut appelé à la chaire de botanique de Montpellier. Sur la fin de sa vie, il fut atteint d'une attaque d'apoplexie qui présentait un phénomène singulier : il avait complétement oublié le nom des choses, les adjectifs et les verbes se présentaient seuls à sa mémoire, et l'aidaient à remplacer les substantifs. On doit à ce savant l'introduction en France des premiers mérinos.

BROUVELIEURES, ch.-l. de cant. de l'arrond. de Saint-Dié (Vosges), à 23 kil. de cette ville. Pop. 500 hab.

BROUWERSHAVEN, ville de Hollande (Zélande), à 10 kil. de Ziérikzée. Pop. 820 hab. Port sur la côte N.-O. de l'île Schouwen. Pêche d'huîtres. Patrie du poëte Catz.

BROWN (Robert), sectaire anglais, né à Northampton en 1550, mort en 1630. Il étudia la théologie à Cambridge, et, guidé par sa seule imagination ou peut-être par son ambition, il conçut le projet de greffer une réforme nouvelle sur le protestantisme, qui commençait à dominer en Angleterre. Il n'était que simple maître d'école quand il entreprit, en 1580, de fonder une religion nouvelle. La reine Elisabeth, qui souffrait assez difficilement les controverses religieuses, le fit emprisonner. Ayant obtenu sa liberté par la faveur de lord Burligh, son parent, il passa en Hollande où il fonda plusieurs églises. Brown exagéra, autant que la chose était possible, le puritanisme anglais. Il trouvait que les puritains n'avaient pas encore banni toutes les images et toutes les formules qui parlaient aux sens; ainsi il supprimait l'oraison dominicale, et n'admettait que les prédications; ils n'avaient pas de prêtres parmi eux : celui qui se sentait inspiré avait le droit de prêcher. Brown prit cependant le titre de patriarche de la nouvelle église. Persécuté en Hollande, il revint en Angleterre, où il parut s'amender. A l'âge de 80 ans, il fut jeté en prison pour avoir frappé un constable qui lui réclamait le payement d'une taxe. Il a laissé un livre assez curieux sur les rapports qui existent entre les mœurs religieuses des païens, des Turcs et des papistes.

BROWN (James), ministre anglican et lit-

térateur, né à Rothbury, dans le Northumberland, en 1715, mort en 1766. Il combattit à Carlisle pour Georges III, contre Charles-Edouard. Il a laissé de nombreux écrits : *Essai sur la satire; Essais sur les caractères de Shaftesbury; Appréciation des mœurs et des principes du temps*. Ce dernier ouvrage, très-estimé de Voltaire, avait pour objet de réveiller l'esprit public, qui s'était détourné des préoccupations politiques. Il publia encore une *Histoire de l'origine et des progrès de la poésie et des tragédies*. Ses ouvrages sur l'*Education*, dans lesquels il attaquait l'*Emile* de Jean-Jacques Rousseau, étendirent tellement sa réputation, que Catherine II, impératrice de Russie, l'appela à Saint-Pétersbourg pour y organiser des écoles. Au moment de son départ, il se coupa la gorge dans un accès de spleen.

BROWN (Jean), célèbre médecin écossais, né à Bunel, dans le comté de Berwick, mort en 1788. Son beau-père voulait lui faire apprendre son métier de tisserand; mais ses rares dispositions le firent entrer à l'école de grammaire de Duns; on le destinait alors à l'état ecclésiastique; il passa ensuite à l'université d'Edimbourg, mais la sécheresse de la théologie convenait peu à son esprit positif : il étudia la médecine et pourvut à sa subsistance en donnant des leçons. Après s'être marié, il fonda une maison d'éducation, grâce à la protection du docteur Cullen; mais sa mauvaise administration le ruina. Il imagina alors un système de médecine qui consistait à introduire un nouveau langage qui définît mieux les idées, et qui fît justice d'une foule de brocards absurdes dont la médecine était alors hérissée. Les brownistes firent une guerre violente aux partisans de Cullen, appelés cullénistes. Il basait son principe médical sur cette idée que toutes les substances sont des stimulants agissant de diverses manières sur le corps humain; il donnait à cette propriété le nom d'*excitabilité*, et basait ses moyens curatifs sur l'excitation plus ou moins vive qu'on devait produire sur le malade. Il introduisit dans la médecine un grand nombre de remèdes violents qui trouvent encore beaucoup de partisans en Angleterre, en Allemagne, et surtout aux Etats-Unis. Il mourut après avoir avalé imprudemment une trop forte dose de laudanum, afin de démontrer à ses élèves les effets excitants de ce poison. Quelque temps avant de mourir, le désordre de ses affaires l'avait fait emprisonner pour dettes. Il a publié des *Eléments de médecine* et des *Observations sur l'ancien système*.

BROWNE (George), moine anglais de l'ordre de saint Augustin. Quand Henri VIII, irrité contre les lenteurs que mettait la cour de Rome à autoriser son divorce avec Anne Boleyn, osa résister à la papauté et favoriser l'introduction de la réforme dans ses Etats, George Brown fut l'un des premiers à l'embrasser. Il persécuta vainement les Irlandais pour arriver à l'unité religieuse dans laquelle le souverain avait vu la base de l'unité politique. La reine Marie, qui rétablit les églises catholiques et ralluma les bûchers de la persécution, lui enleva son archevêché. Deux ans après, il fut rétabli par la reine Elisabeth. Il a laissé divers écrits théologiques, dans lesquels on trouve une prédiction remarquable sur le développement que prendrait un jour la société de Jésus, alors à sa naissance.

BROWNE ou BROWN (Ulysse-Maximilien), feld-maréchal au service de l'Autriche, né à Bâle en 1705, mort à Prague en 1757. Il était fils d'un ancien colonel au service de l'Autriche, d'une des plus nobles familles de l'Irlande. Il fit ses premières armes, à l'âge de 10 ans, en Hongrie, sous son oncle, qui était colonel d'infanterie. Il conquit ses grades au siége de Belgrade, puis en Corse

où il fut blessé. L'empereur le nomma colonel en 1734. Il fit la guerre d'Italie et se distingua à Guastalla, où il brûla, sous le feu des Français, le pont qu'ils avaient jeté sur l'Adige. Il fut nommé général en 1736; et après la bataille de Bengaluca, en Bosnie, il contribua par de savantes manœuvres à sauver les bagages de l'armée. L'empereur Charles IV le récompensa en le nommant feld-maréchal lieutenant et conseiller aulique. Il fit ensuite la campagne contre le roi de Prusse, et montra un vrai talent militaire par sa retraite de Molwitz. Il passa de là en Bavière, d'où il expulsa les Français. Peu de temps après, il fut chargé de négocier la paix avec l'Autriche, l'Angleterre et la Sardaigne. Marie-Thérèse le nomma conseiller intime. Il fit encore la campagne d'Italie contre les Espagnols, et plus tard contre les Français. Il pénétra même en Provence et s'empara des îles Sainte-Marguerite et Saint-Honorat. L'arrivée du maréchal de Belle-Isle l'obligea à battre en retraite. Après cette campagne, il fut appelé au gouvernement de la Transylvanie, puis de la Bohême. Il eut encore à lutter contre le roi de Prusse qui avait envahi la Saxe, et battit ce prince avec une armée très-inférieure. Le plan, qu'il suivit pour délivrer les troupes autrichiennes cernées en Saxe par les Prussiens, a été admiré et comparé aux plus savantes conceptions du génie militaire. En Saxe et en Bohême, il fit partout tête à l'invasion prussienne. Mortellement blessé à la fameuse bataille de Prague, il mourut âgé de 52 ans.

BROWNE (William-George), célèbre voyageur, né à Londres en 1768, mort en 1813. Il entreprit de rechercher les sources du Nil, et s'égara, comme tant d'autres voyageurs, dans l'Abyssinie. En 1793, il passa dans le Darfour, où aucun Européen n'avait encore pénétré. Il y fut retenu prisonnier pendant trois ans. Il passa de là en Syrie et en Perse. Il fut assassiné, en 1813, entre Tauris et Téhéran, dans un voyage qu'il avait entrepris pour explorer la mer Caspienne. Il a publié ses *Voyages en Afrique, en Egypte et en Syrie*.

BROYE (la), rivière de la Suisse qui se jette dans le lac de Neufchâtel après un parcours de 90 kil.

BROZZI, village du royaume d'Italie, à 6 kil. de Florence. Pop. 2,500 hab. Fabrique de chapeaux de paille, dits d'Italie.

BRUANT (Libéral), célèbre architecte du XVIIe siècle. On lui doit les plans de l'hôtel des Invalides et de la Salpêtrière. Il se distingue par un style à la fois simple et plein de noblesse. Il a écrit un ouvrage sur les ponts de la Seine et de l'Yonne.

BRUCE (Robert), comte d'Anondale et de Cleveland. Baillol fut son compétiteur au trône d'Ecosse en 1285, et parvint même à s'emparer de la couronne. Bruce fit alors alliance avec Edouard, roi d'Angleterre, et Baillol, battu et prisonnier à la bataille de Dunbar, fut enfermé dans la tour de Londres. Bruce s'étant séparé d'Edouard, Guillaume Wallace, gentilhomme écossais, profita de la discorde des deux souverains pour former une armée à l'aide de laquelle il battit les Anglais, et les poursuivit même jusqu'en Angleterre. Les Ecossais l'acclamèrent régent du royaume pour gouverner au nom de Baillol. Bruce se rapprocha d'Edouard pour combattre Wallace. Celui-ci, abandonné des Ecossais, qui l'accusaient d'aspirer à la royauté, fut battu à Falkirk en 1298. Il parvint à se retrancher derrière un fleuve; d'une rive à l'autre il eut un entretien avec Robert Bruce, à qui il reprocha d'avoir porté les armes contre sa patrie. Celui-ci fut tellement touché de la grandeur d'âme de son adversaire, qu'il abandonna la lutte et jura d'expier sa victoire; mais il mourut bientôt après.

BRUCE (David), fils du précédent, succéda à son père en 1329. A peine monté sur le trône, il en fut chassé par Edouard III, roi d'Angleterre. Il passa en France, où il conclut, avec Philippe de Valois, un traité d'alliance offensive et défensive. Il obtint quelques secours de ce roi, et rentra en Ecosse. Aussitôt qu'il fut remonté sur le trône, il attaqua Edouard et ravagea son territoire. Cependant il fut malheureux dans cette expédition; il fut fait prisonnier et conduit à la tour de Londres. Après dix ans de captivité, il fut appelé à dîner à la table d'Edouard, à côté du roi Jean, qui venait d'être pris aussi; Edouard avait voulu se donner l'insolente satisfaction de montrer à sa table deux prisonniers si illustres. Il consentit à rendre à Bruce le trône d'Ecosse. Ce prince mourut en 1370, en laissant la couronne à Robert Stuart, son neveu.

Bruce (Robert), neveu du précédent. Il eut pour compétiteur à la couronne d'Ecosse le fils de Jean Baillol, et l'on vit se renouveler les guerres qui avaient désolé le règne précédent, toutefois les rôles étaient intervertis : Edouard Ier, roi d'Angleterre, soutenait Baillol. Bruce, qui conspirait secrètement pour recouvrer la couronne, apprit que ses projets étaient découverts par la trahison d'un certain Cumyn. Il s'échappa de la cour d'Edouard, se rendit en Ecosse et appela le peuple à la conquête de son indépendance. Cumyn ayant perfidement combattu son projet, il le poignarda lui-même. Les Ecossais s'armèrent, proclamèrent Bruce et chassèrent les Anglais. Il se fit aimer de l'Ecosse, qui devint florissante sous son règne.

Bruce (Jacques), célèbre voyageur écossais, né à Kinvaird, dans le comté de Stirling, en 1750, mort en 1794. Après avoir étudié le droit, il entreprit le commerce; à la mort de sa femme, il fut nommé consul d'Alger, mais il n'y resta qu'un an. Il voyagea ensuite en Asie, où il visita et décrivit les ruines de Palmyre et de Balbek. Il traversa le désert de la Mer rouge et séjourna longtemps dans l'Arabie Heureuse. Il se rendit de là en Abyssinie où il prétendit avoir découvert les sources du Nil; mais il s'était arrêté au Nil des Abyssins, qu'il prit à tort pour les véritables sources du Nil. Il eut beaucoup de peine à quitter le roi d'Abyssinie, à qui il avait rendu de grands services dans des guerres contre les peuples voisins. De retour dans sa patrie, il publia le récit de ses voyages.

BRUCHE, rivière de France qui prend sa source dans les Vosges, près du hameau qui porte son nom, et se jette dans l'Ill, un peu au-dessous de Strasbourg, après un parcours de 75 kil.; flottable. Le canal de la Bruche a 21 kil.

BRUCHSAL, ville du grand-duché de Bade, dans le cercle du Rhin-Moyen, à 20 kil. de Carlsruhe. Pop. 8,000 hab. Hôtel de ville et château qui était jadis la résidence des princes-évêques de Spire. Ecoles de jeunes aveugles. Mines de sel, commerce de sel.

BRUCK, village de Bavière, à 24 kil. de Munich. Pop. 1,100 hab. Manufacture d'armes aux environs, dans l'ancienne abbaye de Fürstenfeld. Hôtel d'invalides.

Bruck-sur-la-Muhr, ville des Etats autrichiens (Styrie), ch.-l. de cercle, à 35 kil. de Græst. Pop. 2,500 hab. Commerce actif; ouvrages en fer.

Bruck-sur-la-Taja, village des Etats autrichiens (Moravie), à 2 kil. de Znaïm. Pop. 200 hab. Ancienne abbaye de prémontrés, fondée en 1190, supprimée en 1784, et qui fut convertie en un beau château seigneurial.

Bruck-sur-Leitha, ville des Etats autrichiens (Basse-Autriche), à 32 kil. de Vienne. Pop. 2,600 hab. Beau château des comtes de Harrach.

BRUCKENAU, ville de Bavière (Basse-Franconie), à 65 kil. de Wurtzbourg. Pop. 1,700 hab. On y remarque un château, résidence royale d'été. Bains d'eaux minérales, les plus fréquentés du royaume, aux environs de cette ville.

BRUCKER (Jean-Jacques), savant philosophe allemand, né à Augsbourg en 1696, mort en 1770. Il a laissé une *Histoire critique des philosophes anciens et modernes*. Dans cet ouvrage, où il a fait preuve d'érudition et de profondeur, il développe toutes les opinions et tous les systèmes connus. Il écrivit aussi sur l'idéologie.

BRUEYS (David-Augustin de), né à Aix en 1640, mort à Montpellier en 1723. Après avoir été calviniste et avoir même écrit contre Bossuet, il se laissa convertir par le célèbre prélat; mais son esprit enjoué le disposait mal aux discussions théologiques, qu'il parut ne jamais bien comprendre. Il quitta heureusement la théologie pour le théâtre. Il composa plusieurs comédies pleines de cet esprit gaulois qui caractérise toutes ses productions. Il s'adjoignit Palaprat, avec qui il fut lié d'une amitié touchante, mais qui n'avait ni son esprit ni sa finesse. Le *Grondeur*, comédie en trois actes, était, suivant Voltaire, supérieure à celles de Molière qui n'étaient pas de haute comédie. Brueys rajeunit l'*Avocat Patelin*, cette composition qui remonte à Charles VI, et qui avait tant charmé nos pères. On cite encore de cet auteur le *Muet*, comédie imitée de l'*Eunuque* de Térence, la *Force du sang*, les *Empiriques*, les *Quiproquos*, et les *Embarras de derrière le théâtre*. Sa prose est généralement plus estimée que ses vers. Ses tragédies eurent peu de succès; le plan en est généralement aussi mauvais que les vers.

Brueys d'Aigalliers (François-Paul), vice-amiral français, né à Uzès en 1753, mort en 1798. Il était lieutenant de vaisseau avant la Révolution et s'était déjà distingué dans la guerre de l'indépendance américaine sous l'amiral de Grasse. Il fut nommé contre-amiral, puis vice-amiral sous la République. Il fut chargé du commandement de la flotte qui sortit de Toulon, en juin 1797, pour conduire Bonaparte en Egypte. Une fois le débarquement opéré, il commit l'imprudence d'aller mouiller dans la baie d'Aboukir et de séjourner trop longtemps sur les côtes d'Egypte, où l'amiral anglais Nelson le surveillait avec une flotte considérable. Il fut attaqué à Aboukir, le 1er août 1798; il montra la plus grande bravoure dans cette action, où son escadre fut entièrement détruite ou prise par les Anglais. Atteint de deux blessures graves, il continuait encore de commander, quand il fut frappé par un boulet. Avant d'expirer, il prononça ces dernières paroles : « Un amiral français doit mourir sur son banc de quart. » Quoiqu'il ait été jugé sévèrement pour s'être persuadé que des bâtiments embossés étaient inattaquables, on n'en doit pas moins admirer l'héroïsme de sa défense.

BRUGELETTE, bourg de Belgique (Hainaut), à 22 kil. de Mons. Pop. 1,800 hab. Etablissement d'instruction publique dirigé par les jésuites, formé en 1854.

BRUGES, ville de Belgique, ch.-l. de la Flandre occidentale, à 121 kil. de Bruxelles. Pop. 49,600 hab. Place fortifiée. Siége d'un évêché, d'une cour d'assises et des autorités administratives supérieures de la Flandre occidentale. Collége royal, Académie des beaux-arts, muséum, bibliothèque publique contenant 9,000 volumes et 450 manuscrits, théâtre. Hôtel de ville, palais de justice, halle avec un beffroi de 170 m. de hauteur. Eglise Notre-Dame avec sa flèche haute de 140 m., l'église de Jérusalem construite d'après le modèle du Saint-Sépulcre. Industrie active, tissus de laine, de fil, de coton, tissus mêlés, dentelles. Brasseries, papeteries, raffineries, tapisseries, fonderie de cloche. Construction de navires. Ancienne capitale des comtes de Flandre, Bruges fut très-riche au moyen âge. C'était un des grands entrepôts de la Hanse. Le duc Philippe le Bon y institua l'ordre de la Toison d'or, en 1429. Elle fut assiégée par les Hollandais, en 1704, fut prise par les Français en 1708 et en 1745.

BRUGG ou **Bruck**, ville de Suisse (Argovie), à 15 kil. d'Aarau. Pop. 1,150 hab. Entrepôt de commerce avec l'Allemagne et l'Italie. Beau pont sur l'Aar. Ruine d'un château des Habsbourg.

BRUGGEN, bourg de Prusse (province du Rhin), à 15 kil. de Kempen. Pop. 700 hab. Victoire des Français sur les Prussiens, le 3 octobre 1796.

BRUHL, ville de Prusse (province du Rhin), à 12 kil. de Cologne. Pop. 2,500 hab. Château d'Augustenbourg, construit en 1728. Mazarin, dans son exil (1651), se retira dans cette ville.

Bruhl (Henri, comte de), ministre d'Auguste III, roi de Pologne, surnommé le *Richelieu de la Saxe*, né dans la Thuringe en 1700, mort à Dresde en 1763. Il fut page à la cour d'Auguste II, roi de Pologne et électeur de Saxe. Par ses manières insinuantes il gagna les bonnes grâces de ce souverain, et sut également se concilier la faveur de son successeur, qui le choisit pour ministre. Il consolida sa fortune en épousant la comtesse de Kollowrath, favorite de la reine. Son influence fut d'abord contrebalancée par celle de Salkowsky; mais il sut écarter ce rival, et dès lors il disposa des emplois et de la fortune publique. Aucun valet même n'était admis, sans son approbation, dans la maison du roi. Malgré ses envieux, il eut l'habileté de se maintenir au pouvoir. Son ambition et son luxe effréné attirèrent de grands malheurs sur la Saxe. Son alliance secrète avec l'Autriche et la Russie n'eut pas d'autre résultat que d'appeler en Saxe l'invasion des Prussiens. L'armée saxonne fut faite prisonnière à Pirna; Auguste III et Bruhl furent contraints de s'enfuir, et ne revinrent qu'après le traité de Hubertsburg. La Saxe ne put réparer de longtemps les malheurs que lui avait causés la politique de Bruhl. Ce ministre affichait tant d'ostentation qu'il avait une garde particulière, plus nombreuse et mieux payée que celle du roi.

BRUINE, petite pluie fine qui tombe lentement, et dont les molécules sont à peine perceptibles; elle est généralement produite par les brouillards.

BRUIT. Ce mot qu'on a fait dériver du grec *bruché, bruchein* (produire un bruit aigu, un craquement), reçoit, dans le langage, beaucoup d'acceptions figurées. Ainsi il s'entend non-seulement des vibrations imprimées à l'air par des corps en mouvement; mais encore des rumeurs produites par la parole. Les différentes modulations du son forment ce qu'on appelle le bruit; l'étude des sons est l'objet de la musique.

BRUIX (Eustache), amiral français, né à Saint-Domingue en 1759, mort en 1805. Pendant la guerre de l'indépendance américaine, il se distingua sous les amiraux d'Orvilliers, de Grasse et d'Estaing. Au commencement de la Révolution, il fut nommé commandant d'un vaisseau de ligne. Il devint major-général d'escadre, major-général amiral, et enfin ministre de la marine. Il eut le commandement en chef de la flottille de Boulogne, destinée à opérer une descente en Angleterre, et sut se maintenir, par d'admirables dispositions, contre les Anglais qui attaquèrent le port avec des forces considérables (*Voir* Boulogne (camp de)). Il a publié un *Essai sur les moyens d'approvisionner la marine par les seules productions du territoire français*.

BRULEMENT DES CORPS ou **Créma-**

TION. Les Grecs et les Romains brûlaient les corps, au lieu de les embaumer comme les Egyptiens ou de les inhumer comme les Hébreux. La crémation était déjà en usage au temps de la guerre de Troie. Cependant l'inhumation était aussi en usage à Rome. Ainsi nous voyons que Sylla fit déterrer le corps de Caïus Marius pour le faire jeter à la voirie. Pline rapporte que la crémation ne remontait pas à une haute antiquité. Numa ordonna que son corps fût inhumé et non brûlé. Les Perses regardaient la crémation comme chose impie, par suite du culte qu'ils rendaient au feu. On pense que la coutume de brûler les corps cessa d'être en usage sous les Antonins. Cette coutume était pratiquée dans les Gaules, avant la conquête par César. Il n'était pas rare qu'un fils, une veuve ou un amant inconsolable se jetât dans le bûcher d'un père, d'un mari ou d'une amante; le cadavre d'un grand était brûlé avec ses esclaves, et souvent même avec ses vassaux. On ne peut contester que dans un temps où la peinture et la sculpture n'étaient pas aussi répandues qu'aujourd'hui pour reproduire les traits d'une personne aimée, la crémation avait l'avantage de présenter toujours aux yeux les restes sacrés d'un parent qui avait été cher. L'influence que l'urne où étaient recueillies les cendres exerçait sur l'imagination, apparut à plusieurs philosophes modernes supérieure à l'inhumation, qui, en confiant le cadavre à la terre, semble s'en séparer à jamais. Aussi ont-ils soutenu la thèse que la crémation devait être au moins facultative. Elle aurait du moins l'avantage de diminuer le danger des épidémies. Le soldat qui va chercher la mort sur le champ de bataille, aurait la consolation que ses cendres parviendraient à sa famille. Rien n'est plus touchant que la manière dont se pratiquait la crémation chez les Romains : le mort, couronné de fleurs et revêtu de ses plus riches vêtements, était placé sur le bûcher; ses plus proches parents, vêtus de noir, y mettaient le feu en détournant le visage. Dès que le bûcher était consumé, ils recueillaient les cendres et les ossements, les mettaient sous leurs habits, et les enfermaient ensuite dans une urne. Après la mort d'Auguste, les citoyens les plus distingués de l'ordre équestre furent chargés de remplir ce devoir. Avant de se retirer, les assistants répétaient au défunt : « Adieu, adieu, adieu; nous te suivrons tous quand l'ordre de la nature nous le permettra. »

BRULON, ch.-l. de cant. de l'arrond. de la Flèche (Sarthe), à 38 kil. de cette ville. Pop. 1,350 hab.

BRULOT. On donne ce nom, en terme de marine, à un bâtiment d'une nature quelconque, disposé pour brûler, pendant les combats maritimes, les bâtiments de l'ennemi, en se consumant lui-même par le moyen des matières combustibles dont il est chargé. On choisit le plus souvent, pour faire des brûlots, les vieux navires hors d'état de service. Ils ne sont ordinairement employés que la nuit, l'ennemi ayant le moyen de s'en prémunir pendant le jour. Les Anglais essayèrent vainement d'en faire usage pour incendier la flottille française que Napoléon avait assemblée dans le port de Boulogne pour opérer une descente en Angleterre.

BRUMAIRE (18) **AN VIII.** Cette date rappelle une de nos grandes révolutions politiques. Au moment où elle s'accomplit, les circonstances étaient favorables à Bonaparte : le gouvernement était faible et sans unité. A l'intérieur, les jacobins se flattaient déjà de l'espoir de reprendre le pouvoir; les royalistes attendaient, de leur côté, des désordres qui auraient favorisé le retour des Bourbons; le Directoire s'appuyait tour à tour sur les uns et sur les autres. Au dehors, les armes de la France venaient de subir de graves échecs : l'Allemagne, l'Italie et la Suisse étaient perdues pour nous. Bonaparte pensa, du fond de l'Egypte, que son retour inattendu en France, après les conquêtes qu'il venait de faire, ne manquerait pas de frapper vivement l'imagination des Français : l'expédition d'Italie avait montré qu'il était digne du pouvoir, l'expédition d'Egypte lui donna la couronne. Bonaparte prévoyait parfaitement les conséquences de son retour en France; d'un autre côté, il trouvait un prétexte plausible pour abandonner son expédition d'Egypte, où il avait poursuivi un but impossible; la ruine de la flotte française à Aboukir, l'échec devant Saint-Jean d'Acre et l'affaiblissement de l'armée avaient dû lui enlever sa dernière espérance. Il confia le commandement de l'Egypte à Kléber, s'embarqua pour la France, et, malgré les violentes tempêtes qui l'assaillirent, malgré les croisières des Anglais qui l'inquiétèrent jusqu'à son arrivée en France, il vint mouiller, le 17 vendémiaire, dans le golfe de Fréjus. Les départements qu'il parcourut l'accueillirent avec un enthousiasme qui fortifia sa résolution. Il entra *incognito* dans Paris, alla se fixer dans une modeste maison de la rue Chantereine. Lorsqu'il fut présenté au Directoire, il déclara qu'il était revenu pour voler au secours de la patrie, mais qu'il se réjouissait de la voir sauvée; qu'au reste, il avait confié le commandement de son armée à un habile général. Le Directoire comprit aussitôt les vues ambitieuses de Bonaparte; il aurait pu le mettre en jugement pour avoir abandonné son armée, mais il ne l'osa pas, et Bonaparte, au contraire, savait qu'il pouvait tout oser. Il comprit à son arrivée que, malgré ses désastres, la France n'était pas aussi abattue que les dépêches de ses frères Lucien et Joseph le lui avaient fait croire : les armées françaises reprenaient partout l'offensive et obtenaient de nombreux et éclatants succès en Suisse et en Hollande; Masséna venait de remporter la victoire de Zurich. Toutefois Bonaparte ne pouvait plus reculer : il se mit en rapport avec les hommes les plus influents des divers partis; les jacobins espérèrent qu'il consoliderait la République et qu'il préviendrait le retour des Bourbons par la fermeté de son gouvernement. Les royalistes, de leur côté, voyaient en lui un nouveau Monck, qui se ferait volontiers l'instrument d'une Restauration. Bonaparte comptait surtout sur cette majorité flottante qui veut l'ordre et la paix à tout prix, et fait bon marché des principes pour échapper à l'anarchie : la crainte des jacobins jetait ces hommes dans les bras de Bonaparte. Il circulait un mot heureux : les membres du Directoire, c'étaient la faction des *pourris;* la haine politique s'acharnait à répandre sur leur compte des calomnies intéressées. Ils méritaient assurément le mépris public pour leur faiblesse; mais que signifient ces accusations de cupidité et de malversation? Le succès de Bonaparte était donc assuré; aussi le soleil levant fut-il salué par les plus habiles politiques de cette époque, qui attachèrent leur fortune à celle du futur empereur. Talleyrand, Regnault de Saint-Jean d'Angely, Cambacérès, Fouché, Royer-Ducos, Gohier et Moulin lui firent une cour empressée. Tous les employés du gouvernement venaient le consulter; rien ne se faisait plus sans lui. Lannes, Murat, Berthier, Jourdan, Augereau, Macdonald, Beurnonville, Leclerc et Lefebvre lui composaient une sorte d'état-major; la majorité du conseil des Anciens était gagnée à son parti. Il songea d'abord à prévenir un coup d'Etat, en restant dans la légalité : il s'appliqua à obtenir la démission de la plupart des membres du Directoire, pour devenir naturellement ainsi le chef du gouvernement. Sur l'avis de Talleyrand, il se rapprocha de Siéyès, malgré sa répugnance pour ce *théoricien défroqué.* Siéyès rêvait l'établissement d'une constitution qui devait sauver la France; Bonaparte lui fit l'honneur d'apprécier cette constitution qui avait été l'objet de tant de railleries, quoiqu'il sût fort bien qu'un Etat pouvait se sauver par ses mœurs politiques, mais jamais par la meilleure des constitutions. Siéyès consentit à se retirer du Directoire. Roger-Ducos, qui n'était que la doublure de Siéyès, y consentit plus facilement encore. Gohier et Moulin se montrèrent moins faciles : républicains sincères, mais sans sagacité politique, ils ne voulaient point de révolution violente. Barras voulait profiter de sa position dans le Directoire pour partager avec Bonaparte l'autorité suprême. L'esprit de quelques généraux pouvait embarrasser davantage. Bernadotte surtout affectait des sentiments républicains; ainsi, le 18 brumaire, il offrit à Gohier, à Moulin et à Barras de repousser le coup d'Etat par la force, sur leur ordre par écrit. L'irrésolution de Barras paralysa ses efforts. Moreau entra résolûment dans la conspiration de Bonaparte. Quelques jours avant le 18 brumaire, plusieurs membres du conseil des Cinq-Cents avaient donné un banquet à Bonaparte; on avait été surpris de sa réserve calculée. Au sortir de ce banquet, il alla chez Siéyès, et convint avec lui qu'il serait institué trois consuls : Bonaparte, Siéyès et Roger-Ducos; qu'ils s'investiraient eux-mêmes de la dictature, suspendraient l'Assemblée législative pendant trois mois, et proclameraient la fameuse constitution de Siéyès. Il était encore convenu qu'on supposerait un complot des jacobins pour faire transférer le conseil des Cinq-Cents à Saint-Cloud, et que Bonaparte serait chargé de l'exécution du décret. Bonaparte pensait qu'il lui serait alors facile d'obtenir une loi constitutive du consulat, malgré l'opposition des membres jacobins. Gohier et Moulin étaient avertis du projet qui se préparait, mais ils refusaient d'y croire. Bonaparte commanda une revue pour le 18 brumaire. Le conseil des Anciens consentit à sa translation, ainsi qu'à celle du conseil des Cinq-Cents, à Saint-Cloud, et conféra à Bonaparte le commandement des troupes de Paris. On avait eu la précaution de ne pas envoyer de lettres de convocation aux représentants dont on craignait l'hostilité. Le 17 brumaire, pendant que Bonaparte passait une revue au Champ de Mars, les membres du conseil des Cinq-Cents s'étaient rendus au lieu ordinaire de leurs séances. Lucien, armé du décret de translation, leur enjoignit de se retirer, et ils obéirent, malgré quelques protestations. Murat, avec sa cavalerie, avait été envoyé à Saint-Cloud. Moreau gardait les membres du Directoire dans le palais du Luxembourg. Moulin ne voulut pas le recevoir dans ses appartements, disant que son antichambre était la seule place qui pouvait convenir au rôle qu'il remplissait. Fouché suspendit les douze municipalités de Paris, dévouées à la république. Barras venait de se décider à joindre sa démission à celles de Siéyès et de Roger-Ducos. Le lendemain, les membres du conseil des Cinq-Cents se réunirent au complet : ceux qui n'avaient pas été convoqués pour voter la loi qui armait Bonaparte du pouvoir, animèrent leurs collègues contre celui qu'ils traitaient déjà d'usurpateur. Gaudin essaya de défendre Bonaparte; mais sa voix fut couverte par les cris : A bas le dictateur! Vive la constitution de l'an III! On renouvela le serment à la Constitution. Augereau ne put s'empêcher de dire à Bonaparte que « ses affaires étaient désespérées. » — « Elles allaient plus mal à Arcole, » répondit celui-ci. Il se rendit lui-même au conseil des

Anciens avec quelques grenadiers. Des cris menaçants l'accueillirent; il essaya de prononcer un discours, mais il fut froid et embarrassé. Un député corse, Arena, l'avait déjà saisi, menaçant de le poignarder, quand ses grenadiers vinrent à son secours et l'enlevèrent de la salle. Lucien, qui présidait le conseil, fut sommé de mettre aux voix un décret qui mît son frère hors la loi : « Misérables! s'écria-t-il, moi, mettre hors la loi mon propre frère! » Bonaparte, auquel rien n'échappait, et qui était au fait de tout ce qui se passait dans la salle des séances, harangua ses troupes. Murat fut plus énergique : « Ils sont là cinq cents avocats, dit-il à ses soldats, qui veulent nous enlever notre général! Est-ce que nous allons souffrir cela? — Non, non! » dirent les soldats. Cependant une partie des troupes paraissait indécise, lorsque Lucien parut, encore ému de ce qui venait de se passer. Il sauta sur un cheval, et, se plaçant aux côtés de son frère: « On parle d'un nouveau Cromwell! Nouveau Brutus! s'écria-t-il en brandissant une épée, s'il en était ainsi, je serais le premier à plonger ce fer dans le sein de mon frère! Ceux des députés qui sont dans la salle ne sont que des factieux! » Aussitôt Murat, à la tête de ses grenadiers, pénètre dans la salle des séances. Les tambours battent la charge et les grenadiers s'avancent au pas accéléré jusqu'à la tribune, refoulant ceux des députés qui se trouvaient devant eux, et qui se retirèrent au cri de: Vive la République!

BRUMAIRE, 2e mois de l'année républicaine en France. Il tirait son nom des brouillards qui couvrent ordinairement la terre à cette époque, dans les régions moyennes de la France. Il commençait le 22 octobre.

BRUMALES ou **BROMALES**, fêtes instituées par Romulus. Elles duraient du 24 novembre au 25 décembre.

BRUME. On appelle ainsi un brouillard épais, sombre et glacial. Les marins donnent le plus souvent ce nom à un simple brouillard qui s'élève par un temps calme; il est produit par la vapeur d'eau suspendue dans l'atmosphère.

BRUMOY (Pierre), savant jésuite, né à Rouen en 1688, mort en 1742. Il participa à la rédaction du *journal de Trévoux;* on le chargea de l'instruction du prince de Talmont. Il publia le *Théâtre des Grecs*, qui contient une excellente analyse des principaux tragiques. On lui reproche cependant de n'avoir pas suffisamment compris le mérite de ses contemporains. Il composa plusieurs tragédies tirées de l'histoire hébraïque, mais il prouva une fois de plus qu'il est plus facile de traduire les anciens que de les imiter. Le style est lâche et diffus, excepté dans quelques passages où il imite Racine, qu'il avait cependant méconnu. Ses *Poésies diverses* n'offrent pas plus d'intérêt. On remarqua son *Discours sur l'usage des mathématiques par rapport aux belles-lettres.* Il a continué jusqu'au douzième volume l'*Histoire de l'Église gallicane*, aussi faible par les idées que par le style.

BRUMPT ou **BRUMATH**, ch.-l. de cant. de l'arrond. de Strasbourg (Bas-Rhin), à 17 kil. de cette ville. Pop. 4,550 hab. Eglise consistoriale protestante. A 1 kil. de cette ville est le bel hospice de Stephansfelden, fondé pour les enfants abandonnés (XIIIe siècle). L'an 356 ap. J.-C., Julien l'Apostat y vainquit les Allemans.

BRUNE (Guillaume-Marie-Anne), maréchal de France, né à Brives-la-Gaillarde en 1763, mort en 1815. Il étudia le droit et publia un *Voyage pittoresque et sentimental dans quelques provinces de la France*. Cet ouvrage, mélangé de poésies, fut assez remarqué. Quand survint la révolution, il se distingua par son patriotisme. Il fut l'un des orateurs des clubs et écrivit dans les journaux du temps. Après avoir fondé à Paris une imprimerie, entreprise qui n'eut aucun succès, il s'enrôla dans le 2e bataillon des volontaires de Seine-et-Oise, en 1792; il fut chargé de l'organisation de nouveaux bataillons et nommé commissaire d'armement. Sa responsabilité était grande en présence de l'ennemi, qui s'approchait de Paris. Brune se montra administrateur habile; mais un tel emploi ne pouvait satisfaire son activité : il demanda comme une faveur de reprendre son ancien grade dans l'état-major; il gagna de nouveaux grades dans la lutte contre les Prussiens qui avaient envahi la Champagne. Le gouvernement essaya vainement d'utiliser ses talents administratifs en l'attachant au ministère. Il sut, par son esprit conciliant autant que par sa fermeté, apaiser les troubles du Calvados et prévenir, dans la Gironde, la guerre civile qui allait suivre le renversement du parti des Girondins. Après les événements de thermidor, il fut mis à la tête de la 17e division. En Italie, il combattait dans la division de Masséna, qui se distingua entre toutes par des exploits qui l'ont immortalisée. En repoussant les colonnes autrichiennes à la tête de quelques compagnies de grenadiers, ses vêtements furent percés de sept balles, sans qu'aucune l'atteignît. Bonaparte le fit général de division sur le champ de bataille de Rivoli. Après la paix de Campo-Formio, il fut nommé ambassadeur extraordinaire de la République à Naples. Ce choix, qu'il n'avait pas sollicité, le contraria vivement : la lutte sur les champs de bataille lui convenait mieux. Quelques jours après, il recevait le commandement en chef de l'armée envoyée contre la Suisse. Il frappa de suite quelques grands coups, et la Suisse fut étonnée de se trouver soumise sans avoir pu faire appel à tous ses moyens de défense. Son administration fut si loyale et si propre à lui gagner les cœurs, que Talleyrand lui écrivit : « Tout ce qui sait apprécier les hommes trouve que vous avez atteint la perfection de conduite en Suisse, et pense que les plus belles destinées vous sont réservées. » Il eut sous son commandement l'Italie, la Corse et l'île de Malte. Il fut bientôt appelé en Hollande, puis dans la Vendée, et enfin on pressa son retour en Suisse et en Italie. Il accepta l'ambassade de Constantinople, dont il fallait à tout prix maintenir la neutralité, et occupa ce poste jusqu'en 1806. L'empereur le nomma maréchal de France et lui donna le commandement de l'armée destinée à agir en Poméranie. Dans le traité qui suivit cette expédition, Brune omit le nom de l'empereur; un tel oubli irrita le chef de l'Etat; Brune fut disgracié. Il ne reparut plus sur la scène que pendant les Cent-Jours : incapable de ressentiment, il offrit son épée à l'empereur et fut mis à la tête de l'armée du Var. Après Waterloo, il rentra en France; mais des assassins l'attendaient au passage. La nation apprit avec horreur qu'il avait été tué à Avignon; que ses meurtriers l'avaient traîné dans la boue et jeté dans le Rhône. Le nouveau gouvernement fut accusé d'avoir laissé ce meurtre impuni, ou du moins d'avoir montré une négligence coupable dans la recherche des criminels, qui étaient parfaitement connus et qu'il eût été si facile de trouver. Ce ne fut que cinq ans plus tard, et dans des circonstances qui rendaient impossible l'application de la peine, que le gouvernement de la Restauration se décida à mettre en jugement un misérable portefaix, qui fut condamné à mort par contumace. Le gouvernement avait vainement essayé de faire croire à un suicide : le doute n'était possible pour personne: le guet-apens avait été préparé d'avance et le crime exécuté en plein jour. Voici les principales circonstances qui ont été relevées : Brune traversait Avignon le 2 août 1815, pour se rendre à Paris. Arrivé au relais, un officier de la garde nationale l'arrêta pour le visa de son passe-port. Un groupe menaçant entoura en même temps la voiture du maréchal et détela les chevaux. L'intervention du préfet de Vaucluse lui permit de se remettre en route; mais au moment où ses voitures quittaient l'hôtel du Palais-Royal, la populace lui barra le chemin en proférant des cris de mort. Il rentra alors à l'hôtel et fit barricader les portes. L'autorité intervint inutilement pour réprimer le désordre. Des gens armés se disposaient à faire le siége de l'hôtel et parlaient même d'y mettre le feu. Quelques individus s'introduisirent par le grenier jusque dans la chambre du maréchal. Un premier coup de feu ne l'atteignit pas; mais un second le renversa mort. Aussitôt un portefaix d'Avignon ouvrit la croisée de l'appartement et annonça cette mort, que la populace accueillit par des cris de joie féroce. Lorsqu'on transporta le corps du maréchal pour l'inhumer, la foule l'enleva aux porteurs et le jeta dans le Rhône en tirant encore sur lui plusieurs coups de fusil. On grava ces mots sur le parapet du pont : « C'est ici le cimetière du maréchal Brune. » Celui qui avait porté le coup fatal était déjà mort quand la justice se décida enfin à donner à l'opinion un semblant de satisfaction. Le seul accusé qui eut à répondre devant la cour d'assises et qui fut condamné par contumace s'appelait Guidon et était portefaix à Avignon.

BRUNEAU (Mathurin), prétendu fils de Louis XVI, né à Vezins (Maine-et-Loire), en 1784. Il était fils d'un sabotier; vagabond et mendiant, la police correctionnelle le vit souvent sur ses bancs. Il s'engagea dans la marine pour passer aux Etats-Unis, et, après y avoir mené une existence assez difficilement tolérée par les mœurs de ce pays, il revint en France, où il essaya, comme tant d'autres, de jouer le rôle assez facile de Louis XVII. Il racontait comment il s'était échappé de la prison du Temple, et trouvait de bonnes gens assez crédules pour le croire et lui venir en aide. Son sommier judiciaire s'enrichit de nombreuses condamnations. Enfin, dégoûté d'un rôle qui ne lui rapportait pas de meilleurs profits, il alla mourir à Cayenne.

BRUNEHAUT, fille d'Athanagilde, roi des Visigoths, et femme de Sigebert, roi d'Austrasie, qu'elle épousa en 568 Le poëte Fortunat a fait le tableau de sa merveilleuse beauté. « C'était, dit Grégoire de Tours, une jolie fille, belle de visage, séduisante en ses manières, autrefois arienne, depuis convertie à la vraie doctrine. » Chilpéric, roi de Soissons et frère de Sigebert, voulut rehausser l'éclat de sa maison par un mariage avec Galswinthe, sœur aînée de Brunehaut. Il répudia, à cet effet, sa femme Cludovéva et sa concubine Frédégonde. Mais celle-ci fit étouffer la jeune reine dans son lit, et devint peu de jours après l'épouse de Chilpéric. Ce meurtre, que Brunehaut voulut venger, devint le premier motif des guerres furieuses que se livrèrent ces deux femmes. Cependant, il y eut d'autres motifs qui armèrent ainsi les Francs les uns contre les autres. Au-dessus des haines de famille, il y avait les intérêts de ces souverains qui, par suite du partage des Etats entre les frères du même lit, ne cessaient de guerroyer pour agrandir l'étendue de leur héritage. Ainsi Sigebert vint déposséder Chilpéric de Paris et de la Neustrie. Frédégonde fit assassiner le vainqueur, et ce meurtre ranima encore l'esprit de vengeance. Après la mort de son époux, Brunehaut épousa Mérovée, fils de Chilpéric. Frédégonde parvint par ses intrigues à séparer les deux époux. Elle fut faite prisonnière par Chilpéric; mais, ayant séduit son fils Mérovée, elle se présenta au pied de l'autel pour faire bénir son mariage par Prétextatus, archevêque de Rouen; Frédégonde, irritée de ce projet, fit assassiner Prétextatus, dans l'église même, le jour de Pâques. Chilpéric, sommé par Childebert, fils de Brunehaut, de lui rendre sa mère, y consentit d'autant plus volontiers que cette femme lui nuisait davantage dans ses propres Etats. Brunehaut sortit ainsi de sa prison de Rouen pour devenir régente d'Austrasie. La faveur dont elle entoura les Romains et dont elle disposa des dignités et des fiefs, fit éclater une guerre civile. Pendant une bataille, elle voulut sauver Loup, duc de Champagne; mais un guerrier franc lui dit avec une certaine rudesse: « Va-t'en, femme! Il doit te suffire d'avoir régné du vivant de ton mari; aujourd'hui, c'est ton fils qui règne, et ce n'est pas ton bras, c'est le nôtre qui soutient l'Etat. » En effet, les Francs ne supportaient qu'avec répugnance le gouvernement d'un étranger. Brunehaut le comprit elle-même, et appela auprès d'elle Mérovée, qu'elle avait épousé pendant sa captivité. Les Austrasiens refusèrent de l'admettre, et le malheureux prince fut bientôt assassiné par Frédégonde, sa marâtre. Elle appela de l'Orient Gondobald, à qui elle offrit secrètement sa main. Ce Gondobald obtint quelques succès contre Childebert; mais Gontran, roi de Bourgogne, ayant institué Childebert son héritier, pour l'intéresser à la défense de ses États, le roi d'Austrasie reprit l'avantage et eut bientôt raison de ce compétiteur, que lui avait suscité sa mère. Le bon roi Gontran, avait conseillé à Childebert de se méfier de sa mère, et il n'avait eu que trop raison; car une conspiration se trama bientôt pour tuer Childebert et établir, en Austrasie, un conseil de régence nommé par les seigneurs féodaux. Ce plan n'aboutit qu'à rendre Brunehaut plus puissante. Gontran de Bourgogne dut lui abandonner la ville de Cahors. Frédégonde, de son côté, ne pouvait souffrir l'élévation de sa rivale; elle essaya de faire assassiner son fils, qui occupait le trône de Neustrie; mais les assassins, qui étaient des prêtres, furent livrés au supplice. Cependant Childebert II étant mort en 596, Brunehaut voulut encore gouverner l'Austrasie sous le nom de son petit-fils Theudebert; mais les seigneurs austrasiens l'ayant chassée du pays, elle se réfugia en Bourgogne chez son petit-fils Theudéric. Là, elle se souilla de honteuses débauches; elle avilit son fils en lui procurant des maîtresses; elle éleva à la mairie du palais Protadius, son amant. Saint Colomban essayait de convertir Theudéric; Brunehaut le fit chasser; elle fit lapider saint Didier, évêque de Vienne. Elle alluma la guerre entre ses deux petits-fils; Theudebert, roi d'Austrasie, ayant été vaincu, elle le fit assassiner. Mais les chefs de la noblesse franque s'indignèrent enfin des forfaits de cette femme, à qui l'on reprochait la mort de dix princes; ils la livrèrent spontanément à Clotaire, fils de Frédégonde. Celui-ci la fit promener sur un chameau, à travers son camp, la fit attacher par les cheveux, par un pied et par un bras à la queue d'un cheval sauvage; son corps fut ainsi déchiré en lambeaux dans la course de cet animal furieux. Ses restes furent brûlés, et ses cendres jetées au vent. Elle subit ce supplice infâme à l'âge de 80 ans, en 613. On est étonné de trouver dans les auteurs du temps l'éloge de cette femme; ils accusaient de ses malheurs la cruelle Frédégonde; le pape saint Grégoire louait ses vertus et sa piété. On soupçonne avec quelque fondement que les Neustriens ont pu charger sa mémoire de beaucoup de crimes imaginaires. Quoi qu'il en soit, elle se montra habile dans l'administration. Elle fit construire de belles routes en Flandre, en Picardie et en Bourgogne. Ces pays

lui doivent la fondation d'un grand nombre de monastères et d'hôpitaux.

BRUNEL (Marc-Jambart), ingénieur français, né à Hacqueville en 1769, mort à Londres en 1849. Il montra de bonne heure une grande aptitude pour l'art mécanique. Il émigra aux Etats-Unis en 1793, et il y construisit plusieurs canaux importants; New-York lui doit son grand théâtre. Il passa de là en Angleterre, où il fit la découverte d'une machine à fabriquer des poulies en bois pour la manœuvre des navires. Le travail qui l'immortalisa fut la construction du fameux tunnel qui passe sous la Tamise; commencé en 1824, il ne put être achevé qu'en 1842. L'industrie lui doit encore une foule d'inventions d'une grande utilité; ainsi il imagina une machine à fabriquer les souliers sans couture; une autre à tordre le fil, à le mesurer et à le mettre en pelotons, et enfin la scie circulaire qui sert à détailler l'acajou en planches de la plus mince épaisseur.

BRUNELLESCHI (Philippe), célèbre architecte, né à Florence en 1377, mort en 1444. Il fut d'abord orfèvre, puis son goût le porta vers l'architecture. Il dut chercher dans les monuments antiques les règles de cet art. Il eut l'occasion de révéler son génie quand il s'agit de placer un dôme sur l'église de Sainte-Marie del Fiore, à Florence, entreprise regardée alors comme très-difficile. Il eut beaucoup de peine à faire accepter son plan, et n'y parvint que quand les autres architectes eurent avoué leur impuissance. Il proposa alors aux architectes qui cherchaient un moyen praticable de faire tenir un œuf sur une de ses extrémités, et, pour en démontrer la possibilité, il aplatit légèrement l'écaille à l'un des bouts. Comme on se récriait sur la facilité de l'opération: « Il fallait trouver le moyen, » répondit Brunelleschi. Il fut bientôt chargé de construire la magnifique coupole de Saint-Pierre, que Michel-Ange ne regardait qu'avec admiration. Cette coupole représente un octogone de 202 pieds de hauteur, non compris la lanterne, dont la hauteur est de 59 pieds. Il a mérité d'être appelé le restaurateur de l'architecture. Il donna au duc de Visconti le plan des citadelles de Milan, de Pesaro et de Pise. Il construisit une belle digue pour contenir les eaux du Pô, à Mantoue. Côme de Médicis lui demanda le plan d'un palais splendide; mais il ne put être exécuté, parce que Côme craignit d'éveiller l'envie chez ses concitoyens. Brunelleschi, furieux, brisa son modèle. Le pape Eugène ayant demandé à Côme un architecte habile, celui-ci lui adressa Brunelleschi avec la recommandation suivante: « J'envoie à votre Sainteté un homme dont les talents sont si grands, qu'il serait capable de retourner le monde. » Philippe Visconti avait coutume de dire: « Florence est aussi digne de compter parmi ses concitoyens un tel artiste, que lui d'avoir une telle patrie. » On lui fit de somptueuses funérailles dans l'église de Sainte-Marie del Fiore. On lui attribue, sans beaucoup de certitude, un gracieux poëme intitulé: *Gieta e Birria*.

BRUNET (Jean-Joseph, dit MIRA), célèbre acteur comique, né à Paris en 1766, mort en 1851. Il fut si populaire pendant de longues années qu'on ne disait plus: Allons aux Variétés; mais: Allons chez Brunet. Cette vogue était méritée, car il se distinguait par un jeu d'un naturel, d'une naïveté inimitables; il simulait la niaiserie ou la gaucherie en variant les expressions de physionomie. Son père tenait, pendant la Révolution, un bureau de loterie qu'il comptait transmettre à son fils; mais les loteries ayant été supprimées, Brunet, qui avait un goût irrésistible pour le théâtre et qui voyait les succès de Talma, son camarade d'école, fit consentir ses parents à le laisser embrasser la carrière théâtrale. Il passa deux années à Rouen et revint à Paris,

où il débuta dans le *Désespoir de Jocrisse*. Il surpassa Baptiste, qui avait créé ce rôle, et quitta le théâtre de la Cité pour passer à celui de Mlle Montansier. Un décret impérial fit fermer cette salle, pour laquelle on désertait le Théâtre-Français. Brunet retourna au théâtre de la Cité, où il joua la *Famille des Innocents*, et s'attacha ensuite au théâtre des Variétés, en contractant une association avec le directeur. Ce fut l'apogée de sa gloire; il sut se montrer simple dans Jocrisse, candide dans Innocentin, vaniteux dans Cadet-Roussel. Quand il se travestissait en femme, l'illusion était si parfaite que le succès de la pièce était certain. Napoléon l'affectionnait particulièrement; lui seul sut provoquer le sourire sur les lèvres de cet homme impénétrable; et c'était un titre aussi glorieux que celui dont Piron se montrait fier, quand il se vantait d'avoir fait rire le guet.

BRUNETTE (la), fort du royaume d'Italie (prov. de Turin). Il fut pris en 1799 par le général russe Bagration, et repris par les Français l'année suivante.

BRUNETTO LATINI, célèbre grammairien italien, né à Florence vers 1220, mort vers 1295. Il cultiva avec succès la poésie, l'histoire et la philosophie; il parvint à ranimer le goût de la littérature dans un siècle où les esprits étaient agités par les factions des guelfes et des gibelins. Il fut secrétaire de la république, et remplit plusieurs ambassades. Lorsque Jourdain de Mainfroy usurpa le pouvoir, Brunetto fut banni avec les Guelfes, en 1260. Il vint alors à Paris où il resta pendant 24 ans. Il composa alors plusieurs ouvrages en français, et il donna en ces termes la raison de la préférence qu'il donnait à cette langue: « Et si aucuns demandaient pourquoi ce livre est escrit en roman selonc le patois de France, je dirois que c'est pour deux raisons: l'une que nous sommes en France; l'autre pourceque la parlure est plus délectable et plus commune à tous langaiges. » Cette citation se trouve en tête de son *Trésor de toutes choses*. Cet ouvrage est en quelque sorte l'encyclopédie du XIIIe siècle; il traite l'histoire de la géographie, de l'astronomie, de la morale, de la rhétorique et de la politique. Il publia aussi le *Livre de la bonne parlure*, qui enseigne à bien parler. En 1284, Brunetto rentra dans sa patrie, et fut réintégré dans ses emplois.

BRUNFELS (Othon), célèbre médecin et botaniste, né à Mayence, vers 1464, mort à Berne, en 1534. Il venait de prendre l'habit religieux au moment où la doctrine de Luther commençait à se répandre; il fut l'un des premiers partisans du grand réformateur. Il alla plus tard étudier la médecine à Bâle et acquit une grande renommée comme médecin et comme botaniste. Cette dernière science a été surtout l'objet de ses recherches et de ses publications. Il a laissé, en outre, un *Catalogue des médecins célèbres*, et un *Recueil des remèdes les plus vantés par les anciens pour chaque maladie*. Ces divers ouvrages sont écrits en latin.

BRUNI (Léonardo, dit l'*Arétin*), né à Arezzo en 1369, mort en 1444. Il étudia la jurisprudence à Florence, et apprit le grec sous Emmanuel Chrysoloras. Ses talents lui valurent la place de secrétaire des brefs sous Innocent VII; c'est en cette qualité qu'il accompagna Jean XXIII au concile de Constance, en 1415. Jugeant qu'il avait eu tort de prendre le parti de ce pape, et qu'il y avait même un certain danger pour lui, il s'enfuit précipitamment de Constance et revint à Florence. Il devint chancelier de cette république, et fut chargé de plusieurs ambassades. Quand il mourut, on lui fit de magnifiques funérailles aux frais du trésor public, et son tombeau fut couvert de couronnes de laurier. Il se distingua comme historien, traducteur et orateur. Ses écrits sur l'histoire ancienne surpassent tout ce que ses contemporains avaient écrit sur ce sujet. On y trouve toutes les grandes qualités de style et les profondes connaissances en politique qu'on exige d'un historien. C'est ainsi qu'il écrivit l'*Histoire fabuleuse de la Grèce et de Rome*, l'*Histoire de la guerre punique*, la *Guerre des Italiens contre les Goths* et l'*Histoire de Florence*. Il traduisit en latin : Plutarque, Aristote, Xénophon et Platon. Erasme a porté sur lui le jugement suivant : « Tous ses ouvrages sont écrits avec netteté et facilité; il approche même quelquefois de Cicéron; mais sa diction manque de nerf, et son latin n'est pas toujours pur. »

BRUNIG (le), col dans les monts de la Suisse, à 1,260 mètres au-dessus du niveau de la mer et à 600 au-dessus du lac de Brienz. Il forme la séparation du canton de Berne et de celui d'Underwalden.

Chevaliers dans un tournoi.

BRUNINGS (Christian), ingénieur hollandais, né en 1736 à Neckarau dans le Palatinat, mort à Harlem en 1805. Il fut nommé inspecteur général des digues de Hollande. On lui doit l'endiguement du lac de Harlem, le canal de dérivation du Wahal, le canal de Pannerden, etc. On lui doit aussi l'invention d'une échelle graduée pour mesurer la crue des eaux et prévenir toute inondation.

BRUNIQUEL, village du départ. du Tarn-et-Garonne, à 32 kil. de Montauban. Pop. 1,200 hab. Hauts-fourneaux, forges à fer. Ruines d'un château-fort attribué à Brunehaut.

BRUNN, ville forte des Etats autrichiens, ch.-l. du gouvernement de Moravie et du cercle de son nom, à 107 kil. de Vienne. Pop. 45,000 hab. Siége d'un évêché. Ecole de théologie. Cour d'appel, direction des finances. Gymnase, bibliothèque, musée. Belles églises Saint-Jacques et Saint-Pierre. Palais du prince Lichtenstein, hôtel de ville. Commerce de laines, draps, cuirs, flanelles, soieries, mousselines, toiles ; commerce de transit important. Citadelle du Spielberg, prison d'Etat jusqu'en 1857, et où fut enfermé Silvio Pellico. Brunn était autrefois chef-lieu du margraviat de Moravie et ville libre impériale. Cette ville fut occupée et démantelée par les Français, en 1809.

BRUNN (cercle de), situé entre la Bohême au N., les cercles de Hradisch et d'Olmütz à l'E., l'Autriche et la Russie au S. et les cercles d'Iglau et de Znaïm à l'O. Superf. 88 sur 62 kil. Pop. 370,000 hab.

BRUNNEN, village de Suisse dans le cant. de Schwitz, à 4 kil. de cette ville. Entrepôt des marchandises qui vont d'Allemagne en Italie. Port sur le lac des Quatre-Cantons. Ce village est célèbre par l'alliance perpétuelle qu'y firent, en 1315, les cantons de Schwitz, d'Uri et d'Underwalden contre l'Autriche. Cette alliance fut l'origine de l'indépendance de la Suisse.

BRUNO ou BRUNON, dit le *Grand*, archevêque de Cologne et duc de Lorraine; il était le troisième fils de l'empereur Henri l'*Oiseleur*, et frère d'Othon, qui l'appela à sa cour. Il favorisa les savants, et cultiva lui-même la littérature; il entretenait une correspondance avec les hommes les plus érudits de son temps. Quand l'archevêché de Cologne vint à vaquer par la mort de Wicfled, il fut acclamé par le clergé et le peuple.

BRUNO (saint), fondateur de l'ordre des chartreux, né à Cologne, en 1030, mort en 1101, et canonisé en 1514. Il fut chanoine, puis chancelier de la cathédrale de Reims; mais il se vit chassé de cette ville par Manassès, qui gouvernait l'église en tyran. Bruno résolut de vivre dans la solitude ; il alla se fixer à Saisse-Fontaine, près de Langres; il passa de là à Grenoble. Hugues, évêque de cette ville, ayant raconté à Bruno qu'il avait vu sept étoiles brillantes au-dessus de la montagne de la Chartreuse, le décida à aller habiter ces rochers presque inaccessibles, et environnés d'affreux précipices. Bruno et ses compagnons vinrent s'établir dans une vallée sombre et étroite, dominée par des rochers à pic couronnés de bois, et couverts de neige ou enveloppés de brouillards pendant presque toute l'année. Ils y bâtirent un oratoire et sept cellules isolées où les chartreux se logeaient deux à deux. L'évêque de Grenoble défendait aux paysans, aux bergers et aux chasseurs d'approcher de cette montagne ; la légende ne manqua pas de raconter des choses merveilleuses sur ces religieux. Bruno adopta la règle de saint Benoît. Urbain II l'ayant appelé à Rome, pour recourir à ses conseils et à ses lumières, il alla fonder dans un désert de la Calabre, en 1094, un second monastère de chartreux, nommé la *Torre*; c'est là qu'il mourut.

BRUNO (saint), né à Soleria près d'Asti ; se distingua au concile de Rome, en 1079, par sa violence contre Bérenger, qui avait essayé de renouveler l'hérésie d'Erigène. Grégoire VII le fit évêque de Ségui; il y mourut en 1123.

BRUNO (saint), apôtre de la Prusse, assassiné en 1008 par les païens de la Lithuanie. Il fonda une église à Kerfurt, suivit saint Adalbert dans ses missions, et devint chapelain de Henri II.

BRUNO (Giordano), philosophe italien du XVIe siècle, fut d'abord moine, comme un grand nombre d'apôtres de la religion réformée, à laquelle il se convertit, en 1580, après avoir fui de son couvent et suivi les leçons de Théodore de Bèze. Il adopta la doctrine de Calvin. Il vint d'abord à Paris, où il enseigna la philosophie et combattit celle d'Aristote ou plutôt l'ennemie acharnée de tout progrès, la routine de l'*autorité*, dans laquelle moisissaient les partisans de ce philosophe; il passa en Angleterre, puis revint en Allemagne. Les bûchers de l'inquisition, allumés en Italie par ses anciens frères en religion, les dominicains, le reçurent en proie comme hérétique et violateur de ses vœux. Arrêté à Venise, où il avait eu l'imprudence de paraître, il fut livré à l'inquisition et brûlé à Rome vers 1600. Son système philosophique était, à peu de chose près, le panthéisme : Dieu est tout, et tout est Dieu.

BRUNOY, village de l'arrond. de Corbeil (Seine-et-Oise), à 12 kil de cette ville. Pop. 1,200 hab. Maison de campagne qui appartint au célèbre acteur Talma. Le comte de Provence, qui fut depuis Louis XVIII, y possédait un château qui fut démoli pendant la Révolution.

BRUNSHAUSEN, village de Hanovre, à 3 kil. de Stade. Pop. 800 hab. Il est situé sur la rive gauche de l'Elbe. Tous les bâtiments qui naviguent sur cette rivière y acquitent un droit de péage; on en excepte les bâtiments anglais et hambourgeois.

BRUNSWICK (duché de), Etat de la Confédération germanique. Il est borné au N.-E.

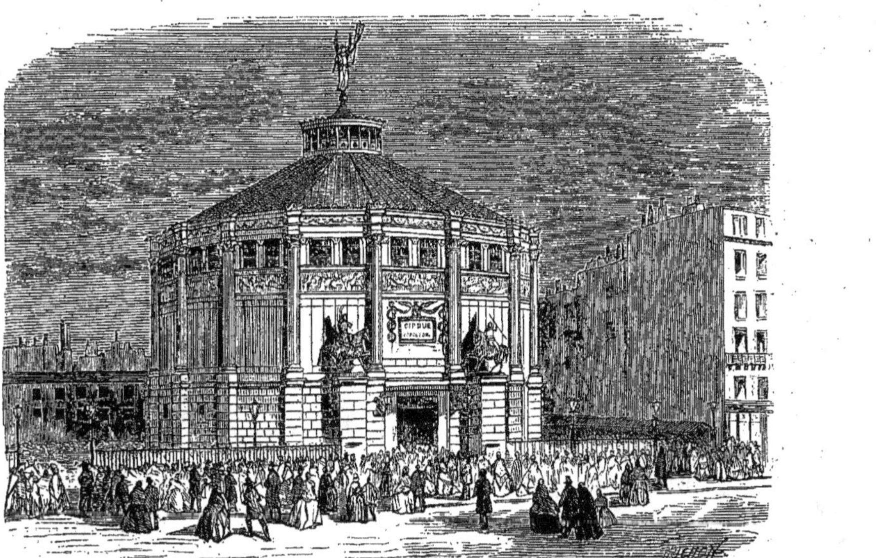

Vue du Cirque Napoléon.

et à l'E. par la province de Saxe, au S. par la province de Saxe et le royaume de Hanovre; au S.-O. par la Westphalie; à l'O et au N.-O. par le Hanovre, la province de Westphalie et partie de Waldeck et de Hesse-Cassel. Ce duché se compose de six parties qui forment autant de cercles administratifs: Brunswick, Wolfenbuttel, Helmstaedt, Holzminden, Gondersheim, et Blankenbourg. Sup. 3,685 kil. carrés. Pop. 269,300 hab. Capitale Brunswick. Sol fertile, quoique sablonneux; il est arrosé par l'Aller, l'Ocker, la Leine, affluents du Weser, le Bode et la Zorge, affluents de l'Elbe; les parties du S. et du S.-E. sont couvertes par la montagne du Harz. Le climat est rude dans les régions montagneuses, et assez tempéré dans le reste. Mines d'argent, de fer, de zinc, de cuivre, d'étain, de plomb, de soufre, de sel, de litharge, de vitriol, etc. Agriculture florissante, grains, légumes, pommes de terre d'excellente qualité ; chanvre, colza, tabac, houblon, blé; belles prairies, excellents pâturages qui nourrissent de nombreux troupeaux : bœufs, brebis, chèvres, porcs, chevaux; ruches. Fabriques de toiles, draps, papiers, objets en métal et en bois; grandes brasseries, d'où sort la bière connue sous le nom de Mumme; tanneries, fabrique de gants; papeteries, fabriques de chicorée, sucre de canne, de betteraves, manufactures de tabac. Revenu de l'Etat: 17,600,000 fr. Dette publique : 47 millions. Force armée : 5,359 hommes, joints à la division prussienne de Magdebourg, en vertu d'une convention militaire conclue en 1849 avec la Prusse. Depuis la révolution de 1830, le gouvernement est monarchique constitutionnel; le duc, comme chef de l'Etat, exerce le pouvoir exécutif dans toute son étendue, et convoque la chambre. La diète se compose de 12 députés de la noblesse, 10 des villes, 11 des campagnes, 19 élus par les plus imposés (10 par les villes et 9 par les propriétaires ruraux) et 3 par le clergé évangélique. Le territoire qui forme aujourd'hui le duché de Brunswick appartenait autrefois à la partie de la Saxe que Charlemagne réunit à son empire; elle fut gouvernée successivement par les princes des maisons de Saxe, de Billung, de Supplinbourg et de Guelfe. En 1194, Henri le Lion obtint le pays de Brunswick en alleu. A sa mort (1195), ses fils Henri, Othon et Guillaume, gouvernèrent en commun l'héritage des Guelfes, jusqu'en 1203, époque à laquelle ils conclurent un traité de partage à Poderborn. Othon, élu plus tard empereur d'Allemagne sous le nom d'Othon IV, obtint le Brunswick proprement dit jusqu'au Hanovre, le Bas-Harz et les domaines sur l'autre rive de la Leine. Il mourut en 1218, sans postérité. Ses possessions passèrent à Othon l'Enfant, seul rejeton mâle de la famille Guelfe, qui eut à lutter contre l'empereur Frédéric II, et fut obligé de lui céder (1235), la ville de Lunebourg. Frédéric créa un duché de la ville de Brunswick qu'il lui vendit, et du château de Lunebourg, avec ses dépendances. Après la mort d'Othon (1252), ses deux fils, Albert et Jean régnèrent en commun jusqu'en 1267. Albert obtint le duché de Brunswick, le pays entre le Deister et la Leine, la principauté d'Auberwald, le district du Weser et le Harz; il établit sa résidence au château de Dankwarderod, et fonda la branche aînée de *Wolfenbuttel*. Jean reçut, outre le duché de Lunebourg, la ville de Hanovre et les châteaux de Lichtenberg et de Twiflingen, habita le château de Lunebourg et fonda la branche de *Lunebourg*. Albert laissa trois fils : Henri, Albert le Gros et Guillaume, qui fondèrent les branches de : *Grubenhagen*, *Gœttingue-Wolfenbuttel*; la première se divisa, en 1361, en rameaux de *Grubenhagen* et *Osterode-Grubenhagen*, et s'éteignit en 1596. Alors ses possessions revinrent à la ligne de Wolfenbuttel, qui dut les céder ensuite à la ligne de Celle. La seconde branche, fondée par Albert le Gros, se fondit, en 1292, à la mort de son frère Guillaume, et s'éteignit en 1463. Jean, frère d'Albert le Gros, fonda la ligne de Lunebourg, en 1267, et mourut en 1277, et la ligne s'éteignit en 1369; les possessions revinrent à la ligne de Wolfenbuttel. De celle-ci sortirent, en 1409, les branches de: *Lunebourg* et *Wolfenbuttel-Kalenberg*. La dernière forma les rameaux de Kalenberg et de Wolfenbuttel : la première s'éteignit en 1584 et ses possessions furent réunies à celles du rameau de Wolfenbuttel. Cette dernière branche s'éteignit en 1634, et transmit son héritage à Auguste, duc de Brunswick-Lunebourg-Dannenberg. La branche cadette de Lunebourg eut trois rameaux: *Lunebourg*, fondé par le duc Guillaume, qui occupa le trône de Hanovre depuis 1815, *Harbourg*, fondé en 1528 par Othon, et *Giffhorn*, fondé en 1539, par François. Ces deux derniers étaient petit-fils d'Othon le Cadet, fils d'Othon le Magnanime. Le rameau de Giffhorn finit en 1449, celui de Harbourg, en 1642, et leurs domaines passèrent aux Lunebourg. De ce rameau provinrent, en 1569, les familles de *Brunswick-Lunebourg* et *Brunswick-Lunebourg-Dannenberg*. La première famille fournit la dynastie électorale et royale de *Lunebourg*-

Hanovre. Henri, duc de Brunswick-Lunebourg-Dannenberg, fonda la dynastie actuelle de Brunswick, qui se divisa (1666) en deux branches : *Brunswick-Wolfenbuttel*, qui s'éteignit en 1735, et *Brunswick-Bevern*. Dès lors les possessions des deux branches furent réunies en une seule main. En vertu de la paix de Tilsitt (1807), le duché de Brunswick fut incorporé au royaume de Westphalie et ne recouvra son indépendance qu'en 1813, sous Frédéric-Guillaume, fils de Charles-Guillaume-Ferdinand. La mauvaise administration du duc Charles, fils de Frédéric-Guillaume (1823-1830), aussi bien que son refus de reconnaître la constitution de 1820, fit éclater une insurrection à Brunswick (7 septembre 1830), à la suite de laquelle le château du Coi fut brûlé et le duc forcé de fuir en Angleterre. Trois jours après l'incendie du château, Guillaume, frère de Charles, accourut de Berlin et prit les rênes du pouvoir, après que les agnats de la maison eurent proclamé la déchéance du duc Charles (1831). A cette époque, un projet de révision de la constitution fut présenté aux états, qui nommèrent une commisssion chargée de l'examiner, et, d'accord avec le gouvernement, celle-ci élabora un nouveau projet, qui fut adopté en octobre 1832, comme loi fondamentale.

Brunswick, ville d'Allemagne, capitale du duché de Brunswick, à 45 kil. de Hanovre, à 820 kil. de Paris. Pop. 40,000 hab. Commerce très-actif de toiles, draps, lainages; nombreuses fabriques; manufactures de tabac, de sucre de betterave, de chicorée, de carton, d'objets en laque, de bière; grande foire deux fois par an. On cite parmi ses monuments l'obélisque érigé aux ducs Charles-Ferdinand et Frédéric-Guillaume, la cathédrale construite par Henri le Lion, le lion de bronze du temps de Henri le Lion, l'arsenal, le château ducal, l'hôtel de ville; bibliothèque, musée, école de chirurgie, d'anatomie, institut des sourds et muets. Patrie d'Auguste Lafontaine et de Jurger, inventeur du rouet. Brunswick fut fondée en 860 par Ludolf de Saxe, fils de Bruno. C'est à Henri le Lion que cette ville est redevable de son agrandissement. Elle entra dans la ligue hanséatique en 1247 et fut soumise par le duc Rodolphe-Auguste en 1671. De 1807 à 1813, elle fut la deuxième capitale du royaume de Westphalie.

Brunswick, ville des États-Unis (Maine), à 48 kil. de Portland. Pop. 4,250 hab. Ecole de médecine; collége, belle galerie de tableaux. Importantes fabriques de tissus de laine et de coton.

Brunswick (Nouveau-), ville des Etats-Unis (New-Jersey), à 52 kil. de New-York. Pop. 7,800 hab. Collége. Commerce de grains. Port sur le Raritan.

Brunswick (Nouveau-), contrée de l'Amérique du Nord, dans la partie N.-O. de la Nouvelle-Ecosse. Ch.-l. Frederik-Town; villes principales : Saint-Jean, Saint-Andrews, Newcastle. Climat froid, sol boisé. Pop. 190,000 hab. Exploitation des forêts de sapins et de cèdres. Pêche du hareng et de la morue. Le Nouveau-Brunswick, enlevé à la France par le traité de 1763, forme un des gouvernements de la Nouvelle-Bretagne anglaise.

Brunswick (Othon, duc de), dit l'*Enfant*. Issu d'une maison princière du IXe siècle, émigrée d'Italie en Allemagne au XIe, et divisée en deux branches qui se réunirent dans la personne de Guelfe le Grand, duc de Bavière. Après des alternatives diverses, qui se terminèrent par la ruine totale des Guelfes, expulsés de Saxe et de Bavière, Othon l'Enfant réunit les débris de leurs possessions, s'empara de la ville de Brunswick, et finit par recevoir de l'empereur d'Allemagne l'investiture de ses Etats comme fiefs de l'empire, avec le titre de duc de Brunswick et de Lunebourg. C'est donc le chef de la maison dont les représentants règnent de nos jours sur le Hanovre et l'Angleterre. Mort en 1252.

Brunswick (Othon de), prince cadet de la maison de Brunswick. Sans patrimoine et sans fortune, il passa en Italie, où il prit du service sous le marquis de Montferrat et se distingua contre les Visconti. Son maître lui conféra successivement diverses dignités, et, à sa mort, lui confia la tutelle de ses enfants, mission dont Othon s'acquitta avec loyauté. Il épousa alors Jeanne Ire, reine de Naples, et la défendit contre les entreprises de ses ennemis. Mais, pendant qu'il combattait le duc de Milan, Charles de Durazzo entrait dans Naples et investissait le Château-Neuf, où la reine s'était réfugiée. Othon, venant au secours de sa femme, fut fait prisonnier après avoir vu tomber à ses côtés le jeune marquis de Montferrat; Jeanne Ire fut mise à mort. Plus tard, devenu libre, Othon s'empara de Naples et fit massacrer tous ceux qui avaient pris part à la mort de sa femme. Il mourut sans enfants en 1399.

Brunswick-Lunebourg (Ernest, duc de), dit *le Confesseur*, né le 26 juin 1497, mort le 11 juin 1546. Zélé partisan des doctrines de Luther, il fut l'un des plus ardents défenseurs de la réforme, signa la Confession d'Augsbourg et adhéra à la ligue de Schwalkalde.

Brunswick-Lunebourg (Auguste, duc de), né en 1579. Ce prince fit ses études à Rostock, à Tubingue et à Strasbourg. Il se lia en France avec Henri IV et rechercha la société des gens instruits. Devenu duc régnant, il se préoccupa constamment du bonheur du peuple qu'il avait à gouverner, et chercha à augmenter son bien-être matériel. Il a laissé bon nombre d'ouvrages qui ont été publiés sous le titre de *Selenus*, mot formé du grec *séléné*, *lune*, première partie du nom Lunebourg, l'un des apanages de la maison de Brunswick.

Brunswick-Lunebourg (Christian, duc de), né en 1599, mort en 1626. Prit parti, pendant la guerre de Trente-Ans, pour l'électeur palatin Frédéric V, élu roi de Bohême, et, après la fuite de ce prince, saccagea la Hesse et l'électorat de Mayence, justifiant partout sa devise : *Ami de Dieu, ennemi des prêtres*. Battu par les Impériaux sur le Mein, il entra au service de la Hollande (1622), et força les Espagnols à lever le siége de Berg-op-Zoom.

Brunswick-Lunebourg (Ernest-Auguste, duc de). Né en 1620, mort en 1698. En récompense de ses services militaires, l'empereur d'Allemagne créa pour lui, en 1692, un 9e électorat, celui de Hanovre. Il avait, par son mariage avec Sophie, petite-fille de Jacques Ier, des droits au trône d'Angleterre, sur lequel monta, en effet, son fils Georges-Louis, sous le nom de Georges Ier.

Brunswick (Ferdinand, duc de), général prussien, né le 12 janvier 1721, à Brunswick. Après avoir parcouru les principales contrées de l'Europe, il entra, en 1739, au service de la Prusse comme colonel, et se forma au métier des armes dans les guerres de la Silésie. Frédéric II, pour le récompenser de sa valeur et de sa bravoure, lui donna, vers la fin de 1757, le commandement de l'armée coalisée qui devait opérer en Westphalie, lors de la guerre de Sept-Ans. Il fut assez habile pour forcer les Français à évacuer la Basse-Saxe, la Hesse et la Westphalie, et remporta les victoires de Crefeld et de Minden. A la paix, mécontent du roi de Prusse, il donna sa démission et s'adonna aux sciences hermétiques. Il mourut le 3 avril 1792.

Brunswick (Charles-Guillaume-Ferdinand, duc de), fils aîné du duc Charles et neveu du précédent, né à Wolfenbuttel le 9 octobre 1735. Il se sentit porté dès sa jeunesse vers la carrière des armes et se distingua pendant la guerre de Sept-Ans, à laquelle il prit part sous les ordres de son oncle. En 1780, il succéda à son père et s'occupa, sans grands succès, de réformer l'administration de ses Etats. En 1787, à la tête d'une armée prussienne, il rétablit le stathouder héréditaire des Pays-Bas, et il conduisit cette opération avec tant d'habileté et de vigueur, qu'on eut lieu d'espérer de lui les plus grands résultats dans la campagne qui se préparait contre la France. Nommé général en chef de l'armée austro-prussienne, le duc de Brunswick publia, le 25 juillet 1792, à Coblentz, ce fameux manifeste, conçu en termes durs et insultants, et qui excita l'indignation du peuple français; puis entra en France avec l'intention de traverser la Lorraine et la Champagne en allant droit sur Paris. Mais, le 20 septembre 1792, manquant de vivres, voyant ses soldats décimés par les maladies, il se décida à livrer la bataille de Valmy, espérant par ce mouvement dégager ses avant-gardes arrêtées par le camp de Sainte-Ménehould. Deux jours après, forcé d'accéder à un armistice, il évacuait la Champagne. Il s'occupa alors à reprendre toutes les villes dont Custine s'était emparé, et, au mois de septembre 1793, il se trouvait devant Landau, dont la possession lui était nécessaire pour assurer les résultats qu'il avait obtenus dans sa campagne sur le Haut-Rhin. Après avoir essayé vainement de s'emparer du fort de Bitche, qui est en quelque sorte la clef des Vosges, il repoussa une division de l'armée de la Moselle, sous les ordres de Hoche, qui venait au secours de Landau. Le 22 décembre 1793, Pichegru étant parvenu à rompre les lignes autrichiennes, le duc de Brunswick dut battre en retraite. Il donna sa démission au commencement de 1794, et s'adonna tout entier à l'administration de ses Etats. En 1806, lorsque la guerre éclata entre la Prusse et la France, il eut le tort d'accepter, à cause de son grand âge, le commandement en chef de l'armée prussienne. Il fut blessé à Auerstædt (*Voir* Iéna) d'un coup de feu qui le priva de la vue. Il mourut le 10 novembre 1806, après avoir été obligé d'abandonner ses Etats.

Brunswick (Frédéric-Guillaume, duc de), 4e fils de Charles-Guillaume-Ferdinand, né le 9 octobre 1771. A partir de 1792, il fit toutes les campagnes de France en qualité de capitaine d'un régiment d'infanterie prussienne, et fut nommé colonel après la paix de Bâle. En 1806, il prit part à la guerre et fut fait prisonnier avec Blücher à Lubeck. Le 10 novembre 1806, il succéda à son père; mais, à la paix de Tilsitt, il dut abandonner ses Etats pour avoir porté les armes contre Napoléon. Lorsque l'Autriche recommença la guerre, en 1809, il leva un corps franc en Bohême avec lequel il combattit en Westphalie et en Franconie; mais poursuivi vigoureusement, il fut assez heureux pour s'embarquer avec toute sa troupe, et passer en Angleterre, où le parlement lui vota une pension de 6,000 livres sterling, qu'il toucha jusqu'en 1813. Il était rentré dans ses Etats, lorsque les événements de 1815 le rappelèrent dans les camps. Il fut tué à la bataille des Quatre-Bras, le 16 juin 1815.

Brunswick (Charlotte-Christine-Sophie de). Cette princesse fut choisie, à cause de ses qualités, par Pierre le Grand, comme épouse du czarewitch Alexis. Mais celui-ci ne se laissa pas toucher par les vertus de sa femme, et lui préféra une paysanne. Elle en mourut de chagrin, et fut inhumée le 7 novembre 1715 dans l'église de la citadelle de Saint-Pétersbourg. On a imaginé, sur le compte de cette princesse, une fable des plus extraordinaires. On a prétendu qu'elle s'était fait passer pour morte, et qu'une bûche avait eu les honneurs de ses funérailles; puis qu'elle était passée en

France, où elle avait épousé un gentilhomme nommé Aubant, qui l'aurait emmenée à la Louisiane. Mais voici ce que dit Voltaire, et cela nous paraît beaucoup plus croyable : « Une Polonaise, dit-il, arriva à Paris, en 1722, et se logea à deux pas de la maison que j'occupais ; elle avait quelques traits de ressemblance avec l'épouse du czarewitch. Un officier français, nommé d'Aubant, qui avait servi en Russie, fut frappé de la ressemblance; et cette méprise donna envie à la dame de trancher de la princesse. Elle avoua ingénument qu'elle était la veuve de l'héritier de la Russie, et qu'elle avait fait enterrer une bûche à sa place. D'Aubant, amoureux d'elle et de sa principauté, ayant été nommé gouverneur d'une partie de la Louisiane, l'emmena en Amérique. Le bonhomme est mort persuadé qu'il avait épousé la belle-sœur d'un empereur d'Allemagne, et la bru de l'empereur de Russie; ses enfants le croient de même, et ses petits-enfants n'en douteront pas. »

BRUSCAMBILLE. Nom de théâtre de Deslauriers, comédien de l'hôtel de Bourgogne, qui succéda à Gaulthier Garguille. On a peu de détails sur sa vie; il débitait, avant l'ouverture de la scène, des prologues destinés à faire affluer le public. Il fit quelques ouvrages burlesques et plaisants qui se vendirent à grand nombre, et qui dénotent une profonde érudition jointe à beaucoup d'esprit.

BRUSQUERIE. Acte de vivacité spontané et inattendu qui cause une impression désagréable quoique passagère. La brusquerie, que l'on prend souvent pour l'indice de la franchise et de la loyauté, n'est parfois que l'indice d'un égoïsme profond et d'un grand orgueil. Certains individus se servent de la brusquerie pour éviter des explications embarrassantes, et, comme l'on voit, cela n'approche guère de la franchise.

BRUSQUET. Ce bouffon naquit vers 1510, et succéda à Triboulet dans les fonctions de fou du roi François Ier : il les remplit sous le règne des trois successeurs de ce prince. En 1536, il exerçait la profession de médecin au camp d'Avignon, et le faisait si consciencieusement qu'hommes et bêtes mouraient à l'envi. Il allait être pendu en récompense de son talent, quand le Dauphin, depuis Henri II, le sauva de ce mauvais pas en le prenant à son service. Dès lors, Brusquet, qui avait le naturel très-gai, fit son chemin par ses plaisanteries et ses quolibets, et devint maître de la poste aux chevaux de Paris. Mais, en 1552, on l'accusa d'être huguenot, sa maison fut saccagée par quelques fanatiques, et il put à grand'peine se réfugier chez M. de Valentinois, où il mourut peu de temps après.

BRUSTHEM, village de Belgique (Limbourg), à 17 kil. de Hasselt. Pop. 1,000 hab. Charles le Téméraire y vainquit les Liégeois en 1467.

BRUTAL. Homme d'une nature grossière et rude, qui manque de savoir-vivre, qui froisse et brusque sans motif.

BRUTE. Ce mot, qui nous sert spécialement à désigner les animaux, éveille d'ordinaire en nous l'idée d'un être privé de raison, incapable de comprendre, de sentir, de vouloir. Cette opinion a été émise et soutenue par une école célèbre, celle de Descartes. Ce philosophe n'hésite pas, en effet, à comparer l'animal à une montre.

Ouvrez-la, lisez dans son sein :
Mainte roue y tient lieu de tout l'esprit du monde;
La première y meût la seconde;
Une troisième suit, elle sonne à la fin.

dit la Fontaine, qui examine, en la réfutant, la doctrine cartésienne. Ainsi, chez l'animal, pas d'intelligence, de passion, de volonté; la nécessité et l'instinct ont remplacé cela : c'est une matière inerte, comme la plante et la pierre mêmes. Il serait temps, enfin, de revenir sur ces vieux errements, sur une doctrine mesquine et absurde, et de ne pas continuer à sacrifier ainsi la vérité à l'esprit d'un système préconçu, que la science et l'observation détruisent tous les jours. Ne refusons plus à l'animal des facultés que les *faits* nous démontrent en eux. Gardons-nous seulement de tomber dans l'excès contraire et de l'égaler à l'homme. L'homme aura toujours sur l'animal une supériorité incontestable. Il *pense*, il a *conscience* de lui-même, il affirme son existence et celle de ses facultés au moyen de la *raison* qui lui rend compte du monde inaccessible au sens. L'animal ne se connaît pas. Admettons donc avec Epicure et un grand nombre d'autres philosophes distingués une âme imparfaite et grossière, commune à tous les êtres,

Sages, fous, enfants, idiots,
Hôtes de l'univers, sous le nom d'animaux,

et une âme particulière à l'homme et aux esprits supérieurs vers lesquels il tend toujours, en germe dans chacun de nous, perfectible et ayant conscience d'elle-même.

BRUTUS (Lucius-Junius), fils de Marcus Junius; il avait vu son père et ses deux frères périr par l'ordre de Tarquin; pour sauver sa vie, il affecta la stupidité, et se garantit de la haine par le mépris. A Delphes, où il avait accompagné deux fils de Tarquin, il offrit à l'oracle un bâton renfermant une baguette d'or. Cette singulière offrande était la plus frappante image de la conduite de Brutus; car cet insensé qui servait de jouet à tous rêvait la chute du tyran et, pour clore l'ère du despotisme, songeait à l'établissement d'un gouvernement de tous par tous. En effet, le moment était des plus propices pour accomplir cet audacieux dessein; le peuple était exaspéré par les gigantesques constructions qu'on lui imposait; le sénat avait été évincé des affaires publiques, les patriciens décimés chaque jour par les supplices, et une armée permanente de près de 70,000 hommes avait transformé l'antique gouvernement de Rome en une monarchie militaire où tout s'effaçait devant un souverain despote. Brutus, tout en dissimulant, avait su néanmoins prendre position dans le pouvoir et s'était fait nommer tribun des chevaliers. En cette qualité, il commandait à Rome pendant l'absence de Tarquin. Il sut mettre à profit un concours de circonstances heureuses pour faire la révolution qu'il méditait depuis si longtemps. L'armée de Tarquin, avide de butin, assiégeait Ardée; il exploita habilement la mort de Lucrèce à Rome, souleva le peuple, et lorsque Tarquin voulut rentrer dans la ville pour comprimer la révolte, il en trouva les portes fermées, tandis que ses fils étaient chassés du camp d'Ardée. Investi, avec Collatin, le mari de Lucrèce, du pouvoir consulaire qui remplace la royauté, il fait adopter une série de lois destinées à empêcher le rétablissement des Tarquins; mais le peuple romain n'était pas encore mûr pour la nouvelle forme de gouvernement que Brutus voulait lui donner : une conspiration se forme et parmi les conjurés se trouvent les deux fils de Brutus. Celui-ci, réprimant le sentiment paternel qui plaide en faveur des deux coupables, et dévoué au salut de la patrie, les condamne à mort et assiste à leur supplice. Cet acte a été diversement interprété; mais loin de le blâmer, nous sommes complétement de l'avis de Machiavel, cet affreux supplice était la conséquence naturelle de la position de Brutus. Du reste, lorsque Collatin vint implorer la clémence du peuple pour ses neveux, l'inflexible républicain le fit condamner à l'exil et à une indemnité de 25 talents. Afin de lier le peuple à l'ordre de choses nouveau, Brutus lui fit distribuer les terres royales pour intéresser chacun à la défense de la chose publique. Cette mesure, habile et hardie, fut imitée à la première révolution par la vente des biens nationaux, et donna les plus grands résultats : car on avait, non-seulement la liberté, mais encore ses biens à défendre. Brutus fut tué par Aruns, fils de Tarquin, en blessant mortellement son adversaire dans le premier combat livré par celui-ci à l'armée romaine (509 av. J.-C.).

BRUTUS (Lucius-Junius). Lors de la première retraite du peuple sur le mont sacré (493 av. J.-C.), il se fit son orateur et prit le nom de Brutus, comme une menace contre la tyrannie des patriciens. Il fut si éloquent qu'il fit pleurer même ceux qui ne lui étaient point sympathiques, et obtint la création de quatre tribuns du peuple, destinés à protéger ses intérêts et ne possédant qu'un pouvoir d'opposition. Il fut le premier de ces tribuns qui, dans le principe, s'asseyaient à la porte du sénat, attendant, pour entrer, que les consuls vinssent leur demander leur avis. Plus tard, les tribuns empiétèrent sur leurs droits et en vinrent à imposer leur avis alors qu'ils ne devaient que le donner.

BRUTUS-DAMASIPPUS (Lucius-Junius), préteur urbain (671 av. J.-C.), une des premières magistratures chez les Romains. Partisan de Marius, dont il servit les vengeances et dont il fit exécuter les sanguinaires prescriptions, il fut mis à mort par Sylla.

BRUTUS (Marcus-Junius). Un des ancêtres du célèbre républicain de ce nom. Adopta avec ardeur les idées libérales de Marius, chef du parti populaire à Rome, dont il suivit la fortune (105-86 av. J.-C.). Fut pris dans Modène par Pompée et mis à mort.

BRUTUS (Marcus-Junius). Elevé dans les principes les plus austères par son oncle Caton, il prit, lors de la division de César et de Pompée, parti pour ce dernier, le considérant comme le véritable soutien de la république. La veille de la bataille de Pharsale, au milieu de cette jeunesse romaine qui se partageait déjà les honneurs et le pouvoir, Brutus, calme et impassible, venu là pour se dévouer au salut de la liberté menacée, étudiait. Après cette désastreuse défaite qui consomma la chute de la république romaine, Brutus accepta, non sans remords, le pardon que lui offrit César, ainsi que le gouvernement de la Gaule cisalpine et la préture urbaine. Républicain austère, il s'était dévoué à Pompée, quoique celui-ci fût le meurtrier de son père, et il haïssait César malgré l'amitié qui l'entraînait vers lui et les témoignages d'affection que celui-ci, qui le considérait comme son fils, ne cessait de lui témoigner. Ces remords étaient rendus plus cuisants par les reproches qui lui étaient adressés chaque jour, par les billets portant ces mots expressifs : *Tu dors, Brutus!* qu'il trouvait sur son tribunal ou au pied de la statue de son aïeul. Aussi lorsque la mort de César fut résolue, se trouva-t-il prêt à frapper. Du reste, les conjurés, qui, pour la plupart n'étaient que des hommes tarés et n'avaient que des bienfaits à reprocher au dictateur, étaient bien aises de se couvrir de la personnalité de Brutus, entourée d'une auréole de vertu. Le complot, semblable en cela à bien d'autres, se réduisait donc à ceci : un homme vertueux, sincèrement patriote, poussé vers l'assassinat par des intrigants. Lorsque César eut rendu le dernier soupir, Brutus eut dû comprendre qu'il avait compromis tout à fait la liberté, en voyant qu'il n'avait autour de lui, pour la défendre, qu'une troupe de gladiateurs et d'esclaves; mais il en rejeta la faute sur Antoine, sur Cicéron, sur le peuple lui-même, agissant en cela comme tous ceux qui jugent les hommes comme des chiffres, ne tenant aucun compte des passions, qui jouent pourtant le plus grand rôle dans les événements. César s'était attaché à abattre l'aristocratie, et ce nivellement qui flattait le peuple lui avait attiré ses sympathies. Brutus retranché dans le Capitole, fut obligé d'accepter l'amnistie dérisoire du sénat et de quitter Rome avec son parti. Il se retira en Grèce, s'empara des armes et de l'argent destinés à Antoine, rallia les soldats épars de Pompée et se prépara à la guerre civile. Cassius, dont les talents militaires étaient incontestables et qu'il avait rejoint en Asie, était d'avis de faire traîner la guerre en longueur; Brutus opina pour qu'on terminât d'un seul coup, car il voyait la défection dégarnir chaque jour les rangs de son armée. La veille du jour qui précéda la bataille qui décida du sort de Rome, Brutus cherchait comme d'habitude des consolations dans l'étude, lorsque tout à coup il vit apparaître devant lui un spectre qui, depuis longtemps, s'était déclaré son mauvais génie, et qui s'était écrié: « Je te retrouverai à Philippes. — Eh bien! à Philippes! » avait répondu Brutus. Dans la première bataille, il fut vainqueur, mais Cassius, vaincu, crut qu'il avait été également battu et se donna la mort. Il livra de nouveau bataille, et malgré des prodiges de valeur, il fut vaincu. Dégoûté des hommes et de la vie, il se fit donner la mort par le rhéteur Straton en s'écriant: « O vertu, tu n'es qu'un vain mot! ». Antoine pleura à l'aspect de son cadavre et le couvrit de son manteau; mais Octave lui fit trancher la tête pour la déposer aux pieds de la statue de César (42 av. J.-C.).

BRUTUS (Décimus). Après avoir servi sous les ordres de César, il fut chargé, en 49 av. J.-C, d'assiéger Massilia (Marseille), dont il s'empara. Il s'associa au complot ayant pour but d'assassiner César; au jour marqué, il alla le chercher et dissipa les craintes que Calpurnie avait fait naître dans l'esprit du dictateur. Après la mort de celui-ci, Brutus, malgré l'appui de Cicéron et du sénat, se renferma dans Modène, au lieu de marcher contre Antoine qui vint l'assiéger dans cette ville. Mais Octave fit lever le siége, et ce fut Brutus qui obtint le triomphe. Celui-ci eut alors à se défendre contre Antoine, renforcé par les troupes de Lépide; il fut obligé, par la défection d'Octave, de fuir déguisé en Gaulois. Fait prisonnier par Camélius, il eut la tête coupée par ordre de ce prince, auquel il avait autrefois rendu service.

BRUX ou BRIX, ville des Etats autrichiens (Bohême), à 70 kil. de Prague, dans le cercle de Saatz. Pop. 4,000 hab. Célèbres sources de Sedlitz aux environs. Collége pour les fils de militaires. Victoire des Prussiens sur les Autrichiens, le 5 février 1759.

BRUXELLES, capit. du royaume de Belgique; ch.-l. de la prov. du Brabant méridional, à 285 kil. de Paris par voie de terre, 370 kil. par le chemin de fer du Nord, et 200 kil. d'Amsterdam. Pop. 163,500 hab. Résidence du roi, siége du gouvernement, d'une université libre, des cours de cassation, des comptes, d'appel, etc. Station principale des chemins de fer du nord de l'Europe. Dépôt des archives du royaume. Bibliothèque royale. Conservatoire de musique; musée de peinture très-riche; écoles militaire, vétérinaire, de commerce, etc; observatoire, hôtel des monnaies, des académies royales des lettres, de médecine, des beaux-arts. Parmi ses monuments, on cite: l'église de Sainte-Gudule (1047), l'hôtel de ville, bâti de 1401 à 1442, la Maison du roi, reconstruite en 1518, le Palais du roi, celui des chambres, etc. Monument colossal de Godefroy de Bouillon, statue de Vesale. Patrie des médecins Vesale et Van-Helmont, de Philippe et J.-B. de Champagne, de Van der Meulen, du prince de Ligne, etc. Commerce de toiles et de transit; carrosseries, brasseries, bonneterie, produits chimiques, tanneries, raffineries de sel et de sucre, imprimeries de toute espèce, dentelles dites *point de Bruxelles*, tabac. Le grand bassin de commerce peut recevoir 400 navires. Aux environs, château royal de Laeken. Bruxelles fut fondée au VIIe siècle. Othon II y tint sa cour en 976, et elle fut la capitale des Provinces-Unies depuis 1507, une des deux capitales du royaume des Pays-Bas de 1815 à 1832 et du royaume de Belgique depuis 1832. Les Français la bombardèrent en 1695, l'assiégèrent et la prirent en 1746 et en 1792; les alliés la reprirent en 1794. De 1795 à 1814, elle appartint à la France et était alors le ch.-l. du départ. de la Dyle.

BRUYÈRES, ch.-l. de cant. de l'arrond. d'Epinal (Vosges), à 20 kil. de cette ville. Pop. 2,000 hab. Source d'eau minérale froide. Coutellerie commune.

BRUYÈRES, village de l'arrond. de Laon (Aisne), à 4 kil. de cette ville. Pop. 1,200 hab. Aux environs, abbaye du Val-Gratien, de l'ordre de Prémontré, ruinée par les Anglais au XVe siècle. Cette ville obtint de Louis le Gros, en 1130, une charte de commune.

BRUYÈRE (Louis), architecte et ingénieur distingué. Né en 1758 à Lyon. Nommé ingénieur en chef en 1804, il surveilla la construction du canal Saint-Maur et le rétablissement de la machine de Marly. Comme directeur des travaux publics de Paris, il prit une part importante à l'érection ou à l'achèvement de plusieurs monuments, parmi lesquels nous citerons: les abattoirs, les marchés, l'entrepôt des vins, le lycée Saint-Louis, la halle aux blés. On lui doit la coupole de cet édifice, chef-d'œuvre de hardiesse et de solidité, la Bourse, la Madeleine. Mort en 1831. Il a laissé des *Etudes relatives à l'art des constructions*.

BRUZEN DE LA MARTINIÈRE. (*Voir* LAMARTINIÈRE.)

BRYENNE (Nicéphore), général de l'empereur grec Parapinau. Doué de facultés supérieures, il craignit, à des indices certains, le sort de Bélisaire. Pour l'éviter, il se révolta contre son maître et se fit proclamer empereur à Dyrrachium (Illyrie); mais là s'arrêtèrent ses succès. Il fut vaincu peu de temps après et eut les yeux crevés (1079).

BRYENNE (Nicéphore), fils du précédent, se distingua par sa fidélité envers son souverain. Favori d'Alexis Comnène, qui le choisit pour gendre et l'honora du titre de césar, il ne put cependant se faire nommer son successeur. Il s'en consola dans l'étude des lettres. On a de lui l'*Histoire des empereurs grecs de 1057 à 1071*.

BRZESC-KUJAWSKI, ville de Pologne, dans le gouvernement de Varsovie, à 55 kil. de Plock. Pop. 1,350 hab.

BRZESC-LITEWSKI ou BREST-LITOWSK, ville de la Russie d'Europe dans le gouvernement de Grodno, à 180 kil. de cette ville. Pop. 12,000 hab. Forteresse; école militaire depuis 1841. Siége d'un évêché arménien catholique. Tanneries, fabriques de draps. Château impérial aux environs. Victoire de Souwaroff sur le général polonais Sierakowski.

BRZÉTISLAS Ier, duc de Bohême de la maison Przemysl. Régna de 1037 à 1055.

BRZÉTISLAS II, roi de Bohême de 1093 à 1100. Un décret de l'empereur d'Allemagne Henri IV avait érigé le duché de Bohême en royaume (1086).

BRZEZANY, ville des Etats autrichiens (Galicie), à 65 kil. de Lemberg. Pop. 5,200 hab. Ch.-l. d'un cercle qui compte 210,000 hab.

BUA ou ILE DES PERDRIX, petite île de l'Adriatique, sur la côte de la Dalmatie (Autriche), à 30 kil. de Spalatro. Pop. 3,500 hab. Oliviers, amandiers, etc. Jetée qui unit cette île à la ville de Trau.

BUACHE (Philippe), géographe estimé, né à Paris en 1700, mort en 1773. Son titre principal à la célébrité n'est pas d'avoir été, en 1729, nommé géographe du roi, mais d'être l'inventeur d'une nouvelle division du globe, par bassins de rivières et de mers, subordonnés les uns aux autres.

BUANDERIE. Ce terme vient d'un mot latin qui exprime l'idée d'ébullition. C'est un lieu où sont installés un fourneau et des cuviers pour blanchir le linge au moyen de l'eau chaude. L'opération du blanchissage a bien changé depuis le temps où Homère nous représente Nauciscaa, la fille du roi Alcinoüs, lavant elle-même avec ses suivantes son linge à la fontaine. Le linge passe maintenant par différentes opérations. Il est: 1° *trempé;* 2° *essangé;* 3° *lessivé*, dans l'eau froide; c'est-à-dire imbibé d'une dissolution alcaline de soude de potasse ou même de cendre de bois; 4° *savonné;* 5° *rincé* pour enlever l'eau de savon; 6° *égoutté;* 7° *séché;* 8° *repassé* et *plié*. Par le blanchissage à la vapeur on obtient une économie de temps, de savon et de combustible, et plus d'uniformité dans le blanchissage.

BUBASTIS, divinité égyptienne, fille d'Osiris et d'Isis; elle présidait à la naissance des enfants.

BUBIKON, village de Suisse (Zurich). Pop. 1,600 hab. Ruines d'une commanderie de Malte, vendue en 1791.

BUBNA ET LITTIZ (Ferdinand, comte DE), feld-maréchal autrichien, né en Bohême en 1769. Diplomate et homme de guerre, le comte Bubna brilla peu dans l'un et l'autre genre. Il fut notamment chassé de la Savoie, où il commandait un corps d'armée, par le maréchal Suchet (1815). Mort en 1825 gouverneur de la Lombardie.

BUBONA. Nom d'une divinité des Romains qui présidait aux soins et à la conservation des bœufs.

BUC, village de l'arrond. de Versailles (Seine-et-Oise), à 4 kil. de cette ville. Pop. 700 hab. Aqueduc remarquable qui fournit de l'eau à Versailles. Cet endroit est des plus pittoresques et offre une vue qui n'a rien à envier aux plus beaux paysages de la Suisse.

BUCCARI, ville des Etats autrichiens (Croatie), à 10 kil. de Fiume. Pop. 3,300 hab. Petit port sur l'Adriatique. Pêche de thons.

BUCCELLAIRE. C'était le nom que l'on donnait à Rome, au client, au parasite. Les Visigoths appelèrent de même les vassaux qu'ils nourrissaient.

BUCCHIANICO, ville du royaume d'Italie (Abruzze citérieure), à 6 kil. de Chieti. Pop. 4,000 hab. Vins estimés.

BUCCINATOR. Nom donné au sonneur de buccine, dans l'infanterie légionnaire romaine.

BUCCINE, espèce de trompette ou d'instrument de musique guerrière chez les anciens.

BUCCINO, ville du royaume d'Italie (principauté citérieure), à 22 kil. de Campagna. Pop. 5,000 hab. Pont romain sur la Botta. Beaux marbres aux environs.

BUCENTAURE, navire sans mâts ni voiles, sur lequel le doge de Venise montait le jour de l'Ascension, quand se célébrait son mariage avec l'Adriatique. Le doge trônait à la poupe, entouré de la seigneurie de la république, ayant à sa droite le légat du pape, à sa gauche l'ambassadeur de France; il jetait un anneau d'or dans la Mer adriatique, tandis qu'un prêtre récitait des prières.

BUCÉPHALE, cheval d'Alexandre le Grand. Ce prince était le seul qui pût le monter. Un Thessalien le vendit à Philippe pour 13 talents (70,000 fr.). Plusieurs fois Alexandre dut la vie à Bucéphale, qui le dégageait du fort de la mêlée. Alexandre le perdit dans la bataille contre Porus, et éleva sur le lieu même la ville de Bucéphale.

BUCER (Martin), un des apôtres les plus distingués du luthéranisme, né à Schlestadt en 1491. Comme Luther il quitta le couvent et se maria (1521). Puis, indigné à la vue des abus qui se commettaient à cette époque sous le nom de la religion, il se consacra tout entier à la prédication et à l'enseignement. C'était la première fois que les matières religieuses étaient dégagées des ténèbres dont les avait enveloppées le moyen âge, et que la raison et la science rendaient compte des vérités de la foi. L'intelligence et le raisonnement allaient prendre la place des sens et de la routine. Pendant 20 ans, Bucer enseigna à Strasbourg ces nouvelles doctrines qui devaient revivifier l'esprit humain. Il passa ensuite en Angleterre, et mourut à Cambridge en 1551.

BUCH (Léopold DE), célèbre géologue prussien, né en 1774. Sa vie fut une suite de voyages scientifiques, dont les résultats donnèrent une vive impulsion à la géologie, et à la paléontologie. Il a laissé d'importants travaux sur la théorie des soulèvements et le *métamorphisme* ou transformation des roches. Mort en 1853, chambellan du roi de Prusse, Frédéric-Guillaume IV, et associé étranger de l'Institut.

BUCHAN, petite contrée d'Ecosse, enclavée dans les comtés d'Aberdeen et de Banff. Superf. 117,000 hect. Pop. 40,000 hab. Elle est située à l'extrémité N.-E. sur la mer du Nord.

BUCHANAN (George), poëte et historien. Ecossais de naissance (1506), il se montra Français d'esprit et de caractère pendant toute sa vie, qui fut des plus aventureuses. C'est à Paris qu'il fit ses études; il professa même quelque temps à la communauté de Sainte-Barbe. Il retourna en Ecosse, où l'éducation du comte de Murray, fils naturel de Jacques V, lui fut confiée. La hardiesse de ses opinions lui attira maint désagrément; il fut emprisonné (1539) pour une satire contre les Franciscains; il se réfugia en France, et enseigna successivement à Bordeaux et à Paris, puis à l'université de Coïmbre, en Portugal. Poursuivi de nouveau, il revint en France, repassa en Ecosse, abjura le catholicisme, et se convertit au protestantisme. Il prit alors parti contre Marie Stuart, qui cependant s'était intéressée à lui, et fut nommé, par les états, précepteur de Jacques VI. Ses ouvrages, tous écrits en latin, se composent de poésies, satires, épigrammes, tragédies, et d'ouvrages historiques estimés et remarquables par leur libéralisme. Le plus connu de ses ouvrages est son *Histoire d'Ecosse*, en 12 livres. Mort en 1582.

BUCHAREST, capitale de la Valachie. (*Voir* BUKAREST.)

BUCHAU, ville du royaume de Wurtemberg, à 15 kil. de Riedlingen. Pop. 2,000 hab. Ville libre impériale dès 1524 (cercle du Danube). Château des princes de Tour-et-Taxis.

BUCHEN, ville du grand-duché de Bade (Bas-Rhin), à 47 kil. d'Heidelberg. Pop. 2,400 hab. Draps, toiles, etc.

BUCHER, pile de bois résineux sur lequel les anciens brûlaient les cadavres. Chez les Grecs, il était ordinairement carré et composé de plusieurs sortes de bois faciles à s'enflammer, comme l'if, le pin, le frêne. Chez les Romains, il avait la forme d'un autel; les faces en étaient couvertes de branches de cyprès et autres arbres résineux, et la cérémonie avait lieu au champ de Mars. Quand le bûcher était allumé, on priait les vents de souffler pour en hâter l'incendie, comme on le voit pratiqué dans Homère, et, en même temps, on y jetait des habits, des étoffes de prix, des dépouilles faites sur les ennemis, et des parfums les plus précieux. Dans les temps héroïques, on immolait des prisonniers de guerre aux mânes des princes et des généraux. On lit dans Homère qu'Achille immola douze jeunes Troyens pour les brûler sur le bûcher de son ami Patrocle. Plus tard, on se contenta d'immoler des animaux. Lorsque le cadavre était réduit en cendres, on répandait du vin sur le brasier pour l'éteindre : on recueillait alors ce qu'on jugeait être les restes du défunt. On lavait les cendres et les os avec du lait ou du vin, puis on les renfermait dans une urne que l'on déposait dans le tombeau de la famille. Cela se pratiquait ainsi pour les grands et les riches. Pour les gens du commun, on les brûlait en hâte et sans cérémonie. Les anciens procédaient donc par *incinération* (ou réduction en cendres), au moins la plupart. On sait que les Egyptiens, au contraire, embaumaient leurs morts. Quelques nations modernes conservent cette coutume, surtout dans les pays chauds. Dans l'Inde, les veuves se brûlent sur le tombeau de leurs maris, victimes d'un préjugé barbare que les Anglais n'ont encore pu abolir. Presque toutes les nations civilisées actuelles procèdent par *inhumation* (c'est-à-dire par enfouissement). L'*incinération* nous paraît avoir deux avantages principaux : 1° suppression de ces foyers de corruption appelés cimetières; 2° respect plus profond pour les ancêtres, dont on conservait précieusement les cendres dans des urnes. On sait comment moururent les derniers Templiers, en 1307; et Jeanne d'Arc, en 1431, qui avait sauvé la France. — Ne terminons point cet article sans parler des bûchers de l'*Inquisition*, qui brûlaient encore en Espagne en 1820; et de ces monstrueux *auto-da-fé* (actes de foi), actes bien plutôt d'une atroce cruauté, qui seront à jamais le déshonneur de l'Espagne. Des flots de sang innocent n'avaient pu les éteindre pendant six siècles; c'est à l'intervention de la France, patrie de tous les sentiments généreux, que l'humanité est redevable de cette suppression.

BUCHHOLZ, ville du royaume de Saxe (Zwickau), à 2 kil. d'Annaberg. Pop. 2,500 hab. Industrie active; passementerie, rubans, dentelles. Mines d'argent et de cobalt. Belle église gothique.

BUCHHOLZ (Franzœsisch-), village de Prusse (Brandebourg), à 7 kil. de Berlin. Pop. 700 hab.

BUCHLOWITZ, bourg des Etats autrichiens (Moravie), à 10 kil. de Hradisch. Pop. 1,900 hab. Château des comtes de Berchtold. Sources sulfureuses et bains aux environs.

BUCHON (Jean-Alexandre), littérateur et érudit. Il s'occupa spécialement des chroniques du moyen âge et fut un des fondateurs du *Panthéon littéraire*. Il est surtout connu par son esprit libéral et la part active qu'il prit aux luttes du parti démocratique contre la Restauration. Ses opinions le firent destituer, sous le ministère Polignac (1829), des fonctions d'inspecteur des archives et bibliothèques. Mort en 1846.

BUCHY, ch.-l. de cant. de l'arrond. de Rouen (Seine-Inférieure), à 24 kil. de cette ville. Pop. 700 hab.

BUCKEBOURG, ville d'Allemagne, capitale de la principauté de Lippe-Schauenbourg, à 11 kil. de Minden. Pop. 3,500 hab. Château du prince.

BUCKINGHAM, ville et paroisse d'Angleterre, capitale du comté de ce nom, à 80 kil. de Londres. Pop. 5,000 hab. Nomme deux députés. Fabrique de dentelles blanches.

BUCKINGHAM (comté de), comté d'Angleterre situé entre ceux de Northampton au N., de Bedford, Hertford et Middlesex à l'E., Berks au S. et Oxford à l'O. Ch.-l. Buckingham. Villes princ. : Aylesbury, Great-Marlow, Chipping-Wycombe. Sup. 187,847 hect. Pop. 155,980 hab. Il est arrosé par la Thane, l'Ouse et la Colne. Le centre est occupé par la fertile vallée d'Aylesbury. Grains, beurre, bétail. Laines estimées. Fabrique de chapeaux de paille.

BUCKINGHAM (comtes et ducs DE). La tige de cette maison est Gautier Gifford, compagnon de Guillaume le Conquérant, qui le fit comte de Buckingham en 1066. En 1445, ce comté passa à Edmond, comte de Strafford, et fut érigé en duché. En 1483, Richard III fit mettre à mort Henri, duc de Buckingham, qui avait conspiré en faveur de Henri Tudor. Edmond, son fils, eut le même sort sous Henri VIII, qui l'accusait d'aspirer à la royauté. Le titre de duc ne fut plus conféré jusqu'à Jacques Ier. Il fut donné, en 1703, à John Sheffield, qui mourut sans postérité en 1735, et, en 1784, à la famille Grenville. Le représentant le plus fameux de cette maison est :

BUCKINGHAM (George VILLIERS, duc DE), favori des rois Jacques Ier et Charles Ier; cet homme est un exemple fameux des malheurs que peuvent attirer sur une nation la faiblesse et l'incurie de celui qui la gouverne et de l'impudence sans limite des favoris qui règnent à leur place. On peut dire de lui qu'il a construit pièce par pièce l'échafaud où roula plus tard la tête de Charles Ier. Doué de toutes ces qualités qui séduisent les gens pour lesquels les apparences et l'esprit sont tout, il eut l'adresse de supplanter, tout jeune encore, Somerset dans la confiance de Jacques Ier, qui, dans l'espace de deux ans, le fit marquis, duc et enfin premier ministre. Il ne profita de toutes ces faveurs que pour accroître ses richesses en imposant au peuple des taxes arbitraires et odieuses, en vendant les dignités et les emplois au plus offrant; en faisant, enfin, commerce de tout. Le peuple écrasé, maudissait le roi et le favori; les communes demandèrent plusieurs fois l'éloignement de celui-ci, mais toujours sans succès; le parlement hasarda des remontrances, il fut dissous à différentes reprises. Non content de ces désordres à l'intérieur, Buckingham entraîna sa patrie dans des guerres désastreuses. Son insolence fit échouer (1623) une négociation entamée pour unir le prince de Galles (Charles Ier) à l'infante d'Espagne, et déclarer à ce pays une guerre injuste. Plus tard, envoyé en France pour demander la main d'Henriette, fille de Henri IV, il osa parler d'amour à la reine Anne d'Autriche. Sans doute il ne fut pas repoussé trop durement, car Richelieu, qui avait échoué dans la même entreprise, prenant à cœur les intérêts et la dignité de Louis XIII, obtint le renvoi de l'ambassadeur. Pour se venger, Buckingham déclara la guerre à la France, en portant secours aux protestants révoltés. Mais il fut honteusement repoussé devant la Rochelle et l'île de Ré (1627). Il faisait des préparatifs pour réparer cet échec, lorsque Felton l'assassina.

BUCKINGHAM (George VILLIERS, duc DE). Son père avait été le favori de Charles Ier, il fut celui de Charles II. Ni son maître ni lui ne surent profiter des exemples terribles du règne précédent. Après avoir puissamment contribué à faire remonter (1660) Charles II sur le trône, il se plongea dans tous les excès, et mourut aussi détesté que son père. Il fut un des cinq membres de ce ministère de la *Cabale*, qui exerça une influence si désastreuse sur les affaires de l'Angleterre.

BUCKSPORT, ville des Etats-Unis (Maine), à 26 kil. de Castim. Pop. 3,000 hab. Commerce actif. Bon port sur le Penobscot.

BUCOLIQUES. C'est l'imitation des mœurs champêtres dans leur plus agréable simplicité. Tout l'esprit de cette composition veut être en sentiments et en images; ce n'est que par les sens que les laboureurs et les bergers sont instruits et affectés; leur langage doit être comme le miroir où ces impressions se retracent. C'est là le mérite principal des bucoliques de Virgile. Théocrite, dans l'antiquité, Mme Deshoulières, Voiture, Racan et d'autres encore, chez les modernes, ont totalement méconnu le caractère de ce genre de poésie en le dénaturant par de l'afféterie. Nous sommes loin de ces sentiments énergiques si bien dépeints par le cygne de Mantoue. Les bergers de ces derniers poëtes ne seraient point déplacés dans les salons de Versailles.

BUCQUOY (Charles-Bonaventure DE LONGUEVAL, comte DE), général célèbre (1551-1621). Il servit dans les Pays-Bas, défit les Bohémiens (1620) révoltés contre Ferdinand II, à la bataille de la Montagne-Blanche, et fut tué en Hongrie.

BUCQUOY (Georges-François-Auguste de Longueval, baron de Vaux, comte DE) (1781-1851). Chambellan de l'empereur d'Autriche, il s'occupa toute sa vie de physique et de chimie et donna une extension considérable aux verreries de Bohême.

BUCQUOY (Jean Albert d'ARCHAMBAUD, comte DE), plus connu sous le nom de l'abbé Bucquoy, né vers le milieu du XVIIe siècle, originaire de Champagne. Il prit, quitta, reprit la cuirasse et la haire, ou, pour mieux dire, il n'est presque pas de métier qu'il n'ait entrepris. Il se fit enfin enfermer à la Bastille pour avoir prêché contre le despotisme du pouvoir, hardiesse un peu trop forte sous un gouvernement habitué à la plus basse flatterie. Il parvint à s'échapper de prison et se réfugia en Hanovre, où il mourut en 1740. Il a laissé plusieurs ouvrages, entre autres l'*Histoire de son évasion* (1719).

BUCZACZ, bourg des États autrichiens (Gallicie), à 30 kil. de Czortkow. Pop. 2,300 hab. En 1672, un traité de paix y fut signé entre les Turcs et les Polonais.

BUDE ou OFFEN, ancienne capitale de la Hongrie, dans le comitat de Pesth-Pilis, ville forte, à 205 kil. de Vienne. Pop. 50,000 hab. Siége d'un évêché grec, observatoire, école de dessin. Citadelle et fort de Bloksberg, arsenal, plusieurs beaux palais. Fonderie de canons; eaux thermales et vins renommés. Bude appartint aux Turcs de 1530 à 1686.

BUDÉ (Guillaume). « Le premier homme de son siècle dans la littérature grecque et latine, » dit l'historien Guicciardin. Il détermina François Ier à fonder le collége *Trilingue* ou des trois langues : l'hébreu, le grec et le latin, fameux plus tard sous le nom de collége de France. Il appliqua le premier la philologie et l'histoire à l'intelligence du droit romain, innovation qui, perfectionnée à une autre époque, devait apporter une révolution dans la jurisprudence. Une tradition touchante, et à laquelle on peut ajouter foi, nous le montre balayant pendant le jour les salles d'un collége comme domestique, et étudiant toute la nuit à la clarté d'une lampe fumeuse. Exemple fameux et bien fait pour encourager, de ce que peut l'amour du travail joint à une infatigable énergie.

BUDEIA, c'est-à-dire *celle qui attèle des taureaux*, surnom de Minerve à Athènes.

BUDERICH ou BLUCHER, bourg de Prusse (prov. du Rhin), à 4 kil. de Wesel. Pop. 1,000 hab. Les Français la prirent en 1672 et en 1813.

BUDGET, terme anglais, venant luimême de notre vieux mot *bougette*, du bas latin *bulga*, sac ou bourse. C'est, en effet, dans un sac de cuir que sont apportés au parlement anglais les cahiers concernant le budget. On appelle ainsi : 1° un état des recettes et des dépenses présumées; 2° ce même état approuvé ou modifié par l'autorité compétente. Ces *recettes* et ces *dépenses*, qui ont chacune des subdivisions, aboutissant elles-mêmes à des chapitres de détail, divisent naturellement le budget en deux parties principales. On distingue le budget de l'État, les budgets départementaux, le budget de la commune et le budget des établissements publics. Le budget de l'État, dans les États constitutionnels, est librement voté et discuté par les représentants de la nation, et l'ordonnance du 31 mai 1838 impose, aux ministres, des obligations très-sévères à ce sujet. Ils ne doivent ni dépenser au-delà des fonds votés, ni modifier leur usage, ni les reporter d'un chapitre sur l'autre. Les principales sources de revenu de la France sont : les contributions directes; l'enregistrement; le timbre et les domaines; les forêts et la pêche ; les droits de douane et la taxe du sel; les contributions indirectes, les produits des postes. Nos dépenses consistent en : dette publique ; dotations diverses; services des ministères; frais de régie et de perception d'impôt et de revenus; remboursements et restitutions, nonvaleurs, primes et escomptes. Personne n'ignore les exactions honteuses des *fermiers généraux*, chargés, avant 1789, de la perception de l'impôt, et par suite de leurs manœuvres le trésor restait toujours vide. A des époques différentes Sully et Colbert entrevirent des réformes qu'ils ne purent mener à bien ou à entier accomplissement. Necker, par son fameux compte rendu de 1781, ouvrit la voie, et Louis XVI, par une déclaration du 24 janvier 1789, promit aux états quelque chose d'analogue au budget actuel. Les troubles de la Révolution apportèrent des obstacles à l'exécution de cet engagement, dont l'idée fut reprise sous le Consulat, en 1802. C'est à cette époque seulement que le mot budget apparaît chez nous; il y avait longtemps que nos voisins d'outre-Manche possédaient l'institution qu'il désigne. Toutefois, les budgets du consulat et de l'empire étaient plutôt présentés à l'*approbation* qu'à la *délibération* des Chambres, et ce n'est que sous la Restauration qu'ils commencèrent à être pris au sérieux de part et d'autre. Là est, en effet, le point important de la question. Il ne s'agit pas ici de retrancher aux dépenses d'un côté, pour ajouter de l'autre, sans discernement; c'est une affaire de bonne foi réciproque : si le gouvernement ne doit demander que ce qui lui est nécessaire, le Corps législatif doit lui accorder tout ce dont il a besoin pour administrer la France et la maintenir au premier rang que ses idées libérales et la puissance de son épée lui ont assigné. C'est aux hommes spéciaux de la Chambre à examiner l'état des dépenses présumées et à s'en rendre compte pour éclairer leurs collègues et leur inspirer une décision, un vote consciencieux. Il arrive que des travaux extraordinaires ou diverses autres causes font souvent dépasser, aux dépenses totales, la somme des recettes, et contribuent à former ce qu'on appelle le *déficit*, ou le découvert du budget. Ce découvert a obligé l'État à des emprunts, et ces emprunts ont augmenté peu à peu la *dette publique*, qui s'élève aujourd'hui à environ 9 milliards de capital. Voici un aperçu approximatif des budgets des principales nations de l'Europe et de leur dette publique : France : Pop. 36 millions. Recettes et Dépenses, 2 milliards. Dette publique, 9 milliards. — Empire britannique : Pop. 29 millions. R. et D. 1 milliard 800 millions. D. P. 26 milliards. — Russie : Pop. 64 millions. R. et D. 1 milliard 100 millions. D. P. 2 milliards. — Autriche : Pop. 35 millions. R. 700 millions. D. 900 millions. D. P. 8 milliards. — Prusse : Pop. 18 millions. R. et D. 500 millions. D. P. 800 millions. — Espagne : Pop. 16 millions. R. et D. 460 millions. D. P. 3 milliards et demi. — Les budgets départementaux sont discutés et votés par les conseils généraux, et réglés définitivement par le chef de l'État. Le budget de la commune est voté par le conseil municipal et réglé par le préfet. Les chefs d'établissements publics dressent leur budget, qu'ils soumettent à l'approbation de leur ministre spécial.

BUDIN, ville des États autrichiens (Bohême), à 15 kil. de Leitmeritz. Pop. 1,200 hab. Les Prussiens l'incendièrent en 1759.

BUDINGEN, village du grand-duché de Hesse-Darmstadt, à 21 kil. de Hanau. Pop. 2,800 hab. Grès rouge; sources salées.

BUDOS, village de l'arrond. de Bordeaux (Gironde), à 47 kil. de cette ville. Ruines d'un ancien château du XIIIe siècle. Il soutint un siége contre les Anglais en 1421.

BUDWEISS, ville des États autrichiens (Bohême), ch.-l. de cercle, à 120 kil. de Prague. Pop. 16,000 hab. Siége d'un évêché, séminaire, lycée épiscopal; colléges des cisterciens et des piaristes. Douane, arsenal. Commerce actif de bois.

BUDWEISS (cercle de), situé dans les États autrichiens (Bohême), entre le cercle de Tabar au N., l'Autriche au S. et à l'E., la Bavière à l'O. et le cercle de Pisek au N.-O. Sup. 910 kil. carr. Pop. 206,300 hab. Étangs poissonneux; immenses varennes.

BUENAVENTURA, prov. de l'État de Cauca (Nouvelle-Grenade). Pop. 32,000 hab. Ch.-l. Iscuande.

BUENA-VISTA, métairie dans la Confédération mexicaine, à 185 kil. de Cohahuila ou Monclova. Le général Taylor y vainquit le général mexicain Lopez de Santa-Anna (1847).

BUENOS-AYRES, ch.-l. de l'État de Buenos-Ayres et des provinces unies du Rio de la Plata, à 200 kil. de Montevideo. Pop. 122,000 hab., dont 20,000 étrangers, Anglais et Français. Siége du gouvernement, d'un évêché depuis 1620. Université fondée en 1821, observatoire, hôtel des monnaies, bibliothèque. On cite parmi ses édifices la cathédrale, l'hôtel de ville, la citadelle, le palais du Congrès. Commerce important. Exportation de cuirs. Buenos-Ayres fut fondée en 1535 par don Pedro de Mendoza et porta d'abord le nom de *ciudad de la Trinidad*. Ruinée par les Indiens, elle fut rebâtie en 1580 et devint, en 1776, la capitale de la vice-royauté de Buenos-Ayres. Les Anglais s'en emparèrent en 1806 et les Espagnols la reprirent peu de temps après. On y proclama, en 1816, la république de la Plata ou Argentine. Elle fut séparée de la Confédération en 1853 et réunie en 1854.

BUENOS-AYRES (État de), l'une des 14 provinces de la république fédérative. Il est borné au N. par l'Entre-Rios, au N.-E. par la Banda-Orientale, au S.-E. et à l'E. par l'Océan atlantique, au S. par la Patagonie, et au N.-O. par les États de Cordova et de San-Luiz. Sup. 1,067 myr. car. Pop. 500,000 hab. Sol fertile et couvert de gras pâturages.

BUET, montagne de France (Haute-Savoie), à 19 kil. du mont Blanc. Haut. 2,320 mètres environ. Beaux glaciers.

BUFFALO, ville des États-Unis, à 471 kil. de New-York. Pop. 55,000 hab. Industrie très-active; grand entrepôt de commerce pour le nord. Plusieurs établissements littéraires et scientifiques. Beaux monuments. Chemins de fer avec Boston, Philadelphie, Cincinnati.

BUFFET, meuble d'un usage commun, destiné à contenir des provisions et à serrer la desserte de la table. Il est souvent surmonté d'un *dressoir* plus ou moins riche qui reçoit la vaisselle. On a appelé ainsi, par extension, des salles où l'on peut faire de légers repas aux principales stations des chemins de fer. On a enfin donné ce nom à l'ensemble des pièces de bois destinées à envelopper les tuyaux d'un orgue.

BUFFON, village de l'arrond. de Semur (Côte-d'Or), à 21 kil. de cette ville. Pop. 350 hab. Ancienne seigneurie qui appartint au naturaliste Buffon et fut érigée pour lui en comté. Forges.

BUFFON (Georges-Louis LE CLERC, comte DE), né en 1707, mort en 1788. On ne sait ce qu'il faut louer davantage dans cet homme étonnant, l'une des plus grandes gloires du

XVIIIe siècle; profond philosophe, savant universel, écrivain inimitable, admirable poëte, il déconcerte l'analyse et confond l'imagination. Son génie semble égaler la majesté de la nature, dit une inscription gravée sur le socle de la statue qu'on lui éleva de son vivant dans le cabinet du roi: « *Majestati naturæ par ingenium.* » Nommé en 1739 intendant du Jardin du roi, les devoirs de sa place fixèrent pour jamais sa vocation d'écrivain jusqu'alors incertaine et partagée entre différentes sciences. Il conçut le projet de réunir dans un vaste ensemble tous les faits, auparavant épars, de l'histoire naturelle; d'étudier notre monde planétaire, la composition du globe, la théorie de la génération, puis de parcourir toute la création depuis l'homme jusqu'aux minéraux. Ce plan semblait dépasser les forces d'un seul homme; Buffon l'aborda avec l'audace et le remplit avec la science d'un de ces philosophes antiques pour qui les obstacles n'étaient qu'un stimulant de plus. Quelle carrière que celle qui commence par la *Théorie de la terre* (1749), et finit par les *Epoques de la nature*, marquant ainsi son début et son terme par deux immortels monuments! L'étude sévère des faits et des traditions fut pour Buffon un principe dont il ne se départit jamais. Quand il hasarde des conjectures qui souvent ne sont que d'admirables pressentiments, il a grand soin de les séparer de l'histoire positive qui les précède. Daubenton, l'abbé Bexon, Guesneau de Montbéliard prêtèrent leur concours à Buffon. Ils observaient pour lui et quelquefois même ils prenaient la plume. Ils ne surent que l'exagérer sans l'égaler, car « *le style c'est l'homme.* » Le grand style de Buffon, voilà ce qui assurera à jamais sa réputation. Il est heureux pour cet écrivain que la nature lui ait fourni une grande matière, car il était incapable de descendre à un style élégamment simple. « M. de Buffon, dit Mme de Necker, ne pouvait écrire sur des sujets de peu d'importance; quand il voulait mettre sa grande robe sur de petits objets, elle faisait des plis partout. » Mais, en revanche, quelle richesse de coloris et quelle puissance d'imagination! Il fut *l'artiste* de la nature dont Linné se faisait à la même époque *l'ouvrier*. Remarquons toutefois que Buffon a plus d'imagination que de sentiment et de noblesse que d'émotion. Il ramène tout à l'homme et fait venir toutes les idées par les sens, comme Locke et Condillac. C'est dans le silence du Jardin du roi ou dans les paisibles avenues du parc de Montbard que devait se former, par cinquante années d'un travail assidu, cette imposante encyclopédie de la nature. L'*Esprit des lois*, de Montesquieu, fut aussi composé dans le silence du château de la Brède. « Les deux grands ouvrages du XVIIIe siècle, dit M. Flourens, sont le fruit du génie qui a eu le courage de la solitude. » Buffon ne manqua pas d'ennemis et surtout d'envieux. D'Alembert, Montesquieu, Voltaire l'accablèrent de leurs épigrammes. Ce dernier, entendant un jour citer l'*Histoire naturelle*, s'écria, en cachant un grand sens sous un bon mot: « *Pas si naturelle!* » Quant à J.-J. Rousseau, il alla à Montbard, et, arrivé au pavillon où Buffon avait composé son *Histoire naturelle*, il se mit à genoux et baisa le seuil de la porte. Buffon, interrogé sur cette circonstance, répondit naturellement: « *Il est vrai, Rousseau y fit un hommage.* » Cette anecdote n'a pas besoin de commentaire.

BUGEAT, ch.-l. de cant. de l'arrond. d'Ussel (Corrèze), à 29 kil. de cette ville. Pop. 950 hab.

BUGEAUD DE LA PICONNERIE (Thomas-Robert), maréchal de France, né à Limoges, en 1784. Il est nécessaire de distinguer, dans le maréchal Bugeaud, le personnage militaire et le personnage politique. On pourrait résumer sa carrière militaire ainsi: suite d'actions d'éclat, de victoires et de services rendus à la patrie. Simple vélite en 1804, il parcourut successivement les nombreux champs de bataille du premier empire, où il conquit tous ses grades. En Espagne, il se distingua à Lérida, Tortose, Tarragone; au combat d'Yéda (Murcie), il enleva 700 Espagnols à la tête de 200 hommes; en Catalogne, il surprit un régiment tout entier qu'il écrasa au col d'Ordal. Dans cette lutte où la France ne succomba que par son infériorité numérique, Bugeaud déposa le dernier les armes, et le dernier combat fut livré par lui, le 28 juin 1815, à Hôpital-sous-Conflans (Savoie). Il était alors colonel. Sous la Restauration, il ne s'occupa, dans sa terre d'Excideuil (Dordogne), que de travaux agricoles. Après la révolution de 1830, il reprit du service, et fut envoyé en Algérie en 1836. C'était le général le plus propre à faire triompher nos armes dans cette guerre toute nouvelle où la tactique était continuellement déjouée par les ruses et la mobilité des Arabes. Il ne tarda pas à organiser des troupes légères et un matériel de campagne approprié à la nature du pays et de l'ennemi à combattre, et engagea vigoureusement la lutte. Il remporta sur l'émir Abd-el-Kader la victoire de la Sikkah (1836), et conclut avec lui le traité de la Tafna, par lequel il abandonnait aux Arabes une grande partie de la régence. Nommé gouverneur général de l'Algérie en 1840, il s'acquitta de ses fonctions en administrateur et en guerrier, faisant marcher de front, suivant sa devise, *Ense et aratro* (par le glaive et le soc), la conquête et son organisation. En 1843, le général Bugeaud fut élevé à la dignité de maréchal de France. La célèbre victoire de l'Isly, qu'il remporta sur les troupes marocaines, le fit créer duc d'Isly. Il dirigea avec succès une expédition contre la grande Kabylie; mais, contrarié dans ses plans de colonisation, il se retira en 1847. Personne mieux que lui ne sut exciter au plus haut point la confiance du soldat. Dans la nuit du 23 au 24 février 1848, Louis-Philippe le chargea du commandement en chef de l'armée de Paris. Paralysé par l'entourage du vieux roi, son action fut nulle. Il resta éloigné des affaires jusqu'à l'avénement du prince Louis-Napoléon à la présidence de la République, et en reçut le commandement de l'armée des Alpes. Il venait d'être élu représentant du peuple, lorsqu'il mourut à Paris, du choléra, en juin 1849. Ce résumé rapide suffit pour nous faire connaître l'homme de guerre, et comprendre la réputation incontestable qu'il s'est méritée à ce titre. Sa carrière politique a été diversement appréciée. On ne peut nier cependant que les fonctions de gouverneur du château de Blaye, qu'il accepta de Louis-Philippe (1832), dont il avait embrassé la cause avec ardeur en 1830, ne fussent de nature à lui attirer, sinon à justifier les attaques qui en furent la suite et amenèrent la mort de l'infortuné Dulong. Comme orateur, sa parole à la Chambre, où il avait été envoyé par la Dordogne, en 1831, fut toujours celle d'un soldat, brusque, sans ménagement. Périgueux et Alger lui ont élevé une statue. Son nom a été donné à un village de la province de Constantine. Il a laissé des écrits sur l'Algérie, sur quelques parties de l'art militaire, sur l'agriculture, la relation de la bataille de l'Isly. Divers manuscrits du maréchal Bugeaud sont, en outre, aux archives de la guerre.

BUGEY, pays de France, avec le titre de comté, dans l'ancien duché de Bourgogne, compris aujourd'hui dans le départ. de l'Ain. Cap. Belley. Superf. 40 myriam. carrés. Ce pays était habité par les Ségusiens au temps de César, et sous Honorius, il fut compris dans la 1re Lyonnaise. La Savoie le céda à la France en 1601.

BUGUE (le), ch.-l. de cant. de l'arr. de Sarlat (Dordogne), à 24 kil. de cette ville. Pop. 2,430 hab. Commerce de transit. Fabriques d'huile de noix, serges, étamines, bonneterie; vins. Grotte de Miremont ou trou de Grandville, de 4 kil. d'étendue, à 2 kil. de cette ville.

BUHL, ville du grand-duché de Bade, à 28 kil. de Baden. Pop. 2,800 hab. Industrie; commerce. Aux environs, excellent vin connu sous le nom d'Affenthaler.

BUILT, ville d'Angleterre, dans le pays de Galles et le comté de Brecon. Pop. 1,000 hab. Le dernier chef des Gallois, Llewellyn, y fut défait en 1282.

BUIRON-FOSSE, village de l'arrond. de Vervins (Aisne), à 20 kil. de cette ville. Pop. 1,550 hab. Fabrique considérable de saboterie. Edouard III et Philippe VI s'y rencontrèrent le 20 octobre 1339, la bataille n'eut pas lieu.

BUIS-LES-BARONIES, ch.-l. de cant. de l'arrond. de Nyons (Drôme), à 24 kil. de cette ville. Pop. 2,050 hab. Commerce de laines et draps; filature de soie.

BUITENZORG, ville de l'île de Java, à 45 kil. de Batavia. Beau château; jardin botanique; culture de thé.

BUIUKDÉRÉ, grand village de la Turquie d'Europe (Roumélie), à 16 kil. de Constantinople. Pop. 1,600 hab. Briqueteries importantes, poteries.

BUJALANCE, ville d'Espagne, dans la province de Cordoue, à 28 kil. de cette ville. Pop. 14,500 hab. Foire importante en août.

BUKAREST, BUCHAREST ou BOUKHAREST, c'est-à-dire *ville de joie*, ville des Principautés-Unies, cap. de la Valachie, à 450 kil. de Constantinople. Pop. 90,000 hab. Résidence du souverain; siége d'un archevêché grec; consulat français; collége français; haute école grecque. Eglise métropolitaine, palais du gouverneur, de l'archevêque; hôpital, hôtel des consuls russe et autrichien. Commerce considérable de vins, cuirs, chanvre, tabac, grains, avec l'Allemagne, la Russie, la Turquie. Bukarest devint la capitale de la Valachie en 1698. Les Russes la prirent aux Turcs en 1769, et les Autrichiens en 1774. Le 28 mai 1812, il s'y conclut un traité entre les Russes et les Turcs, qui céda à ceux-ci la Bessarabie et un tiers de la Moldavie; etc.

BUKOWINE, prov. des Etats autrichiens, située entre la Gallicie, au N. et à l'O., la Russie au N.-E., la Moldavie au S. et à l'E., la Transylvanie et la Hongrie au S.-O. Superf. 104 myriam. carrés. Pop. 462,250 hab. Ch.-l. Czernowitz. Villes principales: Soutchava, Sereth. Sol montagneux, arrosé par le Pruth, le Sereth, le Dniester, la Bistritza et la Moldawa: Vastes forêts, pâturages, etc.; mines d'argent, de plomb, de fer. La Bukowine fut réunie à la Gallicie en 1860.

BULACAN, ville située dans l'île de Luçon, à 30 kil. de Manille. Pop. 17,000 hab. Ch.-l. d'une prov. du même nom, qui compte 182,000 hab. Commerçe de cacao renommé.

BULAMA, île du groupe des Bissagos, située près de la côte d'Afrique (Sénégambie). Superf. 35 kil. sur 17. Très-fertile. Elle appartient au Portugal.

BULÉPHORE. On appelait ainsi en Grèce le receveur général des droits du fisc.

BULGARES, peuple de la famille scythique. Ils habitaient sur les rives du Volga. Chassés par les Sabires, ils descendirent vers la Mer noire et la mer d'Azof. De 560 à 634, ils furent soumis aux Avares et fondèrent, en 968, un royaume tributaire des Russes, dans la Basse-Mœsie, qui fut conquis par Jean Zimiscès, empereur grec. En 980, Sirman fonda un 2e royaume bulgare en Macédoine, bientôt augmenté de la Servie, et disparut sous les coups de Basile II, en 1018. Un 3e royaume bulgare, dit royaume valaque-cuman ou valaque-bulgare, subsista de 1186 à 1396, et fut renversé par le sultan Bajazet Ier.

BULGARIE, prov. de la Turquie d'Europe. Elle est bornée au N. par le Danube qui la sépare de la Valachie, au S. par la Roumélie, à l'E. par la Mer noire, à l'O. par le Timok, qui la sépare de la Servie. Superf. 80,000 kil. carrés. Pop. 4 millions d'hab. Villes principales : Choumla, Varna, Sistova, Rassowa, Preslar, etc. Sol montagneux, arrosé par l'Isker et la Nissava. Grandes forêts. La Bulgarie est divisée en trois eyalets : Silistrie, Wilpin et Nissa, qui tirent leurs noms de leurs chefs-lieux.

BULGNÉVILLE ou BULLÈGNEVILLE, ch.-l. de canton de l'arrond. de Neufchâteau (Vosges), à 20 kil. de cette ville. Pop. 1,000 hab. Poteries, broderies sur mousselines. Victoire d'Antoine de Vaudemont sur René d'Anjou (2 juillet 1431).

BULLE, ville de Suisse, dans le cant. de Fribourg, à 25 kil. de cette ville. Pop. 1,850 hab. Riche hôpital, belle église, qui contient les orgues d'Aloys Mooser. Grand commerce de fromage de Gruyère.

BULLE, petite boule concave d'or, d'argent ou d'autres matières, que les enfants de condition libre, chez les Romains, portaient au cou. Elle fut inventée par Tarquin l'Ancien pour son fils, âgé de 14 ans. Les enfants quittaient la bulle à l'âge de l'adolescence, en prenant la toge virile.

BULLES. Ce terme, employé pour désigner certaines ordonnances des souverains pontifes, tire son origine de la *bulle* ou boule de plomb qui sert à les sceller. On distingue les bulles d'*excommunication* et les bulles *doctrinales*. On sait l'effet terrible produit par les premières au moyen âge ; Robert le Pieux (998) ; Philippe Ier (1095) ; Philippe-Auguste (1200) ; Philippe le Bel (1296 et 1301), frappés par cette arme redoutable et abandonnés comme des lépreux immondes par leurs plus infimes serviteurs, furent obligés de faire leur soumission. Nous rappellerons la bulle « *In cœnâ Domini*, » ainsi nommée, comme toutes les bulles, des mots qui la commencent, qu'on lit publiquement à Rome tous les ans, le jour du jeudi saint. Elle prononce une excommunication générale contre les hérétiques, les contumaces et ennemis du Saint-Siége et du clergé. Celle de 1074, qui défend aux prélats de recevoir l'investiture des princes séculiers devint le principe de la fameuse *querelle des investitures*. Celle du 10 juin 1809, lancée par Pie VII contre Napoléon Ier. Chaque doctrine nouvelle conquise par le progrès sur la barbarie, rappellerait une bulle *doctrinale*. On ne peut cependant passer sous silence la bulle *Unigenitus* (1713), contre les jansénistes, accusés de défendre cinq propositions hérétiques d'un ouvrage de Jansénius, où jamais il n'a été possible de les trouver. Elle ne tendait rien moins qu'à rétablir l'inquisition en France, et accabla d'ennuis et de déboires les gens les plus estimables.

BULLES D'OR, constitutions ou chartes octroyées par les empereurs d'Allemagne et scellées en or. Il faut mentionner celle de 1356, donnée par Charles IV, qui reconnaissait les *droits régaliens* des sept électeurs, c'est-à-dire leur droit d'élire l'empereur. Ces bulles ont régi l'empire jusqu'en 1806.

BULLET (Pierre), architecte, né en 1639, mort en 1716. Il fut élève de François Blondel, qui l'employa à la construction de la porte Saint-Denis. On lui doit la construction de la porte Saint-Martin, ainsi que l'église des Jacobins, aujourd'hui Saint-Thomas d'Aquin. C'est à lui qu'on doit l'introduction des glaces au-dessus des cheminées dans l'ornementation des appartements. Il a laissé plusieurs *Traités d'architecture*, un *Traité de l'usage du pantomètre*, et un *Traité du nivellement*.

BULLETIN DE VOTE. On appelle ainsi le billet imprimé ou manuscrit que l'électeur appelé à nommer un député ou un magistrat de l'ordre administratif vient apporter dans les comices populaires pour être déposé dans une urne. Cette manière d'exprimer la volonté populaire était usitée chez les anciens : ainsi les Athéniens écrivaient sur des coquillages les noms des citoyens qu'ils condamnaient au bannissement. De nos jours, et seulement depuis la révolution de 1789, le vote est secret et doit être exprimé par écrit sur un bulletin plié que l'électeur remet au président du bureau électoral. La loi a entouré l'élection de certaines garanties, en punissant la substitution d'un bulletin à un autre ou la lacération. L'urne électorale qui contient les bulletins de vote est confiée à la garde des citoyens jusqu'à la fin du dépouillement.

BULLETIN DES LOIS. C'est le recueil officiel des lois, ordonnances et règlements qui les régissent. Le *Bulletin des lois* a été établi par la loi du 14 frimaire an II ; mais la collection ne commence qu'à la date du 22 prairial suivant. La Convention avait déjà compris la nécessité de cette publication, lorsqu'elle ordonna que le rapport de ses séances fût imprimé jour par jour et adressé à toutes les municipalités. Déjà même, avant la Révolution, on avait senti l'utilité des collections des ordonnances royales : plusieurs jurisconsultes entreprirent ce travail. Henri II fut le premier roi de France qui publia un recueil officiel. Le *Bulletin des lois* est destiné à faciliter la promulgation des décisions législatives ou des décrets émanant du pouvoir exécutif ; il contient aussi les proclamations, et généralement tous les actes du gouvernement. Le *Bulletin officiel des arrêts de la cour de cassation*, que publie le gouvernement, est en quelque sorte l'appendice du *Bulletin des lois*.

BULLINGER (Henri), sectaire suisse, né à Brengarten en 1504, mort en 1575. Il avait

Circé recevant Ulysse et ses compagnons.

résolu de se faire chartreux, quand la lecture de Mélanchthon lui fit adopter la doctrine de Zwingle; il succéda à ce dernier comme président du consistoire de Zurich. Il a laissé une *Histoire de la Suisse* et divers écrits théologiques où il cherche à démontrer que le pape est l'Antechrist.

BULLION (Claude DE), sieur de Rouelles. il fut d'abord conseiller au parlement de Paris, puis maître des requêtes sous Henri IV, et enfin surintendant des finances; il mourut en 1640. Henri IV l'employa à diverses négociations, et l'envoya notamment aux conférences de Saumur et de Soissons pour y discuter la doctrine des calvinistes et ramener un rapprochement entre eux et les catholiques. Ce fut sous sa surintendance qu'on frappa les premiers louis d'or. On rapporte qu'il eut là singulière idée d'inviter à sa table quatre grands personnages ruinés au jeu, et qu'il leur fit servir au dessert trois bassins pleins des nouvelles monnaies, en leur recommandant d'en prendre tant qu'ils voudraient. Il s'amusa beaucoup de l'avidité avec laquelle chaque convive mordit à ce fruit nouveau. Les convives, dès qu'ils furent rassasiés, se hâtèrent de prendre la fuite sans même attendre leurs carrosses.

BULOW (Frédéric-Guillaume, baron DE), général prussien, né en 1755, à Falkenberg en Prusse, mort en 1816. Il se signala dans la campagne de 1813, et remporta les victoires de Grossbeeren et de Dennewitz sur le maréchal Ney. Ces succès sauvèrent Berlin de l'occupation française et lui valurent le titre de comte de Dennewitz. Il eut une part importante à la bataille de Leipzig. Il suivit l'armée de Blücher en France, et se distingua aux batailles de Laon, de Montmartre et de Waterloo.

BULOW (Adam-Henri, baron DE), frère du précédent, né à Falkenberg en 1760, mort en 1807. Il mena une vie agitée, et fut tour à tour soldat, voyageur et écrivain. Il avait embrassé la doctrine philosophique de Swedenborg, et il y avait puisé une hardiesse d'opinions qui le portait à apprécier, sans ménagement pour les hommes puissants, la politique contemporaine. Il publia ses *Voyages dans l'Amérique du Nord*, son *Esprit du système militaire moderne*, qui ne fut pas suffisamment apprécié en Allemagne. Ses *Observations critiques sur les campagnes du prince Henri de Prusse et sur la campagne des Autrichiens en* 1807 le firent priver de sa liberté. Il fut arrêté à Berlin sur les plaintes du gouvernement russe. Après l'occupation de Berlin, il fut plongé dans les cachots de Riga. L'emprisonnement dans les cachots russes équivalait à un arrêt de mort : il succomba, en effet, au bout de quelques mois.

BULOW (Louis-Frédéric-Victor-Jean, comte DE), né à Essenroda, près de Brunswick, en 1774, mort en 1825. Il servit d'abord dans l'administration prussienne, mais il s'en dégoûta bien vite et s'empressa de passer au service du roi de Westphalie, qui le nomma conseiller d'Etat, puis ministre des finances; mais une intrigue de cour le fit bientôt tomber en disgrâce; il passa alors au gouvernement de la Silésie.

BUNDSCHUH (soulier à cordon). On appelle ainsi les insurrections de paysans allemands au XVIe siècle, parce qu'ils avaient adopté un soulier pour étendard.

BUNEL (Jacob), peintre, né à Blois en 1550, mort sous le règne de Henri IV. Il peignit avec Dubreuil la voûte de la petite galerie du Louvre, qui fut brûlée en 1660. Il peignit aussi quatorze tableaux à fresque et deux tableaux représentant la *Descente du Saint-Esprit* et l'*Assomption de la Vierge*.

BUNKER'S HILL, hauteur dominant la ville de Boston (Etats-Unis), célèbre dans les fastes de la guerre de l'indépendance par la victoire que remportèrent les Américains (17 juin 1775).

BUNYAN (John), théologien anglais, né à Elslow dans le comté de Bedfort, mort à Londres en 1688. Dans sa jeunesse, il fut chaudronnier et mena une vie assez licencieuse. Une pauvre femme l'ayant converti, il se mit à étudier l'Ecriture sainte. Il se distingua parmi les plus fougueux puritains; il prit parti pour le parlement contre le roi, et se trouva au siége de Leicester. Après la restauration qui suivit la mort de Cromwell, il continua ses prédications puritaines; mais Charles II, qui traquait les sectes non conformistes, le fit emprisonner à Bedfort, où il resta pendant près de treize ans. Ce fut pendant sa détention qu'il composa son *Voyage du Pèlerin*, allégorie religieuse dont le succès fut extraordinaire : il y raconte les épreuves que doit soutenir un chrétien pour le salut de son âme. Lorsqu'il fut remis en liberté, il continua ses prédications et visita les différentes congrégations de sa communion: c'est pour cela qu'on l'a appelé l'évêque Bunyan.

L'amiral Coligny blessé par Maurevel.

BUNZLAU, bourg des Etats prussiens (Silésie), dans la régence de Liegnitz, à 35 kil. de cette ville. Pop. 7,200 hab. Monument élevé à Koutousoff.

BUNZLAU (Jung-), ville de Bohême, à 43 kil. de Prague. Pop. 4,900 hab. Ch.-l. d'un cercle du même nom dont la superficie est de 426,250 hect., et la pop. de 413,200 hab. Ancien château-fort; gymnase piariste. Fabrique de coton, mousselines, etc.

BUONAMICI (Castruccio), historien italien, né en 1710, mort à Lucques en 1761. Il vint chercher fortune à Rome et s'attacha d'abord au cardinal de Polignac; il prit ensuite du service dans l'armée du roi des Deux-Siciles. Les fatigues de la guerre ne l'empêchaient pas de se livrer à son goût littéraire; il écrivit en latin l'*Histoire de la guerre de Velletri* que les Napolitains soutinrent contre les Autrichiens en 1745. Cet ouvrage lui valut le grade de commissaire général de l'artillerie. Encouragé par ce premier succès, il publia trois livres de *Commentaires* sur les guerres qui survinrent ensuite en Italie. Il dédia le premier livre au roi de Naples, le second au duc de Parme, et le troisième au sénat de Gênes. Ce nouvel ouvrage lui valut de magnifiques récompenses. Le nom de Castruccio, qu'il prit en entrant dans l'armée napolitaine, est encore célèbre en Italie.

BUONAPARTE. (*Voir* BONAPARTE.)

BUONARROTTI (Michel-Ange), l'un des plus grands génies artistiques de l'Italie. (*Voir* MICHEL-ANGE.)

BUONARROTTI (Michel-Ange), dit *le Jeune*, poëte, neveu du grand Michel-Ange, né à Florence en 1568, mort en 1646. Il fut membre de l'Académie florentine et de celle de la Crusca. Il remplit dans sa patrie diverses charges importantes. Ce fut lui qui publia les poésies de son oncle. Ses principaux ouvrages littéraires sont deux comédies intitulées la *Tancia*, et la *Fiera*. La première est une comédie villageoise, écrite dans la langue des paysans de la Toscane, idiome plein de grâce et de naïveté. La seconde est divisée en journées qui sont, à vraiment dire, cinq comédies sur le même sujet.

BUONARROTTI (Philippe), savant antiquaire, né à Florence, mort en 1733. Il a laissé de nombreux ouvrages sur les *Médailles de l'antiquité romaine*, sur les *Vases antiques trouvés dans un ancien cimetière de Rome*, et sur les *Anciens monuments de l'Etrurie*.

BUONARROTTI (Michel), né à Pise en 1761, mort en 1837. Partisan des principes de la Révolution française, et rêvant l'affranchissement de son pays et la constitution de l'unité italienne, il s'attira les persécutions du gouvernement florentin. Il se réfugia d'abord en Corse, où il publia un journal intitulé : l'*Ami de la liberté italienne*. En 1792, la Convention l'honora de la qualité de citoyen français, et le gouvernement le chargea d'une mission à Nice et en Corse. Il entra dans la fameuse conspiration de Babeuf et fut enfermé au fort de Cherbourg, puis interné dans l'île d'Oléron. Il a laissé, sur la *Conspiration de Babeuf*, un mémoire qui répand un certain jour sur cet événement dénaturé par la passion politique. Mis en liberté en 1806, il se fixa à Genève, où il donna des leçons de mathématiques pour subsister. Chassé de Genève par la Restauration triomphante, il chercha un refuge en Belgique.

BUONDELMONTI. Famille guelfe de Florence, dont le chef, pour avoir refusé d'épouser une jeune fille de la famille des Amidei, renouvela les luttes sanglantes qui existaient entre les guelfes et les gibelins, et en fut la première victime.

BUONDELMONTI (Joseph-Marie), littérateur italien, né en 1713 à Florence; mort à Pise en 1757. Il descendait d'une ancienne et noble famille, et avait fait d'excellentes études. Il entra dans l'ordre de Malte, et obtint une commanderie. Sa société n'était composée que d'hommes savants et de littérateurs distingués. Il fut chargé de l'oraison funèbre de Gaston de Médicis, grand-duc de Toscane, et cette oraison fut regardée comme un excellent morceau. Mais dans celle de l'empereur Charles VI, prononcée le 6 janvier 1741, en présence d'un auditoire nombreux, Buondelmonti mérita les applaudissements universels, et l'on considéra ce discours comme un chef-d'œuvre de force, de noblesse et de pureté dans la langue italienne. Il composa encore l'oraison funèbre d'Elisabeth-Charlotte d'Orléans, veuve de Léopold Ier, duc de Lorraine, et mère de l'empereur François Ier. Il fut de toutes les académies littéraires de l'Italie.

BUONONCINI (J.-B.), musicien de Modène, né en 1660. Il passa une partie de sa vie en Angleterre, où la famille ducale de Marlborough se faisait un plaisir de l'opposer à Haendel. L'opéra de *Camilla*, représenté en 1720, eut un immense succès; mais ce bel ouvrage n'était pas de lui : c'était l'œuvre de son frère Marc-Antoine Buononcini.

BUONTALENTI (Bernardo), dit *Buontalenti dalle Girandole*, né à Florence en 1536, mort en 1608. Il était à la fois peintre, sculpteur et architecte. Comme peintre, il s'est fait remarquer par ses tableaux historiques et par ses miniatures; comme architecte, il fut aussi habile dans la construction des monuments que dans l'art des fortifications. C'est à lui qu'on doit l'introduction, sur les scènes théâtrales, des décorations mobiles et des machines qui servent au changement de décors. Le grand-duc Cosme de Médicis fut son protecteur et lui fit apprendre la peinture sous Salviati et Bronzino, la sculpture sous Michel-Ange et l'architecture sous Vasari. Dans ce dernier art surtout, il égala les grands maîtres. Il construisit une foule d'églises et de palais. On lui attribue l'invention des grenades.

BURCHARD (saint), premier évêque de Wurtzbourg, né en Angleterre, mort en 792. Il travailla avec saint Boniface à l'introduction du christianisme en Allemagne. Pépin le Bref l'envoya à Rome afin de faire approuver la déposition de Childéric III, et faire sanctionner son avénement au trône; le succès de sa mission lui valut l'évêché de Wurtzbourg.

BURCHIELLO (Dominique de NANNI), poëte italien plus connu sous le nom de Dominico, né à Florence vers 1380, mort à Rome en 1448. Il était barbier à Florence et sa boutique était le rendez-vous des gens de lettres de cette ville. Ses poésies, d'un genre burlesque, sont souvent licencieuses; mais on y trouve une originalité qui a fait donner à cette sorte de poésie le nom de *Burchiellesca*. Ses sonnets sont quelquefois d'une obscurité à désespérer les commentateurs. Il aimait à mettre en vers les proverbes et les mots populaires, et savait leur donner un relief inimitable.

BURCKHARDT (Jean-Louis), voyageur célèbre, né à Lausanne (Suisse), en 1784, mort en 1817. Ayant été à Londres, il fut chargé par la société africaine d'un voyage de découverte dans l'intérieur de l'Afrique. Plus tard il se rendit en Syrie, où, pendant un séjour de trois ans, il étudia les langues et les mœurs de l'Orient, de telle sorte qu'il lui fut facile de se faire passer pour un marchand arabe. Il remonta le Nil jusqu'à Chendy, traversa le désert de Nubie, gagna les bords de la Mer rouge, et se rendit à la Mecque, où il prit part au grand pèlerinage des musulmans au mont d'Ararat. En 1815, il retourna au Caire, et se préparait pour un voyage au Fezzan, lorsqu'il y mourut. Les ouvrages qu'il a laissés sont : *Voyage en Nubie; Voyage en Syrie, en Palestine et au Sinaï; Voyage en Arabie*, etc.; toutes ces relations se distinguent par une véracité qui est assez rare parmi les voyageurs.

BURCKHARDT (Jean-Charles), astronome, né à Leipzig en 1773, mort en 1825. Il prit part aux travaux de Zach à Gotha et de Lalande. Bientôt reçu adjoint au bureau des longitudes, il fut nommé astronome de l'Observatoire de l'école militaire. On lui doit quelques ouvrages sur l'astronomie et une traduction allemande de la *Mécanique céleste*, de Laplace.

BURDETT (sir Francis), membre du parlement anglais, né en 1770, mort en 1814. Quand la Révolution française éclata, il voyagea sur le continent, et entra, dès 1796, à la chambre des communes. Il fut l'ami de Fox et se distingua parmi les membres de l'opposition. Il soutint avec énergie la loi de l'*habeas corpus*, et subit des condamnations politiques qui accrurent sa popularité. Il protesta courageusement contre la plupart des coutumes anglaises; c'est ainsi qu'il réclama l'abolition du système de discipline brutale usité dans l'armée anglaise; qu'il repoussa le renversement de Napoléon Ier et la restauration des Bourbons; qu'il défendit la liberté de la presse contre lord Castlereagh; qu'il parla en faveur de l'émancipation des catholiques d'Irlande, et poursuivit opiniâtrément la réforme parlementaire.

BUREAU. Pendant longtemps ce mot a été employé dans le sens de *bure*, et a servi à désigner un drap grossier. Boileau l'a employé dans ce sens :

> Et qui n'étant vêtu que de simple *bureau*
> Passe l'été sans linge et l'hiver sans manteau.

Il a servi à désigner ensuite un pupitre recouvert de bure verte. Dans la suite cette expression fut étendue à tout cabinet où se traitent certaines affaires. Les administrations publiques étaient autrefois divisées en bureaux : ainsi il y avait le bureau du domaine, le bureau des aides, le bureau des gabelles, etc.

BUREAU DES AIDES. Le bureau des aides, dépendait, sous l'ancienne monarchie, de l'administration des finances. Il désignait particulièrement cette branche de l'administration publique qui tenait les comptes de perception des impôts, soit sur les objets de consommation, soit sur les marchandises. Les *aides* s'entendaient primitivement d'un impôt particulièrement perçu sur les boissons.

BUREAU DES DÉCIMES. On donnait ce nom à un bureau chargé de percevoir les impôts que le clergé devait au roi de France. On distinguait les décimes du contrat, les décimes ordinaires et décimes extraordinaires, que le clergé ne payait que dans des circonstances exceptionnelles. Ces décimes se levaient dans tous les diocèses du royaume, excepté dans les évêchés de Metz, Toul et Verdun, dans l'Artois, la Flandre, la Franche-Comté, l'Alsace et le Roussillon. Dans l'origine, cet impôt était perçu au profit du pape; la première décime fut levée sous Charles-Martel pour la défense du pape contre les Lombards. Plus tard, les rois de France en levèrent à leur tour; mais la perception n'en devint régulière que sous le règne de François Ier.

BUREAU DU CONSEIL. On appelait ainsi un bureau attaché au conseil des anciens rois de France. Ce bureau était chargé, en raison du nombre des affaires déférées au roi, de recevoir les placets, les supplications et les appels; il siégeait, dans l'origine, quatre fois par an, à la Toussaint, à la Chandeleur, à Pâques et à l'Ascension; plus tard le bureau devint permanent. L'origine du bureau des conseils se confond avec l'origine des parlements.

BUREAU DES MINISTÈRES. On appelle ainsi les subdivisions de diverses branches administratives dépendant de chacun des ministères de l'empire. La multiplicité des affaires a exigé ce fractionnement. Ainsi chaque ministère se partage en plusieurs divisions, dont chacune compte dans ses attributions une certaine spécialité. Pour donner un exemple : le ministère des finances a des divisions particulières pour le contentieux, l'enregistrement et les domaines, les contributions directes, les contributions indirectes, etc. Chaque division se partage à son tour en bureaux, dont le nombre varie suivant l'importance du service.

BUREAU DES COLLÉGES ÉLECTORAUX ET DES SECTIONS. Sous l'empire de la loi actuelle, on appelle collége électoral l'ensemble des électeurs composant une circonscription; chaque circonscription élit un représentant. L'impossibilité d'exiger des électeurs éloignés de la circonscription un déplacement, souvent pénible, a nécessité l'établissement dans chaque commune d'un ou plusieurs bureaux, suivant l'étendue de la commune et le chiffre de la population. Le bureau est présidé par le maire de la commune ou un officier municipal. Le président est assisté d'un certain nombre de scrutateurs choisis parmi les électeurs présents au moment de l'ouverture du scrutin.

Bureau du Sénat et du Corps législatif. Les travaux nécessaires pour la préparation des projets de loi et la discussion de leurs dispositions, avant d'être soumis à la discussion publique, a rendu indispensable l'établissement de bureaux spéciaux dont les membres sont désignés en assemblée générale. Chacun de ces bureaux élabore les questions envoyées à son examen. Ses séances ne sont pas publiques. Après la discussion de chaque projet de loi, le bureau nomme un rapporteur chargé d'en faire la lecture et de soutenir devant la Chambre l'opinion de la majorité.

Bureaux d'affaires. On donne ce nom à diverses agences privées qui, sous certaines dénominations propres à attirer l'attention du public, se proposent de diriger les affaires contentieuses, de gérer des propriétés, de toucher des rentes, de faciliter des emprunts, des achats ou des ventes de fonds de commerce, des négociations de titres de toute nature, et généralement d'accepter tout mandat qu'on veut leur confier. Les agents d'affaires sont généralement mêlés à tous ces procès inextricables qui, en raison de la mauvaise foi qu'ils apportent trop souvent dans les transactions, rendent si difficile l'appréciation des faits. L'agent d'affaires ne se recommande au public que par le crédit qu'il semble mériter, sans offrir de garantie de moralité ni de capacité. Cette profession est accessible à tous. Les agents d'affaires se sont multipliés après la Révolution, qui, en supprimant l'ordre des avocats, ne reconnaissait que des défenseurs officieux, sans caractère légal. Avec la constitution judiciaire aujourd'hui établie, les agents d'affaires sont devenus une véritable superfétation sociale, et leur entremise n'est guère utile que dans les négociations les plus suspectes.

Bureaux d'esprit. On donne ce nom aux salons si célèbres aux XVIIe et XVIIIe siècles, où la maîtresse de la maison, s'érigeant en juge suprême du mérite littéraire, réunissait chez elle, à jour fixe, une société de savants, auxquels se mêlaient les personnages les plus distingués de la cour. Elle donnait le ton à la conversation, et chaque parole tombée de ses lèvres était un précieux oracle. La Bruyère a défini ainsi ces académies : « Un cercle de personnes des deux sexes, liées par la conversation et par un commerce d'esprit. Ils laissaient au vulgaire l'art de parler d'une manière intelligible : une chose dite entre eux peu clairement en entraînait une autre encore plus obscure, sur laquelle on enchérissait par de vraies énigmes, toujours suivies par de longs applaudissements. Par tout ce qu'ils appelaient délicatesse, sentiment et finesse d'expression, ils étaient enfin parvenus à n'être plus entendus et à ne s'entendre pas eux-mêmes. Il ne fallait, pour servir à ces entretiens, ni bon sens, ni mémoire, ni la moindre capacité. Il fallait de l'esprit, non pas du meilleur, mais de celui qui est faux, et où l'imagination a le plus de part. » L'hôtel Rambouillet, rue Saint-Thomas du Louvre, fut pendant cinquante ans le théâtre de ces prétentieuses réunions. La lassitude de l'esprit, car tout se lasse, les fit enfin déserter; et, dans les dernières années, on n'appelait plus l'hôtel Rambouillet que les *galères de l'esprit*. Rien n'était en effet plus pénible que de se montrer spirituel à heure fixe; le plus souvent l'esprit était guindé et *collet-monté*. Il s'élevait parfois à des hauteurs nuageuses où il ne pouvait rester, et d'où il ne pouvait descendre. L'hôtel Rambouillet vit passer successivement Catherine de Vivonne et sa fille, et la belle Julie d'Angennes. Marie-Anne Mancini présidait à l'hôtel de Bouillon; la duchesse du Maine au château de Sceaux. On citait encore le bureau de Mme de Tencin qui tenait *ménagerie* dans son hôtel, et y hébergeait ses *bêtes*; ceux de Mmes du Châtelet, du Bocage, du Deffant, de Mlle l'Espinasse, de Mmes Necker, Fanny de Beauharnais et de Staël. L'hôtel de Rambouillet vit successivement figurer dans son cercle les cardinaux de Richelieu et de la Valette, la princesse de Condé, le grand Condé, son fils, la duchesse de Longueville, Mlle de Scudéry et son frère, le duc de la Rochefoucault, Chapelain, l'abbé Cotin, Pélisson, Voiture, Ménage, Benserade, Vaugelas, Huet, Bossuet et Fléchier. Tantôt la poésie était à la mode : on discutait les rondeaux de Benserade ou les énigmes de Cotin; tantôt les dames s'enthousiasmaient pour les sciences physiques et astronomiques. On les voyait alors discuter sur le vide, les tourbillons et la matière subtile : elles tenaient pour Aristote ou pour Platon. Les *Femmes savantes* et les *Précieuses ridicules* nous donnent une idée, qui n'a rien d'exagéré, du style que les bureaux d'esprit mirent à la mode. Il n'était plus possible d'appeler chaque chose par son nom : un dédaigneux sourire devenait un *bouillon d'orgueil*, un bonnet de nuit était le *complice innocent du mensonge*. Les femmes s'appelaient *ma chère* et adoptaient un nom romanesque; elles devenaient Uranie ou Arthénice. Fléchier, prononçant l'oraison funèbre de Mme de Montansier qui avait pris ce surnom d'Arthénice à l'hôtel de Rambouillet, ne dédaigna pas de le rappeler et saisit même cette occasion de faire l'éloge de cette société. L'amour se glissait parfois dans ces réunions : à l'hôtel de Rambouillet, il était discret et platonique : le duc de Montansier soupira silencieusement, pendant quatorze ans, pour Julie d'Angennes avant d'oser faire agréer ses vœux. Ce fut à l'occasion de ce mariage que les pensionnaires de l'hôtel Rambouillet se réunirent pour composer ce bouquet poétique qu'on appelait la *guirlande de Julie*; mais, hélas! ses fleurs poétiques sont si bien fanées aujourd'hui que cette fameuse guirlande ne paraît plus à la lecture qu'une fade et insipide composition. La marquise du Châtelet y mettait moins de formes, et son bureau d'esprit n'était guère ouvert que pour le choix de ses amants. Marie-Anne Mancini, nièce du cardinal Mazarin, a eu le mérite de deviner la Fontaine, qu'elle appelait son *fablier*; elle fut moins juste pour Racine, en préférant à sa *Phèdre* celle de Pradon. Lesage fut un jour invité à faire la lecture de sa comédie de *Turcaret*. La maîtresse du logis lui reprocha un retard de deux heures : « Eh bien! madame, dit Lesage, je vais vous les faire regagner; je ne lirai point ma pièce; » et, en effet, il quitta immédiatement l'hôtel. La Révolution dispersa les bureaux d'esprit. Aujourd'hui il n'existe plus que des coteries littéraires.

Bureau des longitudes. Etablissement fondé à Paris, par décret du 7 messidor an III, pour l'observation des phénomènes atmosphériques, et les recherches astronomiques; ce bureau se compose d'astronomes, de géographes et de mathématiciens. Les artistes y sont adjoints pour la confection des plans et dessins. Le bureau des longitudes est chargé de la rédaction d'un annuaire où se trouvent consignés les renseignements qu'il importe de signaler au public.

Bureaux arabes. On appelle ainsi des commissions d'officiers français créées, en Algérie, par ordonnance du 1er février 1844, dans le but d'administrer les diverses circonscriptions de nos possessions africaines, et, en même temps, de surveiller les indigènes dont les fréquentes révoltes mettent à chaque instant la tranquillité du pays en question et la civilisation en péril. Les bureaux arabes exercent aussi certaines attributions judiciaires. Aujourd'hui ils ne sont conservés que dans les districts dont la soumission n'est pas encore assurée, et qui ne jouissent pas d'une administration civile calquée sur le modèle de l'administration départementale en France. Le nombre des bureaux arabes se restreignait de jour en jour, et le régime militaire tendait à devenir l'exception, lorsque les Arabes, par une récente révolte, sont venus entraver les projets civilisateurs de la France.

BUREAUCRATIE. Ce mot est de création moderne et il indique l'action exercée par le gouvernement au moyen des nombreux employés dont il dispose. C'est surtout à Napoléon Ier que la bureaucratie doit son développement; elle résume la centralisation administrative; c'est la main gouvernementale que l'on voit dans toutes les transactions sociales et presque dans tous les actes de la vie civile ou publique. Sous l'ancienne monarchie, la bureaucratie ne pouvait se constituer : l'action du gouvernement était entravée par trop de priviléges; chaque administration formait un centre particulier, et le contrôle du pouvoir suprême était souvent impossible; les finances étaient affermées. Il faut ajouter encore qu'à chaque changement de ministère, le nouveau ministre ne manquait jamais de congédier les employés de son prédécesseur pour les remplacer par des hommes à sa dévotion. La question de la bureaucratie est l'une des plus complexes de la science économique et politique; elle se lie à la question de centralisation, sur laquelle les économistes sont fixés théoriquement, sans avoir trouvé le système praticable. A quelque point de vue qu'on se place, les partisans de la centralisation conviennent que la bureaucratie est susceptible de grandes améliorations, et que bon nombre d'emplois ne sont que des sinécures conservées par suite d'abus qui se sont perpétués. C'est surtout dans l'administration des finances et dans celle de la guerre que la bureaucratie a pris le plus grand développement. Le type du bureaucrate n'a pas échappé à la satire; il y a dans son existence une uniformité en désaccord avec nos mœurs. Le nom de bureaucrate est à lui seul une épigramme; c'est une horloge vivante qui marque l'heure par les différents actes de la vie. Il n'a qu'une application constante, c'est de faire valoir son travail plutôt que de travailler.

BUREAUX DE PUSY (Jean-Xavier), ingénieur militaire, né à Port-sur-Saône, en Franche-Comté, en 1750, mort en 1806. Il entra dans le génie militaire; la noblesse du bailliage d'Amon le désigna pour siéger à l'Assemblée constituante où il occupa trois fois le siége de la présidence. Il fit à l'Assemblée plusieurs rapports remarquables sur la *nécessité de l'uniformité des poids et mesures*, sur le *classement des places de guerre* et sur l'*état de l'armée*. Il rentra ensuite dans le génie militaire, et fit partie de l'état-major de Lafayette. Il fut accusé d'avoir conspiré avec ce général pour marcher sur Paris à la tête des troupes. Bien que son innocence eût été reconnue, il s'enfuit avec son général en 1792; mais les Autrichiens l'arrêtèrent à Olmütz, et le retinrent prisonnier jusqu'en 1797. Il passa alors aux Etats-Unis, où il fut chargé de dresser des plans de fortifications. Rentré en France après le 18 brumaire, il fut nommé préfet et remplit cette fonction jusqu'à sa mort. Il a laissé des *Mémoires* assez curieux sur les événements de la Révolution.

BUREN, ville de Prusse (Westphalie), à 30 kil. de Paderborn. Pop. 1,500 hab. Ch.-l. de cercle. Belle église.

Buren, ville de Suisse, canton de Berne, à 20 kil. de cette ville. Pop. 1,150 hab. Exploitation de marbres jaunes; foires importantes; commerce très-actif de transit.

BURETTE. Ce mot, dérivé de *buire*, qui avait le même sens dans notre vieux langage, désigne de petits vases, ordinairement en argent, qui servent à contenir le vin et l'eau destinés au service de la messe dans les églises catholiques. Ce mot s'entend aussi de vases qui servent, dans l'usage domestique, à contenir l'huile et le vinaigre.

BURFORD, ville d'Angleterre, dans le comté d'Oxford, à 24 kil. de cette ville. Pop. 1,700 hab. Fairfax battit l'armée royale aux environs.

BURG, ville de Prusse (Saxe), à 20 kil. de Magdebourg. Pop. 13,000 hab. Ch.-l. de cercle. Grande fabrique de draps.

BURG, ville de Prusse (province du Rhin), à 25 kil. de Dusseldorf. Pop. 6,000 hab.

BURG, ville du Danemark, ch.-l. de l'île de Femern, au N.-E. du Holstein. Pop. 2,000 hab.

BURGDORF, ville du Hanovre, à 20 kil. de Hanovre. Pop. 2,300 hab. Distilleries.

BURGER (Geoffroy-Auguste), célèbre poète allemand, né à Wolmrswend en 1748, mort en 1794. Son éducation fut d'abord négligée : à 12 ans, il savait à peine lire et écrire. Cependant il annonçait déjà une nature rêveuse; il recherchait les bois profonds et les lieux déserts. Sans autre modèle qu'un livre de cantiques qu'on lui laissait entre les mains, il composait des vers qui ne manquaient ni de charme ni d'harmonie. Quand on l'envoya au collége, la discipline scolastique révolta son caractère indépendant; il se vengeait de ses maîtres par des épigrammes : il se souvint toute sa vie d'une correction un peu trop sévère pour certains vers assez piquants sur la perruque de son professeur. Il quitta ce collége pour entrer dans une école préparatoire à l'université; mais l'étude du latin lui convenait peu, et ses études furent à peu près infructueuses. Il se crut plus de disposition pour l'étude du droit et fut envoyé à Halle. Là, il mena une vie assez licencieuse; et son grand-père, lassé de tant de sacrifices inutiles, l'abandonna. Il trouva cependant un camarade, nommé Boie, qui lui fit rompre de mauvaises relations, et le mit en état d'achever ses études. Dès qu'elles furent terminées, Burger obtint le modeste emploi de conseiller de justice, qui lui assurait à peu près le pain quotidien. Devenu indépendant par son travail, il sentit s'éveiller en lui ce génie poétique qui devait l'illustrer. Il dévora les poëtes grecs, et fut étonné de trouver cette étude facile; il apprit de la même manière le français, l'anglais, l'italien et l'espagnol, étudiant dans les auteurs avant d'aborder les grammaires. Il comprit la pensée de Shakespeare, qui devint son auteur favori. Il aimait surtout l'originalité et la naïveté des anciennes ballades. Après avoir ainsi composé son bagage littéraire, il essaya ses forces en publiant son poëme intitulé : *Lénor*; le succès de cet ouvrage dépassa toutes ses espérances, et Burger fut aussitôt placé au rang des plus grands poëtes. Son grand-père pleura de joie en apprenant la nouvelle destinée de son petit-fils; il lui rendit toute sa tendresse et lui en donna la meilleure preuve en acquittant ses dettes. Mais Burger n'avait jamais su compter l'argent, et de nouvelles dettes rouvrirent bientôt l'abîme qui venait d'être comblé. En 1774, Burger épousa Léonhard, fille d'un employé aux domaines. Cette union fut pour lui la source de grands malheurs. Au moment où il conduisait sa fiancée à l'autel, il vit pour la première fois sa sœur, jeune fille de 15 ans, et d'une beauté remarquable. A cette vue, Burger sentit se glisser dans son âme un sentiment étrange : c'était la joie du poëte qui venait de trouver l'étoile qui devait animer son imagination et son cœur; c'était aussi l'horrible douleur de se voir uni à une femme qu'il ne pouvait plus aimer. Plusieurs fois, pendant la cérémonie, il fut tenté de s'échapper : la crainte du scandale et une certaine honte le retint. Par malheur, il avait été convenu que la jeune fille irait demeurer chez les deux époux. Cette combinaison perdit Burger : une fièvre ardente le porta à faire à sa belle-sœur l'aveu de son amour; celle-ci aima comme elle était aimée. Cette passion devint si terrible, que Burger en fit l'aveu à sa femme. La malheureuse épouse craignit pour la raison et pour la vie de son mari : elle prit alors une résolution ignoble, infâme au point de vue de la morale sociale, mais grande et héroïque aux yeux de ceux qui auraient pu comprendre ce qui se passait dans son âme : elle fit venir sa sœur, puis lui prenant la main et la mettant dans celle de son époux, elle lui adressa ces paroles de Gœthe : « Nous sommes tiennes. » Dès ce moment, elle abandonna à sa sœur ses droits d'épouse; le monde ignora tout; mais après dix ans d'un long martyre, la pauvre femme succomba. Burger épousa alors celle qu'il avait tant aimée; mais peu de temps après, elle mourut à la suite d'une couche laborieuse. La douleur de Burger fut inexprimable; il fut dès lors insensible à tous les autres malheurs qui l'atteignirent. Il laissa sa fortune se dissiper dans de mauvaises entreprises, sans faire aucun effort pour la sauver; des envieux lui firent perdre sa place : il n'en fut pas plus affligé, et chercha des moyens d'existence dans des traductions de mauvais romans, qu'un libraire lui payait à tant la feuille. En 1790, une jeune personne, enchantée de ses poésies, lui fit une proposition de mariage; sa fortune pouvait tenter un cœur moins loyal que celui de Burger. Il répondit à cette offre par un écrit intitulé : *Confession d'un homme qui ne veut pas tromper une femme généreuse*. Il y fait l'entière confession de ses fautes et de son amour illégitime. La jeune fille de Souabe, ainsi qu'il l'appelait, persista dans sa résolution. Burger suivit alors les conseils de ses amis et l'épousa. Deux ans après, Burger sollicitait lui-même une séparation judiciaire. Sa femme rentra dans sa fortune, et il reprit les traductions qui lui assuraient son gagne-pain. Il venait d'obtenir une pension du gouvernement hanovrien, quand la mort vint mettre un terme à ses souffrances. Ses poëmes : *Lénor* et le *Sauvage chasseur* établirent sa réputation. Il savait admirablement émouvoir par la terreur. « De tous les Allemands, dit Mme de Staël, Burger est celui qui a le mieux saisi cette veine de crédulité superstitieuse qui conduit si loin dans le cœur humain. Quand on parvient à rapprocher de nous la terreur ou l'admiration sans affaiblir ni l'une ni l'autre, ces sentiments deviennent nécessairement beaucoup plus forts, et ce qui nous est connu nous fait croire à ce qui nous étonne. La langue allemande se prêtait merveilleusement à cette poésie rêveuse et mélancolique qui caractérise la poésie de Burger; il semble que cette langue offre plus de ressources pour l'harmonie imitative, et que les mots donnent un corps aux idées les plus fantastiques. Ceux de nos poëtes qui, à l'exemple de Lamartine, ont voulu aborder ce genre, sont trop souvent tombés dans l'emphase; la bizarrerie ou la puérilité; la poésie allemande a pu seule ravir la harpe d'Ossian. Cette explication fait comprendre l'impossibilité de traduire dans notre langue les œuvres de Burger; l'harmonie ne peut être conservée et les expressions deviennent fausses ou incolores. Une idée presque insaisissable donnait à Burger l'idée d'un poëme: il entend, pendant la nuit, la voix d'une jeune fille qui chante, à la lueur des étoiles, un refrain mélancolique, et il compose *Lénor*; une belle jeune fille donne une orange à un serviteur qui rougit en la recevant, et, dans ce fait si simple, Burger puise l'idée de sa dramatique histoire de *Lenardo et Blondine*; les feux follets, qui voltigent le soir sur les marécages lui inspirent une admirable romance: la *Fille du pasteur de Taubenheim*. Il composa d'autres chansons du même genre, qui méritent d'être comparées aux plus belles productions de Béranger, et qui montrent entre ces deux poëtes plusieurs points de rapprochement. Burger dit quelque part: « Si, comme on le dit quelquefois à ma louange, je suis réellement un poëte national, je doute que ma réputation soit due à mes *hopp, hopp, houre, houre, houhuc*; je doute également qu'elle soit due à quelques expressions énergiques que j'aurai peut-être saisies à propos, ou à la circonstance d'avoir mis en vers et en rimes quelques contes populaires; je croirai plutôt que c'est au soin que j'ai toujours de peindre à l'imagination, avec simplicité, avec vivacité, sans voile et sans confusion, le sujet dont je veux entretenir le lecteur. Je suis persuadé que la popularité d'une œuvre poétique est une preuve irrécusable de sa perfection. Je regarde en conséquence la poésie comme une science que le savant doit exploiter, non pour l'art proprement dit, mais pour le peuple dont le suffrage seul peut lui assurer l'immortalité. » Il semble que Schiller, dont le génie était si différent de celui de Burger, ne le comprit jamais. La muse de Burger était en quelque sorte la personnification de l'esthétique. Schiller ne concevait la poésie que comme un moyen de développer les nobles sentiments et les sublimes émotions; Burger était l'homme de la nature; Schiller était plus philosophe; l'amour, chez Burger, respire l'ivresse des sens; chez Schiller, il est plus idéal. Il ne faut pas croire cependant que Burger n'ait pas compris la suavité d'un tel sentiment; il n'est pas une jeune fille allemande qui n'ait lu *Adeline Lora*, la *Belle que je vois*, l'*Elégie à Molly*, et surtout la *Charmante fleur de merveille*. On cite encore, parmi ses plus délicieux poëmes, l'*Enlèvement*, la *Pèlerine*, la *Fille du pasteur*, l'*Empereur* et l'*Abbé*.

BURGHAUSEN, ville de Bavière (cercle de Basse-Bavière), à 85 kil. de Munich. Pop. 2,500 hab. Forteresse, arsenal. Commerce de draps et de cuirs.

BURGKMAIR (Hans), célèbre peintre et graveur du XVIe siècle, né à Augsbourg en 1474, mort en 1559. Il fit des peintures à fresque et à l'huile, de concert avec Albert Dürer; tous deux travaillèrent aussi au perfectionnement de l'impression des dessins colorés. Ses gravures sur bois ont surtout contribué à sa célébrité. Il a publié quatre collections curieuses: la *Narration des hauts-faits de l'empereur Maximilien Ier*, le *Triomphe de l'empereur Maximilien Ier*, les *Images des saints et saintes de la famille Maximilien*.

BURGLEN, village de Suisse (Uri), à 3 kil. d'Altdorf. Pop. 1,300 hab. On croit que ce fut la patrie de Guillaume Tell.

BURGOS, ville d'Espagne, ch.-l. de la province du même nom, à 200 kil. de Madrid. Pop. 12,000 hab. Place forte. Siége d'un archevêché. Hôtel de ville, palais Velasco, magnifique hôpital, très-riche cathédrale gothique. Fabriques de draps; commerce de laine. Patrie du Cid. Les Français s'emparèrent de Burgos en 1808, et la défendirent contre les Anglais en 1812.

BURGOS (province de), division administrative d'Espagne, capitale Burgos. Elle est située entre les provinces de Santander au N., Soria, Logroño et celle d'Alava à l'E., de Ségovie au S., de Palencia et Valladolid à l'O. Elle est arrosée par le Duero et l'Ebre. Pop. 347,700 hab. Sup. 160 kil. sur 88. Sol montagneux, riche en grains, chanvre, huile, lin, châtaignes, garance.

BURGOYNE (Jean), général anglais et

écrivain dramatique, fils naturel de lord Bingley, mort en 1792. En 1762, il fut envoyé en Portugal pour défendre ce pays contre les Espagnols. Il combattit contre les Américains armés pour leur indépendance. Il s'empara de Ticondérago ; mais il essuya une défaite qui l'obligea à se rendre au général Gates. Cette victoire des Américains décida les Français à appuyer leur insurrection. De retour en Angleterre, Burgoyne fit représenter plusieurs comédies qui eurent une certaine vogue, moins à cause de leur mérite littéraire, qu'à raison de certaines plaisanteries assez grossières contre les Français, qui flattaient l'orgueil britannique. On cite notamment : *Richard Cœur de Lion*, la *Nymphe des chênes* et l'*Héritière*.

BURGRAVE, en allemand *burggraf*, signifie comte du château. Dans l'origine, c'étaient de simples gouverneurs qui jouissaient des droits régaliens, prélevaient les impôts et rendaient la justice. Au moyen âge, les burgraves avaient su s'affranchir de toute suzeraineté ; les bords du Rhin offraient une ligne pittoresque de ces donjons menaçants, de ces nids crénelés, nids d'aigles ou de vautours, repaires de gentilshommes, moitié seigneurs, moitié brigands, que Victor Hugo nous a dépeints dans son admirable drame des *Burgraves*, incompris à la scène en raison de la difficulté de le traduire. Ils bravaient les forts, pour affirmer leur force ; et se montraient généreux envers les pauvres, par esprit chevaleresque. Le burg avait ses traditions mystérieuses ; il rappelait un passé glorieux. L'empereur était, pour les burgraves, l'ennemi dont la faiblesse des hommes faisait toute la puissance. Le mendiant était l'hôte envoyé par Dieu ; on l'accueillait au son des clairons, et il prenait sa place à côté du seigneur. L'histoire légendaire de ces héros compose la mythologie du moyen âge : ils en étaient les demi-dieux. La scène, avec ses acteurs et ses décorations mesquines, était vraiment trop étroite pour la représentation d'un tel sujet. Plus tard, on désigna par le nom de burgrave le gouverneur d'un château appartenant à plusieurs cohéritiers, choisi par eux pour administrer une province, et dont la nomination devait être ratifiée par l'empereur. En 1850, ce mot devint un sobriquet politique pour désigner ces hommes qui, animés d'un zèle parfois suspect, constituaient des sociétés politiques, à l'exemple du *Comité de la rue de Poitiers*, et en dehors de l'action gouvernementale, pour sauver la société qu'ils disaient en péril.

BURGUETTE, bourg d'Espagne (Navarre), à 30 kil. de Pampelune ; il est situé dans la vallée de Roncevaux, où périt Roland en 778. Le général Moncey s'y distingua en combattant les Espagnols (1794).

BURGUNDES, peuple de la Germanie septentrionale. Ils habitaient sur les deux rives de la Wartha, entre l'Oder et la Vistule. A la fin du IIIe siècle, chassés par les Gépides, ils se divisèrent en deux branches : l'une occupa l'île de Bornholm et l'autre alla envahir la Gaule (280), d'où elle fut repoussée par l'empereur Probus, et s'établit près des sources du Mein. En 363, Jovien les laissa s'établir sur les confins de la Séquanaise et de la 2e Germanie. En 406, ils pénétrèrent de nouveau dans la Gaule et parvinrent à s'y établir, et Gondicaire fonda le royaume de Burgundie ou premier royaume de Bourgogne.

BURIDAN (Jean), né à Béthune au XIVe siècle, mort vraisemblablement en 1358. Il professa la philosophie à Paris, et prit parti pour les nominaux contre les réaux. Il fut célèbre par ses *Commentaires d'Aristote*, et surtout par son *sophisme de l'âne*, qui exerça beaucoup les dialecticiens de son temps. Il démontrait, de la manière suivante, que les animaux avaient leur libre arbitre : Si un âne, également pressé par la faim et la soif, se trouve entre une mesure d'avoine et un seau d'eau, que fera-t-il ? Admettez-vous qu'il restera immobile ? Alors il mourra de faim et de soif entre l'avoine et l'eau. Admettez-vous, au contraire, qu'il se tourne d'un côté plutôt que de l'autre ? Vous affirmez alors qu'il a son libre-arbitre. Le nom de Buridan est mêlé à une tradition populaire, qui a trouvé place dans le drame célèbre, intitulé la *Tour de Nesle*. Gaguin, chroniqueur du XVe siècle, raconte en ces termes les débauches des trois princesses qu'avaient épousées les trois fils de Philippe le Bel : « Ces désordres et leur suite épouvantable donnèrent naissance à une tradition injurieuse à la mémoire de Jeanne de Navarre, épouse de Philippe le Bel. Suivant cette tradition, cette princesse recevait dans sa couche quelques écoliers, et, pour ne laisser aucune trace de sa débauche, elle les faisait jeter de la fenêtre de sa chambre dans la rivière. Un seul de ces écoliers, Jean Buridan, eut le bonheur d'échapper au supplice qu'il avait encouru ; c'est pourquoi il publia ce sophisme : *Ne craignez pas de tuer une reine, si cela est nécessaire.* » Gaguin conteste ainsi que le fait se rapporte à Jeanne de Navarre et il l'attribue à Jeanne de Bourgogne, femme de Philippe le Long, morte en 1329. Villon fait allusion à cette légende dans la ballade des *Dames du temps jadis* :

> Semblablement où est la reine
> Qui commanda que Buridan
> Fût jeté en un sac en Seine.

BURIE, ch.-l. de cant., de l'arrond. de Saintes (Charente-Inférieure), à 17 kil. de cette ville. Pop. 1,400 hab.

BURIN, barre quadrangulaire d'acier trempé, longue d'environ 12 cent., adaptée à un manche en bois, figurant la moitié d'une petite pomme, et présentant une pointe plus ou moins aiguë, à laquelle on donne le nom de *nez*, et qui est taillée en biseau. On emploie surtout cet outil dans la *gravure au burin*. On appelle *ventre* du burin un angle que l'on pose sur la planche, pour manier plus commodément l'outil. La gravure au burin se distingue des autres gravures à l'*eau-forte*, en *mezzotinte*, au *lavis*, au *pointillé* ou dans le *genre du crayon*. Le burin des graveurs de médailles s'appelle *onglette*, parce que le nez est un peu arrondi. Les serruriers emploient aussi le burin pour couper le fer à froid. Enfin, on donne le nom de burin à une longue barre d'acier trempé, ronde et taillée en pointe, avec laquelle on fait des trous dans le grès ou dans la roche, pour y établir des mines dont l'explosion détache des masses.

BURKARD-WALLIS, fabuliste et conteur allemand, né à Altendorf, mort vers 1555. Il s'attacha à la landgrave Marguerite de Hesse, et devint son chapelain ; il fut zélé partisan du protestantisme. On lui doit, sous le nom d'Esopus, un recueil de fables, où l'esprit satirique est finement caché sous une certaine naïveté. Les fabulistes qui sont venus ensuite lui ont souvent fait d'heureux emprunts.

BURKE (Edmond), célèbre orateur anglais, né à Dublin en 1730, mort en 1797. Après être entré au barreau, il publia un pamphlet intitulé : *Réclamation en faveur des droits de la société naturelle ou Coup d'œil sur les maux qu'a produits la civilisation.* C'est une défense des droits naturels, d'un radicalisme si avancé qu'il ne faisait pas prévoir que l'auteur deviendrait un jour l'un des plus énergiques défenseurs du parti ministériel, ni surtout qu'il combattrait avec une haine si aveugle les principes de notre révolution de 1789. Quoi qu'il en soit, cet ouvrage fit beaucoup de bruit. Son *Essai sur le sublime et le beau* est écrit dans un genre tout à fait opposé. La forme en est légère et spirituelle, mais moins mordante. L'*Annual register*, journal qu'il fonda en 1758, eut un brillant succès. Hamilton, son ami et son protecteur, le présenta au marquis de Rockingham, premier lord de la trésorerie, qui le nomma son secrétaire particulier et le gratifia du riche domaine de Beaconsfield. Rockingham le fit élire député de la chambre des communes par le bourg de Wendowe. Bien que la reconnaissance l'attachât au parti ministériel, il se signala d'abord par son esprit démocratique, en combattant la taxe du timbre imposée aux colons d'Amérique. On reconnut aussitôt en lui un orateur éminent. Pendant la guerre américaine, Burke resta constamment dans le camp de l'opposition, et s'efforça, par la sagesse de ses conseils, de prévenir une rupture que le despotisme ministériel ne faisait que précipiter. Il concilia ses opinions particulières avec son attachement à Rockingham, qui parvint deux fois au ministère, et il le défendit dans une brochure intitulée : *Tableau du dernier ministère*. Au reste, Rockingham l'avait fait admettre au conseil privé, et l'avait nommé payeur général de l'armée. Il quitta cet emploi après la mort de son protecteur. Il s'associa à l'opposition de Fox aux actes du ministère Pitt, et se laissa souvent égarer par un esprit systématique. Il fut l'éloquent accusateur d'Hastings, gouverneur des Indes orientales, et contribua, avec Fox et Sheridan, au rappel de ce fonctionnaire et à sa mise en jugement devant la chambre des lords, pour y répondre de ses exactions et de ses actes d'horrible tyrannie. Lorsqu'il s'agit d'établir une régence, par suite de la démence de Georges III, Burke montra une violence, et un défaut de tact qui le firent souvent rappeler à l'ordre. La révolution française venait d'éclater, et Burke, qui ne la comprit pas, parce qu'il embrassait dans la même haine la nation française et les principes nouveaux qu'elle révélait, l'attaqua à la tribune et dans un pamphlet assez médiocre, intitulé : *Réflexions sur la Révolution française*. Fox essaya, au contraire, de réagir contre cette funeste tendance de Burke, qui avait malheureusement pour lui l'opinion nationale en Angleterre. Cette question n'aboutit qu'à diviser les deux amis politiques. Burke fit même, en plein parlement, une déclaration de rupture. Son ouvrage fut réfuté sans peine, et il fut démontré qu'en accueillant les renseignements des émigrés, il avait travesti les faits et dénaturé les intentions. Mais que pouvait le raisonnement contre la *gallophobie* chronique dont Burke paraissait atteint ? Il combattait non la réalité, mais un fantôme créé par son imagination. Il fut favorable à l'émancipation des catholiques irlandais, et la lutte qu'il soutint sur cette question fut le dernier acte important de sa vie politique. Il se retira des affaires, quand il vit son fils, qu'il affectionnait vivement, siéger au parlement. La fin prématurée de ce fils abrégea ses jours.

BURKERSDORF, village des Etats autrichiens (Basse-Autriche), à 15 kil. de Vienne. Pop. 800 hab. Château impérial.

BURLAMAQUI (Jean-Jacques), d'une ancienne famille originaire de Lucques, célèbre publiciste, né à Genève en 16[illegible], mort en 1748. Il professa le droit dans sa ville natale avec distinction. Il voyagea dans les principaux pays de l'Europe pour réunir les documents qui devaient lui servir à la composition de ses ouvrages sur le droit naturel. Il se lia avec Barbeyrac, dont il préféra la doctrine à celle de Puffendorf. Le prince Frédéric de Hesse-Cassel, qui avait été son élève, l'emmena dans ses États, où il le retint plusieurs années. De retour à

Genève, il renonça à l'enseignement et fut nommé conseiller d'Etat. Les trois principaux ouvrages de Burlamaqui sont intitulés : *Principes du droit naturel*, *Eléments du droit naturel* et *Principes du droit politique*. Dans le premier de ces ouvrages, il cherche les fondements de la loi naturelle et de la morale, et les trouve dans le légitime *amour de soi-même* tempéré par la *sociabilité*. Ses *Principes de droit politique* peuvent être considérés comme une introduction à l'*Esprit des lois*, de Montesquieu; l'ouvrage est plus méthodique et plus élémentaire.

BURLESQUE. On entend par genre burlesque une poésie triviale qui se propose de tourner en ridicule les choses les plus graves. Ainsi les parodies de nos grandes tragédies sont des compositions burlesques. Il ne faut pas confondre le comique avec le burlesque. Le comique peint les passions; le burlesque travestit les hommes et les choses, sans s'inquiéter de la vérité. Une pensée quelquefois juste peut devenir burlesque par la bassesse des termes employés. Boileau n'a-t-il pas dit :

« D'un seul mot quelquefois le son dur ou bizarre
Rend un poëme entier ou burlesque ou barbare. »

Scarron est le héros du genre burlesque, qui nous vient de l'Italie; Berni (Francisco) composa le premier des opéras burlesques, dits aussi *berniesques*.

BURLINGTON, ville des Etats-Unis (Vermont), sur la côte E. du lac Champlain. Pop. 4,300 hab. Université florissante. Académie. Grand commerce.

BURLINGTON, ville des Etats-Unis (New-Jersey), à 25 kil. de Philadelphie. Pop. 4,000 hab.

BURNES (Alexandre), voyageur anglais, né en 1805 à Montrose, mort en 1841. Il était attaché à l'armée de l'Inde, et explora les bords de l'Indus. En 1832, il fut chargé d'une mission dans l'Asie centrale, et, plus tard, envoyé au Caboul comme agent du gouvernement. Il fut tué dans une émeute. La relation de ses voyages renferme de précieux renseignements sur l'Afghanistan et sur tous les pays qu'il a parcourus.

BURNEY (Charles), compositeur, né à Shrewsbury en 1726, mort en 1814. Après avoir étudié à Londres sous la direction du célèbre docteur Arine, qui était le compositeur le plus remarquable qu'ait produit l'Angleterre au XVIIIe siècle, il voulut visiter les principaux Etats de l'Europe. A son retour, il publia le *Journal* de ses voyages, et devint membre de la société royale de Londres, puis organiste de l'hôpital de Chelsea. On lui doit une excellente *Biographie de Haendel*, des *Mémoires sur Métastase*, des *concertos*, un divertissement imité du *Devin de village*, de J.-J. Rousseau, et une *Histoire générale de la musique*, qui est le fruit de longues et patientes recherches, mais qui offre de grandes lacunes pour les temps antérieurs au XVe siècle.

BURNEY (miss), fille du précédent, morte en 1840. Elle s'est fait connaître par plusieurs romans, qui ont eu quelque succès et qui ont été traduits en français, tels sont : *Evelina*, *Cæcilia*, *Georgina*, *Camilla*, etc.

BURNEY (Jacques), frère de la précédente. Il est auteur de deux bons ouvrages : l'*Histoire chronologique des découvertes faites dans la mer du Sud de* 1513 *à* 1764 et l'*Histoire des Boucaniers*, qui ont été publiés de 1804 à 1816.

BURNLEY, ville d'Angleterre, dans le comté de Lancastre, à 40 kil. de cette ville. Pop. 10,700 hab. Riche exploitation de houille. Fabriques de lainages et filatures de coton.

BURNOUF (Jean-Louis), célèbre professeur de l'université de France, né en 1775 à Urville (Manche), mort en 1844. Il était fils d'un pauvre tisserand, et devint bientôt orphelin. Admis comme boursier au collége d'Harcourt, il se fit remarquer par ses heureuses dispositions et remporta le prix d'honneur au concours général. Quand la révolution éclata, il se vit obligé, pour vivre, de se faire commis marchand. Mais, en 1807, grâce à M. Guéroult, qui l'avait dirigé dans ses études au collége d'Harcourt, il put entrer dans l'université. Sa vaste érudition lui ouvrit bientôt toutes les portes. Il devint successivement suppléant au lycée Charlemagne, professeur de rhétorique au lycée impérial Napoléon, maître des conférences à l'École normale, professeur d'éloquence latine au collége de France. En 1830, il fut nommé inspecteur général de l'université, et en 1836, il entra à l'Académie des inscriptions et belles-lettres. En 1840, il était bibliothécaire de l'université et officier de la Légion d'honneur. Qui ne connaît sa *Méthode pour étudier la langue grecque* et sa *Méthode pour étudier la langue latine?* Ces ouvrages, qui se distinguent surtout par l'esprit philosophique qui y a présidé, sont depuis longtemps devenus classiques. On lui doit aussi des traductions de *Tacite*, de *Cicéron* et de *Pline*, qui se font remarquer par leur élégance autant que par leur fidélité. Il a en outre publié une savante édition de *Salluste*, dans la collection des classiques latins de Lemaire.

BURNOUF (Eugène), savant orientaliste, fils du précédent, né à Paris en 1801, mort en 1852. Il avait été formé par son père aux études sérieuses et fut mis au collége Louis-le-Grand. En 1822, il devint élève de l'école des Chartes, puis se fit avocat en 1824; mais ses goûts littéraires lui firent bientôt abandonner cette carrière : il se livra entièrement à l'étude des langues orientales, et surtout à celle du sanscrit et du zend. La publication de son *Essai sur le Pâli*, langue de la religion et de la science à Ceylan et dans toute l'Indo-Chine, attira sur lui l'attention de l'Europe savante. Cette publication fut bientôt suivie de l'ouvrage de Géringer sur l'*Inde anglaise*, dont il donna le texte explicatif. Il devint l'un des fondateurs et le secrétaire de la Société asiatique de Paris, puis professeur à l'école normale supérieure, et remplaça tour à tour Champollion le jeune à l'Institut, Chézy au collége de France, Saint-Martin au *Journal des Savants*. Il venait d'être élevé au titre d'inspecteur général de l'enseignement supérieur et secrétaire perpétuel de l'Académie des inscriptions et belles-lettres, lorsqu'il fut tout à coup enlevé à la science par une mort prématurée. Ce savant littérateur était, comme l'a si bien dit M. Villemain, un philologue de génie. On lui doit, outre un grand nombre de *mémoires*, une foule d'ouvrages qui attestent toute l'étendue de son érudition. Il a ressuscité, pour ainsi dire, toute une langue, le *zend*, la parole vivante. En effet, par l'antique langue sacrée des mages, celle dans laquelle Zoroastre paraît avoir rédigé l'exposé de sa doctrine, le *Zend-avesta*, par la publication du *Vendidad-Sadé*, l'un des livres de Zoroastre, et du *Yaçna*, le livre des prières, Eugène Burnouf nous a révélé le véritable sens des livres sacrés des Parsis. Il a fait aussi d'immenses travaux sur le bouddhisme. Son *Bhâgavata-Pourâna* et son *Introduction à l'Histoire du bouddhisme indien*, nous font connaître les dogmes, l'histoire de cette religion, dont il avait étudié et approfondi les légendes. C'est ce grand ouvrage qu'il achevait au moment où la mort vint le surprendre.

BURNUS ou **BOURNOUS**, manteau de laine blanche, à capuchon, que portent les Arabes. Il a été introduit dans plusieurs corps de l'armée française, en raison de sa commodité pour abriter à la fois contre les chaleurs extrêmes qui règnent en Algérie, et le froid pénétrant qu'on ressent sur les hauteurs. La mode s'est emparée du burnous, en lui donnant toutefois une tournure plus gracieuse.

BURNS (Robert), poëte écossais, né à Mauchline, en Ayrshire en 1734, mort en 1796. L'Ecosse le connaît sous le nom du *Laboureur d'Ayrshire*, et l'Angleterre sous celui de *Poëte écossais*. Jusqu'à 24 ans, il fut simple cultivateur, et ne sut que le peu de lecture et d'écriture qu'on enseigne généralement dans les campagnes. Cependant il montra une aptitude extraordinaire pour la poésie. Il chantait les scènes champêtres et les beautés de la nature. Il fit un voyage à la Jamaïque pour y amasser un peu de fortune. A son retour, il publia un recueil de poésies qui eut un succès prodigieux. Une souscription nationale fut ouverte pour faire les frais de la publication de ses œuvres complètes. Il maniait assez bien la satire, et lança contre la cour plus d'une épigramme piquante. Ses poésies sont écrites dans l'idiome écossais.

BURNT-ISLAND, ville d'Ecosse (Fife), à 9 kil. de New-Haven. Pop. 1,860 hab. Bains de mer. Port de mer à l'embouchure du Forth.

BUROSSE, village de l'arrond. de Pau (Basses-Pyrénées), à 42 kil. de cette ville. Pop. 300 hab. Vins blancs très-estimés, dits *de Viquebille*.

BURRHUS (Afranius), fut élevé par Agrippine, alors femme de l'empereur Claude, au commandement des gardes prétoriennes. L'astucieuse impératrice, connaissant toute l'influence des prétoriens sur le choix des empereurs, et préparant déjà l'avénement de son fils Néron, au mépris des droits de Britannicus, fils de Claude, cherchait à mettre à la tête des prétoriens des chefs qui lui fussent dévoués. Elle présenta Burrhus comme un homme nécessaire pour rétablir la discipline qui s'affaiblissait, et fit concentrer dans ses mains les pouvoirs qui étaient partagés auparavant entre trois tribuns militaires. Quoi qu'on ait dit de la vertu sévère de Burrhus, il est constant qu'en acceptant l'emploi que lui offrait Agrippine, il acceptait la complicité de ses crimes. Lorsque Néron fut élevé à l'empire, Burrhus et le philosophe Sénèque, précepteur de Néron, unirent leurs efforts pour modérer les passions du jeune empereur. « Ils s'entendaient ensemble, dit Tacite, pour retenir plus facilement la fougue du jeune prince en cédant à ses passions, s'il dédaignait la vertu. » Ils lui livrèrent une jeune affranchie, nommée Acté, et se chargèrent même de choisir ses compagnons de débauche. On cherche vainement dans la vérité des faits cette vertu farouche dont une fausse tradition se plaît encore à gratifier ces deux hommes. Ils ne cherchaient qu'à maintenir leur influence sur Néron, et ils excitèrent plus d'une fois la jalousie d'Agrippine. Quand celle-ci fut disgraciée par son fils, après l'empoisonnement de Britannicus, Burrhus ne conserva son commandement qu'à la condition de jurer à l'empereur qu'il n'épargnerait pas plus Agrippine que tout autre ennemi de l'empereur. Il fut même chargé, ainsi que Sénèque, de l'interroger en présence de ses affranchis. La mémoire de Burrhus reste chargée du meurtre d'Agrippine; il est certain qu'il connut le projet de Néron, et qu'il désigna lui-même les prétoriens qui devaient tremper leurs mains dans le sang de la mère de l'empereur. Ce fut lui qui osa le premier féliciter Néron d'avoir échappé à un grand péril, en prévenant les prétendus complots de sa mère. Ses lâches complaisances ne purent dissiper les soupçons du tyran; il fut accusé lui-même de conspiration, et n'évita le supplice qui l'attendait qu'en mettant fin à ses jours par le poison, l'an 62 av. J.-C.

BURRIANA, ville d'Espagne dans la prov. de Castellon de la Plana, à 8 kil. de cette ville. Pop. 4,000 hab. Port sur le Rio-Bechi.

BURSAUX (édits). On donnait ce nom aux ordonnances royales ayant pour objet la création de nouveaux impôts ou de nouveaux offices. Le tiers état ne cessa de protester contre les édits bursaux qui augmentaient les charges à supporter par la nation; plus d'une fois le parlement refusa de les enregistrer. L'administration du cardinal Mazarin fut signalée par une lutte de ce genre, qui aboutit au triomphe du parlement soutenu par l'insurrection populaire.

BURSCHENSCHAFT. Ce mot désigne, chez les Allemands, une association d'étudiants. Ce mot vient de l'allemand *bursch*, qui signifie garçon; camarade, nom que se donnent les étudiants des universités d'Allemagne. Les nouveaux affiliés à ces sociétés prennent le nom de *Fuchse* (renards), et les étrangers sont des *Philister* (Philistins). Les *Burschenschaften* ont pris naissance pendant la guerre que les alliés soutinrent contre Napoléon Ier. La bataille de Leipzig avait enflammé chez les Allemands l'ardeur patriotique; séduits par les promesses de leurs souverains, qui les appelaient à reconquérir leur indépendance, les douze universités de l'Allemagne formèrent, en 1815, des associations qui d'abord n'eurent pas d'autre but. Après la paix, elles se maintinrent, malgré les défenses des gouvernements, pour demander aux souverains de l'Allemagne l'exécution de leurs promesses libérales. En 1818, elles se réunirent près d'Eisenach, et jetèrent les fondements d'une *burschenschaft* qui devait embrasser toute l'Allemagne. Les gouvernements comprirent leur but politique et révolutionnaire et s'efforcèrent de disperser les associations. Elles n'ont pas disparu, malgré les persécutions; aujourd'hui elles se divisent en *Germanen* et en *Arminen*. Les premiers poursuivent l'unité politique de l'Allemagne, d'accord avec les démocrates allemands; les seconds, attachés au parti aristocratique, déclarent cette unité impossible, tout en affichant un libéralisme douteux. Les *Germanen* ont joué un rôle important en 1848; et ils n'ont pas cessé de rester unis pour la défense des libertés de la grande patrie allemande.

BURSFELDE, village du Hanovre, à 15 k. de Minden. Pop. 200 hab. Autrefois célèbre abbaye des bénédictins.

BURSLEM, ville d'Angleterre dans le comté de Stafford, à 30 kil. de cette ville. Pop. 12,650 hab. Fabrique de porcelaines, poterie.

BURTON-UPON-TRENT, ville d'Angleterre, comtés de Stafford et de Derby, à 35 kil. de Stafford. Pop. 7,000 hab. Brasserie d'ale renommée. Ruines d'une riche abbaye. Pont sur le Trent de 37 arches et 470 m. de long.

BURTON (Henri), théologien anglais, né à Birdsall, dans le comté d'York en 1579, mort en 1648. Il fut précepteur des enfants du duc de Monmouth, puis il passa au service des princes Henri et Charles, fils de Jacques Ier, roi d'Angleterre, en qualité de secrétaire de cabinet. Il fut chassé de la cour pour un violent libelle qu'il publia contre les évêques anglicans, dans lequel il leur reprochait d'abandonner les doctrines puritaines pour retourner aux formes du catholicisme. Divers sermons sur le même sujet irritèrent encore la cour, qui le fit citer devant la *chambre étoilée*, malgré la popularité que lui valaient ses prédications; Il fut condamné, outre la détention perpétuelle, à avoir les oreilles coupées, à être attaché au pilori, et à payer une amende de 5,000 livres. L'exécution du jugement ne l'empêcha pas de répandre ses écrits du fond de sa prison; il fut alors transféré dans l'île de Guernesey. Sa femme ayant cependant obtenu la révision de son procès, il revint à Londres, où il fut accueilli en triomphateur. Ses écrits, qui flattaient les passions et les préjugés populaires, sont aujourd'hui condamnés à un juste oubli.

BURY, ville d'Angleterre (comté de Lancastre), à 12 kil. de Manchester. Pop. 25,930 hab. Grande fabrique de coton et de lainages, exploitation de houille. Patrie de sir Robert Peel.

BURY-SAINT-EDMUND'S, ville d'Angleterre (Suffolk), à 96 kil. de Londres. Pop. 12,540 hab. École classique fondée par Edouard VI, ruine de l'abbaye autour de laquelle se forma la ville (633). Église gothique de Sainte-Marie. Magnifique château d'Ickworth, aux marquis de Bristol, à 4 kil. de Bury.

BURZET, ch.-l. de cant. de l'arrond. de l'Argentière (Ardèche), à 22 kil. de cette ville. Pop. 3,180 hab. Fabrique de couvertures de laine.

BUSACO, hameau de Portugal (Beira), à 30 kil. de Coïmbre, dans les montagnes de Busaco. Wellington y vainquit Masséna (1810).

BUSBECQ (Augier Ghislein DE), diplomate, né à Commines en 1522, mort en 1593. Il était fils naturel du seigneur de Busbecq, qui le fit légitimer. Il passa en Angleterre à la suite de Pierre Lassa, ambassadeur de Ferdinand Ier, roi des Romains. Ce prince l'envoya en ambassade auprès du sultan Soliman II, en 1555. A son retour, il fut nommé gouverneur des enfants de Maximilien II, et conduisit en France Elisabeth, fille de Maximilien, lorsque cette princesse épousa Charles IX. Il resta à la cour de France; mais la guerre civile qui affligea le règne de Henri III le fit décider à quitter la France. Pendant sa fuite, il fut attaqué par des ligueurs, et la frayeur qu'il éprouva lui causa une maladie dont il mourut. Son voyage en Orient fut signalé par des découvertes importantes pour la science historique et les lettres. Ainsi, il découvrit le fameux *marbre d'Ancyre*, et recueillit cent manuscrits grecs. Il a écrit une *Histoire de Belgique sous les ducs d'Alençon*, des *Voyages*, et une correspondance intéressante pour faire connaître les principaux faits du règne de Henri III.

BUSCA, ville du royaume d'Italie, dans la prov. de Coni, à 15 kil. de cette ville. Pop. 8,500 hab. Exploitation d'albâtre.

BUSCHETTO DA DULICCHIO, architecte italien, né dans l'île de Dulicchio, vers 1030. Il construisit la cathédrale de Pise, qui rappelle les traditions de l'architecture grecque unies au genre gothique. Les colonnes de marbre, de porphyre et de granit donnent à ce monument un grand caractère. Buschetto était habile dans la mécanique; ainsi, il inventa des machines capables de soulever de grands poids avec de faibles forces. Ses contemporains, pénétrés d'admiration pour la puissance de ses procédés, mirent sur son tombeau cette épitaphe emphatique: « Par son moyen, dix filles levaient des poids que mille bœufs accouplés n'auraient pu remuer, et qu'un vaisseau de charge n'aurait pu porter en pleine mer. »

BUSCHING (Antoine-Frédéric), historien et géographe allemand, né à Stadthagen, en Prusse, en 1724, mort en 1793. Il embrassa la profession ecclésiastique et devint précepteur du comte de Lynar, ambassadeur de Danemark en Russie. De retour à Berlin, il fut nommé, par Frédéric II, directeur d'un collège. Il a écrit de nombreux ouvrages d'éducation sur la géographie et l'histoire et des biographies; mais c'est surtout à sa *Géographie universelle* qu'il dut sa célébrité; il eut le mérite de faire connaître, avec une exactitude dont on n'avait pas encore eu d'exemple, les contrées septentrionales de l'Europe, et d'introduire la statistique dans la science géographique.

BUSCHING (Jean-Gustave-Théophile), fils du précédent, né à Berlin en 1783, mort en 1829. Il était professeur à l'université de Breslau, et fonda dans cette ville la Société d'histoire et d'archéologie de Silésie. Il a publié un grand nombre de contes anciens et de chansons populaires. Il a également édité les *Mémoires de Hans de Schwenicken*, qui présentent le tableau le plus curieux des mœurs allemandes au XVIe siècle. On lui doit, en outre, une traduction des *Niebelungen* en allemand moderne.

BUSEMBAUM (Hermann), théologien allemand, né à Nottelen, en Westphalie, en 1600, mort en 1668. Il prit l'habit de saint Ignace et devint recteur des collèges des jésuites de Hildesheim et Munster. Il composa la *Moelle théologique*. Cet ouvrage, qui a mérité d'être adopté dans tous les séminaires jésuites, contenait certaines maximes tant soit peu hasardées touchant le meurtre des hommes et des rois. Il y est dit notamment que le pape, lorsqu'il a proscrit un potentat, peut faire exécuter son décret partout, parce que le pape est souverain de toute la terre; qu'un homme qui a reçu la sainte mission de tuer un excommunié peut se substituer un autre mandataire, et que c'est faire œuvre pie que d'accepter un tel mandat. Le parlement de Toulouse se donna la peine de juger cet ouvrage et de rendre, en 1757, un arrêt qui ordonnait qu'il fût livré aux flammes par le bourreau. Le parlement de Paris se contenta de le condamner par arrêt de 1761. Quand Damiens eut attenté à la vie de Louis XV, les jésuites furent inquiétés, mais ils répudièrent la doctrine de Busembaum, et nièrent que ce fût l'œuvre d'un membre de la compagnie; mais un maladroit ami, le P. Zacharia, jésuite italien, écrivit alors l'apologie de Busembaum.

BUSIRIS, ville de l'ancienne Egypte, située sur la côte O. de la branche busirique ou ashribitique du Nil. Isis y avait son plus grand sanctuaire, qui fut détruit par Dioclétien.

BUSIRIS, roi d'Egypte, fils de Jupiter ou de Neptune et de Libye ou d'Anippe, fut tué par Hercule, et, après sa mort, il fut mis au rang des dieux.

BUSKERUD, préfecture de Norwége, située dans le Søndenfields, entre celles de Christian, au N.-E., de Laurvig et Jarlsberg et d'Aggerhuus à l'E., de Bradsberg au S.-O., de Nordre et de Søndre-Bergenhuus. Ch.-l. Drammen. Pop. 90,350 hab.

BUSLEYDEN (Jérôme), chanoine et membre du conseil souverain de Malines, né dans le Luxembourg en 1470, mort à Bordeaux en 1517. La cour d'Autriche l'employa avec succès en qualité d'ambassadeur auprès de Jules II, de François Ier et de Henri VIII. Il fut membre du conseil souverain de Malines. La ville de Louvain lui doit l'établissement du collége des trois langues. Il fut lié avec Thomas Morus, et composa une lettre qui a été publiée en tête des ouvrages de ce savant publiciste.

BUSSANG ou BILTZENBACH, bourg de l'arrond. de Remiremont (Vosges), à 26 kil. de cette ville. Pop. 1,500 hab. Eaux minérales qui s'exportent en quantité. Fabriques de coton. Route souterraine.

BUSSENTO ou BUSENTO, rivière du royaume d'Italie, affluent du Crati. C'est dans le lit de cette rivière qu'Alaric fut enterré.

BUSSERACH, village de Suisse dans le cant. de Soleure, à 25 kil. de cette ville. Pop. 6,000 hab. On y remarque les belles ruines du château-fort des comtes de Thierstein.

BUSSET, village de l'arr. de La Palisse (Allier), à 28 kil. de cette ville. Pop. 1,700 hab. Beaux restes d'un château. Ce village, ancienne seigneurie de l'Auvergne, donna son nom à l'une des branches bâtardes de Bourbon, les Bourbon-Busset.

BUSSETO, ville du royaume d'Italie, dans la province de Parme, à 25 kil. de cette ville. Pop. 2,000 hab. Victoire de Sylla sur Carbon.

BUSSIÈRES-BADIL, ch.-l. de cant. de l'arrond. de Nontron (Dordogne), à 15 kil. de cette ville. Pop. 1,230 hab. Briqueteries.

Bussières-la-Grue, village du départ. de l'Allier, à 15 kil. de Bourbon-l'Archambault. Pop. 1,600 hab. Mines de fer.

Bussières-lez-Belmont, bourg de l'arr. de Langres (Haute-Marne), à 25 kil. de cette ville. Pop. 1,550 hab. Fabriques de vannerie fine.

BUSSOLINO, bourg du royaume d'Italie, à 10 kil. de Suse. Pop. 1,000 hab. Marbres verts dits *de Suse*.

BUSSY-LE-GRAND, village du départ. de la Côte-d'Or, à 19 kil. de Semur. Pop. 900 hab. Patrie de Junot. Château de Bussy-Rabutin.

Bussy d'Amboise (Louis de Clermont). Il profita du massacre de la Saint-Barthélemy pour assassiner le comte de Clermont, son parent, avec lequel il était en procès. Le duc d'Anjou récompensa son zèle en le faisant nommer gouverneur d'Angers. Ses violences le firent détester dans ce pays. Il voulut séduire la femme de Charles de Chambes, comte de Montsoreau. Celui-ci en ayant été averti par Charles IX lui-même, résolut de se venger. Il contraignit sa femme à écrire à Bussy pour lui donner un rendez-vous galant. Bussy s'y transporta avec joie; mais il se trouva en face du comte, qui se jeta sur lui l'épée à la main, avec plusieurs de ses gens; il se défendit vigoureusement, mais il ne tarda pas à succomber.

Bussy-Rabutin (Roger, comte de), littérateur français, né à Epiry, en Nivernais, en 1618, mort en 1693. Il interrompit ses études à l'âge de 16 ans pour se mettre à la tête du régiment que son père avait commandé. Sa valeur dans les combats lui mérita successivement le grade de mestre de camp de cavalerie légère, de lieutenant général des armées du roi et de lieutenant général du Nivernais. Au moment où allait s'ouvrir la campagne de 1658, il se fâcha avec Mme de Sévigné, sa cousine, à raison de son refus de lui avancer 15,000 écus. A la fin de cette campagne, il compromit, par une insigne maladresse, l'avancement qu'il devait espérer. Il se rendit, le samedi de la semaine sainte, auprès de quelques joyeux amis; on plaisanta, on chanta quelques couplets dont la morale était risquée, on parla du roi, de la reine-mère et de Mazarin avec une révérence douteuse, et pendant qu'on était en train de médire des dieux, Bussy esquissa un portrait peu flatteur de Mme de Sévigné. Les trompettes de la renommée révélèrent le secret, et Bussy regretta ses fanfaronnades. Il fut exilé dans sa terre de Bourgogne. Il employa ses loisirs à composer une histoire des *Amours de Mmes d'Olonne et de Châtillon*. La marquise du Beaume, à qui il confia son manuscrit, s'en amusa beaucoup; elle eut la curiosité d'éprouver l'effet qu'il produirait en le livrant à la publicité. Cette indiscrétion devait conduire l'auteur à la Bastille; mais la marquise n'y avait pas songé. L'*Histoire amoureuse des Gaules* était un ouvrage éminemment spirituel, animé des plus heureuses saillies, et plein de récits scandaleux qui assuraient son succès. On y remarquait surtout une certaine chanson dont l'allusion aux exploits amoureux de Louis XIV était par trop transparente. Il avait aussi composé un *Livre d'Heures* sous une forme assez galante. Les portraits des saintes étaient remplacés par ceux de certaines dames de la cour; les portraits des saints par ceux de certains maris les plus marris de la cour; et au bas de chacun de ces portraits se trouvait une parodie des prières de l'Eglise. Boileau rappela cet ouvrage dans les vers suivants:

Quoi! j'irais épouser une femme coquette!
J'irais, par ma constance, aux affronts endurci,
Me mettre au rang des saints qu'a célébrés Bussy?

Le *Livre d'Heures* de Bussy n'était qu'une imitation des *Heures galantes* des courtisans de Henri III. L'imprudent auteur resta treize mois à la Bastille; une longue maladie, qui mit sa vie en danger, lui valut la liberté. Il fut exilé en Bourgogne. Là, il écrivit des lettres de satisfaction à ceux que sa verve satirique avait atteints. Sur la fin de sa vie, et après un exil de 17 ans, la cour lui pardonna; il obtint une pension de 4,000 livres pour lui-même, et un prieuré pour son fils, qui devint plus tard évêque de Luçon.

BUSSY-LECLERC (Jean), membre de la faction des Seize. Il fut d'abord prévôt d'armes et ensuite procureur au parlement de Paris. Le duc de Guise, qui voulait ne confier le commandement de la Bastille qu'à un homme d'origine obscure, mais animé par le fanatisme et capable de tout pour servir ses projets, jeta les yeux sur Bussy; il le fit ensuite entrer dans la Ligue. Il fut chargé de présenter au parlement une requête pour qu'il lui plût de s'unir avec le prévôt des marchands, les échevins et les bourgeois de Paris, pour la défense de la religion catholique contre l'autorité royale. La plupart des conseillers comprirent que cette insolente requête était une injonction, et ils résistèrent. Bussy n'hésita pas à mettre la main sur soixante membres de cette honorable magistrature, et sur Achille de Harlay, leur illustre président. Il les conduisit à la Bastille l'épée à la main; il les mit au régime du pain et de l'eau, et mérita d'être appelé le *grand pénitencier du parlement*. Lorsqu'il fut question de faire la paix, Bussy crut sentir sur ses épaules la main du bourreau: il s'y opposa tant qu'il le put, jurant « qu'il croquerait son enfant à belles dents plutôt que de rendre la Bastille, et qu'avec son épée tranchante il mettrait en quartiers le

Mort de Cléopâtre.

premier qui parlerait de paix. » Il la rendit cependant sous la condition qu'on lui laisserait la vie sauve. On lui permit de se réfugier à Bruxelles, où il alla vivre de son premier métier.

BUSSY-CASTELNEAU (Charles-Joseph PATISSIER, marquis DE), né à Bussy, près de Soissons, en 1718, mort à Pondichéry en 1785. Il prit du service aux Indes orientales et parvint au commandement général des troupes françaises de terre et de mer au-delà du cap de Bonne-Espérance. Il défendit, sous Dupleix, Pondichéry contre les Anglais, et mit à exécution les vastes projets formés par ce général. Il sut défendre nos colonies avec de faibles ressources, et fit regretter que le gouvernement de Louis XV ne l'eût pas mieux secondé. Le roi se contentait de le combler d'honneurs et de dignités, et de le nommer lieutenant-général. Lally, un de ses lieutenants, s'étant rendu avec sa garnison après avoir lutté héroïquement avec 700 hommes contre 24,000 Anglais, fut accusé de trahison, et Bussy se vit impliqué dans cet odieux procès. Il n'eut pas de peine à se justifier dans des *Mémoires* qui témoignent de l'anarchie qui dominait alors.

BUSTE. Ce mot désigne la partie supérieure du corps humain, c'est-à-dire la tête, le cou, les épaules et une partie de la poitrine. Ce fut sous les empereurs romains que les bustes commencèrent à se répandre : les nobles exposaient les bustes de leurs ancêtres dans les vestibules de leurs habitations; ils étaient placés dans des niches que l'on ne découvrait que les jours de fête. Ils étaient primitivement en cire coloriée, et on les ornait d'habits et de bijoux. Plus tard, ils furent placés sur les tombeaux, et du mot *bustum*, qui désignait l'appareil des funérailles, on a tiré le mot buste. Il existe des collections précieuses de bustes antiques.

BUSTUM. On appelait ainsi, chez les anciens Romains, le lieu où un mort a été brûlé et enseveli.

BUT. Ce mot vient de *buttum*, qui désignait, en basse latinité, le point que l'on se propose d'atteindre, l'objet que l'on vise. La définition morale du but a été souvent l'objet de controverses. La fin justifie les moyens, ont dit quelques ambitieux. Quel est le but de l'homme sur la terre? se demanda la philosophie. Le but n'est pas le même pour les gens à courte vue que pour les gens à haute conception. L'emploi de ce mot au figuré pourrait servir de texte à de longues discussions grammaticales.

BUT EN BLANC. Ce mot signifie, dans son sens propre, une marque noire sur du blanc qui indique le point sur lequel on doit tirer; d'où est venue cette expression : tirer de but en blanc. Les tireurs au blanc ont dénaturé l'orthographe primitive et écrivent : *tirer de butte en blanc*, c'est-à-dire tirer de la butte où se trouve le tireur jusqu'au point que l'on doit atteindre, et où est attaché le blanc. C'est ainsi qu'une idée un peu différente a modifié l'orthographe du mot. En terme d'artillerie, le tir de but en blanc s'entend par opposition aux tirs à ricochet, à toute volée et de plein-fouet.

BUTE, île d'Ecosse située dans le golfe de la Clyde et dans le groupe des Hébrides. Superf. 26 kil. sur 8. Pop. 9,500 hab. Climat très-sain; riches pâturages. Cette île forme avec celles de Pladda, Inchmarnoch, l'Ile-Sainte, Arran et les deux Cumbray, le comté de Bute, dont la capitale est Rothesay; ville principale, Mount-Stuart, résidence du marquis de Bute. La superficie du comté est de 66,825 hect., et sa population de 15,750 hab.

BUTE (John-Stuart, comte DE), homme d'Etat anglais, né en Ecosse en 1713, mort en 1792. Après avoir rempli quelques emplois qui n'avaient aucun caractère politique, il fut nommé membre du parlement en 1737. On le vit alors combattre le ministère Pitt, souvent avec plus de passion que de raison. N'ayant pas été réélu à la session suivante, il se retira dans ses terres. Une circonstance singulière le tira de son obscurité. Ayant un jour joué sur un théâtre de société; il plut tellement au prince de Galles qu'il fut invité à venir à la cour. Il parvint à s'entremettre dans certaines intrigues, et, par suite, à se rendre nécessaire. Après la mort du prince de Galles, en 1751, la princesse douairière le fit nommer chambellan de son fils et lui confia son éducation. Les autres gouverneurs du prince, jaloux de son influence, donnèrent leur démission. Après la mort de George II, Bute fut appelé au conseil privé. Après la dissolution du parlement, qui eut lieu en 1761, il fut nommé secrétaire d'Etat en remplacement de lord Holderness. Dans le même temps, Legge, chancelier de la trésorerie, donnait sa démission, ainsi que Pitt, surnommé le *grand Chatam*. Bute eut ainsi l'entière direction des affaires. La faveur dont il jouissait était inouïe. Son ambition n'était cependant pas satisfaite : il fit insinuer au vieux duc de Newcastle de donner sa démission de premier lord de la trésorerie, et il prit pour lui cette fonction importante. Le peuple anglais regrettait Pitt, et ne voyait qu'avec regret l'élévation du nouveau ministre; il ne tarda pas à trouver l'occasion de manifester son opposition. L'Angleterre venait de faire la paix avec la France, et ce traité, glorieux pour l'Angleterre, avait été signé à Fontainebleau. On reprocha énergiquement à Bute d'avoir abandonné l'alliance du roi de Prusse. Le ministre défendit sa politique devant la chambre haute avec une énergie qui surprit ses ennemis eux-mêmes. Il en appela au jugement de la postérité, et termina en disant qu'il demandait qu'on mît pour épitaphe sur sa tombe, faisant ainsi appel au jugement de la postérité, « qu'il avait conseillé de faire cette paix dont ses collègues discutaient dans ce moment tout le mérite. » Il eut l'approbation du parlement. Toutefois, Bute ne tarda pas à être l'objet des plus violentes agressions; la guerre des pamphlets recommença. Le ministre était devenu odieux à la nation en écartant les

Vue de la colonnade du Louvre.

whigs, qu'il avait su rendre suspects au roi. Une mesure financière dont Bute prit la responsabilité augmenta le mécontentement populaire : pour combler le déficit occasionné par les dernières guerres, le ministre avait proposé une taxe sur le cidre et le vin. Malgré la résistance des membres de l'opposition et les réclamations de la ville de Londres, les deux chambres avaient adopté cette proposition. Au moment où l'on croyait sa puissance plus consolidée que jamais, on apprit avec surprise qu'il venait de donner sa démission. Malgré sa retraite, il passait toujours pour l'instigateur des décisions royales. Ce qu'il y a de certain, c'est qu'il se prononça contre le retrait de la loi du timbre, dont l'application devint le signal de la guerre de l'indépendance américaine. Le peuple avait ressuscité pour Bute et ses amis l'ancien sobriquet de *cabale*, et on les signalait comme les auteurs des maux de la patrie. En 1766, il déclara solennellement, dans la chambre des lords, qu'il s'était entièrement retiré des affaires publiques, et qu'il ne voyait même plus le roi. Cependant, il ne tint parole qu'à la mort de la princesse de Galles, mère du roi, arrivée en 1772. Il se retira alors dans ses terres, où il mourut vingt ans après. Son passage au pouvoir a toujours été considéré comme une source de calamités pour la nation anglaise. Il s'occupa particulièrement de botanique et fut toujours en correspondance avec les plus célèbres botanistes de l'Europe. Il a laissé un ouvrage intitulé : *Table de botanique*, contenant les différentes familles de plantes de la Grande-Bretagne distinguées d'après les cinq parties de la fructification et rangées suivant une méthode synoptique. Les frais de cette publication s'élevèrent à 10,000 livres sterling.

BUTÈS, prêtre de Minerve et de Neptune, à Athènes, était considéré comme chef de la famille des Butades. Suivant la mythologie grecque, Butès, fils de Borée, roi de Thrace, chassé par son père, alla se fixer dans l'île de Naxos. Il fit plusieurs excursions avec ses compagnons, et alla enlever, sur les côtes de Thessalie, plusieurs femmes qui célébraient une fête en l'honneur de Bacchus. Parmi elles se trouvait Coronice, nourrice du dieu du vin. Bacchus, irrité d'un tel outrage, inspira au ravisseur une ivresse si furieuse, qu'il courut se précipiter dans un puits, où il périt. Un autre Butès, fils de Pallas, fut, suivant Ovide, envoyé vers Eaque à Egine pour implorer des secours contre Minos.

BUTIN, mot emprunté de l'allemand *beute* et peut-être du saxon *boto*. Le butin est un bénéfice de guerre que le vainqueur prélève sur les biens du vaincu en vertu du droit de la force. Ce prétendu droit a été consacré dans l'antiquité de temps immémorial. Les Grecs mettaient le butin en commun : un tiers appartenait au général ; les deux autres tiers étaient répartis entre les soldats et les officiers. Les Barbares qui envahirent l'empire romain n'avaient d'autre solde que le butin. La féodalité ne vécut que de butin qu'elle appelait aussi *proie*, *gaignage* ou *robbe*. Les seigneurs construisaient des forteresses pour y déposer le butin. Sous l'ancienne monarchie, et malgré l'institution des armées régulières, le roi réglait le partage du butin. Les tendances philosophiques et civilisatrices de notre siècle réagissent contre cette coutume barbare, qui a l'inconvénient de rendre le soldat avide et cruel, et de le dégrader au rang de mercenaire. Il est temps que le nouveau droit des gens abolisse un tel usage, en définissant mieux le droit de la guerre. L'emploi des armes ne peut plus être aujourd'hui que la lutte de la civilisation contre la barbarie ; et il serait peut-être facile de démontrer que le pillage des pays vaincus par les armées victorieuses a toujours été le principal obstacle à la conquête, et tourne contre le but de ceux qui emploient de tels moyens.

BUTLER (Samuel), célèbre poëte anglais, né à Strensham, dans le comté de Worcester, en 1612, mort en 1680. Il était issu d'une famille obscure, qui l'envoya cependant à l'université de Cambridge. Il fut d'abord clerc de juge de paix ; puis secrétaire d'un intendant, le célèbre Selden, qui ne contribua pas peu à former Butler et à développer son génie. Il passa ensuite au service de sir Samuel Luke, vieux puritain attaché à Cromwell. Ce nouveau maître considérait la science comme inutile et la poésie comme une profanation. Cette société, assez désagréable, éveilla la verve satirique du jeune poëte et lui inspira *Hudibras*, satire ingénieuse des partisans enthousiastes et fanatiques de Cromwell, dont le succès ne contribua pas peu à la restauration de Charles II. Lorsque cet événement s'accomplit, en 1660, Butler fut nommé secrétaire de lord Corburg, président de la principauté de Galles. Il épousa alors une veuve, et ce mariage lui assura une certaine aisance. Cependant son bonheur ne fut pas toujours assuré, car il mourut dans l'indigence, à l'âge de 68 ans ; et il fallut qu'un de ses amis fît les frais de son enterrement. Plus d'un demi-siècle après sa mort, on lui érigea un monument dans l'abbaye de Westminster. Son poëme burlesque, *Hudibras*, dont le sujet est la guerre civile d'Angleterre sous Charles Ier, est une œuvre qui trouve sa place à côté du *Don Quichotte* de Cervantes. Son ancien patron, sir Samuel Luck, était le héros de cet ouvrage, et la personnification du fanatisme puritain. Il est représenté comme un juge de comté qui s'en va, nouveau don Quichotte, à la recherche des abus qui outragent la piété ou encouragent la superstition catholique. Il lui fallait une Rossinante et un Sancho Pança : ce dernier nous apparaît sous la figure de Rolpho, de la secte des indépendants ! C'est un rusé Tartufe, théologien subtil, et qui, comme dit le poëte :

> Mystères savait démêler,
> Tout comme aiguille enfiler.

Voltaire s'amusait beaucoup de la lecture de ce poëme : « Un homme, dit-il, qui aurait dans l'imagination la dixième partie de l'esprit comique, bon ou mauvais, qui règne dans cet ouvrage, serait encore très-plaisant... » Le poëme d'*Hudibras* semblait un composé de la satire *Ménippée* et de *Don Quichotte* ; il a sur eux l'avantage des vers, il a celui de l'esprit. La satire *Ménippée* n'en approche pas ; elle n'est qu'un ouvrage très-médiocre ; mais, malgré son esprit, l'auteur d'*Hudibras* reste fort au-dessous de *Don Quichotte*. Le goût, la naïveté, l'art de narrer, celui de bien entremêler les aventures, celui de ne rien prodiguer, valent parfois bien mieux que de l'esprit ; aussi *Don Quichotte* est lu de toutes les nations, et *Hudibras* n'est lu que des Anglais. Voltaire a entrepris de traduire le premier chant d'*Hudibras*.

> Quand les profanes et les saints,
> Dans l'Angleterre étaient aux prises,
> Qu'on se battait pour des églises.
> Aussi fort que pour des catins ;
> Lorsqu'anglicans et puritains
> Faisaient une si rude guerre,
> Et qu'au sortir du cabaret,
> Les orateurs de Nazareth
> Allaient battre la caisse en chaire ;
> Que partout, sans savoir pourquoi,
> Au nom du ciel, au nom du roi,
> Les gens d'armes couvraient la terre,
> Alors monsieur le chevalier,
> Longtemps oisif, ainsi qu'Achille,
> Tout rempli d'une sainte bile,
> Suivi de son grand écuyer,
> S'échappa de son poulailler,
> Avec son sabre et l'Evangile.
> Et s'avisa de guerroyer,
> Sir Hudibras, cet homme rare,
> Etait, dit-on, rempli d'honneur,
> Avait de l'esprit et du cœur,
> Mais il en était fort avare.

La description du héros est assez plaisante :

> Au nez du chevalier antique
> Deux grandes moustaches pendaient,
> A qui les Parques attachaient
> Le destin de la république.
> Il les garde soigneusement ;
> Et si jamais on les arrache,
> C'est la chute du parlement.
> L'Etat entier, en ce moment,
> Doit tomber avec sa moustache...
> Notre grand héros d'Albion,
> Grimpé dessus sa haridelle,
> Pour venger la religion,
> Avait à l'arçon de sa selle,
> Deux pistolets et du jambon ;
> Mais il n'avait qu'un éperon,
> C'était de son temps la manière,
> Sachant que si la talonnière
> Pique une moitié du cheval,
> L'autre moitié de l'animal
> Ne resterait point en arrière
> Voilà donc Hudibras parti :
> Que Dieu bénisse le voyage,
> Ses arguments et son parti,
> Sa barbe rousse et son courage.

Butler composa aussi plusieurs pamphlets aussi curieux ; on cite notamment : le *Bât de l'âne*, ou le *Fardeau pesant et insupportable mis sur les épaules de cette pauvre nation*.

BUTOR. Ce mot désigne un personnage stupide et brutal. L'étymologie du mot (*bos, taurus*, bœuf, taureau), indique assez que c'est là un terme de mépris et d'insulte.

BUTRINTO, ville forte de la Turquie d'Europe (Janina), à 10 kil. de Corfou. Pop. 2,000 hab. Siége d'un évêché grec. Les Français la prirent aux Vénitiens en 1797 et en 1799 elle fut prise par les Russes et par les Turcs.

BUSTSCHOWITZ, bourg des Etats autrichiens (Moravie), à 28 kil. de Brunn. Pop. 2,500 hab. Château des princes de Lichtenstein.

BUTTE. Ce mot indique une petite élévation de terre ; il indique aussi une éminence où l'on place le but pour tirer au blanc ; de là l'expression figurée : *être en butte* à des traits malins, à des outrages, aux coups de la fortune, etc.

BUTTÉE. Ce terme d'architecture est évidemment dérivé de butte. « Une butte, dit Quatremère, étant ordinairement pyramidale, cette forme, qui est la plus solide, a fait donner le nom de buttée à toutes les parties d'un édifice qui ont un effort latéral à soutenir. »

BUTTES (les), village de Suisse, dans le canton de Neufchâtel, à 28 kil. de cette ville. Pop. 1,200 hab. Fabrique d'horlogerie. Ce village est si profondément encaissé dans le fond d'une étroite vallée qui s'ouvre dans le Val-de-Travers, que le soleil ne s'y montre pas pendant l'espace de trois mois.

BUTTINGTON, village d'Angleterre (Montgommery), à 3 kil. de Welspool. Pop. 8,000 hab.. Les Saxons y furent vaincus par les Danois en 894.

BUTTON (Thomas), navigateur anglais. En 1611, Jacques Ier le chargea de continuer les découvertes faites par Hudson. Il découvrit, en effet, plusieurs terres, entre autres celle qu'il nomma *Terre de l'espérance déçue*, parce que les rigueurs de l'hiver, en lui enlevant plusieurs personnes de son équipage et en le rendant lui-même dangereusement malade, l'avaient empêché d'aller au-delà. Cependant, au printemps suivant, il continua son voyage et arriva jusqu'au 65°, où il trouva une baie qu'il appela *Non plus ultrà* : « On n'ira pas plus loin. » Il découvrit ensuite un passage entre le Labrador et le cap Chidley, et revint ensuite en Angleterre, en 16 jours, après une année de navigation.

BUTTURA (Antoine), littérateur italien, né en 1771, près de Vérone, mort à Paris en 1832. Il se fit naturaliser en France et y remplit des fonctions administratives. On a de lui des *Odes* en l'honneur de Napoléon le Grand, de la France, de la Grèce, etc.; une bonne traduction italienne de l'*Art poétique*, de Boileau ; un *Dictionnaire italien-français et français-italien* assez médiocre, et des collections annotées des classiques italiens.

BUTZBACH, ville du grand-duché de Darmstadt, à 16 kil. de Giessen. Pop. 3,000 hab. Victoire des Français sur les Autrichiens en 1796.

BUTZOW, ville du grand-duché de Mecklembourg-Schwerin, à 25 kil. de Rostock. Pop. 3,900 hab. Université fondée en 1760 et supprimée en 1788. Industrie active.

BUVETTE. C'était une sorte de cabaret qui était situé près du palais et quelquefois au palais même, où magistrats et avocats allaient se rafraîchir pendant les suspensions d'audience. Même dans les provinces, des buvettes étaient établies auprès de la plupart des tribunaux. Racine fait dire à Georges Dandin vantant les vertus domestiques de sa femme :

Elle eût du buvetier emporté les serviettes,
Plutôt que revenir au logis les mains nettes.

La buvette du palais de justice, à Paris, était placée dans l'une des tours du quai de l'Horloge; cet emplacement avait autrefois servi de cabinet à saint Louis : on y voit encore les armoiries royales incrustées dans le mur et une table grossière en bois de noyer qui est fort ancienne. Les buvetiers du palais ne payaient aucun droit pour le vin qu'ils faisaient entrer.

BUVEUR. On appelle ainsi celui qui fait un usage immodéré des boissons fermentées. Les buveurs qui cherchent dans l'ivresse la gaieté et l'oubli de leurs misères ont beaucoup raillé les buveurs d'eau; suivant eux :

Tous les méchants sont buveurs d'eau,
C'est bien prouvé par le déluge.

Puis, n'ont-ils pas pour eux l'autorité d'Horace, qui prétendait qu'un buveur d'eau n'était jamais qu'un méchant poëte. Le grand Balzac a démontré cependant que la question n'était pas résolue : suivant lui l'empire est aux buveurs d'eau. N'a-t-il pas démontré l'influence du protoxyde d'hydrogène sur les facultés cérébrales? Il se méfiait beaucoup des femmes qui, par coquetterie, ou par un raffinement de volupté, ne buvaient que de l'eau. Nous laissons aux physiologistes ce problème à résoudre.

BUXHŒWDEN, (Frédéric-Guillaume, comte DE), général russe, né en 1750 dans la Livonie, mort en 1811. C'est au corps des cadets de Saint-Pétersbourg qu'il fut élevé. En 1789, il prit part à la guerre contre la Suède, et fit lever le siége de Frédériksham et de Viborg. En récompense, Catherine II lui donna la terre de Magnusdal. De 1792 à 1794, il fit la guerre de Pologne, obtint l'administration du pays, et se fit remarquer par sa modération. Nommé ensuite gouverneur de Saint-Pétersbourg sous Paul Ier, puis inspecteur des troupes en Livonie et en Courlande, il commanda une aile à la célèbre bataille d'Austerlitz, où Napoléon Ier battit l'armée austro-russe. Dans la nouvelle guerre qui eut lieu, en 1808, contre la Suède, il conquit la Finlande, et poussa ses excursions jusqu'à Tornéu.

BUXTON, ville d'Angleterre, dans le comté de Derby, à 45 kil. de cette ville. Pop. 1,600 hab. Sources thermales, bains très-fréquentés. Aux environs, carrières de pierres à chaux, grottes à stalactites du *Pool's-Hole*, *Diamond-Hille* ou colline

aux diamants. Fabriques d'ouvrages en albâtre.

BUXTON (Thomas Sowell). Philanthrope anglais, né en 1786, dans le comté de Devon, mort en 1845. Il avait vu combien le système pénitentiaire adopté dans son pays était défectueux, et n'ignorait pas que si les prisons sont le corollaire obligé de toute législation criminelle, la manière dont s'exécutent les peines est si importante que l'efficacité d'un système pénal tient en grande partie au régime des prisons. Buxton eut donc la gloire d'indiquer les bases des premières améliorations, d'exciter le zèle de l'administration, et d'ouvrir aux publicistes, par la publication d'un livre où il signalait les abus du système en usage, une nouvelle voie d'observations et de recherches. Il ne s'en tint pas là : il voulut aussi contribuer à la fondation de la Société pour l'amélioration des prisons. De 1821 à 1840, il fit partie du parlement, et, pendant vingt années, il ne cessa de soutenir la cause de l'humanité. C'est ainsi que, lorsque la question de la traite des noirs fut agitée, il s'éleva avec énergie contre cette exploitation de l'homme par l'homme. Il prit une grande part à toutes les tentatives faites, en Angleterre, pour l'abolition immédiate ou progressive de l'esclavage. On peut dire que Buxton a marché sur les traces du célèbre Wilberforce, qui, lui aussi, avait consacré toute son éloquence à combattre ce trafic honteux connu sous le nom de *traite des noirs*. Lors de la discussion de la peine de mort, Buxton réussit à faire passer un bill pour restreindre l'application de cette peine. Enfin, c'est à son instigation qu'est due la fondation de la Société de civilisation de l'Afrique.

BUXTORF. Ce nom a été illustré par plusieurs savants qui se sont rendus célèbres dans la littérature hébraïque. — BUXTORF (Jean), né à Camen, en Westphalie, mort en 1629. Il fut professeur d'hébreu à Bâle; il a laissé plusieurs ouvrages fort savants : *Trésor de la grammaire hébraïque*, *Grammaire hébraïque*, *Dictionnaire hébraïque*, *Concordances hébraïques*, *Des abréviations hébraïques* et la *Synagogue judaïque*; dans ce dernier ouvrage, on trouve la description des mœurs et des cérémonies religieuses des Hébreux. — BUXTORF (Jean), fils du précédent, né à Bâle en 1599, mort en 1664. Il professa les langues orientales. On a de lui un *Lexique chaldaïque et syriaque*, un *Traité d'accentuation hébraïque*, et des *Dissertations sur l'ancien et le nouveau Testament*. Il s'est appliqué à démontrer que la morale des Hébreux ne différait en rien de celle des autres religions. — BUXTORF (Jean-Jacques), fils du précédent, né à Bâle en 1645, mort en 1704. Il succéda à son père dans sa chaire de langues orientales, et publia diverses traductions des ouvrages des rabbins. — BUXTORF (Jean), neveu du précédent, mort en 1732; il fut le quatrième de sa famille qui occupa une chaire d'hébreu. A force de prétention à l'érudition, son jugement s'égara souvent dans des recherches douteuses. Il a laissé divers traités sur la langue hébraïque.

BUXY, ch.-l. de cant. de l'arrond. de Châlon-sur-Saône (Saône-et-Loire), à 16 kil. de cette ville. Pop. 1,250 hab. Vins rouges et blancs.

BUYTRAGO, ville d'Espagne (Guadalaxara), à 76 kil. de Madrid. Château fort. Moutons mérinos. Jadis siége d'un évêché.

BUZANÇAIS, ch.-l. de cant. de l'arrond. de Châteauroux (Indre), à 22 kil. de cette ville. Pop. 3,370 hab. Commerce de laines. En 1846, Buzançais fut le théâtre d'une insurrection causée par la cherté des subsistances.

BUZANCY, ch.-l. de cant. de l'arrond. de Vouziers (Ardennes), à 25 kil. de cette ville.

Pop. 968 hab. Patrie de Charles Coffin, recteur de l'Université. Ville autrefois fortifiée; devint, en 1798, le siége d'un tribunal de 1re instance qui fut transféré à Vouziers sous le premier empire. Ruines d'un ancien château de la cour. C'est dans ce château que le roi de Prusse avait établi son quartier général, le 8 septembre 1792. C'est aussi sur la place, au pied des murs d'enceinte de ce château, que s'arrêta l'empereur Napoléon Ier à son retour de la glorieuse campagne de Prusse, en 1807, et qu'il fut harangué par René-Louis Nottret de Saint-Lys, maire de cette ville.

BUZET, bourg du départ. de Lot-et-Garonne, à 16 kil. de Nérac. Pop. 1620 hab. Château où fut empoisonnée la femme de Jean d'Armagnac, sous Louis XI. Récolte de bons vins rouges et de bons vins blancs, dits *vins pourris*.

BUZOT (François-Léonard-Nicolas), conventionnel, né à Evreux en 1760, mort en 1793. Il fut d'abord avocat dans sa ville natale. En 1789, il fut nommé député du tiers état aux Etats généraux. Il ne prenait la parole que pour dévoiler de noirs complots ou des attentats qui n'existaient souvent que dans son imagination. Son organe sombre, sa parole traînante et une physionomie lugubre, l'avaient fait surnommer le *prophète de malheur*. Il fut, pendant quelque temps, vice-président du tribunal criminel à Paris. En 1792, il fut député à la Convention; il attaqua Danton et Robespierre, les signalant comme des dictateurs qui exerçaient un despotisme plus dur que celui qu'on subissait sous la monarchie. Cependant il montra toujours un certain zèle pour la République; ainsi il demanda le bannissement à perpétuité de la famille royale et des émigrés, et la peine de mort contre quiconque demanderait le rétablissement de la royauté. Sa conduite fut souvent contradictoire avec ses principes : ainsi, voulant se venger d'un décret de proscription lancé contre lui pour avoir reproché à la Convention d'avoir voté la mort de Louis XVI, il entreprit de soulever son pays contre la Convention. Ce mouvement n'ayant pu réussir, il s'embarqua à Quimper pour renouveler la même tentative à Bordeaux. Un décret le déclara traître à la patrie, et le mit hors la loi. Quelque temps après, on retrouva son corps, ainsi que celui de Péthion, dans un champ isolé, leurs cadavres avaient été à demi dévorés par les bêtes fauves. On l'avait surnommé le *roi Buzot*. La Convention ordonna que sa maison, à Evreux, fût rasée; cependant elle décida, par un certain sentiment de justice, que sa veuve recevrait une pension.

BUZRUKOMID ou KYA-BUZRUKOMID, fils adoptif et successeur de Haçan-Sabah, l'an 518 de l'hégire (1140), mort l'an 532 (1154). Il fut le second prince de la secte des Ismaéliens ou *Assassins*. Il résidait dans la forteresse de Roudbar.

BYBLOS, nom commun à deux villes anciennes; la première, aujourd'hui *Djébel*, est située en Phénicie, sur la mer, entre Tripolis et Béryte; elle était célèbre par les fêtes de Chamuz (l'*Adonis* des Grecs). Au rapport de Lucien, il y avait près de cette ville un fleuve qui portait le nom d'Adonis, et dans lequel on lava la plaie de ce prince après qu'il eut été blessé par un sanglier; ce fleuve, selon la croyance mythologique, se teignait à certaines époques du sang d'Adonis ; en effet, il prend quelquefois réellement une teinte colorée, lorsque les pluies entraînent dans son lit un sable rougeâtre. Les sangliers sont toujours très-communs dans le territoire de Byblos. Ce fut un des ports du royaume de Tyr, puis du royaume grec de Syrie. Patrie d'Herennius Philon. La deuxième ville de ce nom était située dans la Basse-Egypte, à égale distance des bras Atarbéchique et Thermutiaque.

BYNG (George, vicomte de TORRINGTON), amiral anglais, né dans le comté de Kent en 1663, mort en 1733. Il entra de bonne heure dans la marine militaire, et fut contre-amiral en 1703, sous sir Cloudesly Shovel. Il se distingua, en 1706, en allant porter du secours à Barcelonne, alors assiégée par le duc d'Anjou. L'habileté qu'il déploya pour faire entrer des secours dans cette place, lui valut le grade d'amiral. En 1708, il fut chargé de protéger l'Ecosse contre l'invasion dont elle était menacée par le prétendant. Il contraignit l'ennemi à se rembarquer. Bientôt après, il eut l'honneur de conduire la reine de Portugal à Lisbonne, et, à son retour, il fut nommé trésorier de l'amirauté. En 1717, il fut envoyé dans la Baltique pour surveiller la Suède, qui se proposait de seconder le prétendant. En 1718, il fut nommé commandant en chef de la flotte de la Méditerranée, et chassa les navires espagnols des côtes de la Sicile. La victoire navale qu'il remporta à cette occasion sauva la Sicile, dont l'Espagne allait s'emparer. Il devint plus tard lord de l'amirauté, et garda cet emploi jusqu'à sa mort.

BYNG (John), amiral anglais, fils du précédent, né en 1704, mort en 1757. Il se distingua, ainsi que son père, dans la marine militaire. En 1756 il fut chargé de défendre Mahon contre l'escadre française, commandée par la Galissonière. Il fut malheureux dans un combat naval, et dut même se retirer. A son retour à Londres, il fut mis en accusation, et fut condamné par un conseil de guerre à être fusillé. Le gouvernement ne songeait d'abord qu'à donner satisfaction au peuple irrité et voulait commuer cette peine trop sévère; mais le roi, craignant de compromettre sa popularité, confirma la sentence, et Byng fut exécuté le 14 mars 1757. On lui reprochait d'avoir relâché en Portugal uniquement pour y vendre des marchandises qui lui appartenaient; on lui reprochait enfin de s'être tenu si loin du vaisseau amiral de France, qu'il avait paru éviter le combat. Byng comprit lui-même que sa mort était commandée par un intérêt politique, et il marcha au supplice avec une fermeté qui attendrit ses ennemis eux-mêmes.

BYRON (John), commodore anglais, né en 1723, mort en 1786. A l'âge de 17 ans, il suivit l'amiral Anson, qui avait entrepris un voyage autour du monde; mais la tempête jeta Byron et quelques autres de ses compagnons d'infortune sur les côtes du Chili. Il resta dans ce pays jusqu'en 1744, et revint en Europe sur un vaisseau français. En 1758, il se distingua dans la guerre maritime entreprise contre la France. Six ans après, George III le chargea d'une exploration dans l'Océan atlantique, entre le Cap et la pointe S. de l'Amérique. Byron partit avec deux frégates; il chercha vainement les îles Pepys; il visita les îles Falkland, traversa le détroit de Magellan, et poursuivit sa route vers le S. Il traversa l'Archipel dangereux; à l'O. des îles de la Société, il découvrit les îles du Désappointement, du roi George, du Danger et de Byron; il passa de là dans la mer de la Chine, et arriva à Batavia par le détroit de Banca. Il rentra en Angleterre après deux années de navigation. Ses découvertes lui ont valu un rang distingué parmi les navigateurs célèbres.

BYRON (Georges-GORDON, lord), l'un des plus illustres poëtes de l'Angleterre, né à Londres le 22 janvier 1788. Il descendait d'une de ces anciennes familles qui accompagnèrent Guillaume le Conquérant en Angleterre. Ses aïeux s'étaient fait remarquer par leur dévouement à Charles Ier, justifiant ainsi leur devise : « Fiez-vous à Byron (*Erust Byron*). » Bien qu'il fût baron anglais, Byron semblait regretter de n'avoir pas eu une origine vulgaire; et, plus tard, lorsque les amis de la liberté le comptèrent avec orgueil dans leurs rangs, il ne manqua pas de dire avec amertume à ceux qui le comparaient à J.-J. Rousseau : « Il était du peuple, et je suis de la noblesse. » Il naquit boiteux, et l'on essaya vainement de corriger cette infirmité naturelle. Il n'avait que huit ans lorsqu'il s'éprit d'une jeune fille de son âge; et, plus tard, se rappelant ses amours précoces, il affirmait que le souvenir en vivait toujours dans son imagination. Son enfance fut rêveuse; il aimait avec passion les promenades solitaires dans les montagnes de l'Ecosse. Lorsqu'il fut en âge de recevoir une éducation solide, sa mère le confia au docteur Drury, qui, voyant le caractère indomptable de son écolier, avait coutume de dire qu'on lui avait envoyé un jeune cheval de montagne. La moindre injustice révoltait Byron : un jour, un de ces écoliers qui sont les tyrans de leurs condisciples, et qui, plus tard, ne sont généralement que des sots dans le monde, frappait un de ses camarades : « Combien entends-tu lui donner de coups? lui demanda Byron. — Pourquoi me demandes-tu cela? — C'est que j'en prendrais volontiers la moitié. » L'enfant qui était ainsi battu s'appelait Robert Peel, et devait un jour illustrer son pays. Byron aima quelques-uns de ses camarades avec tout l'élan de sa nature passionnée. Il était encore sur les bancs de l'école quand il contracta pour une jeune fille nommée Chaworth une passion qui influa sur le reste de sa vie. La jeune fille ne répondit pas à sa tendresse passionnée, et le regret qu'en éprouva le jeune poëte le jeta dans certains désordres. Il était encore à l'université de Cambridge quand il composa ses premières poésies : Ses *Juvenilia*, puis bientôt après ses *Heures d'oisiveté*. Ces premières productions étaient loin d'annoncer un grand poëte : le style en était plat et annonçait même peu d'imagination; aussi la critique se déchaînait-elle contre les prétentions poétiques de Byron. Il s'essaya dans un autre genre, et fut mieux inspiré en écrivant sa première satire, qui fit taire la critique et étonna l'Angleterre. Il attaqua plusieurs auteurs dont il se rapprocha plus tard pour leur vouer une amitié inaltérable. Lord Byron partit en 1809 pour un voyage dans le Levant; il visita l'Espagne, Cadix, l'Italie, la Turquie, la Grèce et l'Illyrie. Les ruines de Grèce surtout frappèrent son imagination. Quand il revint, en 1811, il rapportait les deux premiers chants de son *Pélerinage de Childe-Harold*; mais il se méprit lui-même sur la valeur de son œuvre, et ne la crut pas digne de l'impression. Ses amis eurent beaucoup de peine à modifier son jugement. Il siégea à la Chambre des lords, et fut presque isolé sur les bancs de l'opposition. Il se signala surtout par son discours contre un nouveau bill qui édictait des peines draconiennes contre les malheureux ouvriers qui se laissaient emporter à certains excès pour combattre la concurrence que leur faisait l'introduction des machines : « J'ai traversé le théâtre de la guerre dans la Péninsule; j'ai parcouru les provinces les plus opprimées de la Turquie, mais jamais, sous le plus despotique des gouvernements infidèles, je n'ai vu une misère plus odieuse que celle qui a frappé mes yeux depuis mon retour, dans le cœur même d'un pays chrétien. Et quels remèdes apportez-vous? Après plusieurs mois d'inaction, enfin vient le grand spécifique de tous les médecins des nations, depuis Dracon jusqu'à nos jours. Après avoir tâté le pouls à ce corps malade, après avoir secoué la tête, on prescrit, selon l'usage, l'eau chaude et la saignée : l'eau chaude de votre police nauséabonde, et les lancettes de vos soldats; et puis les convulsions se terminent par la mort, ce qui est la fin de toutes les cures de nos Sangrados politiques. Mettant à part l'injustice palpable et l'inefficacité certaine du bill, n'y a-t-il pas assez de peines capitales dans vos lois? n'y a-t-il pas assez de sang sur votre Code pénal? en faut-il verser encore pour qu'il monte au ciel et témoigne contre vous. » Byron disait que son discours était la préface de son *Pèlerinage*; et en effet, le succès de cet ouvrage fut immense. Le prince régent voulut le voir, et Walter Scott, se voyant surpassé comme poëte, brisa sa lyre et ne songea plus qu'à composer ses romans, qui lui ont valu un nom immortel. La *Fiancée d'Abydos* augmenta encore la réputation de Byron. Il publia ensuite le *Corsaire*; mais quelques vers satiriques animèrent contre lui la presse gouvernementale. Plein d'admiration pour tout ce qui était grand, il manifesta son enthousiasme pour l'homme que venait de renverser la coalition, et son mépris pour la cause des alliés : « Les voleurs sont dans Paris, » disait-il souvent. Byron était presque ruiné, quand il se maria avec miss Milbanke; mais cette union, pour laquelle il s'était montré indifférent, ne fut pas heureuse : après un an de mariage, sa femme se séparait de lui. Ses habitudes étranges et son caractère irrégulier convenaient peu à une femme froide et uniquement attachée à ses devoirs domestiques. Byron eut le tort, en publiant une satire contre sa femme, de mettre le public dans la confidence de ses démêlés domestiques. Il y perdit beaucoup de sa popularité, et les caricaturistes se déchaînèrent contre lui. Il quitta une seconde fois l'Angleterre et vint à Genève, où il connut Shelley, chassé de son pays pour avoir professé l'athéisme. Byron rendit justice à sa conception philosophique, en disant qu'elle était musicale comme le luth d'Apollon. En effet, Shelley considérait la partie intellectuelle comme incorporée à la partie matérielle; l'homme ne devait pas avoir d'autre but que la connaissance des harmonies de la nature. Il est constant que la doctrine de Shelley influa considérablement sur les idées que Byron développa plus tard. Ce fut dans la compagnie du célèbre philosophe qu'il composa le *Vampire*. Peu de temps après, il passa en Italie, et resta longtemps à Venise. C'est dans cette ville qu'il termina le 3e chant de *Childe-Harold* et qu'il composa les *Lamentations du Tasse*, et enfin le drame de *Manfred*. Il est évident que Byron a entrepris d'imiter Gœthe, dans ce drame étrange où les montagnes, les précipices, apparaissent comme des êtres animés. Il fit un voyage à Rome; mais il fut bientôt rappelé à Venise par une femme qu'il y avait connue et qu'il aimait d'une passion ardente. Il y revint et composa le 4e chant de *Childe-Harold*, la plus belle de ses inspirations. Il abandonna sa maîtresse pour chercher dans des amours effrénés la satisfaction de son imagination ardente; il usa sa vie dans la débauche, sans perdre toutefois ce sentiment poétique qui l'anima jusqu'à la fin. Il composa alors *Don Juan*, qui est la peinture idéale de l'amour et qui en est aussi la satire. Il fut tiré de son abaissement moral par sa passion pour la comtesse Guiccioli. Il composa *Marino Faliero* qu'il fit paraître en 1820. Deux ans après, il perdit sa fille naturelle, Allégra; la douleur qu'il éprouva le jeta dans une sorte de torpeur; il avait coutume de dire, traduisant ainsi sa pensée athéiste : « J'irai à elle, mais elle ne viendra pas à moi. » Quelque temps après il perdit Shelley, qui se noya dans le golfe de la Spezzia. Il fit brûler sur le bord de la mer le corps de son ami pour recueillir ses cendres. Le feu ne put attaquer le cœur, et cette circonstance étrange frappa la puissante imagination de Byron. Il fit encore paraître *Caïn et Warner*; cet ouvrage souleva contre lui le parti catholique, et l'on accusa Byron de s'être inspiré de la doctrine de Shelley. Il entreprit la publication d'une revue; mais le *Libéral* n'eut que peu de succès. Il reconquit toute sa popularité en embrassant la cause des Grecs, qui luttaient alors pour leur indépendance; et ses vers ne contribuèrent pas peu à exciter en Europe un vif enthousiasme pour cette nation qui aspirait à se relever de ses ruines. Il entreprit même un voyage en Grèce; il y organisa des corps de volontaires, et introduisit dans cette lutte des habitudes d'humanité étrangères à ce peuple; mais il était atteint d'un mal dont il ne pouvait guérir, et, le 19 avril 1824, il mourut à Missolonghi. La veille de sa mort, les Souliotes qu'il avait organisés se révoltèrent et vinrent envahir sa chambre; mais, saisis de respect à la vue de cet homme expirant, ils se retirèrent sans commettre aucun désordre.

BYRON (île), une des Mulgraves, découverte en 1765 par John Byron.

BYRSA, citadelle de Carthage, nommée ainsi, dit-on, de ce qu'elle occupait l'emplacement enfermé par une peau de bœuf (*byrsa*) découpée en lanières étroites.

BYSSUS, mot latin dérivé du grec, désigne une substance végétale propre à faire le fil. Les anciens faisaient des étoffes de byssus, et les vêtements composés de cette étoffe étaient le symbole de la sainteté et de la pudeur. Les byssus de la Judée, qu'on employait pour les ornements sacerdotaux, avaient l'éclat de l'or. On a présumé que cette étoffe était simplement le coton. On tire une sorte de byssus des filaments soyeux de certains mollusques; autrefois les Siciliens en composaient des étoffes.

BYTOWN, ville du Haut-Canada, à 250 kil. de Kingston. Pop. 1,200 hab. Célèbres chutes dites *de la Chaudière;* elles sont formées par l'Ottawa. Pour réunir le Haut et le Bas-Canada, on a jeté sur ces chutes une magnifique suite de quatre ponts, nommée *Pont de l'Union*. Cette ville fut fondée en 1826; en 1858, elle prit le nom d'Ottawa, et est devenue la capitale des deux Canadas.

BYTTE, île du Danemark, dans la Mer Baltique, près de l'île de Falster.

BYZACÈNE, contrée de l'Afrique propre, elle s'étend du fond de la Petite Syrte, au fond du golfe d'Adrumète.

BYZANCE. (*Voir* CONSTANTINOPLE.)

BYZANTIN (empire). (*Voir* ORIENT) (empire d').

BYZANTIN (style). Lorsque Constantin transféra le siége de l'empire romain à Byzance, il y eut une sorte de renaissance des arts. La décadence s'était signalée par des ornements d'un luxe tout asiatique qui semblait s'attacher plus à la richesse des matières qu'à la pureté et à l'élégance des formes. Les empereurs byzantins essayèrent de réagir contre cette tendance et de ramener l'architecture au style grec. L'imitation ne pouvait être parfaite: le christianisme, en brisant les idoles, avait rompu avec cette gracieuse mythologie qui inspira les plus belles œuvres de l'antiquité grecque. Ajoutons encore que le catholicisme, en s'attachant à proscrire les images, en les représentant comme une invention diabolique, ne contribuait pas peu à ravaler la dignité et la liberté de l'art. Les statues des empereurs étaient d'or et d'argent; mais ils semblaient qu'elles étaient toutes fondues dans le même moule, car elles présentaient la même attitude. Le dessin et la perspective étaient absolument négligés. Bientôt même la statuaire fut complétement abandonnée. Les iconoclastes ont brisé presque toutes les statues de cette époque. La peinture négligeait la vérité, pour ne rechercher que les couleurs vives et brillantes. Les artistes s'éloignèrent complétement de la nature pour ne rien rappeler de l'idolâtrie. Presque toutes les compositions de cette époque furent détruites lors de la prise de Constantinople par les croisés. L'architecture n'offrit que des productions d'une grande simplicité, des arceaux en demi-cercles appuyant sur des chapitaux de colonnes cubiformes.

C

C. Troisième lettre de l'alphabet, qui répond au *K* (kappa) des Grecs. Dans les langues néo-latines, il a deux valeurs différentes. Tantôt il se prononce comme un *k*, et d'autres fois il a le son de l's. Comme lettre numérale chez les Romains, C signifiait *cent;* avec une barre au-dessus, C valait *cent mille*. CC, c'était pour *deux cents;* CCC, *trois cents;* CD, *quatre cents;* DC, *six cents;* DCC, *sept cents;* DCCC, *huit cents;* CM, *cent mille;* CCM, *deux cent mille*, etc. Comme signe abréviatif, C remplaçait certains mots latins dont il est l'initiale. Ainsi, dans les noms propres, C était mis pour *Caïus;* renversé, Ɔ signifiait *Caia*. Cn remplaçait *Cnéius*. Dans le langage judiciaire, sur les cédules qu'on remettait aux juges romains, C voulait dire *condemno*, je condamne : aussi les Latins l'appelaient-ils *littera tristis*, lettre triste, funeste, par opposition à l'A, nommé lettre heureuse, parce qu'il était mis pour *absolvo*, j'absous. Dans les fastes et les calendriers, C marquait le jour des comices. Sur les monuments et sur les médailles, C est l'abréviation de *consule*, consul. Quelquefois on l'y trouve pour *conscriptus*, conscrit; *calendas*, calendes; *civis*, citoyen; *civitas*, cité; *censor*, censeur. C était la troisième des lettres nundinales, et c'est encore aujourd'hui la troisième des lettres dominicales. Dans l'ancienne liturgie, C désigne le mardi. Dans l'ancienne chimie, C indiquait le *salpêtre;* aujourd'hui il remplace le *carbone*. Dans nos livres comme dans nos écritures de commerce, C signifie *compte;* C/O, *compte ouvert;* C/C, *compte courant;* M/C, *mon compte:* N/C, *notre compte;* S/C, *son compte;* V/C, *votre compte;* L/C, *leur compte*. Sur cette plaque qu'on lit sur la plupart des maisons : A.C.L. signifie *assurance contre l'incendie;* M.A.C.L., *maison assurée contre l'incendie;* C.R. ou C.I., *Compagnie royale* ou *Compagnie impériale*.

CAB, espèce de cabriolet usité en Angleterre; le cocher est assis sur un siège élevé derrière la capote de la voiture, et tient les guides au-dessus de la tête du voyageur. On a essayé, en 1850, d'introduire ces voitures en France; mais nos élégants ont résisté à cette bizarre et ridicule innovation.

CABADÈS ou Kobad, roi de Perse, de la dynastie des Sassanides, régna de 491 à 531. C'était un prince guerrier, mais qui songeait bien moins à conserver ses anciens États qu'à en conquérir de nouveaux; sa cruauté le fit détester de ses sujets. Il porta une loi qui autorisait la communauté des femmes, et il voulut la mettre lui-même en pratique, pour donner l'exemple à ses sujets. Cette innovation lui fit perdre le trône et il fut enfermé dans une tour. Sa femme entreprit de l'en délivrer, et pour y parvenir, elle s'abandonna au gouverneur de la prison, éperdûment épris d'elle. Cabadès s'évada sous les habits de sa femme et reprit la couronne. Il fit la guerre à Anastase Ier, empereur d'Orient, et ravagea l'Arménie et la Mésopotamie. Bélisaire parvint à arrêter ses entreprises.

CABALE ou Kabbale, de *Kibel*, mot hébreu qui signifie recevoir par tradition, sert à désigner la théodicée mystique des Juifs. La cabale des Juifs ne doit pas être confondue avec la tradition. C'est la conciliation de la philosophie orientale avec les livres de Moïse. Les Hébreux, pendant la captivité de Babylone, ne se contentèrent pas d'emprunter aux Assyriens leurs doctrines philosophiques, ils leur empruntèrent aussi l'idée des anges et des démons, qui passa depuis dans la religion catholique. La partie métaphysique de la cabale reçut un grand développement, grâce aux philosophes juifs d'Alexandrie; les doctrines de Pythagore et de Platon furent combinées avec celles des Orientaux. Les Juifs distinguent la cabale théorique de la cabale pratique. La première est purement métaphysique; la seconde tient en quelque sorte de la magie orientale, et enseigne l'art de faire agir les puissances supérieures, anges ou démons, sur le monde inférieur, et de produire ainsi des miracles. Certains mots tirés de l'Écriture sainte ont le pouvoir de guérir les maladies et d'éteindre les incendies; les livres de l'Ancien Testament et le Thalmud parlent sérieusement de cette science chimérique. Les Juifs appellent cabale symbolique l'interprétation du texte des Écritures, souvent bien différente du sens littéral.

Cabale. On appelle de ce nom un parti politique qui cherche, par des moyens détournés, à renverser celui qui est au pouvoir. La cabale littéraire est celle qui se propose d'arrêter le succès d'une composition qui nuit à un parti politique ou religieux. Ce mot est en vigueur depuis Charles II, roi d'Angleterre, qui avait composé son ministère de cinq hommes détestés pour leur tyrannie et leur corruption. Ces hommes étaient :

Clifford,
Ashley,
Buckingham,
Arlington,
Lauderdale.

Or, par une singulière coïncidence, les initiales de leur nom formaient, comme on le voit, le mot auquel on a continué à attacher un sens odieux.

CABALLERO (Joseph-Antoine, marquis de), homme d'État espagnol, né en 1760 à Saragosse, mort en 1821. Il fut appelé, en 1798, au ministère de la justice, en remplacement de Jovellanos, et fut conseiller d'État sous Joseph Bonaparte. Lors des événements de 1814, il se réfugia en France, et c'est seulement sous le gouvernement constitutionnel de 1820 qu'il fut rappelé.

CABALLEROS. On donnait autrefois ce nom, en Espagne, aux chevaliers d'une noblesse inférieure, qui étaient soumis à l'obligation de servir comme cavaliers; ils étaient exempts de l'impôt. Depuis, la politesse castillane a beaucoup prodigué ce titre, qui ne correspond plus qu'à celui de gentleman en Angleterre.

CABANE. On appelle ainsi un pauvre bâtiment, construit en bois, et dont les parois sont remplies de terre détrempée. La toiture est le plus souvent en chaume. Les cabanes sont quelquefois faites de branches d'arbres et de feuillages entremêlés. Les anciennes habitations de nos paysans, où le jour arrivait par des ouvertures qu'on bouchait la nuit et qui ne présentaient qu'une simple ouverture à la toiture pour le passage de la fumée, étaient de véritables cabanes. Le mode de construction de ces habitations a varié suivant les différents âges de l'histoire, et elles ont en quelque sorte leur architecture.

CABANES (les), ch.-l. de cant. de l'arr. de Foix (Ariège), à 26 kil. de cette ville. Pop. 1,700 hab.

CABANIS (Pierre-Jean-Georges), célèbre médecin et philosophe, né à Cosnac, en Saintonge, en 1757, mort le 5 mai 1808. Cabanis fit ses premières études chez un bon curé que l'esprit exact et investigateur de Cabanis embarrassa plus d'une fois. Il acheva ses études au collège de Brive. La discipline scolastique révoltait sa nature indépendante; le moindre châtiment l'exaspérait. Il finit par se faire renvoyer du collége. Son père usa lui-même de sévérité, ne comprenant pas que les rigueurs étaient inutiles pour assouplir un caractère passionné pour la liberté. Il n'avait que 14 ans quand son père l'emmena à Paris et l'abandonna en quelque sorte à lui-même. Cabanis reprit alors le cours de ses études et s'attacha surtout à la philosophie. Au bout de deux ans, son père le rappela pour le placer en qualité de secrétaire chez un riche Polonais qui retournait dans son pays. Un tel voyage enflamma son imagination; mais il se lassa bientôt du spectacle des déplorables querelles qui désolaient la Pologne. Il revint en France, et trouva un généreux appui auprès de Turgot; mais la chute de ce grand ministre trompa ses espérances. Il entreprit de disputer les palmes académiques, ne comprenant pas que le génie ne trouve jamais son inspiration dans un travail commandé, et, malgré un talent très-réel, il échoua. Son père le pressant de choisir une profession utile, il se détermina à étudier la médecine. Il s'y livra avec une telle ardeur que sa santé en fut altérée. Il s'appliquait surtout à la philosophie, à la physiologie et aux sciences naturelles, et cherchait dans ces connaissances les secrets de la science médicale. Il ne put rester étranger aux débats politiques qui préludaient à la révolution française; il se passionna pour les nouveaux principes, et s'attacha à Mirabeau, dont il devint l'ami. A ses derniers moments, Mirabeau voulut recevoir les soins de Cabanis, et comme celui-ci désespérait de son rétablissement, il crut devoir recourir aux lumières d'Antoine Petit. Mirabeau n'y consentit que quand il eut appris que ce grand homme avait quitté le chevet du Dauphin malade pour aller soigner une paysanne en couche, et qu'il avait répondu aux reproches de la reine: « Je n'ai point abandonné votre fils, il eût été le dernier de vos palefreniers que je ne lui aurais pas donné plus de soins. » Mirabeau succomba. Condorcet réclama aussi ses soins au moment où la mort allait le frapper. Touchée de tant de dévouement, la belle-sœur de Condorcet, Charlotte Grouchy, épousa Cabanis. Pendant la Terreur, le philosophe détourna les yeux de ces scènes sanglantes qui furent fatales à ses meilleurs amis. Il se livra entièrement à ses travaux littéraires. C'est alors qu'il publia le *Serment du médecin*, imité d'Hippocrate. Il donna aussi ses *Observations sur les hôpitaux* et un choix de littérature allemande. Il fut chargé en l'an VIII du *Rapport sur la loi d'organisation des écoles de médecine*. On voit, par la manière dont il organisa cet enseignement, qu'il comprenait l'immense utilité des études anatomiques. En 1797, Cabanis publia l'un de ses écrits les plus remarquables: *Du degré de certitude de la médecine*. Il part de ce principe que la médecine est vraiment une science, que l'instinct des animaux les guide dans le choix de leurs remèdes, et qu'ils ont été les premiers précepteurs de l'homme; que le médecin doit consulter la nature, qui tend toujours à débarrasser des maux. Cabanis donna ensuite cet autre ouvrage qui complétait le premier: *Coup d'œil sur les révolutions et la réforme de la médecine*. Il y passe en revue les différents systèmes qui ont dominé, suivant les siècles, dans l'art de guérir. Après avoir critiqué chacun de ces systèmes, il expose la réforme qu'il propose. Il veut une classification plus logique des phénomènes et la correction du langage scientifique, la confusion dans les termes amenant souvent la confusion dans les idées. Il blâme surtout les systèmes exclusifs, qui souvent n'ont été enfantés que par la vanité des hommes, et dont l'application trop rigoureuse n'a entraîné que trop de conséquences fatales. Le plus beau titre de Cabanis à notre admiration sera toujours son *Traité du physique et du moral de l'homme*, qu'il compléta par douze mémoires académiques. Après avoir examiné les rapports de l'organisation physique avec les facultés morales, il fait l'histoire physiologique des sensations; il examine l'influence des sexes sur le caractère des idées et des affections morales, l'influence des tempéraments, celle des maladies, du régime, du climat; il détermine la sensibilité, l'instinct, la sympathie, le sommeil et le délire; enfin il étudie les tempéraments acquis par les maladies, le climat et les travaux de l'esprit. Les affections morales et la nature des idées seraient déterminées par l'état matériel des organes, et surtout par la prédominance du système nerveux cérébral; idée vraie, mais que Cabanis n'a pas complétée en définissant la nature et le mode d'absorption de ce fluide intellectuel, dont le système nerveux n'est que le conducteur plus ou moins subtil, plus ou moins développé. Aussi ses adversaires ont eu beau jeu contre lui en l'accusant d'avoir matérialisé la pensée et d'en avoir fait une sorte de sécrétion cérébrale. Les partisans de Cabanis ont tiré cette conséquence de son système, qu'il n'y a pas de crime ou de vice punissable, qu'on doit plutôt y voir une folie plus ou moins guérissable, idée qui mérite assurément d'être reprise, mais qui doit être complétée par d'autres points de vue. Cabanis, bien qu'il admît l'athéisme, parut toujours embarrassé de cette idée que l'âme serait anéantie après la mort; et faute d'avoir bien défini la nature de l'être moral, d'avoir embrassé tout le mécanisme intellectuel, il n'a eu d'autre mérite que d'appeler la discussion sur les questions physiologiques sans les résoudre, et d'amasser des matériaux qui permettront à d'autres philosophes de continuer l'œuvre inachevée. A l'âge de 51 ans, Cabanis, épuisé par des travaux au-dessus de ses forces, se retira à Meulan. Quelques mois après il était enlevé par une attaque d'apoplexie.

CABARA, bourg du départ. de la Gironde, à 2,430 m. de Branne. Pop: 670 hab. Port sur la Dordogne. Vestiges de travaux militaires dits *Butte de Charlemagne*.

CABARET. Bien que les latinistes aient fait dériver ce mot de *caparetum*, les hellénistes de *kapé*, et les hébraïsants de *cabar*, nous affirmons que le cabaret est essentiellement gaulois. Il n'existe plus guère que dans les campagnes; Paris l'a transformé en *maison de commerce de vin en gros et en détail;* nos villes de province, plus dédaigneuses encore que la capitale, n'ont que des *cafés à l'instar de Paris*. La grande ville a bien ses tavernes où s'étale le vice en haillons, mais les cabarets ont disparu en même temps que nos mœurs se sont modifiées. Le cabaret, avec sa franche gaieté, ses habitués à la face rougie et ses joyeux étudiants, n'appartient qu'aux siècles qui ont précédé la Révolution. Nous irions bien loin pour rencontrer encore au détour de quelque ruelle,

Un cabaret qui chante au coin d'un carrefour.

L'importation du café a tué le cabaret, de même que l'absinthe, en donnant naissance au *caboulot*, achève de ruiner le café. Ainsi passe la gloire du monde. Avant l'établissement des cafés publics, le cabaret était volontiers un rendez-vous de noble compagnie; les marquis et les chevaliers, et si l'on en croit la chronique, quelques abbés même s'y réunissaient et s'y enivraient parfois comme de simples manants. Piron, Collé, Panard, Saurin et Gallet n'ont-ils pas fondé le Caveau dans un cabaret de la rue des Fossés-Saint-Germain des Prés, tenu par Landelle?

CABARRUS (François, comte DE), célèbre financier, né à Bayonne en 1752, mort en 1810. Il entra dans les bureaux de son père, qui était l'un des plus riches commerçants de Bayonne. Il alla plus tard étudier le commerce en Portugal; mais il encourut la disgrâce de son père en épousant secrètement Mlle Galabert, la fille du chef de l'établissement dans lequel il était placé. Il alla s'établir à Madrid, où il fonda lui-même une maison importante; les relations qu'il eut avec les hommes politiques de l'Espagne lui inspirèrent certaines opérations financières qu'il traita avec l'Espagne. Le trésor public était dans une déplorable situation par suite de la guerre du Mexique, qui enlevait les revenus considérables que l'État tirait autrefois de ce pays. Cabarrus, consulté par dom Miguel, conçut le projet d'émettre des *billets royaux* qui consistaient en une sorte de papier-monnaie portant intérêt; un billet de 600 piastres devait rapporter 1 réal par jour; ce billet, qui était au porteur, devait être renouvelé, chaque année, au moment du payement des intérêts. Il en fut ainsi créé pour 10,000,000 de piastres. Ces billets furent d'abord recherchés avec un tel empressement qu'on les négocia avec une prime de 1 p. 100. Cabarrus fonda aussi une banque chargée des opérations d'escompte, sous le nom de banque nationale de Saint-Charles. Cette banque devait aussi administrer les fonds des armées et de la marine; enfin, elle était chargée, moyennant une commission de 6 p. 100, d'acquitter les opérations du trésor public. Cabarrus institua encore une compagnie ayant pour objet de concentrer le commerce de l'Amérique et de l'Asie. Il fit commencer un grand canal qui devait unir Madrid à l'Océan, en passant par Séville. Malheureusement, l'exécution fut interrompue en 1784 par le ministre Lorena, ennemi de Cabarrus. Cependant les agioteurs et les manieurs d'argent de Madrid, de Genève et de Paris, conçurent le projet d'accaparer les actions de la banque de Saint-Charles. Tous les moyens leur paraissaient bons pour atteindre ce but, même au prix d'un désastre public. Pour y parvenir, il fallait provoquer une baisse sur le cours de ces effets. On recourut pour cela à la plume de Mirabeau, qui publia un vigoureux libelle sur la banque de Saint-Charles. Le roi défendit l'introduction de cette brochure dans ses États, et consolida même l'autorité de Cabarrus en le nommant conseiller des finances. A la mort de Charles III, en 1788, il tomba en disgrâce. Lorena porta une accusation contre lui deux ans après, et parvint même à le faire arrêter. Un jugement solennel, rendu en 1792, déclara que Cabarrus était sans reproche. Le roi le remit en faveur et le créa comte. Il l'envoya en ambassade auprès du Directoire français; mais ce gouvernement ne voulut pas reconnaître ses pouvoirs à cause de son origine française. Une mission en Hollande servit à couvrir une nouvelle disgrâce. Il ne reparut plus sur la scène politique qu'en 1808; un décret de Napoléon le nomma ministre des finances d'Espagne. Il occupait encore ce poste quand il fut enlevé par un accès de goutte. Il a laissé divers Mémoires qui se rapportent à son administration financière.

CABASSET, casque que portaient autrefois les argoulets et les reîtres. Ce casque était sans crête, sans gorgerin et sans visière.

CABEÇO DE VIDE, bourg du Portugal (Alentejo), à 35 kil. d'Avis. Pop. 1,200 hab. Eaux minérales sulfureuses.

CABÈS, ville forte d'Afrique, dans la régence de Tunis, à 320 kil. de cette ville. Pop. 30,000 hab. Quelques ruines romaines aux environs.

CABESTAING (Guilhelm DE), gentilhomme du Roussillon, l'un des plus célèbres troubadours du XIIIe siècle. On l'a fait le héros d'une aventure scandaleuse dont il ne faut cependant charger sa mémoire qu'avec beaucoup de prudence, car l'aventure dont il aurait été le héros a été attribuée à divers autres personnages. L'abbé Millot, qui raconte ce fait, dit lui-même, dans son *Histoire littéraire des troubadours* : « Je dois avouer que la vie de ce troubadour ressemble beaucoup à un roman. Le tissu des circonstances, la marche de l'intrigue, un dénoûment presque incroyable, inspireront de la défiance au lecteur. » On raconte que Cabestaing s'attacha au service du très-haut et très-puissant seigneur Raimond, qui le nomma écuyer de Mme Marguerite, sa femme. L'écuyer se montra galant; il la célébra même dans ses vers, et la belle le paya de retour. Cependant le seigneur Raimond était jaloux: il tua l'écuyer, lui arracha le cœur et le fit manger à sa femme. Celle-ci, en apprenant cet acte cruel, se contenta de dire : « qu'ayant mangé si noble viande, elle n'en mangerait jamais d'autre, » et elle se tua d'un coup de couteau. D'autres prétendent qu'elle se laissa mourir de faim; d'autres, enfin, que son mari la perça de son épée. Quoi qu'il en soit, Alphonse d'Aragon fit arrêter le barbare époux et raser son château. Il fit faire de pompeuses funérailles aux deux malheureux amants et graver sur un monument leur lamentable histoire.

CABEZA DE VACA (Alvar-Nunez), gouverneur du Paraguay. En 1539, il fut chargé par le gouvernement espagnol d'une exploration dans la Plata. Ayant été forcé de relâcher à Santa-Catalina, il entreprit le voyage au Paraguay par terre. Il y parvint après de grandes fatigues, et prit le commandement de l'Assomption en 1542. Sa tyrannie eut bientôt soulevé tous les habitants contre lui; les troupes se joignirent aux mécontents, et le peuple nomma un autre gouverneur. Cabeza et Pedro Fernandez, son conseiller, furent enchaînés et envoyés en Espagne. Le roi les condamna à la déportation en Afrique.

CABILLAUDS (faction des). On donne ce nom à une faction célèbre qui parut en Hollande vers 1350. Le comte Guillaume III étant mort sans enfants, Edouard III, roi d'Angleterre, qui avait épousé la fille de Guillaume III, disputa la couronne à Marguerite, sœur du défunt, qui avait épousé l'empereur Louis V. Marguerite s'empara du pouvoir avec l'appui de la France, et laissa la lieutenance du royaume à son fils Guillaume, comte d'Ostrevant. La division éclata entre la mère et le fils. Les partisans du comte furent appelés *cabillauds*, du nom d'un poisson qui est connu pour dévorer les plus petits de son espèce, et cela par allusion à la situation du comte d'Ostrevant vis-à-vis de sa mère. Les partisans de l'impératrice prirent pour signe de ralliement l'*hameçon*, avec lequel, disaient-ils, on prend le cabillaud. Les premiers portaient des chapeaux gris, et les seconds des chapeaux blancs. Quand un partisan de l'impératrice avait le bonheur de terrasser un *cabillaud* et de lui arracher son bonnet, il disait qu'il lui arrachait le foie. Ces deux factions ensanglantèrent longtemps le royaume, même après le règne de Guillaume V. Sous le règne de Jacqueline de Bavière, qui était soutenue par les *hameçons*, Albert Beiling mérita d'être surnommé le Régulus hollandais, pour avoir imité ce héros de l'antiquité romaine. Les *hameçons* l'ayant fait prisonnier, le condamnèrent à être enterré vif; il demanda un délai pour aller dans sa famille mettre ordre à ses affaires. On le lui accorda, et, à l'expiration du délai, il vint se livrer à ses bourreaux. Philippe, comprenant la nécessité d'étouffer ces discordes, défendit les pamphlets et les vaudevilles, dans lesquels les partis rivaux épanchaient leur verve satirique. Les haines s'apaisèrent peu à peu; cependant on les revit encore dans quelques conspirations : ainsi en 1477, sous le règne de Marie de Bourgogne, qui favorisait les *hameçons*, les *cabillauds* réclamèrent une charte qui devait les protéger. Cette lutte qui dura 142 ans, avait une signification politique: les cabillauds semblaient combattre pour la tyrannie étrangère, et les hameçons pour le droit national.

CABINDA, ville de la Guinée inférieure, cap. du royaume d'Engoyo, sur l'Atlantique, à 80 kil. de l'embouchure du Zaïre. Commerce de miel, de cire, d'esclaves, etc.

CABINET. Ce mot désigne, dans son acception la plus simple, le bureau particulier des magistrats et des jurisconsultes; on donne aussi ce nom au bureau particulier des ministres. Dans la classe aisée, le maître de la maison a son cabinet, comme la maîtresse a son boudoir. Dans le domaine de la politique, le cabinet a un sens plus spécial, et par politique des cabinets, on entend généralement le système suivant lequel les ministres d'un souverain gouvernent l'Etat. Les divers cabinets de l'Europe ont plus ou moins d'influence, suivant l'importance de chaque Etat, et aussi suivant les talents des ministres chargés de l'administration. L'habileté diplomatique consiste à pénétrer les secrets et souvent les combinaisons mystérieuses des cabinets étrangers. Les diplomates sont aussi appelés *hommes de cabinet* par opposition aux hommes de guerre. Dans un autre ordre d'idées, on appelle cabinet d'anatomie, d'histoire naturelle ou de physique, certaines pièces d'un bâtiment disposées pour recevoir des collections anatomiques, d'histoire naturelle ou des instruments de physique. Il y a aussi des cabinets de tableaux, d'estampes, d'antiquités et de médailles. Ce mot reçoit aussi une autre acception, que Molière définit assez bien dans le *Misanthrope*, en disant du sonnet d'Oronte :

Franchement, il n'est bon qu'à mettre au cabinet.

CABINET NOIR. On donne ce nom à un bureau secret que divers gouvernements ont entretenu, à l'administration générale des postes, pour ouvrir les lettres en amollissant

Vue de Cologne.

les cachets, afin d'en noter le contenu et d'en donner connaissance au gouvernement si l'objet de la lettre paraît l'intéresser. Les cachets sont ensuite rétablis sans qu'il reste aucune trace de cette violation du secret. L'existence du cabinet noir n'a pas été une des moindres causes de la révolution de 1789. Les gouvernements de Louis XV et Louis XVI, qui n'entendaient parler que de complots, de ligue contre les ministres et de menaces effrayantes, crurent devoir recourir à la violation du secret des lettres. Ils ne réussirent qu'à provoquer de violents murmures, sans que jamais aucun complot sérieux ait été révélé par ce moyen. Le docteur Quesnay disait : « Je ne dînerais pas plus volontiers avec l'intendant des postes qu'avec le bourreau. » Sous Louis XV le cabinet noir servit souvent à favoriser ter à de si secrètes et si noires imputations, faites avec un art si perfide. Dès qu'on sait que des lettres seront ouvertes, on peut immoler qui l'on veut et sauver qui l'on veut. On peut donner les impressions les plus fausses et les alarmes les plus frivoles; on peut satisfaire toutes les haines privées et singulièrement exposer la chose publique. » La Restauration protesta par l'organe d'un ministre contre le rétablissement du cabinet noir; mais on eut plus tard l'assurance avouée que cette protestation était un mensonge. Le gouvernement de Louis-Philippe s'honora en supprimant cette institution.

Cabinets de lecture. On appelle ainsi certains établissements où les amateurs de nouvelles politiques et de brochures nouvelles, peuvent, moyennant une faible rétri-

Le jeune Colbert présenté au cardinal Mazarin.

bution, satisfaire leur goût pour la lecture. Le matin, il est fréquenté par les gens affairés. Après eux, viennent les lecteurs et les travailleurs assidus, attirés plus encore par le goût de l'étude que par le besoin de lire les journaux, qu'ils se contentent de parcourir rapidement. C'est là qu'on trouve aussi ces abonnés laborieux qui s'installent dans le salon de lecture comme dans un cabinet de travail, et qu'on a baptisés du nom de *grognards*. Dans le pays latin, les cabinets de lecture n'offrent guère que des livres de science, et le silence y est maintenu avec une rigueur qu'on ne rencontre point partout ailleurs. La plupart des cabinets de lecture n'ont que des romans d'un goût douteux, et l'on ne peut qu'applaudir à la création de ces bibliothèques populaires qui, en offrant à l'esprit une nourriture plus saine, contribueront davantage à populariser le goût de la lecture.

Cabinets secrets. On appelle ainsi des chambres ou des pavillons construits de telle sorte qu'une personne placée dans un endroit quelconque de cette pièce puisse être entendue à une certaine distance, même en parlant à voix basse. Cet effet d'acoustique est dû à la forme cintrée et elliptique de la voûte. Ces cabinets, qui mériteraient plutôt d'être appelés *indiscrets* étaient connus des anciens; on citait notamment la prison construite par Denis de Syracuse et l'aqueduc de Claude. Le plus remarquable que l'on connaisse est celui du dôme de l'église Saint-Paul de Londres: on entend le faible bruit que produit le mouvement d'une montre d'une extrémité à l'autre.

des intrigues galantes, et fut parfois aussi un instrument de cabale. Sous Louis XVI, le cabinet noir allait jusqu'à imaginer de fausses lettres pour favoriser tel ou tel système politique; et la disgrâce atteignait ainsi des hommes qui n'étaient pas appelés à se défendre. Turgot fut victime d'une manœuvre de ce genre. L'Assemblée nationale donna un admirable exemple de sagesse politique, quand elle ordonna que des lettres adressées au comte d'Artois et saisies sur Castelnau, ne seraient pas lues, quoiqu'elles continssent assurément des révélations importantes. Dupont de Nemours appuya l'ordre du jour en ces termes, dans la séance du 24 juillet 1789: « J'ai des exemples terribles de ce danger : j'ai vu perdre le meilleur et l'un des plus vertueux citoyens qui aient jamais servi notre nation, j'ai vu perdre Turgot par une correspondance simulée, dans laquelle on mettait sous les yeux du roi des lettres qui paraissaient adressées à ce ministre, dans lesquelles on supposait des réponses de lui, lettres qu'il n'avait jamais lues, réponses qu'il n'avait jamais faites. Cette fausse et insidieuse correspondance a duré six mois. Nul particulier, nul ministre ne peut résis-

CABIRES. On donnait ce nom à certaines divinités de la Grèce particulièrement honorées dans la Samothrace, dans l'île de Lemnos et à Thèbes. On désignait par cette dénomination Cérès ou Proserpine, Pluton et Mercure. Les Grecs avaient emprunté ces divinités à la Syrie et à la Phénicie. Les Cabires passent pour avoir inventé l'art de la navigation; la Fable prétend qu'ils débarquèrent près du mont Casius, où ils bâtirent un temple. Quelques mythologues prétendent que les Cabires, enfants de Sydyc étaient au nombre de huit, et que parmi eux se trouvait Esculape, ou Asclépius, mot qui signifie en hébreu *Santé*. Une grande confusion règne sur le point de savoir au juste quels étaient ces enfants de Sydyc, dont l'arrivée en Grèce marque l'enfance de la mythologie.

CABO-FRIO, ville du Brésil, dans la province de Rio-Janeiro, à 110 kil. de cette ville et sur la baie de son nom. Exploitation de pierre à chaux. Pêche importante.

CABOCHE et CABOCHIENS. Simon Caboche était boucher au temps de Charles VI. Sa férocité bestiale lui fit jouer un grand rôle au temps où Paris était livré aux factions des Bourguignons et des Armagnacs (*Voir* Armagnacs et Bourguignons). Les Bourguignons avaient pour chef le duc de Bourgogne, et les Armagnacs le duc d'Orléans. La populace trouva, dans les désordres engendrés par ces discordes, une occasion de meurtre et de pillage. Simon Caboche, Denis de Chaumont et les trois fils du boucher Legoix, se distinguèrent surtout par leurs violences. Le peuple, en embrassant le parti des Armagnacs, était d'abord guidé par une intention patriotique : les abus dont le peuple avait à souffrir, les débauches de la cour avaient porté son exaspération au plus haut point; mais sa cause fut compromise par les chefs indignes qui dirigeaient le mouvement. Le peuple, ameuté, se rassembla devant le palais du roi, et demanda qu'on lui livrât les ministres. La cour ayant voulu résister, le palais fut envahi, dévasté, et les ministres emmenés prisonniers. Le drapeau blanc, qui était le signe de la rébellion, flotta ensuite sur la Bastille, au lieu du drapeau bleu, qui était celui du roi. La cour, effrayée, adopta elle-même la couleur populaire, qui devint ainsi celle des rois de France. Par un singulier revirement, la révolution, victorieuse plusieurs siècles après, devait une seconde fois substituer d'autres couleurs à celle de la royauté humiliée. Le roi, le Dauphin et toute la cour prirent le chaperon blanc. Simon Caboche, devenu tout-puissant, avait donné à son parti le nom de *cabochiens* et *écorcheurs*. Eustache de Pavilly, religieux de l'ordre des Carmes, prédicateur de carrefour, était l'orateur des séditieux. Il alla, au nom des écorcheurs, faire de la morale au Dauphin et le reprendre sur ses vices. Le Dauphin ayant paru peu sensible à ce discours, la foule se répandit dans la ville et se mit à massacrer les gens de la noblesse; il y eut aussi pillage. Caboche trancha du législateur et fit des ordonnances. Pendant une cérémonie religieuse, les cabochiens envahirent l'église et forcèrent le roi à prendre le chaperon blanc. Le gouverneur de la Bastille fut condamné à mort par un tribunal populaire, comme *traître au roi*. Le duc d'Orléans avait proposé la paix; mais Caboche ayant juré *par le sang distillé goutte à goutte de Jésus*, qu'il tiendrait pour ennemi de la noble ville de Paris quiconque recevrait cette paix *fourrée, couverte de peau de brebis*, la cour eut peur, et aucune négociation ne fut entamée. Cependant une réaction se produisit. La cour eut le courage de proclamer la paix, à son de trompe, dans les rues de Paris; les cabochiens furent chassés ou pendus. A la mort du Dauphin, ils reprirent un moment le dessus, et il y eut des égorgements affreux : on tuait dans les rues sans distinction d'âge ni de sexe; les écorcheurs prenaient même plaisir à éventrer les femmes enceintes, et disaient ensuite, en montrant leurs corps : « Voyez ces petits chiens qui remuent. » Les cabochiens disparurent quand le nouveau Dauphin eut fait assassiner le duc de Bourgogne au pont de Montereau.

CABOT (Jean, surnommé le *Nocher*). Il était originaire de Venise; il quitta sa patrie pour venir s'établir à Bristol, en Angleterre. Il fut le premier qui tenta de chercher une route différente de celle que Christophe Colomb suivait pour aller en Amérique. Au lieu de se diriger vers les Canaries et de là vers les Açores, il chercha sa route vers le nord-ouest. Henri VII lui donna, en 1496, trois vaisseaux marchands, avec lesquels il découvrit la terre de Labrador. On croit qu'il mourut pendant la traversée, car nous voyons que son fils Sébastien prit le commandement de l'expédition.

CABOT (Sébastien), fils du précédent, né à Bristol. Il suivit son père dans son expédition à la recherche d'une nouvelle route qui conduisît en Amérique. Son père ayant vraisemblablement succombé pendant la traversée, il prit le commandement de la flottille et chercha un passage à la Chine par les mers glaciales du Nord; il parvint au 67e degré de latitude boréale; mais arrêté par des bancs de glace, et forcé d'ailleurs de céder aux murmures de ses matelots, il rebroussa chemin et redescendit vers le S.-O., où il découvrit Terre-Neuve, le 24 juin 1497. Ce qui le frappa surtout, c'est qu'à cette époque de l'année, le jour succédait au jour presque sans interruption. Il longea la côte occidentale de l'Amérique et recueillit des renseignements sur les sauvages de cette contrée, qui ne vivaient guère que de la chasse à l'ours blanc. Il parvint ainsi jusqu'au cap de la Floride. Le manque de vivres le contraignit à retourner en Angleterre. Il fut le premier qui signala la déviation de l'aiguille aimantée, déjà soupçonnée par Christophe Colomb. En 1526, l'Espagne lui fournit des bâtiments pour l'exploration du détroit de Magellan; mais le manque de vivres le força de changer de direction et il parcourut la côte du Brésil. En 1553, toujours persuadé qu'il existait au nord un passage conduisant en Chine, il proposa au roi Édouard d'envoyer une expédition pour en faire la recherche. Cette expédition ne put accomplir son projet chimérique. Sébastien fut nommé, en 1555, gouverneur de la compagnie des *aventuriers*, nom qu'on donnait aux associations qui se proposaient la découverte des terres nouvelles. Les Anglais, dans leur orgueil national, ne craignent pas de comparer Sébastien Cabot à Christophe Colomb.

CABOTAGE, terme de marine qui exprime l'action de naviguer à la vue des côtes ou de côtoyer. On appelle *grand cabotage* celui qui s'applique aux navires allant de l'Océan à la Méditerranée, et *vice versâ*; et petit *cabotage* celui que fait un navire qui transporte des marchandises d'un port à un autre, sans sortir de la même mer.

CABOTIN. Ce terme de mépris s'applique à ces comédiens nomades qui s'engagent tantôt dans une ville, tantôt dans une autre, et rarement pour plus d'une année. Ce mot dérive évidemment de *cabotage*, et exprime la même idée au figuré. Le comédien de province s'offense avec raison de ce terme, qui le ravale au dernier rang. Il importe de réagir contre le préjugé, qui tend à représenter le cabotin comme un homme sans mœurs et vivant au jour le jour. Il est ordinairement rangé, économe et souvent bon père de famille. Sachons donc respecter cette classe intelligente, à qui l'on peut à peine reprocher un peu de vanité, et qui, d'ailleurs, peut alléguer pour excuse une louable émulation. Souvenons-nous que Molière, s'il avait vécu de notre temps, eût peut-être été flétri de ce nom, et que plus d'un acteur célèbre dont la nation s'enorgueillit, a souvent débuté ainsi.

CABRAL (Pierre-Alvarez), célèbre navigateur portugais; en 1500, le roi Emmanuel envoya une flotte aux Indes occidentales et lui en donna le commandement. Le 24 avril de la même année, il découvrit le Brésil, auquel il donna le nom de Terre de Sainte-Croix. Il se dirigea ensuite vers les Indes, et aborda, après avoir essuyé une affreuse tempête qui fit périr la moitié de ses vaisseaux et leurs équipages, à Calient, comme autrefois Gama; mais il y rencontra les Maures du Golfe arabique, qui, jaloux de la rivalité commerciale des Européens, firent alliance avec le roi de Calicut; mais ce prince ayant trahi Cabral en simulant la neutralité, celui-ci se vengea en faisant bombarder sa capitale. Il ne put toutefois se maintenir, malgré son alliance avec les rois de Cochin et de Cavanor. Il revint en Europe le 23 juin 1501, chargé d'immenses richesses.

CABRERA (don Juan-Thomas-Henriquez DE), homme d'État espagnol sous Charles III; il descendait d'Alphonse IX, roi de Castille. Il fut nommé duc de Médina del Rio-Séco, amiral de Castille et ministre d'État. Il jouit d'un pouvoir presque illimité sous la reine, seconde femme de Charles III. Cependant sa puissance lui fit des ennemis, et le cardinal Porto-Carrero le fit exiler, malgré les supplications de la reine; Philippe d'Anjou étant monté sur le trône d'Espagne, lui offrit l'ambassade de France. Cabrera rejeta cette offre avec mépris, comme indigne de lui. Il passa même à Lisbonne, où il se déclara hautement en faveur de l'archiduc d'Autriche contre Philippe V. La cour de Madrid le fit décapiter en effigie et ordonna la confiscation de ses biens. Cabrera se chargea même d'une expédition contre l'Espagne; mais, mal servi par ses lieutenants, il se vit forcé d'y renoncer. Il mourut de chagrin à Lisbonne, en 1705.

CABRERA, île de l'archipel des Baléares, dans la Méditerranée (Espagne), à 12 kil. de Majorque. Sup. 13 kil. sur 3. Cette île est fortifiée et habitée seulement par la garnison. Nombreux troupeaux de chèvres. De 1808 à 1813, pendant la guerre d'Espagne, après la capitulation de Baylen, on y envoya des prisonniers français.

CABRIÈRES, village de l'arrond. d'Avignon (Vaucluse), à 30 kil. de cette ville. Pop. 900 hab. Ses habitants furent tous massacrés sous François Ier (18 avril 1545).

CABRIOLET. Ce mot dérivé de cabriole, désigne une voiture à ressorts, à deux roues et à un seul cheval, dont la caisse est supportée par deux brancards.

CACANIO, ville de la Turquie d'Asie eyalet de Karaman, située près d'Adraki. Vaste port.

CACATOIS. En termes de marine, on donne ce nom aux plus petits mâts qui se trouvent gréés au-dessus de ceux de perroquet. Ces mâts peuvent recevoir des voiles légères.

CACAULT (François), né à Nantes en 1742, mort en 1805. Il fut d'abord baptisé comme fille, sous le nom de Françoise. Il devint professeur de mathématiques à l'école militaire. Il dut quitter sa chaire par suite d'un duel malheureux. En 1791, il fut nommé chargé d'affaires à Naples; en 1796, il passa en la même qualité à Gênes, puis à Rome. Dans cette dernière ville, il eut beaucoup à souffrir de l'arrogance des partisans du pontife; mais les succès des armées françaises firent réfléchir le pape, qui se rapprocha de notre ambassadeur. Cependant le parti antifrançais ayant repris courage, le pape se tourna de nouveau contre Cacault, qui fut forcé de quitter Rome. En l'an VI, il fut nommé au conseil des Cinq-Cents, et proposa un projet de loi sur le mode de reddition de comptes des ministres, en demandant la dégradation civique pour ceux qui ne voudraient pas se soumettre à cette mesure. Il appuya la révolution du 18 brumaire, et fit partie du Corps législatif. En 1801, il fut de nouveau envoyé comme ambassadeur à Rome.

CACCIA (Guillaume), peintre piémontais, né à Novare en 1568, mort au milieu du XVIIe siècle. Il excella dans la peinture à fresque, et trouva le secret de rendre cette peinture inaltérable, même en l'exposant aux injures du temps. La fraîcheur de ses tableaux qui ont été conservés atteste combien son procédé était précieux. Il eut cinq filles qui peignirent elles-mêmes avec une telle habileté qu'on ne distinguait pas leurs tableaux de ceux de leur père.

CACÉRÈS, ville d'Espagne, ch.-l. de la prov. de ce nom, à 88 kil. de Badajoz. Pop. 10,000 hab. Tanneries considérables. Beaux monuments; curieuses antiquités romaines et moresques.

CACÉRÈS (province de), division administrative d'Espagne, formée d'une partie de l'ancienne Estramadure, et située sur la frontière du Portugal. Elle est arrosée par le Tage. Pop. 315,000 hab.

CACÉRÈS-NUEVA, ville de la Malaisie, dans l'île de Luçon (Philippines), à 280 kil. de Manille. Pop. 13,000 hab. Siége d'un évêché.

CACHAO ou CACHEU, ville de l'Afrique

occidentale (Sénégambie), à 400 kil. de Saint-Louis. Pop. 600 hab. Etablissement portugais, dépendant du gouvernement des îles du Cap-Vert. Commerce de poudre d'or, d'ivoire et de cire.

CACHEMIRE ou KASCHMIR, Etat de l'Hindoustan, borné au N. et à l'E. par le Thibet, à l'O. et au S. par la présidence anglaise du Pendjâb. Superf. 170 kil. sur 100. Pop. 400,000 hab. Belle et fertile vallée au milieu des montagnes de l'Himalaya. Climat sain. Le sol, arrosé par la rivière Djalem, donne quelquefois deux ou trois récoltes de céréales, plantes potagères, fruits, etc. La grande richesse industrielle de ce pays est dans ses fabriques de châles, les plus beaux de l'Inde; il y existe aujourd'hui 20,000 métiers, et l'on exporte chaque année 60,000 châles. Commerce d'essence de roses, de laque, de papier. Les châles de Cachemire furent introduits en France en 1799, et c'est de cette époque que date leur vogue. Le Cachemire fut, jusqu'en 1586, un Etat indépendant sous les princes tartares de la tribu de Choy, et puis fut réuni à l'empire mongol, de 1586 à 1754; il tomba ensuite au pouvoir des Afghans, jusqu'en 1819, époque où les Seykhs en firent la conquête.

CACHEMIRE ou *Sirinayor*, c'est-à-dire *ville de bonheur*, grande ville de l'Asie, cap. de l'Etat de Cachemire, près du lac de Dall. Pop. 150,000 hab. Citadelle dite *Cher-Gor*. Bains nombreux. Les toits des maisons sont couverts de terre végétale et de fleurs.

CACHET, du mot *cacher*, indique un petit sceau de métal, ou même d'ivoire, ou de pierres fines, qu'on applique sur la cire pour fermer une lettre. Tantôt il est adapté à un petit manche, et tantôt il se trouve gravé sur le chaton d'un anneau. Les cachets ont été en usage dès les temps les plus reculés. Sans parler de l'anneau de Salomon, on cite celui de Jules César, qui représentait une figure de Vénus; celui d'Auguste figurait un sphinx, et celui de Sextus Pompée un chien sur la proue d'un navire. Le sceau de Louis XIV représentait un soleil.

CACHOT. On appelle ainsi les prisons souterraines où pénètrent à peine le jour et l'air. Ce serait une terrible histoire que celle des gémissements qui sont sortis de ces lieux ténébreux. Les cachots de l'inquisition et ceux de la féodalité ont recélé des victimes dont le nombre n'a jamais pu être calculé. La justice séculière faisait elle-même bon marché de la liberté des citoyens: sur un simple soupçon, et sans aucun mandement du juge, les citoyens étaient enfermés dans les cachots ou les bastilles, heureux quand le prince leur accordait des juges pour leur permettre de se justifier. La Bastille, de douloureuse mémoire, fut la plus célèbre des prisons d'Etat. Le premier qui y fut enfermé, peu de temps après qu'elle eut été construite, se nommait Aubriot. C'était un grand coupable que venait de condamner le tribunal ecclésiastique; il avait voulu épouser une juive malgré la différence de religion; il avait osé rendre à leurs parents de pauvres enfants juifs que des prêtres avaient enlevés pour les faire baptiser au mépris de l'autorité paternelle. Il donnait peu au clergé, mais il avait fondé dans Paris plusieurs établissements utiles: tels étaient les crimes d'Aubriot. Et s'il fallait des martyrs dont la mémoire protestât contre la tyrannie, Aubriot était digne, en effet, de figurer à la tête de tant d'hommes illustres que cette prison recéla dans ses noirs cachots. Il fut condamné à la détention perpétuelle, au pain et à l'eau. Louis XI, qui emprisonna tant de gens pour des crimes souvent imaginaires, se servit peu de la Bastille: il avait des prisons plus sûres et des bourreaux plus habiles. Richelieu emplit cette forteresse. Sous

Louis XIV, les prisons furent encombrées, grâce au zèle d'une police soupçonneuse et au bigotisme du souverain. Sous Louis XV, un grand nombre de malheureux furent emprisonnés sans avoir jamais su pourquoi; la magistrature était désarmée en présence d'une telle tyrannie. Les gouverneurs mis à la tête de cette prison étaient généralement des hommes aussi féroces que cupides, et souvent les prisonniers ne pouvaient échapper à leurs mauvais traitements que par le suicide. Les familles étaient presque toujours dans l'ignorance de la captivité d'un des leurs, et ne recevaient jamais l'avis de sa mort. On les enregistrait au greffe sous des noms supposés. Un seul exemple suffit pour montrer l'étendue des pouvoirs du gouverneur. L'un d'eux écrivait la lettre suivante au commissaire de la prison:

« A la Bastille, 18 septembre 1771.

» La tête du sieur de la Rivière est toujours fort échauffée, et je commence à désespérer que sa pauvre tête puisse guérir sans qu'on lui fasse le *remède*.....

» J'ai l'honneur d'être, etc.

» CHEVALIER. »

Et en marge de la lettre on lisait: *A pendre*. Lors de la prise de la Bastille, on mit la main sur les archives où sont déposés les témoignages les plus lugubres qu'on puisse invoquer contre le despotisme de l'ancienne monarchie.

CACIQUE. Nom que les anciens peuples de l'Amérique, et notamment les Mexicains et les Péruviens donnaient à leurs chefs civils et militaires. Ils étaient choisis dans la classe des nobles. Aujourd'hui il existe encore des peuplades indépendantes qui désignent ainsi leurs chefs.

CACONDA, ville de l'Afrique occidentale (Benguéla), à 350 kil. de Saint-Philippe de Benguéla. Elle est abandonnée depuis longtemps.

CACONGO, Etat peu connu de la Guinée inférieure, tributaire du royaume de Loango, entre ceux de Loango proprement dit au N., Congo à l'E., Engoyo au S. et l'Océan atlantique à l'O. Cap. Kinghélé. Sol fertile.

CACOPHONIE. On appelle ainsi le mélange de sons discordants qui rendent la parole inintelligible; ce mot s'emploie aussi pour désigner l'exécution d'un morceau de chant ou de musique, sans accord entre les chanteurs et les instruments de musique. Au figuré, la cacophonie désigne la rencontre désagréable et rude de certaines syllabes. On en a relevé quelques-unes dans nos meilleurs auteurs. Molière n'a-t-il pas dit:

Non, il n'est rien que Nanine n'honore.

Et Voltaire lui-même:

Je pars, j'erre en ces rocs où partout se hérisse...

CACUS, fameux berger du mont Aventin, moitié homme et moitié satyre. Il désolait le Latium par ses brigandages, et incendiait les villes et les moissons. Hercule ayant emmené d'Espagne en Italie un troupeau de bœufs qu'il faisait paître sur le mont Aventin, Cacus profita de l'obscurité de la nuit pour en dérober plusieurs, et les cacha dans son antre. Il avait eu la précaution de les emmener en les tirant par la queue, afin de dissimuler le chemin qu'il avait pris, et de faire croire que les bœufs avaient suivi une route opposée. Hercule, à son réveil, s'aperçut du larcin, et parcourut la campagne à la recherche de ses bœufs. Il suivit leurs traces; mais, trompé par la nature des pas, il s'en retournait déjà, quand il entendit le beuglement d'une génisse. Cacus, le voyant pénétrer dans son antre, chercha à l'en éloigner en vomissant des tourbillons de flammes. Cependant le héros le saisit, l'étrangla, et ramena ses bœufs. Les habitants du Latium célébrèrent par des fêtes la mort de Cacus et élevèrent un temple à Hercule.

CADALEN, ch.-l. de cant. de l'arrond. de Gaillac (Tarn), à 12 kil. de cette ville. Pop. 1,600 hab. Commerce de bétail.

CADALSO ou CADAHALSO (Joseph), littérateur espagnol, né à Cadix en 1741, mort en 1782. Il embrassa la carrière militaire; il cultiva aussi la poésie, et réussit surtout dans le genre anacréontique et dans la satire. Il réussit moins bien dans la tragédie. On lui a reproché de s'être trop laissé entraîner à l'imitation des poëtes étrangers, et de leur avoir fait de trop nombreux emprunts. Ses *Erudits à l'eau de rose* et ses *Lettres marocaines*, imitées des *Lettres persanes* de Montesquieu, sont fort estimés. Il fut tué à l'âge de 41 ans, au siége de Gibraltar. Il était alors colonel de cavalerie.

CADAMOSTO (Louis DE), célèbre navigateur vénitien, né vers 1432, mort en 1480. L'infant don Henri de Portugal, animé, ainsi que son père, de l'ambition de réaliser des découvertes, s'attacha Cadamosto, en vue d'ouvrir dans l'île de Madère des relations commerciales avantageuses pour le Portugal. Cadamosto se rendit aux promesses magnifiques que lui fit le consul de la république de Venise en Portugal. Il quitta Lisbonne le 22 mars 1455, et, après s'être arrêté à Madère, il reconnut les îles Canaries, le Cap-Blanc, le Sénégal et le Cap-Vert. Il revint ensuite en Portugal. Peu de temps après, il entreprit un nouveau voyage, et poussa ses découvertes jusqu'à la rivière de Saint-Dominique. Il publia la relation de ses voyages.

CADASTRE. On appelle ainsi les tableaux indiquant la contenance des propriétés immobilières des habitants d'un pays, la nature de la culture, celle de la construction s'il en existe, et enfin le calcul approximatif des revenus. Ces indications servent à asseoir sur une base uniforme la répartition de l'impôt territorial. Colbert tenta vainement de faire exécuter le cadastre général de la France. Ce fut seulement en 1790 que l'Assemblée constituante posa les bases de la formation du cadastre, et ordonna l'arpentage de tous les héritages. Suivant le plan adopté, la contenance devait être déterminée par des arpenteurs, et la valeur par des experts. Les terrains sont divisés en plusieurs classes, suivant la nature de la culture; cette classification est opérée par des commissaires spéciaux, qui sont désignés par les conseils municipaux et les habitants les plus imposés de chaque commune. Dans cette classification, on distingue les fonds les plus riches des fonds d'une nature inférieure; les premiers forment ce qu'on appelle le type supérieur, et les seconds le type inférieur. La richesse du terrain s'apprécie en prenant pour base les parcelles d'une production moyenne. Les propriétaires intéressés ont toujours le droit d'assister aux opérations d'arpentage et d'expertise; ils peuvent faire toute réclamation sur le procès-verbal qui en est dressé, et le conseil de préfecture statue sur lesdites réclamations. Les travaux que nécessite le cadastre sont à la charge des communes.

CADAVAL (ducs DE), famille noble de Portugal, qui forme la branche cadette de la maison de Bragance. Elle remonte au XIVe siècle, et a pour tige don Alvarez de Portugal, frère de dom Ferdinand II, duc de Bragance; dom Alvarez avait épousé l'unique héritière du grand connétable de Portugal, dom Nunho Alvarez Pereiro de Mello. Ses descendants portèrent jusqu'au XVIIe siècle les titres de marquis de Ferreira et de comtes de Tentugal. Dom Nunho Alvarez Pereira de Mello, marquis de Ferreira, reçut du roi Jean IV le titre de duc de Cadaval, en récompense des services qu'il avait rendus à sa cause dans la célèbre révolution de 1640. Les successeurs de ce dernier s'allièrent avec les familles françaises de Lorraine et de Luxembourg. Au nombre des ducs de Cadaval, figure Nunho Gaetano Alvarez Pereira de Mello, né en 1798, mort à Paris en 1838; il fut, en 1826, membre du conseil de régence et président de la chambre des pairs de Portugal; puis, en 1828, premier ministre de dom Miguel.

CADAVRE. On entend par ce mot l'état d'un corps humain privé de vie. Par suite de la mort, les éléments chimiques qui entrent dans le corps humain se décomposent et se dissolvent par la putréfaction. La dissection des cadavres est le moyen le plus sûr pour l'anatomiste de s'éclairer sur le système organique du corps humain, sur la structure intime, et de surprendre en quelque sorte les secrets, la raison de la vie dans l'examen des cadavres. Par l'effet de la mort, le cadavre perd sa chaleur naturelle et se met au niveau de la température de l'air ambiant. Le cadavre est inerte; cependant on est parvenu, par l'influence du fluide électrique, à opérer une certaine action sur le système nerveux, de manière à produire même quelques mouvements. Galvani a révélé le premier ce singulier phénomène.

CADE (John), révolutionnaire irlandais, qui se fit passer pour Mortimer, cousin du duc d'York, et souleva le comté de Kent, en 1450, contre Henri VI. Il marcha sur Londres, et put y pénétrer presque sans obstacle. Il fit décapiter le grand chambellan, lord Say. Mais, sur une promesse d'amnistie, ses troupes se débandèrent, et il trouva la mort dans sa fuite.

CADÉAC, village de l'arrond. de Bagnères-de-Bigorre (Hautes-Pyrénées), à 43 kil. de cette ville. Pop. 5,000 hab. Sources sulfureuses thermales; établissement de bains.

CADENABBIA (la), ville du royaume d'Italie, dans la prov. de Côme, à 20 kil. de cette ville, sur le lac de Côme. Sites délicieux; orangers, citronniers; nombreuses villas.

CADENAS. Tout le monde connaît cette petite serrure mobile qui sert à fermer une porte, une malle, une valise, au moyen d'un anneau passé, soit dans un autre anneau, soit dans deux pitons. On connaît aussi cette sorte de cadenas, dit *cadenas à combinaisons*, qui offre le double avantage de pouvoir s'ouvrir et se fermer sans qu'il soit besoin d'avoir une clef, et de ne pouvoir être que très-difficilement ouvert par les voleurs, surtout s'il est fait avec soin. Mais ce que tout le monde ne sait pas, c'est que, jusqu'au règne de Henri III, le cadenas s'était appelé *nef*, et que c'était dans l'origine un meuble de forme bizarre, représentant un *navire*, et destiné à contenir les vases qui servaient à boire. Le cadenas ne fut longtemps qu'une espèce de coffret en or ou en vermeil, réservé au roi et aux plus grands seigneurs. Il était apporté avec le plus grand appareil, et on le plaçait sous leur main quand ils avaient pris place à table. Il est probable que c'est la crainte des empoisonnements qui a suggéré l'idée de servir sous clef les objets servant à boire ou à manger, ainsi que toute substance dont on pouvait abuser.

CADENCE. En musique, on nomme ainsi la terminaison ou le repos d'une phrase musicale; mais dans le langage vulgaire on entend par *cadence* le rhythme, c'est à dire le parfait accord de la danse avec le rhythme d'une mélodie musicale. La cadence n'est en général que le retour du son à des temps égaux et marqués. Voyez ces régiments : ils frappent alternativement la terre du pied droit et du pied gauche, avec un ensemble également appréciable à l'œil et à l'oreille, et indispensable autant pour ménager l'espace que pour épargner la fatigue. Eh bien, ces régiments entiers marchent en cadence. Voici maintenant des rameurs : ils frappent la lame à des temps égaux et uniformes pour la diviser et frayer un passage à leur barque; ils rament en cadence. Jetez les yeux sur cette vaste forge : tous les ouvriers ont soin de régler leurs coups, pour ne rien perdre de leurs forces et ne pas se gêner réciproquement; tous les marteaux frappent à la fois; les forgerons frappent en cadence. Admirez ces danseurs :

> Les chœurs se forment, et la danse
> Exécute en riant, les lois de la *cadence*.
> LUCE DE LANCIVAL.

Ces principes peuvent s'appliquer non-seulement à tous les exercices du corps, mais encore à ceux de l'esprit, et même aux choses morales. Que de gens sortent à tout moment de la mesure et de la cadence, et pour les y ramener qu'il en coûte souvent de temps et de peine!

CADENET, ch.-l. de cant. de l'arrond. d'Apt (Vaucluse), à 19 kil. de cette ville. Pop. 2,550 hab.

CADENETTE. On appelle ainsi une espèce de natte, autrefois en usage dans l'armée. C'était une tresse de cheveux partant du milieu de la tête, et retombant derrière le dos. Cette chevelure militaire avait été empruntée à l'infanterie prussienne. Les grenadiers et les hussards sont ceux qui l'ont conservée le plus longtemps.

CADEREITA, ville du Mexique (Confédération mexicaine), dans l'Etat de Queretaro, à 115 kil. de Mexico. Pop. 3,000 hab. Mines d'argent exploitées aux environs.

CADEROUSSE, ville du département de Vaucluse, dans l'arrond. d'Orange, à 5 kil. de cette ville. Pop. 1,800 hab. Ancienne seigneurie érigée en duché en 1663. Elève de vers à soie; culture de la garance.

CADET, enfant d'une famille, qui vient après *l'aîné*, et qui, par suite, s'appelle *puîné*. Le puîné est ainsi le second fils de la famille, et ceux qui viennent après lui sont ses cadets. On appelle *branche cadette* d'une maison celle qui est sortie d'un cadet, par opposition à la *branche aînée*.

CADET DE GASSICOURT (Louis-Claude), chimiste et pharmacien, né à Paris en 1731, mort en 1799. Il fut élève du célèbre Jeoffroy, et, à 22 ans, il fut nommé apothicaire major des Invalides, et bientôt après, pharmacien en chef des armées françaises en Allemagne et en Portugal. L'Académie des sciences lui ouvrit ses portes en 1766. Il a laissé de nombreux Mémoires et de savantes analyses des diverses eaux minérales de France.

CADET DE GASSICOURT (Charles-Louis), pharmacien et littérateur, fils du précédent, né à Paris en 1769, mort en 1821. Il fut d'abord avocat, mais son goût l'entraînait vers la littérature. A la mort de son père, il se fit recevoir pharmacien, et devint membre de l'Académie des sciences et de l'Académie de médecine. En 1806, il organisa un conseil de salubrité, dont il fit partie. Dans la campagne de 1809, il accompagna Napoléon Ier en qualité de pharmacien, et publia à son retour son *Voyage en Autriche, en Moravie et en Bavière*. La Restauration le trouva mêlé au parti libéral, et membre du Caveau moderne; il s'y distingua par des chansons fort spirituelles. Il voulut aussi aborder la scène, et fit jouer au Vaudeville le *Souper de Molière*. On a de lui plusieurs ouvrages scientifiques, entre autres : un *Dictionnaire de chimie*, que l'on consulte encore avec fruit; une *Histoire secrète des Templiers*. Il a aussi coopéré à la rédaction des *Annales de chimie*, du *Bulletin de la Société d'encouragement*, du *Bulletin* et du *Journal de pharmacie*, du *Dictionnaire d'agriculture* et du *Grand Dictionnaire des sciences médicales*.

CADET DE VAUX (Antoine-Alexis), savant distingué, frère de Louis-Claude Cadet, né en 1743, mort en 1828. Avant la Révolution, il était censeur royal, mais le peu de rigidité qu'il apportait dans ses fonctions le fit bientôt casser. Il tint une pharmacie, puis quitta cet établissement pour se livrer à des recherches scientifiques et philanthropiques. La capitale lui doit deux services importants : ce fut lui qui obtint d'abord la clôture du cimetière des Innocents, puis l'exhumation des cadavres et des débris humains qui s'y trouvaient amoncelés. Plus tard, en 1795, il fit prohiber, par une loi, l'usage des vases de cuivre pour renfermer le lait, et les comptoirs revêtus en plomb des marchands de vin, deux sources de funestes maladies. Nommé directeur de l'hospice du Val-de-Grâce, il s'y prit singulièrement pour montrer sa reconnaissance à Bonaparte. A l'occasion du complot de la machine infernale du 3 nivôse, il demanda, par une lettre insérée dans les journaux du temps, le rétablissement du supplice de la roue et de l'écartèlement! Il fit paraître un grand nombre de Mémoires importants, entre autres celui où, le premier, il exposa les moyens de convertir la pomme de terre en une farine panifiable. Comme, dans ses dernières années, il habitait Argenteuil et qu'il y possédait beaucoup de vignes, il imagina des procédés pour donner aux produits de ce coteau une qualité presque égale à celle des vins de Bourgogne. Malheureusement, on trouva que sa recette donnerait lieu à des dépenses qui porteraient le prix du petit vin d'Argenteuil au-delà de celui du nectar bourguignon; ce qui fit qu'on abandonna la découverte. Cadet de Vaux avait fondé, en 1777, le *Journal de Paris*, dont la prospérité, commencée entre ses mains, devait se prolonger si longtemps.

CADETS (corps des). On a d'abord donné le nom de *cadets*, dans l'armée, à de jeunes volontaires français qui servaient sans paye et sans être enrôlés. Ils portaient l'enseigne de la compagnie, qui ne pouvait en recevoir plus de deux, et ils étaient libres de renoncer au service. C'est de cet usage que vint celui des *cadets gentilshommes*, qui servaient d'abord comme simples soldats et passaient par tous les grades jusqu'à ce qu'ils obtinssent les premières sous-lieutenances vacantes. Louis XIV et Louis XV créèrent des corps de cadets pour en faire des pépinières d'officiers; mais les mutineries de ces jeunes gens et leur indiscipline motivèrent leur suppression. On essaya plusieurs fois, depuis, de les réorganiser; on les attacha aux compagnies ordinaires d'infanterie et de cavalerie. Tout fut inutile, et le corps des cadets, avec leurs privilèges, fut emporté, comme tant d'autres institutions, par la tourmente révolutionnaire. Il existe, cependant encore des écoles de cadets dans les armées hessoises, américaines, autrichiennes, prussiennes, danoises, etc., et la Russie a un *corps de cadets de terre et de mer*, établissements destinés à l'éducation de jeunes gens de famille noble.

CADETS DE LA CROIX. (*Voir* CAMISARDS.)

CADI ou CADHI (dérivé de l'arabe *cadha*, qui signifie décréter). Le cadi est une sorte de magistrat musulman; il cumule les fonctions que remplissent, chez nous, les commissaires, les juges de paix, les notaires et les présidents des tribunaux civils et criminels; il relève directement du gouvernement.

CADI-ASKER, mot qui signifie *juge d'armée;* c'est une sorte de magistrature en usage chez les Musulmans. A Constantinople, le cadi-asker est une sorte de lieutenant-général de police; il a aussi l'inspection générale du commerce.

CADIBONE (col de). On appelle ainsi un passage situé dans les Alpes maritimes, sur la route de Savone à Dégo, et de là à Turin. Bonaparte le franchit en 1796, et, les 5 et 6 avril 1800, il s'y livra un combat entre l'armée française, commandée par Soult, et les Autrichiens.

CADIÈRE (la), ville de l'arrond. de Toulon (Var), à 21 kil. de cette ville. Pop. 1,050 hab. Bons vins rouges.

CADILLAC, ch.-l. de cant. de l'arrond. de Bordeaux (Gironde), à 37 kil. de cette ville. Pop. 1,370 hab. Magnifique château. Taillanderie et fabrique de creusets.

CADILLAC, bourg (Gironde), à 8,900 m. de Fronsac. Pop. 500 hab. Restes du château de Bronda.

CADILLON, village de l'arrond. de Pau (Basses-Pyrénées), à 40 kil. de cette ville. Pop. 450 hab. Excellents vins dits de *Viquebille*.

CADIX, ville d'Espagne, dans le royaume de son nom (Andalousie), à 385 kil. de Madrid, le premier port militaire de l'Espagne. Pop. 71,935 hab. Siége d'un évêché, très-belle cathédrale, remarquable chapelle souterraine de la Santa-Bueva, académie des beaux-arts, école de chirurgie, observatoire, jardin botanique, école de dessin, de navigation; beau théâtre, hôpitaux; amphithéâtre pour les combats de taureaux pouvant contenir 12,000 personnes. Débris d'un temple d'Hercule. Commerce maritime avec l'Amérique, et, pour les vins d'Espagne, avec l'Angleterre. L'arsenal et les chantiers de construction sont dans l'île Caraca. Pêche considérable du thon. Cadix, située sur l'Atlantique, dans la baie de son nom, fut fondée par les Phéniciens. Elle fut prise par les Carthaginois, puis par les Romains, l'an 206 av. J.-C. Plus tard les Arabes s'en emparèrent et la gardèrent jusqu'en 1262, époque où elle leur fut enlevée par les Espagnols. Les Anglais la prirent et l'incendièrent en 1596, mais, à peu de temps de là, les Espagnols la reconstruisirent. Les Anglais firent encore de vains efforts pour s'en emparer en 1702, mais ils échouèrent; ils revinrent encore plus tard, et la bombardèrent, mais ils furent obligés de reculer devant la défense héroïque des Espagnols. Près de Cadix eut lieu, en 1805, le désastreux combat naval de Trafalgar. Depuis la révolution de 1808 jusqu'au retour de Ferdinand VII dans ses États, elle demeura en état d'insurrection. Cadix se rendit aux Français en 1823, après la prise du fort avancé de Trocadero.

CADIX (province), division administrative du royaume d'Espagne. Pop. 398,000 hab.

CADMIUM. Les chimistes ont donné ce nom à un corps simple, qui fut découvert en 1818 par Hermann et Stromeyer. On ne rencontre ce métal que mélangé avec le zinc; avant sa découverte, on croyait que c'était de l'arsenic qui était ainsi uni au zinc, et qui formait ce qu'on appelait les *fleurs de zinc*.

CADMUS, fils d'Agénor, roi de Phénicie, et frère d'Europe. Sa sœur ayant été enlevée par Jupiter, Agénor ordonna à Cadmus de la rechercher et de ne revenir qu'après l'avoir trouvée. Cadmus consulta l'oracle d'Apollon, qui lui fit la réponse suivante : « Dans un champ désert, tu trouveras une génisse qui n'a point porté le joug; suis-la et bâtis une ville où elle s'arrêtera. » A sa sortie du temple d'Apollon, Cadmus vit en effet une génisse et la suivit jusqu'à ce qu'elle s'arrêtât. Il ordonna alors à ses compagnons d'aller puiser de l'eau pour offrir un sacrifice au dieu. Ils allèrent à une source située au fond d'une grotte, mais ils y rencontrèrent un dragon qui les dévora. Cadmus tua le monstre, et, suivant l'avis de Minerve, il en sema les dents, qui produisirent aussitôt une moisson de guerriers; il vit ces hommes s'entretuer sur-le-champ, à l'exception de cinq d'entre eux avec lesquels il fonda Thèbes. Il épousa plus tard Hermione, fille de Mars et de Vénus. Les dieux assistèrent à son hymen, à l'exception de Junon, qui conservait contre Cadmus un ressentiment secret. Peu de temps après, Cadmus et Hermione furent changés en serpents. Cadmus fut le père de Sémélé et l'aïeul de Bacchus. Les Grecs attribuaient à Cadmus l'invention de l'alphabet et l'art de fondre les métaux.

CADORE ou PIEVE DI CADORE, bourg des États autrichiens (Vénétie), à 35 kil. de Bellune. Pop. 2,000 hab. Patrie du Titien. Les Autrichiens y furent défaits par les Français en 1797. Napoléon donna à Champigny le titre de duc de Cadore.

CADORIQUES (Alpes). On appelle ainsi le contre-fort des Alpes Carniques du côté de l'Italie, au N.-O. du col de Tarvis, entre la Puave d'un coté et l'Adige de l'autre. Il se termine près de Vérone, sous le nom de *monts Eugandens*. La Brenta et le Bacchiglione y prennent leurs sources.

CADOUDAL (Georges), chef de chouans, fils d'un meunier de Brech, village près d'Auray, dans le Morbihan, né en 1771, mort en 1804. Il venait d'achever ses études quand l'insurrection éclata. Trouvant peu d'élan dans l'insurrection du Morbihan, il n'y prit d'abord aucune part; mais lorsque la Bretagne se souleva, il alla rejoindre l'armée vendéenne à Laval. Il fut nommé officier au siége de Granville, où il se distingua déjà par son courage. Après la déroute de Savenay, il se réfugia pendant quelque temps dans son pays; mais ne pouvant rester inactif, il forma une bande de paysans et de matelots et se mit à leur tête. Sa troupe fut cernée et faite prisonnière par une colonne républicaine. Il fut conduit avec son père dans une des prisons de Brest. Il parvint enfin à se sauver, déguisé en matelot, et alla soulever son canton. On remarqua qu'il écartait autant que possible de sa troupe les nobles, qui, en effet, ne contribuèrent pas peu, par leur ambition et leur vanité, à amener les dissensions qui compromirent le succès de l'insurrection. On regardait Cadoudal comme le chef d'un parti plébéien. En 1796, il commandait la division du Morbihan. En 1799, il avait concentré auprès de lui presque toutes les forces vendéennes, et ses troupes montraient la plus grande confiance dans leur jeune général. Il occupait alors la Basse-Bretagne. Son armée fut celle qui livra aux troupes républicaines les plus terribles combats. Il concerta avec les Anglais l'expédition de Quiberon; il devait aller recevoir sur cette côte les armes que l'Angleterre envoyait à l'insurrection vendéenne. Dans le même temps, Bonaparte lui offrait la paix aux conditions les plus avantageuses; mais Cadoudal, malgré la défection d'une grande partie de la noblesse, voulut continuer la lutte. Cependant après les combats de Grand-Champ et d'Elven, livrés les 25 et 26 janvier 1800, il se vit abandonné de la plupart de ses lieutenants. Voyant l'impossibilité de continuer la lutte, il quitta son camp le 9 février, et alla au-devant du général Brune, suivi de deux cavaliers seulement; il entra en conférence avec le général républicain, sur une route, au coin d'une haie, et au bout d'une heure il eut réglé les conditions de sa reddition; il s'engageait à licencier ses troupes et à remettre à Brune ses fusils et ses canons. Il vint à Paris, et refusa les offres brillantes du premier consul pour l'engager à prendre du service dans l'armée républicaine. Il fit un voyage en Angleterre, et, en août 1804, il vint débarquer sur les côtes de Falaise, en compagnie de Pichegru et de quelques autres conspirateurs; il méditait de frapper un grand coup contre le premier consul, sans craindre de souiller une réputation si grande et si pure, que ses ennemis eux-mêmes n'avaient pu lui refuser des témoignages d'admiration. Il se cacha à Paris pendant plusieurs mois; mais la police ayant été mise sur la trace de la conspiration par la révélation de quelques conjurés, Cadoudal fut arrêté près du Luxembourg par des agents de police. Il en renversa deux à ses pieds à coups de pistolet, et sautant à bas de son cabriolet, il serait sans doute parvenu à s'échapper, s'il n'avait été saisi par un robuste boucher, qui avait été arrêté par les cris de la foule. Il fut enfermé dans la prison du Temple, et bientôt après condamné à mort, ainsi qu'un grand nombre de ses complices, par le tribunal criminel, comme coupable d'avoir voulu attenter à la vie du premier consul. Il fut exécuté le 24 juin 1804, à l'âge de 35 ans. Il marcha à l'échafaud avec un rare sang-froid, protestant, jusqu'au moment fatal, de son attachement à la cause des Bourbons.

CADCUIN, ch.-l. de cant. de l'arrond. de Bergerac (Dordogne), à 37 kil. de cette ville. Pop. 600 hab. Autrefois abbaye de cisterciens, fondée en 1114.

CADOURS, ch.-l. de cant. de l'arrond. de Toulouse (Haute-Garonne), à 40 kil. de cette ville. Pop. 800 hab.

CADRAN. On appelle ainsi, en termes d'horlogerie, une plaque circulaire en bois, en métal ou en porcelaine, sur laquelle on compte les heures et les minutes.

CADRAN SOLAIRE. Ce sont des instruments, tantôt fixes, tantôt mobiles et portatifs, sur lesquels sont tracées des lignes qui indiquent l'heure par l'ombre que projette un piquet qu'on appelle *style* ou *gnomon*. Les lignes du cadran se nomment les lignes horaires. Pour construire un cadran solaire, il faut d'abord tracer une méridienne. On prend pour cela un plateau de bois, de métal ou de toute autre matière. Au centre de ce plateau on fixe perpendiculairement un style d'une longueur suffisante et l'on divise la circonférence du plateau en 24 parties égales; puis, de chacun de ces points ainsi marqués jusqu'au pied du style, on tire des lignes droites qu'on numérote depuis 1 jusqu'à 12. L'opération la plus difficile consiste à placer convenablement le cadran solaire, suivant la latitude du lieu où l'on se trouve. Une fois cette latitude déterminée, il suffit de faire prendre au style du cadran une direction parallèle à l'axe du monde. On peut aussi placer le cadran en observant, au moment des équinoxes, la direction des rayons du soleil à son lever, à midi et au moment où il se couche. Au moment où il se lève, on place le style vers le N., et l'on fait tourner le plateau jusqu'à ce que sa surface soit frappée par le rayon solaire. A midi, on fait tourner le plateau sur la direction qu'on lui a donnée le matin, et l'on s'arrête quand le rayon de soleil frappe de nouveau la surface du plateau. On peut alors fixer la surface du cadran. Les cadrans solaires ont été en usage chez les Égyptiens, les Chaldéens et les Hébreux; ces peuples en introduisirent l'usage en Grèce. Ce fut seulement pendant la première guerre punique que les Romains connurent le cadran solaire : le premier qu'on vit à Rome fut rapporté de Sicile par Valérius Messala, et fut placé près de la tribune aux harangues.

CADRATURE. On appelle ainsi, en termes d'horlogerie, le mécanisme qui transmet le mouvement aux aiguilles d'une montre ou d'une horloge, et qui détermine la vitesse avec laquelle doivent tourner les pièces destinées à indiquer les heures et les minutes.

CADRE DE RÉSERVE. L'administration militaire ayant compris la nécessité d'avoir toujours sous la main, même en temps de paix, un certain nombre d'officiers habiles et exercés qui fussent prêts, au premier signal de guerre, à se mettre à la tête des corps correspondants à leurs grades, et ne pouvant, d'un autre côté, entretenir en temps de paix la même armée qu'en temps de guerre, on a institué les cadres de réserve. En conséquence, l'armée conserve en permanence des cadres d'officiers et de sous-officiers, dans lesquels on insère subitement, en cas de guerre, toutes les recrues nécessaires pour mettre le corps au complet.

CADRE DE TROUPES. On appelle ainsi les autorités d'un corps organisées au complet, et suivant l'usage établi dans nos armées, pour commander ce corps. Le cadre est donc la réunion des officiers, sous-officiers et caporaux dont se compose un régiment, un bataillon, une compagnie ou un simple peloton. On diminue l'effectif d'un régiment tout en maintenant les cadres au complet. Il est admis en principe que de la bonté d'un cadre dépend le mérite d'un corps d'armée.

CADUC, CADUCITÉ. Ce mot indique l'état d'une personne usée par l'âge ou par l'affaiblissement de ses organes. On appelle généralement caducité la dernière phase de l'existence humaine. La caducité est due à plusieurs causes, et principalement à la faiblesse des muscles et à l'endurcissement du système osseux. Les os deviennent, par la vétusté, durs et cassants; ils perdent cette sève qui entretient l'agilité de leur jeu; par suite, le corps se courbe et les jambes semblent fléchir sous le poids qu'elles ont à supporter. La même faiblesse se manifeste dans les parties qui enveloppent les viscères et le cœur. Les nerfs, ayant généralement moins de sensibilité, finissent par s'émousser et par engendrer la débilité cérébrale. La décrépitude est le dernier degré de la caducité.

CADUCÉE, baguette entrelacée de deux serpents et surmontée de deux ailerons, qui étaient l'attribut de Mercure. Apollon la donna à ce dieu, lorsque celui-ci lui fit présent de sa lyre. Il est remarquable que dans l'Orient le serpent a toujours été le symbole de la prudence et de la sagesse, si nécessaires dans les négociations et les messages. Mercure, messager des dieux, présidait en effet au commerce et aux négociations. Son caducée avait la vertu d'apaiser les discordes, et l'entrelacement des deux serpents a certainement pour objet d'exprimer cette idée. Mercure ayant rencontré un jour deux serpents qui se battaient, les sépara avec sa baguette, autour de laquelle ils s'entrelacèrent. Depuis, le dieu voulut toujours la porter comme un symbole de paix, et il y ajouta deux ailerons, pour exprimer, disent les poëtes, qu'il est le dieu de l'éloquence, qui, par l'expression de la pensée, enflamme rapidement les cœurs.

CADURCI, peuple de l'ancienne Gaule (Aquitaine IIe); ils étaient situés entre les Lémovices au N., les Arvernes, les Rhutènes et les Eleuthères à l'E., les Volsces Tectosages et les Lactorates au S., les Nitiobriges et les Pétrocariens à l'O. Cap. Divona ou Cadurci. Les Cadurques fabriquaient des vases de terre renommés. C'est aujourd'hui le pays de Cahors.

CADYANDA, ville de l'ancienne Lycie, située un peu au N.-E. de Macri. Magnifiques ruines près du village turc d'Houmzoumle: restes d'un beau théâtre, d'un temple, d'un stade. Cette ville fut découverte, en 1840, par M. Fellow.

CÆCIAS. On appelle ainsi, en Italie, le vent d'E.-N.-E. On le représente avec un bouclier rond d'où sort la grêle.

CÆDES (*meurtre*) déesse allégorique, fille de la Discorde, et sœur de la Faim et du Mensonge.

CAEN, ancienne capitale de la Basse-Normandie, ch.-l. du départ. du Calvados, à 223 kil. de Paris. Pop. 32,695 hab. Cour impériale, tribunal de 1re instance, tribunal de commerce; vice-consuls étrangers; facultés de droit, des sciences, des lettres; lycée, école secondaire de médecine, école normale primaire, école d'hydrographie. Eglise et consistoire calvinistes. Etablissement du Bon-Sauveur, contenant un hospice d'aliénés et une école de sourds-muets. Académies des sciences, des arts et belles-lettres. Musée, bibliothèques, jardin botanique. Bureau de douanes. Port de cabotage pour des bâtiments de 150 à 200 tonneaux. Chantiers de construction pour les navires. Fabriques de blondes, dentelles, tulles; broderie, bonneterie, papiers peints, linge damassé. Commerce de chevaux, bétail, huile, beurre, œufs, graines, fruits, cidre. Parmi les édifices, on cite: l'hôtel de ville, le château fort. Patrie de Malherbe, Segrais, Huet, T. Lefèvre, Choron. Caen fut pris par les Anglais en 1346 et en 1417, et repris par les Français en 1450. Henri VI, roi d'Angleterre, y fonda une université qui fut confirmée par Charles VII.

CAEN, île de l'Océanie (Mélanésie), dans l'archipel de la Nouvelle-Bretagne, au N. de la Nouvelle-Guinée. Pop. nombreuse. Cette île est l'*Oraison* de Bougainville et le *Refugio* de Maurelle.

CAER, ville de l'ancienne Etrurie, à 22 kil. de Véies; elle fut la capitale du royaume de Mézence et le ch.-l. d'une lucomonie étrusque. On y porta les objets sacrés de Rome après la défaite de l'Allia, en 390 av. J.-C.

CAERLEON, ville d'Angleterre (Monmouth), à 29 kil. de Monmouth. Pop. 12,000 hab. Eglise gothique, beau pont. Restes d'un amphithéâtre désigné sous le nom de *Table-Ronde du roi Arthur;* c'est là, dit-on, que ce roi établit l'ordre des chevaliers de la Table-Ronde.

CAERPHILLY, ville d'Angleterre (Galles), à 12 kil. de Cardiff. Pop. 3,800 hab. Mines de houille de fer. Belles ruines d'un château normand.

CAERWYS, ville d'Angleterre (Galles), dans le comté de Flint, à 8 kil. de cette ville. Pop. 1,000 hab. Cette ville était autrefois le rendez-vous des bardes gallois pour une espèce de tournoi musical et poétique.

CAFARD. Ce mot désigne un hypocrite, c'est-à-dire l'homme le plus méprisable et le plus dépravé, parce qu'il simule les apparences de la vertu pour en tirer un certain profit, et qu'il se glisse dans la société et au sein des familles pour y introduire le désordre. La politique, de même que la religion, a eu ses cafards et ses tartufes. Ils sont d'autant plus dangereux, qu'on ne songe pas toujours à descendre jusqu'aux preuves, et qu'ils ont ainsi le temps de semer la désolation pour satisfaire leur cupidité ou leur vengeance. On a vu dans l'histoire des peuples, à certains jours d'affadissement moral, les cafards dominer la nation pour flatter le souverain, et se composer un cœur à son image. N'avons-nous pas eu la triste période de Louis XIV et de Mme de Maintenon? La régence avec ses orgies n'était que la protestation de la loyauté de notre caractère national contre les pratiques dévotes qui avaient abâtardi et souvent même ensanglanté la France sous le règne précédent.

CAFÉ. On donne ce nom à la graine du caféier (*coffea arabica*), arbre de la famille des rubiacées, tribu des coffeacées. De toutes les denrées coloniales, le café est celle qui offre le plus d'intérêt, non-seulement sous le rapport de la consommation, qui est énorme, mais encore sous celui de l'influence qu'il a exercée sur notre économie sociale. On a essayé de démontrer que les anciens avaient connu le café, et que la fameuse *népenthès* d'Homère n'était autre chose que la fameuse liqueur. On a prétendu sans plus de fondement que le café était déjà connu au temps de David, et que l'épouse de Nabal, Abigaïl, en offrit cinq mesures aux guerriers qui accompagnaient le roi des Hébreux. On a pensé avec plus de raison que ce n'était que de l'orge torréfiée. Ce qui est mieux établi, c'est qu'au XIIIe siècle, un derviche découvrit le café vers Mecca, en Arabie. L'usage de cette boisson se répandit d'abord en Abyssinie, puis en Perse. En 1517, l'usage du café passa d'Egypte à Constantinople. En 1583, Rauwolf fut le premier qui parla du café. Prosper Alpin donna la description du caféier. C'est seulement vers 1645 que les Italiens commencèrent à en user; les premiers cafés s'ouvrirent à Londres en 1552, puis à Marseille, et de là à Paris, vers 1669. La livre de café coûtait alors 80 francs. Le voyageur Thévenot l'avait déjà apporté à Paris quelques années auparavant. Ce fut surtout l'ambassadeur ottoman Soliman-Aga, qui contribua à le mettre à la mode à Paris. Mme de Sévigné se trompa en prédisant que cette mode passerait aussi bien que l'engouement pour l'*Andromaque* de Racine. L'entraînement fut général, et Mme de Sévigné elle-même écrivait à sa fille en 1680: « Nous avons ici de bon lait et de bonnes vaches. Nous sommes en fantaisie de faire bien écrémer ce bon lait, et de le mêler avec du sucre et de bon café. Ma chère enfant, c'est une très-jolie chose, et dont je recevrai une grande consolation ce carême. » Tout le café qui se consomma d'abord en France arrivait du Levant à Marseille; et un an après son introduction, il ne coûtait plus que 2 sous et demi la tasse. Au milieu du règne de Louis XV, les cabarets étaient entièrement désertés par les auteurs et les gentilshommes; on comptait à Paris plus de 600 cafés. A cette époque, il n'existait pas un seul caféier en Europe; les grains venaient d'Egypte ou d'Arabie. Van Horn, gouverneur des possessions hollandaises en Amérique, avait fait parvenir dans son pays le premier plant de caféier; on en avait semé la graine; des arbrisseaux avaient été donnés au Jardin des plantes de Paris, et on était parvenu à obtenir quelques graines. En 1723, Declieu, lieutenant dans la marine française, se chargea de transporter à la Martinique le premier caféier. Pendant la traversée, l'équipage fut obligé de réduire la ration d'eau de chaque homme. Declieu eut le courage de s'en priver pour continuer à arroser sa plante. Il arriva enfin à la Martinique; il la transporta dans son jardin et parvint, à force de soins, à la faire prospérer. C'est de ce simple plant que sont nés tous ceux qui se sont multipliés depuis dans nos colonies. Le café de la Martinique se distingue par sa couleur verdâtre et sa saveur amère; il est de grosseur moyenne. Le moka est plus recherché; sa couleur est variable; il est généralement plus arrondi que les autres; son odeur est plus forte et plus agréable. Le café n'acquiert ses propriétés que quand il a été torréfié, puis pulvérisé. Le café accélère la circulation du sang; il favorise la digestion et augmente l'activité des facultés cérébrales; il contribue par conséquent à chasser le sommeil. Il augmente la sécrétion urinaire et devient ainsi nuisible dans plusieurs maladies. Il produit quelquefois une grande irritation nerveuse et même une exaltation chez les personnes d'un tempérament délicat, et surtout chez les femmes. Les hommes de lettres, à l'exemple de Voltaire et de Fontenelle, en font un usage constant et quelquefois abusif. Il ne paraît pas, bien que le café ait été accusé d'être un *poison lent*, qu'il ait abrégé leur vie. On ne peut contester que le café n'ait eu une grande influence civilisatrice, en arrêtant l'abus des liqueurs spiritueuses qui auraient fini par abâtardir notre race. L'usage du café produisit de curieux effets sur l'esprit de certains peuples. Sous le règne du sultan Mourad III, l'imagination des Orientaux sembla s'éveiller sous l'influence active du café; les lieux publics où on le débitait étaient assiégés par une foule oisive qui, après s'être amusée des danses et des chants des almées, discutaient vivement les affaires publiques. Mourad, aussi stupide que féroce, s'effraya du réveil intellec-

CAF

tuel des Orientaux : on voyait pour la première fois le peuple se permettre de juger son grand sultan. Les cafés publics furent fermés, et quand on eut vu le Bosphore rejeter un grand nombre de cadavres cousus dans des sacs de cuir, le silence se fit. Le sultan, plus despote que religieux, redoutait moins les effets du vin : aussi s'attacha-t-il à multiplier ces bouges où la populace abrutie pouvait librement blasphémer Mahomet. Les muphtis trouvèrent facilement dans le Coran des dispositions contre la décoction impure du café ; et là, comme ailleurs, la superstition vint en aide à la tyrannie. On connaît l'effet du café sur l'imagination ardente des Bédouins ; c'est après avoir usé abondamment de la savoureuse liqueur qu'on les voit se lever précipitamment, entonner un chant à la louange d'Allah, et partir aussitôt pour quelque expédition où ils peuvent faire parler la poudre. En France, Louis XV contribua beaucoup à propager l'usage du café ; il aimait à le préparer en tête-à-tête avec la comtesse Dubarry. On se souvient de la célébrité du café Procope, où se rassemblaient les hommes qui ont illustré le XVIIIe siècle. L'établissement des cafés coïncide d'une manière étonnante avec l'établissement des gazettes. Il ne serait peut-être pas difficile de démontrer que le café, en modifiant le caractère et le tempérament, et peut-être l'imagination des Français, en augmentant en eux cette vivacité qui les a toujours caractérisés, n'a pas peu contribué à notre révolution politique et sociale. L'usage du vin excite les émotions brutales, mais passagères, et qui font bientôt place à l'affaissement moral ; l'exultation nerveuse produite par le café entretient au contraire ce mouvement incessant qui aide à réaliser les grands projets.

CAFETIÈRE. On appelle ainsi tout vase approprié à la confection du café ; ce vase est en métal ou en porcelaine. La cafetière la plus commune est celle de Dubelloy ; elle est formée de deux vases superposés : le vase supérieur est garni au fond d'un filtre percé d'une infinité de petits trous ; le café en poudre est versé sur ce filtre, et l'on y verse ensuite l'eau bouillante ; l'infusion tombe ainsi goutte à goutte dans le vase inférieur. Il existe aussi d'autres genres de cafetières d'un mécanisme plus compliqué.

CAFFA, KEFA ou THÉODOSIE, ville de la Russie d'Europe (Tauride), à 108 kil. de Simféropol. Pop. 8,400 hab. Siége d'un évêché grec ; lazaret ; musées ; bibliothèques. Commerce assez important. Port sur le détroit de Caffa, qui unit la Mer noire à la mer d'Azov. Caffa fut occupée par les Génois de 1226 à 1475. Elle servait de marché pour les pelleteries du Nord, les étoffes de soie et de coton fabriquées dans la Perse, et les denrées de l'Inde apportées par les caravanes d'Astracan. Possédée ensuite par les Turcs, elle fut cédée par eux aux Russes en 1770.

CAFFARELLI (Gaëtano MAJORANO, dit), célèbre sopraniste, né à Bari en 1703, mort en 1783. Il fit ses études sous la direction de Porpora, et avait une voix d'une force et d'une douceur incomparables. Comme il était très recherché, il put amasser une grande fortune et acheter la terre de Santo-Donato, ce qui lui permit de prendre le titre de duc.

CAFFARELLI DU FALGA (Louis-Marie-Joseph-Maximilien), général français, né au Falga, dans le haut Languedoc, en 1756, mort en 1799. En 1792, il était officier d'artillerie à l'armée du Rhin. Ayant refusé de reconnaître l'autorité de l'Assemblée nationale, et ayant même manifesté sa résolution de combattre les révolutionnaires, il fut suspendu de son grade et subit même une détention de quatorze mois. Après les événements de thermidor, il s'amenda et

CAG

consentit à reprendre du service dans l'armée de Sambre-et-Meuse. Il servit sous Marceau, et fut même blessé à côté de ce général, par un boulet qui lui emporta la jambe gauche ; il dut subir l'amputation. Il rentra dans la vie privée jusqu'au moment où Bonaparte, partant pour l'Égypte, lui confia le commandement du génie. Il rendit les plus grands services lors de la prise de Malte, et lors du débarquement des Français à Alexandrie. Il suivit l'expédition de Syrie ; là, son ardeur à la recherche des monuments antiques, perdus au milieu des sables du désert, lui faisait oublier la faim et la soif sous un climat brûlant. Parfois un soldat, le voyant ainsi traîner sa jambe de bois vers un vieil aqueduc ou une colonne renversée, s'écriait : « Il se moque de ça ; » et un autre d'ajouter : « Parbleu ! il a toujours un pied en France. » Bonaparte, n'oubliant pas qu'il était aussi membre de l'Institut d'Egypte, l'accompagnait dans ses excursions. Un jour que tous deux s'étaient avancés trop près de la marée montante, le flot menaçait de les engloutir ; quelques guides accouraient au secours de Bonaparte : « Allez à Caffarelli, leur dit-il, avec sa jambe de bois il en a plus besoin que moi. » Caffarelli trouva la mort dans une sortie que fit la garnison de Saint-Jean d'Acre ; blessé gravement au coude, il ne put supporter l'amputation et mourut au bout de quelques jours. Il aimait à discuter les plus hautes questions d'économie politique. Même à ses derniers moments, au milieu de douleurs atroces, il se soulevait encore sur son lit, pour s'entretenir de matières philosophiques avec ses amis qui l'entouraient. Bonaparte prononça son éloge funèbre dans l'ordre du jour suivant : « Il emporte au tombeau les regrets universels : l'armée perd un de ses plus braves chefs, l'Institut un de ses meilleurs législateurs, la France un de ses meilleurs citoyens, les sciences un homme qui y remplissait un rôle célèbre. » Caffarelli a laissé deux traités, l'un sur le *Droit de propriété* et l'autre sur l'*Instruction publique*.

CAFRERIE, vaste contrée de l'Afrique australe, située entre le Zambèze au N., l'Océan indien, de la baie Algoa aux bouches du Zambèze, à l'E. ; l'Orange supérieure et la colonie du Cap au S., et le désert de Kalahari à l'O. Sup. 1,300 kil. sur 2,500. On la divise en Cafrerie propre, Monomotapa et Cafrerie intérieure. Places : Nouv. Litakou, Meribowhey, Melita, Kouritchane, Makov, Climat brumeux et très-chaud ; le sol est varié, montagnes très-âpres à l'intérieur, vastes déserts de sable ; mines d'or, d'argent, de cuivre, de fer. Grande quantité de bêtes féroces. Les Cafres sont grands et forts, ont les traits agréables et une intelligence assez développée, élèvent de nombreux troupeaux, savent travailler le fer et connaissent un peu l'agriculture. Ils se divisent en Koassos, Tambouki, Mambouki dans la Cafrerie propre ; en Gokas, Morolongs, Betjouanas dans la Cafrerie intérieure. Ils sont fétichistes et polygames. Levaillant est un des premiers qui aient voyagé dans ce pays.

CAFSA, ville de la régence de Tunis, à 240 kil. de cette ville. Pop. 3,000 hab. Tissus de laine, burnous et batanios (couvertures). Fabrique d'huile. Cette ville est défendue par une forêt de palmiers et par une casbah du XIIIe siècle.

CAFTAN. Les Turcs appelaient ainsi une robe ou même une sorte de pelisse que le sultan distribuait, dans les jours solennels, aux principaux officiers du palais ou aux ambassadeurs des puissances étrangères. C'était des fourrures précieuses de zibeline ou de martre.

CAGES DE FER. L'histoire nous apprend qu'on les a souvent employées pour enfermer des hommes : Bajazet, empereur turc, ayant été vaincu par Tamerlan, celui-ci le fit traîner à sa suite dans une cage de fer ; le cardinal la Balue, favori de Louis XI, ayant fait construire une cage de ce genre pour y enfermer ses ennemis, Louis XI en fit l'expérience sur le cardinal lui-même ; Louis XII, duc d'Orléans, fut renfermé quelque temps après, dans la même cage, par la dame de Beaujeu. Elle servit encore à plusieurs grands personnages. Louis-Philippe Ier, alors qu'il n'était que duc de Chartres, porta lui-même, en 1786, le premier coup de hache dans cet odieux instrument du despotisme.

CAG

CAGLIARI, ville capitale de la Sardaigne, sur le golfe de Cagliari. Pop. 30,000 hab. Siége d'un archevêché ; cour suprême de justice ; hôtel des monnaies ; université fondée en 1720. Musée d'antiquités, cathédrale du XIVe siècle, ancien château et trois tours bâties par les Pisans ; débris d'un aqueduc romain. Commerce de vins, olives, sels. Chantiers de construction. Manufactures d'armes et de poudre.

CAGLIOSTRO (Alexandre, comte DE), fameux imposteur, dont la célébrité, au XVIIIe siècle, tenait du merveilleux. Il naquit à Palerme, en 1743, d'une famille obscure. Il prit le nom de sa marraine, Vincente Cagliostro, sa tante, et, en substituant ce nom à celui de Balsamo, qui était celui de sa famille, il parvint à jeter un certain voile sur son origine. Il quitta de bonne heure sa patrie, et alla à Rome, où il épousa Lorenza Feliciani, fille d'un fondeur en cuivre. Il débuta par une incroyable escroquerie, en exploitant la crédulité d'un orfèvre de Palerme, nommé Marano, à qui il avait promis, moyennant 60 onces d'or, qui lui furent comptés, de découvrir un trésor enfoui dans une grotte et gardé par Satan lui-même. Cagliostro, qui n'avait d'autre but que d'entreprendre des voyages pour chercher aventure, se livra au jeu, et si heureusement, qu'au dire du peuple, le diable faisait sa partie. Il alla dans le Levant, transformé en médecin, et il fut d'autant mieux accueilli que les Turcs étaient trop ignorants pour contrôler sa prétendue science. Il parcourut ainsi la Turquie, la Grèce, l'Egypte, l'Arabie, la Perse, les îles de Rhodes et de Malte. Il guérissait toutes les maladies possibles avec des pilules d'aloès ou divers élixirs. Il n'était bruit dans les cours, dans les harems et dans les palais que de ses cures merveilleuses et même de ses miracles ; le shérif de la Mecque l'appelait le *fils fortuné de la nature*. Il revint à Naples en 1773 ; il était devenu alors de Pellegrini ; Marano, l'orfèvre qu'il avait escroqué, le reconnut sous cette enveloppe, et le fit arrêter. Dix-sept jours après il avait obtenu son élargissement. Cagliostro songea alors à parcourir l'Europe, et ne fut pas moins bien accueilli dans les villes du Nord. Il racontait avec aplomb un certain roman sur sa naissance, *inconnue à lui-même, sur l'éducation qu'il avait reçue du savant Althotas de la Mecque ;* il rappelait *le gracieux accueil du muphti de Médine, la tendresse du shérif de la Mecque* et *la faveur du grand maître de Malte*. Sa femme Lorenza le secondait fort bien par sa beauté peu farouche autant que par son adresse. Cagliostro vint en France, précédé par le bruit de sa renommée. Les hommes les plus distingués furent ses dupes. Laborde disait de lui : « Sa figure annonce l'esprit, exprime le génie ; ses yeux de feu lisent au fond des âmes. Il sait presque toutes les langues de l'Europe et de l'Asie ; son éloquence étonne et entraîne, même dans celles qu'il parle le moins bien. » Le marquis de Ségur émit le même jugement. Après avoir joué son rôle à Strasbourg, à Lyon, à Bordeaux et surtout à Paris, où il fut mis à la Bastille comme impliqué dans la triste affaire du *Collier de la reine*. Il avait demeuré dans la rue Saint-Claude au Marais avec Mme de la Motte. Là, tous deux avaient reçu le cardinal Louis de Rohan. Cette liaison suffit pour éclairer la police. La comtesse accusait Cagliostro d'avoir reçu le collier des mains du cardinal et d'avoir vendu les diamants pièce à pièce. Cagliostro se défendit habilement en indiquant les sources de son immense fortune. Quoiqu'il fût évident que le cardinal avait été la dupe de deux insignes fripons, il fut exilé, et Cagliostro fut absous. Dès qu'il se vit en liberté, il se rendit à Londres, d'où il écrivit une brochure intitulée: *Lettre au peuple français.* Il y prédit que *la Bastille serait détruite et deviendrait un lieu de promenade.* On a trouvé dans ses papiers une autre prophétie annonçant que *les papes seraient dépouillés de tous leurs Etats.* Après avoir de nouveau parcouru l'Italie, il se vit arrêter à Rome et condamner par le Saint-Office à la prison perpétuelle, *comme pratiquant la franc-maçonnerie.* Il y mourut en 1795.

CAGNANO petit port, situé sur la côte E. de la Corse, dans l'arrond. de Bastia, à 35 kil. de cette ville. Pop. 900 hab. Cabotage.

CAGNANO, ville du royaume d'Italie (Capitanate), à 30 kil. de San-Severo. Pop. 4,600 hab.

CAGNANO, ville du royaume d'Italie (Abruzze ultérieure IIe), à 8 kil. d'Aquila. Pop. 5,200 hab.

CAGNOLA (le marquis Louis), architecte, né à Milan en 1762, mort en 1833. Les monuments de Rome lui inspirèrent le goût des beaux-arts, et ses premiers travaux attirèrent l'attention de Bonaparte, qui le nomma membre du conseil des Anciens de la république Cisalpine, et le chargea d'élever à Milan l'arc de triomphe du Simplon. Ce monument, appelé aujourd'hui arc de la Paix, est l'un des plus beaux chefs-d'œuvre moderne.

CAGOTS, nom sous lequel on désigna, au moyen âge, une race flétrie à l'exemple des *parias.* On ne sait rien de certain sur leur origine; on suppose seulement avec quelque vraisemblance que ce sont des débris des races vaincues par les Barbares, qui envahirent l'empire romain, et peut-être des Bagaudes ou des Jacques, qui cherchèrent un refuge, après leur défaite, dans les pays voisins des Pyrénées. On les appelait *cagots*, *colliberts*, *cacoux*, *caqueux* ou *gahètes;* en Auvergne, on les désignait sous le nom de *marrons.* Se voyant l'objet du mépris général, et chargés d'une malédiction dont personne n'aurait indiqué la cause, ils se formèrent en corporations. On alla jusqu'à les assimiler aux lépreux, et ils eurent souvent à subir les persécutions les plus horribles. S'ils assistaient aux cérémonies religieuses, on les reléguait dans un coin de l'église. Toute autre profession que celles de bûcheron et de charpentier leur était interdite. Il leur était défendu de parler aux autres hommes, et ils ne devaient pas marcher nu-pieds, de peur que la terre ne fût infectée par leur ladrerie; on punissait les infractions à cette dernière défense en leur perçant les pieds avec un fer rouge. Ils trouvèrent de courageux protecteurs dans quelques hommes éclairés, qui essayèrent vainement de réagir contre une telle barbarie. Noguez, célèbre médecin du roi de Béarn, analysa leur sang et démontra qu'il était *bon et louable.* Hévin, avocat breton, adressa une requête au parlement pour relever les cacoux de l'infamie qui pesait sur eux, et parvint à triompher.

CAHAWBA, ville des Etats-Unis (Alabama), à 375 kil. de la Nouvelle-Orléans; ch.-l. d'un comté. Pop. 2,000 hab. Cette ville fut fondée en 1818.

CAHIR, ville d'Irlande, dans le comté de Tipperary, à 18 kil. de cette ville. Pop. 3,700 hab. Château fort du XIIe siècle.

CAHIERS DES BAILLIAGES. Louis XIV, quand il convoqua les Etats-généraux, voulut, suivant les anciens usages de la monarchie, que les représentants du tiers état, mandataires directs du peuple, lui apportassent les vœux de leurs commettants. Les trois ordres de l'Etat : le clergé, la noblesse et le reste de la nation, composant le tiers état, devaient concourir séparément à la rédaction des cahiers indiquant les remèdes à tous les abus qu'il s'agissait de réformer. La rédaction des cahiers était chose assez facile pour les deux premiers ordres composés d'un petit nombre de privilégiés. A l'égard du tiers état, on procéda de la manière suivante: tous les habitants des villes, des bourgs, des paroisses, toutes les corporations furent invitées à s'assembler afin de dresser le cahier de leurs plaintes et doléances, et de nommer des députés chargés de porter ce cahier dans une autre assemblée d'arrondissement, où ils devaient être réduits en un seul. Ces seconds cahiers devaient être portés par de nouveaux députés, dont le nombre était réduit au quart des premiers, à l'assemblée générale du bailliage. Cette dernière assemblée devait définitivement élaborer le travail des premières assemblées, et demander toutes les réformes utiles et nécessaires, tout en respectant les principes fondamentaux de la monarchie. Telle est la marche qui fut suivie. Les députés aux Etats généraux prêtèrent serment de fidélité à leur mandat. On a remarqué que les cahiers des bailliages témoignaient du respect inviolable du peuple pour les institutions monarchiques, et qu'ils étaient généralement dictés par une haute sagesse qui témoigne du bon sens populaire. La simple énumération des propositions qu'ils contiennent, aurait fourni les bases de la plus belle constitution, et il est à regretter que les passions politiques, en étouffant la discussion ou en provoquant des mesures radicales et souvent transitoires, aient empêché l'entière réalisation des vœux populaires. La résistance du clergé et de la noblesse rendit impossible la discussion des cahiers des charges sur les bases primitivement établies. Après avoir perdu un mois dans des discussions oiseuses, en présence de la nation impatiente et déjà inquiète de l'anarchie croissante, le tiers état se constitua en

Musée de Cluny.

assemblée nationale. Le tiers état absorba ainsi les deux ordres privilégiés, et la révolution suivit son cours.

CAHIER DES CHARGES. On appelle ainsi, en termes de droit, le cahier qui contient l'exposé de toutes les conditions d'un contrat de vente par adjudication, auxquelles doit se soumettre l'adjudicataire. Les conventions portées aux cahiers des charges font loi entre le vendeur et l'adjudicataire dont le nom n'est révélé que par les enchères qui ont lieu plus tard, au même titre que les conventions passées directement entre les parties. Toutes les ventes ordonnées par justice sont précédées de la rédaction d'un cahier des charges et l'adjudicataire est toujours présumé en avoir pris connaissance.

CAHORS, ch.-l. du départ. du Lot, à 576 kil. de Paris. Pop. 9,590 hab. Siége d'un évêché suffragant d'Albi; tribunaux de 1re instance et de commerce; lycée, bibliothèque. On y remarque la cathédrale, l'hôtel de la préfecture, l'ancien séminaire, transformé aujourd'hui en caserne. Ruines d'un théâtre, d'un portique et d'un aqueduc romains. Manufactures de lainages et de draps, récoltes de vins très-spiritueux employés pour mélanges. Papeteries, tanneries, verreries, eaux-de-vie, huile de noix, de chenevis et de lin. Patrie du pape Jean XXII, de Marot, de la Calprenède. Cette ville fut prise par Henri IV en 1580.

CAHUZAC, petite ville de l'arrond. de Gaillac (Tarn), à 12 kil. de cette ville. Pop. 1,775 hab.

CAID ou KAÏD, nom donné autrefois, dans les Etats barbaresques, à un fonctionnaire public nommé par le dey, qui cumulait les fonctions de commandant d'un district, de juge et de receveur des contributions. La France, depuis la conquête de l'Algérie, a maintenu l'institution des caïds, mais en s'en réservant la nomination, et en ne leur laissant que des pouvoirs purement civils et administratifs, sous la surveillance des autorités militaires, dans les contrés dont la soumission n'est pas encore parfaite.

CAIFFA, ville de Syrie, à 10 kil. de Saint-Jean-d'Acre, au pied du Mont-Carmel. Hospice des moines du mont Carmel, où sont reçus les étrangers. Fort, port très-fréquenté. Cette ville fut prise par Kléber en 1799.

CAILHAVA (Jean-François), auteur dramatique, né à Toulouse en 1730, mort en 1815. Il fit représenter, au Théâtre-Français et au Théâtre-Italien, un grand nombre de comédies qui eurent, de son temps, un certain succès, bien qu'elles n'aient pas été jugées dignes de rester au théâtre; le *Jeune présomptueux*, la *Maison à deux portes* et les *Journalistes anglais*. Il a laissé en outre une critique de Molière assez estimée et l'*Art de la comédie*.

CAILLARD (Antoine-Bernard), diplomate et littérateur, né à Aignay en Bourgogne, en 1737, mort à Paris en 1807. Après avoir été l'un des secrétaires de Turgot, alors intendant de Limoges, il fut envoyé comme secrétaire de légation à Parme, à Cassel, à Copenhague, à Pétersbourg, et enfin en Hollande. En 1792, il fut nommé ministre plénipotentiaire à Ratisbonne; trois ans après, il occupait le même poste à Berlin. Sous le consulat, il fut nommé chef des archives des relations extérieures. Peu de temps après, il arrivait même au ministère, mais il ne conserva ce poste que fort peu de temps. Il a laissé une traduction des *Essais sur la physiognomonie* de Lavater et un *Mémoire* assez estimé sur la révolution de Hollande.

CAILLET (Guillaume), paysan du village de Mello, en Beauvoisis, chef de la *Jacquerie*. Cette faction, qui se forma en 1358, se nommait *Jacquerie*, du nom de *Jacques Bonhomme*, qu'elle avait donné à son chef. Bientôt les insurgés, au nombre de plus de 100,000, se répandirent dans les provinces, marchant par bandes; ils n'avaient, pour la plupart, d'autres armes que des bâtons ferrés. Ils égorgeaient sur leur passage les gentilshommes, afin de se venger de leur oppression; ils brûlaient et pillaient les châteaux. Les nobles, craignant que le mouvement ne se propageât bientôt dans la France entière, appelèrent à leur secours les chevaliers de Flandre, de Brabant, de Navarre et même de Bohême. Ils n'eurent pas de peine à disperser ces bandes indisciplinées et désarmées; il en fut fait un grand massacre; et les chevaliers, qui n'avaient, disaient-ils, aucun respect à garder pour des vilains, les massacrèrent sans faire un seul prisonnier. Caillet ayant été pris par Charles le Mauvais, roi de Navarre, ce prince lui fit poser sur la tête une couronne de fer rougie au feu.

CAILLETTE, fou de Louis XII et de François Ier. Ce n'était pas un fou spirituel et aux piquantes saillies, tel qu'on se représente Triboulet et Polite; c'était un pauvre idiot, une espèce de souffre-douleur dont s'amusaient les courtisans. Un jour, les pages le clouèrent par l'oreille à un poteau; les seigneurs qui passaient riaient beaucoup de cette espièglerie. Caillette resta là sans dire mot jusqu'à ce qu'il plût à ces jeunes bourreaux de le détacher.

CAILLIÉ (René), célèbre voyageur, né en 1799, à Mauzé (Deux-Sèvres), mort en 1838. Il était fils d'un boulanger, mais il devint orphelin dès l'enfance. La lecture de *Robinson Crusoé* avait échauffé son imagination et lui avait inspiré le goût des voyages. Il avait à peine atteint sa seizième année qu'il partit pour le Sénégal. Il fit un assez long séjour pour s'acclimater et apprendre les langues indigènes. L'exemple de Mungo-Park était sans cesse présent à son esprit; et, pour l'imiter, un jour, seul, sans fortune, sans amis, sans secours, il se mit en route pour Tombouctou. Après dix ans d'obstacles et de traverses de tout genre, il réussit à pénétrer jusque dans l'intérieur de l'Afrique centrale. Malgré des fatigues inouïes, il traversa le pays des Foulahs et des Mandingues, explora le Niger, puis, parvint à Djenné et enfin à Tombouctou.

Vue de la colonne Vendôme.

Plus heureux que ceux qui l'avaient précédé dans ces explorations lointaines, il revint en France, après treize ans d'absence. La Société de géographie de Paris lui décerna un prix de 10,000 fr., et le gouvernement le nomma chevalier de la Légion d'honneur. La relation de son voyage a été publiée, en 1830, par M. Jomard. Caillié mourut huit ans après, des suites d'une maladie qu'il avait contractée en Afrique.

CAILLOT (Joseph), acteur de la Comédie-Italienne et de l'Opéra-Comique, né à Paris en 1732, mort en 1816. Sa réputation de chanteur le fit jouir d'une grande vogue. Il avait une admirable voix de basse-taille, et son jeu plein de naturel et de vérité montrait qu'il aurait également excellé dans la comédie. Il s'est surtout fait remarquer dans le *Sorcier*, *Rose et Colas*, le *Déserteur*, *Annette et Lubin*, le *Roi et le Fermier*. Il quitta le théâtre en 1772.

CAILLOU. On entend par ce mot tout fragment de pierre ou de roche transporté par les eaux sur le rivage de la mer et arrondi par le frottement. On donne aussi ce nom à la pierre dite pierre à fusil. On appelait *caillou d'Egypte* un minéral opaque et d'un jaune cendré, qui est une variété du quartz. On distingue aussi le caillou du Rhin, de Cayenne, du Brésil et de Médoc.

CAIMANS (îles), groupes d'îles situées dans la mer des Antilles, au S. de Cuba. Célèbres dans l'histoire des flibustiers.

CAIN, premier fils d'Adam et d'Eve. Il naquit sur la fin de la première année du monde. Il fut agriculteur, et son frère Abel, pasteur. Caïn, jaloux de ce que son frère avait fait à Dieu des offrandes qui avaient été plus agréables que les siennes, s'en vengea en commettant le premier meurtre qui ait ensanglanté la terre. Dieu le maudit et le condamna à mener une existence vagabonde; cependant il lui mit un signe pour le soustraire à la vengeance des hommes. Caïn se retira à l'orient d'Eden, et il eut un fils nommé Enoch, qui bâtit la première ville, à laquelle il donna son nom. Une tradition des Hébreux prétend que Caïn fut tué par Lamech; et bien que ce récit soit appuyé de l'autorité de saint Jérôme, beaucoup de commentateurs l'ont rejeté sans qu'il y ait plus de raison de les approuver que de les blâmer. — Dans les premiers temps de l'Eglise, on vit naître une secte assez singulière de gens, qui, sous le nom de caïnites, honoraient Caïn comme le représentant de la force et de la vertu puissante, tandis qu'Abel ne représentait pour eux que la faiblesse humaine.

CAIPHE (Joseph), succéda à Simon comme grand prêtre des Juifs. La tradition le signale comme l'un des plus ardents persécuteurs de Jésus, et lui reproche d'avoir provoqué sa mort. Il fit aussi lapider saint Etienne, fouetter et emprisonner saint Pierre et saint Paul. On prétend que, dans le conseil qui fut tenu pour statuer sur le sort de Jésus, il soutint, suivant un préjugé populaire qui date de Moïse, et qui rappelle la légende du bouc émissaire, qu'il était avantageux qu'un homme mourût pour tout le peuple. Les chrétiens ont prétendu qu'il avait été déposé par Vitellius, gouverneur de Syrie, en l'an 35, et qu'il s'était tué de désespoir; d'autres ont soutenu qu'il s'était converti au christianisme.

CAIQUE. On donnait autrefois ce nom à des embarcations qui servaient de chaloupes aux galères. Plus tard, on a donné ce nom aux chaloupes isolées qui faisaient le cabotage dans l'Archipel, pour le transport des passagers et des marchandises. Lorsque Napoléon concentra une flottille dans le port de Boulogne, on donna aux chaloupes le nom de caïques.

CAIQUES, petit groupe d'îles dans l'Archipel de Bahama, au N. de la Jamaïque. Pop. 3,200 hab. avec les îles turques.

CAIRE (le), *Misr-el-Kahira*, des Arabes, ville capitale de l'Egypte, dans la Basse-Egypte, sur le penchant du mont Mokattam, à 107 kil. d'Alexandrie. Pop. 350,000 hab. avec les deux faubourgs qui font partie de cette ville : Boulak au N., le vieux Caire au S. Siége du gouvernement; résidence ordinaire du vice-roi, celle des consuls généraux européens, la ville la plus importante de l'empire turc après Constantinople, et l'une des villes saintes de l'islamisme. Ecole de génie, d'artillerie, de cavalerie, de médecine; écoles primaires, de théologie arabe, bibliothèque; patriarcats cophte et grec, délégation apostolique, hôpitaux civils et militaires, hospices d'aliénés et de la maternité. Orfévrerie, tanneries, fabriques de poudre de guerre, de toiles, de draps, de coton. Sur le mamelon du Mokattam, on voit une antique forteresse où sont le palais du vice-roi, l'arsenal, avec une manufacture d'armes et une fonderie de canons, une mosquée en albâtre oriental, élevée par Méhémet-Ali, le divan, la monnaie, un puits de 90 mètres de profondeur sur 15 de diamètre, appelé *puits de Joseph*. Sur la partie la plus haute du Mokattam s'élèvent des forts qui dominent la citadelle. Les principaux monuments publics sont les mosquées, au nombre de plus de 400, parmi lesquelles on cite celles de Touloun, du XIe siècle, de Hassan, du XIIIe, de Hassan-Aïn, d'El-Azliar, la plus riche et la plus grande de toutes. Le port est situé à Boulak, où sont une école de génie et des chantiers de construction pour la marine. Le Caire fut fondé vers l'an 960 par les kalifes fatimites qui envahirent l'Egypte. Les Turcs s'en emparèrent en 1517; les Français l'occupèrent de 1798 à 1801.

CAIRO, bourg du royaume d'Italie, prov. de Gênes, à 16 kil. de Savone. Pop. 3,500 hab. Victoire des Français sur les Autrichiens (1794).

CAISSE. Ce mot désigne généralement une boîte ou un coffre destiné à renfermer des objets qui doivent être transportés ou qu'on veut conserver. On appelle caisse d'un piano, d'un clavecin ou d'un orgue, la boîte qui renferme le mécanisme instrumental. Le tambour en usage dans l'armée s'appelle aussi caisse. Le tambour était connu dès la plus haute antiquité; ainsi, l'on voit au musée égyptien de Paris une caisse couverte de peau, que Champollion a découverte dans un ancien monument de l'Egypte. En architecture, on entend par caisse un renfoncement carré qui renferme une rosace dans chaque intervalle des modillons du plafond de la corniche corinthienne. Dans le commerce, la caisse s'entend du coffre dans lequel le commerçant renferme ses espèces. Au figuré, la caisse s'entend de l'établissement des comptes, de la balance des recettes et des dépenses. Les chirurgiens donnent aussi le nom de caisse aux boîtes où ils renferment leurs instruments de chirurgie ou leur pharmacie.

CAISSE A EAU. On donne ce nom, en terme de marine, à un appareil destiné à contenir la provision d'eau d'un équipage. Ces caisses, de forme cubique, contiennent ordinairement 2,000 litres d'eau. On a substitué, pour la composition des caisses, le fer battu au bois doublé en métal. On est ainsi parvenu à conserver, sans aucune corruption, des provisions d'eau pendant deux et même trois ans; les matières qui se dissolvent dans l'eau contribuent à en entretenir la pureté. On a proposé divers appareils pour rendre l'eau de mer potable, par la congélation ou la distillation.

CAISSON. On appelle ainsi, dans l'artillerie, un chariot divisé en deux parties. Sur le devant on place le fourrage, et derrière une boîte servant à transporter les munitions de guerre. Un caisson contient environ 750 kilogrammes de poudre. Les compagnies du train ont aussi des caissons de vivres et des caissons d'ambulance.

CAISSON. On donne ce nom, en architecture, aux divisions symétriques d'un plafond ou d'une voûte qui forment un renfoncement et qui sont encadrés d'une bordure en relief. Cette décoration est surtout employée pour dissimuler les poutres horizontales qui, dans les anciennes constructions, dépassent le niveau du plafond.

CAISTOR, ville d'Angleterre, dans le comté de Lincoln, à 35 kil. de cette ville. Pop. 1,500 hab. Elle fut fondée, dit-on, par le Saxon Hengist.

CAITHNESS, comté d'Ecosse, situé au N.-E., borné au N. par l'Océan, à l'E. par la mer du N., à l'O. par le comté de Sutherland. Area : 395,000 acres. Pop. 36,645 hab. Cap. Wick; ville principale, Thurso. Sol montagneux à l'O. et au S.; sables et marais au N. et à l'E. Commerce de fromages; élève de bétail; pêche de harengs. Ce comté appartint assez longtemps aux rois de Norwége; il nomme un député et donne le titre de comte à la famille de Sinclair.

CAIUS (saint), pape de 283 à 296. Il était originaire de Dalmatie, et parent de l'empereur Dioclétien. Il ordonna, pour prévenir la facilité avec laquelle de simples laïques devenaient évêques, que les clercs n'arriveraient à cette dignité qu'après avoir passé par les sept ordres inférieurs de l'Eglise. On l'a gratifié de la palme du martyre, bien qu'il soit mort paisiblement sur le trône pontifical.

CAJANO ou POGGIO-A-CAJANO, village du royaume d'Italie, dans la prov. de Florence, à 18 kil. de cette ville. On y remarque une belle villa d'*Ambra*, élevée par Laurent de Médicis.

CAJARC, ch.-l. de l'arrond. de Figeac (Lot), à 24 kil. de cette ville. Pop. 1,100 hab. Fortifications démolies en 1622.

CAJAZZO, ville du royaume d'Italie (Terre de Labour), à 20 kil. de Piedimonte. Pop. 4,000 hab. Bons vins.

CAJETAN (Henri), cardinal italien en 1585. Le pape Sixte-Quint, voulant profiter des désordres qui suivirent la mort de Henri III, l'envoya en France en 1589, en qualité de légat *à latere*; pour contribuer au choix d'un roi catholique. Cajetan était parfaitement apte à remplir ce rôle. Cet homme turbulent, ambitieux, et en même temps fanatique et cupide, embrassa le parti de la Ligue et défendit la cause de l'Espagne. Les intrigues et les calomnies qu'il répandit habilement dans le peuple contribuèrent beaucoup à éloigner les Parisiens de Henri IV. Cependant Sixte-Quint, irrité de l'insuccès de sa mission, le rappela à Rome. Il fut encore envoyé en Pologne pour déterminer le roi Sigismond à se joindre à l'empereur d'Allemagne contre les Turcs. Cette mission ne fut pas plus heureuse que la première. Il mourut en 1599. Il a laissé une *Lettre à la noblesse de France*, et une autre au clergé du royaume, qui ne sont qu'un tissu de basses calomnies. Il donna la mesure de son intolérance dans un écrit intitulé : *De l'autorité du pape*. Dans cet ouvrage, il met le pape au-dessus des conciles. Ses divers écrits ont été censurés par la faculté théologique de Paris.

CAJOLERIE. On entend par ce mot toute flatterie, toute insinuation dictée par la tendresse, sans avilissement ni bassesse. La cajolerie a souvent été pour les puissants et surtout pour les monarques, un heureux moyen de s'attacher leurs ministres. Ce sentiment s'allie moins bien avec la fierté républicaine : la cajolerie devient alors flatterie, et tend à avilir les sentiments du peuple.

ÇAKYA ou ÇAKYA-MUNI, qu'on écrit aussi

Chahyamouni ou Sakidhouni, fondateur du bouddhisme. (*Voir* Bouddhisme.)

CALABAR (royaume de), État de l'Afrique occidentale, situé sur le golfe Biafra. Cap. Calabat ou Bongo. Commerce d'esclaves, de coton, d'ivoire, d'huile de palmier.

CALABOZZO, ville de la république de Venezuela, dans la prov. de Caracas, à 210 kil. de cette ville. Pop. 5,000 hab. Grande quantité de torpilles dans les marais des environs. Bolivar y vainquit le général espagnol La Torre, le 24 juin 1821.

CALABRE, prov. du royaume d'Italie, à l'extrémité S.-O., où elle formait comme une presqu'île baignée par la Mer tyrrhénienne à l'O., le détroit de Messine au S., et le golfe de Tarente à l'E., et touchant à la Basilicate au N. Elle est arrosée par le Lao et le Crati. La Calabre est divisée en trois provinces : 1° Calabre citérieure, située au N. : ch.-l. Cosenza. Pop. 456,000 hab.; 2° Calabre ultérieure Ire, située au S.: ch.-l. Reggio. Pop. 388,200 hab. ; 3° Calabre ultérieure IIe, située entre les deux précédentes : ch.-l. Catanzaro. Pop. 307,500 hab. Climat très-chaud dans les plaines; sol fertile. Fabriques de cordages, de nattes, de corbeilles. Récolte de vin, d'huile, de safran, de garance, de soie. Mines de cuivre excellent. Bonne race chevaline. Industrie et commerce négligés. La Calabre est traversée par une branche des Apennins : on y remarque le Monte-Pollino (2,233 m.), le Monte-Selicella (1,700 m.), et parmi ces montagnes on trouve des forêts remplies de gibier. Les Normands s'emparèrent de la Calabre en 1130, et en firent une partie de l'ancien royaume de Naples. En 1638 et en 1659, elle subit d'affreux tremblements de terre, et celui de 1793 détruisit 300 villes et villages et fit périr près de 30,000 hommes.

CALACUCCIA, ch.-l. de cant. de l'arrond. de Corte (Corse), à 27 kil. de cette ville, et à l'entrée de le vallée du Niolo. Pop. 560 hab. Fabrique de toiles; élève de bétail; fromages.

CALAHORRA, ville d'Espagne, dans la prov. de Logroño, à 50 kil. de cette ville. Pop. de la commune 6,000 hab. Siége d'un évêché. Cette ville fut fortifiée par les Arabes; D. Garcia, roi de Navarre, la leur enleva en 1054.

CALAIS, ch.-l. de cant. de l'arrond. de Boulogne-sur-Mer (Pas-de-Calais), à 31 kil. de cette ville. Pop. 10,860 hab. Place de guerre de 1re classe; chambre et tribunal de commerce, bureau de douanes, bibliothèque, musée, école d'hydrographie. Port de mer sur le détroit du Pas-de-Calais, vis-à-vis et à 30 kil. de Douvres. Parmi les édifices on remarque l'église Notre-Dame, où se trouve un tableau de Van Dyck et un riche maître-autel; le palais construit par Édouard III, et donné par Henri II au duc de Guise; l'établissement des bains de mer; l'hôtel de ville, avec un élégant clocher, le phare nouveau. Fabriques de tulle, et de métiers à tulle. Pêche active. Commerce de bois, eaux-de-vie, fer; construction de navires. Édouard III, roi d'Angleterre, s'empara de Calais, en 1347, après un siége de 11 mois, célèbre par le dévouement d'Eustache de Saint-Pierre et de ses compagnons. Édouard lui accorda de nombreux priviléges, et l'entoura de nouvelles fortifications. Le duc de Guise la reprit en 8 jours (1558). En 1595, les Espagnols s'en emparèrent, et le traité de Vervins la rendit à la France en 1598. Le 24 avril 1814, Louis XVIII y débarqua à sa rentrée en France.

CALAIS (Saint-), sous-préf. du départ. de la Sarthe, à 50 kil. du Mans. Pop. 2,985 hab. Tribunal de première instance. Fabrication de lainages; commerce de grains. Ruines d'un vieux château féodal. Cette ville se forma autour du monastère d'Anisolle ou d'Anille, fondé par saint Calais au VIe siècle.

CALAMATA, ville de Grèce (Morée), ch.-l. du nom de Messénie, au fond du golfe de Coron. Pop. 6,000 hab. Siége d'un évêché grec; port de commerce assez actif. Après la 4e croisade, elle fut donnée à Ville-Hardouin, et devint une baronnie, qui passa ensuite aux Acciajuoli. Ibrahim-Pacha la brûla en 1825, et les Français y débarquèrent en 1828.

CALAME. Roseau dont les anciens se servaient pour écrire.

CALAMIANES, îles du grand Océan, situées dans l'archipel des Philippines, au S.-O. de Mindoro. Pop. 20,000 hab. Les principales îles sont : Calamiane et Busvagon. Établissements espagnols sur les côtes pour la pêche des perles.

CALAMINE. Les minéralogistes donnent ce nom aux minerais composés de silicate ou de carbonate de zinc, et dont on extrait le zinc dépouillé de tout alliage.

CALAMITÉ. Ce mot indique un fléau ou une dévastation qui vient frapper toute une population. Charles Nodier prétend que ce mot vient du latin *calamus*, *chaume*, parce que, autrefois, il désignait particulièrement les désastres de la guerre ou de l'invasion, auxquels les pauvres habitants des campagnes étaient soumis plutôt que les autres.

CALANDRE, CALANDRAGE. On appelle *calandre* un rouleau cylindrique sous lequel on place des étoffes pour les presser et les lustrer. Ce mécanisme a été introduit en France par Colbert.

CALANUS était un de ces philosophes des bords du Gange, que les Grecs appelaient *gymnosophistes*, parce qu'ils ne portaient pas de vêtements. Il s'attacha à Alexandre le Grand, quoiqu'il fût déjà âgé de 80 ans, et le suivit en Perse. Se sentant atteint d'infirmités, il voulut, suivant un usage longtemps observé par les sages de l'Inde, prévenir sa dernière heure par un sacrifice volontaire. Il demanda qu'on lui dressât un bûcher. Alexandre, n'ayant pu le détourner de son projet, voulut honorer de sa présence un spectacle qui attestait, suivant lui, de la grandeur d'âme du philosophe. Il fit ranger son armée en bataille autour du bûcher. Calanus, couronné de fleurs et richement vêtu, y monta tranquillement. Il vit les flammes l'entourer sans faire aucun mouvement et sans manifester la moindre douleur. Un soldat lui ayant demandé s'il n'avait rien à dire à Alexandre : « Non, répondit-il, je compte le revoir bientôt à Babylone. » La réalisation de cette prédiction ajouta au merveilleux de son histoire.

CALAS (Jean), négociant de Toulouse, né à Lacaparède, près de Castrègues. L'histoire de cet homme offre l'un des plus tristes épisodes de notre chronique judiciaire. En 1761, la famille Calas se composait de Jean Calas, de sa femme, de quatre fils et de deux filles. Marc-Antoine, son fils aîné, sollicitait sans succès le titre d'avocat, que le fanatisme religieux interdisait aux protestants. Ses vaines tentatives l'avaient fait tomber dans une profonde mélancolie. Louis Calas, son frère, s'empressa d'abjurer une religion qui faisait obstacle à sa fortune. Redoutant les reproches de son père, ou feignant peut-être de les redouter, il se mit sous la protection de l'archevêque. Celui-ci exigea du père qu'il donnât des secours à son fils. Calas s'empressa d'y consentir, en témoignant qu'il voulait laisser son fils libre d'agir suivant sa conscience. Le 13 octobre 1761, Calas réunissait à dîner ses enfants et un de leurs amis. Pendant le repas, Marc-Antoine avait paru sombre et soucieux. Il sortit de la salle à manger et traversa la cuisine, en répondant à la servante de son père, qui lui demandait s'il n'avait pas froid : « Je brûle, » et il descendit. Quelque temps après, l'ami qui avait été invité se retirait, et l'un des enfants de Calas le reconduisait, un flambeau à la main, quand il rencontra sur son passage le corps de Marc-Antoine suspendu à une corde attachée au-dessus de la porte du magasin : il était facile de présumer qu'il y avait eu suicide; mais un malheureux concours de circonstances fit plus tard dénaturer les faits. Le malheureux, après s'être abandonné à la douleur, songea à l'infamie qui atteindrait la mémoire du suicidé : son corps devait être ignominieusement traîné sur une claie. Aussi la famille Calas, voyant la foule amassée aux cris qui avaient été proférés, ne songea qu'à écarter les soupçons de suicide. Dans une ville où les passions religieuses jouaient un si grand rôle, les catholiques ne manquèrent pas d'accuser Calas d'avoir tué son fils, parce qu'il avait voulu changer de religion; on enveloppa dans une accusation de complicité tous ceux qui s'étaient trouvés dans la maison au moment du repas. L'échevin, dans son empressement à trouver des coupables, contribua encore à accréditer les soupçons de crime. Il faut ajouter que les catholiques, qui préparaient une grande fête séculaire pour célébrer un massacre de 4,000 huguenots, n'étaient pas fâchés de provoquer un scandale qu'ils faisaient rejaillir sur tous les protestants. Louis Calas, circonvenu par le parti catholique, aggrava encore les soupçons en proférant certains propos sur de prétendus secrets de famille. L'archevêque se sert de lui pour rechercher tous ceux qui peuvent avoir à se plaindre de la famille Calas. Il déchaîne ainsi contre le malheureux père tous ses ennemis secrets. On exalte encore le fanatisme de la populace en proclamant que Marc-Antoine est mort martyr de la foi. On porte solennellement son corps en tête des processions de moines; on place devant l'autel un mannequin représentant la victime, tenant d'une main l'acte d'accusation de son père, et de l'autre le glaive vengeur. Un miracle était nécessaire pour fortifier la crédulité populaire; on en fit plusieurs au nom du nouveau saint. Le tribunal des capitouls ordonna que Calas, sa femme et son dernier fils fussent mis à la question. Un seul juge eut le courage de proclamer l'innocence des accusés; mais les autres ordonnèrent la question. Ils interjetèrent appel de ce premier jugement; mais la sentence fut confirmée, et la procédure commença. Les accusés soutinrent la question avec un noble courage, et malgré les piéges qui leur furent tendus, on ne put les faire tomber dans des contradictions. Un ami de la famille Calas, le jeune Lavaysse, l'un des acteurs de cette triste scène, encourage lui-même les infortunés impliqués dans la cause. Son père, persuadé de la culpabilité de Calas, ne veut pas que son fils expose sa vie pour les sauver; il va le voir dans sa prison; mais Lavaysse répond à ses exhortations : « Je ne trahirai pas la vérité. » Le père, convaincu alors de l'innocence des Calas, s'en revint épouvanté des excès où pouvait conduire le fanatisme. Le parlement, pour étouffer les quelques voix qui se faisaient entendre en faveur des accusés, ordonna que les écrits publiés pour leur défense fussent brûlés sur l'échafaud. Le parlement condamna au bannissement Jean-Pierre Calas; la femme Calas, sa servante et Lavaysse furent acquittés; le père seul fut condamné à mort. Il marcha au supplice avec une résignation héroïque, sans manifester le moindre emportement contre ses juges, et se contentant de dire : « Il faut qu'ils aient été trompés par de faux témoins; je meurs innocent. Jésus-Christ, qui était l'innocence même, a bien voulu mourir par un supplice plus cruel encore. » Voltaire s'honora en secourant la famille Calas, et en réhabilitant sa mémoire dans un écrit qui est la plus éloquente protestation contre le fanatisme de tous les temps. La veuve et les enfants de l'infortuné vieillard se jetèrent aux genoux du roi pour obtenir la révision du procès. On assembla à cet effet un tribunal composé de 50 maîtres des requêtes et, le 9 mars 1765, ils rendirent un arrêt qui déclarait Calas et sa famille innocents.

CALATABELLOTA ou CALTABELLOTA, ville de Sicile, à 15 kil. de Sciacca. Pop. 4,800 hab. L'an 340 av. J.-C., Timoléon vainquit les Carthaginois aux environs, et au XIe siècle, Roger Ier y remporta une victoire sur les Sarrasins.

CALATAFIMI, ville de Sicile, à 35 kil. de Trapani. Pop. 8,150 hab. Cette ville fut fondée par les Sarrasins, non loin des ruines de Ségeste.

CALATAGIRONE, ville de Sicile, dans la province de Catane, à 52 kil. de cette ville. Pop. 22,000 hab. Siége d'un évêché. Fabriques de poteries.

CALATANAZOR, ville d'Espagne (Vieille-Castille), dans la province de Soria, à 38 k. de cette ville. Pop. 1,500 hab. Les Maures, commandés par Almanzor, y furent vaincus par les chrétiens (998).

CALATANISETTA, ville forte de Sicile, ch.-l. de la province du même nom, à 100 kil. de Palerme. Pop. 17,100 hab. Evêché. Sources de pétrole et de gaz hydrogène, et soufrières les plus considérables de l'Europe. La province de Calatanisetta a 100 kil. sur 50 de superf. Pop. 185,530 hab.

CALATASCIBETTA, ville de Sicile, à 25 kil. de Calatanisetta. Pop. 5,000 hab. Sources sulfureuses. Prieuré de bénédictins.

CALATAVUTURO, ville de Sicile, à 60 k. de Palerme. Pop. 4,000 hab. Jaspe aux environs.

CALATAYUD, ville forte d'Espagne, dans la province de Saragosse, à 60 kil. de cette ville. Pop. de la commune, 7,130 hab. Belle église du Saint-Sépulcre. Cette ville fut fondée par Ayoub, chef maure. Alphonse d'Aragon la prit aux Maures en 1120. Alphonse XI la conquit en 1362.

CALATEUR, du latin *calator*, désignait, chez les Romains, un héraut au service des pontifes; il était chargé de les annoncer et de maintenir l'ordre pendant les sacrifices. Les particuliers eurent, plus tard, des *calateurs*, qui étaient des esclaves chargés d'annoncer et d'introduire les visiteurs. On les appelait aussi *nomenclatores*.

CALATHUS. On appelait ainsi, chez les anciens, un vase ou panier de jonc ou de bois léger, dont ils se servaient pour recueillir des fleurs. C'était un des attributs de Proserpine; il rappelait celui que tenait cette déesse, lors de son enlèvement par Pluton.

CALATRAVA VIEJA, ville d'Espagne, aujourd'hui ruinée; elle était située dans la province de Ciudad-Real, à 4 kil. de Carrion de Calatrava. Riches mines de mercure aux environs. Cette ville fut prise par les Maures en 1147, elle était alors très-florissante, et c'est pour la défendre que fut fondé l'ordre de Calatrava.

CALATRAVA (ordre de). Alphonse Raymond, roi de Castille, appelé au secours des rois de Navarre et d'Aragon, chassa les Maures de leurs Etats, et s'empara de Calatrava, qui était considérée comme l'une des places les plus fortes de l'Andalousie. Il en confia la garde à des templiers; mais ceux-ci, intimidés par les Almohades, qui venaient de reconquérir Grenade, songeaient déjà à abandonner la défense de Calatrava, quand Raymond, abbé de Citero, indigné de leur faiblesse, sollicita du roi de Castille l'honneur de défendre la ville à la tête de ses religieux. Une foule de chevaliers vinrent se ranger sous ses ordres, et la victoire couronna ses efforts. Le roi, pour perpétuer le souvenir de cette belle défense, fit don, aux religieux de Citero, de Calatrava et de son territoire, et fonda l'ordre militaire qui porte le nom de cette ville.

CALATRAVA (Don José-Maria), homme d'Etat espagnol, né à Mérida en 1781, mort en 1846. Il fit partie des cortès de Cadix, et se fit distinguer comme orateur, jurisconsulte et défenseur des libertés de son pays. En 1814, il fut déporté à Melilla et ne put rentrer en Espagne qu'en 1820, lors du rétablissement de la constitution. En 1823, il fut nommé ministre de la justice; mais l'occupation française le força de s'embarquer pour l'Angleterre. Après 1830, il fit partie de la junte directrice de Bayonne. On ne le rappela qu'en 1834, à cause de l'échec de Mina. En 1835, il se mêla à l'insurrection de la garde nationale de Madrid, pour s'opposer à Martinez de la Rosa, dont il ne partageait pas les principes. Dès que la reine eut juré la constitution de 1812, il fut remis à la tête des affaires; mais son incapacité le fit remplacer, et, comme fiche de consolation, on le nomma sénateur de la province d'Albacète.

CALAURIE, île de la Grèce, située sur la côte E. de la Morée. Sol montagneux, couvert d'orangers. On y remarque les ruines du temple de Neptune où s'empoisonna Démosthène.

CALAVRYTA, ville de la Grèce, dans la noumarchie d'Achaïe, ch.-l. de l'éparchie de Cyllénie, à 27 kil. de Patras. En 1206, après la 4e croisade, cette ville forma une baronnie française pour Raoul de Tournai; elle passa ensuite à sa famille, qui la posséda jusqu'au milieu du XIVe siècle.

CALCAIRE. On donne généralement ce nom, en minéralogie, à toutes les roches qui sont particulièrement composées de chaux et d'acide carbonique, et qui forment ce qu'on appelle la pierre à chaux. Les couches de calcaire sont très-communes dans le sein de la terre, et leur étude offre au minéralogiste un vaste champ d'investigations pour recomposer l'histoire antédiluvienne du globe.

CALCAR, ville des Etats prussiens (province du Rhin), à 11 kil. de Clèves. Pop. 1,900 hab. Patrie du peintre Jean de Calcar.

CALCÉDOINE. On appelle ainsi un quartz qui contient 99 parties de silice et 1 partie d'eau; elle est d'une couleur laiteuse et se cristallise en rhomboïdes. Le nom de calcédoine a été donnée à cette substance parce qu'elle fut découverte aux environs de la ville de Chalcédoine, en Bithynie.

CALCHAS, fils de Thestor, natif de Mycène, reçut d'Apollon le don de connaître le passé, le présent et l'avenir. Les Grecs, quand ils partirent pour le siége de Troie, le prirent pour leur grand-prêtre et leur devin. Ce fut lui qui annonça aux Grecs que leur flotte, retenue par les vents contraires dans le port d'Aulide, ne pourrait faire voile que quand Agamemnon aurait immolé sa fille Iphigénie à Diane. La peste ayant ravagé le camp des Grecs devant Troie, Calchas prédit que ce fléau ne cesserait que quand Agamemnon, qui avait enlevé Briséis, fille d'un prêtre d'Apollon, l'aurait rendue à son père pour apaiser la colère du dieu. Il avait également prédit que le siége de Troie durerait dix ans. Après la prise de cette ville, il vint à Colophone en Ionie. Ayant appris que Mopsus rendait des oracles dans un bois consacré à Apollon et que sa science surpassait la sienne, il en mourut de douleur.

CALCINATION. Ce mot s'entend, en chimie, de l'état dans lequel se réduit une substance soumise à l'action du feu. Plus spécialement, ce mot s'entend de la transformation du carbonate calcaire en chaux vive, à l'aide d'une forte chaleur qui opère l'évaporation de l'acide carbonique contenu dans le calcaire.

CALCINATO, bourg du royaume d'Italie, dans la prov. de Brescia, à 17 kil. de cette ville. Pop. 3,500 hab.

CALCINATO (bataille de). Le duc de Vendôme, commandant l'armée française en Italie, en 1706, venait de remporter plusieurs succès sur le prince Eugène, et avait déjà pris ses quartiers d'hiver, quand, le 19 avril, il fit faire un mouvement à ses troupes, de manière à simuler un changement de quartiers. Son dessein était de surprendre l'ennemi. Le comte de Reventlau, à la tête de 15,000 Autrichiens, était retranché à Calcinato sur la Chiesa. Le duc de Vendôme le surprit et l'attaqua avec une telle impétuosité que ses troupes essayèrent à peine de résister. Cette bataille coûta aux Autrichiens 3,000 morts, autant de prisonniers, 1,000 chevaux, 6 canons et la perte de leurs bagages.

CALCIUM, corps simple et métallique, qu'on ne rencontre que mêlé à la chaux et aux calcaires. Il a la couleur et l'apparence du plomb; il s'enflamme rapidement à l'air; il s'oxyde aussi au contact de l'eau.

CALCUL. Ce mot vient du latin *calculus*, qui signifie *petit caillou*. Les Grecs et les Romains se servaient en effet de cailloux pour compter les suffrages dans les affaires publiques, de la même manière que les assemblées législatives se servent de boules pour compter les votes. Les juges recueillaient aussi les voix de cette manière. Les anciens n'avaient d'autres signes numériques que les lettres de l'alphabet; mais leurs combinaisons étaient embarrassantes et compliquées. Aussi préféraient-ils s'aider de cailloux pour représenter les nombres. Comme ils avaient adopté le système décimal, il leur suffisait de placer sur une ligne droite, les cailloux représentant les unités, à gauche ceux qui représentaient les dizaines, et toujours ainsi en remontant. Le nombre 2,331 se serait écrit, par exemple, de la manière suivante :

. .
. . . .
. .

Nous trouvons ce mode de calcul en usage chez quelques peuplades sauvages. Les Chinois emploient, pour compter, une sorte de lyre garnie de cordes qui portent de petites boules enfilées comme des grains de chapelet; ils n'ont qu'à pousser un certain nombre de ces petites boules pour représenter, à chaque ligne correspondante, les unités, les dizaines, les centaines, etc. Le mode de calcul usité en Europe, à l'aide de chiffres, est incomparablement supérieur sous le rapport de l'exactitude et de la rapidité.

CALCUTTA, grande ville de l'Inde, capitale de la présidence de Calcutta et de tout l'Hindoustan anglais, à 160 kil. du golfe du Bengale. Pop. 450,000 hab., et en comprenant les faubourgs et les villages qui s'y relient, 1,600,000 hab. Siége d'un évêché anglican métropolitain des Indes; vicariat général de l'évêque catholique de Madras; cour suprême d'appel, civile et criminelle, pour la présidence du Bengale; cour provinciale d'appel; séminaire théologique protestant; nombreux établissements d'instruction publique anglais et musulmans; sociétés académiques de tous genres, entre autres la célèbre Société asiatique, fondée en 1784 par William Jones; écoles élémentaires; magnifique jardin botanique; observatoire; hôtel des monnaies; banque du Bengale; bon port; chantiers de construction pour navires de tous tonnages. Fabriques de soieries, de tissus de coton, etc. Cette ville est située sur les bords de l'Hougly, et s'étend sur une longueur de plus de 9 kil.; elle se divise en ville indienne ou noire et en ville européenne ou blanche; cette dernière porte le surnom de *cité des palais*, à cause de ses magnifiques maisons entourées de jardins et bâties à l'italienne. Le fleuve, qui, à cet endroit, est large de plus de 1 kil., est bordé de superbes quais de granit longs de 4 kil. au moins. C'est dans cette cité que s'élève le splendide palais du gouverneur, et à l'extrémité le fort William, qui commande l'entrée du fleuve. Ce fort élevé, en 1757, coûta 50 millions de francs; il renferme un arsenal, une fonderie de canon, et il est si vaste qu'il peut recevoir une garnison de 20,000 hommes. Les environs de Calcutta sont couverts de belles maisons de plaisance, et d'un grand nombre de villages, parmi lesquels on cite Barrakpour, situé à 20 kil. de la ville; il renferme le palais d'été du gouverneur. Le climat est peu salubre. La chaleur y est très-forte en avril et mai, et l'hiver est l'époque la plus agréable. Les pluies commencent vers le 15 juin et durent quatre mois. Calcutta fut fondée par les Anglais, en 1686; le fort William fut bâti en 1696 et fut rebâti depuis, Calcutta devint en 1707 la capitale de la présidence, et en 1772 le siége du gouvernement général de l'Inde.

Calcutta (présidence de). (*Voir* Bengale, présidence du.)

CALDAS DA RAINHA, village du Portugal (Estramadure), à 35 kil. d'Alemquer. Pop. 1,600 hab. Sources thermales sulfureuses et bains très-fréquentés.

Caldas de Mombuy, bourg d'Espagne, dans la prov. de Barcelone, à 20 kil. de cette ville. Antiquités romaines. Sources thermales et bains.

Caldas de Reyes, bourg d'Espagne (Santiago), à 45 kil. de Vigo. Sources thermales et bains.

Caldas do Gerez, village de Portugal (Minho), à 28 kil. de Guimaraens. Sources thermales et bains fréquentés.

Caldas d'Orense, ville d'Espagne (Santiago). Pop. 4,000 hab. Siége d'un évêché. Sources thermales et bains.

CALDER, village d'Ecosse, situé à 9 kil. de Nairn. Pop. 1,200 hab. On y remarque les traces de l'ancien château de Macbeth.

CALDER (Robert), amiral anglais, né à Elgin en 1745, mort en 1818. Il se distingua à la bataille navale du cap Saint-Vincent, en 1797. Il fut chargé, en 1801, de poursuivre l'escadre française qui portait des approvisionnements à l'armée d'Egypte, et il fit subir d'importants échecs à Gantheaume, qui montra, dans cette expédition, une inhabileté déplorable. En 1805, il fut chargé de bloquer les ports de la Corogne et du Ferrol; mais il fut blâmé pour avoir livré combat à l'amiral Villeneuve, qui remporta sur lui un certain avantage à la hauteur du cap Finistère, et pour avoir ainsi abandonné le blocus. En 1810, il fut nommé amiral de port à Portsmouth.

CALDERON DE LA BARCA (Pedro), célèbre auteur dramatique espagnol, né en 1600, mort en 1687. Il prit d'abord du service, et fit les campagnes d'Italie et des Pays-Bas. Emporté par sa passion dominante pour le théâtre, il composa certaines pièces qui lui valurent une telle réputation que Philippe IV le manda à sa cour; ce prince le décora de l'ordre de Saint-Jacques et le nomma directeur des spectacles et jeux publics. Calderon était d'une fécondité étonnante: il ne composa pas moins de 1,500 pièces, et il ne fut surpassé que par Lopez de Vega, qui en fit 2,200. En 1652, il devint chanoine de Tolède, et introduisit sur la scène espagnole des drames qui correspondent assez bien à nos *mystères* et à nos *moralités* du moyen âge. Ainsi il composa la *Dévotion de la messe*, où l'on voit l'office interrompu par une bataille; Satan, un prince mahométan, un ange, une vivandière et des soldats sont les principaux personnages de ce drame étrange; la pièce se termine par le mariage de la vivandière, et un pompeux éloge de la messe. On trouve dans les productions de Calderon une confusion et un mépris de toutes les règles scéniques, qui étaient fort admirées de son temps. Il avait cependant une imagination brillante, et parfois il s'élève, dans ses tragédies, jusqu'à la hauteur de Shakespeare. Ses comédies sont plus estimées. On cite, parmi ses pièces les plus remarquables, *Héraclius*, que les Espagnols appellent la *Fameuse comédie*, et qu'ils mettent au-dessus de l'*Héraclius* de Corneille.

CALDIERO, village des Etats autrichiens (Vénétie), à 15 kil. de Vérone. Eaux minérales.

Caldiero (combat et bataille de). Le village de Caldiero, à 12 kil. de Vérone, a été le théâtre de grands combats en 1805. L'armée française, forte de 30,000 hommes, avait reçu l'ordre de se placer derrière l'Adige; l'armée autrichienne, qui comptait plus de 60,000 combattants, occupait la position de Caldiero. Les Français étaient sur la défensive, en attendant qu'une autre armée fût entrée en Bavière pour prévenir une attaque de flanc par le Tyrol. Le maréchal Masséna remplaça le maréchal Jourdan, et l'armée fut portée à 40,000 hommes. Masséna s'attendait à être attaqué, quand le prince Charles proposa spontanément un armistice de quinze jours, ce qui fit encore gagner du temps aux Français. Dès que Masséna eut reçu l'avis des premiers succès de la grande armée en Bavière, il se prépara à attaquer l'archiduc Charles. Celui-ci, s'appliquant à défendre le passage de l'Adige, avait envoyé une division à cet effet en avant de Caldiero; une autre division couvrait le Haut-Adige, et le corps principal des Autrichiens occupait Caldiero, retranché sur des hauteurs. Les Français devaient d'abord emporter ces retranchements pour s'établir solidement en avant de la ville. Malgré la disproportion des forces, Masséna commença l'attaque le 17 octobre, à minuit, au moment même où expirait l'armistice. Il passa l'Adige sur le pont d'un vieux château, et culbuta la division autrichienne campée sur la route du Tyrol. Pendant dix jours, les deux armées restèrent inactives. Enfin le 27 octobre, Masséna se décida à attaquer les hauteurs de Caldiero. Les Autrichiens évacuèrent les forts et prirent position un peu en arrière. Masséna se trouva bientôt en face des portes de la ville, sur lesquelles il dirigea 80 bouches à feu, pendant qu'un corps de Français opérait un mouvement de flanc sur la gauche pour refouler l'avant-garde autrichienne sur Caldiero. Masséna ayant enfin ordonné l'attaque générale, les lignes autrichiennes furent enfoncées, et essayèrent vainement de se rallier. Après ce premier combat, les Autrichiens durent rentrer dans leurs retranchements, après avoir perdu 1,600 prisonniers. Le lendemain, l'armée française recommença l'attaque; les divisions autrichiennes, qui étaient sorties des retranchements pour s'avancer dans la plaine, furent refoulées; la nuit mit fin à ce combat sans que Masséna fût parvenu à forcer les Autrichiens. Les Français se rapprochèrent cependant autant qu'ils le purent des batteries autrichiennes, et s'établirent solidement dans cette position. Divers combats successifs furent assez heureux pour les Français, qui firent dans ces diverses rencontres plus de 11,000 prisonniers. Le général Verdier, envoyé au secours de Masséna, se distingua particulièrement en repoussant les Autrichiens qui l'avaient enveloppé. Caldiero, qui, par sa position naturelle, semble être la route conduisant d'Allemagne en Italie, a souvent été le théâtre de grands combats. En 1809, Caldiero était occupé par les Français; le prince Eugène, vice-roi d'Italie, pressé par l'armée autrichienne, rallia ses troupes sur ce point; il avait avec lui 65,000 hommes. L'archiduc Jean, avec des forces égales, s'était établi en face de cette position. Les Autrichiens résistèrent à une première attaque; mais à la nouvelle que l'archiduc Charles était en retraite sur Vienne, l'archiduc Jean, son frère, entreprit de se dégager pour exécuter lui-même sa retraite, et il y parvint après un combat où le général Sorbier perdit la vie. Les hauteurs de Caldiero furent encore le théâtre d'un autre combat entre les Français et les Autrichiens, en 1813; les Autrichiens occupaient alors Caldiero. Le prince Eugène parvint à en débusquer les Autrichiens, bien supérieurs en nombre, après un combat dans lequel ils perdirent 1,500 hommes et 900 prisonniers.

CALE. C'est la partie d'un navire entre le fond et le premier pont; on y renferme ordinairement les objets que l'eau est le moins susceptible d'altérer. A bord des navires de l'Etat, les délits commis par les matelots peuvent être punis du supplice de la cale. On a fait disparaître de notre code pénal maritime certains supplices qui étaient encore en usage il y a quelques années. Le coupable était amarré à l'extrémité d'une corde passée dans une poulie fixée au haut de la vergue de misaine; on lui liait les mains au-dessus de la tête, et on le hissait jusqu'à la hauteur de la vergue, puis on le laissait retomber de tout son poids dans la mer. Cette exécution avait ordinairement lieu en présence de tout l'équipage, et elle était annoncée par un coup de canon; le supplice de la *cale sèche*, depuis longtemps aboli, consistait à attacher le condamné de la même manière que pour le supplice de la *cale mouillée*, et à le laisser retomber trois fois sur le pont, où ses membres se brisaient; ce supplice s'appelait aussi *estrapade*.

CALEB, de la tribu de Juda, fut envoyé dans la terre promise avec d'autres députés pour reconnaître le pays où les Hébreux allaient enfin se fixer, après avoir erré dans le désert. Josué et lui furent les seuls Hébreux de ceux qui étaient sortis d'Egypte qui entrèrent dans la terre promise. Caleb reçut en partage la ville Hébron, d'où il chassa les trois géants d'Evacim. Othoniel, son neveu, s'étant emparé de la ville Dabir, il lui donna sa fille Axa, qu'il avait promise à celui de sa tribu qui monterait le premier sur les murs de Dabir. Caleb mourut à 114 ans.

CALÈCHE. On appelle ainsi une sorte de voiture richement ornée, à quatre roues, fort légère, découverte et traînée par deux ou quatre chevaux.

CALÉDONIE. Les Romains appelaient ainsi la contrée montagneuse de l'Ecosse située au N. de la Clyde. Les Calédoniens étaient de race celtique ou gaélique. Leurs principales tribus étaient les Pictes et les Scots.

Calédonie (canal de). Canal d'Ecosse de 96 kil. de long, 6 mèt. 66 cent. de profondeur, 40 mèt. de largeur à la ligne de flottaison, 12 mèt. 30 cent. au fond de l'eau, et est coupé par 28 grandes écluses. Il s'étend depuis le fort William, dans la baie d'Eil, partie de l'Atlantique (comté d'Inverness), jusqu'au golfe de Murray, dans la mer du Nord. Il fut construit sous Georges III et coûta un million de livres sterl. Il ne rapporte par an que 75,000 fr. et absorbe 130,000 fr. de réparation. Une frégate de 32 canons peut y naviguer.

Calédonie (Nouvelle-), île située dans l'Océan pacifique (Mélanésie), à l'E. du continent d'Australie. Superf. 360 kil. de long sur 48 à 60 de large. Elle est montagneuse et entourée de récifs. Pop. 60,000 hab. nègres anthropophages. Belles forêts, sol fertile, vastes bancs de corail. Cette île fut découverte, en 1774, par Cook et explorée par d'Entrecasteaux en 1792-93. Une mission catholique y a été fondée en 1844. Elle appartient à la France depuis le 24 septembre 1853.

Calédonie (Nouvelle-), contrée de l'Amérique septentrionale, dans la Nouvelle-Bretagne, à l'O. des monts Rocheux. Sup. 950 kil. sur 600. Climat froid; beaucoup de lacs. Habitée par des Indiens sauvages.

CALEMBOUR. Le calembour consiste dans l'équivoque sur le double sens d'un mot; il est souvent l'esprit de ceux qui n'en ont pas; mais il peut être aussi une preuve de finesse d'esprit, lorsque les deux sens sur lesquels pivote la phrase offrent chacun une pensée heureuse. Ce qui est souverainement ridicule, c'est de torturer les mots pour en tirer un double sens dont chacun des termes n'exprime qu'une plate idée. Généralement un calembour prête à rire quand la différence entre le terme pris dans son sens naturel et l'idée cachée offre un contraste qui fait du sous-entendu une heureuse saillie. Ainsi une personne invitée à dîner casse un verre, et son voisin de dire aussitôt : « Monsieur casse ses verres. » Un instant après sa main maladroite en brise un autre, et son voisin de reprendre : « Monsieur perd ses verres. » Ce calembour est d'autant mieux réussi que les deux idées sont également vraies et naturelles, et que le calembour a moins de prétention. Tout Paris a répété ce mot de Mlle Mars, qui entendit un jour derrière elle des gardes du corps prononcer son nom avec raillerie : « Eh! messieurs, qu'a de commun Mars avec les gardes du corps? » On connait aussi cet excellent mot d'un régisseur de théâtre, à qui un intendant de police venait d'interdire la représentation de *Tartufe* : « Messieurs, nous devions ce soir représenter *Tartufe,* mais monsieur l'intendant de police ne veut pas qu'on *le joue.* »

CALENDERS. On désigne sous ce nom des moines turcs et persans : il signifie *or pur*, par allusion à la pureté de leur cœur, qu'on suppose exempt de toutes les souillures mondaines. On attribue leur institution à un Arabe d'Espagne nommé Youssouf. Il ordonnait à ses disciples de voyager continuellement nu-pieds, de ne vivre que d'aumônes, et de mériter les récompenses célestes par les pratiques les plus austères. Les calenders, que les habitudes de l'Orient ne portaient que trop à la paresse, devinrent bientôt des extatiques et des illuminés. Cependant leurs mœurs se relâchèrent, et leur corruption devint telle qu'on ne désignait plus que sous le nom de *calenders* les voleurs et les assassins. Saâdy, poëte persan, disait, au XIIIe siècle : « Il y a deux sortes de gens qui doivent être inquiets sur leur sort, un marchand qui a perdu son vaisseau, et un riche héritier tombé entre les mains des calenders. »

CALENDES. Les anciens Romains, qui ne connaissaient que l'année lunaire, appelaient ainsi le jour de l'apparition de la nouvelle lune. Leurs mois commençaient ce jour-là; mais l'année n'ayant ainsi que 355 jours au lieu de 365, ils ajoutaient tous les deux ans un mois intercalaire, composé de 22 ou 23 jours. Le jour des calendes, un pontife faisait connaître du haut du Capitole les fêtes qui devaient être célébrées dans le mois; il annonçait, en répétant autant de fois le mot *calò* (j'appelle), combien il y avait de jours entre les calendes et les nones. Chaque mois avait ses fêtes des calendes, des nones et des ides. On comptait les jours de la manière suivante : le sixième jour avant les calendes de mars, le troisième jour avant les nones de mai, le deuxième jour avant les ides d'avril. Les calendes étaient consacrées à Junon. Les Grecs n'ayant pas de calendes, les Romains disaient, en éconduisant plaisamment une personne, qu'ils la renvoyaient aux calendes grecques.

CALENDRIER. On appelle ainsi un tableau qui contient la distribution des temps et la succession des jours, des semaines et des mois, avec l'indication des fêtes. Les calendriers ont varié suivant les différents siècles; les progrès astronomiques ont pu seuls contribuer à donner une division exacte de l'année. On distingue les calendriers solaires des calendriers lunaires : les premiers calculent le temps d'après les évolutions de la terre autour du soleil, et les seconds se règlent d'après le cours de la lune.

Calendrier juif. Les Juifs ont eu d'abord une année de 360 jours. Depuis la sortie d'Egypte, ils se servirent d'un calendrier moitié lunaire, moitié solaire, calculé de telle sorte que la Pâque, destinée à rappeler la délivrance des Juifs du joug des Egyptiens, coïncidât toujours avec la pleine lune la plus voisine de l'équinoxe du printemps, et pour que la fête de la Pentecôte arrivât toujours chaque année 50 jours après, au jour correspondant. Un mois, ajouté extraordinairement, compensait la différence entre l'année solaire et l'année lunaire. La Pâque marquait le renouvellement de chaque année. Les Juifs empruntèrent aux Babyloniens, pendant leur captivité, les noms dont ils se servaient pour désigner les mois de l'année. Tous les trois ans, et quelquefois tous les deux ans, on ajoutait un mois intercalaire.

Calendrier grec. L'année des Grecs se composait, jusqu'au VIe siècle avant l'ère chrétienne, de 360 jours, divisés en 12 mois égaux de 30 jours chacun. Tous les deux ans, on ajoutait un mois intercalaire de 30 jours. Ainsi leur année était de 375 jours. Au VIe siècle, ils reconnurent la nécessité de réformer leur calendrier; il y eut des mois de 30 jours et d'autres de 29 seulement. Les mois lunaires ne leur donnant que 354 jours, ils intercalèrent, tous les 8 ans, 3 mois supplémentaires. Cette méthode fut introduite à Athènes par l'astronome Méton, et les autres peuples de la Grèce s'empressèrent de l'adopter.

Calendrier romain. Au temps de Romulus, l'année romaine ne comptait que 10 mois formant ensemble 304 jours. Numa introduisit 2 nouveaux mois, ce qui porta l'année à 355 jours. Les pontifes, ne sachant comment corriger l'irrégularité de ce calendrier, y introduisaient de fréquents changements qui troublaient les relations sociales. En 46 av. J.-C., Jules César fixa définitivement et rationnellement la durée de l'année, en la portant à 365 jours, et en ajoutant, tous les 4 ans, un jour dit bissextile. C'est ce qu'on appelle le *calendrier Julien*. Il fut adopté par presque tous les peuples, et resta en usage jusqu'à Grégoire XIII. Les noms des quatre derniers mois : *september, october, november, december*, rappelaient que l'année romaine n'avait eu d'abord que dix mois. Chaque mois se divisait en trois parties : les calendes tombaient le premier jour de chaque mois, les nones, le 5 ou le 7, suivant que le mois comptait 30 ou 31 jours, et les ides le 13 ou le 15. Le calendrier distinguait les jours *fastes* des jours *néfastes*. Pendant les jours *néfastes*, les magistrats ne pouvaient siéger. Chaque jour de l'année était consacré à une divinité, usage qui a été conservé par le calendrier chrétien, où le nom des anciennes divinités est remplacé par les noms des saints.

Calendrier grégorien. Ce calendrier, qui fut mis en vigueur à partir de 1583, prit pour base le calendrier Julien; il en diffère en ce que l'on retrancha 10 jours de l'année, qui, par suite de fractions de jours négligées au moment de la réforme julienne, se trouvait en retard sur le cours du soleil. Au lieu d'introduire un jour bissextile tous les quatre ans, choisit les années séculaires non-divisibles par 400, pour retrancher 3 bissextiles sur 400 ans. La division du mois fut modifiée. On remplaça les calendes, les nones et les ides des Romains par les semaines des Hébreux, en consacrant le septième jour au repos. Le calendrier grégorien a été adopté par tous les peuples catholiques; ceux de religion grecque ont conservé le calendrier Julien, qui se trouve ainsi en retard de 12 jours sur le nôtre.

Calendrier républicain. La Convention décida, par une loi du 5 octobre 1793, que l'année serait divisée en 12 mois de 30 jours chacun; on ajoutait 5 jours complémentaires appelés *sans-culottides;* tous les 4 ans, les jours complémentaires étaient portés à 6. L'année commençait à l'équinoxe d'automne, le 22 septembre. L'application de ce calendrier fut portée rétroactivement au 22 septembre 1792, jour de la fondation de la république. Les mois de l'automne s'appelaient vendémiaire, brumaire, frimaire; les mois de l'hiver, nivôse, pluviôse, ventôse; les mois du printemps, germinal, floréal, prairial; les mois de l'été, messidor, thermidor, fructidor. Chaque mois était divisé en 3 décades de 10 jours chacune. Les jours de chaque décade s'appelaient primidi, duodi, tridi, quartidi, quintidi, sextidi, septidi, octidi, nonidi, décadi. Les noms des saints étaient remplacés par des noms de plantes. Ainsi le premier jour de vendémiaire s'appelait raisin, et les autres successivement safran, châtaigne, colchique, cheval, balsamine, carotte, amaranthe, panais, cuve. Ce calendrier resta en vigueur jusqu'au 1er janvier 1806; Napoléon le remplaça par le calendrier grégorien.

CALENZANA, ch.-l. de cant. de l'arrond. de Calvi (Corse), à 10 kil. de cette ville. Pop. 2,445 hab. Elève d'abeilles.

CALFAT; CALFATER. En terme de marine on appelle *calfat* l'ouvrier qui est chargé, après la construction d'un navire, de boucher exactement toutes les ouvertures par lesquelles l'eau pourrait s'introduire; le calfatage s'opère ordinairement avec des étoupes de chanvre ou de lin. On les enfonce à coups de maillet, après avoir fait sécher le bois par une forte chaleur, afin d'éviter que, le bois venant à jouer, il ne se forme des infiltrations. On recouvre les joints ainsi bouchés d'une couche de goudron.

CALHOUN (John Cadwell), homme d'Etat américain, né en 1782 à Abbeville, dans la Caroline du Sud, mort le 31 mars 1850. Il fut ministre de la guerre et vice-président des Etats-Unis, et devint sénateur pour la Caroline du Sud. C'est à lui que fut dû le tarif de 1816, qui fut si favorable aux Etats du Sud, et c'est encore lui qui, lorsque la banque des Etats-Unis fut instituée, fit décider que les bénéfices seraient affectés à des objets d'utilité générale. L'ordre dans les services militaires date aussi de son ministère. Mais, en 1828, Calhoun faillit amener une guerre civile, et voici à quelle occasion : on venait d'adopter un nouveau tarif tout à fait contraire aux intérêts du Sud. Calhoun, qui représentait cette partie des Etats-Unis, voulut faire de l'opposition en proposant un système de *nullification* d'après lequel chaque Etat aurait eu le droit d'annuler ceux des actes du gouvernement fédéral qui ne lui conviendraient pas. Les discours qu'il a prononcés à ce sujet et sur d'autres points dans le sénat, où il a continué de siéger jusqu'à sa mort, ont été publiés en 1844.

CALI, ville de la Nouvelle-Grenade, dans l'Etat de Cauca, à 100 kil. de Popayan. Pop. 3,000 hab. Collége; commerce actif.

CALICUT, ville et port de l'Hindoustan anglais (Madras), chef-lieu du district de son nom, à 135 kil. de Seringapatam. Pop. 25,000 hab. Industrie et commerce; exportation de bois de tek et de sandal, d'épices, de cire, etc. Elle a donné son nom aux toiles de coton dites *calicots*. Vasco y aborda le 18 mai 1498. Calicut fut prise et détruite en 1766 par Haïder-Ali, et en 1773 par Tippoo-Saïb. Elle appartient aux Anglais depuis 1790.

CALIENDRUM. Coiffure de femme à la mode chez les anciens Romains; elle consistait dans de fausses nattes et quelquefois dans une véritable perruque.

CALIFES ou Kalifes. Ce mot signifie,

en arabe, vicaire ou lieutenant; il fut d'abord donné au premier successeur de Mahomet, et, dans la suite, étendu à presque tous les princes mahométans qui gouvernaient en Orient. Les califes réunissaient le pouvoir temporel au pouvoir spirituel. On distinguait trois califats: celui d'Orient, dont le siége fut d'abord à la Mecque, puis à Damas, et enfin à Bagdad sous les Abassides; il dura de 632 à 1258; celui de Cordoue, fondé en 756 par Abdérame, s'éteignit en 1031; celui des Fatimites fut fondé en Egypte, en 909, par un descendant de Fatime, fille du prophète, et il fut renversé par Saladin en 1171. Les califes ne furent plus, dès lors, considérés que comme des souverains pontifes dépouillés de toute puissance spirituelle. En 1516, le sultan Sélim se fit céder le califat par Motawakal, qui fut le dernier des Abassides.

CALIFORNIE, contrée de l'Amérique du N., située sur la côte occidentale, entre le cap San-Lucas et le cap Oxford. Elle forme deux Etats distincts : la Vieille ou Basse-Californie, et la Nouvelle ou Haute Californie. La Vieille-Californie fut découverte en 1536 par Cortez, et Fernando de Ulloa en visita les côtes en 1539; elle fut colonisée par les jésuites en 1642. La Nouvelle-Californie fut découverte en 1542 par Cabrillo, et explorée en 1578 par Drake. Occupée par l'Espagne en 1763, jointe au Mexique, elle a été cédée aux Etats-Unis en 1848.

CALIFORNIE (Nouvelle ou Haute-), l'un des Etats-Unis de l'Amérique du Nord. Il est borné au N. par l'Etat de l'Orégon, à l'E. par les territoires du Nouveau-Mexique et Sierra-Nevada, au S. par la Vieille-Californie, à l'O. par l'Océan pacifique. Sup. 100,000 kil. carr. Pop. 540,500 hab. français, allemands, espagnols, chinois, américains, indiens. Cap. San José. Traversée par deux chaînes principales de montagnes : la Sierra-Nevada, ou Montagnes-Neigeuses, entre le Sacramento et les fleuves du grand bassin intérieur, et le Coast-Range, ou chaîne côtière. Arrosée par le Sacramento, le San Joachim, affluent de la baie de San-Francisco, et le Rio de San-Felipe, affluent de la baie de Monterey. Climat tempéré, sol fertile, vastes savanes. Riches mines d'or découvertes en 1848; le produit de ces mines jusqu'en 1852 s'est élevé à 1 milliard 185 millions. Mines de vif-argent à New-Almaden; excellente terre à porcelaine à Stockton, où des Chinois ont fondé une manufacture. Parmi les anciens établissements espagnols, San-Francisco, San-José, Monterey, San-Diego, San-Barbara, sont devenus des villes importantes. Les villes nouvelles sont : Martinez, Sansalito, Sacramento-City, York-City, Marysville, Suttersville, Sonora, Nouvelle-Helvétie, Stockton, etc. La législature américaine a désigné six ports comme lieux de débarquement, avec des collecteurs de douanes; ce sont : San-Francisco, dont le port est continuellement encombré par plus de 600 navires, Sacramento, Monterey, San-Diego, Benicia et Stockton. En 1849, une convention s'assembla et forma une constitution, et en 1856 la Californie fut admise comme Etat dans l'Union fédérale.

CALIFORNIE (Vieille ou Basse-). Un des territoires de la Confédération mexicaine, situé au S. de la Haute-Californie; elle se compose d'une langue de terre que baigne le golfe de Californie à l'E., et l'Océan pacifique à l'O. Cap. Loreto. Sup. 1,300 kil. sur 130. Pop. 12,000 hab. Climat sain et tempéré; sol montagneux et peu fertile. Mines argentifères de Moleje et de Real San Antonio. Volcan de Las Virgines, dont la dernière éruption remonte à 1746. Culture du blé, maïs, canne à sucre, indigo; élève de bestiaux.

CALIFORNIE (golfe de), ou *mer de Cortez*, golfe du grand Océan, situé sur la côte O. de l'Amérique du Nord, entre la presqu'île de la Vieille-Castille et l'Etat de Sonora (Mexique). Pêcheries de perles. Sup. 1,300 kil. sur 150. Le golfe renferme les îles de Santa Inez, San-Ignacia, Espiritu-Santo, San-Francisco, Tiburon, San-José, etc. La couleur du Rio Colorado, que ce golfe reçoit, l'a fait appeler *Mer vermeille*.

CALIGA, chaussure des guerriers romains. Elle ressemblait à nos sandales : c'était une simple semelle liée sur le pied avec des courroies.

CALIGNY (Jean-Anténor HUE DE), ingénieur, né en 1667, mort en 1731. Après avoir assisté aux siéges de Valenciennes, de Fribourg, de Courtrai, il attira l'attention de Vauban, qui lui donna la mission de fortifier Ypres. Plus tard, envoyé à Calais, il bâtit le fort Rouge et le fort Vert, à l'extrémité de la jetée. Il a fait aussi des travaux à Dunkerque, à Gravelines et à Furnes.

CALIGO, déesse des ténèbres; elle donna naissance au Chaos, dont elle eut ensuite la Nuit, le Jour, l'Erèbe et l'Ether.

CALIGULA (Caïus-César-Augustus-Germanicus), empereur romain, successeur de Tibère, né à Antium l'an 13 de J.-C. Fils de Germanicus et d'Agrippine, fille du grand Agrippa et de Julie, fille d'Auguste. Le nom de Caligula est un de ceux qui furent le plus exécrés par le peuple romain; il était cependant fils de ce Germanicus que Tacite appelait *les amours du peuple romain*. En effet, le peuple aimait à se rappeler ce jeune enfant que Germanicus promenait dans ses bras au milieu des légions, habillé en soldat romain, et que les légionnaires se plaisaient à appeler Caligula (la petite botte). Tibère, qui avait deviné toute la férocité de Caligula, l'associa d'abord à l'empire et le nomma ensuite son successeur. Celui-ci, se croyant humilié de descendre d'Agrippa, assurait, pour ajouter à la noblesse de son origine, qu'Agrippine, sa mère, était issue du commerce incestueux d'Auguste et de sa fille Julie. Il n'avait que 25 ans lorsqu'il parvint à l'empire. Les commencements de son règne furent d'abord heureux. Quand on le vit entrer dans Rome accompagnant les funérailles de Tibère, les Romains furent transportés de joie. Le sénat s'empressa de lui conférer la dictature; mais il déclara qu'il voulait partager avec les sénateurs l'exercice du pouvoir, et se considérer comme leur fils. Il fit ouvrir les prisons, rappeler les exilés, abolit plusieurs impôts impopulaires; il alla même jusqu'à bannir les prostituées de Rome. Les fêtes données à l'occasion de son avénement durèrent trois mois; on sacrifia sur les autels plus de 160,000 victimes. Partout on le proclamait le modèle des princes. On le vit rétablir les comices populaires, relever la dignité de la magistrature, et même rendre compte au sénat, à l'exemple d'Auguste, de la gestion de l'empire. Il accrut encore sa popularité en acquittant les legs que Tibère avait faits au peuple, en gratifiant les légionnaires du *donativum*. En même temps, il rétablissait sur leurs trônes Antiochus et Artaban. Caligula tomba malade; on vit aussitôt le peuple s'alarmer; des chevaliers jurèrent de combattre comme gladiateurs et même d'offrir leur vie en sacrifice, si les dieux lui accordaient la guérison. Il paraît certain que sa maladie exerça une funeste influence sur son cerveau; car il ne revint à la santé que pour se signaler par la tyrannie la plus insensée. Son orgueil monta à son comble. Il se vanta d'être l'arbitre de tous les rois de la terre, et de ne les considérer que comme des esclaves. Il fit périr Tibérius Gemellus, qu'il avait précédemment adopté et qu'il avait nommé *prince de la jeunesse*. Il fit aussi périr Macron, chef des prétoriens, à qui il devait son élévation à l'empire, et Silanus, qui avait été son beau-père. Il exigea que ceux qui avaient promis le sacrifice de leur vie, s'il échappait à la mort, remplissent leurs vœux. Il voulut être adoré comme un dieu. Tantôt il se montrait dans l'attitude de Mercure; tantôt il tenait l'arc et les flèches d'Apollon; tantôt il voulait être Mars avec l'épée et le bouclier. Il poussa même la dérision jusqu'à paraître en Vénus. Il épousa Drusilia, sa propre sœur, et quand elle mourut, il la plaça au rang des déesses et prescrivit un deuil public. Il fallait, pendant cette cérémonie, se garder de rire; on était coupable de ne pas pleurer Drusilia; on était coupable aussi de la pleurer parce qu'elle était déesse. Il contraignit des Romains à répudier leurs femmes afin de les épouser; mais il les quittait presque aussitôt et les exilait. Il disait à l'une d'elles « qu'il la ferait mettre à la torture afin de savoir pourquoi il l'aimait tant. » Il eut une fille dont il disait qu'elle était vraiment de son sang, parce qu'il la voyait porter les doigts dans les yeux des enfants de son âge, pour jouir de leurs souffrances. Il suffisait de n'avoir pas applaudi Caligula au cirque, de n'avoir pas juré par son génie, pour encourir la mort. Les pères étaient tenus d'assister au supplice de leurs fils. Parfois, il disait au bourreau, en assistant à quelque supplice : « Frappe de manière qu'il se sente mourir. » Au milieu d'un festin, il éclata de rire; et les consuls placés à ses côtés lui ayant demandé pour quelle raison il daignait rire si gracieusement : « Et pourquoi voulez-vous que je rie, dit-il, si ce n'est parce que je songe que je pourrais vous faire égorger tous les deux? » Il souhaitait « que le peuple romain n'eût qu'une tête pour pouvoir la trancher d'un seul coup. » Il se désolait de ce qu'il n'était survenu aucune calamité publique, aucune peste, aucun tremblement de terre, dont le spectacle pût le distraire; aussi imagina-t-il un jour de faire fermer les greniers publics afin d'affamer le peuple. Une autre fois qu'il lui fallait beaucoup d'argent, il fit égorger dans la cour de son palais tous les grands qui s'y trouvaient par hasard, et la confiscation de leurs biens lui procura 600,000 sesterces. Il fit nommer grand pontife et consul son cheval Incitatus; il le faisait manger à sa table; il lui servait lui-même de l'orge dorée, et lui présentait du vin dans une coupe où il avait bu le premier. Il voulut, comme Jupiter, lancer la foudre et produire les éclairs. Quand un orage éclatait, il faisait rouler une machine imitant le bruit du tonnerre, afin d'irriter Jupiter; puis il lançait une pierre contre le ciel, en s'écriant : « Tue-moi, ou je te tue! » Il ajouta à tant d'horreurs les débauches les plus ignobles : il épousa ses trois sœurs; il déshonora toutes les femmes de Rome qui lui plurent, même en présence de leurs maris; il établit dans son palais une école de prostitution. Il aimait beaucoup le jeu, mais à la condition de gagner toujours, et la mort attendait celui qui aurait osé lui disputer la chance. Cependant le peuple romain ne se plaignait point de Caligula : jamais on n'avait vu tant de richesses dans les jeux publics. Outre les distributions de vivres que les empereurs faisaient aux soldats romains, Caligula avait imaginé des distributions d'argent, de pourpre romaine et des repas publics. Chaque jour amenait un nouveau programme de réjouissances : pendant le jour avaient lieu des représentations scéniques; la nuit, la ville s'illuminait pour éclairer des combats de gladiateurs, des chasses et des courses de chars. Caligula parut plus d'une fois sur le champ des courses, entouré de cochers, d'acteurs et de pantomimes, à qui étaient accordées toutes les dignités. Il avait aussi des prétentions à l'éloquence, et il aimait à pérorer dans le sénat. Il avait pris en affection le pantomime Muester, et il faisait infliger des coups de fouet à quiconque aurait fait le moindre bruit pendant que son histrion dansait. Il eut la fantaisie des constructions gigantesques, et chercha à réaliser l'impossible : il exigeait qu'on bâtit des môles dans la mer, qu'on changeât les plaines en collines et les collines en vallées. Il commença la construction de deux aqueducs qu'il négligea d'achever. Il fit bâtir sur la mer un pont d'une longueur de 3,600 pas depuis Baïes jusqu'à Putérie, au moyen d'un double rang de navires recouverts d'une chaussée; il y établit des hôtelleries et fit traverser la route par des ruisseaux. Après avoir fait défiler son armée sur ce pont, il y donna un festin splendide pour célébrer sa victoire sur Neptune; une multitude de flambeaux reflétaient leur lumière sur la mer et sur la côte. Il jugea que cette fête devait être complétée par des noyades, et il fit jeter à la mer un certain nombre d'individus qu'il désigna au hasard ; on les repoussait à coups d'aviron pour qu'ils n'échappassent pas à la mort. Les sénateurs, qui tremblaient devant lui, cherchaient à sauver leur vie à force de bassesse et d'avilissement. Caligula avait même proclamé devant eux qu'il ne les épargnerait pas. Il rétablit la délation et les accusations de lèse-majesté; il exigeait que les riches ne l'oubliassent pas dans leur testament, et quand ils se moquaient de lui au point de prolonger leur existence, il leur envoyait du poison. Le peuple était surchargé de contributions ; aussi manifesta-t-il de l'opposition quand il vit que l'empereur ne se contentait plus de sévir contre les sénateurs et qu'il s'attaquait à la multitude. Il s'offensa surtout de ce que les condamnés qu'on jetait aux bêtes dans le cirque, ayant un jour manqué, l'empereur avait ordonné qu'on exposât quelques spectateurs après leur avoir fait couper la langue pour les empêcher de se plaindre. Bientôt le peuple n'assista plus aux jeux; il poursuivit et frappa même les délateurs. Cette leçon fut un peu profitable à Caligula : pendant son voyage dans les Gaules, un homme du peuple, un cordonnier avait osé rire, avec cette franchise que les Gaulois conservèrent toujours, en voyant Caligula monter sur un trône dans l'attitude de Jupiter. Caligula le fit approcher pour lui demander : « Que suis-je donc, à ton avis? — Un grand diseur de niaiseries, » répondit-il. Caligula n'osa pas le punir. Il est probable que le peuple se fût révolté s'il n'avait été contenu par les prétoriens. Caligula ayant résolu de porter ses armes dans les Gaules pour se signaler contre les Barbares, s'amusa à habiller en Germains des soldats de sa garde, pour simuler l'ennemi, et quand il revint dans son camp avec ces prisonniers si complaisants, il fit célébrer sa victoire. Un prince de la Grande-Bretagne était venu lui demander asile; il en prit occasion d'écrire au sénat que toute l'île s'était soumise. Tant de cruautés devaient enfin recevoir leur récompense. Chéreas, tribun des prétoriens, qui avait été souvent l'objet des railleries de Caligula, fit entrer dans une conspiration les deux préfets du prétoire et plusieurs nobles. Ils choisirent, pour frapper le tyran, le moment où il traversait une galerie de son palais. Chéreas s'approcha de lui en lui demandant le mot d'ordre, et tirant aussitôt son épée, il le frappa à la tête, en lui disant : « Reçois ce que tu mérites. » Les autres conjurés l'achevèrent en le frappant à coups redoublés. Quand on annonça au peuple assemblé au théâtre la mort de Caligula, les spectateurs, craignant que ce fût une feinte pour découvrir leurs sentiments, restèrent immobiles : ils ne crurent à cet événement que quand ils virent le théâtre cerné par les prétoriens en fureur.

CALIPPE ou **Callippe**, de Cyzique, astronome grec. Il perfectionna le calendrier grec que Méton avait fait adopter aux Grecs. Il fallait remédier à l'insuffisance du cycle de Méton, qui devait, tous les 19 ans, se trouver en rapport avec le cours de la lune, et ramener l'année au même point par rapport au soleil; Calippe relevant l'inexactitude du calcul de Méton, imagina un cycle de 70 ans, et les astronomes grecs s'empressèrent d'adopter ce nouveau système, en 531 av. J.-C.

CALISTO ou **Callisto**, fille de Lycaon, roi d'Arcadie, était une des nymphes de Diane, aimée de Jupiter, dont elle eut un fils, nommé Arcas. Calisto et Arcas furent changés en astres et forment les deux constellations de la *grande* et de la *petite Ourse*.

CALITRI, ville du royaume d'Italie (Principauté ultérieure), à 25 kil. de San-Angelo dei Lombardi. Pop. 5,200 hab. Élève de bétail.

CALIXTE Ier (saint), pape de 217 à 222. Il subit, dit-on, le martyre sous le règne d'Héliogabale. Il fit construire dans Rome le célèbre cimetière de la voie Appienne, qui porta d'abord son nom, et prit, deux siècles plus tard, celui de *Catacombe;* on l'appelle aujourd'hui *Catacombe de Saint-Sébastien*. On y lit une inscription qui porte que 46 évêques et 174,000 martyrs y ont trouvé la sépulture. On prétend que les reliques de Calixte ont été conservées, et qu'elles se trouvent dans l'église de Sainte-Marie de Transtévère.

Calixte II (Guy), fils de Guillaume le Grand, comte de Bourgogne, né au château de Quingey. Il fut archevêque de Vienne en Dauphiné en 1088. Il accueillit le pape Gélase II, quand ce pontife fut chassé de Rome par les partisans de l'empereur Henri V. Gélase emmena à l'abbaye de Cluny Calixte, dont il avait apprécié le mérite, et celui-ci fut élu pape, en 1119, à la mort de son protecteur. Il parvint à se réconcilier avec l'empereur. Il envoya des secours à son neveu, don Alonzo Raymond, qui était en guerre avec les Maures; il eut lui-même une guerre à soutenir contre Roger, roi de Sicile; il le battit, le fit prisonnier, et lui rendit la liberté quelque temps après. Cependant l'empereur Henri V, qui prétendait toujours dominer à Rome, ayant revêtu de la tiare un Espagnol nommé Burdin, Gélase s'empara de cet antipape, et le fit promener par les rues de Rome revêtu d'une peau de chèvre encore toute sanglante, avec des cornes sur le front, monté sur un chameau dont il tenait la

— Fig. — Combat d'animaux et de gladiateurs.

queue entre les mains. Il condamna, au concile de Reims, les simoniaques, les prêtres qui vivaient en état de concubinage, et ceux qui exigeaient une rétribution pour les sépultures et les baptêmes. Il a laissé un ouvrage sur la *Vie et la mort des saints*, un autre sur les *Miracles de saint Jacques en Galice*, et un *Recueil de lettres* relatives à la discipline monastique. Il mourut en 1124.

CALIXTE III (Alphonse BORGIA), né en 1377, pape de 1455 à 1458. Avant son élévation au pontificat, il était évêque de Valence. Il canonisa saint Vincent Ferrier, qui lui avait prédit qu'il serait pape. Il essaya vainement d'armer les chrétiens pour une nouvelle croisade contre les Turcs. Cet homme éclairé pour son temps s'honora en réhabilitant la mémoire de Jeanne d'Arc, qui avait été condamnée par une assemblée de prélats et de docteurs. Il déclara solennellement que Jeanne était morte martyre pour la défense de sa patrie, de son roi et de sa religion; il ordonna que des expiations eussent lieu sur son tombeau à Rouen.

CALIXTE III, antipape. (*Voir* ALEXANDRE III.)

CALLAC, ch.-l. de cant. de l'arrond. de Guingamp (Côtes-du-Nord), à 31 kil. de cette ville. Pop. 1,475 hab.

CALLAH (El-), ville d'Algérie, prov. d'Oran, à 25 kil. de Mascara. Vestiges romains. Fabriques de tapis et burnous.

CALLAN, ville d'Irlande, dans le comté de Kilkenny, à 15 kil. de cette ville. Pop. 3,200 hab. Cette ville fut démantelée par Cromwell en 1650.

CALLAO DE LIMA ou SAN FELIPE DEL CALLAO, ville du Pérou, située sur l'Océan pacifique, à l'embouchure de la Rimac. Pop. 16,000 hab. Place forte. Commerce considérable. Bains de mer. Paquebots à vapeur pour le Chili, Panama, la Californie et le Mexique. Détruite par un tremblement de terre en 1746; prise par les Colombiens en 1826. C'est la dernière place forte que les Espagnols furent obligés d'abandonner dans l'Amérique du Sud.

CALLAS, ch.-l. de cant. de l'arrond. de Draguignan (Var), à 18 kil. de cette ville. Pop. 3,320 hab. Fabriques de draps, d'huiles. Exploitation de pierres de taille et de plâtre.

CALLE (La), ville et port d'Algérie dans la province de Constantine, à 100 kil. de cette ville. Pop. 900 hab. Fort. Centre de pêcheries de corail sur la côte de Barbarie. Usine pour l'exploitation d'une mine de plomb aux environs, à Kefoum-Teboul. Les Français y avaient un établissement depuis 1594. La Calle fut enlevée à la France en 1799, et lui fut rendue en 1815. Les soldats du dey d'Alger s'en emparèrent en 1827. En 1836, les troupes françaises y entrèrent. Elle fut érigée en commune en 1857.

CALLEJA (don Félix DEL REY), général espagnol, né en 1750, mort en 1821. Il a joué un rôle important dans la première phase de la guerre de l'indépendance mexicaine (1808 à 1812). A l'avénement de Joseph Bonaparte au trône d'Espagne, en 1808, un vaste système d'insurrection avait été établi entre les Indiens et les Espagnols du Mexique. Les insurgés avaient à leur tête Hidalgo, curé de Dolorès. Ce brave curé, sentant le besoin d'exciter les esprits, monte un jour en chaire et appelle aux armes les Indiens. Il leur rappelle les longues persécutions des Espagnols, leur annonce qu'ils vont être livrés aux Français par les Européens, et qu'en peu de jours ils seront jacobins et esclaves de Napoléon. Il termine sa tirade en criant : *Mort aux Espagnols!* On peut juger de l'effet électrique de cette allocution : en vingt-quatre heures Hidalgo a une armée avec laquelle il s'empare de trois grandes villes qui sont aussitôt livrées au pillage. Guadaxuato, ville de 75,000 âmes, veut résister, mais elle tombe au pouvoir d'Hidalgo et expie cruellement sa résistance. Le bruit de ces succès consterne les Espagnols de Mexico. C'est alors que le vice-roi, pour mettre la ville à l'abri d'un coup de main, envoie à Calleja, qui avait alors le commandement des forces espagnoles, l'ordre de marcher contre Hidalgo. Calleja se porte aussitôt à la rencontre du chef des insurgés, et le joint dans les plaines d'Aculco. C'est là, le 7 novembre 1810, qu'eut lieu une grande bataille où Calleja fut vainqueur; les insurgés perdirent 10,000 hommes. Hidalgo et les fuyards gagnèrent Valladolid. Calleja, poursuivant le cours de ses victoires, reprend Guanaxuato, où les insurgés commirent des cruautés que la plume se refuse à retracer. Hidalgo s'était retiré à Guadalaxara; Calleja s'empresse de courir à sa poursuite et l'atteint au pont de Caldéron, à 64 kil. environ de Guadalaxara. La bataille fut terrible; mais quoiqu'il eût rassemblé une nombreuse artillerie, Hidalgo fut vaincu, et Calleja ne lui fit pas quartier. Cette victoire suspendit pendant quelque temps l'insurrection mexicaine. Calleja fut vice-roi du Mexique de 1815 à 1817. Ferdinand VII lui donna le titre de comte de Caldéron.

Jean Comnène à la tête des Grecs enfonçant la porte de son palais.

CALLET (Jean-François), savant mathématicien, né à Versailles en 1744, mort à Paris en 1798. on lui doit une *Table des logarithmes*, avec les logarithmes des sinus pour la nouvelle division décimale du cercle. En 1790, il présenta à l'Institut un *Mémoire* qui exposait l'idée d'un nouveau télégraphe, et qui était accompagné d'une langue télégraphique dont on admira l'ingénieuse combinaison. Il a laissé aussi un excellent *Mémoire* sur les longitudes en mer.

CALLET (Antoine-François), peintre d'histoire, né à Paris en 1761, mort en 1823. Il entreprit de réagir contre les fâcheuses tendances de Boucher. Bien que son coloris soit remarquable, il s'est surtout appliqué au dessin, et ses figures attestent du naturel et en même temps de la vigueur. On admire un plafond du palais du Luxembourg où il a représenté le *Lever de l'Aurore*. On cite encore de lui : *Curtius se dévouant pour sa patrie, Achille traînant le corps d'Hector autour de Troie*, la *Bataille de Marengo* et l'*Entrée de Napoléon à Varsovie*.

CALLIANO, bourg des États autrichiens (Tyrol), à 12 kil. de Roveredo, près du défilé de Castel della Pietra. Célèbre par la victoire que les Impériaux y remportèrent en 1487 sur les Vénitiens, et par celle que Bonaparte y gagna en 1796 sur les Autrichiens.

CALLICRATE, architecte athénien du Vᵉ siècle av. J.-C. Il construisit, avec Ictinus, le Parthénon, dont Phidias fit les sculptures et la décoration. Ce temple célèbre était en marbre de Paros d'une blancheur éclatante; il fut parfaitement conservé jusqu'en 1616; mais à cette époque, les Vénitiens, qui assiégeaient Athènes, dirigèrent une bombe sur le Parthénon, que les assiégés avaient converti en un magasin de poudre; en un instant ce magnifique monument ne fut plus qu'un monceau de décombres.

CALLICRATE, général grec, né à Leontium. Il fut l'un des partisans des Romains, dont il acheta l'amitié par ses trahisons. Au moment où la Grèce allait être convertie en une province romaine, il fit exiler plus de mille des principaux Achéens; la plupart de ces malheureux périrent dans l'exil. Callicrate mourut à Rhodes, en 147 av. J.-C., chargé de la malédiction de ses concitoyens.

CALLICRATIDAS, général lacédémonien; il se distingua dans la guerre du Péloponèse, et remporta plusieurs victoires contre les Athéniens. Il avait conservé l'ancienne rigidité spartiate au milieu du relâchement des mœurs. Il refusa une somme considérable qu'on lui offrait pour prix d'une faveur injuste. Cléandre ayant dit hautement : « J'accepterais cet argent, si j'étais Callicratidas. — Et moi aussi, repartit celui-ci, si j'étais Cléandre. » Alexandre fit plus tard la même réponse à Parménion. Callicratidas fut tué dans un combat naval en 405 av. J.-C.

CALLIGRAPHIE. On appelle ainsi l'art d'écrire avec élégance les caractères d'une langue. Les anciens écrivirent d'abord sur des écorces d'arbres, sur des plaques de plomb, sur des feuilles de talipas ou de palmier. On inventa plus tard le papyrus et le parchemin. Au XIVᵉ siècle, on se servait de cuir tanné; ainsi Pétrarque, revêtu d'une peau de ce genre, s'en servait souvent pour y tracer des vers. Ce vêtement a été conservé jusqu'en 1572. A Rome, les officiers chargés de dresser les actes publics employaient des copistes qu'on appelait aussi calligraphes. Au moyen âge, la calligraphie fut en honneur; on eut même recours à l'enluminure pour orner les manuscrits. On avait mis en usage sept sortes d'écritures différentes : ainsi l'on distinguait les caractères adoptés dans les actes de procédure, ceux que l'on employait pour les inscriptions sur les tombeaux, et les lettres bourgeoises. Depuis l'invention de l'imprimerie, les calligraphes ne sont plus que des maîtres d'écriture.

CALLIMAQUE, fameux sculpteur et architecte de Corinthe, du VIᵉ siècle av. J.-C. Il inventa le *chapiteau corinthien* orné de feuilles d'acanthe. Il fit pour le temple de Minerve, à Athènes, une lampe d'or qui brûlait jour et nuit, et qu'on n'alimentait d'huile qu'une fois par an; la mèche, composée d'amiante, était naturellement incombustible.

CALLIMAQUE, célèbre poëte grec, florissait vers l'an 280 av. J.-C. Il était originaire de Sirène, en Libye; il avait épousé la fille d'Euphrate de Syracuse. Il fut disciple d'Hermocrate, fameux grammairien. Il fut protégé par Ptolémée Philadelphe, qui l'appela près de lui, et lui confia la garde de la célèbre bibliothèque qu'il venait de fonder. Callimaque y ouvrit un cours public, et compta parmi ses disciples Apollonius de Rhodes, qui devint plus tard un de ses ennemis, et dont il se vengea par un poëme satirique intitulé *Ibis*. Il composa plus de 800 ouvrages, parmi lesquels on cite : *Galathée* et *Hécale*, deux poëmes qui ne nous sont pas parvenus. Il a laissé aussi des hymnes, des épigrammes et une élégie très-estimée, *la Chevelure de Bérénice*. Catulle imita volontiers Callimaque; Properce disait qu'il ambitionnait le titre de Callimaque romain. Cependant l'auteur de l'*Art d'aimer*, Ovide, défendait la lecture des poëmes et des élégies de Callimaque, parce qu'il les trouvait trop passionnés. Callimaque, à qui les longs ouvrages faisaient peur, estimait « qu'un grand livre est toujours un grand mal. » Il disait ailleurs : « Il faut préférer à un grand fleuve toutes ces petites fontaines claires et paisibles, dont les gouttes sont plus précieuses que toute la fange et le limon des grandes rivières. » Ses hymnes étaient destinées aux solennités religieuses de la Grèce et de l'Égypte; elles sont précieuses, malgré leur obscurité, pour donner une idée des rites du culte grec.

CALLIOPE, une des neuf Muses; elle était la mère d'Orphée et des Sirènes. Elle présidait à l'éloquence et à la grande poésie héroïque; elle était, suivant Hésiode, ainsi que ses autres sœurs, fille de Jupiter et de Mnémosyne, sœur des Grâces, de Vénus, d'Apollon et de Mercure; son nom voulait dire *belle voix*. On la représentait sous la figure d'une jeune fille couronnée de lauriers, ornée de guirlandes, avec un air majestueux, tenant en sa main droite une trompette, dans sa main gauche un livre, et trois autres auprès d'elle, l'Iliade, l'Odyssée et l'Enéide. Calliope était la première des Muses, parce que c'était elle qui inspirait les poëtes. Bien que les anciens aient beaucoup vanté la chasteté des Muses, ils ont cependant raconté qu'elles furent quelquefois accessibles aux traits de l'Amour, bien qu'assez avares de leurs faveurs. Diane elle-même, le symbole de la chasteté, n'eut-elle pas la faiblesse de céder au berger Endymion; quoi qu'il en soit, Calliope eut trois fils : Golemus, Hyménéus et Orphée, le modèle des amants. Vénus et Proserpine s'étant disputé la possession du bel Adonis, Jupiter voulut que Calliope jugeât le différend. Cette muse décida que le jeune homme appartiendrait tour à tour à chacune des deux déesses pendant six mois. Vénus, peu satisfaite de ce partage, s'en vengea sur Orphée, qu'elle fit déchirer par les Amazones, dont il avait dédaigné les faveurs.

CALLIPYGE, surnom de Vénus; nous ne donnerons pas la traduction de ce mot grec au lecteur français qui veut être respecté, nous dirons seulement en latin que *kallos* se traduit par *pulchritudo* et *pygé* par *nates*. Deux jeunes Athéniennes d'une rare beauté, mais pauvres et d'une naissance obscure, étaient venues disputer le prix de la beauté dans le temple de Vénus; elles se virent exclues du concours; mais deux jeunes gens d'une grande richesse les ayant remarquées, les épousèrent. Par reconnaissance, les deux sœurs élevèrent un temple à Vénus Callipyge. On connaît une admirable statue antique de la Vénus Callipyge; il en existe une autre dans le palais Farnèse; enfin on en voit une aux Tuileries qui est l'œuvre de Thierry.

CALLIRHOÉ, jeune fille de Calydon qui fut éperdûment aimée de Corésus, grand-prêtre de Bacchus. Ce pontife, n'ayant pu toucher le cœur de Callirhoé, s'adressa au dieu qu'il servait pour le venger de cette insensibilité. Bacchus frappa les Calydoniens d'une ivresse furieuse. L'oracle déclara que le fléau ne cesserait que quand on aurait immolé Callirhoé ou toute autre jeune fille qui s'offrirait à la mort pour elle. On alla chercher Callirhoé, et aucune jeune fille ne s'empressant de prendre sa place, on la conduisit à l'autel, ornée de fleurs et parée pour le sacrifice. Au moment de la frapper, Corésus se perça lui-même de son couteau. Callirhoé, se repentant alors de sa dureté, s'immola à son tour pour apaiser les mânes de Corésus. On prétendit qu'elle avait été changée en fontaine. — La mythologie fait encore mention de CALLIRHOÉ, fille du fleuve Achéloüs. Cette princesse avait été mariée à Alcméon, qui avait tué sa propre mère Eriphyle. Alcméon avait une autre femme qui excita la jalousie de Callirhoé, moins à cause du partage de sa tendresse qu'à cause du présent que lui fit Alcméon du riche collier d'or d'Hermione, qui avait été le prix d'une trahison. Elle exigea de son époux la remise de ce collier, en le menaçant de le priver de ses faveurs s'il n'accédait à son désir. Alcméon persuada à sa seconde femme que l'oracle de Delphes avait exigé que le collier fût consacré à son temple : il put ainsi en obtenir la remise pour satisfaire Callirhoé. Dès que sa rivale connut la vérité, elle arma ses deux fils pour la venger et fit tuer son époux. Callirhoé, furieuse à son tour, demanda à Jupiter que ses deux fils devinssent hommes en un moment pour venger leur père. Ceux-ci rencontrèrent sur la route de Delphes les meurtriers d'Alcméon qui allaient offrir le collier à Apollon; ils les massacrèrent et allèrent eux-mêmes consacrer le fameux collier, objet de tant de discordes.

CALLISTÉES, fêtes de la beauté chez les anciens. Elles se célébraient particulièrement à Lesbos, en l'honneur de Junon ou de Vénus. Les femmes s'y disputaient le prix de la beauté, et celles qui remportaient le prix s'appelaient *chrysophoses*, par analogie avec la beauté de l'or (*chrusos*). Chez les Eléens, les hommes concouraient aussi pour le prix de la beauté : le plus bel homme était couronné de myrte et de bandelettes, et on lui donnait une armure complète.

CALLISTHÈNES, philosophe grec, né à Olinthe, en Thrace, vers 365 av. J.-C. Il fut disciple d'Aristote, dont il était parent par sa mère. Aristote se l'adjoignit pour faire l'éducation d'Alexandre. Callisthènes accompagna le roi de Macédoine dans ses expéditions en Asie; il irrita souvent ce monarque, qui aimait peu les leçons d'un rhéteur. Cependant, ce fut Callisthènes qui parvint à le consoler, parce qu'il avait résolu, par suite de la douleur dans laquelle le plongea le meurtre de Clitus, de se laisser mourir de faim. Plus d'une fois ses saillies mordantes lui attirèrent la haine des courtisans. Il discutait un jour avec Anaxarque sur le point de savoir si le climat de la Grèce n'était pas plus chaud que celui sous lequel il se trouvait. Son interlocuteur ayant prétendu le contraire, Callisthènes lui répondit, en faisant allusion à sa pauvreté d'autrefois, qui ne lui permettait de porter qu'un chétif vêtement : « Vous avez tort, et en voici la preuve : en Grèce, un méchant manteau suffisait pour vous couvrir la nuit; aujourd'hui il vous faut trois somptueux tapis. » Il avait un orgueil excessif; ainsi ne craignait-il pas de dire : « Ce ne sont pas les fables inventées par Olympias, la mère d'Alexandre, qui feront croire à la divine origine de son fils; mes écrits prouveront bien mieux qu'il descend vraiment de Jupiter. » Alexandre se montra indigné quand Callisthènes refusa de le saluer en se prosternant devant lui de la même manière que devant les anciens rois de Perse; il feignit de croire que le philosophe était entré dans la conspiration d'Hermolaüs, qui venait d'être découverte. On prétend que ce chef des conjurés accusa Callisthènes au milieu des tortures. Alexandre le condamna à subir les plus cruels supplices : il lui fit couper les lèvres, le nez et les oreilles, puis il le fit traîner à sa suite, enfermé avec un chien dans une cage de fer. Lysimaque, un des généraux d'Alexandre et ancien disciple du philosophe, ému à l'aspect de tant de souffrances, lui jeta du poison. Alexandre, transporté de colère contre Lysimaque, fit lâcher contre lui un lion furieux. Celui-ci, voyant venir à lui le monstre affamé, l'attendit de pied ferme, et, s'enveloppant le bras de son manteau, il lui plongea la main dans la gueule et lui arracha la langue avec la vie. Le roi, transporté d'admiration, tendit aussitôt la main à Lysimaque et s'en fit depuis un ami inséparable. Tout en admirant les hauts faits d'Alexandre, la postérité ne manquera jamais d'ajouter avec le philosophe Sénèque: « Mais il a été le meurtrier de Callisthènes. »

CALLISTRATE, célèbre orateur athénien. Démosthène, dont il fut le rival, avouait qu'il ne pouvait égaler la puissance de sa parole. Malheureusement, les orateurs athéniens employaient souvent leur talent contre les généraux athéniens les plus intègres: c'est ainsi que Callistrate accusa Chabrias d'avoir laissé surprendre Oropé par les Thébains. Il ne réussit cependant pas à faire consacrer aux Athéniens une nouvelle ingratitude. Il échoua également contre Epaminondas lorsqu'il fut envoyé à Thèbes comme député des Athéniens. Il réussit mieux contre Timothée, qu'il osa, de concert avec Iphicrate, accuser de trahison. Ce même Iphicrate, reçut le commandement qui fut enlevé à Timothée, mais il eut soin d'emmener dans son expédition Callistrate, dont il redoutait l'éloquence démagogique. Callistrate se vit lui-même condamné à l'exil; il passa alors en Thrace, où il fonda la ville de Datus. Etant revenu à Athènes sans avoir été relevé de son exil, le peuple athénien, jaloux de ses droits, le fit mettre à mort. — Il y a eu dans l'antiquité trois autres personnages célèbres du nom de Callistrate, sans parler de ce capitaine athénien qui aima mieux, lors de l'expédition de Sicile, périr à la tête de sa troupe, sous les murs de Catane, que de se rendre aux Siciliens. — CALLISTRATE, rhéteur de la fin du IIe siècle ap. J.-C., a laissé une description assez intéressante de 16 statues. — CALLISTRATE, jurisconsulte, vécut sous les empereurs Sévère et Caracalla; les *Pandectes* ont conservé quelques fragments de ses ouvrages. — CALLISTRATE, excellent acteur athénien du temps d'Aristophane, acquit une certaine célébrité dans la comédie de mœurs; il était le rival de Philonède, qui se distinguait surtout dans la comédie politique.

CALLOSA DE ENSARIA, ville d'Espagne, à 45 kil. d'Alicante. Pop. 6,000 hab. Excellents vins.

CALLOSA DE SEGURA, ville d'Espagne, à 6 kil. d'Orihuela. Pop. 4,500 hab. Préparation de *graniza*, charbon fait avec des tiges de chanvre et employé à la fabrication de la poudre de guerre.

CALLOT (Jacques), dessinateur et graveur, né à Nancy en 1593, mort en 1635. Sa famille l'ayant contrarié dans ses goûts, il quitta le toit paternel à l'âge de 12 ans; il lui répugnait d'être pâtissier comme son père, alors qu'il se sentait une vocation irrésistible. Il voulait voir Rome, et, faute d'argent, il se mit à la suite d'une troupe de bohémiens. Son père le fit revenir en France, et il s'échappa une seconde fois. Repris de nouveau, son père comprit enfin qu'il devait céder à un entraînement irrésistible. A Rome, il connut Jules le Parisien, dont il devint l'élève. Sa première gravure fut un *Ecce homo* avec des vers français de sa composition. Callot faisait volontiers des vers; mais il maniait moins bien la plume que le burin. Il passa de Rome à Florence, où Côme, grand-duc de Toscane, se fit son protecteur. A la mort de ce prince, Callot se vit appelé à Rome par le pape, et à Vienne par l'empereur; mais il lui fallait la vie libre, insouciante et vagabonde; il voyageait pour connaître et rire de toutes choses. Il vint à Paris. On rapporte que Louis XIII s'étant emparé de Nancy, sa ville natale, pria Callot de lever le plan du siége de cette ville. L'artiste répondit qu'il était Lorrain et qu'il se couperait le pouce plutôt que de rien faire contre l'honneur de son prince et de son pays. Louis XIII se contenta de répondre : « Le duc de Lorraine est bien heureux d'avoir de tels sujets. » Callot était d'une fécondité extraordinaire; ainsi, il ne composa pas moins de 1,400 pièces, parmi lesquelles on distingue : le *Martyre des Innocents*, les *Bohémiens*, la *Grande tentation*, les *Misères de la guerre*, les *Gueux*, les *Hideux*, les *Misérables gueux*, et un grand nombre de paysages à la plume. Callot excellait à placer le grotesque dans des tableaux souvent horribles, et à former ainsi un contraste parfois sublime et qui ne permet pas de rire; ses compositions rappellent par intervalle le génie de Shakespeare et celui de Victor Hugo. Ses soldats, ses reîtres sont pleins de vérité; ils sont insolents, pleins de morgue, tapageurs, et rejettent fièrement la tête en arrière. Ses moines sont confits en tartuferie et trahissent cependant leurs petites passions mondaines. Quelques coups de burin lui suffisaient pour donner à ses figures la plus puissante originalité. Il mourut le 23 mars 1635, à l'âge de 41 ans. On mit sur son tombeau une épitaphe latine, avec ces quatre vers français :

> En vain on ferait des volumes
> Sur les louanges de Callot.
> Pour moi je n'en dirai qu'un mot:
> Son burin vaut mieux que nos plumes.

CALMAR, ville forte et port de Suède, située dans la Smolande, province de Gothland, sur la côte orientale de la Suède, dans une île sur le détroit de Calmar; à 443 kil. de Stockholm. Pop. 5,900 hab. Siége d'un évêque et des autorités de la province. Collége; magnifique cathédrale bâtie sous Charles XI par Nicodème Tessin le jeune. Fabriques de toiles; commerce de bois.

CALMAR (préfecture de), l'une des 24 de la Suède, située entre celles de Linkœping au N., de Blekinge au S., de Jonkœping et de Kronaberg à l'O., et la Mer baltique à l'E. Sup. 103,520 hect. Pop. 212,585 hab.

CALMAR (union de). En 1397, la reine Marguerite, fille de Waldemar III, roi de Danemark, surnommée la Sémiramis du Nord, venait de réunir sous son sceptre les royaumes de Danemark, de Suède et de Norwége. Voulant faire sanctionner la réunion des trois royaumes, elle convoqua les états à Calmar, et y fit reconnaître, pour son successeur, son petit-neveu Eric, fils de Vratislas, duc de Poméranie. Cette assemblée proclama l'union perpétuelle et irrévocable des trois royaumes, avec un seul et même roi, dont l'élection était abandonnée aux sénateurs et aux députés des trois royaumes, à la condition que les souverains seraient pris parmi les descendants d'Eric. Les États-unis formaient ensemble une alliance indissoluble contre les ennemis du dehors; mais chaque Etat conservait sa constitution, son sénat et sa législation particulière. Cependant, la prédilection que les successeurs d'Eric marquèrent pour les Danois excita l'animosité des Suédois; ceux-ci se soulevèrent contre l'union, et, après une guerre sanglante qui dura plus d'un siècle, l'union de Calmar fut dissoute. La Suède recouvra son indépendance sous Gustave Vasa.

CALME. Ce mot implique l'idée du repos, mais non celle de l'inaction absolue; il serait mieux défini : l'état parfait d'équilibre entre toutes les forces physiques ou morales de la nature humaine. Le calme physique cache souvent un grand travail de la pensée; tandis que le calme moral accompagne presque toujours les plus dures fatigues du corps. Le calme moral consiste dans cette égalité d'humeur qui, sans nous rendre insensibles aux circonstances qui font le bonheur ou le malheur, nous les font accepter sans trouble. Dans les diverses phases du développement de l'esprit humain, nous voyons se produire des périodes d'agitation fiévreuse et stérile, auxquelles succèdent d'autres périodes d'activité utiles au progrès et à la civilisation; puis succèdent des siècles où l'humanité semble se reposer dans un calme qui ne peut pas être l'immobilité, et qui est souvent utile pour coordonner, dans le recueillement, les matériaux que la science doit aux siècles précédents. Telle est la loi et la condition du progrès. Il faut distinguer le calme méditatif de celui qui dissimule l'indifférence et l'insensibilité. Les anciens philosophes ne se méprenaient pas sur le sens du calme moral : pour eux, c'était l'égalité d'âme qu'ils exprimaient assez bien par le mot *æquus*, dont nous avons fait *équité*.

CALME. En termes de marine, on appelle ainsi l'immobilité de l'air par suite de l'absence de vent. Le calme plat est surtout redoutable pour les navires à voiles engagés en pleine mer; car, s'il se prolonge, les provisions peuvent s'épuiser à bord, et l'équipage peut craindre d'être affamé. Le calme plat est cependant moins dangereux que les vents impétueux qui, changeant à chaque instant de direction et se contrariant, ballottent au milieu des lames menaçantes le navire qui ne peut avancer; mais cette situation se prolonge généralement moins que le calme plat.

CALMET (dom Augustin), savant bénédictin, né à Mesnil-la-Horgue, près de Commercy, en Lorraine, en 1672, mort en 1757. Il étudia de bonne heure les langues orientales; il alla ensuite professer la philosophie à l'abbaye de Saint-Evre, puis la théologie à l'abbaye de Munster, dont il devint sous-prieur. Il forma une académie de dix religieux uniquement occupés de l'étude des livres saints. Il étudia sans maître les principes de la langue grecque, de la même manière qu'il avait étudié les langues orientales. Il publia des *Commentaires sur l'Ancien et le Nouveau Testament*, ouvrage qui eut un grand succès. Son *Dictionnaire historique et critique de la Bible* mit le sceau à sa réputation. Benoît XIII le nomma évêque *in partibus*.

CALMINA, ville de la Guinée supérieure, dans le royaume de Dahomey, à 30 kil. d'Abomey. Pop. 15,000 hab. Résidence du souverain.

CALNE, ville et paroisse d'Angleterre (Wilts), à 25 kil. de Bath. Pop. 5,100 hab. On remarque aux environs le magnifique château de Bowood, appartenant au marquis de Landsdowne.

CALOMARDA (don François-Thadée, comte), homme d'État espagnol, né en Aragon en 1775, mort à Toulouse en 1842. Après avoir été secrétaire du conseil de Castille, il fut ministre de la justice de 1824 à 1832. Ferdinand VII venait d'être replacé sur son trône et refusait d'adoucir l'absolutisme de son gouvernement. Les exécutions se multipliaient; les mers, comme dit Tacite, étaient pleines d'exils. Calomarda était alors l'âme du conseil de la couronne; il fit rédiger un nouveau code pénal et un nouveau code de commerce. Après la mort de Ferdinand VII, il se retira en France.

CALOMEL. On donnait autrefois ce nom au proto-chlorure de mercure que l'on sublimait pour augmenter sa vertu corrosive. On l'appelait alors panacée mercurielle.

CALOMNIE. On a défini la calomnie un assassinat moral. En effet, la calomnie, qui recourt au mensonge ou qui dénature la vérité pour servir la haine, l'envie ou la vengeance, a souvent produit des maux incalculables;

Tout le monde connaît ce mot à l'usage des Basiles de tous les temps : « Calomniez, il en reste toujours quelque chose. » Voltaire demandait que, pour guérir les blessures de la calomnie, on écrasât le scorpion sur la plaie. Les Grecs, qui élevaient des autels à la Peur, pour que l'esprit de cette divinité n'entrât pas dans leurs âmes, sacrifiaient aussi à la Calomnie ; ils l'appelaient *diabolé*, d'où nous avons tiré le nom de *diable*. Beaumarchais a décrit les effets de la calomnie dans un style inimitable : « La calomnie, dit Basile, vous ne savez guère ce que vous dédaignez ! J'ai vu les plus honnêtes gens près d'en être accablés. Croyez qu'il n'y a pas de plate méchanceté, pas d'horreur, pas de conte absurde, qu'on ne fasse adopter aux oisifs d'une grande ville en s'y prenant bien, et nous avons des gens d'une adresse !... D'abord un bruit léger rasant le sol comme l'hirondelle avant l'orage, *pianissimo*, murmure et file, et sème en courant le trait empoisonné. Telle bouche le recueille, et, *piano, piano*, vous le glisse en l'oreille adroitement. Le mal est fait ; il germe, il rampe, il chemine, et, *rinforzando*, de bouche en bouche, il va le diable ; puis, tout à coup, ne sais comment, vous voyez la Calomnie se dresser, siffler, s'enfler, grandir à vue d'œil. Elle s'élance, étend son vol, tourbillonne, enveloppe, arrache, entraîne, éclate, étonne, et devient, *grâce au ciel*, un cri général, un *crescendo* public, un *chorus* universel de haine et de proscription. » Qui diable y résisterait ? Il y a bien des manières de calomnier : le maréchal de Richelieu envoyait deux ou trois fois sa voiture stationner devant la porte d'une honnête femme pour la compromettre. Les grands hommes se sont le plus souvent vengés de la calomnie par de nouveaux succès. Moïse voulait que le calomniateur reçût pour toute peine l'application du mal qu'il avait voulu produire, et il faisait ce commandement aux juges d'Israël : « Vous en exigerez âme pour âme, œil pour œil, dent pour dent, main pour main, pied pour pied. » A Rome, le calomniateur était marqué au front, par un fer chaud, de la lettre K. Plus tard, les empereurs romains encouragèrent la délation, et firent de la calomnie un moyen de gouvernement. Notre législation actuelle, qui définit la calomnie toute imputation injurieuse et attentatoire à l'honneur ou à la considération dont jouit un citoyen, punit le calomniateur d'une peine de six mois d'emprisonnement. La loi du 17 mai 1819 ne reconnaît que la diffamation, c'est-à-dire l'imputation d'un fait vrai ou faux, dans le but de nuire à autrui. La calomnie est surtout redoutable dans les Etats soumis au despotisme; elle accompagne ordinairement la vénalité et la corruption.

CALONNE (Charles-Alexandre DE), né à Douai en 1734, mort en 1802. Il était fils du premier président du parlement de Douai. En 1762, il était déjà maître des requêtes au conseil du roi, et chargé des affaires relatives au clergé et à la magistrature. Il occupait ce poste quand il abusa si odieusement de la confiance de M. de la Chalotais, procureur général au parlement de Bretagne, qu'il semblait que sa carrière devait être fermée : il révéla les secrets qui lui avaient été confiés, et s'en servit pour baser une lâche accusation. Le gouvernement, malgré la réprobation universelle, crut devoir, au contraire, le récompenser en lui donnant l'intendance de Metz. Il avait tous les vices des seigneurs de son temps, sans en avoir la générosité ; l'audace et l'intrigue lui tenaient lieu d'habileté. Aussi son passage au pouvoir fut-il un malheur pour la nation. Il intrigua pour renverser Necker, contrôleur général des finances; il intrigua encore pour obtenir ce poste. Le roi crut sérieusement que de Calonne allait rétablir les finances. Celui-ci ne s'effraya pas de l'énorme déficit qu'il constata d'abord ; il ne chercha que des expédients pour subvenir, au jour le jour, aux besoins de l'Etat. Sans s'inquiéter même des besoins pressants, il diminua certains impôts. Tous ses actes étaient empreints de légèreté et d'imprévoyance. Il faisait des tentatives d'emprunts; et, en échouant faute de garanties, il aggravait encore le discrédit de l'Etat. Il ne vit dans son ministère qu'une occasion de s'enrichir, et la spéculation sur les blés lui offrant le moyen le plus facile, il réalisa ce monopole, qui a été flétri du nom de *pacte de famine*. Des inondations survenues dans le sud, avaient englouti des villages et déplacé le lit des cours d'eau. Au lieu de partager les terrains du lit abandonné entre les victimes du désastre, Calonne les adjugea au fisc, et les distribua à ses amis. Une telle conduite devait motiver son renvoi ; le roi ne fit qu'en plaisanter. L'arbitraire de ses actes administratifs et l'insolence avec laquelle il réclamait l'enregistrement de ses édits, lui aliéna les parlements. Cependant le déficit allait en augmentant ; Calonne rejeta la responsabilité de sa mauvaise gestion sur les administrations antérieures, et surtout sur Necker. Celui-ci, attaqué dans son honneur, voulut répondre ; on lui imposa silence et on l'exila. Des libelles étaient publiés contre Calonne; il y répondit à son tour par des pamphlets. La révolution était imminente; aussi le roi, ne pouvant garder un tel ministre sans compromettre le peu de popularité dont il jouissait, lui retira sa confiance en 1788, et l'exila en Lorraine. En 1791, il alla rejoindre les émigrés de Coblentz. Ayant été envoyé en Angleterre pour y proposer un plan de contre-révolution, son indiscrétion fit échouer ce projet. Il se chargea, à Londres, de la fabrication de faux assignats, et acheva de se déshonorer par ce triste rôle. Il appartenait à l'homme qui avait réalisé le pacte de famine de ruiner une seconde fois la France par ce lâche moyen. Le ministre anglais dut désavouer sa participation à un tel office. Rentré en France en 1802, il essaya vainement de faire agréer ses services par Bonaparte. Il a laissé un grand nombre d'écrits politiques, dont le style, assez élégant, est assurément plus estimable que les pensées qui y sont développées.

CALORE, rivière du royaume d'Italie; elle prend sa source près de Bagnuoli (Principauté ultérieure), et, après un parcours de 85 kil., se jette dans le Volturno. Elle passe à Bénévent.

CALORIFÈRE. On donne ce nom à tous les appareils qui servent à chauffer à la fois plusieurs pièces d'un appartement à l'aide d'un seul foyer, d'où partent des conduits qui distribuent, sur divers points et par diverses bouches, les courants d'air chaud. On emploie trois sortes de calorifères : les calorifères à air chaud, à vapeur et à eau chaude.

CALORIQUE. On appelle ainsi la cause de la chaleur. On définit le calorique un fluide impondérable, invisible, élastique, et produisant la lumière sous forme de rayon.

CALOTTE (régiment de la). On désignait sous ce nom, au temps de Louis XIV, une société de jeunes officiers qui se réunissait pour railler tout le monde, sans se ménager eux-mêmes. Les fondateurs de cette société étaient un jour réunis, quand l'un d'eux, se plaignant d'avoir mal à la tête, s'exprima en disant qu'il avait une *calotte de plomb* sur la tête. Ce mot fut relevé et servit depuis à désigner les joyeux membres de cette société. Aymond en fut nommé général; il adopta un étendard et un sceau sur lequel on avait gravé une calotte, une pleine lune, un rat, un drapeau, une marotte, deux singes habillés avec l'épée au côté. Ils avaient pris pour devise : *Momus leur est propice, la lune les dirige*. Ils avaient encore pris cette autre devise : *C'est régner que de savoir rire*. Cette société délivrait des brevets. Louis XIV ne se montra pas hostile à cette singulière institution, qui occupait les jeunes officiers. L'oraison funèbre de Torsac, généralissime des calottins, qui succéda à Aymond, fit autrefois grand bruit. Cette pièce assez curieuse est intitulée : *Eloge historique, ou l'histoire panégyrique et caractéristique d'Emmanuel de Torsac, monarque universel du monde sublunaire et généralissime du régiment de la Calotte, prononcé au champ de Mars et dans la chaire d'Erasme, par un orateur du régiment*. En 1731, Saint-Martin, lieutenant aux gardes françaises, fut nommé généralissime, et son installation eut lieu avec une grande solennité au château de Livry. Piron s'acquitta fort bien de son rôle d'orateur. Louis XV attendait avec impatience le résultat de l'élection. Cette association a produit un grand nombre de mémoires qui poussaient assez loin la liberté des jugements : on attaquait volontiers le régent, Louis XV, et même Marie Leckzinska.

CALOYER ou **CALOGER**. Nom donné aux moines grecs de l'ordre de Saint-Basile. C'est presque toujours parmi eux que sont recrutés les évêques et les patriarches. Aussi n'admettent-ils que les gens les plus distingués de la noblesse et quelquefois de la bourgeoisie. Cette institution presque aristocratique n'est qu'un instrument entre les mains d'un gouvernement despotique. L'intolérance du czar, qui est le chef de l'Eglise en Russie, et celle du patriarche de Constantinople, de qui relèvent les autres Grecs, ne leur permettant pas de discuter certains points fondamentaux de leur religion, les caloyers se jettent volontiers dans d'interminables querelles qui rappellent les arguties du Bas-Empire. Leur instruction est généralement assez négligée. Ils sont merveilleusement organisés pour entretenir parmi le peuple le fanatisme dont ils sont imbus. Cependant une réaction s'est produite depuis quelques années contre ces soutiens du plus odieux régime aristocratique. Le peuple russe, qui commence à s'affranchir de la superstition, a vu s'organiser dans son sein une secte religieuse qui mine le colosse russe, et menace même de l'engloutir prochainement; aux Raskolnicks appartient la mission de régénérer une nation dont la vitalité doit un jour étonner l'Europe. Le mot célèbre de Napoléon Ier se sera ainsi retourné : « L'Europe ne sera pas Cosaque, et les Russes deviendront démocrates. »

CALPURNIA, fille de Calpurnius Pison, épouse de Jules César. On rapporte que la veille du jour où son mari succombait sous le poignard de Brutus, elle eut un songe affreux, qui lui donna le funeste pressentiment du sort qui attendait le dictateur : elle avait vu en rêve son mari assassiné entre ses bras; ce qui ajoutait à ces pressentiments superstitieux, c'est qu'il lui avait semblé que la porte de sa chambre s'était ouverte d'elle-même avec un grand bruit. Elle ne put obtenir de César qu'il ne sortirait point. D'ailleurs Brutus, qui craignait de voir échouer la conspiration, lui avait dit : qu'il était honteux de se régler sur les rêves d'une femme. Après la mort de son mari, elle se retira auprès de Marc-Antoine, et lui remit les papiers de César dont celui-ci sut si bien se servir.

CALPURNIUS SICULUS (Titus), poëte bucolique, né en Sicile vers 260 après J.-C., contemporain de Némésien de Carthage, qui fut à la fois son bienfaiteur et son maître. Calpurnius avoue qu'il ne se nourrissait que de fruits sauvages, que Némésien lui procura du pain. Il a publié trois poëmes sur la chasse, sur la pêche et sur la navigation. Son style est moins pur que celui de Virgile; il ne manque cependant pas de grâce et de vérité, et ce poëte occupe un rang distingué après Théocrite et Virgile. C'est à peine si on peut lui reprocher une latinité parfois de mauvais goût, qui atteste déjà la décadence de la langue latine.

CALQUER. On appelle ainsi l'action de transporter un dessin d'un papier sur un autre en pointant, à travers un papier transparent, les traits du dessin qu'il s'agit de reproduire.

CALUMET. Pipe dont se servent les sauvages; ordinairement ornée de plumes d'oiseau. Le calumet devient un symbole de paix et d'amitié entre les sauvages quand ils fument dans le même; il devient au contraire un symbole de guerre quand le tuyau est peint de vermillon. Refuser le calumet c'est s'exposer à passer pour un ennemi. Chez certaines peuplades, le calumet est une véritable divinité qui a ses fêtes solennelles.

CALVADOS, chaîne de rochers dans la Manche, à l'E. et à l'O. de l'embouchure de l'Orne; elle s'étend sur une longueur de 30 kil., s'élève très-peu au-dessus des flots ou reste un peu au-dessous. Cette chaîne tire son nom d'un navire espagnol, l'*Invincible Armada*, qui y fit naufrage en 1588. Elle donna son nom à un département.

CALVADOS (le), département situé sur la Manche, entre ceux de l'Eure à l'E., de la Manche à l'O. et de l'Orne au S. Superf. 562,093 hect. Pop. 478,400 hab. Ch.-l. Caen; villes principales: Bayeux, Falaise, Lisieux, Pont-l'Évêque, Vire. Pays peu élevé, climat salubre, quoique humide. Rivières nombreuses. Quelques forêts à l'E., au N. et à l'O. Houille, marbre, granit, marnes, argiles, tourbières, sources minérales. Excellents pâturages, grains, chanvre, colza, lin, pastel, culture en grand des fruits à cidre, des pruniers, etc. Engraissement de bestiaux, élève de chevaux d'une bonne race, dits chevaux normands; préparation d'un beurre excellent, dit beurre d'Isigny. Industrie: toiles, blondes, dentelles, bonneterie, tissus de laines et autres, chapellerie, coutellerie. Commerce avec l'extérieur. Il forme le diocèse de Bayeux, et dépend de la cour impériale de Caen.

CALVAIRE ou GOLGOTHA, montagne située près de Jérusalem, au N. de Sion. Les Juifs y faisaient exécuter les criminels condamnés à mort. Jésus-Christ y fut crucifié. C'est sur cette montagne que fut trouvé le bois de la vraie croix et que se trouve l'église du Saint-Sépulcre.

CALVAIRE (prêtres du), congrégation fondée par le P. Charpentier en 1634, à la chapelle du Calvaire sur le mont Valérien, près de Saint-Cloud. L'occupation de ces prêtres était la fabrication des bas de soie. Ils furent supprimés sous Napoléon Ier.

CALVAIRE (filles du), ordre de religieuses qui suivaient la règle de saint Benoît. Elles furent fondées premièrement à Poitiers par Antoinette d'Orléans, de la maison de Longueville. Louis XIII et le pape Paul V confirmèrent cet ordre en 1617. Deux couvents de Paris ont porté le nom des *Filles du Calvaire*, fondés tous deux par le P. Joseph, l'un en 1620, rue de Vaugirard, supprimé en 1790; l'autre fondé en 1633, sur l'emplacement actuel des rues Neuve-de-Bretagne et Commines, où résidait la générale de tout l'ordre.

CALVI, sous-préf. du départ. de la Corse, à 96 kil. d'Ajaccio. Pop. 1,420 hab. Place de guerre de 2e classe; siége d'un tribunal de 1re instance; collége. Port dominé par un château presque imprenable. Commerce de vins, huile d'olive, oranges, citrons, amandes; peaux de chèvre, cuirs, cire, bois de chauffage. Cette ville, fondée au XIIIe siècle, fut prise par les Anglais en 1794 et reprise l'année suivante par les Français.

CALVI, ville du royaume d'Italie (Terre de Labour), à 20 kil. de Caserte. Les Français y vainquirent les Napolitains le 9 déc. 1798.

CALVIN (Jean), chef de la religion qui porte son nom, né à Noyon le 10 juillet 1509. Il était fils d'un tonnelier nommé Gérard Cauvin; sa mère était fille d'un cabaretier de Cambrai. Calvin fut pourvu, à l'âge de 12 ans, d'une chapelle dans la cathédrale de Noyon; et, quelques années après, bien qu'il n'eût jamais été élevé au sacerdoce, il obtint la cure de Marteville, qu'il échangea, en 1529, contre celle de Pont-l'Évêque. Son père désirait qu'il entrât au barreau plutôt que d'en faire un théologien. Calvin alla étudier le droit à Bourges, sous le fameux Alciat. C'est là qu'il connut le luthérien Melchior Wolmar, qui lui inspira le goût de la langue grecque et développa en lui la liberté de penser. Calvin était un écolier sérieux et solitaire; il avait dévoré de bonne heure les écrits des philosophes païens, ceux des pères de l'Eglise, et surtout la Bible. L'étude du droit servit merveilleusement à donner à ses idées cette rectitude et cette puissance de dialectique qu'il apporta plus tard dans ses discussions théologiques et dans sa réforme. Il apprit l'hébreu pour mieux comprendre le texte original de la Bible, et se trouva ainsi préparé pour le grand rôle qu'il allait jouer. Le monde venait d'être agité par les doctrines de Luther. Après s'être courbée, pendant plus de mille ans sous le joug théocratique des papes, il semblait que l'humanité voulait enfin connaître et discuter ces dogmes qu'elle avait acceptés jusque là. Les hommes étaient tourmentés du besoin de s'affranchir de l'autorité de Rome et des conciles, pour rechercher dans les Ecritures même la raison de la foi. Nul doute que si les consciences n'avaient été comprimées par le pouvoir séculier, la Réforme n'eût bientôt achevé de détruire la puissance et l'autorité des papes. Les uns embrassaient hardiment les doctrines nouvelles; les autres attendaient que les souverains fussent entrés dans le mouvement pour s'y jeter à leur tour. Tout ce qu'il y avait de distingué en France, dans les sciences, dans la magistrature et même dans une partie du clergé, était secrètement attaché à la Réforme. François Ier se signalait par ses persécutions contre les réformateurs, et contenait avec peine un torrent qui menaçait de déborder. Calvin répandit les doctrines de Luther, par la prédication, dans les villages situés aux environs de Bourges. On ne l'écoutait d'abord qu'avec curiosité, mais bientôt ce fut de l'entraînement. Le seigneur de Linières ne put s'empêcher de dire, après l'avoir entendu : « Du moins, celui-ci enseigne quelque chose de nouveau. » Calvin vint se fixer à Paris. Là, il publia, à l'âge de 24 ans, un *Commentaire* sur le *Traité de la Clémence*, de Sénèque. C'est en tête de cet ouvrage qu'il prit pour la première fois le nom de Calvin, au lieu de celui de Cauvin, qui était son nom véritable. La protection de la reine de Navarre ne put prévenir l'orage qui allait fondre sur lui : l'université de Paris l'accusa d'avoir propagé les idées nouvelles, et il fut obligé de se réfugier à Angoulême, où il enseigna le grec et continua ses prédications. Chassé de nouveau par ses ennemis, il chercha successivement un asile à Bâle, dans la Saintonge, puis à Strasbourg. La persécution avait déjà commencé contre les réformés, et les bûchers s'étaient allumés dans diverses villes. François Ier persécutait ainsi les novateurs en France tandis qu'il les soutenait en Allemagne, prétendant, pour justifier cette conduite contradictoire, que la nouvelle secte se proposait le renversement de sa domination. Il accusait les protestants d'être des hommes impies et déréglés. Calvin entreprit alors de défendre les réformés contre ces calomnies, et de les venger des persécutions dont ils étaient l'objet. Il importait d'asseoir solidement l'édifice de la Réforme : Luther avait détruit; il appartenait à Calvin de reconstruire. Il composa alors sa fameuse *Institution chrétienne*, qui est l'abrégé de sa doctrine. Il dédia cet ouvrage à François Ier, qu'il avait entrepris d'éclairer sur les malheurs de ses sujets et les fatales conséquences de sa politique; la préface qu'il lui adressa est un des plus admirables morceaux d'éloquence qui soient sortis de l'intelligence et du cœur de l'homme. L'*Institution chrétienne* est établie sur le plan du *Symbole des apôtres*. Il y reproduit à peu près les idées de Luther, et ne s'en éloigne guère que sur la question de la *présence réelle*. Il crut trouver un refuge plus sûr à la cour de la duchesse de Ferrare, fille de Louis XII, princesse éclairée qui encourageait les protestants; mais bientôt il y fut encore poursuivi et se vit même en danger. Il avait pris la résolution de se fixer enfin en Allemagne, où les protestants trouvaient plus de sûreté. Il s'y rendait par Genève quand il fut arrêté dans cette ville par Farel et Viret, qui le supplièrent de rester et d'y travailler avec eux à l'œuvre de la réforme. Bientôt, il fut tout-puissant dans la république, et comme il est impossible de parler et de commander à la fois au nom d'une religion, il manifesta son intolérance contre les anabaptistes, en les faisant proscrire de Genève. En 1538, Calvin se vit chassé de cette ville; la censure de ce nouveau pasteur était devenue intolérable et avait fini par irriter le peuple. Les magistrats ne lui laissèrent qu'un délai de trois jours afin de pourvoir à ses affaires. Il retourna à Strasbourg, où il occupa une chaire de théologie. Cependant, à peine les Genevois eurent-ils renvoyé Calvin, qu'ils se trouvèrent en face d'un danger plus grand : le cardinal Gadolet avait troublé la république par ses intrigues, espérant étouffer la Réforme. Les Genevois, pour mettre fin à ces nouvelles discordes, rappelèrent Calvin de Strasbourg. Celui-ci revint après quelques hésitations, et le peuple l'accueillit avec des acclamations de joie. Il s'empara du pouvoir absolu, et exerça, au sein de la nouvelle Eglise, la même autorité que le pape. Il fonda des consistoires, des synodes, des conseils d'anciens, des diacres; il régla les formules de prières et le mode de prédication; il prescrivit les formes de la Cène, des baptêmes et des enterrements; il dota Genève d'un code à la fois civil et religieux. Il établit une espèce d'inquisition qui avait le droit de censure et d'excommunication. Il gouvernait avec une rigidité draconienne, descendant même dans les détails de la vie privée. Il oublia les persécutions dont il avait été l'objet pour se faire persécuteur à son tour : ainsi, il fit brûler vif Michel Servet, qui avait écrit une lettre sur le mystère de la Trinité; il osa soutenir qu'il fallait livrer au bûcher tous ceux qui ne pensaient pas comme lui; l'injure lui devint familière, et il traitait volontiers ses adversaires de pourceaux, d'ânes, de chiens, d'enragés, de taureaux et d'ivrognes. Cependant, il conserva son autorité : la simplicité des rites religieux plaisait surtout au peuple. En 1562, Calvin, brisé de fatigues, comprit que sa fin approchait; il n'en continua pas moins à remplir ses fonctions politiques. Il prévit l'instant de sa mort, et pria le conseil de la république de se rendre auprès de lui le jour même où il s'attendait à expirer. En effet, les conseillers vinrent se ranger autour de son lit funèbre au jour qu'il avait désigné. Après leur avoir adressé des vœux pour la prospérité de l'Etat, et leur avoir demandé pardon de ses emportements, il mourut, le 27 mai 1564.

CALVINISME. Calvin organisa ce grand mouvement à la fois religieux et social, qui fut appelé, de son nom, *calvinisme*. Sans l'intervention de ce réformateur qui établit solidement les bases de la réforme, la révolution religieuse eût peut-être avorté faute de direction, ou peut-être se fût-elle compromise dans une anarchie stérile. Assurément on doit reprocher à Calvin l'intolérance avec laquelle il poursuivit les religions et les sectes dissidentes; mais on doit convenir, d'un autre côté, que sa doctrine ne pouvait triompher qu'à la condition qu'il concentrât dans ses mains les pouvoirs civils et religieux. Aussi, fut-il à la fois réformateur religieux et législateur. Il fallait, pour fonder le calvinisme, que Calvin imposât ses croyances, sans quoi, qui aurait décidé entre les anabaptistes, les zwingliens, les scotistes, et tant d'autres sectes qui n'auraient pas manqué de se produire? Calvin lutta avec le texte de la Bible, altéré par des traditions sacerdotales qui avaient substitué la théocratie à l'égalité absolue des premiers temps du christianisme. Il démontra que la vie de l'homme était sanctifiée par ses œuvres, et non par les pèlerinages et les jeûnes; il s'éleva, ainsi que Luther, contre les indulgences qui tendaient à faire croire que le salut de l'âme pouvait s'acheter à prix d'argent; il ramena le principe des actions humaines à la charité. Il simplifia le culte chrétien en abolissant tout ce qui n'était pas rigoureusement prescrit par la Bible; et il fut en cela plus radical que Luther lui-même, qui se conformait à la parole même des apôtres, et admettait l'autorité de leurs écritures. Calvin luttait vraiment avec une arme plus terrible, en n'admettant que la révélation émanée de Dieu; il mettait la religion nouvelle au-dessus de la raison humaine, et renversait ainsi l'œuvre des conciles et des papes. Lorsque Calvin sort du texte même de la Bible, pour résoudre ces questions, aussi philosophiques que religieuses, de libre arbitre et de grâce, il s'égare, et, dans l'impossibilité de concilier ces deux principes opposés, il va jusqu'à faire douter de la responsabilité morale du mérite et du démérite, en disant que Dieu a créé les hommes pour être le partage des démons, parce qu'il lui plaît ainsi, le chrétien ne pouvant être sauvé que par le principe fataliste de la grâce, et la foi seule ne lui suffisant pas. Cependant, dès que l'âme était en possession de la grâce, il n'appartenait plus à Dieu de la lui retirer. Calvin est plus conséquent lorsqu'il combat le culte extérieur, proscrivant l'invocation des saints, et n'admettant ni chef visible de l'Eglise, ni évêque, ni prêtre, ni fête, ni croix, ni bénédiction. Il réduit les sacrements à deux: le baptême et la cène. Il nie le purgatoire, qu'il montre comme une invention humaine, puisque l'idée ne s'en trouve ni dans l'Ancien ni dans le Nouveau Testament. L'institution de la cène rendait inutile la célébration de la messe. Il nous reste à examiner l'histoire de cette religion. Les calvinistes n'ont conquis qu'au prix de longues persécutions et de sanglantes guerres le droit d'adorer Dieu selon leur conscience. Les rigueurs dont ils furent l'objet en France tendirent à en faire un parti politique. La féodalité embrassa d'abord la réforme avec ardeur; les nobles y virent un moyen de résister à la monarchie envahissante. Le peuple, de son côté, appuya la monarchie, dont le triomphe devait aboutir à l'abolition de l'oppression féodale qui pesait sur lui. Il fut guidé en cela par un bon sens qu'il faut admirer, surtout en songeant que la féodalité est encore toute puissante dans les pays où la réforme a paru triompher avec plus de facilité. Les calvinistes avaient pour eux l'autorité de la raison; mais le peuple était guidé par un instinct plus sûr, et la lutte qu'il engagea contre les huguenots eut un caractère plus politique que religieux. L'une des causes qui contribuèrent le plus à assurer en France la prédominance du parti catholique, malgré l'affaiblissement de la royauté sous Henri III et au commencement du règne de Henri IV, ce fut l'élévation de la maison de Lorraine, qui ne s'attacha à la Ligue que dans l'espoir d'arriver au trône. La monarchie poursuivit un double but sous Louis XIII et Louis XIV. Elle chercha à anéantir à la fois la liberté religieuse du protestantisme et le pouvoir de la noblesse; il était impossible d'atteindre le dernier but sans poursuivre également le premier. Henri IV s'y appliqua par la conciliation; Richelieu eut recours à la force, et, tout en paraissant respecter la liberté de conscience des protestants, il anéantit leur puissance politique en leur enlevant la Rochelle et les autres places qu'ils conservaient pour la garantie de leur indépendance. Ses victoires préparaient la révocation de l'édit de Nantes. La révolution de 1789 consacra le grand principe de la liberté et de l'égalité des cultes. Depuis 1802, les ministres du culte calviniste sont rétribués par l'Etat.

CALVISSON, village de l'arr. de Nîmes (Gard), à 25 kil. de cette ville. Pop. 2,190 hab. Église consistoriale calviniste. Vins blancs dits *de clarette*.

CALYPSO, personnage mythologique, d'une origine fort incertaine. Selon quelques auteurs, elle était fille de l'Océan et de Téthys; d'autres lui donnent le Jour pour père; enfin plusieurs assurent qu'elle était née d'Atlas et de Pléione. Elle régnait sur l'île d'Ortygie, dans la Mer ionienne. Elle y recueillit Ulysse battu par la tempête, lui promit l'immortalité s'il consentait à rester dans son île; mais ce prince devait retourner à Ithaque. Calypso, après l'avoir retenu sept ans, ne le laissa partir que sur un ordre formel de Jupiter.

CAMAIEU. Ce mot était autrefois synonyme de *camée*, et désignait une pierre gravée en relief. On appelle aujourd'hui peinture en camaïeu ou grisaille, celle qui imite les bas-reliefs avec une seule couleur. On l'a employée avec le plus grand succès pour la décoration de la voûte de la grande salle de la Bourse.

CAMAIL, armure de tête des anciens chevaliers, faites de mailles d'acier. On appelait aussi de ce nom, au XVe siècle, un manteau court à l'usage des cardinaux, des évêques et des chanoines.

CAMAIL (ordre du) ou du PORC-EPIC. Ordre militaire institué en 1394 par Louis de France, duc d'Orléans, au baptême de son fils Charles.

CAMALDOLI, monastère situé dans une vallée du même nom, en Toscane, au milieu des Apennins, à 40 kil. de Florence. Il fut le berceau de l'ordre des Camaldules.

CAMALDULES, ordre religieux fondé par saint Romuald vers le milieu du Xe siècle, suivant la règle de saint Benoît. Il fut confirmé par le pape Alexandre III en 1072.

CAMAMU, ville du Brésil, dans la prov. de Bahia, à 170 kil. de cette ville. Commerce actif en riz, cacao et café.

CAMANA, ville du Pérou, ch.-l. de la prov. de son nom, à 110 kil. d'Arequipa. Pop. 1,500 hab.

CAMARADERIE, intime et douce alliance de quelques personnes faites pour se comprendre et s'estimer; telle est du moins la définition qui vient naturellement à l'esprit; mais la camaraderie a été singulièrement dénaturée du jour où les Trissotins de tous les temps, voulant lutter contre quelque génie supérieur qui les condamnait à faire ombre au tableau, ont pris pour mot d'ordre :

Nul n'aura de l'esprit, hors nous et nos amis.

Les bureaux d'esprit, véritable camaraderie, n'eurent pas d'autre programme. On a vu aussi la camaraderie académique, la camaraderie des finances, la camaraderie philosophique, la plus innocente de toutes. La camaraderie littéraire, presque toujours improductive, voit se tourner contre elle l'arme du ridicule, qu'elle veut employer contre les réputations les plus solides, et le serpent use ses dents après la lime. Elle a quelquefois servi et sert encore à faire valoir certaines œuvres qui eussent été, sans une critique bienveillante, condamnées à mourir en naissant. On est tenté, en lisant les flatteries que tel journaliste prodigue à tel auteur qui les lui rendra un jour, de dire avec le fabuliste : *Asinus asinum fricat.* La camaraderie politique se constitue plus difficilement : entre gens qui conspirent pour parvenir au pouvoir, elle s'établit volontiers; mais peut-elle se maintenir entre gens parvenus? Le népotisme n'est-il pas là pour lui barrer le chemin?

CAMARÈS ou PONT DE CAMARÈS, ch.-l. de cant. de l'arrond. de Sainte-Affrique (Aveyron), à 20 kil. de cette ville. Pop. 2,660 hab. On remarque aux environs des sources ferrugineuses.

CAMARET, village et port de l'arrond. de Châteaulin (Finistère), sur la presqu'île de Crozon. Pop. 1,160 hab. Cabotage, pêche de sardines.

CAMARGO (Marie-Anne CAPI, dite), l'une des plus célèbres danseuses du XVIIIe siècle, née à Bruxelles en 1710, morte en 1770. Elle débuta à Bruxelles, puis à Rouen, et enfin à Paris; alors elle n'avait que seize ans. Elle brilla surtout dans le ballet intitulé : les *Caractères de la danse*. On admirait à la fois ses grâces, sa légèreté et sa gaieté. Elle rivalisa bientôt avec Mlle Sallé. Elle avait su résister aux séductions des adorateurs les plus illustres; mais, en 1728, le comte de Melun l'enleva de vive force ainsi que sa sœur. Le cardinal de Fleury ne jugea pas convenable, malgré les plaintes des deux victimes auxquelles s'associa leur père, d'exiger même du comte de Melun une simple réparation : il ne s'agissait que de l'honneur d'une danseuse! Cependant, Camargo montra plus tard, en donnant l'exemple des mœurs les plus pures, qu'elle eût été digne d'être respectée. Voltaire a établi dans les vers suivants un parallèle entre Mlle Sallé et la Camargo, que nous a rappelée plus tard Marie Taglioni :

Ah! Camargo que vous êtes brillante!
Mais que Sallé, grand Dieu, est ravissante!
Que vos pas sont légers, et que les siens sont doux.
Elle est inimitable, et vous êtes nouvelle;
Les Nymphes sautent avec vous,
Et les Grâces dansent comme elle.

CAMARGUE, île formée par la bifurcation du Rhône à son embouchure dans la Méditerranée (Bouches-du-Rhône), entre les bras dits le Grand-Rhône et le Vieux-Rhône à l'E., et le Petit-Rhône au N. et à l'O. Long. : 40 kil. du N. au S., 30 kil. dans sa plus grande largeur. Superf. 65,000 hect., dont un 5e seulement est en culture. Pop. 4,000 hab. Cette île est fertile dans les parties élevées, le long des bras du Rhône où l'on récolte du blé, de l'orge, de l'avoine et des vins rouges; on rencontre dans les parties basses de verts pâturages où paissent de nombreux troupeaux de bœufs noirs, de moutons, de chevaux qu'on dit provenir de chevaux arabes amenés dans le pays par les invasions des Sarrasins. On évalue le nombre des agneaux qui y sont élevés annuellement à 40,000, celui des bœufs à 3,000, et autant de chevaux.

CAMARILLA. Ce mot désigne, dans la langue espagnole, une *petite chambre*. On appelle ainsi le cabinet où le prince reçoit ses confidents intimes, véritable gouvernement en dehors des ministres. Cette expression a été appliquée à tout conseil privé que se donne un souverain. La camarilla est ordinairement le refuge des compagnons de plaisirs du prince : la familiarité amène les confidences, et c'est ainsi que de jeunes débauchés acquièrent dans l'État l'influence la plus désastreuse. La camarilla est aussi le refuge des médiocrités titrées qui, sans autre autorité que celle d'un grand nom, et alors même que leur incapacité avouée les éloigne des grandes fonctions publiques, ne laissent pas d'intervenir dans les affaires en agissant secrètement sur l'esprit du prince. Instruments complaisants et serviles de la politique du maître, ils serviront ses passions les plus honteuses pour captiver ses bonnes grâces; ils se feront ses humbles valets, et le prince, trouvant en eux les serviteurs les plus commodes et les plus empressés, s'habitue peu à peu à leur laisser une influence qui le débarrasse du souci des affaires, et va trop souvent même jusqu'à leur abandonner la direction de l'État. Parfois les camarillistes trouvent plus commode de flatter la maîtresse du prince, et nous avons alors les gouvernements des Maintenon, des Pompadour et des Dubarry.

CAMBACÉRÈS (Jean-Jacques-Régis), célèbre jurisconsulte français, né en 1753, à Montpellier, mort à Paris en 1824. Il étudia les lois, et succéda, en 1771, à son père dans la charge de conseiller à la cour des comptes. En 1792, il fut nommé député à la Convention. C'est là, c'est dans ce moment terrible qu'il montra toute la prudence dont il était doué et qui ne l'a jamais quitté. Il s'agissait du procès de Louis XVI. Cambacérès commence par contester le droit de juger ce malheureux roi; puis, voyant l'inutilité de ses efforts, il vote la mort, mais conditionnellement, c'est-à-dire avec suspension de l'exécution du décret jusqu'à la paix, en cas d'invasion de la France par les étrangers. Ce vote fut regardé, en 1793, comme équivalant à l'absolution; mais cela n'empêcha pas que Cambacérès ne fût, en 1816, exilé comme régicide. Après avoir pris une grande part au gouvernement et s'être signalé par sa sagesse et sa modération comme président de la Convention et du comité de salut public, il fut nommé ministre de la justice sous le Directoire. Après le 18 brumaire, Bonaparte, qui était alors premier consul, choisit Cambacérès pour deuxième consul. Nommé empereur, Napoléon lui donna le titre d'archi-chancelier, et le créa prince de l'empire et duc de Parme. Enfin, aucune faveur ne lui manqua, et il justifia parfaitement la confiance de Napoléon. Lors des Cent-Jours, Cambacérès fut nommé ministre de la justice par intérim, et rentra bientôt dans la vie privée. En 1818, il fut rappelé de l'exil avec le titre de duc, et ses droits civils et politiques furent rétablis. Cambacérès a laissé de grands travaux de législation. En 1793, il avait été chargé, avec Merlin, de la classification générale des lois, pour en former un seul code. C'est lui qui fit le discours préliminaire du projet de Code civil, et l'on peut dire qu'il a pris une très-grande part dans la confection des principales lois décrétées sous le Consulat et l'Empire. Profond jurisconsulte, il sut mettre à profit les travaux des plus savants légistes des siècles antérieurs.

CAMBAYE ou CAMBAY, ville de l'Hindoustan anglais (Bombay), sur le golfe de son nom, à 130 kil. de Surate. Pop. 10,000 hab. Fabrique d'agates taillées. Les Anglais en chassèrent les Mahrattes en 1780.

CAMBAYE (golfe de). Golfe formé par la mer d'Oman, sur la côte de l'Hindoustan, entre le Guzerate à l'O. et la présidence de Bombay à l'E.

CAMBERT (Robert), surintendant de la musique de la reine-mère Anne d'Autriche, mère de Louis XIV, né à Paris vers 1628, mort en 1677. Il fut le premier qui introduisit l'opéra en France; l'abbé Perrin l'associa au privilége qu'il avait obtenu du roi pour l'exploitation de ce spectacle. Le premier opéra français qu'il fit représenter était intitulé *Pomone*. Lulli l'ayant supplanté en 1672, il passa alors en Angleterre; le roi Charles II le fit surintendant de sa musique.

CAMBERWELL, ville d'Angleterre (Surrey), à 5 kil. de Londres. Pop. 30,000 hab.

CAMBIASO (Luc), peintre italien, né à Moneglia, dans l'État de Gênes, en 1527, mort à l'Escurial en 1585. A 15 ans, il fit des tableaux qui établirent déjà sa réputation. Il peignait de l'une et l'autre main avec une égale facilité. On remarque dans ses compositions de la vivacité et de la grâce. Il composait avec une remarquable facilité des dessins fort estimés, et qu'il prodiguait avec une telle facilité que sa femme et sa servante s'en servaient souvent pour allumer le feu. Devenu veuf, il présenta au pape Grégoire XIII un placet pour obtenir une dispense qui lui permît d'épouser sa belle-sœur, qu'il affectionnait. Il accompagna sa demande de l'envoi de deux tableaux. Il alla à la cour de Philippe II, roi d'Espagne, espérant que ce prince appuierait sa demande auprès du pape. Il ne réussit pas mieux, et il en mourut de chagrin. Il a laissé un grand nombre de tableaux d'église. Le palais de l'Escurial contient un grand nombre de ses peintures à fresque.

CAMBO, village de l'arrond. de Bayonne (Basses-Pyrénées), à 18 kil. de cette ville. Pop. 1,460 hab. Sources thermales et bains.

CAMBODGE, CAMBOGE ou YOUDRA-SKAN, grande contrée de l'Asie, dans le royaume d'Annam et de Siam; elle est située entre le Laos au N., la Cochinchine à l'E., la mer de Chine et le golfe de Siam au S., et le royaume de Siam proprement dit à l'O. Superf. 250,000 kil. carrés. Pop. 1 million d'hab. Cap. Saigon. Cette contrée est divisée en Cambodge méridional et septentrional, et Cancao au S.-O.; elle est arrosée par le May-Kong, ou rivière de Cambodge; possède de grandes richesses végétales et minérales, bois de sandal et de tek, de teinture et d'ébénisterie, laque, gomme-gutte renommée, pierres fines, or, étain. Cette contrée, très-puissante autrefois, devint, au milieu du dernier siècle, tributaire de l'Annam. Après 1809, elle fut partagée entre les Siamois et les Annamites.

CAMBODGE, CAMBOGE ou LEVEK, ville du pays de son nom, dont elle était autrefois la capitale, à 450 kil. de Siam. Ville aujourd'hui bien déchue. Jusqu'en 1643, elle fut le siége d'un comptoir hollandais.

CAMBON (Joseph), conventionnel, né à Montpellier en 1754, mort à Saint-Gost, près de Bruxelles, en 1820. Il fit partie de l'Assemblée législative, puis de la Convention nationale, et se fit remarquer par son zèle pour les idées révolutionnaires. Il étudia particulièrement les finances, et c'est à lui qu'on doit l'institution du grand-livre de la dette publique. Il vota pour la confiscation des biens des émigrés, et fut chargé de l'exécution de cette mesure. Ses connaissances en matière de finances étaient si étendues, que la Convention lui en abandonna à peu près la direction générale. Il contribua à la chute de Robespierre, sans vouloir favoriser cependant la réaction thermidorienne. Il se trouva impliqué dans diverses conspirations en 1795, et fut mis hors la loi. Après l'amnistie du 4 brumaire, il se retira à Montpellier, où il vécut dans l'obscurité jusqu'en 1815. A cette époque, on le retrouve à côté de Napoléon, parmi ces républicains qui, oubliant tout ressentiment personnel, ne consultèrent que leur patriotisme, et luttèrent avec l'empire qui croulait contre l'invasion étrangère; il fit partie, pendant les Cent-Jours, de la Chambre des représentants, et signa l'acte additionnel qui reformait la constitution de l'empire sur une base plus démocratique. Après la Restauration, il dut quitter la France par suite de la loi rendue contre les régicides; et cet homme, qui est l'une des gloires de la Révolution française, alla mourir dans l'exil.

CAMBOURNE, ville d'Angleterre (Cornouailles), à 20 kil. de Falmouth. Pop. 9,000 hab. Riches mines de cuivre et d'étain.

CAMBRAI, sous-préf. du départ. du Nord, à 50 kil. de Lille. Pop. 18,000 hab. Place de guerre de 2e classe. Tribunal de première instance et de commerce; collége, bibliothèque. Cathédrale, hôtel de ville. Fabrique de toiles, mousselines, batistes; bonneterie, draperie, filatures, mégisseries. Patrie de Monstrelet, de Dumouriez. Cette ville fut prise par les Normands en 880 et en 882; elle résista aux Hongrois en 953. Edouard III l'assiégea inutilement en 1339, et Louis XI l'occupa en 1447. De 1559 à 1789, elle eut des archevêques parmi lesquels on cite Fénelon. Louis XIV s'empara de Cambrai en 1677, qui fut assurée à la France par le traité de Nimègue. Réduite à un simple évêché en 1801, elle reprit, en 1842, le rang de métropole, dont relève le siége d'Arras.

CAMBRAI (ligue de). On appelle ainsi la ligue qui fut signée dans cette ville en 1508, par Louis XII, roi de France, le pape Jules II; Maximilien Ier, empereur d'Allemagne, et Ferdinand le Catholique, roi d'Espagne. Ces souverains s'allièrent, à l'instigation de Jules II, contre les Vénitiens, dont la puissance était devenue redoutable. Venise se vit assiégée dans ses lagunes par Louis XII; elle fut alors assez habile pour exciter contre le roi de France victorieux les méfiances de ses autres ennemis. C'est ainsi qu'elle parvint successivement à détacher de la ligue le pape Jules II, qui n'avait pas entendu satisfaire l'ambition personnelle du roi de France, puis le roi d'Espagne et enfin l'empereur d'Allemagne. Louis XII, réduit à combattre seul, eut bientôt contre lui ses anciens alliés.

CAMBRAI (paix de). Cette paix fut signée le 5 août 1529, par Louise de Savoie, mère de François Ier, et par Marguerite d'Autriche, tante de Charles-Quint. Ce traité a aussi reçu le nom de *paix des dames*. Le traité consenti par François Ier retenu prisonnier à Madrid, servit de base au traité de Cambrai; toutefois la France fut relevée de l'obligation de céder la Bourgogne.

CAMBRAY-DUGNY (Louis-Guillaume DE), célèbre mécanicien français, né en 1723. Il présenta au grand-duc de Toscane un plan de machine pour amener les eaux de la mer dans les salines de Castiglione, à l'aide d'une machine à vapeur. Il eut la gloire d'exécuter ce projet et d'introduire en Italie la première machine à vapeur. La machine de Chaillot, à Paris, fut construite plus tard sur le modèle de celle de Cambray-Dugny.

CAMBREMER, ch.-l. de cant. de l'arrond. de Pont-l'Évêque (Calvados), à 19 kil. de cette ville. Pop. 1,200 hab.

CAMBRIDGE, ville d'Angleterre, ch.-l. du comté de son nom, à 82 kil. de Londres. Pop. 24,450 hab. Université célèbre fondée par Sigebert, roi d'Est-Anglie (631), organisée par Edouard Ier et par Élisabeth en 1571. Elle compte 17 colléges: Saint-Peter's College (1257), Clare-Hall (1326), Pembroke-Hall (1343) Gonville ou Caïus-College (1349), Trinity-Hall (1350), Corpus Christi ou Benstet-College (1351), King's-College (1441), Queen's-College (1446), Catherine-Hall (1475), Jesus's-College (1496), Christ's-College (1451), Saint-John's-College (1511), Magdalen-College (1519), Trinity-College (1546), Emmanuel-College (1584), Sidney-Sussex-College (1598), Downing-College (1800). Bibliothèque de 140,000 volumes, imprimerie (Pitt's press) de l'Université, musée Fitz-William (1816). Edifice gothique de Sainte-Marie, université, salle du sénat, observatoire, chapelle Kings's-College, église du Saint-Sépulcre, bâtie sous Henri Ier.

Cambridge (comté de), situé au N.-E. de l'Angleterre, entre ceux de Lincoln et de Norfolk au N., de Suffolk à l'E., d'Essex et de Hertford au S., de Bedford, Hunting et Peterborough à l'O. Superf.: 233,792 hect. Pop. 164,460 hab. Villes principales: Newmarket, Ely, Wisbeach. Marais très-fertiles au N., quelques collines au S. Agriculture avancée, peu d'industrie. Excellents beurre et fromages de la vallée de la Cam. Elève considérable de bestiaux et de chevaux.

Cambridge, ville des Etats-Unis (Massachussetts), à 4 kil. de Boston. Pop. 9,500 hab. Université d'Harvard, fondée en 1638, comprenant un collége, des écoles de droit, de théologie, de médecine, une bibliothèque de 53,000 volumes, cabinet d'histoire naturelle, jardin botanique, remarquable observatoire avec un télescope semblable à celui du célèbre observatoire de Poulkava. Arsenal. Construction de locomotives. Cambridge fut fondée en 1631, sous le nom de Newtown.

Cambridge (Adolphe-Frédéric, duc de), général anglais, né en 1774, mort en 1850. Il fut chargé en 1793 de commander l'armée des Pays-Bas. Il fut battu par Dumouriez et pris à Hondschoote; mais il fut délivré presque aussitôt. Dès qu'il eut atteint sa majorité il fut nommé colonel et siégea à la chambre des lords. Il se distingua dans les rangs de l'opposition, à la tête de laquelle se trouvait Fox. En 1803, il fut envoyé pour défendre le Hanovre; mais, ne pouvant s'y maintenir, il revint en Angleterre. Cependant, en 1816, il fut renvoyé dans le Hanovre en qualité de gouverneur général. Il fut plus tard nommé vice-roi, et épousa la princesse Auguste, fille du landgrave Frédéric de Hesse-Cassel. En 1837, il revint à Londres, où il a fondé un hôpital allemand.

CAMBRIN, ch.-l. de cant. de l'arrond. de Béthune (Pas-de-Calais), à 10 kil. de cette ville. Pop. 450 hab.

CAMBRON, village de Belgique (Hainaut) à 22 kil. de Mons. Pop. 650 hab. Beau château, bâti sur l'emplacement d'une ancienne abbaye.

CAMBRONNE (Pierre-Jacques-Etienne, baron de), général français, né à Saint-Sébastien, près de Nantes, le 26 décembre 1770, mort en 1842. Lors de l'invasion étrangère, au moment de la révolution, Cambronne s'enrôla parmi les volontaires de la Loire-Inférieure, dans la légion nantaise. Il fit ses premières armes contre les Vendéens; mais il n'oublia pas son origine bretonne, et se montra toujours généreux envers les vaincus. Plusieurs émigrés lui durent la vie après l'affaire de Quiberon. Il passa ensuite sous les ordres de Masséna: il fit la campagne de Suisse. A Zurich, il fit mettre bas les armes à 1,500 Suisses, avec 100 hommes seulement. Il vit tomber à côté de lui le brave Latour d'Auvergne, surnommé *le premier grenadier de la république*, et il refusa lui-même ce titre glorieux en disant qu'il convenait également à tous les soldats français. Il fut mis deux fois à l'ordre du jour de l'armée, après la bataille d'Iéna et après la campagne d'Autriche en 1809. Il fut blessé grièvement à l'affaire de Craone, qui suivit la bataille de Leipzig, et vint prendre dans ses foyers un repos nécessaire; quand il apprit l'abdication de Napoléon il voulut l'accompagner à l'île d'Elbe, et revint avec lui. Cambronne, à la tête de quarante grognards, formait l'avant-garde de la petite armée qui débarqua à Cannes. Il ne contribua pas peu au soulèvement des populations qui vinrent saluer le retour de l'empereur. A son arrivée à Paris, il fut nommé lieutenant-général. On connaît sa résistance héroïque à Waterloo. Resté sur le champ de bataille avec les débris de la division qu'il commandait; il demeura immobile au milieu de la déroute générale, sans se laisser intimider par les masses qui le pressaient de toutes parts. On le somma de se rendre. Est-il vrai qu'il ait fait cette réponse énergique et tout à fait française: m. . . ., expression qu'on a affaiblie en la traduisant ainsi: *la garde meurt et ne se rend pas*? Victor Hugo, dans les *Misérables*, a décrit les diverses péripéties de ce combat, et il a su relever la pruderie et le pédantisme de ceux qui avaient cru salir les feuillets d'un livre en reproduisant un mot dont ils n'avaient pas compris le sens vraiment sublime, comme dernier terme du mépris et comme le défi le plus énergique qu'un enfant de la révolution adressait à une coalition armée pour la restauration d'un vieux monde, que la nation française avait cru à jamais enseveli dans son linceul de sang et de boue. Cambronne, couvert de sang et de blessures, fut trouvé gisant sur le champ de bataille de Waterloo; on le transporta à Bruxelles, et de là en Angleterre. La Restauration ne put le laisser en paix dans sa retraite: Cambronne fut accusé d'avoir attaqué la France et le gouvernement royal à main armée; le retour de Napoléon était qualifié de *Conspiration du 20 mars*; c'est ainsi que les petits hommes rabaissent les grandes choses. Cambronne, porté sur la liste de proscription, ne veut pas accepter l'étrange accusation dont il est l'objet; il débarque à Calais, se rend à Paris et se constitue prisonnier à l'Abbaye. Le 16 avril 1816, il comparaît devant un conseil de guerre, et là, grâce au talent de Me Berryer, et surtout grâce aux conclusions du capitaine rapporteur Delon, qui eut le courage d'abandonner cette odieuse accusation, Cambronne fut acquitté à l'unanimité. Le capitaine rapporteur fut destitué; il était alors de toute justice que le gouvernement récompensât le zèle de ceux qui essayèrent de faire réformer ce jugement. Dulhuis, qui se signala par la rigueur de ses poursuites, fut appelé au commandement

Vue du château de Compiègne.

de la 16e division militaire. Cambronne rentra alors dans ses foyers et cultiva son modeste patrimoine. Souvent les Nantais voyaient arriver sur la place du marché un homme aux traits énergiques, et cependant empreints d'une certaine bonté; il était vêtu d'une blouse et fumait tranquillement sa pipe en conduisant une modeste charrette; la population s'inclinait avec respect sur son passage, et saluait ce nouveau Cincinnatus, le général Cambronne.

CAMBUSE. On appelle ainsi, en termes de marine, la partie de l'entre-pont d'un vaisseau où sont serrés les vivres.

CAMBYSE, roi de Perse, fils de Cyrus le Grand, monta sur le trône vers l'an 530 av. J.-C. Il conquit l'île de Chypre et fit la guerre à Amasis, roi d'Egypte. Il assiégea Péluse; mais longtemps arrêté devant cette place, il imagina, pour s'en emparer, de donner l'assaut en faisant placer devant les lignes de ses soldats des chats, des chiens, des moutons, et d'autres animaux que les Egyptiens avaient en grande vénération. Les assiégés, n'osant diriger leurs coups sur ces animaux, laissèrent emporter la place. Il porta ensuite ses armes contre les Ammonites, ravagea leur pays avec une armée de 50,000 hommes, et détruisit le fameux temple de Jupiter Ammon. Son expédition contre les Ethiopiens fut moins heureuse : il perdit dans les sables du désert la plus grande partie de ses soldats; une cruelle famine les avait réduits à se manger les uns les autres. Il revint alors sur ses pas et se vengea de son insuccès en semant la dévastation sur son passage. Etant entré dans le temple de Memphis, et ayant vu les prêtres égyptiens célébrer une cérémonie en l'honneur du dieu Apis, il les fit massacrer, croyant qu'ils se réjouissaient de ses désastres. L'usurpation de son trône de Perse par un faux Smerdis qui s'était fait proclamer roi le rappela dans ses Etats. Il mourut bientôt après d'une blessure à la cuisse, qu'il se fit avec son épée en montant à cheval, vers 525 av. J.-C. Plusieurs historiens l'ont représenté comme un despote odieux par ses cruautés; ils lui reprochent, en effet, le meurtre de son frère et celui de sa sœur Atosse, qui était devenue sa femme, et qu'il tua d'un coup de pied dans le ventre, quoiqu'elle fût enceinte. Au reste, l'histoire des tyrans de l'Asie nous montre que le fratricide était presque une nécessité politique pour ces rois, qui avaient toujours à craindre d'être renversés par les autres princes de leur famille.

CAMDEN (William), célèbre antiquaire, surnommé le *Strabon*, le *Varron*, le *Pausanias* de l'Angleterre, né à Londres en 1551, mort en 1623. Il rechercha les antiquités de la Grande-Bretagne, et voyagea constamment pour enrichir l'histoire de son pays de nouvelles découvertes. Il a laissé la meilleure description des îles Britanniques qui eût encore paru. La reine Elisabeth le récompensa par l'office de roi d'armes du royaume. Il a laissé aussi les *Annales d'Angleterre sous le règne d'Elisabeth*, et un traité sur la manière de lire l'histoire.

CAMÉE. Pierres gravées en relief; celles qui sont gravées en creux prennent le nom d'*intailles*. La plupart des camées sont faits sur des pierres précieuses, telles que l'agate et certains quartz. L'artiste doit surtout s'appliquer à tirer le meilleur parti des différentes nuances de la pierre et à les faire servir à une représentation plus délicate de l'objet qu'il veut graver, en se rapprochant autant que possible de sa teinte naturelle. On cite parmi les plus beaux camées l'*Agate de la Sainte-Chapelle*, apportée d'Orient par saint Louis, et qui représente l'apothéose d'Auguste; on y compte 22 figures. On cite encore l'*Apothéose de Germanicus*, et la Coupe des Ptolémées, qui fut déposée en 1794 à la bibliothèque de Paris. Les Italiens excellent surtout dans ce genre de gravure.

CAMELSFORD, ville d'Angleterre (Cornouailles), à 35 kil. de Callington. Pop. 1,400 hab. Patrie du roi Arthur.

CAMÉRARIUS (Joachim Ier), né à Bamberg en 1500, mort à Leipzig en 1594. Il est l'un de ceux qui contribuèrent le plus à la renaissance des arts et des sciences au XVIe siècle. Il jouit particulièrement de l'estime de l'empereur Charles-Quint, de Ferdinand Ier et de Maximilien II, qui le chargèrent souvent d'importantes affaires politiques et religieuses. Son nom était Liebhar; mais il prit celui de Camérarius parce que ses ancêtres avaient été longtemps chambellans à la cour. Il étudia le grec sous Richard Erocus, et put l'enseigner lui-même à l'âge de 16 ans. Il publia des traductions de Démosthène, de Xénophon, d'Homère, de Lucien, de Gallien et de Cicéron. Il possédait à la fois les langues anciennes, l'histoire, les mathématiques et la médecine. Il fut, avec Melanchton, l'un des rédacteurs de la fameuse *Confession d'Augsbourg*. Maurice de Saxe le chargea de dresser les nouveaux statuts de l'université de Leipzig. Sa correspondance avec Melanchton est un monument intéressant de l'histoire religieuse du XVIe siècle.

CAMÉRARIUS (Joachim II), fils du précédent, né à Nuremberg en 1534, mort en 1624. Il fut l'un des plus célèbres médecins et botanistes de son temps, et fonda dans sa ville natale une école de médecine dont il fut doyen jusqu'à sa mort. Il ne céda pas aux sollicitations de plusieurs princes qui voulaient l'attirer à leur cour. La botanique fut le sujet principal de ses études, et il fonda une précieuse bibliothèque, ainsi qu'un jardin qu'il enrichit des plantes les plus rares. Il a laissé de nombreux ouvrages sur la botanique et l'économie agricole.

CAMÉRARIUS (Philippe), frère du précédent, né en 1537, mort en 1624. Il fut conseiller à Nuremberg, et écrivit en latin des *Méditations historiques* qui furent traduites, en 1610, par Goulart.

CAMÉRARIUS (Rodolphe-Jacques), célèbre botaniste, né à Tubingue en 1665, mort

Vue de la cour des Comptes.

en 1721. Il contribua beaucoup à propager en Allemagne le système de la distinction du sexe des plantes, qui, plus tard, fut développé si ingénieusement par Linné. Il étudia la philosophie et la médecine, afin d'agrandir le champ de l'application de la science botanique. Il parcourut, pour recueillir de nouvelles connaissances, l'Allemagne, la Hollande, l'Angleterre, la France et la Suisse. A son retour, il fut nommé professeur du jardin botanique. Il a laissé, outre ses écrits sur la botanique, un *Traité sur les organes de la génération chez l'homme et les animaux.*

CAMÉRIER. On appelle ainsi le fonctionnaire de la cour de Rome préposé à la garde et à l'administration du trésor papal, au fisc ou à la chambre fiscale.

CAMERINO, ville des Etats de l'Eglise, ch.-l. de la délégation de son nom, à 140 kil. de Rome. Pop. 7,500 hab. Siège d'un archevêché. Université fondée en 1724. Belle cathédrale. Fabriques de soieries. Cette ville forma, au moyen âge, une des marches du duché de Spolète. La population de la délégation est de 42,995 hab.

CAMERLINGUE. On appelle ainsi, dans les Etats pontificaux, le cardinal chargé de l'administration de la justice et du trésor. Il fait partie de la chambre apostolique. Quand la chaire de saint Pierre vient à vaquer, le cardinal camerlingue publie les édits, fait battre monnaie à son coin, et marche en public escorté par la garde pontificale.

CAMILLE, fille de Metabus, roi des Volsques. Elle était légère à la course et habile à tirer de l'arc. Venue au secours de Turnus contre Enée, elle fut tuée en trahison par Aruns. Diane vengea sa mort par celle de son meurtrier. Cette femme guerrière joue un grand rôle dans l'*Enéide.*

CAMILLE, jeune Romaine, fiancée avec l'un des Curiaces. Après le triomphe de son frère, l'un des Horaces, elle ne put contenir sa douleur. Horace, à cette vue, la tua en s'écriant: « Qu'ainsi périsse quiconque pleurera un ennemi » (l'an 85 de Rome, 667 av. J.-C.).

CAMILLE (Marius-Furius Camilius), l'un des plus célèbres généraux romains. Il fut nommé tribun militaire en l'an 353 de Rome. Les Romains, voulant s'emparer de Véies, en Etrurie, dont le siège durait depuis dix ans, nommèrent Camille dictateur. Celui-ci parvint à s'en rendre maître en faisant jouer la sape et la mine avec une habileté inconnue jusqu'alors. Il rentra à Rome en triomphateur. Toutefois l'éclat inusité de ce triomphe déplut au peuple romain, qui redoutait toujours d'enfler l'orgueil de ses généraux au point de leur permettre d'aspirer à la tyrannie. Camille avait aussi triomphé des Falisques vers 396 av. J.-C. On rapporte qu'un maître d'école lui ayant amené prisonniers les élèves dont il avait la garde, Camille s'irrita d'une telle perfidie, et lui dit: « Apprends, traître, que si nous avons les armes à la main, ce n'est pas pour nous en servir contre un âge qu'on épargne même dans le sac des villes. » Il le fit aussitôt dépouiller de ses vêtements, et ordonna à ses élèves de le ramener à la ville en le frappant de verges. Les Falisques, touchés de sa générosité, se donnèrent à la république. Cependant Camille éprouva bientôt l'ingratitude de ses concitoyens; il fut accusé d'avoir soustrait une partie du butin de Véies. Il s'exila volontairement, et fut condamné à l'amende. Il s'écria en quittant la ville: « Que les dieux me vengent en forçant Rome à me regretter! » Ses vœux s'accomplirent bientôt. Des Gaulois, appelés en Italie par les Etrusques, qui voulaient opposer ces nouveaux ennemis aux Romains, et attirés aussi par les récits qu'on leur avait faits de la richesse de l'Italie et de la beauté de son climat, vinrent camper devant Clusium. Ils défirent les Romains à la bataille de l'Allia, s'emparèrent de Rome, et vinrent assiéger le Capitole. Le sénat cassa le jugement rendu contre Camille et lui conféra une seconde fois la dictature. Le tribun militaire Sulpicius venait de convenir avec les Gaulois d'une somme d'argent, moyennant laquelle ils devaient se retirer; Camille survint avec une armée au moment où l'on pesait la rançon de Rome: : « Rome, dit-il au chef des Barbares, ne traite point avec ses ennemis tant qu'ils sont sur ses terres; c'est le fer, et non l'or, qui doit racheter les Romains. Moi, dictateur, je romps un traité qu'on n'a pu consentir sans mon ordre. » Aussitôt les deux armées courent aux armes; on combat de part et d'autre avec fureur; mais Camille fit retomber lourdement sur les Gaulois ce mot qu'avait prononcé Brennus: Malheur aux vaincus! Après une première défaite, les Gaulois furent vaincus une seconde fois près de Gabies. Camille s'empara de leur camp et les fit tous passer au fil de l'épée, de telle sorte qu'il ne resta pas même un seul Gaulois pour aller porter dans sa patrie la nouvelle d'un si grand désastre. La critique historique ne croit pas cependant à l'entière véracité de ce récit; ainsi l'on pense plutôt, malgré l'autorité des historiens romains, que Rome ne se délivra des Gaulois qu'en acquittant une rançon. Camille fut salué du nom de *Romulus*, père de la patrie, second fondateur de Rome. Après avoir sauvé la république par ses armes, il la sauva une seconde fois par sa prudence. Le parti populaire proposait de faire de Véies une seconde Rome, en y transportant la moitié du peuple, des chevaliers et du sénat; les tribuns du peuple voulaient ainsi diminuer l'autorité de l'aristocratie. Camille comprit le danger qu'il y avait à affaiblir ainsi la république romaine, dont la carrière eût peut-être été bornée par une telle mesure. Il calma l'effervescence populaire et engagea les Romains à rebâtir leur ville incendiée par les Gaulois. Camille venait de quitter la dictature, quand une ligue formidable des peuples de l'Etrurie, des Latins et des Herniques, se forma contre Rome. On lui conféra la dictature pour la troisième fois, en 387. Camille enrôla tous les hommes en état de porter les armes, et battit successivement les ennemis de la république. Il eut les honneurs d'un troisième triomphe. Trois ans après, il remporta une victoire décisive sur les Volsques. On rapporte que Marcus Furius, son collègue, blâmant les sages précautions qu'il prenait pour assurer la victoire, voulut prendre le commandement; Camille le lui abandonna volontiers; mais il eut la précaution de se retirer sur une éminence d'où il pouvait assister au combat, afin de porter secours à Furius s'il en était besoin. En effet, celui-ci se laissa tromper par une feinte retraite des Volsques. Ceux-ci, revenant sur leurs pas, allaient accabler les Romains, que l'ardeur de la poursuite avait mis en désordre; Camille, voyant le danger, accourut avec une armée de réserve, et força enfin les Volsques à prendre la fuite. La guerre était à peine terminée, que Rome était troublée à l'intérieur par la lutte entre les patriciens et les classes opprimées. Les prolétaires réclamaient l'assurance du bien-être matériel; les plébéiens, plus aisés, voulaient participer à la puissance politique; ceux-ci triomphèrent, et, en se fondant dans l'aristocratie, ils épousèrent ses intérêts. Les prolétaires, qui, encouragés par leurs tribuns, ne trouvaient aucun avantage à ces révolutions, menaçaient toujours les patriciens. Ceux-ci, en entretenant des guerres continuelles et en occupant au dehors l'activité du peuple, avaient retardé un changement inévitable dans la constitution politique; mais ce moyen devait finir par échouer. Camille venait d'être nommé dictateur pour la quatrième fois, et avait convoqué le peuple au champ de Mars pour entreprendre une guerre nouvelle. Cette fois les tribuns protestèrent, et Camille, craignant l'irritation populaire, abdiqua la dictature. Cependant une nouvelle invasion des Gaulois fit rappeler Camille pour la cinquième fois. Bien que courbé sous le poids des années, il reprit le commandement de l'armée. Il alla se poster sur le bord de l'Anio, et se retrancha sur des hauteurs, de manière à dérober aux Gaulois la vue de son armée. Lorsqu'il vit les ennemis dispersés dans la campagne pour piller, il jugea le moment favorable pour les attaquer, et leur fit subir une sanglante défaite. De retour à Rome, Camille appuya le parti populaire contre les patriciens, et obtint que les consuls pussent être choisis dans la classe du peuple. Grâce à cette concession, il rétablit la tranquillité dans Rome. En mémoire de cet événement, il fit bâtir le temple de la Concorde. Il mourut en 365 avant J.-C.

CAMILLE. On appelait ainsi, chez les anciens Romains, l'enfant qui servait les prêtres dans les cérémonies sacrées. On le choisissait parmi les enfants des familles nobles, et il devait avoir ses père et mère vivants. Il avait les cheveux longs, relevés sur le front; il portait une tunique courte à manches longues. Il se tenait debout à côté du prêtre et portait les vases employés aux cérémonies. On donnait aussi ce nom à la jeune fille qui assistait la femme du grand-prêtre.

CAMILLO (François), peintre, né à Madrid en 1610, mort en 1671. Il fut élève de Pierre de Las Cuevas. Il se distingue par la fraîcheur de son coloris en même temps que par la douceur de l'expression. Le duc d'Olivarès le présenta au roi d'Espagne, qui le chargea de peindre les portraits des rois; il fit aussi d'admirables peintures à fresque représentant les *Métamorphoses* d'Ovide. Il a surtout excellé dans les sujets de dévotion.

CAMIN, ville de Prusse (Poméranie), à 64 kil. de Stettin, sur la Baltique. Pop. 3,050 hab. Ancien évêché. Pêche et industrie agricole.

CAMINHA, ville forte de Portugal (Minho), à 50 kil. de Braga. Pop. 2,000 hab.

CAMION, chariot très-bas et allongé, à quatre roues, qu'on emploie généralement pour le transport des marchandises d'un volume ou d'un poids considérable.

CAMISADE. On appelait ainsi autrefois l'expédition nocturne pendant laquelle les soldats mettaient leurs chemises par-dessus leurs armes, afin de se reconnaître dans l'obscurité.

CAMISANO, ville du royaume d'Italie, dans la prov. de Crémone, à 8 kil. de Crême. Pop. 2,500 hab.

CAMISANO, ville des Etats autrichiens (Vénétie), dans la délégation de Vicence, à 12 kil. de cette ville. Pop. 4,000 hab.

CAMISARDS. L'insurrection des Camisards est l'un des plus terribles incidents des guerres des Cévennes, provoquées par la révocation de l'édit de Nantes. Les paysans des Cévennes se révoltèrent en inscrivant sur leur bannière : *Plus d'impôts et liberté de conscience.* Ils voulaient venger 2 millions de Français condamnés à la proscription. Colbert avait bien essayé d'arrêter les projets de Louis XIV; mais Louvois, l'instrument de Mme de Maintenon, avait conseillé à Louis XIV de mettre sa volonté au-dessus des intérêts de l'Etat. Les montagnes des Cévennes avaient été couvertes de missionnaires chargés d'acheter les conversions à prix d'argent, et de dragons pour sabrer impitoyablement ceux qui osaient résister. Les bourreaux venaient à l'arrière-garde pour pendre ou allumer les bûchers. Les enfants étaient arrachés des bras de leurs mères pour être enfermés dans les couvents.

Parmi les plus ardents convertisseurs, on distinguait Basville, intendant du Languedoc, l'abbé du Chayla, qui avait transformé son château en prison. Ce dernier se félicitait d'avoir imaginé un nouveau genre de supplice dont il attendait le plus grand succès : il faisait attacher les protestants à des pieux par les quatre membres, et il les faisait ainsi écarteler jusqu'à ce qu'ils s'avouassent convertis. Les ministres protestants étaient particulièrement soumis aux plus cruelles tortures. Les populations durent enfin organiser la résistance. L'abbé du Chayla avait fait enlever et retenait dans son château la fiancée d'un jeune Cévenole. Celui-ci ne songea plus qu'à mourir ou à délivrer sa maîtresse. Suivi d'une troupe de jeunes gens, il envahit le château de l'abbé du Chayla et le pendit à son tour. Avant d'accomplir cet acte de justice, tous lui montrèrent leurs plaies, leurs membres disloqués par la pression des poteaux, ces instruments de torture que l'abbé appelait ses *ceps*. Les insurgés s'habillèrent d'une chemise ou blouse en toile blanche, d'où leur vint le nom de camisards. La présence de 20,000 hommes de troupes n'arrêta pas les progrès de l'insurrection. La cour imagina alors de faire peser sur les malheureux protestants un impôt extraordinaire qu'il leur était impossible d'acquitter; les receveurs faisaient alors vendre les meubles et les récoltes. Ces instruments ignobles du plus odieux despotisme furent punis à leur tour : les camisards les enlevèrent nuitamment de leurs maisons et les pendirent à des arbres avec leurs rôles attachés au cou. De nouvelles troupes furent envoyées dans les Cévennes. Les camisards choisirent alors pour chefs les plus ardents et les plus braves d'entre eux : Cavalier, garçon boulanger, Ravenel, Catinat et Roland. Cavalier s'établit dans la plaine; Roland et Catinat se retirèrent dans les montagnes. Pendant plusieurs années, ils soutinrent héroïquement une guerre d'extermination. Cavalier, homme d'un génie supérieur, avait su inspirer à ses compagnons une confiance sans bornes : au moindre commandement, ils se disputaient l'honneur de voler à une mort certaine; les postes les plus dangereux devenaient ainsi inexpugnables. Le maréchal Montrevel essuya une longue suite de défaites; il s'en vengeait en incendiant des villages protestants. C'est à l'occasion de l'un de ces incendies que Cavalier lui écrivit : « Je viens d'apprendre avec un extrême chagrin que vous avez fait brûler Mariége. Je ne puis concevoir dans quelles vues et par quelle justice. J'avais une armée; ce malheureux village pouvait-il me résister? Me voyant forcé d'user de représailles, selon les lois de la guerre, et pour la sûreté des réformés, je pars avec regret pour aller brûler deux villages catholiques, en vous déclarant, monsieur, que s'il ne vous plaît pas de mettre fin à ces fureurs, pour un village que vous brûlerez désormais, au lieu de deux j'en brûlerai trois, et que si rien ne vous arrête, j'irai toujours en augmentant! » Cavalier exécuta sa menace. Montrevel crût devoir continuer encore son système d'incendie; les camisards brûlèrent jusqu'à trois villages catholiques, et, à chaque nouvel accès de fureur de Montrevel, ils allaient ainsi en augmentant. Le gouvernement intervint enfin pour mettre fin à ces horreurs. Poule, l'un des plus hardis officiers de Montrevel, ne demandait qu'un régiment de dragons pour enlever Cavalier mort ou vif; on lui en donna deux, et il se fit encore battre; sa troupe fut entièrement détruite. Tandis que les camisards traitaient leurs prisonniers avec générosité, Montrevel envoyait les siens à l'échafaud après leur avoir appliqué la torture pour obtenir d'eux des révélations. Des jésuites et des missionnaires parcouraient les campagnes en promettant à quiconque tuerait un protestant *une récompense honnête*, sans préjudice des indulgences qui lui étaient réservées. Cavalier se vengea de l'un d'eux en l'humiliant par les meilleurs traitements, et il le chargea d'aller raconter tout le mal que lui avaient fait les hérétiques. Cependant les camisards furent une fois trahis par un des leurs, et dans un combat qui dura un jour et une nuit, ils perdirent 700 hommes. Dans ce combat funeste, des camisards retranchés dans une ferme aimèrent mieux l'incendier et s'enterrer sous les décombres que de se rendre à leurs ennemis. Malgré leur échec, les camisards étaient animés d'une ardeur tellement surhumaine qu'un de leurs détachements, rencontrant un des régiments qui revenait victorieux du combat, chargea avec une telle fureur qu'il le mit en déroute. Celui qui avait trahi ses compatriotes fut passé par les armes; ses fils même lui refusèrent leurs derniers embrassements. Les camisards n'étaient plus que 1,200 contre 30,000. Cernés de toute part, ils s'attendaient à périr de faim; mais le désespoir leur donna de nouvelles forces, et Montrevel demeura stupéfait en voyant les nombreux échecs que subirent ses troupes après une victoire qu'elles ne devaient qu'à la trahison. Cavalier, brisé de fatigues et couvert de blessures, fut obligé d'abandonner le commandement; Roland lui succéda. Montrevel fut enfin rappelé. Honteux de ces échecs successifs, il voulut tenter un dernier effort; mais il échoua comme toujours. Villars prit à son tour le commandement. Il comprit bientôt que cette guerre ne pouvait se terminer par les armes. Il entama alors des négociations avec Cavalier; il lui promettait d'assurer le libre exercice du culte protestant, et lui conférait le brevet de colonel de ses camisards. Avant même que la réponse de Cavalier fût parvenue à Villars, celui-ci proclama publiquement que les protestants pouvaient professer leur culte. La cour accusa Villars d'impiété et exigea même que la guerre fût reprise. Les hostilités recommencèrent en effet; mais elles ne furent pas de longue durée ; la paix fut enfin conclue, la liberté des protestants assurée, et Cavalier, chef d'un régiment de héros, fût même appelé à la cour de Louis XIV. Le grand roi avait désiré voir en face ce redoutable adversaire; mais il se contenta de hausser les épaules à la vue du redoutable chef de partisans. Celui-ci, craignant pour sa liberté, passa au service de l'Angleterre. Malesherbes disait de Cavalier que c'était l'un des plus forts caractères que l'histoire nous eût transmis.

CAMOENS (Louis), le plus célèbre des poëtes portugais, né à Lisbonne, vers 1517, mort en 1579. Sa famille était noble, mais pauvre. Son père s'imposa les plus grands sacrifices pour cultiver les heureuses dispositions qu'il montra de bonne heure. Il étudia à l'université de Coïmbre, que le roi Jean III venait de fonder. De là il passa à Lisbonne, où sa noblesse lui permit de fréquenter la cour. Il y vit Catherine d'Attayde, dame du palais, et s'éprit pour elle du plus ardent amour. Cette passion fit le désespoir de sa vie. On fit sentir à Camoëns qu'il était noble à la vérité, mais que n'étant pas grand d'Espagne, il ne pouvait prétendre à la main d'Attayde. Le souvenir de cette femme ne put s'effacer de son cœur; ce fut elle qui lui inspira ses premiers vers; et, à ses derniers moments, alors qu'il luttait contre la plus horrible misère, ce fut encore à elle que se reporta toute sa pensée. Il répondit par des vers satiriques, mais pleins de dignité, au mépris dont il se voyait l'objet à la cour. On l'exila à Santarem, dans l'Estramadure. La solitude le plongea dans la mélancolie, et il chercha à se consoler en peignant la situation de son âme dans les élégies les plus touchantes. Fatigué de son exil, il demanda, comme une grâce, à faire partie de l'expédition qui allait secourir Ceuta dans le Maroc. Le poëte s'y conduisit en héros; le spectacle des combats exaltait son génie, de même que la poésie animait son courage. Au milieu des alertes continuelles et des plus dures fatigues, Camoëns chantait encore les souvenirs qui emplissaient son cœur. Dans un engagement devant Ceuta, il eut l'œil droit emporté d'un coup de feu. Il avait droit au moins à quelque récompense; on lui fit la seule grâce de l'oublier, en lui permettant de revenir à Lisbonne. Là, se voyant encore abreuvé d'humiliations, au sein d'une cour ignorante et stupide, il s'embarqua pour les Indes, en 1553, et alla se fixer à Goa. Quand il vit le magnifique établissement que les Portugais venaient d'y fonder, il comprit la grandeur de la découverte de Vasco de Gama. Une entreprise à travers tant de dangers, par des chemins non frayés, où tout devient sujet d'alarmes, enflamma son imagination. Il comprit ce qu'il faut de puissance de génie pour marcher à la recherche de l'inconnu. Le sort de Vasco de Gama, qui ne fut récompensé que par l'ingratitude de ses concitoyens, ses exploits dans des parages lointains, sur une terre où tant d'objets nouveaux devaient prendre à ses yeux une forme fantastique, lui fit concevoir l'idée d'un grand poëme. Il ébaucha la *Lusiade*. Pendant son séjour à Goa, il ne put rester indifférent à l'odieuse tyrannie qui pesait sur ce beau pays. Les malversations du vice-roi excitèrent son courroux, et il jugea que la satire devait reprendre ses droits. Il fut exilé à Macao, où il passa plusieurs années. Le regret de la patrie lui fit enfin solliciter sa grâce, et il obtint son rappel à Goa. Pendant la traversée de Macao à Goa, et au moment où le navire qui le portait allait passer l'embouchure du Mecon, en Cochinchine, il fit naufrage et se sauva à la nage, tenant d'une main hors de l'eau, les feuillets de sa *Lusiade*, tandis que, de l'autre, il nageait vers le bord. Ce fut sur ce rivage qu'il composa sa magnifique paraphrase du psaume *Super flumina Babylonis*. Quand il revint à Goa, un nouveau gouverneur venait d'être installé; mais celui-ci ne lui épargna pas de nouvelles persécutions : il le fit arrêter et détenir pour dettes, au nom de quelques créanciers. Ses amis s'employèrent pour lui, obtinrent sa liberté, et le firent embarquer pour Lisbonne, qu'il avait quittée seize ans auparavant. Il publia son poëme, obtint quelques éloges, et reçut du roi Sébastien une pension de 30 écus; puis le silence se fit autour de lui. Sébastien, son unique protecteur, ayant trouvé la mort, en 1578, dans une expédition en Afrique, il perdit sa dernière ressource; la couronne passa à une famille étrangère. Dès ce moment, Camoëns eut à lutter contre la faim; obligé de se montrer à la cour, il y paraissait dans le jour, et la misère que trahissaient ses vêtements, faisait railler l'indigence du poëte. Le soir, il envoyait un pauvre paria, qu'il avait amené de l'Inde, mendier de porte en porte. Ce généreux ami, qui s'était attaché à Camoëns à cause même de son infortune, venait partager avec lui le produit de l'aumône. Une telle existence ne pouvait se prolonger longtemps : il alla mourir d'épuisement sur le grabat d'un hôpital. Il rendit le dernier soupir à l'âge de 62 ans, en 1579. Quinze ans après ses concitoyens consacraient un monument à sa mémoire, avec une pompe toute royale.

Si Dryden meurt de faim, on l'enterre avec gloire,

disait Pope. En effet,

Hommes de plomb que nous sommes,
Au cordeau nous aligne tous,
Si des rangs sortent quelques hommes,
Tous nous crions : à bas les fous!

On les persécute, on les tue,
Sauf après un lent examen,
A leur dresser une statue
Pour le bonheur du genre humain.

La *Lusiade* égale tout ce que l'imagination des poëtes a produit de plus beau. L'épisode d'Inès de Castro et l'apparition d'Adamastor, le génie de la tempête, atteignent le sublime. Le poëme est animé d'un bout à l'autre d'un enthousiasme patriotique. Le jugement de la Harpe sur Camoëns n'est pas généralement accepté : la diffusion qu'il lui reproche ménage des contrastes hardis, et qui ne sont pas les moindres beautés de cette composition homérique. En Portugal, les gens du peuple lisent Camoëns et chantent ses stances et ses élégies.

CAMONICA (val), vallée du royaume d'Italie, dans la prov. de Bergame. Elle a 60 kil. de long., et fait communiquer l'Italie avec le Tyrol. Pop. 40,000 hab. Mines de fer. Elève de bestiaux et de vers à soie.

CAMORTA, une des îles Nicobar, colonisée par les Danois. Superficie 40 kil. sur 8. Bon port.

CAMP chez les anciens et chez les modernes. (*Voir* CASTRAMÉTATION.)

CAMP, CAMPEMENT. On appelle ainsi le lieu où une armée stationne et s'établit temporairement. Suivant la rigueur du climat, et aussi suivant la nécessité de la guerre, le campement est dressé sur la terre nue, ou on le couvre de tentes et de baraques. Le camp peut être établi pour permettre à une armée de prendre quelque repos, ou pour rester en observation à quelque poste, afin de protéger des magasins de vivres et de munitions, de garder un pont ou un défilé, ou afin d'attendre des renforts ou des convois; il peut aussi être établi pour protéger une armée assiégeante. Les troupes campent en ordre de marche ou en ordre de bataille, suivant qu'elles n'ont pas à redouter d'attaque imminente, ou, au contraire, qu'elles se trouvent en face de l'ennemi. Le camp doit toujours préserver ses flancs et ses derrières, pour ne pas être tourné. Il importe aussi qu'il ne se trouve pas dans une position telle que les troupes puissent être facilement acculées par l'ennemi contre une montagne, une rivière ou un défilé étroit, de telle sorte que ses mouvements ne soient plus libres. Aussi le camp est-il généralement établi un peu en arrière de la rive ou du passage qu'il s'agit de protéger. La position du camp en face de l'ennemi doit toujours être telle qu'il soit facile d'attaquer ses flancs, tout en se garantissant de la même attaque. Lorsque les troupes sont disposées à l'attaque, le camp doit être assez mobile pour suivre les diverses évolutions de l'ennemi, et profiter de ses fautes. Les camps permanents sont généralement fortifiés, et conviennent mieux à la guerre défensive. Outre les considérations stratégiques, un général ne doit pas rester étranger, pour le choix de l'emplacement d'un camp, aux considérations statistiques et économiques. Ainsi il évitera de se tenir dans un canton où l'approvisionnement serait difficile par suite de la pauvreté du pays ou de l'épuisement de la population; il ménagera aussi les pays alliés, amis ou neutres. En temps de paix, on forme des camps de manœuvres destinés à exercer les officiers et les soldats. On y simule les grandes opérations qui peuvent se reproduire sur le champ de bataille.

CAMPS DE CÉSAR. On appelle ainsi les camps retranchés qui furent établis dans les anciennes Gaules par Jules César, par les généraux romains qui vinrent après lui, ou même par les anciens guerriers francs qui imitèrent la stratégie romaine. On retrouve dans la plupart des camps d'origine romaine des débris d'armes ou des médailles qui aident à faire connaître l'époque certaine de leur établissement. On cite parmi les camps romains les plus célèbres le *camp de l'Etoile*, situé sur la Somme, près du village de l'Etoile, et le *camp de Wissan*, près du bourg de ce nom, entre Calais et Boulogne. Les camps romains étaient ordinairement placés sur une éminence escarpée, de manière à dominer les environs et à commander un passage; la forme en était généralement ovale, un tiers plus longue que large; les lignes du camp étaient entourées de fossés. En effet, la première occupation du soldat romain était de les creuser, aussitôt que l'emplacement du camp avait été choisi. Les camps avaient généralement deux portes; mais celui de l'Etoile n'en offre qu'une seule. Ils étaient d'une étendue médiocre et disposés pour une seule légion. Ils offraient un front de peu d'étendue, afin de rendre la défense plus facile.

CAMP PRÉTORIEN. Ce camp fut établi par Séjan quand il eut été nommé préfet du prétoire par l'empereur Tibère. Séjan, voulant augmenter l'importance de sa charge et disposer plus facilement des cohortes prétoriennes, les réunit dans un seul camp fortifié, sur le Viminal. Par cette concentration, il rendait les prétoriens plus redoutables, et leur donnait plus de confiance en eux-mêmes. Peut-être même prétendait-il se servir un jour de ses prétoriens contre l'empereur, dont il craignait l'inconstance dans ses faveurs. Tibère donna son consentement sur cette raison que le soldat contenu dans un camp était généralement plus docile, et qu'on l'aurait plus facilement sous la main en cas de besoin. Les prétoriens furent gagnés par un présent de 1,000 deniers par tête. On sait que les prétoriens, à qui on révéla ainsi le secret de leur force, ne tardèrent pas à disposer de l'empire et même à le vendre à l'encan à d'ambitieux compétiteurs.

CAMP DU DRAP D'OR. On donne ce nom à la plaine située entre Guines et Ardres, où eut lieu, en 1520, la fameuse entrevue de François Ier et de Henri VIII, roi d'Angleterre. Les deux monarques tentèrent de se rapprocher; mais les causes les plus futiles firent avorter cette alliance: Henri VIII se montra choqué de la magnificence que déploya François Ier pour l'éclipser par son luxe; le monarque français avait cru qu'il était habile de faire étalage de sa puissance. On rapporte qu'il fut vivement blessé de ce que François Ier, dans une lutte corps à corps, eut la vanité de le surpasser en adresse. Charles-Quint, éclairé par la double faute de François Ier, se rendit à son tour auprès de Henri VIII, à Gravelines, avec une suite fort modeste, et sut réaliser à son profit une alliance qui tourna ensuite contre François Ier.

CAMPAGNA, ville du royaume d'Italie (Principauté citérieure), à 30 kil. de Salerne. Pop. 8,200 hab. Siége d'un évêché.

CAMPAGNAC, ch.-l. de cant. de l'arrond. de Milhau (Aveyron), à 35 kil. de cette ville. Pop. 1,500 hab.

CAMPAGNE. Ce mot s'entend généralement d'une vaste étendue de pays peuplée de villages et de hameaux. — Ce mot se dit aussi des opérations d'une armée pendant la guerre. — En termes de marine, on entend également par campagne une expédition navale ayant pour objet l'instruction de l'équipage, une croisière ou des découvertes.

CAMPAGNE DE ROME, province d'Italie qui comprend à peu près l'ancien Latium, et fait encore partie des Etats de l'Eglise; elle a 120 kil. de long et 102 de large. C'est une plaine considérable et presque déserte par suite de l'incurie de l'administration romaine. On y rencontre plusieurs lacs, et notamment le luc Régille, situé au fond d'un cratère éteint; cette province offre aussi un certain nombre de cratères fort curieux, parmi lesquels on remarque ceux d'Albano et de Némi. Les eaux du lac Albano s'écoulent par un magnifique canal qui est l'œuvre des Romains. Ce canal fut construit sur l'avis de l'oracle de Delphes, qui avait répondu que Rome serait submergée s'il n'était construit; il le fut en effet dans l'espace d'une année, en 393. Il est taillé dans les roches volcaniques, sur une étendue de 2 kil., et conduit les eaux du lac à la mer. On rencontre dans ce pays un grand nombre de sources d'eau sulfureuse, qui attestent une formation volcanique. La campagne de Rome proprement dite, l'ancien *Ager romanus*, dont la prospérité fut autrefois incontestable, n'est plus aujourd'hui qu'une plaine déserte, désolée par la *mal'aria*, qui sévit surtout pendant les chaleurs de l'été. Le Transtévérin ne manque jamais de sourire quand on lui parle de la nature inculte de l'*agro romano* et de la *mal'aria*. Il a conscience que ce sont là des maux auxquels il est facile de remédier, et que l'ineptie administrative a seule prolongés jusqu'à ce jour. En effet, la culture qui s'étend à 8 kil. autour de Rome montre suffisamment le parti qu'on pourrait tirer du sol de la campagne romaine, et la science nous enseigne d'une manière incontestable que les fièvres malignes s'éteignent quand le terrain perd sa nature vierge. L'*agro romano* présente de misérables huttes espacées qui servent d'asile à de malheureux bergers qui font paître les troupeaux dans cette vaste solitude. On trouve dans la contrée un grand nombre de ruines de temples, d'amphithéâtres, d'acqueducs et de tombeaux.

CAMPAGNE MILITAIRE. Ce mot désigne une période d'hostilités. Il s'entend aussi plus spécialement des opérations de guerre qui embrassent tout le temps d'une année, pendant lequel les armées se trouvent aux prises. Ainsi, une de nos campagnes commence ordinairement au printemps pour finir au commencement de l'hiver. Le moment de l'entrée en campagne varie suivant le climat du pays qui est le théâtre de la guerre; il commence plus tôt en Italie qu'en Allemagne, et plus tôt encore en Allemagne que dans les pays du nord. La campagne cesse dès que les troupes prennent leurs quartiers d'hiver. Les campagnes de mer et les campagnes d'Europe sont comptées, en temps de paix, comme moitié en sus du temps de leur durée, pour parfaire la durée de service exigé pour la retraite du soldat; en temps de guerre, les campagnes sont comptées pour le double de leur durée.

CAMPAGNE-LEZ-HESDIN, ch.-l. de cant. de l'arrond. de Montreuil-sur-Mer (Pas-de-Calais), à 15 kil. de cette ville. Pop. 1,150 hab.

CAMPAGUS. On appelait ainsi à Rome la chaussure des centurions. C'était une semelle munie d'un bord de cuir qui contournait le pied, en laissant le dessus à découvert, et remontait derrière le talon. Elle s'attachait avec une courroie que l'on passait dans des œillets percés autour du bord de cuir, et que l'on reliait au bas de la jambe.

CAMPAN, ch.-l. de cant. de l'arrond. de Bagnères-de-Bigorre (Hautes-Pyrénées), à 7 kil. de cette ville. Pop. 4,248 hab. Vallée très-belle, carrière de marbre vert veiné, de marbre griotte ou rosé; caverne remplie de stalactites d'albâtre.

CAMPAN (Jeanne-Louise-Henriette GENET), née à Paris en 1752, morte en 1822. Elle était fille de M. Genet, premier commis au ministère des affaires étrangères, sous l'administration du duc de Choiseul. Elle reçut une éducation supérieure, et acquit une telle habileté dans l'art de la lecture et de la déclamation, que Mme de Choiseul la fit nommer, à l'âge de 15 ans, lectrice de Mesdames, filles du roi. Elle fut présentée à la cour au moment où Louis XV venait de perdre sa femme, Marie Leckzinska.

Quelques années plus tard, Marie-Antoinette d'Autriche ayant remarqué Mlle Genet, lui facilita un brillant mariage avec Berthollet, parent du fameux chimiste, qui avait pris le surnom de Campan. Elle ne cessa de manifester le plus vif attachement à la reine pendant les malheurs qui affligèrent la famille royale au début de la Révolution; le 10 août 1792, elle l'accompagna dans la cellule des Feuillants, et là la reine lui remit entre les mains ses papiers les plus précieux. Louis XVI lui-même coupa deux mèches de ses cheveux, lui en donna une pour elle et l'autre pour sa sœur, comme gage de sa reconnaissance. Elle demanda comme une faveur d'être enfermée avec la reine; mais Péthion s'y opposa. Elle comprit qu'elle était désormais suspecte au gouvernement révolutionnaire et alla se cacher dans la vallée de Chevreuse. Sa sœur fut arrêtée, et prévint par une mort volontaire les horreurs de l'échafaud. Après le 9 thermidor, se voyant sans ressources, elle conçut le projet de fonder une institution, et parvint à réunir en fort peu de temps une soixantaine de jeunes filles des familles les plus distinguées de la cour de Napoléon, parmi lesquelles on distinguait la fille de l'impératrice Joséphine, qui devint la reine Hortense. Plus tard, quand l'empereur conçut le projet de fonder un établissement spécial pour les filles, sœurs ou nièces de chevaliers de la Légion d'honneur, ce fut Mme Campan qu'il chargea de la direction et de l'intendance de cette nouvelle institution. Cette maison d'éducation, établie à Ecouen, fut supprimée lors de la Restauration. Mme de Campan a laissé des *Mémoires*, des *Nouvelles* et un *Traité de l'éducation des femmes*.

CAMPANELLA (Thomas), célèbre philosophe, né à Stilo, en Calabre, en 1568, mort à Paris en 1639. Il se distingua de bonne heure par ses facultés surprenantes, et entra à l'âge de 16 ans dans l'ordre des dominicains. Il se livra alors à l'étude de la philosophie, et méprisa les avis et même les menaces de ses supérieurs qui lui reprochaient de soumettre à l'autorité de la raison la doctrine révélée par les Ecritures. Mais Campanella avait un moyen assez simple de leur imposer silence : c'était de les provoquer à une discussion. Il se mit au-dessus des systèmes des anciens philosophes, préférant, comme il le disait, *le livre original et autographe de la nature*. Il mit Platon au-dessus d'Aristote, et s'attacha surtout à étudier Telesio. Ce grand philosophe lui était encore inconnu, lorsqu'un de ses adversaires, qui soutenait avec lui une controverse, manifesta son étonnement en disant : « Il faut que l'esprit de Telesio soit passé tout entier dans ce jeune moine! » Campanella eut alors la curiosité d'approfondir les ouvrages de Telesio, et il reconnut bientôt qu'il s'était rencontré avec lui dans la plupart de ses idées : il admirait surtout la hardiesse d'esprit de ce profond penseur. Ce fut dans les solitudes de la Calabre qu'il composa une réfutation du livre que Martha avait publié contre Telesio. Peu de temps après il remporta, dans une discussion théologique, un triomphe éclatant contre un vieux professeur de son ordre. Celui-ci, à bout d'arguments, l'accusa d'athéisme et de magie. Campanella prit la fuite et alla se réfugier à Naples en 1592; de là il passa à Florence où il dédia au grand-duc Ferdinand Ier son livre *Du sens des choses*. Toujours traqué par ses ennemis, il partit pour Venise. On lui déroba ses manuscrits sur la route de Padoue; quelques années après, il était encore victime d'une soustraction semblable. Il comprit bientôt le sentiment qui avait animé les auteurs de ces vols quand il apprit que ses manuscrits avaient été envoyés au tribunal de l'Inquisition. Il parut devant ses juges, et le volé eut beaucoup de peine à se justifier en face des voleurs qui étaient devenus ses accusateurs. Il revint dans son pays natal; ses ennemis l'y poursuivirent encore, et le ministre espagnol consentit à servir leur haine en faisant emprisonner Campanella pour crime de haute-trahison et de lèse-majesté : on l'accusait d'avoir voulu livrer la ville de Naples aux ennemis de l'Etat. Il fut condamné à la prison perpétuelle, et essuya la question jusqu'à sept fois en un seul jour. Il fit preuve dans cette circonstance d'un courage et d'une fermeté qui étonnèrent ses juges. Sa captivité fut adoucie par la permission qui lui fut accordée de recevoir ses amis dans sa prison, et même d'entretenir une correspondance avec des savants étrangers. Mais, plus tard, il fut soumis à un régime plus sévère, sur une accusation de complicité avec Piétro Giron, duc d'Ossuna, qui avait aspiré à la couronne. Enfin, après une détention de 27 années, il fut mis en liberté, grâce à la protection de quelques cardinaux qui intervinrent pour lui auprès d'Urbain VIII. Il vint alors en France où l'appela le duc de Nouilles, ambassadeur à Rome. Il débarqua à Marseille et y connut Gassendi qui vint généreusement à son secours. Louis XIII lui fit une pension et le plaça dans un couvent de dominicains. Le roi venait souvent le visiter et ne dédaignait pas de le consulter sur les affaires de l'Italie. Il mourut dans le couvent où il s'était fixé, le 21 mai 1639, à l'âge de 71 ans. Il a laissé dix-huit ouvrages de philosophie et de théologie. On remarque surtout son *Athéisme vaincu*. Les principes qu'il y développe ont fait dire qu'il aurait dû plutôt l'intituler : *l'Athéisme triomphant*. Il a aussi laissé un curieux ouvrage sous le titre de *Discours sur la monarchie espagnole*, dans lequel il indique par quels moyens la maison d'Espagne pouvait parvenir à réaliser la monarchie universelle. Il a publié enfin la *Cité du soleil*, roman qui est, au fond, une véritable satire des mœurs politiques de son temps. Campanella y expose un singulier système sur la communauté des femmes, et montre une certaine confiance dans l'astrologie judiciaire. Selon lui, il y avait des jours heureux et des jours malheureux : il était persuadé que le mardi et le vendredi ne pouvaient amener que des événements malheureux, et, si quelque bien lui arrivait l'un de ces jours-là, il s'attendait à ce qu'il se changeât bientôt en mal. Six fois il avait été soumis à la question, et toujours le mardi ou le vendredi. Le dimanche et le mercredi lui apparaissaient comme des jours heureux. Malgré ces idées superstitieuses, Campanella a exposé divers systèmes qui attestent une grande profondeur de génie : ainsi il avait compris tout le parti qu'on pouvait tirer de la physiognomonie. Suivant lui, les facultés morales étaient révélées par les traits du visage et par la démarche; il affirmait que deux personnes offrant les mêmes traits devaient nécessairement avoir les mêmes passions. Son système philosophique est basé sur la raison qui lui paraît exclusive de la foi, et il fonde la connaissance du monde extérieur sur le témoignage des sens. Son système moral a pour point de départ une trilogie : puissance, sagesse, amour. Une passion ne lui paraît bonne que quand elle n'est pas développée dans une proportion anormale; le mal n'est qu'un défaut d'équilibre. Il ne va pas jusqu'à attaquer les dogmes de l'Eglise, mais on sent qu'ils sont incompatibles avec sa doctrine, et qu'il a dû être retenu par la crainte de blesser des préjugés qu'on ne pouvait braver impunément dans le siècle d'intolérance où il vivait. L'élan de son intelligence est à chaque instant entravé. Il n'y a, suivant lui, que deux causes actives de la création : le chaud et le froid. Tous les êtres de la nature ne sont que le résultat des combinaisons innombrables de ces deux principes. Il réduit les divers sens de chaque être à un seul, et ne voit dans les organes que des conducteurs de ce sens unique, qui traduisent les impressions de différentes manières. Il accorde l'intelligence aux animaux. Il oppose à la souveraine trilogie : puissance, sagesse, amour, qui, suivant lui, constitue l'être, cette autre trilogie qui constitue la négation de l'être, le néant : impuissance, ignorance, haine. Il admet, comme conséquence de l'affirmation de l'être, ces trois attributs : essence, vérité, bonté. Ils se développent sous l'influence des trois causes suivantes : nécessité, destin et harmonie.

CAMPANHA ou PRINCEZA DA BEIRA, ville du Brésil, dans la province de Minas-Geraës, à 220 kil. d'Ouro-Preto. Pop. 2,000 hab. Riches lavages d'or.

CAMPANIE, ancienne province de l'Italie, aujourd'hui Terre de Labour, dans le royaume d'Italie, s'étendant sur les bords de la Mer tyrrhénienne, depuis le Liris jusqu'au Silarus; bornée au N.-O par le Latium, au N.-E. par le Samnium, et au S. par la Lucanie. Cette contrée était fertile en blé, vins, huiles, parfums, fruits; elle était arrosée par le Liris, le Silarus, le Vulturne, le Veseris. Les montagnes : étaient le Vésuve, le Gaurus et le Massique. Villes principales : Vulturnum ou Capoue, capitale; Venafrum, Cumes, Puteoli (Pouzzoles), Neapolis ou Parthénope (Naples), etc. Les principaux golfes étaient ceux du Crater ou de Naples, de Pæstum, de Baïes. Les plus anciens habitants de la Campanie se nommaient Opiques. Les Etrusques s'emparèrent de ce pays vers 600 av. J.-C. et y fondèrent une dodécarchie; ils en furent chassés deux siècles plus tard par des tribus samnites. Les Romains la conquirent l'an 409 à 438 de Rome (340 à 314 av. J.-C.).

CAMPANILE. On donne ce nom à une tour bâtie près d'une église sans en faire partie. Tels sont celui de Saint-Germain-l'Auxerrois, à Paris, celui de Pise ou Tour penchée, etc.

CAMPASPE, célèbre courtisane qui vécut vers l'an 330 av. J.-C. Elle fut la maîtresse d'Alexandre le Grand, qui, désirant avoir son portrait, la fit peindre par Apelles. L'artiste ne put voir tant de charmes (car c'était l'une des plus belles femmes de l'Asie) sans concevoir aussitôt pour elle la plus vive passion. Alexandre, admirateur des talents d'Apelles, et qui avait pour lui la plus grande amitié, eut la générosité de lui céder Campaspe. Ce trait d'Alexandre a fait le sujet d'un opéra moderne.

CAMPBELL (les), célèbre clan d'Ecosse, dans le pays d'Argyle, dont l'illustration ne remonte qu'au XIIIe siècle. Ce clan eut pour chef Callum, qui soutint le roi Alexandre III contre les Norwégiens, et dont les descendants furent les défenseurs de l'indépendance écossaise au temps de William Wallace et de Robert Bruce. Mais les anciens clans d'Ecosse n'ont pas tardé à disparaître sous la domination anglaise.

CAMPBELL (Archibald), comte, marquis d'Argyle. (*Voir* ARGYLE.)

CAMPBELL (John), second duc d'Argyle et de Greenwich, né en 1678, mort en 1743. Il servait en 1706 sous le duc de Marlborough, et combattit en qualité de brigadier général à la bataille de Ramillies. Il s'est aussi distingué comme homme d'Etat; mais, comme c'était un zélé partisan de l'union, l'attachement qu'il montra pour ce parti lui attira beaucoup d'ennemis et le dépopularisa. Il commandait aux batailles d'Oudenarde et de Malplaquet, et se trouva aux siéges de Lille et de Gand. Pour récompenser ses services, le roi lui accorda l'ordre de la Jarretière en 1710, et, l'année suivante, Charles III l'envoya comme ambassadeur en Espagne, et lui donna le commandement de toutes les forces de l'Angleterre dans ce pays. En 1712, Campbell eut le commandement, militaire en Ecosse; mais peu de temps après, s'étant opposé à certaines mesures de la cour, il fut privé de ce commandement qui lui fut rendu à l'avénement de George Ier au trône. En 1715, il combattit le comte de Marr à Dumblane, et contraignit le prétendant à sortir du royaume. En 1718, il fut créé pair d'Angleterre sous le titre de lord duc de Greenwich. Depuis, le duc fut honoré successivement de plusieurs charges importantes; mais son opposition à sir Robert Walpole le fit tomber dans la disgrâce. Ce ne fut qu'au renouvellement du ministère qu'il put rentrer en faveur. Il est enterré à Westminster. Pope et Thomson l'ont célébré dans leurs écrits.

CAMPBELL (George), théologien écossais, né en 1696 dans le comté d'Argyle, mort en 1757. Ce ministre de l'Evangile se distingua autant par son savoir que par sa tolérance. Ce n'était pas précisément un novateur, mais il avait une manière de penser assez hardie pour son temps. La *Dissertation sur les miracles*, qu'il publia en 1762, quoique parfaitement dans le sens de son Eglise, indisposa cependant le clergé de l'Ecosse contre lui. Cet ouvrage fit beaucoup de bruit dans le temps, et eut même les honneurs de la traduction en France et en Allemagne. Mais de tous les écrits de G. Campbell, celui qui le fit le plus connaître en Angleterre, ce fut sa *Défense de la religion chrétienne*.

CAMPBELL (Archibald), de la même famille que le précédent, évêque de l'église épiscopale d'Ecosse, mort en 1744. Il fit sa principale résidence à Londres, et fut intimement lié avec l'évêque Bull, le docteur Hickes, le docteur Grabe et Nelson. Ce prélat avait refusé le serment, et, en 1721, il fut nommé évêque d'Aberdeen. Il quitta ce siége en 1724. On a de lui un volume in-f° intitulé : *Doctrine de l'état moyen entre la mort et la résurrection*, ouvrage savant et curieux, devenu depuis longtemps fort rare.

CAMPBELL (John), littérateur écossais, né à Edimbourg en 1708, mort en 1775. Il consacra toute sa vie aux travaux de cabinet. On lui doit un grand nombre d'ouvrages, entre autres : *Histoire militaire du prince Eugène et du duc de Marlborough*, avec des plans et des cartes en anglais ; *Vies des amiraux et des autres officiers de la marine anglaise qui se sont rendus célèbres*. On y trouve beaucoup de particularités relatives aux colonies et au commerce d'Angleterre. Il est vrai que John Campbell avait été l'agent de la colonie de Géorgie en 1765, et qu'il avait pu ainsi se procurer des renseignements exacts. Il a publié aussi : *Voyages et aventures d'Edouard Brown*; l'*Art de prolonger la vie et la vigueur de l'esprit*; *Histoire abrégée de l'Amérique espagnole*. Il a également travaillé à la partie de l'histoire moderne de l'*Histoire universelle*, par une société d'Anglais.

CAMPBELL (Thomas), poëte et littérateur célèbre, né à Glasgow en 1777, mort en 1844. Il fut recteur de l'université d'Edimbourg, en 1827, et avait disputé cette fonction à Walter Scott. De 1821 à 1831, il dirigea le *New-Monthly Magazine*, recueil où il introduisit son cours de littérature. Comme poëte, il se distingue par un mélange de finesse et de vigueur, et par une concision, un laconisme qui dégénère souvent en obscurité. Dans ses *Plaisirs de l'espérance*, on remarque une sensibilité profonde et une versification pleine d'harmonie. Ce poëme a été traduit en vers français, par Albert de Montémont. Il a laissé aussi des odes fort belles, telles que les *Marins anglais*, la *Bataille de Hohenlinden*, les *Combats de la Baltique*, etc. Le conte en vers de *Gertrude Wyoming*, respire les sentiments les plus doux et est fort bien écrit. Parmi ses ouvrages en prose, nous citerons son *Histoire d'Angleterre* depuis l'avénement de George III jusqu'à la paix d'Amiens (1808), et une *Vie de Pétrarque*, qui est assez médiocre. Campbell, outre son *Cours de littérature*, a encore publié les *Beautés des poëtes anglais*, avec notes biographiques et critiques.

CAMPBELLTOWN, ville d'Ecosse (Argyle), sur la côte E. de la presqu'île de Cantyre, à 90 kil. d'Inverary. Pop. 7,000 hab. Distillerie d'eaux-de-vie de grain. Petit port sur le golfe de la Clyde. Paquebots pour Glasgow, Ayr et Arran. Cette ville fut la résidence des anciens rois d'Ecosse.

CAMPDEN, village des Etats-Unis (Caroline du Sud), à 55 kil. de Columbia. Le 16 août 1780 et le 23 avril 1781, deux combats s'y livrèrent pendant la guerre de l'Indépendance.

CAMPE (Jean-Henri), célèbre pédagogue allemand, né en 1746 à Deensen (Brunswick), mort en 1818. Il fut d'abord aumônier dans un régiment prussien à Potsdam, mais ses goûts l'attiraient ailleurs. Il voulait se vouer entièrement à l'éducation de la jeunesse. Après avoir été directeur du *Philanthropinum*, de Dessau, il alla fonder une institution à Hambourg, puis fut nommé conseiller des écoles à Brunswick. En 1805, il se retira complétement pour se livrer à ses travaux littéraires. On connaît ses *Lettres de Paris du temps de la Révolution*, qui ont fait une si grande sensation à l'époque de leur publication, et qui respirent le plus ardent amour pour les principes révolutionnaires. Ses travaux pédagogiques ont eu aussi une grande influence en Allemagne, et ont servi pour ainsi dire à régénérer le système d'éducation adopté jusqu'alors dans ce pays. Il a écrit pour l'enfance et la jeunesse environ 40 volumes, qui se font remarquer par un style vif et correct. On peut citer entre autres : *Robinson le Jeune*, qui a été traduit dans presque toutes les langues; *Théophron* ou le *Conseiller expérimenté de la jeunesse inexpérimentée*, qui a eu un grand nombre d'éditions. Cet écrivain a publié, en outre, des travaux qui ont pour objet l'épuration de la langue allemande. On estime surtout son *Dictionnaire de la langue allemande* et son *Dictionnaire explicatif des expressions étrangères introduites dans l'allemand*.

CAMPÊCHE, ville forte du Mexique (Yucatan), à 160 kil. de Mérida. Pop. 26,000 hab. Consulat français. Exportation de cire et de bois de teinture dit de *Campêche*. Cette ville fut prise et saccagée en 1659 par les Anglais, en 1678 par le corsaire Louis Scott, et en 1685 par les flibustiers des Antilles.

CAMPEGGI (Laurent), né à Bologne en 1474, mort en 1539. Il avait été élu cardinal sous le pape Léon X. Clément VII l'envoya, en 1524, en Allemagne, avec la qualité de légat, pour assister à une nouvelle diète convoquée à Nuremberg, mais il ne put rien obtenir de cette assemblée. Quatre ans plus tard, en 1528, il fut envoyé à Londres pour être adjoint de Wolsey, dans le jugement sur le divorce de Henri VIII avec Catherine d'Aragon. Il eut beau alléguer au roi le tort qu'il faisait à sa réputation, le mécontentement des Anglais, le désespoir d'une princesse vertueuse, il ne put rien obtenir; alors il engagea la reine à se laisser séparer d'un époux dont elle n'avait plus ni le cœur ni la confiance; à sacrifier son amour-propre au repos de l'Europe, menacée de la guerre et d'un schisme. Campeggi n'ayant pu réussir à rien, revint à Rome, où il mourut à l'âge de 65 ans. On a de lui plusieurs de ses *Lettres*, qui sont curieuses pour l'histoire de son temps.

CAMPENON (François-Nicolas-Vincent), poëte français, né en 1772 à la Guadeloupe, mort en 1843. Des poésies fugitives et deux petits poëmes firent sa fortune littéraire. Il remplaça Delille à l'Académie française en 1814, et devint inspecteur de l'Université et secrétaire du cabinet du roi. Il était neveu du poëte Léonard, et se lia avec les écrivains les plus célèbres de l'époque. Campenon est un poëte de l'école descriptive et sentimentale du commencement du XIXe siècle. Sa *Maison des champs* est un poëme didactique qui a eu plusieurs éditions. L'*Enfant prodigue* est un poëme élégiaque, élégant et correct. Il a encore laissé des *Mémoires* intéressants sur Ducis, une traduction d'Horace en vers, des traductions de l'*Histoire d'Angleterre*, par Smollett, et des éditions de Marot, de Léonard, etc.

CAMPER (Pierre), savant médecin et naturaliste hollandais, né à Leyde en 1722, mort à Amsterdam en 1789. C'est sous Albinus et Boerhaave qu'il étudia la médecine. Il visita l'Angleterre et la France, et se lia avec Hunter et Buffon. Il fut professeur à Franeker, à l'Athénée d'Amsterdam, à Groningue. Son immense réputation l'avait fait nommer membre du conseil d'Etat des Provinces-Unies. Vers la fin de sa vie il se livra particulièrement à ses travaux de prédilection. Camper se fit connaître par une foule de *Mémoires*, qui furent couronnés par les sociétés savantes de l'Europe, et par plusieurs ouvrages sur la médecine, la chirurgie, la physiologie et l'histoire naturelle. Il eut l'art d'appliquer ses connaissances à des sujets d'un intérêt général. Ses articles sur le rhinocéros, l'éléphant et l'orang-outang sont très-curieux, et on estime surtout ses travaux en ostéologie. Il a découvert les organes auditifs des poissons et disséqué le premier l'orang-outang; il découvrit aussi les réservoirs aérifères du squelette des oiseaux. Sa *Dissertation sur les variétés naturelles* a répandu quelque jour sur les variétés de l'espèce humaine, que Camper distingue par les formes osseuses de la tête; il a imaginé de mesurer le degré d'intelligence par l'ouverture de l'angle facial. Il sut encore appliquer le dessin aux études anatomiques. En effet, l'académie de dessin d'Amsterdam ayant mis au concours la *Recherche des moyens de juger des passions de l'homme par les traits de son visage*, Camper composa à cette occasion deux discours qui ont remporté tous les suffrages. Dans le premier, il s'attache à montrer quelles sont les différences que présentent les traits des hommes, suivant leur pays et leur âge. Dans l'autre discours, il indique aux peintres la manière d'exprimer les diverses passions. Moins diffus que Lavater et moins conjectural que Porta, Camper se fait lire avec intérêt, non-seulement par les dessinateurs et les artistes, mais encore par ceux qui recherchent une saine morale. Toutes les œuvres de ce savant ont été traduites en français, et forment 5 volumes in-8° avec planches. Condorcet et Mulder ont fait son éloge.

CAMPERDUIN, village des Pays-Bas (Hollande septentrionale), bâti dans les dunes, entre Alkmaar et l'Helder. Célèbre par une grande bataille navale que le vice-amiral anglais Duncan remporta, le 11 octobre 1797, sur l'amiral hollandais de Winter. Cette victoire valut au vainqueur le titre de vicomte de Camperdown.

CAMPHUYSEN (Dirk Rafelsz), un des plus anciens poëtes de la Hollande, né à Gorcum en 1586, mort en 1626. Il s'appliqua d'abord à la peinture, et devint même un des plus célèbres paysagistes de son pays; ses effets de neige et de soleil couchant sont fort remarquables. Il se livra ensuite à l'étude de la théologie; mais, persécuté comme sectateur d'Arminius, sous lequel il avait étudié à Leyde, il se réfugia dans la Frise. Il termina, à l'âge de 41 ans, une vie de chagrins et de peines. La patience et la charité caractérisèrent cet homme estimable. La poésie lui servait de consolation et de délassement. Il a laissé, dans sa langue maternelle, une traduction en vers des *Psaumes de David*, un *Recueil de poésies édifiantes*, et plusieurs autres ouvrages de piété. Ses ouvrages respirent les sentiments les plus purs, mais il s'abandonna un peu trop à sa facilité.

CAMPI, nom d'une famille d'artistes de Crémone, au XVIe siècle, parmi lesquels on distingue: Giulio CAMPI, né en 1502, mort en 1572. Il était élève de Jules Romain, et imita la manière du Titien et de Pordenone. Son beau *Christ devant Pilate* orne la cathédrale de Crémone. — Antonio CAMPI, fut élève de Giulio et imitateur du Corrége. Il publia la *Chronique* de sa ville natale, qui est recherchée par ses nombreuses gravures. — Vincenzo CAMPI, mort en 1591. Ce peintre excella surtout dans les portraits et les fruits. Ses *Descentes de croix* sont très-estimées. — Bernardino CAMPI, né en 1522, mort après 1590. Il était de la même famille que les précédents, mais il les a tous surpassés. Il imita Jules Romain, le Titien, le Corrége et surtout Raphaël. Le Louvre possède de ce maître une *Mère de pitié* (la Vierge); mais son chef-d'œuvre est la *Coupole de saint Sigismond à Crémone*.

CAMPI, ville du royaume d'Italie (Terre d'Otrante), à 15 kil. de Lecce. Pop. 4,100 h. Fabriques de chapeaux de paille.

CAMPI, ville du royaume d'Italie, à 11 kil. de Florence. Pop. 2,000 hab. Fabrique considérable de chapeaux de paille.

CAMPIGLIA, bourg du royaume d'Italie, à 50 kil. de Grosseto. Pop. 2,200 hab. Vin, huile, châtaignes. Riches carrières de marbre dans le Monte-Calvi.

CAMPILE, ch.-l. de cant. de l'arrond. de Bastia (Corse), à 23 kil. de cette ville. Pop. 600 hab.

CAMPINE, contrée de Belgique, dans les provinces de Liége et de Brabant. Villes principales: Gheel, colonie d'aliénés; Hérinthals, ancienne capitale de la Campine brabançonne; Moll, Postel, Hoogstraeten, Heyst-op-den-Berg, Merxplas, Ryckevorsel, etc. Plaines incultes, couvertes de bruyères et de bouquets de bois de sapin. Les environs des villes et des villages sont entourés de pâturages, où l'on élève les bœufs, les chevaux, les moutons les plus beaux du royaume.

CAMPISTRON (Jean GALBERT DE), poëte tragique, né à Toulouse en 1656, mort en 1723. Racine fut son maître dans la carrière dramatique; il chercha à imiter la poésie élégante et harmonieuse du Virgile français, mais il ne put jamais s'élever à la même hauteur; ses héros soupirent dans un style trop hyperbolique. Racine recommanda Campistron au duc de Vendôme pour la composition d'une pastorale héroïque, *Acis et Galatée*, dont Lulli composa la musique. Le duc de Vendôme, satisfait de ses talents et enchanté de sa délicatesse, le choisit pour son secrétaire des commandements. Il suivit son protecteur dans ses campagnes en Espagne et en Italie, et bientôt il trouva en lui le plus généreux ami. On cite ce trait qui fait aussi bien honneur au gentilhomme qu'au poëte : Campistron s'élançait à la suite du duc de Vendôme au plus fort de la mêlée : « Allez-vous-en, Campistron! s'écria celui-ci. — Monseigneur, répondit le poëte, est-ce que vous voulez vous en aller? » Campistron, après ces expéditions, quitta le duc de Vendôme et se retira dans son pays. Il fut nommé mainteneur des Jeux floraux en 1694, et membre de l'Académie en 1701. Comme poëte tragique, il eut un certain succès qu'il dut souvent au choix de ses sujets, à l'intérêt de l'intrigue, à ses caractères bien soutenus et à son dialogue touchant et animé; cependant sa versification est faible, traînante. Ses héros ont des caractères de convention et n'appartiennent pas à l'histoire. Ces défauts se remarquent surtout dans sa tragédie de *Philippe II*, dans *Andronic*, dans *Tiridate*. Il ne réussit guère mieux dans la comédie : son *Jaloux désabusé* eût gagné à être écrit en prose.

CAMPITELLO, ch.-l. de cant. de l'arrond. de Bastia (Corse), à 22 kil. de cette ville. Pop. 350 hab.

CAMPLI, ville du royaume d'Italie (Abruzze ultérieure), à 9 kil. de Teramo. Pop. 7,200 hab. Élève de bétail.

CAMPO-BASSO (Nicolas, comte DE), condottière napolitain. Il soutint la maison d'Anjou contre les Aragonais dans le royaume de Naples. Étant ensuite passé au service de Charles le Téméraire, il lui fit perdre, par sa trahison, la bataille de Nancy. On l'a accusé d'avoir fait égorger ce prince, car on retrouva son cadavre, après l'affaire, dans un étang glacé.

CAMPO-BASSO, ville du royaume d'Italie, ch.-l. de la province de Molise ou Sannio, à 86 kil. de Naples. Pop. 8,900 hab. Collége royal. Commerce actif. Fabriques de coutellerie et armes.

CAMPO-FORMIO, village des États autrichiens (Vénétie), dans la délégation d'Udine, à 8 kil. de cette ville. Pop. 1,500 hab.

CAMPO-FORMIO (paix de). Le traité de Campo-Formio ne put être conclu par Bonaparte, général en chef de l'armée d'Italie, qu'après une suite d'événements qui finirent par vaincre les résistances et les lenteurs calculées de l'Autriche. Avant d'entamer les pourparlers, Bonaparte crut prudent de priver le peuple romain de son armée. Il n'osa pas aller jusqu'à anéantir l'autorité temporelle du pape; il se contenta de mettre celui-ci hors d'état de nuire à ses projets. Cela fait, il négocia un traité particulier avec le roi de Sardaigne. Celui-ci s'engageait, moyennant une augmentation de territoire, à fournir un corps de 10,000 hommes contre l'Autriche. Malheureusement, le Directoire refusa de ratifier cette alliance. Cependant Bonaparte ne pouvait sans danger manquer d'accomplir cette convention, puisqu'on ne lui permettait pas de détrôner le roi de Sardaigne : il ne pouvait se maintenir fortement en Lombardie entre les Piémontais, alliés douteux ou ennemis, d'un côté, et les Autrichiens de l'autre. Bonaparte résolut alors de prendre vigoureusement l'offensive, de maintenir la neutralité du Piémont par de nouvelles victoires, et de contraindre l'Autriche à accepter la paix. Il devait surtout agir alors que l'armée autrichienne n'était guère plus forte que la sienne, que les deux armées étaient composées d'environ 60,000 hommes chacune, et que les Autrichiens n'avaient pas encore reçu de renforts. Dans l'espace de vingt jours, Bonaparte avait vaincu l'ennemi en trois rencontres : à Cadroipo, à Pavie et à Tarvis; il s'était avancé jusqu'aux Alpes juliennes. Il demanda au Directoire qu'il envoyât immédiatement les armées de Sambre-et-Meuse et de Rhin-et-Moselle sur le Rhin, afin d'opérer une diversion nécessaire, et de menacer Vienne par trois points différents. Le Directoire n'entra pas dans les vues de Bonaparte; il crut devoir lui refuser le concours qu'il demandait; afin de maintenir à l'intérieur des armées qu'il croyait nécessaires pour résister aux complots incessants des Pichegru, des Willot, des Barthélemy et des hommes de Clichy, qui rêvaient une restauration royaliste. Dès qu'il se vit abandonné à ses propres forces, Bonaparte fit des propositions de paix au prince Charles, qui commandait l'armée autrichienne. Celui-ci fit réponse qu'il ne pouvait traiter sans l'agrément de son souverain. La réponse du gouvernement autrichien fut évasive. Ces négociations, qui furent entamées en mars 1797, n'empêchèrent pas Bonaparte de continuer sa marche en avant : le 1er avril, il battait le prince Charles à Neumarct, puis le surlendemain à Unzmarct; quelques jours après, il entrait à Léoben, d'où il menaçait Vienne. Il reçut alors les plénipotentiaires de l'Autriche chargés de traiter de la paix. Une suspension d'armes de six jours fut consentie le 7 avril. Bonaparte entendait conserver la Lombardie et assurer un dédommagement aux Autrichiens aux dépens de la république vénitienne. Il n'avait pas à ménager cette dernière puissance, dont la conduite avait été hypocrite et lâche. La politique cauteleuse de l'oligarchie vénitienne avait trop compromis cette république. On avait vu avec indignation le gouvernement vénitien prendre l'offensive en faisant égorger 400 Français répandus dans les hôpitaux et dans la ville de Vérone. Les Vénitiens, ayant compris tardivement qu'ils avaient inconsidérément engagé la lutte, alors qu'ils ne pouvaient être soutenus par les Autrichiens, cherchèrent vainement à apaiser la colère du général en chef de l'armée d'Italie. Une division française, sous les ordres du général Baraguay-d'Hilliers prit possession de Venise, et mit ainsi fin à l'existence de cette république. Le 24 mai, les parties belligérantes échangèrent les ratifications du traité préliminaire. Bonaparte avait obtenu de traiter séparément avec l'Autriche sans la participation des autres puissances; on convint que l'Autriche accepterait des dédommagements aux dépens du territoire vénitien. Bonaparte voulait que Mantoue fît partie du nouvel État qu'il se proposait de fonder en Lombardie; l'Autriche voulait au contraire conserver cette place forte. Les négociations avançaient peu : le gouvernement autrichien, instruit de la déplorable faiblesse du Directoire et des complots qui se tramaient en France, attendait un changement politique qui lui permît de rompre un traité humiliant. L'Autriche gagna d'abord du temps en désavouant son plénipotentiaire, le marquis Del Gallo, et en déclarant qu'elle ne voulait plus traiter qu'à Berne et avec le concours de ses alliés. Tout se trouvait ainsi remis en question. Bonaparte mit à profit le temps perdu par les Autrichiens dans ces négociations : il organisa le gouvernement de la Lombardie; il fondait aussi la république de Gênes, en profitant d'une révolution qui substitua le gouvernement démocratique à une aristocratie tyrannique. En même temps, il faisait surveiller en France les menées de la réaction royaliste, et s'apprêtait à se diriger sur Paris au cas où les événements auraient exigé sa présence à l'intérieur. Bonaparte constitua définitivement la République cisalpine, en y réunissant la Valteline. Pendant ce temps-là, le Directoire, encouragé par Bonaparte, avait frappé un grand coup : l'énergie qu'il déploya le 18 fructidor anéantit les conspirations qui troublaient la France. Dès que l'Autriche perdit l'espoir de voir se produire en France un changement politique, elle reprit sérieusement les négociations, et envoya le comte de Cobentzel à Udine avec les pleins pouvoirs nécessaires. L'ambassadeur autrichien montra une grande jactance qui servait à couvrir la faiblesse de son gouvernement. Cette fois, les difficultés vinrent, non plus de la part de l'Autriche, mais de celle du Directoire, qui, fier du succès qu'il venait de remporter à l'intérieur, ne voulait plus entendre parler de paix avec l'Autriche; il signifia même un ultimatum à cette puissance. Le Directoire refusait de céder Venise et la ligne de l'Adige. Le plan du Directoire était d'autant plus hasardeux qu'on avait déjà gagné l'hiver, et que la suspension forcée des hostilités permettait à l'Autriche de préparer sa défense. De plus, les deux armées qui devaient opérer sur le Rhin étaient trop éloignées de l'armée d'Italie pour seconder un mouvement sur Vienne,

Bonaparte prit alors la résolution de traiter en dehors du Directoire, et contrairement à ses instructions. Les hostilités furent sur le point d'être reprises; mais l'Autriche ne menaçait que pour obtenir de meilleures conditions, et surtout pour empêcher la cession de Mantoue et de la ligne du Mincio. Bonaparte était surtout irrité de la jactance du plénipotentiaire autrichien. Dans une entrevue qu'on crut bien devoir être la dernière, Bonaparte brisa sur le parquet un cabaret de porcelaine, en disant : « Eh bien! la trêve est donc rompue et la guerre déclarée; mais souvenez-vous qu'avant la fin de l'automne, je briserai votre monarchie comme je brise cette porcelaine. » En sortant de cette conférence, Bonaparte signifia à l'archiduc Charles la reprise des hostilités dans les vingt-quatre heures.

Vue de la Conciergerie.

Cobentzel fut alors effrayé de la résolution du général français, et il se hâta d'adhérer à l'ultimatum de la France. La paix fut enfin signée le 17 octobre. Par ce traité, l'Autriche reconnaissait à la République française ses limites naturelles entre le Rhin, les Alpes et les Pyrénées; elle reconnaissait aussi la république cisalpine; enfin, Mayence devait être remise à la France; on lui abandonnait aussi les îles Ioniennes. Par compensation, l'Autriche prenait possession de Venise et du territoire de cette république à la gauche de l'Adige.

CAMPOFRIO, bourg d'Espagne (Andalousie), dans la province de Huelva, à 70 kil. de cette ville. Beau jaspe sanguin veiné de blanc.

CAMPOMANÈS (don Pedro RODRIGUEZ, comte DE), ministre espagnol, né en 1723 dans les Asturies, mort en 1802. C'est un des plus grands hommes de son temps. Il fut successivement fiscal et président du conseil de Castille, et ministre d'Etat. Il chercha, par tous les moyens, à affranchir l'agriculture de la dîme, à arrêter l'accumulation des biens dans les mains du clergé, et seconda le ministre d'Aranda dans ses mesures contre les jésuites. Campomanès était tout à la fois directeur de l'Académie royale de Madrid, correspondant de l'Académie des inscriptions et belles-lettres de Paris, et membre de la société philosophique de Philadelphie.

CAMPO-MAYOR, ville forte de Portugal (Alentejo), à 10 kil. d'Elvas. Pop. 5,000 hab.

CAMPO-SANTO, ville du royaume d'Italie, dans la prov. de Modène, à 20 kil. de cette ville. Pop. 2,500 hab. Victoire des Espagnols sur les Autrichiens (1743).

CAMPOS, ville de l'île Majorque, à 34 kil. de Palma. Pop. 5,000 hab. Sources thermales, bains fréquentés, salines importantes.

CAMPRA (André), célèbre compositeur, né à Aix en 1660, mort à Versailles en 1744. Il se fit connaître d'abord par des motets exécutés dans des églises. Ces productions lui valurent la place de maître de musique de la maison des jésuites à Paris, et ensuite la maîtrise de la métropole. Il aborda ensuite l'opéra et égala Lulli. Ses opéras se distinguent par la vivacité, la grâce, et surtout par une harmonie exquise qui se rapportait admirablement au sens des paroles. On cite parmi ses chefs-d'œuvre l'*Europe galante*, le *Carnaval de Venise*, les *Fêtes vénitiennes*, *Camille* et *Tancrède*.

CAMPREDON, ville forte d'Espagne (Catalogne), dans la prov. de Girone, à 50 kil. de cette ville, et à 8 kil. des frontières de France. Pop. 1,800 hab. Cette ville fut prise par les Français en 1689 et en 1794.

CAMPSIE, ville d'Ecosse (Stirling), à 18 kil. de Glasgow. Pop. 5,200 hab. Fabrique d'alun, exploitation de schiste.

CAMPUNAN ou **CAMPUGNAN**, c'est-à-dire le *Champ de bataille*, village de l'arrond. de Blaye (Gironde), à 9 kil. de cette ville. Pop. 800 hab. Sol productif en vins.

CAMUCCINI (Vincenzo), peintre d'histoire, né à Rome en 1773, mort en 1844. Pierre Guérin a dit de lui : « Il s'est nourri des anciens et de Raphaël, mais il n'a pu les digérer. » En effet, après avoir copié pendant près de 30 ans les tableaux de Raphaël et des autres maîtres, il prit la manière de David. Il a été directeur de l'académie de Saint-Luc et conservateur des collections du Vatican. Parmi ses tableaux, presque tous empruntés à l'histoire romaine, on cite : la *Mort de César*, la *Continence de Scipion*, le *Départ de Régulus pour Carthage*, la *Mort de Virginie*, etc. Il a fait aussi un très-beau portrait de Pie VII.

CAMUS (Armand-Gaston), jurisconsulte, né à Paris en 1740, mort en 1804. Il était très-versé dans le droit canonique; aussi fut-il choisi par le clergé de France, pour défendre ses intérêts devant le parlement de Paris. Il cultiva aussi les lettres avec succès : ainsi sa traduction de l'*Histoire des animaux d'Aristote* le fit admettre à l'Académie des inscriptions et belles-lettres. Dévoué à la cause démocratique, il fut choisi comme député du tiers état de la ville de Paris aux Etats généraux, et prêta le serment du Jeu de Paume. Ses opinions libérales ne l'empêchaient pas d'être janséniste, tout en restant l'ennemi de la cour de Rome. Il fut nommé député à la Convention, et devint plus tard membre du comité du salut public. Il montra le plus vif acharnement contre Louis XVI, et se trouvant en Belgique au moment où la Convention instruisait le procès de ce monarque, il écrivit qu'il votait la mort du tyran. En 1793, il fut au nombre des commissaires chargés de surveiller Dumouriez, dont on craignait déjà la trahison. Celui-ci le fit arrêter ainsi que ses collègues; et pendant deux ans, Camus resta dans les prisons de l'Autriche. Il fut mis en liberté par suite de l'échange des cinq commissaires contre la fille de Louis XVI. Il avait mis à profit les moments de sa captivité, en traduisant le Manuel d'Epictète. A son retour en France, il fit partie du conseil des Cinq-Cents, et présida même cette assemblée. Lors des événements de brumaire, il fit la plus vive opposition à l'établissement du gouvernement consulaire. Il quitta alors la carrière politique, et ne s'occupa plus que de travaux de jurisprudence. Il a laissé un *Code matrimonial*, et des *Lettres sur la profession d'avocat*.

CAMUSAT (Jean), habile imprimeur du XVIIe siècle, sous Louis XIII. C'était pour un auteur un titre à la faveur publique, que de voir sortir ses ouvrages des presses de cet imprimeur. Par le choix de ses publications, il justifiait sa devise : *Tegit et quos tangit inaurat*, « cet ouvrage sort de ses mains, et c'est ainsi qu'il donne un lustre à ce qu'il touche. » Il remplissait à l'Académie les fonctions d'huissier, et quelquefois même de secrétaire. Plusieurs fois l'Académie s'assembla chez lui avant d'être installée au Louvre. Après sa mort, survenue en 1639, Richelieu voulut faire donner son emploi à Cramoisy; mais l'Académie

gleterre et peuplé par des émigrés anglais et surtout irlandais; ses lois sont celles de l'Angleterre. Le Bas-Canada, ch.-l. Québec; ville princ. Montréal; trois rivières. Pop. 424,000 en 1824; 791,000 en 1850; 1,350,923 en 1857. Il reçut des colons français, et sa population, après que les Anglais l'eurent envahi, en 1759, est restée toute française, et la religion générale est le catholicisme. L'Angleterre a voulu y imposer les lois anglaises, et, après quelques tentatives, elle a été obligée d'y renoncer, et les lois féodales, *la coutume de Paris*, régissent encore le Bas-Canada. Le Canada est traversé par les monts Alleghany, arrosé par le Saint-Laurent et ses affluents, l'Ottawa, le Saint-Maurice, le Saguenay au N.; le Sorel ou Richelieu, la Rivière Chaudière au S., etc. Le Haut-Canada est séparé des Etats-Unis

ce pays, et un parti s'y est formé, ayant pour but l'indépendance du Canada et son annexion aux Etats-Unis. La côte du Canada fut découverte en 1497 par Sébastien Cabot, au service de Henri VII, roi d'Angleterre. Verazzani, Italien envoyé par François Ier en 1523, en prit possession pour la France et lui donna le nom de Nouvelle-France.

CANADIENNE (rivière), rivière des Etats-Unis, prend sa source dans les Montagnes rocheuses, traverse le désert qui occupe le N.-E. du Mexique, et se jette, après un parcours de 1,000 kil., navigables sur 150, dans l'Arkansas.

CANAILLE. Le moyen âge a eu sa canaille, ses vilains, ses manants, avec lesquels la féodalité dédaigneuse confondait souvent les bourgeois. La canaille compre-

Conradin de Souabe, avant de mourir, jette son gant à la foule.

préféra la veuve Camusat, qui devait être représentée par un de ses parents, Duchêne, docteur en médecine.

CANA ou **KANA**, bourg de la Turquie d'Asie (Syrie), à 15 kil. d'Acre, au N.-O. du mont Thabor. 500 familles. Jésus-Christ y opéra son premier miracle.

CANAAN. (*Voir* CHANAAN.)

CANADA, contrée du N. de l'Amérique septentrionale, appartenant à l'Angleterre. Elle s'étend au N. des grands lacs de ce continent, à l'O. des monts Albany et du golfe Saint-Laurent, des deux côtés du fleuve de ce nom, au S. du soulèvement du sol formant le point de partage entre le système de la baie d'Hudson et celui du fleuve Saint-Laurent. Superf. 16,000 myriamètres carrés. Le Canada se divise en deux provinces, qui formèrent, depuis 1791, deux colonies distinctes, mais qui se sont réunies, depuis 1840, en un seul gouvernement. Haut-Canada, ch.-l. Toronto (York), depuis 1849; villes principales: Kingston, Ottawa (Bytown), capitale politique des deux Canadas depuis 1858. Pop. 51,000 hab. en 1791; 77,000 en 1811, 151,000 en 1824; 210,000 en 1830; 320,000 en 1834, 791,000 en 1850; 1,220,514 en 1857. Il fut colonisé par l'An-

par la chaîne des grands lacs Ontario, Érié, Saint-Clair, Huron et Supérieur. Le climat est salubre, très-rigoureux en hiver, surtout dans le Bas-Canada. Chaleur très-forte en été. Immenses forêts, sol très-fertile, surtout dans la vallée de Saint-Laurent. Mines de cuivre, d'argent et de fer; érables à sucre, pin balsamique, dont on tire un vernis dit *baume de Canada*. Commerce de fourrures, peaux, bois de construction, poissons secs, etc., favorisé par les canaux de Rideau, entre l'Ontario et l'Ottawa; de Welland, entre l'Ontario et l'Érié; de Grenville et celui dit de la Chine. Les importations, consistant en produits manufacturés, vins spiritueux, denrées coloniales, se sont élevées, en 1853, à 159,907,180 fr., et les exportations et produits indigènes à 119,006,515 fr. On compte au Canada 32 académies et écoles de grammaire; 3,059 écoles primaires en 1850. Le gouvernement se compose d'un gouverneur nommé par la métropole, d'un conseil législatif ou chambre haute de 44 membres, nommés à vie par le gouverneur, et d'une assemblée législative élue pour quatre ans par le peuple. Depuis quelques années, il s'est manifesté une grande agitation dans

nait alors tout ce qui travaillait pour nourrir et entretenir la féodalité, tout ce qui suait pour payer l'impôt. La parole donnée était sacrée entre gentilshommes; mai elle n'engageait en rien envers les manants. Plus tard, la noblesse dut transiger avec eux, quand les philosophes eurent parlé pour éclairer chacun sur ses droits. La canaille chanta au temps de la Fronde; mais elle ne s'agita, dans ces temps d'ignorance et de misère sociale, que pour étaler une cruauté et une barbarie plus reprochables encore à ses oppresseurs qu'à elle-même. Ses mouvements étaient fiévreux et toujours mal combinés; elle se vengeait de ses maîtres dans ces moments d'ivresse furieuse et ne songeait jamais à secouer le joug ni à édifier à son tour un système politique. En 1793, la canaille fit justice de l'orgie féodale, et prit enfin place au banquet politique. Les vilains s'étaient entendus pour opérer la grande régénération sociale; on n'avait pu les faire taire, et ils avaient conspiré d'en bas: « Il vaudrait mieux que la canaille fût muette, dit Voltaire, mais force est de la laisser parler, ne pouvant lui couper la langue. » Lorsqu'elle eut à défendre les droits de la Révolution, la canaille étonna les gentilshommes qui avaient cru jusqu'alors qu'ils savaient seuls faire la guerre; et, pendant que ceux-ci servaient dans les rangs de la coalition étrangère, les gens du peuple, dit Paul-Louis Courrier, allaient défendre leur patrie et se faire tuer *comme des vilains*. Partout on voyait

Des soldats en haillons, riant de la mitraille,
Des généraux en blouse, immortelle canaille,
Qui dansaient au son du canon.

Aujourd'hui, il n'y a plus de castes privilégiées, et, de toutes ces dénominations insultantes ou orgueilleuses, une seule a surgi qui, suivant nous, les résume toutes: celle de citoyen français.

CANALE (Nicolas), amiral vénitien, qui avait le commandement des forces de la république en Grèce. Il fit la guerre à Mahomet II, saccagea Enos en 1469, et ne put, l'année suivante, reprendre Négrepont aux Turcs. Mis en jugement, il ne dut son salut qu'à l'intercession du pape Paul II. Il fut relégué à Porto-Gruaro, ville des Etats autrichiens, où il mourut.

CANALE, ville du royaume d'Italie, à 15 kil. d'Alba. Pop. 3,500 hab. Sources salées.

CANANDAIGUA, ville des Etats-Unis (New-York), sur le lac de son nom, à 45 kil. du lac Ontario. Pop. 6,650 hab. Arsenal. Commerce actif. Sources de gaz inflammable aux environs. Cette ville fut fondée en 1788.

CANANORE, ville de l'Hindoustan anglais (Madras), à 70 kil. de Calicut. Pop. 10,000 hab. Port sur la mer d'Oman. Fort bâti par les Portugais en 1501. Commerce actif. Autrefois ch.-l. d'un petit Etat gouverné exclusivement par les femmes; les Anglais laissèrent longtemps à la reine une souveraineté apparente. Cananore fut prise par les Hollandais en 1664, puis par Tippoo-Saëb, et, en 1790, elle passa aux Anglais, qui y établirent leur principale station militaire de Malabar.

CANAPÉ, espèce de lit de repos, à dossier, sur lequel peuvent s'asseoir trois ou quatre personnes. Il est plus commode que le fauteuil, et, comme dit Regnard,

Un fauteuil m'embarrasse;
Un homme là-dedans est tout enveloppé;
Je ne me trouve bien que dans un canapé.

CANAR, ville de la république de l'Equateur, à 35 kil. de Cuença. On y remarque les ruines d'un magnifique palais des Incas.

CANARD. On appelle ainsi une bourde lancée dans le public dans le dessein d'annoncer un fait faux et manquant généralement de vérité, mais dont l'invraisemblance est habilement déguisée. De quel pays le canard est-il originaire? Les Etats-Unis peuvent réclamer l'honneur de l'avoir produit les premiers; mais ce qui est constant, c'est qu'il ne s'acclimate parfaitement qu'en France; c'est là qu'il couve ses monstruosités les plus piquantes. Ses productions sont quelquefois naïves, mais, le plus souvent, l'éclosion en est préméditée. Quelques journaux ont le privilège de ces élucubrations. Ainsi certaines visions du *Constitutionnel* ont un parfum d'innocence qui provoque l'ébahissement. Chacun connaît le grand serpent de mer. Le canard gagne considérablement par l'importation: ceux des Etats-Unis font prime en France. Aussi le voit-on passer en Europe avec la rapidité du vol de l'aigle. Si le mot est moderne, la chose n'est pas nouvelle. Du jour où un mari eut l'idée d'éprouver la discrétion de sa femme en lui racontant la ponte d'un certain œuf, dont le récit alla grossissant la chose, le canard naquit; mais la Fontaine n'avait pas encore nommé cette chose, et elle n'était qu'à l'état d'embryon; les développements sont venus plus tard. Ce sont surtout les Américains qui excellent dans l'incubation: dans ce pays où le moindre événement politique a une influence considérable sur le thermomètre commercial, les journaux sont lus avec une avidité que nous ne connaissons pas encore en Europe. Le journal qui est assez heureux pour signaler un événement avant tous les autres, le fait publier dans les rues ou l'affiché sur de larges pancartes. Le public accourt à l'annonce d'une grande victoire ou quelquefois même d'une grande défaite (les patriotes n'y regardent pas de si près), dont les bords du Potomac ont été témoins. On afflue dans les bureaux du journal; et l'annonce de l'événement, vrai ou faux, a fait la fortune du directeur. C'est tout ce que celui-ci demandait. Le crédit du journaliste peut ainsi s'user à la longue; mais on conçoit qu'il s'inquiète peu de l'avenir du journal, après quelques bons coups de filet, et qu'une fois la cargaison sauvée, le navire est sacrifié. Voici l'annonce commerciale, le *puff!* C'est ici que se révèle l'intelligence de frère Jonathan; les annonces de nos littérateurs marchands d'habits et de nos poëtes pédicures pâlissent en présence de celles d'outre-Atlantique. La physiologie du canard et son histoire naturelle sont encore à faire; on distingue plusieurs genres dont voici les principaux caractères: le canard politique, bête ou méchant; le canard scientifique, pédant et monté sur de grands pieds; le canard moraliste, attendrissant; le canard matrimonial... (Renvoyer à certaines agences qui n'ont pas encore osé afficher qu'elles fonctionnaient avec la garantie du gouvernement.) Pour Diogène, une oie plumée figurait l'homme de Platon. Un canard bien engraissé figurerait assez bien le financier nouvelliste.

CANARDIÈRE. On appelle ainsi une arme servant à tuer des canards. On a plus tard donné ce nom à des créneaux pratiqués dans les murs des châteaux forts; on les appelle aussi des échauguettes.

CANARIE (Grande-), île du groupe des Canaries, à 60 kil. de Ténériffe. Superf. 199,000 hect. Pop. 53,000 hab. Cap. Santa Cruz. Sol très-fertile: blé, vins, sucre, olives, etc. Climat peu sain. En 1850, le choléra fit périr un sixième environ de la population. Cette île n'est qu'une énorme masse volcanique; ses côtes, entourées de brisants, ne sont abordables qu'à la baie de las Palmas.

CANARIES (les), archipel de l'Océan atlantique, appartenant à l'Espagne, situé à 1,050 kil. de Cadix et à 130 kil. de la côte d'Afrique. Superf. 846,560 hect. Pop. 227,146 hab. en 1857. Cet archipel se compose de 7 grandes îles: Palma, Fuerteventura ou Fortaventure, Hierro ou Fer, Ténériffe, Grande-Canarie, Gomera, Lanzarotte ou Lancerotte, et de plusieurs îlots. Ces îles sont de formation volcanique et couvertes de montagnes. Le climat est sain quoique très-chaud; le sol presque partout fertile: récoltes très-abondantes. La culture est très-variée; on y trouve les plantes d'Europe et celles des tropiques. La végétation est d'une richesse extraordinaire. Les principaux objets d'exportation sont: les cuirs, les vins, les sucres, la cochenille. La production de cette dernière, aujourd'hui d'une valeur de 5 millions de francs, est une des principales richesses des Canaries. En 1856, on a exporté 1,500,000 livres de cochenille; cet insecte se nourrit et se multiplie sur les nopals que l'on plante dans les terrains impropres à la culture de la vigne ou de la pomme de terre. Grand commerce avec Cuba et Porto-Rico. L'organisation administrative des Canaries est la même que celle des autres provinces d'Espagne. Il envoie ses représentants aux cortès et forme deux évêchés. Jean de Béthencourt, seigneur de Granville en Normandie, les reconnut et en commença la conquête en 1402. Henri III lui en donna l'investiture avec le titre de roi. Des vice-rois les gouvernèrent pour l'Espagne jusqu'à Ferdinand le Catholique, qui les racheta, puis par des comtes. Elles furent réunies à la couronne par Charles III.

CANAU (la), village de l'arrond. de Bordeaux (Gironde), à 45 kil. de cette ville, et à 2 kil. d'un grand étang de son nom. Pop. 900 hab.

CANAUX. Cours d'eau artificiels creusés dans l'intérêt de la salubrité, de l'agriculture ou du commerce, soit pour établir une communication entre deux bassins fluviaux ou deux mers, soit pour remplacer une certaine partie d'un cours d'eau naturel, dont la navigation est imparfaite. Les canaux se divisent en canaux de *dessèchement*, d'*irrigation* et de *navigation*. La Hollande doit son existence et sa fertilité aux canaux de dessèchement et d'irrigation. Sans eux, les plaines de la Lombardie seraient improductives et inhabitables; et l'Irlande, l'Ecosse et le pays de Galles ne jouiraient pas des riches produits agricoles que leur introduction y a développés. L'Egypte était sillonnée par 6,000 canaux portant les eaux du Nil dans toutes les directions, pour féconder les plaines sablonneuses qui semblaient frappées de stérilité. La Chine jouit d'une navigation intérieure parfaitement établie. C'est au XVe siècle que les canaux reparaissent en Europe. L'Italie se laissa devancer par la France, qui compte 79 canaux terminés ou en construction, offrant un développement d'environ 5,000 kil., et dont les principaux convergent vers la capitale. Ce fut sous le règne de Henri IV que l'on entreprit, en 1604, le canal de Briare, qui se joint au bassin de la Loire et à celui de la Seine. Le canal du Languedoc, du Midi ou des Deux-Mers, joint la Méditerranée à l'Océan par la Garonne et la Gironde. Le canal d'Orléans fut entrepris en 1675; il s'embranche sur la Loire, rejoint le canal de Briare à Montargis, et tous deux furent continués jusqu'à Paris par celui du Loing. Le canal de Picardie, creusé en 1728, réunit la Somme à l'Oise, depuis Saint-Quentin jusqu'à la Fère. Le canal de Bourgogne fut entrepris en 1775, et réunit la Seine et le Rhône. En 1784, le Rhône fut uni à la Loire par le canal du Centre. Le canal de Nivernais fut construit peu après, et joint la Loire à la Seine. Dans le midi de la France et dans la Flandre française, plusieurs canaux d'une moindre importance furent construits dans l'intervalle qui s'écoula entre la construction du canal du Midi et la fin du XVIIIe siècle; nous citerons le canal des Etangs ou de Grave, entre l'étang de Mauguio et celui de Thau; le canal de Lunel, entre cette ville et le canal des Etangs; le canal de Beaucaire, qui va de cette ville à la baie du Languedoc, avec ses annexes de Silvéréal et de Bourgidon; le canal de Craponne, entre la Durance et Arles, avec une branche sur Pelissant; le canal des Herbeys, près de Pau; le canal de Luçon; le canal de Cornillon, près de Meaux, pour éviter un détour dangereux de la Marne; le canal de Pont-de-l'Arche, remplissant le même objet sur la Seine; le canal de la Haute-Deulle, dans le bassin de l'Escaut, de Lille à Douai; de la Basse-Deulle, de Lille à Lys; les canaux de la Nieppe, de Preaven et de la Bourre, réunissant les villes d'Hazebrouck, d'Aire et de Saint-Venant; le canal de Neuf-Fossé, entre l'Aa et la Lys; les canaux de Calais, de Guines, d'Ardres, joignant ces villes à l'Aa; les canaux de Dunkerque à Bergues; de Dunkerque à Furnes; le canal de Bourbourg, entre Dunkerque et l'Aa; la Haute-Colme, entre l'Aa et Bergues; la Basse-Colme, entre Bergues et Furnes. Le canal de l'Ourcq fut mis à exécution en 1801, et a deux prolongements: les canaux Saint-Martin et Saint-Denis, qui servent à l'approvisionnement de Paris; le canal du Rhône au Rhin, commencé en 1803; le canal de Nantes à Brest, entrepris sous l'empire; le canal de Saint-Quentin date aussi de cette époque; il joint la Sambre à l'Escaut, de Saint-Quentin à Cambrai, et réunit un grand nombre de petits canaux au système général de la navigation intérieure. Le canal d'Arles à Bone, de Niort à la Rochelle, du Layon, de Saint-Maur, sur la Marne, près de Paris; de Troyes, de Dieuze, de la Brusche, d'Ille-et-Rance et du Blavet. Le canal latéral à la Garonne entre Toulouse et Castets; le canal de la Marne au Rhin, de Vitry à Strasbourg; les canaux de l'Aisne à la Marne, et de la haute Seine.

Canaux étrangers. L'Angleterre a emprunté à la France l'art de construire des canaux; elle possède aujourd'hui 91 canaux de navigation, qui présentent un développement de 4,000 kil. Les principaux sont : les canaux de Saankey-Broolt, de Bridgewater, Grande-Jonction, depuis Brendford jusqu'à Northampton; Grand Trunk, entre le Trent et la Mersey; Tamise et Severn, entre ces deux fleuves; Regent et Paddington, au milieu de Londres. En Ecosse : les canaux de Calédonie, Forther-Clyde. En Irlande : le Grand-Canal et le Canal-Royal, joignant la mer d'Irlande à l'Atlantique. En Belgique : les canaux de Niewport, d'Ostende, de Bruges, de Bruxelles, de Mons à Condé; enfin le canal du Nord, qui devait se jeter à la fois dans l'Escaut, le Mein et le Rhin. En Hollande : le canal du Nord, d'Amsterdam à Helder; le canal de l'Yssel. En Suède : le canal de Gotha, qui joint la Mer baltique à la mer du Nord; les canaux de Carlsgraf, d'Arboga, etc. — En Allemagne : les canaux de Steckenitz ou de Lauenbourg à Lubeck, joint l'Elbe à la Trave; celui de Holstein, entre Tonningen et Halteneau; le canal Louis, joint le Danube au Rhin; le canal de Frédéric-Guillaume, joint l'Oder à l'Elbe; le canal François II, en Hongrie, canal de Pesth, réunit le Danube et la Theiss. — En Russie : ceux de la Bérézina et de Catherine; de Marie, entre les lacs Onéga et Biélo; du Ladoga; de Tikhvin, entre le lac Ladoga et le Volga; de Vyschni-Volotschok, entre le lac Ilmen et le Volga; de Koubensk, entre la Dvina du Nord et le Volga; du Nord, entre la Kama et la Vitscheyda; d'Oginski, entre le Priper et le Niémen; de Fellin, entre l'Embach et le golfe de Livonie ou de Riga. — En Espagne : les canaux d'Aragon et de Castille et Ségovie. — En Italie, le nord est sillonné de canaux très-nombreux; le principal est le Naviglio-Grande, qui va de Milan au Tessin. — En Suisse : le canal de la Linth, entre les lacs de Wallenstadt et de Zurich. — En Chine, le canal impérial a 2,000 kil. Il joint Canton à Pékin. — En Egypte, il y a un grand nombre de canaux qui servent aux irrigations, excepté le canal Mahmoudieh, près d'Alexandrie. — Aux Etats-Unis : le canal Erié, joignant le lac Erié à la rivière d'Hudson; le canal de la Chesapeake s'étend entre Washington et Pittsbourg; ceux du Champlain, d'Oswego, du Chenang. Dans le Canada : le Rideau-Canal; le Welland.

CANAVÈSE (le), district du royaume d'Italie, au N. de la province de Turin; il a plus de 200 forts et châteaux, presque tous en ruines.

CANCALE, ch.-l. de cant. de l'arrond. de Saint-Malo (Ille-et-Vilaine), à 15 kil. de cette ville. Pop. 3,120 hab. Pêche abondante d'huîtres.

CANCAN. Ce mot est à peu près synonyme de bavardage; mais il y a une nuance entre ces deux mots : le bavardage peut être ingénu, innocent, coquet; plus d'un charmant poëme, et *Vert-Vert* en témoignerait, n'est qu'un long bavardage, mais alors c'est un vrai badinage. Le cancan est plus effronté, plus médisant : quelques grains de calomnie et une forte dose de vanité en forment la composition. Il est le privilége des oisifs. Le Parisien cause, et ses plaisanteries même ont un fond sérieux; le provincial bien souvent cancane. C'est aux canards de nos basses-cours qu'il faut demander l'origine de ce mot.

Cancan ou Chahut. C'était la danse de nos pères. Louis XIV et sa dévote cour ne se permettaient que le menuet. La régence fut plus hardie dans ses allures :

> A la Monaco, l'on chasse
> L'on déchasse;
> A la Monaco
> L'on chasse comme il faut.

La régence, qui n'était qu'une protestation contre le rigorisme du siècle précédent et ses pieuses dragonnades, alla encore plus loin : la Monaco n'avait pas assez de caractère; on imagina le cancan, qui peint merveilleusement l'époque. La Révolution dansa la carmagnole; l'Empire n'eut pas le temps de danser et se contenta d'une pyrrhique de caractère au pas accéléré. La Restauration dînait et soupait; Louis XVIII était podagre. On ne dansait que dans le camp de l'opposition; et là, le cancan reprenait sa couronne bachique, malgré les vaines protestations d'un gendarme pudibond. Sous Louis-Philippe, la jeunesse commença à devenir plus froide et plus réservée; les neveux étaient sages; les oncles et les grands-oncles conservaient seuls les vieilles traditions du cancan. De nos jours, il règne dans nos bals publics, et on assure même qu'on a eu de la peine à l'exclure de nos salons. On l'a en quelque sorte quintessencié; et toute l'habileté du danseur ou de la danseuse consiste à lever la jambe à la hauteur des derniers préjugés. Rigolboche n'est plus une simple danseuse; c'est un symbole, un principe. Qui nous délivrera donc de la Rigolbochomanie?

CANCAO, ville de l'Annam (Cambodge), à 150 kil. de Cambodge. Laque, fer, coton, bois de construction.

CANCEL. On appelle ainsi la partie du chœur d'une église entre le maître-autel et la balustrade qui le renferme.

CANCELLARA, ville du royaume d'Italie (Basilicate), à 12 kil. de Potenza. Popul. 3,200 hab.

CANCER ou Ecrevisse, quatrième signe du zodiaque, faisant partie des six constellations boréales. L'écrevisse, selon la Fable, fut placée par Jupiter dans le Zodiaque en récompense d'avoir piqué une nymphe, fille de Garamanthe, et d'avoir ainsi retardé sa fuite quand il la poursuivait; selon d'autres, par Junon, qui l'avait suscitée contre Hercule combattant l'hydre de Lerne, écrasée par le pied du héros qu'elle mordit. Chez les Romains, elle était consacrée à Mercure, à Anubis chez les Egyptiens.

Cancer (Tropique du). (*Voir* Tropique.)

CANCLAUX (Jean-Baptiste-Camille, comte de), général français, né à Paris en 1740, mort en 1817. Il était major au commencement de la Révolution. Les événements qui survinrent facilitèrent son avancement; il fut nommé maréchal de camp en 1791, et lieutenant-général quelques mois plus tard. Il eut le commandement en chef de l'armée de l'Ouest, et se distingua contre les Vendéens. Il eut la gloire de repousser 60,000 chouans qui avaient attaqué Nantes. C'est alors qu'il forma ces fameux bataillons nantais, dans l'un desquels s'enrôla Cambronne. Après la pacification de la Vendée, il fut envoyé en ambassade à Naples. Le premier consul le nomma commandant de la 14e division militaire, et le fit entrer au Sénat. En 1813, il fut chargé de faire des enrôlements pour combattre l'invasion étrangère. Quand Napoléon eut abdiqué, il prêta serment à Louis XVIII, et fut nommé pair de France.

CANCON, ch.-l. de cant. de l'arrond. de Villeneuve-sur-Lot (Lot-et-Garonne), à 19 kil. de cette ville. Pop. 1,500 hab.

CANCRIN (le comte Georges), né en 1774 à Hanau, mort en 1845 à Saint-Pétersbourg. Il était fils d'un savant minéralogiste hessois, et fit ses études à Giessen et à Marbourg; mais comme il n'obtenait aucune fonction dans son pays, il se rendit en Russie, en 1796, entra dans l'administration militaire, et devint successivement intendant général de l'armée, lieutenant-général et ministre des finances. Il avait publié, en 1823, un ouvrage écrit en allemand sur l'*Economie militaire pendant la paix et pendant la guerre*. Il a été le premier à reconnaître et à utiliser le génie industriel des Russes. On lui doit la fondation des écoles de commerce et de navigation, des instituts forestier, technologique et autres. Le revenu public s'accrut, sous son ministère, par une bonne administration des douanes et par une habile direction donnée à l'exploitation des mines.

CANDACE, reine d'Ethiopie qui vivait au temps d'Auguste. Elle fit la guerre aux Romains, 20 ans av. J.-C.; mais elle fut repoussée par le préfet Pétronius, et se vit obligée de demander la paix pour prévenir l'invasion de ses Etats. Les *Actes des Apôtres* font mention d'une reine d'Ethiopie du même nom qui embrassa le christianisme et reçut le baptême de saint Philippe, ainsi que son grand trésorier, l'eunuque Juda.

CANDAULE, était fils de Myrsis, roi de Lydie. Il se montra si vain de la beauté de sa femme qu'il eut l'imprudence de la faire voir secrètement à son favori, cachée sous un faible voile, tandis qu'elle était au bain. Quand la reine connut cette action, elle en parut indignée et s'entendit avec Gygès, l'heureux favori, pour donner la mort à son époux. Gygès devint roi de Lydie par ce meurtre et épousa la veuve de Candaule, vers 716 av. J.-C. On rapporte que, pour déterminer Gygès à assassiner son époux, elle l'appela au sortir du bain et ne lui laissa que l'alternative de faire périr son maître ou d'être égorgé lui-même. « En me regardant, dit-elle, tu t'es rendu criminel autant que le maître qui t'a commandé cette indignité; et comme tu as jeté les yeux sur ce qui ne doit être vu que par un mari, je t'offre ma main et le trône de Lydie. C'est le seul moyen qui me reste de réparer la tache imprimée à mon honneur. » Gygès ne délibéra pas longtemps sur le choix.

CANDÉ, ch.-l. de cant. de l'arrond. de Segré (Maine-et-Loire), à 20 kil. de cette ville. Pop. 1,000 hab. Mines de fer aux environs.

CANDEILLE (Pierre-Joseph), maître de chant, né en 1744 à Estaire (Flandre), mort à Paris en 1827. Il était chef du chant à l'Académie royale de musique, et composa des motets, un *Te Deum*, des divertissements et des opéras, parmi lesquels on cite *Castor et Pollux*, qui eut dans son temps un grand succès. Sa fille, Julie Candeille, née à Paris en 1767, morte en 1834, fut une comédienne du Théâtre-Français. Elle écrivit des romans et des comédies. Sa *Belle fermière*, où elle jouait le rôle principal, fut fort bien accueillie à la Comédie-Française.

CANDÉLABRE. On appelle ainsi les supports sur lesquels les anciens plaçaient les lampes qu'on portait à la main, et qui n'étaient pas suspendues au plafond. On a trouvé un grand nombre de candélabres en bronze qui représentaient, par leur forme, de gros bâtons noueux et contournés. On construisit aussi des candélabres qui consistaient en une colonne creuse et traversée par une tige qui permettait de varier la hauteur de la lampe. Les auteurs de l'antiquité font mention de candélabres en or représentant des dieux de la Fable. Cicéron parle d'un candélabre orné de pierres précieuses qu'un fils d'Antiochus avait dédié au temple de Jupiter Capitolin.

CANDELARIA, ville de la Plata, à 250 kil. de Corientes. Chef-lieu d'une mission au temps des jésuites. Belle église.

CANDELARO, rivière du royaume d'Italie (Capitanate), prend sa source au Monte-Liburno, et après un parcours de 70 kil., elle se jette dans le golfe de Manfredonia, en formant la lagune du Pontano Salso.

CANDEUR, du latin *candidus* (blanc), exprime l'état d'innocence, de sincérité et de pureté de l'âme; la couleur blanche est la couleur distinctive de la candeur, comme elle est celle de la virginité.

CANDIANO, célèbre famille qui a donné à Venise cinq doges qui ont régné pendant le IXe et le Xe siècle.

CANDIANO (Pierre Ier) fut élevé à la dignité de doge en 887, et mourut cinq mois après son élection. Il fut tué dans les guerres qu'il fit aux Esclavons.

CANDIANO (Pierre II), fils du précédent, fut élu doge en 932, et succéda à Orso Particiaccio. La cour de Constantinople lui conféra la dignité de *Protospathaire*: on appelait ainsi l'officier des gardes byzantines qui portait l'épée de l'empereur. Pierre Candiano fit la guerre aux Narentins et remporta sur eux quelques avantages. Il mourut en 939.

CANDIANO (Pierre III), le plus célèbre de tous les membres de cette famille, succéda à Pierre Particiaccio en 942. Pendant son gouvernement, des pirates de Trieste étant venus enlever, au milieu de l'église de Castello, douze Vénitiennes qui devaient être mariées le même jour, il les poursuivit avec les galères de la République et leur enleva leur proie. En mémoire de cet événement, une fête annuelle fut instituée, et, le jour qu'on la célébrait, on conduisait en triomphe, dans toute la ville, douze jeunes filles que l'on mariait ensuite aux frais de la République. Pierre III mourut en 959.

CANDIANO (Pierre IV), qui avait été exclu de tout emploi à Ravenne, pour s'être révolté contre son père, fut néanmoins élu pour lui succéder. Il fit preuve de grands talents pour la guerre et pour le gouvernement; mais le peuple, mécontent de son faste et de son penchant à la tyrannie, se révolta contre lui, attaqua son palais et mit le feu aux maisons voisines. Le doge, en voulant échapper à la fureur des flammes, fut égorgé. Le chef des séditieux, Pierre Urséolo lui succéda.

CANDIANO (Vital), frère du précédent, fut le successeur d'Urséolo, en 978. Après quatorze mois de règne, il se fit moine et mourut quatre jours après.

CANDIDAT. On appelait ainsi, dans l'ancienne Rome, le citoyen qui briguait une magistrature. Il se présentait dans l'Assemblée populaire, revêtu d'une robe blanche qui le signalait à l'attention de ceux dont il voulait obtenir le suffrage. Les candidats haranguaient le peuple, en faisant valoir le mérite de leurs ancêtres et les services qu'ils avaient rendus à la République. C'était une sorte de profession de foi *(profiteri nomen suum)*. Le candidat qui avait antérieurement rempli quelque magistrature se contentait de faire inscrire son nom sur la liste des concurrents. Le candidat ne pouvait briguer une charge publique qu'après avoir passé par les emplois inférieurs.

CANDIDAT DU PRINCE. On appelait ainsi une sorte de questeur, attaché à la personne des empereurs, qui était chargé de donner lecture au sénat des lettres, messages, décrets et discours du prince. On lui donnait le nom de candidat parce que cette fonction lui donnait des droits à la préture.

CANDIDATS MILITAIRES. Au temps de l'empire romain, et à partir du règne de Gordien, les soldats de la garde des empereurs prirent le nom de candidats, parce qu'ils étaient choisis parmi les soldats des légions. On choisissait surtout les hommes à mine martiale, et capables d'inspirer le plus la crainte et le respect. On distinguait aussi dans la garde de l'empereur les *scholarès* et les *protecteurs*.

CANDIDATURE. On appelle ainsi les sollicitations par lesquelles un candidat brigue les suffrages de ses concitoyens pour être admis au corps législatif, au conseil général, ou pour faire partie d'un conseil municipal. On conçoit que les démarches d'un candidat doivent être loyales, ne jamais être appuyées de manœuvres de nature à tromper les électeurs sur son influence, enfin qu'elles ne doivent être entachées d'aucune violence ni d'aucune fraude. La corruption électorale a été quelquefois, pour certains gouvernements déchus, un moyen de se maintenir en faisant illusion à la nation sur la valeur et l'autorité du vote populaire; mais ce moyen dangereux a toujours perdu les gouvernements qui ont voulu y recourir.

CANDIDE. Voltaire nous a donné la définition de ce mot dans le portrait suivant: « Il y avait en Westphalie un jeune garçon à qui la nature avait donné les mœurs les plus douces; sa physionomie annonçait son âme. Il avait le jugement assez droit avec l'esprit le plus simple : c'est, je crois, pour cette raison qu'on le nommait Candide. » L'homme candide est toujours naïf; mais il ne s'ensuit pas que la naïveté seule constitue la candeur. L'Agnès de comédie est assurément naïve et ingénue; mais on ne parle pas de sa candeur.

CANDIDO (Pierre), peintre, statuaire et architecte belge, né vers 1541 à Bruges, mort en 1628. Son nom était Pierre de Witte. Comme peintre, il se consacra à la décoration des églises; il travailla surtout à celle de la coupole de Santa-Maria del Fiore à Florence. Comme architecte, il éleva le palais de l'électeur Maximilien à Munich. Comme statuaire, il fit le magnifique tombeau de l'empereur Louis IV dans la cathédrale de cette ville.

CANDIE, île de la Méditerranée, appartenant à la Turquie d'Europe, à 154 kil. de l'île de Rhodes, à 90 kil. de la côte de la Morée, à 195 kil. de la côte d'Anatolie et à 396 kil. de la côte d'Afrique. Sup. 900,000 hect.; 386 kil. de long sur 22 à 88 de large. Pop. 180,000 hab. dont 100,000 Grecs. Elle est traversée dans toute sa longueur par une haute montagne couronnée de forêts et divisée en deux chaînons, dont le point culminant est le Psiloriti (2,400 mèt.). Sol fertile dans la partie N., beaux pâturages; climat salubre et chaud. Ports. Entrepôt du commerce. Exportation de vins estimés, huile, soie, fruits du midi, savons, cire, miel. Importation de tissus, produits manufacturés, denrées coloniales. Les Arabes enlevèrent cette île à l'empire d'Orient en 823; en 962, elle revint à l'empire. Lors de la prise de Constantinople par les croisés, en 1204, le marquis de Montferrat, puis les Vénitiens, la reçurent en partage et la gardèrent malgré les attaques des Génois. Les Turcs la conquirent en 1669, après une guerre de 25 ans. En 1833, Candie fut donnée à l'Egypte, qui la rendit à la Turquie en 1841.

CANDIE, capitale de l'île de Candie, située sur la côte N. Pop. 15,000 hab. Siége d'un archevêché grec. Port sur la Méditerranée, ensablé; il n'est accessible que pour les petits bâtiments. Place forte avec citadelle. Beaucoup d'antiquités aux environs. Candie fut fondée par les Arabes.

CANDOLLE (Augustin-Pyrame DE), célèbre botaniste, né à Genève en 1778, mort en 1841. Il descendait d'une famille calviniste de Provence, qui s'expatria pendant les guerres de religion. Il vint à Paris pour étudier la médecine, mais son goût pour l'histoire naturelle le détourna de cette carrière. Il suivit les cours de Dolomieu et de Desfontaines, et se lia avec Cuvier, Humboldt, de Saussure, Charles Bonnet, etc. Dès 1799, il donna une *Histoire des plantes grasses*, et l'année suivante il fit de curieuses observations sur le sommeil et les habitudes des végétaux. En 1802, il suppléa Cuvier au Collége de France; c'est alors qu'il publia son *Essai sur les propriétés médicales des plantes*, et qu'il aida Lamarck à refondre la *Flore française*. En 1806, il fut chargé de parcourir toutes les parties de l'empire français pour constater l'état de l'agriculture. A son retour, il publia sur ce sujet trois rapports qui ont été insérés dans les *Mémoires de la Société d'agriculture*. En 1808, il obtint la chaire de botanique à la Faculté de médecine de Montpellier, avec la direction du jardin botanique, et publia, en 1813, la *Théorie élémentaire de la botanique*, ouvrage qui peut être regardé comme son chef-d'œuvre, et dans lequel il fait connaître les rapports naturels des parties de la plante, et analyse la valeur de chacune de ces parties. En 1815, se voyant persécuté pour avoir accepté pendant les Cent-Jours les fonctions de recteur de l'Académie de Montpellier, il donna sa démission et quitta la France. Rentré à Genève, sa patrie, qui l'avait accueilli avec empressement, il occupa une chaire d'histoire naturelle qu'on avait créée pour lui, et fut nommé directeur du jardin botanique, puis élu membre du Conseil fédératif. C'est alors qu'il reprit ses travaux avec une nouvelle ardeur. En 1818, il entreprit de donner la description de toutes les plantes connues, et publia les deux premières parties de ce grand travail, qui, trop vaste pour être continué, fut fondu dans un ouvrage plus abrégé, publié sous le titre de *Prodromus regni vegetabilis*. En 1828, l'Institut de France le nomma associé étranger. On lui doit encore l'*Organographie* et la *Physiologie végétale*, qui, avec ses *Expériences relatives à l'influence de la lumière sur les végétaux*, sa *Géographie botanique* et tous ses autres ouvrages, constituent le corps pour ainsi dire le plus complet de la science des végétaux. De Candolle est le seul homme qui ait ainsi embrassé avec un génie égal toutes les parties de l'histoire naturelle. C'est surtout par ses travaux sur les méthodes et sur les classifications qu'il rendit d'immenses services à la science. A la fin de sa carrière, il porta à 80,000 le nombre des espèces de plantes connues. Ce savant a laissé lui-même des *Mémoires* sur sa vie, et M. de Flourens a prononcé son *Eloge* à l'Académie des sciences.

CANDY, ville de Ceylan, à 130 kil. de Colombo. Pop. 3,000 hab. Nombreux temples de Bouddha. Les Anglais s'en emparèrent en 1815. Candy était autrefois la capitale d'un petit Etat indépendant.

CANÉE (la), ville forte de l'île de Candie, à 100 kil. de Candie. Pop. 12,000 hab. Consulats français, anglais, etc. Commerce actif. Port, le meilleur de l'île.

CANÉPHORES (porteuses de corbeilles). On donnait ce nom à deux jeunes filles consacrées au culte de Minerve Poliade, à Athènes. Elles habitaient une maison dans le voisinage du temple. Le jour de la fête de la déesse, elles allaient trouver la prêtresse de Minerve, qui leur mettait des corbeilles sur la tête, sans que ni elles ni la prêtresse sussent ce qu'il y avait dedans. Les deux jeunes filles allaient déposer ces corbeilles dans une grotte naturelle, près de la *Vénus au jardin*. Là, elles trouvaient d'autres corbeilles qu'elles rapportaient mystérieusement au temple. Elles cessaient alors leurs fonctions. Dans les fêtes de Minerve, elles figuraient dans les processions, parées magnifiquement et portant sur leur tête des corbeilles couronnées de fleurs et de myrte.

CANÉPHORIES. Fêtes de Diane chez les Grecs. Meursius croit que c'était simplement une cérémonie qui faisait partie de la fête que célébraient les jeunes filles la veille de leurs noces. Elle portaient une corbeille de présents au temple de Minerve, pour engager la déesse à rendre heureux leur mariage projeté, et pour lui demander pardon de déserter son culte.

CANETTA (Don André-Hurtado de MENDOZA, marquis DE), vice-roi du Pérou en 1557. Il fut envoyé dans ce pays par la cour d'Espagne pour mettre fin à la lutte de Pizarre et d'Almagro. Le vice-roi agit avec une rigueur excessive, et proscrivit tous ceux qui avaient pris part à la rébellion. Cependant Philippe II, jugeant que cet excès de sévérité pouvait ranimer la révolte au lieu de l'éteindre, le rappela en Espagne. Canetta mourut de chagrin à Lima en 1560.

CANEVAS, pièce de toile à larges mailles divisées en carreaux d'égale dimension. On trace sur cette toile des dessins colorés que l'on copie à l'aiguille avec des fils de laine ou de soie.

CANEVAS. On appelle ainsi les vers que les musiciens font composer pour accompagner leurs compositions musicales. Quinault réalisait ce tour de force pour les opéras dont Lulli composait préalablement la musique.

CANEVAS. On appelle ainsi, en littérature, l'esquisse sommaire d'un ouvrage, d'un poëme ou d'une pièce de théâtre. Le canevas ne contient donc pas de dialogue. Les anciens auteurs dramatiques de l'Italie ne faisaient que des canevas, laissant à l'imagination de l'acteur le soin de composer lui-même le dialogue.

CANFRANC, ville d'Espagne (Aragon), à 15 kil. de Jaca. Près de là est un passage très-fréquenté, appelé *Col de Canfranc*, qui conduit d'Espagne en France.

CANGA-ARGUELLES (Don José DE), homme d'Etat, né vers 1770 dans les Asturies, mort en 1843. Il fut député aux cortès de Cadix en 1812, puis ministre des finances. Il fut persécuté à cause de ses idées libérales. Ramené au pouvoir à la suite de la révolution de l'île de Léon, et chargé encore du portefeuille des finances, il se retira au bout d'un an avec tous ses amis. La capitulation de Cadix l'envoya en exil; il y resta jusqu'en 1829, époque à laquelle il fut amnistié. On le nomma archiviste de Simancas.

CANGUE. Nom d'un instrument de supplice en usage en Chine et dans quelques autres contrées de l'Asie. La cangue est une espèce de carcan, consistant dans une grande table percée de trois trous, l'un pour passer le cou et les autres pour passer les mains. Quelquefois cette table est remplacée par un triangle de bois qu'on fixe au cou du patient, et auquel l'une de ses mains est attachée.

CANICATTI, ville de Sicile, dans la province de Girgenti, à 25 kil. de cette ville. Pop. 16,760 hab. Soufrières considérables aux environs, qui produisent 900,000 kil. par an.

CANICE (Saint-) ou IRISHTOWN, ville d'Irlande, près de Kilkenny. Pop. 10,100 hab.

CANICULE, étoile de première grandeur, la plus belle et la plus brillante de toutes celles qui sont visibles en Europe. Cet astre, situé sous le Grand-Chien, constellation australe, était appelé *Sirius* chez les Romains, et *Sothis* chez les Egyptiens. On appelle aussi *canicule* le temps pendant lequel le soleil se lève avec cette étoile, du 24 juillet au 26 août. Le moment de la canicule est le temps le plus chaud de l'année.

CANIGOU, montagne de France, un des points culminants des Pyrénées (Pyrénées-Orientales). Hauteur 2,785 m., à 10 kil. de Prades.

CANINO, ville des Etats de l'Eglise, à 25 kil. de Viterbe. Château et principauté de la famille Lucien Bonaparte. Belles antiquités étrusques.

CANISY, ch.-l. de cant. de l'arrond. de Saint-Lô (Manche), à 8 kil. de cette ville. Pop. 900 hab. Commerce de coutils, draps. Beau château.

CANITZ (Frédéric-Rodolphe-Louis, baron DE), poëte allemand, né à Berlin en 1654, mort en 1699. Il se distingua comme homme d'Etat, et fut chargé de négociations importantes par Frédéric II, électeur de Brandebourg, et Frédéric III, son successeur. Il cultiva la poésie avec succès; il prit Horace pour modèle, et l'égala quelquefois. Il a mérité d'être appelé le Pope de l'Allemagne. Son style pur et délicat rappelle celui de Boileau.

CANIVEAUX. On appelle ainsi, en termes de voirie, les gros pavés qui offrent une pente inclinée pour former le milieu du ruisseau d'une rue ou d'une cour.

CANNAT (Saint-), village de l'arrond. d'Aix (Bouches-du-Rhône), à 16 kil. de cette ville. Pop. 2,000 hab. Patrie du bailli de Suffren.

CANNAY, une des Hébrides (Ecosse), à 17 kil. de Sky. Pop. 500 hab. Elève de beau bétail. On y remarque le mont de la Boussole, où l'aiguille aimantée varie vers l'O. d'un quart de cercle.

CANNE, du latin *canna* (roseau), désigne généralement le bâton, de quelque matière qu'il soit, sur lequel on s'appuie en marchant. Les cannes ont varié de forme et de longueur, suivant les caprices de la mode. Au dernier siècle, les dames portaient des cannes assez longues, et dont la pomme était richement ornée; cette mode tend à reparaître. On a fabriqué des cannes creuses qui renferment des épées ou des fusils à vent; ce sont des armes prohibées. On donnait autrefois le nom de canne à une mesure de longueur qui variait suivant les pays, et qui était communément d'environ 2 m.

CANNELURES. C'est une petite cavité en arc de cercle, taillée du haut en bas d'une colonne ou d'un pilastre. On distingue les cannelures torses, en forme de spirale, les cannelures à vive arête, et les colonnes ornées.

CANNES, ch.-l. de cant. de l'arrond. de Grasse (Alpes-Maritimes), à 16 kil. de cette ville. Pop. 4,980 hab. Vieux château gothique. Port sur le golfe de la Napoule (Méditerranée), garanti par un môle du vent du S.-O. Grand commerce de vins, huiles, savons, fruits, parfumerie. Pêche d'anchois et de sardines. C'est près de cette ville que Napoléon Ier débarqua à son retour de l'île d'Elbe, le 1er mars 1815.

CANNES, village du royaume d'Italie (Terre de Bari), à 10 kil. de Barletta.

CANNES (bataille de). Annibal, au lieu de marcher sur Rome après la victoire de Thrasimène, conduisit son armée à Ancône pour y prendre ses quartiers d'hiver, et procurer à ses troupes un repos nécessaire. Il comprenait d'ailleurs que les Romains n'étaient pas encore assez affaiblis, pour qu'il pût tenter avec succès une attaque contre Rome. Lorsqu'il crut pouvoir reprendre les hostilités, le général carthaginois s'approcha de Rome; mais il y rencontra Fabius Maximus, surnommé le *Bouclier de Rome*, qui déjoua sa tactique par une rare prudence, et ne lui laissa pas l'occasion de livrer avantageusement bataille. Annibal résolut alors de rester sur la défensive, en attendant qu'il pût profiter de quelque faute des généraux romains; il se retira vers le mont Gargano, au-delà de l'Apennin. Pendant une année les deux armées ennemies furent condamnées à l'inaction. Au printemps suivant, il réussit à s'emparer de la citadelle de Cannes, où les Romains avaient concentré un approvisionnement d'armes. Il força ainsi l'armée romaine à s'ébranler pour protéger les autres magasins qui se trouvaient sur divers points du théâtre de la guerre. Les proconsuls romains qui avaient succédé à Fabius Maximus vinrent camper sur la rive droite de l'Ofanto. Ils furent rejoints par les nouveaux consuls Emilius et Varron, qui amenaient avec eux des forces qui portaient l'armée romaine à 80,000 hommes d'infanterie et 7,000 cavaliers, divisés en 16 légions. Emilius montrait une certaine prudence; Varron, au contraire, désirait vivement en venir aux mains. Malheureusement l'usage établi par les Romains étant que chacun des consuls commandât alternativement pendant un jour, Varron eut ainsi l'occasion d'engager le combat, malgré son collègue, qui persistait à rester sur les hauteurs qui dominent Cannes. L'armée romaine s'ébranla pour marcher contre les Carthaginois, qui occupaient la rive opposée de l'Ofanto. Annibal lança sa cavalerie contre les cohortes légionnaires, qui firent bonne contenance. Varron ayant même renforcé les troupes qui se trouvaient engagées, les Carthaginois durent abandonner le champ de bataille. Le lendemain, Emilius refusa de livrer bataille; il se retrancha dans un camp qu'il fit dresser dans un lieu peu favorable au développement de la cavalerie carthaginoise. Les jours suivants, Annibal harcela les Romains dans leur camp, pour les provoquer à livrer bataille. Varron ne sut pas se contenir. Il fit ranger son armée en donnant à ses masses d'infanterie une grande profondeur qui devait gêner les mouvements, au lieu d'étendre ses ailes pour laisser moins de prise à la cavalerie numide; il plaça sa cavalerie sur les ailes. Annibal, qui disposait de 40,000 hommes et de 10,000 chevaux, plaça à sa gauche ses cavaliers gaulois et espagnols en face de la cavalerie romaine; le développement facile de sa cavalerie lui assurait la victoire de ce côté. A l'aile droite, il opposa sa cavalerie numide à la cavalerie alliée des Romains. Son aile droite était plus faible que l'autre; mais il lui suffisait qu'elle pût tenir en attendant que la cavalerie gauloise et espagnole eût écrasé les Romains qui étaient en face d'elle. Au centre de son infanterie étaient les Gaulois et les Espagnols, et aux deux extrémités l'infanterie africaine. Asdrubal commandait la gauche des Carthaginois, Hannon était à la droite, et Annibal au centre. Du côté des Romains, Emilius commandait la droite, Varron la gauche, et les deux proconsuls au centre. Annibal commanda aux Gaulois et aux Espagnols qui formaient son centre de s'avancer les premiers; les autres corps s'avançaient plus lentement, de manière à décrire un arc de cercle; l'armée romaine formait une ligne droite. Les troupes légères engagèrent d'abord l'action. Annibal lança ensuite ses cavaliers gaulois et espagnols sur la cavalerie romaine. Les cavaliers romains, beaucoup moins nombreux, soutinrent énergiquement l'attaque. Se voyant enfin hors d'état de résister, ils sautèrent à bas de cheval, selon leur coutume, pour combattre à pied; mais ils ne purent former leurs rangs, et bientôt ils furent mis en déroute. Dès lors cette lutte ne fut plus qu'un horrible carnage. L'infanterie romaine avait abordé avec fureur l'infanterie gauloise et espagnole; celle-ci n'avait pu résister, ainsi qu'Annibal l'avait prévu, et les Romains avaient repoussé devant eux le centre de son armée. D'autre part, les ailes victorieuses étant restées dans leurs positions, l'armée carthaginoise, au lieu de former un angle sortant, figurait un angle rentrant. Les Romains, concentrant alors leurs efforts sur leur centre, brisèrent leur ligne et vinrent s'engouffrer au milieu des lignes ennemies qui se refermaient sur eux. Les Romains n'avaient pu conserver leur rang de bataille, tandis que les Carthaginois leur opposaient des lignes solides. Les cavaliers gaulois et espagnols, vainqueurs de la cavalerie romaine, se jetèrent sur la cavalerie alliée; celle-ci se débanda presque aussitôt, et Varron s'enfuit avec 300 cavaliers. Emilius avait abandonné le terrain où il avait pris position pour rejoindre le centre de l'armée romaine. Il trouva la mort dans ce champ de carnage, après des efforts héroïques. L'armée romaine fut anéantie; 10,000 hommes seulement échappèrent à ce massacre. Presque tous les officiers, les tribuns militaires, les sénateurs et les chevaliers romains étaient restés au nombre des morts. Annibal recueillit leurs anneaux d'or et en emplit un boisseau qu'il envoya au sénat carthaginois. Cette bataille eut lieu l'an 216 av. J.-C.

CANNIBALE. Les Espagnols donnaient autrefois ce nom, dérivé de *carnivore*, aux Caraïbes anthropophages. Ces sauvages, qui habitaient autrefois les îles Sous-le-Vent, ont cessé d'exister, et ont ainsi expié leur barbarie. Les Caraïbes avaient le teint cuivré; leurs traits respiraient la cruauté et la perfidie; ils ne vivaient que pour satisfaire les plus grossiers appétits ou assouvir leur vengeance. L'anthropophagie est évidemment le dernier échelon de la dégradation humaine. Aucune intelligence élevée ne peut se rencontrer chez des peuples qui en sont arrivés à cet excès de férocité. On peut les assimiler aux bêtes fauves; car ils n'ont, à l'exemple de ces animaux que des instincts. L'anatomie et la physiologie nous révèlent que le cerveau du cannibale est évidemment atrophié; le système nerveux, conducteur de la pensée, est moins bien développé; ces hommes n'ont que des muscles, aussi n'ont-ils à craindre aucune de ces maladies compliquées qui naissent de l'état de civilisation. Les souffrances physiques ne sont pas comptées pour eux comme pour les autres hommes, et on les voit souvent subir les supplices les plus atroces avec une étonnante impassibilité. La race nègre participe évidemment de l'état d'infériorité du sauvage, mais on ne peut contester, et c'est l'argument principal qu'on oppose aux partisans de l'esclavage, qu'il n'y a pas de race si abjecte, si abrutie qu'on la suppose, qui ne puisse, sous l'influence bienfaisante de l'éducation, se perfectionner et se régénérer complètement. Assurément ce changement ne peut s'accomplir qu'après une longue suite de générations, et les progrès sont d'autant plus lents que la dégradation a été plus profonde. Les fruits de nos jardins, avant d'acquérir ces proportions sous lesquelles nous les voyons, cette saveur qui en font un mets délicat, n'étaient-ils pas des fruits amers et quelquefois même empoisonnés, dont l'industrie humaine a perfectionné les diverses espèces par les travaux les plus assidus, qui se sont prolongés pendant plusieurs siècles avant d'obtenir les résultats que nous constatons aujourd'hui. La barbarie recule, grâce aux rapports que la civilisation établit entre les hommes, et l'on peut prévoir le moment où l'état sauvage aura disparu de la surface du globe, non par l'extermination, mais par cette action philanthropique qui caractérise les entreprises de notre siècle.

CANNING (George), homme d'Etat anglais, né à Londres en 1770, mort en 1827. Sa mère avait été réduite à se faire actrice pour subvenir à son éducation. Cependant il rencontra un oncle qui, voyant ses heureuses dispositions, l'envoya au collège d'Eton. Il passa de là à l'université d'Oxford, où il connut plusieurs étudiants qu'il rencontra plus tard parmi ceux qui illustrèrent leur pays. Ses études terminées, il vint exercer à Londres la profession d'avocat. La réputation qu'il s'était acquise à Oxford appela sur lui l'attention de Pitt et de Fox, qui se disputèrent l'honneur de le protéger. Il accepta les offres de Pitt et entra au parlement en 1793, comme représentant du bourg pourri de Newport. Il étudia le système politique de l'Angleterre, et comprit que le pouvoir ne pouvait plus appartenir aux tories, qui venaient de perdre l'Amérique, et qui n'avaient ressaisi un instant le pouvoir que pour combattre les principes de la révolution qui venait de triompher en France. Il essaya cependant de soutenir encore ce parti en flattant les idées populaires qui pouvaient le fortifier. Il garda le silence pendant un an; il le rompit pour appuyer une demande de subsides qu'on proposait d'accorder au roi de Sardaigne. En 1801, l'occasion s'offrit à lui de montrer la plus haute éloquence : il parla de l'abolition de l'esclavage, et prononça sur ce sujet un discours qui est un chef-d'œuvre oratoire. Cependant il mit plusieurs fois un talent incontestable au service de misérables préjugés : ainsi il se laissa emporter par sa haine contre les idées françaises, et publia plusieurs écrits qui ne font pas honneur à sa générosité. Lorsque Pitt quitta le ministère, en 1801, Canning prit parti pour le ministre déchu et attaqua avec ardeur Addington, son successeur, à qui il reprochait de montrer trop de modération dans ses rapports avec la France. Pitt revint au ministère en 1804, et Canning fut nommé trésorier de la marine. Après la mort de son protecteur, il se déclara indépendant, et ne voulut plus s'attacher à aucun chef politique. En 1807, il fut appelé au ministère des affaires étrangères, et entra dans la composition d'un ministère absolument tory. C'est à Canning qu'on doit attribuer le projet de bombardement de Copenhague et l'enlèvement de la flotte danoise. L'insuccès de cette entreprise dut lui démontrer que la haine est mauvaise conseillère. En effet, Canning, qui s'était rendu redoutable, comme orateur, par ses railleries sanglantes, n'apporta pas toujours dans sa politique cet esprit de suite, cette logique, cette pénétration qui constituent le grand homme d'Etat. Il décida le gouvernement à poursuivre contre la France une guerre d'extermination, et à susciter contre elle tous les ennemis qu'elle pouvait avoir en Europe. Ce fut par son influence qu'on abandonna les petites expéditions, les coups de main qui épuisaient les ressources de l'Angleterre sans amener aucun résultat décisif, pour concentrer sur un même point toutes les forces de l'Angleterre. Il fit passer des secours à l'Espagne, et désapprouva l'expédition de l'Escaut, entreprise par son collègue lord Castlereagh. Il fit même des démarches secrètes pour que le portefeuille de la guerre fût retiré à son collègue. Celui-ci n'apprit que longtemps après l'intrigue secrète qui avait été tramée contre lui. Il en conçut une légitime indignation, et provoqua Canning en duel; celui-ci reçut une balle à la cuisse. Par suite de cette rencontre, les deux adversaires donnèrent leur démission. Lord Wellesley fut appelé à remplacer Canning et continua sa politique. Cependant, en 1812, le ministère fut accusé d'agir avec trop de mollesse. L'assassinat du premier ministre Perceval amena enfin la dissolution du ministère. Lord Wellesley et Canning furent chargés de composer un nouveau cabinet, mais ils échouèrent dans les diverses combinaisons qu'ils tentèrent. Canning rentra alors au parlement, étudia les grandes questions politiques et économiques, et parvint à acquérir une certaine popularité en défendant les intérêts commerciaux. On lui a reproché d'avoir manqué de dignité en acceptant, sous le ministère de lord Castlereagh, l'ambassade de Lisbonne, qui n'était qu'une sinécure lucrative. Peu de temps après, il fut nommé président du bureau de contrôle pour les affaires de l'Inde. Dans ce poste élevé, qui l'établissait, de fait, gouverneur d'un immense empire, Canning n'apporta que des vues étroites et rétrogrades. Au reste, il compta toujours parmi les ennemis les plus acharnés et les plus intolérants des libertés populaires. Il appuya les lois les plus tyranniques qu'on présenta pour réprimer le mécontentement du peuple, et il se montra constamment hostile à tout progrès. Il affichait le mépris le plus insolent pour les plaintes de l'opinion publique. Ses mesures liberticides amenèrent cependant un résultat qu'il ne prévoyait pas : il fut brisé par cet esprit de liberté et d'indépendance qu'il avait essayé de contenir et d'étouffer. A la mort de George III, Canning donna sa démission et voyagea en France. Il connut alors et apprécia mieux cette nation qu'il avait si aveuglément méconnue. A son retour en Angleterre, Canning crut devoir se montrer favorable au parti catholique, et chercher dans cette alliance un appui contre l'esprit trop libéral des réformés. En 1822, il reprit le portefeuille des affaires étrangères. C'était au moment de la guerre d'Espagne. Il prit parti contre la France, qui tentait alors la restauration du parti catholique, injurieuse pour le parti national. Cette conduite libérale fit regagner à Canning un peu de popularité. C'est par suite de la même idée politique qu'il fut conduit à reconnaître l'indépendance des colonies américaines qui venaient de secouer le joug de l'Espagne. Canning finit par devenir suspect aux tories. Bientôt il eut l'occasion de rompre complètement avec ce dernier parti et de s'allier définitivement aux whigs. L'agitation que produisit ce changement subit amena au sein du parlement les discussions les plus passionnées. Il entreprit d'y répondre, malgré une maladie qui minait ses forces depuis quelque temps; mais il ne tarda pas à succomber, trois mois après sa nomination comme premier ministre.

CANO (Jean-Sébastien del), célèbre navigateur espagnol, né à Guetaria, dans la Biscaye. Il fut le compagnon du fameux Magellan, qui découvrit, en 1520, le détroit qui porte son nom. Après la mort de Magellan, il gagna les îles de la Sonde, puis il doubla le cap de Bonne-Espérance. Il fut le premier navigateur qui fit le tour de l'Orient. Ce voyage fut accompli en trois ans et un mois. Charles-Quint lui fit présent d'un globe magnifique portant cette devise : *Primus me circumdidisti* (Tu es le premier qui ait fait le tour de cette terre).

CANO (Alonzo), célèbre peintre, sculpteur et architecte, né à Grenade, en Espagne, en 1600, mort en 1676. Il a mérité d'être surnommé le *Michel-Ange de l'Espagne*. Son père lui enseigna l'architecture, Martinez Montagne la sculpture, Pacheco et Castillo la peinture. Le duc d'Olivarès l'appela à Madrid en 1638, et le nomma directeur général des ouvrages royaux. Il fut maître de dessin du prince des Asturies. On distingue, parmi ses principaux chefs-d'œuvre, trois statues qui ornent la cathédrale de Nébrija, son tableau de la *Conception de la Vierge*, dans la cathédrale de Grenade, et sa *Madeleine en pleurs*, dans l'église de Saint-Gines à Madrid. Il a quelquefois imité le Corrège; mais il s'est plus souvent rapproché de l'Albane. Il se recommande par une grande pureté de formes, un dessin correct et un coloris harmonieux.

CANOBBIO, ville du royaume d'Italie, sur le lac Majeur, à 16 kil. de Pallanza. Pop. 2,100 hab. Province de Novare. Tanneries renommées.

CANON. On appelait ainsi, dans l'ancienne Rome, la règle, et par extension, le tribut, l'impôt. Il y en avait plusieurs espèces : *canon frumentaire*, c'était la quantité de blé que les provinces d'où l'on tirait l'approvisionnement de Rome devaient fournir chaque année à cette ville; *canon des habits*, l'impôt annuel en argent que, sous le Bas-Empire, on levait dans les provinces pour subvenir à l'achat des habits des soldats; *canon naviculaire*, impôt que l'on levait sur certains champs, pour entretenir les flottes de l'empire; *canon métallique*, sous le Bas-Empire, on devait extraire une certaine quantité de métal de chaque mine par tête de mineur.

CANON. C'est le nom que l'on donnait, dans l'ancienne Grèce, à une liste des prosateurs et des poëtes classiques les plus remarqués, elle fut dressée par Aristophane de Byzance et Aristarque. Voici ce canon : *Poëtes épiques :* Homère, Hésiode, Pisandre, Panyasis, Antimaque; *poëtes iambiques :* Archiloque, Simonide, Hipponax; *poëtes lyriques :* Alcman, Alcée, Sapho, Stésichore, Pindare, Bacchylide, Ibycus, Anacréon, Simonide; *poëtes élégiaques :* Callimaque, Mimnerme, Philétas, Callinus; *poëtes tragiques :* Eschyle, Sophocle, Euridipe, Ion, Achæus, Agathon; *poëtes comiques :* Epicharme, Cratinus, Eupolis, Aristophane, Alexis, Ménandre, Philippide, Diphile, Philémon, Apollodore; *historiens :* Hérodote, Thucydide, Xénophon, Théopompe, Ephore, Philiste, Anaximène, Callisthène; *orateurs :* Antiphon, Andocide, Lysias, Isocrate, Isée, Eschine, Lycurgue, Démosthène, Hyrépide, Dynarque; *philosophes :* Platon, Xénophon, Eschine, Aristote, Théophraste.

CANON. On donne le nom de canon à la plupart des lois de l'Eglise et aux décrets des conciles généraux, ainsi qu'au catalogue des livres sacrés et inspirés de Dieu, à la liste des saints, etc.

CANON DE LA MESSE. Partie de la messe qui suit la préface jusqu'à la communion exclusivement; parce qu'elle est la règle de la consécration, et qu'elle est la même dans toutes les messes. Cette partie de la messe se dit à voix basse.

CANON PASCAL, table des fêtes mobiles, où la fête de Pâques et les autres fêtes qui en dépendent est marquée pour un cycle de 19 ans.

CANON. On a beaucoup discuté sur le mode de fabrication des canons dans l'enfance de l'artillerie. La découverte de la poudre indiquait trop facilement son emploi naturel à l'aide du canon, pour qu'il y ait intérêt à rechercher à quel pays on doit faire honneur de cette invention homicide; cependant on attribue généralement cette invention à Berthold Schwartz. Les premiers canons ont été coulés grossièrement en bronze. Quelques-uns même étaient de bois et cerclés en fer. Les Vendéens firent usage de pièces de ce genre en 1793. On a fabriqué aussi des canons avec des plaques de tôle dont on clouait les bords; ce tube était entouré de forts anneaux de distance en distance. Les premiers canons ont été appelés bombardes, barces, basiliques, bastardes, cardinales, couleuvrines, émerillons, fauconneaux, serpentines, etc. Les canons ont été employés en 1380, dans la guerre des Vénitiens avec les Génois. A la bataille de Crécy, en 1346, l'armée anglaise disposait de 5 pièces de canon. Les Chinois ont connu longtemps avant nous la composition de la poudre; mais il a fallu que les jésuites leur enseignassent l'art de fabriquer les canons. Aujourd'hui, les canons sont coulés ou forgés. Les canons fondus sont en laiton, en bronze ou en fer; les canons forgés sont en fer, et souvent aussi en fer et acier. L'alliage qui doit entrer dans la composition de la fonte a été l'objet d'études approfondies et de nombreux essais. On a enfin reconnu que l'étain et le cuivre étaient les meilleurs éléments, mais que les proportions de l'alliage devaient varier suivant la force des pièces. Ainsi, pour les pièces de 8 et au-dessous, la proportion est de 8 parties d'étain sur 100 de cuivre; pour les pièces plus fortes, elle est de 11 parties d'étain pour 100 de cuivre. Toute la matière employée pour la fonte ne peut être utilisée : la plus grande partie passe en copeaux et en scories. Il a donc fallu chercher le procédé le plus convenable pour charger les fourneaux de façon à utiliser le mieux possible le métal. Le moulage se fait en coquille, en sable ou en terre. Le moulage en coquille se fait dans un moule en bois divisé en deux moitiés égales. Ce procédé est généralement imparfait, parce qu'une partie du métal s'échappe par le joint, et que cette filtration décompose l'alliage. Le moulage en sable serait préférable si la pièce coulée ne sortait du moule criblée de petits trous. On adopte généralement les moules en terre composés d'argile, de sable, de brique pilée, de plâtre, de cendres, de tannin, de cire, de crottin de cheval et de bouse de vache. La culasse se coule seulement en plâtre, ainsi que le modèle des tourillons. Quand la pièce a été coulée et se trouve refroidie, on creuse l'âme à l'aide d'un foret. On perce ensuite la lumière dans un cylindre de cuivre rouge taillé en vis, logé dans un écrou.

CANONICAT. C'est la dignité de chanoine, conférant à celui qui en est revêtu le droit de s'asseoir au chœur et une place au chapitre d'une église cathédrale ou collégiale.

CANONNIER. On donne ce nom aux militaires chargés du service et de la manœuvre des pièces d'artillerie; on les appelle aussi artilleurs. Ils ont été organisés pour la première fois en corps spéciaux en 1688. Ils furent d'abord réunis aux sapeurs du génie et aux mineurs; mais en 1758, la séparation de ces divers corps devint complète.

CANONNIÈRE. On appelle ainsi, en termes de fortification, une grosse tour à l'épreuve du canon, percée de meurtrières par lesquelles on dirige le feu sur l'ennemi. Autrefois, on donnait aussi ce nom à des tentes sous lesquelles on logeait ordinairement quatre soldats.

CANONIQUES (livres). On appelle ainsi la collection des lois, des canons, des usages traditionnels de l'Eglise, d'après les décisions des papes, des conciles, des écrits des apôtres et des lois civiles émanant du pouvoir séculier, en matière ecclésiastique. Le pape Clément V fit réunir tous les canons de l'Eglise sous le nom de *corps du droit canonique*. Les rapports entre l'Eglise et les divers Etats catholiques, étant souvent réglés par des coutumes ou des concordats qui diffèrent suivant les pays; il en résulte que chaque pays a en quelque sorte son *code ecclésiastique* particulier. Le pouvoir séculier ayant jugé nécessaire d'obtenir des garanties contre les empiétements de la cour de Rome, qui s'immisçait peu à peu dans l'administration civile, a fixé, d'accord avec l'autorité pontificale, les règles suivant lesquelles les décrets du Saint-Siége peuvent devenir exécutoires en France en matière ecclésiastique seulement. Les décrets pontificaux sont soumis, avant leur application à une sorte de sanction; car il importe qu'ils ne contiennent aucune disposition contraire à notre constitution civile et politique, ou de nature à troubler l'ordre public dans un pays où la liberté de conscience est un principe souverain.

CANONISATION. Jugement par lequel le pape déclare solennellement la béatitude d'un saint. Il résulte d'une instruction lente, qui laisse à la vérité le temps d'être connue, éloigne sévèrement tous les faits qui paraissent douteux et n'accepte que les rapports unanimes.

CANONS, ornements de toile, ronds, fort larges, souvent ornés de dentelles, et que l'on attachait au-dessous du genou; ils pendaient jusqu'au milieu de la jambe pour la couvrir. Cette partie de l'habillement des hommes de cour était en vigueur sous Louis XIV. Molière, dans l'*Ecole des maris*, acte 1er, dit :

> De ces larges canons, où, comme en des entraves,
> On met tous les matins ses deux jambes esclaves.

CANONSBURY, ville des Etats-Unis (Pensylvanie), à 28 kil. de Pittsbourg. Célèbre collége Jefferson.

CANOPES (vases). Les anciens Egyptiens appelaient ainsi les vases dans lesquels on conservait et on faisait purifier l'eau du Nil. On y sculptait le plus souvent des figures hiéroglyphiques. Canope ou Canopus était le Neptune des Egyptiens; il présidait aux fleuves et à l'élément liquide. On a lieu de croire que le symbole égyptien a passé dans la mythologie grecque, qui nous représente toujours les dieux qui président aux fleuves appuyés sur leur urne. Boileau a admirablement dépeint cette figure dans les quatre vers suivants :

> Au pied du mont Adule, entre mille roseaux,
> Le Rhin tranquille et fier du progrès de ses eaux,
> Appuyé d'une main sur son urne penchante,
> Dormait au bruit flatteur de son onde naissante.

CANOSA, ville du royaume d'Italie (Terre de Bari), à 20 kil. de Barletta. Pop. 8,000 hab. Cathédrale; curieux tombeaux taillés dans le roc. Cette ville souffrit beaucoup du tremblement de terre de 1694.

CANOSSA, bourg du royaume d'Italie (province de Modène), à 18 kil. de Reggio. Pop. 1,200 hab. Ancien château qui appartint à la grande-comtesse Mathilde, et dans lequel l'empereur Henri IV fit pénitence devant le pape Grégoire VII.

CANOT, barque légère et ordinairement fort petite. Les canots des sauvages de l'Amérique, appelés aussi pirogues, sont faits d'écorce ou d'un tronc d'arbre. Les grands bâtiments ont tous de petits canots ou chaloupes destinés à aborder sur les côtes qui ne sont pas accessibles à des bâtiments.

CANOTIERS. Les Parisiens se sont souvenus que les armes de la capitale du monde figuraient un vaisseau, et ils ont voulu être marins contre vent et marée. On a vu alors se réunir des littérateurs, des artistes, des industriels, qui ont d'abord ramé par désœuvrement et qui sont devenus canotiers par goût. Quel curieux spectacle que celui de ces 10,000 canotiers dont les gondoles pavoisées sillonnent la Seine et la Marne! avec quelle joie ils font pétiller l'esprit et le champagne, en compagnie de naïades et de bacchantes! car le canotage a sa mythologie, de même qu'il a ses poëtes et ses trouvères; il a aussi ses coutumes et sa jurisprudence, voir même son code pénal. Ses ports sont ceux de Bercy, de l'île Louviers, de Charenton, d'Asnières et de Saint-Cloud. Ils ont même poussé leurs excursions loin de Paris, jusqu'à Dieppe et au Havre, où ils ont porté une civilisation nouvelle. Le canotage a son histoire, ses fastes, ses héros dont les noms ont retenti sur les rives d'Asnières et de Charenton. Les médailles qui récompensent les vainqueurs des régates seront recherchées par les antiquaires du XXe siècle. Le Parisien, après s'être exercé à faire le tour de Marne, à doubler l'île des Ravageurs ou l'île Saint-Ouen, va défier sur la mer les marins les plus aguerris, et se fait un plaisir de vaincre sur leur élément les Anglais et les Américains. Le canotage est une heureuse diversion aux travaux de l'intelligence; il contribue à faire de nos frêles Parisiens des hommes à la fois robustes, courageux et adroits. La première société de régates a été organisée par M. More, qui montait autrefois la *Sorcière des eaux*. Ses succès ont appelé l'attention du gouvernement, qui a multiplié les prix pour encourager les institutions de cette nature. Les *équipes* de cette société se distinguent entre toutes par leur habileté et leur précision. Le *Club d'amateurs* compte parmi ses membres les hommes les plus distingués dans la diplomatie; on reproche cependant à cette société son caractère cosmopolite. Ce n'est point parmi les membres de cette société qu'il faut chercher les plus habiles canotiers, malgré les sacrifices considérables qu'elle s'impose pour rétablir une réputation brillante autrefois, mais aujourd'hui justement contestée.

CANOURGUE (la), ch.-l. de cant. de l'arrond. de Marvejols (Lozère), à 15 kil. de cette ville. Pop. 2,000 hab. Célèbre abbaye de Saint-Martin sous les Mérovingiens. Fabrique de cadis.

CANOVA (Antoine), célèbre sculpteur italien, né à Passagno, dans les Etats vénitiens, le 1er novembre 1757, mort à Venise le 13 octobre 1822. Il eut pour protecteur le patricien Falieri, qui remarqua en lui un talent extraordinaire : Canova, âgé seulement de 8 ans, avait modelé, pour la table de son protecteur, un lion avec du beurre. Il étudia la sculpture sous Bassano. A 17 ans, il fit un *Eurydice* qui établit déjà sa réputation. Il alla alors à Venise, où il remporta les prix académiques. Le sénat de Venise l'envoya à Rome. Ses premières productions ne révélaient pas encore la perfection idéale qui l'atteignit plus tard; on admire cependant *Thésée assis sur le Minotaure égorgé*, qu'il composa en 1783. La même année il entreprit, pour le pape Clément XIV, un mausolée destiné à être placé dans l'église des Apôtres. Cette sculpture décèle déjà une originalité et une grâce infinie. Il fut ensuite chargé de l'exécution du mausolée du pape Clément XIII, qui est dans le même goût. Dès ce moment, ses productions prennent un caractère en dehors des traditions des anciens maîtres: ses formes prennent une délicatesse et en même temps une pureté inimitables. Canova excellait surtout à animer ses sculptures et à reproduire les effets qu'on demande plus particulièrement à la peinture. Il réussit moins bien dans le genre tragique; ses attitudes sont alors forcées et disgracieuses. Le groupe de *Psyché et l'Amour*, qu'il exécuta plusieurs fois, est son triomphe. Il fit aussi une statue colossale du roi de Naples. Au moment de la révolution, les patriotes voulurent briser cette statue qui devait rappeler le souvenir d'un nom exécré; mais, en pénétrant dans l'atelier de Canova, la fureur fit place à l'admiration, quand ils virent ces belles figures de Psyché, d'Hébé et de l'Amour. Ils épargnèrent la statue qu'ils recherchaient, en témoignage de leur vénération. Il passa quelque temps à Venise, où il peignit quelques tableaux d'église. Il alla ensuite à Rome, où il exécuta *Persée tenant la tête de Méduse*. En 1802, le pape Pie VII nomma Canova inspecteur général des musées et monuments des États de l'Eglise. Bonaparte l'appela à Paris en 1803 pour faire le modèle de sa statue colossale; cette statue appartint plus tard au duc de Wellington. Après la chute de Napoléon, il fut chargé de procéder à l'enlèvement des richesses amassées dans nos musées nationaux. La hauteur avec laquelle il remplit cette triste mission, en se parant fièrement du titre d'ambassadeur du pape, lui valut cette réponse sévère et méritée : « Vous vous dites *ambassadeur* du pape, c'est *emballeur* que vous voulez dire. » Le pape le récompensa de cette ambassade plus qu'il ne l'avait fait pour honorer les talents de l'artiste : il fit inscrire son nom sur le livre d'or du capitole, et lui conféra le titre de marquis d'Ischia. Canova mourut sept ans après.

CANPOUR, ville de l'Indoustan anglais (Bengale), à 160 kil. d'Allahabad. Ville ancienne, grande, commerçante et importante comme poste militaire. Chaleur intolérable en été. — Le district de Canpour a environ 1 million d'hab. Massacre des Anglais en 1857.

CANSEAU ou CANSO, île de l'Amérique anglaise (Nouvelle-Ecosse), située près du cap de son nom, dsns le détroit dit *Boyau de Canseau*, qui sépare la Nouvelle-Ecosse du cap Breton.

CANSTADT, ville du royaume de Wurtemberg, à 4 kil. de Stuttgard. Pop. 2,800 hab.

CANTACUZÈNE (Jean), ministre de l'empereur d'Orient. Andronic Paléologue le Jeune se servit de son pouvoir et de son influence pour parvenir au trône. Andronic lui avait recommandé, avant de mourir, ses deux fils, Jean et Emmanuel. Cantacuzène se fit proclamer empereur, en 1545, à la place de ses pupilles. Il entra dans Constantinople à la tête d'une armée, et donna à son usurpation un caractère de légitimité, en forçant Jean Paléologue à le reconnaître pour empereur et à épouser sa fille. Il eut à combattre les Génois, qui assiégèrent Constantinople en 1349. La flotte impériale ayant été battue, il accepta une paix humiliante. Il est probable qu'il aurait rendu de grands services à l'empire, car il possédait d'incontestables talents; mais il était obligé de consulter son collègue qu'il avait dû associer à l'empire, et les tiraillements intérieurs faisaient obstacle à toute amélioration. Les deux empereurs finirent même par en appeler aux armes et allumèrent une guerre civile qui dura trois ans. Ils firent alors la paix; mais Cantacuzène craignait qu'elle ne fût pas de longue durée, et voulant l'assurer même au prix d'un sacrifice, renonça à la couronne, se fit apporter une robe de moine, la revêtit en présence de toute sa cour, et alla s'enfermer dans un couvent du mont Athos. Ses sujets le regrettèrent; car ils avaient reconnu en lui un grand prince et une habile politique. Cependant il commit la faute de donner une de ses filles à Orcan, sultan des Turcs. Celui-ci profita de cette alliance pour faire

Conservatoire des Arts et Métiers.

valoir de prétendus droits sur certaines provinces de l'Asie, et s'en emparer. Avant d'abdiquer, Cantacuzène fit proclamer son fils Mathieu en 1535. Celui-ci ne tarda pas à être dépouillé par Jean Paléologue. Cantacuzène a laissé une *Histoire de l'empire d'Orient* de 1320 à 1360. On loue l'élégance de son style plus que l'impartialité de l'historien.

CANTACUZÈNE (Mathieu), fils du précédent, né vers 1325. Avant d'abdiquer, son père l'avait fait proclamer empereur, mais Jean Paléologue le dépouilla de la dignité impériale. Il se retira dans un cloître, comme son père, et s'y livra aussi à la culture des lettres. On a de lui une *Explication du Cantique des cantiques*, publiée à Rome en 1624.

CANTACUZÈNE (Démétrius), hospodar de Moldavie, qui régnait au commencement

tourbe, antimoine, talc, mica, tripoli, pierre ponce, amiante, gypse, porphyre, granit, pierres meulières, etc.; céréales, châtaignes; prairies, pacages; élève importante de chevaux, de bétail, fromages dit d'Auvergne; chaudronnerie, cuirs, sources minérales. Ce département dépend de la cour impériale de Riom et de la 20e division militaire, et forme le diocèse de Saint-Flour.

CANTARINI (Simon), surnommé *le Pesaresse*, parce qu'il était originaire de Pesaro, où il naquit en 1612. Il fut le disciple et l'ami du Guide, qu'il s'appliqua si bien à imiter, qu'on a souvent confondu les ouvrages de l'élève avec ceux du maître. Ce peintre, l'un des plus célèbres de l'école bolonaise, mourut à Vérone à l'âge de 36 ans. Il a laissé aussi quelques gravures.

nople; mais cet espoir fut déçu, et la Porte lui préféra un autre concurrent. En 1710, il fut cependant appelé au gouvernement de la Moldavie; mais à peine fut-il arrivé à Jassy, que le grand visir exigea de lui une forte contribution, et lui donna l'ordre de faire construire un pont sur le Danube, pour le passage de l'armée turque qui devait prendre garnison dans le pays. Cantemir, indigné de ces prétentions, résolut d'affranchir les Moldaves du joug des Turcs. Il fit alliance avec Pierre le Grand et suivit ce prince dans les guerres qu'il eut à soutenir. Cependant il ne put obtenir les secours qu'il espérait pour tenter la délivrance de sa patrie. Le czar le dédommagea en le nommant prince de l'Empire, avec des domaines considérables dans l'Ukraine. Cantemir a laissé en latin, en russe et en

Prise de Constantine.

du XVIIe siècle, et se fit détester par sa tyrannie. Ayant calomnié, pour le perdre, le général moldave Constantin Cantemir qu'il accusait d'intelligence avec les Russes, il fut convaincu d'imposture et expulsé. Son rival le remplaça comme gouverneur de Moldavie.

CANTAL, groupe de montagnes au centre de la France et dans un contrefort des Cévennes. Le centre du groupe est occupé par un cratère de 9 kil. de diamètre.

CANTAL, départ. du centre de la France, ch.-l. Aurillac, formé de l'ancienne Auvergne. Il est borné au N. par le départ. de la Haute-Loire, du Puy-de-Dôme et de la Corrèze: à l'E. par ceux de la Haute-Loire et de la Lozère; au S. par ceux de la Lozère, de l'Aveyron et du Lot, et à l'O. par ceux du Lot et de la Corrèze. Sup. 582,959 hect.; pop. 260,465 hab. Les sous-préfectures sont: Mauriac, Murat et Saint-Flour. Ce département compte 23 cantons, 258 communes. Il est situé dans la région la plus élevée de la France, couvert de massifs considérables de montagnes volcaniques, dont le sommet principal est le *Plomb du Cantal*, qui s'élève à 1,906 m. au-dessus du niveau de la mer. Le sol renferme de la houille, de la

CANTATE. On appelle ainsi une œuvre musicale presque toujours accompagnée d'une composition poétique. La cantate se compose ordinairement de morceaux détachés, comprenant des récitatifs, des airs, des duos ou des trios et souvent même des chœurs. Il y a deux sortes de cantates: la cantate profane et la cantate sacrée.

CANTELEU, bourg du départ. de la Seine-Inférieure, à 7 kil. de Rouen. Pop. 3,590 hab. Fabriques d'indiennes. Nombreuses habitations de campagne. Château.

CANTEMIR (Constantin), Moldave de naissance. Il servit d'abord dans l'armée polonaise, puis dans l'armée valaque, et fut même élevé à la dignité de soudan. Démétrius Cantacuzène, jaloux de ses brillantes qualités, adressa contre lui des rapports calomnieux au séraskier Soliman-Pacha. Celui-ci invita Cantemir à se justifier, et ayant reconnu la perfidie de Cantacuzène, il força ce dernier à abdiquer, et promut Cantemir à sa place comme gouverneur de la Moldavie. Ce prince mourut en 1693.

CANTEMIR (Démétrius), second fils du précédent, né en Moldavie en 1673, mort en 1723. Son père espérant qu'il lui succéderait, l'envoya à la cour de Constanti-

moldave, plusieurs écrits où l'on trouve les grandes qualités de l'historien, et qui attestent un patriotisme à la fois ardent et éclairé.

CANTENAC, village de l'arrond. de Bordeaux (Gironde), à 20 kil. de cette ville. Pop. 860 hab. Crus estimés du haut Médoc.

CANTILLON (DE), banquier, mort à Londres en 1733. D'abord négociant irlandais, il fut ensuite banquier à Paris. Il a été contemporain de Law et jusqu'à un certain point son associé. On a de lui un *Essai sur la nature du commerce en général*, qui a été donné comme une traduction de l'anglais.

CANTIN (cap), cap de la côte du Maroc, situé sur l'Atlantique.

CANTINE, nom donné dans les casernes, les hospices et même les prisons, à un établissement spécial où l'on débite le vin, l'eau-de-vie et le tabac. Dans l'armée, les sous-officiers prennent pension à la cantine.

CANTIQUE, du latin *cantare*, chanter. On appelle ainsi tout hymne religieux qu'on chante en l'honneur d'une divinité. Les Grecs célébraient les louanges de leurs dieux dans des cantiques: ainsi nous avons conservé le *Cantique de Castor* et le *Cantique de Minerve*. Les Hébreux chantaient les louanges de Jéhovah dans des cantiques d'Isaïe, d'Ezéchias, de Jérémie, de Moïse et de Débora. Le roi David fut le premier qui introduisit dans le tabernacle les chœurs et les instruments. Au moyen âge, on donnait le nom de cantique à des chansons burlesques où les miracles des saints étaient souvent racontés dans les termes les plus profanes. Aujourd'hui on a réservé ce nom aux hymnes religieux d'une versification plus ou moins pure.

CANTIQUE DES CANTIQUES. C'est le cantique par excellence, un véritable poëme, qu'on appelle aussi *cantique de Salomon*, parce qu'il est généralement attribué à ce roi. C'est à tort que les interprètes de l'Ecriture ont signalé Ezéchias comme son auteur. Ce chant passionné et voluptueux jusqu'au délire ne pouvait venir que d'un prince enivré des plaisirs des sens, qui comptait dans son sérail jusqu'à 800 femmes. En effet, nous devons en croire Salomon lui-même, qui fit ce recensement au plus beau jour de sa sagesse; car on assure que ce nombre fut dépassé plus tard. Il est évident, pour le commentateur éclairé, que la vierge qu'il célèbre n'est autre qu'Astarté, la Vénus orientale. L'exaltation même des pensées contenues dans ce cantique a pu faire illusion aux âmes dévotes, qui ont imaginé, pour le besoin de leur cause, qu'il s'agissait là d'un amour divin pour l'Eglise, fille de Dieu. Salomon, prince idolâtre, confondait volontiers les idées profanes avec les idées sacrées. Aussi s'est-on demandé si ce chant avait été inspiré par le ciel ou par l'enfer. Les bonnes âmes ont préféré y voir un chant céleste et mystique; pour les Juifs, il s'agit de l'alliance de Dieu avec la synagogue; pour les catholiques, qui ont pour eux l'opinion de Bossuet, il s'agit de l'union de l'Eglise avec Jésus. Pour le critique affranchi de toute superstition, il n'y a là qu'un admirable poëme, le plus beau monument de la poésie pastorale chez les Hébreux. L'opinion la plus commune veut que ce cantique soit un épithalame composé par Salomon pour célébrer son mariage avec la fille du pharaon d'Egypte. D'ailleurs la vierge dont il s'agit est appelée *Sulamite*, mot qui ne signifie pas autre chose que femme de Salomon. On multiplierait les preuves qui rendent cette opinion incontestable. Cependant le concile de Trente a mis cette production au nombre des livres canoniques. Les Juifs le mirent également au nombre de leurs livres religieux; mais ils en défendirent la lecture avant l'âge de 30 ans. Les anabaptistes ont été plus conséquents, en considérant ce livre comme dangereux pour les mœurs.

CANTON, en chinois *Kouang-Tong*, ville et port de Chine, cap. de la prov. du même nom, à 2,040 kil. de Pékin. Pop. 700,000 hab. Elle se divise en ville chinoise et ville tartare, qui est la plus belle. Grand entrepôt de l'empire pour le commerce intérieur. Assez beaux temples. Industrie et commerce immense. Exportation de thé, anis, alun, musc, camphre, borax, rhubarbe, soieries, ouvrages en laque, porcelaine. Les Anglais y apportent l'opium, les tissus de laine et de coton; l'étain, le fer, le plomb. Le port fut, jusqu'en 1842, ouvert aux Européens. Le mouvement de commerce est estimé à 450 millions de francs. Les Portugais furent admis à Canton en 1517; les Anglais y arrivèrent en 1634, et l'ont prise en 1841, ils la bombardèrent en 1856. Le 29 décembre 1857, les Français et les Anglais s'en emparèrent.

CANTON, terme géographique qui sert à désigner une certaine subdivision de territoire. En France, les cantons sont des subdivisions des arrondissements; ils se subdivisent même en communes. Chaque chef-lieu de canton est le siége d'une justice de paix. La confédération helvétique est divisée en cantons qui sont à vraiment dire différents Etats ayant chacun ses coutumes, ses lois et son gouvernement intérieur.

CANTONADE. On appelle ainsi au théâtre l'intérieur des coulisses ou les encoignures formées par les coulisses de côté. *Parler à la cantonade*, c'est parler de la scène à une personne qui est censée dans la coulisse, hors de la vue des spectateurs.

CANTONNEMENT. On donne ce nom, en droit, à des divisions des fleuves et rivières dépendant du domaine public. Ces divisions sont nécessaires pour déterminer les concessions du droit de pêche, que le gouvernement accorde par adjudication. Les *cantonnements de chasse* sont des portions de territoire qu'on met en adjudication pour y concéder le droit de chasse. On appelle aussi *cantonnements d'usage* les portions de forêts sur lesquelles les habitants d'une commune, ou même des particuliers, ont un droit d'usage, sous certaines conditions qui empêchent les usagers de dévaster les forêts.

CANTONNEMENT MILITAIRE. On appelle ainsi un rassemblement de militaires logés chez les habitants d'une contrée. Les cantonnements sont généralement passagers, et l'administration militaire évite autant que possible d'y recourir, pour ne pas épuiser l'habitant. Les soldats établis en cantonnement ont seulement droit au coucher et au combustible.

CANTONNIER. On donne ce nom à des ouvriers stationnant sur les routes, et chargés de la réparation et de l'entretien de la voie. Ils sont généralement répartis à raison d'un cantonnier sur une étendue de 3,000 m. On appelle aussi cantonnier ou *gardes de ligne* les employés de chemins de fer placés de distance en distance, pour faire les signaux d'usage au moment du passage de chaque train et pour ouvrir ou fermer les barrières des passages à niveau qui traversent la voie.

CANTORBÉRY, ville d'Angleterre, capitale du comté de Kent, à 70 kil. de Londres. Pop. 16,500 hab. Siége d'un archevêché, ch.-l. d'une des deux provinces ecclésiastiques de l'Angleterre, comprenant 22 diocèses. Cathédrale célèbre (1184), renfermant les tombeaux du Prince Noir, de Henri IV et du cardinal La Pole. La chapelle de la Trinité possède les ossements de Thomas Becket, assassiné en 1170; ils furent brûlés par Henri VIII en 1539. Magnifique baptistère dans l'église Saint-Martin. Belle promenade de Dunge-Hill. Commerce de grains et salaisons. Fabriques de mousselines, cotonnades, draps. Culture de houblon. L'archevêque de Cantorbéry, primat et premier pair du royaume, couronne le souverain, confère les grades en droit, médecine et théologie, et réside à Londres, au palais de Lambeth.

CANTYRE, presqu'île située sur la côte O. de l'Ecosse, dans le comté d'Argyle.

CANUBIN, bourg de la Turquie d'Asie (Syrie), à 44 kil. de Tripoli, ch.-l. des Maronites.

CANUEL (Simon), général français, né dans le Poitou en 1767, mort en 1840. Il s'était engagé comme volontaire, et servit dans la Vendée. Il devint aide de camp de Rossignol, et fut employé sous le Directoire, sous Napoléon, aussi bien que sous les Bourbons. Il se faisait remarquer surtout par l'exaltation de ses opinions, qui changeaient au moindre vent. Il avait servi dans la Vendée, dans l'armée de la République. Pendant les Cent-Jours, il voulut encore servir dans la Vendée, mais ce fut cette fois avec l'armée royaliste, et sous La Rochejaquelein. Elu député à la Chambre de 1815, on le vit constamment siéger à l'extrême droite; et, quand il fut envoyé à Lyon pour réprimer un mouvement insurrectionnel, il déploya là une sévérité excessive. En 1823, il prit part, comme général de division, à l'expédition d'Espagne. En 1825, il reçut le commandement de la 21e division militaire. En 1830, son âge avancé le fit mettre à la retraite.

CANUT Ier, roi de Danemark, au XVe siècle. La plus grande incertitude règne sur l'histoire de ce prince; on sait seulement qu'il embrassa le christianisme.

CANUT II, roi de Danemark et d'Angleterre, surnommé le *Grand*, succéda à son père en 1014. Suénon, son père, avait juré, en célébrant dans un festin son avénement au trône de Danemark, de chasser Ethelred II de l'Angleterre avant trois ans. Celui-ci, averti du danger, mais fort de l'alliance des Normands, avait fait exterminer tous les Danois établis en Angleterre. Suénon fondit alors sur ce malheureux royaume, et mourut avant d'en avoir achevé la conquête. Canut, son fils, parvint à le soumettre complétement, après l'avoir couvert de sang et de carnage. Le fils du roi d'Angleterre envoya un cartel au prince danois. Celui-ci proposa alors de s'en remettre à l'arbitrage d'officiers choisis dans les deux camps. Le royaume fut partagé. Edmond, fils du roi Ethelred, conserva les provinces situées au midi de la Tamise et une partie du Wessex; le reste appartint à Canut. Après la mort d'Edmond, que Canut fit assassiner par Stréon, l'usurpateur dépossédа les deux fils du roi d'Angleterre, et épousa la veuve d'Ethelred. Il eut ensuite châtier son beau-frère Ulfou, qui avait cherché à s'emparer du Danemark. tourna ensuite ses armes contre la Norwége, battit Olaüs, roi de cette contrée, et s'empara de ses Etats en 1030. Après cette conquête, il fit le voyage de Rome pour rendre visite au pape. Il revint ensuite mourir en Angleterre en 1036. Il rétablit dans ses Etats les anciennes lois saxonnes, qui ne punissaient le meurtre que d'une simple amende.

CANUT III, surnommé le *Hardi* ou le *Robuste*, succéda à son père en 1036. Il eut d'abord pour compétiteur son frère Harold, qui parvint même à s'emparer du trône d'Angleterre; mais, à la mort de ce dernier, il fit reconnaître ses droits et régna seul, en 1040. Il se rendit odieux à tout son peuple par l'acharnement qu'il mit à outrager les restes de son malheureux frère. Il le fit déterrer, lui fit trancher la tête et abandonna son corps aux flots de la Tamise. Des pêcheurs lui ayant donné la sépulture, Canut le fit encore exhumer et jeter dans le fleuve. On croit qu'il mourut empoisonné en 1042.

CANUT IV, dit *saint Canut*, roi de Danemark, frère d'Harold, succéda à ce dernier en 1080. Il entreprit une expédition contre l'Angleterre et échoua dans cette entreprise. Il fut tué dans l'église de Saint-Alban en 1086, et mis au nombre des martyrs, sans que l'Eglise ait enregistré par quelles rares vertus il avait mérité cet honneur.

CANUT V, roi de Danemark, succéda à Eric V dit l'*Agneau*, en 1147. Il fut longtemps en guerre avec Suénon qui lui disputait la couronne. Les deux rivaux ayant fait la paix vers 1155, Suénon invita Canut à un festin et profita d'un moment favorable pour le faire assassiner.

CANUT VI, roi de Danemark, de 1182 à 1210. Il était fils de Valdemar Ier, et avait régné quelque temps avec son père. Il fut longtemps en guerre avec les peuples de la Poméranie.

CANUT, roi de Suède de 1167 à 1199. Il était fils d'Eric IX, surnommé le *Saint*. Il tua de sa main Charles VII qu'il soupçonnait d'avoir participé au meurtre de son père. Il régna pendant 23 ans et fit le bonheur de ses sujets.

CANY, ch.-l. de cant. de l'arrond. d'Yvetot (Seine-Inférieure), à 25 kil. de cette ville. Pop. 1,500 hab. Industrie active; cotons, huileries, tanneries, marchés de toiles importants.

CANZ (Israël-Gottlieb), théologien allemand, né à Heinsheim en 1690, mort en 1753. Il enseigna avec succès l'éloquence, la poésie et la théologie. Il essaya d'introduire dans la science théologique la philosophie de Wolf et de Leibnitz. Il a laissé de nombreuses dissertations philosophiques ou théologiques et les éléments d'une grammaire universelle.

CAORSINS ou CORSINS, marchands lombards célèbres au XIIIe siècle par leur usure. Henri III les chassa d'Angleterre en 1240. Le pape intercéda pour eux; mais ils se virent encore expulsés une seconde fois en 1251. Le duc de Brabant se débarrassa d'eux de la même manière. Louis IX lui-même lança contre eux un édit en 1268. Leur rapacité était proverbiale; aussi avait-on coutume de dire : *enlever comme un corsin*, que le peuple ignorant traduisit ainsi : *comme un corps saint*.

CAP DE BONNE-ESPÉRANCE. Il forme presque l'extrémité sud du continent africain dans l'Océan atlantique. Il fut découvert en 1486 par Barthélemy Diaz, qui lui donna le nom de *Cap des Tempêtes*. Vasco de Gama le doubla le premier en 1497.

CAP ou CAP DE BONNE-ESPÉRANCE (colonie du), colonie anglaise, comprenant la plus grande partie de l'extrémité S. du continent africain. Elle est bornée au N. par l'Orange et les Etats de Bœrs; à l'E. par la Cafrerie; traversée à l'E. et à l'O. par deux chaînes de montagnes, le Zwarte ou Black-Mountains et le Nieuweveld; la côte O. offre les baies de Sainte-Hélène, de Saldagne et de la Table. Baignée par les trois océans Atlantique, Antarctique et Indien. Sup. 370,000 kil. carrés. Pop. 267,100 hab. Ch.-l. le Cap. Divisée en deux gouvernements : le Cap et Huitenhagen. Climat agréable, mais inondations et sécheresses extrêmes. Aspect varié, montagnes, plaines cultivées, et déserts immenses; beaucoup de rivières; eaux minérales et thermales; animaux sauvages et féroces : éléphant, zèbre, girafe, lion, hyène, autruche, aigle, pélican, ibis. Végétation originale, plantes tropicales et du sud de l'Europe. Vins exquis, café, dattes, arbre à pain, etc. La colonie du Cap fut fondée en 1650 par Jean Van Riebeck. Elle appartint longtemps aux Hollandais. Elle fut donnée aux Anglais par les traités de 1815.

CAP (le), ch.-l. de la colonie du Cap de Bonne-Espérance, situé sur l'Atlantique, au fond de la baie de la Table. Pop. 25,000 hab. Place de guerre avec citadelle. Siége d'un évêché anglican, du gouvernement et résidence du gouverneur. Entrepôt du commerce entre les Indes et la Grande-Bretagne. Vins, froment, cuirs et peaux, viandes salées, corne, ivoire, plumes d'autruche, aloès, gomme, laine, etc. Port excellent, excepté en juin, juillet et août, où soufflent les vents d'O. Collége, observatoire, bibliothèque, jardin botanique; magnifique hôpital, superbe hôtel de ville, vaste château fort.

CAP BRETON (île du), île de l'Amérique septentrionale, située dans l'Atlantique, au N. de la Nouvelle-Ecosse, dont elle dépend. Cap. Sidney. Sup. 810,000 hect.; pop. 40,000 hab. Plusieurs ports excellents. Mines de houille très-riches, exploitées depuis 1827. Cette île est presque divisée en deux presqu'îles par un vaste golfe dit le *Bras d'Or*; elle fut découverte par Cabot, en 1497. En 1714, les Français y fondèrent un établissement et la nommèrent *Ile royale*. Les Anglais s'en emparèrent en 1745, la rendirent trois ans plus tard et la reprirent en 1757. La forteresse française de Louisbourg fut détruite par les Anglais.

CAP-BRETON bourg de l'arrond. de Dax (Landes), à 33 kil. de cette ville. Pop. 900 hab. Ce bourg jouit d'une grande prospérité commerciale en 1360, lorsque l'Adour, obstrué par le sable, se creusa un nouveau lit. L'ingénieur Louis de Foix fit reprendre à la rivière son ancien cours en 1579, et alors ce bourg déchut beaucoup.

CAP-COD, presqu'île des Etats-Unis (Massachussets), située dans l'Océan atlantique. Elle est terminée au N. par le Cap-Cod et jointe à la terre par un isthme étroit.

CAP-CORSE, établissement anglais en Afrique, sur la côte de Guinée (Côte d'Or), et sur l'Atlantique, à 100 kil. du Cap des Trois Pointes. Pop. 18,000 hab. Citadelle; commerce actif de poudre d'or et d'ivoire.

CAP-FEAR ou *Clarendon*, rivière des Etats-Unis (Caroline du Nord), qui se jette dans l'Atlantique près du cap de son nom, après un parcours de 220 kil.

CAP-HAÏTIEN, jadis *Cap-Français*, depuis *Cap-Henri* (le), ville forte d'Haïti, ch.-l. de la province du Nord. Pop. 6,000 hab. Port sur la côte N. de l'île, à [illegible] kil. de Port-au-Prince. Consulat français. Commerce important.

CAP-VERT, cap situé à l'extrémité occidentale de l'Afrique, sur la côte de la Sénégambie. Côte très-fertile près de Gorée. Il fut découvert par Denis Fernandez, en 1546. La France possède le cap et les terres voisines, depuis la Pointe des Mamelles jusqu'au cap Bernard, avec les villages de Dakar et de Bin.

CAP-VERT (Iles du), archipel de l'Océan atlantique, dans l'Afrique portugaise, à 500 kil. du Cap-Vert. Il se compose de 10 îles : Santiago, Brava, Foyo, Saint-Antoine, Saint-Nicolas, Mayo, Saint-Vincent, Boavistar, Sel, Sainte-Lucie. Sup. 4,400 kil. carrés. Pop. 96,400 hab. Sol volcanique, fertile et bien boisé. Climat très-chaud. Exportation de sel marin et d'orseille. Plusieurs bons ports. Cet archipel fut découvert par Antonio Noli, en 1450.

CAPACCIO, ville du royaume d'Italie (Principauté citérieure), à 35 kil. de Salerne. Pop. 2,000 hab. Siége d'un évêché suffragant de Salerne.

CAPACITÉ. Ce mot s'entend de la mesure intellectuelle d'un individu. On distingue la capacité naturelle de celle qui s'acquiert par le travail et l'observation. L'examen et le classement des capacités feraient le sujet d'une profonde étude physiologique.

CAPANÉE, fils d'Hipponoüs et d'Astynome, l'un des chefs de l'armée argienne, qui alla mettre le siége devant Thèbes pour rétablir Polynice sur le trône de cette ville, antérieurement au siége de Troie; Capanée escalada le premier les murailles de la ville; mais il avait osé dire qu'il ne ferait pas plus de cas des foudres de Jupiter, que de la chaleur du midi, et qu'il prendrait Thèbes malgré son tonnerre. Jupiter le punit en le frappant de la foudre. Ses compatriotes lui élevèrent un bûcher particulier, sans mêler ses cendres à celles des autres guerriers morts devant Thèbes. Les poëtes grecs se sont emparé de cette fable pour en faire le sujet de plusieurs tragédies. Sa femme, Evadué, s'étant parée de ses plus beaux habits, monta sur un rocher au pied duquel on brûlait le corps de son époux, et se précipita au milieu du bûcher. Capanée fut père de Sthenémus qui se distingua au siége de Troie.

CAPDENAC, ville de l'arrond. de Figeac (Lot), à 6 kil. de cette ville. Pop. 1,330 hab. Tunnel. Ville autrefois fortifiée. Sully l'acheta et s'y retira en 1614.

CAPDEUEIL (Pons DE), troubadour du XIIe siècle. C'était un jeune et galant chevalier, qui joignait au talent de composer des vers celui de chanter avec grâce et de jouer divers instruments. Il partagea son temps entre les jeux de l'amour et de la guerre. Ses poésies ont pour objet de célébrer ses amours ou d'exciter les chevaliers à s'armer pour la guerre sainte. Il trouva la mort dans la 3e croisade.

CAPE. On désignait ainsi autrefois un vêtement long et sans manches, avec un capuchon. Ce vêtement était commun en France. Tout le monde connaît cette chronique du XIIe siècle, qui nous apprend que la *cape de notre divin Sauveur aurait été miraculeusement retrouvée dans un monastère d'Argenteuil, près de Paris; que c'était une robe brune et sans couture que lui avait faite sa glorieuse mère, alors qu'il était encore enfant.* Les prêtres avaient fini par adopter aussi la cape; ils y faisaient attacher de précieuses fourrures. Les femmes de toutes les conditions acceptèrent elles-mêmes cette mode. Ce mot a fini par entrer dans la composition de certains proverbes : ainsi, *rire sous cape* signifie se moquer d'une personne en cachette. On dit d'un homme qu'il *n'a que la cape et l'épée* pour exprimer qu'il n'a pas un sou vaillant.

CAPE. Ce mot s'emploie en termes de marine. On dit qu'un vaisseau *met en cape* quand il dispose ses voiles et présente obliquement son avant à la bourrasque et à la lame, pour mieux supporter les coups de vent.

CAPECELATRO (Joseph), archevêque de Tarente, né à Naples en 1744, mort en 1836. Il se distingua par la tolérance de ses opinions. Il combattit en philosophe éclairé les abus religieux, et proposa même de faire cesser le célibat des prêtres. Ses opinions politiques étaient empreintes du patriotisme le plus pur; la reine Caroline de Naples méprisa ses avis, et fut ainsi cause de la perte de ce royaume. Napoléon, reconnaissant le mérite de cet homme supérieur, le maintint dans son archevêché; mais il perdit son siége au moment de la Restauration.

CAPEL (Arthur, lord), fils de sir Henri Capel, décapité en 1649. Il représenta le comté d'Hertford au parlement en 1640, et se montra d'abord attaché au parti populaire. Plus tard il essaya de réagir contre la révolution, qui devenait imminente, et s'attacha fortement au parti du roi. La chambre des communes confisqua ses biens. En 1648, il fut pris dans Colchester et envoyé à la Tour. Il parvint à s'échapper; mais il fut repris presque aussitôt et condamné à avoir la tête tranchée.

CAPELLE (Guillaume-Antoine-Benoît, baron), né à Sales-Curan (Aveyron), en 1775, mort en 1843. Il se signala, au début de la révolution, par ses opinions réactionnaires, et fut même destitué du grade de lieutenant comme fédéraliste. Après le 18 brumaire, il sollicita un emploi dans le bureau du ministère de l'intérieur. Le zèle administratif qu'il déploya le fit nommer préfet. Non moins zélé pour la Restauration, il fut maintenu par le nouveau gouvernement à la préfecture de Besançon. Il fut ministre des travaux-publics en 1830, et son nom se trouva tout naturellement au bas des fameuses ordonnances de juillet 1830. La révolution fut généreuse pour lui, en lui permettant de rester en France. Il y vécut depuis obscur et oublié.

CAPELLE (la), ch.-l. de cant. de l'arrond. de Vervins (Aisne), à 16 kil. de cette ville. Pop. 1,450 hab. Commerce de grains. Ville autrefois fortifiée et prise par Turenne en 1655.

CAPELLE MARIVAL (la), ch.-l. de cant. de l'arrond. de Figeac (Lot), à 21 kil. de cette ville. Pop. 1,000 hab.

CAPELLE ou CAPELLE-AU-BOIS, village de Belgique, à 28 kil. de Bruxelles. Pop. 2,500 hab. Port sur le canal de Bruxelles à l'Escaut.

CAPELLEN (Godard-Gérard, baron Van

der), homme d'État hollandais, né en 1778, mort en 1848. Il accepta diverses fonctions sous le gouvernement de Louis Bonaparte, et se distingua par son habileté administrative. Il fut nommé ministre des cultes et de l'intérieur en 1809; il occupait encore ce poste lorsque la Hollande fut réunie à la France. Il refusa de reconnaître cette usurpation et se retira des affaires politiques. En 1815, il fut nommé gouverneur des possessions hollandaises dans les Indes orientales, et fut employé ensuite dans diverses négociations diplomatiques.

CAPELLO (Bianca), d'une des plus illustres familles de Venise, devint la seconde femme de François II de Médicis, grand-duc de Toscane. Un singulier événement fut la cause de son élévation. Un jeune Florentin, simple commis dans une maison de banque, habitait en face du palais Capello. Il vit Bianca, fut ébloui de sa merveilleuse beauté, et finit par lui révéler son amour. Bonaventuri était doué d'une figure agréable, il fit lui-même impression sur la jeune fille, qui ne put s'empêcher de l'aimer dès leur première entrevue. La jeune fille n'avait cédé à ce sentiment que par suite d'une erreur sur la personnalité de son amant: elle avait cru voir en lui Salviati, le plus riche financier de Venise, et non Bonaventuri, un simple commis. Elle signifia à son amant qu'il eût à perdre tout espoir de l'épouser. Bonaventuri la conjura par un message secret de lui accorder une dernière entrevue. Bianca se laissa toucher et ne put refuser une demande habilement présentée. Elle sortit de chez elle pendant la nuit, et se glissa dans la chambre de son amant. Au point du jour, elle voulut rentrer chez elle; mais elle trouva la porte fermée. Elle ne pouvait en réclamer l'ouverture sans afficher son déshonneur; elle proposa alors à Bonaventuri de fuir avec elle. Tous deux se jetèrent dans une barque, sortirent des lagunes et prirent la route de Florence. Arrivés à Pistoie, ils reçurent d'un prêtre la bénédiction nuptiale. Bianca se rendit alors dans la famille de son mari, et partagea sa misère, consolée par l'amour. Elle vivait heureuse ainsi, quand le hasard amena le grand-duc sous ses fenêtres. Ce prince fut frappé de la beauté de la jeune femme et résolut de l'enlever; il s'adressa pour cela à une mégère qui entra d'abord comme caméristc au service de Bianca. Elle parvint à exercer une certaine influence sur l'esprit de la jeune femme, et lui persuada de demander protection au grand-duc contre les poursuites de sa famille. Un jour que Bianca s'était rendue chez la caméristc, elle y trouva, comme par hasard, le grand-duc lui-même. La caméristc s'était prudemment éloignée. L'entrevue prit une tournure délicate, mais on assure que l'honneur de la jeune femme resta sauf. Quoi qu'il en soit, la cour vit bientôt avec étonnement son mari parvenir à la plus brillante fortune. Il n'en jouit pas longtemps, car le hasard, qui dispose toujours fort bien des choses, amena la mort de Bonaventuri: on le trouva assassiné dans les rues de Florence. Certains bruits en coururent à la honte du grand-duc; mais Bonaventuri avait tant d'ennemis qu'on put croire qu'ils étaient les auteurs de son assassinat. Bianca eut bientôt oublié Bonaventuri, et épousa solennellement François II de Médicis en 1579. Elle devint ainsi grande-duchesse de Toscane et reine de Chypre. François II avait un frère, cardinal à Rome, qui n'avait vu ce mariage qu'avec un furieux dépit. Celui-ci ne laissait échapper aucune occasion de manifester son mépris pour la jeune reine. Dans un voyage qu'il fit à Florence en 1585, il fut invité par le grand-duc à une partie de chasse. Sur la fin d'un repas, le roi et la reine ressentirent de cruelles douleurs dans les intestins; n'osant d'abord croire à un empoisonnement, ils réclamèrent du cardinal les dernières consolations de la religion; celui-ci les refusa. Il ne voulut même pas qu'on allât chercher les médecins, et laissa ainsi expirer sans secours les malheureux époux.

CAPELUCHE, bourreau de Paris sous le règne de Charles VI. Il fut le principal instrument de la faction des Bourguignons contre les Armagnacs. Il exerçait un terrible ascendant sur la populace, dont il servait les instincts cruels. Quand les victimes lui manquaient, il n'avait qu'à désigner ses ennemis pour se les faire livrer aussitôt. C'est ainsi qu'il se fit remettre tous les prisonniers de Vincennes, qu'il fit égorger en sa présence. Il avait fini par devenir redoutable au duc de Bourgogne lui-même. Celui-ci le fit arrêter ainsi que les principaux chefs des factieux. Capeluche fut condamné à mort et exécuté par son propre valet. On rapporte qu'avant de recevoir la mort il donna lui-même des instructions à son ancien collègue pour que la besogne fût faite consciencieusement et que le coup ne manquât pas.

CAPENDU, ch.-l. de cant. de l'arrond. de Carcassonne (Aude), à 18 kil. de cette ville. Pop. 700 hab.

CAPÈNE (porte). (*Voir* PORTES DE ROME.)

CAPESTANG, ch.-l. de cant. de l'arrond. de Béziers (Hérault). Pop. 2,000 hab. L'étang de Capestang a une superficie de 1,893 hect.

CAPESTERRE (la) ou LE MARIGOT, bourg de la Guadeloupe, à 15 kil. de la Basse-Terre. Pop. 4,900 hab. Sucreries nombreuses.

CAPÉTIENS. Nom que l'on donne à la 3e race des rois de France, c'est-à-dire aux descendants directs et indirects de Hugues Capet. L'origine de cette race est incertaine. Selon l'opinion la plus commune, Hugues Capet descendrait du comte Robert le Fort, qui était Saxon d'origine, et qui avait reçu en fief, de Charles le Chauve, le comté d'Anjou, et, plus tard, le duché de l'Ile-de-France. Ce Robert le Fort se rendit populaire par sa haine contre les Normands; c'était leur plus intrépide ennemi; il leur livra de rudes combats et finit par périr, accablé sous le nombre, à Brissarthe, en Anjou (866). Les plus distingués de ses successeurs furent Eudes, Robert et Raoul de Bourgogne, qui tous trois portèrent le titre de rois de France. Le père de Hugues Capet, Hugues le Grand, n'aspira point au vain titre de roi, qui n'aurait rien ajouté à sa puissance, et se contenta de frayer la voie à son fils. En effet, Hugues Capet, avec l'appui des Normands et de son frère le duc de Bourgogne, n'eut pas de peine à s'emparer du trône au préjudice des descendants de Charlemagne. Il fut proclamé roi des Français par entraînement et sans qu'on remplît les formes régulières. Sa popularité était immense et avait fait oublier l'obscurité même de son origine et l'absence de toute parenté avec la dynastie impériale. « L'avénement de la 3e race, dit Aug. Thierry, est, dans notre histoire nationale, d'une bien autre importance que celui de la seconde; c'est, à proprement parler, la fin du règne des Francs et la substitution d'une royauté nationale au gouvernement fondé par la conquête. Dès lors, notre histoire devient simple; c'est toujours le même peuple qu'on suit et qu'on reconnaît, malgré les changements qui surviennent dans les mœurs et la civilisation. L'identité nationale est le fondement sur lequel repose, depuis tant de siècles, l'unité de dynastie. Un singulier pressentiment de cette longue succession de rois paraît avoir saisi l'esprit du peuple à l'avénement de la 3e race. Le bruit courut qu'en 931, saint Valeri, dont Hugues Capet, alors comte de Paris, venait de faire transférer les reliques, lui était apparu en songe et lui avait dit: « A cause de ce que tu as fait, toi et tes descendants, vous serez rois jusqu'à la septième génération, c'est-à-dire à perpétuité. » Profond politique, Hugues Capet se garde bien, en montant sur le trône, de faire valoir cette prérogative royale à l'aide de laquelle ses successeurs devaient reconstruire plus tard l'unité nationale. Pour ne point causer d'ombrage aux puissants feudataires qui avaient renversé la seconde race pour exercer un pouvoir presque absolu, il n'intervint ni dans les affaires de la Normandie, ni dans celles de la Flandre, ni dans la guerre civile qui s'était élevée entre le comte de Nantes et le duc de Bretagne. Hugues Capet mourut après un règne de neuf ans. Son fils Robert lui succéda. C'était un prince débonnaire, pieux, ami de l'Église, le premier saint de sa race, quoiqu'il n'ait pas été canonisé par nos papes: aussi ses contemporains lui décernèrent-ils le surnom de *Pieux*. Ils attribuaient à ses vertus et à ses prières d'avoir passé ce terrible AN MIL, où la trompette de l'archange devait annoncer la fin du monde et le jugement dernier. Henri Ier, son second fils, lui succéda, malgré l'opposition de Constance, sa mère, qui préférait Robert. Henri fut forcé de lui céder le duché de Bourgogne, et le duc de Normandie, Robert le Diable, reçut les villes de Pontoise, de Gisors, de Chaumont et tout le Vexin français, qu'Henri voulut reprendre plus tard; mais il échoua dans toutes ses tentatives. Il eut pour successeur son fils, Philippe Ier, prince fainéant, insouciant, étranger à son siècle, et qui, après avoir laissé s'accomplir sans lui les grandes choses de son règne, ne sut pas même profiter du soulèvement des communes, en lutte contre la féodalité. En un mot, ce roi ne tient aucune place dans l'histoire, si ce n'est par le récit de ses débauches. La royauté sortit de ses langes sous le règne de Louis VI, dit *le Gros*, son fils. Et ce n'est pas sans raison que ce prince, dont le règne fut comme le réveil de la royauté, fut surnommé *l'Éveillé*. Il était passionné pour les armes, et à cette ardeur guerrière il joignit une grande piété et un profond respect pour le droit. Aussi prit-il la défense des pauvres, des marchands, des pèlerins, des gens d'Église, etc., contre les exactions et les brigandages des seigneurs. On ne peut se faire une idée de l'activité, du courage et de l'audace qu'il lui fallut pour braver les justices féodales, interposer le pouvoir royal et faire respecter ses décisions. Il avait su gagner l'amour du peuple, et en 1124, lors de l'invasion de l'empereur d'Allemagne en Champagne, ayant fait un appel au peuple de France, deux cent mille guerriers répondirent à cet appel et se réunirent sous la bannière de l'oriflamme. La nationalité française semblait comme se réveiller de l'assoupissement où l'avait plongée la mort de Charlemagne. Son fils Louis VII, dit *le Jeune*, lui succéda, et, bien que la France n'ait jamais été gouvernée par un prince plus incapable et plus inepte, la royauté n'en continua pas moins à grandir, et conserva ce caractère de pouvoir public, de justice universelle, que Louis VI lui avait imprimé. Après une longue suite de revers et une croisade malheureuse, Louis VII mourut, en 1180, en faisant couronner d'avance, comme son successeur, son fils Philippe-Auguste, dont le règne fut, comme on l'a fort justement remarqué, de refaire le territoire de la royauté, redevenue pouvoir public depuis Louis le Gros, et de mettre de niveau la royauté de fait et la royauté de droit. Les communes, qui avaient déjà tant secondé son aïeul, le soutinrent avec le même élan, et dès lors il n'eut plus rien à craindre de l'aristocratie des grands feudataires. Philippe mourut à 58 ans, et son règne fut bien rempli. Il avait augmenté la juridiction royale de 47 prévôtés: il avait su grouper autour d'elle les grands vassaux, afin de donner à ses ordonnances toute l'autorité nécessaire; il avait doté Paris de sa cathédrale, de sa halle, de son pavé, de ses hôpitaux, de ses murailles, et pour ainsi dire, de son Université, par les nombreux priviléges qu'il lui accorda. Il eut pour successeur son fils Louis VIII, qui ne régna que trois ans; mais ce peu de temps lui suffit pour enlever au roi d'Angleterre les châteaux et les places fortes qu'il possédait encore dans le Poitou; il échoua dans sa croisade contre les Albigeois. Il mourut empoisonné, dit-on, par Thibaut, comte de Champagne. Louis IX ou saint Louis, son fils, lui succéda en 1226, et le domaine royal s'accrut encore sous le règne de ce prince, dont les grands seigneurs admiraient la vertu et la droiture. Son successeur, Philippe le Hardi, réunit définitivement à ses domaines le comté de Toulouse, fit la conquête de la Navarre, mais il échoua dans son expédition contre Pierre d'Aragon, et mourut de la peste en 1285. C'est sous Philippe le Bel, 2e fils de Philippe le Hardi, que la royauté atteignit l'apogée de sa puissance. Ce prince organisa la centralisation monarchique et une administration régulière. La royauté devient absolue, et sa puissance si grande, que le pape lui-même est obligé de s'humilier devant elle. Les trois fils de Philippe le Bel poursuivent l'œuvre de leur père. Louis X, dit *le Hutin*, Philippe V, dit *le Long*, Charles IV, dit *le Bel*, gouvernent avec l'aide des légistes; mais tous trois meurent jeunes sans laisser de rejetons mâles; et, en 1328, le trône passe à une autre branche, à celle des Valois. Pour ce qui concerne les branches collatérales, voyez Anjou, Artois, Bourbon, Bourgogne, Navarre, Valois, etc.

CAPHARNAUM, ville de la Palestine, dans la tribu de Nephtali, sur le bord de la mer de Tibériade. Célèbre par le séjour presque continuel de Jésus pendant les trois années de sa prédication. Patrie de saint Pierre et saint André. Aujourd'hui *Tell-Houm*.

CAPI-AGA ou Capou-Aga, titre du chef des eunuques blancs du sérail, à Constantinople. Il est chargé de surveiller les *itchoglans* ou pages; il nomme leurs instituteurs, et introduit les ambassadeurs étrangers.

CAPIDGYS ou Capoudys, portiers ou huissiers du sérail de Constantinople. Ils sont au nombre de 400, et sont commandés par 4 capitaines qui sont de garde chacun à leur tour, avec 50 de leurs hommes, quand le divan est rassemblé.

CAPIDGYS-BASCHYS, nom que portent les chambellans à la cour de Constantinople. Ce sont eux qu'on charge des missions extraordinaires du sultan, comme de lever des troupes, faire des approvisionnements de vivres et de munitions, de porter à un pacha le firman de sa confirmation ou de sa déposition.

CAPI-KIAHIA, nom des agents entretenus à Constantinople par les pachas turcs pour verser leurs tributs annuels, présenter leurs demandes ou leurs réclamations au sultan ou aux ministres, être promptement informés des périls qui pourraient les menacer, faire parvenir leur justification, et prévenir tout danger.

CAPILUPI (Camille), né à Mantoue. Il publia un libelle curieux intitulé : *les Stratagèmes de Charles IX contre les huguenots*. C'est une odieuse apologie du massacre de la Saint-Barthélemy. On a lieu de croire, en raison des particularités qui se trouvent dans cet ouvrage, que l'auteur avait reçu des confidences de ceux qui étaient intéressés à se justifier.

CAPITAINE. Ce mot a servi à désigner, suivant les différents siècles, des grades militaires plus ou moins élevés. Dans le style historique, ce mot se dit toujours des généraux qui ont acquis une grande célébrité. Dans la hiérarchie militaire, le grade de capitaine s'est constamment abaissé. Au temps de François Ier, le capitaine était à la tête du régiment; il n'était plus qu'au second rang sous Turenne, et il s'est successivement abaissé; il ne désigne plus aujourd'hui que le chef d'une compagnie, immédiatement sous les ordres du commandant.

Capitaine. Ce mot désigne, dans la marine militaire, le commandant d'un vaisseau, d'une frégate ou d'une corvette. Les capitaines de vaisseau ont le rang de colonel, les capitaines de frégate celui de lieutenant-colonel, et les capitaines de corvette celui de chef de bataillon. Dans la marine marchande, ce mot désigne tout officier ou patron qui commande un navire. On distingue les capitaines au long cours des simples caboteurs. Le brevet de capitaine au long cours constitue un véritable grade. Celui qui l'a obtenu peut être appelé dans la marine militaire en qualité de lieutenant de frégate auxiliaire, quand le salut de l'Etat l'exige. Il est vrai de dire aujourd'hui, comme autrefois, que le capitaine est roi à son bord. Cependant, s'il a les droits les plus étendus, il a aussi des devoirs à remplir, et sa responsabilité est considérable. L'armateur ne peut choisir ses capitaines que parmi les marins qui ont reçu un brevet de capacité. L'autorité du capitaine, en ce qui concerne la direction du navire, le commandement des manœuvres et la discipline de l'équipage, est considérée comme une délégation de l'autorité publique, de telle sorte que le capitaine ne peut lui-même déléguer ses droits à une personne étrangère à la marine. La présence du capitaine à son bord est considérée comme étant d'ordre public pour le salut de l'équipage. Ainsi il ne peut, dans aucun cas, être contraint par corps, non-seulement alors qu'il est sur son navire, mais même s'il se trouve sur le quai d'embarquement. Le capitaine ne doit pas s'embarquer avec un équipage insuffisant; il doit prendre ses officiers parmi les Français, et ne peut engager qu'un tiers au plus de marins étrangers. Il est tenu de se trouver en personne dans son navire à l'entrée et à la sortie des ports. Il remplit à son bord les fonctions d'officier de l'état civil, et peut même recevoir les testaments des gens de mer et des passagers. Si son navire vient à faire naufrage, il est tenu d'adresser à l'autorité compétente un rapport détaillé sur les circonstances du naufrage, et les peines les plus sévères l'atteindraient s'il n'avait pas rempli toutes les conditions nécessaires pour assurer le salut du navire et de l'équipage. S'il se voit forcé d'abandonner le bâtiment et de mettre les chaloupes à la mer pour sauver les marins et les passagers, il ne doit quitter son bord que le dernier, et après avoir pourvu à la sûreté de tous.

CAPITAINERIE, division territoriale usitée sous l'ancienne monarchie, qui correspondait assez bien à nos divisions militaires. Il y avait aussi des capitaineries spécialement organisées pour la défense des côtes et des frontières, et des capitaineries de chasse. Avant la Révolution, les capitaineries des côtes avaient reçu une forte organisation; on en comptait 110, qui composaient une force d'environ 200,000 hommes. Les anciennes capitaineries de chasse sont aujourd'hui remplacées par l'administration des eaux et forêts.

CAPITAL. On appelle ainsi une somme engagée dans une opération commerciale ou financière, pour produire des intérêts fixes ou des bénéfices. Le capital aliéné en échange d'un titre qui assure des intérêts fixes constitue la rente. C'est ordinairement le placement le plus sûr, quand il est garanti par un gage hypothécaire. Le capital engagé dans le commerce et l'industrie offre un revenu dont le caractère est plus aléatoire. Les instruments de travail, tels que l'outillage d'un atelier ou d'une usine, le matériel d'une ferme, les matières premières destinées à être ouvrées, constituent aussi un capital. Il ne faut pas confondre les richesses ou les éléments de richesse avec le capital. Ainsi le crédit n'est pas un capital; les routes, les canaux, les bourses, les marchés et la plupart des monuments publics sont des richesses, mais ne composent pas un capital; ils en facilitent seulement la formation ou l'augmentation. Plusieurs écrivains distingués ont voulu opposer le travail au capital, et, considérant le travail comme source productive de toutes les richesses, lui subordonner le capital. Ils ont engagé contre les économistes, dont ils cherchent à renverser les systèmes, une lutte qui paraît devoir se prolonger.

CAPITALE, ville qui occupe le premier rang dans un Etat, parce qu'elle est le siége du gouvernement et de l'administration supérieure. On a beaucoup disputé sur l'opportunité de fortifier les capitales, et d'excellents esprits ont contesté l'utilité de ces fortifications, qui ont rarement servi à sauver les empires. Il est constant que les places frontières et les ports de mer ont besoin d'être ainsi protégés, pour être préservés d'un coup de main, et que les troupes peuvent s'y défendre comme dans des camps retranchés; mais les fortifications des villes de l'intérieur et celles des capitales sont moins utiles en présence des progrès de la stratégie moderne. Le patriotisme des armées sera toujours la plus forte barrière qu'on puisse opposer à l'invasion; c'est grâce à ce sentiment puissant que nous pouvons emprunter ce mot aux anciens Spartiates : « Jamais femme française ne verra la fumée d'un camp ennemi. »

CAPITALISTE. On donne ce nom, en économie politique, à quiconque possède une certaine somme d'argent qu'il place dans des opérations industrielles ou commerciales. Dans un sens plus spécial, on appelle ainsi celui qui fait valoir ses fonds à la Bourse, et qui spécule sur les valeurs publiques ou les actions des grandes compagnies.

CAPITAN, bouffon sérieux de notre ancienne comédie; il était essentiellement fanfaron, il ne parlait que de tuer, massacrer; il employait constamment un langage ampoulé et emphatique. Il a disparu depuis Molière.

Capitan-Pacha ou Capoudan-Pacha, grand-amiral ou ministre de la marine dans l'empire ottoman. Il est à la fois commandant suprême de toutes les flottes turques, général des galères, surintendant général de la marine et *beylerbey* de toutes les côtes et îles de l'empire, tant en Europe qu'en Asie, pacha à trois queues et membre du divan. Il nomme aux grades et emplois, ordonne les levées des matelots, les constructions et les réparations des navires. A Constantinople, il habite l'arsenal, dont il a l'inspection générale et le commandement.

Capitan-Pacha (gouvernement du), province turque composée des îles de l'Archipel, de Biga, de Smyrne, des livahs de Gallipoli.

CAPITANATE, prov. du royaume d'Italie, entre l'Adriatique au N. et à l'E., la Basilicate au S., la terre de Bari au S.-E., la Principauté ultérieure au S.-O. et la prov. de Molise à l'O. Cap. Foggia; villes princ. Lucera, Manfredonia, Ascoli, Monte Santangelo, Bovino. Superf. 820,930 hect. Pop. 334,870 hab. Cette province est traversée par le Gargano et autres contreforts des Appennins; au S.-E. se trouve la vaste plaine de la Pouille. Sol fertile; belles forêts. Élève des chevaux, gros bétail, buffles, moutons dont la laine est très-estimée. Peu d'industrie. Bons vins, huile d'olive, céréales, tabac, réglisse. Exportation de térébenthine, de résine, de sel, de noix de galles.

CAPITANE (galère). Nom de la galère qui était montée par le capitaine général des galères. Elle fut supprimée avec la charge par Louis XIV en 1669.

CAPITANYS. On appelait ainsi, en Grèce, les chefs armatoles ou maïnotes qui s'efforçaient de se rendre plus ou moins indépendants de la Porte.

CAPITATION, impôt personnel très-ancien, qui se prélève par tête. Moïse soumit les Israélites à payer un demi-sicle à chaque dénombrement. Sous les empereurs romains, elle fut levée sur toutes les personnes libres, hommes et femmes. Au temps de Constance, les ministres la portaient à 25 pièces d'or (336 fr.); Julien la réduisit à 7 pièces d'or (92 fr.). Cet impôt fut établi pour la première fois, en France, sous le règne du roi Jean, par les États généraux assemblés à Paris, le 1er mars 1356; il était de 4 p. 100 sur les revenus de 100 livres, 2 p. 100 sur les revenus inférieurs, 1 p. 100 au-dessous de 40 livres. La capitation fut décrétée par Louis XIV en 1695, pour subvenir aux frais de la guerre. Supprimée en 1698, de nouveau rétablie en 1701 pour fournir aux frais de la guerre de Succession, elle ne fut supprimée qu'après la révolution de 1789. Elle est remplacée aujourd'hui par la contribution personnelle et mobilière. La capitation existe encore en Russie et en Turquie.

CAPITECENSI. On donnait ce nom aux citoyens romains très-pauvres, dont le bien n'allait pas à plus de 380 as (23 fr. environ).

CAPITOLE, forteresse de l'ancienne Rome, située sur le mont Capitolin, qui s'appela d'abord mont Saturnin, puis mont Tarpéien; c'était la plus petite des sept collines de Rome. Tarquin l'Ancien commença la construction du Capitole en 614 av. J.-C.; mais il ne fut achevé que sous le règne de Tarquin le Superbe. Varron raconte que le Capitole dut son nom à la tête d'un homme appelé *Tolus* (*a capite toli*), que l'on trouva en creusant les fondements de la forteresse. Tarquin, effrayé de ce prodige, consulta les devins étrusques, qui répondirent: « Romains, rapportez à vos concitoyens que la volonté du destin est que le lieu où l'on a trouvé une tête devienne un jour la capitale de l'Italie. » Le Capitole fut dévoré par l'incendie pendant la dictature de Sylla, et rebâti bientôt après. Il fut incendié deux fois encore, et reconstruit par les empereurs Vespasien et Domitien. Denys d'Halicarnasse a laissé la description du temple Capitolin. Il se divisait en trois parties, qui formaient en quelque sorte trois temples différents, consacrés à Jupiter, à Junon et à Minerve. Jupiter était représenté armé d'une foudre d'or et assis sur un siége d'or et d'ivoire. Le toit du temple était en airain; il fut doré plus tard. On estimait les dorures du Capitole à plus de 1,200 talents (40,000,000 fr.). On avait ménagé autour du temple un immense portique où les sénateurs et les principaux de la république se réunissaient dans des banquets, lors des fêtes solennelles; c'était là qu'on distribuait les prix et les couronnes à ceux qui avaient triomphé dans les jeux. — Le Capitole moderne, appelé *Campidoglio*, est un vaste édifice bâti sur l'emplacement de l'ancien, d'après les plans de Michel-Ange. Les yeux sont attristés par la vue de colonnes brisées, précieux débris du temple de Jupiter Capitolin, qu'on avait fait servir à la construction d'une église de franciscains.

CAPITOLES. Le nom de capitole a été donné, sous les empereurs romains, aux lieux les plus élevés qui se trouvaient dans le voisinage des villes qui devaient leur origine à la colonisation romaine. C'étaient des monuments à la fois civils et religieux, à l'exemple du capitole romain. Le *capitoul* de Toulouse était célèbre entre tous, bien que sa position, qui ne domine pas la ville, ne justifie pas son nom.

CAPITOLINS (jeux), consacrés à Jupiter Capitolin, protecteur du Capitole et de Rome. Ils furent institués, en 387 av. J.-C., par Camille, vainqueur des Gaulois. Cette fête était quinquennale; on distribuait des couronnes et des palmes aux vainqueurs dans les courses et les exercices gymnastiques. On donna aussi ce nom à des jeux qui furent institués par l'empereur Domitien lorsqu'il reconstruisit, en 86 ap. J.-C., le Capitole, qui venait d'être détruit par un incendie. Ces fêtes correspondaient au lustre qui désignait chez les Romains une période de cinq années.

CAPITOLINS (marbres). (*Voir* FASTES.)

CAPITOULS, nom que portaient, avant 1789, les premiers magistrats de Toulouse, à la fois administrateurs municipaux et juges. Ils étaient ainsi appelés soit du lieu où se tenaient leurs réunions, et qu'on nommait *capitole*, soit du Capitulum, conseil civil des comtes de Toulouse, dont ils étaient membres. Ils étaient au nombre de douze. En 1390, Charles VI les réduisit à quatre, puis les porta à huit en 1392. En 1401, on en établit 12. Ils portaient le chaperon rouge comme signe de leur puissance. Ils avaient le droit d'image: leurs portraits étaient conservés au Capitole avec les registres de leurs délibérations. Les capitouls devenaient nobles de droit, et la noblesse restait désormais acquise à leurs familles. A partir du règne de Charles IX, les rois de France s'arrogèrent le droit de les désigner.

CAPITULAIRES. On nomme ainsi les ordonnances rendues par les rois des deux premières races. Les capitulaires ne formaient pas un corps de droit; ils statuaient seulement sur certains points particuliers, et complétaient les dispositions du droit romain qu'il fallait mettre d'accord avec les coutumes des Francs et des autres peuples qui avaient imposé à la Gaule leurs lois et leurs mœurs. Les capitulaires étaient sanctionnés par un conseil des nobles et du clergé, assemblés en cour plénière; mais il n'y avait pas à cet égard de règles certaines, et généralement la volonté du prince suffisait. Chaque nouveau souverain avait coutume, à son avénement, de faire ratifier par ses féaux les capitulaires édictés sous le règne précédent. La publication en était faite dans les diverses réunions de la noblesse et du clergé. Charlemagne institua même, sous le nom de *missi dominici*, des officiers chargés de surveiller dans les provinces la promulgation et l'exécution des capitulaires. La plupart des anciens capitulaires traitent des matières de droit canonique; dans un temps où l'autorité pontificale n'était pas encore fort étendue, le pouvoir séculier intervenait souvent pour régler la discipline ecclésiastique; les évêques sanctionnaient ces dispositions dans leurs assemblées. Un certain nombre de capitulaires ont purement pour objet des matières civiles et administratives; la loi pénale, alors en vigueur, est tout entière dans les capitulaires.

CAPITULATION. On appelle ainsi la convention par laquelle la garnison d'une ville ou un corps d'armée en campagne s'engage à mettre bas les armes à certaines conditions. Une garnison ne capitule honorablement que quand le manque de vivres ou de munitions rend la défense impossible; une armée en campagne ne capitule que lorsqu'elle est isolée du corps principal et dans l'impossibilité absolue d'opposer de la résistance. La garnison qui veut capituler fait monter des tambours sur les remparts et fait battre la *chamade* pour avertir les assiégeants que le commandant veut capituler; le drapeau blanc est immédiatement arboré. Les termes de la capitulation sont débattus dans un conseil auquel assistent souvent les magistrats municipaux; elle est signée par tous les membres du conseil et par les députés des assiégeants. Un décret du 1er mars 1812 prononce la peine de mort contre tout chef de corps qui capitule en rase campagne et consent à faire mettre bas les armes à ses troupes.

CAPITULATIONS DES EMPEREURS D'ALLEMAGNE, ou *Pacta conventa*. On appelait ainsi une espèce de contrat intervenant entre les électeurs de la Diète germanique et l'empereur dont ils faisaient choix. Ces capitulations réglaient les conditions auxquelles le nouvel empereur était élu; elles avaient généralement pour objet de garantir les libertés de l'Allemagne et surtout les droits des souverains qui relevaient de l'empire. Cette institution remonte à Frédéric le Sage, duc de Saxe, qui proposa, après la mort de Maximilien Ier, de conférer l'empire à Charles V sous certaines conditions. La capitulation était signée après l'élection, au pied du grand autel; l'empereur prêtait serment de l'observer entre les mains de l'archevêque de Mayence, archichancelier de l'empire. Les termes des capitulations étaient arrêtés à chaque élection nouvelle.

CAPMANI Y DE MONTPALAU (Don Antonio DE), littérateur espagnol, né en Catalogne vers 1754, mort en Andalousie en 1810. Il passe pour un des meilleurs critiques du XVIIIe siècle. Il contribua beaucoup à réhabiliter dans l'esprit des Espagnols les philosophes du XVIIIe siècle qu'il défendit contre les attaques passionnées d'un clergé intolérant; c'est l'un des principaux objets de sa *Philosophie de l'éloquence*. Il contribua, par sa connaissance approfondie de la langue française, à faire goûter aux Espagnols nos meilleurs auteurs; il publia à cet effet l'*Art de bien traduire du français en espagnol*, avec le *Dictionnaire raisonné et figuré de la phrase dans les deux langues*. On lui doit un excellent *Dictionnaire espagnol-français et français-espagnol*. Il a laissé en outre: *Théâtre historique et critique de l'éloquence espagnole; Discours analytiques sur la formation et la perfection des langues en général, et plus particulièrement sur la langue espagnole; Histoire de la marine, du commerce et des arts de Barcelonne*, publiée par ordre et aux frais de la junte royale du commerce de cette ville. Il a publié enfin un *Discours économique et politique en faveur des artisans*. Dans cet ouvrage, qui atteste des idées profondes et fort libérales, Capmani examine l'influence des associations et maîtrises sur les mœurs populaires.

CAPNOMANCIE, divination par la fumée des sacrifices ou par celle des graines de jasmin ou de pavot que l'on jetait sur des charbons ardents. Lorsque la fumée s'élevait en ligne droite, peu épaisse et légère, elle était de bon augure.

CAPO D'ISTRIA, ville forte des États autrichiens (littoral), à 15 kil. de Trieste. Pop. 7,000 hab. Siége d'un évêché suffragant d'Udine. Belle cathédrale, hôtel de ville remarquable; maison de force. Collége, théâtre, plusieurs hôpitaux. Port sur le golfe de Trieste, dans une petite île jointe au continent par une chaussée. Cabotage, pêche active, salines. Commerce de savons et de cuirs.

CAPO D'ISTRIA (Jean-Antoine, comte), né à Corfou en 1776, mort en 1831. Après avoir étudié la médecine à Padoue et à Venise, il rentra dans sa patrie. En 1798, au moment où la France venait de détruire l'ancienne constitution vénitienne, et de s'établir dans les îles Ioniennes, il trouva son père emprisonné, et se vit lui-même menacé de proscription à cause de la hardiesse de ses opinions. Lorsque la France abandonna les îles Ioniennes, il fut mis à la tête de la députation qui fut envoyée à Constantinople pour traiter de la constitution politique des îles Ioniennes. Les négociations aboutirent au traité du 20 mars 1800, qui reconnaissait la république des Sept-Iles, et la plaçait sous le protectorat de la Russie et de l'Angleterre, tout en la laissant tributaire de la Porte. Il fut chargé ensuite de régler la constitution administrative de la république; il remplit cette mission avec succès. De 1802 à 1807, il occupa la première place dans le ministère, et, entre autres institutions utiles, il fonda une école normale. En 1807, il eut à combattre Ali-Pacha, qui, avec l'aide de compagnies françaises, menaçait l'indépendance de la république; et il aurait réussi à se maintenir, si la paix de Tilsitt n'avait placé de nouveau son pays sous la domination française. Il refusa tout emploi sous le nouveau gouvernement, et passa à la cour de Saint-Pétersbourg, qui le chargea de diverses missions diplomatiques en Turquie, en Allemagne et en Suisse. En 1815, il signa le second traité de Paris en qualité de plénipotentiaire russe. Il n'oublia pas son ancienne patrie, et fit rétablir la république des Sept-Iles, sous le funeste protectorat des Anglais. De 1816 à 1822, il fut ministre des affaires étrangères de la Russie. Dans ce poste important, il ne fut pas étranger aux événements qui préparèrent le soulèvement des Grecs; il y a même lieu de croire qu'il provoqua ce mouvement. Son intervention était pour les Grecs un gage de leur délivrance prochaine; aussi son nom fut-il constamment mêlé aux événements qui survinrent. La Russie refusant de s'avancer trop loin en portant secours aux Grecs, Capo d'Istria se vit dans la nécessité de résigner ses fonctions de ministre. Il se rendit alors en Suisse, d'où il fit parvenir en Grèce des secours en hommes et en argent; les grandes puissances s'opposèrent toutefois à ce qu'il participât activement à l'insurrection. Lorsque les Grecs eurent triomphé, il fut appelé à la régence de la Grèce; on lui confia le pouvoir exécutif pendant sept ans. Avant d'accepter cet honneur, il voulut assurer à son pays la protection des puissances européennes. A son arrivée en Grèce, il fut accueilli par les acclamations enthousiastes du peuple, qui le considérait comme le seul homme capable de sauver la patrie. Capo d'Istria se trouva en face de divers partis dont les intérêts étaient opposés; il flatta et irrita tour à tour le parti militaire; il fit à la classe industrielle et agricole des promesses qu'il n'eut pas le pouvoir de réaliser. L'influence excessive qu'il donna, dans les affaires de l'Etat, à ses concitoyens de Corfou, et enfin le soin avec lequel il écarta les chefs les plus importants et les plus capables de la révolution, le firent accuser de vouloir étouffer la liberté hellénique au profit de la Russie. Il avait déjà perdu sa popularité, quand les Grecs saisirent l'occasion de changer la forme du gouvernement. Piétro Mauronichalis ayant été emprisonné à la suite de quelques troubles, son fils et son frère assassinèrent Capo d'Istria, le 29 octobre 1831.

CAPONNIÈRE. On appelle ainsi, en termes de fortifications, une tranchée pratiquée devant une place assiégée pour mettre les assiégeants à l'abri dans les communications qu'ils établissent au travers des fossés pour aller du corps de la place aux ouvrages avancés. La caponnière est à banquette, à parapet, à glacis, à palissades, à ciel ouvert; elle est quelquefois même blindée.

CAPORAL ou **CAPORION.** On fait dériver ce mot de l'espagnol *caboral*, dérivé lui-même de *cabo*, tête, chef. Le grade de caporal est le premier auquel puisse parvenir un simple soldat; il ne peut s'obtenir qu'après six mois de service. Le caporal commande une escouade de 12 hommes environ. Dans la cavalerie, l'artillerie et la gendarmerie, le caporal prend le nom de brigadier. Autrefois les caporaux étaient chefs de troupe et quelquefois même des généraux. Le caporal est déchu aujourd'hui de l'ancienne splendeur de son rang. Au XVIe siècle, les caporaux correspondaient encore assez bien à nos capitaines. On se souvient que Napoléon Ier, si populaire parmi ses soldats et qui avait introduit dans les camps une organisation toute démocratique, s'honorait volontiers du surnom de *petit Caporal*, qui le rapprochait davantage du soldat.

CAPORALI (César), poëte satirique italien, né à Pérouse en 1531, mort à Castiglione en 1601. Il fut gouverneur d'Atri dans le royaume de Naples. Il s'est fait connaître par des poésies burlesques et satiriques qui lui assurent un rang distingué dans la littérature italienne; le *Voyage du Parnasse*, l'*Avis du Parnasse*, et les *Obsèques de Mécène*.

CAPOUE, ville forte du royaume d'Italie (Terre de Labour), à 25 kil. de Naples. Pop. 8,900 hab. Siége d'un archevêché; belle cathédrale et églises *dell' Annunziata*, *Piazza di Giudici*, où se trouvent plusieurs restes d'antiquités romaines et la statue en marbre de l'empereur Frédéric II. Cette ville fut construite au IXe siècle avec les ruines de l'ancienne Capoue, qui était située à 4 kil. de là et qui est aujourd'hui occupée par la ville de Sainte Marie de Capoue, et où Annibal prit ses quartiers d'hiver après la bataille de Cannes. Elle fut dévastée par Genséric et les Lombards. Sous les Romains elle eut de magnifiques monuments, parmi lesquels un célèbre amphithéâtre, un théâtre, un cirque, un capitole, des temples, des arcs de triomphe.

CAPPADOCE, prov. de l'ancienne Asie mineure qui fait aujourd'hui partie de la Karamanie. Elle était bornée au N. par le Pont, à l'O. par la Galatie et la Phrygie, séparée de la Cilicie au S. par le Taurus, de l'Arménie à l'E. par l'Euphrate. Elle avait pour capitale Mazaca ou Césarée. La Cappadoce contenait entre autres provinces la Sargarausène, la Garzauritide, la Tyanitide, la Cataonie; avant Alexandre, le Pont en faisait partie. L'Anti-Taurus sillonnait la Cappadoce du S.-O. au N.-O.; il formait le mont Argée (*Ardjich-Dagh*). Rivières: Iris (*Djekil-Ermak*), Halys (*Kizil-Ermak*), Melas (*Kouramas* ou *Kourassou*). Villes principales: Nazianze, Nora (*Bour*), Nissa, Comana de Cappadoce (*El-Bostan*), Nicopolis, Tyane, Mélitène (*Malathia*), Cucusus, Sébaste (*Sivas*). Les Cappadociens passaient pour lourds, bornés et superstitieux; leur religion tenait du sabéisme. Ils élevaient beaucoup de troupeaux et surtout une grande quantité de chevaux. Le sol était généralement aride et sablonneux. La Cappadoce forma deux satrapies de l'empire des Perses: 1° *Cappadoce du Pont-Euxin*; elle fut séparée après la conquête macédonienne sous le nom de royaume de *Pont*; 2° *Cappadoce du Taurus*, comprise dans le gouvernement d'Eumène, puis dans le royaume d'Antigone, elle ne tarda pas à s'affranchir vers 312. Les premiers rois de la Cappadoce sont peu connus jusque vers 370. Après cette époque viennent 10 rois du nom d'Ariarathe (350-92 av. J.-C.), parmi lesquels on remarque: Ariarathe Ier, vaincu, dépossédé et mis en croix par Eumène; Ariarathe IV, gendre d'Antiochus le Grand, ayant secouru ce prince, fut condamné par le sénat romain à payer 200,000 sesterces, et mort en 166; Ariarathe V *Philopator*, allié des Romains contre Aristonic, et tué pendant la guerre, en 130; Ariarathe VI, Ariarathe VII, Ariarathe VIII, assassinés ou dépouillés par Mithridate le Grand. Trois Ariobarzane (92-34), Ariobarzane Ier, soutenu par Sylla contre Mithridate; Ariobarzane II *Philopator*, qui restaura l'Odéon à Athènes, et fut égorgé par des conjurés; Ariobarzane III, partisan de Pompée, il fut néanmoins épargné par César, mais Cassius le mit à mort en 42. Après la mort de Mithridate, la Cappadoce se soumit aux Romains; mais cependant elle continua longtemps d'exister comme royaume sous le protectorat romain. Elle fut réduite en province sous Tibère, l'an 17 de J.-C. Par la suite on en fit trois provinces: la Cappadoce Ire, au N.-O., ch.-l. Sébaste; la Cappadoce IIe, au S.-O., ch.-l. Mazaca; l'Arménie IIe, au S.-E., ch.-l. Mélitène; la partie située au N.-E. fut comprise dans l'Arménie Ire. En 1071, la Cappadoce passa aux Turcs Seldjoucides, en 1300 aux Turcs Ottomans. Aujourd'hui les Turcs désignent la Cappadoce sous le nom de *Roum*, et elle est gouvernée par un pacha résidant à Sivas.

CAPPADOX, petite rivière située dans l'Asie mineure; elle donna son nom à la Cappadoce, qu'elle séparait de la Galatie.

CAPPEL, ville de Suisse, cant. de Zurich, à 16 kil. de cette ville. Pop. 750 hab. Ancienne abbaye de Cîteaux, dont l'église subsiste. Bataille célèbre où les réformés furent vaincus par les catholiques en 1531; Zwingle périt à cette affaire. Cappel est la patrie de Léonard Meister.

CAPPOQUIN ou **CAPERQUIN**, ville d'Irlande (comté de Waterford), paroisse de Lismore, à 4 kil. de cette ville, et à 168 kil. de Dublin. Pop. 2,300 hab. Abbaye de Mount-Melleray.

CAPRAJA ou **CAPRARIA**, île de la Méditerranée, dans le royaume d'Italie, à 200 kil. de Gênes. 20 kil. de tour. Pop. 2,500 hab. Ch.-l. Capraja. Sol volcanique. Nombreuses chèvres sauvages, d'où le nom de l'île.

CAPRARA (Æneas-Sylvius, comte DE), seigneur de Siklos, chevalier de la Toison d'or, et général des armées impériales, né à Bologne en 1631, mort à Vienne en 1701. Il était neveu du fameux général Piccolomini et parent de Montecuculli. Il entra de bonne heure au service de l'empire. Il fit quarante-quatre campagnes, et se signala surtout dans celle de 1685, lorsque, sous le commandement du duc de Lorraine, il prit d'assaut sur les Turcs la ville de Neuhaüsel. Ce succès et quelques autres firent oublier qu'il avait été battu auparavant par Turenne, à Sintzheim, en 1674. Depuis, il commanda souvent en chef l'armée impériale. Il mourut à 70 ans. Aussi bon politique qu'habile capitaine, il avait été envoyé plusieurs fois en ambassade auprès du sultan, et il avait ménagé avec soin les intérêts de l'empereur. On ne lui reproche que d'avoir été bassement jaloux du prince Eugène.

CAPRARA (J.-B.), homme d'Etat italien, né à Bologne en 1733, mort à Paris en 1810. Il fut successivement vice-légat à Ravenne, nonce à Cologne, à Lucerne et à Vienne, cardinal, évêque d'Iési. Nommé légat *à latere* près du gouvernement français, il conclut le concordat de 1801. Ce fut lui qui, en 1805, sacra Napoléon Ier roi d'Italie, à Milan. Par ordre de l'empereur, le corps de ce cardinal fut inhumé dans l'église de Sainte-Genviève, à Paris.

CAPRAROLA, bourg des Etats de l'Eglise, à 12 kil. de Viterbe. Magnifique château des Farnèse.

CAPRE. On appelle ainsi un vaisseau armé en guerre pour faire la course; on donnait surtout ce nom aux navires que les armateurs hollandais équipaient à leurs frais pour donner la chasse aux corsaires et aux forbans. Plusieurs de ces navires s'étant livrés eux-mêmes à la piraterie, une ordonnance fut rendue par le stathouder, en 1674, qui prescrivait à tout armateur de fournir caution pour la garantie de tout acte de piraterie.

CAPRÉE, île de la Méditerranée, dans le golfe de Naples, à 30 kil. de cette ville. Sup. 1 myriamètre carré. Pop. 4,000 hab. et deux villages : Capri et Anacapri. Accès difficile; montagnes du côté de la mer; intérieur délicieux. Climat doux et salubre, sol bien cultivé. Nombreuses ruines de douze palais que Tibère y avait fait élever. Grotte à stalactites découverte en 1832, dite *Grotte d'azur*, d'un magnifique effet de lumière.

CAPRÈSE, village du royaume d'Italie, à 28 kil. d'Arezzo. Pop. 200 hab. Patrie de Michel-Ange.

CAPRICE. C'est le mouvement d'un esprit inquiet et léger, le résultat d'une volonté qui n'est pas motivée par la raison. Il ne faut pas confondre le caprice avec la fantaisie; celle-ci n'est que l'expression d'un sentiment ou d'un goût passager, mais qui a sa raison d'être. On a dit du caprice: Qu'est-il? d'où vient-il? où va-t-il? et qu'en sait-on, et qu'en sait-il?

CAPRICORNE, le 10e signe du Zodiaque. On le nomme aussi le *Bouc*, la *Chèvre Amalthée*, le *Signe de l'hiver*, la *Porte du soleil*. Il était consacré, chez les Grecs, à Pan. Ce dieu fut mis au nombre des constellations par Jupiter.

CAPRICORNE (tropique du). (*Voir* TROPIQUE.)

CAPSA, nom donné chez les anciens Romains à la cassette des gardeurs d'habits dans les bains publics.

CAPSARIUS, nom donné chez les anciens Romains au gardeur d'habits dans les bains publics. Il les serrait dans un coffre et recevait une petite rétribution des baigneurs.

CAPSULE. On appelle ainsi, en termes de pyrotechnie, un petit cylindre en cuivre, ouvert d'un côté, et au fond duquel on place une poudre fulminante qui éclate par le choc ou la pression. La capsule se place sur la cheminée du fusil à piston, et la poudre fulminante, en éclatant, allume la cartouche contenue dans le canon de l'arme.

CAPTAL, mot gascon qui signifie chef militaire, seigneur. Ce titre distinguait ordinairement les seigneurs de l'Aquitaine de ceux des autres provinces.

CAPTATION. On entend par ce mot l'influence pernicieuse que l'on exerce sur une personne pour l'amener, par des insinuations perfides et malveillantes, à commettre quelque acte qui favorise la cupidité, la haine ou la vengeance de celui qui emploie ces manœuvres.

CAPTIEUX, ch.-l. de cant. de l'arrond. de Bazas (Gironde), à 15 kil. de cette ville. Pop. 1,250 hab. Traversé par la grande route de Bayonne.

CAPTIVITÉ. On appelle ainsi la privation de la liberté par l'emprisonnement ou l'internement dans un lieu d'où il n'est pas permis de sortir. La captivité s'est quelquefois appliquée à tout un peuple. Ainsi les Hébreux ont été emmenés en captivité en Egypte, puis à Babylone. Les Romains ont souvent employé ce moyen pour dompter des populations toujours prêtes à se soulever pour repousser leur domination : *pacem solitudinem apellant*, disait Tacite (ils appellent paix la dépopulation). Les corsaires des Etats barbaresques retenaient dans les bagnes de l'Afrique les captifs qu'ils capturaient en mer, et ne les rendaient à la liberté que moyennant rançon. De nos jours, la Russie procède suivant la politique romaine, pour étouffer l'hydre, aux têtes toujours renaissantes, de l'insurrection polonaise.

CAPUCHON (société du). (*Voir* ROUTIERS.)

CAPUCHON (guerre du). Les causes les plus absurdes ont souvent donné lieu à des luttes et à des guerres terribles. C'est surtout en matière religieuse que tout devient prétexte pour armer les hommes les uns contre les autres. L'assemblée d'Aix-la-Chapelle, tenue en 817, avait déterminé la forme du capuchon des moines : il devait avoir au moins une longueur de 2 coudées. Cette question divisa les cordeliers : les uns se soumettaient au règlement ecclésiastique ; les autres, accusant leurs confrères d'un luxe insolent, portaient le capuchon plus étroit par esprit d'humilité. Ceux-ci prétendaient même imposer cette mode à tous les moines de leur ordre; ils s'appelaient les *spirituels*; les autres étaient les frères *de la commune observance*. Les frères spirituels ajoutaient à ce grief un reproche plus sensible qu'ils adressaient à leurs supérieurs : ceux-ci se réservaient la distribution des provisions et usaient largement à leur profit de ce privilège. On ne pouvait blesser impunément les moines dans leur appétit matériel; aussi on les vit se soulever, au nombre de 120, et, soutenus par les bourgeois de Narbonne et de Béziers, chasser leurs adversaires des couvents de ces deux villes. Les vainqueurs, auxquels vinrent se joindre les mécontents des divers ordres religieux, se choisirent eux-mêmes des chefs, et établirent entre eux une règle égalitaire et quasi-démocratique. Les troubles durèrent pendant trois ans. Le pape Jean XXII espéra y mettre un terme en sanctionnant les réformes que les rebelles avaient introduites. Cependant les spiritualistes continuèrent à dogmatiser et essayèrent encore de soulever les moines restés fidèles à l'ancienne discipline. Ceux-ci appelèrent alors l'inquisition à leur aide ; quatre malheureux moines furent livrés au bûcher en 1318. C'est ainsi que le capuchon monacal a eu ses martyrs.

CAPUCINS. Congrégation de religieux mendiants, dont le nom est dérivé de *capuce* ou *capuchon*. Cet ordre avait été fondé par Mathieu Baschi, qui entreprit de réformer la discipline singulièrement relâchée des cordeliers. Baschi obtint, en 1528, une bulle qui lui permit de fonder le premier établissement de capucins. Charles IX et Catherine de Médicis demandèrent en grâce

Vue de Constance.

leur introduction en France. Ils se propagèrent tellement que quelques années après on les rencontrait mendiant et errant sur tous les points de la France. Charles IX avait habilement calculé qu'il trouverait en eux, auprès de son bon peuple, des défenseurs du massacre de la Saint-Barthélemy. Les pieux capucins ne dédaignaient pas de servir d'espions et ils composaient une véritable police qui couvrait la France. Les richesses des jésuites excitèrent leur cupidité: ils voulurent, eux aussi, sous le prétexte de missions étrangères, organiser dans les pays les plus lointains de vastes établissements de commerce, et ce qu'il y a de plus triste, c'est qu'ils obtenaient à cet effet des privilèges qui ruinaient leurs concurrents. La mendicité était une obligation imposée par leur règle; aussi s'en acquittaient-ils avec

de l'antiquité. Ainsi il est constant que Xénophon d'Éphèse rapporte la même aventure au IIIe siècle av. J.-C. Le doute sur cette question n'a pu être éclairci, quoique les Véronais admettent parfaitement la véracité de cette aventure, qui se serait passée en 1303. Dante fait seulement mention des familles des Capulets et des Montaigus.

CAPVERN, village de l'arrond. de Bagnères (Hautes-Pyrénées), à 12 kil. de cette ville. Pop. 800 hab. Sources minérales; établissement de bains.

CAQUET, CAQUETAGE. Le caquetage est une variété du bavardage. C'est un bruit produit par la parole mais sans aucune signification; c'est un assemblage de phrases inutiles et vides de sens. Ainsi on dit le caquet d'un perroquet, d'une pie; mais on ne va pas jusqu'à leur attribuer le langage. « Il y

du fusil ordinaire, et elle va plus loin. La carabine est en usage dans nos armées: l'adresse de nos chasseurs dans le maniement de cette arme en fait les soldats les plus redoutables. Quelques corps de cavalerie sont aussi armés de carabines plus légères et plus courtes que celles des chasseurs.

CARABINIERS, hommes d'élite. Sous Henri IV, il existait deux carabiniers par compagnie de grosse cavalerie ou de gendarmerie. Ils étaient destinés à faire feu avant qu'on entamât une charge. Louis XIV les réunit tous, en 1693, pour former un régiment de 100 compagnies de 35 hommes, divisés en brigades et escadrons. Depuis la régence jusqu'au milieu du siècle passé, on revint au système de Henri IV; c'étaient des hommes d'élite placés, au nombre de quatre, dans chaque compagnie. La loi

Vue de Constantinople.

un zèle et une avidité qui prenaient quelquefois les caractères de la violence. Dans les campagnes ignorantes et superstitieuses, ils avaient pris l'habitude de ne plus demander; ils s'inquiétaient même peu de l'absence du maître du logis: ils décrochaient sans façon le jambon du pauvre paysan et le mettaient dans leur besace. C'eût été peu de chose encore si la vue n'eût été blessée par le spectacle de leur malpropreté révoltante; cette malpropreté était au reste un témoignage de leur vertu et de leur humilité: ils se faisaient gloire de ne jamais porter de chemise. Leur ignorance et leur ineptie égalaient leur superstition. Ils se maintinrent jusqu'à la Révolution.

CAPULETS et MONTAIGUS, famille gibeline de Vérone, célèbre par les aventures de Roméo et de Juliette, qui s'aimèrent malgré la rivalité de leurs familles. Il n'y a rien de plus touchant que cette histoire dont la tragédie et le roman se sont emparé. Shakespeare a immortalisé Roméo et Juliette. Lopez de Vega avait déjà traité le même sujet. Les critiques se sont demandé s'il s'agissait là d'un fait véritablement historique, ou si, au contraire, il n'y avait là qu'une fable empruntée à certains auteurs

a, dit la Bruyère, une chose qu'on n'a pas vue sous le soleil, et qu'on ne verra jamais: c'est une petite ville d'où l'on a banni les caquets, le mensonge et la médisance. »

CARABAS (marquis DE). Ce marquis est un type précieux; c'est le Prudhomme de la noblesse, un personnage plein de fatuité et de vanité, mais qui croit du moins à son importance. Descend-il en droite ligne des croisés, ou compte-t-il parmi ses ancêtres un palefrenier enrichi? C'est une question qu'on ne peut décider; quoi qu'il en soit, le droit divin n'a pas de plus solide défenseur; c'est du moins ce qu'il se persuade. Il a accompagné Louis XVIII à Gand, et il était vraisemblablement de ceux dont Talleyrand disait: « Ils sont partis 500, et ils sont revenus 10,000. » Au jour de la curée, il est l'un des premiers à réclamer la récompense de ses services et à revendiquer les privilèges de sa caste. Tous les honneurs et tous les emplois sont dus à lui et aux siens. Béranger a immortalisé ce type.

CARABINE, de l'arabe *karab*, qui signifie arme, désigne une arme à feu assez courte dont le canon est rayé en spirale; elle se charge ordinairement à balle forcée. La portée de cette arme est plus juste que celle

du 23 fructidor an VII (1797) reconnaissait deux régiments de la cavalerie de réserve, portant le nom de carabiniers, sans être néanmoins armés de carabines. Pendant quelques années, toute l'infanterie eut des compagnies de carabiniers. Les chasseurs de Vincennes sont les seuls fantassins armés de carabines.

CARABOBO, village de la république de Venezuela (Amérique du Sud), à 15 kil. de Valencia. Célèbre par les victoires de Bolivar sur le général espagnol Salomon (28 mai 1814) et sur les généraux La Torre et Moralès (24 juin 1821). La province de Carabobo a 298 myriamètres carrés et 100,000 hab.; ch.-l. Valencia.

CARACA (la) ou LA CARAQUELA, îlot d'Espagne, situé sur la côte E. de la baie de Cadix, à 3 kil. de cette ville. Pop. 5,000 h. Arsenaux et chantiers de construction de la marine militaire de l'Espagne.

CARACALLA (Marcus-Aurelius-Antoninus BASSIANUS), empereur romain, né à Lyon en 188. Son véritable nom était *Bassien;* il fut appelé Caracalla à cause d'un habillement gaulois qu'il se plaisait à porter. Il était fils de l'empereur Septime Sévère et de Julie Domna. Son enfance annonça les meilleures dispositions ; mais bientôt on vit se développer en lui un penchant décidé à tous les vices. Il devint tout à coup d'une horrible férocité, et les traits de son visage s'altérèrent au point de présenter les signes d'une bestialité qui étonnait ceux qui l'avaient connu autrefois. Il ambitionnait la gloire de Tibère. Son père le proclama César à l'âge de 9 ans et l'associa à l'empire quatre ans plus tard. Quand Sévère mourut, en 211, les prétoriens acclamèrent Caracalla conjointement avec son frère Géta. On a prétendu que Caracalla avait abrégé les jours de son père. Ce qu'il y a de certain, c'est qu'il avait projeté de l'assassiner quelque temps auparavant. Caracalla ne pouvait supporter le partage de la puissance ; il nourrissait d'ailleurs contre Géta une haine implacable. Il dissimula cependant, proposa même une réconciliation, et dans le même moment il le fit poignarder entre les mains de Julie, leur mère, qui fut même teinte du sang de son fils. Caracalla publia que Géta avait voulu l'empoisonner, et il fit rendre publiquement des actions de grâces aux dieux qui l'avaient préservé d'un si grand péril. Les soldats campés près d'Albe manifestèrent un vif mécontentement en apprenant le meurtre de Géta ; mais l'argent qu'on sema à profusion suffit pour les apaiser. Caracalla rentra même dans Rome à leur tête, en proclamant que Géta avait projeté sa mort, et qu'en le prévenant il n'avait fait que suivre l'exemple de Romulus. Toutefois, il fit mettre son frère au rang des dieux : il s'inquiétait fort peu qu'il fût dieu, pourvu qu'il ne fût pas vivant. Caracalla chargea Papinien, l'un des plus célèbres jurisconsultes de Rome, de prononcer l'apologie de son fratricide. Papinien n'eut pas la lâche complaisance de Sénèque : il répondit fièrement qu'il était plus facile de commettre un fratricide que de l'excuser. Il paya de sa tête cette action courageuse. Caracalla fit mettre à mort les enfants de Géta et tous ceux qui avaient été liés d'amitié avec lui. Il se souilla de sang et de carnage pour satisfaire ses instincts féroces. Il égala Caligula et Néron en cruauté, et les surpassa en extravagance. Il lui fallait de l'argent : il vendit à des Barbares le titre de citoyen romain. Aussi lettré que Néron, il affectait comme lui un grand respect pour les héros de l'antiquité, qu'il ne citait jamais qu'avec une vénération plus apparente que réelle. Il fit le voyage d'Ilion pour visiter la tombe d'Achille. Il voulut, lui aussi, avoir son Patrocle à pleurer, et il fit empoisonner son affranchi Festus, qu'il paraissait affectionner beaucoup. Il fit un voyage dans les Gaules sous le prétexte de combattre les Germains. Toutefois, les Gaulois n'étaient pas hommes à supporter sa tyrannie aussi tranquillement que les Romains. Les Cattes et les Allemani parvinrent à s'emparer de sa personne, et ne lui rendirent la liberté que moyennant une forte rançon. Pour se venger, il convoqua les principaux Allemani, dont il affectait de se dire l'allié ; il les fit cerner et massacrer. Après une telle victoire, il prit le titre d'Allemannicus, de Germanicus, de Parthicus et d'Arabicus. On observa toutefois, bien qu'il eût triomphé des Gètes, qu'il n'osa pas prendre le surnom de Géticus. Les Romains, par allusion au meurtre de son frère, ne manquèrent pas de le surnommer Géticus Maximus. Il ne voulut plus être appelé autrement qu'Alexandre ou Antonin le Grand. Il visita le tombeau d'Alexandre à Alexandrie, et lui consacra l'épée avec laquelle il avait fait assassiner son frère Géta. Il alla jusqu'à proscrire l'enseignement de la doctrine d'Aristote, parce que, disait-il, ce philosophe avait trempé dans la conjuration d'Antipater. Dans un voyage qu'il fit à Antioche, il apprit que les habitants s'étaient permis de le railler au sujet du meurtre de son frère. Pour les punir, il ordonna à ses soldats de passer les habitants au fil de l'épée ; il y eut pendant plusieurs jours un horrible carnage ; le sang ruissela dans les rues. Caracalla ne se retira qu'après avoir fait murer les divers quartiers de la ville. Rome fut enfin débarrassée de ce monstre, en 217. Macrin, préfet du prétoire, qu'il avait accablé d'outrages et de mépris, le tua sur la route d'Édesse. Sa mort fut accueillie par des réjouissances dans tout l'empire romain.

CARACALLE. On appelait ainsi une espèce de casaque longue dont s'habillaient les Gaulois au temps de la domination romaine. Ce vêtement devint plus tard l'habit particulier des cénobites chrétiens.

CARACAS, LÉON-DE-CARACAS ou **SANTIAGO-DE-LÉON-DE-CARACAS**, capitale de la république de Venezuela, à 18 kil. de la mer des Antilles, dans la vallée d'Aragon, au pied du mont Silla. Pop. 45,000 hab. Siège d'un archevêché dont relèvent les évêchés de Merida et de Goyana. Consulat français ; université ; belle cathédrale. Exportation de cacao renommé. Entrepôt du commerce de la république par le port de Guayra. Cette ville fut fondée en 1567. Les Français la ravagèrent en 1679. En 1812, elle fut détruite par un tremblement de terre où périrent 10,000 personnes. Patrie de Bolivar.

CARACAS (province de), bornée au N. par la mer des Antilles, à l'E. par la province de Barcelona, au S. par l'Orénoque, à l'O. par la province de Carobobo. Sup. 1,244 myriamètres carrés. Pop. 243,000 hab. Climat sain, excepté sur le littoral. Arrosée par le Guarico, l'Orituco et la Manapire. Végétation très-riche : café, cacao, riz, coton, canne à sucre, etc.

CARACCIOLI (Louis-Antoine), littérateur, né à Paris en 1721, mort en 1803. Il embrassa d'abord la profession militaire, et devint même colonel au service de la Pologne. Après la soumission de ce pays à la Russie, il revint en France, où il se livra entièrement à la culture des lettres ; il a surtout traité des sujets moraux ou historiques. Ses nombreux ouvrages méritent à peine d'être cités ; on excepte toutefois ses *Lettres* intéressantes du pape Clément XIV : on y trouve une finesse et une élégance qui ne se rencontrent pas dans ses autres productions. Aussi a-t-on généralement pensé que ces lettres avaient pour auteur Clément XIV lui-même.

CARACCIOLI (le prince François), amiral napolitain, né en 1748. Il commandait une escadre devant Toulon en 1793, mais tous ses efforts furent inutiles, car les royalistes livrèrent bientôt la ville aux Anglais ; il est vrai que quelques mois plus tard, après un blocus de six semaines, les Anglais finirent par en être expulsés. C'est là que, pour la première fois, se distingua Bonaparte, qui n'était alors que simple commandant d'artillerie. Plus tard, à l'époque de la formation de la république parthénopéenne, Caraccioli prit parti pour ce nouvel établissement, et s'opposa au débarquement de la flotte anglo-sicilienne. En 1799, après les succès de Ruffo, Nelson ne craignit pas de s'emparer de la personne de Caraccioli, malgré la capitulation que celui-ci avait signée. On reconnaît bien là les Anglais.

CARACTÈRE. On appelle ainsi, dans le langage artistique, les qualités particulières d'une œuvre d'architecture, de peinture, de sculpture ou de gravure. Le caractère se révèle surtout dans la composition, c'est-à-dire dans le choix et l'ordonnance du sujet et dans le dessin. En peinture, il se révèle aussi dans le coloris et dans le moëlleux ou la hardiesse de la touche. La différence des caractères produit la diversité des écoles.

CARACTÈRE. On appelle ainsi en littérature, et surtout dans l'art dramatique, la peinture de certaines passions, de certains défauts ou même de travers d'esprit, qui font du personnage qui les résume un type plaisant et souvent moral et instructif. Parmi les chefs-d'œuvres de ce genre, on cite le *Misanthrope*, l'*Avare*, le *Malade imaginaire*, le *Tartufe*, de Molière ; le *Méchant*, de Gresset ; le *Joueur*, de Régnard, etc. Dans l'antiquité, on cite parmi les meilleurs peintres de caractères Théophraste, qui a été si heureusement imité par la Bruyère.

CARACTÈRES D'IMPRIMERIE. On appelle ainsi de petits morceaux de métal, d'une hauteur de deux à trois centimètres, qui portent, gravés en relief à l'une de leurs extrémités, des lettres, des chiffres ou des signes de ponctuation usités dans la typographie. La lettre figurée sur les caractères est renversée, afin de se reproduire par l'impression dans le sens convenable. Les caractères sont généralement composés d'un alliage d'antimoine et de plomb, auquel on ajoute quelquefois de l'étain et du cuivre, pour lui donner plus de consistance.

CARAFFA ou **CARAFA**, ancienne et illustre famille napolitaine. Les plus célèbres de ses membres sont : le pape Paul IV (Pierre Caraffa) et ses trois neveux : Charles, Jean et Antoine, auxquels il prodigua les biens et les honneurs, et qui, par leur rapacité et leurs injustices, soulevèrent les États romains. Le cardinal Charles fut condamné à mort et étranglé (1560) ; Jean, accusé d'avoir fait assassiner sa femme, eut la tête tranchée ; Antoine, né en 1538, mort en 1591, a donné une bonne édition des *Septante*. Le cardinal Alphonse Caraffa, fils d'Antoine, paya une amende de 100,000 écus. Jérôme Caraffa, marquis de Montenegro, né à Naples en 1564, mort à Gênes en 1633, défendit Amiens contre Henri IV en 1597. Il fut nommé vice-roi d'Aragon par le roi d'Espagne. Antoine Caraffa, feld-maréchal autrichien, fut envoyé, en 1683, pour amener le roi de Pologne, Jean Sobieski, au secours de Vienne. Il combattit les Turcs en Hongrie, s'empara d'Eperies en 1685, de Belgrade en 1687, et mourut en 1693.

CARAÏBES. On appelait ainsi les habitants aborigènes des Petites-Antilles qui, expulsés primitivement de l'Amérique du Nord et des contrées voisines de la Floride, vinrent se fixer dans ces îles, ainsi que dans la Guyane et autres pays de l'Amérique du Sud. On ne les retrouve plus qu'en petit nombre à la Guadeloupe, à la Dominique et Sainte-Lucie. Les Caraïbes ont la peau olivâtre et la frottent avec le suc du roucou pour se préserver de la morsure des insectes. Ils étaient anthropophages et polygames. Ils sont braves et vivent encore sans aucune organisation politique. Il y a des Caraïbes noirs à Saint-Vincent, au nombre d'environ 1,000 familles ; ils proviennent du mélange d'esclaves nègres avec des femmes caraïbes. Quelques-uns habitent l'Amérique du Sud, depuis la province de Barcelona jusque vers l'équateur, et se donnent le nom de *Carina*. On appelle quelquefois *îles Caraïbes* les Petites-Antilles ou îles du Vent, et *mer des Caraïbes* la mer des Antilles.

CARAMAN. Ancienne et noble famille, originaire de Florence, établie depuis plusieurs siècles en Provence, et divisée en deux branches connues, l'une sous le nom de Riquet, comte de Caraman, l'autre sous le nom de Riqueti, marquis de Mirabeau, de laquelle est sorti le marquis de Mirabeau, auteur de l'*Ami des hommes*. A cette famille appartient Pierre Riquet, qui eut la gloire d'exécuter, avec le concours du célèbre ingénieur Andréossi, le grand canal du Languedoc, par lequel la Méditerranée communique avec l'Océan. Son premier fils, Mathias de Riquet, qui fut président à mortier au parlement de Toulouse, mourut en 1714; son deuxième fils, Pierre-Paul de Riquet, né en 1646, mort en 1730, est le premier comte de Caraman qui soit devenu célèbre; il était lieutenant-général des armées du roi sous Louis XIV, et s'illustra par sa retraite de Wange, près de Louvain, en 1705. Les Caraman actuels descendent d'un autre fils du fameux Riquet. Les principaux membres de cette famille sont :

CARAMAN (Victor-Maurice DE RIQUET, comte DE), commandant général de la Provence, né en 1727, mort en 1807, se distingua par sa bravoure à Fontenoy et dans toutes les campagnes de Flandre, pendant la guerre de Sept-Ans. Il émigra de 1791 à 1801.

CARAMAN (François-Joseph-Philippe, comte DE), fils du précédent, prince de Chimay, né en 1771, mort en 1843. Il avait épousé Mlle Cabarrus, que Tallien avait répudiée, et fut député des Ardennes à la Chambre de 1815.

CARAMAN (Louis-Charles-Victor, marquis, puis duc DE), frère du précédent, né en 1762, mort en 1839. Il fut nommé pair de France en 1815, et envoyé comme ambassadeur à Berlin et à Vienne.

CARAMAN, ch.-l. de cant. de l'arrond. de Villefranche (Haute-Garonne), à 18 kil. de cette ville. Pop. 2,000 hab.

CARAMAN, ville de la Turquie d'Asie (Caramanie), à 93 kil. de Konieh. Pop. 3,000 hab. Commerce de laines, de peaux de chèvre, de cire. Cette ville fut fondée au XIVe siècle.

CARAMANICO, ville du royaume d'Italie (Abruzze citérieure), à 25 kil. de Chieti. Pop. 4,500 hab. Récolte de soie.

CARAMANIE, eyalet de la Turquie d'Asie (Asie mineure). Elle est bornée au N. par l'eyalet de Bozoq, à l'E. celui d'Adana, au S. par la Méditerranée, et à l'O. par l'eyalet d'Aïdin. Villes principales : Konieh, Adalia, Caraman. Elle se divise en provinces secondaires : Begcheher, Akcheher, Akseraï, Kircheher, Nigdeh, Kaisarich. Ce pays, généralement fertile, mais mal cultivé, est traversé par la chaîne du Taurus, et arrosé par le Kizil-Ermak. Vins, opium, salines. Elle fut conquise par Caraman, sultan seldjoucide de Roum, vers 1300 ap. J.-C. La Caramanie passa aux Turcs ottomans en 1465.

CARAMEL. On appelle ainsi du sucre brûlé qu'on obtient en faisant fondre du sucre avec un peu d'eau et en le faisant chauffer jusqu'à ce qu'il prenne une teinte brune. Il est employé par les confiseurs.

CARAMUEL (Jean), théologien espagnol, né à Madrid en 1606, mort en 1682. Il fut évêque titulaire de Missy; puis, par un changement singulier, il se fit soldat et devint ingénieur et intendant des fortifications en Bohême. Par un nouveau caprice, il reprit la dignité d'évêque et réunit les trois évêchés de Konigsgratz, de Campano et de Vigevano. Il s'occupa de théologie morale et laissa aussi un manuscrit sur l'art militaire.

CARANUS. Premier roi de Macédoine, et le septième des Héraclides depuis Hercule, selon la Fable. Il chassa Midas, et fonda la monarchie de Macédoine vers l'an 804 av. J.-C. Il fit marcher des chèvres devant ses drapeaux, en mémoire de ce qu'un troupeau de ces animaux l'avait conduit à Édesse, dont il s'empara. Il eut pour successeur Cœnus, son fils.

CARAPELLA, rivière du royaume d'Italie qui prend sa source dans le mont Irpino; après un parcours de 80 kil. elle se jette dans le Cervaro, près de son embouchure (Capitanate).

CARAT, ancien poids valant 4 grains; il servait à peser l'or, les pierres précieuses et principalement les diamants. Dans l'évaluation du titre des métaux précieux, on regardait un lingot d'or comme divisé en 24 parties égales, appelées aussi carats.

CARAUSIUS (Marcus-Aurélius-Valérius) régna en Angleterre au IIIe siècle. Il était né chez les Ménapiens, dans la Belgique. Il se distingua sous Maximilien Hercule, qui fit la guerre aux Bagaudes. Cet empereur lui donna le commandement d'une flotte pour défendre contre les insulaires bretons les côtes de la Belgique et de l'Armorique. Cependant, ayant appris qu'il entretenait des intelligences avec ceux qu'il était chargé de combattre, il donna des ordres pour le faire assassiner. Carausius, secrètement averti, passa chez les Bretons avec sa flotte, en 287, et se fit proclamer empereur par les légions romaines qui occupaient le pays. Il s'attacha les insulaires et en obtint des armées qu'il disciplina. Maximilien essaya vainement de combattre son usurpation, il fut vaincu, et s'estima heureux de terminer la guerre par un traité qui laissait Carausius maître de la Bretagne. Plus tard il associa même Carausius à la puissance impériale; mais celui-ci n'en jouit pas longtemps : il fut assassiné, en 294, par un de ses officiers nommé Allectus, qui s'empara du pouvoir.

CARAVACA ou SANTA-CRUZ-DE-CARAVACA, ville d'Espagne, dans la province de Murcie, à 65 kil. de cette ville. Pop. 12,460 hab. Belle grotte à stalactites de Barquilla aux environs.

CARAVAGE (Polidoro-Caldara, dit LE), peintre italien, né à Caravaggio dans le Milanais, en 1495, mort en 1543. Il fit le métier de manœuvre jusqu'à dix-huit ans; il portait aux élèves de Raphaël le mortier dont ils avaient besoin pour la peinture à fresque. Ceux-ci remarquèrent ses dispositions pour la peinture, et l'encouragèrent de leurs conseils. Raphaël lui-même prit Caravage sous sa protection, et bientôt celui-ci fut en état de travailler à la décoration des loges du Vatican. Il alla à Messine, où il fut chargé de la conduite des arcs de triomphe que cette ville dressa en l'honneur de l'empereur Charles-Quint, lorsqu'il s'y arrêta après son expédition de Tunis. Il se disposait à retourner à Rome, quand il fut assassiné par son valet, qui lui vola une somme considérable. Il a laissé de nombreuses peintures à fresque et un certain genre de peinture que les Italiens nomment *graffiato*, *une manière égratignée*. On admire la noblesse et l'expression de ses personnages; ses draperies sont heureusement réussies; il sut tirer le meilleur parti du coloris et entendit fort bien le clair-obscur. Son dessin est hardi et correct. Ses paysages et ses dessins sont fort estimés. Il a été comparé à Jules Romain.

CARAVAGE (Michel-Ange Amerighi, dit *Michel-Ange* DE), né dans le Milanais en 1569, mort en 1609. Il commença par servir les maçons et devint plus tard l'un des plus grands peintres de l'Italie. Il apprit la peinture sans maîtres, guidé seulement par l'étude de la nature. Ses défauts sont rachetés par des qualités presque inimitables. Aucun peintre n'a pu produire comme lui, avec le pinceau, les effets de relief, ni rendre la rondeur et la saillie. Ses personnages sont admirablement détachés; ses ombres larges et vigoureuses accroissent les effets de lumière; sa couleur est pleine de vérité et de force. L'Italie fut séduite par ce nouveau genre de peinture, et Caravage trouva bientôt de nombreux imitateurs. On critique cependant sa composition, et on lui reproche un certain dérèglement d'imagination. Il adopta d'abord le genre léger et gracieux; il préféra ensuite un coloris plus accentué, plus vigoureux, mais souvent trop sombre; son dessin est incorrect. On cite parmi ses chefs-d'œuvre : la *Sainte-Famille*, *Tobie*, *David*, une *Jeune Bohémienne*, la *Mort de la Vierge*, et surtout *le Christ au tombeau*. Caravage avait un esprit mordant et satirique qui lui attira bien des querelles. Il appela en duel le Josépin; mais celui-ci ayant refusé de se battre avec lui parce qu'il n'était pas noble, Caravage alla à Malte pour se faire recevoir chevalier, et revint ensuite demander satisfaction à son adversaire. Il fut mis en prison pour avoir provoqué un autre chevalier. Il s'échappa de prison et se sauva à Naples; là, il fut blessé dans une rencontre. Il alla à Rome et se fit une seconde fois emprisonner par suite d'une erreur judiciaire. Rendu enfin à la liberté, il voulut rejoindre la felouque qui l'avait amené et où il avait laissé ses effets. Quand il arriva sur la côte, le bâtiment venait de mettre à la voile. Désespéré de ce nouveau malheur, il se disposait à gagner Porto-Ercole, quand il se sentit saisi d'une fièvre brûlante; il dut s'arrêter sur un chemin désert, où il expira sans secours.

CARAVAGGIO, ville du royaume d'Italie, dans la province de Bergame, à 20 kil. de cette ville. Pop. 6,000 hab. Patrie des peintres Polidoro Caldara et Michel-Ange Amerighi, dits tous deux Caravage. François Sforza y vainquit les Vénitiens en 1448.

CARAVANE, du persan *ker* ou *kervan*, désigne une association de marchands, de voyageurs ou de pèlerins, pour traverser les déserts de l'Afrique et de l'Asie. Cette manière de voyager a été usitée de tout temps dans ces contrées, en raison des dangers que présenterait l'isolement pour les voyageurs. Les caravanes voyagent avec ou sans escorte; mais elles sont toujours pourvues d'armes pour se défendre contre les pirates du désert. L'histoire des Hébreux nous apprend que les anciens patriarches marchaient en caravanes. Joseph fut vendu par ses frères à une caravane de marchands arabes. Mahomet lui-même conduisit des caravanes. Les fonctions de conducteur de caravanes sont honorées en Orient. Les caravanes ne marchent jamais qu'à petites journées et ne font pas plus de 8 lieues par jour. Les chameaux portent les marchandises; les hommes vont à cheval; les femmes et les enfants sont montés sur des chameaux et renfermés dans des espèces de cages en osier; les animaux sont attachés par la queue les uns à la suite des autres, afin qu'aucun d'eux ne s'écarte. Pendant les grandes chaleurs, les caravanes marchent la nuit et se reposent le jour; elles sont éclairées de distance en distance par des hommes portant des falots. Lorsque la caravane établit son campement, on trace une demi-lune au centre de laquelle on place les provisions et les effets des voyageurs, en ayant soin d'éviter la confusion. Chaque animal est attaché à une corde à côté de son fardeau; des gardiens veillent à la sûreté des bagages et des marchandises. Malgré l'habileté et l'expérience des conducteurs de caravanes, il arrive quelquefois qu'elles sont surprises par des bandes de pillards; elles ont aussi à combattre, dans les déserts de l'Afrique, un ennemi plus redoutable encore, le simoun. On a vu des caravanes entières rester englouties sous des montagnes de sable.

CARAVANSÉRAILS, vastes hôtelleries fondées ou dotées par des princes ou de riches personnages, dans les pays orientaux, pour abriter les caravanes. Ce sont de vastes salles construites en pierre de taille et quelquefois en marbre, voûtées, à une ou deux nefs, avec arcades cintrées recevant la lumière au moyen de petites lucarnes. Tout autour règne une banquette appuyée au mur pour servir de siége ou de lit. Une fontaine ou un réservoir d'eau vive sert à désaltérer les voyageurs ou aux ablutions. Deux gardiens veillent jour et nuit contre les incendies et les voleurs. Il y a aussi des caravansérails bâtis en forme de cloîtres, dont le centre est une cour qui contient les écuries. Le plus beau est celui de Kachan, en Perse.

CARAVELLA, ville du Brésil, à 130 kil. de Porto-Seguro (province d'Espiritu-Santo). Port et commerce actif.

CARBET (le), bourg de la Martinique, à 3 kil. de Saint-Pierre. On remarque au S.-E. le *piton du Carbet*, volcan éteint (1,207 mètres).

CARBON (Caïus-Papirius), né vers 164 av. J.-C., tribun du peuple en 131. Il voulut venger le meurtre de Tiberius et de Caïus Gracchus, et défendit courageusement les droits populaires. Ce fut lui qui fit adopter le scrutin secret dans les comices. Il fut nommé consul en 129. Accusé de péculat par les patriciens, il se donna la mort, en 119.

CARBON (Cneius-Papirius), fils de Caïus-Papirius. Il naquit vers 130 av. J.-C., embrassa le parti de Marius et fut trois fois consul. Il fut aussi appelé à la préture, et rendit un édit qui fut appelé de son nom, *édit carbonien;* c'était une disposition qui avait pour objet de prévenir les spoliations dont les mineurs à qui l'on contestait la qualité de fils légitimes avaient été trop souvent l'objet. L'édit carbonien les maintenait dans la possession de leurs héritages jusqu'à leur majorité, et la question de légitimité n'était jugée qu'à ce moment. Carbon soutint longtemps la guerre contre les lieutenants de Sylla; mais son armée ayant été anéantie par plusieurs défaites successives, il se réfugia dans l'île de Cossura. Il y fut arrêté et livré à Pompée, qui le fit mettre à mort en l'an 83 av. J.-C. Pompée voulut flatter Sylla en lui envoyant la tête de Carbon. Celui-ci disait de son ennemi « qu'il avait à combattre en Sylla un renard et un lion, mais que le renard était plus dangereux. »

CARBON, cap d'Algérie, à 30 kil. de Bougie et à l'entrée du golfe de Bougie.

CARBONARA, cap de Sardaigne, situé à l'extrémité S.-E. de l'île.

CARBONARA, ville du royaume d'Italie (Principauté ultérieure), à 25 kil. de San-Angelo-de'-Lombardi. Pop. 2,900 hab.

CARBONARI, c'est-à-dire, en français, *charbonnier*. C'était une société politique et secrète qui avait pris naissance à l'époque de la dissolution des républiques italiennes, et qui se développa surtout en 1815. Les carbonari furent peu nombreux sous l'empire et échappèrent à la persécution en s'abritant derrière la franc-maçonnerie. Le carbonarisme italien recruta des adhérents parmi les patriotes français. L'attention du gouvernement français ne tarda pas à être éveillée sur les dangers réels ou supposés que présentait l'organisation de cette société. Un carbonaro nommé Guerini avait tué un Corse carbonaro. Le ministère public avait d'abord cru à une vendetta; mais il fut surpris d'apprendre qu'il ne s'agissait pas d'une vengeance privée, mais bien de l'exécution d'un jugement rendu par l'*alta vendita* contre un carbonaro accusé d'avoir révélé le secret de l'association. Le gouvernement jugea prudent de discontinuer les poursuites jusqu'à ce qu'il eut démêlé tous les fils de cette trame ténébreuse. Il dissimula ses craintes secrètes en adressant aux magistrats de la Corse l'avis suivant : « Une enquête et des mesures trop sévères décèleraient une crainte que de pareilles sociétés ne peuvent inspirer sous une forme de gouvernement où les droits du peuple sont reconnus et assurés. » Les poursuites rigoureuses et les arrêts sévères rendus contre les associations du *Lion dormant* et de l'*Epingle noire* venaient démentir la sécurité affectée par le gouvernement. Le ministère apprit bientôt que le carbonarisme avait été importé en France par quelques Français de la loge maçonnique des *Amis de la vérité;* qu'ils avaient eux-mêmes emprunté au carbonarisme italien le plan de leur association. Voici quelle était son organisation : il y avait d'abord la vente suprême ou comité directeur; puis la vente d'arrondissement, qui correspondait avec la vente suprême par l'entremise d'un député; il y avait enfin les ventes de canton, qui envoyaient un député aux ventes d'arrondissement. Les diverses ventes ne se connaissaient pas entre elles. Tout carbonaro devait, sous peine de mort, garder le secret de l'existence de la charbonnerie et de ses règlements. Aucune communication n'était écrite; les instructions étaient purement verbales. Les carbonari avaient leurs mots d'ordre et de passe; les diverses ventes correspondaient par des délégués spéciaux de la vente suprême. Ils se faisaient reconnaître en présentant une moitié de carte bizarrement découpée, et qui s'adaptait à l'autre moitié envoyée par la vente suprême aux chefs des autres ventes inférieures. Tout carbonaro devait obéir aveuglément et sans examen aux ordres de la vente suprême; il devait être prêt à sacrifier sa fortune et sa vie pour la cause de la liberté; il devait être pourvu d'un fusil avec sa baïonnette, et de 25 cartouches à balle de calibre; enfin, il devait s'instruire dans le maniement des armes. Paris seul comptait plusieurs centaines de ventes qui étaient entretenues par des cotisations et des souscriptions volontaires. Ils avaient pris pour devise : « Constitution nationale acceptée par le peuple français; Honneur et patrie. » Ils se proposaient le renversement du gouvernement imposé aux Français par la coalition étrangère. Cependant les carbonari ne s'entendaient pas entre eux sur ce qu'ils avaient à édifier. Quelques-uns demandaient une restauration bonapartiste avec une constitution démocratique; les autres voulaient la république. Cette divergence de vues fut toujours le principal obstacle au succès du carbonarisme. L'association comptait parmi ses membres les plus influents Lafayette, dont l'indécision et la faiblesse de caractère compromettaient d'avance une entreprise dont l'audace ne pouvait être pardonnée qu'à force de tout oser. Il y avait aussi parmi les carbonari un certain nombre de démocrates peu résolus, de doctrinaires qui, bien qu'ils eusssent juré sur le poignard haine au roi et à la royauté, ne songeaient à rien moins qu'au rétablissement de la république. Les mêmes hommes, parvenus au pouvoir en 1830, ne furent pas les moins ardents à poursuivre les sociétés secrètes auxquelles ils ne se souvenaient plus d'avoir été mêlés. Le général Berton échoua dans une première tentative d'insurrection armée. La conspiration de Béfort fut mieux combinée, et une insurrection générale était sur le point d'éclater, quand le gouvernement frappa un grand coup, et brisa les liens qui rattachaient les carbonari entre eux. Ils avaient préparé le plan d'une nouvelle insurrection qui devait éclater le 10 août 1830; mais ils furent prévenus par le peuple, qui ne s'est jamais laissé guider par des chefs de sociétés secrètes, et qui n'agit jamais qu'à son heure. Depuis la victoire populaire de juillet 1830, la charbonnerie a cessé d'exister.

CARBONATE. On appelle ainsi un sel composé d'acide carbonique et d'une base telle que l'ammoniaque, la potasse, la chaux, le fer, la magnésie, etc. Le carbonate entre en effervescence dès qu'on y verse l'acide.

CARBON-BLANC (le), ch.-l. de cant. de l'arrond. de Bordeaux (Gironde), à 7,500 m. de cette ville. Pop. 1,800 hab. Quelques ruines de l'ancien château de Montferrand.

CARBONE. Corps simple qui n'existe à l'état pur que dans le diamant, et qui entre surtout dans la composition du charbon de bois. La houille présente une grande quantité de carbone mêlé à d'autres substances étrangères. Le carbone pur est sans odeur ni saveur; il est infusible. Combiné avec l'oxygène, il compose le gaz acide carbonique ou l'oxyde de carbone, suivant les proportions de l'oxygène.

CARBONIQUE (acide). Combinaison de carbone et d'oxygène; c'est un gaz incolore, impropre à la combustion, et délétère pour les animaux; on parvient à le liquéfier et même à le solidifier par la pression. On obtient l'acide carbonique par la combustion du charbon, du bois et par la fermentation et la putréfaction des matières organiques; le gaz exhalé par les animaux n'est autre que l'acide carbonique. On le rencontre souvent dans les grottes profondes, peu accessibles au renouvellement de l'air; il y est produit par la lente décomposition des matières animales et végétales.

CARBONISATION. On appelle ainsi le dégagement du carbone et des divers gaz contenus dans les matières animales ou végétales. Le charbon végétal s'obtient par la carbonisation du bois. Cette opération était connue des anciens; les Chinois la pratiquent aussi depuis un temps immémorial.

CARBONNE, ch.-l. de cant. de l'arrond. de Muret (Haute-Garonne), à 25 kil. de cette ville. Pop. 1,720 hab. Commerce d'huile et laines.

CARBURES. On donne ce nom à une combinaison neutre du carbone avec un corps quelconque, autre que l'oxygène. Il existe un grand nombre de carbures d'hydrogène qu'on obtient généralement par la calcination des matières organiques. Le gaz servant à l'éclairage est un carbure d'hydrogène.

CARBURIS (Marin, comte), célèbre ingénieur grec du XVIIIe siècle, natif de l'île de Céphalonie. Il quitta son pays pour échapper à des poursuites dont on ignore le motif; il se réfugia en Russie, où il s'engagea sous le nom de chevalier Lascary. Ce fut lui qui fit transporter de Finlande à Saint-Pétersbourg l'énorme rocher de granit sur lequel est placée la statue en bronze de Pierre le Grand. Ce rocher n'a pas moins de 7 m. de haut sur 14 de long et 9 de large; il pèse environ 3,200,000 livres, poids de marc. Lascary surmonta tous les obstacles, et transporta cette énorme masse au moyen d'un appareil qu'il avait inventé. Il rentra dans sa patrie, où il essaya d'introduire la culture de l'indigo et de la canne à sucre. Il fut assassiné par ses ouvriers, à la suite d'une querelle, en 1782.

CARCAGENTE, ville d'Espagne, dans la province de Valence, à 15 kil. de San-Felipe. Pop. 8,300 hab. Commerce de soie, grenades, oranges, etc.

CARCAN. Ce mot désignait autrefois le poteau auquel le condamné était attaché par le cou. Ce supplice était connu des Romains; c'était une sorte d'exposition. On attachait sur la poitrine et sur le dos du condamné deux écriteaux mentionnant en gros caractères son nom et la nature de son crime. Sous notre ancienne législation pénale, l'exposition était accompagnée d'un certain nombre de coups de fouet; cette peine était spécialement réservée aux banqueroutiers, aux faussaires et aux fripons. La peine de l'exposition a été abolie, en 1848, par un décret du gouvernement provisoire, qui, en cela, donna une juste satisfaction aux tendances de nos mœurs.

CARCARA, village du royaume d'Italie, province de Gênes, à 14 kil. de Savonne. C'est à 8 kil. de là que fut livrée la bataille dite de Montenotte (1796).

CARCASSONNE, ch.-l. du dép. de l'Aude, à 774 kil. de Paris. Pop. 18,900 hab. Siége d'un tribunal de 1re instance et de commerce, d'un évêché suffragant de Toulouse; lycée, bibliothèque. On y remarque l'hôtel de ville, la préfecture, l'église Saint-Nazaire, du XIe siècle, avec de magnifiques vitraux, et où est le tombeau de Simon de

Monfort; une colonne en l'honneur de Riquet, de belles promenades. Vieux château fort aux environs, pont-aqueduc sur le Fresquel, arc de triomphe élevé à Numérien. Manufactures de draps pour le Levant, couvertures de laine, molletons, etc. Commerce d'eaux-de-vie, grains, fruits. Patrie de Fabre d'Églantine. Les Visigoths s'emparèrent de Carcassonne, y bâtirent un château et des fortifications qui existent encore en partie. Elle eut des comtes particuliers jusqu'au IXe siècle. Pendant la guerre des Albigeois (1209); elle fut prise et pillée.

CARCÉRÈS. Remises sous lesquelles les Romains tenaient dans les cirques les chevaux de course et les chevaux attelés, avant qu'ils ne fussent lancés dans l'arène. C'était de là qu'ils s'élançaient au moment où l'on donnait le signal du départ. Les carcérès étaient placés sur le côté du cirque où il n'y avait pas de siéges pour les spectateurs; au-dessus de ces carcérès étaient placés les musiciens. Le cirque de Caracalla avait 12 carcérès pouvant contenir chacune un quadrige.

CARDAN (Jérôme), médecin et géomètre, né à Pavie en 1501, mort à Rome en 1576. C'était un personnage bizarre; il se piquait d'avoir, comme Socrate, un démon familier qui lui inspirait ses actions. Cependant il ne paraît pas que son démon lui ait inspiré des sentiments fort sages; les femmes et le jeu occupaient tout le temps qu'il ne consacrait pas à l'étude. Ses productions offrent un singulier mélange de science et de folie: au milieu de rêveries absurdes, on démêle des idées et des systèmes fort justes en philosophie, en médecine et en astronomie. Il se piquait peu de dévotion, et empruntait aussi bien ses idées philosophiques aux païens et aux juifs qu'aux chrétiens. Cependant la lecture de ses ouvrages est pénible, en raison des divagations qu'il se permettait. On lui doit le perfectionnement de la théorie des problèmes du troisième degré. On regrette qu'il ait mêlé l'astrologie à ses études astronomiques. Il croyait à l'influence des étoiles, et il imputait à la sienne tous les déréglements qu'on lui reprochait.

CARDÉA, nymphe romaine; fut aimée de Janus, qui pénétra de vive force chez elle et lui fit violence. Cette nymphe présidait à la conservation des serrures, des gonds des portes et protégeait la propriété.

CARDE, CARDEUR. On appelle carde la brosse garnie de dents de fil de fer dont on se sert pour carder la laine; on emploie dans les filatures des cardes cylindriques qui consistent en deux rouleaux hérissés de petites dents de fil de fer, et tournant en sens contraire.

CARDENAS, ville de l'île de Cuba, au N. Pop. 5,000 hab. Chemin de fer entre cette ville et Matanzas.

CARDIFF, ville d'Angleterre (Galles du Sud), capitale du comté de Glamorgan, à 17 kil. de Newport. Pop. 10,000 hab. Port construit en 1834 par le marquis de Bute. Ancien château, aujourd'hui résidence du marquis de Bute. Après la bataille de Tinchebray, Henri Ier y garda 26 ans prisonnier son frère Robert, duc de Normandie. Cromwell prit ce château et le détruisit. Exploitation des houilles de Merthyr-Tydvil. Commerce croissant. Église, belle tour, chemin de fer et canal. École d'arts et métiers. Cardiff fut fondée en 1079.

CARDIGAN, ville d'Angleterre, à 295 kil. de Londres. Pop. 3,000 hab. Capitale du comté de ce nom. Ancien château. Exportation d'ardoises. Église gothique, hôtel de ville. Les Anglais y furent défaits par les Gallois en 1136. Cette ville donne le titre de comte à la famille Brudenell.

CARDIGAN (comté de), comté d'Angleterre, situé entre ceux de Merianeth et de Montgommery au N., de Radnor et de Breknock à l'E., de Carmarthen et de Pembroke au S., et le canal Saint-Georges à l'O. Sup. 172,800 hect. Pop. 68,770 hab. Villes principales: Aberystwith, Lampeter, Adpar. Nomme un député. Fertiles vallées, climat âpre et salubre. Mines d'argent, de plomb, de cuivre, mais mal exploitées. Exportation d'ardoises, laine, beurre, etc. Culture arriérée.

CARDINAL (palais), construit à Paris par le cardinal Richelieu, et qui prit le nom de Palais-Royal quand Anne d'Autriche en fit sa résidence. (*Voir* PALAIS-ROYAL.)

CARDINAUX, grands dignitaires de l'Église romaine, et qui forment, sous le nom de *Sacré-Collége*, le conseil du pape. Dans le principe, les cardinaux étaient inférieurs aux évêques, et dans les conciles ils ne prenaient place qu'après eux. Ce fut le pape Nicolas II qui décida, inspiré par le moine Hildebran, que les papes seraient désormais nommés par les cardinaux, et que le clergé et le peuple de Rome n'auraient plus qu'un simple droit d'approbation. Alexandre III décréta que l'élection des papes par les cardinaux aurait lieu sans l'approbation ni le contrôle du peuple et du clergé; en même temps il donna aux cardinaux la prédominance sur les évêques. Les cardinaux sont nommés directement par le pape, et souvent sur la présentation des souverains des États catholiques. Ils portent un chapeau et une barette rouge, ainsi qu'une longue robe de même couleur.

CARDINAUX (points). On donne ce nom aux quatre points opposés de l'horizon: ce sont quatre points fixes dont la détermination a été donnée par les observations géographiques et astronomiques. Le nord et le midi marquent les deux extrémités de la méridienne; l'est ou orient, et l'ouest ou occident, forment les extrémités d'une ligne perpendiculaire à la méridienne.

CARDONA, ville d'Espagne (Catalogne), dans la province de Barcelone, à 75 kil. de cette ville. Pop. de la commune, 2,370 hab. Cette ville est située au pied d'une montagne toute de sel gemme, ayant 4 kil. de tour et 160 mèt. de hauteur. L'exploitation, quoique considérable, semble à peine diminuer la mine, qui s'enfonce en terre à des profondeurs inconnues.

CARDONE (Raymond Ier DE) fut désigné par le pape Jean XXII et par Robert, roi de Naples, pour commander les Guelfes. Il fut battu en 1322 et en 1324 par Marc Visconti; il tomba même entre les mains des Gibelins. Visconti lui rendit la liberté à la condition qu'il ne porterait plus les armes contre les Gibelins. Cependant le pape crut avoir le droit de le délier de son serment; il le mit même à la tête de l'armée des Florentins. Il fut encore vaincu à la bataille d'Altopascio, où Castruccio le fit prisonnier. Le vainqueur le força à suivre son char à pied, lors de son arrivée triomphale à Lucques.

CARDONE (Raymond II DE), de la famille du précédent. Il fut vice-roi de Naples en 1509. Il défendit le pape contre l'empereur Maximilien et Louis XII. En 1512, il échoua devant Bologne et perdit contre Gaston de Foix la sanglante bataille de Ravenne: les vainqueurs eurent à regretter la perte de Gaston, qui périt dans la mêlée. La mort de cet habile général rétablit les affaires de Cardone. Celui-ci devint plus redoutable que jamais. Il rétablit les Médicis à Florence et signala son passage dans cette ville par les plus horribles cruautés. Ferdinand le Catholique, son maître, l'envoya contre les Vénitiens, ses anciens alliés. Cardone emporta Peschiera et Legnano, et il battit Barthélemy d'Alviano près de Vicence en 1515. Il fit la guerre avec une cruauté qui pouvait étonner même dans le siècle où il vivait.

CARDOSO (George), hagiographe portugais, né à Lisbonne en 1606, mort en 1669. Il est auteur d'un ouvrage intitulé: *Agiologio Lusitano don Sanctos e Varoncs illustres en virtude do Reino de Portugal, e suas conquistas.* Cette espèce d'annuaire, qui ne va que jusqu'au mois de juin, est curieux par les traditions et les légendes locales qu'il renferme. Cardoso préparait d'autres ouvrages quand la mort l'enleva.

CARDROSS, village d'Écosse, dans le comté de Dumbarton, à 5 kil. de cette ville. Pop. 3,600 hab. Fabriques de coton; blanchisseries.

CAREGGI, village du royaume d'Italie, à 3 kil. de Florence. Pop. 450 hab. Belle villa bâtie par Cosme l'Ancien et résidence des premiers Médicis.

CAREL (Jacques), sieur DE SAINTE-GARDE, né à Rouen vers 1620. C'était un poëte obscur, et qui n'a pas mérité d'être tiré de cette obscurité. Il composa un poëme qui n'est connu que par ces deux vers de Boileau:

> O le plaisant projet du poëte ignorant
> Qui de tant de héros va choisir Childebrant.

L'auteur a été plus malheureux encore quand il tenta de justifier le choix de son sujet, que quand il le maltraita comme on sait: il prétendit que Childebrant avait été parent de Charles Martel, ce qu'il ne s'est pas donné la peine de justifier.

CARÊME. On appelle ainsi l'époque du jeûne annuel prescrit par l'Église catholique; il commence le lendemain du mardi-gras et finit à Pâques. Les écrivains catholiques ne sont pas d'accord sur l'origine de l'établissement du carême. Il est à peu près certain que ce jeûne n'était pas prescrit dans les premiers temps de l'Église, et qu'il a été d'abord observé par quelques âmes pieuses qui ont trouvé des imitateurs. On voulait imiter le jeûne de Jésus-Christ dans le désert. Plusieurs conciles l'ont prescrit ensuite. Le carême imposait non-seulement l'abstention de la viande, mais même un jeûne véritable: on ne faisait qu'un seul repas après le coucher du soleil. La superstition des paysans exagérait cette prescription religieuse: ainsi on ne remonterait pas à une époque bien éloignée pour citer des campagnes où l'on faisait jeûner jusqu'aux animaux. Quelques ordres religieux s'imposaient un jeûne perpétuel. L'observation du carême subit à diverses époques un certain relâchement; ainsi nous voyons Charlemagne édicter la peine de mort contre celui qui ferait gras pendant le carême. On rapporte que le bon roi Henri IV, qui fut toujours mal inspiré quand il s'occupa de théologie, renouvela l'édit de Charlemagne; heureusement que l'édit royal fit plus de peur que de mal. En 1746, nous trouvons un fait qui nous montre que l'esprit d'intolérance avait déjà revêtu un autre caractère. L'Hôtel-Dieu avait seul le privilége de débiter de la viande pendant le carême. Une certaine dame de Courtenay-Beaufremont se vit un jour l'objet d'une perquisition domiciliaire; on saisit chez elle une notable quantité de viande et de gibier. Elle s'en plaignit amèrement en invoquant la liberté de conscience. Le lieutenant-général de police lui démontra qu'il ne s'agissait pas là d'une question religieuse, mais du respect d'un privilége. Aujourd'hui le carême est purement facultatif, et ce n'est que par suite d'un usage qui n'est aucunement appuyé par la loi que les bouchers ferment leurs boutiques le vendredi-saint.

CARÊME (Marie-Antoine), célèbre cuisinier, né à Paris en 1784, mort en 1833. Il éleva sa profession à la hauteur d'un art. Il fut tour à tour au service de George IV, prince régent d'Angleterre, des empereurs de Russie, d'Autriche, du prince de Wurtemberg, de la princesse Bagration, et de M. de Rothschild. Il a laissé plusieurs ouvrages qui sont considérés comme classiques par les princes de l'art culinaire: le *Pâtissier royal parisien*, le *Pâtissier* *pittoresque*, l'*Art de la cuisine au XIXe siècle* et le *Maître d'hôtel français*. C'était un homme de goût, même en dehors de son art, et surtout d'esprit, bien qu'il combattît vivement les cuisiniers qui aimaient à étaler plus d'esprit que de science véritable. S'il était permis de distinguer diverses écoles dans l'art culinaire, on dirait que Carême a appartenu à l'école romantique. Outre que ses plats avaient tous une suavité particulière, il savait admirablement les ordonnancer et les classer de manière à produire une gamme condimentaire des plus propres à charmer le palais. Nul mieux que lui ne savait, tout en observant une harmonie, assortir ses plats sans surcharger les estomacs qu'il avait à traiter, et de même que nos poëtes passent volontiers du grave au doux, du plaisant au sévère, ses plats se succédaient de manière à entretenir et à exciter finement l'appétit. De Cussy proscrivait les potages; Carême prit leur défense; c'était, selon lui, une bonne poignée de terreau qu'on jetait sur le sol où l'on devait semer; c'était la préface du dîner; il avait remarqué que les empereurs, à l'égal des plus modestes artisans, attaquaient le potage avec délices. Il a décrit jusqu'à 196 sortes de potages français et 103 potages étrangers. Il avait ses potages de prédilection qu'il avait inventés ou perfectionnés : *Potages Condé*, *Boïeldieu*, *Broussais*, *Lamartine*, *Delavigne* et *Victor Hugo*. Il avait donné le nom de son médecin Gobert à un plat de perches de Seine. La querelle entre Carême et de Cussy devint très-vive; ce dernier finit par convenir qu'il n'attaquait pas le potage en principe, mais qu'il voulait en proscrire l'abus : on en mangeait trop, ou on le mangeait inattentivement. A son lit de mort, Carême se préoccupait encore de cette lutte : « M. de Cussy, disait-il, a un mérite bien distingué; il a beaucoup de goût; c'est, je dirai même, un maître, mais pourquoi fait-il cette guerre au potage, pourquoi est-il si leste sur ce chapitre? Il y a dans le potage tout un monde pour la santé et la gastronomie. Je ne suis pas classique, moi; j'ai, Dieu merci, assez brisé et refait, mais je ne puis comprendre un dîner sans quelques cuillerées de bon potage. Soyez sincère, et convenez que M. de Cussy aime le paradoxe; c'est une face pour son esprit : il a trop d'esprit. Moi, je soutiens que le potage est le bienaimé de l'estomac. » Carême contribua beaucoup à introduire le déjeuner froid; il fit des merveilles dans ce genre. Il n'était pas seulement cuisinier; il était aussi sculpteur, et savait produire des pièces qui étaient quelquefois des monuments d'architecture. Il savait apprécier le mérite des autres : ainsi il fit la fortune d'un modeste pâtissier de Bordeaux, qui avait imaginé le cornet de papier pour décorer et méringuer l'entremets. « Idée charmante, s'écriait-il, invention éminemment raisonnée qui doit réunir le nom de son auteur à celui des hommes les plus ingénieux. Les hommes ordinaires n'y trouvent rien d'étonnant; j'y trouve, moi, du génie, et celui d'un observateur bien fin... L'homme ne crée pas, ou rarement : il observe et reproduit ce qu'il a observé. Plusieurs fois l'envie a voulu renvoyer cette découverte au hasard, mais c'est impossible, il n'y a pas une idée suivie dans un hasard! » Carême se rappelait souvent avec orgueil sa plus belle pâtisserie : c'était un pain bénit qu'il avait pétri pour une église de village : « Lorsque ce gâteau fut apporté à l'église, on éprouva une sensation qui avait je ne sais quoi de grand et de religieux, en rapport avec l'encens qui brûlait dans les cassolettes et dans la coupe d'or; cette douce odeur parfuma un instant la voûte sacrée, avec je ne sais quelle suavité pénétrante. »

CARENCE (procès-verbal de). C'est un acte d'huissier destiné à constater qu'il s'est présenté au domicile d'un débiteur afin de pratiquer la saisie de ses meubles, en vertu d'un jugement exécutoire, et qu'il n'a rencontré aucun mobilier susceptible d'être saisi. La loi exigeant que tout jugement par défaut soit exécuté dans les six mois, il est nécessaire, pour éviter la péremption d'un jugement, et pour assurer son exécution dans l'avenir, de faire dresser un procès-verbal de carence, alors même que l'insolvabilité du débiteur est notoire.

CARENCY, village de l'arrond. d'Arras (Pas-de-Calais), à 13 kil. de cette ville. Pop. 475 hab. Ancienne seigneurie érigée en marquisat et comté vers 1663.

CARÈNE. On appelle ainsi la quille d'un navire formée de longues pièces de bois mises bout à bout pour former la carcasse du navire. Les poëtes latins employaient le mot *carina* pour désigner le navire lui-même. Aujourd'hui, on entend spécialement par ce mot la partie du navire comprise depuis la quille jusqu'à la ligne de flottaison.

CARENNAC, bourg de l'arrond. de Gourdon (Lot), à 52 kil. de cette ville. Pop. 1,500 hab. On y remarque les bâtiments de l'ordre de Cluny, fondé au IXe siècle; Fénelon en fut abbé.

CARENTAN, ch.-l. de cant. (Manche), à 27 kil. de Saint-Lô. Pop. 2,800 hab. Ancienne place de guerre démantelée en 1853. Commerce de cabotage. Dentelles, étoffes de coton. Port sur la Douve, à l'extrémité du canal de Vire-et-Taute. Paquebot à vapeur pour l'Angleterre.

CARESSE. Ce mot exprime la manifestation des sentiments les plus affectueux et les plus touchants. C'est par des caresses ingénieuses que les mères forment et façonnent l'esprit et le cœur de leurs enfants; elles mettent une grâce et une douceur ravissante dans la langue figurée et mimée qu'elles parlent à leurs enfants, et qui est souvent inintelligible pour ceux qui ne pénètrent pas dans le secret de leur cœur. C'est cette fascination que la femme exerce par les caresses qui lui a donné chez nous cette puissance et cet ascendant dont nous devons nous féliciter; car nous lui devons peut-être notre supériorité sur les autres peuples. Les anciens Gaulois professaient pour la femme une sorte de culte; elle était admise dans leurs conseils; et l'association des druidesses avait autant d'autorité que celle des druides eux-mêmes. En Orient, la femme est esclave; elle n'est que le jouet des passions les plus brutales; aussi son avilissement l'empêche-t-il de connaître l'amour, et sa propre dégradation rejaillit sur l'homme lui-même.

CAREW, village d'Angleterre (Galles), dans le comté de Pembroke, à 6 kil. de cette ville. Pop. 1,050 hab. Ruines d'un magnifique château où se retira Henri de Richmond avant la bataille de Bosworth.

CAREZ (Joseph), célèbre imprimeur, né à Toul vers 1745, mort en 1801. Il perfectionna avec succès les premiers essais de *polytypage* d'Hoffmann, et il imprima par ce procédé un livre d'église, avec le plain-chant, et divers ouvrages liturgiques. En 1791, il fut nommé député à l'Assemblée législative, et se fit remarquer par son opposition aux idées révolutionnaires; cependant il fut nommé sous-préfet de Toul sous le Directoire, et mourut peu de temps après.

CARGÈSE, bourg de l'arrond. d'Ajaccio (Corse), à 19 kil. de cette ville, sur le golfe de Sagone. Pop. 1,040 hab. Blé, vins. Granit de diverses couleurs.

CARHAIX, ch.-l. de cant. de l'arrond. de Châteaulin (Finistère), à 50 kil. de cette ville. Pop. 2,000 hab. Commerce de draps et de toiles. Patrie de la Tour-d'Auvergne, auquel la ville a élevé une statue en 1841. Cette ville fut ruinée par les Normands en 878, prise par du Guesclin en 1363.

CARIACO, ville de la république de Venezuela, à 55 kil. de Cumana, sur le golfe de son nom, dans la mer des Antilles. Pop. 7,000 hab. Commerce de coton, de cacao, de sucre, etc.

CARIATI, ville du royaume d'Italie (Calabre citérieure), à 45 kil. de San-Severino, sur la mer Ionienne. Pop. 2,300 hab. Siége d'un évêché. Récolte de manne excellente, mûriers.

CARIBERT, fils aîné de Clotaire Ier, roi de Paris, succéda à son père en 561. Son règne fut pacifique; mais il se montra peu jaloux de son autorité. Il contribua à agrandir la puissance des maires du palais. Il épousa trois femmes qu'il prit dans les conditions les plus humbles : Miroflève et Marconève étaient filles d'un ouvrier en laine, Teudegilde était fille d'un berger. Il mourut en 567.

CARIBERT, frère de Dagobert Ier, fut roi d'Aquitaine de 628 à 630. Son fils ne lui survécut que peu de temps; Dagobert fut accusé d'avoir hâté sa fin.

CARICATURE, de l'italien *caricare*, charger, faire des charges. La caricature est une peinture ou un dessin qui exagère les formes de manière à mettre en relief certaines difformités ou certains objets auxquels on veut attacher le ridicule. La caricature, et c'est en cela que consiste la difficulté, doit conserver la ressemblance; elle peint hardiment, à larges traits, et chacun de ses coups de crayon doit avoir une intention à la fois maligne et spirituelle. Elle vit de contrastes et d'antithèses, et il lui suffit pour exciter le rire de montrer une médiocrité à côté d'une grande chose. Le singe, cette caricature de l'homme, est le premier modèle du genre. La caricature est d'origine italienne; mais c'est en France qu'elle a reçu son plus complet développement. L'Anglais grimace et grince des dents, il est méchant en voulant être spirituel; le Français frappe avec plus de légèreté, et sa malice porte d'autant mieux qu'elle est dissimulée sous une apparente bonhomie. Dans les pays où la liberté de la presse n'existe pas ou n'est qu'un brocard menteur, la caricature devient une arme puissante. Elle a fait trembler Richelieu. Le cardinal Dubois s'en inquiéta peu, assuré qu'il vivrait encore plus longtemps que la royauté; la Fronde s'en servit habilement; la Restauration en fut accablée. Louis-Philippe commit la sottise de se fâcher contre un caricaturiste qui s'était permis de représenter ce qu'on appelait la *poire politique*. La rigueur des poursuites fut d'autant plus malheureuse que le jugement ne pouvait, sans offenser le souverain d'une manière plus sanglante que la caricature, déclarer par flatterie que le fait était faux, ni déclarer qu'il était véritable. Les juges s'arrêtèrent pourtant à ce dernier parti, et il y eut un arrêt passé en force de chose jugée, qui constata irrévocablement que la tête royale avait la forme d'une poire.

CARIE, ancienne province de l'Asie mineure, au S.-O.; elle était bornée au N. par la Lydie et la Phrygie; à l'E. par le mont Taurus, qui la séparait de la Pisidie et de la Lycie; au S. et à l'O. par la Méditerranée et la mer Égée; arrosée par le Calbys, le Mæandre et le Glaucos. Villes principales : Halicarnasse, Cnide, Mylosa; aujourd'hui Sandjak de Menteschè, eyalet d'Aïdin. — Dans les temps les plus reculés, la Carie fut partagée entre plusieurs rois, et reçut des colonies phéniciennes et doriennes, fut soumise par les Perses et conserva des souverains particuliers : Artémise Ire succéda à son père Lygdamis, et fut l'une des femmes les plus célèbres de l'antiquité, combattit bravement à Salamine (480 av. J.-C.); Artémise II, sœur et épouse de Mausole, connue par sa fastueuse douleur à la mort de son frère. Alexandre le Grand fit passer la Carie sous les lois de la Macédoine; plus tard elle tomba sous le joug de Séleucie, de Rhodes, des Romains, qui la comprirent dans le diocèse d'Asie; des empereurs grecs, des Arabes, des Turcs Seldjoucides. Les Ottomans en firent la conquête en 1336.

CARIFE, ville du royaume d'Italie (Principauté ultérieure), au N.-E. d'Avellino. Pop. 2,600 hab.

CARIGNAN (Thomas-François de Savoie, prince DE), 5e fils de Charles-Emmanuel Ier, duc de Savoie, né en 1596, mort en 1656. Il prit d'abord du service en France; mais il encourut la haine du cardinal de Richelieu, parce qu'il était attaché à une femme que le cardinal avait prise en aversion. Voyant que le chemin de la fortune lui était fermé du côté de la France, il servit la maison d'Espagne. En 1634, il s'empara de Trèves sur l'archevêque de cette ville, qu'il fit prisonnier et conduisit à Namur. L'année suivante, il perdit, contre les Français, la bataille d'Avein. Il se vengea de cet échec par divers succès qu'il obtint en Picardie. Il passa ensuite dans le Milanais pour obtenir la régence pendant la minorité du prince, son neveu. Il eut à lutter contre la duchesse de Savoie, sa belle-sœur, qui lui disputa la régence. C'est alors qu'il fit la paix avec la France, en 1615; ce traité ayant été presque aussitôt rompu, il se lia de nouveau avec l'Espagne. En 1642, il fit un double traité avec la France et la duchesse de Savoie. Il fut alors nommé généralissime des armées de France et de Savoie en Italie. Il a laissé la réputation d'un prince actif et bouillant, mais fort inconstant dans ses amitiés.

CARIGNAN, ville du royaume d'Italie, dans la province de Turin, à 20 kil. de cette ville. Pop. 8,000 hab. Belle place, murailles anciennes. Industrie séricicole; confitures renommées. Cette ville fut prise et démantelée par les Français en 1544.

CARIGNAN, ch.-l. de cant. de l'arrond. de Sedan (Ardennes), à 21 kil. de cette ville. Pop. 1,650 hab. Fabrication de fer-blanc, lainages. Commerce de grains. Louis XIV l'érigea en duché-pairie en faveur d'un comte de Soissons de la maison de Savoie; son ancien nom d'Ivoy fut alors changé en celui qu'il porte aujourd'hui.

CARILLON. On appelle carillon une série de cloches disposées de telle sorte que chacun des timbres donne le ton d'une des notes de la gamme, et forme ainsi des octaves. Dans le N. de la France, et généralement dans le N. de l'Europe, on rencontre un grand nombre de carillons.

CARILLON NATIONAL. On appelait ainsi, au temps de la Révolution, une chanson populaire qui exprimait les idées du temps. Le lugubre refrain est resté dans la mémoire de tous :

> Ah! ça ira, ça ira,
> Les aristocrates à la lanterne.
> Ah! ça ira, ça ira,
> Les aristocrates on les pendra.
> La liberté triomphera
> Malgré les tyrans tout réussira.

Par une singulière ironie, les travailleurs du Champ de Mars avaient adapté ces terribles paroles à l'air favori de la reine Marie-Antoinette.

CARINI, ville de Sicile, à 16 kil. de Palerme. Pop. 7,000 hab. Château, marnes aux environs. Près de là, ruines de l'anc. *Hyccara*. Patrie de Laïs.

CARINOLA, ville du royaume d'Italie (Terre de Labour), à 30 kil. de Gaëte. Pop. 5,000 hab. Vins très-estimés.

CARINTHIE (duché de), province des Etats autrichiens, situé entre le Salzbourg au N., la Styrie au N. et à l'E., la Vénétie et le Carniole au S., le Tyrol à l'O. Superf. 103 myriam. carrés. Pop. 332,600 hab. Il est traversé par les Alpes Noriques et Carniques, arrosé par la Drave, renferme un grand nombre de mines : cuivre, argent, plomb, vif-argent, zinc; marbres, granits. Elève de bestiaux et chevaux de bonne race; abonde en gibier de toutes espèces et est aussi fertile que bien cultivé. La vigne et le froment y viennent peu; beaucoup de lin, de chanvre et de tabac. Fabriques de toiles renommées pour leur solidité et d'aciers estimés. — A l'époque des Carlovingiens, elle avait ses margraves particuliers, qui obtinrent le titre de duc en 926. En 1269, le duché passa sous l'autorité des rois de Bohême; en 1686, il devint la propriété des comtes du Tyrol, et fut annexé à l'Autriche en 1335. Depuis lors il fut divisé en haute et basse Carinthie, et pendant ce temps il fut réuni à l'empire français (1809-1814). En 1815 il fut réuni au gouvernement de Leybach, du royaume d'Illyrie.

CARINUS (Marcus-Aurélius), fils aîné de l'empereur Carus et de Magnia-Urbica, né en 249. Son père l'associa à l'empire en 283. Carus alla dans les Gaules pour contenir les Barbares de l'Occident, tandis que son père allait combattre les Perses en Orient. Carinus se fit détester à cause de sa férocité et de son penchant à la débauche. Les richesses de l'empire ne lui suffisaient pas. Corrupteur de la jeunesse, il avilit les dignités de l'Etat en les donnant à d'infâmes mignons; il prit et répudia jusqu'à neuf femmes. Son père voulut le punir de ses déréglements; mais il se réforma en voyant les invasions incessantes des Barbares du Nord, que son père était parvenu à contenir. A la mort de ce prince, Carinus et son frère Numérien furent proclamés empereurs, en 284. Carinus ne chercha qu'à se concilier la bienveillance du peuple par des jeux et des fêtes magnifiques; il traitait le sénat avec mépris, promettait à la populace les biens des sénateurs, ne marchait qu'entouré de mimes, de courtisanes, de bouffons et de chanteurs. Ses vêtements ruisselaient de perles et de pierreries; il mangeait et buvait couché sur des roses. Il alla combattre Julien, qui s'était fait nommer empereur en Vénétie; il le défit près de Vérone et le tua. Après cette victoire, il se livra entièrement à ses débauches habituelles. Il éleva au consulat un tabellion qui s'était fait l'instrument complaisant de ses turpitudes. Il fit assassiner un préfet du prétoire et donna sa dignité à un homme sorti des derniers rangs du peuple. Dioclétien ayant été proclamé par ses soldats, Carinus marcha contre lui et fut vainqueur dans plusieurs combats. Pendant qu'il était en Mœsie, un tribun, dont il avait séduit la femme, l'assassina en 285.

CARISBROOKE, village d'Angleterre (Hantshire), dans l'île de Wight, à 1 kil. de Newport. Forteresse très-ancienne reconstruite sous Elisabeth, et dans laquelle Charles Ier fut enfermé pendant un an (1647), avant d'être livré à l'armée du Parlement; après sa mort ses enfants y furent détenus.

CARISSIMI (Giovani-Giacomo), célèbre compositeur de musique du XVIIe siècle, natif de Venise. Il fut nommé maître de la chapelle pontificale et des colléges de Rome, en 1649. Il introduisit la cantate dans la musique religieuse, et excella dans ce genre. On cite notamment le *Sacrifice de Jephté* et le *Jugement de Salomon*.

CARISTO, ville de la Grèce, dans l'Eubée ou île de Négrepont, ch.-l. du diocèse de son nom. Pop. 3,000 hab. Métropolitain grec. Ruines d'une forteresse. Jadis célèbres carrières de marbre. Cette ville fut une baronnie au XIIIe et XIVe siècle.

CARITENA, ville de la Grèce (Morée), dans le diocèse de Gortys, au milieu des monts d'Arcadie, à 22 kil. de Tripolitza. Pop. 2,500 hab. Forteresse bâtie par Hugues de Bruyères, baron de la Champagne.

CARLAT, bourg de l'arrond. d'Aurillac (Cantal), à 12 kil. de cette ville. Pop. 950 hab. Il possédait un château fort qu'Henri IV fit démolir en 1604.

CARLAT-DE-ROQUEFORT (le), village de l'arrond. de Foix (Ariége), à 14 kil. de cette ville. Pop. 430 hab. Patrie de Bayle.

CARLENTINI, ville de Sicile, à 30 kil. de Syracuse. Pop. 4,200 hab. Fondée par Charles-Quint et fortifiée, mais dévastée par le tremblement de terre de 1693.

CARLIN (Carlo-Antonio BERTINAZZI, dit), célèbre comédien. (*Voir* BERTINAZZI.)

CARLINGFORD, ville d'Irlande (comté de Louth), dans le Leinster, à 16 kil. de Dundalk, sur la baie de Carlingford. Pop. 1,400 hab. Beau port, mais dangereux. Pêche d'huîtres renommées.

CARLISLE (Frédéric HOWARD, comte DE), né en 1748, mort en 1825. Il était d'une branche de la maison ducale de Norfolk, et entra à la Chambre des lords en 1769. Plus tard, il fut chargé d'aller tenter une réconciliation entre l'Angleterre et les Etats-Unis, mais son voyage n'eut aucun succès. De 1780 à 1782, il fut vice-roi d'Irlande. De 1787 à 1789, il prit une part active aux débats parlementaires, et consacra les dernières années de sa vie à la littérature. Lord Byron, dont il fut le parent et le tuteur, ne l'attaqua pas moins dans ses ouvrages.

CARLISLE (George HOWARD, comte DE), fils du précédent, né en 1773, mort en 1848. Il fit partie, comme lord-chancelier, du ministère Canning, en 1827.

CARLISLE. Ville d'Angleterre, capitale du comté de Cumberland, à 500 kil. de Londres. Pop. 37,000 hab. Place de guerre, siége d'un évêché fondé par Henri Ier. Cathédrale saxonne; hôpital, écoles; ruines romaines; château construit par Guillaume Ier et où fut enfermé Marie Stuart (1568.) Industrie active; fonderies, brasseries, cordages, cuirs, teintureries; grandes fabriques de tissus de coton, surtout pour l'Amérique, étoffes de laine; foire aux bestiaux. Grand commerce. Cette ville communique par chemin de fer avec Edimbourg et Newcastle, par le canal de Bowness avec le golfe de Solvay, et par des paquebots avec Liverpool et Belfast. Carlisle fut un des principaux postes militaires des Romains; le mur d'Adrien y aboutissait; elle fut détruite par les Danois en 900, relevée par Guillaume II, détruite par les Parlementaires en 1645 et par les Jacobites en 1745. Elle fut érigée en comté-pairie, en 1661, par Charles II pour l'ancienne famille de Howard, branche des ducs de Norfolk. Marie Stuart y fut emprisonnée en 1568.

CARLISLE, ville des Etats-Unis (Pensylvanie), à 150 kil. de Philadelphie. Pop. 4,000 hab. Industrie florissante. Collége méthodiste de *Dickinson*, avec une chaire de droit.

CARLISTES, nom donné en France, après 1830, aux légitimistes qui étaient restés fidèles à Charles X; ce nom s'appliquait aussi aux partisans de Don Carlos, qui prétendait au trône d'Espagne, après la mort de Ferdinand VII, son frère, en 1833.

CARLOFORTE, ville du royaume d'Italie, dans la petite île de San-Pietro, près de la côte S.-E. de la Sardaigne. Pop. 2,500 hab. Salines; pêche de corail. Place de guerre avec un château fort.

CARLOMAN, fils aîné de Charles-Martel et frère de Pépin le Bref. A la mort de son père, il reçut en partage l'Austrasie, la Souabe et la Thuringe. Il se contenta du titre de duc des Français. Il dépouilla de ses Etats un frère consanguin, Griffon, à qui Charles-Martel avait laissé quelques principautés. Griffon, fait prisonnier, fut enfermé dans un château des Ardennes; la mère de Griffon, Sounichilde, faite aussi prisonnière, fut enfermée dans le monastère de Chelles. Carloman s'illustra par plusieurs victoires contre les Saxons et les Allemands. Ayant répandu beaucoup de sang dans cette dernière expédition, il crut devoir en faire pénitence : après la mort de sa femme, il confia la tutelle de ses enfants et l'administration de ses États à Pépin et se fit moine du mont Cassin. Il encourut plus tard la disgrâce du pape pour avoir embrassé la cause d'Astolphe contre Pépin; il fut même relégué en Dauphiné, où il mourut en 755.

CARLOMAN, fils de Pépin le Bref et frère de Charlemagne, né en 751. Il fut roi d'Austrasie, de Bourgogne et d'une partie de l'Aquitaine, en 768, et partagea le trône avec son frère Charlemagne. Son frère lui reprocha de ne pas le seconder contre les Aquitains. Il mourut en 771, après trois ans de règne. Ses enfants furent dépossédés par Charlemagne, et obligés de se réfugier auprès de Didier, roi des Lombards. Par cette usurpation, Charlemagne devint seul maître de la monarchie française.

CARLOMAN, 2e fils de Louis le Bègue et frère de Louis III. Après la mort de son père, en 879, il eut en partage l'Aquitaine et la Bourgogne. Louis III et Carloman furent en lutte contre les Normands; ils eurent aussi à combattre Hugues le Grand, qui revendiquait la Lorraine, et Boson, qui s'était formé un royaume indépendant dans la Bourgogne cisjurane. Louis III étant mort en 882, Carloman régna seul jusqu'en 884. Il mourut d'une blessure qu'un sanglier lui fit à la chasse.

CARLOMAN, fils de Louis le Germanique, partagea le royaume de Bavière, en 876, avec ses frères Louis et Charles II. Il fut roi d'Italie en 877, et mourut en 880, sans laisser de descendants légitimes. Arnulf, son fils naturel, devint plus tard roi de Germanie.

CARLOPAGO, ville des États autrichiens, dans les confins militaires de la Croatie-Esclavonie, à 55 kil. de Zeng. Pop. 2,000 hab. Grand et bon port creusé par Joseph II en 1782. Elle trafiquait par des caravanes avec la Bosnie. Commerce déchu.

CARLOS (don), infant de Navarre, prince de Viane, né en 1420; il était fils de Jean II, et de la reine Blanche, fille de Charles III, roi de Navarre, et héritière du trône. Il monta sur le trône à la mort de sa mère en 1441; mais il ne fut roi que de nom. Jean II son père, affectait de l'éloigner des affaires ; ce dernier avait épousé Jeanne de Castille. Cette princesse, altière et ambitieuse, profitait de l'ascendant qu'elle exerçait sur Jean II, pour gouverner en son nom. Un jour qu'elle donnait un festin à l'amirante de Castille, elle eut l'impudence d'exiger que le prince de Viane fît les fonctions d'officier tranchant. Celui-ci se souvint alors qu'il était roi, et refusa d'obéir à sa belle-mère. La fière Castillane comprit alors que Carlos connaissait l'étendue de ses droits, et qu'il songerait désormais à les faire respecter. De ce moment elle mit tout en œuvre pour le perdre dans l'esprit de son père, et arriver ainsi à le dépouiller. Carlos, poussé à bout par sa belle-mère, fit des remontrances à son père, et lui signifia son intention de prendre en main l'administration de l'État. Jean II, irrité contre son fils, se ligua avec les seigneurs de Grammont qui étaient depuis longtemps en lutte avec ceux de la famille de Beaumont; ceux-ci se rangèrent du côté de Carlos. Il s'ensuivit une guerre intestine que Jeanne de Castille entretint par ses menées perfides. Carlos eut d'abord quelques succès, et parvint à se faire reconnaître roi de Navarre ; mais son père remporta sur lui une victoire décisive, le fit prisonnier et le tint renfermé dans le château de Tafalla. Il fut cependant mis en liberté sur la promesse qu'il fit de renoncer à ses prétentions à la couronne de Navarre, jusqu'à la mort de son père. Sa belle-mère ne cessa de le persécuter, et l'obligea une seconde fois à reprendre les armes. Le sort des armes ne lui fut pas plus favorable, et il dut se réfugier à Naples, près d'Alphonse, roi d'Aragon, frère aîné de son père. Ce prince prit parti pour son neveu, et fit accepter sa mé-

diation. Il avait déjà préparé un accord, quand il mourut. La succession d'Alphonse d'Aragon, qui consistait dans les royaumes d'Aragon, de Valence, de Sicile et de Sardaigne, revenait de droit à Jean II, mais Carlos se trouvant en ce moment dans les États de son oncle, les Siciliens et les Sardes lui offrirent la couronne. Il eut la loyauté de la refuser, afin de démontrer qu'il s'était armé, non pour satisfaire son ambition, mais pour combattre les prétentions d'une odieuse marâtre, et il se contenta de prendre possession du gouvernement au nom de son père. Cette conduite généreuse amena la réconciliation de Jean II et de Carlos; celui-ci fût même proclamé comte de Barcelone. Il sut si bien se faire aimer de son peuple, que sa popularité porta ombrage à sa belle-mère, qui le rendit de nouveau suspect à son père. Celui-ci le fit arrêter de nouveau, et conduire à Saragosse. Tant d'injustices excitèrent l'indignation des Navarrais et des Aragonais; ces peuples se soulevèrent pour réclamer la liberté de leur souverain. Jean II fut effrayé de la fureur populaire, et craignant pour sa sûreté, se décida à mettre Carlos en liberté, à l'investir de la Catalogne, à le reconnaître pour son héritier, et enfin à consentir à son mariage avec Isabelle de Castille, que sa femme destinait à son fils Ferdinand. La reine comprit que ces concessions équivalaient à une abdication, et ne pouvant se résoudre à abdiquer le pouvoir, elle fit empoisonner Carlos en 1561. Les Catalans, indignés de ce crime, poursuivirent Jeanne et son fils Ferdinand dans la ville de Girone. La reine dut se cacher au haut du clocher d'une église pour échapper à leur fureur. Carlos joignait aux plus grandes qualités du cœur et de l'esprit une vaste érudition. Il a traduit en espagnol les *Ethiques* d'Aristote; il a aussi laissé un *Abrégé chronologique de l'histoire des rois de Navarre, jusqu'à son père*; enfin on a de lui quelques poésies qui ne sont pas sans mérite.

Apparition du Labarum à Constantin.

CARLOS (Don), infant d'Espagne, fils de Philippe II, roi d'Espagne et de Marie de Portugal, né à Valladolid en 1545. Ce prince était boiteux et d'une laideur qui allait jusqu'à la difformité. Il eut pour précepteur un Français nommé Bossulus, qui ne lui inspira que les plus vils sentiments, et lui apprit à mépriser son père. En 1560, Philippe le fit reconnaître héritier de la couronne par les états de Tolède. Il fit une chute si malheureuse que son cerveau en resta ébranlé, et c'est à cet accident qu'on attribue son dérangement d'esprit, qu'il manifesta par les actes les plus extravagants. Ce prince devait épouser Elisabeth, fille de Henri II; mais il conçut la plus vive jalousie, quand il apprit que son père voulait l'épouser lui-même. Il courtisa sa belle-mère qui parut s'attacher à lui. Don Carlos se vengea par des plaisanteries; il avait imaginé un livre dont les pages étaient restées en blanc et qu'il avait intitulé : *Les grandes et admirables actions du roi don Philippe.* Il y avait représenté les allées et venues du roi de Madrid à l'Escurial et de l'Escurial à Madrid. Philippe, irrité, se disposait à châtier son fils; mais celui-ci le prévint en faisant alliance avec les rebelles des Pays-Bas; il leur promit même d'aller se mettre à leur tête. Il crut, avant son départ, devoir prendre les plus grandes précautions pour se mettre à l'abri d'un enlèvement : ainsi il fit placer dans la ruelle de son lit un coffre rempli d'armes à feu, et, pour ne pas être surpris dans sa chambre, il fit fabriquer, par un habile serrurier français, une serrure à secret qui ne pouvait s'ouvrir qu'en dedans. Le roi, informé de ces préparatifs, fit fabriquer par le même serrurier une seconde clef. Il pénétra nuitamment dans la chambre de son fils; le comte de Lerme se saisit des armes avant que le prince fût éveillé, et lorsqu'on le tira de son sommeil, il s'écria aussitôt : « Je suis mort. » Puis se tournant vers le roi : « Votre Majesté veut-elle me tuer? Je ne suis pas fou, mais désespéré de la conduite qu'on tient à mon égard. » Son père lui répondit : « Je ne suis pas venu pour vous tuer, mais pour vous châtier en père, et vous faire rentrer dans le devoir. » On s'empara de ses papiers; on lui fit prendre des habits de deuil, et on habilla de même les valets qu'on lui donna. Don Carlos tenta plusieurs fois de se détruire; il essaya de se faire mourir de faim; le courage lui ayant manqué, il chercha la mort dans des excès. Il parvint enfin à s'empoisonner. Quelques-uns disent qu'on lui ouvrit les veines dans un bain. Il succomba en 1568. On a prétendu que son père l'avait abreuvé de chagrins et accablé de mauvais traitements, par suite de la jalousie qu'il avait conçue contre son fils. La reine Elisabeth mourut peu de temps après don Carlos.

Vue de Corbeil.

CARLOS (San), ville forte du Chili, sur la côte N.-E. de l'île Chiloe. Pop. 2,000 hab.

CARLOS (San), ville de la république de Venezuela, à 210 kil. de Caracas. Pop. 5,000 hab. Riches plantations d'indigo, café et coton; troupeaux de chevaux, mulets et bœufs dans les savanes voisines.

CARLOS (San), ville forte, située dans l'île de Minorque. Pop. 3,500 hab.

CARLOS (San), ville d'Espagne, située dans l'île de Léon, près de Cadix. Pop. 4,000 hab.

CARLOTA (la), ville d'Espagne, dans la prov. de Cordoue, à 24 kil. de cette ville. Pop. 3,200 hab., en grande partie Français, Savoyards, Espagnols. C'est une des colonies de la Sierra-Morena, établie en 1768 par Olavidès.

CARLOTTA DE BOURBON (*Voir* LUISA CARLOTTA).

CARLOVINGIENS. Nom donné à la 2e race des rois de France, famille illustre qui a fourni, pendant plusieurs siècles, un grand nombre de souverains à la France, à l'Italie et à l'Allemagne. Pépin le Bref en est le chef, et son nom de Carlovingien lui vient de Charles Martel, son père, ou de Charlemagne son fils. Nos historiens du XVe au XVIIe siècle ont voulu faire remonter plus haut l'origine, non-seulement de cette dynastie, mais encore de toutes les dynasties qui ont régné sur la France. Au milieu de tous les systèmes qu'ils ont inventés, on ne trouve rien de certain, si ce n'est qu'au-delà de saint Arnould, on ne sait absolument rien de la race dite *carlovingienne.* Qu'était ce saint Arnould ou Arnoulf? C'était un homme riche et puissant, qui exerça les plus hauts emplois à la cour de Théodebert II, et auquel Clotaire II avait confié, ainsi qu'à Pépin de Landen, dit le *Vieux*, son fils Dagobert Ier, lorsqu'il le fit roi d'Austrasie. Suivez un peu la filiation admise par nos anciens historiens. Le père d'Arnould était, dit-on, un Aquitain du nom d'Ansbert, qui aurait appartenu à la famille des Ferreoli d'Auvergne, et aurait été le gendre de Clotaire Ier. Sa mère était Suève. Pareille généalogie ne semble-t-elle pas avoir été fabriquée tout exprès pour rattacher les Carlovingiens, d'un côté, à la dynastie mérovingienne, de l'autre, à la maison la plus illustre de la Gaule romaine? Quoi qu'il en soit, il est permis de croire, d'après les fréquents mariages des familles austrasiennes et aquitaines, que les Carlovingiens ont pu, comme le remarque Michelet, sortir d'un mélange de ces races. En effet, Arnould, marié avant d'entrer dans l'état ecclésiastique et évêque de Metz, avait eu deux fils: Anségise et Clodulphe. Ce dernier fut père de Martin, qui, élu maire d'Austrasie conjointement avec Pépin d'Héristal, son cousin germain, fut assassiné à Laon par Ebroïn. Quant à Anségise, qui, lui, était devenu l'un des principaux officiers de Sigebert II, il avait épousé Begga, fille de Pépin de Landen; et, de cette union, il avait eu ce Pépin d'Héristal, dit le *Gros*, qui, par suite de la victoire qu'il remporta sur Thierry et sur Bertaire, réunit sous sa domination les trois royaumes francs, qu'il gouverna longtemps avec gloire. Pépin d'Héristal eut de Plectrude, sa femme, deux fils: Drogon et Grimoald; il la répudia plus tard pour épouser Alpaïde, femme d'une beauté remarquable, dont il eut Charles Martel et Childebrand, prince parfaitement inconnu, dont il a plu à Jacques Carel de faire le héros d'un poëme épique, et que quelques généalogistes nous ont présenté comme étant le chef de la race des Capétiens. Drogon mourut de maladie, Grimoald fut assassiné en 714. Les deux fils de Drogon, Hugues et Arnould, ne jouent aucun rôle dans l'histoire, et nous n'en parlerons pas. Pépin d'Héristal mourut en 714, après avoir régné pendant 27 ans. Le fils de Grimoald, Théodoad, encore enfant, fut maire du palais d'Austrasie sous la tutelle de sa grand'mère Plectrude, et fut dépouillé par le célèbre Charles Martel. Celui-ci mourut en 741; et, comme son père, laissa trois héritiers de différents lits. De sa première femme, Rotrude, il avait eu Carloman et Pépin; d'une autre femme, nommée Sonnichilde, ou Sounichilde il eut un prince du nom de Griffon ou Grippon. Il donna l'Austrasie à Carloman, la Neustrie à Pépin, et quelques Etats intermédiaires seulement à Griffon. Ce dernier, après quelques révoltes, fut dépouillé des Etats qui lui étaient échus en partage par Pépin et Carloman, ses frères, et enfermé dans un monastère. Carloman, quoiqu'il eût des enfants, renonça aux grandeurs, et se retira chez les religieux du mont Cassin; Pépin, déposant le roi Childéric III, se fit proclamer roi des Francs en 752. Il mourut en 768, après avoir partagé ses Etats entre ses deux fils, Carloman et Charlemagne. Carloman, soupçonnant son frère de vouloir se rendre maître de la France entière, se tint avec lui dans un état continuel de défiance. Ces soupçons furent réalisés après sa mort. Charlemagne dépouilla, en effet, ses neveux de leur héritage, et fut seul maître de la domination franque. C'est avec lui que commence réellement la généalogie *carlovingienne*. Les Carlovingiens qui ont porté le titre de rois de France sont:

Charles Martel	715—741
Pépin le Bref	752—768
Charlemagne	768—800
Charles le Chauve	841—875
Louis le Bègue	877—879
Louis III et Carloman ...	879—884
Charles le Simple	898—923
Louis IV, d'Outremer ..	936—954
Lothaire	954—986
Louis V, le *Fainéant*	986—987

La mort de Louis V le *Fainéant* amena sur le trône de France la dynastie des Capétiens, en la personne de Hugues Capet, qui fut reconnu roi à l'exclusion de Charles de Lorraine, 2e fils de Louis d'Outremer. On compte parmi les empereurs de la race carlovingienne qui ont régné sur la France:

Charlemagne	800—814
Louis le Débonnaire	814—840
Lothaire de Lorraine ..	817—855
Charles le Chauve	875—877
Charles le Gros	884—887

Les rois d'Allemagne ou de Germanie de la race carlovingienne sont:

Charlemagne	800—814
Louis le Débonnaire	824—840
Louis II, le *Germanique*.	840—876
Louis le Jeune ou de Saxe	876—882
Charles le Gros	882—887
Arnould de Carinthie ...	887—899
Louis IV, l'*Enfant*	899—911

Les Carlovingiens s'éteignirent en Allemagne avec Louis IV, l'*Enfant*, et furent remplacés par les maisons de Saxe et de Franconie. Enfin, les rois d'Italie de la race carlovingienne sont:

Charlemagne	774—781
Pépin	781—812
Bernard	812—818
Louis le Débonnaire	818—820
Lothaire	820—855
Louis II	855—875

Charles le Chauve	875—876
Charles le Gros	879—881
Guy	881—888
Lambert	894—900
Bérenger	905—924
Louis, fils de Boson	900—905
Hugues de Provence	926—947
Lothaire	945—950
Bérenger II et Adalbert ..	950—964

En Italie, les Carlovingiens s'éteignirent avec Adalbert, après la mort duquel Othon le Grand réunit ce royaume à l'Empire.

CARLOW, ville d'Irlande, capitale du comté de son nom, à 70 kil. de Dublin. Pop. 10,500 hab. Siége d'un évêché catholique. Cathédrale catholique, temple protestant; hospice d'aliénés, séminaire, vieille abbaye, antique église, ruines d'une forteresse anglo-normande. Exportation de cotonnades, blé, jambons et beurre pour Waterford et Dublin. Marchés pour les produits des pays voisins.

CARLOW (comté de), comté d'Irlande, au centre, situé dans le Leinster, entre ceux de Kildare au N., Wexford à l'E., Wicklow au S.-E. et Kilkenny à l'O. Superf. 88,980 hect. Pop. 88,000 hab. Sol plat, excepté au S. Arrosé par le Barrow et la Slaney. Peu d'industrie. Agriculture florissante; élève du bétail. Exportation de blé, beurre, etc.

CARLOWITZ (Aloïse-Christine, baronne DE) femme auteur, d'origine allemande, née en 1797 à Fiume, ville maritime des Etats autrichiens, morte en 1863. Elle fit son éducation à Paris, et se livra à la carrière des lettres. Elle a composé plusieurs romans qui n'ont pas eu grand succès; mais, en revanche, elle a contribué, par ses traductions, à populariser en France les principaux chefs-d'œuvre de la littérature allemande, tels que la *Messiade* de Klopstock, la *Guerre de Trente-Ans* de Schiller, le *Wilhem Meister* de Gœthe, et l'*Histoire de la poésie des Hébreux* par Herder, etc.

CARLOWITZ, ville des Etats autrichiens (confins militaires), à 10 kil. de Peterwardein. Pop. 5,800 hab. Siége d'un archevêché grec orthodoxe; école illyrienne, école catholique. Exportation de vermouth; vins renommés. Le 26 janvier 1699, il y fut signé un traité de paix, sous la médiation de la France et de la Hollande, par lequel la Turquie cédait à l'Autriche toute la Hongrie turque (excepté Temeswar et Belgrade), la Transylvanie et l'Esclavonie; à la Pologne, Kaminiek, la Podolie et l'Ukraine en deçà du Dnieper; à Venise, la Morée, l'île d'Egine et plusieurs places en Dalmatie; à la Russie, Azov.

CARLSBAD, ville de Bohême, à 118 kil. de Prague. Pop. 3,000 hab. Eaux thermales du *Sprudel*, de la *Source d'Hygie*, du *Mühlbrunn*, du *Neubrunn*, du *Theresienbrunn*, etc.; établissement de bains. On y recueille le *sel de Carlsbad* (sulfate de soude). En 1819, les souverains allemands membres de la Sainte-Alliance se réunirent dans un congrès à Carlsbad pour établir une police plus rigoureuse dans les universités et pour prendre des mesures contre les tendances démocratiques.

CARLSBOURG, ville forte de Transylvanie, à 68 kil. d'Hermanstadt. Pop. 11,500 hab. Ch.-l. de cercle. Siége d'un archevêché catholique. Ancienne résidence des princes de Transylvanie. Commandement d'artillerie; arsenal; monnaie de la principauté. Cathédrale avec le tombeau de Huniade, citadelle construite de 1715 à 1735; archives nationales, observatoire; gymnase catholique; bibliothèque; lycée théologique. Aux environs mines d'or d'*Abrudbanya*.

CARLSHAFEN, ville de Hesse-Cassel, à 32 kil. de Cassel. Pop. 2,000 hab. Hôpital d'invalides fondé en 1704. Ruines du château de Syburg, dont la ville porta le nom jusqu'en 1717. Saline; fabrique d'acier et de linge damassé. Port important. Cette ville fut fondée en 1699.

CARLSHAMN, ville de Suède (prov. de Blékinge) à 85 kil. de Carlskrona. Pop. 5,000 hab. Petit port sur la Baltique. Commerce de fer, tabac.

CARLSKRONA, ville forte de Suède (Leen) dans le cercle de son nom, à 485 kil. de Stockholm dans l'île Trosa. Pop. 14,000 hab. Fort militaire, défendu à l'entrée par les forts Kungsholmen et Drottningskœr, Arsenal, chantiers de construction, école de marine. Doks importants. Exportation de bois, marbre, goudron, suif, potasse. Cette ville fut fondée par Charles XI en 1679.

CARLSRUHE, capitale du grand-duché de Bade (Rhin-Moyen), à 60 kil. de Manheim, près de la forêt de Hartwald. Pop. 25,000 hab. Résidence du grand-duc et des administrations; lycée évangélique, écoles polytechnique, du génie civil, militaire, vétérinaire, de chirurgie, d'architecture, forestière, industrielle, commerciale, musicale. Musée, collection d'antiquités et de médailles, cabinets de physique et d'histoire naturelle, d'estampes, jardins botanique; beau théâtre. Fonderies de canons et de cloches; hôtel des monnaies; haras, fabriques de bijouterie, tabac, savon, machines à vapeur. Un chemin de fer unit cette ville par Heidelberg à Manheim et à Bâle par Rastadt. Carlsruhe fut fondée par le margrave Charles-Guillaume.

CARLSTADT, ville de Suède (Wermeland), à 347 kil. de Stockholm, dans l'île Tingvolla (Lac Wener); préfecture. Pop. 3,000 hab. Siége d'un évêché; observatoire, bibliothèque, cabinet d'histoire naturelle, gymnase. Riches mines de fer. Commerce actif. Cette ville fut fondée par Charles IX, duc de Sudermanie.

CARLSTADT, ville des Etats autrichiens (Confins militaires), à 49 kil. d'Agram. Pop. 6,000. Place forte, arsenal. Siége d'un évêché grec orthodoxe.

CARLSTADT, ville de Bavière (Basse-Franconie), à 24 kil. de Wurtzbourg. Pop. 3,000 hab. Patrie d'André Bodenstein, dit Carlostadt.

CARLSTEIN, ville de Bohême, à 17 kil. de Prague. Ancien château de Charles IV (1348). Riches collections d'art.

CARLUX, ch.-l. de cant. de l'arrond. de Sarlat (Dordogne), à 13 kil. de cette ville. Pop. 700 hab. Ruines d'une forteresse.

CARMAGNOLA (Francisco-Bussone, dit), condottiere italien, né en 1390. Dans sa jeunesse, il fut réduit à garder les pourceaux. Son intelligence et surtout son incroyable adresse le firent parvenir à la dignité de général du duc de Milan, Philippe Visconti. Il fit la conquête de Parme, de Crémone, de Brescia et de Pergame. Ses succès éveillèrent la jalousie des courtisans, qui le perdirent dans l'esprit du prince. Trop fier pour supporter patiemment une disgrâce, il passa au service des Vénitiens qu'il venait de combattre, et marcha contre le duc de Milan, qu'il battit et contraignit à demander la paix. D'éclatants services ne l'empêchèrent pas d'être accusé de trahison par le gouvernement le plus soupçonneux. Ayant subi un échec dans un combat naval, il fut accusé d'entretenir des intelligences avec l'ennemi, et condamné à avoir la tête tranchée. Les nobles mirent un acharnement incroyable à poursuivre sa condamnation. Carmagnola les avait offensés en disant d'eux « qu'ils étaient aussi orgueilleux pendant la paix que lâches pendant la guerre. » Il fut exécuté en 1432.

CARMAGNOLA, ville du royaume d'Italie, dans la prov. de Turin, à 25 kil. de cette ville. Pop. 13,000 hab. Autrefois fortifiée. Commerce de toiles, soie et chanvre. Cette ville fut prise par Catinat en 1691, et de nouveau par les Français en 1798.

CARMAGNOLE, costume qui fut à la mode pendant la Révolution; il consistait en un gilet-veste, un large pantalon garni en cuir, et un bonnet rouge; le col de chemise était ouvert et laissait voir un mouchoir rouge noué sur la poitrine. Ce costume exigeait qu'on portât les cheveux flottants sur les épaules. Ce vêtement fut surtout porté par les ouvriers, et on l'appela *carmagnole* à cause de la chanson alors en vogue. La classe bourgeoise, qui continuait à porter la culotte courte, et qui n'avait pas encore adopté le pantalon, appelait *sans-culottes* ceux qui étaient habillés en carmagnole. Les jacobins et les montagnards se popularisèrent en portant ce costume. Il cessa d'être porté après le 18 brumaire. On appelait aussi *Carmagnole* une certaine chanson révolutionnaire et la danse qui l'accompagnait; elle fut composée en 1792, contre Marie-Antoinette, et devint le chant national de cette époque avec le *Ça ira!* la *Marseillaise* et le *Chant du départ*. C'était sur l'air de la *Carmagnole* que la musique militaire entraînait les bataillons de volontaires au combat. En voici le premier couplet :

> Madam' Veto avait promis
> De faire égorger tout Paris;
> Mais son coup a manqué
> Grâce à nos canonnié!
>
> Dansons la carmagnole,
> Vive le son! vive le son!
> Dansons la carmagnole,
> Vive le son du canon!

CARMARTHEN ou CAER-FRYDDYN, ville et port d'Angleterre (Galles du Sud), capit. du comté de ce nom, à 280 kil. de Londres. Pop. 11,000 hab. Ancienne capitale de la principauté de Galles. Ruines d'un château fort démantelé sous Cromwell. Hôtel de ville, belle église. Cette ville donne le titre de marquis au duc de Leeds.

CARMARTHEN (comté de), situé dans la Galles du Sud, entre les comtés de Glamorgan et de Brecknock à l'E., de Cardigan et de Pembroke à l'O., et le canal de Bristol au S. Sup. 249,347 hect. Pop. 106,500 hab. Exploitation de fer, plomb et houille. Rivières très-poissonneuses. Villes principales : Llandovery Llanelly, Kidwelly. Nomme deux députés.

CARMEL (mont), montagne de la Turquie d'Asie, dans l'ancienne Palestine, entre la mer à l'O. et le Cison à l'E. Hauteur, 1,000 m. Grottes ou cavernes naturelles. Cette montagne passe pour avoir été la demeure du prophète Elie. Ruines d'un couvent de carmes qui fut fondé au XIIe siècle, démoli en 1821 par Abdallah, pacha de Saint-Jean-d'Acre, et reconstruit en 1828.

CARMEL (chevaliers du Mont-), ordre militaire d'Hospitaliers établi à Jérusalem pour la garde et la protection des monuments révérés par les chrétiens, et qui ont été conservés dans ce pays, berceau du christianisme. Les chevaliers du Mont-Carmel ont été souvent en lutte avec les Arabes, malgré la protection des consuls.

CARMÉLITES, religieuses assujetties à la même règle que les carmes. Sainte Thérèse passe pour avoir institué cet ordre. Il s'établit en France en 1452. C'est dans un couvent de carmélites que se retira Mlle de la Vallière. Il existe encore en Espagne des carmélites déchaussées.

CARMENTA, prophétesse d'Arcadie et mère du roi Evandre, fut ainsi appelée du latin *Carmen*, à cause des oracles qu'elle rendait en vers. Les Romains prétendaient qu'elle avait prédit la grandeur future de Rome. Ovide nous a transmis le texte de ses oracles. On lui avait dédié dans le huitième quartier de Rome un temple où l'on ne pouvait entrer avec des vêtements de cuir. Elle présidait à la naissance des enfants dont elle fixait les destinées. Elle était représentée sous la figure d'une jeune fille, ayant les cheveux frisés retombant sur les épaules et la tête surmontée d'une couronne de fèves.

CARMENTALES, fêtes établies à Rome en l'honneur de Carmenta, déesse qui présidait aux naissances. Elles se célébraient chaque année, le 18 des calendes de février (15 janvier).

CARMES. Si l'on s'en rapportait aux annales de ces religieux, leur ordre remonterait aux prophètes Elie et Elisée; il aurait été fondé sur le mont Carmel, 1467 ans après le déluge. Ils auraient compté dans leur ordre Jésus lui-même. Les apôtres auraient été des missionnaires du mont Carmel. Les carmes ont eu de longues et violentes querelles avec les pères jésuites qui, plus instruits que leurs adversaires, contestaient l'antiquité de leur origine. L'inquisition mit fin à ces débats en défendant de rechercher si le prophète Elie avait été ou non le fondateur des carmes. La critique historique, ne pouvant se contenter de cette manière de résoudre les difficultés, attribue la fondation de cet ordre à quelques moines qui se réfugièrent sur le mont Carmel pour se soustraire à la poursuite des Sarrasins. Albert, patriarche de Jérusalem, leur donna une règle qui fut confirmée par le pape Honorius III. Ils étaient vêtus d'une robe brune et portaient par-dessus un manteau blanc, en mémoire de celui qu'Elie avait jeté à son disciple en montant au ciel. Les Sarrasins les obligèrent de rayer leurs manteaux de bandes noires; c'est de là que leur est venu le nom de *Barrés*, qui a été donné aussi à une rue de Paris voisine de leur couvent. Sainte Thérèse d'Ahuma leur donna de nouvelles constitutions. Ils devaient marcher nu-pieds et s'imposer des flagellations. Une tête de mort était placée sur chaque table du réfectoire. Après le repas, on la présentait à chaque religieux en récitant cette formule : « Voyez, mon frère, c'est ainsi que vous serez après la mort, pensez-vous à boire et à vous récréer? » Ils faisaient ensuite le tour du réfectoire, couverts de cendres et portant sur la tête une couronne d'épines, en s'administrant les uns aux autres des flagellations, et en récitant des prières sur un ton lugubre. On voyait pour toute décoration dans leurs cellules une croix de papier et une tête de mort. Il y avait, outre les carmes proprement dits, les *Carmes-Billettes*, qui occupaient, à Paris, un couvent dans la rue de ce nom, et les *Carmes déchaussés*.

CARMIN, substance colorante d'un rouge éclatant, employée dans la peinture. On l'obtient en précipitant une décoction de cochenille avec de l'alun. On l'emploie aussi pour la coloration des fleurs artificielles et des bonbons.

CARMONA, ville d'Espagne, province de Seville, à 12 kil. de cette ville. Pop. 20,000 hab. Quelques beaux édifices et ruines mauresques. Huiles et vins estimés. Cette ville, importante sous les Romains, devint très-florissante sous les Maures; elle leur fut enlevée en 1247.

CARMONTELLE, auteur dramatique, né à Paris en 1717, mort en 1806. Il fut d'abord lecteur du duc d'Orléans. Il fit des dessins et des gravures assez estimés. Cependant il doit surtout sa réputation à ses *Proverbes dramatiques*. Ces pièces, fort amusantes, se distinguent plus par le dialogue que par l'intrigue. Carmontelle était un observateur profond et délicat; il raille agréablement les vices et les ridicules. Personne ne savait mieux que lui traiter les pièces de circonstance. La vogue de cet auteur fut immense, grâce à la facilité qu'on trouvait à monter des pièces d'une mise en scène fort simple, et qui n'exigeaient que peu de costumes et de décorations. Le théâtre de société s'en empara. Nos auteurs contemporains ont puisé à pleines mains dans les spirituels et gracieux badinages de Carmontelle. La seule pièce qu'il fit représenter sur la scène est intitulée : l'*Abbé de plâtre*. Ses autres pièces ont été publiées dans la collection des *Proverbes dramatiques*. Il a laissé aussi quelques romans moraux.

CARNA, femme de Janus; c'était la déesse qui, suivant les Romains, ouvrait et fermait l'année. On célébrait des fêtes en son honneur, le premier jour de l'année romaine, au mois de juin, afin d'obtenir de la déesse la conservation des enfants qui étaient sous son patronage.

CARNAC, village de l'arrond. de Lorient (Morbihan), à 44 kil. de cette ville, et à 4 kil. du fort de Penthièvre. Pop. 3,430 hab. On y voit le plus curieux monument celtique que possède la France. C'est à Carnac que débarquèrent, en 1795, les émigrés commandés par le comte de Puisaye.

CARNAGE, se dit d'un massacre, d'une tuerie sans pitié pour ceux qui se rendent ou demandent grâce. L'histoire nous offre de fréquents exemples de carnage ordonnés par les souverains pour satisfaire leur vengeance ou terrifier des peuples révoltés; les guerres religieuses ont été surtout signalées par d'horribles carnages.

CARNARVON, ville et port d'Angleterre (Galles du N.-O.), capitale du comté de ce nom, à 12 kil. de Bangor. Pop. 9.000 hab. Commerce actif avec Liverpool, Bristol et Dublin. Etablissement de bains fondé par le marquis d'Anglesea. Château construit par Edouard Ier, et où naquit Edouard II, nommé pour cela prince de Galles. On remarque, près de là, les résidences du marquis d'Anglesea, de lord Newborough, de lord Boston, etc. Ancienne station militaire. La ville, fortifiée, a des faubourgs importants.

CARNARVON (comté de), comté d'Angleterre, situé entre la mer d'Irlande au N., les comtés de Denbigh et de Merioneth à l'E., la baie d'Harlech au S., la baie de Carnarvon et le détroit de Menai à l'O. Sup. 139,264 hect. Pop. 81,100 hab. Il contient le massif du Snowdon, le plus élevé de l'Angleterre. Exploitation d'ardoises. Cap. Carnarvon; villes principales : Convay, Bangor. Nomme un député.

CARNATION. On appelle ainsi la couleur de la chair, l'apparence extérieure de la peau. L'étude de la carnation est l'une des plus importantes dans la peinture.

CARNAVAL. Le carême approche! Chrétiens qui allez jeûner, réjouissez-vous et faites chère lie pendant qu'il en est temps encore. Païens qui ne jeûnez guère, profitez de ce jour où les plus sages sont fous, pour faire douter si folie n'est pas sagesse. Pendant que l'hiver étend son voile de tristesse sur la nature en deuil, l'homme a voulu créer un printemps au milieu de cette saison désolée. C'est pour le carnaval qu'on dévaste la basse-cour, qu'on tue le gibier, qu'on déterre la truffe; c'est pour lui qu'on prodigue le velours et la soie; car il aime les joyeux festins, la gaieté pleine d'abandon, les chansons sans fin, l'orgie vertigineuse. La pudeur n'a pas besoin de s'alarmer ni de faire la prude, le carnaval a mis un masque. Quelle est la signification de cette fête? Où trouver sa raison d'être? L'histoire nous l'explique et, à travers les siècles, nous voyons par quelle idée le carnaval s'est perpétué et transformé. Tout le monde connaît cette admirable chanson de Béranger: *Esclaves, environs-nous*. En effet, l'esclave a besoin d'oublier un instant sa misère, afin de mieux continuer à la supporter. Aussi, le jour des saturnales, l'esclave romain était affranchi; bien plus, il prenait la place du maître, revêtait ses plus riches habits, commandait et était obéi. Cette interversion des rôles amusait le maître et consolait l'esclave, qui s'enivrait et ne songeait plus au bagne ni aux chaînes qui l'attendaient le lendemain. Le carnaval et ses folies devaient se perpétuer dans tous les temps où régnaient les misères sociales les plus hideuses, l'inégalité la plus révoltante, et le despotisme sans frein de certaines castes orgueilleuses. Comme l'esclave romain, le peuple s'enivrait; le bourgeois tutoyait le grand seigneur; l'artisan tutoyait le bourgeois. On citait, en Europe, le carnaval de Venise, à qui le despotisme autrichien refuse aujourd'hui cette consolation; un silence de mort règne dans la cité des lagunes. On ne danse plus à Venise. Le carnaval de Rome était une sorte de trêve à l'intolérance énervante de l'autorité ecclésiastique. Le carnaval de Naples galvanisait un instant cette autre cité abrutie par les Bourbons. Le carnaval de Paris s'en est allé avec le vieux monde que les Français, affranchis de 1789, ont brisé à jamais; il n'existe plus qu'à l'état de tradition; il a été conservé, grâce à notre esprit coutumier; mais il a perdu toute signification. Le carnaval des anciens jours s'en est allé avec les dieux, la monarchie du bon plaisir, les privilèges, la noblesse et tout le cortège du passé.

CARNÉADE, philosophe grec, né à Cyrène, en 218 av. J.-C. Il était partisan du pyrrhonisme; il admettait cependant un petit nombre de vérités incontestables, en dehors desquelles tout n'était que doute et ténèbres. Il ne pouvait y avoir, selon lui, que des vraisemblances. Il combattit surtout les stoïciens, tout en manifestant un certain respect pour leur doctrine. Il se préparait à ses discussions en prenant une prise d'ellébore. Il s'attacha surtout à la morale, et écrivit certaines maximes qui peuvent être comparées aux plus belles prescriptions évangéliques : « Si l'on savait, disait-il, qu'un ennemi vînt s'asseoir sur l'herbe qui cacherait un aspic, on agirait en malhonnête homme si on ne l'en avertissait pas, quand même notre silence ne serait connu de personne. » Il était doué d'une rare éloquence; aussi les Athéniens l'envoyèrent à Rome pour demander au sénat la remise d'une contribution dont ils avaient été frappés pour avoir pillé la ville d'Orope. Après avoir entendu son éloquente justification, Caton ne put s'empêcher de s'écrier ; « Renvoyez ce Grec, il semble que les Athéniens, en le chargeant de leurs affaires, aient voulu triompher de leurs vainqueurs. » Il était si avare du temps qu'il consacrait à l'étude, qu'il oubliait souvent de manger; il fallait que sa servante l'en fît souvenir. Il mourut en 129 av. J.-C.

CARNÉES, fêtes en l'honneur d'Apollon Carnien, à Sparte et chez tous les peuples d'Orient. Elles commençaient le 7 du mois de *carnius* qui répondait au métagitnion des Athéniens (août), et duraient 9 jours. On y donnait des jeux guerriers, et plus tard des concours de musique. Les prêtres qui présidaient à la solennité s'appelaient *agètes*, et offraient des sacrifices de taureaux. On appelait *carnéates*, soit les cinq ministres qui assistaient les prêtres, soit les enfants qui naissaient ce jour-là.

CARNET, petit livret dont se servent les agents de change, les courtiers, les banquiers et les hommes d'affaires, pour inscrire leurs négociations, au moment où ils les font.

CAR-NICOBAR, île du golfe du Bengale, la plus septentrionale de l'archipel de Nicobar. Elle a 120 kil. de tour. Elle est la plus peuplée du groupe. Sol très-bas et fertile. Appartenant à l'Angleterre.

CARNIÈRES, ch.-l. de cant. de l'arrond. de Cambrai (Nord), à 8 kil. de cette ville. Pop. 1,600 hab. Fabrique de sucre de betterave; distillerie de genièvre.

CARNIÈRES, village de Belgique (Hainaut), à 17 kil. de Charleroi. Pop. 2,000 hab. Clouterie; exploitation de houille.

CARNIOLE (duché de), prov. des États autrichiens, province particulière d'Illyrie; elle est bornée au N. par la Carinthie et la Styrie, à l'E. par la Croatie, au S. et à l'O. par le littoral. Elle est divisée en trois cercles : Leybach, Adelsberg et Neustædt; traversée par le Carnique et arrosée par la Save. Superf. 10,000 kil. carrés. Pop. 457,830 hab. appartenant à la race esclavonne ou wende. Le sol de ce duché est fertile; belles forêts; beautés naturelles; mines d'argent, de plomb, de fer. La Carniole fit partie de l'empire de Charlemagne et du duché de Frioul. Formée en marches au xe siècle, les ducs d'Autriche et de Carinthie se la partagèrent, et au XIIe siècle elle fut érigée en duché pour les comtes de Tyrol. Elle passa aux comtes de Goritz (1335), puis à l'Autriche (1364). Napoléon la réunit à l'empire français en 1809; depuis elle revint à l'Autriche (1814).

CARNIQUES (Alpes), partie des Alpes orientales, depuis le Dreyherrnspitz ou pic des Trois-Seigneurs jusqu'au mont Terglou, séparant les bassins de l'Adige et de la Drave, la Carinthie et la province de Vénétie. Le point culminant est le Marmalotta, qui a près de 3,000 m. de haut). Des Alpes carniques descendent, sur le versant italien, les rivières la Piave, la Livenza, le Tagliamento, l'Isonzo, et sur le versant autrichien, la Drave et la Save. La Drave et la Save sont séparées par un contrefort, sous le nom d'Alpes de Croatie et d'Esclavonie, et un autre appelé Alpes cadoriques sépare la Piave et l'Eysach. Parmi les cols on cite celui de Toblach, entre Lienz sur la Drave et Brixen sur l'Eysach; celui de Tarvis, entre Villach sur la Drave et Osopo sur le Tagliamento; celui de Bredil, entre Villach et Chiuza di Pletz sur l'Isonzo. Ces trois cols conduisent à celui de Semering, route de Vienne. C'est par ces cols que passa l'armée française en 1797, 1805 et 1809.

CARNOT (Lazare-Nicolas-Marguerite), né à Nolay, près de Dijon, le 13 mai 1753. Son père, qui n'avait pas moins de 18 enfants et qui ne possédait qu'une modeste fortune, commença son éducation. Carnot entra ensuite au collège d'Autun; il montra de telles dispositions pour l'étude des sciences mathématiques que son père l'envoya dans une école spéciale du génie et de l'artillerie à Paris. Il y fut admis après un brillant examen. Il passa de là à l'école de Metz où il apprit la physique, la chimie et les principes les plus élevés des mathématiques sous le célèbre Monge. Il ne voulut pas rester étranger aux questions philosophiques; il étudia même la théologie, afin de mieux se rendre compte de l'inanité de cette prétendue science. Carnot signala l'un des premiers ce qu'il y avait de vicieux dans le système de Vauban, en présence des progrès de l'art militaire; il démontra que le système de défense n'était plus à la hauteur du système d'attaque; il démontra qu'on pouvait aisément calculer le jour et l'heure de la chute de la plus formidable citadelle. Il comprenait cependant tout le mérite du plus grand des ingénieurs militaires. Ainsi son *Eloge de Vauban* fut couronné par l'académie de Dijon. Ce remarquable travail appela l'attention sur lui. Le prince Henri lui fit les offres les plus brillantes pour l'engager à prendre du service dans les armées du grand Frédéric de Prusse. Carnot qui voyait l'imminence de la Révolution, et qui avait embrassé avec ardeur les nouveaux principes, ne consulta que son patriotisme et formula un refus. Au début de la Révolution, il se montra sage et modéré; il essaya de soutenir la monarchie décrépite en la poussant sincèrement dans la voie du progrès. Il reconnut bientôt qu'il était impossible de sauver le roi malgré lui, et que ce prince serait perdu par son aveuglement et son irrésolution. Il entra alors hardiment dans le parti de la Révolution. Il fit partie de la commission des douze députés chargés par l'Assemblée nationale de lui présenter l'ensemble des mesures nécessaires pour résister à l'invasion étrangère. Il fut envoyé à l'armée du Rhin pour recevoir des officiers et des soldats le serment de fidélité et d'obéissance aux décrets de l'Assemblée. Le Pas-de-Calais l'envoya à la Convention. Il reçut la mission de réorganiser l'armée des Pyrénées, et la mit en état de remporter de brillantes victoires sur les Espagnols. Il vota la mort de Louis XVI. Carnot fut encore appelé à réorganiser l'armée du Nord, et il la mit en état de remporter d'éclatants succès sur les Anglais. En 1793, il fit partie du comité de salut public. Les frontières du Nord étaient alors menacées par les Autrichiens, qu'une victoire pouvait conduire devant Paris. Carnot, en cette circonstance, fit preuve d'une énergie et d'une activité incroyable pour composer une armée qui délivra la garnison de Maubeuge, et remporta la victoire de Wattignies, qui sauva nos frontières. Alors commença cette lutte titanesque, et qui surpasse par ses étonnants résultats toutes les guerres de l'antiquité et des temps modernes. Nos armées combattirent sans relâche pendant 17 mois; elles livrèrent 27 batailles qui furent 27 victoires, 120 combats, tuèrent près de 100,000 ennemis, firent 80,000 prisonniers, enlevèrent 116 places fortes, 230 citadelles ou redoutes, et prirent enfin 3,800 canons, 70,000 fusils, 1,900 milliers de poudre et 90 drapeaux. Ces succès inouïs furent dus surtout à l'énergique résolution imprimée par Carnot aux décisions du comité de salut public, dont il était l'âme. Il faut cependant convenir que Carnot était soutenu par le patriotisme de la Convention nationale. Les grandes idées dont retentissait la tribune excitaient dans toute la nation un enthousiasme irrésistible. Le comité de salut public fut heureux dans le choix de ses généraux sous le rapport des talents militaires; mais Carnot l'entraîna quelquefois à employer des hommes dont le patriotisme était douteux; c'est ainsi qu'il soutint Moreau et Pichegru, dont la trahison stupéfia la France. La dissolution du comité de salut public après le 9 thermidor, ferma pendant quelque temps l'ère des victoires; il manquait à nos armées une puissante direction; elles perdirent confiance en voyant envoyer à l'échafaud, par une réaction inepte et incapable, ceux qui avaient contribué au salut de la république. Le comité de salut public fut appelé à répondre de ses actes devant un tribunal où siégeait Lecointre. On reprocha à Carnot ses actes dignes de tout ce qu'il y a de plus grand dans l'antiquité; la nation frappait les terroristes, qui pouvaient invoquer la nécessité du salut public, par une autre terreur froide et d'autant plus cruelle. La Convention rappela Carnot à la direction des affaires militaires. Mal secondé dans ses vues, Carnot se montra faible sous le Directoire; il eut peur des révolutionnaires, alors qu'ils étaient comprimés et qu'ils avaient cessé d'être dangereux; il se laissa aveugler, au contraire, sur les projets des royalistes qui enveloppaient alors la France dans une immense conspiration. Au coup d'État du 18 fructidor, il fut obligé de passer à l'étranger pour échapper à la proscription. Après la chute du Directoire, Bonaparte confia à Carnot le ministère de la guerre; mais son attachement sincère aux institutions républicaines ne lui permit pas de suivre le premier consul dans la voie politique où il s'engageait, malgré les plus pressantes instances. Il profita de sa retraite pour publier deux ouvrages qui le placent parmi les savants mathématiciens : le premier sur la *Géométrie de position*, et le second sur la *Corrélation des figures de géométrie*. En 1802, il fut appelé au tribunat; il se retira lors de la proclamation de l'empire, après avoir protesté avec courage et dignité. Il se livra alors à l'éducation de ses enfants, et publia son fameux traité de la *Défense des places fortes*. Il résista à toutes les avances de l'empereur, qui, reconnaissant son immense mérite, lui dit un jour : « Adieu, monsieur Carnot, tout ce que vous voudrez, quand vous voudrez, et comme vous voudrez. » Carnot ne demanda rien à l'empereur tant que celui-ci fut puissant; mais quand il le vit accablé de revers, et luttant en désespéré contre le monstre de la coalition qui l'étreignait, il parut à ses côtés pour partager ses malheurs et ses périls. On connaît sa belle défense d'Anvers et sa fière réponse au général prussien Bulow, qui voulut tenter sa fidélité. Bernadotte essaya vainement aussi de le gagner. Il donna à Napoléon le conseil de s'attacher le peuple par des institutions démocratiques. Napoléon, malgré les promesses qu'il fit à cet égard, manifesta toujours la plus vive répugnance pour une alliance avec les jacobins et les anciens révolutionnaires, et il aima mieux succomber en se privant de leur appui que de leur devoir la victoire. Il est cependant incontestable que les hommes de 93 combattirent les derniers dans ses rangs, et que ceux qu'il avait comblés d'honneurs furent les premiers à donner l'exemple de la défection. Au reste, Napoléon était retenu par Foucher, qui, s'étant vendu à la Restauration, comprenait fort bien que l'alliance de Napoléon avec les révolutionnaires aurait sauvé l'empire et refoulé la coalition. Carnot avait déterminé l'empereur à s'embarquer pour l'Amérique; mais celui-ci, qui croyait toujours qu'une occasion impossible s'offrirait à lui pour continuer la lutte, mit une telle lenteur à se disposer au départ, qu'en arrivant à Rochefort, il trouva le port bloqué. De tous les ministres qui entourèrent l'empereur pendant les Cent-Jours, Carnot, le républicain, fut le seul qui ne le trahit pas : tous les autres furent comblés de faveurs par le gouvernement de Louis XVIII. Carnot fut honoré de l'exil, et il quitta la France avec douleur. L'empereur de Russie, le grand-duc Constantin, et le roi de Prusse, pénétrés d'admiration pour un si grand caractère, lui firent des offres magnifiques. Carnot se souvint toujours qu'il était Français. Il mourut à Magdebourg, le 2 août 1823.

CARNWARTH, village, comté de Lanark, à 12 kil. de cette ville. Pop. 3,500 hab. Exploitations de houille ; fabriques de cotons pour Glasgow ; usines à fer de Wilsontown, établies en 1780.

CARO (Annibal), littérateur italien, né à Citta-Nova, dans la marche d'Ancône, en 1507, mort en 1566. Il fut secrétaire du duc de Parme, puis du prince Farnèse. Ce dernier le chargea d'une mission diplomatique auprès de Charles-Quint. A son retour, il apprit que son maître avait été tué par les habitants de Plaisance révoltés contre lui. Il passa au service du duc Octave Farnèse. Les dignités dont il fut comblé excitèrent l'envie de quelques courtisans. L'un d'eux, qui s'était rendu coupable de la plus lâche calomnie, fut poursuivi sur sa plainte par le Saint-Office, et manqua d'être condamné au bûcher. Dégoûté des grandeurs, Caro chercha un refuge dans la retraite, et composa ses brillantes poésies, qui le placent parmi les plus célèbres poëtes de l'Italie. Sa traduction de l'*Enéide* de Virgile, en vers italiens, passe pour un chef-d'œuvre de pureté et d'élégance. Il a laissé aussi deux volumes de *Lettres* qui sont regardées comme des modèles en ce genre.

CAROCCIO ou CARROUZE. On appelait ainsi, au moyen âge, le char sacré qui portait l'étendard des armées chrétiennes. C'était un grand chariot à quatre roues, au milieu duquel s'élevait un mât surmonté d'une croix et d'un étendard. Au milieu de la croix était placé un christ ; au pied s'élevait un autel où l'on célébrait la messe. La plate-forme du caroccio pouvait contenir 50 personnes. Pendant qu'il était en marche, il était accompagné d'une garde de 12 chevaliers et précédé de trompettes. Ce char était traîné par des bœufs richement caparaçonnés. Une voile placée au haut du mât poussait en avant ce lourd fardeau, lorsque le vent était favorable. C'était autour de ce char que se ralliaient les combattants ; c'était en quelque sorte le palladium de la nation. Les Lombards furent les premiers qui en firent usage.

CAROLINA (la), ville d'Espagne (Sierra-Morena), prov. de Jaen, à 50 kil. de cette ville. Pop. 3,000 hab. Une des colonies allemandes fondées par le ministre Olavidès en 1767-1769.

CAROLINE DU NORD, un des Etats composant l'Union américaine, borné au N. par la Virginie, à l'E. l'Océan atlantique, au sud la Caroline du Sud et la Géorgie, à l'O. le Tennessee. Sup. 132,000 kil. carrés. Pop. 923,800 hab. dont 288,500 esclaves. Il est divisé en 68 comtés et a pour capitale Raleigh ; villes princ.: Wilmington, Newbern, Fayetteville. Pays montagneux à l'O. où les Apalaches forment les Montagnes bleues; bas et plat vers l'E. avec de vastes marécages dont le plus grand est l'*Alligator-Swamp* ou Marais des crocodiles. Les côtes sont basses et sinueuses et forment les golfes de Palmico-Sound et l'Albemarle-Sound, à l'E. desquels se trouvent les îles du cap Fear et du cap Hatteras. Il est arrosé par le Roanoke, la Neuse et le Cap-Fear qui se jettent dans l'Océan. Forêts et mines d'or et de fer en pleine exploitation. Récolte de coton, riz, maïs, lin et tabac. Ce pays fut découvert en 1512 par l'Espagnol Ponce de Léon. La reine Elisabeth le céda en 1584 à Walter Raleigh. En 1587, il reçut le premier établissement anglais dans l'Amérique du Nord. Cet Etat fut longtemps uni en un même gouvernement avec la Caroline du Sud, et jusqu'en 1720, il fut désigné sous le nom d'Albemarle. La constitution de cet Etat est celle des autres Etats de l'Union. Le pouvoir exécutif est aux mains d'un gouverneur élu par le peuple pour deux ans, assisté d'un conseil de 7 membres, nommé par l'assemblée générale qui se compose d'un sénat de 50 membres et d'une chambre des communes de 120 membres.

CAROLINE DU SUD, un des Etats composant l'Union américaine du Nord, bornée au N. par la Caroline du nord, à l'E. par l'Océan atlantique, au S. et à l'O. par la Géorgie ; elle s'appuie au N.-O. à la chaîne des Montagnes bleues. Sup. 78,200 kil. carrés. Pop. 705,000 hab. dont 385,000 esclaves. Pays tout à fait plat vers la côte, sablonneux au centre, s'élève sensiblement à l'O. Il est arrosé par le Pedee et le Santee qui se jettent dans l'Océan atlantique. Les principales richesses du pays sont dans l'exploitation de ses manufactures et l'exploitation des produits de sa fabrication; l'agriculture y est très-florissante. Son riz est le plus estimé de l'Amérique, et le coton est le meilleur qui existe. Ce pays est divisé en 29 districts; il a pour capitale Columbia; villes princ.: Charlestown, Georgetown. La Caroline fut ainsi nommée du roi de France Charles IX (en latin *Carolus*), par le navigateur Jean Ribault. Celui-ci y fonda un établissement français (1562), qui fut détruit par les Espagnols (1565). Charles II, roi d'Angleterre, céda (1663) le pays au comte de Clarendon, et une colonie anglaise vint s'y établir (1670), et reçut une constitution du philosophe Locke. Dès 1765, elle se joignit aux colonies insurgées, et, en 1775, elle proclama son indépendance et se donna une autre constitution qu'elle changea, en 1790, pour celle qui la régit aujourd'hui. A la tête du pouvoir exécutif est placé un gouverneur élu pour deux ans par l'assemblée générale, qui lui adjoint un lieutenant-gouverneur. L'assemblée est composée d'un sénat de 46 membres élus pour quatre ans, et d'une chambre de 124 députés pour deux ans. Cet Etat a suivi le mouvement qui a détaché les Etats du Sud de l'Union américaine, et son territoire a été en partie le théâtre des événements militaires de la guerre civile qui désole les Etats-Unis.

CAROLINE (loi). On appelle ainsi le code de procédure criminelle dont l'empereur Charles V dota l'Allemagne. Ce code fut adopté par la diète de Ratisbonne en 1532. Bien qu'il ait remédié à un grand nombre d'abus déplorables, il n'est plus à la hauteur des progrès de la civilisation moderne. Il forme encore aujourd'hui la base du droit pénal chez les divers peuples de l'Allemagne. La rédaction de cette loi est attribuée à Jean de Schwarzenberg, gentilhomme de Franconie, qui était homme d'Etat et non jurisconsulte. On trouve dans les 222 articles de cette loi une précision et une netteté rigoureuse qui contrastent fortement avec les autres monuments législatifs de l'Allemagne, où les dispositions se trouvent embarrassées d'une foule de considérations auxquelles ne doit pas descendre le législateur. Il est probable que si ce code avait été rédigé par un jurisconsulte suivant la coutume allemande, ce peuple eût été privé d'une loi durable. On a plusieurs fois comparé l'énergie du style de cette loi à celle qu'on rencontre dans la loi romaine des Douze-Tables.

CAROLINE DE BRUNSWICK-WOLFENBUTTEL (Amélie-Elisabeth), reine d'Angleterre, seconde fille du duc de Brunswick et d'Augusta d'Angleterre, sœur aînée de Georges III, née à Brunswick en 1768. Elle fut mariée, en 1795, au prince de Galles, son cousin. Ce mariage avait été contracté par suite de considérations politiques; et le prince de Galles n'avait fait que céder aux ordres de son père. Aussi cette union fut-elle malheureuse; et, après un an de mariage, les deux époux se séparèrent d'un commun accord. Dix ans plus tard, on fit circuler dans le public des bruits injurieux pour l'honneur de la princesse Caroline ; on prétendait qu'elle avait eu des relations coupables avec plusieurs personnages fort connus, et qu'elle avait donné le jour à un enfant adultérin. Le prince de Galles insista vivement pour qu'une enquête eût lieu. Son père nomma, en effet, une haute commission pour procéder à une délicate investigation. De nombreux témoins furent entendus, et l'on constata que Billy-Austin était le fils d'une pauvre femme que la princesse avait généreusement pris sous sa protection. Tout au plus l'accusa-t-on d'indiscrétion. L'opposition, à la tête de laquelle se trouvait Perceval, prit hautement parti pour la princesse calomniée, et lorsque ce digne citoyen parvint au ministère, il s'empressa de faire confirmer l'absolution de la princesse par une décision du conseil d'Etat, en faisant même ajouter que les témoins qui l'avaient accusée de légèreté n'étaient pas dignes de confiance. Six années plus tard, la princesse de Galles adressa des plaintes à son époux au sujet de l'éducation de la princesse Charlotte, sa fille, à qui l'on ne permettait même pas de voir sa mère. Ces plaintes furent rendues publiques. Le conseil privé prit cette fois parti contre la princesse. La malignité s'empara de cet incident; le parlement retentit de débats orageux dans lesquels l'opposition défendit les droits de la princesse, et en même temps les principes sacrés du droit de famille. Le ministère triompha cependant et la princesse dut se résigner à ne plus voir son enfant. Elle voyagea ensuite dans les divers pays de l'Europe (1814). Elle était en Italie lorsqu'elle apprit la mort de sa fille. A l'avénement du prince de Galles au trône, elle revint à Londres pour y faire valoir ses droits comme reine, et fut acclamée par le peuple (1820); mais son mari, qui voulait à tout prix l'écarter, fit planer sur sa tête une nouvelle accusation d'adultère. Il prétendit qu'elle avait eu des relations avec un postillon italien dont elle aurait fait son chambellan. Quelques misérables se laissèrent gagner et vendirent leur témoignage. Cependant lord Brougham défendit la reine avec une éloquence digne d'une si noble cause. Le parlement dut être convaincu, car il permit à la princesse de continuer à vivre à Londres en portant le titre de reine. Lors de la cérémonie du sacre de Georges IV, elle réclama vainement le droit d'y assister. Elle se présenta même à l'abbaye de Westminster au moment de la célébration de la cérémonie; mais on ne la laissa pas entrer (1821). Quelques jours après elle mourait presque subitement à l'âge de 53 ans. Les médecins prétendirent qu'elle avait succombé à une maladie inflammatoire, le 7 août 1821. Le peuple ne voulut voir dans cette mort qu'une sinistre vengeance du roi.

CAROLINE BONAPARTE (Marie-Annonciade), sœur de Napoléon Ier, née en 1782 à Ajaccio, morte en 1839. Elle accompagna sa famille en France, lorsque Paoli proscrivit le parti patriote. En 1800, elle épousa le général Murat, et fut successivement grande-duchesse de Berg et reine de Naples. Elle sut se concilier l'attachement des peuples et encouragea les lettres. Elle fit restaurer le musée des antiques de Naples, organisa les fouilles de Pompéi, et fonda une maison d'éducation pour 300 jeunes filles. Devenue veuve en 1815, elle se retira à Baimbourg, en Autriche, et se fit appeler comtesse de Lipona, anagramme de *Napoli* (Naples). Après la révolution de 1830, elle réclama une indemnité pour le château de Neuilly, qui avait été acheté par son mari, et que l'on rendait à Louis-Philippe. Ce n'est que huit ans après que la Chambre des députés lui accorda une pension viagère de 100,000 fr. Elle mourut à Florence, et laissa deux enfants, Napoléon-Achille Murat, né en 1801, mort en 1847 aux Etats-Unis, et Lucien-Napoléon Murat, né en 1803.

CAROLINES (les) ou NOUVELLES-PHILIPPINES, archipel de l'Océan pacifique, dans l'Océanie, situé à l'E. des îles Palaos et à l'O. des îles Mulgraves. Cet archipel est formé par plus de 40 groupes différents, composés chacun d'un certain nombre de petites îles. Pop. 9,000 hab., dont la plupart appartiennent à la race malaise; quelques-uns à la race des nègres de la Papouasie; ils vivent de pêche et sont très-habiles dans l'art de la navigation. Les principales îles sont: Yap, île élevée, Oulouty, Roug ou Hogoleu, Mac-Askill, Duperrey, Murilen, Namolouk, Nougouar, Namanainto, Sotoane, Semavine; les hautes îles Puinipet avec un pic atteignant 1,000 mètres de hauteur, Oualan avec un pic de 620 m., Monteverde. La végétation y est des plus vigoureuses; des fougères y forment souvent d'épaisses forêts; cocotiers, palmiers, arbres à pain, figuiers, bananiers; abondance extraordinaire de poissons et de coquillages. Parmi les animaux, on remarque le bœuf, le mouton, le porc, le chien, qui y ont été introduits; le vampire y est indigène. La plus grande partie de cet archipel n'a été découverte que dans ce siècle.

CAROLINS (livres). On donne ce nom à quatre livres rédigés d'après l'ordre de Charlemagne, selon les uns par Angilron, évêque de Metz, selon d'autres par Alcuin, à l'effet de combattre comme contraires à l'usage et à l'opinion de l'Eglise d'Occident les décisions du second concile de Nicée (787), qui rétablissaient le culte des images, aboli dans l'empire par les empereurs iconoclastes.

CAROMB, ville de l'arrond. de Carpentras (Vaucluse), à 11 kil. de cette ville. Pop. 2,500 hab. Ancien château fort; écluse, un des plus beaux ouvrages hydrauliques. Culture de l'iris de Florence.

CARON ou CHARON, un des dieux infernaux, fils de l'Erèbe et de la Nuit, nautonnier des enfers, l'une des divinités de la Fable. C'était le passeur des âmes des morts qui se rendaient sur les bords du Styx. Charon ne passait dans sa barque que celles qui avaient eu les honneurs de la sépulture et qui pouvaient lui présenter une obole. Les autres erraient pendant cent ans sur le bord du fleuve avant que le farouche batelier consentît à les recueillir. Virgile le représente sous la figure d'un vieillard rude et grossier :

> Son air est rebutant, et de profondes rides
> Ont creusé son vieux front de leurs sillons arides :
> Mais, à sa verte audace, à son œil plein de feu,
> On reconnaît d'abord la vieillesse d'un dieu.

Caron était accompagné de Cerbère, et quand ce chien aboyait vivement après une ombre, Caron la repoussait à coups d'aviron pour ne pas la laisser pénétrer dans sa barque, et c'est ce qui arrivait chaque fois qu'une ombre ne portait pas dans sa bouche la pièce de monnaie exigée par Caron. Le droit de péage était de trois oboles pour les rois, et d'une seule pour les simples mortels. Le tarif fut modifié par l'usage, et porté plus tard à deux oboles. Les habitants d'Hermione, ville de l'Argolide, étaient dispensés d'acquitter ce tribut, parce qu'ils étaient dans le voisinage de l'endroit qui conduisait aux enfers. Orphée, qui alla chercher son Eurydice aux enfers, Thésée et Pirithoüs, furent les seuls mortels qui descendirent vivants dans le royaume des âmes. Thésée et Pirithoüs obtinrent cette faveur en présentant à l'avare nocher le magique rameau d'or qui fut pour eux un sauf-conduit. Souvent on enfermait dans la tombe du mort une attestation écrite de ses vertus. On en a conservé un précieux modèle : « Moi, Sextus Anicius, pontife, atteste que ce citoyen a toujours vécu honnêtement. Que ses mânes jouissent d'un repos sans fin! » Les Russes ont conservé cette coutume entretenue par la superstition et l'ignorance; ils adressent à saint Nicolas un certificat de moralité qui sert au bienheureux qui l'obtient de passe-port pour entrer au paradis. L'idée de la fable antique a été empruntée par les Grecs aux Egyptiens de Memphis, qui enterraient leurs morts au-delà du lac Achéron. On prétend, non sans quelque fondement, que Caron était un prince égyptien qui levait un droit sur les sépultures. Les trésors qu'il amassa ainsi lui servirent à construire le fameux labyrinthe où les anciens plaçaient le vestibule des enfers. Aujourd'hui encore les Arabes donnent aux ruines de ce monument le nom d'édifice de Caron.

CARON (Augustin-Joseph), né en 1773, mort en 1822. Il fut lieutenant-colonel sous Napoléon Ier et se distingua dans plusieurs campagnes. Son attachement à la famille Bonaparte ne put s'accommoder du régime de la Restauration. Aussi fut-il impliqué dans la plupart des complots qui furent attribués aux carbonari à cette époque. Traduit pour un de ces complots devant la chambre des pairs, il fut acquitté sur la plaidoirie de Me Barthe. Lors de la conspiration de Béfort, ayant cherché à pousser les sous-officiers de la garnison de Colmar à délivrer les accusés, il fut arrêté, et, bien qu'il ne fût pas soldat, il fut traduit devant un conseil de guerre et condamné à mort. Il se pourvut devant la cour de cassation; mais, au mépris du droit le plus sacré qui soit inscrit dans nos lois criminelles, droit reconnu et respecté par tous les peuples civilisés, qui ne permet pas qu'un jugement soit exécuté avant que le dernier pourvoi ait été rejeté par le tribunal suprême, Caron fut passé par les armes.

CARONADE ou CARRONADE, bouche à feu, ordinairement en fer, moins longue que le canon, et qu'on emploie surtout dans la marine; elle exige peu de poudre et peut contenir une charge de 25 à 30 kilog. de balles. La caronade a été inventée en 1774, à Carron, en Ecosse, et c'est de cette ville que lui vient son nom. Les Anglais l'adoptèrent en 1779, et en firent surtout usage dans la guerre d'Amérique. On reproche aux caronades de produire un mouvement trop vif de recul, ce qui en rend la manœuvre difficile.

CARONDELET, village des Etats-Unis (Missouri), à 8 kil. de Saint-Louis, sur la rive droite du Mississipi. Ce village fut fondé par les Français en 1764, et portait le nom de *Vide-Poche*.

CARONI, rivière de l'Amérique du Sud, arrose la prov. de Guyane, dans le Venezuela, et se jette dans l'Orénoque, après un parcours de 600 kil., avec un grand nombre de rapides.

CARORA, ville de la république de Venezuela, dans la prov. de Burquisimeto. Pop. 6,000 hab. Cette ville est située au centre d'une plaine aride.

CAROTTO, ville du royaume d'Italie, à 8 kil. de Castellamare. Pop. 3,500 hab. Ecole de navigation. Récolte de soie.

CAROUGE, ville de Suisse, dans le cant. de Genève, à 2 kil. de cette ville. Pop. 4,450 hab. Commerce important avec Genève. Fabrique d'horlogerie, tanneries, faïence. Carouge n'était qu'un village, lorsqu'en 1780, Victor-Amédée, roi de Sardaigne, voulut en faire le chef-lieu d'une province et la rivale de Genève. Elle fut donnée à la Suisse par les traités de 1815. La province sarde de Carouge, qui eut pour chef-lieu Saint-Julien, subsista jusqu'en 1837. Elle forme aujourd'hui l'arrondissement de Saint-Julien (Haute-Savoie).

CARPANE, village des Etats autrichiens (Vénétie), dans la délégation de Vicence, à 12 kil. de Bassano. Pop. 1,900 hab. Les Autrichiens y furent battus par les Français en 1796.

CARPÉE, espèce de pantomime en usage chez les anciens, et surtout chez les Athéniens et les Thessaliens. C'était une danse guerrière qui s'exécutait de la manière suivante. Un des danseurs déposait ses armes près de lui, puis faisait les mouvements d'un homme qui laboure et sème en regardant de temps en temps derrière lui avec l'inquiétude d'un homme qui craint d'être attaqué. Un second danseur s'avançait derrière lui dans l'attitude d'un voleur. Le premier prenait aussitôt ses armes, et tous deux simulaient entre eux un combat autour de la charrue; leurs mouvements étaient cadencés et suivaient les sons de la flûte. Si le voleur était vainqueur, il liait le laboureur et emmenait les bœufs. Cette danse était une sorte de gymnastique propre à développer l'agilité du corps.

CARPENTARIE, golfe de l'Australie, situé sur la côte N. On nomme terre de Carpentarie le pays qui s'étend sur les bords du golfe du même nom, entre la colonie de Queen'sland et la terre d'Arnheim. Tasman l'explora en 1644, Cook en 1770, et Flinders en 1802.

CARPENTRAS, sous-préf. du départ. de Vaucluse, à 23 kil. d'Avignon. Pop. 9,230 hab. Tribunal de 1re instance; cour d'assise; collége, bibliothèque, collection de tableaux, estampes, médailles, antiquités. Palais de justice construit au XVIIe siècle. Belle église gothique; fontaine alimentée par un aqueduc. Industrie : distilleries, teintureries, fabriques de savon, vitriol, acide nitrique. Commerce d'huile, cire, miel, garance, safran, amandes, etc. Carpentras était la capitale des *Memini*, et fit partie de la Gaule Narbonnaise IIe sous les Romains. Plus tard elle fut la capitale du Comtat-Venaissin, résidence des recteurs; siége d'un évêché (IIIe siècle) qui fut supprimé par le concordat de 1801; elle fut réunie à la France en 1791.

CARPENTRUM, nom donné chez les anciens Romains à un chariot ordinairement à deux roues. Il servait aux dames de distinction, aux vestales, et, au commencement de notre ère, aux impératrices.

CARPI, ville forte du royaume d'Italie, dans la province de Modène, sur un canal de la Secchia, à 12 kil. de Modène. Pop. 6,000 hab. Siége d'un évêché. Cathédrale, beau palais construit par Bramante. Filatures de soie.

CARPI (Jérôme DE), peintre italien, né à Ferrare en 1501, mort en 1556. Il imita si bien le style et la manière du Corrége qu'on attribua souvent ses tableaux à ce grand maître. On peut en juger surtout par l'*Adoration des rois*, qu'on voit dans l'église Saint-Martin à Bologne. Jules III lui confia l'architecture du palais du Belvédère. En 1540, il peignit pour François Ier une *Vénus*. Il travailla aussi à la décoration du palais du duc d'Este.

CARPIN (Jean DU PLAN), frère mineur de l'ordre de saint François, né en Italie vers 1220. Le pape Innocent IV le chargea, en 1246, d'une mission auprès du Khan-Batu, qui régnait en Asie, pour l'engager à cesser ses ravages dans l'Orient de l'Europe. Il se consacra ensuite aux missions dans les pays du Nord encore livrés au paganisme. Il a laissé une relation de ses voyages sous le titre suivant : *Voyages faits en Asie, par Carpin*. On reproche à ce moine une crédulité qui lui faisait voir des miracles dans les actes les plus simples de la vie.

CARPINO, ville du royaume d'Italie (Capitanate), à 37 kil. de San-Severo, située près du lac Varano. Pop. 6,000 hab.

CARQUEFOU, ch.-l. de cant. de l'arrond. de Nantes (Loire-Inférieure), à 10 kil. de cette ville. Pop 1,500 hab.

CARQUOIS. On appelle ainsi un étui destiné à contenir des flèches, et qui se porte sur le dos, au moyen d'une courroie. La mythologie ancienne donnait un carquois à Diane, à Callisto, à Apollon, à Hippolyte, à Actéon, aux amazones et surtout à Cupidon.

CARRA (Jean-Louis), conventionnel, né à Pont-de-Veyle en Dombes, en 1743. Avant qu'il se jetât dans la carrière politique, sa jeunesse fut orageuse; cependant on ne sait trop sur quel fondement les royalistes ont chargé sa mémoire de crimes odieux; le caractère généreux qu'il montra plus tard, proteste contre une accusation si absurde. Il voyagea dans le nord et devint secrétaire de l'hospodar de Moldavie; ce prince fut décapité par ordre de la Sublime-Porte, et l'on prétend que Carra causa sa perte en l'entraînant dans un complot qui avait pour objet d'affranchir la Moldavie du joug des Turcs. A son retour en France, il devint secrétaire du cardinal de Rohan. Il le quitta après la malheureuse affaire du collier. Dès 1789, il se signala par ses opinions révolutionnaires, en publiant un journal intitulé : *Annales patriotiques*. Il y dénonçait les hommes hostiles à la Révolution. Il fut le premier à signaler l'existence de ce gouvernement occulte, nommé *Comité autrichien*, qui par l'intermédiaire de la reine Marie-Antoinette, demandait ses inspirations au cabinet autrichien. Bertrand de Molleville, dont on connaît la modération, a donné plus tard les détails les plus précis sur cette triste institution. Le roi de Prusse lui ayant envoyé une tabatière d'or en acceptant la dédicace d'un de ses ouvrages, il vint déposer cette tabatière sur le bureau de l'Assemblée nationale dont il était membre, en disant qu'il méprisait ce présent d'un tyran qui menaçait la France d'une invasion, et qu'il voulait que cet or fût employé à faire la guerre au souverain de qui il l'avait reçu. Il proposa d'accorder des secours à tous les peuples qui voulaient s'affranchir. Il ne demandait pour soulever l'Allemagne contre l'empereur que 12 presses et 50,000 hommes. On a prétendu contre toute vraisemblance, pour jeter le ridicule sur ses actes, qu'il avait proposé, en pleine Terreur, de donner le trône de France au duc d'York, comme si une telle proposition n'eût pas immédiatement entraîné sa proscription. Mme Roland l'a dépeint de la manière suivante : « Carra, devenu député, m'a paru un fort bon homme à très-mauvaise tête : on n'est pas plus enthousiaste de révolution, de république et de liberté, mais on ne juge pas plus mal des hommes et des choses. Tout entier à son imagination, calculant d'après elle plutôt que sur les faits, arrangeant dans sa tête les intérêts des puissances comme il convenait à nos succès; voyant tout en couleur de rose, il rêvait le bonheur de son pays et l'affranchissement de l'Europe entière avec une complaisance inexprimable. On ne peut pas se dissimuler qu'il n'ait beaucoup contribué à nos mouvements politiques et aux soulèvements qui eurent pour objet de renverser la tyrannie. Ses *Annales* réussissaient merveilleusement dans le peuple par un certain ton prophétique, toujours imposant pour le vulgaire. » Carra avait des prétentions à la prophétie comme il l'a prouvé par son *Système de la raison* ou *le Prophète philosophe*. Il a laissé d'autres ouvrages philosophiques d'un style incorrect et dont les images orientales sont parfois inintelligibles : ainsi l'on cite encore son *Esprit de la morale et de la philosophie*. Ses ouvrages historiques sont un peu plus estimés; on lit avec intérêt l'*Histoire de la Moldavie et de la Valachie*, *Mémoires historiques sur la Bastille*, *Histoire de l'ancienne Grèce, de ses colonies et de ses conquêtes*. Ses ouvrages sur la physique n'offrent que des redites; il composa cependant un curieux *Essai sur la navigation aérienne*; il prétendait avoir trouvé l'art de diriger les ballons. Ses relations avec Roland et les Girondins le rendirent suspect. Dénoncé par Amar, il fut envoyé à l'échafaud le 1er novembre 1793.

CARRA SAINT-CYR (Jean-François), général français, né en 1756, mort en 1834. Il se distingua d'abord dans la guerre de l'Indépendance américaine. On le retrouve plus tard à Marengo et à Hohenlinden. En 1803, il commanda le corps d'occupation du royaume de Naples. Il combattit à Eylau, et en récompense de ses services, il fut nommé baron de l'empire. Il devint successivement gouverneur de Dresde et des provinces de l'Illyrie. En 1814, il reçut l'ordre de défendre Bouchain, Valenciennes et Condé contre la coalition étrangère. En 1817, on le nomma gouverneur de la Guyane française.

CARRACHE (Ludovico CARRACCI, dit), célèbre peintre, né à Bologne en 1555, mort en 1619. Il n'annonça pas d'abord ce qu'il devait être plus tard; il était si lourd et si lent dans son travail, que ses camarades l'avaient surnommé le *bœuf*; il aurait certainement abandonné la peinture, si Prosper Fontana, son maître, n'avait relevé son courage. Celui-ci avait compris que cette pesanteur provenait du désir de se frayer des voies nouvelles, et que son élève qui n'était alors qu'un broyeur de couleurs, trouverait un jour l'art de les employer d'une manière difficile à imiter. Carrache comprit les beautés de l'antique, il protesta par ses compositions naturelles et gracieuses contre le goût maniéré de son temps. L'*Histoire de saint Benoît* et celle de *sainte Cécile*, qu'il peignit dans le cloître Saint-Michel, le placèrent de suite au rang des premiers peintres. Il orna de ses chefs-d'œuvre les églises de Florence. On cite parmi ses principaux tableaux : *Jésus au tombeau*, *Naissance de Jésus*, *Saint François*, et *Vocation de saint Mathieu*. Il établit à Bologne une académie de peinture. Il eut aussi la gloire de former Augustin et Annibal, ses cousins, tous deux fils d'un pauvre tailleur. Malgré la gloire qu'il s'était acquise, il mourut dans la pauvreté.

CARRACHE (Augustin), cousin du précédent, né à Bologne en 1558, mort à Parme en 1601. Il quitta l'orfévrerie pour étudier, sous son cousin, la peinture et la gravure; il excella dans ces deux arts, tout en cultivant les lettres. Ainsi il enseigna à la fois dans l'académie, l'histoire, la mythologie, la perspective et l'architecture. Il fit d'admirables copies, en corrigeant les défauts des tableaux qu'il reproduisait. Ses autres peintures attestent une touche facile, correcte et pleine de poésie. Il aimait le luxe et vécut plutôt en seigneur qu'en artiste. Ses gravures et ses dessins étaient fort estimés; il a laissé d'admirables dessins à la plume, et il rivalisa dans ce genre avec Annibal. Il travaillait, lorsque la mort vint le frapper, à la décoration du palais du duc de Parme. Celui-ci ne voulut pas que le travail fût achevé par un autre peintre, et il remplit la place restée vide par l'éloge de Carrache. On cite parmi ses chefs-d'œuvre : l'*Assomption de la Sainte Vierge*, *sainte Cécile* et *Sainte Marguerite*, la *Communion de saint Jérôme*, *Pluton et Hercule étouffant les serpents*. Divers tableaux ont appartenu à notre musée national; mais la coalition étrangère les fit enlever en 1815.

CARRACHE (Annibal), frère du précédent, né à Bologne en 1560, mort en 1609. Il eut pour maître Louis Carrache et alla se perfectionner à Parme, à Milan et à Venise. Annibal et Augustin, son frère, se jalousaient mutuellement, mais la voix du sang finissait toujours par réunir ces deux frères, nécessaires l'un à l'autre. Annibal dessinait avec une incroyable facilité. Ayant été un jour volé sur un grand chemin, il porta plainte au juge, et dessina si bien le portrait de ses voleurs qu'on n'eut pas de peine à les retrouver. Un jour qu'un poëte lui faisait une éloquente description des beautés du Laocoon, Annibal dessina, pendant que le poëte parlait, ce beau groupe sur la muraille, en interprétant fidèlement sa pensée. « Voilà, dit-il aussitôt que le poëte eut achevé sa description; vous autres, vous peignez avec la parole, et nous avec le pinceau. » Il excella aussi dans la caricature. L'étude des grands maîtres lui donna cette pureté de formes, cette force, ce vigoureux coloris qui distinguent ses productions. Sa galerie du cardinal Farnèse est un des plus beaux chefs-d'œuvre que possède Rome. Il avait consacré huit ans à cet ouvrage; le cardinal Farnèse crut se montrer généreux en lui remettant 500 écus d'or. Annibal en fut tellement attristé qu'il tomba malade, et fut emporté par une fièvre ardente à l'âge de 49 ans. Il avait exprimé le désir d'être enterré à côté de Raphaël, et son vœu fut accompli. Il aimait peu le faste, et évitait même la visite des grands personnages qui croyaient l'honorer en visitant son atelier. Plusieurs de ses tableaux ont été enlevés de notre musée; on regrette surtout les *trois Maries*. Nous en possédons encore 25, parmi lesquels on cite : deux *Nativités*, deux *Martyres de saint Etienne*, la *Résurrection*, le *Christ mort sur les genoux de la Vierge*, *Jésus avec la Samaritaine*, *Massacre des Innocents*, le *Christ au tombeau* et une *Vénus*.

CARRANZA (Barthélemy DE), archevêque de Tolède, né à Miranda, dans la Navarre, en 1503. Il entra chez les dominicains, et y professa la théologie avec un grand succès. Il siégea au concile de Trente en 1545. Il seconda Philippe II dans ses persécutions contre le protestantisme, qui avait déjà commencé à s'implanter en Espagne. Philippe le récompensa en le nommant archevêque de Tolède. Charles-Quint, du fond de sa retraite de Saint-Just, le fit appeler pour l'avoir auprès de lui à ses derniers moments. Il fut accusé, on ne sait trop sur quel fondement, d'avoir encouragé Charles-Quint à mourir dans les sentiments de Luther. L'inquisition oublia que Carranza avait allumé les bûchers pour y jeter les protestants, et l'inquisition, qu'il avait contribué à fortifier, tourna contre lui les armes redoutables qu'il avait remises entre ses mains, et le retint pendant huit années dans un horrible cachot. Il demanda à être jugé et fut enfin conduit à Rome en 1576. Là il fut absous, faute de preuves certaines de son hérésie; mais il dut se soumettre à une abjuration solennelle. Il s'exécuta et mourut dix-sept jours après. Le peuple, irrité contre ses oppresseurs, l'honora comme un saint. Il a laissé divers ouvrages théologiques qui n'ont aucun intérêt.

CARRARE, maison souveraine de Padoue, que les Gibelins avaient persécutée au commencement du XIIIe siècle. Ses principaux membres sont : — Jacques Ier, qui se mit à la tête d'un parti en 1318, et se fit proclamer seigneur de la république, Mais à peine était-il en possession du souverain pouvoir, que Cane della Scala, seigneur de Vérone, qui l'avait aidé dans son entreprise uniquement pour nuire au parti guelfe, tourna ses armes contre celui dont il avait favorisé l'élévation. Le nouveau prince fut obligé de partager sa souveraineté avec Frédéric d'Autriche, qui ne voulut le secourir qu'à cette condition. Il mourut le 23 novembre 1324. — Marsilio, son neveu, demeura seigneur de Padoue, dont il continua de partager la souveraineté avec le duc d'Autriche; mais s'étant vu menacé tout à la fois de la guerre civile et de la guerre étrangère, il fit alliance avec Cane della Scala, et lui transféra la seigneurie de Padoue, en conservant toutefois la principale autorité dans cette ville. Carrare resta fidèle à ses engagements, même longtemps après la mort de Cane della Scala, qui avait été remplacé à Padoue par Albert, l'aîné de ses neveux. Mais les républiques de Venise et de Florence, irritées de l'orgueil et de l'ambition des seigneurs della Scala, les chassèrent de Padoue, le 7 août 1337, de concert avec Marsilio de Carrare, à qui la souveraineté fut entièrement rendue. Il eut pour successeur son neveu Ubertino. — Ubertino avait puissamment contribué à l'expulsion des seigneurs della Scala. La haine qu'il leur portait avait pour cause un affront sanglant qu'il avait reçu d'Albert; celui-ci avait osé outrager violemment l'honneur de sa femme. Il succéda à son oncle le 21 mars 1338, et fut reconnu, au commencement de l'année, comme seigneur de Padoue, par Marsilio della Scala. Il se rendit odieux aux Padouans par sa conduite déréglée et par ses actes de violence. Il mourut le 25 mars 1345 sans laisser d'enfants. — Marsilietto Pappa Fava, parent éloigné du précédent, fut investi de la souveraineté après sa mort; mais il n'en jouit pas longtemps, car Jacques II, fils de Nicolas et neveu de Jacques Ier, l'assassina le 9 mai 1348. — Jacques II, après le meurtre de Marsilietto, qu'il tint quelque temps secret, se fit proclamer successeur de celui qu'il avait tué. Son gouvernement fut assez sage, et les habitants de Padoue affectionnaient de plus en plus leur prince. Mais le crime dont il s'était souillé ne devait pas rester impuni. Il fut assassiné, le 21 décembre 1350, par un jeune homme nommé Guillaume, bâtard d'un de ses oncles. Cet assassin fut aussitôt massacré par les gardes du prince. — Giacomino, frère du précédent, lui succéda conjointement avec son neveu François. Pendant cinq ans, la meilleure intelligence régna entre eux; mais la jalousie de leurs femmes, qui devinrent mères en même temps, vint troubler cette heureuse harmonie, et inspirer à chacun des deux seigneurs l'ambition de régner seul. Giacomino forma, dit-on, le projet de faire assassiner son neveu; mais il fut prévenu par celui-ci, qui le vint arrêter chez lui, et le fit enfermer dans une forteresse, où il mourut en 1372. — François Ier de Carrare commandait, en 1355, l'armée de la ligue, formée sous la protection de la république de Venise, par tous les petits princes de Lombardie contre la maison Visconti. Il termina cette guerre par une paix honorable, en 1358; mais peu après, il s'attira la haine implacable de la république de Venise, en faisant alliance avec le roi Louis de Hongrie. La guerre éclata donc entre Padoue et Venise. François essuya d'abord de grands revers, puis il se releva de ses défaites et devint plus puissant que jamais. Mais s'étant uni avec Jean Galéas Visconti contre Antonio della Scala, seigneur de Vérone, qui lui avait déclaré la guerre, le perfide Jean Galéas battit d'abord le seigneur de Vérone, et déclarant presque en même temps la guerre à François, il le réduisit bientôt aux abois. Celui-ci consentit à livrer Padoue et Trévise à Visconti, comptant sur la promesse qu'on lui avait faite de lui donner en retour la seigneurie d'une autre ville de Lombardie; mais Visconti se saisit de la personne de François Ier et le fit enfermer dans le château de Como, où il mourut, le 6 octobre 1393. — François II, fils du précédent, avait reçu de son père la seigneurie de Padoue, pendant que celui-ci était attaqué par Jean Galéas. Son règne commença donc le 29 juin 1388. Mais bientôt François II fut obligé de livrer sa capitale à Galéas, et de s'enfuir avec sa femme et ses enfants pour ne pas tomber entre les mains de son ennemi. Il supporta ces malheurs avec beaucoup de courage, et travailla sans relâche à les réparer. Enfin, aidé par les Florentins et les Vénitiens, et rappelé à

Combat de coqs.

Padoue par les vœux des habitants, il rentra dans cette ville le 19 juin 1390, et, deux ans après, la paix ayant été conclue, il fut reconnu comme souverain indépendant. Après la mort de Jean Galéas et de Guillaume della Scala, François II s'empara de Vérone et ensuite de Brescia. Alors sa puissance toujours croissante commença à donner de l'inquiétude aux Vénitiens; ils lui déclarèrent la guerre et vinrent l'attaquer avec des forces bien supérieures aux siennes. Il se défendit pendant un an et demi avec plus de courage que de bonheur; mais, accablé par le nombre, il fut forcé de se rendre. On le conduisit à Venise avec deux de ses fils, et le Conseil des Dix, au mépris du droit des gens et de la foi des serments, le condamna à la peine de mort. Lorsque les bourreaux entrèrent dans la prison de François II et lui ordonnèrent de se préparer à la mort, l'infortuné prince ne voulut pas se soumettre à cette sentence injuste; il s'arma d'une escabelle de bois, et se défendit contre eux jusqu'à ce qu'enfin succombant, il fut étranglé, le 17 février 1406. Ses deux fils subirent le même sort le lendemain. Il avait encore deux autres fils fort jeunes, dont l'un mourut à Florence en 1407, et l'autre servit comme condottiere dans plusieurs guerres contre les Vénitiens. Ayant fait une tentative malheureuse sur Padoue, il tomba au pouvoir des Vénitiens, qui l'envoyèrent à l'échafaud. En lui s'éteignit la descendance légitime de la maison de Carrare.

CARRARE, ville forte du royaume d'Italie, à 5 kil. de Massa et à 6 kil. de la Méditerranée; ancien ch.-l. de la principauté de son nom, dépendant du duché de Massa. Pop. 6,000 hab. Belle église collégiale du XIIIe siècle. Ecole de beaux-arts. Magnifiques carrières de marbre blanc rapportant annuellement 7 à 800,000 fr. Belles grottes à stalactites.

CARRÉ (Guillaume-Louis-Julien), jurisconsulte, né à Rennes en 1777, mort en 1832. Il fut d'abord avocat, et devint par suite doyen de la faculté de droit de Rennes. Après la deuxième restauration, il fit preuve d'un grand courage, en défendant, contre la réaction politique, plusieurs accusés, entre autres le général Travot, qui avait été porté sur une liste de proscription et traîné devant un conseil de guerre présidé par son ennemi personnel. Carré avait une vaste érudition, un jugement sûr; il a laissé de nombreux ouvrages et de remarquables commentaires sur divers points du Code de procédure civile.

CARRÉ, du latin *quadratus*, se dit, en géométrie, de toute surface plane ayant quatre angles droits. Les six faces d'un dé à jouer, qui forment autant de carrés, sont appelées cubes. On entend par carré d'un nombre le produit de ce nombre multiplié par lui-même; ainsi 4 est le carré de 2×2.

Vue de l'Alcazar de Cordoue.

CARRÉ ou CARRÉ D'INFANTERIE. On appelle ainsi la formation en bataille d'une colonne sur quatre fronts; ce mouvement stratégique a pour objet d'offrir plus de résistance aux charges de cavalerie. On conçoit en effet que le développement sur un seul front donnerait à la cavalerie ennemie trop de facilité pour attaquer de flanc ou sur les derrières. On dispose en carré un régiment, un bataillon, une compagnie et quelquefois même un simple peloton. Les anciens Grecs disposaient quelquefois leurs troupes en carré. Les Dix mille, lors de cette retraite qui les a immortalisés, eurent souvent recours à cette manœuvre pour résister aux bandes innombrables qui les harcelaient de toutes parts. Il est certain qu'Alexandre, César et Sylla se servirent nombre de fois du carré. La stratégie du XVIIIe siècle admettait aussi le bataillon carré; mais les angles étaient légèrement émoussés, et on y plaçait des pièces d'artillerie; les rangs s'ouvraient un instant pour livrer passage à la mitraille et se refermaient aussitôt. La profondeur des carrés a souvent varié : à Waterloo, les carrés anglais n'étaient qu'à deux rangs. En 1791, nos carrés étaient sur six rangs; aujourd'hui, et depuis 1828, on les forme généralement sur trois rangs.

CARREFOUR. Nicot définit ainsi ce mot : « Un endroit ès villes ou villages où quatre rues se rapportent et font teste au quarré l'un à l'autre. Ce mot vient de quarré et fourc (fourche), ce qui se rapporte plus à l'essence de la chose estant proprement appelé quarrefour, l'endroit et place où quatre fourcs sont teste à teste, et pour ce que telles places et endroits sont pour la plus part en quarré, on prononce quarrefour pour quatre fourcs. »

CARREL (Armand), célèbre journaliste, né à Rouen en 1800, mort en 1836. Il était issu d'une famille de commerçants. Il sortit de l'école Saint-Cyr avec le grade de sous-lieutenant; mais il ne put s'accommoder du régime politique auquel la France était alors soumise. Ses sentiments patriotiques le jetèrent dans la conspiration des carbonari; il fut même impliqué dans le complot de Béfort en 1822; mais il parvint à se soustraire aux poursuites de la police et chercha un refuge en Espagne. Là, il s'enrôla parmi les volontaires français qui combattaient dans ce pays pour la cause de la liberté, qui est celle de tous les peuples et se comporta en héros. A son retour en France, et alors qu'il se croyait protégé par une capitulation, il fut traduit devant un conseil de guerre et condamné à mort. Il en appela devant le conseil supérieur, et là il sut faire passer dans le cœur de ses juges une indignation qu'il manifesta avec la plus grande éloquence; justice lui fut enfin rendue et il recouvra la liberté. Il se forma à l'école d'Augustin Thierry, et publia, en 1825, l'histoire d'Ecosse et celle des Grecs modernes. Il essaya ses forces dans divers journaux indépendants : le *Producteur*, la *Revue américaine* et la *Revue française* accueillirent ses articles, qui se distinguaient à la fois par une vigueur surprenante et une logique irréfutable. Il se plaça de suite au premier rang des polémistes. Son *Histoire de la con-*

tre-révolution en Angleterre montre en lui un grand historien et un profond politique. Quelques mois avant la révolution de 1830, il fonda, avec Thiers et Mignet, le *National*, qui contribua si puissamment à la révolution de Juillet, et qui guida en quelque sorte le mouvement populaire. Lorsque le principe de la liberté eut enfin triomphé, le nouveau gouvernement lui proposa la préfecture du Cantal. Il avoua qu'il eût mille fois préféré l'offre d'un régiment pour venger la liberté outragée dans le reste de l'Europe. Carrel refusa, aimant mieux rester le premier journaliste de l'opposition. La marche rétrograde du gouvernement de Louis-Philippe émut son cœur dévoué à la grande cause des libertés populaires; il se jeta alors dans le parti républicain. Il fut appelé à répondre des opinions exprimées dans son journal devant la Chambre des pairs. Il y parut, non pour s'y défendre lui-même, mais pour venger les droits de la presse, que de nouvelles lois oppressives venaient de fouler aux pieds. Ici se place un des plus tristes incidents qui aient affligé le parti démocratique: il engagea avec M. Emile de Girardin une polémique passionnée qui aboutit à un duel, dans lequel il perdit la vie. L'adversaire qui venait de triompher de lui déplora sa victoire dans le langage le plus digne et le plus loyal. Chateaubriand, qui estimait le grand caractère de Carrel, malgré la divergence d'opinions, disait de lui « que son style ferme et logique, moins brillant que vigoureux, avait quelque chose de l'éloquence des faits. »

CARRELAGE. Ce mot s'entend, en architecture, de l'assemblage des carreaux, tels qu'ils doivent être posés pour former le revêtement d'un plancher.

CARRELET. Ce mot a reçu diverses acceptions. Les selliers, les tapissiers et les emballeurs appellent ainsi une grosse aiguille dont la pointe est triangulaire. On donne aussi ce nom à une espèce de petit filet qui sert à prendre les oiseaux.

CARRER (Luigi), poëte italien, né à Venise en 1801, mort en 1850. Il fut professeur de philosophie à Padoue, et directeur du musée de Venise. Ses premières poésies furent romantiques et dans le goût de celles de Schiller. On a reproché à ce poëte le défaut d'originalité; il sacrifia trop à la forme, et fut plutôt un versificateur très-habile qu'un poëte doué d'imagination. Ses éditions d'*Ugo Foscolo*, de *Pétrarque*, de *Boïardo*, de *Bembo* et des *Satires de Michel-Ange* sont fort estimées et attestent un grand talent comme critique. On distingue parmi ses principales productions: la *Bague aux sept diamants* et l'*Apologie*. Il a travaillé à la rédaction du *Nouvelliste italien et étranger*, ainsi qu'à celle du *Dictionnaire de la conversation et de la littérature*.

CARREY (Harry), poëte et musicien anglais, qui passe pour être l'auteur de la chanson nationale *God save the king*. Tout ce qu'on sait de Carrey, c'est qu'il était d'une humeur si sombre qu'il se tua en 1744 dans un accès de spleen. Ses chansons et ses ballades ont elles-mêmes un certain ton lugubre qui fortifie assez bien l'opinion de ceux qui lui attribuent la composition du *God save the king*, chant grave, mélancolique, presque funèbre, et dont la simplicité rhythmique a fait dire qu'il serait mieux adapté à la chanson de *Marlborough porté en terre*, qu'à figurer parmi les chants nationaux de l'Angleterre. La vérité que les Anglais avoueront difficilement, c'est que ce chant appartient à Lulli; et voici comment il a franchi la Manche: un certain Haendel, compositeur allemand qui s'était réfugié en Angleterre, et que les Anglais ont considéré depuis comme un compatriote ayant séjourné pendant quelque temps à Paris, fit, à un opéra de Lulli, un de ces emprunts qu'en littérature on appelle plagiat, et appliqua la musique de notre célèbre compositeur à l'un des chants de Carrey. La musique de Lulli s'adaptait à un menuet, danse monotone et dont nous sentons aujourd'hui tout le ridicule. Quoi qu'il en soit, cette musique a beaucoup gagné à être exportée; car le *God save the king*, à la fois chant national et chant religieux, est devenu en quelque sorte le *Domine salvum fac regem* de nos bons voisins et alliés.

CARRHES, aujourd'hui HARRAN, ville de Mésopotamie, au S.-O. d'Edesse. Célèbre par le séjour d'Abraham et par la défaite de Crassus par les Parthes, 53 avant J.-C.

CARRICK, cap. du comté de Leitrim (Irlande), dans le Connaught, à 32 kil. de Longfort. Pop. 1,980 hab. Cette ville a un faubourg dans le comté de Roscommon.

CARRICK, ville d'Irlande, comté de Tipperary, sur le Suin, à 16 kil. de Clownel. Pop. 11,000 hab. Ruines d'un ancien château. Aux environs se trouve le magnifique château de *Curraghmore*, appartenant au marquis de Waterford. Cette ville a un faubourg dans le comté de Waterford.

CARRICK, ancienne division d'Ecosse, aujourd'hui comprise dans le comté d'Ayr. Les fils aînés des rois de la Grande-Bretagne portent le titre de comte de Carrick.

CARRICKFERGUS, ville d'Irlande (Ulster), comté d'Antrim, à 14 kil. de Belfast. Pop. 9,380 hab. Château fort. Port, bains de mer, pêche; huîtres renommées. En 1690, Guillaume III y débarqua 14 jours avant la bataille de la Boyne. Les Français s'en emparèrent en 1760.

CARRICKMACROSS, ville d'Irlande (Ulster), comté de Monagham, à 73 kil. de Dublin. Pop. 3,000 hab. Siége d'un évêché catholique. Ruines d'un vieux château.

CARRIER (Jean-Baptiste), né à Yolay, près d'Aurillac, en 1756. Il était procureur au moment où éclata la révolution de 1789. C'était un homme sans talents, d'une instruction médiocre, que le hasard jeta dans la courant des affaires politiques; qui eût peut-être été un modeste et dévoué fonctionnaire sous un gouvernement régulier, mais qui, au milieu des désordres inséparables d'une grande révolution politique, se laissa emporter par son tempérament bilieux, et fut ce que les circonstances lui permettaient d'être. Il est certain qu'en arrivant à la Convention nationale, il était plus porté vers les idées royalistes qui dominaient dans son département que pour la cause révolutionnaire dont il ne comprenait pas les principes. Le procureur de la veille, l'humble serviteur d'un modeste tribunal de province sentit la tête lui tourner lorsqu'il siégea parmi les législateurs qui allaient dicter des lois à la première des nations. Il entendit parler de terreur, d'échafaud; on lui expliqua que ce terrible moyen était nécessaire pour régénérer la nation. Sa raison n'y résista pas; il admit tout ce qu'on voulut, considéra lui aussi la terreur comme une nécessité, puisqu'on le voulait ainsi. Une fois placé sur cette pente fatale, il poussa jusqu'au bout les conséquences du principe: la destruction quand même et toujours, qui lui apparut comme l'unique moyen de salut public; il aurait cru trahir la patrie en montrant un instant de faiblesse; incapable de discuter à la tribune, il n'y parut que pour dénoncer les aristocrates et réclamer des têtes. On peut dire de lui qu'il fut le couperet de la Révolution; l'âme était ailleurs. Il contribua à faire décréter, le 9 mars 1793, la création du tribunal révolutionnaire. Toujours conséquent avec lui-même, il ne vit aucune raison, pour s'arrêter dans la voie des proscriptions; il vota la mort du roi, celle des girondins, l'arrestation du duc d'Orléans. Après avoir été envoyé en mission pour dissiper quelques attroupements qui s'étaient formés en faveur des députés proscrits, il fut envoyé à Nantes pour y combattre le fédéralisme et étouffer la guerre civile. Il arriva à Nantes le 8 octobre 1793, en annonçant: « qu'il allait faire un cimetière de cette partie de la France, plutôt que de ne pas la régénérer. » Avant son départ, il écrivait déjà au comité révolutionnaire de Nantes: « Comment le comité travaille-t-il donc? 25,000 têtes doivent tomber, et je n'en vois pas encore une. » Carrier avait été envoyé dans cette contrée comme une espèce d'Attila, qui devait agir sans contrôler les ordres qu'il recevrait, sans même essayer de les comprendre. Il réunit bientôt autour de lui les hommes les plus déterminés qu'il put rencontrer dans la ville de Nantes, et son exemple entretint parmi eux une effroyable émulation. Les prisons regorgeaient de captifs; Carrier s'indignait des lenteurs d'une procédure qu'il jugeait inutile: il songea à expédier tous ces malheureux en masse, et à les exécuter sans jugement, « afin, disait-il, de ne pas prolonger leur agonie. » Alors commencèrent les massacres: on fusilla; mais Carrier trouva que la besogne n'allait pas encore assez vite: il fit construire des bateaux à soupape qui noyaient 100 personnes à la fois. Ses gens, qui composaient la *compagnie Marat*, appelaient cela des *baignades* ou des *déportations verticales*. Il ajoutait ensuite d'un rapport à la Convention: « Quel torrent révolutionnaire que cette Loire. » Il inventa aussi les *mariages républicains*, qui consistaient à garrotter ensemble, en face l'un de l'autre et sans vêtements, un homme et une femme qu'on jetait ensuite dans la Loire. Les vieillards et les enfants ne furent pas épargnés. On repoussait à coups de sabre et de baïonnette les malheureux qui essayaient de regagner le bord. Carrier avait sous ses ordres immédiats deux pourvoyeurs qui avaient la garde des prisonniers enfermés pour quelques heures à l'Entrepôt, et qu'il décorait du titre de *surintendants de l'Entrepôt*. Un jour, il fut en veine de moralité, et, pour attester l'austérité de ses mœurs, il fit noyer 100 filles publiques. On évalue le nombre de ses victimes à plus de 15,000. Une fois sa mission terminée, Carrier revint siéger à la Convention. Il ne comprit rien à la réaction qui se préparait déjà, et continua à tenir le même langage. Il dénonça à la Convention les thermidoriens qui s'étaient séparés des jacobins; mais sa voix ne trouva plus d'écho. Robespierre venait d'être sacrifié, et de toutes parts on réclamait la punition de Carrier. Forcé de se justifier, il trouva une réponse pleine de bon sens, en disant « qu'en lui faisant son procès la Convention se perdait elle-même; que si l'on punissait tous les crimes commis en son nom, il n'y avait pas jusqu'à la sonnette du président qui ne fût coupable. » Il fut traduit devant le tribunal révolutionnaire, et les termes du jugement rendu contre lui permettaient à ce misérable instrument, sacrifié par ceux qu'il avait servis, de se dire victime et innocent: il fut condamné pour avoir procédé à des exécutions *dans des intentions contre-révolutionnaires*. Il monta à l'échafaud avec un grand courage, et fut exécuté le 15 décembre 1794.

CARRIER, CARRIÈRE. Le carrier est l'artisan qui travaille à l'extraction de la pierre dans les terres où elle se rencontre. Ce métier, qui exige l'emploi de la mine, donnerait souvent lieu à de graves accidents si l'autorité n'était intervenue pour déterminer par des règlements minutieux le mode d'exploitation. Une carrière ne peut être ouverte sans une permission spéciale. Il n'est plus permis d'en établir dans l'enceinte des villes. Le propriétaire de la carrière doit opérer l'extraction de manière à prévenir les accidents inévitables, lorsqu'on attaque de trop grandes masses, ou qu'on n'étaye pas les terres de façon à prévenir les éboulements. Les procédés varient suivant qu'il s'agit de galeries souterraines ou de carrières à ciel ouvert. Le propriétaire de la mine est responsable devant le tribunal correctionnel des accidents causés par sa propre imprudence ou par l'inexécution des règlements.

CARRIÈRES-CHARENTON (les), village de l'arrond. de Sceaux (Seine), à 6 kil. de Paris. Pop. 900 hab. Entrepôt de vins.

CARRIÈRES-SAINT-DENIS (les), village de l'arrond. de Versailles (Seine-et-Oise), à 16 kil. de cette ville. Pop. 1,100 hab. Récolte de figues. Nombreuses carrières.

CARRION DE CALATRAVA, ville d'Espagne, province de Ciudad-Real, à 12 kil. de cette ville. Pop. de la commune, 0,150 hab. On trouve dans son territoire les ruines de Calatrava-Viejo.

CARRION DE LOS CANDES, ville d'Espagne, dans la province de Palencia, à 30 kil. de cette ville. Pop. 3,000 hab. Ancienne capitale du comté de son nom. Vins estimés. Célèbre bataille entre Ferdinand dit le *Grand* et Bermulde III en 1037. Ce dernier y périt.

CARRION-NISAS (Marie-Henri-François-Elisabeth, baron), né à Montpellier en 1767, mort en 1841. Il fut condisciple de Bonaparte au collége de Brienne. Il était officier de cavalerie en 1789; mais il fut recherché pour ses opinions royalistes, et emprisonné en 1793. Rendu à la liberté après les événements de thermidor, il s'attacha à la fortune de Bonaparte, à qui il dut son élévation, non moins qu'à la protection de Cambacérès, son parent. Il fut membre du Tribunat. Lorsque Bonaparte prit la couronne, il désapprouva le principe de l'hérédité. Lors de la première Restauration, il s'attacha à Louis XVIII, qui le nomma secrétaire général au ministère de la guerre. Lorsque Napoléon revint de l'île d'Elbe, il se rangea sous ses drapeaux, et sa brillante défense des ponts de Saint-Cloud et de Sèvres lui valut le grade de général de brigade. La Restauration ne lui pardonna pas de s'être rallié à l'Empereur et le laissa dans l'obscurité. Il a laissé une *Histoire de l'art militaire* et un *Récit de la campagne d'Allemagne.*

CARRION (Emmanuel-Ramirez DE), savant instituteur des sourds-muets du commencement du XVIIe siècle. Il contribua beaucoup au développement de la langue mimée en s'appliquant à chercher dans la nature la raison des signes. Il a laissé un curieux ouvrage en espagnol, intitulé : *Merveilles de la nature où l'on trouve deux mille secrets sur les choses naturelles.* Il fit l'éducation de plusieurs grands d'Espagne.

CARROBALISTE, petite baliste portative, traînée à la suite des légions romaines. Chaque centurie en avait une servie par onze hommes de grosse infanterie. Elle lançait, avec une grande rapidité, des traits qui perçaient les cuirasses et les boucliers.

CARRON, village d'Ecosse (Stirling) à 3 kil. de Falkirk. Célèbre par ses usines à fer, établies en 1760; elles emploient 2,500 ouvriers.

CARRON (Gui-Toussaint-Julien), théologien et moraliste, né à Rennes en 1760, mort en 1820. Il se distingua par une ardente charité. En 1785, il fonda à Rennes une filature où étaient employés 2,000 pauvres ; il y avait joint une école et une infirmerie. Il établit aussi dans le voisinage de la ville un asile pour les jeunes filles vouées à la misère et au vice. L'excès de travail affaiblit ses forces au point de faire craindre pour ses jours. Lors de la Révolution, Carron refusa de prêter serment et de se soumettre au nouvel ordre de choses. Il fut jeté en prison, puis déporté à Jersey. Dans ce lieu d'exil sa bienfaisance ne se ralentit pas : il ouvrit deux écoles qu'il dirigea lui-même, et fonda une bibliothèque et un hôpital. Ayant été obligé, en 1796, de quitter Jersey et de se rendre à Londres, il rétablit dans cette ville ses deux écoles et y fonda deux hospices; il institua aussi un séminaire. Il établit un bureau de secours pour les pauvres, dont il devint la providence. Lors de la Restauration, il fut nommé administrateur de la maison de refuge pour les jeunes prisonniers. Il a laissé un grand nombre d'écrits moraux et une *Histoire des confesseurs de la foi dans l'Eglise gallicane.*

CARROSSE. On appelle ainsi une voiture à quatre roues avec deux portières de chaque côté, ordinairement traînée par deux chevaux. Cette mode nous est venue d'Italie. La reine Catherine de Médicis est la première qui en ait fait usage en France. Jusqu'alors les reines et les dames de la cour allaient à cheval ou se faisaient porter en litière. De Thou, président du parlement, est le premier particulier qui ait eu un carrosse à cause de ses infirmités. Henri IV n'avait qu'un seul carrosse, et quand sa femme s'en servait, il était privé d'aller à l'Arsenal voir son ami Sully. Son carrosse n'avait pas de glaces; les portières étaient fermées par des tabliers en cuir, que l'on abaissait pour livrer passage; le carrosse était clos par des rideaux; le maréchal de Bassompierre fut le premier qui eut un carrosse avec des glaces. Le luxe des carrosses commença à se répandre sous Louis XIV. On disait alors : ma carrosse, Louis XIV faillit se tromper en disant un jour à un valet : « Faites avancer mon carrosse. » On ne vit pas là une faute de langage, — les dieux et les rois sont infaillibles, — on pensa seulement que le grand roi avait voulu régenter la grammaire et changer le genre d'un substantif, et les courtisans s'empressèrent à l'envi de changer à leur tour le genre du mot carrosse, qui devint ainsi masculin *de par le roi.* Les carrosses se sont tellement multipliés que le mot a paru *rococo :* on dit aujourd'hui une calèche, un wiskey, un phaéton, un huit-ressorts; mais le carrosse est relégué parmi les vieilleries, et ne se rencontre plus guère que dans certaines villes de province de mœurs coutumières. Les Orientaux affectent un profond mépris pour nos voitures; ils prétendent que l'homme ne doit aller qu'à cheval, et que la voiture ne convient qu'aux femmes. Ainsi l'ambassadeur persan qui vint en 1715 à la cour de Louis XIV se refusa à monter dans un carrosse du roi, en disant « qu'il ne voulait pas s'enfermer dans une boîte et surtout avec des chrétiens. » Il fallut presque employer la violence pour l'y contraindre.

CARROUGES, ch.-l. de cant. de l'arrond. d'Alençon (Orne), à 30 kil. de cette ville. 2,200 hab. Vaste château du XIVe siècle. Exploitation de fer et forges.

CARROUSEL. On a donné ce nom à un jeu équestre. On a attribué l'origine du carrousel aux Indiens, aux Grecs et aux Persans. Sans rechercher auquel de ces peuples appartient l'institution de ces jeux, nous dirons que les carrousels étaient autrefois des fêtes religieuses, de véritables mystères qui se célébraient avec faste et apparat. Chez les Orientaux ils avaient quelque chose de magique et d'hiéroglyphique comme les sphinx de l'Egypte; en Grèce, ils étaient plus gracieux, et ceux qui étaient institués en l'honneur de Jupiter et d'Apollon, ou même en l'honneur des héros, étaient pour les arts un beau champ de triomphe. Dans le cirque romain, le carrousel avait quelque chose de magnifique et d'austère. Sans remonter jusqu'au splendide carrousel donné par Antiochus Epiphane en l'honneur de Daphné, ni à celui de Ptolémée Philadelphe, célébré à Alexandrie, nous dirons que les premiers carrousels qu'on vit en France avaient un caractère religieux : on y figurait de pieux mystères dans lesquels Dieu et Jésus apparaissaient sous une forme humaine pour jouer leur rôle parmi les hommes; les élus et les chérubins étaient représentés couverts de superbes draperies; l'enfer n'y jouait pas le moindre rôle; toutes les classes étaient représentées dans des processions où des anges à longue barbe entonnaient des madrigaux, des romances à la Vierge, ou exécutaient des danses singulières au bruit des fanfares et des cloches. Quelquefois le paganisme trouvait un coin pour se nicher dans ces pieuses mascarades; les écoliers de l'Université ne manquaient jamais de produire leurs emblèmes philosophiques. Les tournois étaient en quelque sorte des carrousels. C'est aux Maures d'Espagne, chez qui la galanterie et le sentiment de l'honneur étaient aussi développés qu'au sein de la chevalerie chrétienne, que nous devons les tournois. On tenait d'eux l'usage des devises, des inscriptions et des couleurs auxquelles l'art héraldique attachait un sens. Des bannières de diverses couleurs, ingénieusement disposées, exprimaient les cartels et servaient de signaux. Ces fêtes ne furent introduites en France que fort tard; mais elles y furent accueillies avec un enthousiasme inexprimable : les chevaliers y accouraient de tous les points du royaume. Qu'on se représente une foule immense, rangée autour de tentes richement décorées et ornées de devises, où se tenait la cour. Une symphonie guerrière annonçait l'ouverture du tournois; les maréchaux de camp donnaient le signal pour faire ouvrir la barrière. Aussitôt s'avançaient les quadrilles montés sur des chevaux richement caparaçonnés et portant des bannières à la couleur de leurs dames. Ils faisaient le tour du champ de tournoi lentement, l'arme haute, et après cette promenade, qui s'appelait la comparse, ils venaient se réunir au centre. Les *tenants* étaient assistés de leurs parrains et de leur pages; derrière eux suivaient des estafiers qui conduisaient des chevaux de main. Des hérauts d'armes proclamaient les défis de cartels; d'autres hérauts annonçaient les réponses des tenants, et quand les quadrilles étaient ainsi formés, la joute commençait. Les fanfares guerrières accompagnaient le cliquetis des armes. Quand les combattants prenaient quelque repos, on faisait avancer des chars roulants sur lesquels on voyait des emblèmes de toutes sortes, des statues, des animaux fantastiques. Puis des trouvères venaient réciter, au nom des chevaliers, des chants en l'honneur de leurs dames. Après les jeux de lances, de têtes, de bagues ou de dards, les quadrilles se mêlaient et parcouraient le champ du tournoi en faisant manœuvrer leurs chevaux en cadence, et quelquefois même en s'attaquant; cela s'appelait *faire la foule.* Les jeux se terminaient par un feu d'artifice. Depuis la mort de Henri II, qui fut malheureusement blessé d'un éclat de lance par le comte de Montgommery, on abandonna le combat à la lance, et l'on ne continua à lutter qu'à l'épée. Sous Louis XIV, les carrousels n'étaient plus que des fêtes mythologiques. Aujourd'hui, il n'y a plus de carrousel proprement dit; on ne donne plus en spectacle que des exercices équestres.

CARS, village de l'arrond. de Blaye (Gironde), à 3 kil. mèt. de cette ville. Pop. 1,600 hab. Eglise en partie romane; débris de fabrique gallo-romaine. Récolte de vins rouges.

CARSTENS (Asmus-Jacob), célèbre peintre danois, né à Sankt-Jüergen, près de Schleswig, en 1754, mort à Rome en 1798. Ses parents combattirent ses heureuses dispositions pour la peinture et le forcèrent à se placer chez un marchand. Il n'en consacra pas moins ses heures de loisirs à l'étude d'un art auquel il lui était impossible de renoncer, et bientôt il s'y consacra entièrement. Il n'eut d'autre maître qu'un jeune peintre qui lui apprit à se servir des couleurs. Après avoir passé quelque temps à Copenhague, il essaya ses forces en composant son premier tableau : la *Mort d'Eschyle*, mais malgré le mérite de ce tableau, le prix qu'il en tira fut si modique qu'il dut se résigner, pour subsister, à faire des portraits. En 1793, il entreprit le voyage de Rome, avec un de ses frères à qui il avait lui-même enseigné la peinture. Arrivés à Mantoue où ils restèrent quelque temps, ils se virent absolument sans ressources, et allèrent à Zurich, où ils rendirent visite à Gessner et à Lavater qui les protégèrent et les aidèrent à vendre quelques dessins. De Zurich, Carstens alla seul à Lubeck où il composa ses meilleurs tableaux, s'attachant surtout à saisir le caractère des œuvres antiques et à idéaliser les objets. En 1788, il envoya quelques tableaux à l'exposition de l'académie de Berlin; les *Quatre Eléments* et la *Chute des anges*, obtinrent un légitime succès; il fut même admis à l'Académie. La décoration de la salle du palais d'Orville, à Berlin, passe pour son chef-d'œuvre. Ses dessins ont été aussi admirés que ses peintures ; on cite notamment la *Nuit avec ses enfants* qu'il représenta d'après Hésiode. Il quitta Berlin pour aller à Rome, où il mourut.

CARTAGO, ville de l'Amérique (État de Costa-Rica), à 35 kil. de San-José. Cette ville était autrefois très-florissante ; elle fut ruinée par un tremblement de terre, en 1841.

CARTAGO, ville de la Nouvelle-Grenade (Canca), à 109 kil. de Bogota. Pop. 5,000 hab. Cette ville sert d'entrepôt à Santa-Fé.

CARTE GÉOGRAPHIQUE. Représentation plane d'une partie plus ou moins étendue de la surface du globe terrestre. Les cartes n'ont pu être dressées exactement qu'avec le concours de l'astronomie et même de la géologie. Il est évident que la terre étant ronde et les divers points topographiques étant dessinés sur une surface plane, le tracé ne peut offrir la reproduction exacte des dimensions ; mais si l'ensemble exposé sous les yeux n'est pas rigoureusement exact, et offre vers les pôles un certain raccourci, la situation n'en est pas moins exactement indiquée; ainsi, il est évident que si l'on trace sur une surface une étendue de pays qui ne présente qu'un petit nombre de degrés, la courbure ne présenterait qu'une altération peu sensible, et l'échelle de la carte suffit pour mesurer la distance des lieux qui y sont placés. Les anciens ont construit des cartes géographiques ; celles de Ptolémée ont été faites d'après les ouvrages de ce géographe. Les Arabes ont laissé des cartes aussi exactes que le permettait l'état peu avancé de la science. On distingue plusieurs sortes de cartes: la carte générale, qui comprend une grande étendue de pays; la carte chorographique, qui se borne à une seule province; la carte topographique, indiquant les accidents de terrain en relief, de manière à permettre la comparaison des hauteurs; la carte hydrographique ou marine, qui représente la mer avec les bancs de sable, les phares, les îles et les côtes ; la carte itinéraire ou routière ; la carte botanique, indiquant les productions végétales d'un pays ; la carte minéralogique, indiquant les productions minérales ; la carte astronomique, etc.

CARTE BLANCHE. On appelle ainsi le plein pouvoir donné par le souverain au général d'une armée en campagne; c'est le droit de diriger les opérations militaires, en ne prenant conseil que des circonstances. Le souverain jaloux de son autorité n'accorde que rarement un tel privilége; mais plus d'une fois, nos généraux se sont affranchis des ordres qui leur étaient imposés, pour modifier les plans de campagne suivant les nécessités : Turenne et Condé en ont donné plusieurs exemples sous Louis XIV. Sous Louis XV, qui laissait souvent les femmes traiter de la paix ou de la guerre, les généraux qui voulaient ménager la cour, essuyèrent une suite de revers qu'on ne peut attribuer qu'à leur défaut d'initiative. Bonaparte, à la tête de l'armée d'Italie, méprisa souvent les ordres du Directoire, pour ne prendre conseil que de son génie, et imposa même au gouvernement le traité qu'il avait résolu de conclure avec la cour d'Autriche.

CARTEAUX (Jean-François), général français, né à Allevant en 1751, mort vers 1813. Il était fils d'un dragon du régiment de Thianges, et fut élevé dans les camps. Son père ayant eu la jambe emportée par un boulet, il le suivit aux Invalides. Il eut l'occasion de suivre les travaux de décoration que le célèbre Ledoyen exécutait à l'hôtel des Invalides; il montra tellement de goût que Ledoyen en fit son élève et lui enseigna l'art de composer ces tableaux d'histoire qui lui ont valu un rang distingué parmi nos peintres français. Il était occupé à faire le portrait de la reine de France, sur émail, quand éclata la révolution de 1789 ; il entra alors en qualité de lieutenant dans la cavalerie de la garde nationale. Sa conduite à l'attaque du château des Tuileries, le 10 août 1792, lui valut le grade d'adjudant général. Il fut chargé de surveiller à Grenoble la levée de 300,000 hommes, en qualité de commissaire du conseil exécutif. En récompense du succès de sa mission, il fut nommé général de brigade. En 1793, il fut envoyé dans le midi de la France pour y combattre les royalistes, dont les menées allaient faire tomber Toulon au pouvoir pes Anglais. Carteaux battit les Marseillais sur les hauteurs de Septême, et empêcha ainsi leur jonction avec les Lyonnais; il entra à Marseille le 25 août 1793. La Convention décréta qu'il avait bien mérité de la patrie. Il fut appelé au commandement en chef de l'armée d'Italie à la place du général Brunet, et fit subir un échec considérable aux Anglais qui venaient de débarquer à Toulon. Il venait de commencer le siége de cette ville quand il fut arrêté et emprisonné à la Conciergerie, en 1794, sur un ordre du comité du salut public. Il recouvra la liberté le 9 thermidor, et fut envoyé en Normandie en 1795 pour étouffer l'insurrection qui venait d'éclater à Caen. En 1804, Bonaparte lui confia l'administration de la province de Piombino. Il n'y resta que quelques mois, et revint en France, où il mourut peu après dans l'obscurité.

CARTEL. On appelle ainsi la dénonciation d'un défi par lequel on provoque quelqu'un en duel. Au moyen âge, les chevaliers qui luttaient dans les tournois s'adressaient des cartels par l'intermédiaire des hérauts d'armes.

CARTELLIER (Pierre), célèbre sculpteur, né à Paris en 1757, mort en 1831. Il était fils d'un simple ouvrier mécanicien, qui n'eut pas les moyens d'encourager la vocation du jeune Cartellier. Pendant longtemps, il ne put suivre d'autre étude que celle de l'école gratuite de dessin. Il acquit cependant une certaine habileté dans la confection des modèles de pendules et des ornements de bronze. Chalgrin, ayant remarqué sa rare habileté, le chargea de faire, pour le palais du Luxembourg, les statues de la *Vigilance* et de la *Guerre*. Ce fut surtourt sa statue de la *Pudeur*, placée à la Malmaison, qui fonda sa réputation. En 1810, il était admis à l'Académie des beaux-arts, et, cinq ans plus tard, il était nommé professeur à l'école des beaux-arts. On remarque, parmi ses nombreux chefs-d'œuvre, le bas-relief des *Jeunes filles de Sparte dansant devant un autel de Diane;* celui de la porte principale du Louvre, représentant la *Gloire*; celui de l'arc du Carrousel, la *Capitulation d'Ulm*; celui de la porte des Invalides, *Louis XIV à cheval*. Parmi ses statues, on distingue *Napoléon législateur*, à Versailles, et le cheval de la statue équestre de Louis XIV dans la cour du château, etc.

CARTERET (Philippe), navigateur anglais. Il reçut le commandement d'une expédition qui avait pour objet de découvrir de nouvelles terres dans l'hémisphère méridional. Il partit d'Angleterre le 22 août 1766, et entreprit un voyage qui ne dura pas moins de deux ans et demi. Il était parti avec deux bâtiments; mais l'un d'eux ayant été séparé de l'autre par un coup de vent, à la sortie du détroit de Magellan, Carteret entreprit, avec une corvette endommagée par la mer, de continuer sa route au N.-O. Il découvrit plusieurs îles au S. des îles de la Société, l'archipel de Santa-Cruz-de-Mandaux, et quelques autres îles du groupe de Salomon. Il fut le premier qui traversa le canal Saint-Georges, entre les terres de la Nouvelle-Bretagne et celles de la Nouvelle-Irlande. Il découvrit encore les îles d'Admiralty, et rentra en Angleterre le 20 février 1759. La relation de son voyage a été publiée à la suite de celle du premier voyage de Cook.

CARTERET (îles), îles de l'Océanie (Australie), dans l'archipel de Salomon; Philippe Carteret les découvrit en 1767 et leur donna le nom de *Neuf-Iles*.

CARTERET, comté des États-Unis (Caroline du N.). Pop. 6,000 hab. Ch.-l. Beaufort.

CARTERET, petit port sur la Manche (dép. de la Manche), de l'arrond. de Valognes, à 30 kil. de cette ville, à 30 kil. de Jersey, à l'embouchure de la rivière de Gerfleur. Pop. 550 hab. Phare. Importation de houille et de bois. Exportation de moutons, porcs, volailles, œufs, beurre, légumes, grains.

CARTES A JOUER (origine des). On a beaucoup discuté sur l'origine des cartes à jouer. On attribue l'invention du jeu de cartes aux Lydiens, qui se consolèrent ainsi des rigueurs d'un siége qu'ils avaient à soutenir. Il ne paraît cependant pas que ces cartes aient été disposées pour des jeux semblables à ceux que nous connaissons. Il y a lieu de croire, au contraire, que les cartes offraient une certaine analogie avec le jeu d'échecs. Les Arabes, passionnés pour les échecs, donnaient au jeu de cartes une combinaison analogue. Quoi qu'il en soit, les cartes étaient en usage bien avant 1392, époque à laquelle on a voulu placer l'invention de ce jeu. Les vieux auteurs en parlent dès l'année 1367. On a conservé au cabinet des estampes de Paris 17 cartes attribuées à Gringonneur, imagier du roi, et dont les figures reproduisaient des personnages de la fameuse *Danse macabre*. Ainsi l'on trouve le Pape, l'Empereur, l'Ermite, le Fou, le Pendu, l'Écuyer, le Triomphateur, les Amoureux, la Lune et les Astrologues, le Soleil et la Parque, la Justice, la Fortune, la Tempérance, la Force, la Mort, le Jugement des âmes, la Maison de Dieu. Les noms et les couleurs des cartes diffèrent suivant les pays ; nous avons *pique*, *trèfle*, *carreau* et *cœur*; les Espagnols ont *épée*, et *coupe;* les Allemands, *bâton*, *denier vert*, *gland*, *grelot* et *rouge*.

CARTHAGE, célèbre ville de l'Afrique ancienne située sur la côte septentrionale, au fond d'un vaste golfe dit de Carthage (aujourd'hui golfe de Tunis) qui s'étend du cap Bon au cap Zébid. Du fond s'avançait une presqu'île d'environ 60 kil. de circonférence, liée au continent par un isthme, large de 4 kil. C'est sur cette presqu'île qu'était située Carthage, entre Tunis et Utique. Strabon prétend que cette ville avait un développement de 360 stades (65 kil.). Elle comptait cinq portes principales : celles de Mégare, d'Utique, de Théveste, de Furnos et de Thapsus. On évaluait sa population à environ 700,000 hab. Elle possédait deux ports : le grand port ou port intérieur, appelé *Cothon;* qui pouvait contenir 220 vaisseaux de guerre et leur offrait un abri sûr, le petit port ou port extérieur était destiné aux navires de commerce. Du côté exposé aux flots, il existait un mur qui défendait l'accès du port, tandis que sur la langue de terre s'élevait la citadelle nommée Byrsa; un triple mur d'environ 26 m. de haut et 10 de large le défendait contre toute attaque. Le reste était occupé par le quartier dit de *Mégara*, qui renfermait de nombreux jardins. Carthage fut fondée, dit-on, par Didon, princesse tyrienne (880 av. J.-C.). On raconte que fuyant son frère Pygmalion, qui avait fait assassiner son mari Sichée, Didon acheta aux naturels du pays un espace de terre de la grandeur d'un cuir de bœuf; elle fit couper ce cuir en lanières très-minces et entoura le rocher où elle éleva la citadelle nommée *Byrsa*. Cette tradition, que beaucoup d'auteurs rapportent, paraît être absurde. Eusèbe et Procope font remonter la fondation de Carthage à l'an 1259 av. J.-C., et c'est vers cette époque que Nonus raconte dans ses *Dyonisiaques,* que le phénicien Cadmus fonda Carthage, qui fut d'abord appelée Cadmeia; selon eux encore, l'an 1231, Sor et Charchédon, tous deux Tyriens, agrandirent la nouvelle ville. Les Carthaginois suivaient les coutumes, les mœurs, la religion des Phéniciens, dont ils tiraient leur origine. Ils se sont surtout rendus célèbres par leur activité commerciale, leur puissance maritime et leur richesse. Leur astuce, qui souvent dégénérait en perfidie, était devenue proverbiale *(foi punique)*. L'histoire de Carthage se divise en trois périodes : de 880 à 480, elle eut à lutter contre les populations africaines et les dompta; de 480 à 264, elle tenta de s'emparer de la Sicile; enfin de 264 à 146, elle soutint contre Rome une guerre acharnée. On connaît très-peu la première de ces périodes. Les Carthaginois parvinrent à établir leur domination sur la côte septentrionale d'Afrique depuis les *autels* de Philènes au fond de la grande Syrte jusqu'aux colonnes d'Hercule. Ils s'emparèrent de la Sardaigne vers 550 av. J.-C., enlevèrent aux Phocéens l'île de Corse et fondèrent des comptoirs dans les îles Baléares; ils conquirent encore la Sicile, Malte, les Lipariennes. Ces possessions leur furent d'autant plus avantageuses qu'elles étaient achetées par du sang mercenaire, car comme toutes les républiques commençantes, Carthage ménageait sa population nationale. La période de conquêtes pour Carthage s'ouvre dans la moitié du VIe siècle avant notre ère : les Carthaginois s'unirent aux Etrusques et attaquèrent les Phocéens, qui furent vainqueurs; sur 60 vaisseaux qu'ils avaient, 40 furent coulés bas. Justin rapporte que Malchus, ayant voulu porter la guerre en Sardaigne, fut complétement battu. Le sénat le bannit à perpétuité avec son armée. Malchus, pour se venger de cette condamnation qu'il considérait comme une insulte, assiégea Carthage, s'en empara par l'épée et fit mourir 10 sénateurs qui avaient voté son bannissement (530 av. J.-C.). Son successeur Magon le Grand fut la tige de cette famille héroïque qui, de 550 à 308, donna à Carthage dix ou onze chefs, qui perfectionnèrent sa civilisation et augmentèrent sa puissance et sa gloire. De son vivant, Cambyse voulut s'emparer de Carthage et se vit forcé de renoncer à son entreprise. En 509, Carthage, qui faisait du commerce en Italie, conclut un traité avec les Romains. A cette première période, appartiennent la plupart de ses colonisations sur les côtes occidentales d'Espagne, dans les îles Baléares, à Goze, dans l'île Tercine, en Sicile, à Malte, etc. Parmi les hommes illustres, on cite Hannon qui, par l'ordre du sénat de Carthage, équipa une flotte de 60 vaisseaux et répandit 30,000 colons libyphéniciens entre les Colonnes d'Hercule et l'île de Cerné; le général Amilcar qui franchit les Colonnes d'Hercule, visita sur la côte d'Espagne les stations et colonies carthaginoises; il longea même la Gaule, traversa la Manche et arriva aux îles Cassiterides, qui ne peuvent être que les îles Solingues ou Silley, au S.-O. de l'Angleterre. Le gouvernement de Carthage se forma pendant cette première période de son histoire. La seconde période de l'histoire de Carthage, de 480 à 264, commence au moment où Xercès envahissant la Grèce, les Carthaginois ses alliés envahirent la Sicile, et se bornèrent à occuper les villes de Motyum, Soloïs et Panorme. Ils attaquèrent Gélou, tyran de Syracuse, qui les vainquit à Himera. En 410, les Segestains, en guerre avec les habitants de Sélimunte, appelèrent à leur secours les Carthaginois. Sous la conduite d'Annibal, fils de Giscon, une flotte carthaginoise transporta en Sicile une armée de 100,000 hommes, Africains, Ibériens, Italiens; il s'empara d'Himère, de Géla, Sélinunte, d'Agrigente, dont les Carthaginois massacrèrent les habitants. Pendant l'espace de 36 ans, il se livra quatre guerres : dans la première, Denys Ier fut vaincu devant Géla et céda à Carthage, outre le territoire qu'elle possédait, Gélri et Camarine. Cinq ans après, il y eut une nouvelle guerre entre Imilcon, successeur d'Annibal, et Denys. Ce dernier fut d'abord vainqueur, mais une double défaite sur terre et sur mer lui fit perdre toutes ses conquêtes, et Imilcon vint l'assiéger dans Syracuse; mais la peste lui vint en aide et les Carthaginois perdirent 150,000 hommes sous les murs de Syracuse; ils n'en continuèrent pas moins la guerre avec acharnement. La paix ne se fit qu'en 392, et par ce traité, les Carthaginois abandonnèrent seulement à Denys la ville de Cauromentum et son territoire. En 383, la 3e guerre se déclare; une bataille s'engage près de Cabala, où périrent 10,000 soldats de Carthage et parmi eux le roi Magon. La même année, Magon II vengea glorieusement son père et remporta une victoire décisive sur Denys. Ce dernier acheta la paix moyennant 10,000 talents et céda tout le pays au-delà du petit fleuve Halicus, sur la côte méridionale de l'île. Tout ce qui était à l'Occident de cette rivière, à peu près le tiers de la Sicile, reconnaissait la souveraineté de Carthage. En 368, Denys recommença la guerre en s'emparant de Selmente, Entelk, Erix. Il s'avança devant les murs de Lilybée, où il échoua, et sa flotte fut battue dans le port. Enfin Denys mourut avec le regret de n'avoir pu expulser les Carthaginois de la Sicile. Les conquêtes des Carthaginois durent s'arrêter devant la valeur de Timoléon, qui les força de lever le siége de Syracuse (342). 10,000 des leurs y périrent, 15,000 furent faits prisonniers sur les bords de la Cremise. Agathocle, tyran de Syracuse, recommença la lutte, mais il fut battu et assiégé par les Carthaginois devant Syracuse; alors il porta la guerre sur la côte d'Afrique, au sein même de la puissance de Carthage (310). Après quelques victoires, après avoir vu Amilcar, général carthaginois, vaincu et tué par les Syracusains, Agathocle fut vaincu à son tour en Afrique par les Carthaginois et souscrivit à un traité avantageux pour Carthage (311-307). La prépondérance de cette république s'accrut beaucoup en Sicile par un troisième traité d'alliance entre elle et Rome, occasionné par l'ambition de Pyrrhus, qui avait remporté quelques avantages qu'il perdit presque aussitôt. Mais, peu de temps après, Carthage ayant voulu poursuivre ses projets de conquête en Sicile, elle se trouva en présence d'un nouvel adversaire. Les guerres entre Rome et Carthage remplissent la 3e période de cette puissance, de 264 à 146 av. J.-C. (*Voir* GUERRES PUNIQUES). Carthage fut détruite l'an 146 av. J.-C. (606 de Rome), et son territoire fut réduit en provinces romaines sous le nom d'Afrique. Le tribun du peuple C. Gracchus y conduisit une colonie de 6,000 hommes et traça l'emplacement d'une ville qui devait se nommer Junonia. Marius était encore réduit à venir s'asseoir sur les ruines de Carthage pour y chercher un asile que ses ennemis lui déniaient. Le second fondateur de Carthage fut Jules César. Sous les empereurs, elle ne tarda pas à acquérir une grande importance. Au IIIe et IVe siècle, elle rivalisait de splendeur avec Rome; plus de 40 conciles y furent tenus jusqu'au XIe siècle; elle devint le chef-lieu de la province d'Afrique. On y cultivait les lettres latines, et de son école sont sortis : Apulée, Arnobe, Tertullien, Saint-Cyprien et Saint-Augustin, etc. Elle fut prise par les Vandales en 439 av. J.-C., et par Bélisaire en 533. Jusqu'à l'époque des Arabes, elle résista à tous les fléaux de la guerre, et en 698, Hassun la conquit et la brûla. Plus tard, les kalifes fatimites en repeuplèrent un quartier. Enfin le XVIe siècle vit cette ville si maltraitée tomber pour ne plus reparaître; cette œuvre de destruction fut laissée aux Espagnols que Charles-Quint avait placés dans le fort de la Goulette. Il n'est resté de Carthage que le nom et de grands souvenirs; on a peine même à découvrir près de Tunis où fut Carthage; mais M. Beulé, dans des fouilles faites en 1859-1860, a découvert dans Cathon les anciens murs carthaginois, et a déterminé l'emplacement de Byrsa et de la Nécropole. Le roi Louis-Philippe fit élever, en 1841, une chapelle dédiée à saint Louis, sur la partie haute de l'ancienne Carthage, à l'emplacement même où mourut ce prince. Ce terrain fut concédé à perpétuité à la France par l'émir Ahmed-Bey.

CARTHAGÈNE, ville d'Espagne dans la province de Murcie, à 40 kil. de cette ville. Pop. 38,000 hab. Port militaire et place très-forte sur la Méditerranée. Siége d'un évêché suffragant de Tolède. Observatoire; jardin botanique; école de navigation. Consulat français. Fabrique de toiles à voiles; soieries, verres et cristaux. Commerce important, mégisserie; pêche active. Arsenal maritime, beaux chantiers de construction, beaucoup d'établissements relatifs à la marine. Cette ville fut fondée par Asdrubal l'an 525 av. J.-C. Lors de la 2e guerre punique (210 av. J.-C.), elle tomba au pouvoir de Scipion l'Africain. Les Sarrazins la détruisirent à peu près complétement. Elle ne se releva que sous Philippe II (XVIe siècle) et retrouva sa prospérité; depuis cette époque, sa décadence va toujours en augmentant.

CARTHAGÈNE, ville de la Nouvelle-Grenade (Amérique du Sud), à 590 kil. de Bogota, sur la mer des Antilles, dans le golfe Darien. Pop. 25,000 hab. Place forte; port commerçant et militaire, un des plus sûrs de la côte; siége d'un évêché, belle cathédrale, université, école de marine, commerce actif, quoique déchu. Climat peu salubre; la fièvre jaune y sévit souvent de la manière la plus cruelle. Cette ville fut fondée par l'Espagnol Pedro de Heredia en 1533, et devint très-florissante; mais les guerres de l'Indépendance lui causèrent un grand préjudice. Drake s'en empara et l'occupa quelque temps (1583); elle fut prise aussi par Pointis (1697).

CARTIER (Jacques), navigateur français,

né à Saint-Malo, en 1494. François Ier, comprenant l'importance de l'établissement d'une colonie dans les pays voisins des côtes où se pratiquait la pêche, confia à Cartier, en 1534, le commandement de deux vaisseaux montés par 122 hommes, pour continuer les explorations des Cabot dans cette partie des mers du nord, et aussi pour rechercher Florentin et ses malheureux compagnons, dont on n'avait pas de nouvelles depuis 1525. Le 20 avril 1534, il partit du port de Saint-Malo; le 10 mai suivant, il apercevait Bonavista dans l'île de New-Foundland. Contraint de reculer devant les montagnes de glaces, il vint aborder dans un havre auquel il donna le nom de Sainte-Catherine. Après avoir hiverné dans cet endroit, il partit à la belle saison, et vogua vers le nord, en passant par le détroit de Belle-Isle. Il visita les côtes du golfe Saint-Laurent, et prit possession de ce pays au nom de son souverain. Il y découvrit la baie des Chaleurs, et reconnut de nouvelles terres en s'avançant dans le Saint-Laurent. Le 15 septembre, il rentrait au port de Saint-Malo. François Ier accueillit de telles découvertes avec la plus vive satisfaction et résolut de fonder un établissement à l'embouchure du Saint-Laurent. Cartier fut encore chargé de cette mission; il partit l'année suivante avec trois vaisseaux, et parvint enfin au port de Saint-Laurent, malgré une tempête effroyable. Il remonta le fleuve et découvrit une île qu'il nomma Bacchus, et qui reçut plus tard le nom de Nouvelle-Orléans. Il trouva parmi les sauvages de cette contrée un accueil bienveillant, et put s'approvisionner de manière à poursuivre plus loin ses explorations. Il prit avec lui deux barques et s'avança jusqu'à Montréal. Là, il découvrit une bourgade qui vivait de pêche et de labourage. Après ce voyage, il revint sur ses pas, et alla hiverner près de Québec. Son équipage fut éprouvé par le scorbut; mais grâces aux précautions qu'il prit pour sauver l'équipage, il fut bientôt en état de reprendre la mer pour retourner en France, après une absence de quatre années. François de Laroque fut nommé lieutenant-général du Canada, et Cartier reçut le commandement de la flotte qui devait l'accompagner. A son retour du Canada, il passa par Saint-Jean en New-Foundland. Roberval, qu'il rencontra dans ces parages, voulut le forcer à retourner au Canada, mais Cartier résista à ses instances. Il a laissé des *Mémoires* très-curieux, mais qui attestent une étonnante crédulité.

CARTON. C'est une sorte de papier de forte épaisseur, et qu'on obtient soit en collant des feuilles de papier les unes sur les autres, soit en formant une pâte grossière que l'on recouvre sur les deux faces d'une feuille de papier, qu'on soumet ensuite au tissage.

CARTON. On donne ce nom aux grands dessins que font les peintres pour servir de modèle dans la composition de leurs tableaux; on les emploie surtout pour les peintures à fresque. On a conservé de beaux cartons de Raphaël, de Michel-Ange et de Léonard de Vinci.

CARTON. On appelle ainsi, en typographie, une feuille qu'on réimprime, pour la substituer à une autre feuille incorrecte, qu'on retire d'un ouvrage déjà imprimé.

CARTON (pierre). On donne ce nom à une sorte de carton incombustible qu'on obtient par un mélange de pâte de carton, de craie, de gélatine et d'huile de lin; cette composition prend, en séchant, la dureté de la pierre. C'est à la Suède que nous devons cette invention. On peut l'employer pour les couvertures de maisons.

CARTONNAGE, CARTONNIER. Le cartonnier est celui qui fabrique le carton, ou qui emploie cette matière à la fabrication des cartes à jouer, des boîtes et de divers ornements, tels que des tabatières, des plateaux et des vases: ces derniers objets se fabriquent avec une pâte qu'on recouvre d'un vernis.

CARTOUCHE (Louis-Dominique BOURGUIGNON, dit), né à Paris en 1693. Le roman et le théâtre se sont emparés de ce fameux brigand dont la triste renommée est impérissable. La tradition attache au nom de cet homme certaines idées de générosité et de galanterie qui en font un caractère plein d'originalité. Cartouche naquit à la Courtille, son père était cabaretier; il voulut faire de son fils un procureur, et l'envoya même au collége Louis le Grand, alors dirigé par les jésuites; il fut le condisciple de Voltaire et acquit aussi une certaine célébrité, mais d'un autre genre. S'il négligeait volontiers ses devoirs, du moins il exerçait activement son incontestable habileté sur les poches de ses camarades. Il fut chassé du collége et renvoyé à son père. Celui-ci fut à son tour victime d'un vol. Son père allait le faire incarcérer à Saint-Lazare, quand Cartouche jugea prudent de prendre la fuite. Il eut la mauvaise chance d'être dépouillé par des bohémiens; mais loin de s'en fâcher, il admira leur dextérité, et voulut devenir leur élève. On le vit tour à tour se livrer à des filouteries, servir dans les derniers rangs de la police, et enfin racoler pour le service des sergents recruteurs. Ayant eu l'imprudence de s'enivrer, on lui fit la mauvaise plaisanterie de l'enrôler lui-même par surprise. Il fut assez bon soldat et obtint même un grade. La paix le fit congédier. Il revint alors à Paris, où il se livra à son tour à un système de recrutement pour composer une milice du brigandage; il n'eut que l'embarras du choix. Parmi ces nombreux soldats que l'habitude du pillage avait rendus peu délicats sur le choix d'un métier, sa supériorité, sa présence d'esprit et sa hardiesse lui valurent d'être choisi pour chef. Il comprit qu'il ne pourrait pas *travailler* longtemps sans contracter des alliances avec quelques exempts, quelques bas officiers de robe, et la valetaille de la haute noblesse. Il fut le législateur de la troupe qu'il était chargé d'organiser; il fit prêter à ses hommes les serments les plus terribles et se réserva même le droit de vie et de mort; sur le soupçon qu'un de ses hommes voulait le trahir, il le fit égorger froidement en présence de ses camarades. Il ne craignait pas de se montrer dans tous les endroits publics en affectant les allures d'un brave bourgeois. Des exempts lui mirent un jour la main sur le collet, mais il leur dit d'un ton si doucereux, mais aussi très-persuasif, qu'il avait deux excellents pistolets dans sa poche, que les hommes de la police jugèrent prudent de se retirer, en le saluant même avec respect. Deux autres agents qui montrèrent moins de politesse, furent assassinés par Cartouche. Cependant les vols audacieux dont Paris était le théâtre commencèrent à émouvoir le parlement; on donnait de sinistres détails sur un grand nombre de meurtres: Cartouche qui n'aimait point qu'on s'occupât autant de lui, prit le parti d'aller exploiter la province. Quoique tous les agents de la maréchaussée eussent son signalement, il put gagner Bar-sur-Seine, où il eut l'audace de s'introduire, sous son véritable nom, dans une riche famille. Il était parvenu à faire croire à une bonne vieille femme qu'il était son fils, et ne manquait pas de lui témoigner la tendresse la plus touchante. Il aurait pu vivre parfaitement heureux dans cette singulière condition; mais il voulut revoir sa troupe, et revint à Paris. Là, il procéda loyalement à l'apurement de ses comptes, et distribua des récompenses et des peines, suivant le mérite ou le démérite de chacun. On disait de lui qu'il était un véritable roi, qu'il avait des sujets, des courtisans, des maîtresses et des trésors; et pour que la ressemblance fût parfaite, il eut ses traîtres. Son plus intime confident, celui qu'il appelait son premier ministre, Duchatelet, gentilhomme poitevin, le dénonça à la police. Cartouche fut pris au lit dans un cabaret de la Courtille, à l'enseigne du *Pistolet*, le 6 octobre 1721. Il fut conduit dans un cachot à trappe du grand Châtelet. Il tenta de s'évader, et fut transféré à la Conciergerie, où l'on redoubla de précautions. Devant ses juges, il affecta un calme et parfois même une gaieté qui étonnaient ses juges; les plus hauts personnages voulurent le voir dans sa prison. Legrand composa une comédie dont Cartouche était le héros; aussi crut-il devoir partager avec lui les émoluments qu'il reçut pour sa pièce. Les comédiens italiens eurent aussi *Arlequin-Cartouche*, qui faisait concurrence à la comédie du Théâtre-Français. Cartouche se plaignit de ce qu'on se permettait de le produire sur la scène, et la cour crut devoir faire droit à une telle réclamation. On avait arrêté un grand nombre de complices du célèbre brigand; on les confronta vainement; ils ne consentaient pas à se reconnaître les uns les autres. Cartouche souleva une question d'identité; il se donnait pour un certain Charles Bourguignon, et allait même jusqu'à invoquer le témoignage de la brave femme qui l'avait pris pour son fils; il s'incarna ensuite dans la personne d'un certain Jean Petit. Sa mère et son frère vinrent affirmer son identité, sans que ces preuves pussent faire obtenir de lui le moindre aveu. Un arrêt du parlement du 26 novembre 1721, le condamna à être roué vif en place de Grève. Il espérait que ses compagnons viendraient le délivrer; mais, indigné de ce qu'il appelait leur lâcheté, il fit les révélations les plus complètes. Il compromit jusqu'à quarante personnes de la suite de Mlle Louise-Elisabeth, fille du régent, et un grand nombre de gentilshommes connus. Après ces révélations, Cartouche se résigna à subir la mort. Après l'exécution, il y eut une grande affluence de gens chez le bourreau pour aller contempler son cadavre.

CARTOUCHE (art militaire). Cartouche, c'est le nom qu'on donne à la charge d'une arme à feu, telle que le fusil ou la carabine. On appelle gargousse la charge des grosses bouches à feu.

CARTOUCHE (beaux-arts). Ce mot sert à désigner, en architecture, des sortes de banderoles ou rouleaux sur lesquels les peintres plaçaient autrefois les inscriptions nécessaires pour faire connaître les sujets de leurs compositions.

CARTULAIRES. On appelle ainsi des recueils de chartes, indiquant la généalogie et l'ordre chronologique des membres d'une maison royale ou d'une grande maison seigneuriale. La noblesse, jalouse de ses droits, a mis les cartulaires en usage dès le VIIIe siècle, pour prévenir les usurpations de titre et de blason. Les chapitres ecclésiastiques eurent aussi leurs cartulaires. On donne quelquefois ce nom à de véritables chroniques dont l'autorité historique est souvent contestable.

CARUS (Marcus-Aurélius), né à Narbonne d'une famille originaire de Rome, vers 230. Il fut élevé à Narbonne, où il cultiva pendant longtemps les belles-lettres. Son mérite le fit élever au consulat, puis aux premières dignités militaires. Il était préfet du prétoire lorsqu'il fut appelé à succéder à Probus. Fier de sa qualité de citoyen romain, il affectait de mépriser les empereurs barbares qui l'avaient précédé; il exhortait le sénat à se réjouir d'avoir un empereur national. Cependant le peuple ne se réjouit pas, et le sénat frémit, en songeant au caractère farouche et cruel de son fils Carinus. Il fut même soupçonné, malgré sa rigueur contre les assassins de Probus, d'avoir participé à ce crime qui lui avait donné le trône. L'austérité de ses mœurs dégénéra peu à peu en dureté et même en cruauté. Il était âgé de 60 ans, lorsqu'il fut proclamé, en 282. Carus était néanmoins nécessaire pour rétablir l'empire chancelant. Il partit pour l'Asie, défit en passant les Sarmates, et après avoir ainsi assuré la tranquillité en Illyrie, pénétra en Perse par la Thrace et l'Asie mineure. Bahram II, roi des Perses, venait de soumettre les Ségestins. Cependant Bahram, alarmé de l'approche des Romains, demanda à négocier. Ses ambassadeurs furent introduits dans le camp romain; ils cherchaient Carus, quand on les conduisit à un soldat assis sur le gazon, vêtu d'un manteau de pourpre d'étoffe grossière; mangeant un morceau de lard et quelques pois chiches; c'était Carus. Il ôta son bonnet, et montrant sa tête chauve, il leur déclara que si les Perses ne reconnaissaient pas la supériorité de Rome, il rendrait leur pays aussi dépouillés d'arbres qu'il l'était de cheveux. Cette menace, exprimée simplement, produisit un grand effet. Les Perses n'osèrent défendre la Mésopotamie, qui fut ravagée; Carus se rendit maître de Séleucie et de Ctésiphon, et il porta même ses armes au-delà du Tigre. Le peuple romain se réjouit d'un si grand triomphe, et il fondait déjà les plus grandes espérances sur le nouvel empereur, lorsque la mort vint les démentir. Carus campait au-delà du Tigre quand un orage fondit sur le camp (283). Le jour s'obscurcit au point que deux hommes ne pouvaient se distinguer l'un de l'autre. C'était un fracas de tonnerre et une vibration continue d'éclairs qui tenaient tout le monde immobile d'effroi. Au milieu de cet orage, on s'écria tout à coup que l'empereur était mort. Au milieu du tumulte, on ne pouvait démêler la vérité. On supposa cependant que le préfet Aper, beau-père du jeune César Numérianus, s'était défait de Carus par un meurtre. Pour apaiser les soldats, on leur rappela un ancien oracle qui avait défendu à l'empereur de passer le Tigre. Numérianus avait succombé en même temps que Carus. Aper, le meurtrier, fut traîné aux pieds des enseignes en présence de toutes les légions; les chefs assemblés proclamèrent Dioclétien, comte des domestiques ou officier du palais. Le premier acte de Dioclétien fut de percer lui-même de son épée le meurtrier des césars. Carus fut regretté du peuple romain. Sa courte apparition avait été signalée par la nouveauté des spectacles qu'il fit célébrer à Rome. On vit paraître sur la scène un neurobate ou funambule qui semblait porté par le vent; un tichobate qui luttait contre un ours et bravait sa poursuite; des ours qui jouaient des pantomimes; enfin on représenta un drame où l'on fit brûler la scène pour donner le spectacle d'un incendie; le peuple admira surtout le jeu sarmatique, qui était une sorte de voltige de cavaliers.

CARVAJAL (Thomas-José Gonsalez), homme d'Etat espagnol, né à Séville en 1753, mort en 1834. C'était un homme d'un patriotisme à la fois ardent et éclairé; il fut appelé à l'administration des finances en 1790 et chercha à réparer le désordre que les administrations précédentes avaient introduit. Lorsque les Français menacèrent l'indépendance espagnole, il lutta énergiquement pour l'affranchissement de son pays; mais, lorsque l'Espagne fut enfin délivrée, il éleva la voix en faveur des libertés nationales que le gouvernement royal avait promis de rétablir. Sa popularité le fit écarter des affaires. Il ne reparut sur la scène politique qu'après la révolution

de 1820; il fut alors nommé conseiller d'Etat; mais les actes rétrogrades du nouveau gouvernement le jetèrent bientôt dans le camp de l'opposition, et il fut une seconde fois disgracié, en 1823. Une autre révolution le plaça à la tête des affaires; il devint ministre de la guerre en 1833, et fut chargé de la réorganisation de l'armée, dont la discipline avait été profondément altérée par les intrigues de ses chefs. Il a laissé plusieurs ouvrages en prose et en vers; on distingue surtout ses livres poétiques de la sainte Bible.

CARVALHO (José da Silva), homme d'Etat portugais, né dans la Beira en 1782, mort en 1845. Il prit une participation active à la révolution de Porto en 1820. Le Portugal et le Brésil étaient alors agités par un double courant révolutionnaire. Jean VI, voyant l'impossibilité de maintenir sa souveraineté dans le Brésil sans accorder aux Brésiliens certaines satisfactions qui équivalaient à l'affranchissement du gouvernement central établi à Lisbonne, était passé au Brésil, où il était resté pendant plus de 13 ans. Les cortès portugaises, mécontentes de l'abandon dans lequel se trouvait leur pays, établirent, sous l'inspiration de Carvalho, qui était devenu l'homme le plus influent des cortès, une constitution nouvelle. Jean VI, forcé de subir les conditions qu'on lui imposait, se trouvait en quelque sorte réduit à l'impuissance. Pendant cette révolution, Carvalho fut d'abord membre de la régence provisoire, puis ministre de la justice. En 1823, Jean VI fomenta une contre-révolution qui le rétablit dans ses droits et prérogatives; il se contenta de promettre à son peuple une charte libérale. Par suite de ces événements, Carvalho dut se réfugier en Angleterre; il revint dans son pays en 1825, lorsque la séparation du Brésil et du Portugal fut un fait accompli. Il dut encore s'enfuir lors de l'usurpation de don Miguel, prince dévoué aux idées absolutistes. Il la combattit énergiquement et contribua au rétablissement de don Pedro. De 1833 à 1836, il fut premier ministre; mais il se vit renversé par suite d'une manifestation des cortès, soutenues par le peuple, en faveur de la constitution de 1820; il rentra cependant au conseil d'Etat en 1842.

CAS. Ce mot a reçu dans le langage juridique plusieurs acceptions diverses; ainsi l'on reconnaît les *cas fortuits* ou de *force majeure*, et les *cas* ou *vices rédhibitoires*. On entend par cas fortuit tout accident qu'on ne peut prévoir ni prévenir, et qui a pour effet de détruire les conventions des parties, en en rendant l'exécution impossible. Ainsi l'incendie d'une maison peut être un cas fortuit qui empêche l'exécution d'un bail. Dans ce cas, l'inexécution ne peut entraîner de condamnation à des dommages et intérêts pour la réparation du préjudice causé à l'une ou l'autre des parties contractantes. On entend par cas rédhibitoires, des vices qui affectent la nature d'une chose qui fait l'objet d'un contrat, de telle sorte que cette chose soit impropre à l'usage auquel on la destine. Il faut que le vice soit caché et non apparent, et qu'en outre il ait été dissimulé. La loi donne action résolutoire à celui qui peut invoquer un vice rédhibitoire.

CAS ROYAUX. On appelait ainsi, dans l'ancienne jurisprudence, tous les crimes qui portaient atteinte à l'autorité ou à la majesté royale : c'était le crime de lèse-majesté. On classait aussi parmi les crimes de cette nature le sacrilège consommé avec effraction, la rébellion envers les officiers du roi agissant pour l'exécution de ses ordres, le port d'armes par contravention au règlement de police, et les rassemblements tumultueux, la fabrication de fausse monnaie, l'hérésie, le trouble apporté dans les églises, et le rapt.

CASA-BIANCA (Raphaël DE), général français, né à Vascovato (Corse) en 1738, mort en 1825. Avant la Révolution, il servit dans l'armée que Louis XV envoya pour conquérir la Corse, sous le commandement du comte de Marbœuf. Lorsque les Français eurent triomphé de l'énergique résistance de Paoli, et que la république de Gênes eut enfin abandonné la Corse au roi de France par le traité du 15 mai 1768. Casa-Bianca fut mis à la tête du régiment provincial corse. Il fut député à l'Assemblée constituante, où il se distingua par ses opinions patriotiques. Il combattit dans les armées des Alpes et du Nord. En 1795, il fut chargé de chasser les Anglais de la Corse, où ils s'étaient établis; il défendit courageusement Calvi et força les Anglais à la retraite. Il s'attacha à la fortune de Bonaparte, dont il favorisa l'avénement au consulat, puis à l'empire. Il fut nommé membre du Sénat, et devint plus tard comte de l'empire. Après l'abdication de Napoléon, il se rallia à Louis XVIII et fut appelé à la Chambre des pairs.

CASA-BIANCA (Louis), frère du précédent, né à Bastia en 1755, mort en 1798. Il servit dans la marine et prit part à l'expédition navale envoyée au secours des Etats-Unis. Il fut appelé à la Convention, où il manifesta une vive opposition aux hommes de la Montagne. Ne pouvant se décider à voter la mort de Louis XVI, il vota pour la détention perpétuelle. Il siégea au conseil des Cinq-Cents. A la bataille navale d'Aboukir, où il commandait l'*Orient*, il trouva une mort glorieuse, ainsi que son fils, qui n'était âgé que de 10 ans.

CASA-BIANCA (Pierre-François), fils de Raphaël, né à Vascovato (Corse) en 1784, mort en 1812. Il se distingua dans les guerres de l'empire; il était colonel au commencement de l'expédition de Russie, mais il y trouva la mort.

CASA-MASSIMA, bourg du royaume d'Italie (terre de Bari), à 20 kil. de Bari. Pop. 4,000 hab. Amandes et vins estimés.

CASA-MICCIOLA, bourg de l'île d'Ischia, à 20 kil. de Pouzzoles (royaume d'Italie). Pop. 4,000 hab. Vins estimés; eaux thermales.

CASAL, ville forte du royaume d'Italie, sur la rive droite du Pô, à 60 kil. de Turin. Ch.-l. d'arrond. de la province d'Alexandrie. Pop. 20,000 hab. Autrefois capitale du duché de Montferrat et très-forte. Siége d'un évêché suffragant de Verceil. On y remarque les tombeaux de la famille de Montferrat dans le couvent des Franciscains. Les Espagnols y furent battus par les Français en 1640, qui possédèrent Casal de 1681 à 1706.

CASAL-MAGGIORE, ville du royaume d'Italie, dans la province de Crémone, à 35 kil. de cette ville. Pop. 5,000 hab. Commerce actif. Fabrication de faïences, poterie et verrerie.

CASAL-NUOVO, ville du royaume d'Italie (Calabre ultérieure), à 20 kil. de Palmi. Pop. 8,200 hab. Cette ville fut presque entièrement détruite par un tremblement de terre en 1783.

CASAL-NUOVO, bourg du royaume d'Italie (Calabre citérieure), à 25 kil. de Castrovillari, près du golfe de Tarente. Popul. 6,000 hab.

CASAL-PUSTERLENGO, ville du royaume d'Italie, province de Crémone, à 17 kil. de Lodi. Pop. 5,000 hab. Succès des Français sur les Autrichiens, le 3 mai 1796.

CASANOVA DE SEINGALT (Jean-Jacques), célèbre aventurier, né à Venise en 1725. Son enfance ne fut pas exempte d'agitations. Après la mort de son père, il fut mis en pension, à l'âge de 9 ans, chez une vieille esclavone qui tyrannisait le pauvre Casanova. On le retira des mains de cette femme pour le placer chez l'abbé Gozzi.

Cet excellent homme avait une sœur nommée Bettine, aussi gracieuse que jolie, et dont Casanova garda longtemps le charmant souvenir. A la suite d'une affaire entre les étudiants de Padoue et les sbires, il jugea prudent de quitter la ville, et il alla à Venise, où il entra dans les ordres. Il s'attacha au seigneur Malpiéri, vieillard gai et spirituel, à qui l'élégant abbé plut tout d'abord. Malpiéri le fit choisir pour prononcer le sermon du saint Sacrement. Casanova triompha à l'église aussi aisément qu'il triomphait dans les délicieux boudoirs vénitiens. Il était l'un des adorateurs de la charmante Coravamarchi, plus connue sous le nom de Juliette. Il vécut de cette vie licencieuse qui était alors celle de la société vénitienne; il semblait que Venise, qui allait voir sa liberté et son indépendance lui échapper, cherchait à s'étourdir par l'orgie sur les malheurs qui devaient la frapper. Casanova trompa son bienfaiteur en lui enlevant sa maîtresse; le bon vieillard se fâcha, et Casanova le quitta et alla l'oublier dans la société de Tintoretta, courtisane à la mode, qui cultivait la poésie. Sa mère, qui était actrice, avait su gagner un évêque, et l'engager à protéger son fils. Elle rappela l'enfant prodigue auprès d'elle, et après une série d'aventures dignes de Gil Blas, Casanova arriva à Naples. Là il apprend que son évêque est à Morterano. Il se dirige vers cette ville, et, chemin faisant, il extorque 2,000 onces d'or à un Grec; dans ses Mémoires, c'est en ces termes qu'il justifie un tel acte d'escroquerie : « Tromper un sot est un exploit digne d'un homme d'esprit. » Il arrive enfin chez son bon évêque; mais il est surpris de rencontrer un homme d'une simplicité presque rustique. Il finit par s'ennuyer à Monterano, où les hommes étaient grossiers et les femmes laides. Il vient alors à Rome, où il tient le rang d'un grand seigneur; il devient même secrétaire du cardinal Acquaviva, qui dominait à Rome en dictateur; mais ses amours se mettent en travers de ses intérêts, et bientôt il se voit obligé de quitter la ville éternelle. Le cardinal lui donne cependant une lettre de recommandation pour Osman Bonneval, pacha de Caramini, qui habitait Constantinople. Casanova avait en effet manifesté le désir de voir la capitale de l'Orient. Il alla s'embarquer à Venise, après avoir signalé son passage dans cette ville par quelques-unes de ces aventures romanesques qui remplissent sa vie entière. Il vit Constantinople, se lia avec le comte de Bonneval, qui avait pris le turban et malmenait le Coran avec la même facilité qu'il avait répudié l'Evangile. Il dansa avec les odalisques, alla visiter les esclaves au bain, et s'engagea même assez loin pour faire croire à un pacha qu'il allait épouser sa fille. Son humeur inconstante le porta à Corfou, et la misère le ramena à Venise. Son existence ne fut alors qu'une suite de folies. Toutefois, une nouvelle occasion de faire fortune s'offrit à lui : un sénateur laisse tomber de sa poche un papier précieux ; Casanova le lui remet et monte dans sa gondole. A peine était-il assis à côté du vieillard que celui-ci tombe frappé d'une attaque d'apoplexie. Il vole chercher du secours et sauve cet homme. C'était un riche sénateur; il prit Casanova sous sa protection; et il n'aurait tenu qu'à lui d'être heureux s'il n'avait été tourmenté du désir de voir Paris. Il y fut accueilli par les roués de Louis XV comme un frère et un ami. Il revint cependant à Venise, mais là il se vit jeter sous les *Plombs,* sur une dénonciation du conseil des Dix. Il resta 18 mois dans cette fournaise ardente, brûlé par la fièvre; il ne perdit cependant pas courage, et trouva moyen de consommer une évasion qu'on aurait cru impossible; avec un morceau de fer qu'il aiguisa, il parvint à creuser le plancher, à percer les murs, et, après 10 mois d'un tel travail, il courait en poste vers Paris. Il y fut accueilli par les témoignages de la plus vive admiration, et sa chance incroyable au jeu lui permit d'acquérir des trésors pour satisfaire son luxe et sa magnificence; il éclipsa les plus riches seigneurs et donna des fêtes féeriques. Quand il fut dégoûté du séjour de Paris, il parcourut l'Angleterre, la Prusse, la Pologne, la Russie et l'Espagne. Il mourut en 1803, à Dux. Le prince de Ligne a porté sur lui le jugement suivant : « Casanova était un homme de beaucoup d'esprit et d'une érudition profonde, connu par son fameux duel avec Branicki, grand-général de Pologne, sa fuite des Plombs de Venise et quantité d'ouvrages et d'aventures : homme célèbre par son esprit, gai, prompt et subtil, l'érudition la plus profonde, l'amitié de tous ceux qui le connaissent. » Il a laissé plusieurs ouvrages en italien : *Réfutation de l'histoire du gouvernement de Venise,* d'Amelot de la Housseille; *Histoire des troubles de la Pologne, depuis la mort d'Elisabeth Petrowna jusqu'à la paix entre la Russie et la Porte ottomane; Traduction de l'Iliade d'Homère; Histoire de ma fuite des prisons de la république de Venise qu'on appelle les Plombs.* Ce dernier ouvrage est en français.

Casanova (François), frère du précédent, peintre de batailles, né à Londres en 1727, mort à Brühl, près Vienne, en 1805. Il passa avec ses parents à Venise, où il étudia la peinture. A 25 ans il vint à Paris, où il se lia avec le fameux dessinateur Parrossel; il fut aussi guidé par Dietrich, fameux peintre allemand. Il se consacra à la peinture des batailles, et y réussit merveilleusement, grâce à la vivacité de son coloris et à la combinaison de ses effets de lumière; son exécution était hardie et sa composition riche par la perspective et sa manière de grouper les personnages. Il peignit pour l'impératrice Catherine toute une galerie de tableaux représentant les victoires de cette princesse sur les Turcs.

CASAQUE D'ARMES, manteau qui remplaça les hoquetons; il était ouvert par devant, à manches longues, agrafé au collet,

La mère et l'épouse de Coriolan viennent le supplier de retirer ses troupes de devant Rome.

et servait à garantir l'armure des injures du temps. On cessa d'en faire usage à la fin du XVIe siècle.

CASAUBON (Isaac), littérateur, né à Genève en 1559. Sa famille était originaire du Dauphiné, mais son père dut s'enfuir à Genève pour échapper aux persécutions religieuses. Il professa d'abord les belles lettres dans sa patrie; il vint ensuite enseigner la langue grecque à Paris. Henri IV le nomma son bibliothécaire en 1603. Après la mort de ce prince, il passa en Angleterre, où l'appela le roi Jacques. Il y fut accueilli avec la plus grande distinction, et quand il mourut, en 1614, il fut inhumé à l'abbaye de Westminster. Il était d'une extrême tolérance; ainsi son fils ayant embrassé la religion catholique, loin de l'en blâmer, il lui donna sa bénédiction en disant : « Je ne vous condamne point; ne me condamnez point non plus; nous paraîtrons tous deux au tribunal de Jésus. » La première fois qu'il visita la Sorbonne, il ne put s'empêcher de s'écrier : « Depuis 400 ans on discute ici les doctrines religieuses; mais qu'y a-t-on décidé? » Il se consacra entièrement à l'étude des auteurs de l'antiquité grecque et latine. Il a laissé deux livres sur la poésie et la satire chez les Grecs et chez les Romains; il a commenté Théophraste, Athénée, Strabon, Polybe, Diogène, Laërce, Perse, Théocrite, Denis d'Halicarnasse, etc. Comme traducteur, il s'est attaché aux passages les plus difficiles des anciens auteurs, et les interprétations qu'il en donne attestent une grande profondeur de vue.

CASBAH ou **CASAUBAH**. On appelle ainsi un château d'Alger situé au sommet du triangle qui forme la ville; c'est une citadelle dont la fondation remonte à un siècle et demi. Il fut construit pour recevoir les trésors amassés par les deys d'Alger. Hou-Çail-Pacha, le dernier souverain de l'Algérie, abandonna son palais pour éviter de succomber, comme ses prédécesseurs, sous le poignard des assassins, et s'enferma dans la Casaubah comme dans une prison volontaire. Il s'y retrancha fortement, et n'en permit l'approche à sa milice même qu'avec les plus grandes précautions. Il n'en sortit qu'une seule fois pendant un règne de 12 ans. Il en fut chassé par les Français sous la conduite du général Beaumont. Quant aux trésors amassés dans cette citadelle, ils ont été enlevés sans qu'on ait pu trouver les coupables, et il n'est parvenu en France que 15 millions.

CASCADE, chute d'eau naturelle ou artificielle; les cascades naturelles proviennent des masses d'eaux qui sortent d'une source, d'un torrent ou du flanc d'un étang, pour se précipiter dans un lieu moins élevé. L'architecture a tiré parti de l'hydraulique pour composer des cascades d'une grande variété et souvent du plus heureux effet.

Vue du palais du Corps Législatif.

CASCAES, bourg du Portugal (Estramadure), à 25 kil. de Lisbonne. Pop. 3,000 hab. Port fortifié sur l'Océan atlantique, à 6 kil. du cap Roca. Sources salines thermales d'Estoril.

CASCANTE, ville d'Espagne (Navarre), à 6 kil. de Tudela. Pop. 2,000 hab. Distillerie, salpêtrerie. Cette ville fut enlevée aux Maures en 1114.

CASCIANO-DE-BAGNI (San-), bourg du royaume d'Italie, à 60 kil. de Sienne, dans la vallée de la Paglia. Sources acidulées thermales; bains anciens et fréquentés.

CASELLE, ville du royaume d'Italie, dans la prov. de Turin, à 12 kil. de cette ville. Pop. 3,500 hab. Draps, soie, lainage.

CASELLI (Charles-François), évêque de Parme et cardinal, né à Alexandrie en 1740, mort en 1828. Pie VII le délégua pour la signature du Concordat, en 1801; il accompagna le pape à Paris, et assista à la célébration du mariage de Napoléon Ier avec Marie-Louise.

CASEMATE, de l'espagnol *casa mata*, maison basse, désigne un souterrain dont la voûte est à l'épreuve de la bombe; il est percé à une faible hauteur d'embrasures et de créneaux, d'où l'on peut diriger le feu sur l'ennemi. Les casernes, les hôpitaux militaires et les batteries avancées sont souvent casematés.

CASENAVE (Antoine DE), conventionnel, né à Lambeye, dans les Basses-Pyrénées, en 1763, mort en 1818. Il fut député à la Convention nationale en 1792; il se prononça contre la mort de Louis XVI, en votant successivement la détention perpétuelle et le bannissement. Il parla vainement pour appuyer un sursis à l'exécution. Après les événements de thermidor, il fut envoyé dans la Seine-Inférieure pour apaiser les troubles qui avaient éclaté à l'occasion des subsistances. Il entra au conseil des Cinq-Cents, et, après le 18 brumaire, il fit partie du Corps législatif. Bien qu'il ait toujours manifesté les opinions les plus modérées, et qu'il ait réagi contre les idées révolutionnaires, il se retira de la carrière politique après 1815, et ne voulut point participer à la curée politique dont cette époque donnait le triste spectacle.

CASERNE. On appelle ainsi les bâtiments dans lesquels sont logés les militaires. Elles étaient en usage chez les Romains; surtout depuis César. Ces casernes portaient le nom de camps. Les soldats y logeaient souvent avec leurs femmes et leurs enfants. Plusieurs de ces camps, établis sur les frontières de l'empire devinrent de véritables villes. Le camp des prétoriens, à Rome, n'était pas autre chose qu'une grande caserne fortifiée. C'est surtout depuis l'établissement du nouvel empire que les ingénieurs militaires se sont attachés à la construction des casernes, de manière à faire disparaître les inconvénients qu'on rencontre dans la plupart des anciens monuments affectés à cet usage. La plus belle caserne de Paris est celle de l'École militaire, destinée à la garde impériale; elle borde le côté du champ de Mars opposé à la Seine.

CASERTA ou **CASERTE** ville du royaume d'Italie, ch.-l. de la Terre de Labour; à 24 kil. de Naples. Pop. 20,000 hab. Vins renommés. Magnifique palais royal, élevé par ordre de Charles III, en 1752, avec un vaste parc, un superbe aqueduc long de 35 kil., qui amène les eaux de Monte-Taburno.

CASERTA-VECCHIA, ville du royaume d'Italie, à 4 kil. de Caserta. Place de guerre, siége d'un évêché suffragant de Capoue. Belle cathédrale. Fabrique royale de soieries à San-Leuccio, aux environs.

CASHEL, ville d'Irlande (comté de Tipperary), à 135 kil. de Dublin. Pop. 7,000 hab. Siége d'un archevêché anglican, dont le titulaire réside à Waterford. Ruines de la cathédrale gothique de Saint-Patrick, du château des anciens rois de Munster qui y résidaient et de la chapelle de Cormac M'Culinon. Patrie de Swift.

CASIMIR Ier, dit le *Pacificateur*, roi de Pologne, fils de Miécislas, monta sur le trône en 1034. Comme il était encore en bas âge, sa mère fut chargée de la régence; mais, par suite d'une insurrection populaire, Casimir fut obligé de passer en France, où il cacha soigneusement son nom et sa qualité; il entra dans l'ordre de Cluny sous le nom de Charles et prit le diaconat. Sept ans après, les Polonais, voulant mettre fin à leur dissensions, sollicitèrent de Benoît IX le rétablissement de leur roi sur le trône. Le pape y consentit, mais à de singulières conditions : les Polonais devaient entretenir perpétuellement une lampe dans l'église de Saint-Pierre; ils s'engageaient à porter les cheveux courts comme les moines, et enfin Casimir devait conserver l'habit religieux. De retour en Pologne, Casimir épousa la fille de Jaroslaw, grand-duc de Russie. Sous son administration sage et bienveillante, les Polonais virent renaître l'abondance. Ce roi mourut en 1058.

CASIMIR II, dit le Juste, fils de Boleslas III, né en 1117, mort en 1194. Il monta sur le trône de Pologne, après la déposition de son frère Miécislas, dont la tyrannie avait excité un soulèvement populaire. Ce prince fut surtout populaire parmi les paysans, qu'il soulagea de l'oppression des seigneurs. Il conciliait une ardente dévotion avec l'amour des plaisirs; il mourut empoisonné par une de ses maîtresses.

CASIMIR III, dit *le Grand*, né en 1309, monta sur le trône de Pologne en 1333, après la mort de Vladislas-Loketek, son père. A son avénement, il trouva le royaume épuisé par les invasions des Tartares, les discordes des nobles et les guerres engagées contre les peuples voisins. Il songea à réparer les maux de la Pologne. Il rétablit d'abord l'ordre à l'intérieur en usant d'une juste sévérité, et il remporta au dehors des victoires dont il ne tira d'autre profit que la pacification générale. La Pologne put enfin respirer. Il construisit de nouvelles forteresses pour prévenir les invasions, força la noblesse à l'obéissance, introduisit dans les lois des réformes utiles et fonda l'Université de Cracovie. Il se montra fort tolérant pour les juifs, et leur accorda même des priviléges qui les attirèrent en grand nombre en Pologne. L'évêque de Cracovie l'ayant excommunié, à cause de sa froideur à poursuivre les hérétiques, Casimir fit jeter dans la rivière le prêtre qui lui signifia la sentence d'excommunication. Il rêvait la constitution d'une bourgeoisie qui, en servant d'intermédiaire entre une noblesse trop jalouse de ses droits et la classe des serfs, eût peut-être sauvé la Pologne. Il protégea les malheureux paysans par des lois équitables, et les nobles allèrent jusqu'à considérer comme une grave atteinte à leurs droits le décret qui punissait d'une amende de quelques écus le meurtre d'un serf. Il parvint pourtant à constituer un noyau de bourgeoisie qu'il dota de priviléges; mais la révolution qu'il préparait ainsi blessait trop les intérêts du clergé et de la noblesse pour être accueillie sans protestation de leur part; il lutta contre le clergé comme il avait lutté contre la noblesse; et, tandis que les seigneurs crurent le vouer au ridicule en l'appelant *le roi des paysans*, la postérité lui a donné le surnom de *Grand*. Il mourut en 1370, d'une chute de cheval, après un règne de 37 ans. La race des Peast, qui régnait en Pologne depuis plus de cinq siècles, s'éteignit en lui. Les seigneurs polonais, craignant qu'un nouveau souverain continuât la politique de Casimir, commencèrent à choisir leur roi parmi les étrangers.

CASIMIR IV, roi de Pologne, fils de Vladislas. Il était grand-duc de Lithuanie quand il fut appelé au trône de Pologne en 1447. Il contribua à l'abaissement des chevaliers de l'ordre teutonique, dont l'ambition avait souvent troublé la Pologne. Cependant son règne fut agité, et on lui reprocha de sacrifier les intérêts des Polonais à ceux des Lithuaniens. Il fit la conquête de la Valachie, et remporta contre les Hongrois et les Tartares quelques succès mêlés de revers. Ce prince, dont l'orgueil était insupportable, mourut en 1492, et ne fut regretté ni des Polonais ni des Lithuaniens.

CASIMIR V (Jean), né en 1609, fils de Sigismond III, roi de Pologne, et de Constance d'Autriche. Il fut d'abord jésuite et cardinal; et, après la mort de son frère Vladislas III, il fut proclamé roi de Pologne le 29 mai 1648. Il renvoya au pape son chapeau de cardinal, et obtint de lui une dispense pour épouser Louise-Marie de Gonzague, veuve de son frère. Les Polonais virent ce mariage avec défaveur. Ce prince était pourtant animé de bonnes intentions; il déploya un grand courage dans la guerre qu'il eut à soutenir contre les Suédois; et, après une suite de succès, il les contraignit à demander la paix en 1660 : l'année suivante, il remporta sur les Moscovites, en Lithuanie, une victoire décisive. Cependant des séditions éclataient à chaque instant contre lui; dégoûté du gouvernement, il résolut, après la mort de la reine, en 1667, d'abdiquer solennellement. A cet effet, il convoqua la diète à Varsovie; et là il répondit aux objections qu'on lui opposait par cette prédiction, qui se réalisa pour le malheur de la Pologne : « Je prévois les malheurs qui menacent notre patrie, et plût à Dieu que je fusse faux prophète! Le Moscovite et le Cosaque se joindront au peuple qui parle la même langue qu'eux, et s'approprieront le grand-duché de Lithuanie. Les confins de la grande Pologne seront ouverts au Brandebourg, et la France elle-même fera valoir les traités ou le droit des armes pour envahir notre territoire. Au milieu de ce démembrement de nos Etats, la maison d'Autriche ne laissera pas échapper de porter ses vues sur Cracovie. » Après son abdication, Casimir se retira dans l'abbaye de Saint-Germain des Prés, que lui donna Louis XIV. Il ne voulut jamais souffrir qu'on lui donnât encore le titre de Majesté. Quelques mois avant sa mort, il épousa secrètement Claudine Mignot, fille d'une blanchisseuse et veuve du maréchal de l'Hôpital-du-Hallier. Il mourut en 1672.

CASINO, mot italien qui désigne un lieu où se réunit une société pour se livrer au plaisir de la conversation, du jeu et de la lecture. La plupart de nos villes de plaisance et de nos établissements thermaux ont aujourd'hui leurs casinos. Quelques-uns même ne sont que des maisons de jeu, où l'attrait des concerts et des spectacles est le moindre charme qui y convie les étrangers de tout pays.

CASLON (William), célèbre fondeur de caractère, né à Hales-Owen, dans le comté de Shropon, en 1692, mort en 1766. Il fut d'abord mis en apprentissage chez un graveur d'ornements pour les armes à feu, et plus tard il exerça cette industrie à Londres. Le hasard lui fit procurer une commande de caractères pour les relieurs. Ils furent jugés si beaux et si purs que Bowger, célèbre imprimeur, l'engagea à se livrer exclusivement à cette fabrication. Caslon établit alors une fonderie qui fit une concurrence redoutable à celles de Hollande.

CASORIA, ville du royaume d'Italie, à 10 kil. de Naples. Pop. 8,000 hab. Soieries.

CASPE, ville d'Espagne (Aragon), à 80 kil. de Saragosse. Pop. 9,000 hab. Commerce de soie, laine, huile.

CASPIENNE (mer), mer intérieure de l'Asie, sur les confins de l'Europe. Elle est séparée de la Mer noire par l'isthme du Caucase. Sa longueur est de 128 myr. du N. au S., 18 à 24 de l'E. à l'O., 29 mèt. d'élévation au-dessus de la Mer noire. Sup. 313,900 kil. carrés. Eaux très-basses vers les côtes et très-amères à cause des nombreuses sources de naphte que renferme cette mer, qui est très-poissonneuse; point de marée; vents violents qui en rendent la navigation dangereuse. Elle forme le golfe de Mertwoï ou Baie-Morte, la baie de Karabogasi, le lac Amer au N.-E., le golfe de Balkan au S.-E.; elle reçoit de très-grands fleuves : le Volga, l'Oural, le Kour, le Kouma, le Terek. Les principales villes situées sur ses bords sont : Gourjeff, Astrakan, Derbent, Bakou, les forts Leukorân et Nicolaya. Il paraît que cette mer était autrefois beaucoup plus étendue; elle décroît tous les jours.

CASPIENNE (province) ou gouvernement de Chamaki, province russe au S. du Caucase, bornée au N. par le gouvernement de Derbent, à l'O. par ceux de Tiflis et d'Erivan, au S. par la Perse et à l'E. par la Mer caspienne. Pop. 541,170 hab. Ch.-l. Chamaki; villes principales : Derbent, Bakou.

CASPIENS (monts), ramification du Taurus, entre la Médie et l'Arménie.

CASQUE, arme défensive qui sert à protéger la tête. Dès la plus haute antiquité, les guerriers adoptèrent le casque; il était de cuir, de bois, d'airain ou de fer; quelquefois même les chefs portaient des casques d'argent ou d'or. On distinguait le casque égyptien, fendu par le milieu et présentant un double pic du casque phénicien, qui finissait en forme de cône. Le casque troyen affectait la forme du bonnet phrygien. Les héros d'Homère ajoutaient à leurs casques une crinière de cheval. Quelques peuples de l'Asie portaient des casques de bois; ceux des Ethiopiens consistaient en une peau de cheval dont on conservait les oreilles et la crinière; les casques des Barbares étaient souvent surmontés de cornes; le casque d'Alaric, roi des Huns, était surmonté de deux ailes de vautour. Un poëte l'a dépeint dans ces vers :

Les ailes d'un vautour tué sur le Caucase
Semblent fendre encor l'air au haut de son pétase,
Et, comme le premier, il marche devant tous,
On dirait d'un oiseau qui précède des loups.

Les Gaulois portaient des casques surmontés de cornes de taureau. Ceux des Lusitaniens étaient faits de nerfs d'animaux. Les Romains imitèrent le casque grec: la forme de l'aigrette distinguait les centurions et les tribuns des soldats. Les Francs ne portaient point de casque; leur longue chevelure leur en tenait lieu. Cependant le casque fut introduit en France longtemps avant Charlemagne. On conserve dans nos musées divers casques qui ont appartenu aux hommes les plus célèbres du moyen âge. On distinguait alors plusieurs sortes de casques; le heaume était celui des chevaliers; on appelait salade un casque plus léger et orné d'incrustations; l'infanterie portait le morion, le cabasset, la bourguinote, le pot de fer ou pot en tête, etc. De nos jours, le casque est resté la coiffure de la grosse cavalerie; notre infanterie a adopté le shako en cuir bouilli. Le corps des pompiers a dû conserver le casque comme une armure nécessaire pour les préserver de la chute des décombres.

Casque. Le casque tenait au moyen âge un rang important dans les armoiries. Des distinctions particulières faisaient reconnaître les différentes maisons et les différents titres; il n'était pas négligé dans l'art héraldique et formait l'objet d'une étude spéciale.

CASSAGNE ou Cassaigne (Jacques), poëte et littérateur, né à Nîmes en 1636, mort en 1619. Il fut d'abord docteur en théologie. Hardouin, archevêque de Paris, le chargea de composer un recueil de sermons à l'usage des prédicateurs peu exercés. Il composa des odes, des stances et des sonnets dans un temps où il suffisait de rimer pour fixer l'attention de la cour et de la ville. Une ode à la louange de l'Académie le fit admettre dans l'illustre assemblée, bien qu'il n'eût que 27 ans. Colbert lui confia la garde de la bibliothèque du roi; il avait été charmé de son poëme d'Henri IV. Le nouvel académicien voulait se signaler comme prédicateur; mais Boileau, qui connaissait la mesure des talents de Cassagne, avait dit dans sa troisième satire :

Qu'il ne compte pour rien ni le vin, ni la chère,
Si l'on n'est plus à l'aise, assis en un festin,
Qu'aux sermons de Cassagne ou de l'abbé Cotin.

Ces vers firent un tel effet sur Cassagne que, désigné pour prêcher au Louvre, il se sentit intimidé et n'osa pas monter en chaire. Sa nullité littéraire ne l'empêcha pas d'être richement pensionné : Chapelain le fit inscrire pour une rente de 1,500 livres. Tout le monde connaît cette farce satirique dans laquelle Boileau, de concert avec Racine, parodia le Cid, et qui a pour sujet : *la perruque de Cassagne changée en comète*. Le pauvre abbé en fut écrasé, et l'on prétend, à tort, croyons-nous, que sa raison même s'égara. Il passa ses dernières années à Saint-Lazare. Boileau eut peut-être à se repentir de l'infortune de ce pauvre homme, qui était un poëte médiocre, mais n'en était pas moins un excellent homme. Sa poésie, où l'on trouve parfois quelques bons vers, eût été plus estimée dans un autre siècle que celui de Racine et de Corneille. Ses ouvrages en prose ne sont pas sans mérite. Il a traduit la *Rhétorique* de Cicéron et les œuvres de Salluste.

CASSAGNES-BÉGONHÈS, ch.-l. de cant. de l'arrond. de Rodez (Aveyron), à 23 kil. de cette ville. Pop. 9,000 hab.

CASSANDRE ou Alexandra, fille de Priam, roi de Troie, et d'Hécube. Elle avait reçu d'Apollon le don de prophétie, à la condition qu'elle lui accorderait ses faveurs; mais Cassandre ayant manifesté de nouveaux dédains, Apollon, qui ne pouvait lui ôter le don qu'il lui avait fait, la fit passer pour insensée. On la renferma dans une tour, et l'on refusa d'ajouter foi aux prédictions par lesquelles elle annonçait les malheurs qui allaient fondre sur les Troyens. Pendant le siége et l'incendie de Troie, elle se réfugia dans le temple de Pallas; elle y fut violée au pied de l'autel même par Ajax le Locrien. Cependant Agamemnon, charmé par sa beauté, l'emmena en Grèce. Clytemnestre, la femme du héros, transportée de jalousie, fit assassiner les deux amants, ainsi que les deux jumeaux issus de leur union. La ville de Leuctres éleva un temple à Cassandre; il servait d'asile aux jeunes filles qui refusaient de se marier contre leur gré, et qui devenaient dès lors prêtresses de Cassandre.

Cassandre, fils d'Antipater, né en 354 av. J.-C., fut proclamé roi de Macédoine après Alexandre le Grand, en 319. Il contraignit les Athéniens à se mettre sous sa protection, et envoya Démétrius de Phalère pour gouverner la république. Les Athéniens ayant refusé d'accepter la domination de Démétrius, celui-ci se retrancha dans le Musée et intimida ainsi les Athéniens, qui lui ouvrirent leurs portes. Il établit à Athènes le gouvernement aristocratique. Olympias, mère d'Alexandre, retirée à Pydna, ayant fait périr dans les supplices la femme et les frères de Cassandre, ce prince vint assiéger Pydna pour en tirer vengeance. Olympias, obligée de se rendre, fut massacrée par les soldats macédoniens. Cassandre n'épargna pas non plus Roxane, femme d'Alexandre, et son fils Aigus. Il se soutint sur le trône en se liguant avec Séleucus et Lysimaque contre Antigone et Démétrius. Il les défit l'un et l'autre, et, après la bataille d'Ipsus, il réunit les royaumes de Macédoine et de Grèce. Il mourut en 304.

CASSANDRE, personnage de la comédie italienne; c'est un vieillard bourru, bougon, méfiant, craignant toujours d'être dupé et dupé sans cesse; il est avare, jaloux et pardessus tout cela souvent amoureux, malgré sa barbe grise. C'est un type éternel habilement exploité par Molière sous le nom de Géronte. Dans la comédie italienne il n'apparaissait que rarement pour jouer un bout de rôle sans caractère; il n'était guère que le confident de Pantalon ou du docteur. La comédie italienne, transportée sur la scène française, a donné à Cassandre ce rôle que nous lui connaissons. Cassandre a toujours une fille qu'il destine à quelque vieillard aussi laid que riche, ou une pupille, Colombine ou Agnès, qu'il veut épouser lui-même. Pour son malheur, il ne manque jamais de rencontrer sous le balcon de sa maison quelque Léandre amoureux de sa fille ou de sa pupille. Après des péripéties qui nous montrent l'inutilité des précautions prises par le vieillard, Léandre ou Lindor ne manque jamais de lui enlever sa Colombine, et souvent même le trésor qu'il a soigneusement enfoui. C'est toujours le même thème que nous voyons développer dans toutes les pièces dont Cassandre est le triste héros: *Cassandre oculiste*, *Cassandre mécanicien*, *Cassandre astrologue*, *Cassandre le pleureur*, etc.; partout et toujours c'est Cassandre luttant contre son rival jeune et fringant; Colombine, qui commence à comprendre *comment l'esprit vient aux filles*, un valet fourbe et menteur et une soubrette agile et futée. La vogue de Cassandre devint telle, à la fin du dernier siècle, qu'on le rencontra sur toutes les scènes où l'on jouait le vaudeville aussi bien que dans les théâtres de marionnettes. Depuis Déburean, cet admirable comédien qui sut animer Pierrot, Cassandre est devenu en quelque sorte décrépit; il n'est plus que l'ombre de ce Cassandre avec qui Arlequin et Pierrot conservaient encore quelques formes de politesse; c'est un comparse qui reçoit avec une incroyable niaiserie les coups de pied que lui administre Pierrot.

CASSANO, ville du royaume d'Italie (Calabre citérieure), à 10 kil. de Castrovillari. Pop. 6,000 hab. Siége d'un évêché suffragant de Reggio. Ruines d'un château fort. Eaux thermales sulfureuses.

Cassano, ville du royaume d'Italie (Principauté ultérieure), à 14 kil. de San-Angelo dei Lombardi. Pop. 4,600 hab.

Cassano, ville du royaume d'Italie (terre de Bari), à 20 kil. d'Altamura. Pop. 4,700 hab. Usines à cuivre.

Cassano d'Addæ, bourg du royaume d'Italie, dans la province de Milan, à 25 kil. de cette ville. Pop. 2,000 hab. En 1259, Ecclin le Féroce, chef des Gibelins, y fut défait. En 1705, le prince Eugène et les Autrichiens y furent vaincus par les Français, commandés par Vendôme.

CASSARD (Jacques), célèbre marin, né à Nantes en 1672. Il fut d'abord pilote à Saint-Malo. En 1697, il se mit à la tête d'une compagnie de flibustiers qui le choisirent pour chef, et fit l'expédition de Carthagène avec le fameux Polinice. Plus tard il balaya les corsaires anglais qui infestaient la Manche, et alla les chercher jusque dans la Méditerranée. Il fut chargé, en 1712, du commandement d'une flotte destinée à enlever quelques colonies aux Portugais. Il attaqua avec succès Ripera, la plus importante des îles du cap Vert, et y fit un butin de 2 millions. Il tourna ensuite ses efforts contre Antigoa, Surinam, Curaçao et diverses possessions des Anglais et des Hollandais; il tira de ces contrées de fortes rançons qu'il amena en France. Il fut ensuite envoyé en station à la Martinique; là, il se mit à la poursuite d'une flotte anglaise, et lui enleva deux vaisseaux. En débarquant à Toulon, il fut surpris d'apprendre que le commandant en chef de la flotte, jaloux de ses succès, l'avait dénoncé au roi, comme un homme téméraire et opiniâtre. Il voulut contraindre le commandant à se mesurer avec lui. « Voyons, lui dit-il, si vous vous battez moins lâchement que vous ne savez écrire. » Cette affaire fut arrangée à la satisfaction de tous, et Cassard reçut le titre de capitaine de vaisseau. La paix lui porta malheur; il importuna le ministère pour être indemnisé d'un armement qu'il avait fait pour le compte de la ville de Marseille, et qu'on refusait de lui payer. Le ministère ne lui répondit qu'en le faisant enfermer au château de Ham, où il termina sa carrière en 1740. L'intrépidité de ce marin avait été appréciée par Duguay-Trouin, qui découvrit les plus belles qualités du cœur sous la grossière enveloppe du matelot. Duguay-Trouin était un jour à Versailles, où il s'entretenait dans une galerie avec plusieurs courtisans. Il aperçoit tout à coup un homme qui se tenait dans l'isolement et qu'on semblait fuir à cause de son extérieur misérable: c'était Cassard. Il quitte aussitôt les seigneurs qui l'entouraient et va droit à Cassard, qu'il aborde avec les marques du plus grand respect. A son retour, comme on lui demandait avec qui il était: « Comment, s'écria-t-il, avec qui? avec le plus grand homme de mer que la France possède aujourd'hui, avec Cassard! Je donnerais toutes les actions de ma vie pour une des siennes! Il n'est pas connu ici; mais il est redouté chez les ennemis. Avec un seul vaisseau il faisait plus qu'un autre avec une escadre entière. »

CASSATION. On entend par ce mot une voie extraordinaire ouverte par la loi pour arriver à l'annulation d'une décision judiciaire rendue en dernier ressort et contre laquelle il n'existe aucune autre voie de recours. Cette institution n'est pas établie dans un pur intérêt privé, elle est surtout d'ordre public, et elle a pour objet de maintenir l'unité dans la jurisprudence, et d'empêcher que les diverses cours, en interprétant la loi de diverses manières, ne nuisent à son autorité et n'amènent, par leurs divergences, un certain trouble dans les relations sociales. Le recours en cassation n'était pas admis sous la législation de l'ancienne monarchie; les parlements établis dans chaque province constituaient autant de cours souveraines. Le roi se réservait cependant le droit de révision, et il accordait parfois la *permission* de proposer la rectification des erreurs qu'on reprochait à certaines décisions. Les permissions n'étaient guère accordées qu'à la faveur, et n'étaient qu'une nouvelle source d'abus, parce qu'elles laissaient toujours les intérêts privés en suspens et qu'elles nuisaient ainsi à l'autorité de la chose jugée. Aujourd'hui le recours en cassation n'est plus abandonné à la discrétion des souverains; c'est un droit qui appartient à tous. La cour de cassation, instituée en 1790, a survécu à tant d'autres institutions que leur origine révolutionnaire a fait rejeter depuis. Il est de principe que la cour de cassation n'est juge que du point de droit; qu'elle apprécie seulement si les formes de procédure ont été violées et si les dispositions légales ont été bien appliquées et bien interprétées. Ce n'est pas un nouveau tribunal à qui il appartient d'examiner la question de fait; il juge seulement si le droit a bien été appliqué au fait en acceptant la question de fait telle qu'elle a été posée et résolue par les premiers juges. Par suite de cette disposition, le recours en cassation n'arrête pas l'exécution du jugement rendu en dernier ressort, excepté en matière criminelle, où l'exécution porterait une atteinte irrémédiable à l'honneur des personnes. Le pourvoi en cassation est accordé au ministère public dans toute affaire purement civile, et seulement lorsqu'il s'agit d'une affaire qui lui est communicable, parce qu'elle intéresse l'ordre public ou les bonnes mœurs. Toutefois le procureur général de la cour de cassation a le droit, d'office et sans qu'il soit intervenu aucun pourvoi des parties, de requérir l'annulation des jugements en dernier ressort, dans l'intérêt de la loi et sans que l'arrêt à intervenir produise aucun effet entre les parties. En matière criminelle, le pourvoi en cassation peut être présenté, soit par le condamné, soit par la partie civile ou plaignante, dans le cas où celle-ci a été elle-même condamnée à certaines réparations sur la demande d'un accusé qui aurait été acquitté. Le pourvoi se forme par une simple déclaration au greffe du tribunal qui a jugé en dernier ressort. Le délai est de cinq jours pour le pourvoi contre un arrêt de mise en accusation; il est de trois jours contre un arrêt de la cour d'assises ou d'un tribunal d'appels correctionnels. Le ministère public peut aussi se pourvoir, mais seulement dans l'intérêt de la loi, sans que l'arrêt de cassation à intervenir puisse affecter le sort du condamné; il n'a alors qu'un délai de vingt-quatre heures. En matière civile, le délai accordé aux parties est de trois mois à compter du jour de la signification du jugement; ceux qui sont absents de France pour cause d'utilité publique, tels que les fonctionnaires ou les militaires, ont un délai d'un an, à compter du jour de la signification à leur dernier domicile. Les habitants de la Corse et ceux qui demeurent hors de France ont un délai de six mois; ce délai est même d'un an pour ceux qui demeurent aux Indes occidentales, et de deux ans pour ceux qui habitent les colonies au delà du cap de Bonne-Espérance. La partie qui forme le pourvoi doit consigner au greffe une somme de 150 francs s'il s'agit d'une sentence contradictoire, et de 75 francs si la sentence est par défaut; cette consignation est faite à titre d'amende, et elle est perdue pour la partie dont le pourvoi vient à être rejeté; aucune consignation n'est exigée en matière purement criminelle. En cas de rejet du pourvoi, le demandeur est condamné à 300 francs d'amende, y compris les 150 fr. consignés avant le dépôt du pourvoi, et de plus à 150 fr. d'indemnité envers le défendeur si l'arrêt attaqué est contradictoire, et à moitié de cette somme s'il est par défaut.

CASSATION (Cour de). La loi du 1er septembre 1790 établissait un tribunal de cassation auprès du corps législatif. Les juges qui le composaient furent nommés d'abord par les assemblées électorales des départements; ils furent élus sous l'empire par le sénat; et enfin, depuis 1815, leur nomination appartient au souverain. Dans le principe, ils n'étaient élus que pour quatre ans; mais ils pouvaient être réélus indéfiniment. La loi qui constituait ce tribunal établissait une incompatibilité entre l'exercice des fonctions judiciaires et celui des autres fonctions publiques. Aujourd'hui, telle qu'elle est constituée, la cour de cassation a un droit de censure et de discipline sur les diverses cours de l'empire. Elle a le droit de suspendre les juges de leurs fonctions, ou de les mander à sa barre. Elle est composée d'un premier président, de trois présidents, de quarante-cinq conseillers, et elle se divise en trois chambres, formées chacune de quinze conseillers. Le ministère public est représenté par un procureur général et six avocats généraux. Un greffier en chef est attaché à la cour; la défense des affaires est confiée à des avocats spéciaux, au nombre de soixante, qui remplissent les fonctions d'avoués. Les affaires déférées à la cour de cassation sont enregistrées au greffe par ordre de dates. En matière civile, l'affaire est d'abord portée devant la chambre des requêtes, où le défendeur à la cassation n'est point représenté. Le président soumet l'affaire à un conseiller rapporteur qui résume le procès, et dépose son rapport au greffe; le dossier est ensuite communiqué au ministère public. Si la chambre des requêtes juge que le pourvoi est bien fondé, l'affaire est renvoyée devant la chambre civile, qui statue définitivement; si, au contraire, le pourvoi est rejeté, tout moyen de recours est ainsi épuisé. Si la chambre civile prononce la cassation, elle désigne par son arrêt une autre cour que celle qui a rendu l'arrêt attaqué, pour qu'il soit statué à nouveau. La cour, ainsi saisie de l'affaire, peut ne pas admettre la doctrine de la cour de cassation; et, dans ce cas, l'affaire revenant une seconde fois devant la cour de cassation, est jugée solennellement, toutes chambres réunies; et la nouvelle cour, à qui l'affaire se trouve encore renvoyée, doit se conformer à l'interprétation de la loi donnée par la cour de cassation. Les affaires criminelles sont spécialement déférées à une troisième chambre, dite chambre criminelle.

CASSAY, province de l'Inde, au delà du Gange, borné au N. par l'Assam, au S. et à l'E. par l'empire Birman, à l'O. par le Katschar. Cap. Mounnipour. Sup. 20,000 k. carrés. Pop. 30,000 h. Climat sain, sol fertile, belles forêts, sources salées. Élève de chevaux poneys. Le Cassay a été soumis par les Birmans en 1774. Il fait partie des prov. birmanes, cédées récemment aux Anglais.

CASSE. On appelle ainsi, en typographie, une table formant deux compartiments où les compositeurs d'imprimerie placent les différents caractères typographiques dont ils se servent. Cette table est légèrement inclinée; la partie la plus élevée se nomme *haut de casse*. On y place les majuscules, les lettres avec les accents, les lettres liées (œ æ), les parenthèses, etc.; cette partie est divisée en 98 petits compartiments, représentant 98 caractères différents. L'autre partie, appelée *bas de casse*, contient les petites lettres, les chiffres, les signes de ponctuation et les blancs. Autrefois, il n'y avait qu'un seul modèle de casse, mais il n'en est plus ainsi, et aujourd'hui on en compte, à Paris, huit ou dix différant sensiblement les uns des autres.

CASSEL, ville d'Allemagne, cap. de l'électorat de Hesse-Cassel, à 170 kil. de Francfort-sur-le-Mein, dans une belle contrée entourée de montagnes. Pop. 34,457 hab. Académie des beaux-arts, écoles militaire et polytechnique, école de cadets, société musicale. Palais électoral; église de Saint-Martin avec les tombeaux des landgraves; musées d'antiquités, avec une bibliothèque de 104,000 volumes. Beaucoup de belles places; belvédère avec galerie de tableaux; belles rues Royale et de Belle-Vue; promenade d'Anegarten avec les bains de marbre; cimetière contenant le monument de Jean Müller; célèbre château de Wilhelmshœhe aux environs. Cassel se partage en trois quartiers; Altstadt, Unterneustadt, Oberneustadt, dit aussi Franzœsische-Neustadt, parce qu'elle a été bâtie par les Français, réfugiés lors de la révocation de l'édit de Nantes. Industrie active: étoffes de soie, de coton, passementerie, couleurs, chapeaux, bougies; fabrique de papiers peints, voitures, pianos et machines. Cassel fut fortifiée jusqu'en 1762, et a servi de capitale au royaume de Westphalie (1806-1813). En 1831 et en 1848 des mouvements révolutionnaires y eurent lieu.

Cassel, appelé aussi *Castel*, faubourg de Mayence sur la rive droite du Rhin. Pop. 3,000 hab. Ses fortifications couvrent le pont et le passage du fleuve.

Cassel, ch.-l. de cant. de l'arrond. d'Hazebrouck (Nord), à 14 kil. de cette ville. Pop. 4,500 hab. Fabriques de dentelles, poterie, bonneterie, huile végétale, chapeaux. Restes de trois portes fortifiées et d'une maison de jésuites. Patrie du général Vandamme. Cassel est dominé par la terrasse d'un ancien château, aujourd'hui détruit, et de l'emplacement duquel on jouit d'une vue admirable. Cette ville était jadis la capitale des *Morini*.

Cassel (batailles de). Cette ville, qui était autrefois une des plus fortes places des Pays-Bas, a été démantelée à la fin du dernier siècle. Son vieux château, réputé imprenable, a été détruit. Cassel a été le théâtre de plusieurs grandes batailles. En 1070, Robert le Frison, ayant usurpé le comté de Flandre sur son neveu, dont il était tuteur, Philippe Ier, roi de France, prit généreusement la défense de l'orphelin. Il appela de toutes parts une foule de jeunes seigneurs, qui vinrent se ranger sous sa bannière, richement parés, comme pour un tournoi. Philippe s'avança plein de confiance, mais il s'aventura imprudemment, se fiant un peu trop à la valeur de sa chevalerie, dans un pays entrecoupé de canaux et de fossés, et qu'il ne connaissait pas. Robert le surprit, dans la situation la plus désavantageuse, près de Cassel, et le défit complètement le 20 février 1071. Arnolphe, comte de Flandre, resta parmi les morts; Philippe dut lui-même chercher son salut dans la fuite. — En 1328, Philippe de Valois, ayant reçu les députés du comte de Flandre, qui venaient invoquer son secours contre ses sujets révoltés, saisit avec empressement cette occasion de se signaler à la guerre, et de châtier cette orgueilleuse bourgeoisie flamande, qui osait contester les droits de son souverain. Il assembla une puissante armée et marcha sur Cassel. Les Flamands, pleins d'enthousiasme, et confiants d'ailleurs dans leurs murailles, s'étaient retranchés sur une hauteur hors de la ville, et, pour défier les assiégeants, ils avaient arboré un drapeau surmonté d'un coq, au bas duquel on lisait :

Quand ce coq chanté aura
Le roi Cassel conquerra.

Les Français, impuissants contre une ville si bien fortifiée, se vengeaient de leurs assauts infructueux en incendiant les villages. Les Flamands, voulant mettre fin à cette guerre horrible, tentèrent un coup de main : le 13 août 1328, profitant du moment où les Français étaient plongés dans le sommeil, ne croyant avoir à redouter aucune attaque, les Flamands fondirent sur leur camp, firent un grand massacre de ceux qui essayaient de se rallier pour résister et pénétrèrent jusqu'à la tente de Philippe. Cependant les Français, revenus de leur surprise et voyant le faible nombre de leurs ennemis, parvinrent à reformer leurs rangs et enveloppèrent les Flamands de toutes parts. Ils entrèrent avec les fuyards dans Cassel et réduisirent la ville en cendre. En 1677, le prince d'Orange se trouvait à Cassel, se disposant à marcher au secours de Saint-Omer, assiégé par le duc d'Orléans, quand il apprit que le duc venait de lever le siége pour marcher au-devant de lui. Le maréchal de Luxembourg ayant été envoyé par Louis XIV au secours du duc d'Orléans, son frère, tous deux attaquèrent si brusquement le prince d'Orange qu'il dut abandonner le champ de bataille, laissant 4,000 morts et 3,000 prisonniers; ce combat eut lieu le 11 avril 1677.

CASSENEUIL, bourg de l'arrond. de Villeneuve-d'Agen (Lot-et-Garonne), à 10 kil. de cette ville. Pop. 2,070 hab. On croit que c'est l'ancienne Cassinogilum où naquit Louis le Débonnaire.

CASSEROLE. ustensile de cuisine ordinairement en cuivre rouge étamé, et quelquefois aussi en fer-blanc ou en fer battu.

CASSE-TÊTE. On appelle ainsi une sorte de massue d'un bois très-dur qui sert d'arme aux sauvages. On trouve dans le commerce une espèce de gourdin assez court, qu'on appelle aussi casse-tête. On donne aussi le même nom à un jeu de combinaisons, qui consiste à former différentes figures avec de petits morceaux de bois ou de cartons découpés irrégulièrement.

CASSETTE, petit coffre en bois précieux et souvent orné de marqueterie ou enrichi de pierreries où l'on serre des objets précieux et d'un faible volume. On donne aussi ce nom au trésor particulier du roi; ainsi un souverain donne des pensions sur sa cassette.

CASSIN (mont), montagne du royaume d'Italie (Terre de Labour), à 80 kil. de Naples. Célèbre par une abbaye fondée par saint Benoît (529), chef de l'ordre des bénédictins.

CASSIN (abbaye du mont). Cette abbaye, célèbre au moyen âge, fut fondée par saint Benoît, qui institua l'ordre des bénédictins, en 529. Le lieu où saint Benoît établit son monastère, n'était alors qu'une forêt que les moines défrichèrent péniblement; ils parvinrent à convertir des terres ingrates en des champs magnifiques. On montre encore aujourd'hui la caverne affreuse où se réfugia saint Benoît, et où il se vit bientôt entouré d'une foule de malheureux qui fuyaient devant l'invasion des Barbares. L'ancien monastère n'existe plus; il a été rebâti au XVIe siècle dans le style de la renaissance. On admire la grandeur et la richesse de ce monument, construit tout en marbre, et dont l'église renferme les plus beaux tableaux des grands maîtres. Ce monastère est divisé en plusieurs cloîtres; on y trouve une bibliothèque magnifique. Cette abbaye était autrefois le centre du mouvement littéraire et scientifique en Italie; il a fourni trois papes à l'Eglise; un grand nombre d'hommes illustres sont sortis de son sein, et enfin plusieurs souverains et un grand nombre d'hommes célèbres sont venus chercher la paix du cœur dans les murs de ce monastère. Il est aujourd'hui bien déchu de son ancienne splendeur, et ce n'est plus qu'un séminaire dirigé par quelques moines, dont l'ignorance contraste avec la science des bénédictins qui les ont précédés et qui furent autrefois les dépositaires des connaissances humaines.

CASSINI (Jean-Dominique), célèbre astronome, né à Perinalda, dans le comté de Nice, le 8 juin 1625, mort le 14 septembre 1712. Il s'appliqua d'abord à l'astrologie judiciaire, mais ayant bientôt reconnu l'absurdité de cette prétendue science, il étudia l'astronomie et étonna bientôt le monde par la grandeur de ses découvertes. On fut d'autant plus étonné de le voir répudier l'astrologie, qu'il avait fait de singulières prédictions qui s'étaient réalisées. A l'âge de 25 ans il fut désigné par le sénat de Bologne pour remplacer le père Cavalieri, célèbre mathématicien, dans la chaire d'astronomie. En 1652, l'apparition d'une comète au zénith de Bologne lui fournit l'occasion de faire de curieuses et savantes observations. Avant lui, on voyait dans les comètes des lueurs phosphorescentes dont l'apparition était irrégulière et momentanée. Il fut le premier qui affirma et démontra que les comètes étaient soumises à certaines lois comme les autres astres. Il résolut de tracer une méridienne qui répara les erreurs du calendrier Julien, qui n'était déjà plus en rapport avec les équinoxes et les solstices, et qui marquait une différence de plus de dix jours. Il s'agissait d'étudier les réfractions astronomiques et les éléments de la théorie du soleil. Après deux ans de travail, il réussit à tracer sa méridienne dans l'église de Saint-Pétrone; et quand vint le solstice d'hiver de 1655, les savants vinrent en foule constater la certitude des calculs de Cassini. Il avait dressé pour cela de nouvelles tables du soleil plus sûres que celles de Kepler, et une table de réfraction. Il fut ensuite chargé de régler des différends survenus entre Ferrare et Bologne, au sujet dès inondations fréquentes du Pô, qui, en occasionnant de fréquents déplacements de lit, troublait les limites territoriales. Cassini proposa un système d'endiguement qui fut adopté, le pape Alexandre VII lui offrit vainement la dignité de cardinal pour mieux se l'attacher. Cassini eut pendant sa vie les plus heureuses occasions pour l'observation des comètes : il put en étudier trois de 1664 à 1680. Il détermina le zodiaque de ces diverses comètes, et l'exactitude de ses calcule fut vérifiée plus tard par des réapparitions périodiques aux époques qu'il avait indiquées. Il fut le premier qui indiqua les procédés pour constater le mouvement des planètes sur leur axe; ainsi il trouva que Jupiter tournait sur son axe en 9 heures 56 minutes; il calcula de la même manière le mouvement de rotation de Mars et de Vénus. Avide de connaissances, il étudia aussi la formation des mousses et leurs différentes natures; il ne resta pas non plus étranger à la physiologie; et il fit de curieuses expériences sur le phénomène de la transfusion du sang. En 1668, il publia les éphémérides des satellites de Jupiter, et il approcha de la perfection. Colbert envia cet homme à l'Italie. Louis XIV le demanda au pape Clément IX et au sénat de Bologne pour quelques années seulement. Cette demande fut même l'objet de négociations diplomatiques. A son arrivée à Paris, le roi le reçut avec les témoignages du plus grand respect; l'Académie des sciences lui ouvrit spontanément ses portes. Lorsque le temps fixé pour son séjour à Paris fut expiré, il se disposa à rentrer en Italie. Colbert parvint à le retenir à force de sollicitations et lui fit accepter des lettres de naturalisation. En 1673, il se maria avec la fille d'un lieutenant-général. Le roi lui dit à cette occasion : « Monsieur de Cassini, je suis enchanté de vous voir devenu Français pour toujours. » Cassini fit encore de nouvelles études pour déterminer la figure de la Terre et la variation des lois de la pesanteur des pôles à l'équateur. Il expliqua les causes de la lumière zodiacale; il démontra que l'axe de rotation de la lune n'était pas perpendiculaire à l'écliptique, ainsi qu'on l'avait cru jusqu'alors; il découvrit quatre nouveaux satellites à la planète de Saturne; enfin, en 1700, il prolongea jusqu'au Roussillon la méridienne de Paris commencée par Lahire et Picard. Dans les dernières années de sa vie, il perdit la vue, comme Galilée; ce malheur ne lui ôta rien de sa gaieté naturelle. Il s'éteignit paisiblement à l'âge de 87 ans et demi. Il a laissé plusieurs Traités sur les planètes et sur les éclipses de soleil, et un grand nombre de Mémoires où se trouvent consignées ses observations et ses découvertes.

CASSINI (Jacques), fils du précédent, né à Paris en 1669, mort en 1756. Il entra à l'Académie des sciences en 1694, et hérita de son zèle pour la science, sinon de son génie. Il fut lié d'amitié avec Newton, Halley et Flamstead. En 1717, il présenta à l'Académie un mémoire remarquable sur l'inclinaison de l'orbite des satellites et de l'anneau de Saturne. Il manquait à la méridienne une perpendiculaire; de plus, la figure de la Terre n'avait pas encore été exactement déterminée; il se chargea de ses calculs. Les Newtoniens critiquèrent ce nouveau système de l'attraction et de la rotation du globe sur son axe. Cassini rejeta les erreurs possibles sur l'imperfection des instruments astronomiques, et il fut démontré qu'on ne pouvait répondre d'une erreur d'une demi-minute sur le moment précis de l'émersion du satellite de Jupiter, ce qui pouvait produire en longitude une erreur de 7' 30'' sur l'arc du parallèle. Il a laissé, entre autres ouvrages, les *Eléments d'astronomie* et des *Tables astronomiques*.

CASSINI DE THURY (César-François), fils du précédent, né à Paris en 1714, mort en 1784. Il fut maître des requêtes, directeur de l'Observatoire, membre de la Société royale de Londres et de diverses académies étrangères, pensionnaire et astronome de l'Académie des sciences. Son père cultiva si bien ses heureuses dispositions et ses talents précoces, qu'à l'âge de dix ans, il calcula exactement les phases de l'éclipse totale du soleil qui devait survenir en 1727. Dès l'âge de 21 ans, il entrait à l'Académie des sciences comme adjoint surnuméraire. Il vérifia la méridienne qui passe par l'Observatoire, et releva quelques erreurs. Le gouvernement ayant conçu le projet de lever le plan topographique de la France entière, Louis XV, qui était lui-même très-versé dans la géographie, protégea d'abord activement cette entreprise, et chargea le jeune Cassini de l'exécution de ce travail; mais l'apathie du souverain et le désordre des finances auraient certainement fait interrompre ce précieux travail si une compagnie ne s'était formée pour l'achever. Cassini, qui consacra sa vie entière à cet immense travail, mourut de la petite vérole, avant d'avoir eu la satisfaction de voir achever son magnifique atlas. Le plan a été exécuté sur une échelle d'une ligne pour 100 toises, et se rapporte à la méridienne et à la perpendiculaire de l'Observatoire; il se compose de 181 feuilles. Cassini fut aidé dans ses opérations par un grand nombre d'ingénieurs et d'arpenteurs. Ses cartes reproduisent les plus petits détails et marquent même les chaumières isolées : les diverses hauteurs et même les ondulations de terrain y sont figurées. Cassini a laissé, outre un grand nombre de mémoires intéressants, la *Description géométrique de la France*; il a publié aussi des *Additions* aux tables astronomiques de son père.

CASSINI (Jacques-Dominique, comte DE), fils du précédent, né à Paris en 1747, mort en 1845. Il fut membre de l'Institut et directeur de l'Observatoire. Il termina le grand atlas géographique que son père avait presque achevé. Il fut constulté pour la division territoriale de la France en départements, qui eut lieu en 1790. Il venait de terminer une magnifique carte de France suivant les divisions nouvelles, lorsqu'il fut arrêté comme suspect en 1793. Il ne tarda pas à être mis en liberté; mais il perdit ses planches. Il a laissé un travail sur la déclinaison de l'aiguille aimantée et un Mémoire pour servir à l'histoire des sciences et à celle de l'Observatoire de Paris.

CASSINI (Alexandre-Henri-Gabriel, vicomte DE), fils du précédent, né à Paris en 1781, mort en 1832. Il se distingua dans la magistrature; il fut nommé, en 1831, conseiller à la cour de cassation et pair de France. Il s'occupa de botanique, et poussa assez loin l'étude de cette science, dans laquelle on lui doit plusieurs découvertes. Il a laissé quelques mémoires et opuscules sur cette science. Il avait été élu membre de l'Institut en 1827.

CASSINO, bourg du royaume d'Italie, à 16 kil. d'Alexandrie. Pop. 3,500 hab.

CASSIODORE (Magnus-Aurelius), historien latin, né à Squillace dans le Brutium, vers 470. Il fut premier ministre d'Odoacre, puis de Théodoric. En 514, il fut nommé consul; il devint préfet du prétoire sous Athalaric, Théodat et Vitigès, et après la chute de ce dernier prince, vers 540, il se retira dans un monastère près de sa patrie, à l'âge de 70 ans. Il avait fait de sa solitude le plus charmant séjour, et il l'avait enrichie d'une magnifique bibliothèque. On croit qu'il y vécut jusqu'à plus de cent ans; car il est certain qu'il existait encore en 562. Il fut à la fois historien, philosophe, théologien, rhéteur, publiciste; mais ses *Lettres* sont la partie la plus importante de ses œuvres. Sans les documents historiques qu'on y trouve, il serait impossible de composer l'histoire des Goths en Italie. La part que Cassiodore prit aux événements politiques de son temps donne à ses écrits la plus grande autorité. Les actes, les proclamations officielles et les ordonnances qui furent alors publiées sont consignées dans ce précieux recueil. L'auteur se montre profond politique; mais son style est souvent détestable, bien qu'il soit plus pur que celui de ses contemporains. Il avait composé une *Histoire des Goths*; mais nous n'avons que quelques extraits conservés par Jornandès. Il a composé une *Chronique* où sont consignés certains faits qu'on chercherait vainement ailleurs. Parmi ses *Traités philosophiques*, celui de l'*Ame* est le plus estimé; cependant il se montre plus théologien que philosophe. Parmi ces écrits purement théologiques, on distingue les *Complexions*, qui furent découvertes au XVIIIe siècle, à Vérone, par le marquis de Maffei, qui les publia en 1721. Les *Institutions des divines Ecritures* offrent un recueil de règles monastiques, en même temps qu'ils indiquent les principaux auteurs de la science ecclésiastique. Il recommande aux moines de se livrer à l'agriculture; et s'ils ont quelque aptitude pour les lettres, de les cultiver, et surtout de s'occuper de la transcription des manuscrits.

CASSIOPÉE, femme de Céphée, roi d'Ethiopie, et mère d'Andromède. Elle osa prétendre qu'elle surpassait les Néréides en beauté. Neptune, irrité, vengea ses nymphes en suscitant un monstre marin qui ravagea le pays. Céphée, voulant faire cesser les malheurs qui pesaient sur l'Ethiopie, dévoua au monstre, pour apaiser les farouches Néréides, sa fille Andromède; elle la fit attacher sur un rocher. Le monstre s'élançait déjà pour la dévorer, lorsque Persée, monté sur Pégase, le terrassa et délivra la princesse. Ce héros pria Jupiter de placer toute cette famille dans le ciel; en effet, Cassiopée, Céphée, Andromède et Persée sont au nombre des constellations.

CASSIQUIARE, rivière de l'Amérique du Sud, formée d'un bras de l'Orénoque qui va se jeter dans le Rio-Negro, arrose le sud de Venezuela, et unit par un canal naturel l'Orénoque et les Amazones. Il roule au travers de vastes forêts et de lieux humides, et ses bords sont infestés de moustiques.

CASSIS, ville de l'arrond. de Marseille (Bouches-du-Rhône), à 15 kil. de cette ville. Pop. 2,200 hab. Récolte de vins de liqueur, pêche du corail; chantiers de construction. Port sur la Méditerranée. Patrie de l'abbé Barthélemy, l'auteur du *Voyage du jeune Anacharsis*.

CASSITERIDES (îles), c'est-à-dire *îles d'étain*, groupe d'îles au nombre de 145, au S.-O. de l'ancienne Bretagne. On croit que ce sont les îles Sorlingues ou Scilly. Les Carthaginois, les Phéniciens, les Romains y exploitaient d'inépuisables mines d'étain.

CASSIUS (Avidius), général romain. L'empereur Marc-Aurèle ayant envoyé en Orient Lucius Vérus, son frère adoptif, pour combattre les Parthes, voulut lui adjoindre un habile général, et choisit Avidius Cassius, connu pour son énergie également terrible aux soldats et aux ennemis. Les moindres infractions à la discipline étaient punies par lui des plus cruels supplices. Une petite troupe d'auxiliaires ayant surpris, sous les ordres des tribuns, et taillé en pièces 3,000 Sarmates, il fit mettre en croix les centurions pour avoir combattu sans son consentement; au lieu de les récompenser de leur exploit. Cet acte rigoureux ayant excité une sédition dans l'armée, il s'avança au-devant des mutins, en leur criant : « Frappez, si vous l'osez, et à l'infraction de la discipline ajoutez ce crime. » Les soldats rentrèrent dans le devoir. Marc-Aurèle pensa qu'il fallait un tel homme pour arracher les légions de Syrie à la mollesse. Vérus se reposa sur ce général du soin de la guerre contre les Parthes, et ne songea qu'à mener, en Grèce et en Asie mineure, une vie d'orgie et de débauche. Son plus grand souci était de soigner sa chevelure, qu'il poudrait d'or. Pendant ce temps-là, Cassius repoussait les Parthes et portait le fer et le feu dans Ctésiphon et Séleucie. Une fois cette guerre terminée, ce fut Vérus qui fut accueilli à Rome en triomphateur, et qui reçut les surnoms de Parthique, Arménique, et Médique. En 176, Cassius se révolta contre Marc-Aurèle, qu'il détestait et qu'il appelait ouvertement le *dissertateur* ou *la vieille philosophante*. Il prit la pourpre à Antioche, en répandant parmi ses soldats la fausse nouvelle de la mort de Marc-Aurèle; il alla même, pour plus de vraisemblance, jusqu'à mettre cet empereur au rang des dieux. Avidius fut abandonné de ses soldats, puis défait et tué par Albinus, gouverneur de Bithynie, en 176 ap. J.-C. Marc-Aurèle se montra généreux envers la famille de l'usurpateur. Il épargna même la plupart de ses complices.

CASSIUS HEMINA, le plus ancien historien romain; il vivait sous le consulat de Cnéius-Cornélius-Lentulus et Mummius-Achaïcus, en 146 av. J.-C. Aulu-Gelle, qui nous a laissé plusieurs extraits de cet historien, nous apprend qu'il composa les *Annales romaines* en quatre livres. Il est aussi souvent cité par Pline, Servius, Macrobe et Censorin. Cassius avait écrit l'histoire de Rome et celle de l'Italie depuis les temps les plus anciens.

CASSIUS LONGINUS (Quintus). Il fut questeur dans l'armée de Pompée, en Espagne, en 55 av. J.-C.; il embrassa plus tard le parti de César. Ayant été envoyé en Espagne, il excita, par ses exactions une violente insurrection, et s'étant embarqué avec ses trésors, il périt dans une tempête à l'embouchure de l'Elbe, en 48 av. J.-C.

CASSIUS LONGINUS (Caïus), général romain. Il accompagna Crassus en qualité de questeur dans la guerre contre les Parthes, en 54 av. J.-C. Il embrassa le parti de César contre Pompée et combattit à Pharsale. Il entra dans la conspiration de Brutus contre César, qui lui avait généreusement pardonné son hostilité. Il était beau-frère de Brutus, et se distingua entre tous les conjurés par sa violence; on prétend qu'il se trouva offensé de n'avoir pas obtenu la préture. César, qui surveillait ses menées, disait à ses amis qui lui conseillaient de se défier d'Antoine et de Dolabella : « Ce ne sont pas ces beaux garçons, ces hommes parfumés que je dois appréhender; mais plutôt ces hommes sobres, pâles et maigres qui se piquent d'austérité. » Un jour Cassius mit au bas de la statue élevée en l'honneur de Brutus, qui fonda la république romaine et en fut le premier consul : *Utinam viveres!* (Plût à Dieu que tu vécusses encore). Un autre jour, il fit circuler à l'adresse de son beau-père des billets portant ces mots : « Tu n'es pas le vrai Brutus, car tu dors. » Quand les conjurés eurent concerté leur plan, l'un d'eux ayant manifesté la crainte que dans leur précipitation les conjurés ne se frappassent mutuellement : « Frappe! dit Cassius, quand ce devrait être à travers mon corps. » Après le meurtre de César, il se vit poursuivi par Antoine qui, sous prétexte de venger la mort de César, voulait s'emparer du pouvoir. Il passa en Orient avec Brutus; il y fut rejoint par les Romains qui étaient encore animés des vertus républicaines et aspiraient à sauver la liberté expirante. Il se trouvait à la tête de 80,000 hommes lorsqu'ils apprirent qu'Antoine et Octave se préparaient à les attaquer. Brutus et Cassius avaient déjà le funeste pressentiment de leur défaite; ils passèrent en Thrace, près de la ville de Philippes, où ils furent bientôt rejoints par l'armée d'Octave et d'Antoine. Cassius voulait différer le combat, comprenant que l'armée des triumvirs, manquant déjà de subsistances, serait bientôt détruite par la famine. Brutus insista pour livrer bataille : « Je suis impatient, dit-il, de terminer les malheurs du genre humain. » Son avis l'emporta. Le lendemain, la cotte d'armes de pourpre parut sur la tente des deux généraux; c'était le signal du combat : « Que feras-tu, dit Cassius à Brutus, si nous sommes vaincus? » — « Si les dieux ne nous favorisent pas, répondit Brutus, si la cause de la liberté succombe, je n'ai pas l'intention de courir après de nouvelles espérances et de tenter de nouveaux combats. J'ai fait à ma patrie le sacrifice de ma vie le jour des ides de mars; et, s'il le faut, je me donnerai la mort en rendant grâces au destin. — Mon ami! s'écria Cassius en se jetant dans ses bras, s'il en est ainsi, que rien ne nous arrête, puisque d'après cette résolution nous mourrons libres sans avoir rien à craindre des vainqueurs. » Ils engagèrent aussitôt le combat (43 ans av. J.-C.). Cassius, qui commandait la cavalerie, fut défait par Antoine, et, croyant que Brutus était vaincu de son côté, il rentra dans sa tente et se perça de son épée.

CASSIUS LONGINUS (Caïus), célèbre jurisconsulte qui vivait vers l'an 66 ap. J.-C.; il fut gouverneur de Syrie sous l'empereur Claude; Néron l'exila en Sardaigne. Tacite le place parmi les plus savants jurisconsultes. On trouve au Digeste quelques fragments de Caïus Longinus.

CASSIUS LONGINUS RAVILLA (Lucius), tribun du peuple en 137 av. J.-C. Il fit décider par un plébiscite qu'à l'avenir les suffrages dans les jugements seraient recueillis par écrit et non plus à haute voix. Il fut plus tard censeur et montra une sévérité qui rendit son nom proverbial : on appelait *Cassiens* les juges qui déployaient une sévérité draconienne. On l'avait surnommé l'*Ecueil des accusés*, parce qu'il avait imaginé la formule *cui bono?* qui signifiait que, dans toute affaire criminelle, il fallait rechercher celui qui avait eu intérêt à commettre le crime. On croit que ce fut le même Cassius qui périt en 108 av. J.-C. dans un combat contre les Cimbres.

CASSIUS LONGINUS (Varus-Caïus), consul en 74 av. J.-C., fit voter une loi qui ordonnait que désormais les approvisionnements de blé seraient faits au nom de la république, et qu'ils seraient livrés à bas prix au peuple. Il commanda l'armée que Rome opposa à Spartacus, qui venait de ravager la Campanie, et qui menaçait déjà de marcher sur Rome; il fut défait en bataille rangée.

CASSIUS SEVERUS (Caïus), poète tragique du siècle d'Auguste; né à Parme. On a prétendu qu'il avait participé au meurtre de César. Ce qu'il y a de certain, c'est qu'il fut tribun dans l'armée de Brutus et Cassius, et qu'il combattit à Philippes. Après leur mort, il s'attacha à Sextus Pompée. Plus tard, il servit Antoine contre Auguste, dont il se montra toujours l'ennemi implacable. Il ne l'appelait pas autrement que le *petit-fils de boulanger*. Lorsqu'Antoine eut été défait à Actium, Cassius se retira à Athènes. Auguste ayant appris le lieu de sa retraite, y envoya Quintilius Varus avec ordre de s'en défaire. Celui-ci trouva le poëte dans son cabinet et lui porta le coup fatal, en 31 av. J.-C. On composa son bûcher funéraire avec ses livres. On a conservé quelques fragments de Cassius.

CASSIUS SEVERUS LONGULANUS (Titus), orateur et écrivain satirique du temps d'Auguste; il était né à Longula, vers l'an 55 av. J.-C. Il avait un tel penchant à la calomnie qu'il publia des pamphlets contre les principales familles de Rome. Auguste, l'exila dans l'île de Sériphe, où il mourut de misère en 33 av. J.-C. Ce fut à l'occasion de ses écrits que fut portée une loi contre les libellistes. Sénèque vantait l'éloquence de Cassius.

CASSIUS VISCELLINUS (Spurius). Il défit les Sabins près de Cures, fut trois fois consul, fut général de la cavalerie sous le dictateur Titus Lartius, et obtint deux fois les honneurs du triomphe. Ayant été nommé consul avec Proculus Virginius, en 486 av. J.-C., il proposa la loi agraire, qui ordonnait qu'il serait fait un dénombrement des terres conquises, que les nobles rendraient celles dont ils avaient pris possession ou qu'ils s'étaient fait adjuger à vil prix, et qu'on les partagerait également entre tous les citoyens. La noblesse comprit que l'exécution de cette loi allait lui porter un coup fatal; elle sut faire tourner contre Cassius sa popularité même, en l'accusant d'aspirer à la tyrannie. Le peuple l'abandonna au ressentiment des nobles, comme il avait abandonné les Gracques qui avaient généreusement lutté pour lui, et Cassius fut précipité de la roche Tarpéienne.

CASSIVÉLAUNUS était l'un des princes qui régnaient dans la Grande-Bretagne au moment de l'invasion de César. Les chefs insulaires se réunirent sous le commandement de Cassivélaunus. César tenta inutilement deux descentes; il fut repoussé chaque fois et obligé de regagner ses vaisseaux. Mais les chefs bretons s'étant divisés, et les Trinobantes ayant passé dans l'armée de César, Cassivélaunus dut céder à des forces supérieures au point de vue de la discipline. Il se retrancha dans les bois, où il continua une longue et énergique résistance. Il fit enfin sa soumission. Mais César voyait venir l'hiver, et les dispositions hostiles des Gaulois le rappelaient de l'autre côté du détroit, aussi se vit-il forcé d'abandonner sa conquête et de se rembarquer sur les vaisseaux qui avaient échappé à la tempête. Cassivélaunus régna encore pendant sept ans.

CASSOLETTE, sorte de réchaud ou boîte dans laquelle on fait brûler ou évaporer des parfums; elle est surmontée d'un couvercle percé de petits trous par où s'échappe l'odeur ou le parfum.

CASSOPO, village de l'île de Corfou, sur la côte N.-E. Elle donne son nom au golfe formé par la Mer ionienne entre cette côte et celle d'Albanie.

CASSOVIE ou CASSOVA, plaine de la Servie située entre Skopia et Kopanick; arrosée par le Drin.

CASSOVIE (batailles de). La plaine de Cassovie fut, en 1388, le théâtre d'une sanglante bataille entre le sultan Amurat Ier et Lazare, prince de la Servie. Celui-ci fut vaincu et tué. Amurat trouva lui-même la mort dans les champs de Cassovie. Certains historiens prétendent qu'il fut frappé par un soldat servien laissé parmi les morts, qui se releva pour lui porter le coup mortel. D'autres disent, au contraire, qu'il fut assassiné la veille de la bataille, et que Bajazet prit le commandement des Ottomans. Cette victoire eut pour résultat l'entière soumission de la Servie. En 1448, les plaines de Cassovie furent encore le théâtre d'une autre bataille. Jean Huniade, accouru avec une armée hongroise au secours de Georges, prince de Servie, y fut battu par Amurat II.

CAST (Saint-), village de l'arrond. de Dinan (Côtes-du-Nord), à 33 kil. de cette ville. Pop. 850 hab. Une descente des Anglais y fut repoussée par le duc d'Aiguillon en 1758.

CASTAGNETTES, instrument de musique composé de deux morceaux de bois ou d'ivoire concaves et en forme de coquille, qu'on attache à la main avec des cordons, et qu'on agite l'un contre l'autre en marquant la mesure. Les danseurs espagnols excellent dans le jeu des castagnettes.

CASTAING (Edme-Samuel), docteur en médecine, né à Alençon en 1796, tristement célèbre par l'empoisonnement qu'il commit sur les deux frères Baleit, à Paris. Ces deux jeunes gens, Auguste et Hippolyte, étaient liés avec Castaing. Tout à coup leur père et leur belle-mère moururent d'une phthisie laryngée; Hippolyte ne tarda pas à succomber à une maladie de poumon; et bientôt il ne resta de toute cette famille qu'Auguste, qui se trouva possesseur d'un revenu de 40 à 50,000 francs de rente. Ce jeune homme se livra alors à de folles dépenses. Le bruit courut dans le public que Castaing avait prêté à Auguste Baleit, moyennant une somme de 100,000 francs, un concours criminel pour détruire le testament d'Hippolyte, qui ne léguait à son frère que 100,000 francs de rente quand il serait ruiné, et disposait de toute sa fortune en faveur de sa sœur utérine. Castaing, compagnon de débauche d'Auguste, négligeait sa clientèle; il ne paraissait plus avoir qu'une passion dominante, celle de l'étude des poisons. Au mois de décembre 1822, Auguste avait fait un testament qui instituait le docteur Castaing son légataire universel. Le 29 mai 1823, ils allèrent se promener à Saint-Germain, et le soir, au lieu de revenir à Paris, ils s'arrêtèrent à Saint-Cloud, descendirent à l'auberge de la Tête-Noire, et se firent servir du vin chaud dans lequel ils mirent du sucre et des citrons qu'ils avaient apportés. Auguste avait à peine goûté au vin, le déclarant détestable aux premières gorgées; il passa une fort mauvaise nuit. Castaing lui fit prendre du lait froid; mais ce breuvage, loin d'apporter de l'amélioration dans son état, ne parut que l'aggraver : des vomissements eurent lieu, un médecin fut appelé; qui, comme Castaing, vit dans ces symptômes un commencement de choléra-morbus. L'état du malade empirait : on envoya chercher deux docteurs à Paris; le curé du Saint-Cloud vint administrer le malade, tandis que Castaing, qui paraissait pénétré de douleur, resta agenouillé pendant toute la cérémonie. Le docteur Pelletan n'arriva que pour assister aux derniers moments d'Auguste. Les médecins ne pensèrent pas tout d'abord à un empoisonnement, mais ils crurent qu'il était nécessaire qu'une enquête judiciaire eût lieu; bientôt l'on arriva à découvrir que pendant ce voyage, Castaing avait acheté douze grains d'émétique et un demi-gros d'acétate de morphine; on sut aussi que lorsque le malade, qui était assez calme, reçut des mains de Castaing quelques gouttes d'une potion calmante, le mal empira. Castaing fut arrêté, renvoyé par la chambre des mises en accusation devant la cour d'assises de la Seine, et défendu par MM. Berryer et Roussel. Il protesta de son innocence pendant tout le cours des débats. Condamné à mort, il subit les apprêts du dernier supplice avec beaucoup de calme, et ce ne fut qu'au pied de l'échafaud qu'il confessa son crime (décembre 1823).

CASTALIE, fontaine de Phocide, au milieu du mont Parnasse, consacrée aux Muses, qui prenaient de là le nom de *Castalides*.

CASTANET, ch.-l. de cant. de l'arrond. de Toulouse (Haute-Garonne), à 12 kil. de cette ville. Pop. 1,300 hab.

CASTANOS (don François-Xavier DE), duc DE BAYLEN, général espagnol, né dans la Biscaye en 1753, mort à Madrid en 1852. Il fit ses premières armes sous le roi de Prusse, Frédéric le Grand. Il passa dans l'armée de Navarre en 1798. Le prince de la Paix l'éloigna pendant quelque temps; mais lorsque l'Espagne fut menacée par la France, Castanos reprit son commandement. En 1808, le général Dupont s'était avancé jusqu'à Cordoue, à la tête d'un corps de 12,000 hommes, et s'était emparé de la ville. Castanos s'avança sur ses derrières avec une armée de 30,000 hommes pour lui couper ses communications avec Madrid. Cependant le général Dupont ayant rétrogradé jusqu'à Andujar, où il avait reçu un renfort de deux divisions, la retraite lui eût été facile, s'il avait fait diligence. Mais il mit une telle lenteur dans son mouvement, qu'il se vit cerné à Baylen. Il se décida alors à prendre l'offensive, laissant à l'arrière-garde plusieurs bataillons pour la garde des fourgons qui renfermaient les riches dépouilles provenant du pillage des églises de Cordoue. Le général Védel, dont les deux divisions étaient séparées du corps principal, accourut au bruit de la canonnade; mais ses soldats, épuisés par une marche forcée, ne purent arriver que le soir sur le théâtre de l'engagement. Il avait déjà fait mettre bas les armes à deux bataillons espagnols, quand il apprit que Dupont parlementait. Il fut forcé de cesser le combat, malgré l'ardeur de ses troupes. Dupont venait, en effet, de consentir une capitulation honteuse pour la France : il fit mettre bas les armes à 20,000 Français. Ce qui ajoute à la honte de ce général, et ce qui fait croire qu'il n'agit ainsi que pour sauver son riche butin, c'est que le général Castanos se fit remettre les prises que les soldats portaient dans leurs havresacs, mais qu'il respecta les fourgons qui contenaient les richesses enlevées aux églises. Il fut stipulé, toutefois que les troupes seraient transportées en France. Cependant la capitulation fut violée, et les malheureux Français furent transportés à Cadix, où ils périrent presque tous de faim et de misère, entassés dans des pontons. Les résultats de cette capitulation furent considérables; elle releva le courage des Espagnols et détermina l'insurrection du Portugal. Jamais on n'avait vu une armée aussi nombreuse capituler en rase campagne. Le général Castanos perdit tout son prestige à Tudela, où il fut battu. Cependant il se releva à l'affaire de Vittoria, dont il décida le succès. Ferdinand VII le nomma capitaine général de la Catalogne, puis membre du conseil d'Etat en 1825, et enfin président du conseil de Castille. En 1843, après la chute d'Espartero, il fut nommé tuteur de la reine Isabelle II.

CASTE. Ce mot désigne des distinctions sociales basées sur la qualité, la naissance et la différence de race. La noblesse franque formait une véritable caste : les nobles ne s'alliant jamais qu'entre eux. Le clergé et la magistrature formaient des classes sociales, mais non des castes, les ecclésiastiques et les magistrats se recrutant dans tous les rangs du peuple. Dans les pays où est établi l'esclavage, les esclaves forment une véritable caste. Les serfs de la Russie, de la Pologne et de la Hongrie constituent aussi des castes dont l'état d'infériorité sociale est une menace perpétuelle contre une noblesse orgueilleuse et tyrannique. Dans les Indes, le peuple se divise en quatre castes principales, que Brahma, qui est en quelque sorte le Christ des Hindous, n'a pu faire disparaître; ainsi l'on trouve les brahmes, les enfants de Brahma, caste noble et privilégiée; les chatrias, qui comprennent les négociants, les artisans et les soldats; les sudras, qui composent la caste des laboureurs; et enfin les parias, caste misérable, avilie, sans moyens d'existence, et qui ne peut, sans crime, se vêtir ni se nourrir de la même manière que les autres castes. L'ancienne Egypte était elle-même partagée en castes. La théocratie avait immobilisé dans ce pays les hommes et les institutions. La distinction des castes se retrouve même chez les sauvages : ainsi, dans les îles de l'Océanie, les hommes de race nègre forment une caste inférieure; les mulâtres ou les hommes au teint cuivré composent la caste privilégiée.

CASTEGGIO, bourg du royaume d'Italie, à 10 kil. de Voghera et près de Montebello. Pop. 2,200 hab. Le 9 juin 1800, il s'y livra une bataille dite de Montebello, gagnée par Lannes, qui fut le prélude de la bataille de Marengo.

CASTEL, bourg de Bavière (cercle du Haut-Palatinat), à 15 kil. d'Ambert. Pop. 800 hab. Ch.-l. de la seigneurie de son nom. Beau château.

CASTEL (René-Louis-Richard), poëte, né à Vire en Calvados en 1758, mort à Reims en 1832. Il fut député du Calvados à l'Assemblée nationale en 1790. Il s'occupa avec ardeur des questions d'enseignement public. Sous l'Empire, il fut d'abord professeur au lycée Louis le Grand, puis inspecteur général de l'université. Il s'occupa de botanique et publia un *Cours complet d'histoire naturelle*, d'un style fort élégant, mais qui n'est que le résumé des travaux des autres naturalistes; il publia aussi un *Abrégé de Buffon*. Comme poëte, on lui doit un poëme didactique intitulé les *Plantes*, qui obtint le prix académique; on y trouve une versification habile, mais peu d'enthousiasme poétique. Il en est de même de son autre poëme, la *Forêt de Fontainebleau*.

CASTEL, du latin *castellum*, diminutif de *castrum*, camp, signifie un château fortifié. Ce mot se retrouve dans la désignation d'une foule de villes romaines que les Romains avaient fortifiées pour s'y défendre contre les Barbares. Ainsi Cassel, capitale de la Hesse-Electorale, s'appelait autrefois *Castellum-Trajani;* Cassel, ville du département du Nord, s'appelait *Castellum-Morinorum*. Au moyen âge le château seigneurial portait le nom de *castel*.

CASTEL-BUONO, ville de Sicile, à 73 kil. de Palerme. Pop. 7,500 hab. Eaux minérales.

CASTEL-DELLA-PIETRA, bourg des Etats autrichiens (Tyrol), sur la rive gauche de l'Adige, à 6 kil. de Roveredo. L'archiduc Sigismond et les Tyroliens y vainquirent les Vénitiens (1487).

CASTEL-DELPHINO ou *Château-Dauphin*, bourg du royaume d'Italie, à 30 kil. de Saluces. Pop. 1,400 hab. Prov. de Coni.

CASTEL-DEL-PIANO, bourg du royaume d'Italie, à 30 kil. de Grosseto. Pop. 2,400 hab. Exploitation de silice. Belle église.

CASTEL-DI-SANGRO, village du royaume d'Italie (Abruzze ultérieure IIe), à 30 kil. de Solmona. Pop. 3,100 hab. Fabrique de tapis.

CASTEL-FRANC, bourg de l'arrond. de Cahors (Lot), à 26 kil. de cette ville. Pop. 800 hab. Beau pont suspendu.

CASTEL-FRANCO, bourg des Etats autrichiens (Vénétie), délégation de Trévise, à 25 kil. de cette ville. Pop. 4,000 hab. Ville fortifiée. Patrie du peintre Giorgione. Défaite des Autrichiens par les Français en 1805.

CASTEL-FRANCO, bourg du royaume d'Italie (Capitanate), à 20 kil. de Bovino. Exploitation de gypse.

CASTEL-GANDOLFO, village des Etats de l'Eglise, à 16 kil. de Rome. Palais d'été des papes, construit par Urbain VII et augmenté par Alexandre VII. Eglise élevée en 1661. Vue magnifique. Climat très-salubre.

CASTEL-GUELFO, bourg du royaume d'Italie, à 15 kil. de Borgo-San-Donnino, province de Parme. Château fort bâti par les Guelfes. Pont de 22 arches construit sous le règne de Marie-Louise.

CASTEL-JALOUX, ch.-l. de cant. de l'arrond. de Nérac (Lot-et-Garonne), à 30 kil. de cette ville. Pop. 2,000 hab. Vieux château des seigneurs d'Albret. Bains d'eaux minérales ferrugineuses. Commerce de grains.

CASTELLABATE, ville du royaume d'Italie (Principauté citérieure), à 25 kil. de Vallo, près de la Méditerranée. Pop. 2,800 hab. Vins estimés.

CASTELLAMARE, ville du royaume d'Italie, province de Naples, à 25 kil. de cette ville. Pop. 18,450 hab. Siége d'un évêché; port militaire sur le golfe de Naples. Eaux thermales fréquentées. Belles villas. Château royal sur le Monte-Auro. Victoire navale des Français sur les Espagnols en 1648; succès de Macdonald sur les Anglo-Napolitains en 1799.

CASTELLAMARE, ville de Sicile, à 10 kil. d'Alcamo. Pop. 6,000 hab. Port dont le mouillage est dangereux. Commerce en blé, vins et fruits.

CASTELLAMARE-DELLA-BRUCA, village du royaume d'Italie (Principauté citérieure), à 12 kil. de Vallo.

CASTELLAMONTE, bourg du royaume d'Italie, à 15 kil. d'Ivrea. Pop. 5,200 hab. Province de Turin. Poteries.

CASTELLANA, ville du royaume d'Italie (Terre de Bari), à 40 kil. de Bari. Pop. 7,000 hab.

CASTELLANE (famille DE), de la plus ancienne noblesse de Provence. Elle s'est divisée en plusieurs branches, parmi lesquelles on distingue celles des marquis d'Entrecasteaux, des comtes d'Adhémar et des comtes de Grignan. Parmi les personnages de cette famille qui ont joué un rôle historique, nous trouvons :

Fernand Cortez brûle ses vaisseaux pour forcer ses soldats à combattre.

CAS

CASTELLANE (Boniface DE), seigneur et troubadour du XIIIe siècle, se mit à la tête des Marseillais révoltés contre leur comte; il fut pris et eut la tête tranchée. Il célébra dans ses vers une demoiselle de la maison de Fose; mais il excella surtout dans le genre satirique, et s'attira de violentes inimitiés de la part des seigneurs qu'il avait osé attaquer. Ses domaines furent confisqués et réunis à ceux de la maison d'Anjou.

CASTELLANE (Jean DE), de la famille du précédent, évêque de Mende, né au Pont-Saint-Esprit en 1733. Il s'attacha à Louis XVI; mais sa haine contre les principes révolutionnaires l'emporta trop loin, et il fut un de ceux dont les conseils perdirent la monarchie. En 1792, il suscita des troubles dans le département de la Lozère. Il fut arrêté, emprisonné à Orléans, puis transféré à Versailles, où il fut exécuté.

CASTELLANE (Esprit-Victor-Elisabeth-Boniface, comte DE), maréchal de France, né à Paris en 1788, mort à Lyon en 1862. Il s'engagea comme simple soldat en 1804, et servit dans la cavalerie. Il fut nommé sous-lieutenant en 1806, pendant la campagne d'Italie. Il fut décoré de la main même de l'empereur sur le champ de bataille de Wagram en 1809. Il fit la campagne de Russie en 1812, et se signala dans la désastreuse retraite; il fut nommé chef d'escadron à Moscou, et devint colonel-major des gardes d'honneur en 1813, à l'âge de 25 ans. Il prêta serment sous la Restauration, et fut nommé, en 1822, colonel des hussards de la garde royale. Il fut employé dans la triste campagne que la Restauration fit en Espagne en 1823; toutefois, il refusa de servir d'instrument à Ferdinand VII, qui voulait l'associer à ses vengeances politiques. Le gouvernement de Juillet lui donna le grade de maréchal de camp. Il prit part au siége d'Anvers en 1832, et fut nommé lieutenant-général après cette campagne. Il entra à la Chambre des pairs en 1837. Après la révolution de 1848, un décret du gouvernement provisoire le mit à la retraite, ainsi qu'un certain nombre d'officiers généraux dont le zèle pour les institutions nouvelles paraissait douteux. Le président de la république le rappela à l'activité en 1850, et lui confia le commandement général de Lyon et des divisions militaires du Midi. En 1851, il fut nommé sénateur, et reçut, en 1852, le bâton de maréchal de France. Les excentricités du maréchal Castellane ont fourni un grand nombre de chroniques d'une originalité piquante; il maintenait la discipline avec une rigueur jusque là sans exemple.

CASTELLANE, sous-préf. du départ. des Basses-Alpes, à 50 kil. de Digne. Pop. 2,100 hab. Fabriques de draps. Commerce de fruits secs et confits. Ancienne baronnie réunie à la Provence en 1257.

CASTELLANETA, ville du royaume d'Italie (Terre d'Otrante), à 30 kil. de Tarente. Pop. 3,500 hab. Siége d'un évêché suffragant de Tarente. Culture du coton.

CASTELLARO, bourg des Etats autrichiens (Vénétie), à 25 kil. de Mantoue. Pop. 1,000 hab. Combat entre les Français et les Autrichiens, 1796 et 1801.

CASTELLAZO, ville du royaume d'Italie, à 16 kil. d'Alexandrie. Pop. 5,000 hab.

CASTEL-LEONE, bourg du royaume d'Italie, dans la province de Crémone, à 24 kil. de cette ville. Pop. 4,300 hab. Cette cité est entourée de murailles.

CASTELLO (Jean-Baptiste), peintre italien, né à Bergame en 1509, mort à Madrid en 1579. Il fut l'élève de Cambiaso, et l'aida dans l'exécution des magnifiques peintures à fresque qui décorent le palais de l'Escurial, près de Madrid. Il décora aussi le palais Cataneo à Gênes. Il se distingua par la vivacité de son coloris, ainsi que par la grâce et l'originalité de sa composition.

CASTELLO, bourg des Etats autrichiens (Tyrol), à 50 kil. de Trente, sur le Grigno.

CASTELLO-BRANCO, ville forte de Portugal (chef-lieu du Haut-Beira), à 80 kil. de Coïmbre. Pop. 6,000 hab. Siége d'un évêché suffragant de Lisbonne.

CASTELLO DE VIDE, ville de Portugal (Alentejo), à 15 kil. de Portalègre. Pop. 6,000 hab. Cette ville, protégée par un château fort, possède un arsenal.

CASTELLO-DI-QUARTO, village du royaume d'Italie, à 6 kil. de Florence. Pop. 1,350 hab.

CASTELLON DE LA PLATA, ville forte d'Espagne, ch.-l. de la prov. de son nom, à 63 kil. de Valence. Pop. 16,000 hab. Commerce de grains, chanvre, huile, vins, fruits. Jacques Ier d'Aragon la prit aux Maures en 1223.

CASTELLON DE LA PLATA (province), division administrative d'Espagne, formée d'une partie de l'ancien royaume de Valence. Pop. 315,000 hab.

CASTELLONE, ville du royaume d'Italie (Terre de Labour), sur le golfe de Gaëte, à 6 kil. de cette ville. Pop. 4,000 hab. On y remarque l'emplacement de la villa de Cicéron.

CASTELLUCCIA, bourg du royaume d'Italie (Principauté citérieure), à 20 kil. de Campagna. Pop. 1,300 hab. Beau pont sur le Calore.

CASTELMORON, ch.-l. de cant. de l'arrond. de Marmande (Lot-et-Garonne), à 28 kil. de cette ville. Pop. 2,230 hab. Eglise consistoriale calviniste.

CASTELMORON D'ALBRET, bourg de l'arr. de La Réole (Gironde), à 13 kil. de cette ville. Pop. 180 hab. Ancien ch.-l. du grand duché d'Albret, et siége de sénéchaussée ducale.

CASTELNAU (Michel DE), seigneur de Mauvissière, homme d'Etat, né vers 1520, d'une ancienne famille de la Touraine, mort en 1592. Il servit d'abord dans l'armée de Brissac en Italie, il passa ensuite au service de la maison de Lorraine, pour qui il se chargea de diverses missions en Italie, en Angleterre, en Allemagne et dans les Pays-Bas. Ce fut lui qui découvrit et dénonça la fameuse conjuration d'Amboise. Il em-

Cyrus faisant attacher Crésus sur le bûcher.

brassa avec énergie le parti catholique, et assista à la bataille de Dreux, ainsi qu'aux journées de Jarnac et de Moncontour. Il mourut dans son domaine de Joinville en Gâtinais. Il a laissé des mémoires curieux et intéressants sur les événements qui se sont produits de 1559 à 1570. Le Laboureur a publié une édition de ses Mémoires. Ils sont aussi impartiaux qu'on pouvait l'attendre d'un historien qui avait combattu pour le parti catholique; son style est clair, simple et précis; il a écrit en homme politique parfaitement initié à tous les secrets du gouvernement.

CASTELNAU DE MÉDOC, ch.-l. de cant. de l'arrond. de Bordeaux (Gironde), à 30 kil. de cette ville. Pop. 1,325 hab. Ancienne seigneurie de Médoc. Château aujourd'hui ruiné qui soutint un siége en 1453. Vin renommé.

CASTELNAU DE MESMES, village de l'arrond. de Bazas. Le château fut pris en 1574, 1577, 1592 et 1652.

CASTELNAU DE MONTMIRAIL, ch.-l. de cant. de l'arrond. de Gaillac (Tarn), à 15 kil. de cette ville. Pop. 2,500 hab. Autrefois place fortifiée.

CASTELNAU DE MONTRATIER, ch.-l. de cant. de l'arrond. de Cahors (Lot), à 22 kil. de cette ville. Pop. 4,000 hab. Reste de fortifications.

CASTELNAU-MAGNOAC, ch.-l. de cant. de l'arrond. de Bagnères-de-Bigorre (Hautes-Pyrénées), à 33 kil. de cette ville. Pop. 1,000 hab.

CASTELNAU-RIVIÈRE-BASSE, ch.-l. de cant. de l'arrond. de Tarbes (Hautes-Pyrénées), à 44 kil. de cette ville. Pop. 1,530 hab.

CASTELNAUDARY, sous-préf. du départ. de l'Aude, à 40 kil. de Carcassonne, sur le canal du Midi. Pop. 10,186 hab. Tribunal de 1re instance et de commerce; collége, riche hôpital. Commerce de grains et farines. Draps, toiles peintes. Patrie de Pierre de Castelnau et du comte Andréossy. Ville ancienne détruite par les Goths ariens au ve siècle; fut rebâtie et devint ensuite la capitale du Lauraguais, et fut possédée par les comtes de Toulouse. Elle fut assiégée pendant les guerres des Albigeois (1211), prise et brûlée par le Prince Noir (1355). Le maréchal de Schomberg y battit et prit Montmorency, révolté contre l'autorité royale, qui commandait les troupes de Gaston d'Orléans.

CASTEL-NUOVO, bourg du royaume d'Italie (Calabre citérieure), à 5 kil. de Lanciano. Pop. 4,150 hab.

CASTEL-NUOVO, ville du royaume d'Italie (Capitanate), à 24 kil. de San-Severo. Pop. 3,500 hab.

CASTEL-NUOVO, ville de Sicile (Messine), à 18 kil. de Castroréale. Pop. 3,500 hab.

CASTEL-NUOVO, ville forte des Etats autrichiens (Dalmatie), à 20 kil. de Cattaro. Pop. 1,000 hab. Port sur le golfe de Cattaro dans l'Adriatique. Marmont y battit les Russes en 1806.

CASTEL-NUOVO D'ASTI, bourg du royaume d'Italie (province d'Alexandrie), à 25 kil. d'Asti. Pop. 2,700 hab. Importante exploitation de gypse.

CASTEL-NUVO DELL'ABBATE, village du royaume d'Italie, à 10 kil. de Montalcino. Pop. 900 hab. Belle église du XIIIe siècle. Riches carrières d'albâtre.

CASTEL-NUOVO DI GARFAGNANA, ville du royaume d'Italie, prov. de Modène, à 70 kil. de cette ville. Pop. 2,500 hab. Eglises remarquables.

CASTEL-NUOVO DI SCRIVIA, ville du royaume d'Italie, prov. d'Alexandrie, à 10 kil. de Tortone. Pop. 5,500 hab.

CASTEL-NUOVO DI VAL DI CECINA, bourg du royaume d'Italie, à 18 kil. de Volterra. Pop. 1,500 hab. Grande exploitation d'acide borique des volcans gazeux.

CASTEL-SAN GIOVANNI, bourg du royaume d'Italie, à 30 kil. de Plaisance. Pop. 2,200 hab. Victoire des généraux français Macdonald, Victor et Dombrowski sur Melas et Souwarow (17 juin 1799).

CASTEL SAN-PIETRO, bourg du royaume d'Italie, à 20 kil. de Bologne. Pop. 3,300 hab.

CASTEL-SARACENO, bourg du royaume d'Italie (Basilicate), à 20 kil. de Lagonegro. Pop. 3,500 hab.

CASTEL-SARDO, ville forte de Sardaigne, à 30 kil. de Sassari, sur un rocher escarpé. Siége d'un évêché; belle cathédrale. Petit port; pêche de corail. Pop. 2,000 hab. Cette ville, défendue par de petits forts, fut fondée par les Génois en 1200.

CASTEL-SARRAZIN, sous-préf. du départ. du Tarn-et-Garonne, à 28 kil. de Montauban. Pop. 7,400 hab. Tribunal de 1re instance. Collége, commerce d'huile, de safran, céréales. Fabriques de lainages, chapeaux. Fut souvent assiégée lors des guerres de religion.

CASTEL-VETERE, ville du royaume d'Italie (Calabre ultérieure Ire), à 20 kil. de Gerace. Pop. 5,200 hab. Vins et soie.

CASTEL-VETRANO, ville de Sicile, à 17 kil. de Mazzaro. Pop. 13,300 hab. Vins blancs estimés. Fabr. d'objets en albâtre; culture de l'amandier et du riz; pêche de corail.

CASTELVETRA (Louis), célèbre critique italien, né à Modène en 1505, mort à Chiavenna en 1571. Il se laissa emporter par son humeur satirique, et sa fureur de critiquer lui aliéna ses meilleurs amis; il eut de violentes querelles avec Annibal Caro. Dénoncé à l'inquisition de Rome pour avoir traduit en italien un livre de Mélanchthon, poursuivi par le Saint-Office comme entaché de protestantisme, il dut quitter l'Italie et se réfugier chez les Grisons en 1561. Il passa de là à Lyon, où il composa ses *Eclaircissements sur la Poétique d'Aristote*, le meilleur de ses ouvrages, mais qui atteste souvent une trop grande subtilité d'interprétation. Cependant Mme Dacier faisait peu de cas de cet ouvrage, l'accusant de chercher plutôt à contredire Aristote qu'à l'expliquer. Il publia aussi une critique de Cicéron et une autre de Pétrarque.

CASTERA-VERDUZAN, village de l'arrond. de Lectoure (Gers), à 4 kil. de cette ville Pop. 1,070 hab.

CASTETS, ch.-l. de cant. de l'arrond. de Dax (Landes), à 22 kil. de cette ville. Pop. 1,100 hab. Usines.

CASTETS-EN-DORTHE, bourg de l'arrond. de Bazas (Gironde), à 23 kil. de cette ville. Pop. 1,350 hab. Port sur la Garonne. Ruines d'un château fort fondé en 1313. Le maréchal de Matignon l'assiégea en 1586. Henri IV en fit lever le siége.

CASTI (Jean-Baptiste), poëte italien, né à Prato en 1721, mort à Paris en 1803. Il fut professeur de belles-lettres au séminaire de Montefiascone, où il avait fait ses études. Il visita la France, puis Florence et Vienne. Joseph II, empereur d'Autriche, l'attacha à sa cour, le nomma poëte impérial, et le chargea de la direction du théâtre de la cour. Il fit partie de plusieurs missions diplomatiques, et fut présenté à la plupart des souverains de l'Europe. Il adressa des vers à Catherine II; et à son retour de Russie, il publia *Tartaro*, poëme qui fut assez estimé, mais qui ne nous est pas parvenu. Après la mort de Joseph II, l'abbé Casti se retira à Florence, à l'âge de 76 ans. Il avait conservé toute sa vigueur d'esprit, et ce fut dans ses dernières années qu'il composa ce poëme si original, si philosophique et si gai, intitulé : *les Animaux parlants*. Cet ouvrage l'a placé parmi les poëtes de premier ordre. C'est la plus spirituelle satire des mœurs des cours; un tyran imbécile est représenté par le lion; il a le renard pour ministre; le loup pour grand trésorier; le tigre pour général, et l'âne pour grand écuyer. Il a donné plusieurs pièces au théâtre, et notamment *le Roi Théodore à Venise*. Cette comédie est tirée du *Candide* de Voltaire, dont Casti était grand admirateur. Il vint à Paris en 1799 pour y faire imprimer ses derniers ouvrages, et là il fut enlevé par une mort subite, à l'âge de 82 ans.

CASTIFAO, ch.-l. de cant. de l'arrond. de Corte (Corse), à 30 kil. de cette ville. Pop. 700 hab. Elève de bétail.

CASTIGLIONE (Balthasar), poëte italien, né à Casatico, dans le Mantouan, en 1478, mort à Tolède en 1529. Il fut ambassadeur du duc d'Urbin auprès de Henri VIII, roi d'Angleterre, et reçut de ce prince l'ordre de la Jarretière. Il épousa Torella, femme d'une grande beauté; il la perdit après quatre années de mariage. Le pape Léon X lui prodigua les consolations les plus délicates; il lui donna le chapeau de cardinal. Clément VII, son successeur, le chargea de défendre les intérêts du Saint-Siége auprès de Charles-Quint. Celui-ci, appréciant ses rares qualités, lui donna le riche évêché d'Avila. Castiglione a laissé la réputation d'un grand poëte et d'un excellent prosateur : son *Livre du courtisan* a été appelé le *Livre d'or*. C'est une satire fine et adroite de la cour d'Urbin; le style en est à la fois élégant et facile. Il contribua beaucoup à affranchir la littérature italienne de cette allure compassée et de ce faux brillant qui déparait les productions de son temps; il fut noble et élevé sans emphase. Ses poésies italiennes sont pleines de grâce et de sensibilité; il a réussi également dans la poésie latine, et l'on a dit de lui qu'il avait uni la grandeur de Lucain à l'harmonie et à l'élégance de Virgile.

CASTIGLIONE (Jean, dit *Benedette*), célèbre peintre italien. (*Voir* LE BENEDETTE.)

CASTIGLIONE, bourg du royaume d'Italie, prov. de Crémone, à 18 kil. de Lodi. Pop. 2,500 hab.

CASTIGLIONE, bourg du royaume d'Italie (Calabre ultérieure IIe), à 15 kil. de Nicastro. Pop. 3,300 hab.

CASTIGLIONE, bourg de Sicile, à 45 kil. de Catane, au pied de l'Etna. Pop. 2,800 hab.

CASTIGLIONE-DELLE-STIVIERE, ville du royaume d'Italie, prov. de Brescia, à 30 kil. de Mantoue. Pop. 4,500 habitants. Le général Bonaparte y vainquit les Autrichiens, le 5 août 1796. Le titre de duc de *Castiglione* fut donné sous le premier empire au général Augereau.

CASTIGLIONE - FIORENTINO, bourg du royaume d'Italie, à 15 kil. d'Arezzo. Pop. 5,700 hab. Séminaire épiscopal. Récolte de soie.

CASTILLE, ancienne prov. d'Espagne; située entre les Asturies et la Biscaye au N.; les royaumes d'Aragon et de Valence au S., les royaumes de Murcie et d'Andalousie à l'E.; l'Estramadure et le royaume de Léon à l'O.; elle est divisée en Vieille-Castille au N., et Nouvelle-Castille au S. La VIEILLE-CASTILLE, cap. Burgos, est bornée au N. par la mer et le pays Basque; à l'E. par la Navarre et l'Aragon; au S. par la Nouvelle-Castille; à l'O. par les Asturies et le pays de Léon. Sa plus grande longueur du N. au S. est de 420 kil.; sa plus grande largeur de l'E. à l'O. est de 200 kil. Pop. 1,609,950 hab. Elle est traversée par les monts des Cantabres et des Asturies, par les sierras d'Oca et de Castillo. Les rivières qui l'arrosent sont : l'Ebre, le Duero et ses affluents, l'Erenna, l'Ardaja et l'Arlanzon. Climat sain et froid. Son sol est fertile, mais mal cultivé. Vastes et beaux pâturages. Mines d'argent, de plomb et de fer, mal exploitées. La Vieille-Castille fait partie de la capitainerie générale de Vieille-Castille-et-Léon; et forme 8 intendances (Burgos, Soria, Ségovie, Avila, Logrono, Palencia, Valladolid et Santander). — La NOUVELLE-CASTILLE, cap. Madrid, est bornée au N. par la Vieille-Castille et l'Aragon; à l'E. l'Aragon et Valence; au S. Murcie et l'Andalousie; à l'O. l'Estramadure. Sup. 370 kil.

sur 350. Pop. 1,477,925 hab. Parmi les chaînes de montagnes qui la traversent, on distingue la Sierra de Guadarrama au N., et la Sierra-Morena au S.-O. Les rivières qui l'arrosent sont: le Tage supérieur, la Xarama, le Mançanarez, le Henarez, la Guadiana, le Xucar. Son sol fertile pourrait produire du vin, du froment, des fruits, de l'huile en abondance; mais on en tire à peine parti. Climat très-froid en hiver, très-chaud en été. Vastes et beaux pâturages, qui nourrissent un grand nombre de moutons mérinos ; bonnes races de chevaux, de chèvres, d'ânes et de mulets. Industrie peu développée. Mines de fer, de mercure et de sel fort importantes ; quelques-unes d'argent non exploitées. Aujourd'hui la Nouvelle-Castille forme une capitainerie générale, et se subdivise en cinq intendances : de Madrid, Guadalaxara, Cuença, Ciudad-Real et Tolède. La Castille fut habitée primitivement par les *Arevaci*, les *Carpetani*, une partie des *Oretani* et des *Celtiberi*; elle subit les destinées du reste de l'Espagne et fut successivement soumise : par les Carthaginois, 229-220 av. J.-C.; par les Romains, 218-134 ; par les Suèves, 409 ap. J.-C.; par les Visigoths, pour Rome d'abord, 417, puis pour eux-mêmes, 468; enfin par les Arabes, 711 ; et c'est de cette époque que date le nom de Castille, qui vient de ce qu'au IXe siècle, les seigneurs chrétiens, pour se défendre contre les courses des infidèles, couvrirent les montagnes de ces contrées de châteaux forts (castella), au N. et à l'O. de l'Ebre. Vers le même temps, la Castille eut des comtes qui reconnaissaient à peine la suzeraineté nominale des rois d'Oviédo. L'un de ces comtes fonda Burgos à la fin du IXe siècle. Vers 690, Fernand Gonzalès se rendit tout à fait indépendant, et son fils, Garcia Fernandez, fut témoin de la grande victoire des chrétiens à Calatanasor. Au commencement du XIe siècle, Sanche le Grand, roi de Navarre, profitant des dissensions des seigneurs des châteaux, s'empara du nord de la contrée et l'érigea en royaume, sous le nom de Castille, en faveur de son fils Ferdinand Ier (1034). Ferdinand, après la mort de son beau-frère Bernard III, battu par lui et tué sur les bords du Carrion, acquit le royaume de Léon et de Galice. Après la mort de Ferdinand Ier (1065), un partage et des luttes sanglantes entre les fils de ce prince, semblèrent en vain compromettre un instant ses destinées. L'un d'eux, Alphonse VI, réunissait (1072-73) toute la monarchie. En 1085, toute la Nouvelle-Castille était soumise, et Tolède en fut la capitale. Le mariage de la fille d'Alphonse VI, Urraque, avec Raymond de Bourgogne, donna naissance à une nouvelle dynastie. Sous cette maison, comme sous celle de Navarre, l'Etat castillan fut menacé par une troisième invasion musulmane, celle des Almohades, et par la défaite d'Alarcos (1195); mais la victoire de Las-Novas de Tolosa écarta tout danger, en 1212. Après plusieurs partages temporaires qui retardèrent l'accroissement de la puissance castillane, les deux couronnes de Castille et Léon se trouvèrent de nouveau réunies sur la tête de Ferdinand III ; il se rendit maître de tout le bassin du Guadalquivir, et atteignit même les côtes de l'Andalousie (Cadix). Alphonse X s'empara de l'Algarve orientale, interdit les partages à l'avenir, et parut ainsi assurer la puissance de la Castille. Dans les deux siècles qui suivirent, les progrès de la Castille furent entravés par des querelles dynastiques, des soulèvements anarchiques: d'un côté la rivalité des enfants de la Cerda, petit-fils d'Alphonse X, contre leur oncle Sanche IV et ses successeurs ; la tyrannie de Pierre le Cruel (1350), et la lutte de son frère naturel Henri II de Transtamare, qui lui ôta la vie et s'empara de son trône, et qui commença la 3e dynastie des rois de Castille (1369) ; la contestation victorieuse d'Isabelle la Catholique contre sa nièce Jeanne la Beltraneja (1474-1476). D'autre côté, les troubles survenus pendant la minorité de Ferdinand IV, d'Alphonse XI, de Henri III, de Jean II, et pendant le règne de Henri IV, qui se vit déposer par ses vassaux, qui mirent à sa place Isabelle, sa sœur et son héritière (1465), paralysèrent la puissance de la royauté et s'opposèrent à toute entreprise sérieuse au dehors. Le mariage d'Isabelle avec Ferdinand, roi d'Aragon (1469); l'association des deux grands Etats qui en fut la suite, et la conquête du royaume de Grenade, qui fit sortir les Maures de l'Espagne (1492), soumirent toute la péninsule au même sceptre. Là s'arrête l'histoire séparée de la Castille, qui se fond alors dans celle de l'Espagne.

SOUVERAINS DE CASTILLE.

Maison de Navarre.

Ferdinand Ier, fils de Sanche le Grand (1034), devient roi de Léon (1037) meurt en	1065
Alphonse VI (Léon), succède à Sanche et dépouille Garcie	1065-1109
Sanche II (Castille)	1065-1072
Garcie (Galice)	1065-1073
Urraque épousa : 1° Raymond de Bourgogne ; 2° Alphonse Ier d'Aragon, roi avec elle sous le nom d'Alphonse VII	1109-1126

Maison de Bourgogne.

Alphonse VIII, fils d'Urraque et de Raymond	1126-1157

Castille.

Sanche III	1157-1158
Alphonse IX	1158-1214
Henri Ier	1214-1217
Ferdinand III le Saint	1217-1252
Il hérite du royaume de Léon.	1230
Alphonse X le Sage	1252-1284
Sanche IV	1284-1295
Ferdinand IV	1295-1312
Alphonse XI	1312-1350
Pierre le Cruel	1350-1369

Léon.

Ferdinand II	1157-1187
Alphonse IX	1187-1230

Branche de Transtamare.

Henri II	1369-1379
Jean Ier	1379-1390
Henri III	1379-1406
Jean II	1406-1454
Henri IV	1454-1474
Isabelle Ire	1474-1504
Jeanne la Folle	1504-1506
Ferdinand V le Catholique	1506-1516

CASTILLE (canal de), canal d'Espagne, qui commence dans la prov. de Burgos, et après avoir suivi la vallée de la Pisuerga, franchit la Pieza, atteint le Carrion, qu'il suit, rejoint la Pisuerga et se termine à Valladolid.

CASTILLON, ch.-l. de cant., à 17 kil. de Libourne (Gironde). Pop. 3,700 hab. Petit port sur la rive droite de la Dordogne. Filatures de laine et de coton, corderie. Victoire des Français sur les Anglais (13 juillet 1453), dans laquelle Talbot et son fils trouvèrent la mort. Castillon fut pris par le duc de Mayenne en 1586, et repris presque aussitôt par un vicomte de Turenne. Le prince de Conti s'en empara le 10 juillet 1655.

CASTILLON EN CONSERANS, ch.-l. de cant. de l'arrond. de St-Girons (Ariége), à 12 kil. de cette ville. Pop. 900 hab.

CASTILLONNÈS, ch.-l. de cant. de l'arrond. de Villeneuve-d'Agen (Lot-et-Garonne), à 32 kil. de cette ville. Pop. 1,200 hab.

CASTLEBAR ou AGLISH, cap. du comté de Mayo (Irlande), à 16 kil. de Wesport. Pop. 4,030 hab. Cette ville fut prise par le général Humbert et 800 Français, et reprise bientôt par lord Cornwalis. On remarque près de Castlebar la résidence des comtes de Lucan.

CASTLE-COMER, ville et paroisse d'Irlande, comté de Kilkenny, à 17 kil. de cette ville. Pop. 13,500 hab. Importantes exploitations d'anthracite ; filatures de laine et de coton.

CASTLE-CONNEL, village d'Irlande, comté de Limerick, à 10 kil, de cette ville. Pop. 700 hab. Ruines du château des O'Brien.

CASTLE-DERMOT, bourg et paroisse d'Irlande (Kildare), à 12 kil. d'Athy. Pop. 5,700 hab. Ancienne place forte qui fut autrefois la résidence des rois du Leinster.

CASTLE-DOUGLAS, bourg d'Ecosse, à 16 kil. de Kirkendbridght, près du lac de Carlenwark. Pop. 1,550 hab. Marchés de grains et bestiaux.

CASTLE-HAVEN, ville et paroisse d'Irlande (Cork), à 35 kil. de Bandonbridge. Pop. 6,000 hab. Défendue par un ancien château fort. Les Anglais y vainquirent les Espagnols dans un combat naval en 1602.

CASTLEREAGH (Robert-Steward, marquis DE LONDONDERRY, vicomte), homme d'Etat anglais, né dans le comté de Down en Irlande, en 1769, mort en 1822. Sa jeunesse fut remplie d'événements romanesques, pendant le temps qu'il vécut en Irlande. On racontait avec intérêt les détails de son naufrage dans l'île de Man, et de son duel à la manière des anciens Calédoniens, sur un rocher qui se trouve au milieu du lac de Cayne. Il était recherché dans la haute société à cause de son esprit cultivé, de l'élégance et de la noblesse de ses manières, et surtout à cause de cette bonhomie qu'il apporta toujours dans ses relations. Passionné pour la liberté, il se plaça dans les rangs de l'opposition. Cependant il rendit justice aux idées politiques de Pitt, qui devaient assurer à l'Angleterre l'empire des mers, et défendit à cause de cela les actes de son ministère. Les troubles dont l'Irlande fut le théâtre furent considérés par lui comme un obstacle à la réalisation des grands projets du ministère. Aussi, comprenant que le royaume de la Grande-Bretagne avait plus que jamais besoin d'unité, il se montra sévère pour cette insurrection. Quand il parvint au ministère, il se montra supérieur à Canning, non par les talents oratoires, mais par la profondeur des vues politiques : nul mieux que lui ne savait répondre avec justesse et lucidité aux attaques dont le ministère était l'objet. Il contribua beaucoup, pendant la campagne de 1814, à maintenir l'alliance des puissances continentales coalisées contre la France; il avait compris que les trésors de l'Angleterre pouvaient seuls fournir les moyens de continuer la lutte : et s'il est vrai qu'il les prodigua, du moins il permit à l'Angleterre de rester maîtresse de la situation et de dominer dans les conseils. Lors de la Restauration, on lui reprocha de n'avoir pas stipulé en faveur de l'Angleterre une indemnité proportionnée à celle des autres puissances. Il put répondre en faisant le tableau des agrandissements dont venait de profiter son pays, et énumérer ces fortes stations maritimes disséminées sur tous les points du globe, et par lesquelles l'Angleterre étreignait en quelque sorte tous ses rivaux sur les mers. Cependant il comprit, dans les dernières années de sa vie, que les principes étaient au-dessus des combinaisons éphémères des hommes de cabinet; il vit la France, qu'il croyait à jamais domptée, réparer ses désastres, se relever comme par miracle, intervenir même en Espagne, et reprendre peu à peu le premier rang parmi les autres nations. Toutes ses idées étaient renversées, sa raison n'y résista pas, et il se suicida dans un accès de fièvre chaude.

CASTLE-RISING, village d'Angleterre (Norfolk), à 6 kil. de Lynn. Pop. 400 hab. Ruines d'un château qui avait appartenu aux comtes de Northampton. Isabelle de France, veuve d'Edouard II, y fut enfermée.

CASTLETON, bourg d'Angleterre (comté de Derby), à 228 kil. de Londres, au pied d'un rocher qui domine les ruines d'un château saxon habité par W. Peveril dit *du Pic*, fils naturel de Guillaume le Conquérant. Pop. 1,450 hab. Grottes naturelles dont la plus curieuse est la Caverne du diable.

Castleton, bourg des Etats-Unis (New-York), sur l'île de Saten ou des Etats, à 14 kil. de New-York. Pop. 4,300 hab. Hôpital de marine, lazaret.

CASTLETOWN ou Sodor, ville d'Angleterre, cap. de l'île de Man. Pop. 2,500 hab. Château fort sur un roc. Ancienne résidence des princes de Man. Petit port.

Castletown, bourg d'Irlande (Cork), sur le port naturel de Bear, le plus beau du royaume. Pop. 600 hab.

CASTOR et POLLUX. Jupiter se consolait parfois de l'humeur difficile de Junon par ses amours avec de simples mortelles. C'était toujours par des métamorphoses qu'il séduisait Europe, Alcmène, Calisto ou toute autre princesse. Il fut amoureux de Léda, fille de Thestius et femme de Tyndare. Il la surprit un jour sur les bords de l'Eurotas; il se changea alors en cygne, pendant que Vénus, aussi complaisante pour les faiblesses des dieux que pour celles des humains, se changeait en aigle et s'élançait à sa poursuite. Jupiter alla se jeter ainsi dans les bras de Léda. L'imagination des peintres et des poëtes s'est exercée à reproduire cette scène charmante. Nous nous contenterons de raconter que Léda devint bientôt mère et accoucha de deux œufs : l'un, de son époux, produisit Castor et Clytemnestre, tous deux mortels; l'autre de Jupiter, produisit Hélène et Pollux, tous deux immortels en raison de leur origine. Les deux frères s'aimaient si tendrement qu'ils ne pouvaient se quitter; tous deux, également forts et adroits, remportaient les prix dans les jeux athlétiques, défiaient les chantres les plus mélodieux, et excellaient à dompter les chevaux les plus fougueux. Ils purgèrent les mers des pirates qui les infestaient, et suivirent Jason dans la Colchide, à la conquête de la Toison d'or. Pollux eut à soutenir une lutte terrible contre le tyran Amycus, qui immolait les étrangers qui pénétraient dans ses Etats. De retour dans leur patrie, ils délivrèrent leur sœur Hélène, consacrée au culte de Diane, et que Thésée avait enlevée du temple de la déesse. Ils ravirent eux-mêmes Phœbé et Hilaïra. Leurs amants les poursuivirent et les atteignirent près du mont Taygète. Castor et Pollux terrassèrent les assaillants après un combat acharné; Jupiter lui-même vint à leur secours en foudroyant Idas, le fiancé d'Hilaïra. Cette lutte est racontée diversement par les poëtes. Pindare représente, au contraire, Castor succombant, et son frère se jetant dans ses bras au moment où il va exhaler le dernier soupir. Celui-ci maudit alors le don de l'immortalité qui va le séparer de Castor, et il supplie Jupiter de lui envoyer la mort. Le père des dieux se présente à lui et décide qu'ils vivront et mourront alternativement l'un après l'autre. Cette fiction dura jusqu'au moment où les deux frères furent métamorphosés en astres, et placés dans le Zodiaque, où ils formaient le signe des Gémeaux. On sait, en effet, que l'une des deux étoiles qui composent les Gémeaux se dérobe à l'horizon quand l'autre paraît. Les anciens honoraient Castor et Pollux dans la fête des Tyndarides. Les chevaliers se rendaient processionnellement du temple de Mars à celui de Castor et Pollux, où l'on immolait des agneaux blancs. Sparte, où ils avaient pris naissance, les honorait particulièrement. Ils passaient pour être favorables aux navigateurs. Castor protégeait ceux qui disputaient le prix dans les courses, et Pollux protégeait les lutteurs. On les représente, sur les anciennes médailles, tenant une pique et ayant au-dessus de la tête une sorte de feu-follet.

CASTRAMÉTATION. On appelle ainsi l'art de choisir l'emplacement des camps militaires et de les établir. Les Grecs ont été à cet égard les maîtres des Romains; mais ceux-ci ont apporté à cette partie de l'art militaire tous les développements dont l'ancienne stratégie était susceptible. C'est surtout dans Végèce que nous trouvons l'exposition des principes de la castramétation chez les Romains. « Lorsque l'on veut placer un camp, dit-il dans ses *Règles de l'art militaire*, il ne suffit pas de choisir un lieu favorable, il faut qu'on ne puisse en trouver un plus favorable, et surtout qu'une position plus avantageuse délaissée par vous ne puisse être occupée par l'ennemi à votre détriment. En outre, prendre garde de se placer trop près d'une eau malsaine et trop loin d'une eau salubre en été. Il faut qu'on puisse se procurer facilement, en hiver, du fourrage et du bois; que le lieu où l'on veut séjourner ne soit pas exposé à être inondé subitement dans les temps d'orage; qu'il ne soit pas dominé par des hauteurs d'où les ennemis puissent y lancer des traits, et enfin qu'il ne puisse être entouré de manière à empêcher d'en sortir. Ces précautions prises, on donne au camp la forme carrée, ronde, triangulaire ou oblongue, suivant la nature du terrain. La régularité ne doit jamais passer avant l'utilité; cependant, on préfère le camp dont la longueur excède d'un tiers la largeur; les mesures doivent être prises d'après la force de l'armée. L'espace doit être assez large pour permettre les évolutions, sans être trop étendu, de peur de rendre la défense plus difficile. S'il s'agit d'un camp volant, on se contente d'un léger retranchement formé avec du gazon, que l'on fortifie ensuite en l'entremêlant de pieux. Quelquefois aussi, si la terre n'a pas de consistance, on creuse un fossé de 5 pieds de large et de 3 pieds de profondeur. La terre rejetée au dehors forme un retranchement derrière lequel l'armée peut s'abriter. S'il s'agit d'un camp où l'armée doit séjourner (*castra istativa*), on donne alors à chaque centurie un espace de 100 pieds carrés. Après avoir déposés leurs boucliers et leurs bagages; les soldats, l'épée au côté, creusent un fossé large de 9, de 11, de 13 pieds ou même de 17 si l'on craint une sérieuse attaque; on choisit ordinairement un nombre impair. On dispose ensuite des claies, des troncs ou des branches d'arbres entrelacées pour empêcher l'éboulement des terres, et l'on élève un retranchement que l'on couronne d'un parapet et de créneaux comme un véritable rempart. » — Nous n'avons que peu de renseignements sur la manière dont les Francs dressaient leurs campements; mais il y a lieu de supposer qu'ils avaient adopté le système des Romains. Lorsque l'Europe entière fut couverte de villes et de bourgs fortifiés, les camps devinrent à peu près inutiles; les armées ne procédaient guère que par des coups de main : l'assaillant s'élançait de ses retranchements pour fondre sur l'ennemi. Ce n'est guère qu'à partir du xve siècle que les généraux étudièrent l'art du campement. Aujourd'hui, la castramétation a subi des perfectionnements qu'il est difficile de surpasser. (*Voir* Camp).

CASTRES, sous-préf. du départ. du Tarn, à 42 kil. d'Alby. Pop. 18,990 hab. Tribunaux de 1re instance et de commerce, chambre consultative des arts et manufactures, bourse, séminaire, collége, bibliothèque. Eglise consistoriale calviniste; hôtel de ville bâti par Mansard; superbes promenades dites *lices*. L'ancien palais épiscopal est devenu le siége de la sous-préfecture. Industrie active; fabriques de draps, *castorines*, soieries, filoselles, lainage, fonderies de cuivre, forges, papeteries, teintureries, tanneries. Patrie de Dacier. Cette ville fut bâtie au VIIe siècle autour d'une abbaye de bénédictins, devint siége d'un évêché et eut le titre de comté. Elle fut réunie à la couronne sous François Ier (1519). Henri IV l'habita en 1584. Louis XIII la prit et la démantela en 1629.

CASTRICUM, village de Hollande, au S. d'Alkmaër. Célèbre par la victoire de Brune sur les Anglo-Russes (4 octobre 1799).

CASTRIES, ch.-l. de cant. de l'arrond. de Montpellier (Hérault), à 11 kil. de cette ville. Pop. 1,110 hab. Beau château gothique.

Castries (baie de), située sur la côte E. de l'Asie, dans la Manche de Tartarie; découverte par La Pérouse.

Castries (Charles-Eugène-Gabriel de la Croix, marquis de), né en 1727, mort à Wolfenbuttel, dans le Brunswick, en 1801. Il assista aux batailles de Dettingen, de Fontenoy, de Raucoux, au siége de Maëstricht, aux affaires de Rosbach et de Minden. Il fut nommé gouverneur de la Flandre et du Hainaut en 1763, et maréchal de France en 1783. Il fut appelé à siéger à l'assemblée des notables en 1787; mais il combattit vivement les idées révolutionnaires. Emigré en 1791, il se réfugia auprès du duc de Brunswick, qu'il avait autrefois combattu, et se déshonora en acceptant le commandement d'une division de l'armée étrangère qui envahit la Champagne en 1792; il devint plus tard l'un des membres les plus actifs du cabinet que Louis XVIII avait formé pour diriger l'émigration, et dont Saint-Priest était le chef.

CASTRO (Jean de), l'un des plus célèbres héros portugais du XVIe siècle, né en 1500; il était fils de don Alvarez de Castro, gouverneur de la chambre civile de Lisbonne, et il fut élevé avec l'infant Louis, frère de Jean III, roi de Portugal. Tous deux restèrent liés de l'amitié la plus étroite. Castro fit partie de l'expédition que Charles-Quint conduisit contre Tunis, mais il refusa fièrement de participer au riche butin amassé par les Espagnols : « Je sers le roi de Portugal, dit-il à cette occasion, lui seul doit récompenser mes services, s'ils le méritent. » Il fut nommé vice-roi des Indes en 1546, et soutint glorieusement, dans cette contrée, une guerre contre Mahmoud, prince de Cambaye. Il remporta plusieurs victoires, assiégea des places importantes, et parvint à dompter des peuples chez qui les brahmes et les banianes entretenaient un fanatisme ardent. Toutefois il eut souvent à lutter contre l'insubordination de ses soldats, qui étaient moins animés par le patriotisme que par l'appât du butin. L'argent lui manquant un jour pour la solde de ses troupes, il en demanda aux marchands de Goa; et comme ceux-ci exigeaient une caution, Castro, pour leur faire sentir qu'il ne pouvait manquer à sa parole, coupa ses moustaches et les leur envoya. Ses moustaches lui furent rapportées par les habitants de Goa avec les plus grandes marques de respect, et ils prêtèrent, sans cautionnement, la somme qui leur était demandée. Castro put alors diriger une entreprise sur les côtes de Dore et de Mangalore; il incendia 1,200 vaisseaux ennemis dans les ports de Patane et de Paté. Il fut arrêté dans le cours de ses succès par la rébellion de ses soldats. Il parvint à réprimer les troubles, à rassurer ses alliés, et à contenir les peuples voisins qui se préparaient déjà à reprendre les armes. La bravoure de Castro était à toute épreuve; il apportait dans ses rapports une délicatesse toute chevaleresque, qui ne contribua pas peu à consolider ses conquêtes. Il poussait si loin le désintéressement qu'il ne laissa aucune fortune à ses deux fils, qu'il aimait tendrement : « Ils seront assez riches, disait-il, s'ils sont vertueux et s'ils restent toujours fidèles à leur prince.» Il mourut à Ormus, en 1548; saint François Xavier l'assista à ses derniers moments. A sa mort, on ne trouva dans ses coffres que 3 réaux. On a conservé les lettres qu'il adressait au roi de Portugal; elles révèlent non-seulement un habile général, mais même un grand politique.

CASTRO (Guilhem DE), célèbre poëte dramatique espagnol, né à Valence en 1564, mort en 1625. La plus remarquable de ses tragédies est intitulée : *la Jeunesse du Cid*. Le grand Corneille lui emprunta ce sujet, qu'il transporta sur la scène française, et qui ouvrit des voies nouvelles à l'art dramatique. Castro avait lui-même puisé l'idée de sa tragédie dans Diamante; mais l'œuvre de ce dernier est incontestablement plus faible. On a publié une édition du *Cid* où les vers espagnols imités par Corneille, sont reproduits au bas des pages. « Tous les sentiments généreux et tendres, dit Voltaire, dont Corneille a fait un si bel usage, sont dans les ouvrages originaux de Castro et de Diamante. » Corneille lui-même a eu la modestie d'appeler *une paraphrase de l'espagnol* la quatrième scène du troisième acte, qui est l'une des plus belles de sa tragédie. Lopez de Vega, qui fut le contemporain et le digne émule de Castro, rendit justice à son génie. Castro resta attaché à la cour de Philippe, qui lui fit une pension. Il a composé 40 pièces, parmi lesquelles on trouve deux comédies tirées de *Don Quichotte*.

CASTRO, village des Etats de l'Eglise, à 35 kil. de Viterbe. Ville autrefois importante. Chef-lieu de duché.

CASTRO, ville du royaume d'Italie (Terre d'Otrante), à 38 kil. de Gallipoli. Pop. 7,850 hab. Autrefois siége d'un évêché. Cette ville fut plusieurs fois détruite par les Turcs et les corsaires barbaresques.

CASTRO, ville du Chili, chef-lieu de l'archipel de Chiloé, à 90 kil. de San-Carlos. 150 maisons. Bon port. Le gouverneur réside à San-Carlos.

CASTRO-CARO, bourg du royaume d'Italie, à 30 kil. de Forli. Pop. 1,200 hab. Eaux minérales renommées pour la guérison des affections scrofuleuses.

CASTRO DEL RIO, ville d'Espagne (Andalousie), à 28 kil. de Cordoue. Pop. 9,700 hab.

CASTRO-GIOVANNI, ville de Sicile, sur une montagne escarpée, à 25 kil. de Piazza. Pop. 13,750 hab. Environs très-fertiles. Ruines d'une tour bâtie par l'empereur Frédéric II. Soufrières aux environs. Antiques grottes sépulcrales, dites *Case dei Grieci*. C'est en ce lieu que la mythologie prétend que Cérès enseigna l'agriculture aux hommes.

CASTRO-NOVO, ville de Sicile (province de Palerme), à 45 kil. de Termini. Pop. 4,155 hab.

CASTRO-REALE, ville de Sicile, à 35 kil. de Messine. Pop. 11,000 hab. Vins, huiles; sources thermales.

CASTRO-VILLARI, ville forte du royaume d'Italie (Calabre citérieure), à 55 kil. de Cosenza. Pop. 7,900 hab.

CASTUA, ville des Etats autrichiens (Littoral), située au fond du golfe de Quarnero, dans l'Adriatique, à 8 kil. de Fiume. Pop. 900 hab. Cette ville fut importante dans l'antiquité, et était la capitale de la Liburnie.

CASUEL. On appelait autrefois *casuel* les rétributions fortuites et non fixes attribuées à certaines charges ou emplois. On appelait *parties casuelles* les droits que le roi exigeait de chaque nouveau titulaire à une charge de judicature ou de finance. On entendait plus particulièrement par casuel les dons que les fidèles faisaient au clergé à

l'occasion des baptêmes, des mariages et des sépultures. Dans les premiers temps de l'Eglise, ces dons étaient purement volontaires et aucunement tarifés. Lorsque les Barbares se convertirent au christianisme, l'usage s'établit parmi eux d'allouer des terres aux évêques, aux prêtres et aux monastères; telle est l'origine des bénéfices ecclésiastiques. Ceux qui jouissaient de ces bénéfices louaient leurs terres, moyennant des dîmes, c'est-à-dire des contributions en nature ou en argent. Ce régime était en vigueur au temps de Charlemagne. Sous ses successeurs, les seigneurs profitèrent des troubles qui déchirèrent l'empire pour enlever aux ecclésiastiques le bénéfice des dîmes. Toutefois les monastères se maintinrent pour la plupart dans leurs domaines, et il n'y eut guère de prêtres qui ne dépendissent de ces monastères. Plus tard, les évêques s'appliquèrent à rétablir l'ancien état de choses, et posèrent en principe que dans les paroisses où le prêtre ne percevait pas de dîme, il avait droit de prélever un casuel pour sa subsistance; ils érigèrent même en obligation le payement de ce casuel, qui n'était d'abord qu'un don volontaire. Des abus commencèrent alors à s'introduire dans l'Eglise, qui ne consulta plus comme autrefois les ressources de celui qui avait besoin de ses secours; les cérémonies religieuses furent tarifées. Les catholiques sincères protestent encore aujourd'hui contre cet état de choses qui s'est perpétué. De nos jours, il n'est pas rare de voir certaines cures rapporter annuellement plus de 40,000 fr. de casuel, alors que les pauvres desservants, principalement chargés des offices, ne prélèvent qu'une part fort modique sur le budget de la fabrique. Aussi voit-on fort souvent des curés refuser des évêchés.

CASUISTES. On donne ce nom aux théologiens qui font profession de résoudre ce qu'on appelle les *cas de conscience*. Il est évident qu'une conscience droite n'a pas plus besoin d'un directeur pour lui enseigner la morale, qu'un honnête homme n'a besoin d'un magistrat pour l'éclairer sur les diverses actions qui pourraient entraîner pour lui l'application du code pénal. La Fontaine disait *que le simple bon sens pouvait tenir lieu de code;* il serait aussi vrai de dire que la conscience suffit toujours, et par ses propres forces, pour nous guider dans les cas les plus difficiles. Les cas de conscience n'ont-ils pas été imaginés précisément par ceux qui avaient besoin de la troubler en dénaturant, au profit de leur ambition, les règles les plus simples du juste et de l'injuste? Le désir de flatter les grands et le besoin de colorer les fautes et les crimes même d'une certaine apparence de vertu, ont fait imaginer les cas de conscience. Les disciples de Loyola surtout ont excellé dans l'art d'accommoder une morale complaisante aux faiblesses et aux passions humaines. Ils ont prétendu qu'ils avaient seuls l'autorité suffisante pour résoudre toutes les questions morales; eux seuls disposaient des clés du paradis; ils jugeaient les vivants et assuraient le salut des morts. Heureux leurs amis! Pour ceux-là le chemin du ciel était *de velours*, comme disait Boileau; pour les autres, ils ne pouvaient, quoiqu'ils fissent, éviter la damnation. Les *Lettres provinciales* du grand Pascal ne peuvent être taxées d'exagération; il serait facile de démontrer, en consultant les pièces des divers procès intentés contre les jésuites par le parlement, que Pascal est plutôt resté en deçà de la vérité. Les casuistes avaient des arguments pour démontrer que tel fait était odieux et criminel; et ils en avaient d'autres aussi pour prouver que le même fait pouvait être excusé ou même approuvé et imputé à bonne intention. Lorsqu'on accusa les jésuites, sous Henri IV, d'avoir approuvé et encouragé le régicide,

ils ne manquèrent pas de produire les nombreux ouvrages dans lesquels ils l'avaient combattu. C'est qu'en effet ils avaient à leur disposition une double morale, approuvant le régicide dans certains cas et le condamnant dans d'autres. La théologie a eu ses sophistes de même que la philosophie antique; mais tandis que ces derniers n'ont eu qu'une médiocre influence, nous avons vu, au contraire, les premiers dominer bien souvent dans les conseils des rois. Ajoutons que les doctrines des casuistes avaient la prétention de s'imposer avec un caractère d'infaillibilité qui les rendait d'autant plus funestes et redoutables. Dès que les prêtres ont eu accès dans les cours, il y a eu des casuistes. Plus d'un saint honoré par l'Eglise est tombé dans ces subtilités qui cachaient une véritable dégradation morale.

CASUS BELLI. Mots employés dans le langage diplomatique pour désigner les cas qui peuvent amener la guerre.

CAT (île du Chat), GUANAHANI ou SAN-SALVADOR, île de l'Océan atlantique, située dans l'archipel des Lucayes (Amérique anglaise), sup. 80 kil. de long. sur 4 à 12 de large. Cette île est la première terre de l'Amérique découverte par Christophe Colomb le 12 octobre 1492.

CATABATHME (Grand-). Chaîne de montagnes d'Afrique qui séparait la Libye maritime, la Cyrénaïque de la Marmarique d'avec l'Egypte. Aujourd'hui *Akabah-el-Kébir*.

CATACHRÈSE. On appelle ainsi en rhétorique une sorte de métaphore qui consiste à employer un mot dans un sens différent de celui qui lui est propre, et cela pour mieux imager une idée. On dit, par exemple : *monter à cheval sur un âne, aller à cheval sur un bâton, être à cheval sur les principes*. C'est la pauvreté de la langue qui a rendu cette expression nécessaire; et journellement nous avons recours à la catachrèse, absolument comme M. Jourdain faisait de la prose sans le savoir. Il y a une foule de mots ainsi détournés de leur acception primitive. Ainsi, l'on dit d'un individu qu'il est ferré dans telle ou telle science; qu'il marche à l'immortalité, qu'il court à sa perte. L'originalité du style romantique consiste précisément dans l'emploi de la catachrèse, qui fournit en effet les figures les plus riches et les plus propres à peindre les idées avec vivacité et énergie.

CATACLYSME. Le déluge est le cataclysme par excellence; les géologues en ont étendu le sens et l'ont appliqué aux divers établissements que la croûte terrestre a pu éprouver; c'est ce qu'ils ont appelé aussi les révolutions de la surface du globe. Le globe, alors qu'il n'était qu'une matière incandescente, a été soumis par l'action du feu central à des mouvements ondulatoires qui ont produit ces soulèvements de la surface solide qui constituèrent les montagnes, ces fractures et ces affaissements qui ont fourni à la mer un lit naturel. Les différents cataclysmes, en modifiant les conditions climatériques et le milieu dans lequel se trouvaient les êtres, ont apporté dans leur organisme de profondes modifications, et ont produit des espèces nouvelles; d'un autre côté, certaines familles d'animaux ont tout à fait disparu. La géologie étudie les transformations que les cataclysmes ont apporté à la constitution de la surface du globe; ils expliquent les lois qui ont présidé à la formation des montagnes, des volcans, des mers, des fleuves, des continents et des diverses couches terrestres. La paléontologie s'attache particulièrement à l'étude des diverses générations d'animaux antédiluviens ou postdiluviens dont on retrouve les ossements dans le sein de la terre. On a posé la question de savoir si de nouveaux déluges étaient à redouter. Les progrès de la science permettent de l'affirmer. Il est également incontestable que de nouveaux cataclysmes partiels peuvent encore affliger notre planète; nous en avons eu trop d'exemples récents pour que le doute soit permis à cet égard. Cependant on peut affirmer que la terre se solidifiant de plus en plus, en même temps que la masse liquide diminue, et que la colonne d'air tend à diminuer également, les cataclysmes tendent à devenir moins fréquents. Il est certain aussi que les déluges, en admettant leur périodicité, n'auraient pas les mêmes caractères que celui dont le globe a conservé les traces.

CATACOMBES DE ROME. Les Romains ont eu des catacombes, à l'exemple des Grecs, des Égyptiens et des peuples de l'Asie. Elles ont été creusées dans des carrières de pouzzolane, dont les Romains se servaient pour composer leur mortier. Elles consistent en galeries étroites, mais étendues, qui s'avancent au loin dans la campagne de Rome. Les sarcophages étaient placés dans des niches disposées le long des galeries, sur une hauteur qui varie de trois à sept étages; les niches étaient séparées les unes des autres par des cloisons en brique ou par des dalles de marbre; on y trouve aussi des urnes. La plupart de ces tombes portent des inscriptions, et souvent même des croix ou d'autres signes qui indiquent des sépultures chrétiennes. Ces catacombes ont servi indifféremment aux païens et aux chrétiens. Les catacombes les plus remarquables sont celles du Vatican, de la villa Pamphili et de Saint-Sébastien, où la plupart des sarcophages sont de marbre et de porphyre, avec des inscriptions grecques et latines. Les catacombes ont servi de refuge aux premiers chrétiens dans les temps de persécution; c'était là qu'ils se réunissaient pour les cérémonies de leur culte.

CATACOMBES DE NAPLES ET DE SYRACUSE. Les catacombes de Naples sont plus considérables que celles de Rome; elles sont situées en dehors de la ville, dans le flanc d'une montagne, et creusés à travers des bancs de pouzzolane. Les galeries n'ont pas plus de trois étages; elles ont été comblées dans beaucoup d'endroits, ce qui ne permet pas d'en mesurer exactement l'étendue. On rencontre des chapelles chrétiennes dans les divers carrefours. Les catacombes de Syracuse sont les plus vastes que l'on connaisse; elles forment une immense nécropole dont les rues étroites et régulières sont taillées dans le roc; elles n'ont pas l'aspect froid et lugubre de celles des autres villes de l'Italie.

CATACOMBES DE PARIS. Elles sont situées dans la partie de la rive gauche de la Seine, et s'étendent depuis la rue Saint-Jacques jusqu'à la barrière d'Enfer et à la barrière Saint-Jacques; elles ont été creusées dans des carrières où nos pères ont puisé les matériaux pour la construction du vieux Paris. Elles n'ont jamais été un lieu spécialement consacré aux sépultures, et c'est accidentellement qu'on y déposa, en 1786, les ossements retirés des divers cimetières et charniers qui se trouvaient dans l'enceinte de Paris, et dont la concentration avait souvent causé des épidémies. Les ossements ont été disposés symétriquement de chaque côté des galeries. Cet immense ossuaire contient les ossements de plus de 3 millions de cadavres. Les éboulements qui se sont parfois produits ont nécessité, de la part de la ville de Paris, des travaux considérables pour soutenir la ville supérieure, qui menaçait dans certains endroits de s'engloutir dans la ville souterraine. Les rues de la nécropole correspondent pour la plupart aux rues de Paris qui se trouvent dans la même direction, et le numéro de chaque maison se trouve reproduit dans les catacombes, à plus de 100 pieds de profondeur.

CATAFALQUE, sorte d'échafaudage en charpente dressé dans une église ou dans tout autre monument, et servant surtout à la décoration des chapelles sépulcrales. Certains architectes ont excellé dans la construction des catafalques qui doivent présenter un certain caractère de grandeur, et dont la sévérité des formes doit inspirer le deuil et le recueillement. On cite surtout celui qui fut élevé à Florence pour les funérailles de Michel-Ange.

CATALANI (Angelica), célèbre cantatrice italienne, née à Venise en 1779, morte à Paris en 1849. Elle fut d'abord admise dans le couvent de Sainte-Lucie de Gubio; elle en sortit assez brusquement pour entrer au théâtre de la Fénice, où elle débuta dans la *Lodoïska* de Mayer. Elle se fit entendre à Paris en 1806, et l'empereur la récompensa magnifiquement. En 1815, elle obtint le privilége du théâtre italien; mais elle affecta, par vanité ou par avarice, de ne s'entourer que d'artistes médiocres destinés à faire ombre au tableau; tandis que des librettistes composaient pour elle des airs de bravoure qui convenaient à son genre de talent. Quoiqu'elle se prodiguât ainsi, elle ne put maintenir la vogue, et dut abandonner la direction. Elle passa en Angleterre, où elle excita le plus vif enthousiasme. Elle passa de là en Russie, puis en Prusse. Elle revint une seconde fois en France; mais elle ne trouva plus l'accueil flatteur dont elle avait été l'objet à ses débuts. On lui reprochait d'être mauvaise comédienne, et de mettre trop peu d'âme dans son chant. Sa voix était vive, brillante, et lui permettait d'exécuter les morceaux les plus difficiles.

CATALANS. On a donné ce nom à une bande d'aventuriers catalans et aragonais que Pierre III d'Aragon conduisit en Sicile en 1288. Pierre d'Aragon avait été appelé par les Siciliens, qui, après les Vêpres siciliennes, redoutaient la colère de Charles d'Anjou. Il enleva la Sicile à la maison de Navarre. Après cette expédition, les Catalans, sous la conduite de Roger de Flor, passèrent au service d'Andronic, empereur d'Orient, qui luttait péniblement contre les Turcs, et Andronic récompensa leur chef en lui faisant épouser sa nièce, et en lui conférant le titre de César. Enivré de ses succès, Roger de Flor conspira pour renverser Andronic; mais celui-ci fit assassiner, en 1316, son concurrent à l'empire. Les Catalans, furieux de la mort de leur chef, se renfermèrent dans Gallipoli, et le vengèrent par le massacre des Grecs; ils portèrent même le ravage jusqu'aux portes de Constantinople. Ils allèrent ensuite se joindre aux Français qui occupaient la Morée, et chassèrent Gauthier de Brienne, qui avait pris le titre de duc d'Athènes. Ils se maintinrent dans la Morée jusqu'à la fin du XIVe siècle.

CATALAUNIQUES (champs). On appelle ainsi la plaine qui s'étend entre Méry et Châlons-sur-Saône, où Attila fut défait par Aétius en 451. Celui-ci, qui joignait aux talents militaires une grande habileté politique, sut armer les Barbares les uns contre les autres, en faisant reconnaître à ses alliés la suprématie romaine. C'est ainsi qu'il se servit des Huns pour combattre les Germains; mais quand ces ennemis eurent cessé d'être dangereux, et qu'Attila eut passé le Rhin, à la tête d'une armée que les Romains n'évaluèrent pas à moins de 700,000 hommes, il eut l'adresse de contracter une alliance avec les Germains, ses ennemis de la veille; il leur fit comprendre que le triomphe des Huns allait entraîner la ruine commune de tous les peuples déjà établis dans l'empire. Il réunit une armée considérable; mais avant qu'il fût en état d'arrêter la marche d'Attila, les Barbares avaient pillé, puis incendié les villes de la Gaule Belgique, et étaient même sur le point de s'emparer d'Orléans. Celui-ci parut enfin à la tête des Francs, des Visigoths, des Bourguignons, des Armoricains et des Germains; il avait aussi avec lui quelques cohortes romaines qui lui avaient été envoyées d'Italie. Il se mit à la poursuite des Huns, qui fuyaient devant lui, et les atteignit dans les champs catalauniques, où se livra la mémorable bataille dont le succès prolongea de quelques années l'agonie du monde romain. Cette victoire fut la dernière que remportèrent les Romains; et bientôt après leurs aigles se replièrent derrière les Alpes, pour disparaître complètement avec la nationalité romaine. Le combat fut terrible; les Huns furent repoussés, et forcés de se retrancher derrière leurs chariots, où il ne tenait qu'à Aétius de les atteindre et d'anéantir leur armée. Déjà même Attila, frémissant de rage, avait fait dresser au milieu de son camp un bûcher où il devait se précipiter avec ses femmes et ses serviteurs, dans le cas où il eût été poursuivi dans ses derniers retranchements; mais il fut sauvé par Aétius lui-même qui arrêta l'élan des troupes alliées. Il craignait que la destruction complète des Huns n'augmentât trop la puissance de Tharismond, roi des Goths. Attila put ainsi évacuer les Gaules, après avoir perdu 200,000 hommes, si l'on peut ajouter foi aux chroniques du temps.

CATALDO (San-), ville de Sicile, prov. de Caltanisetta, à 28 kil. de cette ville. Pop. 9,700 hab. Vastes soufrières aux environs, produisant annuellement 2,096,000 kilogr.

CATALOGNE, ancienne prov. d'Espagne, au N.-E., bornée au N. par la France, à l'E. et au S. par la Méditerranée, au S.-O. par le royaume de Valence, à l'O. par l'Aragon. Superf. 315 myriam. carrés. Pop. 1,652,300 hab. Capitale Barcelone. Elle forme une capitainerie générale, subdivisée en quatre intendances : Barcelone, Girone, Tarragone et Lérida. Sol montagneux que parcourent des contreforts des Pyrénées, entre autres le mont Serrat, dont le couvent célèbre est situé à une hauteur de 1,238 m.; la Maladetta, la Sierra de Cleno. Elle est arrosée par l'Èbre et son affluent la Sègre, le Llobregat, le Ter, le Fluvia. Le climat est varié, mais en général chaud et humide; le sol fertile. Forêts de chênes-liéges; culture de l'oranger, du grenadier, de l'olivier, de la vigne, de l'aloès, du blé, du riz et du maïs. Commerce fort actif dans les ports de Rosas, Mataro, Barcelone, Tarragone et Tortose. Le pays est hérissé de forteresses, parmi lesquelles on remarque celles de Campredon, Girone, Figueras, Urgel, Hostalrich. Les premiers habitants de la Catalogne furent les Carpétans, Lacétons, Indigètes, Ausétans, Hergètes, Cosétans, etc. Soumis les premiers par les Romains pendant la 2e guerre punique, ils furent compris d'abord dans l'Hispanie citérieure; puis, après Auguste, dans la Tarraconaise. Au Ve siècle, les Visigoths s'y établirent. Enlevée à ces derniers par les Maures (VIIIe siècle), la Catalogne ne tarda pas à être réunie au vaste empire de Charlemagne, et forma un comté qui passa sous la domination de l'Aragon au XIIe siècle. Sous les successeurs de ce prince, elle se divisa en fiefs indépendants, parmi lesquels se distinguaient le comté d'Urgel et celui de Barcelone. Le comté de Barcelone finit par absorber les autres. En 1640, elle se révolta contre Philippe IV, et se donna à Louis XIII. Rendue en 1659, les Français l'occupèrent encore de 1694 à 1697. En 1713, elle résista à Philippe V, qui lui enleva ses privilèges. En 1808, elle opposa la plus vive résistance à l'invasion française. En 1823, sous la conduite de Mina, elle s'insurgea contre Ferdinand VII. Les Catalans avaient des coutumes et des institutions particulières auxquelles ils étaient fort attachés, et qui étaient fort embarrassantes pour la royauté. Ils ont des passions vives et ardentes, un caractère altier et vindicatif, un vif amour de la liberté; ils sont bons soldats et bons marins. Leur langue est distincte du castillan ou espagnol; elle a produit, depuis le XIe siècle jusqu'au XVIIe, une littérature particulière.

CATALOGUE. On appelle ainsi une liste d'objets de même nature, tels que des livres, des tableaux, des médailles, etc.; le catalogue a l'avantage de faciliter les recherches, lorsque la collection est considérable. La méthode varie suivant la nature des objets à classer. Pour cataloguer les livres des bibliothèques, on emploie à la fois la division alphabétique et la méthode analytique ou méthodique. Ce sont surtout les catalogues méthodiques qui demandent le plus de soin et d'intelligence. Les livres sont classés par pays et dans l'ordre des dates de publication; le catalogue contient sur la nature de chaque ouvrage une courte notice. Souvent aussi le catalogue est dressé; en distinguant les divers ouvrages, suivant la nature de la science à laquelle ils se réfèrent; ainsi l'on classe séparément les ouvrages de théologie, de jurisprudence, d'histoire, de géographie, etc. Le catalogue de la Bibliothèque impériale, dont l'utilité se fait de plus en plus sentir, à cause de l'accumulation constante des productions de l'esprit, n'a jamais pu être achevé. Les divers systèmes qui ont été proposés exigeraient des dépenses énormes, qui ont fait reculer devant la réalisation de ce travail d'utilité publique.

CATAMARCA, un des 14 Etats de la Confédération argentine; il est borné au N. par la Bolivie, à l'E. par le Tucuman, au S. par le Rioja, à l'O. par le Chili. Sup. 908 myr. carrés. Pop. 50,000 hab. Pays très-fertile, arrosé par le Catamarca. Riches pâturages. Mines d'or, d'argent, de cuivre, de nickel, d'étain. Exportation de blé, vin, coton. Cap. Catarmarca, d'une pop. de 7,000 hab. et défendue par un fort.

CATANDUANES. Une des îles Philippines, au S.-E. de Luçon. Sup. 50 kil. sur 25. Colonie espagnole.

CATANE, ville de Sicile, ch.-l. de l'intendance de Catane, au pied de l'Etna, à 85 kil. de Messine. Pop. 64,400 hab. Siége d'un évêché, université fondée en 1445; bibliothèque, musées Biscari et Giojeni. Parmi ses édifices, on remarque le palais du Sénat ou hôtel de ville, la cathédrale, l'église Sainte Marie de la Rotonde, l'abbaye bénédictine de Saint-Nicolas. Magnifique place dite de l'Eléphant. Les rues sont pavées en dalles de lave. Fabrique de soieries et de cotonnades. Commerce de cuirs, laines, grains, fruits, vin, huile, savon, soufre. Port peu fréquenté, quoiqu'un des plus grands de la Sicile. Catane fut fondée vers 746 ou 704 av. J.-C., par une colonie naxienne ou chalcidienne. Alcibiade, puis Denys le Tyran s'en emparèrent. Les ruines d'un amphithéâtre, d'un temple de Cérès, des Thermes, d'un aqueduc et d'une naumachie attestent son antique splendeur. Elle a été plusieurs fois ruinée par des tremblements de terre et les éruptions de l'Etna (1669, 1693, 1783, 1818). Celui de 1669 a été le plus violent; il y périt 18,000 habitants. Patrie du législateur Charondas.

CATANE (intendance de), division administrative de la Sicile, chef-lieu Catane. Elle est bornée par celle de Messine, au N., de Syracuse au S., de Caltanisetta à l'O., et la mer à l'E. Sup. 307,440 hect. Pop. 408,645 hab. Exploitation d'ambre et de marbres. Territoire très-fertile.

CATANZARO, ville forte du royaume d'Italie, ch.-l. de la Calabre ultérieure IIe, à 280 kil. de Naples. Pop. 15,920 hab. Siége d'un évêché suffragant de Reggio. Draps, soieries, velours, tapis. Elle a beaucoup souffert du tremblement de terre de 1783.

CATAPHRACTES, mot dérivé du grec et qui signifie *couverts de pied en cap*. On donnait le nom de cataphractaires, chez les anciens, à certains corps de troupe, qui portaient l'armure appelée cataphracte; cette armure couvrait le corps en entier; le cheval lui-même était bardé de fer. Les chars, armés de faux, étaient conduits par des cataphractaires. Cette armure a été imitée par notre ancienne chevalerie.

CATAPULTE, machine de guerre en usage chez les anciens, qui servait à lancer au loin des pierres d'une grosseur considérable, et dont le poids atteignait parfois jusqu'à 500 kilog. Athénée rapporte qu'on était parvenu à construire des catapultes qui lançaient des projectiles à une distance d'un demi-mille. On s'en servait dans les siéges, et on les manœuvrait avec une étonnante précision. On en attribue l'invention aux Syriens.

CATARACTES. On appelle ainsi de grandes chutes d'eau produites par la pente rapide du lit d'un fleuve, et qui en rendent la navigation impossible. Parmi les plus remarquables du globe, on cite celle du Niagara, dans le Canada, entre les lacs Erié et Ontario; on l'appelle aussi *saut du Niagara*. Sa hauteur n'est pas moindre de 50 mèt. et sa largeur d'environ 200 mèt. Buffon en a fait la description suivante: « La brume ou le brouillard que l'eau fait en tombant, se voit de cent lieues et s'élève jusqu'aux nues. Il s'y forme un très-bel arc-en-ciel, lorsque le soleil donne dessus. Au-dessous de cette cataracte, il y a des tournoiements d'eau tels qu'on ne peut y naviguer jusqu'à six milles de distance, et au-dessous de la cataracte, la rivière est beaucoup plus étroite qu'elle ne l'est dans les terres supérieures. » Les fameuses cataractes du Nil, que plusieurs voyageurs avaient décrites avec un certain enthousiasme, ne sont, comme on le sait aujourd'hui, que de simples rapides; Pline est le premier qui a donné créance à ces récits fabuleux. Les chutes d'eau des simples ruisseaux ou des rivières artificielles sont appelées *cascades*. Les Alpes et les Pyrénées offrent de fort belles cascades qui, lors de la fonte des neiges, deviennent de véritables cataractes; celle de l'Arche se précipite du mont Tauren, d'une hauteur de 649 m.; celle de Noukahiva, dans l'Océanie, tombe d'une hauteur de 630 m.; ce sont les plus hautes qu'on ait rencontrées.

CATARROJA, ville d'Espagne, prov. de Valence, à 8 kil. de cette ville. Pop. 4,000 hab. Récolte abondante de riz.

CATAWBA (grande), rivière des Etats-Unis (Caroline septentrionale), qui prend sa source dans les Montagnes bleues, et après un parcours de 355 kil. elle se réunit au Broad-River ou Congaré. Elle reçoit la petite Catawba. Sillonnée par un grand nombre de paquebots, elle est l'une des principales voies commerciales des Etats-Unis.

CATEAU-CAMBRÉSIS ou CATEAU (le) ch.-l. de cant. de l'arrond. de Cambrai (Nord), à 25 kil. de cette ville. Pop. 8,900 hab. Collége. Filatures de laine et de coton; fabriques de châles, lainages, poteries, savons, raffineries de sel, tanneries, brasseries, distilleries de genièvre. Patrie du maréchal Mortier, à qui on a élevé une statue de bronze en 1838. Cette ville fut fondée sur l'emplacement des villages de Perrone et de Vendelgies, et dépendait du Cambrésis. Les évêques de Cambrai y eurent une résidence et un hôtel des monnaies. Les Français la ruinèrent en 1555 et en 1642. Les Autrichiens s'en emparèrent en 1793.

CATEAU-CAMBRÉSIS (traité du). La ville de Câteau-Cambrésis, aujourd'hui comprise dans le département du Nord, est célèbre par le traité qui fut signé dans ses murs, en 1559. Les succès qu'Henri II avait obtenus en Italie faisaient présager une paix avantageuse; mais le roi de France, mal conseillé, conclut les 2 et 3 avril 1559 une paix qui fut appelée *malheureuse*. Suivant le président Hainaut, il perdit par ce traité plus de possessions que les Espagnols n'auraient pu lui en enlever après trente années de succès. Un premier traité fut conclu le 2 avril entre la France, l'Angleterre et l'Ecosse. La France s'obligeait à remettre Calais aux mains des Anglais, au bout de huit ans. Le second traité fut signé le lendemain entre la France et l'Espagne. La France s'obligeait à remettre au duc de Savoie une partie de ses Etats; elle restituait 189 places fortes, et payait pour la rançon de Montmorency et de Saint-André une somme plus forte que celle qui avait été acquittée pour la rançon de François Ier. La France ne conservait de ses conquêtes que Metz, Toul et Verdun, sous réserve des prétentions de l'Empire. Comme gage de cette paix, Elisabeth, fille de Henri II, épousait Philippe II, roi d'Espagne, et sa sœur Marguerite, le duc de Savoie.

CATÉCHISME. On donne ce nom à l'instruction élémentaire donnée de vive voix à ceux qui veulent embrasser le christianisme ou s'instruire dans les dogmes de cette religion. On appelle aussi catéchisme le livre qui contient la doctrine religieuse. On nomme catéchiste celui qui est chargé de faire l'enseignement oral. Les évêques ont seuls le droit de proposer des catéchismes dans leurs diocèses. Le catéchisme du concile de Trente a servi de type à tous ceux qui ont été adoptés depuis. Celui du diocèse de Meaux est considéré comme bien supérieur à tous ceux qui ont été publiés depuis, malgré sa singulière théorie de la grâce. Le premier empire avait adopté le catéchisme de Bossuet. Toutefois, certains évêques de ce temps avaient cru devoir introduire dans leurs instructions certaines insinuations politiques sur les droits de Napoléon au trône. Le gouvernement impérial fut assez sage pour faire disparaître ces insinuations habilement calculées. La Restauration usa largement de ce moyen pour donner à ses droits une sorte de sanction religieuse. On se souvient du scandale occasionné par certaines doctrines inconstitutionnelles et antinationales qui s'étalaient effrontément dans les catéchismes de ces époques. En présence des réclamations soulevées par une telle manœuvre, ceux qui avaient mis ces livres entre les mains de la jeunesse crédule ne manquèrent pas de répondre qu'il n'y avait là que des fautes d'impression. — Les diverses sectes protestantes ont chacune leur catéchisme généralement écrit dans un style d'une simplicité touchante; les divers synodes surveillent la publication de ces livres. Le catéchisme de Calvin, empreint d'un rigorisme qui atteste autant d'intolérance qu'on peut en reprocher au catholicisme, a été l'objet de nombreux remaniements.

CATÉCHUMÈNES. On appelait ainsi, dans les premiers temps de l'Eglise, les païens convertis que l'on préparait par une certaine instruction à recevoir le baptême. Les Grecs donnaient le même nom à ceux qu'on initiait aux mystères sacrés du paganisme. Au temps des persécutions, les nouveaux chrétiens étaient admis sans aucune initiation dans la grande famille chrétienne. Plus tard on n'admit au rang des fidèles que ceux qui avaient été préparés par une certaine instruction, et qui manifestaient une vocation sincère. On appelait *écoutants* ceux qui s'instruisaient sur les dogmes de la religion, *élus* ceux qui étaient suffisamment instruits pour recevoir le baptême, et *compétents*, ceux qui étaient admis à le recevoir. Les catéchumènes n'étaient pas admis à la communion.

CATÉGORIE. On appelle ainsi la classification des idées ou des objets qui correspondent à ces idées. C'est ainsi qu'on a divisé en catégories les opérations de l'esprit, en considérant toutes les idées comme se rapportant à la substance, au mode et à la relation. Aristote donnait le nom de *catégories* aux diverses classes d'idées : la première se rapporte à la substance; les neuf autres se rapportent à la quantité, à la qualité, à la relation, à l'action, à la passion, au temps, au lieu, à la situation, à l'habitude et à la disposition. On comprend que cette classification est purement arbitraire, et qu'on aurait pu indifféremment augmenter ou diminuer le nombre des catégories d'Aristote. Descartes ne voyait que sept catégories qui s'appliquaient à toutes les idées possibles : l'esprit, la matière, la quantité, la situation, la figure, le mouvement et le repos. Ces classifications ont été attaquées avec raison, parce qu'elles sont sans objet, et qu'elles n'expliquent en rien l'ordre naturel des idées, non pas que cet ordre n'existe pas dans la nature, mais parce qu'il est difficile de montrer entre certaines idées les distinctions sensibles.

CATEL (Charles-Simon), compositeur de musique, né à l'Aigle en 1773, mort en 1830. Il vint de bonne heure à Paris, et étudia sous Gossec l'harmonie et la composition. En 1787, il était nommé professeur adjoint à l'école royale de chant et de déclamation; en 1790, il fut admis à l'Opéra comme accompagnateur. Il a écrit plusieurs morceaux de musique militaire, un *De profundis* à grand orchestre et des hymnes que nos pères chantaient pendant les fêtes de la déesse Raison. Catel avait le plus vif sentiment de l'harmonie; rien de plus pur ni de plus clair que sa composition; mais l'enthousiasme et l'originalité font souvent défaut; il est plus correct que mélodieux. On distingue, parmi ses opéras, *l'Auberge de Bagnères, les Aubergistes de qualité, les Artistes par occasion, Sémiramis, Wallace*, son chef-d'œuvre, et deux opéras en un acte : *le Premier en date, l'Officier enlevé.*

CATELET (Le) ch.-l. de cant. de l'arrond. de Saint-Quentin (Aisne), à 20 kil. de cette ville. Pop. 650 hab. Excellentes pierres de taille. Cette ville doit son nom à une forteresse bâtie par François Ier en 1520. Les Espagnols s'en emparèrent plusieurs fois. Louis XIV fit raser ses fortifications en 1674.

CATERINA (Santa-) ville de Sicile, prov. de Caltanisetta, à 12 kil. de cette ville. Pop. 6,530 hab.

CATERINA (Santa-), bourg de Sicile, dans l'île de Favignana, à 20 kil. de Trapani.

CATERINA (Santa-), bourg du royaume d'Italie (Calabre ultérieure), à 40 kil. de Catanzaro. Pop. 2,880 hab.

CATHARMATES, du grec *catharma*, purification, désignait des sacrifices humains usités chez les anciens, pour apaiser les dieux et faire cesser de grandes calamités publiques, telles que la peste. Nous en trouvons un exemple dans le sacrifice d'Iphigénie, pour apaiser le courroux des dieux qui arrêtaient, par des vents contraires, le départ de la flotte des Grecs pour le siége de Troie. Cette superstition antique a fourni à la Fontaine le sujet d'une de ses plus belles fables : *Les animaux malades de la peste.*

CATHEART (William-Schaw, comte DE), célèbre général et diplomate anglais, né en Ecosse en 1775, mort en 1843. Il servit d'abord dans l'armée anglaise contre les Etats-Unis. Il passa ensuite en Hollande, où il se distingua au combat de Buren. En 1807, il fut chargé de conduire la flotte anglaise contre les Danois. Ceux-ci venaient de repousser énergiquement les prétentions de l'Angleterre, qui exigeait la conclusion d'une alliance offensive et défensive, et pour gage de cette alliance, la remise de la flotte danoise jusqu'à la conclusion de la paix. Cette demande était un véritable ultimatum; car les Anglais débarquèrent aussitôt à trois lieues de Copenhague pour surprendre la capitale par terre, tandis que la flotte la bombardait par mer. Le combat, ou plutôt le bombardement dura trois jours. Le commandant de la place se vit enfin obligé, pour arrêter la dévastation de la ville, de demander un armistice, qui lui fut accordé à la condition qu'il livrerait aux Anglais la flotte danoise avec tout son matériel, et qu'il les mettrait en possession de la citadelle et du port de Copenhague. Ces conventions exécutées, les troupes anglaises se rembarquèrent au bout de six semaines, emmenant avec elles 18 vaisseaux de ligne, 15 frégates, 6 bricks et 35 chaloupes canonnières. A son retour de cette expédition, Catheart fut envoyé comme ambassadeur à Saint-Pétersbourg, et il accompagna Alexandre dans ses campagnes en Allemagne. Il fut l'un des signataires des traités de Paris et de Vienne. Il fut récompensé de ses services par la pairie.

Courses de chevaux à Vincennes.

CATHÉDRALE, du grec *cathedra*, chaire, désigne une église où est la chaire de l'évêque; la cathédrale est ainsi l'église épiscopale. Pour les catholiques, elle est le sanctuaire par excellence; aussi les hommes du moyen âge ont-ils imprimé à ces monuments le caractère de leur piété ; ils en ont fait des constructions presque fabuleuses ; ces hautes tours avec leurs clochers semblent un prodigieux effort fait par l'esprit humain pour se rapprocher de l'esprit divin. Rien de plus propre à frapper l'imagination que ces hautes églises, noircies par le temps, qui cachent dans leurs niches les images des saints, des rois et des évêques. Ces vitraux étincelant de toutes les couleurs, et qui divisent les rayons de manière à produire les effets de lumière les plus pittoresques; ces colonnes qui s'élancent hardiment jusqu'à la voûte, où elles se relient en rameaux richement sculptés; ces ogives dans lesquelles le ciseau a découpé toutes ces figures et tous ces ornements dont l'œil peut à peine embrasser l'ensemble; ces tombeaux pittoresques; tout, dans la cathédrale, jusqu'aux larges bancs de chêne, dont la simplicité constraste avec tant de magnificence, reflète admirablement le génie chrétien. Il semble que l'architecte, le philosophe et le prêtre ont été subjugués par la même pensée: plusieurs évêques mêmes se firent architectes; la cathédrale, c'est le moyen âge, c'est le passé. Nos architectes construiront de magnifiques temples dont la richesse égalera celle du Parthénon; ils parviendront même à restaurer nos anciens édifices religieux, en copiant le style qui aura présidé à leur fondation; mais il leur manquera toujours l'inspiration, l'âme. Dans les copies les plus fidèles, leur ciseau montrera plus de pureté dans les formes, mais ils oublieront que les incorrections mêmes sont le cachet particulier des architectes et des sculpteurs du moyen âge; ils seront plus corrects, mais ils seront plus froids et sans naïveté. Victor Hugo a admirablement expliqué la raison pour laquelle l'architecture perdait les anciennes traditions: la cathédrale du moyen âge était une légende reproduite sur la pierre; elle parlait à l'esprit en même temps qu'elle parlait aux yeux: tout y était catholique. Le livre, en éclairant les hommes et en discutant le principe de la foi, a rendu inutile ces monuments pour interpréter la pensée d'un siècle: *ceci a tué cela*. Bientôt même, la signification de la cathédrale nous échappera, et cette langue hiéroglyphique, au même titre et avec les mêmes caractères que la langue théocratique des anciens Égyptiens, deviendra pour nous une langue essentiellement morte. Le christianisme a attendu, pour chercher des lois nouvelles et imprimer à la religion son génie particulier, que le vieux monde romain eût complètement disparu. C'est seulement à partir de Charlemagne que la construction des cathédrales prend son plus grand développement; du xe au xiiie siècle, le style gothique domine dans toute sa pureté, la basilique, avec son style roman, est complètement abandonnée. Le roi Robert fut un de ceux qui contribuèrent le plus au développement de l'art chrétien. La cathédrale de Chartres venait d'être incendiée par la foudre, le pieux roi développa une incroyable activité pour la faire réédifier, il fut admirablement secondé par l'évêque Fulbert. En peu d'années on vit s'élever l'un des plus beaux monuments du moyen âge. Le roi Robert fit construire aussi la cathédrale de Senlis, et un grand nombre d'églises. On a remarqué que la plupart des vieilles cathédrales représentent presque toujours des figures grotesques, disparates, et quelquefois même obscènes; il semble que chaque ouvrier a travaillé sans être dirigé par la pensée d'un architecte, et que chacun d'eux a voulu exprimer sa pensée sur la pierre, en dehors de tout plan préconçu. Saint Louis donna un nouvel élan aux constructions religieuses; la Sainte-Chapelle est, de tous les monuments du moyen âge, le plus élégant et le plus pur. La cathédrale de Rouen, terminée en 1128, est remarquable par ses formes grandioses. Notre-Dame de Paris, commencée sous Philippe-Auguste, ne fut achevée que 200 ans plus tard. On sait qu'on y arrivait autrefois par treize marches; par suite de leur disparition, la façade de cette cathédrale a perdu son caractère imposant et majestueux. La cathédrale d'Orléans, commencée en 1287, atteste déjà moins d'originalité. L'impulsion donnée par la France se propagea bientôt dans les autres contrées de l'Europe: l'Angleterre, l'Allemagne et l'Italie se couvrirent des plus belles cathédrales.

CATHELINEAU (Jacques), célèbre chef vendéen, né au village de Pin-en-Mauges (Maine-et-Loire), mort en 1793. Il était simple tisserand lorsque l'insurrection vendéenne se propagea dans le district de Saint-Florent, le 12 mars 1793. Il se mit à la tête d'un grand nombre de paysans qui, connaissant son énergie, le choisirent pour chef. Il se dirigeait sur Jallais, quand il rencontra les habitants de Chalonnes, qui étaient venus au devant de lui pour lui barrer le chemin; il les défit et leur prit même une pièce de canon, la première dont se servirent les Vendéens. Il s'empara ensuite de Chemillé et de Chollet. Il rejoignit ensuite Elbée, Stofflet et Bérard, et servit sous leurs ordres. Après la prise de Saumur, en juin 1793, les troupes vendéennes le proclamèrent généralissime. Il se crut assez fort pour attaquer Nantes; mais il fut repoussé dans divers assauts; il fut même dangereusement blessé dans la dernière attaque, et se fit transporter à Saint-Florent, où il mourut dix jours après. Les royalistes avaient reconnu en lui le plus brave et le plus habile de leurs généraux. Après sa mort, ils n'osèrent renouveler leur entreprise contre Nantes, et la continuation de la guerre ne fut plus pour eux qu'une longue suite de désastres.

CATHERINE (sainte), fille de Ceste, tyran d'Alexandrie. Rien n'est plus douteux que l'existence de cette vierge. Ce n'est qu'à partir du ixe siècle qu'on commença à parler d'elle. Quelques cénobites trouvèrent en Arabie, sur le mont Sina, le cadavre d'une jeune fille parfaitement conservé. Ils imaginèrent dès lors que ce corps devait être celui d'une vierge. On alla plus loin, on composa son histoire, l'on raconta que c'était le corps de la fille d'un tyran d'Alexandrie, qui avait été martyrisée sous le règne de Maximin. Les pieux cénobites lui donnèrent le nom de *Catherina*, c'est-à-dire *pure et sans tache*. Le cardinal Baronius raconte qu'il s'agissait non de cette fille dont parle la légende, mais bien d'une noble matrone romaine, pour laquelle César Maximin avait conçu une ardente passion. Quoi qu'il en soit, l'Église ne laisse pas de célébrer la fête de cette sainte. Les philosophes l'ont adoptée pour patronne, en prétendant, on ne sait trop sur quel fondement, qu'à l'âge de 17 ans, elle avait soutenu une discussion contre 50 des plus célèbres rhéteurs.

CATHERINE DE SIENNE (sainte), née en 1347, morte à Rome en 1380. Elle était fille d'un teinturier de Sienne. A l'âge de 20 ans,

Vue du Palais de Cristal à Londres.

elle entra dans le monastère des sœurs de Saint-Dominique. On lui fit jouer un singulier rôle dans les querelles religieuses. Le pape Grégoire XI, sachant l'influence qu'elle exerçait sur les esprits superstitieux par ses prédictions, prétendit qu'il agissait sous son inspiration. Cette sainte ne dédaignait pas la prédication; ainsi l'on a prétendu qu'elle avait contribué à réconcilier les Florentins avec Grégoire XI, et qu'elle avait déterminé ce pontife à quitter Avignon pour rentrer à Rome. Tout ce qui se passait dans ce siècle était dû aux prières souveraines et à l'intervention mystérieuse de sainte Catherine; elle eut toutefois assez d'autorité pour exciter les princes chrétiens à combattre en faveur du pape Urbain. Cette pauvre fille paraît avoir été de bonne foi, et il ne faut voir en elle qu'une de ces femmes hystériques ou convulsionnaires, dont les prétendus miracles viennent parfois attrister les ennemis de l'ignorance et de la superstition. Le cardinal Fleury raconte lui-même, dans son histoire ecclésiastique, que sainte Catherine s'imaginait sérieusement qu'elle avait épousé Jésus, et qu'elle vivait en commerce familier avec la Vierge. Ces désordres de l'esprit ont été fréquents parmi ces malheureuses femmes, qui s'étiolent par des jeûnes contre nature, et exaltent parfois jusqu'à la folie leur sensibilité nerveuse. Telle paraît être aussi l'opinion du cardinal Fleury. Cette sainte a été canonisée par Pie II, en 1461. Le bref de canonisation portait qu'on avait trouvé sur son corps la forme des plaies de Jésus; les Franciscains, qui soutenaient que ce miracle ne s'était produit qu'en faveur de saint François, leur patron, protestèrent énergiquement contre la concurrence que leur faisait la nouvelle sainte. Sixte IV leur donna raison en défendant de peindre les images de sainte Catherine en y représentant les fameuses plaies. On se relâcha pourtant de cette sévérité, et la première légende est aujourd'hui acceptée par les catholiques comme incontestable.

CATHERINE DE BOLOGNE (sainte), née en 1413, morte en 1463. Après avoir vécu à la cour du marquis de Ferrare, elle renonça à une vie de désordres pour entrer dans les religieuses de Saint-François. Elle devint mère abbesse des Clarisses de Bologne, et dirigea, dit-on, ce couvent avec beaucoup de sagesse. Le pape Clément VII jugea que ses révélations montraient suffisamment qu'elle avait été inspirée de Dieu, et qu'elle était digne de la béatification. Sixte V ne l'en jugea pas digne, et la raya du calendrier. Elle y fut solennellement rétablie en 1724.

CATHERINE DE GÊNES (sainte), née en 1448. Elle se maria d'abord avec un jeune homme qui dissipa sa fortune. Pendant la peste de 1497 et celle de 1501, elle se dévoua avec le plus grand courage au soulagement des victimes. La légende prétend qu'elle avait passé 3 avents et 23 carêmes sans prendre d'autre nourriture que celle de l'hostie. Elle fut victime de ses privations, et succomba à une fièvre brûlante qu'elle avait contractée en soignant les malades; elle ne prenait pas autre chose que quelques gouttes de vinaigre pour calmer le feu dont elle était dévorée. Elle a laissé quelques ouvrages d'un mysticisme ardent.

CATHERINE D'ARAGON, fille de Ferdinand V, roi d'Aragon et d'Isabelle de Castille, née en 1483, morte à Kimbolton en 1536. Elle épousa, en 1501, Arthur, fils aîné de Henri VII. Ce prince étant mort cinq mois après, Catherine se remaria avec le prince de Galles, qui régna plus tard sous le nom de Henri VIII. Le pape Jules II accorda une dispense, sur l'assurance ou la supposition que le mariage n'avait pas été consommé. L'inconstance de Henri VIII lui fit abandonner sa femme pour se lier avec Anne de Boleyn; Henri VIII en vint bientôt à demander un divorce. La cour de Rome, ne voulant pas sanctionner une action si honteuse, refusa de prononcer la séparation des époux; elle travailla vainement à les réconcilier, Henri ayant eu l'adresse d'arracher à un archevêque, trop faible ou trop complaisant, une sentence de répudiation. Le pape cassa cette sentence, et ordonna à Henri de reprendre Catherine. Mais le roi, entièrement dominé par sa nouvelle femme, qu'il n'hésita pas à sacrifier plus tard, répondit à l'injonction de Rome en exilant Catherine à Kimbolton, et en lui défendant de prendre d'autre titre que celui de princesse douairière de Galles. On prétend qu'au moment de mourir, elle écrivit à son mari la lettre la plus touchante; que celui-ci en fut attendri jusqu'aux larmes, et qu'il ordonna à sa cour de prendre le deuil.

CATHERINE DE BOURBON, princesse de Navarre, duchesse de Bar, fille d'Antoine de Bourbon et de Jeanne d'Albret, et sœur de Henri IV, née à Paris en 1558, morte à Nancy en 1604. Quand son frère monta sur le trône, il lui fit épouser Henri de Lorraine, duc de Bar. Elle consentit à ce mariage avec d'autant plus de répugnance qu'elle avait une forte inclination pour le comte de Soissons. Elle persista dans le protestantisme malgré la conversion de Henri IV. Les huguenots du Poitou et de la Saintonge ayant un jour adressé quelques réclamations à Henri IV: « Adressez-vous à ma sœur, répondit le bon roi, car, vraiment, votre gouvernement est tombé en quenouille. » C'était une femme d'un grand esprit et d'un mérite supérieur. Ayant un jour retrouvé son ancien cuisinier, Fouquet de la Varenne, qui était devenu le messager du prince et le confident de ses intrigues galantes, elle ne manqua pas de lui dire, en faisant allusion à son changement de fortune: « Je vois bien que tu as plus gagné à porter les poulets de mon frère qu'à piquer les miens. »

CATHERINE DE BRAGANCE, fille de Jean IV, roi de Portugal, née en 1638, morte en 1705. Elle épousa, en 1661, Charles II, roi d'Angleterre. Elle chercha vainement à s'attacher son époux, qui n'eut jamais pour elle une vive affection, et qui se contenta de l'estimer comme elle le méritait. Après la mort de Charles II, et pendant le règne de Jacques II, elle passa en Portugal. Son frère, qui régnait alors, mais que ses infirmités empêchaient de continuer de régner, la fit déclarer régente en 1704. Elle gouverna avec sagesse et fermeté. Le Portugal était alors en guerre avec l'Espagne; elle sut continuer la guerre, et la prudence de ses conseils valut aux Portugais des succès importants sur les Espagnols. Ils leur reprirent même plusieurs places importantes. Quand Catherine mourut, elle laissa à son frère des trésors considérables.

CATHERINE DE FRANCE, fille de Charles VI, roi de France, et d'Isabeau de Bavière, née en 1401, morte en 1438. Elle épousa Henri V, roi d'Angleterre. Ce mariage était l'une des conditions du honteux traité par lequel Isabeau, d'accord avec Philippe, fils du duc de Bourgogne, sacrifiait son pays en reconnaissant les prétentions du roi d'Angleterre à la couronne de France. Une année après cette union, Henri emmena Catherine en Angleterre, et l'y fit couronner en 1422. Les deux époux revinrent à Paris après la naissance d'un fils auquel il donna le nom de Henri. Mézerai raconte en ces termes la réception qui leur fut faite à Paris: « Elle et son mari y firent leur entrée en grande pompe et tinrent cour plénière au Louvre, le jour de la Pentecôte, couronnés tous deux du diadème royal. Mais le peuple qui alla voir cette fête eut sujet de regretter les libéralités de ses anciens maîtres, et de détester la chicheté ou l'orgueil des Anglais, qui ne lui firent aucune part de la bonne chère, et ne lui présentèrent pas seulement un verre de vin. » Après la mort de Henri V, Catherine, qui avait eu des enfants naturels d'un certain Owen-Tudor, seigneur du pays de Galles, contracta avec lui un mariage secret afin de légitimer ses enfants. Ce second mariage ne fut connu qu'après la mort de la princesse. Tudor fut alors mis en prison; il s'échappa, mais il fut bientôt repris pendant la guerre civile, et eut la tête tranchée.

CATHERINE DE MÉDICIS, reine de France, femme de Henri II, née à Florence en 1519, morte en 1589. Elle était fille de Laurent de Médicis, duc d'Urbin et de Madeleine de la Tour-d'Auvergne, comtesse de Boulogne. Elle avait 14 ans lorsqu'elle épousa le prince Henri, second fils de François Ier. Ce fut le pape Clément VII, oncle de Catherine, qui vint à Marseille bénir cette union. Les premières années de mariage de la jeune reine furent assez tristes; car elle dut souffrir bien des fois de la faveur dont jouissait Diane de Poitiers auprès de son mari. On eût dit qu'elle tenait à jouer un rôle complétement effacé, et elle sut vivre sans ennemis dans une cour pleine d'intrigues. Elle ne se révéla réellement qu'à la mort du roi Henri II (1559). Elle avait alors 39 ans quand son fils François II monta sur le trône. Le pouvoir passa aux mains de François de Guise et du cardinal de Lorraine, son frère. Catherine ne chercha pas à tenir tête à ces hommes qui avaient noyé dans des flots de sang la conspiration d'Amboise. Elle songeait à tendre les mains aux protestants pour combattre l'influence des Guise, quand François II vint à mourir (1560). Charles IX avait à peine 10 ans; le parlement déclara Catherine régente, et fit agréer, pour lieutenant général du royaume, le roi de Navarre, dont elle connaissait le caractère faible. Le chancelier de l'Hôpital, homme à principes austères, et qui voyait, par la marche ascendante de la réforme, l'impossibilité de détruire ce parti, conjurait la cour de Rome de se prêter à des concessions. Le but de Catherine était d'écarter les princes lorrains, et de s'appuyer sur les Condé et les Montmorency. Mais bientôt il fut facile de voir qu'elle ne pouvait que compter sur elle: elle voyait dans la réforme surgir l'ancienne féodalité. Le peuple était contre le protestantisme; dès lors Catherine de Médicis n'eut qu'un but: rallier les communes à la cause du roi. L'empire qu'exerçait sur le jeune roi l'amiral Coligny, depuis la paix de Saint-Germain (1570), inquiétait Catherine. Ce fut alors qu'elle se rapprocha des Guise; puis, pour mieux endormir la sécurité des protestants, elle donna sa fille Marguerite en mariage au roi de Navarre. On a toujours attribué à Catherine de Médicis l'idée des massacres de la Saint-Barthélemy; des historiens prétendent que ce moyen de se défaire des protestants lui fut conseillé par Philippe II. Elle trouva de la résistance dans l'exécution de la part de Charles IX. Comme plus tard Danton assuma sur sa tête toute l'horreur des massacres de septembre, Catherine s'en glorifia près des cours de l'Europe. Personne mieux qu'elle ne sut mettre en pratique la maxime machiavélique: *diviser pour régner*. Mais l'affaiblissement de la maison de Guise, le règne si désastreux de Henri III, sur lequel elle n'avait aucune influence, finirent de tuer en elle ce qui restait de vigoureux. Pendant un moment, elle songea à faire déclarer héritier de la couronne, son petit-fils de la branche aînée de Lorraine. L'assassinat du duc de Guise, à Blois, la frappa de terreur; une fièvre violente la saisit, et peu de jours après elle mourait (5 janvier 1589). Les jugements les plus divers ont été portés sur cette reine, qui traversa quatre règnes.

mais dont l'influence ne se fit réellement sentir que sous Charles IX. Catherine exposa plus d'une fois sa vie pour relever le courage des soldats, notamment au siége de Rouen. Elle avait la passion de l'astrologie, était prodigue jusqu'à la folie; elle protégea les sciences et les arts, et enrichit la bibliothèque royale des livres qu'elle possédait de son bisaïeul Laurent de Médicis. Elle fit bâtir les Tuileries. Catherine de Médicis, pendant toute le cours de sa carrière politique, n'eut qu'un but : consolider le pouvoir royal en détruisant la féodalité et surtout la réforme; mais, pour arriver à ce résultat, elle n'eut pas honte de recourir au crime : voilà ses fautes.

CATHERINE Ire (Marthe RABE), impératrice de Russie, née en 1682, à Germunared (Suède), fille de Jean Rabe, quartier-maître d'un régiment suédois, et d'Elisabeth Moritz. Orpheline à l'âge de 3 ans, elle fut élevée par Ernest Gluck, évêque protestant à Marienbourg, en Lithuanie. En 1701, elle épousa un dragon de la garnison de Marienbourg. Le château ayant été pris par les Russes, Catherine fut envoyée prisonnière en Russie. Elle avait 22 ans lorsqu'elle attira les regards de Pierre Ier, et devint bientôt sa maîtresse; elle eut successivement de lui : en 1706, une fille appelée Catherine; en 1708, Anne, et en 1709, Elisabeth, qui devint plus tard impératrice de Russie. En 1711, le czar l'épousa secrètement; elle le suivit sur les bords du Pruth, dans sa campagne contre les Turcs, et, lorsque l'armée russe fut sur le point d'être entièrement détruite, elle réussit à négocier la paix d'une façon avantageuse. Plus tard, en 1724, Pierre le Grand fit couronner Catherine avec la plus grande pompe. On prétend que cette même année le czar surprit sa femme avec un gentilhomme appelé Mœns. Ce qu'il y a de certain, c'est que Mœns fut décapité vers la fin de 1724. Peu de temps après, Pierre le Grand mourait (8 février 1725). On parla de poison, mais rien n'a prouvé cette accusation que l'on porte sur Catherine et Menzikoff. Elle fut proclamée impératrice, mais Menzikoff régna sous son nom pendant les deux ans qu'elle occupa le trône.

CATHERINE II, impératrice de Russie, née à Stettin en 1729. Elle était fille du prince Christian-Auguste d'Anhalt-Zerbet. Elle fut fiancée, en 1744, à Charles-Pierre Ulric, duc de Holstein-Gottorp, désigné pour succéder à la czarine Elisabeth; elle en eut, en 1754, un fils, qui fut plus tard Paul Ier. « Jamais union ne fut plus mal assortie, dit M. de Ségur; la nature, avare de ses dons pour le jeune grand-duc, en avait été prodigue en faveur de Catherine. Il semblait que, par un étrange caprice, le sort eût voulu donner au mari la pusillanimité, l'inconséquence, la déraison d'un être destiné à servir, et à sa femme l'esprit, le courage et la fermeté d'un homme né pour gouverner. » Quoique grande-princesse, Catherine se tint continuellement éloignée des affaires. Ce ne fut qu'à l'avénement de son époux, Pierre III, qu'elle se révéla. Cependant la vie intime de la nouvelle impératrice n'était pas sans reproche. A Sotikof, son premier amant, succéda Poniatowski. Pierre III, excité par sa maîtresse Elisabeth Vorontzof, s'apprêtait à faire casser son mariage, lorsque Catherine le prévint en le forçant à une abdication immédiate (1762). L'avénement de Catherine fut salué par le peuple comme une ère de régénération. Le 3 octobre 1762, elle se faisait couronner à Moscou. Catherine fut assez heureuse dans toutes ses entreprises; elle réussit à diviser et asservir les Polonais. En 1763, le trône de Pologne étant devenu vacant, elle mit tout en œuvre pour y faire monter son ancien amant. Parmi ses nombreux amants, il en est deux surtout qui prirent une part active à son règne, ce sont Potemkin et Orloff. Pendant près de 9 ans, elle fut gouvernée par ce dernier, lorsqu'enfin, lassée de ses exactions, elle l'envoya à Moscou (1771). Ce fut Potemkin qui lui succéda dans les bonnes grâces de l'impératrice. Il puisa à pleines mains dans les coffres de l'Etat; il poussa Catherine dans des guerres avec les Turcs, et il ajouta au territoire de l'empire la Crimée, la Nouvelle-Russie et le Caucase. Dans les guerres qu'elle eut à soutenir avec la Pologne, la Turquie, la Suède et la Perse, elle fut toujours victorieuse; mais en même temps le trésor public s'était épuisé. Catherine était exaltée au dehors par les écrivains qu'elle comblait de largesses, et avec lesquels elle était en rapports continuels; mais ce soin qu'elle mettait à porter son attention au dehors l'empêcha d'accomplir son œuvre de transformation intérieure. Elle venait de déclarer la guerre à la Perse, et pensait à marcher de nouveau sur Constantinople, lorsqu'elle mourut d'une attaque d'apoplexie, le 9 novembre 1796.

CATHERINE (canal de). Canal de Russie qui unit la Mer glaciale et la Mer blanche avec la Mer caspienne, à travers les gouvernements de Voloyda et de Perm, au moyen de la Dwina, de la Vitscheagda, du Keltma, du Tschouritsch, de la Kama et du Volga. Ce canal fut commencé sous Catherine Ire et terminé en 1820.

CATHERINE (ordre de Sainte-), ordre russe spécialement affecté aux dames, institué en 1714 par Pierre le Grand, en l'honneur de sa femme, Catherine Ire qui s'était dévouée pour lui lors de son désastre sur le Pruth, dans la guerre contre les Turcs. On en porte les insignes suspendus à un cordon ponceau liséré d'argent, de l'épaule droite au côté gauche. Le prince Menzikoff est le seul homme, dit-on, qui en ait été décoré.

CATHERINE (Sainte-), île de l'Océan atlantique située sur la côte du Brésil. Sup. 56 kil. de long sur 6 à 12 de large. Elle fait partie de la province du même nom.

CATHERINE (Sainte-), une des 20 provinces du Brésil, bornée au N. par celle de Parana, à l'E. par l'Océan atlantique, au S. et à l'O. par la province de Rio-Grande du Sud. Chef-lieu Nossa-Senhora-do-Destero ou Sainte-Catherine. Pop. 105,000 hab.; à 840 kil. de Rio-Janeiro. Port sur la côte O. de l'île Sainte Catherine, 6,000 hab.

CATHOLICISME. Le catholicisme a la prétention d'être l'Eglise universelle; et les philosophes chrétiens ont prétendu qu'elle avait droit à ce titre, non pas précisément parce que l'autorité spirituelle du chef de l'Eglise était unanimement admise, mais surtout parce que le principe de la foi et celui de la tradition révélée se trouvaient au fond des diverses croyances de tous les peuples. Ils ont invoqué, dans l'ordre moral, les transformations que le catholicisme a apportées dans la civilisation des peuples. Ils ont invoqué, dans l'ordre politique, la supériorité que le catholicisme assurait à certains peuples sur les autres; ils lui ont attribué le développement des libertés publiques. En face de cette école qui a eu pour défenseurs les Bonald et les Xavier de Maître, nous avons vu s'élever la philosophie rationaliste qui, au nom de la science, combat la foi et la tradition. C'est en vain que les plus grands efforts ont été tentés pour concilier ces deux sources d'idées exclusives l'une de l'autre. L'antagonisme existe du moment où la foi s'est affirmée, et l'on peut dire que l'histoire du progrès de l'humanité est celle de la lutte de la raison contre la foi. Devant la science, la foi disparaît comme les ténèbres devant la lumière, et du moment que la science n'a plus à expliquer que la tradition, c'est-à-dire la doctrine révélée, sa supériorité éclate aussitôt, et l'on trouve facilement les raisons de croire ou de ne pas croire. La science philosophique a procédé timidement; elle n'a attaqué d'abord que la discipline ecclésiastique; ce n'est que peu à peu qu'elle s'est enhardie jusqu'à discuter les dogmes, sans oser toucher à ceux qu'elle considérait comme fondamentaux. Au commencement du XVIIIe siècle, nous avons vu le catholicisme essayer d'attirer à lui le monde des philosophes; il semblait faire appel à la raison même pour imposer ensuite la foi; efforts inutiles! alliance impossible! Le catholicisme semble enfin l'avoir compris, et pour ne pas compromettre ses principes en les livrant à la discussion, il s'est retranché derrière l'autorité de ses dogmes, immuables selon lui, et inébranlables comme les assises du monde. La séparation entre les hommes de science et les hommes de foi devient ainsi de plus en plus profonde. Sous l'action puissante du souffle des idées, le catholicisme, autrefois phare immense qui éclaira le monde, ne paraît plus que comme une tour battue par les flots de la mer et dont chaque vague semble emporter une pierre. La philosophie a toutefois rendu justice au catholicisme; et regardant en arrière, elle reconnaît qu'en affirmant la charité, il a indiqué à l'humanité les conditions de son existence, et l'a sauvée du naufrage dans lequel elle allait s'abîmer par l'action de la civilisation corruptrice et décrépite du monde romain. Il fallait un principe nouveau qui s'élevât sur les ruines de l'ancien monde et qui ralliât les hommes nouveaux, c'est-à-dire les Barbares, pour permettre à l'humanité de poursuivre sa marche tantôt lente, tantôt brusque, quelquefois interrompue, mais tendant toujours au même but : vers le progrès indéfini. A ce point de vue, le catholicisme a sauvé l'humanité, et il a été un progrès, parce qu'il a constitué un mouvement essentiellement révolutionnaire et social. Les panthéistes et les athées ne se sont pas arrêtés à discuter le dogme; ils ont approfondi ce qu'on appelle l'essence divine. Ils ont bientôt compris que l'idée de *Dieu* était corrélative de celle de *création;* et démontrant que la création était chose impossible, qu'il fallait, au contraire, se contenter d'affirmer l'*existence* et l'éternité de ce qui est, par cela même que cela est, ils ont ainsi cherché à détruire l'idée primordiale. Tel est le système philosophique qui tend à se substituer à tous les autres. Il a d'abord été attaqué comme subversif de toute morale, mais il a été défendu aussitôt avec la logique la plus rigoureuse par l'école positiviste ou utilitaire qui, en substituant l'utilité bien entendue au principe de la charité, a démontré qu'il conduisait aux mêmes conséquences, qu'il laissait la porte ouverte au dévouement et à la fraternité la plus évangélique, et qu'il avait enfin l'avantage de mieux expliquer le monde moral. Ne voyons-nous pas que les économistes et même les législateurs ont été forcés d'admettre les conséquences de la doctrine utilitaire, lors même qu'ils n'ont pas officiellement consacré le principe?

CATHOLICITÉ. On entend par ce mot la réunion des fidèles catholiques qui constituent l'Eglise.

CATHOLIQUE. On appelle ainsi celui qui professe fidèlement les doctrines enseignées par l'Eglise de Rome.

CATHOLIQUE (Majesté). Titre que prennent les souverains d'Espagne. D'après l'opinion commune, ce titre leur fut donné à la fin du XVe siècle, après l'expulsion des Maures par Ferdinand et Isabelle.

CATI, CATISSAGE. On appelle ainsi le lustre qu'on donne au drap et aux étoffes de laine pour en rehausser la beauté et l'éclat. Cette opération se pratique à l'aide d'un cylindre qui exerce une forte pression sur des plaques métalliques plus ou moins chauffées, qu'on applique entre les plis de l'étoffe. On étend les étoffes plissées ou chiffonnées sur des rouleaux de bois appelés *corrois* ou *étendoirs*; la pièce s'enroule ou se déroule. Cette opération, lorsqu'on n'emploie pas la plaque rougie au feu, s'appelle catissage à froid. L'apprêt glacé étant d'autant plus beau et d'autant plus durable que la pression est plus considérable, on emploie communément la presse hydraulique.

CATILINA (Lucius-Sergius), né vers 109 av. J.-C. Il descendait d'une famille patricienne, mais peu fortunée. Il fut un des partisans de Sylla, et pendant les horreurs de la proscription, il tua son beau-frère. Il fut nommé préteur (68 av. J.-C.). L'échec de sa candidature comme consul fit germer dans son âme des idées de révolte. Il eut bientôt pour complices Pison, qui avait le commandement d'une armée en Espagne, Sittius Nucérinus, gouverneur de la Mauritanie. Catilina emprunta de fortes sommes d'argent pour payer les conjurés, et enrôla des soldats. Il s'était même entendu avec des prostituées, qui, unies aux esclaves, devaient incendier Rome et égorger les citoyens les plus riches. Le plan de Catilina était de soulever la population indigente de Rome et des provinces italiques, tandis qu'on fomenterait la guerre civile en Etrurie et dans l'Apulie. Les conjurés auraient peut-être réussi dans leur projet, sans l'énergie de Cicéron, qui, mis au fait du complot par Fulvia, maîtresse de Q. Curius, fit rendre un décret d'alarme. Investi du pouvoir dictatorial, il envoya des généraux dans les provinces dont la fidélité pouvait être douteuse, et fit poursuivre Catilina; celui-ci, désespérant de réussir dans ses projets, chercha à tenir tête à l'orage, et eut l'audace de se présenter devant le sénat, assemblé extraordinairement. Mais il fut obligé de courber la tête devant Cicéron, qui l'écrasa par sa fameuse harangue: « Jusques à quand, ô Catilina! lasseras-tu notre patience? » Catilina s'enfuit de Rome, prit les insignes du commandement et se rendit au camp de Manlius; mais le sénat ayant prononcé contre les rebelles les peines réservées aux traîtres, le désordre se mit dans le camp des conjurés, et c'est à peine si Catilina put réunir autour de lui quelques hommes fidèles. Il espérait pouvoir passer les Apennins et chercher un refuge dans les Gaules; mais, poursuivi, il fut obligé d'en venir aux mains, et il trouva la mort à Pistaria, au fort de la mêlée. Ainsi périt cet homme dont l'ambition inassouvie le porta à fomenter contre sa patrie la conspiration la plus épouvantable dont l'histoire fasse mention. Sa triste fin peut être donnée en exemple à tous les conspirateurs qui ne cherchent, dans leur révolte contre leur pays, qu'à satisfaire un orgueil insatiable ou un triste besoin de renommée.

CATILINAIRES. On donne ce nom aux discours que prononça Cicéron contre Catilina, qui avait projeté de s'emparer de la dictature pour rétablir les institutions républicaines menacées par l'ambition des généraux romains, et aussi pour réaliser le partage des terres pour lequel avaient combattu les Gracques. Catilina venait de réunir une armée en Etrurie, quand le sénat prononça le *Caveant consules*... Cicéron, alors consul, interpella Catilina, qui siégeait parmi les sénateurs; ce fut sa première *catilinaire*. Le chef de la conspiration, accusé d'être un ennemi public, se retira en menaçant d'éteindre sous les ruines de Rome l'incendie qu'on voulait allumer. Quand Catilina eut rejoint son armée et que Cicéron eut fait arrêter les chefs de la conjuration restés à Rome, Cicéron répondit à César, qui voulait sauver les conjurés, par sa quatrième *catilinaire*. César, qui connaissait les projets de Catilina et qui les favorisait secrètement, faillit être tué en sortant du sénat. Les *catilinaires* sont des chefs-d'œuvre oratoires.

CATILLON, bourg de l'arrond. de Cambrai (Nord), à 34 kil. de cette ville. Pop. 1,285 hab.

CATINAT DE LA FAUCONNERIE (Nicolas), maréchal de France, né à Paris en 1637; fils d'un président au parlement de Paris, il se livra d'abord à l'étude du droit, mais il quitta bientôt le barreau pour embrasser la carrière des armes. Il débuta comme simple cornette de cavalerie; en 1670, il était capitaine aux gardes françaises; il fut blessé à Maëstricht, en 1673. En 1677, il était nommé brigadier d'infanterie, et maréchal de camp en 1681. Il vainquit le duc de Savoie à Staffarde et à Marseille (1690-1693). Louis XIV, pour le récompenser, le créa maréchal de France. Placé à la tête de l'armée française en Italie, Catinat eut à combattre le prince Eugène. Son armée manquait de tout, et, au combat de Chiari (1701), combat engagé malgré lui, il perdit 2,000 hommes; l'armée française fut obligée de repasser l'Oglio, et Catinat, en protégeant la retraite, fut grièvement blessé. Louis XIV lui retira son commandement et envoya à sa place le maréchal de Villeroi. Catinat se retira dans la terre de Saint-Gratien, où il vécut en philosophe. C'est dans cette retraite qu'il écrivit ses *Mémoires*, qui ont été publiés.

CATINAT (Abdias MAUREL, dit), l'un des chefs camisards des plus influents après Cavalier, sous les ordres duquel il combattit. Il refusa de suivre l'exemple de son chef, et préféra passer en Suisse plutôt que de se soumettre. Ayant eu le malheur de repasser la frontière, il fut arrêté à Nîmes et condamné à périr par l'horrible supplice du feu (1705).

CATIVOLQUE, chef d'une partie du pays des Eburons (aujourd'hui pays de Liége). Il suivit Ambiorix, lorsque ce chef marcha contre les Romains; mais, ne pouvant le seconder et craignant de tomber entre les mains de César, il s'empoisonna (53 avant J.-C.).

CATMANDOU, ville de l'Hindoustan, cap. du Népaul, à 246 kil. de Patna. Pop. 20,000 hab. Nombreux temples. Palais du rajah de Népaul. Manufactures de coton. Les Anglais y ont un représentant.

CATOGAN, sorte de coiffure empruntée à l'armée prussienne, et qui fut mise en usage dans l'armée française à la fin du XVIIIe siècle. Elle consistait dans un nœud formé d'une touffe de cheveux roulés et attachée au ras de la nuque. Le catogan a été remplacé par la queue.

CATON (Marcus-Porcius), dit le *Censeur*, né à Tusculum, l'an 234 av. J.-C. Caton fit ses premières armes sous Fabius Maximus. Il fut élu tribun militaire de Sicile l'an 214 av. J.-C. Envoyé en Sardaigne, il acheva de soumettre ce pays à la République. Devenu questeur, il eut des différends avec Scipion, auquel il reprochait ses folles dépenses, il accusa même ce général de corrompre la discipline militaire. Le sénat envoya des députés à Syracuse; Scipion, pour se justifier, fit mettre son armée et sa flotte en ordre de bataille, et montra, par la tenue de ses troupes et les immenses approvisionnements renfermés dans ses magasins et ses arsenaux, tout ce que la république était en droit d'attendre d'un corps d'armée aussi bien organisé et aussi bien pourvu. Les envoyés se déclarèrent satisfaits. Nommé proconsul en 556, Caton reconquit la Celtibérie révoltée et triompha de l'Espagne. Elu censeur (184 av. J.-C.), il déploya dans ses fonctions une sévérité qui lui fit beaucoup d'ennemis, et lui fit donner le surnom de *Censeur*. Ce fut sur ses conseils que fut entreprise la troisième guerre punique, et conclut à la destruction de Carthage. Il apporta dans cette dernière proposition une ténacité qui se révélait dans chacun de ses discours au sénat, qu'il terminait toujours uniformément ainsi: « *Cæterum censeo Carthaginem esse delendam.* Et je crois en outre qu'il faut détruire Carthage. » Mais la mort ne lui permit pas de voir réaliser ce vœu, car il mourut cinq ans avant la destruction de cette ville.

CATON (Marcus-Porcius), dit l'*Utique*, né l'an 95 av. J.-C., petit-fils de Caton le censeur. Dès son plus bas âge, il montra une grande fermeté de caractère, et, lors des proscriptions de Sylla, il voulut poignarder le tyran. Voué d'abord au culte d'Apollon, il suivit les leçons d'Antipater de Tyr, qui lui inculqua de bonne heure les principes d'une morale austère. Après avoir combattu contre Spartacus, il alla en Macédoine avec le titre de tribun militaire. Lorsque la guerre civile éclata entre César et Pompée, Caton prit parti pour ce dernier. Après l'assassinat de Pompée, Caton eut le commandement de ce qui restait des troupes, et pour rejoindre Scipion, beau-père de Pompée, il se rendit en Afrique. Après des marches pénibles, les deux armées firent leur jonction; Scipion, loin de suivre les conseils de Caton, qui voulait traîner la guerre en longueur, attaqua César, et fut vaincu. Caton, voyant la cause de la république perdue, et trop fier pour devoir la vie à la générosité du vainqueur, s'enferma dans Utique, où, après avoir assuré la retraite des sénateurs et des chevaliers romains qui l'avaient suivi, il se perça de son épée. César, en apprenant la fin de son stoïque ennemi, s'écria: « O Caton, je t'envie ta mort, puisque tu m'as envié la gloire de te sauver la vie! »

CATONA (la), village du royaume d'Italie (Calabre ultérieure), à 8 kil. de Reggio. Pop. 2,845 hab. C'est sur la Méditerranée, près de ce village, que le duc de Vivonne y vainquit la flotte espagnole, en 1675.

CATORCE, bourg du Mexique, dans l'Etat de Saint-Louis de Potosi, à 170 kil. de cette ville. Riche mine d'argent qui produit par an près de 20 millions de francs.

CATRINE, village d'Ecosse, dans le comté d'Ayr, à 20 kil. de cette ville. Pop. 2,700 hab. Etablissement pour le filage, le tissage et le blanchissage de coton.

CATRON (François), critique et historien jésuite, né à Paris en 1659, mort en 1737. Il fut prédicateur éloquent, bien qu'on lui reprochât de mettre peu d'ordre dans ses sermons. En 1701, il fonda le fameux *Journal de Trévoux*, qu'il rédigea pendant douze ans, et dont il fit une publication remarquable par l'esprit et la justesse des critiques. Il a laissé aussi: *Histoire générale de l'empire du Mogol*, d'après des mémoires curieux; *Histoire du Fanatisme des religions protestantes, de l'Anabaptisme, du Davidisme et du Quakérisme; Histoire romaine*, accompagnée d'excellentes notes, mais trop entremêlée de harangues, et d'un style prétentieux; *Traduction de Virgile*, avec d'excellentes notes critiques et historiques.

CATSKILL, bourg des Etats-Unis (New-York), à 50 kil. d'Albany, près d'Hudson. Pop. 5,400 hab.

CATTARO, ville forte des Etats autrichiens (Dalmatie), chef-lieu du cercle de son nom, à 55 kil. de Raguse. Pop. 2,300 hab. dont la plupart sont Allemands. Siége d'un évêché suffragant de Zara. Beau port et magnifique cathédrale. Cette ville fut fondée au VIe siècle et forma une petite république. En 1420, elle se soumit à Venise; en 1797, elle fut cédée à l'Autriche par le traité de Campo-Formio; en 1805, à la France par celui de Presbourg, et en 1815, elle fut rendue à l'Autriche.

CATTARO (golfe ou bouches de), golfe de la Mer adriatique située à l'extrémité du sud de la Dalmatie autrichienne. Rades sûres que défend la forteresse de Castel-Nuovo,

Ce golfe a 200 kil. de côtes et est divisé en 3 passes par les rochers de Zugniza et de la Madonna.

CATTÉGAT, c'est-à-dire *Trou du Chat*, mer ou détroit d'Europe, située au N. des îles danoises unissant la Mer du Nord à la Baltique par le détroit du Sund et les deux Belt, entre la côte occidentale de la Suède et le Jutland. Sup. 220 kil. sur 110; 80 mèt. dans sa plus grande profondeur. Pêche du hareng, courants rapides et souvent opposés qui rendent la navigation dangereuse; tempêtes fréquentes.

CATTENOM, ch.-l. de cant. de l'arrond. de Thionville (Moselle), à 10 kil. de cette ville. Pop. 1,100 hab. Foires pour les bestiaux. Ville autrefois fortifiée.

CATTOLICA, ville de Sicile, dans la prov. de Girgenti, à 25 kil. de cette ville. Pop. 7,000 hab. On trouve aux environs de vastes soufrières produisant annuellement plus d'un million de kilog.

CATULLE (Caïus-Valérius), célèbre poëte érotique latin, né à Vérone selon les uns, à Sirmium selon les autres, en 86 av. J.-C. Son imagination, exaltée par l'amour, lui inspira ces vers, à la fois simples, élégants, gracieux et naturels, qui le placent à côté de Tibulle et de Properce. Sa famille était liée avec Jules César, et plus tard, lorsque le poëte eut la hardiesse de lancer contre le dictateur des épigrammes hardies, celui-ci ne s'en vengea qu'en l'invitant à sa table et en le comblant d'attentions délicates. César oubliait, quand Catulle lui récitait le *Moineau de Lesbie* ou l'épithalame de *Thétis et Pelée*, que ce poëte l'avait appelé un *Romulus prostitué*, et qu'il avait composé cette chanson qu'on fredonnait dans Rome aussi bien que dans les camps : « César a conquis les Gaules, et Nicomède a vaincu César. » Catulle fut recherché de Cicéron, de Cinna, de Plaucus et de Cornélius Népos. Catulle n'aima que le plaisir et les voyages. Il était prodigue de l'or, qui suffisait à peine à satisfaire sa passion pour le luxe et les plaisirs. On a dit de lui : « Qui écrit comme Catulle vit rarement comme Caton. » On a beaucoup parlé de la pauvreté de ce poëte, et on a cru en trouver la preuve dans quelques-uns de ses vers. Il est facile de démontrer, au contraire, qu'il vécut dans une certaine opulence, et on en trouverait la preuve dans sa belle description de ses maisons de Sirmium et de Tibur. Il termine sa description par ces mots : « Furius, ma maison des champs est à l'abri des vents de l'ouest et du midi; elle est garantie de l'est et des fureurs de Borée, mais elle est en gage pour quinze mille deux cents sesterces : c'est pis que si elle était ouverte à tous les vents. » Catulle aima surtout Clodia, sœur de Clodius, qu'il surnomma Lesbie. Clodia était mariée; mais elle oubliait volontiers les chagrins et les outrages dont elle abreuvait son mari pour verser des larmes sur la mort d'un oiseau qu'elle aimait. Tantôt le poëte l'aime avec une passion mêlée de jalousie : « O belle Clodia! il me prend envie de précipiter la tête la première par-dessus un pont, ce sot époux de Lesbie, afin de secouer la somnolence de ce vieux lourdeau et de le laisser dans la vase, l'âme à l'envers, comme une mule engagée avec ses fers dans une bourbe épaisse. » Tantôt sa jalousie se tourne contre Lesbie elle-même, et il l'appelle une courtisane de ruelles et de carrefours. Cependant, Catulle avait d'autres maîtresses, et il se consolait assez bien de leur humeur inconstante dans la compagnie de jeunes Romains dont il s'était composé une véritable cour. On est incertain sur l'époque de sa mort; mais on croit généralement qu'il mourut à l'âge de 40 ans. Parmi ses meilleures compositions, on cite, outre celles que nous avons rappelées, la *Chevelure de Bérénice*, qu'il traduisit du grec; *Atys et Cybèle*, et la *Veillée des Fêtes de Vénus*. Il a laissé certaines poésies érotiques et même des épigrammes d'un style parfois cynique, et dont la traduction serait difficile dans notre langue. Cependant, il a su parfois s'élever jusqu'à la poésie la plus délicate et la plus touchante; quelques-unes de ses élégies sont des chefs-d'œuvre de sensibilité.

CATULUS (Caïus-Lutatius), consul romain en 242 av. J.-C. Il commandait la flotte des Romains dans le combat livré aux Carthaginois entre Drépani et les îles Ægates. Il coula à fond cinquante navires ennemis et en prit soixante-dix. Cette victoire obligea les Carthaginois à demander la paix, et termina la première guerre punique, qui avait duré vingt-quatre ans. Elle eut pour conséquence l'abandon de la Sicile par les Carthaginois.

CATULUS (Quintus-Lutatius), consul romain, défit les Cimbres avec Marius, son collègue au consulat, en 101 av. J.-C. Plus tard, il se prononça pour Sylla contre Marius, et celui-ci s'étant rendu maître de Rome, le proscrivit, sans égard pour les services qu'il avait rendus à la république, et malgré les supplications des principaux citoyens. Il répondait impitoyablement aux prières qu'on lui adressait : « Qu'il meure! » Catulus s'enferma dans une chambre où il avait allumé un brasier, et y périt suffoqué par la vapeur du charbon. Sylla vengea sa mort par celle du fils de Marius. Catulus passait pour un grand orateur, et Cicéron le citait avec éloge. Il avait publié quelques *Harangues* et l'*Histoire de son consulat*. Ces écrits ne nous sont pas parvenus. Nous n'avons de lui que deux épigrammes.

CATULUS (Quintus-Lutatius), fils du précédent, fut consul en 78 av. J.-C., avec Emilius Lépidus. Il combattit pour sauver les institutions aristocratiques que Sylla avait données à Rome. Dans l'année qui suivit la mort du dictateur, il défit et fit mettre à mort Lépidus, son collègue, qui, à la tête du parti de Marius, avait renouvelé la guerre civile. Le Capitole avait été brûlé pendant les troubles dont Rome fut le théâtre; il le fit reconstruire. Un tribun du peuple ayant proposé une loi qui donnait à Pompée le gouvernement de l'Asie et le commandement général des côtes d'Orient et d'Occident, afin de terminer la guerre contre Mithridate et d'anéantir les pirates; Catulus combattit vainement cette loi qui rendait Pompée maître de la république.

CATUS, ch.-l. de cant. de l'arr. de Cahors (Lot), à 18 kil. de cette ville. Pop. 1,306 hab. Ville autrefois fortifiée.

CAUCA, rivière de la Nouvelle-Grenade, qui prend sa source dans les montagnes des Andes, à 22 kil. de Popayan, et, après un parcours de 800 kil., se jette dans la Magdalena. Elle a donné son nom à une vallée remarquable par sa fertilité et où l'on trouve de riches lavages d'or.

CAUCA, l'un des huit Etats de la confédération de la Nouvelle-Grenade, bornée au N. par l'isthme et le golfe de Darien, les Etats de Bolivar, Antioquia et Cundinamarca à l'E., et le Grand Océan à l'O. Superf. 6,398 myriam. carrés. Pop. 396,400 hab. Cet Etat est arrosé par le Cauca, l'Atrato et le San-Juan, et a pour chef-lieu Popayan; villes principales : Buenaventura, Pasto, Citara ou Quibdo, Carthago, etc.

CAUCASE, grande chaîne de montagnes qui sépare l'Europe de l'Asie dans l'empire russe, et qui s'étend entre la Mer caspienne et la Mer noire, sur une longueur de 1,100 kil. depuis Anapa jusqu'à la presqu'île de Bakou ou d'Apchéron. La largeur de la chaîne varie de 115 à 355 kil. Beaucoup de chaînons se détachent à droite et à gauche de la chaîne principale. Ce sont : l'Elvender, l'Elbourz ou Elbrouz (5,637 m.), au N.; les collines qui bordent la Mer noire au N.-O.; au S.-O. le Caucase se rattache à l'extrémité orientale du Taurus, qui couvre toute l'Asie mineure. Les autres points culminants sont : le Mquinvari (4,800 m.), et le Schat-Elbrouz (4,519 m.). Les sommets de ces montagnes sont couverts de neiges et de glaces éternelles. Les principaux fleuves qui prennent leur source dans le Caucase sont : le Kouban au N.-O, le Terck au N.-E., le Rioni au S.-O., l'Alazan au S.-E. Sur le versant méridional, la végétation est très-riche; on y rencontre de magnifiques forêts de chênes, hêtres, cèdres, pins, etc.; le sol produit les céréales, le chanvre, le lin, le riz, sésame, garance, safran, vignes, tabac, etc. Elève de bétail; mines d'argent, de fer, de plomb, houille, cuivre, soufre, etc. Sources minérales. Les divers défilés sont : les Portes caucasiennes, Portes albaniennes, Portes caspiennes, Portes ilariennes. On rencontre sur le Caucase diverses tribus distinctes qui comptent environ un million de familles, parlant des dialectes différents, et dont la religion est un mélange de christianisme et de mahométisme (Géorgiens, Circassiens, Abases, Kistes, Tchetchenzes, Ossètes, Lesghiz, etc.). Le Caucase fut connu dès la plus haute antiquité, et joua un grand rôle dans la mythologie. En 1722, Pierre le Grand y fit la première guerre contre les Caucasiens, et, en 1782, Catherine II reprit la lutte. Depuis 1839 jusqu'en 1859, les Russes furent tenus en échec par Schamyl. Mais les dernières luttes ont détruit pour toujours l'indépendance des races caucasiennes, et la Russie, continuant son œuvre de conquête universelle, va soumettre en Asie les hordes qu'elle déchaînera un jour sur l'Europe.

CAUCASIE (lieutenance de la), prov. de la Russie d'Europe, bornée au N. par l'Astrakhan, au S. la Circassie et le Daghestan, à l'E. la Mer caspienne, à l'O. les Cosaques de la Mer noire, ch.-l. Stavropol. Villes principales : Georievsk, Kisliar, Mozdok. Pop. 2,906,997 hab. Superf. 800 kil. sur 360. Cette province est gouvernée par un *lieutenant de l'empereur*, et comprend 8 gouvernements particuliers : de Derbet, de Stavropol, de Kouban et du Terek, au N. du Caucase; ceux de Chamaqui, de Tikis, d'Erivan et de Koutaïs, au S. du Caucase, que l'on nomme Transcaucasie. Le nom de Caucase a été longtemps donné au gouvernement de Stavropol.

CAUCHEMAR, oppression pénible qui survient pendant le sommeil, et qui est ordinairement accompagnée de rêves horribles et effrayants. Les hallucinations que produit le cauchemar constituent un état maladif.

CAUCHON (Pierre), évêque de Beauvais au XVe siècle. Il fut l'un des plus zélés partisans des Anglais contre Charles VII. Sa mémoire reste chargée de la condamnation de Jeanne d'Arc, dont il fut l'un des juges, et dont il se montra l'odieux persécuteur. Il employa les moyens les plus lâches pour arracher à la malheureuse héroïne l'aveu de ses prétendus crimes. Il la condamna d'abord à une détention perpétuelle, au pain de douleur et à l'eau d'angoisse; il la déclara relapse, excommuniée et rejetée du sein de l'Eglise. Il la livra ensuite au bras séculier le 30 mai 1431; et lorsqu'elle marcha au suplice, il se plaça sur un échafaud, devant le bûcher, et donna lecture de l'horrible sentence. Cet indigne prélat, contre lequel la postérité n'a pas eu assez d'anathèmes, avait pour lui l'excuse d'un fanatisme stupide qui aveuglait sa raison; mais l'histoire doit aussi demander compte de la perte de Jeanne d'Arc aux pieux conseillers de Charles VII, qui n'épargnaient pas dans les conseils du roi celle qui venait de sauver la France, et qui l'accusaient déjà, au nom de la religion, des crimes pour lesquels les Anglais la livrèrent au bûcher.

CAUDEBEC, ch.-l. de cant. de l'arrond. d'Yvetot (Seine-Inférieure), à l'embouchure de la Seine, à 10 kil. de cette ville. Pop. 5,295 hab. Petit port assez fréquenté. Eglise du xve siècle. Commerce actif de grains, fruits et légumes. Cette ville était autrefois la capitale du pays de Caux ; elle fut prise par les Anglais en 1419, et par les protestants en 1562. On y faisait un grand commerce de chapeaux dits *caudebecs*.

CAUDEBEC-LEZ-ELBEUF, bourg de l'arrond. de Rouen (Seine-Inférieure), à 23 kil. de cette ville. Pop. 6,900 hab. Filatures, teintureries ; fabiques importantes de draps.

CAUDÉRAN, bourg de l'arrond. de Bordeaux (Gironde), à 3 kil. de cette ville. Pop. 4,880 hab. Bordeaux y possède son hôpital militaire.

CAULAINCOURT (Armand-Augustin-Louis DE), duc de Vicence, diplomate français, né à Caulaincourt (Somme), en 1772. Il entra au service à l'âge de 15 ans, et prit part à toutes les guerres de la République. Général de division en 1805, Napoléon le nomma grand écuyer, et bientôt duc de Vicence; en 1807, il fut envoyé près de l'empereur Alexandre en qualité d'ambassadeur, et jouit d'un grand crédit auprès de ce souverain ; il fit tous ses efforts pour maintenir la bonne harmonie entre son pays et la Russie. Après la retraite de Russie, il fut chargé par l'empereur de différentes missions auprès des alliés. Ce fut lui qui signa le traité du 11 avril 1814. Aux Cent-Jours, il reprit le portefeuille de ministre des affaires étrangères, fut nommé pair de France. A la seconde rentrée des Bourbons, il se retira à la campagne, et vécut dans la retraite jusqu'à sa mort, arrivée en 1827. Accusé d'avoir pris part à la mort du duc d'Enghien, il se défendit dans son testament, où l'on trouve ces mots : « Je jure devant Dieu, qui connaît la vérité, que je n'ai eu aucune part à la mort du duc d'Enghien. »

CAULAINCOURT (Auguste-Jean-Gabriel, comte DE), frère du précédent, né à Caulaincourt en 1777. Il se distingua dans les guerres du Consulat et de l'Empire, et parvint au grade de général de division. Il trouva une mort glorieuse à la bataille de la Moscowa, le 7 septembre 1812. Il venait de remplacer le général Montbrun, emporté par un boulet, et s'était avancé, à la tête d'un corps de cavalerie, contre une formidable batterie élevée par les Russes, quand il tomba frappé d'une balle au moment où il pénétrait le premier dans la redoute.

CAULAINCOURT, village de l'arrond. de Saint-Quentin (Aisne), à 16 kil. de cette ville. Pop. 800 hab. Ancienne seigneurie, érigée en marquisat en 1714.

CAULET (Etienne-François DE), évêque de Pamiers, né à Toulouse en 1610, mort en 1680. Son diocèse avait été désolé par les guerres civiles ; son clergé avait pris lui-même part aux désordres, et avait montré un tel acharnement contre les protestants, qu'ils avaient été surnommés les *léopards*. Caulet prêcha la concorde, et parvint, par sa modération et son esprit conciliant, à calmer la fureur des partis. Louis XIV ayant établi, sous le nom de *régale*, une contribution sur les bénéfices ecclésiastiques, l'évêque de Pamiers refusa de se soumettre à l'édit royal. On fit saisir son temporel; mais il aima mieux vivre des aumônes de ses partisans que de se soumettre. Un de ses amis lui ayant envoyé 2,000 écus, le P. de la Chaise voulut le faire enfermer à la Bastille. Cependant Louis XIV s'y opposa, « ne voulant pas, dit-il, punir quelqu'un pour avoir fait un acte de charité. » Caulet a laissé une grande réputation de charité évangélique ; il ne résista à l'édit royal qu'en prétendant que, par cette contribution, on lui enlevait le pain des pauvres, et sa bienfaisance ne distinguait pas les protestants des catholiques. Aussi fut-il vivement attaqué par les jésuites. Il a laissé quelques Mémoires assez curieux sur les luttes qu'il eut à soutenir avec son clergé, qui se distinguait par son ignorance et sa rapacité.

CAULNES, village de l'arrond. de Dinan (Côtes-du-Nord), à 22 kil. de cette ville. Pop. 2,000 hab. Exploitation d'ardoises.

CAUMONT, ch.-l. de cant. de l'arrond. de Bayeux (Calvados), à 27 kil. de cette ville. Pop. 2,150 hab. Commerce de volailles. Mines de fer aux environs.

CAUNE (la), ch.-l. de cant. de l'arrond. de Castres (Tarn), à 40 kil. de cette ville. Pop. 4,050 hab. Eglise consistoriale calviniste. Siamoises, basin, bonneterie.

CAUNES, (les), bourg de l'arrond. de Carcassonne (Aude), à 21 kil. de cette ville. Pop. 2,260 hab. Eaux-de-vie. Exploitation de très-beau marbre gris. Eglise remarquable.

CAURUS, nom du vent du N.-O. chez les anciens Romains.

CAUS ou CAUX (Salomon DE), né en Normandie à la fin du XVIe siècle, mort en 1635. On connaît peu de particularités sur sa vie. Il résida quelque temps en Angleterre en qualité d'ingénieur. En 1624, il rentra en France, où il publia les *Raisons des forces mouvantes* ; il était alors ingénieur et architecte du roi. C'est à son génie qu'est due la découverte des propriétés de la vapeur comme force motrice. On a prétendu qu'il avait été enfermé comme fou à Bicêtre.

CAUSALITÉ, CAUSES, CAUSES PREMIÈRES, CAUSES FINALES. On entend par causalité le principe qui a produit toute chose. La science n'a pas encore dit le dernier mot sur les causes de l'existence de l'homme ou de l'univers. L'idée de la création attribuée à un être éternel et tout-puissant n'a pas plus d'autorité que la création par un acte purement fortuit et dû au hasard, et ne repose que sur la foi. La doctrine panthéiste, également admise par les athées, n'admet pas que quelque chose puisse se faire de rien, ni que quelque chose puisse s'annihiler; de telle sorte qu'il n'y aurait pas aujourd'hui un grain de sable ni un atome de plus ni de moins qu'à une époque aussi reculée qu'on puisse l'imaginer. Pour eux, il n'y a que des transformations; et la mort de certains êtres étant la condition de vie pour certains autres, qui dit mort dit vie; qui dit vie dit mort. C'est d'un tel antagonisme que naîtrait l'harmonie, deux idées qui paraissent contraires et qui sont cependant corrélatives. Ils voient dans chaque être de la nature un principe conservateur et reproducteur ; l'affirmation de l'être n'est que l'affirmation de ce double principe. La nécessité de la conservation et de la reproduction a suffi pour diversifier à l'infini, suivant les milieux et les climats, les êtres de la nature dans un temps où le globe, à son origine, avait cette puissante faculté fécondante qu'il a perdue en partie en se refroidissant. Les panthéistes admettent la mortalité de l'individu et l'éternité de la race, soumettant à cette loi nécessaire les globes eux-mêmes. Ils affirment que tout est Dieu; de telle sorte qu'ils peuvent nier Dieu en tant que créateur, et qu'ils ne se trouvent plus en face que du Dieu-Providence. L'étude de ce dernier problème philosophique reste en dehors de la causalité, et dépend surtout du domaine de la morale.

CAUSE. En jurisprudence, ce mot reçoit diverses acceptions; tantôt il désigne la nature d'une instance : ainsi l'on distingue les causes civiles des causes criminelles. Dans la même affaire, il peut se présenter à côté de la cause principale une cause incidente ou d'intervention de la part d'un tiers dont les intérêts pourraient être lésés par le jugement qui doit être rendu sur la cause principale. Plus spécialement, les jurisconsultes recherchent, dans toute convention, la cause de l'acte, c'est-à-dire le motif qui a porté les parties à contracter des obligations. Toute convention doit avoir une cause, sans quoi elle n'aurait pas de raison de se produire; elle ne doit pas être fondée sur une fausse cause, ce qui la rendrait également nulle. Pour en donner quelques exemples, la cause d'une vente est dans l'intention d'aliéner, de la part du vendeur, et d'acquérir, de la part de l'acheteur. La cause se trouve dans la volonté du donateur de se dépouiller gratuitement. Tout contrat doit avoir une cause licite, c'est-à-dire permise par la loi, et qui n'ait rien de contraire à l'ordre public et aux bonnes mœurs. Toute obligation fondée sur une cause illicite serait nulle, à tel point qu'aucune des parties n'aurait d'action devant les tribunaux pour en réclamer l'exécution.

CAUSERIE, conversation intime où chacun fait assaut de délicatesse et d'esprit en parlant des sujets les plus variés. On n'a jamais contesté la supériorité des Français dans la causerie; l'Anglais boit ou mange et ne dit rien; l'Allemand rêve ou sourit en lui-même; l'Italien et l'Espagnol sautillent ou s'endorment; l'Américain crie et fait du bruit; le Russe nous copie, mais il se mêle trop d'orgueil et trop d'*impersonnel* dans sa conversation. Le Français est incontestablement celui qui tient le mieux le dé. Avant 89, les salons de causerie étaient des modèles d'élégance et de bon goût; l'esprit y était quelquefois un peu collet-monté; la conversation avait une certaine roideur empesée; mais, du moins, on n'en bannissait pas la familiarité et une certaine gaîté. La galanterie régnait en souveraine, et les plus roués se faisaient tout pardonner par leurs attentions délicates auprès des femmes. Nos révolutionnaires n'eurent pas le loisir de causer; au temps de la réaction du Directoire, la causerie se réveilla pour tomber dans l'afféterie la plus ridicule. De nos jours, on cause, il est vrai; mais les entraves que nos mœurs ont apportées à la conversation menacent d'en détruire le charme. La crainte d'offenser telle ou telle personne ou d'engager une conversation trop prolongée a fait inscrire en tête du code de nos salons : « Ici on ne parlera ni de politique, ni de religion, ni d'aucune chose sérieuse, et toute infraction constituera un manque de savoir-vivre. » Dès lors sur quoi peut s'exercer l'esprit? on ne cause plus; on se contente de bavarder tout comme à Landernau. Soyons justes, cependant : on cause ailleurs que dans les salons, et nous avons encore certains cercles intelligents où la causerie s'est exilée pour protester par ses saillies contre la frivolité des Prudhommes de notre temps.

CAUSSADE, ch.-l. de cant. de l'arrond. de Montauban (Tarn-et-Garonne), à 22 kil. de cette ville. Pop. 4,540 hab. Récolte de safran, grains et truffes. Fabr. d'étamines, de toiles, etc.

CAUSSIDIÈRE (Marc), né à Lyon en 1809. Il prit part à l'émeute d'avril 1834, et fut traduit à raison de ce fait devant la Cour des pairs. Appelé en février 1848 par le gouvernement provisoire au poste de préfet de police, Caussidière apporta dans ses fonctions une activité remarquable, et une modération qui lui valut l'estime des hommes de tous les partis. Il réprima la démonstration du 17 mars, et au 16 avril il prêta son appui loyal au gouvernement provisoire. Nommé représentant du peuple par le département de la Seine, Marc Caussidière, dans la journée du 15 mai, tint un rôle qui fut diversement interprété : on lui reprocha, non sans apparence de raison, d'avoir attendu les événements pour se prononcer. Devant l'attitude de l'Assemblée, qui accueillit ses explications avec froideur, il donna sa double démission de préfet de police et de représentant du peuple. Ce dernier mandat lui ayant été de nouveau donné par les électeurs du département de la Seine, il reprit sa place à l'Assemblée nationale. Mais, à la suite des événements de juin, une enquête ayant été ordonnée par l'Assemblée, Caussidière fut décrété d'accusation ; il put passer en Angleterre. Condamné à la déportation par contumace par la haute cour de Bourges, Caussidière ne rentra en France qu'après l'amnistie proclamée en août 1859, à la suite de la guerre d'Italie. Il revint habiter Paris, où il mourut en 1861. Il a laissé des mémoires justificatifs sur sa conduite pendant son passage aux affaires.

CAUSTICITÉ. On désigne par ce mot la tendance de certains esprits à démêler les travers et les ridicules des personnes pour en faire ensuite la description de la façon la plus désagréable pour celui qui est l'objet de cette peinture.

CAUTELEUX. On appelle ainsi celui qui craint de hasarder une parole ou une promesse, afin de pouvoir toujours trouver quelques moyens d'échapper aux engagements qu'on attendait de lui. Le paysan est souvent cauteleux, et craint de s'obliger, précisément parce qu'il a peur d'être trompé lui-même.

CAUTERETS, bourg de l'arrond. d'Argelès (Hautes-Pyrénées), à 13 kil. de cette ville. Pop. 1,450 hab. Eaux thermales sulfureuses. Les principales sources sont : celles de la *Raillière*, de *Paux*, du *Pré*, des *Espagnols* ou de *la Reine*, de *César*, du *Bois*, de *Saint-Sauveur*, de *Bruzaud*, etc. On remarque aux environs : le pont d'Espagne, le pic du Midi, le lac de Gaube.

CAUTION, CAUTIONNEMENT. On donne le nom de caution à celui qui s'oblige, envers un créancier, à acquitter une obligation qui ne lui est pas personnelle dans le cas où le débiteur principal ne l'acquitterait pas lui-même. Le mot *cautionnement* se dit spécialement de ce contrat en lui-même, ou bien de la chose engagée. La caution s'oblige subsidiairement, de telle sorte qu'on ne peut réclamer d'elle l'exécution de l'obligation, qu'au cas où le débiteur principal a été vainement mis en demeure et poursuivi. Il y a toutefois exception en matière commerciale : celui qui s'oblige par un *bon pour aval*, au payement d'un billet à ordre, d'une lettre de change, contracte une obligation solidaire avec les autres signataires, et peut être poursuivi conjointement avec eux. L'étranger qui ne possède pas d'immeubles en France ne peut intenter une action purement civile devant nos tribunaux, sans donner caution pour assurer le payement des frais auquel le procès peut donner lieu, dans le cas où il viendrait à succomber; c'est ce qu'on appelle la caution *judicatum solvi*. Certains traités diplomatiques passés entre la France et certaines puissances, telles que la Suisse, la Prusse et l'Italie, dispensent les sujets de ces diverses nations de l'obligation de fournir caution; et cette faveur est réciproque pour les Français qui plaident devant les tribunaux de ces pays étrangers. En matière correctionnelle ou criminelle, le juge accorde quelquefois la liberté provisoire moyennant caution; on exige alors le dépôt d'une somme d'argent pour garantir le payement des frais de justice.

CAUX (PAYS DE), belle et riche partie de la haute Normandie, bornée au N. par la Manche, à l'E. par le pays de Bray et le comté d'Eu, au S. par la Seine. Sup. 70 kil. sur 60. Les principales localités sont : Caudebec, Lillebonne, Yvetot, Saint-Valery en Caux, Eu, Dieppe, le Tréport, Bolbec, Arques. Ce sont aujourd'hui à peu près les arrondissements du Havre, de Dieppe et d'Yvetot dans le département de la Seine-Inférieure.

CAVA, ville du royaume d'Italie (Principauté citérieure), à 4 kil. de Salerne. Pop. 24,378 hab. Siége d'un évêché ; hôpital militaire. Nombreuses fabriques d'étoffes de soie, de coton et de toiles. A 2 kil. de cette ville se trouve la célèbre abbaye de bénédictins de la Trinité, relevant immédiatement du pape; elle possédait une riche bibliothèque consistant en manuscrits précieux qui fut transférée à Naples.

CAVAIGNAC (Jean-Baptiste), né à Gordon (Lot), il était, en 1762, administrateur du département de la Haute-Garonne, lorsqu'il fut envoyé par les électeurs de ce département à la Convention; il vota la mort du roi, fut chargé d'une mission à l'armée de l'Ouest et bientôt après à l'armée des Pyrénées-Orientales. Rappelé par la Convention, il prit part à la réaction thermidorienne. Chargé du commandement de la force armée, il fut sur le point d'être assassiné aux événements de prairial an III; à sa sortie du conseil des Cinq-Cents, Cavaignac vécut jusqu'à la paix d'Amiens d'un modeste emploi, et fut nommé commissaire général des relations commerciales à Maskate, mais la guerre qui éclata l'empêcha de se rendre à son poste. A son retour en France il alla à Naples organiser l'administration des domaines et devint bientôt conseiller d'État. Pendant les Cent-Jours, il fut préfet de la Somme. A la seconde rentrée des Bourbons, il dut s'expatrier et se retira à Bruxelles, où il mourut en 1829.

CAVAIGNAC (Éléonore-Louis-Godefroy), fils aîné du précédent, né à Paris en 1801. D'abord étudiant en droit, il quitta les cours de la Faculté pour se jeter dans la politique militante. Il prit une part active aux journées de Juillet, et se mit ensuite à la tête de plusieurs sociétés, entre autres celle des *Droits de l'homme*, qui contribua aux émeutes de 1834. Cavaignac fut arrêté et put s'enfuir de Sainte-Pélagie avec quelques-uns de ses codétenus. Il revint en France en 1841 et fit partie de la rédaction du journal *la Réforme*. Il mourut à Paris en 1845. De ses écrits, il reste : *Une Tuerie de Cosaques*; cet écrit, qui est un épisode de l'invasion de 1814, se distingue par un style fiévreux et tourmenté.

CAVAIGNAC (Louis-Eugène), frère du précédent, né à Paris en 1802, mort en 1857. Élève de l'école polytechnique, en 1820, il fit la campagne de Morée. Mis en disponibilité, en 1831, pour avoir signé un projet d'association nationale, il fut rappelé à l'activité en 1831, et fut envoyé en Afrique, où il resta jusqu'en 1839. Il se distingua à la prise de Cherchell (1840); chargé d'occuper cette place et de la défendre, il s'acquitta bravement de cette tâche difficile. C'est à la suite de cette belle défense qu'il fut nommé lieutenant-colonel des zouaves. En 1844, il reçut le commandement de la province d'Oran avec le grade de général de brigade. La révolution de février 1848 le trouva en Afrique; le gouvernement provisoire jeta les yeux sur lui, comme étant le général qui, par sa conduite passée et sa liaison avec les membres du parti du *National*, devait le mieux convenir pour occuper le poste de gouverneur général de l'Algérie; en même temps, on le nommait général de division. A partir de ce moment, la fortune du général Cavaignac marcha rapidement. Le 20 mars, il refusait le portefeuille de ministre de la guerre; le 23 avril, il était nommé représentant du peuple par les départements de la Seine et du Lot. Le général Cavaignac arriva à Paris le 17 mai, deux jours après l'envahissement de l'Assemblée. Jusqu'à ce moment la garde nationale avait fait en partie le service d'ordre, l'Assemblée n'osait pas ouvertement appeler l'armée à Paris, et c'est à peine si l'on pouvait trouver un général qui voulût se charger du département de la guerre. La commission exécutive décida cette fois le général à se mettre à la tête de cet important ministère. Bientôt toutes ses dispositions furent prises; avec la garde mobile, qui présentait un effectif de près de 20,000 hommes, il fit entrer dans Paris environ 30,000 hommes. On sentait de toutes parts qu'une lutte était imminente; le recensement des ateliers nationaux, puis bientôt l'annonce de leur dissolution, en devinrent le signal. Le 23 juin, vers onze heures, l'insurrection éclatait. On a toujours reproché au général son inaction dans la nuit du 23 au 24 juin, et d'avoir laissé les insurgés se fortifier pour, en présence d'un grand péril, forcer l'Assemblée à lui remettre la dictature suprême. A cette accusation, ses partisans ont répondu que s'il avait agi ainsi, c'était pour ne pas exposer imprudemment l'armée et mieux combiner ses préparatifs d'attaque. Le plan du général était de grouper en trois corps d'armée les forces dont il disposait et de les faire converger toutes sur un même point, culbutant tout sur leur passage. Ce plan réussit, mais Paris sait ce qu'il en coûta de sang répandu! Le 29 juin, le général Cavaignac monta à la tribune pour annoncer à l'Assemblée que l'insurrection était vaincue, et qu'il remettait entre ses mains les pouvoirs extraordinaires dont elle l'avait investi. L'Assemblée nationale déclara qu'il avait bien mérité de la patrie, et lui confia le pouvoir exécutif avec la présidence du conseil des ministres. L'élection du prince Louis-Napoléon à la présidence de la République mit fin aux pouvoirs du général Cavaignac; il reprit sa place à l'Assemblée et vota dès lors avec les membres de l'opposition républicaine modérée. Au coup d'État du 2 décembre 1851, le général Cavaignac fut arrêté pendant quelques jours. Nommé député au Corps législatif, en 1852, il refusa de prêter serment à la nouvelle constitution. Dès lors sa carrière politique était terminée. La tombe du général Cavaignac est fermée depuis trop peu de temps pour que l'histoire puisse porter sur lui un jugement impartial. Il arriva au pouvoir dans des circonstances difficiles; son passage aux affaires ne fut en quelque sorte qu'une transition. Il sentait lui-même que le parti qu'il représentait n'était pas celui de la majorité; peut-être sa politique, toute d'indécision jusqu'alors, eût-elle pris une toute autre tournure si sa candidature à la présidence eût été acceptée. Il sut descendre du pouvoir avec dignité, et l'on peut dire de lui que s'il ne fut pas un grand politique, il fut du moins un honnête homme. Cette gloire-là vaut bien l'autre.

CAVAILLON, ch.-l. de cant. de l'arrond. d'Avignon (Vaucluse), à 25 kil. de cette ville. Pop. 7,000 hab. Jadis siége d'un évêché (IVe siècle). Industrie; commerce de fruits. Filature de soie; culture de garance, mûriers, melons d'hiver renommés. Marché de soies grèges. Patrie de César de Bus. Restes d'un arc de triomphe. Cavaillon fut autrefois une des principales villes des Cavares dans la Viennaise, et comptoir des Marseillais; elle reçut une colonie romaine.

CAVALCADOUR. On appelait ainsi un écuyer spécialement chargé de l'entretien des chevaux du roi; il était placé immédiatement sous les ordres du premier écuyer.

CAVALCANTI (Guido), poëte italien, né à Florence, mort en 1300. Il était gibelin comme le Dante, dont il était contemporain. Ses vers sont tous dédiés à une jeune fille de Toulouse qu'il avait connue en revenant d'un pèlerinage. On l'accusa, sans preuve, d'athéisme.

CAVALERIE. On appelle ainsi les troupes qui font la guerre à cheval. Dès la plus haute antiquité, la cavalerie a été en usage chez les nations belliqueuses. La cavalerie présentait, en effet, dans certains cas, de si grands avantages sur l'infanterie, qu'on a dû, de bonne heure, en apprécier l'utilité. En effet, sa marche rapide lui permet de se porter en peu de temps sur le front, le flanc ou les derrières d'une armée pour assurer ses communications, protéger les convois et empêcher les surprises. La cavalerie sert aussi bien à l'attaque qu'à la défense; elle avertit le corps principal des mouvements de l'ennemi, et profite souvent de sa négligence à protéger ses ailes pour enfoncer ses lignes. Elle décide de la victoire en achevant, par ses charges, de rompre les rangs déjà éclaircis de l'armée ennemie; elle empêche les masses de se rallier et les force ainsi à battre en retraite ou à prendre la fuite; si l'ennemi bat en retraite, elle le harcèle sans relâche, coupe ses colonnes et lui enlève ainsi son artillerie, ses bagages, et lui fait un grand nombre de prisonniers. Quelquefois aussi la cavalerie force l'armée ennemie à changer sa marche, et parvient à l'acculer à quelque position dangereuse où l'infanterie peut remporter une victoire facile. La cavalerie est aussi employée pour protéger la retraite d'une armée, en arrêtant assez longtemps l'effort de l'ennemi pour permettre à l'infanterie et à l'artillerie de se retirer en bon ordre. Sans cavalerie, une victoire est rarement décisive, de même qu'une armée qui en est privée se voit plus exposée aux surprises de l'ennemi. Les Romains l'éprouvèrent autrefois; ils vinrent aisément à bout des Carthaginois tant qu'ils n'eurent à combattre que leur infanterie; mais quand ils se trouvèrent en face d'Annibal et de sa cavalerie numide, la supériorité incontestable de l'infanterie romaine ne put compenser l'infériorité de sa cavalerie. Les Grecs et les Romains n'employaient pas la selle; elle ne fut mise en usage que sous le règne de Constantin; les Francs inventèrent plus tard les étriers. La tactique de la cavalerie fut l'objet d'une étude approfondie de la part des généraux grecs et romains. On reprochait aux Grecs de masser trop profondément les rangs de leur cavalerie et de la priver ainsi des grands avantages qu'on peut en retirer en la développant. Les Romains disséminaient trop leur corps de cavalerie, qu'ils distribuaient sur le front ou sur le flanc de chaque légion; les rangs de cavaliers furent même, pendant longtemps, entremêlés de fantassins; mais on renonça bientôt à cette tactique vicieuse. Au moyen âge, les combats n'étaient qu'une affreuse mêlée, de telle sorte qu'il serait difficile de trouver dans l'histoire militaire de ce temps des éléments de comparaison. Charles VII, qui établit en France des armées permanentes, créa un corps de 7,000 cavaliers, et la tactique commença dès lors à se perfectionner. La cavalerie se formait sur un seul rang. Sous François Ier, la France passait déjà pour posséder la meilleure cavalerie de l'Europe. Charles-Quint se servit de sa cavalerie, non-seulement pour charger, mais encore pour faire le coup de feu comme l'infanterie. Sa cavalerie se formait sur 8 ou 10 rangs, et, dès qu'un escadron avait fait feu, il passait derrière les autres pour recharger ses armes. Ses masses profondes de cavalerie eurent toutefois, à Pavie, l'avantage sur la gendarmerie française qui s'avançait sur une seule ligne. On crut que cette expérience était décisive et que la cavalerie ne devait plus être employée qu'en rangs serrés. On vit dès lors s'établir ces lourdes cavaleries qui fonctionnaient difficilement et qui n'avaient pas l'avantage de manœuvrer aussi bien que l'infanterie. Le perfectionnement de l'artillerie, qui faisait dans la cavalerie, trop souvent immobile, de larges trouées, fit renoncer à ce système. Les escadrons furent réduits de 8 rangs à 3, et c'est à cette nouvelle disposition que Louis XIV dut le gain de ses batailles. En 1755, les manœuvres de la cavalerie européenne furent réformées, et l'on disposa la cavalerie sur 2 rangs, de manière à permettre le galop et la charge à fond de train, qui était presque impossible avec des rangs plus épais. C'est au grand Frédéric que l'Europe dut cette nouvelle disposition. La cavalerie française a rendu les plus grands services dans les guerres de la Révolution et de l'Empire. Ce fut surtout à la privation de cavalerie que la France dut attribuer le désastre de Moscou, la plupart des chevaux ayant succombé, l'infanterie ne put se rallier. En 1813, l'armée française, victorieuse dans les plaines de Lutzen, ne put achever la victoire faute de cavalerie. On distingue trois espèces de cavaleries: la grosse cavalerie, qui est montée sur de forts chevaux et qui est employée pour enfoncer les bataillons d'infanterie ennemie; la cavalerie légère, dont les chevaux sont plus petits et plus légers, est surtout chargée des reconnaissances et du service des avant-postes; la cavalerie mixte tient le milieu entre les deux premières; et participe à leurs avantages. La grosse cavalerie porte la double cuirasse et le casque de fer; elle est armée du sabre droit ou latte et du pistolet; la cavalerie légère porte le mousqueton, le pistolet et le sabre courbe; il y a aussi des régiments de lanciers. Aujourd'hui la cavalerie est divisée en trois classes: la cavalerie de réserve ou grosse cavalerie, comprend 12 régiments de cuirassiers et 2 de carabiniers; la cavalerie de ligne ou cavalerie mixte comprend 13 régiments de dragons et 9 de lanciers; la cavalerie légère comprend 13 régiments de chasseurs, 3 de chasseurs d'Afrique, 8 de hussards, 3 de spahis et 1 de guides.

Entrée triomphale d'Olivier Cromwell et de ses partisans à Londres.

CAVALIER, soldat monté à cheval; ce mot se dit aussi de tout homme qui monte à cheval, même sans armes. Autrefois cavalier était synonyme de chevalier; ceux qui servaient dans la cavalerie étant tous nobles d'origine

CAVALIER. On appelle ainsi, en termes de fortification, un tertre élevé pour placer l'artillerie destinée à battre en brèche ou, au contraire, à défendre une place assiégée. Les anciens élevaient de la même manière des monticules où ils plaçaient les catapultes.

CAVALIER (Jean), né vers 1680. Dans l'insurrection qui éclata dans les Cévennes en 1702, Cavalier se fit remarquer parmi les plus braves. Les protestants lui accordaient le don de prophétie. Il battit Montrevel, qu'on avait envoyé contre lui. Le maréchal de Villars entreprit, pour soumettre Cavalier et ses hommes, la voie des négociations. Le chef des camisards consentit à mettre bas les armes en échange d'un brevet de colonel. Mais le roi ne ratifia pas ce traité. Cavalier passa en Suisse et de là en Angleterre, où il devint gouverneur de l'île de Jersey. Il mourut en 1740, à Chelsea, près de Londres. (*Voir* CAMISARDS.)

CAVALIERE (Emilio del), compositeur italien, né à Rome vers 1550. Il fut maître de chapelle à Florence. Il composa des pastorales. On l'a désigné, mais à tort, comme l'inventeur du genre opéra. Il mourut vers 1600.

CAVALIERI (Bonaventure), mathématicien, né à Milan en 1598. Il entra de bonne heure dans l'ordre des hiéronymites. On l'envoya à Pise pour perfectionner ses études. C'est dans cette ville qu'il connut Galilée et Castelis, son élève. En 1629, il remplaçait à Bologne l'astronome Magin, dont la chaire était devenue vacante par suite de son décès. Il avait 31 ans et venait de découvrir sa *Méthode des indivisibles*. Si Cavalieri eût appliqué le calcul à sa méthode, il fût arrivé à la création du calcul différentiel qui immortalisa plus tard Newton. Il a publié un grand nombre d'ouvrages, et mourut à Bologne en 1647.

CAVALLER-MAGGIORE, bourg du royaume d'Italie dans la prov. de Coni, à 17 kil. de Saluces. Pop. 5,500 h.

CAVALLINI (Pietro), peintre romain, né en 1259. Il exécuta, d'après les dessins de Giotto, dont il était l'élève, la grande mosaïque de l'ancienne église Saint-Pierre, à Rome. De ses peintures, il ne reste plus qu'une *Annonciation* dans l'église Saint-Marc de Florence. Il mourut en 1344.

CAVALLO (Tibérius), physicien italien, né à Naples en 1749. Il alla en Angleterre pour se livrer au commerce; mais bientôt il renonça à cette première idée pour se livrer à l'étude des sciences physiques, dans lesquelles il fit des expériences remarquables. Il a publié un grand nombre de mémoires. Il mourut à Londres en 1809.

CAVAN, ville et paroisse d'Irlande dans le comté de ce nom, à 102 kil. de Dublin. Pop. 3,100 hab. Commerce de toiles et de beurre. Près de cette ville est la résidence de lord Farnham.

CAVAN (comté de), comté d'Irlande, faisant partie de l'Ulster, borné au N. par ceux de Monaghan et Fermanagh; au S., de Westmeath et Meath; à l'E., de Louth et de Monaghan; à l'O., de Longford et de Leitrim. Superf. 477,360 acres carrés. Pop. 153,970 hab. Monts, marais, quelques mines.

CAVANILLES (Antonio-José), botaniste, né à Valence en 1745, fit ses études chez les jésuites et embrassa l'état ecclésiastique. Il devint professeur de philosophie à Murcie; le duc de l'Infantado, ambassadeur d'Espagne près la cour de France, le choisit pour précepteur de ses enfants. Il séjourna dix ans à Paris et se livra à l'étude de la botanique. En 1801, il fut nommé directeur du jardin botanique de Madrid. Il mourut à Madrid en 1804. Son grand ouvrage sur la flore espagnole a été publié en 1791-99 en 6 vol., et est orné de 601 planches.

CAVARZÈRE, ville des États autrichiens (Vénétie), à 40 kil. de Venise. Pop. 11,180 hab. Commerce de grains et bétail.

CAVAZZI (Jean-Antoine), missionnaire apostolique, né à Monteculo (Modène); il alla en mission dans le Congo avec plusieurs autres religieux; après avoir séjourné quatre ans dans le royaume d'Angola, il passa dans celui de Matamba. Il revint à Rome en 1668, où il fit rédiger ses Mémoires par le P. Alæmandini. Il mourut à Gênes en 1692.

CAVE, lieu souterrain, voûté, et dont la température est assez basse et égale. On y place les vins, et généralement les denrées alimentaires qui craignent la chaleur ou la gelée.

CAVE (Guillaume), historien anglais, né dans le comté de Leicester, en 1637. Il fut chapelain ordinaire de Charles (1662). Il publia une *Histoire littéraire* depuis l'origine du christianisme jusqu'à 1600, et qui est en quelque sorte l'histoire de tous les écrivains ecclésiastiques. Mort à Windsor en 1713.

CAVÉ (Edmond-Ludovic-Auguste), né à Caen en 1794, mort en 1852. Il a publié de mauvais proverbes dramatiques sous le pseudonyme de Fougeray; rédacteur du *Globe*, il eut, après la révolution de 1830, la direction des beaux-arts et des théâtres. Il mit le plus grand zèle dans ses fonctions de censeur, oubliant que, sous le gouvernement de Charles X, il avait flétri ces mêmes fonctions.

CAVEA. Nom donné à la partie intérieure d'un amphithéâtre où se trouvaient les sièges des spectateurs.

CAVEAU, petite cave. Ce mot se dit aussi d'une société littéraire qui a duré de longues années. La fondation du caveau rappelle le temps où la chanson régnait en France. Piron, Collé et Crébillon fils ont attaché leur nom à cette joyeuse institution; c'était sous la Régence: la France se consolait alors de la contrainte hypocrite à laquelle elle avait été soumise pendant le règne précédent. Sous Louis XIV, a dit un historien, la chanson mettait des paniers, du fard et des mouches, pour assister aux fêtes de Versailles. Pendant la Régence, elle allait aux orgies du Palais-Royal, comme une fille, en bacchante échevelée, la gorge nue, elle fai-

Marcus Curtius se précipitant tout armé dans l'abîme ouvert dans le Forum romain.

sait les yeux à un laquais, se vautrait sur les genoux d'un mousquetaire, mettait ses doigts dans l'assiette du régent et trempait son biscuit dans le verre du cardinal Dubois. Piron et ses amis se réunirent d'abord chez Gallet, épicier de son état, mais chansonnier par goût, et, du reste homme assez lettré. Ce fut vers 1733 que commencèrent ces charmants dîners du Caveau. Chacun des convives pouvait amener un ami à qui l'on ne demandait pour son écot qu'une chanson et de l'esprit. Le Caveau quitta l'arrière-boutique de Gallet pour se transporter chez Landelle, restaurateur au carrefour Bussy, dont les chansonniers avaient apprécié le mérite gastronomique. Les réunions devinrent régulières : on se réunissait chaque mois. La philosophie ne craignait pas de s'y compromettre avec Helvétius, les arts avec Boucher, la science avec Fréret, et la diplomatie avec Maurepas. On y faisait de la critique, et de la meilleure, parce qu'elle était marquée au coin de la sincérité et qu'elle était inspirée par la plus franche camaraderie. Si la critique était juste, celui qui en était l'objet devait se soumettre à boire un verre d'eau à la santé de son censeur; mais malheur à ce dernier si la critique portait à faux, ou si l'épigramme était froide, car c'était alors à lui à boire le verre d'eau. On rapporte que Favart buvait de l'eau souvent, et que les traits malicieux de Crébillon lui rendaient encore ce breuvage plus insipide. Un jour il s'en vengea pourtant, et ce fut le tour de Crébillon à accomplir cet acte de pénitence. On chantait l'amour et le vin, la paix et la guerre, les victoires qui consolaient des défaites, les querelles de la cour et des parlements, les jésuites et la bulle *Unigenitus*. En 1739, quelques seigneurs vinrent sottement troubler ces fêtes, et pour ne plus les admettre, le Caveau se tut. Vingt ans après, Pelletier, fermier général, essaya de réunir les épicuriens de l'ancien Caveau; mais la chanson était mal à l'aise chez un financier; les épigrammes s'émoussaient; ce n'était pas là que la chanson devait reprendre sa couronne. D'ailleurs le malheureux fermier général commit l'imprudence d'épouser une aventurière qui se disait fille de Louis XV, et qui l'était, à n'en pas douter, si l'on s'en rapportait aux folles débauches qu'elle faisait payer fort cher à son malheureux époux. Les chants du Caveau cessèrent une seconde fois. Les chansonniers et les auteurs du vaudeville le reconstituèrent en 1796. Les fondateurs furent Barré, Radet, Desfontaines, Piis, Deschamps, Després, Bourgueuil, les deux Ségur, etc. On admit ensuite Langon et quelques autres joyeux convives. La nouvelle société avait composé son règlement en couplets. On chansonnait le Directoire, le conseil des Anciens et celui des Cinq-Cents. Les *Dîners du Vaudeville* produisirent *le Corbillard*, d'Armand Gouffé; le *Voyage de l'Amour et du Temps*, par Ségur Junior; la *Grande ronde à boire*, par Piis. On chanta la gloire de nos armes; mais le bruit du canon et les nouvelles discordes dont la France fut le théâtre glaça de nouveau la muse des chansonniers. En 1806 se constitua le Caveau moderne, dont les membres furent recrutés en partie parmi ceux des *Dîners du Vaudeville*. L'un des principaux articles du règlement portait :

> Pour être admis on sera père
> De trois ouvrages en couplets;
> Dont deux au moins (clause sévère!)
> Auront esquivé les sifflets.

Le nouveau Caveau se réunissait au *Rocher de Cancale*. Langon en fut le président et l'Anacréon. Ce spirituel poète vécut jusqu'à l'âge de 85 ans, en chantant l'amour et le vin. Quand il mourut, ou plutôt quand il s'éteignit, ses amis composèrent à sa mémoire un gai vaudeville en guise d'oraison funèbre. Désaugiers fut appelé à la présidence du Caveau, et célébra, dans les vers suivants, la mémoire de l'ancien doyen des chansonniers :

> Digne héritier du luth de l'amoureux Tibulle,
> Tu marches son égal sur le sacré vallon;
> Et du joyeux Panard, inimitable émule;
> Lorsque le temps hâtait sa dernière saison,
> Pour le rendre à vos vœux, un ordre d'Apollon,
> Maria ton aurore avec son crépuscule.

Désaugiers tint pendant vingt ans le sceptre de la chanson; c'est pour le Caveau qu'il composa *M. et Mme Denis*, *la Treille de sincérité*, *Cadet Buteux*, etc. Ce fut au Caveau moderne que notre poète national, l'immortel Béranger, fit entendre ses chansons. La Restauration vint troubler le Caveau moderne : les uns voulaient encore chanter l'amour et la liberté; les autres protestaient. C'est ainsi que le Caveau disparut encore. Plusieurs sociétés se formèrent sur ce modèle : les *Soupers de Momus* réunirent les chansonniers qui continuaient encore à aiguiser des couplets. On vit s'établir à côté de cette société les *Bergers de Syracuse*, qui tenaient leurs séances à l'Île d'Amour. Le poète populaire qui inspirait ces joyeuses guinguettes, c'était Émile Debraux, le chansonnier populaire par excellence et dont la vie, suivant l'expression de Béranger,

> Coulait comme le vin d'un tonneau défoncé.

Le Caveau s'est reconstitué après 1830; mais, hélas! depuis que Béranger a cessé de l'animer, la chanson se meurt et ne produit plus d'autre titre à l'admiration de la postérité que *Turlurette*, *le Pied qui r'mue*, ou *Eh! Lambert!* Ne sourions pas, cependant, car la vogue de ces chansons est moins la preuve de notre sottise qu'une énergique protestation contre l'abaissement intellectuel auquel nous condamnent certains faiseurs littéraires.

CAVEDONE (Giacomo), peintre italien, né dans l'État de Modène, en 1577. Valet d'abord, il reçut des leçons de Passaroti et des Carrache. Son dessin est d'une grande pureté. Le Musée du Louvre a de lui une *Sainte Cécile*. La mort d'un fils aîné le rendit fou; sans ressources, il mourut de misère à Bologne, en 1660.

CAVENDISH. Cette famille, dont l'origine remonte au XIVe siècle, est une branche de la famille des Gemons; elle a donné à l'Angleterre une série d'hommes remarquables :

CAVENDISH (Henri), chimiste anglais, né à Nice en 1731, fils de lord Charles Cavendish; en sa qualité de cadet, il se trouvait sans fortune, lorsqu'un de ses oncles qui voulait corriger les caprices du sort, lui légua une fortune de 8 millions. Ses principales recherches ont toujours porté sur la composition de l'air atmosphérique; c'est lui qui le premier a découvert la composition de l'eau et démontré qu'elle était composée d'oxygène et d'hydrogène. La plupart de ses travaux ont été insérés dans le *Bulletin de la Société royale de Londres*, dont il était membre. Cavendish faisait partie de l'Institut de France à titre de membre étranger. Il mourut à Londres en 1810. Quoiqu'il consacrât des sommes considérables à secourir des malheureux, il laissa en mourant une fortune de 30 millions.

CAVENDISH (Thomas), né à Trimby (Suffolk). C'est le second navigateur anglais qui fit le tour du monde. Ayant obtenu des lettres de marque, il arma un navire et alla croiser sur les côtes de la Virginie et de la Floride où il détruisit plusieurs navires espagnols. Un an après, avec trois vaisseaux sous ses ordres, il pilla Sierra-Leone. Il voulut ensuite faire le tour du monde, et resta deux ans en mer. Il revint en Angleterre, où il dissipa rapidement ses parts de prise. Il tenta un second voyage, mais il mourut en vue des côtes du Brésil (1593).

CAVENDISH-SPENCER (sir Robert), marin anglais, né en 1791. Il combattit sous les ordres de Nelson, aux Indes orientales, dans la Méditerranée. Il fut l'un des promoteurs de la destruction du port de Cassis près Toulon. Il prit part à l'expédition anglaise dans l'Amérique méridionale (1819). Le dey d'Alger ayant violé le droit des gens, ce fut Cavendish qui le battit et signa la capitulation que l'Angleterre accorda au dey. Il fut secrétaire du duc de Clarence, depuis Guillaume IV. Il mourut à Alexandrie (Égypte), en 1830.

CAVERNES. On appelle ainsi, en géologie, des vides ordinairement formés dans le roc, et qui attestent, les révolutions qui ont bouleversé la surface du globe. On rencontre le plus souvent ces qualités souterraines dans le flanc des montagnes; parfois on y trouve des lacs ou des sources. Les parois des cavernes sont inégales; tantôt les cavernes se succèdent couronnées par des dômes élevés que soutiennent d'énormes blocs granitiques, tantôt la voûte s'abaisse jusqu'à ne permettre le passage qu'en rampant; les voûtes sont tapissées de cristaux qui donnent de singuliers reflets aux torches allumées par les voyageurs pour pénétrer dans ces gouffres. La chimère est venue en aide à la géologie pour expliquer la formation des cavernes. On rencontre presque dans tous les pays de l'Europe des cavernes dites *cavernes à ossements* qui renferment dans le sable et le limon des ossements d'animaux diluviens; ils sont souvent mélangés d'ossements humains, et il n'est pas rare d'y rencontrer de la poterie, des bijoux et des lampes qui appartiennent incontestablement à l'époque diluvienne. On trouve ainsi enfouis, dans le sol de l'Europe, des ossements d'éléphant, de rhinocéros et d'hyène. On a établi que les cavernes avaient souvent servi de lieux de sépulture, et qu'il ne fallait pas seulement attribuer à l'action du déluge la concentration dans les cavernes de tous les ossements qu'on y rencontre. Il est pareillement établi que les cavernes ont servi d'habitations aux premiers hommes.

CAVERY, KAVERY ou CAUVERY, fleuve de l'Hindoustan. Il prend sa source dans les Ghatts occidentales, passe à Seringapatam, arrose Negapatam, Karikal et Tranquebar, et se jette dans le golfe de Bengale, au sud de Pondichéry, après un cours de 600 kil.

CAVITE, ville forte de l'île de Luçon (Malaisie espagnole), dans l'archipel des Philippines, à 12 kil. de Manille, dans la baie de ce nom. Pop. 6,000 hab. Petit fort, arsenal, chantier de construction.

CAVOUR, ville du royaume d'Italie, à 45 kil. de Turin. Pop. 7,500 hab. Abbaye de bénédictins de Sainte-Marie de Cavour, fondée en 1010. Fabrique de soies, toiles, tannerie, houille, ardoises aux environs.

CAVOUR (Camille-Paul-Philippe-Jules-Benso, comte de), célèbre ministre italien, né à Turin, le 14 juillet 1809, mort le 6 juin 1861. Il était fils d'un ancien préfet de Turin. Il servit d'abord dans l'armée sarde, sous Charles-Albert; mais l'inaction du gouvernement de son pays, en présence de la tyrannie autrichienne, le désespérait, et il donna sa démission. Il entreprit alors de voyager pour étudier le système politique et économique des diverses nations de l'Europe; il s'attacha surtout à approfondir les institutions de la France et de l'Angleterre. En 1847, il revint dans son pays, et fonda, avec le comte Balbo, le *Risorgimento*, journal qui traitait surtout les questions économiques. Quand la révolution de 1848 éclata en France, il comprit que son influence allait s'étendre dans le monde entier, que le principe des nationalités venait de s'affermir avec une énergie et une autorité qui devaient tôt ou tard faire tomber les armes des mains du despotisme. C'est alors qu'il soutint dans son journal la grande idée de l'unité italienne. En 1849, Turin l'envoyait à la Chambre des députés. La Sardaigne venait d'essuyer de cruels revers; elle avait perdu la bataille San-Donato, et avait dû évacuer la Lombardie. Les défiances des démocrates italiens, qui n'avaient pas encore compris que l'indépendance de leur pays ne serait conquise que par la réalisation de l'unité italienne, et qui n'avaient soutenu que faiblement le roi de Sardaigne, venaient d'amener ces désastres. La campagne de 1849 fut fatale pour la cause italienne; Charles-Albert, mal secondé par ses généraux, succombait à Novare, et se voyait forcé d'abdiquer en faveur de son fils Victor-Emmanuel II. C'est à la suite de ces événements que Cavour entra au ministère, en 1850, avec le portefeuille du commerce, auquel il joignit bientôt celui des finances. Par ses savantes combinaisons, il rétablit un peu d'ordre dans le budget de l'Etat. En 1852, Victor-Emmanuel l'appelait à la présidence du conseil, par suite d'un remaniement ministériel. Le génie de Cavour avait été compris par la nation, et la force des choses l'imposait en quelque sorte au roi; la majorité du parlement l'appuyait fermement. On admirait la sage politique de cet homme qui, sans brusquer les événements, attendait que l'occasion s'offrît à lui de venger l'Italie de l'oppression de ses gouvernements dévoués à la politique autrichienne; il se contentait, assuré que le temps amènerait les changements qu'il appelait de tous ses vœux, de fortifier la Sardaigne par une administration militaire et financière qui lui permît un jour de lutter avec avantage. Lors de la guerre de Crimée, il s'unit à la Russie, comprenant parfaitement que chaque victoire remportée sur les Russes était une défaite morale pour les Autrichiens. Par cette intervention, il avait aussi l'avantage de donner une voix à la Sardaigne dans le grand conseil des nations. Lorsque le congrès s'ouvrit à Paris, en 1856, pour la conclusion de la paix avec la Russie, Cavour éleva la voix en faveur de l'indépendance italienne; et, si la question ne fut pas résolue, du moins il affirma le principe, et mit de son côté la France, en montrant que la cause italienne était solidaire de la révolution française. Le petit royaume du Piémont grandit ainsi dans l'opinion de l'Europe; et du moment que l'Italie avait trouvé dans Cavour son Washington et dans Victor-Emmanuel le bras hardi qui devait combattre pour elle, l'unité italienne était déjà fondée. Pour mettre le Piémont à l'unisson de la constitution politique, religieuse et sociale de la France, Cavour sécularisa l'enseignement public et enleva au clergé les biens de mainmorte. Le principal obstacle à l'unité italienne, c'était Rome, avec le pouvoir spirituel des papes. Le Saint-Siége avait l'Autriche pour alliée naturelle; on conçoit donc qu'en diminuant ainsi la puissance temporelle des papes, Cavour faisait reculer l'absolutisme autrichien. Le mouvement national prit dès lors une sage direction; l'Italie tout entière souscrivit pour armer de cent canons la citadelle d'Alexandrie. Les partisans de l'indépendance italienne purent alors se compter. L'Autriche vit une menace dans ces préparatifs et rompit les négociations diplomatiques avec la Sardaigne. Cavour eut alors la prudence de ne pas précipiter la guerre par une attaque inconsidérée; il laissa, au contraire, l'Autriche envahir la Sardaigne. Personne ne doutait que la France ne prît fait et cause pour l'Italie, afin d'arrêter les progrès des Autrichiens que la victoire eût conduits jusqu'au pied des Alpes. La France accourut, en effet, au secours des Piémontais, et nos victoires eurent pour conséquences la cession du Milanais à la Sardaigne, en vertu du traité de Villa-Franca (1859). Les partisans de l'unité italienne firent encore un nouvel effort. L'insurrection, conduite par Garibaldi, donna à Victor-Emmanuel et Naples et la Sicile; les duchés de Toscane, de Parme et de Modène furent successivement annexés au royaume de Sardaigne, qui devint alors royaume d'Italie. En 1860, Cavour, bien assuré que l'Autriche n'entreprendrait pas une seconde guerre pour soutenir la cause de Rome, somma le gouvernement papal de licencier les troupes étrangères qu'il avait réunies pour sa défense, et dont il avait donné le commandement au général Lamoricière, qui devait perdre en Italie le prestige militaire de son auréole de gloire, en soutenant une cause impossible à défendre. Pie IX ayant repoussé l'ultimatum de la Sardaigne, Cavour envahit les Marches et l'Ombrie, et conquit ainsi deux nouvelles provinces. Le parlement sarde, devenu alors parlement italien, proclama Victor-Emmanuel roi d'Italie par le vote solennel du 14 mars 1861. Pour permettre au roi de constituer un ministère vraiment italien et tout de conciliation, il donna sa démission. Le roi le chargea de la constitution du nouveau ministère, où il se réserva la présidence du conseil avec les portefeuilles de la marine et des affaires étrangères. Dès ce moment, Cavour fit subir à la marche de sa politique d'absorption un moment d'arrêt; il ne voulut pas compromettre le sort de l'Italie, dont l'unité administrative n'était pas encore fondée, pour entreprendre la délivrance de Venise; il attendait aussi que le gouvernement français jugeât le moment favorable pour mettre l'Italie en possession de sa capitale naturelle. Il eut souvent à lutter contre les patriotes impatients; mais il le fit avec une sage modération. Tant de travaux avaient affaibli sa santé; il était miné depuis longtemps par une fièvre lente, et il semblait qu'une énergie morale supérieure le retenait encore à la vie pour lui permettre d'achever son œuvre immense. Quand il eut enfin réalisé son glorieux rêve, il mourut, à l'âge de 50 ans. Sa mort au milieu de son triomphe fut un deuil public.

CAVOYE (Louis D'OGER, marquis DE), grand maréchal des logis de la maison de Louis XIV, né en 1640, mort en 1716. Il fut élevé auprès de Louis XIV, et ce prince ne cessa de lui donner les marques d'une grande estime et même d'une certaine affection. Il servit dans l'armée hollandaise contre les Anglais. En 1666, il se rendit célèbre par une action hardie qui sauva la flotte hollandaise. Un brûlot anglais se dirigeait à force de voiles sur le vaisseau amiral. Cavoye proposa à Ruyter d'aller avec une chaloupe couper les câbles des bâtiments qui dirigeaient le brûlot. Il exécuta heureusement ce dessein, et les Anglais, dont la flotte était menacée par leurs propres brûlots, furent obligés de se retirer. Cavoye ne voulut accepter aucune récompense. Il se distingua encore dans diverses campagnes où il suivit Louis XIV. Ce prince lui fit épouser Louise de Coëtlogon, fille d'honneur de la reine Marie-Thérèse d'Autriche. Il fut honoré de l'amitié du vicomte de Turenne et du maréchal de Luxembourg. Ce fut lui qui conseilla à ce dernier d'aller se constituer prisonnier à la Bastille pour déconcerter ses accusateurs. On lui a rendu cette justice qu'il n'usa de son crédit que pour faire plaisir à tout le monde. On lui reproche seulement d'avoir acquis une triste réputation dans des duels qu'il aimait à provoquer.

CAXAMARCA, ville du Pérou, dans l'intendance de Truxillo, à 130 kil. de cette ville. Pop. 12,000 hab. Industrie et commerce. Eaux thermales aux environs. Belle église. Ruines du château des Incas. Atahualpa, le dernier des Incas, y fut mis à mort par les Espagnols, en 1533.

CAXAMARCA (département de), borné au N. par la république de l'Equateur; à l'E. par le départ. d'Amazonas; au S. par celui de Libertad; à l'O. par la prov. littorale de Piura. Superf. 950 myriam. carrés. Pop. 127,150 hab. Culture de coton. Mines d'or et d'argent.

CAXIAS, ville du Brésil (prov. de Maranhao), à 255 kil. de San-Luis. Commerce de riz, coton, etc.

CAXOEIRA ou CACHOEIRA, ville du Brésil, dans la prov. de Bahia, à 110 kil. de cette ville. Pop. 15,000 hab. Commerce de tabac, coton.

CAXTON (William), célèbre imprimeur anglais, né vers 1410, mort en 1491. C'est lui qui eut la gloire d'introduire l'imprimerie en Angleterre, sous le règne d'Edouard IV. Ce prince l'établit dans l'abbaye de Westminster; d'autres imprimeurs, à son exemple, s'installèrent dans les couvents, et c'est à cause de la manière dont l'imprimerie fut introduite chez les Anglais, que le nom de *chapelle* est employé par eux pour désigner une imprimerie. Caxton fut employé par Edouard IV dans diverses négociations. Il eut cependant de nombreux ennemis, surtout parmi le clergé, qui lui reprochait son innovation. Un évêque alla jusqu'à exprimer dans une assemblée cette opinion prophétique: « Si nous ne parvenons à détruire une invention si dangereuse elle nous détruira. » Caxton a laissé quelques traductions, notamment le *Jeu d'échecs moralisé*, qu'il traduisit du français.

CAXTON, village d'Angleterre, dans le comté de Cambridge, à 15 kil. de cette ville. Pop. 500 hab. Patrie de l'historien Mathieu Pâris.

CAYAMBÉ, un des plus hauts sommets des Andes péruviennes (6,140 mèt.), dans la république de l'Equateur, à 60 kil. de Quito, sur la ligne équinoxiale.

CAYENNE, île de l'Amérique du Sud (Guyane française), dans l'Océan atlantique, séparée du continent américain par les rivières de Cayenne et de Mahury et le canal qui les unit. Superf. 44 kil. sur 31. Pop. 8,000 hab. Ville princ. Cayenne. Six mois de pluie et autant de chaleur et de sécheresse. Climat insalubre. Sol très-fertile en denrées coloniales. Récolte de coton, le plus beau de l'Amérique. Lieu de déportation. Les Français la possédèrent dès 1625; les Anglais l'occupèrent de 1654 à 1664; les Français la reprirent en 1677, et s'en virent dépossédés par les Portugais et les Anglais en 1809; elle fut rendue à la France en 1814.

CAYENNE, ville forte de l'Amérique méridionale, capitale de la Guyane française, dans l'île de Cayenne, sur la rive droite de la rivière de ce nom. Pop. 5,200 hab. Port et bonne rade. Tribunal de première instance, cour impériale, préfecture apostolique. Jardin botanique. Entrepôt de tout le commerce étranger. Cette ville fut fondée par des armateurs de Rouen (1620, 1630, 1633); agrandie par Poncet de Brétigny en 1643.

CAYES (les), ville et port d'Haïti, ch.-l. de la prov. du Sud, à 200 kil. de Port-au-Prince. Pop. 7,000 hab. Consulat français. Commerce important. Environs marécageux. Cette ville fut fondée en 1726.

CAYEUX, ville de l'arrond. d'Abbeville (Somme), à 28 kil. de cette ville. Pop. 2,400 hab. Petit port sur la Manche et près de l'embouchure de la Somme. Cabotage.

CAYLA (Zoé, comtesse DE), née en 1784, morte en 1850. Elle descendait d'une famille célèbre dans la magistrature. Sous Napoléon Ier, elle avait sauvé son père, qui avait été arrêté pour s'être livré au rôle d'espion politique dans l'intérêt de la cause des Bourbons. Cette femme, habile dans l'intrigue, avait soigneusement conservé le dossier du procès Favras, qu'elle tenait de son père. Ce dossier contenait la preuve que cet infortuné conspirateur, qui avait projeté d'enlever Louis XVI et sa famille, en 1787, pour les soustraire aux révolutionnaires, avait été poussé à se mettre à la tête du complot par Louis XVIII lui-même. Les pièces du dossier prouvaient également qu'après avoir promis de le sauver, à la condition qu'il n'avouât rien à ses juges, Monsieur l'avait lâchement abandonné, sans faire le moindre effort pour le soustraire à la fureur populaire. Mme Cayla montra à Louis XVIII ces papiers compromettants, et pour lui donner une preuve de son zèle et de son dévouement, elle consentit à les brûler. Louis XVIII s'en montra reconnaissant; il admira même l'habileté, la feinte délicatesse de cette femme, et l'admit dans son conseil intime. Elle prit sur lui le plus grand ascendant; la favorite reçut de la générosité du roi le château de Saint-Ouen, près de Paris. Cette femme était mariée; ses relations avec Louis XVIII avaient amené une séparation avec son mari. Après la mort du roi, elle se vit oubliée, et se retira dans ses terres, où elle ne s'occupa plus que d'exploitations agricoles.

CAYLAR (le), ch.-l. de cant. de l'arrond. de Lodève (Hérault), à 20 kil. de cette ville. Pop. 900 hab.

CAYLUS, ch.-l. de cant. de l'arrond. de Montauban (Tarn-et-Garonne), à 43 kil. de cette ville. Pop. 5,400 hab.

CAYLUS (Marthe-Marguerite DE VILLETTE, marquise DE), petite-fille d'Artémise d'Aubigné, tante de madame de Maintenon, née en 1673, morte en 1729. Elle était issue d'une famille protestante; mais Mme de Maintenon entreprit de la convertir, et la fit élever à la maison de Saint-Cyr. Elle épousa, à l'âge de treize ans, le comte de Caylus. Elle a laissé, sous le titre de *Mes Souvenirs*, une étude charmante et spirituelle de la cour bigote de Louis XIV, au temps où dominait Mme de Maintenon, pour laquelle la marquise de Caylus ne semble jamais avoir eu qu'une affection médiocre. Voltaire a édité ce charmant ouvrage, écrit sans aucune prétention, et qui n'est qu'une suite d'anecdotes.

CAYLUS (Anne-Claude-Philippe DE TUBIÈRES, DE GRIMOALD, DE PESTELS, DE LÉVIS, comte DE), célèbre antiquaire, né à Paris en 1692, mort en 1765. Il descendait du célèbre Agrippa d'Aubigné. Il embrassa d'abord la carrière militaire et se distingua en Catalogne, puis au siége de Fribourg. Après la paix de Rastadt, il fit un voyage en Italie, et s'enthousiasma pour les chefs-d'œuvre qu'il y rencontra. En 1715, il passa dans le Levant à la suite de l'ambassadeur de France. Ayant eu l'intention de visiter les ruines d'Ephèse, il s'avisa d'employer un singulier expédient pour échapper aux voleurs qui infestaient la contrée: il se mit sous la conduite de deux brigands fort redoutés, convint avec eux d'une récompense qui devait être acquittée à son retour, et partit vêtu d'une simple blouse de toile. Ces deux brigands remplirent fidèlement leur mission, et le conduisirent devant leur chef dans une affreuse caverne, où il reçut l'accueil le plus courtois. On lui donna même deux excellents chevaux arabes pour parcourir une route difficile. Les brigands le conduisirent vers les ruines de Colophon, où il admira les ruines d'un vaste théâtre dont les siéges, disposés en amphithéâtre et taillés dans le granit d'une montagne, faisaient face à la mer. Il visita ensuite les ruines d'Ephèse. Après un court voyage à Constantinople, il voulut voir les lieux chantés par Homère et parcourir les ruines de Troie. A son retour en France, il se perfectionna dans les arts pour lesquels il était passionné, s'occupant à la fois de musique, de dessin, de peinture et de gravure. En 1731, il fut admis à l'Académie royale de peinture et de sculpture; il composa alors la *Vie des plus fameux peintres et sculpteurs qui illustrèrent cette académie*. Il composa en outre trois ouvrages contenant un choix de sujets de tableaux tirés de la mythologie ou de l'histoire ancienne. Il fonda un prix annuel pour l'élève qui réussirait le mieux par la composition à exprimer une passion. L'Académie des Inscriptions le reçut parmi ses membres en 1742. C'est alors qu'il se livra à ces recherches savantes sur les antiquités qui lui ont valu sa célébrité. Il étudia le papyrus, les momies égyptiennes, la construction des pyramides et des autres monuments d'Egypte, le tombeau de Mausole. Il étudia aussi les laves et les formations volcaniques; il découvrit la pierre obsidienne, jusque là inconnue des naturalistes. Il retrouva le secret de la peinture encaustique et inventa le moyen d'incorporer les couleurs dans le marbre. Caylus, indifférent pour les honneurs, montrait une certaine brusquerie pour ceux qui voulaient le flatter. Aussi l'un de ses ennemis lui fit-il cette méchante épitaphe :

Ci-gît un antiquaire acariâtre et brusque.
Oh! qu'il est bien logé dans cette cruche étrusque!

Il se fit remarquer cependant par une bienveillance éclairée, et l'on cite diverses anecdotes qui font honneur à son cœur autant qu'à son intelligence.

CAYRES, ch.-l. de cant. de l'arrond. du Puy (Haute-Loire), à 17 kil. de cette ville. Pop. 750 hab.

CAZALÈS (Jean-Antoine-Marie-DE), né en 1758, mort en 1805; il était fils d'un conseiller au parlement de Toulouse. Avant la Révolution, il était capitaine au régiment des chasseurs à cheval de Flandre. En 1789, il fut nommé député de la noblesse de Rivière-et-Verdun aux Etats généraux; il s'y montra l'un des plus ardents défenseurs de la monarchie. Il avait compris la nécessité d'une nouvelle constitution politique et sociale; mais il la voulait sur une base monarchique. Son éloquence naturelle le plaça de suite à la tête de la noblesse libérale. Suivant lui, le peuple devait tout attendre des sacrifices auxquels la noblesse se résignait; mais il ne devait pas s'immiscer dans les affaires du gouvernement. Il ne comprit pas que le gouvernement était trop faible pour résister longtemps aux efforts du parti démocratique, et que le parti modéré allait être bientôt débordé par des factions irréconciliables. Cazalès se prononça pour l'égale répartition de l'impôt, et sut déterminer la noblesse à faire elle-même le sacrifice de ses priviléges. Il protesta vivement contre la réunion des ordres en assemblée constituante, car il y voyait le triomphe définitif du tiers-état et la ruine prochaine de la monarchie française. Mécontent de l'irrésolution de Louis XVI, il voulut retourner dans sa province. Arrêté à Caussade, il réclama énergiquement de l'Assemblée nationale sa mise en liberté. On y consentit, à la condition qu'il reprendrait sa place au sein de l'Assemblée nationale. Il y reparut en effet, mais ce fut pour combattre les tendances révolutionnaires; il rappela les gloires de l'ancienne monarchie, et prononça en quelque sorte, au sein d'une Assemblée impatiente, l'oraison funèbre de la royauté. Il rencontrait toujours pour le combattre à la tribune Barnave, qui représentait la bourgeoisie avec ses aspirations. Leur animosité devint telle qu'ils résolurent de se battre au pistolet. Cazalès fut blessé légèrement à la tête. Les deux adversaires montrèrent dans cette occasion une courtoisie à laquelle on n'était plus habitué. Lorsque Louis XVI quitta Varennes pour tenter de passer à l'étranger, Cazalès fut arrêté; mais l'Assemblée le fit bientôt mettre en liberté. Le 21 juillet 1791, il envoya sa démission au président de l'Assemblée nationale et se retira en Angleterre. Il revint cependant à Paris en 1792; les dangers qu'il y courut l'obligèrent à émigrer une seconde fois. Il se retira alors à Coblentz, auprès de la famille royale, qui l'admit dans son conseil. Cependant il fut froidement accueilli, et il s'en fallut de peu qu'on ne lui reprochât d'avoir signalé à Louis XVI les dangers que ce prince ne sut pas éviter; son libéralisme l'avait rendu suspect. Lorsqu'il vit que Louis XVI, qui ne pouvait plus lutter pour sa couronne, avait à défendre sa vie même, il sollicita courageusement de la Convention nationale l'autorisation de défendre le malheureux roi. Cette autorisation lui ayant été refusée, il publia à Londres un mémoire en faveur de Louis XVI. Il revint en France en 1803, et malgré les avances que lui fit Napoléon pour l'attacher à son gouvernement, rien ne put ébranler la fidélité de Cazalès. Il se retira à Toulouse, où il termina ses jours dans l'obscurité.

CAZALS, ch.-l. de cant. de l'arrond. de Cahors (Lot), à 32 kil. de cette ville. Pop. 1,000 hab.

CAZAUBON, ch.-l. de cant. de l'arrond. de Condom (Gers), à 39 kil. de cette ville. Pop. 2,300 hab. Bonnes eaux-de-vie.

CAZEMBES, peuple de l'Afrique australe, au N. des Chamgameras, à l'E. de la Guinée inférieure, au S. des Cassanges, à l'O. des Maravis. Ce peuple est encore peu connu.

CAZENOVIA, bourg des Etats-Unis (New-York), à 170 kil. d'Albany. Pop. 4,200 hab. Industrie, commerce actif.

CAZÈRES, ch.-l. de cant. de l'arrond. de Muret (Haute-Garonne), à 38 kil. de cette ville. Pop. 2,300 hab. Chapelleries, tanneries, teintureries.

CAZIN (Hubert), célèbre éditeur français du XVIIIe siècle, originaire de Reims. Il a publié les ouvrages de ses contemporains les plus célèbres; ses éditions sont recherchées pour le choix et la netteté des caractères typographiques, ainsi que pour le mérite de ses gravures. Cependant la composition s'éloigne de la pureté dont les anciens éditeurs étaient si jaloux; et l'on peut dire que son succès a encouragé cette imprimerie de commerce dont les mauvaises productions désespèrent les bibliophiles.

CAZORLA, ville d'Espagne, dans la prov. de Jaën, à 50 kil. de cette ville. Pop. 1,500 hab.

CAZOTTE (Jacques), littérateur français, né à Dijon en 1720, mort en 1792. Son père, qui était greffier des Etats de Bourgogne, le fit élever par les jésuites. En 1747, il s'embarqua pour la Martinique en qualité de commissaire de la marine. Ayant obtenu un congé pour revenir en France, il rencontra une Dijonnaise, son amie d'enfance, qui venait d'être choisie pour nourrice du duc de Bourgogne. Elle lui demanda des chansons pour endormir le royal nourrisson; il se mit à l'œuvre et composa deux charmants morceaux que tout Paris fredonna longtemps : *Commère, il faut chauffer le lit*, et *Tout au beau milieu des Ardennes*. Il retourna à la Martinique et commença pendant la traversée son poëme intitulé : *Olivier*; c'est la plus importante de ses compositions; la diversité des peintures et la vérité des caractères en font un chef-d'œuvre, malgré quelques longueurs. En 1759, les Anglais attaquèrent le fort Saint-Pierre à la Martinique; Cazotte se distingua dans cette occasion, et ne contribua pas peu à faire échouer cette entreprise. Cependant sa santé s'affaiblissait sous l'influence du climat; il sollicita son rappel en France, et obtint une retraite avec le grade de commissaire général de la marine. Avant son départ, il avait vendu ses plantations à un père jésuite, nommé Lavalette, qu'il avait lieu de croire son meilleur ami; il avait reçu en échange des lettres de change; mais elles furent protestées, et Lavalette, qui avait fait passer les biens à la compagnie de Jésus, s'acquitta en faisant banqueroute. Revenu en France, Cazotte publia *Olivier*, qu'il avait gardé en manuscrit, et encouragé par la faveur avec laquelle le public accueillit son œuvre, il publia ensuite *le Diable amoureux*. Un moine d'Orient, don Chavis, lui donna l'idée de publier des contes arabes dans le style des *Mille et une nuits*. On lui doit aussi un recueil de fables et quelques opuscules où l'on trouve de l'esprit, de la gaîeté et de l'imagination; on cite notamment *les Mille et une fredaines*, *la Patte de chat* et *la Guerre de l'Opéra*. Cazotte composait avec une facilité prodigieuse. On lui fit un jour la lecture des derniers chants du poëme de *la Guerre de Genève* par Voltaire; il soutint alors que ces chants n'étaient pas les derniers et qu'il y en avait d'autres. Pour le prouver, il composa, aussitôt rentré chez lui, un septième chant qu'il donna aussitôt comme étant de Voltaire. L'imitation du style était si parfaite que la cour et la ville furent dupes de cette mystification et s'en amusèrent longtemps. Cazotte avait déjà publié sans nom d'auteur un conte en vers: *la Brunette anglaise;* et Voltaire, à qui on l'avait attribué, n'en avait pas répudié la paternité. Il se vantait de pouvoir composer en un jour un vaudeville à ariettes sur le premier sujet venu, et comme on l'en défiait, il vit entrer chez lui un villageois en sabots: « Eh bien! *sabots*, dit Cazotte, voilà mon sujet. » Rameau s'associa à son travail et tous deux composèrent en effet en un jour les paroles et la musique d'un charmant vaudeville qui fut représenté à la Comédie italienne. La vie douce et tranquille de ce charmant et spirituel vieillard fut troublée par la Révolution. Cazotte s'était montré l'adversaire d'une rénovation qu'il ne comprenait pas; il ne la jugeait que par la terreur dont il allait être la victime. Il fut arrêté le 10 août 1792, par suite de la saisie de la correspondance de l'intendant Laporte, dont il avait été secrétaire. Sa fille obtint comme une insigne faveur de partager sa captivité dans la prison de l'Abbaye. Lors du massacre des prisonniers, Cazotte allait recevoir le coup fatal, lorsque sa fille se jeta dans ses bras et le couvrit de son corps, en demandant à mourir avec lui. Les meurtriers, étonnés d'un si grand courage, épargnèrent le père et la fille et les reconduisirent même chez eux en triomphe. Quelques jours après, Cazotte fut arrêté de nouveau et conduit à la Conciergerie. Sa fille l'accompagna encore pour lui prodiguer les soins les plus touchants. Il parut devant le tribunal révolutionnaire et fit preuve d'une tranquillité d'esprit qui étonna ses juges. Il s'entendit condamner à la peine capitale; mais, après avoir prononcé contre lui cette peine, le président rendit lui-même justice à son caractère, dans ces termes qui suffisent pour peindre l'époque : « Vieillard, lui dit-il, envisage la mort sans crainte; songe qu'elle n'a pas le droit de t'étonner. Ce n'est pas un pareil moment qui doit effrayer un homme tel que toi. » On a prétendu que Cazotte, dans les dernières années de sa vie, avait éprouvé un certain dérangement d'esprit, et qu'il avait sérieusement embrassé les idées cabalistiques. Ainsi, il avait annoncé ouvertement que Louis XVI ne périrait pas, et qu'il serait entouré d'une légion d'anges qui combattraient pour sa défense. Quand le moment fatal fut arrivé, Cazotte marcha avec calme à l'échafaud. Tout le monde admirait la belle figure de ce vieillard, ses yeux bleus pleins d'expres-

sion, ses cheveux d'un blanc argenté; il monta sur l'échafaud d'un pas assuré et subit la mort le 25 septembre 1792.

CAZOULS-LEZ-BÉZIERS, bourg de l'arrond. de Béziers (Hérault), à 12 kil. de cette ville. Pop. 2,300 hab. Bons vins muscats.

CÉA, ville d'Espagne, à 40 kil. de Léon. Pop. 1,200 hab.

CÉA, rivière d'Espagne (prov. de Léon), se jette dans l'Esla, après un parcours de 125 kil.

CÉANS, vieux mot français indiquant le lieu où l'on est. Il a continué à être en usage dans la poésie, même après avoir cessé de l'être dans le langage familier.

CÉARA ou NOTRE-DAME-DE-L'ASSOMPTION. Ville forte du Brésil, dans la prov. de son nom, à 2,000 kil. de Rio-Janeiro. Pop. 15,000 hab. Commerce d'articles en caoutchouc. Port à 10 kil de l'embouchure de la rivière de son nom, dans l'Atlantique.

CEARA (Prov. de), province du Brésil, ch.-l. Aracate, bornée au N. par l'Océan atlantique; à l'E. par la prov. de Rio-Grande-del-Norte; au S. par celle de Pernambuco; à l'O. celle de Piauhy. Sup. 936 myriam. carrés. Pop. 390,000 hab. Sol sec et montagneux. Culture de riz, de coton, de maïs. Vastes forêts. Élève de bestiaux.

CEBOLLA, ville d'Espagne, prov. de Tolède, à 40 kil. de cette ville. Pop. 3,000 hab. Vins blancs estimés. Château des ducs d'Albe.

CECCANO, bourg des Etats de l'Eglise, à 8 kil. de Frosinone. Pop. 3,800 hab.

CECCO D'ASCOLI (Francesco DE STABILI, dit), astrologue, né à Ascoli dans la marche d'Ancône en 1257. Il cultiva la poésie, les mathématiques, la médecine et surtout l'astrologie qu'il professa à Bologne de 1322 à 1325. Il fut dénoncé à l'inquisition et obligé d'abjurer ses erreurs. Ce jugement ne fit qu'augmenter sa triste célébrité; Charles-Jean Sans-Terre l'appela à Florence et en fit son médecin et son astrologue. Il eut toutefois le malheur d'être trop sincère en prédisant au duc que sa femme et sa fille se livreraient à un honteux libertinage. Le duc, peu flatté de cette prédiction, fit enfermer son astrologue dans les prisons du saint-office; il fut condamné à être brûlé, et la sentence fut exécutée en 1327, en présence d'une populace qui s'attendait à voir les démons arracher leur suppôt des flammes. Il a laissé un mauvais poëme sur la physique.

CECIL (William), baron de Burligh, secrétaire d'Etat et grand trésorier d'Angleterre sous Edouard VI et Elisabeth, né en 1520, mort en 1598. Il entra d'abord au service du duc de Sommerset. Plus tard Elisabeth le nomma secrétaire d'Etat et travailla avec lui à la réformation de l'Eglise; il contribua beaucoup à rompre les derniers liens qui attachaient l'Angleterre à la cour de Rome; son administration fut sage et habile; il disciplina l'armée et fit d'immenses approvisionnements d'armes et de munitions; il perfectionna la marine en faisant construire les plus gros vaisseaux qu'on eût encore vus. Quand il fut appelé à la charge de grand trésorier, il se montra économe de l'argent du trésor public; il osa même remontrer à la reine que ces richesses ne lui appartenaient pas et qu'elle n'en était que dépositaire. Elisabeth le surnommait le *Caton anglais*. Comme il souffrait de la goutte, elle le faisait toujours asseoir devant elle, en lui disant : « Milord, j'ai besoin de votre tête et non de vos jambes. » Il montra contre l'infortunée Marie Stuart une incroyable animosité; au reste, il ne paraissait guidé que par la raison d'Etat. Il fut chargé de dresser l'acte d'accusation de cette princesse, et comme elle lui disait : « Vous êtes mon ennemi. — Oui, reprit-il, je le suis de tous les ennemis de ma maîtresse. » Après l'exécution, Elisabeth feignit de rejeter sur son ministre la responsabilité de

ce crime d'Etat; mais elle le rappela bientôt et son influence ne fit que s'accroître.

CECIL (Robert), diplomate anglais, fils du précédent, né en 1563, mort en 1612. Elisabeth le chargea de traiter avec Henri IV de la paix avec l'Espagne, en 1598. C'était, au rapport de Sully, l'homme le plus rusé et le plus ambitieux. Il se montra peu favorable au traité qu'il était chargé de conclure, appuyant même le parti espagnol; et ce fut avec une sorte de répugnance qu'il signa le traité d'alliance. On disait de lui qu'il avait des yeux de lynx et qu'il possédait, sur un corps petit et difforme, une tête vaste et capable de faire le plus grand bien ou le plus grand mal. Il disait parfois au roi Jacques Ier, dont il était le ministre : « Ne craignez point de trop charger votre peuple. Semblable à l'âne, il se laisse mener sans mors et sans bride, lorsque le fardeau qu'on lui met sur les épaules est un peu lourd. » De telles maximes le rendaient peu populaire. Il est regardé comme l'auteur de la mort du comte d'Essex. Lorsque la conspiration des poudres fut découverte, on remarqua qu'il avait détourné le roi de se rendre à Westminster.

CÉCILE (sainte), vierge et martyre de l'Eglise romaine au VIIIe siècle. La plus complète incertitude règne, tant sur les circonstances de sa vie que sur celles de sa mort. Quelques écrivains religieux ont prétendu qu'elle avait été mariée, ce qui se concilierait assez mal avec la tradition qui prétend qu'elle était vierge. D'autres théologiens ont alors complété la tradition en avançant qu'elle avait été mariée à la vérité, mais qu'elle avait pris la résolution secrète de garder une virginité perpétuelle. On s'accorde peu sur l'époque où elle subit le martyre, ce qui ferait même douter de son existence. Les musiciens l'ont adoptée pour patronne, parce qu'elle est ordinairement représentée sur les images avec une lyre pour s'accompagner en chantant les louanges de Dieu.

CECINA, village du royaume d'Italie, à 40 kilomètres de Volterra. Pop. 380 hab. Fonderie de cuivre. Haras. Ancien palais du grand-duc, élevé par les Médicis.

CÉCITÉ. On appelle ainsi l'état d'une personne qui est privée de l'usage de la vue, par suite d'accident ou de maladie, et quelquefois même par un vice organique de naissance.

CECLAVIN, ville d'Espagne (Estramadure), prov. de Cacerès, à 15 kil. d'Alcantara. Pop. 3,000 hab.

CÉCOGRAPHIE. C'est l'art d'apprendre l'écriture aux aveugles, en suppléant par le toucher au sens dont ils sont privés. Voici la méthode généralement employée : on grave, on creuse sur une table les divers caractères de l'alphabet; l'aveugle suit les contours de ces caractères avec un stylet; quand il est facilement exercé, il prend un crayon ou une plume et peut alors écrire sur le papier. Il faut encore que les lignes ne s'égarent pas au delà de la feuille, et qu'elles soient assez droites pour ne pas se confondre. On obtient ce résultat en plaçant sur la feuille un carré formé de fils métalliques qui marquent les lignes. L'aveugle, tout en dirigeant la plume de la main droite, suit, avec l'index de la main gauche, la marche de la plume le long du fil métallique. Cette méthode a produit les plus heureux résultats.

CÉCROPS, 1er roi de l'Attique, originaire de Saïs en Egypte. On lui attribue la fondation d'Athènes, vers 582 av. J.-C. Homère la fait remonter à une époque moins reculé, et l'attribue à Erechtée. Est-il vrai, au contraire, que l'Attique avait déjà été peuplé par les Pélasges. Quoi qu'il en soit, il est constant que Cécrops fut le premier législateur de l'Attique. Suivant la tradition, les Aborigènes, avant son arrivée à la tête d'une colonie égyptienne, étaient plongés dans la barbarie ; ils ne se nourrissaient que de fruits sauvages et ignoraient même l'agriculture. Cécrops institua le mariage, enseigna la culture de la vigne, réforma leur religion grossière et construisit des temples. On est fondé à croire qu'il abolit aussi les sacrifices humains, dont l'usage aurait été introduit par les Pélasges. Il importa chez les Grecs l'art de la navigation, et mit en honneur chez eux le culte de Neptune, de Minerve et de Jupiter. A son appel, les habitants autochthones de l'Attique quittèrent les forêts et se policèrent. Cécrops fit le dénombrement de ses sujets, il en trouva 20,000 qu'il distribua en 12 cantons. Il passe pour avoir institué l'Aréopage. Il bâtit une citadelle à laquelle il donna le nom de Cécropie. Il épousa Agraule, fille d'Actée, et mourut après un règne de 50 ans. La Fable le représente moitié homme et moitié serpent. On sait que, suivant la tradition asiatique, le serpent était l'emblème de la sagesse. Athènes eut un autre roi du nom de Cécrops, qui succéda à son père Erechtée, et régna 40 ans.

CÉDAR, ville de l'Arabie déserte, dans le voisinage de la Palestine ; devait son nom à Cédar, fils d'Ismaël.

CÉDILLE (ç). Petit signe ayant la forme d'une virgule, qui, placée sous le *c*, lui donne la valeur de l'*s* dur. La cédille sert à rappeler par la prononciation le mot d'où un autre est dérivé : ainsi *façade* rappelle *face*, *Français*, *France*, etc.

CÉDRON, torrent de la Judée qui se jetait dans le lac Asphaltite ; il était situé à l'E. de Jérusalem et coulait dans une vallée profonde.

CÉDULE. Ce mot désigne la reconnaissance par écrit d'une dette ; il est alors synonyme d'acte sous seing privé. On donne aussi ce nom à l'ordonnance du juge de paix, ayant pour effet d'autoriser la citation du défendeur après le préliminaire de conciliation, ou d'abréger les délais ordinaires de la citation, ou même encore de fixer le jour et l'heure d'une enquête ou d'une visite sur lieux. Dans l'ancien droit, on appelait *cédule évocatoire* l'acte par lequel une partie, mécontente de la juridiction d'un tribunal, demandait l'évocation d'un procès et son renvoi devant un autre tribunal également compétent. La loi du 9 messidor an III autorisait l'émission des cédules hypothécaires ; c'étaient des billets remis par les conservateurs des hypothèques, et qui étaient transmissibles par voie d'endossement ; ce système, qui méritait d'être conservé, produisait déjà les résultats les plus satisfaisants ; mais la réaction politique s'effraya des conséquences économiques d'une telle innovation, qui allait fonder le crédit sur des bases nouvelles, et la loi du 2 brumaire an VII supprima les cédules hypothécaires.

CEFALU, ville de Sicile, à 60 kil. de Palerme. Pop. 11,200 hab. Siége d'un évêché. Belle cathédrale. Petit port sur la côte N.

CEINTRE, CEINTRER. On donne le nom de ceintre, en terme de marine, à un bourrelet fait de vieux cordages, dont on entoure le bord des chaloupes, pour les préserver des chocs et des frottements continuels. Ceintrer des navires se dit de l'action de rapprocher avec des cordages les côtés d'un bâtiment, quand il menace de se disjoindre.

CEINTURE chez les anciens Romains. L'usage de la ceinture parut nécessaire aux anciens, afin de relever plus facilement leurs robes à la fois longues et larges. Les femmes en faisaient une parure gracieuse, relevant les plis de leur robe du côté droit, de manière à laisser voir le contour de la jambe. On considérait comme une marque de négligence, de marcher sans ceinture ou de laisser traîner sa tunique. Sylla avait coutume de dire : « Méfiez-vous d'un homme dont la ceinture est trop lâche. »

CEINTURE au moyen âge et chez les modernes.

Bonne renommée vaut mieux que ceinture dorée.

Ce proverbe fait allusion à un arrêt du parlement de Paris de 1420, qui faisait défense aux femmes folles de leur corps, de porter la ceinture dorée ; mais il fut si difficile de se montrer sévère que la distinction resta vaine. La ceinture était aussi réservée aux militaires, aux magistrats et aux ecclésiastiques. Aujourd'hui l'usage de la ceinture n'existe guère que dans l'armée.

CEINTURE DE LA REINE, droit qu'on percevait à Paris tous les trois ans, et seulement pendant un certain temps, sur les marchandises qui entraient à Paris par la Seine ; cette contribution, qu'on appelait aussi *taille du pain et du vin*, était destinée à l'entretien de la maison de la reine. Marie-Antoinette y renonça quelques années avant la Révolution, et l'on fit à ce sujet le quatrain suivant :

Vous renoncez, charmante souveraine,
Au plus beau de vos revenus ;
Mais que vous servirait la ceinture de reine ?
Vous avez celle de Vénus.

CEINTURE DE VÉNUS. Les poëtes de l'antiquité attribuaient à Vénus une ceinture appelée *ceste*, et qui avait le pouvoir d'inspirer de l'amour. Homère a fait de cette merveilleuse ceinture une description si brillante, que Boileau dit de ce poëte :

On dirait que pour plaire, instruit par la nature,
Homère ait à Vénus dérobé sa ceinture.

CEINTURON, sorte de ceinture en usage dans l'armée, à laquelle on suspend le sabre, ou l'épée ou la giberne ; on emploie aussi des ceinturons pour la chasse.

CÉLADON. On entend par ce nom un dameret, et particulièrement un de ces bergers amoureux dont les romanciers du XVIIe siècle ont fait le héros de leurs tristes productions. Le *Céladon de l'Astrée*, roman de d'Urfé, qui eut un si grand succès, mit ce nom à la mode. L'histoire ancienne nous avait fait connaître des céladons qui n'étaient rien moins que des bergers et surtout deux amoureux ; le premier était un guerrier qui fut tué par Persée, et le second un Lapithe qui fut tué par Amycus. Céladon offrait le type de la beauté la plus naïve, au même titre que l'Adonis ou le Narcisse des anciens.

CELANO, ville du royaume d'Italie (Abruzze ultérieure IIe), à 33 kil. d'Aquila. Pop. 6,500 hab.

CÉLÈBES, île de l'Océan pacifique (Malaisie hollandaise), séparée des Philippines au N. par la mer des Célèbes, et de Bornéo à l'O. par le détroit de Macassar. Sup. environ 190,000 kil. carrés. Pop. 3,000,000 d'hab. Sol très-fertile ; il produit toutes les plantes tropicales et les épices. Immenses forêts, riches en bois précieux. Animaux sauvages et féroces, reptiles dangereux. Quelques volcans. Le climat de cette île est très-chaud, mais sain ; pluies fréquentes. Célèbes fut découverte par les Portugais en 1525. Les Hollandais s'en emparèrent de 1660 à 1667 et la possèdent aujourd'hui.

CÉLÉBRITÉ, éclat de la renommée. A ce mot est attachée une certaine idée de gloire. Il n'avait pas absolument le même sens chez les Latins, où il indiquait plutôt l'affluence et le bruit qui se fait autour d'un certain nom. La célébrité n'est conquise que par les actions que commande l'admiration ; un chef de brigands peut être fameux : mais on ne peut lui attribuer la célébrité. Il s'agit ici d'une idée qui a sa source dans les sentiments les plus purs et les plus délicats du cœur humain ; nous nous honorons nous-même en honorant ce qui est beau et grand.

CELÈRES, corps de cavalerie d'élite au nombre de 800 ; il fut créé par Romulus pour lui servir de gardes ; ils étaient choisis parmi les citoyens les plus riches.

CÉLESTIN Ier (saint), pape de 422 à 432 ; il succéda à Boniface Ier. Il admit à la communion Apiarius, qui avait été excommunié dans un concile tenu à Carthage ; les évêques africains refusèrent de ratifier la décision pontificale, et de recevoir celui qu'ils considéraient comme un hérétique. Célestin prit parti pour Cyrille, patriarche d'Alexandrie, dans la fameuse querelle contre Nestorius, patriarche de Constantinople. Ce dernier soutenait qu'il y avait en Jésus-Christ deux natures : Dieu et l'homme. Célestin fit condamner cette doctrine dans un synode tenu à Rome en 430. Nestorius fut déposé et son concurrent appelé à son patriarcat. L'empereur Théodose ayant convoqué un concile à Ephèse pour mettre fin à cette discussion, Célestin n'hésita pas à reconnaître le droit de l'empereur de convoquer des conciles, et se fit représenter à Ephèse par deux légats. Nestorius fut encore condamné par ce concile.

CÉLESTIN, antipape, élu le 20 décembre 1124. Il ne resta que vingt-quatre heures sur le trône pontifical. Il avait été opposé par une faction à Honorius II, qui avait été élu lui-même à la suite d'un tumulte qui s'était élevé dans Rome.

CÉLESTIN II, surnommé Guy-du-Châtel, parce qu'il était originaire de Tipherne, appelée aussi Città-di-Castello. Il avait étudié la théologie à Paris sous Abailard. Il leva l'interdit que le pape Innocent II avait jeté sur la France, par suite du refus de Louis VII de reconnaître l'archevêque de Bourges, qui avait été nommé directement par le pape, et non pas élu par le peuple, suivant l'usage de ce temps. Célestin II ne régna que cinq mois.

CÉLESTIN III, pape de 1191 à 1198 ; il succéda à Clément III. Pour plaire aux Romains, il leur permit de satisfaire la haine séculaire qu'ils portaient aux habitants de Tusculum, en leur permettant de brûler ce village et d'en égorger la population. Célestin III se montra très-jaloux de son autorité. On rapporte que lors de la cérémonie du sacre de l'empereur Henri VI et de l'impératrice Constance, il poussa d'un coup de pied la couronne qu'on allait mettre sur la tête de l'empereur ; et il voulut ensuite qu'un cardinal la ramassât pour l'offrir lui-même à Henri VI. Le pape voulait montrer par là que l'empereur lui était soumis et qu'il pouvait d'un geste le renverser du trône. Il excommunia l'empereur Léopold pour avoir empoisonné Richard, roi d'Angleterre. Il excommunia aussi Henri VI ; et après la mort de ce prince, il défendit qu'on portât son corps en terre sainte avant qu'on n'eût restitué la rançon qu'on avait exigée de lui, outre le payement de mille marcs d'argent pour la cour de Rome. Il prêcha diverses croisades.

CÉLESTIN IV (Geoffroy DU CHATILLON), de Milan, élu pape en 1241, après la mort de Grégoire IX, et mort dix-huit jours après son élection. Il n'avait été élu que par dix cardinaux seulement, les autres membres du conclave étant retenus prisonniers par Frédéric II. Il fut empoisonné par Romain, cardinal de Saint-Ange, qui lui avait disputé la tiare.

CÉLESTIN V (Pierre DE MORON, saint), né dans la Pouille en 1215, pape de 1294 à 1296. Avant son élection, il vivait retiré dans un couvent de célestins, enfermé dans une cellule et ne correspondant avec personne. Un de ces religieux refusa de le suivre, lui demandant pour unique faveur de prendre sa cellule. Le nouveau pape fit son entrée à Aquila monté sur un âne ; tandis que ses cardinaux le suivaient dans de magnifiques équipages. Quoique animé des meilleures intentions, Célestin V ne fut qu'un triste pontife d'une incroyable ignorance. Il gouverna sans règle, prétendit éloigner les flatteurs et se laissa dominer par le premier venu. Il lui arrivait parfois de concéder les mêmes bénéfices à plusieurs ecclésiastiques on d'en disposer avant qu'ils fussent vacants. Le peuple murmura d'abord, puis il finit par se soulever. Célestin se décida alors à renoncer au pontificat. Cette pensée lui fut suggérée par le cardinal Gajetan, qui espérait se faire couronner après lui et qui le fut en effet sous le nom de Boniface VIII. Ce dernier fit enfermer Célestin dans le château de Frémone en Campanie.

CÉLESTINS, ordre religieux fondé en 1254 par Pierre de Moron, qui plus tard fut pape sous le nom de Célestin V. Philippe le Bel appela ces religieux en France en 1300. Un siècle plus tard, ils avaient déjà fondé en France 23 monastères. Louis XV, qui ne se piquait cependant pas d'un grand rigorisme, crut devoir mettre un frein au relâchement des mœurs de ces religieux; ils refusèrent de lui obéir et aimèrent mieux demander la suppression de leurs monastères.

CÉLIBAT. On appelle ainsi une sorte de viduité par laquelle l'homme échappe à la loi naturelle de la reproduction. Cet état se conçoit chez ceux que la constitution des organes condamne à l'impuissance; mais, généralement, l'abstention du mariage est due à des causes purement volontaires. Le célibat n'est guère imposé que par la loi religieuse catholique. Cet état produit chez l'homme une atrophie morale qui est bien plus sensible encore chez la femme. Souvent l'hystérie se développe chez les femmes et les jette dans d'étranges désordres, et les cas d'épilepsie et de catalepsie sont assez nombreux. Les relations qui existent entre le système nerveux et les organes reproducteurs amènent une exaltation fiévreuse et délirante que la superstition a prise trop souvent pour l'état de perfection morale. Cette véritable folie amène l'extase, des visions extravagantes, qui a pu faire croire, dans les temps d'ignorance, que les pauvres créatures qui y étaient sujettes se trouvaient sous l'inspiration de Dieu ou sous celle du démon, suivant la nature de leurs actes. Les Hébreux croyaient que les rapports entre les sexes faisaient perdre aux ministres du sacerdoce le don de prophétie. Les convulsionnaires n'ont pas eu de plus fervents adeptes que certaines dévotes dont les sens étaient exaltés par le célibat. La science médicale a même posé la question de savoir si l'état convulsionnaire qui se manifeste parfois chez les jeunes filles, dans certaines localités, n'est pas une véritable maladie d'un caractère épidémique, à laquelle l'ignorance attribue un caractère tantôt religieux et tantôt démoniaque. Chez les hommes, le célibat modifie profondément les facultés morales et intellectuelles : l'égoïsme est le principal caractère du célibataire; il devient insupportable aux autres et à lui-même; la solitude qui s'est faite dans son cœur le conduit bien souvent au suicide. On a remarqué que le célibat abrégeait considérablement la vie, et que les religieuses de l'un ou l'autre sexe qui ne manquaient pas à leurs vœux atteignent rarement un âge avancé. Quant au célibat qui consiste dans l'éloignement du mariage, et qui cherche à s'en consoler par des relations passagères, il appartient bien plus à la comédie qu'à la physiologie; l'histoire de ces mécomptes bien mérités n'est jamais parvenue à nous attendrir. Les lois romaines créaient pour les célibataires une incapacité civile : ils n'étaient admis ni à tester ni à rendre témoignage en justice. Il y avait une sorte de déshonneur à mourir sans laisser de postérité.

CELLAMARE (Antoine-Giudice, duc DE GIOVENAZZA, prince DE), né à Naples en 1657, mort en 1773. Il fut élevé près de Charles II, roi d'Espagne. Il accompagna, dans la campagne d'Italie en 1702, Philippe V, petit-fils de Louis XIV, qui était venu défendre Naples. Il fut nommé maréchal de camp à la bataille de Lutzara, et assista au siége de Gaëte en 1707. Il fut fait prisonnier par les Impériaux et conduit au château de Milan, où il fut détenu pendant cinq ans, et d'où il sortit par suite d'un échange. A son retour en Espagne, il fit d'abord partie du ministère, et fut nommé, en 1715, ambassadeur extraordinaire de la cour de Madrid en France, pendant la régence du duc d'Orléans. Il a attaché son nom à une conspiration contre le régent. Le plan en avait été conçu par la duchesse du Maine, qui avait cru nécessaire d'associer à son projet l'ambassadeur espagnol. Il ne s'agissait de rien moins que d'enlever le roi et le régent, et de réunir la couronne de France à celle d'Espagne, en faisant abolir par le parlement de Paris le traité en vertu duquel la maison d'Espagne renonçait au trône de France. La duchesse du Maine avait conçu la haine la plus vive contre Philippe d'Orléans, du jour où celui-ci avait été appelé à la régence, par un acte du parlement qui cassait le testament de Louis XIV; elle n'avait pu lui pardonner d'avoir fait écarter son mari du conseil de régence, et de lui avoir enlevé le commandement de la maison militaire du jeune roi. Le duc du Maine avait montré dans cette circonstance une déplorable faiblesse. Sa femme, comprenant que l'extrême timidité de son mari ne lui permettait pas de jouer un rôle politique, voulut se charger elle-même du soin de sa vengeance. Elle se croyait surtout protégée contre tout soupçon par l'opinion même que le duc d'Orléans avait conçue de la pusillanimité de son mari. Par l'intermédiaire de Cellamare, elle fit entrer dans ses projets Albéroni, qui gouvernait l'Espagne. Elle trouva facilement des complices parmi les mécontents que le système de Law avait ruinés. Cellamare n'entra qu'avec répugnance dans cette conspiration; il affectait un grand zèle auprès d'Albéroni, tandis qu'il n'agissait qu'avec mollesse. Albéroni avait parlé d'une armée espagnole qui allait franchir les Pyrénées et d'une flotte qui viendrait soutenir l'insurrection de la Bretagne. Ses projets chimériques avaient enflammé l'imagination des conspirateurs. Ils avaient déjà prévu que le duc d'Orléans se mettrait à la tête d'une armée; ils avaient assiégé le camp qu'il occuperait, et préparaient le moyen de l'enlever, puis de le conduire au château de Tolède. Ils croyaient compter aussi sur l'appui de quelques gouverneurs. Le parlement devait faire le reste. Il avait été aussi entendu que la bulle *Unigenitus* recevrait une consécration solennelle. La duchesse du Maine ne trouva pas d'appui auprès des maréchaux et des anciens ministres de Louis XIV; elle se tourna alors vers le comte de Laval, le cardinal de Polignac et le duc de Richelieu. Ces trois jeunes gens étaient pleins d'audace, et étaient animés d'ailleurs d'une haine implacable contre le duc d'Orléans. Vingt-deux colonels avaient promis d'enlever le régent au milieu de l'armée. Laval parlait d'en finir, et proposait même de surprendre le régent dans les rues de Paris où il s'attardait souvent en mauvaise compagnie; la duchesse du Maine trouva ce moyen trop dangereux. Le marquis de Pompadour entra aussi dans cette conspiration. Albéroni pressait de son côté les conjurés d'agir : « Mettez le feu aux mines, » écrivait-il au marquis de Cellamare. Il avait demandé à son ambassadeur une copie des manifestes qu'on avait préparés. Cellamare chargea l'abbé Porto-Carrero de les lui porter. Le secret de la conspiration ne fut pas tellement bien gardé que le régent n'en eut connaissance. Il y avait à Paris une ignoble fille nommée la Fillon, liée avec l'abbé Dubois et même avec le duc d'Orléans, dont elle servait les honteuses passions. Une des filles qu'elle logeait chez elle avait inspiré un attachement assez vif à un des secrétaires de l'ambassadeur d'Espagne. Celui-ci l'avait délaissée pendant plusieurs jours, alléguant d'un ton mystérieux qu'il avait à transcrire des papiers importants. La Fillon sut bientôt la chose, et courut en aviser l'abbé Dubois. Celui-ci, qui supposait qu'il se préparait quelque intrigue de la part de la cour d'Espagne et de la duchesse du Maine, et qui savait déjà que l'abbé Porto-Carrero devait partir pour l'Espagne, porteur de messages, ne douta plus de l'existence d'un complot. Porto-Carrero était parti en compagnie d'un homme accusé de banqueroute; on feignit de poursuivre ce dernier, et on les arrêta tous deux à Poitiers. La voiture fut visitée soigneusement, et l'on trouva les précieux papiers dans une chaise à double fond. Porto-Carrero put continuer sa route vers Madrid; il eut toutefois la précaution de faire avertir Cellamare de ce qui venait de se passer. L'abbé Dubois s'empressa d'aller trouver le régent; mais celui-ci, enfermé avec ses maîtresses, lui fit la réponse du Lacédémonien : « A demain les affaires. » L'abbé ne fut pas fâché de profiter de la nuit pour donner au complot une tournure qui pût compromettre certains personnages à qui il rendait haine pour haine. Le lendemain matin, le régent parcourut les papiers qui prouvaient la conspiration. Il résolut aussitôt de faire arrêter Cellamare, et de justifier cette mesure, en publiant la correspondance de l'ambassadeur d'Espagne. Cellamare, croyant que sa qualité d'ambassadeur le mettait à l'abri des recherches, n'avait pris aucune précaution. Il ne s'intimida point en présence de l'abbé Dubois qui avait été chargé de la perquisition à l'hôtel de l'ambassade. Le marquis de Pompadour et d'autres conjurés furent également arrêtés. Le régent attendit pour agir contre la duchesse du Maine, que l'opinion publique l'y eût en quelque sorte contraint. Il se décida enfin à l'arrêter ainsi que son mari; elle fut conduite au château de Dijon et placée sous la garde du duc de Bourbon, son neveu, qui accepta cette triste mission; le duc du Maine fut enfermé au château de Doullens, en Picardie. Les autres conjurés furent mis à la Bastille. Le régent montra envers les prisonniers une douceur à laquelle on n'était pas habitué. Le comte de Laval avait feint une maladie et correspondait avec les amis du dehors par l'intermédiaire de son apothicaire. L'abbé Dubois, à qui ce manége paraissait suspect, demanda un jour au régent ce qu'il pensait d'un si grand nombre de lavements : « Puisqu'ils n'ont que cette consolation, répondit le régent, il faut bien la leur laisser. » Le régent ne parlait des prisonniers d'Etat qu'avec une sorte d'estime, et excusait le premier ceux qui n'avaient été emportés que par leur dévouement. Un certain chevalier Dumesnil avait été arrêté; le marquis Dumesnil crut devoir, en faisant sa cour au régent, lui déclarer que ce prisonnier n'était pas de sa famille. « Tant pis pour vous, lui répondit le prince; car c'est un fort galant homme; » et il lui tourna le dos après un regard plein de mépris. Le prince de Condé s'était barricadé dans son hôtel avec plusieurs conjurés déterminés à résister vigoureusement aux mousquetaires; ils avaient fait provisions d'armes et de vivres, et menaient joyeuse vie en compagnie de filles perdues. Ils ne furent pas recherchés. Le duc de Richelieu, qui avait été emprisonné à la Bastille, fut sauvé par les filles mêmes du régent dont il était l'amant. Pendant que ces événements se passaient en France, le duc de Saint-Aignan, ambassadeur de France à Madrid, revenait en France, sur un ordre du cardinal Albéroni, qui avait trouvé dans la cassation du testament de Louis XIV un prétexte pour rompre avec la France. Il comptait sur la réussite du complot, et quoiqu'il eût échoué, il essaya néanmoins de fomenter des troubles en France, et surtout en Bretagne. Les Bretons répondirent à son appel, et s'insurgèrent pour ne pas payer les impôts qui n'avaient pas été votés par les états de leur province. On sait que cette agitation se continua même après la révolution de 1789. Le régent pardonna aux conjurés, dès que l'orage fut passé; le duc et la duchesse du Maine reparurent même à la cour. Cellamare put retourner en Espagne; il fut alors nommé gouverneur et capitaine général de la vieille Castille.

CELLE, village de Belgique (prov. de Namur, à 6 kil. de Dinant. Pop. 950 hab. Château que l'on croit être fondé par Pépin d'Héristal.

Celle-Bruère (la), village de l'arrond. de Saint-Amand (Cher), à 8 kil. de cette ville. Pop. 1,320 hab. Exploitation de pierres de taille.

Celle-sous-Mont, village de l'arrond. de Fontainebleau (Seine-et-Marne), à 17 kil. de cette ville. Pop. 300 hab. Ancien château de *Graville*.

CELLES (Auguste-Charles-Fiacre), comte de Fisher de), homme d'Etat, né à Bruxelles en 1769, mort à Paris en 1841 Napoléon Ier, à qui il s'était empressé de se rallier, le nomma préfet de la Loire-Inférieure, puis du Zuydersée en 1810. Ses rigueurs envers les patriotes hollandais, qui aspiraient à reconquérir leur indépendance, excita contre lui une telle indignation, qu'il faillit être victime de la fureur populaire, lors de l'insurrection d'Amsterdam. Après 1815, il fut député aux Etats généraux. Le roi de Hollande le désigna pour conclure un concordat avec la cour de Rome. On lui reprocha, non sans raison, d'avoir sacrifié, dans cette négociation, les intérêts de son pays à ceux de l'Eglise. Quand survint la révolution belge, il tint une conduite équivoque, et fut soupçonné par les uns de trahir la Belgique au profit du gouvernement hollandais, et par les autres de favoriser la réunion de la Belgique à la France. Ce qu'il y a de vrai, c'est que les fluctuations de ses opinions devaient être attribuées moins à un patriotisme sincère qu'au désir de se maintenir aux affaires en suivant le parti le plus fort. En 1833, il se fit naturaliser Français, et devint même conseiller d'Etat.

— **Celles**, ch.-l. de cant. de l'arrond. de Melle (Deux-Sèvres), à 7 kil. de cette ville. Pop. 1,100 hab.

Celles, bourg de Belgique (Hainaut), à 20 kil. de Tournay. Pop. 2,800 hab. Fabriques de toiles.

CELLIER. On appelle ainsi un lieu destiné à renfermer les vins et les denrées alimentaires qui doivent être tenues au frais; il est établi au rez-de-chaussée, tandis que la cave se trouve sous le sol; les jours sont ordinairement bouchés pour que le cellier reste inaccessible à la chaleur du soleil.

CELLINI (Benvenuto), célèbre sculpteur, peintre, graveur et orfèvre, né à Florence en 1500, mort dans sa patrie le 25 février 1570. C'était non-seulement un grand artiste, mais encore un grand cœur. Plein d'audace et animé d'une droiture qui ne lui faisait jamais pardonner une injustice, il s'exposa souvent à de grands dangers, auxquels il n'échappa que par son courage et son habileté. Clément VII lui confia la défense du château Saint-Ange, assiégé par le connétable de Bourbon; Rome venait d'être emportée, et il ne restait plus, pour défendre l'indépendance du saint-siège, que le château Saint-Ange, armé de cinq pièces de canon. Benvenuto se défendit en homme qui aurait été élevé dans le métier des armes. Il tua, dit on, le connétable de Bourbon et pointa lui-même la pièce dont le boulet tua le prince d'Orange. Il fut emprisonné sous le pontificat de Paul III; ses ennemis l'accusèrent d'avoir détourné une partie des joyaux de la couronne pontificale. Il prouva qu'il avait été chargé, dans un moment de danger, de les briser et de les fondre, et, malgré sa justification, il ne fut mis en liberté que par l'intervention de François Ier. Ce prince avait apprécié les grandes qualités de Benvenuto, lorsque celui-ci était venu à sa cour; il avait même conçu pour lui une vive amitié. Il l'engagea à revenir en France et à se fixer à Fontainebleau. Il lui avait donné le grand Nesle pour y établir ses fonderies; Benvenuto Cellini, rencontrant des difficultés de la part du prévôt de Paris, s'empara, avec ses élèves, de la tour de Nesle par un assaut. Toutefois il fut abreuvé de tant de chagrins par la duchesse d'Etampes, maîtresse du roi, qu'il résolut de quitter de nouveau la France, et de retourner une seconde fois en Italie. La duchesse lui préféra le Primatice, meilleur courtisan qu'artiste. Benvenuto revint à Florence, où il fut accueilli par Cosme de Médicis, pour lequel il sculpta *Persée tranchant la tête de Méduse;* il sculpta aussi, pour la chapelle du palais Pitti, un admirable *crucifix* de marbre. On trouve, dans les œuvres de Benvenuto une grande originalité de composition et beaucoup de hardiesse d'exécution. Il écrivit, dans ses dernières années, l'*Histoire de sa vie;* on y trouve de curieuses anecdotes; le style est plein de chaleur et d'enjouement. Il a laissé aussi un *Traité sur la sculpture* et un autre sur la *Manière de travailler l'or*, Ses ouvrages sont considérés en Italie comme classiques.

CELLULE, se dit particulièrement d'une petite chambre habitée par un religieux; on n'y trouve qu'un lit, une chaise, un crucifix et des livres de piété. Certains monastères ont encore réduit la simplicité de cet ameublement; les religieux paraissent vraiment animés du même esprit que Diogène, qui brisa son écuelle en voyant un enfant boire dans le creux de sa main.

Saint Bernard prêchant la première croisade.

CELORICO, bourg du Portugal (Bas-Beïra), à 18 kil. de Guarda. Pop. 1,800 hab. Place de guerre. Ce bourg est situé au pied de la Sierra d'Estrella.

CELSE (Aurélius-Cornélius), de la famille patricienne Cornélia. Il a écrit sur la médecine, la rhétorique, l'agriculture et l'art militaire. Il excella dans ces diverses sciences. Les médecins surtout ont admiré sa doctrine, qui lui a valu le surnom d'*Hippocrate des Latins*. On est incertain sur l'époque de sa naissance et sur celle de sa mort. On sait seulement qu'il vécut à Rome, au temps de Tibère et de Claude. Columelle et Pline l'ont plusieurs fois cité. Il a écrit huit livres sur la science médicale, dans un style d'une telle pureté qu'on l'a appelé aussi le *Cicéron de la médecine*. Les quatre premiers traitent des maladies internes; un mémoire sur *la langue primitive du Nouveau Testament*, et un autre sur *la sculpture des Hébreux*.

CELSIUS (André), fils du précédent, astronome suédois, né à Upsal en 1701, mort en 1744. Le gouvernement suédois le chargea de voyager en Europe pour le perfectionnement de la science astronomique. Il suivit Maupertuis et Clairaut dans leur voyage à Torneo. Louis XV le récompensa en lui accordant une pension de 1,000 livres. La Suède doit à Celsius l'établissement d'un Observatoire. Il a laissé une dissertation sur *une nouvelle manière de mesurer la distance du soleil à la lune*, et divers mémoires sur *les comètes et les aurores boréales*.

CELSIUS (Olaüs), historien suédois, né en 1716, mort en 1794. Il fut évêque de Lund, le pays de Galles, l'Hibernie et la Calédonie.

CELTIQUE. On appelait ainsi, au temps de César, la Gaule proprement dite; entre la Seine et la Marne au N.; le Rhin, les Alpes, le Léman, le Rhône moyen, les Cévennes, le Tarn et la Garonne à l'E., au S.-E. et au S.; l'Océan depuis la Garonne jusqu'à la Seine à l'O. Les principales tribus étaient : les Séquanais, les Eduens, les Helvétiens, les Ségusiens, les Bituriges, les Santons, les Pétrocoriens, les Arvernes, les Lémovices, les Vénètes, les Pictares, les Carnutes, les Redons, les Turons, les Cénomans, les Sénones, les Parisiens, etc. De l'an 58 à 51 av. J.-C., elle fut réduite par César; et sous Auguste (27), elle forma une province spéciale, appelée *Lyonnaise*, et elle fut appelée Gaule celtique; elle était

Le Dante et Virgile visitant les enfers.

les deux suivants des maladies externes, et les deux derniers des opérations chirurgicales. On a remarqué qu'il avait fait de nombreux emprunts aux médecins grecs et surtout à Hippocrate, qu'il cite quelquefois littéralement. Il est le premier auteur qui ait signalé l'opération de la *taille*, à l'aide d'un petit appareil qu'on emploie encore aujourd'hui. Il considérait comme un grand danger de trop se fier au pouls pour déterminer l'état maladif; il ne paraît pas qu'il ait fait usage de la saignée.

CELSIUS (Olaüs), botaniste, théologien et orientaliste suédois, membre de l'académie de Sockholm, né en 1670, mort en 1756. Ce fut lui qui introduisit en Suède l'étude des sciences naturelles; il eut la gloire d'être le premier maître et le protecteur du célèbre Linné, dont il avait deviné le génie. Le disciple lui témoigna sa reconnaissance en donnant à une famille de plantes le nom de *Celsia orientalis*. Charles IX, roi de Suède, le chargea de diverses missions scientifiques en Europe. Il fit de curieuses et savantes recherches sur les plantes dont il est parlé dans la Bible. Il a décrit la Flore d'Upsal; il s'occupa aussi d'histoire et d'antiquité; ainsi il a laissé et professa l'histoire à Upsal. Il publia un journal de critique littéraire qui fut fort estimé. Il a laissé une *Histoire ecclésiastique de Suède*, ainsi qu'une *Histoire de Gustave Ier* et une autre d'Eric XIV.

CELTES. Peuple de la Gaule, de race indo-germanique, qui, dans les temps primitifs, se répandit de l'E. à l'O. dans la partie centrale de l'Europe. Ce peuple fut refoulé vers l'Atlantique et laissa derrière lui diverses tribus : les *Cimmériens* de la Tauride, les *Boïens* de la forêt Hercynienne, les *Scordiques* et les *Taurins* des bords du Danube, les *Cimbres* du Jutland. Les habitants de la Gaule, ou les Celtes, qui s'étaient retirés en partie, furent désignés sous le nom de Celtes, synonyme de Galls ou Gaëls (Galli). De la Gaule, les Gallo-Celtes, ou les Celtes, se répandirent en Germanie et occupèrent la Bohême, puis la Bavière. Ils se répandirent en Italie, où ils laissèrent les Lygurs (Ligurie), les Isombra (Insubrie) et les Ombra (Ombrie), et toute la partie septentrionale prit le nom de Gaule cisalpine; en Espagne, où on trouve des Gaëls purs, tels que les Calaïques, les Celtiques et les Celtibères. On en trouve encore dans la Grande-Bretagne, alors diminuée de tout le pays entre la Loire et la Garonne.

CELY-EN-BRIÈRE, village de l'arrond. de Melun (Seine-et-Marne), à 14 kil. de cette ville. Pop. 580 hab. On remarque aux environs un ancien château bâti par Jacques Cœur.

CÉMENTATION, opération qui consiste à placer le fer dans une substance pulvérulente et à le soumettre à l'action de la chaleur pour le convertir en acier. Le cément a ordinairement pour base le charbon pulvérisé, auquel on ajoute de la cendre de suie, du sel et quelques autres substances. La qualité du fer fait la qualité de l'acier; c'est à l'emploi du fer de Suède que les Anglais ont dû, pendant longtemps, la supériorité de leurs aciers, supériorité aujourd'hui contestée par l'industrie française. La combinaison du carbone avec le fer rend ce métal ductile et malléable; il peut alors se souder sur lui-même, et n'entre en fusion qu'à une température élevée. L'acier chauffé et refroidi brusquement acquiert une grande dureté et devient plus cassant; chauffé de nouveau et refroidi lentement, il perd cette dureté et redevient ductile; ces deux opérations sont appelées trempes et recuites. La cémentation s'opère de la manière suivante : le fer à cémenter est disposé, entouré de cément, dans des caisses en argile réfractaire. Les diverses barres de métal sont superposées par couches, séparées les unes des autres par un lit de cément. La caisse est ensuite hermétiquement fermée, puis exposée à la température du rouge vif. On pratique dans la caisse une ouverture où l'on place une barre d'épreuve, qu'on retire de temps en temps pour observer la marche de la cémentation. Dès qu'elle est terminée, on laisse refroidir les barres, puis on les retire. On voit généralement, à leur surface, des ampoules formées par le dégagement du gaz ; il y a aussi de nombreuses fissures. On corrige ces inégalités par le corroyage ; quelquefois on se contente simplement de le laminer ou de l'étirer sous le marteau.

CÉNACLE, du latin *cænaculum*, désignait, chez les anciens, la salle à manger. Il était placé à l'étage le plus élevé de chaque maison, sur une espèce de terrasse. Cette disposition était d'autant plus facile que les toits étaient plats. Ce nom est surtout usité en parlant de l'endroit où Jésus célébra la Cène. Sur le même emplacement ont été construits une église et un couvent appartenant aux moines de l'ordre de Saint-François : on l'appelle *Cénacle de Jérusalem*.

CENCI BÉATRICE, surnommée la belle parricide, originaire de Numentum. Voici la légende qu'on raconte sur cette malheureuse fille : « Francesco Cenci, vieillard souillé par tous les crimes et par les plus honteux déportements, avait fait assassiner deux de ses fils et avait osé assouvir sa passion criminelle sur la personne de Béatrice, sa propre fille. Celle-ci demanda protection au pape ; mais on refusa de la croire ; et son père ayant renouvelé son attentat, Béatrice, d'accord avec son frère Jiacomo, frappa d'un coup mortel le vieillard endormi. Les deux coupables furent arrêtés, soumis à la torture, contraints d'avouer leur crime et condamnés à être écartelés. Le pape ne voulut pas consentir à leur faire grâce de la vie. Béatrice eut la tête tranchée le 11 septembre 1599, et son frère fut assommé à coups de massue. Paul V confisqua les trésors et les biens de cette famille, et notamment la villa Borghèse. Guido Reni nous a transmis un admirable portrait de Béatrice.

CENDRES. Tout combustible laisse, en brûlant un produit solide qui prend le nom de cendres. Dans les cendres produites par les végétaux, le carbonate de chaux domine, tandis que dans celles produites par les combustibles minéraux, c'est l'argile qui se trouve en plus grande quantité.

CENDRES (mercredi des), premier jour de carême. Dans les églises on brûle les corporaux qui ne peuvent plus servir, et avec leurs cendres le célébrant trace une croix sur le front des fidèles qui se présentent à l'autel, en leur disant : *Memento, homo, quia pulvis es, et in pulverum reverteris* (Homme, souviens-toi que tu n'es que poussière et que tu retourneras en poussière).

CENDRES BLEUES. Nom donné à une couleur bleue que l'on emploie pour la fabrication des papiers peints. Il y a plusieurs procédés pour les obtenir ; les plus employés sont ceux de Pelletier et de Payen.

CENDRES D'ORFÈVRE. On appelle ainsi les cendres provenant du foyer, les balayures d'atelier, les déchets, etc. On lave ces cendres dans des sébiles ; on les laisse ensuite reposer de façon que les matières pesantes puissent se précipiter au fond. On soumet ensuite les sels solubles que contenaient ces cendres à l'amalgamation en ayant soin d'y mettre 40 p. 100 de mercure. Ce travail une fois terminé, on lave encore une fois, et c'est dans le mercure que se trouve l'or et l'argent. On le sépare de ces deux matières, en comprimant ce résidu dans une peau de chamois ; le mercure fuit à travers les pores de la peau et il ne reste plus entre les mains de l'ouvrier qu'un amalgame d'or et d'argent. La séparation de ces deux métaux s'obtient alors au moyen de la cornue.

CENDRES GRAVELÉES. C'est le nom qu'on donne aux cendres obtenues par l'incinération de la lie de vin desséchée. On emploie principalement ces cendres pour obtenir les brillantes couleurs de la teinture.

CENDRIER. C'est la partie du fourneau qui reçoit les cendres, et placée immédiatement au-dessous de la grille.

CÈNE. Nom donné, chez les anciens, au repas du soir ; il était appelé *cœna* parce qu'il se faisait en commun. Ce mot, dans la religion catholique, s'emploie plus communément pour désigner le dernier repas que Jésus-Christ fit avec ses apôtres.

CENEDA, ville des États autrichiens (Vénétie), dans la délégation de Trévise, à 32 kil. de cette ville. Pop. 5,000 hab. Siége d'un évêché suffragant de Venise. On trouve aux environs des eaux minérales sulfureuses.

CENIS (MONT), montagne des Alpes dans le royaume d'Italie, séparant la France (Savoie) et le royaume d'Italie (province de Turin), à 50 kil. de Saint-Jean de Maurienne. Il forme le nœud des Alpes cottiennes et des Alpes grées ; ses sommets les plus élevés atteignent 3,500 mètres. Le col de cette montagne est l'un des passages les plus fréquentés des Alpes. Jusqu'en 1802, ce passage ne s'effectuait qu'à dos de mulet, et, depuis cette époque jusqu'en 1812, Napoléon Ier y fit construire une route de 35 kil. qui s'élève à 2,066 mèt. et qui conduit de Lans-le-Bourg à Suse ; il a aussi rétabli l'hospice du Mont-Cenis, consacré au service des voyageurs, dont la fondation remonte au VIIIe ou au IXe siècle.

CENNINO CENNINI, peintre de l'école florentine, né vers 1360. Il a écrit un livre sur la peinture, et c'est par cette sorte de traité que l'on a pu avoir quelques renseignements sur sa vie. Il ne reste de lui que des fresques qui décorent une des chapelles de l'église de la *Croce di Giorno*. Il mourut vers 1440.

CÉNOBITES. C'est à saint Pacôme qu'est due la règle de ces religieux, qui, tout en se livrant à la vie contemplative, se réunissaient à certaines heures de la journée pour prier en commun. Leur nombre fut autrefois très-considérable dans la haute Égypte, et des auteurs ecclésiastiques rapportent qu'aux fêtes de Pâques, le chef suprême en voyait réunis jusqu'à 50,000 autour de lui.

CÉNOTAPHE, c'est-à-dire tombeau vide. Les Romains élevaient ordinairement des cénotaphes à ceux des leurs dont le corps n'avait pas reçu de sépulture.

CENS. Nom qui s'appliquait chez les anciens au dénombrement du peuple et à la fixation des revenus de chaque citoyen, afin d'asseoir l'impôt. Le cens avait été établi à Athènes par Solon ; les Romains l'admirent également ; chez ces derniers, il avait lieu tous les cinq ans sous la direction des censeurs. Ce fut Servius Tullius qui l'introduisit à Rome.

CENS. Sous l'ancienne monarchie, on appelait ainsi la rétribution dont certains patrimoines étaient frappés au profit d'un seigneur qui prenait alors le nom de *seigneur censier* ; ceux qui tenaient le fond s'appelaient *censitaires tenanciers*.

CENS ÉLECTORAL. On appelle ainsi la quotité d'impôts exigée par les diverses constitutions politiques qui se sont succédé depuis 1791 jusqu'à l'établissement du suffrage universel pour constituer la qualité d'électeur ou d'éligible. La constitution de 1791, qui établissait le suffrage à plusieurs degrés, ne conférait la qualité d'électeurs qu'aux *citoyens actifs* qui payaient dans les campagnes une contribution équivalente à la valeur de 150 journées de travail ; elle exigeait, pour les habitants des villes au-dessus de 6,000 âmes, un revenu équivalant à la valeur de 200 journées. La constitution de l'an III n'exigeait que le payement d'une contribution quelconque. La charte promulguée par Louis XVIII en 1814 fixait le cens électoral à 300 francs de contributions directes, et le cens d'éligibilité à 1,000 francs. La charte constitutionnelle de 1830 abaissait le cens électoral à 200 francs et le cens d'éligibilité à 500 francs. Le suffrage ainsi restreint ne donnait qu'une autorité médiocre aux décisions législatives, l'immense majorité du peuple restant en dehors du droit électoral. Les abus engendrés par l'immixtion du gouvernement dans le choix des candidats, et surtout les manœuvres pratiquées dans certains colléges électoraux pour capter les suffrages, avaient donné lieu, dans les dernières années du règne de Louis-Philippe, à d'énergiques protestations. Une loi qui avait admis l'adjonction des capacités en faveur des licenciés et des membres des sociétés savantes ne donnait qu'une satisfaction insuffisante au vœu populaire. Louis-Philippe, en résistant vivement à l'opinion nationale, ne comprit pas que celle-ci était plus forte que cette majorité illusoire que lui donnaient dans les Chambres les votes des colléges départementaux, qui rappelaient trop bien *les bourgs pourris de l'Angleterre*. Depuis 1848, l'établissement du suffrage universel a amené la suppression du cens.

CENSEUR. La censure était une magistrature établie à Rome en 443 av. J.-C., les censeurs ne furent d'abord chargés que du dénombrement des citoyens, de l'évaluation de leurs biens et de leur classification par centuries. Plus tard ils furent chargés de l'administration intérieure de Rome, et eurent des édiles sous leur dépendance. Ils furent aussi chargés de veiller sur les mœurs des Romains et sur les innovations dangereuses que la corruption pouvait introduire dans la république. Ils portaient les accusations devant les comices populaires.

CENSEURS DES MUNICIPES ET DES COLONIES. Les Romains fondèrent, en Italie d'abord, puis dans les provinces qu'ils conquirent successivement, des municipes dont les citoyens jouissaient des mêmes droits que les citoyens romains, et des colonies dont les citoyens avaient droit de suffrage, sans pouvoir participer aux charges et aux honneurs de la république, de même que ceux des municipes. Ces cités avaient une administration particulière calquée sur celle de Rome ; elles étaient administrées par des censeurs dont les fonctions étaient les mêmes que dans la mère-patrie.

CENSEURS DRAMATIQUES. La censure des pièces de théâtre est une idée qui appartient aux Romains. L'ancienne magistrature des censeurs qu'Auguste avait essayé de remettre en honneur, était tombée en désuétude par suite des progrès effrayants et irrémédiables de la corruption. Les empereurs jugèrent cependant nécessaire de conserver des censeurs dramatiques qui épurassent les pièces représentées devant le peuple romain de toute expression qui pouvait blesser leur vanité ombrageuse. Les écrivains étaient soumis, en outre, à une censure spéciale qui atteignait les ouvrages ayant le caractère de libelles ; la peine capitale pouvait être encourue pour la plus légère épigramme.

CENSEUR ROYAL. On appelait ainsi, sous l'ancienne monarchie, un fonctionnaire chargé d'examiner les manuscrits avant qu'ils fussent livrés à l'impression, et d'adresser au chancelier un rapport critique, contenant approbation ou désapprobation. Aucun ouvrage ne pouvait paraître sans avoir été soumis à la censure préalable. La lenteur des censeurs désespérait souvent les auteurs; aussi faisaient-ils souvent imprimer leurs ouvrages à l'étranger. La niaiserie des censeurs dépassait parfois la limite du croyable. Ainsi la *Cuisinière bourgeoise*, ouvrage qu'on avait lieu de croire parfaitement inoffensif, fut proscrite en Allemagne, parce qu'un censeur avait lu à la table : *Recette pour apprêter les carpes au gras*. Il ne doutait pas qu'un livre qui métamorphosait le poisson en plat gras, ne fût irréligieux et subversif de l'ordre social.

Censeurs de la banque de France. Ce sont des délégués des actionnaires de la banque de France qui contrôlent les opérations des régents composant le conseil de cette banque.

Censeurs des études, fonctionnaires des lycées impériaux chargés de la surveillance spéciale des études.

Censeurs des journaux. Les premiers journaux n'étaient, à vraiment dire, que des nouvelles à la main. On jugea cependant nécessaire, pour étouffer cette innocente liberté qu'on jugeait encore excessive, de déférer les nouvellistes à la juridiction du lieutenant général de police. Dès lors on emprisonna sans jugement, et la police eut des espions jusque dans l'intérieur du foyer domestique. Les rigueurs n'arrêtèrent cependant pas les progrès de la presse; des gazettes circulaient et se distribuaient sous les yeux mêmes des agents de police. Le gouvernement finit par autoriser certains journaux à qui le privilège était accordé; cependant ils ne pouvaient paraître que sous la surveillance de censeurs spéciaux. Ceux-ci recevaient les ordres du chancelier; ils étaient aussi placés sous la direction du lieutenant-général de police, et enfin ils avaient à complaire à chacun des ministres, qui prétendaient aussi exercer sur eux leur juridiction. Il fallait prendre garde de rien écrire qui pût froisser aucune de ces puissances; et le malheureux journaliste avait souvent à concilier les opinions du chancelier avec celles du lieutenant de police ou de tout autre ministre, qui étaient souvent en désaccord sur la même question.

CENSURE DANS LES TEMPS MODERNES. La révolution de 1789 avait affranchi de toute entrave la publication de la pensée, sous quelque forme qu'elle se manifestât. La déclaration des droits de l'homme, placée en tête de la constitution de 1793, consacrait la liberté indéfinie de la presse. Après la réaction thermidorienne, la presse fut soumise à la surveillance du Directoire. La constitution du 22 frimaire an VIII porta un coup fatal à la liberté de la presse, en autorisant les consuls à supprimer les journaux contraires à leur politique. L'exil fit justice des protestations qui s'élevèrent contre cette nouvelle mesure. Le premier empire établit formellement la censure, en soumettant tout ouvrage à l'examen préalable du censeur; celui-ci avait le droit d'imposer des suppressions ou des changements. Les décrets des 14 décembre 1810 et 26 septembre 1811, allèrent plus loin encore. Il n'y eut plus qu'un seul journal dans tout l'empire, le *Moniteur officiel*. Toutefois le gouvernement se réservait d'autoriser la publication de feuilles d'annonces et de journaux littéraires ou scientifiques. On sait par l'exemple du *Journal des Débats* que ces dernières publications n'étaient pas sans danger. La Restauration maintint naturellement la censure. La charte de 1830 l'abolit expressément. L'article 8 de la constitution du 4 novembre 1848 était ainsi conçu : « La presse ne peut en aucun cas être soumise à la censure. » La constitution de 1852 ne proclame à cet égard aucun principe. Toutefois, le décret organique du 17 février 1852 ne permet pas la publication d'un journal périodique traitant de matière politique ou d'économie sociale sans l'autorisation du gouvernement. La censure dramatique a paru aux divers gouvernements qui se sont succédé une mesure préventive nécessaire. Sous l'ancienne monarchie, les censeurs royaux examinaient les pièces de théâtre avant la représentation. Crébillon, qui accepta cette fonction, refusa d'approuver le *Mahomet* de Voltaire, pendant que le malicieux poëte dédiait sa tragédie au pape Benoît XIV, qui, moins scrupuleux que le censeur, manifestait son admiration *pour une si belle tragédie* (*questa bellissima tragedia*). La loi du 19 janvier 1791 abolit la censure théâtrale. Cependant quelques troubles se produisirent; une loi du 2 août 1793 défendit la représentation des pièces de *nature à dépraver l'esprit public* et à réveiller la *honteuse superstition de la royauté*. Depuis cette époque, et sous tous les gouvernements qui se succédèrent, diverses lois ont réglé la censure dramatique. Aucune pièce ne peut être représentée avant d'avoir été soumise au visa de la censure.

CENTALLO, village du royaume d'Italie, à 10 kil. de Coni. Pop. 5,000 hab. On y remarque l'ancien château des marquis de Suze.

CENT ANS (guerre de). On appelle ainsi la longue et sanglante guerre qui fut engagée entre la France et l'Angleterre de 1337 à 1453. Commencée sous le règne de Philippe VI de Valois, elle ne se termina que sous Charles VII, par le dévouement de Jeanne d'Arc. Philippe VI de Valois ayant remporté sur les Flamands révoltés contre leur comte une victoire vivement disputée, se crut assez affermi sur son trône pour sommer Édouard III, roi d'Angleterre, de venir lui jurer foi et hommage comme à son suzerain, en sa qualité de duc de Guyenne. Édouard III se sentit humilié de cette exigence, mais les embarras que lui suscitaient l'ambition et la turbulence des barons anglais ne lui permirent pas de résister ouvertement. Il rendit hommage au roi de France, dans la cour plénière d'Amiens, en 1329. Cependant, Robert d'Artois, exilé dans les Flandres, et le brasseur Jacques Artevelle, chef des Flamands révoltés, proposèrent à Édouard III de l'appuyer contre Philippe de Valois, et même de lui faire prendre le titre et les armoiries du roi de France. Au début des hostilités, la flotte française, battue en 1340 près du fort de l'Écluse, reprenait sa revanche près de Saint-Omer. Sur ces entrefaites, Édouard fut obligé de quitter la France pour aller combattre les Écossais soulevés contre le roi qu'il leur avait imposé. Il s'ensuivit une trêve de deux ans. La Bretagne ayant été le théâtre d'une lutte sanglante entre Charles de Blois qui soutenait les droits de sa femme à l'hérédité de ce duché, et Jean de Montfort, son beau-frère, le roi de France prit parti pour Charles de Blois, et le roi d'Angleterre pour Jean de Montfort. Les deux prétendants ayant été faits prisonniers, leurs femmes continuèrent héroïquement la guerre. Le traité de Guérande, en 1365, assura la possession de la Bretagne à la maison de Montfort. Il y eut une nouvelle trêve; elle fut rompue en 1345 par le roi Édouard, indigné du supplice d'Olivier de Clisson et de plusieurs autres prisonniers illustres, à qui Philippe de Valois reprochait leur dévouement à l'Angleterre. La guerre se ralluma à la fois en Bretagne, en Normandie et en Flandre. Édouard, débarqué sur les côtes de Normandie, s'empara de cette province, et marcha sur Paris. Il vint camper dans les villages de Saint-Cloud et de Bourg-la-Reine; mais apprenant que Philippe venait de lever une armée nombreuse, il battit en retraite vers la Picardie. Philippe le rejoignit à Crécy, près d'Abbeville. Cette journée a été une des plus funestes pour nos armes; les Anglais eurent l'avantage des armes à feu dont ils se servaient pour la première fois, et les chevaliers français montrèrent une indiscipline que ne pouvait compenser le courage qu'ils déployèrent. L'armée française fut anéantie, et Philippe de Valois échappa à grand'peine à ses ennemis. Le roi d'Angleterre ne profita pas de sa victoire, et se contenta d'aller mettre le siége devant Calais. Il s'empara de cette ville, en exila les habitants et la repeupla d'Anglais. Il se vanta, dès lors, de tenir les clefs de la France à sa ceinture. Édouard et Philippe signèrent, en 1347, une trêve dont le pape Clément VI fut le médiateur. Une horrible peste qui survint en France et une famine qui s'ensuivit empêchèrent Philippe de Valois de recommencer les hostilités. Sous le règne de Jean II, dit le Bon, son successeur, l'Angleterre rompit la trêve, en 1355. Les États généraux montrèrent dans cette circonstance le plus généreux patriotisme, en offrant au roi les subsides qui lui étaient nécessaires. Ils surent toutefois, obtenir du roi certaines garanties contre le pouvoir féodal et le clergé. Le Prince Noir, fils du roi d'Angleterre, débarqua dans la Guyenne avec 12,000 hommes. Le roi Jean pouvait lui en opposer 50,000; mais l'ardeur imprudente et désordonnée de la chevalerie française fit perdre la bataille de Poitiers en 1356, comme elle avait fait perdre, dix ans auparavant, la bataille de Crécy. Jean fut fait prisonnier et conduit à Londres. La captivité du roi fut pour la France une source de calamités. Le dauphin, qui régna plus tard, sous le nom de Charles V, prit les rênes du gouvernement, en qualité de lieutenant général du royaume, et conclut avec les Anglais une trêve de deux ans. Les États généraux marchandaient la rançon de leur roi, en disant « qu'ils auraient plus cher à endurer et porter encore le grand meschef et misère où ils étaient, que le noble royaume de France fût ainsi *amoindri et défraudé*. » Édouard, irrité de la lenteur des décisions des États généraux, parut avec une armée aux portes de Paris. Le dauphin s'empressa alors de souscrire à toutes les réclamations du roi d'Angleterre; le traité de Brétigny concédait à l'Angleterre le duché d'Aquitaine, Calais, le comté de Ponthieu et la vicomté de Montreuil; la rançon du roi était fixée à 3 millions d'écus d'or. Le roi de France fut mis en liberté avant que cette rançon, énorme pour l'époque, eût été acquittée; il dut toutefois remettre en otage son frère et deux de ses fils. L'un de ses enfants s'étant enfui d'Angleterre, le roi Jean eut la loyauté de venir se reconstituer prisonnier, en disant « que si la bonne foi était bannie du reste de la terre, elle devrait trouver un asile dans le cœur des rois. » Ce malheureux roi termina ses jours dans l'exil. Charles V, dit *le Sage*, lui succéda en 1364. Quoique ce prince, qui ne songeait qu'à réparer les désastres des règnes précédents, fût éloigné de faire la guerre, il y fut néanmoins entraîné par les plaintes des provinces soumises à l'Angleterre. Aussi, malgré le traité de Brétigny, qui cédait ces provinces à l'Angleterre en toute souveraineté, Charles V cita le prince de Galles à comparaître devant la cour des pairs pour *ouïr droit sur lesdites complaintes* (1368). Le prince de Galles promit de comparaître, en effet, mais à la tête de 60,000 hommes. Le roi notifia une déclaration de guerre à Édouard III. Il laissa l'armée anglaise s'avancer jusqu'au cœur de la France, sans lui livrer bataille; l'armée anglaise souffrait d'une inaction qui l'épuisait autant que les batailles. Quand le roi vit que sa noblesse, plus soumise, était décidée à venger Crécy et Poitiers, il donna le commandement général à du

Guesclin, qui battit les Anglais en 1370 et reconquit la Bretagne. Cependant cette province ne voulut pas supporter l'impôt de la gabelle, et parvint à se soustraire par la révolte à la domination de Charles V. Le règne de Charles VI, qui monta sur le trône en 1380, replongea la France dans les horreurs de la guerre civile et de la guerre étrangère. La Flandre se révolta, secondée par les Anglais. Charles VI y accourut; mais cette guerre se prolongeant, il résolut de porter ses armes sur le sol même de l'Angleterre. Il équipa une flotte considérable qui fut en partie brisée par les tempêtes et en partie prise par les Anglais. La démence de ce prince nécessita l'établissement d'une régence que le duc d'Orléans disputa à ses deux oncles, les ducs de Bourgogne et de Berri : Ici se présente la lutte des Armagnacs et des Bourguignons (*Voir* ARMAGNACS ET BOURGUIGNONS). Après la mort de Charles VI, Charles VII, qui lui succéda en 1422, entendit retentir autour de lui des cris de : *Vive Henri de Lancastre, roi d'Angleterre et de France*. C'en était fait de la nationalité française sans le patriotisme de Jeanne d'Arc (*Voir* JEANNE D'ARC). En 1452, la Normandie et la Guyenne venaient d'être reprises à l'Angleterre et la ville de Calais était le seul point du territoire français qui restât soumis à l'Angleterre.

CENTAURES, monstres mythologiques demi-hommes et demi-chevaux, nés d'Ixion et de Néphélé. Ils habitaient aux environs des monts Ossa et Pélion, en Thessalie. Ayant voulu enlever la fiancée de Pirithoüs, lorsque ce dernier allait l'épouser, ils furent battus par les Lapithes. Les centaures les plus célèbres sont : Pholos, Spharée, Nessus, Chiron, Eurytus, Amycus.

CENTENAIRE. On donne ce nom à ceux qui dépassent l'âge de 100 ans. Parmi les centenaires les plus remarquables, on cite Fontenelle, qui prolongea son existence jusqu'à 100 ans, en calculant les moindres mouvements qui pouvaient exiger une certaine dépense de vitalité. On cite surtout Annibal Camouse, qui parvint à l'âge de 121 ans; Meunier, maître d'école à Paris, né en 1708, mort à 122 ans; Robert Montgommery, né en Écosse en 1668, mort à 126 ans; Jacques Sand, né en Angleterre en 1615, mort à 140 ans; François Coucit, né en Angleterre en 1667, mort à 150 ans; Pierre Zortau, né dans le Temeswar le 5 janvier 1624, mort à 185 ans; il ne s'était jamais nourri que de légumes.

CENTENIER, officier romain, qui remplaça le centurion au temps de la décadence de l'empire romain. Sous Charlemagne et ses successeurs, il y avait encore des centeniers.

CENTIARE, centième partie de l'are ou mètre carré. Il équivaut, suivant les anciennes mesures, à un carré dont chaque côté est de 3 pieds 11 lignes.

CENTIÈME DENIER, impôt établi en 1703, sur les mutations d'immeubles; tout nouvel acquéreur d'un immeuble devait payer un droit équivalent à la centième partie du prix de l'immeuble.

CENTIGRADE, se dit de la division du thermomètre en 100 degrés.

CENTIMANES, nom donné aux trois fils d'Uranus et de la Terre, Cottus, Briarée et Égéon; c'étaient des géants ayant 100 bras et 50 têtes; ils vomissaient des torrents de flammes et lançaient contre le ciel des rochers qu'ils avaient déracinés. Ils soutinrent Jupiter contre les Titans; ils se liguèrent ensuite avec Junon, Pallas et Neptune, qui avaient résolu d'enchaîner Jupiter au fond du Tartare. Thétis ayant gagné Égéon en faveur de Jupiter, celui-ci pardonna aux géants leur révolte.

CENT-JOURS. On appelle ainsi la période qui fut signalée, en 1815, par le retour de Napoléon en France, l'expulsion des Bourbons et le rétablissement de l'Empire. Le 24 février, Napoléon, prisonnier à l'île d'Elbe, donnait un grand bal, dont sa sœur Borghèse faisait les honneurs. Pendant ce temps-là, il faisait armer un petit brick, et quelques bâtiments recevaient des compagnies d'anciens vétérans décidés à suivre la fortune de César. Bertrand, Drouot et Cambronne étaient seuls dans le secret de l'empereur. A quatre heures du matin, celui-ci monta à bord de l'*Inconstant;* ses compagnons croyaient qu'ils voguaient vers l'Italie, mais il les désabusa bientôt en leur disant : « Nous allons en France, à Paris! » Cette simple proclamation fut accueillie par un enthousiasme indescriptible. Une tempête s'étant élevée, les marins voulurent retourner à Porto-Ferrajo. Napoléon voulut qu'on marchât en avant; il fit seulement alléger les navires en jetant à la mer tout ce qui pouvait gêner pendant le combat, dans le cas où l'on aurait rencontré quelque croisière. Un brick de guerre français aborda l'*Inconstant* et se contenta de demander comment allait l'empereur. Celui-ci répondit lui-même qu'on avait de ses nouvelles et qu'il se portait fort bien. Le 1er mars, Napoléon débarqua au golfe Juan, et campa dans une plantation d'oliviers. Sa marche rapide jusqu'à Gap, au milieu des populations surprises, avait quelque chose de magique. Il avait envoyé en avant son bataillon composé de 900 hommes, et il était lui-même resté en arrière avec 10 cavaliers et 40 grenadiers. Cambronne était à l'avant-garde. Près de Sisteron, Cambronne se vit arrêté par une colonne envoyée de Grenoble. Cambronne essaya en vain de parlementer; Napoléon, voyant alors le danger, mit pied à terre, et s'avançant vers les soldats de Grenoble : « S'il en est un seul, dit-il, qui veuille tuer son général, son empereur, il le peut, le voici! » Les cris unanimes de : Vive l'empereur! accueillirent ces paroles. Les soldats embrassèrent les aigles et prêtèrent serment à l'empereur. Celui-ci avait déjà une armée. Le 7e de ligne, sous le commandement de Labédoyère, fut envoyé à son tour contre l'empereur; les deux troupes se réunirent aux cris de : Vive l'empereur! vive le 7e! On marcha sur Grenoble, que défendait le général Marchand à la tête de 2,000 vétérans de l'empire. Les assiégés s'élancèrent soudainement au-devant de leur empereur dès qu'ils l'eurent aperçu. La population elle-même enfonça les portes de la ville et en jeta les débris aux pieds de Napoléon. On décida alors de marcher sur Paris. Quelques citoyens eurent le courage de représenter à l'empereur, au milieu de son triomphe, qu'il devait non plus combattre pour une vaine gloire, mais doter la France de la liberté. Ce fut à cette occasion qu'il prononça ces paroles : « J'ai su que la France était malheureuse. J'ai entendu ses gémissements et ses reproches. Je suis venu pour la délivrer du joug des Bourbons; leur trône est illégitime; mes droits ne sont autres que les droits du peuple. Je viens les reprendre, non pour régner, le trône n'est rien pour moi; non pour me venger; je veux oublier tout ce qui a été dit, fait et écrit depuis la capitulation de Paris. J'ai trop aimé la guerre, je ne la ferai plus. Nous devons oublier que nous avons été les maîtres du monde. Je veux régner pour rendre notre belle France libre, heureuse, indépendante. Je veux être moins son souverain que le premier et le meilleur de ses citoyens. » L'enthousiasme fut à son comble quand, passant en revue le 4e d'artillerie, dans lequel il avait fait ses premières armes, il dit à ses anciens camarades : « J'espère que nous n'aurons pas besoin de vos canons. Il faut à la France de la modération et du repos. »

Napoléon ordonna l'armement de la garde nationale dans les départements qu'il venait de traverser, et décréta qu'à partir du 15 mars, les actes publics seraient faits en son nom. Napoléon marcha sur Lyon avec une armée de 6,000 hommes. Pendant ce temps-là, le *Moniteur*, qui avait gardé le silence sur tous ces événements, se décida à mettre Napoléon hors la loi et à convoquer les Chambres. Le *Moniteur* publiait que Napoléon, abandonné des siens, errait dans les montagnes. Le gouvernement de Louis XVIII concentra 25,000 hommes à Lyon, et chargea Lecourbe et Oudinot de couper la retraite à Napoléon. Pendant que les adresses des municipalités et les protestations de fidélité pleuvaient aux Tuileries; ceux-là mêmes qui avaient crié la veille avec le plus de force : Vive le roi! acclamaient le lendemain celui qu'ils appelaient le libérateur de la nation. Napoléon entra à Lyon par le faubourg de la Guillotière, au moment où le comte d'Artois sortait par la porte opposée, suivi d'un seul garde national à cheval. Napoléon récompensa par la croix d'honneur la fidélité de ce garde. Au moment où Napoléon passait la revue de ses troupes à Lyon, un officier de la maison de Louis XVIII paraissait au balcon des Tuileries pour annoncer à la foule rassemblée que le duc d'Orléans, à la tête de 20,000 gardes nationaux, avait *complétement battu Buonaparte dans la direction de Bourgoinge*. Le retour du comte d'Artois, qui eut lieu le lendemain, vint démentir cette nouvelle d'une cruelle façon pour le parti royaliste. Les 30,000 hommes que Louis XVIII avait envoyés à la frontière des Alpes pour former le passage à Murat s'étaient donnés à Napoléon. Le maréchal Ney, qui s'était avancé jusqu'à Lons-le-Saulnier, se décida, à la réception d'une lettre du général Bertrand, à offrir à Napoléon ses soldats et son épée. Le 13 mars, Napoléon était à Mâcon, et le lendemain à Châlons. Dans cette dernière ville, il trouva une excellente artillerie qu'on avait envoyée pour agir contre lui, et que le peuple avait arrêtée au passage. Les villes que traversait l'empereur changeaient d'aspect avec la même facilité qu'un théâtre change de décorations; deux millions de paysans l'auraient accompagné jusqu'à Paris s'il ne s'y était opposé. Pendant ce temps-là, les princes passaient à Paris une revue de 30,000 gardes nationaux; on demanda des volontaires pour aller combattre le tyran; 200 hommes s'offrirent. Le 20 mars, Louis XVIII quittait le château des Tuileries, et quelques heures après, Napoléon entrait à Paris, au milieu des élans d'un enthousiasme indescriptible. Le duc d'Angoulême tenta, avec quelques volontaires, une résistance qui ne fit que le couvrir de ridicule. Louis XVIII se retira à Gand. Napoléon s'adressa alors au congrès de Vienne pour demander la paix. La coalition lui répondit par l'armement d'un million d'hommes. L'empereur se trouvait en face de difficultés sérieuses : Murat avait envahi l'Italie en lançant une proclamation où le nom de l'empereur n'était pas même prononcé; sa défaite certaine allait assurer la domination autrichienne en Italie. L'armée était complétement désorganisée; il fallait remplacer les hommes de l'émigration par des officiers dévoués. Enfin les Vendéens venaient de s'insurger contre le gouvernement impérial. Toutefois cette révolte ne tarda pas à être comprimée par le général Lamarque. Napoléon, disposant tout au plus de 80,000 hommes, se trouvait en face de 220,000 alliés prêts à franchir la frontière du Nord. Napoléon devait à la fois combattre et préparer les moyens de défense les plus énergiques contre le corps principal de l'armée coalisée, qui ne devait pas tarder à paraître. Malheureusement son triomphe fut bientôt suivi d'un revirement dans l'opinion publique. La proclamation de Grenoble avait fait espérer que le nouveau gouvernement de l'empereur proclamerait à la fois la liberté et la paix. En voyant restaurer les anciens rouages politiques et administratifs qui avaient failli perdre la France, les amis de la liberté renoncèrent à l'espoir de voir en Napoléon un libérateur et un régénérateur. Beaucoup d'entre eux se liguèrent même avec les royalistes contre l'ennemi commun. On voyait partout des préparatifs de combat; mais on n'entendait point parler d'institutions nouvelles. Napoléon se dirigea vers le Nord pour préparer la défense; là il apprit avec indignation la trahison du général Bourmont, qui était passé à l'ennemi avec quelques officiers d'état-major. Il résolut d'engager le combat avant que les ennemis rassemblés à Namur, à Bruxelles et à Charleroi n'eussent connaissance de ses mouvements. Le 15 mai, il entrait à Charleroi en chassant les Prussiens devant lui. Le 16, Napoléon marcha sur Fleurus, après avoir envoyé le maréchal Ney en avant, et confié le commandement de la droite de son armée au général Gérard. L'armée prussienne était forte de 90,000 hommes, et attendait encore des renforts anglais. La bataille s'engagea à Ligny. Les Prussiens furent complétement défaits et abandonnèrent quarante pièces de canon, six drapeaux et un grand nombre de prisonniers. Blücher battit alors en retraite. Le maréchal Ney, qui avait reçu l'ordre de l'empereur de se porter en avant des Quatre-Bras, négligea de suivre cet ordre, et perdit ainsi l'avantage de battre en détail plusieurs corps d'armée auxquels il donna, au contraire, le temps de se concentrer. Il semble que le maréchal Ney avait perdu son énergie et son audace. L'empereur résolut de frapper encore un grand coup avant que les alliés ne fussent sur les bords du Rhin; c'est alors qu'il se détermina à livrer la bataille de Waterloo, où se décida le sort de l'empire. (*Voir* WATERLOO.) Malgré ces revers, l'armée voulait encore lutter pour repousser l'invasion étrangère; mais Napoléon ne pouvait plus compter sur les hommes de son gouvernement, qui refusaient de tenter avec lui une nouvelle épreuve. Il rentra à Paris, le 20 juin, abîmé de douleurs et succombant à la fatigue. Il parla de rouvrir les Chambres, de leur exposer les malheurs de la France, et de faire un appel énergique à leur patriotisme. On lui représenta que les dispositions des députés étaient des plus hostiles : « Des traîtres, des traîtres partout, s'écria-t-il. Qu'est devenue l'héroïque France de 93, se levant comme un seul homme pour repousser l'invasion étrangère? Ces gens-là n'ont donc pas du sang français dans les veines? » Napoléon ne comprenait pas encore qu'il s'était mépris sur son rôle, et que la reconstitution de l'empire sur les mêmes bases faisait perdre à la lutte qu'il avait engagée le caractère d'une guerre nationale, et que le peuple ne voyait dans le conflit des ambitions que des intérêts dynastiques en opposition, sans que la cause de la liberté eût rien à gagner ou à perdre au triomphe de l'un ou de l'autre. Sous la Convention, la France combattait pour l'indépendance et la liberté; après Waterloo, elle n'espéra plus la liberté et aima mieux demander le repos à une monarchie qu'elle comptait bien dominer ou briser un jour, plutôt que de continuer une lutte dont on ne pouvait entrevoir l'issue. Napoléon le comprit enfin lorsqu'il n'était plus temps. Ainsi ce fut sur le rocher de Sainte-Hélène qu'il regretta de n'avoir pas rendu le peuple français « le plus libre de tous les peuples de la terre. » Napoléon se décida enfin à adresser un message à la Chambre des représentants; mais il était trop tard : elle venait de se déclarer en permanence après avoir qualifié de crime de haute trahison toute tentative pour la dissoudre, et déclaré traître à la patrie quiconque porterait atteinte aux droits des représentants. En même temps la Chambre invitait les ministres à se rendre sur-le-champ dans le sein de l'Assemblée. L'empereur, irrité, envoya Regnault à la Chambre des députés; on refusa de l'entendre. Les députés exigèrent de l'empereur l'abdication en faveur de son fils. Napoléon accepta ce sacrifice, et publia la proclamation suivante : « En commençant la guerre pour l'indépendance nationale, je comptais sur la réunion de tous les efforts, de toutes les volontés, et sur le concours de toutes les autorités nationales. J'étais fondé à en espérer le succès, et j'avais bravé toutes les déclarations des puissances contre moi; les circonstances me paraissent changées. Je m'offre en sacrifice *à la haine des ennemis de la France*; puissent-ils être sincères dans leur déclaration et n'en avoir voulu seulement qu'à ma personne! Ma vie politique est terminée, et je proclame mon fils, sous le titre de Napoléon II, empereur des Français. Les ministres actuels formeront provisoirement le conseil du gouvernement. L'intérêt que je porte à mon fils m'engage à inviter les Chambres à organiser sans délai la régence par une loi. Unissez-vous tous pour le salut public et pour rester une nation indépendante. » Pendant ces négociations avec les Chambres, le peuple parisien apprenait que l'ennemi était à dix lieues de la capitale et que le temps n'était plus aux discoureurs. Les *fédérés*, organisés en bandes, parcouraient les rues en faisant entendre des menaces contre les Fouché, les Talleyrand et tous les hommes dont la trahison était déjà connue. L'empereur, n'ayant de confiance que dans les armées, et ne comprenant pas tout ce qu'il pouvait attendre du patriotisme parisien, partit de l'Élysée le 25 juin, et se rendit à la Malmaison, d'où il comptait faire des préparatifs pour son embarquement. La trahison de Fouché livrait Paris aux mains de la coalition. Blücher se vengea de ses précédentes défaites en étalant un orgueil ridicule; il voulut entrer le premier dans la capitale, et se chargea de dissoudre les Chambres. La capitulation consentie par le gouvernement provisoire portait que l'armée française se retirerait derrière la Loire. L'empereur se décida à partir pour Rochefort; il y arriva le 5 juillet, accompagné du général Becker. Dans la journée du 10 juillet, le vaisseau anglais le *Bellérophon* étant venu prendre position sur la rade des Basques, Napoléon se décida à prendre passage sur ce vaisseau pour se rendre en Angleterre. Le commandant de ce navire, le capitaine Maillard, prit les plus grandes précautions pour dissimuler ses desseins à Napoléon, et il l'accueillit à son bord avec les marques de la plus grande déférence; mais bientôt l'empereur n'eut plus d'illusion sur son sort; on lui apprit qu'il était prisonnier, et qu'il devait être conduit à Sainte-Hélène. Pendant que ces derniers événements s'accomplissaient, les frontières étaient envahies sur tous les points à la fois, et, malgré des actes isolés de résistance héroïque, la France était comme enfermée dans un cercle de fer. La restauration était consommée.

CENTLIVRE (Suzanne Freemann; mistriss), auteur dramatique célèbre en Angleterre, née dans le comté de Lincoln, en 1667, morte en 1723. Le hasard lui fit rencontrer un étudiant de l'université de Cambridge, qui, charmé de son esprit, lui fit la singulière proposition de l'emmener à l'université et de l'y faire admettre. Elle prit en effet un costume d'homme, et fut admise comme un parent du galant étudiant. Il va sans dire qu'elle resta fidèle à celui qui lui avait ainsi procuré les moyens de satisfaire son goût pour l'étude; elle apprit le latin et le français, et fit des progrès qui étonnèrent ses maîtres. Elle passa ensuite à Londres, où elle épousa un neveu de sire Stephen Fox à l'âge de 16 ans; elle perdit son mari après un an de mariage. Elle épousa en secondes noces un officier qui fut tué en duel dix-huit mois après l'avoir épousée. A partir de ce moment, elle s'essaya dans la tragédie et dans la comédie, et se plaça de suite au rang des meilleurs artistes dramatiques de son temps. *Les Ruses de l'amour, le Joueur, le Dissipateur, l'Amour par aventure, un Coup hardi pour une femme*, attestent une certaine verve comique, de la vivacité dans l'action; mais le style est quelquefois irrégulier et la licence poussée assez loin. Elle épousa en troisièmes noces Centlivre, maître d'hôtel de la reine Anne. Sa beauté était remarquable, sa conversation spirituelle et pleine d'intérêt; elle s'était liée avec Steele et Rowe.

CENTO, ville forte des États de l'Église, à 22 kil. de Ferrare, sur le canal de son nom. Pop. 18,360 hab. Patrie de Jean-François Barbieri, dit *le Guerchin*.

CENTON. On appelle ainsi un ouvrage poétique, composé de vers ou de fragments empruntés à divers poëtes, et disposés de manière à traiter un sujet différent. Il existe quelques centons curieux, composés avec des fragments soit d'Homère, soit de Virgile.

CENTORBI, ville de Sicile, à 18 kil. de Catane, au pied de l'Etna. Pop. 3,000 hab. Ruines antiques.

CENTRALES (forces). Puissance en vertu de laquelle un corps en mouvement tend à se diriger vers un centre ou à s'en éloigner; le premier effet prend le nom de force centripète, et le second celui de force centrifuge. La force centripète est déterminée par la loi de la gravitation. La physique reconnaît que le centre de la terre, et certainement aussi le centre de tout le globe céleste, ce noyau où se trouve le feu central, est le point vers lequel gravitent tous les corps placés à la surface de la terre.

CENTRALISATION. Action administrative exercée par un gouvernement, qui descend dans les plus minces détails, et n'abandonne rien à la décision des fonctionnaires d'un ordre inférieur. On comprend que la centralisation excessive embarrasse d'autant plus une administration supérieure, qu'un gouvernement est étendu. La communication avec les divers fonctionnaires exige alors une correspondance considérable, et elle emploie de nombreux intermédiaires. La centralisation absolue paraît offrir au premier abord des avantages qui l'ont fait admettre par les gouvernements jaloux de leur autorité. La surveillance et le contrôle s'exercent dans les moindres recoins d'un État, et il semble, par la suite, que toutes les forces nationales sont facilement concentrées dans une seule main. Ce système, excellent en théorie, produit dans la pratique d'immenses inconvénients qui ont été appréciés par les gouvernements qui y ont eu recours. Les plus sages gouvernements se sont appliqués à en diminuer les effets, en tant qu'elle la centralisation offrait un moyen d'accélérer l'expédition des affaires sans affaiblir l'autorité centrale. Ainsi l'on a distingué la centralisation administrative de la centralisation politique. Il est constant que dans le domaine politique, la décentralisation convient peu au système monarchique, et qu'en tout cas elle est nécessaire pour la direction des affaires extérieures. Mais c'est surtout dans les affaires administratives que la centralisation excessive produit les effets les plus déplorables. La machine gouvernementale, surchargée de rouages, ne fonctionne que pesamment et lentement; la manie de tout réglementer gêne la liberté, et paraît d'autant plus oppressive que son action s'exerce dans tous les actes, dans tous les détails de la vie civile et purement privée. Les améliorations les plus urgentes ne peuvent s'introduire qu'en passant par la filière de plusieurs administrations, dont les unes peuvent être contradictoires; de plus, l'administration centrale étant moins éclairée que l'administration subalterne sur l'opportunité de certains établissements ou de certaines mesures, exige des enquêtes qui souvent n'élucident qu'imparfaitement les questions. De là des oppositions, des réclamations, et trop souvent la perpétuité des abus. Pour en donner un exemple, une commune qui aurait à réparer un pont, pour empêcher qu'il ne tombe complètement en ruine, et qui n'aurait besoin que d'une somme modique pour arrêter le progrès de la dégradation, se verra obligée, sous le régime de la centralisation, d'attendre que des expertises, aussi longues que coûteuses, aient éclairé d'abord l'administration préfectorale, puis le ministère lui-même, qui n'accordera l'autorisation définitive qu'après un mûr et lent examen. Ajoutons que la préfecture ne se déterminera elle-même que sur un rapport des ingénieurs. On conçoit, dès lors, que les dégradations auront pu s'aggraver, et que des travaux beaucoup plus importants, ou même de reconstruction, seront devenus nécessaires. Dans cette nouvelle situation, la commune ne peut profiter de la première autorisation qui limite ses dépenses, et se voit obligée d'en demander une nouvelle. Les vices de la centralisation ainsi appliquée n'ont pas échappé à l'un des hommes dont l'opinion doit être le moins suspectée; de Villèle s'exprimait ainsi à cet égard: « La centralité est un moyen de couvrir les abus, de les sanctionner, de les légitimer. Comme ils dérivent, soit par erreur, soit par surprise, soit par prévention au préjugé, du pouvoir suprême de qui tout émane, il n'existe point de contrôle qui puisse les dévoiler, point d'autorité qui puisse les réprimer. Ses agents, ses subordonnés, qui seuls pourraient l'éclairer, se taisent par prudence, et trop souvent ils approuvent ce qu'ils devraient blâmer. Que de vertu il leur faudrait, pour faire céder l'intérêt de leur place ou de leur avancement, au sentiment de leur devoir! Quand l'action administrative part du degré supérieur pour descendre par échelon jusqu'aux administrés, tout redressement devient impossible, car on ne peut l'attendre que d'un pouvoir supérieur. » La décentralisation dans certaines limites est encore le sujet des préoccupations et des études des législateurs et des économistes.

CENTRE (géométrie). On appelle ainsi le point qui marque le milieu d'un cercle ou d'une sphère; le centre est à une distance égale de tous les points de la circonférence.

CENTRE, nom donné, dans les anciennes chambres, à un parti disposé quand même à approuver tous les actes du ministère, et ainsi appelé parce qu'il siégeait au milieu de la salle des délibérations. Cette expression a été appliquée particulièrement à la majorité dont disposaient le gouvernement de la Restauration et celui de Juillet; les pamphlétaires et les journalistes employaient quelquefois des dénominations plus énergiques.

CENTRE DE GRAVITÉ, point par lequel un corps suspendu se trouve en équilibre de tous côtés; le centre de gravité marque le point vers lequel se concentrent toutes les attractions qu'exerce la terre sur les particules d'un corps.

CENTRE ou du *Charolais* (canal du), canal de grande navigation qui unit la Loire à la Saône, compris en entier dans le département de Saône-et-Loire. Il a 127 kil. de long et 81 écluses. Il fut creusé sous le règne de Louis XVI, en 1784, et livré à la navigation en 1793.

CENTRIFUGE (force). C'est celle par laquelle un mobile qui tourne autour d'un centre s'efforce de s'en éloigner et semble le fuir. La force centrifuge augmente en proportion de la diminution de la courbure. C'est à la force centrifuge qu'on attribue l'aplatissement de la terre vers les pôles. La force centrifuge est si puissante sur les chemins de fer, que l'on cherche, autant que possible, à les faire en ligne droite, ou du moins, à raccorder leurs alignements par des courbes d'un très-grand rayon.

CENTRIPÈTE (force). On donne ce nom à une force contraire à la force centrifuge, en vertu de laquelle un corps en mouvement autour d'un centre tend à converger vers lui. Les corps libres dans l'espace, tels que les corps planétaires qui se meuvent circulairement dans l'espace sont retenus dans leur orbite par une force centripète égale à la force centrifuge qui les en écarte: c'est ce qui a lieu pour les planètes qui se meuvent autour du soleil.

CENT-SUISSES, troupe d'infanterie qui fut instituée par Louis XI en 1496, sous le nom de *compagnie des cent suisses ordinaires du corps du roi*. Ils portaient la hallebarde ou la canne d'arme. Plus tard, ils furent divisés en piquiers et en mousquetaires. Louis XVIII les rétablit sous le nom de *grenadiers gardes à pied du corps du roi*.

CENTUMVIRS, juges de l'ancienne Rome, choisis parmi les 35 tribus de Rome, à raison de 3 par tribu. Ils étaient spécialement chargés des affaires relatives aux testaments et aux successions.

CENTURI, village de l'arrond. de Bastia (Corse), à 34 kil. de cette ville. Pop. 830 hab. Exportation des vins du pays. Petit port de commerce et de relâche.

CENTURIE, division politique de l'ancien peuple romain. Les comices se réunissaient au champ de Mars pour l'élection des magistrats, ou pour délibérer sur les propositions qui intéressaient toute la république. La division en centuries avait l'avantage de faciliter le recensement des suffrages. Servius Tullius substitua au vote par curies le vote par centuries; il institua 193 centuries, dont 18 de chevaliers. Les centuries étaient inégalement réparties entre les six classes de citoyens; l'admission dans ces différentes classes était déterminée suivant la quotité d'impôts que payait chaque citoyen. Ceux qui ne payaient aucun impôt étaient exclus des classes. L'usure des nobles et des riches diminua considérablement le nombre des citoyens compris dans les classes les plus élevées. En 290 av. J.-C., le nombre des centuries fut réduit à 82; il fut porté plus tard à 350. Plus tard, les Romains obtinrent, par suite de révolutions politiques, que les plébiscites proposés par un tribun du peuple et admis dans les comices fussent substitués au vote par centuries.

CENTURIE, corps d'infanterie romaine. Dans l'organisation de l'armée romaine, chaque légion se composait de 10 décuries, et chaque décurie de 10 centuries, ou compagnies de 100 soldats. A la tête de la centurie se trouvait un centurion et un sous-centurion.

CENTURION, chef de centuries. Ils étaient choisis par les tribuns militaires, mais leur nomination devait être approuvée par les consuls. Les centurions obtenaient leur grade par l'ancienneté. Sous les empereurs, ce grade fut accordé à la faveur, et devint même parfois vénal. Le centurion n'était pas seulement un commandant militaire, il jugeait aussi les contestations purement civiles intéressant ses soldats.

CÉORLS Troisième classe des habitants de l'Angleterre, au temps de la domination des Anglo-Saxons. Cette classe, sorte de bourgeoisie, était composée des hommes libres; les laboureurs et les artisans, esclaves ou descendants d'esclaves, composaient une seconde classe; la noblesse faisait partie de la première. Plus tard on donna le nom de *céorls* aux fermiers. Le céorls qui justifiait de la possession d'un certain domaine et qui obtenait un office à la cour du roi, acquérait un titre de noblesse; il en était de même s'il était propriétaire d'un navire et s'il justifiait de trois voyages en mer.

CEOS, aujourd'hui *Zia* ou *Céo*, île de la mer Égée, l'une des Cyclades, au S.-E. du cap Sunium, en Attique. Cette île fut la patrie des poëtes Simonide et Bacchylide.

CÉPHALE, contemporain du second Minos, bisaïeul d'Ulysse, vivait environ cent ans avant la guerre de Troie. Il était fils d'Éole ou de Déion, ou, selon d'autres, de Mercure et de Hersé, et époux de Procrice, fille d'Erechthée, roi d'Athènes. Aurore, éprise de lui, l'enleva sans pouvoir vaincre son dédain; la déesse jura alors de se venger, et lui révéla que sa femme, qu'il aimait passionnément, n'avait pour lui qu'une fidélité douteuse. Céphale, voulant éprouver Procrice, se déguisa et lui offrit de grands présents pour qu'elle cédât à ses instances. Procrice se montra faible; son mari, se démasquant alors, la chassa et l'obligea de se retirer dans les forêts. Elle se réconcilia cependant avec lui, et lui offrit en présent un chien de chasse que lui avait donné Minos, et un javelot qui ne manquait jamais son coup. Céphale se livra avec ardeur à la chasse. Procrice, jalouse à son tour, craignant que quelque nymphe ne l'attirât dans les bois, se cacha dans les broussailles pour surprendre son mari. Céphale, fatigué de ses courses, vint se reposer sous un arbre en invoquant l'haleine du Zéphire. Procrice, croyant entendre le nom d'une rivale, fit du bruit. Céphale, croyant que c'était quelque bête fauve, lança aussitôt son javelot, et la tua. Jupiter, touché de la douleur de Céphale, le changea en rocher.

CÉPHALOMANCIE, sorte de divination. Lorsqu'un crime avait été commis et que le meurtrier était inconnu, les astrologues plaçaient une tête d'âne sur un brasier; ils prétendaient qu'alors le craquement des mâchoires faisait entendre nettement le nom du coupable.

CÉPHALONIE, la plus grande des îles Ioniennes (Méditerranée), à l'O. d'Ithaque, à l'entrée du golfe de Lépante. Superficie 65,880 hect. Pop. 69,970 hab. Ch.-l. Argostoli. Beau climat et sol fertile, mais mal cultivé; récolte de raisins de *Corinthe*, vin muscat, huiles, céréales. Montagnes; le point culminant est la Montagna-Negra (1,766 mèt.). Siége d'un évêché catholique de Céphalonie et Zante. Cette île, selon Homère, appartint à Ulysse, et était nommée *Samos*; elle appartint ensuite aux Macédoniens, aux Étoliens, fut soumise par les Romains en 189 av. J.-C. Après la 4e croisade, elle eut des comtes d'origine française et des vassaux de la principauté d'Achaïe. Elle fut conquise par les Vénitiens en 1483. En 1797, elle appartint à la France, et aujourd'hui elle fait partie du royaume de Grèce.

CÉPHÉE, prince d'Éthiopie, époux de Cassiopée et père d'Andromède. D'après la fable, il suivit les Argonautes à la conquête de la Toison d'or. Après sa mort, il fut transporté au ciel, et donna son nom à une constellation de l'hémisphère boréal, située entre le Dragon et Cassiopée.

CÉPHISODOTE, orateur athénien qui vivait vers 368 av. J.-C., et dont Démosthène vantait l'éloquence. Il conclut avec Charidème d'Orée un traité de paix qui fut désapprouvé par les Athéniens. Il fut mis en accusation, et il s'en fallut seulement de huit voix qu'il ne fût condamné à la peine capitale; il dut néanmoins payer une amende de cinq talents.

CÉPHISODOTE, sculpteur grec, fils de Praxitèle, vivait vers 360 avant J.-C. Il avait composé, à Pergame, un *Groupe de lutteurs* qui faisait l'admiration des anciens.

CERACCHI (Joseph), sculpteur italien, né à Rome en 1760. Il avait étudié sous le célèbre Canova, dont il était devenu le rival. Quand la révolution éclata, il négligea la sculpture, et se passionna pour les idées de liberté. Il se vit chassé de Rome par l'autorité pontificale, et vint chercher un refuge à Paris. Là il forma avec Arena, Demerville et Topino-Lebrun, un complot ayant pour but d'assassiner le premier consul. Il fut dénoncé, condamné à mort ainsi que ses complices, et exécuté le 10 octobre 1800.

CÉRAM, une des îles Moluques (Océan pacifique), dans la Malaisie hollandaise. Sup. 1,430,000 hect. Le centre est habité par les Harfours, de race polynésienne, et les côtes par des peuplades malaises, gouvernées par des chefs vassaux de la Hollande. Montagnes dont les sommets s'élèvent de 2 à 3,000 mèt. Climat salubre; sol très-fertile; grandes forêts riches en bois précieux. Les tremblements de terre y sont très-fréquents.

CÉRAMIQUE, nom donné à deux quartiers de l'ancienne Athènes, à cause du voisinage des fabriques de tuiles. Le premier était situé dans l'enceinte de la ville; il était orné de superbes portiques, de théâtres, de temples, et était l'un des plus beaux quartiers d'Athènes. L'autre *Céramique* était situé dans le faubourg de la ville où se trouvaient les jardins de l'Académie.

CÉRAMIQUE, mot tiré du grec *céramos* (terre à potier). On appelle ainsi l'art de fabriquer la poterie, la faïence et la porcelaine. Les anciens cultivèrent la *céramique;* les Etrusques la portèrent à un certain degré de perfection. Au XIVe siècle, on ne connaissait guère, en Europe, que la poterie de grès. Ce fut vers 1400 que la faïence fut découverte à Florence. Les ducs de Toscane favorisèrent cette industrie, et bientôt la porcelaine d'Italie eut une grande vogue. En 1580, Bernard Palissy découvrit le secret de la faïence colorée; ce fut seulement vers 1725 que le hasard fit découvrir la véritable porcelaine. Enfin, vers le milieu du XVIIIe siècle, on fabriqua une faïence qui fut bientôt portée à son plus haut degré de perfection. Louis XV contribua surtout, par l'établissement de la manufacture de Sèvres, à rivaliser avec la fabrication de porcelaine de Saxe.

CÉRAMIUM, carrefour de l'ancienne Rome, où se trouvaient les maisons de Cicéron et de Milon.

CERBÈRE, chien à trois têtes, veillant à l'entrée des enfers. Il était fils de Typhon et d'Echidna. Sa vigilance ne fut mise en défaut que deux fois, lorsque Orphée enleva Eurydice des Enfers, et lorsque la sibylle Déiphobe y conduisit Enée.

CERCAMP, village de l'arrond. de Saint-Pol (Pas-de-Calais), à 18 k. de cette ville. En 1558, il s'y tint des conférences pour préparer la paix de Câteau-Cambrésis.

CERCEAU, cercle de bois ou de fer, servant à lier les tonneaux, cuves et barriques.

CERCINA aujourd'hui KERKÉNY, îles de la Méditerranée, dans la petite Syrte, au N.-E. de la Bysacène.

CERCLES DE LA SPHÈRE. On appelle ainsi, en astronomie, des lignes imaginaires tracées sur les cartes géographiques, pour déterminer la situation des pays ou pour représenter le mouvement des astres. On distingue les grands et les petits cercles. Les grands cercles, qui divisent la sphère en deux parties égales, sont l'équateur, l'écliptique, l'horizon, le méridien, le zodiaque et les deux colures. Les petits cercles sont les tropiques et les cercles polaires.

CERCLE, circonscription territoriale en Prusse, qui comprend une agglomération de plusieurs communes, et qui correspond au canton en France.

CERCLE (réunion). Ce mot se disait autrefois d'une réunion à la cour; les courtisans s'y tenaient assis autour du roi, et les dames autour de la reine. De là cette locution : Ce soir il y a cercle chez le roi, chez la reine. Le moindre marquis voulut tenir aussi son cercle; et, la vanité aidant, le plus mince bourgeois eut le sien; c'est ainsi que nous comptons depuis les cercles du faubourg Saint-Germain et de la Chaussée-d'Antin, jusqu'au thé de Mme Gibou. Les esprits légers, les perroquets et les singes dirigent la conversation; il est convenu que les hommes sérieux sont des ours.

> . . . . . . Est-il si mince coterie
> Qui n'ait son bel esprit, son plaisant, son génie?

a dit Gresset. Et ailleurs :

> L'aigle d'une maison n'est qu'un sot dans une autre.

Nous avons aussi des cercles dont on fait partie moyennant un abonnement mensuel. C'est surtout en province qu'ils se sont étendus. Chaque petite ville a voulu avoir son Jockey-club. On y joue au billard, aux cartes, aux échecs. Quelquefois aussi on cause : l'insurrection chinoise, les exploits de Gérard, ou les questions de sport, sont le thème ordinaire des conversations. Les lettrés discutent sur le mérite des productions littéraires du jour : *Un roman au fond de la mer*, *les Souvenirs d'un damné*, ou les *Mémoires de Soulouque*, nourrissent l'esprit des habitués. On joue autant qu'à Paris, on y perd davantage, et l'on est fier d'avoir *des dettes d'honneur*, comme si l'honneur était intéressé à la chose. Qu'y a-t-il au fond de ces mœurs ridicules? — De la vanité d'abord, et de la vanité toujours.

CERCLES D'ALLEMAGNE, divisions politiques de l'ancien empire germanique. Sous l'empereur Wenceslas, en 1387, l'Allemagne fut divisée en quatre cercles. Albert II établit six cercles, soumis chacun à un électeur. En 1512, le nombre des cercles fut porté à dix : Franconie, Bavière, Souabe, Haut-Rhin, Westphalie, Basse-Saxe, Autriche, Bourgogne, Bas-Rhin, Haute-Saxe. A la tête de chaque cercle se trouvait une diète présidée par un prince, et un feld-maréchal exerçant le commandement militaire. Cette division subsista jusqu'en 1806.

CERCLE VICIEUX, genre de sophisme, dans lequel celui qui argumente, au lieu de partir d'un point pour arriver logiquement à un autre, tourne toujours autour de la même proposition, et revient sans cesse au point d'où il est parti. Ainsi celui qui entreprend d'expliquer l'origine des langues par la révélation, et qui explique ensuite la révélation elle-même par l'origine des langues, tourne dans un cercle vicieux. Certains esprits plus brillants que profonds sont assez exercés à manier ce sophisme, pour faire illusion à ceux dont l'attention n'est pas éveillée. Il y a aussi cercle vicieux lorsqu'on cherche à prouver une cause par un effet et cet effet par la cause.

CERCUEIL, coffre dans lequel on renferme les corps des morts pour les inhumer; il est ordinairement en sapin, en ébène ou en acajou. Le cercueil des Egyptiens était en bois de sycomore ou de cèdre, et quelquefois même en pierre granitique. Le mort était enseveli avec ses bijoux précieux. Cette coutume s'est perpétuée chez les chrétiens et est encore en vigueur de nos jours. Le luxe des cercueils a été porté assez loin en Chine; les plus pauvres ont toujours soin de mettre de côté l'argent nécessaire pour payer leur cercueil. Tandis qu'en France, c'est la dernière chose à laquelle on songe; les Anglais ont plus de précautions et tiennent des magasins de cercueils : il n'est pas rare de voir un bon Anglais venir gravement marchander le cercueil dans lequel il espère se loger le lendemain pour se guérir du spleen.

CERCYON, brigand fameux d'Eleusis, fils de Neptune et d'une fille d'Amphictyon. Doué d'une force prodigieuse, il attachait les passants qu'il arrêtait à la cime des arbres qu'il courbait; de sorte que ceux-ci, en se redressant, déchiraient les membres de ses victimes. Thésée le vainquit et le punit du même supplice.

CERDIC, aventurier saxon; il vint dans la Grande-Bretagne vers la fin du Ve siècle, à la tête d'une troupe de Saxons. Il engagea une lutte qui dura vingt années contre le fameux Arthur, que les romanciers célèbrent comme le fondateur de la *Table ronde*. Les victoires d'Arthur n'empêchèrent pas Cerdic de fonder avec son fils Kenrick, en 1516, le royaume de Wessex, comprenant les comtés de Hants, de Dorset, de Wilts, de Berks et l'île de Wight.

CERÉ (Jean-Nicolas), directeur du jardin botanique de l'île de France, né dans cette île en 1737, mort en 1810. Il servit d'abord sous les ordres du comte d'Aché. En 1759, il se fixa dans son pays natal, où il se livra entièrement à son goût pour l'histoire naturelle. Ses correspondances avec Buffon, Daubenton, Lamarck et d'autres savants, lui valurent une grande réputation. En 1755, il fut nommé directeur du jardin royal de botanique, et employa une fortune considérable à l'amélioration de cet établissement. Il introduisit dans l'île de France la culture du poivrier, du giroflier, du cannelier, du muscadier, et naturalisa un grand nombre de légumes étrangers et plus de 600 arbustes de divers pays.

CÉRÉ (Saint-), ch.-l. de cant. de l'arrond. de Figeac (Lot), à 23 kil. de cette ville. Pop. 3,000 hab. Ruines du château fort de Saint-Laurent qui appartint aux vicomtes de Turenne.

CÉRÉA, ville des Etats autrichiens (Vénétie), à 30 kil. de Vérone. Pop. 2,800 hab. Elle fut le théâtre d'un combat entre les Français et les Autrichiens (1798).

CÉRÉALES (grains), de Cérès, déesse des moissons, nom sous lequel on désigne les graminées qui servent à la nourriture de l'homme et des animaux domestiques. On comprend, dans les céréales, le froment, l'orge, l'avoine, le seigle et le maïs. La culture des céréales a été de tout temps l'objet d'une étude constante. L'épuisement du sol par une culture trop longtemps prolongée des céréales, a donné lieu à l'alternation avec les plantes bisannuelles, qui cherchent dans l'humus une nourriture autre que celle qui convient aux céréales.

CÉRÉALIS (Petilius), général romain qui vivait vers l'an 71 av. J.-C., parent de l'empereur Vespasien, fut envoyé par lui dans les Gaules, à la tête d'une forte armée, pour apaiser la révolte des Gaulois qui s'était prolongée après la défaite de Sabinus. Langres, Trèves, ainsi que les Bataves et les Nerviens, étaient restés sous les armes; ils étaient commandés par Civilis et Classicus. Céréalis fit rentrer dans le devoir les légions romaines qui avaient déserté, et défit les Trévirs commandés par Valentin. Les Bataves résistaient encore. Civilis essaya vainement de séduire le général romain, en lui offrant l'empire des Gaules. Céréalis remporta sur lui différents succès, contrebalancés par l'audace et les ressources de son adversaire. Civilis et Céréalis convinrent enfin de cesser la lutte. Le chef batave obtint un traité honorable qui assurait l'indépendance de son pays. Ce fut le dernier effort que tenta la Gaule pour recouvrer son indépendance. Plus tard Céréalis eut les honneurs du consulat, et fut ensuite nommé gouverneur de la Grande-Bretagne, où il partagea les travaux et la gloire du célèbre Agricola.

CÉRÉMONIAL, ordre et ensemble des usages observés dans les occasions solennelles pour rappeler un fait mémorable; c'est ainsi que le cérémonial religieux et le cérémonial public ou diplomatique est réglé par des usages constants et traditionnels.

CÉRÉMONIE, mot qui signifie : *offrande faite à Cérès*, et qui rappelle les fêtes solennelles célébrées par les anciens en l'honneur de cette déesse. Il indique aujourd'hui les formes observées dans les actes religieux et qui constituent le culte extérieur, ou dans les actes politiques, et c'est ce qu'on appelle cérémonial politique.

CÉRENCES, bourg de l'arrond. de Coutances (Manche), à 16 kil. de cette ville. Pop. 2,150 hab.

CÉRÈS, fille de Saturne et d'Ops, connue aussi sous les noms de Rhée, Vesta et Cybèle. Ops signifie secours; Rhée, abondance des sources; Vesta, feu, et Cybèle indique la consistance de la terre. C'était d'une telle mère que devait naître la déesse qui préside aux moissons. C'était une belle jeune fille aux yeux couleur d'azur, à la chevelure blonde et flottante, et dont les traits respiraient une bonté et une douceur infinie, qui charmèrent Jupiter. Le maître des dieux se changea en taureau et la rendit mère de Proserpine. Sous cette fable, nous voyons apparaître l'idée du taureau qui féconde la terre par le labourage, et dont les travaux produisent plus tard l'épi dont le germe est confié à la terre. Les anciens prétendent qu'après avoir longtemps voyagé avec Bacchus, elle enseigna aux hommes l'art de cultiver la terre, de semer le blé et d'en faire du pain. Elle vint à la cour de Triptolème, à qui elle apprit à labourer la terre. S'étant chargée du soin d'élever elle-même Déiphon, fils de Triptolème, elle le nourrit de son lait pour le rendre immortel; elle le faisait même passer par les flammes pour le purifier de toute souillure humaine. Méganire, mère de ce prince, effrayée de ce spectacle, poussa des cris si violents que Cérès remonta aussitôt au ciel et laissa brûler Déiphon. Pluton lui avait enlevé sa fille Proserpine, en prenant la forme d'un cheval fougueux, parce que Proserpine elle-même avait pris celle d'une jument pour échapper à ses poursuites. De cette union forcée naquit Plutus, le dieu de la richesse, qui récompensa le laboureur. Cérès avait allumé deux flambeaux sur le mont Etna pour chercher sa fille nuit et jour. Après de longues courses, elle rencontra Aréthuse, à qui elle demanda des nouvelles de Proserpine; cette nymphe lui apprit que Pluton l'avait enlevée. Cérès descendit aussitôt aux enfers où elle trouva sa fille, qui ne voulut pas quitter le ténébreux empire. Jupiter s'engagea à la lui faire rendre, pourvu qu'elle n'eût rien mangé depuis qu'elle avait mis le pied dans le domaine de Pluton. Ascaloph, un des officiers du dieu des enfers, soutint qu'elle avait cueilli une grenade dans les jardins des enfers, et qu'elle en avait mangé sept grains. Cérès se vengea d'Ascaloph en le changeant en hibou. Jupiter consola la déesse en ordonnant que Proserpine passerait six mois de l'année avec elle et les six autres avec son mari. Tout n'est qu'allégorie dans la magnifique légende de Cérès. La déesse, quittant ses riches vêtements et son diadème pour aller gémir dans une grotte profonde, ne représente-t-elle pas le deuil de l'hiver, après que les moissons ont disparu. L'intervention de Pan, le dieu de la nature, pour calmer Cérès; le rappel de Proserpine du fond des enfers pour passer six mois sur la terre, indiquent suffisamment la réapparition du froment, dont la tige s'échappe du germe pour couvrir la terre. L'arrivée de Cérès chez Triptolème est une allusion à l'arrivée de ces colonies égyptiennes qui tirèrent les Grecs de la barbarie, et leur apprirent l'art d'ensemencer. Cérès avait dans la Grèce des temples magnifiques; les femmes et les filles pouvaient seules célébrer les mystères institués en son honneur. On lui sacrifiait ordinairement une truie pleine ou un bélier. On lui offrait les premiers fruits. On la représentait vêtue d'une draperie jaune, par allusion au blé mûr, tenant une faucille d'une main, une poignée d'épis et de pavots de l'autre, avec une couronne semblable.

CERESTE ou CEYRESTE, bourg de l'arr. de Marseille (Bouches-du-Rhône). Pop. 720 hab. Bourg très-ancien, entouré de remparts; fontaine de construction romaine.

CERESTE, village de l'arrond. de Forcalquier (Basses-Alpes), à 22 kil. de cette ville. Pop. 1,285 hab. Antiquités romaines.

Bataille de Damiette

CÉRET, sous-préfect. du départ. des Pyrénées-Orientales, à 31 kil. de Perpignan, à 6 kil. de la frontière d'Espagne. Pop. 3,100 hab. Tribunal de première instance, collége. Commerce d'huile et de bouchons de liége. Pont d'une seule arche de 46 mèt. d'ouverture; murailles flanquées de tours. Victoire des Français sur les Espagnols en 1794.

CERGUES (SAINT-), village de la Suisse (Vaud), à 12 kil. de Nyon. Pop. 285 hab. Route de France par le col et le fort des Rousses.

CERIGNOLE, ville du royaume d'Italie (Capitanate), à 35 kil. de Foggia. Pop. 10,535 hab. Siége d'un évêché. Fabr. de toiles.

CÉRIGO, une des îles Ioniennes (Méditerranée), au S. de la Morée, à l'entrée du golfe de Laconie. Superf. 21,945 hect. Pop. 11,700 hab. Ch.-l. Cérigo, nommé aussi Kapsali. Sol montagneux, aride; côtes dangereuses. Climat chaud et salubre. Cette île nourrit beaucoup de chèvres. Commerce de bestiaux et de raisins secs. Les Vénitiens s'en emparèrent au XVe siècle.

CERIGOTTO, une des îles Ioniennes (Méditerranée), à 30 kil. de Cérigo. 10 kil. de tour. Pop. 300 hab. Récolte d'huile ex-

CER

cellente. Cette île fut souvent pillée par les pirates grecs et turcs.

CÉRILLY, ch.-l. de cant. de l'arrond. de Montluçon (Allier), à 40 kil. de cette ville. Pop. 2,450 hab. Papeteries, lainages, étamines.

CÉRINTHE, aujourd'hui ZÉRO, île de la mer Egée, au N.-E. de Chalcis (Eubée).

CÉRISIERS, ch.-l. de cant. de l'arrond. de Joigny (Yonne), à 22 kil. de cette ville. Pop. 1,200 hab.

CÉRISOLES, village du royaume d'Italie, prov. de Coni, à 52 kil. de cette ville. Pop. 1,755 hab.

CÉRISOLES (bataille de). François Iᵉʳ confia, en 1544, le commandement de l'armée française en Piémont au comte d'Enghien, en remplacement de Boutières. Le comte d'Enghien assiégeait Carignan malgré les efforts de Del Guasto, général de Charles-Quint, pour débloquer cette place. Une bataille lui paraissait nécessaire pour assurer le succès du siége et pour anéantir d'un seul coup l'armée de Charles-Quint, qui commençait à manquer de vivres. Le 14 avril 1544, le comte d'Enghien vit l'ennemi occuper une position avantageuse dans laquelle l'armée française s'était maintenue la veille, croyant la bataille imminente, et qu'elle avait abandonnée pour se retirer sur Carmagnola. Les arquebusiers engagèrent l'action; après plusieurs heures de combat, l'aile droite des Impériaux fut culbutée par la gendarmerie française, commandée par de Boutières. Cet échec entraîna la déroute de toute l'armée ennemie. Les chevaliers déployèrent une audace qui allait jusqu'à la témérité: ils traversèrent de part en part les masses de l'armée impériale. L'infanterie espagnole, accoutumée à opposer à la cavalerie une barrière infranchissable, tint difficilement devant les charges impétueuses dirigées contre elle. Cependant le comte d'Enghien, qui s'était trop avancé, se trouva un moment enveloppé, avec une faible troupe, par 4,000 hommes d'infanterie. Il parvint cependant à se dégager, et il exécuta une dernière charge sur les flancs de l'ennemi, qui se décida enfin à battre en retraite pour ne pas être tourné. Les Suisses qui combattaient avec les Français, montrèrent la plus vive animosité contre les Impériaux et ne firent pas quartier aux prisonniers : ils reprochaient à Del Guasto, pour qui ils avaient servi auparavant, d'avoir manqué de foi à leur égard. Les Impériaux laissèrent 12,000 morts sur le champ de bataille, et les Français leur firent 3,000 prisonniers; le trésor impérial tomba entre les mains des vainqueurs. Au moment où le comte d'Enghien se disposait à recueillir les fruits de cette victoire, François Iᵉʳ rappela brusquement son armée et renonça à ses projets sur le Milanais.

CÉRISY-LA-FORÊT, bourg de l'arrond. de Saint-Lô (Manche), à 18 kil. de cette ville. Pop. 2,100 hab.

CÉRISY-LA-SALLE, ch.-l. de cant. de l'arr. de Coutances (Manche), à 13 kil. de cette ville. Pop. 2,400 hab. Fabriques de calicots et coutils.

CÉRIUM, métal dont la découverte est due aux célèbres chimistes suédois Hisinger et Berzélius. Il ne se rencontre guère qu'à l'état d'alliage avec d'autres minéraux. Il se forme d'abord à l'état d'oxyde, et ce n'est que par une série de transformations chimiques qu'on l'obtient pur. Ce corps se rapproche du manganèse par ses propriétés. Il joue un certain rôle dans l'industrie.

CERIZAY, ch.-l. de cant. de l'arrond. de Bressuire (Deux-Sèvres), à 14 kil. de cette ville. Pop. 1,500 hab.

CERNAY, ch.-l. de cant. de l'arrond. de Belfort (Haut-Rhin), à 34 kil. de cette ville. Pop. 4,500 hab. Fabriques de calicots et d'indiennes.

CERNEAU. Nom qu'on donne à la noix avant sa complète maturité.

CERNETZ ou ZERNETZ, village de Suisse (Grisons), à 42 kil. de Coire. Pop. 450 hab. Belle église protestante; ruines; bains d'eaux minérales.

CERNIN (SAINT-), ch.-l. de cant. de l'arrond. d'Aurillac (Cantal), à 19 kil. de cette ville. Pop. 1,050 hab.

CÉROMANCIE. Sorte de divination au moyen de la cire. On la faisait fondre et on la faisait tomber goutte par goutte dans un vase d'eau, pour tirer un présage heureux ou malheureux des figures qu'elle formait.

CERONO, village de l'arrond. de Bordeaux (Gironde), à 35 kil. de cette ville. Pop. 1,000 hab. Vins blancs fins.

CÉROPLASTIE. C'est l'art d'imiter avec de la cire colorée les traits des personnes, ou de représenter des objets naturels. On a admiré des galeries de figures de cire; mais la céroplastie a fait les progrès les plus sérieux dans l'imitation des fruits et des fleurs. Le musée Dupuytren, à Paris, contient une riche collection de pièces anatomiques en cire.

Tentative d'assassinat de Damiens.

CERRETO, ville du royaume d'Italie, dans la prov. de Bénévent, à 20 kil. de cette ville. Pop. 7,000 hab. Ch.-l. d'arrond. Siége d'un évêché. Bons vins.

CERRO-DO-FRIO, chaînes de montagnes dans la prov. de Minas-Geraës (Brésil). Riche mine de diamant.

CERRO-GORDO, village du Mexique, à 60 kil. de Vera-Cruz. Le général américain Scott y vainquit Santana, chef des Mexicains (18 avril 1847).

CERTALDO, bourg du royaume d'Italie, à 25 kil. de Florence, sur une belle colline. Pop. 6,500 hab. Boccace habita cette ville, et on y montre la chambre dans laquelle il mourut.

CERTIFICAT. Se dit de l'attestation d'un fait pour en rendre témoignage dans l'intérêt d'une personne. On distingue plusieurs sortes de certificats, suivant la nature du fait à certifier. Ainsi l'on distingue le certificat de capacité qui est délivré à ceux qui justifient de certaines connaissances en droit, et qui permet de remplir la charge d'avoué; le certificat de vie, qui constate l'existence d'un rentier ou d'un pensionnaire de l'Etat, au moment de l'échéance de la pension ; le certificat de bonne vie et mœurs, qui est délivré aux employés et serviteurs; le certificat d'individualité; le certificat d'indigence, etc.

CERTITUDE. La philosophie a cherché les bases de la certitude, et cette recherche se lie à celle de l'origine des idées. Les uns ont prétendu que la certitude, conséquence de la puissance de raisonnement, était au fond des idées, et que ces idées étaient *innées*; d'autres ont prétendu que les idées étaient perçues par les sens, de telle sorte qu'aucune n'entrait dans l'intelligence humaine sans avoir suivi la filière des sens. Une troisième opinion, soutenue par Kant, veut que le siége de la certitude soit, non dans les sens, mais dans la *conscience*, qui s'éclaire par ses propres forces, par la raison pure, et qui juge. La certitude ainsi définie diffère de la *foi*, en ce que celle-ci cherche, dans une autorité qu'elle n'a pas le droit de contrôler, les raisons de croire, tandis que la conscience qui veut trouver la certitude ne croit qu'à ce qui lui est démontré par le raisonnement. Il est évident que les sens ne peuvent suffire à eux seuls pour donner la notion de l'idée, de même que les idées ne peuvent exister en nous comme une cause première. L'idée nous apparaît, au contraire, comme le produit d'une combinaison : les sens affectés diversement par les objets extérieurs, transmettent au cerveau, par le système nerveux, la percussion qu'ils ont reçue; la faculté de raisonner et de juger, qui a son siége dans le cerveau, s'éveille alors, perçoit le mouvement imprimé aux nerfs, et le raisonnement appliqué à cette perception devient une sensation. La nature de la sensation, sa manière d'être, constitue l'*idée* avec son caractère, l'idée est ainsi un effet et non pas une cause. Les idées ne sont donc que des sensations raisonnées. L'enfant, affecté d'une manière agréable ou désagréable par les objets extérieurs, apprend à distinguer ce qui est bon ou mauvais, utile ou dangereux. Ce n'est que peu à peu et par le perfectionnement du raisonnement qu'il s'élève ensuite aux notions métaphysiques. Ses premières impressions sont purement matérielles; elles s'épurent, s'agrandissent et se développent par la comparaison. En conséquence, la certitude peut être définie l'affirmation de la réalité des êtres qui nous entourent, et des phénomènes produits par les rapports de ces êtres. Les théories des anciens philosophes sont dans l'impossibilité de rendre compte de certains phénomènes, tels que le sommeil, la folie, l'atrophie cérébrale et la mort. Ces phénomènes s'expliquent, au contraire, par une théorie qui nous rend compte du jeu des forces intellectuelles et de leur rapport avec le corps.

CERTOSA DI FIRENZE, riche chartreuse, à 4 kil. de Florence, sur le Monte-Acuto. Elle fut construite en 1341, et possède encore de magnifiques tableaux et objets d'art.

CERTOSA DI PAVIA, célèbre monastère situé près de Pavie, fondé par Jean Galeas Visconti (1396) et donné aux Chartreux. Il fut supprimé par l'empereur Joseph II. Magnifique église, ornée de sculptures et de fresques.

CERTOSO DI PISA, chartreuse fondée en 1366, à 9 kil. de Pise.

CÉRUSE, appelée aussi blanc de plomb, blanc d'argent, sous-carbonate de plomb, est une combinaison d'acide carbonique et d'oxyde de plomb; elle est blanche, insipide et insoluble dans l'eau. La céruse s'emploie surtout dans la peinture; mais cette substance expose les ouvriers à un empoisonnement connu sous le nom de *colique de plomb*; elle est généralement remplacée aujourd'hui par le blanc de zinc.

CERUTTI (Joseph-Antoine-Joachim), littérateur jésuite, né à Turin en 1738, mort à Paris en 1792. Il fut élevé par les jésuites, entra dans leur ordre, et professa avec distinction à leur collége de Lyon. Il remporta deux prix académiques à Toulouse et à Dijon ; il s'agissait dans le premier mémoire de flétrir le duel, et dans le second de déterminer pourquoi les républiques modernes n'avaient pu atteindre la splendeur des républiques anciennes. Le succès de ses écrits fut tel qu'on les attribua longtemps à J.-J. Rousseau. L'existence de l'ordre des jésuites ayant été menacée, Cérutti les défendit par son apologie de l'institut des jésuites. Cet ouvrage atteste autant de courage que de talent. Il fut obligé de rétracter les idées dont il s'était fait l'interprète. Son ouvrage lui valut toutefois un accueil distingué de la part du dauphin et la protection de la duchesse de Brancas, qui lui offrit un généreux asile. Lorsque la Révolution survint, un changement étonnant se produisit dans ses idées ; il chercha dans la défense des nouveaux principes un aliment à sa générosité naturelle ; il embrassa la cause révolutionnaire avec l'audace de son caractère et l'indépendance de son esprit, il publia des mémoires pour le peuple français et s'appliqua à démontrer que le progrès ne s'accomplirait que par l'instruction des masses. Il défendit cette idée dans un journal qu'il fonda : *la Feuille villageoise*. Cette feuille, rédigée avec un admirable talent, obtint bientôt le plus brillant succès, et Cerutti la rédigea jusqu'à ses derniers moments. Il émit notamment cette idée : « Si la liberté se conquiert par la force, elle se conserve par l'instruction. » Il voua à Mirabeau une amitié chaleureuse, on prétend même qu'il mit souvent la main à ses nombreux discours et à ses rapports. Quand Mirabeau mourut, Cerutti prononça un discours dans lequel il appréciait le puissant génie de Mirabeau. En 1791, il fut élu député à l'assemblée législative; mais il ne parut qu'une fois à la tribune pour proposer de voter, par acclamation, que l'Assemblée constituante avait bien mérité de la patrie. Il tomba malade et mourut quelques mois après.

CERVANTES SAAVEDRA (Miguel), né à Alcala de Henarès, dans la Nouvelle-Castille, en 1547. Ses parents voulaient en faire un ecclésiastique; Cervantes faisait déjà des vers: il refusa. On lui proposa de se faire médecin ; mais, quoique ses premières productions eussent été mal accueillies, il sentait en lui un génie capable de produire un jour quelque œuvre, et il refusa encore. A 22 ans, la misère le chassa de son pays ; il alla à Rome, et là il se résigna pendant quelque temps au rôle de valet de chambre du cardinal Acquaviva. Il lui fallait un métier plus noble et plus indépendant; il s'enrôla sous les drapeaux de Marc-Antoine Colonna, et se trouva comme simple soldat à la bataille de Lépante, en 1571, où il perdit la main gauche. Il resta pendant trois ans au service de l'Italie; puis il se souvint de sa patrie et voulut la revoir. Sa traversée fut malheureuse. Un corsaire algérien surprit l'équipage, et Cervantes fut emmené en esclavage à Alger. On étreignit dans les fers son bras mutilé, et on le parqua dans un bagne avec treize malheureux esclaves. Il forma le projet de briser ses chaînes et celles de ses compagnons d'esclavage ; leurs desseins furent dévoilés par un traître. Les malheureux Espagnols furent traînés devant le dey d'Alger. Ce prince leur promit hypocritement la vie, s'ils voulaient déclarer l'auteur de l'entreprise : « C'est moi, lui dit Cervantes; sauve mes frères et fais-moi mourir. » Le dey ne vit qu'une seule chose dans cette réponse héroïque, c'est que celui qui montrait tant de noblesse devait être un grand personnage dont la rançon serait payée fort cher. Il lui fit grâce de la vie, tout en le maintenant enchaîné. Cervantes a rappelé ce triste épisode de sa vie dans la *Nouvelle du captif*, qu'on trouve dans son roman de Don Quichotte. Après cinq ans et demi de captivité, les pères de la Trinité, qui n'avaient cessé de s'intéresser à son sort, le rachetèrent du prince africain; et Cervantes fut rendu à sa famille en 1581, après une absence de douze années. C'est alors qu'il fit représenter ses comédies, qui eurent le plus grand succès. Il donna ensuite deux romans pastoraux : *Philène*, puis *Galatée*. Cette dernière pastorale lui fut inspirée par son amour pour Catherine Salazerey Palacios, qu'il épousa. Son travail ne lui procurait cependant qu'une chétive existence, et sa femme ne lui apporta qu'un misérable mobilier dont un antiquaire nous a laissé le curieux inventaire; l'apport en argent y paraît dissimulé et pour cause. Ce fut sous le règne de Philippe III que parut *Don Quichotte*. Cet ouvrage immortel lui fut inspiré par le désir de se venger du duc de Lerme, premier ministre de Philippe III, assez ignorant en littérature, qui le traita un jour avec peu de considération. Ce ministre était entiché de chevalerie, à peu près comme tout le reste de la nation ; Cervantes fit la satire de cette ridicule manie. Un jour que Phillippe III rêvait à son balcon, il aperçut un étudiant, qui lisait et quittait de temps en temps la lecture pour se frapper le front avec des marques de plaisir : « Cet homme est fou, dit alors le roi, ou bien il lit *Don Quichotte*. » L'ouvrage de Cervantes a été traduit dans toutes les langues. Il est resté sans copie, de même qu'il n'avait pas eu de modèle. Les tableaux sont d'une vérité frappante, le naturel est parfait, et les caractères tracés avec un art admirable. Ceux qui ne possèdent pas à fond la langue espagnole ont à regretter de ne pouvoir goûter tout le charme de Cervantes. Il dérida souvent le front mélancolique de Philippe III, qui, sans l'œuvre de Cervantes, n'eût jamais connu le bonheur de rire. Il riait, et aujourd'hui la postérité indignée lui reproche d'avoir laissé Cervantes dans sa profonde misère. Il fut même persécuté par le ministre, et obligé d'interrompre son travail. Pour mettre le comble à l'outrage, un misérable écrivain, Alonzo Fernandès de Avellaneda, s'avisa de le continuer, tout en décriant l'auteur qu'il pillait. Il allait jusqu'à traiter Cervantes de vieux manchot, hargneux, bavard, calomniateur et misérable. Le public protesta contre l'âne qui voulait se couvrir de la peau du lion, et Cervantes reprit son travail, qui ne l'empêcha pourtant pas de mourir de faim. Ce qui caractérise surtout l'œuvre de Cervantes, c'est qu'il fait jaillir le rire en raillant des sentiments et des vertus mal employées, sans qu'on puisse l'accuser de ternir leur éclat. « Le seul des livres espagnols qui soit bon, a dit Montesquieu, est celui qui a fait voir le ridicule de tous les autres. » Sancho Pança, dont l'allure philosophique se condense si bien avec le pas de son âne, qui comprend si bien cette bête, avec laquelle il s'harmonise, combien sa sagesse, qui ne s'exprime qu'en proverbes populaires, est plus profonde que les enseignements méthodiquement stylés! et Rosinante! dont la patience et la sobriété sont au niveau des vertus de son maître. Cervantes publia encore douze *Nouvelles* dont l'intérêt se soutient moins que dans le *Don Quichotte*; on y trouve cependant de la gaieté, du naturel et de la philosophie. Dans la préface de ses *Nouvelles*, Cervantes nous a lui-même tracé son portrait : « Cet homme, dont la figure tient un peu de l'aigle, qui a les cheveux châtains, le front découvert, les yeux vifs, le nez courbé quoique assez bien proportionné, la barbe blanche, la moustache épaisse, la bouche petite, les dents séparées les unes des autres, la taille moyenne, les épaules élevées, cet homme est l'auteur de *Galatée*, de *Don Quichotte* et de ces *Nouvelles*. » Ses poésies pastorales sont d'un goût moins délicat que *Don Quichotte*. Cervantes prolongea sa triste existence jusqu'à sa soixante-neuvième année. Quelques jours avant sa mort, il écrivait au comte de Lemos pour le remercier de quelques minces secours : « Je me meurs. Je suis bien fâché de ne pouvoir pas vous dire combien votre arrivée en Espagne me cause de plaisir. La joie que j'en ai aurait dû me rendre la vie, mais que la volonté de Dieu soit faite! Votre Excellence saura du moins que ma reconnaissance a duré autant que mes jours. Il faudrait pour me guérir un miracle du Tout-Puissant, et je ne lui demande que d'avoir soin de Votre Excellence... — A Madrid, ce 19 avril 1616. » — Quatre jours après, il rendait le dernier soupir.

CERVEAU, portion de la masse de substance nerveuse renfermée dans le crâne. L'anatomie, en décrivant exactement les qualités purement physiques du cerveau, et en nous donnant des détails sur sa forme et sa composition, a appelé l'attention des physiologistes. Il a été bientôt démontré, en dépit de l'autorité religieuse, qui attribuait à l'âme une sorte d'existence propre, qu'elle était, au contraire, entièrement subordonnée à l'état et à la composition du cerveau. Dès lors, la définition de l'âme a dû être modifiée; il a fallu tenir compte des modifications que l'état du cerveau apportait dans les facultés. La physiologie a fourni de nouveaux matériaux aux méditations des philosophes, en étudiant la construction cérébrale chez divers animaux pour la comparer à celle de l'homme. Le cerveau est le siége des instincts, des passions et des facultés. Est-il vrai que les diverses aptitudes soient innées et que le cerveau ne soit pas un organe unique, mais, au contraire, une agrégation de plusieurs organes ayant chacun leurs lois propres, et, disons plus, leurs atrophies et leurs maladies qui peuvent se produire sans affecter les autres organes du cerveau? Nous n'hésitons pas à répondre affirmativement à ces deux questions. Assurément, on ne peut nier que le sang, les intestins, la poitrine et les nerfs ne puissent, par leur constitution, exercer une certaine influence sur les passions et les facultés; mais ce phénomène ne se produit que d'une manière indirecte et par suite d'une réaction opérée par ces divers organes sur le cerveau. Il serait faux de dire que c'est dans le sang, dans les viscères ou dans les nerfs que se trouve le siége même des passions et des facultés. La puissance intellectuelle et morale de l'homme augmente ou diminue suivant le développement de la masse cérébrale. Certains organes du cerveau acquièrent quelquefois une proportion anormale qui coïncide avec le développement de telle ou telle faculté. Ainsi, chez l'aigle, le nerf optique est très-gros, et cet animal a une vue si puissante qu'il peut fixer les rayons du soleil; le chien a, au contraire, un petit nerf optique, mais un gros nerf olfactif; aussi l'odorat de cet animal est-il très-fin. Les développements organiques qu'on rencontre ainsi chez certains animaux se retrouvent chez l'homme. Chez l'enfant, la substance cérébrale est une cire molle, capable de recevoir toutes sortes d'impressions et de se modifier par l'instruction et l'éducation. Il faut admettre toutefois que cette substance peut être plus ou moins appropriée à recevoir les impressions qui déterminent les facultés. Les terres ne sont pas également bonnes pour féconder la semence; ainsi, certaines natures n'offriront pas un cerveau assez subtil ou assez délicat pour recevoir un enseignement supérieur, et l'intelligence restera peu développée. Dans l'âge mûr, les talents se manifestent, se fortifient, mais ils ne s'acquièrent plus. Chez la vieillesse, la masse cérébrale diminue, perd sa fluidité et son élasticité. Ses forces baissent et l'âme meurt quelquefois presque tout entière avant la mort définitive. Nous avons avancé que la substance cérébrale était un composé de divers organes, vivant chacun de sa vie propre. Ne voyons-nous pas, en effet, des folies, autrement dire, manies, qui ne se révèlent que dans un certain ordre de faits? Ne voyons-nous pas des personnes nous montrer l'absence de certaines facultés? Le cerveau n'est-il pas sujet à des atrophies singulières? On signale des individus qui ont tout à coup perdu la mémoire des noms propres ou la mémoire locale, sans qu'aucune des autres facultés parût lésée. On cite même un savant qui, ayant tout à coup perdu la mémoire des noms communs, ne pouvait s'exprimer que par des adjectifs. Comment expliquerait-on ces diverses atrophies partielles, si la substance cérébrale ne formait qu'un seul et même organe?

CERVERA, ville forte d'Espagne, prov. de Lérida, à 50 kil. de cette ville. Pop. 5,200 hab. Son université, fondée en 1717, fut supprimée en 1841.

CERVIA, ville du royaume d'Italie, à 20 kil. de Ravenne. Pop. 5,700 hab. Siége d'un évêché. Salines rapportant annuellement 25 millions de kilogr. de sel.

CERVIN (mont), dans les Alpes pennines, entre la prov. de Turin (royaume d'Italie) et le Valais (Suisse). Hauteur 4,522 mètres. Immenses glaciers. Le col du Cervin est à 3,383 mètres d'élévation.

CERVINARA, bourg du royaume d'Italie (Principauté ultérieure), à 20 kil. d'Avellino. Pop. 8.000 hab.

CERVIONE, ch.-l. de cant. de l'arrond. de Bastia (Corse), à 40 kil. de cette ville. Pop. 1,000 hab. Gibiers, fruits; vins excellents et renommés.

CERVOLLES (Arnaud DE), dit l'*Archiprêtre*, aventurier du XIVe siècle, né dans le Périgord en 1300. Il était archiprêtre à Vernia (1356), il se mit à la tête d'une troupe de routiers et de lansquenets, moitié soldats, moitié bandits, et prit part à la lutte contre les Anglais. En 1336, il combattit à Poitiers, où le roi Jean fut fait prisonnier; il fut blessé et fait lui-même prisonnier. L'année suivante, il fut racheté et put rentrer en France. Il passa en Provence, où il se mit à la tête d'une troupe de routiers qui dévastèrent la Provence, la Bourgogne, et rançonnèrent même le pape Innocent VI à Avignon. Le duc d'Orléans, devenu régent pendant la démence de Charles VI, le prit à sa solde pour lutter en faveur des Armagnacs contre les Bourguignons; Cervolles fut même nommé gouverneur du Berri et du Nivernais. Après avoir pillé plusieurs villes de la Bourgogne, il alla ensuite combattre les Tard-Venus, compagnie de brigands qui ravageaient et rançonnaient les provinces; il s'allia ensuite avec le comte de Vaudemont, qui s'était révolté contre le duc de Lorraine. A la suite d'un échec qu'il subit en Alsace, il fut assassiné, en 1366, par un de ses soldats.

CERVONI (Jean-Baptiste), général de division, né à Soëria, en Corse, en 1768. Il servit d'abord dans les troupes sardes, où il essaya de faire de la propagande révolutionnaire. Obligé de quitter la Sardaigne, il entra au service de la France au moment de l'invasion étrangère. Il devint bientôt général de brigade, et se trouva en cette qualité au siége de Toulon. Il passa de là en Italie, en 1796, et se signala au passage du pont de Lodi. Il fut nommé commandant de Mantoue en 1797, et bientôt après général de division. Il fit les campagnes d'Allemagne en qualité de chef d'état-major du maréchal Lannes. Il fut emporté par un boulet à la bataille d'Eckmühl, en 1809. Un décret du gouvernement impérial qui demeura sans exécution, ordonnait que la statue du brave Cervoni fût placée sur le pont de la Concorde.

CÉRYCES, famille athénienne, issue de Céryx, qu'on prétendait être fils de Neptune ou de Mercure. Cette famille fournissait deux hérauts ou crieurs publics, qui avaient pour fonction d'annoncer au peuple les nouvelles publiques, et qui présidaient aux mystères d'Eleusis et aux fêtes de Cérès. L'un d'eux était attaché à l'aréopage, et l'autre à l'archonte. Les Céryces préparaient aussi les victimes et les immolaient.

CÉSAIRE (Saint), frère de saint Grégoire de Nazianze, né en 330, mort en 369. Il fut médecin des empereurs Constance et Julien l'Apostat. Ce dernier voulut le faire renoncer à la religion chrétienne; mais il préféra s'exiler de la cour. Il fut questeur de Bithynie sous Jovien.

CÉSAIRE (saint), évêque d'Arles, né près de Châlon-sur-Saône, en 470, mort en 542. Il entra dans le monastère de Lérins. Les austérités auxquelles il se condamnait ayant altéré sa santé, il fut envoyé à Arles pour se rétablir. Trois ans après, le clergé de cette ville l'appelait à l'évêché. Il fonda un monastère de religieuses, dont la règle assez sévère abusait de la flagellation. On l'accusa, auprès d'Alaric, d'avoir voulu livrer Arles aux Bourguignons, mais il sut échapper aux persécutions dont il était menacé. Dans un voyage qu'il fit à Rome, le pape l'honora du pallium et le nomma vicaire de la Gaule et de l'Espagne. Il présida plusieurs conciles. Il a laissé un certain nombre de sermons.

CÉSALPIN (André), philosophe et médecin italien, né à Arezzo en 1519, mort en 1603. Il professa la médecine avec distinction à Pise, et devint premier médecin du pape Clément VIII. Il avait adopté un système philosophique matérialiste assez curieux. Selon lui, les hommes étaient entièrement dominés par des démons et des génies. Le seul titre qui le recommande à la postérité, c'est d'avoir connu le phénomène de la circulation du sang. Dans un ouvrage sur les plantes, il a signalé le premier la différence des sexes dans les organes des fleurs.

CÉSAR (Caïus-Julius), l'un des plus grands hommes de guerre que mentionne l'histoire, né le 10 juillet de l'an 100 av. J.-C. de l'illustre famille Julia, qui prétendait descendre d'Iule, fils d'Enée et de Vénus; il était fils du préteur Caïus-Julius César, et d'Aurelia, fille d'Aurelius Cotta. Il montra dès son enfance les qualités les plus extraordinaires; la pénétration de son esprit, sa prodigieuse mémoire et son activité infatigable devaient faire de lui l'homme le plus utile à la république ou le plus dangereux, suivant les circonstances qui favoriseraient son ambition ou la contrarieraient. Cinna avait jugé prudent de l'attacher au parti de Marius en lui faisant épouser Cornélie, sa fille. Sylla, rentré victorieux dans Rome, voulut le contraindre à répudier Cornélie. César s'y refusa, en bravant la colère du dictateur. Celui-ci, qui voyait plusieurs Marius dans ce jeune homme qui avait tant d'amis intéressés à son sort, le porta sur ses tables de proscription; mais, cédant aux sollicitations des Vestales et aux prières de ses amis, il lui fit grâce de la vie, en disant « que celui qui leur était si cher renverserait un jour la république. » Caton, aussi prévoyant, disait de son côté, « que César s'appliquait de sang-froid et par une méditation sombre, à ruiner la république. » Sylla exigea du moins que César s'éloignât de Rome. Il traversa le Sabinum, et se vit arrêté par les soldats de Sylla, auxquels il échappa en payant 2 talents. Il passa à la cour de Nicomède, roi de Bithynie, puis auprès de Minucius Thermus, préteur en Asie, qui le chargea du commandement d'une flotte envoyée pour assiéger Mitylène. César se distingua dans cette occasion. De là, il passa à Rhodes, où il étudia la rhétorique sous le célèbre Apollonius. Dans la traversée, il fut pris par des pirates, qui exigèrent 20 talents pour sa rançon. Il se moqua d'eux, en leur disant qu'ils ne connaissaient pas celui à qui ils avaient affaire; au lieu de 20 talents, il en promit 60; mais en ajoutant qu'il les ferait mettre tous en croix aussitôt qu'il serait débarqué. Pendant les 30 jours qu'il passa avec ces brigands, il les traita avec hauteur et mépris. Ainsi, quand il voulait reposer, il leur envoyait dire de ne pas faire de bruit. Aussitôt qu'il eut acquitté sa rançon et recouvré sa liberté, il arma quelques bateaux, surprit les pirates, et les fit mettre tous en croix, ainsi qu'il le leur avait promis. De retour à Rome, il devint successivement tribun militaire, questeur et édile. Il gagna le peuple par ses largesses, et mit le comble à sa popularité en relevant les statues de Marius, l'ennemi des patriciens. Il fut même assez puissant pour faire condamner à l'exil plusieurs partisans de Sylla. Il fut complice du fameux Catilina, et s'il ne prit pas ouvertement parti pour lui, c'est qu'il se réservait d'agir en ne prenant conseil que de ses propres intérêts. Vivement attaqué par Cicéron, en plein sénat, César lui répondit avec une assurance qui souleva contre lui un violent tumulte; il aurait peut-être même été mis à mort, si ses amis ne l'avaient entraîné hors de l'enceinte du sénat. Il se vit privé de la questure pendant la dictature de Cicéron. Peu de temps après, le peuple l'appela aux fonctions de grand pontife. Il eut dans différentes affaires l'occasion de signaler son éloquence; ainsi, il défendit Dolabella, accusé de péculat. Clodius, ayant été accusé de s'être introduit nuitamment dans la maison de sa mère, pour séduire la femme de César, celui-ci, bien qu'il ne vît là qu'une calomnie, répudia cependant Cornélie, en disant « que la femme de César ne devait pas même être soupçonnée. » Il refusa de poursuivre Clodius, bien qu'il fût alors préteur. Il fut envoyé en Espagne; mais ses créanciers ne voulant pas le laisser partir jusqu'à ce qu'il eût acquitté ses dettes, qui s'élevaient à environ 38,000,000 de francs de notre monnaie, il eut recours à la générosité de Crassus, qui consentit à se porter caution pour lui. Après avoir soumis la Galice et la Lusitanie, il revint à Rome, où il demanda et obtint les honneurs du triomphe. Il s'était tellement enrichi par ses exactions, qu'il put acquitter ses dettes et même attirer dans son parti un grand nombre d'hommes influents. Il réconcilia Crassus et Pompée, dont la division entretenait une agitation peu favorable à ses projets. Par leur influence, il parvint au consulat, en 59 av. J.-C. Bibulus, son collègue, fut contraint par lui de s'abstenir de ses fonctions. Aussi le peuple romain disait ironiquement qu'on était, non pas sous le consulat de César et de Bibulus, mais sous celui de Julius et de César. César, Pompée et Crassus se lièrent par serment, et formèrent le premier triumvirat, en l'an 60. Il fit décider par un plébiscite que les terres du domaine public, en Campanie, seraient partagées entre 20,000 des citoyens romains qui avaient au moins trois enfants. Il brava, pour faire passer cette loi, la fureur du sénat et des patriciens. Il donna à Pompée sa fille Julia en mariage, pour resserrer son alliance avec ce triumvir. Il jugea cependant prudent de gagner l'ordre équestre, en abaissant d'un tiers l'impôt qui pesait sur les chevaliers. Cicéron et Caton essayèrent vainement de prévenir la ruine des institutions républicaines; Caton s'était écrié en plein sénat: « Nous avons des maîtres, c'en est fait, la république est perdue. » César répondit à leurs protestations en faisant éloigner de Rome Cicéron et Caton. Il prit encore une nouvelle mesure qui mit le comble à sa popularité : il déclara les peuples des provinces alliés et amis du peuple romain. C'était un premier pas vers l'assimilation de tous les sujets de la république. A l'expiration de son consulat, César obtint le gouvernement des Gaules et de l'Illyrie pour 5 ans, avec le gouvernement de 4 légions. Après avoir épousé Calpurnie, fille de Calpurnius Pison, alors consul, il partit pour les Gaules dans le dessein de subjuguer ce pays, puis de ramener son armée victorieuse contre la république et d'arriver ainsi à la puissance souveraine. Il battit d'abord les Helvétiens et les refoula dans leurs montagnes. Il attaqua et défit Arioviste, vainquit les Germains et les Belges, les plus redoutables des Gaulois. Ce fut ensuite le tour des Nerviens. Dans l'espace de 9 années, il avait soumis les Gaules, et porté deux fois les aigles romaines dans la Grande-Bretagne. Ses conquêtes avaient donné lieu à un second triumvirat : César avait été maintenu pour 5 autres années dans le commandement des Gaules, pendant que Crassus gardait pour 5 ans le gouvernement de l'Égypte, de la Syrie et de la Macédoine, et Pompée celui de l'Espagne. Crassus et Pompée devenaient, sans s'en douter, les instruments de l'élévation de César. Crassus ayant péri dans un engagement contre les Parthes, le triumvirat fut dissous. Pompée commença à rechercher pour lui seul tous les honneurs extraordinaires. La mort de Julia, venait de rompre les derniers liens qui unissaient ces deux triumvirs. Tandis que Pompée accroissait ainsi sa puissance, César répandait l'or à profusion dans Rome. Pompée, voyant l'influence que lui valait sa prodigalité, fit nommer des commissaires pour examiner sa conduite dans les Gaules. César acheta ces commissaires eux-mêmes, et fit ainsi échouer la tentative de ses ennemis. Les Romains répondirent à cette accusation en ordonnant que des fêtes seraient célébrées pendant 24 jours, en commémoration des victoires remportées dans les Gaules. César brigua le consulat; Pompée fit écarter sa demande par ce motif qu'il ne pouvait poser sa candidature sans paraître devant les comices. Le vainqueur des Gaules, apprenant ce refus, mit la main à la garde de son épée, en disant : « Celle-ci obtiendra ce qu'on me refuse injustement. » Pompée obtint même un décret du sénat qui enjoignait à César de quitter son commandement et de rentrer à Rome. Il se décida alors à franchir les Pyrénées à la tête de trois légions. Il s'avança même jusqu'à Ravenne. Là, il reçut un message du sénat qui lui intimait l'ordre de licencier son armée, s'il ne voulait être poursuivi comme ennemi public, et qui l'avisait que Pompée venait d'être mis à la tête des armées de la république. Il fit réponse qu'il était prêt à obéir si Pompée, de son côté, résignait son commandement. César se décida à marcher en avant quand il eut entendu, de la bouche de trois tribuns attachés à son parti, et parmi lesquels était Marc-Antoine, le récit de ce qui se passait à Rome. Ils racontèrent qu'ils avaient été chassés du sénat et obligés de se sauver déguisés en esclaves. L'exaltation des légionnaires était à son comble. César profita de cet enthousiasme pour entrer rapidement en Italie; il marcha secrètement vers Rimini, et s'arrêtant un instant sur les bords du Rubicon, qui marquait les limites de sa province : « Si je diffère à le passer, dit-il, je suis perdu; et si je le passe, que je vais faire de malheureux! » Prenant enfin son parti, il s'écria : « Le sort en est jeté! » L'arrivée de César à Rimini jeta la consternation dans Rome. Pompée comprit qu'il ne pouvait songer à organiser la lutte sans le secours des Romains, presque tous gagnés à César. « César a conquis les Gaules avec le fer des Romains, disait-on, et Rome avec l'or des Gaulois. » Pompée quitta Rome avec les consuls et les principaux sénateurs, et se retira à Brindisium. César devint ainsi maître de l'Italie. Il voulut s'emparer de l'argent déposé dans le trésor public. Le tribun Métellus tenta de s'y opposer. César parla alors en maître : « Tu n'ignores pas, jeune homme, que ton châtiment me coûterait plus à faire prononcer qu'à faire exécuter. » Métellus céda et César trouva dans ce trésor un puissant secours pour l'asservissement de Rome. Il songea ensuite à soumettre les lieutenants de Pompée, puis à le combattre lui-même, en disant « qu'il allait combattre des troupes sans général pour revenir ensuite combattre un général sans armée. » Pompée venait de passer en Orient pour y organiser la résistance. César, laissant alors le commandement de l'Italie à Marc-Antoine, passa en Espagne, où il battit les lieutenants de Pompée. Il assiégea Marseille qui soutint, avec un héroïsme que célébra Lucain, les attaques de son armée. César jugea prudent de confier la continuation du siége à Trébonius. De retour à Rome, il fut nommé dictateur par le préteur Lépidus. Il fit alors une loi qui ordonnait la remise des dettes et rappelait les proscrits; et, en récompense de ces bienfaits, le peuple lui accorda le consulat pour l'année suivante. Il quitta ensuite l'Italie pour aller combattre en Grèce Pompée, qui venait de lever une armée en Orient. César soumit rapidement l'Épire, l'Étolie, la Thessalie et la Macédoine, et joignit enfin l'armée de Pompée. « Le voici, dit-il alors à ses soldats, ce jour si attendu. C'est à nous à montrer si nous aimons véritablement la gloire. » Il avait attendu, pour livrer bataille, qu'il fût rejoint par les légions de Marc-Antoine. Les autres légions, qu'il avait fait embarquer, avaient été atteintes en mer par la flotte de Pompée, et avaient été prises ou dispersées. Marc-Antoine ayant tardé à paraître, César alla à sa rencontre en se jetant dans une barque de pêcheur. Une tempête ayant assailli le frêle esquif, le pilote se crut perdu. César, le voyant pâlir : « Ne crains rien, lui dit-il, tu portes César et sa fortune! » Quand le secours d'Antoine fut enfin arrivé, César vint offrir la bataille à Pompée sous les murs de Dyrrachium. Celui-ci, se voyant serré de près par les légions de son adversaire, se fraya, par un coup hardi, un chemin à travers son armée. César se retira alors à Pharsale; et c'est là que fut livrée, en 48 av. J.-C., la bataille qui décida du sort de la république romaine. César avait eu soin de recommander à ses soldats de frapper au visage les cavaliers de Pompée. Ceux-ci, que l'on savait assez fiers des agréments de leur figure, ne manquèrent pas de tourner bride et de fuir honteusement; c'est ainsi que 7,000 cavaliers prirent la fuite devant 6 cohortes. L'armée de Pompée fut taillée en pièces; il perdit 15,000 hommes, tandis que César ne perdit que 1,200 des siens. La clémence dont fit preuve le vainqueur attira dans ses rangs une foule de Pompéiens, et bientôt il se vit en état de poursuivre son adversaire. On vint apporter à César les lettres de Pompée qu'on avait trouvées dans sa tente; mais il les brûla sans vouloir les lire. Pompée chercha un refuge en Asie, et de là en Égypte, auprès de Ptolémée, qui avait été son pupille. Celui-ci le fit lâchement assassiner. Au moment où César débarquait en Égypte, Ptolémée lui envoyait la tête de Pompée. César fondit en larmes en songeant à la destinée de cet homme dont il avait été le beau-père et l'ami. Il ordonna qu'on lui fît des funérailles magnifiques, et qu'on lui élevât un superbe tombeau. Retenu en Égypte par sa passion pour Cléopâtre, il détrôna Ptolémée pour donner la couronne à cette femme dont la destinée fut de faire tomber à ses genoux les maîtres du monde. Il eut d'elle un fils nommé Césarion. Pendant ce temps-là, le peuple le nomma consul pour 5 ans, dictateur pour un an et tribun du peuple à vie. César s'arracha enfin des bras de Cléopâtre et marcha contre Pharnace, roi de Pont. Il remporta contre ce roi une victoire facile, et il put écrire au sénat, pour exprimer la rapidité de cette campagne : « Je suis venu, j'ai vu, j'ai vaincu. » Il revint ensuite en Italie avec une telle rapidité que le peuple romain en fut surpris. Il pardonna aux partisans de Pompée et montra envers tous autant d'affabilité que de générosité. A l'expiration de sa dictature, il fit proroger ses pouvoirs pour la troisième fois. Le parti de Pompée avait repris les armes en Afrique, où Scipion, Labienus et Caton s'étaient alliés avec Juba, roi de Mauritanie, et en Espagne, où les fils de Pompée étaient à la tête d'une nombreuse armée. César passa d'abord en Afrique; il vainquit Juba et Scipion, puis il défit complètement les fils de Pompée en Espagne. Scipion mourait au moment où il se préparait à s'embarquer pour l'Espagne afin de venger sa défaite; Juba périssait dans la lutte après avoir été dépouillé de ses Etats; Caton se donnait la mort dans Utique, pour ne pas tomber entre les mains du vainqueur. Le résultat de cette campagne fut la conversion de la Mauritanie et de la Numidie en provinces romaines. Il revint en Italie au bout de 6 mois, et y fut reçu avec enthousiasme. On lui fit les honneurs de cinq triomphes consécutifs. Sa dictature fut prolongée de 10 années; on le nomma censeur et sa personne fut déclarée sacrée et inviolable. Il fit de nouvelles largesses au peuple et à l'armée, et donna des spectacles qui surpassaient en magnificence tout ce qu'on avait vu jusqu'alors. Il profita des loisirs de la paix pour introduire dans les lois des réformes en rapport avec les nouvelles institutions dont il dotait Rome; il réformait le calendrier en se basant sur des calculs astronomiques qui firent l'admiration de Ptolémée d'Alexandrie. Ce dernier le cite parmi les plus savants observateurs. Il embrassait toutes les parties de l'administration pour les améliorer, et méritait d'être appelé par Cicéron un *monstre d'activité*. Pendant ce temps-là, les fils de Pompée se préparaient à recommencer la lutte en Espagne. César s'y porta de nouveau et termina la lutte par la bataille de Munda, où les Pompéiens combattirent avec une telle énergie, que César avoua qu'il avait lutté moins pour la victoire, dont il avait un moment désespéré que pour son propre salut. Il revint à Rome au bout de 7 mois, et reçut la dictature perpétuelle, avec le titre d'*imperator*. Dès lors, Rome avait un maître, et la république avait cessé d'exister. Il fut permis à César de se ceindre toujours le front d'une couronne de lauriers, d'assister aux jeux et aux spectacles assis sur un siége doré et de porter une couronne d'or sur la tête. Le sénat poussa l'adulation jusqu'à lui permettre, au mépris des mœurs et des lois romaines, de prendre autant de femmes qu'il lui plairait. Enfin, on lui dressa une statue dans le Capitole avec cette inscription : *A César, demi-dieu*. Il reçut même les honneurs divins, et il eut ses temples, ses autels et ses pontifes. On l'adorait sous le nom de *Jupiter Julius*. Il exécuta dans Rome des travaux remarquables : ainsi, il fit creuser, à l'embouchure du Tibre, un port capable de recevoir les plus gros navires; les Marais-Pontins furent desséchés; il fit même commencer un canal qui devait traverser l'isthme de Corinthe, et joindre la mer Egée à la mer Ionienne; il couvrait Rome de superbes édifices. Enfin, il voulait même entreprendre la refonte de toutes les lois de l'empire, la création de nombreuses bibliothèques, la levée du plan général de l'empire, et le rétablissement de Carthage et de Corinthe. Cicéron disait en voyant entreprendre de si grandes choses, que « le ciel changeait à la volonté de César. » Pour contenter ceux qui l'avaient servi, ou se faire de nouveaux partisans, César augmenta le nombre des préteurs et des questeurs, et créa de nouveaux patriciens; le nombre des sénateurs fut porté de 300 à 900. En disposant ainsi des charges sénatoriales, il achevait de détruire l'autorité politique du sénat et son indépendance. Il eut même l'intention de prendre le titre de roi. Ainsi un jour il se fit offrir un diadème par Marc-Antoine, dans une fête solennelle. La consternation qui se peignit aussitôt sur tous les visages fit comprendre à César que le peuple avait bien consenti à abdiquer sa liberté, mais qu'il voulait conserver encore les formes républicaines. Aussi, il repoussa doucement le diadème, et alors les applaudissements éclatèrent de toutes parts. Le lendemain, on remarqua que les statues de César avaient été couronnées. Les tribuns firent enlever ces insignes, et recherchèrent même les auteurs de la manifestation. César fit repentir les tribuns de leur zèle. Cependant, quelques républicains qui gémissaient en silence sur la perte des libertés publiques, conspirèrent pour tuer le tyran, croyant tuer en même temps la tyrannie. Caïus Cassius était le principal chef de ce complot. César n'ignorait pas les menées de ses ennemis; mais il affectait une parfaite sécurité; il surveillait même les préparatifs d'une guerre contre les Parthes. Les conjurés associèrent à leur projet 60 sénateurs. Il fut convenu entre eux que le complot éclaterait aux ides de Mars, pour prévenir l'intention qu'on attribuait à César de se faire proclamer roi avant de marcher contre les Parthes. En effet, un oracle avait annoncé « que les Parthes ne pourraient être vaincus, si les Romains n'avaient un roi pour général. » César s'autorisait de cet oracle pour se faire proclamer roi au dehors de l'Italie, tout en conservant à Rome le simple titre de dictateur. César avait été averti qu'il eût à se méfier des ides de Mars; sa femme Calpurnie, alarmée par de tristes pressentiments, avait tenté elle-même de l'empêcher de sortir. Mais ces avertissements réitérés ne firent aucune impression sur lui. D'ailleurs Décimus Brutus, l'un des conjurés, confident de César, craignant qu'il ne se rendît à ces appréhensions, lui représenta qu'il était honteux de s'en rapporter aux rêves d'une femme; « que les sénateurs étant assemblés pour discuter des affaires de la plus haute importance, il ne pouvait se dispenser de s'y rendre. » Il prit même César par la main, et l'entraîna hors de chez lui. Pendant qu'il se rendait au sénat, le dictateur reçut plusieurs billets qui l'avertissaient du péril dont il était menacé; mais entouré de solliciteurs, il n'eut pas le temps d'en prendre connaissance, et les remit à ses secrétaires. Le sénat s'assemblait dans un palais que Pompée avait fait bâtir et qui portait son nom. Dès que César eut pris place, les conjurés l'environnèrent comme pour le saluer. Attilius Cimber s'approcha pour lui demander la grâce de son frère, qui était exilé. César, importuné de ses instances, dont le ton était menaçant, le repoussa pour l'éloigner. Attilius saisit alors César par le bas de sa robe. Au même instant Servilius Casca, qui était derrière sa chaise, le frappe à l'épaule d'un coup de poignard. César, se retournant aussitôt : « Scélérat de Casca, que fais-tu ? » Un autre conjuré lui porte un coup dans l'estomac. Les autres se précipitent à leur tour sur lui, avec une telle fureur, que plusieurs d'entre eux se blessèrent eux-mêmes. Les sénateurs qui n'avaient pas trempé dans la conjuration furent tellement atterés, qu'ils n'eurent pas la force de secourir le dictateur, de fuir, ni de pousser un seul cri. César se défendait comme un lion; mais apercevant Brutus lui-même, le poignard levé sur lui : « Et toi aussi, mon fils, » lui dit-il. Il se couvrit la tête de sa robe, et alla tomber, percé de vingt-trois coups, aux pieds de la statue de Pompée. César périt ainsi dans sa cinquante-sixième année, le 15 mars de l'an 43 avant J.-C. Le tyran était abattu; mais les mœurs romaines étaient changées, et Rome ne faisait que changer de maître. Montesquieu a porté sur César le jugement suivant : « On a beaucoup parlé de sa fortune; mais cet homme extraordinaire avait tant de grandes qualités, sans aucun défaut, quoiqu'il eût des vices, qu'il aurait été bien difficile que quelque armée qu'il eût commandée, il n'eût été vainqueur; et qu'en quelque république qu'il fût né, il ne l'eût gouvernée. »

CÉSAR (Lucius-Julius), consul romain, en 90 av. J.-C. Il fut chargé par le sénat de défendre contre les esclaves révoltés à l'appel de Spartacus. Il proposa et fit voter par le sénat une loi qui accordait la qualité de citoyens romains à ceux des habitants de l'Italie qui n'avaient pas profité de la guerre sociale pour se soulever contre la domination romaine.

CÉSAR (Caïus-Julius-Strabon), frère du précédent, il fut membre du collége des pontifes; Cicéron fait son éloge comme orateur et poëte; nous avons conservé quelques fragments de ses discours. Il embrassa le parti de Sylla, et fut compris dans les proscriptions de Marius en 87 av. J.-C.

CÉSAR, nom que portait Octave en qualité de fils adoptif de Jules César. Ce nom fut également porté par tous les empereurs de la même race. Plus tard, il devint commun aux héritiers présomptifs de l'empire; les empereurs donnaient également ce nom à ceux qu'ils adoptaient, ou qu'ils associaient à l'empire.

CÉSARÉE, ville de l'ancienne Asie mineure, au pied du mont Argée. Les Romains y battaient monnaie. Patrie de saint Basile. Cette ville fut détruite par un tremblement de terre, et on admire encore ses ruines auprès de Kaisarieh.

CÉSARÉE, ville de l'ancienne Palestine; elle était située au bord de la mer, et sur les frontières de la Gallicie et de la Samarie. Sous le règne d'Auguste, Hérode la fortifia et l'embellit. Vespasien et Titus l'érigèrent en colonie romaine. Les gouverneurs romains y avaient leur résidence. Sous l'empereur Constantin, elle devint le siége d'un évêché, et l'une des trois églises métropolitaines de la Palestine.

CESARIO (San-), bourg du royaume d'Italie (Terre d'Otrante), à 7 kil. de Lecce. Pop. 4,350 hab. Récolte de tabac très-estimé.

CÉSARION, fils de Jules César et de Cléopâtre, reine d'Egypte, né à Alexandrie en 48 av. J.-C. Il avait une ressemblance frappante avec son père, et possédait plusieurs de ses qualités. Lorsqu'il eut atteint sa treizième année, Antoine et Cléopâtre le déclarèrent solennellement successeur du royaume d'Egypte, de Chypre et de Cœlésyrie. Auguste, loin de confirmer cet héritage, le fit mourir cinq ans après, suivant le conseil du philosophe Arius, qui lui dit « que le monde serait embarrassé de deux Césars, et qu'il n'en pouvait souffrir qu'un. »

CÉSARS (les douze). On appelle ainsi Jules César et les onze empereurs qui régnèrent après lui, à savoir : Auguste, Tibère, Claude, Caligula, Néron, Galba, Othon, Vitellius, Vespasien, Titus et Domitien. A partir de Galba, qui adopta Pison, et qui reçut le titre de César, ce nom commença à tomber en désuétude pour désigner les maîtres du monde romain, qui préférèrent le titre d'*imperator*.

CÉSEMBRE, îlot situé sur la côte de Bretagne (Ille-et-Vilaine), dans la Manche, à 4 kil. de Saint-Malo, deux forts le défendent.

CÉSÈNE, ville du royaume d'Italie, à 18 kil. de Forli. Pop. 33,725 hab. Siége d'un évêché. Cathédrale, hôtel de ville. Vins renommés. Patrie de Pie VI et de Pie VII; on éleva à ce dernier une statue colossale.

CÉSONIE (Milonia-Cæsonia), fille d'Orfitus et de Vestilias, 4e femme de l'empereur Caligula, qui l'épousa en secondes noces l'an 39 de J.-C., bien qu'elle eût trois filles de son premier mari, qui vivait encore, et qu'elle fût enceinte d'un enfant qui naquit 30 jours après le mariage. Les Romains firent, à ce sujet, une épigramme pour remercier les dieux, dont la bonté accordait un héritier à leur empereur, après un mois de mariage. Césonie n'était ni jeune ni belle; mais elle avait su flatter les penchants de Caligula pour le luxe et les plaisirs. L'empereur poussait la folie jusqu'à l'exposer nue au regard de ses favoris; au reste, il l'aimait à la fureur, et lui dit un jour qu'il ferait trancher cette tête si chère, afin de savoir pourquoi il l'aimait tant. Après le meurtre de Caligula, Chéréas envoya le tribun Cœlius Lupus pour assassiner Césonie et sa fille Drusille. Cet homme perça la mère de son épée, et écrasa la tête de la fille contre la muraille de la galerie où gisait encore le cadavre de son père.

CESPÉDÈS (Paul DE), peintre, sculpteur et architecte, né à Cordoue en 1538, mort en 1608. Il fut également philosophe, antiquaire, poëte et hébraïsant. Il voyagea en Espagne et en Italie, et se rendit célèbre dans ces deux pays. Ayant vu une statue antique de Sénèque le philosophe, dont la tête avait été enlevée, il en substitua une qui excita l'admiration générale; plus tard, quand la véritable tête eut été retrouvée, on jugea sa composition meilleure. Il peignit dans le style du Corrége, et avec la même vigueur d'expression et de coloris, son tableau de la *Cène* qu'il donna à la cathédrale de Cordoue, chaque apôtre représenté avec un caractère différent, dans une attitude pleine de naturel et de vérité. Les Espagnols le représentent aussi comme un grand poëte.

CESSART (Louis-Alexandre DE), célèbre ingénieur français, né à Paris en 1719, mort en 1806. Il entra dans la gendarmerie du roi en 1719, et se distingua aux batailles de Fontenoy et de Rocoux. En 1747, il entra dans l'école des ponts et chaussées, et quatre ans après il fut nommé ingénieur des ponts et chaussées à Tours. Il coopéra à la construction du pont de Saumur. C'est à cette occasion qu'il inventa un système de caissons pour suppléer à l'insuffisance des bâtardeaux et des épuisements; il inventa aussi une scie pour recéper les pieux au-dessous de l'eau à une profondeur exacte. Il appliqua ses nouveaux systèmes à la construction des quais de Rouen et des écluses de Saint-Valéry, de Dieppe et de Tréport. Chargé ensuite de la construction d'un port à Cherbourg, en utilisant une rade d'une ouverture de 3,600 toises, il fit construire une immense digue composée de 80 caisses coniques en charpentes, remplies en pierres sèches, qui furent liées ensuite de telle sorte que l'enveloppe en charpente pût disparaître sans inconvénient. Il fut nommé ensuite inspecteur général des ponts et chaussées. Il fut cependant obligé d'abandonner ce poste par suite des tracasseries que lui firent éprouver ses ennemis.

CESSION, s'entend, en jurisprudence, de l'aliénation du droit de propriété sur une chose. Il se dit aussi du transport des droits que confère une créance.

CESSION DE BIENS, abandon qu'un débiteur fait de tous ses biens à ses créanciers, lorsqu'il se trouve hors d'état de payer ses dettes. La cession de biens est de deux sortes, volontaire ou judiciaire. La cession volontaire, appelée aussi contrat d'abandonnement, est celle que les créanciers acceptent volontairement, et qui n'a d'effet que celui résultant des stipulations mêmes du contrat passé entre eux et le débiteur. La cession judiciaire, appelée aussi cession forcée, est un bénéfice que la loi accorde au débiteur malheureux et de bonne foi, auquel il est permis, pour avoir la liberté de sa personne, de faire en justice l'abandon de tous ses biens à ses créanciers. Par la cession de biens volontaire ou judiciaire, le débiteur se soustrait à l'exercice de la contrainte par corps. La cession volontaire peut être consentie par un commerçant ou un non-commerçant. La cession judiciaire, à laquelle les commerçants avaient fréquemment recours avant la loi du 28 mai 1838, n'est plus admise aujourd'hui que pour les non-commerçants, et seulement dans les cas assez rares où ils sont contraignables par corps. Les étrangers, les stellionataires et ceux qui sont condamnés pour vol ou escroquerie, ne peuvent demander la cession de biens. Les commerçants qui sont hors d'état de payer, doivent, s'ils ne peuvent obtenir la cession volontaire, déposer leur bilan et poursuivre un jugement déclaratif de faillite.

CESTAS, bourg du départ. de la Gironde, à 9 kil. de Pessac. Pop. 915 hab. On y remarque une pyramide élevée en 1737, qui sert de point de repère dans la triangulation de Cassini.

CESTE, espèce de gros gantelet de cuir de bœuf cru, dont les athlètes se servaient dans leurs combats; il enveloppait l'avant-bras et une partie de la main.

CÉSURE, coupure du vers français alexandrin et du vers de dix syllabes. Le vers alexandrin se compose de deux hémistiches égaux de six syllabes chacun. La césure qui marque le repos se trouve placée au milieu du vers. L'exemple en est ainsi donné par Boileau :

Que toujours dans vos vers — le sens coupant les mots,
Suspende l'hémistiche, — en marque le repos.

Et dans ces vers de Voltaire :

Observez l'hémistiche — et redoutez l'ennui
Qu'un repos uniforme — apporte auprès de lui.

Que votre phrase heureuse — et clairement rendue
Soit tantôt terminée, — et tantôt suspendue.

Dans les vers de dix syllabes, la césure doit se trouver après la quatrième, de telle sorte que le premier hémistiche en contient quatre, et le second six.

Languissant, faible — et courbé sous les maux,
J'ai consumé — mes jours dans les travaux.
Quel fut le fruit — de tant de soins? L'envie;
Son souffle impur — empoisonna ma vie.

La césure contribue beaucoup à l'harmonie et à la cadence. Quelquefois le poëte évite la monotonie dans la marche du vers, en s'affranchissant jusqu'à un certain point de la suspension de l'hémistiche, et en coupant en deux une proposition commencée dans le premier et qui ne s'achève que dans le second. Molière nous en a lui-même donné l'exemple:

Morbleu! c'est une chose — indigne, lâche, infâme,
Que s'abaisser ainsi jusqu'à trahir son âme.

Il est évident que le sens reste suspendu entre le mot *chose* et son qualificatif *indigne;* mais ne remarque-t-on pas que si la césure est mal observée dans l'ordre grammatical, elle l'est parfaitement dans la diction, pour indiquer une différence d'intonation, et que l'accent avec lequel on prononce le mot *chose* change dès qu'on le qualifie d'indigne. Le poëte qui paraît ainsi s'affranchir de la césure, en tire, au contraire, un admirable secours; au fond, la césure ne laisse jamais de subsister; mais du moins le vers s'accidente plus agréablement. Il faut, pour en user, une parfaite intelligence de la déclamation. Le lecteur inhabile rendra choquant l'emploi de la césure ainsi comprise; un comédien habile en fera jaillir des beautés. Les romantiques, et à leur tête Victor Hugo, ont tiré le meilleur parti de la règle nouvelle; mais on rendra cette justice au grand poëte, qu'il ne l'a prodiguée que pour en tirer d'admirables effets. Les vers suivants font comprendre l'application de la césure ainsi définie :

Qu'une idée ou besoin — des temps un jour éclose,
Elle grandit, va, vient, se mêle à toute chose,
Se fait homme, saisit — les cœurs, creuse un sillon,
Maint roi la foule aux pieds ou lui met un bâillon.

CETON, bourg de l'arrond. de Mortagne (Orne), à 35 kil. de cette ville. Pop. 1,050 hab. Siamoises.

CETRE, bouclier dont se servaient certains corps d'infanterie et de cavalerie romains; il était rond et léger, de 65 centim. de diamètre, et était fait de cuir d'éléphant.

CETTE ou SÈTE, ch.-l. de cant. de l'arrond. de Montpellier (Hérault), à 28 kil. de cette ville. Pop. 21,200 hab. Place de guerre de 1re classe. Bon port pouvant contenir 400 vaisseaux. Tribunal de commerce, bibliothèque, école d'hydrographie; pont de 52 arches sur l'étang d'Usau. Bains de mer. Industrie active, tonnellerie, distillerie, construction de navires. Commerce d'exportation en vins, principalement de vins blancs secs du Roussillon, préparés et dits *vins de Madère*, eaux-de-vie, sels marins; pêche de sardines. Cette ville fut fondée par Louis XIV (1666 à 1678).

CETTIGNE, capitale du Monténégro (Turquie d'Europe), à 60 k. de Scutari. Résidence des princes et du sénat.

CEUTA, ville du Maroc (Afrique), appartenant à l'Espagne, située sur le détroit de Gibraltar et à 50 k. de Tanger. Pop. 10,000 hab. Siége d'un évêché suffragant de Séville. Prison, bagne, citadelle. Exportation d'oranges, grenades, citrons. Ceuta fut fondée, dit-on, par les Carthaginois. Sous le règne de l'empereur Claude, elle devint la métropole de la Mauritanie-Tingitane. Elle passa sous la domination des Vandales, puis des Arabes. Sous ces derniers, Ceuta devint manufacturière et très-commerçante. Elle fut prise aux Maures par les Portugais, en 1515.

CEVA, ville du royaume d'Italie, province de Coni, à 15 k. de Mondovi. Pop. 4,500 hab. Les Français s'en emparèrent en 1796 et en 1800.

CÉVALLOS (Pedro), homme d'Etat espagnol, né à Santander en 1764, mort en 1838. Il épousa une nièce du prince de la Paix, qui le fit nommer ministre des affaires étrangères. Il conserva ce poste jusqu'à l'occupation de l'Espagne par les Français. Il se retira alors à Londres, où il publia des Mémoires politiques. Il revint en France après la restauration de Ferdinand VII; il rentra en Espagne, et fut chargé de diverses ambassades à Naples et à Vienne.

CÉVENNES, chaîne de montagnes située au S.-E. de la France, joignant les Pyrénées aux Vosges. 500 kil. de développement. Elle traverse les départements de l'Aude, de l'Hérault, de l'Aveyron, du Gard, de la Lozère, de la Haute-Loire, du Rhône et de Saône-et-Loire; sépare les bassins de la Garonne et de la Loire de ceux du Rhône et de la Saône. Cette chaîne de montagnes se divise en Cévennes méridionales et Cévennes septentrionales. Les Cévennes méridionales comprennent les coteaux de St-Félix, les montagnes Noires, les monts de l'Espinous, les montagnes de l'Orb, les monts Garrigues, le pic de Montaut, les monts de Gévaudan, la Lozère. Les Cévennes septentrionales comprennent les monts du Vivarais, le Mezenc, le Gerbier des Joncs, les monts du Lyonnais, le Pilat, les monts du Beaujolais, le Tarare, les monts du Charolais, la Haute-Joux. Les contreforts sont : les monts du Maconnais, les monts d'Or, les monts Coizon ; les monts du Velay, les monts du Forez, le mont de la Madeleine, le Puy de Montoncelle, la chaîne qui forme les monts de la Margeride, de l'Auvergne, du Limousin, du Poitou, les monts du Rouergue. Mines de fer, plomb, cuivre, houille; carrières d'ardoises, porphyre, marbre, granit. Sources minérales. Forêts de hêtres, chênes, châtaigniers.

Cévennes (guerre des). La situation particulière des Cévennes rendait ces montagnes favorables à une guerre de partisans. Les vallées des Cévennes ont toujours été occupées par une population active et laborieuse, toujours prête à lutter pour leur indépendance religieuse et politique. Au temps des guerres des Albigeois, nom qu'on donnait à tous les hérétiques du Midi, les Cévennes, de même que les vallées du Piémont, devinrent l'asile de ces malheureux. Les Vaudois succédèrent aux Albigeois, de même que les protestants succédèrent aux Vaudois; mais, au fond, c'était toujours la lutte de la liberté de conscience contre l'inquisition. C'est une lamentable histoire que celle des horribles massacres qui ensanglantèrent les cités cévenoles pendant près de trois siècles. L'inquisition, tenant d'une main l'Evangile, qu'elle ne comprenait plus, et de l'autre l'épée. Les ministres de la sainte inquisition ne faillirent pas à leur mission; les héroïques habitants des Cévennes n'en continuèrent pas moins la lutte contre une religion qui prétendait s'imposer par de tels moyens. Aussi la doctrine de Calvin, plus radicale que celle de Luther, triompha-t-elle facilement parmi ces peuples. Peu de temps avant la Saint-Barthélemy, François Ier préluda aux sanglantes orgies dont la France entière devait être bientôt le théâtre, par des massacres dans les Cévennes. Des soldats furent envoyés dans le pays et se signalèrent par le meurtre, le viol et l'incendie; six mille personnes de tout sexe et de tout âge furent égorgées par ces bandits. François Ier fut pressé de punir les auteurs de ce carnage; mais le cardinal de Tournon lui représenta qu'il n'y avait là qu'un acte de justice, et que les rigueurs qu'il déploierait pour sévir contre les auteurs de l'exécution religieuse serait un encouragement pour l'hérésie. François Ier se contenta de faire pendre Guérin, avocat général au parlement d'Avignon, et se félicita d'avoir suffisamment vengé le massacre des Cévennes. A l'époque de la Saint-Barthélemy, les réformés cherchèrent un asile dans les montagnes des Cévennes, et s'y maintinrent contre les catholiques. Sous Louis XIII, les Cévennes furent encore le théâtre de scènes sanglantes. Enfin, sous Louis XIV, en 1652, le comte de Rieux, ayant résolu, de son autorité privée, d'extirper l'hérésie dans le Vivarais, les persécutions furent renouvelées contre les protestants. Alors eut lieu la prise d'armes connue sous le nom de *guerre de Walls*. En 1681, Louvois eut recours aux *missions bottées* des traîneurs de sabres. Le dévot ministre logeait ses soldats chez les réformés, et épuisait ainsi leurs ressources jusqu'à ce qu'ils s'avouassent convertis. Louis XIV se félicitait alors, en recevant la liste des nouveaux convertis, des mesures prises par son ministre. La révocation de l'édit de Nantes donna lieu à la destruction de tous les temples protestants. Ils se rouvrirent cependant, et les calvinistes coururent aux armes pour défendre la liberté de conscience. Puis vinrent les dragonnades, qui provoquèrent cette défense héroïque et enfin victorieuse de 2,000 camisards contre les 30,000 dragons de Villars. (*Voir* Camisards.) La paix fut rétablie en 1691; elle ne fut pas de longue durée :

un édit de 1724 punit des galères les actes de protestantisme. Dès ce moment, le joug le plus odieux s'appesantit sur le peuple des Cévennes. De 1745 à 1750, il y eut encore de nouvelles dragonnades; et l'on peut dire que les persécutions ne cessèrent réellement qu'au temps de Louis XVI.

CEYLAN, grande île d'Asie (Inde anglaise), à l'entrée du golfe de Bengale. Capitale Colombo; villes principales : Coudy, Manaar, Negumbo, Jafnapanam, Trincomali, etc. Superf. 6,437,770 hect. Pop. 1,691,900 hab. Montagnes couvertes de forêts au centre; plaines vastes et fertiles près des côtes. Climat humide et tempéré à l'O., chaud et sec à l'E. Mines d'or, d'argent, mercure, fer, etc., inexploitées; manganèse, diamants, rubis, topazes, améthystes, tourmaline, saphir, hyacinthes; bancs d'huîtres à perles dans le détroit de Manaar. Production : riz, canne à sucre, caféier, tabac, cannelier, cocotier, palmier, arbre à pain, cotonnier, ébénier. Exportation de cordages, cannelles, huiles de coco, café. La terre produit trois fois par an. Parmi les animaux, on cite : buffles, éléphants, tigres de petite espèce, ours, léopards, hyènes, chacals, élans, gazelles, singes, serpents, etc. La population se divise en Chingalais et Oueddas, Malabares, musulmans des diverses contrées d'Afrique, et Européens. Leur religion est le bouddhisme. Les Portugais s'emparèrent de tout le littoral de Ceylan en 1518; les Hollandais les en chassèrent (1632-1656). En 1795, les Anglais prirent le littoral à ces derniers, et, depuis 1815, ils occupent toute l'île.

CEYZERIAT, chef-lieu de canton, arrond. de Bourg (Ain), à 8 kil. de cette ville. Pop. 1,100 hab. Eaux thermales dites la *Fontaine-Rouge* aux environs.

CEZIMBRA, ville de Portugal (Estramadure), à 30 kil. de Lisbonne. Pop. 5,000 hab. Pêcheries.

CHABANAIS (Saint-Quentin-de), chef-lieu de cant. de l'arrond. de Confolens (Charente), à 16 kil. de cette ville. Pop. 1,150 hab. Anc. seigneurie, érigée en principauté au XVe siècle, et qui appartint à Colbert.

CHABANNES (famille de), ancienne maison du Bourbonnais qui descendait des comtes d'Angoulême et qui avait contracté des alliances avec la maison royale.

Chabannes (Jacques Ier de), grand maître de France, né en 1400, mort en 1453. Il prit part, ainsi que son frère, à la guerre contre les Anglais.

Chabannes (Antoine de), comte de Dammartin, grand maître de France, né en 1411, mort en 1481. Il fut fait prisonnier par les Anglais à la bataille de Verneuil; mais il se vit bientôt délivré, et reparut dans les combats. Il fut nommé, en 1432, capitaine de la ville de Creil. Il s'y établit solidement, et eut avec les Anglais plusieurs rencontres heureuses. Il ne voyait dans la guerre qu'une occasion de piller et de s'enrichir. Aussi se mit-il, en 1437, à la tête d'une compagnie de brigands, qui méritèrent, à cause de leurs crimes et de leurs dévastations, d'être appelés les *écorcheurs*. Les chroniques ont fait de ces brigands le tableau le plus affreux. Ils volaient, torturaient et égorgeaient sans merci les habitants des campagnes, violant les femmes sur le corps de leurs maris, n'épargnant ni les vieillards ni les enfants au berceau, et livrant aux flammes ce qu'ils ne pouvaient emporter. Quand il se fut enrichi par ces moyens, Chabannes épousa Marguerite de Nanteuil, qui lui apporta en dot le comté de Dammartin. Le roi l'ayant un jour salué ironiquement du nom de capitaine des *écorcheurs* : « Sire, lui répondit fièrement Chabannes, il est vrai que j'ai écorché vos ennemis, mais il me semble que leurs peaux vous ont bien profité. » Chabannes abandonna le parti du roi pour seconder le dau-

phin Louis, qui se mit à la tête de la Praguerie. Après avoir ainsi porté les armes contre le roi, il acheta sa grâce par une ignoble trahison, en dénonçant à Charles VII les projets de ses ennemis; il obtint même plusieurs faveurs et fut récompensé par des charges importantes. Il usa de son influence auprès du roi pour persécuter un homme de bien, Jacques Cœur, qui, alors que les seigneurs ne songeaient qu'à piller la pauvre France et à la dépeupler, ne s'appliquait qu'à fonder des institutions utiles et venait même en aide à la cour dans ses besoins pressants d'argent. Chabannes l'arrêta, le garda dans sa prison, se constitua son juge et se fit naturellement adjuger sa terre de Saint-Fargeau et une grande partie de ses biens. En 1456, il fut chargé par Charles VII d'arrêter le dauphin Louis, qui s'était réfugié dans le Dauphiné. Celui-ci était trop rusé pour se laisser surprendre; il garda rancune à Chabannes d'avoir accepté une telle mission; et quand il monta sur le trône à la mort de Charles VII, le premier acte de son pouvoir fut de faire conduire Chabannes à la Bastille et de confisquer ses biens. Quand la guerre du Bien public éclata, il trouva le moyen de s'échapper de la Bastille, dans le dessein de se réunir aux révoltés. Il ne manqua pas, assisté de son frère, de reprendre la terre de Saint-Fargeau que lui avait enlevée Louis XI pour la restituer à l'héritier de Jacques Cœur, et il profita de l'occasion qui s'offrait à lui de piller les terres du voisinage. Après la guerre du Bien public, il devint le favori de Louis XI, par un singulier revirement qui ne s'explique que par l'intelligence supérieure de ce souverain, qui avait vu dans Chabannes un homme capable de lui être fort utile s'il y était intéressé. Il n'eut pas à s'en repentir; car, étant devenu le prisonnier du duc de Bourgogne, celui-ci lui arracha un ordre de licencier son armée. Chabannes, à la réception de cette missive, interpréta parfaitement la volonté de son maître en restant à la tête de ses soldats. Louis XI lui en sut le plus grand gré et le combla de biens et de dignités.

Chabannes (Jean de), seigneur de Vandonesse, surnommé *Petit Lion*, frère de Jacques de Chabannes, seigneur de la Palice. A la journée d'Agnadel, en 1509, il fit prisonnier le fameux général Lalviane; il eut une grande part au succès de la bataille de Marignan, et se distingua à la malheureuse affaire de la Bicoque. Il fut tué, en 1524, à la retraite de Rebec. L'amiral Bonivet lui avait confié la garde de l'artillerie: « Oui, dit Chabannes, je vous la garderai, je vous en assure, tant que je vivrai, ou j'y mourrai; » et il tint parole. Bayard perdit la vie dans la même journée.

Chabannes (Jean-Baptiste-Marie-Frédéric, marquis de), pamphlétaire, né en 1770, mort en 1835. Il émigra à l'époque de la Révolution, et alla servir dans l'armée de Condé. Il publia contre les hommes de la Révolution des pamphlets qui eussent été odieux, s'ils n'avaient été ridicules. Il prétendit avoir découvert un nouveau système d'épuration des charbons et d'éclairage par le gaz, qu'il voulait faire appliquer à la ville de Londres; mais cette invention fut rejetée après examen. De retour en France, il imagina un système de voitures vélocifères. Il fut pair de France de 1817 à 1830.

CHABANON (Michel-Paul-Gui de), littérateur, né à Saint-Domingue en 1730, mort à Paris en 1792. Il fut membre de l'Académie française et de celle des inscriptions. Il a laissé des poésies, des tragédies, des traductions et des éloges académiques qui méritent à peine d'être rappelées. Après avoir été élevé fort dévotement par Mme de Goyon, il fut converti par la lecture de Voltaire. Sa tragédie d'*Eponine* n'eut aucun succès; on y trouve de l'esprit et une versification assez facile, mais aucun enthousiasme poétique.

CHABASIE, minéral, autrefois appelé *zéolite cubique*. Il se présente sous la forme d'un cristal rhomboèdre. Il est blanc, légèrement teinté de gris, de jaune et de rose, et d'un aspect vitreux. Il fond facilement. L'analyse chimique révèle dans ce métal un silicate hydraté à base d'alumine, de chaux, de potasse et de soude. On le trouve généralement dans les terrains volcaniques.

CHABAUD (Antoine), célèbre ingénieur, né à Nîmes en 1727, mort à Cette en 1791. Il apprit les mathématiques sans maître, et au bout d'une année d'étude, il entrait dans l'arme du génie avec le grade de capitaine. En 1785, il était déjà lieutenant-colonel; il fut alors envoyé à Constantinople pour fortifier le détroit des Dardanelles; des complications diplomatiques firent avorter ce projet. Il adopta les idées révolutionnaires, et fut nommé, en 1790, administrateur de son département. Peu de temps avant de mourir, il venait d'être nommé colonel directeur du génie. Il a laissé des mémoires fort estimés sur la canalisation et l'endiguement, ainsi que sur la formation des volcans et les tremblements de terre.

CHABERT (Joseph-Bernard, marquis DE), chef d'escadre, inspecteur du dépôt de la marine, membre de l'Académie des sciences et du Bureau des longitudes, né à Toulon en 1734, mort à Paris en 1805. Il entra de bonne heure dans la marine française, où son père était officier. En 1748, alors qu'il n'était qu'enseigne, une action d'éclat lui valut la croix de Saint-Louis. Il dut surtout sa réputation aux progrès qu'il fit faire à l'hydrographie et à l'astronomie appliquée à la navigation. Il fut l'un de ceux qui contribuèrent le plus à la rectification des cartes maritimes de l'Amérique septentrionale et de la Méditerranée. C'était pendant ses campagnes qu'il se livrait à ces travaux; ainsi il fit la guerre d'Amérique, où il fut plusieurs fois blessé. Dans un combat où il commandait le *Saint-Esprit*, il sauva le vaisseau le *Diadème*. Dans une autre occasion, il protégea et ramena dans un port français 130 navires marchands, quoiqu'il eût été attaqué par des forces supérieures. Ce fut dans une autre campagne dans la Méditerranée, où il avait été envoyé pour protéger les navires français contre les pirates algériens, qu'il dressa la carte de cette mer et qu'il en fixa les points de longitude. En 1750, il fit un voyage d'observation des côtes de l'Acadie, de Terre-Neuve et des îles du golfe Saint-Laurent; il détermina les courants de ces parages. Au moment de la Révolution, il préparait un atlas général des côtes de la Méditerranée, intitulé : *Neptune français;* son travail fut arrêté par les événements qui survinrent; il passa même en Angleterre. Il perdit la vue en 1800, par suite d'excès de travail. En 1802, il revint à Paris; le Bureau des longitudes s'empressa de l'accueillir parmi ses membres.

CHABEUIL, ch.-l. de cant. de l'arrond. de Valence (Drôme), à 12 kil. de cette ville. Pop. 4,290 hab. Filature de soie. Ville autrefois fortifiée.

CHABLAIS, anc. prov. des Etats sardes (Savoie), bornée au N. par le lac Léman, à l'E. par la Suisse, au S. et à l'O. par les provinces de Faucigny et de Carouge. Ch.-l. Thonon. Superf. 87,000 hect. Pop. 60,200 hab. Les Romains y entretenaient des haras. Le Chablais faisait partie du royaume de Bourgogne; au XIe siècle, Conrad le Salique le donna à Humbert, premier comte de Savoie. Sous le premier empire français, il fut réuni à la France et fut compris dans le département du Léman. En 1814, il fut rendu à la Savoie, et en 1860 à la France. Le Chablais forme aujourd'hui l'arrond. de Thonon (Haute-Savoie).

CHABLIS, ch.-l. de cant. de l'arrond. d'Auxerre (Yonne), à 19 kil. de cette ville. Pop. 2,450 hab. Récolte de vins blancs fins renommés.

CHABOT (famille DE), originaire du Poitou, fut la souche des barons de Retz, des ducs de Rohan et des seigneurs de la Grève, de Jarnac et de Brion.

CHABOT (Philippe DE), plus connu sous le nom d'amiral de Brion. Il fut élevé avec François Ier au château d'Amboise, et devint plus tard son favori. A la bataille de Pavie, en 1525, il fut pris avec François Ier. En 1535, il fut envoyé en Piémont à la tête d'une armée; il battit le duc de Savoie et s'empara de presque tout le Piémont. Il fut arrêté dans ses conquêtes par la jalousie de Montmorency et du cardinal de Lorraine, qui persuadèrent au roi de conclure la paix. Le cardinal de Lorraine se rendit à Rome à cet effet. A son retour en France, il eut à lutter contre les intrigues de ses ennemis. Montmorency lui reprochait d'avoir respecté la neutralité du Milanais et d'avoir ainsi laissé échapper l'occasion de conquérir la Lombardie entière. On alla jusqu'à l'accuser de malversations dans son gouvernement de la Bourgogne et de la Normandie. Le chancelier Pojet fut chargé d'une information secrète. Il n'était pas difficile de prouver la malversation dans un temps où les gouverneurs de provinces considéraient comme un droit de mettre à contribution les pays qu'ils administraient. Pojet, très-complaisant envers les ennemis de Chabot, releva 25 chefs d'accusation qui devaient tous, suivant lui, mériter la mort. Chabot fut arrêté et enfermé dans le château de Melun. François Ier montrait une grande animosité contre son ancien favori, qui, fort de son innocence, avait fièrement bravé la justice; il sollicita un arrêt de mort et alla jusqu'à déposer lui-même devant les juges pour charger davantage l'amiral. Les juges, bien qu'ils eussent été choisis par Pojet, ne voulurent prononcer qu'une condamnation à une amende de 1,500,000 livres, la confiscation des biens et le bannissement. François Ier, pour don-

Vue de Damas.

ner à cette sentence une consécration plus solennelle, reprit lui-même l'affaire, considérant le premier jugement comme un simple avis, et rendit un arrêt par lettres royales. Dans cette affaire, toutes les formes judiciaires protectrices de l'accusé avaient été violées; on l'avait même privé d'un défenseur. On reprocha à Pojet d'avoir ajouté à la première sentence, de son autorité privée, les mots : infidélité, déloyauté. François Ier, cédant enfin aux prières de la duchesse d'Etampes, permit la révision du procès. L'amiral put alors produire les pièces justificatives qu'on avait écartées. Un examen attentif du texte du jugement et de la signature de chacun des juges fit voir, à côté de la signature de l'un d'eux, ce simple mot écrit en caractères presque imperceptibles : *vi* (par violence), ce qui

CHABOT (François), né à Saint-Geniez-Dol, dans le Rouergue, en 1759. Il fut d'abord capucin; mais il s'empressa de quitter le froc au commencement de la Révolution, et se signala parmi les révolutionnaires les plus exaltés. Il fut député à l'Assemblée législative, puis à la Convention nationale. Là, il fut en quelque sorte l'un des lieutenants de Robespierre, et il apporta, dans cette nouvelle fonction, les habitudes d'hypocrisie et d'imposture qu'il avait montrées dans son premier métier. Les motions qu'il portait à la tribune attestent aussi une humeur atrabilaire. On a dit de lui qu'il avait été le courtisan de la guillotine. Ainsi, ce fut lui qui dénonça les généraux Dillon et Rochambeau, et le duc de Brissac; il fit mettre à prix la tête de Lafayette. Après les massacres de septembre, il prit

ennemi de la Révolution. Il fonda une feuille politique intitulée *Journal populaire*, ou le *Catéchisme des sans-culottes*. Il fut arrêté lors de la réaction thermidorienne et conduit au Luxembourg ; il fut envoyé à l'échafaud le 5 avril 1794, et subit la mort avec fermeté. Quelques jours auparavant, il avait vainement cherché à s'empoisonner avec du sublimé corrosif.

CHABOT DE L'ALLIER (Georges-Antoine), savant jurisconsulte, né à Montluçon, dans le Bourbonnais, en 1758, mort en 1819. Il était avocat avant la Révolution. Il fut appelé à la Convention après le 9 thermidor ; la modération de ses opinions le fit expulser comme royaliste sur la proposition de Thuriot ; il y rentra cependant quelques mois après. Chabot fut toujours attaché

Vue des Dardanelles.

indiquait une protestation contre la violence faite aux premiers juges. Les commissaires chargés de la révision du procès déclarèrent l'accusé absous du crime de lèse-majesté et d'infidélité. Le roi lui permit enfin de revenir à la cour, mais après l'avoir humilié de nouveau en lui reprochant de n'avoir pas su se soumettre à son roi. Chabot a laissé quinze cartes géographiques assez curieuses, et qui indiquent l'enfance de la science géographique; il mourut en 1543.

CHABOT (Louis-François-Jean), général, né à Niort en 1757, mort en 1837. Il se distingua dans les guerres de la république et de l'empire. Il fit d'abord partie de l'armée du Nord et se distingua à la bataille de Nerwinde; il servit ensuite en Vendée sous Kléber. Il passa en Italie avec le général Bonaparte; ce fut lui qui poursuivit jusqu'à Mantoue le général Wurmser et le força à capituler, en 1797. Il se distingua surtout dans la défense de l'île de Corfou, contre une flotte et une armée anglaises qui s'emparèrent des autres îles Ioniennes, mais qui durent respecter celle où Chabot s'était solidement établi. Après la campagne d'Espagne, Chabot rentra dans ses foyers.

la parole pour tranquilliser l'Assemblée. Il s'était fait l'apôtre de l'insurrection populaire. On prétend que ce fut lui qui mit à la mode les dénominations de montagnards et de sans-culottes. Il parlait souvent de proscrire les muscadins. Au reste, la malpropreté et la grossièreté de sa personne annonçaient assez la répulsion instinctive qu'il éprouvait pour tous ceux dont les mains n'étaient pas calleuses. Cependant il n'avait pas fait vœu de pauvreté républicaine; ainsi, à une époque où l'on détestait tous les étrangers, à cause des invasions du territoire national, il épousa une Autrichienne qui lui apporta en dot 700,000 livres. Il accrut encore cette fortune en trafiquant de son influence pour faire échapper certaines personnes à la mort. Il ne paraissait jamais à la Convention que la poitrine découverte, les jambes nues, en sabots, portant une jaquette de toile, un pantalon grossier, et la tête coiffée du bonnet rouge. Il disait souvent qu'il fallait construire une guillotine d'une telle simplicité qu'un enfant pût la faire manœuvrer; il voulait aussi que le peuple eût le droit de se rassembler et de se faire justice lui-même en frappant quiconque lui paraîtrait

sous l'Empire aux diverses assemblées législatives, qu'il contribua à éclairer par ses profondes connaissances en droit. Ses lumières furent d'un grand secours lors de l'élaboration de nos différents codes. Après avoir été membre du tribunat, il fut nommé conseiller à la cour de cassation et inspecteur général des écoles de droit. Ses travaux sur les successions le placent au premier rang de nos jurisconsultes.

CHABRIAS, général athénien. Il se distingua dans la guerre du Péloponèse, en 392 avant J.-C. Il défit, dans un combat naval, Pollis, général spartiate. Les Thébains ayant réclamé le secours des Athéniens, il se vit lâchement abandonné par eux, et eut à soutenir seul le choc des ennemis. C'est alors qu'il imagina d'arrêter les attaques qui menaçaient d'enfoncer les rangs de son armée, en ordonnant de serrer les rangs, et en faisant mettre à ses soldats un genou en terre, d'une main tendant leurs piques en avant, et de l'autre se couvrant de leurs boucliers. L'armée d'Agésilas renonça à vaincre une armée qui opposait une telle résistance. Les Athéniens reconnaissants érigèrent à Chabrias une statue où on le représentait dans la posture où il avait combattu. Ce général rétablit Nectanébo sur le trône d'Égypte. Il fut envoyé ensuite pour mettre le siége devant Chio; mais il trouva la mort en 365 avant J.-C. Son vaisseau sombra. Il aurait pu se sauver à la nage; mais il préféra mourir à son poste avec son équipage. Il disait souvent en faisant allusion aux qualités qu'on devait attendre d'un général : « Je préférerais une armée de cerfs commandée par un lion, à une armée de lions commandée par un cerf. »

CHABRIS, bourg de l'arrond. d'Issoudun (Indre), à 42 kil. de cette ville. Pop. 2,300 hab. Récolte de vins blancs.

CHABROL (famille de), une des plus anciennes maisons de l'Auvergne, d'où sont sorties les branches de Tournoël, de Chaméane, de Crousol et de Volvic. On compte parmi ses principaux membres : CHABROL (Guillaume-Michel), avocat du roi au présidial de Riom, il a laissé un *Commentaire* intéressant sur la coutume d'Auvergne. — CHABROL (Gaspard-Claude), fils du précédent, lieutenant criminel au moment de la Révolution; il siégea aux Etats généraux parmi les députés de la noblesse. — CHABROL DE CROUSOL (Christophe-Jean-André), né à Riom en 1771, mort en 1836. Il fut successivement, sous Napoléon Ier, conseiller d'Etat, président de la cour impériale d'Orléans et préfet du Rhône. Sous la Restauration, il devint directeur d'enregistrement et des domaines; il fut nommé ministre de la marine en 1823, et ministre des finances en 1829. — CHABROL DE VOLVIC (Gilbert-Joseph-Gaspard, comte DE), frère du précédent, né à Riom en 1773, mort à Paris en 1843. Il fut préfet de la Seine de 1812 à 1830, et membre de l'Institut en 1820; il inventa un procédé de peinture émaillée sur la lave volcanique.

CHABROND (Charles), avocat, né à Grenoble en 1750, mort en 1816. Il fut député aux Etats généraux, et présida même l'Assemblée constituante. Il présenta un *projet remarquable d'organisation du pouvoir judiciaire*. Il dut surtout sa célébrité au rapport qu'il présenta sur l'affaire des 5 et 6 octobre à Versailles; il conclut qu'il n'y avait pas lieu à l'accusation contre Mirabeau et Louis-Philippe d'Orléans. Sous le consulat, il rentra au barreau.

CHACO (Grand-), contrée de l'Amérique méridionale, située entre les républiques de Bolivie au N., et de la Plata au S. et à l'O., et par le Paraguay à l'E. Sup. 30,000 myr. car. Pop. 100,000 hab. Indiens libres. Cette contrée est arrosée par le Paraguay, le Rio-Salado, le Pilcomayo, etc. Montagnes hautes et froides, plaines très-chaudes, immenses forêts. Sol très-fertile.

CHACTAS ou TÊTES PLATES, peuple indigène de l'Amérique du Nord, habitant de gros villages dans les Etats du Mississipi et d'Alabama (Etats-Unis). Ils sont environ 25,000, se livrant à l'agriculture. Ils ont des lois écrites.

CHAGNY, ch.-l. de cant de l'arrond. de Châlon-sur-Saône (Saône-et-Loire), à 17 kil. de cette ville. Pop. 3,285 hab. Exploitation de pierres de taille. Vins excellents.

CHAGOS, groupe d'îles de la mer des Indes, situé au S. des Maldives. La principale est *Chagos* ou *Diego-Garcia*, de 58 kil. de tour. Climat sain. Tortues de grosse espèce. Etablissements formés par les habitants de l'Ile de France. Ces îles furent découvertes par les Portugais et forment une dépendance du gouvernement anglais de Maurice.

CHAGRES, ville maritime de la Nouvelle-Grenade (Amérique du Sud), à 75 kil. de Panama, défendue par un château fort. Chemin de fer allant à Panama. Cette ville est située à l'embouchure d'un fleuve qui porte son nom, et dont le cours est de 130 kil.

CHAGRIN, état maladif de l'âme qui est privée de certaines satisfactions, ou qui a perdu une espérance.

CHAGRIN (peau de), espèce de cuir grenu, couvert de papilles rondes, serrées et solides, qu'on emploie pour couvrir des boîtes, des étuis et pour relier des livres.

CHAH ou SCHAH, nom qui signifie roi ou empereur et dont les souverains de la Perse font précéder ou suivre leur nom; il précède également le nom de certaines villes.

CHAH-AALEM, dernier souverain de la dynastie de Tamerlan, dans l'Inde, né en 1723, mort à Delhy en 1806. Le courage et l'habileté qu'il avait déployés avant de monter sur le trône l'avaient rendu célèbre en Orient. Cependant il se montra faible en présence des ennemis qui menaçaient ses Etats. Jugeant que la lutte était impossible, il flatta et abandonna tour à tour les Anglais et les Mahrattes. Sa faiblesse accrut leur audace. Un de ses officiers, nommé Gholam-Cadyr, forma le projet de le détrôner, et suscita un soulèvement populaire. Il parvint à s'emparer de la personne de Chah-Aalem, et lui arracha lui-même les yeux avec la pointe de son poignard. Le monarque parvint cependant à recouvrer ses Etats; mais il était sous la domination des Mahrattes qui, à leur tour, subissaient l'influence des Anglais. Il se consola de ses malheurs en cultivant la poésie.

CHAH-DJIHAN (Chenab-Eddyl, *la lumière de la religion*), né en 1592, mort en 1666. Il était fils de Djihan-Juyr, roi de Lahore. Il se révolta, en 1622, contre son père; mais il fut défait et forcé de prendre la fuite. Il monta sur le trône 16 ans après; il eut à combattre ses deux frères; mais il les battit et les fit périr. Il repoussa une invasion de Tartares Usbeks, comprima un soulèvement du Dékehan, et prit Hougly aux Portugais. L'Indoustan ayant subi une horrible famine, il entreprit de détruire le brahmanisme, à qui il reprochait de favoriser la vie contemplative et de faire négliger l'agriculture. Il dut bientôt reculer devant l'explosion du fanatisme. Il tenta d'arrêter les progrès du catholicisme, et, aidé des Anglais et de Hollandais, il parvint à expulser les Portugais après avoir répandu des flots de sang. Délivré de ses ennemis, ce prince s'abandonna à son penchant pour le luxe et les plaisirs. Il avait fait venir d'Europe un ameublement qui ne lui coûtait pas moins de 14 millions. Aureng-Zeyb, son fils, profita de la faiblesse du gouvernement de son père pour se révolter contre lui. Il le fit prisonnier en 1656, et l'enferma dans le palais d'Agra, où il mourut 10 ans après.

CHAILLAND, ch.-l. de cant. de l'arrond. de Laval (Mayenne), à 22 kil. de cette ville. Pop. 2,300 hab.

CHAILLÉ-LES-MARAIS, ch.-l. de cant. de l'arrond. de Fontenay-le-Comte (Vendée), à 22 kil. de cette ville. Pop. 1,250 hab.

CHAILLOT, village situé autrefois près de l'ancienne enceinte de Paris; il fait aujourd'hui partie du 8e arrondissement (quartier des Champs-Elysées). Il possédait une machine à vapeur, dite *Pompe à feu de Chaillot*, qui servait à distribuer l'eau potable dans Paris (rive droite).

CHAINE, lien ordinairement de fer, d'acier, de cuivre, d'argent ou d'or. Il est composé d'anneaux entrelacés les uns dans les autres. Les chaînes étaient autrefois un instrument de torture dont on se servait pour retenir les prisonniers, en les attachant par les membres. Elles ne sont plus aujourd'hui en usage en France que pour contenir les galériens et prévenir leur évasion. Les chaînes en métal précieux constituent un ornement de toilette. Parfois les huissiers portent une chaîne qui sert à les distinguer.

CHAINETTE. On donne ce nom, en géométrie, à la courbe qu'affecte un fil pesant, suspendu librement par ses deux extrémités.

CHAINON, boucle ou anneau dont la réunion compose une chaîne.

CHAIR, du latin *caro*, indique cette substance molle et sanguine qui recouvre les os de l'homme et des animaux. Ce mot sert quelquefois aussi à désigner la disposition des muscles que recouvre la peau; quelquefois aussi il s'entend des couleurs que reflète la peau; il est alors synonyme de carnation. Les tanneurs appellent plus particulièrement chair la partie de la peau qui adhère aux muscles, et donnent le nom de fleur à l'autre côté de la peau. Ce mot s'entend aussi de la partie molle des animaux et des végétaux; ainsi l'on dit volontiers : la chair d'une pêche ou d'un légume. La chair musculaire est soumise à l'action du système nerveux; elle l'enveloppe pour lui donner plus de consistance et d'action.

CHAIRE, siége élevé d'où le prédicateur prend la parole dans l'église, pour prononcer des sermons et expliquer le dogme catholique. On dit *la chaire de Saint-Pierre* ou *la chaire apostolique* pour exprimer l'enseignement supérieur donné par le pape lui-même. Le mot chaire s'applique quelquefois à l'enseignement purement scientifique. Les temples calvinistes ont aussi des chaires; mais la rigidité de cette religion exclut tout ornement. La chaire des églises luthériennes admet plus de luxe.

CHAISE, dérivé du mot chaire, indique un siége à dossier, mais sans bras.

CHAISE A PORTEUR. On donne ce nom à un siége fermé et couvert dans lequel on se faisait porter par deux hommes. Il fut inventé sous Louis XIV.

CHAISE CURULE. On appelait ainsi, chez les anciens Romains, le siége des grands magistrats, civils ou militaires. Elle fut introduite à Rome par Tarquin l'Ancien.

CHAISE DE POSTE, genre de voiture qui se composait d'une espèce de chaise ou de fauteuil suspendu dans un châssis monté sur deux roues. Elle fut inventée en 1664. Depuis cette époque on l'a beaucoup perfectionnée et on lui a conservé son nom.

CHAISE D'OR, ancienne monnaie de France depuis Philippe le Bel jusqu'à Charles VI; elle était estimée à 20 sous parisis ou 25 sous tournois. Sur une des faces le roi y était représenté assis, d'où son nom.

CHAISE-DIEU (la), ch.-l. de cant de l'arrond. de Brioude (Haute-Loire), à 24 kil. de cette ville. Pop. 1,550 hab. Dentelles. Jadis célèbre abbaye de bénédictins, fondée au XIe siècle par saint Robert d'Aurillac.

CHAIZE-LE-VICOMTE, bourg de l'arrond. de Napoléon-Vendée (Vendée), à 10 kil. de cette ville. Pop. 1,050 hab.

CHALABRE, ch.-l. de cant. de l'arrond. de Limoux (Aude), à 20 kil. de cette ville. Pop. 3,530 hab. Vieux château. Fabriques de lainages, draps, castorines.

CHALAIS, ch.-l. de cant. de l'arrond. de Barbezieux (Charente), à 30 kil. de cette ville. Pop. 1,100 hab.

CHALAMONT, ch.-l. de cant. de l'arrond. de Trevoux (Ain), à 35 kil. de cette ville. Pop. 1,470 hab.

CHALAND. Ce mot a deux significations différentes, il désigne, en style commercial, un acheteur. Pour certains marchands, les chalands constituent la gent exploitable qu'on doit attirer et circonvenir par tous les moyens. La concurrence ne réagit plus par les mêmes moyens qu'autrefois, ainsi les marchands ont cessé de se tenir devant leurs portes pour appeler le chaland; cet usage ne s'est guère conservé qu'au Temple, où, pour trouver l'occasion de vendre un paletot retourné, les marchandes n'hésiteraient pas à arracher, sur le dos du passant, celui qu'il porte. La réclame, par le prospectus et l'annonce, a été heureusement substituée à ce procédé. — Le mot chaland désigne aussi un bateau plat, de moyenne grandeur, servant à transporter par eau les marchandises.

CHALAZOPHILACES. On appelait ainsi, à Athènes, les prêtres institués par Cléon pour observer et détourner les orages.

CHALCÉDOINE aujourd'hui KODI-KEUI, ville de Bithynie sur le Bosphore de Thrace (Asie mineure). Elle fut fondée l'an 685 av. J.-C., par les Mégariens. Patrie de Xénocrate. Cette ville fut détruite au IIIe siècle sous Gallien. En 451, on y tint le 5e concile œcuménique qui condamna les Monophysites.

CHALCIDIQUE, presqu'île de la Macédoine, entre les golfes Thermaïque à l'O. et Strymonique à l'E., et découpée au S.-E. par les golfes Toronaïques et Singitique en trois petites péninsules : Pallène, Sithonie, Athos. Ville principale Olynthe, ch.-l. Chalcis. Cette presqu'île est aujourd'hui comprise dans l'eyalet de Salonique.

CHALCIS, petite île de la Propontide vis-à-vis de Bysance et à l'entrée du Bosphore de Thrace. Célèbre chez les anciens par ses mines de cuivre.

CHALCIS, ch.-l. de la Chalcidique (Macédoine), colonie de Chalcis en Eubée.

CHALCOGRAPHIE. Ce mot désigne la gravure sur cuivre, par opposition à la gravure sur bois, qui est appelée xylographie. Ce mot s'emploie aussi pour désigner une collection de gravures sur cuivre; la plus remarquable est celle du Louvre, qui contient plus de 5,000 planches.

CHALDÉE. Ce nom désignait tantôt la Babylonie, tantôt la partie S.-O. de cette contrée.

CHALDÉENS. Peuple de l'ancienne Babylonie, depuis le confluent du Tigre et de l'Euphrate jusqu'au golfe Persique. On les confond souvent avec les Babyloniens. Les Chaldéens sont célèbres par leurs connaissances mathématiques et astronomiques.

CHALDRON, nom donné en Angleterre à une mesure de capacité employée pour le charbon de terre. Elle équivaut à 36 *bushels* ou boisseaux (le boisseau vaut 36 litres).

CHALE, sorte de vêtement de femme que nous avons emprunté aux Orientaux. Le châle oriental est porté par les deux sexes; il sert de manteau, de turban ou de ceinture, souvent aussi il est employé comme tapis ou tenture. Le tissage des châles est une industrie fort ancienne en Orient. Les Indiens surtout y ont excellé; ils employèrent d'abord la laine, puis ils composèrent leurs tissus avec le coton et la soie. La laine du Thibet, qui est la plus belle du monde, assurait la supériorité des châles indiens; ils durent aussi leur renommée à la richesse et à la vivacité de leurs couleurs. Les châles fabriqués dans la province de Kachmyr sont les plus recherchés. Le poil de chèvre et même de chameau a été souvent tissé par les Indiens avec le même succès que la laine. Les voyageurs ont fait de vains efforts jusque dans ces dernières années pour découvrir le secret de la fabrication des Indiens. Malgré les progrès de notre industrie et la richesse des châles français, nous n'avons pu encore égaler la finesse des tissus indiens. Les moutons transportés du Thibet en France ne tardent pas à dégénérer. Bien que les tissus français soient moins soyeux que ceux des Indes, le tissage en est supérieur; ainsi les châles indiens sont ordinairement faits en deux morceaux joints ensemble par une reprise, la bordure est aussi tissée séparément; enfin on y rencontre parfois des trous reprisés. Ces imperfections ont longtemps fait croire que les châles qui parvenaient en France avaient d'abord été portés par les Orientaux. Il est vrai que les démentis intéressés des marchands ne suffisaient pas pour détruire le doute.

CHALET, espèce de cabane en usage surtout dans les montagnes de la Suisse, faite de charpentes et de branches entrelacées, à toit plat et bas, recouvert de chaume. Les chalets les plus pittoresques se rencontrent aux environs de Gruyères. Ces chalets, qui se groupent si gracieusement sur le flanc des montagnes, sont quelquefois engloutis par de terribles avalanches. Les Parisiens, entichés de villégiature, ont construit, dans les campagnes qui environnent Paris, des chalets qui n'ont le plus souvent qu'une apparence mesquine, le chalet ayant besoin, pour parler à l'imagination, de ces roches qui disent l'âge du monde, et qui montent en s'étageant jusqu'aux nues.

CHALEUR, agent de la nature produit par la combustion, l'action du soleil, l'action électrique, le frottement, la percussion, la compression des gaz et les combinaisons chimiques. Plusieurs physiciens considèrent la chaleur comme une substance particulière, impondérable de sa nature, et qui remplit l'espace. La chaleur produit la dilatation des corps, et par suite leur augmentation de volume; c'est ainsi qu'un corps solide, soumis à une chaleur de plus en plus intense, peut passer à l'état liquide, et de l'état liquide à l'état de vapeur. L'invention du thermomètre a permis aux physiciens d'établir la théorie de la chaleur et la loi de la dilatation des gaz; ils ont étudié aussi le phénomène du rayonnement de la chaleur, et le rôle de l'air et de ses diverses couches dans cette transmission.

CHALEUR LATENTE, c'est la quantité de chaleur que les corps absorbent ou dégagent pour passer de l'état solide à l'état liquide ou gazeux, ou, au contraire, pour passer de l'état gazeux à l'état liquide ou solide. La chaleur latente ne se développe pas suivant les mêmes lois que la chaleur produite par l'action rayonnante d'un corps sur un autre. Ainsi le mélange d'un litre de glace à 0° avec un litre d'eau à 75° amène le passage de la glace à l'état solide, tout en maintenant la température de ce mélange à 0°. Ceci indique qu'il a fallu 25° de chaleur pour déterminer la fusion de la glace; ce chiffre représente le degré de la chaleur latente ou chaleur de fusion. Le même phénomène se produit dans le passage de l'eau de l'état liquide à l'état de vapeur.

CHALEUR SPÉCIFIQUE, s'entend de la chaleur nécessaire pour élever la température d'un corps d'un certain nombre de degrés. On a pris pour unité d'appréciation la quantité de chaleur nécessaire pour élever d'un degré la température d'un kilogramme d'eau. La quantité de chaleur nécessaire pour élever la température varie suivant la nature des corps: ainsi, pour élever d'un degré la température d'un kilogramme de fer, il suffit des onze centièmes de la quantité de chaleur nécessaire pour élever d'un degré la température d'un kilogramme d'eau. La chaleur spécifique se mesure à l'aide du calorimètre.

CHALEUR TERRESTRE. On entend par ce mot la chaleur intérieure de la terre. La chaleur terrestre est produite par trois causes: 1° l'action solaire; 2° le rayonnement des astres qui versent incessamment dans l'espace la chaleur qui leur est propre ou qu'ils reçoivent eux-mêmes du soleil; 3° le feu central que la terre recèle dans son sein. La combinaison de ces diverses causes de chaleur entretient la vie et la fermentation à la surface du globe. Si la température varie d'une manière appréciable sur la croûte terrestre, on a remarqué que l'équilibre s'établissait à une profondeur variable de 30 à 40 mètres. A cette profondeur la température reste exactement la même aux diverses époques de l'année. On sait, en effet, que l'égalité de température dans les caves les fait paraître chaudes en hiver et froides en été. Il suffit de calculer la température des caves dans les divers pays pour avoir la température moyenne sous tous les climats. C'est en vertu de ce principe que les arbres enfouissent profondément leurs racines, plus délicates que le branchage, afin de les soustraire au froid rigoureux de l'hiver. L'action solaire, si puissante à la surface, affecte peu le centre du globe. La diminution de la chaleur intérieure, constatée par la géologie, a fait reconnaître que ce n'était point à l'action du soleil que la terre devait sa chaleur intérieure. On s'est demandé si l'abaissement de la température n'était pas dû plutôt à la diminution de la colonne d'air qui enveloppe le globe. Cette diminution est un fait constant, quelle qu'en soit la cause. La température de la Tartarie, d'où sont sortis les Scythes, était beaucoup plus douce qu'elle ne l'est aujourd'hui. La loi de cet abaissement ne serait trouvée que si l'on établissait la moyenne thermométrique de tous les climats du monde. On peut cependant constater dès à présent que la chaleur intérieure des continents situés entre les tropiques augmente à une certaine profondeur; que celle des continents situés dans une partie des zones tempérées ne souffre pas beaucoup de variation; que celle des continents polaires et des hautes montagnes diminue considérablement à une certaine profondeur; que celle des régions situées sous les mers diminue chaque jour; et, qu'en somme, la chaleur du globe tend à diminuer. Assurément, cette diminution n'est pas sensible d'une année à l'autre, mais elle est appréciable d'un siècle à un autre. Cette diminution doit-elle aller toujours en croissant? Doit-elle rester stationnaire? Ou enfin doit-elle augmenter un jour? L'une des causes qui, suivant Newton, pourraient modifier la température des étés et des hivers, c'est que la terre tendrait à s'approcher du soleil, de telle sorte que les saisons seraient tout à fait interverties dans plusieurs milliers d'années. L'été serait alors plus chaud et l'hiver plus froid qu'aujourd'hui. La diminution de la masse liquide, autre fait constant, devrait aussi amener un nouvel élément de chaleur. L'abaissement des montagnes deviendrait encore une cause d'élévation de la température. Mais la principale cause de diminution de chaleur, c'est que la densité de l'atmosphère diminue de jour en jour; ainsi la zone cultivable des montagnes s'abaisse de plus en plus, et les contrées où apparaissaient, il y a plusieurs siècles, des villes florissantes, sont aujourd'hui couvertes pendant toute l'année de glaciers qui les rendent inhabitables; la zone où l'homme peut subsister se rétrécit de jour en jour. Nous voyons ainsi apparaître un double phénomène: l'abaissement lent et progressif de la chaleur sur les hauteurs, et son augmentation à une faible élévation au-dessus du niveau de la mer.

CHALEUR VITALE OU ANIMALE. Les physiologistes ont étudié la chaleur animale, qui est propre aux animaux, en dehors de la température du milieu dans lequel ils se trouvent. Certains animaux, tels que les poissons et les reptiles, ont une chaleur interne qui diffère si peu de celle du milieu ambiant, qu'on les a appelés *animaux à sang froid*, par opposition aux oiseaux et aux animaux qui sont appelés *animaux à sang chaud*. La température moyenne chez l'homme est de 37° centigrades; elle diminue vers les extrémités. Le développement de cette chaleur est due à certaines causes chimiques, et notamment à la présence de l'oxygène de l'air que nous absorbons par la respiration et qui circule avec le sang. Il a été démontré que les parties privées de vaisseaux qui reçoivent le sang, n'ont pas de chaleur propre. On a recherché si la chaleur animale pouvait varier avec la température, et les nombreuses expériences faites à ce sujet, chez différents peuples et sous diverses latitudes, ont démontré qu'il n'y avait pas de différences appréciables. L'état maladif peut modifier la température animale; le refroidissement de la peau et des membres, accompagné d'une chaleur ardente dans les viscères, est un signe morbide assez grave.

CHALEUREUX, se dit d'une personne qui agit ou s'exprime avec une certaine chaleur d'âme.

CHALEURS (baie des), située dans le golfe de Saint-Laurent, entre le Nouveau-Brunswick et le Bas-Canada. 160 kil. de long sur 26 de large.

CHALGRIN (Jean-François-Thérèse), célèbre architecte, né à Paris en 1739, mort en 1811. Il fut élève de Moreau, qui distingua en lui un talent supérieur. Ce fut sous ce grand maître qu'il acquit cette perfection dans le dessin de composition qui caractérise ses œuvres. A son retour de Rome, il fut chargé de la construction de l'hôtel de la Vrillière. En 1770, on lui confia la décoration de la salle disposée pour le banquet et le bal donnés à l'occasion du mariage du Dauphin. Le roi le récompensa en le nommant son architecte. C'est à lui qu'on doit l'érection de l'*Arc de triomphe de l'Étoile*, que la mort l'empêcha d'achever, la restauration du *Palais du Luxembourg*, l'achèvement de l'*église Saint-Sulpice* et la construction de celle de *Saint-Philippe du Roule*.

CHALIER (Marie-Joseph), né à Beaulard, en Piémont, en 1747. Il embrassa d'abord l'état ecclésiastique; mais se sentant peu de vocation pour cette profession, il vint se fixer à Lyon, où il se livra au négoce. Il abandonna le commerce en 1789 et se rendit à Paris, où il se lia avec Robespierre. A son retour à Lyon, il organisa l'administration municipale. Chalier, vaincu, dans la journée du 29 mai 1793, par le parti des Girondins, fut mis en jugement malgré l'ordre de la Convention et condamné à mort. Il fut exécuté le 16 juillet 1793. Sa mort fut le signal du soulèvement des Lyonnais. Après le siége de Lyon, la Convention ordonna que son corps fût exhumé, qu'on le brûlât, et que ses cendres, enfermées dans une urne d'argent, fussent placées au Panthéon.

CHALIGNY. Il a existé en Lorraine plusieurs fondeurs de cette famille, tous originaires de Nancy. On vit sortir de leur fonderie une coulevrine de 22 pieds de long; ils parvinrent, dans un temps où leur art était encore à l'état d'enfance, à fondre un cheval de bronze, destiné à porter la statue du grand-duc Charles de Lorraine. Louis XIV enleva ces deux pièces après la prise de Nancy, en 1670, et les fit transporter à Paris.

CHALLANS, ch.-l. de cant. de l'arrond. des Sables-d'Olonne (Vendée), à 40 kil. de cette ville. Pop. 3,640 hab. Les Vendéens y furent battus le 30 avril 1794.

CHALON, hameau de l'arrond. de Marennes (Charente-Inférieure), à 16 kil. de la mer. Pop. 280 hab. Chaufourneries importantes.

CHALONNES, ch.-l. de cant. de l'arrond. d'Angers (Maine-et-Loire), à 22 kil. de cette ville. Pop. 4,890 hab. Commerce de vins; exploitation de houille et de chaux; distilleries, serges, siamoises.

CHALONS-SUR-SAONE, sous-préf. du dép. de Saône-et-Loire, à 60 kil. de Mâcon. Pop. 18,200 hab. Tribunal de 1re instance et de commerce, cour d'assises, collége, bibliothèque. On y remarque une cathédrale gothique avec deux hauts clochers, le palais de justice, l'hôtel de ville. Fonderie de fer, distilleries, moulins à huiles, à farine de maïs, verreries, quincailleries, rouenneries, grains, chanvre; commerce de vin, vinaigre, etc. Patrie de Prestot, Gauthey et Denon. Ville importante des Éduens; elle fut fortifiée par les Romains. Les Bourguignons s'en emparèrent, et les Huns la détruisirent. Lothaire la saccagea en 834. Elle dépendit de la Bourgogne depuis 1237, et fut réunie à la couronne par Louis XI, en 1477. En 1596, elle se soumit à Henri VI.

CHALONS-SUR-MARNE, ch.-l. du départ. de la Marne, à 173 kil. de Paris. Pop. 14,800 hab. Siége d'un évêché suffragant de Reims. Tribunal de 1re instance et de commerce, division militaire, école impériale d'arts et métiers; collége, bibliothèque, jardin botanique. On y remarque la cathédrale (Ve siècle), l'hôtel de ville, l'hôtel de la préfecture, la caserne Saint-Pierre, etc. Commerce actif de grains, vins de Champagne. Fabriques de souliers, cordages, toiles, bonneteries. Patrie de Perrot d'Ablancourt, de J.-N. Niepce, de Claude d'Espence. — En 273, Cétricus y fut battu par Aurélien; en 451, Attila y fut défait par Aétius; saint Bernard y prêcha la croisade devant Eugène III et Louis VII en 1147. Napoléon y établit son quartier général pendant la campagne de 1814.

CHALOUPE, embarcation destinée au service des navires, et qu'on met à la mer pour le service de l'équipage ou pour le transport à la côte, sur les points qui seraient inaccessibles au navire même. La chaloupe reste ordinairement attachée sur le pont.

CHALUMEAU, instrument qui sert à souder des pièces d'or ou d'argent, au moyen d'un alliage plus fusible que les métaux qu'il s'agit de souder. On emploie le borax pour faciliter la soudure et empêcher l'oxydation. Le chalumeau est un tuyau en cuivre dont le diamètre diminue depuis l'embouchure que l'on tient entre les lèvres jusqu'à l'extrémité que l'on place à peu de distance d'une lampe; en soufflant par ce tube, on active l'action de la flamme que l'on fait jaillir sur les parties qu'il s'agit de souder.

CHALUS, ch.-l. de canton de l'arrond. de Saint-Yrieix (Haute-Vienne), à 25 kil. de cette ville. Pop. 1,260 hab. Ruines d'un ancien château fort à l'attaque duquel Richard Cœur-de-Lion reçut une blessure mortelle (1199).

CHAM ou CHEMI, nom biblique de l'Égypte.

CHAM, village de Suisse, canton de Zug, à 5 kil. de cette ville. Pop. 2,000 hab. Abbaye cistercienne de Frauenthal aux environs.

CHAM, ville de Bavière, dans le Haut-Palatinat, à 50 kil. de Ratisbonne. Pop. 2,000 hab. Exploitation de quartz et de grenat.

CHAM, l'un des fils de Noé, né vers 2476 avant J.-C.; il était frère de Sem et de Japhet; il fut le père de Chanaan. Après le déluge, il cultiva la terre avec son père et ses frères. Noé, qui avait planté la vigne, ayant eu l'idée d'en faire du vin, en but avec excès, ne prévoyant pas que cette boisson pût l'enivrer, et s'endormit dans une posture qui excita les railleries de Cham et de Chanaan; Sem et Japhet, au contraire, loin de se joindre aux railleries de leurs frères, prirent un manteau et en couvrirent le corps de Noé. Celui-ci, à son réveil, fut instruit de ce qui s'était passé. Il maudit alors Chanaan, fils de Cham, en lui annonçant qu'il serait le serviteur des serviteurs; il bénit, au contraire, Sem et Japhet.

CHAMADE, de l'italien *chiamata* (appel). On appelle ainsi une batterie de caisse. La garnison d'une place assiégée fait battre la chamade pour annoncer aux assiégeants son intention de se rendre, ou pour demander une suspension d'armes, afin d'enlever les morts. Quelquefois aussi les assiégeants battent la chamade avant de donner l'assaut, comme pour adresser aux assiégés une dernière sommation de se rendre. Lorsque les assiégés ont recours à cette batterie, ils arborent en même temps le drapeau blanc sur la brèche, afin d'annoncer leur intention de parlementer.

CHAMAKI, ville de la Russie d'Europe, dans le gouv. de ce nom, à 130 kil. de Derbent. Pop. 19,730 hab. Fabriques de soieries.

CHAMAKI (gouvernement de). *Voir* CASPIENNE (province).

CHAMALIÈRES, bourg de l'arrond. de Clermont (Puy-de-Dôme), à 2 kil. de cette ville. Pop. 1,050 hab. Église remarquable par son ancienneté. Exploitation de bitume. Sources minérales, thermales.

CHAMANISME, religion professée par les Samoïèdes, les Ostiaks, les Finnois, les Téléoutes, les Jakoutes, les Toungouses et les insulaires de l'Océan pacifique. Elle consiste à croire à un être suprême, créateur du monde, mais se montrant indifférent aux actions des hommes.

CHAMAS (Saint-), petite ville de l'arrond. d'Aix (Bouches-du-Rhône), à 4 kil. de cette ville. Pop. 2,350 hab. Commerce d'huiles et d'olives. Poudrière, minoterie. Port sur l'étang de Berre.

CHAMBELLAN, une des plus nobles charges du Bas-Empire. Dans la Rome chrétienne, le grand chambellan porte le nom de *camerlingue*. La qualification de grand que l'on a ajoutée au mot chambellan, sert à distinguer le chambellan du roi de ceux des princes. Le grand chambellan portait deux clefs d'or comme insignes de sa charge: il avait l'inspection de la garde-robe, présentait la chemise au roi à son réveil; faisait l'office de maître d'hôtel, etc. Les derniers chambellans datent de 1789; ils furent rétablis par Napoléon Ier et Napoléon III.

CHAMBERS (William), célèbre architecte anglais, né à Stockholm, en 1726, mort à Londres en 1796. Il vint en Angleterre dès son enfance et y fit son éducation. A dix-huit ans, il fit un voyage en Chine et s'appliqua surtout à étudier l'architecture des Chinois et leur manière de disposer les jardins. A son retour à Londres, il mit le style chinois à la mode, malgré les plaisanteries de certains journalistes et les querelles que cette importation suscita parmi les architectes anglais. Il a publié des *dessins* assez curieux sur *l'architecture chinoise*.

CHAMBERTIN, vignoble du dép. de la Côte-d'Or, à 12 kil. de Dijon. Sup. 25 hectares. Il produit 140 pièces d'un vin très-estimé.

CHAMBÉRY, ch.-l. du dép. de la Savoie, à 600 kil. de Paris. Pop. 14,000 hab. Siége d'un archevêché; cour d'appel pour les dép. de Savoie et Haute-Savoie; tribunal de commerce. Musée, bibliothèque, école normale primaire; académie universitaire pour les dép. de la Savoie et de la Haute-Savoie. Fabr. de gazes de soie renommées. Château réparé en 1803, cathédrale, belles casernes. Patrie de Saint-Réal, de Vaugelas, de Joseph et de Xavier de Maistre. — Chambéry fut le ch.-l. d'une seigneurie jusqu'en 1232, et capitale du comté, puis du duché de Savoie, et était la résidence souveraine. Sous la Révolution et le premier Empire (1792 à 1814), cette ville devint le ch.-l. du dép. du Mont-Blanc, de 1815 à 1860, de l'intendance de son nom, et depuis, elle est le ch.-l. du dép. de la Savoie.

CHAMBON, ch.-l, de cant. de l'arrond. de Boussac (Creuse), à 35 kil. de cette ville. Pop. 1,550 hab. Tribunal de 1re instance de l'arrondissement.

CHAMBON-FEUGEROLLES, ch.-l. de cant. de l'arrond. de Saint-Étienne (Loire), à 7 kil. de cette ville. Pop. 4,000 hab. Expl. de houille. Forges, clouteries, coutellerie. Fabriques de rubans.

CHAMBORD, village de l'arrond. de Blois (Loir-et-Cher, à 12 kil. de cette ville. Pop. 470 hab. Magnifique château construit sur l'ordre de François Ier, habité tour à tour par Stanislas, roi de Pologne, par le maréchal de Saxe (1748-1750), par la famille Polignac et par le maréchal Berthier, auquel il fut donné par Napoléon Ier. En 1821, il fut offert au duc de Bordeaux, qui prit après 1830 le titre de comte de Chambord.

CHAMBRAI (Rolland-Frérard, sieur DE), appelé aussi Chantelou, savant architecte, né au Mans, mort en 1676. Il a publié divers ouvrages d'architecture; on cite surtout : *Parallèle de l'architecture antique avec la moderne.* Malgré le mérite de cet ouvrage, il est plus connu pour avoir amené Le Poussin de Rome en France.

CHAMBRANLE, encadrement en pierre ou en bois, servant à soutenir la baie d'une croisée, d'une porte ou l'âtre d'une cheminée. Il se compose de deux montants verticaux surmontés d'une traverse horizontale.

CHAMBRAY (Jacques-François DE), grand-croix de l'ordre de Saint-Jean de Jérusalem, célèbre marin, né à Evreux en 1687, mort à Malte en 1756. Il acquit une certaine célébrité dans les combats qu'il livra sur mer aux infidèles. En 1723, il leur prit 11 vaisseaux. Le grand maître de l'amirauté le nomma vice-amiral et commandant général des troupes de terre et de mer. Ayant été chargé de défendre l'île de Gazo, où les pirates barbaresques trouvaient un refuge pour se répandre de là sur tous les points de la Méditerranée, il les chassa de cette île, et y fit construire à ses frais une forteresse qui rendait cette île imprenable. Grâce à ces travaux importants, Malte devint l'une des îles les plus puissantes de la Méditerranée.

CHAMBRE, du latin *camera* (voûte). On donne ce nom aux diverses pièces d'un appartement; telle est l'acception la plus générale et la plus familière. — On appelle, en termes de physique, *chambre obscure* ou *chambre noire* un instrument d'optique qui ne laisse jaillir la lumière que par un seul point. Devant le foyer lumineux se trouve un prisme de cristal avec un verre convexe, qui produit la réflexion des objets sur un plan placé à une certaine distance; la distance varie en raison de la convexité du verre. On se sert de cet appareil pour reproduire des vues rapportées sur un papier blanc placé dans l'intérieur de la boîte. — On appelle *chambre claire* un appareil construit suivant le même principe que la *chambre obscure*, avec cette différence qu'il ne se compose que d'un seul prisme, dont l'une des faces est légèrement concave. En plongeant la vue perpendiculairement au-dessus de l'appareil, on voit la représentation exacte d'un paysage reproduit sur un papier blanc par la réfraction du prisme. Dans l'industrie, on appelle souvent *chambre* une certaine cavité ménagée à dessein : ainsi on appelle *chambre d'écluse* l'espace d'un canal compris entre les deux portes d'une écluse.

CHAMBRE ARDENTE, tribunal qui fut institué en France, à diverses époques, dans des circonstances exceptionnelles. François II, qui voulait détruire l'hérésie dans son royaume, institua le premier une chambre ardente auprès de chaque parlement; il présidait ainsi à l'établissement de l'inquisition. Les arrêts des chambres ardentes étaient rendus sans appel et exécutés sans délai, nonobstant tout recours en grâce. Les accusés convaincus d'hérésie ne quittaient la salle d'audience que pour être conduits au bûcher. Louis XIV rétablit la chambre ardente pour juger les fameux empoisonneurs qui épouvantèrent Paris sous son règne. Elle siégeait alors à l'Arsenal. Philippe d'Orléans la rétablit pour la dernière fois, afin de poursuivre les fermiers généraux prévaricateurs.

CHAMBRE DES BLÉS. Cette juridiction fut instituée par lettres patentes du 9 juin 1709, afin de connaître de toutes les questions qui intéressaient le commerce des blés et l'approvisionnement de la capitale. Cette institution ne fut pas de longue durée; le *pacte de famine*, contracté par les intendants des provinces et des conseillers du parlement, complices des monopoleurs, eut bientôt raison de cette institution.

CHAMBRE CIVILE, nom sous lequel on désignait une ancienne juridiction du Châtelet, où siégeait le lieutenant civil. On y jugeait les affaires sommaires, sur les conclusions d'un avocat du roi. Le tribunal était compétent pour toutes les demandes qui ne dépassaient pas mille lignes. — Aujourd'hui on appelle *chambres civiles* celles de première instance, et celles d'appel ou de cassation, qui ne jugent que les affaires purement civiles, par opposition aux chambres correctionnelles et criminelles, qui connaissent des délits et des crimes.

CHAMBRES DE COMMERCE. Réunions de commerçants instituées dans les principales villes de commerce. Ces établissements remontent à 1701. Leurs attributions consistent encore aujourd'hui à donner au gouvernement les renseignements qui leur sont demandés sur les intérêts industriels et commerciaux, à fournir des éléments de statistique, à présenter leurs vues sur l'état de l'industrie et du commerce, sur les moyens d'en accroître la prospérité, sur les améliorations à introduire dans toutes les branches de l'administration commerciale, y compris les tarifs de douane. Les chambres de commerce correspondent directement avec le ministre du commerce et avec les chambres consultatives des arts et des manufactures. Dans les villes où il existe une bourse, l'administration de la bourse appartient à la chambre de commerce; celle-ci a également sous sa surveillance les entrepôts publics, les conditions pour les soies et les magasins de sauvetage. Les dépenses annuelles des chambres de commerce sont acquittées au moyen d'un impôt. La loi du 27 septembre 1791 avait supprimé les chambres de commerce; elles furent rétablies par la loi du 22 germinal an XI. Leur nombre n'est pas limité; on en établit dans toutes les localités où l'exige le besoin du commerce. Elles sont composées de neuf ou de quinze membres, qui sont renouvelés tous les trois ans; le renouvellement se fait par tiers pendant les deux premières années après la nomination générale : le sort décide alors de l'ordre des sorties.

CHAMBRE DES DÉCIMES, appelée aussi *Chambre ecclésiastique* ou *diocésaine*. Cette chambre connaissait des affaires qui avaient rapport au payement des *décimes*, du *don gratuit* et des autres contributions imposées au clergé. Henri III établit huit chambres des décimes au-dessus desquelles se trouvait la chambre souveraine du clergé de France, composée de conseillers au parlement et de commissaires délégués par les chambres ecclésiastiques.

CHAMBRE AUX DENIERS, lieu où se réglaient et se payaient autrefois toutes les dépenses de bouche de la maison du roi. Elle était composée de trois trésoriers qui alternaient chaque année. Les trésoriers avaient sous leurs ordres deux contrôleurs pour viser les ordonnances de payement. La chambre aux deniers était présidée par le grand-maître de France.

CHAMBRE DES DÉPUTÉS. (*Voir* DÉPUTÉS.)

CHAMBRE DU DOMAINE. Juridiction composée des trésoriers de France, à laquelle était attribuée la connaissance des affaires relatives au domaine du roi.

CHAMBRE DORÉE DU PALAIS, nom qu'on donnait à la grand'chambre du parlement, qu'on appelait aussi *chambre de plaid*; elle connaissait des procès civils et était présidée soit par le premier président, soit par le président à mortier. Pendant la Révolution, la chambre dorée prit le nom de *salle de la Liberté*, et fut réservée au tribunal révolutionnaire. Cette chambre était ainsi appelée parce que les plafonds s'abaissaient en culs-de-lampe dorés; on y voyait deux tribunes appelées *lanternes*, qui étaient réservées aux grands personnages.

CHAMBRE DE L'ÉDIT. Juridiction établie au XVIe siècle en faveur des huguenots pour juger les causes dans lesquelles leur religion était intéressée. Un seul des conseillers était protestant. La compétence de ce tribunal était si bien limitée, et les exceptions d'incompétence si multipliées que cette institution ne fut pour les réformés qu'un leurre et une déception.

CHAMBRE ÉTOILÉE, ancienne juridiction de l'Angleterre, instituée sous Henri VII, qui connaissait surtout des plaintes ou accusations contre les personnes qui avaient été gagnées pour commettre des crimes, corrompre des juges ou maltraiter les agents du roi. La chambre étoilée était présidée par le chancelier. Elle fut l'instrument servile des divers partis qui se succédèrent au pouvoir, et proscrivit tour à tour les anglicans, les papistes et les puritains. Volsey, qui avait présidé à l'institution de ce tribunal et en avait réglé les attributions, y comparut à son tour, et fut jugé coupable de s'être opposé à la répudiation de Catherine d'Aragon. Un seul témoignage suffisait, devant cette chambre, pour motiver une condamnation, et les amendes, souvent énormes, qu'elle prononçait lui étaient adjugées. Elle fut abolie par un statut du 1er août 1641.

CHAMBRE DES FIEFS, dépendant de la Chambre des comptes; elle tenait en dépôt les actes de foi et hommage.

CHAMBRE IMPÉRIALE. Avant l'institution de cette cour de justice, les empereurs avaient déjà fait des efforts pour prévenir les discordes et les luttes entre les princes de l'empire. En 1235, Frédéric II établit, à cet effet, un tribunal impérial, composé en partie de nobles et en partie de jurisconsultes. Cette institution tomba en désuétude. Elle fut rétablie en 1495, par l'empereur Maximilien Ier; elle était composée d'un juge de chambre choisi par l'empereur, de deux présidents et d'un certain nombre d'assesseurs. Après la paix de Westphalie, la chambre impériale compta 24 protestants et 26 catholiques; elle siégea d'abord à Spire, puis à Wetzlar. Elle connaissait en dernier ressort des procès intéressant les divers états de l'empire, en matière civile. L'appel n'était recevable qu'en matière criminelle. Elle connaissait aussi, comme tribunal de cassation, des dénis de justice ou des causes de nullité dans les affaires criminelles.

CHAMBRE INTROUVABLE, nom donné par Louis XVIII à la chambre des députés qui siégea du 7 octobre 1815 au 5 septembre 1816. Elle mérita ce surnom par la facilité avec laquelle elle vota les plus odieuses mesures contre ses adversaires politiques. Il semblait qu'elle voulait effacer jusqu'aux derniers vestiges de la grande révolution de 1789; mais une Restauration ne s'accomplit jamais sans conserver quelque chose des institutions passées à l'état de traditions; elle échoua dans cette entreprise antinationale, et ne réussit qu'à se charger de l'exécration populaire, de telle sorte que l'éloge même qui lui fut donné par le roi devint, dans la bouche du peuple, une cruelle injure. C'est à cette chambre que l'on doit la loi sur les cris séditieux, à laquelle on a reproché de ne pas définir le délit qu'elle avait pour objet de punir, et d'en laisser la définition à l'arbitraire du juge. Cette chambre prononça le bannissement perpétuel des conventionnels qui avaient voté la mort de Louis XVI. Elle attacha surtout son nom à l'institution des cours prévôtales, juridiction exceptionnelle, qui devenait entre les mains du pouvoir une arme aussi terrible que l'institution des tribunaux révolutionnaires. Aussi a-t-on dit que la *terreur blanche* organisée froidement et sans avoir pour excuse l'entraînement des passions populaires, avait frappé de mort le gouvernement de la Restauration.

CHAMBRE LÉGISLATIVE. Cette expression est en usage pour désigner les assemblées législatives qui concourent à la confection des lois. Le nom de ces assemblées a varié suivant les temps, et aussi suivant l'étendue de leurs pouvoirs. En 1789, les États généraux se constituèrent en *assemblée nationale*, qui prit plus tard le nom d'*assemblée constituante*, parce qu'elle avait pour mission de doter la France d'une constitution politique. L'assemblée qui lui succéda fut appelée *assemblée législative;* elle était chargée de voter les lois, en se conformant à la constitution nouvelle. Lorsque cette constitution fut renversée, l'assemblée qui vint ensuite prit le nom de *convention nationale*. Après celle-ci, le pouvoir législatif fut déféré à deux assemblées, le *conseil des Cinq-Cents*, qui préparait et votait les lois, et le *conseil des Anciens*, qui les révisait et les sanctionnait. Ce système politique fut conservé par l'empire, qui substitua le *corps législatif* au *conseil des Cinq-Cents*, et le *sénat* au *conseil des Anciens*. Louis XVIII donna à la France une charte qui conservait cette organisation politique, tout en modifiant de nouveau les noms; on vit ainsi la *chambre des députés*, dont les membres étaient nommés par les colléges électoraux, et la *chambre des pairs*, dont les membres étaient nommés par le roi. La charte de 1830 conserva ce système, en se contentant d'abaisser le cens électoral. La révolution de 1848 proclama le grand principe du suffrage universel. Une assemblée constituante fut chargée de voter la constitution républicaine; une assemblée législative lui succéda jusqu'en 1851. Elle fut dissoute avant l'expiration de ses pouvoirs; et l'empire, qui lui succéda, rétablit l'organisation du pouvoir législatif sur le plan adopté par Napoléon Ier.

CHAMBRE APOSTOLIQUE, appelée aussi *chambre de l'abbé de Sainte-Geneviève*. C'était une juridiction établie en France en 1226, par le pape Clément IV; elle décernait *des monitoires* adressés aux juges séculiers, dans toutes les affaires qui touchaient aux priviléges apostoliques en France. Les papes ont institué à Rome un tribunal ecclésiastique qui porte aussi le même nom, et qui est présidé par le cardinal camerlingue; c'est le conseil des finances du pape.

CHAMBRE DE JUSTICE, établie en 1716, pendant la régence du duc d'Orléans. Plus tard, après la ruine financière qui suivit l'application du système de Law, une autre chambre, dite *chambre des visa*, fut instituée pour juger les malversations commises par les agents chargés de viser les billets de la banque de Law. Elle était composée de quatre conseillers d'État, de douze maîtres des requêtes, d'un procureur général, d'un rapporteur et d'un greffier. Elle prononça des condamnations à mort qui ne furent pas suivies d'exécution.

CHAMBRE MI-PARTIE, nom donné originairement aux chambres de l'édit (*Voir* CHAMBRE DE L'ÉDIT); elles furent d'abord composées par moitié de protestants et par moitié de catholiques; ces chambres furent abolies après la révocation de l'édit de Nantes.

CHAMBRE DES PLAIDS. (*Voir* CHAMBRE DORÉE.)

CHAMBRE DE RÉUNION. On a donné ce nom à diverses commissions instituées par Louis XIV, en 1679, pour examiner les archives, qui devaient faire connaître les anciennes dépendances des provinces cédées à la France par les traités de Westphalie, d'Aix-la-Chapelle et de Nimègue. Ces commissions étaient composées de conseillers tirés des parlements de Metz et de Besançon, et du conseil souverain d'Alsace; elles siégeaient à Metz, à Brisach et à Besançon. Elles adjugèrent au roi le comté de Vaudemont, Saarbourg, Saarbruck, Saarwarden, Salm, Hombourg, Deux-Ponts, une partie du Luxembourg, Montbéliard, Weissembourg et Strasbourg. L'Allemagne ayant refusé de reconnaître les prétentions de la France, Louis XIV commença les hostilités par l'occupation de Strasbourg. Plus tard, cette dernière ville lui fut seule conservée, et il fut obligé de renoncer à ses prétentions sur les autres provinces.

CHAMBRE DE RHÉTORIQUE; institution littéraire des Pays-Bas. C'était des réunions de rhétoriciens qui s'exerçaient à la versification et à l'improvisation. On trouve dans les archives de ces sociétés quelques productions, et notamment des chansons qui ne sont pas sans mérite. Les chambres de rhétorique de Gand et d'Ypres passent pour les plus anciennes. A certaines époques, chaque chambre proposait un certain nombre de sujets ou de questions, et couronnait le mémoire qui en était jugé le plus digne. Ces sociétés ont contribué à répandre le goût de la littérature dans les classes populaires; elles ont été, à certaines époques, l'asile de l'indépendance. Lors de la guerre des Cabillauds et des Hameçons, elles produisirent des satires politiques qui ne le cèdent en rien à notre satire *Ménippée*. Les membres de ces chambres se divisaient en *chefs et en frères caméristes ordinaires;* on choisissait parmi les premiers un empereur, un grand doyen, un capitaine, un prince, un facteur, un expert, un fiscal ou trésorier, un enseigne et un bouffon. Plusieurs de ces sociétés subsistent encore aujourd'hui.

CHAMBRE DES TERRIERS, dépendant de la chambre des comptes. Elle était chargée de tenir le dépôt de tous les héritages sur lesquels le roi prélevait un cens; elle examinait les comptes des receveurs généraux des domaines.

CHAMBRE DES COMPTES. Cour souveraine instituée sous l'ancienne monarchie, dont la juridiction embrassait l'ordre des finances, la conservation du domaine de la couronne et des droits qui en dépendaient; cette chambre était aussi chargée de surveiller la gestion des agents du domaine royal. Il y en avait six en France; elles siégeaient à Dijon, à Grenoble, à Aix, à Nantes, à Montpellier et à Blois. Elles furent supprimées par la loi du 4 juillet 1791.

CHAMBRE DU CONSEIL. C'est le lieu où les magistrats délibèrent, et où se plaident certaines affaires pour lesquelles la publicité des débats n'a pas été jugée nécessaire. Les ordonnances de la chambre du conseil ont le plus souvent le caractère de visas et d'homologations. Ainsi le jugement d'adoption, l'ordonnance qui autorise une femme mariée à ester en justice sans l'autorisation de son mari, et les oppositions à la taxe des frais, par un juge, sont déférés à la chambre du conseil.

CHAMBRE DES ENQUÊTES. On désignait autrefois sous ce nom les chambres des parlements qui jugeaient les procès sur mémoires et non sur plaidoyers; les avocats ne plaidaient guère que devant la grand'chambre.

CHAMBRE DES MISES EN ACCUSATION. Dans chaque cour impériale, une des chambres doit connaître des mises en accusation pour tous les crimes justiciables de la cour d'assises. Les arrêts de la chambre des mises en accusation sont rendus sur les conclusions du ministère public; l'accusé a seulement le droit de produire tous mémoires et pièces justificatives. Il a aussi le droit de se pourvoir en cassation contre l'arrêt qui le renvoie en cour d'assises.

CHAMBRES RÉUNIES. Ce sont des audiences solennelles d'un tribunal ou d'une cour jugeant toutes chambres réunies. Les questions intéressant l'état des personnes et déférées à la cour, sont jugées dans cette forme.

CHAMBRE DE LA TOURNELLE. On appelait autrefois ainsi la section du parlement de Paris qui était chargée de l'instruction et du jugement, en dernier ressort, de tous les procès criminels.

CHAMBRE DU TRÉSOR, chargée de l'examen en première instance des affaires relatives au domaine du roi; l'appel était porté devant le parlement.

CHAMBRE DES VACATIONS. Ses attributions consistent à juger, pendant les vacances des tribunaux, qui durent ordinairement deux mois, les affaires sommaires et celles qui requièrent célérité.

CHAMBRE DU VISA. (*Voir* CHAMBRE DE JUSTICE.)

CHAMBURE (Laurent-Auguste LE PELLETIER DE), colonel français, né à Vitteaux en 1789, mort en 1832. Engagé à l'âge de 18 ans, il se distingua dans les grandes guerres de l'empire. Il est surtout célèbre par sa défense de Dantzig en 1813; il n'était alors que capitaine. Renfermé dans la place avec 100 hommes résolus, il opposa une telle résistance aux attaques de l'ennemi, que celui-ci donna à sa troupe le nom de *compagnie infernale*. Les assiégeants voyant l'inutilité de leurs assauts, bombardèrent la ville. Une bombe vint tomber dans la chambre où reposait Chambure. Il se lève aussitôt et écrit au prince de Wurtemberg, qui commandait les assiégeants, la lettre suivante : « Prince, vos bombes m'empêchent de dormir; je vais faire une sortie avec mes braves pour enclouer vos mortiers. Vous apprendrez ainsi, prince, qu'il est toujours dangereux de réveiller le lion qui dort. — Minuit, 16 novembre 1813, un quart d'heure avant ma sortie. » Il jette sa lettre dans un mortier et l'envoie aux assiégeants. Quelques moments après il était maître de la redoute de Koëlbrunn. La place fut néanmoins obligée de se rendre, et Chambure, fait prisonnier, fut conduit en Russie. Il rentra en France en 1815, et fut fait colonel d'état-major en 1830.

CHAMEAU, espèce de grand ponton dont un des côtés offre une concavité qui lui permet de s'appliquer parfaitement contre une moitié de la carène d'un vaisseau. On emploie le chameau pour soulever les navires qu'on veut faire passer par un endroit peu profond, en diminuant ainsi le tirant d'eau; pour cela, on place un chameau sur chacun des plans du vaisseau, on introduit l'eau dans ces chameaux pour augmenter leur immersion; on roidit ensuite fortement les câbles au moyen de cabestans placés sur les chameaux; ils viennent ainsi s'appliquer contre la carène du vaisseau, et font corps avec lui. Le jeu des pompes épuisant alors l'eau amenée dans les chameaux, le vaisseau se soulève et peut alors être facilement remorqué pour franchir les passages difficiles. Cette invention est due aux Hollandais.

CHAMFORT (Sébastien-Roch-Nicolas, dit), poëte et littérateur, né près de Clermont-Ferrand, d'une simple paysanne, en 1741, mort en 1794. Il fut admis en qualité de boursier au collége des Grassins, à Paris. Il travailla à la rédaction du *Journal encyclopédique*. Ses *Éloges de Molière et de la Fontaine* lui valurent le prix de l'Académie française et de celle de Marseille; il eut même le mérite de l'emporter sur la Harpe. Il ne vivait guère que des libéralités du duc de Choiseul et de Mme Helvétius. Sa tragédie de *Mustapha et Zeangir* obtint un légitime succès. Il composa aussi deux charmantes comédies : la *Jeune Indienne* et le *Marchand de Smyrne*. Ce sont surtout ses poésies fugitives, ses contes et ses épigrammes, qui lui assurent un rang distingué parmi nos poëtes. On cite aussi avec éloge ses observations sur l'imitation de la nature dans l'art dramatique. Ses écrits montrent généralement de l'esprit, du jugement et de l'originalité; mais bien qu'ils soient toujours ingénieux et corrects, sa délicatesse recherchée devient souvent subtilité. Il fut admis à l'Académie française, et prononça, à cette occasion, l'éloge de Sainte-Palaye, qui est considéré comme l'un des meilleurs discours académiques. Il fut partisan de la Révolution française; mais il cessa bientôt de la comprendre et ne la jugea plus que par les cruautés commises en son nom. Ses propos satiriques motivèrent son arrestation. Il fut cependant élargi; mais sa misanthropie naturelle et l'altération de sa raison produite par la détention le déterminèrent au suicide : il se tira un coup de pistolet qui lui fracassa le crâne, et se porta ensuite plusieurs coups de rasoir. Il vécut encore quelque temps dans cet état.

CHAMILLARD (Michel DE), né en 1651, d'abord conseiller général au parlement, puis contrôleur général des finances et ministre de la guerre sous Louis XIV. Il parvint à toutes ces places par son habileté au billard, jeu où il avait acquis une supériorité incontestée. Dans ses dernières années, Louis XIV, ayant depuis quelque temps les digestions moins faciles, ne pouvait s'asseoir au brelan sans éprouver un grand feu de tête. Son médecin, Fagon, avait proscrit les cartes; on adopta le jeu de billard. Chamillard adopta le jeu à la mode et battit Villeroi, qui rendait quatre points au Dauphin, et de qui Sa Majesté daignait recevoir des leçons. Le duc de Grammont éprouva ensuite le savoir-faire de Chamillard. Le marquis de Dangeau, le prince des joueurs, eut lui-même son tour. Dès lors la réputation du conseiller au parlement devint telle, que Sa Majesté l'admit à faire avec elle sa partie à Versailles. Le roi en fut émerveillé, et, dès ce moment, il ne délaissa plus la queue de billard, et négligea même les poissons de ses bassins. Le grand roi reconnaissait Chamillard pour son maître, et ne l'appelait plus que : « Mon cher Chamillard! » présage certain d'une rapide fortune. Mme de Maintenon eut des sourires pour lui. Le billard lui faisait négliger les affaires sur lesquelles le parlement le chargeait de présenter des rapports. Un jour même, il omit de mentionner une pièce qu'il avait égarée sur son bureau. La partie qui devait gagner son procès le perdit, et vint, après que l'arrêt eut été rendu, en faire reproche à Chamillard. Celui-ci eut un beau mouvement. La partie qu'il avait lésée par sa négligence perdait 20,000 livres. Il les remboursa, et cependant c'était toute sa fortune, la dot de sa fille. Le gendre qu'il destinait à sa fille, touché de cette délicatesse, consentit à l'épouser sans aucun apport. Le soir de la conclusion de ce mariage, Chamillard tenait à Versailles la partie du roi et gagnait 24,000 livres. Le roi était enthousiasmé; il plaça les trois billes en ligne droite sur la diagonale du billard, et dit au conseiller : « Si vous exécutez ce carambolage, je vous accorde un logis au château. » Il n'y avait pas un seul seigneur, parmi les courtisans, qui n'eût mieux aimé entendre ces simples paroles que de recevoir un million. Chamillard exécuta le coup. Louis XIV avait sur Chamillard des desseins secrets; les hommes de haute extraction ne lui convenaient plus; d'autant plus jaloux de son autorité, qu'elle semblait diminuer, et que sa gloire s'éclipsait davantage; il repoussait les ministres habiles, et ne voulait plus être servi que par des gens obscurs. Saint-Simon dit à cette occasion : « Ce Chamillard plaisait à chacun par sa modestie, et le roi, qui l'aimait fort d'ailleurs, le choisit à cause de sa médiocrité même. » Le lendemain de la fameuse partie, Chamillard fut mandé à Versailles. Sa Majesté lui proposa d'emblée le ministère des finances. Chamillard n'osait accepter, ayant conscience de son insuffisance; mais sa modestie même fit insister le roi. Dans ses nouvelles fonctions, Chamillard fit preuve d'une incapacité qu'il avait lui-même la naïveté de reconnaître. Ainsi, il écrivait à Catinat : « Je ne suis qu'un robin qui fait son noviciat dans la guerre; ainsi, entre vous et moi, tout ce que je vous dis ne veut rien dire. » Il augmenta les impôts, multiplia les billets de monnaie, vendit à vil prix les croix de Saint-Louis, et employa mille expédients qui ne faisaient qu'augmenter les malheurs du peuple. Les armées ennemies avaient envahi le territoire français après nous avoir fait essuyer une longue suite de défaites; le prince Eugène arriva même à 60 lieues de la capitale. Le peuple murmurait, et le ministre aux abois offrait vainement sa démission. Un jour même, il s'avisa de faire humblement, dans une lettre adressée au roi, la récapitulation de ses fautes, il assurait que son administration perdait l'État. Le roi ajouta de sa main, en marge de cette lettre : « Hé bien! nous périrons ensemble! » Il s'en fallut de peu, en effet, que la monarchie ne sombrât à cette époque. Chamillard se retira du ministère en 1709 et mourut en 1721, détesté des Français, qui lui reprochaient leurs maux, mais estimé de tous ceux qui connaissaient son caractère. On a composé sur Chamillard l'épitaphe suivante :

> Ci-gît le fameux Chamillard;
> De son roi le protonotaire,
> Qui fut un héros au billard,
> Un zéro dans le ministère.

CHAMILLY (Noël BOUTON, marquis DE), maréchal de France, né à Chamilly en 1636, mort à Paris en 1715. Il fit ses premières armes en Portugal, sous le maréchal de Schomberg. Ce fut là qu'il connut une belle chanoinesse portugaise, nommée Alca Forada, qui lui adressa des lettres passionnées qui furent publiées sous le nom de *Lettres portugaises*. Après s'être signalé dans divers combats, et surtout à la suite de sa belle défense de Grave, qui coûta 16,000 hommes au prince d'Orange, il reçut le bâton de maréchal, en 1703. Louis XIV voulut lui prouver sa satisfaction en lui permettant de demander une grâce. Chamilly sollicita la liberté de son ancien colonel, qui était détenu à la Bastille.

CHAMISSO (Ludolphe-Adalbert DE), poëte allemand, né au château de Boncourt-en-Champagne, en 1781, mort à Berlin en 1838. Il passa en Prusse avec sa famille, qui émigra au commencement de la Révolution; il fut élevé avec les pages de la reine de Prusse. Il s'occupa de botanique, accompagna Kotzebue dans ses divers voyages, et, à son retour, il fut attaché au jardin botanique de Berlin. Il a publié un *Tableau des plantes utiles ou nuisibles du nord de l'Allemagne*. Mais c'est surtout comme poëte qu'il devint célèbre en Allemagne. Ses romances sont devenues populaires, et, bien qu'elles ne puissent être comparées à celles de Béranger, Chamisso passe avec raison pour l'un des meilleurs chansonniers de l'Allemagne. Ses poésies sont généralement mélancoliques et rêveuses; mais quelquefois aussi elles sont piquantes et légères.

CHAMLAY (Jules-Louis BAULÉ, marquis DE), maréchal général des logis sous Louis XIV, mort en 1719. Il fit ses premières armes sous Turenne, et s'attacha ensuite à Louvois. A la mort de ce ministre, il quitta la carrière militaire, où il avait acquis une certaine réputation d'habileté. Il fut lié avec Boileau et Racine.

CHAMOISER. Chamoiser une peau, c'est l'adoucir et lui donner une certaine souplesse. Cette préparation, qui ne s'appliquait d'abord qu'aux peaux de chamois, s'est ensuite étendue à toutes les peaux.

CHAMOND (SAINT-) ch.-l. de cant. de l'arrond. de Saint-Étienne (Loire), à 12 kil. de cette ville. Pop. 11,100 hab. Collége, bibliothèque. Ruines d'un château du moyen âge. Fabriques de rubans, passementerie, lacets, soies moulinées; clous, aciers, forges. Exploitation de houille.

CHAMOUNY, ch.-l. de cant. de l'arrond. de Bonneville (Haute-Savoie), à 38 kil. de cette ville. Pop. 1,600 hab. Cette ville est située au milieu de la vallée de son nom, célèbre par ses beautés naturelles; sa superficie est de 20 kil. de long sur 2 à 10 de large; le sol est fertile et bien cultivé; lin, miel excellent.

CHAMOUSSET (Claude-Humbert PIARRON DE), maître des comptes, né à Paris en 1717, mort en 1773. Cet homme ne vécut que pour se consacrer au soulagement des malheureux. Il étudia la médecine afin de se rendre plus utile encore à ses semblables. Il acquit même une certaine habileté comme chirurgien. Il fournissait à ses malades des médicaments et de l'argent. Il refusa une charge de conseiller au parlement, préférant le modeste emploi de maître d'école, qui lui permettait de consacrer plus de temps à ses pauvres. La musique était sa seule distraction. J.-J. Rousseau, lui donna un jour une marque singulière de son estime : il ne se découvrit point en le voyant entrer chez lui et ne le reconduisit point; il se contenta de lui dire : « Je vous estime trop pour vous traiter comme les autres hommes. » Chamousset a laissé différents mémoires sur des établissements de bienfaisance.

CHAMP, du latin *campus*, désigne communément une pièce de terre labourable, qui n'est pas enclose. — On appelle champ de bataille le lieu qui a été le théâtre d'un combat mémorable. — Au moyen âge, on appelait champ clos un terrain enfermé de barrières, dans lequel on mettait en présence les champions qui avaient à vider un différend. — On appelle champ de la vision, en terme d'optique, l'étendue d'espace que l'œil peut embrasser.

CHAMPAGNAC-DE-BÉLAIR, ch.-l. de cant. de l'arrond. de Nontron (Dordogne), à 16 kil. de cette ville. Pop. 820 hab.

CHAMPAGNE, ancienne province de France qui était bornée au N. par la Flandre française, les Pays-Bas autrichiens et la principauté de Sédan; à l'E. par la Lorraine, au S.-E. par la Franche-Comté, au S. par la Bourgogne et le Nivernais, à l'O. par l'Ile-de-France et la Picardie. Sup. 280 kil. sur 200. Ch.-l. Troyes. La Champagne se divisait en Haute-Champagne, Basse-Champagne et en Brie-Champenoise. La partie peu fertile de la Haute-Champagne portait autrefois le nom de *Champagne pouilleuse*. La Champagne forme aujourd'hui les dép. de la Marne, de la Haute-Marne, de l'Aube, des Ardennes, et en partie ceux de l'Yonne, de l'Aisne, de Seine-et-Marne et de la Meuse; elle est arrosée par la Seine, l'Aube, la Marne, l'Yonne, l'Aisne. Sol très-fertile; grains, fruits, légumes, vins blancs et rouges, vins mousseux, dits vins de Champagne. Les vins rouges, dits *de montagne*, sont en première ligne. Les meilleurs crus sont ceux de Versenay, Versy, Mailly, Saint-Basle, Bousy et Thierry; au deuxième rang, ceux de Hautvilliers, Mareuil, Disy, Epernay, Tessy, Pierry, Ludes, Chigny, Villers, Rilly, Allerand. Les crus de vins blancs les plus estimés sont ceux de Mareuil, Hautvilliers, Disy, Sillery, Aï, Epernay et Pierry. L'exportation des vins de Champagne se fait avec l'Angleterre, la Russie, la Perse, la Chine et l'Océanie; elle atteint annuellement une moyenne de 5 millions de bouteilles. En France on en consomme environ 2 millions et demi. Vastes forêts de pins dans la Champagne pouilleuse. On y trouve l'ardoise, la craie, la marne, des mines de fer, etc. Les Remi, les Tricasses, les Lingones et les Senones habitaient la Champagne avant la conquête de Jules César. Lorsque Auguste fit diviser la Gaule, cette province fit partie de la Gaule celtique et belgique. Plus tard, elle faisait partie des Lyonnaises Ire et IVe et de la Belgique IIe. Attila la dévasta, et, après Clovis, elle dépendit du royaume d'Austrasie; de 570 à 714, elle fut gouvernée par des ducs. Après le démembrement de l'empire de Charlemagne, elle échut à des comtes héréditaires, dont le premier fut Herbert de Vermandois, mort en 943. Quand cette dynastie fut éteinte (1120), elle appartint à Eudes II, petit-fils de Thibaut le Tricheur. Après lui viennent : Thibaut II, Henri II, Thibaut IV, Thibaut V, Thibaut VI le Posthume, qui devint roi de Navarre en 1234; Thibaut VII, successeur du précédent; Henri III, Jeanne Ire, qui épousa Philippe le Bel, qui devint roi l'année suivante (1285). Depuis cette époque la Champagne est restée à la couronne.

CHAMPAGNE, ch.-l. de cant. de l'arrond. de Belley (Ain), à 18 kil. de cette ville. Pop. 530 hab.

CHAMPAGNE-MOUTON, ch.-l. de cant. de l'arrond. de Confolens (Charente), à 22 kil. de cette ville. Pop. 1,135 hab.

CHAMPAGNE ou CHAMPAIGNE (Philippe DE), peintre, né à Bruxelles en 1602, mort en 1674. Il fut élève du Poussin. Duchesne, premier peintre de la reine, l'employa à la décoration du palais du Luxembourg; mais la supériorité incontestable de Champagne inspira à son maître une telle jalousie, qu'il dut le quitter. Cependant, après la mort de Duchesne, il épousa sa fille et obtint sa place. Il fut nommé professeur à l'académie de peinture, lors de sa fondation, en 1648. Il peignait avec une facilité surprenante. Les chanoines d'une paroisse de Paris lui ayant demandé, ainsi qu'à d'autres peintres, des esquisses pour un saint Nicolas, Champagne fit les tableaux même avant que les autres n'eussent terminé leurs esquisses. Il poussait la pudeur, dans le choix de ses compositions, jusqu'à refuser de reproduire aucune nudité. Richelieu chercha vainement à se l'attacher. Il fit plusieurs fois le portrait des membres de la famille royale. Un jour qu'il faisait celui de la reine, les dames de la cour critiquèrent la ressemblance. Champagne prit alors son pinceau à sec, feignit de changer plusieurs traits, et les dames trouvèrent aussitôt le portrait frappant, s'applaudissant de leur discernement. Ses peintures se distinguent par la correction du dessin et la fraîcheur du coloris; mais ses compositions manquent souvent de verve et d'élégance; il copiait trop servilement ses modèles. Parmi ses chefs-d'œuvre, on remarque le crucifix de l'église des Carmélites, peint sur un plan horizontal et qui paraît perpendiculaire : c'est un chef-d'œuvre de perspective. Le Musée possède de lui *Jésus-Christ chez Simon le Pharisien* et les *Religieuses*.

CHAMPAGNEY, ch.-l. de cant. de l'arrond. de Lure (Haute-Saône), à 16 kil. de cette ville. Pop. 3,000 hab. Exploitation de houille, tanneries, tuileries, forges, verrerie.

CHAMPAGNOLE, ch.-l. de cant. de l'arrond. de Poligny (Jura), à 18 kil. de cette ville. Pop. 3,130 hab. Forges, tanneries; commerce de bois, grains.

CHAMPAGNY (Jean-Baptiste NOMPÈRE DE), duc de Cadore, né à Roanne en 1756, mort en 1834. Il était neveu de l'abbé Terray, qui le fit admettre au collège de la Flèche, d'où il passa à l'école militaire de Paris. Il entra dans la marine, où il servait au commencement de la Révolution. Il fut envoyé, par la noblesse du Forez, comme député aux Etats généraux. Il se signala par ses protestations contre l'abolition de la noblesse. Il fut emprisonné sous la Terreur; mais il dut sa liberté aux événements de thermidor. Après le 18 brumaire, il se signala par son zèle pour l'Empereur, et fut employé dans diverses négociations diplomatiques à Vienne et à Erfurt. Ce fut lui qui négocia le mariage de Napoléon avec Marie-Louise. Il fit deux fois partie du ministère, en 1804 et en 1807. Il entra au Sénat en 1811. Il prêta serment au gouvernement de la Restauration, qui le nomma pair de France.

CHAMPART, nom donné, dans l'ancienne jurisprudence, au droit de partager avec le propriétaire le fruit de l'héritage qu'il cultive, dans une proportion déterminée, ainsi que l'indique l'étymologie de ce mot : *Campi pars*, part du champ. On trouve dans les *Établissements de Saint-Louis* des dispositions relatives à ce contrat; il était aussi réglé par les coutumes.

CHAMP-AUBERT, village de l'arrond. d'Epernay (Marne), à 24 kil. de cette ville. Pop. 178 hab.

CHAMP-AUBERT (bataille de). Le duc de Vicence venait de signifier à Napoléon le protocole des conférences de Châtillon. Il ne pouvait se résigner à la violation de l'intégralité du territoire français. « Je ne puis, dit-il, sans trahison ou sans lâcheté laisser la France plus petite que je ne l'ai trouvée. » Les renseignements qu'il reçut sur les mouvements de l'armée russo-prussienne ne firent que le confirmer dans sa résolution de continuer la guerre. L'armée de Blücher venait d'exécuter une marche de flanc qu'il épiait depuis longtemps et qui allait lui fournir l'occasion d'une nouvelle victoire. Il ajourna ses instructions au duc de Vicence et partit pour Champ-Aubert, où il arriva le 9 février 1814. Après avoir laissé le duc de Bellune et le général

Daphné poursuivie par Apollon.

Bourmont à Nogent, et le duc de Reggio au pont de Bray-sur-Seine, avec ordre de contenir les Autrichiens et de les empêcher de passer la Seine, il se mit en marche avec le gros de ses troupes. Le soir même il arrivait entre Sézanne et Champ-Aubert. Là il apprenait par ses éclaireurs que l'armée ennemie couvrait les routes depuis Châlons jusqu'à la Ferté, et qu'elle s'avançait dans la plus parfaite sécurité. Le lendemain matin, le duc de Raguse commença l'attaque en enlevant à l'ennemi le village de Baze. Quelques heures après, l'armée française parvenait au village de Champ-Aubert, et mettait complétement en déroute les colonnes du général Alsusiew. La déroute fut telle que l'armée ennemie se trouva coupée ; les uns s'enfuirent du côté de Montmirail et les autres du côté de Châlons, où le duc de Raguse les poursuivit. L'ennemi laissa sur le champ de bataille plus de 1,500 morts ; 230 Russes ou Prussiens, parmi lesquels se trouvaient le général Alsusiew et deux autres généraux, furent faits prisonniers. Notre perte fut évaluée à 600 tués et blessés. Cette victoire fit renaître dans le cœur de Napoléon des espérances que les événements firent évanouir de nouveau.

CHAMPCENETZ (Louis de), né à Paris en 1759. Il était fils du gouverneur des Tuileries et officier aux gardes françaises. Il se distingua par des pamphlets satiriques où l'on trouve de l'esprit ; mais aussi un certain parti pris de provoquer le scandale. Il était l'un des héros de cette jeunesse aristocratique qui luttait par des épigrammes contre les idées révolutionnaires. Il rédigea une feuille politique, intitulée *Actes des Apôtres*, où l'on trouve des détails piquants et des anecdotes assez curieuses. Il fut lié avec Rivarol, qui marcha avec lui dans la même voie. Les pamphlets ne pouvaient rien contre les idées révolutionnaires, et la force des choses achevait de ruiner les bases de la vieille société française. Champcenetz ne parut pas s'en apercevoir et continua à donner un libre cours à son esprit sarcastique. Il se vit arrêter sous la Terreur, dans la commune de Joigny, où il s'était retiré. Il fut condamné à mort le 23 juillet 1793. Au moment où l'on prononça son jugement, il conserva toute sa gaieté et demanda à ses juges si, comme dans la garde nationale, il ne pourrait pas se faire remplacer. Rulhières a fort bien dépeint Champcenetz dans l'épigramme suivante :

Être haï, mais sans se faire craindre,
Être puni, mais sans se faire plaindre,
Est un fort sot calcul : Champcenetz s'est mépris :
En recherchant la haine, il trouve le mépris.
En jeux de mots grossiers parodier Racine,
Faire un pamphlet fort plat d'une scène divine,
Débiter pour [illegible] sous un insipide écrit,
C'est décrier la médisance,
C'est exercer sans art un métier sans profit.
Il a bien assez d'impudence,
Mais il n'a pas assez d'esprit.
Il prend, pour mieux s'en faire accroire,
Des lettres de cachet pour des titres de gloire ;
Il croit qu'être honni c'est être renommé.
Mais, si l'on ne sait plaire on a tort de médire.
C'est peu d'être méchant, il faut savoir écrire.
Et c'est pour de bons vers qu'il faut être enfermé.

CHAMP D'ASILE, nom qui fut donné à un établissement dans l'Amérique du Nord, fondé par des Français proscrits à la suite des événements de 1815. Le Champ-d'Asile était pour eux une sorte de rempart inviolable derrière lequel nul ne devait les poursuivre. Une poignée de soldats, dont le seul crime était d'être restés fidèles à leur empereur, avait dû émigrer pour se soustraire à la persécution des cours prévôtales, que d'anciens ministres de Napoléon ralliés au nouveau pouvoir appelaient la vengeance des lois, la vindicte publique. Les proscrits se réunirent dans les principales villes de l'Amérique, et demandèrent à un pays libre un travail qui leur assurât du pain. On leur accorda 100,000 acres de terre sur la Mobile et le Tombig-Bee, où ils résolurent de fonder une colonie. Cependant les dettes qu'ils avaient contractées pour leur établissement les contraignirent à l'abandonner ; ils passèrent alors au Texas, après avoir signifié à Ferdinand, qui possédait encore cette colonie espagnole, l'intention de s'y établir. A leur arrivée dans ce pays, ils publièrent un manifeste pour annoncer leur désir d'entretenir les meilleurs rapports avec les colons espagnols ; mais ils déclaraient en même temps leur ferme intention de se fixer dans les terres qu'ils venaient de choisir ou d'y mourir les armes à la main, si l'on osait les inquiéter. Cet acte d'énergie leur valut, de la part de leurs frères d'Europe, de chaleureux encouragements ; on ouvrit même des souscriptions publiques pour leur venir en aide. Cependant les Etats-Unis, ayant fait la conquête du Texas, chassèrent les Français de leur colonie, qui commençait à prospérer. Après des pourparlers, on leur donna en échange des terres dans l'Alabama. Ce fut là qu'ils fondèrent le canton de Marengo, et bâtirent Aigleville. Le produit d'une souscription ouverte en France fut honteusement détourné, sans que le gouvernement de la Restauration voulût jamais rechercher les auteurs de cette malversation, dans laquelle on présuma depuis sa complicité. En 1830, le canon qui annonça le réveil de la liberté eut un écho chez les colons de Marengo et leur apprit que leur patrie pouvait enfin les recevoir. Dès ce moment, la colonie fut abandonnée.

Vue du Danube.

CHAMP DE MAI. Sous les rois de la seconde race, les assemblées de mars avaient déjà perdu le caractère qu'elles avaient au commencement de la conquête. L'autorité royale avait pris alors un notable accroissement. La race des anciens conquérants s'était peu à peu mêlée au peuple conquis ; on ne voyait plus autour du roi la réunion de tous les hommes libres ; mais seulement les grands vassaux, les gouverneurs et les officiers. Eux seuls étaient appelés, avec les prélats, aux comices nationaux. La convocation annuelle avait été fixée au mois de mai, d'où lui vint son nouveau nom. On appelait aussi ces réunions *placites généraux*. Sous les successeurs de Charlemagne, les assemblées de mai devinrent une occasion de discorde : le clergé et les nobles, qui s'entendaient pour lutter contre le pouvoir impérial, ne pouvaient ensuite s'accorder pour le règlement de leurs droits et privilèges. Après Charles le Chauve, les assemblées de mai cessèrent d'être convoquées. — On appelle également ainsi la grande assemblée des députations de tous les collèges généraux et des différents corps de l'armée de terre et de mer, convoquée par Napoléon Ier, à son retour de l'île d'Elbe, pour le 26 mai 1815, et qui se tint au Champ de Mars, à Paris, le 1er juin suivant. Ce fut dans cette solennité que Napoléon signa *l'acte additionnel* que la France attendait avec impatience pour la garantie des libertés que Napoléon avait promises à son retour de l'île d'Elbe. L'empereur signa cet acte, après que Cambacérès en eut donné lecture, et il jura ensuite de défendre l'indépendance de la France.

CHAMP DE MARS. On donnait ce nom, chez les anciens Francs, aux assemblées de chefs et de guerriers que les rois avaient coutume de convoquer tous les ans au mois de mars. Dans l'origine, c'était une réunion purement militaire; on y décidait les expéditions qu'on devait entreprendre, où l'on partageait le butin. Les Francs apportaient au roi les dons annuels qui constituaient ses revenus. Ce fut dans un champ de mars que Clovis fendit d'un coup de hache la tête d'un guerrier qui l'avait bravé à Soissons. Les guerriers approuvaient les propositions du roi en frappant de la framée sur leur bouclier, ou manifestaient leur improbation par des murmures. Sous les successeurs de Clovis, les champs de mars perdirent de leur caractère exclusivement militaire. Ainsi, les assemblées tenues à Cologne, Trèves et Andernach, eurent surtout pour objet de donner des lois au peuple franc. Plus tard, la dispersion des Francs sur une grande étendue de territoire, et en outre l'intervention des évêques et des puissants vassaux, fit tomber les champs de mars en désuétude.

CHAMP DE MARS. Terrain vaste et régulier situé à Paris, devant l'École militaire et bordé par la Seine, servant aux manœuvres des différents corps casernés à Paris. C'est un immense parallélogramme de 877 mèt. de longueur sur 455 de largeur. Vingt mille hommes en armes peuvent s'y mouvoir à l'aise. En 1790, le Champ de Mars fut le théâtre de la fête de la Fédération. Le 17 juillet 1791, après la fuite de Louis XVI à Varennes, un grand nombre de citoyens s'y réunirent pour signer une pétition tendant à l'abolition de la royauté. Le 5 décembre 1804, Napoléon y distribua ses aigles à l'armée et, en 1815, eut lieu le Champ de Mai, où l'on proclama *l'acte additionnel*. — Dans toutes les villes de guerre, on donne le nom de Champ de Mars au lieu qui sert à la troupe pour ses exercices.

CHAMP DE MARS, à Rome. Il était situé dans le quartier du cirque Flaminius, sur la rive gauche du Tibre. Sa superficie carrée était d'environ 18,000 mèt. Il était bordé du côté qui regardait la ville de magnifiques monuments, parmi lesquels on distinguait le Panthéon, les Thermes d'Agrippa, les théâtres de Pompée, de Cornélius Balbus et de Marcellus, les portiques d'Octavie, de Philippe et de Minutius. A l'endroit où le Tibre forme un coude, se trouvait l'amphithéâtre de Statilius Taurus, et au N. le mausolée d'Auguste. C'était dans le Champ de Mars que se tenaient les comices et les assemblées populaires. C'était un lieu de promenade. Pendant le jour, les Romains venaient s'y exercer aux évolutions militaires, ou jouer à la paume.

CHAMPS DE ROME. Situés pour la plupart, hors de la ville, ils étaient au nombre de dix. Le plus remarquable d'entre eux était le Champ d'Agrippa, situé entre le mont Quirinal et la voie Lata. Il portait ce nom en raison de trois beaux monuments qu'Agrippa y avait élevés : les Septa Agrippania, le Diribitorium et le portique de Pola.

CHAMPDENIERS, ch.-l. de cant. de l'arrond. de Niort (Deux-Sèvres), à 17 kil. de cette ville. Pop. 1,500 hab. Tanneries. Foire importante pour les bestiaux, mules et mulets. Beurre renommé.

CHAMPEAUX, village de l'arrond. de Melun (Seine-et-Marne), à 12 kil. de cette ville. Pop. 450 hab. Exploitation de pierres meulières. Belle église.

CHAMPEIN (Stanislas), compositeur de musique, né à Marseille en 1753. A 18 ans il était déjà maître de chapelle de la cathédrale de Puyan (Provence). Son premier opéra, le *Soldat laboureur*, date de 1779. Il fit représenter ensuite, tant à l'Académie royale de musique qu'à l'Opéra-Comique et aux Italiens : *le Baiser*, *Isabelle et Fernand*, *les Ruses de Frontin*, *l'Avare amoureux*, etc. En 1792, il entra dans l'administration et fut nommé préfet de Mayence. Il fit partie de l'Institut; il mourut à Paris en 1830.

CHAMPEIX, ch.-l. de cant. de l'arrond. d'Issoire (Puy-de-Dôme), à 13 kil. de cette ville. Pop. 1,785 hab. Ruines d'un château détruit sous le règne de Louis XIII.

CHAMPIER (Symphorien), docteur en médecine, né à Saint-Symphorien le Château, en 1472. Il fut premier médecin du duc Antoine de Lorraine; il alla avec lui en Italie et assista aux batailles d'Agnadel et de Marignan. Il fonda à Lyon un collège de médecine. Il a laissé un grand nombre d'ouvrages sur la médecine et l'histoire. Mort en 1535.

CHAMPIGNY, bourg de l'arrond. de Chinon (Indre-et-Loire), à 12 kil. de cette ville. Pop. 1,100 hab. Curieuse chapelle des anciens ducs de Bourbon.

CHAMPIGNY-SUR-MARNE, village de l'arrond. de Sceaux (Seine), à 14 kil. de Paris. Pop. 1,900 hab. Carrières de pierres. Foire pour la vente des porcs.

CHAMPION (Edme), dit le *Petit-Manteau-Bleu*, né à Châtel-Censoir (Yonne), en 1764. Il dut la popularité dont il jouit longtemps dans les quartiers pauvres de Paris, à sa philanthropie; de 1825 à 1850 environ, il distribua des soupes aux indigents sur le carreau des halles. Il avait une longue table qui était placée sur la dernière marche de la fontaine des Innocents, et c'était là qu'il se tenait et que devaient s'asseoir ceux qui voulaient prendre part à ces agapes de la misère. Champion oubliait, en agissant ainsi, que la charité qui se fait ostensiblement humilie et celui qui la pratique et celui qui en est l'objet. C'est le cas où jamais de dire avec le Christ : *Que votre main gauche ignore ce que fait la droite.* Il fut décoré par Louis-Philippe; en 1848, il se présenta comme candidat à la députation, mais sans succès. Il mourut à Châtel-Censoir, en 1852.

CHAMPION. Dans l'ancienne loi sur le duel des Francs, celui qui voulait prouver son innocence ou venger légalement l'insulte qu'il avait reçue, pouvait se faire remplacer, dans les combats en champ clos, par un homme qui prenait alors le titre de *champion*. Les parricides et tous individus ayant commis un crime entraînant mort d'homme, ne pouvaient offrir de champion.

CHAMPION DE CIRCÉ (Jérôme-Marie), prélat français, né à Rennes en 1735. D'abord évêque de Rodez (1770), et fut ensuite nommé à l'archevêché de Bordeaux (1780). En 1789, il fut élu député aux États généraux; il apporta dans les discussions de l'Assemblée un esprit libéral. Il succéda à

Barentin dans la place de garde des sceaux (3 août 1789). Il garda ce poste jusqu'en novembre 1790. Pendant son passage aux affaires, il contresigna tous les décrets, même celui de la constitution civile du clergé. Il émigra pour échapper à la proscription. En 1802, il fut nommé archevêque d'Aix, et mourut dans cette ville en 1810.

CHAMPION DU ROI. On appelle ainsi, en Angleterre, un chevalier qui, après le couronnement du roi, entre armé de toutes pièces dans la salle de Westminster et offre, en jetant son gantelet à terre, un cartel à quiconque élèverait des doutes sur la légitimité des droits du nouveau roi.

CHAMPIONNET (Jean-Étienne), général français, fils naturel d'un avocat, né à Valence en 1762. Il servit d'abord en Espagne; et rentra en France en 1791, où il prit du service. En 1793, il était général; à Fleurus, il battit le prince Charles et contribua puissamment au succès de cette journée. Le Directoire (1798) lui confia le commandement en chef de l'armée de Rome. Obligé de se replier devant des forces supérieures, il ne tarda pas à reprendre l'offensive, et bientôt il entra dans Rome. Il marcha ensuite sur Naples (1799), qui ne tarda pas à lui ouvrir ses portes. Il pacifia la multitude et établit la *République parthénopéenne*. Il porta ombrage au Directoire, qui le fit arrêter et conduire à Grenoble, où il resta enfermé jusqu'à la révolution du 30 prairial an VII. Le nouveau gouvernement le nomma général en chef de l'armée des Alpes. Tout était à organiser. Cependant la victoire lui fut favorable dans ses premières rencontres avec l'ennemi. Après la bataille de Novi, il remplaça Joubert. En ce moment, en face d'un ennemi nombreux, n'ayant sous ses ordres que des troupes mal payées, et décimées par la misère et la maladie, il perdit courage; l'arrivée de Bonaparte, qu'il considérait comme le seul homme capable de sauver la situation, le décida à envoyer sa démission au Directoire. Il mourut à Antibes en 1800, quelques mois après le coup d'État du 18 brumaire, auquel il ne donna jamais son approbation. Championnet a laissé après lui un nom honoré; il sut, par la droiture de son caractère et l'élévation de son esprit, s'attirer même l'estime de ses ennemis.

CHAMPLAIN (Samuel DE), voyageur français, né à Brouage, en 1570; pendant les dernières années des guerres de la Ligue, il prit parti pour Henri IV. En 1603, il fit partie de l'expédition de Pont-Gravé, qui était chargé de fonder des établissements dans le nord de l'Amérique. Il fit encore deux autres voyages qui furent plus importants en résultats. Il fonda Québec et explora l'intérieur du pays. En 1620, il fut nommé gouverneur du Canada. La guerre qui éclata entre la France et l'Angleterre le força de capituler en 1627. Le traité de Saint-Germain (1630), qui rendait le Canada à la France, permit à Champlain de reprendre son commandement. Il mourut à Québec cinq ans après (1635). Champlain avait l'esprit essentiellement colonisateur, une persistance dans les idées et une force de volonté peu commune. Il a laissé une histoire de ses voyages.

CHAMPLAIN, lac des États-Unis (Amérique), sur les confins du Canada. Sup. 170 kil. sur 25. Il décharge ses eaux dans le fleuve Saint-Laurent. Ce lac renferme environ 60 îles, dont les principales sont : Norta, South-Hero, Moth et Pleasant. Il fut reconnu par Champlain. Victoire navale des Américains sur les Anglais (1814).

CHAMPLATREUX, village de l'arrond. de Pontoise (Seine-et-Oise), à 3 kil. de Luzarches. Pop. 130 hab. Exploitation de gypse. Château appartenant à la famille Molé.

CHAMPLITTE, chef-lieu de canton, arr.

de Gray (Haute-Saône), à 20 kil. de cette ville. Pop. 3,820 hab. Vignobles estimés. Ville autrefois fortifiée.

CHAMPMESLÉ (Marie DESMARES), célèbre tragédienne, née à Rouen en 1664. Un de ses aïeux avait été président au parlement de Normandie. La misère la força d'entrer au théâtre; elle débuta dans sa ville natale, et ne tarda pas à acquérir une certaine réputation. C'est à cette époque qu'elle se maria avec un comédien, Charles Cheville, sieur de Champmeslé. Elle vint à Paris et reçut de Racine, qui éprouvait pour elle la plus tendre passion, des leçons et des conseils qu'elle sut mettre à profit. Elle avait près de 50 ans quand elle abandonna la scène; quatre ans après (1698), elle mourut à Auteuil.

CHAMPMOTTEUX, village de l'arrond. d'Etampes (Seine-et-Oise), à 20 kil. de cette ville. Pop. 400 hab. L'église possède le tombeau du chancelier de l'Hôpital.

CHAMPNIERS, bourg de l'arrond. d'Angoulême (Charente), à 9 kil. de cette ville. Pop. 4,000 hab. Huileries, tuileries. Foires pour les bestiaux.

CHAMPOLLION (Jean-François), né à Figeac (Lot), en 1790. Son goût naturel le portait vers l'étude des langues grecque et latine. Il vint à Paris en 1807, où il se perfectionna dans l'étude de l'arabe, du sanscrit et du persan. En 1809, il fut nommé professeur d'histoire à la faculté des lettres de Grenoble; les événements de 1815 lui firent perdre sa place. Il ne rentra en faveur que sous le ministère Decazes; le roi Louis XVIII, ayant été informé des travaux du célèbre orientaliste, qui venait de découvrir l'alphabet des hiéroglyphes (1822), lui fit cadeau d'une tabatière avec son chiffre en diamants. En 1824, le roi envoya Champollion à Turin pour examiner la collection Drovetti. Il alla également à Rome pour étudier le musée égyptien. Mais ce qui préoccupait le plus Champollion, c'étaient les préparatifs de son voyage en Egypte; un bâtiment de la marine royale fut mis à sa disposition, ainsi que tout un personnel de dessinateurs et d'architectes. Il visita l'Egypte et la Nubie, et poussa jusqu'à Ouadialfah. Il revint en France en 1830, et communiqua le résultat de ses travaux à l'Académie des sciences, qui venait de l'admettre dans son sein. Le gouvernement ne crut pouvoir mieux récompenser Champollion qu'en créant pour lui une chaire d'archéologie égyptienne au Collége de France. C'est vers cette époque qu'il commença sa *Grammaire égyptienne* et son *Dictionnaire hiéroglyphique*. Il avait arrêté le plan d'un grand ouvrage sur l'Egypte, qui devait être le résumé de son voyage dans cette contrée, lorsque la mort vint le frapper à l'âge de 41 ans (1832). Paris lui fit des funérailles magnifiques. La ville de Figeac lui a érigé un monument. « Les découvertes de Champollion, a dit Chateaubriand, auront la durée des monuments immortels qu'elles nous ont fait connaître. »

CHAMPOLY, village de l'arrond. de Roanne (Loire), à 31 kil. de cette ville. Pop. 1,000 hab. On remarque aux environs le château d'Urfé, manoir des seigneurs de ce nom.

CHAMPS-DE-BORT, chef-lieu de canton, arrond. de Mauriac (Cantal), à 20 kil. de cette ville. Pop. 1,750 hab.

CHAMPSECRET ou CHAMP-SECRET, chef-lieu de canton, arrond. de Domfront (Orne), à 8 kil. de cette ville. Pop. 4,000 hab. Fabr. de toiles, tuileries, hauts fourneaux, forges aux environs.

CHAMPS ÉLYSÉES. C'était d'après la mythologie païenne, le lieu où les âmes des héros et gens vertueux venaient goûter le repos. Les anciens, tout en supposant que les Champs Elysées étaient situés au centre de la terre, lui donnaient un ciel et des astres particuliers. Cette théorie absurde a été adoptée par tous les écrivains de l'antiquité. Platon plaçait les Champs Elysées aux antipodes de la terre.

CHAMPS-ELYSÉES, à Paris. Magnifique promenade qui s'étend depuis la place de la Concorde jusqu'à l'arc de triomphe de l'Etoile, et forme une sorte de prolongation du jardin des Tuileries. On ne saurait décrire la majesté du coup d'œil dont on jouit sur la place de la Concorde, en voyant cette gigantesque avenue qui mesure près de 2,000 mètres, et terminée par l'arc de triomphe. Le Cours-la-Reine, qui borde la Seine sur une longueur de 1,170 mètres, fut planté en 1628 et replanté en 1723. Le Grand-Cours fut créé en 1760 et se terminait à la butte de l'Etoile. Cette butte fut nivelée en 1765, par le marquis de Marigny. Les Champs-Elysées étaient autrefois le rendez-vous des bateleurs et des saltimbanques; et l'on pouvait y voir pour deux sous toutes les merveilles foraines de la France. Aujourd'hui ils sont remplacés par des théâtricules où maîtres Guignol et Polichinelle rivalisent de coups de bâton, à la grande joie de leurs spectateurs enfantins; on y voit aussi des cafés chantants cachés dans les buissons comme des nids d'oiseaux; nous sommes loin de vouloir comparer leurs chanteurs aux rossignols, car si une comparaison doit être faite, ce n'est certes pas avec cet oiseau. Dans la partie qui fait face à l'esplanade des Invalides, on a élevé le palais de l'Industrie; mais, hélas! ce vaste bâtiment, qui a joui d'une certaine animation en 1855, semble morne et consterné au milieu de la foule qui l'environne aux jours de fête; et les quelques tentatives que l'on a faites pour le rendre plus gai, n'ont contribué qu'à l'attrister davantage. Néanmoins, nous devons dire que l'exposition de peinture et de sculpture y est beaucoup mieux placée qu'au Louvre.

CHAMPTERCIER, village de l'arrond. de Digne (Basses-Alpes), à 9 kil. de cette ville. Pop. 400 hab. Patrie de Gassendi.

CHAMPTOCÉ, bourg de l'arrond. d'Angers (Maine-et-Loire), à 20 kil. de cette ville. Pop. 1,480 hab.

CHAMPTOCEAUX, ch.-l. de cant. de l'arrond. de Cholet (Maine-et-Loire), à 27 kil. de Beaupréau. Pop. 1,480 hab. Ville autrefois importante et fortifiée.

CHAMPVENT, village de Suisse (Vaud), à 7 kil. d'Iverdun. Pop. 380 hab. On croit que c'est dans le château de ce village que naquit Gabrielle de Vergy, dame de Fayel.

CHAMUSCA, ville de Portugal (Estramadure), à 18 kil. de Santarem. Pop. 3,200 hab. Vins rouges très-estimés.

CHANAAN. L'un des fils de Cham, tige des peuplades qui occupaient la Palestine, une partie de l'Arabie, la Phénicie; et qui furent massacrées par les Hébreux, lorsque, sous la conduite de Josué, ils vinrent s'emparer de ces contrées.

CHANAAN (Terre de). On appelait ainsi anciennement la Palestine et la Phénicie, pays habités par onze tribus, issues de onze fils de Chanaan. On lui donne aussi le nom de Terre promise.

CHANAC, ch.-l. de cant. de l'arrond. de Marvejols (Lozère), à 14 kil. de cette ville. Pop. 1,880 hab.

CHANANÉENS. On donne ce nom aux peuples qui habitaient la terre de Chanaan: les Héthéens, les Jébuséens et les Chananéens proprement dits, etc.

CHANÇAY, ville du Pérou, à 60 kil. de Lima, ch.-l. de la prov. de son nom. Commerce actif. Bon port sur l'Océan pacifique. Cette ville fut fondée en 1563.

CHANCE. Ce mot s'emploie pour désigner ce qui échoit par le sort ou par un coup au jeu; ce qui peut arriver d'heureux ou de malheureux, tout à fait en dehors de notre volonté, par le pur effet du hasard. (*Voir* PROBABILITÉS.)

CHANCEAUX, village de l'arrond. de Semur (Côte-d'Or), à 35 kil. de cette ville. Pop. 560 hab. Situé près de la source de la Seine.

CHANCELIER. Ce titre était autrefois commun à différents offices et dignités. Le plus important de tous était le chancelier de France, qui était l'interprète des volontés du roi. Il se tenait au pied du trône; présidentne du grand conseil, il présidait les parlements et autres cours de France, surveillait l'administration de la justice, dressait les édits et ordonnances et, outre plusieurs autres prérogatives importantes, il conservait les sceaux de l'Etat. Quelques rois ont gardé les sceaux; on cite, entre autres, Louis XV qui les conserva environ quatre années. Lorsque la censure fut réorganisée, en 1757, malgré la courageuse protestation de Malesherbes, la presse fut ajoutée aux attributions du chancelier. Cette magistrature fut supprimée après la chute de la royauté et fut remplacée par le ministère de la justice. Napoléon créa un archi-chancelier chargé de l'état civil de la famille impériale. Louis XVIII rétablit le titre de chancelier en faveur de M. de Barentin qui en avait rempli les fonctions sous Louis XVI, et le donna également à M. Dambray, ministre de la justice. A la seconde Restauration, ce titre ne fut donné qu'au président de la Chambre des pairs. Le chancelier de France portait la simarre de velours rouge, doublée de satin, le mortier, et marchait précédé de quatre massiers. Cette dignité existe dans la plupart des pays de l'Europe: En Angleterre, le *lord high chancellor* préside la chambre haute; en Russie, le chancelier a la direction des ordres de chevalerie et la charge de garder les insignes impériaux, et le ministre des affaires étrangères prend le titre de vice-chancelier. — En langage diplomatique, on appelle chancelier le personnage chargé de l'administration d'une ambassade, d'un consulat ou d'une légation. — Il y avait autrefois en France la grande chancellerie, sorte de juridiction souveraine, composée du chancelier, de deux maîtres des requêtes et de deux secrétaires du roi faisant office de rapporteurs; elle suivait partout le roi et scellait tous les actes qui ne pouvaient être dressés que par les secrétaires du roi. La petite chancellerie était établie près de chaque parlement, et scellait tous les actes de moindre importance. — La chancellerie anglaise est une sorte de dictature judiciaire ayant pour but de prononcer en dernier ressort sur tous les procès civils de l'Angleterre. Le lord chancelier en est le seul juge, quoique assisté par douze assesseurs qui n'ont que voix consultative.

CHANCELLOR (Richard), navigateur anglais. Le premier, il explora la Mer blanche, en 1553, et prit terre près d'un monastère situé à l'embouchure de la Dwina. Là, il apprit que ce pays, où devait s'élever plus tard Archangel, était placé sous le sceptre du czar Ivan IV. Chancellor se rendit à Moscou et s'engagea à procurer à la Russie, par la voie de mer, les marchandises qu'elle ne tirait qu'avec difficulté de la Pologne. Chancellor fit un nouveau voyage en 1551, mais, à son retour, le navire qu'il montait sombra, et l'infortuné capitaine et une partie des marins qui étaient avec lui périrent en vue des côtes orientales d'Ecosse, le 10 novembre 1556.

CHANDELEUR. Cette fête est célébrée, par l'Eglise catholique romaine, le 2 février de chaque année, en l'honneur de la présentation de Jésus au Temple et de la purification de la sainte Vierge. Elle fut fondée par le pape Gélase, en 472, selon les uns, en 536, par le pape Vigile, selon les autres. Le christianisme, qui éleva ses autels sur l'emplacement des autels du paganisme, substitua également ses fêtes à celles des dieux qui s'en allaient. C'est ainsi que la Chandeleur, d'après un sermon d'Innocent III, fut fondée pour remplacer les fêtes de Cérès et les Lupercales.

CHANDELEUR (îles de la), groupe d'îles situé sur la côte de la Louisiane, dans le golfe du Mexique. On les appelle ainsi du jour où elles furent découvertes.

CHANDELIER. Ustensile composé d'un pied, d'une tige et d'une bobèche, destiné à porter un cierge, une bougie, une chandelle. Il se fabrique en or, en argent, en cuivre, en cristal, en bois. Les anciens se servaient de chandeliers pour élever les lampes à une hauteur convenable, et l'on en a trouvé, dans les ruines de Pompéi, de curieux spécimens. La Bible parle d'un chandelier mystique, composé de sept branches rangées en demi-cercle et supportant des lampes qu'on allumait le soir et que l'on éteignait le matin : il était placé dans le tabernacle.

CHANDELLE, petite masse de suif, cylindrique et allongée, traversée par une mèche ordinairement en coton, qui, en brûlant, aspire constamment le suif fondu qui l'entoure et sert à l'éclairage.

CHANDERNAGOR, ville de l'Hindoustan français, dans la prov. du Bengale, à 25 kil. de Calcutta. Pop. 31,200 hab. Tribunal de 1re instance, siège d'une justice de paix, résidence d'un administrateur civil. Fabriques de tissus, exportation d'opium. Les Anglais s'emparèrent de cette ville en 1757; elle fut rendue en 1763, reprise et rendue de nouveau. Elle est occupée par les Français depuis 1816.

CHANDORE, ville forte de l'Hindoustan anglais, dans la présidence de Bombay, à 110 kil. d'Aurengabad. Les Anglais s'en emparèrent en 1804 et en 1818.

CHANDOS (Jean), célèbre capitaine anglais du XIVe siècle. Il commandait un corps d'armée à la bataille de Poitiers. Il fut lieutenant général du roi d'Angleterre dans les provinces de Guyenne. Rival heureux de du Guesclin, il fit deux fois prisonnier le valeureux connétable: à Auray, en 1364, et à Navarette (Espagne), en 1367: il fut tué au pont de Lussac, près de Poitiers, en 1369.

CHANFARA, poète et guerrier arabe. Il était fils d'une esclave abyssinienne, et vivait vers l'an 600 de notre ère. Homme de proie et de sang, il se signala par des meurtres et des actes de cruauté. Il a laissé un poème, *Lamyyât-el-arab*, qui est remarquable au point de vue de la peinture des mœurs. Ce poème a été traduit en diverses langues.

CHANGALLAS. Peuple nègre habitant l'O. de l'Abyssinie et le S. de la Nubie. Il se divise en tribus gouvernées par des cheikhs. Il se nourrit de la chair de l'éléphant, de l'autruche, etc.

CHANGAMERAS. Peuplade de l'Afrique centrale, faisant partie de la nation des Maravis.

CHANGE. C'est le prix exigé par un banquier pour faire payer une somme, soit dans un autre temps, soit dans un autre lieu que ceux où la négociation s'opère. On distingue deux opérations de change : le contrat de change proprement dit, et le change des monnaies. — Le change des monnaies est, à vraiment dire, le commerce de l'argent; il consiste à donner des monnaies d'un pays pour des monnaies d'un autre, moyennant une commission. On appelle *change menu* celui qui consiste à acheter des monnaies étrangères défectueuses ou n'ayant plus cours, moyennant un certain bénéfice. Ces opérations sont faites par des *changeurs* qui ne font, à vraiment dire, que le commerce des métaux qui entrent dans la confection de la monnaie. — On donne plus spécialement le nom de change aux opérations qui interviennent entre les négociants et les banquiers. Le change consiste alors dans une véritable vente de créances : le négociant transporte au banquier les sommes qui lui sont dues dans différentes villes, et lui donne en échange une *lettre* adressée à son débiteur, prescrivant de payer à l'ordre du banquier le montant des créances énoncées dans une lettre qui prend le nom de lettre de change. Le contrat de change était inconnu des anciens; il a été mis en usage par les juifs du moyen âge pour échapper aux spoliations dont ils étaient constamment l'objet de la part des souverains. Les juifs, pour soustraire leur argent à la rapacité dont ils étaient victimes, imaginèrent la lettre de change. Leur crédit était tellement assuré que leurs papiers étaient acceptés entre eux comme le signe représentatif d'une valeur; les traites acceptées qu'un juif avait en portefeuille étaient considérées par lui comme toute sa richesse. Ils payaient leurs marchandises par des lettres acceptées ou endossées. Il arriva ainsi que les dettes contractées par les négociants d'un pays envers ceux d'un autre pays purent être acquittées sans circulation de monnaie. Le change eut aussi l'avantage d'augmenter les richesses nationales en circulation, et, par suite, d'accroître le crédit. Il arrive souvent qu'une place est encombrée d'acceptations à remplir à l'échéance; elle ne peut alors satisfaire à ses engagements qu'en faisant transporter des fonds d'un autre pays où ils sont en abondance. L'importation ou l'exportation des espèces, et, par suite, les crises monétaires et l'élévation du taux de l'escompte, sont la conséquence naturelle de l'inégalité des dettes. Certains économistes ont imaginé, pour obvier à l'inconvénient qui paraît résulter de la sortie des espèces monétaires d'un pays, d'en empêcher la sortie; il a été reconnu, cependant, que c'était là un mauvais moyen, plus nuisible au commerce, qu'on entendait ainsi protéger, qu'il ne lui était utile. On a pensé qu'il valait mieux que chaque nation dirigeât ses efforts vers l'accroissement et le perfectionnement de son industrie et de son commerce, de telle sorte qu'en demandant le moins de marchandises possible aux commerçants étrangers, il ne se produisît point d'accumulation de traites acceptées, et, par suite, une diminution de numéraire. La nation qui, par sa prévoyance, a ainsi accumulé chez elle un numéraire considérable, peut toujours venir en aide aux nations qui en ont besoin pour faire face à leurs engagements, et exporter ses valeurs métalliques moyennant une prime avantageuse. Il faut tenir compte, dans les opérations de change, de la différence des monnaies, qui varient dans chaque pays, et ne considérer, dans ce calcul comparatif, que leur valeur intrinsèque. La rareté du numéraire dans un pays fait nécessairement hausser la commission moyennant laquelle on échange l'argent pour des lettres de change; c'est ce qu'on appelle le prix du change. Lorsque le change se fait d'une place à une autre pour une somme d'argent égale au montant de la lettre de change, on dit qu'il est *au pair*. Il peut tomber, par suite des changements apportés par les transactions commerciales, *au-dessus* ou *au-dessous du pair*. On entend par cours actuel du change le prix auquel sont les lettres de change pour faire des remises d'une place à une autre. Ce taux est constaté par les agents de change. Il est quelquefois impossible d'avoir directement des lettres de change sur une place; on négocie alors par l'entremise d'une troisième place. Pour cela on a recours à une combinaison qui se nomme *arbitrage;* elle se fait par une opération arithmétique qu'on nomme règle composée, dans laquelle on prend pour termes chacun des cours des places entre lesquelles il s'agit d'établir une comparaison. Le prix du change n'est pas soumis aux dispositions légales qui limitent le taux de l'intérêt; car il n'est pas considéré comme un prêt, mais bien comme une opération qui participe de la vente.

CHANGÉ, village de l'arrond. du Mans (Sarthe), à 8 kil. de cette ville. Pop. 2,900 hab. Fabrique de sucre de betterave.

CHANGEMENT, modification apportée dans l'état d'une chose. Ce mot exprime aussi la mobilité de notre esprit, qui change souvent de but et d'affection. Le désir de nous perfectionner, est l'une des principales causes de changement. Le poète n'a-t-il pas dit.:

L'homme absurde est celui qui ne change jamais.

CHANGEUR, se dit de celui qui fait sa profession habituelle de l'échange des monnaies d'une espèce contre d'autres monnaies, et, par exemple, de l'or contre de l'argent, des monnaies françaises contre des monnaies étrangères.

CHANG-KIA-TCHEOU, ville forte de Chine, prov. de Pé-Tcheli, à 213 kil. de Pékin. Cette ville est contiguë à la grande muraille.

CHANG-KHEOU, ville de Chine, prov. de Fou-Kian, à 266 kil de Fou-Tchéou-Fou. Pop. 350,000 hab. Fabriques de velours, soieries, papiers. Grand port de commerce.

CHANG-KHEOU, ville de Chine (prov. de Kiang-Sou), à 124 kil. de Nankin. Pop. 200,000 hab.

CHANIERS, bourg de l'arrond. de Saintes (Charente-Inférieure), à 7 kil. de cette ville. Pop. 2,720 hab.

CHANNING (William ELLERY), né à Newport (Rhode-Island), en 1780. Zélé propagateur des principes des Unitaires. Il établit cette doctrine que la religion du Christ doit être enseignée de façon à ce qu'elle soit toujours d'accord avec la raison. Ses écrits et ses sermons témoignent de son amour pour la paix et de son esprit de tolérance. Il fut attaché à l'Eglise presbytérienne de Boston en qualité de prédicateur. Il mourut en 1842. Ses *Mémoires* ont paru à Londres en 1851.

CHANOINE, On donne ce nom à l'ecclésiastique qui possède un titre appelé canonicat, lequel donne place au chœur et voix au chapitre. Les chanoines sont attachés aux églises cathédrales, qu'ils desservent avec l'évêque. On distinguait autrefois diverses sortes de chanoines : les chanoines réguliers et les chanoines séculiers. Les chanoines réguliers vivaient en communauté et étaient soumis à la règle de saint Augustin. Ils différaient des religieux ordinaires en ce qu'ils pouvaient posséder des cures; mais ils ne pouvaient jouir des bénéfices séculiers. Les chanoines séculiers étaient ceux qui, tout en étant attachés à une cathédrale, vivaient entièrement indépendants, ayant chacun leurs maisons. Il y avait enfin les chanoines honoraires, c'est-à-dire ceux qui avaient quitté leur prébende par résignation ou autrement. Il y avait enfin les chanoines d'honneur, qui étaient généralement de puissants seigneurs laïques, sous la protection duquel se mettait l'évêque. Les chanoines composèrent le conseil de l'évêché; ils furent d'abord les commensaux des évêques; celui-ci pourvoyait à tous leurs besoins; plus tard ils devinrent ses rivaux. La réunion des chanoines attachés à un évêché, s'appelle *chapitre.* Aujourd'hui la nomination des chanoines appartient à l'évêque, sauf l'approbation du gouvernement. Leur nombre est généralement de 9 dans les chapitres diocésains, non compris l'archiprêtre. Le titre de chanoine honoraire est donné, comme distinction, à des ecclésiastiques qui ne font pas partie du chapitre.

CHANOINESSES. Les chanoinesses se divisaient, de même que les chanoines, en régulières et séculières. Les chanoinesses régulières étaient de véritables religieuses soumises aux trois vœux de pauvreté, d'obéissance et d'humilité. Le plus ancien établissement de cet ordre était celui de Remiremont en Lorraine. La position des chanoinesses séculières était différente. Guillot fait de cet ordre la description suivante : « Ces chanoinesses sont parmi nous des demoiselles de qualité qui, au moyen de certaines preuves de noblesse, entrent dans un chapitre et en deviennent membres sans faire vœu de pauvreté, d'obéissance et de chasteté, et sans autre engagement que celui d'observer les statuts du corps où elles sont reçues. Devenues chanoinesses, ces demoiselles conservent la liberté de se retirer quand elles le jugent à propos, et même de se marier, si elles préfèrent le mariage au célibat. L'abbesse seule faisait vœu de chasteté perpétuelle. »

CHANONAT, village de l'arrond. de Clermont-Ferrand (Puy-de-Dôme), à 10 kil. de cette ville. Pop. 1,225 hab.

CHAN-SI, prov. sept. de la Chine, bornée à l'E. par la prov. de Pé-Tcheli, au S. de Ho-Nan, à l'O. de Chen-si. Sup. 143,696 kil. carrés. Pop. 14,000,000 d'hab. Chef-lieu Chaï-Youan. Sécheresse fréquente, sol assez fertile.

CHANSON, petit poëme sur un rhythme facile et populaire, qui exprime tous les sentiments, et qui peint tour à tour la tristesse ou la joie, la haine et la vengeance ou l'amour. Les premiers poëtes chantèrent leurs vers. Dans un temps où les éléments des lettres étaient peu répandus et l'art d'écrire généralement ignoré, il fallait appeler en aide la cadence et l'harmonie, pour mieux graver dans la mémoire des peuples le souvenir des actions héroïques. Lucrèce a dit que le chant des oiseaux initia l'homme à la poésie. Linus et Orphelinus furent les premiers chanteurs de la Grèce; Homère, Hésiode et les rapsodes, les troubadours de l'ancienne Grèce, vinrent ensuite. Les Grecs avaient leurs chansons historiques, leurs chants d'amour, leurs chansons à boire; chaque profession avait sa chanson particulière : il y avait la chanson des tisserands, celle des meuniers, des moissonneurs, etc. Les nourrices avaient leurs chants pour endormir les jeunes enfants; les jeunes filles, les amants avaient les leurs; il y avait aussi les épithalames pour les cérémonies nuptiales. A Athènes, dans les banquets, la lyre passait de main en main, et celui qui la cédait passait en même temps au nouveau chanteur une branche de myrte, et aucun des convives ne pouvait s'abstenir de chanter quand son tour était venu. Ceux qui ne savaient pas manier la lyre chantaient en agitant en cadence la branche de myrte. De là cette expression admise pour désigner un homme peu instruit : « Il chante au myrte. » Anacréon a été le grand maître de la chanson. Après lui on cite Horace, dont les odes n'étaient que des chansons bachiques ou d'amour. Les bardes, chez les Gaulois, exerçaient une sorte de sacerdoce. Ils survécurent à la barbarie qui envahit le monde lors de la chute de l'empire romain; on les retrouve encore sous Charlemagne; et l'on peut dire qu'ils ont été les initiateurs des troubadours. On a dit que la chanson était née française. Si cette idée n'est pas rigoureusement vraie, il est du moins constant que les Français l'ont portée à un degré de perfection qui peut les faire considérer à la fois comme les restaurateurs et les maîtres de la chanson. Aussi l'abbé de Bernis pouvait dire :

> Fille aimable de la folie,
> La chanson naquit parmi vous;
> Souple et légère elle se plie
> Au ton des sages et des fous.

L'humeur chansonnière, comme disait J.-J. Rousseau, est l'un des caractères de notre nation : « Il chante ses défaites, ses misères ou ses maux aussi volontiers que ses prospérités et ses victoires. Battant ou battu, dans l'abondance ou dans la détresse, heureux ou malheureux, triste ou gai, il chante toujours, et l'on dirait que la chanson est l'expression naturelle de tous ses sentiments. — On chantait pendant que les Anglais occupaient et ravageaient nos provinces; on chantait pendant la guerre des Armagnacs et des Bourguignons, pendant la Ligue, pendant la Fronde, sous la Régence; et la noblesse chantait encore à la fin du XVIIIe siècle et à la veille de la Terreur. La chanson ne va jamais sans une certaine pointe satirique; mais c'est cette malice gauloise qui fait le charme de nos chants nationaux; elle exige aussi cette sensibilité presque naïve qui faisait dire à Duclos que les Français étaient les enfants de l'Europe. Nos chansons reflètent l'expression de nos mœurs et de notre société : aussi pourrait-on entreprendre d'écrire l'histoire de la France par des chansons : elle est railleuse et avinée sous la Régence, enthousiaste et patriotique sous la Révolution. Avec Béranger, elle exprime les plus hautes aspirations vers le progrès et la liberté. Les guerres de l'Empire font regretter au poëte les douceurs de la paix, qui seule peut faire prospérer la liberté, et il compose le *Roi d'Yvetot*. La Restauration revient avec son cortége d'institutions vieillies, et il chansonne le *Marquis de Carabas*. La Restauration succombe, et Louis-Philippe présente comme la meilleure des républiques une forme de gouvernement qui n'est qu'un replâtrage de l'ancienne charte, le chansonnier politique élève encore la voix :

> Je croyais qu'on allait faire
> Du grand et du neuf;
> Même étendre un peu la sphère
> De quatre-vingt-neuf.
> Mais point! on rebadigeonne
> Un trône noirci.
> Chanson reprend ta couronne,
> Messieurs, grand merci!

Plus d'un pieux cénobite et plus d'un philosophe n'ont pas dédaigné de composer des chansons populaires. Saint Bernard badinait sur les airs de son temps, et si ce ne fut pas un de ses titres à la canonisation, ce fut du moins une des causes de sa popularité. Abailard charmait Héloïse par ses chansons plus que par ses argumentations philosophiques. La plupart des chansons dont nos enfants ont conservé le souvenir dans leurs jeux, rappellent des faits historiques, ou peignent des mœurs que nous comprenons à peine. C'est ainsi que nos enfants blonds et roses chantent en dansant en ronde :

> Nous n'irons plus au bois,
> Les lauriers sont coupés.

Ou bien :

> La tour prend garde!

Ou bien encore :

> Quand Biron voulut danser...

Il n'est pas rare de les entendre chanter encore :

> Dansons la carmagnole!

Et ces pauvres enfants ne se doutent pas des tristes souvenirs que cachent souvent de tels chants. De nos jours, la chanson semble avoir changé de caractère. C'est en vain que quelques chansonniers essayent de parodier ces refrains bachiques et ces romances qui ont charmé nos pères; il semble que leur verve soit glacée, et l'on voit leur muse grimaçante,

> Faible écho, mourir en de vains sons!

Le temps n'est plus à ces productions gracieuses et légères. Nos chansonniers vraiment dignes de ce nom ne retrouvent plus leur inspiration que dans ces chansons qui peignent nos mœurs à larges traits, avec l'esprit du caricaturiste. Ils ont aussi abordé la chanson philosophique, et l'on peut dire que Pierre Dupont et Gustave Nadaud sont les modèles du genre.

CHANSONS DE GESTES. Nom donné, au moyen âge, à ses chants véritables, poëmes homériques, destinés à célébrer les faits et gestes des héros. Les premières chansons de gestes étaient des chants farouches; c'était le cri du Barbare qui ne cherchait que l'occasion de se baigner dans le sang. La chanson du guerrier scalde est le modèle du genre : « Corbeaux, voici votre pâture, nos ennemis sont morts; remerciez-moi; venez, voici votre pâture! » Dans les premiers temps de la chevalerie, la chanson de gestes changea de caractère; l'amour et le sentiment de l'honneur adoucirent les mœurs; plus d'un chevalier s'honora de porter la harpe des trouvères. Ce genre de poésie fut surtout en usage dans l'enfance de notre littérature, ainsi que les chants d'Homère, qui pourraient être classés parmi les chansons de gestes. Les plus anciennes qui nous soient parvenues consistent dans quelques couplets composés en l'honneur de Clotaire II, vainqueur des Saxons; le chant de Roland et le chant triomphal de Louis III, qui célèbre les victoires de ce roi sur les Normands. Les premiers troubadours apparurent dans le Midi, et surtout en Provence. Thibaut, comte de Champagne et roi de Navarre, fut le premier qui fixa les règles de la chanson; car, ainsi que l'a dit Boileau :

> Il faut, même en chanson, du bon sens et de l'art.

Les troubadours se réunissaient dans des *Cours d'amour*, *Puys d'amour*, *Gieux sous l'ormel*, *Palinods*. Là, accouraient en foule les seigneurs et les dames, pour assister à des combats poétiques. Les concurrents chantaient ou récitaient des ballades ou des fabliaux qu'ils improvisaient quelquefois. Le vainqueur était couronné d'un chapel de plumes de paon. Plus tard, les luttes des troubadours devinrent le complément nécessaire des tournois.

CHANSONNETTE. On donne ce nom à la chanson, dont le genre est plus badin et plus léger que celui de la chanson ou proprement dite. La chansonnette ne convient qu'aux idées comiques; il lui faut des *la-rifla*, des *lon lon la*, et des *glou glou*, qui animent le chanteur.

CHANSONNIER, se dit de celui qui cultive la chanson. Le bon sens populaire est avare de ce titre, et il ne suffit pas de rimer des couplets pour être un chansonnier. Depuis que Béranger a été qualifié de *chansonnier national*, bien peu oseraient prétendre à un titre qui comporte tant d'illustrations. On a dit cependant avec quelque raison de Pierre Dupont qu'il était le chansonnier du peuple.

CHANT, modification de la voix humaine qui produit une certaine variété de son. La mesure, les différences d'intonation, les intervalles à observer sont indiqués par les notes musicales. La musique étant en quelque sorte la quintessence de la poésie, on conçoit la difficulté de créer des chants nouveaux. Les difficultés de l'interprétation ne sont pas moindres, et il faut une certaine somme de goût et de génie pour mettre en quelque sorte son âme dans la voix. La musique n'est arrivée que progressivement au point où nous la voyons aujourd'hui; l'art du chant a suivi les mêmes évolutions. Le chant ambroisien, le chant grégorien, sorte de plain-chant, ne sont que des réminiscences de l'art, tel qu'il était appliqué chez les Grecs et les Romains. Ces chants, malgré leur gravité et leur mélodie, sont loin de comporter la variété et l'étendue du chant moderne. Nos grands compositeurs se sont appliqués à donner la vie et le mouvement à ces complaintes qui rappellent trop la monotonie de l'hymne de Thémistocle.

Chant (Plain-). Nom que l'on donne dans l'Église romaine au chant ecclésiastique. C'est un reste précieux, quoique défiguré, de l'ancienne musique grecque. On en attribue l'invention à saint Athanase, qui en introduisit l'usage dans l'église d'Alexandrie. Saint Ambroise, archevêque de Milan, en formula les règles; saint Grégoire le perfectionna et lui donna la forme qu'il conserve encore aujourd'hui; c'est même de lui qu'il a pris le nom de *chant grégorien;* Charlemagne introduisit ce chant en France, et le roi Robert lui-même se livrait avec beaucoup d'ardeur à ce genre de composition. Il a laissé plusieurs *répons* et *antiennes* qu'on admire encore comme de précieux morceaux de musique religieuse. Rien de plus noble, de plus élevé que cette musique majestueuse qui accompagne les prières que l'homme adresse à l'Éternel; les solennités de l'Église en reçoivent un éclat et une pompe vraiment dignes de leur but. Saint Augustin dit que l'impression qu'il ressentit en entendant cette musique religieuse fut immense : « Combien je versai de pleurs, dit-il; quelle violente émotion j'éprouvai, Seigneur, en entendant dans votre église chanter des hymnes et des cantiques à votre louange! En même temps que ces sons touchants frappaient mes oreilles, votre vérité coulait par eux dans mon cœur; elle excitait en moi les mouvements de la piété. »

CHANTAGE, signifie, au propre, l'action de faire chanter quelqu'un; mais ce mot a été pris dans un sens qui en fait un néologisme. Faire chanter, c'est tirer d'une personne certaines sommes d'argent, ou certains avantages, en lui faisant craindre la révélation d'un fait qui porterait atteinte à son honneur ou la couvrirait de ridicule. La chose est assez ancienne; mais par suite des perfectionnements que le chantage, qui est une variété de l'escroquerie, a reçu de nos jours, on peut dire qu'il est d'invention moderne. Cartouche et Mandrin volaient sur les grands chemins. Leur métier étant devenu périlleux, et, d'un autre côté, le désir de s'enrichir, *per fas et nefas*, n'ayant guère diminué, les détrousseurs ont adopté le chantage, qui leur offre cet avantage que leur dupe même devient leur complice.

CHANTAL (sainte Jeanne-Françoise, Frémiot de), née à Dijon en 1572, morte en 1631. Veuve très-jeune de François de Rabutin, seigneur de Chantal, elle se consacra à des actes de piété; elle se plaça sous la direction de saint François de Sales, et devint supérieure du couvent de l'ordre de la Visitation, que ce saint avait fondé à Annecy. Elle fut canonisée par Clément XIII, en 1767. Le recueil de ses lettres a été publié. Elle eut un fils, le baron de Chantal, père de Mme de Sévigné, et qui trouva une mort glorieuse en défendant l'île de Ré contre les Anglais (1627).

CHANTELLE-LE-CHÂTEAU, ch.-l. de cant. de l'arr. de Gannat (Allier), à 17 kil. de cette ville. Pop. 1.700 hab. Ruines d'un château des ducs de Bourbon.

CHANTELOUP, hameau de l'arrond. de Tours (Indre-et-Loire), à 4 kil. d'Amboise. Ruines d'un château qui appartint au duc de Choiseul, ministre de Louis XV.

CHANTELOUVE (François, Grossombre de), littérateur français du XVIe siècle, né à Bordeaux. De tout ce qu'il a pu écrire, il ne reste qu'une pièce de théâtre qui a pour titre : *Tragédie de feu Gaspard de Coligny, contenant ce qui advint à Paris le 24 août 1572.* C'est une sorte d'apologie de la Saint-Barthélemy. Coligny y est représenté conspirant le meurtre du roi, des Guises et des catholiques. L'auteur met dans la bouche d'un de ses personnages les vers suivants :

Combien nous tuerons de ces cordeliers ras
Combien de capelas! combien de prieurs gras.

On voit qu'à cette époque, la politique et le fanatisme avaient déjà envahi la scène.

CHANTENAY, bourg de l'arrond. de Nantes (Loire-Inférieure), à 3 kil. de cette ville. Pop. 3,900 hab. Petit port fréquenté. Construction de navires.

CHANTE-PLEURE. Nom que l'on donne, en termes d'architecture, à une espèce de ventouse qu'on pratique aux murs de clôture construits près de quelque eau courante, pour que, pendant son débordement, elle puisse entrer dans le clos et en sortir librement, sans endommager les murs. Ce mot assez pittoresque est formé de *chanter* et *pleurer*, sans doute à cause du bruit que fait l'eau en sortant par les fentes ou trous de la *chante-pleure*.

CHANTEUR, Chanteuse. C'est tout simplement un homme ou une femme qui fait métier de chanter, que ce soient des airs, des chansons, des vaudevilles, des cantiques ou même des complaintes, peu importe : ils chantent, ce sont des *chanteurs*. Pour ne parler que de la France, jamais peut-être les chanteurs n'ont été plus nombreux qu'aujourd'hui. Il y a les chanteurs de l'Opéra, du Théâtre-Italien, du Théâtre-Lyrique, de l'Opéra-Comique et des concerts publics. Il y a aussi ceux qui chantent plus ou moins mal dans les cafés, dans les rues, sur les ponts, les quais et les boulevards. Puis viennent les amateurs, dont Dieu vous garde; nous n'en exceptons pas même les gens qui chantent de tout cœur aux *nopces* et festins, dans les repas de corps, les banquets patriotiques, ni ceux qui chantonnent au logis, en voyage, à la promenade, en wagon, etc., etc. Les chanteurs de profession sont des artistes, et l'art du chant a été, pour ceux qui y ont excellé, une source de célébrité et de fortune. Quant à la *chanteuse*, ce ne peut être une artiste, car ce mot ne se prend qu'en mauvaise part. En effet, la musicienne ambulante, qui mêle sa voix aux sons discordants de l'orgue de Barbarie, est une *chanteuse;* de même celle qui, à force de se faire répéter par un violon ou par tout autre instrument, un air à roulades, parvient à l'apprendre et à le rendre plus ou moins bien en public, est aussi une *chanteuse;* mais quand on parle d'une femme qui réunit à une belle voix la connaissance parfaite du chant, c'est *cantatrice* qu'il faut dire. Les chanteurs sont désignés par le genre de voix qui leur est particulier; c'est ainsi qu'il y a le *soprano*, le *ténor*, le *baryton*; etc.

CHANTIBON, ville de Siam, à 244 kil. de Bangkok, dans le golfe de Siam. Bon port.

CHANTIER. C'est en général un espace de terrain sur lequel on empile les bois de chauffage, de charpente, de charronnage, de construction, etc. Ce mot se prend le plus souvent comme synonyme d'*atelier*, et dans l'industrie du bâtiment il se dit de l'endroit où l'on dépose le bois et la pierre pour les tailler et les mettre en œuvre. Comme terme de marine, *chantier de construction* se dit de l'endroit où l'on construit les vaisseaux. Les plus beaux chantiers de construction que nous ayons en France sont ceux de Brest, de Toulon et de Rochefort. On sait que Pierre le Grand apprit en Hollande l'art de charpentier de vaisseaux, en travaillant dans les chantiers de Saardam, comme simple ouvrier.

CHANTILLY, petite ville de l'arrond. de Senlis (Oise), à 8 kil. de cette ville et à 40 de Paris. Pop. 2,800 hab. Industrie active, commerce de blondes et de dentelles noires très-recherchées. Fabriques de porcelaine et de faïence; lunettes; indiennes. Bel hospice. Château célèbre, appartenant autrefois aux Montmorency, et depuis 1632 à la maison de Condé, et ensuite au duc d'Aumale. Ce château a été acheté en 1852 par deux banquiers de Londres; il possède une écurie monumentale, pouvant contenir 250 chevaux. Vaste pelouse sur laquelle on fait des courses de chevaux.

CHANTONAY (Thomas Perrenot de), diplomate espagnol, né à Besançon en 1514, fils aîné du chancelier de Granvelle. Il représenta Philippe II à la cour de France (1560-1564), soutenu par les Guises, il se mêla à toutes les intrigues; ce fut lui qui intima à Catherine de Médicis, au nom du roi d'Espagne, d'éloigner de la cour les chefs protestants. Il fut envoyé aussi auprès de l'empereur Maximilien II; il se retira à Anvers, où il mourut en 1575.

Chantonay, ch.-l. de cant. de l'arrond. de Napoléon-Vendée (Vendée), à 29 kil. de cette ville. Pop. 2,530 hab.

CHAN-TOUNG, prov. de Chine, sur la Mer jaune; ch.-l. Tsi-nan. Sup. 169,300 kil. carrés. Pop. 28,958,700 hab. Culture de mûriers; on y trouve une espèce de chenille *(phalæna-serici)*, qui donne une excellente soie. Beaucoup de houille.

CHANTRE. C'est le nom qu'on donne à celui qui, dans les églises, chante l'office au lutrin. Les chantres peuvent être clercs ou séculiers, mais qu'ils appartiennent à l'une ou l'autre classe, ils n'en doivent pas moins porter la chape pendant toute la durée de l'office.

CHANTREZ (Francis), célèbre sculpteur anglais né dans le comté de Derby en 1781, mort en 1842. Ses parents le placèrent d'abord chez un épicier de Sheffield. Le jeune apprenti négligeait volontiers ses commissions pour s'arrêter pendant des heures entières devant les statues qui s'offraient à ses yeux. Il eut l'occasion d'aller chez le sculpteur Ramsay. L'entretien qu'il eut avec lui décida de sa vocation. Il prit quelques leçons de ce sculpteur, et se vit bientôt en état d'exercer cet art. Il alla à Londres en 1802 et entreprit le buste du philosophe Horne-Tooke; sa réputation fut aussitôt établie; il fut même chargé d'exécuter la statue en pied de George III. Ses premières productions faisaient sentir l'insuffisance de ses études; il résolut alors de passer en France, puis en Italie, pour y étudier les œuvres des grands maîtres. Il revint à Londres au bout de deux ans, et produisit alors plusieurs sculptures qui sont considérées comme des chefs-d'œuvre. Il réussit mieux dans les sujets qui peignaient un certain sentiment que dans les bustes et les statues; on admire cependant la statue en bronze de George IV. On cite parmi ses chefs-d'œuvre : une *Jeune Fille caressant une colombe*, la *Résignation* et *Deux Enfants endormis*.

CHANU, village de l'arrond de Domfront (Orne), à 17 kil. de cette ville. Pop. 2,772 hab. Quincaillerie. Exploit. de pierres de taille.

CHAO-KING, ville de Chine (prov. de Kwang-Toung), à 50 kil. de Canton. Grand port de commerce.

CHAO-DE-COUCE, ville de Portugal (Estramadure), à 45 kil. de Leiria. Pop. 3,000 hab.

CHAOS. On entend par ce mot l'assemblage confus de tous les éléments ou encore l'espace infini qui existait avant le monde. En mythologie, le Chaos est le père de l'Érèbe et de la Nuit.

CHAOURCE, ch.-l. de cant. de l'arrond. de Bar-sur-Seine (Aube), à 20 kil. de cette ville. Pop. 1,534 hab. Patrie d'Amadis Jamyn, poëte français du XVIe siècle.

CHAPALA, bourg du Mexique (prov. de Guadalaxara), à 150 kil. de Guadalaxara, sur le grand lac de son nom.

CHAPAREILLAN, bourg de l'arrond. de Grenoble (Isère), à 39 kil. de cette ville. Pop. 2,612 hab. Bureau de douanes.

CHAPE. Ce mot se prit longtemps pour

cape qui désignait une espèce de tente qui servait à abriter des reliquaires. La chape ne s'emploie plus que dans les églises et sert à désigner un vêtement en forme de manteau qui s'agrafe sur la poitrine et s'étend des épaules aux talons.

CHAPEAU. Quoique ce mot puisse à la rigueur s'appliquer à tout vêtement destiné à couvrir la tête, l'usage veut qu'il ne se dise que des coiffures d'hommes ordinairement faites de feutre, de castor, de peluche de soie, de cuir, de carton, de paille, etc. Les chapeaux étaient inconnus en France avant le règne de Charles VI, et sous Charles VII on ne s'en servait guère qu'en temps de pluie. Ce ne fut que sous François Ier que l'usage en devint général. Leur forme a souvent varié. Les premiers chapeaux eurent la forme plate et les bords assez larges ; ils étaient ornés de plumes. Sous Henri IV, la forme devint plus haute, et l'un des bords était retroussé. Plus tard on retroussa les deux bords, et enfin tout le tour du chapeau fut relevé. On revint ensuite à la forme plate. Sous Louis XIV et sous Louis XV, la perruque rendit le chapeau presque inutile. Au XVIIe siècle, le chapeau, qui avait la forme ronde, se métamorphosa en tricorne à la fin du XVIIIe. Aujourd'hui il est plus ou moins cylindrique, mais il a bien de la peine à conserver sa forme. Après les *gibus*, nous avons eu les *panamas*, les *garibaldiens*, les *huguenots*, les *derbys*, qui seront bientôt détrônés par de nouvelles modes, car les modes passent si vite chez nous! — Quant aux chapeaux de femmes, qui sont ordinairement en soie, en gaze ou en paille, ornés de rubans et de fleurs, leur forme est encore plus variable. Depuis les chapeaux de nos grand'mères, n'avons-nous pas vu les *calèches*, les *capotes de cabriolets*, les *bibis*, les *paméla*s, les *chapeaux à l'impératrice*, et ces petits chapeaux presque imperceptibles et qui ont besoin, pour être retenus sur la tête, d'être fixés par tout un magasin d'épingles? — Employé seul, le mot *chapeau* se dit surtout de la coiffure distinctive des cardinaux; c'est un chapeau rouge à forme plate et à bords fort larges, orné de ganses rouges qui retombent sur la poitrine. Cette coiffure est en usage depuis 1245.

CHAPEAUX (faction des). On appela ainsi, en Suède, une faction opposée à celle des bonnets. Toutes deux se formèrent après la mort de Charles XII, par suite des discussions soulevées au sein de la diète en 1738. Le parti des chapeaux, qui était le parti vraiment national et démocratique, recherchait l'alliance du cabinet de Versailles ; le parti des bonnets recherchait, au contraire, l'alliance de la Russie. Cette dernière puissance avait su, par ses intrigues, donner à ce parti, qui se recrutait surtout dans la noblesse, une influence considérable. Les chapeaux l'emportèrent cependant, et déterminèrent la diète à rompre avec la Russie. Cette lutte disproportionnée entraîna de grands désastres pour la Suède, déjà ruinée par les guerres de Charles XII. En 1756, l'influence anglaise vint en aide au parti russe et les bonnets s'emparèrent du pouvoir. La réaction qui se fit alors ne pouvait être de longue durée. Aussi les chapeaux ressaisirent-ils le pouvoir en 1769. Ils le perdirent de nouveau à l'avénement de Gustave III. En 1772, les bonnets, qui avaient fait le plus mauvais usage de leurs victoires, furent définitivement renversés.

CHAPEL-ILL, ville des États-Unis (Caroline du Sud), à 38 kil. de Raleigh. Siége de l'université de la Caroline du Nord.

CHAPEL-IN-FRITH, ville d'Angleterre, comté de Derby, à 18 kil. de cette ville. Pop. 3,200 hab. Fabrique de cotons; clouterie; exploitation de houille. Chaufourneries aux environs. Sources intermittentes.

CHAPELAIN (Jean), poëte français né à Paris en 1595, mort en 1674. Il était fils d'un notaire au Châtelet. Son père voulait lui céder sa charge. Sa mère aimait mieux qu'il fût poëte; elle devait l'emporter : il débuta par une traduction du roman espagnol *Guzman d'Alfarache*. Ce premier succès l'enhardit et il résolut enfin de faire valoir son talent poétique. Il conçut le plan de la *Pucelle* et fit un canevas en prose. L'ouvrage sembla fort beau; il le mit en vers, et ne produisit plus qu'une œuvre ridicule. Une ode qu'il adressa au cardinal de Richelieu lui valut une pension de 3,000 livres. Comparant alors son sort à celui des autres poëtes, il mesura son mérite à la rondeur de la pension, et se crut appelé à régenter le Parnasse. Richelieu le chargeait volontiers de réfuter en son nom certains ouvrages: « Prêtez-moi votre talent, lui disait-il, et dans une autre occasion je vous prêterai ma bourse. » La position de Chapelain auprès du cardinal de Richelieu valut à la *Pucelle* l'honneur de 6 éditions en 18 mois. Les sarcasmes semblaient pleuvoir en raison même du succès de la vente. Boileau, Racine et la Fontaine se déchaînèrent si bien contre le malheureux Chapelain qu'il rougit lui-même du monstre qu'il avait enfanté. Il avoua que ses vers étaient mauvais, mais il se retrancha derrière le mérite de la prosodie. Colbert, qui pouvait se tromper en littérature, chargea Chapelain, qu'il considérait comme le poëte le plus éminent, de dresser la liste des savants et des poëtes qui étaient dignes de gratifications ou de pensions. On connaît les plaisanteries auxquelles donna lieu cette mission. Despréaux et Racine publièrent que la perruque de Chapelain avait été métamorphosée en comète. Chapelain passait pour être d'une avarice sordide; il se refusait le nécessaire; et cependant, quand il mourut, on trouva chez lui 50,000 écus entassés dans des sacs. On a prétendu que son avarice avait été la cause de sa mort, et qu'un jour où il avait plu, il avait refusé de passer le ruisseau sur une planche, de peur de débourser un denier, et qu'ayant passé au travers de l'eau, il avait été saisi d'un froid mortel.

CHAPELET HYDRAULIQUE, chaîne sans fin à laquelle on accroche des seaux ou des godets en bois ou en tôle. La chaîne plonge dans une nappe d'eau. Une force motrice la mettant en mouvement, on voit les seaux s'emplir, puis se vider les uns après les autres dans un réservoir, et élever ainsi, par le mouvement continu, une certaine masse d'eau. Le chapelet hydraulique est également employé pour draguer le fond des rivières embarrassées par les sables.

CHAPELET (Congrégation du). Pendant le siége que Paris eut à soutenir au temps de la Ligue, il s'établit une société sous le nom de Congrégation du Chapelet. Les frères qui en faisaient partie ne devaient pas manquer de le réciter chaque jour, pour demander à Dieu le succès de la Ligue. L'ambassadeur d'Espagne et les *Seize* étaient à la tête de cette confrérie. Le chapelet a été mis en usage par les chrétiens qui ne savent pas lire.

CHAPELLE, nom donné au lieu, à l'oratoire où se trouvait renfermée la chape de saint Martin, conservée comme une relique, et qui servait d'étendard dans les armées de nos anciens rois. Cette chape était soigneusement placée sous une tente, où l'on prit l'habitude de dire la messe.

CHAPELLE (Chevaliers de la). Henri VIII, qui aimait beaucoup les solennités, et qui prodiguait volontiers dans les cérémonies publiques les trésors amassés par son père, institua, pour honorer les obsèques du roi d'Angleterre, les Chevaliers de la chapelle. Ils portaient un manteau bleu ou rouge avec une broderie à l'épaule gauche, représentant l'écusson de saint George.

CHAPELLE (Claude-Emmanuel LUILLIER, surnommé), poëte français, né à la Chapelle-Saint-Denis, près Paris, en 1626, mort en 1686. Il eut pour maître Gassendi, qui lui enseigna à la fois la philosophie et la littérature. Malheureusement, il avait un certain penchant pour la bouteille. Il écoutait assez volontiers les sermons que lui faisaient, sur son ivrognerie, Racine, Molière, la Fontaine et Bernier, qui étaient ses amis. Un jour, Boileau ayant voulu le moraliser à son tour, Chapelle lui répliqua aussitôt : « Oh! pour le coup, tais-toi! je ne suis pas si ivre de vin que tu l'es de tes vers. » Il a eu le mérite d'être le premier des poëtes qui apportèrent dans leurs compositions ce laisser-aller plein de finesse et de malice qui caractérisa plus tard la poésie légère du XVIIIe siècle. Personne mieux que lui ne savait dire des riens en leur donnant une tournure spirituelle. Il composa avec Bachaumont son *Voyage*; il a aussi laissé quelques pièces fugitives. Il aimait l'indépendance et savait s'affranchir de l'étiquette. Le grand Condé l'ayant un jour invité à souper, il n'y alla pas et préféra s'enivrer avec des joueurs de boules. Une autre fois, il entreprit un voyage au château du duc de Brissac qui l'avait invité à venir dans ses terres. Arrivé à mi-chemin, il rencontra un chanoine de ses amis qui le fit dîner copieusement. Après le repas, il ouvrit un Plutarque, d'Amyot, et y ayant lu le passage suivant : « Qui suit les grands serf devient, » il écrivit aussitôt au duc de Brissac qu'ayant médité cette sentence, il ne pouvait continuer sa route. Lorsqu'il avait une pointe de vin, il avait la rage d'expliquer au premier venu le système du philosophe Gassendi. On a cité de lui les mots les plus heureux. On lui demandait un jour son opinion sur la *Bérénice* de Racine. « Que voulez-vous que je vous dise, répondit Chapelle :

> Marion pleure, Marion crie,
> Marion veut qu'on la marie.

Tout le monde connaît le fameux souper d'Ancillon. Après une dissertation philosophique, la Fontaine, Racine, Molière et Chapelle convinrent « que le premier bonheur était de ne point naître et le second de mourir promptement. » Cette démonstration mena si loin les illustres convives, qu'ils résolurent spontanément d'aller se jeter dans la Seine; et ils allaient réellement, dans leur état d'ivresse, accomplir ce sinistre dessein, quand Chapelle eut une idée heureuse : « Messieurs, allons donc boire le vin qui nous reste; il sera toujours temps de nous noyer demain matin. » Il était d'une telle maigreur que d'Assouci disait de lui « qu'il était tout esprit, et n'avait presque point de corps. »

CHAPELLE-AUX-POTS (la), village de l'arrond. de Beauvais (Oise), à 16 kil. de cette ville. Pop. 675 hab. Fabrique importante de poterie de grès.

CHAPELLE-BASSE-MER (la), bourg de l'arrond. de Nantes (Loire-Inférieure), à 23 kil. de cette ville. Pop. 3,300 hab.

CHAPELLE-D'ANGILLON (la), ch.-l. de cant. de l'arrond. de Sancerre (Cher), à 32 kil. de cette ville. Pop. 700 hab. Forges.

CHAPELLE-DE-GUINCHAY (la), ch.-l. de cant. de l'arrond. de Mâcon (Saône-et-Loire), à 13 kil. de cette ville. Pop. 1,894 hab. Récolte de bons vins rouges fins.

CHAPELLE-DU-BARD (la), bourg de l'arrond. de Grenoble (Isère), à 48 kil. de cette ville. Pop. 1,220 hab. On remarque aux environs le pont du Diable, à 40 m. au-dessus de la Reuss, et dont l'arche unique a 30 m. d'ouverture.

CHAPELLE-EN-VERCORS (la), ch.-l. de cant. de l'arrond. de Dié (Drôme), à 29 kil. de cette ville. Pop. 1,300 hab. Commerce de bois, etc.

CHAPELLE-LA-REINE (la), ch.-l. de cant. de l'arrond. de Fontainebleau (Seine-et-

Marne), à 14 kil. de cette ville. Pop. 976 hab. Ancienne seigneurie de Gâtinais érigée en marquisat en 1680.

CHAPELLE-SAINT-DENIS (la), village de l'arrond. de Saint-Denis (Seine), annexé à Paris depuis 1860 (18e arrond.). Pop. 33,500 hab. en 1860. Fabriques de produits chimiques, chandelles, savons, toiles cirées, parfumerie, vinaigres, buffleterie, corderie, chapeaux de soie, tanneries, distilleries d'eau-de-vie, tissus de soie pour chapeaux. Marchés très-importants de vaches et de porcs; entrepôt de fromages pour la consommation de Paris. Patrie du poëte Chapelle.

CHAPELLE-SAINT-LAURENT (la), bourg de l'arrond. de Parthenay (Deux-Sèvres), à 25 kil. de cette ville. Pop. 1,353 hab. Importants marchés à bestiaux.

CHAPELLE-SUR-ERDRE (la), ch.-l. de cant. de l'arrond. de Nantes (Loire-Inférieure), à 12 kil. de cette ville. Pop. 9,970 hab. Source minérale ferrugineuse.

CHAPELLE-SUR-LOIRE (la), bourg de l'arrond. de Chinon (Indre-et-Loire), à 8 kil. de cette ville. Pop. 3,375 hab. Ancien château de Grillemont, qui appartint à Tristan l'Ermite.

CHAPELLERIE, c'est l'art de travailler les matières qui servent à la confection des chapeaux; on emploie généralement la soie, le coton, la laine, les poils, et pour ceux qui sont dits chapeaux de paille, la paille, l'osier et l'écorce de bois. Les matières les plus recherchées pour la chapellerie, sont: les poils de castor, de lièvre et de lapin; on emploie aussi les laines de vigogne et d'agneau. Le feutre du chapeau est obtenu par l'entrelacement intime des filaments qu'on foule en les soumettant à une pression considérable, après avoir soumis les poils à un traitement qui les rend plus souples, et facilite l'adhésion des fibres. On substitue, dans la chapellerie commune, la carcasse en carton ou en cuir au feutre.

CHAPERON. On donne ce nom à une sorte de capuchon ou de vêtement de tête qui servait de coiffure au moyen âge. Il avait un bourrelet sur le haut et une queue par derrière. Les chaperons que portaient les princes, les nobles et leurs dames, étaient en tissu fin, en soie, etc., et chargés de broderies et quelquefois de pierreries. Ceux des femmes des principaux magistrats étaient en velours; ceux des bourgeoises étaient en drap. Le chaperon cessa d'être porté sous Charles VII, et ne fut que plus tard abandonné par les femmes. Le chaperon a eu son utilité. En voici la preuve: Le prévôt des marchands, Marcel, sauva dans une émeute la vie au prince régent, pendant la captivité de son père, en lui mettant sur la tête un chaperon mi-parti pers et rouge. Le chaperon finit par devenir l'insigne caractéristique des magistrats, des avocats, des procureurs, de tous les gradués des universités et de tous les membres des municipalités; ils le portaient sur l'épaule, mais cet ornement n'avait plus rien de commun avec le chaperon des anciens que le nom.

CHAPERONS BLANCS. En 1379, les puissantes corporations de Gand, s'étant révoltées contre le duc de Bourgogne, imaginèrent de se distinguer en portant le chaperon blanc. En 1381, les maillotins l'adoptèrent en France; les cabochiens l'adoptèrent également en 1413, pendant la guerre des Bourguignons et des Armagnacs.

CHAPITEAU. On appelle ainsi, en architecture, la partie qui termine une colonne ou un pilastre. La forme et les ornements du chapiteau varient beaucoup. Il y a des chapiteaux *doriques*, *ioniques*, *corinthiens*, *toscans* et *composites*. Mais si chaque peuple a ajouté au chapiteau des ornements conformes à son goût, il est bon de dire que les Chinois seuls ont fait usage de colonnes sans chapiteaux.

CHAPITRE. Ce mot se dit du corps des chanoines d'une église cathédrale ou collégiale. La réunion de tous les membres du clergé en divers chapitres ne paraît pas remonter au delà du VIIIe siècle. Le pouvoir, régulièrement exercé par les chapitres, se réduisait à l'administration du temporel, à la disposition des bénéfices, à la faculté d'arrêter les règlements intérieurs de discipline de la communauté. Les chanoines laïques n'ont pas droit de suffrage dans le chapitre.

CHAPMAN (George), poëte anglais, né en 1557, mort en 1634. On lui doit une traduction de l'Iliade et de l'Odyssée; il dit aussi représenter dix-sept pièces de théâtre qui n'eurent qu'un succès médiocre. Sa traduction d'Homère est plus estimée; Pope lui a fait de nombreux emprunts.

CHAPMAN (Frédéric Henri DE), vice-amiral suédois, mort en 1808. La marine suédoise ayant été anéantie pendant les guerres de Charles XII, Gustave III, roi de Suède, le chargea de relever la marine suédoise et construisant une nouvelle flotte. Chapman suivit une nouvelle méthode de construction que les Anglais cherchèrent à s'approprier. Il a laissé un *Traité d'architecture navale* fort estimé.

CHAPON (vol du), se disait, dans les anciennes coutumes, de l'étendue de terre autour d'un manoir, qui revenait de droit, et en dehors de tout partage, à l'aîné de la famille. La coutume de Paris l'évaluait à 316 pas. C'était une sorte de droit d'aînesse.

CHA-POU, ville de Chine (prov. de Kiang-Sou) sur la Mer Jaune, à 45 kil. de Sanghaï. Commerce de bois. Port ouvert aux Japonais. Les Anglais s'emparèrent de cette ville en 1842.

CHAPPE D'AUTEROCHE (Jean), célèbre astronome français, né à Mauriac, en Auvergne, en 1722, mort à San-Lucar en 1769. Il était d'une famille pauvre. Il fut d'abord destiné à l'état ecclésiastique, mais il se passionna pour les études mathématiques et astronomiques, et se consacra entièrement à cette étude. En 1760, l'académie des sciences l'envoya en Sibérie pour y observer le passage de Vénus. Il arriva à Tobolsk à travers mille périls, et put enfin

Vue de Dantzig.

établir ses calculs. Son voyage ne fut pas inutile pour la minéralogie et l'histoire naturelle. Il en publia une relation accompagnée d'excellentes cartes géographiques, où l'on trouve même un tableau des mœurs et des usages des peuples de Sibérie. Les remarques politiques qui y sont consignées offensèrent la czarine Catherine II, qui crut devoir faire réfuter un ouvrage trop plein de vérité. Ainsi elle fit publier à Pétersbourg un examen critique de la relation de Chappe, sous ce titre : *Antidote ou Examen du mauvais livre intitulé* : VOYAGE EN SIBÉRIE. Chappe fut encore envoyé en Californie en 1768, pour y observer un nouveau passage de Vénus. Une épidémie désolait cette contrée; il en fut attaqué. Quoique atteint d'un mal qui devait l'emporter, il ne discontinua pas ses recherches et ses calculs, et mourut quatre jours après avoir doté la science de précieuses observations.

CHAPPE (Claude), neveu du précédent, né à Brûlon, dans le Maine, en 1763, mort en 1805. Il se livra particulièrement à l'étude des sciences physiques. Ainsi, c'est à lui qu'on doit les expériences sur les bulles de savon électrisées et remplies de gaz inflammable, que l'on fait détoner dans l'atmosphère pour donner une démonstration de la théorie de la foudre par l'électricité, et imiter les faits des nuages électrisés. Il inventa le télégraphe aérien, et fit hommage de son invention à l'Assemblée nationale en 1792. C'était une machine composée de parties mobiles, et aisément transportable. Il découvrit aussi un système de télégraphie d'une telle simplicité, qu'il suffisait ordinairement d'un signe pour exprimer une idée. Les perfectionnements qu'il apporta à la télégraphie autrefois en usage le font considérer comme le véritable inventeur de cet art. Il établit la première ligne télégraphique sur la frontière du Nord. La première fois qu'elle fonctionna, ce fut pour annoncer la prise de Condé. A cette nouvelle, la Convention décréta que Condé prendrait le nom de Nord-Libre. Avant que la séance ne fût levée, le décret était déjà parvenu à l'armée du Nord et y était proclamé. Chappe eut la douleur de voir un grand nombre de prétendus inventeurs lui contester le mérite de sa découverte, ou proposer divers systèmes qui n'avaient pour but que de l'évincer. Il fut pris de mélancolie, et, dans un accès de désespoir, il se jeta dans un puits de la petite cour de l'hôtel de Villeroi, où était situé l'atelier du télégraphe.

CHAPPES, village de l'arrond. de Bar-sur-Aube (Aube), à 17 kil. de cette ville. Pop. 385 hab. En 1430, Barbazan y défit les troupes anglo-bourguignonnes.

CHAPTAL (Jean-Antoine), né à Nozaret (Lozère), mort à Paris en 1832. Il s'est distingué à la fois comme chimiste, agronome et littérateur. Après avoir étudié la médecine, il s'adonna particulièrement à la chimie, qu'il professa à Montpellier. Il eut, par ses conseils, une grande influence sur le développement de l'industrie dans le Midi; il perfectionnait, par les nouveaux procédés qu'il découvrait, les diverses méthodes de fabrication. Ainsi on lui doit la fabrication de l'alun artificiel, du salpêtre et du ciment; il découvrit la teinture du coton par le rouge d'Andrinople, le blanchiment à la vapeur, et perfectionna la fabrication de l'acide sulfurique et des savons, et celle du vernissage des poteries. Les services qu'il rendit à l'agriculture ont été également remarquables. En 1787, Louis XVI le récompensa en lui accordant des lettres de noblesse. Plusieurs souverains lui firent des avances magnifiques pour le déterminer à quitter la France; mais il préféra se consacrer au service de son pays. En 1793, il fut chargé de la direction de la poudrerie de Grenelle. Il déploya une telle activité, qu'il put livrer 35,000 livres de poudre par jour pour le service des armées. L'Institut l'appela à siéger dans son sein en 1797; c'est alors qu'il fonda à Paris un grand établissement de produits chimiques, sur le modèle de celui qu'il avait déjà établi à Montpellier. Après le 18 brumaire, il fut nommé ministre de l'intérieur. Il signala son passage au pouvoir par les fondations les plus utiles, et seconda merveilleusement les tendances centralisatrices de l'empire. Ainsi il contribua à la création du conseil général des hospices, des monts-de-piété, des bourses et chambres de commerce, des chambres consultatives des arts et manufactures; il fit modifier aussi le régime des prisons. A sa sortie du ministère, en 1804, il entra au Sénat. Pendant les Cent-Jours, il fut appelé au ministère du commerce. En 1816, il entra à la Chambre des pairs. On lui doit l'idée des expositions quinquennales des produits des arts et de l'industrie; il fit partie de la société d'encouragement pour l'industrie nationale. Il a laissé un *Tableau analytique* de son cours de chimie, et un essai sur le *Perfectionnement des arts chimiques en France;* il a publié, en outre, un grand nombre de mémoires pleins de recherches intéressantes.

Le serment du Jeu de paume.

CHAPTES (Saint-), chef-lieu de cant. de l'arrond. d'Uzès (Gard), à 15 kil. de cette ville. Pop. 850 hab. Eglise consistoriale calviniste.

CHAPUS (le), hameau de l'arrond. de Marennes (Charente-Inférieure), à 5 kil. de cette ville. Pop. 345 hab. Petit port sur l'Atlantique, en face de l'île d'Oloron. Place de guerre de 2e classe, défendue par un fort.

CHAR, voiture d'apparat qui n'est guère employée que dans les fêtes publiques ou nationales. Dans l'ancienne Rome, les triomphateurs étaient montés sur des chars richement ornés. Toutefois la jalousie républicaine voulait que, derrière ce char, fussent placés un fou et un esclave. Ce dernier répétait de temps en temps au triomphateur, comme pour lui rappeler que cet honneur ne devait pas exalter son orgueil : « Regarde derrière toi, et souviens-toi que tu es homme. » Derrière lui il pouvait voir, en effet, les rois vaincus enchaînés à son char; ses oreilles pouvaient aussi entendre les quolibets que les soldats se permettaient sur le compte de leur général. Sous les empereurs romains, les chars servaient moins au triomphe qu'à promener la luxure et la débauche impériale. L'empereur se montrait volontiers dans le cirque, monté sur un char qu'entouraient des baladins et des histrions. Héliogabale se faisait ainsi traîner par des tigres pour mieux ressembler à Bacchus. On le vit même paraître entièrement nu, traîné par quatre courtisanes également nues. Les empereurs qui avaient des droits à l'immortalité voulaient jouir sur la terre de ceux qui leur étaient réservés dans l'Empyrée, en se faisant promener sur les chars où l'on portait les images des dieux dans les cérémonies religieuses. C'était sur un char attelé de quatre bœufs que se promenaient dans Paris les rois fainéants. C'est sur un char de ce genre que Clotilde fut transportée à la cour de Goudebaud, roi de Bourgogne, pour aller épouser Clovis. Aujourd'hui les chars ne sont plus employés que dans les fêtes du carnaval. La première et la seconde république ont souvent exposé, dans leurs fêtes nationales, des chars magnifiques chargés d'emblèmes. La première république a aussi tenté de faire revivre les courses de char, qui faisaient les délices des Romains. — C'était sur un char que les croisés plaçaient l'oriflamme, le palladium de la nation.

CHAR-A-BANCS, voiture à deux ou quatre roues garnie de banquettes, ouverte de tous côtés ou seulement fermée par des rideaux de toile. Le char-à-bancs n'est guère employé que pour les besoins du commerce; mais le dimanche il se convertit volontiers en voiture de plaisance.

CHARADE, sorte d'énigme qui consiste à décomposer les syllabes d'un mot, alors que ces diverses syllabes représentent à l'oreille des mots ayant un sens différent, et à donner la définition du mot exprimé par chacune de ces syllabes; on donne ensuite la définition du mot pris dans son ensemble, et on laisse à la sagacité de l'auditeur le soin de deviner le mot choisi pour texte de l'énigme. Il faut que les définitions ne soient pas tellement nettes qu'elles constituent un équivalent qui ne laisse aucune difficulté à surmonter; d'un autre côté, il ne faut pas non plus qu'elles soient vicieuses par l'obscurité. Pour en donner un exemple, en prenant le mot *charade* lui-même, on peut dire: Mon premier mange les souris (*chat*); mon second offre un abri aux navires (*rade*); mon tout qualifie l'énigme que vous cherchez. On cite parmi les meilleures charades rimées, ce quatrain adressé à une dame :

Mon premier de tout temps excita les dégoûts;
Mon second est cent fois plus aimable que vous;
Quant à mon tout enfin, dont vous êtes l'image,
Tout haut j'en fais l'éloge et tout bas j'en enrage.

Il y a aussi les *charades en action*, dans lesquelles le mot de l'énigme fait l'objet d'une petite scène jouée par certaines personnes devant des assistants qui sont chargés de deviner. — Mais nous oublions de donner le mot de l'énigme qui précède. Que le lecteur qui ne l'a pas deviné nous le pardonne : c'est *ver-tu*.

CHARAS (Moïse), célèbre médecin et pharmacien, né à Uzès en 1618, mort en 1698. Il étudia la chimie à Orange. Il vint ensuite s'établir à Paris, où il se fit connaître par son *Traité de la thériaque*, médicament qui était propre à combattre l'effet des poisons et à guérir les morsures venimeuses. Le succès de cet ouvrage lui valut la chaire de chimie au jardin des Plantes de Paris. Il publia ensuite *Pharmacopée royale galénique*. Ce dernier ouvrage fut traduit dans toutes les langues, et même en chinois. Charas y montre qu'il pressentait la théorie pratique des affinités, en expliquant pourquoi l'eau-forte fond tous les métaux excepté l'or, et pourquoi l'eau régale, qui met l'or en fusion, ne peut pas fondre les autres métaux. La révocation de l'édit de Nantes le força de passer en Hollande. Il fut appelé en Espagne pour soigner Charles II. Il s'éleva énergiquement contre la ridicule thérapeutique des Espagnols; qui affirmaient volontiers que le secours des médecins n'avait aucune efficacité sans l'intervention céleste. Les Espagnols étaient convaincus, par exemple, que les vipères qui abondaient aux environs de Tolède n'avaient plus de venin, depuis qu'elles avaient été exorcisées par l'archevêque de Tolède. Il eut le tort de paraître surpris de la superstition des Espagnols, et d'exprimer trop sincèrement ses doutes sur le mérite de l'intervention religieuse; il fut déféré à la sainte inquisition, et n'échappa à la mort qu'après avoir abjuré la religion protestante. Il revint à Paris où il mourut, à l'âge de 80 ans.

CHARBON. C'est le produit solide, noir et fixe, qu'on obtient en décomposant les matières végétales et animales par le feu, dans des vaisseaux clos. Ce produit renferme deux sortes de matières, l'une *saline*, qui constitue les cendres, et l'autre dite *charbonneuse*. On distingue trois sortes de charbons: le charbon *animal*, le charbon *minéral* et le charbon *végétal*. Le charbon animal est celui qu'on obtient en distillant dans des vases clos, à une température un peu au-dessus du rouge cerise, les os de divers animaux. Le charbon minéral est celui que l'on tire de la terre, et qu'on appelle plus communément charbon de terre ou *houille* (*Voir* ce mot). Le charbon végétal est celui qu'on obtient en calcinant les matières végétales. Le plus connu est le *charbon de bois*.

CHARBON DE PARIS. Produit tout français, le plus renommé des charbons artificiels, le premier aussi qui ait été fabriqué, et dont M. Popelin-Ducarre est l'inventeur. Il est composé de brindilles de bois perdues dans les broussailles, et d'autres débris carbonisés et agglomérés au moyen de goudron, provenant de la distillation de la houille. Ce charbon se présente sous la forme de petits cylindres, de dimensions égales, obtenus par une forte pression. Quoiqu'il dégage, sous l'unité de poids, moins de chaleur que le charbon de bois ordinaire, il offre cependant, par la réduction considérable de son prix, une économie importante pour les usages domestiques. Plusieurs fois récompensé, le *charbon de Paris* a reçu, à l'exposition de 1835, une médaille de 1re classe.

CHARBONNIERS. Nom sous lequel on désigne ceux qui fabriquent le charbon végétal. Autrefois la corporation des charbonniers jouissait de privilèges assez remarquables. Aux mariages et naissances des princes du sang, une députation de charbonniers était admise à la cour. Dans ces occasions solennelles, l'étiquette se relâchait de sa rigueur, et la monarchie n'hésitait pas à donner la main au peuple, représenté par les charbonniers et les dames de la halle. Un autre de leurs privilèges était d'occuper par leurs délégués, aux représentations gratis des théâtres, les deux grandes loges de l'avant-scène, dites loges du roi et de la reine.

CHARCUTIER. On appelle ainsi celui qui prépare et qui vend la chair de porc ou de sanglier, et, en général, toute chair cuite ou hachée dans la préparation de laquelle il entre du porc. Il y avait beaucoup de charcutiers chez les Romains, et on les appelait *salsamentarii* et *botularii*, c'est-à-dire vendeurs de porc salé et de boudins. En France, les bouchers firent longtemps le commerce de la charcuterie; puis vinrent les *saucisseurs* et les *chaircutiers*. Sous Louis XI, ils obtinrent des statuts et furent soumis à des inspections sévères. On compte aujourd'hui à Paris un très-grand nombre de charcutiers, et plusieurs d'entre eux font un commerce considérable.

CHARD, ville d'Angleterre (Somerset), à 17 kil. de Lyme-Regis. Pop. 5,185 hab. Fabriques de dentelles. Marchés importants de pommes de terre.

CHARDIN (Jean), célèbre voyageur, fils d'un jouillier protestant de la place Dauphine à Paris, né en 1649, mort près de Londres en 1713. Il traversa la Perse en se rendant aux Indes, pour y faire le commerce de diamants. Le roi de Perse l'accueillit avec distinction et le nomma son marchand. Au retour de son voyage des Indes, il revint en Perse et se fixa à Ispahan, où il demeura pendant six ans. Il parcourut ce pays avec une attention particulière. Son commerce de pierreries lui permettait de s'introduire dans toutes les maisons, et de s'initier ainsi aux mœurs des Persans. Il put aussi étudier le système politique et administratif de la Perse, ainsi que son organisation militaire. Il revint en Europe ; mais la révocation de l'édit de Nantes l'empêchant de rentrer en France, il passa en Angleterre, où Charles II lui conféra la dignité de chevalier. Il publia alors son *Voyage en Perse*, qui a mérité d'être traduit dans toutes les langues; cette relation, très-curieuse et très-véridique, est le tableau le plus complet de la Perse, de ses usages, de ses mœurs et de ses lois. La description qu'il donne de Persépolis et des autres pays orientaux qu'il a parcourus n'est pas moins intéressante. C'est dans son ouvrage que Montesquieu, Rousseau et Gibbon ont étudié l'organisation politique de la Perse. Chardin fut envoyé, quelque temps avant sa mort, comme ministre plénipotentiaire dans les Pays-Bas.

CHARDON (chevaliers DU). L'ordre militaire de Notre-Dame du Chardon fut institué en 1370 à Moulins, par Louis II, dit *le Bon*, duc de Bourbon, le jour de la Purification. Cet ordre se composait de vingt-six chevaliers, qui portaient la ceinture d'un bleu céleste, sur laquelle on lisait ce mot: *Espérance*. Ils avaient pour costume un grand manteau bleu céleste, doublé de satin rouge, et un grand collier d'or fin, composé de losanges et de demi-losanges émaillés de vert. De ce collier pendait, sur l'estomac, un ovale dans lequel était l'image de la sainte Vierge, entourée d'un soleil d'or, couronnée de douze étoiles d'argent, ayant sous les pieds un croissant dont chaque bout était orné d'une tête de chardon émaillée de vert.

CHARENTE, rivière de France qui prend sa source près de Cheronnat (Haute-Vienne) et se jette dans l'Océan (Charente-Inférieure), après un parcours de 350 kil. navigable sur 195. Son embouchure est défendue par le fort Boyard. Cette rivière passe à Civray, Ruffec, Angoulême, Jarnac, Cognac, Saintes, Tonnay-Charente, Rochefort, où elle forme un beau port.

CHARENTE (la), dép. de la France, à l'O., ch.-l. Angoulême, sous-préf. Cognac, Ruffec, Barbezieux, Confolens. Il est borné au N. par les dép. des Deux-Sèvres et de la Vienne; à l'E., de la Haute-Vienne ; au S.-E., de la Dordogne; au S. et à l'O. de la Charente-Inférieure. Superf. 594,740 hect. Pop. 379,000 hab. Il est arrosé par la Charente et ses affluents : la Touvre et le Né, la Vienne, la Dronne, la Tardouère et le Bandiat. Nombreuses chaînes de collines formant les contre-forts des montagnes de l'Auvergne. Sol peu fertile. Vins ordinaires avec lesquels se fabriquent les meilleures eaux-de-vie dites de Cognac. Exploitation de pierres lithographiques, pierres de taille, fer. Élève de bestiaux, porcs, volailles. Ce département forme le diocèse de l'évêché d'Angoulême et est compris dans le ressort de la cour impériale de Bordeaux.

CHARENTE-INFÉRIEURE (la), dép. de la France, à l'O.; ch.-l. la Rochelle; sous-préf. Rochefort, Marennes, Saintes, Jonzac, Saint-Jean-d'Angély; borné au N. par le dép. de la Vendée, à l'E. ceux des Deux-Sèvres et de la Charente, au S. celui de la Gironde, à l'O. l'Océan. Superf. 675,375. hect. Pop. 481,300 hab. Sol bas et uni, côtes offrant plusieurs bons ports. Arrosé par la Charente, la Gironde, qui le limite au S., la Sèvre niortaise, etc. Céréales, chanvre, lin, vignes, eaux-de-vie; bœufs, chevaux, moutons. Ce dép. forme le diocèse de la Rochelle et dépend de la cour impériale de Poitiers.

CHARENTON, ch.-l. de cant. de l'arrond. de Sceaux (Seine), à 8 kil. de Paris. Pop. 5,000 hab. Divisé en deux communes, Charenton-le-Pont et Charenton-Saint-Maurice; cette dernière possède une maison d'aliénés pouvant contenir 1,000 malades. Fabriques de produits chimiques et de porcelaines.

CHARENTON, ch.-l. de cant. de l'arrond. de Saint-Amand (Cher), à 11 kil. de cette ville. Pop. 1,305 hab. Forges à fer.

CHARÈS, général athénien, fils de Théocharès, fut l'ami de Démosthène qui, par son influence, le fit mettre plusieurs fois à la tête des armées de terre et de mer de la république. Il était doué d'une force athlétique et poussait la bravoure jusqu'à la témérité. Les Athéniens admiraient ses avantages purement physiques; mais ils firent la triste épreuve de son incapacité militaire. Après avoir remporté un avantage sur les Argiens, en 367 av. J.-C., il se fit battre en Thrace. Il s'en fallut de peu qu'il ne mît Athènes aux prises avec la Perse, pour avoir soutenu, avec une troupe de mercenaires, Artabaze, satrape d'Ionie, révolté contre le grand roi Ochus. Pendant la guerre que les Grecs soutinrent contre Philippe, roi de Macédoine, Pernithe et Byzance refusèrent les secours que leur promettait Charès. C'était lui qui commandait l'armée athénienne à la bataille de Chéronée qui fut gagnée par Alexandre, fils de Philippe, en 338. Timothée disait de lui qu'il plus était propre à porter les bagages de l'armée qu'à la commander.

CHARÈS, célèbre sculpteur lydien, disciple de Lysippe, né à Lindos vers 300 av. J.-C., s'immortalisa par la construction du fameux *colosse du Soleil* ou *colosse de Rhodes*, qui passait pour l'une des sept merveilles du monde. Cette statue était d'airain et avait 150 pieds de haut. Charès y avait travaillé pendant douze ans. Cinquante-six ans après avoir été élevé, le colosse fut renversé par un tremblement de terre. Pline en décrivit plus tard les ruines: « Tout abattu qu'il est, dit-il, on ne peut s'empêcher de l'admirer; il y a peu d'hommes capables d'embrasser son pouce; ses doigts sont plus grands que la plupart de nos statues, et le vide de ses membres ressemble à l'ouverture de vastes cavernes. » Le colosse avait coûté 300 talents; en 667 après J.-C., Moavias, kalife musulman, s'étant emparé de Rhodes, vendit les débris du colosse à un marchand juif, qui en chargea 900 chameaux.

CHARETTE DE LA CONTRIE (François-Athanase), général vendéen, né à Couffé, près d'Ancenis en Bretagne, en 1763, d'une famille noble, entra dans la marine royale, où il parvint au grade de lieutenant en 1787. L'insurrection vendéenne avait déjà fait des progrès quand il fut proclamé chef des volontaires de Machecoul, en remplacement de Saint-André, qui avait pris honteusement la fuite devant les colonnes républicaines. Il n'accepta toutefois qu'après avoir été vivement sollicité. « Vous m'y forcez, dit-il à ses compagnons; eh bien! je marcherai à votre tête; mais songez à m'obéir, ou attendez-vous aux traitements les plus sévères. » Il s'empara de Pornic près de Nantes, sans se laisser décourager par deux échecs qu'il subit à Challans et à Saint-Gervais. Toutefois, la division régnait au sein de l'armée royaliste. Quelques nobles qui avaient occupé des commandements dans l'armée de Louis XVI, croyaient qu'il leur suffirait de paraître en face des régiments qu'ils avaient commandés pour entraîner leur désertion. Charette, jugeant mieux les choses et comprenant que les proclamations et les brillantes promesses devaient être sans effet pour entraîner la désertion d'un seul soldat, s'appliquait au contraire à créer une armée. Toutefois il éprouvait dans cette entreprise des difficultés insurmontables et ne put faire qu'une guerre de guérillas. Charette se serait probablement rendu maître de Nantes, qu'il attaqua avec Cathelineau, si une colonne d'Angevins n'avait lâché pied au moment décisif. Il échoua à l'attaque de Luçon, en août 1793, faute d'artillerie. Il répara cet échec à Torfou et à Montaigu; mais la discorde ayant éclaté entre les chefs vendéens, Charette dut agir isolément. Il quitta la grande armée vendéenne pour attaquer l'île de Noirmoutiers. Il réussit dans cette entreprise, et assura ainsi ses communications avec les Anglais. Pendant ce temps, les Vendéens de la grande armée étaient battus à Chollet et contraints de repasser la Loire. Charette, attaqué à son tour, était poursuivi par le général Haxo et cerné dans les marais de Bouin. Il tenta un effort désespéré et réussit à percer les lignes ennemies; mais il perdit sa cavalerie et son artillerie. Il battit en retraite du côté de l'Anjou, où il joignit la Rochejaquelein, dont l'armée était détruite. Le général Haxo l'ayant poursuivi jusqu'à Maulevrier, périt dans une rencontre le 19 mars 1794. La Rochejaquelein venait de succomber également, et Stofflet lui avait succédé dans le commandement. Marigny tenait aussi la campagne avec un troisième corps d'armée; mais les trois chefs cherchèrent vainement à s'entendre pour nommer un généralissime ou combiner leurs mouvements. Marigny ayant refusé de coopérer à une attaque pour laquelle il avait promis son concours à Charette, celui-ci le fit condamner à mort par un conseil de guerre, le fit enlever et exécuter. En juin 1794, Charette se jeta sur trois camps retranchés et remporta un succès qui releva le courage de ses soldats; l'attaque du camp de Saint-Christophe est le plus brillant de ses faits d'armes. L'habileté qu'il déploya dans cette occasion lui valut une grande célébrité dans toute l'Europe. Cependant Charette comprit qu'il devait désespérer de remporter une victoire décisive, et ne songeait qu'à prolonger la résistance; d'ailleurs il avait perdu ses meilleurs officiers et ses soldats les plus aguerris. Sur ces entrefaites, la Convention, désireuse de terminer une guerre si sanglante, chargea des représentants d'entrer en accommodement. La sœur de Charette reçut les premières propositions; Bureau, magistrat de Nantes, intervint à son tour pour amener une réconciliation. Le traité fut signé malgré les murmures des soldats vendéens. L'une des conventions de ce traité portait que « les Vendéens auraient le libre exercice de leur religion, qu'ils resteraient armés sous la garde de leurs chefs comme gardes territoriaux; qu'on leur payerait des indemnités, et qu'à ces conditions ils se soumettraient à toutes les lois de la république. » Charette fut le premier à violer ce traité en continuant d'entretenir des relations avec la maison royale. Les républicains, instruits de ces menées, et n'ignorant pas que Charette négociait pour qu'un prince du sang royal vînt se mettre à la tête des Vendéens, tentèrent de l'enlever à Belleville. Charette, averti à temps, put leur échapper et reprit aussitôt les armes. Il marcha sur le camp retranché des Essarts et l'emporta. Ce premier avantage fut suivi de la fatale descente de Quiberon. Dès ce moment, la guerre civile prit un caractère de férocité: les deux partis fusillèrent leurs prisonniers sans faire quartier. Sur ses entrefaites, un convoi anglais amena sur la côte de Poitou le comte d'Artois, depuis Charles X. Charette avait longtemps attendu l'arrivée d'un prince français; mais il jugea qu'il arrivait trop tard pour être témoin de la victoire ou du moins pour la préparer. N'espérant plus vaincre, il ne songea plus qu'à mourir. Aussi il ne put s'empêcher de dire à l'aide de camp du comte d'Artois qui lui annonçait son arrivée: « C'est l'arrêt de ma mort que vous m'apportez: aujourd'hui j'ai 15,000 hommes, demain je n'en aurai pas 300; je n'ai plus qu'à [illegible] à périr; je périrai. » Il fut vaincu à Saint-Cyr malgré la bravoure qu'il déploya. Il se vit harcelé et traqué sans relâche. Il se sauva de village en village, de buisson en buisson, poursuivi comme une bête fauve. Il fut enfin blessé à la tête en fuyant à travers un taillis, et fait prisonnier. On le conduisit à Angers, où l'on instruisit son procès. De là il fut transféré à Nantes pour y être fusillé. Il reçut la mort avec le plus grand courage.

CHARGE. La charge est la reproduction exagérée des défauts physiques d'une personne; elle diffère de la caricature en ce que celle-ci reproduit une scène comique et fait allusion aux habitudes ou aux faiblesses d'une personne, en froissant délicatement sa vanité sans porter atteinte à l'honneur. Les plus grands artistes, et parmi eux on citerait Michel-Ange, Annibal Carrache et David lui-même, n'ont pas dédaigné la charge. On a donné à ce mot une autre acception: la charge est aussi une mystification par laquelle on couvre une personne de ridicule. Le nouveau venu dans une école ou un atelier exerce souvent l'esprit malicieux de ses camarades.

CHARGE. On appelle ainsi dans l'art militaire une vive attaque de l'infanterie à la baïonnette ou une attaque par la cavalerie. Ce dernier corps était surtout employé autrefois pour enfoncer les carrés ennemis; les charges d'infanterie étaient moins fréquentes. Le plus grand inconvénient de cette manœuvre, c'est de permettre difficilement aux troupes de se rallier si l'attaque vient à échouer; les rangs sont alors rompus, et la colonne ainsi engagée risque d'être sabrée par la cavalerie ennemie. De plus, le commandement devient à peu près impossible quand le soldat est ainsi emporté par son élan. Cependant, dans nos dernières guerres, l'enthousiasme et l'ardeur irrésistible de notre infanterie nous a presque toujours assuré la victoire. L'arme blanche est celle que le Français manie avec le plus de dextérité. Ce n'est que progressivement que les généraux se sont enhardis jusqu'à permettre des charges d'infanterie qui laissent au soldat toute son initiative. Avant les guerres de la république et de l'empire, ces engagements étaient très-rares et toujours partiels. L'exercice à la baïonnette a modifié la stratégie moderne au point de faire de la charge la manœuvre la plus redoutable: la valeur personnelle décide alors de la victoire. Les anciens Athéniens, qui avaient plus d'un rapport avec les Français, excellaient dans cette manière de combattre. Jules César l'employa heureusement dans la guerre des Gaules et lui dut la victoire de Pharsale. Les charges de cavalerie n'étaient autrefois que des manœuvres lentes et lourdes, en raison de la profondeur des lignes; les cavaliers se servaient même plus souvent du pistolet que de l'épée et ne s'avançaient guère qu'au pas. Frédéric le Grand fut le premier qui changea cette tactique et fit charger sa cavalerie au galop.

CHARGE, CHARGEMENT. Ce mot se dit de l'action de transporter des marchandises dans un navire pour les y arrimer. Le capitaine est tenu d'opérer et de surveiller le chargement des marchandises. Le chargement des voitures est soumis à certains règlements de police concernant la hauteur des voitures, la forme du siége et le poids transportable. Les voitures faisant le service du transport des voyageurs ne peuvent recevoir un plus grand nombre de voyageurs que celui qui a été réglé par l'administration, et cela pour la sûreté des voyageurs.

CHARGE, fonction judiciaire et administrative. Autrefois, on distinguait les charges des offices en ce que le mot *charge* ne s'appliquait qu'aux fonctions électives, et celui d'*office* aux fonctions confiées par le souverain. Ainsi la magistrature est un office; il en est de même des divers emplois dans les finances. On a spécialement réservé le mot charge pour les fonctions d'avoué, de notaire, d'huissier, de greffier, de commissaire-priseur, d'agent de change et de courtier. Ces charges se composent du titre et de la clientèle. C'est la clientèle qui fait l'objet de la vente; le titre ne peut être conféré que par l'empereur, sur la présentation du titulaire ou de ses héritiers. On a beaucoup discuté la question de la vénalité des charges; elle est aujourd'hui condamnée en principe, bien qu'on ait reconnu de graves inconvénients pratiques, mais purement transitoires, à l'abolir législativement. Les partisans de la vénalité des charges ont eu le tort d'invoquer l'autorité de Montesquieu. Il est vrai que ce grand publiciste a dit dans l'*Esprit des lois*: « Cette vénalité est bonne dans les Etats monarchiques, parce qu'elle fait faire comme un métier de famille ce qu'on ne voudrait pas entreprendre pour la vertu; qu'elle destine chacun à son devoir et rend les ordres de l'Etat plus permanents. » Montesquieu condamne, au contraire, cet abus d'une manière très nette; il le considère seulement comme inhérent à l'essence même du pouvoir monarchique, et il condamne en ces termes ceux qui ont invoqué le sentiment de Platon: « Platon parle d'une république fondée sur la vertu, et nous parlons d'une monarchie, où, dans une monarchie, où, quand les charges ne se vendraient pas par un règlement public, l'indigence et l'avidité des courtisans les vendraient tout de même, le hasard donnera de meilleurs sujets que le choix du prince. » Il ne faut pas oublier que ce jugement émane d'un homme qui avait hérité d'une charge de président à mortier au parlement de Bordeaux.

CHARGES SORDIDES, sortes de prestations en nature que les gouverneurs de provinces imposaient, sous les empereurs romains, aux diverses classes de la population, à l'exception des clercs, des magistrats et de ceux qui faisaient partie de la curie municipale. Les habitants devaient fournir un certain nombre de journées de travail pour les hommes, les voitures et les chevaux. Ces redevances personnelles furent rétablies au moyen âge sous le nom de corvées et subsistent encore sous celui de prestations en nature.

CHARIDÈME, aventurier de l'ancienne Grèce, né à Orée, dans l'île d'Eubée, devint le chef d'une de ces bandes qui se formèrent après la guerre du Péloponèse, et se recrutèrent parmi les Grecs que la guerre avait ruinés ou qui avaient été proscrits. Charidème se mit tour à tour à la solde des Athéniens, de Cothis, roi de Thrace, de Philippe, roi de Macédoine, et enfin du satrape Artabaze, révolté contre le roi Ochus. Après la chute d'Artabaze, Charidème forma le projet de se rendre indépendant. Il obtint d'abord quelques succès contre les armées du roi de Perse; mais, privé de vaisseaux et dénué de vivres, il dut renoncer à son entreprise. Il lutta ensuite contre les Athéniens, puis fit la paix avec eux. Il est probable que les Athéniens l'auraient choisi pour général, après le désastre de Chéronée, si l'aréopage ne s'y était opposé, attendu qu'il n'était pas originaire d'Athènes. Lorsque Alexandre eut conquis la Grèce, Charidème redoutant sa vengeance passa à la cour de Darius, roi de Perse. Il persuada au grand roi qu'il serait facile de vaincre Alexandre avec une armée de 100,000 hommes qui serait composée de Grecs pour un tiers. Quelques courtisans, offensés de ce que Charidème semblait exalter la valeur des Grecs en méprisant les Perses, l'accusèrent de trahison. Celui-ci, irrité, accusa hautement les Perses de lâcheté. Darius ordonna qu'il fût traîné au supplice. Avant de s'éloigner, il annonça à Darius que sa mort serait bientôt vengée (333 av. J.-C.).

CHARILAUS, neveu de Lycurgue et roi de Lacédémone, en 885 av. J.-C. Il remporta une grande victoire sur les Argiens. Il fut moins heureux dans une guerre contre les Tégéates, quoiqu'il eût suivi les prescriptions de l'oracle. Il fut fait prisonnier dans une sortie des Tégéates, aidés par leurs femmes. Il racheta sa liberté en leur accordant la paix. Il gouverna avec tant de douceur qu'Archelaüs, qui régnait à Lacédémone en même temps que lui, disait « qu'on ne devait point s'étonner que Charilaus fût si bon envers les gens de bien, puisqu'il l'était même à l'égard des méchants. »

CHARILÉES, fêtes instituées en l'honneur de Charile. C'était une jeune fille de Delphes qui se présenta au tyran de cette ville, dans un moment de famine, et lui demanda du pain. Celui-ci la chassa en l'injuriant, et la jeune fille désespérée se pendit. La famine s'étant encore accrue, les habitants de Delphes voulurent apaiser ses mânes. On institua alors les Charilées, qui se célébraient à Delphes, tous les 9 ans, et pendant lesquelles le roi distribuait des vivres aux assistants.

CHARIOT. On nomme ainsi une voiture à quatre roues, destinée à transporter, par terre et au moyen d'animaux attelés, toutes sortes de fardeaux. Les anciens se servaient, dans leurs guerres, de *chariots armés de faux* pour rompre les rangs de l'ennemi. C'est à Cyrus qu'on attribue l'invention de ces chariots. Un nommé Simon Stevin, de Bruges, mathématicien du comte Maurice de Nassau, avait inventé des *chariots à voiles* qui marchaient à l'aide du vent; mais ces chariots ingénieux n'ont pas été adoptés; du reste, ils n'avaient aucune application utile.

CHARISIES, fêtes nocturnes, instituées en l'honneur des Grâces. Ces divinités avaient une foule de temples à Rome et dans la Grèce. On citait surtout celui de Paros. Les Charisies étaient célébrées au printemps; dans les banquets où présidaient la gaîté, la libéralité et l'éloquence. On y distribuait des gâteaux de miel aux assistants. C'est dans une de ces fêtes que Socrate dit à un homme qui prodiguait ses libéralités sans discernement: « Que les dieux te confondent! les Grâces sont vierges, et tu en fais des courtisanes. »

CHARISTÉRIES, fêtes célébrées chaque année à Athènes, en l'honneur de Thrasybule, libérateur de sa patrie.

CHARITÉ. C'est au christianisme qu'il faut faire honneur d'avoir affirmé le principe de la charité, c'est-à-dire de l'amour de l'homme pour ses semblables, de la fraternité. Il est probable que sans l'immense révolution faite par Jésus au nom de ce principe, l'humanité se fût consumée dans de vains efforts pour chercher la loi du progrès qui est la loi de son existence. Il est probable aussi qu'à l'époque de l'invasion des Barbares le vieux monde vaincu n'aurait eu aucun héritage à transmettre au monde barbare qui venait le régénérer en lui infusant un sang nouveau. La charité était une protestation contre une philosophie qui avait erré à la recherche des principes fondamentaux de la société égarée par un égoïsme inintelligent; elle donnait une morale aux hommes. L'empire de Constantin et de ses successeurs adopta le christianisme comme un système politique propre à fortifier l'unité, plutôt que comme un dogme salutaire. C'est à peine si un petit nombre d'hommes, aussi grands par le cœur que par l'esprit, comprenaient tout ce qu'il y avait au fond du principe de la charité. Les traditions de l'Evangile se transmettaient et restaient à peu près incomprises. Les théologiens avaient succédé aux rhéteurs; mais au fond c'était le même égoïsme et les mêmes passions. Les masses se soulevaient volontiers contre ceux qui erraient dans l'interprétation de l'essence divine, et noyaient l'hérésie dans le sang; mais la charité était méconnue et le livre de l'Evangile semblait fermé. Les premiers temps du christianisme avaient été témoins d'admirables élans de fraternité; mais, comme le dit Montesquieu, le christianisme n'a jamais été plus abaissé que dans les temps où son triomphe semblait le plus assuré. Les philosophes modernes et les économistes ont recherché si la charité évangélique était le véritable principe social, et ils se sont demandé comment il devait être défini, et s'il fallait le circonscrire. Ils conviennent d'un côté que la charité ne peut être commandée sans perdre son caractère et devenir une insupportable tyrannie; ils observent, d'un autre côté, que les hommes abandonnés à eux-mêmes n'ont jamais exercé la charité que dans des limites qui en font trop souvent une amère dérision. Ils ont alors soupçonné que l'esprit de charité ou de fraternité pouvait être commandé par l'intérêt bien entendu; ils ont alors posé le principe de la *solidarité*, qu'ils ont substitué à celui de la charité. La solidarité ou l'association des intérêts se traduit par l'assurance contre tous les maux qui peuvent accabler les membres du corps social. Assurément ce n'est là qu'une des faces de ce que nous entendons par charité; elle ne consiste pas seulement dans l'assistance de ceux qui souffrent du dénûment; elle doit s'entendre aussi du dévouement pour tous ceux qui sont en péril ou qui ont besoin de notre assistance active. Même en dehors de tout commandement religieux, ce dévouement nous est encore commandé par l'égoïsme bien entendu ou solidarité universelle; nous exposons notre vie pour sauver nos semblables, pour défendre la patrie, comprenant qu'en nous dévouant, ainsi pour nos semblables, nous remplissons un devoir dont ils sont tenus envers nous.

CHARITÉ (Frères de la), établis à Grenade par saint Jean de Dieu, en 1540. Ces religieux logeaient et soignaient les malades; ils n'avaient alors ni règle ni costume particulier. Marie de Médicis les introduisit en France en 1601. Leur ordre fut aboli en 1792.

CHARITÉ (Sœurs de la). Elles furent instituées dans la Bresse, en 1617, par saint Vincent de Paul; c'était une confrérie de religieuses qui se consacraient au service des pauvres malades. Elles s'établirent plus tard à Paris, et leur institution fut approuvée, en 1651, par l'archevêque de Paris. On les appelle aussi Sœurs grises, parce qu'elles sont habillées de gris. Leur ordre fut supprimé lors de la Révolution; mais Napoléon le rétablit en 1804. Aujourd'hui, les Sœurs de la charité sont chargées spécialement du service des hôpitaux civils et militaires; elles tiennent aussi les bureaux de charité et de bienfaisance.

CHARITÉ (Dames de). On appelle ainsi les personnes charitables qui viennent en aide aux indigents, soit en contribuant de leur bourse, soit en leur portant elles-mêmes des consolations et des secours. Il y a les dames de charité qui sont attachées au bureau de bienfaisance de leur arrondissement; il y a aussi celles qui sont spécialement attachées aux curés et aux marguilliers; elles servent d'intermédiaires aux curés pour transmettre aux pauvres les secours dont ils ont besoin. Elles vont également recueillir des aumônes à domicile.

CHARITÉ MATERNELLE (Société de la), établie en 1788, dans le but de venir en aide aux enfants abandonnés par leurs mères. Ces femmes ont rendu des services très-réels à l'humanité, et surtout à certaines époques où la recrudescence de misère augmentant la dépravation morale, un grand nombre d'enfants étaient abandonnés et souvent même exposés par leurs mères. La raison d'être de cette institution se lie à la question de la conservation ou de l'abolition des tours, qu'on a considérés, dans ces derniers temps, comme un encouragement donné à l'immoralité. Aujourd'hui, une mère ne peut plus exposer son enfant sans être passible de peines correctionnelles, et elle ne peut faire admettre son enfant à l'assistance publique qu'avec une autorisation spéciale.

CHARITÉ (la), ch.-l. de cant. de l'arrond. de Cosne (Nièvre), à 28 kil. de cette ville. Pop. 5,000 hab. Hospice d'aliénés. Commerce de fers du Berri, bois, charbon, grains, vins, chanvre. Fabrique de limes, distilleries d'eaux-de-vie, vinaigreries, tanneries. Ville forte au XVIe siècle.

CHARITON D'APHRODISÉE, écrivain grec du Bas-Empire, de la fin du IVe siècle, secrétaire du rhéteur Athénagore. Il a laissé un roman grec intitulé *les Amours de Chéréas et de Callyrhoé*. Ce roman est assez bien conduit, il est plein d'intérêt et les caractères sont naturels, bien que l'intrigue soit assez faible.

CHARIVARI, concert dérisoire, exécuté à l'aide d'ustensiles bruyants et dans lequel la batterie de cuisine et les crécelles criardes jouent le principal rôle. Autrefois on réservait ces sérénades peu galantes aux époux qui convolaient en secondes noces ou qui contractaient des mariages que la disproportion d'âge des époux rendait ridicules. Les écarts de certaines femmes ont quelquefois aussi donné lieu à des charivaris. Les passions politiques ont donné au charivari une certaine extension, surtout après 1815. Plus d'un fonctionnaire qui s'endormait en songeant aux bienfaits qui lui venaient d'en haut, se voyait assez désagréablement réveillé par un concert discordant qui lui apprenait que les prospérités ont parfois un triste retour, et que les grâces du trône ne compensent pas toujours la faveur populaire. — *Le Charivari* est le titre d'un admirable petit journal qui, depuis près de 30 ans qu'il est fondé, a de l'esprit tous les jours, ce qui est assez rare pour que nous croyions devoir le consigner ici.

CHARIZI (Schouda-ben-Salomon-ben), savant rabbin, né à Xérès, en Espagne, mort en 1235. Il a traduit de nombreux écrits d'arabe en hébreu, ainsi que les stances du poëte arabe Hariri, et il a composé lui-même des poésies intitulées *Ehakhemoni*. Son style est souvent prétentieux.

CHARLATAN. Un habile médecin du siècle dernier avait un valet qu'il interrogeait volontiers sur sa science. Ce valet avait une certaine faconde, et faisait assez bien valoir le peu qu'il savait, et même ce qu'il ne savait pas. Il quitte un jour la maison de son maître, et, dix ans après, celui-ci le retrouve sur une place publique en costume de charlatan: « Eh bien! Bourguignon, te voilà donc médecin? — Pour vous servir, monsieur. » Le médecin venait de reconnaître son ancien valet. « Comment peux-tu exercer la médecine sans la connaître? — C'est justement pour cela que je réussis. Sur cent personnes qui sont sur cette place, combien comptez-vous de têtes intelligentes? — Cinq ou six, répond le docteur. — Je vous en accorde dix, réplique le charlatan; ce sont vos pratiques; les autres sont les miennes. » Voilà, en effet, le principe sur lequel se fonde le charlatan pour justifier sa profession. La spéculation sur la niaiserie humaine a revêtu bien des formes. Le charlatan grandit de toute la science qu'on lui suppose, et se voit naturellement préféré au savant modeste qui sait avouer son insuffisance. Dans un autre domaine, le charlatan triomphe d'autant plus aisément que nous sommes moins sur nos gardes. Ainsi nous avons le charlatan de noblesse, qui proclame tout bas qu'on aura raison d'afficher des titres de noblesse tant qu'il y aura des niais pour les admirer; le charlatan littéraire; le charlatan de dévotion, personnifié par Tartufe, dont la race s'est perpétuée. Il est inexcusable de se laisser duper par lui, depuis que Molière nous l'a dépeint.

CHARLEMAGNE. (*Voyez* CHARLES Ier, roi de France.)

CHARLEMONT, hameau de l'arrond. de Rocroy (Ardennes), sur une montagne qui domine Givet. Forteresse importante, fondée par Charles-Quint en 1540, et cédée à la France en 1679. Vauban la reconstruisit en partie.

CHARLEROY, ville forte de Belgique (Hainaut), à 72 kil. de Bruxelles. Pop. 10,700 hab. Tribunaux de 1re instance et de commerce, chambres de commerce, industrie très-active. Fabriques de draps, savons; clouterie, armurerie, serrurerie, etc. Exploitation de marbre, houille (le produit du bassin houiller, qui compte 128 puits d'extraction, est évalué à 2,800,000 quint. mét. de houille). Charleroy fut fondée en 1666, sous Charles II, roi d'Espagne. Elle fut bombardée par les Français (1692), qui s'en rendirent maîtres de 1693 à 1697 et de 1746 à 1748. Elle se rendit à Jourdan en 1794, et Napoléon en débusqua les Prussiens en 1815. Les fortifications furent souvent détruites et sont relevées depuis 1814.

CHARLES. Ce nom, qui vient du tudesque *Karl*, fort, robuste, viril, devrait s'écrire *Karle*. C'est de cette forme qu'est venu le *Carolus* des Latins, d'où nous avons fait notre mot *Charles*. Parmi les princes qui ont régné sur les divers peuples germaniques depuis le Xe siècle, il en est un grand nombre qui ont porté le nom de *Charles*.

CHARLES. *Rois et princes français.*

CHARLES MARTEL, duc des Français, né en 691, mort en 741. Il était fils naturel de Pépin d'Héristal, dit *Pépin le Gros* et de sa concubine. Il régna longtemps sur la France comme simple maire du palais. Héritier de la valeur de son père, il défit Chilpéric II en différents combats, et substitua à sa place, en 718, un fantôme de roi, Clotaire IV, afin de régner sous son nom. Après la mort de Clotaire, Charles Martel se fit livrer Chilpéric, qui s'était réfugié dans l'Aquitaine. Il lui laissa toutefois la couronne, et s'il s'était contenté du simple titre de maire du palais, il n'en avait pas moins de fait toute l'autorité. Il tourna ensuite ses armes contre les Saxons et les Sarrasins, qui avaient envahi la France. Il les tailla en pièces près de Poitiers, en 732. Le combat dura une journée entière, et les ennemis, dit-on, perdirent près de 300,000 hommes. Abdérame, leur chef, fut tué dans la bataille, et leur camp pillé. C'est de cette célèbre victoire, prétend-on, que Charles prit le nom de *Martel*, parce qu'il avait écrasé comme avec un marteau ses formidables ennemis. Charles ne déposa point les armes; il les tourna contre les Frisons révoltés, et réunit leur pays à la couronne. Thierri, roi de France, étant mort (737), le conquérant continua de régner sous le nom de duc des Français, sans nommer un nouveau roi. Il jouit paisiblement, dans ses dernières années, de sa puissance et de sa gloire. Il mourut à Crécy-sur-Oise, après avoir gouverné 24 ans. Carloman et Pépin le Bref, ses fils, partagèrent après lui le gouvernement du royaume, mais sans prendre le titre de roi, que leur père n'avait pas pris lui-même.

CHARLES Ier, dit CHARLEMAGNE. Ce fils aîné de Pépin le Bref est en quelque sorte le premier personnage de l'histoire moderne, car si la France le considère comme son plus grand roi, les Allemands le revendiquent comme leur compatriote, les Italiens comme leur empereur, et l'Église comme l'un de ses saints les plus illustres. Né en 742, Charles avait 26 ans lorsque son père partagea ses États entre lui et son frère Carloman. Depuis 754, ces deux jeunes princes avaient été couronnés par le pape Étienne II, et, au titre de *roi*, ils avaient ajouté celui de *patrice des Romains*. Le royaume de Charles comprenait la majeure partie de l'Aquitaine, de la Neustrie et de l'Austrasie, tandis que celui de Carloman comprenait la Souabe, tous les territoires baignés par le Rhin, l'Alsace, la Bourgogne, l'Helvétie et la Provence. Après la mort de Pépin, les deux frères vécurent dans une profonde mésintelligence, qui ne laissait échapper aucune occasion de se montrer. A la suite d'une guerre entreprise d'un commun accord contre Hunold, ancien duc d'Aquitaine, qui venait de faire révolter cette province, Charles rompit tout à fait avec Carloman, et termina la guerre tout seul. Il répudia sa première femme pour épouser la fille de Didier, roi des Lombards, et une année après (774), il rompit ce mariage pour s'unir avec Hildegarde. Cette répudiation suscita une profonde inimitié entre les Lombards et les Francs. Carloman venait de mourir, Charles s'empara de ses États et marcha contre Didier, qui, pour venger sa fille, ne cessait d'insulter les frontières franques et d'accueillir les mécontents. En moins de trois années, Charles conquit toute l'Italie septentrionale, dont il forma un royaume auquel il imposa ses lois et sa constitution. Pendant le siége de Pavie, Charles se rendit à Rome, où il fut reçu triomphalement, et il confirma la donation faite par son père à l'Église. Cette donation, que l'on a fortement révoquée en doute dans ces derniers temps, et dont l'original est complétement perdu, comprenait, outre ce que l'on est convenu d'appeler le patrimoine de saint Pierre, une grande partie de la Lombardie. A la suite de ses victoires en Italie, et par l'usurpation des États de Carloman, Charles était le premier souverain de l'Europe; c'est alors qu'il songea à soumettre les Saxons, peuple fier et sauvage, dont la présence non loin des bords du Rhin était une menace permanente pour l'empire naissant. En 775, il leur enleva Ehresbourg, qui était leur principale forteresse. En 776, il se trouvait en Lombardie pour étouffer une révolte qui venait d'éclater, lorsqu'il apprit un soulèvement des Saxons. Il tombe au milieu d'eux avec la rapidité de la foudre, les combat de nouveau, avec succès, et les force à donner des otages et à recevoir le baptême. Songeant à étendre ses conquêtes jusqu'en Espagne, il prit fait et cause pour quelques émirs arabes contre les kalifes de Cordoue et remporta de grandes victoires. Mais en rentrant en France, le duc de Gascogne le trahit, et tailla son arrière-garde en pièces dans le défilé de Roncevaux. C'est à cet épisode que les romans de chevalerie rattachent la mort de Roland, neveu, disent-ils, de Charlemagne. En 779, Witikind, l'un des principaux chefs saxons et le plus courageux d'entre eux, excita ses compatriotes à la révolte; mais Charles le battit à Buchholz et massacra tous ceux des Saxons qui ne voulurent point embrasser le christianisme. Puis, pour tenir cette nation en respect, il divisa le pays en de nombreuses prélatures souveraines, pensant avec raison que les princes-évêques feraient tous les efforts pour maintenir leurs nouveaux sujets dans l'obéissance et la religion catholique. Charles soumit alors plusieurs petits princes voisins, conclut un traité avec le duc de Bavière et l'empire d'Orient. Il pouvait espérer la paix, quand, tout à coup Witikind, qui s'était réfugié en Scandinavie, reparut à la tête des Saxons révoltés et battit les lieutenants du roi des Francs (782). Celui-ci, pour venger cette humiliation, fit massacrer 4,500 Saxons à Verden, et, pour dompter cette race belliqueuse et avide d'indépendance, il la dispersa hors du pays. Witikind et son frère embrassèrent le christianisme, et, en 785, à la diète d'Attigny-sur-Aisne, prêtèrent, au nom de leur nation, le serment d'obéissance. Le duc de Bavière ayant conspiré contre Charles, celui-ci le fit condamner à mort en 788; mais il lui accorda la vie à condition qu'il entrerait dans un couvent. Il y eut encore plusieurs soulèvements des Saxons, mais ils furent constamment battus, et chacune de leurs révoltes avait pour résultat d'augmenter leur dispersion dans les différentes contrées soumises à l'autorité de Charles, principalement dans la Lombardie. Le roi des Francs avait acquis un tel prestige qu'on venait de toutes parts lui demander aide et protection; il reçut, en 797, à Aix-la-Chapelle, les messagers des princes maures de l'Espagne et les ambassadeurs d'Alphonse II, roi de Galice; du roi des Huns et de Constantin V, empereur d'Orient. Le pape Léon III, menacé dans sa personne et dans son pouvoir par deux prêtres qui avaient formé le projet de le détrôner, vint trouver Charles, qui le renvoya à Rome; le roi fit lui-même son entrée dans cette ville, le 4 octobre 800. Lorsqu'il se présenta à l'église Saint-Pierre, le pape lui posa la couronne sur la tête devant une foule immense qui, saisie d'enthousiasme, s'écria : « Salut et victoire à Charles, notre auguste et pacifique empereur, qui a reçu sa couronne de la main de Dieu! » Le nouvel empereur déposa de magnifiques présents sur le tombeau de saint Pierre, et jura de défendre la foi ainsi que les privilèges de l'Église. Léon III voulut pousser plus loin les marques de la reconnaissance qu'il éprouvait pour Charles, en négociant son union avec Irène, impératrice d'Orient. Si cette négociation avait réussi, l'empire d'Orient se fût trouvé réuni à celui d'Occident; mais Charlemagne dut renoncer à cet espoir. C'est vers cette époque (807) qu'Haroun-al-Raschid, rempli d'admiration pour ce souverain dont la renommée s'étendait partout, lui envoya une ambassade chargée de lui offrir des présents et les clefs du saint Sépulcre. Dès lors Charlemagne, retiré à Aix-la-Chapelle, laissa le soin de la guerre à ses fils et à ses lieutenants, qui achevèrent la soumission des Saxons, tout en poursuivant celle des Avares et des Huns qui résistaient encore.

La grande œuvre qu'il avait entreprise s'accomplissait, pour ainsi dire, toute seule. Les peuples venaient d'eux-mêmes se ranger sous ses lois, tandis que tous les princes de l'Europe étaient fiers de reconnaître sa suzeraineté. Mais cette vaste unité, qui n'était point dans les mœurs de l'époque, ne pouvait être maintenue que par le génie de Charlemagne, et celui-ci sentait bien que ses successeurs ne pourraient la continuer. Aussi, dans une assemblée des grands, tenue à Thionville, il partagea entre ses trois fils ses vastes États. Charles, l'aîné de ses fils, né en 772, reçut la France et la Germanie pour sa part; Pépin, le second, né en 776, eut l'Italie, la Bavière et une partie de la Pannonie; Louis eut l'Aquitaine, la Bourgogne, la Provence et les provinces septentrionales de l'Espagne. Ce partage, accepté par les trois frères, fut soumis à la ratification du peuple. Les fils de Charlemagne continuèrent la guerre aux extrémités de l'empire, pendant que ses lieutenants la soutenaient en Espagne. En 808, on équipa la première flotte que les Francs possédèrent. Cependant les signes de décadence de l'empire se montraient chaque jour; les pirates danois et normands venaient attaquer les côtes et poussaient l'audace jusqu'à remonter le cours de la Seine. Charlemagne ne put retenir ses larmes en songeant au mal qu'ils causeraient à ses successeurs; les plus faibles ennemis s'enhardissaient contre lui, et une coalition tacite semblait s'être formée, n'attendant que l'heure de sa mort pour se ruer sur l'empire. En 810, Pépin mourut à Milan, et le 4 décembre 811, Charles, le roi de Germanie, mourut à Aix-la-Chapelle. Cette perte plongea le vieil empereur dans la plus profonde douleur, et il s'adonna dès lors à des pratiques monacales. Il fit nommer Bernard, fils de Pépin, roi d'Italie, et, en 813, il fit reconnaître son fils Louis comme empereur et roi par les grands assemblés à Aix-la-Chapelle. Vers le milieu du mois de janvier 814, il fut pris de la fièvre au sortir du bain, et, au bout de sept jours, il expira en prononçant ces mots : *In manus tuas commendo spiritum meum* (Je remets mon âme entre tes mains). Il avait alors 72 ans. Il fut enterré à Aix-la-Chapelle, dans l'église Sainte-Marie, qu'il avait élevée. Voici, d'après M. Guizot, la nomenclature et le nombre des expéditions de Charlemagne, que nous avons dû passer rapidement : une contre les Aquitains, dix-huit contre les Saxons, cinq contre les Lombards, sept contre les Arabes d'Espagne, une contre les Thuringiens, quatre contre les Avares, deux contre les Bretons, une contre les Bavarois, quatre contre les Slaves au-delà de l'Elbe, cinq contre les Sarrasins en Italie, trois contre les Danois et deux contre les Grecs. Le rôle rempli par Charlemagne a été des plus importants, et il a, le premier, travaillé à donner une sorte de satisfaction aux tendances nationales, aux affinités de races. Loin de faire la guerre, comme les rois de la première race, tribu contre tribu, nation contre nation, il lui donna un caractère entièrement politique. Pressé au nord et à l'est par les hordes scandinaves et slaves, au sud par les Sarrasins, qui avaient envahi l'Espagne, il réunit en un faisceau les races romaines, germaniques et franques, pour résister à ce double courant d'invasion. Comme législateur, Charlemagne tenta de créer une sorte d'unité par la fondation d'un gouvernement central; mais ce serait une erreur de croire qu'il avait pleinement réussi; ses efforts ne furent couronnés que d'un succès douteux, et n'eurent de valeur réelle que pour l'avenir. Dans ses *Capitulaires*, il aborde les plus hautes questions politiques, ainsi que les plus humbles de l'économie sociale; les fonctionnaires ne furent nommés que pour trois ans, et placés sous le contrôle des *missi dominici*, et la justice fut rendue par des échevins. Les propriétaires d'alleux et de bénéfices qui, jusque-là, s'étaient tenus dans une sorte d'indépendance, furent forcés de contribuer aux charges de l'État par le payement d'un cens; Charles exigea d'eux le service et étendit son contrôle sur leur juridiction. Le clergé, dont les mœurs s'étaient singulièrement relâchées, fut soumis à une discipline sévère et astreint à une hiérarchie dont le souverain fut le chef. Quant aux monastères, qui étaient devenus des foyers de débauche et de mauvaises mœurs, il tenta de les réformer, mais sans grand succès, avec l'aide de Benoît d'Aniane. Par ses soins à porter constamment la guerre dans les pays ennemis, l'intérieur jouit d'une sorte de paix qui donna les plus grands développements aux transactions; les marchands étaient protégés par l'autorité royale, et les seigneurs s'empressaient de toutes parts de créer des routes, d'élever des ponts. Mais là ne se bornèrent pas ses soins. Il porta également ses efforts vers le mouvement intellectuel, et fut assez heureux pour créer autour de lui un centre littéraire des plus remarquables. Il fonda l'École palatine, sorte d'académie où se trouvèrent réunis les hommes les plus illustres de l'époque. Grâce à tous ces travaux, la figure de Charlemagne se détacha grande et majestueuse de cette époque, et l'on comprend l'enthousiasme des poëtes pour ce siècle qui, pâle copie, il est vrai, du siècle d'Auguste, était le digne précurseur de ceux de Louis XIV et de Napoléon.

CHARLES II, dit *le Chauve*, fils de Louis le Débonnaire et de Judith, né à Francfort-sur-le-Mein en 823. L'amitié que lui portait son père, qui le favorisa toujours aux dépens de ses frères aînés, fut une des causes qui amenèrent sous son règne une longue suite de calamités. A son avénement au trône, Charles II se vit disputer la couronne par son frère Lothaire. Le nouveau roi s'unit avec Louis, roi de Bavière, et ils gagnèrent contre leur frère la bataille de Fontenai en Bourgogne. Lothaire fut obligé de retourner en Italie, et les vainqueurs ne purent y mettre obstacle, car ils avaient à combattre des ennemis terribles: les Normands, pirates qui venaient du Nord, commençaient à désoler les côtes de France. Trop faible pour leur résister, Charles acheta d'eux la paix; et tous les ans ceux-ci ne manquaient pas de venir faire de nouvelles excursions. En 869, à la mort de Lothaire II, Charles s'empara de tout le royaume de Lorraine, qu'il dut partager avec Louis le Germanique, qui céda sa part à Louis II; la mort de ce dernier (875) permit à Charles, favorisé par le pape Jean VIII, de se faire sacrer empereur; mais ses États étant attaqués par Louis, son neveu, il revint au moment où celui-ci mourait; il voulut dépouiller son fils, mais le jeune prince battit son grand-oncle à Andernach. Le pape, menacé par les Sarrasins, l'appela à son secours; mais Charles ne put se rendre à son appel, car il mourut empoisonné par son médecin, à Brios, village situé près du mont Cenis (6 octobre 877) après un règne de 27 ans. Ce roi, qui ne sut jamais contenir les grands, crut pouvoir les gagner à sa cause en les rendant héréditaires de tous les bénéfices militaires et même des gouvernements de certaines villes; mais cette mesure, profondément impolitique, ne fit qu'augmenter le pouvoir de la féodalité en amoindrissant considérablement la puissance royale.

CHARLES LE GROS. (*Voir* CHARLES III, empereur d'Allemagne.)

CHARLES III, dit *le Simple*, né le 17 septembre 879. Sa grande jeunesse le fit exclure du trône, et après la mort de Louis III et de Carloman, ses deux frères, on lui préféra Charles le Gros, empereur d'Allemagne, qui fut dépossédé au bout de deux ans, par suite du honteux traité qu'il avait conclu avec les Normands; mais, sous le prétexte qu'il fallait un guerrier éprouvé pour repousser les excursions des Barbares du Nord, la nation accepta pour roi Eudes, comte de Paris. Cependant Charles, qui s'était fait sacrer à Reims en 893, parvint à obtenir la cession d'une partie de la France septentrionale. En 898, il succéda définitivement à Eudes. Sous ce règne, les Normands continuèrent à ravager la France, et Rollon, leur chef, fut battu sous les murs de Chartres. Ce fut alors que le roi, pour mettre fin aux déprédations de ces Barbares, résolut de les attacher au sol. Par un traité conclu à Saint-Clair-sur-Ept, Charles céda la Neustrie aux Normands et nomma leur chef Rollon duc de cette contrée, qui, dès lors, prit le nom de Normandie; pour s'attacher davantage le chef barbare, il lui accorda la main de sa fille. Cependant Charles avait dans son royaume des ennemis plus redoutables; de toutes parts les seigneurs cherchaient à s'affranchir de l'autorité du souverain. Toute la haine des grands se portait sur Haganon, ministre dont l'habileté les tenait en échec; ne pouvant décider le roi à rompre avec son favori, ils lui déclarant la guerre et proclamèrent à sa place Robert, fils d'Eudes, qu'ils firent sacrer à Reims (923). Charles marcha contre les seigneurs révoltés et livra la bataille de Soissons, qu'il perdit; mais son rival ne profita pas de cette victoire, car dans la lutte il avait trouvé la mort. Raoul, gendre de Robert, fut proclamé à sa place. Le roi s'enfuit en Allemagne; mais bientôt, séduit par les promesses d'Herbert, comte de Vermandois, il alla chercher un asile auprès de ce seigneur, qui le fit enfermer au château de Péronne, où il mourut quelques années après (7 octobre 929). Charles avait eu un fils de sa seconde femme, Ogive d'Angleterre, que cette reine emmena avec elle dans sa patrie. Il régna plus tard sous le nom de Louis d'Outremer.

Charles IV, dit *le Bel*, 3e fils de Philippe le Bel, et de Jeanne de Navarre, né en 1294. Il succéda, en 1322, à son frère Philippe le Long. Son règne, qui ne dura que 6 ans, fut signalé par des exactions de tous genres. Charles le Bel altéra les monnaies, confisqua les biens des Lombards et les chassa de France; il fit mourir dans les tortures Girard la Gueta, ministre des finances sous le précédent roi. Il eut quelques démêlés avec l'Angleterre, usurpa l'Aquitaine. Isabelle, sœur de Charles et femme d'Edouard II, roi d'Angleterre, vint en France négocier et conclure la paix (1326). Charles lui fournit des secours à l'aide desquels elle put renverser son mari du trône. En 1327, le pape Jean XXII ayant excommunié l'empereur Louis de Bavière, Charles essaya, mais sans succès, de se faire élever à sa place. Le roi s'était marié, en 1307, avec Blanche de Bourgogne, qui, par sa dépravation, força son mari à la faire enfermer au Château-Gaillard, près des Andelys; en 1322, il avait épousé en secondes noces Marie de Luxembourg; mais cette princesse étant venue à mourir au bout de deux ans, il conclut un troisième mariage avec Jeanne d'Evreux. Il rendit des ordonnances en faveur des juifs et des lépreux, et se montra impitoyable envers les juges prévaricateurs. Charles mourut à Vincennes, le 31 janvier 1328. Il érigea la baronnie de Bourbon en duché-pairie en faveur d'un petit-fils de saint Louis, qui forma la branche à laquelle appartient la famille royale dite des Bourbons.

Charles V, surnommé *le Sage*, roi de France, fils de Jean et de Bonne de Luxembourg, né à Vincennes le 31 janvier 1337. Il eut le titre de lieutenant-général du royaume pendant la captivité de son père (1356). Il eut beaucoup à lutter contre les États généraux et Étienne Marcel, prévôt des marchands de Paris, qui était l'âme damnée du roi de Navarre, Charles le Mauvais. Charles était obligé de temporiser avec les factieux, lorsque le prévôt Marcel fut assassiné (1358). Le lendemain, Charles entra en triomphe dans Paris, ayant à ses côtés l'assassin du prévôt des marchands. La trêve de Bordeaux (1357) avait suspendu un instant les hostilités entre la France et l'Angleterre; mais la France n'en était pas moins le théâtre de luttes sanglantes : le roi de Navarre pillait les campagnes et empêchait les approvisionnements d'arriver à Paris. Un traité, signé à Pontoise pour mettre fin à cette dévastation, ne produisit aucun résultat, et bientôt la guerre avec les Anglais se ralluma plus terrible. Le roi Jean, dans sa captivité, avait signé le honteux traité de Londres. Les États généraux, convoqués par le régent, refusèrent d'en valider les clauses, et accordèrent des subsides et des troupes pour continuer la guerre. C'est alors qu'Édouard III, désespérant de conquérir la France, conclut le traité de Brétigny (1360), le roi Jean, dont la rançon était fixée à 3 millions d'écus d'or, rentra en France, où il régna encore 4 ans. Le 8 avril 1364, Charles succédait à son père, et s'appliqua dès lors à tirer un parti habile des événements, à jeter la division chez ses ennemis, et enfin à s'entourer de ministres capables pris dans la bourgeoisie, ayant par cela même les sympathies du peuple; tandis qu'il donnait le commandement de ses armées à du Guesclin, de Clisson et de Boucicault, il gagnait la bataille de Cockerel contre Charles le Mauvais. Il se débarrassa des *grandes compagnies* en les envoyant guerroyer en Allemagne, où elles se firent écraser, et en Espagne, où elles détrônèrent Pierre le Cruel (1367). Il reprit aux Anglais la Guyenne, le Poitou, la Saintonge, le Périgord. La bataille de Ghizei (1373) délivra le Poitou du joug des Anglais. La Bretagne fut envahie par du Guesclin, qui la soumit aussitôt. Enfin, en 1378, il ne restait plus aux Anglais que Calais, Bordeaux et Bayonne. La fin du règne de ce roi fut encore troublée par des guerres intérieures; le Languedoc se souleva par suite des exactions du duc d'Anjou, ainsi que la Bretagne, qu'on avait voulu réunir à la couronne. On doit à Charles V plusieurs ordonnances qui témoignent de son esprit d'ordre : il organisa l'administration des finances, augmenta les privilèges de l'université, et fixa la majorité des rois à 14 ans. Il fit construire la Bastille et fonda la Bibliothèque impériale; c'est à son initiative que l'on doit l'institution de l'*appel comme d'abus*, qui rendait les évêques justiciables du parlement de Paris. Il fut un habile administrateur, et à une époque où l'épée remplaçait le droit, il sut montrer tout ce que pouvait un roi politique lorsqu'il puise sa force dans l'amour du bien public. Charles V mourut à Vincennes, le 16 septembre 1380. Il eut deux fils : Charles VI, qui lui succéda, et Louis, duc d'Orléans.

Charles VI, dit *le Bien-Aimé*, roi de France, fils du précédent, né à Paris le 3 décembre 1368. Il succéda à son père à l'âge de 12 ans; sa minorité fut troublée par les querelles de ses oncles les ducs d'Anjou, de Berri, de Bourgogne et de Bourbon; Paris eut à souffrir des excès des Maillotins (*Voir* ce mot). Mais à ces excès populaires, suscités par les exactions des princes, succéda une réaction terrible de la part de la noblesse; après la bataille de Rosebecq, gagnée par Charles VI sur les Flamands (1382), les oncles du roi revinrent à Paris et dépouillèrent la ville de ses franchises, la chargèrent de taxes énormes, et pillèrent les biens des bourgeois. Ce contre-coup de la réaction se fit également sentir dans les principales villes de France. En 1385, Charles VI épousa Isabeau de Bavière, princesse qui devait amener dans l'avenir tant de calamités sur la France. Le roi fit faire des armements considérables pour opérer une descente en Angleterre; mais, par la faute du duc de Berri, ces tentatives n'eurent aucun résultat. En 1389, le roi enleva le pouvoir à ses oncles, et prit pour conseillers les anciens ministres de son père, auxquels par dérision la noblesse donna le nom de *Marmousets*. En 1392, le duc de Bretagne ayant refusé de livrer Pierre de Craon, qui, par son ordre, avait tenté d'assassiner Clisson, le roi lui déclara la guerre et se mit à la tête de l'armée, lorsqu'une apparition qu'il eut dans la forêt du Mans le frappa de terreur et lui fit perdre la raison; l'insanité de son esprit ne fit qu'augmenter à la suite d'un bal masqué où il faillit être brûlé vif. Dans cette triste situation, le roi se trouva abandonné de tous, et on plaça auprès de lui, pour le distraire, une jeune fille, Odette de Champdivers. Bientôt la France fut en proie à l'anarchie la plus terrible : les ducs de Bourgogne et d'Orléans se disputèrent le pouvoir. Jean sans Peur, qui avait succédé à son père, fit assassiner le duc d'Orléans à l'issue d'un souper chez la reine Isabeau. Mais Jean sans Peur eut à compter avec un autre ennemi, le comte d'Armagnac, beau-père du feu duc d'Orléans, leva une armée et vint jusque sous les murs de Paris, pillant et rançonnant les paysans, allant jusqu'à leur faire couper le nez et les oreilles; le duc de Bourgogne s'allia avec la corporation des bouchers; les Parisiens, qui avaient à souffrir des déprédations de tous ces corps de mercenaires, leur opposèrent les charpentiers, et finirent par ouvrir leurs portes aux Armagnacs. Le roi d'Angleterre, Henri V, mit à profit les luttes intestines pour déclarer la guerre à la France. Le 21 octobre 1415, il gagnait la bataille d'Azincourt. Le dauphin Louis fut empoisonné la même année. La reine, qui résidait à Tours, se ligua avec les Bourguignons, qui massacrèrent les Armagnacs. Une famine et une peste qui enleva plus de 40,000 individus, vinrent se joindre à tous ces fléaux. On reconnaissait la nécessité de la paix; le duc de Bourgogne la désirait surtout, lorsqu'il fut assassiné par les Armagnacs, sous les yeux du Dauphin, sur le pont de Montereau. Philippe le Bon, fils de Jean sans Peur, pour venger la mort de son père, s'allia aux Anglais et leur livra Paris. C'est alors que Henri V fit signer à Charles VI le traité de Troyes, par lequel le roi de France accordait au roi d'Angleterre une de ses filles en mariage et la succession au trône de France, et déclarait le Dauphin déchu de ses droits. Mais ce honteux traité ne reçut aucune exécution, Henri V mourut le 31 août 1422, et Charles VI le 21 octobre 1422, deux mois après celui que, dans sa folie, il avait accepté pour son successeur.

Charles VII, dit *le Victorieux*, roi de France, né à Paris le 22 février 1403, mort le 22 juillet 1461, au château de Mehun-sur-Yèvre (près Bourges). Il devint Dauphin en 1416, par suite de l'empoisonnement de son frère; quoique exclu du trône par le traité de Troyes, il fut reconnu par quelques provinces, et tandis qu'à Paris on proclamait roi de France Henri VI, âgé de 18 mois, avec la régence du duc de Bedfort, Charles VII se faisait couronner à Poitiers (1422). On l'appelait par dérision *le roi de Bourges*, car c'était dans cette ville qu'il s'était retiré avec quelques autorités et le trésor des chartes. Les Anglais possédaient alors les trois quarts de la France, et les troupes de Charles étaient battues dans toutes les rencontres, sans que pour cela la sérénité du roi en fût altérée. Il passait son temps avec d'indignes favoris; la nationalité française, si puissante sous son aïeul, allait peut-être succomber, lorsqu'une humble bergère de Domremy vint trouver le roi; elle se disait inspirée de Dieu, et promettait de chasser l'ennemi du territoire national. Déjà le mouvement se manifestait en Bretagne, en Bourgogne. Bientôt Jeanne d'Arc délivre Orléans (8 mai 1429), et par une suite non interrompue de conquêtes, conduit Charles VII à Reims, où elle le fait sacrer (17 juillet 1429). Elle voulait marcher sur

Paris, mais elle ne rencontra que de la mauvaise volonté dans l'entourage du roi. Elle combattit seule; prise à Compiègne (23 mai 1430), le roi, qui lui devait presque son royaume, ne fit aucune tentative pour l'arracher à ses ennemis, et son premier ministre osa l'accuser d'insubordination et d'orgueil ! Mais l'horreur du supplice infligé à cette fille héroïque occasionna un soulèvement général, et les Bourguignons s'unirent au roi (1435). Enfin Charles, poussé par sa maîtresse, Agnès Sorel, sortit de son apathie, et, se mettant à la tête de son armée, paya bravement de sa personne au siége de Montereau (1437), et à celui de Pontoise (1442). Une trêve fut signée (1444), et la France put enfin respirer. En 1448, la guerre recommença contre l'Angleterre, qui avait rompu la trêve. La Normandie fut reprise par Dunois, et cinq ans après (1453), la Guyenne faisait définitivement retour à la France. Dès lors il ne restait plus aux Anglais que Calais. Charles VII avait trouvé dans Jacques Cœur un ministre habile qui travailla à effacer les traces des dernières guerres, en donnant au commerce une grande impulsion. Les dernières années du roi furent attristées par la conduite de son fils, qui se ligua avec ses ennemis et dut fuir à la cour de Bourgogne; croyant que les officiers qui l'entouraient étaient payés par son fils pour l'empoisonner, l'infortuné roi se laissa mourir de faim. On doit à ce souverain des ordonnances pour l'organisation de l'armée, ainsi que pour la réglementation de la justice et des finances. C'est sous son règne que fut découverte l'imprimerie (1453).

CHARLES VIII, dit *l'Affable*, roi de France, fils de Louis XI, né à Amboise, le 30 juin 1470, mort dans la même ville le 7 avril 1498. Il n'avait que 13 ans lorsqu'il fut proclamé roi; sa sœur, Anne de Beaujeu, gouverna en son nom et sut par son habileté conserver intact le pouvoir royal. La bataille de Saint-Aubin (1488), dans laquelle le duc d'Orléans (depuis Louis XII) fut fait prisonnier, mit fin aux démêlés intérieurs; tandis que la régente soutenait la Flandre révoltée contre l'empereur Maximilien. Le mariage de Charles VIII avec Anne de Bretagne (1491) réunit cette province à la France. Charles VIII, qui avait des droits sur le royaume de Naples, porta la guerre en Italie (1494). Tous les souverains des petits États italiens tremblèrent pour leurs couronnes, et en 20 jours il fit la conquête du royaume de Naples; bientôt Charles, qui avait reçu du pape l'investiture du royaume de Naples et de Jérusalem, prit le titre d'empereur d'Orient. Il rêvait déjà la conquête de Constantinople. Mais les princes d'Italie, à l'exception des Florentins, effrayés par le succès du roi de France, formèrent une ligue dans laquelle entrèrent le roi d'Espagne et l'empereur d'Autriche. Attaqué près de Fornoue par une armée de 35,000 hommes à laquelle il n'en pouvait opposer que 7,000, après des prodiges de valeur, il s'ouvrit un chemin à travers l'infanterie espagnole, après en avoir fait un horrible carnage et reprit le chemin de ses États. Les troupes laissées à Naples furent obligées d'en sortir. Charles préparait une autre expédition en Italie lorsque la mort vint l'arrêter dans ses projets. On prétend que les débauches hâtèrent sa fin.

CHARLES IX, roi de France, 2e fils de Henri II et de Catherine de Médicis, né à Saint-Germain en Laye, le 27 juin 1550; avant son avènement au trône, il portait le titre de duc d'Orléans; il succéda à son frère François II, le 5 décembre 1560, et comme il n'avait alors que 10 ans, ce fut sa mère qui eut la régence. En ce moment, la lutte entre le protestantisme et le catholicisme était imminente. La reine, en haine du duc de Guise, protégeait les calvinistes: ceux-ci cherchaient à saisir une partie du pouvoir. Le duc de Guise étant à Vassy, ses gens eurent quelques différends avec les huguenots; on s'injuria d'abord, et on en vint ensuite aux coups; le duc ayant été blessé, ses gens qui étaient en grand nombre, firent un massacre des huguenots qui se trouvaient là. Les huguenots prirent les armes, et alors eut lieu la première guerre, dite *de religion*. Les catholiques gagnèrent la bataille de Dreux, mais ils perdirent leur chef, François de Guise, qui fut assassiné devant Orléans, par Poltrot. La paix fut signée à Amboise (1563). Un an après, Charles IX fut déclaré majeur; mais comme le pouvoir continua d'être exercé par la reine-mère, cet avénement n'apporta aucun changement dans la politique de la cour à l'égard des protestants. Le roi, suivi de toute sa cour, voyagea dans les provinces; les protestants en prirent ombrage, et virent dans ce voyage du roi un moyen de s'attirer l'esprit des populations. Ils essayèrent

Le maréchal Davoust à la bataille de la Moskowa.

de reprendre les armes, mais après la perte de la bataille de Saint-Denis, ils signèrent le traité de Longjumeau. La sortie du conseil du chancelier Lhôpital, qui était tombé en disgrâce à cause de son esprit de tolérance, donna naissance à une troisième guerre, qui couvrit la France de ruines. Condé fut tué à Jarnac; enfin un traité fut conclu à Saint-Germain. Charles IX appela les protestants autour de lui, et pour donner une preuve de ses bons sentiments à leur égard, il donna sa sœur Marguerite en mariage à Henri de Navarre, leur chef. Pendant un moment on put croire à une sorte de réaction, et le peuple était prêt à crier à la trahison, lorsque tout à coup éclata le massacre de la Saint-Barthélemy. On est assez porté à croire que le roi ne connut le projet qu'au moment où on allait l'exécuter. On lui peignit cette tuerie en masse comme une nécessité. Il resta deux jours dans l'irrésolution, et ce fut dans un de ces mouvements frénétiques qu'il donna cet ordre, qui plus tard voua son nom à l'opprobre: « Qu'on tue donc l'amiral, s'écria-t-il, et avec lui tous les huguenots, afin qu'il n'en reste un seul qui me le puisse reprocher. » Deux jours après, Charles tint un lit de justice dans lequel il revendiqua *l'honneur* de cette effroyable exécution, nécessitée, ajoutait-il, par un complot. Deux ans après, Charles expirait des suites d'un mal inconnu; le sang lui sortait de tous les pores, abandonné de sa mère, de ses conseillers, perdu, et n'ayant pour l'assister à ses derniers moments que deux personnes de la religion réformée, sa nourrice et Ambroise Paré! Il avait épousé Elisabeth d'Autriche, et ne laissa pas de postérité légitime. Sous son règne, le calendrier fut réformé; une ordonnance de 1564 fixa au 1er janvier le commencement de l'année. Le chancelier L'hôpital fit rendre des lois, qui témoignent de sa sagesse et de son amour du bien public; il rendit la procédure régulière et conforme, institua des juges consulaires, etc.

mourut à Klagenfurth. Ce fut en 1814, à Nancy, que ce prince apprit que les Bourbons avaient quelques chances de remonter sur le trône; le 12 avril 1814, le comte d'Artois faisait son entrée dans Paris. Aux Cent-Jours, il suivit le roi à Gand. A la seconde Restauration, il y eut refroidissement entre le roi et son frère; dès lors se groupèrent autour du comte d'Artois les membres de la faction ultra-royaliste. Le 16 septembre 1824, Charles X succédait à son frère. Son entrée dans Paris fut des plus brillantes, et son règne s'annonçait sous les plus heureux auspices; il avait juré le maintien de la charte constitutionnelle et suspendu la censure. Le 9 mai 1825, il se faisait sacrer à Reims. Charles X reconnut l'indépendance d'Haïti, à la condition qu'une indemnité serait payée aux sujets

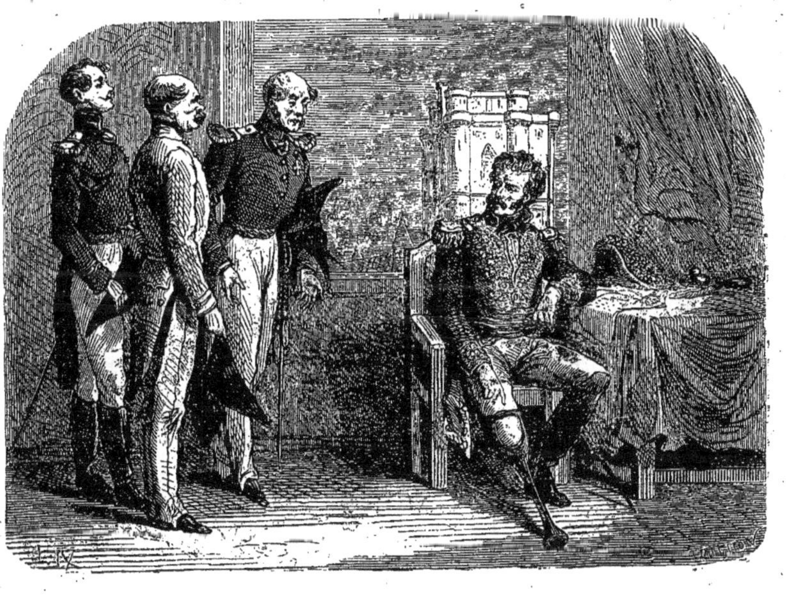

Daumesnil refusant de rendre Vincennes aux alliés.

CHARLES X. Nom donné par les ligueurs au cardinal de Bourbon, oncle de Henri IV, et qu'ils proclamèrent roi. (*Voir* BOURBON)

CHARLES X (Charles-Philippe), roi de France et de Navarre, 4e fils du Dauphin, fils de Louis XV, et de Marie-Josèphe de Saxe, né à Versailles le 9 octobre 1759, frère des rois Louis XVI et Louis XVIII; il reçut le titre de comte d'Artois. Les premières années du comte d'Artois se passèrent dans des fêtes fastueuses; d'un caractère généreux, d'un extérieur distingué, le jeune prince pouvait résumer le type du gentilhomme parfait, mais en même temps de l'homme le plus insouciant; n'ayant aucun espoir d'arriver au trône, il ne se mêlait jamais des affaires de l'Etat. En 1773, il épousa Marie-Thérèse de Savoie, dont la sœur avait épousé le comte de Provence, depuis Louis XVIII. Il s'opposa à tous les projets de réforme. Il émigra aussitôt après la convocation des Etats généraux. Il fit partie de l'expédition de Quiberon (1795); mais, malgré les promesses les plus solennelles faites aux principaux chefs vendéens, il refusa de se mettre à la tête de l'insurrection. Il vécut en Ecosse et en Angleterre. En 1806, la comtesse d'Artois

français qui avaient eu à souffrir de la révolte des nègres. En 1827, il s'unit à la Russie et à l'Angleterre pour arracher la Grèce au joug de la Turquie, et notre marine se couvrit de gloire à la bataille de Navarin. La ville d'Alger fut bombardée (15 juillet 1830) pour réparer l'offense faite à notre consul, et le dey obligé de se retirer en Italie. Pendant que ces faits glorieux se passaient à l'étranger, la France subissait difficilement le ministère Villèle; le ministère Martignac qui lui succéda calma un peu ce mécontentement général (1828-29); malheureusement le roi, mal conseillé, appela aux affaires le prince de Polignac et avec lui des hommes qui ne pouvaient avoir la confiance du pays. L'adresse de la Chambre des députés, dite des 221, n'ouvrit pas les yeux au vieux roi, qui y répondit bientôt par les ordonnances du 25 juillet 1830. Ce fut à Saint-Cloud que le roi signa ces fatales ordonnances, qui suspendaient la liberté de la presse, et prononçaient la dissolution de la Chambre. On prétend que le roi, en apposant sa signature, dit: « Les Parisiens seront bien étonnés demain matin. » A peine les ordonnances furent-elles connues que le peuple courut aux armes (*Voir* RÉVOLUTION DE JUILLET). Le roi et son fils, le duc d'Angoulême, abdiquèrent en faveur de son petit-fils, le duc de Bordeaux. Mais cette double abdication ne produisit aucun effet; Charles X dut prendre une seconde fois le chemin de la terre d'exil. Il passa en Angleterre. Il mourut à Goritz (Autriche), le 6 novembre 1836. Il avait eu deux fils, le duc d'Angoulême, mort en 1844, et le duc de Berri, qui fut assassiné en 1820, par Louvel.

CHARLES DE FRANCE ou DE LORRAINE, 2e fils de Louis d'Outremer, né en 953, mort en 993. Exclu du partage des États de son père, il fit valoir les droits de sa mère sur la Lorraine, et reçut de l'empereur Othon II le duché de la Basse-Lorraine, en 977. Après la mort de Louis V, dit *le Fainéant*, en 987, il profita d'un voyage de Hugues Capet dans le midi pour s'emparer de quelques villes; mais trahi par l'évêque de Laon, il fut fait prisonnier et renfermé à Orléans, où il mourut.

CHARLES DE VALOIS, comte du Maine et d'Anjou, prince français, 3e fils de Philippe le Hardi, né en 1270. Il épousa la princesse Marguerite, fille de Charles le Boiteux, roi de Naples; lors de la guerre entre la France et l'Angleterre, Charles s'empara de la Réole et de Saint-Sever. Il combattit en Flandre et vainquit Guy de Dampierre. Etant devenu veuf, il épousa Catherine de Courtenay, petite-fille de Beaudouin II, dernier empereur de Constantinople. Il passa en Italie où Boniface VIII le nomma son vicaire avec le titre de *défenseur de la foi*. Il chassa les Gibelins de Florence (1300), et aida Charles le Boiteux à faire rentrer sous la dénomination la Calabre et la Pouille. Rappelé par Philippe le Bel, il alla de nouveau combattre en Flandre et contribua puissamment à la victoire de Mons-en-Puelle (1304). Il s'enrichit des dépouilles des Templiers et contribua à la mort d'Enguerrand de Marigny. Il mourut en 1325. C'est son fils Philippe qui, en 1328, commença la branche royale des Valois. On a dit de ce prince, qui passait pour le plus grand capitaine de son siècle, qu'il fut fils de roi, frère de roi, oncle de trois rois, père de roi et jamais roi.

CHARLES DE VALOIS, duc d'Angoulême, fils naturel de Charles IX et de Marie Touchet, né en 1573, mort en 1560. Il fut nommé grand prieur de France en 1577. Il prit parti pour Henri IV; mais ayant conspiré contre ce prince (1604), il fut enfermé; mis en liberté sous Louis XIII, il combattit en Allemagne et en Italie. Il eut un fils, Louis Emmanuel, qui se distingua au siége de la Rochelle.

CHARLES D'ANJOU (*Voir* CHARLES Ier, roi de Naples.)

CHARLES D'ANJOU, comte du Maine, né en 1414, 3e fils de Louis II d'Anjou, roi de Naples et de Sicile. Charles VIII lui confia l'administration des finances (1432). Il combattit les Anglais avec l'aide de Dunois, et s'empara de toutes les places du Maine. Louis XI le conserva près de lui, mais Charles ne justifia pas la confiance que ce souverain avait eue en lui; le roi lui retira le gouvernement du Languedoc, qu'il tenait de Charles VIII. Il mourut oublié en 1473.

CHARLES D'ANJOU, comte du Maine et duc de Calabre, fils du précédent. Le roi René d'Anjou, comte de Provence, l'avait nommé son héritier, mais Louis XI fut assez habile à son tour pour se faire instituer héritier des Etats de Charles d'Anjou. Ce prince mourut le lendemain de la signature de ce testament, le 12 décembre 1481, âgé de 45 ans.

CHARLES DE BLOIS OU DE CHATILLON, duc de Bretagne, fils de Gui Ier, comte de Blois et de Marguerite, sœur de Philippe de Valois. Il épousa en 1337, Jeanne de Penthièvre, fille de Gui de Bretagne, et il avait été stipulé qu'il succéderait au duc Jean III. Mais à la mort de ce prince, son frère puîné, Jean de Montfort, se prétendit héritier des Etats de son frère. La guerre éclata et dura près de 24 ans. Charles avait pour alliés le roi de France et la noblesse, tandis que son rival était soutenu par le peuple des villes et des campagnes, et par les Anglais. Fait prisonnier en 1346, il subit la détention à la tour de Londres. La mort de Jean de Montfort (1345) n'arrêta pas la lutte. Charles de Blois fut tué à la bataille d'Auray (29 septembre 1364), ayant à ses côtés du Guesclin et le sire de Beaumanoir.

CHARLES D'ORLÉANS. (*Voir* ORLÉANS.)

CHARLES DE GUYENNE. (*Voir* GUYENNE.)

CHARLES DE BOURBON (connétable). (*Voir* BOURBON.)

CHARLES LE TÉMÉRAIRE, fils de Philippe le Bon, duc de Bourgogne et d'Isabelle de Portugal, né à Dijon en 1433. Il joignait à un caractère violent une audace extraordinaire. Compagnon du roi Louis XI lorsque, dauphin, il vint chercher un refuge à la cour du duc de Bourgogne, Charles en devint plus tard le plus mortel ennemi. Il entra dans la *Ligue* dite du *Bien public* (*Voir* ce mot) et battit l'armée royale à Montlhéry (1465). Après ce succès il marcha sur Paris, mais Louis XI, ayant accepté les conditions du vainqueur, il épargna la capitale (1466). En 1467, Charles devint duc de Bourgogne. Louis XI ayant eu la bonhomie de venir à la cour du duc tenir une conférence, fut fait prisonnier; pour justifier ce mépris du droit des gens, Charles prétexta de la révolte des Liégeois fomentée par le roi, qui n'échappa à la prison qu'en signant le honteux traité de 1468. Charles, qui tenait à son indépendance, recommença la guerre contre Louis XI (1471), mais il échoua devant Beauvais, défendu par Jeanne Hachette (1472); humilié par cet insuccès, il négocia pour obtenir de l'empereur Frédéric III l'érection du duché de Bourgogne en royaume gallo-belge. Déjà on s'occupait des apprêts du couronnement, lorsque l'empereur, qui avait eu à se plaindre de la mauvaise humeur du duc, s'enfuit en bateau (1473). Cet affront fit entrer Charles en fureur, il déclara la guerre à l'empereur, mais son humeur altière et son ambition lui avaient suscité de nombreux ennemis; il fut obligé de lever le siége de Neuss. Plus heureux en Lorraine, il en chassa le duc René de Vaudemont (1475). Il marcha ensuite contre la Suisse, espérant par là s'ouvrir un chemin dans le Milanais; mais il avait affaire à de terribles ennemis, il fut battu à Granson le 3 mai 1476, et à Morat le 22 juin. Les conséquences de ces défaites furent le rétablissement du duc de Lorraine; il revint mettre le siége devant Nancy (1477). On était en hiver et ses troupes souffraient cruellement; le lendemain du dernier assaut, comme il s'armait, le lion d'or qui surmontait son casque tomba à terre; Charles y vit un funeste présage: « *Ecce magnum signum,* » dit-il. Le combat s'engagea et le duc disparut dans la mêlée; le soir, on retrouva son cadavre dans un étang glacé, il était presque nu et le corps criblé de blessures. Ainsi finit cet homme, laissant derrière lui une réputation d'homme de guerre habile, mais souillée par d'horribles excès. Avec lui finit la maison de Bourgogne. Il se maria trois fois: à Catherine, fille de Charles VI; à Isabelle de Bourbon, dont il eut Marie de Bourgogne, et à Marguerite d'York, fille d'Edouard VI.

Rois de Navarre.

CHARLES Ier, roi de Navarre. (*Voir* CHARLES IV, dit *le Bel*, roi de France, possesseur de la Navarre, du chef de sa mère.)

CHARLES II, dit *le Mauvais*, roi de Navarre, né en 1332, mort en 1387. Il était petit-fils de Philippe le Hardi. Il fut appelé au trône de Navarre à la mort de son père, Philippe d'Evreux (1349). Il épousa, en 1353, une fille de Jean le Bon; comme il avait des droits à la couronne de France, il ne cessa de susciter des troubles, s'allia aux Anglais, et désola les environs de Paris; il essaya même d'empoisonner le Dauphin, depuis Charles V. Ce prince à son avénement à la couronne, fit attaquer le roi de Navarre, lui enleva Nantes et Meulan. Par suite du traité de Paris (1365), on lui laissa le comté d'Evreux et la suzeraineté de Montpellier; mais comme il s'unit aux Anglais, le roi de France lui prit les principales villes de la Normandie et de la Navarre (1379). Charles avait eu aussi des démêlés avec Pierre le Cruel et Henri de Transtamare, qui étaient en lutte pour la possession du trône de Castille. Il finit ses jours dans ses Etats. On a donné à sa mort plusieurs causes; la plus accréditée est que, pour ranimer ses forces épuisées par les excès, il se faisait envelopper dans des draps imprégnés d'esprit-de-vin, et qu'un de ses serviteurs y ayant mis le feu par mégarde, il fut brûlé vif.

CHARLES III, dit *le Noble*, fils du précédent, monta sur le trône en 1387; loin d'imiter son père, il s'appliqua à éviter toute cause de guerre. Il renonça à ses droits sur plusieurs villes de France. Il mourut en 1425, après un règne de 38 ans.

Ducs de Lorraine.

CHARLES Ier. (*Voir* CHARLES DE FRANCE.)

CHARLES II, dit *le Hardi*, fils du duc Jean Ier, né à Toul en 1364; il fut duc de Lorraine de 1390 à 1431, et prit part à la bataille de Rosbecq (1384). Il suivit le duc de Bourbon dans son expédition contre Tunis en faveur des Génois; défendit Nancy (1407). Il était à la bataille d'Azincourt (1415). Il fut connétable de France (1417); mais Charles VII ne tarda pas à le faire démettre de cette charge. Il avait épousé Marguerite de Bavière. A sa mort, le duché passa à sa fille aînée Isabelle.

CHARLES III, dit *le Grand*, né en 1542, fils du duc François II, fut proclamé duc à l'âge de 8 ans, sous la régence de Christine de Danemark, sa mère. Le roi de France Henri II, craignant que cette princesse se déclarât pour Charles-Quint, dont elle était la nièce, emmena le jeune duc à sa cour, où il le fit élever (1552). Charles-Quint vint assiéger Metz; mais il fut obligé de lever honteusement le siége devant l'héroïque résistance de ses habitants, commandés par François de Guise. Charles épousa, en 1559, la princesse Claude, fille de Henri II; il revint alors dans ses Etats où il fit fleurir la justice et la paix; il fonda à Pont-à-Mousson une université. Il fut un des principaux chefs de la ligue, dans laquelle il entra après l'assassinat du duc de Guise.

CHARLES IV, duc de Lorraine, né en 1604. Ce prince, par la mobilité de son caractère, attira les plus grands malheurs sur son duché. Il s'allia avec les Anglais à l'instigation de la duchesse de Chevreuse. Gaston d'Orléans, qui ne rêvait que révolte, vint se réfugier à sa cour. Charles lui donna la main de sa sœur, la princesse Marguerite (1631). Louis XIII fit entrer ses armées en Lorraine et s'empara de Vic et de Moyenvic. Charles fut obligé d'implorer la paix; mais, ayant recommencé la guerre, ses Etats lui furent enlevés. Il fut l'allié de l'Autriche pendant la guerre de Trente Ans, et gagna contre les Suédois la bataille de Nordlingen (1634). En 1652, il prit parti contre Mazarin. A la paix des Pyrénées, il rentra en possession de son duché, qui devait à sa mort faire retour à la couronne de France. Le roi devait lui payer une rente de 200,000 écus, mais au moment de délivrer Marsal, commé garantie de sa parole, il se dédit et en appela au sort des armes. Il fut vaincu et perdit son duché. Il se retira en Allemagne, et obtint un grand commandement; il se distingua en Alsace, fut battu par Turenne (1674), et vainquit Créqui. Il mourut en 1675, près de Birkenfeld.

CHARLES V, duc de Lorraine, né à Vienne en 1643, neveu du précédent, il se distingua à la bataille de Saint-Gothard, gagnée par les Impériaux sur les Turcs (1664). Il fut nommé généralissime des troupes impériales, et battit le maréchal de Luxembourg (1676), mais ne put jamais reconquérir aucune des places de son duché. Il épousa la sœur de l'empereur Léopold, qui était veuve de Michel, roi de Pologne. De concert avec l'armée polonaise, il battit les Turcs devant Vienne (1683) et dans deux autres rencontres, en 1689, il prit Mayence. Il mourut en 1690, sans avoir jamais régné. Le traité de Ryswyck (1697) rendit le duché à son fils tel qu'il était en 1770, à l'exception de Longwy et de Sarrelouis.

Empereurs et princes allemands.

CHARLES Ier, empereur d'Allemagne. (*Voir* CHARLEMAGNE, roi de France.)

CHARLES II, empereur d'Allemagne. (*Voir* CHARLES LE CHAUVE, roi de France.)

CHARLES III, dit *le Gros* ou *le Gras*, empereur d'Allemagne, né vers 832, mort le 13 janvier 888. Il était fils de Louis le Germanique et petit-fils de Louis le Débonnaire. Il fut élu roi de Souabe en 876, et roi d'Italie et empereur en 881. Il avait réuni sur sa tête toutes les couronnes de Charlemagne, et parut d'abord assez fort pour les porter, mais sa faiblesse se fit bientôt connaître. En effet, des bandes normandes étant venues ravager la Lorraine, au lieu de les combattre, il les éloigna à prix d'argent et acheta la paix. En 884, les Normands envahissant la Neustrie, Charles traita encore avec ces barbares et ne parvint à les éloigner qu'en leur payant une certaine somme d'argent. Cette lâche conduite lui attira le mépris de ses sujets et l'abandon de son armée. Il fut déposé solennellement à la diète de Tribur, près du Rhin, en 887. L'empereur, réduit à demander sa subsistance à celui qui l'avait détrôné, mourut dans l'abbaye de Reichnau, dans une île près de Constance. On prétend que ses domestiques l'étranglèrent.

CHARLES IV, empereur d'Allemagne, né le 16 mai 1316, mort à Prague le 29 novembre 1378. Il était fils de Jean de Luxembourg, roi de Bohême, et petit-fils de l'empereur Henri VII. Il monta sur le trône impérial en 1347. Son règne est célèbre par la fameuse *Bulle d'or*, promulguée dans la diète de Nuremberg en 1356, et qui jusqu'à nos jours a été la loi fondamentale de l'empire germanique. Charles IV, après avoir gouverné l'empire pendant plus de 30 ans, fit élire son fils Wenceslas roi des Romains, quoiqu'il n'eût que 15 ans et qu'il fût faible de corps et d'esprit, moyennant 100,000 ducats d'or qu'il donna à chacun des électeurs. Il avait été à la cour de France, sous le règne de Charles le Bel, et s'était trouvé à la bataille de Crécy. Il était attaché au roi Jean, son beau-frère, et à Charles V, roi de France, son neveu. En 1377, il fit un voyage en France, et, très-satisfait de l'accueil que lui fit Charles V, il retourna dans ses États. Charles IV avait beaucoup de condescendance pour le pape et pour tout le clergé; il établit en leur faveur des impôts onéreux, et affranchit le Saint-Siége de toute autorité temporelle. Il aimait et cultivait les lettres, et parlait cinq langues. Il était également bon politique et excellent administrateur. Il avait été marié quatre fois, et avait eu dix enfants, quatre fils et six filles. Par testament, il donna la Bohême à Venceslas, le Brandebourg à Sigismond, et deux duchés, dans la Silésie, à Jean, son troisième fils.

CHARLES V, dit *Charles-Quint*, empereur d'Allemagne et roi d'Espagne, né à Gand le 24 février 1500, mort le 20 septembre 1558. Il était fils de Philippe le Beau, archiduc d'Autriche, et de Jeanne la Folle. Philippe le Beau, mort en 1506, lui laissa ses domaines de la maison d'Autriche et ceux de la maison de Bourgogne. Ferdinand le Catholique, son aïeul maternel, mort en 1516, lui laissa, de son côté, le trône d'Espagne. Il n'avait alors que 16 ans; mais le seigneur de Chièvres, son précepteur, l'avait de bonne heure initié à la science politique. Charles-Quint avait déjà contracté des habitudes graves et réfléchies qui devaient lui assurer la supériorité sur François Ier, son rival. Charles-Quint s'empressa d'écarter des affaires le cardinal Ximénès, que Ferdinand avait eu pour ministre, et qui apportait dans le gouvernement un esprit audacieux qui convenait peu au nouveau roi, jaloux du pouvoir. Il s'empressa de donner les places et les honneurs aux Flamands, au milieu desquels il avait été élevé. En restant ainsi, en quelque sorte étranger aux Espagnols, il excita leur mécontentement. Les cortès mêmes paraissaient disposées à reconnaître les droits de Jeanne la Folle. Par suite d'une transaction, les cortès de Castille et celles d'Aragon consentirent à associer Charles, avec le titre de roi, à sa mère. La mort de Maximilien Ier, empereur d'Allemagne, survenue en 1519, vint faire diversion aux préoccupations de Charles-Quint. Les ambitions s'éveillèrent aussitôt. Frédéric le Sage, électeur de Saxe, fut proposé par la cour de Rome pour succéder à l'empire, mais il négocia avec Charles-Quint, pour le soutenir dans le cas où celui-ci aurait offert des garanties au Saint-Siége. François Ier se mit aussitôt sur les rangs. Après beaucoup d'intrigues, Frédéric de Saxe fut élu par la diète; mais il refusa la couronne, et Charles-Quint fut élu à sa place. Les Espagnols ne furent pas satisfaits de l'élévation de leur monarque. D'un autre côté, François Ier était fort aigri contre son concurrent. Toutefois, il hésitait encore à engager une guerre qui pouvait mettre l'Europe à feu et à sang. Charles-Quint s'appliqua d'abord à calmer les révoltes qui avaient éclaté en Espagne; il visita ensuite les Pays-Bas, eut une entrevue avec Henri VIII, roi d'Angleterre, pour contre-balancer le mauvais effet produit par celle de ce prince avec François Ier, au *Camp du Drap d'or*. Il se rendit ensuite à Aix-la-Chapelle, où il fut couronné roi des Romains et de Germanie le 23 octobre 1520. Le premier acte de Charles-Quint, comme empereur, fut de convoquer une diète à Worms, le 16 janvier 1521, « afin, disait-il, de s'occuper à réprimer les progrès des opinions nouvelles et dangereuses qui troublaient la paix de ses peuples et menaçaient de renverser la religion de leurs ancêtres. » Luther fut appelé devant cette diète à rendre compte de sa théorie religieuse; il s'y présenta avec un sauf-conduit de l'empereur, et défendit la réforme avec une éloquence et un courage remarquables. On le laissa libre de partir, et la sentence rendue contre lui ne fut pas exécutée, grâce à la protection dont l'entourait l'électeur de Saxe. C'est au milieu de cette agitation que s'alluma la guerre entre François Ier et le plus puissant empire qu'on eût vu depuis Charlemagne. Elle éclata à la fois, en 1521, en Italie et en Espagne. Charles-Quint s'empara du Milanais, après avoir battu Lautrec, et emporta Gênes, de telle sorte qu'il ne resta plus aux Français que Crémone et Lodi. Le pape Adrien VI, Florence et Venise furent entraînés par Charles-Quint. Les Français, commandés par Bonnivet, furent de nouveau battus à Biagrasso et perdirent Bayard. Le 24 février 1525, François Ier fut conduit à Madrid. Charles-Quint dissimula hypocritement sa joie; il défendit même les manifestations publiques. Charles-Quint ne crut pas la France assez abattue pour envahir son territoire; il se contenta de discuter avec François Ier les conditions de la paix, et d'exiger une rançon que marchandait le roi de France. Celui-ci savait d'ailleurs que les anciens alliés de l'empereur voyaient avec effroi son agrandissement et cherchaient même à se séparer de lui. Clément VII avait donné le signal de cette réaction. Bourbon, qui avait marché contre Rome, y avait trouvé la mort en 1527. Le prince d'Orange parvint à s'en emparer; le pape, réfugié au château Saint-Ange, fut fait prisonnier. Charles-Quint fit semblant de croire, pour ne pas froisser les catholiques, que tout cela s'était fait contre son gré; il poussa même la dissimulation jusqu'à faire ordonner des prières pour demander sa délivrance. Il ne mit Clément VII en liberté que quand il eut donné des garanties et payé une rançon. Le *Traité des Dames*, conclu à Cambrai le 5 août 1529, entre Marguerite de Savoie, tante de Charles-Quint, et Louise de Savoie, mère de François Ier, mit un terme à la captivité du roi de France. La paix étant ainsi assurée en Europe, Charles-Quint passa en Afrique avec une flotte considérable et une armée de 50,000 hommes pour attaquer Barberousse; après avoir emporté le fort de la Goulette, il entra dans Tunis, délivra 22,000 esclaves chrétiens et rendit la couronne à Muley-Hassan. La paix de Cambrai n'était qu'une trêve entre la France et l'Espagne: en 1556, Charles-Quint entra en Provence à la tête de 50,000 hommes, assiégea Arles, et porta le ravage jusqu'en Champagne et en Picardie. Il fut néanmoins forcé de se retirer, après avoir perdu presque toute son armée. Il conclut alors à Nice, en 1538, une trêve de 10 ans. Charles-Quint avait cru que la conquête de la France serait plus facile. En 1539, les Gantois s'étant révoltés, Charles-Quint obtint de François Ier la permission de traverser la France pour aller comprimer ce soulèvement. Il y fut reçu par François Ier avec magnificence. Quelques courtisans avaient conseillé au roi de s'emparer de son ancien rival, et de prendre ainsi sa revanche de Pavie. François Ier raconta naïvement le fait à Charles-Quint qui se contenta de répondre: « Si le conseil est bon, suivez-le. » Toutefois, Charles-Quint crut devoir mettre la duchesse d'Etampes, maîtresse du roi, dans ses bonnes grâces, à l'aide de quelques présents. Il remarqua que de ce moment François Ier paraissait plus ferme dans sa résolution de ne pas violer les lois de l'hospitalité. A son retour des Pays-Bas, l'empereur médita la conquête d'Alger. André Doria désapprouvait ce projet. « Mon père, lui dit l'empereur, 72 ans de vie à vous, et 25 ans d'empire à moi doivent nous suffire; s'il faut périr, périssons! » L'expédition ne fut pas heureuse. Charles-Quint avait promis à François Ier d'investir l'un de ses fils du Milanais. Il ne réalisa pas cette promesse et ralluma ainsi la guerre entre la France et l'empire, en 1542. Sa ligue avec l'Angleterre ne l'empêcha pas d'être battu à Cérisolles. La paix de Crépy, en 1545, mit fin à cette lutte. Il tint, vis-à-vis des protestants, une conduite équivoque qui fortifia le luthéranisme. Ainsi, tandis qu'il combattait la réforme par les armes, qu'il remportait une victoire sur les réformés et qu'il tenait en captivité l'électeur de Saxe et le landgrave de Hesse, il accordait la liberté de conscience jusqu'à la convocation d'un concile général. Il accordait, dans la diète d'Augsbourg, le *grand interim*, convention transitoire qui, tout en maintenant le dogme catholique, concédait déjà le mariage des prêtres. La ligue des protestants ne faisait que se fortifier par ces demi-mesures. Maurice, électeur de Saxe, et Joachim, électeur de Brandebourg, se liguèrent avec Henri II et le forcèrent à signer le traité de Passaw, en 1552. Le traité annulait l'*interim* et portait que les querelles religieuses seraient soumises à l'examen d'une diète; en attendant, les protestants devaient jouir d'une pleine liberté de conscience. Le désastre que Charles-Quint éprouva devant Metz l'affecta beaucoup plus vivement que l'insuccès de ses autres expéditions. Il fut forcé de lever le siége, après avoir perdu l'élite de ses soldats. C'est alors qu'il dit, en faisant allusion à la jeunesse de Henri II qui venait de remporter cette victoire décisive: « Je vois bien que la fortune est une femme qui préfère les jeunes gens aux vieillards. » Il fit frapper, en mémoire de cette campagne, une médaille qui représente un aigle planant au-dessus des colonnes d'Hercule, qui sont les armoiries de l'Espagne, avec ces mots: *Non ultra Metas* (ici sont les dernières limites), pour indiquer qu'on n'irait pas au-delà de Metz. L'année suivante, il se vengea de son échec en faisant raser Térouane. La guerre qu'il soutenait en Italie était mal conduite. D'un autre côté, le pape Paul IV menaçait déjà de se joindre à la France. C'est alors que Charles-Quint se sentant atteint d'infirmités, et également affaibli par l'âge, se proposa de finir ses jours dans un monastère. Il fit élire roi des Romains son frère Ferdinand, et lui céda l'empire le 7 septembre 1556, après avoir renoncé à la couronne d'Espagne en faveur de Philippe, son fils. Il était en Zélande quand il prit la détermination de s'embarquer pour l'Espagne et d'aller se retirer dans le monastère de Saint-Just. Une horrible tempête s'éleva dans le port de Laredo, en Biscaye, au moment où il allait débarquer, et coula à fond le navire impérial. Charles-Quint n'échappa à la mort que miraculeusement. A peine eut-il mis pied à terre, qu'il s'agenouilla et baisa la terre, en disant: « Je baise avec respect cette mère commune de tous les hommes; et, comme autrefois je suis sorti tout nu du sein de ma mère, je retourne nu, volontairement et sans contrainte, dans le sein de l'Eglise, mon autre mère. » Il se retira alors à Saint-Just, monastère situé dans un admirable vallon, entre la Castille et le Portugal. La promenade et l'horticulture remplirent dès lors tous ses instants. Il se soumettait à la discipline comme les autres religieux. Quelques historiens ont prétendu que Charles-Quint s'était repenti de son abdication; Brantôme a même avancé qu'il ne s'était démis de l'empire que dans l'espoir d'obtenir la tiare. Charles-Quint finit ses jours d'une manière singulière : il fit célébrer de son vivant la cérémonie funèbre qui devait avoir lieu après sa mort; il se plaça même dans un cercueil et entendit chanter auprès de lui le *De profundis*. Cette scène l'impressionna si vivement qu'il fut saisi d'une fièvre violente dont il mourut dans la nuit suivante.

CHARLES VI, empereur d'Allemagne, né le 1er octobre 1685, mort le 20 octobre 1740. C'était le 2e fils de l'empereur Léopold Ier. Déclaré archiduc en 1687, il se fit d'abord couronner roi d'Espagne à Vienne en 1703, après la mort de Charles II, et se rendit dans ce royaume en 1706. Mais Philippe V, héritier légitime de la couronne, voulut faire valoir ses droits. C'est ce qui donna lieu à la guerre de succession. Charles fut obligé de se réfugier en Catalogne, et ne put réussir à se mettre en possession de la couronne. A la mort de l'empereur Joseph Ier, son frère, il fut couronné empereur d'Allemagne. Il n'en continua pas moins de faire la guerre par ses généraux; mais la paix fut enfin signée à Rastadt entre l'empereur et la France le 6 mai 1714. Par ce traité et celui de Bade, qui survint le 7 septembre suivant, les frontières de l'Allemagne furent remises sur le pied du traité de Ryswick, et les royaumes de Naples et de Sardaigne, les duchés de Milan et de Mantoue, et les Pays-Bas furent cédés à l'empereur. L'Allemagne jouit alors d'une paix profonde, qui ne fut troublée que par la guerre de 1716 contre les Turcs. Conduites par le prince Eugène, les troupes impériales remportèrent sur les Turcs les victoires de Peterwaradin et de Belgrade. Cette guerre finit par la paix de Passarowitz en 1718, qui donna à la maison impériale Temeswar (dernière place que les Turcs eussent en Hongrie), Belgrade et tout le royaume de Hongrie. Les victoires remportées sur les Turcs n'empêchèrent point le roi d'Espagne de recommencer la guerre contre l'empereur. Charles VI entra alors dans la quadruple alliance formée contre Philippe V entre la Grande-Bretagne, la France, l'empereur et les États de Hollande, et qui fut conclue à Londres le 2 août 1718. Les différends furent terminés par le traité de Vienne, signé le 30 avril 1725. La guerre se ralluma encore à l'occasion de l'élection du roi de Pologne, que favorisait l'empereur Charles VI, tandis que la France soutenait Stanislas. Cette guerre fut terminée en 1735 par un traité qui donnait la Lorraine à Stanislas en dédommagement de sa couronne. Après cette guerre, Charles VI fut attaqué de nouveau par les Turcs, et il leur abandonna en 1739 la Valachie, la Servie, les villes de Belgrade et de Zabach. Charles VI mourut à 55 ans, avec le regret d'avoir perdu tout le fruit des conquêtes du prince Eugène. Il fut le 16e et le dernier empereur de la maison d'Autriche. Il avait pour fille aînée Marie-Thérèse, à laquelle il voulut assurer le trône par la *Pragmatique-Sanction* qu'il avait publiée dès 1713, et qu'il avait fait sanctionner par les États d'Autriche et par plusieurs puissances. Toutes ces précautions n'empêchèrent point que sa succession ne fût vivement disputée.

CHARLES VII (Charles-Albert), empereur d'Allemagne, né à Bruxelles en 1697, mort en 1745. Il était fils de Maximilien-Emmanuel, électeur de Bavière. En 1726, il épousa une fille de l'empereur Joseph Ier, et succéda à son père dans ses États électoraux. En 1731, il protesta avec l'électeur de Saxe contre la Pragmatique-Sanction. Il refusait de reconnaître Marie-Thérèse comme héritière des États d'Autriche; et, se fondant sur un testament de Ferdinand Ier, il prétendait avoir seul droit à la couronne. Il fut soutenu par la France et se fit couronner successivement duc d'Autriche à Lintz, roi de Bohême à Prague, et enfin empereur à Francfort (1742). Mais la fortune ne tarda pas à lui être contraire, et Marie-Thérèse lui reprit toutes ses conquêtes. Cependant, en 1744, le roi de Prusse ayant fait une diversion dans la Bohême, Charles en profita pour recouvrer ses États et rentrer à Munich, où il mourut bientôt après. Son fils Maximilien-Joseph lui succéda dans l'électorat de Bavière, et il eut pour successeur à l'empire François Ier, époux de Marie-Thérèse.

CHARLES-GUILLAUME, margrave de Bade. (*Voir* BADE.)

CHARLES-FRÉDÉRIC, grand-duc de Bade. (*Voir* BADE.)

CHARLES-LOUIS, comte palatin du Rhin, de la famille de Simmeren, né en 1617, mort en 1680. Il lutta vainement pendant de longues années pour recouvrer les États dont Frédéric V, son père, avait été dépossédé. Il reprit enfin possession par le traité de Westphalie en 1648, du bas Palatinat qui forma un huitième électorat. Il voulut faire revivre le droit régalien, espèce de droit d'aubaine, sur les étrangers qui venaient se fixer dans ses États. Les trois électeurs ecclésiastiques et le duc de Lorraine protestèrent vainement; l'empereur d'Allemagne donna raison à Charles. C'est sous son règne que Turenne détruisit un grand nombre de villages du Palatinat.

CHARLES-THÉODORE, électeur palatin du Rhin, né en 1724, mort en 1799 sans laisser d'héritiers. Un traité conclu entre la Prusse et la Pologne en 1742 le mit en possession des duchés de Berg et de Juliers. Il prit parti pour la Bavière dans la guerre de la succession d'Autriche, et après la mort de Maximilien-Joseph, qui ne laissa pas de descendants, en 1777, il fut élu roi de Westphalie. Cependant il dut céder à l'Autriche, par le traité de Teschen, conclu en 1779, la partie de la Bavière située entre le Danube, l'Inn et la Saltz. Son administration fut heureuse, et son pays aurait acquis une grande prospérité si la guerre n'avait entravé ses projets. Ainsi il favorisa les arts, fonda à Manheim une académie de peinture et de dessin, une académie des sciences, et diverses institutions utiles. En 1793, il fut contraint d'entrer dans le concert des peuples coalisés contre la France. Ses États, qui furent le principal théâtre de la guerre, eurent beaucoup à en souffrir.

CHARLES (l'archiduc), célèbre général, fils de l'empereur Léopold II, né à Florence en 1771, mort en 1847. En 1793, il combattit dans les armées de la coalition sous les ordres de Cobourg. Il se distingua sur les champs de bataille de Jemmapes, Aldenhoven et Nerwinde. S'il essuya de nombreuses défaites, on doit convenir néanmoins qu'il fut un des meilleurs généraux que l'étranger eût à opposer aux grands hommes de la république, et enfin à Napoléon. Il fut pendant quelque temps gouverneur des Pays-Bas. En 1794, il combattit à Fleurus; il fut, à la suite de cette bataille, nommé feld-maréchal-général. En 1796, il remporta plusieurs victoires sur les Français, notamment sur Moreau à Rastadt, et sur Jourdan à Amberg et à Wurtzbourg. Dans la guerre d'Italie, il fut moins heureux et se vit constamment battu par Bonaparte; la paix de Campo-Formio arrêta la marche des Français, qui déjà menaçaient Vienne. En 1799, il battit Jourdan sur les bords du Rhin; mais la nécessité de se reposer de ses fatigues l'obligea à quitter l'armée pendant quelque temps. Il prit plus tard le commandement d'une armée qu'il avait levée en Bohême, et contint le général Moreau, à qui la victoire de Hohenlinden venait d'ouvrir les frontières de l'Autriche. L'archiduc Charles devint président du conseil aulique, puis ministre de la guerre. En 1805, il prit le commandement de l'armée d'Italie, fut battu par Masséna à Caldiera, et ne sauva son armée que par une brillante retraite jusqu'en Croatie. En 1809, il entreprit une dernière fois de lutter contre Napoléon lui-même, mais il essuya trois défaites successives. Après la bataille de Wagram, il renonça à disputer la victoire au grand capitaine qu'il avait cru pouvoir affronter et quitta le commandement pour vivre dans la retraite. Il a laissé divers ouvrages stratégiques.

Rois et princes anglais.

CHARLES Ier, roi d'Angleterre, né en 1600 à Dumferling. En 1603, Jacques réunit sous sa couronne les trois royaumes d'Angleterre, d'Irlande et d'Écosse. Charles, qui n'était que le 3e fils de Jacques, devint héritier présomptif du trône, en 1616, par le prédécès de ses deux frères. Buckingham l'entraîna en Espagne pour lui faire épouser une infante; mais ce projet échoua et fut même l'une des causes de la guerre qui éclata entre l'Angleterre et l'Espagne. Charles succéda à son père en 1625, dans des conditions qui rendaient difficile l'affermissement de son autorité. Jacques Ier avait offensé l'orgueil national des Anglais en favorisant la religion catholique, et surtout en se montrant trop jaloux des droits de la couronne. Charles avait à contenter à la fois les puritains, qui ne voulaient plus d'oppression, et les catholiques, qui exigeaient autre chose que des promesses. Charles Ier était peu propre à régner dans des circonstances si difficiles. Son mariage avec Henriette de France, fille de Henri IV, donna un nouvel espoir au parti catholique, et l'ascendant que Henriette exerça sur son époux n'était pas peu propre à abattre leur confiance. Charles Ier avait à continuer la guerre avec l'Espagne; il lui fallait alors compter avec le parlement, qui votait les impôts. Ce corps politique comprenait que ce droit lui permettait d'étendre son influence; aussi montra-t-il peu d'empressement à répondre aux vœux du roi; les conseillers disaient hautement qu'il leur fallait des garanties contre les catholiques. Le roi se détermina à dissoudre le parlement qui lui résistait; mais il perdait ainsi sa popularité. L'insuccès de l'expédition maritime d'Édouard Cecil, qui avait vainement tenté un coup de main sur Cadix, porta le mécontentement à son comble. Le peuple, appelé à élire un nouveau parlement, n'y envoya que des hommes hostiles à la cour. Le nouveau parlement voulut exposer au roi les griefs de la nation avant de voter les fonds qu'on lui demandait; il se prononçait surtout avec énergie contre Buckingham, le favori du roi. Charles prit alors un ton hautain, disant même que le parlement était non un pouvoir dans l'État, mais un conseil dont le souverain pouvait se passer. La chambre basse lui répondit par des remontrances grosses de menaces sous une apparente modération. Buckingham fut accusé dans la chambre haute par le duc de Bristol, qui révéla ses intrigues. Un acte d'accusation en forme fut dressé contre le conseiller intime du roi. Celui-ci crut que la cause de son ministre était solidaire de la sienne; il cassa encore ce parlement. Il fallait au gouvernement des fonds et des subsides; il prit alors sur lui de lever les impôts, et même d'établir un emprunt forcé. Les fonds que le roi recueillit ainsi furent dissipés dans une guerre honteuse qu'il entreprit contre la France à l'instigation de Buckingham. Le roi convoqua alors le troisième parlement; mais il éprouva de sa part une résistance encore plus vive. Le parlement alla jusqu'à prétendre qu'il lui appartenait de fixer les prérogatives royales. Le roi crut apaiser le parlement en faisant quelques concessions; il ne fit qu'irriter davantage ceux qui voulaient le complet redressement de tous les griefs. Pour la troisième fois, il cassa le parlement et gouverna pendant onze ans sans le convoquer. Pendant ce temps-là, les colères s'accumulaient. Un incident détermina enfin l'incendie qui couvait depuis si longtemps. Charles voulut introduire en Ecosse, où dominait le presbytérianisme, la liturgie de l'église anglicane. Cette mesure excita des troubles graves. Les Ecossais, croyant leur religion menacée, signèrent le fameux pacte appelé *covenant*, qui appelait le peuple aux armes. Le roi envoya des troupes; mais ses ordres contradictoires rendaient son irrésolution manifeste; il se crut fort heureux d'apaiser la révolte par un compromis. Il se décida enfin à convoquer un nouveau parlement en 1639. Les mêmes plaintes s'y reproduisirent, et le roi le cassa encore une fois. Il voulut alors gouverner avec une assemblée des pairs; mais ce conseil, qui n'était pas la représentation du peuple, restait sans autorité. La lutte contre les Ecossais fut suivie d'une suspension d'armes, en attendant la conclusion d'un traité définitif. Le roi, comprenant enfin qu'il fallait lutter ouvertement ou faire les concessions qui lui étaient demandées, rétablit le parlement avec l'intention de se soumettre à ses décisions. Le comte de Strafford, ministre du roi, fut l'une des premières victimes de la révolution qui commença à partir de cette époque : il fut accusé de trahison, et Charles eut la faiblesse de signer son arrêt de mort. Les autres ministres furent emprisonnés ou exilés. Le parlement prit alors possession du pouvoir et se déclara inviolable. Cependant, poussé à bout par les exigences du parlement, le roi voulut tenter un coup hardi en se présentant lui-même à la chambre des communes pour y faire arrêter cinq membres. Son coup d'Etat échoua, et il dut aussitôt quitter Londres. Le parlement resta ainsi en possession de la capitale et des principales villes de l'Angleterre. Le roi n'avait que la noblesse à opposer aux troupes parlementaires; il ne pouvait compter que sur l'appui de quelques bourgs du N. et de l'O. Le roi livra contre l'armée parlementaire une bataille dont le résultat fut indécis; il fut vaincu à Newburg. Le parlement de Londres s'unit à l'Ecosse par un *covenant* solennel. La guerre fut alors poussée avec une nouvelle vigueur; mais Charles perdit encore du terrain, et la reine dut se réfugier en France, en 1644. Les cavaliers irlandais, et à leur tête Montrose, relevèrent pendant quelque temps le courage des royalistes; mais le roi essuya à Newburg une défaite qui l'obligea à rester sur la défensive. Cependant les vainqueurs s'étaient affaiblis en se divisant : les presbytériens disputaient le pouvoir aux indépendants. Le roi ne sut pas profiter de cet avantage; il fut encore vaincu à Nazeby. Vendu par les Écossais, il comparut devant une commission nommée pour le juger, et Charles Ier fut condamné à mort. L'échafaud fut dressé contre une fenêtre de Witchall. Charles Ier subit la mort avec une grande fermeté. Cromwell fit ouvrir son cercueil pour contempler son cadavre, et, soulevant la tête de ses mains : « C'était là, dit-il, un corps bien constitué et qui promettait une longue vie. »

Charles II, roi d'Angleterre, fils du précédent, né à la Haye en 1630. Il trouva, ainsi que son père, un refuge auprès du prince d'Orange, pensionnaire de Hollande. Il manifesta de bonne heure une certaine indifférence religieuse qu'il alliait à un profond sentiment de l'autorité royale. Il était à la fois brave et irrésolu, ardent dans ses désirs et indolent. Les Irlandais se flattaient de trouver en lui un ennemi des protestants; les Ecossais espéraient qu'il seconderait les presbytériens. Il accepta la couronne que lui offraient à la fois l'Irlande et l'Ecosse. Cependant, une première expédition qu'il dirigea sur l'Ecosse échoua complètement. Il renouvela son entreprise lorsque les Ecossais lui eurent offert une armée pour marcher sur l'Angleterre. L'Irlande, qui s'apprêtait à le seconder, fut écrasée par Cromwell. Les Ecossais furent aussi battus; mais le roi put se maintenir à Saint-Johnston. Les Ecossais voulaient faire valoir leur intervention et obtenir du roi certaines concessions en leur faveur. Celui-ci leur résista fermement. Il put reprendre l'offensive; mais il fut une seconde fois battu par Cromwell à Worcester, en 1651. Il prit la fuite et erra pendant longtemps, se cachant dans les cavernes ou sur le sommet des arbres; il traversa l'Angleterre à la faveur d'un déguisement, et put ainsi gagner le rivage de la mer, où il trouva une barque qui le conduisit en France. Il s'y vit assez mal accueilli. Louis XIV, en signant la paix avec Cromwell, consentit à l'expulsion de Charles II. Celui-ci se retira à Cologne. A la mort de Cromwell, la nation anglaise parut désirer le retour à la monarchie. Monk, qui commandait un corps de troupes, arriva d'Ecosse en Angleterre; il cassa le Long-Parlement et en convoqua un nouveau qui rappela le roi Charles, sans lui imposer d'autre condition que d'être fidèle à la religion protestante et de respecter les lois du royaume. Charles accourut à Douvres et fut reçu au milieu des applaudissements enthousiastes du peuple. Le nouveau souverain s'appliqua à développer la puissance de l'Angleterre en s'alliant à la France. Cependant les tendances trop absolues du roi prolongèrent encore les troubles. On lui reprochait de montrer beaucoup de zèle pour la religion anglicane. C'est sous son règne que se formèrent les deux partis qui n'ont pas cessé de diviser l'Angleterre : les tories, partisans de la cour, et les wighs, libéraux. Le roi avait fortifié le parti wigh par ses rigueurs contre les puritains, qu'il avait amnistiés mais qu'il continuait à poursuivre de sa haine. Ses prodigalités épuisaient l'Angleterre; il ne trouva pas d'autre moyen d'y faire face que de vendre à Louis XIV Dunkerque, que l'Angleterre possédait depuis longtemps. Il soutint contre la Hollande une guerre qui fut provoquée par le fanatisme catholique de Jacques d'York. Ruyter pénétra avec une flotte dans la Tamise, et força l'Angleterre à signer le traité de Breda. Clarendon, ministre de Charles II, ne contribua pas peu à attirer sur son pays les désastres qui l'affligèrent; il fut convaincu d'avoir conseillé la vente de Dunkerque, et condamné au bannissement. On vit après lui le ministère de la cabale. Charles II s'allia avec Louis XIV contre la Hollande, et l'entraîna dans une guerre dont les conséquences furent funestes à la France. Ce fut à la suite de ces événements que Charles II engagea une longue lutte contre le parlement, qui prétendait exclure du trône le duc d'York, en sa qualité de prince catholique. Le roi eut plusieurs fois recours à la dissolution du parlement. Cependant, il fut assez habile pour proclamer l'*habeas corpus*, qui mettait la liberté des personnes à l'abri de toute mesure arbitraire. Il adoucit ainsi les ressentiments de ses ennemis et put braver l'opposition du parlement. Il mourut en 1685, en laissant la couronne à son frère.

Charles-Edouard, dit le *Prétendant*, fils de François-Edouard Stuart, dit le *Chevalier de Saint-George*, né à Rome en 1720, mort en 1788. Il entreprit de remonter sur le trône de ses ancêtres, et vint aborder en Ecosse, après avoir publié un manifeste qui exposait ses droits à la couronne. Il parvint à réunir 10,000 montagnards, à la tête desquels il s'empara d'Edimbourg. Il défit 4,000 Anglais dans une première rencontre, s'empara de Lancastre, et s'avança jusqu'à 56 kil. de Londres. Le duc de Cumberland le força à battre en retraite et à se replier sur l'Ecosse. La bataille de Falkisk rétablit un instant ses affaires; mais la défaite de Culloden les ruina sans ressource. Son armée l'abandonna, et il se vit traqué avec quelques-uns de ses compagnons d'infortune, puis enfin complètement abandonné d'eux. Un jour qu'il avait fait 40 kil., il entra, pressé par la faim, dans le logis d'un de ses adversaires, et lui dit en lui montrant ses vêtements trempés de pluie : « Le fils de votre roi vient vous demander un asile et du pain. » Le gentilhomme le secourut autant que sa pauvreté le lui permettait. Charles-Edouard put enfin se rembarquer, et alla se fixer à Paris. Lorsque le traité d'Aix-la-Chapelle fut conclu en 1748, l'Angleterre exigea de Louis XV l'expulsion du Prétendant. Celui-ci invoqua le droit des gens et persista à rester en France. Il fut alors conduit à Vincennes et de là transféré à la frontière. Il se retira à Rome, où il épousa la princesse de Stolberg-Guendern.

Rois de Suède.

Charles. Ce nom a été porté par 14 rois de Suède. Les 6 premiers appartiennent à cette partie de l'histoire de Suède qui peut être appelée fabuleuse en raison de l'incertitude des faits qui ont signalé leur règne. On n'a guère conservé que leurs noms. Tout ce qu'on sait de Charles VI, c'est qu'il fut élevé au trône par le suffrage de tous les Suédois, au préjudice des enfants de Herot, qui prétendaient à la couronne. Ils essayèrent de faire valoir leurs prétentions par les armes, et ils livrèrent un combat dans lequel Charles et l'un des fils de Herot trouvèrent la mort. Regner, beau-frère de Herot, fit donner la couronne à son fils Biorn.

Charles VII, roi de Suède, monta sur le trône en 1151, à la mort de son père. Il n'était alors que duc de Gothie, mais après la défaite et la mort de Magnus Henrikson il devint maître de toute la Suède. Il fonda un grand nombre de monastères et dota magnifiquement le clergé. Il fut assassiné par le neveu de son prédécesseur, en 1168.

Charles VIII, roi de Suède, appelé aussi Canutson. Il fut d'abord administrateur du royaume de Suède en 1440, puis il monta sur le trône en 1448, à la mort de Christophe. L'année suivante, il réunit la couronne de Norwége à celle de Suède. Il se vit deux fois dépouillé de ses Etats par Christian, roi de Danemark; il entreprit de rétablir l'*union de Calmar* et de réunir en un seul Etat les trois royaumes de Danemark, de Suède et de Norwége. Il remonta sur le trône en 1467, et mourut trois ans après.

Charles IX, roi de Suède, dernier fils de Gustave Vasa, né en 1550, monta sur le trône en 1592, à la mort de son frère Jean. Le trône revenait de droit à son neveu Sigismond, roi de Pologne, mais Charles l'en fit évincer en prétendant que les progrès du luthéranisme s'opposaient à ce qu'un roi catholique régnât sur la Suède. Il eut à lutter contre Sigismond, et il ne fut définitivement reconnu qu'en 1604. Il engagea au service de la Suède Jacob de la Gardie, habile général, originaire de France, qui répara les désastres que la Suède avait éprouvés dans différentes guerres avec ses voisins. La Suède doit à ce prince un code de lois; il fit progresser les sciences et les arts. A sa mort, survenue en 1611, le célèbre Gustave-Adolphe, son fils, lui succéda.

Charles X, ou Charles-Gustave, roi de

Suède, fils de Jean Casimir, comte palatin du Rhin, né à Upsal en 1622, monta sur le trône en 1654, après l'abdication de la reine Christine, sa cousine. Il porta les armes en Pologne, et obtint de grands succès. La victoire de Varsovie lui valut la soumission de presque toute la Pologne; il s'avança même jusqu'à Cracovie. Cependant Casimir, roi de Pologne, ayant appelé l'empereur d'Allemagne et les Danois à son secours, parvint à repousser Charles-Gustave. Celui-ci battit en retraite en traversant la mer Baltique sur la glace, et parvint ainsi jusqu'à Copenhague; il s'en empara et réunit l'Ascanie à la Suède. Il mourut à Gottembourg en 1660.

Charles XI, roi de Suède, fils du précédent, né en 1655, monta sur le trône en 1660. Il eut à lutter contre Christian V, roi de Danemark, qui lui déclara la guerre en 1674. Il remporta plusieurs victoires dont il ne sut pas profiter, et perdit même la Poméranie. Il la recouvra par le traité de Nimègue, en 1676. C'était un prince guerrier, mais aussi sage et prudent que brave. Il suivait cette maxime : « Il faut toujours dissimuler et être invariable dans toutes ses résolutions. » Il disait souvent à sa femme, lorsqu'elle lui adressait des représentations : « Madame, je vous ai prise pour me donner des enfants et non des avis. » En 1697, il fut choisi comme arbitre par l'empire, l'Espagne et la Hollande d'un côté, et la France de l'autre, pour régler les conditions de la paix, qui fut conclue à Ryswyck. Il mourut la même année.

Charles XII, fils de Charles XI, né le 27 juin 1682. Il montra de bonne heure d'étonnantes dispositions. Il était d'un caractère fort doux, mais il savait allier déjà cette aménité à une opiniâtreté insurmontable; il ne se laissait guider que par le sentiment de l'honneur. Ainsi il ne se décida à apprendre le latin que quand son précepteur lui eut dit que le roi de Danemark et le roi de Pologne l'entendaient parfaitement. Charles XI monta sur le trône à l'âge de 15 ans; son père avait retardé sa majorité jusqu'à sa 18e année. Le jeune roi, jaloux de ses droits, se fit déclarer roi, malgré le testament de son père. Lorsque l'archevêque d'Upsal le couronna solennellement, il lui arracha la couronne des mains, et se la mit lui-même sur la tête, aux acclamations du peuple. La Pologne, la Russie et le Danemark se liguèrent contre lui, comptant tirer avantage de son inexpérience. Charles les attaqua séparément; il envahit le Danemark, assiégea Copenhague, et menaça Frédéric, roi de Danemark, de détruire sa capitale, s'il ne restituait les possessions enlevées au duc de Holstein, son beau-frère. Le traité de Travendahl mit fin à cette guerre, qui ne dura pas plus de six semaines. Charles marcha ensuite sur Narwa, assiégé par 100,000 Russes; il les attaqua avec 9,000 hommes, tua 30,000 ennemis, fit 20,000 prisonniers, et dispersa le reste de leur armée. Cette victoire ne lui avait coûté que 1,200 hommes tués ou blessés. En 1701, Charles marcha contre Auguste, roi de Pologne. Il traversa la Dwina, après avoir battu le maréchal Sténau, qui lui disputait le passage. Les Saxons, qui combattaient avec les Polonais, furent également défaits. Charles XII soumit ensuite la Courlande et la Lithuanie. De là il repassa en Pologne, pour soutenir le cardinal primat qui disputait le trône à Auguste. Il gagna la bataille de Clissow, dispersa une nouvelle armée saxonne, commandée par Sténau, et fit élire, en 1705, Stanislas Leczinski, roi de Pologne. Les Russes, accourus au secours d'Auguste, furent également battus. Auguste fut obligé de demander la paix et de renoncer à son royaume au profit de Stanislas. Après ce traité, conclu en 1706, Charles espéra avoir aussi facilement raison du czar Pierre le Grand que du roi de Pologne. Il partit de la Saxe au commencement de 1707, avec une armée de 43,000 hommes. Après avoir dispersé l'armée moscovite dans une première rencontre, il passa le Borysthène, fit alliance avec les Cosaques, campa pendant quelque temps sur la Dezna, et s'avança vers Moscou par les déserts de l'Ukraine. La fortune lui fut contraire à Pultawa; il fut complètement battu par le czar le 8 juillet 1709, et son armée fut détruite ou faite prisonnière. On le releva, blessé à la jambe, et on le transporta sur un brancard en lieu sûr. Il se vit réduit à demander un asile aux Turcs. Après huit années de succès inouïs, Charles vit ainsi se briser ses dernières espérances dans les champs de Pultawa. Cette victoire immortalisa Pierre le Grand et valut à Auguste la restitution du royaume de Pologne. Charles XII fut d'abord bien traité par le sultan; mais il intrigua vainement pour amener une rupture entre la Porte et la Russie. Le sultan pensa même qu'un tel hôte était incommode et dangereux; il voulut le forcer à partir. Charles XII répondit par des menaces, et se retrancha dans sa maison de Bender. Il y fut assiégé le 11 février 1713, et s'y défendit contre une armée entière avec une troupe de 40 domestiques. Il ne quitta la maison que quand elle fut embrasée. On le transféra de Bender à Andrinople, puis à Demotica. Dans cette retraite, il garda le lit, simulant une maladie. Ses ennemis avaient profité de son absence pour lui enlever ses conquêtes. Il parvint enfin à s'enfuir de Demotica avec deux compagnons, traversa l'Allemagne, et arriva à Stralsund par la Franconie et le Mecklembourg, en 1714. Il put se sauver de cette ville et rentrer en Suède. Il leva une nouvelle armée de 20,000 hommes et attaqua la Norwége, suivi du prince héréditaire de Hesse, qui avait épousé sa sœur, la princesse Ulrique. Au siége de Frédérickshall, en décembre 1718, il fut atteint d'une balle à la tête, pendant qu'il visitait de nuit les travaux des ingénieurs; il tomba mort sur le coup. On a prétendu sans fondement qu'il avait été assassiné par un officier du génie. Il mourut au moment où il venait de former des projets qui devaient changer la face de l'Europe. Le czar s'était allié à lui pour détrôner Auguste, son ancien allié, et rétablir Stanislas. Il devait lui fournir une flotte pour opérer une descente en Angleterre, chasser la maison de Hanovre du trône, et y remettre le Prétendant; il devait enfin chasser le roi George de ses États de Hanovre. Charles XII était plutôt un héroïque aventurier qu'un monarque; ses vertus étaient aussi dangereuses que ses vices mêmes. Il aimait à entreprendre les expéditions jugées impossibles. Ducolos a tracé de lui le portrait suivant : « Ce prince avait des qualités estimables qui l'auraient fait chérir s'il n'eût été qu'un particulier; une frénésie guerrière en fit un fléau pour le genre humain. Des milliers d'hommes détruits par le fer et le feu furent les fruits de son règne. La dévastation, la dépopulation de la Suède, à la mort de Charles XII, au point qu'il n'y restait plus que des femmes, des enfants et des vieillards. On ne voyait plus que des filles labourer les terres, servir les postes, et, jusque dans les bains publics on était réduit à les employer à toutes les fonctions que réprouve la décence. »

Charles XIII, roi de Suède et de Norwége, 2e fils d'Adolphe-Frédéric et de Louise Ulrique, née en 1748. Il reçut en naissant le titre de *grand amiral*, et la nature de l'éducation qu'on lui donna le disposa à rendre de grands services à la marine suédoise. A dix-huit ans il fut envoyé en croisière avec une escadre dans la Baltique. A la mort de son père, il prêta son appui à son frère Gustave III, pour le mettre en possession du trône de Suède. Celui-ci lui donna en récompense le gouvernement de Stockholm et le nomma duc de Sudermanie. Dans la guerre qui éclata entre la Russie et la Suède, en 1788, le duc de Sudermanie remporta d'importants succès à la tête de la flotte suédoise. Son frère Gustave III ayant été assassiné en 1792, Charles eut la tutelle de son neveu et fut chargé de la régence. Son administration fut heureuse pour la Suède; il fonda une académie militaire et un musée à Stockholm, et s'appliqua à favoriser le commerce et l'industrie. En 1809, Gustave IV, son neveu, ayant été renversé par une révolution, il fut appelé au trône. Il s'empressa de faire la paix avec la France, le Danemark et la Russie. Après la mort du prince de Holstein-Augustenbourg, qu'il avait appelé à lui succéder, il adopta le général français Bernadotte. En 1814, il prit le titre de roi de Norwége, en vertu des traités qui reconstituèrent les monarchies européennes. Il mourut en 1818.

Charles XIV (Bernadotte), général français, puis roi de Suède. (*Voir* Bernadotte.)

Rois d'Espagne.

Charles Ier, roi d'Espagne. (*Voir* Charles-Quint, empereur).

Charles II, roi d'Espagne, né en 1661, succéda en 1665 à Philippe IV, son père. Il épousa en premières noces Marie-Louise d'Orléans, à qui il avait été fiancé à l'âge de quatre ans, et en secondes noces Marie-Anne de Bavière. Comme il n'eut pas de postérité, il se préoccupa pendant tout son règne du choix d'un successeur. Par un premier testament, il avait appelé au trône le prince de Bavière, neveu de sa seconde femme. A la mort de ce prince, il fit, en 1700, un nouveau testament qui appelait au trône d'Espagne Philippe de France, duc d'Anjou. Ce prince était d'une déplorable faiblesse d'esprit. Il semble, en effet, que la race royale espagnole s'était abâtardie; car depuis les grands hommes qui fondèrent la monarchie espagnole, on n'a plus vu apparaître sur le trône que des fantômes de rois. Ce prince, en flattant par son testament l'ambition de la cour de Louis XIV, et en mettant ainsi l'Europe en feu, sembla rester étranger à des événements qui intéressaient cependant le sort de la monarchie espagnole. Son ignorance était telle, qu'ayant un jour appris que les Français assiégeaient Mons, il crut que cette ville dépendait de l'Angleterre et non des Pays-Bas. Il mourut en 1700. La branche aînée de la maison d'Autriche s'éteignit en lui.

Charles III, roi d'Espagne, né en 1716, de Philippe V et d'Elisabeth Farnèse, sa seconde femme. Il fut d'abord roi des Deux-Siciles en 1734, et prit possession du trône d'Espagne à la mort de Ferdinand VI, son frère, en 1759. Il chercha à relever l'Espagne de l'état d'abaissement où elle se trouvait; il encouragea le commerce et les arts, et rétablit la marine; il ouvrit des relations utiles avec le Levant. Malheureusement il se laissa entraîner dans une guerre contre l'Angleterre, par suite du pacte de famille qu'il conclut avec la France. Les Anglais interceptèrent un convoi qui transportait les trésors de la Havane. Une paix peu favorable à l'Espagne fut conclue en 1763. La guerre éclata de nouveau, et le résultat en fut moins funeste : Charles III s'empara de Mahon et se fit céder la Louisiane par les Anglais. Sous son règne le pays jouit d'une certaine prospérité; il enrichit Madrid de monuments remarquables, fonda le jardin botanique, construisit l'hôtel des Postes, celui des Douanes et fit creuser le canal de Tudela. Il mourut en 1788.

CHA

CHARLES IV, roi d'Espagne et des Indes, fils de Charles III et de Marie-Amélie de Saxe, né à Naples en 1748. Il épousa en 1765 Marie-Louise de Parme. Il était d'un naturel fougueux et irascible; mais une attaque d'hydropisie modifia considérablement son tempérament. Son audace et sa vivacité firent place à une certaine timidité; il ne signa jamais un arrêt de mort sans frissonner, et la moindre émotion excitait sa sensibilité jusqu'aux larmes. Il monta sur le trône en 1788. On lui a reproché sa faiblesse pour Manuel Godoï, qui le séduisit par quelques talents superficiels, et à qui il abandonna bientôt la direction des affaires. La révolution venait d'éclater en France; Charles tenta tout ce qui lui était possible pour sauver Louis XVI. Il adressa même à la Convention une lettre que celle-ci refusa d'ouvrir; elle parvint à l'Assemblée la veille du jour où le roi devait être exécuté. Le mépris qu'on avait fait de sa communication excita son indignation, et Godoï fut chargé de déclarer la guerre à la France. La lutte commença en mai 1793, et dura deux ans, avec des alternatives de succès et de revers. La paix fut conclue en 1795. Charles IV récompensa son ministre en le nommant *prince de la Paix*. L'année suivante, une alliance offensive et défensive fut conclue entre la France et l'Espagne. Le roi semblait rester à peu près étranger à la politique, ne s'occupait que de chasse, et abandonnait à son favori le soin des affaires. Celui-ci abusait de son influence pour exercer une odieuse tyrannie et humilier la nation par ses vexations. Les avertissements ne manquaient pas au roi pour lui dénoncer la conduite de son ministre; mais son aveuglement était à son comble. Le roi ne s'apercevait même pas que le prince de la Paix étudiait tous les moyens d'indisposer le roi contre son fils Ferdinand. En 1801, Charles IV se laissa entraîner par Godoï et Lucien Bonaparte à attaquer le régent du Portugal, son gendre, pour le contraindre à fermer ses ports au commerce britannique. Cette guerre n'eut que de tristes conséquences; l'Espagne acquit la ville portugaise d'Olivença par le traité de Madrid du 6 juin 1801; mais la France, peu de temps après, exigea la cession de la Louisiane. En 1802, l'Angleterre se fit encore céder l'île de la Trinité en vertu du traité d'Amiens. En 1805, les Anglais rompirent la neutralité, et détruisirent la flotte espagnole à Trafalgar. Charles IV se compromit encore vis-à-vis des puissances coalisées contre la France, en fermant ses ports aux vaisseaux suédois, par suite de la déclaration de guerre du roi Gustave aux alliés de la France. Le prince de la Paix avait donné sa démission; mais il ne cessait pas de dominer à la cour et de diriger le roi et ses ministres. Le roi en était venu, par les faux rapports du prince de la Paix, à se méfier des princes de sa famille et surtout de son fils. Godoï accusa adroitement le prince d'avoir des conférences secrètes avec l'ambassadeur de France, Beauharnais, et d'avoir négocié, à l'insu de son père, une alliance avec la fille de Lucien Bonaparte. Charles IV s'en plaignit dans une lettre qu'il adressa à Napoléon, et à laquelle celui-ci ne daigna pas répondre. Le roi donna à cette affaire le caractère d'une conjuration et fit arrêter le prince des Asturies. Le mécontentement populaire l'avertit de l'injustice de cette rigueur; il se décida alors à mettre son fils en liberté, et même à lui rendre son affection. Il manifesta, dès ce moment, le désir d'abdiquer la couronne, par suite de son âge et de ses infirmités. Le prince de la Paix trahissait cependant la confiance de son souverain. Ainsi, il avait su inspirer à Charles une telle confiance que celui-ci fut étonné d'apprendre qu'une armée française venait de pénétrer en Espagne. Le prince de la Paix avait attiré l'orage sur l'Espagne par sa conduite équivoque, flattant tour à tour la coalition et l'empire. Le prince de la Paix donnait au roi le conseil de passer en Amérique, et il s'y disposait en effet, malgré les assurances contraires qu'il donnait au peuple. Il ne fut bientôt plus possible de douter de la trahison du prince de la Paix. Ainsi l'on vit éclater à Aranjuez, le 17 mars 1808, une insurrection qui semblait plutôt dirigée contre le ministre que contre le roi. Le même jour, le prince de la Paix prenait honteusement la fuite, et le roi abdiquait en faveur de Ferdinand VII, son fils. Son engouement pour son ancien ministre était tel, qu'il persuada à son fils d'aller le délivrer des mains du pape qui le retenait prisonnier. En voyant l'indécision de Ferdinand VII, il soupçonna que son fils pouvait avoir dirigé cette insurrection. Il se repentit alors d'avoir abdiqué. Dans cette situation, il écrivit à l'empereur pour le faire juge entre son fils et lui. De son côté, Ferdinand VII manifestait la plus grande méfiance contre son père. Napoléon entreprit une réconciliation et fit venir à Bayonne le père et le fils. Dans l'entrevue qui eut lieu, Napoléon, qui ne pouvait réaliser ses projets sans l'intervention de Charles IV, donna l'ordre à Ferdinand VII d'abdiquer à son tour et de rendre la couronne à son père. Ferdinand VII hésitait; son père s'élança alors de son siége, en le menaçant et en l'accusant d'avoir voulu lui arracher la vie avec la couronne. Ferdinand se décida alors à renoncer à la couronne. En même temps Charles IV céda ses droits à Napoléon, afin qu'il choisît lui-même, dans l'intérêt de l'Espagne, la personne et la dynastie qui devait occuper le trône. Charles se rendit à Compiègne, mais il quitta cette résidence pour se retirer à Marseille avec sa famille et le prince de la Paix. Une pension de 200,000 fr. lui avait été promise; néanmoins la famille royale se vit obligée, pour subsister, de vendre ses joyaux et ses équipages. En 1811, elle passa à Rome. Après les événements de 1815, Charles se réconcilia solennellement avec son fils, qui occupait le trône d'Espagne depuis que les Français avaient évacué ce pays. En 1819, il perdit sa femme et ne lui survécut que de quelques jours.

Rois de Naples et des Deux-Siciles.

CHARLES Ier d'Anjou, roi de Naples, fils de Louis VIII, roi de France, et frère de saint Louis, né en 1220, mort en 1286. Il épousa Béatrix, qui lui apporta en dot le comté de Provence; cette princesse l'accompagna en Égypte, où il avait suivi saint Louis à la croisade. Charles fut fait prisonnier à Damiette en 1250. Dès qu'il fut remis en liberté, il revint en Provence, et soumit Arles, Avignon et Marseille, villes qui étaient restées jusqu'alors indépendantes, et qui ne se rendirent qu'en stipulant des priviléges. Le pape Urbain IV appela Charles en Italie pour déposséder Mainfroi du royaume de Naples et de Sicile, et en investit son allié en 1265, après la bataille de Bénévent. Charles laissa mourir en prison la veuve et le fils de Mainfroi. Conradin, duc de Souabe, ayant voulu faire valoir ses droits sur le royaume de Naples, fut fait prisonnier et exécuté par la main du bourreau; en montant sur l'échafaud, il jeta son gantelet à la foule. Ce fut sous le règne de ce prince qu'eut lieu le massacre connu sous le nom de *Vêpres siciliennes*. Les Siciliens, indignés de l'oppression que leur roi faisait peser sur eux, cédèrent aux excitations de Pierre III, roi d'Aragon, et massacrèrent tous les Français qui résidaient dans l'île; on les massacra dans les rues, dans leurs maisons, et jusque dans leurs églises. Il n'y eut pas moins de 8,000 victimes. Charles contribua beaucoup à embellir Naples; il dota l'université de cette ville de priviléges qui lui rendirent son ancienne splendeur; il fortifia la ville par des murailles, des châteaux et des tours. Il rendit sa puissance formidable en concentrant dans ses mains tous les pouvoirs que se partageaient avant lui les nobles, représentés par le sénat et l'assemblée des citoyens. Il réunit successivement sous sa couronne la Sicile, la Pouille, la Calabre, la Provence, le Maine, l'Anjou, et les îles de Corfou et de Malte; il obtint aussi le titre de roi de Jérusalem. Les Guelfes d'Italie le considéraient comme leur chef.

CHARLES II, dit *le Boiteux*, fils du précédent, né en 1248, mort en 1309. Du vivant de son père il fut fait prisonnier dans un combat naval qu'il livra, en 1283, à Pierre III, roi d'Aragon, qui cherchait à s'emparer de la Sicile. Pierre d'Aragon voulait lui faire trancher la tête, pour lui infliger le supplice auquel son père avait livré Conradin. Cependant la reine d'Aragon intervint en sa faveur et lui sauva la vie. Il fut envoyé à Barcelone, et ne recouvra la liberté qu'au bout de quatre ans. A la mort de son père, Robert, comte d'Artois, eut la régence. Charles le Boiteux eut à combattre deux compétiteurs : Alphonse et Jacques, roi d'Aragon. Alphonse d'Aragon parvint à s'emparer de la Sicile, où il sut se maintenir. Le règne de Charles fut heureux; il diminua les impôts et abolit les confiscations.

CHARLES III dit *le Petit*, ou *de la Paix*, roi de Naples, petit-fils de Charles II, né en 1345, mort en 1386. Le pape l'investit du royaume de Naples; mais, plus tard, il le trouva rebelle à ses desseins, et alla jusqu'à l'excommunier. Ce prince mourut assassiné, laissant deux enfants, Ladislas et Jeanne, sous la tutelle de sa femme; tous deux montèrent sur le trône.

CHARLES IV, roi de Naples. Ce roi n'est autre que l'empereur Charles-Quint, qui occupa aussi le trône d'Espagne sous le nom de Charles Ier. (*Voir* CHARLES-QUINT.)

CHARLES V, roi de Naples; c'est le même que le roi d'Espagne qui régna dans ce pays sous le nom de Charles II. (*Voir* CHARLES II.)

CHARLES VI, roi de Naples; ce prince n'est autre que l'empereur Charles VI, empereur d'Allemagne. (*Voir* CHARLES VI.)

CHARLES VII, roi de Naples, n'est autre que Charles III, roi d'Espagne. En montant sur le trône d'Espagne, il abandonna les Deux-Siciles à Ferdinand IV, le 3e de ses fils. (*Voir* CHARLES III.)

Ducs de Savoie et rois de Sardaigne.

CHARLES Ier, dit *le Guerrier*, duc de Savoie, fils d'Amédée IX, né en 1468, mort en 1489; il succéda à Philibert son frère, en 1482. Il avait été élevé en France par Dunois. Il réunit à ses États le marquisat de Saluces.

CHARLES II, fils du précédent, duc de Savoie, né en 1488, mort en 1496. Ce jeune prince fut sous la tutelle de Blanche de Montferrat.

CHARLES III, dit le Bon, duc de Savoie, fils de Philippe II, né en 1486, mort à Verceil en 1563. Il succéda en 1504, à son frère Philibert II. Il chercha à se maintenir en tenant la balance égale entre François Ier et Charles-Quint; mais cette indécision même le perdit, et Charles-Quint devint maître de ses États.

CHARLES-EMMANUEL Ier, dit *le Grand*, né à Rivoli en 1562. Il occupa le trône de Savoie à la mort de son père Emmanuel Philibert. Il s'attacha au parti espagnol, et à la faveur des troubles qui agitaient la France, il s'empara du marquisat de Saluces. Les ligueurs lui conférèrent même le titre de comte de Provence. Ce prince conçut plusieurs entreprises qui ne furent pas couronnées de succès; il attira même Henri IV en Savoie, et perdit le Bugey, le Valromey et le pays de Gex. Il échoua dans une entreprise contre Genève. Plus ambitieux qu'habile, il tenta vainement de s'emparer de Montferrat et de Chypre; il visa même à la couronne impériale.

CHARLES-EMMANUEL II, fils de Victor-Amédée Ier, né en 1634, mort en 1675. Il succéda à son frère François Hyacinthe, en 1638. Sa minorité fut troublée par l'ambition de ses oncles qui, forts de l'appui de l'Espagne, disputaient la régence à sa mère Christine de France, fille de Henri IV. Il fut l'allié fidèle de la France, et protégea le commerce, les sciences et les arts. Il fit construire sur la montagne des Echelles une nouvelle route conduisant de France en Italie; il fit élever le palais royal de Turin.

CHARLES-EMMANUEL III, 2e roi de Sardaigne, fils de Victor-Amédée II, né en 1701, mort en 1773. Il monta sur le trône en 1730, par suite de l'abdication de son père. Il s'unit, en 1733, à la France et à l'Espagne, afin d'abaisser la maison d'Autriche. Cette entreprise fut heureuse; après la victoire de Guastalla, il fit la paix, et obtint la cession du Novarais, du Tortonais, et de quelques dépendances du territoire milanais. Cette paix ne fut pas de longue durée; la guerre se ralluma en Europe, et, en 1742, Charles-Emmanuel s'unit avec l'Autriche contre la France et l'Espagne. Malgré des revers compensés par quelques succès, il se montra habile général. La paix qui intervint augmenta ses possessions d'une partie du territoire de Pavie. Il s'appliqua à soulager les maux que la guerre avait entraînés et à diminuer les impôts. Il fut choisi, en 1763, pour être le médiateur de la paix de Fontainebleau, le Piémont lui dut la réforme de nombreux abus et des établissements utiles. Il revisa la législation de son royaume, et publia un code sous le titre de *Lois et Constitutions*. Il réforma surtout le chaos des lois en matière de procédure. Il embellit Séville, fortifia les places des frontières et introduisit dans son armée une excellente discipline.

CHARLES-EMMANUEL IV, roi de Sardaigne, fils de Victor-Amédée III, né en 1751, mort en 1819. Il fut élevé par le cardinal Gerdil, qui inspira à ce prince une haine violente contre les nouveaux principes de liberté qui tendaient à s'établir en France. Charles-Emmanuel ne se montra que trop fidèle à ces principes. Il monta sur le trône en 1796, au moment où les Français venaient de s'emparer des principales places du Piémont. Il poursuivit avec la dernière rigueur les libéraux piémontais; il déclara même la guerre à la république ligurienne, en 1798, parce qu'elle avait donné asile à quelques-uns d'entre eux. Le Directoire intervint pour lui enjoindre de cesser les hostilités. Il abdiqua en 1802, après la mort de sa femme, en faveur du duc d'Aoste, son frère, et se retira à Rome.

CHARLES-FÉLIX, 4e fils de Victor-Amédée III, né en 1798, mort en 1831. Avant de monter sur le trône, il servit sous les ordres du duc d'Aoste, son frère. Lorsque le Piémont eut été conquis par les Français, il passa avec la famille royale dans l'île de Sardaigne. Ce fut là qu'il épousa Marie-Christine de Bourbon, princesse de Naples. A la Restauration il resta dans cette île en qualité de vice-roi. Il monta sur le trône en 1821, après l'abdication de son frère. Il eut la générosité, dans la crainte que son frère n'eût abdiqué que pour éviter une révolution, de lui rendre la couronne; mais celui-ci ne voulut point revenir sur son abdication. Le règne de Charles-Félix a été marqué par des institutions utiles. Il répandit dans le Piémont le goût des lettres et des sciences; il créa de nombreuses écoles, il institua la société royale académique, et établit sur de nouvelles bases l'Académie des beaux-arts. Sa capitale s'enrichit de nombreuses antiquités. Il porta aussi ses vues sur la révision des lois civiles et commerciales. Les montagnes de la Savoie virent s'ouvrir de nouvelles routes qui relièrent l'Italie à la France. Il mourut, regretté de ses sujets, après un règne de 10 ans.

CHARLES-ALBERT, prince de Carignan, prince de Sardaigne, neveu du précédent, né en 1798, mort en 1849 à Porto (Portugal). Il épousa, en 1817, Marie-Thérèse de Toscane, et monta sur le trône en 1831. Il s'appliqua à se rendre populaire non-seulement en Piémont, mais encore dans le reste de l'Italie, où il rêvait de détruire la domination autrichienne. Le Piémont devint le refuge de tous les proscrits italiens; il les admit dans son armée, à laquelle il donna une forte organisation. Il appela la presse à l'aider dans ses vues, en lui accordant la liberté; enfin il promulga une constitution qui abolissait le système féodal et proclamait l'égalité. La révolution de 1848 devint pour l'Italie le signal de l'indépendance; la Lombardie et la Vénétie s'insurgèrent contre l'Autriche. Charles-Albert marcha à leur secours; mais il eut le tort de s'inspirer de l'opinion des démocrates italiens qui pensaient que l'Italie pouvait constituer son unité par ses propres forces, et sans recourir à l'appui de la France. Sa marche en Lombardie fut marquée par une suite de succès; il s'avança même jusqu'à l'Adige dont il enleva les positions. Mais bientôt les Autrichiens revinrent avec des forces supérieures sous le commandement de Radetzki. Charles-Albert fut forcé d'évacuer la Lombardie, après la défaite de San-Donato; menacé dans ses propres Etats, il fut abandonné des démocrates italiens qui, au lieu de voir en lui un libérateur, l'avaient accusé d'ambition. Charles-Albert fut vaincu à Novare. A la suite de cette défaite, il abdiqua en faveur de Victor-Emmanuel II, son fils.

Vue de Delhi.

Personnages divers.

CHARLES (saint), dit *le Bon*, comte de Flandre, fils de saint Canut, roi de Danemark. Il servit pendant les croisades sous Baudouin, et succéda à ce prince en 1119. Il suivit Louis le Gros dans la guerre que ce prince soutint contre Henri V, empereur d'Allemagne. Il a laissé une grande réputa-

CHA

tion de piété; il intervint souvent pour protéger le peuple contre la tyrannie des grands. Il fut assassiné dans une église à Bruges, en 1127.

CHARLES-MARTEL, roi de Hongrie, fils de Charles II, roi de Naples, et de Marie, reine de Hongrie. Ce prince fut proclamé en 1290; mais il lutta vainement pour prendre possession de ses États. Il eut pour compétiteur au trône Albert d'Autriche, fils de Rodolphe de Habsbourg.

CHARLES-ROBERT ou CHAROBERT, roi de Hongrie, de la maison d'Anjou, neveu de Louis IX, roi de France, et de Charles III, roi de Naples. Malgré la protection du pape, ce prince se vit longtemps repoussé par les Hongrois, qui ne voulaient pas qu'un prince étranger régnât sur eux. Il fit la guerre au voïvode de Valachie en 1330; mais il perdit toute son armée dans un combat, et chercha son salut dans la fuite. Après avoir passé quelque temps à Naples, il rentra en Hongrie, où il régna jusqu'en 1342.

CHARLES BORROMÉE (saint). (*Voir* BORROMÉE).

CHARLES, cap de l'Amérique du N., sur la côte de Labrador et le détroit de Belle-Isle.

CHARLES (Saint-), bourg des Etats-Unis (Missouri), à 30 kil. de Saint-Louis. École de méthodistes, fondée en 1839.

CHARLES-RIVER, fleuve des Etats-Unis (Massachussetts), se jette dans la baie de Boston, après un cours de 90 kil.

CHARLESTON ou CHARLESTOWN, ville des Etats-Unis (Caroline du Sud), à 160 kil. de Columbia. Pop. 40,000 hab. Place forte défendue par une citadelle et plusieurs forts; arsenal de l'Union et arsenal de l'État; évêchés catholique et anglican; collège; tribunal supérieur. Construction de machines. Exportation de coton, bois de construction, céréales, riz. Cette ville est exposée aux ravages de la fièvre jaune. Charlestown fut fondée en 1680. Les Anglais s'en emparèrent en 1779. Cette ville a été bombardée plusieurs fois par les fédéraux, en 1863 et 1864.

Descartes défendant sa vie menacée par des bateliers hollandais.

CHA

CHARLESTOWN, ville des Etats-Unis (Massachussetts), à 1 kil. de Boston. Pop. 25,000 hab. Arsenal maritime de l'Union; chantiers de construction; maison de détention et d'aliénés de l'État. Le 17 juin 1774, il s'y livra une bataille qui, tout en assurant la victoire aux Anglais, leur causa de très-grandes pertes.

CHARLET (Nicolas-Toussaint), célèbre peintre et dessinateur, né à Paris en 1792, mort en 1845. Il fut élève de l'école centrale, puis du lycée Napoléon; il manifesta de bonne heure une vocation irrésistible pour la peinture, et surtout pour le dessin. En 1814, il fut privé d'un modeste emploi d'expéditionnaire dans une mairie de Paris, à cause de ses opinions trop libérales, il étudia alors la peinture, et devint en 1817, l'élève de Gros. Celui-ci démêla de bonne heure ce qu'il y avait d'imagination et de puissance d'originalité dans le crayon de Charlet; il comprit que le génie du jeune artiste suffisait pour lui ouvrir des voies nouvelles, et qu'en l'astreignant à suivre telle ou telle école, il ne ferait qu'étreindre ses talents. Il avait déjà acquis une certaine réputation par ses dessins lithographiques. En 1838, il fut nommé professeur de dessin à l'École polytechnique. Charlet a montré dans ses dessins une sensibilité exquise, jointe à une certaine dose d'esprit plaisant et satirique; on ne sait parfois si l'on doit rire ou s'attrister en voyant ce mélange intime de sentiments qui semblent se heurter, et qui s'harmonisent cependant dans une composition pleine de verve et de vérité. Ses *soldats* sont admirablement posés, et les divers types qu'il a laissés de nos vétérans de la République et de l'Empire, racontent cette grande épopée aussi bien que les récits de nos historiens. Charlet a été éminemment populaire et national. Un souffle patriotique semble animer ses sujets. On cite, parmi ses meilleurs tableaux, l'épisode de la campagne de Russie, œuvre saisissante, qui montre des hommes de bronze

CHA

aux prises avec les souffrances mortelles.

CHARLEVAL, village de l'arrond. des Andelys (Eure), à 17 kil. de cette ville. Pop. 1,400 hab. Fabriques de calicots, indiennes, etc. Filatures de coton et de laine. Château construit par Henri Ier, roi d'Angleterre; hospices fondés par Enguerrand de Marigny.

CHARLEVILLE, ch.-l. de canton de l'arrond. de Mézières (Ardennes), à 1 kil. de cette ville. Pop. 9,875 hab. Tribunaux de 1re instance et de commerce; direction des douanes; bibliothèque; collège. Industrie active; taillanderies, corroieries, tanneries, brosseries, clouteries à la main et à la mécanique. Commerce de fer, houille, marbre, etc. Charleville fut fondée vers 1066, par Charles de Gonzague, duc de Mantoue et de Nevers.

CHARLIER (Charles), avocat, député de l'Aisne à l'Assemblée législative, puis à la Convention. Il est l'auteur d'une proposition singulière, qui défraya les journaux du temps. Il proposa la suppression du recrutement de l'infanterie, prétendant qu'il suffisait d'enrôler des volontaires pour l'artillerie et la cavalerie; et que, quant à l'infanterie, « on n'avait qu'à sonner le tocsin, et qu'aussitôt 500,000 hommes libres prendraient les armes pour repousser l'ennemi. » En mars 1792, il proposa un décret pour ordonner l'incarcération des prêtres réfractaires. Il fit voter l'évacuation de toutes les maisons religieuses. A la Convention, il fit ordonner, dans la séance du 28 mars, que les émigrés et les prêtres réfractaires, rentrés en France pour y conspirer, seraient fusillés huit jours après la publication de la loi. Il vota la mort de Louis XVI, et s'opposa à ce qu'on suivît pour le jugement de la reine d'autres formes que celles qui étaient adoptées pour les autres femmes du peuple. Il fut appelé à présider la Convention en 1793. Quoiqu'il se prononçât pour l'arrestation de Robespierre, il persista à deman- le maintien des mesures révolutionnaires. En 1795, il échappa par l'ordre du jour à une demande d'arrestation. Lorsqu'il vit la réaction triompher avec le Directoire, il se brûla la cervelle, en 1797, dans un accès de désespoir.

CHARLIEU, ch.-l. de cant. de l'arrond. de Roanne (Loire), à 18 kil. de cette ville. Pop. 3,600 hab. Fabriques de calicot et soieries; tanneries, mégisseries. Hôpital fondé par Louis IX. Ruines d'une abbaye de bénédictins fondée au IXe siècle.

CHARLOTTE, reine de Chypre, fille de Jean III de Lusignan, roi de Chypre, de Jérusalem et d'Arménie. A la mort de son père, en 1458, elle fut couronnée à Nicosie. On remarqua que pendant la cérémonie du couronnement, sa couronne était tombée par suite d'un faux pas de sa haquenée. Le peuple vit là un présage funeste. Plus tard Jacques, fils naturel de Jean de Lusignan, s'allia au soudan d'Egypte, et chassa Charlotte de ses Etats. Elle mourut à Rome en 1487.

CHARLOTTE-ELISABETH DE BAVIÈRE, fille de Charles-Louis, électeur palatin du Rhin, née à Heidelberg en 1652, morte à Saint-Cloud en 1722. Elle épousa en secondes noces Philippe de France, frère de Louis XIV, et fut la mère du régent. Avant son mariage avec Philippe d'Orléans, on exigea qu'elle abjurât le luthéranisme, et l'on chargea trois évêques de l'instruire dans la religion catholique. Elle rachetait une grande laideur par d'excellentes qualités de l'esprit et du cœur. Louis XIV se plaisait beaucoup dans son entretien. Elle aimait avec passion la chasse, et les courses à cheval; assez indifférente pour les modes, elle a cependant donné son nom à cet ornement de cou qu'on appelle *palatine*.

CHARLOTTE-AUGUSTA. (*Voir* CAROLINE.)

CHARLOTTE-JOACHIME DE BOURBON, fille de Charles IV, roi d'Espagne, née en 1775, morte en 1830. Elle épousa le prince Jean, infant de Portugal, qui fut régent au nom de sa mère en 1793, et régna de 1816 à 1826. Cette femme avait une ambition excessive, et n'usait de son influence que pour favoriser la politique espagnole. Son mari la répudia en 1806. Dès lors elle entra contre lui dans des conspirations tramées par le parti absolutiste. Ainsi en 1823, elle excita le soulèvement de don Miguel, son fils. Ce mouvement fut même sur le point de réussir. A la mort du roi Jean, don Miguel parvint à se faire proclamer, en 1828; sa mère mourut deux ans après.

CHARLOTTE, bourg des Etats-Unis (Caroline du Nord), à 200 kil. de Raleigh. Hôtel des monnaies. Aux environs, importantes exploitations d'or.

CHARLOTTENBOURG, ville de Prusse (Brandebourg), à 5 kil. de Berlin. Popul. 10,000 hab. Manufacture considérable de porcelaine. Sources minérales. Frédéric y bâtit, en 1706, un magnifique château royal qui possède le tombeau de la reine Louise, femme de Frédéric-Guillaume III.

CHARLOTTENLUND, village du Danemark, dans l'île de Seeland, à 1 kil. de Copenhague. Le roi Christian VI y bâtit un beau château royal. Beau parc.

CHARLOTTESVILLE, ville des Etats-Unis (Virginie), à 100 kil. de Richemond. Université de l'Etat fondée en 1817. Ecole de médecine fondée en 1825; école de droit.

CHARLOTTE-TOWN, ville forte de l'Amérique anglaise du Nord, ch.-l. de l'île Prince-Edouard, à 930 kil. de Québec. Pop. 4,585 hab. Port sur la baie d'Hillsborough, le plus vaste de l'Amérique du Nord.

CHARLY, ch.-l. de cant. de l'arrond. de Château-Thierry (Aisne), à 15 kil. de cette ville. Pop. 1,660 hab. Récolte de vins blancs.

CHARMES, du latin *carmen*, vers, poésie, enchantement. Ce mot s'entend des qualités qui plaisent au cœur et à l'esprit. Il s'entend aussi de tout ce qui peut séduire dans une femme. C'est ainsi que Voltaire a dit :

Peut-être une Espagnole eût promis davantage;
Elle eût pu prodiguer les *charmes* de ses pleurs.

Ce mot sous-entend aussi de l'enchantement par sortilège et magie. C'est dans ce sens que Casimir Delavigne dit dans ses *Messéniennes* :

D'un courage inspiré la brûlante énergie,
L'amour du nom français, le mépris du danger,
Voilà sa magie et ses *charmes !*
En faut-il d'autres que des armes
Pour combattre, pour vaincre et punir l'étranger.

CHARMES, ch.-l. de cant. de l'arrond. de Mirecourt (Vosges), à 15 kil. de cette ville. Pop. 3,000 hab. Fabrique de dentelles. Belle église.

CHARMETTES (Les), joli village situé à 1 kil. de Chambéry (Savoie). Illustré par Rousseau dans ses *Confessions*.

CHARMEY, village du canton de Fribourg (Suisse), à 25 kil. de cette ville. Pop. 710 hab. Fabrique importante de fromages dits de Gruyères. Près de là étaient la Chartreuse et Val-Sainte, fondées en 1295 et supprimées en 1778.

CHARNACÉ (Hercule GIRARD, baron DE), né en Bretagne d'un conseiller au parlement de Rennes. Il se distingua dans la diplomatie. En 1628, Richelieu le nomma ambassadeur auprès de Gustave-Adolphe, roi de Suède. Il jeta les fondements de l'alliance entre la France et la Suède. Il réconcilia cette dernière puissance avec la Pologne; il fut aussi chargé de diverses missions en Bavière et en Hollande. Il trouva la mort en 1637, au siége de Bréda, où commandait le prince Henri-Frédéric d'Orange; il servait en qualité de colonel. Charnacé ayant dit au prince qu'il s'exposait trop : « Si vous avez peur, répondit Henri, vous pouvez vous retirer. » Charnacé, offensé de cette réponse, monta aussitôt sur le parapet de la tranchée, où il périt d'un coup de mousquet.

CHARNAGE. (*Voir* DUNOD DE.)

CHARNAGE, droit perçu au moyen âge sur la viande débitée par la corporation des bouchers.

CHARNIER, ossuaire où l'on déposait autrefois les os des morts. Ils étaient ordinairement contigus aux églises, en vertu de ce vieux préjugé de nos pères, que tout bon chrétien devait être enterré près de son église, comme dans une terre sainte. Les charniers se trouvaient ainsi au centre même des cités populeuses. Les galeries qui y conduisaient servaient souvent de marchés. Il n'y avait rien de plus pittoresque que le charnier des Innocents à Paris, sur l'emplacement même où l'on a établi depuis les halles de Paris. C'était un vaste enclos fermé de murs. Il offrait un abri aux malfaiteurs et aux prostituées. Les exhalaisons morbides que répandaient ces charniers contribuèrent, pendant plusieurs siècles, à favoriser la peste. Il n'était pas rare de voir, au sein même de Paris, les sépultures visitées par les loups. Une ordonnance royale accordait une récompense pour chaque tête de loup tué dans les rues de la capitale. Plus d'un riche seigneur signalait sa piété en fournissant des fonds pour la construction des charniers. Un arrêt du parlement, de 1765, ordonna la suppression des charniers; mais les curés des diverses paroisses opposèrent une résistance si énergique, que l'arrêt ne put être exécuté que quinze ans après.

CHARNIÈRE, sorte de gonds composés de deux pièces de métal enclavées l'une dans l'autre, et jointes ensemble par une broche que traverse un clou; elle forme les pivots sur lesquels évoluent les portes et les fenêtres.

CHARNY, ch.-l. de cant. de l'arrond. de Joigny (Yonne), à 28 kil. de cette ville. Pop. 1,065 hab. Bibliothèque.

CHARNY, ch.-l. de cant. de l'arrond. de Verdun (Meuse), à 7 kil. de cette ville. Pop. 990 hab.

CHAROLAIS, anc. prov. de France, dans l'anc. prov. de Bourgogne, portant le titre de comté.

CHAROLAIS (canal du). *Voir* CENTRE (canal du).

CHAROLLES, sous-préf. du dép. de Saône-et-Loire, à 52 kil. de Mâcon. Pop. 3,500 hab. Trib. de 1re instance et de commerce. Collège, bibliothèque. Commerce de vins; blé, fers, bestiaux. Patrie du poëte comique Bayard. Charolles fut la capitale du comté de Charolais.

CHARON, nocher des enfers. (*Voir* CARON.)

CHARONDAS, disciple de Pythagore et célèbre législateur, né à Catane en Sicile, florissait vers 650 avant J.-C. Il donna des lois aux Cataniens et aux colonies de Chalcis en Eubée. Il avait fait une loi pour défendre aux citoyens de se présenter en armes dans les assemblées populaires. Apprenant un jour qu'il régnait un grand tumulte sur la place publique, il y accourut sans avoir eu la précaution de quitter son épée; un citoyen lui ayant fait remarquer qu'il violait sa propre loi : « Je prétends la confirmer et la sceller même de mon sang; » et aussitôt il se perça de son épée.

CHARONNE, ancien bourg de l'arrond. de Saint-Denis (Seine). Pop. 11,940; réuni à Paris depuis 1860 et faisant partie du 17e arrond. Fabriques de produits chimiques, couleurs, bougie, papiers peints, eaux-de-vie de pommes de terre.

CHAROST-BÉTHUNE, ch.-l. de cant. de l'arrond. de Bourges (Cher), à 24 kil. de cette ville. Pop. 15,301. Ville autrefois fortifiée et érigée en duché-pairie en 1672. Elle a donné son nom à une branche de la maison de Béthune. (*Voir* BÉTHUNE.)

CHARPENTE, CHARPENTIER. On appelle charpentier celui qui est employé à la confection des gros ouvrages en bois, et surtout au façonnement des poutres qui soutiennent les toits et les planchers des maisons. La charpente est aussi employée pour la construction des ponts de bois, des moulins et des échafaudages. On tend aujourd'hui à remplacer la charpente en bois par la charpente en fer qui diminue les dangers de l'incendie.

CHARPENTIER (Marc-Antoine), savant compositeur de musique, né à Paris en 1634, mort en 1702. Il étudia d'abord la peinture, et se rendit à Rome, à l'âge de 15 ans pour se perfectionner dans cet art. Il prit goût à la musique un jour qu'il eut entendu l'exécution d'un morceau religieux de Carissimi, qui devint bientôt son maître. Quand Charpentier revint en France, il éclipsa la gloire de Lulli, et devint intendant de la musique du régent et maître de musique de la Sainte-Chapelle. Le duc d'Orléans, à qui il enseigna les règles de la composition, ne dédaigna pas de travailler avec lui à un opéra qui fut représenté trois fois au Palais-Royal, sous le titre de *Philomèle*.

CHARPENTIER (François-Philippe), célèbre mécanicien, né à Blois en 1734, mort en 1817. C'est à lui qu'on doit la gravure sur cuivre au lavis, dite la *manière noire*. Bien qu'il n'ait pas donné à cet art la perfection qu'il a reçue depuis, il a laissé cependant quelques gravures estimées d'après Berghem, Vanloo et Greuze. Avant de cultiver le dessin, il avait été compositeur dans une imprimerie. Sa première découverte l'encouragea à en produire de nouvelles; il s'appliqua alors spécialement à la mécanique, et il inventa une machine à scier, une pompe à feu d'un nouveau modèle, une machine à forer les canons de fusils, et une autre à graver les dessins de dentelles.

CHARRETTE, voiture qui sert généralement aux travaux de l'agriculture, et qui est aussi employée dans les campagnes au transport des marchandises.

CHARRIÈRE (Mme de Saint-Hyacinthe de), née en Hollande en 1750, morte en 1806; d'une famille noble, elle fut élevée à la cour de la Haye. Elle épousa un gentilhomme du nom de Charrière, et se fixa avec lui dans la principauté de Neuchâtel. Ayant perdu sa fortune, elle chercha dans la culture des lettres un moyen de subsistance. Elle a laissé plusieurs romans où l'on trouve une certaine sensibilité unie à un style gracieux et en même temps simple et naturel. On cite notamment : *Calliste ou lettres écrites de Lausanne*, et *Lettres neuchâtellaises*. Elle a publié aussi quelques pièces de théâtre.

CHARRON, Charronnage, artisan qui construit des chariots, des carrosses et des trains d'artillerie; les charrons construisent aussi des instruments aratoires.

Charron (Pierre), philosophe et moraliste, né à Paris en 1541, mort en 1603. Il était fils d'un libraire. Il fréquenta le barreau pendant quelques années, et s'appliqua ensuite à la théologie. Michel Montaigne l'honora de son amitié. En 1595, il fut député à Paris pour l'assemblée générale du clergé. Il a laissé quelques ouvrages dans lesquels il parle plutôt en philosophe qu'en théologien; on cite notamment : *De la Sagesse*, et *les Trois Vérités*. Il s'appliqua à combattre l'athéisme; mais les théologiens censurèrent ses travaux, en prétendant qu'il n'avait pas combattu les athées avec assez de force; qu'il leur avait même fait de dangereuses concessions en avançant que les religions venaient des hommes et non de Dieu, et que l'immortalité de l'âme était le principe le plus universellement admis, mais le plus faiblement prouvé.

CHARROUX, ch.-l. de cant. de l'arrond. de Civray (Vienne), à 11 kil. de cette ville. Pop. 1,720 hab. Ruines d'une abbaye de bénédictins.

CHARRUAS. Peuplade de l'Amérique du Sud. Cette tribu indienne, aussi ancienne que celle des Paraguas, qui évidemment ont donné leur nom au Paraguay, fut jadis très-puissante. Les guerres intestines et le joug européen l'ont fort affaiblie. Les Charruas ont l'esprit belliqueux, le caractère indépendant; leur stature est élevée, leur peau d'un brun olivâtre, leur chevelure abondante. Ils ont eu de la peine à s'habituer à la civilisation et à prendre leurs droits au sérieux; bien que le décret du président Lopez, rendu en 1848, ait déclaré citoyens de la république les Indiens de tous les villages (*Pueblos*).

CHARRUE. L'invention de la charrue, cet instrument si utile, est attribuée à Triptolème, fils de Cérès. Longtemps les hommes se contentèrent d'un soc en fer adapté à une espèce de crochet. Les Grecs y ajoutèrent des roues; mais l'araire chez les Romains resta étrangère à cette amélioration. On ignore quand fut trouvé l'usage du *manche*, au moyen duquel le conducteur peut diriger la charrue et la faire pénétrer à diverses profondeurs. La *flèche*, à l'extrémité antérieure de laquelle on attelle les animaux, n'est que le côté supérieur du crochet prolongé pour leur donner plus de liberté dans leurs mouvements. Le *couteau* ou *coutre* précède le soc et fend la terre que celui-ci doit soulever. Ce n'est que fort tard qu'on a imaginé cette pièce latérale si utile qui renverse sur le côté la terre soulevée par le soc, et qu'on nomme *oreille*, *versoir*, *épaulard*. Ce n'est que de nos jours qu'on a inventé le *régulateur* ou *crémaillère* en fer qui, suivant qu'on fait passer la corde de l'attelage par telle ou telle de ses entailles, change la direction du soc. Les Anglais ont depuis longtemps remplacé le bois par le fer dans la construction de la charrue. Mathieu de Dombasle, le célèbre agronome, a attaché son nom à une charrue simplifiée, beaucoup moins lourde et qui fonctionne parfaitement dans les terrains légers. La charrue Granger, due à un simple valet de ferme, paraît être le dernier mot du progrès. L'usage de ces instruments améliorés commence à se répandre en France, et il faut espérer qu'il y deviendra bientôt général.

CHARTE (ou Chartre), du mot latin *Carta*, papier, parchemin. Nom générique donné autrefois à toute espèce d'acte ou convention entre particuliers. La langue latine servait généralement à leur rédaction. Il y en avait de diverses, selon la nature de l'engagement : par exemple, celles de *protection* ou *tutelle*, accordées aux églises et aux monastères par les rois et les seigneurs; il y avait les *chartes de communautés*, autorisant une ville ou un bourg à titre de [illegible] propre, il y avait les chartes de *donation* et de *vente*; les chartes de *soumission*, engagement pris par un débiteur; les chartes d'*obligation*; les chartes de *garantie*, et une quantité d'autres pour régler les héritages. Aujourd'hui ce nom ne s'applique plus qu'aux titres anciens. On en a formé le mot *chartrier*, pour désigner un lieu où sont déposées un certain nombre de chartes, et le mot *cartulaires* pour indiquer un recueil de ces pièces.

Charte (Grande) ou des barons. En 1215, le roi Jean sans Terre, prince faible et tyrannique, ayant vu se former contre lui une ligue des barons et du peuple, fut obligé de confirmer les chartes de Henri Ier et de Henri II. Cet ensemble de lois reçut le nom de *Grande Charte* et devint le fondement de la constitution anglaise et des autres constitutions européennes. Les barons en avaient présenté le projet au roi sous forme d'articles préliminaires de paix dans une entrevue solennelle, et Jean y apposa son sceau en signe d'agrément. Ce curieux document se voit encore aujourd'hui au Musée de Londres. On peut ranger en deux classes les dispositions contenues dans la Grande Charte : les unes favorables à la noblesse, les autres au reste de la nation; il n'y avait de diminué que la puissance féodale du roi. Les villes et bourgs conservaient leurs anciennes immunités et franchises; les commerçants acquirent le droit de voyager pour leur négoce dans le royaume et à l'étranger. La liberté civile et la propriété furent garanties, et le régime parlementaire créé sous le nom de *commun conseil du royaume* pour la levée des subsides. Jean n'avait cédé qu'à la force des circonstances; au premier moment opportun, il révoqua sa concession : mais les barons défendirent leur œuvre avec ardeur et la Grande Charte fut maintenue. Les Anglais tinrent toujours à cette garantie. Ainsi Edouard Ier, éclairé par l'exemple de Henri III, qui, pour avoir violé la charte, avait été précipité du trône, ordonna qu'elle serait conservée et lue publiquement deux fois par an dans chaque cathédrale, et que tout jugement contraire serait considéré comme non avenu. La Grande Charte n'a pas cessé d'être pour les Anglais la base de leur droit politique.

Charte aux Normands. Il est remarquable que, au xive siècle, en plein régime de féodalité, la Normandie, plus heureuse qu'aucune autre province de France, obtint de Louis X, dit *le Hutin*, une charte particulière confirmant les privilèges dont elle avait joui sous ses anciens ducs. Cette charte se composait de 24 articles. Elle réglait le service militaire, les droits de monnayage, les impôts, le péage et l'entretien des ponts, la procédure judiciaire. Elle conférait, en outre, à l'échiquier de Normandie le droit de juger souverainement sans appel au parlement de Paris. Plusieurs de nos souverains, depuis Philippe de Valois jusqu'à Henri III, amplifièrent cette charte. Elle fut abolie en 1789, avec les autres droits provinciaux qui enlevaient à la France l'unité judiciaire et administrative.

Charte constitutionnelle de 1814. En remontant sur le trône de France les Bourbons durent promettre solennellement les libertés proclamées par les principes de 1789. Louis XVIII promulgua, le 4 juin 1814, sa charte, qui, dès l'origine, fut entachée par le mot *octroyer*. Cela ressemblait trop à une pure faveur du souverain, tandis qu'au contraire c'était sur cette charte seule que ce souverain pouvait étayer son trône, encore bien chancelant. La Charte de 1814, au nom de laquelle fut faite la révolution de Juillet, offrait de grandes analogies avec celle de la royauté de 1830. Cependant, il y avait des différences radicales qui tenaient à la nature opposée des deux principes. La charte de 1814 faisait résider l'autorité tout entière dans la personne du roi. Elle conférait l'hérédité à la Chambre des pairs, dont les membres siégeaient à 25 ans, mais n'avaient voix délibérative qu'à 30 ans. Les députés ne pouvaient être élus qu'à l'âge de 40 ans et en payant une contribution directe de 1,000 francs. Cette dernière condition emportait nécessairement l'exclusion d'une foule d'hommes de mérite. L'initiative des lois n'appartenait qu'au roi ainsi que leur sanction, tandis que, plus tard, cette initiative fut attribuée aussi aux deux Chambres. Quant au droit électoral, il n'était dévolu qu'aux citoyens âgés de 30 ans accomplis et payant 300 francs de contributions directes.

Charte de 1830. Ce fut le 7 août 1830, quelques jours après la révolution, que la Chambre des députés vota cette charte qui modifiait profondément celle de 1814, en donnant satisfaction aux aspirations légitimes. Composée de 70 articles, elle supprimait le préambule de la charte de Louis XVIII et contenait implicitement, sinon en termes exprès, le principe de la souveraineté du peuple. Les Français y étaient déclarés égaux devant la loi, quels que fussent d'ailleurs leurs titres et leur rang, et tous également admissibles aux emplois civils et militaires. La liberté individuelle garantie; la liberté religieuse pleinement reconnue; le droit de publier et de faire imprimer ses opinions étendu à tout le monde; enfin, la suppression de la censure et l'inviolabilité des propriétés; tels étaient les principaux articles du droit public. Cette charte déclarait la personne du roi inviolable et sacrée, reportait la responsabilité à ses ministres et lui attribuait la puissance exécutive. Le pouvoir législatif s'exerçait collectivement par le roi, la Chambre des pairs et la Chambre des députés. Bien que la proposition des lois appartînt également à ces trois pouvoirs, toute loi d'impôt devait être cependant votée par la Chambre des députés. Seul, le roi sanctionnait et promulguait les lois. La nomination des membres de la Chambre des pairs émanait du roi, et leur nombre était illimité. Ils pouvaient être pris parmi des catégories assez nombreuses pour que le choix royal ne fût pas difficile. La pairie, toute viagère, n'était point transmissible par voie d'hérédité, disposition qui laissait à la Chambre haute un certain caractère populaire. — Les députés ne pouvaient être admis qu'à l'âge de 30 ans. Les électeurs devaient avoir 25 ans; et cinq années étaient le terme rigoureux de la législature. La Chambre des députés avait le droit d'accuser les ministres et de les traduire devant la Chambre des pairs. La charte maintenait l'institution du jury, celle de la justice de paix; elle déclarait abolie à jamais la peine de la confiscation des biens. Parmi ces 70 articles nous ferons remarquer les suivants pour leur importance : — « Art. 53. Nul ne pourra être distrait de ses juges naturels. — Art. 54. Il ne pourra, en conséquence, être créé de commissions et tribunaux extraordinaires, à quelque titre et sous quelque dénomination que ce puisse être. — Art. 62. La noblesse ancienne reprend ses titres ; la nouvelle conserve les siens. Le roi fait des nobles à volonté ; mais il ne leur accorde que des rangs et des honneurs, sans aucune exemption des charges et des devoirs de la société. — Art. 67. La France reprend ses couleurs. A l'avenir, il ne sera plus porté d'autre cocarde que la cocarde tricolore. » Du reste, la charte constitutionnelle, que Louis-Philippe Ier accepta le 8 août, laissait subsister un grand nombre des institutions précédentes.

Chartes (École des). Cette utile création qui rattache le passé au présent, et permet de conserver, d'expliquer et de vulgariser nos monuments nationaux, naquit dans la pensée féconde de Napoléon Ier. Cependant l'idée qu'avait eue l'empereur ne reçut son exécution qu'en 1821, sous le gouvernement des Bourbons. Le baron de Gérando, cet infatigable économiste, eut l'honneur d'en prendre l'initiative. Les élèves étaient exercés à déchiffrer les manuscrits et à expliquer les différents dialectes du moyen âge. En 1829, on ajouta à leur cadre d'études un cours de paléographie. L'ordonnance de 1846 régla l'enseignement d'une manière définitive. Cette école est placée dans une annexe de l'ancien hôtel Soubise, où ont été rassemblées les archives de l'Empire. Au sortir des années de cours, les élèves passent un examen et reçoivent un diplôme qui leur ouvre l'accès des carrières publiques, mais bien rarement de la fortune. Pour se faire archiviste paléographe, il faut un rare dévouement à la science.

CHARTIER (Alain), né en 1386, mort en 1449. Dès sa jeunesse, ses succès lui firent décerner les titres « d'excellent orateur, noble poëte, et très-renommé rhétoricien. » Alain Chartier n'avait pas seize ans que déjà il était nommé, par le roi Charles VI, clerc, notaire et secrétaire de sa maison, avec charge d'écrire l'histoire de son temps. Ces fonctions lui furent continuées par Charles VII. Sa douceur, son esprit, son inspiration naïve lui avaient concilié toute la cour. La tradition dit que Marguerite d'Écosse, femme du Dauphin, depuis Louis XI, le tint en grand honneur et que, une fois même, passant par une galerie où Chartier était endormi, elle déposa un baiser sur ces lèvres qui avaient dit tant de belles choses. Le poëte devint prosateur pour peindre les tristes événements dont il était témoin, et censurer les vices du temps. Son *Quadrilogue* invectif est un dialogue entre le peuple, la noblesse et le clergé, formulant devant la France des plaintes réciproques. Le livre des *Quatre Dames* est une touchante élégie sur le désastre d'Azincourt. Une fois les Anglais chassés du pays, Alain reconquit toute son inspiration et composa les aimables poésies connues sous ces titres gracieux : Le *Débat du Réveille-matin*, le *Lay de Plaisance*, la *Belle Dame sans merci*, et surtout le *Débat des deux fortunes d'amour*. La langue française était dans un état d'enfance barbare lorsque Alain Chartier la prit, la mania et lui donna un tour aisé, préparant ainsi la voie à Villon et à Clément Marot. Mais il ne faut pas oublier qu'il fut précédé de quelques années par Christine de Pisan et qu'il eut pour contemporain ce charmant poëte de sang royal qui s'appela Louis d'Orléans. Une inscription tumulaire, trouvée en l'église de Saint-Antoine d'Avignon, donne lieu de croire qu'Alain Chartier mourut dans cette ville en 1449.

Chartier (Jean), frère d'Alain, était comme lui né à Bayeux, et mourut vers 1462. Etant entré dès sa jeunesse à l'abbaye royale de Saint-Denis, il y devint chantre. Cette abbaye avait, depuis Suger, réuni et conservé précieusement les chroniques de la monarchie. Il y avait toujours un religieux chargé de continuer ces annales. Cette importante fonction échut à Jean Chartier, pour la partie relative au règne de Charles VII. Il fut souvent témoin des événements qu'il peignit; quelques lignes nous apprennent qu'il était au siége d'Harfleur, en décembre 1449, et y endura « de grandes froidures. » Lors de l'avénement de Louis XI, Jean Chartier fut remplacé par un autre historiographe ; ce qu'explique naturellement l'aversion de ce roi soupçonneux pour tout ce qui se rattachait à la mémoire de son père. A partir de ce moment, l'existence de Jean Chartier rentra dans l'ombre; il est même à présumer qu'elle ne tarda pas à finir. L'œuvre de cet écrivain a été fondue dans la collection des *Grandes Chroniques de Saint-Denis*.

Chartier (Guillaume), frère d'Alain et de Jean, né à Bayeux, mort en 1472. Ce fut par les libéralités de Charles VII que Guillaume Chartier fut entretenu comme *escholier* en l'Université de Paris. Grâce au crédit de son frère Alain, il put, une fois muni du grade de licencié en droit civil et canon, entrer dans les fonctions publiques. Le roi l'appela, en 1432, à professer la jurisprudence canonique à l'Université de Poitiers, qui était de création récente. De la cure de Saint-Lambert, près Saumur, il revint à Paris avec Charles VII, qui venait de ressaisir sa capitale. Les dignités s'accumulèrent sur lui : chanoine de la cathédrale, conseiller au parlement, chancelier de Notre-Dame, il devint enfin évêque de Paris en 1447. Sa vertu et son mérite furent à la hauteur de ses fonctions; et, ce qui honore surtout sa mémoire, c'est qu'il fut un des commissaires délégués, avec permission du pape, pour poursuivre la réhabilitation de Jeanne d'Arc. Lorsque Louis XI monta sur le trône, Guillaume Chartier, qui sembla d'abord jouir de sa faveur, le reçut solennellement au seuil de sa cathédrale; mais, lors de la ligue du *Bien public*, l'évêque de Paris se montra favorable aux seigneurs révoltés et essaya même de leur livrer la ville. Louis XI lui en garda une rancune que le temps même ne put apaiser.

CHARTISTES, nom donné, en Angleterre, à un parti composé surtout de la population industrielle, qui, accablée par une misère incessante, voit le seul remède à ses maux dans l'extinction des priviléges aristocratiques et l'établissement d'une *charte du peuple*. Ses principes sont donc essentiellement démocratiques. En face d'une aristocratie dévorante qui, de temps immémorial, s'est partagé la possession du pays entier, le peuple des fabriques anglaises, soumis aux crises périodiques du commerce, réduit souvent au désespoir, couvert de haillons, dévoré par la faim, a dû naturellement songer à un état social différent, où l'ouvrier eût une existence plus digne et plus assurée. En diverses occasions, le parti chartiste a fait des manifestations qui jusqu'à présent n'ont produit que peu de résultats, mais qui n'ont pas manqué d'exercer une influence morale. De ce nombre fut la pétition que provoqua, en 1817, le major Cartwright, et qui fut présentée à la chambre du commerce, à l'effet d'obtenir le suffrage universel. En 1819, un grand meeting fut tenu à Peterloo, près Manchester, sous la présidence de Hunt. On y délibéra sur l'abolition des lois relatives aux céréales. L'assemblée fut dispersée violemment par la force armée. — En 1827, il se forma une association sous le nom d'*Union nationale des classes laborieuses*; elle se composait des partisans d'Owen, et comptait dans ses rangs Hetherington et Hibbet, fondateurs du *Poor man's Guardian* (le *Défenseur du pauvre*), journal à un sou. Elle réclamait la réforme des lois électorales et de la chambre des communes. — L'œuvre se poursuivit, en 1831, sous les auspices de sir Francis Burdett et de Duncombe; en 1835, par la formation de l'*Association radicale*, où figurait la classe moyenne, et de l'*Association des travailleurs*, recrutée dans le peuple. En 1838, eut lieu le grand meeting de Birmingham. L'année suivante, un comité d'action fut créé pour diriger l'insurrection du pays de Galles. Enfin, en 1848, des troubles, que le gouvernement eut beaucoup de peine à réprimer, éclatèrent presque simultanément à Londres, à Manchester, à Edimbourg et à Glasgow. Jusqu'à présent, le parti chartiste a été combattu et refoulé; mais les progrès qu'il a faits jusqu'à ce jour sont considérables; car ils tiennent à l'essence des choses, à l'abus d'un féodalisme choquant au XIXe siècle, à l'odieuse disproportion de la richesse et de la misère.

CHARTLEY, hameau d'Angleterre, comté de Stafford, à 9 kil. de cette ville. Ruines d'un château qui fut brûlé en 1781. Marie Stuart y fut longtemps emprisonnée.

CHARTRE-SUR-LOIR, ch.-l. de cant. de l'arrond. de Saint-Calais (Sarthe), à 29 kil. de cette ville. Pop. 1,630 hab. Grands marchés de grains et de bestiaux. Tanneries.

CHARTRES, ch.-l. du départ. d'Eure-et-Loir, à 88 kil. de Paris. Pop. 17,525 hab. Siége d'un évêché suffragant de Paris. Tribunal de 1re instance et de commerce. Collége; école normale, bibliothèque, musée d'histoire naturelle et d'antiquité. Belle cathédrale; beaux boulevards; on y remarque encore la porte Guillaume bien conservée. Palais épiscopal. Industrie active : fabriques de bonneterie, de laine, de chapellerie, poterie et faïence, tanneries, corroieries, mégisseries. Marchés des grains et des bestiaux de la Beauce; commerce important en laine, en bestiaux, gibier, bois. Chartres fut plusieurs fois prise et pillée par les Normands; elle fut la capitale du comté de son nom. En 1286, elle fut réunie à la couronne. En 1591, elle fut prise par Henri IV, qui s'y fit sacrer en 1594. En 1623, elle fut érigée en duché et donnée à Gaston d'Orléans. Patrie de P. Nicole, des poëtes Régnier et Desportes, du comédien Fleury, de Péthion, de Dussaulx, du général Marceau, auquel on éleva une statue de bronze en 1851.

CHARTRETTES, village de l'arrond. de Melun (Seine-et-Marne), à 6 kil. de cette ville. Pop. 520 hab. Henri IV y bâtit le château du Pré, qu'il donna à Gabrielle d'Estrées.

CHARTREUSE, nom de divers couvents d'hommes. Ce nom générique, qui se rattache par l'histoire au premier établissement fondé par saint Bruno, a été appliqué à tous les couvents des religieux de l'ordre, aussi bien en Italie et en Autriche qu'en France; par exemple, à Milan, Bologne, Pise, Saint-Etienne de Calabre et Maurbach. Il y eut même au XIIe siècle des religieuses chartreuses qui avaient plusieurs couvents, toujours sous cette dénomination, en France et dans la Flandre.

Chartreuse (Grande-), hameau de l'arr. de Grenoble (Isère), à 20 kil. de cette ville, dans la vallée de Gui, et entourée de hautes montagnes d'un accès difficile. Célèbre couvent fondé en 1084, dans lequel réside le général de l'ordre des chartreux pour toute la chrétienté. Ce couvent fut plusieurs fois incendié, et les édifices actuels furent élevés en 1678.

CHARTREUX, ordre monastique fondé par saint Bruno. Vers l'an 1084, Bruno,

CHA

qui enseignait la théologie à Reims, suivi de six de ses disciples, se rendit dans le Dauphiné, où saint Hugues, évêque de Grenoble, l'établit dans une solitude près du village de *Chartreuse*, *Chartrouses* ou *Chartroux*. Ils se bâtirent chacun une cellule. Le couvent devenu si célèbre sous le nom de *Grande-Chartreuse* ne fut construit qu'en 1131. C'est de ce lieu sauvage que l'ordre prit son nom. Le fondateur des Chartreux mourut en Italie sans laisser de règle écrite; l'ordre ne s'en maintint pas moins. En 1223, Guignes, prieur général, rédigea les coutumes de la Grande-Chartreuse. Ce code monastique, qui prescrit un jeûne et un silence presque continuels, est d'une extrême sévérité. Le costume des moines se compose d'une robe de laine blanche, avec une ceinture de chanvre et un capuchon, et d'un manteau noir. L'ordre des chartreux comptait, en France, avant la Révolution, 75 monastères et 92 maisons dans les autres États catholiques. Les plus belles Chartreuses sont voisines de Pise, de Florence et de Pavie. Quelques chartreux amenés à Paris par saint Louis furent établis par ce prince sur les terrains qui s'étendaient entre l'Observatoire et le Luxembourg. Ces religieux possédaient là une magnifique église pour laquelle le célèbre et malheureux Lesueur peignit à vil prix la série de chefs-d'œuvre connue sous le nom de la *Vie de saint Bruno*, qu'on admire au musée du Louvre.

CHARY, rivière d'Afrique (Nigritie); on ignore encore l'endroit où elle prend sa source. Elle se jette dans le lac Tchad, au S., par un vaste delta.

CHARYBDE. Au N.-E. de la Sicile, juste en face des rochers de Scylla, près du port de Messine, il existe un tourbillon ou gouffre qui faisait l'effroi des navigateurs de l'antiquité. Beaucoup de naufrages lui furent attribués, à une époque où les navires ne se gouvernaient que par des rames et donnaient ainsi une prise facile à la violence des courants. Ce n'était donc jamais sans appréhension que les trirèmes s'engageaient dans le détroit de Messine. De là vint, pour tout homme qui au sortir d'une mauvaise chance en trouve une pire, cet axiome si connu : *Tomber de Charybde en Scylla*. L'imagination féconde des anciens a créé une fable sur ce gouffre et supposé que Charybde, fille de Neptune et de la Terre, avait été foudroyée par le maître des dieux pour avoir volé des bœufs à Hercule, et précipitée dans l'endroit de la mer qui a reçu son nom.

CHASSE. Avant de s'adonner à la culture de la terre et d'avoir des demeures fixes, les hommes furent pasteurs et chasseurs. De tout temps, ils ont senti la supériorité que l'intelligence leur assigne sur les animaux; même les plus redoutables. Obligés de se défendre contre les bêtes fauves, ils finirent par les attaquer à leur tour, et, depuis lors, ils ont transformé en un plaisir ce qui n'avait été d'abord qu'une nécessité. Nemrod est le premier grand chasseur connu. Les anciens, à qui la flèche et le javelot ne permettaient pas d'atteindre aisément un gibier rapide, s'aidaient de chiens courants pour forcer la bête, et ils ne pouvaient la combattre que de près lorsque la meute avait bien rempli sa tâche. Au moyen âge, la *chasse au faucon* était un des plaisirs les plus goûtés des seigneurs et des dames châtelaines, qui sont représentées si souvent un faucon sur le poing. Cet oiseau était tenu en tel honneur, que les peines les plus sévères avaient été formulées pour le garantir de tout piége. A la cour des rois de France on s'adonnait avec ardeur à la fauconnerie, qui était devenue un art. Jean le Bon trouvait à cette chasse un tel attrait, que même pendant sa captivité en Angleterre il faisait écrire un traité en vers sur la fauconnerie pour servir à l'instruction de son fils. C'est à l'époque de François Ier que la fauconnerie atteignit en France son plus haut degré de splendeur. Les dépenses que ce prince faisait à ce sujet étaient considérables. En Allemagne, cette mode n'était pas moins répandue. On rapporte que l'empereur Frédéric II était tellement passionné pour ce genre de chasse, qu'il s'y livrait en présence même de l'ennemi. Si en Europe on a renoncé à la chasse au faucon, l'Orient, plus stationnaire dans ses goûts, en a conservé l'usage. Les Persans surtout savent très-bien dresser cet oiseau impétueux. L'Allemagne, jadis couverte de forêts, avait de vastes associations de chasseurs qui parlaient une langue à part et usaient entre eux d'initiations mystérieuses. Ils avaient aussi leurs couleurs et les nombres symboliques 3 et 7. D'un bout du pays à l'autre, un chasseur pouvait, au moyen de signes analogues à ceux des francs-maçons, trouver secours et protection. Les ballades allemandes, si nombreuses, indiquent qu'ils poursuivaient surtout la bête fauve. Les Germains appelaient la chasse le *Mystère des bois et des rivières*. On ne lira peut-être pas ici sans intérêt quelques détails relatifs aux chasses si variées qui se font encore sur plusieurs points du globe. La *chasse au sanglier* offre trop de danger pour être considérée comme un amusement. Le sanglier est une bête brutale qui dérange les combinaisons des chasseurs et fait de grands ravages parmi les chiens. Il est rare de pouvoir chasser un sanglier en moins de cinq à six heures, et quelquefois il ne faut pas moins de trois ou quatre jours. Quand un féroce *solitaire* désespère d'échapper à la mort, il se roule et se vautre à terre, s'élance par bonds, ou bien, s'asseyant dans une cépée, il fait face à ses ennemis. Plus terrible assurément, l'*ours* oblige le chasseur à de bien autres précautions. Ses ruses sont connues : souvent lorsqu'on le guette, c'est lui qui tout à coup vient surprendre les chasseurs à l'affût. Du reste, on ne peut guère le découvrir qu'au temps des premières neiges, en observant ses empreintes. D'ordinaire il se cache au fond des forêts, ou bien l'hiver il se blottit dans une caverne et y reste dans une immobilité complète. Dans l'Inde, de fantasques Anglais, juchés sur des éléphants, traquent le tigre dans ses jungles. Si le danger fait parfois le charme de cet exercice, la nécessité en fait souvent une loi. Ce n'est pas sans péril que, dans la Russie asiatique, les Joukaguires des rives de l'Anious, font la chasse aux rennes : montés sur de frêles nacelles, ils s'élancent sur le fleuve au-devant de la multitude de ces animaux qui le traversent à la nage; malgré les coups de corne et les ruades, ils parviennent à maintenir leurs embarcations en équilibre. Un homme peut tuer une centaine de rennes en une heure. Cette chasse est l'unique ressource de toute une population qui est réduite à la plus horrible disette, lorsque par hasard les rennes, au lieu de traverser le fleuve, se détournent pour s'enfoncer dans les montagnes.— Transportons-nous dans la Nubie et nous assisterons à la chasse pleine de péripéties aventureuses que l'on fait à l'hippopotame, qu'il faut harponner de près et qui, tantôt plongeant, tantôt se défendant avec furie, est un gibier fort peu commode, même lorsqu'il est mort; car son poids, qui équivaut à celui de quatre ou cinq bœufs, est si énorme, que les chasseurs, pour emporter leur proie, sont obligés de la dépecer dans l'eau même. En Nubie encore, la *chasse aux crocodiles* est une occupation assez profitable pendant l'hiver, où il est facile de les surprendre endormis sur le sable. Chez les Indiens de l'Amérique, la chasse et la guerre se confondent dans les vastes et humides plaines coupées de forêts et arrosées d'immenses rivières où errent dans toute leur liberté native l'élan, le buffle et le cheval sauvage. Ce dernier animal doit être atteint à la course et on le saisit dans les pampas avec une courroie qui se nomme *lasso*. Dans les Alpes, l'homme a enlevé au chamois jusqu'aux parties les plus élevées de son domaine. Forcés de vivre au milieu de rochers inaccessibles, la nuit, les chamois descendent tout tremblants pour brouter l'herbe des prairies. L'œil et l'oreille au guet, ils sont toujours prêts à disparaître. Pour atteindre un gibier aussi soupçonneux et aussi agile, le chasseur lutte avec lui d'adresse et de persévérance. Il part le soir de sa cabane portant une lourde carabine à très-longue portée, une lunette d'approche et quelques provisions. Il va coucher dans les derniers chalets, souvent même dans une caverne. Avant l'aurore il est à l'affût sur un point qui domine le pâturage écarté où les chamois descendent dans l'ombre. Quand l'aube blanchit, il choisit sa proie. Le coup part : souvent l'animal n'est pas atteint. Le troupeau effrayé bondit, mais ne fuit pas toujours. Revenus de leur alerte, les chamois recommencent à brouter. Mais si l'un d'eux est frappé, le troupeau détale et disparaît à l'instant. Si une mère est tuée, ses petits restent auprès d'elle et se laissent prendre plutôt que de se séparer de son cadavre. Les habitants des côtes du Groenland, du Spitzberg et des autres contrées arctiques, trouvent dans la *chasse du phoque*, laquelle mérite bien de nous occuper, des ressources contre les privations que leur impose un climat si rigoureux. C'est là une chasse bien pénible, car la mer la hérisse de dangers. Dès que les chasseurs arrivent à portée des phoques, le harponneur lance au plus proche un trait à la hampe duquel est attachée par une corde une vessie insufflée. Le phoque blessé plonge rapidement, entraînant avec lui la vessie qui par sa résistance à immerger gêne les mouvements de l'animal et indique son retour à la surface pour respirer. D'autres fois on étourdit les phoques par de grands cris. L'hiver, les Groenlandais attendent patiemment au bord des crevasses de glace, espèce de soupiraux par lesquels ils savent que leur proie viendra respirer. En Écosse, où cet animal abonde, on va le chercher en bateau sous les voûtes formées par les rochers, et on le tue à l'aide de longues carabines. C'est surtout dans l'île de Ceylan que l'on pratique la *chasse de l'éléphant sauvage*. Tantôt les habitants recouvrent avec du feuillage de grandes fosses où l'animal tombe en se cassant une jambe et meurt de faim; tantôt ils parviennent à s'emparer du monstrueux quadrupède par le secours de quelques-uns de sa face, et voici le moyen qu'ils emploient : les cornacs s'avancent avec précaution vers le fourré d'où partent les rugissements, conduisant deux éléphants apprivoisés qu'ils abandonnent à peu de distance; ceux-ci continuent tranquillement leur route au-devant de l'animal sauvage, comme s'ils étaient ses compagnons habituels. Après quelques façons, ils finissent par le placer entre eux comme deux gendarmes se mettent de chaque côté d'un déserteur. Alors les cornacs reviennent, rampent adroitement et attachent à un gros arbre avec des cordes solides une des jambes de leur prisonnier de chasse. Cela fait, ils se retirent lestement en donnant un signal. Les deux éléphants apprivoisés suivent leurs maîtres. Quant au pauvre captif, on le laisse subir toutes les horreurs de la faim et de la soif. Dès qu'on le juge bien dompté par la souffrance, on revient à lui avec les deux éléphants, ses deux faux frères, qui le ramènent à la ville et sauraient fort bien le contenir à grands coups de trompe s'il s'avisait de faire le mutin; mais ordinairement il est fort radouci et il ne tarde pas à se civiliser comme ceux qui l'ont trompé.

CHASSE (droit de). Ce droit semble parfaitement naturel, et les anciens peuples en ont usé librement; mais il a fallu y mettre des restrictions pour protéger la propriété, que les chasseurs n'épargnaient guère. En France, avant la Révolution, la chasse était l'apanage des classes privilégiées; sous Henri IV, on pendit plus d'un paysan pour avoir tué un lièvre. Ce qui prouve trop bien qu'alors la vie d'un lièvre était plus précieuse que celle d'un homme. Nos rois des deux premières races avaient porté peine de mort contre quiconque attenterait à leur gibier. Le règlement de 1396 interdit toute chasse aux roturiers. Plus tard même, cette prohibition fut étendue aux nobles, mais ce ne fut qu'une défense temporaire. Quoi qu'il en soit, avant 1789, il n'était pas permis de préserver les récoltes des dévastations des bêtes fauves. Il fallait implorer le secours toujours onéreux du seigneur. Aujourd'hui, la chasse est permise à tous, dans un temps déterminé et moyennant un port d'armes délivré par la préfecture. Une législation toute spéciale a réglé d'avance les difficultés qui peuvent s'élever dans l'exercice de ce droit.

CHASSE-MARÉE. Petit navire employé dans la Manche pour le cabotage. On s'en sert surtout, comme de la *tartane*, pour transporter le poisson qui vient d'être pêché sur la côte; ce poisson s'appelait vulgairement la *marée*, les navires en ont pris leur nom qu'on ne pourrait expliquer autrement. Ils sont à deux mâts, pourvus chacun d'une voile carrée. Leur marche est bonne, et ils peuvent raser les côtes, grâce à la légèreté de leur gréement. Les meilleurs chasse-marée sont dus aux constructeurs bretons, et presque toujours ils sont montés par des hommes d'une expérience consommée.

CHASSE. Du mot latin *capsa*, boîte. C'est un coffre soit de bois indestructible, soit de métal précieux et relevé de ciselures, où l'on dépose les reliques d'un saint. Parfois même il ne se trouve dans une châsse qu'un petit fragment de ces restes. Tantôt les châsses sont placées sous un autel derrière le retable, tantôt on les expose à une grande élévation entre des statues d'anges qui les supportent. Les anciennes châsses avaient la forme gothique et toute la structure d'une église avec son portail et ses flèches aériennes. Les princes se faisaient accompagner à la guerre par des châsses célèbres. Dans les temps d'épidémie, comme pendant les sécheresses, on avait coutume de promener les châsses des saints, et ce fut ainsi que celle de sainte Geneviève fit processionnellement le tour de Paris, à l'époque du *Mal des Ardents*. A Rouen, avait lieu chaque année la procession de la *Fierte* de saint Romain, où l'on voyait dix-sept châsses dans le cortège.

CHASSÉ (David-Henri, baron) général de division, né à Thiel (Gueldre) en 1765, mort à Bréda en 1849. — Chassé était d'origine française; sa famille s'était réfugiée en Hollande, à la suite des persécutions dirigées contre les protestants; une cause presque semblable l'amena en France. Ayant pris parti pour les patriotes, il dut fuir la Hollande lorsque ceux-ci eurent été comprimés par l'intervention prussienne. Déjà capitaine dans son pays, il fut nommé lieutenant-colonel en France. En 1795, il accompagna Pichegru dans sa campagne en Hollande; mais il le quitta presque aussitôt. Nous le retrouvons en 1796, repoussant avec un seul régiment de chasseurs, les Anglais, très-supérieurs en forces, qui avaient tenté un débarquement. La guerre d'Espagne fit ressortir son mérite et son intrépidité; comme il avait une grande prédilection pour l'attaque à l'arme blanche, nos soldats l'avaient surnommé le *général baïonnette*. La victoire d'Ocana lui valut le titre de baron et une dotation. Fidèle aux armes françaises, il combattit dans nos rangs jusqu'en 1813, et se distingua notamment à Bar-sur-Aube. Mais il est triste d'avoir à ajouter que, rappelé en 1814 dans son pays par Guillaume Ier, il combattit contre nous à Waterloo avec la même énergie qu'il avait déployée autrefois dans nos rangs. Il commandait Anvers lors de la révolution de 1830, et du haut de la citadelle, qu'il défendit avec opiniâtreté contre les Belges, puis contre les Français, il eut le tort, aux yeux de l'histoire, de faire subir à la ville les horreurs d'un bombardement. Après la prise de la citadelle, il fut interné à Dunkerque, d'où il sortit en 1833. Sa vie s'acheva dans la retraite et l'obscurité.

CHASSELAS, village de l'arrond. de Mâcon (Saône-et-Loire), à 11 kil. de cette ville. Pop. 360 hab. Il donne son nom à un raisin renommé.

CHASSELOUP-LAUBAT (François, marquis DE), général français, né à Saint-Sornin (Charente-Inférieure) en 1754, mort à Paris en 1833. Sorti de l'école de Mézières avec le grade de lieutenant d'artillerie, il passa en 1781 dans le corps du génie, fut chargé des travaux de défense de Montmédy, lors de l'attaque de cette ville par les Prussiens; nommé colonel, il fut appelé ensuite à l'armée d'Italie, où il dirigea les sièges de Milan et de Mantoue. Il se trouva aux batailles de cette mémorable campagne et y gagna le grade de général de brigade. Dans la campagne de 1799, où l'armée française, commandée par Schœrer, était accablée par un ennemi supérieur en forces, le général de Chasseloup-Laubat opéra un prodige en ouvrant une route dans les Apennins et donna ainsi à Moreau la possibilité de faire sa retraite en bon ordre. Toutes les guerres de l'empire trouvèrent dans ce général le même zèle infatigable. En Allemagne il contribua presque toujours heureusement soit à l'attaque, soit à la défense des places fortes. Au retour de la campagne de Russie, il fut appelé au sénat. La Restauration le nomma pair de France. Mais Chasseloup-Laubat, étant devenu à ce titre l'un des juges du maréchal Ney, se prononça énergiquement contre la condamnation. Comblé d'honneurs, il obtint le titre de marquis en 1818, et mourut aveugle à l'âge de 79 ans.

CHASSENEUIL, ch.-l. de cant. de l'arrond. de Confolens (Charente), à 29 kil. de cette ville. Pop. 1,825 hab.

CHASSERAL, montagne de la Suisse, dans le canton de Berne. Hauteur, 1,617 mètres. Elle est l'un des points culminants de la chaîne du Jura et est située entre la vallée de Saint-Imier et celle du lac de Bienne.

CHASSERON, montagnes dans le chaînon principal du Jura (1,587 mètres), entre la France (Doubs) et la Suisse (Vaud).

CHASSES DU CIRQUE DANS L'ANCIENNE ROME. Nul peuple ne poussa plus loin que les Romains la passion des combats du cirque et le plaisir féroce de voir couler le sang. Ils eurent d'abord les gladiateurs, qui souvent n'étaient que des prisonniers de guerre et subissaient indifféremment dans l'arène la mort qu'on avait différé de leur donner dans la guerre. Cette volupté du meurtre voulut ses raffinements; elle ne se contenta plus de la lutte d'hommes contre hommes; mais elle demanda l'introduction dans le cirque de bêtes féroces que les maîtres du monde faisaient venir à grands frais d'Asie et d'Afrique. On appela cette innovation les *chasses du cirque*; il y en eut de trois sortes : celles d'hommes exposés aux bêtes et sans armes pour se défendre; celles de bêtes combattues par des hommes, et enfin les mêlées de bêtes contre bêtes. Au jour marqué pour la fête la multitude se portait vers l'amphithéâtre, où l'on peut voir, d'après les ruines du Colisée, ce que c'était qu'un cirque destiné aux délassements du peuple-roi. On immolait ainsi des prisonniers de guerre et des esclaves fugitifs. Tantôt, on les engageait seul à seul dans un duel inégal contre un taureau, un ours ou un lion; tantôt une troupe de ces malheureux était opposée à une troupe d'animaux; enfin les chasses de bêtes contre bêtes offraient tout le déploiement de magnificence des ambitieux qui voulaient gagner la popularité. On croit rêver quand on lit que le dictateur Sylla donna une chasse de 100 lions; César une de 400 et Pompée une de 600; qu'Auguste réunit 420 panthères; et que Caligula offrit, en un seul jour, 400 panthères et 400 ours. Les combats de taureaux, si chers encore à l'Espagne moderne, doivent leur origine à Jules César, qui, le premier, imagina de faire courir les taureaux par des cavaliers.

CHASSEURS, corps de l'armée française. Avant le XVIIIe siècle, il n'avait jamais été question de ce nom dans notre armée. Ce fut dans la légion de Fischer que ce corps prit son origine, et depuis il y eut les chasseurs à cheval et les chasseurs à pied. Les premiers furent adjoints à la cavalerie légère. En 1776, on comprit les services qu'ils pouvaient rendre, comme éclaireurs, à la grosse cavalerie : en conséquence, on attacha un escadron de chasseurs à chaque régiment de dragons. L'arrêté de l'an IV institua 20 régiments de cette arme à 6 escadrons chacun, représentant un effectif de 16 à 17,000 hommes. Trois ans après, il y en avait 22 régiments. Ils étaient équipés comme les dragons, et ce ne fut que plus tard qu'on donna la lance à quelques-uns d'entre eux. Plusieurs écrivains militaires ont pensé que l'institution des chasseurs à pied avait été empruntée par les Français aux Hanovriens. Ce qu'il y a de certain, c'est que, sous Louis XV, il y avait des chasseurs à pied qui faisaient office d'infanterie légère. Cependant nos chasseurs n'eurent pendant longtemps rien de particulier ni dans leur armement, ni dans leur instruction. Il se fit à cet égard une création véritable par la formation des chasseurs de Vincennes. Ceux-ci reçurent un uniforme particulier, très-sombre pour échapper à la vue de l'ennemi; un sabre-baïonnette formidable, une carabine à longue portée. On les habitua à un exercice qui diffère complétement de la discipline méthodique des autres troupes. Les services rendus par ce corps sont incalculables : depuis 20 ans, nos chasseurs de Vincennes ont été à toutes les batailles et s'y sont fait admirer par l'impétuosité mêlée de sang-froid qui caractérise cette milice redoutable.

CHASSIRON, hameau de l'arrond. de la Rochelle (Charente-Inférieure), dans l'île d'Oléron, à l'extrémité N. et sur le pertuis d'Antioche. Phare.

CHASSIS, terme de menuiserie, sorte de quadrilatère formé de pièces de bois ajustées. Il se dit surtout des fenêtres dont le châssis est le cadre. Autrefois on faisait des châssis à coulisses; cet usage s'est perdu et il n'y a plus que de très-vieilles maisons où on lève ainsi les croisées. Au théâtre, les châssis sont de fortes traverses en bois sur lesquelles se fixent les décorations. En peinture, le châssis est la monture qui retient la toile. En imprimerie, les châssis sont des armatures de fer dans lesquels se place la composition assujettie par des coins en bois.

CHASTEL (Pierre-Louis-Aimé, baron), né en 1774. Il fut l'un des officiers généraux les plus distingués de l'empire. C'est à lui que la science est redevable du Zodiaque de Denderah, qu'il découvrit pendant la campagne d'Égypte, et qui est maintenant au musée du Louvre; il contribua à la défense de Paris en 1814. Il fut mis en non-activité sous la Restauration et mourut en 1826.

CHASTELARD (Pierre DE BOSCOSEL DE), poëte français, né vers 1540, de la famille de Bayard. Il suivit Marie Stuart en Écosse. Il adressa des vers amoureux à la reine, qui, en lui répondant, permit à Chastelard d'espérer qu'elle répondrait à son amour; il fut trouvé caché dans le cabinet de la reine. Il fut condamné à mort pour ce fait, et Marie-Stuart se refusa à lui faire grâce. Au moment de subir le dernier supplice, il tourna ses regards vers le château d'Holy-Rood, résidence de la reine : « Adieu, toi si belle et si cruelle, s'écria-t-il, qui me tues et que je ne puis cesser d'aimer. »

CHASTELER (Jean-Gabriel, marquis DE), général autrichien, né le 22 janvier 1763, au château de Mulbais (Hainaut). Élève de l'école des ingénieurs de Vienne, il fit ses premières armes en Bavière, pendant la guerre de Succession. Il se distingua en 1793, sous les ordres du prince de Cobourg, à la bataille de Wattignies. Après la paix de Campo-Formio, il fut chargé de prendre possession, au nom du gouvernement autrichien, des provinces vénitiennes et d'en régulariser les frontières. Il fit la campagne d'Italie, en 1799 et fut grièvement blessé à la bataille de Tertona. En 1809, il fut envoyé dans le Tyrol pour faire insurger ce pays, et se rendit tristement célèbre en faisant égorger des prisonniers français et bavarois. A l'affaire de Woïgl, il fût battu par Lefèvre et forcé de se réfugier en Hongrie. En 1813, il prit part à la bataille de Leipzig. Il fut nommé gouverneur de Venise lors de la création du royaume lombardo-vénitien, et mourut le 10 mai 1825.

CHASTELLUX (François-Jean, marquis DE), né à Paris en 1734, mort le 28 octobre 1788. Il se distingua pendant la guerre de Sept-Ans, et fit partie, en qualité de major-général, de l'armée de Rochambeau, qui contribua si puissamment à l'indépendance des Etats-Unis. Mais s'il fit preuve de qualités militaires brillantes, il montra aussi des talents littéraires sérieux qui le firent admettre à l'Académie française. Il fit tous ses efforts pour propager la vaccine et se fit inoculer lui-même pour montrer l'exemple. Pour bien comprendre le courage de cette action, il faut se rappeler que la vaccine était alors considérée comme une opération fort dangereuse par les plus grands médecins.

CHASTENET DE PUYSÉGUR. (*Voir* PUYSÉGUR).

CHASTETÉ, vertu qui consiste à modérer les désirs déréglés de la chair et à ne point user des plaisirs d'un amour illicite.

CHASUBLE. Vêtement sacerdotal que le prêtre porte lorsqu'il célèbre la messe. La forme de la chasuble s'est beaucoup modifiée depuis les premiers temps de l'Église; aujourd'hui elle se compose d'une pièce d'étoffe brodée en or ou en argent qui pend sur le dos et sur la poitrine. Ses ornements varient selon l'objet et la solennité de la messe.

CHAT. On appelait ainsi, au moyen âge, une machine de guerre consistant en une sorte de tour ou galérie mobile, formée de charpentes et revêtue de peaux de bêtes fraîchement tuées, afin de les mettre à l'abri de l'incendie. On remplissait le chat de soldats et de travailleurs, et on l'avançait près des murailles que l'on voulait saper.

CHAT (île du). (*Voir* CAT.)

CHAT (lac du), lac de l'Amérique du Nord, sur la limite du haut et du bas Canada. Sup. 31 kil. sur 4.

CHAT-EL-ARAB, fleuve de l'Asie, formé de la réunion de l'Euphrate et du Tigre, passe à Bassora et se jette dans le golfe Persique.

CHATAHOOCHEE, rivière des Etats-Unis, prenant sa source dans les Apalaches, et se réunissant au Flint après un cours de 490 kil.

CHATAIGNERAIE (La), ch.-l. de cant. de l'arrond. de Fontenay-le-Comte (Vendée), à 21 kil. de cette ville. Pop. 1,500 hab. Fabriques de lainages.

CHATEAU (Le) ou le CHATEAU D'OLÉRON, ch.-l. de cant. de l'arrond. de Marennes (Charente-Inférieure), à 12 kil. de cette ville, dans l'île d'Oléron. Pop. 2,525 hab. Petite place forte avec citadelle. Cabotage. Exp. de sels, vins, eaux-de-vie, denrées.

CHATEAU. Bâtiment fortifié qui, au moyen âge, servait de résidence aux seigneurs et aux princes. Construits pour la plupart sur le sommet d'une montagne, les châteaux servaient d'abri et de refuge en temps de guerre. Les châteaux d'aujourd'hui ne sont plus que des maisons de plaisance plus ou moins somptueuses, et ont abdiqué l'aspect guerrier des demeures nobiliaires du moyen âge.

CHATEAUBOURG, ch.-l. de cant. de l'arrond. de Vitré (Ille-et-Vilaine), à 15 kil. de cette ville. Pop. 1,290 hab. Expl. d'ardoises.

CHATEAUBRIAND (François-Auguste, vicomte DE), né à Combourg en 1769, mort le 4 juillet 1848. Destiné par sa famille à l'état ecclésiastique, il fit de fortes et sérieuses études; mais n'ayant aucun goût pour les ordres, il entra en qualité de sous-lieutenant au régiment de Navarre, et fit un premier voyage à Paris, où il fut présenté à la cour. Le mariage de son frère avec Mlle de Rosambeau, lui avait créé de nombreuses relations dont il eût pu tirer parti pour se créer une position; mais il préféra s'adonner à la poésie, et fit paraître, en 1789, *l'Amour à la campagne*, une idylle à la mode du temps, exempte cependant des travers des écrivains de cette époque. Cette œuvre obtint un grand succès; mais Chateaubriand ne se laissa pas séduire par cette gloire qu'il avait obtenue si facilement : il résolut de découvrir, par la baie d'Hudson, un passage pour aller aux Indes. Au printemps de 1791, il s'embarqua pour Baltimore, de là il se rendit à Philadelphie, où il visita Washington, en lui annonçant son projet de découvrir un passage au nord-ouest. Cet homme, à qui un peuple devait sa liberté, l'encouragea dans cette périlleuse entreprise, et lui accorda son bienveillant patronage. Le poëte s'enfonça sans crainte dans les forêts des Etats-Unis, et vécut avec les Anodagas. C'est dans ce voyage que, dans les forêts du haut Canada, voulant examiner de près une grande cataracte, il roula jusqu'au fond du gouffre. En face de cette magnifique nature, Chateaubriand avait sinon oublié sa patrie, du moins la voix des grands événements qui s'y accomplissaient arrivait bien affaiblie à son oreille, lorsqu'un soir, se reposant dans une ferme, le hasard lui fit tomber sous la main un journal sur lequel il lut, à la lueur du foyer : *Flight of the king* (fuite du roi), suivait le récit de la fuite à Varennes. Chateaubriand conçoit aussitôt le dessein d'aller se joindre à l'armée formée par l'émigration. Accueilli comme un retardataire par les émigrés de Coblentz, il fût néanmoins incorporé comme garde-noble dans un régiment des princes, assista au siége de Thionville, en 1792, où il fut blessé et faillit succomber à une maladie contagieuse. A demi mourant, il passa en Angleterre, où, sans ressources, il fut exposé au coin d'une borne. Rappelé à la vie par les soins charitables d'une pauvre vieille femme, il se trouva aux prises avec la plus affreuse misère. Il parvint à se procurer à peu près de quoi vivre en donnant des leçons de français et en faisant quelques traductions que les libraires anglais lui payaient bien maigrement. C'est alors qu'il fit paraître l'*Essai historique* (1796). Cette œuvre est écrite au point de vue sceptique, et reproduit contre la religion toutes les objections et les arguments des philosophes du XVIIIe siècle. L'*Essai historique*, on le voit, ne laisait guère supposer le *Génie du Christianisme*. En 1798, une lettre de Mme de Jarcy, sa sœur, lui annonçait la mort de sa mère, et lorsque cette lettre parvint en Angleterre, Mme de Jarcy, elle-même, était morte. M. de Chateaubriand, rentra en France en 1801, et, avec M. de Fontanes, son ami, publia le *Mercure de France*. C'est alors qu'il fit paraître *Atala*, qui obtint un succès européen, et dont de nombreuses éditions et traductions popularisèrent le nom de l'auteur. En 1802, eut lieu la publication du *Génie du Christianisme*. Dans cette œuvre gigantesque, Chateaubriand se borna à retracer la poétique du christianisme, et là il atteignit des hauteurs sublimes; mais la partie dogmatique est faible et incomplète et la partie historique esquissée à peine, quant au mouvement scientifique, l'état peu avancé de la science à son époque, ne lui permit pas de l'analyser. Il voulait rendre son siècle chrétien, et il croyait avoir plus de chances en s'adressant au cœur qu'à l'esprit. Napoléon fit tous ses efforts pour s'attacher Chateaubriand, qui répondit à ses avances en mettant, dans une épître dédicatoire, le *Génie du Christianisme* sous sa protection. Nommé premier secrétaire d'ambassade à Rome, en 1803, le poëte se rendit en Italie, et c'est sans doute dans ses rêveries à l'ombre du Colisée, dans cette campagne de Rome qui avait retenti des cris de triomphe des vainqueurs de l'univers et aujourd'hui si triste et si désolée, dans les catacombes qui furent le berceau du christianisme, qu'il puisa le sujet de son livre des *Martyrs*. Le 21 mars 1804, le duc d'Enghien expirait fusillé dans les fossés de Vincennes. Au milieu du silence et de la stupéfaction générale, une seule protestation osa s'élever contre cet attentat au droit des gens : ce fut celle de Chateaubriand, qui envoya sa démission. Appelé plus tard à l'Académie, sur la recommandation de Napoléon lui-même, il vint à la séance de réception avec un discours que l'assemblée ne voulut point écouter, mais qu'il refusa de modifier. En 1806, Chateaubriand visita l'Italie, la Grèce, la Turquie, la Palestine, l'Égypte et l'Espagne. C'est de cette dernière contrée que le poëte rapporta ce charmant récit, tout rempli de parfum oriental et d'arabesques détachées des palais fantastiques des kalifes maures, nous voulons parler du *Dernier des Abencerrages*, qui ne fut livré au public que longtemps après, en 1826; car l'illustre écrivain, pressé par des embarras d'argent, l'avait mis en gage chez un libraire. Retiré près d'Aunay, Chateaubriand fit paraître, de 1808 à 1814, les *Martyrs* et l'*Itinéraire de Paris à Jérusalem*, dont quelques fragments avaient été publiés dans le *Mercure*, sous le titre : *Mes impressions de voyage*. C'est dans cette retraite que le surprirent les événements de 1814. Il fit alors paraître sous le titre : *De Buonaparte et des Bourbons*, un pamphlet politique qui serait une lâcheté si on ne songeait à l'indépendance dont le poëte avait fait preuve, et qui lui donnait le droit de juger celui dont il s'était fait l'ennemi personnel. Cette brochure eut un tel effet, que Louis XVIII disait qu'elle avait valu une armée de cent mille hommes aux Bourbons. Nommé à la légation de Suède, Chateaubriand se préparait à se rendre à son poste, lorsque Napoléon débarqua à Cannes. L'auteur d'*Atala* suivit Louis XVIII à Gand, et fut appelé à faire partie de son conseil. Il fut chargé de rédiger un rapport au roi sur la situation de la France. Dans ce travail, il déploya plus de qualités littéraires que de talents politiques réels. Il jugea la situation comme il la rêvait et non comme elle était. A Gand, néanmoins, il fit tous ses efforts pour pousser Louis XVIII dans une voie franchement libérale ; mais il prit des engagements avec des hommes qui n'aspiraient au pouvoir que pour satisfaire d'implacables vengeances, opposés au progrès politique, tandis que ses principes libéraux, ses doctrines généreuses, l'appelaient d'un autre côté : c'est ainsi qu'il marcha constamment à la tête d'un parti à la pensée intime duquel il resta constamment étranger. Cette situation étrange dura jusqu'en 1821, l'époque de la chute de Décazes et de l'entrée de la droite aux affaires. On écarta M. de Chateaubriand du pouvoir, en le nommant ambassadeur à Berlin ; puis il remplaça M. Decazes à l'ambassade de Londres. Dans cette mission, il s'attacha à écarter les chances d'une collision avec l'Espagne, pour ne pas compromettre nos rapports avec l'Angleterre. Il entra au ministère des affaires étrangères en 1822, mais la guerre avec l'Espagne était résolue, et le ministère ne sut ni préparer les conséquences de l'intervention, ni en profiter. Chateaubriand rêvait bien la formation d'une série de monarchies constitutionnelles formées avec les colonies révoltées de l'Amérique espagnole ; mais il ne put donner suite à ce projet. Homme loyal et généreux, une fois qu'il fut au pouvoir, il manqua de suite dans les idées. En 1824, il fut privé du portefeuille avec une brutalité contre laquelle il protesta avec la plus grande énergie, se jeta dans la plus violente opposition, et contribua pour sa part à la chute du ministère Villèle. Nommé ambassadeur à Rome, Chateaubriand refusa de s'associer aux mesures impolitiques du cabinet du 8 août, envoya sa démission, et attendit avec découragement l'heure de cette catastrophe qu'il avait si souvent prédite. Il se trouvait à Dieppe, lorsque éclata la révolution de 1830 ; il accourut à Paris, où, reconnu par les jeunes gens des écoles, il fut porté en triomphe au Luxembourg. Là, alors que tous abandonnaient cette monarchie qui avait constamment repoussé ses avis et méconnu son dévouement, il prit hautement, mais inutilement, la défense du pouvoir qui tombait. Il refusa de prêter serment à Louis-Philippe, renonça à son siége à la Chambre des pairs, et abandonna une pension de 12,000 fr. Impliqué plus tard dans l'échauffourée de la duchesse de Berry, il fut défendu par M. Berryer, et acquitté. Il ne s'occupa plus dès lors que de travaux littéraires, fit paraître plusieurs ouvrages et s'occupa de la rédaction de ses *Mémoires*. Après sa mort, son corps fut conduit à Saint-Malo et déposé dans la sépulture qu'il s'était choisie sur une petite île voisine, « espérant, avait-il dit, qu'en cas de guerre avec la Grande-Bretagne, quelques boulets anglais viendraient frapper son tombeau. »

CHATEAUBRIANT, sous-préf. du dép. de la Loire-Inférieure, à 64 kil. de Nantes. Pop. 3,730 hab. Tribunal de 1re instance. Fabriques d'étoffes ; tanneries, mégisseries ; commerce de fer ; marchés aux grains. Ruines du château de Brient, dans lequel mourut Françoise de Foix, comtesse de Chateaubriant.

CHATEAUBRIANT (Françoise DE FOIX, comtesse DE), née vers 1475, morte en 1537. Elle était fille de Phœbus de Foix, et sœur du comte de Lautrec et du maréchal de Foix, qui contribuèrent à sa fortune. Elle fut la maîtresse de François Ier, qui la délaissa pour la duchesse d'Etampes. Brantôme dit à ce sujet : « J'ai ouï conter, et je tiens de bon lieu, que lorsque le roi François Ier eut laissé madame de Châteaubriant, sa maîtresse favorite, pour prendre madame d'Estampes, que madame la régente avait prise avec elle pour une de ses filles, madame d'Estampes pria le roi de retirer de madite dame de Châteaubriant tous les plus beaux joyaux qu'il lui avoit donnés, non pour le prix et la valeur ; car pour lors, les pierreries n'avaient pas la vogue qu'elles ont eue depuis, mais pour l'amour des belles devises qui y étoient mises, engravées et empreintes, lesquelles la reine de Navarre, sa sœur, avoit faites et composées ; car elle y étoit très-bonne maîtresse. » La comtesse de Châteaubriant, cédant à son dépit, fit fondre les joyaux et les convertit en lingots qu'elle envoya au roi, en lui mandant que, quant aux devises, elles étaient restées gravées dans sa pensée. Le roi n'accepta pas les lingots, et les renvoya à la comtesse, en disant : « Retournez et rendez-lui le tout. Ce que j'en faisois n'étoit pas pour la valeur ; car je lui eusse rendu deux fois plus, mais pour l'amour des devises ; et, puisqu'elle les a ainsi fait perdre ; je ne veux pas de l'or ; et le lui renvoie. Elle a montré en cela plus de courage et de générosité que je n'eusse pensé provenir d'une femme. » La comtesse avait épousé Jean de Laval, comte de Châteaubriant.

Vue de Damiette.

CHATEAUBRIANT (édit de), rendu par Henri II, le 27 juin 1551, contre les protestants. Il instituait des cours souveraines et des tribunaux présidiaux, assistés de dix avocats pour connaître des crimes d'hérésie et les juger sans appel. Cet édit soumettait les ouvrages imprimés à la censure de la Sorbonne, les boutiques des libraires à la surveillance du censeur royal, interdisait les imprimeries clandestines, et défendait, sous des peines sévères, l'introduction des livres imprimés à Genève. Le professorat et le barreau étaient interdits à ceux qui ne justifiaient pas d'un certificat d'orthodoxie. Il ordonnait la confiscation des biens des protestants émigrés, et défendait rigoureusement toute correspondance avec eux ; il était même interdit de les défendre en justice. Le tiers des biens des proscrits était promis en récompense aux délateurs.

CHATEAU-CHINON, sous-préf. du départ. de la Nièvre, à 55 kil. de Nevers. Pop. 2,900 hab. Tribunal de 1re instance, bibliothèque. Commerce considérable de bois de chauffage pour l'approvisionnement de Paris, de toiles, de grains, vins, chevaux, bestiaux. Ruines d'un ancien château fort. Cette ville, autrefois fortifiée, était la capitale du Morvan. Elle fut prise, en 1467, par les Bourguignons, et en 1591, par l'armée de Henri IV.

CHATEAU-DU-LOIR, ch.-l. de cant. de l'arrond. de Saint-Calais (Sarthe), à 42 kil. de cette ville. Pop. 3,000 hab. Fabrique de toiles.

CHATEAUDUN, sous-préf. du départ. d'Eure-et-Loir, à 44 kil. de Chartres. Pop. 6,600 hab. Tribunal de 1re instance. Collége, bibliothèque. Fabrique de couvertures de laine. Commerce de grains et farines. Ancienne vicomté. Cette ville fut incendiée en 1723. Ancien château des comtes Dunois et de Longueville.

CHATEAU-GAILLARD, forteresse en ruines, sur les bords de la Seine, auprès des Andelys. Elle fut construite en 1197 par Richard Cœur-de-Lion, roi d'Angleterre.

CHATEAU-LA-VALLIÈRE, ch.-l. de cant. de l'arrond. de Tours (Indre-et-Loire), à 33 kil. de cette ville. Pop. 1,250 hab. Hauts-fourneaux et forges. Cette ville fut érigée en duché en 1667, par Louis XIV en faveur de Mlle de la Vallière.

CHATEAULIN, sous-préf. du départ. du Finistère, à 28 kil. de Quimper. Pop. 2,800 hab. Tribunal de première instance. Ruines d'un château. Commerce d'ardoises. Beurre et bétail; pêcheries de saumons.

CHATEAU-MARGAUX, vignoble du départ. de la Gironde, de l'arrond. de Bordeaux, à 32 kil. de cette ville.

CHATEAU-MEILLANT, ch.-l. de cant. de l'arrond. de Saint-Amand-Mont-Rond (Cher), à 34 kil. de cette ville. Pop. 2,450 hab. Ville très-ancienne. Château qui appartient à la famille de Saint-Gelais-Lusi-

CHATEAUNEUF-SUR-CHER, ch.-l. de cant. de l'arrond. de Saint-Amand-Mont-Rond (Cher), à 22 kil. de cette ville. Pop. 2,750 hab. Fabrique de lainages. Commerce de vinaigre, vins, bestiaux. Cette seigneurie fut érigée en marquisat pour Colbert.

CHATEAUNEUF-SUR-LOIRE, ch.-l. de cant. de l'arrond. d'Orléans (Loiret), à 26 kil. de cette ville. Pop. 2,750 hab. Commerce de vinaigre. Fabrique de lainages.

CHATEAUNEUF-SUR-SARTHE, ch.-l. de cant. de l'arrond. de Segré (Maine-et-Loire), à 31 kil. de cette ville. Pop. 1,400 hab.

CHATEAUNEUF (Renée de Rieux, dite *la Belle* DE), femme d'une beauté extraordinaire, née en 1550. A quatorze ans, elle était fille d'honneur de la reine Catherine de Médicis. Le duc d'Anjou, depuis Henri III, l'aima éperdûment, et eut souvent recours

Mort de Démosthène.

Philippe-Auguste s'en empara en 1204. En 1314, Philippe le Bel y enferma ses belles-filles. Charles le Mauvais y fut retenu en 1356. Henri V la prit en 1419; elle fut reprise dix ans plus tard par la Hire et enlevée de nouveau aux Français la même année.

CHATEAU-GIRON, ch.-l. de cant. de l'arrond. de Rennes (Ille-et Vilaine), à 16 kil. de cette ville. Pop. 1,480 hab. Commerce de toiles à voiles.

CHATEAU-GONTIER, sous-préf. de départ. de la Mayenne, à 30 kil. de Laval. Pop. 6,150 hab. Tribunal de première instance; collége diocésain, bibliothèque (4,000 vol.). Fabriques de toiles, lainages et cuirs. Cette ville fut bâtie autour d'un château construit par Foulques Nérac en 1037. Louis XIV l'érigea en marquisa..

CHATEAU-LAFFITTE, vignoble renommé de l'arrond. de Lesparre.

CHATEAU-LANDON, ch.-l. de cant. de l'arrond. de Fontainebleau (Seine-et-Marne), à 33 kil. de cette ville. Pop. 2,300 hab. Fabriques de serges, de blanc d'Espagne. Belles carrières de pierres dures qui se polissent comme le marbre. Les Anglais s'emparèrent de cette ville en 1436, et Richemond la reprit l'année suivante.

gnan, et que possède, depuis 1837, le duc de Mortemart, qui l'a fait restaurer.

CHATEAUNEUF, ch.-l. de cant. de l'arrond. de Limoges (Haute-Vienne), à 38 kil. de cette ville. Pop. 1,384 hab.

CHATEAUNEUF, ch.-l. de cant. de l'arrond. de Saint-Malo (Ille-et-Vilaine), à 13 kil. de cette ville. Pop. 780 hab. Place de guerre avec un fort construit en 1777.

CHATEAUNEUF-DE-RANDON, ch.-l. de cant. de l'arrond. de Mende (Lozère), à 24 kil. de cette ville. Pop. 635 hab. Les Anglais s'en emparèrent en 1380, et du Guesclin y mourut en en faisant le siége.

CHATEAUNEUF-DU-FAOU, ch.-l. de cant. de l'arrond. de Châteaulin (Finistère), à 25 kil. de cette ville. Pop. 2,500 hab.

CHATEAUNEUF-EN-THIMERAIS, ch.-l. de cant. de l'arrond. de Dreux (Eure-et-Loir), à 20 kil. de cette ville. Pop. 1,240 hab. Mines de fer.

CHATEAUNEUF-SUR-CHARENTE, ch.-l. de cant. de l'arrond. de Cognac (Charente), à 28 kil. de cette ville. Pop. 2,450 hab. Belle église fondée par Charlemagne. Commerce de vins, eaux-de-vie, sels, etc. Ville autrefois fortifiée. Charles V s'en empara sur les Anglais après un siége de quatre ans.

à la muse de Desportes pour peindre sa passion. Le roi la quitta lorsqu'il épousa la princesse Louise de Lorraine Vaudemont. Elle voulut alors braver la reine en plein bal; mais le roi lui ordonna de se retirer. Elle épousa alors un Florentin, nommé Antinotti. Elle surprit son mari qui la trahissait et le tua de sa main. Elle épousa en secondes noces Altavitti, baron de Castellane, fougueux ligueur qui fut assassiné, en 1586, par Henri d'Angoulême, gouverneur de Provence. Altavitti, avant d'expirer, eut encore la force de plonger son poignard dans le ventre de son ennemi.

CHATEAU-PONSAC, ch.-l. de cant. de l'arrond. de Bellac (Haute-Vienne), à 20 kil. de cette ville. Pop. 3,890 hab.

CHATEAU-PORCIEN, ch.-l. de cant. de l'arrond. de Rethel (Ardennes), à 11 kil. de cette ville. Pop. 2,475 hab. Fabrique de lainages, mérinos, flanelle. Ancienne seigneurie érigée en comté en 1288, et en principauté en 1561.

CHATEAU-RENARD ou REGNARD, ch.-l. de cant. de l'arrond. de Montargis (Loiret), à 17 kil. de cette ville. Pop. 2,290 hab. Ancienne place forte des calvinistes. Ruines.

CHATEAU-RENARD, ch.-l. de cant. de l'arrond. d'Arles (Bouches-du-Rhône), à 19 kil. de cette ville. Pop. 4,800 hab. Ruines d'un château qui appartint à la reine Jeanne de Naples.

CHATEAU-RENAULT ou REGNAUD, ch.-l. de cant. de l'arrond. de Tours (Indre-et-Loire), à 29 kil. de cette ville. Pop. 3,300 hab. Fabrique de grosse draperie, tanneries, tuileries, moulins à foulon. Commerce de bois et de grains. Ancienne seigneurie.

CHATEAUROUX, ch.-l. du dép. de l'Indre, à 263 kil. de Paris. Pop. 13,560 hab. Tribunal de 1re instance et de commerce; succursale de la Banque de France, lycée impérial, bibliothèque. Chambre consultative des arts et manufactures; parc des équipages militaires; hôtel de la préfecture; église gothique des Cordeliers; hôtel de ville avec bibliothèque; industrie active; manufacture de tabacs; bonneterie, draps, laines. Commerce de vins; teintureries, tanneries. Exploitation de pierres lithographiques aux environs. Patrie de Guimond de la Touche, du général Bertrand, dont on a élevé la statue en 1854. Cette ville doit son origine à un château bâti par Raoul et Déols. Elle fut érigée en duché-pairie, en faveur du prince de Condé, par Louis XIII. Louis XV la donna à la marquise de la Tournelle. Pendant la Révolution, Châteauroux prit le nom d'*Indre-ville*.

CHATEAUROUX (Marie-Anne de Neslé, duchesse DE), née vers 1717. Cette femme, douée d'une grande beauté et des grâces les plus séduisantes, épousa d'abord Jean-Louis de la Tournelle, dont elle devint veuve à l'âge de vingt-trois ans. Louis XV eut un caprice pour elle, et la fit dame du palais de la reine, puis surintendante de la maison de madame la Dauphine, et lui donna le duché de Châteauroux. Louis XV, jusqu'à l'âge de vingt-sept ans, fut pour la reine Marie Leczinska un modèle de fidélité conjugale. Le cardinal Fleury, ou-bliant ce qu'il devait au caractère dont il était revêtu, s'appliqua à distraire le jeune roi pour le soustraire à l'influence de sa femme, et ne vit pas d'un mauvais œil les relations du roi avec madame de Châteauroux. Louis XV eut même pour maîtresses les trois sœurs de cette femme. Le peuple seul protesta contre ce quadruple inceste. Ainsi, pendant un voyage que la favorite fit de Metz à Paris, elle fut obligée de se cacher pour se soustraire aux outrages et aux menaces du peuple. Le duc de Richelieu, qui s'était fait le courtier corrupteur de Louis XV, ménagea une réconciliation entre elle et le roi, et la fit rentrer dans son ancienne faveur. On doit dire cependant qu'elle n'usa de son influence sur ce monarque que pour l'arracher à la tutelle du cardinal Fleury; elle voulait que Louis XV fût moins son amant qu'un grand roi. Ce fut elle qui lui persuada de se mettre à la tête des armées. Marie Leczinska n'ignorait pas que madame de Châteauroux était la maîtresse du roi; elle se voyait même obligée de souffrir la présence d'une favorite à la cour; mais elle se reprochait d'avoir cédé aux conseils d'un jésuite, son confesseur, qui lui avait persuadé qu'elle devait refuser à Louis XV ses droits d'époux. Son mari, justement indigné de la conduite de sa femme, n'avait que trop facilement cédé au conseil de ses courtisans, qui se firent les complices de ses débauches. Louis XV, jusque-là fort timide, étonna bientôt la cour la plus corrompue. Il avait eu pour première maîtresse la comtesse de Mailly, sœur de la duchesse de Châteauroux, qui triompha par son effronterie de la timidité du jeune roi. La duchesse de Châteauroux avait supplanté sa sœur comme elle devait être supplantée à son tour par ses deux plus jeunes sœurs. Elle allait être nommée surintendante de la maison du Dauphin quand elle fut emportée par une mort subite, en 1744. Le peuple, qui l'avait outragée et méprisée, la regretta cependant, quand il la compara aux indignes favorites qui lui succédèrent.

CHATEAU-SALINS, sous-préf. du dép. de la Meurthe, à 30 kil. de Nancy. Pop. 2,485 hab. Tribunal de 1re instance. Fabriques de draperies, verre et faïence; tanneries, moulins à plâtre. Commerce de toiles. Cette ville doit son origine et son nom à un château qui appartint aux évêques de Metz, puis aux ducs de Lorraine; et à des salines mises en exploitation en 1330 et abandonnées en 1826.

CHATEAU-THIERRY, sous-préf. du dép. de l'Aisne, à 55 kil. de Laon. Pop. 4,800 hab. Tribunal de 1re instance, bibliothèque, collége. Tour de Balhan, curieux monument bien conservé. Commerce de bois, grains, farines, laines, tanneries. Patrie de La Fontaine, auquel on a élevé une statue en marbre blanc. Cette ville doit son origine à un château bâti par Charles Martel, en 720, pour Thierry IV, et on en voit encore des ruines. Château-Thierry fut prise par Charles-Quint, en 1544; les Français y vainquirent les alliés les 6 et 7 mars 1814.

CHATEAU-VILLAIN, ch.-l. de cant. de l'arrond. de Chaumont (Haute-Marne), à 18 kil. de cette ville. Pop. 2,100 hab. Haut fourneau, forges, tanneries. Cette ville était autrefois le chef-lieu d'un comté, érigé en duché-pairie, en 1703, en faveur du comte de Toulouse; il passa ensuite à la maison d'Orléans.

CHATEL (Jean), fils d'un marchand drapier de Paris; étudiait sous les jésuites, au collége de Clermont, lorsqu'il forma le projet de pénétrer dans l'appartement d'Henri IV, et de l'assassiner au moment où il revenait à Paris, après son expédition des Pays-Bas, en 1594. Chatel n'avait guère que 18 ou 19 ans. L'éducation singulière qu'il avait reçue chez les jésuites avait exalté son imagination, et il croyait de bonne foi qu'il lui était permis d'assassiner un prince hérétique qui ne pouvait être qu'un tyran. Chatel profita du moment où Henri IV relevait les sieurs de Ragni et de Montigny, qui s'étaient agenouillés respectueusement devant lui, pour lui porter un coup de couteau qui atteignit le roi à la lèvre supérieure et lui cassa une dent. Henri, voyant auprès de lui une folle nommée *Mathurine*, crut que c'était elle qui l'avait blessé; mais, au même instant, le comte de Soissons emmenait Chatel qu'il avait reconnu à son air effaré et qu'il avait arrêté dans sa fuite. Henri IV ordonna que l'assassin fût conduit au Fort-l'Évêque. Dans son permier interrogatoire, Chatel présenta son action comme une tentative méritoire qui devait racheter ses péchés. Il avoua qu'il sortait du collége des Jésuites, et il raconta les scènes épouvantables par lesquelles les jésuites faisaient impression sur l'imagination de leurs élèves pour leur représenter les scènes fantastiques de l'enfer. On l'avait souvent enfermé dans un lieu que les jésuites appelaient *la Chambre des méditations*; et là son esprit avait été frappé jusqu'à la folie. Interrogé si les jésuites ne lui avaient pas donné le conseil de tuer le roi, ou s'ils n'avaient pas dit qu'il était permis de le tuer, Chatel répondit affirmativement, mais sans pouvoir désigner personne. On tira de ses aveux la conséquence que les jésuites avaient été, au moins moralement, complices du crime, en prêchant la doctrine du régicide. Aussi le parlement de Paris, après avoir prononcé contre Chatel la peine qu'il méritait, ordonna « que les prêtres et autres soi-disant de la Société de Jésus, comme étant corrupteurs de la jeunesse, perturbateurs du repos public, ennemis du roi et de l'État, vidassent dans trois jours leurs maisons et colléges, et dans quinze tout le royaume. » Le père Guignard, qui avait en sa possession des libelles injurieux contre Henri III et Henri IV, et où le régicide était exalté, fut condamné aussi à être pendu et brûlé. Chatel, qui n'avait été que l'instrument du fanatisme, fut écartelé après avoir été tenaillé. Il ne cessa de répéter qu'il ne se repentait point de son attentat, et, persuadé qu'il subissait le martyre, il ne proféra pas la moindre plainte. La cour de Rome mit à l'index l'arrêt du parlement qui condamnait Chatel. Les parents de l'assassin furent condamnés au bannissement, et on rasa leur maison, qui était devant le palais de Justice. On éleva, sur le même emplacement, un monument où était gravé l'arrêt prononcé contre Chatel.

CHATEL-MONTAGNE, village de l'arr. de la Palisse (Allier), à 15 kil. de cette ville, Pop. 1,970 hab. Belle église du XIe siècle. Ruines d'un vieux château.

CHATEL-SAINT-DENIS, bourg du cant. de Fribourg (Suisse), à 35 kil. de cette ville. Pop. 2,380 hab. Commerce de bois, fromages estimés.

CHATEL-SUR-MOSELLE, ch.-l. de cant. de l'arrond. d'Épinal (Vosges), à 15 kil. de cette ville. Pop. 1,200 hab.

CHATELAIN. Ce mot désigna d'abord les lieutenants des ducs et comtes, chargés de les aider dans l'administration des provinces; ils étaient chargés de la défense des forteresses et des bourgs, *Castella*, d'où leur vient le nom de *Castellani* ou châtelains. Ils réunissaient les pouvoirs civils et militaires. Quand la féodalité s'établit, les châtelains transformèrent leur emploi purement temporaire en une seigneurie héréditaire. Les ducs et comtes instituèrent des *juges châtelains*, qui avaient haute, moyenne ou basse justice. Le châtelain prenait rang immédiatement après le baron.

CHATELARD (le), ch.-l. de cant. de l'arr. de Chambéry (Savoie), à 20 kil. de cette ville. Pop. 1,000 hab.

CHATELAUDREN, ch.-l. de cant. de l'arrond. de Saint-Brieuc (Côtes-du-Nord), à 20 kil. de cette ville. Pop. 1,300 hab.

CHATELDON, ch.-l. de cant. de l'arrond. de Thiers (Puy-de-Dôme), à 15 kil. de cette ville. Pop. 1,750 hab. Sources minérales et bains.

CHATELET (le), ch-l. de cant. de l'arrond. de Saint-Armand-Mont-Rond (Cher), à 24 kil. de cette ville. Pop. 1,370 hab.

CHATELET (le), ch-l. de cant. de l'arrond. de Melun (Seine-et-Marne), à 12 kil. de cette ville. Pop. 1,100 hab.

CHATELET, ville de Belgique (Hainaut), à 6 kil. de Charleroy. Pop. 5,500 hab. Fabrique de draps, lainages, poteries.

CHATELET (grand et petit). Le mot châtelet était pris autrefois pour désigner le siége d'un tribunal, et on appelait *châtellenie* le ressort dans lequel ce tribunal exerçait sa juridiction. Les deux Châtelets de Paris formaient autrefois deux châteaux forts qui protégeaient, sur les deux rives de la Seine, la vieille Lutèce formée alors de la cité. Deux ponts établissaient la communication entre les deux rives opposées; au bout du pont au Change se trouvait le Grand-Châtelet; et au bout du Petit-Pont, le Petit-Châtelet. On a attribué la construction de ces forteresses à Jules César. Elles furent utiles aux Parisiens pour arrêter l'invasion des Normands. Le Grand-Châtelet a été démoli entièrement lors de la Révolution. Le Petit-Châtelet, qui était moins important, servit pendant longtemps de résidence aux prévôts de Paris; il a été démoli en 1762; mais il a laissé son nom à la place du Châtelet. Le Grand-Châtelet était le lieu où siégeait la juridiction générale de la prévôté et vicomté de Paris. C'était au nom du prévôt que les jugements étaient rendus, c'était aussi en son nom que les actes notariés étaient déclarés exécutoires. Le prévôt de Paris n'était pas seulement chargé de l'administration intérieure de la ville et de la police, il avait aussi le droit de convoquer la noblesse de la prévôté de Paris, lorsque la capitale était en danger; il avait même le droit de se mettre à la tête de l'armée. Le Châtelet avait son administration particulière; la justice criminelle était rendue par sa compagnie du guet, ses huissiers ou sergents à cheval, et ses huissiers à verge. La justice civile était rendue par un lieutenant général civil; un lieutenant général de police, un lieutenant criminel, deux lieutenants particuliers et 57 conseillers dont un conseiller d'épée. Le tribunal était assisté d'un auditeur particulier et de quelques gens du roi. Au-dessous de ces magistrats venaient 48 commissaires au Châtelet, 113 notaires, 235 procureurs, 385 huissiers à cheval, 240 huissiers à verge et 120 huissiers priseurs. Les avocats au Châtelet étaient aussi avocats au parlement.

CHATELET (la marquise DU). (*Voir* DU-CHATELET.)

CHATELLENIE. Office de judicature institué par les ducs et comtes, et appelé chatellenie. Les châtelains proprement dits exerçaient la justice dans leurs bourgs seulement, et n'avaient que la basse justice. Les juges châtelains avaient à la fois la haute, moyenne et basse justice.

CHATELLERAULT, sous-préfect. du départ. de la Vienne, à 29 kil. de Poitiers. Pop. 11,735 hab. Tribunaux de 1re instance et de commerce; collége. Industrie importante. Fabriques de coutellerie, manufactures d'armes blanches; dentelles, tanneries, blanchisseries de toile et de cire, fabriques de meules de moulin. Entrepôt et commerce de vins, eaux-de-vie, grains, légumes, graines, etc.; fers, ardoises, laines, sels. Cette ville, fondée au XIe siècle, fut érigée en duché-pairie en 1514. Les catholiques s'en emparèrent en 1562, et les protestants la reprirent en 1569.

CHATELUS ou CHASTELLUX, ch.-l. de cant. de l'arrond. de Boussac (Creuse), à 16 kil. de cette ville. Pop. 1,100 hab.

CHATENAY, village de l'arr. de Sceaux (Seine), à 8 kil. de Paris. Pop. 700 hab. Patrie de Voltaire.

CHATENOIS, ch.-l. de cant. de l'arrond. de Neufchâteau (Vosges), à 15 kil. de cette ville. Pop. 1,600 hab. Fabriques de dentelles, toiles de chanvre, orgues et serinettes.

CHATENOIS, bourg de l'arrond. de Schelestadt (Bas-Rhin), à 6 kil. de cette ville. Pop. 3,839 hab. Fabriques de cotonnades, indiennes; papeteries. Sources minérales.

CHATHAM ou CHATAM, ville d'Angleterre (Kent), à 40 kil. de Londres. Pop. 36,200 hab. Place très-forte, entourée de plusieurs forts; port militaire, le second du royaume; arsenal maritime, docks, pontons de dépôt pour les condamnés à la déportation, parc d'artillerie, école d'application du génie militaire, écoles des lettres et des sciences. L'arsenal maritime fut fondé par Henri VIII, agrandi et fortifié par Elisabeth et Charles II. Ruyter s'en empara en 1667 et le détruisit en partie.

CHATHAM, bourg des États-Unis (Connecticut), à 25 kil. d'Hartford. Pop. 3,500 hab. Port, chantiers de construction maritime. Exploitation de pierres de taille dites de Connecticut.

CHATHAM (lord). (*Voir* PITT.)

CHATILLON, ch.-l. de cant. de l'arrond. de Die (Drôme), à 10 kil. de cette ville. Pop. 1,200 hab. Commerce de chanvre.

CHATILLON, bourg du royaume d'Italie (prov. de Turin), à 20 kil. d'Aoste. Pop. 2,300 hab. Les Autrichiens y furent vaincus par Lannes le 19 mai 1800.

CHATILLON-DE-MICHAILLES, ch.-l. de cant. de l'arrond. de Nantua (Ain), à 20 kil. de cette ville. Pop. 1,450 hab.

CHATILLON-EN-BAZOIS, ch.-l. de cant. de l'arrond. de Château-Chinon (Nièvre), à 25 kil. de cette ville. Pop. 1,200 hab. Commerce de bestiaux.

CHATILLON-LES-DOMBES ou CHATILLON-SUR-CHALARONNE, ch.-l. de cant. de l'arr. de Trévoux (Ain), à 27 kil. de cette ville. Pop. 3,230 hab. Saint Vincent de Paul fut curé de cette ville; on lui éleva une statue en 1856.

CHATILLON-SOUS-BAGNEUX, village de l'arrond. de Sceaux (Seine), à 8 kil. de Paris. Pop. 1,510 hab. Exploitation de pierres de taille.

CHATILLON-SUR-INDRE, ch.-l. de cant. de l'arrond. de Châteauroux (Indre), à 44 kil. de cette ville. Pop. 3,340 hab. Ancienne seigneurie; ruines d'un château fort.

CHATILLON-SUR-LOING, ch.-l. de cant. de l'arrond. de Montargis (Loiret), à 22 kil. de cette ville. Pop. 2,080 hab. Commerce de bois et charbon. L'amiral Coligny naquit dans le château de cette ville; son tombeau y fut placé en 1582, et Châtillon fut érigé en duché-pairie en 1648, en faveur de ses descendants.

CHATILLON-SUR-LOIRE, ch.-l. de cant. de l'arrond. de Gien (Loiret), à 16 kil. de cette ville. Pop. 2,280 hab. Exploitation de marbres et pierres de taille.

CHATILLON-SUR-MARNE, ch.-l. de cant. de l'arrond. de Reims (Marne), à 28 kil. de cette ville. Pop. 900 hab. Ancien chef-lieu de comté. Ruines d'un château fort. Patrie du pape Urbain II.

CHATILLON-SUR-SEINE, sous-préf. du départ. de la Côte-d'Or, à 80 kil. de Dijon. Pop. 4,780 hab. Tribunal de 1re instance et de commerce, collége, bibliothèque. Beau château; église Saint-Vorle. Fabriques de draps; tanneries, blanchisseries de cire, papeteries; fabriques de pointes de Paris, forges dans les environs; belles bergeries de moutons mérinos et saxons; exploitation de pierres lithographiques, hauts-fourneaux. Commerce de bois. Patrie de Verniquet et du maréchal Marmont. Il se tint dans cette ville un congrès qui dura du 4 février au 18 mars, entre les plénipotentiaires de Napoléon et les princes alliés.

CHATILLON-SUR-SÈVRE, ch.-l. de cant. de l'arrond. de Bressuire (Deux-Sèvres), à 25 kil. de cette ville. Pop. 1,500 hab. Ancien duché-pairie. Le dernier des seigneurs qui la gouverna fut Savary de Mauléon. Les Vendéens y furent vaincus en juillet et octobre 1793.

CHATILLON (maison de). Il y a eu en France plusieurs maisons du nom de Châtillon, l'une originaire de Châtillon-sur-Marne, et l'autre de Châtillon-sur-Loing. La maison de Châtillon-sur-Marne remontait à Henri Ier, petit-fils de Hugues Capet. Elle s'est plusieurs fois alliée à des maisons souveraines. Nicolas Vignier a dit de cette maison : « Elle se voit par toutes les histoires avoir esté l'une des plus illustres et renommées de tout le royaume de France, depuis quatre ou cinq cents ans; tant pour la grandeur d'icelle que pour ce qu'il ne s'est fait aucun grand affaire de guerre ou de paix, où quelqu'un d'icelle n'aye esté employée, ny aucune bataille mémorable ou voyage tant dedans que dehors le royaume, de çà que de là la mer, sur les infidèles, où il ne se soit trouvé quelqu'un de ceste famille-là. » Eudes de Châtillon fut le premier pape français sous le nom d'Urbain II. — Arnold de Châtillon partit pour la première croisade et devint prince d'Antioche par son mariage avec la fille de Raymond II. Il fut fait prisonnier par Saladin en 1187, et fut décapité en punition des odieux brigandages qu'il avait commis en Asie. — Gaucher de Châtillon fut sénéchal de Bourgogne; il mourut en 1219. — Gaucher II, né en 1250, mort en 1329, fut connétable de France et ministre de Louis le Hutin. La maison de Châtillon-sur-Marne s'éteignit en 1762. — La maison de Châtillon-sur-Loing a produit trois frères célèbres dans l'histoire : Coligny, Dandelot et le cardinal de Châtillon.

CHATILLON (Odet DE COLIGNY, dit *le Cardinal* DE); né en 1515, il fut cardinal à dix-huit ans, archevêque de Toulouse à dix-neuf ans et évêque de Beauvais à vingt ans. Il embrassa le calvinisme sans abdiquer la dignité épiscopale. Le pape Pie IV le priva de la pourpre et l'excommunia. Coligny se vengea en se mariant en soutane rouge. Sa femme Isabelle de Hauteville était reçue à la cour, où on l'appelait *madame la Cardinale* ou madame *de Beauvais*, à raison de ce que son mari était évêque de ce diocèse. Coligny trahit son pays en prenant les armes en faveur de l'Angleterre; c'est ainsi qu'il assista à la bataille de Saint-Denis, en 1568. Il fut empoisonné en Angleterre, où il s'était réfugié, en 1571, par un de ses domestiques. A la mort du cardinal, sa femme réclama son douaire; mais elle fut déboutée de sa demande par un arrêt du parlement.

CHATILLON (Gaspard DE COLIGNY, maréchal DE), petit-fils de l'amiral de Coligny, né en 1584, mort en 1646. Il fit la campagne de Savoie en 1630. Il gagna, en 1635, la bataille d'Avein avec le maréchal de Brézé. L'année suivante, il reprit Corbie aux Espagnols. Plus tard, il s'empara aussi d'Ivoy, de Damvillers et d'Arras, avec les maréchaux de Chaulnes et de la Meilleraie. Il perdit la bataille de la Marfée, contre le comte de Soissons, en 1641. Il laissa la réputation d'un brave officier. Ayant reçu l'avis, au siége d'Arras, que son fils venait d'être tué. « Il est bien heureux, dit-il, d'être ainsi mort pour le service du roi. » Mais cette nouvelle était fausse et quelques instants après il revoyait son fils.

CHATILLON (Nicolas DE), né à Châlons en Champagne en 1547, ingénieur champenois, se rendit célèbre sous le règne de Henri IV et celui de Louis XIII. La place Royale fut construite d'après son plan et ses dessins; il fut chargé de la direction et de l'achèvement du pont Neuf, commencé sous Henri III. Enfin il commença la construction de l'hôpital Saint-Louis, dont la première pierre fut posée en 1607. Mort en 1616.

CHATILLON (congrès de). Le congrès de Châtillon fut amené par un certain concours de circonstances auxquelles on doit remonter pour en apprécier la portée. Après la bataille de Leipzig, le baron de Saint-Aignan, chargé d'affaires du gouvernement impérial à Weymar, fut arrêté et dirigé sur la Bohême malgré ses protestations. Par un revirement subit, il apprit qu'il était attendu à Francfort, chez le comte de Metternich. Il s'y rendit, en effet, et fut étonné d'y trouver le comte de Nesselrode, ministre du cabinet russe et lord Aberdeen. Là les quatre diplomates eurent une conférence dans laquelle ils prirent pour point de départ les ouvertures pour la paix qui avaient été faites indirectement par Napoléon à un général autrichien fait prisonnier. Ils assurèrent d'abord à Saint-Aignan que les alliés entendaient conserver la dynastie de Napoléon, et maintenir les limites entre le Rhin, les Alpes et les Pyrénées. Ils déclaraient, en outre, qu'ils espéraient un prompt arrangement si le duc de Vicence, beau-frère de Saint-Aignan, était chargé de la négociation. Saint-Aignan rapporta ces propositions à l'empereur qui, préoccupé surtout d'une alliance plus intime avec l'Autriche, protesta de son désir de traiter de la paix et d'ouvrir le congrès à Manheim. Il voulut que sa réponse fût adressée directement au ministre autrichien Metternich. Celui-ci fit la réponse suivante : « Les puissances seront prêtes à entrer en négociations dès qu'elles auront la certitude que l'empereur des Français admet les bases générales et sommaires que j'ai consignées dans mon entretien avec le baron de Saint-Aignan. » Napoléon consentit à traiter à ces conditions, et à remplacer le duc de Bassano par le duc de Vicence. Au moment même où il faisait cette déclaration, les souverains coalisés publiaient un manifeste européen, dans lequel ils vouaient l'empereur à la haine de ses propres sujets. En même temps ils adressaient des instructions au comité royaliste qui fonctionnait à Paris. La coalition n'avait évidemment pour but que d'entretenir l'empereur dans une fausse sécurité. En effet, l'acceptation des premières bases par le duc de Vicence fut suivie d'une réponse qui ajournait les négociations jusqu'au moment où elles auraient obtenu l'adhésion des princes alliés. Les ennemis de l'empereur flattaient adroitement l'idée d'un congrès général qu'il avait conçue pour régler les difficultés internationales. Le parti royaliste en France combinait les moyens d'ouvrir les frontières à l'armée d'invasion, pendant que la Suisse était pressée d'entrer dans la coalition. Le canton de Berne, qui disposait de la frontière allemande, entraîna le reste de la Suisse, et ouvrit de ce côté le passage du Rhin. Napoléon, comprenant alors qu'il était dupe de la mauvaise foi des souverains alliés, parut retirer les premières propositions, et chargea le duc de Vicence de leur déclarer que, dans les circonstances nouvelles, il ne pouvait consentir sans avilissement à réduire la France à ses anciennes limites. Le prince de Metternich ne parut aucunement étonné de la mission du duc de Vicence, et chercha encore à l'abuser par de nouvelles temporisations. Napoléon, menacé par un million d'hommes et n'ayant autour de lui, que 50,000 combattants, mettait de son côté le temps à profit. Cependant il fut encore abandonné par Murat, roi de Naples, son beau-frère, qui signa avec l'empereur d'Autriche un traité d'alliance offensif et défensif, en vertu duquel il devait fournir 30,000 hommes à la coalition. La France allait être ainsi ouverte de tous côtés. En présence du danger, l'empereur conféra la régence à l'impératrice, chargea son frère Joseph de défendre Paris, et mit le roi de Rome sous la protection de la garde nationale. Immédiatement après, il entra en campagne avec 50,000 jeunes soldats. Il ne put prévenir la jonction des Prussiens et des Autrichiens, et fut battu près de Brienne, où il avait passé ses jeunes années. Arrivé à Troyes, il apprit que le congrès qui avait été proposé allait s'ouvrir à Châtillon-sur-Seine. Les plénipotentiaires des alliés avaient été choisis parmi les ennemis de l'empereur. Ceux-ci ne voulaient déjà plus des premières bases, acceptées de part et d'autre. Le duc de Vicence pressait cependant l'empereur d'ouvrir les conférences. Celui-ci comprit qu'en traitant dans de telles circonstances, il ne raffermirait jamais sa couronne. Il céda cependant aux vives sollicitations de ses ministres, et signa des pleins pouvoirs au duc de Vicence. Les conférences s'ouvrent enfin à Châtillon, sans que les hostilités soient suspendues. Le duc de Vicence, ayant reçu carte blanche de l'empereur, pouvait, par la rapidité de ses négociations, dissimuler la faiblesse de l'armée impériale, et arrêter la marche de l'ennemi sur Paris. Il perdit un temps précieux à demander des instructions plus complètes, ne comprenant pas que l'empereur voulait en quelque sorte avoir la main forcée, et qu'il ne consentirait pas à signer lui-même sa propre honte. Pendant que les négociations traînaient en longueur, les diplomates étrangers recevaient des divers comités royalistes des communications qui les engageaient à rompre les négociations. Elles sont bientôt rompues, malgré les protestations du duc de Vicence. Napoléon, impatienté de ces pourparlers, qui ne pouvaient aboutir, se contente de répondre à ceux qui lui parlait de rompre les conférences : « Il s'agit bien d'autres choses : je suis dans ce moment à battre Blücher de l'œil. Il marche par Montmirail. Je pars; je le battrai demain, je le battrai après demain : si je réussis, l'état des affaires va changer, et nous verrons. « Napoléon exécuta ce qu'il avait prévu ; et bientôt il put écrire au duc de Vicence de prendre une attitude plus fière ; qu'il devait tout faire pour la paix, mais qu'il ne devait rien signer sans son ordre. Napoléon venait de détruire l'armée de Silésie, composée de Russes et de Prussiens, et déjà il avait entamé l'armée de Schwartzenberg. Il espérait faire changer Murat de parti et conserver ainsi l'Italie. Le comte de Paër vint demander une suspension d'hostilité ; Napoléon la repoussa sans s'opposer toutefois à la reprise du congrès. Il n'acceptait plus les anciennes bases, et, bien que Saint-Aignan, qu'il avait chargé de sonder l'opinion publique en France, le pressait d'accepter la paix à tout prix : « Elle arrivera assez tôt, répondit l'empereur, si elle est honteuse. » On proposa de part et d'autre, et l'on convint que les conditions en seraient arrêtées à Lusigny. L'Angleterre redoutait un arrangement. Aussi elle s'appliqua à resserrer le traité de la quadruple alliance en promettant un subside annuel de 120 millions, à la condition que chacune des quatre puissances entretiendrait une armée de 150,000 hommes et qu'aucune négociation séparée n'aurait lieu avec l'ennemi. Napoléon répondit à ce traité en poursuivant la guerre à outrance. Le duc de Vicence l'ayant pressé une dernière fois de souscrire à la condition que la France rentrerait dans ses anciennes limites, l'empereur consentit encore à donner à son plénipotentiaire des pouvoirs assez étendus pour en finir. Il ajoutait même : « S'il faut recevoir les étrivières, ce n'est pas à moi à m'y prêter, et c'est bien le moins qu'on me fasse violence. Le duc de Vicence, qui obtenait ainsi une seconde fois carte blanche, n'eut pas l'habileté de s'en servir pour sauver l'empire. Il ne sut pas non plus tirer profit des instructions qu'il reçut ultérieurement pour empêcher la rupture des négociations, et amener l'ennemi à adresser un ultimatum qui pût faire connaître les bases des négociations. Après deux mois de pourparlers, les alliés déclarèrent au duc de Vicence que les négociations étaient rompues par le fait de la France. Le duc de Vicence comprit trop tard toutes les fautes qu'il avait commises. L'empereur ne put empêcher la jonction de Blücher et de Schwartzenberg dans les plaines de Châlons. Il était trop tard pour que Napoléon songeât à sauver la capitale ; et bientôt les souverains alliés, aidés par le comité royaliste de Paris, y proclamaient la déchéance de Napoléon et la rentrée des Bourbons.

CHATIMENT, punition infligée pour une faute. A l'origine des sociétés, le droit de châtier appartenait au père de famille; plus tard, il appartint au souverain comme une délégation sociale. Les divers genres de châtiments ont varié suivant l'état de la civilisation. Chez certains peuples, le châtiment était administré suivant le bon plaisir du prince, et nous retrouvons encore ce principe en vigueur en Asie. Le châtiment se distingue de la peine en ce que celle-ci suppose une infraction à une loi établie, infraction que répriment les dispositions du droit pénal; tandis que le châtiment n'est généralement qu'une correction à laquelle on n'attache point un caractère infamant. Ainsi les corrections infligées à l'enfant constituent un châtiment et non une peine.

CHATON. Ce mot se dit de la partie d'une monture de pierreries, d'une bague, de boucles d'oreilles ou de tout autre bijou contenant un diamant ; les bords de la monture sont sertis ou rabattus sur la pierre.

CHATOU, village de l'arrond. de Versailles (Seine-et-Oise), à 10 kil. de cette ville. Pop. 1,800 hab. Fabrique de bonnets façon de Turin.

CHATRE (la) sous-préf. du départ. de l'Indre, à 36 kil. de Châteauroux. Pop. 4,645 hab. Tribunal de 1re instance, collége. Ancienne seigneurie avec un château fort dont on voit encore des ruines. Fabrique de lainages; commerce de cuirs ; corroieries, bestiaux.

CHATRE (famille DE LA), ancienne maison du Berri, dont les principaux membres sont : Pierre de la Châtre, archevêque de Bourges, fut élu par le peuple en la place d'Alberti, en 1141. Louis VII s'opposa à cette nomination, bien qu'elle eût été approuvée par le pape Innocent II. Saint Bernard parvint à vaincre l'opposition du roi. Il mourut en 1171. — Claude, baron de la Châtre, maréchal de France et gouververneur du Berri et de l'Orléanais. Il s'éleva par la faveur du connétable de Montmorency. Il se jeta dans le parti de la Ligue. Il lutta contre Henri IV dans le Berri ; mais plus tard il lui remit cette province. Il fit le siége de Sancerre ; ses attaques ayant été sans succès, il convertit le siége en un blocus qui dura 19 mois. Les habitants eurent le courage de supporter la plus épouvantable famine. On vit un père et une mère saler le corps de leur fille, qui était morte de faim, pour s'en nourrir. Claude de la Châtre mourut en 1614. — Louis de la Châtre, fils du précédent, homme de peu de mérite, fut nommé maréchal de France en 1616 et mourut en 1630. — Edme, comte de la Châtre, comte de Nançai, maître de la garde-robe du roi, et colonel général des Suisses en 1643. Il se distingua à la bataille de Norlingen, où il fut fait prisonnier après avoir été blessé. Il mourut en 1645. Il a laissé des *Mémoires intéressants sur la minorité de Louis XIV*. — Claude-Louis, duc de la Châtre, né à Paris en 1750, mort en 1824. Il fut député de la noblesse du Berri aux Etats généraux, et émigra en 1791 pour servir dans l'armée de Condé. Il combattit à Quiberon, et se rendit plus tard à Londres, comme agent de Louis XVIII, il entra à la Chambre des pairs, et fut nommé ambassadeur en Angleterre, puis ministre d'Etat et membre du conseil privé.

CHATTE, bourg de l'arrond. de Saint-Marcellin (Isère), à 4 kil. de cette ville. Pop. 2,075 hab. Moulineries de soies.

CHATTERTON (Thomas), célèbre poëte anglais, né à Bristol en 1752. Il était fils d'un maître d'école. Il eut d'abord peu de zèle pour l'étude ; ainsi il ne savait pas encore lire à l'âge de 8 ans. Cependant son intelligence se développa, et bientôt il apprit à lire sans maîtres, et prit un goût extraordinaire pour les livres. A l'âge de 12 ans, il possédait déjà l'histoire et la théologie. Il aimait les antiquités, et il semble que l'observation attentive du passé, de ses formules et de son vieux langage, ait contribué à imager son style et à lui donner une puissante originalité. En 1768, il attira l'attention du public dans des conditions singulières. Il écrivit, à l'occasion de l'inauguration du pont de Bristol, une lettre fort curieuse où il donnait la description la plus complète des processions et des cérémonies qui avaient eu lieu lors de l'ouverture de l'ancien pont de Bristol. Cette lettre fut reproduite par les journaux du temps, et elle exerça beaucoup la sagacité des antiquaires, qui recherchèrent où Chatterton avait pu puiser des renseignements qu'on ne trouvait nulle part, et qui cependant étaient présentés avec une couleur locale et une vérité saisissante. Chatterton laissa supposer que certains manuscrits contenus dans des coffres avaient été déterrés par son oncle, qui était fossoyeur de l'église. Enhardi par le succès de cette supercherie, le jeune littérateur alla jusqu'à produire des manuscrits sur vélin, auxquels on pouvait attribuer la plus haute antiquité. Il reçut des sommes d'argent pour divers ouvrages et même des poésies que les amateurs croyaient acquérir pour rien. Il s'enhardit même jusqu'à offrir à Horace Walpole le récit de la vie des peintres illustres de Bristol; il y joignit des poésies de Rowley. Walpole, éclairé par Gray et Mason, découvrit l'imposture, et engagea Chatterton à se contenter de ses occupations de clerc de procureur. Plusieurs journaux littéraires reproduisirent encore de nouvelles poésies de Rowley, des fragments attribués aux poëtes saxons. Chatterton n'avait alors que dix-sept ans et demi. Il vint à Londres, où il traita avec des éditeurs pour la composition d'une histoire d'Angleterre et d'une histoire de Londres. Cependant il avait à lutter contre une misère affreuse, qu'il cherchait à dissimuler à sa famille; ses travaux littéraires ne lui procuraient que de très-modiques ressources. Sa raison sembla s'égarer dans les angoisses de la faim. Le 25 août 1770, on le trouva mort dans son lit, à l'âge de 18 ans, et l'on constata qu'il s'était empoisonné. L'Angleterre rendit plus tard justice à l'un des plus grands génies qui l'ont illustrée. Il est constant que le talent de Chatterton n'avait pas encore atteint sa maturité; mais il était aisé de pressentir ce qu'aurait pu produire un jour son imagination hardie et grandiose. Il a su, par une étude approfondie de l'antiquité, faire revivre les hommes du passé; il a compris la poésie farouche des sociétés encore dans l'enfance; ses héros saxons sont dépeints avec une sauvage énergie qui étonne et confond; il n'a imité aucun poëte, de même qu'il ne peut avoir d'imitateur.

CHAUCER (Geoffroy), poëte anglais, né à Londres en 1400. Il étudia à Cambridge et à Oxford. Il renonça à l'étude du droit pour cultiver la poésie. Édouard III l'accueillit à sa cour, et le chargea de diverses missions. A la mort d'Édouard III, il s'attira les persécutions du clergé en embrassant la doctrine de Wiclef. Il fut même obligé de s'expatrier. Il revint à Londres au bout de quelque temps; mais il fut arrêté et emprisonné, et n'obtint sa liberté qu'après s'être rétracté. Il a laissé des *poésies* et des contes imités de Boccace où l'on trouve un engouement et une naïveté remarquables. Il a laissé aussi quelques contes en prose, et notamment le *Testament d'amour*.

CHAUDES-AIGUES, ch.-l. de cant. de l'arrond. de Saint-Flour (Cantal), à 21 kil. de cette ville. Pop. 2,485 hab. Sources minérales chaudes et froides. L'hiver, les maisons sont chauffées par le moyen de tuyaux qui amènent les eaux dans les appartements.

CHAUDET (Antoine-Denis), célèbre peintre sculpteur, né à Paris en 1763, mort en 1810. Il contribua, par la pureté de son dessin, à la restauration de la peinture et de la sculpture. A 19 ans, il avait déjà remporté le grand prix de sculpture. Pendant la Révolution, il fit pour le Panthéon un magnifique groupe représentant Minerve donnant à un jeune héros la couronne de l'immortalité. L'Institut le reçut dans son sein en 1795. On cite, parmi ses chefs-d'œuvres : le fronton du portique du Corps législatif; la *statue de Bonaparte* placée au-dessus de la colonne Vendôme, une statue de la *Paix* fondue en argent, les statues en marbre de *Dugommier* et *de Cincinnatus*, et *un groupe d'Œdipe*. Comme peintre, il a laissé plusieurs tableaux historiques; on admire surtout *son Archimède* et *Enée sauvant son père de l'incendie de Troie*.

CHAUDFONTAINE, village de la province de Liége (Belgique), à 7 kil. de cette ville. Pop. 1,300 hab. Fabrique d'armes à feu. Exploitation de marbres. Sources thermales. Etablissements de bains.

CHAUDIÈRE, rivière du Bas-Canada qui prend sa source au lac Mégantic, et, après un parcours de 160 kil., se jette dans le Saint-Laurent.

CHAUDON (Dom Louis-Mailleul), savant bénédictin de la congrégation de Cluny, né à Valensale en 1737, mort à Mézin en 1817. Parmi les nombreux ouvrages qu'il publia, on remarque surtout *le nouveau Dictionnaire historique*. On y trouve toutes les qualités qui doivent distinguer le bibliographe. La simplicité et la concision unies à une critique judicieuse et approfondie. Ses anecdotes sont choisies avec un tact remarquable de manière à peindre les personnages dont il fait l'histoire. L'ouvrage est écrit sans partialité et avec cette bonhomie qu'on admire si justement dans Rollin.

CHAUDRONNIER, CHAUDRONNERIE. On appelle chaudronnerie l'art de fabriquer avec le marteau les vases en cuivre, en fer-blanc, en tôle et en zinc. La chaudronnerie a produit plusieurs chefs-d'œuvre : on cite notamment un quadrige en lames de cuivre travaillées au marteau, qui fut apporté en France en 1806. Les Prussiens le reprirent en 1814, lors du pillage de nos musées.

CHAUFFAGE. Emploi d'un combustible pour élever la température d'un lieu d'habitation, ou bien pour donner à une machine le degré de chaleur nécessaire pour développer la vapeur. L'économie domestique a recherché les systèmes de chauffage les plus commodes et les moins coûteux. Outre les cheminées et les poêles, on a adopté les calorifères, et on en a construit de plusieurs sortes. On a essayé récemment avec succès d'introduire le gaz pour les fourneaux.

CHAUFFAILLES, ch.-l. de cant. de l'arr. de Charolles (Saône-et-Loire), à 29 kil. de cette ville. Pop. 1,770 hab. Fabriques de calicots.

CHAUFFE-CIRE. Officier de la grande chancellerie de France, qui avait autrefois la charge de chauffer la cire pour sceller la correspondance.

CHAUFFEURS. Nom que l'on a donné à des brigands qui, pendant les premières années de la Révolution et au commencement de notre siècle, commirent d'affreux ravages dans plusieurs départements de la France. Ils avaient pour programme le vol à main armée, le viol, le meurtre et l'incendie. Les premières bandes de *chauffeurs* se recrutèrent parmi les Vendéens, dont les armées avaient été dispersées, et parmi ces hommes qui ne peuvent se plier à aucune discipline, et qui avaient contracté sous l'ancienne monarchie des habitudes de vagabondage. Il y avait aussi dans leurs rangs bon nombre de déserteurs et de soldats licenciés. La faiblesse du Directoire fit toute la force de ces bandits. Le nom de *chauffeurs* leur vient de ce qu'ils se saisissaient des personnes qu'ils trouvaient dans les fermes ou dans les maisons isolées, et qu'ils leur mettaient les pieds dans le feu, pour les forcer de déclarer l'endroit où ils cachaient leurs bijoux. On les appelait aussi *garrotteurs*. Ils attaquaient souvent avec avantage la gendarmerie et les détachements de troupe envoyés à leur poursuite. Ils campaient dans les bois et dans les pays de montagnes, d'où ils faisaient irruption sur les grandes routes, attaquant les diligences, les malles-postes, enlevant les filles et les jeunes femmes, et tuant ce qui leur résistait. Ils se répandirent surtout sur les bords de la Loire et dans les montagnes du Doubs et du Jura. On a prétendu, et avec fondement, que les comités royalistes et l'Angleterre encourageaient ces assassins en leur faisant passer des armes. Ce qu'il y a de certain, c'est qu'ils étaient en relation avec les royalistes des sociétés de *Jésus* et du *Soleil*, qu'ils jetaient dans le Rhône ceux qui leur étaient désignés comme agents du gouvernement révolutionnaire ou comme républicains. Les tribunaux furent quelquefois intimidés au point de n'oser condamner ces hommes. L'un des chefs de bande les plus redoutables était un certain bâtard du duc de Choiseul, qui fut condamné à mort et fusillé avec les hommes de sa troupe, dans laquelle on comptait neuf femmes. On citait encore *Jean l'Écorcheur* (*Schinderhans*), qui se tenait au delà du Rhin; il fut pris et exécuté à Mayence en 1803.

CHAUFOUR, CHAUFOURNIER. On donne le nom de chaufournier aux artisans qui s'occupent de la fabrication de la chaux. Ils cuisent dans des fourneaux en plein air, qui ont ordinairement la forme d'une hotte, la chaux destinée aux usages de la maçonnerie. La capacité est remplie de pierres calcaires; on entretient le feu au-dessous, pendant plusieurs jours, avec des broussailles, de la bruyère ou du bois; dans certaines localités on emploie le charbon de terre ou la tourbe, et l'on charge le fourneau en disposant alternativement les couches de charbon et de pierre calcaire. On construit aussi des fours continus, qu'on décharge en retirant de temps en temps les pierres placées immédiatement au-dessus du foyer; les pierres qui sont au-dessus s'affaissent naturellement, et l'on comble ensuite le vide qu'on a ainsi fait.

CHAULIEU (Guillaume-Anfrye DE), abbé d'Aumale et seigneur de Fontenai, né dans le Vexin en Normandie en 1637, mort en 1720. Son père était maître des comptes à Rouen; il lui donna une brillante éducation. Chaulieu fut lié avec le duc de Vendôme, qui lui constitua 30,000 livres de rentes en bénéfices. L'abbé de Chaulieu réunissait autour de lui une société choisie de gens de lettres et d'amis. On l'appelait l'*Anacréon du Temple*, parce que, à l'exemple du poëte grec, il goûta jusque dans un âge fort avancé les plaisirs de l'esprit et de l'amour. A 80 ans, il aimait avec passion Mlle de Launay, qui devint depuis Mme de Staal. Voltaire disait de lui « qu'il ne devait se croire que le premier des poëtes négligés, et non pas le premier des bons poëtes. » Le grand critique a dit de lui dans le *Temple du goût* :

Je vis arriver en ce lieu
Le brillant abbé de Chaulieu,
Qui chantait en sortant de table.
Il osait caresser le dieu
D'un air familier, mais aimable;
Sa vive imagination
Prodiguait, dans sa douce ivresse,
Des beautés sans corrections,
Qui choquaient un peu la justesse,
Et respiraient un peu la passion.

En effet on rencontre, dans les poésies de Chaulieu, des négligences difficiles à pardonner; ces défauts sont rachetés par une grâce naïve et originale et par un sentiment délicat. C'est celui de nos poëtes érotiques qui se rapproche le plus d'Horace et d'Anacréon. Le duc de Savoie ayant fait son neveu prisonnier à la bataille de Marsaille, en 1693, le duc le renvoya sans rançon, après qu'il eut été guéri de ses blessures, mais en exigeant pour unique rançon la promesse que le neveu de l'abbé de Chaulieu reviendrait passer l'hiver à sa cour, puisqu'elle n'avait jamais eu assez de charmes pour attirer l'abbé de Chaulieu lui-même.

CHAULNES, ch.-l. de cant. de l'arrond. de Péronne (Somme), à 20 kil. de cette ville. Pop. 1,260 hab. Fabrique de coton. Patrie de Lhomond. Ancienne baronnie, puis comté érigé en duché-pairie en 1621. On y remarquait un magnifique château dont il ne reste plus que quelques bâtiments.

CHAULNES (Honoré d'Albret, duc DE). Il

était frère du duc de Luynes, qui lui fit épouser, en 1619, Charlotte d'Ailly, à la condition que lui et ses héritiers prendraient le nom et les armes de la maison d'Ailly. Il fut nommé maréchal de France en 1620 et s'attacha au cardinal de Richelieu, qui le chargea, en 1636, de la défense de la Picardie. Il mourut en 1649.

CHAULNES (Michel-Ferdinand d'Albret d'Ailly, duc DE), de la famille du précédent, savant mathématicien, né en 1714, mort en 1769. Il fut pair de France, lieutenant général et gouverneur de Picardie. Il s'adonna avec ardeur à l'étude de la physique et de l'histoire naturelle; il employait tous ses revenus à faire fabriquer de précieux instruments. Il était aussi probe que savant, et Louis XV ne l'appelait jamais que l'honnête homme. Il entra à l'Académie des sciences en 1743. Il a laissé de nombreux mémoires académiques et une *Nouvelle méthode pour diviser les instruments de mathématiques.*

CHAUME, de *calamus*, roseau, paille. On donne ce nom aux couvertures en paille qui protégeaient autrefois contre le froid les habitations des paysans. La facilité avec laquelle se propageaient les incendies dans les villages a fait supprimer le chaume.

CHAUMERGY, ch.-l. de cant. de l'arrond. de Dôle (Jura), à 27 kil. de cette ville. Pop. 450 hab.

CHAUMETTE (Pierre-Gaspard), fameux révolutionnaire, né à Nevers en 1763. Son père, qui était cordonnier dans cette ville, le fit élever dans un couvent pour lui faire embrasser l'état ecclésiastique. La révolution de 1789 modifia ses projets. Il fut d'abord mousse, puis timonnier, et enfin expéditionnaire chez un procureur à Paris. Il fut employé dans les bureaux du *Journal des Révolutions de Paris*; il était chargé de parcourir les cafés et les places publiques pour recueillir les bruits que faisaient courir les nouvellistes. Camille Desmoulins le fit admettre au club des Cordeliers, et Roland lui confia une mission dans les départements. De retour à Paris, en 1792, Chaumette remplaça, comme procureur de la commune de Paris, Manuel, qui venait d'être nommé membre de la Convention. Dans ce nouveau poste, il suppléa à l'éloquence par une loquacité surprenante; et il dut plus d'un succès oratoire à la force de ses poumons plutôt qu'à l'ordre et à la méthode dans ses idées. Il prit le nom d'Anaxagoras, « un saint qui, disait-il, avait été pendu pour son incrédulité. » Il ne portait que des sabots, et voulait que ce fût la chaussure des patriotes. Il fit planter une partie du jardin des Tuileries en pommes de terre, attendu que les Français ne devaient pas avoir d'autres jardins. Il dirigea la fête de la déesse Raison dans l'église de Notre-Dame. Ce fut sous son inspiration que furent établis le tribunal révolutionnaire, la loi du maximum et la loi des suspects. Devenu suspect à son tour, on lui reprocha de s'être compromis avec les hébertistes, et fut enveloppé dans leur proscription. Il fut conduit à la Conciergerie où il occupa le même cachot que son substitut Hébert avait précédemment occupé. Il mourut sur l'échafaud le 13 avril 1794.

CHAUMIÈRE, maison couverte de chaume, et qui sert d'habitation aux villageois.

CHAUMONT, ch.-l. de la Haute-Marne, à 307 kil. de Paris. Pop. 6,500 hab. Tribunal de première instance et de commerce, cour d'assises, musée, bibliothèque, lycée. On cite parmi ses monuments une ancienne tour des Hautefeuilles, une belle église gothique. Fabrique de gants de peaux, de bonneterie, de coutellerie estimée, de sucre de betterave, de bougie. Tanneries, corroieries, mégisseries. Filatures de laine. Commerce de fers, cuirs, toiles, peaux, et coutellerie, etc. Patrie du sculpteur Bouchardon; du général Damrémont, du jésuite Lemoyne. Ville autrefois fortifiée. Le 1er mars 1814, il s'y signa un traité entre l'Angleterre, la Prusse et la Russie contre la France.

CHAUMONT-EN-VEXIN, ch.-l. de cant. de l'arrond. de Beauvais (Oise), à 27 kil. de cette ville. Pop. 1,630 hab. Exploitation de tourbes. Fabrique de dentelles, d'instruments à vent en bois et en cuivre. Ancien comté. On remarque dans les environs le vieux château fort de Bertichères, qui appartint autrefois aux comtes de Chaumont.

CHAUMONT-PORCIEN, ch.-l. de cant. de l'arrond. de Rethel (Ardennes), à 22 kil. de cette ville. Pop. 1,100 hab.

CHAUMONT-SUR-LOIR, village de l'arrondissement de Blois (Loir-et-Cher), à 19 kil. de cette ville. Pop. 1,000 hab. Fabrique de sucre de betterave et de poterie. Beau château où Catherine de Médicis s'occupait, dit-on, d'astrologie. Ancien domaine des maisons d'Amboise et de la Rochefoucauld.

CHAUMONT (Charles d'Amboise, seigneur DE), grand maître de France, né en 1473, mort en 1511. Il était neveu du cardinal d'Amboise. Il parvint au grade de maréchal et d'amiral de France; il était d'une opiniâtreté qui nuisait à ses incontestables talents militaires. Il se distingua à la bataille d'Agnadel (1509), et manqua de faire prisonnier le pape Jules II en 1510.

CHAUNY, ch.-l. de cant. de l'arrond. de Laon (Aisne), à 32 kil. de cette ville. Pop. 7,450 hab. Fabriques de bonneterie et de chaussons de laine; produits chimiques; usines hydrauliques pour le polissage des glaces de Saint-Gobain. Commerce de toiles et corderies. Entrepôt de houille, de bois de marine et de construction.

CHAUSSADE (la), hameau de l'arrond. de Nevers (Nièvre). Usines et forges de la marine française, force motrice de 400 chevaux.

CHAUSSARD (Pierre-Jean-Baptiste), littérateur et poëte, né à Paris en 1766, mort en 1823. Il se jeta dans le parti de la révolution, après avoir exercé pendant quelques années la profession d'avocat. En 1792, il fut chargé de propager en Belgique les idées républicaines. A son retour en France, il fut nommé secrétaire de la commune de Paris, puis du comité de salut public. Il fut plus tard attaché au ministère de l'instruction publique. Il s'associa avec La Réveillère-Lépeaux, pour fonder la secte des théophilanthropes, qui proclamaient le déisme pur. Lors du rétablissement de l'université, il professa la rhétorique à Rouen, puis à Orléans, et enfin, la poésie latine à la faculté de Metz. Il a laissé plusieurs ouvrages d'un style déclamatoire et sans originalité.

CHAUSSAY, petits groupes d'îlots situés dans la Manche, sur la côte de la Normandie, à 13 kil. de Granville. On y exploite de très-beaux granits.

CHAUSSÉE. Ce mot est généralement synonyme de route. On appelait autrefois chaussée une sorte de digue qui servait à contenir les eaux d'une rivière ou d'un étang. On donne particulièrement ce nom à la partie bombée d'une route qui se trouve entre les deux ruisseaux latéraux.

CHAUSSÉE DES GÉANTS. On a donné ce nom à d'immenses pierres basaltiques, dont les formes prodigieuses étonnent l'imagination. La chaussée des Géants est située au nord de l'Irlande, en face du rivage de l'Ecosse, et près de l'île de Staffa. On s'y rend par la ville de Cobéaine, en suivant une montée rapide qui se prolonge vers la mer pendant 3 milles. La route n'offre que des landes désertes. De temps en temps le sol laisse apercevoir les ruines de châteaux dévastés. Lorsqu'on arrive enfin à la mer, la vue est frappée du spectacle d'une roche taillée à pic, qui s'élève du milieu des flots à plus de 200 pieds de haut. Le front de ce rocher est couronné de tours, de murailles en ruine et de fenêtres gothiques. Un pont qui reliait ce château à la terre a disparu. Cette tour a été le théâtre des dernières luttes que soutinrent les Irlandais pour leur indépendance. Le long du rivage s'étend une haute falaise dont les pieds sont battus et rongés par les flots; elle laisse voir, de distance en distance, de profondes excavations. En suivant cette falaise, on arrive à une baie profonde entourée d'une muraille circulaire qui semble faite de main d'homme, et qui s'élève à 400 pieds au-dessus du niveau de la mer. Au pied de la falaise se trouvent des fûts de colonnes, des piliers qui semblent avoir été déposés là par des géants, pour la construction d'une œuvre immense restée inachevée. C'est ce qu'on appelle la chaussée des Géants. La tradition rapporte, en effet, qu'une race de géants avait commencé cette jetée pour passer d'Irlande en Ecosse. La chaussée est divisée en trois parties : la plus considérable s'avance sous les flots jusqu'à une distance de 700 pieds. Ce qu'il y a de plus remarquable, c'est que cette chaussée est formée de piliers basaltiques pressés les uns contre les autres avec une régularité qui étonne ; la surface en est polie. Ce qui achève de confondre l'imagination, c'est qu'au milieu de cette chaussée qui s'avance pour défier l'Océan ; on rencontre quelques colonnes régulières d'où s'échappe une source d'eau douce ; c'est la Fontaine des Géants. La composition de ces roches basaltiques a beaucoup exercé l'intelligence des géologues.

CHAUSSÉES DE BRUNEHAUT. On appelle ainsi les anciennes routes romaines qui furent réparées par la reine Brunehaut, qui régna en Austrasie ; on en rencontre plusieurs en Picardie et en Belgique. Il n'est pas vrai de dire, comme certains historiens l'ont prétendu, que toutes les routes connues sous le nom de chaussées de Brunehaut ont été entièrement construites par cette reine.

CHAUSSES. Nicot dit dans son dictionnaire : c'est l'habillement de la jambe d'un homme ou d'une femme. Les chausses étaient donc de véritables bas.

CHAUSSE-TRAPE, petit crampon de fer, à pointes aiguës, qu'on jetait autrefois dans les gués pour empêcher l'ennemi de les passer, ou sur les routes pour arrêter la cavalerie. Les anciens se servaient de cette arme de guerre pour repousser les assauts, ou pour arrêter la poursuite de l'ennemi, lorsqu'il battait en retraite. Lors de l'expédition d'Alger, en 1830, les Français firent usage de grandes chausses-trapes qu'ils appelaient *hérissons-lances.*

CHAUSSIER (François), célèbre médecin et anatomiste, né à Dijon en 1746, mort à Paris en 1828. Il étudia la médecine à Dijon dans une école qui avait déjà produit des savants illustres. Il publia, en 1785, deux ouvrages, l'un sur le traitement de la rage, et l'autre sur la pustule maligne. Quelques années après, il publia un exposé des muscles du corps humain, dans lequel il proposa une classification plus logique. Il fut appelé comme professeur à l'école de santé de Paris, dont il fut un des fondateurs avec Fourcroi et Cabanis ; il fut aussi nommé professeur de chimie à l'Ecole polytechnique. C'est surtout dans le domaine de l'anatomie et de la physiologie que s'exerça son génie. Il étudia l'organisation et la vie des animaux, établit des comparaisons et ouvrit ainsi de nouvelles voies à l'observation. Il admettait chez tous les êtres une force vitale, principe primordial d'où découlaient tous les phénomènes physiologiques. La force vitale se manifestait, selon lui, par le mouvement musculaire, la sensibilité et la caloricité ; il pressentit cette double vie si bien définie par Bichat : l'une animale, et l'autre organique. Chaussier sentait la nécessité de créer des mots nouveaux pour une science nouvelle, et la difficulté de composer un traité de physiologie lui fit ajourner l'exécution de ce travail. Il s'est contenté de publier des tableaux synoptiques et des mémoires qui traitent de l'anatomie générale, descriptive et pathologique, de la physiologie, de la chimie, de la chirurgie, de l'accouchement, de l'orthopédie et des monstruosités. On admirait surtout en lui la facilité avec laquelle il abandonnait les opinions qu'il avait longtemps professées, et dont il reconnaissait la fausseté. La Restauration ne pardonna pas à Chaussier ses principes libéraux, et on le priva brutalement des chaires qu'il occupait. Une injustice aussi révoltante altéra sa santé; il devint paralytique. Les membres de l'Institut voulurent cependant le venger, et l'appelèrent dans leur sein. Malgré ses souffrances, il conserva encore sa vigueur intellectuelle.

CHAUSSIN, ch.-l. de cant. de l'arrond. de Dôle (Jura), à 17 kil. de cette ville. Pop. 1,330 hab.

CHAUSSURE. La nature et la forme de la chaussure ont beaucoup varié suivant les temps et les pays. Les Hébreux portaient des chaussures de cuir, de joncs ou d'écorce de bois; ils se déchaussaient lorsqu'ils voulaient exprimer leur respect pour quelqu'un. Cette coutume est encore observée dans certaines parties de l'Asie. Les chaussures des Egyptiens étaient faites de feuilles de palmier et de papyrus. Les Grecs portaient une sorte de sandales consistant en une semelle liée sur le coude-pied et montant jusqu'au milieu de la jambe où elles étaient attachées par des bandelettes croisées. Outre ces cothurnes, les Grecs portaient aussi des souliers recouverts. Leurs divers genres de chaussures étaient assez variés. Les Romains portaient soit de véritables souliers, soit des sandales semblables à celles des Grecs. Les souliers des hommes étaient généralement noirs; ceux des femmes d'une couleur éclatante. Les gens de la populace portaient des sabots. Les soldats portaient une chaussure garnie de clous. Au moyen âge, les souliers devinrent la chaussure commune. Leur forme devint parfois une véritable question religieuse. Ainsi on imagina, sous Philippe-Auguste, les souliers *à la poulaine* dont le bout se relevait en forme de bec, et dont le talon était muni d'éperons. Une ordonnance royale de 1367 interdit cette chaussure en France, attendu qu'elle avait été imaginée en dérision de Dieu. Sous Charles VI, on porta des souliers d'un pied de large. Les Anglais eurent des modes aussi extravagantes; un édit d'Edouard IV défendit de porter des bottes dont la pointe excédât deux pouces.

CHAUSSY, village de l'arrond. de Mantes (Seine-et-Oise), à 17 kil. de cette ville. Pop. 960 hab. Beau château de Villarceau.

CHAUVEAU-LAGARDE (Claude-François), célèbre avocat, né à Chartres en 1765, mort en 1841. Il se distingue comme défenseur devant le tribunal révolutionnaire. Il plaida d'abord pour le général Miranda, aventurier espagnol qui avait pris du service dans l'armée républicaine, tout en continuant à servir les intérêts royalistes. Son plaidoyer pour Charlotte Corday passe pour un chef-d'œuvre oratoire. Marie-Antoinette le demanda pour l'assister devant le tribunal révolutionnaire; mais il parut écrasé par la simplicité majestueuse avec laquelle la reine repoussa les accusations portées contre elle, et sa défense fut faible. Il ne put que protester en se résumant ainsi: « Je ne suis, dans cette affaire, embarrassé que d'une seule chose, ce n'est pas de trouver des réponses. ». Après la condamnation de Marie-Antoinette, Elisabeth, sœur de Louis XVI, comparut à son tour devant le tribunal révolutionnaire. La défense de Chauveau-Lagarde fut encore vaine pour lui sauver la vie. Le courageux avocat ne pouvait manquer de devenir suspect; il fut en effet arrêté et ne dut la vie qu'aux événements de thermidor. Sous l'empire, il devint avocat à la cour de cassation, et fut nommé conseiller à cette cour en 1828.

CHAUVELIN (Bernard-François, marquis DE), né à Paris en 1766, mort en 1832. Il succéda à son père dans la charge de maître de la garde-robe de Louis XVI. Il embrassa les idées révolutionnaires. En 1792, il fut envoyé comme ambassadeur de la république en Angleterre; mais il fut expulsé de Londres après l'exécution de Louis XVI. Après le 18 brumaire, il fit partie du tribunat; il s'opposa à la création de la Légion d'honneur, qui établissait, selon lui, des distinctions contraires au principe de l'égalité. Il fut préfet en 1804, comte de l'empire et conseiller d'Etat en 1810; il entra ensuite au corps législatif. Après la Restauration, il fut appelé à la Chambre des députés, où il siégea parmi les membres de l'opposition.

CHAUVIGNY, ch.-l. de cant. de l'arrond. de Montmorillon (Vienne), à 24 kil. de cette ville. Pop. 1,830 hab. Fabr. de droguets et serges. Tanneries renommées. Récolte de vins rouges. Cette ville était autrefois défendue par quatre châteaux qui existent encore.

CHAUVIN, CHAUVINISME. Chauvin est un type, au même titre que Joseph Prudhomme et tant d'autres dont la caricature et la comédie ont fait un personnage plein de vérité et d'originalité. Chauvin est l'ancien soldat de la garde impériale dont l'imagination s'est enflammée au spectacle des grands faits qui ont signalé l'épopée impériale. Napoléon Ier est devenu pour lui non un héros; mais un génie gigantesque, qu'il admire sans permettre qu'on critique ses actes ou ses pensées. C'est un véritable culte qu'il professe pour son empereur, sentiment dont l'exagération peut nous faire sourire, mais qui s'explique cependant par l'enthousiasme avec lequel le Français est naturellement porté à se passionner pour tout ce qui est grand. Chauvin, c'est le soldat qui croit qu'il n'y a rien d'impossible, puisqu'il a vu se réaliser des choses réputées impossibles. La comédie a immortalisé Chauvin dans le *Soldat laboureur*, de Scribe, et la *Prise d'Alger*, où on l'a associé à Dumanet, cet autre type impérissable, toujours timide, quand il n'est pas en présence de l'ennemi, mais surpris le premier de son propre courage dès qu'il se voit en face du danger. Charlet nous a laissé plusieurs figures de Chauvin.

CHAUX, alcali minéral, composé de calcium et d'oxygène; la chaux est blanche, soluble dans l'eau, caustique, et absorbe facilement l'acide carbonique de l'air. Elle est presque infusible. La calcination de la chaux s'opère dans des fours; elle a pour effet d'expulser l'acide carbonique que contient la chaux, et de produire ce qu'on appelle la chaux vive. En la mêlant à une faible quantité d'eau, on obtient une poudre blanche et légère qui prend le nom de chaux éteinte. On distingue plusieurs sortes de chaux: la *chaux grasse*, qui provient de la calcination de la craie, du marbre et des calcaires purs; on la convertit en mortier pour la maçonnerie. La *chaux maigre* renferme une certaine proportion de carbonate de magnésie et de fer; elle est grisâtre, et donne au mortier moins de force et de ténacité. La *chaux hydraulique* est mélangée d'une certaine quantité d'argile; elle n'a qu'une médiocre consistance à l'air; mais elle acquiert sous l'eau une dureté considérable, et devient ainsi précieuse pour la construction des ponts, des digues et des ouvrages exposés à une humidité constante.

CHAUX (eau et lait de). La *chaux vive*, obtenue par la calcination, se convertit en *lait de chaux* lorsqu'elle est étendue d'eau dans une proportion considérable. On l'emploie dans cet état pour le blanchiment des plafonds et des murs.

CHAUX-DE-FONDS (la), ville de Suisse, cant. de Neuchâtel, à 14 kil. de cette ville. Pop. 16,700 hab. Industrie très-importante. Fabriques de bijouterie, orfévrerie et dentelles. Patrie du peintre Léopold Robert et du mécanicien Droz.

CHAVANGES, ch.-l. de cant. de l'arrond. d'Arcis-sur-Aube (Aube), à 40 kil. de cette ville. Pop. 1,100 hab. Fabriques de cotonnades.

CHAVANNE (Jean-Baptiste), célèbre mulâtre, né à Saint-Domingue en 1749, mort en 1791. Il se distingua dans les guerres de l'indépendance américaine, sous le comte d'Estaing. Il parvint au grade de lieutenant. Il professa des idées qui éclairèrent les esclaves sur leurs droits et contribuèrent aux soulèvements qui amenèrent leur affranchissement. Poursuivi par le gouvernement de la colonie, il se réfugia à Cuba; mais les Espagnols, qui redoutaient chez eux la propagation de ces doctrines, le livrèrent aux autorités françaises. Chavanne fut condamné à être roué, et subit ce supplice avec un courage héroïque.

CHAVANNES, bourg de l'arr. de Bourg (Ain), à 18 kil. de cette ville. Pop. 1,200 h. Ancienne place forte.

CHAVES (Emmanuel DE SILVÉRA, comte D'AMARANTE, puis marquis DE). Il se dévoua à Jean VI, qui avait à se défendre contre une double révolution qui agitait à la fois le Portugal et le Brésil. Le roi ayant été contraint par les cortès de Lisbonne d'accepter une nouvelle constitution qui réduisait la royauté à l'impuissance, Chaves s'indigna de voir l'état d'abaissement de la royauté. Il se mit à la tête de quelques bandes, gagna quelques officiers et fomenta une contre-révolution qui eut pour résultats la dissolution des cortès et le rétablissement de la royauté dans ses anciennes prérogatives; le roi s'engageait seulement à octroyer une charte. Lorsque don Miguel, fils de Jean VI, se révolta contre son père, à qui il reprochait sa timidité en face de ce parti révolutionnaire, Chaves suivit le parti de don Miguel en 1827. Il devint fou en 1828, et mourut deux ans après.

CHAVES, ville forte du Portugal (province de Tras-os-Montes), à 70 kil. de Bragance. Pop. 6,000 hab. Sources salines thermales; bains fréquentés. Pont romain de 18 arches sur la Tamega.

CHAVILLE, village de l'arrond. de Versailles (Seine-et-Oise), à 5 kil. de cette ville. Pop. 2,300 hab. Fabriques de coutellerie et de carton-pâte; briqueteries, fours à chaux.

CHAVIRER, se dit d'un navire qui se renverse de telle sorte que sa quille apparaît au-dessus de l'eau, tandis que le pont est submergé.

CHAZELLES-SUR-LYON, petite ville de l'arrond. de Montbrison (Loire), à 20 kil. de cette ville. Pop. 4,000 hab.

CHAZET (André-Polydore-René ALISSON DE), littérateur français, né à Paris en 1775, mort en 1844, fut secrétaire de l'ambassadeur de France en Suisse en 1792. Il s'adonna aux lettres et chanta tour-à-tour Napoléon et Louis XVIII. Il fut rédacteur de la *Quotidienne* en 1815.

CHEALDE, ville et paroisse d'Angleterre, à 22 kil. de Stafford. Pop. 4,150 hab. Industrie active. Fabriques de quincaillerie, ferronnerie, clouterie; tanneries, corroieries, corderies. Exploitation de houille. Cette ville est l'un des lieux d'assemblée pour les élections du comté.

CHEF, terme de blason. (*Voir* BLASON.)

CHEF D'ORDRE, nom donné aux abbayes et aux monastères qui ont été le berceau d'un ordre religieux, ou qui sont considérés comme les maisons-mères auxquelles sont soumises toutes les autres maisons de cet ordre. C'est là que l'abbé titulaire tenait les chapitres généraux où se traitaient les questions qui intéressaient l'ordre.

CHEF DE BATAILLON. Grade militaire qui a été créé en 1794. Le chef de bataillon, qui porte aussi le nom de *commandant*, est responsable de l'instruction théorique et pratique de son bataillon. Il en surveille la discipline, le service, la tenue, l'entretien des effets, etc. Il porte une épaulette à graine d'épinard à gauche et une contre-épaulette à droite.

CHEF DE DIVISION, grade intermédiaire entre celui de capitaine de vaisseau et de contre-amiral: il correspond au grade de commodore chez les Anglais. Il a été établi dans la marine par un décret de 1851.

CHEF DE POSTE, officier ou sous-officier qui exerce le commandement d'un peloton ou d'un détachement chargé d'occuper un poste ou corps de garde. Il reçoit les rondes et les patrouilles, et détache des hommes en cas d'alerte ou de réquisition.

CHEF D'ESCADRON, commandant d'un escadron de cavalerie. L'escadron est une subdivision d'un régiment de cavalerie, et se compose de plusieurs compagnies. Ce grade correspond à celui de chef de bataillon dans l'infanterie.

CHEF D'ÉTAT-MAJOR. On donne ce nom à un officier supérieur qui assiste l'officier général dans le commandement, et veille à l'exécution de ses ordres. Le chef d'état-major règle les marches, l'établissement des camps, place les grand'gardes, transmet le mot d'ordre, veille à la sûreté des convois et au transport des fourrages; il surveille la partie purement administrative. Avant le combat, c'est lui qui assigne aux combattants les postes qui sont à occuper suivant les ordres supérieurs qu'il a reçus.

CHEF D'ORCHESTRE, se dit de celui qui dirige une troupe de musiciens dans un théâtre, un bal ou un concert.

CHEF-BOUTONNE, ch.-l. de cant. de l'arrond. de Melle (Deux-Sèvres), à 15 kil. de cette ville. Pop. 2,080 hab. Fabriques de serges, faïence, lainages. Commerce de bestiaux.

CHEHREZOUR, eyalet de la Turquie d'Asie, borné au N. par celui de Van, à l'E. par la Perse, au S. l'eyalet de Bagdad, et à l'O. par ceux de Diarbekir (Kourdistan) et de Bagdad. Ville principale Chehrezour, dont la pop. est de 5 à 6,000 hab.

CHEIKH, mot arabe qui signifie un *ancien* ou un vieillard, par lequel on désigne les chefs des tribus d'Arabes et de Bédouins. On donne aussi ce nom aux derviches et aux prédicateurs des mosquées. Le titre de cheikh a été porté par le chef des Ismaéliens, appelés aussi *assassins*, qui occupaient au nord de la Perse la province de Djébal. C'est par suite de leur ignorance de la langue arabe que les anciens historiens ont traduit Cheikh-el-Djebal par *vieux de la montagne*.

CHÉLIDONIES, nom donné à des îles situées vis-à-vis du cap Chelidonium, et dont les écueils sont funestes à ceux qui s'en approchent.

CHÉLIF ou SCHÉLIF, fleuve d'Algérie; il sort du Djebel-Amour dans le grand Atlas, traverse le plateau de Sersou, franchit le petit Atlas à Boyhar et se jette dans la Méditerranée à 13 kil. de Mostaganem, après un parcours de 550 kil.

CHELLES, bourg de l'arrond. de Meaux (Seine-et-Marne), à 28 kil. de cette ville. Pop. 1,650 hab. Expl. de gypse. Commerce de foin. Canal pour abréger la navigation de la Marne. Ruines d'une abbaye de bénédictines fondée en 660 par sainte Bathilde, femme de Clovis II. Frédégonde y fit assassiner Chilpéric Ier (584).

CHELM, ville de la Pologne russe (gouvernement de Lublin). Pop. 3,000 hab. Siége d'un évêché grec. Victoire des Russes sur les Polonais en 1794.

CHELMSFORD, ch.-l. du comté d'Essex (Angleterre), à 45 kil. de Londres. Pop. 6,800 hab. Siége des assises et des sessions trimestrielles, lieu d'assemblée pour les élections du comté. Courses annuelles des chevaux. Pénitencier.

CHELMSFORD, bourg des États-Unis (Massachussetts), à 30 kil. de Boston. Pop. 1,700 hab. Expl. de beau granit.

CHÉLONÉ, nymphe que Jupiter changea en tortue, pour la punir de ce qu'elle n'avait pas assisté à la célébration de son mariage avec Junon, et de ce qu'elle avait insulté par ses railleries le maître des dieux. Il la condamna à garder un silence éternel et à porter sa maison sur son dos. La tortue était chez les anciens le symbole du silence; on fabriquait des instruments de musique avec son écaille, ce qui a inspiré ce vers de Simposius :

Viva nihil dixi, quæ sic modo mortua canto,
(Vivante, j'étais muette; morte, je chante ainsi.)

CHELSEA, ville et paroisse d'Angleterre, formant un faubourg extérieur de Londres. Pop. 40,150 hab. Hôtel royal des Invalides, fondé par Charles II et achevé en 1690. Maison royale d'éducation d'orphelins militaires, fondée par le duc d'York en 1801. Anc. église avec le tombeau de Thomas Morus. Jardin botanique de la société pharmaceutique de Londres. Machine hydraulique fournissant de l'eau à une partie de Londres.

CHELTENHAM, ville d'Angleterre, comté de Glocester, à 14 kil. de cette ville. Pop. 39,600 hab. L'un des lieux d'assemblée pour les élections du comté. Sources minérales découvertes en 1716, qui attirent chaque année 12 à 15,000 baigneurs.

CHELVA, ville d'Espagne, à 60 kil. de Valence. Pop. 5,700 hab. Récolte de vins, d'huile de noix. Ruines d'un aqueduc romain.

CHÉLY-D'APCHER (Saint-), ch.-l. de

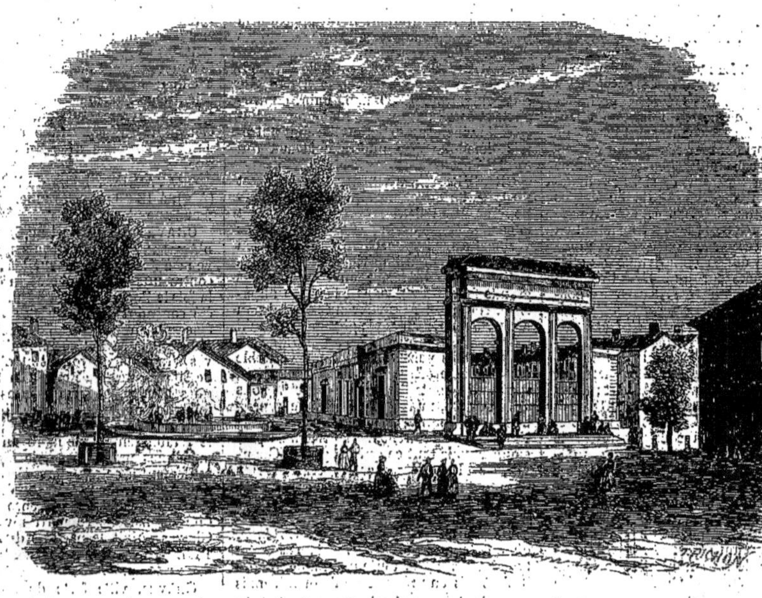

Les Eaux-Chaudes, à Dax (Landes).

cant. de l'arrond. de Marvejols (Lozère), à 32 kil. de cette ville. Pop. 1,600 hab. Comm. de laines.

CHÉLY-D'AUBRAC (Saint-), ch.-l. de cant. de l'arrond. d'Espalion (Aveyron), à 24 kil. de cette ville. Pop. 3,250 hab.

CHEMAZÉ, bourg de l'arrond. de Château-Gontier (Mayenne), à 8 kil. de cette ville. Pop. 1,800 hab. Château gothique de Saint-Ouen aux environs.

CHEMILLÉ, ch.-l. de cant. de l'arrond. de Cholet (Maine-et-Loire), à 17 kil. de cette ville. Pop. 4,000 hab. Fabr. de toiles, mouchoirs façon de Cholet. Comm. de bestiaux.

CHEMIN, route communiquant d'un lieu à un autre, et consacré au passage des hommes, des chevaux et des voitures. Ce mot est généralement employé pour désigner les petites voies de communication, telles que les chemins vicinaux établissant la communication entre des villages, par opposition aux grandes routes départementales ou impériales.

CHEMIN COUVERT, ouvrage de fortification établi sur les bords extérieurs des fossés d'une place de guerre; c'est une voie à ciel ouvert dont le glacis offre des saillants et des rentrants; il est masqué du côté opposé à l'ennemi par un parapet qui le protége contre les projectiles à tir direct. Le chemin couvert communique au fond du fossé qui borde le rempart au moyen d'escaliers; le parapet reçoit les soldats, qui sont ainsi à couvert du feu des assiégeants. Le chemin couvert offre, de distance en distance, certains espaces appelés places d'armes, où l'on peut réunir des corps de troupes.

CHEMIN DE RONDE, espace ménagé derrière le rempart d'une place de guerre, pour servir de passage aux patrouilles qui font la ronde.

CHEMINS DE FER. On nomme ainsi des chemins dont la voie est formée par deux lignes parallèles de barres de fer nommées rails, sur lesquels roulent des chariots appelés wagons. Ces barres ont une forme rectangulaire; les roues des voitures offrent une rainure qui s'emboîte dans le rail. L'emploi des rails remonte au XVIIe siècle; on s'en servait dans les mines de charbon de terre pour soulager les chevaux de trait; ils étaient formés de bandes de bois parallèles, garnies d'une plaque de métal. Vers la fin du XVIIIe siècle, on remplaça les barres de bois par la fonte, et enfin par des barres en fer. Ce fut en 1806 qu'on remplaça les chevaux de trait par la vapeur; cette idée est due à l'ingénieur anglais Thevithick, qui en fit la première application sur le railway de Merthyr-Idvill, dans le pays de Galles. La locomotive était encore trop lourde pour permettre l'extension du transport par voie ferrée. Ce fut seulement en 1829 que Robert Stephenson construisit la première locomotive, qui résolvait à peu près toutes les difficultés qui s'opposaient à l'emploi de la vapeur. Les lignes ferrées sont ordinairement à double voie, l'une pour l'aller et l'autre pour le retour. Cependant, on a encore jugé nécessaire de ménager, à certains intervalles, des voies transversales à angle aigu, pour permettre aux trains de se garer lorsque cette précaution est jugée utile, soit pour laisser la voie libre à un train marchant à une vitesse supérieure, soit pour remiser les wagons dans une gare. L'établissement d'un chemin de fer oblige à exécuter d'abord des travaux de terrassement et de maçonnerie pour former la chaussée sur laquelle on doit poser les rails; les rivières sont traversées par des ponts, et les vallées trop profondes par des viaducs. Après ces premiers travaux, on égalise le terrain en creusant de chaque côté de la voie des fossés qui facilitent l'écoulement des eaux pluviales, empêchant ainsi le sol de se détremper, et donnant au terrain la consistance nécessaire pour que les rails ne subissent pas de déplacement. On procède ensuite à la pose des traverses; ce sont des pièces de bois légèrement carbonisées qu'on dispose en travers de la voie, et sur lesquelles sont assujettis les coussinets qui supportent les rails. On place enfin les rails mêmes, en leur donnant un écartement de 1 mètre 44 centimètres. Les inconvénients que peuvent présenter les montées ou les rampes un peu rapides sont évités par le genre de construction des machines. On franchit les montées en augmentant la puissance d'adhésion aux rails et en développant une plus grande force de vapeur; le danger que peuvent présenter les rampes est évité par des freins. La vitesse des trains varie de 40 à 100 kilomètres par heure; cette vitesse pourrait encore être dépassée.

CHEMINS DE FER FRANÇAIS. Le gouvernement français s'est trouvé en présence de deux systèmes, lorsqu'il s'est agi de la construction des chemins de fer. Les uns demandaient que l'exécution et l'exploitation eussent lieu par l'État; d'autres demandaient qu'elles fussent abandonnées à des compagnies. C'est ce dernier système qui a triomphé. Les premiers chemins de fer furent construits avec des concessions perpétuelles, ou seulement de 99 ou de 70 ans. Mais bientôt on fut effrayé en reconnaissant que les premiers devis étaient insuffisants, et l'engouement du public fut suivi d'une baisse considérable des actions des chemins de fer. L'État dut alors intervenir pour accorder aux compagnies des subventions ou des prêts, et pour garantir aux actionnaires un minimum d'intérêt. C'est alors que la loi de 1842 modifia le système primitivement adopté; l'État se chargea des terrassements et des travaux d'art pour le nivellement des voies, et paya le tiers de la valeur des terrains expropriés; les communes et les départements furent obligés de payer les deux autres tiers. Les compagnies n'eurent plus qu'à poser les rails et à acquérir le matériel d'exploitation. Ce nouveau système fut heureusement appliqué, et grâce à lui, on vit se développer le réseau des voies ferrées. Plus tard la confiance reparut, et l'on put alors exonérer les communes et les départements de leur part con-

Porte Saint-Denis.

tributive ; et bientôt, l'industrie privée fut assez forte pour exonérer l'État des dépenses qu'il avait prises à sa charge, et souvent même pour entreprendre de nouvelles lignes sans aucune subvention. L'État ne cessa cependant pas d'intervenir pour régler le prix et les conditions du transport des voyageurs et des marchandises. Les obligations des compagnies, relatives à l'exploitation, sont déterminées par les cahiers des charges. Les compagnies sont soumises à un tarif, qui établit le prix du transport suivant la distance kilométrique; la vitesse et le nombre de trains qui peuvent être engagés sur la voie sont aussi l'objet de règlements spéciaux. La police des chemins de fer a été l'objet de lois et d'ordonnances spéciales. Les chemins de fer sont considérés comme faisant partie de la grande voirie. Les contraventions commises par les concessionnaires des chemins de fer sont punies d'amende. La destruction des voies ferrées est considérée comme un crime. Les accidents survenus par l'imprudence des employés peuvent entraîner une peine correctionnelle, sans préjudice des indemnités dues par la compagnie, civilement responsable. Parmi les principales lignes de chemins de fer en exploitation sont : la *ligne du Nord*, qui passe à Saint-Denis, Pontoise, Clermont, Amiens, Arras et Douai, sur une longueur de 241 kilomètres. Là, la ligne se bifurque: la première section, longue de 47 kilomètres, aboutit à la frontière belge par Valenciennes et Blanc-Misseron, où elle correspond au chemin de fer de Bruxelles.-La seconde section, longue de 51 kilomètres, aboutit à Monseron par Lille, Roubaix et Tourcoing. La ligne du Nord compte cinq autres embranchements, se dirigeant, le premier de Creil sur Saint-Quentin ; le second d'Amiens sur Abbeville et Boulogne; le troisième de Lille sur Hazebrouck et Dunkerque; le quatrième de Creil sur Beauvais ; et le cinquième d'Arras sur Hazebrouck. — La *ligne d'Orléans*, la plus ancienne des grandes lignes, va de Paris à Orléans, en passant par Etampes. A Orléans, elle se divise en deux lignes principales : celle du centre et celle de Bordeaux. La ligne du centre aboutit à Vierzon, où elle se divise en deux sections: la première traverse Bourges, Moulins, Riom, Clermont-Ferrand, et aboutit à Brioude; la seconde passe par Châteauroux et Limoges, et aboutit à Périgueux. — La ligne de Bordeaux passe par Beaugency, Blois, Amboise, Tours, Châtellerault, Poitiers, Angoulême, Libourne, et aboutit à Bordeaux. De Bordeaux, une autre ligne conduit à Bayonne par Dax, avec d'autres embranchements, de la Mothe à la Teste, et de Morcens à Mont-de-Marsan et Turbes. A Poitiers, un embranchement se dirige sur Niort, Surgères, Aigrefeuille; là la voie se divise en deux sections, dont l'une va à Rochefort et l'autre à la Rochelle. La ligne de Bordeaux projette un autre embranchement de Tours à Nantes et Saint-Nazaire, en passant par Saumur, Angers et Ancenis. La *ligne de Strasbourg* ou de *l'Est*. Ce chemin de fer va de Paris à Strasbourg, en passant par Meaux, Château-Thierry, Epernay, Châlons-sur-Marne, Bar-le-Duc, Toul, Nancy, Lunéville, Sarrebourg et Saverne. Cette ligne présente quatre sections principales : la première part de Frouard et passe par Pont-à-Mousson, Metz et Forbach ; elle dessert aussi le Luxembourg par Metz, et rejoint le chemin de fer de la Prusse rhénane à Saarbrück ; la seconde section va de Blesme à Gray, en passant par Chaumont et Langres ; la troisième section va d'Epernay à Sedan, en passant par Reims, Mézières et Rethel ; la quatrième section part de Vindenheim et aboutit à Wissembourg. Une autre ligne part de Strasbourg et longe la rive gauche du Rhin parallèlement au chemin de fer badois, qui longe la rive droite ; il aboutit à Bâle, en passant par Colmar et Mulhouse Un embranchement se prolonge de Mulhouse à Besançon, par Béfort et Montbéliard. — Il y a aussi une ligne directe de Paris à Mulhouse, par Nangis, Nogent-sur-Seine, Troyes, Bar-sur-Aube, Chaumont, Langres, Vesoul, Lure et Béfort, avec un embranchement de Nogent sur Montereau, et de Lure sur Nancy, par Epinal. — La *ligne de la Méditerranée* aboutit à Marseille, en passant par Melun, Fontainebleau, Montereau, Sens, Joigny, Tonnerre, Dijon, Châlons, Mâcon, Lyon, Vienne, Saint-Rambert, Valence, Montélimart, Avignon, Tarascon, Arles et Marseille. Cette ligne à 9 embranchements: le premier de la Roche à Auxerre ; le second de Dijon à Besançon, par Auxonne et Dôle, avec une ligne d'Auxonne à Gray; le troisième de Lyon à Genève, par Culoz ; le quatrième de Lyon à Roanne par Gisors, Rive-de-Gier, Saint-Etienne et Andrezieux ; le cinquième de Beaucaire à Cette, par Nîmes et Montpellier, avec une ligne de Nîmes à Alais et à la Grand'Combe; la sixième de Saint-Rambert à Grenoble ; la septième de Cognac à Aix ; la huitième de Culoz au mont Cenis, par Chambéry et Saint-Jean-de-Maurienne; et le neuvième de Marseille à Toulon, avec prolongement sur Nice. — *Ligne du Midi*, allant de Bordeaux à Cette, par Langon, la Réole, Marmande, Agen, Montauban, Toulouse, Castelnaudary, Carcassonne, Narbonne, Béziers et Agde, avec embranchements de Béziers à Graissessac, et de Narbonne à Perpignan. — La *ligne de l'Ouest*, exécutée jusqu'à Guingamp, en passant par Versailles, Rambouillet, Chartres, Nogent-le-Rotrou, le Mans, Laval, Rennes, Saint-Brieuc et Guingamp. Cette ligne doit se prolonger de là jusqu'à Brest, avec des embranchements de Rennes à Saint-Malo, du Mans à Alençon, et du Mans à Tours. — *Ligne du Havre* ou *du Nord-Ouest*. Elle va de Paris au Havre, en passant par Poissy, Mantes, Vernon, Rouen, Yvetot et Harfleur. Cette ligne compte neuf embranchements: 1° d'Asnières à Versailles ; 2° d'Asnières à Saint-Germain ; 3° d'Asnières à Argenteuil ; 4° de Malanay à Dieppe ; 5° de Beuzeville à Fécamp ; 6° de Mantes à Cherbourg, par Evreux, Lisieux et Caen ; 7° d'Isigny à Saint-Lô ; 8° de Mézidon à Alençon, par Argentan ; 9° de Lisieux à Honfleur, par Pont-l'Evêque. Un autre embranchement est projeté de Serquigny à Tourville-lez-Elbeuf. — Le chemin de fer de Paris à Sceaux, qui n'a qu'une seule ligne pour les trains d'aller et retour, et qui a été construite comme ligne d'expérimentation. On compte enfin le chemin de fer de ceinture et celui de Vincennes, qui va de Paris à la Varenne-Saint-Maur. Parmi les lignes en cours d'exécution, il faut citer surtout *le Grand Central*, qui doit relier Bordeaux et Lyon, par Périgueux, Aurillac, Brioude et le Puy. Plusieurs lignes ferrées s'exécutent enfin en Algérie, notamment la ligne d'Alger à Bone, avec embranchements sur Bougie et sur Philippeville; et la ligne d'Alger à Oran, avec embranchements sur Mostaganem et Tlemcen.

CHEMINS DE FER ÉTRANGERS. En Hollande, on n'a entrepris la construction des chemins de fer qu'en 1838. Certaines lignes ont été concédées à des compagnies, et d'autres ont été entreprises par l'État. Les principales lignes en cours d'exploitation sont : celle d'Amsterdam à Rotterdam par Harlem, Leyde et la Haye ; celle de Maëstricht à Aix-la-Chapelle ; celle de Rotterdam à Anvers; celle du Moerdyck à Rotterdam ; celle d'Amsterdam à Emmerich, en passant par Utrecht et Arnheim, qui communique avec la ligne rhénane ; enfin celle de Rotterdam à Emmerich. — *En Italie*, on trouve trois principaux systèmes de chemins de fer : ceux du Nord, ceux du Centre et ceux du Sud ou chemins napolitains. Les lignes principales du Nord sont au nombre de trois : 1° la ligne de Turin à Suze, qui correspond avec la France par le mont Cenis; 2° la ligne de Turin à Peschiera, par Chivasso, Verceil Novare, Milan, Bergame et Brescia ; cette ligne correspond au chemin vénitien, et offre divers embranchements; 3° la ligne de Turin à l'Adriatique, qui aboutit à Ancône par Asti, Alexandrie, Novi, Plaisance, Parme, Modène, Bologne, Faenza et Rimini ; cette ligne a plusieurs embranchements importants, notamment ceux d'Alexandrie sur Valenza, Verceil et Novare; de Modène sur Mantoue; de Turin sur Pignerolle; de Turin sur Saluce et Coni ; d'Alexandrie sur Aqui ; de Novi sur Gênes. Le système du centre comprend trois grandes lignes : 1° les chemins toscans de Livourne à Florence, par Pise, Lucques et Pistoia; 2° les chemins de l'Ombrie, qui relient les chemins toscans aux chemins romains par Fabriano, Nocera, Folino et Spolète; 3° les chemins romains de Civita-Vecchia et de Rome à la frontière napolitaine par Frascati, Albano, Velletri, Frosinone et Ceprano. Le système du Sud ou des chemins napolitains comprend la ligne de Naples à Caserta, Capoue et Ceprano ; celle de Naples à Tarente par Potenza et Brindisi. — *En Suisse*, la nature montagneuse du pays n'a permis que difficilement et péniblement la construction de voies ferrées. On distingue trois systèmes principaux : la ligne de l'Ouest, qui joint Genève à Lyon et relie Genève à Bâle, à Berne, à Sion, à Morges, à Yverdun, à Lausanne et à Fribourg. Cette ligne doit rejoindre les chemins italiens par le tunnel du Simplon. Divers embranchements partent d'Yverdun sur Bienne, Neufchâtel, la Chaux-de-Fonds, le Val-de-Travers; cette ligne rejoint les chemins de fer français par Pontarlier, Salins et Dôle. 1° Le système du Centre comprend la ligne de Neufchâtel à Berne ; celle de Bâle à Olten, d'où elle bifurque pour se diriger vers Soleure et Bienne d'un côté, et Bugdorf et Berne de l'autre, avec des embranchements de Berne sur Thun, et d'Olten sur Aarbourg, Lucerne et Zug. 2° Le système des chemins de fer de l'Est comprend la ligne qui se dirige d'Olten vers Aarau, Baden, Zurich et Romanshorn sur le lac de Constance avec plusieurs embranchements qui rattachent cette ligne aux chemins allemands et au Rhin. — *En Espagne*, le mouvement a été peu rapide : en 1863, on ne comptait guère que 2,624 kil. exploités. Madrid est la principale tête de ligne; cette ville est le centre des voies principales : 1° le chemin de Madrid à la Méditerranée, par Aranjuez, Alcazar, Alicante, Murcie, Carthagène, Valence, Tortose et Tarragone; 2° le chemin du Sud, qui part d'Alcazar et passe par Cordoue, Séville, Xérès et Cadix; 3° le chemin de Madrid à Barcelone est aussi une tête de ligne importante, qui compte jusqu'à quatre embranchements et aboutit aux Pyrénées; 4° le chemin du Nord, allant de Madrid à Irun par l'Escurial, Avila, Valladolid, Burgos et Vittoria. — *Le Portugal* n'a guère que quelques tronçons de chemins de fer. Trois lignes principales sont en cours d'exécution ; elles partent de Lisbonne pour se diriger, la première vers Porto, par Cuitra et Coïmbre; la seconde doit aller de Lisbonne à Santarem, et la troisième de Barrero, près Lisbonne, à Bega. — *La Russie* n'a guère que 2,000 kilomètres en exploitation. Les principales lignes sont celles de Saint-Pétersbourg à Moscou, de Moscou à Novogorod, de Moscou à la mer Noire, de Saint-Pétersbourg à Wilna, Grodno, Varsovie et Cracovie; d'Odessa à Varsovie par Kiew. — *Les États-Unis* ont imité l'exemple de l'Angleterre, et ont poussé avec ardeur la construction des voies ferrées. On ne compte pas moins de 34,972 kilomètres de voies en exploitation. Ainsi les Etats-Unis comptent une étendue de voies ferrées presque égale à celle de tous les Etats de l'Europe réunis. La plus grande ligne, qu'on achève en ce moment, est celle de Saint-Louis, dans le Mississipi, à San-Francisco. — Dans *le Canada*, on compte 11 voies ferrées formant une longueur de 852 milles. — Dans *l'Amérique centrale*, on a construit un chemin de fer qui traverse l'isthme de Panama, et joint l'Atlantique à l'Océan pacifique. — Dans *l'Amérique méridionale*, on ne trouve guère de voies ferrées qu'au Brésil et au Chili. La Confédération argentine a entrepris aussi la construction d'une voie ferrée. — Le percement du canal de Suez a imprimé en Egypte un mouvement considérable aux relations de ce pays avec l'Europe. Deux voies ferrées ont été entreprises, l'une allant d'Alexandrie au Caire, et l'autre du Caire à Suez, de manière à mettre en communication la Méditerranée et la mer Rouge. — En *Asie*, il n'y a guère que l'Inde anglaise qui possède des lignes ferrées. On en cite quatre, qui sont exploitées ou en cours d'exécution; la plus importante est celle de Calcutta à Delhi.

CHEMINS DE FER BELGES. Dans ce pays, la construction et l'exploitation du réseau national ont été entreprises. La Belgique, dont le territoire est fort restreint, a senti de bonne heure la nécessité de se mettre en rapport avec la France, l'Angleterre et la Prusse, et de suppléer aux communications avec la Hollande, dont elle venait de se séparer. Malines, à 20 kilomètres de Bruxelles, est le point central des lignes belges. Les principales lignes sont: la *ligne du Nord*, qui met en communication Malines, Bruxelles et Anvers; la *ligne de l'Ouest*, qui se subdivise et comprend, d'une part, la ligne de Malines à Gand, Bruges et Ostende; d'autre part, la ligne qui met en communication Gand avec la frontière française, par Tournay; la *ligne de l'Est*, qui va de Malines à Louvain, Tirlemont, Londen et Liége, et aboutit à la frontière prussienne; la *ligne du Midi*, qui va de Bruxelles à Mons, et correspond avec la ligne de Valenciennes. Ces lignes principales ont un grand nombre d'embranchements, qui mettent en communication toutes les villes de la Belgique.

CHEMINS DE FER ANGLAIS. Aucun peuple ne s'est jeté dans la construction des chemins de fer avec autant d'entraînement que le peuple anglais. En 1843, la Grande Bretagne possédait 4,482 kilomètres de chemins de fer. En 1844, le parlement accordait 41 concessions nouvelles; en 1845, il en votait 118. L'Angleterre possédait, au 1er janvier 1857, environ 14,000 kilomètres de voie en exploitation; ce chiffre était porté à 17,000 kilomètres au 1er janvier 1862. Il y avait, en outre, plus de 18,000 kilomètres en voie d'exécution. Il existe, dans les trois royaumes réunis, 200 compagnies, réunissant un capital de 8 milliards. L'Angleterre, indépendamment de l'Ecosse et de l'Irlande, compte 7 lignes principales: 1° la *ligne du Nord-Ouest*, se dirigeant de Londres sur Coventry et Birmingham; elle se prolonge sur Derby et Leeds d'une part; et sur Stafford, Chester, Liverpool, Manchester, Prestau, Lancaster et Carlisle d'autre part; cette ligne se relie aux chemins de fer écossais et possède plusieurs embranchements secondaires; 2° la *ligne du Nord*, qui se dirige sur York, et qui se relie à Leeds, Manchester, Durham, Newcastle et Berwick; 3° la *ligne du Sud-Est*, qui va de Londres à Douvres et Folkestone; 4° la *ligne de l'Est*, qui aboutit à Yarmouth, Cambridge et Norwich; 5° la *ligne de l'Ouest*, qui communique à Birmingham et à Plymouth; 6° la *ligne du Sud-Ouest*, qui va à Southampton, par Winchester et se prolonge sur Salisbury et Bridgewater; 7° la *ligne du Sud*, qui se dirige sur Brighton et se relie à Southampton et à Folkestone. En Ecosse, Edimbourg est la tête de ligne de toutes les voies ferrées, qui vont enlacer les villes de ce royaume du nord. En Irlande, on compte trois voies ferrées principales, allant de Dublin à Belfast, à Galway et à Cork, avec de nombreux embranchements.

CHEMINS DE FER ALLEMANDS. En Allemagne, la plupart des petits Etats construisent et exploitent eux-mêmes leurs chemins de fer; tel est le système qui est appliqué en Bavière, dans le duché de Bade, le Wurtemberg, le Brunswick et les deux Hesses. Quelques pays ont même racheté les chemins de fer qu'ils avaient déjà concédés. L'Autriche a particulièrement admis ce système. L'Allemagne a plus tardé que les autres pays de l'Europe à entrer dans le mouvement qui portait les peuples à se rapprocher par les voies ferrées. La plupart des princes allemands craignaient avec quelques raisons l'envahissement des idées révolutionnaires. Cependant l'Allemagne a fini par se soumettre à la loi du progrès. Le réseau allemand se compose de trois grandes lignes parallèles au Rhin, qui servent de point de départ à une foule d'autres lignes perpendiculaires. Le réseau allemand comprend environ 9,000 kilomètres. Les trois lignes principales sont: 1° la ligne rhénane, qui part de Bâle et aboutit à Arnheim en Hollande, en longeant le Rhin; 2° la ligne du lac de Constance à Stettin, qui traverse la Bavière, la Saxe et la Prusse; 3° la ligne de Trieste à Dantzig et Kœnigsberg, qui traverse l'Autriche et la Prusse. Outre ces lignes, les principaux Etats allemands ont chacun un centre qui forme tête de ligne, et se ramifie avec les autres lignes des pays voisins. La Prusse compte deux systèmes principaux, l'un partant de Berlin, et l'autre partant de Cologne. En Autriche, la ligne principale est celle de *Nord-Ferdinand*, qui va de Vienne en Silésie, avec de nombreux embranchements. La *ligne du Sud* va de Vienne à Trieste, avec des embranchements dans toutes les directions. Il y aussi dans la Vénétie une autre ligne, qui va de Venise au lac de Garde, par Padoue, Vicence, Vérone et Peschiera, où elle rejoint la ligne de Milan. L'Autriche possède, en outre, un grand nombre de voies ferrées, desservies par des chevaux. Le Hanovre est traversé par la ligne de Brunswick à Magdebourg. En Saxe, Dresde forme la tête de trois lignes: celles de Silésie, de Prague et de Berlin. En Bavière, Munich est la tête de ligne de divers embranchements, aboutissant à Augsbourg, Nuremberg, Ulm, Salzbourg, Vienne, Passau et Francfort. Cassel, dans la Hesse électorale, est relié à Francfort-sur-le-Mein, et forme aussi le centre de divers embranchements.

CHEMINS VICINAUX, chemins qui établissent la communication entre les diverses communes d'un département; on les distingue des chemins ruraux, qui ne sont établis que pour faciliter l'exploitation des terres. Un chemin vicinal ne peut être établi qu'en vertu d'un arrêté préfectoral qui le déclare d'utilité publique. Il est la propriété de la commune, et demeure à sa charge. Ainsi les habitants sont tenus de contribuer à l'entretien des chemins vicinaux, soit par des contributions pécuniaires, soit par des prestations en nature, c'est-à-dire par un travail manuel pendant un certain nombre de jours. La prestation en nature est déterminée suivant le nombre des habitants, et eu égard à la quantité de chevaux et de voitures que chaque habitant peut employer. Les conseils municipaux règlent les répartitions des charges auxquelles peuvent donner lieu la réparation et l'entretien des chemins vicinaux.

CHEMINÉE, appareil qui consiste en un foyer destiné à recevoir les matières combustibles propres au chauffage d'une maison, et qui offre un conduit servant à laisser passer la fumée par le haut de la maison; ce conduit est ordinairement surmonté d'un tuyau. Les cheminées paraissent avoir été ignorées des anciens, qui ne se chauffaient qu'avec des brasiers.

CHEMISE, vêtement en usage chez les modernes, et par-dessus lequel on met les autres vêtements. Au XVe siècle, la femme de Charles VII avait deux chemises de toile, ce qui était alors d'un grand luxe. Les premières chemises étaient de serge. L'usage des chemises de toile se répandit surtout sous Louis XIII et sous Louis XIV. Les anciens ne portaient que des vêtements de laine, ce qui rendait nécessaire le fréquent usage des bains.

CHEMISE. On appelle, en termes de fortifications, chemise d'un bastion ou de tout autre ouvrage, la muraille de maçonnerie dont cet ouvrage est revêtu.

CHEMNITZ, ville du royaume de Saxe, à 70 kil. de Dresde. Pop. 40,600 hab. Bonneterie, tissus de coton, soieries, lainages, occupant 15,000 ouvriers. Filatures de coton et de laines, teintureries, fabriques de machines à vapeur et mécaniques, de produits chimiques. Ville très-ancienne, autrefois fortifiée, et ville impériale. Patrie de Puffendorf et du philologue Heyne.

CHEMNITZER (Ivan), fabuliste russe, né à Saint-Pétersbourg en 1744, mort à Smyrne, où il exerçait les fonctions de consul général, en 1784. Il est le premier poëte qui ait su donner à la fable un caractère de nationalité. Une édition de ses fables a paru en français.

CHENAL, CHENEAU, courant d'eau, en forme de canal, dont les côtés sont bordés de terres en talus, et qui sert au passage des navires à leur entrée dans les ports.

CHÊNE-POPULEUX (le), ch.-l. de cant. de l'arrond. de Vouziers (Ardennes), à 16 kil. de cette ville. Pop. 1,585 hab. Hauts-fourneaux et forges, papeterie mécanique. Cette ville est un des passages de l'Argonne.

CHÊNEDOLLÉ (Charles-Julien LIOULT DE), poëte français, né à Vire en 1760. Il fit ses études au collége de Juilly, puis il émigra. Dans ses voyages à travers l'Europe, il fréquenta Gœthe, Klopstock; il vit Mme de Staël à Coppet. « Les vers de Chênedollé, disait l'auteur de *Corine*, sont hauts comme les cèdres du Liban. » Elle le fit rayer de la liste des émigrés. Il fit paraître, en 1807, son poëme *le Génie de l'homme*, qui obtint un légitime succès. Il occupa les fonctions d'inspecteur d'académie. Il s'était retiré de l'université, en 1832, pour se consacrer tout entier au culte de la poésie, lorsqu'il mourut, en 1833, n'ayant pu mettre la dernière main à des ouvrages importants.

CHENÉE, village de Belgique, de l'arrond. de Liége, à 12 kil. de cette ville. Pop. 3,200 hab. Forges à fer; fonderie de zinc.

CHENELETTE, village de l'arrond. de Villefranche (Rhône), à 32 kil. de cette ville. Pop. 700 hab. Exploitation de plomb argentifère.

CHÉNÉRAILLES, ch.-l. de cant. de l'arrond. d'Aubusson (Creuse), à 16 kil. de cette ville. Pop. 1,050 hab. Ville autrefois fortifiée.

CHENET. Ustensile de cuisine et de chambre, qu'on place par paire dans la cheminée, et sur lequel on pose le bois pour le faire brûler plus aisément.

CHÉNIER (Marie-André DE), poëte français, né en 1762 à Constantinople, où son père exerçait les fonctions de consul général. Il fut amené en France à l'âge de 2 ans, et passa une partie de sa jeunesse dans le Languedoc. Il se destina d'abord à la carrière des armes ; mais au bout de six mois il abandonnait cette profession pour se livrer tout entier à l'étude de la poésie antique. Le but de ses travaux était d'introduire dans la langue française les formes de la poésie grecque, dont le naturel et le gracieux abandon l'avaient toujours séduit. Quoique sa vie fût courte, il vécut encore assez pour donner l'élan et indiquer aux jeunes poëtes la route à suivre. Il salua avec enthousiasme la révolution de 1789, plaida sa cause avec chaleur, mais tonna contre ses excès. Il prit une part indirecte à la défense de Louis XVI, en servant de secrétaire à M. de Malesherbes. Arrêté comme suspect, en 1793, il comparut, le 7 thermidor 1794, devant le tribunal révolutionnaire, avec 44 autres accusés; 38 furent condamnés à mort. Il fut exécuté le même jour avec le poëte Roucher. Ses poésies réunies ont été imprimées plusieurs fois. La meilleure édition est celle publiée par M. Becq de Fouquières, qui l'a enrichie de notes précieuses qui dénotent une profonde érudition.

CHÉNIER (Marie-Joseph DE), poëte, frère puîné du précédent, né à Constantinople en 1764, mort en 1811. A 17 ans, il entra comme officier dans un régiment de dragons; ce fut pendant le temps qu'il était en garnison à Niort qu'il recommença ses études. Mais il renonça bientôt au métier des armes. Il était avide de renommée et se sentait dévoré par un feu inconnu; il vint à Paris, où il fit jouer, au Théâtre-Français, un drame ayant pour titre : *Edgar ou le page supposé*. Cette pièce tomba devant les sifflets du parterre; il en fut de même de sa tragédie d'*Azémir*, qu'il fit représenter à Fontainebleau. Il dut ses succès aux événements politiques. On était en 1789, tous les esprits étaient en effervescence; la Bastille venait d'être prise par le peuple, lorsque Chénier fit paraître sa tragédie de *Charles IX*, dans laquelle Talma se fit applaudir et commença cette renommée qu'il devait conserver jusqu'à sa mort. Quoique écrite dans un style déclamatoire, il y avait dans la facture des vers de cette pièce, dans les scènes, surtout dans celle où l'on voyait un cardinal bénissant les poignards qui devaient servir aux assassins de la Saint-Barthélemy, quelque chose de fiévreux et de révolutionnaire qui enthousiasmait. Ensuite parurent *Henri VIII* et *Calas*, qui n'eurent qu'un médiocre succès. *Gracchus*, autre tragédie, fut plus goûtée. Dans cette pièce, le poëte avait su trouver des accents énergiques pour flétrir les bourreaux. Puis vint *Fénelon*, tragédie où l'histoire se mêle à la fiction romanesque. En 1794, il chercha à faire jouer *Timoléon*; mais comme on crut y voir une attaque contre Robespierre, les répétitions furent suspendues, et tout ce qu'on put saisir des manuscrits fut brûlé. Chénier fit partie de nos assemblées législatives de 1792 à 1802. De 1803 à 1806, il fut inspecteur général de l'instruction publique et membre de l'Académie. Chénier a composé un grand nombre de pièces qui n'ont pas été représentées de son vivant. L'une d'elles, *Tibère*, a été jouée à Paris en 1844. Mais la véritable gloire de Chénier, celle qui l'a rendu populaire, ce sont ses chants républicains : le *Chant du Départ*, entre autres, pour lequel Méhul composa cette musique entraînante, et qui, avec la *Marseillaise*, conduisit plus d'une fois nos troupes à la victoire, est un chef-d'œuvre d'enthousiasme.

CHENONCEAUX, village de l'arrond. de Tours (Indre-et-Loire), à 10 kil. d'Amboise. Ce village possède un château qui est un des plus beaux monuments de la Renaissance. On y remarque une belle chapelle, des plafonds qui sont de véritables chefs-d'œuvre de sculpture en bois. Ce château appartint successivement à Diane de Poitiers, à Catherine de Médicis, au duc de Vendôme; M. le comte de Villeneuve le possède aujourd'hui.

CHEN-SI, province de la Chine, située dans la Mongolie, ch.-l. Si-An. Sol fertile, mais souvent ravagé par les sauterelles. Récoltes de froment, millet, légumes, etc.

CHEPSTOW, ville et paroisse d'Angleterre, dans le comté de Monmouth, à 18 kil. de cette ville. Pop. 3,600 hab. Port accessible avec la marée montante. Chantiers de construction de navires. Commerce de cabotage. Exportation de charbon, bois, pierres meulières, tan, fers, cidre, grains. Ruines d'un château fort du XIe siècle. Beau pont de fer construit en 1816 sur la Wye.

CHEPTEL (bail à), contrat par lequel le bailleur donne au preneur des animaux susceptibles de croît et de profit, pour les garder, nourrir et soigner, sous des conditions déterminées. Dans le bail de cheptel simple, la tonte et le croît seuls se partagent entre les deux parties, tandis que le laitage, le fumier et le travail des animaux demeurent entièrement au preneur. Dans le cheptel à moitié, chaque partie fournit la moitié des animaux et partage les pertes et les bénéfices; mais le preneur conserve en totalité le laitage, le fumier et le travail des bestiaux. Lorsque le propriétaire d'un domaine rural le donne à ferme avec tous les bestiaux qui s'y trouvent, cela se nomme cheptel donné au fermier. Dans le cheptel donné au colon partiaire, le bailleur se réserve une partie des laitages et une plus grande part que le preneur dans les autres bénéfices.

CHER, CHÈRE. Cet adjectif s'emploie pour désigner toute chose à laquelle on attache du prix, soit moralement, soit matériellement.

CHER, rivière de France qui prend sa source au hameau de Cher, près Mérinchal (Creuse); elle arrose les départements de l'Allier, du Cher, de Loir-et-Cher, d'Indre-et-Loire, et, après un parcours de 350 kil., elle se jette dans la Loire, au Bec-du-Cher (Indre-et-Loire).

CHER (le), département de France, situé entre les départements du Loiret, Nièvre, Creuse, Indre et Loir-et-Cher. Ch.-l. Bourges; sous-préf., Saint-Amand, Sancerre. Superf. 720,880 hect. Pop. 323,400 hab. Arrosé par la Loire, le Cher et l'Allier. Sol sablonneux et peu fertile : céréales, vins ordinaires; exploitation de fer, pierres de taille, pierres lithographiques; élève de bestiaux. Usines à fer, poteries, porcelaines; draps, lainages. Commerce de fers estimés, dits *fers du Berry*. Ce département forme, avec celui de l'Indre, le diocèse de l'archevêché de Bourges, et il est compris dans le ressort de la cour impériale de Bourges.

CHERASCO, ville forte du royaume d'Italie (province de Coni), à 31 kil. de Mondovi. Pop. 8,800 hab. Collége. Filatures de soie. Commerce de vins et de soie. Ancienne ville libre. Elle fut soumise au roi de Naples au XIIIe siècle, puis aux ducs de Savoie. Le général Bonaparte s'en empara en 1796, et y signa, le 28 avril, un armistice avec le Piémont.

CHERASKOFF (Michaïl-Matwejévitch), poëte russe, né en 1733, mort en 1807. Il fut le maître de Bogdanavitch, et composa deux épopées assez médiocres.

CHERBOURG, sous-préf. du départ. de la Manche, à 83 kil. de Saint-Lô, à 343 de Paris et à 115 de Portsmouth. Cette ville est située sur la Manche, au fond de la large baie comprise entre les caps Lévi et la Hogue. Pop. 28,000 hab. Place de guerre de 1re classe, défendue par des fortifications considérables; ch.-l. du 1er arrond. maritime et direction maritime. Tribunal de 1re instance, de commerce et de marine. Collége, école impériale d'hydrographie, bibliothèques de la ville (4,000 volumes) et de la marine, musée d'histoire naturelle, de tableaux et d'antiquités. Consuls du Brésil, de Hanovre et de Prusse. Direction de douanes. Fabrication de produits chimiques, tanneries, imprimeries d'indiennes; armement pour la pêche de la morue. Exploitation de beau granit et d'ardoises. Commerce actif; exportation d'œufs, volailles, bœufs, moutons et porcs pour les Indes anglaises, de mulets, salaisons et viandes ou provisions pour les colonies. Importation de bois et fers du Nord, denrées coloniales, chanvre, lin, goudron. Commerce de cabotage. La rade de Cherbourg est une des meilleures de la Manche; 40 navires y peuvent stationner. A 4,000 mèt. environ de la ville, la rade est fermée par une digue de pierres qui repose sur une base de 150 mèt. de largeur; elle est défendue par un fort construit au centre et appelé *fort central*. Cette digue, commencée sous Louis XVI, en 1783, fut suspendue pendant la Révolution; Napoléon Ier en reprit l'achèvement, mais la Restauration vint encore l'arrêter, et ce ne fut qu'en 1853 qu'elle fut terminée; elle a coûté 67,300,000 fr. La rade et la ville entière sont dominées par le fort situé sur la montagne du Roule. Le fort de l'île Pelée, le fort Charagnac et le fort des Flamands commandent la passe (1,000 mèt. de larg.) à l'extrémité E. de la digue. La passe (2,300 mèt. de larg.) située à l'O. est défendue par le fort de Querqueville et la batterie Sainte-Anne. Le port est entouré d'enceintes bastionnées avec fossés, et l'entrée est défendue par le fort Hommet; il se compose de quatre bassins énormes, tous creusés dans le roc et qui peuvent contenir 50 vaisseaux de ligne. On y remarque un hôpital militaire, de belles casernes casematées, les ateliers de la marine, etc. Cherbourg fut souvent assiégée et prise par les Anglais.

CHERCHELL, ville forte d'Algérie, sur la Méditerranée, à 90 kil. d'Alger par mer et à 120 par terre. Pop. 5,900 hab. Ch.-l. du cercle de la subdivision de Miliahah. Ruines d'un amphithéâtre romain. Port de commerce construit de 1814 à 1852, pouvant contenir 40 vaisseaux. Cette ville fut dévastée par les Vandales et les Arabes. Les Maures, chassés d'Espagne au XVe siècle, la reconstruisirent, et elle devint alors très-florissante. Les Français s'en emparèrent en 1840, et depuis cette époque la culture a pris un grand accroissement. Commune en 1854.

CHÉRÉAS (Cassius), chef des cohortes prétoriennes. De concert avec Cornélius Sabinus, il assassina Caligula (24 janvier 41 ap. J.-C.). Claude l'ayant condamné à mourir, Chéréas demanda pour toute grâce qu'on le frappât avec le même fer dont il s'était servi pour tuer le tyran.

CHÉRÉMON, poëte tragique qui florissait vers l'an 380 av. J.-C. Il imita Euripide jusque dans ses défauts. Ces pièces, d'après Aristote, étaient moins faites pour le théâtre que pour la lecture.

CHÉRIBON, ville de l'île de Java, dans la Malaisie hollandaise, sur la côte N. de l'île. Chef-lieu de la résidence de son nom. Pop. 8,000 hab. Fort, port. Commerce de bois de construction; café, indigo.

CHÉRIF, titre arabe qui signifie : *prince*, *seigneur*, *maître*; on l'emploie également comme épithète; dans ce cas, il équivaut à *noble*, *excellent*, *illustre*, etc.

CHÉRIN (Louis-Nicolas-Henri), né à Paris en 1769, conseiller à la cour des aides. Il s'engagea à l'époque de la Révolution et devint général de brigade. Il fut commandant de la garde du Directoire. Il mourut en 1799, des suites d'une blessure.

CHERNIN, ch.-l. de canton, arrond. de Dôle (Jura), à 20 kil. de cette ville. Pop. 460 hab.

CHÉROKÉES, peuplade indigène de l'Amérique du Nord (États-Unis), cantonnée à l'ouest du Mississipi, composée de près de 150,000 individus. Depuis 1827, les Chérokées ont établi une sorte de gouvernement représentatif. L'industrie a beaucoup adouci leur position, et par les échanges de leurs produits manufacturés avec ceux des États voisins, ils sont arrivés à une sorte de civilisation qui va toujours en progressant.

CHÉRONÉE, aujourd'hui CAPRENA ou CAPRANŨ, ville de Béotie. Patrie de Plutarque. Philippe, roi de Macédoine y vainquit les Athéniens et les Thébains, l'an 388 av. J.-C. Archelaüs, lieutenant de Mithridate, y fut défait par Sylla, l'an 87.

CHEROY, ch.-l. de cant. de l'arrond. de Sens (Yonne), à 21 kil. de cette ville. Pop. 890 hab. Marchés importants de bestiaux et volailles.

CHERSIPHRON, architecte crétois, vivait vers 600 av. J.-C. De concert avec son fils Métagène, il commença à Éphèse la construction du célèbre temple de Diane. Vitruve a décrit les machines qu'il inventa pour le transport des matériaux.

CHERSO et OSERO, deux îles d'Autriche, dans l'Adriatique (littoral). Pop. 14,000 hab. Montagnes nues et peu fertiles. Bons ports. Belles forêts; villes principales, Cherso et Osero. Exploitation d'huile, vins, poissons, fruits, bois de marine et de construction.

CHERSONÈSE. Les Grecs et les Romains donnèrent ce nom à quatre promontoires : 1° la Chersonèse de Thrace, grande presqu'île bornée au S. par la mer Égée, à l'O. par le golfe de Mélas, à l'E. par l'Hellespont, et unie au N. par une langue de terre de 37 stades de largeur. Villes principales : Lysimachie, Cardie, Paros, Sestos, Gallipoli, aujourd'hui presqu'île des Dardanelles ou Gallipoli ; 2° Chersonèse Taurique (aujourd'hui Crimée), située entre le Pont-Euxin, le Palus-Méotis et le Bosphore Cimmérien, habitée par les Tauri. Villes principales : Taphræ, Cherson, Théodosia, ou Caffa, Charas, Panticapée. Mithridate, roi de Pont, fut le possesseur de cette péninsule. Les Romains en firent la conquête et la donnèrent aux rois du Bosphore. Les Huns s'y établirent, puis elle passa ensuite aux princes de la famille de Gengiskhan. 3° Chersonèse Cimbrique (aujourd'hui la péninsule danoise), située au N. de l'Allemagne, entre l'Elbe au S., l'Océan germanique à l'O., la Baltique au N. et à l'E.; elle était habitée par les Cimbres, puis par les Angles et les Jutes ; 4° Chersonèse d'Or, située au S.-E. de l'Asie, au delà du Gange, aujourd'hui presqu'île de la Malakka.

CHERTÉ. On désigne par ce mot la haute valeur des objets, dépassant le taux normal.

CHERTSEY, ville et paroisse d'Angleterre (Surrey), à 50 kil. de Londres. Pop. 5,370 hab. Récoltes de légumes pour les marchés de Londres. Commerce de farine et de maïs, briqueteries. Cette ville, très-ancienne, fut la capitale d'un des royaumes saxons de l'Heptarchie.

CHÉRUBINI (Louis-Charles-Zénobie-Salvador-Marie), célèbre compositeur, né à Florence en 1760. Il fut élève de Barthélemy Felici, et à 13 ans il fit exécuter une messe solennelle. Le grand-duc Léopold II lui accorda sa protection et l'envoya à Bologne, où il eut Sardi pour maître; c'est à l'école de ce célèbre professeur qu'il se forma et acquit une profonde connaissance du contre-point et développa ce sentiment délicat des beautés du style qu'on remarque dans ses œuvres. L'espace nous manque pour pouvoir citer ici les titres des opéras de Chérubini et ses morceaux de musique sacrée. Cependant, malgré tout son mérite, Chérubini, qui était venu se fixer en France, végéta jusque vers 1814. Ce fut à son retour de l'île d'Elbe que Napoléon le fit chevalier de la Légion d'honneur. Louis XVIII le nomma surintendant de sa musique. Depuis longtemps, il était professeur au Conservatoire de musique, lorsqu'en 1822 il fut appelé à diriger cet établissement. Il composa une messe solennelle pour le *sacre de Charles X*, et une messe de *Requiem*, qui ont toujours été considérées comme des chefs-d'œuvre. Il avait 73 ans lorsqu'il fit représenter son grand opéra d'*Ali-Baba*, qui obtint un légitime succès. Le seul reproche que l'on ait adressé à Chérubini, c'est de ne pas avoir assez brillé par la mélodie. La pauvreté des livrets sur lesquels ce compositeur a toujours écrit est, sans doute, une des causes qui ont le plus contribué à faire retirer du répertoire une grande partie de ses opéras. Chérubini était membre de l'Institut. Il mourut à Paris en 1842. Son portrait, peint par M. Ingres, dont il était l'ami, est au musée du Luxembourg. Chérubini a laissé une *méthode de contre-point et de fugue*, qui est le résumé des leçons qu'il donna à ses élèves.

CHÉRUBINS. Anges de la hiérarchie céleste que l'on trouve mentionnés dans l'ancien Testament et dans l'Apocalypse de saint Jean.

CHERVIN (Nicolas), médecin, né en 1783, à Saint-Laurent d'Oingt, mort en 1843, à Bourbonne-les-Bains. Il était membre de l'Académie de médecine; sa vie ne fut qu'une suite de dévouements pour l'humanité : il alla étudier le typhus à Mayence, et prouva par de nombreuses expériences qu'il n'était pas contagieux. Il étudia la fièvre jaune en Amérique, en Espagne. L'Institut lui décerna un prix Montyon de 10,000 fr.

CHÉRY (Philippe), peintre, né à Paris en 1759, mort en 1838. Lors de la Révolution, il embrassa avec ardeur les idées nouvelles. Il se distingua parmi les combattants de la Bastille. Il fut député à la Convention, puis membre du comité de salut public. Il lutta contre la réaction qui triompha avec le Directoire, et après le 18 brumaire, il fut obligé de quitter momentanément la France. Il y rentra en 1802. Il a laissé un certain nombre de tableaux remarquables par la pureté du dessin; on remarque surtout la *décollation de saint Jean, la mort d'Alcibiade, la naissance et la toilette de Vénus*.

CHESAPEAKE, golfe des États-Unis (Maryland et Virginie), dans l'Océan atlantique. Sup. 936,000 hect.; long. 300 kil. du N. au S., larg. à son entrée entre le cap Charles et le cap Henri au S. 20 kil.; plus grande largeur, 60 kil. Les ports les plus importants de ce golfe sont : Cambridge, Chester, Hampton, Baltimore, Annapolis, Norfolk. Les principaux fleuves qui versent ses eaux dans ce golfe sont : le Susque-Hannah, le Patapsca, le Potomac, le York-River, le James-River, etc., tous navigables. Le canal de la Chesapeake et l'Ohio le lient au Mississipi. En 1781 et en 1782, il s'y livra deux combats navals entre les Français et les Anglais.

CHESHAM, ville d'Angleterre (Buckingham), à 40 kil. de Londres. Pop. 5,500 hab. Fabrique de dentelles et de chapeaux de paille.

CHESHUNT, bourg d'Angleterre (Hertford), à 19 kil. de Londres. Pop. 5,030 hab. Richard Cromwell se retira dans ce bourg (1680), et y vécut sous le nom de Clarke jusqu'à sa mort, arrivée en 1712. Ancienne résidence du cardinal Wolsey.

CHESTER, cité-comté d'Angleterre, à 43 kil. de Liverpool et à 255 de Londres. Pop. 31,000 hab. Port, siége d'un évêché suffragant d'York, des assises, des sessions, de la cour criminelle, d'un tribunal civil. Église Saint-Jean, remarquable spécimen d'architecture saxonne; église de la Trinité renfermant les tombeaux de Parnelle et de Mathieu Henry, commentateur de la Bible, ruines de l'abbaye de Saint-Werburgh. Bibliothèque, musées. Hôpital d'aliénés, maison de détention, palais de justice. Vaste château avec arsenal, casernes, poudrière. Manufacture de tabac, quincaillerie, ganterie, pipes. Construction de navires. Exploitation de fromage, sel, houille, plomb, cuivre, fer. On remarque aux environs un très-beau château gothique d'Eaton-Hall, appartenant aux marquis de Westminster.

CHESTER (comté de), ou CHESHIRE, province administrative d'Angleterre, ayant pour ch.-l. la cité-comté de Chester, bornée au N. par le comté de Lancastre, à l'E. par ceux de Derby et Stafford, au S. ceux de Salap et Denbigh, et à l'O. par celui de Flent et la mer d'Islande. Sup. 268,312 hect. Pop. 505,200 hab. Sources salées produisant par an 250 millions de kilog. Exploitation de sel gemme, houille, cuivre, plomb, cobalt. Manufactures de soies et cotons à Macclesfield, Stockport, etc. Les Anglo-Saxons occupèrent ce duché en 828. Guillaume Ier en fit un comté palatin pour Hugues d'Avranches, son neveu, il revint à la couronne sous Henri III.

CHESTERFIELD (Philippe-Dorner-Stanhope, comte DE), littérateur anglais, né à Londres en 1694, mort en 1713. Il fut d'abord capitaine aux gardes suisses, et se vit disgracié et privé de son emploi. A la mort de son frère, en 1726, il entra dans la Chambre haute. Il fut chargé d'une mission diplomatique à la Haye. L'aménité de son caractère et sa prodigalité lui firent tant de partisans en Hollande que le roi crut nécessaire de le maintenir dans ce poste. Il obtint cependant son rappel, et il parut à la Chambre haute, où il se distingua par son éloquence. Il se dégoûta de la politique et se plongea dans la retraite pour cultiver la philosophie et la littérature. Il se lia alors avec les hommes les plus célèbres de son temps : Swift, Addison, Pope et Bolingbroke. Il est à regretter cependant que sa passion pour le jeu l'ait souvent lié avec des hommes méprisables. On cite, parmi ses meilleures ouvrages, *le Brahmine inspiré*, et les *Lettres à son fils*. Ce sont des ouvrages de philosophie, de morale et de politique. On y trouve des réflexions profondes et originales. Chesterfield ne s'y montre pas moraliste sévère, et affecte même un certain scepticisme. Ce fut lui qui contribua le plus à modifier l'ancienne constitution anglaise, en rendant le parlement septennal.

CHESTERFIELD, ville d'Angleterre, comté de Derby, à 32 kil. de cette ville. Pop. 10,690 hab. L'un des siéges des sessions trimestrielles. Belle église du XIIIe siècle aux environs, exploitation de houille et fer. Fonderie de fer. Cette ville donne le titre de comte à une branche de la famille Stanhope.

CHESTERFIELD-INLET, golfe de la mer d'Hudson dans l'Amérique anglaise du Nord (territoire de la baie d'Hudson). Sup. 450 kil. sur 25.

CHEVAGE, ancienne contribution annuelle imposée à tout chef de famille étranger ou bâtard, qu'il fût marié ou veuf. Cette redevance était généralement de douze deniers parisis par an. Elle devait être acquittée à la Saint-Remy, sous peine d'amende. Ce droit subsistait encore au temps de Louis XIV.

CHEVAGNES ou CHEVANNES, ch.-l. de cant. de l'arrond. de Moulins (Allier), à 18 kil. de cette ville. Pop. 950 hab.

CHEVAL DE FRISE. On nommait ainsi, en termes de fortifications, une pièce de bois hérissée de pointes de fer, et dont on se servait pour former des retranchements portatifs. Ménage prétend que les chevaux de frise ont été employés, pour la première fois, en 1594, au siége de Groningue en Frise, et que c'est de là que vient leur nom. D'autres prétendent qu'on doit voir dans ce terme une corruption de cette expression plus logique : Cheval de fraise.

CHEVALERIE, dignité militaire instituée au moyen âge pour la défense du pays et de la religion. Les nobles et les rois mêmes s'honoraient du titre de chevalier. Le nom de chevalier leur était donné parce qu'ils combattaient ordinairement à cheval. Ils se croyaient appelés à défendre, non-seulement leur dame et leur suzerain, mais encore les faibles et les opprimés. Ils se distinguaient surtout par un vif sentiment de l'honneur, et par la galanterie qu'ils affectaient auprès des femmes. On trouve chez les anciens des ordres de chevalerie; mais ils ne se présentent pas avec le même caractère qu'au moyen âge, et ils n'ont pas eu la même influence sur les mœurs et la civilisation. L'organisation des anciens guerriers germains et scandinaves nous offre une image de la chevalerie. Bien qu'on ait prétendu que l'origine de la chevalerie remontait à Arthur de Bretagne, qui institua les chevaliers de la *Table Ronde*, il paraît mieux établi que la chevalerie prit naissance au commencement du XIe siècle. Elle était conférée par l'investiture du suzerain; elle était accompagnée d'un certain cérémonial, et le chevalier devait prêter un serment solennel. Les chevaliers eurent d'abord pour mission de réprimer les violences des seigneurs. Le guerrier n'était admis qu'après une série d'épreuves; on lui enseignait que les honneurs étaient réservés aux braves. Les femmes leur apparaissaient comme des êtres supérieurs; ils écoutaient volontiers leurs conseils, et les menaient sur les champs de bataille pour qu'elles fussent témoins de leur bravoure. Pendant l'anarchie qui suivit la mort de Charlemagne, les grands seigneurs songèrent à rétablir la paix publique troublée par le plus affreux brigandage. Ils firent jurer à leurs vassaux et arrière-vassaux de défendre la religion, les dames et les opprimés. La première considération pour entrer dans la chevalerie, était d'être noble de père et de mère depuis trois générations au moins. On n'était reçu chevalier qu'après un noviciat. Dès l'âge de 7 ans, le novice s'attachait à quelque seigneur, dont il devenait le page, le varlet ou le damoiseau. Il était élevé par les femmes, qui lui enseignaient les principes de la religion, mais qui souvent aussi l'initiaient aux secrets de l'amour. A 14 ans, le novice était mis hors de page, et devenait écuyer. Il suivait alors son maître, et se chargeait du soin de ses armes et de ses chevaux. Il se préparait, par les jeux et les exercices les plus pénibles, à revêtir à son tour la cuirasse. Il ne devenait chevalier qu'à 21 ans, et se disposait à sa réception par le jeûne, la confession et la communion. Ses parrains et celui ou celle qui devait l'armer chevalier, car les dames avaient aussi ce droit, dînaient à la même table. Le novice, vêtu d'une tunique blanche, se tenait à une table séparée, et il lui était défendu de parler, de rire et même de manger. Il passait la nuit entière dans une chapelle; c'était ce qu'on appelait la veille des armes. Le lendemain, après s'être baigné, il entrait à l'église et présentait son épée au prêtre, qui la bénissait; il s'agenouillait ensuite devant celui qui devait l'armer chevalier. Il prêtait serment de n'épargner ni son sang ni ses biens pour la défense du roi, de la patrie, des femmes et des orphelins; d'obéir à son suzerain; de vivre en frère avec ses égaux; de se montrer courtois; de maintenir l'ordre et la discipline; de ne jamais trahir son pays; de ne jamais manquer à sa parole; et, enfin, de ne point pécher par mensonge ou médisance. Après ce serment, ses parrains le revêtaient de la cotte de mailles, lui chaussaient les éperons dorés, et lui ceignaient l'épée. Quand il était ainsi équipé, celui ou celle qui lui conférait la chevalerie, l'accueillait en ces termes : « Au nom de Dieu, de saint Michel et de saint Georges, je te fais chevalier. » Il donnait alors l'accolade au récipiendaire en lui portant trois légers coups de plat d'épée sur l'épaule. Le nouveau chevalier montait ensuite à cheval, et paradait en brandissant la lance ou l'épée. La cérémonie se terminait par un festin et quelquefois par un tournoi. Le jour où un seigneur armait ses enfants chevaliers, il imposait une contribution à ses serfs ou à ses vassaux. Les chevaliers étaient *pairs* et les rois s'honoraient d'être armés par un simple gentilhomme. C'est ainsi que, après la bataille de Marignan, François Ier voulut être armé chevalier de la main de Bayard. Après avoir donné l'accolade au roi, en le frappant d'un coup du plat de son épée, il s'écria avec une joie naïve : « Tu es bien heureuse, ma bonne épée, d'avoir, aujourd'hui, à un si haut et si puissant roi, donné l'ordre de chevalerie. Certes, tu seras comme relique gardée, et sur toutes autres honorée. » Les chevaliers se distinguaient en *bannerets* et en *bacheliers*. Les bannerets étaient ceux qui pouvaient équiper et conduire sous leur bannière cinquante hommes d'armes au moins; le bachelier n'était suivi que de quelques vassaux. Lorsque le souverain convoquait ses vassaux ou que le pape prêchait quelque croisade contre les infidèles ou contre un roi excommunié, on voyait aussitôt accourir les chevaliers. C'est surtout en Espagne qu'ils aimaient à se rendre, en quête d'aventures. Un chevalier portait toujours sur lui l'image et les insignes de sa maîtresse. Si un autre chevalier se parait des mêmes signes, il s'ensuivait aussitôt une lutte sanglante. Les chevaliers, marchaient rarement isolés; chaque chevalier avait son frère d'armes qui partageait ses dangers. Ils étaient liés tous deux par le plus terrible serment, qu'ils cimentaient en buvant dans la même coupe du vin auquel ils mêlaient leur sang; ils devaient même abandonner leurs maîtresses pour se défendre mutuellement. Les chevaliers, qui composaient uniquement la cavalerie, combattaient sur un seul rang. Charles-Quint fut le premier qui modifia cet ordre de bataille. Au temps des croisades, on vit s'établir divers ordres de chevalerie, qui avaient à la fois un caractère religieux et militaire. On cite notamment les chevaliers hospitaliers ou de Saint-Jean de Jérusalem; l'ordre des Templiers, institué en 1118 pour la défense de Jérusalem, et l'ordre Teutonique, institué en 1190, et qui n'était composé que de chevaliers allemands. Les chevaliers de ces trois ordres étaient soumis à la règle et à la discipline monastique. Les rois d'Espagne instituèrent divers ordres à l'exemple de ceux-ci; on cite notamment ceux d'Alcantara, de Calatrava et de Saint-Jacques de Compostelle. Après la chute des Templiers, on vit s'élever en Portugal l'ordre du Christ. Edouard III, roi d'Angleterre, institua celui de la Jarretière; Philippe le Bon, duc de Bourgogne, celui de la Toison d'or, et Louis XI, celui de Saint-Michel. Ces derniers ordres conféraient plutôt une distinction purement honorifique qu'ils ne créaient des obligations et des priviléges de chevalerie.

CHEVALET, instrument de torture dont on se servait, au moyen âge, pour forcer les accusés à avouer leurs crimes. Lors des persécutions des chrétiens, on leur infligeait un supplice qui consistait à les tenir assis sur un chevalet dont le dos était aigu et formait une sorte de lame coupante. Les Romains se servaient aussi d'une table percée sur les côtés de trous par lesquels passaient des cordages qui se roulaient sur un tourniquet en bois. Le patient était attaché par les membres à cette table; puis, au moyen d'une poulie, on enlevait le corps et on le laissait ensuite tomber brusquement, de manière à disloquer les os par la secousse. On appliquait ensuite sur le corps du patient des plaques de fer rougies au feu, et on lui déchirait les côtes avec des peignes de fer. On laissait quelque repos à la victime, en ayant soin cependant de rouvrir les plaies lorsqu'elles commençaient à se refermer, et à les frotter avec du sel et du vinaigre. Cet instrument de supplice a été employé au moyen âge. On cite notamment un chevalet qu'on montrait dans la tour de Londres, et qui avait été appelé la *Fille du duc d'Exeter*, du nom d'un des gouverneurs de la Tour.

CHEVALIER, nom donné, au moyen âge, au noble qui, après un certain noviciat, avait été armé chevalier. (*Voir* CHEVALERIE.)

CHEVALIER DE HAUBERT, possesseur d'un fief, qui devait au suzerain le service à cheval, avec le haubert, l'écu, l'épée et le heaume.

CHEVALIERS EN GRÈCE. Ils composaient, à Athènes et dans la plupart des républiques démocratiques de l'ancienne Grèce, la seconde classe des citoyens. A Athènes, on ne pouvait y être admis que si l'on possédait au moins un revenu de 300 mesures, et si l'on pouvait entretenir un cheval. Chaque année, au mois de mai, les chevaliers faisaient une procession solennelle en l'honneur de Jupiter.

CHEVALIERS ROMAINS. On attribue l'origine de cet ordre aux *célères* institués par Romulus, et qui formaient la cavalerie romaine. Ils étaient originairement au nombre de 300. Ils constituèrent plus tard un ordre privilégié intermédiaire entre les patriciens et les plébéiens. Les chevaliers recevaient un cheval, qui était entretenu aux frais de la république; ils avaient le droit de porter un anneau d'or, et leur robe était garnie de pourpre. Ils occupaient une place particulière dans les solennités religieuses et dans les fêtes publiques. Les Gracques qui faisaient partie de l'ordre équestre, contribuèrent à étendre la puissance des chevaliers. Montesquieu dit à propos de cette réforme : « Les chevaliers étaient les traitants de la république; ils étaient avides, ils semaient les malheurs dans les malheurs, et faisaient naître les besoins des besoins publics. Bien loin de donner à de telles gens la puissance de juger, il aurait fallu qu'ils fussent sans cesse sous les yeux des juges. » Les chevaliers se rendirent odieux par leurs exactions, et ne se servirent du pouvoir de juger qu'ils avaient enlevé aux nobles, que pour couvrir leurs concussions. Sylla leur enleva les jugements, et ne leur laissa plus que le métier de traitants. Sous les empereurs, on ne pouvait être chevalier si l'on ne possédait une fortune de 400,000 sesterces. Chaque année, au milieu de juillet, les chevaliers se rendaient solennellement à cheval au temple de Mars Capitolin, une couronne d'olivier sur la tête, et portant une robe de pourpre. Tous les cinq ans, les chevaliers étaient passés en revue par le censeur, qui dégradait publiquement ceux qui s'étaient montrés indignes.

CHEVAUCHER, se dit de l'action de courir à cheval. Voltaire écrivait au roi de Prusse :

> Hélas ! grand roi, qu'eussiez-vous cru,
> En voyant ma faible figure

Chevauchant tristement à cru,
Un coursier de mon encolure?

CHEVAU-LÉGERS, sorte de gendarmerie à cheval qui fut instituée par Louis XI. Les chevau-légers furent organisés en compagnie par Louis XII, en 1498. Ils étaient armés à la légère, et combattaient avec l'arbalète. François Ier créa aussi les archers à cheval, équipés de la même manière que les chevau-légers. Henri IV avait une garde particulière de 200 chevau-légers, qui formaient un régiment dont il était colonel. Napoléon Ier a fait revivre la dénomination de chevau-légers, qu'il a appliquée aux lanciers.

CHEVECIER. On appelait autrefois ainsi le prêtre chargé du soin de l'autel. Aujourd'hui on donne plus spécialement ce nom à celui qui a soin des chapes et des cierges. Boileau dit du vieux Boirude :

Et son rare savoir de simple marguillier,
L'éleva par degrés au rang de chevecier.

CHEVELURE. Les différents peuples ont considéré la chevelure comme un ornement qui ne devait pas être dédaigné. Les Hébreux, à l'exemple des Égyptiens, portaient la chevelure longue; les lévites se faisaient seuls raser. Les Arabes coupaient au contraire leurs cheveux. Les Grecs consacraient leur chevelure à Apollon. Bérénice consacra la sienne à Vénus. Les premiers Romains observaient cet usage, et portaient leur chevelure dans le temple de Cybèle. Dans les derniers temps de la république, les hommes portaient les cheveux courts avec des boucles derrière. Sous Titus, la mode fut de se raser complétement. Les premiers Gaulois portaient une longue chevelure; ils adoptèrent plus tard la mode des Romains. Les Germains et les Francs se distinguaient par une chevelure dont la longueur était proportionnée à leur rang et à leur noblesse; l'homme libre portait les cheveux assez courts; le serf était complétement rasé. Charlemagne et ses successeurs portaient les cheveux courts. Sous Hugues Capet, les longs cheveux reparurent. Le clergé intervint pour protester contre cette mode; mais elle ne disparut complétement que sous François Ier. Ce prince portait les cheveux courts et la barbe longue, afin de cacher une cicatrice qu'il avait au visage. Les courtisans, toujours portés à imiter les souverains, adoptèrent cette mode. Louis XIII porta les cheveux longs. Les vieillards imaginèrent alors, pour faire leur cour au roi, de porter la perruque, qui suppléait à l'absence de cheveux. Quant aux femmes, elles ont toujours affectionné les longs cheveux, qu'elles disposaient en tresses ou en nattes. La forme de la coiffure varia suivant les temps. Les religieuses font, en prononçant leurs vœux, le sacrifice de leur chevelure.

CHEVERT (François DE), général français, né à Verdun-sur-Meuse en 1695, mort en 1769. Devenu orphelin presque en naissant, il s'engagea dès qu'il fut en âge de prendre du service. Par son courage et son mérite, il devint de simple soldat lieutenant général, dans un temps où la noblesse pouvait seule parvenir aux grades militaires. Il s'immortalisa par sa belle défense de Prague. Le maréchal de Belle-Isle, obligé de battre en retraite, l'avait laissé dans cette ville avec une garnison de 1,800 hommes. Les habitants, pressés par la famine, exigeaient qu'il se rendît. Chevert, pour se mettre à l'abri de leurs violences, prit des otages parmi les principaux de la ville, les renferma dans sa maison, et mit des tonneaux de poudre dans les caves, en déclarant qu'à la moindre tentative de rébellion, il y mettrait le feu. Quand il sut que le maréchal de Belle-Isle était en sûreté avec son armée, et que la diversion qu'il devait opérer avait réussi, il obtint une capitulation qui lui permettait de quitter la place avec tous les honneurs de la guerre. Il eut même le droit d'emporter deux pièces de canon. Il se distingua encore dans les guerres de 1741 et de 1757. A la bataille d'Hastembeck, il eut la mission de débusquer l'ennemi d'une hauteur boisée. Son attaque fut si impétueuse, que l'ennemi lâcha pied au premier choc. Il avait su inspirer à ses soldats une confiance absolue. Lorsqu'on donna l'assaut à Prague, Chevert fut chargé de conduire l'expédition. S'adressant alors à ses sous-officiers : « Mes amis, leur dit-il, vous êtes tous braves; mais il me faut un b..... à trois poils. » S'adressant alors au sergent Pascal : « Camarade, monte le premier, je te suivrai; quand tu seras sur la muraille on te criera : *Wer da?* Ne réponds pas. La sentinelle tirera et te manquera; tu tireras et tu la tueras, tu marcheras en avant et je serai là pour te soutenir. » Les choses se passèrent de la manière prédite par Chevert. Le maréchal de Saxe, dont on connaît la bravoure et la générosité, entendant un jour un officier concéder que Chevert était un excellent militaire, en ajoutant que ce n'était qu'un officier de fortune, lui répondit : « Vous me l'apprenez, je n'avais eu pour Chevert que de l'estime; mais désormais je lui dois du respect. » Le plus bel éloge qu'on puisse faire de cet officier est contenu dans son épitaphe :

Sans aïeux, sans fortune, sans appui,
Orphelin dès l'enfance,
Il entra au service à l'âge de onze ans.
Il s'éleva, malgré l'envie, à force de mérite,
Et chaque grade fut le prix d'une action d'éclat.
Le seul titre de maréchal de France
A manqué, non pas à sa gloire,
Mais à l'exemple de ceux qui le prendront pour [modèle.

CHEVERUS (Jean LEFÉBURE DE), cardinal français, né à Mayenne en 1768, mort en 1836. Il émigra au commencement de la révolution, passa d'abord en Angleterre, et de là aux États-Unis où il devint évêque de Boston en 1810. Il revint en France en 1823, et fut nommé évêque de Montauban. Il fut nommé cardinal peu de temps avant sa mort.

CHEVET, se dit de la partie du lit où est placé l'oreiller. « Méfiez-vous, disait Mme de Maintenon, de toutes les fortunes faites au chevet des rois. » On appelle aussi chevet la partie d'une église qui est derrière le maître-autel, et qui est ordinairement circulaire et plus élevée que le reste.

CHEVET (droit de). Les avocats de l'ancien barreau appelaient ainsi le festin qu'ils donnaient à ceux de leurs confrères qui venaient à se marier. Cette coutume était aussi observée par les officiers des cours de justice; mais le plus souvent le repas était remplacé par le don d'une somme d'argent.

CHEVEUGES, village de l'arrond. de Sedan (Ardennes), à 8 kil. de cette ville. Pop. 730 hab. Victoire du duc de Bouillon et du comte de Soissons sur les troupes royales, en 1641.

CHEVILLE, morceau de bois ou de fer arrondi, dont on se sert pour arrêter les assemblages de charpenterie ou de menuiserie. Ce mot se dit aussi, au figuré, des expressions qui, sans rien ajouter au sens d'un vers, sont placées pour faire la mesure ou pour fournir une rime. Certains lieux communs, certaines expressions triviales à force de banalité, viennent parfois se placer avec trop de facilité sous la plume du poëte. Maître Adam, le menuisier-poëte, avait donné à son recueil de poésies le nom de *Chevilles*, cachant ainsi sous la modeste enseigne d'un versificateur un véritable poëte.

CHEVILLON, ch.-l. de cant. de l'arrond. de Vassy (Haute-Marne), à 17 kil. de cette ville. Pop. 925 hab.

CHEVILLOT. On appelle ainsi, en termes de marine, une grosse cheville de bois tourné. On fiche les chevillots dans des tablettes pour former un râtelier auquel on amarre les manœuvres qui descendent le long des bas haubans.

CHEVINAY, village de l'arrond. de Lyon (Rhône), à 15 kil. de cette ville. Pop. 559 hab. Mines de cuivre exploitées du temps des Romains.

CHEVIOT (Monts), chaîne de montagnes de la Grande-Bretagne, séparant en partie l'Angleterre de l'Écosse et s'étendant sur une longueur de 75 kil. Points culminants : le Cheviot (808 mèt.) dans le Northumberland; le Lowther (980 mèt.) dans le comté de Lanark. Beaux pâturages qui nourrissent une espèce estimée de moutons qui prend le nom de la chaîne de montagnes.

CHÈVRE, machine composée d'une poulie et d'un treuil, destinée à élever à une faible hauteur de lourds fardeaux. La poulie et le treuil sont supportés par des pièces de bois qui forment un triangle. La base de ce triangle est moitié moins longue que les bras. Les fardeaux sont soulevés à l'aide de cordes, d'amarres. La force de la machine est proportionnée au nombre d'hommes qui manœuvrent le levier.

CHEVREAU (Urbain), littérateur, né à Loudun en 1613, mort en 1701. La reine Christine de Suède se l'attacha comme secrétaire, et plus tard l'électeur palatin comme conseiller. A la mort de l'électeur, il revint en France; et Louis XIV le choisit pour précepteur du duc du Maine. Il a laissé une *Histoire du monde* qui est assez faible, quelques *poésies* françaises et latines également médiocres. Chevreau n'est, à vrai dire, qu'un compilateur.

CHEVREUSE, ch.-l. de cant. de l'arrond. de Rambouillet (Seine-et-Oise), à 18 kil. de cette ville. Pop. 1,580 hab. Tanneries, mégisseries. Ruines d'un château fort. On voit aux environs le château de Dampierre, restauré par M. le duc de Luynes.

CHEVREUSE (maison DE). Cette famille est l'une des branches de la maison de Montmorency. Ce n'était qu'une baronnie avant François Ier; ce prince l'érigea en duché pour la duchesse d'Étampes, sa maîtresse. Cette maison se serait éteinte si Marie de Rohan n'eût cédé le duché de Chevreuse au duc de Luynes, son fils, né de son premier mariage avec le connétable de Luynes. Depuis cette époque, cette famille a maintenu l'usage de donner alternativement, de mâle en mâle les titres de duc de Luynes et de duc de Chevreuse.

CHEVREUSE (Marie DE ROHAN-MONTBAZON, duchesse DE), née en 1600, d'Hercule de Rohan, duc de Montbazon. Elle épousa, en 1617, Charles d'Albert, duc de Luynes, connétable de France. A la mort de Charles d'Albert, elle épousa Claude de Lorraine, duc de Chevreuse, en 1622. Cette femme se rendit célèbre par ses intrigues; elle se laissait volontiers dominer par ses amants, parmi lesquels on compta le duc de Buckingham. Elle osa critiquer le gouvernement de Richelieu et en fut punie par l'exil. Le cardinal de Richelieu ne pouvait lui pardonner son attachement à la reine Anne d'Autriche. Quand celle-ci devint régente, la duchesse de Chevreuse revint à la cour et se prononça contre le cardinal Mazarin tout en conservant un certain ascendant sur la reine. Elle fut liée avec le cardinal de Retz, qui en faisait le portrait suivant : « Je n'ai jamais vu qu'elle en qui la vivacité suppléât au jugement; elle avait des saillies si brillantes, qu'elles paraissaient comme des éclairs; et si sages, qu'elles n'auraient pas été désavouées par les esprits les plus judicieux de son siècle. »

CHEVREUSE (Charles-Honoré D'ALBERT, duc DE), de la maison de Luynes, mort en 1712. Après s'être distingué dans diverses campagnes, il fut nommé gouverneur de

Guyenne. Il avait épousé la fille aînée de Colbert. Il entretint des rapports d'amitié avec les hommes les plus célèbres de son temps : Racine lui dédia sa tragédie de *Britannicus*, Fénelon entretint une correspondance avec lui ; enfin, il fut recherché par le Dauphin et le duc de Bourgogue, qui aimait à le consulter.

CHEVREUSE (Marie-Charles-Louis D'ALBERT, duc DE), arrière-petit-fils du précédent, naquit en 1717. Il fut nommé lieutenant général des armées du roi, remplit successivement les emplois de colonel général des dragons et de gouverneur de Paris. Sous Louis XV, il se distingua dans la guerre de Sept-Ans ; il contribua au salut de l'armée par la savante retraite qu'il opéra après la défaite de Minden.

CHEVREUSE (Mlle DE NARBONNE-FRITZLAR, duchesse DE), née en 1785, morte en 1813. Malgré son attachement à la cause royaliste, elle accepta le titre de dame du palais de l'impératrice Joséphine ; elle montra toujours un esprit d'opposition très-prononcé. Napoléon Ier se vit obligé de la reléguer à Lyon en 1808 ; deux ans après, lorsqu'il rappela les exilés du faubourg Saint-Germain, Mme de Chevreuse, ainsi que Mme de Staël et Mme de Récamier furent seules oubliées. La duchesse de Chevreuse nous a laissé une nouvelle historique intitulée *François de Meutel*.

CHEYLARD, ch.-l. de cant. de l'arrond. de Tournon (Ardèche), à 48 kil. de cette ville. Pop. 3,100 hab. Moulinerie de soie.

CHÈZE (la), ch.-l. de cant. de l'arrond. de Loudéac (Côtes-du-Nord), à 10 kil. de cette ville. Pop. 430 hab.

CHÉZY (Antoine), célèbre ingénieur, né à Châlons-sur-Marne en 1718, mort en 1798. Après avoir passé ses premières années dans la congrégation de l'Oratoire, il entra à l'Ecole des ponts et chaussées à l'âge de 30 ans. Il devint inspecteur général du pavé de Paris à la place de Péronnet, dont il avait épousé la fille. Il fut plus tard directeur de l'Ecole des ponts et chaussées. On

lui doit les ponts de Vaucouleurs, de Neuilly, de Mantes et de Tréport ; il a fait le nivellement du canal de Bourgogne. Il a laissé des Mémoires sur les niveaux qui sont fort estimés.

CHÉZY (Antoine-Léon DE), fils du précédent, célèbre orientaliste, né à Neuilly en 1773, mort en 1832. Après être sorti de l'Ecole polytechnique, il s'adonna à l'étude des langues orientales, et surtout du sanscrit et du persan. Une maladie, qui le retint en France, l'empêcha de faire partie de l'expédition d'Egypte. Il professa le persan à l'Ecole des langues orientales, au collége de France. Il a formé plusieurs élèves illustres, parmi lesquels on cite Burnouf. Il fut appelé à l'Académie des inscriptions et belles-lettres et fut l'un des fondateurs de la Société asiatique. Il a laissé plusieurs traductions de poésies persanes et sanscrites ; Il a aussi consigné de curieuses recherches dans le *Journal des savants*. Il épousa en 1806 la veuve du baron de Hastfer, plus connue en Allemagne sous le nom de Helmina. Cette femme a publié des romans et des pièces de théâtre assez estimées ; on cite notamment *Euryanthe*, dont Weber fit la musique.

CHIANA, rivière d'Italie, formée de la réunion de plusieurs ruisseaux sur les frontières de la Toscane et des Etats pontificaux, se jetant autrefois dans la Puglia, à Orvieto, à travers une vallée marécageuse et infecte. Des travaux considérables furent entrepris pour dessécher la vallée de la Chiana ; ses eaux furent coupées par une digue et formèrent deux bras : l'un, le Chiana-Pontificia, qui se jette dans la Paglia, et l'autre, le Chiana-Toscana, dans l'Arno. La vallée de la Chiana est aujourd'hui très-fertile, par suite de ce dessèchement.

CHIANCIANO, bourg de Toscane, à 60 kil. d'Arezzo, dans la vallée de la Chiana. Pop. 2,500 hab. Exploitation de gypse. On trouve aux environs les sources thermales acidulées d'Acqua-Santa et de Santa-Agnose.

CHIANTI (le), contrée de Toscane, comprenant la partie supérieure des vallées de l'Elsa, de la Pese, de la Greve et de l'Arbia, dans les bassins de l'Arno et de l'Ombronne. Renommée pour ses vins.

CHIAPA. Etat de la Confédération du Mexique, capit. San-Christobal, bornée au N. par les Etats de Tabasco, à l'E. par le Yucatan, au S. par l'Etat guatémalien de Guatemala, à l'O. par l'Oxaca. Climat chaud, sol fertile, arrosé par le Tabasco et l'Usumasinta. Sup. 4,875,000 hectares. Pop. 167,000 hab. Immenses forêts. Récolte de maïs, sucre, cacao, coton, cochenille. Elève de chevaux très-estimés.

CHIAPA-DE-LOS-INDIOS, ville très-florissante du Mexique (Etat de Chiapa), à 60 kil. de Ciudad de las Casas, au milieu de l'isthme de Tehuantepec. La plus populeuse de l'Etat (environ 4,000 familles). Commerce de bois de campêche et de sucre. Cette ville fut fondée en 1527.

CHIARAMONTE, ville de Sicile, province de Noto, à 40 kil. de cette ville. Pop. 9,000 hab. Bons vins.

CHIARAMONTI (Barnabé). (*Voir* PIE VII.)

CHIARAVALLE ou CLAIRVAUX, village du royaume d'Italie, province de Milan, à 5 kil. de cette ville. Pop. 1,365 hab. Eglise remarquable, abbaye fondée par saint Bernard.

CHIARI, ville du royaume d'Italie, province de Brescia, à 22 kil. de cette ville. Pop. 9,000 hab. Récolte de soie, tanneries, magnaneries.

CHIAROMONTE, bourg du royaume d'Italie (Basilicate), à 39 kil. de Lagonegro. Pop. 2,948 hab. Récolte de vins et de soie.

CHIAVARI, ville du royaume d'Italie (province de Gênes), ch.-l. de l'arrond. de son nom, à 31 kil. de Gênes. Pop. 10,500 hab. Tribunal de commerce, séminaire théologique. Fabrique de dentelles, toiles et lin. Récolte de soie. Commerce de vins, huiles. Pêche importante d'anchois. Patrie du pape Innocent IV. Autrefois place forte.

Bataille de Denain, sous Louis XIV.

L'arrondissement de Chiavari a une superficie de 94,875 hect. et une population de 108,735 hab. Vallées fertiles.

CHIAVENNA, ville du royaume d'Italie, province de Sondrio, à 30 kil. de cette ville. Pop. 3,800 hab. Commerce de vins rouges et de soies, bétail. Commerce de transit très-actif. Fabrique renommée de vases et ustensiles de cuisine en pierre ollaire. Cette ville, autrefois fortifiée, était le ch.-l. d'un comté dépendant de la république de Côme. De 1512 à 1797, ce comté appartint au canton suisse des Grisons, et, de 1797 à 1814, il fut compris dans la république Cisalpine et le royaume d'Italie.

CHIC, expression toute moderne, qui sert à désigner une piquante originalité artistique. Le chic, c'est la touche facile marquée d'un trait de crayon ou de pinceau.

tice est trop souvent encore, aujourd'hui comme autrefois, une cause de ruine qui fait hésiter à réclamer la protection de la justice. Un vieux plaideur donnait ce conseil: « Si votre procès est mauvais, plaidez; s'il est bon, transigez. » L'apologue de l'huître et des plaideurs est toujours vrai; si l'huître n'est pas mangée par les juges, elle l'est du moins par les frais nécessités par les avoués, les huissiers et tous ceux qui vivent de l'autel de Thémis, sans compter le fisc, qui allonge la main pour percevoir ses droits de timbre et d'enregistrement. L'avocat retors s'inquiète peu de la vérité, il sait que le vrai n'est pas toujours vraisemblable, et que par conséquent il n'est pas toujours accepté. La question de fait devient, grâce à lui, un véritable roman, et l'habileté consiste à le

désigner une certaine espèce de pois; on l'a plus tard appliqué à ces avares qui, invitant des amis à dîner, ne leur offrent pas d'autre régal que ce légume. Cette expression était connue des anciens et employée dans ce sens:

Belle leçon pour les gens *chiches!*
Pendant ces derniers temps combien en a-t-on vus,
Qui du soir au matin sont pauvres devenus,
Pour vouloir trop tôt être riches. (LA FONTAINE.)

CHICHESTER, cité du comté d'Angleterre, cap. du comté de Sussex, à 22 kil. de Portsmouth. Pop. 8,500 hab. Siége d'un évêché suffragant de Cantorbéry. Écoles de belles-lettres et de sciences appliquées. Cathédrale des XIIIe et XIVe siècles, renfermant de nombreux tombeaux. Petit port; ancienne enceinte de murailles romaines. Commerce de grains. Patrie du poëte Col-

Vue du pays de Davos (Suisse).

CHICACOLE, ville de l'Hindoustan anglais, dans la présidence de Madras, ancien ch.-l. de la province des Circars-du-Nord, à 80 kil. de Vizagapatam.

CHICAGO, ville des États-Unis (Illinois), près du lac Michigan. Pop. 109,400 hab. Grand commerce de viandes salées renommées. Bois de construction; céréales. Mines de plomb de Galéna, à l'ouest de la ville. Cette ville, qui n'était qu'un fort en 1833; comptait, en 1840, 48,000 hab., et s'est beaucoup accrue depuis.

CHICANE. Nos pères la représentaient sous la figure d'une vieille femme sèche et hideuse qui dévorait des sacs de papier. L'esprit de chicane, c'est la jalousie de ses droits, c'est l'image de la guerre où le vainqueur se retire souvent aussi affaibli que le vaincu. La chicane tend heureusement à disparaître de nos mœurs; elle n'a plus guère pour apôtres que les agents d'affaires, qui épuisent toutes les ressources procédurières pour prolonger l'agonie d'un débiteur aux abois. Quant à cette chicane qui n'est que l'expression de la jalousie et non le sentiment du droit, nos tribunaux l'ont punie assez sévèrement pour en dégoûter les plaideurs; l'énormité des frais de jus-

colorer assez bien pour le faire accepter. Cet avocat peut répondre au plaideur naïf, qui croit que l'expression de la vérité suffit pour triompher:

Nourri dans le palais, j'en connais les détours.

Nous n'en sommes plus cependant au temps où une charretée de foin évaluée à 15 livres 6 sous pouvait donner lieu à un procès dont les frais s'élevaient à 6,500 livres.

Ordonnez qu'il soit faire un rapport à la cour
Du foin que peut manger une poule en un jour.

Boileau nous a laissé un assez beau tableau de la chicane:

Là, sur des tas poudreux de sacs et de pratique,
Hurle tous les matins une sibylle étique,
On l'appelle Chicane, et ce monstre odieux
Jamais pour l'équité n'eut d'oreilles ni d'yeux.
La disette au teint blême et la triste famine,
Les chagrins dévorants, et l'infâme ruine,
Enfants infortunés de ses raffinements,
Troublent l'air d'alentour de longs gémissements.
Sans cesse feuilletant les lois et la coutume,
Pour consumer autrui le monstre se consume,
Et, dévorant maisons, palais, châteaux entiers,
Rend pour des monceaux d'or de vains tas de papiers.

CHICHE, se dit d'une personne qui n'aime pas à donner. Ce mot a d'abord servi à

lins. Cette ville donne le titre de duc a la famille Pelham.

CHICLANA, bourg d'Espagne, dans la province de Cadix, à 17 kil. de cette ville. Pop. 7,000 hab. Nombreuses villas des habitants de Cadix. Eaux minérales et bains.

CHIEM (lac de), lac de Bavière, entre Rosenheim et Traunstein. Superf. 20 kil. sur 10 à 15; profondeur 160 mèt. Il renferme trois petites îles, dont la plus grande, Herrn-Insel, eut, jusqu'en 1806, une abbaye de bénédictins.

CHIEN, nom de trois constellations, dont deux au S. et une au N. On les nomme: le Grand Chien (*Voir* CANICULE); le Petit Chien, constellation composée de 14 étoiles, et les Chiens de Chasse ou Lévriers, nouvellement découverte.

CHIEN (grotte du), grotte située au bord du lac Agnano, à 2 kil. de Naples. Le sol exhale un gaz carbonique qui ne s'élève qu'à 1 mèt. 30 de hauteur. Les animaux seuls y périssent, tandis que l'homme n'y ressent aucun mal.

CHIENS MARINS (baie des) ou de DAMPIERRE, baie située sur la côte O. de l'Australie.

CHIERI ou QUIERS, ville du royaume d'Italie, dans la province de Turin, à 9 kil. de cette ville. Pop. 15,000 hab. Collège. Riches églises. Manufactures de toiles et cotonnades. Ville autrefois fortifiée.

CHIERS, rivière prenant sa source à Esch (Belgique); elle entre en France, et, après un cours de 90 kil., se jette dans la Meuse, à 5 kil. de Sedan.

CHIÈSE, rivière du royaume d'Italie, affluent gauche de l'Oglio; elle prend sa source dans le Tyrol. Cours 130 kil.

CHIETI, ville forte du royaume d'Italie, ch.-l. de la province de l'Abruzze citérieure, à 160 kil. de Naples. Pop. 20,200 hab. Siège d'un archevêché, d'une cour de justice supérieure. Collège, cathédrale, séminaire théologique, hôpital militaire; belles ruines romaines. Fabriques de lainages et soieries. Commerce en vins, blé, huile. Cette ville fut prise par les Goths, puis par les Vandales, saccagée par Pépin, roi d'Italie, relevée par les Normands, prise en 1802 par les Français.

CHIÈVRES (Guillaume DE CROY, seigneur DE), né en 1458, mort à Worms en 1521. Il fut gouverneur et premier ministre de Charles-Quint. Il était originaire du village de Croy, en Picardie. Il servit d'abord sous Charles VIII et sous Louis XII dans les guerres d'Italie. Louis XII le fit nommer, en 1506, gouverneur de Charles d'Autriche, depuis Charles-Quint. Il suivit ce prince lorsqu'il fut appelé au trône d'Espagne. Son avidité concussionnaire excita le plus vif mécontentement. On l'accusait de faire passer en Flandre les richesses qu'il tirait du nouveau monde. Ces dilapidations provoquèrent même un soulèvement en 1520. On a prétendu qu'il était mort empoisonné.

CHIÈVRES, ville de Belgique, province de Hainaut, à 17 kil. de Mons. Pop. 3,100 hab. Belle église ancienne. Fabriques de toiles, poterie, huile.

CHIFFA, rivière d'Algérie, prend sa source dans le petit Atlas, traverse la plaine de la Metidjah et va se jeter dans la mer, à 8 kil. de Sidi-Feroudj.

CHIFFLET, famille originaire de la Franche-Comté, d'où sont sortis un grand nombre d'érudits, dont les principaux sont : CHIFFLET (Claude), professeur de droit à Dôle, mort en 1580, avec la réputation d'un des plus savants jurisconsultes de son temps. Il a laissé des *Dissertations sur l'ancien droit romain*. — CHIFFLET (Jean), frère du précédent, savant médecin. Il a laissé des *Observations sur la médication et la dissection des cadavres*. — CHIFFLET (Jean-Jacques), né à Besançon en 1588, mort en 1660. Après avoir voyagé en Europe, il fut nommé médecin de Philippe IV, roi d'Espagne. Ce prince le chargea d'écrire le blason des chevaliers de l'ordre de la Toison d'or. Il a laissé une histoire intéressante des antiquités de Besançon, où l'on trouve un grand nombre de fables et de légendes. Il est plus connu comme érudit que comme médecin. — CHIFFLET (Pierre-François), savant jésuite, né à Besançon en 1592, mort en 1682. Il était frère du précédent. Après avoir professé la philosophie et la langue hébraïque dans son pays natal, il fut appelé à Paris par le grand Colbert, en 1673, pour mettre en ordre la collection des médailles du roi. Il a laissé une savante *Histoire de Tournus* et *Lettres sur Béatrix*, comtesse de Champagne. — CHIFFLET (Philippe), frère du précédent, théologien et historien; né à Besançon en 1597, mort en 1657. Il devint aumônier de l'infant, gouverneur des Pays-Bas. Il avait formé une bibliothèque composée des livres les plus rares et les plus précieux. Il a laissé une *Oraison funèbre de Philippe III, roi d'Espagne*, et une traduction en français de l'*Imitation de Jésus-Christ*. — CHIFFLET (Laurent); jésuite, frère des précédents, né à Besançon en 1598, mort à Anvers en 1658. Lorsque Condé vint assiéger Dôle, Chifflet releva le courage des habitants et contribua à prolonger la défense. Il a publié un *Essai d'une grammaire de la langue française*. Il fut chargé de la révision du fameux *Dictionnaire de Calepin*, en huit langues. — CHIFFLET (Jules), fils aîné de Jean-Jacques, né à Besançon en 1610. Il fut archevêque de Besançon et chancelier de l'ordre de la Toison d'or, sous Philippe IV, roi d'Espagne. Il a laissé quelques biographies et histoires de plusieurs anciennes maisons. — CHIFFLET (Jean), frère du précédent, né à Besançon en 1611, mort en 1666. Il fut chanoine de Tournay et prédicateur de Philippe IV, roi d'Espagne. Il a laissé de précieuses *Dissertations sur les antiquités grecques et romaines*, et *sur l'ancienne jurisprudence romaine*. — CHIFFLET (Henri-Thomas), autre fils de Jean-Jacques, aumônier de Christine, reine de Suède. Il était savant antiquaire et numismate. Il a laissé des *Mémoires sur la numismatique des anciens* et *sur les médailles d'Othon*.

CHIFFON, CHIFFONNER. Le chiffon est un vieux haillon, une loque. Les futilités reçoivent quelquefois le nom de chiffons. Un minois chiffonné se dit d'une jeune fille plus jolie que belle, à la physionomie piquante et au nez retroussé; c'est ainsi qu'on dépeint les soubrettes de théâtre. Chiffonner se dit de l'action de ramasser les vieux chiffons, que l'industrie convertit en papier.

CHIFFRES. On appelle ainsi les caractères qui servent à exprimer les nombres. Les Grecs et les Romains employaient les lettres de leur alphabet. Les Arabes ont employé les premiers des caractères particuliers; ils ont eux-mêmes emprunté aux Indiens leur système de numération.

CHIFFRES GRECS. Les Grecs employaient pour compter les 24 lettres de leur alphabet, divisées en trois séries : la première série comprenait les nombres de 1 à 9, moins le 6; la deuxième série, les huit premières dizaines; la troisième série, les huit premières centaines. Les nombres 6, 90 et 900 étaient représentés par des signes particuliers : le 6 était un *stigma*, une espèce de *sigma* dont la queue supérieure était allongée; le nombre 90 était représenté par un *cappa*; le nombre 900 était représenté par un *sampi*, qui était une espèce de *pi*. Les mille étaient représentés par les différentes lettres de l'alphabet, avec un accent à gauche : ainsi l'*alpha* représentait le nombre 1,000, le *béta*, le nombre 2,000, le *gamma*, 3,000, etc.

CHIFFRES ROMAINS. Les Romains exprimaient leurs unités avec la lettre I; le V représentait un 5; X, 10; L, 50; C, 100; D, 500; M, 1,000. Les lettres placées à la droite des signes V, X, L, C, M, etc., en augmentaient la valeur : ainsi VI, VII et VIII exprimaient les nombres 6, 7 et 8; XI, XII et XIII exprimaient les nombres 11, 12 et 13; XV, 15; XX, 20; XXX, 30, etc. Les lettres placées à gauche des signes V, X, L et C, etc., en diminuaient d'autant la valeur : ainsi IV, IX et XL exprimaient les nombres 4, 9 et 40.

CHIFFRES ARABES. Ce sont les chiffres que nous employons aujourd'hui, et que nous avons empruntés aux Arabes. Ils furent introduits en Europe au XIIIe siècle; cependant leur figure n'était pas absolument semblable à celle des chiffres aujourd'hui usités.

CHIFFRES DIPLOMATIQUES. On les emploie ordinairement dans les correspondances secrètes des cabinets avec leurs ambassadeurs. Les lettres sont remplacées par des chiffres ou des caractères arbitraires. Celui qui n'a pas la clef du chiffre ne parvient à déchiffrer la correspondance qu'à l'aide d'un calcul de combinaisons et de probabilités. Pour prévenir la divulgation du chiffre, on emploie souvent un double alphabet qui change à chaque mot; c'est ce qu'on appelle le chiffre à double clef. Les anciens ont eu souvent recours à la correspondance chiffrée. Certains mathématiciens ont proposé des combinaisons souvent fort ingénieuses; on cite notamment Viète, lord Bacon et l'évêque Wilkins; mais en même temps d'autres mathématiciens sont venus qui ont démontré qu'il n'était jamais impossible à la patience humaine de découvrir la clef des chiffres les plus illisibles.

CHIGI (Fabio), pape. (*Voir* ALEXANDRE VII.)

CHIGNON, partie de la coiffure des femmes formée par les cheveux de derrière, relevés, nattés et noués :

> Mademoiselle, en faisant froide mine,
> Ne daigne pas aider à la cuisine;
> Elle se mire, ajuste son chignon...
> (VOLTAIRE.)

CHIHUAHUA, province du Mexique, située au N.-E. du Mexique. Superf. 27,950 hect. Pop. 190,000 hab. Sol fertile en céréales, coton, indigo. Élève de bétail; exploitation de mines d'argent et cuivre. La Cordillère du Mexique traverse cet Etat dans toute sa longueur.

CHIHUAHUA, ville du Mexique, à 1,300 kil. de Mexico. Pop. 13,500 hab. Hôtel des monnaies, belle église, école militaire. Commerce de peaux et cuirs.

CHILDEBERT Ier, 3e fils de Clovis, roi de France, régna à Paris en 511. Il s'allia avec ses frères, Clodomir et Clotaire, contre Sigismond, roi de Bourgogne. Ce dernier fut défait et massacré avec sa femme et ses enfants; son corps fut jeté dans un puits. Gondemar, qui succéda à Sigismond, fut également vaincu et mis à mort. Les vainqueurs se partagèrent alors ses Etats, et la Bourgogne fut ainsi réunie à la France en 544. Childebert et Clotaire se firent ensuite la guerre; mais ils ne tardèrent pas à se réconcilier, et tournèrent leurs armes contre l'Espagne. Ils échouèrent devant Saragosse, en 542, et renoncèrent à cette expédition. Childebert céda à Clotaire les domaines qui lui revenaient de la succession de Théodebald, bâtard de Théodebert, leur neveu. Childebert avait fait cette cession pendant une maladie et dans la prévision de sa mort. Dès que sa santé fut rétablie, il voulut reprendre ce qu'il avait donné, et excita Chramne, fils naturel de Clotaire, à la révolte. Il mourut en 558, et fut inhumé dans l'église de Saint-Germain des Prés, qu'il avait fait construire. Son frère Clotaire lui succéda. Ce roi a fondé un grand nombre de monastères.

CHILDEBERT II, roi d'Austrasie, fils de Sigebert et de Brunehaut, monta sur le trône d'Austrasie en 575, à l'âge de cinq ans. Il se ligua avec Gontran, roi d'Orléans, contre Chilpéric, roi de Soissons; puis il se réconcilia avec ce dernier, et fit la guerre à Gontran, son ancien allié. Il fit, en Italie, une expédition malheureuse. A la mort de Gontran, il réunit à ses Etats les royaumes d'Orléans et de Bourgogne. Il fut empoisonné en 596. Il est le premier qui ait puni de mort l'homicide; avant lui, le meurtrier n'était passible que d'une simple amende.

CHILDEBERT III, fils de Thierry Ier et frère de Clovis III, succéda à ce dernier en 695, et réunit sous sa couronne les royaumes d'Austrasie, de Neustrie et de Bourgogne. Il fut, pendant toute la durée de son règne, sous la tutelle de Pepin, maire du palais, qui ne lui laissa prendre aucune part au gouvernement. Il mourut en 711, et laissa le trône à son fils Dagobert.

CHILDEBRAND, fils de Pepin le Gros et de Charles Martel. Quelques historiens ont élevé des doutes sur l'existence même de ce prince, tandis que certains chroniqueurs le placent à la tête des armées de Charles Martel, et lui attribuent des exploits contre les Sarrasins.

CHILDÉRIC Ier, fils de Mérovée, roi des Francs, lui succéda en 458. Il fut déposé l'année suivante par ses guerriers indignés de ses débauches, et contraint de se retirer en Thuringe. Pendant son éloignement, les Francs se donnèrent pour chef Ægidius, maître de la milice romaine dans les Gaules. Cependant un leude nommé Viamad, resté fidèle à Childéric, profita du mécontentement des Francs contre leur nouveau chef pour rappeler Childéric en 463. Il combattit Ægidius, lui enleva Cologne et Trèves, et conquit tout le territoire entre Paris et Beauvais. Après avoir vaincu les Saxons, il se servit d'eux contre les Flamands. Il mourut au retour de cette expédition, en 481. Il avait épousé Bazine, jeune fille thuringienne, après l'avoir enlevée; il eut d'elle Clovis et trois filles, dont l'une épousa Théodoric, roi des Ostrogoths. En 1655, on a découvert à Tournay un tombeau qu'on a prétendu être celui de ce roi; on y trouva des armes, des médailles, des cachets et divers autres objets dont l'empereur Léopold fit présent à Louis XIV, et qui furent placés au cabinet des Antiques.

CHILDÉRIC II, fils de Clovis et de sainte Bathilde, roi d'Austrasie en 660, devint roi de France dix ans après, par la mort de Clotaire III, son frère, et par la retraite de Thierry. Ebroïn, maire du palais, ayant essayé de provoquer un soulèvement en faveur de Thierry pour le placer sur le trône, fut pris, rasé et enfermé dans un monastère, tandis que Thierry fut confiné dans l'abbaye de Saint-Denis. Childéric prit pour ministre Léger, évêque d'Autun, dont l'administration fit prospérer le peuple. A la mort de ce prélat, Childéric se fit haïr par ses cruautés et ses débauches. Bodillon, un de ses vassaux, lui ayant fait des représentations au sujet des impôts dont il chargeait le peuple, il le fit attacher à un pieu et fouetter cruellement. Bodillon résolut de se venger; il se mit à la tête d'une conjuration et assassina le roi dans la forêt de Livry, en 673. Ce prince était à peine âgé de 24 ans. Bodillon fit ensuite égorger la reine Bathilde et son fils aîné Dagobert. Son autre fils, nommé Daniel, échappa à ce massacre. Thierry reprit alors la couronne.

CHILDÉRIC III, dit le *Fainéant*, dernier roi de la première race, fut proclamé en 742 dans la Neustrie, la Bourgogne et la Provence. Pepin, qui l'avait placé sur le trône, l'en chassa en 752, et le fit enfermer dans le monastère de Sithin, où il mourut trois ans après. Pepin, révolté de l'incapacité et de la faiblesse de ce roi, avait préalablement consulté le pape pour savoir « s'il était juste de laisser sur le trône de France un prince qui n'en avait que le nom. » Le pape avait répondu qu'il valait mieux donner la couronne à celui qui avait le pouvoir. La première race des rois de France s'éteignit avec Childéric, après avoir fourni 21 rois qui régnèrent à Paris, et près de 40, si l'on compte ceux qui régnèrent en Austrasie, en Neustrie, dans l'Orléanais et dans le Soissonnais. C'est sous le règne de Childéric qu'eut lieu le concile de Leptine, qui décida que, désormais, les années compteraient depuis l'incarnation de Jésus-Christ.

CHILI, Etat de l'Amérique méridionale sur l'Océan pacifique, où il comprend le groupe de Chiloé et plusieurs autres îles. Il est borné au N. par la Bolivie, à l'E. par les Etats de la Plata, au S. par la Patagonie, et à l'O. par l'Océan pacifique. Superf. 335,000 kil. carrés. Pop. 1,558,000 hab. Cap. Santiago. Le Chili se divise en 7 provinces : Santiago, Aconcagua, Coquimbo, Colchagua, Maule, Concepcion, Valdivia. Villes principales : Santiago, Valparaiso, San-Felice, Coquimbo, San-Fernando, Cauquenes, Concepcion, Valdivia et San-Carlos. On y trouve un grand nombre de montagnes qui renferment beaucoup de volcans toujours en éruption. Les principaux pics sont ceux d'Aconcagua (7,299 m.) et du Tupungato, qui sont plus élevés que le Chimborаço. Les cours d'eau sont rares dans la moitié septentrionale du territoire; ils sont plus nombreux, mais peu importants dans le reste; les principaux sont : le Biobio, le Maule, le Valdivia, ensuite le Salado, le Maypo, etc. Le climat est sain et généralement doux. Il gèle très-rarement sur les côtes; dans les Andes, les hivers sont très-rigoureux. Les tremblements de terre y sont très-fréquents, et le pays a été plusieurs fois ravagé depuis le commencement de ce siècle. Sol très-fertile au S. Récolte de froment, orge, vins, olives, fruits d'Europe; élève de gros bétail; chevaux, mulets, chèvres, moutons renommés. Grande exportation de grains pour la Californie. Forêts considérables dans les provinces méridionales. Mines de cuivre, argent, or, fer, plomb, mercure, zinc, antimoine, étain, manganèse, soufre, sel, houille, pierres précieuses, etc. Nombreuses sources minérales froides et thermales. La majorité de la population est composée de créoles espagnols, d'Indiens ou aborigènes, et de métis issus des deux races. L'idiome national est l'espagnol, et le catholicisme est le culte de presque tout le pays, et la religion de l'Etat. Il y a un archevêque et 3 évêques. En 1859, les revenus publics ont été de 244 millions de francs. Paquebots à vapeur entre Liverpool et la Caldera; chemins de fer de Santiago à Valparaiso, à San-Fernando, etc. Cabotage actif. Le Chili est une république; le pouvoir exécutif appartient à un président élu pour 5 ans, assisté d'un conseil de ministres. Le pouvoir législatif est exercé par un congrès composé d'un sénat de 20 membres, élus pour 9 ans, et d'une chambre de 56 députés élus par les provinces. L'armée permanente se compose de 3,000 hommes de troupes régulières et 35,600 miliciens; la marine militaire se compose seulement de 2 bâtiments de guerre. Avant la conquête des Espagnols, les Incas s'étaient emparé du Chili. En 1535, Pizarre envoya Almagro pour soumettre la partie méridionale du pays. Pedro de Valdivia, à la tête d'une nouvelle expédition (1549), acheva la conquête du territoire actuel, fonda Santiago en 1541, et Concepcion en 1550. Sous leur domination, le Chili dépendait de la vice-royauté du Pérou. En 1810, les Chiliens secouèrent le joug, et cette guerre d'indépendance, soutenue par une armée de Buenos-Ayres, se termina par les victoires de Chacabuco (1817) et de Maypu (1818). L'Espagne a reconnu l'indépendance du Chili le 25 avril 1844, sous la présidence du général Bulnes (1841-1851).

CHILIARQUE, chef militaire chez les Grecs qui commandait 1,000 hommes. Ce grade correspondait à celui de tribun militaire chez les Romains.

CHILIASTES. (*Voir* MILLÉNAIRES.)

CHILLAMBARAM, ville de l'Hindoustan anglais, dans la présidence de Madras, à 54 kil. de Pondichéry. On y remarque dans les environs des temples hindous fort anciens.

CHILLINGWORTH (William), théologien protestant, né à Oxford en 1602, mort à Chichester en 1644. Il lutta contre les missionnaires jésuites sous les règnes de Jacques Ier et de Charles Ier. Il se laissa convertir à la religion catholique par Jean Ficher, l'un des plus célèbres controversistes de cette époque. Cependant il revint bientôt à son ancienne religion, et fut nommé chancelier de Salisbury. Les catholiques l'attaquèrent vivement. Il leur répondit dans un ouvrage intitulé : *la Religion des protestants*. Cet ouvrage a été jugé par Locke un modèle de logique. Chillingworth apportait dans la discussion une certaine rigueur mathématique qu'il devait à ses études particulières sur la géométrie. Il fut employé comme ingénieur au siége de Glocester, en 1643. Il fut fait prisonnier lors du siége du château d'Arundel. Il fut alors conduit à Chicester, où il mourut. Les catholiques ont dit de lui que sa seule hérésie était d'opposer la raison à la foi.

CHILLON, château fort de Suisse (Vaud), à 10 kil. de Vevey, sur le lac de Genève. Il fut bâti en 1218, sur un rocher qui s'avance dans le lac, par un duc de Savoie, et servit de prison d'Etat. Frère Bonnivard, prieur de Saint-Victor de Genève, y fut retenu prisonnier de 1530 à 1536. Ce château sert aujourd'hui d'arsenal et de prison militaire.

CHILMARY, ville de l'Hindoustan anglais, (présidence du Bengale), à 70 kil. de Rungpore, sur le Brahmapoutra. Lieu de pèlerinage célèbre chez les Hindous.

CHILOÉ, île du Chili, dans le grand Océan austral, sur le golfe de Chili. Sup. 1,248,000 hect. Pop. 40,000 hab. Ile montagneuse, bon port, climat tempéré et salubre. Sol fertile, très-boisé. Elle fut découverte en 1558 par Garcia de Mendoza. Cette île forme le centre d'un archipel auquel elle donne son nom et qui forme la province de Chiloé, dont le ch.-l. est San-Carlos.

CHILON, l'un des sept sages de la Grèce, né à Lacédémone, fils de Damagète. Il fut éphore de Sparte en 556 avant J.-C. Ce fut lui qui fit graver en lettres d'or au temple de Delphes cette maxime qui fit réfléchir profondément Socrate, et lui inspira la base de son système philosophique et moral : *Connais-toi toi-même, et ne désire rien de trop avantageux*. Sa vie fut toujours conforme à ses préceptes. Il disait souvent : « De même que la pierre de touche sert à éprouver l'or; ainsi l'or répandu parmi les hommes est la pierre de touche des bons et des méchants. » On lui attribue encore les maximes suivantes : « Sois plutôt jaloux d'être estimé que craint. » — « Ce qu'il y a de plus difficile, c'est de garder un secret, de bien employer son temps, et de souffrir les injures sans se plaindre. » Chilon mourut de joie en apprenant que son fils venait de remporter le prix du ceste aux jeux olympiques.

CHILPÉRIC Ier, fils de Clotaire Ier. Après la mort de son père, en 561, il tira au sort avec ses frères les royaumes qu'ils avaient à partager entre eux; le royaume de Soissons échut à Chilpéric. En 567, il épousa Galsuinte. Il avait en même temps une concubine nommée Frédégonde. Cette femme cruelle et ambitieuse fit assassiner la reine, et se fit ensuite épouser par Chilpéric. Brunehaut, sœur de Galsuinte, arma Sigebert son mari, pour satisfaire sa vengeance et aussi pour réclamer les domaines composant la dot de sa sœur. Le règne de Chilpéric fut désastreux pour son peuple, et fut signalé par une longue suite de crimes et d'injustices. Chilpéric, poussé par Frédégonde, en vint à sacrifier ses propres enfants pour plaire à ce monstre. Ce fut Frédégonde qui se chargea elle-même de délivrer le peuple du tyran qui l'opprimait. Aidée de Landri, un de ses amants, elle fit assassiner Chilpéric à Chelles, au moment où il revenait de la chasse, en 594. Grégoire de Tours compare ce prince à Néron, non seulement à cause de sa cruauté, mais encore à raison des connaissances qu'il possédait, dans un temps où les grands se faisaient un mérite de leur ignorance. Il était très-versé dans la langue latine, et même, dit-on, dans la langue grecque. Il avait pris parti pour les ariens, et il avait défendu qu'on se servît des mots *trinité* ou *per-*

sonne, en parlant de Dieu. Il s'opposa à l'agrandissement du clergé et cassa la plupart des testaments faits en faveur des églises. La haine que lui portaient les écrivains de son temps, qui ne s'inspiraient que des préjugés religieux, a fait douter que tous les crimes qui chargent la mémoire de ce prince fussent parfaitement avérés.

CHILPÉRIC II, appelé auparavant Daniel, fils de Childéric II, succéda à Dagobert III en 715. Il voulut renverser Charles Martel, maire du palais, et se ligua contre lui avec Rainfroi ; mais Chilpéric fut vaincu et forcé de reconnaître l'autorité de son vainqueur. Il mourut à Attigny en 720. Il eut pour successeur Thierry, fils de Dagobert.

CHILTERN-HILLS, chaîne de collines d'Angleterre, dans les comtés d'Hereford, Buckingham et Oxford. Le massif principal et culminant est la Wenderer-Hill (275 mètres).

CHIMAY, ville de Belgique (Hainaut), à 44 kil. de Charleroy. Pop. 2,800 hab. Beau château des princes de Chimay. Hauts-fourneaux. Exploitation de très-beaux marbres noirs veinés de blanc, de rouge et de jaune. Les Français s'en emparèrent en 1694.

CHIMAY (le prince et la princesse DE). (*Voir* CARAMAN et TALLIEN (Mme).)

CHIMBORAZO ou CHIMBORAÇO (le), montagne de la chaîne occidentale des Andes dans l'Amérique du Sud et de la république de l'Equateur, haute de 6,700 mèt. au-dessus du niveau de la mer. Cette montagne est couverte de neiges perpétuelles à son sommet. MM. de Humboldt, Bonpland et Montufar y firent une ascension le 23 juin 1802 et atteignirent à une hauteur de 1,160 mèt. au-dessus de l'endroit où s'était arrêté la Condamine en 1745. Le 16 décembre 1831, M. Boussingault y fit aussi une ascension et atteignit une hauteur de 6,000 mèt. au-dessus du niveau de la mer.

CHIMÈRE (la), bourg de la Turquie d'Europe (Albanie), à 38 kil. de Delvino, sur le canal d'Otrante, au pied des montagnes de son nom.

CHIMÈRE (la), monstre de la Fable, né en Syrie, de Typhon et d'Echidna. Il était représenté avec une tête de lion, un corps de chèvre et une queue de serpent; il vomissait des flammes. Ce monstre désolait la Syrie. Bellérophon, fils de Glaucus, roi de Corinthe, en délivra le pays avec l'aide de Pégase, dont Neptune lui avait fait présent. On a donné de cette légende mythologique l'explication suivante : La Chimère était une montagne dont le sommet recélait un volcan; le milieu était couvert de pâturages où paissaient des troupeaux de chèvres; le pied était infesté de serpents, et sur les flancs de la montagne habitaient des lions qui désolaient la contrée. D'autres ont supposé que la Chimère était un navire monté par des pirates, dont la proue représentait l'image d'un lion; le corps, celle d'un serpent.

CHIMIE. C'est l'art de décomposer les corps pour constater par *l'analyse* les divers éléments qui entrent dans leur composition, et de les reproduire ensuite par la *synthèse*. La plupart des sciences industrielles, la médecine, l'agriculture et la métallurgie, empruntent à la chimie les enseignements qui leur sont nécessaires pour leur perfectionnement. On peut dire que la chimie est une science toute moderne; car c'est depuis un demi-siècle seulement qu'on a découvert les principes qui régissent la composition et la décomposition des corps; c'est à elle que nous devons ces merveilleux produits de l'esprit humain qui ont en quelque sorte transformé la vie domestique des peuples. La chimie, quoiqu'elle serve en quelque sorte de base à tant d'autres sciences, n'a pu progresser qu'en raison du développement de l'esprit philosophique. Il a fallu que l'industrie fût débarrassée de ses entraves, et que les inventeurs pussent jouir du bénéfice de leurs créations pour que la chimie songeât à leur venir en aide. Dès que l'industrie a fait appel à la chimie, cette science a pris son essor; la liberté lui a donc été favorable. La chimie n'a pu également venir en aide à l'agriculture que lorsque les terres ont été affranchies de servitudes seigneuriales, et que la propriété a été vraiment constituée. Les premiers alchimistes n'ont été en quelque sorte que des empiriques, guidés dans leurs observations par aucun principe et aucune méthode. Lavoisier a dû lutter pendant plus de 15 années pour faire prévaloir la logique là où dominait l'arbitraire. L'hypothèse fut bannie de la science, et on lui substitua une rigoureuse observation des faits. On distingue la *chimie théorique* de la *chimie appliquée* aux arts, à l'industrie, à la médecine et à l'agriculture. La *chimie théorique* se subdivise elle-même en *chimie minérale* et en *chimie organique*. La *chimie minérale* s'occupe plus particulièrement des corps qui constituent la nature morte, de leur composition, de leurs combinaisons et de leurs réactions moléculaires. La *chimie organique* observe les lois d'après lesquelles se transforment les corps produits par la végétation et par l'économie animale, c'est-à-dire qui sont soumis à l'action des forces naturelles de la vie, de la chaleur et de l'électricité. Les phénomènes chimiques se produisent dans les cas où les corps agissant les uns sur les autres, leur nature subit une certaine altération. La chimie doit d'abord étudier chaque corps individuellement avant de descendre aux combinaisons dont ce corps est susceptible. Cette altération ne se produit que par l'action moléculaire de diverses substances les unes sur les autres, soit naturellement, soit artificiellement. La distinction principale qu'on doit établir entre les corps est fondée sur leur composition : les uns sont simples, de telle sorte qu'on ne peut en extraire aucune autre substance d'une nature différente : telle est la nature du soufre, de l'or, de l'argent, etc.; les autres sont *composés*, et renferment plusieurs corps simples : ainsi la craie, soumise à l'action de la chaleur, dégage un composé de carbone et d'oxygène, et laisse en outre un résidu qui n'est autre que la chaux, et dans lequel on constate la présence de l'oxygène et d'un métal brillant appelé calcium. Les progrès de la chimie, par suite du perfectionnement des moyens d'analyse, augmentent chaque jour le nombre des corps simples, qui se divisent en métaux et métalloïdes, suivant la nature de leurs propriétés physiques ; les métalloïdes sont généralement les corps qui, en se combinant les uns avec les autres, donnent des composés acides. On étudie ensuite les composés binaires dans la combinaison desquels entrent deux éléments ou corps simples. Les composés binaires se divisent en trois classes : 1° les *acides* qui rougissent la teinture du tournesol; ils sont électro-négatifs dans leurs combinaisons avec les bases; 2° les *bases*, elles ramènent au bleu la teinture du tournesol rougie par les acides; ces composés sont électro-positifs dans leurs combinaisons avec les acides; 3° les *corps neutres* ou indifférents, ils n'ont ni la propriété des bases, ni celles des acides. — Les composés ternaires sont ceux dans la combinaison desquels entrent trois éléments. Les sels sont compris dans cette classe. Les sels sont des composés qu'on obtient en traitant les bases par les acides. L'acide et la base sont ordinairement oxygénés, et le sel qu'on obtient ainsi s'appelle oxy-sel. Lorsqu'une combinaison s'opère entre deux composés binaires ayant un élément commun, le composé qu'on obtient est un chloro-sel. Si la combinaison des deux composés binaires est formée de deux sulfures, le composé qu'on obtient est un sulfo-sel. L'action des hydracides sur les bases oxygénées produit des composés binaires qu'on appelle sels haloïdes : tels sont les chlorures qu'on obtient en traitant les bases oxygénées par l'acide chlorhydrique et les sulfures métalliques obtenus en traitant les bases oxygénées par l'acide sulfhydrique. Les composés quaternaires comprennent les sels doubles. La chimie doit constater les circonstances qui accompagnent le changement d'état du corps dans leurs diverses combinaisons, leurs caractères sensibles, leur couleur, leur saveur, leur odeur, leurs propriétés physiques sous l'action de la chaleur ou de l'électricité, leur poids spécifique, leur solubilité dans les divers liquides, etc. La chimie étudie ensuite les analogies qui permettent d'établir la classification des corps. Le système qui a été adopté par Lavoisier est apprécié dans ces termes par Ampère ; « Aujourd'hui que de nouveaux faits, et une interprétation plus juste des faits déjà connus, ont rectifié ce que la théorie établie par Lavoisier avait de trop absolu et que d'autres substances ont offert des propriétés semblables, on doit s'efforcer de bannir de la chimie les classifications artificielles, et commencer par assigner à chaque corps simple la place qu'il doit occuper dans l'ordre naturel, en le comparant successivement à tous les autres et en le réunissant à ceux qui s'en rapprochent par un plus grand nombre de caractères communs, et surtout par l'importance de ces caractères. » Les noms des corps simples sont arbitraires ; mais quant aux composés, ils sont désignés par des termes fixes suivant certaines règles. Parmi les composés binaires oxygénés, on distingue les composés basiques ou neutres et les composés acides. Le nom des premiers se forme de la manière suivante : s'il s'agit, par exemple, de la combinaison du fer avec l'oxygène, il s'appelle oxyde de fer. La quantité d'oxygène que contient l'oxyde pour une même quantité de fer s'exprime par les mots *proto*, *deuto* et *per*; ainsi le composé le moins oxygéné s'appellera *protoxyde de fer*, celui qui est plus oxygéné, *deutoxyde de fer*, et enfin le plus oxygéné, *peroxyde de fer*. Si le composé binaire avec l'oxygène est un acide, on le désigne en faisant suivre le mot *acide* du nom du composé avec la terminaison *ique*. Ainsi le carbone, en se combinant avec l'oxygène, forme l'*acide carbonique*. S'il y a deux composés, le moins oxygéné se termine en *eux*, et le plus oxygéné en *ique*. Ainsi les deux composés acides de l'arsenic avec l'oxygène s'appellent *acide arsénieux* et *acide arsénique*. Certains corps forment en se combinant avec l'oxygène plus de deux acides ; on les distingue toujours suivant leurs proportions d'oxygène, en les faisant précéder de *hypo*. Ainsi le phosphore forme avec l'oxygène quatre acides : l'*acide hypo-phosphoreux*, l'*acide phosphoreux*, l'*acide hypophosphorique*, l'*acide phosphorique*. Lorsqu'il se présente un cinquième acide, on le désigne par *per* ou *hyper*. Ainsi le chlore avec l'oxygène produit un cinquième acide qu'on appelle *acide perchlorique* ou *hyperchlorique*. Lorsqu'il s'agit de désigner deux corps simples quelconques qui donnent généralement lieu à un composé neutre ou quelquefois basique, on les désigne en ajoutant la terminaison *ure* au corps électro-négatif. Ainsi le chlore combiné avec l'azote donne le *chlorure d'azote*. La proportion des corps qui se combinent ainsi peut varier : le soufre, par exemple, se combine avec le fer dans diverses proportions qu'on exprime par les mots *proto-sulfure de fer*, *deuto-sulfure de fer* et *persulfure de fer*. S'il s'agit de désigner les composés ternaires, et par exemple d'un composé résultant de la combinaison d'un acide oxygéné avec une base également oxygénée, le nom spécifique de l'acide prend la terminaison *ate*, et l'on ajoute à ce mot le nom de l'oxyde qui entre dans le sel. Ainsi l'on désigne le sel formé par l'acide carbonique combiné avec le protoxyde de plomb, en disant *carbonate de protoxyde de fer*. Telles sont les dénominations les plus généralement employées en chimie.

CHINARD (Joseph), sculpteur, né à Lyon en 1756, mort en 1813. Il professa d'abord le dessin à Lyon. Il alla étudier à Rome, où il obtint le prix de l'académie de Saint-Luc pour son groupe d'*Andromède délivrée par Persée*. Chinard fut chargé de sculpter plusieurs statues de militaires qui décorent l'arc-de-triomphe du Carrousel. Il a sculpté une belle statue colossale de *la Paix* pour la ville de Marseille; il a laissé aussi plusieurs bustes des membres de la famille impériale.

CHINCHILLA, ville d'Espagne (Murcie), à 115 kil. de Murcie. Pop. 8,000 hab. Fabriques de creusets, poterie, lainages. Ville autrefois fortifiée.

CHINCHON, ville d'Espagne (Nouvelle-Castille), à 35 kil. de Madrid. Pop. 5,000 hab. Sources minérales et bains.

CHINE (empire de la), TATH-SCHING-KOUN ou CÉLESTE EMPIRE DES CHINOIS. Vaste et puissant État de l'Asie orientale, borné au N. par la Sibérie et le Turkestan russe, à l'E. par le Grand Océan, au S. par l'Himalaya, à l'O. par la Tartarie indépendante. Sup. 137,500 myriamètres carrés. Popul. 414,000,000 d'hab. environ. Capitale Pékin. L'empire de la Chine comprend : la Chine proprement dite, la Mandchourie, la Tartarie ou Thing-King, la Mongolie ou O-rom-tsi, la Petite Boukharie en Thian-schan-nan-lou, la Dzoungarie ou Thian-schan-pé-lou, le pays des Kalmouks du Khoukhounoor, le Thibet ou Si-zang, le Boutan ou pays du Deb-Radjah, la Corée ou le royaume des îles Lieou-Khieou. Chaque province se subdivise en départements (fou); les départements en arrondissements (tchéou), et ceux-ci en districts (hian). La population comprend quatre classes : les lettrés ou la noblesse, les agriculteurs, les industriels et les commerçants. Le type du Chinois est tout particulier, son visage est large, ses yeux, sa bouche, son nez sont petits, ses pommettes très-saillantes et il a le teint jaune. Il est doux, poli, ami de la paix, mais enclin à l'ivrognerie et à la fraude, il est vindicatif et vénal, et son orgueil national est poussé à l'excès. Le gouvernement est une monarchie absolue, héréditaire dans la ligne masculine. La résidence de l'empereur est à Pékin; son conseil se compose du collége des Ssoyés-siangs, vieux mandarins qu'il choisit lui-même. Ce conseil se divise en dix sections : maison de l'empereur, cabinet, intérieur, finances, culte, guerre, justice, travaux publics, extérieur, censure. Les contributions foncières se payent moitié en argent moitié en nature. Les produits du sol ne sont pas sujets aux impôts. Les marchands et les artisans payent une taxe volontaire qui sert au culte et à la construction des édifices publics. Le sel, le charbon, les étoffes de soie et de coton sont frappés d'un droit; les confiscations, les présents, la douane générale et le produit de la douane de Canton sont évalués à 740 millions de francs; et tous les hommes de vingt à soixante ans payent une capitation. Le système monétaire consiste en métaux circulant au poids. — *Justice*. Le code chinois est remarquable par la sagesse de ses dispositions, mais qui sont rarement mises en usage par les juges. Les principaux châtiments sont la peine du bambou ou la bastonnade, le supplice de la cangue et la corde. — *Armée*. L'armée régulière se compose de 1,300,000 hommes, non compris les hommes en congé et l'arrière-ban, qui se montent à peu près à 500,000 hommes. Les armes dont les soldats se servent ordinairement sont l'arc et les flèches; les fusils sont très-peu répandus et de mauvaise fabrication. — *Marine*. La marine militaire se compose de 926 bâtiments, de 58,637 marins, commandés par deux amiraux. — *Religion*. La principale religion de la Chine est la doctrine de Yu, établie par Confucius; elle est professée par l'État et la classe des lettrés. — *Agriculture, commerce*. L'agriculture est la plus grande source de richesse de l'empire chinois. Les lois élèvent cette profession au-dessus de toutes les autres. Le thé, le mûrier, la canne à sucre, la vigne, sont cultivés avec succès. Les arts mécaniques sont presque inconnus. Les fabriques de tissus et étoffes de soie, de porcelaine, d'ouvrages en laque, papier, encre, tabletterie en ivoire et en nacre, abondent en Chine. On compte en Chine près de 400 canaux qui sont utilisés pour le commerce extérieur; 10,000 bateaux, montés par 200,000 rameurs, sont employés seulement pour approvisionner la capitale et les environs. Le canal impérial, qui est le plus important, établit une communication entre Pékin et Canton et les principaux entrepôts de commerce intérieur, tels que Ning-Po, Nankin, Chao-Hing, Emouy, Thang-kia-Kheou, Nang-Khang, Lin-Tsin-Tchéou, Ou-Tchong. Les villes de Kuei-Lin-Fou, Young-Tchang-Fou, Maïmatschin, Yarkand, Kaschgar, Ladakev-Lana, sont toutes affectées au commerce extérieur. Le thé, la soie, le sucre, le riz, les plantes médicinales, le nankin, les ouvrages en laque et en ivoire, la porcelaine, sont les principaux articles d'exportation de la Chine, et les seuls, du reste, que le gouvernement permette d'exporter. Les fourrures, les fils d'or, les tissus de coton, les draps et lainages, l'opium, les glaces et verres, le corail, la cochenille, l'acier, l'étain, le plomb, sont les produits que fournit le plus l'importation. Plusieurs traités de commerce furent conclus par les puissances européennes et les Américains du Nord avec la Chine, pour faciliter l'exportation et l'importation, et c'est la Russie qui est en possession du traité le plus ancien avec ce pays. — *Histoire*. Les Chinois sont originaires du pays qu'ils habitent; leurs annales, leurs mœurs tendent à le prouver. Les écrivains chinois fixent l'origine de leur nationalité à 2,397 ans av. J.-C. Mais s'il fallait s'en rapporter à la tradition, elle remonterait à 80 ou 100,000 ans. Dans ces temps mythologiques, après Pan-Kou, qui aurait séparé le ciel de la terre, viennent les trois grands règnes de Tien-Hwang (souverain du ciel), de Ti-Hwang (souverain de la terre) et de Sin-Hwang (souverain des hommes). D'après l'*Histoire générale de la Chine*, ce serait Fou-Hi qui commencerait la longue série des empereurs chinois, et qui aurait régné 3,000 ans av. J.-C.; il établit les premières lois et assujettit ses sujets au mariage. Chin-Hong lui succéda et découvrit les procédés de culture; il eut pour successeurs Houang-ti, Chao-hao, prince sans énergie, Tchouen-Hio; Ti-Tchi, qui fut détrôné pour ses désordres et remplacé par son frère Yao; ce fut sous son règne, vers l'an 2297 av. J.-C., qu'eut lieu la grande inondation diluvienne. Son gendre Chun hérita de l'empire; il réforma le calendrier; on lui attribue même la célèbre sphère chinoise qui porte son nom; Yu, dont il avait apprécié la sagesse en l'associant au trône, fut son successeur, et avec cet empereur commence la dynastie des Hia.

22 dynasties ont gouverné la Chine :

1re Les Hia (av. J.-C.; 17 rég.)	2205 —	1783
2e Les Chang (28 rég.)	1783 —	1122
3e Les Tchéou (36 rég.)	1122 —	247
4e Les Thsin (3 règnes)	247 —	197
5e Les Han (ap. J.-C.; 3 règ.)	197 —	220
6e Les Heou-Han (6 règ.)	220 —	265
7e Les Tçin (16 règ.)	265 —	419
8e Les Sang (1ers) (7 règ.)	419 —	479
9e Les Tsi (6 règ.)	479 —	502
10e Les Liang (4 règ.)	502 —	557
11e Les Tchin (4 règ.)	557 —	581
12e Les Soui (3 règ.)	581 —	618
13e Les Thang (21 règ.)	618 —	907
14e Les Héou-Liang (3 règ.)	907 —	925
15e Les Héou-Thang (4 règ.)	925 —	936
16e Les Héou-Tsin (2 règ.)	936 —	947
17e Les Héou-Han (3 règ.)	947 —	951
18e Les Héou-Tchéou (3 règ.)	951 —	960
19e Les Sang (2e) (18 règ.)	960 —	1278
20e Les Youen ou Mongols (14 règ.)	1278 —	1368
21e Les Ming (17 règ.)	1368 —	1644
22e Les Thsing (emp. tartares, 7 règ.)	1644 —	1864

Les empereurs chinois eurent à soutenir de nombreuses guerres et à repousser des invasions. Sous la dynastie des Tchéou, l'empire fut partagé en 21 principautés, qui furent continuellement en guerre. Ting-Wang eut à repousser les incursions des Tartares. C'est sous le règne de Ling-Wang que naquit Confucius, qui mourut vers 497 av. J.-C. C'est Thsin-Chi-Hwang-ti (4e dynastie) qui, pour se garantir des Barbares qui occupaient le nord de la Chine, fit construire la fameuse muraille qui sépare la Chine de la Mongolie (214 av. J.-C.). Ce prince, sur le conseil de son ministre, condamna au feu 170 lettrés et fit brûler tous les livres; c'est à cet auto-da-fé qu'est due l'obscurité qui règne sur les premiers temps de l'empire chinois. Sous la dynastie des Han, l'empire s'agrandit, et Tchang-Khien, général chinois, établit des relations avec l'Inde, et des ambassadeurs furent envoyés en Occident. Mais, vers l'an 220 de notre ère, l'empire se divisa en trois royaumes. Ce partage n'a pas été avoué par les écrivains chinois. Sous la dynastie des Sang (2e) la Chine fut ravagée par les Tartares et les Mongols, et les empereurs furent obligés d'acheter une paix honteuse (1023). La Chine se releva complétement sous Youen-Chi-Tsou (1260); il fit la conquête de la Tartarie orientale, mais échoua dans son entreprise contre le Japon, dont il voulait se rendre maître; et peu après il régna sur la Chine entière. Il fonda la dynastie Mongole des Yen. Le fondateur de la dynastie des Ming fut le fils d'un pauvre cultivateur qui se joignit aux insurgés qui voulaient abattre Chun-Ti, et bientôt par son intelligence et son courage, devint leur chef. Appelé au trône, il prit le nom de Taï-Tsou et ne tarda pas à reconquérir tout l'ancien territoire de l'empire. Sous cette dynastie, la Chine fut encore en lutte avec les Tartares et les Japonais. C'est sous cette dynastie que les Européens commencèrent à avoir des relations avec la Chine. Les Portugais furent les premiers qui y abordèrent (1514), puis vinrent les Hollandais (1604), qui furent mal accueillis. Sous Hi-Tsong-Tchi-ti (1621) les Tartares firent de grands progrès; ce prince voulant traiter de la paix, envoya en Tartarie un eunuque qui conclut un traité si onéreux que l'empereur refusa de le ratifier. L'empereur tartare Tsoung-ti, qui était très-populaire en Chine, fit proclamer son fils empereur. Avec lui commença la 22e dynastie, celle des Thsing, qui règne actuellement. En 1656, sous Chun-Tchi, les Russes et les Hollandais lui députèrent sans succès des ambassades. Khang-Hi eut un règne que les missionnaires jésuites comparent à celui de Louis XIV; il régna de 1662 à 1722. Yong-Tching proscrivit la religion chrétienne, et renvoya les missionnaires; cet ordre fut seulement exécuté sous son successeur, qui fit décapiter cinq dominicains. En 1792, les ambassades de lord Macartney et de lord Amherst n'eurent point d'effet. En 1840, Tao-Kouang déclara la guerre aux Anglais qui avaient introduit de l'opium en Chine malgré sa défense; il retint prisonniers les négociants européens, les menaça de mort s'ils ne livraient les cargaisons d'opium qu'ils avaient au large, pour les détruire. Dans cette guerre, l'avantage se tourna vers les Anglais, qui battirent les troupes tartares à Tchum-pi. Le traité de Nankin fut passé le 26 août 1842, et permit aux Européens le libre échange de leurs produits. En 1851, Teen-téh, se disant le descendant de la dynastie chinoise des Ming, souleva la province de Kouang-si, et ce mouvement prit de grandes proportions. Il s'empara, en 1853, de Nanking, de Shang-haï et d'Amoy. En 1857, la France et l'Angleterre déclarèrent la guerre à la Chine, par suite de sa mauvaise foi dans l'exécution des traités et des supplices infligés aux missionnaires catholiques. Canton fut attaqué le 28 décembre, fut pris le 29, et fut occupé et gouverné pendant plusieurs années au nom des deux puissances. Le 20 janvier 1858, les troupes alliées s'emparèrent des forts situés sur les deux rives de Peï-ho. Deux traités de paix furent signés à Tien-tsin, le premier, le 26 juin, avec l'ambassadeur anglais, lord Elgin, et le second, avec le baron Gros, représentant de la France. Dans ces traités, la France et l'Angleterre avaient le droit d'avoir un ambassadeur à Pékin; ces traités furent complétés par la convention commerciale de Shang-haï, le 8 novembre 1858. Mais, le 21 juin 1859, lorsque les ambassadeurs se présentèrent, l'entrée du fleuve Peï-ho leur fut refusée. Un combat eut lieu à l'entrée de ce fleuve, et les forts de Ta-kou furent attaqués de vive force; les alliés eurent 500 hommes hors de combat et trois bâtiments coulés. En 1860, une seconde guerre fut déclarée, l'armée anglo-française s'empara de l'île de Chusan, le 21 avril. Le 21 août, les forts de Ta-kou, tombaient au pouvoir des alliés, le 8 septembre l'armée s'avança sur Pékin, et arriva à 16 kil. de la ville. Le 21, le camp chinois de Palikao fut emporté, et le palais Yuen-ming-yuen fut saccagé. Le 24, un traité fut signé avec l'Angleterre, et, le 25, un autre fut signé avec la France, et les ambassadeurs français et anglais furent installés dans la capitale. Le 22 août, l'empereur Hien-Foung, qui s'était enfui de Pékin à l'approche des alliés, mourut, et son fils, âgé de sept ans, Chio-Hong lui succéda. Le prince Kong s'empara du trône en novembre 1861, et devint le chef de l'empire.

Division politique.

La Chine proprement dite se divise en 18 provinces, savoir :

Au Nord.	Tchélіou-Pé-tchéli. ch.-l.	Pékin.
	Chansi	Thaï-Youan.
	Chen-si	Si-an.
	Chan-touny	Tsi-nan.
	Kan-sou	Lan-tchéou.
A l'Est.	Tché-Kiang	Hang-tchéou.
	Kiang-sou	Nankin.
Au Sud.	Kouang-si	Kouéi-lin.
	Kouang-touny	Canton.
	Fou-Kiang	Fou-tchéou.
A l'ouest.	Sza-tchouen	Tching-tou.
	Youn-nan	Youn-nan.
	Kouéi-tchéou	Kouéi-Yang.
Au centre.	Ho-nan	Kaï-founy.
	Ngan-hoéi	Ngan-King.
	Hou-pé	Ou-tchang.
	Kiany-si	Nan-tchang.
	Hou-nan	Tchany-cha.

Les golfes sont ceux de Pé-tchéli ou Liao-touny, au N. de la Mer jaune, ceux de Hany-tchéou, d'Emauy et Canton, de Tonkin; les presqu'îles sont : celles de Corée, de Liao-touny, de Tchan-touny, et de Louï-tcheou. L'O. de la Chine est traversé par la chaîne de montagnes de Yu-Ling dont les cimes nombreuses sont couvertes de neiges éternelles. Ses principaux pics sont : le Yu-Ling, les monts Miao-ling, Noun-ling et Taju-ling, les monts Tapo-ling et Pé-ling, les monts Jak-Alin. Les principales rivières sont : le Pé-hoqui qui se jette dans le Pé-tcheli; le Hoang-ho, ou fleuve Jaune, le Yany-tsé-kiany ou fleuve Bleu, le Si-kiany ou Tchéou-kiany ou Tigre chinois. Sol fertile : légumes, riz, blé, coton, bananier, oranger, grenadier, citronnier, cocotier, arbre à essence, arbre à vernis, cannellier, canne à sucre, thé. Elève de vers à soie et d'abeilles. — La partie centrale est bornée par le fleuve Bleu et le fleuve Jaune. Le sol est plat et sablonneux; et produit le blé, le coton, les vers à soie. — La partie N. est bornée par le fleuve Jaune et la grande muraille qui à 2,400 kil. d'étendue, 90 mèt. de haut., 45 à 60 d'épaisseur. Sol peu productif, l'avoine, le sarrasin et le millet forment la nourriture des habitants. Nombreux troupeaux de bœufs, chevaux, porcs, moutons.— La Chine renferme des mines d'or et d'argent, de fer, de cuivre, de houille; mercure, arsenic, sel, bitume, terre à porcelaine, marbre, pierres précieuses de toute espèce. On rencontre en Chine l'éléphant, le tapir, le buffle, le rhinocéros, le bison, le tigre, le léopard, la panthère, le singe, le sanglier, le chien sauvage. Parmi les oiseaux : le flamant, le pélican, l'albatros, l'oiseau de paradis, les oiseaux de proie. Parmi les reptiles : le serpent, et, parmi les insectes, de magnifiques papillons. Les rivières possèdent des carpes dorées importées en Europe et que nous appelons poissons rouges.

Chine (mer de la). Partie de l'Océan Pacifique qui forme la baie de Canton et les golfes de Tonkin et de Siam. Les Chinois la nomment Han-Haï, Mer méridionale.

CHING-KING ou Tartarie, province de l'empire chinois, bornée à l'E. par la Corée, au S. par la mer, et à l'O. par la province de Pé-tchéli. Ch.-l. Ching-Yang ou Moukden. Elle comprend l'archipel Liao-Toung ou Potocki. Sup. 500 kil. sur 300. La plupart des habitants sont pasteurs.

CHINIAN (Saint-), ch.-l. de cant. de l'arrond. de Saint-Pons (Hérault), à 25 kil. de cette ville. Pop. 3,600 hab. Fabriques de drap, bonneterie.

CHIN-NONG, empereur de la Chine, vivait, si l'on en croit la chronique chinoise, au XXVIIe siècle av. J.-C. Il était contemporain de Menès, premier roi d'Egypte. Il enseigna aux hommes à cultiver la terre et à faire le pain. Les Chinois lui attribuent la découverte de l'art de tisser les étoffes; il aurait révélé la médecine et enseigné la musique; enfin les historiens chinois affirment qu'il donna le premier la figure de la terre et des mers. Il fut renversé par un des gouverneurs de son empire, et mourut de chagrin en apprenant la défaite de l'armée impériale.

CHINON, sous-préfect. du départ. d'Indre-et-Loire, à 43 kil. de Tours. Pop. 6,000 hab. Tribunal de 1re instance, collège. Commerce de grains, vins, fruits secs et cuits, pruneaux de Tours, etc. Patrie de Rabelais. Ville autrefois fortifiée. Ruines d'une ancienne forteresse du Xe siècle. Philippe-Auguste s'empara de cette ville en 1205. Ce fut dans le château de Chinon que se retira Charles VII pendant que les Anglais occupaient Paris, et que Jeanne d'Arc lui fut présentée.

CHIN-TSOUNG, dernier empereur chinois de la dynastie des Ming; il régna de 1573 à 1616. Il accueillit les jésuites dans l'empire. C'est sous son règne que les Chinois firent la conquête de la Corée, qui dépendait du Japon.

CHIO ou Chios, île de l'Archipel grec, sur la côte orientale de l'Asie mineure, à 40 kil. de Lesbos. Ch.-l. Chio. Superf. 1,100 kil. carrés. Pop. 62,000 hab. Ile très-fertile. Industrie active; fabriques de velours et damas; manufacture de cire. Célèbre par ses vins. Ses premiers habitants furent les Pélasges et les Cariens, puis des habitants de l'île de Crète et d'Eubée. Cette île fut l'alliée d'Athènes dans la guerre du Péloponèse et subit avec cette cité le joug de Lacédémone, puis celui des rois de Macédoine. Plus tard, elle fut réduite en province romaine et perdit toute son importance. Les Génois et les Vénitiens s'en emparèrent au moyen âge; les Turcs la possèdent depuis 1595.

Chio, capitale de l'île de ce nom, sur la côte E. Pop. 14,500 hab. Siége d'un archevêché grec; résidence d'un agha turc. Château fort. Port fermé par deux môles.

CHIOGGIA, ville des Etats autrichiens (Vénétie), à 23 kil. de Venise. Pop. 26,600 hab. Forts Coroman et San-Felice. Port sur l'Adriatique. Belle cathédrale. Pont de pierre de 43 arches. Pêche active; salines; chantiers de construction.

CHIOURME. Se dit de la réunion des forçats dans un bagne. On donne le nom de gardes-chiourmes aux surveillants des forçats.

CHIPPENHAM, ville d'Angleterre (Wilts), à 35 kil. de Bristol. Pop. 7,000 hab. Manufactures de soie et laine. Beau pont de 22 arches.

CHIPPEWAS, peuplade de l'Amérique, de la race des Algonquins. Ils occupent les terres situées entre le lac Supérieur et le lac Winipeg, sur les frontières des Etats-Unis et du Canada.

CHIPPING-NORTON, ville d'Angleterre, comté d'Oxford, à 27 kil. de cette ville. Pop. 3,150 hab. On remarque aux environs le monument druidique de *Rowldrich*.

CHIQUITAS, peuple indigène de l'Amérique du Sud, qui occupe le sud de la Bolivie.

CHIRAC (Pierre), célèbre médecin, né à Conques, en Rouergue, en 1650, mort en 1732. Il embrassa d'abord l'état ecclésiastique. Le chancelier de l'université de Montpellier ayant apprécié ses talents, lui confia l'éducation de ses enfants. Son protecteur ne songeait pas alors que le pauvre abbé lui ferait un jour honneur en acceptant la main de sa fille. Chirac fut reçu docteur en médecine à l'âge de 32 ans; il abandonna alors l'état ecclésiastique et occupa avec distinction une chaire dans la faculté de Montpellier. Il acquit une grande célébrité comme praticien. Le maréchal de Noailles le nomma médecin de l'armée de Roussillon en 1692. Ses confrères de Montpellier, qui avaient manifesté leur jalousie contre lui et qui avaient applaudi à son départ, ne se doutaient pas qu'il allait trouver de nouvelles occasions d'acquérir une célébrité plus grande encore. L'armée ayant été attaquée d'une dyssenterie épidémique, Chirac parvint à en arrêter les progrès. Il guérit le duc d'Orléans d'une blessure dangereuse. Le duc d'Orléans le choisit dès ce moment pour son premier médecin. A la mort de Fagon, il obtint l'intendance du Jardin du Roi. En 1716, il entra à l'Académie des sciences, et quelques années après il obtenait de Louis XV des lettres de noblesse. Il se distingua par son courage lors de l'épidémie de Marseille, au moment où cette ville était abandonnée par les médecins eux-mêmes. Il avait alors 70 ans, et il était parvenu au faîte des grandeurs. Il ne se laissa arrêter ni par ses infirmités, ni par le souci de sa fortune, et il partit après avoir écrit au Régent : « Je vais à Marseille où tout le monde meurt; prenez un autre médecin. » Le régent envoya une escouade pour arrêter le carosse de son médecin; il vint lui-même près de lui et lui signifia qu'il ne partirait pas. Il consola le vieillard en lui permettant d'ordonner tout ce qui serait utile pour sauver les malheureux Marseillais. Grâce au zèle que déploya Chirac pour l'expédition des médicaments, l'épidémie cessa bientôt. C'est dans cette circonstance qu'il formula, contre l'opinion généralement admise, cette idée que la peste de Marseille n'était pas contagieuse. Il le prouva, en effet, et les observations qu'il émit à ce sujet n'ont pas peu contribué à sa célébrité. Son *Traité des fièvres pestilentielles* est le recueil des observations les plus profondes qu'on ait recueillies sur les épidémies de cette nature. Broussais s'est inspiré plus tard de ce long travail. Chirac a composé un ouvrage, des mémoires et des dissertations sur *les cheveux*, sur *le foie*, sur *les plaies*, sur *la colique iliaque* et sur *le cauchemar*. Il signala les avantages de la rouille de fer comme moyen thérapeutique dans une foule de cas. Peu de temps avant sa mort, il fonda deux chaires à Montpellier; l'une des deux était consacrée à la physiologie comparée. On rapporte de lui un trait singulier. Quelques jours avant sa mort, il fut atteint de délire. La raison lui étant revenue tout à coup, il se tâta le pouls; et interrogeant ceux qui se trouvaient auprès de lui : « L'a-t-on saigné? — Non, lui répondit-on. — Eh bien! reprit-il, c'est un homme mort. » Quelques instants après, il était mort.

CHIROMANCIE, mot dérivé du grec, et qui désigne l'art de prédire l'avenir par l'inspection des mains. L'antiquité païenne ajoutait foi à la chiromancie; il ne serait même pas impossible d'en trouver des traces dans la Bible. Aristote pensait que la longueur des lignes indiquait la durée de la vie; Pythagore en tirait des présages. Les augures, à Rome, tenaient la chiromancie en honneur. Artémidore, sous Antonin le Pieux, en fit l'objet d'un traité. Le moyen âge, avec ses superstitions et ses croyances mystiques, ne pouvait manquer de la mettre en pratique. Cependant il faut être juste : la chiromancie a été à la physiologie ce que la magie et l'alchimie ont été à la chimie. Dès le XVIIe siècle, quelques savants exprimaient déjà l'idée que la chiromancie ne pouvait servir qu'à deviner le tempérament, les inclinations de l'âme et certaines affections physiques; ils pressentaient dès lors la physiologie. Cette science ne se constitua qu'avec Gall et Lavater. Les chiromanciens d'autrefois partaient de ce point que chaque partie noble du corps humain et chaque organe présidant à une certaine partie de la main et y envoient le sang et *les secrètes vertus* dont la liaison indique la sympathie particulière, et qui ont entre elles une certaine solidarité. L'état des lignes observées sur la main indique les modifications des organes qui correspondent à ces lignes. Chacun des organes est placé sous l'influence d'une planète, qui est elle-même soumise à une certaine influence céleste. Le chiromancien observait les parties charnues placées à la racine des doigts et consacrées aux planètes, les lignes avec leurs angles, les lettres que ces lignes forment quelquefois, et dont la signification varie suivant la planète sous l'influence de laquelle est placé le sujet. Les étoiles, les signes qui se trouvent sur la main, fournissent autant d'indications. Aujourd'hui les chiromanciens désavouent l'astrologie, et fondent une science positive. La physiologie ne prétend pas que l'homme ait telle ou telle constitution en raison de telle ou telle configuration de la main; mais elle prouve que la configuration est déterminée au contraire par les habitudes, la nature du tempérament qui se reflète non-seulement dans la main, mais aussi dans toutes les autres parties du corps. Certains physiologistes ont poussé l'observation assez loin pour déterminer par l'inspection de la main l'état et les habitudes d'une personne. Ils distinguent le forgeron du cordonnier, et celui-ci du tailleur et de l'imprimeur. La forme des doigts indique aussi certaines maladies : la goutte, la phthisie et l'anévrisme se distinguent parfaitement. Il n'est pas jusqu'aux ongles qui n'offrent aussi des signes certains. Hippocrate en tirait des présomptions.

CHIRON, surnommé le *Centaure*; il était fils de Saturne et de Phyllire. Son père ayant été surpris par sa femme Ops, alors qu'il était dans les bras de Phyllire, se changea tout à coup en cheval pour ne pas être reconnu. On explique ainsi la naissance de Chiron, moitié homme et moitié cheval. Devenu grand, Chiron se retira sur les montagnes et dans les forêts, se livrant à l'étude des plantes et à l'observation des étoiles. Il devint ainsi savant en médecine et en chirurgie, et fut le maître d'Esculape. Il compta parmi ses disciples Achille, Castor et Pollux, Hercule, Jason, Méléagre, Diomède et Thésée. Hercule ayant eu l'imprudence de lui faire une blessure avec une flèche empoisonnée, Chiron éprouva des douleurs si cruelles, qu'il pria les dieux de le priver de l'immortalité et de terminer ses jours. Jupiter exauça son vœu et le plaça dans le zodiaque sous la constellation du Sagittaire. On attribue à Chiron le premier calendrier grec.

CHIRURGIE. C'est l'art de pratiquer les opérations nécessaires à la guérison de certaines maladies. On l'appelle aujourd'hui médecine opératoire; autrefois la chirurgie était ravalée au-dessous de la médecine; mais on a remarqué qu'il existait une connexité si étroite entre les maladies chirurgicales qui font l'objet de la pathologie externe, et les maladies médicales qui sont l'objet de la pathologie interne, que la chirurgie a dû appeler la médecine à son aide. La chirurgie n'a pas dû non plus rester étrangère à l'anatomie et à la physiologie. Les Égyptiens ont pratiqué les premiers la chirurgie; ils avaient même des médecins spéciaux pour chaque espèce de maladie. Il en était de même au moyen âge, où l'intervention divine devait guérir tous les maux possibles : sainte Lucie guérissait les ophthalmies, saint Hubert la rage, saint Roch la peste; saint Éloi guérissait les bestiaux. Chez les Égyptiens, et plus tard chez les Grecs, la médecine était exercée par les prêtres, en raison de son origine divine. Homère représente le disciple d'Esculape pansant les blessés au siége de Troie, suçant les plaies et y versant des baumes. Les historiens grecs nous montrent des médecins attachés aux armées; Hippocrate fit faire à la chirurgie autant de progrès que pouvait le permettre l'ignorance de l'anatomie. Les chirurgiens pratiquaient la cautérisation et la saignée; ils réduisaient même les fractures et les luxations, trépanaient le crâne et les côtes, ouvraient les abcès, opéraient la fistule, sondaient la vessie, extrayaient le fœtus de la matrice et redressaient le pied-bot. Cependant Hippocrate et ses disciples repoussaient la lithotomie. Au temps de Celse, la chirurgie avait fait de tels progrès, que la science moderne n'a eu à peu près qu'à reconstituer les procédés et les observations dont la chirurgie était alors enrichie pour la mener au point où nous la voyons aujourd'hui. Nous ne pouvons guère nous vanter que d'opérer avec des instruments plus parfaits. Les Arabes héritèrent des connaissances des Grecs; mais trop de préjugés religieux s'opposaient au développement de la science. La dissection était interdite, et l'anatomie n'était guère connue que par les livres grecs. Les Arabes ont cependant pratiqué avec bonheur les opérations les plus hardies; ils ont notamment pratiqué la résection du maxillaire inférieur, qui est considéré aujourd'hui comme une invention toute moderne. Les peuples occidentaux négligèrent au moyen âge la chirurgie, de même que la médecine. Les moines remplaçaient les médecins; les reliques et les amulettes étaient toutes-puissantes, et un peu d'astrologie aidant, les malades devaient mettre beaucoup de mauvaise volonté pour ne pas guérir, à moins que leurs hérésies ou leurs souillures n'y missent obstacle. La chirurgie, considérée dès lors comme un métier ignoble, était abandonnée aux barbiers et aux charlatans. Cependant quelques hommes ne craignirent pas de s'élever au-dessus des préjugés religieux, et, s'inspirant des auteurs grecs et de certains auteurs arabes, tels qu'Avicenne et Albucasis, ils travaillèrent à reconstituer les principes de la science chirurgicale. On vit s'élever alors Roger de Parme, Roland, son disciple Bruno, Hugues de Lucques et Théodoric. L'école de Salerne et celle de Montpellier acquirent une certaine célébrité dès le XIIe siècle. L'Italie produisit Guillaume de Saliceti et Lanfranc. Pilard, chirurgien de saint Louis, eut l'honneur de fonder en France le premier collége des chirurgiens. L'Allemagne ne commença à cultiver la chirurgie qu'avec Paracelse. Ambroise Paré, qui a mérité d'être appelé le père de la chirurgie moderne, apparut au XVIe siècle, et sa doctrine triompha malgré la guerre que lui livrèrent les médecins et les barbiers, qui avaient presque fait de cette querelle une question théologique. En Italie comme en France, le XVIe siècle fut l'âge d'or de la chirurgie. Au XVIIIe siècle, la France s'éleva incontestablement au premier rang. Louis XV créa l'académie royale de chirurgie et un grand nombre d'écoles chirurgicales qui régirent l'Europe entière.

CHISWICK, village d'Angleterre (Middlesex), à 10 kil. de Londres. Pop. 9,010 hab. Château appartenant au duc de Devonshire et où moururent Fox et Canning.

CHITTAGONG, district de l'Hindoustan anglais, compris dans la prov. de Bengale. Cap. Islamabad. Les Mongols le cédèrent à l'Angleterre en 1760.

CHITTORE, ville fortifiée de l'Hindoustan (Radjepoutana), dans la prov. de Mewar, au N.-E. d'Odeypour.

CHIUSA, village du royaume d'Italie, prov. de Turin, à 27 kil. de cette ville. Pop. 935 hab. Ancienne abbaye de San-Michele-della-Chiusa, servant aujourd'hui d'hospice pour les voyageurs et de lieu de sépulture pour la famille du roi Charles-Albert. Élève de vers à soie; culture de la vigne.

CHIUSA, village du royaume d'Italie, à 9 kil. de Coni. Pop. 6,300 hab. Culture de la vigne. Fabriques de soieries et miroirs.

CHIUSA, village des États autrichiens (Vénétie), à 18 kil. de Vérone. Il était autrefois défendu par un château fort qui fut détruit en 1801.

CHIUSI, ville du royaume d'Italie, prov. de Sienne, à 24 kil. de Montepulciano. Pop. 4,230 hab. Siége d'un évêché suffragant de Sienne. Musée d'antiquités étrusques et romaines.

CHIVASSO ou CHIVAS, ville du royaume d'Italie, à 22 kil. de Turin. Pop. 8,750 hab. Haras royal. Commerce de riz. Ville autrefois fortifiée.

CHIYTES, sectateurs d'Ali qui ne reconnaissent pas la légitimité des trois premiers kalifes.

CHIZÉ, village de l'arrond. de Melle (Deux-Sèvres), à 19 kil. de cette ville. Pop. 830 hab. Du Guesclin y vainquit les Anglais en 1373.

CHIZEROTS et BURINS. On appelle ainsi deux races qui habitent dans le département de l'Ain, et qui, prétend-on, descendent des Sarrasins. Malgré leurs qualités, ces deux races furent longtemps en butte à un mépris et une haine que la civilisation tend à faire disparaître chaque jour.

CHLADNI (Ernest-Florent-Frédéric), physicien allemand, né à Wittemberg en 1756. Il étudia le droit dans sa ville natale, puis à Leipzig, où il fut reçu docteur en 1782. Néanmoins, il abandonna entièrement le droit pour se livrer à l'étude des sciences naturelles, et s'appliqua spécialement à la théorie du son. Il est le fondateur de l'acoustique comme science, et fit, dans les principales villes de l'Europe, des cours qui lui valurent d'unanimes suffrages. Il mourut à Breslau le 2 avril 1827.

CHLÆNE, nom d'une espèce de manteau que les Grecs portaient à la guerre.

CHLAMYDE, sorte de manteau commun aux Grecs et aux Romains, qui se portait sur la tunique. La chlamyde descendait jusqu'aux genoux; enveloppait les épaules et se bouclait sur la poitrine ou sur l'épaule.

CHLOPICKI (Joseph), général polonais, né en Podolie en 1772. Après avoir combattu sous les ordres de Kosciuszko (1792-94), et ne voulant pas subir le joug du vainqueur, Chlopicki prit du service en France et fit la campagne d'Italie et celle d'Espagne en qualité de général de brigade (1808), où il commandait la légion de la Vistule. Pendant la désastreuse campagne de Russie, Chlopicki commandait les quatre régiments de la Vistule, et fut blessé à Smolensk. Après 1815, l'empereur Alexandre le nomma général de division; mais, ne pouvant s'entendre avec le grand-duc Constantin, il donna sa démission et vécut dans la retraite jusqu'en 1830. La révolution qui éclata en Pologne le plaça à la tête du gouvernement national; mais il ne fut pas à la hauteur des événements et n'osa prendre aucune décision énergique; il se démit de ses fonctions de dictateur le 23 janvier 1831, après les avoir exercées pendant près de deux mois. Il commanda les Polonais à la bataille de Grochow, où il fut blessé. Il se retira à Cracovie et vécut dans la retraite. Mort en 1845.

CHLORAL, liquide oléagineux, incolore, de saveur pénétrante, produit par un mélange de chlore sec et d'alcool anhydre chauffé fortement.

CHLORATE. Sel produit par la combinaison de l'acide chlorique avec une base quelconque.

CHLORE. Découvert par Scheele, en 1774; ce gaz est d'une couleur jaune verdâtre, d'une odeur forte et caractéristique et affectant les organes de la respiration. Plus lourd que l'air, il se liquéfie à la température de 0°.

CHLORHYDRATE ou HYDROCHLORATE. Sel formé par la combinaison de l'acide chlorhydrique avec une base quelconque.

CHLORHYDRIQUE (acide). Cet acide est produit par un mélange de chlore et d'hydrogène que l'on expose à l'action de la lumière diffuse, ou à celle de la chaleur.

CHLORIQUE (acide). Cet acide est extrait du chlorate de baryte en versant peu à peu de l'acide sulfurique dans une dissolution de ce sel.

CHLORIS, nom grec de Flore, déesse des fleurs.

Défense du pont de Kelh par le général Desaix.

CHLORITE. Substance minérale que l'on trouve par masses d'un vert foncé, composées de paillettes brillantes, de forme hexagonale, dans les terrains où abondent le talc, le mica de la serpentine.

CHLORITE. On appelle ainsi en chimie un sel résultant du mélange de l'acide chloreux avec une base quelconque.

CHLOROFORME. Liquide découvert, en 1831, par M. Soubeiran et qui a la merveilleuse propriété d'éteindre pour un moment le sentiment et la vie. On s'en sert comme d'un précieux auxiliaire dans les amputations et dans les opérations chirurgicales; mais son emploi demande une grande prudence.

CHLORURE. Nom donné aux diverses combinaisons du chlore avec les différents corps simples : l'oxygène et l'hydrogène exceptés.

CHLUMETZ, ville de Bohême, à 9 kil. de Neu-Bidschow. Pop. 2,900 hab. Chef-lieu et seigneurie de son nom. Dépôt impérial d'étalons. Beau château appartenant aux comtes de Kinsky, bâti en 1721.

CHMELNITZKI. (Nicolaï-Ivanovitsch). Poëte comique russe, né à Saint-Pétersbourg en 1789, mort en 1846. D'abord interprète au ministère des affaires étrangères, il prit part à la guerre de 1812, en qualité d'aide de camp de Koutousof, et devint gouverneur de Smolensk (1829) et d'Archangel (1837). Il traduisit le *Tartuee*, de Molière, et l'*École des femmes*, et donna au théâtre plusieurs pièces qui se distinguent par le mérite du style.

CHMILNIECKI (Théophile), hetman des Cosaques, né vers 1593, mort en 1657. Il était fils d'un réfugié polonais, fut député par les Cosaques auprès de Wladislas VII, dont il devint le confident. En butte à la jalousie des grands, Chmilniecki fut bientôt suspect; on lui confisqua les domaines qu'il tenait de la munificence du roi, il s'enfuit de Pologne et se retira chez les Cosaques et les excita à la révolte; il réunit une armée considérable, s'unit avec les Tartares, et marcha contre les Polonais, qu'il battit dans deux grandes batailles. Jean Casimir, qui venait de succéder à Wladislas VII, offrit à Chmilniecki de le reconnaître comme hetman s'il voulait se soumettre. Mais celui-ci préféra se donner à la Russie avec ses Cosaques (1654) que de reconnaître la suzeraineté de la Pologne.

CHMIELNIK, ville de la Russie d'Europe (Pologne), dans le gouvernement de Radom, à 20 kil. de Stopnica. Pop. 1,800 hab. Victoire des Tartares Mongols sur les Polonais, en 1240.

CHOA ou ANKOBER (royaume de), État de l'Afrique (Abyssinie). Sup. 340 kil. sur 180. Pop. 1,500,000 hab. Capitale Ankober (5,000 hab.). Ville princ. : Choa.

CHOASPES ou EULÉE, rivière d'Asie, prenant sa source dans les monts Elwend, et se jette dans le Tigre. Auj. *Kara-Sou*.

CHOC. Rencontre de deux corps qui sont tous deux en mouvement, ou dont l'un est immobile.

CHOCO, prov. de l'État de Cauca (Nouvelle-Grenade), ch.-l. Quibdo. Pop. 20,000 hab. Sol fertile. Mines d'or et de platine. Rivières : l'Atrato et le San-Juan.

CHOCOLAT. Aliment que l'on obtient

avec des amandes de cacao, rôties et réduites en pâte avec des aromates et du sucre. L'usage du chocolat a été introduit en Espagne par Fernand Cortez, et dans ces derniers temps, il s'est étendu considérablement en France, où il partage, avec le café au lait, les honneurs du premier déjeuner. Le chocolat forme une nourriture très-saine, qui convient merveilleusement aux tempéraments secs et nerveux.

CHOCHIM ou CHOTIM, ville forte de la Russie d'Europe (Bessarabie), à 259 kil. de Kischeneff. Pop. 12,900 hab. Le roi de Pologne Ladislas IV (1621) et Jean Sobieski (1673) y vainquirent les Ottomans; victoire des Russes sur les Turcs en 1739.

CHODKIEWICK (Jean-Charles), né en Lithuanie, en 1560, grand général de la couronne et de la Lithuanie, il réprima les

révoltes des Cosaques, et gagna contre Charles IX, roi de Suède, la bataille de Kerckholm (1605). Il sauva Smolensk attaqué par les Russes, et battit les Turcs près de Choczim (1621).

CHODORLAHOMOR, roi d'Elgmaïs, dans le pays des Elamites. Il pilla le pays de Chanaan et emmena Loth, neveu d'Abraham, en captivité; il fut battu par ce dernier, qui le força de délivrer ses prisonniers.

CHODOWIECKI (Daniel-Nicolas), peintre et graveur polonais, né à Dantzig en 1726, mort à Berlin en 1801. C'est à son père qu'il dut la connaissance des premiers éléments de la peinture en miniature, dans laquelle plus tard il excella. Il grava les planches de l'ouvrage de Lavater, la *Physiognomonie*. Il a laissé plus de 3,000 planches.

CHOEPHORES. C'est le titre de la 2e partie de la trilogie de l'*Orestie*, d'Eschyle. Le sujet de cette pièce est la vengeance du meurtre d'Agamemnon par Oreste, qui tue sa mère Clytemnestre.

CHŒUR. Nom donné à la partie de l'église qui entoure le grand autel, et où se trouvent ordinairement les stalles destinées au clergé.

CHŒUR. D'après Marmontel, le chœur indique un ou plusieurs acteurs qui sont censés spectateurs de la pièce, mais qui indiquent de temps à autre la part qu'ils prennent à l'action par des discours qui l'expliquent sans toutefois en faire absolument partie. Dans l'origine du théâtre antique, l'auteur expliquait aux spectateurs les points obscurs de sa pièce: cet usage se retrouve en Chine, où un acteur parle constamment au public, et remplace par des descriptions pompeuses les décors absents. Dans le principe, le chœur formait toute la pièce: il était divisé en deux parties qui se parlaient et se répondaient alternativement. Thespis fut le premier qui ajouta un personnage; mais ce fut Eschyle qui changea de fond en comble le théâtre grec, et ne se servit des chœurs que comme

des accessoires. Ses chœurs des *Euménides* furent le suprême du genre: il obtint un tel succès, que les spectateurs mêlèrent leurs cris à ceux des Furies, et prirent ainsi involontairement part à l'action. Le chœur des *Sorcières de Macbeth*, de Shakespeare, peut seul donner une idée de l'œuvre du poëte grec.

CHOIN (Marie-Émilie JOLY DE). Elle fut présentée à la cour par la princesse de Conti, et fit une profonde impression sur l'esprit du Dauphin, fils de Louis XIV, qui s'unit à elle par un mariage secret. Elle eut une grande influence sur ce prince. Après la mort du Dauphin, elle vécut dans la retraite avec une modique fortune. Morte en 1744.

CHOISEUL, famille illustre qui tire son nom de la terre de Choiseul (Champagne); elle serait issue, d'après certains généalogistes, des anciens comtes de Langres; elle se divisa en plusieurs branches; les principales furent les Choiseul-Beaupré, les Choiseul-Gouffier, les Choiseul-Praslin et les Choiseul-Stainville.

CHOISEUL (Charles DE), comte du Plessis-Praslin, maréchal de France, né en 1563, mort à Troyes en 1626. Après avoir fait ses premières armes contre les protestants sous les ordres de Mayenne, il protégea la Champagne contre les fureurs de la Ligue; il se rallia à Henri IV. Ce fut lui qui fut chargé d'arrêter le maréchal de Biron. Après l'assassinat du roi, il servit la régente. Louis XIII le nomma maréchal de France. Quand il mourut, il était gouverneur de l'Angoumois, de l'Aunis et de la Saintonge.

CHOISEUL (César, duc DE), plus connu sous le nom de *maréchal du Plessis*, né à Paris en 1598, mort en 1675. Il se distingua au siége de la Rochelle, et défendit les îles d'Oléron et de Ré contre les Anglais. Le cardinal de Richelieu l'employa dans diverses missions diplomatiques, dans lesquelles il montra beaucoup d'habileté. De 1636 à 1645, il commanda plusieurs fois l'ar-

Camille Desmoulins au Palais-Royal.

mée française, et battit constamment les Espagnols. Chargé d'assiéger la forteresse de Rosas, en Catalogne, il enleva cette place; cette action hardie lui valut d'être élevé à la dignité de maréchal de France. Pendant les troubles de la Fronde, il défendit Saint-Denis, battit les Parisiens, et empêcha leur jonction avec les Espagnols; le maréchal du Plessis vainquit Turenne à Rethel. Il eut l'honneur de former Louis XIV à l'art de la guerre, et dirigea les constructions des fortifications de Perpignan. Le roi le créa duc et pair en 1663; le dernier acte politique du maréchal du Plessis fut le traité d'alliance conclu entre l'Angleterre et la France contre la Hollande.

CHOISEUL (Gilbert DE), frère du précédent, évêque de Comminges, né vers 1613, mort à Paris en 1689. Homme de bien, il vint en aide à toutes les misères, et secourut les pestiférés avec un louable empressement. Ami de Bossuet, il coopéra, avec l'évêque de Meaux, à la déclaration du clergé de 1682.

CHOISEUL (Claude, comte DE), marquis de Froncières, connu sous le nom de *maréchal de Choiseul*, né à Langres en 1632; fit ses premières armes au combat de Vitrysur-Seine (1649), et se distingua dans la guerre de Hongrie ; on lui attribue même le gain de la bataille de Saint-Gothard. En 1669, il fut nommé maréchal de camp, et défendit Cadix contre les Turcs. Il se fit remarquer dans la guerre contre la Hollande, où il servit sous les ordres de Turenne et de Condé. Le roi, qui l'avait vu à l'œuvre, le nomma maréchal de France en 1693. Il mourut sans postérité en 1711, laissant la réputation d'un grand capitaine.

CHOISEUL (Etienne-François, comte DE STAINVILLE, puis duc DE), né en 1719 ; il entra dans l'armée, où il obtint un avancement rapide ; il était arrivé au grade de lieutenant général, lorsqu'il rompit avec la vie militaire pour embrasser la carrière diplomatique, dont Mme de Pompadour lui favorisait l'accès. Il fut envoyé à Rome en qualité d'ambassadeur, et fut assez heureux dans sa mission ; il obtint du pape Benoît XIV la lettre encyclique sur les billets de confession et le refus des sacrements. Envoyé en la même qualité, à Vienne (1756), il sut capter la confiance de Marie-Thérèse, et conclut un traité d'alliance avec l'Autriche contre la Suisse. Ce fut au retour de cette ambassade qu'il remplaça le cardinal de Bernis au ministère des affaires étrangères. Quelque temps après, il était créé duc et prenait le portefeuille de la guerre, devenu vacant par la mort du maréchal de Belle-Isle (1761). Il opéra une révolution dans l'organisation de l'armée ; le corps de l'artillerie prit une forme nouvelle, des écoles furent établies. La Martinique fut fortifiée ; de Choiseul négocia le pacte de famille et la Corse fut conquise (1768); le ministre fit tous ses efforts pour maintenir l'indépendance de la Pologne, et fut assez habile pour renverser les projets ambitieux de la Russie en lui faisant déclarer la guerre par la Porte-Ottomane. L'édit le plus important qui fut rendu sous ce ministère est celui concernant l'expulsion des jésuites (1764) : on ne leur permit de séjourner en France qu'en se fondant dans le clergé séculier. La mort de Mme de Pompadour fut la ruine de la politique du duc de Choiseul. Une intrigue ourdie par le duc d'Aiguillon, l'abbé Ferron et le chancelier Maupeou, amena la démission du duc de Choiseul, qui refusa de plier devant la Dubarry. La lettre par laquelle Louis XV signifiait à son ministre qu'il eût à lui remettre son portefeuille est assez curieuse : « Mon cousin, le mécontentement que me causent vos services me force à vous exiler à Chanteloup, où vous vous rendrez dans vingt-quatre heures. Je vous aurais envoyé beaucoup plus loin, si ce n'était l'estime particulière que j'ai pour Mme la duchesse de Choiseul, dont la santé m'est fort intéressante. Prenez garde que votre conduite ne me fasse prendre un autre parti. Sur ce, je prie Dieu, mon cousin, qu'il vous ait en sa sainte garde. » Retiré dans sa terre, le duc de Choiseul y reçut des marques de l'estime publique. Il mourut à Paris en 1785, ne laissant pas de postérité; sa veuve sacrifia toute sa fortune pour payer les dettes contractées par son mari, et se retira dans un couvent; elle quitta sa retraite, sous la Révolution, pour sauver l'abbé Barthélemy de la prison. On ignore l'époque de la mort de Mme de Choiseul.

CHOISEUL-STAINVILLE (Claude-Antoine-Gabriel, duc DE), né en 1760, mort en 1839. Il fut élevé à Chanteloup par l'abbé Barthélemy, et épousa la nièce du ministre Choiseul, qui avait pour lui la plus tendre affection. Il devint pair de France en 1787. Colonel du Royal-Dragon, il fut choisi par Bouillé pour préparer la fuite du roi. Arrêté à Verdun, il allait être jugé lorsque l'amnistie, qui fut décrétée à la suite de l'acceptation de la Constitution par Louis XVI, lui fit recouvrer sa liberté. Le duc de Choiseul était chevalier d'honneur de la reine ; il n'abandonna la famille royale que lorsqu'elle fut enfermée au Temple. Il émigra après les massacres de septembre, servit dans l'armée de Condé, où il avait levé un régiment de hussards. Il se rendait aux Indes, lorsque le navire qu'il montait fit naufrage sur la côte de Calais (1795). Jeté en prison, il dut sa liberté aux événements de brumaire. La Restauration lui rendit son titre de pair de France ; mais il refusa de voter la mort du maréchal Ney, et fut dès lors hostile au parti de la cour ; il devint, après 1830, aide de camp du roi Louis-Philippe, et gouverneur du Louvre.

CHOISEUL-GOUFFIER (Marie-Gabriel-Florent-Auguste, comte DE), né en 1752, mort en 1817. Elève de l'abbé Barthélemy, qui lui avait inspiré le goût de l'étude, il s'embarqua en 1776, avec plusieurs artistes, sur l'*Atalante*, commandée par le marquis de Chabert, pour aller visiter la Grèce. Pendant le temps qu'il séjourna dans cette contrée, rien n'échappa à ses recherches, monuments, costumes, traditions, il recueillit tout ce qu'il put de documents se rattachant à l'histoire de ce peuple. A son retour, il commença la publication de son *Voyage pittoresque en Grèce*, dont le 1er volume parut en 1782 et le 3e en 1820. Il remplaça d'Alembert à l'Académie française (1784). Ambassadeur de France à Constantinople, il rendit d'importants services aux Hellènes; il fit tous ses efforts pour introduire en Turquie la civilisation européenne, et fit venir des ingénieurs français, qui enseignèrent aux Turcs l'art de la guerre. A la Révolution, le duc de Choiseul se retira en Russie. Paul Ier le nomma directeur de l'Académie des beaux arts. Il rentra en France en 1802, et, en 1815, devint ministre d'Etat et pair. Il ne jouit pas longtemps de ces faveurs, et mourut deux ans après d'une attaque d'apoplexie. Sa collection d'antiquités est au Musée du Louvre.

CHOISEUL-D'AILLECOURT (André-Maxime-Urbain DE), neveu du précédent, né en 1783, mort en 1854, fut sous-préfet en 1810 ; en 1814, à la rentrée des Bourbons, il fut appelé à la préfecture de l'Eure ; il cessa de faire partie de l'administration en 1828, après avoir rempli les fonctions de préfet dans les départements de la Côte-d'Or, de l'Oise et du Loiret. En 1817, il fut admis à l'Académie des inscriptions et belles-lettres. Il a laissé plusieurs ouvrages, entre autres : *De l'Influence des Croisades sur l'état des peuples de l'Europe*, qui fut couronné par l'Institut.

CHOISEUL, village de l'arrond. de Chaumont (Haute-Marne), à 37 kil. de cette ville. Pop. 350 hab. C'est de ce village que la famille de Choiseul prend son nom.

CHOISY (François-Timoléon, abbé DE), né en 1664, mort en 1724. Il eut la singulière manie, jusqu'à l'âge de 25 ans, de s'habiller en femme, costume que sa mine féminine et gracieuse lui permettait de porter avec goût; il mena une vie assez licencieuse, et c'est à la suite d'une maladie qu'il se convertit. Il devint prieur de Saint-Lô, et grand prieur de la cathédrale de Bayeux. Il fit partie de la mission que Louis XIV envoya au roi de Siam (1685). Il revint en France en 1687 et publia divers ouvrages, notamment des *Mémoires pour servir à l'histoire de Louis XIV*. Il était membre de l'Académie française.

CHOISY-AU-BAC, village de l'arrond. de Compiègne (Oise), à 6 kil. de cette ville. Pop. 900 hab. Ce village possédait un château qui appartint aux rois des deux premières races et une abbaye renfermant de nombreuses sépultures royales. Il n'en reste plus rien aujourd'hui.

CHOISY-LE-ROY, bourg de l'arrond. de Sceaux (Seine), à 20 kil. de cette ville. Pop. 4,300 hab. Fabrique de faïence, produits chimiques; verrerie où l'on fait de beaux vitraux de couleur; maroquin. Château construit en 1682 pour Mlle de Montpensier, détruit pendant la Révolution.

CHOIX. Préférence que l'on accorde à un objet sur un autre : le choix peut être bon ou mauvais selon que la préférence est juste ou injuste.

CHOLET ou CHOLLET, sous-préf. du départ. de Maine-et-Loire. Pop. 10,400 hab. Tribunal de première instance et de commerce, collège. Centre d'une grande fabrication de toiles, mouchoirs à vignettes, de lin et de coton, siamoises, flanelles. Commerce de bœufs, vaches, moutons, porcs. Cette ville fut ruinée pendant les guerres de la Vendée et se releva sous Napoléon Ier.

CHOLETS (collège des), ancien collège de Paris, fondé en 1392 par le cardinal Cholet, évêque de Beauvais, en faveur des écoliers picards pauvres que l'amour de l'étude attirait à Paris. Il était établi dans la rue Saint-Symphorien.

CHOLULA, ville du Mexique dans la province de la Puebla, à 20 kil. de cette ville. Pop. 15,000 hab. Ville autrefois très-florissante. A l'E. de la ville se trouve une immense pyramide ou téocalli élevée par les anciens Mexicains au dieu de l'air, mesurant à sa base 492 mèt. sur chaque face et 59 d'élévation. Elle est aujourd'hui en partie ruinée.

CHOMAGE, cessation du travail par suite d'un ralentissement dans les opérations industrielles, d'une grève, ou même par suite de certaines solennités qui obligent à fermer les ateliers. Le chômage était rigoureusement imposé sous l'ancienne monarchie, à l'occasion du dimanche et des fêtes religieuses. L'obligation du repos dominical a heureusement cessé d'être imposé par la loi, en même temps qu'il s'est introduit dans nos mœurs. Le *Savetier* de la Fontaine se plaint éloquemment des règlements ecclésiastiques qui lui imposaient le chômage, et des nouveaux saints *dont monsieur le curé charge son prône* :

> Le mal est que dans l'an s'entremêlent des jours
> Qu'il faut chômer : on nous ruine en fêtes.

CHOMEL (Pierre-Jean-Baptiste), célèbre médecin, né à Paris en 1671, mort en 1740. Il fut médecin ordinaire du roi, membre de l'Académie des sciences, professeur de botanique au Jardin du roi. Il a laissé un *Abrégé des plantes usuelles*, qui n'est qu'un ouvrage de compilation, mais qui se recommande par la clarté et la netteté.

CHOMÉRAC, ch.-l. de cant. de l'arrond. de Privas (Ardèche), à 8 kil. de cette ville. Pop. 2,690 hab. Fabrique de soieries. Commerce de soie.

CHONOS (îles), petit archipel de l'Océan pacifique appartenant au Chili.

CHOPIN (Frédéric-François), célèbre musicien, né en 1810 près de Varsovie, mort à Paris en 1849. Il fut élève d'Elsner. Les événements qui survinrent en Pologne en 1831, et auxquels il prit part, l'obligèrent à quitter son pays. Il vint se fixer à Paris, où il acquit bientôt une grande réputation comme exécutant et comme compositeur. Ses compositions sont tantôt énergiques, et tantôt pleines de vivacité et de grâce. Il a introduit la mazurka en France, et a mérité d'être appelé le poëte du piano.

CHOPINE, ancienne mesure de liquide, contenant la moitié d'une pinte. On s'en servait aussi pour mesurer le sel. *Boire chopine* était une vieille locution chez nos pères.

> On ne croit boire que *chopine*,
> Et quelquefois on en boit deux ;
> On croit rire avec la voisine,
> Et l'on en devient amoureux.

CHORÉGE, nom que portait, chez les Grecs, celui qui dirigeait les chœurs. On appelait aussi *chorége*, à Athènes, un magistrat qui dirigeait les représentations

CHO

théâtrales. Il y en avait un pour chacune des tribus d'Athènes. La tribu faisait les frais du spectacle. Cependant le chorége chargé d'en préparer l'ordonnance s'épuisait souvent pour surpasser en magnificence ses collègues des autres tribus. Il était aussi fier d'avoir éclipsé ses rivaux qu'il l'eût été d'une victoire remportée sur l'ennemi.

CHORÉGRAPHIE. On appelle ainsi l'art de figurer et d'écrire, à l'aide de signes particuliers, les pas et les attitudes d'une danse ou d'un ballet. Le premier qui ait eu l'idée de noter ainsi les pas comme on note la musique, était un chanoine de Langres nommé Thouiot-Arbeau. Il publia, en 1588, un ouvrage intitulé *Orchésographie*, où il exposa sa méthode. Plus tard, Beauchamps, célèbre maître de danse de Louis XIV, et Feuillet proposèrent chacun un nouveau système pour noter l'ensemble et les détails des ballets. Le parlement fut appelé à décider entre les deux rivaux sur la priorité de la découverte, et il se prononça en faveur de Beauchamps. Cependant le système de Feuillet a été généralement admis. Dupré a proposé diverses modifications qui ont été adoptées. Certains signes marquent la durée du pas ; le plié, le sauté, le cabriolé, les tournoiements, les demi-cercles, les quarts de cercles, les cercles entiers et le mouvement des bras sont indiqués par une note particulière.

CHORÉVÊQUES. On donnait autrefois ce nom aux évêques chargés de catéchiser le peuple des campagnes. Bien que jouissant du titre d'évêque, ils n'avaient pas la même dignité. Les actes des conciles déclaraient d'ailleurs « que la dignité épiscopale devait toujours être relevée par l'éclat des grandes villes. »

CHORGES, ch.-l. de cant. de l'arrond. d'Embrun (Hautes-Alpes), à 22 kil. de cette ville. Pop. 2,000 hab. Exploitation d'anthracite, de pierres de taille et d'ardoises. Ancien temple de Diane servant aujourd'hui d'église paroissiale. Ruines d'une église de templiers.

CHORLEY, ville d'Angleterre, comté de Lancastre, à 45 kil. de cette ville. Pop. 13,300 hab. Fabrique de tissus de coton. Mines de houille et de plomb.

CHORON (Alexandre-Etienne), musicien, né à Caen en 1772, mort à Paris en 1834. C'est dans l'étude des œuvres des grands maîtres qu'il puisa le sentiment profond des beautés de la musique. Pour populariser le goût de cet art, qu'il cultivait avec passion, il publia plusieurs recueils d'accompagnement et de composition, ainsi qu'un *Dictionnaire des Musiciens*. En 1812, le gouvernement le chargea de réorganiser les maîtrises et de diriger la musique des fêtes et cérémonies religieuses. En 1816, il administra l'Opéra, et, voyant qu'il n'avait aucun succès, il se retira et ouvrit une école de chant d'après une méthode nouvelle, la *méthode concertante*. La faveur qu'il obtint tout d'abord lui attira beaucoup d'ennemis ; mais ni les attaques, ni la pénurie dans laquelle il se trouvait ne purent le rebuter. Il persévéra dans son entreprise, et forma d'excellents chœurs pour l'exécution des ouvrages classiques. C'est à son école que se sont formés les Duprez, les Dietsch, les Monpou, ainsi que Mmes Boulanger, Rossi, Stolz et Rachel. N'est-ce pas assez pour sa gloire?

CHOSE. Ce mot est un de ceux dont la signification est tellement vague qu'il n'exprime rien par lui-même. Il a besoin d'un qualificatif qui détermine son application et son objet. Il sert le plus souvent à désigner un certain ordre d'objets ou d'idées qu'on oppose à d'autres ; c'est ainsi qu'on distingue les *choses générales* des *choses spéciales*, les *choses publiques* « *res publicæ* » des *choses privées* « *res privatæ* ». En droit, le mot chose est synonyme de *bien*, *droit*, *action*. Ainsi l'on distingue notre chose de la chose d'autrui. Les *choses mobilières* sont celles qui sont susceptibles d'être transportées, telles que les effets et les marchandises ; les *choses immobilières* sont celles qui tiennent au sol. On distingue aussi les *choses corporelles* des *choses incorporelles* : les premières comprennent tous les biens mobiliers ou immobiliers, et les secondes les droits et actions indépendamment de toute idée de possession réelle. Ainsi une créance est une chose incorporelle. Les objets mobiliers se divisent à leur tour en choses *fongibles*, qui se consomment par l'usage, et choses *non fongibles* qui ne se consomment pas par l'usage.

CHOSE JUGÉE. On entend par cette expression une maxime de droit dont on a fait la base fondamentale de l'organisation sociale suivant laquelle la chose jugée doit être réputée la vérité même. La chose jugée est donc celle qui a été résolue en dernier ressort et qui n'est plus susceptible d'appel. Il importe, en effet, que les contestations reçoivent une solution définitive ; et l'on a compris qu'il y avait moins de danger pour l'ordre social à consacrer une erreur judiciaire qu'à laisser en suspens les questions litigieuses, en laissant toujours une porte ouverte à l'appel et au recours. La chose jugée n'a d'autorité que dans le pays où le jugement a été rendu ; ainsi les jugements rendus en pays étrangers ne sont pas *de plano* exécutoires en France ; ils peuvent le devenir cependant en vertu de leur homologation par un tribunal français, conformément aux traités internationaux. Ainsi une décision peut être, en raison de la divergence des législateurs, vérité en deçà du Rhin, et erreur au delà. Le principe de la chose jugée devait avoir un correctif à l'égard des tiers qui n'ont pas été parties dans la cause décidée par les juges. Ainsi, l'on admet que ce qui a été jugé entre les uns ne peut ni préjudicier aux autres ni leur profiter. Le même tribunal pourrait, après avoir admis un principe dans un jugement entre certaines parties, se déjuger et admettre un principe différent dans une contestation intéressant d'autres parties ou dans la même contestation s'élevant entre d'autres personnes.

CHOSROÈS Ier ou KHOSROU, roi d'Arménie, de la race des Arsacides, monta sur le trône en 198 après J.-C., à la mort de son père Valagèse. Après avoir vaincu les Khazars et les Baziliens, il s'arma en faveur d'Ardavan, roi de Perse de la race des Arsacides, qui avait été renversé par Ardeschir. Il appela même les Romains contre les Perses ; mais il ne réussit pas dans son entreprise ; il fut même assassiné, en 232, par un émissaire d'Ardeschir. Les Arméniens vengèrent leur roi en massacrant l'assassin avec toute sa famille.

CHOSROÈS Ier ou KHOSROU, dit *le Grand*, 21e roi de Perse, de la race des Sassanides, succéda à Cobad, son père, en 531, après J.-C. Les Persans bénirent son règne et lui décernèrent les surnoms de *Juste* et de *Nouschirwan* (âme douce et généreuse). Il eut à combattre Bélisaire et remporta sur lui une victoire près de Callinique, sur les bords de l'Euphrate. Cependant se sentant mal affermi sur son trône, il accepta la paix que lui offrit l'empereur Justinien, à la condition qu'il restituerait ses conquêtes et qu'il abattrait les fortifications élevées sur ses frontières. Plus tard, la paix fut rompue ; Chosroès envahit le territoire romain ; mais il fut repoussé par Bélisaire en 542. Après la mort de Justinien, Chosroès voulut exiger de Justin II, son successeur, les contributions annuelles que lui payait l'empire. Justin répondit fièrement « qu'il était honteux pour les Romains de payer des tributs. » Chosroès leva une armée, se jeta sur les provinces de l'empire, et ne consentit à accorder une trêve de trois ans qu'après avoir exercé de grands ravages ; la trêve fut rompue en 579 ; Chosroès occupa alors la Mésopotamie et la Cappadoce ; mais son armée ayant été défaite par l'empereur, il fut contraint de s'enfuir et mourut de chagrin peu de temps après. Il avait régné 48 ans. Les historiens grecs le représentent comme un prince cruel et barbare, tandis que les Orientaux louent sa sagesse et ses vertus.

CHOSROÈS II ou KHOSROU, surnommé *le Généreux*, monta sur le trône de Perse en 590, par suite d'un soulèvement populaire qui avait renversé son père, Harmisdas IV. Chosroès fut lui-même précipité du trône par Bahram Nikhordgès, qui le força à chercher un refuge sur le territoire romain, et se fit proclamer roi. L'empereur Maurice fournit des secours à Chosroès, et parvint à le rétablir sur le trône. Après l'assassinat de l'empereur Maurice par Phocas, Chosroès envahit le territoire romain avec une puissante armée en 604, sous le prétexte de venger la mort de son bienfaiteur. Il remporta plusieurs victoires sur les Romains, s'empara de l'Arménie, de la Cappadoce, de la Phaphlagonie, et entra même en Chalcédonie. Héraclius, ayant été couronné empereur après avoir fait assassiner Phocas, représenta au roi de Perse qu'il avait tort de continuer la guerre, puisque sa vengeance était satisfaite. Chosroès lui répondit en s'emparant de la Palestine, où il brûla les églises et où il s'empara des biens des chrétiens pour les vendre aux juifs. Cependant Héraclius rétablit par quelques victoires l'empire chancelant. Chosroès, qui avait juré d'exterminer les Romains s'ils ne consentaient pas à renier leur Dieu pour adorer le soleil, et qui avait répondu à une proposition de paix : « que ses soldats porteraient sa réponse, » fut obligé de prendre la fuite, et périt dans des circonstances tragiques. Il avait désigné pour son successeur Merdauschah, l'un de ses fils, qu'il avait eu d'Irène, fille de l'empereur Maurice. Son fils aîné Siroès fit arrêter son père après avoir fait égorger ses autres frères. Chosroès, voyant venir à lui un soldat dont le père avait été mis à mort par son ordre, ne douta plus que son fils Siroès voulût gouverner par un parricide. Il s'enveloppa dans sa robe, et reçut aussitôt le coup mortel. Irène, sa femme, fut arrêtée à son tour, et accusée de crimes imaginaires. Elle toucha ses juges par son courage et sa dignité. Bien qu'elle n'eût pas quitté le voile qui cachait ses traits, Siroès, touché de l'énergie de sa belle-mère, et soupçonnant sa beauté, lui demanda sa main. Irène feignit d'accepter ; mais ayant obtenu la permission de visiter le tombeau de Chosroès, elle s'empoisonna sur le corps de son époux, après avoir demandé la grâce de reposer près de lui.

CHOTIESCHAU ou CHOTESSOW, village de Bohême (États autrichiens), à 18 kil. de Pilsen. Pop. 1,100 hab. Ch.-l. de la seigneurie de son nom. Il possédait autrefois une riche abbaye de femmes, de l'ordre des Prémontrés, qui fut transformée en un château seigneurial qui appartient aux princes de Tour et Taxis.

CHOTUSITZ, village de Bohême (États autrichiens), à 4 kil. de Czaslau. Pop. 1,000 hab. Le grand Frédéric y vainquit les Autrichiens en 1742.

CHOTZEN, village de Bohême (États-Autrichiens), à 30 kil. de Chrudim. Pop. 1,955 hab. Ch.-l. de la seigneurie de son nom. Château remarquable appartenant aux princes de Kinsky.

CHOUANNERIE. On a souvent confondu le mouvement de la *chouannerie* avec celui de la Vendée, bien qu'ils se présentent tous deux avec des caractères différents. Il est vrai que les chouans poursuivaient le même but politique que les Vendéens : la restauration monarchique et le rétablissement de la religion. Cependant les résultats que les uns et les autres espéraient obtenir étaient bien différents. Pour les Vendéens, le principe monarchique avec la hiérarchie féodale était la loi fondamentale. Les chouans n'acceptaient, au contraire, le roi que pour consolider la religion, et surtout pour continuer la lutte de la démocratie contre la féodalité, en faveur de l'égalité. Un compromis eût été possible entre les républicains et les chouans sur les bases de la restauration religieuse; il était impossible avec les Vendéens. La Convention le comprit parfaitement; mais elle voulait à tout prix réaliser l'unité nationale. Le général Hoche ne s'abusait pas à cet égard, puisqu'il ne cessait de signaler à la Convention « l'insurrection de la rive droite de la Loire comme bien autrement redoutable que n'avait pu l'être celle de la rive gauche. » En effet les Bretons n'avaient toujours supporté la féodalité qu'avec méfiance. Le sentiment de l'indépendance était si profond en eux, qu'ils furent les derniers, comme on le sait, à se rattacher à la monarchie française; ils n'oublièrent jamais leur origine celtique et conservèrent quelque chose des mœurs de l'ancienne Armorique. Leurs prêtres avaient la même autorité que les druides sur les anciens peuples de cette contrée. Le sentiment de l'indépendance était si fortement enraciné en eux que si quelque prince de la famille royale s'était mis à leur tête, il serait peut-être parvenu à consolider son pouvoir dans cette province. Mais les chouans pressèrent vainement la famille royale de seconder leur mouvement en se mettant à leur tête. Les princes ne comprirent pas la chouannerie; ils mirent, au contraire, leur confiance dans les Vendéens, qui acceptaient volontiers les nobles pour chefs. On sait combien fut inhabile, mal combiné et peu énergique le soulèvement de la Vendée. La chouannerie fut autrement terrible, et il paraît établi que les Vendéens ne purent se maintenir si longtemps que grâce à la diversion opérée par l'insurrection des chouans. La chouannerie mit sur pied jusqu'à 100,000 hommes; elle fut maîtresse de la Bretagne, de l'Anjou, du Maine et d'une partie de la Normandie. Ses colonnes s'avancèrent jusqu'aux portes de Paris. Un gentilhomme breton, nommé la Rouërie, avait essayé, au commencement de la Révolution, de former un mouvement contre-révolutionnaire; mais les Bretons n'avaient pas répondu à cet appel, fait au nom de la féodalité. L'insurrection prit naissance dans le Maine; des bandes de paysans s'armèrent pour résister aux persécutions religieuses, aux réquisitions et aux levées militaires. Les faux-sauniers du Bas-Maine se mirent à la tête de ces bandes. Les faux-sauniers étaient d'énergiques contrebandiers, toujours armés, sous l'ancienne monarchie, pour faire la contrebande du sel sur les frontières de Bretagne. Les quatre frères Cottereau, faux-sauniers de père en fils, furent les premiers chefs de la chouannerie. Leur aïeul avait reçu le surnom de *Chouan* (chat-huant), à cause de son caractère taciturne. Ses fils et ses petits-fils reçurent le même surnom, qui fut ensuite appliqué à tous les hommes de leur parti. Il n'y avait pas un an que le soulèvement avait éclaté, quand la chouannerie tint sur pied 100,000 hommes, partagés en cinq armées. Les armées se divisaient à leur tour en bandes de vingt à cinquante hommes, et rarement de plus de cent. Ils s'embusquaient dans les vallons et les chemins creux, derrière les haies et les buissons, pour y attendre le passage des républicains, des *bleus*, comme ils disaient alors, envoyés contre eux. La forêt de Fougère et le bois de Misdon furent les théâtres des premiers combats. Les premiers chefs qui apparurent furent Jean Chouan, Treton, dit *Jambe-d'Argent*, Tristan-Lhermite, Taillefer et Coquerel. Ils faisaient des sorties la nuit, surprenaient les garnisons et désarmaient les gardes nationales. Ils essayèrent de lutter dans les batailles rangées, et se placèrent sous le commandement du prince de Talmont pour suivre la grande armée vendéenne; mais ils furent vaincus et durent reprendre la guerre d'escarmouches et d'embuscades. Dans cette campagne malheureuse, on vit se manifester l'esprit démocratique des chouans. On avait voulu leur imposer pour chef un gentilhomme nommé Bernier de Chambray; mais ils avaient répondu : «C'est Jean Chouan que nous voulons; c'est lui qui nous a amenés; nous ne connaissons que lui; nous obéissons d'amitié; il nous conduira, ou nous partons. » Cottereau reprit alors le commandement de son armée, qu'il conserva jusqu'à sa mort, qui survint le 28 juillet 1794. La Normandie organisait son mouvement dans le même temps. Elle n'avait pas invoqué d'autre prétexte que le recrutement militaire. Une seconde fois, les chouans tentèrent la grande guerre, et de nouveau elle leur fut fatale : la jonction des chouans et des Vendéens ne les empêcha pas d'être défaits au Mans le 10 décembre 1793, et à Savenay le 22 décembre 1794. Les chouans cherchèrent alors un refuge dans les genêts et les broussailles, et commencèrent ces luttes de guérillas qui ont laissé dans le pays de si terribles souvenirs. Jambe-d'Argent prit le commandement des chouans après Jean Chouan; et au moment où il succombait à son tour, Cadoudal apparaissait dans la Basse-Bretagne. La chouannerie l'accepta pour chef, parce que son éducation et ses talents l'élevaient au-dessus des autres. La République, fatiguée de cette guerre qui l'épuisait, conclut avec les chouans un traité sur les mêmes bases que celui qui avait été conclu avec les Vendéens; ce traité fut conclu à la Mabilaye et signé par vingt-deux chefs de la chouannerie; mais il ne fut pas accepté par Frotté et Cadoudal, et la guerre recommença aussitôt avec un nouvel acharnement. Le désastre de Quiberon anéantit l'insurrection vendéenne sans atteindre la chouannerie. Il est probable que les chouans eussent pu encore sauver la cause royaliste si la famille royale eût compris tout ce qu'il y a de force dans un mouvement démocratique; mais le comte d'Artois, depuis Charles X, avait lâchement abandonné les Vendéens au moment du danger, et aucun des princes n'avait de confiance dans le mouvement de la chouannerie, qui offrait seul des chances de réussite. Ils aimèrent mieux faire appel à la coalition étrangère, qui vint se briser contre l'élément républicain, éprouvant ainsi que les armées sont impuissantes contre une nationalité armée pour la défense de ses droits et de ses libertés. La chouannerie s'agita encore sous le Consulat, pour se perdre avec Cadoudal et quelques autres dans ces misérables conspirations qui ne peuvent jamais aboutir, car l'assassinat politique a toujours fortifié les principes qu'il voulait combattre, au lieu de les renverser. Dans les dernières années de l'Empire, il y eut des brigands, des chauffeurs; mais la chouannerie proprement dite cessa d'exister. Un mouvement vendéen, dirigé par la Rochejacquelein, frère du fameux chef vendéen, échoua en 1813. Il était impossible que cette insurrection aboutît. En effet, le peuple se souvenait que la Rochejacquelein avait combattu dans les rangs des émigrés, et ce souvenir le condamnait à l'isolement. La chouannerie, malgré les crimes qu'on peut lui reprocher, est restée éminemment nationale, et ne s'est jamais compromise avec la coalition étrangère. Les chouans en donnèrent une preuve éclatante en 1815, en proposant aux vétérans de l'Empire de s'unir à eux pour repousser l'invasion étrangère. Le maréchal d'Eckmühl, plein d'admiration pour cette offre spontanée, publiait, le 11 juillet 1815, la proclamation suivante : « Unissons-nous donc, serrons-nous, ne nous séparons jamais. Les Vendéens nous donnent un touchant exemple; ils nous ont écrit pour nous offrir de déposer tout ressentiment, et s'unir à nous dans la vue patriotique de prévenir tout démembrement de la patrie. Soyons Français comme eux! »

CHOUDJAA-ED-DOULAH, nabab ou vice-roi de l'empire mogol, dans l'Inde, né à Delhy en 1729, mort en 1775. Il succéda à son père dans le gouvernement d'Oude en 1754. Il entreprit de faire la guerre aux Anglais, mais il essuya une sanglante défaite et fut forcé de prendre la fuite. Par suite de l'abandon de ses alliés, il n'obtint la paix qu'à des conditions désastreuses. Après avoir suffisamment établi leur puissance, les Anglais jugèrent favorable à leur politique de le rétablir dans ses Etats. Choudjaa, qui nourrissait la haine la plus vive contre les Anglais, résolut de se venger. Avec l'aide d'un chevalier français, nommé Gentil, il organisa ses troupes à l'européenne, établit des arsenaux et arma quelques compagnies de Français que la prise de Pondichéry par les Anglais avait laissés sans asile. Avec leur secours, il s'empara du territoire des Rohyllaks. Les Anglais, qui avaient d'abord favorisé son agrandissement, virent bientôt ce prince tourner ses armes contre eux. Cependant la mort l'arrêta dans ses projets. Son fils Myrza-Many lui succéda.

CHOUMLA, ville de la Turquie d'Europe (Bulgarie), entre les monts Balkans et le Danube inférieur, dans l'eyalet de Silistrie, à 80 kil. de Varna. Pop. 30,000 hab. Siége d'un archevêché grec. Fabriques de soieries, cuirs, poteries. Elle est défendue par des montagnes escarpées qui l'entourent du N. à l'O., et au S., par des ouvrages extérieurs et par un vaste camp retranché situé à l'E. de la ville. Cette ville est, avec Varna, la clef de Constantinople du côté de la terre. En 1854, Omer-Pacha en augmenta les défenses.

CHOUSAN, île de la Chine dans la prov. de Tché-Kiang. Superf. 160 milles carrés. Pop. 480,000 hab. Ch.-l. Ting-haï. Chapelles catholiques. Sol fertile en riz, sarrasin, coton, thé, patates, coton, arbres à fruits, noyers, châtaigniers. Les Anglais s'en emparèrent en 1840 et 1841, et la rendirent aux Chinois l'année suivante. Elle fut occupée par les Français en 1860.

CHOUSTER ou SCHOUSTER, ville de Perse (Kouzistan), à 264 kil. d'Ispahan. Pop. 15,000 hab. Aqueduc bâti par Sapor. Fabriques de lainages.

CHOUZÉ-SUR-LOIRE, bourg de l'arrond. de Chinon (Indre-et-Loire), à 15 kil. de cette ville. Pop. 3,855 hab. Commerce de fruits et vins.

CHOWBENT ou ATHERTON, ville d'Angleterre (Lancastre), à 16 kil. de Manchester. Pop. 4,250 hab. Industrie active. Fabriques de coton, clouterie. Victoire remportée par l'armée de Charles Ier sur Fairfax, en 1643.

CHRAMNE, fils naturel de Clotaire Ier, fit alliance avec le comte de Bretagne et se révolta contre son père; celui-ci livra bataille à son fils, le défit complétement et le fit brûler, ainsi que sa femme et ses enfants, dans une chaumière où il s'était retiré (560).

CHRÊME, mélange d'huile d'olive et de baume dont l'évêque se sert après la consécration pour l'administration des sacrements de la *confirmation* et de l'*ordre*, et les prêtres pour le *baptême*. Cette pratique n'est pas en usage dans la religion protestante.

CHR

CHRESMATHÈTES, prêtres de l'ancienne Grèce qui présidaient aux oracles.

CHRESTIEN, dit de *Troyes*, poëte et romancier français, florissait en 1150. Il fut orateur et chroniqueur de Mme Jehanne, comtesse de Flandre. Il a été admiré par ses contemporains. On trouve en effet dans ses écrits de l'invention et de l'originalité. On cite parmi ses principaux ouvrages : *Le Roman d'Erec et Enide, fils de Lancelot du Lac*, le *Roman de Perceval, le Viel*, et le *Roman du roi Guillaume*.

CHRÉTIEN (roi très-), titre que les papes accordaient au roi de France. Charles Martel en fut gratifié par Grégoire II, et Pepin le Bref par Zacharie. Le pape Paul II accorda ce titre à Louis XI et à ses successeurs. La qualité de roi très-chrétien était fort prisée par nos anciens rois, qui en étaient aussi flattés qu'ils l'étaient de la gloire de commander à la France. Le poëte fait dire à Charles-Quint :

> Si j'étais Dieu le père et que j'eusse deux fils,
> Je ferais l'aîné Dieu et le second roi de France.

CHRÉTIENS, disciples du Christ. Ils prirent ce nom en l'an 41. Plus tard on appela chrétiens tous ceux qui avaient reçu le baptême, à quelque secte qu'ils appartinssent. Les païens manifestèrent contre les chrétiens une haine qui se traduisit par des persécutions. Ils leur reprochaient, non d'adorer Jésus, mais de ne pas souffrir l'adoration des autres dieux, et de saper par leurs prédications les bases du vieil ordre social. Quant à la doctrine même des chrétiens, ils n'auraient pas été éloignés de l'admettre si les chrétiens avaient supporté que l'image de Jésus fût placée à côté de celles des autres divinités. Marc-Aurèle montrait dans son palais un portrait de Jésus à côté de celui de Socrate. Rien de plus admirable que l'élan avec lequel les premiers chrétiens qui se convertissaient à la nouvelle doctrine vendaient leurs biens pour en donner le prix aux pauvres, et parcouraient ensuite les pays les plus reculés l'Evangile à la main. Les persécutions faisaient grandir le christianisme, et bien que Dioclétien se fût vanté d'avoir détruit le nom chrétien, on retrouva encore la doctrine chrétienne plus vivace après les scènes horribles qui ensanglantèrent alors le monde entier. L'histoire des religions nous montre en effet que les persécutions ne font que fortifier les croyances qu'on veut ainsi éteindre. La Réforme dut surtout son éclatant succès aux persécutions dont elle fut l'objet.

CHRÉTIENS DE SAINT-JEAN. On appelle ainsi une secte de chrétiens qui prit naissance en Judée pendant le Ier siècle de l'ère chrétienne, et qui subsiste encore aujourd'hui sur les bords du Jourdain. Ils ne croient pas à la divinité de Jésus, bien qu'ils adorent la croix : suivant eux, Dieu revêt un corps matériel ; il aurait eu pour fils l'ange Gabriel ; le monde aurait été créé par une légion de démons. Enfin, pour compléter ce bizarre assemblage de paganisme et de christianisme, ils croient à la métempsycose, à la puissante intercession de saint Jean-Baptiste, et acceptent la polygamie. Ils renouvellent le baptême chaque année. Ils ont leurs prêtres et leurs évêques.

CHRÉTIENS DE SAINT-THOMAS. On les rencontre dans l'Hindoustan. Ils prétendent avoir été convertis par saint Thomas, qui aurait pénétré jusque dans les Indes. Ils ne reconnaissent d'autres sacrements que le baptême et l'eucharistie, et admettent le mariage des prêtres.

CHRÉTIENTÉ, universalité des hommes qui reconnaissent et suivent la doctrine religieuse et morale de l'Evangile. On comprend, sous cette dénomination, non-seulement les *catholiques* qui reconnaissent l'autorité des papes, mais tous ceux à qui le baptême a été administré.

CHRIST, mot grec qui signifie *oint*, et qui a été donné par les premiers chrétiens à Jésus de Nazareth, pour indiquer qu'il avait reçu l'onction divine. L'huile et les parfums les plus précieux étaient employés par le peuple juif pour oindre les prophètes, les grands pontifes et les rois. Le mot *Christ* est admis par les protestants pour désigner la divinité, incarnée en Jésus, qu'ils considèrent comme dépouillé de toute personnalité humaine ; les catholiques disent *Jésus-Christ*, parce qu'ils admettent l'incarnation de la divinité dans la personne de Jésus. Ce dernier est quelquefois appelé *fils de l'homme* ou *fils de Dieu*. La première dénomination était expliquée par les premiers chrétiens, dans ce sens, que l'origine de Jésus était celle de tous les autres hommes. Ils voyaient en lui un homme qui n'avait reçu l'inspiration divine que du jour du baptême. Les dogmatistes n'apparurent que deux siècles plus tard pour introduire les mystères de l'incarnation et de l'immaculée conception.

CHRIST (images du). Il n'existe pas d'images authentiques de Jésus, et il n'est guère connu que par les descriptions recueillies dans les anciens auteurs. On possède une description de Jean Damascène, qui vint longtemps après Jésus et qui le dépeignit d'après la tradition. On possède aussi une lettre attribuée à Lentulus, gouverneur de Judée, et qui aurait été adressée au peuple romain. Parmi les images les plus anciennes, on cite une mosaïque du IIIe siècle, qui a été conservée au Vatican et deux bustes trouvés dans les catacombes de Rome.

CHRIST (ordre du), ordre militaire et religieux fondé en 1318 par Denis Ier, roi de Portugal, pour récompenser les services rendus par la noblesse contre les Maures. Cet ordre, qui succéda à ceux d'Avis et des Templiers, fut approuvé en 1319 par une bulle de Jean XXII. Les chevaliers de cet ordre étaient soumis à la règle de saint Benoît, mais il leur était permis de se marier. La ville de Tomar fut choisie pour chef-lieu de l'ordre. Les chevaliers étaient vêtus de blanc ; ils portaient au cou une chaîne à trois rangs d'où pendait une croix. — Albert, évêque de Riga, institua, en Livonie, un ordre militaire du Christ, en 1205. Les chevaliers qui en faisaient partie, appelés aussi *frères de l'épée*, juraient de protéger les chrétiens persécutés. Ils furent réunis plus tard aux chevaliers teutoniques.

CHRISTBURG, ville de la Prusse (Etats prussiens), à 35 kil. de Marienwerder. Pop. 2,400 hab. Fabriques de draps et de toiles ; distilleries, tanneries, brasseries. Cette ville fut fondée au XIIIe siècle par l'ordre teutonique. Ancienne commanderie.

CHRISTCHURCH, ville d'Angleterre (Hants), à 40 kil. de Winchester. Pop. 9,400 hab. Petit port de cabotage. Belle église d'un ancien prieuré qui a donné son nom à la ville.

CHRISTIAN, province administrative de Norwége, bornée au N. par celle de Søndre-Trondhiem et Romsdal ; à l'E. celle d'Hedemarken ; au S.-E. d'Aggershuus ; au S.-O. de Buskerud ; à l'O. de Nordre-Bergenhuus. Sup 2,696,000 hect. Pop. 115,165 hab. Ch.-l. Lillehammer. Sol fertile et montagneux. Chaînes des Dovre-Fjeld et des Sognes-Fjeld. Le point culminant est Snechatten (2,475 mèt.).

CHRISTIAN Ier, roi de Danemark, fils de Thierri le Fortuné, succéda à Christophe de Bavière en 1448. Son règne fut béni par le peuple danois. Cependant il eut à lutter contre la noblesse, dont il attaqua les priviléges et les droits féodaux. Il institua, en 1478, l'ordre de l'Eléphant. Il mourut en 1481, et laissa le trône à son fils Jean.

CHRISTIAN II, roi de Danemark, surnommé *le Cruel*, petit-fils de Christian Ier, né en 1481. Il succéda à Jean, son père, en 1513. Il fut élu roi de Suède en 1520. Cependant il se fit haïr de ses nouveaux sujets : il forma le projet de se débarrasser de ceux qui lui étaient surtout hostiles. Pendant un festin qui suivit les fêtes de son couronnement, il introduisit dans son palais des officiers, qui se précipitèrent, l'épée à la main, sur les convives. Ceux-ci furent arrêtés et livrés sur-le-champ au bourreau. On les mit en croix, on leur ouvrit le ventre et on leur arracha le cœur. Tant de cruauté excita l'indignation des Danois et des Suédois. Quelques Suédois résolurent d'affranchir leur patrie, et choisirent un chef. Les Danois se soulevèrent, de leur côté, soutenus par Frédéric, duc de Holstein, et forcèrent Christian à abdiquer en 1523. L'acte d'abdication fut reçu par le premier magistrat du Jutland. Christian se réfugia en Flandre auprès de Charles-Quint, son beau-frère. Après dix années d'exil, Charles-Quint lui donna quelques secours pour l'aider à remonter sur le trône ; mais il fut vaincu, fait prisonnier, et enfermé pendant douze ans, dans un donjon, dont la porte était murée, et où le jour n'arrivait que par une lucarne. Christian III lui rendit enfin sa liberté. Il finit ses jours à Callungbord, en 1559. On l'a surnommé *le Néron du Nord*.

CHRISTIAN III, fils et successeur de Frédéric Ier, roi de Danemark, né en 1503, monta sur le trône en 1534, et fut couronné suivant le rit luthérien, après avoir embrassé cette religion, que son père avait introduite dans ses Etats. Il chassa les évêques et ne garda que les chanoines convertis à la réforme. Il mourut en 1559, regretté de ses sujets. Il encouragea les lettres et les arts, et fonda le collége de Copenhague, qu'il dota d'une belle bibliothèque.

CHRISTIAN IV, roi de Danemark et de Norwége, né en 1677, succéda à Frédéric II, son père, en 1588. Il fut en guerre contre les Suédois, et prit le commandement supérieur de la Ligue des protestants contre l'empereur d'Allemagne, pour le rétablissement du prince palatin, en 1625. Il fonda les deux villes de Christianople et de Christianstadt, qui furent depuis concédées à la Suède par le traité de Roschild en 1658. Ce prince laissa d'excellents souvenirs par les encouragements qu'il donna au commerce et aux arts ; il réforma le chaos des lois danoises, fonda la compagnie asiatique, le jardin botanique de Copenhague, un observatoire, une bibliothèque publique, et des colléges dans plusieurs villes. Après la mort d'Anne-Catherine de Brandebourg, sa première femme, il avait épousé secrètement Christine Munck, dont il eut plusieurs filles. Son fils, qui avait été élu roi de Danemark du vivant de son père, mourut en 1647. Christian IV lui survécut de 11 années.

CHRISTIAN V, roi de Danemark et de Norwége, né en 1646, monta sur le trône en 1670, à la mort de Frédéric III, son père, qui l'avait déjà fait couronner en 1655. Il se déclara contre les Suédois avec les princes allemands ; mais il subit plusieurs défaites. Il mourut en 1699. Il a doté le Danemark d'un code qui porte son nom, et qui est encore en vigueur. Il établit l'uniformité des poids et mesures.

CHRISTIAN VI, dit *le Pieux*, roi de Danemark, né en 1699, monta sur le trône à la mort de Frédéric IV, son père, en 1730, et mourut en 1746. Il se distingua par son zèle excessif pour la religion protestante. Il contracta diverses alliances avec l'Autriche, la Russie et la France, et s'appliqua à faire fleurir les arts et le commerce. Il embellit Copenhague de somptueux édifices ; ses dépenses ruinèrent l'Etat. Malheureusement, un incendie qui éclata en 1728 détruisit en partie sa capitale. Il se fit céder par la France l'île de Sainte-Croix dans les Antilles.

CHRISTIAN VII, roi de Danemark, né en 1749, monta sur le trône en 1766, à la mort de Frédéric V, son père. Il épousa Caroline Mathilde, sœur de Georges III, roi d'Angleterre. Les premières années de son règne furent heureuses. Il voyagea en Europe, où il rechercha les savants; il se fit même recevoir docteur en droit de l'université de Cambridge. L'administration du comte de Berustorf, son premier ministre, ne souleva aucun mécontentement. En 1770, il plaça à la tête des affaires Struensée, son médecin, qui avait un grand ascendant sur lui. Les réformes que proposa le nouveau ministre irritèrent les nobles et l'armée. La reine douairière de Brunswick-Wolfebuttel se mit à la tête d'une conspiration pour renverser Struensée. Le 16 janvier 1772, à la suite d'un bal, elle s'introduisit avec son fils Frédéric dans la chambre du roi, à qui elle persuada que Struensée avait des rapports coupables avec la reine, et que dans le même instant il dressait un acte de renonciation à la couronne, qu'il voulait le forcer de signer. La reine douairière lui arracha ainsi l'ordre d'arrestation de ceux qu'elle voulait perdre. L'ambitieuse reine et son fils profitèrent alors de l'affaiblissement de l'esprit de Christian, qui perdait la raison par intervalles, pour gouverner le royaume. Ce prince mourut en 1818. Avant sa démence, il avait établi d'excellentes lois, d'après les conseils de Struensée, et établi dans ses Etats la liberté de la presse. Voltaire lui adressa à ce sujet une épître élogieuse.

CHRISTIAN VIII, roi de Danemark. Il était neveu de Christian VII, et gouvernait la Norwége en 1814, quand la Sainte-Alliance prononça la réunion de ce pays à la Suède. Il essaya de résister à cette décision et de se concilier l'affection des Norwégiens en leur accordant une constitution libérale; mais il fut dépossédé de la Norwége par Bernadotte. Il devint ensuite gouverneur de Fionie. Il monta sur le trône de Danemark en 1839, et régna jusqu'en 1848.

CHRISTIAN, archevêque de Mayence, prélat belliqueux. Il combattit pendant plusieurs années pour l'empereur Frédéric Barberousse, et fit deux fois la guerre en Italie. Il se prononça pour l'antipape Pascal III, et soutint les Gibelins de Florence. En 1175, il fit le siége d'Ancône; mais les habitants lui résistèrent avec un courage héroïque, il fut contraint de lever le siége. Il se réconcilia ensuite avec le pape Alexandre III, et le servit contre l'empereur. Il fut pris dans un combat, et resta emprisonné à Padoue pendant deux ans. Il mourut sur le champ de bataille, en 1183.

CHRISTIANA, ville des Etats-Unis (Delaware), à 57 kil. de Philadelphie. Pop. 8,500 hab. Elle fut fondée par les Suédois en 1640.

CHRISTIANIA, capitale du royaume de Norwége, ch.-l. de la division administrative d'Aggershuus, à 410 kil. de Stockholm. Pop. 38,950 hab. Siége du gouvernement norwégien, du tribunal suprême, des Etats généraux, d'un évêché luthérien. Université fondée en 1811, bibliothèque, jardin botanique, séminaire philologique, école militaire du royaume, musées, observatoire, école vétérinaire. Parmi ses édifices, on remarque le château royal, la banque, la cathédrale, l'hôtel de ville, l'hôpital, le théâtre, les maisons de correction. Industrie active : papeteries, savonneries, distilleries d'eaux-de-vie, brasseries, corderies, grosses toiles; construction de machines. Exportation de bois, fer, verroteries, cumin, poissons secs ou frais. Grande foire le 13 février. — Christiania se divise en trois parties : la vieille ville, la forteresse d'Aggershuus, et la ville neuve, bâtie en 1624 par Christian IV. La ville est entourée de charmantes maisons de campagne ou *loekkers*. Le port est vaste et sûr, mais fermé par les glaces pendant trois ou quatre mois; il reçoit chaque année de 6 à 700 navires.

CHRISTIANISME. On a recherché les diverses causes philosophiques ou économiques qui ont contribué au triomphe du christianisme. Bien qu'elles soient complexes, nous allons cependant les esquisser rapidement. Bien avant Jésus, le polythéisme était déjà ébranlé; les augures ne se regardaient plus sans rire. Le peuple lui-même avait vu clair dans les allégories que cachait la Fable. La philosophie avait en quelque sorte détrôné le polythéisme. Le scepticisme avait envahi les diverses classes du peuple et détruit la morale. A peine voyait-on quelques esprits supérieurs, pour qui la recherche de leur origine était un besoin, s'attacher aux anciennes religions, à la magie même; d'autres se rattachaient au polythéisme en raison même des progrès de l'incrédulité. La superstition avait seule survécu à la ruine des anciennes religions. Il fallait un culte nouveau, et le monothéisme pouvait seul satisfaire le sentiment religieux éclairé par la philosophie. Cependant l'ancien monde, abâtardi par le polythéisme, n'était plus susceptible d'enthousiasme, ne pouvait accepter que comme une nouvelle forme de constitution sociale la révélation attendue. L'autorité voyait, au contraire, dans la doctrine nouvelle un danger pour l'ancien ordre de choses. Si elle se vit forcée d'adopter plus tard le christianisme, elle ne le fit qu'avec une certaine méfiance, en voulant régler elle-même le culte, et en lui imposant tous les rites du paganisme qui étaient compatibles avec la religion nouvelle. On s'est demandé pourquoi la religion des Hébreux n'a pu rallier les peuples de l'antiquité, puisqu'elle satisfaisait leur besoin de monothéisme. Les causes en sont assez simples. La religion hébraïque parlait beaucoup aux yeux, mais trop peu à l'âme. Il lui manquait cette morale sublime, cet esprit de charité et de fraternité qui devaient assurer le triomphe du christianisme. Cependant le peuple juif avait été suffisamment éclairé par la philosophie pour que la doctrine de Jésus pût se développer dans son sein. Ce qui favorisa surtout le christianisme, ce fut la lassitude de l'esprit philosophique. Le monde avait plutôt besoin d'une morale sociale que des recherches métaphysiques qui avaient été impuissantes pour rallier les âmes et les délivrer du doute. Les premiers chrétiens se recrutèrent parmi la classe intelligente. Déjà sous le règne de Trajan, des hommes consulaires, des sénateurs venaient s'agenouiller devant la croix. Les rigueurs des empereurs accélérèrent les progrès de la nouvelle religion. Les prêtres du paganisme se troublaient en présence d'une manifestation si énergique; ils proposaient de vaines transactions; les chrétiens s'y refusaient et préféraient le martyre. La populace avilie criait : « Les chrétiens aux bêtes! » comme elle cria quelques siècles plus tard : « Les hérétiques au bûcher! » Le triomphe du christianisme a été évidemment un progrès; mais il a subi la loi même du progrès, qui ne peut arriver à la perfection, qui est son but, que par des évolutions successives.

CHRISTIANSAND, ville de Norwége, dans le golfe de Christiansand, à 380 kil. de Christiania. Pop. 9,500 hab. Siége d'un évêché luthérien; belle cathédrale; succursale de la banque de Drontheim. Port fortifié; station d'une partie de la flotte du royaume. Industrie active : tanneries, fabriques de tabac, filage de coton, construction de navires. Commerce de bois. Cette ville fut fondée par Christian IV. Le diocèse ou *stift* de Christiansand a une superficie de 5,526,900 hect. et 218,100 hab.

CHRISTIANSFELD, bourg du Danemark (Schleswig), à 9 kil. du Petit-Belt. Pop. 800 hab. Fabriques de toiles, étoffes de laine et de coton; bougies, cuirs, savon. Communauté des frères moraves, fondée en 1772.

CHRISTIANSTAD, ville forte de Suède (Scanie), à 400 kil. de Stockholm. Popul. 7,500 hab. Ch.-l. de la préfecture de son nom. Citadelle avec maison de travaux forcés. Fabriques de cuirs, étoffes de laine, gants. Commerce de bois, goudron, alun et potasse, par le port d'Anhus, qui lui sert d'entrepôt. Cette ville fut fondée en 1614, par Christian IV, roi de Danemark.

CHRISTIANSTAD (*län* ou préfecture de), borné au N. par ceux de Kronoberg et Halmstadt, à l'E. par celui de Blékinge et la Baltique, au S.-O. et à l'O. par celui de Malmœhuus et le Sund. Il comprend le N. et le S. de la Scanie. Superf. 2,970 kilom. carr. Pop. 201,450 hab. Ch.-l. Christianstad.

CHRISTIANSTEDT, ville des Antilles, ch.-l. des Antilles danoises, sur la côte N.-O. de l'île Sainte-Croix. Pop. 5,000 hab. Commerce actif avec Copenhague. Port sûr et défendu par le fort Christiansvare. Cette ville est la résidence du gouverneur des Antilles ou Indes occidentales danoises.

CHRISTIANSUND, ville de Norwége, ch.-l. de la division administrative de Romsdal, à 130 kil. de Drontheim, sur trois petites îles dans la Mer germanique, et près de la côte. Popul. 3,200 hab. Beau et vaste port pour les flottes les plus considérables. Commerce de poissons secs, huile de poisson, bois. Cette ville fut fondée en 1734, par Christian VI.

CHRISTINE (sainte). Ce qu'on raconte de cette sainte n'a jamais paru bien avéré aux écrivains ecclésiastiques eux-mêmes. Tout ce qu'on sait d'elle est tiré de légendes qui ne s'accordent pas parfaitement. On prétend généralement qu'elle était fille d'un gouverneur d'une ville de Toscane, qui persécutait les chrétiens. Christine ayant brisé les idoles de son père, celui-ci l'aurait fait fouetter cruellement et plonger dans l'huile bouillante; il l'aurait ensuite jetée dans un lac. Un ange aurait sauvé la jeune fille et l'aurait reconduite au rivage. Son père, accablé de remords et de douleur, aurait été trouvé étouffé dans son lit. D'autres chroniques rapportent que ce fut non pas son père, mais un autre gouverneur qui lui fit subir le martyre; d'autres enfin affirment qu'elle fut percée de flèches.

CHRISTINE DE PISAN, née à Venise en 1563. Elle vint en France avec son père, que Charles V avait appelé auprès de lui en qualité d'astrologue. Sa beauté et son esprit la firent rechercher à la cour; elle épousa, à l'âge de 15 ans, un gentilhomme picard qu'elle perdit dix ans après. Elle chercha des consolations dans la culture des lettres et de la poésie, où l'on trouve une tendre naïveté et une délicatesse qui lui valurent une certaine célébrité. Marot parle ainsi d'elle dans ses rondeaux :

> D'avoir les prix en science et doctrine
> Bien mérita de Pisan la Christine,
> Durant ses jours...

Elle a laissé : *Cent histoires de Troie, Thrésor de cité des dames, Chemin de longue étendue* et *Vie de Charles V.*

CHRISTINE DE FRANCE, fille de Henri IV et de Marie de Médicis, née en 1606, morte en 1663. Elle épousa, en 1619, Victor-Amédée, duc de Savoie; elle devint veuve en 1637, et gouverna avec sagesse pendant la minorité de son fils.

CHRISTINE, reine de Suède, née en 1626, de Gustave-Adolphe et de Marie-Eléonore de Brandebourg, monta sur le trône à la mort de son père, en 1632. Elle manifesta de bonne heure le génie et le courage dont elle devait faire preuve pendant son règne. Elle avait appris huit langues et entendait fort bien le latin et le grec. Grotius, Bochart et Descartes, qui vinrent à sa cour, lui témoignèrent leur admiration. Elle ne voulut pas se marier, et comme les Etats généraux lui faisaient à cet égard des représentations : « J'aime mieux vous désigner un bon prince, leur répondit-elle, et un successeur capable de gouverner avec gloire. Ne me forcez donc point de me marier : il pourrait aussi facilement naître de moi un Néron qu'un Auguste. » On croit généralement qu'elle refusa de se marier pour se soustraire à l'autorité d'un époux. Elle aimait peu son sexe, et disait souvent qu'elle préférait les hommes, non parce qu'ils sont hommes, mais parce qu'ils ne sont point femmes. La plus grande affaire politique qui l'occupa pendant son règne fut la paix de Westphalie, qui fut conclue en 1648. Salvius, qui avait habilement mené cette négociation, fut élevé au rang de sénateur malgré sa naissance obscure. Christine dit à ce sujet que, « quand l'Etat avait besoin des services d'un homme capable, il ne fallait pas lui demander ses seize quartiers, mais seulement ce qu'il savait faire. » L'amour des lettres et de l'indépendance lui inspirèrent l'idée de descendre du trône ; elle abdiqua en effet, en 1654, en faveur de Charles-Gustave, son cousin-germain, qu'elle n'avait pas voulu accepter pour époux. Après son abdication, elle prit pour devise : *Fata viam invenient* (les destins me traceront la route). Elle fit aussi frapper une médaille commémorative de son abdication, avec cette légende : *Le Parnasse vaut mieux que le trône*. Christine quitta la Suède, parcourut le Danemark, l'Allemagne et la Belgique, travestie en homme. A Inspruck, elle embrassa la religion catholique. Le soir de son abjuration, elle alla au théâtre, ce qui fit dire : « Il est bien juste qu'on lui donne le soir la comédie, puisqu'elle l'a donnée le matin. » En effet, sa conversion n'avait rien de sincère, et l'on croit qu'elle ne changea de religion que pour être mieux accueillie dans les pays catholiques. Elle répondait aux jésuites de Louvain, qui lui promettaient la canonisation : « J'aime mieux qu'on me place parmi les sages. » Faisant allusion à la manière dont l'Eglise s'administrait, malgré l'intolérance et les mesures peu prudentes de la papauté, elle disait : « Il faut bien que l'Eglise soit dirigée par le Saint-Esprit, car depuis que je suis à Rome, j'ai vu quatre papes qui n'avaient pas le sens commun. » Les philosophes ne la voyaient qu'avec admiration ; les femmes et les courtisans la jugeaient autrement. Elle était habillée en homme, raillait les flatteurs, dansait mal, dédaignait les coiffures et les modes. Elle souilla sa mémoire du meurtre de l'Italien Monadeschi, son grand-écuyer et son amant, qui avait eu le tort, à ses yeux, de se prévaloir de ce titre. Elle le fit poignarder à Fontainebleau, dans la galerie des Cerfs, le 10 novembre 1657. Les jurisconsultes mirent beaucoup de complaisance à fouiller les mémoires de la jurisprudence pour prouver qu'une ancienne reine avait le droit de se faire justice elle-même. L'horreur générale qu'inspira ce meurtre la força à quitter la France ; elle alla à Rome, où elle se livra à son goût pour les arts et les sciences, et s'occupa de chimie. Elle voulut rentrer en Suède et revenir sur son abdication ; mais les Etats s'y opposèrent et exigèrent d'elle une renonciation définitive. Elle mourut en 1689, et ne voulut pas qu'on mît sur sa tombe d'autre inscription que celle-ci : « D. O. M. *Vixit Christina ann. LXIII* » (Christine a vécu 63 ans).

CHRISTEHAMN, ville de Suède, à 35 kil. de Carlstadt près du lac Wener. Pop. 1,760 hab. Commerce très-actif en fers, grains et poissons. Foires importantes pour la vente des fers.

CHRISTINESTAD, ville de la Russie d'Europe (Finlande), à 90 kil. de Vasa, sur le golfe de Botnie. Pop. 1,700 hab. Bon port. Chantiers de construction. Pêche active. Commerce de bois, goudron et suif. Cette ville fut fondée en 1649.

CHRISTINOS, nom donné en Espagne aux partisans de Marie-Christine, opposés aux partisans de don Carlos, appelés carlistes.

CHRISTMAS ou ILE DE NOËL, île de l'Océanie (Polynésie), au S. de l'archipel Sandwich. Ile basse et entourée de brisants. Découverte le 24 décembre 1777 par Cook, elle appartient aux Etats-Unis.

CHRISTOPHE (saint). Il subit le martyre sous l'empereur Dèce, et eut la tête tranchée en 250. On attribue à ce saint une taille prodigieuse. On place ordinairement sa statue sous le portail des cathédrales et des églises, à cause d'une légende populaire qui prétend qu'on ne peut mourir de mort subite le jour où l'on a regardé l'image de ce saint. Les sculpteurs du moyen âge plaçaient toujours sur ses épaules l'image de Jésus enfant, pour justifier son nom, qui signifie *porte-Christ*.

CHRISTOPHE, antipape, né à Rome, chassa le pape Léon V, et s'empara du siége apostolique en 903. Il fut renversé à son tour, quelques mois après, et remplacé par Sergius III. On l'emprisonna dans un monastère et on le chargea de chaînes.

CHRISTOPHE Ier, roi de Danemark, fils de Waldemar II, monta sur le trône à la mort de son frère Abel, en 1252. Il eut à combattre un soulèvement populaire suscité par Jacob Erlandsem, doyen de Lunden, qui était soutenu par le pape Innocent IV. L'ambitieux prélat prit le titre d'archevêque, et fit rédiger par le parti ecclésiastique une charte qui portait que, si le roi ou le sénat usait de violence envers un évêque, même accusé de trahison, le royaume serait en interdit. Christophe brava les excommunications lancées contre lui ; mais il ne put apaiser les troubles causés par l'Eglise, et fut empoisonné par l'évêque d'Aarrhuus, en 1259.

CHRISTOPHE II, roi de Danemark en 1320. Avant de monter sur le trône, il troubla l'Etat par ses conspirations contre Eric VIII, son frère. Parvenu au pouvoir, il signa une capitulation au profit du clergé. L'indignation des nobles et du peuple se traduisit par un soulèvement général, et il fut déclaré déchu du trône en 1326. Le clergé le fit rentrer dans ses droits peu de temps après ; mais il se tourna contre ses protecteurs mêmes ; il fut excommunié par le pape, et son royaume fut mis en interdit. Il s'attira si bien le mépris général que deux gentilshommes purent s'emparer de sa personne et l'emprisonner dans la forteresse de Salande. Il fut rendu à la liberté par le gouverneur de cette forteresse, et il mourut deux ans après, en 1333, dans l'île de Folster.

CHRISTOPHE III, roi de Danemark, régna en même temps sur la Suède sous le nom de Christophe Ier. Il était fils de Jean de Bavière et neveu d'Eric IX. Il fut proclamé en Danemark en 1439, et à Stockholm en 1441. A sa mort, survenue en 1448, la Suède se sépara du Danemark.

CHRISTOPHE, dit *le Batailleur*, duc de Bavière, fils d'Albert III, né en 1449, mort en 1493. Ses droits au duché de Bavière furent contestés par son frère Albert. Il se vit deux fois forcé de renoncer à ses prétentions, en 1469 et en 1475 ; il ne cessa cependant pas d'agiter la Bavière, et forma même une association politique appelée : *Société de la Licorne*. Il servit contre les Hongrois sous l'empereur Maximilien, et mourut au retour d'un voyage en Palestine.

CHRISTOPHE, duc de Wurtemberg, né en 1515, mort en 1568. Son père Ulrich ayant été dépossédé de ses Etats par la confédération des villes de la Souabe, il sollicita vainement le secours de Charles-Quint, et protesta même devant la diète d'Augsbourg, en 1533. Son père parvint à rentrer dans son duché avec l'appui du landgrave Philippe de Hesse. Christophe monta sur le trône en 1550. Il réforma les lois de son pays en publiant la *Coutume de Wurtemberg*.

CHRISTOPHE-HENRI, roi de Haïti, sous le nom d'Henri Ier, né à l'île de Saint-Christophe en 1767. A l'âge de 12 ans, il fut vendu avec d'autres nègres africains à un négociant du Cap. Lors de l'insurrection des noirs, il fut remarqué par Toussaint-Louverture, qui l'éleva au grade de général de brigade. Le général Moïse ayant trahi ses compatriotes, Christophe feignit d'embrasser son parti, parvint à s'emparer du traître et le livra à Toussaint-Louverture, qui le fit périr en l'attachant à la bouche d'un canon. Les partisans de Moïse furent dispersés par la force. En 1802, Christophe, qui servait dans les rangs du général Leclerc, l'abandonna avec un corps de 3,000 hommes et rejoignit Toussaint. Les Français se virent enfin forcés d'abandonner la colonie. Dessalines prit alors le titre d'empereur. Christophe lui succéda en 1805 et suivit le système politique de son prédécesseur, pour arriver à l'anéantissement de la race blanche à Saint-Domingue. Il rencontra dans Pétion un dangereux rival ; celui-ci parvint même à s'emparer d'une partie du pays. Christophe, bien qu'il s'efforçât d'introduire dans son empire la civilisation et l'industrie, s'était aliéné son parti par sa cruauté. Il fut même abandonné de ses soldats, et se donna la mort en 1820.

CHRISTOPHE (Saint-), île des Antilles anglaises, à 90 kil. d'Antigoa. Sup. 17,610 hect. Pop. 23,200 hab. Ch.-l. la Basse-Terre. Climat chaud, mais salubre. Sol volcanique et montagneux. Récolte de cannes à sucre, oranges, coton, café. Elle fut découverte en 1493 par Colomb. Lors de la paix d'Utrecht, elle fut divisée entre les Français et les Anglais ; puis elle fut laissée entièrement à l'Angleterre. Elle dépend du gouvernement d'Antigoa.

CHRISTOPHE (Saint-), ch.-l. de cant. de l'arrond. d'Issoudun (Indre), à 34 kil. de cette ville. Pop. 530 hab.

CHRISTOPOULOS (Athanase), poëte grec, né à Castorie en Macédoine, en 1771, mort en 1847. Il a laissé d'importants travaux sur les origines du grec moderne, qui dérive, suivant lui, de l'ancien dialecte éolien-dorique. Il a laissé des poésies estimées, et même des drames ; on lui doit aussi une traduction de l'*Iliade* en grec moderne.

CHRISTOVAL (San-), bourg du Mexique, à 30 kil. de Mexico, sur la rive gauche du lac de son nom. Les Mexicains, pour préserver leur capitale des inondations du San-Christoval, ont construit en cet endroit une digue magnifique.

CHRISTOVAL (San-), ville de la république de Venezuela, à 130 kil. de Merida. Pop. 3,000 hab. Elle fut fondée en 1560.

CHROMATE, sel composé d'acide chromique et d'une base. Le chromate de potasse sert ordinairement à la préparation de tous les autres chromates. Ces sels se distinguent par leur couleur jaune ou rouge. On s'en sert dans la peinture et dans la teinture.

CHROME, corps simple métallique qui se distingue par des propriétés colorantes. Il est cassant, presque infusible, et sa couleur est celle de l'étain. On ne le rencontre guère dans la nature qu'à l'état de combinaison avec le fer et l'oxygène.

CHRONIQUES (du grec *chronos*, temps), est le nom qu'on donne aux histoires qui ne contiennent que des énumérations de faits par ordre de dates, sans aucune réflexion sur les causes et les conséquences des événements. On a aussi donné le nom de chroniques aux récits de nos vieux historiens des premiers temps de la monarchie. Ainsi nous avons les Chroniques de Grégoire de Tours, de Froissart, de Monstrelet; les Chroniques de Saint-Denis. Le nom de chronique a été quelquefois donné à des recueils d'anecdotes; ainsi l'on a publié une histoire de Louis XI sous le nom de *Chronique scandaleuse*.

CHRONOGRAMME, sorte d'anagramme dans laquelle les lettres employées comme les chiffres romains, entrent dans la composition des mots d'une phrase, et sont mises en relief, de manière à exprimer un nombre, qui rappelle le plus souvent une date importante. Ainsi Pierre le Grand fit frapper, en mémoire de sa victoire de Pultava, une médaille contenant la légende suivante :

PVLtaVa MIra CLaDe InsIgnIs.

(Pultava célèbre par une éclatante victoire.)

Or, les caractères V, L, V, M, I, C, L, D, I, I, I, expriment chacun séparément les nombres 5, 50, 5, 1000, 1, 100, 50, 500, 1, 1, 1, dont l'addition donne en somme totale : 1714, date de cette fameuse journée. On attribue aux moines l'invention de ces *nugæ difficiles* (bagatelles difficiles). Les anciens paraissent n'avoir pas connu le chronogramme.

CHRONOLOGIE, science qui a pour objet de faire connaître la division du temps chez les différents peuples et dans les divers âges. Le chronologiste fixe les dates des événements par la critique, et permet à l'historien d'écrire l'histoire des faits en les comparant les uns aux autres, et en étudiant leurs raisons. On distingue deux chronologies : la *chronologie mathématique* ou *astronomique*, et la *chronologie historique*. La première indique les divisions du temps d'après les révolutions de notre système planétaire; la *chronologie historique* indique les divisions du temps en années ou en périodes d'un certain nombre d'années ; ainsi les Grecs comptaient par olympiades, et les Romains par cens ou lustres. En outre, les années se comptaient à partir d'une époque signalée par un grand événement qui constituait une ère nouvelle. Les Romains comptaient les années à partir de la fondation de Rome (753 av. J.-C.); les peuples modernes comptent à partir de la naissance de Jésus-Christ. La chronologie des divers peuples devait varier aussi suivant l'étendue de l'année. Parmi les anciens, certains peuples avaient adopté l'année lunaire; d'autres, l'année solaire, de 360 ou 365 jours. Chacun d'eux avait sa chronologie particulière. De nos jours, les Russes et les Grecs, qui observent le calendrier de Jules César, n'ont pas la même chronologie que les peuples occidentaux, qui suivent le calendrier grégorien.

CHRUDIN, ville de Bohême (Etats autrichiens), ch.-l. du cercle de Prague, à 95 kil. de cette ville. Pop. 6,000 hab. Fabriques de lainages, tanneries. Foires importantes de chevaux.

CHRUDIN (cercle de), borné au N.-E. par celui de Kœnigingrætz, à l'E. et au S. par la Moravie; au S.-O. par le cercle de Czaslau et au N.-O. par celui de Neu-Bidschow ou Bitschin. Ch.-l. Chrudin. Sup. 329,400 hect. Pop. 351,280 hab. Sol très-productif. Récolte de céréales.

CHRYSARGYRE (or et argent), sorte d'impôt qui commença à être appliqué sous l'empereur Domitien. On imposa d'abord les usines; on taxa ensuite les mendiants, les courtisanes et les animaux. Le chrysargyre fut encore étendu: il y eut l'impôt sur les voitures, l'impôt sur les chiens. Au temps de Dioclétien, les percepteurs des impôts allaient si loin, que l'empereur aurait pu dire combien il y avait de ceps de vigne dans son empire. Dans l'empire grec, le chrysargyre était acquitté par les marchands et les gens de mauvaise vie, auxquels ils étaient assimilés; on le payait tous les quatre ans. Il fut aboli par l'empereur Anastase.

CHRYSIPPE, philosophe stoïcien, fils d'Apollonius, né à Solès en Cilicie, vers 280 av. J.-C. Il fut le disciple de Cléanthe, qui succéda à Zénon. Sa subtilité était telle qu'on disait : « Si les dieux faisaient usage de la logique, ils ne pourraient se servir que de celle de Chrysippe. » Il fut l'adversaire d'Epicure. Diogène Laërce a donné le catalogue de ses ouvrages, dont le nombre est de 311. C'étaient de médiocres compilations. Sa morale était fort relâchée. Il mourut en 207 av. J.-C.

CHRYSOCALE ou CHRYSOCALQUE, alliage de cuivre et de zinc, qui offre à peu près l'apparence de l'or.

CHRYSOLORAS, savant grec du XVe siècle. Il fut envoyé par la cour de Constantinople auprès des princes chrétiens pour implorer leur secours contre les Turcs. Il séjourna pendant longtemps à Venise, à Pavie et à Rome, où il enseigna la langue grecque qu'on ignorait complétement en Italie. Il remit aussi en honneur la langue latine, à peu près oubliée ou devenue un jargon barbare. Plusieurs de ses disciples introduisirent en France la langue grecque. Il mourut à Constance, pendant le fameux concile, en 1415. Il a laissé une *Grammaire grecque* et un *Parallèle de l'ancienne et de la nouvelle Rome*. — JEAN CHRYSOLORAS, son neveu et son disciple, mort en 1427, marcha sur les traces de son oncle. Ces deux hommes méritent d'être considérés comme les restaurateurs des langues grecque et latine.

CHRYSOPHYLAS, ministre du temple de Delphes; il était gardien des trésors amassés dans ce temple. Il était aussi chargé d'aller puiser chaque jour à la fontaine de Castalie l'eau nécessaire pour les sacrifices, il balayait le temple avec des branches de laurier qu'il allait cueillir sur les bords de cette fontaine; il chassait à coups de flèches les oiseaux qui venaient se reposer sur les statues sacrées.

Duel de Desessarts avec Dugazon.

CHRZANOW, ville importante des Etats autrichiens (Cracovie), à 40 kil. de Cracovie. Pop. 4,000 hab. École classique préparatoire. Industrie et commerce actif.

CHTONIES, fêtes qu'on célébrait chaque année au printemps, en Argolide, en l'honneur de Cérès. Quatre vieilles femmes, qui figuraient les quatre saisons écoulées, sacrifiaient quatre génisses consacrées aux saisons nouvelles.

CHUCUITO, ville de la Bolivie, à 220 kil. de La Paz. Climat froid. Au commencement du XVIIIe siècle, elle avait près de 30,000 hab.; elle est aujourd'hui bien déchue.

CHUDLEIGH, ville et paroisse d'Angleterre (Devonshire), à 12 kil. d'Exeter. Pop. 2,278 hab. Récolte de cidre renommé. Exploitation de pierres à chaux très-estimées. On remarque aux environs le magnifique château d'Ugbrook-Park, appartenant aux lords de Clifford.

CHUN-YEOU-YU, c'est-à-dire maître du pays de Yu, 9e empereur de la Chine, succéda à Yao, dont il épousa les deux filles. Il protégea les arts et les sciences, établit l'uniformité des poids et des mesures, et fonda des colléges et des hôpitaux. Confucius a recueilli les maximes de cet empereur. Il mourut après un règne de 77 ans, à l'âge de 110 ans, en 2,208 av. J.-C.

CHUN-TCHI, 1er empereur chinois de la race tartare mantchou, qui règne aujourd'hui en Chine. Il arriva au trône à la suite d'une révolution qui renversa le dernier empereur des Ming-Chun. Le mandarin qui avait suscité la révolution et s'était ensuite emparé de la couronne, fut mis à mort. Le nouveau prince était neveu du dernier khan des Tartares, et n'avait que sept mois quand il fut appelé au trône. Devenu majeur, il gouverna avec sagesse pendant les premières années; mais il se fit ensuite haïr par ses cruautés. Il mourut en 1661.

CHUPRAH, ville de l'Hindoustan anglais (Bengale), à 55 kil. de Palma. Pop. 30,000 hab. Commerce de sucre et coton. Ch.-l. du district de Sarun.

CHUQUISACA ou CHARCAS (dite aussi La Plata, à cause de ses mines d'argent), ville de l'Amérique du Sud, capitale de la république de Bolivie, à 1,900 kil. de Buenos-Ayres. Pop. 20,680 hab. de race espagnole et indienne. Siége du gouvernement, d'un archevêché, des consulats étrangers, université. Climat très-doux. Cette ville fut fondée, en 1538, par Pedro Anzures, sur l'emplacement d'une ville péruvienne. Le 6 août 1825, il s'y tint une assemblée du congrès dans lequel l'indépendance de la Bolivie fut proclamée.

CHUQUISACA (province de), borné au N. par celles de Cochabamba et de Santa-Cruz, à l'E. et au S. celle de Tarja, à l'O. par celle de Potosi. Sup. 1,620 myriamètres carrés. Pop. 223,685 hab.

CHURCH (Richard), officier anglais, né en 1780, mort en 1850. Il se distingua dans les guerres de l'indépendance hellénique, et fut nommé, en 1827, général en chef des troupes de l'insurrection. Capo-d'Istria l'éloigna des affaires; mais le roi Othon le nomma conseiller d'Etat.

CHURCHILL (John). (*Voir* MALBOROUGH.)

CHURCHILL (Charles), poëte satirique anglais, né à Westminster en 1731, mort à Boulogne en 1764. Il fut élevé à l'école de Westminster, et embrassa plus tard l'état ecclésiastique. Son humeur inconstante le porta à faire le commerce; il devint marchand de cidre, et fit banqueroute. Il n'eut plus d'autre ressource que de se faire maître d'école à Londres. Cependant il rétablit ses affaires en publiant sur les affaires politiques du temps, des poésies satiriques qui eurent un succès considérable. On remarque surtout son poëme intitulé la *Rosciade*, satire contre les acteurs contemporains; la *Prophétie de famine*, contre lord Bute; le *Revenant*, contre le critique Johnson; *Epître à Hogarth*. On prétend que l'artiste contre qui cette dernière satire a été dirigée en mourut de chagrin.

CHURUBUSCO, bourg du Mexique, situé au N. de Mexico. Victoire des Américains du Nord sur les Mexicains (20 août 1847).

CHUS, fils de Cham et petit-fils de Noé, Il peupla l'Ethiopie, que la Bible appelle *Terre de Chus*. Il eut pour fils Nemrod.

CHUTE. Ce mot exprime, en termes de physique, l'espace parcouru par un corps pesant qui s'approche du centre de la terre. Il exprime, dans le langage usuel, l'action de tomber ou de se précipiter de haut en bas. Au figuré, il exprime la pensée qui termine une épigramme, un madrigal ou un sonnet:

La chute en est jolie, admirable, amoureuse.

Denham attaqué par des Fellahs

CHUTE ORIGINELLE. On appelle ainsi, dans la légende biblique, la dégradation dont Jéhovah punit le premier homme pour avoir goûté, ainsi que la première femme, du fruit de l'arbre de la science du bien et du mal. Adam et Eve furent ensuite chassés du Paradis terrestre. Cette fiction se rencontre dans la plupart des théodicées.

CHYPRE, île de la Turquie d'Asie, dans la Méditerranée, entre l'Asie mineure et la Syrie, à 65 kil. du cap Anemour, en Anatolie. Ch.-l. Nicosie. Sup. 225 kil. de long sur 60 à 80 de large. Pop. 180,000 hab. Elle est traversée par deux chaînes de montagnes très-hautes, dont la Sainte-Croix est le point culminant. Les côtes forment les caps Cormachiti au N., Saint-André au N.-E., Tchiti et Gata au S., Salizano au N.-O. Cours d'eau torrentiels, qui se tarissent en été. Climat salubre et tempéré. Sol fertile en blé, tabac, garance, huile, figues, etc.; vins excellents; moutons, abeilles. Il y avait autrefois de riches mines d'or, d'argent et surtout de cuivre. Nicosie est la résidence d'un pacha gouverneur, d'un muphti, d'un cadi et autres autorités. On compte trois évêchés grecs, à Limaçol, Lanarca ou Lanerca et Tcherinies.

On remarque dans cette île des ruines de monuments anciens du côté de Bafo (Paphos) et d'Adalia (Idalie). Chypre forma neuf petits royaumes jusqu'à la conquête des Perses. Le culte de Vénus était établi à Paphos et à Amathonte. A cette époque, l'île était très-riche de tous les dons de la nature; elle avait encore des fabriques de riches tapis et de nattes. Les Romains s'en emparèrent en l'an 58 av. J.-C. Après le démembrement de l'empire romain, elle fit partie de l'empire d'Orient; elle eut alors des gouverneurs. En 1182, Isaac Comnène s'y rendit indépendant. Richard Cœur de Lion la conquit en 1191, et la donna à Guy de Lusignan, qui y fonda le royaume de Chypre. Catherine Cornaro, héritière de Lusignan, la vendit aux Vénitiens (1489), qui se la virent enlever par les Turcs en 1571.

Rois de Chypre de la maison de Lusignan:

Guy de Lusignan	1192—1194
Amaury	1194—1205
Hugues Ier	1205—1218
Henri Ier	1218—1253
Hugues II	1253—1267
Hugues III	1267—1284
Jean Ier	1284—1285
Henri II	1285—1324
Hugues IV	1324—1361
Pierre Ier	1361—1372
Pierre II	1372—1382
Jacques Ier	1382—1398
Jean II	1398—1432
Jean III	1432—1458
Charlotte et Louis	1458—1464
Jacques II	1464—1473
Jacques III	1473—1475
Catherine	1475—1489

CHYTRES, fête athénienne, instituée en l'honneur des morts. On faisait cuire des légumes que l'on offrait à Bacchus et à Mercure.

CIAMPI (Sébastien), savant italien, né à Pistoia en 1767, mort en 1847. Il embrassa l'état ecclésiastique et se fit recevoir docteur en droit à Pise. Il occupa ensuite une chaire à Varsovie, où il contribua à répandre la connaissance de la langue italienne. Il a laissé d'excellentes critiques sur Boccace et d'autres auteurs italiens.

CIBALIS, ville de la Basse-Pannonie, sur la Save. Constantin y battit Licinius, 323 ans ap. J.-C. Patrie des empereurs Valentinien et Valens.

CIBAO, principal massif de montagnes de Haïti. Riches mines d'or autrefois exploitées.

CIBBER (Colley), célèbre acteur et auteur dramatique anglais, né à Londres, en 1671. Il embrassa la carrière dramatique à l'âge de 30 ans, et illustra la scène jusqu'à celui de 60. Il a laissé un grand nombre de pièces où l'on rencontre des scènes qui égalent les beautés de Shakspeare, à côté de plaisanteries indignes de la comédie. On cite parmi ses meilleures productions : *Elle voudrait et ne voudrait pas*, *l'Amour fait l'homme*, et une imitation du *Tartufe*. Cibber est le héros de la *Dunciade* de Pope, contre lequel il avait lancé plusieurs épigrammes. Mort en 1757.

CIBBER (Théophile), fils du précédent, né en 1703, mort dans un naufrage en 1757. Il suivit la même carrière que son père. Il a laissé un *Recueil* assez estimé des *Vies de poëtes anglais*. On a prétendu que cet ouvrage devait être attribué à un Écossais nommé Robert Shiels.

CIBLE. But sur lequel on s'exerce au tir du fusil ou de la carabine. Nos soldats sont constamment exercés au tir à la cible; des récompenses sont accordées aux meilleurs tireurs.

CIBOIRE. Vase employé dans les églises catholiques et servant à contenir les hosties consacrées par le prêtre. Le ciboire est d'or, ou d'argent doré à l'intérieur.

CIBO (Catherine, duchesse de CAMERINO), nièce du pape Léon X, morte en 1557. Elle a fondé en Italie le premier couvent de capucins.

CICÉRON (Marcus-Tullius), le prince des orateurs romains, de la famille des Tullia, qui prétendait descendre de Tullius Attius, roi des Volsques. Cicéron naquit à Arpinum, ville du pays des Volsques et patrie de Marius, en 105 avant J.-C. Il montra de bonne heure un goût particulier pour l'étude; Crassus, qui dirigea son éducation, lui donna les meilleurs maîtres de Rome. Il possédait toutes les qualités nécessaires à l'orateur : la pénétration d'esprit et la richesse d'imagination. Lorsqu'il parut pour la première fois en public, ce fut pour défendre Roscius, accusé du meurtre de son père. Cicéron fit absoudre l'accusé; mais, malgré les applaudissements qui l'accueillirent, il voulut se perfectionner à Athènes. Là il lutta contre Apollonius Molon, qui lui dit un jour : « Je vous loue et vous admire; mais je plains le sort de la Grèce! Il ne lui restait plus que la gloire de l'éloquence et vous allez la transporter à Rome. » Cicéron justifia cette prédiction. A son retour à Rome, il fut nommé questeur et gouverneur de la Sicile, le grenier de l'Italie, dans un moment où Rome était désolée par la disette. Il paru à tous les besoins. Il fut ensuite édile. Verrès, qui l'avait précédé dans la préture de Sicile, et qui avait désolé cette province par ses exactions et ses violences, fut accusé par les Siciliens. Verrès avait acheté ses juges, et le célèbre Hortensius avait consenti à le défendre. Cicéron voulut par son éloquence toucher les juges mêmes qui avaient d'avance vendu leur sentence, il y réussit, et ce triomphe mit le comble à sa renommée. Il fut nommé préteur de Rome, puis consul. Catilina avait conspiré contre la république pour substituer au gouvernement des patriciens celui de la plèbe. Cicéron, averti par Fulvia, maîtresse de l'un des conjurés, attaqua vivement le conspirateur en plein sénat. Catilina sortit en jurant de se venger; mais ses complices furent emprisonnés et mis à mort, et Catilina perdit lui-même la vie en combattant contre les légions envoyées à sa poursuite. Cicéron reçut le titre de Père de la patrie et de second fondateur de Rome. Sa victoire sur Catilina avait soulevé contre lui la haine du peuple et de ses tribuns. Aussi, quand il fut appelé à rendre compte de ses actes, à l'expiration de son consulat, le tribun Métellus voulut l'empêcher de prononcer le serment d'usage. Cicéron éleva alors la voix pour surmonter le tumulte et s'écria : « Je jure que j'ai sauvé la patrie. » Ce mouvement changea aussitôt les dispositions de la multitude. Cependant Publius Clodius, devenu tribun, força Cicéron à s'expatrier; il fit décréter son bannissement et raser ses maisons de ville et de campagne. Après dix mois d'exil à Thessalonique, en Macédoine, il fut rappelé en Italie. Il reprit alors son ancienne influence et fut envoyé comme proconsul en Cilicie. Il lutta contre les Parthes et eut la gloire de remporter plusieurs victoires sur ces terribles ennemis du peuple romain. Il y gagna une bataille dans les gorges d'Issus. Voltaire estime que Cicéron eût été un grand général s'il eût voulu l'être. Ses soldats lui décernèrent le titre d'*imperator*. Quand Rome fut partagée en deux camps par suite de la lutte de Pompée et de César, Cicéron embrassa le parti de Pompée, prévoyant que César, qui flattait les instincts du peuple, renverserait un jour les institutions aristocratiques de la république romaine. Cependant, après la bataille de Pharsale, il s'efforça de gagner l'amitié du vainqueur. Après la mort de César, Cicéron s'attacha à Octave, en haine d'Antoine, dont il redoutait davantage les projets ambitieux. Il fit même éclater son animosité contre le triumvir dans ses fameuses harangues nommées *Philippiques*, par allusion à celles que Démosthène prononça contre Philippe, roi de Macédoine. Mais Antoine ayant fait la paix avec Octave, et tous deux ayant choisi Lépide pour former le second triumvirat, Octave abandonna lâchement Cicéron à la fureur d'Antoine. Cicéron, averti du danger, voulut se sauver par mer; mais, ne pouvant supporter les incommodités de la traversée, il se fit débarquer, en disant « qu'il aimait mieux mourir dans sa patrie, qu'il avait autrefois sauvée, que de vivre loin d'elle. » Les assassins envoyés à sa poursuite l'atteignirent auprès d'une de ses maisons de campagne; il fit aussitôt arrêter sa litière et présenta sa tête à Popilius, chef des meurtriers, qu'il avait autrefois sauvé par son éloquence. Il périt ainsi en 64 avant J.-C. On lui coupa la tête et les mains, et Antoine les fit attacher à la tribune aux harangues qui avait été si longtemps le théâtre de sa gloire. Fulvie, femme d'Antoine, se donna la satisfaction de se faire apporter la tête de Cicéron, et de lui percer la langue avec une épingle d'or, comme pour le punir d'avoir osé flétrir son époux. Cicéron ne fut pas seulement le plus grand orateur romain; il fut aussi philosophe, et introduisit à Rome le goût des discussions philosophiques si répandues chez les Grecs. Les agitations du Forum le distrayaient à peine de ses méditations. On peut reprocher à Cicéron, comme homme public, d'avoir plutôt considéré les intérêts de la Rome patricienne que ceux du peuple qu'il semblait dédaigner. Sa vie publique ne fut qu'une longue lutte contre les hommes qui suivirent César comme le représentant de la démocratie romaine, après avoir vu échouer Catilina; il était à la tête du parti composé, suivant son expression, des gens honnêtes et modérés (*honesti modestique*). Cicéron se laissa trop souvent enivrer par les succès et abattre par les revers. Ses plaisanteries étaient souvent imprudentes et descendaient même jusqu'à la bouffonnerie; quoiqu'on l'ait représenté comme un excellent père de famille, il est certain qu'il répudia sa femme Terentia et se laissa séduire par une femme plus riche. Ses ouvrages sont divisés en trois parties : 1° ses *Harangues* et ses *Dissertations de rhétorique*; on distingue dans ce genre son *Traité de l'orateur* et ses *Traités sur la rhétorique*, les *Catilinaires* et les *Philippiques*; 2° ses ouvrages philosophiques; le plus important est son *Traité des Devoirs (De Officiis)*; 3° ses lettres ou épîtres.

CICÉRON (Quintus), frère du précédent. Il fut préteur à Rome en 602, et fut envoyé dans la même qualité en Asie, où il demeura trois ans. Il servit sous César dans la guerre des Gaules; mais pendant la guerre civile il abandonna le parti de ce général pour suivre celui de Pompée. Il fut compris dans la proscription des triumvirs, et fut tué, ainsi que son fils, peu de temps après son frère, en 43 avant J.-C. On a conservé de lui quelques poésies.

CICÉRON (Marcus), fils du célèbre orateur romain et de Terentia, né à Rome en 65 av. J.-C. Il servit dans l'armée de Pompée, et combattit à la bataille de Philippes. Lorsque César eut triomphé, il se retira en Sicile. Octave chercha à se l'attacher, et le nomma préteur, puis consul en l'an 30 av. J.-C. Pendant son consulat, il fit exécuter le décret qui ordonnait que les statues d'Antoine fussent détruites.

CICERONE. Nom donné en Italie à des individus qui, moyennant un modique salaire, font métier de promener les étrangers et de leur montrer les antiquités et les curiosités que renferment les principales villes.

CICOGNARA (le comte Léopold), célèbre antiquaire et littérateur, né à Ferrare en

1767, mort à Venise en 1834. Il étudia d'abord les sciences physiques et mathématiques, puis il s'adonna à l'étude des antiquités. Il alla à Rome, où il rechercha les statues, les tableaux et les monuments qui appartenaient à l'antiquité romaine. Il parcourut aussi le reste de l'Italie et la Sicile. Les événements qui s'accomplirent en Italie après la Révolution française lui donnèrent pendant quelque temps l'espoir de voir renaître la liberté italienne. Après avoir été tour à tour membre du corps législatif, ministre plénipotentiaire de la république cisalpine à Turin, député aux comices de Lyon, et conseiller d'Etat du royaume d'Italie, il se retira du monde politique, et se fixa à Venise, où il fut nommé président de l'Académie des beaux-arts. Il a laissé entre autres ouvrages : *Histoire de la sculpture*, *Mémoire sur les littérateurs et les artistes de Ferrare*, et une *Etude* sur les édifices les plus remarquables de Venise.

CID (Rodrigue-Diás DE BIVAR, le *Cid Campeador*), né en 1026. Il fut élevé à la cour des rois de Castille, et armé chevalier à l'âge de 20 ans par Ferdinand Ier, roi de Léon et de Castille. Il est incontestable que le Cid mérita par son audace la réputation d'un des plus grands héros de son siècle ; mais les romanciers espagnols, qui étaient les seuls historiens de cette époque, ont mêlé à l'histoire du Cid tant de fables et de récits merveilleux, qu'il est souvent difficile de discuter avec exactitude les divers points de l'histoire de ces temps. Le Cid suivit en Aragon, en 1063, don Sanche, roi de Castille. Les Castillans lui durent la victoire de Graos ; don Ramire Ier, roi d'Aragon, périt dans cette bataille. Le Cid se signala ensuite dans la guerre entreprise par don Sanche contre Alphonse, son frère, roi de Léon. Don Sanche ayant été tué par trahison au siége de Zamora, Alphonse VI réunit la Castille au royaume de Léon, et le Cid s'attacha à ce nouveau roi. Cependant, il quitta le service d'Alphonse, qui lui avait donné de graves sujets de mécontentement, et quitta la Castille avec une troupe de gens dévoués. Il entra avec eux dans l'Aragon, et bientôt il se vit à la tête d'une armée composée d'aventuriers de Castille et de Léon. Il lutta contre les Maures, et, malgré le désavantage du nombre, il se maintint pendant longtemps dans une forteresse qu'on appela depuis la Roche du Cid. Après la mort de Hiaga, qui régnait à Tolède, il s'empara de Valence, et y demeura jusqu'à sa mort, qui survint en 1099. Tels sont les faits incontestables que l'histoire peut accepter touchant le Cid ; mais quant à son duel avec don Gormas et son amour pour Chimène, qui ont fourni à Corneille le sujet d'une de ses plus belles tragédies, il n'en est aucunement question dans les romanciers de l'époque ; ces faits sont mentionnés pour la première fois dans le drame de Guilhem de Castro, intitulé *la Jeunesse du Cid* ; ce drame fut représenté au commencement du XVIIe siècle, et c'est à lui que Corneille paraît avoir emprunté les scènes du *Cid*.

CIDRE. Boisson faite avec le jus de la pomme, et dont l'usage est commun dans les pays du nord-ouest de la France où la vigne n'est pas cultivée et où la bière n'est pas en usage. Le cidre le plus renommé est celui de Normandie.

CIEL. Partie qui se trouve au-dessus du globe terrestre, où se meuvent les astres dont l'homme calcule la marche et apprécie la distance qui les sépare de nous. Les anciens, qui ignoraient les lois qui président à la formation de l'air, se faisaient la plus fausse idée du firmament.

CIENFUEGOS, ville de l'île de Cuba, au S. Pop. 2,560 hab. Très-importante récolte de sucre.

CIENFUEGOS (Nicasio), poète espagnol, né à Madrid en 1764, mort en 1809. Il se lia avec Cadalso et Melendez, et fonda avec eux une nouvelle école poétique qui jeta un certain éclat sur la littérature espagnole, et dont le style paraît se rapprocher du genre romantique. Il composa ses premières poésies lyriques en 1798, et publia ensuite plusieurs drames, parmi lesquels on remarque *Zoraïde* et *Pittacus*. Il s'attacha à la rédaction de la *Gazette de Madrid* et du *Mercure*, deux journaux qui se distinguaient alors par leur patriotisme éclairé. Lorsque l'indépendance espagnole fut menacée par les Français, il publia quelques écrits énergiques pour lesquels il fut poursuivi. En 1808, il se distingua dans l'insurrection de Madrid, et fut même condamné à mort ; mais cette peine fut commuée en celle de la déportation. Il fut exilé à Orthez, où il mourut.

CIERGE, chandelle de cire dont les catholiques se servent dans leurs cérémonies religieuses. Le cierge rappelle les flambeaux que les premiers chrétiens allumaient dans les catacombes pour éclairer la célébration des mystères. Le cierge n'est plus aujourd'hui qu'un ornement d'église.

CIERGE PASCAL, cierge de grande dimension que l'on allume dans chaque paroisse le jour de la fête de Pâques. On attache à ce cierge cinq grains d'encens qui rappellent les cinq fêtes mobiles des chrétiens. On l'allume avec le feu nouveau qu'on prépare le samedi-saint dans chaque église, et qui est entretenu pendant toute l'année.

CIERS-LALANDE (SAINT-), ch.-l. de cant. de l'arrond. de Claye (Gironde), à 18 kil. de cette ville. Pop. 2,700 hab. Jolie habitation du marquis de Lamoignon.

CIEZA, ville d'Espagne, dans la prov. de Murcie, à 35 kil. de cette ville. Pop. 7,000 hab. Ruines romaines.

CIGARE, feuille de tabac roulée sur elle-même, ou formée de brins de tabac enveloppés dans une feuille qu'on appelle *robe*.

CIGLIANO, bourg du royaume d'Italie (prov. de Novare), à 30 kil. de Verceil. Pop. 5,250 hab. Récolte de riz.

CIGNANI (Carlos), peintre bolonais, né en 1628, mort en 1719. Il fut élève de l'Albane. Clément XI le nomma directeur de l'académie de Bologne ou académie clémentine. Ce peintre se recommande par la correction du dessin, la vigueur de son coloris et l'élégance de la composition. Il rendait très-bien les fortes passions, mais il s'attachait trop à finir ses tableaux. Sa manière se rapproche assez bien de celle du Guide et de Caravage. On cite parmi ses chefs-d'œuvre : la *Coupole de la madona del Fuoca*, de Forli, *Adam et Eve* et une *Sainte Famille*. Ces deux derniers tableaux sont au Musée impérial. Cignani se distinguait par une rare générosité ; il consacrait tout ce qu'il gagnait à soulager les pauvres artistes. Il ne parlait jamais de ses rivaux qu'avec éloge. Il refusa les titres de noblesse que lui offrait le pape.

CIGOLI (Louis CARDI, dit), peintre et architecte, né au château de Cigoli (Toscane), en 1559, mort à Rome en 1613. Il fut admis à l'académie de peinture de Florence ; il se laissa distraire de la peinture par d'autres études : ainsi il s'occupa d'anatomie ; mais les travaux auxquels il se livra lui dérangèrent l'esprit. Guéri à force de soins, il renonça à l'anatomie ainsi qu'à la musique, qu'il cultivait avec talent. Il ne cessa pas, cependant, de cultiver la poésie, et fit partie de l'académie della Crusca. Il enrichit Florence de plusieurs édifices remarquables, auxquels on reproche cependant un certain excès d'ornementation. Il fit le dessin du palais de Médicis ; il dessina aussi le piédestal de la statue de Henri IV, qu'on voyait sur le pont Neuf avant la Révolution. Parmi ses meilleurs tableaux, on cite un *Ecce homo* qu'il exécuta en concurrence avec Barocci et Michel-Ange de Caravage ; il eut la gloire de surpasser ses illustres rivaux. On cite encore de ce peintre *la Fuite en Egypte*, *Vénus avec un satyre* et le *Sacrifice d'Isaac*. Ses compositions portent l'empreinte du génie, et son pinceau est plein de ton et de vigueur. Il a mérité d'être nommé le *Corrége florentin*.

CILICE, ceinture d'étoffe grossière en peau d'animal, qui était autrefois en usage chez les Hébreux, et qu'ils portaient, en se couvrant de cendres, dans les temps de deuil et de calamité. Les premiers chrétiens l'adoptèrent aussi comme un signe de mortification.

CILICIE, partie de l'Asie mineure, au S.-E., bornée au N. par la Cappadoce et la Phrygie, à l'E. par la Syrie et la Mésopotamie, au S. par la Méditerranée, à l'O. par la Pamphylie et la Pisidie. Les portes ciliciennes, les portes d'Aman, les portes syriennes donnaient accès dans cette contrée ; qui se divisait en Cilicie de plaine ; villes principales : Tarse, Sole, Anazarba ; et Cilicie trachée ou montagneuse ; villes principales : Sélinonte, Séleucie. La première est fertile et très-boisée dans la partie septentrionale, et la seconde est plus froide, mais couverte de magnifiques forêts. Elle était arrosée par le Sélinonte, le Cydnus, le Tarse et le Pyramus. La Cilicie était peuplée en partie de Syriens ; elle se soumit à Alexandre, et les rois de Syrie, d'Egypte et de Cappadoce se la disputèrent. En 78 avant J.-C., elle fut réduite en province romaine par Servilius. Pompée la soumit après sa guerre des pirates (67 av. J.-C.). La ville de Tarse eut une célèbre école de philosophie sous les empereurs. La Cilicie se divisa alors en Cilicie Ire et Cilicie IIe, et forma deux divisions de l'empire d'Orient. Au VIIe siècle après J.-C, elle fut conquise par les Arabes. Alexis et Jean Comnène la reprirent. Gengis-Khan et Tamerlan l'occupèrent un instant ; la Cilicie passa ensuite sous la domination de Tamerlan.

CILLEY, CILLY ou ZILLY, ville des Etats autrichiens (Styrie), à 90 kil. de Graetz. Pop. 2,550 hab. Gymnase, commerce de grains, vins, eaux minérales de Rohitsch. Elle fut fondée l'an 41 av. J.-C. par l'empereur Claude et, jusqu'en l'an 400, elle fut la capitale de la Norique.

CILLEY (Ulrich DE). (*Voir* ULRICH.)

CIMABUÉ (Giovani Gualtieri), peintre et architecte, né à Florence en 1240, mort en 1310. Il est considéré comme le restaurateur de la peinture dans les temps modernes. Il fut instruit dans son art par des peintres grecs que le sénat florentin avait appelés pour décorer la chapelle des Gondi. Il ne tarda pas à surpasser ses maîtres. Il eut la gloire de créer un genre nouveau, de varier l'expression des figures, de fondre les couleurs et de faire oublier le genre byzantin, dont les compositions monotones et sans hardiesse dominaient alors. Un de ses tableaux, représentant *la Vierge et Jésus*, fut porté processionnellement à la cathédrale, au milieu d'une foule enthousiaste. Il eut aussi la gloire d'encourager le Giotto et de développer son génie. Le musée du Louvre possède de lui *la Vierge sur son trône*. On cite encore *un Buste de jeune fille*.

CIMAROSA (Dominique), célèbre compositeur de musique, né à Naples en 1754, mort à Venise en 1801. Il étudia sous le célèbre Sacchini. Cimarosa était doué de l'imagination la plus ardente et brillait dans tous les arts. Il était un chanteur du plus grand mérite ; mais c'est surtout dans les compositions lyriques qu'il se signala. Il a écrit plus de cent vingt morceaux où l'on remarque la plus grande originalité. Il excella dans le genre bouffe. On cite parmi ses chefs-d'œuvre : *le Mariage secret*, *l'Amour constant*, *Pénélope* et *l'Arthémise* de Venise. Il était d'une grande hodestie. Ainsi, il dit un jour à un peintre qui le mettait au-dessus de Mozart : « Que diriez-vous de celui qui vous mettrait au-dessus de Raphaël? »

CIMBÉBASIE, contrée de l'Afrique méridionale, sur l'Océan atlantique. Elle est située entre la Guinée inférieure et le pays des Hottentots. Le littoral paraît inhabité et l'intérieur en est peu connu.

CIMBRES ou KIMBRES, appelés aussi Celtes par les Grecs, qui jetèrent une si profonde terreur parmi les Romains, habitaient primitivement la terre du Jutland, dans le nord de la Germanie. Ce pays était appelé Chersonèse cimbrique. Les Cimbres furent chassés de leur pays par les Germains, et parurent sur les frontières des Gaules vers 114 av. J.-C. Ils étaient conduits par un chef qu'ils appelaient Oolin. L'Helvétie, qui s'étendait sur la rive droite du Rhin, reçut le premier choc de l'invasion. Cette avalanche humaine se composait de Cimbres, de Teutons, d'Ambrons et de Tigurins. Le consul Papirius Carbo, envoyé à leur rencontre, fut battu, en 113. Ils n'entrèrent cependant pas dans la Gaule Narbonnaise, et se portèrent vers le pays des Allobroges. Pendant sept années, ils ravagèrent les Gaules en tout sens. Les Gaulois furent réduits à s'enfermer dans leurs bourgs, et, pressés par une horrible famine, ils en vinrent à égorger les femmes, les enfants et tous ceux qui étaient hors d'état de porter les armes. Les Cimbres, vainqueurs des Gaulois, demandèrent aux Romains des terres pour s'y établir. Leur demande fut repoussée; mais trois armées romaines, commandées par les consuls Silanus, Scaurus et Cassius furent anéanties dans la Narbonnaise, de 109 à 107 av. J.-C. Rome envoya deux nouvelles armées, commandées par le consul Manlius et le proconsul Servilius Cæpio. Ces deux armées furent à peu près anéanties. Le torrent envahisseur franchit les Pyrénées; mais là les Celtibériens lui opposèrent un rempart d'airain contre lequel il vint se briser. Les Cimbres refluèrent alors vers les Alpes et se partagèrent en deux bandes pour inonder l'Italie. Rome fut sauvée par Marius. Ce grand général, ayant vaincu Jugurtha, put venir au secours de l'Italie avec son armée. Ses soldats étaient pressés d'en venir aux mains avec les Barbares; il jugea néanmoins plus prudent de ne pas s'exposer à une défaite, et de ne livrer bataille qu'après avoir accoutumé ses troupes à la manière de combattre de ces hommes étranges. Cependant, dans ce pays dévasté, les vivres lui manquaient, la disette le plaçait entre la mort et la victoire; il se livra à sa fortune et risqua une bataille qui devait décider le sort du monde civilisé. Il donne le signal : le choc est affreux; son armée, rangée avec art, serrée avec prudence, couverte d'armes impénétrables, animée par tant de siècles de gloire qui vont recevoir un nouveau lustre ou s'effacer pour toujours, paraît longtemps dans la plaine comme un rocher immobile battu par la tempête et assailli par les flots d'une mer furieuse. Après cent assauts inutiles, les Teutons, las de ne pouvoir pénétrer ces murailles de fer, ralentissent leurs attaques, plusieurs se retirent en désordre; Marius les charge à son tour; sa cavalerie les tourne, entre dans leurs masses, les sépare et les poursuit; tous prennent la fuite; mais, tout à coup, leurs femmes s'avancent en foule, les accablent de reproches, les ramènent au combat, arrachent elles-mêmes les boucliers des Romains, et, se laissant hacher plutôt que de fuir, font paraître encore quelques instants la fortune incertaine. Enfin le désordre, plutôt accru qu'arrêté par cette furie, rend leur défaite plus complète et plus sanglante; le carnage fut horrible, et, si on en croit Tite-Live, 300,000 Barbares périrent dans cette bataille; ainsi, en une seule journée, deux nations entières disparurent. On voit encore, près des villages de Tretz et de Pourières, en Provence, les débris d'une pyramide que Marius éleva pour consacrer le souvenir de cette grande victoire. Le consul libérateur de la Gaule revint sauver l'Italie; il combattit, avec le même courage et le même bonheur, les Cimbres, près de Verceil; il leur tua 60,000 hommes; le reste tomba dans les fers ou trouva la mort dans la fuite.

CIMBRIQUE (Chersonèse). (*Voir* CHERSONÈSE.)

CIMENT, espèce de mortier composé de tuile ou de brique pilée et de chaux. On l'emploie dans les ouvrages de maçonnerie destinés à résister à l'action de l'eau. Les Egyptiens ont employé ce ciment. Les Grecs et les Etrusques le connurent aussi. Le ciment romain se composait de tuileaux pulvérisés; cette matière était broyée avec de la chaux. L'ingénieur Vicat a démontré que les Romains employaient généralement des tuiles faites d'un sable argileux et de la chaux grasse. Depuis, les chimistes se sont occupés des meilleures compositions de ce ciment. Celle qui se rapproche le plus du ciment romain est le ciment hydraulique de de Moleine, découvert en 1831. On emploie aussi une pierre à ciment assez connue en Bourgogne et à Boulogne-sur-Mer. Le ciment acquiert, quelques minutes après avoir été gâché, une solidité qui s'accroît de jour en jour, et qui atteint bientôt la dureté des meilleures pierres.

CIMETERRE, sabre en usage chez les Orientaux; la lame courte, convexe, courbe, à contre-pointe, s'élargit vers la pointe et s'échancre à son extrémité. Il a été autrefois adopté par les Italiens et les Suisses.

CIMETIÈRE, lieu destiné à inhumer les morts. L'usage des cimetières, devenu aujourd'hui général, ne remonte pas à une haute antiquité. Les premiers chrétiens enterraient leurs morts dans les catacombes. Au moyen âge, on consacra, autour des églises, un certain espace de terrain à l'inhumation des fidèles. La nécessité d'assainir les centres de population a fait reculer les cimetières à une certaine distance des villes et des villages.

CIMIER, ornement qui forme la partie supérieure d'un casque terminé en pointe. Il se compose d'une aigrette ou d'une tête d'animal. Les guerriers égyptiens avaient adopté le cimier; il représentait une tête de lion, de dragon ou de taureau. Le cimier a été en usage au moyen âge comme signe de noblesse; on ne pouvait le porter qu'après avoir figuré dans les tournois.

CIMMÉRIENS (monts), dans la Chersonèse Taurique au S. du pays des Cimmériens.

CIMMÉRIENS, peuple de l'antiquité qui habitait les rives du Pont-Euxin, entre le Danube et le Tanaïs, il occupait aussi la presqu'île ou *Chersonèse cimmérienne*, aujourd'hui la *Crimée*. On a établi plusieurs rapprochements entre les Cimmériens et les Cimbres de la Baltique qui occupaient la Chersonèse cimbrique. Les anciens historiens prétendent que ces barbares quittèrent leur pays pour fuir l'invasion des Scythes, venus du fond de la Tartarie. Les Cimmériens remontèrent le Danube et s'avancèrent vers le centre de l'Europe, et remontèrent ensuite vers le Nord. Il y a lieu de croire que ces peuples sont les mêmes Cimbres qui épouvantèrent le monde romain un siècle avant J.-C.

CIMOLOS, aujourd'hui KIMOLO ou l'ARGENTIÈRE, île de la mer Egée, une des Cyclades.

CIMON, général athénien, fils de Miltiade et de Hégésipyle. Son père étant mort sans pouvoir acquitter une amende, Cimon se vit emprisonné pour l'exécution du jugement. Il ne recouvra sa liberté qu'au prix d'une infamie. Il livra à Collias, qui consentit à éteindre sa dette, sa jeune femme et sa sœur. Ces détails, racontés par quelques historiens, sont contredits par d'autres, et notamment par Hérodote, qui affirme qu'il acquitta sans peine une amende de 50 talents (270,000 francs). Ce qui est mieux établi, c'est que sa mauvaise réputation le fit échouer, lorsqu'il se présenta dans l'assemblée du peuple pour briguer les fonctions publiques. Cependant Aristide, qui avait découvert en lui de grands talents militaires, le prit sous sa protection. Cimon se signala contre les Perses, qu'il défit le même jour sur terre et sur mer. Il anéantit ou captura une flotte de 80 vaisseaux phéniciens accourus au secours des Perses. Il passa de là en Chypre et battit la flotte d'Artabase, qu'il poursuivit jusqu'en Phénicie. Une victoire décisive sur Mégabise, autre général d'Artaxercès, contraignit le grand roi à signer une paix glorieuse pour la république athénienne. Les Athéniens donnèrent à leurs alliés les dépouilles des vaincus, et vendirent au profit de la république les prisonniers faits dans cette guerre. Cimon se fit aimer des Athéniens par la sagesse de son administration : sa maison était ouverte à tous les citoyens pauvres de sa curie. Le rhéteur Gorgias disait de lui, « qu'il amassait des richesses pour s'en servir, et s'en servait pour se faire aimer. » Il fonda des écoles publiques dans Athènes. Cependant sa franchise, quelquefois brutale envers le peuple, le fit bannir par l'ostracisme. Ses concitoyens le rappelèrent pour le mettre à la tête de leur flotte. Il porta la guerre en Egypte, et tenta de s'emparer de l'île de Chypre; mais la mort vint arrêter l'exécution de ses projets (449 av. J.-C.).

CIMONE, montagne de l'Italie, à 50 kil. de Modène, sur le versant N. des Apennins. Il en est le point culminant (2,126 mètres de haut).

CINABRE. Substance minérale, très-fragile, à cassure conchoïde, qui offre une combinaison de soufre et de mercure. Réduite en poudre fine, elle prend le nom de vermillon.

CINALOA, province du Mexique, bornée au N. par celle de Sonora; à l'E. celles de Durando et de Chihuahua; au S. de Xalisco; à l'O. par le golfe de Californie. Sup. 1,122 myriam. carrés. Pop. 160,000 hab. Ch.-l. Culiacan; villes principales Cinaloa, Mazatlan. Climat tempéré, sol montagneux, exploitation des mines. Cette province fut colonisée dès 1590, par les Espagnols, et fit partie de l'intendance de Sonora. Elle s'affranchit avec le reste du Mexique.

CINCHA (îles), îles de l'Océan pacifique, relevant du Pérou; elles sont situées à l'entrée de la baie de Pisco. Grande quantité de guano.

CINCINNATI, ville des Etats-Unis (Ohio), fondée en 1788, à 15 kil. de Colombus. Pop. 180,000 hab. Siége d'un évêché catholique et d'un évêché méthodiste: collége, observatoire, école d'arts et métiers, de droit, de médecine. Nombreuses églises et hôpitaux. Hôtel des Invalides. Beau port sur l'Ohio. Grand commerce d'entrepôt, exportation de porcs salés (plus de 400,000 par an). Manufactures de lainages, coton; brasseries, distilleries. Fabriques de savons, cire, couleurs. Construction de navires, fonderies et ateliers de construction de machines. Cette ville est en rapport direct avec New-York, Pittsbourg, Louisville, Saint-Louis et la Nouvelle-Orléans. En 1850 la valeur de la production de cette ville, tant pour la construction des machines que pour les meubles et la chaussure, se montait à 55,017,000 dollars.

CINCINNATUS (Lucius-Quintius, dit). On le surnommait ainsi parce qu'il portait une chevelure frisée. Il était issu d'une des plus riches familles patriciennes de Rome; mais il avait perdu sa fortune en acquittant les amendes encourues par son fils Quintius-Ceson, qui avait engagé une lutte malheureuse contre les tribuns du peuple. Cincinnatus vivait dans une modeste chaumière entourée de quelques arpents de terre, qui formaient alors tout son patrimoine, quand il fut tiré de la charrue pour être consul romain, en 458 av. J.-C. A l'expiration de son consulat, il retourna labourer son champ. Il en fut tiré une seconde fois pour aller combattre les Eques et les Volsques. Comme il regrettait que son champ dût rester inculte pendant son absence, le sénat ordonna qu'il fût cultivé aux frais de l'Etat. Cincinnatus réunit au champ de Mars tous les hommes en état de porter les armes, avec des vivres pour cinq jours. Il marcha aussitôt contre les Eques, qu'il surprit, et à qui il n'accorda la paix qu'après les avoir fait passer sous le joug. Cette victoire délivra l'armée du consul Minucius, qui s'était laissé cerner par l'ennemi. Cincinnatus força toutefois le consul à se démettre de ses fonctions, en lui disant : « Il faut apprendre la guerre comme lieutenant avant de commander les légions comme consul. » Cincinnatus reçut les honneurs du triomphe; mais il refusa les terres, les esclaves et les bestiaux qu'on le pressait d'accepter, et se démit de la dictature, qu'il avait exercée pendant 16 jours, pour aller reprendre la charrue (456 av. J.-C.). Il était âgé de 80 ans quand il fut appelé une seconde fois à la dictature. Il défit les Prénestins, et abdiqua au bout de 21 jours. Il se montra jaloux des droits des patriciens, et fit doubler le nombre des tribuns du peuple afin de les désunir, et de les empêcher ainsi de contre-balancer la puissance du sénat. Il osa faire périr un chevalier romain sans forme de procès, pour venger le sénat menacé.

CINCINNATUS (ordre de). Cet ordre fut constitué aux Etats-Unis le 14 avril 1783. Les officiers des armées de terre et de mer se réunirent, lors de la guerre de l'indépendance, pour former cette association qui compta jusqu'à dix mille membres. Les chevaliers de l'ordre se réunissaient chaque année le premier lundi du mois de mai, pour délibérer sur les intérêts communs; il y avait, en outre, des assemblées provinciales. Le premier grand-maître fut le major général Steuber. Le titre de chevalier devait être héréditaire. A peine cette société fut-elle constituée qu'on vit s'élever des réclamations générales : le nouvel ordre blessait l'égalité républicaine et créait une véritable noblesse. Mirabeau écrivit lui-même contre cette institution. Washington concilia tous les intérêts en décrétant le maintien de l'ordre, mais en supprimant l'hérédité. Aujourd'hui il n'existe presque plus de chevaliers de Cincinnatus. Ils portaient une médaille d'or représentant Cincinnatus entouré des sénateurs romains, avec cette légende d'un côté: *Omnia reliquit ad servandam rempublicam* (Il a tout abandonné pour sauver la république). On lisait de l'autre côté: *Virtutis præmium* (prix du courage).

CINÉAS, né en Thessalie, fut disciple de Démosthène; il ne se distingua pas moins comme orateur et diplomate que comme philosophe. Pyrrhus, dont il était le ministre, disait de lui. « Cinéas a pris plus de villes par son éloquence que moi par mes armes. » Etant venu négocier la paix à Rome, Cinéas vit le moment où il allait obtenir satisfaction, lorsqu'Appius Claudius et Fabricius changèrent les sentiments du sénat, prêt à se laisser séduire par les arguments du rusé négociateur. Cinéas revint alors auprès de son roi et fit à Pyrrhus le récit de la grandeur des Romains; « Rome, dit-il, est une hydre sans cesse renaissante, à mesure qu'on l'abat; le sénat est une assemblée de rois. » Les *Mémoires* de Cinéas, qui ne nous sont pas parvenus, ont été cités par Pline comme un véritable prodige. Le livre d'*Enée le tacticien*, sur la défense des places, a été abrégé par Cinéas.

CINERARIUM, urne qui renfermait les cendres des morts recueillies sur les bûchers. On donnait aussi ce nom au monument sépulcral où chaque famille plaçait les urnes de ses ancêtres.

CINEY, ville de Belgique (Namur), à 14 kil. de Dinant. Pop. 2,355 hab. Fabrique estimée de taillanderie, poterie de fer; foire à bestiaux. Vieille enceinte de murailles dont l'origine remonte, dit-on, au temps des Romains.

CINNA (Lucius-Cornelius), de la famille des Cornelius. Il embrassa le parti de Marius contre Sylla. Il fut élevé au consulat en 98 avant J.-C. Il proposa une mesure démocratique ayant pour objet de faire répartir dans les anciennes tribus de Rome, les nouveaux citoyens qui jusque-là avaient composé huit tribus distinctes. Cette proposition irrita le sénat, qui le déclara déchu du consulat. Cinna refusa d'obéir à cet ordre, se rendit auprès des légions dont les tribuns et les centurions lui étaient favorables, et marcha sur Rome. Il rencontra sous les murs de Rome une armée réunie par le sénat; mais Sertorius et Carbon, s'étant joints à lui, il emporta Rome d'assaut, et fit voter aussitôt par l'assemblée du peuple le rappel de Marius. La victoire du parti de Marius fut signalée par des proscriptions et des vengeances. Cinna se fit proroger dans le consulat. Sylla, qui avait résolu d'abattre l'orgueil populaire, et qui devait plus tard ensanglanter Rome par des proscriptions plus horribles encore que celles de Cinna, se décida à quitter son commandement en Orient pour marcher sur Rome. Quand il arriva en Italie, Cinna venait d'être tué dans une sédition militaire.

CINNA (Caïus-Helvius), tribun du peuple à Rome. Il fut l'ami de César, et rapporta, après l'assassinat de ce grand homme, qu'un songe lui en avait donné le pressentiment. Lorsqu'il apprit qu'on allait brûler dans le Forum le corps de l'ancien dictateur, il voulut, quoique malade, se lever pour lui rendre les derniers devoirs. Mais le peuple, trompé par la ressemblance de son nom avec celui de Cornelius Cinna, l'un des meurtriers de César, se jeta sur lui et le massacra. Cinna cultiva la poésie avec succès.

CINNA (Cneius-Cornelius), arrière-petit-fils de Pompée, entra dans une conspiration contre Auguste, empereur romain. Celui-ci lui pardonna, à la sollicitation de l'impératrice. Le grand Corneille a composé sur ce sujet une admirable tragédie intitulée : *Cinna ou la clémence d'Auguste*. L'empereur, ayant appris tous les détails de la conspiration, fit venir Cinna dans son palais, et après lui avoir rappelé ses bienfaits, lui reprocha son ingratitude. Puis, loin de sévir contre lui, il lui donna le consulat pour l'année suivante. Cinna fut touché de tant de magnanimité, et devint l'un des plus dévoués partisans d'Auguste; il lui légua même ses biens en mourant. Sénèque est le seul auteur de l'antiquité qui ait rapporté ce récit dans un morceau déclamatoire. Le silence gardé par les historiens contemporains d'Auguste fait naître les doutes les plus sérieux sur son authenticité.

CINQ-CENTS (conseil des). (*Voir* CONSEIL DES CINQ-CENTS.)

CINQ-MARS (Henri-Coiffier DE RUZÉ, marquis DE), né en 1620; il était fils d'Antoine Coiffier, marquis d'Effiat, maréchal de France. Cinq-Mars fut capitaine aux gardes, grand-maître de la garde-robe du roi, et en 1639, à l'âge de 19 ans, grand écuyer du roi. Il avait su plaire à Louis XIII par le charme de son esprit. Richelieu, dont il avait été l'instrument, essaya de le briser lorsqu'il eut rempli son but. Les prétextes ne pouvaient pas manquer au rusé ministre : il pouvait reprocher au favori son goût pour les plaisirs frivoles. Cinq-Mars disait, de son côté, du roi : « Je suis bien malheureux de vivre avec un homme qui m'ennuie depuis le matin jusqu'au soir. » Cinq-Mars dissimula pendant quelque temps, dans l'espoir de supplanter le ministre. Celui-ci ne négligeait aucune occasion de mortifier Cinq-Mars, en cherchant à relever toutes les circonstances qui prouvaient son incapacité. Mais Louis XIII soutenait son favori contre le cardinal. « Je veux, disait-il à ce dernier, que mon cher ami s'instruise de bonne heure des affaires de mon conseil, afin qu'il devienne capable de me rendre service. » Cependant Richelieu, qui était indispensable au roi par sa profonde connaissance des affaires, ne craignit pas d'offenser Cinq-Mars en lui faisant défense d'assister désormais à aucun conseil. Celui-ci excita à la révolte Gaston, duc d'Orléans; il attira aussi le duc de Bouillon dans la conspiration, tout en paraissant s'attacher davantage au roi; il le suivit, en 1642, dans son expédition contre le Roussillon. Il ne négligea rien pour indisposer le roi contre le ministre, qui semblait vouloir usurper l'autorité suprême. Il alla jusqu'à lui proposer de faire assassiner le cardinal. Richelieu, retenu alors à Tarascon par une grave maladie, suivait de loin les intrigues de Cinq-Mars. Comme il avait découvert sa conspiration avec Gaston et le parti espagnol, il se sentait toujours le maître d'arrêter ses projets. Quand il jugea qu'il en était temps, il dévoila la conspiration au roi. Cinq-Mars fut arrêté à Narbonne avec son ami de Thou, et conduit à Lyon, où l'on instruisit son procès. Gaston fut assez lâche pour tout avouer, dans l'espoir d'obtenir sa grâce, en compromettant ses complices. Cinq-Mars eut la tête tranchée en 1642, à l'âge de 22 ans. Peu de moments avant l'exécution, Louis XIII consultait de temps en temps sa montre en disant : « Avant une heure, M. le Grand (c'est ainsi que Louis XIII appelait Cinq-Mars), fera une vilaine grimace. » (*Voir* DE THOU.)

CINQ-MARS, bourg de l'arrond. de Chinon (Indre-et-Loire), à 30 kil. de cette ville. Pop. 1,800 hab. On y remarque un pilier quadrangulaire en briques, haut de 29 mèt., large de 3 sur chaque face. On croit que c'est un monument funéraire.

CINQ-PORTS, petite province militaire et administrative d'Angleterre; elle comprenait les villes de Sandwich, Douvres, Romney, Hythe et Hastings. Tous ces ports, excepté Douvres, ne sont plus accessibles à la marine. De grands priviléges leur avaient été accordés par Jean-sans-Terre, Henri III et Edouard III. Le titre de gouverneur des Cinq-Ports est encore aujourd'hui une des grandes dignités de l'Angleterre.

CINTEGABELLE, ch.-l. de cant. de l'arr. de Muret (Haute-Garonne), à 26 kil. de cette ville. Pop. 4,100 hab.

CINTRA, ville du Portugal (Estramadure), à 20 kil. de Lisbonne. Pop. 4,500 hab. Beau château gothique où fut enfermé Alphonse VI. Beaux marbres aux environs. Magnifiques fontaines, nombreuses villas. Le 22 août 1808, le général Junot y signa avec Dalrymple la capitulation pour l'évacuation du Portugal.

CINTRE. Ce mot sert à désigner la forme courbée d'une voûte en pierre ou en bois; on appelle clef la pièce qui ferme le cintre et sert par la pression de son poids à maintenir chaque pièce à sa place. Une voûte en cercle parfait prend le nom de *plein cintre*; on entend encore par cintre la partie supérieure d'une salle de théâtre.

CIOMPI, nom sous lequel on désignait, à Florence, les artisans exerçant des métiers pour lesquels il n'y avait pas de corporations instituées.

CIOTAT (la), ch.-l. de cant. de l'arrond.

de Marseille (Bouches-du-Rhône), à 29 kil. de cette ville. Pop. 7,000 hab. Place de guerre, tribunal de commerce, école d'hydrographie; belle esplanade appelée *la Casse.* Commerce de vins, huiles, fruits, figues, poissons, etc. Constructions de navires de commerce et de machines à vapeur. Bon port sur le golfe de Lèques ou de la Ciotat. Patrie de l'amiral Gantheaume.

CIPAYES, du persan *sepahi*, soldat, nom donné dans les Indes aux soldats d'infanterie indigènes qui servent dans les troupes européennes. Les Français ont eu quelques compagnies de cipayes dans leur colonie des Indes. Les Anglais ont introduit l'élément indigène dans la composition des armées qu'ils entretiennent aux Indes pour maintenir leur domination dans ce pays. En 1826, la Compagnie des Indes entretenait un corps de 250,000 cipayes, commandés par des officiers européens. La soumission à peu près complète de cette immense contrée avait permis à la Compagnie anglaise de réduire le nombre de ses troupes. Cependant une immense conspiration qui aboutit à une insurrection générale dans les Indes, en 1857, faillit renverser la domination anglaise. Les cipayes, au nombre de 190,000, se révoltèrent et firent un horrible massacre de leurs chefs et des Européens qui tombèrent sous leurs coups. Nana-Saïb, descendant d'une famille royale, avait préparé cette conspiration et s'en était fait le promoteur. L'insurrection fut comprimée après une lutte sanglante, et les cipayes rentrèrent peu à peu dans le devoir. Cependant l'Angleterre, comprenant le danger des armées indigènes supérieures en nombre aux troupes nationales, n'entretient plus que 140,000 cipayes. Ils portent la tunique rouge, et sont disciplinés à l'européenne.

CIPPE, petite colonne le plus souvent nue et dépouillée d'ornements, mais quelquefois aussi avec une base et un chapiteau. Cette colonne sert à rappeler par une inscription le souvenir d'un événement mémorable, ou la mémoire d'une personne qui n'est plus.

CIPRIANI (Jean-Baptiste), peintre et graveur italien, né en 1769, mort à Londres en 1785. Il vint s'établir en Angleterre, où il acquit une grande réputation comme peintre et surtout comme graveur à l'eau-forte. Ses dessins, qui offrent une grande variété, se distinguent surtout par l'expression des figures, la finesse de la touche et la délicatesse des contours. Son fils se fit aussi un nom distingué dans les arts.

CIRAGE, composition dans laquelle on faisait autrefois entrer la cire, et qui servait à donner du brillant à la chaussure et aux harnais. On n'emploie plus guère aujourd'hui que le cirage anglais, qui est un mélange de noir d'ivoire, d'acide sulfurique, d'huile et de substances gommeuses.

CIRCASSIE, anc. prov. de l'Hindoustan, aujourd'hui comprise dans la présidence de Madras. Superf. 6,177,000 hect. Pop. 2,600,000 hab. Cap. Chicacole. Elle appartient à l'Angleterre depuis 1788.

CIRCASSIE, contrée de la Russie d'Europe, entre la Mer noire et la Mer caspienne, bornée au N. par le gouvernement du Caucase, au S. par l'Iméréthie, l'Abasie, la Mingrélie, la Géorgie; elle comprend la Habardah, l'Abasie, le pays des Tcherkesses, des Ossites, des Lesghiz, etc. Superf. 85,000 kil. carrés. Pop. 600,000 hab. Très-hautes montagnes au S., vastes plaines et pâturages au bord du lac Kouban et du fleuve Terek. Villes principales : Taman, Temrouk, Kepli ou Kaplou. Les habitants sont encore peu civilisés, ils sont belliqueux et infatigables, pillards, vindicatifs, mais hospitaliers; ils sont très-attachés à leur indépendance et vivent sous la loi de princes ou chefs dits *pcheh*. Les femmes sont renommées pour leur beauté, ce qui les fait rechercher par les Turcs. La Circassie n'est soumise que de nom à la domination des Russes.

CIRCÉ, sœur de Pasiphaé et d'Eétès, fille du Soleil et de la nymphe Persa. Elle passait pour être savante dans l'art de composer les poisons, et elle employa son dangereux talent contre le roi des Sarmates, qu'elle avait épousé. Elle espérait régner seule par ce crime; mais ses sujets la détrônèrent et l'obligèrent à s'enfuir. Elle se retira à l'extrémité du Latium, en Italie; elle y bâtit un palais enchanté. Pendant la nuit, l'air retentissait des hurlements de bêtes féroces qui avaient été autrefois des hommes, et que Circé avait changés en animaux. Elle transforma en monstre marin la belle Sylla, qui avait su se faire aimer de Glaucus, dieu marin, pour lequel elle avait conçu elle-même une ardente passion. Elle changea aussi en pivert Picus, roi d'Italie, qui avait refusé de quitter sa femme pour s'attacher à l'enchanteresse. Ulysse, qui fut poussé sur cette plage par la tempête, vit ses compagnons changés en pourceaux. Cependant Circé consentit, à la prière d'Ulysse, à rendre à ses compagnons leur forme première; mais ce fut à la condition qu'il restât pendant un an auprès d'elle. Pendant ce temps, Ulysse eut de cette femme deux enfants, Aprius et Télégone. On adorait Circé dans l'île d'Ea. Cicéron assure que ce culte était encore conservé de son temps.

CIRCONCISION. Cette opération, qui est encore pratiquée par les juifs sur les enfants mâles, est une sorte de baptême qui paraît avoir été commun à plusieurs peuples orientaux de l'antiquité. Hérodote assure que la circoncision était admise chez les Ethiopiens et les Egyptiens. En Egypte, les prêtres et les initiés y étaient seuls soumis. La Genèse prétend que Dieu prescrivit la circoncision à Abraham comme signe de l'alliance qu'il faisait avec lui et sa race. Jésus, qui abolit les anciens rites judaïques, y fut lui-même soumis. Cette pratique subsiste aussi de nos jours chez les Musulmans et les Persans. Les juifs circoncisent les enfants de huit jours; les Musulmans ne circoncisent qu'à l'âge de sept ans, et les Persans à treize ou quatorze ans. L'Eglise catholique a institué, au IVe siècle, la fête de la Circoncision. Cette fête ne fut introduite en France qu'au XVe siècle seulement.

CIRCONFÉRENCE, nom donné à la ligne courbe qui limite le cercle. Les lignes droites menées du centre à un point quelconque de la circonférence, et qu'on nomme rayons, sont toutes égales.

CIRCONSCRIPTION. Délimitation territoriale qui est déterminée par la situation topographique, et souvent même par la différence des races. Les circonscriptions d'un pays changent suivant les nouvelles lois politiques ou suivant la conquête. La France était autrefois divisée en provinces, qui présentaient chacune des caractères distinctifs de races; on a adopté, depuis 1789, la division purement politique et administrative en départements.

CIRCONSPECTION, attention réfléchie qu'on apporte dans ses actions et dans la conduite des affaires. Un esprit circonspect s'attire l'affection des autres par les ménagements et les égards qu'il apporte dans ses relations. Cependant la circonspection est quelquefois le signe de l'ambition.

CIRCONSTANCE, situation dans laquelle se trouve une personne ou une chose; ce mot sert à déterminer les faits extérieurs qui créent un certain milieu auquel on doit avoir égard pour se diriger; c'est ainsi qu'on dit de certaines circonstances qu'elles sont heureuses, malheureuses, délicates, etc. Dans le langage juridique, on a donné le nom de circonstances atténuantes aux faits qui diminuent la criminalité, et qui, s'ils ne constituent pas une excuse, contribuent à amoindrir la peine. On appelle, au contraire, circonstances aggravantes celles qui augmentent la criminalité d'un fait, et rendent passible d'une peine plus forte.

CIRCONVALLATION (ligne de). On appelle ainsi un retranchement derrière lequel campe une armée assiégeante. Ces lignes ont, non seulement pour objet de repousser les attaques de la place, mais encore d'arrêter les secours que l'ennemi pourrait introduire du dehors dans la place.

CIRCULAIRE, indique tout objet qui affecte la forme d'un cercle. Au figuré, ce mot indique aussi une instruction écrite adressée à tous les fonctionnaires dépendant d'un certain cercle administratif ou d'un département ministériel.

CIRCUMPOTATION, repas funèbre que les anciens donnaient pour célébrer l'anniversaire de la mort d'un parent ou d'un ami, dans le cinérarium où étaient déposées les urnes funéraires. On buvait à la ronde, ce qui est indiqué par l'expression même : *circumpotatio* (libation à la ronde).

CIRE, matière sécrétée par les abeilles, et qui se forme sous les anneaux de l'abdomen. Les abeilles vont recueillir la cire contenue dans le suc des fleurs; on obtient aussi la cire en les nourrissant de miel ou de sucre. On distingue la *cire brute* ou *vierge* de la cire jaune qui est séparée du miel.

CIRE A CACHETER, mélange des matières résineuses qu'on emploie pour cacheter les lettres. Elle se compose ordinairement d'un mélange de résine laque et de térébenthine. La cire commune est un composé de colophane, de blanc d'Espagne et de vermillon ou de minium.

CIRENCESTER ou CICESTER, ville d'Angleterre, comté de Glocester, à 25 kil. de cette ville. Pop. 6,450 hab. École d'agriculture. Antiquités romaines. Eglise du XVe siècle. Charmantes maisons de campagne aux environs.

CIREY-LES-FORGES, village de l'arrond. de Sarrebourg (Meurthe), à 21 kil. de cette ville. Pop. 2,100 hab. Importante verrerie; glaces et miroirs.

CIREY-SUR-BLAISE ou CIREY-LE-CHATEAU, village de l'arrond. de Vassy (Haute-Marne), à 28 kil. de cette ville. Pop. 780 hab. Hauts-fourneaux et forges. Château qui appartint à la marquise Duchâtelet et qui fut souvent habité par Voltaire.

CIRO, ville du royaume d'Italie (Calabre ultérieure IIe), à 32 kil. de Tortone. Pop. 5,000 hab.

CIRQUE, lieu destiné, chez les Romains, à la célébration des jeux publics; ils correspondaient aux stades des Grecs. Les Romains n'eurent d'abord d'autre cirque que les bords du Tibre. D'un côté était la foule des assistants; de l'autre étaient des rangées d'épées droites, en forme de palissades, pour augmenter le danger des courses. Du mot *circum cirses* (autour des épées), on fit le mot *circenses*, qui désignait les jeux du cirque. Tarquin eut le premier l'idée de faire construire pour les spectateurs des gradins en bois; Rome eut ensuite des cirques en brique, et enfin en marbre. Rome comptait neuf cirques principaux, dont la forme variait suivant la nature du terrain. La scène, qu'on appelait arène, était entourée de portiques où étaient disposés plusieurs rangs de sièges. Des ouvertures étaient ménagées pour l'entrée des chevaux, des chars et des combattants dans l'arène. Au-dessus des portes, il y avait douze loges indiquant les douze signes du zodiaque, où se plaçaient les sénateurs et les magistrats les plus élevés. Ces loges étaient souvent tirées au sort. L'arène était partagée dans sa longueur par un mur garni d'une plate-forme nommée *spina*; sur cette plate-forme étaient dressés des autels et des statues.

A l'extrémité du cirque se trouvaient des bornes, autour desquelles passaient les concurrents. Ceux qui étaient assez habiles pour s'en approcher le plus près sans y heurter leur char, avaient l'avantage sur les autres. Les chevaux partaient ensemble à un signal convenu, dès qu'on levait les barrières appelées *carceres*. Les cirques étaient généralement beaucoup plus spacieux que les théâtres. Ceux-ci, qui ne contenaient jamais plus de vingt à vingt-cinq mille spectateurs, étaient consacrés à la comédie, à la tragédie, à la danse et aux jeux mimiques. L'amphithéâtre, plus vaste que le théâtre, l'était moins que le cirque ; on y donnait les mêmes jeux, à l'exception des courses de char. Dans les cirques, on ne donna d'abord en spectacle que la lutte, le pugilat, les courses à pied et à cheval, le tir des flèches et des dards, le jeu du disque, les chasses, les courses de chars, les combats d'animaux, les combats des criminels ou des chrétiens entre eux ou contre les animaux, les combats des gladiateurs, au ceste, au bâton, à l'épée ou à la pique ; quelquefois on donnait des représentations navales, appelées naumachies, dans des cirques particuliers où se trouvaient de vastes bassins remplis d'eau. Les empereurs décernaient les prix aux vainqueurs.

CIRQUE AGONAL ou CIRQUE D'ALEXANDRE, situé dans la 9e région de Rome, sur l'emplacement où s'élève aujourd'hui la place Navane. Il s'appelait *cirque Agonal*, parce qu'on y célébrait des jeux en l'honneur de Janus Agonius.

CIRQUE APOLLINAIRE. (*Voir* CIRQUE FLAMINIUS.)

CIRQUE DE CALIGULA ET DE NÉRON, situé dans la 14e région de Rome, entre le Janicule et le Vatican, sur l'emplacement où s'élève aujourd'hui Saint-Pierre de Rome.

CIRQUE DE CARACALLA. (*Voir* CIRQUE DE ROMULUS.)

CIRQUE DOMITIA, situé dans la 14e région et dans les jardins de Domitia, près du monument d'Adrien, sur l'emplacement où s'élève aujourd'hui le château Saint-Ange. On croit généralement que ce cirque est le même que le cirque d'Adrien.

CIRQUE FLAMINIUS. Il était situé hors de Rome, dans la 9e région et dans des prés appelés *prata Flaminiæ*. Il fut construit en l'an 530 de Rome, par Cneius Flaminius, à qui les Romains durent aussi la *voie Flaminienne*. Plus tard, Cneius Octavius fit orner ce cirque d'une double rangée de colonnes corinthiennes. C'était là que les généraux distribuaient aux vainqueurs les récompenses qu'ils avaient méritées ; c'était aussi de là que partait le cortége des triomphateurs. On y célébrait les jeux Apollinaires. Auguste y fit amener de l'eau par un aqueduc, pour y faire représenter un combat de crocodiles. Lucullus l'enrichit de trophées conquis sur les ennemis. Ce cirque était quelquefois inondé quand le Tibre venait à déborder, et fut détruit au temps de l'invasion des Goths, sous Justinien.

CIRQUE DE FLORE, situé dans la 6e région de Rome, entre le Quirinal et le Pincius. C'était à la fois un cirque et un théâtre; on y célébrait les jeux floraux.

CIRQUE DE ROMULUS, situé hors de Rome, près de la voie Appia. Il en reste encore des ruines considérables ; il pouvait contenir 18,000 spectateurs. Il fut construit par Maxence en l'honneur de son fils Romulus.

CIRQUE DE SALLUSTE, situé dans la 6e région de Rome, hors de la porte Colline, près du Quirinal et du mont Pencius. Il en reste encore quelques ruines.

CIRQUE (grand), situé entre les monts Palatin et Aventin, dans la troisième région de Rome. C'était le plus ancien cirque. On y célébrait les jeux en l'honneur des dieux supérieurs. Construit par Tarquin l'ancien, il fut agrandi par Jules César. Il mesurait en longueur 3 stades et demi (676 mètres), et en largeur 1 stade (134 mètres). Suivant les uns il contenait 26,000 spectateurs et 38,000 suivant les autres. Il y avait trois rangs de portiques ; les siéges étaient en pierre ou en bois. Le pourtour était garni d'un rang de boutiques. Ce cirque, enrichi par Claude, fut agrandi par Trajan. L'obélisque, qu'on voit aujourd'hui devant l'église Saint-Jean de Latran, était autrefois placé au milieu de ce cirque.

CIRQUE NAPOLÉON. Paris s'est enrichi, dans ces dernières années, de superbes monuments. Parmi les plus pittoresques qui se sont élevés dans ces derniers temps, on doit citer le cirque Napoléon qui s'élève sur l'emplacement du boulevard des Filles-du-Calvaire. Il rappelle, par son style, les anciens cirques de Rome. Il contient environ 4,000 spectateurs.

CIRQUE DE L'IMPÉRATRICE, situé à Paris, près du rond-point des Champs-Elysées. Les représentations équestres n'y sont données que pendant la saison d'été.

CISALPINE (République). Cette république fut organisée par le général Bonaparte ; proclamée le 29 juin 1797, elle fut reconnue par l'Autriche, par le traité de Campo-Formio, le 17 octobre de la même année. Elle se forma de la réunion des républiques cispadane et transpadane. Elle fut d'abord composée de la Lombardie autrichienne avec la forteresse de Mantoue, des provinces de Bergame, de Brescia et Crémone, enlevées à Venise avec Peschiera ; de Vérone, de Rovigo, du duché de Modène, des principautés de Massa et de Carrara, des trois légations de Bologne, de Ferrare et de la Romagne ; elle fut agrandie de la Valteline, de Chiavenna et Bormio, enlevés au petit État des Grisons. Elle était bornée au N. par les Alpes, à l'E. par l'Adriatique, les bouches du Pô, le bas Adige et le lac de Garda, au S. par la Méditerranée, l'Apennin et le duché de Milan. Sa constitution était à peu près la même que celle de la France ; son gouvernement était composé d'un Directoire, d'une Assemblée législative, dont le siége était à Milan, la capitale, d'un conseil des Anciens de 80 membres, d'un Grand Conseil de 160 membres. La république, peuplée de 3 millions d'habitants, fut divisée en 10 départements. En 1799, les Austro-Russes l'envahirent et la détruisirent ; mais Bonaparte la rétablit après la victoire de Marengo (juin 1800), et elle fut de nouveau reconnue par l'Autriche en 1802, après la paix de Lunéville. La même année elle prit le nom de République italienne, transforma son gouvernement, et Bonaparte, alors premier consul, fut choisi pour président décennal. Elle comprenait alors 13 départements. En 1805, une députation de cette république offrit à Napoléon le titre de roi d'Italie, et Napoléon désigna pour héritier présomptif à la couronne de fer, son fils adoptif Eugène Beauharnais, fils de Joséphine. Le 26 décembre 1805, au traité de Presbourg, les provinces vénitiennes restées à l'Autriche furent ajoutées à ce nouveau royaume, et le 2 avril 1808 les délégations d'Ancône, d'Urbain, de Macerata et de Camerino, enlevées au pape Pie VII, y furent réunies. En 1810, le Tyrol italien, enlevé au roi de Bavière, y fut aussi ajouté. A cette époque, le royaume comptait 24 départements. Napoléon se vit ravir cette couronne en 1814, et par le traité de Vienne, 1815, les légations furent rendues au pape, le Novarais à la Sardaigne, Modène à son duc, et l'Autriche forma le royaume lombard-vénitien et rattacha le Tyrol italien au Tyrol allemand.

CISEAU, lame d'acier trempé, aiguisée en biseau à l'une de ses extrémités, et fixée par l'autre à un manche en bois. Il sert à entailler le bois, la pierre, le marbre et les métaux.

CISEAUX, instrument formé de deux lames unies ensemble par un pivot qui leur laisse une mobilité qui leur permet de s'entre-croiser. Les ciseaux ne servent pas seulement dans les usages domestiques, on les emploie aussi pour couper les barres métalliques, dans les laminceries et dans les ateliers de ferblanterie et de chaudronnerie.

CISELET, petit ciseau de fer, dont se servent les ciseleurs.

CISELEUR. On donne ce nom aux artisans qui ornent des pièces métalliques de dessins, de sculptures ou de bas-relief. On distingue les *ciseleurs* proprement dits des *ciseleurs réparateurs*. Les premiers façonnent eux-mêmes les métaux et exécutent les sujets en relief ou en demi-reliefs. Les ciseleurs réparateurs corrigent les aspérités que présentent les pièces en sortant du moule.

CISPADANE (République), république organisée le 16 octobre 1796 par Bonaparte, qui venait d'écraser les armées autrichiennes de Beaulieu et de Wurmser. Elle comprenait les provinces de Modène, de Reggio, Ferrare, Bologne et de la Romagne. En juin 1797, elle se fondit dans la République cisalpine.

CISRHÉNANE (République.) Cette république était placée sous la protection de la France ; sa formation fut décidée en 1797, entre les villes de Cologne, Aix-la-Chapelle, Bonn, etc. Elle s'éteignit, lorsqu'on céda la rive gauche du Rhin à la France par le traité de Campo-Formio.

CISSOTOMIES. Ce mot, formé de deux mots grecs qui signifient *lierre* et *couper*, désigne des fêtes qui avaient lieu en Grèce en l'honneur d'Hébé, déesse de la jeunesse ; et dans lesquelles les jeunes danseurs étaient couronnés de lierre. Ces fêtes sont aussi attribuées à un jeune homme nommé Cissos, qui fut métamorphosé en lierre après une chute qu'il fit en dansant devant Bacchus, ce qui occasionna sa mort.

CISTA. Nom donné, chez les anciens Romains, à des paniers ou grandes corbeilles employées aux comices ou dans les cours de justice. Les votants et les juges y jetaient les tablettes qui contenaient leurs votes ou leurs sentences.

CISTES. C'étaient des corbeilles mystiques, des paniers ou boîtes couvertes, qui contenaient les ustensiles sacrés et les autres objets nécessaires à la célébration des mystères d'Eleusis et d'Isis. Elles étaient soigneusement cachées aux regards des profanes, lorsqu'on les portait dans les processions. Dans l'origine, ces corbeilles étaient simplement en osier; mais plus tard on employa des matières plus précieuses, et on les travailla avec plus d'élégance.

CISTOPHORES. Nom que l'on donnait, chez les anciens, à ceux qui portaient les cistes ou coffrets mystiques à certaines processions religieuses. Dans les cérémonies du culte de Cérès et de Bacchus, ou des divinités égyptiennes Isis et Osiris, cette fonction étaient confiée à des jeunes filles.

CITADELLE, sorte de forteresse servant à la défense d'une ville. La citadelle est moins étendue que la forteresse proprement dite. Elle protége ordinairement les villes, mais elle est suffisamment isolée pour être défendue même après la prise de la ville. Les citadelles ont succédé aux châteaux-forts du moyen âge.

CITATION. Ce mot se dit de l'allégation d'un passage d'un auteur que l'on invoque comme faisant autorité dans une question, ou qu'on rapporte pour mieux exprimer une idée ou un fait. Les anciens auteurs abusaient parfois des citations :

> Je respecte pourtant certain usage.....
> Qui toujours du latin fit citer un passage.

Les citations doivent être employées non pour faire étalage d'une vaine science, mais pour exprimer une idée qu'un autre a formulée d'une manière plus nette, plus élégante ou plus sentencieuse.

CITATION. Ce mot est synonyme, en droit, d'ajournement. Il n'était employé autrefois qu'en droit canonique. Aujourd'hui il indique spécialement une assignation à comparaître devant la justice de paix, le tribunal civil, le tribunal de police correctionnelle ou le tribunal de simple police. Les citations sont délivrées par un huissier qui doit en laisser copie aux personnes assignées.

CITÉ. Ce mot désignait chez les anciens l'ensemble des citoyens jouissant des droits civils et politiques appelés droits de cité. On distinguait la ville avec ses monuments et ses murs (*urbs*) de l'association des citoyens (*civitas*).

CITÉ (droit de). On appelait ainsi les droits politiques que les citoyens exerçaient collectivement dans les assemblées. Ces droits comprenaient l'élection des magistrats, le pouvoir de voter les lois dans les cités où ce droit appartenait au peuple. Le droit de cité comprenait aussi les divers droits du père de famille, et ils étaient importants dans les anciennes sociétés, où le père de famille était en quelque sorte un magistrat domestique, ayant sur les siens les pouvoirs les plus étendus. Les étrangers (*peregrini*) n'étaient pas admis au droit de cité.

CITÉ (droit de cité à Rome). Le droit de cité se transmettait héréditairement. Les citoyens romains jouissaient seuls des droits civils et politiques. Les étrangers étaient jugés par des lois différentes. Ainsi il y avait à Rome un *préteur des étrangers*. Plus tard le droit de cité fut étendu aux habitants de certaines colonies ou municipes. Enfin, sous les empereurs, tous les habitants des provinces furent admis à jouir du droit de cité. Les principaux droits attachés à la qualité de citoyen romain étaient: 1° Droit de censure : c'était le droit d'être admis sur le livre où les censeurs inscrivaient les noms de tous les citoyens romains. Lors du recensement, on inscrivait séparément les affranchis et leurs descendants, qui n'étaient admis à certains droits civils qu'à la troisième génération. 2° Droit de liberté : aucun citoyen romain ne pouvait être réduit en servitude, ni soumis à des supplices corporels; il ne pouvait non plus être mis à mort; mais ce n'était là qu'une de ces fictions dont la législation romaine était prodigue; car la sentence qui condamnait un Romain à mort le dépouillait préalablement de sa qualité de citoyen; on disait alors qu'il devenait esclave de la peine. On admettait que le citoyen romain pouvait éviter la mort par un exil volontaire. — 3° Droit d'honneur ou de magistrature : c'était le droit de briguer les magistratures et les fonctions publiques. — 4° Droit de servir dans les légions : les citoyens romains pouvaient seuls faire partie des légions. Les autres peuples qui combattaient parfois avec eux recevaient le nom d'alliés. On servait de 17 à 45 ans, et quelquefois même jusqu'à 60. Marius fut le premier qui enrôla sans distinction les citoyens et les affranchis. — 5° Droit d'hérédité : c'était le droit d'hériter d'un citoyen romain mort *ab intestat* (sans avoir testé). — 6° Droit de mariage : les citoyens romains pouvaient seuls contracter des mariages produisant les effets civils indiqués par la loi romaine; dans le principe, les plébéiens ne pouvaient contracter de mariage avec les patriciens. Cette disposition de la loi des Douze-Tables disparut plus tard. — 7° Puissance paternelle : c'était le pouvoir absolu du père de famille sur ses enfants, qui lui appartenaient au même titre que ses esclaves et qu'il pouvait même mettre à mort. Le fils de famille n'avait pas de biens personnels; il ne pouvait posséder qu'un pécule; le père pouvait même vendre ses enfants jusqu'à trois fois; mais alors ils devenaient libres. Les Romains se servaient de cette loi pour arriver, par des ventes fictives, à conférer l'émancipation à leurs enfants. A la mort du père de famille, chacun de ses enfants devenait à son tour *sui juris* (ne dépendant de personne). Les droits du père de famille étaient dissous par une condamnation capitale. — 8° Droit de propriété : les citoyens romains pouvaient seuls devenir propriétaires par certaines formes de vente. Les autres ne pouvaient qu'acquérir la possession des choses vendues, mais non la propriété. Le vendeur garantissait seulement la libre possession de la chose vendue, de telle sorte que, même s'il avait vendu la chose d'autrui, l'acheteur ne pouvait exercer de recours en garantie que s'il était troublé dans la possession. — 9° Droit de suffrage : c'était le droit de voter dans les comices populaires. Les citoyens en jouissaient de 17 à 60 ans, c'est-à-dire pendant cette période où ils étaient soumis au service militaire. — 10° Droit de tester : les citoyens romains avaient seuls le droit de transmettre leurs biens suivant les formes du droit civil. Durant les premiers temps de Rome, on considérait comme un déshonneur de mourir *ab intestat*. — 11° Droit de tutelle : c'était le droit d'exercer la tutelle à l'égard des mineurs de 25 ans. Les veuves y étaient également soumises. Le père de famille désignait par testament le tuteur qu'il donnait à son fils. S'il n'avait fait aucune désignation, le tuteur était nommé par le préteur urbain.

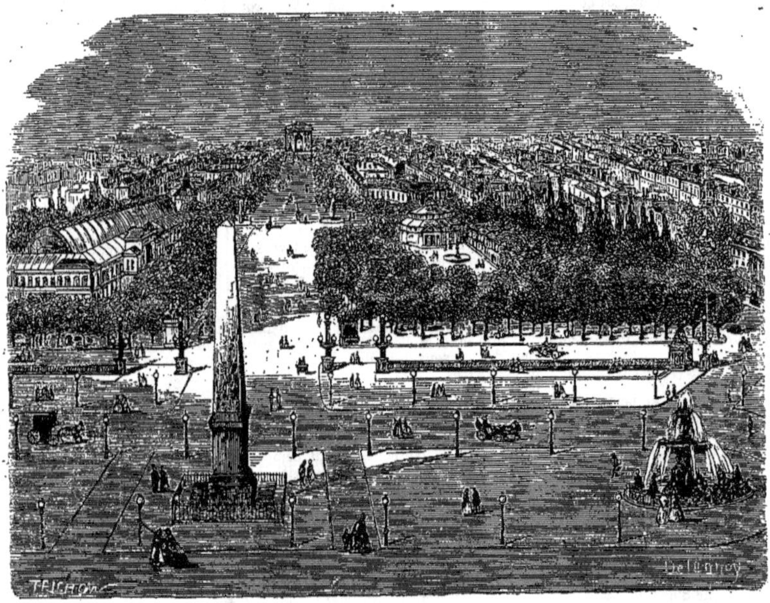

Vue de l'avenue des Champs-Elysées.

CITEAUX, hameau de l'arrond. de Beaune (Côte-d'Or), à 22 kil. de cette ville. Il possédait autrefois une célèbre abbaye bénédictine, dont il reste encore de magnifiques bâtiments. On a établi, en 1849, dans ce hameau, une colonie de jeunes détenus.

CITEAUX (ordre de) ou des CISTERCIENS. Cet ordre religieux fut fondé vers la fin de 1098, par saint Robert, abbé de Molesmes, dans le diocèse de Langres. Le monastère fondé par saint Robert ne tarda pas à devenir très-important, et le nombre des novices augmenta considérablement. L'évêque de Châlons l'érigea en abbaye. Saint Etienne, 3e abbé de Citeaux fonda quatre nouvelles abbayes: celles de la Ferté, de Pontigny, de Clairveaux et de Morimaud. Enfin cet ordre arriva à un tel développement qu'il compta 700 bénéfices, et se composait de 1,800 monastères d'hommes et 1,400 de filles; il avait sous sa dépendance les ordres militaires de Calatrava, d'Alcantara, de Monleia en Espagne, ceux du Christ et d'Avis en Portugal. L'ordre de Citeaux fut célèbre par sa richesse, et surtout par les personnages distingués qui sortirent de son sein; sans parler de saint Bernard, qui réforma la règle, on compte Othon de Freisingen, Pierre de Vaux-Cernai, Eugène III, Grégoire VIII, Célestin IV, Benoît XII.

l'habitant d'une cité. Ce titre, en 1791, fut substitué à celui de bourgeois. Sous la république, les mots de *citoyen* et *citoyenne* remplacèrent ceux de *monsieur* et *madame*. On le supprima dans les administrations publiques à l'établissement de l'Empire. En 1848, on tenta de le rétablir; pendant toute la période de l'Assemblée constituante, dans les procès-verbaux des séances, le nom des représentants est précédé du mot citoyen. Ce fut au commencement de l'Assemblée législative que ce mot disparut des comptes rendus du *Moniteur*. Sur l'interpellation qui fut faite au président par quelques membres au sujet de cette substitution, M. Dupin aîné répondit : « Appelons-nous messieurs, et soyons citoyens. »

CITRATE, nom générique des sels for-

Trieste. Pop. 800 hab. Siége d'un évêché suffragant de Goritz.

Citta San-Angelo, ville du royaume d'Italie (Abruzze ultérieure Ire), à 35 kil. de Teramo. Pop. 6,000 hab. Commerce actif en vins, huile, grains.

Citta-Vecchia, Citta-Nobile ou *Medina*, ville forte et très-ancienne de l'île de Malte, à 10 kil. de la Valette. Siége d'un évêché catholique. Belle cathédrale; ancien palais des grands maîtres de Malte; vastes catacombes sous la ville.

CIUDAD DE FELIPE, ville du Chili (prov. de Coquimbo). On trouve aux environs de riches mines de cuivre.

Ciudad de las Casas, Ciudad-Real, ou *Chiapa de los Españoles*, ville du Mexique (Etat de Chiapa), à 800 kil. de Mexico. Pop. 5,000 hab. Siége d'un évêché suffra-

Vue de la colonne de Daubenton, au Jardin d'acclimatation.

Plusieurs abbés essayèrent de ramener les religieux à l'observance de la première règle, entre autres dom Jean de la Barrière, abbé de Notre-Dame des Feuillants, aux environs de Toulouse. Cet ordre, malgré les efforts de l'abbé Rancé, en était arrivé à une déconsidération qui allait en s'augmentant chaque jour, et à laquelle les événements de 1789 mirent fin en fermant tous les monastères des Cisterciens.

CITERNE. On appelle ainsi un lieu souterrain et voûté qui sert de réservoir aux eaux pluviales. Les citernes sont en usage dans les pays où l'eau est peu abondante. La découverte des *puits artésiens* a beaucoup diminué l'usage des citernes. L'emploi des eaux jaillissantes est préférable à celui des eaux conservées.

CITHARE, instrument de musique à cordes. Les anciens en attribuaient la découverte à Mercure, et son perfectionnement à Apollon. Cet instrument, que l'on jouait avec un plectrum, avait quelque analogie avec la guitare.

CITOU, village de l'arrond. de Carcassonne (Aude), à 25 kil. de cette ville. Pop. 670 hab.; possède une source intermittente.

CITOYEN, nom donné communément à

més par la combinaison de l'acide citrique avec une base. Les principaux sont le citrate de chaux, le citrate de soude; le citrate de magnésie est employé en pharmacie comme purgatif.

CITRIQUE (acide). On le rencontre dans beaucoup de fruits, principalement dans les citrons, les oranges, les framboises et les groseilles. Cet acide sert pour les limonades et pour la teinture des étoffes.

CITTADELLA, ville des Etats autrichiens (Vénétie), à 22 kil. de Vicence. Pop. 6,700 hab. Elle est entourée d'une vieille enceinte de murailles.

CITTA DELLA PIEVE, ville du royaume d'Italie (Ombrie), à 31 kil. de Pérouse. Pop. 2,600 hab. Siége d'un évêché.

Citta-di-Castello, ville du royaume d'Italie (Ombrie), à 40 kil. de Pérouse. Pop. 22,300 hab. Siége d'un évêché. Ville très-ancienne.

Citta-Ducale, ville du royaume d'Italie (Abruzze ultérieure IIe). Fondée par le roi Robert, alors duc de Calabre. Ch.-l. d'arrond., à 35 kil. d'Aquila. Pop. 3,330 hab. Séminaire théologique.

Citta-Nuova, ville des Etats autrichiens (littoral), sur la Mer adriatique, à 54 kil. de

gant de Guatemala, dont Las-Casas a été titulaire. Séminaire. Commerce actif. Cette ville fut fondée en 1528.

Ciudad-Real, ville d'Espagne (Nouvelle-Castille), cap. de la prov. de son nom, à 160 kil. de Madrid. Pop. 11,000 hab. Siége d'un évêché. Commerce de fruits, vins, huile et mulets. La Sainte-Hermandad y fut fondée en 1245. Magnifique hospice de la Miséricorde. Sébastiani y vainquit le général espagnol Urbino en 1809. La province de Ciudad-Real, division administrative de l'Espagne, est formée de l'ancienne province de la Manche. Sup. 19,872 kil. carrés. Pop. 2,444,350 hab.

Ciudad-Rodrigo, ville forte d'Espagne, prov. de Salamanque, à 103 kil. de cette ville. Pop. 9,580 hab. Siége d'un évêché suffragant de Santiago. Fabriques de lainages, toiles, cuirs et savons. Les Français s'en emparèrent en 1810 et elle fut reprise en 1812 par les Anglais sous le commandement du duc de Wellington, qui reçut à cette occasion le titre de duc de Ciudad-Rodrigo.

CIUDADELA, ville de l'île de Minorque, à 35 kil. de Mahon. Pop. 7,000 hab. Vieilles fortifications.

CIVAUX, village de l'arrond. de Montmorillon (Vienne), à 17 kil. de cette ville. Pop. 960 hab. Plus de 980 tombes en pierre y furent découvertes, et on a lieu de croire que ce sont celles des guerriers francs qui périrent à la bataille de Vouillé.

CIVIDALE DEL FRIULI, ville des Etats autrichiens (Vénétie), dans la délégation d'Udine, à 15 kil. de cette ville. Pop. 6,200 hab.

CIVIÈRE, sorte de brancard en usage pour porter les fardeaux à bras.

CIVIL. Qui appartient à la cité. (*Voir* DROIT CIVIL).

CIVILIENS, nom donné en Angleterre aux employés civils du gouvernement anglais dans l'Inde.

CIVILIS (Claudius), chef batave, qui vivait vers le milieu du Ier siècle. Il feignit d'embrasser le parti de Vespasien, et se révolta. Il sut semer la division dans l'armée romaine; il battit les Romains dans leur camp de Vetera et les ruina sur le Rhin. Civilis fut regardé dès lors comme le libérateur de la Germanie, et Velleda lui promettait la victoire, lorsque la division se jeta dans son armée, composée d'éléments hétérogènes. Vespasien envoya dans les Gaules Petelius Corialis, qui fit rentrer dans le devoir les Romains qui suivaient le chef batave. Forcé de passer le Rhin, Civilis, battu à Vetera-Castra, offrit l'empire gaulois à Corialis; celui-ci refusa; mais il proposa à Civilis la paix et l'oubli du passé. Civilis, voyant l'inutilité de ses héroïques efforts pour assurer l'indépendance de son pays, accepta les propositions du vainqueur. On ignore l'époque de sa mort.

CIVILISATION. Ce mot résume toutes les aspirations de l'homme vers la perfection. La civilisation a son fondement dans la *sociabilité*, c'est-à-dire dans ce besoin qu'éprouvent les hommes de se liguer pour lutter contre les autres êtres et contre toutes les forces de la nature qui peuvent être soumises à leur puissance. Le progrès est le résultat de la civilisation, et le progrès, grandissant de jour en jour, la civilisation, qui est une manière d'être de la société, se modifie nécessairement. L'état de nature, c'est-à-dire l'homme abandonné à lui-même sans l'intelligence du progrès, est un état utopique, rêvé par J.-J. Rousseau et d'autres philosophes du XVIIIe siècle, mais qui répugne aux instincts de l'humanité. Le mot civilisation, avec le sens que nous lui donnons, est essentiellement moderne; il n'a été trouvé que du jour où le célèbre Turgot a défini le *progrès* dans un discours à jamais célèbre dans les fastes de l'humanité. Voltaire a dit de l'auteur de l'*Esprit des lois* : « L'humanité avait perdu ses titres, Montesquieu les a retrouvés. » Ce mot eût été plus vrai en s'appliquant à Turgot. Le mot progrès s'entend de la perfection indéfinie, de la tendance de l'homme vers l'absolu; celui-ci s'en approche de plus en plus sans pouvoir l'atteindre jamais, car les progrès accomplis servent à en accomplir de nouveaux, et, quel que soit l'état de la science, elle montrera toujours de nouveaux problèmes à résoudre dans le domaine de l'infini. Sans l'idée du progrès, la science marche sans but; la civilisation pourrait peut-être atteindre un certain développement, mais l'absence de principes solides dans la constitution sociale amènerait fatalement des révolutions qui compromettraient les progrès accomplis et feraient tourner les races humaines dans un cercle vicieux. Les anciennes nationalités devaient fatalement périr, faute d'avoir défini la civilisation. On a vu des peuples acquérir une grande somme de puissance sous l'influence d'un patriotisme ardent; mais, chez ces peuples, ce patriotisme était l'expression d'un esprit étroit et exclusif, et le plus haut développement de leur puissance était presque toujours le prélude certain d'une décadence. Rome s'attachait à tel ou tel empereur pour du pain et des jeux; les prétoriens et les légionnaires renversaient leur empereur et en proclamaient un nouveau, qui leur promettait des terres et un riche *donativum*. Au moyen âge, importait-il beaucoup aux Bourguignons d'être Français ou d'être soumis à quelque prince étranger, s'ils ne voyaient que misère et opprobre dans l'un et l'autre état? Il est vrai de dire que les nationalités n'ont pris de consistance que sous l'influence de la civilisation, dont l'idée de progrès détermine les lois. Aujourd'hui, le principe des nationalités est dominé par la grande idée humanitaire qui a déjà modifié profondément le code de la paix et de la guerre, et qui tend de plus en plus, par l'extension des rapports et par les nécessités commerciales, industrielles, scientifiques et artistiques, à substituer le principe de la solidarité humaine au principe trop exclusif de la solidarité entre les citoyens d'un même pays.

CIVILITÉ. On appelle ainsi un cérémonial que nul ne doit ignorer, surtout si l'on tient à figurer avec avantage dans le monde, et qui consiste dans les manières d'agir et de converser. Saint-Evremont disait que la civilité était un jargon établi par les hommes pour cacher leurs mauvais sentiments.

CIVILS (droits). On entend par ce mot les avantages particuliers établis par la loi d'un pays en faveur de ses nationaux. Les principaux droits civils concernent les rapports de parenté, la faculté de contracter mariage, le droit de puissance paternelle ou maritale, les droits de paternité et de filiation, la minorité ou la majorité, l'adoption, l'exercice de la tutelle ou de la curatelle, l'admission dans les conseils de famille, le droit de recourir aux tribunaux français sans être tenu de fournir la caution à laquelle les étrangers sont soumis, la faculté de donner ou de recevoir par succession, donation ou testament. Tout Français jouit des droits civils qui sont indépendants des droits politiques. L'étranger peut, par un décret, être admis à la jouissance des droits civils sans obtenir celle des droits politiques, qui n'est conférée que par la naturalisation. Le Français peut perdre les droits civils en perdant la qualité de Français. Cette qualité se perd par la naturalisation en pays étranger, par l'acceptation, non autorisée par le chef de l'Etat, de fonctions publiques conférées par un gouvernement étranger; par le fait d'avoir, sans autorisation, pris du service militaire chez l'étranger, ou de s'être affilié à une corporation militaire étrangère; par tout établissement fait en pays étranger sans esprit de retour, et enfin, de la part d'une femme française, par son mariage avec un étranger.

CIVIQUE (couronne), récompense accordée chez les Romains. (*Voir* COURONNE.)

CIVIQUES (droits). On entend par droits civiques ou politiques ceux qui sont attachés à la qualité de citoyen d'un pays. L'exercice des droits civiques comporte celui des droits civils. Cependant on les distingue: ainsi, des citoyens peuvent continuer à jouir de leurs droits civils et être privés, par suite de certaines peines qu'ils ont encourues, des droits civiques. La loi française définit les droits civiques et politiques, « ceux qui font participer, plus ou moins immédiatement ceux qui en jouissent, soit à l'exercice, soit à l'établissement de la puissance et des fonctions publiques. »

CIVISME. C'est le dévouement à la cité, à la patrie. Parfois ce mot reçoit un sens spécial et s'applique au dévouement à tel ou tel parti politique. Lors de la première république, les citoyens devaient être munis, sous peine d'être considérés comme suspects, d'un certificat de civisme.

CIVITA-CASTELLANA, ville des Etats de l'Eglise, à 27 kil. de Viterbe. Pop. 4,000 hab. Place de guerre défendue par un château fort construit sous Jules II et servant de prison d'Etat. Siège d'un évêché. Collège. Beau pont à deux arcades, bâti en 1712 par le cardinal Impériali. Victoire des Français sur les Napolitains, le 4 décembre 1798.

CIVITA-DI-PENNE ou PENNE, ville du royaume d'Italie (Abruzze ultérieure Ire), à 24 kil. de Taramo. Pop. 11,300 hab. Siège d'un évêché.

CIVITA-LAVIGNIA, ville des Etats de l'Eglise, à 28 kil. de Rome. Ruines et antiquités romaines.

CIVITA-VECCHIA, ville forte des Etats de l'Eglise, ch.-l. de la délégation de son nom, à 61 kil. de Rome. Pop. 10,000 hab. Port militaire de l'Etat, avec arsenal et chantiers de construction. Station de la marine pontificale. Bagne; siège d'un évêché; consulats étrangers; tribunal de commerce; collège. Commerce important avec Gênes, Marseille et l'Angleterre. Fabrique de cotons. Exploitation d'alun aux environs. Exportation de bois, grains, laines, fromages, potasse, ponce, alun. Importation de tissus, denrées coloniales, sel, vins, poteries, verres, métaux travaillés, poisson salé. Cette ville fut fondée, dit-on, par les Etrusques. Elle fut prise par Totila, roi des Goths, et reprise par Narsès. La délégation compte 20,700 hab. et mesure 93,330 hect. de superficie.

CIVITELLA, ville forte du royaume d'Italie (Abruzze ultérieure Ire), à 14 kil. de Teramo. Pop. 6,950 hab. Robert Guiscart y vainquit les troupes de l'empereur Henri III, du pape Léon IX et des Grecs (1053).

CIVRAY, sous-préf. du départ. de la Vienne, à 47 kil. de Poitiers. Pop. 2,200 hab. Collège. Commerce de graines, bestiaux. Eglise très-ancienne du style bizantin.

CLABAUDAGE, CLABAUDER, de l'hébreu *kaleb*, chien. Ce mot exprime le bruit que font des chiens en aboyant. Il s'entend aussi des criailleries sans raison.

CLACKMANNAN, ville d'Ecosse, au confluent du Devon et du Forth ch.-l. du comté du même nom, à 35 kil. d'Edimbourg. Pop. 4,266 hab. Exploitation de pierres à chaux, de houille et de fer. Hauts-fourneaux et forges. Port. Ancien château qui fut habité par les comtes de Zetland, descendants de Robert Bruce. Le comté de Clackmannan a 12,435 hect. de superficie et 19,150 hab.

CLADEUTÉRIES. Fêtes qui avaient lieu chez les Grecs pour la taille des vignes.

CLAIE, CLAYONNAGE. On appelle *claie* un tissu d'osier qui sert à divers usages, et particulièrement à passer de la terre ou du sable. Autrefois, le corps du supplicié était traîné publiquement sur une *claie* que le bourreau faisait tirer par un cheval. On donne le nom de *clayonnage* à tout ce qui est formé avec des claies. En agriculture, c'est par le moyen d'un *clayonnage* qu'on soutient les terrains meubles et peu consistants.

CLAIN, rivière de France prenant sa source à 6 kil. de Confolens (Charente), passe à Poitiers et se jette dans la Vienne, à 4 kil. de Châtellerault, après un parcours de 120 kil.

CLAIR (Saint-) ch.-l. de cant. de l'arrond. de Saint-Lô (Manche), à 11 kil. de cette ville. Pop. 730 hab.

CLAIR-SUR-EPTE (Saint-), bourg de l'arrond. de Mantes (Seine-et-Oise), à 29 kil. de cette ville. Pop. 600 hab. Célèbre par le traité par lequel Charles-le-Simple abandonna la Neustrie à Rollon, chef des Normands.

CLAIR (Saint-), lac de l'Amérique du Nord entre le lac Huron et le lac Erié. Il a environ 150 kil. de tour. Côtes basses.

CLAIRAC (Louis-André DE LA MAMIE DE), ingénieur et historien français, né vers

1690, mort en 1750. Il se signala dans les campagnes de Flandre, et servit aux siéges de Kehl, Namur, Berg-op-Zoom. En 1748, il obtint le grade de brigadier des armées. Il a laissé plusieurs ouvrages fort estimés, entre autres l'*Ingénieur de campagne ou traité de la fortification passagère*.

CLAIRAC, ville de l'arrond. de Marmande (Lot-et-Garonne), à 23 kil. de cette ville. Pop. 4,850 hab. Église consistoriale calviniste. Bons vins blancs liquoreux. Cette ville fut plusieurs fois prise et pillée pendant les guerres de religion.

CLAIRAIN DES LAURIERS (François-Guillaume), ingénieur et marin français, né en 1722 à Rochefort-sur-Mer, mort en 1780. On lui doit la construction de plusieurs vaisseaux, et des innovations dans la construction des gouvernails. Il a laissé plusieurs mémoires importants sur la construction navale.

CLAIRAUT (Alexis-Claude), mathématicien célèbre, né à Paris en 1713, mort en 1765. Génie précoce, à 12 ans il lisait devant l'Académie des sciences un mémoire sur quatre courbes qu'il avait découvertes. A 18 ans, il fut admis à l'Académie. Il fit un voyage en Laponie avec Maupertuis pour mesurer un degré du méridien, et à son retour il donna sa théorie sur la *Figure de la terre*. Il eut pour élèves Mme Duchâtelet et Bailly.

CLAIRE (sainte), fondatrice de l'ordre des clarisses, née vers 1193, à Assise en Italie. Elle se plaça sous la direction spirituelle de saint François d'Assise; sa mère Hortulane et sa sœur Agnès la suivirent dans sa retraite. La communauté ne tarda pas à prospérer. Claire fut canonisée par le pape Alexandre IV.

CLAIRE (religieuses de Sainte) ou CLARISSES, fondées en 1212. La règle de leur couvent fut approuvée en 1246 par Grégoire IX. Par suite de changements apportés par Urbain IV, l'ordre se divisa en *sœurs de l'Ave Maria, clarisses mitigées*, et *religieuses de Longchamp*. Leur règle était très-sévère. Au XVIIIe siècle, cet ordre possédait près de 900 couvents qui comptaient près de 50,000 religieuses.

CLAIRE-VOIE. Se dit, dans les constructions de la manière d'espacer les poteaux d'une cloison, les solives d'un plancher, les chevrons d'un comble, de telle sorte qu'il reste un intervalle entre chaque pièce. Les grilles, les treillages, les claies et la plupart des ouvrages d'osier sont à claire-voie. On dit aussi, en terme de jardinage, *semer à claire-voie*, pour dire jeter la graine en petite quantité dans les sillons entre lesquels il existe une certaine distance.

CLAIRETS, abbaye de filles de l'ordre de Cîteaux, dans le diocèse de Chartres; elles étaient appelées *Clairettes* du nom de leur monastère.

CLAIRIÈRE. C'est un terme d'eaux et forêts, par lequel on désigne les lieux dégarnis d'arbres, où les bêtes fauves vont d'ordinaire ressuyer.

CLAIR-OBSCUR. C'est, en peinture, l'imitation de l'effet que produit la lumière en éclairant les surfaces qu'elle frappe, et en laissant dans l'ombre celles qu'elle ne frappe pas. Les peintres qui ont excellé dans la magie du clair-obscur sont : Rembrandt, le Corrége, Titien, Van-Dyck, et chez nous Granet.

CLAIRON (Claire-Joseph-Hippolyte LEYRIS DE LATUDE, connue sous le nom de Mlle), célèbre tragédienne, née à Saint-Wanon de Condé en 1723, morte à Paris en 1803. Elle débuta à 13 ans à la Comédie-Italienne; mais le mauvais accueil qui lui fut fait par le public ne lui permit pas de rester à Paris. Elle s'engagea dans la troupe de Rouen, où elle obtint de grands succès. Elle revint à Paris et entra à l'Opéra comme chanteuse; mais elle quitta bientôt cet emploi, qui ne pouvait lui convenir, pour celui de tragédienne; elle débuta au Théâtre-Français (1743), dans le rôle de Phèdre. Elle devint la rivale de Mlle Dumesnil. On disait de cette dernière, qu'elle était l'actrice de la nature; elle se retira par susceptibilité du théâtre en 1765; elle n'avait que 42 ans. Elle publia, en 1799, ses *Mémoires* dont le principal mérite se trouve dans des réflexions sur l'art théâtral et les principaux rôles que l'auteur avait créés.

CLAIRON. Instrument de musique militaire, qui ressemble à la trompette, mais dont le tube est moins gros. Le clairon a l'octave aigu de la trompette ordinaire. En France, il n'y a que les chasseurs à pied, les zouaves, l'infanterie et la marine militaire qui se servent de cet instrument. Il était connu des anciens : les Maures en firent longtemps usage, et le transmirent aux Portugais.

CLAIRVAL (Jean-Baptiste), né à Etampes en 1735, mort en 1795. Il joua avec beaucoup de succès, à l'Opéra-Comique, les rôles d'amoureux. Grétry, dont il interpréta plus d'une fois la musique, parle de lui avec le plus grand enthousiasme. Les principaux rôles créés par Clairval sont : Montauciel, dans le *Déserteur*; Blondel, dans *Richard Cœur-de-Lion*; Pierrot, dans le *Tableau parlant*.

CLAIRVAUX, bourg de l'arrond. de Bar-sur-Aube (Aube), à 14 kil. de cette ville. Pop. 1,000 hab. On y voyait autrefois une célèbre abbaye de bénédictins, qui eut pour premier abbé saint Bernard, chef de l'ordre (1105). La maison de Clairvaux était le chef-lieu de la congrégation des bernardins ou des bénédictins de la règle de Cîteaux. Les bâtiments servent aujourd'hui de maison centrale, de force et de détention; on fabrique dans cette prison des calicots, des couvertures, des percalines, des lainages.

CLAIRVAUX, ch.-l. de cant. de l'arrond. de Lons-le-Saulnier (Jura), à 19 kil. de cette ville. Pop. 2,270 hab. Forges, papeteries.

CLAIRVAUX, ch.-l. de cant. de l'arrond. de Rodez (Aveyron), à 15 kil. de cette ville. Pop. 1,306 hab. Papeteries, haut fourneau et forges importantes.

CLAISE, rivière de France, qui prend sa source à 8 kil. de Châteauroux, et se jette dans la Creuse, près de la Haye-Descartes, après un parcours de 75 kil.

CLAMART, ch.-l. de cant. de l'arrond. de Sceaux (Seine), à 10 kil. de Paris. Pop. 2,540 hab. Récolte de fruits et légumes pour les marchés de Paris. Exploitation de pierres de taille. Fours à chaux et à plâtre.

CLAMECY, sous-préf. du départ. de la Nièvre, à 73 kil. de Nevers. Pop. 5,730 hab. Tribunal de 1re instance et de commerce. Collége, belle église paroissiale. Ruines de l'ancien château fort et des murailles de la ville. Buste de Jean Rouvet, sur le pont de l'Yonne. Grand commerce de bois flotté pour Paris. Le faubourg de Panthenor était, avant la Révolution, la résidence de l'évêque *in partibus* de Bethléem. Patrie du peintre Piles et de l'évêque orientaliste, Jean Duval, de Marchangy et de Dupin.

CLAMEUR DE HARO. (*Voir* HARO.)

CLAN. Mot écossais qui signifie *famille*, et qui sert à désigner les tribus des montagnards de l'Écosse.

CLANDESTINITÉ. Ce mot s'entend d'un acte fait en secret, au mépris de la morale ou de la loi. Les actes clandestins sont généralement punissables ; ainsi la loi réprime les réunions clandestines, les écrits clandestins et sans nom d'imprimeur, les jeux clandestins. On donnait autrefois le nom de *mariage clandestin* à celui qui était célébré devant le prêtre, mais sans publicité. Aujourd'hui la loi ne donnant de sanction qu'au mariage civil, les mariages clandestins ne sont plus possibles ; ils ne produiraient aucun effet civil entre les conjoints.

CLAPARÈDE (Michel, comte), général français, né en 1774 à Gignac (Hérault), mort en 1841. Il prit du service en 1792 et fit les campagnes d'Italie et du Rhin. Il fit partie de l'expédition de Saint-Domingue et se distingua dans plusieurs combats; il fut nommé général de brigade à son retour en France, et prit part aux batailles d'Austerlitz et d'Iéna, c'est à cette dernière bataille qu'avec sa seule brigade il mit en déroute 30,000 Autrichiens. Pendant la campagne de Russie, il eut le commandement en chef du corps polonais. Après la 2e Restauration il devint inspecteur général d'infanterie, gouverneur du château royal de Strasbourg et pair de France.

CLAPET. On appelle de ce nom une espèce de petite soupape qui se lève et qui se baisse pour boucher et déboucher alternativement dans une pompe le tuyau par lequel l'eau s'écoule. Dans les instruments à vent, le *clapet* est une petite soupape garnie de cuir qui se lève et se baisse par le moyen d'une simple charnière.

CLAPPERTON (Hugh), voyageur anglais, né en 1788. Il s'engagea dans la marine, et prit part à la guerre d'Amérique en 1815. En 1820, il suivit le major Denham dans son excursion à travers l'Afrique; il explora le pays des Fellatahs, et visita les grandes villes de Kanoh, de Kasynah, de Sakatou. Il rédigea la relation de cette excursion. En 1825, Clapperton dirigea une nouvelle expédition, il se rendit d'abord à Eyo, et de là à Bousâ sur le Niger, et visita de nouveau Kanoh et Sakatou où il fut parfaitement accueilli par le sultan; il fut enlevé en peu de jours par une dyssenterie. Ses papiers furent rapportés par son fidèle serviteur, Richard Lander, qui devint plus tard le chef d'une nouvelle expédition et parvint à déterminer le cours du Niger.

CLAQUE, CLAQUEURS. On désigne, sous le nom de claqueurs, certains agents enrôlés par des chefs qui prennent le nom d'entrepreneurs de succès dramatiques et qui reçoivent un salaire pour contribuer, par leurs applaudissements et leurs démonstrations, au succès des pièces représentées sur les théâtres. Il va sans dire que le claqueur doit être pourvu de poumons énergiques. Il faut remonter à l'antiquité romaine pour trouver l'origine de la claque. Néron, auteur et acteur, avait ses machines applaudissantes. Il est probable que les claqueurs doivent à cette origine le nom de *romains*; on les appelle aussi, dans le langage vulgaire, les *chevaliers du lustre*. Le chef de claque sait choisir ses sujets, les dresse et les anime à propos; il a une compagnie de pleureurs qui rendent assez bien le hoquet dramatique, et une compagnie de rieurs, qui se livrent à une folle gaîté quelquefois entraînante, et parfois aussi assez bien placée. La claque a eu, à certaines époques de l'histoire dramatique, des luttes avec le parterre, qui sont restées dans la mémoire de tous. On se souvient de la fameuse guerre des tragiques et des romantiques. On cite à ce propos ce trait d'esprit d'un chef de claque qui, expulsé avec sa troupe du parterre, se réfugia au paradis, et rallia ses hommes dispersés par ce vers tiré de la tragédie de *Sertorius* qu'on représentait en ce moment :

Rome n'est plus dans Rome, elle est toute où je suis.

Les tribunaux se sont montrés assez sévères pour les chefs de claque. Ainsi ils ne leur accordent aucune action en payement de leurs honoraires, les fonctions de cette nature étant considérées comme illicites, et contraires aux bonnes mœurs. Un arrêt de la cour du 3 juin 1839 va jusqu'à dire : « qu'un pareil contrat est essentiellement basé sur le mensonge et la corruption. »

CLAR (Saint-), ch.-l. de cant. de l'arrond.

de Lectoure (Gers), à 14 kil. de cette ville. Pop. 1,640 hab. Grande fabrique de rubans de fil.

CLARAC, ch.-l. de cant. de l'arrond. de Pau (Basses-Pyrénées), à 18 kil. de cette ville. Pop. 330 hab.

CLARAC (Charles-Othon-Frédéric-Jean-Baptiste, comte DE), antiquaire et artiste, né à Paris en 1777, mort en 1847. Il fut chargé de l'éducation des enfants de la reine Caroline de Naples; c'est pendant son séjour dans cette ville que son goût pour l'étude des antiquités se révéla. Il fut nommé directeur des fouilles de Pompéi. Il succéda à Visconti dans la conservation du musée des antiques du Louvre. Il était membre libre de l'Académie des beaux-arts.

CLARE, comté de l'Irlande, à l'O., sur l'Océan atlantique, ch.-l. Ennis. Superf. 324,792 hect. Pop. 166,275 hab. Sol montagneux; belles et fertiles plaines. Récolte de pommes de terre, orge, froment. Exploitation de pierres à chaux et de sable de grève pour engrais. Pêcheries importantes. Manufactures de grosses toiles et bonneteries. Nomme 2 députés.

CLARE, ville d'Irlande (comté de Clare), à 3 kil. d'Ennis. Pop. 1,620 hab. Cette ville était autrefois plus importante et fortifiée.

CLARE, île de l'Irlande au S.-O. (comté de Cork). Superf. 809 hect. Pop. 1,700 hab. Elle se termine au S. par le cap Clear, formant un promontoire de 120 mètres de haut, surmonté d'un phare.

CLARE, ville d'Angleterre (Suffolk), à 24 k. de Bury-Saint-Edmund's. Pop. 2,000 hab. Les ducs de Newcastle ont le titre de marquis de Clare.

CLAREMONT, château d'Angleterre situé à 24 kil. de Londres. Il fut donné au roi des Belges lors de son mariage avec la princesse Charlotte. Lorsque Louis-Philippe abdiqua (1848), il s'y retira jusqu'à sa mort (1852), et ses cendres reposent dans une petite maison nommée Weybrigde, tout près de ce château. La reine Amélie a continué d'habiter ce château.

CLARENCE (Georges, duc DE), frère d'Edouard IV, roi d'Angleterre. Il s'allia avec Warwick, dont il avait épousé la fille aînée et prit parti pour Marguerite d'Anjou. Il se réconcilia avec son frère, et plus tard fut accusé d'avoir sollicité la main de Marguerite de Bourgogne, fille de Charles le Téméraire, pour se soustraire à l'autorité du roi d'Angleterre. La chambre haute le condamna à mort; comme on l'avait laissé libre de choisir le genre de mort, il se noya, dit-on, dans un tonneau de malvoisie (1478).

CLARENDON (Edouard Hyde, comte DE), homme d'Etat anglais, né à Deuton (Wiltshire). Charles Ier le nomma chancelier de l'Echiquier et membre du conseil privé. Après l'exécution de ce roi, il vint en France, appelé par Charles II. Il fut chargé de diverses missions; en 1657, il fut nommé grand chancelier d'Angleterre; ce titre lui fut confirmé par le roi à son rétablissement, en 1660, qui le nomma comte et pair; sa fille Anne Hyde épousa le duc d'York, qui régna plus tard sous le nom de Jacques II. Mais la faveur dont jouissait Clarendon lui suscita de nombreux ennemis. Le roi qui souffrait avec peine ses principes sévères, le dépouilla de ses places, et le Parlement le bannit à perpétuité. Clarendon se retira en France et mourut à Rouen en 1674. On a de lui une *Histoire de la rébellion et de la guerre civile en Angleterre*, qui jouit d'une juste renommée.

CLARENDON (Constitutions ou statuts de). On a donné ce nom à des résolutions prises par une assemblée d'évêques convoquées par le roi d'Angleterre Henri II, dans son château de Clarendon, et qui avaient pour but de restreindre les pouvoirs du clergé (1164). Ces constitutions rencontrèrent dans leur application une vive opposition.

CLARENDON, village d'Angleterre (Wilts), à 7 kil. de Salisbury. Pop. 177 hab. Ruines d'un château royal, ancienne forêt royale. La famille Villiers a le titre de comte de Clarendon.

CLARENS, village de Suisse (Vaud), à 5 kil. de Vevey, sur le lac de Genève. Emplacement du château de Wolmar, cité dans les écrits de J.-J. Rousseau.

CLARENTZA, ville de la Morée, au N.-O. de Gastouni. Port sur la Mer ionienne. Elle fut fondée au XIIIe siècle, elle appartint à une famille du Hainaut.

CLARIFICATION. Opération qui consiste à rendre clair un liquide, dont la transparence est troublée par des substances solides et très-divisées qu'il tient en suspension. La clarification est nécessaire pour l'eau, les vins, la bière, les liqueurs, les sirops, le sucre, le vinaigre, etc. Cette opération peut avoir lieu de deux manières: ou l'on emploie des moyens purement mécaniques, comme le simple repos, la décantation, la déspumation, la colature et la filtration; ou l'on a recours à des procédés chimiques. C'est ainsi qu'on clarifie le plus souvent les liquides, comme le vin, le sirop de sucre, avec des substances coagulées, telles que le blanc d'œuf, la gélatine, la colle de poisson, le sang de bœuf, le lait même.

CLARIGATION, sorte de sommation ou d'ultimatum, par lequel les anciens Romains faisaient connaître à une nation ennemie leurs réclamations, et les griefs dont ils demandaient réparation. Les clarigations étaient portées par un fécial.

CLARISSES (ordre des), ordre que sainte Claire fonda en 1212, dans sa patrie, avec le concours de saint François d'Assise. Les clarisses étaient soumises aux plus grandes austérités. Cet ordre se répandit d'Italie en Allemagne et en France, et c'est de ce tronc que sont sorties comme des branches, les *capucines*, les *annonciades*, les *cordelières* ou *sœurs grises*, les *récollettes*, les religieuses de l'*Ave Maria*, et de la *Conception*, dont la réunion, à la fin du XVIIIe siècle, était de plus de 4,000 maisons.

CLARK, rivière de l'Amérique du Nord prenant sa source dans les Montagnes rocheuses et se jetant dans la Columbia, après un cours de 660 kil.

CLARKE (Samuel), théologien et philologue anglais, né à Norwich, en 1675, mort en 1729. Il fut chapelain de la reine Anne et s'attira des difficultés à la suite de son traité sur la *Trinité*, dans lequel il soutenait que l'Eglise primitive n'en avait pas admis le dogme. Il discuta avec Leibnitz sur la spiritualité et l'immortalité de l'âme.

CLARKE (Edouard-Daniel), voyageur anglais, né en 1767, mort en 1821; après avoir visité l'Ecosse, il parcourut le Danemark, la Norwége, la Suède, la Laponie, la Finlande et la Russie; et de là il passa en Turquie et dans l'Asie mineure. Il rentra en Angleterre en 1802, après quatre ans d'absence; il a donné une relation de ses voyages.

CLARKE (Henri-Jacques-Guillaume), duc de Feltre, maréchal de France et ministre d'Etat, né à Landrecies, en 1765, d'une famille originaire d'Irlande. Il était capitaine de dragons quand la Révolution éclata; il obtint bientôt un avancement rapide. Il était chef d'état-major de l'armée du Rhin (1793); lorsqu'il fut suspendu de ses fonctions comme suspect. C'est à Carnot qu'il dut d'être réintégré dans son grade; celui-ci le fit nommer chef du bureau topographique au ministère de la guerre : du part active que Clarke prit à la rédaction des plans lui valut le grade de général de division; envoyé en Italie par le Directoire pour surveiller Bonaparte, il s'entendit avec celui-ci. L'empereur Napoléon lui confia le portefeuille du ministère de la guerre, en 1807, qu'il conserva jusqu'en 1814. Chargé de la défense de Paris, sa conduite fut des plus blâmables. c'est à peine s'il organisa la résistance; il alla jusqu'à refuser des armes à la population parisienne qui voulait se joindre aux corps commandés par Mortier et Marmont. Clarke adhéra à la chute de l'empire, prêta serment à Louis XVIII, qui le créa pair de France; pendant les Cent-Jours il suivit le roi à Gand. A la 2e Restauration, il fut élevé à la dignité de maréchal de France. Nommé ministre de la guerre en 1817, il contribua à l'établissement des cours prévôtales, de triste mémoire.

CLARRET, ch.-l. de cant. de l'arrond. de Montpellier (Hérault), à 25 kil. de cette ville. Pop. 770 hab.

CLARY, ch.-l. de cant. de l'arrond. de Cambrai (Nord), à 17 kil. de cette ville. Pop. 2,550 hab. Industrie très-active; fabriques de tissus de coton, linons, gazes, tulles.

CLASSES, CLASSIFICATION. La nécessité de la classification s'est fait sentir dans le domaine des sciences; il importait de réunir en groupe les objets présentant un caractère commun, de manière à faciliter le jeu de la mémoire, et à aider aussi le raisonnement. On conçoit, en effet, qu'il est plus facile de retenir les spécialités quand on s'est familiarisé avec les généralités. L'analyse et la synthèse ont été les deux procédés que l'esprit humain a mis en œuvre pour opérer une classification logique, et qui n'eût rien d'arbitraire. On conçoit que la classification est difficile et même impossible, lorsque la science est à l'état d'enfance et que les rapports des objets n'ont pas encore été suffisamment définis et expliqués. On conçoit aussi que la classification doit se modifier par suite des progrès des sciences. Ainsi la chimie n'a pu être l'objet d'une classification que lorsqu'elle est sortie des nimbes dans lesquelles l'avaient enveloppée les anciens alchimistes. L'histoire naturelle n'a été également susceptible de classification, que lorsque la physiologie lui est venue en aide pour expliquer les rapports des êtres entre eux. C'est à Bacon que revient la gloire d'avoir déterminé les procédés rationnels de toute classification scientifique.

CLASSES. Ce mot exprimait les divisions politiques de l'ancien peuple romain. Elles furent instituées par le roi Servius Tullius, qui ordonna un recensement général des citoyens, pour répartir également les impôts et les charges de la guerre. Jusqu'alors on avait eu recours à une capitation uniforme. Servius Tullius créa cinq classes divisées chacune en centuries. La 1re classe, formant 80 centuries, comprenait ceux qui possédaient 100,000 as (6,100 fr.); la 2e de 22 centuries, composée des censitaires possédant 75,000 as (4,575 fr.); la 3e de 20 centuries, portée à 50,000 as (3,050 fr.); la 4e de 22 centuries, à 25,000 as (1,525 fr.); la 5e de 30 centuries, à 11,000 as (671 fr.). Chaque classe était divisée en deux sections : la première comprenait les citoyens de 17 à 45 ans soumis au service militaire actif; et la seconde, ceux qui étaient âgés de 45 à 60 ans, et qui composaient la réserve.

CLASSES (système des) (*Voir* INSCRIPTION MARITIME).

CLASSES (impôt des). Suivant la loi française, les citoyens sont soumis à des patentes dont le chiffre varie suivant l'importance et la nature des professions. Les patentables sont divisés en diverses classes, eu égard à l'importance de la population de la commune où ils exercent leur commerce ou leur industrie. La loi distingue aussi les marchands en gros, les marchands en demi-gros et les marchands en détail. La patente est souvent aussi proportionnée à l'importance du loyer (*Voir* PATENTE).

CLASSIQUE, du mot classe, désignait autrefois exclusivement les auteurs anciens, approuvés par le corps enseignant ou par l'Académie, et qui faisaient autorité dans les matières philosophiques ou littéraires. On a considéré aussi comme *ouvrages classiques* ceux qui étaient mis aux mains des écoliers pour leur enseigner les éléments d'une langue ou d'une science; de nos jours le mot classique a reçu une acception nouvelle; il a été opposé au mot romantique. La littérature romantique, dont Victor Hugo est le chef, a créé un genre nouveau, étranger par sa nature comme par son origine à la littérature grecque et romaine, dont la littérature française n'a été qu'une imitation jusqu'au commencement de notre siècle.

CLASTIQUES. Ce mot sert à désigner des pièces d'anatomie artificielle, composées d'une sorte de mastic, et reproduisant la forme, les dimensions et jusqu'à la couleur de certaines parties du corps humain.

CLATHRA. C'était une divinité de l'Etrurie; elle présidait aux grilles et aux serrures. Les Romains adoptèrent son culte, et lui consacrèrent un temple sur le mont Quirinal. Selon quelques mythologues, *Clathra* n'était qu'un surnom d'Isis.

CLAUBERG (Jean), né à Solingen (Westphalie) en 1622, mort en 1665. Disciple de Descartes, il étudia la doctrine sous Jean Ray à Leyde. La clarté de sa doctrine l'a fait mettre au-dessus de son maître par Leibnitz.

CLAUD (Saint-), ch.-l. de cant. de l'arrond. de Confolens (Charente), à 22 kil. de cette ville. Pop. 2,000 hab. Foires à bestiaux. Forges à fer.

CLAUDE (Tiberius-Drusus-Claudius), 4ᵉ empereur romain, né à Lyon, an 10 av. J.-C. Il était fils de Drusus, frère de Tibère, et d'Antonia Minos. Il fut abandonné dès son jeune âge aux soins des affranchis. Il était infirme d'esprit par suite d'une maladie cérébrale, c'est pourquoi Caligula le laissa vivre, pensant n'avoir rien à redouter d'un idiot; élu par la soldatesque après la mort de ce monstre, l'an 41 de J.-C., les premières années de son règne furent marquées par la promulgation d'actes d'une grande sagesse; mais bientôt sa femme Messaline, par sa conduite licencieuse, lui suscita de nombreux embarras. Il finit par la faire mettre à mort, et épousa sa nièce Agrippine, qui avait un fils âgé de 11 ans, fruit d'un premier mariage. La nouvelle impératrice, pour ménager à son fils l'accès du trône, lui fit épouser Octavie, fille de Claude, et, par l'empire qu'elle exerçait sur l'empereur, détermina ce monarque, tombé en enfance, à déshériter Britannicus, son propre fils, et à désigner Néron pour son successeur. Claude mourut empoisonné par Locuste, l'an 54 après J.-C. Il avait régné 14 ans. Il dota Rome de beaux monuments, et fit construire un huitième aqueduc. Il a laissé quelques écrits.

CLAUDE II (Marius-Aurélius-Flavius), empereur romain, né vers 214 en Dalmatie. D'abord tribun, il fut nommé gouverneur de l'Illyrie sous Valérien. A la mort de Gallien, ses soldats le proclamèrent empereur (268 après J.-C.). Ce prince mérita par ses vertus le surnom de *second Trajan*. Il mourut en Pannonie, après un règne de deux ans.

CLAUDE DE FRANCE, fille de Louis XII et d'Anne de Bretagne, née à Romorantin en 1499, morte à Blois en 1524. Elle épousa le duc d'Angoulême (depuis François Iᵉʳ) en 1514. Laide et boiteuse, elle eut beaucoup à souffrir de l'indifférence de son mari. Elle lui donna trois fils et quatre filles. Le peuple l'appelait la *bonne reine*.

CLAUDE LORRAIN. (*Voir* GELÉE.)

CLAUDE (Saint-), sous-préf. du dép. du Jura, à 54 kil. de Lons-le-Saulnier. Pop. 5,375 hab. Siége d'un évêché suffragant de Lyon, érigé en 1742. Collége, tribunal de 1ʳᵉ instance et de commerce; industrie très-active. Fabrique considérable de tabletterie et de tabatières. Fabrique d'instruments à vent. Tanneries, brasseries. Entrepôt des salines de l'Est. Cette ville fut fondée vers l'an 400.

CLAUDIEN (Claudius Claudianus), poëte latin, né vers l'an 365 à Alexandrie (Egypte). Il partagea la bonne et la mauvaise fortune de Stilicon, premier ministre d'Honorius. On lui éleva une statue de bronze dans le Forum. Ses admirateurs l'ont placé sur la même ligne qu'Homère et Virgile; mais la postérité n'a pas ratifié ce jugement.

CLAUDIUS (Appius), décemvir. Se rendit odieux par sa tyrannie et conserva le pouvoir sans l'autorisation du peuple (451 av. J.-C.); mais l'assassinat de Sicinius Dentatus et la mort de Virginie, que son père poignarda pour la soustraire à ses violences, mirent le comble à l'indignation des Romains et de l'armée (449). Claudius, arrêté, se donna la mort dans sa prison pour échapper au supplice.

CLAUDIUS (Appius), illustre Sabin, qui voulant protester contre la guerre faite par ses compatriotes aux Romains en faveur des Tarquins, vint à Rome, l'an 4 av. J-C., suivi par près de 5,000 de ses amis et clients. Il fit partie du sénat et combattit la loi agraire.

CLAUDIUS (Appius), fils du précédent. Abandonné par ses soldats devant les Volsques, il les fit décimer. Il se déroba par la mort aux conséquences de l'accusation d'ennemi de la liberté, portée contre lui aux comices par les tribuns (470 av. J.-C.).

CLAUDIUS CÆCUS (Appius), censeur en l'an 312 av. J.-C. Il fit construire la *Voie Appienne*. Il combattit dans le sénat les propositions que Cinéas vint faire au nom de Pyrrhus pour traiter de la paix, et en obtint le rejet.

CLAUDIUS (Appius), consul de Rome l'an 264 av. J.-C. C'est lui qui commença la première guerre punique : il battit Hiéron, roi de Syracuse, et s'empara de Messine.

CLAUDIUS-PULCHER (Publius), consul de Rome en l'an 249 av. J.-C., perdit une bataille navale en vue de Drépane. Adherbal, qui commandait la flotte carthaginoise, prit 93 vaisseaux romains.

CLAUDIUS (Mathias), poëte allemand, né à Rheinfeld (Holstein) en 1743, mort à Altona en 1815. Ses poésies sont très-populaires en Allemagne. Son chant du *Vin du Rhin*, qui se chante encore aujourd'hui, est en quelque sorte la *Marseillaise* des buveurs. Il était intimement lié avec Klopstock; mais son genre diffère essentiellement de celui de l'auteur de la *Messiade*.

CLAUSEL (Bertrand, comte), maréchal de France, né en 1772 à Mirepoix (Ariége), mort en 1842. Il entra au service en 1791, et fit les campagnes de 1794 et 1795 à l'armée des Pyrénées. Il fut désigné pour présenter à la Convention 24 drapeaux pris aux Espagnols et aux Portugais. Il fit partie de l'expédition de Saint-Domingue, et revint en France avec le grade de général de division. De 1805 à 1809, il prit part à toutes les affaires importantes qui eurent lieu en Italie, en Dalmatie et en Illyrie. Désigné pour faire partie de l'armée de Portugal, il fit des prodiges de valeur, et à la funeste bataille des Arapiles (1812), il put maintenir les troupes sur le champ de bataille et sauver une partie de l'armée par une retraite habile. Louis XVIII le nomma inspecteur d'infanterie; mais aux Cent-Jours, Clausel ayant pris parti pour l'empereur, fut rayé des cadres de l'armée et obligé de passer à l'étranger. L'amnistie de 1820 lui permit de rentrer en France. Il fut élu député en 1827 par les électeurs de Rethel, et vota constamment avec l'opposition libérale. Après la révolution de Juillet, le général Clausel fut nommé gouverneur de l'Algérie. Il vainquit le bey de Tittery au col de Tehnia; il s'occupait de colonisation lorsqu'il fut rappelé en 1831; cette même année, il fut créé maréchal de France. En 1835 il reprit le commandement de l'armée d'Afrique; il s'empara de Mascara, mais il échoua dans son attaque devant Constantine. Le rapport qu'il adressa au ministre de la guerre (1836) ne fut publié qu'après avoir été tronqué et dénaturé. Dans ce rapport, le maréchal Clausel rejetait la responsabilité de l'échec que les armes françaises avaient subi sur le ministère, qui l'avait forcé d'entrer en campagne sans lui permettre d'attendre des renforts. Depuis cette époque jusqu'à sa mort, le maréchal vécut en dehors de tous les événements politiques.

CLAUX (les frères), sculpteurs renommés du XVᵉ siècle. C'est à leur talent qu'est dû le mausolée de Philippe le Hardi, duc de Bourgogne.

CLAVIER (Etienne), helléniste, né à Lyon en 1762, d'abord conseiller au Châtelet en 1788; il siégea à la cour de justice criminelle de la Seine; il fut plein de dignité dans le jugement du général Moreau. Nommé professeur au collége de France, l'académie des inscriptions l'admit dans son sein en 1809. Il a laissé un grand nombre d'ouvrages, entre autres : *Bibliothèque d'Apollodore*, et une *Histoire des premiers temps de la Grèce*.

CLAVIÈRE (Etienne), banquier genevois, né à Genève en 1735. Il fut chassé de sa patrie par les événements politiques, et vint se fixer à Paris où, grâce à son habileté, il acquit bientôt une grande fortune. Il se lia avec Mirabeau, auquel il donna des armes contre son compatriote Necker, ami de Condorcet et de Brissot; il fit partie du ministère girondin formé en 1792, en qualité de ministre des finances. Le roi le congédia au mois de juin avec ses autres collègues. Réinstallé dans ses fonctions après le 10 août, il partagea le sort des girondins et fut décrété d'accusation. Traduit devant le tribunal révolutionnaire, il prévint sa sentence en se frappant d'un coup de couteau dans sa prison.

CLAVIJO Y FAXARDO (don José), littérateur espagnol, né dans les îles Canaries vers 1730, mort à Madrid en 1806, fut nommé garde-archives de la couronne; il devint éperdument épris d'une des sœurs de Beaumarchais, qui résidait alors en Espagne; ayant promis de l'épouser, il refusa plus tard de ratifier sa promesse. Beaumarchais le provoqua en duel et le força de signer un écrit dans lequel il déclarait que sa conduite dans toute cette affaire avait été celle d'un malhonnête homme. Très-versé dans l'histoire naturelle, et connaissant à fond la langue française, il traduisit en espagnol l'*Histoire naturelle* de Buffon. Cette traduction le fit nommer vice-directeur du cabinet d'histoire naturelle de Madrid. Son aventure avec Beaumarchais a fourni le sujet de plusieurs pièces à Gœthe, à Dorat-Cubières et à Marsollier des Vignes.

CLAY (Henri), homme d'Etat américain, né à Hanovre (Virginie) en 1777, mort en 1852. Ses parents n'avaient pu, à cause de leur pauvreté, lui donner qu'une éducation médiocre; il parvint néanmoins, à force de persévérance, à faire ses études dans un âge plus avancé. Il étudia le droit, et à 20 ans il était reçu avocat. Il se fixa dans le Kentucky, où il ne tarda pas à se faire un nom par ses plaidoiries. Lorsque son Etat refit sa constitution, il parla en faveur de l'émancipation des noirs. Envoyé comme sénateur à Washington, ce fut sur sa proposition que les Etats-Unis reconnurent les républiques espagnoles et portugaises, récemment constituées par suite de leur insurrection contre la métropole. Il fut un des plénipotentiaires envoyés à Gand (1814) pour traiter de la paix. Présenté plusieurs fois à la présidence de la république, il échoua, mais accepta, sous Adams, le poste de secrétaire d'Etat. Il s'opposa à l'annexion du Texas, et fit encore partie du sénat de 1849 à 1851, où il se montra fervent abolitioniste. Clary eut deux fils : l'un qui fut tué dans la guerre contre le Mexique, et l'autre qui a été ministre plénipotentiaire à Lisbonne.

CLAYE, ch.-l. de l'arrond. de Meaux (Seine-et-Marne), à 15 kil. de cette ville. Pop. 1,300 hab. Exploitation de tourbe. Fours à chaux. Impression sur coton et mouchoirs.

CLAYETTE (la), ch.-l. de cant. de l'arrond. de Charolles (Saône-et-Loire), à 20 kil. de cette ville. Pop.-1,470 hab. Commerce de bestiaux. Fabriques de toiles.

CLAZOMÈNES, aujourd'hui Vourla, ville d'Asie mineure (Ionie), à l'O. de Smyrne, sur le golfe d'Hermæ et dans une petite île. Patrie d'Anaxagore.

CLÉANTHE, philosophe grec, né à Assos, en Eolie, vers le IIIe siècle av. J.-C. Obligé de travailler pour vivre, il tirait de l'eau pendant la nuit pour pouvoir consacrer tout le jour à l'étude. Il suivit les leçons de Zénon et lui succéda plus tard. Il ne reste de ce Cléanthe qu'un *Hymne à Jupiter*, dont on doit la conservation à Stobée, et que Louis Racine a traduit en vers français.

CLÉARQUE, général spartiate, fils de Ramphias. Il fut chargé d'un commandement important dans l'Hellespont (410 av. J.-C.), et prit part à la bataille navale de Cyzique, sous les ordres de Mindare. Méprisant les ordres des éphores, il se conduisit à Byzance en tyran. Pour échapper au supplice, il se réfugia auprès de Cyrus. Il commanda les mercenaires grecs dans la guerre que ce prince eut à soutenir contre Artaxercès-Mnémon. Après la bataille de Cunaxa, il eut l'imprudence de se rendre dans le camp de Tissapherne, général d'Artaxercès, qui le fit assassiner (401 av. J.-C.). Xénophon le remplaça dans son commandement.

CLEDER, bourg de l'arrond. de Morlaix (Finistère), à 22 kil. de cette ville. Pop. 5,000 hab.

CLEF, instrument dont on se sert pour ouvrir et fermer les serrures. La clef était en usage dans l'antiquité. Homère nous apprend que les Grecs s'en servaient même avant le siége de Troie. La Genèse en fait aussi mention. Les clefs étaient en fer et quelquefois en bronze. Chez les Romains, le mari faisait présent à sa femme d'un trousseau de clefs, lorsqu'elle entrait dans la maison conjugale; il les reprenait en cas de divorce. La serrurerie, qui fit de grands progrès, de Henri IV à Louis XIV, s'appliqua surtout à l'ornement des clefs. Autrefois, lorsqu'un prince faisait son entrée dans une ville de ses Etats, ou dans une cité conquise, il était d'usage que les magistrats lui offrissent les clefs de la ville, comme une preuve de leur fidélité ou de leur soumission. La légende catholique nous montre Jésus consacrer la prééminence qu'il accordait à saint Pierre, en lui disant qu'il lui accordait les clefs du royaume des cieux; de là sont venues les expressions suivantes : *clefs de saint Pierre* ou *clefs du Paradis*. On dit, au figuré, que telle science est la clef de telle autre. On appelle clef, en musique, un signe qui se met au commencement d'une *portée*, pour fixer le degré d'élévation de cette portée dans le clavier général, et indiquer les noms des notes qu'elle contient dans la ligne de cette clef.

CLEF (architecture). En architecture, on se sert de ce mot pour désigner, dans un cintre ou dans une arcade, la dernière pierre qu'on place au sommet, et qui, fermant la voûte, exerce une pression qui affermit les voussoirs, et permet d'enlever les échafaudages. Les voûtes composées d'une seule arcade n'ont qu'une seule pierre qui forme la clef; dans les voûtes en berceau, la clef est formée de toutes les pierres qui se trouvent dans la longueur de la voûte; dans les voûtes en arcs de cloîtres et formées de quatre parois, la clef est taillée en croix.

CLÉIDOMANCIE. Sorte de divination en usage chez plusieurs peuples modernes: elle consiste à enrouler le nom d'une personne, dont on veut connaître le secret, autour d'une clef attachée à une Bible ou suspendue à l'Evangile de saint Jean. Il suffit de prononcer certaines paroles consacrées pour voir aussitôt la clef tourner d'elle-même, et indiquer l'objet de la recherche.

CLÉLIE. Jeune Romaine. Elle avait été donnée en otage à Porsenna, roi des Etrusques, qui assiégeait Rome (507 av. J.-C.). Clélie s'enfuit du camp de ce roi et traversa le Tibre à la nage, sous une pluie de flèches. Les Romains la renvoyèrent à Porsenna; mais ce roi, admirant son courage, lui rendit la liberté ainsi qu'à ses compagnes, et lui fit cadeau d'un cheval richement harnaché.

CLELLES, ch.-l. de cant. de l'arrond. de Grenoble (Isère), à 51 kil. de cette ville. Pop. 650 hab.

CLÉMENCE. C'est cette vertu que possèdent les puissants d'exercer le pouvoir en se faisant aimer, et en sachant pardonner. La clémence est la première vertu du souverain. Elle console les nations des maux qui viennent parfois les atteindre; le meilleur moyen de gouverner, c'est souvent de savoir oublier et d'amnistier.

CLÉMENCE DE HONGRIE, reine de France, fille de Charles Martel, roi de Hongrie; elle devint la femme de Louis X, dit *le Hutin* (1315). A la mort du roi, elle était enceinte, et donna le jour à un enfant qui ne vécut que cinq jours. Elle se retira à Avignon (1318), prit ensuite le voile à Aix et se livra à toutes les pratiques de piété et de charité. C'est à tort qu'on a chargé la mémoire de cette reine du meurtre de Marguerite de Bourgogne. Elle mourut en 1328, à Paris.

CLÉMENCE ISAURE. (*Voir* ISAURE.)

CLÉMENT Ier (saint), 4e pape, de 91 à 100. Il subit le martyre sous Domitien. On a de lui une *Epître aux Corinthiens*.

CLÉMENT II (Luidger), Saxon; il était évêque de Bamberg, lorsqu'il fut élu pape au concile de Sutri, en 1046, sur la désignation de l'empereur Henri III; il tenta d'arrêter la simonie qui déshonorait le clergé de cette époque, et mourut en 1037.

CLÉMENT III (GUIBERT), antipape. Il était archevêque de Ravenne lorsqu'il fut élu à Brixen par un synode de 30 évêques, sur la proposition de l'empereur Henri IV (1080). Il fut installé à Rome et resta maître d'une partie de la ville pendant le pontificat de Victor III; il en fut chassé sous Urbain II; il parvint à y rentrer; mais, en 1100, le pape Pascal II le força de se retirer à Città-di-Castello, où il mourut peu de temps après.

CLÉMENT III (Paulin SCOLARO), évêque de Preneste, élu pape en 1187, mort en 1191. C'est sous son pontificat que se décida la 3e croisade.

CLÉMENT IV (Gui DE FOULQUES), né à Saint-Gilles sur le Rhône. Il fut successivement militaire, jurisconsulte, secrétaire de Louis IX, roi de France, évêque du Puy, archevêque de Narbonne et cardinal. Il fut élu pape en 1225. Il chercha à dissuader le roi de France de commander en personne la croisade qui lui fut si funeste. Il mit, par la pragmatique-sanction, un terme aux différends qui existaient entre les cours de Rome et de France. Il mourut à Viterbe en 1268.

CLÉMENT V (Bertrand DE GOTH), né à Villandraud (Gironde), archevêque de Bordeaux, fut élu pape à Pérouse en 1305. Il transporta le siége de la papauté à Avignon (1309); il fut toujours très-favorable à Philippe le Bel, à qui il devait son élection. Il annula les Constitutions de Boniface VIII, en ce qu'elles pouvaient avoir de préjudiciable pour le roi de France. Il tint un concile général à Vienne, en 1310, où l'on prononça la suppression de l'ordre des Templiers. Mort en 1314. Les Constitutions de Clément V, connues sous le nom de *Clémentines*, forment 5 livres et 52 titres. Elles n'ont rien de bien remarquable.

CLÉMENT VI (Pierre ROGER), né dans le Limousin, mort en 1352, à Villeneuve-d'Avignon. D'abord moine, il devint archevêque de Rouen et cardinal. Elu pape en 1342, il résida à Avignon, qu'il acheta 80,000 florins à Jeanne Ire, reine de Naples, pendant qu'à Rome la faction Rienzi cherchait à établir une république (1347). Il ne put rétablir son autorité dans les Romagnes. Il déposa Louis de Bavière, après l'avoir fait excommunier, et fit élire à sa place Charles IV de Luxembourg. Pétrarque a fait l'éloge de ce pape. Clément VI réduisit à 50 ans le jubilé que Boniface VIII avait établi pour 100 ans.

CLÉMENT VII, fils naturel de Julien de Médicis, cousin de Léon X, qui le légitima par une bulle, mort en 1534, fut élu pape en 1528. Il entra dans la ligue de Cognac (1526), qui avait pour but de rendre à l'Italie son indépendance, et de détruire l'influence espagnole. Il était soutenu dans cette entreprise par la France, l'Angleterre, les Suisses, les Vénitiens et François Sforza; mais cette ligue n'eut d'autres résultats que de transformer l'Italie en un champ de carnage. Charles-Quint fit assiéger Rome par le connétable de Bourbon (1527) et détint le pape prisonnier pendant 7 mois. Clément VII parvint à s'évader à l'aide d'un déguisement. Sous le pontificat de ce pape, le protestantisme commença à faire de grands progrès en Allemagne, en Suisse, et même dans les Etats scandinaves, tandis qu'en Angleterre, Henri VIII, par suite du refus du pape de dissoudre son mariage avec Catherine d'Aragon, rompait avec la cour de Rome.

CLÉMENT VIII, antipape (Gilles MUNOZ), chanoine de Barcelone; il fut élu par les deux cardinaux dissidents, restés dans l'obédience de l'antipape Benoît XIII (1424), il fut installé à Peniscola. Le roi d'Aragon s'étant réconcilié avec le pape Martin V, Munoz renonça à son pontificat, qui n'était reconnu par personne, et termina le schisme qui durait depuis 50 ans (1429). Il était évêque de Majorque lorsqu'il mourut.

CLÉMENT VIII (Hippolyte ALDOBRANDINI), né à Fano en 1536, mort en 1605, fut élu pape en 1592. Homme remarquable, il fit fleurir les lettres et les sciences dans ses Etats; il avait même voulu couronner le Tasse, mais la mort inopinée du poëte empêcha l'accomplissement de cette brillante solennité. Il donna l'absolution à Henri IV. C'est sous son pontificat que commença, à propos d'un livre de Molina, la querelle sur la grâce.

CLÉMENT IX (Jules ROSPIGLIOSI), né en Toscane en 1599, élu pape en 1667, mort en 1669. Il fit tous ses efforts pour décider les princes chrétiens à soutenir les Vénitiens contre les Turcs qui assiégeaient Candie; mais ceux-ci s'emparèrent de cette île, malgré les secours envoyés par le roi de France. Il crut, en obtenant la signature du *Formulaire* par les évêques, avoir terminé les querelles du jansénisme; mais les événements ne justifièrent pas ses prévisions.

CLÉMENT X (Emile ALTIERI). Il avait 80 ans lorsqu'il fut élu pape (1670). Son règne offre peu d'importance. Ce fut le cardinal Antoine Palazzi qui gouverna jusqu'à sa mort, arrivée en 1676.

CLÉMENT XI (Jean-François ALBANI), né à Pesaro, en 1649, mort en 1721; fut élu pape en 1700. Il prit parti pour Louis XIV dans la guerre de la succession d'Espagne. Il eut de vives contestations avec le roi de Sicile, Victor-Amédée, au sujet du tribunal appelé la *Monarchie de Sicile*. Son pontificat est célèbre par les bulles *Vineam Domini* (1705), *Unigenitus* (1713), qui condamnaient les propositions du livre des *Réflexions morales du P. Quesnel*, et enfin par la bulle *Ex illa die* (1715), condamnant les pratiques superstitieuses que les missionnaires permettaient aux nouveaux convertis en Chine.

CLÉMENT XII (Laurent CARSINI), né à Rome à 1652, mort en 1740. Elu pape en 1730. Il diminua les impôts et fit poursuivre le cardinal Coscia, coupable de malversations. Son pontificat fut troublé par les guerres. Les Romains lui érigèrent une statue.

CLÉMENT XIII (Charles REZ-ZONICO), né à Vienne en 1693, élu pape en 1758, mort en 1769. Il continua les travaux entrepris par Benoît XIV, il fit réparer le Panthéon, et travailler au dessèchement des Marais-Pontins; en 1768, il publia un bref en forme de monitoire contre les règlements de l'Infant, duc de Parme, au sujet de la juridiction et des communautés ecclésiastiques. Le roi de France profita de ces difficultés, qui avaient mis Clément en lutte avec une partie de l'Europe, pour s'emparer d'Avignon pendant que le roi de Naples se rendait maître de Bénévent. Les jésuites, qui avaient été expulsés du Portugal et de France, furent confirmés dans leurs privilèges par ce pape.

CLÉMENT XIV (Jean-Vincent-Antoine GANGANELLI), né à San-Arcangelo en 1705, mort en 1774. Ses parents le destinaient à la médecine, mais son goût pour la prière et le recueillement le poussa à se faire franciscain. Ganganelli fut cardinal en 1759; son savoir n'avait d'égal que son extrême simplicité. Il fut élu pape en 1769. L'incapacité de son prédécesseur l'avait mis dans un grand embarras; il ne pouvait suivre la même marche politique sans s'exposer à voir se continuer l'œuvre de démembrement des Etats pontificaux, commencée par la France et poursuivie par le roi de Naples. Il releva le monitoire lancé contre le duc de Parme; pressé par les cours d'Espagne, de France et Naples de prononcer la suppression de l'ordre des jésuites, il refusa avec une noble fermeté de souscrire à cette demande avant d'avoir examiné scrupuleusement les griefs que l'on reprochait à cette célèbre compagnie. Ce ne fut qu'au bout de quatre ans, et alors que l'Autriche joignait ses instances à celles des autres cours, qu'il prononça, le 21 juillet 1773, la suppression de l'ordre des jésuites, dont l'existence était un sujet de troubles pour les consciences catholiques. Clément XIV mourut un an après. Vers la fin de son pontificat, le comtat Venaissin et Avignon, ainsi que Porto-Cavo et Bénévent, avaient fait retour aux Etats de l'Eglise. Ce pape est une des plus grandes figures de la papauté, et l'on vit des souverains séparés de l'Eglise, Frédéric II, Catherine II et même le sultan, prodiguer à Clément XIV des témoignages de vénération. Il encouragea les beaux-arts, et c'est à son initiative qu'est dû le musée Clémentin, formé des antiquités découvertes à Rome.

CLÉMENT D'ALEXANDRIE (saint) (Titus-Flavius), né vers l'an 160 de J.-C., à Alexandrie. Elevé dans le paganisme, il dut à saint Pantène d'embrasser le christianisme; il fut son disciple, le remplaça même dans la direction de son école, et eut l'honneur de compter Origène au nombre de ses élèves. Obligé de quitter Alexandrie en 202, par suite de la persécution ordonnée par Septime Sévère, il alla prêcher la religion nouvelle à Jérusalem et à Antioche. La paix ayant été rendue pour quelque temps à l'Eglise, il revint à Alexandrie, où il continua d'enseigner jusqu'à sa mort, arrivée en 217. Saint Clément était d'une profonde érudition, et le peu d'écrits qui nous restent de lui témoignent hautement de son profond savoir; son but était de concilier la philosophie de Platon avec l'Evangile. Il s'éleva avec force contre les sacrifices humains dans son *Exhortation aux Gentils*; il reste encore de lui, sous le titre de *Stromates* (tapisseries), un recueil de pensées chrétiennes, et un traité de morale, *le Pédagogue*.

CLÉMENT (Jean-Marie-Bernard), critique français, né à Dijon en 1742, mort à Paris en 1812. Il vint à Paris à l'âge de 26 ans, et entreprit d'attaquer les novateurs littéraires. Il avait puisé les principes du goût dans l'étude des chefs-d'œuvre de l'antiquité. On lui reproche cependant d'avoir été trop sévère dans ses décisions, en ce sens qu'il négligeait d'analyser les beautés après avoir signalé les défauts. Son admiration pour Virgile le porta à discuter vivement Delille, son traducteur. Il se prononça contre Voltaire, que Saint-Lambert mettait au-dessus de Corneille et de Racine, en le proclamant

Vainqueur des deux rivaux qui partagent la scène.

Saint-Lambert, averti de l'attaque dont son poëme des *Saisons* allait être l'objet, eut lâchement recours à l'intervention du lieutenant de police, à qui il dénonça l'œuvre du critique comme un libelle. Clément vit séquestrer son édition. Il s'en vengea par quelques railleries qui motivèrent son emprisonnement au Fort-l'Evêque. Il en sortit au bout de trois jours, grâce à l'intervention énergique de J.-J. Rousseau, qui avait protesté contre cet abus d'autorité : « Ne pourra-t-on plus, s'écria le philosophe, dire que des vers sont froids et rampants sans s'exposer à une détention ignominieuse? » Quelque temps après, une dame demandant à Clément son sentiment sur de nouveaux vers de Saint-Lambert, le critique lui fit la même réponse que le philosophe grec au tyran de Syracuse : « Qu'on me ramène aux carrières! » Saint-Lambert lui dit un jour : « J'espère que nous oublierons ce qui s'est passé. » — « C'est à vous, monsieur, lui répondit Clément, à le faire oublier. » Clément a composé lui-même quelques poésies qui, tout en attestant du goût, manquent de grâce et de facilité. Il fut lié avec Gilbert. Il dit un jour à son ami, qu'il retrouva richement vêtu, grâce à la protection de l'archevêque de Paris, « qu'il était paré comme un devant d'autel. » Clément a laissé des *Lettres à Voltaire*. Le grand homme qualifia son critique d'*inclément*, et ce surnom lui resta. Il composa, sous le titre de *Médée*, une tragédie qui n'eut aucun succès. Il se soumit de bonne grâce à la loi du talion. Il a laissé aussi un *Essai de critique sur la littérature ancienne et moderne*, un *Petit Dictionnaire de la cour et de la ville*, des *Satires* et quelques articles dans les journaux littéraires de son temps.

CLÉMENT DE RIS (comte Dominique), sénateur de l'Empire, né à Paris en 1750, mort en 1827. Il était avocat avant la Révolution. Il fit partie, en 1793, de la commission chargée de l'organisation de l'instruction publique. Il fut appelé, en 1800, à siéger au sénat. Les chouans eurent la hardiesse de l'enlever dans son château et de le retenir dans un souterrain pendant deux semaines. Ce fait a fourni à Balzac le sujet d'un de ses plus intéressants romans : *Une affaire ténébreuse*. La Restauration appela le comte Clément de Ris à siéger à la Chambre des pairs.

CLÉMENT-DÉSORMES, chimiste manufacturier, né à Dijon, mort en 1842. Il fonda au Conservatoire des arts et métiers de Paris l'enseignement de la chimie appliquée aux arts. Il s'associa avec Freycinet pour faire des recherches expérimentales sur la distillation de l'eau de mer. Il a laissé un grand nombre de travaux remarquables par leur hardiesse et par l'utilité des applications qu'ils renferment.

CLÉMENT (Saint-), village de l'arr. d'Embrun (Hautes-Alpes), à 10 kil. de cette ville. Pop. 650 hab. Exploitation de beaux marbres et phorphyres. Scieries de marbres.

CLEMENTI (Muzio), célèbre pianiste et compositeur, né à Rome en 1752, mort à Londres en 1832. Il vint à Paris en 1780, et son talent fut généralement admiré; il improvisait d'une manière si brillante et avec tant de rapidité, qu'on ne pouvait se lasser de l'entendre préluder. Appelé à Londres, où de plus grands succès l'attendaient, il s'y établit et réunit ensuite à l'exercice de son talent, l'industrie de marchand de musique et de pianos. Il y acquit une fortune considérable. Clementi mourut à Londres à l'âge de 80 ans. Il fut le chef de l'école moderne de piano. Ses compositions, dont la collection complète a été publiée à Leipzig, sont fort estimées.

CLÉMENTINES. On a donné ce nom à des lettres attribuées à saint Clément, disciple et successeur de saint Pierre; il subit le martyre vers l'an 100 après J.-C. Parmi les écrits de saint Clément, on cite *une épître aux Corinthiens*, que les théologiens placent parmi les livres saints. On a publié aussi deux lettres de saint Clément que les théologiens refusent d'attribuer à ce pape, parce qu'elles tendent à démontrer que le judaïsme se trouve au fond du christianisme. On appelle aussi *Clémentines* les décisions du concile de Vienne, publiées par le pape Clément V.

CLÉOBULE. Un des sept sages de la Grèce, contemporain et ami de Solon, né à Lindos, dans l'île de Rhodes, mort vers l'an 560 avant J.-C., dans sa 70e année, et la 55e olympiade; il était fils d'Evagoras. Jeune encore, il entreprit un voyage en Egypte pour apprendre la philosophie de ce peuple. Il n'est guère connu que par ses maximes. C'est lui qui disait entre autres choses : « Heureux le prince qui ne croit rien de ce que lui disent ses courtisans. » On voit par là que les gens de cour étaient déjà suffisamment connus du temps de Cléobule.

CLÉOBULINE, fille du sage Cléobule. Elle se rendit célèbre par son esprit et par sa beauté. Les Egyptiens admirèrent ses énigmes; en voici une, par exemple, qui ferait encore le désespoir de nos petits journaux. « Un père eut douze enfants, et chaque enfant eut trente fils blancs et trente filles noires, lesquels sont immortels, quoiqu'on les voie mourir tous les jours... » Avez-vous deviné? Nous l'avouerons, cependant, il ne faut être ni un Œdipe ni un Joseph pour apercevoir dans cette énigme l'année, ses douze mois, les trente jours et les trente nuits de chacun de ces mois. Cléobuline, qui avait conservé les mœurs des temps héroïques, lavait les pieds des hôtes qui venaient visiter son père.

CLÉOMBROTE, fils d'Anaxandride, roi de Sparte, frère de Cléomène Ier et de Léonidas, fut le tuteur de Plistarque et mourut en 479 av. J.-C. Frère du célèbre Pausanias, qui défit Mardonius à la bataille de Platée.

CLÉOMBROTE, fils de Pausanias II, roi de Sparte, succéda à son frère Agésipolis, qui périt dans une guerre contre les Olynthiens, en 383 av. J.-C. Il fit la guerre aux Thébains; il fut tué, après neuf ans de règne, à la bataille de Leuctres en Béotie, gagnée par Epaminondas.

CLÉOMBROTE, roi de Sparte, se fit élire, grâce aux intrigues de Lysander, au mépris des droits de Léonidas, son beau-père. Léonidas ayant été rétabli quelques années plus tard, Chilonis, femme de Cléombrote, qui avait quitté son mari pour suivre son père dans l'exil, apprit que le nouveau roi venait de proscrire Cléombrote; elle alla se jeter aux pieds de son père et obtint pour son époux que la peine de mort fût commuée en celle de l'exil. Léonidas avait mis la condition que sa fille resterait auprès de lui; mais elle aima mieux suivre son mari.

CLÉOMÈDES. Ecrivain grec qui ne nous est connu que par son livre sur la *Théorie circulaire des astres*. On présume que Cléomèdes vivait quelques années avant l'ère chrétienne. Il y a eu deux éditions du livre de Cléomèdes, l'une grecque et l'autre latine (1498, 1539).

CLÉOMÈDES, fameux athlète d'Astypalée en Grèce, qui était d'une force extraordinaire, vivait vers 490 av. J.-C. Furieux d'avoir été privé du prix qu'il avait gagné à la lutte sur un habitant d'Epidaure, qu'il avait tué d'un coup jugé appliqué contre les règles, il rompit, dit-on, la colonne d'une école sous laquelle il y eut soixante enfants d'écrasés. Il se cacha alors dans un coffre dont il tint avec tant de force le couvercle fermé sur lui, qu'on ne put l'ouvrir; mais quand on l'eut brisé, on fut bien surpris de ne le plus trouver. L'oracle de Delphes, consulté sur cet événement, répondit qu'il était le dernier des héros et qu'on devait lui rendre les honneurs divins.

CLÉOMÈNE Ier, roi de Sparte, fils et successeur d'Anaxandride. Il monta sur le trône en 519 av. J.-C.; il renversa les Pisistratides, tyrans qui régnaient à Athènes. Il défit aussi les Argiens dans une bataille sanglante; 5,000 Argiens s'étant réfugiés dans une forêt voisine, Cléomène y fit mettre le feu. Il marcha ensuite contre les Eginètes, qu'il châtia cruellement. Peu scrupuleux sur les engagements qu'il prenait vis-à-vis de ses ennemis, il ne craignit pas de rompre une trêve conclue avec les Argiens et de les attaquer de nuit, en disant que les nuits n'étaient pas comprises dans la trêve. Il se perça de son épée dans un accès de folie furieuse, en 489 av. J.-C.

CLÉOMÈNE II, roi de Sparte, fils de Cléombrote, succéda, en 371 av. J.-C., à son frère Agésipolis II, qui n'avait régné qu'un an. Son règne, dont la durée fut de près de 61 ans, ne présenta aucun événement remarquable.

CLÉOMÈNE III, roi de Sparte, fils de Léonidas, lui succéda à l'âge de 17 ans, en 238 av. J.-C. Il résolut de renverser les éphores, dont l'autorité contre-balançait celle des rois. Ses victoires sur les Achéens lui facilitèrent l'exécution de ce projet. De retour à Sparte, il fit assassiner les éphores et condamna 80 citoyens au bannissement. Le peuple, consterné, se soumit aux nouvelles lois qu'il imposa. Il rétablit la législation de Lycurgue, abolit les dettes, établit un nouveau partage des terres, et proscrivit le luxe. Après avoir ainsi affermi son pouvoir, il porta ses armes en Arcadie, en Elide et dans l'Achaïe. Aratus, chef des Achéens, ayant été défait, appela à son secours Antigone, roi de Macédoine. Les Spartiates furent défaits à Sélasie. Cléomène fut alors obligé de quitter Sparte et de se réfugier en Egypte, où il fut accueilli par Ptolémée Evergète, roi de ce pays. Cependant son successeur le fit emprisonner. Cléomène parvint à briser ses fers, excita un soulèvement populaire qui fut comprimé, et se donna la mort en 221 av. J.-C. Plutarque a écrit la vie de Cléomène.

CLÉONYME, fils de Cléomène II, roi de Sparte. Son père l'ayant privé de la couronne pour la donner à son neveu Aréus, Cléonyme implora le secours de Pyrrhus. Celui-ci assiégea vainement Sparte; les femmes combattirent elles-mêmes pour la défense de la cité, et forcèrent Pyrrhus à lever le siége, en 273 av. J.-C.

CLÉOPATRE, nièce d'Attale, fut éperdument aimée de Philippe, roi de Macédoine, qui l'épousa après avoir répudié Olympias, mère d'Alexandre le Grand. A la mort de Philippe, Olympias se vengea de sa rivale en faisant brûler vifs les enfants qu'elle avait eus de Philippe, et en la forçant ensuite de s'étrangler.

CLÉOPATRE, fille de Philippe, roi de Macédoine, et d'Olympias. Elle épousa Alexandre, roi d'Epire, son oncle maternel. Après la mort de son frère, ses généraux se disputèrent la main de Cléopâtre pour arriver plus sûrement au trône. Après avoir flatté tour à tour d'un vain espoir Perdiccas et Eumènes, elle alla en Egypte pour donner sa main à Ptolémée, fils de Lagus. Mais Antigone, prévenu de son dessein, la fit assassiner, en 308 av. J.-C.

Vue de Dieppe.

CLÉOPATRE, fille d'Antiochus, roi de Syrie, épousa Ptolémée Epiphane, roi d'Egypte. Antiochus avait favorisé ce mariage dans l'espoir de s'emparer plus facilement de l'Egypte, où Ptolémée se maintenait sous la protection précaire des Romains. Après la mort de son époux, elle gouverna avec sagesse pendant la minorité de son fils Philométor.

CLÉOPATRE, fille de la précédente et de Ptolémée Epiphane, veuve et sœur de Ptolémée-Philométor. Elle ne put conserver la couronne d'Egypte à son fils. Le sénat romain exigea qu'elle épousât Ptolémée-Physcon, roi de la Cyrénaïque. Son fils ne devait régner qu'à la mort de Physcon. Malgré cette convention, le nouveau roi fit égorger le jeune prince dans les bras de sa mère, le jour même de ses noces.

CLÉOPATRE, fille de la précédente et de Ptolémée-Philométor. Elle devint la femme de trois rois de Syrie, et fut mère de quatre princes qui parvinrent au trône. Elle épousa d'abord Alexandre Bala. Elle épousa ensuite Démétrius; celui-ci l'ayant répudiée pour Rodogune, elle donna sa main à son frère Antiochus. Séleucus, qu'elle avait eu de Démétrius, voulut monter sur le trône de son père; mais sa mère prévint ses desseins en le poignardant de sa main. Ce meurtre souleva le peuple contre elle. Elle fut obligée d'abdiquer en faveur d'Antiochus, son second fils. Dès que le jeune roi voulut s'affranchir de l'autorité de sa mère, celle-ci fit préparer un poison qu'elle lui présenta. Le prince, soupçonnant la scélératesse de sa mère, l'obligea de prendre le poison qu'elle avait préparé pour lui. Elle mourut, ainsi en 120 av. J.-C. Corneille a donné un rôle à Cléopâtre dans sa tragédie de *Rodogune*.

Cléopatre, sœur de la précédente et fille de Ptolémée-Philopator. Elle épousa Ptolémée-Physcon, son oncle, qui répudia la mère pour épouser la fille. Ce prince mourut bientôt après, en laissant le trône d'Egypte à Cléopâtre, avec la liberté de s'associer celui de ses deux enfants qu'elle voudrait. Cléopâtre appela au trône Alexandre, son second fils. Le peuple contraignit bientôt la reine, qui s'était souillée de crimes, à abdiquer; elle forma alors le projet de se débarrasser de son fils qui refusait de lui laisser partager l'autorité; mais celui-ci la prévint en la faisant assassiner, en 89 av. J.-C.

Cléopatre, surnommée Sélené, autre sœur de la précédente. Elle se maria trois fois. Elle épousa d'abord Ptolémée Lathyre, son frère. Celui-ci, ayant été chassé d'Egypte par Cléopâtre, leur mère, Sélené épousa Antiochus VIII. A la mort de celui-ci, elle épousa Eusèbe, fils d'Antiochus de Cyzique. Assiégée dans Ptolémaïs par Tigrane, roi d'Arménie, elle tomba en son pouvoir et fut mise à mort.

Cléopatre, reine d'Egypte, fille de Ptolémée Aulète. Son père ordonna en mourant que le trône d'Egypte fût occupé par Ptolémée-Denys, son fils aîné, et Cléopâtre, avec ordre de se marier ensemble. Ptolémée répudia et fit exiler sa sœur, afin de régner seul; il fit casser le testament de son père par Pompée, qui disposa en sa faveur du trône d'Egypte. Pompée ayant été vaincu à Pharsale, s'enfuit en Egypte et y fut massacré par ordre de Ptolémée. César étant venu à son tour en Egypte, y reçut les plaintes de Cléopâtre. Elle était douée de tous les charmes capables de faire la plus profonde impression. Elle dut employer la ruse pour parvenir jusqu'à César et tromper la vigilance de la garde égyptienne : elle se fit envelopper dans un tapis et porter ainsi dans la chambre de César. Dès que le dictateur la vit, sa cause fut gagnée. Il ordonna qu'elle gouvernât conjointement avec son frère. César eut de Cléopâtre un fils nommé Césarion; il promit de l'épouser et de la conduire à Rome. Il avait l'intention de proposer au peuple une loi qui permît aux citoyens romains d'épouser même des étrangères. A son retour à Rome, il fit placer la statue de Cléopâtre dans le temple de Vénus à côté de celle de la déesse. Ptolémée s'étant révolté contre César, fut vaincu et forcé de se noyer dans le Nil. César donna alors la couronne à Cléopâtre et à son autre frère; mais cette princesse, ne pouvant souffrir ce partage du pouvoir, fit empoisonner son jeune frère à l'âge de quinze ans. Après la mort de César, Antoine, qui venait de triompher des dernières armées républicaines à Philippes, cita Cléopâtre devant lui pour répondre à certaines accusations. Celle-ci se promit de séduire le triumvir comme elle avait déjà séduit César. Elle partit sur une galère étincelante de dorures, enrichie des plus belles peintures, dont les voiles étaient de pourpre et mêlées d'or; les rames d'argent s'agitaient au son d'une musique douce et voluptueuse. Cléopâtre, habillée en Vénus, sortant du sein des flots, se montrait sous un magnifique dais de drap d'or. Ses femmes représentaient les nymphes et les Grâces; la proue et la poupe étaient couvertes de belles jeunes filles déguisées en amours; quelques-unes étaient couchées à ses pieds. Elle remonta ainsi le Cydnus. Il n'en fallait pas tant pour tourner la tête à Antoine. Les soldats, frappés d'admiration, s'écrièrent que Vénus venait trouver Bacchus. Antoine sacrifia aussitôt la belle Lycoris, sa maîtresse, et passa plusieurs mois au milieu des fêtes. Elles furent renouvelées à Alexandrie avec une magnificence inouïe. A la fin d'un repas, Cléopâtre détacha de son oreille une perle admirable, d'un prix inestimable; elle la jeta dans une coupe pleine de vinaigre, et l'avala pour se donner la satisfaction de consommer en un instant autant de richesses que son amant pouvait en posséder. Cléopâtre ne quitta pas un seul instant Antoine, ni le jour, ni la nuit. Ils jouaient aux dés, buvaient et chassaient ensemble. Elle accompagnait même Antoine, qui aimait à se déguiser et à se mêler à une troupe de libertins pour aller courir la ville pendant la nuit et chercher querelle aux gens du peuple. Pêchant un jour à la ligne avec Cléopâtre, Antoine, chagriné de ne rien prendre, ordonna à des plongeurs d'attacher secrètement des poissons à son hameçon. Cléopâtre, s'apercevant de la supercherie, fit accrocher à l'hameçon d'Antoine un poisson salé. Elle lui dit alors en éclatant de rire : « Mon général, laissez-nous la ligne, à nous souverains du Phare et de Canope. Votre pêche, à vous, ce sont les villes, les peuples et les empires. » Antoine, de retour d'un voyage qu'il fit à Rome, rentra en triomphateur dans Alexandrie, et fit proclamer Cléopâtre reine d'Egypte, de Chypre et de Syrie, et les enfants qu'il avait eus d'elle, rois des rois. Antoine ayant répudié sa femme Octavie, sœur d'Octave, pour plaire à Cléopâtre, cette répudiation devint le signal de la guerre civile. Antoine fut défait à Actium en 31 av. J.-C. La victoire eût peut-être été décidée en faveur d'Antoine, si Cléopâtre, effrayée du tumulte du combat, n'avait pris la fuite entraînant avec elle la flotte égyptienne. Antoine la voyant fuir, la suivit et renonça à continuer le combat. Tous deux se rejoignirent à Alexandrie. Cléopâtre ayant appris qu'Octave, qu'elle avait espéré séduire, voulait se dé-

Diane, suivie de ses nymphes, chasse dans les bois.

faire d'elle et convoitait ses trésors, fit éprouver sur des esclaves les poisons qui pourraient la délivrer de la vie avec le moins de douleur, et trouva que la morsure de l'aspic était préférable à tout autre poison. Dès qu'elle eut appris qu'Antoine s'était percé de son épée, elle n'hésita plus à se donner la mort; elle se fit apporter une corbeille de fleurs, au milieu desquelles se trouvait un aspic; elle tendit ses bras au reptile et mourut bientôt après, en l'an 30 av. J.-C. Elle était âgée de 39 ans. Après sa mort, l'Egypte fut réduite en province romaine.

CLÉOPHON, célèbre démagogue athénien; Platon composa contre lui une comédie intitulée: *Cléophon*. Après la bataille des Arginuses, il fit rejeter les propositions de paix des Spartiates. Le parti aristocratique le fit condamner à mort, en 405 av. J.-C. Il a laissé un *Discours contre Critias*, qui est cité dans la *Rhétorique* d'Aristote.

CLEPSYDRE, chronomètre en usage dans l'antiquité. La clepsydre était établie sur ce principe que l'eau, en s'échappant par un orifice étroit pratiqué à la partie inférieure d'un vase rempli de ce liquide, peut servir, en tombant goutte à goutte, à mesurer le temps qui s'écoule pendant l'épuisement de la totalité du liquide. On attribue l'invention de la clepsydre aux Egyptiens; mais on préférait généralement les cadrans solaires; car l'eau tombait avec plus ou moins de rapidité suivant le degré de pesanteur de l'air, et suivant la pression exercée par la masse plus grande de liquide. On remédia cependant à cet inconvénient, en remplaçant l'eau à mesure qu'elle s'écoulait. Platon introduisit cet instrument en Grèce; Scipion Nasica l'apporta à Rome vers 150 av. J.-C. A Rome, la clepsydre marquait le temps pendant lequel les orateurs devaient parler.

CLERC, nom donné, au moyen âge, à tous les ecclésiastiques; il devint plus tard synonyme de travail, parce qu'il n'y avait guère que les églises qui possédassent quelque instruction. On appelait *clercs réguliers* les prêtres qui vivaient en communauté. Il y avait aussi les *clercs chanoines*, et les *clercs acéphales* (sans chef), qui ne vivaient pas en commun avec leur évêque. Dans les parlements, il y avait des conseillers clercs qui étaient des magistrats revêtus d'une charge ecclésiastique. Aujourd'hui le mot clerc ne sert plus à désigner que ceux qui font un stage dans les études de notaires, d'avoués ou d'huissiers.

CLERCS OU FRÈRES DE LA VIE COMMUNE. Ils furent institués vers la fin du XIVe siècle par Gérard Groot (de Deventer); ils vivaient en communauté dans la même maison. Ils se répandirent en Frise, en Westphalie, et surtout en Flandre.

CLERCS RÉGULIERS. On appelait ainsi au moyen âge des prêtres vivant en communauté. Ils n'étaient pas toujours liés à leur communauté par les vœux. Ils formèrent diverses congrégations dont la plus ancienne est celle des *Théatins*, instituée en 1524. On vit ensuite *les clercs réguliers de Saint-Paul* ou *Barnabites*, et les clercs réguliers de la compagnie de Jésus ou *Jésuites*.

CLERC (Nicolas-Gabriel), médecin, né à Baume-les-Dames, en Franche-Comté, en 1726, mort à Versailles en 1798. Il fut médecin des armées du roi en Allemagne en 1757, et contribua à réformer l'organisation des hôpitaux militaires. Il voyagea en Russie, où il fut nommé médecin du grand-duc et directeur de l'école du corps impérial des cadets. Louis XV l'avait chargé de réunir tous les matériaux nécessaires pour composer une histoire générale de la Russie, et lui avait conféré des lettres de noblesse en récompense de ses services. Il a laissé une *Histoire de la Russie ancienne et moderne* et des *Essais sur les maladies contagieuses*.

CLÈRES, ch.-l. de cant. de l'arrond. de Rouen (Seine-Inférieure), à 22 kil. de cette ville. Pop. 906 hab.

CLERFAYT (François-Sébastien-Charles-Joseph DE CROIX, comte DE), feld-maréchal autrichien, né près de Binch en Hainaut en 1733, mort à Vienne en 1798. Il entra au service de l'empereur d'Allemagne, et fit d'abord la guerre contre les Turcs. En 1792, il commanda l'armée autrichienne contre la France, et mérita la réputation du plus habile général qui ait été opposé aux armées républicaines. Il pénétra en Champagne, en forçant une position fortement défendue à la Croix des Bouquets. Il fut ensuite envoyé dans les Pays-Bas, où il perdit la bataille de Jemmapes après une résistance énergique. Il battit en retraite sur le Rhin et répara ses désastres par sa prudence et son habileté. Il combattit dans les Pays-Bas sous le prince de Cobourg. Il décida du succès de la bataille de Nerwinde, où il commandait l'aile gauche de l'armée. Il fut moins heureux contre Pichegru qui le força à abandonner la Flandre. En 1795, Clerfayt commanda l'armée de Mayence, et enleva le camp retranché que les Français avaient établi devant cette ville. Un ordre de l'empereur d'Allemagne lui enjoignit de s'arrêter à Manheim. Désespéré de voir arrêter ainsi le cours de ses succès, il donna sa démission, et se retira à Vienne où il fut nommé membre du conseil de la guerre.

CLERGÉ. Ce mot désigne particulièrement les fonctionnaires du culte chrétien; il ne s'applique pas aux prêtres des autres religions. Clergé dérive du grec *cléros*, qui signifie *sort*, *partage*, s'appliquant ainsi aux hommes qui font profession d'avoir *lot et partage de Dieu*. Jésus n'institua que des apôtres. Après eux vinrent les évêques, qui eurent à leur tour des disciples qui prirent le nom de *prêtres* ou *anciens*. On distingua plus tard diverses sortes d'évêques: *les évêques métropolitains*, *les évêques primats*, *les évêques patriarches*, *les évêques coadjuteurs* et *les chorévêques*. On distinguait aussi *les évêques titulaires* et en exercice des *évêques honoraires*. Au-dessus de tous était *l'évêque de Rome* ou *pape*. La prééminence de Rome sur les autres villes du monde assura celle de l'évêque de cette ville. Peu à peu son autorité s'accrut tellement, qu'il fut considéré comme le père de tous les fidèles. On en vint même à le considérer comme vicaire de Jésus et à proclamer le dogme de l'infaillibilité du pape. Celui-ci ne se contenta plus d'exercer le pouvoir spirituel, il voulut dominer aussi dans les choses temporelles et commander aux rois. Il les destitua, les remplaça, et les rétablit à son gré, armé des foudres de l'excommunication. De là ces guerres qui désolèrent le monde pendant si longtemps, et répandirent un voile funèbre sur l'histoire de ces temps. L'Eglise établit aussi une hiérarchie entre les prêtres. Ainsi elle eut *l'archiprêtre*, qui était au-dessus de *l'archidiacre*, *le grand chantre*, le *grand pénitencier* et *le grand vicaire*. Ils composaient le chapitre épiscopal avec les *chanoines* des cathédrales ou des collégiales. On distinguait deux ordres de chanoines, sans compter les chanoines honoraires. On établit aussi les *tribunaux d'officialité*. Le clergé inférieur comprenait les *curés*, leurs *vicaires*, les *chapelains*, les *aumôniers*, les *clercs mineurs* et enfin les *simples tonsurés*. Avant 1789, il y avait de simples tonsurés qui ne prenaient le costume ecclésiastique que pour jouir de bénéfices lucratifs. Quant aux moines, ils furent généralement laïques jusqu'au IVe siècle; ils étaient recrutés parmi les chrétiens des deux sexes. Il y a eu autrefois des chanoines et des chanoinesses nobles, des moines nobles et des religieuses nobles. Aujourd'hui encore on distingue les religieuses

de chœur, les religieuses converses, et les sœurs tourières. Les ministres de la religion catholique et les corporations religieuses n'ont pas laissé d'acquérir de grands biens par des donations, malgré l'Évangile qui dit: « Imitez celui qui voulut naître dans une crèche, et n'avoir pas à lui de quoi reposer sa tête. » La révolution de 1789, en dépouillant les communautés de leurs immenses domaines, a affaibli, il est vrai, la puissance qu'elles tiraient de leurs richesses; mais cette fortune se reconstitue peu à peu; et M. Dupin aîné a prononcé au Sénat un discours remarquable à propos d'une pétition qui démontrait les inconvénients des donations faites aux communautés religieuses. Les communautés reconnues par la loi ont seules le droit de recevoir par donation. Cependant les corporations non reconnues ont souvent profité de donations par suite de substitutions. Plusieurs fois nos tribunaux ont retenti de scandaleux débats entre des corporations non autorisées, qui se mettaient ainsi au-dessus des lois, et des héritiers injustement dépouillés. La nouvelle constitution cléricale distingue le clergé supérieur et inamovible du clergé inférieur et amovible. Quelques membres du bas clergé se sont quelquefois élevés contre cette distinction qui les met dans la dépendance absolue des évêques et des curés. Nous n'avons pas à examiner les motifs politiques ou purement religieux qui ont fait maintenir cette distinction.

CLERGIE (bénéfice de). (*Voir* BÉNÉFICE.)

CLÉRICATURE, condition du clerc ou ecclésiastique. La cléricature entraînait pour le prêtre le privilège de n'être jugé que par ses supérieurs. Cependant on admettait que le prêtre ne pouvait invoquer ce droit lorsqu'il avait été saisi habillé en laïque. — Ce mot s'entend aussi du stage des clercs qui travaillent dans les études des hommes de loi.

CLERISSEAU (Charles-Louis), architecte, peintre et sculpteur, né à Paris en 1722, mort à Auteuil en 1820. Il fut doyen de l'ancienne Académie de peinture et de sculpture de Paris, et premier architecte de l'impératrice Catherine de Russie. Il a publié les *Antiquités de la France*, les *Monuments de Nîmes*.

CLERKE (Charles), navigateur anglais, compagnon du célèbre Cook, né en Angleterre en 1741. Il fit partie des diverses expéditions entreprises par l'Angleterre dans les mers australes. Dans le dernier voyage de Cook où ce grand homme trouva la mort, Clerke, qui commandait la *Découverte*, prit le commandement de l'expédition et poursuivit les explorations. Il démontra l'impossibilité de traverser les mers de glaces pour arriver au pôle Nord de l'Asie ou de l'Amérique. Il faisait voile vers le port de Saint-Pierre et de Saint-Paul, lorsqu'il mourut, en 1799, en vue des côtes du Kamtschatka.

CLERMONT-EN-ARGONNE, ch.-l. de cant. de l'arrond. de Verdun (Meuse), à 25 kil. de cette ville. Pop. 10,400 hab. Ancienne capitale d'un comté qui relevait de l'empire et qui fut conquis sous Louis XIII et cédé à la France par le traité des Pyrénées. Il fut donné plus tard à la maison de Condé. Commerce de fers.

CLERMONT-EN-BEAUVAISIS, sous-préf. du départ. de l'Oise, à 26 kil. de Beauvais. Pop. 4,200 hab. Tribunal de 1re instance, collège, bibliothèque. Fabriques de bonneterie et de coton, filatures de coton. Commerce de grains et farines. Ancien chef-lieu de comté. On y voit encore l'ancien château des princes de Condé, dont la construction remonte à Charles le Chauve, qui sert aujourd'hui de maison de détention. Patrie de Cassini. Cette ville fut prise par les Anglais en 1359 et en 1415; par le maréchal de Boussac en 1430, et par Lahire en 1534.

CLERMONT-FERRAND, ch.-l. du départ. du Puy-de-Dôme, à 445 kil. de Paris. Pop. 31,000 hab. Siége d'un évêché suffragant de Bourges. Eglise consistoriale calviniste. Tribunal de Ire instance et de commerce, succursale de la Banque de France. Ecole secondaire de médecine, lycée, bibliothèque, cabinet de minéralogie, jardin botanique, laboratoire de chimie des ingénieurs des mines. Facultés des lettres et des sciences, école municipale, école normale primaire. Parmi ses édifices, on remarque une belle cathédrale du XIIIe siècle inachevée, l'église romane de Notre-Dame du Port, les fontaines Delille et du Château-d'Eau. Fontaine pétrifiante de Sainte-Allyre. L'industrie est des plus actives. Fabrique d'excellentes pâtes d'Auvergne, confitures sèches et pâtes d'abricots renommées. Importantes tanneries, distilleries d'eaux-de-vie et de liqueurs; cirerie, salpêtreries. Commerce assez important en toiles, laines, draperies, fils, chanvre, vins, cuirs, etc. Entrepôt de commerce entre Bordeaux et Lyon et entre Paris et le Midi. Patrie de Sidoine, Apollinaire, Savaron, Domat, Pascal, Thomas, Chamfort, Dulaure, d'Assas. Cette ville, très-ancienne, était autrefois la capitale de l'Auvergne et de la basse Auvergne. Elle fut pillée par les Vandales en 408, par Thierry Ier en 532, puis par les Normands au IXe siècle. Le pape Urbain II y prêcha la 1re croisade (1095), et 7 conciles y furent tenus. Elle fut réunie à la couronne de France par Philippe-Auguste en 1212. Sous Louis XIV, elle prit le nom de Clermont-Ferrand par sa réunion à la petite ville de Monferrant, à 2 kil. au N.

CLERMONT-GALLERANDE, village de l'arrond. de la Flèche (Sarthe), à 5 kil. de cette ville. Pop. 1,580 hab. Il fut érigé en marquisat en 1576.

CLERMONT-LODÈVE ou CLERMONT-L'HÉRAULT, ch.-l. de cant. de l'arrond. de Lodève (Hérault), à 14 kil. de cette ville. Pop. 6,226 hab. Tribunal de commerce, collége. Fabriques de draps de troupe et d'étoffes dites limousines, tanneries de peaux de mouton, nombreuses fileries de soie, distilleries d'eaux-de-vie, vinaigreries, tuileries et briqueteries. Commerce de bestiaux.

CLERMONT, ville des Etats-Unis (New-York), à 72 kil. d'Albany. Pop. 1,500 hab. Lord Cornwalis y défit les Américains en 1780.

CLERMONT (Robert, comte DE), 6e fils de Louis IX, né en 1256, mort en 1318. Il épousa Béatrix, fille de Jean de Bourgogne et d'Agnès de Bourbon. Par suite de cette alliance, il devint le chef de la maison de Bourbon, d'où sortit Henri IV.

CLERMONT (Louis BOURBON-CONDÉ, comte DE), né en 1709, mort à Versailles en 1770. Il fut gratifié de plusieurs riches abbayes et notamment de celle de Saint-Germain-des-Prés. Il embrassa la carrière militaire avec l'autorisation du pape, qui lui permit de conserver ses bénéfices. Il assista aux batailles de Fontenoy et de Raucoux et aux siéges d'Anvers et de Namur. Il voulut entrer à l'Académie française, sans d'autre titre que la fondation d'une société des arts. Il fut assez puissant pour y entrer, malgré son insuffisance avérée. Il ne fut pas même capable de prononcer son discours de réception. Roy fit à ce sujet l'épigramme suivante :

Trente-neuf joints à zéro,
Si j'entends bien mon numéro,
N'ont jamais pu faire quarante;
D'où je conclus, troupe savante,
Qu'ayant à vos côtés admis
Clermont, cette masse pesante,
Ce digne cousin de Louis,
La place est encore vacante.

Cette épigramme coûta la vie au malheureux poëte, qui fut assassiné par les valets du comte. Quant à ce dernier, il n'osa plus reparaître à l'Académie. Il ne fut guère plus heureux sur les champs de bataille. Ayant été placé à la tête de l'armée de Hanovre, en 1758, en remplacement du maréchal de Richelieu, il fut complétement défait à Crevelt.

CLERMONT-TONNERRE (comte DE). Cette famille, originaire du Dauphiné, remonte au XIe siècle. L'alliance de Bernardin de Clermont avec Anne de Husson, fille de Charles, comte de Tonnerre, en 1466, fit passer le comté de Tonnerre dans la maison de Clermont. Plus tard, sous Charles IX, ce comté fut érigé en duché.

CLERMONT-TONNERRE (François DE), né en 1629, mort en 1701. Il fut évêque de Noyon. Il fit preuve d'un orgueil et d'une vanité insupportables. Il exigea qu'un chanoine de sa cathédrale lui portât la queue dans les processions. Sur le refus du chapitre, l'affaire fut portée au parlement. L'avocat qui plaidait contre l'évêque dit alors fort plaisamment « que la queue de monsieur de Noyon était une comète dont la maligne influence s'étendait sur toute l'Eglise gallicane. » Il avait la prétention d'être très-versé dans les Ecritures; ainsi, il refusa la dédicace d'une thèse qui ne portait pas la mention suivante : *Viro in Scripturis potentissimo* (à l'homme le plus savant dans les Ecritures). Lorsqu'il prêchait, il lui arrivait parfois de traiter son auditoire de *canaille chrétienne*. Mazarin lui ayant demandé sa bénédiction, il lui dit orgueilleusement : « Je vous donne ma compassion. » Il fut admis à l'Académie française, et, courtisan aussi flatteur qu'il était orgueilleux, il fonda à l'Académie française un prix annuel de poésie dont le sujet était l'*Eloge de Louis XIV à perpétuité*.

CLERMONT-TONNERRE (Gaspard, marquis DE), né en 1688, mort en 1781. Il devint maréchal de France en 1747 et fut créé duc et pair par Louis XV. Il avait assisté aux batailles de Fontenoy, de Raucoux et de Lanfeld, et à la prise de Tournai.

CLERMONT-TONNERRE (Stanislas, comte DE), né en 1747, mort en 1792. Il était fils du marquis de Clermont-Tonnerre. Il fut député de la noblesse de Paris aux Etats généraux de 1789. Il fonda le club des *Amis de la monarchie*, qu'il opposa au *Club des Jacobins*. Il se prononça pour l'établissement d'un système constitutionnel. Il se montra cependant partisan de la liberté modérée; ainsi il siégea à la gauche de l'Assemblée, fut appelé deux fois à la présidence et vota la vente des biens du clergé. Il se chargea même de porter au roi l'adresse rédigée par Mirabeau pour exiger l'éloignement des troupes dirigées sur Paris. Son attachement aux principes monarchiques le désigna à la vengeance populaire, et il en fut victime le 10 août 1792. Il a laissé quelques opuscules politiques.

CLEROMANCIE, sorte de divination en usage chez les Grecs. On plaçait dans une urne des dés, des fèves, des osselets, etc.; on en jetait une partie sur une table, et on prédisait l'avenir d'après les nombres ou les caractères qu'ils paraissaient représenter.

CLERVAL, ch.-l. de canton, arrond. de Beaume-les-Dames (Doubs), à 12 kil. de cette ville. Pop. 1,100 hab. Haut-fourneau. Cette ville, qui dépendait de la principauté de Montbéliard depuis 1365, fut réunie à la France en 1762.

CLÉRY ou NOTRE-DAME DE CLÉRY, ch.-l. de canton, arrond. d'Orléans (Loiret), à 14 kil. de cette ville. Pop. 2,510 hab. Louis XI fut enterré dans l'église Notre-Dame de Cléry.

CLÉRY (Jean-Baptiste CANT HANET), valet de chambre de Louis XVI, né près de Versailles en 1759, mort près de Vienne, en Autriche, en 1809. Il fut le frère de lait du duc de Montbazon, depuis prince de Rohan. Il avait été valet de chambre-barbier du dernier fils de Louis XVI. Péthion, maire de Paris, le choisit pour remplir le même office auprès du roi renfermé dans la prison du Temple. Cléry montra un tel attachement à Louis XVI que celui-ci le recommanda à sa famille dans son testament. Il a publié, à Londres, un journal de ce qui s'est passé à la tour du Temple pendant la captivité de Louis XVI.

CLET (saint), pape. (*Voir* ANACLET.)

CLÉTA, nom d'une des Grâces chez les Spartiates, qui n'en comptaient que deux.

CLEVELAND, ville des Etats-Unis (Ohio), sur le lac Erié, à 86 kil. de Warren. Pop. 43,550 hab. Port. Commerce considérable. Grands ateliers de construction de locomotives. Navigation très-active. Chemin de fer pour Colombus et Cincinnati.

CLÈVES, ville des Etats prussiens (prov. Rhénane), à 10 kil. de Nimègue. Pop. 7,900 hab. Château dit Schwanenburg (château des Cygnes), avec un beau parc. Fabr. de draps et de cuirs. Cette ville fut dévastée au IXe siècle par les Normands, et plus tard devint la résidence des ducs de Clèves. Patrie du général Seidlitz.

CLÈVES (ancien duché de), dans le cercle de Westphalie. Il est borné au N. par le comté de Zutphen, à l'E. par celui de la Marck et les territoires de Cologne et de Munster, au S. et à l'O. par la Gueldre. Il était subdivisé en trois cercles : 1° Clèves, villes principales, Clèves, Calcar; Wesel; 2° villes principales Dinslacken, Wesel; 3° Emmerich, villes principales, Emmerich, Rees. En 1368, s'éteignit la maison des comtes de Clèves, le comté échut aux comtes de Marck. Ce comté fut érigé en duché par l'empereur Sigismond en 1417. Au duché de Clèves-Marck furent réunis ceux de Juliers et de Berg, le comté de Ravensberg, les seigneuries de Raveinstein, Winnenthal et Brekesand. La Gueldre en fit aussi partie de 1538 à 1543. En 1609, Clèves, la Marck et Ravensberg échurent à la maison de Brandebourg et le reste du duché passa à la maison de Neubourg. En 1795, la France obtint de la Prusse la rive gauche du Rhin, et en 1805 une partie de la rive droite. En 1814, toutes ces possessions revinrent à la Prusse. Jusqu'en 1817, Clèves forma un royaume dans la province de Juliers-Clèves-Berg. A cette époque, toutes les provinces du Rhin furent réunies en une seule; Clèves fut adjoint à la régence de Cologne. Aujourd'hui, aucune grande division des Etats prussiens ne porte le nom de Clèves.

CLICHY (club de). Ce club avait été créé, après le 9 thermidor, par les partisans de la réaction et les royalistes, en opposition au club du Panthéon, composé de révolutionnaires. A ce moment, le grand ressort de la révolution était brisé : la république avait perdu cette foi qui avait fait sa force dans les circonstances solennelles, et les hommes ardents et convaincus n'avaient plus conscience de leur valeur. Le gouvernement nouveau, qui succédait à la Terreur, ne fut pas à la hauteur de la mission qui lui incombait : alors qu'il avait à ramener un grand peuple à la vie normale des sociétés modernes, il n'avait pas seulement la puissance de réagir contre les difficultés quotidiennes. Aussi les royalistes, mettant à profit la faiblesse de leurs adversaires, agissaient, par l'intrigue et la corruption, et grandissaient en influence, tandis que le Directoire, par sa mollesse, s'isolait de l'élément national et préparait sa propre chute.

CLICHY-LA-GARENNE, village de l'arrond. de Saint-Denis (Seine), à 7 kil. de Paris. Pop. 17,370 hab. Fabrique importante de produits chimiques, cristallerie. Fabrique de cordes de boyaux. Les rois de la première race y avaient un palais.

CLIENT. On désignait sous ce nom les

citoyens romains qui se mettaient sous la protection d'un patricien. Cette institution remonte à Romulus, qui permit à chaque plébéien de se choisir, dans l'ordre des patriciens, un patron qui fût obligé de le protéger et de faire valoir ses droits chaque fois qu'il aurait besoin de son secours, et comme les fréquents démêlés qui survinrent dans la suite entre ces deux ordres n'auraient pas manqué de faire cesser l'exercice du patronage, Romulus permit à tout citoyen de tuer un patron qui aurait trahi les intérêts de son client. Ces clients étaient généralement d'anciens habitants du Latium, des étrangers accourus à Rome, des affranchis, et des esclaves fugitifs qui acceptaient du patricien quelques arpents de terre moyennant un bail onéreux. Les obligations du client devinrent fort lourdes dans la suite : il devait doter les filles de son patron, le racheter s'il était fait prisonnier, l'aider à soutenir ses procès, appuyer sa candidature aux charges publiques, et manifester pour lui, en toute occasion, le plus grand respect. Le patron héritait des biens de son client mort sans testament. Tous les plébéiens n'étaient pas clients; ceux-ci s'efforçaient même de se soustraire au servage de la clientèle pour entrer dans la plèbe. Cette vassalité entraîna plusieurs fois des désordres graves, et elle finit par disparaître par suite du développement d'institutions démocratiques et de l'admission de tous les citoyens dans les comices populaires.

CLIFFORD, village d'Angleterre (Hereford), à 4 kil. de Hay. Pop. 810 hab. Ruines de l'ancien château des comtes de Clifford.

Clifford (Georges), comte de Cumberland, né en 1558, dans le Westmoreland. Il s'illustra sous le règne d'Elisabeth par ses expéditions maritimes. Mais d'abord ce fut à la cour qu'il brilla par son luxe et son adresse dans les tournois. Plus d'une fois Elisabeth le choisit pour son chevalier, et, un jour même, elle lui donna un de ses gants qu'il fit orner de pierreries et porta désormais suspendu à son cou. Sa première expédition, dirigée contre les Açores, ne fut pas heureuse; il y perdit presque tout son monde. Au retour, le vaisseau qui le portait échoua sur la côte de Cornouailles. Loin de se rebuter, il se remit en course avec 11 navires dans les mers de l'Inde, contre les Espagnols et les Portugais. Un rôle politique le rappela en Europe : il fut un des juges de Marie Stuart; ennemi déclaré du comte d'Essex, il concourut à sa disgrâce, et mourut en 1605, fort appauvri par ses dépenses fastueuses.

CLIFFORT (Thomas), grand trésorier d'Angleterre, né en 1630, mort en 1673. Sa jeunesse fut très-dissipée. A la suite de longs voyages à l'étranger, il embrassa la religion catholique. En 1660, il fut appelé à siéger au parlement qui rétablit les Stuarts. Charles II le créa chevalier baronnet. Clifford suivit le duc d'York dans l'expédition de Bergen contre les Hollandais. Nommé plénipotentiaire auprès des rois de Suède et de Danemark, il entra ensuite au conseil privé, puis devint trésorier de la maison royale. Son éloquence et son habileté lui valurent un avancement rapide; il fut un des cinq conseillers intimes qui s'efforcèrent de rendre le roi indépendant du parlement. En récompense du service qu'il rendit à la couronne par la suppression pendant un an des payements de l'Echiquier, il fut élevé à la pairie et obtint le bâton de lord grand chancelier. Le 19 juin 1673, dégoûté de la vie politique, il résigna ses emplois et se retira dans ses terres, où il ne tarda pas à mourir.

CLIFTON, ville d'Angleterre (Glocester), près de Bristol. Pop. 12,400 hab. Célèbres sources thermales; bains fréquentés. Courses de chevaux en avril.

CLIMA, mesure agraire des anciens Romains; elle équivalait à trois ares environ.

CLIMAT, division de la terre admise par les anciens géographes. Ils admettaient trente zones parallèles ou *climats*, calculées d'après la longueur des jours et des nuits. Ils comptaient 24 climats, correspondant chacun à une demi-heure, de l'équateur au cercle polaire, chacun de ces climats ayant, pendant le solstice d'été, le jour d'une demi-heure plus long que le climat qui le précédait. On comptait, en outre, six climats correspondant à un mois, à chacun des pôles. Aujourd'hui le climat n'indique guère que l'état thermométrique d'une contrée. On distingue les climats chauds des climats froids ou tempérés. Alexandre de Humboldt, qui a déterminé les lois de la climatologie, définit ainsi le mot *climat* : « Il embrasse, dans son acception la plus générale, toutes les modifications de l'atmosphère dont nos organes sont affectés d'une manière sensible, telles que la température, l'humidité, les variations de la pression barométrique, la tranquillité de l'air ou les effets de vents hétéronymes, la pureté de l'atmosphère ou ses mélanges avec des émanations gazeuses plus ou moins insalubres, enfin le degré de diaphanéité habituelle, cette sérénité du ciel, si importante par l'influence qu'elle exerce non-seulement sur le rayonnement du sol, sur le développement des tissus organiques dans les végétaux et la maturation des fruits, mais aussi par l'ensemble des sensations morales que l'homme éprouve dans les zones diverses: » A ce point de vue, la climatologie est l'une des branches les plus importantes de l'ethnologie. Les mêmes climats peuvent se rencontrer sous des latitudes très-diverses, et par suite ils offrent à l'homme les mêmes éléments et les mêmes conditions d'existence. On sait que les climats exercent la plus grande influence sur la condition physique de l'homme et des animaux. Dans les climats chauds, les tissus sont plus relâchés, ce qui prédispose l'homme à l'indolence, mais le système nerveux est plus exalté. Dans les climats froids, le besoin de réparer les forces et de renouveler la digestion, dont le travail est plus rapide, dispose l'homme à la gourmandise. Le besoin d'activité est plus grand, et par suite l'homme est plus laborieux. Il faut aussi tenir compte de la constitution sociale et des efforts de la volonté qui parviennent souvent à opérer de merveilleuses réactions contre les dispositions climatériques. Une race transportée sous un autre climat finit par perdre sa constitution primitive, et par se perdre dans la population autochthone. Cependant une transition trop brusque détruit souvent les organes de la vie. L'influence du climat détermine souvent la constitution politique d'un peuple. Ainsi les races asiatiques sont portées de bonne heure au mariage; le développement intellectuel de la femme étant dans les mêmes rapports que sa précocité physique, elle a dû être placée dans une tutelle permanente et dans une sorte d'esclavage. Les passions de l'homme ont introduit la polygamie. Celle-ci amenait nécessairement dans la famille une sorte de despotisme; et comme la constitution politique d'un peuple se calque toujours sur la constitution de la famille, le despotisme le plus absolu s'est facilement établi, et il n'a fait que s'accroître en raison de la dégradation morale des Orientaux. Dans les climats tempérés, les fonctions physiques et intellectuelles sont dans un certain état d'équilibre qui permet la culture de l'esprit et favorise le développement des qualités morales. Le régime politique qui convient seul à ces peuples est celui qui consacre une juste liberté.

CLINQUANT, petite lame d'or ou d'argent, quelquefois de cuivre, dont on se sert dans les broderies et dans les garnitures de robes.

> On préfère aujourd'hui le solide au brillant.
> Pourquoi, quand l'or est bon, y mêler du clinquant.

Ce mot s'emploie pour désigner le faux brillant dans les ouvrages d'esprit, Boileau a dit dans ce sens :

> Tous les jours à la cour un soldat de qualité,
> Peut juger de travers avec impunité,
> A Malherbe, à Racan, préférer Théophile,
> Et le *clinquant* du Tasse à tout l'or de Virgile.

CLINTON, village des Etats-Unis (New-York), à 14 kil. d'Utica. Haute école classique fondée en 1812. Bibliothèque.

Clinton (Henri), général anglais qui acquit une triste renommée dans la guerre de l'indépendance américaine. Il fit ses premières armes dans le Hanovre. En 1775, on l'envoya en Amérique avec le grade de major général. Il y déploya contre les insurgés toute la ténacité qui le distinguait. On le vit, au combat de Bunkers-Hill, près Boston, ramener les Anglais qui pliaient et enlever les positions de l'ennemi. Il dirigea deux attaques contre New-York, où il entra la seconde fois, battit les Américains à Long-Island et prit, en 1778, le commandement général de l'armée, à la place de Howe. L'année suivante il s'empara de Charleston; mais il échoua contre Rhode-Island, où les Français s'étaient solidement établis. Son expédition dans le New-Jersey le déshonora; il y déploya la barbarie d'un cannibale, et fit fusiller des vieillards et des femmes. En outre, il ne rougit pas d'appeler la trahison au secours de ses armes et de chercher à corrompre les officiers américains. Rappelé en 1782, il fut nommé gouverneur de Limerick, puis de Gibraltar, où il mourut en 1795. Il a écrit pour sa justification des *Mémoires sur la guerre d'Amérique*.

Clinton (Georges), né dans le comté d'Ulster (Etats-Unis d'Amérique) en 1739, mort à Washington en 1812. Il montra de bonne heure un caractère indépendant. A l'âge de 16 ans, il montait sur un corsaire, puis prenait part à la guerre qui se termina par la conquête du Canada. Il s'adonna ensuite à l'étude des lois, fut envoyé par sa province à l'assemblée coloniale de 1775, puis au congrès, où il siégea rarement, aimant mieux servir son pays par l'épée dans la lutte qu'il avait à soutenir contre l'Angleterre. Successivement nommé brigadier général dans les milices et dans la ligne, il défendit vigoureusement les postes établis le long des montagnes et empêcha ainsi Henri Clinton de secourir le général Burgoyne, qui dut capituler le 17 novembre 1777. Elu gouverneur de l'Etat de New-York, il occupa cette haute magistrature durant 18 ans et y rendit de grands services. En 1804, il fut élevé à la vice-présidence des Etats-Unis et conserva cette position jusqu'à sa mort, qui occasionna un deuil général. On doit à la fermeté et à l'éloquence de ce grand citoyen la suppression de la banque générale des Etats-Unis qui asservissait aux négociants anglais le gouvernement américain.

CLIO (du grec *Cleos*, gloire), une des neuf Muses. Elle représentait l'Histoire, qui dispense en effet la renommée. Les sculpteurs anciens la représentaient le front ceint de laurier, et ayant d'une main un papyrus roulé, de l'autre une trompette.

CLION (le), village de l'arrond. de Paimbœuf (Loire-Inférieure), à 20 kil. de cette ville. Pop. 1,100 hab. Sources minérales.

CLIQUET, petit levier qu'on emploie pour empêcher une roue destinée à tourner dans un sens, à se mouvoir dans un sens contraire. Les orfèvres donnent ce nom à la partie supérieure de la brisure qui entre dans la charnière et en sort. Le cliquet s'applique surtout aux roues à rochet, en horlogerie et en mécanique.

CLIQUETIS, bruit que font les armes qu'on entrechoque. Ce mot s'entend aussi d'un bruit de chaînes ou de verres.

CLISSA, ville des États autrichiens (Dalmatie), à 8 kil. de Spalatro, près de l'Adriatique. Place de guerre avec forteresse. Les Vénitiens s'en emparèrent en 1494.

CLISSON, ch.-l. de cant. de l'arrond. de Nantes (Loire-Inférieure), à 24 kil. de cette ville. Pop. 2,750 hab. Belles ruines de l'ancien château des seigneurs de Clisson. Fabriques de toiles et mouchoirs.

CLISSON (Olivier DE), connétable de France sous Charles VI, né en Bretagne en 1336, mort en 1407. Olivier n'était âgé que de 7 ans quand son père fut décapité à Paris, par ordre de Philippe de Valois, pour avoir livré aux Anglais la place de Vannes, dont il était gouverneur. Il fut élevé à Londres avec le fils d'Edouard III. A l'âge de 20 ans, il se distingua au siége de Vannes; il prit une part plus complète encore à la bataille d'Auray qui mit fin, en faveur de Montfort, à la longue et sanglante compétition du duché de Bretagne. A quelque temps de là, il se brouilla avec Jean VI, qui avait donné au brave Jean Chandos le château de Gavre, réunit ses hommes d'armes, attaqua le château et le détruisit. Charles V, le prudent roi de France, ne manqua point de mettre à profit le mécontentement du fougueux Clisson, l'attira à sa cour, et le nomma son *lieutenant* en Guyenne, où les *Malandrins*, soudoyés par l'Angleterre, furent battus par le rude Breton, ce qui donna à du Guesclin le temps de revenir d'Espagne. En 1360, les deux héros se virent et se jurèrent amitié éternelle. Cependant, le duc de Bretagne, ayant feint d'oublier ses griefs, combla Clisson de caresses, lorsque celui-ci osa retourner dans son pays; mais il avait secrètement ordonné à Balavan, capitaine de son château de l'Hermine, d'arrêter Clisson, de le coudre dans un sac et de le faire jeter à la mer. Balavan n'exécuta que la première de ces instructions, pensant bien que le duc ne tarderait pas à regretter d'avoir commandé un meurtre que suivraient des troubles épouvantables. Il en advint ainsi: le duc se borna à tirer de Clisson une rançon très-lourde. Une réconciliation sincère eut lieu entre eux, et cependant Clisson trouva moyen de ne pas quitter le service de la France. A son lit de mort, Charles V l'avait désigné comme le seul qui fût digne de porter l'épée de connétable. A la bataille de Rosebecq, si funeste aux Flamands, il commanda l'avant-garde de l'armée française. Il songeait à chasser entièrement les Anglais de son pays, lorsque, dans la nuit du 13 au 14 juin 1393, il fut attaqué dans la rue Culture-Sainte-Catherine, à Paris, par Pierre de Craon et une vingtaine de spadassins. Malgré son énergique résistance, il resta sur la place. Ses blessures, quoique nombreuses, étaient légères; il guérit rapidement. Pierre de Craon s'était sauvé en Bretagne, et le duc ne voulut pas le remettre au roi de France qui, très-attaché à Clisson, avait fait de cet attentat une affaire personnelle. Ce fut, on le sait, en marchant contre ce rebelle que l'infortuné Charles VI fut atteint, dans la forêt du Mans, de sa première attaque de folie furieuse. Les oncles du roi, depuis longtemps indisposés contre Clisson par ses hauteurs, se réunirent pour l'accabler. Il s'était retiré en Bretagne; on le cita devant le parlement. En son absence, il fut déclaré *faux, traître*, déchu de sa dignité de connétable et condamné à payer une amende de 100,000 marcs d'argent. Clisson ne voulut jamais consentir à rendre son épée de connétable. Il mourut, en 1407, dans son château de Josselin, laissant une fortune de 1,700,000 livres: ce qui scandalisa fort

ses contemporains, et la réputation de guerrier consommé, souillée, il est vrai, par d'horribles cruautés.

CLISTHÈNE, citoyen d'Athènes. Cet homme énergique contribua à délivrer sa patrie de la tyrannie des Pisistratides (510 av. J.-C.), et cette même année, il remplit les fonctions d'archonte. Banni lui-même, il fut rappelé à Athènes par ses concitoyens et leur donna des lois nouvelles, ou plutôt modifia le code de Solon. On s'accorde à penser que ce fut Clisthène qui imagina la peine de l'ostracisme. Il fut le grand-père de Périclès.

CLITHERŒ, ville d'Angleterre, comté de Lancastre, à 32 kil. de cette ville. Pop. 10,900 hab. Nomme un député. Ruines d'un château construit au XIIe siècle par la famille Lacy. Manufactures de tissus de cotons. Sources minérales.

CLITUS, compagnon d'armes d'Alexandre le Grand, mort vers l'an 326 av. J.-C. Clitus avait été surnommé *le Noir*, pour le distinguer d'un autre Clitus dit *le Blanc*. Au périlleux passage du Granique, cet officier valeureux sauva la vie à Alexandre en perçant de sa javeline Spithridate, général de Darius. En récompense de ce service, il devint un des amis et commensaux du roi. Celui-ci, dans un festin où il avait bu avec excès, s'étant plu à entendre des vers satiriques faits contre certains capitaines macédoniens qui venaient d'être battus par les Barbares, Clitus s'emporta jusqu'à offenser son maître. Alexandre, furieux, et se voyant sans épée, désarme un de ses gardes et frappe Clitus qui tombe mort aux pieds du roi. La douleur de celui-ci fut extrême. Il fit rendre des honneurs publics à la mémoire de sa victime.

CLIVE (Robert, lord), marin célèbre, fondateur de la puissance britannique dans l'Inde orientale. Né en 1725, mort en 1774. Cet homme, dont la fin fut tragique, était le fils d'un jurisconsulte qui le plaça de bonne heure dans les bureaux de la Compagnie des Indes. Envoyé à Madras, il se brouilla avec ses collègues, échangea la plume contre l'épée et se rendit utile à la Compagnie dans la guerre qu'elle eut à soutenir en 1744 contre les Français et les indigènes. Il se distingua aux siéges de Pondichéry, du fort Devicotte et de la ville d'Arcos, qu'il prit et rendit à son nabab. En 1740, de retour en Angleterre, il fut promu au grade de lieutenant-colonel. Six ans après, il reparaissait dans l'Inde, où il châtiait les Mahrattes révoltés. Il eut ensuite affaire au puissant nabab du Bengale, Sourajah-Dowia, qui marcha contre lui avec une armée formidable. Clive n'avait que 1,900 hommes et une faible flottille. Il n'hésita pas cependant à attaquer la nuit l'ennemi, qui prit l'épouvante. Le nabab céda Calcutta et une partie du Bengale. Plus tard, avec l'aide d'un traître nommé Mir-Jaffier, Clive détrôna Dowia qui fut assassiné dans sa fuite, mit à sa place Mir-Jaffier, et tira pour lui et pour l'Angleterre des sommes immenses du nouveau nabab, qui successivement dut mettre ses principales places entre les mains des Anglais. Créé pair d'Irlande et baron de Plassay, en récompense de ses succès, renvoyé dans l'Inde avec le titre de gouverneur général, Clive comprima le nabab d'Aoude et négocia si habilement qu'il obtint pour la Compagnie la souveraineté sur les provinces du Bengale, de Saliar et d'Orissa. Lorsque, s'étant démis de ses emplois en 1767, il revint en Angleterre, l'opinion publique l'accusa de malversation. Le parlement ouvrit une enquête: non seulement il en sortit absous, mais encore on déclara qu'il avait bien mérité de la patrie. Cependant ces imputations avaient développé chez lui un sentiment de mélancolie innée; et Clive, au milieu de ses honneurs et de ses richesses, se tua d'un coup de pistolet.

CLOACINE, divinité de Rome, qui présidait aux égouts de cette ville. Les historiens prétendent que Titus Tatius ayant trouvé une statue dans un cloaque en fit la déesse Cloacine. Plus tard les Romains donnèrent ce nom à la Vénus impudique.

CLOAQUE, aqueduc souterrain, de brique ou de pierre, dont les immenses voûtes s'étendaient sous les rues et les bâtiments de Rome, et portaient au Tibre les immondices de la ville. Rome était élevée tout entière sur ces galeries souterraines.

CLOAQUE (grand), égout célèbre chez les Romains et qu'on appelait aussi l'égout des Tarquins. On en attribue la construction à Tarquin l'Ancien; il était construit avec une sorte de tuf, et était formé de trois rangs d'arches. Pline en a laissé la description. Il affirme qu'un chariot chargé de foin pouvait y circuler. Dion Cassius nous apprend qu'Agrippa parcourut en bateau ses rues souterraines. Néron faisait jeter dans les égouts les victimes de ses orgies nocturnes. Les frais de nettoyage et d'entretien étaient acquittés par un impôt qu'on nommait *cloaccarium*.

CLOCHES, instruments de métal, dont on se sert généralement pour convoquer à quelques cérémonies religieuses. Les Chinois fondaient des cloches plus de 2,000 ans av. J.-C. Les prêtres hébreux agitaient des clochettes dans leurs cérémonies religieuses. A Athènes, les prêtres de Proserpine agitaient également des clochettes dans les solennités en l'honneur de la déesse. A Rome, c'était au son des cloches que l'on annonçait les réponses des oracles ou les événements extraordinaires. Les anciens se servaient aussi de cloches pour annoncer l'ouverture des bains et des marchés. Ce fut au Ve siècle que les chrétiens se servirent de cloches pour convoquer les fidèles. Ils se servaient auparavant de planches sur lesquelles on frappait avec un marteau. La première cloche fut fondue par saint Paulin, évêque de Nola en Campanie. L'usage des cloches se répandit dans tout l'Occident pendant tout le VIe siècle. On cite, parmi les plus célèbres, celles de Notre-Dame de Paris, de Saint-Étienne à Vienne, fondues en 1711 avec les canons pris sur les Turcs, et surtout celles du couvent de la Sainte-Trinité à Moscou, fondues en 1746, et qui pèsent 132,000 livres. C'est Louis XI qui introduisit l'usage d'annoncer l'Angelus aux fidèles trois fois par jour.

CLOCHES (rachat des). Il était d'usage autrefois que les cloches des villes emportées d'assaut appartinssent au grand maître de l'artillerie; les habitants étaient obligés de les racheter à prix d'argent. Cette coutume était tombée en désuétude, lorsque Napoléon Ier la rétablit en 1807, lors de la prise de Dantzig.

CLOCHER, construction en forme de tour, carrée ou ronde, élevée au-dessus d'une église, pour y suspendre les cloches. Les clochers sont surmontés d'un toit aigu ou d'une flèche. Dans certaines campagnes, et notamment dans l'Auvergne, ils n'ont d'autre forme que celle d'une épaisse muraille, percée en petites arcades où l'on suspend les cloches.

CLODION le *Chevelu*, roi des Franks. La vie de ce chef de tribu germanique est enveloppée des ténèbres de la légende. On suppose que Clodion, s'étant avancé en Gaule, prit la ville de Tournai et s'empara de tout le pays jusqu'à la Somme. Les Romains ayant pris sur lui une revanche éclatante, le forcèrent de repasser le Rhin. Plus tard, Clodion répara cet échec, battit le général romain Aétius, et rentra en possession de ses premières conquêtes. Les chroniqueurs portent la date de sa mort à l'année 447.

CLODION (Claude-Michel), sculpteur, né à

Nancy, vers 1745 ou 1747; mort à Paris en 1814. Il eut Moniiot pour professeur. Son genre gracieux, la finesse d'expression qu'il donnait à ses figures, la simplicité naïve des sujets, tout contribua à faire de Clodion un de ces maîtres qui ont trouvé un genre. On aime à citer de lui comme chefs-d'œuvre la *Baigneuse*, l'*Enfant aux raisins*, la *Bergère aux Tourterelles*, la *Jeune fille aux papillons*. Ses terres cuites sont célèbres et très-recherchées. Clodion réussit moins dans le genre sévère. Il a fait cependant deux bons bustes de Tronchet et de la duchesse d'Angoulême. Sa franchise et sa loyauté étaient parfaites.

CLODIUS (Publius), agitateur romain. Il était de l'illustre famille Clodia mais s'en rendit indigne par son caractère turbulent. En Asie, il chercha à mutiner les troupes contre son beau-père Lucullus, qui le cassa, à la tête de l'armée. Il revint à Rome, où par son esprit il se créa des partisans. Audacieux à l'excès, il voulut, sous un déguisement de femme, assister aux mystères de la Bonne Déesse, lesquels se célébraient chez Pompéia, femme de César. Il fut reconnu. L'affaire fit un affreux scandale. Ce ne fut pas sans peine qu'on put donner des juges au puissant Clodius; et encore sur les 56 juges, 31 se laissèrent corrompre. Ne respirant que vengeance, il voulut devenir tribun: mais sa naissance aristocratique s'y opposait. Ne rougissant pas de descendre, il se fit adopter par Fonteius, homme de basse extraction. Une fois nommé tribun, il dirigea toutes ses manœuvres contre Cicéron; qui l'avait chargé dans son procès, fit voter une loi qui atteignait indirectement celui-ci et l'amena à prendre la fuite. Cicéron une fois en Sicile, Clodius put obtenir sa condamnation à l'exil et à la confiscation de ses biens. Mais Milon, l'un des tribuns, s'étant déclaré ouvertement en faveur de Cicéron, une lutte mêlée d'alternatives diverses s'engagea entre ces deux hommes également violents. Le hasard seul d'une rencontre y mit fin. Clodius et Milon se trouvèrent un jour face à face sur la voie Appienne, chacun avec un parti de sicaires bien armés. Les deux troupes s'insultèrent; on en vint aux coups : Clodius, blessé à l'épaule par un gladiateur, s'enfuit dans une hôtellerie voisine, où il fut assiégé et achevé par l'ordre de Milon.

CLODIUS MACER. (Voir MACER.)

CLODOALD. (saint) (*Voir* CLOUD.)

CLODOMIR, 2e fils de Clovis, roi d'Orléans, tué en 524. L'héritage de Clovis embrassait non-seulement la France, mais une grande partie de l'Allemagne. L'Austrasie échut à Thierry, Clodomir fixa son séjour à Orléans; Childebert à Paris, et Clotaire à Soissons. Clodomir ayant attaqué Sigismond, roi de Bourgogne, le défit, s'empara de sa personne et eut la cruauté de le faire jeter dans un puits avec toute sa famille. L'année suivante, Gondemar, frère de la victime, prit sur le roi franc une complète revanche et le fit périr à son tour.

CLODONES, nom que portaient les bacchantes dans la Macédoine.

CLOGHER, petite ville d'Irlande (comté de Tyrone), à 22 kil. d'Omagh. Pop. 530 h. Elle donne son nom à un évêché catholique fondé par saint Patrick, au Ve siècle.

CLOGHNAKILTY, ville et paroisse d'Irlande (comté de Cork), à 30 kil. de cette ville. Pop. 6,380 hab. Elle fut ruinée en 641 et ne put reprendre son ancienne importance.

CLOISON, mur d'une faible épaisseur, généralement en menuiserie, et quelquefois en briques, que l'on pratique dans une maison pour distribuer les appartements. — En anatomie, la cloison s'entend d'une membrane qui sépare deux cavités. — En botanique, on donne ce nom à la membrane qui divise l'intérieur des fruits.

CLOITRE, partie intérieure d'un monastère composée de galeries ou portiques. Le cloître servait aux processions des religieux, et était ordinairement entouré de la chapelle, du réfectoire et du dortoir. Ils étaient quelquefois ornés de sculptures et de riches tableaux. Le cloître désignait quelquefois aussi la maison habitée par les chanoines.

CLONARD, village et paroisse d'Irlande (Meath), à 18 kil. de Trim. Pop. 3,530 hab. Ruines d'une abbaye fondée par saint Finian. Autrefois siége d'un évêché.

CLONES, ville et paroisse d'Irlande (Monaghan), près du canal de l'Ulster. Pop. 21,870 hab. Commerce actif de toiles.

CLONFERT, village et paroisse d'Irlande, comté de Galway, à 70 kil. de cette ville. Pop. 4,100 hab. Siége d'un évêché catholique.

CLONMACNOIS, village et paroisse d'Irlande (King's County), à 8 kil. de Forbane. Pop. 3,845 hab. Ruines d'une ancienne cathédrale et d'une abbaye d'Augustins. Tombeaux de rois et princes irlandais. Autrefois siége d'un évêché.

CLONMEL, ville d'Irlande, cap. du comté de Tipperary (Munster), à 42 kil. de Waterford. Pop. 17,830 hab. Manufacture de coton; produits agricoles, brasseries. Patrie de Sterne. Cette ville donne le titre de comte à la famille Scott.

CLONTARF, bourg d'Irlande, comté de Dublin, à 4 kil. de cette ville. Pop. 1,500 hab. Ancien château et nombreuses villas.

CLOOTS (baron DE), né en 1755 à Clèves, exécuté en 1794, plus connu sous le prénom d'*Anacharsis*, qu'il s'était donné par hommage pour l'antiquité; il fut élevé en France, et embrassa avec ardeur les idées de la Révolution. Il les dépassa même; car la Révolution honorait l'Etre suprême, tandis qu'Anacharsis Cloots faisait profession d'être athée. En 1790, il présenta à l'Assemblée constituante la *Députation du genre humain*, composée d'aventuriers qu'il avait affublés de costumes de tous les peuples. En 1792, les électeurs de l'Oise l'envoyèrent à la Convention, où il vota la mort du roi. Il fut condamné comme agent de l'étranger, et marcha à l'échafaud avec courage, en compagnie d'Hébert, Ronsin, Vimeux et douze autres. Il laissa quelques écrits, entre autres un ouvrage publié à Londres, et intitulé : la *République universelle*.

CLOPINEL. (*Voir* MEUNG) (Jean DE).

CLORE, s'entend, en termes de droit, de l'action d'enceindre un héritage pour en défendre l'accès. La clôture des propriétés et terrains est exigée dans les villes, et la hauteur des murs varie suivant l'importance de la population. Le droit de se clore est considéré comme une conséquence du droit de propriété. Ce mot s'entend aussi des mentions insérées à la fin d'un acte pour exprimer la date, le lieu où il est passé, la présence des témoins et la lecture de l'acte. Il est définitivement clos par la signature. On dit, dans ce sens, clore un inventaire, un testament ou un compte.

CLOS, terrain fermé de murs, de haies ou de fossés. Il s'entend généralement de la portion de terrain formant un verger ou un jardin attenant à un héritage.

> Un amateur du jardinage,
> Demi-bourgeois, demi-manant,
> Possédait en certain village,
> Un jardin assez propre et le clos attenant.
> (La Fontaine.)

CLOSTERCAMP, village des Etats prussiens (province du Rhin), au N. de Dusseldorf. C'est aux portes de ce village que périt le chevalier d'Assas, victime de son dévouement.

CLOSTERSEVEN, bourg du Hanovre, à 27 kil. de Stade. Pop. 850 hab. En 1757, le maréchal de Richelieu y fit mettre bas les armes au duc de Cumberland et à 35,000 Anglo-Hanovriens.

CLOS-VOUGEOT, célèbre vignoble de la Côte-d'Or, à 12 kil. de Dijon, à 22 kil. de Beaune et à 4 kil. de Nuits; il produit des vins rouges des premiers crus de la Bourgogne, environ 300 pièces par an.

CLOTAIRE Ier, 4e fils de Clovis, roi de Soissons, né en 497, mort à Compiègne en 561. Sa part d'héritage était considérable, mais elle ne lui suffisait pas. Pour dépouiller les enfants de son frère Clodomir, il participa à leur meurtre. En 530, il fit avec Childebert la conquête de la Thuringe, et ramena captive la princesse Radégonde, qu'il épousa. Après la mort de Thierry ou Théodebald, roi d'Austrasie, il s'appropria ses Etats. Son propre fils, Chramne, s'étant ligué contre lui avec les Bretons, Clotaire le poursuivit, et fit mettre le feu à une chaumière où cet infortuné s'était réfugié avec sa famille. Le souvenir de cette cruauté empoisonna le reste de sa vie.

CLOTAIRE II, roi de Neustrie, de 585 à 628. Fils de Chilpéric et de Frédégonde, il régna d'abord sous la tutelle de sa mère et la protection de Gontran, roi de Bourgogne. Après la mort de Frédégonde, Clotaire fut dépouillé de presque tous ses Etats par les fils de Childebert II; mais leurs dissensions le firent triompher ensuite. Héritier de la haine maternelle pour Brunehaut, il s'empara de la reine d'Austrasie, et la fit périr par un horrible supplice. Les *leudes*, qui l'avaient soutenu, le sommèrent de remplir ses promesses, et lui arrachèrent une constitution toute favorable à la noblesse. Il commit la faute capitale de vendre aux Lombards, moyennant 35,000 sous d'or, les villes d'Aoste et de Suze. Ce traité déplorable a longtemps fermé aux Français l'entrée de l'Italie. Ayant cédé l'Austrasie à son fils Dagobert, il se vit forcé d'aller le défendre contre les Saxons, qu'il tailla en pièces près du Weser. Depuis ce moment, jusqu'à la fin de son long règne, il ne s'occupa plus que de l'administration intérieure, et sa sagesse lui mérita le titre de *Grand* et de *Débonnaire*.

CLOTAIRE III, régna de 655 à 670. A la mort de Clovis II son frère, il eut en partage la Neustrie et la Bourgogne. Durant dix années, la reine Bathilde sa mère, gouverna pour lui avec une admirable sagesse. Forcée enfin de se retirer devant les intrigues d'Ebroïn, le maire du palais, Bathilde parut chercher une retraite volontaire. Dès ce moment, Ebroïn régna sous le nom du faible roi, qui s'éteignit de langueur à l'âge de 18 ans.

CLOTAIRE IV, roi d'Austrasie, régna de 717 à 720. Cet impuissant héritier de Clovis fut mis sur le trône par la politique de Charles Martel, mais son règne ne fut que nominal. On ne sait rien de lui que son nom : les historiens ne peuvent même affirmer qu'il fut bien réellement de sang royal.

CLOTHO. (*Voir* les PARQUES.)

CLOTILDE (sainte), reine des Francs, née vers 475, morte en 545. Nièce de Gondebaut, roi des Burgondes, elle fut demandée en mariage pour Clovis Ier par Aurélien, personnage consulaire qui, afin de l'éprouver se déguisa en mendiant. Clotilde, fervente chrétienne, ne négligea rien pour amener la conversion de son époux; celui-ci résistait encore lorsque, aux champs de Tolbiac, presque accablé par les forces supérieures des Germains, il s'écria : — « Dieu de Clotilde, si » tu m'accordes de vaincre ces ennemis, et » si j'éprouve l'effet de cette puissance que » le peuple dévoué à ton nom publie avoir » ressentie, je croirai en toi et je me ferai baptiser! » Clovis remporta la victoire et reçut à Reims le baptême avec ses leudes.

Veuve en 511, Clotilde passa le reste de ses jours dans la tristesse. Elle vit son fils Clodomir succomber dans une guerre contre les Burgundes, et les enfants de cet infortuné périr sous les coups de leurs oncles. Sans autorité désormais, elle prit le parti de finir ses jours dans la retraite et mourut à Tours, près du tombeau de saint Martin.

CLOTILDE (église Sainte-). Cette église, bâtie dans le style gothique du XIVe siècle, est érigée à Paris, sur la place Bellechasse, dans le VIIe arrondissement. Elle a la forme d'une croix latine, avec trois nefs; elle est surmontée de deux tours carrées qui se terminent par deux flèches. Cette cathédrale, la plus belle réminiscence des chefs-d'œuvre de l'art gothique, a été commencée en 1846, sous la direction de Gau, et terminée par M. Balu.

CLOTURE, c'est la sanction donnée définitivement à un acte par la signature (*Voir* CLORE). — Ce mot s'entend aussi de l'enceinte d'un héritage ou d'une ville. Les portes, murs, fossés, remparts des villes et des forteresses font partie du domaine public. Les enceintes des villes non fortifiées sont des propriétés communales. Autrefois le droit de se clore était refusé à tous les terrains soumis au droit de parcours et de vaine pâture. Cette restriction a été abolie. Tout propriétaire dont le fonds est enclavé a le droit d'exiger de ses voisins un passage pour l'exploitation de son héritage. Le droit de se clore est même imprescriptible. La hauteur de la clôture est déterminée d'après des règlements particuliers ou des usages constants et reconnus; et à défaut de ces règlements et usages, tout mur de séparation entre voisins doit avoir au moins 32 décimètres de hauteur, compris le chaperon dans les villes de 50,000 âmes et 26 décimètres dans les autres. Cette disposition ne s'applique qu'aux propriétés situées dans l'enceinte des villes et faubourgs; car s'il s'agit de propriétés situées dans la campagne, nul ne saurait être contraint à se clore.

CLOU, petit morceau de fer ou d'autre métal de forme cylindrique, qui a une pointe et une tête, et qui sert à fixer ensemble diverses pièces de bois ou de métal.

CLOU ANNAL. On a d'abord cru qu'il s'agissait là d'un clou que les consuls romains enfonçaient chaque année dans le temple de Jupiter Capitolin pour marquer les années; mais il paraît plus probable qu'il s'agissait purement d'une cérémonie expiatoire.

CLOUD (Saint-), bourg de l'arrond. de Versailles (Seine-et-Oise), à 7 kil. de cette ville et à 10 kil. de Paris. Très-beau château impérial, avec parc, construit en 1658, pour le duc d'Orléans, frère de Louis XIV. Il sert de résidence d'été au souverain. Haras impérial. Cette ville tire son nom actuel de Clodoald, petit-fils de Clovis, qui y bâtit un monastère. Elle fut érigée en duché-pairie en 1674. C'est dans cette ville que Jacques Clément assassina Henri III. C'est dans l'orangerie de ce parc, transformée en salle d'assemblée pour le conseil des Cinq-Cents, que Bonaparte accomplit le coup d'État du 18 brumaire.

CLOUD (saint), 3e fils de Clodomir. Le roi d'Orléans avait placé sous la tutelle de sa mère Clotilde et ses trois fils, Gontaire, Théobald et Clodoald. Les deux premiers périrent sous les coups de leurs oncles Childebert et Clotaire, qui n'avaient pas trouvé de meilleur moyen pour s'assurer de leur héritage. Clodoald, grâce au zèle de quelques serviteurs qui facilitèrent son évasion, gagna le lieu alors sauvage qui a pris du nom de ce prince celui de *Saint-Cloud*. C'est là que le fils de Clodomir vécut et mourut dans une retraite monastique.

CLOVIS Ier, roi des Francs, né en 465, mort en 511. L'établissement des Francs dans la Gaule n'est authentique qu'à partir de ce prince. De Tournay et Cambrai, il pénétra jusqu'à Soissons où il défit Siagrius, général romain. Cette victoire lui valut la possession du pays qui s'étend entre la Somme et la Loire. Nous avons dit plus haut dans quelle circonstance il reçut le baptême (*Voir* CLOTILDE). Sa conversion fut suivie de la soumission des villes de l'Armorique. En 507, il attaqua Alaric, roi des Visigoths, le vainquit près de Poitiers, et refoula ces Barbares vers les Pyrénées. Pour étendre son empire, Clovis fit périr plusieurs chefs francs qui lui portaient ombrage. L'empereur d'Orient Anastase lui décerna les titres de consul et patrice. Clovis laissa en mourant de vastes États à ses quatre fils, qui se les partagèrent.

CLOVIS II, 2e fils de Dagobert, succéda à son père dans le gouvernement de la Neustrie et de la Bourgogne (638). Il laissa le soin des affaires à sa mère Nantilde et aux maires du palais Ega et Erchinoald; il mourut à l'âge de 23 ans, en 656. Il laissa trois fils : Clotaire, Childéric et Thierry.

CLOVIS III, roi de France, fils de Thierry III, lui succéda en 691, à l'âge de 9 ans, et mourut après un règne de 5 ans. Ce fut Pépin d'Héristal qui gouverna le royaume sous ce roi, ainsi que sous le règne de son frère Childebert II.

CLOWN, mot anglais qui signifie paysan. Il n'est plus guère employé que pour désigner un personnage comique de la farce anglaise, une sorte de queue rouge. Le clown se fait remarquer par une rare agilité dans les exercices d'équilibre. Le clown a pris place dans nos cirques, et quelquefois même sur notre scène.

CLOYES, ch.-l. de cant. de l'arrond. de Châteaudun (Eure-et-Loir), à 11 kil. de cette ville. Pop. 2,330 hab.

CLOYNE, ville d'Irlande, comté de Cork, à 25 kil. de cette ville. Pop. 6,500 hab. Siége d'un évêché catholique fondé par saint Colman au VIe siècle. Aujourd'hui évêché de Cloyne-et-Ross. Siége d'un évêché anglican de Cork-Cloyne-et-Ross. Exploitation importante de beaux marbres. On y voit une tour qui a près de 31 mèt. de haut. La cathédrale est très-ancienne.

CLUB, mot anglais qui signifie massue, force; on appelait autrefois *club-company* toute coterie ou association. Ce n'est qu'à l'époque de la Révolution que ce mot est passé dans notre langue pour désigner des réunions politiques. Cependant, il a existé, avant 1789, quelques clubs qui n'avaient pas le caractère politique. Ainsi on vit, en 1785, le *club des Américains*, le *club des Arcades* et le *club des Etrangers*. C'étaient des réunions littéraires. Ils furent supprimés en 1787, et reparurent en 1790. Le premier club fut alors fondé par les députés de la Bretagne aux États généraux; il s'assemblait à Versailles et s'appelait *club Breton*. En 1792, il devint le *club des Amis de la Constitution*, et enfin lorsque l'Assemblée nationale eut été transférée de Versailles à Paris, il se fixa dans le réfectoire des Jacobins de la rue Saint-Honoré, d'où lui vint le nom de *club des Jacobins* (*Voir* JACOBINS) (club des). On vit s'établir en même temps le *club des Cordeliers* (*Voir* CORDELIERS) (club des). Il y eut aussi le *Cercle social* ou *Bouche de fer*. Ce club, fondé par Bonneville, auteur de l'*Esprit des religions*, eut pour objet la propagande des idées républicaines. Les membres de ce club tenaient leurs séances dans une galerie souterraine de l'ancien cirque du Palais-Royal. L'Assemblée nationale régla, par une loi du 19 juillet 1791, l'organisation des clubs. Cette loi contenait la disposition suivante : « Ceux qui voudront former des sociétés ou clubs seront tenus, à peine de 200 livres d'amende, contre les présidents, secrétaires ou commissaires de ces clubs, de faire préalablement, au greffe de la municipalité, la déclaration des lieux et jours de leur réunion, et, en cas de récidive, à peine de 500 livres d'amende. » Une loi du 29 septembre suivant interdisait aux clubs de s'immiscer dans les affaires politiques. Cette loi fut abrogée en 1793. Des nuances profondes dans les opinions politiques distinguaient les divers clubs qui s'établirent alors. Ainsi le *club Monarchique* fut fondé par les partisans de l'ancien régime, par opposition au *club des Jacobins*. Il tenait ses séances dans les salles du Wauxhall, rue de Chartres; il s'établit plus tard rue Saint-Antoine; mais il fut dissous à la suite d'une émeute. Les partisans de la monarchie fondèrent aussi le *club Richelieu*, le *club de la Bibliothèque* et le *club des Mathurins*. Parmi les clubs monarchiques, on cite surtout le *club des Feuillants*, fondé par la Fayette en 1791. Ce club fut établi par suite d'une scission au sein du *club des Jacobins*. La Fayette fut l'auteur de cette scission. Il s'était mis à la tête de la garde nationale pour combattre les citoyens rassemblés au Champ de Mars, qui demandaient la déchéance de Louis XVI et sa mise en jugement. La Fayette avait réprimé cette insurrection par la force des armes; mais cet acte avait porté atteinte à sa popularité. Ses amis se séparèrent alors des Jacobins pour former le *club des Feuillants*. Beaucoup de nobles se glissèrent dans ce club, et parvinrent même à y dominer en affectant un faux zèle démocratique pour mieux perdre la Révolution, qu'ils voulaient combattre. Ce club, supprimé au moment de la Terreur, se reconstitua après les événements de thermidor, sous le nom de club de Clichy (*Voir* CLICHY (club de)). Parmi les clubs les plus avancés, on citait, outre ceux des *Jacobins* et des *Cordeliers*, le *club de la Société fraternelle*, qui se tenait au palais Cardinal, rue Vieille-du-Temple. Il fut fondé par Tallien en 1791. On y professait le patriotisme et le désintéressement; les opinions les plus contraires avaient le droit de s'y produire librement. Le *club du faubourg Saint-Antoine*, était l'un des plus nombreux et se distinguait par le patriotisme le plus ardent. Le *club du Panthéon* dégénéra sous le Directoire, dont il se fit d'abord l'instrument. Cependant il fut dissous ainsi que la plupart des autres clubs, par un décret du Directoire du 5 ventôse an IV, pour avoir tenté de renverser le gouvernement établi par la constitution de l'an III. Les derniers clubs disparurent après les événements du 18 brumaire. Les clubs reparurent pendant les Cent-Jours; mais ils avaient pris alors le nom de fédération. La révolution de 1830 donna lieu à quelques tentatives en faveur du droit de réunion; mais la société des *Amis du peuple* et celle des *Droits de l'homme* n'eurent qu'une courte existence. La révolution de 1848 vit aussi se rouvrir les clubs; mais ils ne survécurent pas à l'insurrection de juin.

CLUNY, ch.-l. de cant. de l'arrond. de Mâcon (Saône-et-Loire), à 23 kil. de cette ville. Pop. 4,190 hab. Collége, bibliothèque. Dépôt d'étalons. Commerce de bois, fourrages, blé, bestiaux. Belle église paroissiale. Patrie du peintre Prudhon.

CLUNY (bénédictins de), congrégation la plus célèbre dans les fastes de notre histoire ecclésiastique, fondée en 910. Ce sont des religieux de l'ordre de Saint-Benoît qui conçurent le projet de cet institut spécial. Ils jetèrent leur premier choix sur Bernon, abbé de Gigny, et vinrent, sous la conduite de ce chef renommé, chercher asile et protection près de Guillaume Ier, duc d'Aquitaine. Les clunistes ne voulaient pas être soumis à la juridiction de l'évêque de Mâcon. Pour s'y soustraire, ils se mirent sous la protection immédiate du Saint-Siége. Ils succombèrent cependant dans cette lutte, et furent contraints de se ranger sous la domination de leur supérieur ecclésiastique. L'ordre de Cluny fut réformé en 930 par Odon. Il a compté parmi ses abbés Pierre le Vénérable et le cardinal Louis de Guise. L'abbé de Cluny prit longtemps le titre d'*abbé des abbés*; mais, plus tard, il s'appela *archi-abbé*. En 1770, l'abbaye de Cluny comptait plus de 600 bénéfices et près de 2,000 maisons en Europe. C'est l'une des abbayes qui ont produit le plus grand nombre de savants et d'écrivains. Elle possédait une bibliothèque considérable qui a été réunie à la bibliothèque impériale.

CLUNY (hôtel de) (*Voir* THERMES (musée des).

CLUNY (collége de), collége fondé en 1269 par Yves de Vergy, abbé de Cluny, en faveur des jeunes religieux de son ordre. Il était situé à Paris, sur la place Sorbonne, et, depuis la Révolution jusqu'en 1815, il servit d'atelier au peintre David. Aujourd'hui il n'en reste plus rien.

CLUSES, ch.-l. de cant. de l'arrond. de Bonneville (Haute-Savoie), à 15 kil. de cette ville. Pop. 2,300 hab. Collége. Fabriques d'horlogerie.

CLUSIUM, une des 12 métropoles de l'Etrurie, et capitale des Etats de Porsenna. Les Gaulois l'assiégèrent en 391 av. J.-C. et envahirent Rome ensuite, pour se venger du secours qu'elle avait donné à Clusium.

CLUSONE, bourg du royaume d'Italie, province de Bergame, à 26 kil. de cette ville. Pop. 3,500 hab. ch.-l. d'arrond. Commerce de grains et de fers.

CLUVIER ou CLUWER (Philippe), célèbre géographe, né à Dantzig en 1580, mort en 1623. Il fut d'abord deux ans soldat en Hongrie, et voyagea ensuite dans une grande partie de l'Europe; il était d'une profonde érudition et connaissait presque toutes les langues européennes; il professa à Leyde, où il mourut.

CLYDE, fleuve d'Ecosse, qui prend sa source au S. de Crawford (Lanark), et se jette dans le golfe de la Clyde, dans le canal du Nord, après un cours de 120 kil.

CLYPEUS. Large bouclier qui était en usage dans l'infanterie des Grecs et que les soldats romains portèrent aussi. Sa forme était tout à fait circulaire, mais il était creux à l'intérieur. Sa circonférence était telle qu'il pouvait descendre du cou au mollet. En s'agenouillant et en plaçant son bouclier droit devant lui, le soldat était protégé contre les attaques. Le clypeus était de bronze ou de peaux de bœuf superposées et couvertes de plaques de métal.

CLYSMIENS (terrains). On appelle ainsi, en termes de minéralogie, des terrains transportés par l'action des eaux, et qui forment ce que l'on appelle les terres d'alluvion.

CLYTEMNESTRE, fille de Tyndare, roi de Sparte, et de Léda; épousa Agamemnon, dont elle eut Oreste, Electre et Iphigénie. Pendant que son époux était au siége de Troie, elle eut des relations criminelles avec Egisthe; Agamemnon fut assassiné à son retour par les deux amants. Il trouva un vengeur dans son fils Oreste, qui, quelques années après, tua les deux coupables. Sophocle et Euripide ont immortalisé cette tragique histoire dans leurs tragédies d'*Electre* et d'*Agamemnon*.

CLYTIE, fille de l'Océan et de Thétis. Apollon, après l'avoir aimée, la délaissa; cet abandon la fit tomber dans un profond désespoir; le dieu, ému de sa douleur, la changea en héliotrope.

CNIDE, ville de l'ancienne Asie mineure (Carie), dans la Doride. On y voyait un temple dédié à Vénus, avec la statue de cette déesse par Praxitèle. Conon y vainquit la flotte des Spartiates, l'an 394 avant J.-C. Patrie de Ctésias et d'Eudoxe.

COACCUSÉ, désignation donnée à un accusé par rapport à ceux qui sont compris dans la même accusation. Si un accusé est momentanément éloigné de l'audience pendant l'interrogatoire d'un coaccusé, ou pendant l'audition d'un témoin, le président doit lui rendre compte de ce qui a été fait et dit pendant son absence.

COADJUTEUR, titre qu'on donnait, au temps de l'empire romain, aux fonctionnaires qui suppléaient les magistrats dans l'exercice de la justice. — Dans l'ordre ecclésiastique, on appelle coadjuteur celui qui est adjoint à un prélat pour l'aider à exercer les fonctions épiscopales. Ils sont généralement désignés pour succéder à l'évêque; ils prennent même ce titre et sont appelés *évêques in partibus*. Le concile de Trente exige que les coadjuteurs remplissent les conditions nécessaires pour être évêques.

COACTEURS, nom que l'on donnait dans l'ancienne Rome à ceux qui exigeaient le prix de ce qui avait été acheté dans les ventes publiques, et qui étaient chargés de faire payer les impositions.

COALITION. On appelle ainsi toute réunion de personnes qui se concertent pour le renversement d'un système établi. On donne aussi spécialement ce nom à la ligue de plusieurs Etats contre un seul: ainsi, dans les temps modernes, on a vu les principaux Etats de l'Europe se liguer contre la république française, lors de la convention de Pilnitz, en date du 27 août 1791, et à diverses époques contre l'empire, notamment de 1813 à 1815. L'Angleterre était l'âme de ces dernières coalitions, et ne maintenait l'alliance des souverains coalisés qu'en prodiguant ses trésors sur le continent, ce qui a fait dire que Napoléon avait été plutôt vaincu par l'or de l'Angleterre que par les armées de l'Europe coalisée. Dans le domaine de la politique, on a souvent donné le nom de *ministères de coalition* à certains cabinets composés d'hommes dont les opinions étaient les plus diverses, mais qui oubliaient leurs divisions pour se liguer contre un autre parti.

COALITION D'OUVRIERS. On appelle ainsi l'association formée par les ouvriers d'une même profession, dans le but d'imposer aux patrons certaines conditions de travail ou de salaire. Sous l'empire de l'ancienne loi, les coalitions de maîtres ou d'ouvriers étaient considérées comme contraires à la li-

Vue de Die (Drôme).

berté du commerce et de l'industrie et tombaient sous l'application du code pénal. Le gouvernement impérial, ému de la situation des ouvriers qui n'avaient guère de moyens pour faire valoir les prétentions les plus justes, a proposé à la législature de 1864 un projet de loi que le Corps législatif, mû par un sentiment de patriotisme éclairé, s'est empressé d'adopter.

COANZA, fleuve de l'Afrique occidentale, dans la Guinée inférieure. Ses sources sont inconnues. Son cours est de 900 kil. environ. Il se jette dans l'Atlantique, à 45 kil. de Saint-Paul de Loanda.

COARRAZE, bourg de l'arrond. de Pau (Basses-Pyrénées), à 17 kil. de cette ville. Pop. 2,350 hab. On voit aux environs les ruines du château où fut élevé Henri IV.

COBAD, roi persan. (*Voir* CABADÈS.)

nonça énergiquement pour la réforme parlementaire.

COBENTZEL (Louis, comte DE), diplomate autrichien, né à Bruxelles en 1753, mort à Vienne en 1808. Il déploya dans toutes les missions qui lui furent confiées une grande habileté. C'est à ses négociations qu'est due la ligue qui se forma contre la France, en 1795, et dans laquelle entrèrent, avec l'Autriche, l'Angleterre et la Russie; il prit part aux traités de Campo-Formio (1797) et de Lunéville (1801). Il renonça à la vie politique à la paix de Presbourg, après avoir été pendant quelque temps ministre des affaires étrangères.

COBLENTZ, capitale de la Prusse rhénane, au confluent du Rhin et de la Moselle, à 108 kil. de Cologne et à 718 kil. de Paris. Pop. 26,000 hab. Place de guerre, entourée

la principauté de son nom, à 120 kil. d'Erfurth, à 815 de Paris. Pop. 12,000 hab. Château ducal, hôtel de ville, arsenal, belle église paroissiale construite en 1401. Collége, bibliothèque, institution de sourds-muets. Fabriques de lainages, toiles, coton, porcelaine, bijouterie, faïence, teintureries, brasseries, blanchisseries. On remarque aux environs le vieux château de Cobourg, transformé en maison d'asile pour les aliénés et en maison de correction. L'origine de Cobourg remonte au XIIe siècle et son importance ne date que de 1485, sous le règne de la ligne Ernestine. Les Hussites l'assiégèrent en 1430, et Wallenstein en 1632.

COBOURG (principauté de SAXE-). (*Voir* SAXE-COBOURG.)

COBOURG (Frédéric-Josie, duc DE SAXE-), feld-maréchal de l'Autriche, né en 1737,

Vue de Digne.

COBADONGA ou CAVADONGA, ville d'Espagne (Asturies), à 48 kil. d'Oviédo. Il y eut autrefois dans ce lieu une célèbre abbaye. En 718, Pélage y fut nommé roi.

COBALES. C'étaient, dans la mythologie grecque, des génies malins et trompeurs de la suite de Bacchus, dont ils formaient la garde, et, pour ainsi dire, la cour. C'est probablement ce que nous appelons *esprits follets, farfadets*, etc.

COBALT, métal qui a été découvert par le chimiste Brandt, en 1733. Il est solide, dur, cassant, ductile au moyen de la chaleur; il est de couleur gris de plomb, à texture grenue. On ne le rencontre jamais dans la nature à l'état de pureté. Ses dissolutions servent à faire le *bleu de Thénard* et une encre sympathique.

COBBETT (William), publiciste anglais, né en 1766 à Farnham (comté de Surrey), mort en 1835. Sous le nom de Pierre le Porc-Epic, il publia aux Etats-Unis où il était passé, plusieurs pamphlets politiques (1792-1800). A son retour à Londres, il fonda le *Political Register*, fit une guerre à outrance au gouvernement et soutint Napoléon contre le ministère. Membre de la Chambre des communes en 1832, il se pro-

de fortifications et défendue par les forts Alexandre et François. Tribunal d'appel. Résidence d'un président supérieur. Direction des douanes. Consistoire évangélique. Ancien château de l'électeur de Trèves. Commerce de vins. Fabriques de tabac, meubles, voitures, fer-blanc vernissé. Port franc. Patrie du prince Metternich. Ville très-ancienne; elle a été une des résidences des empereurs carlovingiens, devint ville libre impériale, et plus tard fut réunie à l'électorat de Trèves. Quartier général des Prussiens et lieu de réunion des émigrés français qui formèrent les armées de Condé, en 1790. Les Français la possédèrent de 1796 à 1814.

COBLENTZ (régence de), subdivision administrative de la Prusse. Elle est bornée au N. par celle de Cologne, à l'E. par la Bavière, le grand-duché de Hesse-Darmstadt, le duché de Nassau et la prov. prussienne de Westphalie, au S. par le grand-duché de Holstein-Oldenbourg et le landgraviat de Hesse-Hombourg, à l'O. par les régences d'Aix-la-Chapelle et de Trèves. Sup. 603,900 hect. Pop. 525,570 hab.

COBOURG, ville d'Allemagne, capitale du duché de Saxe-Cobourg-Gotha, ch.-l. de

mort en 1815. Il eut le commandement de l'armée de Gallicie dans la campagne contre les Turcs (1788-1789). Il combattit Dumouriez, qu'il vainquit à Nerwinde (1792); mais il fut battu par Moreau à Tourcoing (1793), et par Jourdan à Wattignies et à Fleurus (1794). Ces défaites successives lui firent résigner son commandement, et il se retira dans sa principauté d'Aldenhoven, où il vécut ignoré. Sous la Révolution, son nom fut accolé à celui de Pitt, et l'insulte la plus grave qu'on pouvait lancer à un Français, à cette époque, était de l'appeler partisan de Pitt et Cobourg.

COCAGNE (pays de), contrée imaginaire où les habitants sont censés vivre dans une heureuse abondance. Il s'agit là d'un rêve enfanté par l'imagination de nos anciens romanciers, pour consoler nos pères de leurs maux très-réels. Legrand, poëte du XVIIIe siècle, en a fait le sujet d'une spirituelle comédie.

LUCELLE.

Et ce qu'on entend dire.
De ce charmant pays, est-ce une vérité?

BOMBANCE.

Oui, l'on le peut nommer un séjour enchanté,
Et je doute qu'au monde il en soit un semblable.

ADMINISTRATION, IMPASSE DES FILLES-DIEU, 5, A PARIS.

ZACORIN.

Est-il vrai qu'on y passe et jour et nuit à table,
Qu'on y marche en tout temps, sans crainte des voleurs,
Qu'on n'y souffre avocats, sergents, ni procureurs;
Que l'on n'y plaide point, qu'on n'y fait point la guerre,
Que sans y rien semer tout vient dessus la terre,
Que le travail consiste à former des souhaits,
Que l'on y rajeunit, et que de nouveaux traits....

BOMBANCE.

Il n'est rien de plus vrai, mais prêtez-moi l'oreille.
Je vais vous raconter merveille sur merveille.
Quand on veut s'habiller, on va dans les forêts,
Où l'on trouve à choisir des vêtements tout prêts :
Veut-on manger? les mets sont épars dans nos plaines,
Les vins les plus exquis coulent dans nos fontaines,
Les fruits naissent confits dans toutes les saisons
Les chevaux tout sellés entrent dans nos maisons.
Le pigeonneau farci, l'alouette rôtie,
Nous tombent ici-bas du ciel comme la pluie.

COCARDE, insigne militaire, autrefois représenté par une aigrette imitant la crête du coq. L'usage de la cocarde se répandit au XVIIe siècle. Les armées ennemies, n'ayant pas d'uniforme, se distinguaient par la cocarde; elles étaient alors en papier. Pendant la guerre de 1701, les Français adoptèrent la cocarde, tandis que les Anglais et les Allemands avaient adopté une poignée de paille ou de verdure. La couleur des cocardes varia à diverses époques. Ainsi, pendant la guerre de la Succession, les armées combinées de France et d'Espagne adoptèrent la cocarde blanche et rouge. L'électeur de Bavière, qui s'allia à la France dans cette guerre, prit la cocarde blanche et bleue. Le duc de Mantoue prit la cocarde blanche, rouge et jaune. Sous la régence, les couleurs varièrent; mais la cocarde fut généralement blanche et verte. Un règlement de 1767 ordonna que la cocarde fût de basin blanc. Les cavaliers ne portaient pas la cocarde.

COCARDE TRICOLORE. Le 13 juillet 1789, les citoyens adoptèrent le ruban tricolore, et la cocarde cessa alors d'être purement militaire. La cocarde tricolore fut remplacée, en 1814, par la cocarde blanche. La révolution de 1830 rétablit la cocarde tricolore sous le nom de cocarde française, car elle est, en effet, la véritable cocarde nationale, la seule qu'environne une auréole de gloire.

COCHABAMBA, ville de la Bolivie, dans le département de son nom, à 145 kil. de Chuquisaca. Pop. 30,000 hab. Territoire très-fertile; coton, canne à sucre. La superficie du département est de 1,430 myriam. carrés, et la population de 349,300 hab.

COCHE, nom qu'on donnait autrefois à un grand carrosse de voyage destiné au transport des voyageurs. L'usage en subsista jusqu'au commencement du XVIIe siècle. Cependant, on continua encore à donner ce nom aux carrosses. Cette dénomination s'appliqua en même temps à certains bateaux servant à transporter les voyageurs et les marchandises, et qu'on nommait *coches d'eau*. Le bateau à vapeur a supplanté le coche, comme le chemin de fer a supplanté la diligence. — L'expression *manquer le coche*, c'est-à-dire arriver trop tard pour profiter d'une occasion, est restée proverbiale. On dit aussi, proverbialement, de celui qui se consume en efforts pour réaliser un projet qui n'exige pas sa coopération, et pour lequel il est inutile, qu'il est la *mouche du coche*. Combien de personnages jouent en politique le rôle de la mouche du coche, et tendent ensuite la main en disant : *« Çà, messieurs, payez-moi de ma peine! »*

CO-CHEOU-KING, astronome chinois du XIIIe siècle. Il est le premier qui fit usage, en Chine, de la trigonométrie sphérique. Il perfectionna les instruments d'observation et fit faire de grands progrès à l'astronomie.

COCHER, nom qu'on donne au conducteur d'un carrosse et généralement de toute voiture suspendue. Plus d'une fois, et à différentes époques, on a vu les maîtres rivaliser d'adresse dans l'art de conduire les chars. On sait combien l'ancienne Rome était passionnée pour ces jeux. Ainsi Racine dit de Néron, dans *Britannicus* :

Pour toute ambition, pour vertu singulière,
Il excelle à conduire un char dans la carrière.

Aujourd'hui, ne voyons-nous pas d'élégants équipages conduits par leurs maîtres,

Tandis que leur jockey, se carrant auprès d'eux,
Presse nonchalamment un coussin moelleux.

COCHEREL, hameau de l'arrond. d'Evreux (Eure), à 18 kil. de cette ville. Pop. 80 hab. Victoire de Bertrand du Guesclin sur Jean de Grailly, seigneur de Buch, en Gascogne, qui y fut fait prisonnier (16 mai 1364).

COCHEREL (bataille de). Charles le Mauvais, roi de Navarre, ayant fait valoir, par les armes, ses droits sur la Bourgogne, la Champagne et la Brie, s'avança en Normandie, appuyé par le secours des Anglais. Charles V, roi de France, donna le commandement de ses troupes à Bertrand du Guesclin, qui réunit une troupe de chevaliers français et bretons, et environ 1,500 combattants. L'armée navarraise, commandée par le captal de Buch, était beaucoup plus considérable. Les deux armées se rencontrèrent le 16 mai 1364, à Cocherel, près Pacy, à deux lieues d'Evreux. Du Guesclin parvint à faire sortir l'ennemi d'une position avantageuse en simulant une retraite. Dès que les deux armées se trouvèrent dans la plaine, du Guesclin fit volte-face et mit les Navarrais en déroute, après avoir enlevé leur général. La nouvelle de cette victoire parvint à Reims la veille du sacre de Charles V.

COCHIN, petit Etat de l'Hindoustan, sur la côte de Malabar. Borné au N. et à l'E. par la présidence de Madras, au S. par le royaume de Travankore, et à l'O. par la mer d'Oman. Superf. 52,000 hect. Ch.-l. Tripontari. Il est gouverné par un radjah qui est tributaire de l'Angleterre depuis 1791, et paye un tribut de 690,000 fr. Ce territoire très-fertile est couvert de vastes forêts.

COCHIN, ville de l'Hindoustan anglais (présidence de Madras), ancienne capitale de l'Etat de Cochin, à 130 kil. de Calicut. Pop. 25,000 hab. Cette ville est située sur une petite île, près de l'extrémité S. de la côte de Malabar. Commerce assez actif, surtout en poivre et bois. Très-bon port. Chantiers de construction. Autrefois place forte démantelée par les Anglais en 1806.

COCHIN (Henri), jurisconsulte français, né à Paris en 1687, mort en 1747, débuta au barreau à l'âge de 22 ans. Il était doué d'un talent remarquable. Ses *Mémoires consultatifs*, réunis en volumes, ont été publiés en 1721 et en 1724; on chercherait vainement, dans leur lecture, des traces de cette éloquence si justement vantée de Cochin, dont le talent tout oratoire ne se produisait que dans l'improvisation.

COCHIN (Jacques-Denis), né à Paris en 1726, mort en 1783; curé de l'église Saint-Jacques du Haut-Pas, qui était alors une des paroisses les plus pauvres de Paris, il se consacra au soulagement des malheureux et fonda, en 1780, l'hospice qui porte son nom.

COCHIN, famille de dessinateurs et de graveurs célèbres; les plus renommés sont : COCHIN (Nicolas), né à Troyes en 1619, mort vers 1670. Son genre se rapproche un peu de celui de Callot. Ses gravures les plus remarquables sont : les *Noces de Cana*, d'après Véronèse, et le *Martyre de saint Pierre Dominiquin*, d'après le Titien. — COCHIN (Charles-Nicolas), né à Paris en 1688, mort en 1754. Il a gravé un grand nombre d'estampes, d'après ses dessins et ceux de Watteau, Restout, etc. Ses gravures de petites dimensions sont généralement bien traitées. — COCHIN (Charles-Nicolas), fils du précédent, né à Paris en 1715, mort en 1790. Il fut garde des dessins du cabinet de Louis XV et membre de l'Académie de peinture. Son œuvre se compose de près de 1,500 dessins.

COCHINCHINE ou ANNAM (empire de). Etat de l'Asie orientale dans la presqu'île de l'Indo-Chine, borné au N. par la Chine, à l'E. et au S. par le golfe de Siam et la mer de Chine, à l'O. par le Laos et le Siam. Cap. Hué. Ce pays est peu connu. Il comprend les anciens royaumes de Cochinchine et de Tonkin, et une partie de celui de Cambodge. Superf. évaluée à 534,000 kil. carrés. Pop. évaluée à 7,500,000 hab. Pays montagneux dans la Cochinchine, bas et plat dans le Tonkin et le Cambodge. Climat très-chaud, mais sain. Rivières : le May-Kong ou Cambodge, Sang-Koï, Saïgoun. Sol très-fertile dans les parties basses : récolte de riz, maïs, thé, canne à sucre, vastes champs de mûriers. Immenses forêts dans le Cambodge. Les quatre principales races indigènes du territoire sont : les Annamites, les Cambogiens, les Tsiampa et les Moy. Les étrangers sont : les Chinois, les Malais et quelques Européens. La civilisation est la même qu'en Chine, la religion est le bouddhisme. Le dogme de Confucius est professé par les classes élevées. La religion catholique y est très-répandue. Le gouvernement est monarchique et absolu. La Cochinchine fut colonisée par la Chine. En 1471, elle fut réunie au Tonkin et s'affranchit au XVIe siècle. En 1774, elle s'annexa au Tonkin par suite d'une révolution. L'empereur Ngayen offrit de se mettre sous la protection de la France, un traité fut même signé en 1787, mais il n'eut pas de suite. Plusieurs officiers français émigrés se retirèrent en Cochinchine et contribuèrent à l'élévation des souverains. Sous les règnes de Ming-Mang, 1820-1842, et de Thien-Tri, 1842-1847, une persécution s'était élevée contre les chrétiens, et en 1856, un vaisseau français avait été insulté dans la baie de Tourane. La France et l'Espagne, qui avaient à se plaindre des persécutions faites à leurs nationaux, organisèrent en commun une expédition, dont le commandement fut donné au vice-amiral Rigaud de Genouilly, et, en septembre 1858, les forts qui commandaient la baie de Tourane furent détruits, et les Cochinchinois battus dans toutes les rencontres; la difficulté des communications ne permit pas au corps expéditionnaire de marcher sur Hué, la capitale de l'empire; ils transportèrent la guerre au sud, et enlevèrent le fort de Saïgon (1859). Les hostilités ayant cessé avec la Chine, il fut plus facile au gouvernement français de pousser les opérations avec vigueur. L'amiral Charner porta le dernier coup à la puissance annamite en s'emparant des lignes de Ki-Koa (25 février 1861). Enfin, après une année de lutte, à laquelle prirent part les corps d'armée de terre et de mer, sous les ordres des amiraux Lepage et Bonnard, l'empereur Tu-Duc demanda la paix, qui fut signée à Saïgon le 5 juin 1862, par laquelle il cédait à la France les provinces de Saïgon, Mytho et Bien-Hoa, et l'île de Poulo-Condore; il s'engageait en outre à payer une indemnité de 20 millions de francs et à ne pas entraver l'exercice de la religion chrétienne dans ses Etats.

COCHINCHINE ou ANNAM MÉRIDIONAL, prov. de l'empire de ce nom, bornée au N. par le Tonkin, à l'E. et au S. par la mer de Chine, à l'O. par le Laos et le Cambodge. Ch.-l. Hué. Villes princ. Paï-Pou, Tourane, Nathrauy.

COCHON (Charles, comte de LAPPARENT), né dans la Vendée en 1749, mort à Poitiers en 1825. Il était conseiller au présidial de Poitiers, lorsqu'il fut envoyé comme député suppléant aux Etats généraux. A la Convention, où il représenta le département des

Deux-Sèvres, il vota la mort de Louis XVI, fit partie du comité de salut public après les événements du 9 thermidor, et, en 1795, du conseil des Anciens. Il devint ministre de la police sous le directoire et fut interné à l'île d'Oleron après le 18 fructidor. Le coup d'Etat du 18 brumaire le fit revenir aux affaires, Bonaparte le nomma préfet de la Vienne (1800). Il devint sénateur en 1809, et fut proscrit sous la Restauration.

COCHONNET, jeu de boules pour lequel on emploie des boules d'une certaine grosseur, et une boule plus petite qu'on nomme *cochonnet* ou *but*.

COCHRANE (sir Alexandre FORESTER-INGLIS), amiral anglais, né en 1748, mort à Paris en 1832, fut chargé d'opérer le débarquement des troupes anglaises en Egypte (1799); il détruisit une escadre française dans la baie de San-Domingo (1804). Dans la guerre de l'Angleterre avec les Etats-Unis (1813), il échoua devant Washington; il ravagea la Louisiane et la Nouvelle-Orléans. En 1821, il fut nommé commandant en chef à Plymouth.

COCHRANE (Thomas, comte DE DUDONALD), né en 1775, mort en 1860, neveu du précédent; il fit ses premières armes sous son oncle et devint bientôt un des officiers les plus distingués de la marine anglaise. En 1806, il bombarda un des forts qui défendent Barcelone; en 1809, il faisait partie de l'escadre de l'amiral Gambier et concourut à l'exécution des fameux brûlots qui firent sauter trois vaisseaux de la marine française à l'embouchure de la Charente (île d'Aix). Il fit partie de la chambre des communes et combattit la politique du ministère. En 1814, il fut exclu de la chambre et rayé des cadres de l'armée pour avoir répandu, dans un but d'agiotage, le faux bruit de l'abdication de Napoléon; il avait même été condamné au carcan ainsi que ses complices; mais sa popularité était telle en Angleterre que le roi dut lui faire grâce, et une souscription publique s'ouvrit pour couvrir le chiffre de 1,000 livres sterling, montant de son amende. Les électeurs de Westminster lui confièrent de nouveau leur mandat, malgré l'indignité dont il avait été frappé. En 1817, il passa en Amérique, et commanda les forces navales du Chili contre les Espagnols jusqu'en 1821; il passa au service du Brésil, où il remplit les mêmes fonctions, et anéantit la puissance espagnole dans l'Amérique du Sud. De là, il passa en Grèce, et concourut sur mer aux triomphes des Hellènes. Un homme, qui avait ainsi combattu pour la cause de la liberté des peuples, ne pouvait rester frappé d'indignité. Guillaume IV le rétablit dans son grade (1832). Il devint vice-amiral en 1842, et, en 1851, eut le rang d'amiral du pavillon bleu.

COCHRANE (John DUNDAS), frère du précédent, dit le *Voyageur pédestre*, né vers 1780. Il parcourut à pied une partie de l'Europe, et de Saint-Pétersbourg alla en Sibérie, et s'embarqua pour le Kamtschatka, où il se maria avec la fille du sacristain de Pétro-Pavlosk. Il revint en Angleterre avec sa femme; mais il fut bientôt repris du désir de voyager, et passa en Amérique, parcourut la Colombie, visita quelques villes après avoir remonté le Rio Magdalena, et mourut à Valencia. Sa veuve s'est remariée avec l'amiral russe Anson.

COCKNEY, cocher anglais. Il se distingue par une habileté qui fait le désespoir de nos cochers français, dont les véhicules ne peuvent rivaliser de vélocité avec ceux des cockneys d'Albion. On regrette seulement que le cockney ne se distingue aussi par l'urbanité des formes.

COCKERILL (John), ingénieur belge, d'origine anglaise, né en 1790. Fondateur de la célèbre usine de Seraing, près de Liége, qui occupait plus de 2,000 ouvriers; l'activité de cet homme avait quelque chose de

fébrile et se communiquait à tous ceux qui l'approchaient; il établit des usines pour la construction des machines à vapeur dans presque toutes les contrées de l'Europe et même à Surinam. La suspension des payements de la banque de Belgique porta un coup terrible à son industrie, il fut obligé de liquider; son actif était de 26 millions et son passif de 18 millions. Il pouvait s'arrêter, mais le repos était impossible à cette nature fiévreuse. Il passa en Russie pour fonder un établissement, mais il mourut sur la route de Varsovie, en 1840.

COCKERMOUTH, ville d'Angleterre (Cumberland), à 38 kil. de Carlisle. Pop. 7,000 hab. Patrie de Wordsworth. Ruines d'un château fort.

COCLÈS (*Voir* HORATIUS COCLÈS).

COCONAS (Annibal, comte DE), Piémontais, vint chercher fortune à Paris, et se signala par sa cruauté dans les massacres de la Saint-Barthélemy. Etant passé au service du duc d'Alençon, il devint son confident, et, avec la Mole son ami, se mit à la tête du parti connu sous le nom de *politiques* ou *malcontents*, qui voulait faire proclamer le duc d'Alençon roi de France à la mort de Charles IX; mais le complot ne tarda pas à être connu de Catherine de Médicis qui fit surveiller son fils, le roi de Navarre et le prince de Condé. Ceux-ci, voulant échapper à cette surveillance, essayèrent sans succès de se faire enlever par leurs partisans. La Mole, croyant avoir la vie sauve s'il parlait, fit des révélations que vint bientôt confirmer le duc d'Alençon, qui craignait pour lui-même le ressentiment de sa mère. La Mole et Coconas eurent la tête tranchée le 30 avril 1574. Le bruit courut que les maîtresses des deux conspirateurs, la reine Marguerite et la duchesse de Nevers, firent embaumer la tête de leurs infortunés amants.

COCTION. Ce mot s'applique à la cuisson de certaines matières qu'on soumet au feu comme objet d'expérience scientifique. Les physiologistes ont employé ce mot comme synonyme de digestion.

COCYTE, ruisseau d'Épire; ses eaux noires et bourbeuses représentaient pour les anciens les larmes des coupables. C'était sur ses bords que devaient errer pendant cent ans les ombres de ceux dont les corps avaient été privés de sépulture.

CODE. Ce terme a été consacré pour désigner un recueil de lois. Chaque peuple a senti la nécessité de rassembler en un code ou *corps de droit* les lois rendues à différentes époques, et qui étaient restées en vigueur. Ces codes sont tantôt des lois positives, tantôt des usages ayant force de loi. Le premier peuple qui se présente à nous avec un système de législation homogène est le peuple romain. Servius Tullius réunit sous le nom de *Code papirien* les lois de Romulus et de Numa Pompilius. C'était à la fois un code religieux, politique et civil. Rome républicaine voulut avoir de nouvelles lois. Les dispositions du code papirien furent fondues dans celles des Douze-Tables. Ces nouvelles lois devinrent le fondement de la constitution politique et civile des Romains. Elles continuèrent à être observées, même alors qu'elles n'étaient plus en rapport avec l'état de la civilisation, qu'elles ne pouvaient plus convenir à Rome agrandie par les conquêtes, et enfin alors que les mœurs s'étaient profondément modifiées. Les jurisprudents, tout en maintenant la lettre de la loi des Douze-Tables, y introduisirent, à l'aide des fictions de droits et des commentaires, des changements qui en faisaient un droit nouveau. Les préteurs, chargés de rendre la justice, avaient introduit des formules de droit où se trouvaient tous les éléments propres à la codification. Deux jurisconsultes, Grégorius et Hermogénianus, entreprirent, sans aucun caractère légal, de réunir dans des

codes les opinions admises sur toutes les questions de droit. L'empereur Théodose formula le premier un code ayant une sanction légale et qui comprenait les lois rendues par les empereurs depuis Adrien. Le code théodosien était incomplet. Justinien entreprit de faire cesser l'incertitude des lois. Il chargea le célèbre Tribonien, assisté de plusieurs jurisconsultes, de formuler un nouveau code qui comprît tous les points de la législation. Les lois de Justinien, transmises aux peuples modernes à travers les âges, ont été le fondement de notre législation moderne. Le premier qui fut publié sous Justinien fut appelé *code canonique de l'Eglise grecque*, ou code des Grecs. Les chrétiens d'Occident eurent, de leur côté, le code de l'Eglise romaine. Plus tard, les deux codes furent réunis en un seul sous le nom de *code de l'Eglise universelle*. Après la chute de l'empire romain, les divers peuples conquérants songèrent à se donner des lois. Les Francs et les Ripuaires eurent leur code particulier. Les Francs étaient particulièrement soumis à la *loi salique*. Les Bourguignons eurent la loi Gombette; les Frisons eurent aussi leurs lois. Louis XI est le premier des rois de France qui ait eu la pensée d'un code unique. Plus tard Henri III entreprit de réaliser cette idée, et chargea Barnabé Buisson de réunir toutes les ordonnances des rois. Elles furent publiées en 1587, sous le nom de Basilique. Henri III soumit ce projet à l'examen de tous les parlements; mais les guerres de religion qui survinrent alors empêchèrent la réalisation de ce grand œuvre. Sous Louis XIII, Michel de Marillac, garde des sceaux, entreprit de rédiger une ordonnance réglant les divers points du droit civil; mais la disgrâce dans laquelle tomba ce ministre fit avorter ce projet. Louis XIV eut la gloire de publier sur certaines matières diverses ordonnances qui constituent autant de codes. On cite notamment l'ordonnance de 1667, sur la procédure civile; celles de 1669, sur les eaux et forêts; celles de 1670, sur la procédure criminelle; celles de 1673, sur le commerce; de 1681, sur la marine; le code noir, publié en 1685 pour la police des nègres dans les îles françaises de l'Amérique et de l'Afrique; enfin l'édit de 1695, concernant la juridiction ecclésiastique. Ce prince publia encore quelques ordonnances sur certaines matières spéciales, les donations, les substitutions et les testaments. Après la révolution de 1789, on reprit le projet de codifier toutes les dispositions du droit français; mais les préoccupations politiques mirent obstacle à l'exécution de ce projet. On vit cependant paraître le *code pénal*, qui fut remplacé par le code des délits et des peines, du 11 brumaire an IV, et le code hypothécaire. Napoléon annonça par la loi du 19 brumaire an VIII, qui établissait le gouvernement consulaire, la prochaine publication d'un code de lois civiles. Une commission, composée de Tronchet, Portalis, Bigot de Préameneu et Malleville, furent chargés de déterminer le plan et les bases de la législation en matière civile. Il s'agissait de concilier le droit romain, observé généralement dans les pays méridionaux, avec les coutumes particulières des diverses provinces du nord de la France; il s'agissait aussi de lier le présent et le passé. Le projet de code civil fut préparé en cinq mois; il fut envoyé au tribunal de cassation et à tous les tribunaux d'appel, pour qu'ils soumissent leurs observations. Le projet fut généralement accueilli avec enthousiasme. Après avoir été amendé, il fut présenté au conseil d'Etat. La section de législation discutait chaque titre séparément, et en arrêtait la rédaction, qui était ensuite soumise à l'approbation du conseil d'Etat, réuni en assemblée générale, sous la présidence de l'un des consuls. Le projet ainsi préparé, fut porté au corps législatif. Celui-ci devait renvoyer le projet au tribunat, qui déléguait un orateur chargé d'exprimer son opinion devant le corps législatif. Cet orateur concluait à l'adoption pure et simple ou au rejet. Le corps législatif votait ensuite au scrutin secret, sans avoir la faculté de discuter ni de proposer aucun amendement. L'impossibilité de discuter amena l'impossibilité de s'entendre, et le corps législatif, obligé d'approuver ou de rejeter sans réserve, rejeta le premier titre soumis à sa sanction. Le premier consul retira alors tous les projets de loi par un message ainsi conçu : « Législateurs, le gouvernement a arrêté de retirer les projets de loi du code civil; c'est avec peine qu'il se voit forcé de remettre à une autre époque les lois attendues avec intérêt par la nation; mais il s'est convaincu que le temps n'est pas venu où l'on portera dans ces grandes discussions le calme et l'unité d'intention qu'elles demandent. » Cependant le projet ne tarda pas à être repris, après une épuration du tribunat qui éliminait les membres de l'opposition. Grâce à cette mesure, le code civil fut voté par le corps législatif. Ce code est divisé en 36 titres; ces diverses lois ont été réunies en un seul corps par la loi du 30 ventôse an XII, sous le titre de *Code civil des Français*, formant autant de lois séparées, avec un livre préliminaire en 6 titres, intitulé : *Du droit et des lois en général*. Parmi les autres codes dont l'ensemble forme le code Napoléon, se trouve le code de procédure civile, le code de commerce, le code pénal et le code d'instruction criminelle. Le *code de procédure civile* a été discuté, puis décrété suivant la même forme que le code civil, dans la cession du corps législatif de 1806. Il a été rendu obligatoire à partir du 1er janvier 1807. Les principales modifications introduites sont relatives à la compétence des tribunaux et à la saisie immobilière. Le code de commerce, décrété par le corps législatif dans la session de 1807, a été réformé en ce qui touche les faillites et banqueroutes. Le code d'instruction criminelle, promulgué le 27 novembre 1808, a été modifié profondément par la loi du 28 avril 1832. Le jury et la formation du jury ont subi, à diverses époques, divers changements. Le *code pénal* fut décrété le 13 mars 1810, mais l'exécution en fut ajournée au 1er janvier 1811. Il a subi de profondes modifications en 1832. La marque et la mutilation ont été abolies; la peine de mort a été restreinte à un petit nombre de cas; et enfin les circonstances atténuantes ont été généralisées.

CODE NOIR, publié en 1685, sous Louis XIV, pour la police des nègres dans les colonies françaises de l'Amérique et de l'Afrique. Ce code contient les dispositions les plus atroces contre les nègres libres qui retenaient les nègres marrons ou fugitifs; ils déclarent nulles les donations faites à des personnes de sang mêlé; il n'admet que pour les crimes d'État le témoignage des nègres contre les blancs; enfin ils règlent les conditions de l'affranchissement des esclaves. Ce code, aboli par un décret du 16 pluviôse an II, fut rétabli sous le Consulat. Il fut à jamais abrogé par la révolution de 1848.

CODEX, recueil officiel des formules qui doivent servir de règle aux pharmaciens pour la préparation des médicaments.

CODICILLE. Addition faite à un testament, soit pour en modifier quelques dispositions, soit pour en ajouter de nouvelles. Les codicilles sont, à vraiment dire, des testaments. Ils sont soumis aux mêmes règles et produisent les mêmes effets.

CODOGNO, ville du royaume d'Italie (prov. de Milan), à 22 kil. de cette ville. Pop. 9,600 hab. Commerce de fromages dits *parmesans*.

CODOMAN (Darius). (*Voir* DARIUS.)

CODRINGTON (Edouard), amiral anglais, né en 1770, mort en 1851, entra au service de bonne heure. Au combat de Trafalgar (1805), il commandait l'*Orion*. Nommé vice-amiral en 1825, il commandait en chef à Navarin les flottes anglaises, françaises et russes. Sa conduite fut digne des plus grands éloges. Hostile au ministère, qui lui retira son commandement, il fut acclamé par le peuple anglais; mais sa disgrâce fut de peu de durée, et, après l'avénement de Guillaume IV, il fut nommé (1831) commandant de la flotte anglaise, mouillée devant Lisbonne. Il représenta la ville de Devonport (1832-1840) aux Communes; il fut chambellan de la reine Victoria.

CODRUS, dernier roi d'Athènes. Il régna 28 ans (1160-1122 av. J.-C.) Etant en guerre avec les Doriens, ceux-ci consultèrent l'oracle, qui répondit que pour vaincre il leur fallait respecter les jours du roi d'Athènes. Codrus ayant connu cette réponse, se déguisa en bûcheron, sortit d'Athènes, blessa un soldat et fut tué. Les Athéniens crurent devoir abolir la royauté, pensant qu'après un tel roi, personne n'était digne de régner. L'autorité suprême fut confiée à un archonte, et ce fut Médon, fils de Codrus, qui exerça le premier cette magistrature.

COEFFETEAU (Nicolas), littérateur français, né à Saint-Calais dans le Maine, en 1574, mort en 1623. Louis XIII le nomma évêque de Marseille; il fut l'un des premiers prédicateurs de son temps. Il a laissé une *Histoire romaine depuis Auguste jusqu'à Constantin*, ouvrage assez médiocre; une *traduction de Florus*, peu estimée; et quelques livres de piété.

COELLO (Alonzo-Sanchez), célèbre peintre portugais, surnommé le *Titien portugais*. Il fut élève de Raphaël à Rome, puis d'Antoine Moreau en Espagne. Il reçut le titre de peintre du roi Philippe II. Ce prince l'affectionnait particulièrement, et l'appelait dans ses lettres : *Mon cher fils*. Il a laissé des tableaux d'histoire et quelques portraits de son souverain. Il fonda à Valladolid un hospice d'enfants trouvés. Il mourut en 1590.

COELLO (Claude), peintre espagnol, de la famille du précédent. Il fut élève de Ricci, et se distingua par la richesse de son coloris. Il est l'un des plus grands peintres espagnols du XVIIe siècle. Son chef-d'œuvre, auquel il travailla sept ans, représente Charles II à genoux et entouré des principaux seigneurs de sa cour. Il mourut de chagrin en 1693, en apprenant que le roi d'Espagne avait mandé Jordan, pour décorer le grand escalier et la voûte de l'église de l'Escurial.

COEMPTION, vente fictive en usage chez les anciens Romains. Le mariage, dont les formes variaient, se contractait quelquefois par la coemption.

COERCITION, pouvoir et droit de contraindre quelqu'un à l'exécution d'un devoir ou d'une obligation.

COESLIN, ville de la monarchie prussienne (Poméranie), chef-lieu de régence, à 170 kil. de Dantzig. Pop. 9,000 hab. Eglise de Sainte-Marie, construite au XIVe siècle. Fabrique de tabacs, draps.

COESLIN (régence de), prov. des États prussiens, bornée au N. par la Baltique; à l'E. par la prov. de Prusse; au S. par le Brandebourg; à l'O. par la régence de Stettin. Pop. 501,550 hab. Sup. 1,416,420 hect. Elle comprend 9 cercles.

COESRE, nom donné au moyen âge au chef des gueux de Paris, qui, dans la *Cour des Miracles* formaient le royaume argotique. Il exerçait une véritable juridiction sur les bohémiens et les égyptiens, et s'arrogeait parfois le droit de pendaison.

COETHEN, ville d'Allemagne, à 37 kil. de Halle. Pop. 10,000 hab. Château ducal, bibliothèque, cabinet d'histoire naturelle. Cette ville est le point de rencontre des chemins de fer de Berlin à Halle et Leipzig, et de Leipzig à Magdebourg.

COETIVY (Prégent, seigneur DE), gentilhomme breton; se distingua parmi les meilleurs capitaines de son temps. Il fut nommé amiral de France en 1439, et fut emporté par un boulet au siége de Cherbourg en 1450 : « Ce fut un grand dommage et perte pour le roi, » dit l'historien de Charles VII.

COETLOGON (Alain-Emmanuel DE), maréchal de France, né en 1646, mort en 1730. Il assista à onze batailles navales, et se distingua surtout au combat de Boutry en Irlande, en 1688, de la Hogue en 1692, et de Velez-Malaga en 1704. Il fut nommé vice-amiral en remplacement de Chateau-renaud, mort en 1716. Il reçut le collier des ordres du roi et son bâton de maréchal de France au moment de mourir.

CŒUR (Jacques), argentier de Charles VII, né à Bourges en 1400. Il fut d'abord maître des monnaies dans sa ville natale. Charles VII le nomma ensuite son argentier ou trésorier de l'épargne. Il rendit autant de services au roi par une sage administration des finances, que ses généraux par leurs armes. Il prêta au roi, pour la conquête de la Normandie, 200,000 écus, somme énorme pour l'époque. Jacques Cœur faisait un commerce qui s'étendait dans toutes les parties du monde, avec les Turcs et les Perses en Orient, avec les Sarrasins en Afrique. Il armait des galères et occupait 300 facteurs. En 1448, le roi l'envoya en mission à Lausanne pour en finir avec le schisme de Félix V. Pendant son absence, le roi, cédant aux conseils d'avides courtisans, s'empara des biens de son argentier et les leur partagea! A son retour, on le jeta en prison sous l'accusation de crimes imaginaires; on lui reprochait même la mort d'Agnès Sorel. Les seuls faits qui furent prouvés contre lui, c'est qu'il avait rendu à un Turc un esclave chrétien qui avait trahi son maître et qu'il avait vendu des armes au soudan d'Égypte. Le parlement le condamna à faire amende honorable, et à payer 400,000 écus, indépendamment de la confiscation de ses biens et du bannissement perpétuel. Un de ses commis, qui avait épousé sa nièce, l'enleva de sa prison et le conduisit à Rome. Ses autres commis lui vinrent généreusement en aide et le rétablirent dans sa fortune. Le pape Calixte III lui confia le commandement d'une flotte contre les Turcs; mais il mourut à l'île de Chio en 1456. Jacques Cœur était un homme très-savant; il avait composé de *curieuses instructions pour policer le royaume*. Un de ses fils, Jean Cœur, devint archevêque de Bourges.

CŒUVRES, bourg de l'arrond. de Soissons (Aisne), à 13 kil. de cette ville. Pop. 700 hab. Château habité par Gabrielle d'Estrées.

COFFINHAL DU BAIL (Jean-Baptiste), médecin, puis avocat, et enfin juge et vice-président du tribunal révolutionnaire de Paris. Il fut victime à son tour de la réaction thermidorienne. Il périt sur l'échafaud le 18 thermidor an II, comme complice de Fouquier-Tinville et de Robespierre. La veille de son arrestation, il avait jeté par la fenêtre Henriot, commandant de la garde nationale de Paris, qui, par sa conduite pusillanime, avait amené la chute de Robespierre et de ses partisans. Coffinhal était parvenu à se sauver, et s'était caché pendant deux jours dans l'île des Cygnes. Pressé par le besoin, il demanda un asile à un ancien ami qu'il avait autrefois obligé de sa fortune. Celui-ci l'accueillit et eut ensuite la lâcheté de le dénoncer. Coffinhal marcha au supplice avec un courage stoïque.

COFFRE. Sorte de meuble en forme de caisse, qui se ferme avec un couvercle et une serrure. Il sert à enfermer des hardes, de l'argent, etc. Si le coffre a un couvercle voûté, c'est un *bahut*; s'il est couvert de cuir ou de peau de sanglier, c'est une *malle*; s'il est en bois léger, il sert à mettre des chapeaux et chiffons de femmes; s'il est en laque de la Chine, on y renferme des bijoux et des choses précieuses. Enfin, il y en a de toutes les grandeurs, de toutes les formes, et pour toutes sortes d'usages. Il paraît même que l'art de fabriquer les coffres n'est pas aussi facile qu'on serait tenté de le croire, car ne dit-on pas proverbialement d'un homme qui fait quelque chose avec maladresse : *Il s'y entend comme à faire un coffre?* Heureux, nous écrirons-nous en terminant cet article, heureux celui qui peut dire comme l'homme dont parle Boileau :

Dans mon coffre, tout plein de rares qualités,
J'ai cent mille vertus en louis bien comptés.

COFFRE. En termes d'artillerie, on appelle ainsi une caisse destinée à contenir des munitions pour les pièces de campagne. C'est sur les *coffres* que se placent les canonniers dans les manœuvres des batteries. Ainsi placés, il leur est permis d'observer et de suivre le mouvement.

COGNAC, sous-préf. du dép. de la Charente, à 35 kil. d'Angoulême. Pop. 7,800 hab. Tribunal de Ire instance et de commerce. Restes de l'ancien château où naquit François Ier. Belle église romane. Grand commerce d'eaux-de-vie renommées. Récolte de bons vins blancs, de liqueurs dites des Grandes-Borderies. Ancienne seigneurie. Elle appartint à la famille de Lusignan au XIIIe siècle. C'est dans cette ville que fut signée la sainte Ligue. Condé l'assiégea vainement en 1551.

COGNAT. On donnait ce nom dans l'ancienne Rome, à ceux qui étaient unis par la parenté naturelle; on les distinguait des agnats, qui comprenaient les cognats qui n'étaient pas sortis de la famille par l'émancipation et ceux qui y étaient entrés par adoption. L'agnation était en quelque sorte la parenté civile, et la cognation celle qui était formée par les liens du sang.

COGNÉE. C'est, tout le monde le sait, une sorte d'outil tranchant à long manche dont se servent les bûcherons pour abattre les arbres dans les bois et les forêts. Tout le monde sait aussi qu'il ne faut jamais *jeter le manche après la cognée*, car on se trouverait dans la position de ce malheureux bûcheron qui, désespéré d'avoir perdu l'instrument de ses travaux :

O ma cognée ! ô ma pauvre cognée !
S'écriait-il; Jupiter, rends-la moi;
Je tiendrai l'être encore un coup de toi,
(LAFONTAINE.)

COHABITATION, signifie l'état de deux ou plusieurs personnes demeurant ensemble. Dans un sens plus spécial, ce mot désigne l'état de deux personnes de sexe différent vivant ensemble dans des rapports intimes. La cohabitation n'est licite qu'entre époux. La cohabitation illicite ou concubinage, est celle qui peut exister entre deux personnes qui ne sont pas mariées ensemble. Le concubinage n'est puni par la loi que quand il offre les caractères de l'adultère, de l'entretien d'une concubine dans le domicile conjugal ou de l'inceste. La cohabitation illicite ne produit aucun effet civil.

COHAHUILA, Etat de la Confédération mexicaine, cap. Satillo. Il est bordé au N. par les Etats-Unis (Texas); à l'E. par l'Etat de Nuevo-Léon, au S. par ceux de Zacatecas et San-Luis; à l'O. ceux de Chihuahua et Durango. Superf. 100,000 kil. carrés. Pop. 75,000 hab. Pays montagneux, mais sans hautes montagnes. Sol fertile, vastes forêts. Récolte de grains. Mines d'argent. Elève de chevaux et gros bétail.

COHÉRENCE, connexion d'une chose avec une autre. Ce mot se dit aussi pour exprimer les rapports entre les idées; l'incohérence marque au contraire le défaut de liaison.

COHÉRITIER. C'est celui qui a recueilli une portion héréditaire de succession, et qui se trouve dans l'indivision avec les autres successeurs.

COHÉSION, force qui unit entre elles les molécules des corps, et les retient en une même masse. Ainsi la cohésion est moindre dans les liquides que dans les solides, et paraît ne pas exister dans les gaz.

COHOBATION, opération chimique qui consiste à distiller plusieurs fois de suite un même produit, dans le but d'augmenter ses principes volatils.

COHORN (Menno, baron DE), surnommé le *Vauban hollandais*, né près de Leuwarde, dans la Frise, en 1641. Il fut lieutenant-général et ingénieur des armées des Etats généraux. « Ce fut un beau spectacle, dit le président Hénault, de voir, en 1692, au siége de Namur, Vauban assiéger le fort Cohorn, défendu par Cohorn lui-même. » Celui-ci ne se rendit qu'après avoir été grièvement blessé. Il mourut en 1704. Les Hollandais lui doivent un grand nombre de fortifications. Berg-op-Zoom, qu'il disait sa plus belle construction, et qui était considéré comme imprenable, fut emporté par le maréchal de Lovendal en 1747. Il a laissé un traité sur une nouvelle manière de fortifier les places.

COHORTE ROMAINE. La cohorte des Romains correspondait au bataillon moderne. Elle était ordinairement incorporée dans les légions, et il y avait des cohortes équestres et pédestres. Il y a eu aussi des cohortes indépendantes des légions. Les premières cohortes furent formées en Espagne, par Scipion; elles reçurent une constitution définitive sous le consulat de Marius; elles remplacèrent la composition des légions en manipules, et chaque cohorte comprit trois manipules. Le nombre des centuries composant la cohorte varia de trois à six. Les vétérans composaient le premier et le dernier rang de ce bataillon; chaque cohorte avait des boucliers peints d'une manière particulière; elle était accompagnée de chariots, qui transportaient les flèches et les armes de rechange. La cohorte se formait sur une profondeur qui variait entre cinq et dix rangs; elle renfermait dans ses lignes des catapultes et autres machines de guerre. La légion comprenait dix cohortes.

COHORTE MILLIAIRE. On donnait ce nom à la première cohorte d'une légion; c'était elle qui était chargée de la garde de l'aigle.

COHORTES PRÉTORIENNES. On désignait ainsi les cohortes spécialement chargées de la garde du général ou de l'empereur lorsque celui-ci commandait les armées.

COHORTES URBAINES. On appelait ainsi certaines cohortes composant une sorte de garde municipale, qui étaient chargées de veiller à la sûreté de Rome.

COHORTE DES VIGILES. (*Voir* VIGILES.)

COHORTE, division des membres de la Légion d'honneur qui fut adoptée sous Napoléon Ier. Les légionnaires étaient partagés en seize cohortes.

COHUE. On donnait autrefois ce nom, dans quelques provinces, aux lieux où se tenaient les plaids et les tribunaux inférieurs de justice. On étendit plus tard ce nom aux halles et marchés. Ce mot n'est plus guère employé que dans le langage familier, pour exprimer une assemblée confuse et tumultueuse.

COIFFEUR, COIFFURE. Grâce à la coquetterie féminine, la coiffure devait devenir un art, et le coiffeur un homme important. Déjà même, dans l'antiquité, les femmes mettaient leur vanité à étaler de riches coiffures. Nous connaissons jusqu'à quinze genres de coiffures différentes usitées chez les Grecques : cependant le coiffeur n'existait pas encore. Ce fut surtout vers la fin du XVIIe siècle que le luxe des coiffures prit son essor. L'Eglise en fut d'abord émue; ainsi on vit paraître, en 1694, un traité contre les coiffures qui fulminait l'anathème contre ces parures impies. Mais les prédications ne pouvaient rien contre la vanité féminine, vanité qui sait même se glisser sous le voile, comme l'a dit le poëte :

Oui, quelque part j'ai lu qu'il ne faut pas
Aux fronts voilés des miroirs moins fidèles
Qu'aux fronts ornés de pompons et dentelles.
Ainsi qu'il est pour le monde et les cours
Un art, un goût de modes et d'atours,
Il est aussi des modes pour le voile;
Il est un art de donner d'heureux tours
A l'étamine, à la plus simple toile;
Souvent l'essaim des folâtres amours,
Essaim que sait franchir grilles et tours,
Donne aux bandeaux une grâce piquante,
Un air galant à la guimpe flottante;
Enfin, avant [illegible] au parloir,
On doit au moins deux coups d'œil au miroir.

On eut successivement la *coiffure en cœur*, la *coiffure à raquettes*, la *coiffure à la paysanne*, mise à la mode par une charmante comédie intitulée : les *Amours de Bastien et Bastienne*; la *coiffure à la grecque*, la *coiffure à la bichon*, *à l'enfant*, *à la chien*, et combien d'autres? Comme accessoire, on vit se succéder du XVe au XVIIIe siècle, les *féronnières*, les *fontanges*, la *poudre*, les *mouches*, etc. De nos jours, le coiffeur est devenu un artiste; il est dans le secret des petites passions, et pour ménager tel ou tel caractère, une certaine dose de diplomatie lui est nécessaire; il est presque physiognomoniste. Il est pour les dames d'une politesse exquise, c'est-à-dire flatteur, bavard et diseur de riens. Il dira volontiers que son art est aussi élevé que la statuaire.—La coiffure des hommes a subi des variations importantes (*Voir* CHEVELURE): ils ont porté la longue chevelure, la perruque; ils se sont rasés *à la Titus*. Aujourd'hui l'on peut dire qu'il n'existe pas, à vraiment dire, de mode de coiffure qui leur soit spéciale. Chacun pense à cet égard comme Sganarelle :

Je veux une coiffure, en dépit de la mode,
Sous qui toute ma tête ait un abri commode.

COIGNY (François DE FRANQUETOT, duc DE), né en 1670, au château de Franquetot en basse Normandie; mort en 1759. Il fut maréchal de France, chevalier des ordres du roi et de la Toison-d'Or. Il se distingua par les services qu'il rendit dans les guerres qui signalèrent le commencement du règne de Louis XV. C'est à lui qu'on doit le gain des deux victoires de Parme, en 1734, et de Gustalla, en 1735, sur les Impériaux : « Cette guerre d'Italie, disait Voltaire, est la seule qui se soit terminée avec un succès solide pour les Français depuis Charlemagne. »

COIGNY (Marie-François-Henri DE FRANQUETOT, marquis, puis duc DE), né à Paris en 1737, mort en 1821. Il fut successivement maréchal de camp et premier écuyer de Louis XVI. Marie-Antoinette le prit en affection et en fit sa société intime. Il brilla à la cour par ses manières chevaleresques. Lors des Etats généraux de 1789, il représenta la noblesse de Caen. En 1792, il se vit forcé d'émigrer. A la Restauration, il devint maréchal de France, gouverneur des Invalides.

COIGNY (François-Marie-Casimir DE FRANQUETOT, marquis DE), fils du précédent, né en 1756, mort en 1816. Sa femme brilla à la cour de Marie-Antoinette, où elle mérita d'être surnommée *la reine de Paris*.

COIGNY, village de l'arrond. de Coutances (Manche), à 35 kil. de cette ville. Pop. 1,000 hab. Ancienne seigneurie érigée en comté en 1650, et en duché en 1747.

COIMBETOUR, ville de l'Hindoustan

anglais, chef-lieu du district de son nom, sous la présidence de Madras, à 430 kil. de cette ville. Exploitation de fer, de sel et de nitre. On remarque dans les environs un temple élevé à Siva. Cette ville appartient aux Anglais depuis 1799.

COIMBETOUR, subdivision administrative de l'Hindoustan anglais entre le Maïssour, le Cochin, la Karnatic et le Malabar. Sup. 2,181,900 hect. Pop. 810,000 hab. Pays de plaines. Sol très-fertile. Elève de gros bétail et de moutons. Chef-lieu Coïmbetour.

COIMBRE, ch.-l. de la prov. de Bas-Beira (Portugal), à 175 kil. de Lisbonne, et à 53 kil. de l'Océan. Pop. 18,000 hab. Siége d'un évêché suffragant de Lisbonne. Université, la seule du Portugal, bibliothèque, collections importantes; observatoire. Nombreuses écoles. On cite parmi ses édifices : la cathédrale, le couvent et l'église Santa-Clara, le couvent de Santa-Cruz, le palais de l'université, etc. L'industrie, peu importante, se compose de fabriques de toiles, poteries, ouvrages en corne ; imprimeries actives. Commerce de vin, huiles, oranges. Aux environs, se trouve le château dit la *Quinta das Lacrymas* (Maison des Larmes), où fut assassiné Inez de Castro. Cette ville très-ancienne et place de guerre importante, fut occupée par les Maures, et servit plusieurs fois de résidence aux rois de Portugal. En 1755, un tremblement de terre la détruisit presque entièrement.

COIN, pièce de fer ou de bois, terminée en angle aigu à l'une de ses extrémités, qu'on enfonce par la partie aiguë dans une fente pratiquée au milieu d'une pièce de bois ou d'une autre matière qu'on veut diviser. On fait ensuite pénétrer profondément le coin dans la masse à diviser, en l'enfonçant avec un maillet. On appelle aussi *coin* un morceau d'acier gravé en creux et fortement trempé, dont on se sert pour marquer l'empreinte des monnaies et des médailles. On lui donne aussi les noms de *poinçon*, *matrice* ou *carré*.

COIN DU ROI ET COIN DE LA REINE. On a donné ces noms divers à deux partis divisés, au XVIIIe siècle, sur la question de prééminence de la musique française ou de la musique italienne. Les partisans de la musique italienne, à la tête desquels se trouvait d'Alembert, se tenaient, au théâtre de l'Opéra, sous la loge de la reine; les partisans de la musique française, soutenus par Mme de Pompadour, se plaçaient sous la loge du roi. Cependant les partisans du coin de la reine mirent en avant la vanité nationale dans une question purement artistique, et lors de la représentation d'un opéra assez médiocre, intitulé : *Titon et l'Aurore*, ils parvinrent à triompher de leurs adversaires; Mme de Pompadour avait abdiqué ce jour-là ses sympathies italiennes. Jean-Jacques Rousseau protesta contre une victoire due à l'intrigue dans sa *Lettre à d'Alembert sur la musique*.

COINCIDENCE, rapports qui existent entre deux faits qui concourent au même résultat. Les événements qui coïncident par leur cause coïncident presque toujours par leurs effets.

COINS, cheveux postiches, à la mode au temps de Louis XIV, que portaient les femmes et même les hommes pour présenter une chevelure plus épaisse.

COIRE, ch.-l. de cant. des Grisons (Suisse), à 92 kil. de Lucerne. Pop. 6,780 hab. Siége d'un évêché. Hôtel des monnaies, nombreuses écoles. On cite parmi ses édifices : le palais épiscopal, la cathédrale, l'église protestante de Saint-Martin, la tour romaine de Marsœl. Entrepôt de commerce entre l'Allemagne, la Suisse et l'Italie. Cette ville fut fondée au IVe siècle; en 1419, elle fut réunie à la Ligue Cadée et en fut le chef-lieu. Patrie d'Angelica Kauffmann.

COIRON (Monts), contre-fort des Cévennes qui se détache des monts du Vivarais.

COISLIN (Henri-Charles DE CAMBOUST, duc DE), né à Paris en 1664, mort en 1732. Il fut nommé à l'évêché de Metz et fonda un séminaire dans cette ville. En 1713, il fit paraître un *Rituel*. Il publia ensuite un *Choix de statuts synodaux*. Le mandement qu'il fit pour l'acceptation de la bulle *Unigenitus*, donna lieu à bien des controverses; il fut censuré par la cour de Rome, et un arrêt du parlement du 5 juillet 1714 fit supprimer son mandement.

COKE, résidu de la houille calcinée. Par suite de la calcination, la houille est dépouillée de ses parties bitumineuses et sulfureuses. Le coke peut être ainsi employé dans plusieurs industries de préférence à la houille. Il s'allume plus difficilement; mais il produit un degré de chaleur fort élevé; c'est ce qui le fait préférer pour la fusion des métaux. Il a aussi l'avantage de ne répandre ni odeur, ni fumée.

COLAPOUR, ville forte de l'Hindoustan, cap. de la principauté de Colapour, à 140 kil. de Pounah. Pop. 270,000 hab. Cette place, tributaire des Anglais, est défendue par une citadelle et des forts.

COLARDEAU (Charles-Pierre), né à Joinville en 1732. Il débuta par une épître d'Héloïse à Abailard, imitée de Pope. Il fut au-dessus de son modèle; on trouve en effet dans ses vers une chaleur d'âme et un sentiment qui sont la véritable expression du génie poétique. Il réussit moins bien dans la tragédie : *Astarbée* et *Calixte* présentent une versification heureuse, mais on n'y trouve ni action, ni intrigue. Il est sombre sans se montrer tragique. Son épître à Duhamel est pleine de grâce et de délicatesse. On cite encore de Colardeau une imitation des *Nuits d'Young*, le *Temple de Gnide*, l'*Ode sur le patriotisme*, et l'*Epître à Minette*. Il mourut à l'âge de 44 ans, au moment où il venait d'être appelé à l'Académie française. Suivant l'expression de la Harpe, il descendit dans le tombeau une couronne à la main.

COLASSE (Pascal), célèbre musicien, né à Paris en 1639, mort à Versailles en 1709. Il devint maître de chapelle du roi. Lulli lui donna les premières notions de musique; il épousa même la fille de ce grand musicien. On lui reproche d'avoir trop servilement reproduit les compositions de son maître. Toutefois, son opéra de *Thétis et Pelée* passa à juste titre pour un excellent ouvrage. Son *Achille*, tragédie-opéra, n'est pas à beaucoup près aussi estimable. Voici l'épigramme qu'on fit au sujet de cet ouvrage, dont Campistron avait composé les paroles:

> Entre Campistron et Colasse,
> Grand débat s'émut au Parnasse,
> Sur ce que l'Opéra n'eut pas un sort heureux ;
> De ce mauvais succès nul ne se crut coupable.
> L'un dit que la musique est plate et misérable ;
> L'autre que la conduite et les vers sont affreux ;
> Et le grand Apollon, toujours juge équitable,
> Trouve qu'ils ont raison tous deux.

On cite encore de lui quelques autres opéras et des *motets* religieux. Colasse voulut chercher la pierre philosophale; il y perdit sa fortune et la raison.

COLBERG, ville de Prusse (Poméranie), à 40 kil. de Cœslin. Pop. 11,000 hab. Commerce de grains, toiles, huiles, draps, vins, fer. Distilleries. Riches salins. Pêche de saumons et de lamproies. Port sur le Persante, près de son embouchure (Baltique). Place forte.

COLBERT (Jean-Baptiste), célèbre ministre et secrétaire d'Etat, contrôleur général des finances sous Louis XIV, né à Reims en 1619. Son père était un modeste marchand drapier; cependant il eut la vanité, ou peut-être comprit-il la nécessité, au milieu d'une cour dédaigneuse, de se composer une généalogie illustre. Les généalogistes ne lui manquèrent pas pour le faire descendre des anciens rois d'Écosse. Il fit son apprentissage politique chez le secrétaire d'Etat Le Tellier; il passa ensuite au service du cardinal Mazarin, qui le récompensa de son zèle en le nommant secrétaire des commandements de la reine. Le cardinal, en mourant, le nomma son exécuteur testamentaire, et dit au roi, à ses derniers moments : « Je vous dois tout, sire, mais je crois m'acquitter en quelque sorte avec Votre Majesté en vous donnant Colbert. » Louis XIV n'accepta les services de Colbert, alors intendant des finances, que pour mieux s'initier à la connaissance des affaires et s'affranchir ainsi de l'autorité d'un ministre. On a prétendu que Colbert ne fut pas étranger à la fameuse disgrâce de Fouquet. Bien qu'il soit établi que Fouquet ait présenté au monarque des comptes inexacts, on n'en reproche pas moins à Colbert d'avoir poursuivi avec acharnement le ministre disgracié : il alla, en effet, jusqu'à demander sa mort, et persécuta ceux qui prirent sa défense. Saint-Evremont, la Fontaine et Pelisson éprouvèrent la dureté de Colbert. Pelisson surtout expia par une longue captivité sa courageuse défense. Colbert devint directeur des finances et contrôleur général. Il avait à réparer les désastres causés par l'anarchie qui avait signalé le règne de Louis XIII et la minorité de Louis XIV. L'Etat était alors à la merci des traitants. Le peuple acquittait annuellement 90 millions, et il en parvenait à peine 35 au roi. Colbert se trouvait dans la même position vis-à-vis de Louis XIV que Sully vis-à-vis de Henri IV. Il avait à satisfaire le luxe de son roi et son penchant à faire la guerre. Il constitua une chambre de justice afin de poursuivre la répression des malversations et liquider les dettes de l'Etat. Il osa opérer une réduction des rentes que l'Etat devait acquitter; mais il adoucit la rigueur de cette mesure en faisant la remise des impôts arriérés, et en diminuant les tailles. Il supprima un grand nombre d'offices qui n'étaient que des sinécures. Il proscrivit le trafic des emplois, mit un terme aux malversations des receveurs, et parvint par ses sages mesures à réduire le taux de l'intérêt. Il put ainsi diminuer les impôts perçus tout en augmentant les ressources de l'Etat. Colbert parvint ainsi, après une administration de 22 ans, à augmenter les revenus publics de 30 millions. En 1664, il fut chargé de la surintendance des bâtiments, des arts et des manufactures, et, en outre de l'administration de la marine. Grâce à lui, on vit se développer le commerce et l'industrie nationale. Il s'appliquait à établir de nouvelles fabriques, pour affranchir son pays du tribut qu'il payait à l'étranger. C'est ainsi qu'il introduisit des fabriques de fer-blanc, d'acier, de faïence, de dentelles et de maroquinage. Il favorisa le perfectionnement de la teinture, et ouvrit des manufactures de glaces, de tapis, de tapisseries, de laine et de soie. Des récompenses étaient accordées pour l'établissement de nouveaux métiers. On vit alors se fonder la prospérité d'Abbeville, d'Elbeuf, de Sedan, de Louviers, de Lyon et de Tours. Il s'appliqua à réparer les grandes routes et à en ouvrir de nouvelles. Le canal du Languedoc fit préparer le projet de celui de Bourgogne, il établit des ports francs à Marseille et à Dunkerque, fit construire des entrepôts, et favorisa par des primes les importations et les exportations. En même temps qu'il assurait ainsi la prospérité commerciale, et détruisait peu à peu le préjugé qui éloignait les nobles du commerce, il établissait des consuls dans le Levant pour la protection du commerce national. En 1654, il établit les deux grandes compagnies des Indes orientales et occidentales. Les colonies du Canada, de la Martinique et de Saint-Domingue, jusqu'alors languissantes, acquirent bientôt une haute prospérité. Il fallait une marine pour la protection des colonies. Quand Colbert fut appelé à la direction de la marine, elle ne contenait que quelques vieux bâtiments hors d'état de tenir la mer. Il acheta d'abord des navires à l'étranger; il en fit ensuite construire en France; et l'on vit bientôt se creuser le port de Rochefort et se former les arsenaux maritimes de Brest, de Toulon, du Havre et de Dunkerque. En 1672, la France comptait déjà 60 vaisseaux de ligne et 40 frégates. En 1681, elle disputait l'empire des mers aux autres peuples, et comptait 198 bâtiments de guerre, et 166,000 marins furent classés. Quand Louis XIV entreprit la refonte générale des lois, il eut recours à la profonde sagesse de Colbert. C'est alors qu'on vit paraître une suite d'ordonnances dont la plus remarquable est celle qui se rapporte au commerce; elle a servi de base à la confection de notre code de commerce, Colbert ne négligea pas non plus d'encourager les sciences, les lettres et les arts. Il contribua à la fondation des académies des inscriptions, des sciences et d'architecture; il réorganisa l'académie de peinture, et établit l'école de Rome. L'Académie s'empressa de l'admettre dans son sein, et n'eut pas à s'en repentir, car le ministre attira sur elle les faveurs du roi. Il agrandit la Bibliothèque du roi et le Jardin des plantes, construisit l'Observatoire, où il appela Cassini, et fit tracer la méridienne de la France. En même temps Paris s'enrichissait de constructions remarquables; on voyait s'ouvrir des quais, des places publiques et des boulevards; on bâtissait des portes triomphales et la colonnade du Louvre. On dut aussi à Colbert la plantation du Jardin des Tuileries. Il fut chargé de répartir les pensions aux savants de la France et de l'étranger. Cette mesure, en exaltant la reconnaissance des hommes de science, ne contribua pas peu à sanctionner le titre de *grand*, qui fut décerné à Louis XIV. Colbert commit cependant la faute de ne pas laisser libre le commerce des grains avec l'étranger, et par suite de cette mesure, le peuple fut en proie à une horrible disette. Il eut aussi la manie de multiplier les règlements commerciaux, les privilèges et les monopoles. Il ne rétablit l'ordre dans les finances que par des impôts excessifs et par des emprunts, ce qui fit dire de son administration, « qu'il avait trouvé la voiture versée à gauche, et qu'il l'avait renversée à droite. » La prospérité n'était que factice; car si le luxe régnait à la cour, le peuple souffrait et les campagnes étaient en proie à la plus horrible misère. On a dit cependant, pour la défense de Colbert, qu'il était le ministre d'un roi absolu dans ses volontés, et non celui du peuple. On en trouve la preuve dans ces protestations contre le système des emprunts préconisé par Louvois. « Vous triomphez, lui dit-il, mais croyez-vous avoir fait l'action d'un homme de bien? Connaissez-vous comme moi l'homme auquel nous avons affaire, sa passion pour les entreprises et les dépenses? Voilà donc la carrière ouverte aux emprunts, et par suite, aux impôts illimités; vous venez d'ouvrir une plaie que vos petits-fils ne verront pas refermer; vous en répondrez à la nation et à la postérité. » Colbert jouit toujours de la plus haute estime du roi, et parvint à amasser une fortune immense. Il mourut en 1683. Ses funérailles furent troublées par des désordres populaires. On voulait jeter son corps à la Seine. Cependant le peuple, qui lui reprochait les maux horribles dont il avait eu à souffrir, dut rendre justice aux intentions de Colbert, quand il vit s'accroître, sous les administrations qui vinrent ensuite, la misère et la dépopulation.

Colbert (Jean-Baptiste), marquis de Seignelay, fils aîné du grand Colbert, né à Paris en 1651, mort à l'âge de 39 ans, en 1690. Il fut élevé très-sévèrement par son père, qui s'emportait même souvent jusqu'à le frapper avec rigueur. L'abbé de Choisy, qui rapporte ces détails, l'entendit dire un jour: « Coquin, tu n'es qu'un bourgeois, et, si nous trompons le public, je veux au moins que tu saches qui tu es. » Il fut ministre et secrétaire d'État. Sous son administration, la marine atteignit une puissance jusqu'alors inouïe. Il encouragea le commerce et les arts.

Colbert (Édouard-Charles-Victurnin de), né en 1758, mort en 1820. Il entra dans la marine, et se distingua dans la guerre d'Amérique. Il était capitaine de vaisseau lorsqu'il émigra en 1791. Il passa en Vendée, où il servit comme aide de camp du général Stofflet, ancien garde-chasse de son frère. A la mort de Stofflet, il se réfugia en Amérique, et rentra en France en 1803. Louis XVIII le nomma capitaine des gardes du pavillon-amiral. En 1816, il fut nommé contre-amiral.

COLCHAGUA, prov. du Chili, au centre. Ch.-l. Curico. Superf. 11,988 kil. carrés. Pop. 207,000 hab. Troupeaux de mulets et de chèvres. Mines d'or et de cuivre.

COLCHESTER, ville d'Angleterre, dans le comté d'Essex, à 80 kil. de Londres. Pop. 23,880 hab. Exploitation de blé et d'eaux-de-vie de grains. Célèbre pêcherie d'huîtres. Ruines d'un château bâti par Édouard l'Ancien. Églises remarquables, etc. Cette ville fut importante sous les Romains et les Saxons. Fairfax l'assiégea et la prit en 1648.

COLCHIDE, ancien pays de l'Asie, borné au N. par le Caucase, à l'E. par l'Ibérie, au S. par l'Arménie, à l'O. par le Pont-Euxin. Il était arrosé par le Phase et le Bathis. Les principales villes étaient: Dioscurnes, Phasis, Pityonte, etc. Ce pays forme aujourd'hui le gouvernement russe de Koutaïs. Sol très-fertile. Mithridate, roi de Pont, s'en empara, et après la mort de ce prince, elle fut gouvernée de nouveau par des souverains particuliers.

COLDINGHAM, ville d'Écosse, comté de Berwick, à 15 kil. de cette ville. Pop. 2,660 hab. Église ayant appartenu à un ancien couvent de bénédictins.

COLDSTREAM, ville d'Écosse, comté de Berwick, près de la frontière d'Angleterre. Pop. 3,000 hab. Importants marchés à grains et à bestiaux. Pêcherie de saumon. C'est une des villes où les Anglais viennent se marier, comme à Gretna-Green, suivant l'usage d'Écosse. Cette ville donne son nom à un régiment anglais des gardes, dans laquelle il fut originairement levé par Monk.

COLÉAH, ville d'Algérie, dans la prov. d'Alger, à 37 kil. de cette ville. Pop. 4,860 hab. Magnifiques jardins et vergers d'orangers, grenadiers, citronniers. Les Français s'établirent à Coléah en 1838.

COLEBROOKE-DALE, village d'Angleterre (Salop), à 20 kil. de Shrewsbury. Fabrique de porcelaine. Exploitation de houille, fer, bitume. Forges et fonderies de fer. Pont de fer de 17 mètres de haut et d'une seule arche de 34 mèt. 50 d'ouverture jeté sur la Severn.

COLERAINE, ville d'Irlande (comté de Derry), à 45 kil. de Londonderry. Pop. 6,150 hab. Port sur le Bann. Pêcheries de saumons et d'anguilles. Commerce de toiles renommées. Ville ancienne.

COLÈRE, exaltation de l'âme produite par la haine, l'injure ou le mépris. C'est un sentiment rapide qui obscurcit l'intelligence. La colère allume les guerres les plus terribles; elle a souvent pour effet de frapper celui-là même qui y est sujet; ainsi on rapporte que Sylla tomba comme foudroyé dans un accès de colère. Les physiologistes ont remarqué que les personnes maigres et aux fibres sèches sont plus irritables que les personnes grasses, ordinairement de meilleure composition. Les gens qui souffrent de privations sont aussi plus irascibles que les gens bien repus. Il y a aussi certaines professions qui disposent davantage à la colère et à la brutalité.

COLERIDGE (Samuel Taylor), poëte et philosophe anglais, né à Ottery-Sainte-Marie, dans le Devonshire, en 1773, mort en 1834. Il était fils d'un ministre protestant qui le fit élever à l'école de Blaurock. Il acheva ses études à Cambridge, où il s'appliqua particulièrement à la poésie et aux mathématiques. Après avoir servi pendant quelque temps dans le corps des dragons, il revint à l'Université de Cambridge, où il professa la rhétorique. Il débuta par des *Essais historiques* et un drame sur la *Chute de Robespierre*. Il se distingua par l'ardeur de ses opinions démocratiques, et se lia avec deux jeunes poëtes, Sonthey et Robert Lowell, qui s'étaient aussi enthousiasmés pour les nouvelles idées de liberté et d'égalité. Coleridge professa publiquement ses théories à Bristol. Ses *Harangues au peuple* et ses *Protestations* contre la suppression des meetings politiques agitèrent plusieurs villes. Désespérant de faire adopter leurs principes en Angleterre, les trois amis avaient projeté de fonder dans l'Illinois une société sous le nom de *pantisocratie*. L'amour se mit en travers de leurs projets, et ils épousèrent trois sœurs, charmantes jeunes filles qui leur firent oublier l'Illinois et la *pantisocratie*. Coleridge voyagea en Allemagne, et, à son retour, il publia sa *Biographie littéraire*, chef-d'œuvre de critique, et quelques poésies pleines d'imagination et de verve, qui offrent des réminiscences de la poésie allemande, qu'il affectionnait vivement. Il fut l'un des plus beaux génies de l'*École des Lacs*, ainsi nommée par les Anglais parce que les poëtes qui la composaient habitaient sur les bords des lacs du Westmoreland et du Cumberland. Comme philosophe, ses opinions varièrent souvent et s'égarèrent dans des spéculations nuageuses. Il suivit Malebranche, puis Leibnitz, et s'attacha enfin au système de Kant.

COLETTIS (Jean), homme d'État de la Grèce moderne, né à Seraku en 1784, mort en 1846. Il exerçait la médecine à l'époque où éclata la guerre de l'indépendance hellénique. Il souleva la population de l'Épire, arma la Roumélie et reçut le commandement général des armées helléniques. Ses succès assurèrent le triomphe de l'insurrection, autant que le concours de Capo d'Istria; mais ce dernier, jaloux du pouvoir, écarta Colettis en lui conférant le gouvernement de l'île de Samos. Quand Capo d'Istria eut succombé par suite d'un mouvement populaire, Colettis fut appelé à faire partie du gouvernement provisoire. Il ne voyait de salut pour la Grèce que dans la reconnaissance de la nationalité hellénique par les puissances européennes; sa politique se rapprochait en cela de celle de Capo d'Istria. Cependant les dissentiments qui survinrent entre ses collègues et lui, l'obligèrent à donner sa démission. Le roi Othon s'attacha Colettis en le comblant de faveurs. Il fut successivement ministre de la marine, ministre de l'intérieur et ambassadeur à Paris. Sous son administration, la Grèce fut délivrée de l'agitation, et put progresser librement.

COLIGNY (Gaspard, premier de ce nom), maréchal de France, mort en 1522. Il se distingua pendant la guerre d'Italie, sous Charles VIII. On cite, pour montrer l'état d'abaissement de la France à cette époque, le trait suivant : Coligny s'étant présenté, enseignes déployées, pour prendre possession de Tournai, que l'Angleterre venait de céder à la France, le gouverneur anglais exigea que Coligny pliât ses drapeaux avant d'entrer dans une place que le roi de France ne tenait, disait-il, que de la grâce du roi d'Angleterre.

COLIGNY (Gaspard, second de ce nom), amiral de France, né à Châtillon-sur-Loing, en 1517. Il se signala sous François Ier, à la bataille de Cérisoles. Henri II le fit colonel-général de l'infanterie française, puis amiral de France en 1552. Il dut cette faveur à sa victoire de Renti et à sa belle défense de Saint-Quentin. A la mort de Henri II, il prit parti contre Catherine de Médicis, et se mit à la tête des calvinistes contre les Guises. Il marcha d'accord avec Condé. Ce dernier était plus ambitieux et plus entreprenant, tandis que Coligny, aussi prudent que bravo, était ceux qui seraient trop sages. » La cour préluda au massacre de la Saint-Barthélemy par un horrible attentat. Coligny reçut un coup d'arquebuse qu'on lui tira d'une fenêtre, et qui le blessa à la main droite. Ce coup venait de Maurevert, qui avait juré au roi d'assassiner l'amiral. Coligny ne put s'empêcher de s'écrier : « Voilà le fruit de ma réconciliation avec le duc de Guise. » Charles IX, à qui il s'en plaignit, poussa la dissimulation jusqu'à lui dire : « Mon père, la blessure est pour vous et la douleur pour moi. » Dans la nuit du 23 au 24 août, jour de la Saint-Barthélemy, le duc de Guise s'avança, avec une escorte, vers la maison de l'amiral. Une bande d'assassins entra dans sa chambre, l'épée à la main. A leur tête était Besme, serviteur de la maison de Guise. L'amiral le voyant en-

Tour de Déols.

trer : « Jeune homme, lui dit-il, tu devrais respecter mes cheveux blancs; mais fais ce que tu voudras, tu ne peux m'abréger la vie que de quelques jours. » Besme frappa sans pitié sa victime, et traîna le corps par les pieds jusqu'à la fenêtre, d'où il le jeta dans la cour. Coligny tomba aux pieds du duc de Guise; celui-ci eut la lâcheté de frapper du pied l'amiral expirant, et de le livrer à une populace furieuse qui le mit en pièces. Son cadavre fut pendu par les pieds au gibet de Montfaucon, où il resta exposé pendant trois jours. Charles IX alla le voir, et répéta ce mot de Vitellius : « qu'un ennemi mort ne sent pas mauvais. » Catherine de Médicis se fit apporter la tête de l'amiral, la fit embaumer et l'envoya à Rome. Les restes de l'amiral furent recueillis par ses serviteurs. Coligny avait épousé, deux ans avant sa mort, la comtesse d'Entremont, qui, connaissant ses grandes qualités, lui avait fait offrir sa main. Elle se retira dans sa terre natale.

plus capable de diriger un parti. La première bataille qui se donna entre les huguenots et les catholiques fut celle de Dreux, en 1562. Coligny fut vaincu, mais il sauva son armée. Au reste, il savait habilement réparer ses échecs, et n'était jamais plus redoutable qu'après une défaite. Il fut accusé d'avoir trempé dans l'assassinat du duc de Guise; il s'en justifia avec dignité. Les guerres religieuses recommencèrent en 1567. La bataille de Saint-Denis, que Coligny et Condé livrèrent au connétable de Montmorency, resta indécise. La bataille de Jarnac, en 1569, fut malheureuse pour les calvinistes; Condé y trouva la mort. La journée de Montcontour fut encore fatale pour les calvinistes, sans ébranler leur courage. La paix fut signée en 1571, et Coligny put paraître à la cour, où Charles IX l'accueillit avec empressement. Coligny était averti qu'il eût à se méfier de la perfidie du roi; mais sa loyauté l'empêchait de croire à la possibilité des projets qui se tramaient contre les réformés. Un de ses officiers lui dit, même un jour : « Je vous quitte, parce qu'on nous fait ici trop de caresses. J'aime mieux me sauver avec les fous, que de périr avec

COLIGNY (Gaspard, troisième du nom) (*Voir* CHATILLON).

COLIGNY (Odet DE), cardinal. (*Voir* CHATILLON.)

COLIGNY (Dandelot). (*Voir* DANDELOT.)

COLIGNY (Jean DE), comte DE SALIGNY, né en 1617. Il commanda l'armée française à la bataille de Saint-Godard, en 1664. Il s'attacha au grand Condé, par amitié et par grandeur d'âme, suivant Voltaire. Cependant cette assertion paraît démentie par les mémoires même de Jean de Coligny. Il mourut en 1686.

COLIGNY, ch.-l. de cant. de l'arrond. de Bourg-en-Bresse (Ain), à 22 kil. de cette ville. Pop. 1,780 hab. Récolte abondante de vins communs. Ancienne seigneurie. Cette ville a donné son nom à la famille de Châtillon.

COLIMA, ville du Mexique, à 440 kil. de Mexico. Pop. 32,000 hab. Port. Aux environs se trouve un volcan.

COLIN MAILLARD (Jean), guerrier fameux du pays de Liége, ainsi nommé parce que le *maillet* était son arme de prédilection, fut armé chevalier par Robert, roi de France, en 999. Dans une bataille qu'il livra au comte de Louvain, il eut les deux yeux crevés; mais il ne cessa pas de combattre, guidé par ses écuyers. C'est à ce trait qu'il faut rapporter l'invention du jeu de *colin-maillard*.

COLINÉE, ch.-l. de cant. de l'arrond. de Loudéac (Côtes-du-Nord), à 22 kil. de cette ville. Pop. 780 hab.

COLISÉE, de l'italien *colosseo*, colosse, est le nom qu'on donne au grand amphithéâtre de l'ancienne Rome en raison de ses proportions colossales, et peut-être à cause du voisinage du *colosse de Néron*. Le Colisée, commencé par Vespasien à son retour de la guerre contre les Juifs, fut achevé par Titus. Lorsqu'il fut inauguré, les fêtes durèrent cinq jours; on fit combattre plus de 5,000 bêtes féroces et un grand nombre de gladiateurs. Le Colisée est de forme elliptique; il offre extérieurement 3 rangs de 80 arcades soutenues par des colonnes. Au-dessus du dernier rang s'élève un mur formé de 80 pilastres, entre chacun desquels est une fenêtre. A l'intérieur se trouve une grande galerie où aboutissent 20 escaliers conduisant aux gradins inférieurs, jusqu'au 3e rang des arcades. A l'intérieur se trouvaient 50 rangs de gradins, et en bas se trouvait un certain espace où l'on plaçait des siéges mobiles réservés à l'empereur, aux sénateurs, aux magistrats et aux vestales. Au milieu était l'arène, de forme ovale, de 285 m. de longueur sur 182 de largeur. Il fut restauré, sous les empereurs romains, à diverses époques. Une partie de ce monument s'écroula en 1381; mais on veille aujourd'hui à la conservation des précieuses ruines qui subsistent encore. Le Colisée pouvait contenir environ 100,000 spectateurs.

COLISÉE DE PARIS, monument construit à Paris sous Louis XV. La concurrence de deux artificiers, Torré et Ruggieri, inspira à quelques spéculateurs l'idée de construire un colisée qui surpassât en magnificence et en étendue tous les monuments de ce genre. On devait en faire un lieu de réjouissances. Les travaux de cet édifice, qu'on érigea dans les Champs-Elysées, furent souvent interrompus par la pénurie de fonds; il fut même plusieurs fois question de le démolir. Le Colisée fut ouvert le 25 mai 1771; il offrait une imitation de l'amphithéâtre de Vespasien. Tout était disparate dans le plan et dans l'exécution. Construit pour contenir 40,000 spectateurs, il n'en vit jamais plus de 5 à 6,000. On y donna des bals et des concerts, sans pouvoir y attirer la multitude. Les pantomimes, les fêtes chinoises, les combats de coqs s'y succédèrent sans plus de succès. Il fut démoli en 1784. Il a laissé son nom à une rue du faubourg Saint-Honoré.

COLL, une des îles Hébrides, à l'O. de l'Ecosse, à 9 kil. de celle de Mull. Superf. 25 kil. de long. sur 6 de larg. Pop. 1,430 hab. Elle dépend du comté d'Argyle. Résidence et forteresse féodale des Macleans.

COLLABORATEUR, se dit de celui qui travaille avec un ou plusieurs auteurs à la composition d'une œuvre littéraire. La collaboration publiquement annoncée a quelquefois servi à cacher de misérables intrigues littéraires. Ainsi plus d'un vaudeville offre jusqu'à trois et quatre noms d'auteurs : l'un prépare le plan; un autre le dialogue; un troisième les couplets; un quatrième n'a d'autre mérite que de faire accepter la pièce à quelque directeur, qui sert au public cette production.

COLLARES, ville de Portugal (Estramadure), à 30 kil. de Lisbonne. Pop. 2,250 hab. Vins et fruits renommés.

COLLATÉRAL, terme désignant le rapport de parenté qui existe entre des personnes qui, sans descendre les unes des autres, se rattachent à un auteur commun. Ainsi les deux frères ou sœurs, les oncles et tantes, relativement à leurs neveux et nièces, et *vice versâ*, les cousins, sont des collatéraux. On appelle *héritier collatéral* celui qui recueille la succession d'un parent collatéral. La comédie s'est emparée de l'avidité des collatéraux pour en faire le sujet de plusieurs scènes charmantes :

Il a tant de neveux, ce bon monsieur Géronte!
Il en a tant et tant, que parfois j'en ai honte.

COLLATIN, surnom de L. TARQUIN (*Voir* ce mot).

COLLATION. On désigne ainsi, en matière ecclésiastique, le droit de conférer un bénéfice et d'en donner des provisions. On appelait aussi *collation* l'acte par lequel un collateur, usant de son droit, conférait à quelqu'un un bénéfice qui, étant à sa nomination, lui donnait titre et provisions pour posséder le bénéfice. Le droit de collation a disparu à la Révolution, en même temps qu'on abolit les bénéfices.

COLLE, matière molle et gluante, quelquefois gélatineuse, dont on se sert pour joindre deux choses de telle sorte qu'elles adhèrent parfaitement. On distingue plusieurs sortes : la *colle de pâte*, faite de farine; la *colle de peau*, faite de rognures de mégisserie; on l'emploie dans la peinture; la *colle forte*, composée uniquement de matières gélatineuses, est employée dans l'ébénisterie. Il y a encore la *colle de poisson*, la *colle à bouche*, etc.

COLLÉ (Charles), célèbre poëte, né à Paris, en 1709, mort en 1783. Son père était un procureur du roi au Châtelet. Il se lia dans sa jeunesse avec Haguenier, Gallet et Panard, connus par des poésies anacréontiques et de gais vaudevilles; ils lui inspirèrent leur philosophie épicurienne. Collé débuta par une parodie intitulée *Alphonse l'impuissant*, dont la légèreté n'a pas permis la représentation. Il composa pour le théâtre du duc d'Orléans, dont il était secrétaire ordinaire et lecteur, plusieurs pièces fort applaudies, notamment le *Rossignol*, la *Veuve*, *Nicaise*, *Joconde* et surtout la *Partie de Chasse de Henri IV*. Cette dernière pièce, qui trace un fidèle portrait du bon roi, fut accueillie avec enthousiasme. A la première représentation les spectateurs se levèrent pour répéter après l'acteur, le fameux couplet : *Vive Henri IV*. Il donna ensuite la *Vérité dans le vin*, *triomphe de la franche gaieté*. Ses chansons firent du bruit à la cour et à la ville. On sait que Collé fut l'un des fondateurs du Caveau. (*Voir* ce mot.) Collé excellait dans la composition des couplets amphigouriques, auxquels on cherchait un sens, alors qu'ils n'en avaient aucun. Fontenelle lui-même s'y laissa prendre; mais il se reprit aussitôt en disant : « Ce galimatias ressemble si fort à tous les vers que j'entends ici, qu'il n'est pas étonnant que je m'y sois mépris.» Collé tenta avec succès de rajeunir quelques anciennes comédies : c'est ainsi qu'il donna le *Menteur*, de Corneille, l'*Adrienne* de Baron, et l'*Esprit follet*, de Hauteroche. Collé, sentant son esprit s'affaiblir par l'âge, ne voulut plus écrire, et dit à ce sujet : « Il faut dételer avant la nuit. » Il mourut quelque temps après sa femme, dont la perte l'affecta vivement. On cite encore parmi ses autres ouvrages, *Journal historique*, le *Recueil littéraire et anecdotiques*, où se trouvent consignés quelques récits scandaleux ou

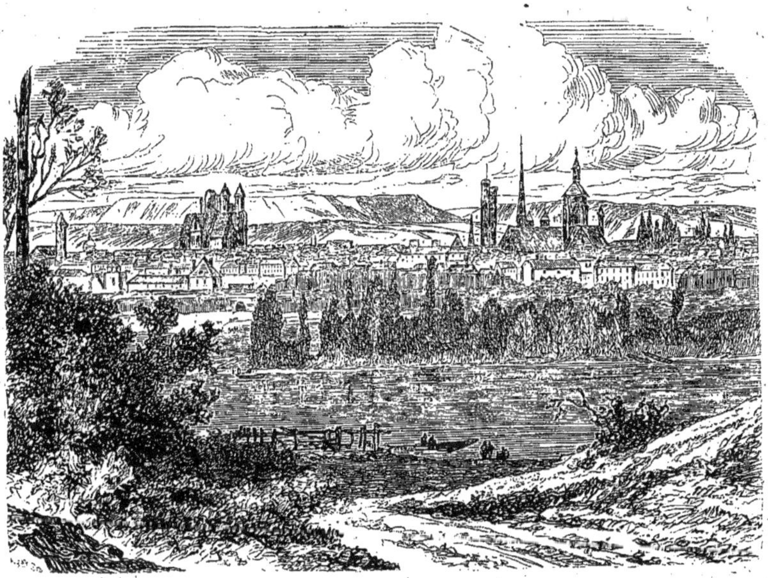

Vue de Dijon.

indécents qui n'auraient pas dû voir le jour. On lui doit aussi sous le titre de *Théatre des boulevards*, un recueil de parades.

COLLECTE, oraison que le prêtre catholique récite pendant la messe. On donne aussi ce nom à la quête faite pour l'église ou pour les pauvres.

COLLECTE, COLLECTEURS. On appelait autrefois *collecte* le recouvrement qui se faisait des impôts et contributions. Les *collecteurs* étaient ceux qui étaient chargés de la perception des impôts, notamment ceux de la taille et du sel, dans les pays de gabelle. Ils étaient choisis parmi les habitants des communes. On exemptait de la collecte ceux qui étaient exempts de la taille, ceux qui étaient chargés de plus de huit enfants, ou qui exerçaient des professions libérales. Le nombre des collecteurs variait selon l'étendue des paroisses. Ils recevaient 12 deniers pour livre de salaire.

COLLECTION, recueil de choses de même espèce ou ayant certains rapports entre elles. La collection exprime, à proprement dire, l'action de rassembler, de composer le recueil. On dit un *recueil de morceaux littéraires*, ce qui implique l'idée d'un choix; mais on dit une collection de médailles; une collection minéralogique, parce qu'on rassemble tout ce qui s'est produit à cet égard. On dit aussi la *collection des historiens, des Pères de l'Église, des conciles*.

COLLE-DI-VAL-D'ELSA, ville du royaume d'Italie, à 19 kil. de Sienne. Pop. 3,220 hab. Siège d'un évêché. Papeteries importantes.

COLLÈGES, chez les anciens Romains. On appelait ainsi les corporations de prêtres ou d'artisans. Ainsi il y avait les collèges des *Pontifes*, des *Augures* et des *Vestales*. Il y avait aussi des collèges spéciaux, pour le culte de certaines divinités. Les collèges d'artisans furent institués par Numa. Chaque collège ou corporation se divisait en décuries, chaque décurie avait à sa tête un décurion, et tous les décurions relevaient d'un chef commun. Tout collège avait une cuisse commune et possédait des biens en commun. César s'appliqua à les dissoudre, parce qu'il y voyait des éléments de conspiration en faveur des principes républicains contre la nouvelle constitution politique qu'il voulait établir. Les corporations reparurent sous le Bas-Empire. L'ancien Paris, qui s'appelait alors Lutèce, avait aussi ses collèges, parmi lesquels on distinguait celui des *nautæ parisienses* (mariniers parisiens).

COLLÈGES. On désignait par ce nom, sous la dernière monarchie, les collèges royaux appartenant à l'État; ils ont pris aujourd'hui le nom de lycées (*Voir* LYCÉES). On a réservé ce nom aux collèges communaux, qui appartiennent aux communes. Dans ces collèges, l'enseignement s'arrête le plus souvent à la classe de rhétorique. Les professeurs ou régents sont nommés par le ministre de l'instruction publique. Le principal dirige et administre tantôt pour le compte de la commune, tantôt à ses risques et périls.

COLLÈGE DE L'UNIVERSITÉ (ancien). (*Voir* UNIVERSITÉ.)

COLLÈGE DE FRANCE, établissement fondé par François Ier en 1530, dans le but de donner une vigoureuse impulsion à la science. Cet édifice fut d'abord bâti sous Henri II, puis rebâti sous Louis XIII; enfin, depuis cette époque, on l'a encore reconstruit sur son ancien emplacement, la place de Cambrai. Ce collège a porté différents noms. On l'appela d'abord *Collège des trois langues*, parce que le latin, le grec et l'hébreu, étaient les seuls objets de l'enseignement. Il prit le nom de collège royal sous Louis XIII. Il subit ensuite bien des modifications; les cours y sont gratuits. Tantôt ce collège a dépendu de l'Université, tantôt il en a été détaché. On peut dire aujourd'hui que le programme du Collège de France renferme l'enseignement de toutes les connaissances et de toutes les langues; il comprend les mathématiques, l'astronomie, la physique mathématique et la physique expérimentale, la médecine, la chimie l'histoire naturelle, le droit de la nature et des gens, la morale de l'histoire, les langues hébraïques, chaldaïques et syriaques, l'arabe, le persan, le turc, le chinois et le tartare mantchou, le sanskrit, le grec, la philosophie grecque et latine, la poésie latine, la littérature française, l'économie politique, l'archéologie, l'histoire des deux législations comparées, les langues et littératures germaniques, les langues et littératures de l'Europe méridionale. Le nombre des professeurs varie de 25 à 30. On peut dire que cet établissement forme le dernier échelon de l'enseignement national. Il justifie cet éloge du rapporteur de la loi qui en ordonna le rétablissement en l'an III : « La Sapience à Rome, le collège de Gresham à Londres, les Universités d'Oxford et de Cambridge, celles d'Allemagne, ne présentent point un système d'enseignement aussi vaste, aussi complet, aussi propre à conserver le dépôt des sciences et des arts. »

COLLÈGE (sacré). On appelle ainsi le corps des cardinaux. Il se compose des cardinaux évêques, des cardinaux prêtres et des cardinaux diacres. Ils ont pour doyen l'évêque d'Ostie. Dans les premiers temps de l'Église, les cardinaux ne furent que les principaux desservants des diverses églises de Rome. Plus tard ils assistèrent l'évêque de Rome, lorsqu'il officiait. Enfin lorsque la papauté eut établi son autorité, les cardinaux composèrent le conseil du pape, et devinrent les princes de l'Eglise romaine. Plusieurs cardinaux occupent des siéges pontificaux, et sont aussi éloignés de Rome. Ils font cependant partie du conclave pour l'élection d'un pape. Les cardinaux sont nommés par le pape, sur l'avis du Sacré Collège. Ils forment le conseil supérieur de l'administration du monde catholique et du gouvernement temporel de Rome. Ils sont divisés en plusieurs commissions ou congrégations.

COLLÈGE ÉLECTORAL. On désignait sous ce nom, de 1830 à 1848, les assemblées des électeurs appeler à procéder à l'élection des députés. Chaque arrondissement électoral, élisant un député, formait un collège.

COLLÈGES. On donne ce nom, dans les Pays-Bas, aux diverses chambres de l'amirauté.

COLLÉGIALE. On donnait ce nom à une église qui, sans être cathédrale, avait pourtant son chapitre. L'église collégiale ne le cédait qu'à l'église cathédrale. En 1789, on en comptait 481. Aujourd'hui, à part le chapitre de Saint-Denis, régi par un règlement spécial et formel, il n'y a plus d'autres chapitres que ceux des églises cathédrales.

COLLETA (Pierre), né à Naples en 1773, mort à Florence en 1831. Plein d'enthousiasme pour les idées révolutionnaires, il se montra favorable à l'occupation française en Italie. Il servit dans les rangs de l'armée républicaine, et lorsque les Français entrèrent en Italie, il organisa la garde nationale. En 1812, il fut nommé général et directeur des ponts et chaussées; quelque temps après il devint directeur du génie militaire. Lors de la Restauration, il suivit le parti de Ferdinand IV, roi de Naples, et fut envoyé en Sicile pour y réprimer une agitation populaire. Il devint ministre de la guerre en 1821. Toujours considéré comme suspect, à cause de sa participation aux événements de la révolution, il se vit emprisonné, puis exilé à Florence. Il a publié une *Histoire du royaume de Naples depuis Charles VII jusqu'à Ferdinand IV*.

COLLETET (Guillaume), avocat et membre de l'Académie française, né à Paris en 1598, mort en 1659. Il fut choisi par Richelieu, avec quelques autres auteurs, pour composer des pièces de théâtre; ce fut lui qui composa *Cyminde*, et travailla ensuite aux comédies de l'*Aveugle de Smyrne* et des *Tuileries*. Dans cette dernière pièce, le cardinal Richelieu admira tellement le passage qui commence ainsi :

La canne s'humectant dans la bourbe de l'eau...

qu'il lui fit compter 600 livres, pour ces six vers. Le cardinal s'arrogea cependant le droit de critiquer Colletet; celui-ci s'en offensa. Le cardinal dit, à ce sujet, à un courtisan qui le complimentait du succès de ses armes, auxquelles rien ne résistait : « Vous vous trompez, je trouve quelqu'un qui me résiste, c'est Colletet? Je combats avec lui sur un mot, et il ne se rend pas. » Colletet composa ensuite plusieurs traductions du latin, entre autres, le roman d'*Ismène* et le *Monarque parfait*. Il a encore laissé un *Art poétique* où se trouvent toutes les règles de la poésie française. Par suite des pertes qu'il éprouva pendant la guerre civile, Colletet se vit réduit à une telle pauvreté qu'il ne laissa pas même de quoi se faire enterrer; ses amis durent y pourvoir.

COLLETET (François), fils du précédent, né à Paris en 1628, mort en 1680. Il est très-connu par la place que lui a donnée Boileau dans ses *Satires* :

Tandis que Colletet, crotté jusqu'à l'échine,
S'en va chercher son pain de cuisine en cuisine...

Il a laissé, entre autres ouvrages : *Noëls nouveaux, Pièces bachiques et amoureuses, les Tracas de Paris*. Ses œuvres sont aujourd'hui oubliées.

COLLETS (petits). On appelait ainsi, au XVIIIe siècle, certains abbés dotés de bénéfices qui appartenaient à l'Eglise par l'ordination, mais qui restaient absolument étrangers au ministère sacerdotal. Par leur conduite, ils appartenaient au monde plus qu'à l'Eglise; on les voyait dans les antichambres et les boudoirs; ils ne dédaignaient pas les soupers de la régence. Ils allaient au théâtre, et comme Bernis et Voisenon, composaient des opéras ou tournaient de galants madrigaux.

COLLIBERTS (de *libertus*, affranchi). On désignait autrefois par ce nom en France une classe d'individus qui, sans être tout à fait serfs, pouvaient être vendus ou échangés; ils étaient l'objet du mépris général. On donne encore le nom de colliberts, dans le Maine, le Poitou et l'Aunis, à une race vagabonde qui subsiste actuellement. Cette dénomination est à peu de chose près synonyme de celle des *cagots*. (*Voir* CAGOTS.)

COLLIER, ornement qui se porte au cou, il se compose d'une chaîne d'or ou d'autres métaux, de perles, de pierres précieuses; quelquefois de diamants ou de grains de corail. Dès la plus haute antiquité, les femmes faisaient usage du collier. On en ornait les statues des déesses. Manlius reçut le surnom de *Torquatus* pour avoir enlevé un collier à un Gaulois.

COLLIER (ordre du). C'était un ordre de chevalerie, établi dans l'ancienne république de Venise. Ceux qui en faisaient partie, prenaient aussi le nom de *chevaliers de Saint-Marc* ou de la *Médaille*. L'insigne de cet ordre était une chaîne à laquelle était suspendue une médaille, avec l'effigie du *Lion ailé de Saint-Marc*. — Parmi les autres ordres qui ont porté le nom d'*ordre du collier*, on peut citer celui des *Lacs d'amour*, fondé par le comte Amédée de Savoie, en 1355.

COLLIER (affaire du). Cette affaire émut vivement la cour de Louis XVI, et eut un grand retentissement dans l'Europe entière. Les passions politiques s'appliquèrent encore à l'envenimer. Il s'agissait d'une riche parure que Louis XV avait commandée pour la Dubarry. Bœhmer et Bassanges, joailliers de la couronne, avaient été chargés de ce travail qui était un chef-d'œuvre d'art, et dont la richesse surpassait ce qu'on pouvait voir de plus beau, par l'éclat et la dimension des diamants. Le joyau n'était pas achevé à la mort de Louis XV. Les joailliers terminèrent cependant cette parure; elle ne valait pas moins de 2 millions. Une femme résolut de s'en emparer afin d'en réaliser la valeur, et voici ce qui se passa : le cardinal de Rohan avait été impliqué dans une accusation de honteuse concussion; il n'avait échappé à la condamnation qu'en s'accusant lui-même de légèreté et d'incapacité. Il était lié avec madame de Lamotte, habile intrigante, qui exploita sa crédulité, en lui persuadant qu'elle avait assez de crédit pour le faire rentrer en grâce. Elle n'hésita pas à demander au cardinal, au nom de la reine, diverses sommes s'élevant ensemble à 160,000 francs. Des compères firent entendre aux joailliers que la comtesse de Lamotte pouvait leur faire vendre le bijou à la reine elle-même. Dans un premier rendez-vous, la comtesse fit semblant de rejeter une semblable proposition. Son mari parut moins scrupuleux et promit son intervention. La comtesse persuada ensuite au cardinal que la reine Marie-Antoinette désirait posséder le collier sans paraître en rien; qu'elle le ferait rentrer en grâce, s'il consentait à négocier l'acquisition. Le même jour, le cardinal traita le marché avec les joailliers, moyennant le prix de 1 million 600,000 francs, payables en quatre termes égaux. Le lendemain, le cardinal remit une acceptation de la reine, signée *Marie-Antoinette de France*. Le collier passa alors des mains du cardinal dans celles de madame de Lamotte, qui démonta la parure, et en vendit une partie en Angleterre et l'autre en France. La comtesse, devenue riche, étala alors un luxe qui inquiéta le cardinal. On lui répondait que c'était par suite des libéralités de la reine. Le cardinal s'étonnait encore que la reine n'eût pas porté le collier qu'il présumait être entre ses mains. La comtesse répondait qu'elle ne s'en parerait qu'à Pâques, ou bien qu'elle ne voulait avouer le marché au roi que quand elle aurait payé une forte partie du prix. Il fallait cependant satisfaire l'impatience du cardinal. La comtesse parvint à lui faire croire que la reine consentait à lui donner un rendez-vous; qu'elle paraîtrait entre 11 heures et minuit sur la terrasse du côté des bosquets, et qu'elle lui remettrait une rose comme gage de l'oubli du passé, et de son bonheur dans l'avenir. Le cardinal fut exact au rendez-vous, et la scène se passa suivant ses vœux. Lamotte avait choisi, pour remplir le rôle de la reine, une des beautés du Palais-Royal, nommée le Guay d'Oliva. Cependant les joailliers commençaient à perdre patience. On leur avait payé les intérêts de la somme due; on leur avait même remis un certain billet de la reine pour les faire patienter. Ils crurent devoir adresser des remercîments dans une réponse qui parvint à sa destination. Marie-Antoinette les fit appeler, et alors l'escroquerie devint manifeste. Le cardinal de Rohan, grand aumônier de France, fut arrêté, encore revêtu de ses habits pontificaux, au moment où il allait célébrer la messe dans la chapelle du château de Versailles. On avait tardé près de six semaines à procéder à l'arrestation; quelques ministres proposaient sagement d'étouffer cette affaire, où le nom de la reine se trouvait malheureusement mêlé. Le cardinal fut conduit à la Bastille; la comtesse de Lamotte fut également enfermée à la Bastille. Cagliostro, l'un des plus célèbres intrigants du XVIIIe siècle, fut aussi arrêté, sur les indications de la comtesse. Plusieurs escrocs de haut étage et des amis du cardinal furent également compromis. La demoiselle le Guay d'Oliva fut arrêtée à Bruxelles et conduite à la Bastille. L'instruction dura plus de cinq mois. Le comte de Lamotte, contumace, fut condamné au fouet, à la marque et aux galères à perpétuité; la même peine fut infligée à sa femme. Mademoiselle d'Oliva fut mise hors de cour. Cagliostro fut déchargé de l'accusation, ainsi que le cardinal. La comtesse de Lamotte parvint à s'évader, et se réfugia à Londres, où elle publia un libelle diffamatoire contre Marie-Antoinette.

COLLIN D'HARLEVILLE (Jean-François), né à Maintenon, près d'Évreux, en 1755; mort en 1806. Il prit le surnom d'Harleville d'un domaine que son père possédait dans le village de ce nom. Il fit des études brillantes qui furent interrompues par une chute qui mit ses jours en danger; il disait souvent que cet accident avait amené un changement dans l'état de ses facultés, et que sans cela il ne serait sans doute jamais devenu poëte. Ses parents le contraignirent à entrer au barreau; mais ce fut à regret qu'il prit la robe. Il s'était déjà fait connaître par quelques poésies insérées dans le *Mercure de France*, et par une comédie intitulée l'*Inconstant*, qui fut reçue à la Comédie-Française. Les railleries et les remontrances de sa famille lui inspirèrent le *Poëte en province*. Collin se rappela souvent les supplications d'une vieille servante dévouée à sa famille, qui l'engageait à brûler ses comédies, œuvres du démon, qui troublaient le bonheur de ses parents. L'*Inconstant* ne fut admis à la représentation qu'après bien des sollicitations. La pièce eut un grand succès. La Harpe se montra sévère dans son jugement : « Il y a du talent là-dedans, il y en a beaucoup; les vers sont faciles et bien tournés; style comique, détail brillant, mais une action faible; elle n'a point de corps, point de soutien; c'est une pelure d'oignon brodée en paillettes d'or et d'argent. » Collin donna ensuite l'*Optimiste*, dont l'intrigue parut mieux conçue. En traitant ce sujet, Collin s'était souvenu de son père qu'il avait choisi pour modèle. Il donna ensuite les *Châteaux en Espagne*. Cependant, les critiques lui reprochaient de n'avoir encore donné que de charmantes scènes dialoguées, et non une véritable pièce. Ce fut pendant une cruelle maladie, qui manqua de l'enlever, qu'il composa le *Vieux célibataire*, son chef-d'œuvre. Il fit représenter ensuite *Monsieur de Crac*, les *Artistes*, les *Mœurs du jour*, *Malice pour malice*, le *Vieillard et les jeunes gens*, sujet tiré d'une fable de la Fontaine, les *Riches* et les *Querelles des deux frères*. Ce qui distingue les ouvrages de Collin, c'est une bonhomie rare, une certaine ingénuité d'âme, et enfin une grande facilité d'esprit. Ses personnages causent avec le naturel le plus charmant. Collin fut lié avec Picard et Andrieux. Il adopta les idées de la Révolution, mais sans jamais se passionner. Il fut appelé à l'Académie en 1795.

COLLINE, petite montagne qui s'élève par une pente douce au-dessus de la plaine. Les collines diffèrent des montagnes par leur moindre élévation.

COLLINES DE ROME. L'ancienne Rome avait été surnommée la *Ville aux sept collines*, à cause du nombre de collines qu'elle renfermait primitivement dans son enceinte. Cependant Rome en comptait huit au temps de Servius Tullius; il y en eut neuf dans l'enceinte d'Honorius. Rome n'en garda pas moins le nom de *Ville aux sept collines*.

— AVENTIN (mont), situé au S. de la ville, sur la rive gauche du Tibre. Il tirait son nom d'Aventinus, roi d'Albe, qui avait été enterré sur cette montagne. On y voyait aussi le tombeau de Rémus. Le respect des Romains pour le fondateur de Rome empêcha, pendant bien des siècles, que le mont Aventin fût compris dans l'enceinte de Rome. Cette mesure fut accomplie par l'empereur Claude.

— CAPITOLIN (mont), à l'O. de Rome et près du Forum. Il avait été appelé aussi *Tarpéien*, du nom de Tarpéia, qui y reçut la mort pour prix de sa trahison. C'était du haut de la roche tarpéienne qu'on précipitait les criminels. Cette colline reçut le nom de mont Capitolin, lorsqu'on y construisit le Capitole. (*Voir* CAPITOLE.)

— CÉLIUS (mont), ou CÉLICUS, au sud de Rome. Il prit son nom d'un chef étrusque, qui vint s'y établir sous les premiers rois.

— ESQUILIN (mont), ou CISSIUS, ou OPPIUS, à l'E. de Rome, entre les monts Célius et Viminal. Servius Tullius l'a compris dans l'enceinte de la ville.

— JANICULE (mont), sur la rive droite du Tibre. Il fut réuni à la ville par Ancus Martius. Son nom lui venait de Janus.

— JARDINS (colline des), située au N. de Rome, près du Champ de Mars. Elle tirait son nom de jardins dont elle était couverte. Elle fut comprise dans l'enceinte d'Honorius. On voyait sur cette colline les jardins de Salluste; on y plaça plus tard le sépulcre de Néron.

— PALATIN (mont), au centre de Rome, entre l'Esquilin, le Capitolin, l'Aventin et le Cellius. Il présentait deux mamelons nommé *Germalus* et *Vélia*.

— QUIRINAL (mont), au N.-O. de Rome, près du Viminal et du Capitolin. C'était là que Tatius, roi des Sabins, était venu se fixer avec les Quirites, qui donnèrent à cette colline le nom de Quirinal. Elle était divisée en trois mamelons qu'on appelait *Salutaris*, *Martialis* et *Latiaris*.

— VATICAN (mont), au N.-O. de Rome, sur la rive droite du Tibre et près du Champ-de-Mars. Son nom lui venait de *vates* (devin), à cause des divinations qui se faisaient sur cette colline.

— VIMINAL (mont), à l'E. de Rome entre le Quirinal et l'Esquilin. Il était compris dans l'enceinte de Servius Tullius.

COLLINS (Antoine), né à Heston, près de Londres en 1676, mort à Hartley-Square en 1729. Il exerça la magistrature dans la province d'Essex. Il professa l'athéisme, et fonda en Angleterre une école dont le nombre des partisans grossit de jour en jour. C'était un homme de mœurs douces, et qui ne s'animait que pour revendiquer la liberté de penser et d'écrire. Les docteurs Clarke, Crouzas et Jean Rogers entreprirent de le réfuter, en défendant le principe de la révélation divine. Collins, qui ne demandait qu'à éclairer les autres et à s'éclairer lui-même, leur fournissait volontiers les livres et les documents qui pouvaient servir à le réfuter.

COLLIOURE, ville de l'arrond. de Ceret (Pyrénées-Orientales), à 37 kil. de cette ville. Pop. 3,480 hab. Place de guerre. Port sur la Méditerranée. Fort de l'Étoile et du Mirador. École d'hydrographie. Pêche de sardines. Excellents vins fins.

COLLO, ville d'Algérie dans la prov. de Constantine, à 110 kil. de Bone. Pop. 2,500 hab. Port sur la Méditerranée. Vieux château qui domine la ville. Commerce actif des produits du sol. Fabrique de faïence. Pêcherie de corail. Cette ville était autrefois indépendante des souverains de Tunis et de Constantine. Les Turcs s'en emparèrent en 1520. En 1843, elle fut occupée par le général Baraguay-d'Hilliers. Les Français s'y établirent de nouveau en 1852.

COLLOBRIÈRES, ch.-l. de cant, de l'arrond. de Toulon (Var), à 32 kil. de cette ville. Pop. 2,050 hab.

COLLODION. Mélange agglutinant qu'on obtient à l'aide du coton-poudre macéré dans l'éther. On prépare avec de la toile enduite de collodion les bandages qu'on emploie dans les cas de fracture. Cette substance sert aussi à rendre les tissus imperméables. On peut encore s'en servir avec avantage dans la multiplication des plantes par boutures. Elle est également très-utile pour la greffe des arbres fruitiers, des camélias, des rhododendrons, et de plusieurs autres plantes d'ornement. Son plus grand usage aujourd'hui est de servir à la préparation des planches photographiques. (*Voir* PHOTOGRAPHIE.)

COLLON, ville d'Irlande, comté de Louth, à 22 kil. de Dundalk. Manufacture de bas.

COLLONGES, ch.-l. de cant. de l'arrond. de Gex (Ain), à 25 kil. de cette ville. Pop. 1,250 hab.

COLLOQUE. Ce nom s'entendait autrefois de conférences entre des savants ou des théologiens, pour régler un point de politique ou de religion. Ils furent fréquents au XVIe siècle, lorsqu'on entreprit de protéger les catholiques et les calvinistes. (*Voir* POISSY (colloque de). On a aussi donné ce nom à des écrits sur certaines matières de doctrine et de controverse. Ainsi Erasme publia des Colloques.

COLLOQUE. Juridiction ecclésiastique des anciennes églises calvinistes françaises. Le colloque se composait du pasteur de chaque église et d'un ancien. Il était chargé de régler les différends qui s'élevaient dans les églises ou entre les églises et leurs pasteurs. Il surveillait aussi l'observation de la doctrine réformée. Il jugeait les appels des consistoires et ses jugements étaient déférés en dernier ressort au synode.

COLLOT-D'HERBOIS (Jean-Marie), né à Paris vers 1750. Il fut d'abord médiocre comédien. Au début de la révolution, il se rendit à Paris où il se distingua parmi les orateurs du club des Jacobins. Il remporta le prix proposé par ce club en faveur de celui qui composerait le meilleur ouvrage républicain, en publiant l'*Almanach du père Gérard*. On lui fit espérer pendant quelque temps qu'il serait ministre de la justice; mais Danton s'empara de ce poste. Collot-d'Herbois, nommé à la Convention, fut un des premiers à demander l'abolition de la royauté. Il fut envoyé à Nice, puis à Orléans, pour apaiser des troubles. Robespierre, avec qui il était alors lié, le fit envoyer en mission à Lyon pour y poursuivre les partisans des girondins. Il fit une excursion dans le département de l'Oise, où Garat, ministre de l'intérieur, fut arrêté sur sa dénonciation. Partisan des mesures terroristes, il combattit le système de la déportation. Quelques Lyonnais s'étant plaints de ses rigueurs, Collot-d'Herbois se justifia devant la Convention par des paroles pleines d'audace. Le 23 mai 1794, il faillit être victime d'un attentat: un jeune homme, nommé Admiral, lui tira deux coups de pistolets qui ne l'atteignirent pas. Le 9 thermidor, Collot-d'Herbois fut l'un des premiers à dénoncer Robespierre à la tribune, mais cette lâcheté ne le sauva pas des conséquences de la réaction, car peu de temps après, Lecointre l'accusa d'être l'un des complices de Robespierre; il fut arrêté et condamné à la déportation à Cayenne. Arrivé dans la colonie, il tenta de soulever contre les blancs les noirs qui gémissaient de l'esclavage. On le renferma alors dans le fort de Sinnamary. Il succomba à une fièvre chaude en 1796. Il a composé pour le théâtre plusieurs drames qui n'eurent aucun succès.

COLLUMPTON, ville et paroisse d'Angleterre, comté de Devon, à 18 kil. d'Exeter. Pop. 3,900 hab. Fabrique de gros draps et serges.

COLLYRITE. Ce terme de minéralogie désigne une espèce d'alumine hydratée, silicifère, qui ne diffère de l'allophane que par une proportion de silice moins considérable.

COLMAN (Georges), poëte comique anglais, né à Florence en 1733, mort à Londres en 1794. Sa mère était d'origine anglaise. Il fut élevé à l'école de Westminster. Il se fit connaître par la publication d'un journal de critique littéraire, intitulé: le *Connaisseur*. Il entra au barreau; mais il le quitta bientôt, entraîné par son goût pour l'art dramatique. Il fit représenter plusieurs pièces avec succès, entre autres: *Polly, Honeycomb*, la *Femme jalouse* et le *Mariage clandestin*, en collaboration avec Garrick. Il fut l'un des entrepreneurs du théâtre de Covent-Garden. Il a laissé aussi une traduction en anglais de Térence et de l'*Art poétique* d'Horace.

COLMAR, ch.-l. du départ. du Haut-Rhin, à 426 kil. de Paris. Pop. 19,900 hab. Tribunaux de 1re instance et de commerce. Cour impériale, lycée, école normale primaire, école de sourds-muets, bibliothèque, musée, bureau de douanes. Eglise consistoriale protestante, synagogue, lycée. Eglise Saint-Martin du XIVe siècle; hôtel de ville. Couvent de Dominicains. Industrie active; nombreuses fabriques de calicots, toiles peintes, indiennes, rubans, filatures de coton, teintureries, tanneries, brasseries. Vins et liqueurs renommés; pâtés de foie d'oie. Commerce de denrées coloniales pour la Suisse. Patrie des deux Pfeffel de Rewbel, du général Rapp. Autrefois ville libre impériale. Les Suédois s'en emparèrent en 1632, et la livrèrent aux Français en 1635. En 1673, Louis XIV fit raser ses fortifications.

COLMAR (conspiration de). On appelle ainsi le mouvement insurrectionnel qui fut provoqué à Béfort, en 1822, par la charbonnerie française. Les conjurés comptaient sur plusieurs régiments qui avaient promis de coopérer au soulèvement; quelques généraux devaient également y concourir. Le général Berton se mit à la tête des confédérés de Béfort; la vente suprême, qui avait pris le nom de congrès national, croyait être assez forte pour produire un mouvement général dans toute la France. Des bandes de patriotes accoururent sous les drapeaux de Berton; mais leur indiscrétion ayant donné l'éveil au gouvernement, ils furent forcés d'agir avant l'époque fixée. Il est probable que la garnison de Béfort aurait pris part au soulèvement, s'il n'avait été dénoncé par un sous-officier. Plusieurs détachements avaient déjà le sac au dos et se tenaient prêts à marcher pour appuyer Berton. Le commandant de la place prit des mesures pour couper les communications aux insurgés. Armand Carrel, alors lieutenant au 29e de ligne, et Joubert, se retirèrent désappointés en apprenant l'impossibilité de l'entreprise, lorsqu'ils arrivèrent à Béfort pour y prendre part. Le général Berton s'obstina à tenter un coup hardi, et se dirigea sur Thouars et de là sur Saumur, malgré les conseils de ses amis. Cette tentative ne fut pas plus heureuse. Les officiers et sous-officiers, qui avaient quitté leur poste pour seconder la conspiration, furent arrêtés; quelques-uns parvinrent cependant à s'échapper. Les accusés, au nombre de 44, parurent devant la cour d'assises de Colmar. On admira surtout le courage de Buchez: « Faites votre métier, dit-il au juge d'instruction, mon devoir est de ne pas vous répondre, je ne vous répondrai pas. » Le colonel Caron fut condamné à mort sur le soupçon d'avoir voulu favoriser l'évasion des accusés, alors qu'il n'y avait pas même eu tentative. Il protesta même qu'il avait sincèrement renoncé à ce projet. On vit déposer contre lui quatre sous-officiers qui étaient entrés dans son intimité, et avaient joué le rôle d'agents provocateurs pour mieux le perdre. Ils furent récompensés de leur trahison par les épaulettes d'officier; mais les régiments dans lesquels on voulut les incorporer refusèrent de les admettre. On leur confia alors des commissariats de police.

COLMARS, ch.-l. de cant. de l'arrond. de Castellane (Basses-Alpes), à 39 kil. de cette ville. Pop. 1,050 hab. Place de guerre.

COLME (canal de la). Il prend son nom d'une branche de la rivière d'Aa, et va se jeter dans le canal de Bergues, à Dunkerque.

COLMENAR-VIEJO, ville d'Espagne, prov. de Madrid, à 35 kil. de cette ville. Pop. 5,000 hab.

COLNE, ville d'Angleterre, dans le comté de Lancastre, à 45 kil. de cette ville. Pop. 8,600 hab. Fabriques de tissus de coton. Exploitations de houille.

COLNE, rivière d'Angleterre prenant sa source près des Steeple-Bumpstead (Essex), et se jette dans la mer du Nord après un parcours de 50 kil.

COLNET DU RAVEL (Charles-Jean-Auguste-Maximilien), né en 1768, mort en 1832. Il exerça la profession de libraire, et fut en même temps journaliste et poëte distingué. Il mania surtout avec habileté le genre satirique. Ses pensées sont peu profondes, mais le tour en est plaisant et original. Il a publié les satires suivantes: *la Fin du XVIIIe siècle, Mon Apologie, la Guerre des petits dieux*. On lui doit aussi: *l'Ermite du faubourg Saint-Germain, l'Ermite de Belleville*, et enfin un petit poëme intitulé: *l'Art de dîner en ville*.

COLOCOTRONIS (Théodore), général grec, né en Messénie en 1770, mort en 1843. Il fut l'un des principaux chefs de la Grèce, armée pour son indépendance. En 1822, il remporta divers succès en Morée, sur Méhémet-Pacha. Sous Capo-d'Istria, il devint général en chef, et, après la mort de cet homme d'Etat, il fit partie du gouvernement provisoire. Il prit part aux troubles qui survinrent sous la régence, qui administra la Grèce pendant la minorité du roi Othon, en 1834. Il fut même condamné à mort, mais il obtint sa grâce.

COLOCSA, KOLOCSA, KALOCSA, ville de Hongrie, à 106 kil. de Pesth. Pop. 7,400 h. Siége d'un archevêché, lycée, bibliothèque. Ancien château.

COLOGNA, ville des Etats autrichiens (Vénétie), délégation de Vérone, à 32 kil. de cette ville. Pop. 6,000 hab. Belles églises. Récolte de soie.

COLOGNE, ville de Prusse (province du Rhin), ch.-l. de régence, à 627 kil. de Berlin, à 610 de Paris. Pop. 114,300 hab. Ville forte. Siége d'un archevêché, d'un tribunal de 1re instance et d'un tribunal de commerce. Division militaire; nombreux établissements d'instruction et de bienfaisance. Bibliothèque, musée, très-riche Bourse. Antique cathédrale commencée en 1248, interrompue lors de la Réformation et continuée de nos jours. Eglise des Saints-Apôtres, du XIe siècle, église Saint-Cumbert, avec un magnifique autel, etc. Port sur le Rhin. Industrie active. Fabrication d'eau de Cologne, dont il s'exporte 7 à 8 millions de flacons par an; soieries, dentelles, linges de table, bijoux, quincaillerie, miroirs, faïence, tanneries, blanchisseries, etc. Entrepôt de commerce en denrées coloniales et en produits manufacturés. Bateaux à vapeur pour Coblentz, Mayence, Manheim, Strasbourg, Bâle, Dusseldorf, Amsterdam, Rotterdam. Patrie d'Agrippine, femme de l'empereur Claude, de Rubens, de saint Bruno, de Barthold-Schwartz. Cologne fut fondée dans le 1er siècle avant J.-C. par les Ubiens. Elle fut déclarée ville impériale en 957. Jourdan s'en empara en 1795, et elle appartint aux Français de 1797 à 1814.

COLOGNE (régence de), subdivision administrative de la Prusse, dans la province du Rhin, bornée au N. par celle de Dusseldorf, au S. par celle de Coblentz, à l'E. par la province de Westphalie, et à l'O. par la régence d'Aix-la-Chapelle. Superf. 395,280 hect. Pop. 545,900 hab.; ch.-l., Cologne.

Villes principales : Bonn, Duitz, Brühl, Altenberg, Zulpich.

COLOGNE (électorat de), ancienne principauté ecclésiastique d'Allemagne. Superf. 66 myriam. carr. Pop. 230,000 hab. Elle fut constituée en 1357, en faveur des archevêques de Cologne.

COLOGNE, ch.-l. de cant. de l'arrond. de Lombez (Gers), à 28 kil. de cette ville. Pop. 940 hab.

COLOMA, ville de Californie, à 60 kil. de Sacramento. On y découvrit l'or pour la première fois à la scierie de planches du capitaine Sutter.

COLOMB (Christophe), le plus célèbre des navigateurs modernes, né à Cuccaro, dans le Montferrat, en 1441. Son père, qui était fabricant de draps, lui donna une éducation distinguée. Il fit quelques voyages sur mer, qui lui donnèrent le goût de la navigation. Il jugea, par l'inspection des cartes géographiques et par certains raisonnements, qu'il devait exister un autre monde entre l'Europe et l'Asie. Ses compatriotes le traitèrent de visionnaire. Il se rendit à la cour de Jean II, roi de Portugal, qui n'agréa pas ses offres. La cour d'Espagne l'écouta mieux, et la reine Isabelle lui confia trois vaisseaux montés par 90 hommes. La populace n'accueillait ce projet qu'avec un certain mépris. En voyant passer Colomb dans les rues avec cet air rêveur qui lui était particulier, on souriait en pensant qu'il était fou; Colomb mit enfin à la voile en 1492, et vint mouiller aux îles Canaries. Après un voyage de 33 jours, il découvrait la première île de l'Amérique, celle Guavohani. Pendant la traversée, il avait eu à lutter contre son équipage, qui menaçait même de le jeter à la mer. Ses officiers voulaient le forcer à rebrousser chemin; Colomb leur résista énergiquement. Lorsqu'il eut enfin découvert la terre qu'il cherchait, ses compagnons, saisis alors d'admiration, le proclamèrent amiral et vice-roi. Les habitants de l'île où il débarqua avaient pris la fuite; il les ramena par les meilleurs traitements, il s'en fit même des alliés. Après avoir construit un fort, qu'il appela l'*Espagnole*, et où il laissa 38 des siens, il partit pour l'Europe. Une tempête manqua de faire sombrer ses bâtiments. Craignant alors que sa découverte ne fût perdue pour l'humanité il écrivit rapidement sur du parchemin, le journal de sa navigation, et l'enferma dans une toile cirée, enveloppée elle-même dans un gâteau de cire; il plaça ce dépôt précieux dans un tonneau hermétiquement fermé, et confia le tout à la mer. Ferdinand et Isabelle l'accueillirent avec des marques d'admiration; ils le nommèrent grand d'Espagne, et le firent grand amiral et vice-roi du nouveau monde. Il repartit, en 1493, avec une flotte de 17 vaisseaux. Il découvrit les îles Caraïbes et la Jamaïque. Les sauvages avaient imaginé de forcer les étrangers à se retirer en cachant leurs provisions; Colomb, averti par ses observations qu'une éclipse de lune allait se produire, avertit les sauvages que la vengeance divine allait les frapper et que la lune s'obscurcirait, pour les punir de leur cruauté. Quand le phénomène se produisit, les sauvages vinrent supplier celui qu'ils considéraient comme un prophète d'apaiser la divinité et de faire reparaître la lune, promettant de ne plus le laisser manquer de rien. Lorsqu'il revint en Espagne, en 1501, Colomb se vit en butte à la jalousie des grands d'Espagne, qui voyaient avec envie la considération dont l'entourait le roi. Ils contestaient même le mérite de sa découverte; c'est alors que Colomb les défia de faire tenir un œuf droit sur sa pointe. Aucun d'eux n'ayant pu y parvenir, Colomb cassa le bout de l'œuf, qui put tenir aisément. Comme on se récriait sur ce procédé, Colomb leur dit : « Rien n'est plus facile, je le sais, mais personne ne s'en est avisé, et c'est ainsi que j'ai découvert un nouveau monde. » Cependant les ennemis de Colomb parvinrent à le perdre dans l'esprit de Ferdinand et d'Isabelle. Des commissaires chargés de l'accompagner dans un nouveau voyage, et de surveiller sa conduite, le ramenèrent en Espagne chargé de chaînes. On le retint prisonnier pendant quatre années, en l'accusant d'avoir tenté de se rendre indépendant. Le malheureux captif n'eut pas même le droit de se justifier. Dès qu'il fut remis en liberté, il entreprit un dernier voyage qui aboutit à la découverte du continent américain. Il vint aborder à dix degrés de l'équateur, au lieu même où fut bâtie Carthagène. De retour en Espagne, il alla mourir à Valladolid, le 8 mai 1506. Il fut inhumé dans la cathédrale de Séville. Mais, en 1536, ses restes furent transportés à Saint-Domingue ; puis ils furent transférés à la Havane (1795). On a fait de ce grand homme le portrait suivant : « Colomb était d'une taille assez avantageuse; il avait le visage long, le nez aquilin, les yeux bleus, le teint fin, mais un peu enflammé; ses cheveux, d'abord tirant sur le roux, blanchirent de bonne heure. Il parlait avec facilité, et ses paroles étaient pleines d'amabilité. Ses manières étaient douces et civiles, et elles étaient relevées par un fond de gravité. Il était sobre et modéré dans sa conduite. Il avait toujours cultivé les lettres, et faisait des vers latins. » Améric Vespuce, négociant florentin, eut la gloire de donner son nom au nouveau continent. On a essayé d'expliquer cette injustice en disant qu'Améric avait le premier abordé le continent, et que Colomb n'avait fait que lui ouvrir les voies.

COLOMBA (saint), missionnaire irlandais, né en Ecosse en 521. Il prêcha le christianisme en Ecosse, dans les Hébrides et les Orcades. Il fonda plusieurs monastères célèbres.

COLOMBAIRES, caveaux funéraires dans lesquels les Romains déposaient les urnes qui renfermaient les cendres des morts. On les appelait ainsi parce que les niches où l'on rangeait les urnes cinéraires par étages les faisaient ressembler à des colombiers.

COLOMBANO (SAN-), village du royaume d'Italie (prov. de Milan), à 14 kil. de Lodi. Pop. 6,500 hab.

COLOMBE (sainte) subit le martyre à Sens, sous l'empereur Aurélien, en 273. Jusqu'à la Révolution, on a conservé ses reliques dans la cathédrale de Sens.

COLOMBE (sainte), née à Cordoue, en Espagne, au IXe siècle. Elle attira sur elle la persécution par sa persistance à convertir les Maures et les Sarrasins. Elle eut la tête tranchée en 853, et son corps fut jeté dans le Guadalquivir.

COLOMBEL (Nicolas), célèbre peintre, né à Sotteville, près de Rouen, en 1646, mort à Paris en 1717. Il fut élève d'Eustache Lesueur; il passa ensuite en Italie, où il étudia la manière de Raphaël. Ses tableaux furent recherchés, bien que ses compositions soient froides. Il se distinguait par la correction du dessin, la pureté architecturale de ses lignes et la perspective. *Orphée jouant de la lyre* passe pour son chef-d'œuvre. On cite encore de lui *Mars et Rhéa;* ce dernier ouvrage le fit admettre à l'Académie.

COLOMBES, village de l'arrond. de Saint-Denis (Seine), à 10 kil. de Paris. Pop. 2,030 hab. Fabriques de bonneterie de coton; colle forte, gélatine. Ce village possédait autrefois un château royal dans lequel mourut Henriette de France, reine d'Angleterre (1669).

COLOMBEY, ch.-l. de cant. de l'arrond. de Toul (Meurthe), à 16 kil. de cette ville. Pop. 1,010 hab. Tuileries.

COLOMBIE, ancienne république de l'Amérique méridionale, au N. de ce continent. Elle s'étendait de l'isthme de Panama à l'embouchure de l'Orénoque, entre l'océan Pacifique et l'océan Atlantique. Elle était ainsi nommée de Christophe Colomb. Elle était formée des deux capitaineries générales de Caracas et de la Nouvelle-Grenade. Son indépendance fut proclamée en 1811 et assurée en 1823. Elle fut dissoute en 1831, et forme aujourd'hui les trois républiques de Nouvelle-Grenade, de l'Equateur et de Vénézuéla.

COLOMBIE. (*Voir* COLUMBIA.)

COLOMBIER. C'est le bâtiment destiné à contenir des troupes de pigeons, et à leur permettre de pondre et de couver leurs œufs à l'abri des intempéries. On l'appelle aussi *pigeonnier*.

COLOMBIER (Jean), célèbre médecin, né à Toul en 1736, mort en 1789. Il fut nommé inspecteur des hôpitaux militaires. On cite parmi ses meilleurs ouvrages : *Dissertation sur la cataracte*, où il propose un système d'opération qui est généralement admis; *Du lait considéré sous tous les rapports*, et enfin un *Code de médecine militaire*.

COLOMBIER (droit de). Les possesseurs de fiefs, sous l'ancienne monarchie, avaient le droit d'établir un colombier à pied, consistant en une tour, pour abriter les pigeons qui allaient vivre sur les champs voisins. Ce droit n'appartenait qu'aux seigneurs, aux justiciers ayant censive, et aucun noble ou roturier ne pouvait élever un semblable colombier sans sa permission.

COLOMBINE, personnage de la comédie italienne, et la compagne obligée d'Arlequin. Colombine s'accommode aussi bien de l'écharpe de soie que du modeste tablier; elle ne dédaigne pas de prendre le masque noir d'arlequin. Elle a parcouru les moindres recoins de l'Europe, et partout elle a amusé nos pères. Son origine se perd dans la nuit des temps. Quelques-uns affirment que la soubrette de nos comédies est fille de Colombine. La fille a certainement hérité de l'esprit de sa mère; même esprit, même adresse à bafouer l'un et l'autre. Dans l'ancien théâtre italien le rôle de servante futée appartenait à *Violette*. Colombine, à l'exemple du bon Cassandre, restait au second plan. Peu à peu Colombine et Cassandre envahirent les rôles. A ses débuts Colombine emporta les applaudissements et fit oublier Violette, et c'était justice. Que d'espiègleries, quel esprit rusé, fin, malicieux, mais aussi quelle grâce dans les reparties de Colombine. Il est vrai qu'elle était merveilleusement secondée par Arlequin, et que Pantalon et Cassandre, condamnés à être époux, pères et oncles, mettaient à se laisser duper une bonhomie incomparable. Sous le pseudonyme de Colombine, un charmant écrivain, dont nous ignorons le nom, s'est révélé dans ces derniers temps, et les *Lettres de Colombine*, publiées dans le *Figaro*, ont été un véritable succès littéraire.

COLOMBO, ville forte des Indes orientales anglaises, ch.-l. du gouvernement de Ceylan et de la prov. occidentale, dans une petite presqu'île de la côte S.-O. de l'île Ceylan. Pop. 40,550 hab. Cour suprême de justice. Evêché anglican. Entrepôt principal du commerce de l'île; cannelle, poivre, ivoire, perles. Vaste rade fermée par une barre, sûre d'octobre à mars. Fort élevé par les Portugais au commencement du XVIe siècle. Cette ville fut prise par les Hollandais en 1556, et par les Anglais en 1794.

COLON, nom qu'on donnait à Rome à celui qui cultivait la terre pour autrui, et qui n'avait droit qu'à une partie de la récolte. La misère, qui était le lot des colons, les contraignit souvent à émigrer; et c'est de là que vient le nom de colons appliqué aux citoyens romains qui abandonnaient leur patrie pour aller fonder de nouvelles cités en Italie ou dans les provinces conquises (*Voir* COLONIE). Au temps de l'empire romain, on appelait aussi colons les agriculteurs qui affermaient des terres. Leur sort devint si misérable, qu'ils finirent par abandonner l'agriculture pour se soustraire à l'impôt. On imagina alors, pour les retenir au sol, le servage de la glèbe. Le maître de la terre vendait les serfs en même temps que son domaine. Cependant les serfs n'étaient pas absolument considérés comme esclaves. Ils ne pouvaient, ni eux ni leurs descendants, s'affranchir de cette condition. Le maître du sol s'arrogea même sur eux un pouvoir absolu.

COLONA-DI-BURIANO, village de Toscane, à 13 kil. de Castiglion-della-Pescaja. Pop. 290 hab. Ruines de murs cyclopéens; antiquités étrusques et romaines.

COLONE, bourg de l'Attique, près d'Athènes. Séjour d'Œdipe aveugle.

COLONEL, nom sous lequel on désigne l'officier supérieur qui commande un régiment. Sous l'ancienne monarchie, la portée de ce grade n'était pas bien déterminée ; il s'appliquait souvent à tout chef de troupes. François Ier, qui emprunta à l'Italie et à l'Espagne les noms encore usités dans l'armée, créa un colonel général de l'infanterie. Sous la république, le colonel était un chef de demi-brigade. Napoléon Ier institua, outre les colonels mis à la tête des régiments, des colonels généraux de la garde impériale, des carabiniers, des chasseurs à cheval et des cuirassiers. La Restauration donna au comte d'Artois le titre de colonel général des gardes nationales, et au duc de Berry celui de colonel général des chevau-légers-lanciers.

COLONIALE (législation). Les colonies françaises devaient, en raison de leur éloignement de la mère patrie, être soumises à une administration spéciale. Les lois françaises y sont généralement appliquées; mais l'expédition rapide des affaires exigeait, dans certains cas, des dérogations spéciales. Le régime législatif des colonies a été déterminé par la loi du 24 avril 1833, qu'on a qualifiée de charte coloniale. Le rapport de cette loi s'exprime ainsi : « La pensée mère de cette loi, c'est de retenir dans le domaine de la législation le jugement des questions générales, ou qu'affectent d'une manière directe les intérêts moraux et matériels de l'Etat; de remettre à la décision d'une législation locale instituée à cet effet les matières qui se rattachent à l'intérêt particulier des colonies en général et de chaque colonie en particulier; enfin, de confier, pour un délai déterminé, à l'autorité de la métropole, en outre du pouvoir exécutif qui lui appartient, et sous l'obligation de consulter préalablement les colonies, le soin de statuer sur quelques matières qui, par leur nature, ne sont pas du ressort de la législation générale, et qui ne pourraient pourtant encore être remises à la législation locale, sans qu'on eût à redouter de sa part, ou les erreurs dans lesquelles pourrait entraîner l'inexpérience, ou l'influence de quelques préjugés. » En conséquence, on institua dans chacune des colonies, un conseil colonial chargé de statuer sur l'organisation administrative, sur l'instruction publique, sur l'organisation des gardes nationales. Le conseil colonial discute et vote, sur la proposition du gouverneur, le budget intérieur de la colonie. Toutefois, le traitement du gouverneur et les dépenses du personnel de la justice et des douanes sont fixés par le gouvernement. Enfin le conseil détermine la répartition des contributions directes. Il a aussi le droit de faire parvenir ses vœux à l'empereur. Le gouverneur rend des arrêtés de pure administration et de police, et veille à l'exécution des lois.

COLONIE. On donne ce nom à un établissement fondé dans des pays éloignés de la métropole et qui restent placés sous sa dépendance. Les anciennes colonies grecques étaient fondées par des aventuriers qui, mécontents de leur position dans la mère patrie, allaient s'établir dans des terres fertiles, et généralement sur les côtes maritimes, où il leur était plus facile de recevoir les secours de la métropole, et où se portait davantage l'activité commerciale. Les colonies romaines étaient établies dans un but politique : Rome donnait ainsi des terres à ses citoyens les plus pauvres et les plus turbulents, toujours disposés à attaquer les privilèges des patriciens. En outre, Rome trouvait en eux, à raison des droits exceptionnels qu'elle leur conférait, des défenseurs qui maintenaient sa puissance dans les provinces éloignées de Rome. De nos jours, certains économistes ont contesté l'utilité des colonies qu'ils considèrent plutôt comme une cause d'affaiblissement pour la métropole, que comme des établissements qui augmentent leur prospérité territoriale et commerciale. Cette opinion est dictée par le découragement qu'ont fait naître certains abus introduits dans notre système de colonisation. On ne peut contester les avantages commerciaux que procurent les colonies : ce sont autant de comptoirs qui offrent un débouché à nos produits surabondants, et d'où nous tirons d'autres produits, que les pays étrangers ne nous fourniraient qu'à des conditions plus dures. La métropole ne manquait pas d'introduire le régime prohibitif. La protection qu'elle accordait à la colonie était utile dans les premiers temps de sa fondation; mais lorsque la puissance de cette colonie était suffisamment développée pour qu'elle n'eût plus besoin d'être protégée, la protection qui continuait à s'étendre sur elle lui paraissait une insupportable tyrannie. De là un état de gêne réciproque, la métropole a voulu et a cru favoriser sa colonie, en donnant une prime à l'exportation des produits coloniaux dans les ports métropolitains; d'un autre côté, elle a contraint sa colonie à ne tirer ses objets d'importation que de la métropole. Les plaintes n'ont fait qu'accroître les rigueurs. Le gouvernement impérial a compris admirablement les vices de ces systèmes, et en proclamant le libre échange, il a aussi bien servi les intérêts des colonies vis-à-vis de la métropole, que ceux de la métropole vis-à-vis des autres pays commerçants. L'établissement des premières colonies a été confié à des colonies religieuses; mais ce système, avantageux au début, n'a pas tardé de révéler de graves inconvénients. En effet, la compagnie est intéressée à s'opposer à l'émancipation graduelle de la colonie. Elle demande, en outre, le monopole du commerce. Cependant le monopole perpétuel finit par détruire la puissance coloniale elle-même. La compagnie des Indes en offre l'exemple. On paraît avoir renoncé aujourd'hui à la concession de privilèges à des compagnies : on a raison, en effet, d'attendre davantage de l'initiative individuelle; la colonisation telle que l'entendent les Américains est peut-être le modèle à offrir.

COLONIES AGRICOLES. On appelle ainsi les établissements fondés dans l'intérieur des pays où la population n'est pas en rapport avec l'étendue du territoire. Il est alors de bonne politique d'attirer les émigrants par des concessions de terres. C'est ainsi que procèdent les Etats-Unis et les républiques de l'Amérique méridionale. L'Australie n'a dû son prodigieux accroissement qu'aux facilités données à l'émigration. On en trouve plusieurs exemples en Europe même. Ainsi la Prusse attira dans son sein les protestants français, lors de la révocation de l'édit de Nantes; elle appela même des colons des autres pays allemands et de la Suisse. Catherine II, impératrice de Russie, attira de la même manière les colons allemands dans son empire.

COLONIES CARTHAGINOISES. Les Carthaginois héritèrent de la puissance coloniale des Phéniciens. De même que Tyr, Carthage fonda à son tour un grand nombre de colonies où elle envoyait ses citoyens les plus pauvres. Elle se montra cependant plus jalouse de sa prépondérance métropolitaine que les Phéniciens ne l'avaient été. La nécessité de concentrer toutes ses forces contre Rome, lui en faisait d'ailleurs une loi.

COLONIES GRECQUES. Les colonies grecques se sont surtout étendues sur la côte de la mer Egée et du Pont-Euxin. La population de l'Asie mineure était entièrement grecque. Les Ioniens s'étaient surtout répandus sur la côte de Lydie, à laquelle ils donnèrent le nom d'Ionie; dans les Cyclades, les îles de Chia et de Samos. Ils fondèrent Ephèse, Phocée, Erythrée et Milet, qui fonda à son tour un grand nombre de colonies sur les rivages du Pont-Euxin. Les colonies Ioniennes formaient une confédération, sous le nom de *Panionium*. Les Eoliens se répandirent sur les côtes de la Mysie, à laquelle ils donnèrent le nom d'Eolide, et où ils bâtirent Cumes. Ils s'établirent aussi dans les îles de Lesbos et de Ténédos. Les Doriens s'établirent sur les côtes de la Carie, ainsi que dans les îles de Rhodes, Mélos et Cos. Ce mouvement de colonisation se produisit au XIIe siècle av. J.-C. Les guerres civiles qui déchirèrent la Grèce, produisirent encore un mouvement d'émigration pendant les VIIIe et VIIe siècle av. J.-C. Tantôt le parti aristocratique, à la tête duquel se trouvait Sparte, proscrivait le parti démocratique, protégé par la république athénienne, tantôt il se produisait un mouvement contraire. Ces influences diverses aboutirent à la guerre du Péloponèse, qui fut l'une des causes de l'affaiblissement de la puissance hellénique. Les dernières colonies grecques se dirigèrent vers les côtes de l'Italie et de la Sicile.

COLONIES ITALIQUES. Ces colonies avaient été établies au commencement de l'empire romain. Les colons jouissaient des mêmes droits que les colons latins, avec cette différence qu'ils ne pouvaient devenir citoyens romains. Ces colonies furent peu nombreuses.

COLONIES LATINES. Ces colonies avaient le même objet que les colonies romaines. Les colons jouissaient des mêmes droits que ceux de ces dernières, à l'exception de celui de suffrage qui ne leur était accordé que par le magistrat; ils ne pouvaient en jouir lorsqu'ils avaient exercé quelque magistrature dans une ville latine.

COLONIES MILITAIRES. Au commencement de l'empire romain, l'usage s'établit de concéder aux vétérans des légions romaines, des terres qui étaient généralement prises dans les provinces qui formaient les frontières de l'empire romain. Rome trouvait à la fois en eux, des soldats pour résister à l'invasion des Barbares, qui ne cessaient de s'agiter autour des frontières, et des colons utiles.

COLONIES MILITAIRES. Ces colonies ne se rencontrent guère qu'en Suède et en Russie. Le gouvernement concède des terres exemptes de toute contribution, et fournit même aux colons le bétail qui leur est nécessaire; à la condition par les colonies de fournir et d'entretenir un certain nombre de soldats, qui ne sont astreints au service qu'en temps de guerre et à l'époque des manœuvres. Les colons qui ne sont pas appelés au service, doivent soigner les récoltes de ceux qui servent sous les drapeaux. Tous les hommes en état de porter les armes sont divisés en deux corps, l'un mobile et l'autre sédentaire. L'Autriche a adopté à peu près la même organisation dans ses provinces frontières, notamment en Croatie.

COLONIES MODERNES. (*Voir* à chaque État la liste de ses colonies et leur historique.)

COLONIES PÉNALES. Ce sont des lieux de déportation, qui remplacent les anciens bagnes de l'Europe, et qui reçoivent les criminels que la métropole ne peut sans danger garder dans son sein. La France a établi une colonie de ce genre à Cayenne, en 1853. Les Anglais avaient déjà fait l'expérience de ces établissements en Australie, à Botany-Bay et à Sidney. Les Russes ont formé depuis longtemps des colonies pénales en Sibérie, et c'est dans cette contrée qu'elle déporte en masse les malheureux Polonais, victimes de leur amour pour l'indépendance de leur patrie.

COLONIES PHÉNICIENNES. Les colonies de Tyr et de Sidon, surnommée la mère des villes, ont été fondées pour augmenter la puissance commerciale de la mère patrie. Ce pays ne possédant qu'un très-faible territoire, eu égard au nombre de ses habitants, éprouvait le besoin de chasser au dehors l'exubérance de sa population. Les économistes ont signalé le phénomène de l'accroissement anormal de la population dans toutes les contrées où l'activité des habitants et la pauvreté du sol leur faisaient une nécessité de se livrer au commerce. Utique, bâtie par les Tyriens, était une sorte de comptoir, et un port servant d'abri aux bâtiments de commerce. Cadix centralisait le commerce espagnol, Lilybée, celui de la Sicile. Il est remarquable que les colonies dont les Phéniciens couvrirent les côtes de la Méditerranée, ne prétendirent jamais à la domination. Elles furent cependant jalouses de leur indépendance. Elles formaient entre elles une sorte de ligue qui leur permit de lutter contre la puissance romaine, lorsqu'elle menaça le monde entier.

COLONIES ROMAINES. Dans le principe, cette institution fut purement militaire. Les Romains envoyaient dans les pays conquis des colons choisis parmi les plébéiens les plus pauvres, pour fonder ces établissements qui contribuaient à maintenir la domination romaine dans les nouvelles provinces. Après chaque soulèvement populaire, le sénat romain se débarrassait d'une plèbe dangereuse en ordonnant la fondation de nouvelles colonies. Les colons recevaient des terres et devaient, en échange des sacrifices que s'imposait la mère patrie, fournir des soldats et contribuer aux impôts. Lorsque la conquête de l'Italie eut été consolidée par les colonies, ce système fut appliqué aux autres provinces de la république. On distinguait plusieurs sortes de colonies, suivant l'étendue de leurs droits, leur destination ou leur origine.

COLONIES ROMAINES, proprement dites. Ces colonies étaient composées de citoyens romains. Ils jouissaient des mêmes droits que les citoyens de la métropole, à l'exception de celui de parvenir aux fonctions publiques à Rome, parce que ce droit ne pouvait s'exercer que dans Rome même. Au reste, ils étaient soumis aux mêmes lois que les citoyens romains.

COLONISATION. Les économistes ont étudié les raisons qui devaient guider les gouvernements dans le choix de leurs colonies. On a bientôt reconnu que la grande colonisation offrait plus d'avantages que celle qui était pratiquée sur des territoires de peu d'étendue. Il importe surtout que la colonie ne s'établisse pas au sein d'une population déjà commerçante et industrielle. Ainsi, des comptoirs peuvent prospérer en Chine et au Japon; mais il serait imprudent d'y établir des colonies. La fondation de colonies n'est guère utile qu'aux nations qui ont une certaine surabondance de bras; car dans les pays déjà peuplés, la colonisation contribuerait à l'affaiblissement. Il importe, enfin, que les territoires où s'établissent les colonies soient d'une parfaite salubrité. Certains peuples pratiquent merveilleusement la colonisation, et s'attachent à leurs colonies comme à une nouvelle patrie. D'autres, au contraire, et c'est le reproche qu'on adresse généralement aux Français, ne s'y établissent qu'avec l'esprit de retour. Ils ne songent qu'à camper dans la colonie pendant quelques années pour amasser le plus tôt possible une fortune qui leur permette de revenir en France. Dès lors, ils sont peu intéressés à fonder des établissements durables. L'esprit philosophique et humanitaire qui caractérise notre époque, contribue cependant, malgré quelques vices signalés par la science économique, à étendre sur la surface du globe un réseau de communications, qui rapprochent tous les peuples. Ce qui a le plus contribué à ce mouvement, c'est que les nations modernes semblent avoir renoncé à fonder leur puissance sur la conquête. « Cette idée est nouvelle, dit Rossi ; il ne pouvait guère, en effet, entrer dans l'esprit des gouvernements d'autrefois qu'on pût se proposer autre chose que l'assujettissement complet du pays conquis, biens et personnes, à la mère patrie. L'idée d'appeler à une sorte de vie civile et politique des hommes d'une autre race, d'une autre langue, et qu'on regardait comme des infidèles, avec lesquels on n'avait rien de commun, pas même la couleur, ne pouvait pas naître dans les esprits de ce temps-là. Ce qu'on voulait, c'était, comme dans l'antiquité, une domination absolue, qui ne laissât d'autre chose aux indigènes, que l'asservissement ou la mort. Aussi n'y a-t-il qu'un petit nombre de naturels, dans l'Inde occidentale, qui aient survécu à la conquête. On peut citer, entre autres, l'île de Saint-Domingue, où les indigènes ont complètement disparu. Aux Indes orientales, les indigènes furent plutôt asservis qu'exterminés. »

COLONNA, cap de la Grèce, au sud-est d'Athènes. Quelques colonnes et un temple de Minerve y existent encore.

COLONNA (famille des). Cette maison est l'une des plus illustres de l'Italie. Son nom lui vient de ce qu'un de ses membres rapporta de Jérusalem à Rome un morceau de la colonne à laquelle on prétend que le Christ fut attaché pour être flagellé.

COLONNA (Ottone) fut pape sous le nom de Martin. (*Voir* ce nom.)

COLONNA (Egidio), professeur à l'Université de Paris, et précepteur de Philippe le Bel, né en 1247, mort en 1316. Il composa, pour l'éducation du jeune prince, un *Traité sur le régime des princes*.

COLONNA (Jacques), cardinal sous Nicolas III, mort en 1318. Il eut une grande part aux troubles qui agitèrent Rome pendant le pontificat de Boniface VIII. Ce dernier, était issu de la famille des Cajetan, qui avait embrassé le parti des Guelfes; tandis que la maison des Colonna avait embrassé celui des Gibelins. Jacques Colonna se révolta contre Boniface et se jeta dans Palestrine avec Sciarra Colonna, un de ses cousins, bravant les foudres du Saint-Siége.

COLONNA (Sciarra), cousin du précédent, seconda sa révolte contre Boniface VIII. Il fut pris par des pirates et conduit, enchaîné, à Marseille. Il fut délivré par Philippe le Bel, qui l'envoya en Italie, en 1303, pour enlever le pape. Celui-ci fut surpris à Agnani. Là, Sciarra lui porta sur la joue un coup de son gantelet. Le dévouement de la population put toutefois sauver Boniface VIII.

COLONNA (Stefano), frère du précédent, fut le chef du parti guelfe à Rome. Pendant près de 20 ans il gouverna en maître. Il fut renversé par Colas de Rienzi, tribun populaire. Il prit les armes pour rétablir son autorité; mais il fut abandonné de ses partisans, et fut mis à mort, ainsi que son fils Jean. Son autre fils, Jacques Colonna, fut le condisciple, l'ami et le protecteur de Pétrarque.

COLONNA (Prosper), un des plus grands généraux italiens du commencement du XVIe siècle. Il seconda les Français lors de l'expédition de Charles VIII dans le royaume de Naples; mais bientôt il se tourna contre eux. En 1515, il fut fait prisonnier et conduit en France. Rendu à la liberté il redoubla d'acharnement contre les Français; il les défit à l'affaire de la Bicoque, en 1522. Il força Bonnivet à battre en retraite. Il mourut bientôt après, en 1523.

COLONNA (Marc-Antoine), duc de Palliano, grand connétable de Naples, vice-roi de Sicile, mort en 1584. Il était lieutenant général et commandant des galères du pape à la bataille de Lépante, en 1771. A la suite de cette victoire, Colonna entra à Rome en triomphateur, à l'exemple des anciens généraux romains. Les captifs suivaient son char triomphal. Il monta ainsi au Capitole et se rendit ensuite au Vatican, où le pape le reçut solennellement.

COLONNA (Vittoria), fille de Fabrice Colonna, grand connétable de Naples, née en 1490, excella dans les sciences et surtout dans la poésie; elle mérita même d'être surnommée la *Divine*. Elle avait épousé François d'Avalos, qui refusa, d'après les conseils de sa femme, le royaume de Naples que lui avait offert le pape Clément VII. A la mort de son mari, elle publia un *poëme latin* pour célébrer ses exploits. On l'a comparée à Pétrarque.

COLONNA (Jean-Paul), célèbre compositeur du XVIIe siècle, maître de chapelle, mort en 1695. Il composa d'excellents morceaux de musique religieuse, parmi lesquels on cite : *les Lamentations de la semaine sainte*, des *Motets* et des *Messes*.

COLONNADE, c'est une réunion de colonnes placées symétriquement pour former une galerie ou un circuit. Cette disposition architecturale est destinée à servir de décoration ou de promenade. Les plus célèbres colonnades, sont celle de Saint-Pierre de Rome et celle du Louvre. La première, commencée en 1661, est divisée en deux parties ayant chacune 142 colonnes doriques qui embrassent la place de Saint-Pierre par deux arcs de cercle. Cette colonnade forme trois allées; celle du milieu est assez large pour que deux voitures puissent y passer de front. Quant à la colonnade du Louvre, qui a été construite par Claude Perrault, elle a 125 pieds de long, et se divise en deux parties par l'avant-corps du milieu. Chaque partie est composée de colonnes corinthiennes cannelées et accouplées.

COLONNE. C'est ordinairement un pilier circulaire, un cylindre de pierre destiné à soutenir une portion de bâtiment. Toute colonne se compose de trois parties : la base, sur laquelle repose le reste de la construction; le fût, placé immédiatement au-dessus de la base, et le chapiteau, qui le surmonte. Les colonnes sont le plus souvent unies; mais il y en a aussi de cannelées dans toute leur hauteur; cela a surtout lieu dans l'ordre corinthien et l'ordre ionique. Les Romains ont laissé sur le sol des Gaules une quantité innombrable de colonnes. Toutes les colonnes ne sont pas destinées à soutenir des portions d'édifice. Il y en a aussi qui ont la forme de monolithes, d'obélisques, et que l'on place dans certains lieux pour honorer la mémoire de quelque personnage ou consacrer le souvenir d'un événement. Les principales colonnes de ce genre sont : la *colonne Trajane*, la *colonne Antonine* et la *colonne de la place Vendôme*.

COLONNE ANTONINE, érigée par l'empereur Trajan en l'honneur d'Antonin le Pieux et de son épouse Faustine. C'était un monolithe en granit rose, apporté d'Égypte.

Il mesurait 16 mèt. 62 de hauteur, et reposait sur un piédestal en marbre blanc, orné de bas-reliefs. Cette colonne fut retrouvée en 1705 ; elle fut renversée 50 ans après dans un incendie. Les fragments qu'on a recueillis ont été employés à la restauration de trois obélisques érigés par Pie VI.

COLONNE BELLIQUE, colonne placée devant le temple de Bellone, à Rome. C'était là que les fécials célébraient les sacrifices avant d'aller porter les déclarations de guerre aux ennemis de Rome.

COLONNE DE CONSTANTINE, à Constantinople. Elle était composée de blocs de porphyre. Les joints étaient dissimulés par des bas-reliefs en spirale. Un chapiteau corinthien en bronze surmontait le faîte ; sur lequel était posée une statue de l'empereur Constantin en costume d'Apollon.

Dinant, place des Cordeliers.

Cette colonne fut détruite au XVIIIe siècle.

COLONNE HORATIA. C'était un simple pilier carré qui fut érigé, sous Tullus Hostilius pour recevoir les dépouilles des Horaces vainqueurs des Curiaces. Curius déposa ces dépouilles, ainsi que le trophée remporté par Horace sur ses trois adversaires. Cette colonne, appelée aussi pilier des Horaces, était située à l'extrémité du Forum.

COLONNE LACTAIRE. C'était là que les pauvres femmes de la plèbe venaient exposer leurs enfants qu'elles abandonnaient. Cette exposition était un moyen de recommander les enfants ainsi abandonnés à l'humanité des citoyens.

COLONNE MŒNIA. Elle se trouvait sur le Forum. C'était là que siégeait le tribunal des triumvirs.

COLONNE DE MARC-AURÈLE, érigée par le sénat au milieu du Forum d'Antonin, en l'honneur de Marc-Aurèle, vainqueur des Marcomans. Elle est de marbre blanc, haute de 42 mètres 70 cent. Elle se compose de blocs ajustés mais non unis par le ciment. Un bas-relief en spirale représente la guerre des Marcomans. Dans l'intérieur de la colonne est un escalier éclairé par 56 ouvertures, et conduisant à une terrasse formant chapiteau qui est surmonté de la statue de Marc-Aurèle. En 1589, on remplaça la statue de l'empereur romain, depuis longtemps renversée, par celle de saint Paul.

COLONNE DE PHOCAS, située dans le Forum. C'est un monolithe de marbre blanc placé sur un piédestal et qui était surmonté d'une statue de l'empereur Phocas.

COLONNE DE POMPÉE, près d'Alexandrie en Egypte, à peu de distance du rivage de la mer. C'est un monolithe d'une hauteur d'environ 29 mètres. On a d'abord pensé que cette colonne avait été élevée par César à la mémoire de Pompée ; mais il est établi qu'elle fut érigée par les habitants d'Alexandrie, en l'honneur de Dioclétien. Cependant le nom que quelques archéologues ont donné par erreur, a été conservé.

COLONNE ROSTRALE. Il y en avait cinq qui se trouvaient sur le Forum. La plus ancienne, appelée *colonne de Duillius*, fut érigée en 492, pour rappeler la victoire navale remportée par C. Duillius sur les Carthaginois. Les 4 autres, nommées *colonnes de César*, furent érigées avec des rostres de navires pris à la bataille d'Actium, pour rappeler la victoire d'Auguste sur Antoine et Cléopâtre.

COLONNE THÉODOSIENNE ou D'ARCADIUS, érigée à Constantinople par l'empereur Théodose II, pour honorer la mémoire d'Arcadius. Le piédestal, qui subsiste encore, accuse une imitation des colonnes Trajane et Antonine. Elle était creuse avec un escalier à vis.

COLONNE TRAJANE, la plus belle des colonnes triomphales érigées à Rome. Elle fut élevée par Trajan, à l'extrémité du Forum qui portait le nom de Trajan. Cette colonne subsiste encore. Elle est composée de 23 blocs de marbre blanc superposés sans ciment, avec un bas-relief en spirale, avec un escalier à vis, éclairé par 43 ouvertures. Le chapiteau était autrefois surmonté de la statue de Trajan. Sixte-Quint y fit placer la statue de saint Pierre. La hauteur de cette colonne est de 41 mètres 58 cent. On en attribue la construction à Apollodore, de Damas.

COLONNE D'ALEXANDRE, érigée à Pétersbourg, en l'honneur de l'empereur Alexandre Ier. Elle est en granit rouge, sur un piédestal de bronze, faite avec les canons pris aux Turcs dans la guerre de 1829. Elle est surmontée d'un chapiteau en bronze qui supporte un ange qui tient une croix de la main droite, et montre le ciel de la main gauche. Sa hauteur est de 50 mètres. Le fût se compose d'un monolithe de granit apporté de Finlande, et dont la hauteur est de 37 mèt. 28 cent. sur un diamètre de 4 met. 55 cent. ; c'est le monolithe le plus considérable qu'il y ait en Europe.

COLONNE appelée le *Monument*, érigée à Londres dans Fish-Street-Hill. Elle fut érigée en 1671 pour rappeler le souvenir d'un épouvantable incendie qui dévasta la ville cinq années auparavant. Sa hauteur est de 61 mèt. 70, sur un diamètre de 5 mèt. 20. Elle est bâtie en pierre de taille ; un escalier conduit au chapiteau, qui est surmonté d'un grand vase en bronze doré d'où s'échappent des flammes. Un bas-relief représente les ravages de l'incendie ; un autre bas-relief représente, du côté opposé, la reconstruction des édifices. Chaque angle du soubassement représente quatre salamandres.

COLONNE DE BLENHEIM, érigée par Vanbrugh, dans la cour du château de Blenheim en Bavière, en l'honneur de Marlborough. Elle est surmontée de la statue du général anglais.

COLONNE DE BOULOGNE-SUR-MER, près de la ville de ce nom. Elle fut érigée par l'armée du camp de Boulogne, en l'honneur de Napoléon Ier, pour rappeler le souvenir des victoires que la flottille de Boulogne remporta sur la flotte anglaise lors de l'expédition préparée contre l'Angleterre. Cette colonne, commencée en 1804, fut achevée sous la Restauration ; mais elle fut alors destinée à rappeler le souvenir du retour des Bourbons en France. Sa hauteur est de

COL

48 mèt. 72 cent.; elle offre un escalier à vis qui conduit au chapiteau sur lequel on voit un globe fleurdelisé, que recouvre en partie une couronne royale. La colonne est en marbre de Boulogne.

COLONNE DE CATHERINE DE MÉDICIS, située à Paris, près de la halle au blé. Elle fut érigée par Catherine de Médicis, dans la cour de son hôtel, pour servir à des observations astrologiques. Un escalier est disposé à l'intérieur pour conduire au chapiteau. Sa hauteur est de 30 mèt. 86 c.

COLONNE DE JUILLET, située à Paris, au milieu de la place de la Bastille, pour perpétuer le souvenir de la révolution de 1830. Elle est en bronze, cannelée et surmontée d'un chapiteau composite. Elle est élevée sur un piédestal également en bronze, et dont chacun des angles est surmonté d'un coq gaulois. Sur la face S. est sculpté un lion, symbole du mois pendant lequel la révolution s'accomplit. On lit de ce côté l'inscription suivante : *A la gloire des citoyens français qui s'armèrent et combattirent pour la défense des libertés publiques dans les mémorables journées des 27, 28, 29 juillet* 1830. On lit autour de la colonne les noms des 504 combattants qui périrent pendant la lutte. Dans l'intérieur de la colonne se trouve un escalier de bronze à vis qui conduit au chapiteau. Ce chapiteau est surmonté d'une statue représentant le génie de la Liberté. La hauteur de cette colonne est de 50 mèt. 52 c. sur un diamètre de 4 mèt. 3 c. Elle s'élève sur un soubassement de marbre blanc.

COLONNE DU PALMIER, appelée aussi *Fontaine du Châtelet*, située sur la place de ce nom, à Paris. Son nom lui vient de ce que le fût est sculpté en tige de palmier. On lit sur les colliers les noms de 15 victoires remportées par Napoléon Ier. Le chapiteau est surmonté d'une statue de la *Victoire*. Quatre statues enveloppent la base de la colonne; elles représentent la *Foi*, la *Force*, la *Prudence* et la *Vigilance*. Sa hauteur est de 16 mèt. 90 c. Elle fut érigée en 1808. Par suite du percement du boulevard de Sébastopol, cette colonne a été déplacée et posée au milieu de la nouvelle place du Châtelet, sur un piédestal formé par quatre sphynx qui vomissent de l'eau dans des vasques circulaires.

COLONNE DE LA GRANDE ARMÉE, située au centre de la place Vendôme, à Paris. Elle est construite en pierre, revêtue de bronze fondu. Elle est d'ordre dorique et rappelle la colonne Trajane à Rome. Les bas-reliefs reproduisent différents emblèmes militaires, ainsi que les costumes et les armes des différents corps de l'armée impériale. Le revêtement de bronze de cette colonne n'a pas exigé moins de 378 pièces de bronze, tirées de 1,200 pièces de canon prises sur les ennemis dans la guerre de 1805 ; les joints des différentes plaques de bronze sont habilement dissimulés. Les bas-reliefs qui s'enroulent en spirale autour du fût, sur un développement d'environ 260 mèt., représentent les actions les plus mémorables qui signalèrent la campagne de 1805. Les quatre angles du soubassement sont surmontés chacun d'un aigle aux ailes à demi déployées. Une porte de bronze ciselé donne accès à un escalier en pierre qui conduit au chapiteau. Celui-ci était surmonté autrefois d'une statue de Napoléon Ier, dans ce costume simple et imposant qui est resté dans la mémoire de tous. On a substitué à cette statue celle de Napoléon Ier revêtu du manteau impérial et le front ceint d'une couronne de laurier, tel qu'on représente les empereurs romains. Au-dessus de la porte, on lit, dans un encadrement supporté par deux Victoires, l'inscription suivante :

NAPOLIO. IMP. AUG.
MONUMENTUM. BELLI. GERMANICI.
ANNO. M. D. CCC. V.
TRIMESTRI. SPATIO. DUCTU. SUO.
PROFLIGATI.
EX. AERE. CAPTO.
GLORIÆ. EXERCITUS. MAXIMI. DICAVIT.

(Napoléon, empereur auguste, a dédié à la gloire de la Grande Armée ce monument construit avec le bronze pris sur l'ennemi, en 1805, dans la guerre d'Allemagne, terminée sous son commandement dans l'espace de 3 mois). La hauteur de la colonne est de 43 mèt. 50 c., y compris la statue; le diamètre du fût est de 3 mèt. 90 c. à sa base. Ce monument fut commencé en 1806, ainsi que le rappelle une autre inscription, et terminé en 1810; il est dû à Lepère et Gondoin, architectes.

COLONNE. On appelle ainsi, dans l'art militaire, un corps composé de détachements de diverses armes; la colonne est moins forte que la brigade et souvent moins que le régiment. Elle comprend, suivant les points sur lesquels on doit agir, de l'infanterie et de la cavalerie, et quelquefois même une ou deux pièces d'artillerie. On donne le nom de colonnes mobiles à celles qui traversent un pays dans tous les sens pour y rétablir l'ordre ou pour y poursuivre des bandes de partisans qui tiennent la campagne. Lors de l'insurrection vendéenne, on organisa des colonnes dites *infernales*, qui parcouraient la Vendée en y promenant le fer et le feu. On appelle aussi *colonne d'attaque* celle qui est envoyée pour commencer un engagement. On a donné enfin le nom de colonne à la disposition des bataillons d'infanterie sur un front peu développé avec une grande profondeur de lignes. De là les expressions : *marcher sur trois colonnes, serrer la colonne, déployer la colonne*.

COLONNES (cap des), dans le royaume d'Italie (Calabre ultérieure Ire), sur la Mer Ionienne, à l'entrée du golfe de Tarente. Il fut ainsi appelé d'un temple de Junon Lucinia, dont il reste quelques ruines.

COLONNES D'HERCULE, ancienne désignation des monts Calpé et Abyla, au S. et au N. du détroit de Gibraltar. Ce nom vient de ce que Hercule, dit-on, s'était arrêté là dans ses voyages.

Fiançailles du doge de Venise.

COLONNES MILIAIRES OU ITINÉRAIRES. Elles étaient placées de mille en mille pas sur les routes que construisaient les anciens Romains. La colonne était plantée en terre et s'élevait de plusieurs pieds au-dessus du sol. Une inscription indiquait le nom de l'empereur sous lequel la voie avait été construite. Au-dessus, était indiqué en chiffres le nombre de milles qui séparaient ce point de la ville où commençait la route. L'empereur Auguste fit élever au milieu du Forum une colonne de marbre qui indiquait le point à partir duquel se comptaient toutes les distances. Elle était surmontée d'une boule de bronze doré, ce qui lui avait fait donner le nom de *milliarium aureum*. Les bornes kilométriques ou hectométriques qu'on aperçoit sur nos routes sont une heureuse imitation des Colonnes miliaires.

COLON PARTIAIRE, c'est celui qui cultive un héritage avec la condition d'en partager les fruits avec le propriétaire. On l'appelle aussi *bail à métairie*. Il était très-usité chez les Romains. Ce bail étant une sorte de contrat de société, le colon partiaire ne peut ni sous-louer, ni céder son bail, à moins de stipulations expresses.

COLORADO (Rio-), fleuve de l'Amérique méridionale, qui prend sa source vers les limites du Chili, sur le versant E. des Andes. Il traverse du N.-O. au S.-E. des pays presques déserts, parcourus par les Araucans et les Puelches; il arrose ensuite les déserts du S. de la prov. de Buenos-Ayres et va se jeter dans l'Océan atlantique. Cours 1,200 kil.

COLORADO (Rio-), fleuve du Mexique, qui prend sa source dans les Montagnes rocheuses, reçoit le Rio-Virgen, le Rio-Gila, et va se jeter dans le golfe de Californie. Cours 1,200 kil.

COLORADO (Rio-) fleuve de l'Amérique septentrionale (Texas), affluent du golfe du Mexique. Cours 750 kil. environ.

COLORIS. C'est, dans la peinture, l'effet qui résulte du mélange et de l'emploi des couleurs dans un tableau. Le beau coloris n'est pas toujours celui qui, par de brillantes couleurs et d'heureuses associations de teintes, charme les yeux, surprend et attire la vue. Il est souvent, au contraire, celui qui, en s'adressant à l'esprit, ne lui présente que des teintes tranquilles et compose une harmonie triste, sombre, pathétique, et par cela même conforme au sujet... Le beau coloris est le coloris convenable au mode du tableau; c'est même un des fondements de l'art, et il rend le peintre le plus parfait imitateur de la nature. Qui pourrait contester la puissance du coloris? Qui peut y être insensible? Où est l'homme qui n'éprouve point une agréable, une douce émotion en présence d'une peinture qui, comme un concert expressif et délicieux, charme ses sens, émeut et touche son esprit! Ces couleurs, ces combinaisons composent un langage qui a son éloquence particulière, et la peinture nous surprend, nous instruit tout autant par la beauté et la convenance que par la vérité de son coloris. Oui, les teintes tristes, lugubres et terribles du *Déluge* du Poussin; les teintes si gaies, si pures, si fraîches des *Matinées* de Claude Lorrain; les couleurs magnifiques et pompeuses des *Scènes royales* de Rubens; oui, ces différentes beautés font de l'art du peintre un art magique vraiment plein de puissance. C'était la beauté du coloris qui rendait parfaite l'expression pudique de l'*Hélène* de Zeuxis; c'était la beauté du coloris qui divinisait la *Vénus Anadyomène*, d'Apelle. Enfin, c'est la beauté du coloris qui, comme un parfum délicieux, embaume les *Campagnes*, de Claude Lorrain; c'est elle qui enrichit les *Fêtes*, de Paul Véronèse, les *Bals* et les *Assemblées galantes*, de Watteau, et qui inspire l'ivresse à la vue des *Bacchantes*, du Titien.

COLORISTE. Se dit surtout du peintre, de l'artiste qui entend bien le coloris. Le génie seul possède ce précieux secret. Aussi, quoique le coloris soit d'une si grande importance, voit-on peu de peintres y réussir; les plus entendus dans cette partie touchent à peine au point qui nous laisse encore quelque chose à désirer, et fort heureux sont ceux qui approchent même du Titien, du Corrége, de Rubens, de Van Dick; les meilleurs coloristes de l'école moderne.

COLOSSE. Figure, statue, monument gigantesque. Les plus fameux colosses de l'antiquité sont le *colosse de Rhodes* et celui de *Néron*, hauts de plus de 100 pieds romains, c'est-à-dire de 33 mèt. Parmi les colosses modernes, on peut citer: la *statue de saint Charles Borromée*, près de Milan; l'*Hercule* ou *saint Christophe de la Wilhelmshœhe*, près de Cassel; le monument en fonte du *Kreutsberg*, près de Berlin, et la *statue colossale de la Bavière*, élevée il y a peu de temps près de Munich.

COLOURI, île de Grèce, dans le golfe d'Athènes, à l'O. Pop. 5,000 hab. Olives et sucre.

COLPORTAGE, COLPORTEUR. Le colporteur est un marchand ambulant qui fait le commerce de menue marchandise. On distingue spécialement les colporteurs qui portent et vendent dans les villes de province et dans les campagnes des livres, gravures et dessins. Ceux-là sont soumis à des règles spéciales. Leur profession est assimilée à celle de vendeur ou de distributeur d'écrits ou de dessins sur la voie publique; ils doivent être munis d'une autorisation spéciale, qui ne leur est accordée que s'ils justifient d'une bonne conduite et s'ils savent lire et écrire; cette autorisation peut leur être retirée. Aucun ouvrage ne peut être offert ni mis en vente par les colporteurs, s'il n'a été revêtu d'une estampille qui en autorise la circulation.

COLQUHOUN (Patrick), philanthrope, né en 1747 à Dumbarton (Écosse), mort en 1820. Il s'enrichit par le commerce et créa des débouchés considérables dans les Pays-Bas. Il fut consul des villes anséatiques et remplit des fonctions importantes dans la police de Londres, en 1792; il parvint à débarrasser cette ville d'un grand nombre de malfaiteurs. Il fonda une école pour les indigents, et des maisons où l'on vendait aux pauvres des aliments à bon marché.

COLSTERWORTH, paroisse d'Angleterre (Lincoln), à 20 kil. de Stamford. Pop. 1,200 hab. C'est près de là que naquit Newton, au hameau de Woolsthorpe.

COLUMBIA, district fédéral des États-Unis d'Amérique, enclavé entre les États de Virginie et de Maryland; ch.-l. Washington. Superf. 25,700 hect. Pop. 75,000 hab. Centre d'un commerce actif dont les entrepôts sont Alexandria et Georgetown. Sol peu fertile; froment, avoine, seigle, maïs; élève de chevaux et mulets. Ce district fut cédé aux États-Unis en 1790, par les États de Virginie et de Maryland.

COLUMBIA, ch.-l. du district de Richland, à 160 kil. de Charleston. Pop. 6,000 hab. Siége du gouvernement de l'État de la Caroline du Sud. Université. Cette ville fut fondée en 1787.

COLUMBIA, fleuve d'Amérique (*Voir* ORÉGON.)

COLUMBUS, ville des États-Unis, capitale de l'État de l'Ohio, à 150 kil. de Cincinnati. Pop. 16,630 hab. Port sur la rive gauche du Scioto. Instituts de sourds-muets et d'aveugles. Tribunal suprême de l'Union. Fondée en 1812.

COLUMELLE (Lucius-Junius-Moderatus), agronome latin distingué du Ier siècle de notre ère, né à Gades; il était possesseur de terres considérables dont il surveilla la culture. Il a laissé un *Traité d'agriculture* qu'il composa à Rome, où il s'était fixé vers l'an 42 de J.-C. Cet ouvrage remarquable, qui fait connaître la façon de cultiver des anciens, a été publié plusieurs fois, et se trouve dans la collection Panckoucke, 3 vol. in-8°.

COLURES. C'est le nom donné à deux grands cercles de la sphère, qui passent tous deux par les pôles du monde. Les deux colures se coupent perpendiculairement et divisent le zodiaque et l'équateur en quatre parties égales. Le nom qu'ils portent vient du grec et signifie: *qui a la queue coupée*, parce qu'en effet ces deux cercles s'entrecoupent à leurs extrémités boréale et australe.

COLYBES. Nom donné à une espèce de pâte composée de légumes et de grains, qu'on offre dans l'Église grecque en l'honneur des saints et en mémoire des morts.

COLYVA, offrande du rit grec en l'honneur des morts. Elle consiste dans l'envoi à l'église d'un gâteau de froment, garni de raisins secs, d'amandes, de grenades, de sésame et de plantes odoriférantes; ce gâteau est surmonté d'un bouquet de fleurs. Cette pratique n'est que l'imitation d'une coutume observée autrefois chez les peuples de l'ancienne Grèce.

COMACCHIO, ville du royaume d'Italie, à 44 kil. de Ferrare. Pop. 5,550 hab. Siége d'un évêché. Salines. Pêche d'anguilles.

COMAGÈNE, ancienne province de Syrie, au N.-E. Cap. Samosate. Aujourd'hui partie de l'eyalet de Kharbout.

COMANCHES. Nom que portent quelques tribus indiennes de l'Amérique du Nord. Ce sont des tribus nomades que l'on trouve vers les sources du Rio-Colorado oriental et du Rio-del-Norte, et dans la Sierra-Madre. Les Comanches sont féroces et vivent de pillage. Ils ont d'excellents chevaux, et poussent loin leurs incursions. La terreur qu'ils inspirent est telle, qu'on a vu la population d'Arispe, ancienne capitale de la Sonora, qu'ils ont saccagée à plusieurs reprises, descendre de 7,000 âmes à 1,500.

COMARCA. On appelle ainsi la prov. des États de l'Église dont Rome est le ch.-l. On donne aussi ce nom aux subdivisions des prov. du Brésil et du Portugal.

COMAYAGUA, ville de l'Amérique centrale, cap. de l'État de Honduras, à 310 kil. de Guatemala. Pop. 18,000 hab. Siége d'un évêché suffragant de Guatemala.

COMBAT. C'est le nom qu'on donne à une action de guerre partielle. Le combat diffère de la bataille en ce qu'il est moins important, plus imprévu et beaucoup plus fréquent. Aussi dit-on d'un guerrier qu'il a vu dix batailles et cent combats. Une bataille entraîne la perte du matériel de l'artillerie, ce qui n'est pas, dit Feuquières, la conséquence inévitable d'un combat perdu. Mais laissons là ces distinctions, pour faire place au récit d'un combat comme nos pères en livraient au glorieux temps de la République. Écoutons le général Foy: « On entamait l'action par une nuée de tirailleurs à pied et à cheval, lancés suivant une idée générale plutôt que dirigés dans les détails des mouvements; ils harcelaient l'ennemi, échappaient à ses masses par leur vélocité, et à l'effet de son canon par leur éparpillement. On les relevait, afin que le feu ne languît pas; on les renforçait, pour les rendre plus efficaces. Il est rare qu'une armée ait ses flancs appuyés d'une manière inexpugnable; d'ailleurs toutes les positions renferment en elles-mêmes, ou dans l'arrangement des troupes qui les défendent, quelques lacunes qui favorisent l'assaillant. Les tirailleurs s'y précipitaient par inspiration; et l'inspiration ne manquait pas dans un pareil-

temps et avec de pareils soldats. Le défaut de la cuirasse une fois saisi, c'était à qui y porterait son effort... L'artillerie volante accourait au galop et mitraillait à brûle-pourpoint. Le corps de bataille s'ébranlait dans le sens de l'impulsion indiquée, l'infanterie en colonne, car elle n'avait pas de feu à faire, la cavalerie intercalée par régiments ou en escadrons, afin d'être disponible partout et pour tout. Quand la pluie des balles ou des boulets de l'ennemi commençait à s'épaissir, un officier, un soldat, quelquefois même un représentant du peuple, entonnait l'hymne de la victoire. Le général mettait sur la pointe de son épée son chapeau, surmonté du panache tricolore, pour être vu de loin et pour servir de ralliement aux braves. Les soldats prenaient le pas de course ; ceux des premiers rangs croisaient la baïonnette ; les tambours battaient la charge ; l'air retentissait des cris mille et mille fois répétés : En avant !... en avant !... Vive la République !... »

Combat judiciaire. C'est ainsi qu'on appelle un combat particulier qui avait lieu au moyen âge, et dans lequel les citoyens avaient droit de vider leurs contestations par la voie des armes. On lui donnait aussi le nom de *jugement de Dieu*. Un gentilhomme en défiait-il un autre, si l'un et l'autre étaient chevaliers, ils combattaient à cheval, armés de toutes pièces. Un gentilhomme appelait-il un vilain au combat, il combattait à pied comme le vilain, et avec les mêmes armes. Le vilain défiait-il, au contraire, le gentilhomme, le vilain combattait à pied et le gentilhomme à cheval. Dans certains cas, on pouvait se faire représenter par un *champion*. Avant le combat, la justice avait soin de faire publier trois bans : 1° pour enjoindre aux parents des parties de se retirer ; 2° pour avertir le peuple de garder le silence ; 3° pour défendre, sous les peines les plus sévères, de porter secours à l'un ou à l'autre des combattants. Les combattants arrivaient alors accompagnés d'un parrain ou d'un prêtre ; chacun d'eux jurait sur la croix que son droit était bon. Aussitôt après, la lice était ouverte, et le maréchal de camp criait à pleins poumons : *Laissez-les aller !* Alors le combat s'engageait, et ne se terminait que lorsqu'un des combattants s'avouait vaincu, en criant : *Grâce !* C'est en 1386 que se livra le dernier combat judiciaire ordonné par les tribunaux. Ces sortes de duels furent abolis à la fin du XVIe siècle.

Combat naval, lutte entre les flottes ennemies. Les peuples les plus anciens ont combattu sur mer. Ils montaient des barques assez légères pour être conduites par des rameurs. Chaque barque était armée d'un éperon, souvent caché sous l'eau, pour prendre en flanc les bateaux ennemis. Pour faciliter l'abordage, ils employaient des sortes d'ancres ou des blocs de pierre suspendus par des chaînes aux vergues des bateaux ; ils enlaçaient ainsi les navires ennemis, et les contraignaient à combattre corps à corps. Le feu était aussi employé comme moyen de destruction. On sait comment Archimède brûla la flotte romaine devant Syracuse. Lors de l'invasion des Barbares, on vit apparaître les barques des Normands et des Bretons. Peu à peu, Venise, Gênes, Marseille, construisirent des flottes destinées au commerce, et qui se firent redouter sur toutes les mers. Le premier combat naval des temps modernes qui mérite ce nom fut livré en 1217. La flotte française fut battue par les Anglais, qui profitèrent de l'avantage du vent pour faire voler dans la direction des Français de la chaux vive en poussière. On ne se servait alors que de galères mues à la rame. Dès 1340, la voile remplaça l'aviron et modifia les règles de la tactique navale. En 1372, on fit usage du canon sur les navires ; les Français et les Espagnols durent à cette innovation les avantages qu'ils remportèrent alors sur les Anglais. L'invention de la boussole permit les grandes évolutions maritimes. C'est au XVIIe siècle surtout qu'on vit se développer la tactique navale, grâce aux Tourville, aux Duquesne, aux Tromp et aux Ruyter. Sous la République, les combats maritimes n'étaient que d'affreuses mêlées. Une paix européenne de 50 années ne permit pas aux diverses nations d'apprécier l'importance des progrès accomplis dans la construction navale. La guerre civile qui désole les États-Unis a cependant révélé la supériorité des bâtiments blindés et cuirassés sur les vaisseaux de bois. Les flottes européennes subissent en ce moment une transformation complète ; mais il s'en faut encore de beaucoup que la science ait dit son dernier mot sur le mode de construction préférable.

Combe (la Grand'), ch.-l. de cant. de l'arrond. d'Alais (Gard), à 6 kil. de cette ville. Pop. 3,150 hab. Exploitation importante de houille.

COMBE (Michel), né à Feurs (Loire), en 1787, entra au service en qualité de volontaire (an IX). Il passa par tous les grades inférieurs et fit toutes les campagnes de Russie, de Saxe et de France en qualité de lieutenant de la vieille garde. Il suivit Napoléon à l'île d'Elbe ; aux Cent-Jours, il devint chef de bataillon, et ne quitta le champ de bataille de Waterloo qu'un des derniers. Forcé de s'expatrier pour échapper aux excès de la terreur blanche, Combe ne rentra en France qu'après les événements de 1830 ; il reprit du service et se signala à la tête du 66e de ligne, dont il était le colonel, en s'emparant de la citadelle d'Ancône, le 23 février 1832. Il prit part au combat de la Sicka (Algérie), où il fit des prodiges de valeur. Il se distingua également par la défense de la Maison-Carrée. Cependant Combe, que ses services passés et sa brillante conduite en Algérie recommandaient à l'attention du gouvernement, restait dans son grade de colonel ; il allait demander sa retraite, lorsqu'il fut tué à l'attaque de Constantine au moment où, pour montrer l'exemple aux hommes de son régiment, le 47e de ligne, il montait un des premiers à l'assaut.

COMBEAUFONTAINE, ch.-l. de cant. de l'arrond. de Vesoul (Haute-Saône), à 27 kil. de cette ville. Pop. 1,754 hab.

COMBIN, montagne d'Europe entre la Suisse (Valais) et le royaume d'Italie, prov. de Turin, à 25 kil. de Montigny. Elle est un des massifs culminants des Alpes pennines, et a 4,302 m. d'élévation. Immenses glaciers.

COMBINAISON, assemblage de divers objets destinés à produire un résultat prévu. La combinaison laisse supposer que l'intelligence et le raisonnement président à cet assemblage.

Combinaison chimique, union intime entre les molécules constituantes de deux ou plusieurs corps. La combinaison se produit par la réaction réciproque de ces divers corps les uns sur les autres. Le résultat de la combinaison forme un composé doué de propriétés particulières autres que celles des corps qui le constituent.

COMBLE. C'est ainsi qu'on appelle, en architecture, l'ensemble des pièces en bois ou en fer qui soutiennent la couverture d'un édifice. En Italie, les combles sont peu rapides et presque plats. C'est le contraire qui a lieu dans les pays humides ou dans les pays où il tombe beaucoup d'eau. En France, la hauteur du comble est d'ordinaire le tiers ou la moitié de la base. Les combles sont couverts de métal, d'ardoises ou de tuiles.

COMBLES, ch.-l. de cant. de l'arrond. de Péronne (Somme), à 15 kil. de cette ville. Pop. 1,685 hab.

COMBOOCONUM, ville de l'Hindoustan anglais (présidence de Madras), dans l'anc. prov. de Karnatic, à 93 kil. de Tanjore. Pop. 40,000 hab. Belles pagodes, constructions anciennes.

COMBOURG, ch.-l. de cant. de l'arrond. de Saint-Malo (Ille-et-Vilaine), à 38 kil. de cette ville. Pop. 4,847 hab. Fabrication de toiles de chanvre. Ancien château de la famille de Chateaubriand, dans lequel le célèbre écrivain passa une partie de son enfance.

COMBRONDE, ch.-l. de cant. de l'arrond. de Riom (Puy-de-Dôme), à 12 kil. de cette ville. Pop. 1,955 hab.

COMBUSTIBLE, combustion. Dans l'économie domestique, on donne le nom de *combustible* aux substances dont on se sert communément pour produire de la chaleur. Ces substances sont le bois, le charbon, la tourbe, la houille, le coke, etc. — La *combustion* n'est autre chose que l'action de brûler. En chimie, ce mot s'applique en général à la combinaison d'un corps avec l'oxygène. Il peut cependant y avoir combustion sans la présence de l'oxygène : le fer, par exemple, brûle dans la vapeur de soufre fortement échauffée et s'y combine ; l'antimoine brûle à la température ordinaire dans le chlore gazeux et s'y combine, etc.

COME, ville forte du royaume d'Italie, à 38 kil. de Milan, à l'extrémité du lac qui porte son nom. Pop. 20,635 hab. Siége d'un évêché suffragant de Milan ; lycée, bibliothèque, théâtre. Belle cathédrale en marbre commencée en 1396, terminée vers 1750. Palais Galli et Odescalchi. Patrie des deux Pline, de Volta, de Paul Jove. Industrie active ; soieries, velours, etc. Carrières de beaux marbres aux environs. Commerce avec la Suisse, la haute Italie et les Grisons. Au moyen âge, cette ville devint la capitale d'une petite république. Les Milanais s'en emparèrent en 1127 et en 1271. Elle fut réunie au duché de Milan en 1335.

Côme (province de), division administrative du royaume d'Italie, sur la frontière de la Suisse (Tessin). Superf. 284,300 hect. Pop. 454,650 hab. Ch.-l. Côme. Pays montagneux au N. Beaux pâturages au S. Récolte abondante de grains, fruits, vins estimés, soie.

Come (lac de), lac du royaume d'Italie, au pied des Alpes ; 36 à 40 kil. de longueur sur 4 de largeur. Il est le plus renommé de tous ceux de la haute Italie, à cause de la beauté de son bassin et de son exposition. Ses bords sont garnis de magnifiques villas.

COMÉDIE. C'est, suivant Marmontel, l'imitation des mœurs mises en action, en quoi elle diffère de la tragédie et du poëme héroïque ; imitation en action, en quoi elle diffère du poëme didactique et du simple dialogue. Boursault la définit mieux : « un poëme ingénieux, fait pour reprendre les vices et pour corriger les mœurs par le ridicule. » Il aurait pu ajouter que la comédie se propose aussi de mettre en action les caractères et les actes plaisants de la vie. On ignore absolument l'époque pendant laquelle la comédie prit naissance. C'est à Athènes que nous la rencontrons d'abord. L'art était encore informe : la comédie, la tragédie et la satire ne s'étaient pas nettement dégagées. Ce fut plus tard seulement que la tragédie s'accommoda des grandes actions héroïques ; la comédie, des mœurs et des ridicules, en empruntant ses pinceaux à la satire. Eupolice, Cratinus et surtout Aristophane, trouvèrent les véritables lois de la comédie ; Thespis passait pour l'inventeur de la tragédie. Ce que Boileau nous dit, d'après Horace, de l'enfance de la tragédie, s'applique mieux encore à la comédie :

La tragédie informe et grossière, en naissant,
N'était qu'un simple chœur, où chacun en dansant

Et du dieu des raisins entonnant les louanges
S'efforçait d'attirer de fertiles vendanges.
Là, le vin et la joie éveillant les esprits,
Du plus habile chantre un bouc était le prix.
Thespis fut le premier qui, barbouillé de lie,
Promena par les bourgs cette heureuse folie,
Et d'acteurs mal ornés chargeant un tombereau,
Amusa les passants d'un spectacle nouveau.
Eschyle dans le chœur jeta les personnages,
D'un masque plus honnête habilla les visages,
Sur les ais d'un théâtre en public exhaussé,
Fit paraître l'acteur d'un brodequin chaussé.
Sophocle enfin, donnant l'essor à son génie,
Accrut encor la pompe, augmenta l'harmonie,
Intéressa le chœur dans toute l'action,
Des vers trop raboteux polit l'expression,
Lui donna chez les Grecs cette hauteur divine
Où jamais n'atteignit la faiblesse latine.

Aristophane nous donne des exemples de la liberté dont jouissait alors le théâtre; mais c'était trop souvent de la licence et de la calomnie. On sait combien il influa par ses excitations sur la mort de Socrate. « Aristophane, dit Plutarque, outre la nature, il parle à la populace plus qu'aux honnêtes gens. Son impudence ne peut être supportée que par le bas peuple; son sel est amer, âcre, cuisant; sa plaisanterie roule presque toujours sur des gens d'esprit ou des équivoques. Chez lui, la finesse devient malignité et la naïveté n'est que sottise. » Les magistrats intervinrent enfin pour défendre de mettre en scène des personnes vivantes. La fiction prit alors la place de la réalité. Ménandre se distingua dans ce genre nouveau. Plutarque fait de lui le plus bel éloge, et Térence le prit pour modèle. A Rome, les premiers poètes comiques apprirent leur art des Étrusques. Ennius, le plus ancien de ces poètes, imita les premiers comiques de la Grèce. Plaute sacrifia souvent le naturel au besoin d'exciter le rire. Les personnages sont d'une certaine trivialité, ses héros ne sont guère que des bourgeois plus ou moins ridicules. Cependant il pétille de verve comique. Térence donna plus de noblesse à ses personnages, il montra plus de naturel, et fit entendre, dans le style le plus élégant, le vrai langage des passions. Au moyen âge, les traditions de la Grèce et de Rome semblaient perdues pendant plusieurs siècles. Les troubadours en donnèrent l'idée par leurs dialogues rimés. Les *Enfants sans souci*, recrutés parmi les clercs de la basoche, firent jaillir de précieuses étincelles d'esprit comique. La sottise régnait sur le genre humain sous le nom d'un *prince*. La comédie dégénéra par suite des guerres civiles qui désolèrent la France; le théâtre ne fut plus qu'une arène disputée par les Armagnacs et les Bourguignons. Charles VII ne trouva pas d'autre moyen de réformer le théâtre que de le supprimer. Sous Louis XII, parut la farce de l'*Avocat Patelin*. Cette remarquable comédie fut une véritable révélation. Patelin faisait pressentir, en effet, Harpagon, Tartufe et Turcaret. Cependant la comédie ne prit définitivement son essor qu'avec Molière. Les poètes cherchaient les règles de l'art dans les auteurs espagnols ou italiens, et faisaient fausse route en s'égarant avec les Espagnols dans des intrigues sans fin, et avec les Italiens dans des caricatures grotesques. Étienne Jodelle protesta contre l'enflure de son siècle dans quelques comédies, qui offrent une certaine imitation de l'antiquité. Corneille fit représenter plusieurs comédies, parmi lesquelles on cite le *Menteur*. On peut dire que l'art qu'il introduisit dans la comédie ouvrit les voies à Molière; devant le génie de ce dernier tout s'incline. On comprend qu'il sait la nature par cœur. Chacun de ses ouvrages est un sujet de méditations profondes. Ses farces elles-mêmes ont un fonds philosophique. Après Molière vint Regnard, qui mérita le second rang parmi nos auteurs comiques. On a établi entre eux le parallèle suivant : « Molière fait toujours penser et rire; Regnard fait rarement penser, mais il fait toujours rire. » Après Regnard, il y eut un certain temps d'arrêt dans le développement de l'art. La scène vit cependant, à divers intervalles, Dufresny, Destouches, La Chaussée, Marivaux, Piron et Gresset. Beaumarchais releva dignement la comédie. Son *Figaro* constitue un genre nouveau et presque inimitable. Après lui on vit encore Collin d'Harleville, Andrieux et Picard. A une époque plus rapprochée de nous, nous avons vu Casimir Delavigne et Scribe. Ce dernier se distingua surtout dans la comédie de mœurs. Aujourd'hui, la comédie n'ose que timidement aborder le théâtre; elle a emprunté la forme du vaudeville, et s'est faite plus humble pour avoir le droit d'être plus hardie.

COMÉDIE-FRANÇAISE. (Voir THÉATRE-FRANÇAIS.)

COMÉDIE ITALIENNE. (Voir ITALIENS.)

COMÉDIEN, nom que l'on donne à celui qui fait profession de paraître sur un théâtre public, pour y jouer des scènes comiques, tragiques ou dramatiques. Le mot comédien est à peu près synonyme d'acteur. Cette profession fut plus en honneur chez les Grecs que chez les Romains. Un grand nombre d'habitants d'Abdère ayant vu jouer Archélaüs, se firent comédiens. A Rome, il n'y avait guère que les esclaves et les affranchis qui parussent sur la scène; aussi leur profession était-elle déclarée infâme. Les Romains interrompaient parfois une représentation de Térence pour demander les mimes ou les gladiateurs. Livius Andronicus releva la profession de comédien en jouant lui-même dans ses propres ouvrages. Il eut des imitateurs; on vit même des citoyens qui servaient dans les légions, paraître sur la scène, mais sans quitter leur masque. Rome était généreuse envers ses comédiens. Le célèbre Roscius recevait 75,000 fr. par an. Laberius en obtint 60,000 pour jouer dans une pièce de sa composition. Une certaine défaveur, conséquence des préjugés religieux, est restée longtemps attachée à l'exercice de cette profession. Le concile d'Arles, tenu en 315, allait jusqu'à excommunier les comédiens. La ville des papes est cependant plus facile qu'on ne le supposerait. Arlequin, Pantalon et Cassandre, après avoir amusé la ville, figurent en costume monastique dans les processions. Les cardinaux vont volontiers au théâtre. L'Église romaine fait une distinction entre les chanteurs et les danseuses, qu'elle ne considère pas comme des comédiens; et tandis qu'elle réprouve les acteurs qui nous représentent *Polyeucte martyre*, *Zaïre* et *Joad*, elle se montre moins sévère pour Colombine ou la Vénus de l'Opéra. Les Anglais paraissent plus justes : les cendres de Shakespeare et de Garrick reposent à Westminster près des tombeaux des rois.

COMÉNIUS (Jean Amos, dit), pédagogue allemand, né en 1562 à Comnia (Moravie), mort à Amsterdam en 1624. Ministre protestant, il fut obligé de fuir sa patrie par suite des guerres de religion. Sa *Janua linguarum reserata*, qu'il fit paraître en 1631, et qui n'était autre qu'un recueil réunissant tous les mots d'une langue en discours suivis, lui fit une grande réputation et fut traduit en douze langues; il fut appelé dans les principales capitales de l'Europe pour réformer les études.

COMESTIBLES. Ce mot se dit des substances que l'homme peut manger, et surtout de certains mets de prix, soit frais, soit cuits; on y comprend aussi les conserves alimentaires, les denrées coloniales et exotiques, les vins fins, etc. Depuis quelques années, les comestibles sont devenus l'objet d'un commerce considérable, à la tête duquel se sont depuis longtemps placées, à Paris, les maisons Chevet, Corcellet, Potel, etc.

COMÈTE. Astre errant et lumineux, qui n'est visible pour la terre que dans une partie de son cours. La comète se compose de trois parties bien distinctes : le *noyau*, la *nébulosité* qui l'entoure, et la *chevelure* qui la précède ou la suit. C'est l'ensemble de la chevelure et du noyau qui forme la tête de la comète. A la suite ou en avant de cette tête se trouve souvent une longue traînée lumineuse que l'on appelle la *barbe* ou la *queue* de la comète. Les comètes décrivent dans l'espace des ellipses très allongées dont le soleil occupe toujours un des foyers. On attribuait jadis aux comètes une influence funeste; la science a dissipé cette erreur.

COMFORT, anglicisme qui n'a pas d'équivalent en français, et qui indique cet état de commodité qui constitue le bien-être matériel et qui attache au foyer domestique. Les Anglais et leurs frères d'Amérique ont bien plus que les Français l'intelligence du comfort.

COMICES, assemblées du peuple romain pour délibérer sur des affaires publiques, faire les plébiscites et élire les magistrats. On y traitait de la paix et de la guerre; on y jugeait aussi des citoyens prévenus de concussions ou de crimes contre la sûreté de l'État. On distinguait trois sortes de comices, suivant l'ordre dans lequel votaient les citoyens, et leur distribution dans certaines classes. Les comices se réunissaient trois fois par mois, sur la convocation d'un magistrat. Si un orage ou seulement le bruit de la foudre survenait pendant les comices, ils étaient aussitôt rompus.

COMICES PAR CURIES. Ils datent des commencements de Rome. Ils étaient convoqués par les rois; sous la République, la convocation était faite par les consuls ou d'autres magistrats. Eux seuls indiquaient au peuple les affaires sur lesquelles il était appelé à délibérer. Le peuple était partagé en 30 curies, et la majorité se composait de 16 curies. Dans chaque curie, les suffrages étaient comptés par tête. Ces comices se tenaient dans une partie du *Forum* appelée *Comitium*. C'est là que se trouvait la tribune aux harangues. Lorsqu'on eut établi les comices par centuries, les comices par curies furent rarement convoqués. Dans la suite, les magistrats ayant cessé de convoquer le peuple dans certaines affaires qui lui étaient autrefois déférées, les curies furent représentées par 30 licteurs.

COMICES PAR CENTURIES. Les centuries étaient réparties dans les diverses classes instituées par Servius Tullius, et basées sur le cens. Chaque centurie ne comptait que pour une voix; mais les classes des plus riches, et comptant un plus petit nombre de citoyens, comprenaient cependant un plus grand nombre de centuries. On conçoit que l'avantage devait toujours rester à l'aristocratie. Ces comices se tenaient dans le champ de Mars, où le peuple était toujours censé délibérer en armes. Les lois proposées par les magistrats y étaient presque toujours adoptées. Pendant la tenue des comices, un drapeau était arboré sur le Janicule; on le retirait pour annoncer la fin des comices. Un édit publié 17 jours à l'avance annonçait la convocation des comices. Le magistrat qui présidait se tenait dans une chaise curule. Après avoir adressé une prière aux dieux, il indiquait aux citoyens l'objet des délibérations. Les décisions des comices par centuries n'étaient pas soumises à l'approbation du sénat. Le développement de la puissance démocratique ne tarda pas à faire tomber en désuétude le vote par centuries, auquel on substitua le vote par tribus.

COMICES PAR TRIBUS. Dans ces comices, le peuple était divisé en tribus; chaque tribu comprenait un quartier de Rome. Les premiers comices par tribus furent tenus à l'occasion du jugement de Coriolan. Les plébéiens, qui haïssaient l'accusé, craignirent qu'il ne fût épargné par les patriciens et exigèrent qu'il fût jugé par le peuple assemblé en tribus. Les patriciens n'y consentirent qu'à la condition d'une ratification par les curies. Vingt ans après, la loi *Publilia* déféra aux comices par tribus la nomination des tribuns, des magistrats secondaires, des édiles curules ou plébéiens et des questeurs. Plus tard, les tribus furent encore admises à nommer les préteurs, les proconsuls, les pontifes et les augures. Les lois rendues dans ces comices étaient appelées *plébiscites*. Les votes se comptaient par tête dans chaque tribu. Les comices étaient présidés par un tribun du peuple. César porta la première atteinte à l'autorité populaire en se réservant la nomination de la moitié des magistrats, à l'exception des consuls, que le peuple avait seul le droit de choisir.

COMICES SOUS LES EMPEREURS ROMAINS. Dans les derniers temps de la République, les comices avaient été l'occasion de graves désordres. Les citoyens les plus influents corrompaient les masses et répandaient des sommes considérables pour disposer du vote populaire. Les abus étaient devenus tels que le peuple renonça facilement à l'exercice de son droit le plus précieux. César s'arrogea le droit de nommer la moitié des magistrats, et pour le choix des autres, son influence était telle, que le peuple n'admettait que les candidats agréés par lui. Les consuls étaient choisis par l'empereur. Après le meurtre de César, les comices par centuries essayèrent de se réveiller. Ils succombèrent définitivement sous Tibère, qui transporta au sénat le droit de désigner les deux consuls parmi les quatre candidats présentés par l'empereur. Trajan renonça au droit de désigner les candidats. Justinien abolit définitivement le consulat. Les autres magistratures étaient laissées au choix de l'empereur.

COMICES AGRICOLES. Associations formées dans le but d'améliorer les procédés agricoles, d'introduire des machines pour suppléer aux bras de l'homme, et de choisir les meilleures races d'animaux domestiques. Ces comices furent institués par une circulaire ministérielle du 22 mai 1820. Pendant de longues années, l'administration fit de vains efforts pour engager la population des campagnes à fonder des comices. L'exemple ayant été enfin donné par quelques hommes intelligents et souvent même savants, qui virent dans l'agriculture la plus noble profession, les comices s'organisèrent enfin. Il y en eut dans chaque département. L'esprit d'imitation aidant, les divers arrondissements, et même plusieurs cantons voulurent avoir le leur. Les citoyens qui font partie de ces comices subviennent aux frais des expériences, des encouragements et des récompenses, par une cotisation. Les conseils généraux votent aussi une somme qui s'ajoute au produit des cotisations volontaires. Les comices agricoles sont en relation avec les sociétés d'agriculture qui sont établies aujourd'hui dans chaque département; ils adressent annuellement un rapport à l'administration centrale, ils contribuent aussi à éclairer le gouvernement sur divers points de statistique et sur les questions qui leur sont soumises.

COMINES. (*Voir* COMMINES.)

COMINGES. (*Voir* COMMINGES.)

COMINO, île anglaise de la Méditerranée, à 3 kil. de Malte. Fort.

COMIQUE, portrait ou allusion qui excite le rire. Il y a divers genres de comiques, comme il y a diverses espèces de rires. Le comique peut être fin et grossier, gracieux et marivaudant ou grimaçant à la façon du singe; il peut être naturel ou forcé. Le comique vit de contrastes; le bossu qui prend des airs de matamore, l'ivrogne qui moralise, sont essentiellement comiques. Le contraste étant une opposition entre ce qui est et ce qui doit être, il en résulte que le comique offre un enseignement. L'égoïsme, se manifestant sous les formes les plus diverses, tout en cherchant à se dissimuler, est aussi une source de comique; on trouve encore une veine inépuisable dans la lutte de nos instincts contre certains accidents qui viennent à chaque instant traverser nos projets. La comédie est une œuvre à la fois de réalité et d'idéal, d'observation et d'imagination; tout en offrant le spectacle des ridicules, elle fait rayonner la morale, et c'est là l'idéal qui apparaît sous la caricature de la vie. On distingue le comique de caractère du comique de situation. Le comique de caractère s'attache à nous montrer les diverses manifestations d'un sentiment ou d'une passion; il demande une observation plus profonde, chaque caractère devant constituer un type. *Célimène* représente toutes les coquettes du monde, de même que *Tartufe* représente tous les faux dévots. Le comique de situation est celui qui nous montre l'homme aux prises avec une situation produite par le hasard. Quoi de plus comique que cette scène où Harpagon, prêt à conclure un prêt usuraire avec un fils de famille qu'il ne connaissait pas, se trouve tout à coup en présence de son fils? Cette femme entichée du langage romanesque croit que la moindre politesse banale est une marque d'admiration, se défend d'être aimée ainsi, et entend qu'on respecte ses appas que personne ne menace. Le comique éclate quelquefois dans les détails et des descriptions. Certaines boutades sont d'un merveilleux effet :

Que feriez-vous, monsieur, du nez d'un marguillier ?

dit l'auteur des *Ménechmes*. L'exagération du comique produit le genre burlesque. Il est saugrenu et n'excite le rire qu'à force de niaiserie, sans craindre même quelquefois de blesser la pudeur; il affecte surtout le calembour.

COMITAT, du mot *comes*, comte, nom qu'on donnait, avant la constitution de 1851, aux diverses provinces de la Hongrie; elles étaient administrées par un comte. Le gouvernement autrichien a remplacé le comitat par des cercles, divisions administratives usitées en Allemagne. Cependant le comitat fut rétabli en 1860.

COMITÉ. On appelait ainsi, au moyen âge, une troupe de chevaliers qui s'attachaient à un chef et le suivaient dans ses expéditions. C'était une sorte de clientèle. En style parlementaire, on appelle comité une réunion de députés ou de délégués des assemblées délibérantes, chargée de préparer des projets de loi, ou de dresser un rapport. A diverses époques, les comités ont porté les noms de bureau, conseil ou commission.

COMITÉ DE SALUT PUBLIC, établi par le décret du 18 mars 1793. Il était composé de 9 membres. Ce comité et celui de sûreté générale étaient chargés du pouvoir exécutif. Ces deux comités furent institués au moment où la France se voyait menacée par la coalition; les armées allemandes avaient déjà franchi nos frontières, et plusieurs places leur avaient été livrées par trahison. Il s'agissait de frapper un grand coup pour foudroyer les ennemis de la Révolution. Ce fut sous l'empire de telles préoccupations que la Convention nationale conféra au Comité de salut public une sorte de dictature. Tous les corps constitués et les fonctionnaires publics étaient placés sous la surveillance immédiate de ce comité; il était chargé, en outre, de la police intérieure générale. Le Comité de salut public se faisait rendre compte, tous les dix jours, de l'exécution des décrets par le conseil exécutif. Les administrations des districts devaient également lui rendre des comptes tous les dix jours. Le Comité de salut public, à son tour, rendait compte de ses travaux à la Convention à la fin de chaque mois. Il était tenu de dénoncer à la Convention les fonctionnaires infidèles ou négligents. Enfin, le Comité de salut public avait dans ses attributions les négociations diplomatiques. Le Comité de salut public, en raison de la multiplicité des affaires, avait partagé entre ses membres la surveillance des diverses administrations. Les affaires les plus importantes faisaient seules l'objet d'une délibération commune. Le Comité de salut public empiéta sur les attributions du Comité de sûreté générale en s'attribuant la police intérieure, qui était spécialement confiée à Couthon, Robespierre et Saint-Just, formait un *bureau de police générale*. C'est sur la proposition de ce bureau que fut établi le tribunal révolutionnaire, par un décret du 22 floréal. Couthon, Robespierre et Saint-Just, ayant agi dans cette circonstance sans prendre conseil de leurs collègues, il s'ensuivit une vive altercation au sein du comité. En effet, le bureau de police générale venait de constituer un véritable triumvirat dont Robespierre était l'âme. C'était avec ce dernier que correspondaient les communes et les diverses commissions. Il consultait à peine ses collègues, et ne paraissait que rarement aux séances du comité. La division des pouvoirs entre les membres de comité, et l'indépendance accordée à chacun de ses membres dans l'exécution des mesures jugées nécessaires, permit à Carnot d'agir avec cette énergie qui sauva la république. Le temps lui manquait pour consulter ses collègues, les opérations devaient être réalisées aussitôt que conçues. Si l'action de chacun des membres était isolée, la responsabilité n'en était pas moins énorme. Le moindre soupçon d'infidélité pouvait coûter la vie. Cependant des tiraillements s'étaient produits au sein du comité. La popularité de Robespierre, de Couthon et de Saint-Just effrayait à la fois les autres membres du Comité de salut public et la Convention elle-même. Robespierre se crut assez fort pour dénoncer une conspiration avec l'étranger qui existait au sein de la Convention même; il voyait des ennemis de l'État dans ses collègues dissidents du Comité de salut public et de la Convention. Les mêmes accusations furent renouvelées aux Jacobins. Ce club alla même jusqu'à ouvrir une enquête sur la conspiration signalée. Pendant ce temps-là, la majorité du Comité de salut public et la Convention veillaient. Les adversaires de Robespierre convinrent de mettre les triumvirs en arrestation. Ils commencèrent par nommer un nouveau Comité de salut public; Carnot fut le seul membre de l'ancien comité qu'on maintint sur la nouvelle liste. L'arrestation de Robespierre et de ses amis avait relevé le courage des contre-révolutionnaires; mais elle avait aussi excité l'indignation de la commune de Paris; un comité d'insurrection s'était même formé. Cependant la Convention triompha. Tous les membres du Comité de sûreté générale furent eux-mêmes accusés; Carnot n'en fut pas excepté. Il n'eut, pour répondre à ses accusateurs, qu'à répéter le mot de Scipion : « Il avait organisé la victoire. » C'est ainsi que finit le Comité de salut public après une existence de dix-huit mois.

COMITÉ DE SÛRETÉ GÉNÉRALE, institué par décret du 30 mai 1792. Il fut chargé de l'instruction du procès de Louis XVI; il connaissait aussi des accusations portées contre les royalistes; enfin il était chargé de la police générale et de la surveillance de l'administration civile et militaire. Il était en correspondance avec les comités révolutionnaires, et dénonçait à la Convention les fonctionnaires infidèles. La plupart des attributions de ce comité lui furent enlevées par le *bureau de police générale*, fondé par Robespierre, Couthon et Saint-Just. Ce comité ne survécut pas à la Convention.

COMITÉ DE LECTURE. On appelle ainsi le comité institué dans les divers théâtres, à l'effet d'entendre la lecture des diverses pièces qui sont présentées et de juger si elles sont dignes de la représentation. Souvent les pièces sont reçues *à correction*. C'est ordinairement un moyen d'éconduire les jeunes auteurs, en leur donnant toutefois un témoignage d'encouragement. Le Théâtre-Français et le théâtre de l'Odéon sont dirigés par une administration qui est sous la dépendance directe du gouvernement. Il arrive de temps en temps que l'administration, jugeant une pièce digne de la représentation, en impose à l'un de ces théâtres la représentation *par ordre*.

COMMANDANT. On donne ce nom, dans l'armée française, à tout officier chargé d'un commandement quelconque. Mais il s'applique plus particulièrement aux chefs de bataillon et d'escadron, ainsi qu'aux officiers supérieurs qui commandent dans une place de guerre. En marine, le titre de *commandant* se donne à presque tous les officiers supérieurs. L'officier qui commande dans un port militaire reçoit le nom de *commandant de marine*.

COMMANDE. Se dit de l'ordre donné à un ouvrier de confectionner un ouvrage d'un certain modèle. On dit aussi d'un livre qui doit être fait dans un temps déterminé, que c'est un livre de commande. Autrefois ce nom était réservé pour désigner le mandat donné par un marchand à un marin ou un voyageur maritime, de lui procurer la vente d'une pacotille.

COMMANDEMENT. On donne le nom de *Commandements de Dieu* aux dix préceptes contenus dans le Décalogue. — On appelle *Commandements de l'Eglise* les six préceptes que l'Eglise a ajoutés aux Commandements de Dieu.

COMMANDEMENT. Acte extra-judiciaire par lequel un huissier qui a reçu mandat de faire exécuter un jugement, sous un titre authentique et exécutoire, somme le débiteur de satisfaire aux condamnations prononcées contre lui, avant de poursuivre l'exécution du jugement ou du titre. Le commandement est nécessaire dans tous les cas, excepté lorsque le jugement est rendu en matière de saisie-arrêt, de saisie-conservatoire, de saisie-foraine, de saisie-gagerie ou de saisie-revendication. Le commandement interrompt la prescription.

COMMANDEMENTS MILITAIRES (grands). On donne ce nom à la réunion d'un certain nombre de divisions militaires formant un arrondissement sous le commandement supérieur d'un maréchal de France. Les grands commandements militaires, institués par Napoléon Ier pour la répression des troubles à l'intérieur de la France, ont été rétablis par Napoléon III, en vertu d'un décret du 27 janvier 1856.

COMMANDERIE, dignité conférée dans les anciens ordres militaires de chevalerie, aux chevaliers qui avaient rendu des services importants à leur ordre et à l'Etat. Un revenu était affecté à chaque commanderie; par suite on donna le nom de commanderie à ce revenu. On distinguait les commanderies *magistrales*, qui appartenaient au grand maître de l'ordre; les commanderies de *grâce*, accordées par le grand maître et à son choix; les commanderies d'*ancienneté* et de *rigueur*, réservées aux plus anciens chevaliers; et enfin les commanderies de *chevissement*, concédées moyennant le versement d'une somme d'argent au trésor de l'ordre. Les commanderies de l'ordre de Malte furent les plus célèbres; il y en eut jusqu'à 220 en France.

COMMANDEUR, chevalier possédant une commanderie. Il y avait au-dessus des commandeurs un *grand commandeur*, qui prenait rang après le grand maître, et qui présidait la chambre des comptes. Dans l'ordre de la Légion d'honneur, le grade de commandeur vient au-dessus de celui d'officier.

COMMANDITE. On donne le nom de société en commandite à celle qui se contracte entre un ou plusieurs associés responsables et solidaires et un ou plusieurs associés simples bailleurs de fonds. Les premiers prennent le nom d'associés *commandités* ou *complémentaires*, ou même d'*associés gérants* ou *en nom*; les seconds s'appellent *commanditaires* ou *associés en commandite*. Les noms des associés commanditaires ne peuvent faire partie de la raison sociale, sans quoi ils seraient considérés comme associés gérants; ils ne peuvent non plus s'immiscer dans l'administration et n'ont qu'un droit de surveillance. L'intérêt de cette distinction c'est que les associés commanditaires ne s'obligent que jusqu'à concurrence de la mise qu'ils ont engagée dans la société, tandis que les associés gérants engagent même leur fortune personnelle. Une société en commandite dans laquelle on stipulerait que tous les associés seraient commanditaires, et que l'administration serait confiée à des gérants non associés, constituerait une véritable société anonyme, nulle si les commanditaires n'avaient pas rempli les formalités légales exigées pour la constitution de ces sortes de sociétés. La commandite peut être constituée par acte authentique ou par acte sous signatures privées. La loi du 17 juillet 1856, voulant prévenir les fraudes commerciales, en raison de la facilité d'émettre des actions de ces sociétés, exige, pour leur constitution définitive, la souscription de la totalité du capital social. Le gérant est tenu de faire cette justification. La loi exige en outre le versement effectif du quart du capital social au moins. Ce n'est qu'après ces justifications que la société est légalement constituée et peut commencer ses opérations. Les déclarations relatives à la souscription du capital et au versement sont reçues par un notaire. La nouvelle loi exige encore que les actions des commandites restent nominatives jusqu'à leur entière libération. Les souscripteurs d'actions sont responsables du payement intégral des actions souscrites, nonobstant toute stipulation de libération d'une partie de ce capital, même dans le cas où les associés jugeraient que le capital souscrit serait excessif. La loi dispose, en outre, que les actions ou coupons d'actions ne sont négociables qu'après le versement des deux cinquièmes. Il est admis, en jurisprudence, que le gérant d'une société en commandite ne représente et n'engage la société qu'autant qu'il agit en sa qualité de gérant. Les tiers n'ont pas à se plaindre d'avoir été trompés, car les statuts des commandites étant publiés dans les journaux par extrait, affichés et enregistrés au greffe du tribunal de commerce du siége de la société, les pouvoirs des gérants s'y trouvent explicitement déterminés. Il est admis pour la commandite, ainsi que pour les autres sociétés commerciales, que les associés gérants ne peuvent être poursuivis, à raison de leurs dettes personnelles, sur les fonds qu'ils peuvent posséder dans la société. Les créanciers sont tenus, en cas d'insuffisance des biens de leur débiteur, d'attendre l'expiration ou la liquidation de la société. Les mêmes raisons n'existent pas pour l'associé commanditaire. La commandite doit être constituée pour un temps déterminé; elle peut être prorogée.

COMMELIN (Jérôme), célèbre imprimeur, né à Douai, mort en 1597. Exerça d'abord sa profession en France, puis ayant embrassé le protestantisme, il passa en Suisse; il accepta ensuite la proposition que lui fit l'Electeur palatin et alla diriger la bibliothèque d'Heidelberg. Les meilleures éditions qui soient sorties de ses presses sont *Eunavius, Héliodore, Apollodore* et les *Œuvres de saint Athanase* et de *saint Chrysostome*.

COMMÉMORATION. C'est la mention que fait l'Eglise d'un saint ou d'une sainte le jour de sa fête. La *Commémoration des morts* est la mention que le prêtre fait des trépassés, à l'endroit du canon de la messe appelé *Memento*. Ce nom se donne également à la fête que l'Eglise célèbre, le 2 novembre de chaque année, en l'honneur des morts; mais, au lieu de *commémoration des morts*, on dit plus simplement le *jour des morts*.

COMMENCEMENT. On appelle ainsi le point de départ de chaque chose, la première chose faite ou à faire. Dans le sens philosophique, ce mot est synonyme de *naissance, principe*. C'est ainsi que l'on dit: Dieu est le commencement de la sagesse; Dieu est le commencement et la fin de toutes choses.

COMMENDA ou COMMENDO, ville d'Afrique, cap. du royaume de ce nom (Guinée supérieure), à 25 kil. du cap Corse. Commerce d'or et d'ivoire.

COMMENDE. On désignait autrefois ainsi l'administration d'un bénéfice confié temporairement, à un clerc ou quelquefois à un laïque en attendant la nomination du titulaire. On distinguait aussi les commendes libres et les commendes décrétées. Les commendes décrétées étaient celles que le pape accordait à condition qu'à la mort du commendataire le bénéfice serait conféré à un titre régulier. Les commendes libres ne comprenaient qu'une collation pure et simple.

COMMENDON (Jean-François), nonce du pape, né à Vienne, en 1524, mort en 1584. Il posséda la confiance de Jules III, qui l'envoya en Angleterre pour engager Marie Tudor à faire rentrer ses sujets dans le sein de l'Eglise catholique. Le pape le chargea de plusieurs autres missions importantes et le nomma cardinal en 1565.

COMMENTAIRES. Dans l'antiquité, on donnait ce nom à des mémoires écrits par un citoyen sur les événements dont il avait été témoin ou auxquels il avait participé. Les *Commentaires de César* sont les seuls qui nous soient parvenus. Ce mot se dit aussi des ouvrages critiques sur certains littérateurs ou poëtes; ainsi nous avons un grand nombre de commentaires de Virgile, de Cicéron, d'Horace, etc. Voltaire a laissé des commentaires sur Corneille et Racine.

COMMENTRY, ch.-l. de cant. de l'arrond. de Montluçon (Allier), à 15 kil. de cette ville. Pop. 1,270 hab. Exploitation de houille.

COMMERÇANT. Se dit de toute personne qui exerce des actes de commerce et en fait sa profession habituelle. Ce mot s'entend donc à la fois des marchands en gros et en détail, des commissionnaires, des banquiers qui font la négociation des effets de commerce, des fabricants et des manufacturiers. Celui qui ferait un acte isolé de commerce, bien que justiciable dans cette circonstance du tribunal de commerce, ne serait pas pour cela un commerçant. La qualité de commerçant entraîne cette conséquence que tous les actes du commerçant sont présumés actes de commerce jusqu'à preuve contraire. Cependant le commerçant qui fait un marché pour sa consommation personnelle ne fait pas acte de commerce. Les commerçants sont soumis aux règles spéciales et exceptionnelles tracées par le code de commerce. A leur égard, les rigueurs de la contrainte par corps et de la solidarité sont plus étendues. Ils peuvent aussi être déclarés en faillite et ne sont pas admis au bénéfice de la cession de bien. La loi a défini les actes de commerce dont l'exercice entraîne la qualité de commerçant. Ce sont: 1° l'achat pour revendre; cependant le cultivateur n'est jamais considéré comme faisant acte de commerce; l'achat pour revendre s'entend des denrées et marchandises destinées à être revendues en nature, ou après avoir été travaillées et mises en œuvre; 2° l'achat pour louer l'usage; 3° les entreprises de manufactures, de commission, de transport par terre ou par eau; 4° les entreprises de fournitures, d'agences, de bureaux d'affaires et de spectacles publics; 5° les opérations de change, banque et courtage; 6° les opérations de banque publique; 7° les engagements par lettres de change ou remise d'argent de place en place; 8° les obligations en général entre négociants, marchands et banquiers; 9° les entreprises de construction de bateaux et navires; les achats et ventes de ces navires ou des agrès, apparaux et avitaillements, les affrètements ou nolisements, les emprunts ou prêts à la grosse, les conventions relatives au salaire des gens d'équipage. Ces divers actes de commerce rendent justiciables des tribunaux de commerce.

COMMERCE. Les économistes le définissent: un transport et un échange de marchandises d'un lieu dans un autre. On distingue le *commerce intérieur*, qui se pratique dans un pays dont les nationaux échangent entre eux leurs propres produits, du *commerce extérieur*, qui consiste à acheter des denrées ou marchandises dans les pays où elles surabondent, pour les transporter et les échanger dans d'autres pays où elles manquent. Le *commerce extérieur* de tout pays comprend l'importation et l'exportation: la première consiste dans le transport dans un pays de certains produits étrangers; la seconde consiste, au contraire, à transporter les marchandises de ce pays dans d'autres. Les personnes qui exercent le commerce sont les commerçants ou marchands en gros ou en détail. Ils consacrent des capitaux pour acheter des marchandises à un certain prix, afin de les revendre à un prix supérieur. Le marchand ne fait donc qu'emmagasiner; à côté de lui se trouve le manufacturier. Les agents intermédiaires du commerce pour le transport sont: les armateurs, les entrepreneurs de transport par terre ou par eau. Les agents qui facilitent l'échange sont les courtiers de commerce et les commissionnaires en marchandises; enfin les banquiers et les maisons d'escompte sont les intermédiaires qui facilitent et assurent les payements. Les compagnies d'assurance garantissent les risques du transport des marchandises. On a dit de l'agriculture et du commerce qu'elles étaient les deux mamelles nourricières du monde. En effet, le commerce est nécessaire à l'agriculture pour écouler ses produits, et à l'industrie pour les mettre en œuvre. On conçoit donc qu'il y a entre ces deux sources de produits une solidarité parfaite; ce qui affecte l'un affecte nécessairement l'autre. Quelques économistes ont pensé qu'il fallait distinguer le commerce proprement dit de l'industrie, et ils n'ont vu dans le commerce proprement dit qu'une institution parasite qui, sans rien produire par elle-même, prélève à la fois ses bénéfices sur les producteurs agricoles et industriels d'une part, et sur les consommateurs de l'autre. Les défenseurs du commerce ont répondu que ce bénéfice était légitime et justifiait même le commerce. En effet, le commerçant permet à l'agriculteur, ainsi qu'au manufacturier, de réaliser plus tôt le prix de leurs produits sans attendre le consommateur. Enfin le commerce a l'avantage de centraliser dans ses magasins des produits qu'on serait obligé, sans lui, d'aller chercher dans les lieux de production. Les adversaires du commerce, tout en admettant l'utilité de ces sortes d'entrepôt pour le plus grand avantage du producteur et du consommateur, ont pensé du moins que les agents de production pouvaient eux-mêmes centraliser leurs produits sans passer par l'intermédiaire des commerçants, et offrir ainsi leurs produits à meilleur marché, par suite de la suppression d'un intermédiaire qui augmente le prix des choses dans une proportion anormale avec la plus-value réelle qui résulte du transport dans les lieux de consommation. Les manufacturiers et les usiniers semblent l'avoir compris. Aussi ouvrent-ils chaque jour de nouveaux magasins pour se mettre directement en rapport avec les consommateurs. Le commerce proprement dit tend, par suite, à ne plus devenir qu'un commerce de détail. Les commerçants ont senti alors la nécessité de centraliser dans leurs magasins des marchandises les plus variées, et de fonder de véritables bazars. Les commerçants sont alors en concurrence avec les producteurs eux-mêmes. Quelques-uns se maintiennent en profitant des moments de crise, pour acheter la marchandise des producteurs à des conditions qui leur permettent de réaliser certains bénéfices aussitôt que la hausse se produit. Le commerce ainsi entendu participe de l'agio. D'autres se contentent d'une commission souvent très modique que leur abandonnent les producteurs, dont ils ne sont bien souvent que les entrepositaires. Cette transformation du commerce a produit ce résultat qu'il faut aujourd'hui, pour l'entreprendre, des capitaux dix fois plus considérables qu'il y a 20 ou 30 ans. Ajoutons à cela que les manufacturiers ayant centralisé la production des matières premières et celle des matières ouvrées, la fabrication se trouve entre les mains d'un petit nombre d'usiniers disposant de capitaux énormes et pouvant livrer à de meilleures conditions que les autres fabricants; beaucoup d'entre eux sont à la fois agriculteurs, industriels et commerçants. Quelques économistes ont pensé que le remède à cet état de choses était dans les associations ouvrières et agricoles.

COMMERCE (code de), recueil des règles qui régissent les personnes qui se livrent au commerce, et qui déterminent leurs droits et obligations particulières. Avant la promulgation du code de commerce, les commerçants étaient régis par l'ordonnance de Colbert de 1673. Le code de commerce qui nous régit aujourd'hui fut promulgué le 25 septembre 1807. Il a subi divers changements, notamment en ce qui concerne les faillites. Ce code est resté en vigueur dans la plupart des pays où il a été appliqué sous Napoléon Ier. On y rencontre cependant quelques modifications qui étaient nécessaires pour le mettre en harmonie avec la législation de ces divers pays. Ainsi il est appliqué en Belgique, en Italie et dans les États romains, dans le duché de Bade, dans la Prusse rhénane, la Hesse rhénane, le Palatinat, à Genève, dans la Grèce et la Valachie.

COMMERCE (ministère de l'agriculture et du). Sous Louis XIV, les attributions de ce ministère dépendaient du contrôle général des finances. En 1791, elles dépendirent du ministère de l'intérieur. Napoléon Ier institua, en 1812, le *ministère des manufactures et du commerce*. Il fut supprimé en 1814, pour être rétabli en 1828. Après 1830, il y eut un *ministère du commerce et des travaux publics*; en 1839, on créa un ministère spécial *des travaux publics* et un *ministère de l'agriculture et du commerce*. Un décret de 1853 a réuni en un seul ministère l'*agriculture*, le *commerce* et les *travaux publics*. Ce ministère compte dans ses attributions la direction des écoles d'agriculture et de commerce, la correspondance avec les chambres de commerce, les chambres consultatives des arts et métiers, et les comités agricoles; la distribution des encouragements et récompenses au commerce, à l'industrie et à l'agriculture; la préparation des lois de douane et l'étendue des documents statistiques sur l'agriculture, le commerce et l'industrie.

COMMERCE (tribunaux de). Il faut remonter au moyen âge pour trouver l'origine de cette juridiction exceptionnelle chargée de connaître des contestations entre commerçants. Les Lombards, qui fondèrent des comptoirs en France, obtinrent le privilège d'être jugés par leurs pairs, pour ce qui concernait l'exécution des marchés. Au XIVe siècle, le commerce se faisant presque exclusivement dans les foires, on institua une juridiction analogue pour juger les différends entre marchands forains. Les juges étaient nommés par les marchands eux-mêmes; le principe de l'élection fut consacré par un édit de Louis XI, du 29 avril 1464. Henri II institua, en 1549, des tribunaux consulaires pour juger les contestations entre marchands, même en dehors des foires et marchés. Un tribunal consulaire, composé d'un juge et de 4 consuls, fut institué à Paris par Charles IX. Cette juridiction eut à lutter contre les autres juridictions civiles. Elle triompha définitivement avec la Révolution de 1789. Des tribunaux de commerce sont institués dans toutes les localités où l'exige l'importance du commerce. Dans les arrondissements où il n'existe pas de tribunaux de commerce, la juridiction est exercée par les tribunaux civils, qui appliquent alors les lois commerciales. Chaque tribunal de commerce est composé d'un président, de 2 juges au moins et de 14 au plus, et d'un nombre de juges suppléants proportionné aux besoins du service. Les juges consulaires sont nommés par les notables commerçants de la localité; la liste des notables est dressée par le préfet. Les juges sont élus pour deux ans, et le tribunal est renouvelé par moitié chaque année. Les parties en cause peuvent se faire représenter par des agréés ou par des avocats. Le tribunal de commerce est compétent pour juger de toutes les contestations relatives aux actes de commerce (*Voir* COMMERÇANT). Ils connaissent en outre de toute contestation entre les commis ou employés des marchands, et ceux-ci pour fait de commerce seulement; les employés peuvent aussi être actionnés devant la juridiction consulaire pour le fait du trafic du marchand auquel ils sont attachés.

COMMERCY, sous-préf. du départ. de la Meuse, à 21 kil. de Bar-le-Duc. Pop. 4,770 hab. Le tribunal de 1re instance est à Saint-Mihiel. Collège. Commerce de vins, huile, grains, bestiaux, cuirs, broderies. Filatures de coton; forges à affiner et à quincaillerie. Belle caserne de cavalerie, qui était autrefois un château appartenant aux princes de Vaudemont et à Stanislas, duc de Lorraine, bâti en 1708. Charles-Quint assiégea cette ville en 1544.

COMMERSON (Philibert), célèbre naturaliste, né à Châtillon-lez-Dombes, en 1727, mort à l'Ile de France en 1773. Sur la proposition de Linné, Commerson décrivit pour la reine de Suède les plus curieuses espèces des poissons de la Méditerranée. Il suivit Bougainville dans son voyage autour du monde; mais il ne revint pas avec le célèbre navigateur; il resta à l'Ile de France sur les sollicitations du célèbre intendant Poivre, pour faire l'histoire naturelle de cette île. Les horticulteurs lui sont redevables de l'*hortensia*, originaire de la Chine.

COMMETTANT. C'est celui qui charge une autre personne d'un mandat. Les commettants sont responsables du dommage causé par leurs préposés dans les fonctions auxquelles ils les ont employés. Les droits et obligations du commettant sont réglés par les lois spéciales sur le contrat de commission (*Voir* COMMISSIONNAIRE EN MARCHANDISE).

COMMINATOIRE (clause). On appelle ainsi une peine qui est stipulée par les parties, dans les contrats purement civils, contre celui qui contreviendrait à quelque disposition ou se refuserait à l'exécution d'une obligation. Cette peine se résout le plus souvent dans le payement d'une somme d'argent ou dans l'abandon d'un droit. Il est d'ordre public qu'on ne pourrait stipuler la contrainte par corps comme clause comminatoire. On considère aussi comme étant comminatoire la disposition d'un jugement qui condamne un mandataire à payer une certaine somme par chaque jour de retard dans l'exécution d'une obligation.

COMMINES (Philippe de LA CLYTE, sire DE), seigneur d'Argenton, célèbre chroniqueur français, né en 1445 près de Lille, mort à Argenton en 1509. Il était à la cour de Charles le Téméraire lorsque ce prince retint Louis XI prisonnier. En cette occasion, Commines fut assez heureux pour rétablir la paix entre les deux princes. Louis XI, qui en cette circonstance, avait eu à se louer des avis que lui avait fait donner Commines, l'attira à sa cour et le combla de dignités et de richesses, et, en peu de temps, il devint un des plus riches seigneurs du royaume. Initié à tous les secrets de la politique de l'astucieux roi, Commines fut chargé, à la mort de Charles le Téméraire, de tenter de réunir les villes de Flandre à la France, ainsi que la principauté de Bourgogne. Sous la régence d'Anne de Beaujeu, il fut admis dans le conseil de régence, mais il ne tarda pas à être soupçonné de favoriser les projets des princes rebelles. Il fut même arrêté, et un arrêt du parlement du 24 mars 1488 le condamna comme sujet rebelle, à perdre le quart de ses biens et à rester pendant dix ans dans une de ses terres. Cependant, en 1493, il rentra en grâce auprès du roi, auquel il rendit de grands services dans sa campagne d'Italie. Louis XII, dont il avait servi les intérêts, alors qu'il n'était que duc d'Orléans, lui conserva ses pensions, mais ne l'employa jamais comme ministre. Commines a laissé des *Mémoires* fort curieux, où les réflexions justes et profondes abondent. Historien avant tout, il ne s'est laissé influencer dans les jugements qu'il porte sur les hommes de son époque ni par le tort qu'ils ont pu lui faire dans sa vie privée ou publique, ni par les bienfaits qu'il a pu en recevoir. La meilleure édition de ses *Mémoires* est celle publiée par Mlle Dupont, 1847, 3 vol. in-8°.

COMMINES ou COMINES, ville de Belgique Flandre occidentale), à 15 kil. d'Ypres. Pop. 3,187 hab. Fabriques de rubans de fil, siamoises, mouchoirs, nankins, toiles à matelas, tabacs. Tanneries, teintureries, blanchisseries, huileries. Cette ville est vis-à-vis la ville française du même nom, à laquelle elle communique par un pont-levis.

COMMINES, ville de France, arrond. de de Lille (Nord), à 13 kil. de cette ville, vis-à-vis la ville belge du même nom. Pop. 5,161 hab. Patrie de Philippe de Commines. Fabriques de rubans de fil et cotonnettes, huileries, blanchisseries.

COMMINGES, ancien comté de Gascogne, divisé en Haut-Comminges ou Comminges gascon, et Bas-Comminges ou Petit-Comminges; ch.-l. Saint-Bertrand de Comminges. Villes principales : Muret, Saint-Gaudens, Lombez. Il fut conquis par les Visigoths au ve siècle et par Clovis au commencement du vi^e^. En 628, il fut compris dans le duché d'Aquitaine, et, sous Pepin le Bref, incorporé de nouveau à l'empire franc. Bernard IV, comte de Comminges, se distingua dans le parti des Albigeois, à la bataille de Muret (1213), et à celle de Toulouse (1218). Le comté revint à la couronne en 1453. Il en fut encore trois fois séparé : 1° pour Jean de Lescun, bâtard d'Armagnac (1401); 2° Odet d'Aydie, seigneur de Lescun (1478), et 3° Odet, vicomte de Lautrec, sous François Ier. Aujourd'hui, il est réparti dans les départements de la Haute-Garonne, du Gers et de l'Ariège.

COMMINGES (Saint-Bertrand DE). *Voir* BERTRAND (saint).

COMMIS. Ce mot sert à désigner en général tout homme qui a été chargé d'une mission, d'une commission, de quelque maniement ou recouvrement de fonds : tels sont les caissiers, les teneurs de livres et les autres commis des banquiers et des négociants, les commis des magasins, etc.

COMMISE, droit qui appartenait au seigneur suzerain, de confisquer, pour un certain temps et quelquefois définitivement, le fief de son vassal qui voulait se soustraire à l'exécution de ses devoirs envers son suzeraine.

COMMISSAIRE. On appelle ainsi certains fonctionnaires de l'ordre administratif, civil ou judiciaire, chargés par le gouvernement, par un tribunal, etc., de remplir des fonctions soit temporaires, soit permanentes. On donne également ce titre à tout membre d'une commission.

COMMISSAIRE DE POLICE. Officier public qui est subordonné au préfet de police, et qui remplit des fonctions à la fois administratives et judiciaires. Le commissaire de police est chargé de veiller au maintien de l'ordre public, de protéger la sûreté individuelle et publique, de rechercher les contraventions de police et d'en poursuivre la punition, de recevoir les rapports et les plaintes sur les crimes et délits qui se commettent dans l'étendue de son ressort, et d'en dresser procès-verbal, etc. Les commissaires de police portent une écharpe dans l'exercice de leurs fonctions, et leur bureau est indiqué par une lanterne rouge.

COMMISSAIRE PRISEUR. La loi du 27 ventôse an IX institua les commissaires-priseurs pour le département de la Seine seulement, afin de supprimer les scandaleux

Vue de Domremy, patrie de Jeanne d'Arc.

encans, où les objets volés trouvaient un recéleur facile, et où l'on n'exposait que des marchandises inférieures et détériorées. La loi voulait aussi prévenir les coalitions des brocanteurs qui couraient les ventes pour acheter à vil prix, écartaient les acheteurs de bonne foi, et partageaient ensuite entre eux un bénéfice illicite. Le nombre des commissaires-priseurs fut porté à 80, et l'on institua une chambre syndicale. En 1816, l'institution des commissaires-priseurs fut étendue à toute la France. La loi du 18 juin 1843 a réglé d'une manière uniforme les émoluments des commissaires-priseurs. Ils sont nommés par l'empereur, sur la présentation du titulaire d'une charge ou de ses héritiers. Ils ont exclusivement dans leurs attributions les prisées de meubles et ventes publiques aux enchères dans la ville,

Divitiac admis dans le sénat romain.

chef-lieu de l'arrondissement dans lequel ils résident, et concurremment avec les notaires, huissiers et greffiers, dans tout le surplus de l'arrondissement, à l'exception toutefois des villes où résiderait un commissaire-priseur.

COMMISSION DES DOUZE. L'accroissement de la puissance de la commune de Paris, au temps de la Révolution, avait alarmé la Convention nationale. Hébert qui présidait les membres de la commune exerçait une véritable dictature qui contrebalançait les pouvoirs de la Convention. Les Girondins proposèrent alors à la Convention de nommer une commission de douze membres qui fût chargée de prendre les mesures nécessaires pour anéantir les pouvoirs de la Commune de Paris. Cette commission, instituée le 18 mai 1793, fit arrêter Hébert et les membres de la commune, mais l'insurrection qui éclata le 31 mai entraîna la chute de cette commission et celle du parti des Girondins.

COMMISSION DU SCEAU. (*Voir* CONSEIL DU SCEAU DES TITRES.)

COMMISSIONNAIRE EN MARCHANDISES. C'est celui qui reçoit pouvoir d'un commettant de faire pour celui-ci une ou plusieurs opérations de commerce particulièrement déterminées, et de lui en rendre compte. Ainsi le commissionnaire stipule des achats ou des ventes au nom d'une autre personne. Son entremise est nécessaire pour faciliter les relations entre les commerçants étrangers ou de diverses places. Le commissionnaire prélève un droit de commission, mais, à la différence du mandataire civil, il est responsable de tout acte de négligence. Ce qui distingue le contrat de commission, c'est que le commissionnaire s'oblige personnellement vis-à-vis des tiers avec lesquels il a reçu mandat de contracter des marchés. Il a un droit de rétention et même un privilége sur la valeur des marchandises qui sont à sa disposition pour le remboursement de ses frais et avances.

COMMITTIMUS, privilége accordé, dans l'ancien droit, à certaines personnes de faire juger les causes qui les intéressaient par des juges particuliers. On appelait ce privilége *committimus*, parce que c'était par ce mot que commençaient, avant François Ier, les lettres de chancellerie en vertu desquelles on commettait les juges qui devaient connaître de la cause privilégiée.

COMMODE (Marcus ou Lucius Ælius Aurélius Antonnius COMMODUS), 15e empereur romain, de 190 à 192 ap. J.-C., fils de Marc-Aurèle. Il n'avait que 20 ans lorsqu'il monta sur le trône; il choisit ses conseillers parmi les hommes les plus corrompus, et son règne ne fut signalé que par une longue suite de meurtres et de rapines. Doué d'une force extraordinaire, on le vit, autant pour en faire montre que pour satisfaire ses goûts meurtriers, descendre plus de sept cents fois dans l'arène, et là, armé d'une massue, massacrer des malheureux sans défense. Des conspirations s'organisèrent pour débarrasser l'empire d'un tel monstre; mais la délation les fit échouer, et donnèrent à Commode l'occasion de frapper un plus grand nombre de victimes et de faire mourir tous ceux qui l'approchaient; c'est ainsi qu'il fit périr sa sœur Lucilla, sa femme Crispina, et le célèbre jurisconsulte Salvius Julianus. Ce fut sa maîtresse Marcia qui l'empoisonna, l'an 192, au moment où il songeait à l'envoyer au supplice.

COMMODITÉ. On donne le nom de commodités à tout ce qui sert à rendre la vie douce et agréable, tout ce dont la privation est pénible à supporter. On dit d'un appartement qu'il offre toutes sortes de commodités, quand sa distribution est bien entendue et qu'il présente tout ce qu'exigent les nécessités de la vie habituelle. Autrefois les *précieuses ridicules* appelaient toute espèce de siéges, et principalement un fauteuil les commodités de la conversation. Cette manière de parler était bonne au temps où l'on disait : Prenez votre commodité, prêtez-moi votre commodité, au lieu de : prenez votre âne, prêtez-moi votre âne.

COMMODO ET INCOMMODO. Enquête administrative ayant pour objet d'éclairer l'autorité supérieure, en faisant connaître l'opinion publique sur les avantages et les inconvénients que peuvent présenter certains établissements ou certains actes, travaux ou entreprise d'utilité publique. Cette enquête se fait dans la commune où doivent être exécutés les projets qui y donnent lieu; elle a lieu pour les travaux d'utilité générale ou simplement communale, et pour la fondation d'établissements insalubres de première ou de seconde classe. Le conseil d'État statue sur les oppositions.

COMMODORE. Titre que, dans les marines anglaise, américaine et hollandaise, on donne temporairement à un capitaine de vaisseau chargé du commandement de quelques bâtiments de guerre composant une division. Le commodore, chez les Anglais, prend rang après le contre-amiral, et chez nous, ce grade répond à celui de nos chefs de division.

COMMOTION, se dit d'une secousse violente qui ébranle vivement les organes et en altère les fonctions. Une affection vive et imprévue produit une commotion; ce mot se dit aussi de la secousse que fait éprouver la décharge d'une machine électrique. Au figuré, on entend par commotion politique les brusques changements apportés dans la constitution d'un État par le triomphe violent d'un parti.

COMMUN, se dit des choses auxquelles tout le monde a droit et participe. Ainsi l'air, le soleil, et les éléments sont choses communes, et dont personne ne peut s'approprier la possession exclusive. Ce mot se dit aussi de ce qui est propre à différents objets.

> Et pour le commun bien,
> Vous et moi ne négligeons rien.
> (CORNEILLE).

COMMUNAUTÉ CONJUGALE. C'est une société de biens entre époux. La loi permet aux époux de déterminer par leur contrat de mariage le régime auquel ils veulent être soumis quant à leurs biens. Ce contrat doit toujours précéder la célébration du mariage; les conjoints ne pourraient postérieurement introduire aucune modification. La loi ne permet qu'au juge de prononcer, dans certains cas, la séparation de biens. La communauté de biens a été réglée par la loi pour les époux qui n'ont pas manifesté l'intention d'y déroger par des conventions spéciales. La loi dispose que l'actif mobilier que chacun des époux possède au moment de la célébration du mariage, tombe dans la communauté; les immeubles que chacun d'eux peut posséder lui restent en propre; les revenus tombent seuls dans la communauté. Les dettes mobilières sont à la charge de la communauté; les dettes immobilières en sont exceptées. Ainsi, le patrimoine de la communauté est constitué en dehors de celui de chacun des époux. Le mari administre les biens de la communauté. La femme peut demander la séparation de biens, si le mari met sa dot en péril par une mauvaise administration.

COMMUNAUTÉS RELIGIEUSES. Cette dénomination s'applique aux associations d'individus de l'un ou l'autre sexe, qui s'engagent à vivre sous l'empire de certaines règles particulières. Lorsque la Révolution éclata, les communautés religieuses furent abolies. Elles avaient acquis à cette époque un développement considérable. On n'en comptait pas moins de 2,324 dans toute la France. La loi du 18 août 1792 supprima même les communautés vouées à l'enseignement public. Un décret du 3 messidor an XII rétablit les communautés, en disposant toutefois qu'elles n'auraient d'existence légale qu'à la condition d'être reconnues par l'autorité. La loi ne reconnaît plus le vœu solennel, qui est, en effet, contraire au principe de la liberté personnelle, droit sacré, inaliénable et imprescriptible. Ainsi la loi permet à un religieux de se marier ou de reconnaître un enfant naturel. Ce droit existe même pour le prêtre, bien que la jurisprudence des tribunaux ne soit pas définitivement fixée sur ce point, et qu'elle ne soit pas toujours d'accord avec la doctrine. L'autorité a le droit de dissoudre les communautés religieuses non autorisées. Les mineurs ne peuvent contracter de vœux sans l'autorisation de leurs parents. L'engagement doit être pris en présence d'un officier de l'état civil. Les vœux n'ont d'autre sanction que la conscience; ainsi les peines ecclésiastiques peuvent seules atteindre les infractions à ces vœux. Les séquestrations et les détentions arbitraires sont atteintes par la loi. Les religieux ne peuvent disposer au profit des communautés que du quart de leurs biens, à moins que le don ne soit inférieur à 10,000 fr. Les substitutions sont prohibées.

COMMUNAUX (biens). On désigne sous ce nom les biens qui sont la propriété d'une commune, et sur lesquels les habitants ont un droit commun. Ces biens peuvent appartenir à la fois à plusieurs communes ou seulement à une section de commune. Les biens communaux se divisent en deux classes: ceux qui sont hors du commerce, tels que les chemins et places publiques; et ceux qui sont dans le commerce. Les premiers sont inaliénables et imprescriptibles, tandis que les seconds peuvent être aliénés sous certaines conditions. Les biens hors du commerce peuvent y rentrer si leur destination vient à changer, par exemple si un chemin devient inutile par suite du percement d'une route nouvelle. Les biens communaux se divisent encore en *biens communaux proprement dits* et en *biens patrimoniaux*. Les premiers sont ceux sur lesquels les habitants ont un droit d'usage ou d'usufruit, tels que les bois d'affouage et les pâturages; les seconds sont ceux dont les fruits ne sont pas perçus en nature, mais dont les revenus sont affectés aux besoins de la communauté. Ces biens peuvent être affermés. Une commune peut posséder, en effet, des maisons, des terres, et même des fermes ou des usines. Les communes, formant des personnes distinctes, peuvent recevoir des legs et des donations. La propriété communale a été définitivement constituée pendant la Révolution: la féodalité dut restituer les biens communaux qu'elle avait fini par absorber peu à peu. Cependant, en 1793, l'État s'empara des biens communaux en prenant les dettes à sa charge. La loi du 28 avril 1816 rétablit les communes dans leurs droits de propriété. Les terres vaines et vagues leur furent attribuées. La loi du 2 prairial an V interdit aux communes de faire aucune aliénation ni aucun échange de leurs biens, sans y être autorisées par une lettre particulière. Les biens communaux peuvent être partagés entre les habitants, lorsqu'ils en sont susceptibles.

COMMUNES. L'histoire de l'origine des communes a défrayé pendant longtemps la sagacité de nos historiens. Grâce aux profondes recherches d'Augustin Thierry, la science a pu établir une théorie sur cette grande question. On doit entendre par communes, non ces circonscriptions territoriales sur le plan de celles que nous voyons aujourd'hui, mais des associations jurées et autorisées par titres authentiques. Chaque association avait ses coutumes particulières, ses lois particulières; elle avait même ses magistrats choisis dans son sein. Il importe de distinguer les communes ainsi constituées des villes affranchies de redevances féodales et jouissant du droit de bourgeoisie. Ces dernières ne jouissaient pas toujours d'un régime municipal particulier. L'organisation des communes était jusqu'à un certain point empruntée au régime municipal romain. Les bourgeois confédérés étaient liés entre eux par un serment. Ils étaient les alliés naturels de la royauté, de qui ils obtenaient protection contre l'oppression féodale. Ce fut cette oppression qui détermina l'insurrection des villes du Nord. Les rois favorisèrent ce mouvement en accordant facilement le droit de commune aux habitants qui se liguaient pour l'obtenir. La constitution communale était confirmée par une charte qui était accordée moyennant une somme une fois payée; les communes s'obligeaient en outre à fournir des soldats aux armées du roi. La charte communale mentionnait la confédération unie par le serment, ainsi que l'intervention des bourgeois et même des seigneurs contre lesquels l'association était formée, lorsqu'ils consentaient à l'établissement de la commune. Ces associations rédigeaient quelquefois par écrit leurs coutumes, ainsi que leurs lois civiles et pénales, qui étaient contenues dans leur charte. Les communes pouvaient être supprimées ou modifiées suivant les circonstances politiques et par la volonté du roi, ou par le consentement des bourgeois eux-mêmes. A quelle époque commença cette révolution? Il est certain que Louis VI donna un certain encouragement à l'indépendance des communes; mais c'est surtout au XIIe siècle qu'il faut attribuer le développement des institutions communales et leur triomphe; elles avaient été seulement préparées par les libertés et les franchises octroyées ou consacrées par la royauté. Suivant Augustin Thierry, le mouvement prit naissance en Italie, où il fut favorisé par les papes qui voulaient anéantir la puissance temporelle des évêques transformés en feudataires, et réaliser l'unité dans l'Église. Cette idée se trouverait même au fond des vieilles querelles des Guelfes et des Gibelins. Le mouvement se propagea de l'Italie dans la Gaule; c'est surtout dans le Midi où les institutions romaines avaient conservé quelques racines que la constitution municipale s'établit le plus facilement. La bourgeoisie s'était surtout attachée à la forme du régime municipal; là on avait établi des consuls, et le sentiment de la liberté paraissait plus prononcé; c'était celui qui dominait dans ces associations appelées *communes jurées*. On vit naître, sous l'influence de ces idées, trois sortes d'associations: celles des communes proprement dites; celles qui étaient formées par les religieux, et enfin les corporations d'arts et métiers.

COMMUNE, réunion de citoyens formée sur un point délimité du territoire et constituée en corps administratif. Les communes sont des unités de la division territoriale du royaume, des corps spéciaux vivant d'une existence qui leur est propre, ayant des intérêts à eux, et à la conservation desquels ces corps veillent par eux-mêmes ou par des délégués qui composent la *municipalité*. Il y a aussi des fragments de commune qui, quoique réunies sous le rapport matériel du territoire, ont cependant des intérêts distincts. La commune est une personne susceptible d'acquérir et d'aliéner, ayant ses droits et ses obligations. Avant l'organisation communale, instituée en 1789, il n'y avait pas en France d'autre circonscription que les paroisses. L'Assemblée constituante, lorsqu'elle établit la commune, respecta, autant que possible, ces délimitations existantes. Le pouvoir législatif a seul le droit de modifier l'étendue territoriale de chaque commune; ainsi une commune peut être scindée, elle peut être amoindrie au profit d'une autre, et, enfin, deux communes peuvent être fondues en une seule. La commune est dirigée par un maire, officier administratif et de police, nommé par l'empereur; il est assisté d'un conseil municipal nommé par les électeurs, et composé de citoyens domiciliés dans la commune. Il y a exception pour les villes de Paris et de Lyon, qui, par des considérations politiques, sont privées du droit d'élire leurs conseils municipaux. Les membres du conseil municipal sont élus pour six ans, et sont renouvelés par moitié tous les trois ans. Ils sont au nombre de 10 dans les communes au-dessous de 500 âmes; ils sont portés à 12, 16, 21 et 23 dans les communes de plus de 500, 1,500, 2,500 et 3,500 habitants; il y en a 27 dans les villes de 10 à 30,000 âmes et 36 dans celles de plus de 30,000 âmes.

COMMUNE DE PARIS. Avant la Révolution de 1789, la municipalité de Paris était composée d'un prévôt des marchands, de 4 échevins, de 36 conseillers et de 16 quarteniers. Ce conseil était hostile au mouvement révolutionnaire. Aussi les électeurs qui avaient désigné les députés aux États généraux se constituèrent en *commune de Paris*. Ils nommèrent alors un comité dont l'autorité ne fit que s'accroître à mesure que les événements politiques donnaient plus d'importance à l'action de la capitale. A la veille du grand mouvement qui devait signaler l'avénement de l'ère nouvelle, le 13 juillet 1789, le comité constitua la garde nationale. Après la prise de la Bastille, Lafayette fut proclamé commandant de la milice citoyenne, et Bailly maire de la commune. Le comité fut bientôt remplacé par 180 représentants désignés par l'Assemblée constituante; il y en eut dans la suite jusqu'à 300. L'influence des sections, et surtout celle des Jacobins, fit triompher, dans les élections du 10 novembre 1791, le parti révolutionnaire le plus ardent. Bailly fut remplacé à la mairie par Péthion; Manuel fut élu procureur de la commune avec Danton pour substitut. Les membres les plus avancés de la commune de Paris suspendirent ceux qui pouvaient résister à leurs projets, et s'arrogèrent une dictature qui fut sanctionnée par l'Assemblée législative. Robespierre était à la tête de ce mouvement, qui était appuyé par les clubs de Paris et ceux qui dominaient dans les principales villes des départements. La commune de Paris centralisait les fonctions administratives et judiciaires; ce fut elle qui organisa les massacres de septembre. Les Girondins provoquèrent au sein de l'Assemblée nationale une réaction contre la dictature que s'était arrogée la commune de Paris; mais 10 jours après que cette réaction se fut produite, une insurrection populaire venait rétablir l'ancien état de choses, et fortifier encore l'action de la commune. La commune tomba le 9 thermidor avec celui qui l'avait formée et qui l'avait constamment dirigée, et dans les journées suivantes, 73 de ses membres furent mis hors la loi et exécutés. Pour décentraliser les pouvoirs dont la concentration avait menacé les libertés publiques, on institua 12 municipalités.

COMMUNE RENOMMÉE. On a donné, en jurisprudence, le nom de preuve par commune renommée à celle qui se fait au moyen d'une enquête où les témoins sont appelés à déposer sur l'existence ou la valeur des biens que quelqu'un possédait, à une certaine époque, d'après ce qu'ils ont vu eux-mêmes ou entendu dire. Cette enquête a lieu généralement pour suppléer au défaut d'inventaire, notamment lorsque le mari a négligé d'obéir à cette prescription légale, alors que sa femme recueillait par succession ou donation des biens mobiliers qui ne devaient pas entrer en communauté. La femme et ses ayants droit sont seuls admis à faire cette preuve; le mari ne saurait être recevable, parce qu'il ne peut invoquer sa propre négligence.

COMMUNES (chambre des) (*Voir* PARLEMENT ANGLAIS).

COMMUNICATION. Ce mot est usité en droit pour désigner soit la *communication de pièces*, soit la *communication au ministère public*. — Les notaires, dépositaires de minutes qui constituent souvent des secrets de famille, n'en doivent la communication qu'aux personnes qui ont un intérêt direct et constant à les connaître. Les avocats et les avoués chargés de défendre des intérêts contraires se doivent, avant que les débats ne soient engagés, la communication des pièces dont ils entendent se servir au procès. — Dans les contestations purement civiles, les parties doivent la communication des pièces au ministère public, dans toutes les affaires où la loi entend que l'avocat impérial prenne la parole; ces sortes d'affaires sont dites *communicables*. Ainsi l'avocat impérial doit toujours être entendu dans les causes des pupilles, des mineurs, des interdits, des femmes mariées, et dans celles où les propriétés et les droits, soit de la nation, soit d'une commune, sont intéressés: il est en outre chargé de veiller pour les absents indéfendus.

COMMUNION. C'est la participation à la sainte Eucharistie. Depuis le concile de Constance, en 1414, il est défendu aux prêtres, sous peine d'excommunication, de faire communier les fidèles sous l'espèce du vin; le prêtre seul communie sous les deux espèces du pain et du vin, lorsqu'il célèbre le saint sacrifice; mais quand il communie sans dire la messe, il ne peut recevoir que l'espèce du pain. Dans l'Église protestante de France, on communie sous les deux espèces, et il y a ordinairement quatre communions par an. En Allemagne et en Italie, on donne la communion aux criminels condamnés à mort; en France, cet usage n'a pas lieu.

COMMUNISME. On a donné le nom de communistes aux théoriciens qui se proposent de régénérer la société en prenant pour base la communauté des biens. Suivant eux, la distinction des riches et des pauvres, qu'ils appellent les exploitants et les exploités, constitue une révoltante iniquité. Ils poursuivent la réalisation de l'égalité absolue; malgré ce qu'il y a de séduisant et de généreux dans ce but, les économistes et les socialistes ont victorieusement démontré qu'il était irréalisable. On a souvent confondu les communistes et les socialistes, bien que ces deux écoles soient opposées quant aux moyens, sinon quant au but. Les communistes sacrifient en quelque sorte la liberté à l'égalité, tandis que les socialistes exaltent la liberté et l'initiative individuelle. Les socialistes cherchent dans le principe de l'association appliquée au travail, mais non aux actes de la vie commune, la satisfaction de la liberté et de l'égalité. Communistes et socialistes fondent leurs systèmes sur la solidarité. Nous trouvons des exemples du communisme dans les sociétés religieuses. La *République*, de Platon, était basée sur cette doctrine. Thomas Morus, dans son *Utopie*, renouvela l'idée de Platon; il épuisa, en quelque sorte, le sujet, et ne laissa aux théoriciens de son école qui vinrent après lui, qu'à modifier les conditions pratiques de la vie commune, suivant l'état de civilisation des sociétés pour lesquelles ils en demandaient l'application. Campanella, dans *la Cité du Soleil*, Harrington, dans *l'Océana*, Morelli, dans son *Code de la nature*, ont développé à peu près les mêmes idées. Babœuf, qui composa *la République des Égaux*, est considéré comme le père du communisme moderne. Il demande la suppression de la propriété individuelle, qu'il considère comme incompatible avec l'égalité. L'État doit être seul propriétaire de tous les biens; lui seul a le droit de les dispenser, de manière à faire jouir chacun d'une égale et honnête médiocrité. Suivant ce système, l'individu abdique sa liberté pour n'être qu'un rouage dans l'État; en outre, l'égalité, qui devait exister non-seulement entre les individus d'une même ville, mais encore entre tous ceux d'une même nation, devenait également irréalisable. La Révolution, même au milieu de ses excès, se crut menacée par le système de Babœuf; la peur donna à des rêveries des proportions qu'elle n'avait que dans les imaginations timorées. La mort de Babœuf arrêta pour quelque temps la propagande communiste. Babœuf a été dépassé par Robert Owen. Avec lui, point de mariage, mais la promiscuité des sexes et la communauté des enfants. Cabet, dans son *Voyage en Icarie*, propose un système plus tolérant que les précédents, et plus susceptible de séduire ceux qui ne contrôleraient pas de telles doctrines par la raison. Suivant Cabet, le communisme veut une association fraternelle, c'est-à-dire embrassant le genre humain, égalitaire et unitaire. Il veut que l'éducation soit la même pour tous; que le territoire ne forme qu'un seul domaine indivis, exploité par le gouvernement avec tous les citoyens pour ouvriers. Cabet ne proscrit pas les arts, mais il ne permet de leur consacrer que le temps dérobé à la charrue ou à l'enclume. Il demande la conservation de la famille et des lois du mariage. Il admet le déisme pur; voit dans Jésus un grand philosophe, et le considère comme le fondateur du communisme, pour avoir proclamé le premier les principes de l'égalité et de la fraternité; le communisme respecte toutes les croyances sans en admettre aucune. Nous avons vu, à diverses époques, la société s'alarmer des doctrines communistes. Les hommes les plus distingués dans la politique ou l'économie sociale ont cru devoir venir à la rescousse pour défendre la légitimité de la propriété, qu'ils croyaient menacée. Les ennemis du communisme ont souvent confondu avec ses doctrines celles qui ont été émises par Proudhon, qui est cependant l'ennemi le plus déclaré du communisme. Il est vrai que le célèbre socialiste a formulé cette proposition : « La propriété, c'est le vol; » mais ses adversaires ont omis de citer cet autre axiome qu'il formule plus loin : « La propriété, c'est la liberté. » C'est dans ces diverses antithèses que l'auteur des *Contradictions économiques* cherche un troisième terme où l'on doit voir son système. Une dernière considération invoquée contre les communistes, c'est qu'un système social ne peut s'imposer, s'il n'est dans les mœurs d'un peuple.

COMMUNISTES. On appelle ainsi deux ou plusieurs personnes qui jouissent en commun de biens dont elles sont copropriétaires. La loi dispose que nul n'est tenu de rester dans l'indivision, et cette règle est d'ordre public. On peut stipuler cependant que la propriété d'un objet restera indivise pendant un certain temps, qui ne peut excéder cinq années.

COMMUTATIF (contrat). On donne ce nom au contrat synallagmatique dans lequel chacune des parties s'oblige à donner à l'autre une chose considérée comme l'équivalent de ce qu'elle reçoit. On l'oppose au contrat aléatoire.

COMMUTATION DE PEINE. C'est la substitution d'une peine plus douce à une peine plus forte. L'empereur, exerçant le droit de grâce, a seul le droit de commuer les peines.

COMNÈNE (la famille). Cette race illustre du Bas-Empire a produit dix-neuf rois, dix-huit empereurs et un grand nombre de princes souverains. Les Comnène se disaient issus d'une des familles qui avaient suivi Constantin à Byzance. Manuel Comnène, qui vivait en 976, est le premier dont l'histoire ait parlé. Il laissa deux fils : l'un, Isaac, commence la série des empereurs de cette famille. En voici la liste : Isaac, 1057-1059; Alexis Ier, 1081-1118; Jean, 1118-1143; Manuel, 1143-1180; Alexis II, 1180-1183; Andronic, 1183-1185. Alexis le Grand, petit-fils d'Andronic, qui avait été renversé par Isaac II l'*Ange*, se rendit indépendant à Trébizonde, pendant que les Latins occupaient Constantinople. David, le dernier, fut mis à mort par Mahomet II, en 1462. Ceux des Comnène qui purent échapper à la fureur des Turcs se réfugièrent en Morée, et de là en Corse, où Constantin Comnène, à la tête d'une nombreuse colonie de Grecs, exerça une certaine suprématie; mais, plus tard, non-seulement cette suprématie fut abolie, mais encore le gouvernement génois confisqua tous les biens des Comnène. Le prince Démétrius, fils de Constantin, fit en France les démarches les plus actives pour obtenir justice. Des lettres patentes de Louis XVI, données à Versailles, en 1782, reconnurent l'authenticité de ses titres. Mais le malheureux prince, ballotté par les événements de cette époque, successivement reçu avec faveur par les rois de Naples et d'Espagne, puis repoussé et traité d'espion, revint en France, où il vécut avec une faible pension de 2,000 fr. que lui fit le gouvernement impérial. Le prince Georges Comnène, mort à Paris, en 1833, à l'âge de 77 ans, fut le dernier de cette illustre maison. Sa sœur donna le jour à la célèbre duchesse d'Abrantès, dont les *Mémoires* sont justement estimés.

COMORES (îles), groupe d'îles d'Afrique, dans le N. du canal de Mozambique, à 425 kil. de la côte d'Afrique. Il se compose de quatre îles : d'Angazija ou Grande-Comore, Anjouan, Mayotte, Mouhilly, et de plusieurs îlots. Elles sont montagneuses et bien arrosées. Sol fertile. Ces îles furent découvertes en 1598 par Cornélius Houtman, navigateur hollandais. En 1843, la France prit possession de Mayotte, Nossi-Bé et quelques îlots.

COMORIN (cap), cap d'Asie, à l'extrémité S. de l'Hindoustan (État de Travancore), sur l'Océan indien. Il est environné de rochers dangereux.

COMPAGNIE, réunion de personnes assemblées pour goûter ensemble les plaisirs de la société. *Dis-moi qui tu fréquentes, je te dirai qui tu es.* On conçoit, en effet, que la fréquentation de telle ou telle compagnie influe fortement sur le caractère de celui qui la fréquente ; il semble que les uns déteignent sur les autres. Dans la bonne compagnie, les esprits les plus médiocres acquièrent un certain brillant par le frottement avec les gens plus intelligents et ne trouvent qu'à y gagner.

COMPAGNIE. C'est ainsi qu'on appelle l'une des divisions actuelles du bataillon dans l'infanterie. En temps de paix, la compagnie d'infanterie est de 80 hommes, en temps de guerre, elle peut être de 120 ou de 200 hommes. La compagnie est commandée par un capitaine, qui a sous ses ordres un lieutenant et un sous-lieutenant, des sous-officiers et des caporaux.

COMPAGNIES DE COMMERCE. Ces compagnies sont généralement formées pour exploiter le commerce extérieur ; la fortune d'un seul serait insuffisante pour de telles entreprises ; mais l'accumulation des petits capitaux permet de former des masses pour entreprendre les plus vastes opérations. Les placements dans les compagnies de cette nature sont généralement productifs ; car il est reconnu, dans le commerce, *que la victoire doit rester aux gros capitaux*. Elles se constituent généralement en sociétés anonymes. Avant d'atteindre le développement qu'elles ont acquis de nos jours, les compagnies commerciales ont passé par des phases diverses. La plus ancienne compagnie française est celle de *Saint-Christophe*, autorisée par Louis XIII, en 1626, pour l'exploitation du Nouveau-Monde. Cette compagnie parvint à un haut degré de prospérité, et occupa bientôt la Guadeloupe, la Martinique, Saint-Barthélemy et Sainte-Croix. Cependant la rapacité des gérants et leurs exactions contre les malheureux habitants les jeta dans les bras des Hollandais et ruina la compagnie. En 1628, la *Compagnie de la Nouvelle-France* reçut la concession du Canada. La concurrence des Hollandais ruina encore cette compagnie. La *Compagnie des Indes orientales* obtint, en 1642, un privilége de 10 années. Les désordres politiques paralysèrent les efforts de cette société. La *Compagnie de Cayenne*, formée en 1651, échoua par suite de la rivalité de ceux qui conduisaient l'expédition. La *Compagnie des Indes occidentales* et la seconde *Compagnie des Indes orientales* échouèrent par suite de l'infidélité des agents ou de l'insalubrité du sol. Ces deux compagnies furent fondées en 1664. Depuis longtemps la Compagnie des Indes orientales n'existait plus que de nom, quand elle fut réunie à celle des Indes occidentales, en 1719, sous le nom de *Compagnie des Indes*. Alors, suivant l'expression de Voltaire : « Toutes les finances de l'État dépendaient d'une compagnie de commerce. » Law dirigeait cette immense entreprise qui succomba avec lui. Necker entreprit de la régénérer. Cette compagnie reçut un coup mortel quand l'Assemblée constituante décréta, le 3 avril 1790, « que le commerce de l'Inde au delà du cap de Bonne-Espérance était libre pour tous les Français. » Ce décret mit fin aux monopoles privilégiés. Pendant la Révolution, la Convention supprima toutes les compagnies financières. La loi du 30 brumaire an IV rétablit les associations commerciales. Sous l'Empire, les *Compagnies d'assurances terrestres et maritimes* prirent un certain développement. On vit aussi les *Compagnies d'assurances contre la mortalité des bestiaux*, celles *contre les chances du recrutement militaire*, celles entreprises pour la canalisation de divers bassins, les *Compagnies houillères et minières*, et enfin les *Compagnies des Chemins de fer*, qui ont pris un développement inouï. Parmi les principales compagnies étrangères, il faut citer la *Compagnie des Indes orientales*, fondée en Hollande en 1594, et celle *des Indes occidentales*, fondée dans le même pays en 1621. Parmi les compagnies anglaises, nous trouvons : la *Compagnie de Hambourg* (1406), la *Compagnie de Moscovie* (1566), la *Compagnie du Nord* (1579), la *Compagnie du Levant*, la *Compagnie d'Afrique* (1661), la *Compagnie de la baie d'Hudson* (1670). La plus célèbre des compagnies anglaises est celle des *Indes*, fondée en 1599, reconstituée en 1698 avec un capital de 30,000 liv. sterl. seulement. Elle parvint au plus haut degré de puissance, et posséda presque tout l'Hindoustan et l'Indo-Chine. L'insurrection terrible qui éclata en 1857 entraîna la dissolution de cette compagnie. On cite encore en Danemark : la *Compagnie du Nord* (1647), la *Compagnie d'Islande* (même année), la *Compagnie des Indes orientales* ; en Suède, la *Compagnie des Grandes Indes*, fondée sous Christine ; en Russie, la *Compagnie impériale russo-américaine* (1799).

COMPAGNIES DE JÉHU OU DU SOLEIL. C'est le nom que prirent des bandes contre-révolutionnaires que l'on vit se former dans le midi de la France, et surtout à Lyon, après la journée du 9 thermidor. Les compagnies de Jéhu ou les contre-terroristes formaient une véritable armée, complétement organisée ; elles avaient leur discipline, leurs volontaires, leurs mercenaires et leurs enfants perdus. Se venger des terroristes par le meurtre et l'assassinat, tel était le but que ces bandes se proposaient. Le nom de Jéhu, qu'elles avaient arboré, disait assez quel était leur caractère. On se rappelle, en effet, qu'en consentant à sacrer Jéhu, le prophète Élisée lui avait imposé pour condition de punir les crimes de la maison d'Achab et de Jézabel, et d'exterminer tous les prêtres de Baal. On ne peut s'imaginer combien cette affiliation, qui avait pour principe le meurtre érigé en droit, s'étendit en peu de temps ; elle recruta des partisans, non-seulement parmi le peuple, mais encore dans la haute société. On tirait vanité de faire partie de cette association. La mode même s'en mêla. Les dames portaient de petits poignards d'or en guise d'épingles. Pour les jeunes gens, plus de jeux, plus de divertissements ; ils quittaient tout pour se rendre à une partie d'*extermination* qui leur était ordonnée ; ces beaux muscadins avaient soin, en revenant d'une de ces sanguinaires expéditions, d'avoir une tache de sang bien saillante sur un de leurs doigts. C'était une marque d'honneur qu'ils montraient avec orgueil. Les meurtres se commettaient à toute heure, de nuit comme en plein jour. Les assassinats étaient exécutés comme des jugements. « Nous vengeons nos parents, » se contentaient de répondre les contre-terroristes. Les compagnies de Jéhu durèrent près de six ans ; elles ne furent détruites qu'en 1800. Peut-être n'a-t-on jamais vu chez aucun peuple l'autorité faire place si longtemps au meurtre, et la vengeance érigée en loi.

COMPAGNIES (grandes). On appelait ainsi des bandes d'aventuriers qui, sous les divers noms de *Brabançons*, *Navarrais*, *Tard-Venus*, *Écorcheurs*, *Mulandrins*, etc., ravagèrent la France, depuis le XIIe jusqu'au XVIe siècle. Loin de voir leurs brigandages punis ou réprimés, les grandes compagnies furent appuyées par bien des princes qui les prirent à leur service. En 1173, Henri II, roi d'Angleterre, les prit à sa solde. Jean Sans-Terre les employa à la garde des provinces françaises, qui se trouvaient alors sous la domination des Anglais. Lors de la bataille de Poitiers, en 1356, où le roi Jean perdit la liberté, les deux armées se trouvaient en partie composées de ces aventuriers. Leur nombre, loin de diminuer, s'accrut toujours de plus en plus. Les grandes compagnies, comprenant la nécessité de se ménager un point de ralliement, s'emparèrent d'Ance, petite ville sur les bords de la Saône, importante par sa position, et eurent ainsi une citadelle qui augmenta leur puissance et leur permit d'étendre leurs brigandages sur toutes les parties de la France. En 1360, plusieurs de ces bandes réunies se donnèrent un capitaine qui se qualifia du nom d'*ami de Dieu et d'ennemi de tout le monde*. Rien ne put arrêter leurs dévastations ; l'excommunication du pape Innocent VI ne fit qu'exciter leurs moqueries. Ce ne fut que sous le règne de Charles V que du Guesclin trouva le moyen d'en délivrer la France. Il aborda résolûment les négociations avec leurs chefs : « Nous en avons assez fait, leur dit-il, vous et moi, pour damner nos âmes, et vous pouvez vous vanter d'avoir fait pis que moi. Ainsi faisons honneur à Dieu et le diable laissons. » Il leur fit entrevoir le plus riche butin, s'ils marchaient avec lui en Espagne. Après bien des discussions, ils consentirent à le nommer leur chef dans cette excursion. Le pape leva alors l'excommunication qui pesait sur eux, et ils marchèrent contre Pierre le Cruel. Après cette expédition, quelques-unes de ces bandes repassèrent les Pyrénées et continuèrent le cours de leurs brigandages sous le nom de *Tard-Venus* ; mais ce ne furent plus que des compagnies partielles. Henri IV, pour mettre fin à ces nouvelles dévastations, envoya à leur poursuite un corps de 5,000 hommes ; leurs chefs furent pris, condamnés à mort, et exécutés en 1608.

COMPAGNIES D'ORDONNANCE, constituées sous Charles VII, et appelées ainsi à cause de l'ordonnance de 1439 qui ordonna leur création. Ces compagnies, au nombre de 15, comprenaient chacune 100 lances garnies, c'est-à-dire 9,000 hommes. Ces troupes étaient permanentes, et remplaçaient les archers et les bandes d'aventuriers qui avaient jusqu'alors été employées dans les armées.

COMPAGNIES FRANCHES, bandes de partisans qui n'étaient pas comprises dans l'armée régulière, et qu'on employait pour dévaster un pays ou inquiéter l'ennemi. Elles furent instituées par Louis XI, et cessèrent à peu près d'être employées sous Charles VII.

COMPAGNON, facteur de la compagnie française d'Afrique au Sénégal en 1716. Il fut le premier qui pénétra dans l'intérieur du Sénégal. Il se concilia l'amitié des indigènes, et put visiter les fameuses mines d'or de Tamba-Aoura et de Netteko dans le Bambouka. Il publia la relation de son voyage dans l'*Histoire générale des voya-*

ges, de l'abbé Prévost, avec une carte du Sénégal. Il fit trois voyages dans ce pays en 18 mois; il mourut vers 1750.

COMPAGNONNAGE, COMPAGNON. Le nom de compagnon est usité pour désigner l'ouvrier qui, ayant terminé son apprentissage, travaille chez un maître à la journée ou à façon. Ce mot reçoit aussi une acception plus spéciale; il désigne l'ouvrier affilié à l'une de ces associations du corps de métier auquel il appartient. L'origine du compagnonnage, quoique incertaine, paraît fort ancienne. Agricol Perdiguier, dans son livre du *Compagnonnage*, reconnaît comme les trois fondateurs de ces associations, Salomon, Jacques Molay et le père Soubise. Suivant les traditions conservées parmi les ouvriers, le compagnonnage remonterait à la fondation du temple de Salomon. Autrefois il y avait trois sociétés de compagnonnage, qui comprenaient presque tous les corps de métiers, et qui se rattachaient à l'un des trois fondateurs. Chacune avait sa bannière, ses insignes et son *devoir*, c'est-à-dire son code où étaient renfermées les doctrines de l'association. Les compagnons de Salomon ont seuls subsisté. On a vu ainsi disparaître ces scènes affligeantes, ces rixes sanglantes, entre des associations rivales animées par la jalousie, et qui n'étaient souvent divisées que pour le port exclusif de quelques insignes. Aujourd'hui le compagnonnage n'a plus d'autre objet que d'assurer le bien-être de l'ouvrier, en l'aidant à trouver de l'ouvrage, et en le secourant dans les temps de crise et de chômage. Il y a dans chaque ville une *mère des compagnons*, chez qui les ouvriers trouvent même à crédit le logement et la nourriture et où les maîtres viennent les embaucher. Le compagnonage est placé sous la surveillance d'une autorité qui a édicté des règlements relatifs aux insignes. Autrefois sous le régime des maîtrises et jurandes, le compagnonnage était le second degré du noviciat pour parvenir à la maîtrise. On passait maître au bout de cinq ans, à la condition de produire un chef-d'œuvre. Il y avait alors diverses associations sous le nom de *bons enfants*, *sans-gêne*, *gavots*, *droguins du devoir*, *dévorants*, *passés* et *gorets*.

COMPARAISON. C'est l'action de comparer, de rechercher, d'établir les ressemblances ou les différences qui peuvent exister entre deux personnes ou deux choses.

COMPARSES. Voyez-vous ces groupes de soldats ou de peuple qui remplissent au théâtre les côtés ou le fond de la scène? Ce sont ce qu'on appelle des *comparses*. Les hommes ou les femmes qui forment ces groupes sont aussi muets que les décorations; car jamais ils ne parlent. Ce qui les distingue des figurants, c'est qu'ils ne sont loués et payés que pour certaines représentations à grand spectacle et à combats à outrance. Autrefois c'était parmi les troupes de la garnison que les directeurs de théâtres allaient recruter leurs *comparses*.

COMPARTIMENT. Assemblage de plusieurs figures, de plusieurs choses symétriquement disposées. On entend aussi par là les cases, les divisions d'un damier, d'un tiroir, etc.

COMPAS. Qui ne connaît cet instrument composé de deux branches et s'ouvrant à charnière? Veut-on décrire des cercles ou mesurer des lignes? C'est le compas qu'on emploie. L'invention du compas remonte au temps de l'antiquité. Les poëtes grecs l'attribuent à Talaüs, neveu de Dédale.

COMPASSION. Sentiment de pitié, de commisération, mouvement de l'âme qui rend sensible aux maux d'autrui. « La compassion dont on accompagne l'aumône, dit Fléchier, est un don plus grand que l'aumône même. »

COMPASSION DE LA SAINTE VIERGE. Fête qui se célèbre dans l'Église romaine le vendredi de la semaine de la Passion en mémoire des douleurs de la mère du Christ.

COMPATIBILITÉ. Rapports de qualités qui peuvent s'accorder, s'unir, s'harmoniser. Il se dit surtout du caractère, de l'humeur, de l'esprit.

COMPATRIOTE. Se dit de celui ou de celle qui est de la même patrie, du même pays qu'une autre personne. J.-J. Rousseau a dit avec raison : « Tes compatriotes te protégèrent enfant, tu dois les aimer étant homme, » car avec quel plaisir ne rencontre-t-on pas un compatriote après une longue absence ou quand on se trouve dans un pays lointain, ou sur la terre d'exil!

COMPENDIUM. Ce mot latin s'emploie comme synonyme d'*abrégé*, *sommaire*, *épitome*, et l'on entend généralement par *compendium* un abrégé de diverses branches de la philosophie classique ou d'un traité complet de cette philosophie.

COMPENSATION, exprime l'indication d'une chose qui tient lieu d'une autre quant aux effets ou quant au prix et à la valeur. Ainsi la gaieté est une compensation de la pauvreté.

COMPENSATION, c'est en droit un des modes d'extinction des obligations. Elle a lieu dit la loi, lorsque deux personnes se trouvent mutuellement débitrices l'une envers l'autre. Il s'opère alors une extinction des deux dettes réciproquement jusqu'à due concurrence. La compensation peut être ordonnée en justice, et produit son effet du jour où les deux dettes se sont trouvées exister à la fois. La compensation n'a lieu que lorsqu'il y a identité d'objet des deux dettes; il faut, en outre, qu'elles soient liquides, c'est-à-dire parfaitement constantes et non litigieuses, exigibles, et enfin qu'elles soient personnelles aux parties par qui ou contre qui la compensation est demandée.

COMPÈRE, COMMÈRE. C'est le nom qu'on donne à celui ou à celle qui tient un enfant sur les fonts baptismaux. Le compère contracte avec le père et la mère de l'enfant, aux yeux de l'Église, une alliance spirituelle qui est un empêchement dirimant du mariage; aussi l'Église ne le permet-elle aujourd'hui qu'avec dispense.

COMPERENDINATIO. C'était, chez les romains, une sorte d'assignation signifiée au défendeur trois jours avant la comparution devant le préteur; celui-ci délivrait la formule énonçant la question litigieuse à résoudre.

COMPÉTENCE. Ce mot exprime le droit qu'un tribunal a de connaître d'une certaine cause; c'est la mesure de la juridiction. La compétence de chaque tribunal est déterminée par la loi. Ainsi le tribunal civil ne saurait empiéter sur les attributions d'un tribunal correctionnel ou réciproquement. Les jurisconsultes distinguent la compétence à raison de la matière, et la compétence à raison de la personne. La compétence à raison de la matière se détermine par la nature du procès, qui peut être civil, correctionnel, criminel, administratif, de simple police, ou commercial. La compétence à raison de la personne se détermine, pour les actions civiles purement mobilières, par le lieu du domicile du défendeur; s'il y a plusieurs défendeurs, le demandeur les assigne tous au domicile de l'un d'eux, et pour les actions immobilières, par le lieu où est situé l'immeuble litigieux. En matière correctionnelle ou criminelle, la compétence est déterminée par le lieu où s'est accompli le délit ou le crime.

COMPIÈGNE, sous-préf. du départ. de l'Oise, à 52 kil. de Beauvais. Pop. 9,500 hab. Tribunal de 1re instance et de commerce, collége, bibliothèque. Fabrique de toiles de chanvre, de cordages, saboterie, boissellerie, bonneterie, construction de bateaux. Commerce de bois, chanvre, grains. Entrepôt de charbon de terre. Magnifique château impérial, l'un des plus beaux de France, construit sous Louis XIV, Louis XV et Louis XVI et restauré sous Napoléon Ier; parc. La forêt qui dépend du château a environ 15,000 hect. de superficie et 88 kil. de tour. On y compte 338 routes, d'un développement total de 3,520 kil., 200 carrefours, 318 ponts, 13 mares, 8 étangs, et 11 fontaines. Le fonds est estimé à 17 millions de francs et les bois à 32 millions. On y remarque le célèbre château de Pierrefonds et une voie romaine, dite chaussée de Brunehaut. On cite, parmi les édifices et constructions de Compiègne, l'église et l'ancienne abbaye de Saint-Corneille, fondées par Charles le Chauve, lieu de sépulture de plusieurs rois de la 2e race; l'hôtel de ville gothique, qui remonte à Charles VI; le pont Neuf, bâti sous Louis XV. Cette ville fut souvent la résidence des rois carlovingiens et le siége de plusieurs conciles, dans l'un desquels (833) fut déposé Louis le Débonnaire. Ce fut pendant le siége de cette ville que Jeanne d'Arc tomba au pouvoir des Bourguignons. Plusieurs traités y furent signés, l'un entre la France et la Hollande en 1634, l'autre en 1768, par lequel Gênes cédait la Corse à la France. Napoléon Ier s'y maria avec Marie-Louise, et le roi des Belges avec la fille de Louis-Philippe.

COMPILATEUR. On donne ce nom à l'auteur qui va puiser ses idées dans les compositions de ceux qui l'ont précédé, sans donner à ces idées un caractère nouveau et sans rien imaginer par lui-même. La Bruyère a dit d'eux : « Comme les compilateurs ne pensent point, ils rapportent ce que les autres ont pensé et se déterminent plutôt à recueillir beaucoup de choses que d'excellentes. » Voltaire dit de l'abbé Trublet :

Il compilait, compilait, compilait,
Trois mois entiers ensemble nous passâmes,
Lûmes beaucoup, et rien n'imaginâmes.

COMPITALES, fêtes en l'honneur des dieux Lares ou Pénates, et de Mania ou la Folie, mère des Lares. Les Romains les célébraient dans les carrefours; les affranchis et les esclaves étaient les ministres de ces fêtes; ces derniers jouissaient de la liberté pendant la solennité.

COMPLAINTE. La complainte est une espèce de chanson qui constitue un poëme populaire. Elle forme un drame tantôt réel, tantôt imaginaire. Elle s'embarrasse assez peu de l'esprit et de l'élégance du style; une certaine naïveté lui convient. Autrefois la complainte racontait les légendes religieuses. Nous avons comme modèle du genre, l'interminable complainte de *Geneviève de Brabant*, et celle du *Juif Errant*. Mais la complainte se meurt avec la civilisation. Aujourd'hui, elle ne sert plus qu'à peindre les lamentations burlesques sur le sort des grands criminels. Les quiproquo, les équivoques dont sont bourrées les complaintes, et surtout cette ingénuité de style empruntée aux anciennes complaintes, font quelquefois de ces compositions de véritables chefs-d'œuvre en ce genre. C'est en ces termes que la complainte nous fait connaître Fieschi :

Ce Fieschi était un Corse,
Ile au milieu de la mer.
Et Pépin, son complice,
Épicier droguiste et coupable.

N'avons-nous pas eu récemment la complainte de Dumolard :

La plus mauvaise graine de l'Ain.

COMPLAINTE, mot synonyme d'action possessoire, sert spécialement à qualifier l'action par laquelle une personne, troublée dans la possession annale d'un immeuble, demande à y être maintenue.

COMPLAISANCE, facilité de caractère qui porte à se conformer aux sentiments, aux volontés et aux caprices d'autrui.

> Ce n'est que par la complaisance
> Qu'on se fait et qu'on garde au monde des amis.
> (LENOBLE.)

COMPLAISANCE (billets de). On entend par billets de complaisance les billets à ordre souscrits par une personne au profit d'une autre, par lesquels le souscripteur se reconnaît fictivement débiteur de certaines sommes. Ce procédé, trop souvent frauduleux, est presque toujours réciproque entre deux commerçants qui trouvent ainsi un moyen commode de fonder leur crédit. Quelquefois, au lieu de billets à ordre, ce sont des traites acceptées. Lorsque la faillite, qui est la conséquence inévitable de telles manœuvres, vient à les révéler, les tribunaux appliquent les peines édictées contre les banqueroutiers simples.

COMPLICE, nom donné à celui qui participe à un fait coupable dont un autre est l'auteur. La loi romaine mettait sur la même ligne les auteurs et les complices, et les frappait de la même peine. Celui qui avait été témoin du crime et ne l'avait pas empêché, ou qui avait favorisé la fuite du coupable, était considéré comme complice. On considère comme complices non-seulement ceux qui ont aidé ou assisté dans les préparatifs du crime ou délit, par exemple en fournissant les armes, le poison, les instruments nécessaires pour commettre le crime, en prêtant leur maison, en indiquant la demeure de la victime ou en la retenant jusqu'à l'arrivée de l'auteur principal, mais encore ceux qui fournissent les instructions pour perpétrer le crime. Le recèlement des coupables, le recel du cadavre, des instruments ou des objets enlevés, ou le partage des produits du crime constituent des crimes qui entraînent des règles spéciales. La participation purement négative de celui qui, pouvant empêcher un crime ou le révéler, ne l'a pas fait, constitue un acte blâmable, mais non la complicité.

COMPLIES. C'est la prière du soir, la dernière partie de l'office canonial dans l'Église latine. Cette prière se dit après vêpres. On commence les *complies* par une courte leçon tirée de l'Écriture; ensuite, on récite trois psaumes sous une seule antienne, une hymne, un capitule, et un répons bref, le cantique de Siméon, etc. Chez les Grecs, il n'y a point de *complies*; les vêpres terminent l'office du jour.

COMPLIMENT. On entend par là des paroles gracieuses, polies, obligeantes, flatteuses, par lesquelles on témoigne à quelqu'un l'affection que l'on prend à ce qui lui arrive d'agréable ou de fâcheux. Les compliments ne sont pas rares; on en donne à qui en veut, c'est Marivaux qui l'a dit.

COMPLOT. On appelle ainsi une conspiration ayant pour but d'attenter à la vie ou à la personne du souverain ou des membres de sa famille, de détruire ou de changer la forme du gouvernement ou l'ordre de successibilité au trône, d'exciter les citoyens à s'armer contre l'autorité, de fomenter la guerre civile en armant ou en portant les citoyens à s'armer les uns contre les autres; ou, enfin, de porter la dévastation, le massacre et le pillage dans une ou plusieurs communes. Le complot diffère de l'attentat en ce que celui-ci suppose un commencement d'exécution. Ce qui distingue le complot des autres crimes, c'est que le crime n'est punissable que s'il a été suivi d'un commencement d'exécution, tandis que le complot entraîne une pénalité par cela seul que la résolution d'agir a été arrêtée. Cette différence, qui est expliquée par la grandeur du péril qui menace alors la société entière, a paru justifiée par cette autre raison que le succès rendrait la punition impossible. Le code pénal de 1791 punissait de la peine de mort les complots et attentats contre la personne du souverain, du régent ou de l'héritier présomptif du trône. Depuis, le législateur a établi une distinction entre le complot et l'attentat. Le simple complot contre le souverain entraîne la peine de la déportation; le complot qui a pour objet d'exciter la guerre civile est puni de la même peine, s'il a été suivi d'un commencement d'exécution ou de préparation; dans le cas contraire, il n'est puni que de la détention. Les complots contre le souverain et contre la sûreté extérieure de l'État ne sont plus de la compétence des cours d'assises; la connaissance en est attribuée à la haute cour de justice. C'est par exception que la cour d'assises de la Seine a connu des différents crimes tentés contre l'Empereur.

COMPLUVIUM. On appelle ainsi un petit bassin carré, rempli d'eau vive, au centre d'un *atrium*, chez les anciens Romains. Il servait à entretenir la fraîcheur dans ce lieu.

COMPONCTION, sentiment d'humilité de l'homme qui témoigne de son abaissement devant la divinité qu'il implore.

COMPOSÉ, réunion de divers corps simples qui forment, par leur mélange intime et leur agrégation moléculaire, un corps qu'on appelle composé. Ainsi l'acier est composé de fer et de carbone.

COMPOSITEUR. C'est, en musique, celui qui compose, qui invente de la musique. En Italie, il s'appelle *maestro*, maître. Parmi les plus célèbres compositeurs ou maîtres de musique, on peut citer Pasiello, Paer, Chérubini, Rossini, Beethoven, Weber, Meyerbeer, etc.

COMPOSITEUR. Dans la typographie, c'est l'ouvrier qui *compose*, c'est-à-dire qui prend un à un les divers caractères dans les cassetins placés devant lui et les range sur le *composteur*. C'est l'assemblage de ces divers caractères qui donne les planches ou formes destinées à l'impression.

COMPOSITION. (*Voir* WEHRGELD.)

COMPOSITION. En musique, c'est l'art d'inventer et d'écrire de la musique suivant certaines règles dictées par le goût et les ouvrages des grands maîtres. Les diverses branches de la composition comprennent non-seulement l'étude de la mélodie, de l'harmonie, du contre-point et de la fugue, mais encore la connaissance des effets de voix et des instruments, et aussi et surtout l'application de toutes ces choses aux divers emplois de la musique. Il y a tous les ans un concours de composition musicale à l'Institut impérial de France, devant l'Académie des beaux-arts.

COMPOSITION. Ce mot est employé, dans le langage artistique, pour exprimer l'art de disposer les figures et les groupes d'un ouvrage de peinture, de sculpture, de dessin ou d'architecture. Il ne suffit pas de combiner harmonieusement les différentes parties d'un ouvrage, il faut encore que les figures soient prises dans la nature, et qu'elles expriment d'une manière frappante les sentiments et les passions qui justifient le sujet choisi par l'artiste. On conçoit, par suite, combien la composition historique exige d'étude et, souvent, d'observation profonde. Les connaissances anatomiques sont aussi nécessaires à l'artiste. Le mérite de la composition s'apprécie indépendamment de celui du coloris et du dessin.

COMPOSITION TYPOGRAPHIQUE. On désigne ainsi l'art de disposer les caractères typographiques placés dans des *cassetins*, de manière à reproduire fidèlement le manuscrit de l'auteur, appelé *copie*.

COMPOSTELLA, ville du Mexique (Xalisko), à 162 kil. de Guadalaxara. Mines d'argent. Cette ville fut fondée en 1531.

COMPOSTELLE (saint Jacques de). (*Voir* SANTIAGO.)

COMPS, ch.-l. de cant. de l'arrond. de Draguignan (Var), à 18 kil. de cette ville. Pop. 858 hab.

COMPRESSIBILITÉ, propriété des corps dont le volume est susceptible d'être diminué par l'action d'une force qui, s'exerçant extérieurement et perpendiculairement à leur surface, comble les pores qui existent dans leur intérieur.

COMPRESSION, indique l'action de deux ou plusieurs agents qui agissent simultanément sur un corps pour en diminuer le volume. Ainsi, on emploie dans l'industrie des machines de compression.

COMPROMIS. On appelle ainsi la convention par laquelle deux ou plusieurs personnes s'engagent à soumettre à un ou plusieurs arbitres le jugement des contestations qui les divisent.

COMPTABILITÉ. On entend par ce mot l'ensemble des règles relatives à la tenue des comptes. La loi prescrit aux commerçants la tenue d'une comptabilité régulière. Elle consiste à inscrire jour par jour toutes les opérations sur un livre ou journal. Le commerçant doit aussi tenir un livre des inventaires.

COMPTABILITÉ PUBLIQUE. C'est l'ensemble des règles relatives à l'administration des finances de l'État. C'est seulement sous la Révolution que les règles de la comptabilité furent définitivement établies. Sous l'ancienne monarchie, les rigueurs déployées de temps en temps contre les receveurs généraux ne faisaient qu'attester le désordre qui régnait dans l'administration des finances. En 1791, les chambres des comptes furent remplacées par une *commission de comptabilité nationale*. Après le 18 brumaire, Bonaparte rétablit les recettes générales, en exigeant des cautionnements. Ce fut seulement en 1814 que l'usage s'établit de publier, chaque année, un exposé sommaire de la situation des finances. Les ministres durent présenter, à chaque session, les comptes de leurs opérations pendant l'année précédente. La législature réglait chaque exercice par une loi spéciale, avant d'établir le budget de l'année précédente. La cour des comptes facilitait ces opérations en apurant les comptes sur pièces justificatives. Dans l'établissement du budget, il est laissé aux ministres une certaine latitude dans l'imputation des crédits. Le budget se divise en deux parties, celle des recettes et celle des dépenses. Le budget des recettes est unique pour tous les départements ministériels. L'origine de toutes les recettes est spécifiée; le budget des dépenses est établi par ministère; le budget de chaque ministère est divisé en un certain nombre de *chapitres* se rapportant chacun à des services de la même nature. Les chapitres se subdivisent à leur tour en *articles*. Les sommes allouées en dépense se nomment *crédits*. Si ceux qui ont été accordés par le vote du budget, et qu'on appelle *ordinaires*, sont insuffisants, les Chambres peuvent ouvrir des crédits supplémentaires. Ces crédits sont votés par articles. Si les événements imprévus nécessitent des dépenses, des lois spéciales ouvrent des crédits *extraordinaires*. Les crédits supplémentaires sont ouverts sur un simple décret. Les budgets ne sont définitivement réglés qu'au bout de deux ans; ce délai constitue un *exercice*. La comptabilité publique est tenue en partie double. Les receveurs généraux adressent, tous les dix jours, au trésor, une copie de leur livre-journal, et, tous les mois, la balance de leur grand-livre, avec les pièces justificatives. Aucune dépense faite pour le compte de l'État ne peut être acquittée si elle n'a été préalablement ordonnancée par le ministre. Il existe au ministère des finances une *direction de la comptabilité géné-*

rale, où les recettes et les dépenses sont portées sur un *livre-journal*, sur un *grand-livre* et sur divers *livres auxiliaires*.

COMPTABILITÉ MILITAIRE. Le décret du 24 septembre 1791 établit des payeurs généraux de la guerre et de la marine. Les payeurs des divisions militaires furent créés par un arrêté de l'an VIII, et remplacés en 1829 par des payeurs départementaux et des payeurs d'armée chargés du payement des dépenses des armées actives. Les fonds nécessaires sont remis aux payeurs au fur et à mesure des besoins du service, par les receveurs généraux et par le caissier central du trésor. Il existe à Paris un payeur central.

COMPTE. Énumération et calcul des créances et des dettes, dont la balance se solde en constituant l'une des personnes entre lesquelles le compte s'établit débitrice de l'autre.

COMPTE (apurement de), reddition finale d'un compte et vérification. L'apurement de compte devient définitif par la signature des parties qui approuvent un règlement.

COMPTE COURANT, crédit ouvert par un commerçant à un autre commerçant pour les diverses affaires qui font l'objet de leur commerce. Les comptes courants se règlent entre les parties aux époques qu'il plaît à l'une ou à l'autre de déterminer.

COMPTE DE RETOUR. On appelle ainsi le compte qui accompagne la lettre de change nommée *retraite*, qui est tirée par le porteur d'une lettre de change protestée, pour se faire rembourser, sur le tireur ou l'un des endosseurs, du principal de cette dernière, de ses frais et du nouveau change qu'il paye.

COMPTE RENDU DE NECKER. On appelle ainsi l'état des recettes et dépenses que Necker fit paraître en 1781. C'est le premier exemple qu'on trouve dans l'histoire de la publicité donnée au budget de l'État. Le ministre novateur révéla un effrayant déficit; les dilapidations furent mises à découvert; mais les plaintes des receveurs généraux, appuyées par les courtisans, entraînèrent la disgrâce de Necker. Napoléon Ier, quand il institua le système financier qui nous régit aujourd'hui, fit appel aux hommes expérimentés qui avaient travaillé dans les bureaux de l'ancien ministre.

COMPTES (chambre ou cour des). L'institution de la cour des comptes aujourd'hui établie a emprunté son origine aux anciennes chambres des comptes (*Voir* CHAMBRES DES COMPTES). Ces chambres connaissaient en dernier ressort de l'administration des finances, de la conservation du domaine de la couronne, et des droits régaliens; elles réglaient la forme des comptes, arrêtaient les recettes et poursuivaient les crimes de faux, de concussion et de dilapidation. L'Assemblée constituante remplaça ces chambres par un bureau central de comptabilité, composé de 30 membres et chargé de reviser les comptes antérieurs, remontant à moins de 30 ans. Napoléon institua la cour des comptes par la loi du 16 septembre 1807. Cette cour se compose d'un premier président, 3 présidents, 18 conseillers maîtres, 80 conseillers référendaires et un procureur général, tous inamovibles. Les référendaires sont chargés des rapports, mais ils n'ont pas voix délibérative. La cour des comptes prend rang immédiatement après la cour de cassation.

COMPTEUR. Instrument de précision destiné à indiquer le nombre de révolutions accomplies par une machine en un temps donné. On a donné ce nom à des horloges astronomiques destinées à évaluer les fractions de seconde. On a imaginé des compteurs à gaz et des compteurs à eau qui indiquent la quantité de gaz ou d'eau qui s'est échappée par un conduit dans un temps donné, et qui indique ainsi la mesure de la consommation.

COMPTOIR. C'est, dans le commerce, le nom donné à la table sur laquelle se font les comptes et les payements. On applique aussi ce mot à certains établissements commerciaux spécialement destinés au commerce d'un peuple à l'étranger. (*Voir* FACTORERIE.)

COMPTOIRS D'ESCOMPTE. Institutions de crédit établies avec le concours de souscripteurs, et destinées à venir en aide au commerce et à l'industrie en faisant des avances de fonds sur dépôt de titres, de valeurs commerciales ou de marchandises. Ces comptoirs furent établis après février 1848 pour venir en aide au petit commerce; ils devaient être formés dans toutes les localités où le besoin s'en serait fait sentir. Le capital devait être formé de la manière suivante: un tiers en argent par les associés souscripteurs; un tiers en obligations par les villes; un tiers en bons du trésor par l'État. Paris donna l'exemple en créant un comptoir dont le capital fut fixé à 20 millions. Les opérations du comptoir consistaient dans l'escompte des effets de commerce sur Paris et les départements. On n'admettait à l'escompte que les effets de commerce revêtus de deux signatures au moins, et dont les échéances ne dépassaient pas 105 jours pour le papier sur Paris, et 60 jours pour le papier sur les départements. Le directeur et le sous-directeur étaient nommés par le ministre des finances, et le conseil d'administration par les actionnaires. L'exemple de Paris fut imité par les principales villes de France, et l'on vit successivement s'ouvrir des comptoirs à Rennes, à Poitiers, à Nancy, à Bordeaux, à Rouen, à Rethel, à Saint-Lô, à Vire, à Châlons-sur-Saône, à Sainte-Marie-aux-Mines et à Metz. Le gouvernement provisoire mit à la disposition du ministre des finances une somme de 60 millions pour être répartie entre les divers comptoirs. On compléta l'institution des comptoirs d'escompte par celle des sous-comptoirs de garantie, destinés à servir d'intermédiaires entre l'industrie, le commerce et l'agriculture d'une part, et les comptoirs d'escompte de l'autre. C'est ainsi que furent créés les sous-comptoirs du commerce, des denrées coloniales, des tissus, de la mercerie, bonneterie et passementerie, des chemins de fer, des métaux. Le sous-comptoir des entrepreneurs de bâtiments reçut une organisation spéciale; il fut autorisé à prêter sur garanties mobilières et immobilières, et à escompter toutes valeurs, à deux ou plusieurs signatures, se rattachant au bâtiment. Le ministre des finances fut autorisé à prêter à ce sous-comptoir une somme de 500,000 fr. sans intérêt pendant 3 ans, et à garantir, vis-à-vis le Comptoir national et la Banque de France, les opérations du sous-comptoir jusqu'à concurrence de 4 millions et demi. Aujourd'hui les sous-comptoirs sont établis par décrets impériaux rendus sur l'avis du conseil d'État. Les sommes en comptes-courants des comptoirs et sous-comptoirs d'escompte ne sont pas susceptibles d'opposition.

COMPULSOIRE. Dans le notariat, on donne le nom de procès-verbal de compulsoire au procès-verbal de délivrance d'une seconde grosse, quand la première est perdue ou détruite. On donne aussi le nom de compulsoire à l'action intentée en justice pour se faire délivrer une expédition ou un extrait d'un acte dans lequel on n'a pas été partie, mais qu'on a un intérêt constant à connaître. La loi permet d'employer cette voie, lorsque le notaire, qui doit garder vis-à-vis des tiers le secret des actes qu'il reçoit, en refuse la communication.

COMPUT, terme de chronologie; c'est l'ensemble des règles qui ont pour objet de régler la périodicité des fêtes religieuses.

COMTAT, nom provençal qui signifie *comté*.

COMTAT-VENAISSIN, pays de l'ancienne France, dans la Provence; cap. Carpentras; villes princ.: Vaison, Cavaillon et Venasque. Sup. 180,817 hect. avec le comtat d'Avignon, compris aujourd'hui dans le département de Vaucluse. Pendant la guerre des Albigeois, ce pays fut enlevé aux comtes de Toulouse, et fut réclamé par les papes. En 1273, Philippe le concéda à Grégoire X. Depuis cette époque jusqu'en 1791, les papes l'ont possédé.

COMTE, titre de noblesse au-dessus des titres de baron et de vicomte. Chez les Romains, on donnait le nom de *comites*, à ceux qui occupaient divers emplois auprès de l'empereur ou dans le gouvernement des provinces de l'empire. Les Francs empruntèrent aux Romains les titres de *comtes* et de *ducs* qu'ils réservaient spécialement aux gouverneurs des villes; ces deux titres étaient alors équivalents. Le comte exerçait la juridiction, excepté dans les causes majeures, dont la connaissance était réservée au roi. Les assises que tenait le comte étaient appelées *plaids des hommes libres*. Le comte était assisté de 12 juges, choisis parmi les notables. Leurs décisions étaient sans appel. Les comtes étaient de véritables souverains, réunissant les pouvoirs civils et militaires; ils devaient cependant foi et hommage au suzerain. Sous le règne de Charles le Chauve, le titre de comte devint héréditaire. Les fils de ducs prenaient la qualité de comte. La Révolution abolit ce titre de noblesse; mais il fut rétabli par Napoléon en 1808.

COMTE (Monsieur le); cette qualification fut prise pour la première fois par le comte de Soissons, fils de Louis de Condé, au milieu du XVIIe siècle; elle était employée non comme une acception nobiliaire, mais comme un véritable nom.

COMTE PALATIN. (*Voir* PALATIN.)

COMTE (François-Charles-Louis), publiciste français, né à Sainte-Eminie (Lozère) en 1782, mort à Paris en 1837. Après ses études de droit, il s'associa avec ardeur aux principes constitutionnels rendus à la France, et, voulant les défendre par la plume, fonda son recueil le *Censeur*. Au retour de l'île d'Elbe, Comte, sans s'effrayer, publia un opuscule intitulé: *De l'impossibilité d'obtenir une monarchie constitutionnelle sous un chef militaire, et particulièrement sous Napoléon*. Comte fut appelé par le ministre de la police, qui, le louant sur son courage, lui offrit la direction du *Moniteur* sans caractère officiel. Le publiciste refusa et continua le *Censeur*. De nouvelles offres lui furent faites, il y opposa de nouveaux refus; et il est remarquable que les poursuites commencées contre lui furent abandonnées. Sous la seconde Restauration, Comte et Dunoyer, son collaborateur, firent une vive opposition aux mesures réactionnaires des ultra-royalistes. Ils eurent à supporter des saisies, des procès, des amendes, des emprisonnements; mais, toujours fermes, ils transformèrent leur *Censeur* en journal quotidien (le 15 juin 1819), et, l'année suivante, le réunirent au *Courrier français*. Condamné à 2 ans de prison et 2,000 fr. d'amende, comme coupable d'attaques contre l'autorité royale, Comte se réfugia en Suisse, où on le nomma professeur de droit naturel. Il ne jouit pas longtemps de ses succès et de cette hospitalité. Le ministre de France ayant réclamé son expulsion, l'écrivain se retira en Angleterre. Au bout de 18 mois, il put revenir dans son pays, où il obtint de l'Académie des sciences morales et politiques un prix Montyon pour son *Traité de législation*. En 1831, cette Académie l'appela dans son sein; la même année, le collège de Maimers l'envoya à la Chambre des députés, où il siégea sur les bancs de l'opposition. Comte a laissé de nombreux et utiles ouvrages. Il avait épousé la fille du célèbre économiste J.-B. Say.

COMTÉ. C'est ainsi qu'on appelle l'étendue de pays soumis à la juridiction d'un comte. A l'avénement de Hugues Capet, en 987, il y avait en France 46 comtés, dont 3 furent érigés en duchés dans la suite.

COMTÉ-PAIRIE. Ce titre était conféré à un grand nombre de domaines dont les titulaires étaient à la fois comtes et pairs. L'archevêché de Lyon, les évêchés de Beauvais, Noyon et Châlons-sur-Marne constituaient des comtés-pairies.

COMUS, dieu de la joie et de la bonne chère dans la mythologie grecque ; du mot *Kômos*, luxe, festin, débauche. Lorsque chez les anciens un mariage était célébré, on ne manquait jamais de placer une statue de Comus à l'entrée de l'appartement des nouveaux époux, et l'usage voulait que l'on entourât le piédestal de guirlandes de fleurs. Les disciples de ce dieu couraient, la nuit, masqués, à la lueur des flambeaux, accompagnés d'esclaves qui dansaient et chantaient en tenant des instruments. Ils allaient ainsi, par troupe, de maison en maison. Comus était représenté chargé d'embonpoint, le front couronné de roses, la face bouffie et enluminée, ayant un flambeau à la main droite, et appuyant la gauche sur un porc, son digne acolyte.

CONAN (Mériadec), prince breton qui vivait au Ve siècle. Selon plusieurs historiens, il accompagna le tyran Maxence lorsque celui-ci passa de l'île de Bretagne en Gaule. Pour reconnaître ses services, Maxime lui conféra l'autorité pleine et entière sur les 2e et 3e Lyonnaises, la Sénonaise et les deux Aquitaines. Après la chute de son protecteur, Conan parvint à se maintenir dans son commandement, tout en gardant sa fidélité aux Romains. L'Armorique s'étant révoltée en 409, Conan s'y rendit indépendant. Cette histoire est généralement rangée au nombre des légendes, et rien ne prouve même que Conan Mériadec ait jamais existé.

CONAN Ier, dit *le Tors*, comte de Bretagne, mort en 992. — Fils du comte de Rennes Juhel Béranger, Conan eut d'abord à défendre son père contre les invasions des Normands. Plus tard, se trouvant en face de Hoël, héritier du comte de Nantes, Conan l'accusa de bâtardise, et revendiqua, comme seul héritier légitime de Nomenoë, la royauté universelle de la Bretagne. Une guerre s'ensuivit : Hoël y remporta des avantages marqués ; mais un assassinat débarrassa Conan de ce rival. Hoël laissait un frère, Guerech, évêque de Nantes, qui n'hésita point à endosser la cuirasse et à combattre le meurtrier. Un empoisonnement délivra encore Conan de cet ennemi ; et, enfin, le comte étendit sa souveraineté sur toute la Bretagne. Cependant il finit par succomber sous les coups de Foulques, comte d'Anjou, qu'il avait, après une guerre opiniâtre, appelé en combat singulier. Conan fut transporté et inhumé à l'abbaye du Mont-Saint-Michel, qu'il s'était plu à combler de dons.

CONAN II, duc de Bretagne, né en 1040, mort en 1066. Il n'avait que trois mois quand il hérita du trône ducal par la mort de son père Alain III. Eudes, comte de Penthièvre, son oncle, emprisonna l'enfant. Mais les seigneurs bretons se liguèrent pour délivrer Conan qui, l'année suivante, fut couronné à Rennes. Lors de la majorité de son neveu, Eudes prétendit garder le pouvoir qu'il avait exercé comme tuteur. On en vint aux mains : Eudes fut battu par Conan et fait prisonnier. Cependant le comte de Penthièvre avait des partisans, qui animèrent contre Conan le fameux Guillaume le Conquérant, qui réclama la Bretagne ; Conan réclama la Normandie comme arrière-petit-fils de Richard Ier. Une guerre, mêlée d'alternatives diverses, s'engagea, et Guillaume, que cette guerre gênait dans ses projets de conquête de l'Angleterre, se trouvait assez embarrassé, quand, à son instigation, sans doute, un des chambellans de Conan empoisonna les gants du duc et le fit ainsi périr. L'infortuné Conan n'avait que vingt-six ans ; il fut inhumé dans l'abbaye de Saint-Melaine. « C'était, dit la chronique, un prince plein d'espoir, vaillant, hardi, libéral et accord. »

CONAN III, dit *le Gros*, duc de Bretagne, 1112-1148. Ce duc a offert le spectacle curieux et rare d'un prince bien au-dessus de ses contemporains, plus libéral et plus ami du peuple que tous les nobles qui l'entouraient. Engagé d'abord comme gendre de Henri Ier, roi d'Angleterre, dans les querelles de ce souverain avec Louis le Gros, il ne tarda point à se retourner du côté de la France. Au retour de ses expéditions guerrières, il sentit l'urgence de rétablir le bon ordre dans ses Etats et de défendre le peuple contre les seigneurs qui pillaient et détroussaient comme de véritables brigands. Pour l'exemple, il fit saisir les sires de Pont-Château et de Donges, jeter l'un dans la tour de Nantes et raser le manoir de l'autre. Cette sévérité produisit une certaine impression. En outre, Conan provoqua (en 1127) la réunion à Nantes d'un concile qui régla une foule de points de droit civil. Le généreux prince y renonça aux droits de succession que ses prédécesseurs s'étaient arrogés sur la fortune de celui des deux époux qui décéderait le premier. Il voulut aussi contraindre les seigneurs riverains de la mer à abandonner le droit de *bris*, en cas de naufrage. S'ils ne voulurent l'abdiquer qu'en vertu d'une assurance payée d'avance par les marchands étrangers, du moins ce fut un grand progrès, et l'on doit ainsi à Conan III l'idée du *bref* ou *brevet de sauveté*. En défendant le peuple, Conan avait encouru la haine des seigneurs bretons, et, jusqu'à la fin de sa vie, il eut à réprimer des insurrections.

CONAN IV, dit *le Petit*, né en 1137, mort en 1171. Berthe, sa mère, fille de Co-

Vue de Dôle.

nan III, étant devenue veuve d'Alain le Noir, comte de Richemont, se remaria à Eudes II, comte de Penthièvre, qui monta ainsi sur le trône de Bretagne. Dès que le jeune Conan put faire valoir ses droits, il s'arma contre son beau-père ; mais, vaincu dans la lutte, il se réfugia auprès de Henri II, roi d'Angleterre, et en obtint du secours avec lequel il attaqua de nouveau Eudes, le vainquit et le mit en fuite. Eudes, devenu veuf à son tour, épousa Aliénor, de la maison de Léon, et forma contre Conan une ligue si puissante que le malheureux prince, hors d'état de résister, dut recourir encore au roi d'Angleterre. Cet ambitieux souverain se fit payer de ses services par l'abandon de presque tout le duché. Conan ne put se réserver que le comté de Guingamp, où il languit quelques années en butte à l'inimitié des seigneurs bretons. Il ne fut regretté que des moines, qu'il avait comblés de largesses.

Vue du donjon de Vincennes.

CONCARNEAU, ch.-l. de cant. de l'arrond. de Quimper (Finistère), à 19 kil. de cette ville. Pop. 2,060 hab. Bâti sur un îlot de la baie de la Forêt dans l'Océan atlantique. Fort, anciennes murailles ; pêches très-importantes en sardines : on l'évalue à 30,000 barils par an. Cette ville fut prise par du Guesclin en 1373, et par les ligueurs en 1577.

CONCAVE, se dit d'une surface creusée sphériquement et qu'on observe du côté qui se présente en creux. La concavité est en quelque sorte le contraire de la convexité dont les points qui se rapprochent du centre sont plus proéminents. Un verre de montre est concave ou convexe, suivant le côté qu'on observe.

CONCENTRATION. Opération chimique qui a pour résultat de rapprocher sous un moindre volume diverses solutions plus ou moins étendues. C'est ainsi que l'on *concentre* l'acide sulfurique en faisant vaporiser, au moyen de la chaleur, la plus grande quantité d'eau qu'il renferme.

CONCEPCION (la) ou la MOCHA, ville du Chili, à 400 kil. de Santiago. Popul. 14,000 hab. Ch.-l. de la province du même nom. Port à 12 kil. de cette ville, sur le Biobio. Beau climat, sol fertile. Cette ville fut fondée en 1550, par Pierre Voldivia. Les Araucans la dévastèrent en 1554, 1663, 1823 ; elle fut renversée par les tremblements de terre de 1730, 1751, 1835. La population de la province est de 122,280 hab.

CONCEPCION (baie de la), baie située sur la côte de Terre-Neuve. Port de Harbour-Grace. Pop. 4,000 hab.

CONCEPCION OU VILLA RICA DE CONCEPCION (la), ville de la république du Paraguay. Pop. 9,000 hab.

CONCEPCION DE LA VEGA-REAL (la), ville d'Haïti, au N.-E. Pop. 4,000 hab. On remarque près de cette ville les ruines de l'ancienne ville que fonda Christophe Colomb et qui fut détruite par un tremblement de terre (1564).

CONCEPCION DEL PAO (la), ville de l'État de Venezuela, à 26 kil. de Caracas (prov. de Barcelone). Commerce de bestiaux. Cette ville fut fondée en 1744.

CONCEPCION DE VERAGUA (la), ville de la Nouvelle-Grenade, à 55 kil. de Santiago de Veragua (état de Panama).

CONCEPTION, opération de l'esprit qui consiste à saisir les rapports des idées par un acte spontané, et à les combiner pour les formuler ensuite.

Ce que l'on *conçoit* bien s'énonce clairement.
Et les mots pour le dire arrivent aisément.
(BOILEAU.)

CONCEPTION DE LA SAINTE VIERGE. Fête qui est célébrée le 8 décembre dans l'Église latine, pour honorer la pureté de la conception de Marie et sa sanctification.

CONCEPTION (ordre de la), congrégation religieuse de femmes, fondée en Portugal par Béatrix de Silva. Ces religieuses suivirent d'abord la règle de Cîteaux, et adoptèrent ensuite celle de sainte Claire.

CONCERT. On sait que c'est une réunion de musiciens qui exécutent des morceaux d'ensemble, soit pour la musique vocale, soit pour la musique instrumentale. Les concerts se sont extrêmement multipliés de nos jours.

CONCERT SPIRITUEL. Concert où l'on n'exécute que de la musique sacrée. Les *concerts spirituels* furent les premiers concerts publics qu'on institua. Ils furent établis en France en 1725, par Anne Danican-Philidor. Cet établissement, qui donnait par an 24 concerts, fut ruiné par la Révolution en 1791.

CONCESSION, avantage accordé à une personne de préférence à toute autre. Ce mot s'entend aussi, en jurisprudence, de l'abandon volontaire d'un droit, et quelquefois même de l'abandon forcé d'une prétention injuste.

CONCHES, ch.-l. de cant. de l'arrond. d'Evreux (Eure), à 18 kil. de cette ville. Pop. 2,000 hab. Sources minérales au hameau de Vieux-Conches. Commerce de cuirs et de quincaillerie. Forges et fonderies. Belle forêt. Ancienne église avec de beaux vitraux. Restes d'un château fort.

CONCHYLIOLOGIE. Partie de la zoologie qui s'occupe de l'étude des mollusques à test ou coquillages. C'est aux savants travaux des Lamarck, des Blainville et des Cuvier que la classification conchyliologique doit d'avoir été soumise à une méthode naturelle. Le docteur Chenu a publié aussi la *Description de toutes les coquilles connues*, avec figures.

CONCIERGE. Ce mot désignait autrefois l'officier chargé de maintenir l'ordre dans la demeure royale. C'était une sorte de préfet du palais. Les grands seigneurs voulurent avoir leurs concierges. Ce mot est devenu depuis synonyme de portier.

CONCIERGE DU PALAIS. Sous Philippe de Valois, le concierge du Palais de justice, à Paris, fut nommé bailli ; il avait moyenne et basse justice dans l'enceinte du Palais et des quartiers adjacents. Cet office fut supprimé en 1416.

CONCIERGERIE. On désigne sous ce

nom la prison qui est renfermée dans l'enceinte du Palais de justice, à Paris, et où sont renfermés les prévenus de crimes ou délits qui doivent comparaître devant la cour d'assises ou la chambre des appels correctionnels. Cette prison est ainsi nommée parce qu'elle servait autrefois de logement au concierge du Palais, qui avait le titre de bailli.

CONCILE, réunion d'évêques et de docteurs de l'Eglise catholique, convoqués pour statuer sur des questions intéressant le maintien ou l'établissement de dogmes religieux ou de règles de discipline ecclésiastique. Les décisions des conciles se nomment *canons*. On distingue trois sortes de conciles : 1° le concile *provincial*, convoqué par l'évêque métropolitain ; les évêques de la province y sont seuls admis; 2° le concile *national*, composé de tous les évêques de la nation : le plus célèbre est celui de 1801 ; 3° le concile général ou œcuménique, composé des évêques de la catholicité. De simples prêtres et des théologiens y sont quelquefois admis ; mais ils ont seulement voix délibérative. Le premier concile fut tenu par les apôtres à Jérusalem, l'an 50 de J.-C. Il y a 18 conciles qui sont reconnus comme généraux : 1° le premier concile de Nicée (325) ; 2° le premier de Constantinople (381) ; 3° le concile d'Ephèse (431) ; 4° le concile de Chalcédoine (451) ; 5° le deuxième de Constantinople (533) ; 6° le troisième de Constantinople (680) ; 7° le deuxième de Nicée (787) ; 8° le quatrième de Constantinople (869) ; 9° le premier de Latran (1123) ; 10° le deuxième de Latran (1139) ; 11° le troisième de Latran (1179) ; 12° le quatrième de Latran (1215) ; 13° le premier de Lyon (1243) ; 14° le deuxième de Lyon (1274) ; 15° le concile de Vienne en Dauphiné (1311) ; 16° le concile de Constance (1414) ; 17° le concile de Bâle (1431) ; 18° le concile de Trente, commencé en 1545, terminé en 1563. Ce concile est le plus important de tous ; mais ses décisions ne sont pas universellement admises, notamment par l'Eglise gallicane. Les théologiens mettent généralement les décisions des conciles généraux au-dessus de celles des papes. Les conciles provinciaux ou nationaux ne peuvent être convoqués en France que quand ils ont été autorisés par le gouvernement; leurs décisions mêmes sont soumises à son contrôle. Les protestants n'admettent la légalité d'aucun concile; les grecs ne reconnaissent que les trois premiers.

CONCILIABULE. On donnait ce nom, chez les Romains, au lieu où le préteur rendait la justice dans les provinces, convoquait les plaideurs. Ce mot s'est appliqué, dans notre langue, aux réunions de schismatiques et à certaines réunions politiques illicites et considérées comme dangereuses.

CONCILIATION, action de mettre d'accord ses intérêts avec ceux des autres, ou les intérêts de certaines personnes divisées entre elles. L'esprit de conciliation ne doit pas dégénérer en indiscrétion. De là le proverbe populaire : *Il ne faut pas mettre le doigt entre l'arbre et l'écorce.*

CONCILIATION. On nomme ainsi une tentative d'arrangement que les parties sont obligées de faire devant un juge de paix, avant de former une demande judiciaire. Le préliminaire de conciliation n'est pas exigé, lorsque la question litigieuse intéresse l'Etat, les communes, les mineurs, les interdits, les femmes mariées, et généralement les personnes qui n'ont pas pouvoir de transiger. Il a été jugé également inutile, lorsqu'il y a plus de deux parties en cause.

CONCINO CONCINI, d'une ancienne maison de Florence, seigneur de Lezigni en Brie, lieutenant général pour Louis XIII en Normandie, gouverneur du château de Caen et du Pont-de-l'Arche, et maréchal de France. Il vint à Paris avec la reine Marie de Médicis en 1600. Reçu conseiller d'Etat en 1610, grâce à la faveur dont sa femme Eléonora Dori jouissait auprès de la reine, il eut une grande part aux affaires pendant la minorité de Louis XIII. Il était le maître à la cour et semblait ne pas s'inquiéter des troubles qu'il faisait naître et de la haine dont il était l'objet. Enfin le roi lui-même étant las de cet insolent favori, un ordre secret fut donné au marquis de Vitry qui le tua d'un coup de pistolet, le 24 avril 1617, au moment où le maréchal franchissait le pont-levis pour entrer au Louvre. Le corps de Concini fut enterré sans cérémonie en l'église Saint-Germain-l'Auxerrois la nuit suivante; mais le lendemain, le peuple le déterra et le traîna par les rues. — Le 8 juillet de la même année, Eléonora, victime à son tour de la haine populaire, avait la tête tranchée en place de Grève, par arrêt du parlement de Paris. Leur fils, déclaré par le même arrêt *ignoble et incapable de tenir états, offices et dignités dans le royaume*, se retira à Florence sous le nom de comte de Penna.

CONCISION, qualité du style, qui consiste dans une telle brièveté d'expression, qu'on ne puisse retrancher une proposition sans altérer aussitôt le sens.

CONCITOYEN. C'est le citoyen de la même ville, du même Etat qu'un autre. Mais, comme le dit un poète contemporain :

> L'homme n'est plus français, anglais, romain, barbare,
> Il est *concitoyen* de l'empire de Dieu.
>
> (LAMARTINE.)

CONCLAVE, assemblée des cardinaux pour l'élection d'un pape. En dehors du conclave, les cardinaux n'ont d'autre autorité que celle qu'il plaît au pape de leur donner dans l'administration des affaires de l'Eglise. Le pape les consulte sans être tenu de se soumettre à leur avis. Pendant toute la durée du conclave, et jusqu'à l'élection d'un nouveau pontife, les cardinaux se tiennent séquestrés, afin d'être inaccessibles aux influences du dehors. Le dixième jour qui suit la mort du pape, et le lendemain de ses funérailles, les cardinaux présents à Rome se réunissent pour entendre la messe du Saint-Esprit et se rendent ensuite processionnellement au conclave; il siége ordinairement au Vatican. Chaque cardinal a une cellule particulière et deux serviteurs, indépendamment des domestiques du conclave. Les gens attachés aux cardinaux sont nommés *conclavistes*; ils sont soumis à la même séquestration que les cardinaux, et pourtant cet emploi est fort recherché. L'élection a lieu à la majorité des deux tiers des voix. Il y a trois sortes d'élections : l'élection *par l'inspiration*, qui a lieu quand un cardinal, chef influent de quelque parti catholique, propose un candidat qui est aussitôt acclamé ; l'élection *par l'accès*, quand certains cardinaux abandonnent leur candidat de prédilection pour porter leurs voix sur un autre candidat qui réunit ainsi la majorité des deux tiers. L'élection *par scrutin*. Chaque bulletin de vote contient sous un pli cacheté le nom du votant. Ce cachet n'est rompu que quand le scrutin donne la majorité nécessaire. Quelquefois le conclave abandonne le choix du nouveau pape à des commissaires pris dans le sein du conclave. A la mort de Clément V, les cardinaux remirent leurs pouvoirs à Jacques d'Osset, qui se nomma lui-même. Les cardinaux italiens, afin d'assurer la nomination de celui qui favorise leur politique, apportent souvent dans l'élection une précipitation qui ne permet que rarement aux cardinaux étrangers de prendre part aux opérations du conclave. Ceux-ci n'arrivent guère que pour entendre proclamer un nom trop souvent hostile à l'esprit gallican. Il est vrai que l'établissement des chemins de fer pourra changer à l'avenir la composition du conclave.

CONCLUSIONS, résumé verbal ou par écrit des demandes, réquisitions et réclamations d'une partie, et des motifs qui établissent la justice de ses réclamations. « Les parties et leurs défenseurs, dit Denisart, ne sauraient faire trop d'attention à la réduction des conclusions, qui sont le fondement de toute la procédure. C'est souvent de conclusions bien ou mal prises que dépend le succès d'une affaire. » Les avoués ont seuls le droit de signer des conclusions pour les parties qu'ils représentent. Les conclusions sont quelquefois *verbales*; mais alors elles doivent être renouvelées par écrit et remises au greffier. Elles sont *principales* ou *subsidiaires*, c'est-à-dire qu'elles prévoient les points sur lesquels la partie doit insister dans le cas où le tribunal repousserait ses prétentions en partie; elles sont *exceptionnelles*, c'est-à-dire qu'elles invoquent une nullité résultant d'une question de forme ou *au fond*; enfin elles sont *rectificatives*, *additionnelles* ou *reconventionnelles*. Le ministère public prend aussi des conclusions dans les affaires qui doivent lui être communiquées.

CONCORD, ville des Etats-Unis (New-Hampshire), à 95 kil. de Boston. Pop. 4,850 hab. Siége du gouvernement de l'Etat. Grand commerce avec Boston. Pénitencier de l'Etat.

CONCORD, ville des Etats-Unis (Massachussets), à 31 kil. de Boston. Pop. 2,000 hab. C'est près de cette ville que s'engagea le premier combat pour l'indépendance. Concord fut fondée en 1685.

CONCORDAT, transaction entre le chef du pouvoir spirituel et le chef du pouvoir temporel d'un Etat, ayant pour but de régler les rapports des deux pouvoirs, dans les divers pays catholiques. Au moyen âge, les prétentions de la papauté ont provoqué des schismes, des guerres sanglantes. Le pape émettait la prétention de disposer des couronnes, et défendait aux souverains de s'immiscer dans les affaires ecclésiastiques. Le pouvoir des papes dans le domaine temporel n'avait d'autre fondement que l'ignorance des peuples; le saint-siége invoquait, à l'appui de ses droits, des *décrétales*. C'était une collection supposée des décrets des premiers évêques de Rome tendant à établir la supériorité des papes, qui n'étaient originairement que les évêques de Rome, sur toutes les autres métropoles et sur les rois eux-mêmes. Pendant plus de neuf siècles, les papes, armés de ces titres, troublèrent le monde par la confusion des pouvoirs spirituel et temporel. Ce fut seulement au XVIIe siècle, alors que l'Eglise gallicane affirma ses droits, que les savants virent dans la collection des décrétales l'œuvre d'un imposteur qui avait emprunté le nom d'Isidore. Depuis, cette collection a été flétrie du nom de *fausses décrétales*. Sous l'ancienne monarchie, on donnait le nom de *concordat français* à la convention conclue à Bologne, en 1516, entre François Ier et le pape Léon X. Antérieurement, les règlements établis entre la cour de Rome et les rois de France avaient pris le nom de *pragmatique-sanction*. On connaissait aussi sous la désignation de *concordat germanique*, un traité passé en 1448, entre le pape Nicolas V et Frédéric III, empereur d'Allemagne. La pragmatique de saint Louis assurait jusqu'à un certain point l'indépendance de la couronne; François Ier modifia cet état de choses, et laissa s'étendre en France l'influence de la cour de Rome. La Révolution rompit momentanément les rapports de l'Eglise et de l'Etat. Le concordat du 10 septembre 1801 les rétablit sur de nouvelles bases. Le concordat reconnaît que la religion catholique est celle de la majorité des Français. Il proclame le libre exercice de la religion catholique en France, et sa publicité, en se conformant à certains règlements de police ; il détermine la composition des diocèses, il décide que la nomination aux évêchés vacants appartient au gouvernement, et ne concède au pape que l'institution canonique. Les évêques ainsi élus doivent prêter serment entre les mains de l'empereur. Le concordat accorde aux évêques le droit de disposer des cures, sauf l'agrément du gouvernement. Celui-ci s'oblige à assurer un traitement convenable aux fonctionnaires ecclésiastiques. Le concordat ne permet la publication en France des décrets des conciles et des bulles du pape qu'avec une autorisation spéciale. Il porte que les fonctions ecclésiastiques seront gratuites, sauf les oblations autorisées et fixées par les règlements. Enfin l'art. 12 dispose : « Il sera libre aux archevêques et évêques d'ajouter à leur nom le titre de *citoyen* ou de *monsieur* ; mais toutes autres qualifications sont interdites. » L'enfantement de ce concordat fut laborieux ; il ne fut pas généralement accepté sans quelques tiraillements. Aujourd'hui même plusieurs écrivains religieux d'un mérite incontestable proposent de revenir au régime de la liberté, et parmi eux, on cite M. de Montalembert. Un grand nombre d'économistes proposent l'émancipation absolue des diverses sectes religieuses, sans aucun privilége pécuniaire assuré par l'Etat.

CONCORDAT, traité par lequel les créanciers d'un commerçant failli accordent à leur débiteur des délais pour se libérer, ou lui font remise d'une partie de leurs créances. Le concordat n'est accordé que s'il réunit la majorité des voix des créanciers, et, en outre, si cette majorité représente, quant au chiffre de ses créances, les trois quarts de la masse passive. Le concordat n'est valable qu'à la condition d'être homologué par le tribunal de commerce.

CONCORDE, bonne harmonie fondée sur l'affection et la sympathie.

CONCORDE, déesse, fille de Jupiter et de Thémis, déesse de la Justice. Les Romains lui avaient élevé un temple sur le Capitole, au lieu où s'assemblait le sénat. La Concorde était représentée couronnée d'une guirlande de fleurs, tenant d'une main deux cornes d'abondance entrelacées, et de l'autre, un faisceau ou une grenade. Elle avait pour emblème deux mains jointes tenant un caducée.

CONCORDE (place de la), l'une des plus belles du monde, et la plus vaste de Paris, située entre le jardin des Tuileries et les Champs-Elysées. Elle portait autrefois le nom de *place Louis XV* ; la statue de ce monarque s'élevait au milieu de la place. En 1792, on lui donna le nom de *place de la Révolution*. C'est là que Louis XVI reçut la mort. En 1795, on l'appela *place de la Concorde* ; sous la Restauration, on lui rendit le nom de *place Louis XV* ; en 1826, elle devint *place Louis XVI* ; enfin en 1830, elle reprit le nom de *place de la Concorde* qu'elle a conservé depuis. Elle fut ouverte en 1763, sur les plans de Gabriel ; elle avait la forme d'un octogone oblong, dont les huit côtés présentaient des fossés en maçonnerie ; huit pavillons placés aux angles devaient recevoir des statues colossales. La place mesurait 245 mètres de longueur. En 1836, la place reçut une décoration nouvelle. On éleva au centre l'obélisque de Louqsor ; on érigea auprès de l'obélisque deux fontaines en fer bronzé ; on plaça, de distance en distance, 20 colonnes rostrales, 20 candélabres ; huit statues colossales représentant les principales villes de France. La décoration de la place subit encore depuis quelques modifications : les fossés ont été comblés et remplacés par de larges trottoirs bitumés ; la décoration nouvelle est l'ouvrage de M. Hittorf.

CONCORDIA, ville des Etats autrichiens (Vénétie), délégation de Venise, à 53 kil. de cette ville. Pop. 1,600 hab. Siége d'un évêché.

CONCOURS, action simultanée de plusieurs personnes, poursuivant ensemble le même but. On donne ce nom à la concurrence de certaines personnes qui font des efforts pour obtenir une récompense qui ne doit être accordée qu'au plus méritant.

CONCRET. On désigne ainsi un être ou un objet, doué de propriétés ou de facultés qui constituent un tout, mais qui peuvent être abstraites, c'est-à-dire considérées isolément. Ainsi l'idée de couleur est purement abstraite ; mais on ne peut la détacher de l'objet qui nous présente cette qualité.

CONCURRENCE. En économie politique, ce mot désigne la faculté accordée par la loi à chacun de vendre ou d'acheter, de mettre en œuvre les capitaux et les instruments de travail. La concurrence ne peut vraiment s'exercer que quand elle ne se trouve pas en face du privilége. La Révolution de 1789, en abolissant les priviléges, a fondé le régime de la libre concurrence. Grâce à ce nouveau principe, qui trouve sa justification dans celui de l'égalité, nous avons vu dans notre siècle, les développements les plus merveilleux de l'industrie. Cependant la libre concurrence n'a pas laissé de produire une situation qui est traduite par un mot nouveau : *prolétariat*. La classe des petits industriels et celle des ouvriers, sentant aujourd'hui l'impossibilité de lutter contre les capitalistes, cherchent un refuge dans l'association.

CONCUSSION. La loi définit la concussion un crime commis par « tous fonctionnaires, tous officiers publics, leurs commis ou préposés, en ordonnant de percevoir, ou en exigeant, ou en recevant ce qu'ils savent n'être pas dû, ou excéder ce qui est dû pour droits, taxes, contributions, deniers ou revenus, ou pour salaires ou traitements. » Elle est punie de la réclusion ou de l'emprisonnement, suivant qu'il s'agit d'un officier public ou d'un simple commis. La loi romaine prononçait contre les concussionnaires l'exil et la confiscation. Dans notre ancienne législation, les peines étaient variables. Le noble qui s'en rendait coupable pouvait être déclaré roturier.

CONDAMNATION, désigne à la fois le jugement qui prononce une peine, et la peine qui est appliquée. On distingue les condamnations contradictoires des condamnations par défaut qui sont susceptibles d'opposition, tant que le jugement n'est pas réputé exécuté. Il est de principe qu'un prévenu ou un accusé ne peut être condamné sans avoir été entendu, et qu'il doit assister aux débats aussi bien qu'au prononcé de la sentence.

CONDAMNÉ. On donne ce nom à celui qui a été l'objet d'un jugement ou d'un arrêt qui lui inflige une peine. Alors même que le jugement est définitif, le recours en cassation en suspend l'exécution, à la différence des jugements rendus en matière civile. Celui qui a été condamné par défaut pour crime prend le nom de *contumace*.

CONDAT-EN-FENIERS, bourg de l'arrond. de Murat (Cantal), à 20 kil. de cette ville. Pop. 930 hab., dont la plupart exercent la profession de colporteur.

CONDATCHY, ville de Ceylan, sur la côte O. de l'île de son nom, dans le golfe de Manaar. Riches pêcheries de perles.

CONDÉ (princes de), branche collatérale de la maison de Bourbon, issue de Louis Ier, prince de Condé, 7e enfant de Charles de Bourbon, duc de Vendôme.

CONDÉ (Henri Ier de Bourbon, prince DE), né en 1552, mort en 1588. Dès sa plus tendre jeunesse, ce prince sembla ne respirer que pour la guerre. Compagnon d'armes de son cousin Henri de Navarre, il s'attacha à l'amiral de Coligny. A la Saint-Barthélemy, il n'eut la vie sauve qu'en abjurant. Du moins résista-t-il noblement, disant à Charles IX « qu'il ne devait compte de sa religion qu'à Dieu, de qui il en avait reçu la connaissance. » Il s'enfuit en Allemagne, y leva quelques troupes et se rendit au camp du duc d'Alençon. Les protestants le nommèrent leur chef. A Coutras, il combattit vigoureusement aux côtés du Béarnais. Si celui-ci montra qu'il était « l'aîné, » Condé et Soissons prouvèrent « qu'ils étaient de bons cadets. » En poursuivant trop vivement les fuyards, Condé fut renversé de cheval par Saint-Luc, un des favoris de Henri III, et fait prisonnier. A peu de temps de là, le prince de Condé mourut empoisonné ; ce crime, qui jeta le désordre dans le parti huguenot, fut attribué à sa femme, Catherine-Charlotte de la Trémouille.

CONDÉ (Henri II, prince DE), né en 1588, mort en 1646. Son mariage avec Charlotte de Montmorency fut pour lui la cause d'un exil forcé. Henri IV, qui savait mal commander à ses passions, étant devenu épris de la princesse, qui refusa de lui céder, la fuite seule put mettre les deux époux à l'abri du ressentiment royal. Condé se réfugia à Bruxelles, puis en Italie et ne revint en France que sous la régence de Marie de Médicis. Son humeur remuante troubla l'Etat : deux fois il prit les armes. La régente n'eut d'autre moyen de conjurer ses intrigues que de le faire arrêter par surprise et conduire à Vincennes, où il resta trois ans. Au sortir de sa captivité, il montra un zèle effréné pour le catholicisme. Après la mort du duc de Luynes, il suivit le roi à l'île de Ré pour combattre les huguenots. Il entreprit le siége de Montpellier et y échoua. Tombé en disgrâce, il s'estima heureux d'accepter pour son fils, le duc d'Enghien, la main d'une des nièces du cardinal de Richelieu. Le puissant ministre récompensa cette mésalliance par le gouvernement de Bourgogne. A la mort de Louis XIII, Condé devint membre du conseil de régence. Les victoires de son fils jetèrent un reflet de gloire sur ses dernières années.

CONDÉ (Louis II de Bourbon, prince DE) surnommé le *Grand*, né en 1621, mort en 1686. Dès le berceau Condé fut *grand*. A huit ans, il savait le latin ; à onze, il composait un *Traité de rhétorique* et soutenait avec succès des thèses de philosophie. Elève des jésuites de Bourges, il suivait leurs cours avec assiduité. Docile envers son père, à qui il écrivait de charmantes lettres en latin, le jeune duc d'Enghien se soumettait aveuglément aux ordres despotiques du prince de Condé. Il avait le cœur bon, mais il possédait une excessive fierté qui lui fit commettre bien des fautes. Son orgueil se révolta d'abord devant le faste royal dont s'entourait Richelieu ; mais il fut surtout froissé lorsqu'il lui fallut épouser Mlle de Maillé-Brézé, nièce du cardinal. C'est peu de temps après qu'il sauva la France à Rocroy. Cette célèbre bataille, gagnée par un général de 22 ans contre des phalanges jusqu'alors réputées invincibles, détruisit le prestige formidable de la puissance espagnole. L'année suivante (1644), ce fut à Fribourg et contre le fameux général Mercy que d'Enghien se mesura en victorieux. C'est à cette occasion qu'il jeta son bâton de maréchal dans les lignes ennemies, qu'il alla rechercher à la tête de ses troupes. Turenne était le lieutenant du duc, qui lui laissa l'honneur d'attacher son nom à la capitulation de Landau. En 1645, il défit de nouveau Mercy, qui trouva la mort dans les plaines de Nordlingue ; il acheva la campagne de Flandre en prenant Dunkerque, au bout de 13 jours de tranchée; il échoua devant Lérida, mais répara cet échec par la victoire de Lens. La Fronde commençait à troubler l'État. D'Enghien, devenu prince de Condé par la mort de son père, offrit loyalement ses services à la cour : mais Mazarin ne pouvait croire à sa bonne foi et louvoya. Condé parla avec hauteur; on l'arrêta, le 18 janvier 1650. Sa captivité dura 13 mois, et son unique délassement était la culture des fleurs. Le ressentiment jeta le prince dans les rangs des Frondeurs, puis dans ceux des Espagnols. Mais il subit défaites sur défaites, en compagnie de l'archiduc don Juan. L'Espagne, du moins, ne fut pas ingrate envers lui, et, dans le traité des Pyrénées, don Luis de Haro stipula la restitution au prince de tous ses honneurs et dignités. Louis XIV, qui pouvait plus facilement pardonner ses torts à son cousin que les oublier, laissa s'écouler huit ans sans lui confier de commandement. En 1668, il lui donna la Franche-Comté à conquérir : ce fut pour le prince l'affaire de six semaines. Les guerres de Hollande et la victoire de Senef terminèrent cette existence de triomphes. Quand, au retour, Condé se présenta à Versailles, le roi vint au-devant de lui au haut du grand escalier. Comme le prince, tourmenté par la goutte, montait avec quelque difficulté : « Mon cousin, ne vous pressez pas, lui dit le roi; il est tout simple qu'on ait de la peine à marcher lorsqu'on est aussi chargé de lauriers que vous l'êtes. » Condé se retira à Chantilly, où il vécut dans la retraite jusqu'à sa mort.

CONDÉ (Henri-Jules DE BOURBON, prince DE), né en 1643, mort en 1700. C'était le fils unique du grand Condé. Tout jeune, il se trouva mêlé aux troubles de la Fronde, où, parmi les héroïnes, sa mère, Clémence de Maillé, joua un rôle actif. Après l'arrestation de Condé, un gentilhomme ordinaire du roi vint prendre la princesse et son jeune fils pour les conduire dans le Berry. Une femme de chambre et un enfant se substituèrent adroitement aux prisonniers. Clémence de Maillé voyagea de nuit et put atteindre Bordeaux, escortée par les ducs de Bouillon et de la Rochefoucauld, saluée avec frénésie par la population et résolue à soulever le Midi. Cependant l'armée royale s'avançait; la ville fut investie : elle tint quatre mois. Ce ne fut que trois ans après que Clémence de Maillé et le duc d'Enghien rejoignirent Condé en Flandre. Le père et le fils étaient à la bataille des Dunes. Le duc d'Enghien se montra plus tard avec distinction dans les guerres de Flandre, de Franche-Comté, de Hollande. A Senef, quoique blessé, il sauva la vie à son père en l'aidant à remonter à cheval. Mais là s'arrêta sa carrière : le reste de sa vie ne fut qu'un enchaînement de bizarreries, d'excentricités. Malgré son esprit et son savoir, il se tourmentait et tourmentait les autres; préoccupé uniquement de sa santé, avare, dur envers ses domestiques, il finit par se persuader qu'il était mort et par ne plus vouloir manger : il fallut pour le dissuader qu'on fît paraître devant lui des gens affublés de linceuls, qui se mirent à table et festoyèrent largement. Alors le prince recouvra son appétit. En un mot, Henri-Jules de Bourbon était la fable de la cour.

CONDÉ (Louis III DE BOURBON, prince DE), né en 1668, mort en 1710. Il annonça de bonne heure le courage qui était la marque distinctive de sa race, à Philisbourg, au siège de Mons, devant Namur, à Steinkerque et à Nerwinde. Il déploya de grands talents militaires, et on put regretter que Louis XIV le laissât trop souvent dans l'inaction. Il avait épousé Louise-Marie, fille légitimée du roi. Il en eut 3 fils et 6 filles. Parmi ses fils on cite le comte de Charolais, qui se rendit célèbre par sa férocité. Trois de ses filles, Mlles de Charolais, de Sens et de Clermont ne se firent que trop remarquer par leurs galanteries. Le prince de Condé mourut subitement à l'âge de 42 ans.

CONDÉ (Louis-Henri, duc de Bourbon, prince DE), né en 1692, mort en 1740. A la mort de Louis XIV, le régent le fit nommer par le parlement chef du conseil de régence; l'année suivante, il lui confia la surintendance de l'éducation du jeune roi. La politique du duc d'Orléans était de s'attacher ainsi le premier prince du sang et de trouver en lui un appui contre les intrigues des princes légitimés. Le duc de Bourbon, qui était avide, profita de sa position pour puiser largement dans le trésor public. La banque du Mississipi, qui ruina la France, valut au prince des profits considérables. Lors de la déconfiture, il fut assez habile pour ne perdre que très-peu de chose, et reconnaissant envers Law, il protégea sa fuite. Après la régence, il fut mis à la tête du conseil d'État. A la mort du duc d'Orléans il obtint du roi la patente de premier ministre. Son incapacité éclata dès les premiers actes. Il enrichit la Compagnie des Indes pour en tirer profit lui-même. Il fit rompre le mariage projeté du roi avec l'infante d'Espagne. Cependant le mécontentement général ne cessait de grandir. Le cardinal de Fleury vint supplanter le premier ministre et le fit exiler. Retiré à Chantilly, le prince de Condé supporta sa disgrâce avec une dignité dont on ne l'eût pas cru capable. Comme le cardinal lui avait interdit la chasse, il s'occupa de chimie et commença une précieuse collection d'histoire naturelle. En 1729, son exil étant fini, il épousa en secondes noces la princesse Caroline de Hesse-Rhinfelds dont il eut Louis-Joseph de Bourbon, qui fut plus tard le chef de l'*armée de Condé*.

CONDÉ (Louis-Joseph de Bourbon, prince DE) né en 1636, mort en 1818. Orphelin dès sa cinquième année, il eut pour tuteur le comte de Charolais, qui releva la fortune de son pupille et paya des dettes énormes. Il soigna l'éducation du jeune prince qui, en 1752, épousa la princesse Élisabeth-Charlotte de Rohan-Soubise. Grand maître de la maison du roi, et gouverneur de Bourgogne, il fit, en 1756, l'ouverture des États de cette province. Ce fut dans la guerre de Sept-Ans qu'il fit éclater une valeur digne du grand Condé. Nul ne se signala davantage dans la journée d'Hastenbeck. A Minden, il chargea vigoureusement l'ennemi. En 1762 il contribua à la victoire de Johannisberg, remportée sur les Prussiens. Pour le récompenser, le roi lui donna quelques-uns des canons pris sur l'ennemi, et Condé en décora sa résidence de Chantilly. Partisan du pouvoir absolu, il s'empressa, dès le commencement de la Révolution, d'émigrer avec son fils et son petit-fils. En 1793, il forma sur la frontière d'Allemagne ce petit corps de troupes qu'on appela l'*armée de Condé*, composé de Français qui ne craignirent pas de prêter leur concours aux armées ennemies pour envahir le sol de la patrie. Après le licenciement de sa troupe, le prince entra au service de la Russie; de là il passa à celui de l'Angleterre. Mais sa carrière active se termina en 1800. Ramené d'Angleterre en France par les événements de 1814, et nommé grand maître de la maison du roi et colonel général de l'infanterie, il eut le bon goût de s'abstenir de prendre aucune part à la politique. Il fut enterré, par ordre de Louis XVIII, dans le caveau des rois de France.

CONDÉ (Louis-Henri-Joseph, duc de Bourbon, prince DE), né en 1756, mort le 27 août 1830. Il suivit le mouvement de l'émigration, et jusqu'à la Restauration, il séjourna en Angleterre. Le retour de la royauté, en lui rouvrant la France, le trouva indifférent quant à la politique. Confiné paisiblement d'abord à Saint-Leu, puis à Chantilly, il faisait de la chasse sa principale occupation. L'âme de sa petite cour était la baronne de Feuchères, née Sophie Clarke. La révolution de 1830 porta le plus grand trouble dans les idées du vieillard. Il avait reconnu le nouveau gouvernement, et se reprochait cette soumission comme une défection; il avait testé en faveur du duc d'Aumale, et il pensait parfois au jeune prince exilé, à qui son immense fortune était devenue nécessaire. La pensée d'émigrer de nouveau lui était, dit-on, venue. La mort ne lui en laissa pas le temps : le 27 août, on le trouva pendu dans sa chambre à coucher, à l'espagnolette de la croisée. Le plus profond mystère a toujours régné sur la fin tragique du dernier des Condé. L'opinion publique s'est prononcée contre la possibilité d'un suicide. Le procès en captation qui fut intenté par les princes de Rohan, héritiers collatéraux du défunt, à Mme de Feuchères et au duc d'Aumale, révéla les faits les plus tristes. Le corps de ce prince fut transporté le 4 septembre dans les caveaux de Saint-Denis.

CONDÉ-SUR-ESCAUT, ch.-l. de l'arrond. de Valenciennes (Nord), à 12 kil. de cette ville. Pop. 5,250 hab. Place forte. Arsenal, hôtel de ville, collège. Commerce de bestiaux. Grand entrepôt de houille. Fabriques de chicorée, de café et de savon. Tanneries, huileries, blanchisseries, etc. Cette ville fut prise en 1478 par Louis XI, en 1580 par les princes d'Orange, en 1649 par les Français.

CONDÉ (Vieux-), bourg de l'arrond. de Valenciennes (Nord), à 12 kil. de cette ville. Pop. 3,900 hab. Port pour les houilles des mines environnantes.

CONDÉ-EN-BRIE, ch.-l. de cant. de l'arrond. de Château-Thierry (Aisne), à 20 kil. de cette ville. Pop. 750 hab. Autrefois chef-lieu de principauté appartenant aux princes de Condé.

CONDÉ-SAINTE-LIBIÈRE, village de l'arrond. de Meaux (Seine-et-Marne), à 8 kil. de cette ville. Pop. 1,130 hab. Fabrique de châles. Château, parc.

CONDÉ-SUR-NOIREAU, ch.-l. de cant. de l'arrond. de Vire (Calvados), à 23 kil. de cette ville. Pop. 6,300 hab. Fabriques de cotonnades, coutils. Filatures de coton. Teintureries, blanchisseries, etc. Son industrie occupe plus de 5,000 ouvriers. Patrie de l'amiral Dumont d'Urville, à qui on a élevé une statue.

CONDÉ-SUR-VIRE, bourg de l'arrond. de Saint-Lô (Manche), à 11 kil. de cette ville. Pop. 2,165 hab.

CONDILLAC (Étienne BONNOT DE), abbé de Mureaux, né à Grenoble en 1714, mort à Flux, près Beaugency, en 1780. Il était frère de l'abbé de Mably, et tous deux se sont également illustrés par des travaux d'ordre différent. La solitude, la contemplation plaisaient à Condillac; il était grave et austère; on le voyait peu dans le monde. Aussi, lorsqu'il s'agit de donner un précepteur au duc de Parme, petit-fils de Louis XV, le choix se fixa-t-il sur l'abbé de Condillac, qui s'en montra digne par la méthode éclairée qu'il employa vis-à-vis de son royal élève. En 1768, il fut reçu à l'Académie française, en remplacement de l'abbé d'Olivet; mais il rentra dans sa retraite et n'en sortit plus. Condillac a beaucoup écrit. Son plus remarquable ouvrage est le *Cours d'études* qu'il composa, en 13 volumes, pour l'instruction de l'infant de Parme.

CONDITION. Ce mot désigne l'état et la qualité d'une personne ou d'une chose. En jurisprudence, il indique un événement futur et incertain, duquel on fait dépendre l'existence d'un droit ou d'une obligation. La condition est *suspensive* ou *résolutoire*. Elle est dite *suspensive* quand l'obligation

CON

ne doit exister que si l'événement qui forme l'objet de la condition se réalise; elle est dite *résolutoire*, quand la réalisation de l'événement entraîne l'annulation d'un droit dont l'un des contractants est mis préalablement en possession.

CONDITION DES SOIES, établissement public destiné, dans les pays séricicoles, à dessécher la soie, afin qu'il n'y ait pas d'erreur ni de tromperie sur le poids réel. La première *condition publique* fut établie à Lyon le 23 germinal an XIII.

CONDITOR, dieu des Romains qui veillait, après l'enlèvement des moissons, à la conservation des grains dans les greniers.

CONDOLÉANCE, se dit d'un témoignage de compassion au chagrin d'autrui.

CONDOM, sous-préf. du départ. du Gers, à 43 kil. d'Auch. Pop. 6,900 hab. Commerce de grains, vins, eaux-de-vie. Fabriques de bouchons de liège. Préparation de cuirs. Patrie de Scipion Dupleix.

CONDONAT, nom donné autrefois à des religieux qui desservaient les églises dépendant du monastère auquel ils appartenaient, ou desservant les couvents de religieuses.

CONDOR, île de la mer de Chine, découverte par Dampier en 1687. Sup. 25 kil. sur 5. Pop. 800 hab. Sol montagneux mais fertile. Elle dépend de la Cochinchine.

CONDORCET (Caritat, marquis DE), né en Picardie en 1743, mort en 1794. A 11 ans, il fut mis chez les jésuites de Reims. Brillant écolier, il passa au collège de Navarre, à Paris. La thèse de mathématiques qu'il y soutint, à 16 ans, lui valut le suffrage et l'amitié de Dalembert. A 22 ans, il présentait à l'Académie des sciences un *Essai sur le calcul intégral*. Les prix de l'Académie de Berlin venaient récompenser ses découvertes. Dès l'année 1769, il entra à l'Académie des sciences. Ami de Voltaire, il devint l'élève de Turgot, son allié; avec lui il attaqua les privilèges et les monopoles. Condorcet ne fut pas élu aux Etats généraux, mais en revanche il fut appelé à la municipalité de Paris, où il eut Bailly pour collègue. En 1791, il entra à l'Assemblée législative. Il fut envoyé comme député de l'Aisne à la Convention où sa parole eut moins d'autorité. Il demanda l'abolition de la peine de mort sans pouvoir l'obtenir; il commença une réforme de l'instruction publique qu'on ne lui laissa pas le temps d'achever. Dans le procès de Louis XVI, il proposa l'appel au peuple. Ses ennemis saisirent cette circonstance pour le perdre; ils réussirent à l'envelopper dans la proscription qui frappait les Girondins. Condorcet se déroba aux poursuites, grâce au dévouement d'une amie, Mme Vernet, qui le recueillit rue Servandoni. Ce fut dans cet asile qu'il composa son *Tableau historique du progrès de l'esprit humain*. Ayant entendu dire que les hôtes des proscrits étaient menacés de mort, il s'échappa nuitamment et se mit à errer aux environs de Paris. Epuisé de fatigue et de faim, il entra chez un cabaretier de Clamart où les soupçons se portèrent sur lui. Arrêté sur-le-champ, il fut conduit en prison au Bourg-la-Reine. Le lendemain, comme on allait l'interroger, on le trouva mort. Il avait fait usage d'un poison foudroyant qu'il portait dans le chaton de sa bague.

CONDOTTIERI (du mot italien *condotta*, engagement). C'étaient des bandes mercenaires qui, au moyen âge, se mirent au service des divers États d'Italie. L'Angleterre en eut au XIIIe siècle; la France en appela aussi. C'est chez ces aventuriers qu'a commencé la véritable organisation militaire. Les condottieri étaient d'une rapacité sans égale; au moindre succès, ils exigeaient une gratification *(paga doppia)*. S'ils se reconnaissaient sous des bannières opposées, ils avaient soin de se ménager réciproquement; c'est ainsi qu'au combat de Zagonara, en 1423, il ne périt que trois condottieri; bien plus, les troupes pontificales et les Napolitains se battirent toute une journée, en 1486, sans qu'il y eût une seule blessure. Carmagnola a été le plus célèbre condottiere. Nous devons citer également Brancaccio Montone, qui se créa une principauté à Pérouse, et Sforza Attendolo, simple paysan, qui par sa valeur et son mérite parvint au rang de grand connétable de Naples, et ouvrit à ses descendants le chemin du trône de Milan.

CONDRIEUX, ch.-l. de cant. de l'arrond. de Lyon (Rhône), à 38 kil. de cette ville. Pop. 3,300 hab. Fabriques de soieries; marché de bestiaux. Ancienne seigneurie qui appartenait à la maison de Villars.

CONDUCTIBILITÉ, propriété dont jouissent les corps de communiquer aux autres corps la chaleur et l'électricité qu'ils reçoivent. Les corps sont doués à des degrés différents, suivant leur nature, de la propriété conductrice.

CONDUIT, tuyau par lequel passe un liquide ou un fluide. Le conduit est moins considérable que le canal; mais il l'est plus que le tuyau. Le conduit est toujours couvert.

CONDUITE DES EAUX, DU GAZ. On appelle conduite, en termes d'hydraulique, une suite de tuyaux ou d'aqueducs qui portent d'un lieu à un autre les eaux d'une source ou d'une rivière. On applique aussi ce nom aux gros tuyaux qui conduisent le gaz de l'usine centrale dans les divers quartiers où il se distribue.

CONE. C'est un solide dont la base est un cercle et qui se termine par le haut en une pointe qu'on appelle sommet. Le cône peut être considéré comme une pyramide dont la base serait un polygone régulier d'un nombre infini de côtés. Les pains de sucre sont en forme de cône.

CONECTE (Thomas), carme, né à Rennes au XIVe siècle, brûlé à Rome en 1434. Célèbre déjà comme prédicateur, il quitta son couvent avec l'intention de combattre la licence des mœurs monastiques, et se mit à parcourir la Flandre, l'Artois, le Cambrésis, la Picardie. Partout la foule accourait à sa rencontre; les plus nobles seigneurs lui faisaient cortège; on briguait l'honneur de le loger. Quand il prêchait, c'était en plein air, du haut d'un échafaud dressé tout exprès, et devant 15 ou 16,000 personnes avides de l'entendre. Il tonnait contre le luxe effréné de l'époque; il brûlait même de ses mains les riches vêtements, les ornements d'or et autres objets de luxe qu'on s'empressait de lui apporter. Il passa ensuite en Italie, et vint à Mantoue, où il réforma les couvents de son ordre, malgré la violente opposition de Nicolas Kenton, provincial des Carmes. A Venise, il fut bien accueilli. Il accompagna à Rome les ambassadeurs de la république. Le pape Eugène IV voulut le voir, et, cédant à des sollicitations secrètes, lui fit faire son procès par deux cardinaux. Toutes les réformes qu'il avait proposées lui furent imputées à titre d'hérésie. C'est sur ce prétexte banal qu'il fut condamné, solennellement dégradé et conduit au bûcher. Toujours ferme au milieu des flammes, il ne cessa de tonner contre la dissolution du clergé et de la cour de Rome. Ce qu'il y a de certain, c'est que ce moine expia le tort d'être venu un siècle trop tôt, et qu'il fut le martyr de la vérité.

CONEGLIANO, ville des Etats autrichiens (Vénétie), à 24 kil. de Trévise. Pop. 5,000 hab. Fabriques de soieries, draps. Ruines d'un ancien château fort. Napoléon Ier donna le titre de duc de Conégliano au maréchal Moncey, en 1806.

CONFÉDÉRATION DES PRINCES. Cette ligue, connue sous le nom de *Furstenbund*, fut fondée par Frédéric-Guillaume II, avec le concours des petits potentats de l'Allemagne, pour mettre fin aux empiétements de Joseph II, empereur d'Allemagne (1785).

CONFÉDÉRATION GERMANIQUE. (*Voir* ALLEMAGNE.)

CONFÉDÉRATION HELVÉTIQUE (*Voir* SUISSE.)

CONFÉDÉRATION DU RHIN. Elle fut instituée par Napoléon Ier le 12 juillet 1806; elle était formée de 16 Etats, savoir: la Bavière, le Wurtemberg, les grands-duchés de Baden, Berg, Hesse-Darmstadt, les duchés de Nassau-Usingen, Nassau-Weilbourg, les principautés de Ratisbonne, de Hohenzollern-Hechingen, Hohenzollern-Sigmaringen, Salm-Salm, Salm-Kirbourg, Isembourg, Aremberg, Lichtenstein et Layen. L'empereur des Français, qui en était le protecteur, avait choisi pour la présider l'évêque de Ratisbonne. Elle devait tenir à la disposition de la France, en guerre offensive ou défensive, 63,000 hommes. La surface des Etats qui se confédérèrent peut être évaluée à 26,000 kil. carrés, et la population à 7,500,000 âmes; en 1810, par suite de l'entrée de nouveaux Etats, elle atteignait une superficie de 64,000 kil. carrés, et sa population était de 14,642,000 âmes. La proclamation de cette confédération acheva la ruine de l'empire germanique, qui durait depuis plus de 1,000 ans. Elle tomba le 2 novembre 1813.

CONFÉRENCE. Nom donné en Angleterre à un tribunal électif, composé de 100 pasteurs appartenant à la secte méthodiste, qui nomme aux emplois vacants et à la direction des revenus.

CONFÉRENCES JUDICIAIRES. Exercices préparatoires dans lesquels les jeunes avocats s'habituent aux usages du barreau et s'appliquent à acquérir la facilité d'élocution et les qualités nécessaires à leur profession.

CONFÉRENCES POLITIQUES. On donne ce nom à différentes réunions diplomatiques ayant pour but de régler différentes questions politiques. Les principales sont celles qui eurent lieu à Londres, en 1826, pour donner une solution à la question hellénique; et, en 1830, dans la même ville, pour prononcer la séparation de la Belgique d'avec la Hollande.

CONFÉRENCES RELIGIEUSES. Discussions entre des membres ecclésiastiques ou laïques d'une même communion, sur divers points religieux. Les conciles ne furent pas autre chose que des conférences, dans lesquelles les principaux membres de l'Eglise établirent peu à peu les diverses doctrines de la religion.

CONFESSION. On appelle ainsi, dans l'Eglise catholique, l'accusation qu'un fidèle fait de ses fautes à un prêtre pour en recevoir la pénitence et l'absolution. La confession est la seconde partie du sacrement de la pénitence. La confession a été en usage dans plusieurs religions anciennes, et servait d'introduction aux mystères d'Eleusis.

CONFESSION (billets de). Après la révocation de l'édit de Nantes, les protestants furent en butte à de cruelles persécutions, et la plupart se réfugièrent à l'étranger. Quelques-uns, pour ne point s'expatrier et conserver leur fortune et leur liberté, abjurèrent leur foi. Mais tous se rétractèrent au lit de mort. Des billets attestant qu'ils s'étaient confessés furent demandés aux malades ou à leurs familles s'ils étaient décédés. Ceux qui refusaient les sacrements étaient, après leur mort, traînés sur la claie et leurs biens confisqués. S'ils guérissaient, ils devaient faire amende honorable, les hommes étaient condamnés aux galères, et les femmes enfermées. Plus tard, lors de la fameuse querelle des jansénistes et des jésuites, on fit revivre le billet de confession pour faire triompher la bulle *Unigenitus*. Il fallait, pour recevoir l'extrême-onction, présenter un billet de confession signé d'un prêtre constitutionnaire. Le parlement, pour mettre un terme aux troubles suscités par l'archevêque, opposa des arrêts à ses mandements, mais ce fut en pure perte; car, dit Voltaire, « il fallut que la magistrature employât la force, et qu'on envoyât des archers pour faire confesser, communier et enterrer les Parisiens à leur gré. »

CONFESSION D'AUGSBOURG, profession de foi dont la rédaction est due à Luther et à ses principaux disciples. La diète ayant refusé d'en approuver la teneur, cette mesure provoqua la formation de la ligue dite de *Smalkalde*. Les auteurs de la confession d'Augsbourg ayant, dans la suite, consenti à apporter des modifications dans leur rédaction, cette concession de leur part donna lieu à des scissions, et les luthériens se séparèrent des autres réformés. La proclamation de la liberté de conscience a mis fin à ces discussions, qui, de nos jours, n'ont plus lieu que sur le terrain dogmatique.

CONFESSION D'EMDEN. Cette confession, rédigée en français par Guy de Brès (1562), comprend 37 articles. D'abord faite pour les protestants des Pays-Bas, elle fut traduite en allemand à Emden (1751), et approuvée par deux synodes.

CONFESSION HELVÉTIQUE. Elle fut rédigée pour les Églises suisses protestantes en 1566, par Théodore de Bèze et Bullinger. Ses principales dispositions portent que le texte de la Bible est l'unique juge en matière de foi; que l'on doit proscrire les images, et qu'il n'y a d'autres sacrements que le baptême et la cène.

! CONFESSIONNAL, ouvrage de menuiserie divisé en trois cellules couvertes en dôme. Dans celle du milieu se trouve le prêtre, qui communique avec le pénitent par un petit grillage en bois que l'on peut masquer à volonté par un volet, afin que si les deux cellules, qui sont de chaque côté où se trouve le prêtre, sont occupées, la personne qui attend son tour ne puisse entendre celui qui se confesse.

CONFIANCE, sentiment qui porte à compter sur un autre et qui se fortifie de tous les épanchements du cœur. On appelle *confiance publique* celle qui repose sur l'avenir du pays et qui encourage les transactions commerciales et les tentatives industrielles.

CONFIDENCE, part que l'on donne ou que l'on reçoit d'un secret.

CONFIDENT. Les Grecs avaient admis, dans leur théâtre, un personnage chargé du rôle de confident. Le confident avait pour but de faciliter l'exposition et la clarté de l'action par les récits qu'il provoquait ou qu'il faisait lui-même. Parfois c'était le chœur tout entier qui remplissait le rôle de confident et figurait le peuple prenant part à l'action.

CONFIDENTIAIRE, nom donné aux prêtres qui, par une sorte de simonie, acceptaient un bénéfice d'une famille noble à la condition de lui remettre une partie des revenus attachés à ce bénéfice.

CONFINS MILITAIRES, division politique et administrative des États autrichiens; ch.-l. Carlstadt. Pop. 1,066,272 hab. Ce territoire s'étend de l'Adriatique à l'extrémité E. de l'empire, le long de la Drave et du Danube. Il est occupé par des villages militaires; les habitants sont tous soldats et reçoivent pour indemnité de solde des portions de terres. Ils sont placés sous le commandement de deux généraux qui ont sous leurs ordres 150 compagnies.

CONFINS WELCHES, nom que portent deux cercles méridionaux du Tyrol, Brixen et Trente.

CONFIRMATION, preuve qui établit qu'une nouvelle douteuse a le caractère de la vérité; vérité déjà établie, appuyée par une nouvelle démonstration. En termes de droit, on appelle confirmation un acte qui est le complément d'un acte précédent.

CONFIRMATION. L'Église catholique appelle ainsi un sacrement qui donne le Saint-Esprit aux fidèles qui ont déjà reçu le baptême, et les rend parfaits chrétiens. Ce sacrement est ordinairement administré par l'évêque aux enfants qui ont fait leur première communion.

CONFISCATION, saisie et vente au profit du fisc des objets qui ont servi à la perpétration de certains délits ou contraventions. La confiscation, en usage en France dans l'ancien droit pénal, fut abolie par la loi des 21-30 janvier 1790. Inconnue dans les premiers temps de la république romaine, la confiscation fut établie par Sylla, et fut depuis appliquée pour les peines les plus minimes et à des personnes qui étaient complètement étrangères au crime ou au délit. Justinien réforma cet ordre de choses.

CONFLAGRATION. Dans l'ordre moral, ce mot s'applique au mouvement des passions et des idées; ainsi la révolution de 1789 fut une immense conflagration qui prépara la liberté de l'Europe en renversant les idées surannées.

CONFLANS, dit l'*Archevêque*, hameau de l'arrond. de Sceaux (Seine), à 5 kil. de Paris. Château des archevêques de Paris, auxquels le légua François de Harley.

CONFLANS-SAINTE-HONORINE, village de l'arrond. de Versailles (Seine-et-Oise), à 25 kil. de cette ville. Pop. 1,650 hab. Fonderie de bronze et de laiton. Affinerie de cuivre et d'étain.

CONFLANS, ch.-l. de cant. de l'arrond. de Briey (Moselle), à 15 kil. de cette ville. Pop. 500 hab.

CONFLANS, ville du départ. de la Savoie, à 35 kil. de Chambéry. Pop. 1,500 hab. Fonderie de minerais de plomb argentifère. Ancienne place forte prise par François Ier en 1530.

! CONFLIT, contestation élevée sur la compétence des cours et des tribunaux. Lorsque les tribunaux veulent retenir la connaissance d'une cause, le conflit est *positif*; il est *négatif* dans le cas contraire. On appelle conflit de *juridiction* celui qui s'élève entre deux tribunaux civils, et conflit d'*attribution* celui qui a lieu entre un tribunal administratif et un tribunal civil.

CONFLITS (tribunal des). Ce tribunal, créé par la constitution de 1848, avait pour but de régler les différents conflits d'attribution. Il était composé de 4 conseillers d'État et de 4 conseillers de la cour de cassation, et siégeait au petit Luxembourg. Il fut supprimé peu de temps après sa formation.

CONFOLENS, sous-préf. du départ. de la Charente, à 60 kil. d'Angoulême. Pop. 2,735 hab. Tribunal de 1re instance, bibliothèque, collège. Commerce de bois, grains, bestiaux. Ruines d'un château. Ancienne seigneurie.

CONFORMISTES, nom donné à ceux qui suivent la doctrine de l'Église gallicane.

CONFORMITÉ, rapport entre plusieurs objets qui se ressemblent.

CONFRÈRES DE LA PASSION. (*Voir* PASSION.)

CONFRÉRIE, société formée dans un but de piété et de charité. Avant 1789, chaque corporation avait une confrérie et sa paroisse; les professions libérales, telles que les libraires, les notaires, les avocats, étaient dotées également de confréries, et avaient leur paroisse distincte. De nos jours, les confréries ont été remplacées avantageusement par les Sociétés de secours mutuels. (*Voir* ce mot.)

CONFRÉRIE BLANCHE. Cette confrérie fut fondée par Foulques, évêque de Toulouse, vers 1210, en faveur de Simon de Montfort, pour l'opposer à la *compagnie noire*, qui était sous les ordres de Raymond VI. La confrérie blanche se signala au siége de Lavour par ses cruautés (1211).

CONFRATERNITÉ, lien spontané qui existe entre les membres d'une association, d'une profession.

CONFRONTATION. On appelle ainsi, en terme de procédure, l'action de mettre en présence les accusés entre eux, ou les accusés avec les témoins, pour comparer les différentes déclarations et éclaircir les points restés obscurs ou douteux.

CONFUCIUS (Kong-fou-tse), célèbre philosophe chinois qui, dans son pays, est resté l'objet d'une telle vénération que, bien longtemps après sa mort, les empereurs le nommèrent prince. Il naquit l'an 551 av. J.-C., dans la ville de Tseou, cercle de Chang-tong. Il commença par être berger. A 17 ans, il obtint une place d'inspecteur des vivres à Lou et, de grade en grade, il monta dans l'administration aux plus haut rang. L'amour de la philosophie le fit renoncer aux honneurs: ne pouvant, comme mandarin, réformer les hommes, il voulut y travailler par sa parole et ses écrits. Bientôt, dans les provinces qu'il parcourait sans relâche, une foule de disciples se réunit autour de lui. La vénération qu'il inspirait tenait de l'adoration. Cependant Kong-fou-tse ne prétendait pas au prestige religieux: il ne se donna pas pour un prophète, et pourtant sa morale régit, depuis 2,000 ans, une nation qui s'en est fait un culte. Le grand philosophe, revenu dans sa ville natale après ce long pèlerinage, eut la joie de pouvoir terminer ses ouvrages avant la maladie qui l'enleva, à 73 ans. Sa descendance se composait déjà, au siècle dernier, de 11,000 individus, et elle compte 74 générations sans interruption.

CONFUSION, défaut d'arrangement, de classement dans les idées ou dans les choses. — On appelle *année de confusion* l'an 45 av. J.-C., parce que le calendrier romain était venu à un tel point qu'il fallut porter l'année à 445 jours pour que le 1er janvier se retrouvât à l'époque normale.

CONGE, *congius*, mesure de capacité chez les Romains. Le conge contenait 6 *sextarii*, ce qui représente environ 3 litres 250 centilitres.

CONGÉ, acte par lequel le propriétaire déclare au locataire, et *vice versa*, qu'il entend mettre fin à la jouissance convenue par un acte de location. Quand il y a bail écrit, le congé est inutile, car la jouissance cesse de plein droit à l'expiration du bail. Les congés, à Paris, doivent être donnés: 1° pour les logements au-dessous de 400 fr., un mois et demi avant le terme; 2° pour ceux de 400 fr. et au-dessus, 3 mois avant le terme; 3° pour une boutique, un corps de logis ou une maison en totalité, 6 mois avant le terme.

CONGÉ. On donne ce nom, en architecture, à une portion de cercle qui unit le fût de la colonne avec ses deux ceintures.

CONGÉ. Sous l'empire du droit féodal, on appelait ainsi la permission donnée par un seigneur à son vassal de disposer d'un héritage qui était dans son fief.

CONGÉ DE GLADIATEURS. (*Voir* RUDIAIRES.)

CONGÉ MILITAIRE. Ordre donné au militaire de quitter le corps d'armée auquel il appartient d'une façon définitive ou temporaire. Il y avait cinq sortes de congés chez les Romains: le temporaire, l'honnête, le gracieux, le consacré et l'ignominieux. Le premier permettait de s'absenter pour quelques jours, le deuxième était définitif et était accordé à ceux qui avaient accompli leur temps de service; le troisième était donné par le général, mais il pouvait être révoqué par les censeurs; le quatrième n'était remis qu'aux soldats que des infirmités graves rendaient incapables de servir; le cinquième était prononcé pour des délits graves et équivalait à la dégradation militaire; il s'exécutait avec une certaine solennité.

CONGÉABLE (bail à domaine), convention par laquelle un propriétaire donne à ferme son fonds tout en vendant les constructions qui y sont élevées, à la condition que le preneur ne pourra être expulsé que contre le remboursement, à dire d'experts, de la valeur des constructions.

CONGÉLATION, état solide des corps liquides par suite de l'abaissement de la température ou par une soustraction suffisante de calorique.

CONGIARIUM. C'était le nom donné, dans l'ancienne Rome, aux distributions publiques qui se faisaient à la suite de faits importants. César, et plus tard Auguste, se rendirent populaires par leur libéralité et leurs abondantes distributions. — On appelait également *congiarium* tout cadeau privé fait pour acheter les suffrages.

CONGLETON, bourg d'Angleterre (comté de Chester), à 35 kil. de Manchester. Pop. 12,340 hab. Manufactures de coton et de cuirs. Fabrique de soieries.

CONGLOMERATS. On appelle ainsi certaines substances minérales dont le mode de formation est semblable : ce sont des fragments de roches affectant diverses formes et unies par une sorte de ciment.

CONGO, contrée de l'Afrique occidentale, dans la Guinée inférieure, sur l'Océan atlantique. Pays plat et sablonneux. Climat très-chaud et pestilentiel. Riche végétation sur les bords du Zaïre : coton, canne à sucre, oranger, blé, riz, maïs, manioc, palmier. Mines d'argent, cuivre, fer, sel. Les principales tribus sont : les Mocicongis, les Anzikos, les Chaygus; les habitants appartiennent à l'une des races nègres les plus misérables. Leur religion est un fétichisme grossier. Ce pays fut découvert en 1484 par les Portugais, qui y fondèrent quelques établissements. Des missionnaires y furent envoyés en 1539 et 1615.

CONGOUN, ville de Perse (Farsistan), à 200 kil. de Schiraz. Pop. 6,000 hab. Port sur le Golfe persique.

CONGRATULATION. Ce mot, qui n'est plus guère employé que dans le style familier, indique les félicitations que l'on adresse à quelqu'un à l'occasion de quelque événement heureux qui le touche.

CONGRÉGATION, association de laïques ou de religieux avec l'approbation du pape ou de l'évêque, qui ne possède pas les priviléges d'un ordre religieux.

CONGRÉGATION. On donne ce nom à diverses commissions instituées par le souverain pontife pour exercer certains offices, trancher différentes questions : elles sont fixes ou temporaires. On distingue, parmi les congrégations fixes, 1° la *congrégation du concile*, fondée pour surveiller l'exécution des actes du concile de Trente et interpréter les points de discipline; 2° la *congrégation des rits*, chargée de tout ce qui a rapport aux béatifications, canonisations, cérémonies, fonctions, etc.; 3° la *congrégation consistoriale*, qui s'occupe des matières bénéficiales, décide les érections, suppressions, unions, résignations d'évêchés; 4° la *congrégation des évêques et des réguliers* a pour objet de régler les différends qui peuvent s'élever entre les évêques et leurs diocésains, ou entre des religieux; 5° la *congrégation du saint office* juge tout ce qui est relatif aux hérétiques, à l'apostasie, à la magie, aux maléfices, etc.; 6° la *congrégation de l'index*, chargée d'examiner et de défendre les livres contraires à la foi; 7° la *congrégation de la propagande*, destinée à propager la religion catholique; 8° la *congrégation de l'immunité ecclésiastique*, chargée de connaître des immunités ecclésiastiques et des atteintes qui peuvent y être portées; 9° la *congrégation pour l'examen des évêques*, pour examiner ceux qui sont promus à l'épiscopat; 10° la *congrégation des indulgences et des reliques*, qui accorde ou refuse, au nom du pape, les demandes d'indulgences, et examine l'authenticité des reliques nouvellement découvertes. Outre ces congrégations, il en est de moins importantes que nous passerons sous silence.

CONGRÉGATION, nom donné à une association occulte qui se fonda sous Charles X; quoique son élément fût essentiellement religieux, elle se recrutait dans tous les rangs de la société; son but était d'augmenter l'influence cléricale; ses membres étaient connus sous le nom de congréganistes.

CONGRÉGATIONNALISTES. C'est le nom donné aux dissidents de l'Eglise anglicane, qui, tout en reconnaissant que nulle Eglise n'a le droit d'influencer telle autre, n'en reconnaissent pas moins la nécesité de communications officieuses entre les différentes Eglises. Les congrégationnalistes, par cela même qu'ils ne reconnaissent pas la nécessité des synodes, laissent donc à la conscience la plus grande liberté d'examen.

CONGRÈS. Réunion de souverains ou de ministres plénipotentiaires qui a pour but de traiter de la paix ou de prendre des mesures en commun pour concilier les intérêts des Etats qu'ils gouvernent ou représentent. Les plus célèbres sont : le congrès des Pyrénées (1659), entre la France et l'Espagne; d'Aix-la-Chapelle (1668); de Nimègue (1678); de Ratisbonne (1684); de Ryswyck (1697); d'Utrecht (1713-1715); de Cambrai (1722); de Soissons (1728); d'Aix-la-Chapelle (1748); de Teschen (1779); de Paris (1782); de Versailles (1784); de Rastadt (1797), où furent assassinés deux plénipotentiaires français; d'Amiens (1802); d'Erfurth (1808); de Châtillon (1814); de Vienne (1814-1815); d'Aix-la-Chapelle (1818); de Vérone (1822); de Paris (1856).

CONGRÈS SCIENTIFIQUE, réunion de savants dans un endroit déterminé à l'avance. C'est à la Suisse que nous devons la fondation des congrès scientifiques; elle ne tarda pas à être suivie dans cette voie par l'Allemagne et la France. Nous ne savons si la science a gagné à ces réunions qui se font avec un certain apparat, et dont les travaux se bornent à des lectures de mémoires.

CONGREVE (sir William), officier d'artillerie anglais, né en 1772, mort à Toulouse en 1828. Il était fils d'un général d'artillerie créé baronnet de Walton, et succéda à son père dans son titre et dans sa charge de surintendant de l'arsenal de Woolwich. Sous la direction du duc d'York, qui avait deviné son génie inventif, il contribua puissamment aux améliorations introduites, à cette époque, dans l'armée anglaise pour le perfectionnement des armes. Il s'occupa aussi, comme ingénieur, de la construction des écluses et des canaux. De plus, il était chimiste distingué et devint inspecteur du laboratoire royal, membre du parlement et de la société royale de Londres. Mais il donna sa démission de ces emplois honorables et lucratifs pour se jeter dans l'industrie. Il obtint un brevet pour un nouveau mode de fabrication de la poudre; il inventa le moyen de souder et combiner différents métaux; il découvrit aussi un procédé ingénieux pour imprimer plusieurs couleurs à la fois, ce qui rendait impossible la contrefaçon des banknotes. Enfin il se mit à la tête d'une compagnie qui avait pour but l'introduction de l'éclairage au gaz sur le continent. Mais la création la plus importante dont on lui est redevable, et à laquelle il attacha son nom, est celle d'une espèce de fusée incendiaire qui devait produire un effet plus meurtrier que l'obus et la bombe, et qui devint un puissant auxiliaire des armes anglaises durant les guerres de l'Empire. On les employa pour la première fois, en 1806, devant Boulogne, et en 1807 au bombardement de Copenhague. La composition de cet engin destructeur n'est plus un secret : tous les peuples l'ont adopté en le perfectionnant. Heureusement, l'invention de Congreve a reçu une application plus pacifique, en l'appropriant à la pêche de la baleine; et, ce qui est mieux encore, on s'en sert pour lancer avec une grande justesse des cordes de sauvetage sur les bâtiments en péril.

CONGREVE (William), poëte dramatique anglais, né en 1672, mort en 1728. Issu d'une ancienne famille du Yorkshire, il fit des études brillantes à l'université de Dublin. Son père, officier dans l'armée, le destinait au barreau : mais, comme il arrive souvent, ce jeune homme sacrifia le droit aux belles-lettres. Cette carrière devint pour lui une source de célébrité et de bien-être. Il obtint la protection de lord Halifax, à la suite du succès que lui valut une comédie de mœurs, intitulée l'*Old Bachelor* (le vieux garçon), qu'il composa à l'âge de 21 ans, dans les loisirs forcés d'une convalescence. Cet ouvrage est considéré comme un des chefs-d'œuvre du théâtre anglais, ainsi que la pièce du même auteur qui a pour titre : *Love for love* (Amour pour amour). Congreve rappelle Régnard; son style est plein de verve. Cependant, malgré ses succès avérés, William Congreve se découragea à la suite d'un échec. Les vingt dernières années de sa vie se passèrent dans la retraite; la goutte et la cécité vinrent attrister sa vieillesse. Une chute de voiture qu'il fit en se rendant aux eaux de Bath lui occasionna une lésion intérieure qui occasionna sa mort. Par les soins de la duchesse Marlborough, un monument lui fut érigé à Westminster.

CONI, ville du royaume d'Italie, ch.-l. de la province de son nom, à 75 kil. de Turin. Pop. 22,535 hab. Siége d'un évêché suffragant de Turin. Bel hôtel de ville. Ecole de droit. Commerce de transit avec Nice, la Lombardie, l'Allemagne, la Suisse. Fabrication d'étoffes de laine et de soieries. Les Français s'emparèrent de cette ville en 1744, 1796, 1801, et sous le premier empire, elle devint le ch.-l. d'un département de la France. La province de Coni a 6,802 kil. carr. et 604,000 hab.

CONIL, bourg d'Espagne (Andalousie), dans la province de Cadix, à 32 kil. de cette ville. Pop. 4,500 hab. Pêcherie importante de thon et d'anchois.

CONJECTURE. C'est une probabilité plus ou moins fondée, un jugement, une opinion qui ne repose que sur des données incertaines et vagues. Combien ne nous trompons-nous pas souvent dans nos conjectures ? Sans principes fixes, on ne peut aller que de conjecture en conjecture.

CONJEVARAM, ville de l'Hindoustan anglais, présidence de Madras, à 68 kil. de cette ville. Assez populeuse. Curieuses pagodes consacrées à Siva. Station militaire. Fabrication de foulards, turbans, mousseline.

CONIQUES (sections). C'est cette partie de la géométrie où l'on traite des lignes courbes qui résultent de toutes les sections d'un cône par un plan. Le cône, divisé en deux parties par un plan qui passe par son axe, forme un triangle appelé *isocèle*; le plan découpé parallèlement à la base du cône forme un *cercle*.

CONJOINT. Ce mot se dit d'une personne unie à une autre par le lien du mariage. Quelquefois on entend par conjoints ceux qui ont ensemble certains droits communs, tels que des cohéritiers, des colégataires, des coobligés et des coassociés.

CONJONCTURE, rencontre de circonstances qui produisent un résultat heureux ou malheureux.

Faut-il que malgré nous il soit des *conjonctures*
Où le cœur égaré flotte entre les parjures.
(VOLTAIRE.)

CONJURATEURS. Nom donné chez les Gaulois à ceux qui attestaient devant les tribunaux, par serment, de la véracité des faits avancés par l'une des deux parties, et qui s'en portaient garants.

CONJURATION. Complot formé par un certain nombre d'individus et qui a pour but de détruire l'ordre de choses existant ou un attentat contre la vie du prince.

CONJURATION. (*Voir* EXORCISME.)

CONLIE-LA-CHAPELLE, ch.-l. de cant. de l'arrond. du Mans (Sarthe), à 21 kil. de cette ville. Pop. 1,660 hab. Fabrication de toiles et cuirs.

CONLIÈGE, ch.-l. de cant. de l'arrond. de Lons-le-Saulnier (Jura), à 5 kil. de cette ville. Pop. 1,185 hab.

CONNAISSANCE, manifestation de l'esprit humain qui, par la combinaison des communs : il est donc impossible d'approfondir l'une d'elles sans emprunter aux autres certaines notions, et sans être encyclopédique dans une certaine mesure.

CONNAISSEMENT, acte par lequel celui qui charge un navire de marchandises, et le capitaine qui s'engage à les transporter, constate le chargement des marchandises sur le navire et les conditions de transport. Le connaissement doit exprimer la nature et la quantité, ainsi que les espèces ou qualités des objets à transporter. Sur les côtes de la Méditerranée, on donne à ce contrat le nom de police de chargement. Il correspond à la lettre de voiture, que l'on remet aux bateliers dans les transports par eau.

CONNAUGHT, province d'Irlande, bornée au N. et à l'O. par l'Océan atlantique,

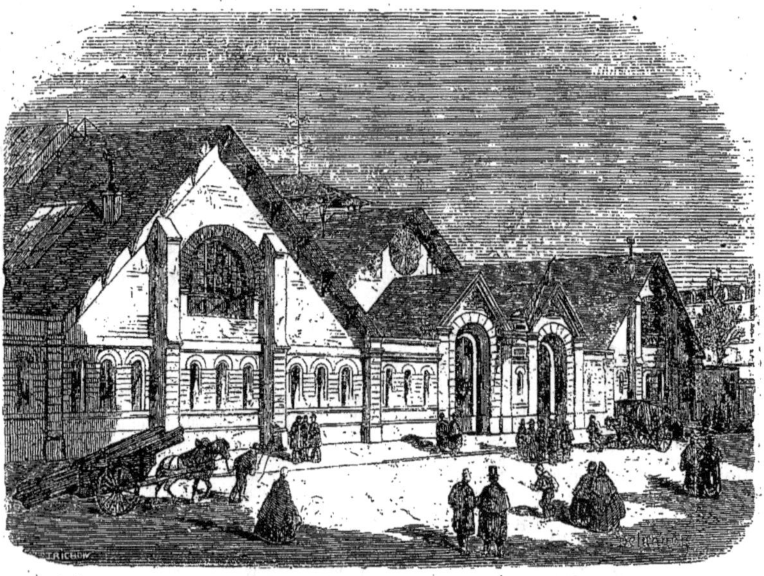

Vue de la Douane, à Paris.

idées, arrive à manifester la croyance à un fait. La connaissance n'est ainsi qu'un résultat. Elle est plus ou moins vraie, suivant que nous nous appliquons plus ou moins à redresser les erreurs de nos sens, à repousser les idées préconçues, qui constituent des préjugés, et suivant que nous nous appliquons, par une saine logique, à expliquer les causes pour en déduire les effets. Ainsi pour en donner un exemple, nous affirmons que la terre est ronde, bien que nous n'ayons jamais pu embrasser par les sens l'étendue et la mesure du globe ; ce n'est que par une suite d'observations que nous sommes arrivés à donner à cette idée le caractère de la certitude. Les connaissances sont plus profondes et plus variées chez ceux qui exercent à la fois la mémoire, le raisonnement et l'imagination. La science a établi les règles suivant lesquelles on détermine le point de vue auquel on doit se placer, pour embrasser tel ou tel genre de connaissances. Bacon a eu la gloire d'établir les rapports des connaissances entre elles, et de les classer d'après leurs analogies et leurs différences. Les connaissances, malgré leur variété, empruntent les unes aux autres des principes qui leur sont

au N.-E. par la province d'Ulster, à l'E. par celle de Leinster, au S. par celle de Munster. Superf. 346 myriam. carr. Pop. 911,355 hab. Ch.-l. Golway. Pays montagneux à l'O., plat et marécageux à l'E. Sol peu fertile. Les principales baies sur la côte sont : Golway, Kilkerran, Birterbury, etc. Pêche du saumon et du hareng. Le Connaught est divisé en cinq comtés : Lertrim, Golway, Mayo, Roscommon, Higo.

CONNECTICUT, fleuve des Etats-Unis, prend sa source au N. du New-Hampshire. Il passe entre le New-Hampshire et le Vermont, traverse le Massachussetts et le Connecticut et se jette dans le golfe de Long-Island (Océan atlantique), après un parcours de 650 kil. Ses eaux sont poissonneuses et forment plusieurs chutes remarquables.

CONNECTICUT, république de la confédération des Etats-Unis de l'Amérique du Nord, bornée au N. par le Massachussetts ; à l'E. le Rhode-Island, au S. le détroit de Long-Island, à l'O. le New-York. Superf. 12,238 kil. carr. Pop. 460,151 hab. Arrosée par le Connecticut. Climat sain, sol fertile ; froment, orge, seigle, maïs, etc. Mines de fer, salines, carrières de granit, vastes forêts. Industrie très-florissante. Fabrication d'armes, de machines, quincaillerie ; distilleries, tanneries ; filatures de laine, soie. Commerce actif avec les Antilles. Le Connecticut est divisé en huit comtés et a deux capitales : New-Haven, Hartford. Ce territoire formait originairement deux colonies, celle de Connecticut, établie en 1635 par des émigrants du Massachussetts, et celle de New-Haven, établie en 1638 par des émigrants anglais. Ces deux colonies furent réunies en 1662 par le roi d'Angleterre Charles II.

CONNEMARA, contrée d'Irlande, à l'O. du comté de Golway, sur l'Océan atlantique. Pop. 30,000 hab. Marais et montagnes. Cette contrée est renommée pour ses excellents poneys.

CONNÉTABLE. L'officier chargé primitivement de cette charge avait sous sa dépendance la surveillance des écuries. Ce fut vers le xe siècle que le titre de connétable devint une des premières charges de la couronne. Le connétable portait pour insigne de sa puissance une épée à poignée d'or et émaillée de fleurs de lis. Le dernier connétable est le duc de Lesdiguières (1627). Louis-Philippe, qui devait son élévation à la révolution de 1830, n'osant rétablir le titre de connétable, qui lui paraissait entaché d'idées féodales, mais voulant donner au maréchal Soult une preuve de sa gratitude, lui conféra le titre de maréchal-général, se fondant pour cette création sur une semblable faite par Louis XIV en faveur de Turenne.

CONNÉTABLIE. Cette juridiction, qui subsista, même après que la charge de connétable eut été détruite, connaissait de tous les crimes commis par les gens de guerre. On pouvait en appeler au parlement des sentences rendues par la connétablie.

CONNÉTABLIES. Ce nom fut porté par des compagnies de cavalerie et d'infanterie française au XIVe siècle ; leurs commandants étaient appelés connétables.

CONNEXION, s'entend de deux idées ayant de tels rapports, que la connaissance de l'une dépend de la connaissance de l'autre. La connexion des idées, les unes servant à la démonstration des autres, est le signe certain d'un ouvrage de mérite. Que rien ne doive être ajouté et ne puisse être retranché sans détruire la corrélation et l'affiliation des idées.

CONNIVENCE, action de plusieurs volontés pour arriver à un résultat contraire à la loi ou à la morale. La connivence implique toujours l'idée de dol ou de fraude.

CONNOR, village d'Irlande, comté d'Antrim, à 10 kil. de cette ville. Pop. 265 hab. Autrefois ville importante. Siége d'un évêché fondé au VIe siècle.

CONNUBIUM. Nom donné au mariage légal entre Romains et Romaines, d'origine dans les fers par ordre du satrape Tiribaze, et égorgé dans sa prison. Plusieurs historiens prétendent qu'il réussit à s'enfuir et à gagner l'île de Chypre, où il mourut, laissant une fortune considérable.

CONON, 84e pape, de 686 à 687, né à Temeswar, en Mysie. A la mort de Jean V, l'armée, qui prétendait faire des papes comme elle faisait des césars, voulut imposer aux Romains un candidat, tandis que le clergé en désignait un autre. Pour se mettre enfin d'accord, les deux parties en choisirent un troisième, et Conon fut élu, aux acclamations du peuple. C'était un vieillard vénérable, mais peu expérimenté dans les affaires publiques. Il laissa des intrigues s'ourdir autour de lui. Son pontificat ne dura que 11 mois et 3 jours.

CONQUES, ch.-l. de cant. de l'arrond. primées, et qu'ainsi la guerre ne soit plus qu'une protestation contre la conquête. Cependant, si ce principe est proclamé par le nouveau droit des gens européen, il ne s'applique pas à ces nations barbares que leurs institutions mettent en quelque sorte en dehors de la civilisation. Aucune nation n'a le droit de se murer chez elle, et c'est peut-être pour proclamer ce principe que la guerre de Chine a été entreprise. D'un autre côté, aucune nation n'a le droit de rester en dehors du commerce et de priver toutes les autres des ressources inexploitées que renferme son territoire. Ainsi peuvent s'expliquer les conquêtes entreprises par les nations européennes en Asie, en Afrique et dans les îles de l'Océanie. Au reste, il existe une telle solidarité d'intérêts entre les diverses nations civilisées, que la

William Douglas fait prisonnier par les Anglais en 1296.

et d'état. Par exception, les empereurs pouvaient donner le droit de connubium à un citoyen romain qui s'unissait avec une étrangère. Dans ce cas, les enfants issus de cette union suivaient la condition du père.

CONON, général athénien, 400 ans av. J.-C. Du temps de Pausanias, on voyait encore à Athènes le tombeau de Conon. Ce grand citoyen fut mêlé à la seconde partie de la guerre du Péloponèse, et appelé à partager le commandement de l'armée avec Alcibiade et Thrasybule. Ses débuts ne furent pas heureux : battu près de Lesbos par Callicratidas, bloqué dans le port de Mitylène, témoin de la défaite d'Ægos-Potamos, il remporta enfin une victoire complète sur Lysandre, délivra l'Asie mineure du joug des Spartiates, et rentra avec sa flotte au Pirée, où il fut reçu triomphalement par ses compatriotes. Il employa alors ses marins à relever la grande muraille de la ville de Minerve, pour la mettre à l'abri de toute surprise, et mérita ainsi le titre de second fondateur d'Athènes. Sa fin fut tragique. Envoyé à la cour de Perse pour y contre-balancer l'influence de Lacédémone, il fut, dès son arrivée à Sardes, jeté de Rodez (Aveyron), à 38 kil. de cette ville. Pop. 1,320 hab.

CONQUES, ch.-l. de cant. de l'arrond. de Carcassonne (Aude), à 7 kil. de cette ville. Pop. 1,625 hab. Fabriques de draps.

CONQUET (le), ville et port de l'arrond. de Brest (Finistère), à 25 kil. de cette ville. Pop. 1,380 hab. Fabriques de produits chimiques. Rade sûre. Commerce de cabotage.

CONQUÊTE, acquisition, par la force des armes, d'un pays sur lequel un souverain ou une république veut exercer sa domination. Pope définit ainsi le conquérant :

> Un héros cherche à vaincre et ne peut s'en lasser
> Tant qu'il lui reste encore un peuple à terrasser.
> Un héros sur ses pas ne tourne point la tête,
> Il court rapidement de *conquête* en *conquête*
> Et sans cesse de sang arrose ses lauriers,
> Seul et frivole objet de ses travaux guerriers,
> Voilà le *conquérant* !...

Grâce aux idées humanitaires et philosophiques qui dominent aujourd'hui, l'esprit de conquête a disparu. Les peuples ne combattent plus que pour des questions de nationalité. Il semble que la grande œuvre de notre époque consiste à reconstituer sur de nouvelles bases les nationalités op- conquête des petits pays par les grandes nations serait considérée comme une menace pour toutes les autres. Ainsi l'équilibre européen est fondé, moins sur une de ces conventions écrites, qu'on ne respecte pas toujours, que sur un principe universellement accepté.

CONQUÊTS, ce mot s'entendait autrefois, en droit, des acquisitions faites pendant le mariage et qui tombaient dans la communauté. On opposait les *conquêts* aux *propres*, lesquels comprenaient les biens advenus à l'un des époux par succession ou donation, et qui ne tombaient pas dans la communauté.

CONQUISITEURS. Commissaires nommés par le sénat romain, et qui avaient pour mission de lever la milice et de recevoir le serment des nouveaux engagés.

CONRAD Ier, duc de Franconie, roi ou empereur d'Allemagne, de 911 à 918. A l'extinction de la famille des Carlovingiens, l'Allemagne devint un royaume électif. Le choix des seigneurs allemands se porta d'abord sur Othon le Grand, ou l'Illustre, duc de Saxe, qui descendait de Charlemagne par les femmes; mais Othon, déjà avancé en âge, ayant refusé la couronne, conseilla aux Franconiens et aux Saxons de nommer Conrad, fils de Conrad de Fritzlar, comte de Franconie. Celui-ci fut élu en octobre 911. Son règne fut entièrement employé à combattre ses ennemis. Il fit la guerre à Henri de Saxe, fils de ce même Othon, auquel il devait la couronne ; il combattit Charles le Simple, sur lequel il conquit l'Alsace, et eut aussi de sanglants démêlés avec Arnoulf le Mauvais, duc de Bavière, qui avait prêté assistance aux rebelles de la Souabe. Ce fut en le poursuivant jusqu'en Hongrie qu'il fut blessé mortellement à la bataille de Quedlimbourg, le 23 décembre 918. Conrad donna un rare exemple de générosité et de désintéressement, en désignant pour lui succéder ce même Henri de Saxe, son compétiteur, qu'il croyait seul capable de protéger l'empire, disant ces paroles remarquables par leur loyauté : « Je veux rendre au fils ce que j'ai reçu du père. »

Conrad II, roi d'Allemagne, empereur romain de 1024 à 1039. Conrad II, dit le *Salien*, est considéré comme l'un des empereurs les plus célèbres de l'Allemagne, et comme le fondateur de cette maison franconienne ou salienne qui devait jouer un rôle si actif dans la grande lutte de l'empire et du saint-siége. Son élection eut lieu à la mort de Henri II, dernier souverain de la famille impériale de Saxe. Elle se fit à Mayence, en présence des armées respectives de huit peuples, représentés par leurs ducs. Mais bientôt les Italiens, toujours désireux de se soustraire à la domination allemande, offrirent la couronne d'Italie au fils du roi de France. Conrad, après avoir eu le soin de désigner son jeune fils Henri comme son successeur, franchit les Alpes, châtia les villes rebelles (Pavie et Ravenne) et entra à Milan, où il se fit proclamer roi d'Italie. Puis il vint à Rome où il fut couronné empereur par le pape Jean XIX. Mais tandis qu'il était absent, Conrad le jeune, son cousin, et Etienne de Souabe se liguèrent contre lui, ainsi que le roi Etienne de Hongrie, qui élevait des prétentions sur la Bavière. Conrad, de retour dans ses Etats, réprima énergiquement toutes ces rébellions. Il repoussa également les Polonais qui inquiétaient ses frontières. Il devint roi de Bourgogne en 1033, après avoir disputé valeureusement ce pays pendant 5 ans à Eudes, comte de Champagne. L'Italie s'étant soulevée de nouveau, l'empereur repassa les Alpes pour punir l'archevêque Aribert, qui méconnaissait son autorité et entraînait d'autres prélats dans sa défection. Il sut maîtriser avec fermeté les empiétements du pouvoir ecclésiastique ; mais il échoua sous les murs de Milan et fut forcé de renoncer à faire le siége de cette ville. La peste qui se déclara dans son armée, et dont il fut lui-même atteint, le contraignit de retourner en Allemagne avec les débris de ses troupes. La même année, il fit proclamer son fils Henri roi de Bourgogne, et mourut peu après, à Utrecht, d'une attaque de goutte. Il fut enterré dans la cathédrale de Spire. Les lois et ordonnances qu'il rendit le font regarder comme l'auteur du droit féodal écrit. Ce fut aussi Conrad qui institua les *Trêves de Dieu* pour mettre fin aux guerre privées que les gentilshommes se faisaient entre eux à tout propos.

Conrad III, roi des Allemands, 1er empereur de la dynastie des Hohenstaufen, né en 1093, mort en 1152. A la mort de Lothaire, Conrad fut élu à Coblentz par les princes du Rhin, au détriment du duc de Bavière et de Saxe, Henri le Superbe, qui avait déjà pris possession des insignes impériaux. Henri, blessé dans son orgueil, fut sommé par Conrad de restituer un de ses deux duchés : il s'y refusa. Ce fut le signal d'une guerre qui se prolongea avec des péripéties diverses, mais dont l'issue fut favorable à l'empereur. A la mort de Henri Welf VI, son frère réclama la Bavière dont Léopold, margrave d'Autriche, s'était emparé. Le margrave fut défait, et Welf marcha contre Conrad et son frère Frédéric qui assiégeaient Weinsberg. Les Impériaux furent vainqueurs, le 21 décembre 1140. La ville fut prise par Conrad, qui ordonna que les hommes restassent prisonniers, et accorda la liberté aux femmes. Celles-ci ayant reçu la permission d'emporter ce qu'elles avaient de plus précieux, parurent portant leurs maris sur leur dos et leurs enfants sous leurs bras. Ému à ce touchant spectacle, Conrad fit grâce à toute la population. Cependant les nouvelles de Terre-Sainte devenaient inquiétantes ; Edesse venait de tomber au pouvoir des infidèles : Conrad, cédant aux exhortations de saint Bernard, entreprit une croisade. Il eut la précaution de faire élire son fils Henri roi des Romains, mit fin à ses querelles avec Welf VI, et traversa la Hongrie pour se rendre à Constantinople ; mais la défaite d'Ascalon déjoua ses efforts. Conrad revint en 1148 de son infructueuse expédition. En son absence, la guerre s'était ranimée sur tous les points de l'Allemagne. Les choses étant rétablies de ce côté, Conrad allait partir pour l'Italie lorsqu'il mourut empoisonné, le 15 février 1152, à Bamberg. Le mariage de Conrad avec une princesse grecque et l'alliance des deux empires d'Orient et d'Occident furent symbolisés par l'aigle à double tête qui figure encore aujourd'hui dans les armoiries de la maison d'Autriche.

Conrad IV, dernier empereur de la maison de Souabe, né en 1228, mort en 1254. La courte existence de ce souverain se passa en guerres continuelles ; car en héritant du trône de son père Frédéric II, il hérita en même temps des embarras de la lutte entre l'empire et le pape. C'était l'époque où Rome faisait et défaisait les rois ; il lui suffisait de lancer une excommunication pour délier les peuples de toute obéissance. Outre que Conrad avait été reconnu duc de Souabe et d'Alsace, son père avait eu soin de le faire proclamer d'avance roi des Romains et empereur. Le landgrave Henri de Thuringe, donné pour conseiller au jeune prince, que le pape Innocent IV poursuivait de ses excommunications, se laissa nommer roi par une nombreuse assemblée d'évêques. Conrad marcha contre lui, fut d'abord vaincu par suite d'une trahison, puis le battit avec l'aide du duc Othon de Bavière, et le rejeta en Thuringe, où ce prétendant mourut. Innocent IV substitua à Henri le comte Guillaume de Hollande, qui devint un concurrent dangereux. Pressé de tous côtés par ses ennemis, Conrad IV entreprit, en 1251, une expédition en Italie à l'effet de s'assurer au moins la possession du royaume de Naples. Mais là s'arrêtèrent ses progrès ; une grave maladie l'emporta dans son camp devant Lavello. Son fils unique, alors âgé de 2 ans seulement, était ce Conradin qui eut une fin si tragique.

Conrad, dit le *Pacifique*, roi de la Bourgogne transjurane (937-991). Les Hongrois, cherchant à s'établir en France, avaient forcé ses frontières, dispersé ses troupes et descendaient le long du Rhône en commettant mille ravages, tandis que les Sarrasins venus de Lombardie s'étaient postés au pied des Alpes, d'où ils faisaient de continuelles excursions en Savoie et dans le Dauphiné. Conrad traita séparément avec ces Barbares, et offrit aux uns le pays occupé par les autres : Hongrois et Sarrasins en vinrent aux mains, et quand le roi jugea le moment opportun, il les fit cerner par ses troupes qui les mirent en pièces. Conrad épousa, en 958, Mahaut de France.

Conrad de Montferrat, dit le *marquis de Tyr* (XIIe siècle). Il se rendit célèbre de bonne heure par sa bravoure et ses talents militaires. Après une brillante expédition contre Christian, archevêque de Mayence, qui assiégeait dans Viterbe l'antipape Calixte, Conrad partit pour la Palestine rejoindre son père. Le marquis arriva à Constantinople à propos pour maintenir sur le trône Isaac l'Ange, que l'usurpateur Brancas allait renverser. Brancas fut tué ; Conrad épousa Théodora, sœur de l'empereur. Mais il apprit que son père avait été fait prisonnier par Saladin, à la bataille de Tibériade. Aussitôt il partit et descendit jusqu'à Tyr, que Saladin pressait vivement. Conrad organisa la défense de la ville. Etonné de ce surcroît de résistance, le sultan fit amener sous les remparts le père du marquis et offrit de l'échanger contre la place, menaçant, dans le cas contraire, de le mettre à mort. Conrad répondit que si son père devait être un obstacle à la défense de la ville, il serait le premier à le frapper. Saladin épargna le vieillard et dirigea ses efforts contre Jérusalem, qu'il emporta. De son côté, Conrad, renforcé par les Pisans, arma une flotte considérable et remporta sur les musulmans deux victoires navales. Il prit l'amiral, qu'il échangea contre son père. Ayant rejoint à Antioche Frédéric, duc de Souabe, il reçut de lui le commandement général des croisés jusqu'à l'arrivée de Philippe-Auguste et de Richard Cœur-de-Lion. Il eut de violents démêlés avec le monarque anglais, et l'on croit que ce fut à l'instigation de Richard que le malheureux marquis de Montferrat fut assassiné à Tyr, le 29 avril 1192, par deux émissaires du Vieux de la Montagne, le jour même où il apprenait que les barons venaient de l'élire roi de Jérusalem, de préférence à Guy de Lusignan.

Conrad de Wurtzbourg, troubadour allemand, né au XIIIe siècle, mort en 1287 à Fribourg en Brisgau. Ce fut le dernier représentant de la poésie chevaleresque que protégea l'illustre maison de Hohenstaufen. On ne connaît Conrad que par ses poésies fraîches et délicates. Il y a lieu de présumer qu'il était attaché comme musicien à la cour de l'évêque de Wurtzbourg. Ses productions sont tantôt légères, tantôt sérieuses. On estime surtout son poëme épique de la *Guerre de Troie*. On croit, sans en être certain, qu'il est l'auteur des *Niebelungen*.

CONRADIN, duc de Souabe, le dernier des Hohenstaufen, né en 1252, décapité en 1268. Elevé, après la mort de son père Conrad IV, à la cour du duc Louis de Bavière, son oncle, il fut poursuivi par la haine que les papes portaient aux Hohenstaufen. Clément IV adjugea son royaume de Sicile à Charles d'Anjou, frère de Louis IX, roi de France, qui vint se mettre en possession, après avoir défait un usurpateur nommé Manfred. Mais l'administration du prince français n'ayant pas tardé à déplaire aux populations italiennes, celles-ci appelèrent Conradin, qui n'hésita point à franchir les Alpes avec son compagnon d'enfance Frédéric, fils du margrave de Bade, et une armée de 10,000 hommes. Malgré les anathèmes du pape, Conradin obtint d'abord des succès rapides, se créa de nombreux partisans, se rallia les villes de la haute Italie, battit les Français à Ponte di Valle ; mais à Tagliacozzo la fortune l'abandonna. Fait prisonnier avec le prince de Bade, ils furent décapités tous deux sur la grande place de Naples par les ordres de Charles d'Anjou. Conradin mourut avec une admirable fermeté : du haut de l'échafaud il lança un de ses gants au milieu de la foule, en recommandant qu'on le portât au roi Pierre d'Aragon, l'héritier de ses droits sur la Pouille et la Sicile. Un chevalier allemand, Trucksess de Waldebourg, eut le courage de remplir cette périlleuse mission. Pierre d'Aragon recueillit le legs, et le sang de Conradin fut lavé par celui qui coula aux Vêpres siciliennes. La mère du jeune et malheureux prince, Elisabeth de Bavière, était partie de Landshut avec une somme considérable destinée à la rançon de son fils; mais elle apprit en chemin sa mort tragique. Néanmoins elle poursuivit son voyage. Elle entra dans le port de Naples avec un appareil lugubre, sur un vaisseau dont les voiles et les cordages tout noirs annonçaient sa douleur. Par l'entremise de l'archevêque, elle sollicita de Charles d'Anjou la liberté d'ériger à son fils un monument au lieu même de son supplice. Cette grâce fut refusée à la mère désolée, qui put seulement faire transporter le corps de son fils dans l'église des Carmes.

CONRART (Valentin), né en 1603 à Paris, mort en 1675. Cet écrivain, qui fut pour ainsi dire le père de l'Académie française, appartenait à une famille calviniste originaire du Hainaut. Bien qu'il n'eût pas fait d'études classiques, il possédait à fond le français, l'italien et l'espagnol, dont l'usage était très-répandu à cette époque. Attaché à la cour par les charges de conseiller et secrétaire du roi, il trouvait du temps pour cultiver les lettres, et ce fut ce goût des délassements de l'esprit qui lui fit rechercher la société de Godeau, Gombauld, Giry, Habert, Chapelain, l'abbé de Cerisy, Serizay et Malleville. Le cénacle de ces raffinés de l'intelligence se tenait chez Conrart. Malleville y introduisit Faret, lequel amena à son tour Desmarets et Boisrobert. Ce genre de réunion, usité en Italie, était nouveau pour la France. Le cardinal de Richelieu en entendit parler et fit offrir sa protection, qu'on se garda bien de refuser, et pour cause. La société de Conrart devint d'abord l'*Académie éminente*, puis l'*Académie française*. On élut un directeur, un chancelier temporaire et un secrétaire perpétuel. Conrart obtint ce dernier titre. Cette organisation a prévalu et s'observe encore de nos jours. Les lettres patentes de Louis XIII pour l'établissement de l'Académie sont datées de janvier 1635. Les écrits de Conrart sont peu nombreux; ils se bornent à quelques épîtres.

CONRING (Herman), savant hollandais, né en 1606 à Norden, mort en 1681. Il fut nommé en 1632 professeur de philosophie naturelle. En 1636, il était reçu docteur en médecine; ses thèses, admirées de tous, devenaient des livres. La princesse régente d'Ost-Frise, la reine Christine de Suède, lui accordèrent leur protection. Le duc de Brunswick lui confiait une chaire de droit. Et telle fut encore sa supériorité dans la science de la jurisprudence, que plusieurs souverains, émerveillés de la sagesse et de la profondeur de ses écrits, ne dédaignèrent pas de le consulter sur des points difficiles et importants. Louis XIV lui fit une pension. Les rois de Suède et de Danemark, et le prince palatin, le nommèrent conseiller.

CONSABRUCK, village de la Prusse rhénane, à 7 kil. de Trèves. Victoire du duc de Lorraine sur le maréchal de Créqui, 1675.

CONSALVI (Hercule), cardinal et homme d'État, né à Rome en 1757, mort dans cette ville en 1824. Consalvi fut un de ces hommes supérieurs que leur génie appelle nécessairement au premier rang. Le début de sa haute fortune tint à l'hostilité qu'il témoignait contre les principes révolutionnaires. Les tantes de Louis XVI lui en surent bon gré, et le firent nommer auditeur de rote. En cette qualité, il était chargé de surveiller les Français habitant Rome, et il prit à la lettre ses fonctions. Aussi, lorsqu'en 1798, Rome fut occupée par les troupes françaises, Consalvi, d'abord incarcéré, se vit condamné au bannissement. Plus tard, il devint secrétaire du cardinal Chiaramonti, qui, élu pape, conféra à Consalvi le chapeau de cardinal. L'année suivante (1801), le nouveau prince de l'Église conclut avec Napoléon le concordat. Fidèle à la fortune de Pie VII, il se tint dans la retraite après son enlèvement. En 1814, il reparut sur la scène politique, au congrès de Vienne; où il parvint à faire restituer au saint-siége les Marches et les Légations. C'est à ses soins qu'il faut rapporter le *Motu proprio* du 6 juillet 1816, par lequel fut réglée enfin, dans une certaine mesure, la trop déplorable administration des États de l'Église. Il fit rédiger une nouvelle procédure civile et un code de commerce, et imprima une bonne direction aux finances. Il s'efforça, en outre, de maintenir l'ordre et de réprimer l'audace des bandes de brigands. Les sciences naturelles, l'archéologie entrèrent, grâce à lui, dans l'université de Rome. On doit surtout lui savoir gré d'avoir appelé de Milan le célèbre abbé Maï pour remplir les fonctions de conservateur de la bibliothèque du Vatican. Les arts lui durent aussi une protection éclairée et efficace. Le Colisée fut restauré, le musée Pio-Clementin enrichi de nouveaux chefs-d'œuvre, des fouilles furent pratiquées avec succès. En un mot, il embellit Rome et l'orna d'établissements utiles. Durant 23 années, il fut le conseiller et l'appui del Pie VII. Après la mort de ce pape, en 1823, il dirigea toutes les affaires pendant la vacance du siége pontifical. Il se retira ensuite à sa campagne, près Montopoli, en Sabinie. Par son testament, il laissa une somme de 50,000 scudi, destinée à l'érection, dans l'église de Saint-Pierre, d'un monument à la mémoire de Pie VII.

CONSANGUIN se dit de celui qui est parent d'une personne, du côté du père seulement. Par extension, le *consanguinité* est quelquefois synonyme de parenté.

CONSCIENCE. C'est cette faculté qu'a l'homme de contempler ce qui se passe en lui, d'assister à sa propre existence, d'être, pour ainsi dire spectateur de lui-même; c'est cette lumière, ce sentiment intérieur, par lequel l'homme se rend témoignage à lui-même du bien ou du mal qu'il fait. « La conscience, a dit un écrivain, est un tribunal où l'homme devient tout à la fois à soi-même son accusateur, son témoin, son juge, et son bourreau. »

CONSCRIPTION MILITAIRE. Cette loi, adoptée par le conseil des Cinq-Cents, sur le rapport du général Jourdan, le 19 fructidor an VI (5 septembre 1798), astreignait au service militaire tous les Français âgés de 20 à 25 ans, le remplacement était autorisé. La durée du service, en temps de paix, était de un an à cinq, et, en temps de guerre, elle était illimitée. Les guerres terribles dans lesquelles la France se trouva engagée sous l'empire amena le rappel des classes libérées, on en vint même à faire des appels de classes par anticipation. Cette loi frappée d'impopularité fut abrogée en 1814. (*Voir* RECRUTEMENT.)

CONSCRITS (pères). (*Voir* SÉNATEURS.)

CONSÉCRATION. Cérémonie qui se fait lorsqu'on veut dédier à Dieu ou à quelque divinité un autel, un calice, un temple, une église, etc.

CONSEIL. Assemblée ayant pour but de délibérer sur des matières déterminées à l'avance.

CONSEIL (grand). (*Voir* CONSEIL DU ROI.)

CONSEIL ACADÉMIQUE. Ce conseil, qui siége au chef-lieu de chaque Académie universitaire, a pour mission de donner son avis sur toutes les mesures d'améliorations qui concernent l'instruction publique, et de juger les affaires contentieuses relatives à l'instruction publique. Le recteur de l'Académie est président de droit du conseil, qui a pour membres les inspecteurs de la circonscription; les doyens des facultés et sept membres choisis par le ministre dans le clergé, la magistrature, et l'administration.

CONSEIL DES AFFAIRES ÉTRANGÈRES. (*Voir* CONSEIL DU ROI.)

CONSEIL D'AGRICULTURE. (*Voir* CONSEIL DE COMMERCE.)

CONSEIL D'AMIRAUTÉ. (*Voir* AMIRAUTÉ.)

CONSEIL DES ANCIENS. L'un des grands pouvoirs de l'État créé par la constitution de l'an III; il était composé de 250 membres. Pour en faire partie, il fallait être âgé de 40 ans au moins, et être marié ou veuf. Ce conseil siégeait aux Tuileries, dans l'ancienne salle qui avait servi à la Convention. Il avait le droit de désigner le lieu de résidence du Corps législatif, de nommer les cinq membres du Directoire, d'après une liste de cinquante candidats, présentée par le conseil des Cinq-Cents. Ce conseil était renouvelable par tiers tous les ans. Il fut détruit par le coup d'État du 18 brumaire, après avoir fonctionné pendant 4 ans.

CONSEIL D'ARRONDISSEMENT. L'article 8 de la loi du 28 pluviôse an VIII détermine ainsi les attributions de ce conseil: « Le conseil d'arrondissement s'assemble chaque année; l'époque de sa réunion est déterminée par le gouvernement; la durée de la session ne peut excéder quinze jours. Il fait la répartition des contributions directes entre les villes, bourgs et villages de l'arrondissement; il exprime son opinion sur l'état des besoins de l'arrondissement et l'adresse au préfet. » Les conseillers d'arrondissement sont élus tous les 6 ans.

CONSEIL DE SURVEILLANCE DE L'ASSISTANCE PUBLIQUE. Ce conseil a été institué en 1849, par un décret; il est chargé, sous la présidence du préfet de la Seine, de la surveillance de l'administration de l'assistance publique, qui comprend, dans son service les hôpitaux et hospices, et les secours à domicile.

CONSEIL AULIQUE. (*Voir* AULIQUE.)

CONSEIL DE LA BANQUE DE FRANCE. (*Voir* BANQUE DE FRANCE.)

CONSEIL DES BATIMENTS CIVILS. Ce conseil, institué en 1796, est composé de quatre architectes; il est présidé par le ministre de l'intérieur ou par un vice-président; il est chargé d'examiner tous les projets de construction ou de restauration des différents bâtiments civils appartenant à l'État, et de donner son avis sur toutes les questions d'art ou de comptabilité qui peuvent lui être soumises par les différents ministères.

CONSEIL DE CHANCELLERIE. (*Voir* CONSEIL DU ROI.)

CONSEIL DES CINQ-CENTS. Cette assemblée composait, avec le conseil des Anciens, le Corps législatif créé par la constitution de l'an III. Les membres se renouvelaient par tiers tous les ans. Ce conseil était chargé de présenter les lois et de les discuter. Le conseil des Anciens, auquel elles étaient ensuite présentées, ne pouvait que les approuver ou les rejeter. Pour être membre du conseil des Cinq-Cents, il fallait être âgé de 30 ans. Au coup d'État du 18 fructidor, 42 membres furent expulsés. Le coup d'État du 18 brumaire mit fin à cette assemblée.

CONSEIL GÉNÉRAL DU COMMERCE. Il est formé par les délégués envoyés par les chambres de commerce de France. Il se réunit tous les ans au ministère du commerce. Ces délégués sont chargés de présenter les aspirations et les réclamations que peuvent avoir à formuler les chambres de commerce.

CONSEIL SUPÉRIEUR DU COMMERCE, DE L'AGRICULTURE ET DE L'INDUSTRIE. Ce conseil, dont la fondation date de 1853, est chargé de donner son avis sur les traités de commerce et de navigation, et de procéder à des enquêtes sur des questions qui lui sont présentées par le gouvernement.

CONSEIL DE CONSCIENCE. Ce conseil était chargé d'examiner tout ce qui concernait la religion et l'Église; il fut supprimé en 1718.

CONSEIL DE DISCIPLINE. Dans l'armée, c'est le nom donné au conseil qui renvoie dans les compagnies de discipline les soldats coupables de certains méfaits qui ne peuvent être justiciables des conseils de guerre. Dans la garde nationale, c'est le conseil qui prononce sur les fautes commises par les gardes nationaux dans le service. Les avocats, les notaires ont également un conseil de discipline qui est chargé de veiller au maintien de la dignité professionnelle.

CONSEIL DES DIX. (*Voir* DIX.)

CONSEIL D'ÉTAT. Le conseil d'État rédige les projets de lois et en soutient la discussion devant le sénat et le corps législatif. Il propose les décrets qui statuent : 1° sur les affaires administratives dont l'examen lui est déféré par des dispositions législatives ou réglementaires ; 2° sur le contentieux administratif ; 3° sur les conflits d'attributions entre l'autorité administrative et l'autorité judiciaire, et donne son avis sur tous les décrets portant règlement d'administration publique ou qui doivent être rendus dans la forme de ces règlements. Il connaît des affaires de haute police administrative à l'égard des fonctionnaires dont les actes sont déférés à sa connaissance par l'empereur. Enfin, il donne son avis sur toutes les questions qui lui sont soumises par l'empereur ou par les ministres. Ce conseil est composé : 1° d'un ministre d'État présidant le conseil, d'un vice-président, nommés par l'empereur ; 2° de 40 à 50 conseillers d'État en service ordinaire ; 3° de conseillers d'État en service ordinaire hors sections, dont le nombre ne peut excéder celui de 18 ; 4° de conseillers d'État en service extraordinaire, dont le nombre ne peut s'élever au delà de 20 ; 5° de 40 maîtres des requêtes divisés en deux classes de 20 chacune ; 6° de 80 auditeurs, dont 40 de première classe et 40 de seconde classe. Un secrétaire général, ayant titre et rang de conseiller d'État, est attaché au conseil d'État. L'empereur nomme et révoque les membres du conseil d'État. Ce conseil est présidé par l'empereur, et, en son absence, par un ministre d'État. Celui-ci préside également, lorsqu'il le juge convenable, les différentes sections administratives et l'assemblée du conseil d'État délibérant au contentieux. Les conseillers d'État en service ordinaire et les maîtres des requêtes ne peuvent être sénateurs ni députés au Corps législatif ; leurs fonctions sont incompatibles avec toute autre fonction publique salariée ; néanmoins les officiers généraux de l'armée de terre et de mer peuvent être conseillers d'État en service ordinaire, sans perdre leurs droits à l'ancienneté. Les conseillers d'État en service ordinaire hors sections sont choisis parmi les personnes qui remplissent de hautes fonctions publiques. Ils prennent part aux délibérations de l'assemblée générale du conseil d'État et y ont voix délibérative. Ils ne reçoivent, comme conseillers d'État, aucun traitement ou indemnité. L'empereur peut conférer le titre de conseiller d'État en service extraordinaire aux conseillers d'État en service ordinaire ou hors sections qui cessent de remplir ces fonctions. Les conseillers d'État en service extraordinaire assistent et ont voix délibérative à celles des assemblées générales du conseil d'État auxquelles ils ont été convoqués par un ordre spécial de l'empereur. Le titre de maître des requêtes en service extraordinaire peut être conféré aux maîtres des requêtes en service ordinaire qui sont appelés à une fonction permanente les obligeant à résider hors Paris, ou qui cessent, par toute autre cause, d'appartenir au service ordinaire du conseil d'État. Les auditeurs peuvent être attachés soit aux divers ministères, soit à certaines préfectures désignées par l'empereur ; dans ce dernier cas, ils sont considérés comme étant en mission, et continuent d'appartenir au service ordinaire. Le titre d'auditeur en service extraordinaire peut être conféré aux auditeurs appelés à une fonction permanente qui les oblige à résider hors de Paris. Le conseil d'État est divisé en six sections, savoir : législation, justice et affaires étrangères ; contentieux ; intérieur, instruction publique et cultes ; travaux publics, agriculture et commerce ; guerre, marine, colonies et Algérie ; finances. Cette division peut être modifiée par un décret du pouvoir exécutif. Chaque section est présidée par un conseiller d'État en service ordinaire, nommé par l'empereur président de section. Les délibérations du conseil d'État sont prises en assemblée générale et à la majorité des voix, sur le rapport fait par les conseillers d'État pour les projets de lois et les affaires les plus importantes, et par les maîtres des requêtes pour les autres affaires. Les maîtres des requêtes et les auditeurs de première classe assistent à l'assemblée générale. Néanmoins les auditeurs de première classe ne peuvent assister qu'en vertu d'une autorisation spéciale aux assemblées générales, présidées par l'empereur. Les maîtres des requêtes ont voix consultative dans toutes les affaires et voix délibérative dans celles dont ils font le rapport. Le conseil d'État ne peut délibérer qu'au nombre de vingt membres ayant voix délibérative, non compris les ministres. En cas de partage, la voix du ministre d'État présidant le conseil est prépondérante. Les décrets rendus après délibération d'une ou plusieurs sections indiquent les sections qui ont été entendues. L'empereur désigne trois conseillers d'État pour soutenir la discussion de chaque projet de loi présenté au Corps législatif ou au Sénat ; l'un de ces conseillers peut être pris parmi les conseillers en service ordinaire hors sections. Sont observées, à l'égard des fonctionnaires publics dont la conduite est déférée au conseil d'État, les dispositions du décret du 11 juin 1806. La section du contentieux est chargée de diriger l'instruction écrite et de préparer le rapport de toutes les affaires contentieuses, ainsi que des conflits d'attributions entre l'autorité administrative et l'autorité judiciaire. Elle est composée de six conseillers d'État, y compris le ministre d'État président le conseil, et du nombre de maîtres des requêtes et d'auditeurs déterminé par le règlement. Trois maîtres des requêtes sont désignés par l'empereur pour remplir au contentieux administratif les fonctions de commissaires du gouvernement ; ils assistent aux délibérations de la section du contentieux. Le rapport des affaires est fait au nom de la section en séance publique de l'assemblée du conseil d'État délibérant au contentieux. Cette assemblée se compose : 1° des membres de la section ; 2° des dix conseillers d'État désignés par l'empereur, et pris en nombre égal dans chacune des autres sections ; ils sont, tous les deux ans, renouvelés par moitié. Cette assemblée est présidée par le président de la section du contentieux. Après le rapport, les avocats des parties sont admis à présenter des observations orales. Le commissaire du gouvernement donne ses conclusions dans chaque affaire. Les affaires pour lesquelles il n'y a pas eu constitution d'avocats ne sont portées en séance publique que si ce renvoi est demandé par l'un des conseillers d'État de la section ou par le commissaire du gouvernement, auquel elles sont préalablement communiquées, et qui donne ses conclusions. Les membres du conseil d'État ne peuvent participer aux délibérations relatives aux recours dirigés contre la décision d'un ministre, lorsque cette décision a été préparée par une délibération de la section à laquelle ils ont pris part. Le conseil d'État ne peut délibérer au contentieux si onze membres au moins, ayant voix délibérative, ne sont présents. En cas de partage, la voix du ministre d'État président le conseil est prépondérante. La délibération n'est pas publique. Le projet de décret est transcrit sur le procès-verbal des délibérations, qui fait mention des noms des membres présents ayant délibéré. L'expédition du projet est signée par le président de la section du contentieux et remise par le ministre d'État président le conseil, à l'empereur. Le décret qui intervient est contre-signé par le garde des sceaux, ministre de la justice. Si ce décret n'est pas conforme au projet proposé par le conseil d'État, il est inséré au *Moniteur* et au *Bulletin des lois*. Dans tous les cas, le décret est lu en séance publique.

CONSEIL DE FABRIQUE. Nom donné au conseil chargé de l'administration du temporel d'une paroisse. Il est présidé par le curé.

CONSEIL GÉNÉRAL. Ce conseil, établi par la loi du 22 pluviôse an VIII, siége tous les ans au chef-lieu du département, à une époque fixée par un décret de l'empereur. Les membres, d'abord choisis par le souverain, ne furent nommés par l'élection qu'à partir de 1832. Chaque canton nomme un candidat. Les président, vice-président et secrétaire sont nommés par le chef de l'État. Ce conseil est chargé de recevoir et de vérifier le budget départemental, de faire la répartition des contributions directes entre les arrondissements, de statuer sur les demandes en réduction faites par les conseils d'arrondissement et les communes, etc. A la fin de leur session, qui est ordinairement de quinze jours, les conseils généraux expriment par des vœux leur opinion sur l'état et les besoins des départements.

CONSEIL DE GUERRE. Tribunal institué par la loi du 13 brumaire an V et qui a pour mission de juger les délits et les crimes commis par des militaires. Il est composé de 7 membres, savoir : 1 colonel, président ; 1 chef de bataillon, 2 capitaines, 1 lieutenant, 1 sous-lieutenant et 1 sous-officier. Le ministère public est partagé entre 2 officiers ayant au moins le grade de capitaine ; l'un, sous le titre de commissaire du gouvernement, assiste aux débats sans pouvoir s'y immiscer pour le fond, mais seulement pour l'observation des formes ; il requiert l'application de la loi lorsque le conseil a reconnu la culpabilité ; l'autre, sous le nom de rapporteur, instruit l'affaire et en fait le rapport. On appelle également conseils de guerre, les assemblées d'officiers généraux convoqués par le commandant en chef d'une armée pour délibérer et s'entendre sur le parti à prendre dans des circonstances difficiles et desquelles peuvent dépendre le salut ou la perte de l'armée. Quand une ville est mise en état de siége, les pouvoirs administratifs et judiciaires sont suspendus et tous les citoyens sont justiciables des conseils de guerre.

CONSEIL D'HYGIÈNE ET DE SALUBRITÉ. Les attributions de ce conseil, établi à Paris près de la préfecture de police, sont l'examen au point de vue sanitaire des halles et marchés, des abattoirs, des chantiers d'équarrissage, cimetières, prisons, et enfin de tout ce qui touche à la salubrité de Paris. Ce conseil, composé de 30 membres, presque tous docteurs en médecine, siége tous les quinze jours à la préfecture de police, sous la présidence du préfet. Un arrêté du chef du pouvoir exécutif, en date du 18 décembre 1848, a ordonné la création d'un conseil d'hygiène et de salubrité dans chaque arrondissement de la France.

CONSEIL IMPÉRIAL DE L'INSTRUCTION PUBLIQUE. D'après le décret du 9 mars 1852, les membres de ce conseil sont nommés par l'empereur qui a également le droit de les révoquer ; il se compose de 3 sénateurs, de 3 conseillers d'État ; 5 archevêques ou évêques ; 3 conseillers à la cour de cassation ; 3 membres de cultes non catholiques ;

5 membres de l'Institut; 8 inspecteurs généraux de l'université, et 2 membres de l'enseignement libre. Ce conseil, qui compte 32 membres, est établi près du ministre de l'instruction publique et a pour but de s'occuper de l'amélioration des études, et de statuer sur l'admission des livres classiques qui doivent servir aux études dans les lycées, etc. Il est également chargé de l'examen des questions relatives à l'établissement de nouveaux règlements pour les écoles, de la création des facultés, lycées, collèges, etc.

CONSEIL DÉPARTEMENTAL DE L'INSTRUCTION PUBLIQUE. Siége au chef-lieu du département sous la présidence du préfet. Ce conseil, créé par la loi du 27 mai 1854, a, quant à l'instruction primaire, les mêmes attributions que le conseil académique.

CONSEIL MARTIAL. Ce conseil, institué par la loi du 21 août 1790, a été remplacé par les conseils de guerre maritime qui se forment pour juger les délits commis à bord des vaisseaux de l'Etat et qui entraînent une peine plus forte que la cale ou la bouline.

CONSEIL GÉNÉRAL DES MINES. Il est composé du ministre des travaux publics, de 6 inspecteurs généraux et d'un ingénieur en chef. Il est chargé d'examiner tout ce qui a rapport à l'exploitation des mines, et donne son avis sur la concession de mines.

CONSEIL DES MINISTRES. Il est composé de tous les ministres à portefeuille et d'Etat, et est le plus souvent présidé par le souverain; il s'occupe des affaires politiques et de toutes les grandes questions d'ordre et d'intérêt publics.

CONSEIL MUNICIPAL. (*Voir* COMMUNE.)

CONSEIL DE L'ORDRE DES AVOCATS. Il est élu par l'assemblée générale des avocats inscrits au tableau depuis 10 ans à Paris, et 5 ans dans les départements. Le bâtonnier en est président. Les avocats au conseil d'Etat et à la cour de cassation ont également un conseil composé de 9 membres, élus par l'ordre; le président est nommé par le ministre de la justice sur la présentation de 3 candidats. (*Voir* CONSEIL DE DISCIPLINE.)

CONSEIL GÉNÉRAL DES PONTS ET CHAUSSÉES. Donne son avis sur tous les grands travaux projetés: chemins de fer, canaux, ponts, ports, dessèchements, irrigations, etc. Il est composé de 18 membres, choisis par le ministre des travaux publics, qui en est de droit président, parmi les inspecteurs divisionnaires, et sont renouvelés tous les six mois. (Décret du 7 fructidor an XII.)

CONSEIL DE PRÉFECTURE. (*Voir* PRÉFET.)

CONSEIL PRESBYTÉRAL. Conseil d'un temple protestant présidé par le pasteur et qui est composé de membres laïques dont le nombre ne peut excéder 7 et ne peut être moindre de 4.

CONSEIL PRIVÉ. Institué par décret impérial du 1er février, il se compose de 8 grands dignitaires nommés par l'empereur.

CONSEIL DES PRISES. Ce conseil qui avait pour mission de connaître des prises faites en mer sur les ennemis, fut supprimé en 1814. C'est maintenant à la section du conseil d'Etat chargée du contentieux, que les attributions du conseil des prises ont été conférées.

CONSEIL PROVINCIAL D'ARTOIS. Ce tribunal fut créé à Arras en 1530 par l'empereur Charles-Quint.

CONSEIL DES PRUD'HOMMES. (*Voir* PRUD'HOMMES.)

CONSEIL DE RECENSEMENT. Il est chargé de prononcer sur les admissions dans la garde nationale.

CONSEIL DE RÉVISION. Il est chargé de prononcer sur les cas d'exemption du service militaire présentés par les jeunes gens après le tirage au sort. Ce conseil est composé du préfet du département, d'un conseiller de préfecture, d'un conseiller de l'arrondissement dans lequel le conseil siége; d'un officier général ou supérieur nommé par l'empereur, d'un membre de l'intendance militaire et du sous-préfet de l'arrondissement. Le conseil de révision doit parcourir tous les cantons pendant les opérations du recrutement. On appelle également conseil de révision les tribunaux militaires qui ont pour mission de reviser les jugements rendus par les conseils de guerre. De même que la cour de cassation, ce conseil ne connaît point du fond, mais de la forme.

CONSEIL DU ROI. Ce conseil, dont les membres étaient nommés par le roi, était chargé, sous l'ancienne monarchie, par suite de l'absence de tout corps législatif élu par la nation, de l'administration financière et politique du royaume. Ce conseil était composé de quatre sections principales: 1° Le conseil d'en haut ou des affaires étrangères, et dans lequel on traitait les affaires politiques; les membres composant ce conseil prenaient le titre de ministres d'Etat, qu'ils conservaient à perpétuité; 2° le conseil des dépêches, qui connaissait de toutes les affaires intérieures; 3° le conseil royal des finances, dans lequel se traitaient les questions d'impôts; 4° le conseil privé, dont dépendait le conseil de chancellerie; en l'absence du roi, c'était le chancelier qui présidait ces différents conseils. Des lois et règlements modifièrent la composition de ces conseils, leurs attributions ainsi que leurs noms, qui furent détruits en 1790 et 1791, et il ne resta que le conseil d'Etat, qui était composé du roi et de ses ministres, et qui fut lui-même dissous en 1792.

CONSEIL SUPÉRIEUR DE SANTÉ. Il est composé de 12 membres, presque tous médecins; il est chargé de donner son avis sur tout ce qui intéresse la santé publique. Son siége est à Paris au ministère de l'intérieur. Un semblable, composé de médecins et de pharmaciens, est établi près le ministre de la guerre, sous le titre de conseil de santé des armées.

CONSEIL DU SCEAU DES TITRES. Il a été réorganisé par un décret en date du 8 janvier 1859. Il est convoqué et présidé par le ministre de la justice, ou, en son absence, par celui de ses membres désigné par l'empereur. Ce conseil délibère et donne son avis sur les demandes en collation, confirmation et reconnaissance de titres renvoyés à son examen; sur les demandes en vérification de titres; il peut être consulté sur les demandes en changement ou addition de noms ayant pour effet d'attribuer une distinction honorifique.

CONSEIL SOUVERAIN D'ALSACE. Il tenait lieu de parlement en Alsace, et siégeait à Colmar; créé en 1679, il fut supprimé en 1790.

CONSEIL SOUVERAIN DE ROUSSILLON. Il siégeait à Perpignan, et sa juridiction s'étendait sur les vigueries de Roussillon, de Conflans et de Cerdagne. Créé en 1642, il fut supprimé en 1790.

CONSEILS SUPÉRIEURS. Le parlement, en prenant le parti du peuple, avait depuis longtemps déplu à l'autorité royale; à la suite d'un lit de justice tenu à Versailles le 7 septembre 1770, les conseillers furent exilés, et la justice fut rendue par des maîtres des requêtes et des conseillers d'Etat; mais cet état de choses ne pouvait durer, et le roi, pour remplacer les parlements, créa 6 tribunaux dans les villes d'Arras, Blois, Châlons, Clermont, Lyon, Poitiers, Nîmes, Bayeux, Douai et Rouen. La mort de Louis XV (1774) mit fin à l'existence de ces conseils supérieurs.

CONSEIL SUPÉRIEUR DE SURVEILLANCE DES ÉTABLISSEMENTS GÉNÉRAUX DE BIENFAISANCE ET D'UTILITÉ PUBLIQUE. Il est composé de 24 membres et ne se réunit que sur un ordre émané du ministre de l'intérieur. Son titre dit assez quelles sont ses attributions.

CONSEIL DES TROUBLES. Créé par le duc d'Albe, il fut appelé *conseil du sang* par le peuple des Pays-Bas à cause de ses rigueurs; il était chargé de juger ceux que l'on accusait de fomenter des troubles ou qui rêvaient l'affranchissement de leur patrie.

CONSEILLER, titre donné aux membres du conseil d'Etat, de la cour des comptes, du conseil impérial de l'instruction publique, de la cour de cassation, des cours impériales, des conseils de préfecture, des conseils généraux, des conseils d'arrondissement et des conseils municipaux. Autrefois les avocats étaient appelés conseillers, et les notaires conseillers garde-notes et garde-scel. On appelait conseillers d'épée ceux qui avaient le droit, à raison de leurs fonctions militaires, de siéger l'épée au côté; tels que les princes du sang, les ducs et pairs, les gouverneurs de province, les baillis, les sénéchaux, etc.

CONSENTES, nom des douze dieux et déesses du premier ordre, chez les anciens Romains. On les nommait *consentes* ou *quasi-consentientes* (comme consentants), parce que ces divinités formaient le conseil du père des dieux. Ce conseil comprenait, outre Jupiter, Neptune, Mars, Apollon, Mercure, Vulcain, Junon, Vesta, Minerve, Vénus, Diane, Cérès. Ces divinités présidaient chacune à l'un des douze mois de l'année. Leurs fêtes se nommaient *consentia*. On voyait au milieu du Forum leurs douze statues enrichies d'or.

CONSERVATEUR, se dit de celui qui est chargé de la garde d'une bibliothèque, d'un musée, ou quelquefois même d'une certaine administration. Ainsi l'on distingue les conservateurs des bibliothèques, les conservateurs des eaux et forêts et les conservateurs des hypothèques. Dans le langage politique, on donne le nom de conservateur à celui qui, redoutant toute innovation, s'oppose systématiquement aux changements dans la forme de la constitution d'un Etat.

CONSERVATOIRE DE MUSIQUE, Ecole où l'on forme des sujets pour la musique et la déclamation. C'est en Italie que les conservatoires de musique ont pris naissance; le premier fut établi à Naples en 1537. Celui de Paris ne remonte guère au delà de 1784. Ce n'était d'abord qu'une école de chant, mais on y ajouta, en 1786, des classes de déclamation. Après avoir été fermé (1789), rouvert (1793) et réorganisé (1795), il contribua beaucoup, sous l'habile direction de Sarrette et sous celle de Chérubini, aux progrès de l'art musical et de la déclamation en France. Il a été institué des prix annuels aux élèves qui se distinguent le plus dans un concours. Le Conservatoire de musique a plusieurs succursales dans les départements: à Toulouse, à Lille, à Marseille, à Metz, à Dijon et à Nantes; elles sont régies par des règlements analogues. Les principales capitales de l'Europe, Vienne, Prague, Berlin, Londres, Bruxelles, ont aussi des conservatoires de musique.

CONSERVATOIRE DES ARTS ET MÉTIERS. Il est établi à Paris dans l'ancienne abbaye de Saint-Martin des Champs. L'enseignement qui y est donné comprend la géométrie et la mécanique appliquées aux arts, la statistique industrielle, la démonstration des machines, les procédés d'agriculture, les constructions civiles, la chimie appliquée aux arts et la législation industrielle. Le directeur du Conservatoire et les professeurs de l'enseignement supérieur sont nommés par décret impérial, sur la proposition du ministre de l'agriculture. Les machines et les appareils sont exposés dans de grandes salles qui sont ouvertes au public les jeudis et les dimanches. La bibliothèque renferme un grand nombre d'ouvrages sur les arts et les sciences appliquées. Le Conservatoire possède, en outre, une collection dite *Portefeuille industriel*, qui renferme des dessins de machines cotés à l'échelle, ainsi qu'une collection de tous les originaux des brevets d'invention ou de perfectionnement.

CONSERVATOIRES (actes). On appelle ainsi l'acte ayant pour objet d'empêcher qu'il ne soit porté préjudice à des droits établis. Les actes conservatoires tendent plutôt à garantir la possession que l'exercice d'un droit. Les principaux actes conservatoires sont : 1° les inscriptions hypothécaires ; 2° les appositions de scellés ; 3° les inventaires ; 4° les actes interruptifs de prescription ; 5° les oppositions à partage ; 6° les interventions de créanciers ; 7° les protêts ; 8° les assignations données par les créanciers d'une succession à l'héritier, pendant le délai pour faire inventaire, à l'effet de reconnaître la signature du défunt ; 9° les protestations et réserves ; 10° les demandes à fin de séparation des patrimoines. Les actes conservatoires préservent le droit du créancier sans nuire à la jouissance du débiteur.

CONSIDÉRATION, sentiment de respect et d'admiration qu'on éprouve pour quelqu'un. Dans les États monarchiques, elle est attachée à la naissance, au rang qu'une personne occupe auprès du prince. Dans les gouvernements constitutionnels, elle s'attache plutôt au rang et à la fortune qu'à la naissance. Dans les républiques, elle est accordée à ceux à qui la popularité vaut des distinctions. Quant à la considération personnelle, elle a été dans tous les temps le privilége du talent et du génie. La célébrité est la conséquence de la considération. Le mot *considérations* est quelquefois synonyme d'*observations*. Ainsi Montesquieu a laissé un admirable ouvrage sous le titre de : *Considérations sur les causes de la grandeur et de la décadence des Romains*.

CONSIGNATION, dépôt entre les mains de fonctionnaires publics des deniers dont un débiteur veut se libérer. La consignation peut être volontaire, et c'est ce qui a lieu quand un débiteur fait des offres réelles à son créancier et veut se libérer. Elle est forcée quand elle est ordonnée par la loi ou par justice, ou bien encore quand le débiteur qui veut se libérer ne peut le faire en présence d'une saisie-arrêt ou opposition. On appelle aussi consignation alimentaire le versement d'une certaine somme entre les mains du gardien d'une maison de détention pour dettes. En matière de commerce, on entend par consignation le dépôt fait de marchandises entre les mains de commerçants pour en opérer la vente. La consignation se fait avec ou sans avance de fonds par le signataire.

CONSIGNE. C'est ainsi qu'on appelle, dans la langue militaire, l'ordre, l'instruction que l'on donne à une sentinelle, au chef de poste, etc. On appelle aussi de ce nom une punition militaire qui consiste à interdire la sortie de la chambre, de la caserne, de la ville.

CONSISTOIRE, lieu où s'assemblait le conseil intime et secret des empereurs romains. Ceux qui en faisaient partie étaient appelés comtes du consistoire ; ils venaient après les *illustres* et précédaient les *clarissimes*.

CONSISTOIRE DES CARDINAUX. Assemblée des cardinaux présidée par le pape. Le consistoire est tantôt public tantôt secret. Le consistoire public est celui dans lequel le pape, entouré de la cour pontificale, donne ses audiences solennelles. Le consistoire secret est celui où se décident les affaires dont la connaissance appartient au sacré collége. C'est en consistoire secret qu'on procède à la canonisation des saints, à la désignation des cardinaux et à la concession des charges ecclésiastiques. Les décisions du consistoire ne sont reçues en France qu'avec l'autorisation du gouvernement.

CONSISTOIRE, corps représentatif des églises réformées. Il est chargé de régler les rapports entre l'Église et l'État. Calvin institua lui-même ces conseils sous le nom de bons prud'hommes, graves et de sainte vie, ayant autorité de corriger des mœurs. Ces conseils ont été conservés dans tous les pays où les religions réformées n'étaient pas dominantes. Les consistoires ont été organisés par la loi du 18 germinal an XI. Les consistoires doivent comprendre au moins 6,000 âmes de population de la même communion. Les Églises luthériennes ou de la confession d'Augsbourg ont, outre leurs Églises consistoriales, un consistoire général composé de délégués des Églises, et dont le président est nommé par le gouvernement. Les consistoires calvinistes, isolés et indépendants les uns des autres, sont composés du ministre et de plusieurs anciens choisis parmi les laïques. Les consistoires jouissent du droit de nommer les pasteurs avec l'approbation du gouvernement. On compte en France plus d'un million de protestants. — Il y a enfin un consistoire israélite. Ce consistoire central a sous sa direction les consistoires départementaux. Les consistoires sont établis dans chaque département renfermant une population israélite de 2,000 âmes au moins. Le siége de la synagogue est dans la ville dont la population israélite est la plus nombreuse. Le régime religieux, auquel sont aujourd'hui soumis les israélites, a été réglé par le *grand sanhédrin*, convoqué à Paris, en 1807 pour discuter certaines réformes et établir les bases de l'enseignement de la religion juive.

CONSOLATION. Soulagement qu'on apporte à la peine, à l'affliction, à la douleur de quelqu'un, soit par des paroles, soit par des actions. De Musset a dit : « La *consolation* ne voyage pas comme un prince, avec un courrier devant son carrosse ; elle ne se fait pas annoncer au son du cor ; elle souffle, comme le vent, du côté où on ne l'attendait point, et, leste, elle entre à l'improviste. » C'est romantique peut-être, mais c'est vrai. On sait que le fameux Boëce composa dans sa prison son livre de la *Consolation*.

CONSOLE. En architecture, on appelle ainsi une pièce saillante, plus ou moins ornée, et ordinairement en forme d'S, qui sert à soutenir une corniche, un balcon, des vases ou des figures, en avant du mur d'un bâtiment. La console se fait en bois, en pierre et même en fer.

CONSOLIDATION. Ce mot indique la réunion de deux qualités sur une même tête ; ainsi, en droit, il désigne la réunion de la qualité d'usufruitier à celle de nu-propriétaire.

CONSOLIDÉS (fonds). On a nommé ainsi certaines valeurs publiques dont les intérêts ont été garantis par l'État. Ainsi, en 1797, le gouvernement républicain ordonna le remboursement des deux tiers de la dette publique française en s'engageant à continuer le payement de la rente de l'autre tiers, consolidé par l'inscription au grand livre. Les deux tiers non consolidés furent remboursés en bons sur les domaines nationaux. La dette publique se trouva ainsi réduite de 258 millions de rente annuelle à 86 millions. L'équilibre du budget était ainsi établi. Cependant la garantie offerte ainsi par l'État étant jugée insuffisante par les capitalistes, il survint une dépréciation désastreuse des biens domaniaux.

CONSOMMATION, CONSOMMATEUR. On entend par consommation la destruction par l'usage de certains produits, soit pour en produire de nouveaux, soit pour satisfaire des besoins. On distingue ainsi la consommation productive de la consommation improductive. Le bas prix des objets de consommation est un élément de richesse nationale.

CONSOMMATION (impôts de). On appelle ainsi l'impôt que l'État ou les communes perçoivent sur les denrées alimentaires ou tous autres objets destinés à la consommation. Aucun impôt de cette nature ne peut être établi sans être autorisé par une loi.

CONSORTS. On désigne ainsi ceux qui ont un même intérêt dans un procès, de telle sorte que celui des uns est lié à celui des autres.

CONSPIRATION, accord entre certaines personnes réunies pour attenter à la sûreté de l'État, et changer l'ordre dynastique ou la forme du gouvernement. (*Voir* COMPLOT.)

CONSTABLES, titre porté en Angleterre par des officiers publics qui correspondent aux commissaires de police en France. Les constables arrêtent les délinquants, mais seulement dans le cas de flagrant délit ; ils veillent au maintien du bon ordre. Ils sont placés sous la surveillance du juge de paix, dont ils exécutent les sentences. Les constables sont choisis pour un an parmi les gens de la classe aisée, ils peuvent se faire remplacer par un employé, des actes duquel ils sont responsables, à moins que cet employé n'ait été admis à prêter serment. Les insignes du constable consistent dans une canne en bois surmontée de l'écusson royal, et quelquefois même d'une simple baguette. Le constable arrête le délinquant en le touchant du bout de sa baguette. S'il lui est fait résistance, il peut faire appel à tous les passants. Les fonctions de constable sont rétribuées.

CONSTANCE Ier (Constance *Chlore* ou le *Pâle*) empereur romain, né vers 225, mort en 306. Sa famille était noble ; par sa mère Claudia il tenait à l'empereur Claude II. Sous le règne de Carus, Constance devint gouverneur de la Dalmatie et brilla dans ce commandement par son mérite et ses vertus. Carus reconnaissant voulait l'associer à l'empire : Maximien le fit césar et l'adopta. Il eut les Gaules, l'Espagne et la Grande-Bretagne, où il repoussa Carausius, usurpateur de l'Angleterre. Il comprima les Francs et les dispersa sur l'étendue du territoire gaulois. Attaqué près de Langres par une armée d'Allemands, il remit promptement ses troupes en bon ordre, fondit sur les Barbares, et en tua 60,000. Lors de leur abdication, Dioclétien et Maximien nommèrent Constance Auguste. Il eut pour lot les Gaules, l'Italie et l'Afrique. Sa douceur et son équité le firent chérir. Il ne voulut pas que les chrétiens fussent persécutés. Sa simplicité était telle, que s'il avait un grand repas à donner, il se voyait obligé d'emprunter la vaisselle de ses amis. Il mourut à York, d'une maladie qu'il avait contractée dans une expédition contre les Pictes. Époux de sainte Hélène, il fut le père de Constantin le Grand.

CONSTANCE II (Flavius Julius), 2e fils de Constantin et de Fausta. Né à Sirmich en Pannonie, en 317 ; mort en 361. Dans le partage fait par Constantin, le jeune Constance. Il eut pour sa part l'Égypte, la Syrie, la Thrace et Constantinople. Des massacres dans la famille impériale furent les tristes préludes de ce règne ; les prétoriens semblèrent ne vouloir laisser la vie qu'à Constance et à ses deux frères, copartageants de l'empire. Sapor, roi de Perse, lui déclara la guerre et vint assiéger Nisibe ; les Germains, de leur côté, troublaient l'Occident. Constance dut nommer César Gallus, son neveu, pour l'opposer à ces barbares ; tandis que lui-même il repoussait Sapor. Les cruautés et les excès commis bientôt par Gallus obligèrent Constance à le faire arrêter et mettre à mort. L'empereur nomma César son autre neveu Julien et lui confia le commandement de la Gaule, de la Bretagne et de l'Espagne. Julien eut, à ses yeux, le tort d'obtenir de trop grands succès ; il était perdu s'il n'eût laissé ses légions le proclamer empereur. Constance, à cette nouvelle, laisse ; les Perses qu'il allait attaquer de nouveau et se met en marche contre Julien. Arrivé au pied du mont Taurus, il mourut subitement dans une petite bourgade. Dans un voyage à Rome il avait fait exécuter de grands embellissements : l'obélisque qui décore la place de Saint-Pierre fut apporté d'Égypte par ses soins.

Constance, général romain. Né en Illyrie sous le règne de Théodose, il devint, en 411, général d'Honorius, empereur d'Occident. Deux autres généraux, Géronce et Constantin, s'étaient révoltés dans la Gaule. Chargé de marcher contre eux. Constance fit lever à Géronce le siége d'Arles, où était Constantin qu'il prit et envoya à Honorius. Pour sa récompense, Constance fut nommé consul et obtint la main de la sœur de l'empereur. En 421, Honorius, cédant aux instances de sa sœur, accorda à Constance le titre d'Auguste, titre que Théodose II, empereur d'Orient, ne voulut pas reconnaître. Une guerre allait s'en suivre lorsque Constance mourut, à Ravenne (421). Son fils régna plus tard sous le nom de Valentinien III.

Constance, reine de France, morte en 989. Les chroniques du temps disent que Constance, fille d'un seigneur d'Aquitaine, épousa, étant fort jeune encore et contre son gré, Louis V fils de Lothaire, surnommé le *Fainéant*. Les caprices, les dédains de la reine, sa conduite légère furent des sujets de scandale. Aussi la mort subite et précoce du roi Louis fut-elle imputée à Constance, accusation, du reste, qui ne fut jamais prouvée. Quoi qu'il en soit, par l'influence que cette femme adroite et dissolue avait dû prendre sur son faible époux, elle lui fit faire un testament en sa faveur, par lequel il lui léguait son royaume; à condition qu'elle épouserait après lui Robert, héritier présomptif de la couronne, fils de Hugues Capet. Elle tint sa promesse. Mais elle mourut l'année suivante sans laisser d'enfants de ces deux mariages.

Constance, impératrice d'Allemagne et reine de Sicile, née en 1156, morte en 1198. Cette princesse était fille de Roger II, dit le *Jeune*, roi de Sicile; elle devait lui succéder sur le trône. En épousant Henri VI, fils de l'empereur Frédéric Barberousse, elle lui apporta ses droits. Tancrède, fils naturel de Roger, devint un compétiteur redoutable. Alors Henri VI passa en Italie et vint se faire couronner à Rome. Une guerre mêlée d'alternatives diverses s'engagea entre les rivaux. Henri VI l'emporta sur Guillaume III, fils de Tancrède, qui, après la mort de son père, avait continué la lutte. Il saccagea Palerme, Messine, Salerne, dépouilla ces villes et emporta son butin en Allemagne. Les Siciliens exaspérés se soulevèrent, avec l'appui secret de Constance, qui gémissait du malheur de ses concitoyens. Henri reparut, altéré de vengeance. Ayant porté le fer et la flamme sur le continent, il venait d'aborder à Messine quand il mourut victime d'un empoisonnement qu'on attribua à sa femme. Constance exerça la régence durant la minorité de son fils Frédéric Roger.

Constance de Sicile, reine d'Aragon, morte en 1298. Fille et héritière de Mainfroi, roi de Sicile, elle épousa en 1261 Pierre III, roi d'Aragon. L'un et l'autre respectèrent la volonté de Mainfroi, qui avait désigné pour son successeur le jeune infortuné Conradin. La Sicile était au pouvoir de Charles d'Anjou; le roi d'Aragon le laissait jouir de sa conquête lorsqu'en 1281 Juan de Procida, exilé napolitain, se réfugia à sa cour et l'engagea à délivrer la Sicile du joug de l'étranger. Peu après eut lieu cet affreux massacre connu sous le nom de *Vêpres siciliennes*. Charles d'Anjou, furieux, vint avec 300 bâtiments mettre le siége devant Messine, tandis que Pierre III accourait avec une armée et faisait couronner sa femme à Palerme. Les Français éprouvèrent échec sur échec. La couronne de Sicile resta à Constance et Pierre III, à cause de l'attachement qu'ils avaient su inspirer à leurs sujets. Boniface VIII ayant réussi à réconcilier les maisons de France et d'Aragon, Constance profita de cette circonstance favorable pour se rendre à Rome; elle y mourut au bout de peu de temps.

Constance. C'est une vertu par laquelle l'âme est affermie contre tout ce qui peut l'ébranler; la vraie constance, comme on l'a observé, ne consiste pas à faire toujours, à vouloir fermement ce que nous avons justement et sagement résolu, elle consiste surtout à vouloir toujours ce que veut la justice et la raison.

Constance, ville du grand-duché de Bade, ch.-l. du cercle du Lac, sur le bord du lac de son nom, à 156 kil. de Carlsruhe. Pop. 6,500 hab. Siége d'un évêché. Palais épiscopal. Belle cathédrale, château grand-ducal, couvent des dominicains, où se tint le concile de 1414. Peu de commerce et d'industrie. Cette ville fut fondée au IVe siècle par les Romains. Elle était ville libre impériale au moyen âge et comptait à cette époque 40,000 hab. Prise par Charles-Quint, l'Autriche la céda au duché de Bade en 1805.

Constance (lac de), situé entre la Suisse, l'Autriche, la Bavière, le Wurtemberg et le duché de Bade. Il est formé par le Rhin. Sup. 476 kil. carrés. Il contient les îles de Lindau, Lichenau et Meinau. Ses bords sont garnis de nombreux villages. Navigation très-active.

Constance, ville de la colonie du cap de Bonne-Espérance, à 22 kil. de la ville du Cap. Excellent vin de liqueur.

Constance (paix de). Ce traité, signé en 1183, mit fin à la guerre entre l'empire et le saint-siége. Frédéric Barberousse reconnaissait l'indépendance des villes lombardes, et leur droit d'entretenir des troupes; cependant il se réservait la faculté de conserver l'élection des consuls municipaux, et de nommer les magistrats supérieurs.

Constance (concile de). Ce concile fut convoqué au milieu d'un concours de circonstances qui eussent entraîné la ruine de la religion catholique, si les mœurs religieuses n'avaient été alors profondément enracinées. Le dogme de l'infaillibilité du pape avait été mis en question du jour où les cardinaux qui avaient nommé Urbain VI abandonnèrent ce despote en disant : « Le Saint-Esprit ne l'a point appelé. » On vit bientôt deux papes en présence : Urbain VI et Clément VII; plus tard il y en eut jusqu'à trois. Le clergé en était arrivé au dernier état de corruption et de dégradation. La réforme allait naître, les esprits étant préparés pour la recevoir. Le chancelier Gerson, dont on ne peut suspecter l'autorité, disait : « La cour de Rome a inventé mille offices pour avoir de l'argent, mais pas un seul pour cultiver la vertu; on n'y parle du matin au soir que d'armées, de terres, de villes, d'argent, mais rarement, ou plutôt jamais, on n'y parle de chasteté, d'aumône, de justice, de fidélité, de bonnes mœurs; en sorte que cette cour, autrefois spirituelle, est devenue mondaine, diabolique, tyrannique et pire qu'aucune cour séculière... Doit-on permettre que l'épouse de Jésus-Christ soit indignement prostituée. » Jean Huss, vivement surexcité par les écrits de Wicleff, venait de se lever avec enthousiasme. Il venait de faire entendre le cri précurseur de la réforme. Enfin l'Église était menacée à la fois par le schisme et par l'hérésie. C'est dans cette situation que le pape Jean XXII, d'accord avec l'empereur Sigismond, convoqua le concile de Constance, en 1414. Les deux autres compétiteurs au saint-siége, Grégoire XII et Benoît XIII furent invités à y paraître. On vit alors se réunir 30 cardinaux, 20 archevêques, 150 évêques, autant de prélats, et un grand nombre d'abbés et de docteurs. Gerson, chancelier de l'université, était l'âme de ce concile, dont les débats devaient occuper le monde chrétien pendant plus de quatre ans. Il s'agissait de rétablir l'unité du saint-siége, de fixer le dogme et de réformer le clergé. Le pape Jean XXII ne devait convoquer le concile que pour obtenir la confirmation de son élection; mais il s'aperçut qu'on voulait le déposer ou le forcer à abdiquer. Il se décida alors à s'enfuir de Constance. Grégoire XII consentit à abdiquer. Benoît XIII se montra moins docile, et se réfugia en Espagne, d'où il lança excommunication sur excommunication. Le concile prit alors une résolution énergique, et il proclama la suprématie de son autorité sur celle des papes : alors il s'agissait de l'extirpation du schisme et de la réformation de l'Église. Dès ce jour l'autorité du pape et son infaillibilité furent mises en question au sein de la catholicité. Benoît XIII fut solennellement déposé contrairement à l'avis de Gerson; un nouveau pape fut élu, Othon Colonne, cardinal italien, fut proclamé sous le nom de Martin. Une commission réformatoire, composée de trois cardinaux et de quatre députés de chaque nation, fut chargée de signaler les abus et de proposer les remèdes. Mais au lieu d'une réformation radicale, on ne proposa que d'insignifiantes mesures, ce qui fit dire par le peuple à ces prétendus réformateurs : « Votre filtre retient le moucheron, et laisse passer le chameau. » Le concile fut inexorable pour Jean Huss, et le courageux réformateur expia sur un bûcher le tort d'avoir eu raison, et de n'avoir pas dit autre chose que ce qui avait été dit au sein du concile même par Gerson, Pierre d'Ailly et tant d'autres. Luther allait bientôt reprendre l'œuvre de Jean Huss et accomplir la réforme.

Constant Ier (Flavius-Julius), empereur romain, fils de Constantin le Grand et de Fausta. Il régna de 337 à 350. Il n'était âgé que de 17 ans lorsqu'il eut à gouverner l'Italie, l'Illyrie, l'Afrique, puis la Macédoine et la Grèce. Il inaugura son règne en se brouillant avec son frère Constantin, qui commandait dans les Gaules, et le défit dans une bataille où Constantin fut tué. Il porta la peine de son crime : ses vices l'ayant rendu odieux à l'armée, il s'éleva contre lui un compétiteur redoutable, Magnence qui, parti des plus bas emplois, fut salué empereur par les soldats à Autun. Magnence traversa les Gaules à la poursuite de Constant. Celui-ci, arrivé au pied des Pyrénées orientales et abandonné de tous, fut assassiné à Elne par un émissaire de Magnence.

Constant II, empereur grec, fils de Constantin III, né en 630, mort en 668. Son oncle Héracléonas avait commencé par usurper le trône, mais il ne tarda point à être chassé par le césar Valentin qui fit couronner en 641 le jeune Constant II, sous le nom duquel il se réserva d'exercer l'autorité. Constant inaugura son règne en faisant assassiner son frère Théodose, de peur d'avoir en lui un rival. Triste règne qui fut surtout marqué par les pertes immenses que subit l'empire d'Orient.

Constant de Rebecque (Benjamin), né en 1767, à Lausanne (Suisse), mort en 1830. Issu d'une famille française réfugiée à la suite de la révocation de l'édit de Nantes, il était Français de cœur. En 1795, à l'âge de 28 ans, il vint à Paris sous les auspices de Mme de Staël. Les salons l'accueillirent avec empressement; le Directoire le vit d'un œil favorable; ainsi en même temps des républicains, il devint le secrétaire du club de Salm qui se tenait rue de Lille. Ses brochures firent du bruit; il acquit de l'influence. A l'avénement du premier consul, il fut porté au tribunat, et il s'ingénia à tracasser le pouvoir nouveau. Son opposition lui valut l'exil; il alla, en 1802, se fixer à Coppet auprès de Mme de Staël, qui s'était prise de passion pour cette âme ardente et pleine de contradictions. Benjamin Constant, l'année suivante, épousa, au Hanovre, une parente du prince de Hardenberg. Cette alliance lui ouvrit le cercle de l'aristocratie du Nord. On ne s'étonnera donc pas qu'en 1813 Benjamin Constant fût avec les alliés. Pour eux il écrivit sa célèbre brochure : *De l'esprit de conquête et de l'usurpation*, publiée en 1814. Il rentra à Paris dans la voiture de Charles-Jean en 1814. D'abord il parut fidèlement attaché aux Bourbons, et devint un des rédacteurs habituels du *Journal des Débats*. Au retour de Napoléon, il ne songea qu'à fuir, et il alla se cacher dans la

Constant. La révolution de 1830 le trouva épuisé; la veille des ordonnances il avait subi une opération cruelle. Sur une lettre pressante de M. Vatout, il vint à Paris, de barricade en barricade, et il arriva à temps pour mettre sa signature au bas de l'acte de protestation des députés. Après la victoire, il fut placé dans le conseil d'État qu'on venait d'improviser, et reçut de Louis-Philippe une indemnité dont il avait le plus pressant besoin, car Benjamin Constant fut, toute sa vie, réduit aux expédients. Bien que malade, il resta tant qu'il put à la tribune, luttant contre sa propre faiblesse. Ses dernières paroles furent pour la liberté de l'enseignement. Il mourut le 10 décembre, et ses restes ne furent transférés au Panthéon que l'année suivante, au premier anniversaire de juillet.

marcha sur les Gaules pour lui livrer bataille. Mais Constantin alla au-devant de lui. Les deux armées se rencontrèrent à neuf milles de Rome. La victoire fut pour Constantin et Maxence, étant tombé dans le Tibre avec son cheval, y trouva la mort. Le sénat romain et le peuple accoururent au-devant du vainqueur. Celui-ci ne séjourna que peu de temps à Rome, où il s'efforça de mettre un frein à l'arrogance des prétoriens. Il protégea les chrétiens, que son prédécesseur, Dioclétien, avait persécutés; cependant, donnant un exemple de tolérance rare pour cette époque, il protégea également les païens en faisant rebâtir à ses frais le temple de la Concorde. Il vainquit ensuite Licinius à la bataille de Mardie. Pendant l'année 315, Constantin séjourna en Grèce et en Illyrie, et réforma

Hôtel de ville et beffroi de Douai.

vallée de Montmorency. Napoléon voulait l'excepter de l'amnistie qu'il décréta; mais Fouché persuada à Napoléon que non-seulement il serait politique d'amnistier Benjamin Constant, mais qu'il serait même habile de le nommer membre du conseil d'État. Fouché manda le publiciste, dont il connaissait très-bien la retraite, le séduisit, l'emmena aux Tuileries, le présenta à l'empereur, qui le chargea de rédiger avec M. Molé l'*acte additionnel*. Atteint en 1815 par l'acte de proscription du 24 juillet, il se réfugia en Angleterre, où, pour justifier sa conduite, il s'occupa de rédiger ses *Mémoires sur les Cent-Jours*. Vers le même temps, il se délassait en composant son roman d'*Adolphe*. La réaction du 5 septembre 1816 le ramena à Paris. Il se plaça à la tête de l'opposition; il était de tous les journaux, de toutes les entreprises; il fonda la *Minerve*, les *Tablettes historiques*; s'affilia à la conjuration Berton; et en 1819 il fut envoyé à la Chambre par le département de la Sarthe. Une lutte s'engagea entre lui et de M. de Villèle, dont il fut, de l'aveu même de ce ministre, l'adversaire le plus dangereux. Cependant le combat épuisait les forces de Benjamin

On pourrait peut-être reprocher à Benjamin Constant d'avoir été excessif en tout : dans le travail, l'étude, le goût du monde, la passion du jeu.

CONSTANTIN Ier, dit *le Grand*, empereur romain, né en 272, mort en 337. Il naquit à Naïsse en Dardanie; sa mère Hélène était, dit-on, d'une famille obscure, mais Constance-Chlore avait été forcé de la répudier, lorsqu'il fut nommé césar, pour épouser Théodora, belle-fille de Maximien. De bonne heure, les avantages physiques de Constantin, sa valeur, son affabilité lui attirèrent la faveur du peuple et des soldats. A dix-neuf ans, il fit ses premières armes contre le rebelle Aquilée. Ayant reçu à York le dernier soupir de son père, il fut salué par les troupes du nom d'Auguste, et encourut pour cela le courroux de Galère. Il justifia la confiance de ses soldats par une victoire sur les Francs, passa le Rhin, et répara toutes les forteresses des frontières. Débarrassé d'un compétiteur par la mort violente de Sévère, il accepta une alliance avec Maximien, qui lui donna sa fille Fausta en mariage. Galère, qui venait de mourir, le laissa aux prises avec le tyran Maxence, qui s'était aussi déclaré son ennemi, et qui

les lois et l'administration de l'empire. Il refoula ensuite les Sarmates au delà du Danube, et tourna ensuite ses armes contre Licinius, et le fit mourir. Désormais Constantin était seul maître du monde; et il put s'occuper de constituer le christianisme comme religion d'État. Les temples des païens furent fermés, les sacrifices défendus, les combats de gladiateurs abolis; le concile de Nicée, où fut expliqué le dogme de la trinité, fut assemblé et présidé par l'empereur. La haine que les Romains lui portaient par suite de l'abolition du polythéisme ne fit que s'accroître par l'exécution barbare de Crispus, le propre fils de Constantin, prince accompli qui fut victime d'une accusation infâme de sa belle-mère Fausta. L'innocence de Crispus ne tarda pas à éclater; Constantin, furieux, vengea son malheureux fils en faisant étouffer dans un bain l'impératrice accusée d'un commerce adultère avec un esclave. Le séjour de Rome était devenu insupportable à Constantin, qui choisit Bysance pour y créer une nouvelle capitale. Après s'être débarrassé des Goths, qui s'étaient soulevés encore, il put, en 329, jeter enfin les fondements de Constantinople. Les travaux furent poussés avec tant d'activité que huit mois y suffirent; on vit surgir comme par miracle les places, les palais, les églises, les cirques. Un luxe inouï s'introduisit dans la cour orientale; les titres y devinrent fastueux; les emblèmes furent prodigués. L'introduction des Barbares auxiliaires dans l'armée acheva de briser la discipline. Les Perses seuls vinrent troubler, en 337, la quiétude dont jouissait Constantin. L'empereur marcha en personne contre Sapor; mais il n'eut pas le temps de pousser cette guerre, une maladie grave le força de revenir à Nicopolis, où il se fit administrer le baptême. Il mourut à 63 ans. Ses obsèques furent magnifiques; on lui érigea un tombeau dans l'église des Apôtres. Le sénat romain lui décerna les honneurs divins, et l'église grecque le mit au

rendit odieux à la nation, et contre-balança dans l'opinion les succès qu'il avait obtenus contre les Sarrasins.

CONSTANTIN V, empereur d'Orient, fils de Léon l'Isaurien; né en 718, mort en 772. Constantin V était dissolu, violent; il se mit à la tête des iconoclastes ou briseurs d'images et persécuta le clergé. Sa mort arriva pendant une expédition qu'il faisait contre les Bulgares.

CONSTANTIN VI, empereur d'Orient (780-797), fils de Léon le Chazare et d'Irène. Ce malheureux prince fut placé d'abord sous la tutelle de sa mère, qui, pour conserver l'autorité, eut la barbarie de faire crever les yeux à son fils.

CONSTANTIN VII, empereur d'Orient (911-959). Il n'avait que 7 ans lorsqu'il succéda à son père Léon le Philosophe. Son carac-

de Romain le Jeune, et frère de Basile II, avec lequel, en 995, il partagea l'empire. Tandis que Basile gouvernait avec énergie, Constantin ne profita du pouvoir que pour s'abandonner librement à ses passions. Seul maître en 1025, après la mort de son frère, il s'entoura de délateurs et d'hommes dissolus. Enfin en 1028, attaqué d'une maladie incurable, il songea à se donner un successeur, et manda Romain Argyre, à qui il donna ce choix, ou de répudier sa femme pour épouser la princesse Zoé, ou d'avoir les yeux crevés. La femme de Romain n'hésita point à se sacrifier pour lui, et à s'enfermer dans un cloître. Constantin termina ensuite, à 70 ans, une vie de débauches et de crimes.

CONSTANTIN X, dit le *Monomaque*, empereur d'Orient, mort en 1054. Il dut son

Vue de la ville de Doulens (Somme).

nombre des saints. Le caractère de Constantin peut se résumer ainsi: D'une ambition sans bornes, il avait toutes les qualités du conquérant et de l'homme d'État; brave jusqu'à la témérité; soupçonneux, vindicatif et cruel, il ne protégea le christianisme que pour s'en servir comme d'un instrument politique.

CONSTANTIN II, dit *le Jeune*, fils aîné de Constantin le Grand, né à Arles en 316, tué en 340. Dans le partage fait par son père, il eut les Gaules, l'Espagne et la Grande-Bretagne; mais, se croyant lésé, il voulut s'emparer des États de son frère Constant. La guerre s'alluma entre eux: Constantin entra en Italie et pénétra jusqu'à Aquilée, où il périt dans une embuscade.

CONSTANTIN III, fils d'Héraclius, né à Constantinople en 612. Il partagea le trône avec son frère paternel Heracleonas. Martine, sa marâtre, le fit empoisonner. On regretta ce prince, qui annonçait de grandes qualités.

CONSTANTIN IV (*Pogonat* ou *le Barbu*), fils de Constant II. Il partagea le trône, en 668, avec ses frères Tibère et Héraclius, qu'il fit ensuite mettre à mort. Ce crime le

tère était faible, mais bon et confiant. Il était né plutôt pour être artiste et écrivain que pour porter la pourpre. Musicien, peintre, auteur, il consacra aux délassements de l'intelligence les loisirs forcés que lui fit l'ambition de son tuteur, Romain Lécapène, habile général qui usurpa le trône en 919. Renversé à son tour, par son propre fils, Romain Lécapène rendit la place à Constantin VII, qui réellement ne commença à régner qu'à l'âge de 40 ans. Il continua de s'occuper des lettres et des arts, qu'il protégeait, laissant le gouvernement effectif à l'impératrice Hélène et à quelques favoris. On attribue sa mort au poison que lui aurait donné son fils Romain le Jeune, qui lui succéda. Constantin VII fut surnommé *Porphyrogénète*.

CONSTANTIN VIII, empereur d'Orient, fils de l'usurpateur Romain-Lécapène, partagea avec son père et ses frères l'autorité qu'ils s'étaient arrogée. Lors de la révolution qui rendit le trône à Constantin *Porphyrogénète* (944), Constantin VIII fut relégué à Ténédos, puis à Samothrace, où une tentative qu'il fit pour s'échapper lui valut la mort.

CONSTANTIN IX, empereur d'Orient, fils

élévation à l'amour qu'avait conçu pour lui l'impératrice Zoé, veuve de Romain Argyre et femme de Michel le Paphlagonien, qu'elle fit enfermer dans un cloître. Zoé épousa son favori le 11 juin 1042. Ce fut le règne du scandale. Le nouvel empereur avait pour favorite une jeune veuve, nommée Sclérève; Zoé consentit à ce commerce illicite, pourvu que Constantin tolérât ses désordres. L'indignation publique fit éclater plusieurs révoltes. Un parent de l'empereur, Léon Tornice, prit la pourpre dans Andrinople et vint assiéger la capitale, qu'il eût prise s'il n'eût perdu son temps en stériles négociations. Cependant les Serviens, les Russes, les Turcs Seldjoucides, qui apparaissent pour la première fois dans l'histoire, attaquaient de tous côtés l'empire mal défendu. Ce fut sous le déplorable règne de Constantin X que s'opéra le schisme ou division de l'Église grecque et de l'Église romaine.

CONSTANTIN XI (Ducas), empereur d'Orient de 1059 à 1067. L'abdication volontaire d'Isaac Comnène le fit monter sur le trône. Ducas, avant son avénement, s'était signalé par son courage et la pureté de ses mœurs. Mais il manquait de capacité, et il se plaisait à composer et débiter des harangues. Tandis qu'il faisait l'orateur, les Scythes envahirent et ravagèrent ses États ; la peste seule arrêta les progrès de ces Barbares. En mourant, Ducas laissa l'empire à ses trois fils, en prescrivant à sa veuve de ne pas se remarier.

CONSTANTIN XII. Le rôle de ce prince comme empereur est tellement apocryphe, que bien des historiens ne l'ont pas enregistré. Fils de Constantin XI, il fut d'abord écarté du trône par le mariage que sa mère contracta avec Romain Diogène. Le frère aîné du jeune Constantin, Michel, ayant ceint le diadème, y renonça au bout de peu de temps, pressé qu'il était par la révolte de Nicéphore Botoniate. Vainement Alexis Comnène, depuis empereur, pressa Constantin XII de recueillir la succession de Michel, le jeune prince préféra se soumettre à Botoniate. Plus tard, se trouvant à la tête d'une armée envoyée contre les Turcs, il se laissa proclamer Auguste par quelques-uns de ses soldats. Botoniate le fit saisir, tonsurer et enfermer dans un monastère situé dans une île de la Propontide.

CONSTANTIN XIII (*Dracosès*), dernier empereur d'Orient, né en 1403, mort en 1453. Fils de Manuel II Paléologue, Constantin succéda en 1449 à Jean son frère. L'empire touchait à son déclin ; il ne restait plus guère qu'un mince territoire autour de Constantinople. La nation byzantine, amollie par les délices, voyait avec indifférence s'approcher le terrible Mahomet II. Constantin qui méritait de régner dans des temps meilleurs, fit tout son possible pour conjurer le péril. Ainsi il proposa à ses sujets la réunion de l'Église grecque à l'Église latine, espérant ainsi obtenir l'appui de l'Europe. Les Grecs s'y opposèrent avec opiniâtreté. Il voulut pour la même raison épouser la fille du doge de Venise ; ses sujets réprouvèrent cette alliance comme indigne d'un empereur. Cependant 400,000 musulmans s'avançaient, et Mahomet offrait à Constantin de lui laisser la paisible possession de la Morée, s'il consentait à s'y retirer. Constantin répondit qu'il aimait mieux s'ensevelir sous les ruines de sa capitale. Il n'avait que 8 ou 9,000 hommes, parmi lesquels 2,000 Génois commandés par le brave Giustiniani. Avec cette poignée de braves fut improvisée une défense désespérée, qui se prolongea 60 jours. Mahomet II commençait à douter du succès, et ayant appris que l'intrépide Jean Huniade marchait au secours des Grecs, il songeait à lever le siège quand un de ses conseillers l'en dissuada. Un dernier assaut fut tenté. Les janissaires arborèrent sur la muraille l'étendard du prophète. À cette vue, les soldats de Constantin se troublèrent et cherchèrent, éperdus, un refuge dans la seconde enceinte. L'empereur, abandonné de tous, se jeta dans les rangs ennemis, et y trouva une mort héroïque. Durant trois jours, Constantinople, livrée au pillage, fut le théâtre des plus horribles excès. Après le carnage, il restait environ 60,000 habitants, qui furent vendus comme esclaves par le vainqueur.

CONSTANTIN, pape (708-715). Fuyant devant les Arabes, beaucoup de Syriens et de Grecs se réfugièrent à Rome. Il paraît que Constantin, né en Syrie, avait été au nombre de ces fugitifs. Quelque temps après sa consécration, il se rendit à Constantinople, où l'empereur Justinien II voulut communier de sa main. Ce pape combattit le monothéisme. L'empereur Anastase et le patriarche de Constantinople lui donnèrent des assurances de foi catholique conformes à l'autorité du 6e concile.

CONSTANTIN, antipape (767-769). Paul Ier venait de mourir ; une faction, composée de brigands et commandée par un certain Toton, duc de Népi, prit Constantin, simple laïque, frère du duc, l'installa de force au palais de Latran et le fit consacrer. Durant treize mois cette usurpation sacrilège continua d'exister. De nouveaux troubles s'étant produits, renversèrent l'œuvre de Toton. Constantin, qui s'était caché, fut tiré violemment de sa retraite, mis à cheval sur une selle de femme avec des poids aux pieds et conduit en cet état au monastère de Celles-Neuves. Peu de jours après, on revint le prendre pour lui arracher les yeux. L'année suivante, il fut traduit devant un concile et condamné à faire pénitence jusqu'à sa mort.

CONSTANTIN (Paulowitch), grand-duc de Russie, né en 1779, mort du choléra en 1831, 2e fils de Paul Ier ; il avait hérité de son père de la même brusquerie, de la même irritabilité. Cependant cet homme, dont les violences étaient redoutées, montra toujours la plus grande déférence pour son frère et souverain Alexandre Ier. En 1796, se conformant aux volontés de Catherine II, il avait épousé une princesse de Saxe-Cobourg ; cette union ne fut pas heureuse, et la princesse dut retourner en Allemagne. La guerre fut pour Constantin une puissante diversion : en 1805, il était à Austerlitz avec le corps de la garde confié à son commandement ; contraint de plier devant la cavalerie de Bessières, il opéra sa retraite en bon ordre. De 1812 à 1814, il combattit vaillamment ; et lorsqu'il vint à Paris avec son corps d'armée, on n'eut que des éloges à donner à sa modération. Envoyé ensuite à Varsovie par son frère pour rassurer les Polonais sur leur avenir politique, il reçut le titre de généralissime de l'armée polonaise, la réorganisa et acheva de se rendre populaire dans le pays par son alliance avec la fille aînée de la famille Grudzinski. Cependant ce mariage lui ferma à jamais l'accès du trône. Conformément aux lois de l'Église grecque, Alexandre exigea que son frère, remarié sans être veuf, abdiquât d'avance. Constantin était à Varsovie lors de la mort mystérieuse de son frère Alexandre ; Nicolas, qui lui succéda, se trouva en face d'une insurrection, et comprit la nécessité de laisser à Constantin la libre possession de la Pologne. Cependant les rigueurs que celui-ci faisait peser sur ce royaume ne tardèrent pas à exciter d'âpres ressentiments. Le 29 novembre 1830, une troupe de jeunes gens armés de baïonnettes envahit le château du Belvédère. Constantin, averti par un valet de chambre, n'eut que le temps de fuir. La révolution se propagea, Chlopitzky fut nommé dictateur et envoya à Saint-Pétersbourg une députation que Nicolas refusa de recevoir. 100,000 Russes se mirent en marche ; les Polonais n'étaient qu'au nombre de 30,000. Diebitsch, envoyé contre eux, mourut sous les murs de Varsovie, et fut remplacé par Paskiewitch. Constantin assista à la bataille de Grochow. Peu de temps après, il fut atteint par le terrible fléau du choléra-morbus. Depuis un an, son rôle politique était terminé. Sa seconde femme, qui avait été créée princesse de Lowitz, mourut de chagrin quatre mois après lui sans laisser d'enfants.

CONSTANTINE, ville d'Algérie, ch.-l. de la prov. de son nom et d'une division militaire, à 300 kil. d'Alger. Pop. 37,100 hab. dont 28,600 indigènes. Chef-lieu de préfecture. Tribunal de 1re instance. Chambre de commerce ; collège. Succursale de la banque d'Alger. Place défendue par une enceinte de murailles et très-forte par sa position. Fabriques d'ouvrages en cuir, draps, lainages, articles en fer. Exploitation de gypse. Belles ruines de constructions romaines. Magnifique palais de l'ancien bey. Cette ville, capitale des rois de Numidie, fut ruinée en 311 et relevée par Constantin. Les Français l'assiégèrent vainement en 1836 ; ils l'assiégèrent de nouveau et la prirent d'assaut le 13 octobre 1837.

CONSTANTINE (province de), une des trois grandes divisions de l'Algérie, bornée au N. par la Méditerranée, à l'E. par l'État de Tunis, au S. par le Sahara, à l'O. par la province d'Alger. Chef-lieu Constantine. Superf. 20,050,000 hect. Pop. 107,290 hab. français, étrangers, israélites, musulmans. Elle est arrosée par la Medjerdah, le Roummel, la Seybouse, l'Oued-Djeddi. La province de Constantine est formée : 1° par le département de Constantine, qui comprend l'ensemble des territoires civils, administré par un préfet ; il renferme 5 sous-préfectures : Constantine, Philippeville, Bône, Sétif, Guelma ; 5 commissariats civils : la Calle, Djidjelli, Bougie, Batna, Souk-Aras ; 2° par la division de Constantine comprenant l'ensemble des territoires militaires, 4 subdivisions divisées en 12 cercles : Constantine, Bône, Batna, Sétif, El-Harrouch, Lambessa, Stora, Bou-Sada, Tuggurt, Ouaregla, Milah, Collo. Parmi les villages : les plus importants sont : Condé, Bugeaud, Penthièvre, Damrémont, etc.

CONSTANTINOPLE, ville de l'Europe méridionale, capitale de la Turquie, dans la Roumélie, à l'embouchure du canal de Constantinople dans la mer de Marmara, à 8,640 kil. de Paris. Cette ville a 16 kil. de tour, et sa population est de 770,000 hab. grecs, arméniens, juifs. Cette ville est bâtie en amphithéâtre sur 7 collines. Vue de loin, elle offre un aspect magnifique avec ses coupoles dorées, ses beaux palais, ses hauts minarets ; mais à l'intérieur ses rues sont étroites, sales et mal pavées. En été, le climat est doux et pur, et variable dans les autres saisons. Résidence du souverain, des autorités, du cheik-ul-islam, du patriarche œcuménique grec, des patriarches arméniens, d'un archevêque *in partibus*, du chef des rabbins. Place forte ; port militaire ; station de la flotte. Arsenal, fonderie de canons et projectiles de guerre. Monnaie, la seule de l'empire. Écoles élémentaires, séminaires attachés aux mosquées, nombreux collèges de libre exercice. Bibliothèques. Consuls généraux d'Angleterre, de Sardaigne, de Suède, de Danemark ; consuls de France, d'Espagne, des États-Unis. Industrie peu importante. Fabrique d'étoffes de coton, soieries, maroquins, sellerie, armes, pipes et tuyaux. Exportation de soie, laines, laines cachemires, tapis, peaux, cire, noix de galle, diamants, métaux précieux, parfums, etc. Importation en coton, fils, fils de coton, pelleteries, grains, fers, bois, coutellerie, horlogerie, joaillerie, indigo, cochenilles de l'Occident, papier, vin, etc. Parmi ses édifices, on cite : le sérail ou palais du sultan, une vaste forteresse bâtie par Mahomet II, l'hôtel des monnaies, la bibliothèque impériale, le trésor, l'Eski-Séraï ou vieux palais, le château des Sept-Tours, les mosquées d'Achmet, de Soliman, d'Osman, de Mahomet II, de Bajazet, de Sélim II, de Mustapha III, de la Validée, etc. Constantinople fut fondée l'an 330 ap. J.-C. par l'empereur Constantin qui y établit le siège de l'empire. Elle fut souvent assiégée et prise par les croisés. Les Turcs, commandés par Mahomet II, s'en emparèrent et la saccagèrent en 1453, et la chute de cette ville causa la ruine de l'empire d'Orient, qui avait duré environ 11 siècles.

CONSTANTINOPLE (canal de), ancien Bosphore de Thrace, détroit de la Turquie séparant l'Asie de l'Europe, et unissant la Mer noire à la mer de Marmara ; 30 kil. sur 1 à 4. On n'y trouve que deux petits groupes d'îlots à l'entrée orientale du canal. Ses deux rives sont remarquables par leurs beautés pittoresques ; on y voit Constantinople, Buiuk-Déré et Thérapia en Europe, Scutari en Asie. Au milieu du détroit sont deux forts construits par Mahomet II : Roumeli-Hissar en Europe, Anadoli-Hissar en Asie. On trouve encore Roumeli-Kavak ou Château-d'Europe, Anadoli-Fanar ou Fanal d'Europe, Anadoli-Fanar ou Fanal d'Asie, Anadoli-Kavak ou Château d'Asie. Un seul banc de sable y est dangereux, c'est celui dit : *Banc des Anglais*, au pied du Mont Géant.

CONSTERNATION. La consternation est un étonnement accompagné d'abattement et d'un profond découragement.

CONSTITUANTE (assemblée.) (*Voir* ASSEMBLÉE CONSTITUANTE.)

CONSTITUT (clause de). On donnait autrefois ce nom à un contrat particulier en vertu duquel celui qui prenait possession d'un bien n'en devenait pas propriétaire, mais simplement usufruitier ou fermier.

CONSTITUTION, mot synonyme d'établissement ou ordonnance. Il s'applique particulièrement à la loi fondamentale d'un pays, qui détermine la nature de son gouvernement et l'exercice des pouvoirs législatif, exécutif et judiciaire.

CONSTITUTION DE 1791. Ce fut la première constitution politique appliquée en France. Les états généraux, constitués en assemblée nationale, la proclamèrent pour assurer la régénération politique de la nation française. La discussion sur cette constitution commença le 17 juin 1789; elle fut votée le 3 septembre 1791, et jurée par Louis XVI sept jours après. Cette constitution était précédée, à l'imitation de la constitution américaine, d'une déclaration des droits naturels et imprescriptibles de l'homme et du citoyen; elle proclamait l'égalité, la participation de la nation par ses représentants au gouvernement du pays, l'admission de tous les citoyens aux fonctions publiques, la liberté de conscience et la liberté de la presse. La représentation nationale était concentrée dans une assemblée unique, permanente, non susceptible de dissolution, et dont les lois n'étaient subordonnées qu'à un simple véto suspensif de la part du roi. Cette constitution admettait le système électoral à deux degrés. Les citoyens âgés de 25 ans, ayant une contribution équivalant à trois journées de travail et inscrits sur le registre de la garde nationale, composaient les assemblées primaires; celles-ci nommaient les électeurs qui choisissaient les députés. Le jury était institué pour les affaires criminelles.

CONSTITUTION DE 1793. La Convention nationale, ayant aboli la royauté, avait décrété, par la loi du 21 septembre 1792, la formation d'un comité de constitution composé de 9 membres. Le projet, amendé par 5 députés du comité de salut public, fut adopté presque sans discussion, le 24 juin 1793. L'exécution de cette constitution était ajournée jusqu'au moment de la proclamation de la paix. Aussi n'a-t-elle jamais reçu d'exécution. Le principe de la souveraineté du peuple était appliqué jusque dans ses plus extrêmes conséquences. Le peuple entier, réuni dans les assemblées primaires, devait infirmer ou ratifier les lois proposées par la représentation nationale. Les juges devaient être nommés par le peuple.

CONSTITUTION DE L'AN III. Cette constitution, votée par la Convention le 5 fructidor an III, et promulguée le 1er vendémiaire an IV, conférait le pouvoir législatif à deux assemblées : le *conseil des Anciens* et le *conseil des Cinq-Cents*. Le pouvoir exécutif était confié à un Directoire composé de cinq membres. Cette constitution reproduisait du reste la plupart des dispositions de 1791. Soumise à la sanction des citoyens, elle fut acceptée par 1,057,390 citoyens, et repoussée par 49,977.

CONSTITUTION DE L'AN VIII. Cette constitution, amenée par la révolution du 18 brumaire an VIII, fut une réaction contre plusieurs principes proclamés par les constitutions antérieures; mais elle eut du moins l'avantage de sanctionner, au point de vue de l'égalité, la plupart des conquêtes de la révolution de 1789. Le Directoire était remplacé par une commission consulaire exécutive composée de Sieyès, Roger-Ducos et Bonaparte. La représentation nationale était divisée en trois corps, ayant chacun des attributions distinctes : le corps législatif, le sénat et le tribunat. Les projets de loi, rédigés et discutés par le conseil d'État, étaient présentés au tribunat par trois conseillers d'État, parmi lesquels l'un était l'orateur du gouvernement, chargé d'exposer les motifs du projet de loi. Le tribunat discutait le projet, et, par l'organe d'un de ses membres, émettait, devant le corps législatif, son vœu pour l'adoption ou le rejet du projet de loi. Le corps législatif, qui n'avait pas la faculté d'amender, adoptait ou rejetait le projet de loi dans son ensemble. Le sénat, conservateur des principes de la constitution, avait la haute mission d'annuler, sur la dénonciation du tribunat, les actes inconstitutionnels, et d'élire, dans la liste nationale, les législateurs, les tribuns, les consuls, les juges de cassation et les commissaires à la comptabilité. Le corps législatif était composé de 300 membres, le sénat de 80, et le tribunat de 100; en outre, les fonctions consulaires étaient électives et décennales. Cette constitution fut soumise à la sanction populaire. Un sénatus-consulte organique, du 16 thermidor an X, créa le consulat à vie en faveur de Bonaparte. Un autre sénatus-consulte, du 28 floréal an XII, proclama Napoléon empereur des Français.

CONSTITUTION DE 1848, promulguée le 4 novembre 1848 par l'Assemblée constituante. Elle proclamait la république fondée sur les principes de liberté, d'égalité et de fraternité. Le pouvoir législatif était exercé par une assemblée unique, permanente, dont les représentants étaient élus par le suffrage de tous les citoyens âgés de 21 ans, réunissant toutes les conditions de moralité nécessaires pour la jouissance de ce droit. Le pouvoir exécutif était exercé par un président nommé pour 4 ans par le suffrage universel. Le président partageait avec l'Assemblée législative le droit de présenter des projets de loi. Il disposait des troupes sans pouvoir les commander en personne. Les membres du conseil d'Etat étaient désignés par l'Assemblée et présidés par le vice-président de la République. Le vice-président était nommé par l'Assemblée sur une liste de trois candidats présentés par le président. Cette constitution resta en vigueur jusqu'en 1852.

CONSTITUTION DE 1852. Un décret du président de la République, du 2 décembre 1851, prononça la dissolution de l'Assemblée nationale et convoqua les comices populaires pour se prononcer sur les résolutions suivantes, devant servir de base à la constitution nouvelle : nomination, pour dix ans, d'un président de la République, responsable, avec des ministres dépendant du pouvoir exécutif, et un conseil d'Etat composé par lui; convocation d'un corps législatif nommé par le suffrage universel, sans scrutin de liste; formation d'un sénat représentant le pouvoir pondérateur. La résolution, soumise à la sanction populaire, fut ainsi formulée : « Le peuple veut le maintien de l'autorité de Louis-Napoléon Bonaparte et lui donne les pouvoirs nécessaires pour faire une constitution d'après les bases établies dans sa proclamation du 2 décembre. » Ce plébiscite fut adopté par 7,500,000 suffrages. Le 14 janvier 1852, le président promulgua la constitution, qui a été peu modifiée par le rétablissement de l'empire. Cette constitution reconnaît et garantit les grands principes proclamés en 1789, et qui sont la base du droit public des Français. Le pouvoir législatif est exercé collectivement par le président de la République, aujourd'hui l'empereur, le sénat et le corps législatif. Le corps législatif, élu par le suffrage universel, vote les lois et l'impôt. Le sénat est le gardien de la constitution; c'est à lui qu'il appartient d'en expliquer le texte; il a le droit d'annuler tout acte arbitraire ou illégal. Le pouvoir exécutif est exercé par le président de la République, aujourd'hui l'empereur; il a toujours le droit de faire appel au peuple français; il commande les forces de terre et de mer, déclare la guerre, fait les traités de paix, d'alliance et de commerce, nomme à tous les emplois, fait les règlements et décrets nécessaires pour l'exécution des lois; il a seul l'initiative des lois; il sanctionne et promulgue les lois et les sénatus-consultes; il présente, tous les ans, au sénat et au corps législatif, par un message, l'état des affaires du pays. Il a le droit de faire grâce, et, en vertu d'un sénatus-consulte postérieur, d'accorder des amnisties; il a le droit de déclarer l'état de siége dans un ou plusieurs départements, sauf à en référer au sénat dans le plus bref délai. Les ministres ne sont responsables que chacun dans ce qui les concerne, des actes du gouvernement; ils ne peuvent être mis en accusation que par le sénat. Les ministres, les sénateurs, les députés, les conseillers d'État, les officiers et les fonctionnaires doivent prêter serment à l'empereur. Les maires sont nommés par l'empereur et peuvent être pris hors du conseil municipal. Les conseils municipaux et les conseils généraux ayant demandé le rétablissement de l'empire, un sénatus-consulte rétablit la dignité impériale et en revêtit le prince Louis-Napoléon Bonaparte sous le nom de Napoléon III. L'article 8 de ce sénatus-consulte, du 7 novembre 1852, ordonne que le peuple français soit convoqué pour voter sur l'adoption du rétablissement de la dignité impériale. Ce plébiscite fut adopté par 7,824,189 votants.

CONSTITUTION CIVILE DU CLERGÉ. L'Assemblée constituante porta atteinte à la suprématie pontificale, jusqu'alors reconnue en France, en ordonnant une nouvelle répartition des diocèses qui étaient établis dans chaque département. Les évêques ne devaient demander au pape aucune confirmation de leurs pouvoirs. Les évêques et les curés étaient nommés par les électeurs, sans distinction de religion. Les ecclésiastiques devaient, en outre, prêter serment à la nouvelle constitution. Cette constitution fut repoussée par la plus grande partie du clergé, et condamnée par le pape Pie VI. On vit alors les prêtres *assermentés* et les prêtres *réfractaires*.

CONSTITUTIONNAIRES. On donne ce nom à ceux qui adhérèrent à la bulle *Unigenitus*, sous le règne de Louis XV. On sait que cette bulle fut arrachée au pape par les intrigues du père Letellier, confesseur de Louis XIV, qui fit servir l'autorité du roi à ses haines particulières. Cette bulle était surtout dirigée contre les jansénistes. Les passions religieuses s'exaltèrent à ce point, que les derniers sacrements furent refusés à ceux qui, avant de mourir, ne déclaraient pas qu'ils adhéraient à la fameuse bulle.

CONSTRUCTION. On entend par ce mot l'art de bâtir, et plus particulièrement l'art de choisir les matériaux et celui d'assembler et de disposer les diverses parties d'un édifice. Le propriétaire peut construire comme bon lui semble sur son terrain, en se conformant aux lois et règlements sur la voirie. Ceux qui construisent des édifices, bâtiments, maisons, etc., soit à titre d'architectes, soit à titre d'entrepreneurs, sont garants, pendant 10 ans, de la solidité de leur ouvrage, et répondent des accidents survenus par suite des vices de construction.

CONSTRUCTIONS NAVALES. L'art des constructions navales forme un art particulier confié aux ingénieurs-constructeurs. C'est le corps du génie maritime, en effet, qui est chargé de tous les travaux relatifs à la construction des vaisseaux.

CONSUEGRA, ville d'Espagne (Nouvelle-Castille), prov. de Tolède, à 60 kil. de cette ville. Pop. 7,000 hab. Ville ancienne.

CONSUL. On donnait le nom de consuls aux deux chefs qui étaient mis à la tête de la république romaine; ils étaient nommés annuellement. L'institution du consulat remonte à l'époque de l'établissement de la république romaine, après l'expulsion de Tarquin. Junius Brutus et Tarquinius Collatin furent les premiers consuls. Dans le principe, ils furent exclusivement choisis parmi les patriciens et nommés dans les comices populaires. Ils présidaient le sénat, nommaient des magistrats préposés au trésor public, faisaient la paix et contractaient les alliances; ils avaient le commandement supérieur de l'armée; ils jugeaient tous les procès en dernier ressort; mais cette partie de leurs prérogatives fut plus tard abandonnée aux préteurs. Les faisceaux étaient le symbole de leur autorité. Le faisceau consistait dans des baguettes liées autour d'une hache; chaque consul en avait douze, portés par autant de licteurs. Valérius Publicola fit ordonner, par un plébiscite, que la hache n'apparaîtrait plus dans les faisceaux, et qu'un seul des consuls, alors qu'ils résidaient tous deux à Rome, serait précédé de licteurs; l'autre était accompagné d'un officier nommé *accensus*. Les consuls jouissaient du droit de posséder les licteurs alternativement de mois en mois. Quand ils étaient hors de Rome, les licteurs portaient les haches dans les faisceaux, et chaque consul avait les siens. Les consuls portaient, comme distinction honorifique, un sceptre d'ivoire orné d'un aigle. Dans les assemblées publiques, ils étaient assis sur un [illegible]

CONSUL DÉSIGNÉ. A Rome, les consuls étaient élus quelque temps avant d'entrer en fonction; on les appelait alors consuls désignés. Ils prenaient possession de leur charge le premier jour de l'année; ils prêtaient serment dans les cinq jours. L'avènement des nouveaux consuls était l'occasion d'une procession solennelle au Capitole. Après avoir offert un sacrifice à Jupiter Capitolin, le sénat se réunissait.

CONSUL HONORAIRE. On donnait ce titre à celui qui, sans avoir exercé les fonctions de consul, jouissait des honneurs consulaires. Cette distinction fut créée par César pour récompenser ses créatures.

CONSUL AU MOYEN ÂGE. On donnait ce titre aux magistrats des cités qui s'administraient par elles-mêmes. L'institution de ces consuls se lie à l'histoire de l'affranchissement des communes. Le consulat ne fut guère admis que dans les provinces méridionales de la France, qui l'avaient emprunté à l'Italie. Plusieurs corporations d'arts et métiers donnèrent à leurs syndics le nom de consuls. Ceux-ci devinrent dans la suite des officiers de justice chargés de juger les différends qui s'élevaient entre les marchands de leur corporation.

CONSUL SOUS LA PREMIÈRE RÉPUBLIQUE FRANÇAISE. Ce titre fut donné par la constitution de l'an VIII aux trois membres du pouvoir exécutif. (*Voir* CONSTITUTION DE L'AN VIII et BRUMAIRE (18).)

CONSULAIRE. On donnait ce nom à Rome au citoyen qui avait été consul. Il entrait de plein droit au sénat. Le consulaire conservait le costume de consul, même après l'expiration de ses pouvoirs.

CONSULAIRES (justices). C'étaient des tribunaux de marchands élus pour un an afin de juger les contestations qui s'élevaient entre marchands et négociants. A Paris, le tribunal consulaire était composé d'un juge et de quatre consuls élus par trente délégués, qui représentaient les 60 notables marchands qui les avaient choisis. Il fallait que les consuls exerçassent un commerce différent. Leurs fonctions étaient gratuites, à peine de concussion. Leur sentence entraînait la contrainte par corps. Quiconque faisait des actes de commerce était justiciable de ces tribunaux, alors même qu'il aurait été militaire ou ecclésiastique. Au XVIIIe siècle, on comptait déjà en France 67 villes dotées de justices consulaires.

CONSULAT. On appelait ainsi, à Rome, la dignité de consul.

CONSULAT. C'est l'une des périodes de notre histoire qui marque la fin de la première république. La pensée qui dominait alors, c'était de rétablir l'ordre, tout en acceptant les principes régénérateurs que la Révolution avait définitivement conquis. Bonaparte, dans la soirée du 19 brumaire, avait fait publier aux flambeaux la proclamation suivante: « A mon retour, j'ai trouvé toutes les autorités divisées et l'accord établi sur cette seule vérité: que la constitution était à moitié détruite. Tous les partis sont venus à moi, m'ont confié leurs desseins, m'ont demandé leur appui. J'ai refusé d'être l'homme d'un parti. » Dans la suite de la proclamation, Bonaparte rendait compte des menaces proférées contre lui lorsqu'il s'était présenté au sein du corps législatif, à Saint-Cloud, et de la nécessité où il s'était vu de dissoudre cette assemblée par la force. Cependant un certain nombre de députés s'étaient réunis pour constituer un nouveau gouvernement. Ce qui perdit les députés qui protestaient ainsi contre le 18 brumaire, c'est qu'ils songèrent moins à restaurer la liberté qu'à disputer l'autorité au nouveau gouvernement qui venait de s'établir. Le conseil des Anciens se prêta à toutes les mesures que Bonaparte voulut faire adopter. Bonaparte prit le consulat, et s'adjoignit Sieyès et Roger-Ducos. Les succès des armées françaises ajoutaient encore à la popularité du premier consul. Il ne restait plus qu'à assurer à l'intérieur l'ordre et la tranquillité. Le crédit de l'État semblait épuisé; les capitaux avaient disparu; enfin les royalistes n'avaient vu dans l'abaissement du parti républicain qu'une occasion de faire valoir de nouveau leurs prétentions. Le peuple demandait un gouvernement fort, comprenant qu'il était impossible de rien fonder sans l'unité de direction. La Convention avait succombé parce qu'en concentrant tous les pouvoirs, elle n'avait pas pu apaiser les divisions qui régnaient dans son sein et établir ainsi l'unité dans l'administration. Les diverses assemblées, en se montrant trop jalouses de l'exercice du pouvoir, avaient amené l'anarchie dans l'État, et s'étaient peu à peu dépopularisées. Aussi le peuple ne fit-il aucun effort pour défendre le système représentatif. Bonaparte s'appliqua à mettre de l'ordre dans les finances de l'État; il réorganisa l'administration intérieure et la magistrature. Les affaires ecclésiastiques furent réglées par le Concordat. Il s'entoura des hommes les plus distingués de l'émigration qui consentirent à servir un gouvernement régulier; il dota la France des codes qui la régissent encore aujourd'hui; il organisa l'enseignement public et fonda l'institution de la Légion d'honneur, la Banque de France, l'Institut. Grâce à ces encouragements, le commerce et l'industrie prirent un rapide essor. Au dehors, Bonaparte avait triomphé de la coalition européenne en Italie et en Allemagne; il avait conclu le traité de Lunéville avec l'Autriche en 1801, et celui d'Amiens avec l'Angleterre en 1802. Il fortifia encore son pouvoir en faisant déclarer viagères et inamovibles les fonctions des consuls qui n'étaient d'abord que décennales. Les conspirations qui éclatèrent contre le gouvernement établi et qui avaient pour objet une restauration royaliste, ne contribuèrent qu'à fortifier encore le pouvoir de Bonaparte. La manière dont furent déjouées les conspirations de Cadoudal, Pichegru et Moreau, fit perdre aux royalistes l'espoir de trouver dans le premier consul un nouveau Monk. Le 18 mai 1804, Bonaparte fut proclamé empereur des Français par un sénatus-consulte, qui faisait appel à la sanction populaire.

CONSULAT SOUS LA RÉPUBLIQUE. Le consulat, institué en l'an 509 av. J.-C., fut conservé jusqu'au temps de César comme une magistrature suprême. Il subit cependant diverses modifications. Ainsi, le pouvoir consulaire reçut un premier échec par l'institution des tribuns du peuple, qui présidaient seuls les comices par tribus. L'autorité des consuls était suspendue par la nomination des dictateurs dans les temps où la république était en danger; cette autorité fut aussi suspendue lors de l'institution temporaire des décemvirs. En 444 av. J.-C., les tribuns émirent la prétention de faire choisir les consuls parmi les plébéiens. En 366 av. J.-C., ils obtinrent que l'un des deux consuls serait choisi dans le peuple. L'extension de la république amena certains changements dans l'étendue des prérogatives consulaires. Ainsi les censeurs furent chargés d'une partie de leurs fonctions et le pouvoir judiciaire fut transféré aux préteurs.

CONSULAT SOUS LES EMPEREURS ROMAINS. La dignité consulaire survécut à la république. Sous Auguste, les consuls ne pouvaient communiquer au sénat d'autres affaires politiques que celles qui leur étaient renvoyées par l'empereur. Depuis Tibère, ils furent nommés par le sénat et non plus par le peuple. Peu à peu ils furent réduits au rôle d'officier domestique. Bientôt s'introduisit la coutume des subrogations. Un consul était subrogé à un autre au bout de quelques mois. Commode en créa jusqu'à 25 dans une année. Le consulat cessa ainsi d'être annuel.

CONSULAT SOUS LE BAS-EMPIRE. Le consulat n'était déjà plus qu'une charge honorifique quand Dioclétien enleva au sénat le droit de nommer les consuls et se l'arrogea. A cette époque, ils ouvraient par des fêtes le 1er janvier de chaque année et rentraient ensuite dans l'obscurité. Le consulat s'était ainsi amoindri à mesure que les libertés publiques disparaissaient pour faire place à un despotisme sans frein. Il n'était plus qu'un symbole rappelant de glorieux souvenirs; les consuls affranchissaient un esclave pour affirmer encore un semblant d'autorité. Ils donnaient leur nom à l'année qui venait de s'ouvrir, suivant l'antique usage. Les empereurs finirent par faire supporter aux consuls les frais des fêtes et solennités, et bientôt on n'en trouva plus pour remplir cette sinécure onéreuse.

CONTADES (Louis-George-Erasme, marquis de), maréchal de France, né en 1704, mort en 1795. Ce ne fut qu'en 1734 qu'il fit sa première campagne; devenu colonel, il fut envoyé en Italie et s'y distingua. Il défendit, avec 400 soldats, contre 14,000 hommes, le château de Colorno et opéra une admirable retraite. Aux journées de Parme et de Guastalla, il commandait le régiment d'Auvergne. La mort de son père le rappela en France, où il prit possession du gouvernement de Beaufort, en Anjou. La soumission de la Corse lui valut le titre de maréchal de camp; il combattit partout: en 1741, à l'armée de Westphalie; en 1744, à l'armée du Rhin et à l'armée du roi; en 1745, sur les côtes de Bretagne pour repousser les Anglais; en 1747, il prit part au fameux siège de Berg-op-Zoom. Après la rupture de la paix d'Aix-la-Chapelle, il figura avec distinction aux journées d'Hastenbeck et de Crevelt. Le 1 juillet 1758, il reçut le commandument, général de l'armée d'Allemagne; un mois après, il était fait maréchal de France. De rapides succès, tels que la soumission de la Hesse et d'une partie du Hanovre furent malheureusement compromis par la perte de la bataille de Minden. Il fut rappelé et eut pour successeur le maréchal de Broglie.

CONTAMINE (Théodore, vicomte DE), général français, né à Givet (Ardennes) en 1773, mort vers 1845. Il entra en 1787 comme sous-lieutenant dans un régiment allemand levé pour les colonies hollandaises. Du Cap il passa à Batavia, puis à Ceylan. Fait prisonnier par les Anglais, il subit à Madras trois ans de captivité. On l'embarqua ensuite pour l'Europe. Une relâche de trois mois faite à Sainte-Hélène lui fournit l'occasion de lever secrètement le plan de l'île. Arrivé en Angleterre, il fut échangé et rentra au service de la Hollande avec le grade d'adjudant-général. En 1804, il rentra en France et proposa au gouvernement une expédition contre Sainte-Hélène. Cette idée fut agréée. Une escadre sortit de Toulon, mais la tempête la dispersa. On en forma une autre qui fut mise sous les ordres de l'amiral Villeneuve. Elle rencontra les Anglais au cap Finistère, les maltraita et arriva à Cadix, où Contamine prit le commandement du corps expéditionnaire, en remplacement de Lauriston. Peu de jours après, il était au combat de Trafalgar, où il montait, avec Villeneuve, le *Bucentaure* qui, durant trois heures et demie fut foudroyé par cinq vaisseaux anglais. Villeneuve et Contamine échappèrent presque seuls au désastre. Après sa seconde captivité, Contamine fut envoyé à l'armée d'Italie où, par un habile mouvement sur Comorn, il empêcha la jonction de l'archiduc Jean avec l'archiduc Charles, et contribua, par cette habile manœuvre, au gain de la bataille de Wagram. Il reçut de l'empereur une dotation. En 1813, il organisa à Mayence l'avant-garde de la grande armée. Comme chef d'état-major du 2e corps, il prit une part active aux batailles de Lutzen, de Bautzen, de Katzbach et de Leipzig. Enfin il fit la campagne de France. Nommé par Louis XVIII vicomte et maréchal de camp, il se retira à Neuilly, où il consacra ses loisirs à un ouvrage sur l'art militaire.

CONTARINI, nom d'une famille vénitienne illustre qui a fourni un grand nombre de personnages notables, doges, patriarches, procurateurs. Le premier en date fut CONTARINI (Dominique) (XIe siècle); il fut doge de 1043 à 1073. Son gouvernement fut empreint de sagesse et de fermeté. Il reprit Zara sur les Hongrois. — CONTARINI (Giacomo), né en 1194, mort en 1272. Il fut appelé, quoique octogénaire, à remplacer comme doge Lorenzo Tiepolo. Il reprit, sur le patriarche d'Aquilée et le comte de Goritz, Trieste et Capo-d'Istria, qui s'étaient révoltées. En outre, le territoire vénitien s'accrut de quelques villes en Dalmatie, Istrie et Romagne. — CONTARINI (André) (XIVe siècle). Après le décès du doge Mario Cornaro, les suffrages se portèrent sur André, qui, pour se soustraire à ce dangereux honneur, se réfugia dans la province de Padoue. Sur l'injonction du sénat, il revint à Venise, qu'il gouverna glorieusement durant 15 ans. Les circonstances étaient graves pour la république, alors en guerre avec le duc d'Autriche, le roi de Hongrie, le seigneur de Carrare, et surtout avec les Génois, dont les flottes avaient pris la ville de Chiozza, cette avant-garde de Venise. Contarini, malgré son âge avancé, anima les citoyens, contribua de sa personne et de son bien à la défense de l'État, et rentra dans Venise vainqueur des Génois. — CONTARINI (Bernardini) (XVe siècle), homme de guerre très-énergique. Il commanda la cavalerie albanaise. Il fut tué dans la campagne de Naples, en 1496. — CONTARINI (Francesco), qui vivait en 1460, professa la philosophie à Padoue et fut envoyé en ambassade auprès du pape Pie II. — CONTARINI (Ambrogio) (XVe siècle). Il se distingua tour à tour par son courage dans les guerres contre les Turcs et son habileté dans les négociations diplomatiques. Pressés par Mahomet II, en 1471, les Vénitiens eurent l'idée de chercher, contre les musulmans, un allié utile dans le Sophi de Perse, Hassan-Bey. Pour achever de déterminer le Sophi, on députa vers lui Ambrogio Contarini. Celui-ci se mit en route le 23 février 1473, prit par le nord pour éviter les embûches des Turcs, traversa l'Allemagne, la Pologne, la Crimée, la Mingrélie, la Géorgie, arriva enfin à Ispahan et fut bien reçu du Sophi, tout en jugeant que ce souverain ne pourrait pas être un allié fort utile. Le retour fut fort difficile; dans les déserts de la Tartarie et de la Russie, Contarini eut à supporter la faim et des fatigues inouïes. Grâce à l'aide d'Ivan III, grand prince de Russie, il put achever son voyage, et enfin il arriva à Venise le 10 avril 1476. Contarini a eu la gloire d'ouvrir à la civilisation une route inconnue et de fixer la géographie de régions jusqu'alors inexplorées. — CONTARINI (Gaspard), né en 1483, mort en 1542, suivit à Padoue les leçons de Pomponace, entra ensuite dans les affaires, s'acquitta avec succès de plusieurs missions diplomatiques, fut créé cardinal par Paul III, nommé évêque de Bologne et envoyé comme légat à la diète de Ratisbonne, où il tenta vainement une réconciliation impossible entre les catholiques et les protestants. — CONTARINI (Marc-Antoine), duc de Candie, mort en 1550. Ses ouvrages le firent surnommer *le Philosophe*. — CONTARINI (Thomas Ier), procurateur de Saint-Marc, ambassadeur de Venise en Espagne. Il mourut en 1578. — CONTARINI (Giovan), excellent peintre qui brillait dans les genres les plus opposés. Né en 1549, mort en 1605. Il s'efforça de maintenir l'école vénitienne à son ancienne hauteur. — CONTARINI (Thomas II), diplomate et voyageur qui remplit des missions en Hollande et en Allemagne. Il mourut en 1617. — CONTARINI (Vincenzo), littérateur vénitien en faveur duquel fut créée une chaire d'éloquence grecque et latine (1577-1617). — CONTARINI (Francesco). En 1623, il fut nommé doge, en remplacement d'Antonio Priuli. C'est sous son gouvernement, qui dura seulement une année, que les Vénitiens, unis aux Français, chassèrent les troupes du pape de la Valteline et forcèrent les Espagnols à se retirer par Riva. — CONTARINI (Nicolo), doge de Venise, élu en 1630, mort en 1631. Son gouvernement fut tristement marqué par la défaite de Valesso et la prise de Mantoue, qui tomba au pouvoir des Allemands. En outre, la peste qui ravageait l'Italie enleva plus de 5,000 habitants de l'État vénitien. — CONTARINI (Simone) (1563-1633). Il fut envoyé en qualité d'ambassadeur à Turin et en Espagne, puis en France, où il négocia l'affaire de la Valteline. A son retour, il fut élu procurateur de Saint-Marc et envoyé, malgré son grand âge, à Constantinople. En face de la peste qui désolait Venise, il voulut rester dans la ville pour y maintenir l'ordre. — CONTARINI (Pierre-François) (XVIe siècle) fut patriarche de Venise. — CONTARINI (Alvise), mort en 1653, contribua comme ambassadeur de Venise à la conclusion du traité de Westphalie. — CONTARINI (Carlo), doge en 1655. Son gouvernement fut célèbre par la victoire navale que Lazzaro Mocenigo, amiral vénitien, remporta sur les Turcs à l'entrée des Dardanelles. — CONTARINI (Angiolo), procurateur de Saint-Marc, mort en 1657. — CONTARINI (François) (XVIIIe siècle), poëte. — CONTARINI (Dominique II), doge, mourut en 1667, après avoir signé le traité qui abandonnait aux Turcs l'île de Candie, où Morosini avait soutenu le plus mémorable siége. — CONTARINI (Camillo), littérateur vénitien (1644-1722). Il remplit avec distinction plusieurs emplois. A la mort de sa femme, il prit l'habit ecclésiastique. — CONTARINI (Ludovico), doge, mort en 1684. Il avait siégé au Münster en qualité de plénipotentiaire.

CONTAT (Louise), célèbre actrice de la Comédie-Française, née à Paris en 1760, morte en 1813. Mlle Préville fut son professeur et la dirigea vers la tragédie. Ce fut une erreur dont on s'aperçut aisément aux débuts de Louise Contat. Elle avait la beauté, la grâce, la finesse, toutes qualités propres à la comédie. En avril 1777 elle fut reçue sociétaire. Sa réputation commença par la création de Suzanne, dans le *Mariage de Figaro*. Dès lors tous les auteurs voulurent lui confier des rôles. Elle donna quelques moments de vie à bien des œuvres pâles et oubliées dont l'énumération ressemblerait à une liste nécrologique. C'était dans le grand et immortel répertoire, dans le *Misanthrope*, le *Tartufe* et les délicieuses comédies de Marivaux qu'il fallait voir Mlle Contat. En 1795, elle fut incarcérée comme la plupart de ses camarades. A la suite du 9 thermidor, une scission s'opéra entre les acteurs de la Comédie-Française : Mlle Contat fut du nombre de ceux qui restèrent au théâtre Feydeau. Trois ans après, la paix se fit parmi les comédiens, qui revinrent tous au théâtre de la rue Richelieu. C'est là que Louise Contat resta en possession de la faveur du public jusqu'à sa représentation de retraite, qui eut lieu le 6 mars 1809. Elle avait épousé M. de Parny, neveu du poëte de ce nom.

CONTE, récit fabuleux, dramatique ou comique, en prose ou en vers. Dans la conversation, le conte est généralement une aventure plaisante dont le trait final provoque le rire. En littérature, le conte est une véritable épopée. Ce qui distingue le conte de l'œuvre dramatique, c'est que jamais l'auteur n'apparaît dans l'exposition du drame, tandis qu'il se met naïvement en scène dans le conte; il a le droit d'être sentencieux et moral, mais avec une certaine légèreté. Le conte diffère de la fable en ce que celle-ci semble toujours pressée d'arriver à son but, qu'elle ne s'égare dans les détails que pour mieux mettre en relief la moralité. Le conteur, au contraire, n'est pas pressé d'arriver; comme il se propose avant tout de récréer, il s'égare volontiers dans les sentiers fleuris qui bordent sa route. Le conte se trouve dans la littérature de tous les peuples, et c'est surtout pour les peuples primitifs et pour l'enfance qu'il a le plus de charme. L'Orient nous apparaît comme le berceau de l'apologue et du conte; la mythologie grecque n'était elle-même qu'une suite de contes ingénieux, au milieu desquels la raison cherchait la vérité. Au moyen âge, les troubadours, les trouvères et les jongleurs amusaient le peuple et les châtelains par d'interminables récits. C'étaient des légendes auxquelles chaque troubadour ajoutait quelque peinture nouvelle ou quelque nouveau chant. On s'est même demandé si l'*Iliade* et l'*Odyssée* n'étaient pas plutôt l'œuvre de rapsodes qu'une production enfantée par le génie d'un seul homme. Boccace n'a fait lui-même que reproduire, dans son *Décaméron*, les anciens contes et fabliaux. Molière n'a-t-il pas puisé à pleines mains dans les récits de Boccace? Et la Fontaine, qui disait si naïvement :

Si Peau d'Ane m'était conté,
J'y prendrais un plaisir extrême.

Le grand fabuliste excellait aussi dans le conte; il semblait y jouer lui-même un rôle. Tandis que Voltaire est le conteur fin et délicat des salons, la Fontaine s'adresse à toutes les classes et à tous les âges. Sa simplicité et sa négligence même lui prêtent un charme inimitable. Rabelais nous apparaît plutôt comme un satirique que comme un conteur. De nos jours, le conte a encore sa raison d'être; il a cependant perdu la naïveté qui le caractérisait, et Andrieux nous apparaît comme le dernier conteur de la vieille école. Le conte a, de nos jours, pris une allure toute philosophique.

CONTÉ (Nicolas-Jacques), peintre, chimiste et mécanicien, né à Séez en Normandie en 1755, mort en 1805. Il montra de si merveilleuses dispositions pour la peinture, que la supérieure de l'hôpital de Séez lui commanda des tableaux pour la chapelle de cet établissement. Cependant il ne négligeait pas l'étude de la physique et de la mécanique. L'Académie des sciences reçut de lui une machine hydraulique très-ingénieuse, que le célèbres Charles adopta pour ses démonstrations. Arrivé à Paris, Conté y partagea sa vie active entre la peinture et la science. Lors de la Révolution, on lui confia la direction d'une école d'aérostiers, qui fut établie à Meudon. Ce fut en ce lieu même qu'un accident de gaz enflammé faillit lui coûter la vie, et lui fit du moins perdre l'œil gauche. Lors de la création du Conservatoire, Conté en fut nommé membre. A cette époque se rattache sa précieuse invention des crayons qui portent son nom. A force d'industrie, il affranchit la France du tribut qu'elle payait à l'étranger pour ce produit. Il partit dans l'expédition d'Egypte comme chef de brigade du corps des aérostiers. Là encore ses services furent immenses, et son génie se révéla dans toute son étendue. A Alexandrie, menacée par les Anglais, il construisit en deux jours, par les moyens les plus simples, des fourneaux à boulets rouges qui rendirent les plus grands services. Au Caire, il remplaçait les instruments et les machines dont les révoltés s'étaient emparés; il créait des fonderies, fabriquait de la poudre, de l'acier, du carton, des moulins à vent, etc. Par sa volonté créatrice, par son admirable activité, la civilisation et l'industrie de l'Europe étaient transportées dans ce pays barbare. Depuis les machines les plus compliquées jusqu'aux plus simples outils, tout se confectionnait dans son établissement. Cet homme prodigieux suffisait à tout. Il alla jusqu'à fabriquer du drap pour l'armée et même pour les besoins du pays. Le retour de l'expédition força Conté d'abandonner tant d'œuvres précieuses. Conté fut un des premiers membres de la Légion d'honneur.

CONTEMPLATION, débordement de ferveur mystique, ou transport de l'imagination dans les champs de la philosophie, ou même encore dans les régions fantastiques où l'homme se console de la réalité par des rêves. « Quoi de plus doux, dit Lucrèce, que d'habiter le temple édifié par la science des sages, asile d'une inaltérable sérénité, d'où l'on peut voir le vulgaire poursuivre à l'envi des buts misérables, les richesses, la gloire, la puissance. » La plupart des grandes découvertes de l'esprit humain sont dues à cette faculté de l'âme. Certains peuples sont plus portés que d'autres à la contemplation; mais cette contemplation, lorsqu'elle n'est pas inspirée par le sentiment du travail et du devoir, reste improductive. Ainsi les peuples de l'Orient doivent leur immobilité, au milieu de la civilisation des autres peuples, à cette rêverie qui satisfait leur indolence naturelle. Le christianisme n'aurait eu qu'une influence funeste, si quelques génies supérieurs n'avaient mis la perfection de l'homme par le travail au-dessus de cette existence purement contemplative, où les religieux des premiers âges voyaient la perfection absolue.

CONTENTIEUX, se dit de tout ce qui est sujet à une contradiction susceptible d'être portée devant les tribunaux. La distinction des matières contentieuses a son intérêt en droit administratif: ainsi l'on distingue les demandes ou réclamations purement gracieuses, c'est-à-dire auxquelles l'administration peut, suivant ses intérêts ou son bon vouloir, faire ou ne pas faire droit. On dit qu'une affaire est du contentieux administratif quand le plaignant ne demande pas une grâce, mais veut qu'on lui rende justice. Dans ce dernier cas, c'est au juge administratif qu'il convient de s'adresser. Le conseil d'Etat, qui juge comme tribunal suprême les affaires de contentieux administratif, comprend une section particulière sous le nom de *comité du contentieux*.

CONTENTION. On entend par contention d'esprit une grande application à des matières qui exigent une extrême application. « Ce que l'homme fait avec contention, dit Bossuet, il le fait aussi avec efficacité; et les effets sont d'autant plus grands que l'âme est plus puissamment appliquée. » Une trop grande contention d'esprit peut plonger dans une sorte d'hallucination.

CONTESSA, ville de Sicile, à 48 kil. de Corleone. Pop. 3,600 hab. Arnautes ou Albanais.

CONTESSA ou ORFANO, village de la Turquie d'Europe (Roumélie), à l'embouchure du Kara-Sou, à 76 kil. de Salonique.

CONTESTATION. On appelle ainsi tout débat judiciaire ou procès. Dans l'ancien droit, on appelait *contestation en cause* le premier acte de procédure dont un tribunal était saisi, par lequel le défendeur manifestait l'intention de résister à la demande intentée contre lui.

CONTHEY, bourg de Suisse (Valais), à 5 kil. de Sion. Pop. 2,635 hab. Vins estimés.

CONTI ou CONTY, ch.-l. de cant. de l'arrond. d'Amiens (Somme), à 25 kil. de cette ville. Pop. 925 hab. Ancienne seigneurie attachée à la maison de Bourbon. Elle donna son nom à une branche cadette de la maison de Bourbon-Condé.

CONTI (maison de), illustre famille princière, branche cadette de la maison de Bourbon-Condé. Eléonore de Roye porta la seigneurie de Conti dans cette maison royale par son mariage avec Louis de Bourbon, 1er du nom, prince de Condé, qu'elle épousa le 22 juin 1552.

CONTI (Armand DE BOURBON, prince de), frère cadet du grand Condé, né en 1629. Il fut destiné dans sa jeunesse à l'état ecclésiastique, et eut en 1642 les abbayes de Saint-Denis et de Cluny, qu'il quitta en 1653 pour prendre le parti des armes. Arrêté en 1650 avec le prince de Condé, son frère, et le duc de Longueville, il se jeta dans la cabale des *Petits-Maîtres*, qui avait remplacé celle des *Frondeurs*. Trois ans après, il se réconcilia avec la reine-mère, et successivement il commanda les armées en Catalogne, eut le gouvernement de Guyenne, fut nommé grand maître de la maison du roi, commanda en Italie avec le duc de Modène, eut le gouvernement du Languedoc et fut fait chevalier des ordres en 1661. Il mourut à Pézénas le 21 février 1666. Il avait épousé Louise-Marie Martinozzi, nièce du cardinal Mazarin.

CONTI (Louis-Armand, prince DE), comte de Pézénas, né en 1651. Il fit sa première campagne en 1683, se distingua au siége de Luxembourg en 1684; à celui de Nuhausel en Hongrie, à la bataille de Gran contre les Turcs; en 1685, et, la même année, mourut de la petite vérole, à Fontainebleau, à l'âge de 25 ans. Sa femme était Mademoiselle de Blois, fille naturelle et légitimée de Louis XIV et de la duchesse de la Vallière.

CONTI (François-Louis DE BOURBON, prince DE LA ROCHE-SUR-YON). Né en 1664 d'Armand de Bourbon, il ne porta le titre de prince de Conti qu'après la mort de son frère aîné, qu'il égala par le courage et les talents militaires. En 1686, il accompagna le grand Dauphin aux siéges de Philipsbourg et d'autres places; suivit le roi aux siéges de Mons et de Namur; se trouva au combat de Steinkerque avec le maréchal de Luxembourg, contribua en 1693 à la victoire de Nerwinde, fit en 1694 la campagne de Flandre, et fut en 1697 appelé en Pologne pour y recevoir la couronne, après la mort de Sobieski. Son compétiteur, l'Electeur de Saxe, Auguste II, s'était déjà fait reconnaître roi par la majorité de la nation; le prince revint en France. Il se disposait à prendre le commandement de l'armée de Flandre dans la campagne de 1709, lorsqu'il mourut.

CONTI (Louis-Armand DE BOURBON, prince DE), né en 1695, mort en 1727. Il porta le titre de *comte de la Marche* jusqu'à la mort de son père. Il servit sous Villars en 1713, assista au siége de Landau, à la prise de Fribourg. En 1717, il fut admis au conseil de régence et pourvu du gouvernement des Haut et Bas Poitou. Il avait épousé sa cousine Louise-Elisabeth de Bourbon.

CONTI (Louis-François DE BOURBON, prince DE), né en 1717, mort en 1776. D'abord, il fut lieutenant général du maréchal de Belle-Isle dans la guerre de Bavière. En 1744, il eut le commandement de 20,000 Français chargés de s'emparer du Piémont, de concert avec les Espagnols. Malgré plusieurs avantages, l'incertitude de la bataille de Coni, où il s'était exposé très-bravement, força le prince de ramener en France sa petite armée très-affaiblie. Il fit en 1745 la campagne d'Allemagne, et, l'année suivante, celle de Flandre. La paix le ramena à Paris. La franchise de son langage sur les mœurs de la cour déplut à Louis XV. Sous le règne suivant le prince se déclara fortement contre les réformes demandées par Turgot.

CONTI (Louis-François-Joseph DE BOURBON, prince DE), pair de France, né en 1734, mort à Barcelone en 1814, lieutenant général des armées du roi en 1758 et colonel d'un régiment de son nom, avait épousé Fortunée-Marie d'Est, fille du duc de Modène. Il fut le dernier de sa maison.

CONTICH, ville de Belgique, dans la prov. d'Anvers, à 12 kil. de cette ville. Pop. 3,682 hab. Brasseries et chapelleries.

CONTINENT. On comprend sous ce nom les plus grands espaces de terre que l'on puisse parcourir sans traverser les mers. Autrefois on ne reconnaissait que deux continents. Aujourd'hui on en compte trois, savoir: l'*ancien continent*, qui renferme l'Europe, l'Afrique et l'Asie; le *nouveau continent*, qui renferme l'Amérique. De récents voyages ont porté à considérer l'Australie comme un *troisième continent*.

CONTINENTAL (blocus). On a donné ce nom au projet que Napoléon conçut en 1806, pour fermer aux manufactures anglaises tous les ports et marchés de l'Europe. Il espérait ainsi réduire la Grande-Bretagne au seul commerce intérieur. Napoléon n'hésita pas, bien qu'il comprît que la fabrication du continent n'était pas encore en état de suppléer à celle de l'Angleterre, de manière à satisfaire tous les besoins. L'empereur espérait ainsi contraindre la Grande-Bretagne à cesser la guerre de piraterie qu'elle pratiquait sur les mers. Lorsque cette mesure fut prise, le gouvernement anglais venait encore de resserrer les liens de la coalition, qu'on croyait dissoute après les victoires d'Austerlitz et d'Iéna. Avant de mettre ainsi l'Angleterre en dehors du droit des gens, Napoléon consulta le pouvoir législatif, qui entrait toujours dans ses vues. Un décret du 21 novembre 1806, mit les îles britanniques en état de blocus, interdit le commerce avec ces îles, et ordonna que les Anglais, qui se trouvaient sur le continent, fussent traités comme prisonniers de guerre. Ce décret, daté de Berlin, fut aussitôt mis à exécution.

Mais le projet amena des conséquences imprévues : le blocus ne put jamais être maintenu dans toute sa rigueur ; après avoir brûlé les marchandises introduites en contrebande, le gouvernement, se voyant débordé, finit par accorder, sous le nom de *licence*, un véritable privilége pour en introduire ; ces licences, qui étaient vendues et constituaient un revenu de l'État, n'avaient ainsi d'autre effet que de faire payer fort cher les objets de consommation, et de faire ainsi tourner cette mesure au préjudice de la nation qui l'appliquait. Cependant la Grande-Bretagne ne laissa pas d'essuyer des pertes énormes qu'on évalua à près d'un milliard et demi en moins de 18 mois. Il est probable que le blocus continental eût produit de meilleurs effets si Napoléon avait été secondé par les autres puissances ; mais toute alliance avec les pays où la France dominait d'une façon plus ou moins directe était peu sincère. L'or de l'Angleterre fournissait même à la coalition les moyens de se maintenir. Cette puissance fut assez habile pour persuader aux alliés de la France que les menaces dont elle était l'objet seraient bientôt dirigées contre eux, et que l'ambition de Napoléon menaçait l'indépendance de toutes les nations européennes. Les premiers désastres de l'empire amenèrent la levée du blocus continental. Les économistes se sont plu à examiner quelles auraient été les conséquences du système continental s'il avait continué à être appliqué, non-seulement en temps de guerre, mais encore en temps de paix. Ils sont généralement tombés d'accord pour reconnaître que ce système d'isolement aurait plutôt retardé les progrès de l'industrie en Europe qu'il ne les aurait encouragés.

CONTINGENT. Dans le langage militaire, on entend par ce mot la part prise à la charge de chaque circonscription territoriale dans la répartition annuelle du recrutement. C'est sur la proposition du ministre de la guerre que le pouvoir législatif vote annuellement, en France, le nombre d'hommes à appeler sous les drapeaux ; la répartition s'en fait ensuite entre les départements, les arrondissements et les cantons, proportionnellement à la population.

CONTRACTANT. On donne ce nom à celui qui consent une obligation vis-à-vis d'une autre personne. Le contractant peut s'obliger par un acte écrit ou seulement par convention verbale.

CONTRACTUEL, se dit de ce qui fait l'objet d'un contrat ; ainsi l'on donne le nom de *succession contractuelle*, *institution contractuelle*, à la succession ou à l'institution établie par contrat de mariage.

CONTRADICTION, manière d'envisager les choses en opposition avec celles d'autres personnes. La contradiction dictée par un jugement sain et éclairé est quelquefois utile. La manie de contredire est, au contraire, une habitude vicieuse qui rend insupportable la société de celui qui en est affligé. La peinture suivante du misanthrope peint fort bien l'esprit de contradiction :

Et ne faut-il pas bien que monsieur contredise,
A la commune voix veut-on qu'il se réduise,
Et qu'il ne fasse pas éclater en tous lieux
L'esprit contrariant qu'il a reçu des cieux ?
Le sentiment d'autrui n'est jamais pour lui plaire ;
Il prend toujours en main l'opinion contraire,
Et penserait paraître un homme du commun
Si l'on voyait qu'il fût de l'avis de quelqu'un.
L'honneur de contredire a pour lui tant de charmes,
Qu'il prend contre lui-même assez souvent les armes ;
Et ses vrais sentiments sont combattus par lui
Aussitôt qu'il les voit dans la bouche d'autrui.

CONTRAINTE, influence exercée sur une personne de manière à lui enlever la liberté d'agir suivant sa volonté. La contrainte est physique ou morale. La contrainte physique n'est justifiée que quand il s'agit de prévenir des actes condamnables et dangereux. La société a seule le droit de l'exercer contre les criminels qui attentent à la sûreté des citoyens ou à leur propriété. Dans tout autre cas la contrainte physique est punissable. La contrainte morale est un acte grave qui suffit quelquefois pour vicier les contrats lorsqu'elle est de nature à faire une profonde impression sur une personne raisonnable.

CONTRAINTE PAR CORPS, droit accordé, dans certains cas, au créancier de faire emprisonner son débiteur pour le contraindre au payement de sa dette. La contrainte par corps était appliquée en droit romain ; c'était un véritable esclavage auquel était soumis le débiteur pendant un temps plus ou moins long. Dans notre ancien droit, la contrainte par corps était admise, même en matière civile, jusqu'à ce que le débiteur eût payé ou fait cession de biens. Aujourd'hui la contrainte par corps n'est guère admise que contre le commerçant et les débiteurs étrangers. En matière civile, le stellionataire peut y être soumis. En matière pénale, la contrainte par corps existe de plein droit pour le payement des frais judiciaires, et elle peut être accordée, pendant un certain temps fixé par le jugement, à la partie civile pour assurer le payement des dommages-intérêts qui lui sont accordés. La contrainte par corps ne peut être exercée qu'en vertu d'un jugement ; le tribunal peut cependant accorder un sursis. La liberté étant imprescriptible et inaliénable, on ne peut stipuler la contrainte par corps comme garantie d'une obligation en dehors des cas prévus par la loi. La contrainte par corps constituant une voie d'exécution et non un mode de libération, le débiteur qui l'a subie pendant le temps déterminé par la loi n'est pas affranchi de sa dette. Certaines personnes sont affranchies de la contrainte par corps en raison de l'âge, du sexe ou de la position. Ainsi, ne sont pas contraignables : les mineurs, les septuagénaires, les femmes mariées et les interdits. Les députés au corps législatif et les sénateurs ne peuvent être soumis à la contrainte par corps, tant que dure leur mandat. Il en est de même de certains agents de l'autorité publique, des militaires et des marins. La loi dispose que la contrainte ne peut être appliquée pour une dette commerciale inférieure à 200 fr. L'emprisonnement pour dette commerciale cesse de plein droit après 3 mois lorsque le montant de la condamnation en principal ne s'élève pas à 500 fr. ; après 6 mois pour une dette inférieure à 1,000 fr. ; après 9 mois pour 1,500 fr. L'augmentation se fait ainsi successivement de 3 mois en 3 mois pour chaque somme en sus qui ne dépasse pas 500 fr., sans pouvoir excéder trois années pour les sommes de 6,000 fr. et au-dessus.

CONTRARIÉTÉ. Se dit pour marquer l'opposition de deux choses qui se combattent et se détruisent l'une l'autre, ou qui sont complétement diverses. Ce mot se dit aussi de tout obstacle, de tout empêchement, de toute traverse, de tout souci, de toute taquinerie. Que de contrariétés n'éprouve-t-on pas dans la vie ?

CONTRASTE, chose en opposition avec une autre et qui conserve cependant des rapports avec elle. Le contraste existe dans la nature de même que dans l'imagination. Ainsi les éclairs, pendant une nuit orageuse, contrastent avec les ténèbres. La naïveté enfantine contraste avec les préoccupations soucieuses de l'âge mûr. Le tableau du prisonnier qui, à travers les barreaux, contemple la liberté des autres, offre aussi un contraste. C'est surtout en poésie et en peinture que l'imagination sait produire par le contraste des effets souvent admirables.

CONTRAT. Ce mot est souvent employé pour exprimer l'acte ou l'instrument dans lequel sont contenues les conventions ; ce contrat peut être rédigé par un notaire ou sous seing privé. En droit, ce mot désigne plus exactement la convention elle-même qui peut être purement verbale ou rédigée par écrit. C'est dans ce sens que la loi définit le contrat : « Une convention par laquelle une ou plusieurs personnes s'obligent envers une ou plusieurs autres à donner, faire ou ne pas faire quelque chose. » On distingue plusieurs sortes de contrats suivant leur objet. Le contrat est synallagmatique ou bilatéral lorsque les contractants s'obligent réciproquement les uns envers les autres. Il est unilatéral lorsqu'une ou plusieurs personnes sont obligées envers une ou plusieurs autres, sans que, de la part de ces dernières, il y ait d'engagement. Le contrat est commutatif ou aléatoire. Il est commutatif, quand chacune des parties s'oblige à donner ou à faire une chose qui est regardée comme l'équivalent de ce qu'on lui donne ou de ce qu'on fait pour elle ; il est aléatoire, lorsque l'équivalent consiste dans la chance de gain ou de perte pour chacune des parties, d'après un événement incertain. On distingue encore le contrat de bienfaisance du contrat à titre onéreux. Le premier est celui dans lequel l'une des parties procure à l'autre un avantage purement gratuit. Le second est celui qui assujettit chacune des parties à donner ou à faire quelque chose. Les contractants doivent être capables de consentir à des obligations. Les incapables sont : les mineurs, les interdits et les femmes mariées, dans les cas exprimés par la loi et, généralement, tous ceux à qui la loi interdit certains contrats. Il faut, en outre, pour la validité de l'obligation, que la chose qui fait l'objet de la convention soit dans le commerce, que l'obligation ait une cause réelle, et enfin que le consentement ne soit pas vicié par l'erreur, la violence, le dol ou la lésion, dans les cas où elle est admise par la loi.

CONTRAT DE MARIAGE, c'est l'ensemble des conventions faites en vue du mariage, dont l'objet est de régler, quant aux biens, les droits dont deux personnes qui veulent se marier devront jouir, comme époux, l'un à l'égard de l'autre. Il faut distinguer le contrat de mariage relatif au règlement des biens des époux de l'acte de mariage qui constate la célébration devant l'officier de l'état civil. Les époux qui ne font pas de conventions particulières sont soumis au régime de la communauté légale, telle qu'elle est déterminée par la loi (*Voir* COMMUNAUTÉ). Les époux qui se soumettent au régime dotal ou qui établissent d'autres conventions particulières doivent s'adresser à un notaire, qui a seul qualité pour rédiger les conventions matrimoniales. Le contrat de mariage ne peut être dressé après la célébration ni être modifié par le commun accord des époux. Pour être capable de faire un contrat de mariage, il faut être habile à s'unir par mariage. Le mineur, qui a le droit de se marier, peut consentir à toute convention matrimoniale avec l'assistance des personnes dont le consentement est requis par la loi pour la validité de son mariage. Les époux ont la plus grande latitude pour régler leurs conventions matrimoniales. La loi autorise toutes les dispositions qui ne blessent ni l'ordre public ni les bonnes mœurs.

CONTRAVENTION, infraction à une loi, à une ordonnance ou à un règlement en matière fiscale ou de police. Les contraventions en matière de police sont déférées au tribunal de simple police, qui applique une amende et même l'emprisonnement en cas de récidive. Il n'y a récidive que lorsqu'une double contravention a été commise depuis moins d'une année. En matière fiscale, la contravention entraîne une amende ; elle peut être relative à l'enregistrement ou au timbre.

CONTRE-AMIRAL. C'est un officier de la

marine militaire qui vient immédiatement après le vice-amiral, et qui a le troisième grade parmi les officiers généraux; il a le rang de général de brigade. Les contre-amiraux commandent les divisions des armées navales et les escadres. Ils remplissent les fonctions de chefs d'état-major auprès des amiraux, celles de préfets maritimes, d'inspecteurs généraux, de majors généraux de la marine, de gouverneurs des colonies, etc. Le contre-amiral s'appelait autrefois chef d'escadre. Le navire monté par un contre-amiral porte au haut du mât d'artimon le pavillon tricolore de figure carrée.

Contre-appel. Dans l'art militaire, on appelle ainsi un second appel qui a pour objet d'en contrôler un autre précédemment fait; il a ordinairement lieu de nuit et à l'improviste. En termes d'escrime, le contre-appel est le mouvement opposé à l'appel de l'adversaire; il se produit quand on répond à une feinte par un mouvement opposé.

Vue de Douvres.

Contre-approche. En termes de fortifications, ce mot se dit de l'ensemble de tranchées et de boyaux que l'assiégé dirige contre les tranchées de l'assiégeant pour lui barrer le chemin, le harceler et faciliter les sorties de la garnison.

Contre-maître. C'est ainsi qu'on appelle, dans la marine militaire, l'officier de manœuvre qui, à bord, a rang entre les seconds maîtres et les quartiers-maîtres. Le contre-maître est au-dessous du second maître d'équipage et le remplace au besoin. Il est chargé de l'inspection de la cale et des ouvriers qui y travaillent.

Contre-scel. C'est un petit sceau qu'on appose sur le tiret de parchemin qui sert à attacher des lettres scellées en chancellerie, pour assurer l'authenticité de l'acte. On croit que c'est Philippe-Auguste qui le premier en fit usage.

CONTREBANDE, infraction aux lois de douane qui frappe certaines marchandises d'un droit à l'entrée ou à la sortie, ou qui en prohibent absolument l'exportation ou l'importation. La contrebande est punie de peines correctionnelles. Elle constitue même un crime lorsqu'elle a lieu avec attroupement et port d'armes. La contrebande était autrefois punie des galères. La contrebande prit le plus grand développement lors du blocus continental. Elle s'exerce encore aujourd'hui, malgré une surveillance active. Un grand nombre d'économistes considèrent les droits d'importation ou d'exportation comme préjudiciables à la nation qui les subit, partageant l'opinion de Say, qui s'exprime ainsi à cet égard : « La contrebande est une action innocente en elle-même, que les lois seules rendent criminelles. »

CONTRÉE. Se dit d'une certaine étendue de pays, d'une région.

CONTREFAÇON, atteinte au droit de propriété sur les œuvres littéraires, artistiques ou industrielles. La loi ne pouvait permettre les brevets d'invention que pour les découvertes industrielles. Aussi la contrefaçon est-elle plus facilement définie dans cette matière. La loi considère comme contrefaçon « toute atteinte portée au droit du breveté, soit par la fabrication de produits, soit par l'emploi de moyens faisant l'objet de son brevet. » La contrefaçon artistique et littéraire, qu'on distingue du plagiat, est définie : « toute édition d'écrits, de compositions musicales, de dessin, de peinture ou de toute autre édition imprimée ou gravée, en entier ou en partie, au mépris des lois et règlements relatifs à la propriété des auteurs. » Cette protection est accordée, quel que soit le mérite de l'ouvrage. Les peines édictées contre la contrefaçon s'appliquent également aux contrefacteurs de marques de fabrique.

CONTRE-FORT. Les contre-forts de forteresse sont des massifs de maçonnerie en forme de trapèze enfermés dans l'escarpe.

Contre-garde. Terme de fortifications qui s'applique à un ouvrage construit au-devant d'un bastion, d'une pile de pont, d'une demi-lune, ou de tout autre ouvrage faisant partie d'une forteresse. Les contre-gardes sont destinées à couvrir les faces de l'ouvrage qu'elles défendent contre les batteries de brèche, à forcer l'assiégeant à s'emparer d'abord de cet ouvrage par les moyens qu'il aurait employés pour ouvrir le corps de place, et à prolonger ainsi la durée du siége.

Contre-lettre, acte destiné à rester secret, au moins pendant un certain temps, et par lequel on modifie ou l'on détruit un acte ostensible. Les contre-lettres, qui ont pour objet de cacher aux tiers la convention véritable, sont des contrats parfaitement valables, toutes les fois qu'ils ne servent pas à couvrir ou à préparer des fraudes. En matière de contrat de mariage, la loi n'admet pas de contre-lettre qui ne serait pas reçue par un notaire. La jurisprudence n'admet pas davantage les contre-lettres servant à déguiser le prix véritable des offices ministériels.

Contre-marche. C'est le mouvement rétrograde par lequel une troupe revient sur le terrain qu'elle venait de quitter. Ce mouvement s'exécute circulairement par une marche de front. En parlant des évolutions navales, on entend par contre-marche l'évolution d'une armée de vaisseaux en ligne, exécutant une même manœuvre dans les eaux les uns des autres.

Contre-poids. On appelle ainsi un poids qui sert à contre-balancer ou modérer l'action d'une force opposée. Ce mot s'emploie au physique comme au moral. Bossuet a dit : « La providence sait donner aux conditions les plus élevées leur contre-poids. »

Contre-corps, se dit en termes de fortifications de la pente du mur extérieur d'un fossé qui fait face aux assiégeants.

CONTRES, ch.-l. de cant. de l'arrond. de Blois (Loir-et-Cher), à 21 kil. de cette ville. Pop. 2,100 hab.

CONTREVALLATION. C'est le terme de fortification qui désigne un fossé ou retranchement qu'on fait autour d'une place assiégée pour couper toutes ses communications. (*Voir* CIRCONVALLATION.)

CONTREVENTS. Grands volets de bois qui se ferment à l'extérieur d'une fenêtre.

CONTREXEVILLE, village de l'arrond. de Mirecourt (Vosges), à 31 kil. de cette ville. Pop. 708 hab. Établissement d'eaux minérales renommées.

CONTRIBUTION, payement supporté, à titre d'impôt, par chaque citoyen pour subvenir aux dépenses publiques. On distingue la *contribution directe* ou *indirecte*. La contribution directe est assise directement sur les biens, meubles et immeubles, ou sur les personnes; elle est perçue, d'après un rôle nominatif, par un fonctionnaire public. La contribution indirecte est assise sur la fabrication, la vente, le transport, l'introduction des objets de consommation et

communes et les contribuables. Les impôts de cette nature sont : 1° Les *contributions foncières*, 2° les *contributions personnelles et mobilières*, 3° celles des *portes et fenêtres*. Quant à l'impôt de quotité, son chiffre ne peut être qu'approximatif, car il peut varier selon le nombre des contribuables qui change d'une année à l'autre. On range dans ce cas les *patentes* et les *redevances sur les mines*. En ce qui concerne les impôts de répartition, la distribution des parts afférentes à chaque département est faite par le ministre des finances. Les conseils généraux déterminent la somme qui doit être portée à la charge de chaque arrondissement : le conseil d'arrondissement détermine à son tour le partage entre les diverses communes de l'arrondissement. Pour la répartition entre les habitants et

CONTROLE, nom donné autrefois à la formalité nommée aujourd'hui enregistrement. On distinguait trois espèces de contrôles : celui des actes, celui des exploits et celui des greffes. Le contrôle fut établi par un édit de 1581. Les droits étaient tantôt fixes et tantôt proportionnels.

CONTROLEUR GÉNÉRAL DES FINANCES. Avant la Révolution, ce titre désignait un grand officier de l'État, chargé de contrôler et d'enregistrer tous les actes qui avaient rapport aux finances. Cet emploi fut créé par Henri II en 1547. Le contrôleur général des finances fut d'abord soumis au surintendant des finances; il devint le chef de cette administration, à dater de 1661, lorsque la surintendance eut été supprimée par suite de la disgrâce de Fouquet.

Vue de Draguignan (Var).

de commerce; elle est ainsi nommée parce qu'elle est indirectement payée par le consommateur. On distingue plusieurs sortes de contributions directes : la *contribution foncière*, la *contribution personnelle et mobilière*, celle des *portes et fenêtres*, et celle des *patentes*. Les autres impôts sont indirects. Les contributions indirectes varient à l'infini quant aux objets sur lesquels elles sont frappées, quant au mode de perception et de payement. Ces contributions prennent quelquefois le caractère d'impôts somptuaires : telles sont les contributions imposées sur les voitures de luxe, sur les chiens, etc. Aucun impôt nouveau ne peut être perçu sans avoir été établi par une loi. Ce qui distingue essentiellement les contributions directes des contributions indirectes, c'est que ces dernières sont toujours fixes, tandis que les premières ne sont votées par le corps législatif que pour une année, et peuvent ainsi varier. Les contributions directes se divisent en *impôts de répartition* et *impôts de quotité*. L'impôt de répartition consiste dans une somme désignée d'avance par le budget et qui est répartie proportionnellement entre les départements, les arrondissements, les

propriétaires de chaque commune, il est dressé des matrices de rôles. Le revenu net de chaque habitant est pris pour base de la répartition. Ici l'on distingue les diverses sortes de contributions qui fournissent chacun des éléments de répartition. Le revenu foncier est évalué suivant le cadastre de chaque commune. La contribution mobilière est déterminée par la valeur des loyers. La contribution personnelle est évaluée à trois journées de travail dont le taux moyen pour chaque commune est fixé par le conseil général, sans que le minimum puisse être au-dessous de 50 centimes. Il arrive quelquefois que dans les communes qui perçoivent des droits d'octroi, on emploie les sommes produites par ces droits à décharger les habitants de tout ou partie de la contribution personnelle et mobilière. Les contributions des portes et fenêtres s'évaluent suivant le nombre des ouvertures percées sur les rues, cours et jardins. La taxe qui frappe chaque ouverture varie suivant l'importance de la population de la commune.

CONTROGUERRA, bourg du royaume d'Italie (Abruzze ultérieure), à 25 kil. de Teramo. Pop. 2,500 hab. Douane. Foires importantes.

CONTROVERSE, débat sur un point de doctrine, pour arriver à résoudre une question. De nos jours la controverse scientifique a pris le pas sur la controverse religieuse ou philosophique qui a tant troublé les derniers siècles.

CONTUMACE, état de celui qui, mis en accusation pour un crime et renvoyé devant la cour d'assises, ne se présente point dans le délai qui lui est fixé. On appelle *contumax* l'accusé qui est en état de contumace. En matière correctionnelle ou de simple police, les prévenus non comparants sont appelés défaillants. La contumace produit à l'égard de l'accusé les effets suivants : Suspension de l'exercice de ses droits de citoyen; séquestre de ses biens et interdiction de toute action judiciaire. Si l'accusé se constitue prisonnier, ou s'il est arrêté avant la prescription de la peine, qui est fixée à 5 ans, le jugement rendu par contumace contre lui est anéanti, et il est procédé de nouveau dans la forme ordinaire.

CONVENANCE. Ce mot se dit de certaines conventions sociales souvent fort subtiles qui règlent nos rapports avec nos semblables; c'est par leur observation ou leur inobservation que nous manifestons nos sympathies ou notre répugnance. Les divers pays ayant leurs coutumes et leurs usages particuliers, les convenances s'entendent souvent dans plusieurs d'entre eux autrement que dans les autres ; et souvent ce qui constitue chez tel peuple une marque de déférence, peut être considéré comme un outrage chez un autre. C'est surtout dans les rapports avec les femmes, habiles à saisir les nuances les plus légères, que les convenances ont le plus d'importance. Dans le commerce intime, la franche amitié s'affranchit quelquefois de certaines formalités qui constituent des politesses où le cœur n'a aucune part. Bien souvent des hommes de génie, sous l'empire de leurs préoccupations, ont négligé les convenances sociales. Mme de Tencin disait des hommes les plus illustres de son siècle : « Qu'ils sont bêtes ! C'est tout génie ! »

CONVENTION, c'est le consentement ou le concours des volontés de deux ou plusieurs personnes sur le même objet. On distingue les conventions d'intérêt privé des conventions d'intérêt public, parmi lesquelles on comprend les traités de paix, d'alliance et de commerce, et généralement tous les traités internationaux que le gouvernement a seul le pouvoir de consentir.

CONVENTION. Ce mot, qui a servi sous la première république à désigner une assemblée issue du suffrage de tous les citoyens, a été emprunté aux États-Unis. Chez les Américains, la convention indique particulièrement une assemblée politique chargée de doter le pays d'une constitution, ou de modifier celle qui est en vigueur.

CONVENTION NATIONALE. L'assemblée législative rendit, le 10 août 1792, un décret par lequel le peuple français était appelé à nommer des députés à une convention nationale. Cette mesure équivalait à la suspension de la constitution. Il importait, en effet, de prendre des mesures énergiques pour réprimer les conspirations royalistes sans cesse renaissantes, et l'assemblée législative ne voyait de remède que dans la convocation d'un nouveau pouvoir législatif, retrempé au sein de la nation par des élections nouvelles. Dans son ardeur cosmopolite, l'assemblée avait décidé que les étrangers eux-mêmes pourraient être admis à la Convention. La Convention fut investie de la dictature dans les circonstances les plus difficiles : le partage de la France avait été décidé par les puissances coalisées et avait fait l'objet des traités de Mantoue et de Pilnitz. L'ennemi avait franchi le Rhin et occupait plusieurs places fortes qui lui avaient été livrées par trahison. On signalait déjà l'invasion de la Champagne. La France disposait à peine de 50,000 hommes, privés d'officiers. Cependant la trahison des émigrés et les menaces des généraux ennemis qui annonçaient que toute résistance serait punie de la destruction des villes, ne firent que surexciter l'enthousiasme patriotique. Il y avait là des éléments de défense ; mais ce qui affaiblissait l'action dictatoriale de la Convention, c'est qu'elle était divisée en deux camps : les girondins, représentant le fédéralisme, comprenaient presque tous les députés des départements ; les députés de Paris, nommés par l'influence d'une municipalité dévouée à la Révolution, représentaient au contraire le parti de la centralisation. La Convention tint sa première séance le 21 septembre 1792. Son premier acte fut de se déclarer investie de tous les pouvoirs et d'abolir la royauté en France. La Gironde avait pour elle la majorité ; mais le parti de la Montagne comptait les hommes les plus énergiques. Les girondins manifestèrent leur méfiance en nommant des commissaires chargés de rendre compte à la Convention de l'état des esprits dans la capitale. Ils allèrent même jusqu'à accuser Marat et Robespierre d'aspirer à la dictature. Le 3 décembre 1792, la Convention décida qu'elle instruirait elle-même le procès de Louis XVI. Sur 725 votants, 693 déclarèrent « Louis Capet, ci-devant roi des Français, coupable de conspiration contre la liberté et d'attentat contre la sûreté générale de l'État. » La proposition de soumettre à la ratification du peuple le jugement à intervenir contre Louis XVI fut rejetée. Lorsqu'il s'agit d'appliquer la peine, 387 votèrent pour la mort sans condition ; 335 pour la mort conditionnelle ou la détention. Pendant cette mémorable séance, la Convention reçut une lettre du chargé d'affaires de l'Espagne qui promettait la médiation de son gouvernement entre la France et les puissances belligérantes, si la Convention consentait à surseoir à l'exécution du jugement de Louis XVI. Une autre lettre des défenseurs du roi fut également déposée sur le bureau du président. La Convention passa à l'ordre du jour. La séance avait duré 36 heures. Les girondins votèrent ensuite l'expulsion de la famille royale du territoire français. Sur ces entrefaites survint la trahison de Dumouriez qui coïncidait avec le soulèvement général de la Vendée. La Convention nomma alors un conseil de défense générale, composé de 25 membres, et institua le tribunal révolutionnaire. Cependant la lutte des girondins et des montagnards était plus vive que jamais. Les girondins se perdaient dans des querelles où ils s'attaquaient aux personnes, et tonnaient contre les anarchistes, sans prendre aucune mesure efficace pour repousser l'étranger et comprimer les mouvements des ennemis de la paix publique. Marat fut mis en jugement ; mais son acquittement fut pour lui une occasion de triomphe. Cette mesure maladroite aboutit à l'insurrection du 31 mai. Une pétition des sections de Paris demandait l'arrestation des 22 députés qui dirigeaient le parti de la Gironde. La Convention repoussa la pétition. Mais la commune ayant réuni les présidents et les commissaires des sections, composa un comité central d'insurrection qui s'arrogea tous les pouvoirs. La Convention nationale fut investie par une multitude d'hommes armés qui demandaient qu'on livrât au peuple les députés dénoncés par la commune. Le décret d'arrestation des 22 fut voté sous l'empire de la crainte. A partir de ce moment, le gouvernement passa à la commune. La tranquillité intérieure se trouva plus que jamais compromise par le succès même de la Montagne. Le parti girondin était encore tout-puissant dans le Midi. Les émissaires royalistes exaltèrent, dans cette partie de la France, les passions politiques, en montrant les proscriptions s'étendant sur toute la France, et provoquèrent un mouvement auquel on donna un caractère contre-révolutionnaire et même monarchique. La crainte des montagnards jeta Toulon dans les bras de l'Angleterre et de l'Espagne. Lyon et Marseille devinrent les deux centres de l'agitation royaliste. Ces révoltes furent étouffées dans le sang ; elles n'eurent pour résultat que de fortifier le pouvoir des triumvirs dont Robespierre était le chef. Celui-ci, en envoyant à l'échafaud ses anciens amis qui protestaient contre sa dictature, amena contre lui le soulèvement de tous ceux qui avaient à craindre le même sort. Les collègues de Robespierre dans le comité de salut public se joignirent à ses ennemis. Cet homme, dont l'existence politique constitue encore une énigme historique, fut envoyé à son tour à l'échafaud ; au moment où s'accomplissait cette réaction, le territoire de la France se trouvait à peu près délivré de l'invasion étrangère ; la victoire avait couronné les efforts d'un patriotisme dont on ne trouve d'exemple dans la vie d'aucun peuple. La Convention imita l'antique vertu du sénat romain en décrétant que le fort de Bellegarde, le seul point que l'étranger possédait encore sur notre territoire, fût enlevé avant l'anniversaire de la fondation de la république. La Convention avait voté une constitution qui ne devait être mise en vigueur qu'après le rétablissement de la paix intérieure et extérieure. La voie de l'amnistie s'ouvrait à elle pour lui permettre de réaliser cette pensée ; mais elle se jeta au contraire dans les proscriptions. Cette fois ce fut contre les terroristes et les partisans de Robespierre que la Convention dirigea ses coups. Les royalistes crurent qu'à la faveur de ces événements il était possible de tenter un mouvement. Bonaparte foudroya le parti royaliste qui avait relevé la tête à Paris même dans la journée du 13 vendémiaire. Au moment de se dissoudre, la Convention eut la gloire de faire reconnaître la république, par la Prusse, l'Espagne et d'autres puissances de second ordre. Elle s'honora par un décret qui ne fut qu'un simple vœu et ne reçut jamais d'exécution. Le 4 brumaire an IV, elle prononça l'abolition de la peine de mort et décréta une amnistie. La Convention, malgré ses fautes, malgré ses excès, a sauvé la France, et l'histoire exalterait le prince qui serait sorti victorieux de tous les obstacles qu'elle parvint à surmonter. Voici le jugement qu'en porte l'historien Tissot, contemporain de cette époque : « La guerre, conduite par la Convention et par son comité de salut public, surpasse peut-être, à plusieurs égards, la guerre de génie du plus grand des capitaines modernes ; c'est la Convention qui lui a donné des soldats et des lieutenants avec lesquels on pouvait tout entreprendre. Napoléon lui-même est un élève et un fruit de la Révolution ; il a été frappé de son empreinte ineffaçable ; il s'est senti grandir avec les grands spectacles qu'elle a offerts au monde. Napoléon est, sous un autre aspect, un élève de la Convention, dont il a reçu la plus importante leçon. Ce sont les désastres de 1793 et les incroyables succès de 1794 ; ce sont les prodiges que la Convention et le comité de salut public obtinrent des Français à cette époque sublime, qui lui imprimèrent à jamais dans le cœur la conviction qu'il n'y a point de revers irréparables avec les Français, et qu'en eux habite un génie qu'il suffit de réveiller pour les élever tout à coup au rang du premier peuple du monde, surtout dans la guerre, qui est sa vocation. La dictature de Napoléon vient de la dictature du comité de salut public ; toutes deux ont sauvé la France par des moyens qui se ressemblent à beaucoup d'égards, et diffèrent sous un rapport immense. Le grand capitaine a vaincu sans le fatal secours de la terreur et de l'échafaud ; toutefois un grand avantage reste au comité de salut public : appuyé sur le peuple, il vit la France victorieuse et sur le point de dicter la paix à ses ennemis, tandis que Napoléon, après nous avoir rendus maîtres de l'Europe, nous a laissés à sa merci et en proie à l'occupation étrangère, parce qu'il a cru que le génie d'un homme pouvait remplacer la force et le concours d'une nation. »

CONVENTION (monnaie de). On appelle ainsi certains titres consistant généralement dans des billets que la loi assimile à la monnaie métallique, et auxquels elle donne un cours forcé. Il est évident que toutes les monnaies sont, à vraiment dire, de convention. Mais il a fallu, pour déterminer la valeur des objets, choisir une valeur type, peu exposée à éprouver des variations, telles, que la valeur donnée à ces monnaies par la loi fût toujours en parfait rapport avec la valeur échangeable donnée en retour de cette monnaie. L'or et l'argent ont paru remplir à cet égard les meilleures conditions. Dans certains pays, on emploie, au lieu de monnaie métallique, certains objets de consommation d'un écoulement facile, et certain, et qui se trouve dans toutes les mains. Ainsi en Abyssinie, le sel et le poivre sont les valeurs qui servent de base pour les échanges et qui circulent comme monnaie; dans certaines contrées de l'Amérique, c'est le tabac; à Terre-Neuve, la morue sèche; en Islande, des pièces d'étoffe de laine; sur certains points de la Chine, des pièces de nankin. Dans l'Inde, on emploie de petits coquillages. On trouve encore cette monnaie dans l'intérieur de l'Afrique et de la Guinée. Dans certaines colonies espagnoles, six grains de cacao représentent un sou. On conçoit que la monnaie ne puisse recevoir, en vertu de la loi, une valeur arbitraire. Si la valeur nominale était au-dessus de la valeur réelle, le public y verrait une altération des monnaies, et tout en acceptant la monnaie légale, il hausserait bientôt le prix des matières échangeables, pour rétablir un juste équilibre. Par suite, il est évident que le papier-monnaie ne sera considéré comme une valeur qu'autant que le remboursement en sera garanti par un gage. A certaines époques de l'histoire, on a vu se produire des crises qui ont nécessité l'emploi du papier-monnaie. L'insuffisance des garanties, et l'émission inconsidérée de masses de papier-monnaie, hors de toute proportion avec les besoins monétaires, a aussi amené de tristes conséquences : la banqueroute nationale. Ce n'est qu'après une longue expérience que les nations modernes ont déterminé les fonctions du papier-monnaie; il n'est considéré comme un élément de crédit qu'à la condition de pouvoir s'escompter facilement. Le papier-monnaie émis par l'Etat ou avec sa garantie est, à vraiment dire, une lettre de change, tirée sur lui et acceptée d'avance. La rapidité qu'exigent les affaires commerciales a fait admettre l'usage des billets payables à vue au porteur. Ces titres sont plutôt des promesses de payer qu'elles ne constituent une valeur propre opérant libération. Telle est notamment le caractère des billets de banque. Le papier-monnaie diffère essentiellement des titres de rente, en ce que ces derniers rapportent un intérêt. L'exactitude du payement des intérêts n'empêche pas que ces titres ne subissent une dépréciation quelquefois considérable dans les temps difficiles. La dépréciation que subit, dans les mêmes circonstances, le papier-monnaie, par suite de la dépréciation du gage offert par l'Etat, peut entraîner la ruine du crédit financier d'un peuple. Aussi le papier-monnaie n'est-il généralement admis qu'avec une extrême réserve. La Prusse, réduite à cet expédient, s'empressa, dès qu'elle le put, d'amortir la dette ainsi contractée. Les économistes ont vivement décrié ce moyen de crédit qui n'apporte guère qu'un soulagement momentané. En effet, si le cours est forcé, c'est trop souvent une ruine qu'on impose aux détenteurs de ces billets; si le cours est facultatif, l'agiotage s'empare des titres de gage et fait subir à leur valeur des fluctuations qui jettent l'incertitude dans le commerce. En 1848, le cours forcé des billets de la Banque de France ne produisit aucun résultat fâcheux, parce qu'on resta dans d'étroites limites, et qu'on se hâta d'ailleurs de revenir au système du cours facultatif. L'exemple de l'Angleterre, qui institua aussi le cours forcé en 1797, ne prouve pas davantage en faveur de ce système : le papier-monnaie ne se maintint au pair que sur la promesse d'un remboursement prochain, et surtout parce qu'on en restreignit de plus en plus la circulation.

CONVENTUELS, nom donné autrefois aux franciscains qui s'étaient séparés des observants. Les conventuels avaient obtenu le privilège de posséder des terres et des revenus.

CONVERS. Ce nom fut d'abord donné à tous ceux qui embrassaient l'état monastique en âge de raison; mais, au XIe siècle, saint Jean Gualbert, premier abbé de Vallombreuse, ayant reçu des laïques, uniquement destinés aux travaux du corps, et distingués des autres religieux, on les appela *frères convers*. Depuis, ce nom a été donné aux frères lais qui ne sont employés que pour les travaux corporels. Dans les couvents de femmes, on appelle *sœurs converses* des femmes de service qui ne sont pas religieuses.

CONVERSANO, ville du royaume d'Italie (Terre de Bari), à 29 kil. de Bari. Pop. 11,260 hab. Siége d'un évêché. Ville très-ancienne et importante sous les Normands.

CONVERSATION, échange entre les hommes d'idées, de nouvelles, de bruits, de rumeurs. Un peu de médisance envers le prochain, quelquefois de la flatterie, le plus souvent le désir d'être écouté et loué, le tout assaisonné d'une certaine dose d'élégance, d'esprit et de politesse. C'est ainsi que peut se définir la conversation chez les Français. *Quoi de nouveau?* se demandaient les Athéniens en s'abordant. En effet, c'est toujours sur quelque nouveauté que roule, au début le texte de la conversation. Les Athéniens étaient d'admirables causeurs; leur littérature n'était, le plus souvent, qu'une conversation satirique ou philosophique. Les Romains apprirent d'eux l'art de la conversation; ils allaient se former à l'école d'Athènes. Le siècle d'Auguste vit le règne de la conversation : le peuple était heureux, et l'on sait que le bonheur rend communicatif et causeur. « Quels vœux, disait Horace, une mère peut-elle adresser au ciel, pour son fils chéri, sinon celui-ci : d'avoir de nobles pensées, et pour rendre ces nobles pensées, de belles paroles avec de l'argent dans sa bourse. » Les peuples à l'état d'enfance sont plus conteurs que causeurs. La causerie naquit chez nous au XVIIIe siècle, et nous avons conservé ce précieux don que les autres nations nous envient et dont elles cherchent par conséquent à rabaisser le mérite. L'Anglais parle par monosyllabes; l'Allemand ergote; le Flamand jure en buvant; l'Italien chante; l'Espagnol danse ou fume; l'Américain crie et tempête. Ne cause pas qui veut : il faut savoir, en effet, mêler l'utile à l'agréable, se taire à propos, et ne parler que quand on est sûr de faire goûter ce qu'on dit. La conversation doit être la récréation de l'esprit comme la promenade est celle du corps.

CONVERSION (caisse de), caisse instituée après la révocation de l'édit de Nantes, pour acheter les consciences faciles de certains protestants, et ramener les âmes égarées par la séduction avant de recourir aux dragonnades. Une abjuration se payait six livres, c'est-à-dire trop ou trop peu; et c'est ce qui empêcha le succès de la caisse de conversion, dont l'administration avait été confiée à Pellisson.

CONVERSION. Dans le langage militaire, on entend par *conversion* un changement de face dans les évolutions. On dit *conversion à droite, conversion à gauche*, pour indiquer le mouvement par lequel le front d'une troupe doit changer de direction en tournant ou en pivotant sur son extrémité de droite ou sur celle de gauche.

CONVICT, nom donné, en Angleterre, aux criminels condamnés à être déportés dans les colonies pénales. Les plus célèbres de ces colonies sont celles de l'Australie.

CONVICTION, état de l'esprit déterminé par le raisonnement qui, après avoir examiné sur une question les arguments pour ou contre, prononce un jugement. Toute proposition acceptée sans examen, et sans avoir été démontrée par la raison universelle, constitue un préjugé. La conviction donne à l'homme une grande autorité sur ses semblables; c'est elle qui produit les œuvres durables.

CONVIVE. Se dit de toute personne qu'on invite à un repas. L'auteur de *Gil Blas* dit avec raison : « Augmentation de convives, surcroît de plaisir. » Cela est vrai, mais il faut pour cela que tous les convives soient ce qu'on appelle de joyeux convives.

CONVIVES DU ROI. On donnait ce nom, sous les premiers rois francs, aux Gallo-Romains qui consentaient à entrer au service des chefs barbares. Plus instruits que les guerriers francs dans les raffinements de la politique, ils étaient généralement employés dans les missions diplomatiques; souvent même ils commandaient les armées. On les nommait convives du roi, parce qu'ils étaient admis à la table royale.

CONVOCATION, assemblée des principaux membres du clergé anglican, convoqués pour régler les affaires ecclésiastiques. La convocation se compose d'une chambre haute et d'une chambre basse. Cette institution, autrefois puissante, n'a plus aujourd'hui une ombre d'autorité; aucune de ses décisions ne peut être exécutée sans l'assentiment du roi.

CONVOI. Dans l'art militaire, on appelle ainsi une réunion de transports conduisant d'un point à un autre des munitions de guerre ou de bouche, des bagages, des effets d'armement et d'habillement, etc. On donne aussi ce nom à des colonnes de malades, de blessés, de prisonniers de guerre, escortées par une troupe plus ou moins considérable de soldats.

CONVOI. Dans la marine, c'est une réunion plus ou moins considérable de bâtiments de commerce naviguant, pendant la guerre, sous l'escorte de vaisseaux de l'Etat.

CONVOITISE, C'est un désir immodéré de posséder tout ce que nous voyons, tout ce que nous n'avons pas. Et, comme le dit Bossuet : « Nous avons tous cela de mauvais, que toutes nos convoitises sont infinies. » Que de choses en ce monde ne regardons-nous pas d'un œil de convoitise!

CONVULSIONNAIRES, fanatiques du dernier siècle. Ce furent encore les débats religieux qui amenèrent la triste comédie des convulsionnaires. La bulle *Unigenitus*, introduite en France par l'abbé Dubois, qui n'avait reçu le chapeau de cardinal qu'à cette condition, n'avait pas été imposée sans soulever des protestations. Louis XV avait sagement évité de prendre parti dans de telles querelles. Les jansénistes cherchèrent, au contraire, l'occasion de forcer le gouvernement à se prononcer sur la question. La mort d'un pauvre diacre de la paroisse de Saint-Médard, nommé Pâris, amena enfin ces scènes de convulsionnaires, où le ridicule le dispute à l'odieux. Pâris, en mourant, avait protesté contre la bulle *Unigenitus*. Il n'en fallut pas davantage pour que les jansénistes affirmassent qu'il était mort en odeur de sainteté. Le peuple se passionna pour un ouvrage où l'on exaltait le nouveau saint. Des pèlerins se rendaient pieusement au tombeau de Pâris. Une foule de magistrats, de prêtres, de grandes dames se rendaient au cimetière, se pressant et se foulant pour arriver jusqu'à la tombe du diacre. Des paralytiques, rapporte la tradition, oubliaient leur mal et se mettaient à danser; les boiteux jetaient leurs béquilles et marchaient droit. Des extatiques, appelés convulsionnaires, prophétisaient. Le cardinal de Noailles favorisait encore ces pratiques stupides en les imputant à une intervention miraculeuse, et en ordonnant qu'il fût tenu un registre des prodiges accomplis journellement dans le cimetière Saint-Médard. On lisait, par exemple, sur ce registre, que « telle ou telle femme hydropique, paralytique ou couverte d'ulcères, avait recouvré la santé en se couchant et se trémoussant sur le tombeau du diacre Pâris, sur les précieux restes de sa-

mortalité. » Les témoins de ces folies cherchaient à tromper ou voulaient l'être. D'ailleurs on eût été mal venu à les contester. Les hommes de l'art constataient les faits, mais ils ne pouvaient les expliquer. Parmi les convulsionnaires, on en citait qui possédaient le don des langues. Des insensés annonçaient la conversion des juifs ou la fin du monde dans un style enthousiaste. Quelques extatiques prétendaient posséder les secrets des cœurs, guérir les maladies ou prédire l'avenir. Cette folie avait quelque chose d'analogue à celles des tables tournantes et du spiritisme, qui ont amusé nos contemporains. On demeure étonné en voyant jusqu'à quelle dégradation peut descendre l'intelligence de l'homme en rappelant les horribles supplices auxquels se soumettaient de malheureuses filles, pour la plupart hystériques. Elles commencèrent par manifester des tremblements, par se tordre les membres, et par substituer aux prières la flagellation et les coups. On en vint ensuite aux épreuves du feu, de la croix, des coups de bûche et de la barre de fer. On lit dans l'*Histoire de la Sorbonne* les détails suivants : « Les épreuves furent appelées *l'œuvre des convulsions* ou l'exercice du chenet, du caillou et de la broche. Les coups étaient appelés le *secours* ou le *capital de l'œuvre*. De jeunes filles, appelées prophétesses, étaient dressées à ces exercices, c'est-à-dire à demander ou à soutenir les secours humains ; et les hommes ne manquèrent jamais pour les administrer. On les nommait frères. Ils ne pouvaient refuser les secours sans pécher grièvement contre la charité. » Les secours étaient de deux degrés, les *grands* et les *petits*. Pour les premiers, on employait le chenet, la bûche, la broche et le bâton. La sœur *secourue* restait impassible sous les coups vigoureux qu'on lui assénait. « Frappez, frappez, s'écriait-elle, frappez fort. Au nom de Dieu, redoublez vos secours. » Quelques femmes, parmi lesquelles on citait Marie Sonnet, surnommée la *Sœur au feu* ou la *Salamandre*, étaient célèbres dans ce genre d'exercices. On l'exposait sur un brasier ardent. Elle criait alors : *Sucre d'orge*, et l'on apportait un énorme bâton pointu, ou bien encore l'on procédait à l'ignoble pratique de la broche dont aucune plume honnête ne peut donner la description. Quelquefois la religieuse ployait son corps en arc, les reins appuyés sur la pointe d'un bâton ; elle criait : *Biscuit*, et aussitôt on laissait retomber lourdement sur sa poitrine une pierre de 50 livres, élevée par une poulie. Tandis que les uns faisaient le signe de la croix en racontant les miracles, les autres les mettaient en chanson. La police intervint tardivement et encombra les prisons de malheureux convulsionnaires. On fit fermer le cimetière. Une main inconnue traça ce distique à la porte :

De par la loi, défense à Dieu
De faire miracle en ce lieu.

Les faits curieux qu'on rapporte sur les convulsionnaires ne doivent pas étonner, quand on songe qu'ils sont encore pratiqués dans les Indes et qu'ils l'ont été pendant longtemps en Espagne, par des *hidalgos* qui prétendaient descendre de sainte Catherine, sans que le peuple songeât qu'une telle descendance faisait injure à cette vierge.

CONWAY ou ABERCONWAY, ville d'Angleterre (Galles), à 25 kil. de Bangor. Pop. 1,245 hab. Petit port. Pont suspendu. Château fort construit par Edouard en 1284, pris par Cromwell en 1645.

CONZA, ville du royaume d'Italie (principauté ultérieure), à 43 kil. d'Avellino. Pop. 1,250 hab. Siége d'un archevêché. Magnifique cathédrale. Cette ville était importante au temps des Romains et au moyen âge. En 1694, elle fut détruite par un tremblement de terre.

COOK (James), célèbre navigateur anglais, né à Marton dans le comté d'York, en 1728. Il était fils d'un simple journalier et travailla lui-même dans les mines de charbon. A 18 ans, il fit ses premiers voyages sur un navire de commerce. En 1755, lorsque la guerre éclata entre la France et l'Angleterre, Cook fut enlevé par la presse, et envoyé comme matelot sur le vaisseau de Hugh Palliser. Il devint maître d'équipage et se distingua au siége de Québec, pendant lequel il reçut la périlleuse mission de sonder le canal du fleuve Saint-Laurent. A son retour de l'expédition, il publia une carte du fleuve Saint-Laurent. Il était parvenu au grade de capitaine quand il entreprit son premier voyage autour du monde sur l'*Endeavour*, le 30 juillet 1768. Il revint au bout de 3 ans, après avoir enrichi la science de précieuses observations. Il repartit en juin 1772 ; ce voyage fut important pour la science géographique, l'histoire naturelle et l'ethnographie. Il avait avec lui deux vaisseaux : la *Résolution* et l'*Adventure*. Il pénétra dans les mers australes jusqu'au 71e degré, et s'arrêta devant des montagnes de glace, après s'être assuré qu'il n'existait pas de continent austral. Il fut de retour le 20 juillet 1775. Il repartit l'année suivante avec la *Résolution* et la *Découverte*. Il doubla la Nouvelle-Zélande, et vint mouiller sur la côte d'Otaïti. De là, il se dirigea vers la côte américaine, et visita le détroit qui sépare l'Asie septentrionale de l'Amérique. Il débarqua dans la baie de Karakakoua, où il fut massacré par les insulaires le 24 février 1780. L'un de ses compagnons de voyage, le capitaine Keing, a porté sur lui le jugement suivant : « Jamais peut-être aucune science n'a été portée, par les travaux d'un seul homme, à un aussi haut degré de perfection que l'a été la géographie par ceux du capitaine Cook. » Dans son premier voyage à la mer du Sud, il découvrit les îles de la Société, s'assura que la Nouvelle-Zélande était une réunion de deux îles, et découvrit le détroit qui les sépare, qui est aujourd'hui appelé de son nom. Il visita ensuite les côtes orientales de la Nouvelle-Hollande, inconnues jusqu'à nos jours, sur une étendue de 27 degrés de latitude. Dans cette seconde expédition, il résolut le grand problème du continent méridional, ayant traversé cette partie de l'hémisphère entre les 40e et 70e degrés de latitude, de manière à s'assurer de l'impossibilité de son existence, à moins de placer ce continent près du pôle et hors de la portée de la navigation. Pendant ce voyage, il découvrit la Nouvelle-Calédonie, qui forme la côte de la Mer pacifique la plus étendue au midi. Après la Nouvelle-Zélande, il découvrit l'île de Géorgie et une terre inconnue qu'il nomma Terre de Sandwich. Ayant deux fois traversé les mers du tropique, il détermina, dans son dernier voyage, la position de ses anciennes découvertes, et en fit de nouvelles. Outre plusieurs petites îles dans la partie méridionale de la Mer pacifique, il découvrit le groupe d'îles qu'il nomma les îles de Sandwich, qui, par leur situation et la variété de leurs productions, peuvent devenir d'une plus grande importance, dans le système de la navigation européenne, qu'aucune autre découverte dans les mers du Sud. Il découvrit ensuite tout ce qui nous était resté inconnu sur la côte occidentale de l'Amérique, depuis le 43e jusqu'au 70e degré de latitude N., sur une étendue de près de 1,200 lieues ; s'assura de la proximité des deux grands continents de l'Asie et de l'Amérique, entra dans le canal qui les sépare et visita les côtes opposées à une assez grande hauteur de latitude septentrionale, pour démontrer l'impossibilité de trouver un passage qui conduise, de la Mer atlantique dans l'Océan pacifique, soit qu'on dirige sa course vers l'E., ou vers le couchant. Enfin, si nous exceptons la mer d'Amur et l'Archipel japonais, on peut dire que le capitaine Cook a complété l'hydrographie du globe habitable.

COOK ou MANGIA, ou HARLAY (archipel de), groupe d'îles dans le Grand Océan équinoxial, à l'E. de l'archipel des Amis, dépendant de l'Australie. Sup. 30 myriam. carrés. Pop. 20,000 hab. Les principales îles sont : Mangia, Mahowara, Raratonga, Watin, Okakoudaia, Mittimo, Hervey, Whitoutaki, Souvarof, Hagemeister, Palmerston, Waterland : elles sont basses et entourées de récifs et de bancs de corail. Cet archipel fut découvert par Cook en 1770.

COOK (détroit de), dans l'Océan pacifique austral, entre les deux îles principales du groupe de la Nouvelle-Zélande. Superf. 250 kil. sur 35. Il fut découvert par Cook en 1770.

COOKSLAND, ancienne dépendance du gouvernement de la Nouvelle-Galle du Sud, sur la côte N.-E. de l'Australie. Depuis 1858, elle forme la province et le gouvernement de Queensland. Cap. Brisbane. Sup. 1,399,950 kil. carrés. Pop. 45,115 hab.

COOPER (James-Fenimore), célèbre romancier américain, né à Barlington, aux Etats-Unis. Il interrompit ses études, à l'âge de 13 ans, pour servir dans la marine américaine. Les impressions qu'il reçut dans cette vie aventureuse frappèrent vivement son imagination et le déterminèrent plus tard dans le choix de ses sujets. Il se familiarisa avec l'Océan, et apprit à en décrire les sublimes terreurs. On le remarque surtout dans le *Corsaire rouge*, le *Pilote* et la *Sorcière des eaux*. On comprend que Cooper peint ce qu'il a vu. Il a peint aussi avec une fidélité remarquable la vie des planteurs américains, dans les *Pionniers*, le *Dernier des Mohicans* et *Lionel Lincoln*. L'*Espion* offre un tableau de la grande guerre de l'Indépendance américaine. On a reproché à Cooper, de même qu'à Walter Scott, des digressions qui rendent la lecture de ses romans fatigante au début ; mais peu à peu on y trouve de l'intérêt, on s'y attache, on s'y passionne même. On comprend alors que ces descriptions minutieuses sont nécessaires pour l'intelligence de l'action. Les romans de Cooper ont été traduits dans presque toutes les langues. Outre ses romans, il a publié *Lettres sur les mœurs et les institutions des Etats-Unis de l'Amérique septentrionale*. Il s'y montre ennemi de l'esclavage. Aucun ouvrage ne peut, mieux que celui-là, faire connaître la vie américaine et expliquer le secret des institutions de cette nation. Il a aussi laissé une *Histoire de la marine des Etats-Unis*. Il mourut à Cooper's-Town en 1851.

COOPÉRATION. C'est l'action de celui qui prend part avec un autre à une œuvre, à une entreprise. Un ancien proverbe dit : Aide-toi, le ciel t'aidera. Cela est vrai ; mais cela veut dire que Dieu ne nous aidera qu'avec notre coopération.

COORGH, Etat de l'Hindoustan, entre le Maïssour et la présidence de Madras. Pop. environ 60,000 hab. Climat très-salubre. Sol fertile et à peine cultivé. Le radjah est sous la protection de l'Angleterre.

COOTCHILL, ville d'Irlande, comté de Cavan, à 20 kil. de cette ville. Pop. 2,100 hab. Grand commerce de graines. Marchés aux toiles des plus considérables du royaume.

COOTE (Eyre), général anglais, né en 1726, mort à Madras en 1783. Après avoir servi dans la guerre d'Amérique, il passa dans les Indes, où il remporta divers succes sur l'armée française envoyée au secours de Pondichéry. En 1769, il fut nommé général en chef des armées de la Compagnie. En 1781, il défit, avec une troupe de 10,000 hommes, Hyder-Ali, dont les forces s'élevaient à 150,000 hommes. Quand il mourut, la compagnie des Indes lui fit élever un magnifique monument à Westminster.

COPARTAGEANT, se dit de celui qui partage avec un autre un droit ou la possession d'un objet. Des héritiers, des associés sont des copartageants, quand ils font le partage des choses qui étaient indivises entre eux.

COPENHAGUE, cap. du royaume de Danemark, située en grande partie dans l'île de Seeland, sur le Sund, à 1,180 kil. de Paris. Pop. 155,120 hab. Ville très-forte, défendue par une citadelle et des forts. Siége d'un évêché luthérien. Résidence du roi et des administrations centrales du royaume. Cour suprême. Hôtel des monnaies. Arsenal d'armes et dépôt d'artillerie. Premier port militaire du royaume. Station de la flotte de guerre. Arsenal de la marine, beaux bassins, chantiers de construction. Hôtel des Invalides de la marine. Il existe à Copenhague quatre châteaux royaux : 1° Christiansborg, élevé par Christian VI, et qui possède le muséum des antiquités du Nord et un cabinet d'antiquités américaines; 2° Amalienborg, formé de quatre palais construits de 1749 à 1764. L'un d'eux contient la collection de numismatique, d'antiquités et d'histoire naturelle, de Christian VIII; 3° Rosemborg, construit en 1604 avec un beau parc; c'est dans ce château que sont déposés les joyaux de la couronne, le sabre de Gustave-Adolphe, l'épée de Charles XII, etc.; 4° Charlottenborg, élevé en 1672, où siége l'Académie des beaux-arts. Parmi les autres monuments, on cite l'église métropolitaine de Notre-Dame, l'église de la Trinité, dont la tour sert d'observatoire et où se trouve le grand globe de Tycho-Brahé et la bibliothèque de l'université, l'église de Notre-Sauveur, une chapelle pour les catholiques, qui sont en très-petit nombre, la Bourse, plusieurs hôpitaux, l'hôtel de ville, le palais de justice, le palais de l'université, etc. Université fondée en 1475 avec bibliothèque de 100,000 volumes, école polytechnique, académie royale de chirurgie, académie royale des sciences, académie des beaux-arts. On pourrait encore ajouter plusieurs établissements philanthropiques, des sociétés savantes et un grand nombre d'écoles. Manufacture royale de porcelaine; fabriques de toiles peintes, draps, etc.; raffineries, fonderies occupant plus de 15,000 ouvriers. Centre de commerce intérieur. Bateaux à vapeur pour la France, l'Angleterre, la Suède, la Norwége. Copenhague fut fondée vers le milieu du XIIe siècle, par Valdemar Ier, dit le *Grand*; elle devint ville royale au XIVe siècle et la résidence des souverains depuis 1443. Les Suédois l'attaquèrent en 1695. En 1801, la flotte danoise fut défaite par les amiraux anglais Nelson et Parker. En 1807, elle fut surprise par un infâme guet-apens; les Anglais, dirigés par lord Cathcart, bombardèrent la ville, incendièrent 400 maisons, en endommagèrent 2,000, et 2,000 personnes y périrent.

COPERNIC (Nicolas), célèbre astronome, né en 1473 à Thorn (Prusse), mort en 1543. Après avoir étudié les mathématiques à Rome, où il était allé se perfectionner, il revint dans sa patrie et se fixa à Frauenbourg. Là il étudia les systèmes astronomiques des anciens. Ce fut à la suite de cet examen que, convaincu de la fausseté du système de Ptolémée, il commença son grand travail sur l'exposé du système planétaire, qui est encore admis aujourd'hui, c'est-à-dire que le soleil est le centre de l'univers et que les planètes tournent autour d'occident en orient. Son livre des *Révolutions qui ont lieu dans l'orbite céleste* ne parut qu'après sa mort. Copernic l'avait dédié au pape Paul III. La vie du célèbre astronome a été écrite en latin par Gassendi (1654).

COPIAPO, ville du Chili, ch.-l. de la province d'Atacama, à 400 kil. de Coquimbo. Pop. 12,000 hab. Son port est à 45 kil. au-dessous de la ville, à l'embouchure de Copiapo. Mines d'argent. Exploitation de cuivre, métaux précieux, nitre. Les Anglais et les Américains du Nord y ont le monopole des exploitations de ces mines, du commerce, etc.

COPIE. C'est ainsi qu'on appelle un écrit d'après un autre qu'on nomme original; toute *copie* doit être conforme à l'original. Ce mot se dit aussi de l'imitation exacte de quelque ouvrage de peinture, de sculpture ou de gravure, quand cette imitation n'est pas de la même main que l'original. C'est ainsi qu'on dit : une *copie* de la Vénus de Médicis; une *copie* du Titien, etc. Il se dit également d'un ouvrage dont l'idée et l'exécution sont empruntées d'un autre. En imprimerie, il se dit du manuscrit ou de l'imprimé d'après lequel se fait la composition. En procédure, on appelle *copie de pièces*, la copie signifiée en tête d'un exploit ou d'un acte d'avoué à avoué.

COPPER-MINE-RIVER, rivière de l'Amérique du Nord (Nouvelle-Bretagne). Elle doit son nom à une mine de cuivre trouvée vers son embouchure. Cours 500 kil., coupé par un grand nombre de rapides et de cataractes. Elle se jette dans la Mer polaire à l'O. du golfe de George.

COPPET, bourg de Suisse (Vaud), à 9 kil. de Nyons et sur le bord du lac de Genève. Pop. 470 hab. Beau château des anciens seigneurs de Coppet qui fut habité aussi par Necker et Mme de Staël, dont on y voit les tombeaux.

COPROPRIÉTAIRE. C'est celui qui possède avec un autre la propriété indivise d'un bien quelconque. La copropriété s'établit quand deux ou plusieurs personnes s'accordent pour faire ensemble une acquisition; elle peut aussi résulter d'une succession ou d'une donation. Tout copropriétaire peut provoquer le partage de la chose indivise, si elle en est susceptible, en vertu de ce principe que nul n'est tenu de rester dans l'indivision. Si la chose ne peut être partagée en nature, il y a lieu à licitation.

COPTES, chrétiens d'Egypte. Cette secte dissidente comprenait, lors de la conquête d'Egypte par Amrou, au VIIIe siècle, plus de 600,000 adhérents; mais leur nombre diminua par suite des persécutions. Aujourd'hui on n'en compte guère plus de 150,000 répandus dans la haute et basse Egypte; 10,000 d'entre eux habitent le Caire. Suivant leur tradition, ils furent convertis au christianisme par saint Marc. Ils restèrent orthodoxes jusqu'à l'avénement de leur patriarche Dioscore, qui leur fit embrasser une doctrine schismatique; il prétendit qu'il n'y avait en Jésus qu'une seule nature, une substance, une volonté et une opération. Dioscore fut condamné par le concile de Chalcédoine; mais sa réforme se maintint en Egypte. On a lieu de croire que la race des coptes est l'antique race égyptienne. Ils ont conservé la langue des anciens Egyptiens, tout en l'écrivant avec l'alphabet grec. Les coptes exercent généralement les professions industrielles; ils fournissent au gouvernement les meilleurs comptables. Ils paraissent très-attachés à leurs anciennes coutumes. Leurs femmes ne se montrent jamais que voilées. Ils obéissent à un patriarche qui a le droit de désigner son successeur. Leurs prêtres doivent être engagés dans les liens du mariage, et, par une singulière contradiction, ils ont des monastères où les religieux ne peuvent être admis s'ils sont mariés. C'est parmi eux qu'on choisit les évêques. Les coptes ne se marient qu'entre eux.

COPYHOLD. On nommait autrefois ainsi, en Angleterre, les biens que les roturiers tenaient de la libéralité de leurs seigneurs, ou qu'ils avaient acquis par prescription.

COQ. Dans la marine, et surtout sur les bâtiments de guerre, on appelle *coq* ou *maître-coq* le matelot chargé de la cuisine de l'équipage.

COQ GAULOIS. L'emblème du coq gaulois comme enseigne nationale remonte à l'origine du blason. *Gallus* était accepté volontiers parce qu'il signifiait à la fois coq et gaulois. De vieux emblèmes représentent l'aigle autrichienne et le lion de Castille fuyant devant le coq gaulois. [illegible] Le coq gaulois trouva grâce devant les républicains de 1789, qui, malgré la proscription des anciens emblèmes, conservèrent son image sur les monnaies et sur les signets. La Révolution de 1830 fut son triomphe. Il disparut en 1852, pour être remplacé par l'aigle impériale.

COQS (combats de). Les Athéniens, les Rhodiens et les peuples de l'Asie Mineure s'intéressaient à ces duels. De nos jours ils font les délices des Chinois et surtout des Anglais. Ils forment une des variétés du *sport*, et amusent les riches et les oisifs. L'Angleterre a ses combats de coqs, de même que ses combats de chiens, ses boxeurs et ses courses. Les Anglais trouvent là une occasion d'engager des paris. Les amateurs sont alléchés par des annonces répandues dans les journaux; on publie même les paris engagés. Les combats de coqs se livrent dans des amphithéâtres garnis de gradins. L'arène comprend un espace de deux pieds carrés. Un espace plus étroit est marqué à la craie. C'est là qu'on place les coqs quand ils se sont entre-déchirés sans que l'un des deux ait été vaincu. On les rapproche alors bec contre bec pour les exciter, jusqu'à ce que la mort de l'un d'eux s'ensuive. Ces jeux, qui décèlent des instincts cruels, ont été heureusement proscrits en France; ils ont été l'objet, de la part de certains amateurs, d'une étude spéciale. Il existe même un livre assez curieux, intitulé : *Conseils pour élever des coqs de combat, augmentés des calculs pour les paris.*

COQUES (Gonzalès), peintre flamand, né à Anvers en 1618, mort en 1684. Il fut élève de Ryckert, dont il épousa la fille. Il se forma d'après les ouvrages de Rubens et de Van Dyck. Il réussit parfaitement dans le portrait et dans les scènes d'intérieur. Il mérita d'être surnommé le *petit Van Dyck*. Il fut nommé directeur de l'Académie d'Anvers en 1664 et en 1679.

COQUILLE. En typographie, c'est ainsi qu'on nomme une lettre déplacée de son cassetin et employée pour une autre dans la composition. En voici un exemple peu connu. Dans une superbe édition d'un bréviaire ou d'un missel, qui avait été vue et revue par tous les correcteurs, on remarquait cette faute : Ici le prêtre ôte sa *culotte*, au lieu de : Ici le prêtre ôte sa *calotte*. Quelle *coquille!* Nous prions nos lecteurs de nous pardonner les *coquilles* que notre imprimeur aurait pu commettre, comme, par exemple, à l'article [illegible], où l'on a mis *genre* anglais pour [illegible] anglais. Ce n'est pas tout à fait la même chose, mais qu'y faire?

COQUILLE (Guy), célèbre jurisconsulte, né à Decise, dans le Nivernais, en 1523, mort à Paris en 1603. Il se recommanda par son érudition et la netteté de son jugement. Il mérita d'être surnommé *judi-*

cieux. Il publia des travaux importants sur la *Coutume du Nivernais*, sur les *Institutions du droit français* et sur les *Libertés de l'Église gallicane*. Il a laissé aussi une *Histoire du Nivernais* qui est la meilleure qu'on possède de cette province. Il refusa modestement la place de conseiller d'État que lui offrit Henri IV.

COQUIMBO, ville du Chili, ch.-l. de la province de son nom, à 360 kil. de Santiago. Pop. 15,000 hab. Ville la plus importante du Chili. Consul des États-Unis. Bon port sur l'Océan, le second du Chili pour l'importance de son commerce. Belle cathédrale. Coquimbo fut fondée en 1544 par Valdivia; elle fut en partie détruite par les tremblements de terre de 1820 et 1822. La province de Coquimbo est bornée au N. par celle d'Atacama, au S. d'Aconcagua, à l'E. la Plata, et à l'O. le Pacifique. Pop. 119,080 hab. Mines d'or, d'argent, de cuivre.

CORAIL. On a donné ce nom à l'une de ces matières composées de zoophytes qu'on rencontre au sein des eaux. Pendant longtemps, les uns n'ont vu dans le corail autre chose qu'un calcaire; les autres y ont vu une plante. On sait, en effet, que le corail a la forme d'un arbre dépouillé de ses feuilles, et qu'il croît de la même manière : de là son nom de zoophyte, mot qui démontre l'inanité de la distinction des trois règnes de la nature; cette distinction tend à disparaître devant les principes de la philosophie naturelle, qui n'admet qu'un seul règne. La matière dont est formé le corail offre un mélange de carbonate de chaux pour la plus grande partie, de gélatine et d'albumine teinte d'un rouge vif. Cette substance est dure et paraît disposée en couches concentriques. Elle est recouverte, à l'état de vie, d'une matière visqueuse et charnue. On rencontre des bancs de corail dans les mers, et quelquefois à une si faible profondeur qu'ils sont dangereux pour les navires. Il sont surtout abondants sur les côtes de l'Océanie.

CORAN, vulgairement appelé Alcoran, livre religieux des mahométans, contenant le recueil des lois divines promulguées par le prophète Mahomet. C'est à la fois, de même que la Bible des Juifs, l'ouvrage d'un prophète et d'un législateur. Suivant une tradition propagée par Mahomet lui-même, ce livre lui serait tombé du ciel verset par verset. Il est divisé en 30 sections, 114 chapitres et 1,666 versets; c'est un code religieux, civil, criminel, politique et militaire. Les 2 premiers chapitres auraient été remis à Mahomet par l'ange Gabriel, vers l'an 609 de J.-C., et alors que Mahomet était dans sa quarantième année. Pendant 23 ans, le prophète continua à recevoir par la même voie les précieux chapitres de l'enseignement divin. Les versets qui composent le Coran furent mis en ordre, après la mort de Mahomet, par Abou-Bekr, son successeur. Le texte du livre divin subit les altérations qui donnèrent lieu à des controverses en Orient; il s'ensuivit même des troubles graves auxquels Osman mit fin en publiant un grand nombre de copies de l'exemplaire original. Il ordonna la destruction des autres exemplaires. Le Coran ayant été écrit dans le dialecte du Hedjaz, c'est dans ce dialecte seulement qu'il est permis d'interpréter ce livre. Cependant un grand nombre de termes étant déjà peu intelligibles du temps de Mahomet, il s'ensuit que plusieurs passages font le désespoir des commentateurs. Nous relevons dans le Coran plusieurs défauts qui en feraient une œuvre médiocre, si on l'appréciait au point de vue littéraire : des idées vagues ou incohérentes, des dispositions ambiguës, des répétitions, et des contradictions, le tout enveloppant un amas d'absurdités. Il y a lieu de croire que l'intelligence et la critique n'ont pas présidé à la mise en ordre des versets. On doute généralement que Mahomet ait réellement écrit le Coran; car il est constant qu'à l'âge de 40 ans, il ne savait pas même lire, et que l'écriture avait été introduite depuis fort peu de temps dans le Hedjaz. On a attribué plus raisonnablement la rédaction qui nous est parvenue à Zaïd ben-Hobet, l'un de ses secrétaires. La morale du Coran paraît empruntée à celle de l'Évangile et de la Bible, dont Mahomet avait eu connaissance par des prêtres chrétiens. Le Coran contient, il est vrai, quelques passages remarquables; mais, comme la plupart des livres religieux, il est déparé par le récit de miracles qui avaient pour objet de faire impression sur une multitude ignorante et toujours avide du merveilleux. On expliquerait difficilement par les règles d'une saine morale les interventions miraculeuses dont on voit tant de traces dans le Coran, pour justifier les nombreux adultères du prophète et les turpitudes des siens. Cependant les musulmans admettent que le Coran est éternel et incréé. Cette doctrine trouva des incrédules, même en Orient. Là, comme ailleurs, les hérésies furent noyées dans le sang. Le Coran est le livre par excellence des musulmans; on l'enseigne et on le commente dans les écoles; c'est sur ce livre que les Orientaux prêtent serment devant les juges.

CORANCEZ (Louis-Alexandre-Olivier DE), mathématicien et antiquaire, né à Paris en 1770, mort en 1832. Il suivit Bonaparte en Égypte comme membre de la commission scientifique. Après la retraite de l'armée française, il resta à Alep, en qualité de consul, jusqu'en 1810. L'année suivante, il fut admis à l'Institut. Il a publié une *Histoire des Wahabis depuis leur origine jusqu'en* 1809. Il a publié, en outre, divers mémoires scientifiques.

CORATO, ville du royaume d'Italie (Terre de Bari), à 19 kil. de Barletta. Pop. 24,455 hab. Fondée par les Normands au XIe siècle.

CORBACH, capitale de la principauté de Waldeck, à 46 kil. de Cassel. Pop. 2,500 hab. Remarquable par le château d'Eisenberg, où l'on voit un monument dédié à Waldeck, général hollandais. C'est aux environs de cette capitale que les Français vainquirent l'armée hanovrienne, en 1760.

CORBEAU, machine de guerre en usage sous les anciens Romains. Il consistait en une sorte de croc en fer, avec lequel on harponnait un navire. Duilius s'en servit à la bataille de Myles, en 260 av. J.-C., pour aborder les navires carthaginois, et permettre ainsi aux soldats romains d'engager une lutte corps à corps dans laquelle l'avantage devait leur rester. On donnait aussi le nom de corbeau à une machine qui servait à arracher les pierres des créneaux, ou à saisir la tête des béliers que les assiégeants faisaient manœuvrer contre les murailles.

CORBEIL, sous-préf. du départ. de Seine-et-Oise, à 50 kil. de Versailles, sur la rive gauche de la Seine. Pop. 5,100 hab. Tribunal de 1re instance, bibliothèque. Fabriques de mousselines, indiennes, toiles peintes; tanneries; très-beaux moulins à farine. Grand commerce de farine et de grains pour Paris. Corbeil fut fondée vers le IXe siècle. Au Xe siècle on y éleva un fort dont il reste encore la base d'une tour carrée. Elle fut longtemps la résidence des rois Capétiens. En 1417, elle résista aux Bourguignons. Le duc de Parme la prit pour les ligueurs en 1590, mais elle revint à Henri IV la même année. Le 12 mai 1258, saint Louis y signa un traité par lequel il renonçait à la souveraineté de Barcelone et du Roussillon, Jacques Ier d'Aragon abandonnait ses droits et prétentions sur Nîmes, Narbonne, Alby, Foix, Arles, Marseille, Forcalquier, Cahors.

CORBEILLE. On appelle de ce nom un petit panier fait ordinairement d'osier. La capacité, la grandeur, la forme, l'élégance des corbeilles varient à l'infini. Dans le jardinage, une corbeille est un petit espace de terrain ordinairement orné de fleurs, et disposé en forme de corbeille.

CORBIE, ch.-l. de cant. de l'arrond. d'Amiens (Somme), à 16 kil. de cette ville. Pop. 3,000 hab. Exploitation de tourbe. Filatures et blanchisseries de laine. Église remarquable, restes de la célèbre abbaye prélatiale de bénédictins fondée en 662 par la reine Bathilde et Clotaire III. Autrefois place forte. Les Espagnols s'en emparèrent en 1636 et Louis XIV la démantela en 1673.

CORBIÈRE (Pierre DE), anti-pape. (*Voir* NICOLAS V.)

CORBIÈRE (Jacques-Joseph-Guillaume-Pierre, comte DE), né à Amanlis, en Bretagne en 1767, mort en 1853. Il fut député sous la Restauration, et se signala par son zèle ultra-royaliste. Il fut l'un des plus fidèles partisans de Villèle. Après avoir voté l'établissement des cours prévôtales, il combattit énergiquement toutes les mesures qui pouvaient être suspectes de libéralisme. La presse n'eut pas d'ennemi plus acharné; il alla jusqu'à demander le rétablissement de la censure. Il fut appelé au ministère de l'intérieur en 1821, et provoqua la dissolution de la garde nationale en 1827. A sa sortie du ministère, il entra à la Chambre des pairs. Après la révolution de 1830, il se retira de la scène politique.

CORBIÈRES (les), montagnes de France, dans les départements de l'Aude et des Pyrénées-Orientales. Cette chaîne, contrefort des Pyrénées, se divise en Corbières occidentales et en Corbières orientales. Son point culminant, le Roc-Blanc, a 2,536 mètres de hauteur.

CORBIGNY, ch.-l. de cant. de l'arrond. de Clamecy (Nièvre), à 27 kil. de cette ville. Pop. 2,125 hab. Commerce de bois et de cuirs. Tanneries. Cette ville possédait un monastère célèbre fondé au VIIIe siècle, et une maison royale qui fut la résidence de Charles le Chauve.

CORBILLARD. C'est le nom du char dans lequel on conduit les morts au lieu de leur sépulture; c'est le char funèbre qui doit nous conduire tous à notre dernière demeure.

> Votre tombeau sera pompeux sans doute,
> J'aurai sous l'herbe une fosse à l'écart;
> Un peuple en deuil vous fait cortège en route,
> Du pauvre, moi, j'attends le *corbillard*.
>
> (BÉRANGER.)

CORBINEAU (Jean-Baptiste-Juvénal, comte), général français, né à Marchiennes en 1776, mort en 1848. Il se signala dans les diverses campagnes de l'empire et notamment lors de la retraite de Moscou. En 1812, l'empereur le nomma son aide de camp général. Il quitta son commandement lors de la Restauration.

CORCIEUX, ch.-l. de cant. de l'arrond. de Saint-Dié (Vosges), à 19 kil. de cette ville. Pop. 1,558 hab.

CORDAGE. Ce nom embrasse tout ce qu'on fabrique dans les corderies pour l'usage de la marine, des manufactures, fabriques, etc. Le chanvre est de toutes les substances filamenteuses celle que l'on préfère pour la fabrication des cordages.

CORDAY D'ARMANS (Marie-Anne-Charlotte), née de parents nobles à Saint-Saturnin, en Normandie, en 1768. Cette femme, qui unissait à la beauté de son sexe un rare courage, était aimée d'un jeune officier nommé de Belzunce. Son amant fut mis à mort par des terroristes à qui Marat l'avait signalé comme un conspirateur. Ce meurtre politique réveilla le sentiment de la vengeance dans le cœur de Charlotte Corday. Elle résolut alors d'affranchir son pays d'un oppresseur qui le désolait par ses cruautés. Des députés girondins avec qui sa famille était liée avaient pris la fuite pour échapper à la proscription et appeler le peuple à la défense de la liberté. Charlotte n'hésita plus; elle quitta Caen, et arriva à Paris le 12 juillet 1793. Elle acheta au Palais-Royal un couteau à gaîne et se présenta chez Marat, où elle ne put être admise. Elle lui écrivit alors pour qu'il la reçût, et vers sept heures et demie du soir, Charlotte Corday vint chez Marat, qui, sortant du bain en entendant sa voix, ordonna de la faire entrer. L'entretien eut d'abord pour objet les rassemblements du Calvados; Marat s'informait avec empressement des noms des députés, des administrateurs qui les y excitaient, et les inscrivait sur des tablettes, sous la dictée de Charlotte, et lui annonça que tous ceux qu'elle lui désignait iraient bientôt expier leur rébellion sur l'échafaud. Ces mots devinrent son arrêt de mort. Charlotte tira aussitôt le couteau de son sein, et le plongea dans le cœur du député, qui ne poussa que ce seul cri : « A moi, ma chère amie ! » il expira à l'instant même. Celle qui venait de l'immoler resta calme au milieu du tumulte des voisins et de deux femmes qui se trouvaient dans la pièce voisine; l'officier de police étant survenu et ayant dressé procès-verbal de l'événement, elle le signa et fut conduite dans les prisons de l'Abbaye. Son premier soin fut d'écrire à son père, pour lui demander pardon du chagrin qu'elle lui causait en disposant de sa vie sans lui en avoir fait part. Conduite devant le tribunal révolutionnaire, elle y parut avec dignité; ses réponses furent courtes et nobles. Loin de défendre ses jours, elle parla de son action comme d'un devoir qu'elle avait rempli envers sa patrie. Condamnée à mort, elle fut conduite à l'échafaud vêtue d'une chemise rouge. Son visage, comme le dit un témoin de l'exécution, conserva toujours la fraîcheur et l'éclat de la beauté et de la jeunesse. Charlotte Corday descendait, dit-on, de Pierre Corneille du côté des femmes. Elle fut exécutée le 17 juillet 1793.

CORDE. Corps long et sensiblement cylindrique, formé d'un certain nombre de fils tortillés l'un sur l'autre. On fait des cordes d'une infinité de substances différentes. Le plus ordinairement c'est avec du chanvre que les cordes se font, mais on emploie aussi quelquefois le coton, la laine, la soie, des filaments ligneux, le poil, le crin, le jonc et d'autres matières flexibles. S'il y a des cordes de toute espèce, il y en a aussi de toute grosseur; cela dépend de l'usage auquel on les destine. La corde la plus grosse s'appelle *câble*; la plus petite prend le nom de *ficelle*. Les cordes employées dans la marine se nomment *cordages*.

CORDELIÈRE. En termes d'architecture, ce mot se dit d'une baguette sculptée en forme de corde.

CORDELIÈRES, ordre de religieuses soumises à la règle de saint François d'Assise. On les appelait cordelières parce qu'elles portaient une ceinture de corde à l'exemple des cordeliers. Elles avaient un couvent à Paris rue de Lourcine. Ce couvent avait été fondé par la veuve de Louis IX. Les cordelières ont conservé jusqu'en 1789 le manteau de Louis IX.

CORDELIERS, de l'ordre des frères mineurs de saint François. Cet ordre fut institué par Jean Bernardoni, qui devint plus tard saint François d'Assise. Bernardoni abandonna le commerce pour se livrer à la prédication et fonda son premier monastère vers 1210. Ayant médité ce précepte de Jésus qu'on ne devait porter ni or ni argent, ni provision pour le voyage, il basa la règle de son ordre sur la pauvreté. Ayant quitté sa ville natale, il alla fonder des monastères en Italie, en Espagne, en France, et jusqu'en Orient. En 1223, le pape Honorius III confirma l'établissement de l'ordre des frères mineurs. Ses religieux comptèrent parmi eux Jean Scot, surnommé *le docteur subtil*. Ces religieux portaient une robe de gros drap gris avec un capuce, un chaperon et un manteau de même couleur. Ils avaient des sandales et se distinguaient par une ceinture de corde nouée de trois nœuds. C'est de la que leur est venu le nom de cordeliers.

CORDELIERS (club des). Il fut formé en opposition au club des *Amis de la Constitution*, qui devint plus tard le club des *Jacobins*. Ce dernier n'admettait dans son sein que les députés ou les hommes influents. D'autres citoyens, impatients de jouer un rôle politique ou de faire valoir leurs idées, entrèrent dans le club des Cordeliers. Ce club, à son origine, n'avait pour objet que des conférences morales et politiques. Peu à peu il se transforma, et devint le refuge de tous les radicaux qui rêvaient la démocratie pure et ne voyaient dans la constitution de 1791 qu'une institution transitoire. Ce club étendait son influence au dehors par la voix des journaux et dirigeait des manifestations menaçantes. Il recrutases membres parmi la population ouvrière, toujours ardente, mais souvent dupe d'intrigants qui l'entraînent dans des voies périlleuses. En effet, on a eu la preuve que la plus grande partie des hommes qui exerçaient leur influence dans ce club étaient soudoyés par le parti royaliste et par l'étranger. On en trouve la preuve dans les correspondances déposées aux archives des affaires étrangères. Il y avait aussi, au sein des Cordeliers, une faction qui ne voyait dans la déchéance de Louis XVI qu'un moyen de faire parvenir au trône le duc d'Orléans. Tant d'éléments hétérogènes devaient changer le club des cordeliers en un foyer d'intrigues. Marat et Danton, appuyés par Camille Desmoulins étaient les principaux orateurs des Cordeliers. Les divers partis se ralliaient, les uns sincèrement à la république; les autres affectaient la même ardeur patriotique, mais avec l'arrière-pensée d'amener des excès qui ruinassent le nouveau gouvernement. Le club des Cordeliers, agissant sous l'inspiration de la faction d'Orléans, se mit à la tête d'une démonstration populaire au Champ de Mars, pour déposer sur l'autel de la patrie une pétition qui demandait la déchéance immédiate de Louis XVI. Il s'ensuivit une collision sanglante. La victoire resta à Bailly, maire de Paris, secondé par La Fayette. Le bannissement du duc d'Orléans amena une scission au sein des Cordeliers. Dès ce moment, ce club marcha à la remorque des Jacobins et perdit peu à peu son influence.

CORDES, ch.-l. de cant. de l'arrond. de Gaillac (Tarn), à 24 kil. de cette ville. Pop. 2,780 hab. Commerce de grains et pruneaux.

CORDES A BOYAU. On appelle ainsi les cordes qu'on fabrique avec les intestins des animaux. Les cordes à boyau servent dans plusieurs arts et surtout pour les instruments de musique.

CORDES MÉTALLIQUES. Cordes dont on se sert pour les clavecins et les pianos. Les unes sont en fil d'acier pour les sons aigus; les autres sont en fil de laiton pour les sons moyens; et enfin d'autres sont en fils de laiton *filés*, c'est-à-dire revêtus d'un fil de laiton plus fin qui les entoure en spirale; ces dernières servent pour les sons graves.

CORDIALITÉ, vif élan du cœur qui nous porte involontairement vers une personne qui éveille notre sympathie. La cordialité est ordinairement accompagnée de gaieté et de franchise.

CORDIÈRE (la belle). (*Voir* LABÉ.)

CORDILLÈRES. (*Voir* ANDES.)

CORDON. C'est une petite corde destinée à faire partie d'une plus grosse. Les passementiers donnent ce nom de *cordon* à un petit tissu long et ourdi comme la corde, en soie, en chanvre, en lin, etc. Autrefois, chez les Turcs, le seul *cordon* connu et redouté était celui que le sultan envoyait par ses muets, aux visirs et aux pachas dont il voulait se défaire.

CORDONNIER. C'est l'artisan qui confectionne toute espèce de chaussures : souliers, bottes, bottines, etc., pour hommes et pour femmes.

CORDOUAN (tour de), phare élevé à l'embouchure de la Gironde, à 11 myriam. de Bordeaux. Cette tour est construite sur un îlot formé de roches que les flots recouvrent à la marée haute. Ce phare fut construit sous Henri III. On a prétendu que Louis le Débonnaire en avait antérieurement élevé un au même endroit. On est fondé à croire que la terre ferme s'étendait autrefois jusqu'à l'îlot du Cordouan.

CORDOUE, ville d'Espagne, ch.-l. de la province de son nom, 290 kil. de Madrid. Pop. 60,000 hab. Siége d'un évêché suffragant de Tolède. Belle cathédrale, longue de 207 mètres, large de 147, soutenue par 850 colonnes en jaspe, marbre et porphyre, qui forment 19 nefs; elle possède 10 coupoles rondes ou octogones et 20 portes. Château fort; pont de 16 arches sur le Guadalquivir. Colléges. Cordoue fut fondée par les Romains, en 152 av. J.-C. Sous les empereurs, cette ville devint très-florissante, et avait le droit de battre monnaie. Les Goths s'en emparèrent en 572, les Maures en 711; et après 756, elle devint la capitale du kalifat de l'Occident ou de Cordoue. Elle comptait alors 300,000 hab., et renfermait une université célèbre en Europe, une bibliothèque de 600,000 volumes, 80 écoles publiques, 600 mosquées, 900 bains publics. En 1031, des discussions intérieures amenèrent le démembrement de cette grande puissance, et Cordoue devint la capitale du royaume de Cordoue, et le souverain de ce nouveau royaume fut Abou'l-Hacan-Djawar-Al-Modhaffer. En 1236, Ferdinand III de Castille s'en empara et la détruisit presque entièrement. Les cuirs de Cordoue étaient autrefois pour cette ville une branche d'industrie renommée. Patrie des deux Sénèque, de Lucain, d'Averrhoès, de Moïse Maimonides, de Gonsalve de Cordoue, des poëtes Louis de Congora et Jean de Mena, et des peintres Céspedès et Zambrana.

CORDOUE (province de), division administrative de l'Espagne, bornée au N. par celle de Ciudad-Real, à l'E. celle de Grenade et de Jaen, au S. de Malaga, au S.-O. et au N.-O. de Badajoz et Séville. Superficie 131 myriam. carrés. Pop. 351,555 hab.

CORDOVA, général américain, né dans la Nouvelle-Grenade en 1797, mort en 1829. A l'âge de 13 ans, il s'enrôla parmi les défenseurs de l'indépendance de son pays, et se signala contre les Espagnols par sa bravoure autant que par ses talents militaires. On lui reproche cependant sa jalousie contre Bolivar, qui le porta à s'insurger contre le Washington de l'Amérique méridionale. Comblé de bienfaits par Bolivar, qui le comptait au nombre de ses amis les plus dévoués, il souleva la province d'Antioquia. Sa tentative fut déjouée; il fut cerné par trois détachements envoyés contre lui, et succomba après une résistance digne d'une meilleure cause.

CORDOVA, ville de la Plata, ch.-l. de l'îlot de son nom, à 550 kil. de Buenos-Ayres. Pop. 25,000 hab. Siége d'un évêché. Université. Belle cathédrale. Entrepôt d'un commerce considérable. Fabriques de draps, lainages et cotons. Cette ville fut fondée en 1537, par Jérôme Cabrera; elle était jadis la capitale du Tucuman, ch.-l. des établissements des jésuites dans cette partie de l'Amérique. L'État a une superficie de 1,408 myriam. carrés et une population de 137,000 hab. Climat doux et salubre. Riches vallées; beaux pâturages.

CORDOVA, ville du Mexique, dans l'Etat de Vera-Cruz, à 80 kil. de cette ville. Pop. 6,000 hab. Récoltes de sucre, café, tabac. Cette ville fut fondée par Don Diégo Fernandez de Cordova en 1618.

CORÉ. (*Voir* ABIRON.)

CORÉE, royaume du N.-E. de la Chine, borné au N. par la province de Ching-King, à l'E. la Mer du Japon, au S. le détroit de Corée, à l'O. la Mer jaune. Superficie, 2,200 myriam. carrés. Il est formé d'une presqu'île et d'un archipel découvert par le capitaine Maxwel. Climat très-chaud en été et très-rigoureux en hiver. Sol fertile arrosé par le Ya-Lou et le Toumen. Récolte de riz, coton, tabac, chanvre et genseng. Immenses forêts au nord. Commerce très-actif avec le reste de la Chine et le Japon. Elève des chevaux et bêtes à cornes, mines et houilles, sel, métaux précieux. Fabriques de papier, poteries, porcelaine; manufactures d'armes à feu et d'armes blanches. Un roi héréditaire, dont l'autorité est absolue, règne sur la Corée; il est cependant tributaire tout à la fois de l'empereur de la Chine et du Japon, il a son conseil d'Etat. Les lois sont sévères et les supplices cruels. L'armée se compose de 600,000 hommes, et la marine d'une flotte de 200 voiles. La religion est celle de Foé; quelques grands suivent la religion de Confucius. On compte en Corée 11,000 chrétiens.

CORÉE (archipel de), groupe d'îles au nombre de près d'un millier, dont la plus grande, Quelpaert, a 715 kil. carrés. Cet archipel est situé au S. et à l'O. de la Corée.

CORÉES, fêtes célébrées par les anciens Grecs et les Siciliens en l'honneur de Proserpine.

CORFE-CASTLE, bourg d'Angleterre (comté de Dorset), à 35 kil. de Dorchester. Pop. 1,700 hab. Exploitation d'argile; carrières de pierres. Ruines d'un château fort où fut assassiné Edouard le Martyr et où périrent de faim, par ordre de Jean sans Terre, 22 personnes de la noblesse du Poitou.

CORFOU, l'une des Iles ioniennes et la plus considérable après Céphalonie; dans la Mer ionienne, à l'entrée du canal d'Otrante et de la Mer adriatique, à 16 kil. de Paxo. Ch.-l. Corfou. Sup. 500 kil. carrés. Pop. 85,260 hab. Climat chaud et peu salubre, sol montagneux, fertile dans les vallées: oliviers, vignes, figues, miel, cire. Dans l'antiquité, cette île porta différents noms: *Drepanum, Macris, Scheria, île des Phéaciens, Corcyre.* Ulysse y fit naufrage et fut reçu par le roi Alcinoüs. Au VIIIe siècle av. J.-C., elle reçut une colonie de Corinthiens qui lui donna le nom de Corcyre. La guerre du Péloponèse éclata à cause des démêlés de cette île avec Corinthe; alors sa prospérité s'évanouit. Elle fut possédée tour à tour par Agathocle, tyran de Syracuse, Pyrrhus, roi d'Epire et les rois de Macédoine. Sous les Romains, elle devint une station navale importante. Plus tard, l'île de Corfou devint tributaire des empereurs d'Orient, résista à Genseric et à Totila, et Nicéphore la réunit à l'empire d'Orient. Roger II, roi normand des Deux-Siciles, s'en empara en 1147, et c'est à cette époque que cette île prit le nom de Corfou. Elle fut prise par les Vénitiens en 1205 et 1386. Les Turcs l'assiégèrent inutilement en 1537, 1553, 1570, 1578. Les Français la prirent en 1797. Les Russes et les Turcs l'enlevèrent en 1799, et elle revint aux Français en 1807. En 1815, elle fut placée sous le protectorat de l'Angleterre avec toutes les Iles ioniennes érigées en république des Sept îles. Depuis 1864, à la suite de l'avénement de Georges Ier, roi des Hellènes, elle a fait retour à la Grèce.

CORFOU, ville capitale de l'île de son nom, sur la côte E. Pop. 16,000 hab. Port spacieux et sûr, sur le canal de Corfou. Deux citadelles, enceinte bastionnée. Arsenal maritime. Chantiers de construction. Siége d'un évêché catholique et d'un archevêché grec. Université fondée en 1824, bibliothèque, jardin botanique. Cette ville possède en outre une vaste place d'armes sur laquelle est élevée la statue du comte Mathias de Schulembourg qui défendit la ville contre les Turcs en 1716. Parmi les antiquités, on cite les ruines d'un temple de Neptune; cénotaphe de Ménécrate avec une inscription grecque antérieure à la guerre du Péloponèse.

CORI, bourg des Etats de l'Eglise, à 35 kil. de Frosinone. Pop. 3,000 hab. Restes de temples dédiés à Hercule et à Pollux.

CORIA, ville d'Espagne (province de Cacérès), à 41 kil. de Placencia. Pop. 1,500 hab. Siége d'un évêché suffragant de Santiago.

CORIGLIANO, ville du royaume d'Italie (Calabre citérieure), à 42 kil. de Cosenza. Pop. 10,240 hab.

Francis Drake attaquant l'*Armada* avec sa flotte.

CORINDON. On a donné ce nom à une classe de minéraux qui étaient autrefois considérés comme des corps distincts, sous les noms de gemmes orientales, de saphir, d'astérie, de spath et d'émeri. L'analyse chimique a fait considérer ces diverses pierres comme ne formant qu'une seule classe. On en distingue diverses variétés suivant les couleurs qu'elles présentent: le saphir, la topaze, le rubis et l'émeraude. Le corindon est infusible au chalumeau; il est capable de rayer tous les autres corps, excepté le diamant qui le surpasse en dureté. Il est essentiellement composé d'alumine, et on le rencontre dans les terrains de cristallisation, surtout dans le granit et les basaltes; il affecte la forme rhomboïde. Le corindon nous vient de l'Orient; on le rencontre aussi dans les Alpes et dans les montagnes de l'Auvergne.

CORINGA, ville de l'Hindoustan anglais (province des Circars), à 52 kil. de Rajamundy. Bon port sur le golfe du Bengale; le meilleur de la côte pendant la mousson du S.-O. Cette ville appartient aux Anglais depuis 1759.

CORINTHE, ancienne ville de la Grèce, sur l'isthme de son nom; capitale de la Co-

Vue de Dresde.

rinthie, à 74 kil. d'Athènes. Elle fut fondée l'an 1376 av. J.-C. et fut d'abord appelée *Amphitalassios*, la cité aux deux mers, parce qu'elle était située entre la Mer Ionienne et la Mer Egée. On y comptait deux ports : *Léchée*, sur le golfe de Corinthe, et *Cinchrée*, sur le golfe Saronique. Elle possédait une citadelle appelée *Acro-Corinthe*, qui se composait de deux éminences reposant sur une base commune. De cette citadelle on commandait les deux parties de la Grèce. On voyait un temple à Vénus sur le point le plus élevé de l'éminence occidentale. Il y avait dans ce temple plus de mille courtisanes, les plus belles et les plus célèbres entre celles de la Grèce ; elles attiraient les étrangers qu'elles savaient être chargés d'or, et les renvoyaient après les avoir entièrement ruinés. ce qui a donné lieu à ce proverbe : *Il n'est pas donné à tout le monde d'aller à Corinthe*. Autour du temple de Vénus se trouvaient un grand nombre de sources qui jaillissaient de toutes parts. La plus célèbre, la fontaine Pirène (aujourd'hui Drako-Vryci), prenait sa source au-dessous du plateau qui occupait le temple de Vénus ; elle est maintenant enveloppée d'une maçonnerie turque. Corinthe possédait encore un stade ou hippodrome, tout en marbre blanc, un magnifique théâtre, un très beau gymnase, un aqueduc qui lui amenait les eaux du Stymphale en Arcadie. Le quartier Cranion contenait les tombeaux du cynique Diogène et de la courtisane Laïs. A toutes ces beautés il faut encore joindre les statues des athlètes vainqueurs aux Jeux isthmiques, l'attelage de bronze aux pieds d'ivoire ; il était placé dans le temple de Neptune, chef-d'œuvre d'architecture et riche en objets précieux. Ce temple possédait encore un immense vase, appelé la Mer d'airain. De toutes ces magnificences, il ne reste plus aujourd'hui que sept colonnes du temple de Neptune, des amas de marbre sans forme, des tronçons de statues. Corinthe a donné son nom à un ordre d'architecture, l'*ordre corinthien*, et à une composition dite *airain de Corinthe*. Corinthe porta d'abord le nom d'Ephyre, fille de l'Argien Phoronée ; Sisyphe, fils d'Eole et petit-fils d'Hellen, en fut le premier roi et en bâtit les murailles. Corinthus, fils de Marathon et frère de Sicyon, lui donna son nom. Cette ville ne tarda pas à s'enrichir par le commerce. Corinthe fut d'abord une monarchie, et on compte parmi ses rois Jason et Médée ; l'Héraclide Alétès y fonda une dynastie qui conserva le pouvoir jusqu'au VIIIe siècle av. J.-C. La famille des Bacchides établit une sorte de république aristocratique et s'y mit à la tête après la mort de Télessus, le dernier roi des Héraclides. De 657 à 584, la forme monarchique reparut de nouveau avec les tyrans Cypsélus et Périandre ; alors le sénat saisit la direction des affaires et partagea de nouveau, avec les assemblées du peuple, le droit de diriger les affaires publiques. A partir de cette époque, Corinthe fut souvent en luttes avec les Athéniens, et sa constitution aristocratique l'attacha à Sparte. En 432, elle prit part à la guerre du Péloponèse, et cette guerre fut occasionnée par ses querelles avec Cocyre, une de ses colonies. Après avoir contribué au triomphe de Lacédémone, de concert avec Thèbes, Argos et Athènes, elle suscita la *guerre de Corinthe* qui dura de 394 à 387 av. J.-C. ; cette guerre fut terminée par le honteux traité d'Antacildas. Philippe la soumit ; alors elle reçut une garnison macédonienne. Aratus l'en délivra en 243, l'incorpora à la ligue achéenne et en fit le lieu où s'assemblaient les députés de la confédération. Le consul Mummius l'incendia en 146 et fit transporter à Rome toutes les œuvres d'art. César et Auguste rebâtirent Corinthe, qui recouvra quelque splendeur. Saint Paul y séjourna au milieu du Ier siècle de l'ère chrétienne et y composa la plupart de ses écrits. Adrien l'embellit et l'agrandit encore. Les Hérules vinrent la piller à la fin du IIIe siècle, les Visigoths à la fin du IVe, et les Slaves au VIIIe. Elle suivit, du reste, le sort de la Grèce entière et fut la possession des empereurs de Constantinople. Les Français la conquirent en 1205 ; elle fut cédée aux Vénitiens et tomba enfin sous la domination des Turcs, auxquels elle resta fidèle (1459). En 1699, elle retomba au pouvoir des Vénitiens, qui furent forcés, peu de temps après, de la rendre aux Turcs, en 1715. La révolution d'où est sorti le royaume actuel de Grèce vint l'arracher à son repos et faire tomber sur elle de nouveaux malheurs. Elle fut affranchie du joug des Ottomans en 1821, mais 7 années d'une guerre terrible l'avaient complètement ruinée, mais elle avait conquis son indépendance. Elle essaya de se relever après 1829. Aujourd'hui Corinthe est le chef-lieu du district de Kordos, dans la province d'Argolide ; elle compte à peine 4,000 hab. Siège d'un archevêché. Château fort insignifiant. Son commerce consiste en vins, raisins dits *raisins de Corinthe*.

CORINTHE (isthme de), langue de terre qui sépare le golfe de Lépante de celui d'Athènes et joint la Morée au continent. En certains endroits, cet isthme n'a que 6 kil. de largeur, et quoique dans l'antiquité on ait souvent fait des tentatives pour le percer, on n'a jamais pu y réussir. Les Grecs, afin d'arrêter Xercès dans sa marche, le coupèrent par une muraille qui fut abattue longtemps après par Mahomet II. C'est dans cet isthme que se célébraient les Jeux isthmiques en l'honneur de Neptune.

CORINTHE (golfe), nom ancien du golfe de Lépante.

CORINTHE (airain de). (*Voir* AIRAIN.)

CORINTHIEN (ordre). (*Voir* ORDRES D'ARCHITECTURE.)

CORIO, bourg du royaume d'Italie, à 31 kil. de Turin. Pop. 5,300 hab.

CORIOLAN (Caïus MARCIUS), général romain, dut son nom de Coriolan à la prise de la ville de Corioles, en l'an 493 av. J.-C. Il se rendit le peuple hostile par sa hauteur, et ne put être élevé au consulat. Il

ADMINISTRATION, IMPASSE DES FILLES-DIEU, 5, A PARIS.

s'en vengea en empêchant de faire une distribution de blé aux nécessiteux. Obligé de fuir devant une sédition causée par son inhumanité, Coriolan jura de se venger; il alla offrir ses services aux Volsques, et bientôt arriva devant Rome, dont il s'apprêtait à faire le siége, après avoir jeté la terreur et la désolation dans le Latium. Les principaux de la ville s'étant rendus en députation auprès de lui pour lui montrer tout ce qu'il y avait d'odieux dans sa conduite, il refusa de les recevoir; mais sa mère Véturie et sa femme Volumnie s'étant présentées à leur tour, elles furent plus heureuses, et Coriolan cédant à leurs larmes s'éloigna avec son armée. Les auteurs diffèrent d'opinion sur le sort qui lui fut réservé après cette retraite; mais l'opinion la plus accréditée est que Tullus, chef des Volsques, l'accusa de trahison et le fit mettre à mort. Le sénat romain fit élever sur le lieu même où Véturie avait triomphé de son fils un temple à la *Fortune féminine*.

CORISANDRE (la belle). (*Voir* GUICHE, comtesse DE.)

CORK, ville d'Irlande, ch.-l. du comté de son nom, à 220 kil. de Dublin. Pop. 78,900 hab. Palais épiscopal, bourse, prisons, arsenal, chantiers de construction. Siége d'un évêché anglican et d'un évêché catholique. Plusieurs couvents. Hôpitaux. Manufactures de cuirs, toiles à voiles, verre, fers, colle et papier. Distilleries, brasseries. Fabrique de gants dits de Limerick. Foires importantes de bestiaux et porcs. Exportation de blé, salaisons, saumons, œufs, beurre. Paquebots pour Londres, Dublin, Liverpool, etc. Toute la flotte anglaise peut être contenue dans le havre de Cork. Du temps d'Elisabeth, cette ville était très-petite et ne s'agrandit qu'en 1648, pendant les guerres contre la France.

CORK (comté de), province administrative d'Irlande, bornée au N. par les comtés de Limerick, à l'E. de Watterford et de Tipperary, à l'O. de Kerry, et au S. par l'Atlantique. Sup. 687,000 hectares. Pop. 458,600 hab. Le plus grand comté du royaume. Sol montagneux dans l'O., fertile dans les autres parties. Fabrication de beurre, toiles, tuiles, poterie. Exploitation d'ardoises, pierres à chaux, plomb, houille, terre à potier, riches mines de cuivre. Villes principales : Youghal, Bandon, Kinsale. Rivières : Blackwater, Lee, Bandon.

CORLAY, ch.-l. de cant. de l'arrond. de Loudéac (Côtes-du-Nord), à 35 kil. de cette ville. Pop. 1,389 hab. Elève de bestiaux et de chevaux. Ruines d'un vieux château.

CORLEONE, ville de Sicile, à 37 kil. de Palerme. Pop. 14,000 hab. Collége.

CORMEILLES, ch.-l. de cant. de l'arrond. de Pont-Audemer (Eure), à 17 kil. de cette ville. Pop. 1,330 hab. Fabrication de toiles, bonneterie, souliers; filature de coton, laine, tanneries, mégisseries, moulins à huile.

CORMEILLES, village de l'arrond. de Versailles (Seine-et-Oise), à 20 kil. de cette ville. Pop. 1,200 hab. Carrières à plâtre.

CORMEILLES, bourg de l'arrond. de Clermont (Oise), à 40 kil. de cette ville. Pop. 1,350 hab.

CORMONS, ville des Etats autrichiens (littoral), à 40 kil. de Trieste. Pop. 3,600 h. Filatures de soie.

CORMONTAIGNE (Louis), ingénieur français, né à Strasbourg, vers 1696, mort en 1752. Il passa par tous les grades avant d'arriver à celui de maréchal de camp. On lui doit l'amélioration des forteresses de Thionville et de Metz. C'est lui le premier qui songea à soustraire les escarpes en maçonnerie à la vue de l'ennemi, afin de le forcer à s'approcher plus près de la place pour les battre en brèche. Ses ouvrages, qui tous traitent de l'art des fortifications, ont été publiés et sont encore consultés avec fruit.

CORNAC. On appelle ainsi celui qui est chargé de soigner, de nourrir et de conduire un éléphant. On donne également ce nom, dans le langage familier, à celui qui se charge de pousser quelqu'un dans le monde, dans la carrière littéraire.

CORNARDS ou CONARDS. Confrérie joyeuse établie à Rouen et à Evreux, assez semblable à celles de la *Mère Folle* et des *Fous*. Elle avait à sa tête un abbé mitré et crossé, qui se promenait solennellement par les rues, avec toute sa suite costumée d'une façon grotesque, le jour de la Saint-Barnabé. Cette confrérie avait ses priviléges confirmés par le parlement de Rouen; ainsi ses membres avaient seuls le droit de se masquer les jours gras.

CORNARO (les), illustre famille patricienne de la république de Venise; les principaux membres sont :

CORNARO (Marc), doge de 1365 à 1368, succéda au doge Laurent Celsi. Il se ligua avec Pierre de Lusignan contre le soudan d'Egypte; mais cette tentative de croisade n'eut aucun résultat. Il comprima une révolte dans l'île de Candie.

CORNARO (Jean Ier), doge de 1625 à 1629, succéda à François Cantarini; il s'allia avec la France contre la maison d'Autriche dans les guerres pour la possession de la Valteline. Il mourut de la peste qui désolait alors l'Italie (1629). On prétend qu'à Venise seulement le fléau enleva près de 60,000 habitants.

CORNARO (Jean II), doge de 1709 à 1722, né en 1647, mort en 1722, succéda à Louis Mocenigo. La république resta neutre dans la guerre que se faisaient la France et l'Autriche pour la possession du Milanais; c'est sous ce doge que Venise perdit la Morée, qui fut conquise par les Turcs en quelques mois; ceux-ci en devinrent tout à fait possesseurs par suite de la paix de Passarowitz (1718), à laquelle le doge adhéra.

CORNARO (Louis), hygiéniste italien, né à Padoue en 1467, mort en 1566. D'une santé délicate, il finit de se la miner par des excès; à 40 ans, se voyant sur le point de mourir, il changea complétement de manière de vivre, et ne prit pour toute nourriture que 12 onces d'aliments solides et 14 onces de vin. Ce régime lui réussit parfaitement, car il mourut presque centenaire. Il a laissé des *Conseils sur l'art de vivre longtemps*.

CORNARO (Lusignana-Caterina), reine de Chypre, née à Venise en 1454, morte dans la même ville en 1510. Par l'entremise de son oncle André Cornaro, elle épousa Jacques de Lusignan, roi de Chypre. Devenue veuve en 1475, elle devint régente de son fils, qui mourut à l'âge de 2 ans; la reine, protégée par les Vénitiens, gouverna jusqu'en 1488; mais ceux-ci avaient hâte de prendre possession de Chypre, et le conseil des Dix força Caterina d'abdiquer. Elle se soumit à cet ordre et retourna dans sa patrie, où on lui rendit les honneurs souverains. C'est dans le château fort d'Asolo qu'elle se retira, environnée d'une sorte de cour, et charma ses loisirs par le culte des belles-lettres.

CORNARO-PISCOPIA (Lucrèce-Hélène), savante italienne, née à Venise en 1646, morte en 1684. Elle fit de rapides progrès dans les sciences et connaissait plusieurs langues; elle se présenta pour le doctorat en philosophie et fut reçue. Son amour pour l'étude était tel qu'elle fit vœu de célibat, et prit même l'habit monastique, mais sans entrer dans un couvent. Ses œuvres, qui se composent de discours académiques et d'un ouvrage ascétique, l'*Entretien de Jésus-Christ avec l'âme dévote*, ont été publiées.

CORNE D'ABONDANCE. Cet emblème mythologique, remplie de fleurs et de fruits, serait, selon la Fable, la corne de la chèvre Amalthée; une autre tradition prétend qu'elle fut arrachée au fleuve Achéloüs par Hercule.

CORNEILLE (saint), élu pape en 250, mort en 252. Il eut à combattre Novatien, qui s'était fait sacrer évêque de Rome. L'empereur Gallus l'exila à Civita-Vecchia, où il mourut.

CORNEILLE (Pierre), né à Rouen, le 6 juin 1606, mort à Paris, le 1er octobre 1684. Il est considéré à juste titre comme le créateur de la tragédie classique et de la comédie en France; précurseur de Racine et de Molière, il est le premier qui ait compris et développé le génie de notre langue. Après avoir terminé ses études chez les jésuites, il se fit recevoir avocat au parlement de Normandie, mais il ne tarda pas à renoncer à cette profession pour se livrer tout entier au culte de la poésie. C'est à une intrigue amoureuse qu'il eut avec une demoiselle Rouen qu'il dut le sujet de sa première pièce : *Mélite ou les fausses lettres*. Cette comédie obtint un grand succès, et fit connaître l'auteur à la cour. Le cardinal de Richelieu chercha à s'attacher le jeune auteur; il avait déjà auprès de lui Boisrobert, l'Etoile, Desmarets et Rotrou, qui travaillaient aux pièces qu'enfantait l'imagination du cardinal, car celui-ci se plaisait à faire du théâtre dans les moments de repos que lui laissait la politique. Mais la prodigieuse fécondité de Corneille, ses succès et un peu sa noble fierté ne tardèrent pas à changer les sentiments du cardinal à l'égard de son nouveau pensionnaire; Corneille avait donné dans l'espace de six ans six pièces, toutes en cinq actes et en vers : *Clitandre, la Veuve, la Galerie du Palais, la Suivante, la place Royale* et *l'Illusion comique*. C'est en 1635 que Corneille aborda pour la première fois la tragédie, et donna *Médée*. Si dans cette pièce Corneille ne révèle pas encore son talent, on trouve du moins dans les vers des étincelles de génie qui faisaient voir combien l'auteur était au-dessus de son siècle. L'année suivante, il donna *le Cid*; ce fut au secrétaire de Marie de Médicis, nommé Chalaus, qui l'engagea à étudier la langue espagnole, que Corneille dut l'idée de la composition de cette pièce. A cette époque, les comédies espagnoles obtenaient la préférence sur toutes les scènes de l'Europe, et même en Italie, qui pourtant la première avait cultivé les arts. Corneille sut faire du *Cid* une pièce touchante, sans tomber dans les irrégularités qu'on est en droit de reprocher à Guilhem de Castro; il mit en scène ce combat de passions qui déchirent le cœur, et devant lequel toutes les autres beautés de l'art ne sont rien. Le *Cid* eut autant de partisans enthousiastes que de détracteurs; mais ce qui fut le plus sensible à Corneille, ce fut de voir le cardinal de Richelieu soutenir avec chaleur ses ennemis, et chercher à faire condamner l'ouvrage par l'Académie française. Ce fut sur la sollicitation de Scudéry que cette société, nouvellement fondée, s'occupa du *Cid*, et, après cinq mois de négociations entre le cardinal, qui s'oubliait au point d'être jaloux de la gloire de Corneille, et l'Académie, qui, partageant l'avis de la France entière, craignait de se couvrir de ridicule, l'on vit paraître les *Sentiments de l'Académie sur le Cid*; la docte compagnie, qui n'avait pu s'empêcher de donner au poëte de justes éloges, concluait « que le sujet du *Cid* n'était pas bon, qu'il pêchait dans son dénoûment, qu'il était chargé d'épisodes inutiles, que la bienséance y manquait en beaucoup de lieux, aussi bien que la bonne disposition du théâtre, et qu'il y avait beaucoup de vers bas et de façons de parler impures... » et au moment où l'Académie parlait ainsi, Corneille avait sur sa table le *Cid* traduit dans presque toutes les langues de l'Europe. Corneille prétexta du besoin de veiller aux arrangements de sa petite fortune pour se retirer de la cour. Il fit paraître successivement les *Horaces*, *Cinna*, *Polyeucte*, *Pompée*, *Rodogune*; les succès qu'eurent ces différentes pièces firent taire ses ennemis; le cardinal de Richelieu lui accorda une pension. Sa tragédie de *Cinna* lui valut, de la part de M. de Montauron, président du parlement de Toulouse, auquel il l'avait dédiée, une somme de 1,000 pistoles. L'Académie française se décida à l'admettre dans son sein, après lui avoir préféré précédemment deux noms complétement ignorés aujourd'hui. En 1653, il fit paraître *Pertharite*, qui n'eut aucun succès. C'est à la suite de cet échec qu'il prit la résolution de ne plus travailler pour le théâtre. Il traduisit en vers l'*Imitation de Jésus-Christ*, ouvrage totalement oublié aujourd'hui, et qui eut alors 32 éditions. Sollicité par ses amis, il se remit au travail et donna *Œdipe* (1659), qui dut plutôt son succès à la richesse des décorations qu'à la beauté du sujet; puis vinrent *Sertorius*, *Othon*, où se trouvent de belles scènes. Mais on sentait que son talent vieillissait et n'avait plus cette mâle énergie qui distinguait ses premières productions. Sa dernière pièce fut *Savina*, jouée en 1674. La vie de Corneille fut des plus simples; il avait succédé à son père dans sa charge d'avocat général à la table de marbre de Normandie. Il brillait peu dans la conversation, ce qui a fait dire de lui qu'il ne fallait l'entendre qu'à l'hôtel de Bourgogne. Une statue lui a été élevée dans sa ville natale, avec le produit d'une souscription recueillie par toute la France. Ses œuvres ont été commentées par Voltaire.

CORNEILLE (Thomas), né à Rouen en 1625, mort aux Andelys en 1709. Séduit par la renommée que s'était acquise son frère, il abandonna le barreau pour travailler pour le théâtre. Il était doué d'une grande facilité de conception. Il débuta, en 1647, par une comédie, les *Engagements du hasard*, qui fut accueillie avec faveur par le public; comme son frère, il étudia le théâtre espagnol et lui emprunta un grand nombre de sujets. Il fut aidé dans ses opéras par son neveu Fontenelle; il eut aussi pour collaborateurs Visé, Hauteroche et Montfleury. Les pièces de T. Corneille qui sont restées au répertoire sont : *le Festin de Pierre*, *Ariane* et *le Comte d'Essex*. Il y eut toujours une grande conformité de caractère entre les deux frères, qui furent liés par une amitié inaltérable; ils épousèrent les deux sœurs et vécurent dans la même maison. A la mort de son frère, T. Corneille fut élu membre de l'Académie française, et ce fut Racine qui répondit à son discours de réception. Outre ses comédies et ses tragédies, T. Corneille a laissé un *Dictionnaire des termes d'art et de sciences*, pour servir de complément au *Dictionnaire de l'Académie française* et au *Dictionnaire géographique et historique*. T. Corneille fut appelé à l'Académie des inscriptions et belles-lettres; comme son frère, il vécut pauvre, et sur la fin de ses jours, il fut atteint de cécité. Il n'y a point de comparaison à établir entre les deux Corneille, car l'un fut un génie dont la grande renommée fut plutôt préjudiciable que profitable à son frère, qui ne dut ses succès qu'à une certaine entente de la scène et au soin qu'il mit toujours à suivre les goûts du public. Si Boileau fut sévère dans ses appréciations sur Thomas Corneille, Voltaire porte en revanche sur lui un jugement favorable, et lui assigne parmi les poëtes du XVIIIe siècle un rang honorable, et c'est ce jugement que la postérité a ratifié.

CORNÉLIE, mère des Gracques, et fille de Scipion l'Africain, née vers 189 av. J.-C., morte vers 110 av. J.-C. Restée veuve avec 12 enfants, elle se consacra à leur éducation. Une dame qui lui avait un jour montré avec orgueil toutes ses parures, lui ayant demandé qu'elle lui montrât les siennes, elle appela ses enfants, et les lui montrant : « Voilà, dit-elle, mes bijoux et mes ornements. » Les Romains lui élevèrent, de son vivant, une statue avec cette inscription : *Cornélie, mère des Gracques*.

CORNÉLIE, fille de Cinna, vivait dans le Ier siècle av. J.-C. Jules César l'épousa en 83 av. J.-C. Elle fut la mère de Julie, que Pompée épousa en premières noces.

CORNÉLIE, fille de P. Cornélius Scipion, vivait dans le Ier siècle av. J.-C. Veuve de P. Crassus, qui périt dans la guerre contre les Parthes, elle épousa Pompée et fut témoin de sa mort tragique sur la côte d'Égypte. Elle revint à Rome, et se retira dans ses domaines d'Albe.

CORNÉLIS (Cornélius), peintre, né à Harlem en 1562, mort en 1638. Élève de Pierre Lelong, il ne tarda pas à surpasser son maître; ses tableaux sont peu nombreux; le plus remarquable est le *Déluge*, qu'il peignit pour le comte de Leicester.

CORNÉLIUS, nom d'une famille romaine qui se divisait en plusieurs branches : les *Cinna*, les *Dolabella*, les *Lentulus*, les *Scipion*, etc.

CORNÉLIUS NÉPOS, écrivain latin du Ier siècle av. J.-C., contemporain de Cicéron, d'Atticus et de Catulle; on lui doit plusieurs ouvrages historiques et entre autres la *Vie des grands capitaines de l'antiquité*.

CORNÉLIUS SEVERUS, poëte latin, contemporain d'Ovide. De tout ce qu'il a écrit, il ne reste qu'un fragment sur la *Mort de Cicéron*. Quintilien prétend que Cornélius serait arrivé au premier rang des poëtes de son époque sans une mort prématurée.

CORNET (le comte DE), né à Nantes en 1750, mort à Paris en 1832. Député du Loiret au conseil des Anciens (1797), il se fit remarquer dans plusieurs discussions importantes, coopéra activement, en sa qualité de président du conseil des Anciens, au coup d'État du 18 brumaire, fit partie du sénat, devint comte de l'empire et grand officier de la Légion d'honneur; il oublia tout ce qu'il devait à l'empire et vota la déchéance de l'empereur; il se rallia au gouvernement de Louis XVIII, peut-être pour justifier ce passage de son discours prononcé le 18 fructidor : « Le trône et l'autel peuvent redevenir des mots magiques qui asserviront de nouveau l'univers. »

CORNETO, ville des États de l'Église, à 17 kil. de Civita-Vecchia. Pop. 2,500 hab. Siége d'un évêché. Exploitation de marais salants. Quelques ruines de la *Tarquinii* des Romains.

CORNETTE. On donnait autrefois ce nom à toutes sortes de coiffures. Le bonnet du doge portait également ce nom.

CORNETTE. Nom que l'on donnait autrefois à l'étendard de tout corps de cavalerie. L'officier chargé de porter l'étendard s'appelait également cornette.

CORNETTE. On appelle ainsi, dans la marine, un pavillon en étamine aux couleurs nationales; sa forme est celle d'un carré long; la partie rouge est fendue et représente deux langues.

CORNICHE. Nom donné, en architecture, à la partie qui termine l'entablement. La corniche varie de forme et de profil selon les ordres.

CORNICHE, nom donné à la route de Nice à Gênes, pratiquée dans le flanc de rochers escarpés, et dont l'un des côtés, bordé de précipices à pic, longe la mer.

CORNIMONT, bourg de l'arrond. de Remiremont (Vosges), à 18 kil. de cette ville. Pop. 2,740 hab. Fabrication de fromages.

CORNOUAILLES, comté d'Angleterre, borné au N. par le canal de Bristol, au S. la Manche, au S.-E. le comté de Tamer, à l'O. l'Atlantique. Sup. 346,330 hectares. Pop. 369,330 hab. Cap. Launceston. Villes principales : Truro, Bodmin, Falmouth, etc. Climat moins chaud que dans tout le reste du royaume. Sol couvert de montagnes nues et stériles. Les principales rivières qui sortent de ces montagnes sont : la Lynher, la Tamor, la Fawy, l'Alan, etc. Récolte d'orge, avoine, légumes. Élève d'ânes, mulets, petits chevaux, bêtes à cornes, brebis, porcs. Pêche de sardines et de pilchards. Mines de cuivre, plomb, étain, fer, bismuth, antimoine, arsénic, ardoises, cristaux, etc., employant 71,000 ouvriers et un capital de plus de 60 millions. Ruines druidiques.

CORNOUAILLES, cap situé au S.-O. de l'Angleterre, dans le comté de son nom, à 7 kil. du cap Land's-End.

CORNOUAILLES (nouvelle), contrée de l'Amérique septentrionale (Nouvelle-Calédonie), sur l'Océan pacifique. Il est habité par des Indiens sauvages.

CORNUE, vase qui sert à la distillation et que l'on emploie principalement dans les laboratoires de chimie.

CORNUS, ch.-l. de cant. de l'arrond. de Sainte-Affrique (Aveyron), à 34 kil. de cette ville. Pop. 1,815 hab. Fabrique de feutres.

CORNWALLIS (Charles MANN, marquis DE), général anglais, né en 1738, fit ses premières armes en Allemagne, entra en 1762 à la chambre des lords par suite de la mort de son père; il prit la défense des colonies; mais lorsque la guerre éclata avec l'Amérique, il marcha néanmoins sous les ordres de Clinton et se distingua dans différentes batailles, notamment à celle de Gonnon-Town; battu par Lafayette, en 1781, il fut obligé de mettre bas les armes. Cette capitulation devint la source d'accusations dont il se justifia. Nommé gouverneur général du Bengale, il fit la guerre à Tippo-Saëb, et mourut gouverneur général des Indes en 1805.

CORNWALLIS (William MANN, comte DE), frère du précédent, amiral anglais, né en 1744, mort en 1819; fit la guerre de Sept-Ans et se distingua dans plusieurs combats à la Jamaïque et aux Indes orientales; où il reçut, en 1793, la capitulation de Pondichéry; il devint amiral du pavillon rouge en 1799 et remplit ces fonctions jusqu'à la paix d'Amiens.

CORO, ville de Vénézuéla, ch.-l. de la province de son nom; à 176 kil. de Maracaïbo. Pop. 12,000 hab. Port sur le golfe de Vénézuéla. Commerce de bestiaux, peaux, cochenille. Coro fut fondée en 1527. La province de Coro a 45,000 hab.

COROGNE (la), ville forte d'Espagne, ch.-l. de la province de son nom, à 497 kil. de Madrid. Pop. 22,500 hab. Siége d'une cour d'appel. Consuls de France, d'Angleterre, de Danemark, de Sardaigne; vice-consuls du Brésil, du Mexique, de Portugal. Port militaire et de commerce, défendu par les forts San-Martin, Santa-Cruz, San-Amaro. Arsenal, fabriques de toiles fines, services de table, toiles à voiles, papier de tenture, chapellerie, manufacture royale de cigares. Pêche de sardines. Au N. de la ville est un phare d'origine antique et sans doute romaine, dit Tour d'Hercule. Cette ville fut prise en 1809 par le maréchal Soult et, en 1823, elle fut de nouveau prise par les Français. La province est une division administrative formée de l'ancienne province de Galice. Pop. 554,070 hab. Sup. 7,776 kil. carrés.

COROMANDEL (côte de), partie de la côte E. de l'Hindoustan, sur le golfe de Bengale, entre le cap Comorin et l'embouchure de la Krishna. Côte sablonneuse. Récolte abondante de coton. Les principales villes de cette côte sont : Negapatnam, Tranquebar, Pondichéry, Madras, etc. Violentes tempêtes d'octobre à avril.

CORON, ville de la Morée, sur la côte E. du golfe de son nom, à 20 kil. de Modon. Pop. 8,000 hab. Port peu sûr. Fortifications importantes. Les Français s'emparèrent de cette ville en 1828.

CORONELLI (Marc-Vincent), géographe italien, né à Venise vers 1650, mort en 1718. Appelé en France, il construisit 2 grands globes qui, aujourd'hui, peuvent donner une idée de l'état de la science géographique à cette époque. Un de ces globes fut placé à la Bibliothèque royale. Il a laissé près de 400 cartes géographiques et un grand nombre d'ouvrages.

CORONER, nom donné en Angleterre à un fonctionnaire ayant mission de défendre les droits de la couronne, et élu par les francs tenanciers de chaque comté. Il examine, assisté de 12 jurés, les cas de mort subite, commence l'instruction criminelle contre les individus accusés de meurtre, violences ou voies de fait ayant amené la mort; il ouvre les enquêtes relatives aux naufrages. Il est nomme à vie.

CORPORAL. On appelle ainsi le linge consacré que le prêtre place sous le calice, pendant la messe, et qui est destiné à recevoir les parcelles d'hostie qui pourraient tomber.

CORPORATION, agrégation d'artisans de même profession, jouissant de certains privilèges, et notamment du droit exclusif de fabriquer et de vendre les produits de leur industrie, et régis par des statuts particuliers. Dans l'ancienne Rome, les corporations furent instituées par Numa, qui réunit en une seule classe les artisans d'un même métier; chaque corporation avait ses fêtes et ses cérémonies. Supprimées par Tarquin, les corporations furent rétablies après l'expulsion des rois. Les patriciens virent souvent leur pouvoir menacé par l'action de ces corporations. Sylla assura pour quelque temps le triomphe du parti aristocratique en les abolissant. Reconstituées sous le consulat de Lentullus, elles furent définitivement supprimées par Néron. Louis IX fut le premier qui les institua en France. Il voulut que les anciens, sous le nom de maîtres, fussent chargés d'instruire et de surveiller les ouvriers plus jeunes. Des règlements déterminaient la nature de l'outillage, et l'on ne pouvait employer d'autres outils, sous peine de destruction des marchandises. On conçoit combien un tel système était peu favorable au progrès de l'industrie. A la tête de toutes les corporations était un *roi des merciers*, chargé de leur inspection. Le roi des merciers délivrait les lettres de maîtrise et les brevets d'apprentissage; il nommait les inspecteurs préposés à la vérification des poids et mesures. Cette charge fut supprimée par Henri IV, et remplacée par celle de *grand chambrier*. Une ordonnance de Henri III disposa que tous les artisans seraient répartis dans des corps de maîtrises et jurandes, en se fondant sur ce principe *que la permission de travailler était un droit royal et domanial.* Cette ordonnance réglait le temps des apprentissages, la nature des chefs-d'œuvre, le genre d'outillage et jusqu'à la manière de travailler; elle réglait aussi l'administration intérieure des différentes corporations, et fixait leurs privilèges. Les corporations reçurent le droit de limiter leur nombre et d'exercer le monopole de leur industrie. Une ordonnance de 1673 institua les jurandes dans les villes où elles n'étaient pas encore organisées. L'autorité royale étendit le monopole sur tous les produits imaginables, et vendit, dans l'espace de cinquante années, plus de 40,000 offices. On distinguait 65 communautés d'artisans. Les frais d'apprentissage étaient fort élevés, et valaient au maître, outre une contribution annuelle, des droits de cire, de chapelle et de bienvenue. Ces frais variaient de 175 à 1,800 livres. Les fils de maîtres en étaient exempts, et devenaient de droit *compagnons* à 17 ans, s'ils justifiaient qu'ils avaient travaillé chez leur père jusqu'à cet âge. Les enfants qui n'étaient pas nés dans la communauté étaient seuls soumis aux droits d'apprentissage. Ceux qui n'étaient pas d'origine française étaient rigoureusement exclus des corporations. Les frais de maîtrise étaient énormes : ils comprenaient les droits d'enregistrement, de réception, d'ouverture de boutique, droit royal et droit d'honoraire des jurés et des anciens. Malgré leurs privilèges, la plupart des communautés étaient endettées, à cause de leurs lourdes charges, qui les forçaient souvent à recourir à des emprunts onéreux. Turgot, cédant aux réclamations énergiques qui se produisaient depuis longtemps contre un tel système, abolit les corporations et leurs privilèges, à l'exception de celles des perruquiers, des imprimeurs, des libraires, des orfèvres et des apothicaires. Le peu de danger qui résultait du maintien de la conservation de la communauté des perruquiers, et la surveillance que le gouvernement voulait exercer sur les autres corporations qui étaient maintenues, firent adopter cette décision. Necker rétablit 43 des anciennes corporations. Le roi s'obligeait par cette ordonnance à acquitter les dettes des anciennes communautés. Dans la nuit du 4 août 1789, l'assemblée constituante prononça la dissolution des corporations. Cette dissolution fut confirmée par la loi du 2 mars 1791, dont l'article 7 porte : « Il sera libre à toute personne de faire tel négoce ou d'exercer telle profession, art ou métier qu'elle trouvera bon, mais elle sera tenue de se pourvoir auparavant d'une *patente*, d'en acquitter le prix suivant les taux déterminés par la loi, et de se conformer aux règlements de police. »

CORPORATION (acte des), bill du parlement anglais, du 20 décembre 1661, qui refusait à tout artisan le droit de faire partie d'une corporation, et à tout citoyen d'être admis à un emploi quelconque, s'il ne justifiait qu'il avait reçu, pendant l'année, le sacrement suivant le rit anglican.

CORPS. Nom que l'on donne à tout ce qui a une étendue limitée, impénétrable, et qui frappe nos sens par des qualités qui lui sont propres. En physique, on distingue ordinairement les corps, en *solides*, en *liquides* et en *gazeux*, selon que, dans la nature, ils se présentent sous l'un de ces trois aspects. En chimie, on distingue les corps en corps *simples* et en corps *composés*. Les corps simples, connus encore sous le nom d'*éléments*, sont ceux qui ont toutes leurs parties homogènes, comme l'oxygène, le chlore, l'argent, etc. Les corps composés sont ceux qui sont formés de deux ou d'un plus grand nombre d'éléments, tels que l'eau, le cinabre, la chaux, la potasse, le sel marin, etc. En histoire naturelle, les corps sont rangés par rapport au mode d'organisation qu'ils présentent. Ils sont *minéraux*, *végétaux* ou *animaux*. Aujourd'hui on donne aux premiers le nom de corps *inorganiques*, et les autres sont compris sous la dénomination de corps *organiques*. La pathologie désigne sous le nom de corps étrangers ceux produits par une cause extérieure ou formés dans l'intérieur même d'un animal vivant, qui ne font point partie de son organisation : tels sont les calculs et les concrétions, ou bien les pointes de bois ou les morceaux de métal qui pénètrent dans les tissus.

CORPS DU DROIT CANONIQUE, compilation de toutes les parties les plus importantes du droit ecclésiastique. Cette compilation, où les textes sont souvent tronqués et mutilés, n'a jamais eu force de loi en France.

CORPS FRANCS. (*Voir* COMPAGNIES FRANCHES.)

CORPS LÉGISLATIF. On désigne sous ce nom, en France, l'assemblée composée des députés de la nation, qui participent avec l'empereur et le sénat à l'exercice du pouvoir législatif. Sous la république et le premier empire, un corps législatif fut institué par la constitution du 22 frimaire an VIII. Cette assemblée était composée de 300 membres, âgés de 30 ans au moins renouvelés par cinquième tous les ans, et dans laquelle devait se trouver un citoyen au moins de chaque département. Les projets de lois proposés par le gouvernement et discutés au sein du conseil d'Etat, étaient communiqués au tribunat qui exprimait son vœu, et déférait ensuite au corps législatif. Les députés entendaient les orateurs du tribunat, et votaient ensuite sur la loi au scrutin secret et sans discussion. Le premier consul nommait le président, sur une liste de candidats présentés par le corps législatif. Le corps législatif nommait 4 vice-présidents et 4 secrétaires qui étaient renouvelés tous les mois. Le sénat avait le droit de dissoudre le corps législatif, et le gouvernement celui de le convoquer, de l'ajourner et de le proroger. Le corps législatif ne pouvait demander de communication au gouvernement que par l'intermédiaire de son président. Les délibérations du corps législatif étaient prises à la majorité des voix et sans nomination de commission ni de rapporteur. Une députation portait au gouvernement les résultats des délibérations. Les actes du corps législatif étaient rendus au nom de l'empereur. Le corps législatif, tel qu'il est institué par le décret organique du 22 mars 1852, discute et vote l'impôt, ainsi que les projets de loi qui lui sont soumis par le gouvernement. Le corps législatif ne peut amender les projets de lois; il ne peut que les faire renvoyer au conseil d'Etat. Les comptes rendus des séances sont publiés par les membres du bureau. Les députés sont élus pour 6 ans, et reçoivent une indemnité de 2,000 francs par mois pendant la session. Les président et vice-présidents sont nommés par l'empereur pour un an. L'empereur a le droit de convoquer, d'ajourner, de proroger et de dissoudre le corps législatif. Les ministres ne peuvent en faire partie.

CORPS DES MARCHANDS. Il y avait, sous l'ancien régime monarchique, 6 communautés des marchands qu'on appelait *corps des marchands*. C'étaient : 1° le corps des drapiers merciers; il ne pouvait se livrer lui-même à la fabrication. 2° Le corps des épiciers; la manipulation des drogues, la vente des spiritueux et celle du café leur étaient interdites. 3° Le corps des bonnetiers, pelletiers et chapeliers. 4° Le corps des orfèvres et batteurs d'or. 5° Le corps des fabricants d'étoffes. 6° Le corps des marchands de vin. Chaque corps avait ses syndics et ses règlements particuliers; ils étaient tous placés sous la surveillance du prévôt des marchands. Les frais de réception et d'apprentissage dans les corps de marchands étaient très-considérables. Ils s'élevaient, pour les drapiers, jusqu'à la somme de 3,240 livres. Turgot abolit les corps des marchands; ils furent rétablis par Necker, mais les frais de réception et d'apprentissage furent considérablement diminués. Les corps des marchands disparurent en 1789, en même temps que les autres corporations.

CORPUS JURIS, recueil des lois romaines, fait sous le règne de Justinien, et comprenant les Institutes, le Digeste, le Code et les Novelles de Justinien. Les éditions du Corpus juris, se distinguent en éditions accompagnées de la glose ou commentaire, et en éditions sans la glose. Les éditions avec glose comprennent ordinairement cinq volumes; le *Digestum vetus* comprend la première partie des *Pandectes*; l'*Infortiatum*, la suite des *Pandectes*; le *Digestum novum*, la fin des *Pandectes*; les deux derniers volumes comprennent : le Code, les Novelles, les Institutes et le livre des fiefs, compilation de droit coutumier féodal du XIe siècle.

CORRECTEUR. Nom donné, dans l'imprimerie, à celui qui lit les épreuves et en marque les fautes sur les marges avec certains signes conventionnels.

CORRECTEURS DES COMPTES, nom qu'on donnait avant la Révolution à certains officiers de la chambre des comptes. Ils avaient pour mission de contrôler les comptes, soit par eux-mêmes, soit par leurs clercs ou auditeurs. Il y eut jusqu'à 38 correcteurs qui jouissaient du titre et des prérogatives de conseillers. Ils étaient chargés de relever les erreurs de calculs, les omissions de recettes, les faux ou doubles emplois. Ces offices furent supprimés en même temps que les chambres des comptes.

CORRECTION indique l'action d'amender, de redresser des fautes, des erreurs ou des omissions. Ainsi un père exerce le droit de correction sur ses enfants; un auteur fait des corrections à une épreuve d'imprimerie; un comité théâtral reçoit une pièce *à correction*. Dans les arts, ce mot exprime généralement la pureté : ainsi l'on admire la correction des figures de Raphaël. En littérature, la correction exprime la netteté du style, l'observation rigoureuse des règles grammaticales et des usages de la langue.

CORRECTION. On appelait ainsi le bureau des correcteurs des comptes attachés à la chambre des comptes. Ce bureau prenait aussi le nom de chambre de la correction; il était attenant au dépôt des contrôles, dont la garde était confiée au correcteur comme nécessaire à la vérification des recettes et dépenses (*Voir* CORRECTEUR DES COMPTES.)

CORRECTION (droit de), punition infligée par un supérieur sans procès régulier, et cependant dans l'exercice d'une autorité légitime. Dans les anciennes sociétés, le père de famille avait le droit de correction sur ses esclaves et ses enfants. Suivant notre ancien droit, le droit de correction appartenait incontestablement au maître sur ses élèves, au marchand sur ses apprentis, au bourgeois sur ses valets, au capitaine sur ses soldats, à l'abbé sur ses moines, au père sur ses enfants, et même, suivant la plupart des anciennes coutumes, au mari sur sa femme. La loi civile ne reconnaît le droit de correction qu'aux pères et mères sur la personne de leurs enfants, ou au tuteur sur la personne de leur pupille. Il est considéré comme une conséquence du droit de puissance paternelle. Cependant la loi protége encore l'enfant contre les rigueurs paternelles, et cela d'autant plus qu'il avance en âge. Le juge seul peut ordonner la détention correctionnelle.

CORRÉGE (Antonio ALLEGRI, dit LE), célèbre peintre italien, né à Correggio en 1494, mort en 1534. Sa vocation se révéla à la vue d'un tableau de Raphaël. C'est à lui que l'on doit l'*Ascension* qui décore la grande coupole de l'église Saint-Jean de Parme. Aucun peintre n'entendit aussi bien que lui la science du raccourci. « Quelle vérité! quel coloris! s'écria Annibal Carrache en contemplant cette coupole; nous autres, nons peignons comme des hommes, Corrége peint comme un ange. » Ses principales toiles sont : *Jupiter et Io, Saint Jérôme, Antiope endormie*, etc., qui sont au musée du Louvre.

CORRÉGIDOR. Magistrat espagnol nommé par le souverain, et remplissant en 1re instance les fonctions de juge, tant au civil qu'au criminel, et dirigeant certaines branches de police. Autrefois cette dignité avait beaucoup plus d'importance; dans les villes où il n'y avait pas de gouverneur, l'autorité du corrégidor était sans bornes.

CORRÉLATION. On appelle ainsi le rapport réciproque et de même espèce qui existe entre deux idées, sans toutefois établir de comparaison.

CORRESPONDANCE. Ce mot s'entend généralement des communications par lettres échangées entre certaines personnes. *La correspondance privée* ou *particulière* est celle qui a lieu entre toutes personnes qui se communiquent ainsi des nouvelles, des vues d'intérêt ou des sentiments. La correspondance a lieu ordinairement par lettre; et le secret ne peut en être violé sans des peines sévères. La loi admet cependant, dans l'intérêt de la société, qu'une correspondance puisse être saisie en vertu d'un mandat du juge d'instruction. *La correspondance politique* ou *diplomatique* est celle qui a pour objet l'échange des communications entre les divers cabinets. La correspondance administrative a pour objet les communications entre les chefs des diverses branches de l'administration publique. On distingue aussi la *correspondance académique, scientifique, littéraire* ou *commerciale*.

CORRÈZE, rivière de France qui prend sa source dans les montagnes de Monédières, passe à Corrèze, Tulle, Brives-la-Gaillarde, et se jette dans la Vezère, près Brives. Cours, 92 kil.

CORRÈZE (la), départ. du centre de la France, ch.-l. Tulle; sous-préfect. Brives-la-Gaillarde, Ussel. Il est borné au N. par les départ. du Puy-de-Dôme, de la Creuse et de la Haute-Vienne, à l'E. par celui du Cantal, au S. du Lot, à l'O. de la Dordogne. Sup. 586,796 hect. Pop. 310,135 hab. Pays montagneux et peu fertile; peu de blé, seigle, sarrasin, chanvre, truffes, châtaignes, noix, pommes de terre, vins médiocres. Au S. bons pâturages, bestiaux, élève d'abeilles, bois, cuivre, plomb, fer. Peu d'industrie; usines à fers, papeteries, verreries, fabr. d'huile de noix. Ce département forme le diocèse de Tulle et dépend de la cour impériale de Limoges.

CORRÈZE, ch.-l. de cant. de l'arrond. de Tulle (Corrèze), à 19 kil. de cette ville. Pop. 6,180 hab. Comm. de blé.

CORRIDOR. Sorte de passage établi dans les bâtiments, et même dans un appartement, pour conduire aux différentes chambres et en faciliter l'entrée et la sortie.

CORRIENTES, ville de la Plata, capitale de l'Etat de son nom, au S. du confluent du Parana et du Paraguay. Pop. 16,000 hab. Ville peu importante défendue par une citadelle. L'Etat de Corrientes est situé entre la république du Paraguay, l'empire du Brésil, l'Etat d'Entre-Rios et le Parana. Sup. 1,154 myr. carrés. Pop. 85,000 hab.

CORROI. On donne ce nom à une sorte de chape en terre glaise ou en béton, dont on revêt les parois d'un bassin, d'une fontaine, pour empêcher l'infiltration des eaux.

CORROYEUR. Ouvrier qui travaille les cuirs alors qu'ils ont été tannés.

CORRUPTION, en morale, indique cette altération des sentiments honnêtes et généreux qui porte celui qui en est l'objet à vivre en dehors des lois et conventions sociales. La corruption qui s'attache aux mœurs d'un peuple est un signe certain de décadence; les effets de cette destruction s'accroissent davantage quand il existe au sein de cette nation des fortunes considérables qui permettent facilement d'acheter les consciences. La corruption des mœurs privées, quand elle est générale, amène nécessairement la corruption politique. Les effets de cette corruption sont passagers dans les monarchies, où chacun s'applique à imiter le prince, parce qu'elles cessent de temps en temps par l'avénement d'un souverain qui relève la morale publique. Dans les républiques, le mal est plus profond, parce qu'il est plus durable. La corruption de fonctionnaires publics est sévèrement punie par la loi, qui atteint à la fois le fonctionnaire qui trafique de son autorité pour faire ou ne pas faire un acte de son ministère, et celui qui exerce la corruption et qui tente de corrompre. La corruption est punie de l'amende et de la dégradation civique; elle peut même entraîner des peines plus graves si elle a pour objet de consommer un fait criminel en lui-même.

CORSAIRE. C'est ainsi qu'on appelle les bâtiments armés en course. On donne également ce nom aux capitaines de ces bâtiments. Lorsque l'état de guerre existe entre puissances maritimes, le droit des gens permet que chaque puissance belligérante autorise de simples particuliers à expédier des navires armés pour l'attaque et qui sont destinés à capturer les bâtiments de commerce, appartenant à la nation ennemie et les marchandises qui en forment les cargaisons. Cette entreprise s'appelle l'*armement en course*. Les permissions d'armer en course portent le nom de *lettres de marque*, et sont délivrées en France par le ministre de la marine. Quiconque ferait la course sans l'autorisation régulière de son gouvernement serait considéré comme pirate et exposé à l'application des dispositions rigoureuses des lois pénales qui, de tout temps, ont réprimé ce crime. Jean Bart, Duguay-Trouin, du Casse, Surcouf, etc., se sont fait une grande réputation comme corsaires sous Louis XIV et sous l'empire.

CORSE, île qui forme le département français de ce nom, ch.-l. Ajaccio, s.-préf. Calvi, Sartène, Bastia, Corte, et comprend le diocèse d'Ajaccio, le ressort de la cour impériale de Bastia et la 17e division militaire. Elle est située dans la Méditerranée, au S. du golfe de Gênes, à 180 kil. des côtes de la France. Sup. 874,745 hect. Pop. 258,860 hab. Ce département est hérissé de montagnes dans toute sa longueur du N. au S. et les points principaux sont beaucoup plus élevés que les montagnes de la France centrale, les Vosges et le Jura. Les points culminants sont : le Monte-d'Oro, le Monte-Rotondo et le Pic de Paglia-Orba. Toutes ces montagnes sont boisées et renferment des mines de fer, de plomb et divers minéraux, des carrières de marbre. Les principales rivières sont, sur le versant oriental, la Tavignano, le Finmorbo, le Golo; sur la côte occidentale, le Léamone et le Talavi. Les côtes sont très-découpées à l'O. et forment plusieurs golfes remarquables; les principaux sont ceux d'Ajaccio, de Calvi, de Valencó, de Saint-Florent. Climat très-doux. Le sol est fertile, mais très-mal cultivé; oliviers, orangers, citronniers, vignes, chanvre, tabac, garance, indigo, coton, cannes à sucre, lin, blé, seigle, orge, avoine, millet, maïs; on trouve sur les côtes du corail et de la nacre; élève de bestiaux, abeilles. L'industrie manufacturière et commerciale y est très-peu développée. Il y a cependant quelques forges qui exploitent le minerai qu'on rapporte de l'île d'Elbe. Fab. de draps grossiers, de pipes de terre. Poterie, savonnerie, verrerie, tannerie, fab. de fromages. — La Corse fut colonisée par les Phéniciens et plus tard par les Phocéens (VIe siècle), et Aléria fut le premier établissement fondé par eux dans cette île. Les Phéniciens voulurent les en chasser; ils s'unirent aux Etrusques et aux Carthaginois, et les Phocéens vaincus furent obligés de quitter l'île. Les Romains s'en emparèrent 260 ans plus tard, après une lutte de près d'un siècle; ils y établirent deux colonies, Mariana et Aléria, et la Corse devint alors florissante. Après la chute de l'empire romain, cette île perdit sa prospérité. Genséric s'en empara vers 463 après Jésus-Christ; elle lui fut enlevée par les Grecs, sous la conduite de Bélisaire, en 534, et la Corse passa sous la domination de l'empire byzantin, qui la conserva, malgré les diverses tentatives des Ostrogoths et des Vandales, jusque vers le milieu du VIIIe siècle. Charlemagne la conquit à cette époque, et sous ses successeurs, cette île subit le joug féodal, comme presque toute l'Europe. Au XIe siècle, les papes, qui l'avaient reçue de Charlemagne, la donnèrent aux Pisans, et en 1300, ces derniers furent obligés de la céder aux Génois. La république de Gênes, ne pouvant contenir les révoltes des habitants, la cédèrent à la France en 1768, par le traité de Compiègne. Pascal Paoli, chef des insurgés, essaya en vain de résister, et le sort de l'île fut décidé le 9 mai 1769. En 1790, elle fut déclarée, par la Constituante, partie intégrante du territoire français, et en 1791 elle forma deux départements, celui du Liamone et celui du Golo; cette division ne subsista que jusqu'en 1811, époque à laquelle elle fut réunie en un seul. Les Anglais occupèrent cette île de 1794 à 1796, et George III, roi d'Angleterre, prit alors le titre de roi de Corse.

CORSE (cap), cap de France (Corse), il forme la pointe la plus septentrionale de l'île.

CORSE (cap), colonie anglaise. (*Voir* CAP CORSE.)

CORSELET. Partie de la cuirasse couvrant la poitrine. On appelait ainsi une sorte de cuirasse spéciale à un corps de piquiers.

CORSET, vêtement destiné à soutenir la poitrine et le dos, en l'assujettissant aux hanches. La coquetterie féminine a souvent abusé du corset pour produire une taille déliée. Alors le corset devient un instrument de supplice; il gêne l'action des muscles et des viscères, et nuit même à la circulation du sang. Les dames romaines faisaient usage du corset. Cette mode devint à peu près universelle en Europe à la fin du dernier siècle.

CORSEUL, bourg de l'arrond. de Dinan (Côtes-du-Nord), à 10 kil. de cette ville. Pop. 4,230 hab. Ville très-ancienne, occupée par les Romains.

CORSHAM, paroisse et village d'Angleterre (Wilth), à 6 kil. de Chippenham, Pop. 3,850 hab. Résidence du roi Ethelred.

CORSO, grande et belle rue de Rome. d'une longueur d'environ 3 kilomètres et qui sert, tous les jours, de lieu de promenade à la société élégante, et de théâtre aux divertissements du carnaval.

CORSO. On appelle ainsi en Italie des courses de chevaux sans cavaliers; de lentes promenades, faites par des équipages à la suite les uns des autres, à l'occasion de certaines solennités et principalement à l'époque du carnaval.

CORT (Corneille), dessinateur et graveur hollandais, né en 1536. Après avoir étudié les premiers éléments de la gravure dans son pays, il alla à Rome, où il acheva de se perfectionner. Il grava plusieurs tableaux du Titien, de Raphaël et du Tintoret. Il mourut à Rome en 1578.

CORTE, sous-préf. du dép. de la Corse, à 57 kil. d'Ajaccio. Pop. 5,400 hab. Place de guerre de 4e classe. Tribunal de 1re instance, collége, école polytechnique élémentaire. Fabrication de gros draps. Récolte de vins. Statue du général Paoli.

CORTÉGE, nom donné à la suite nombreuse qui accompagne un prince. Louis XIV passe pour le souverain qui ait affecté le plus de magnificence dans les solennités publiques ou dans le cérémonial de la cour. On a donné le nom de cortége à la suite des parents, des amis ou des serviteurs qui accompagnent, pendant les cérémonies funèbres, le corps d'une personne à qui ils étaient attachés.

CORTENBERG (charte de), octroyée en 1312 par Jean II, duc de Brabant, afin d'apaiser le soulèvement du peuple contre les nobles, qui refusaient d'accorder des franchises aux communes. Cette charte réglait la levée des impôts, l'administration de la justice et l'organisation municipale. Les différends étaient soumis à un conseil composé de 4 nobles et de 10 députés des villes.

CORTÈS, assemblées qui exercent le pouvoir législatif, concurremment avec le souverain, en Espagne et en Portugal. L'histoire des cortès paraît assez obscure et pleine d'incertitudes. Si l'on ne consulte que les écrivains espagnols, il y a peu de peuples, en effet, bien qu'il soit difficile d'être plus fier que l'Espagnol de ses origines, qui ait apporté autant de négligence à recueillir les monuments de son histoire. Rien de plus beau cependant que la constitution politique dont les Espagnols ont joui jusqu'au XIVe siècle. On regrette de n'avoir pas conservé un recueil assez complet de leurs *fueros*. Sous la domination romaine, chaque cité était gouvernée par un comte (*comes*), qui dépendait du proconsul de la province; chaque cité avait son administration et son gouvernement particulier. Il se composait d'un sénat héréditaire, dont les membres se recrutaient parmi les patriciens, et d'une assemblée municipale ou curie, dont les membres étaient nommés par les bourgeois de la cité. Au-dessous des bourgeois se trouvaient les artisans, divisés en corporations. Les décurions étaient chargés de l'administration des finances et de la levée des troupes. La souveraineté de l'empereur n'était reconnue que pour la levée de l'impôt. Quand les Barbares parurent, les Espagnols persistèrent dans leur organisation municipale, et ne laissèrent pas plus de droits à leurs rois que n'en avaient autrefois les empereurs romains. De tous les peuples qui envahirent l'Espagne, Suèves, Vandales, Alains, Goths, Visigoths, les Goths sont ceux qui ont eu le plus d'influence sur la constitution politique de l'Espagne. Les guerriers de cette nation s'assemblaient de la même manière que les Francs dans les champs de Mars et les champs de Mai; mais ils surent conserver une plus grande influence et maintinrent contre les souverains leurs traditions et leurs coutumes. Ce n'était pas au nom des rois que les décrets étaient rendus; l'assemblée de Tolède proposait les décrets dans la forme suivante : « Si cette sentence vous plaît à vous tous qui êtes ici présents, confirmez-la par vos paroles; » et si la décision avait été adoptée, elle était ainsi formulée : « Nous tous, pontifes, prêtres, conjointement avec tout l'office palatin et la réunion des grands et inférieurs, nous décrétons... » La royauté chez les Goths était élective; les assemblées avaient même le pouvoir de déposer les rois. La puissance royale ne s'exerçait que pour l'exécution des lois. Les Goths ont laissé une législation qui atteste une certaine maturité politique. On trouve notamment, dans le recueil des lois de Vambaa, une définition de la loi digne de figurer dans nos constitutions modernes : « La loi doit être claire, précise, point contradictoire ni douteuse, conçue dans l'intérêt de tous. La loi est faite pour que les bons puissent vivre au milieu des méchants, et que les méchants cessent de mal agir. » Lors de l'invasion des Maures, quelques hommes libres cherchèrent un refuge dans les Asturies, sous la conduite de Pélage qui, le premier, transmit la couronne à ses héritiers. Cependant le nouveau souverain devait jurer de respecter les droits et les libertés de la nation. Les assemblées du peuple, qui prenaient aussi le nom de conciles, continuaient à exercer le pouvoir. Il n'était pas rare, surtout dans l'Aragon, de voir les femmes mêmes prendre part aux délibérations. A la fin du XIe siècle, les prélats et la noblesse avaient écarté le peuple des conciles; celui-ci ne tarda pas à recouvrer l'autorité dont on l'avait dépouillé. Au XIIe siècle, les assemblées prirent pour la première fois le nom de cortès. En 1188, on convoqua des cortès où le peuple n'intervenait que par des députés; ceux-ci délibéraient en commun avec les évêques et les nobles. Les mandataires du peuple constituaient une sorte de tiers état qui contre-balança bientôt la puissance de la noblesse et du clergé. C'est alors que les communes firent reconnaître leurs *fueros*, véritables codes de leurs franchises et priviléges. Les communes avaient leur municipalité, leur budget et leur armée. Les cortès acquirent, à la faveur de ce mouvement politique, une influence plus considérable encore. Le roi n'avait pas de pouvoir sur eux; il était cependant tenu de les protéger et de faire respecter leur liberté. Les cortès pouvaient même être convoquées sans l'ordre du roi; celui-ci n'avait que le droit de faire des propositions. Les ordres royaux étaient soumis à un contrôle sévère, et quelquefois annulés. Les cortès votaient l'impôt, réglaient les poids et mesures et les monnaies, traitaient de la paix et de la guerre. On les vit même prononcer la nullité des mariages contractés par le roi sans leur autorisation. Parmi les cortès des diverses parties de l'Espagne, celles de Biscaye méritent surtout l'attention de l'historien. Leur organisation était toute républicaine; leurs communes prenaient même le nom de *republicas*, et lorsque les autres provinces eurent perdu leurs *fueros*, elles continuèrent à faire respecter les leurs. Ferdinand le Catholique et Isabelle jurèrent solennellement, sous l'arbre vénérable de Guernica, de respecter la constitution de la Biscaye. Charles-Quint lui-même, malgré le despotisme qu'il exerça dans les pays qui lui étaient soumis, n'osa pas attenter à la liberté des Biscayens. Dans l'Aragon, le grand justicier était une sorte d'arbitre entre le peuple et le roi; celui-ci s'agenouillait devant lui pour recevoir la couronne, pendant qu'un héraut lui disait : « Nous qui valons autant que vous et qui pouvons plus, nous vous faisons notre roi et seigneur, à condition que vous garderez nos libertés; sinon, non. » Charles-Quint s'appliqua à détruire les priviléges des cortès, au mépris de ses serments; son orgueil excita même un soulèvement national. Les communes entrèrent hardiment dans ce mouvement. Charles-Quint introduisit alors les armées allemandes au cœur de l'Espagne, et noya l'insurrection dans le sang. Dès lors tous se soumirent, et les cortès devinrent des vassaux de la royauté. Les rois finirent même par ne les convoquer que rarement. Lorsque les Français portèrent la guerre en Espagne, sous Napoléon Ier, les municipalités ne pouvant compter sur le gouvernement, trop faible pour les protéger, instituèrent des juntes d'armement et de défense, correspondant avec une junte centrale; cette junte fit appel aux cortès générales. L'Espagne fut appelée à y envoyer des députés. Les cortès ainsi constituées instituèrent une régence. Ces événements se passaient pendant la captivité de Ferdinand VII; ce prince s'effraya de la hardiesse des cortès constituantes, qui avaient cédé au vœu des juntes provinciales et rétabli les anciens *fueros*. Le roi abolit les lois faites en son absence, emprisonna les citoyens les plus généreux, fit dresser des échafauds et rappela les jésuites pour moraliser son peuple. En 1820, l'Espagne, depuis longtemps frémissante, accomplit une glorieuse révolution et força Ferdinand VII à prêter serment à la constitution de 1812. L'Espagne marchait dans la voie de la régénération quand la Sainte-Alliance fit marcher contre ce généreux peuple 100,000 Français, dont le courage méritait d'être employé pour une cause plus digne. Cependant les cortès furent maintenues, et depuis elles n'ont cessé d'exercer le pouvoir législatif. — Les cortès

COR

portugaises ont eu la même origine que celles de l'Espagne. Elles perdirent leur influence à la fin du XVe siècle, sous Jean II et Emmanuel le Fortuné. La vie politique ne commença à renaître dans ce pays qu'en 1820. Des cortès constituantes dotèrent le pays d'une constitution qui fut abolie par suite de la contre-révolution provoquée par Jean VI, en 1823. Le roi don Pedro dota le Portugal d'une charte qui conférait le pouvoir législatif à deux chambres; ce système politique est resté en vigueur depuis 1826.

CORTEZ (Fernand), capitaine espagnol, né à Medellin (Espagne), vers le XIVe siècle. D'un esprit aventureux, il passa aux Indes occidentales, et accompagna Velasquez dans son expédition de Cuba; bientôt celui-ci lui donna le commandement de quelques vaisseaux avec lesquels il devait tenter de nouvelles découvertes. Cortez aborda près de Tabasco et voulut s'avancer dans l'intérieur du pays, quoiqu'il n'eût à sa disposition qu'un petit corps d'armée; mais le bruit des armes à feu et la vue d'hommes à cheval effrayèrent tellement les Mexicains, que c'est à peine s'ils opposèrent de la résistance. Un complot s'était formé dans le camp de Cortez, et ses soldats parlaient de l'abandonner; c'est alors que, pour éviter toute défection, il prit la résolution énergique de brûler ses vaisseaux, prétextant de leur mauvais état. Cet acte d'énergie, qui le sauva, une fois accompli, il marche sur Mexico, bat les Tlascalons et frappe de terreur Montezuma, qui l'appelle dans sa capitale, où il le reçoit en ami. Mais Velasquez, que tant de succès rendent jaloux, envoie des troupes sous le commandement de Narvaez pour enlever le commandement à Cortez; mais celui-ci s'en fait des auxiliaires. Les Mexicains, indignés de la cruauté des Espagnols, se soulèvent en l'absence de Cortez; Montezuma est tué par ses propres sujets et les Espagnols sont obligés d'évacuer la ville, qu'ils ne recouvrèrent qu'un an plus tard, après 3 mois d'un siége des plus horribles, et dans lequel les vainqueurs ne firent aucune grâce aux vaincus. Le successeur de Montezuma, Guatimozin, est pendu, et tout le Mexique est occupé par les troupes de Cortez. Charles-Quint, à la suite de cette conquête, nomma Cortez capitaine général et le combla de dignités; mais, comme Colomb, Cortez eut à se défendre contre les envieux; il quitta l'Espagne pour tenter de nouvelles découvertes. Il reconnut la Californie et explora la Mer vermeille (1535); mais il ne tira aucun avantage de ses découvertes. Il revint en Espagne et alla rejoindre Charles-Quint devant Alger, que ce monarque assiégeait. Il fut reçu froidement, et il ne fut même pas admis au conseil de guerre, qui décida la levée du siége, alors qu'il se faisait fort d'enlever cette ville d'assaut. Dégoûté par l'ingratitude de cet empereur, auquel il avait, suivant l'expression de Voltaire, donné plus de provinces que ses pères ne lui avaient laissé de villes, il songeait à repasser au Mexique lorsque la mort vint le surprendre dans un petit village, près de Séville, en 1547.

CORTINA, nom donné à la peau du serpent Python, dont la pythonisse antique couvrait le trépied sur lequel elle était assise pour rendre les oracles. D'autres ont pensé que ce mot désignait le trépied lui-même; enfin quelques-uns ont vu, dans la cortina, la table d'or et d'argent qu'on mettait sur le trépied pour servir de siége à la pythonisse.

CORTONE, ville du royaume d'Italie, à 49 kil. de Catanzaro. Pop. 6,500 hab. Port à l'embouchure de l'Esaro, dans la Mer ionienne.

CORTONE, ville du royaume d'Italie, à 27 kil. d'Arezzo, près du lac de Pérouse. Pop. 24,900 hab. Siége d'un évêché; séminaire épiscopal, collége. Académie, dite des antiquités étrusques, fondée en 1726. Belle cathédrale; château bâti sous les Médicis. Cette ville fut fondée par les Ombriens, et conquise par les Pélasges d'Italie. Elle tomba ensuite sous la domination des Romains; sa puissance s'affaiblit à un tel point, qu'on dut y envoyer une colonie pour la repeupler; enfin elle fut dévastée par les barbares. Sa prospérité reprit son essor au moyen âge. Les Florentins s'en emparèrent en 1411. Patrie du peintre Cortone.

CORTONE. (*Voir* BERETTINI.)

CORTOT (Jean-Pierre), statuaire français, né à Paris en 1787, mort en 1843. Il remporta le grand prix de sculpture en 1809, et fut appelé à l'Institut en 1826. On doit à cet artiste *le couronnement de Napoléon* que l'on remarque sur l'arc de triomphe de l'Etoile, et qui se distingue par la sobriété du dessin, ainsi que la statue du *soldat de Marathon* qui se trouve au jardin des Tuileries.

CORVÉE, redevance due par les manants et les serfs à leur seigneur; les corvées avaient pour objet le service du seigneur dans les champs seulement, et non auprès de sa personne. Coquille définit ainsi la corvée : « L'œuvre d'un homme, un jour durant, pour l'aménagement du seigneur aux champs, soit de la personne seule, soit avec bœufs et charrettes, comme à faucher, moissonner, charroyer. » Les corvées remplacèrent le servage. Substituées ainsi à la servitude absolue, elles devinrent la condition de l'affranchissement. Les seigneurs cédaient une terre au paysan qui s'engageait à remplir des corvées. Dans l'origine, les corvées furent consenties en vertu d'un contrat; plus tard elles furent imposées, et devinrent une insupportable tyrannie. On distinguait les corvées en *réelles* et en *personnelles*. Les corvées réelles étaient celles qui avaient été imposées sur les fonds lors de la concession primitive qu'on avait faite le seigneur. Les corvées personnelles étaient celles qui avaient été établies sur les personnes, sur les habitants d'une seigneurie, sans considérer s'ils étaient détenteurs d'héritages ou s'ils n'en possédaient pas. Celui qui faisait la corvée n'avait droit à aucune rétribution. Il était même tenu de se nourrir à ses frais, à moins qu'il n'en eût pas les moyens. Quelques coutumes admettaient que le seigneur devait subvenir aux besoins de ses corvéables. Les rois de France intervinrent pour limiter la durée des corvées, et les limitèrent à 12 journées de travail par an. Cependant, dans certaines contrées, les paysans devaient une journée par semaine. Si l'on ajoute à cela que le chômage leur était imposé pendant 52 dimanches et 50 fêtes, on voit qu'il leur restait à peine 200 jours pour gagner de quoi payer des impôts assez lourds et subvenir aux besoins de leur famille. Sous Louis XIV, les plaintes devinrent si menaçantes, que le roi dut intervenir pour fixer une nouvelle limite. Outre les corvées seigneuriales, les paysans devaient encore pourvoir à la confection et à l'entretien des routes : c'est ce qu'on appelait les *corvées royales*. Le seigneur avait, contre ceux qui cherchaient à se soustraire à la corvée, la contrainte par corps, les amendes et les saisies mobilières. Une ordonnance de Turgot abolit les corvées royales. Mais le bon vouloir de Turgot échoua devant les intrigues des courtisans, qui représentaient au roi, que « la suppression de la corvée tendait évidemment à l'anéantissement des franchises primitives des nobles et des ecclésiastiques, à la confusion des états et à l'interversion des principes constitutifs de la monarchie. » L'Assemblée nationale décréta l'abolition des corvées dans la fameuse nuit du 4 août.

CORVEISSIAT, village de l'arrond. de Bourg (Ain), à 26 kil. de cette ville. Pop. 655 hab. On y remarque une magnifique grotte à stalactites.

CORVETTE. Bâtiment de guerre à trois mâts. La corvette prend rang immédiatement après la frégate et avant le brick. Elle porte de 20 à 26 canons ou caronades.

CORVETTO (Ludovico, comte DE), jurisconsulte italien, né à Gênes le 11 juillet 1756. Lors de la formation de la république ligurienne, il fut nommé président du Directoire et remplit ces fonctions jusqu'en 1805. Il rentra alors dans la vie privée. Napoléon Ier l'appela à prendre part à la rédaction du code de commerce, en qualité de conseiller d'Etat. Il fut nommé comte de l'empire et chargé de l'inspection des prisons et contribua à faire mettre un grand nombre de détenus politiques en liberté. A la première Restauration, il fut maintenu par Louis XVIII dans ses fonctions; mais il les quitta pendant les Cent-Jours pour les reprendre après 1815. Il remplaça, le 28 septembre 1815, le baron Louis au ministère des finances, et fit contracter deux emprunts onéreux qui soulevèrent les récriminations de l'opposition. En 1818, il se démit de ses fonctions, et reçut en récompense de ses services le grand cordon de la Légion d'honneur, les titres de ministre d'Etat et de membre du conseil privé, avec une pension de 20,000 francs. Il mourut à Gênes le 25 mai 1822.

CORVIN (Mathias), roi de Hongrie et de Bohême, fils de Jean Huniade, né à Clausembourg, en Transylvanie, en 1443. Il fut emprisonné, en Bohême, par les ennemis de son père; mais ayant recouvré sa liberté, il se fit élire roi de Hongrie en 1458. Plusieurs seigneurs contestèrent son élection et appelèrent Frédéric III à lui disputer la couronne. A la faveur de ces divisions, les Turcs tentèrent une invasion dans la haute Hongrie. Corvin les chassa et força ensuite Frédéric, son compétiteur, de lui rendre la couronne de saint Etienne, dont il s'était emparé, et sans laquelle son peuple superstitieux aurait refusé de reconnaître sa légitimité. Il porta ses armes en Autriche, s'empara de Vienne, et contraignit l'empereur à lui abandonner la Basse-Autriche en 1487. Il se disposait à marcher contre les Turcs, quand il mourut à Vienne en 1490. Jean Corvin, son fils naturel, essaya vainement de lui succéder. En lui s'éteignit la famille des Huniades.

CORVISART DESMARETS (Jean-Nicolas, baron), célèbre médecin, né à Dricourt en Champagne en 1755, mort en 1821. Il s'adonna avec tant de succès à l'étude de la médecine qu'il obtint de bonne heure une chaire d'anatomie dans la faculté de Paris. Il joignit à l'enseignement de l'anatomie celui de la physiologie et de la chirurgie. En 1795, il fut nommé professeur de clinique interne. Corvisart a beaucoup contribué au commencement de ce siècle, aux progrès de la physiologie et de l'anatomie pathologique. Il excellait particulièrement dans le diagnostic. Il fonda des prix d'encouragement pour les élèves de la faculté de médecine, et enrichit la bibliothèque de l'école. Le premier consul le choisit pour son premier médecin. Il obtint une chaire au Collége de France et fut admis à l'Institut. Il a laissé une *Notice sur Bichat*, un *Recueil des Aphorismes de Boerhaave*, et un *Essai sur les lésions organiques du cœur et des gros vaisseaux*.

CORVO, île de l'Océan atlantique, l'une des Açores, à 17 kil. de Florès. Pop. 1,100 hab. Superf. 13 kil. carrés. Sol peu fertile. Deux ports.

CORYBANTES, Prêtres de Cybèle originaires de la Phrygie. Dans le principe, ils étaient distingués par leur savoir et leur sagesse, mais plus tard la dissolution se glissa parmi eux et ils donnèrent le spectacle des cérémonies les plus honteuses et les plus effrénées. Ils se mutilaient publiquement et couraient à travers champs, sur les montagnes, se tailladant le corps à coups d'épée, au milieu d'un tintamarre d'instruments de toute sorte. Ces pratiques se retrouvent du reste dans bon nombre de religions anciennes.

CORYPHÉE. Chef de chœur dans la tragédie antique : il portait la parole au nom du chœur. Dans le langage ordinaire, on appelle coryphée le meneur, le chef d'un complot; celui qui se distingue dans les arts, dans la littérature.

CORZOLA, île de l'Adriatique, près des côtes de la Dalmatie autrichienne, dont elle fait partie. Pop. 6,500 hab. Superf. 40 kil. sur 9. Ville principale Corzola. Siége d'un évêché. Belle cathédrale. Port et chantiers de construction. L'île produit en abondance du vin, du bois de construction. Calcaire à bâtir. Navigation très-active.

COS ou STANCHO, île de la Turquie d'Asie, l'une des Sporades, près de la côte d'Anatolie, à l'entrée du golfe Céramique. Superf. 250 kil. carrés; 44 kil. de long sur 17 à 22 de large. Pop. 9,000 hab. Récolte de fruits du Midi; vins, légumes en surabondance; plantes médicinales, soie, miel, cire. Exploitation de sel; fabrique d'étoffes de laine d'une belle teinture. Capitale Stancho. Petit port sur la côte E. Cos fut d'abord gouvernée par des rois, puis par des institutions populaires; plus tard, elle tomba sous le joug d'une aristocratie jalouse de ses droits. Sous Vespasien, elle fut soumise à Rome, et aux chevaliers de Rhodes pendant le moyen âge. Les Ottomans la prirent à ces derniers. Patrie d'Hippocrate et d'Apelle.

COSAQUES, peuple de la Russie méridionale. Ils sont d'origine tartare et professent la religion grecque. Ils parlent la langue des Slaves, avec lesquels ils se sont confondus. Au XIVe siècle, ils composaient déjà des tribus guerrières, vivaient de pillage, et étaient fréquemment en lutte avec les Russes et les Polonais. Ils se soumirent à la Russie en 1654; mais ils se soulevèrent fréquemment pour le maintien de leurs priviléges sous Pierre le Grand, Catherine II et Nicolas Ier. Les Cosaques forment la plus grande partie de la cavalerie légère de l'armée russe; ils ne fournissent pas moins de 130,000 hommes répartis dans 138 régiments de cavalerie, 33 bataillons d'infanterie et 31 batteries d'artillerie. Les cosaques élisent leurs officiers subalternes; les officiers supérieurs ou hetmans sont nommés par l'empereur. L'héritier présomptif de la couronne porte toujours le titre d'hetman général des Cosaques.

COSCILE, rivière du royaume d'Italie (Calabre citérieure) qui prend sa source à 4 kil. de Morano, passe à Castravillari et se jette dans le Crati, près de son embouchure, dans le golfe de Tarente. Cours 44 kil.

COSCINOMANCIE. Divination qui se pratiquait en élevant un crible au-dessus de la personne qui venait consulter, de telle façon que le moindre mouvement de l'air ou toute autre chose pût le mettre en mouvement. On prononçait les noms de ceux que l'on soupçonnait de maléfices jusqu'à ce que le crible s'agitât.

COSEL (Anna-Constantia, comtesse de), née en 1680. Elle avait épousé le ministre saxon de Hoym, qui, un jour, en fit une description si passionnée à Auguste II, roi de Saxe et de Pologne, que celui-ci le décida à amener sa femme à Dresde. Quelque temps après, Mme de Hoym se séparait judiciairement de son mari, et, sous le nom de madame de Cosel, devenait la favorite du roi, qui la combla de présents. Au bout de 9 ans, elle tomba en disgrâce, et, ayant tenu quelques propos inconsidérés sur le compte d'Auguste II, celui-ci la fit enfermer dans la forteresse de Stolpen (1716). A la mort du roi, en 1733, on lui offrit la liberté, mais elle la refusa et demeura dans sa prison, où elle fut toujours traitée avec considération. Lorsque Frédéric II fut maître de la Saxe, il lui fit payer régulièrement la pension considérable qui lui était allouée, mais en mauvaise monnaie appelée *éphraïmite*, n'ayant que le quart de sa valeur nominale. La comtesse, par dédain, s'amusait à la clouer contre les murs de sa prison. Elle mourut en mars 1761.

COSENZA, ville du royaume d'Italie, ch.-l. de la Calabre citérieure, à 246 kil. de Naples et à 17 de la Méditerranée. Pop. 16,550 hab. Siége d'un archevêché. Cour criminelle, tribunal civil, collége. Belle cathédrale, vaste château, hospice d'orphelins. Fabriques de faïence et coutellerie. Commerce de soie, produits chimiques, vin, huile, quincaillerie. Patrie de Telesio. C'est devant les murs de cette ville que mourut Alaric (411). Cosenza fut prise tour à tour par les Sarrasins et les Normands.

COSME DE MÉDICIS. (*Voir* MÉDICIS.)

Bataille de Dresde.

COSMÈTE. Esclave féminin chargée de coiffer les riches Romaines.

COSMOGONIE. On appelle de ce nom tout système par lequel chaque peuple, chaque philosophe explique l'origine du monde. C'est le sujet qui est traité dans le livre de la *Genèse*. Les cosmogonies de l'Orient et de l'Inde paraissent être les plus antiques de toutes; elles admettent un déluge à l'origine des choses. La cosmogonie la plus curieuse de toutes est la *cosmogonie scandinave*, qui est développée dans les premiers livres de l'ancienne *Edda*. (*Voir* EDDA.)

COSMOGRAPHIE. C'est la science qui s'occupe de la description de l'univers, et qui comprend la géographie, ou description générale de la terre, et l'uranographie, ou description des astres.

COSMOPOLITISME, sentiment généreux qui nous attache à la grande famille humaine. L'idée cosmopolite a été surtout répandue par Voltaire, et l'on peut dire que chacun de ses progrès a été un triomphe pour la cause de la civilisation. Dans les premières sociétés, la patrie, c'était la famille, la tribu. Dans les sociétés grecques et romaines, le patriotisme se restreignait à la cité. L'idée cosmopolite s'est développée par l'action du christianisme; elle triompha un moment dans les premiers siècles de notre ère, mais ses progrès furent compromis par l'invasion des Barbares, la jalousie des nobles et l'orgueil féodal amenèrent le morcellement indéfini des territoires; la superstition fut aussi cause de déchirements qui entretinrent les haines. Alors, guerres de nation à nation, de province à province, de cité à cité, de paroisse à paroisse. L'apaisement des passions religieuses, grâce au triomphe de la philosophie, amena l'entente entre les peuples; la solidarité s'établit entre eux par le commerce, l'industrie, les sciences et les arts. Au lieu de contribuer à l'oppression les unes des autres, on les voit s'unir par la communauté d'intérêts. En même temps

pôt de fers, vins, grains. Ville très-ancienne.

COSSE DE GENÊT. Ordre de chevalerie établi par saint Louis et dont le collier était composé de cosses de genêts entrelacées de fleurs de lis d'or, avec une croix fleurdelisée au bout.

COSSÉ (famille de). (*Voir* BRISSAC.)

COSSÉ-LE-VIVIEN, ch.-l. de cant. de l'arrond. de Château-Gontier (Mayenne), à 22 kil. de cette ville. Pop. 3,400 hab.

COSSÉIR, ville de la haute Egypte, à 163 kil. de Thèbes. Pop. 3,000 hab. Port sur la côte O. de la Mer rouge. Résidence d'un bey gouverneur. Exportation de blé. Grand entrepôt. Forteresse et fortifications faites en 1798.

COSSIMBAZAR, ville de l'Hindoustan anglais (Bengale), à 2 kil. de Moorshedabad,

cacao, indigo, riz, blé, pommes de terre. L'Etat est traversé par les Andes. On y trouve des volcans, des lacs et des cours d'eau. Ce pays appartint d'abord à l'Espagne et faisait partie du Guatemala. Son indépendance fut proclamée en 1821, et en 1824 il forma un des Etats de l'Union centrale de l'Amérique; la fédération fut dissoute en 1840, et Costa-Rica resta indépendante. En 1848, elle conclut des traités de commerce avec les trois villes hanséatiques, et en 1849 avec l'Angleterre. En 1850 on y établit un diocèse catholique, et la liberté des cultes y fut reconnue. Le pouvoir exécutif est confié à un président responsable; le congrès est formé d'un sénat, d'une chambre des députés et exerce le pouvoir législatif.

COSTER (Laurent-Janszoon), né à Har-

Les Dragons à Waterloo.

disparaissent les distinctions de classes et la plaie hideuse de l'esclavage. Alors se réalise la pensée de Voltaire :

Les hommes sont égaux, et les peuples sont frères.

COSNAC (Daniel DE), né vers 1630 au château de Cosnac en Limousin, mort en 1708. Destiné à l'état ecclésiastique, il fit partie de la maison du prince de Conti et prit part aux négociations qui amenèrent le mariage de celui-ci avec la nièce du cardinal de Mazarin. Il reçut en récompense, malgré sa grande jeunesse, les évêchés réunis de Die et de Valence. Il devint plus tard aumônier de Monsieur, frère de Louis XIV. Il fut exilé à la suite de plusieurs altercations qu'il eut avec le duc d'Orléans. Revenu secrètement à Paris, il fut arrêté et relégué à l'île Jourdain. Il joua un rôle important dans l'assemblée de 1682, et rentra en grâce auprès du roi, qui le nomma archevêque d'Aix en 1687.

COSNE, sous-préf. du dép. de la Nièvre, à 53 kil. de Nevers. Pop. 6,310 hab. Tribunal de 1re instance; collége. Fabriques de coutellerie, clouterie, quincaillerie; forges, manufacture d'ancres et de clous pour la marine; arbres de bateaux à vapeur. Entre-

dont elle est le port. Pop. 25,000 hab. Fabriques de tapis, soieries les plus renommées du Bengale. Exportation de soie grége.

COSSONAY ou COSSONEX, ville de Suisse (Vaud), à 15 kil. de Lausanne. Pop. 870 hab. Ville ancienne; elle possédait autrefois un riche prieuré bénédictin.

COSTAMBOUL ou KASTAMOUNI, ville de la Turquie d'Asie, à 376 kil. de Constantinople. Pop. 12,500 hab. Cette ville est la capitale de l'eyalet de son nom, borné au N. par la Mer noire, au S. par l'eyalet de Bozoq, à l'E. de Trébisonde et Sixas, à l'O. de Khoudavendiguiar. Pop. 570,000 hab.

COSTAR (Pierre), littérateur français, né à Paris en 1603, mort en 1660. Admirateur de Voiture, il prit sa défense avec chaleur; il fut chargé par le cardinal Mazarin de dresser une liste des auteurs qui méritaient d'être pensionnés. On a de lui un *Traité de l'épigramme*.

COSTA-RICA (république de). Etat indépendant de l'Amérique, au N. de Panama. Capitale San-José; ville principale Carthago. Superf. 95,800 kil. carrés. Pop. 135,000 hab. Climat chaud, malsain sur la côte de l'Atlantique, sain dans l'intérieur. Sol très-fertile; café, canne à sucre, tabac,

lem vers 1370, mort en 1439. Il est regardé par les Hollandais comme l'inventeur de l'imprimerie; cette opinion a été vivement combattue par plusieurs écrivains français. Une statue lui a été élevée, en 1856, à Harlem.

COSTIGLIOLE, bourg du royaume d'Italie, dans la province d'Alexandrie, à 8 kil. d'Asti. Pop. 5,600 hab.

COSTIGLIOLE, bourg du royaume d'Italie, dans la province de Saluces, à 11 kil. de cette ville. Pop. 2,860 hab. Collége. Usines à fer, soie; vins muscats.

COSTUME, mot dérivé de l'italien et qui signifiait d'abord coutume, usage; il est devenu synonyme de vêtement. Dans une acception plus restreinte, on entend par costume, au théâtre et dans les arts, non-seulement les vêtements qui distinguent les différents peuples et les différents personnages, mais encore leurs armes, leurs meubles, tous objets qui sont compris sous le nom d'accessoires. Il importe que la représentation scénique complète l'illusion par le costume et l'exposition de toutes ces choses qui reflètent le génie et les mœurs du pays où le drame nous transporte. Les anciens comédiens y mettaient moins de façons : les héros grecs et romains déclamaient dans le costume de la cour de Louis XIII ou Louis XIV. Paul Véronèse donnait aux Juifs le costume vénitien. Aujourd'hui on est plus sévère, et l'on exige sous tous les rapports l'exactitude historique. Les premiers peuples n'ont eu d'autre vêtement que la peau des animaux tués à la chasse; l'homme ajouta à sa coiffure des aigrettes ou des plumes d'oiseaux; il mit des colliers à son cou, et se para de bagues, de bracelets et de pendants d'oreilles. La toison des brebis lui fournit une étoffe moins grossière; il apprit peu à peu à tisser la laine et la soie. Les costumes varièrent suivant le climat, les mœurs et souvent aussi le caprice de la mode. Les diverses classes se distinguèrent par la variété des costumes : les rois, les seigneurs, les prêtres s'habillaient autrement que le peuple. Il est remarquable que, parmi les prêtres surtout, la nécessité de ne rien innover maintint rigoureusement l'uniformité dans les costumes : il semblait qu'en touchant aux rites les plus minutieux, le dogme même eût été menacé. Les changements apportés dans la nature des armes contribuèrent, parmi le peuple, à faire modifier le costume. Au moyen âge, les distinctions féodales contribuèrent à cette variété ; les nobles adaptaient à leurs habits les couleurs de leurs blasons. Dans certains pays, et notamment en Orient, la différence des costumes indique celle des religions. Quelquefois même l'autorité intervient pour régler tout ce qui s'y rapporte et empêcher ainsi toute modification. L'exemple du prince contribua souvent à introduire des modes nouvelles. Le siècle de François Ier se fit remarquer par l'élégance des habits. Sous Henri III, prince efféminé, les hommes adoptaient volontiers certains ornements des femmes, et se paraient de collerettes. Sous Henri IV, prince guerrier, le vêtement fut plus sévère. Louis XIII introduisit les culottes en drap pour remplacer le pantalon de tricot et la culotte bouffante; le grand chapeau rond détrôna la toque; enfin, on laissa croître les cheveux. Louis XIV, qui unissait la gravité à la magnificence, fit admettre le long manteau dont la queue traînait à terre; les habits furent chargés de galons d'or; enfin, on porta la veste perruque. Louis XV remplaça les galons par la broderie en or, en argent ou en soie. Les perruques furent abandonnées; on fit usage de la frisure et de la poudre. Les femmes se parèrent de bouffants, de paniers et de tournures. Les étoffes et les dentelles mêmes variaient suivant les saisons. La Révolution de 1789 abolit les vêtements distinctifs des ordres et des classes. Le costume militaire subit aussi une réforme. Les galons et la broderie blessaient les fougueux apôtres de l'égalité. On porta la carmagnole, le bonnet rouge et le gourdin; la houppelande était le vêtement d'hiver. La soie était proscrite; le linon, la percale et la mousseline étaient seuls portés par les femmes. Le pantalon avait remplacé la culotte; les revers du collet s'abaissèrent par devant, et il en fut de même du gilet. Depuis cette époque le costume a subi des variations qui se rapportent à un temps trop peu éloigné pour que la description en soit intéressante.

COTE, marque portant un numéro d'ordre dont on fait usage pour mettre en ordre les pièces d'un procès, d'un inventaire, ou pour indiquer la série des feuilles d'un registre ou d'un répertoire. Dans l'ancienne basoche, on cotait les pièces par les paroles du *Pater noster*.

Côte (la). On appelle ainsi la partie du rivage du lac de Genève compris entre la Promenthouse et l'Aubonne et dépendant du canton de Vaud. Sa longueur est de 29 kil. Récolte de vins spiritueux. On y trouve la petite ville de Rolle.

Côte-aux-Fées, village de Suisse, cant. de Neuchâtel, à 4 kil. de Verrières. Pop. 800 hab. On y remarque de nombreuses grottes, dont la plus vaste, appelée le Temple-aux-Fées, est la plus curieuse de la Suisse.

Côte-des-Dents ou **d'Ivoire**, nom donné à la partie de la Guinée septentrionale comprise entre l'Issinie à l'E. et le cap Palmas, à l'O. Sa longueur est de 540 kil. Grand commerce de dents d'éléphants. Les Français y possèdent le comptoir du Grand-Bassam. Cette côte, réunie à la Côte-des-Graines, prend le nom de Côte-du-Vent.

Côte-des-Esclaves, nom donné à la partie de la Guinée septentrionale comprise entre la Côte-d'Or à l'O. et le Benin à l'E. Sa longueur est de 310 kil. Autrefois on y faisait la traite des nègres.

Côte-des-Graines ou **du Poivre** ou **de Malaguette**, partie de la Guinée septentrionale comprise entre la Côte-des-Dents à l'E. et la côte de Sierra-Leone à l'O. Longueur, 400 kil. Commerce d'épices et d'une variété de poivre nommée Malaguette par les indigènes.

Côte d'Or, contrée de l'Afrique occidentale, dans la Guinée septentrionale, entre la Côte-d'Ivoire à l'O. et la Côte-des-Esclaves à l'E. Longueur 510 kil. Commerce de l'or. Les Hollandais y possèdent Axim, Elmina, et les Anglais Cap-Coast, Fort-James, Anamaboe et Dixcove.

Côte-d'Or (monts de la), collines de France, dans les départements de la Côte-d'Or et de Saône-et-Loire. La chaîne de la Côte-d'Or tient, au S., aux monts du Charolais et au N. au plateau de Langres. Elle sépare les bassins de la Seine et de la Loire de celui de la Saône. Elle est riche en vignobles excellents, ce qui lui a valu son nom. Son élévation est de 450 à 500 mètres.

Côte-d'Or (la), départ. de la France, à l'E. Il est borné au N. par les départ. de l'Aube et de la Haute-Marne, à l'E. par ceux de la Haute-Saône et du Jura, au S. par celui de Saône-et-Loire, à l'O. par ceux de la Nièvre et de l'Yonne. Sup. 880,359 hectares. Pop. 384,150 hab. ch.-l. Dijon. Sous-préf. : Beaune, Châtillon-sur-Seine, Semur. Il est traversé en partie, du N. au S., par la chaîne de la Côte-d'Or. Il est arrosé par l'Aube, le Musin, la Seine, qui y prend sa source, la Saône, etc. Sol fertile ; chanvre, céréales, lin, vins, huile. Récolte d'écorce de tan. Belles forêts. Exploitation de fer. Usines à fer, à acier; poterie, faïence, tuile. Elève de chevaux, bœufs, porcs, moutons. Fabriques de vinaigre. Vins très-estimés : Chambertin, Clos-Vougeot, Nuits, la Romanée-Conti. Le département de la Côte-d'Or forme le diocèse de Dijon, et dépend de la cour impériale de la même ville.

Côte-Rôtie, vignoble du départ. du Rhône, à 26 kil. de Lyon. Vins rouges excellents.

Côte-Saint-André, ch.-l. de cant. de l'arrond. de Vienne (Isère), à 35 kil. de cette ville. Pop. 4,085 hab. Récolte de vins blancs; liqueurs estimées, dites eaux de la Côte.

COTÉ DROIT, **Coté gauche**. Nom servant à désigner deux sections d'une assemblée politique séparées l'une de l'autre par le bureau du président. Le côté droit a été occupé de tout temps par les députés du parti conservateur, et souvent aussi il a été le foyer d'une réaction presque toujours imprudente et malheureuse. Ainsi, dans l'Assemblée constituante, où ces dénominations furent mises en usage, le côté droit représentait la résistance la plus provocatrice aux idées révolutionnaires. Le gauche, au contraire, comprenait les patriotes et les partisans de la liberté. La tendance des amis du peuple à se porter de préférence vers le côté gauche, fut bientôt signalée, ce qui faisait dire ironiquement à quelques-uns « qu'il n'en était pas de l'Assemblée nationale comme de l'assemblée céleste, où Dieu dit que les bons et les justes sont à sa droite et les réprouvés à sa gauche. » Bientôt les membres de la droite eurent leur club des Amis de la constitution ; ceux de la gauche, leur club des Jacobins et celui des Cordeliers. Les deux partis extrêmes ne se ménageaient pas les injures. Ceux du côté gauche prodiguaient à leurs adversaires les qualifications d'aristocrates et de capucins; ils recevaient en retour les épithètes d'incendiaires et d'enragés. On remarquait cependant que le côté gauche, qui avait le sentiment de sa force, était moins bruyant que le côté droit. Pendant certaines discussions, les vociférations et les interpellations de la droite, alors en minorité, faisaient suspendre les séances. Ceux qui y assistaient disaient parfois : « On n'aurait pas entendu Dieu tonner. » Dans l'Assemblée législative, la droite se montra plus modérée; elle était généralement composée de patriotes sincères. Au sein de la Convention nationale, les girondins occupèrent le centre. A la gauche, et sur les bancs les plus élevés, se trouvait la Montagne, dont les chefs étaient Robespierre, Danton et Marat. Du même côté siégeait le duc d'Orléans, qui avait pris le nom d'*Egalité*. La majorité, qui appartint d'abord aux girondins, se déplaça après leur chute; la gauche triompha jusqu'aux événements de thermidor. Sous Napoléon, le corps législatif étant réduit au mutisme, les distinctions de côté droit et de côté gauche n'avaient aucune signification. En 1815, la droite triompha et donna au gouvernement une majorité qui lui valut le nom de chambre introuvable. Les expressions de côté gauche, côté droit et centre, ont continué de subsister jusqu'en 1852 avec leurs anciennes acceptions.

COTEAUX (ordre des). On appelait ainsi une société de gourmets du siècle de Louis XIV; ils affectaient de ne boire, dans leurs repas, que du vin d'un certain coteau. Boileau fait allusion à cette société dans les vers suivants :

Souvent certain hâbleur, à la gueule affamée,
Qui vint à ce festin conduit par la fumée,
Et qui s'est dit profès dans l'ordre des coteaux,
A fait, en bien mangeant, l'éloge des morceaux.

COTEREAUX, aventuriers venus de l'Allemagne et de la Flandre, et qu'on désignait aussi sous le nom de *Brabançons*, *Ribauds*, *Malandrins* et *Routiers*. Plutôt brigands que soldats, ils ne faisaient la guerre que dans l'espoir du butin. On les rassemblait quand la guerre éclatait, et on les licenciait à la cessation des hostilités. Privés alors de ressources, ils gardaient leurs armes, et leurs bandes répandaient la terreur dans les campagnes. Ils désolèrent surtout la France sous le règne de Louis VII et ne disparurent complètement qu'après l'expulsion des Anglais.

COTES. Ce mot, en géographie, désigne le bord ou le rivage de la mer. On dit qu'une côte est *basse* lorsqu'elle s'élève peu au-dessus de la surface de l'eau, et qu'elle est *accore* ou *à pic*, lorsque la côte qui regarde la mer s'élève dans un plan presque vertical. Les côtes basses bordent toujours une mer peu profonde, et les navigateurs peuvent y trouver un lieu propre à l'ancrage.

Cotes (Roger), mathématicien anglais, né dans le Leicester en 1682, mort en 1715; auteur d'un théorème de géométrie qui porte son nom; il fut enlevé jeune encore à la science, dont il promettait d'être une des gloires.

Côtes-du-Nord, départ. de l'O. de la France, borné au N. par la Manche, à l'E. par l'Ille-et-Vilaine, au S. le Morbihan, à l'O. le Finistère. Sup. 672,096 hectares. Pop. 628,690 hab. Ch.-l. Saint-Brieuc; sous-préf. : Dinan, Loudéac, Lanion, Guingamp. Il est traversé de l'E. à l'O. par une chaîne de montagnes granitiques, dont les principaux points sont: Les monts Menez, Fenbusquet et Menelrut. Les principales rivières qui l'arrosent sont: la Rance, le Trieux, le Blavet, etc. On y trouve aussi 2 canaux: celui de l'Ille et Rance et celui du Blavet à l'Aulne. Sol peu fertile. Excellents pâturages. Récolte de blé, maïs, chanvre, pommes à cidre. Mines de fer, plomb; carrières de granit, d'ardoise. Eaux minérales. Fabriques de toiles, cotonnades; papeteries, raffineries de sel. De ce département dépendent les îles Bréhat et le groupe des Sept-Iles. Le département des Côtes-du-Nord forme le diocèse de Saint-Brieuc et ressort de la cour impériale de Rennes.

COTHB-EDDYN (Mohamed), prince turc, se rendit indépendant et devint le chef de la dynastie des Kharizmiens, qui remplacèrent les Seldjoucides; son fils Aztz lui succéda à sa mort, arrivée en 1127.

COTHURNE, brodequin en usage chez les anciens et qui s'élevait presque jusqu'aux genoux. Le cothurne des femmes ne s'élevait qu'à la cheville. Les héros de la tragédie chaussaient le cothurne, les acteurs comiques portaient le socque. Le cothurne portait à la semelle des ligatures qui passaient entre l'orteil du pied et se divisaient en deux bandes autour de la jambe. Il était quelquefois surmonté d'un croissant d'ivoire, d'argent ou même enrichi de pierreries.

COTIGNAC, ch.-l. de cant. de l'arrond. de Brignolles (Var), à 20 kil. de cette ville. Pop. 3,550 hab. Fabrique importante de soie. Commerce de vins, huile, figues. On remarque aux environs l'église de Notre-Dame-de-Grâce, fondée en 1519.

COTIN (l'abbé Charles), poëte et prédicateur du roi, né à Paris en 1604, mort en 1682, quoiqu'il fût très-instruit et même membre de l'Académie française, il serait sans doute ignoré de nous sans la citation que Boileau fait de ce prédicateur dans sa satire ayant pour titre: *le Repas ridicule* (*Voir* CASSAGNE).

COTISATION, imposition volontaire supportée par plusieurs personnes afin de subvenir à une charge commune. Certaines associations politiques, littéraires, scientifiques ou de bienfaisance ne subsistent que par des cotisations.

COTON, matière filamenteuse, fine, laineuse, plus ou moins blanche, extraite du fruit d'un végétal de la famille des malvacées. On distingue plusieurs sortes de coton: les longues soies et les courtes soies, qui se subdivisent elles-mêmes en un grand nombre de catégories. Les cotons des États-Unis sont généralement les plus estimés; viennent ensuite ceux de Bourbon, d'Égypte, de Porto-Rico, du Brésil, de l'Amérique du Sud, de la Martinique, de la Guadeloupe et de l'Inde. La crise cotonnière qui a éclaté par suite de la guerre des États-Unis a porté les gouvernements européens à donner une vive impulsion à la culture du coton dans leurs colonies. Ainsi on commence à le cultiver avec succès en Algérie. Le coton est, de toutes les substances textiles, celle qui est le plus généralement employée pour la fabrication des étoffes. Par suite, la crise qui frappe cette industrie exerce sur une foule d'autres une influence qu'étudient les économistes. Antérieurement à 1780, on possédait déjà en Europe des machines à carder le coton; on filait jusqu'à 84 fils à la fois. En 1785, on employa en France les machines à filature continue de l'Anglais Miln. Ce nouveau système, sur l'idée d'un laminoir, est composé de deux ou trois paires de cylindres à étirer. On n'employait précédemment que des machines à tordre. La machine dont l'usage est aujourd'hui répandu en France, est connue sous le nom de *Mull-Jenny;* elle a l'avantage de donner un fil plus doux et qui convient mieux à la trame.

COTOPAXI, volcan de la République de l'Équateur (Amérique du Sud), à 80 kil. de Quito. Son sommet est couvert de neiges éternelles. Ses éruptions les plus mémorables sont celles de 1698, 1738, 1744, 1766, 1768 et 1803.

COTRONA, ville forte du royaume d'Italie (Calabre ultérieure), à 50 kil. de Cantazaro, à l'embouchure de l'Esaro, dans le golfe de Tarente. Pop. 4,530 hab. Siége d'un évêché. Hôpital militaire. Commerce d'huile, vin, miel. Mines de sel aux environs.

COTTA (Marcus-Aurélius), obtint le consulat avec Lucullus en 74 av. J.-C. Il fit la guerre contre Mithridate; mais il subit une défaite près de Chalcédoine. Trois ans après, il s'empara d'Héraclée par surprise, et ce succès ridicule remporté sur le roi de Pont lui valut le nom de *Ponticus*. Il fit construire une voie romaine appelée de son nom *Aurélia*. — Lucius-Aureimculeius COTTA, de la famille du précédent, servit dans les Gaules sous César et y fut tué par les Eburiens en 54 avant J.-C., dans la vallée où s'éleva plus tard la ville de Liége.

COTTA (Jean-Frédéric, baron DE COTTENDORF), né à Tubingue en 1764, mort en 1832; il fonda la *Gazette universelle* en 1793, avec le concours de Posselt et Huber, et les *Heures* avec Schiller et Gœthe; il mérita, par ses importantes publications, d'être surnommé le Napoléon de la librairie. Il fut membre des États de Wurtemberg, et fonda, à Munich, l'Institut littéraire et artistique.

COTTABE. Ancien jeu qui faisait les délices des jeunes gens d'Athènes, et auquel ils se livraient après le dîner. Les Grecs l'avaient emprunté des Ciliciens, et ils l'affectionnaient tellement qu'ils avaient ordinairement dans leur maison une salle exclusivement réservée à ce jeu et qu'on nommait *cottabéion*. Ce jeu se jouait de plusieurs manières plus ou moins compliquées. Mais la manière la plus simple et la plus ordinaire consistait à jeter le dernier coup de vin d'une coupe dans un large vaisseau de métal ou sur le plancher. Le joueur prétendait reconnaître la vérité de certaines choses au bruit particulier que faisait le vin en tombant.

COTTAGE. Nom que portent, en Angleterre, les jolies petites fermes, les petites maisons de campagne que distingue une élégante simplicité. En Angleterre, dans les plus humbles *cottages*, les ustensiles de ménage, les serrures, le bouton de cuivre de la porte, tout peut servir de miroir, tant est grande la propreté.

COTTE D'ARMES. C'était une espèce de dalmatique ou de casaque fort riche, dont les chevaliers et les nobles couvraient leur armure pour la préserver de l'ardeur du soleil et comme ornement. L'usage s'en est conservé jusqu'à Henri IV. Depuis, ce vêtement militaire n'a plus servi qu'à faire partie du costume des hérauts d'armes.

COTTE DE MAILLES. Vêtement de guerre en usage au moyen âge. C'était une chemise ou tricot fait de petits anneaux de fer ou d'acier, qui descendait d'abord jusqu'aux genoux et qui finit bientôt par envelopper tout le corps jusqu'aux extrémités des pieds et des mains. C'est sous le règne de François Ier qu'on vit les *cottes de mailles* disparaître.

COTTEREAU (les frères). (*Voir* CHOUANNERIE.)

COTTEREAUX. (*Voir* COTEREAUX.)

COTTIENNES (Alpes). On nomme ainsi la partie de la chaîne occidentale des Alpes depuis le Viso jusqu'au Cenis. Les sommets les plus élevés sont: le Viso, le Genèvre et le Tabor. Parmi les principales rivières qui prennent leur source sur ces montagnes, on cite: le Pô, le Clusone et la Dora-Riparia sur le versant italien; la Durance et la Sorgues sur le versant français.

COTTIN (Sophie RESTAUD, Mme), romancière distinguée, née à Tonneins en 1773, morte en 1807. Veuve à 20 ans, elle débuta dans la littérature par *Claire d'Albe*, ouvrage plein de sensibilité et où l'amour lutte avec le devoir; elle publia successivement *Elisabeth*, où se développe la piété filiale, *Mathilde*, *Amélie de Mansfield*, etc.

COTTIUS, chef gaulois, vivait au temps d'Auguste, et était possesseur de la vallée de Suze. Il fut allié des Romains; ceux-ci lui agrandirent ses Etats, qui, à sa mort, firent retour à l'empire. Il a donné son nom aux Alpes cottiennes.

COTTUS, fils d'Uranus et de la Terre, aida Jupiter à triompher des Titans.

COTUY (le), ville d'Haïti, à 2 kil. de l'Yuna et à 120 kil. de Saint-Domingue. Récolte de tabac. On y exploita des mines d'or jusqu'en 1747.

COTYLE, mesure pour les liquides en usage chez les anciens Grecs; elle équivalait à 250 centilitres environ.

COTYS, nom que portèrent plusieurs rois de la Thrace et du Bosphore.

COTYTTO, divinité de la Thrace, dont la fête se célébrait par des débauches; elle était adorée à Rome et à Athènes, où elle avait un temple.

COUARD, se dit de celui qui s'effraye d'un danger imaginaire.

COUCHANT, région du ciel où le soleil et les astres semblent se coucher. Il porte diverses dénominations: les astronomes l'ont appelé *occident*, les marins *ouest*, et le vulgaire *couchant*. Le couchant est le point de l'horizon dans la direction de l'équateur où les astres se couchent. On entend par *déclinaison* l'éloignement du soleil, soit vers le N., soit vers le S.

COUCHE désigne le meuble sur lequel on repose. Ce mot n'est plus guère usité qu'en poésie:

> Quittez la *couche* oisive
> Où vous ensevelit une molle langueur.

COUCHES, ch.-l. de cant. de l'arrond. d'Autun (Saône-et Loire), à 25 kil. de cette ville. Pop. 3,080 hab.

COUCOU, véhicule autrefois en usage à Paris. Le coucou conduisait les voyageurs dans les environs de la capitale. L'incommodité de ce genre de voiture a attaché à son nom un certain vernis de ridicule. Le coucou a été détrôné par l'omnibus, comme la diligence l'a été par le chemin de fer. L'existence du coucou remontait à 1789.

COUCOURON, ch.-l. de cant. de l'arrond. de Largentière (Ardèche), à 52 kil. de cette ville. Pop. 1.045 hab.

COUCY, famille célèbre qui remonte au XIe siècle et dont les membres avaient pour devise: « Roy ne suis, ne prince, ne duc, né comte aussy, je suis le sire de Coucy. »

COUCY (Raoul Ier), tué au siége de Saint-Jean-d'Acre en 1165; on rapporte qu'au moment de mourir, il avait chargé son écuyer de rapporter son cœur à la dame de ses pensées; ce serviteur chercha à s'acquitter de sa mission, mais surpris par l'époux de la dame, le sire de Fayel, celui-ci fit manger à sa femme le cœur de son amant et lui découvrit ensuite l'horrible festin qu'il lui avait fait faire; saisie d'effroi, la châtelaine fit le serment de ne plus prendre de nourriture et se laissa mourir de faim. Cette aventure, qui a été mise en doute par de nombreux historiens, prend, croit-on, sa source dans un roman de chevalerie.

COUCY (Robert de), célèbre architecte français, mort en 1311. Acheva la construction de la cathédrale de Reims sur les plans de Leberger, et termina l'église Saint-Nicaise dans la même ville.

COUCY (édit DE), rendu par François Ier, en 1535, à l'égard des protestants. Ce prince, tandis qu'il ordonnait contre les protestants français les plus odieuses persécutions, faisait alliance avec les réformés d'Allemagne, afin d'affaiblir la puissance de Charles-Quint, son rival. Cette conduite contradictoire ayant excité les plaintes des protestants allemands, François Ier consentit à faire cesser les persécutions, à la condition que les luthériens français abjureraient leur religion dans un délai de six mois. Il consentait, sous cette réserve, à mettre les prisonniers en liberté et à rappeler les proscrits.

COUCY-LE-CHATEAU, ch.-l. de cant. de l'arrond. de Laon (Aisne), à 28 kil. de cette ville. Pop. 869 hab. Ruines du château construit par Enguerrand de Coucy.

COUDÉE. C'était l'unité principale des mesures de longueur, en usage chez les anciens peuples de l'Asie, de l'Afrique, de la Grèce et de Rome. La coudée ordinaire ou naturelle est la distance du coude à l'extrémité du grand doigt. Quatre coudées forment exactement la brasse naturelle et la stature humaine. La coudée des Grecs fut la même que celle des Égyptiens. La coudée des Romains était composée de 23 doigts 573 millièmes, et valait 442 millimètres. Les coudées sont restées jusqu'à nos jours en usage chez les peuples de l'Asie et du Nord de l'Afrique.

COUDRAY-SAINT-GERNER, ch.-l. de cant. de l'arrond. de Beauvais (Oise), à 23 kil. de cette ville. Pop. 501 hab. Fabriques de dentelles noires.

COUESNON, rivière de France, prend sa source sur les limites des départements de la Mayenne et d'Ille-et-Vilaine et se jette dans la Manche au Mont-Saint-Michel (Manche). Cours 100 kil., navigable sur 16 avec la marée.

COUHÉ, ch.-l. de cant. de l'arrond. de Civray (Vienne), à 25 kil. de cette ville. Pop. 1,913 hab. Commerce de châtaignes, pêche d'écrevisses. Fabriques de grosses étoffes de laine.

COUIZA, ch.-l. de cant. de l'arrond. de Limoux (Aude), à 16 kil. de cette ville. Pop. 910 hab. Exploitation de plâtre. Ancien château du duc de Joyeuse.

COULAN ou QUILON, ville de l'Hindoustan dans l'État de Travancore, à 110 kil. de cette ville, et sur la côte de Malabar. Ville autrefois fortifiée et démantelée par les Anglais.

COULANGES (Christophe, abbé DE), oncle de Mme de Sévigné, qui l'appelait le *Bien-Bon*; vécut avec sa nièce, dont il administra la fortune. Il mourut en 1687, à l'âge de 80 ans.

COULANGES (Philippe-Emmanuel, marquis DE), chansonnier français, né en 1631, mort en 1716. D'une humeur enjouée, il était recherché de tous les hommes de plaisir. Il a laissé des *Mémoires* et un *Recueil* de chansons. Sa femme, Marie-Angélique, brilla à la cour de Louis XIV, et mourut à l'âge de 80 ans. Elle a laissé des lettres qui ont été publiées à la suite de celles de Mme de Sévigné, dont elle était la cousine germaine.

COULANGES-LA-VINEUSE, ch.-l. de cant. de l'arrond d'Auxerre (Yonne), à 12 kil. de cette ville. Pop. 1,350 hab. Très-bons vins rouges fins.

COULANGES-SUR-YONNE, ch.-l. de cant. de l'arrond. d'Auxerre (Yonne), à 32 kil. de cette ville. Pop. 1,125 hab. Vins rouges estimés.

COULE, ancienne robe monacale à l'usage des bernardins et des bénédictins. Il y en avait de deux sortes, l'une blanche, l'autre noire.

COULEUR, propriété qu'ont les corps d'affecter la vue. La couleur n'est à vraiment dire qu'une modification de la lumière et une manière de la réfléchir. En effet, les objets placés dans l'obscurité sont incolores. Les physiciens ont démontré par l'examen du prisme qu'il n'existait à vraiment dire que sept couleurs: violet, indigo, bleu, vert, jaune, orange, rouge; les autres nuances ne sont que des combinaisons de ces diverses couleurs. Le blanc réfléchit à la fois les sept couleurs fondamentales; un objet noir n'en réfléchit aucune. Un objet blanc paraît rouge, bleu, etc., suivant qu'il réfléchit la couleur rouge, bleue, etc. Il faut encore tenir compte de la distance, qui donne parfois aux objets éloignés une teinte fort différente de celle qu'ils ont à une faible distance. En outre, quelques individus ont le nerf optique affecté autrement que les autres. Ainsi, il est constant que certains peintres qui font dominer telle ou telle couleur, ne voient pas comme d'autres. La couleur d'un corps peut varier par des combinaisons chimiques ou même par l'action de la chaleur ou de l'électricité. Les peintres de l'antiquité n'ont d'abord employé qu'une seule couleur. Plus tard, ils en eurent deux. Les peintres modernes ne reconnaissent que trois couleurs élémentaires : le rouge, le jaune et le bleu. Ils y ont ajouté le blanc pour reproduire la lumière, et le noir exprime l'obscurité. On a calculé que les différentes combinaisons de ces couleurs en produisaient plus de 800. Les couleurs employées dans la peinture sont tirées du règne animal ou du règne végétal.

COULEUR POÉTIQUE. On a dit que la poésie était une peinture. A ce titre, on peut autoriser cette expression imagée et qui parle mieux à l'imagination. Il existe, en effet, plusieurs rapports entre la poésie et la peinture : l'une et l'autre observent les tons; les mots ont par eux-mêmes des acceptions qui frappent les sens en même temps que l'imagination, de même que la peinture a des couleurs qui parlent aux yeux; les descriptions poétiques font étinceler les objets qu'elles décrivent, et on les sent parce qu'on les voit. La poésie sera d'autant plus vive et d'autant plus colorée, que le poëte choisira mieux les objets capables de faire impression. Le lion peindra la force, le renard la ruse, le loup l'esprit de rapine et de destruction; l'aurore aura des doigts de rose pour entr'ouvrir les portes de l'Orient; les brillantes couleurs d'Iris seront la ceinture de Vénus. On conçoit que la couleur poétique soit du domaine de la prose aussi bien que de la poésie. Le poëte doit, ainsi que le peintre, observer les effets de lumière et d'ombre : les oppositions d'idées servent merveilleusement le poëte; l'infiniment petit fait valoir l'infiniment grand; la sobriété de couleur fait d'autant mieux valoir les images. De tous nos poëtes modernes, Victor Hugo est celui qui a su tirer les plus étonnants effets de la couleur poétique.

COULEURS FRANÇAISES. C'est de la chevalerie que nous vient la distinction des couleurs : les comtes d'Anjou arboraient le vert, les ducs de Bretagne le noir et blanc, le duc de Bourgogne le rouge, les ducs de Lorraine le jaune. Le bleu était particulièrement la couleur de saint Martin, le rouge celle de saint Denis, et le blanc celle de la Vierge. Le bleu, le rouge et le blanc ont été tour à tour adoptés comme insignes nationaux. Le rouge était la couleur de l'oriflamme; les Anglais l'ayant adopté, pour mieux manifester leurs prétentions sur la France, Charles VI et ses successeurs prirent le blanc. Le bleu et le blanc devinrent les couleurs nationales. Sous Charles IX, les catholiques prirent le rouge et les huguenots le blanc. Henri IV affectionnait le blanc; Louis XIV manifesta une certaine prédilection pour le rouge. Ce fut seulement en 1789 que les couleurs nationales furent nettement déterminées : le blanc, le bleu et le rouge rallièrent les hommes dévoués aux principes de 1789; cependant, sous la Convention, le drapeau rouge fut le drapeau national. La Restauration arbora le drapeau blanc, de 1815 à 1830.

COULEVRINE, bouche à feu autrefois en usage dans l'artillerie. Il y avait des coulevrines à main; il y en avait aussi d'autres qui atteignaient des proportions énormes. La coulevrine était beaucoup plus allongée que nos pièces modernes. Les coulevrines ont figuré pour la première fois dans nos armées en 1428; on les employa à la défense d'Orléans. La coulevrine se chargeait à boulet ou à balle; on en distinguait de plusieurs sortes, auxquelles on donnait des noms différents : double coulevrine, demi-canon, basilic bâtard, extraordinaire, légitime, etc. La coulevrine la plus remarquable qu'on puisse citer est celle qu'on voyait autrefois sur la place du marché de Gand ; un homme pouvait y entrer et s'y tenir assis; la longueur de la pièce était de 18 pieds; elle pesait 33,106 livres, et lançait des barils remplis de mitraille.

COULIBŒUF, ch.-l. de cant. de l'arr. de Falaise (Calvados), à 12 kil. de cette ville. Pop. 450 hab.

COULIS, nom donné, dans les Indes et en Chine, aux gens de la basse classe, qui s'engagent comme portefaix ou domestiques.

COULISSES, châssis mobiles, servant à compléter la décoration de la scène d'un théâtre, et disposés des deux côtés de manière à produire des effets de perspective. On appelle aussi coulisses les intervalles qui séparent les châssis. Autrefois, les coulisses étaient embarrassées de jeunes gens oisifs et de petits maîtres, qui tenaient à savoir ce qui se passait dans les coulisses. Spectacle bien fait pour enlever toute illusion. Les coulisses sont aujourd'hui interdites au public. Dans le langage du monde, on a donné le nom de coulisses à ces comités le plus souvent organisés pour l'intrigue, qui veulent tout savoir pour tout raconter aux autres :

Qui se haussent, pour voir, sur la pointe des pieds.

Ainsi, on a adopté les expressions suivantes : *bruits de coulisses*, *nouvelles de coulisses*, *intrigues de coulisses*. A la Bourse, on appelle *coulissiers* les courtiers marrons qui se tiennent à côté de la corbeille des agents de change. (*Voir* BOURSE (opérations de.)

COULOMB (Charles-Auguste DE), célèbre physicien, né à Angoulême en 1736, mort en 1806. Il embrassa la carrière des armes et fut officier au corps royal du génie. Il construisit le fort Bourbon, à la Martinique. A son retour en France, il publia, sur les *aiguilles aimantées* et sur les machines simples, deux ouvrages, qui furent couronnés par l'Académie des sciences. Il entra dans cette Académie en 1784. Il parvint au grade de lieutenant-colonel du génie, mais il quitta le service au commencement de la Révolution. Il fit partie de l'Institut à l'époque de sa formation. Il publia des Mémoires curieux sur la chaleur, le magnétisme et l'électricité. Il prouva le premier que le fluide électrique se partageait par son action et ne pénétrait pas dans l'intérieur des corps. Un Anglais, s'étant approprié l'idée de Coulomb, sur la suspension des aiguilles aimantées, le modeste savant ne s'en plaignit même pas; ce fut Lalande qui revendiqua ses droits.

COULOMMIERS, sous-préf. du dép. de Seine-et-Marne, à 49 kil. de Melun. Pop. 3,660 hab. Commerce de laines, fourrages, grains, fromages de Brie, veaux. Ancienne église de capucins. Cette ville fut, dit-on, fondée par les Romains ; elle devint une seigneurie dépendante du comté de Champagne.

COULONGES-SUR-LAUTIZE, ch.-l. de canton de l'arrond. de Niort (Deux-Sèvres), à 20 kil. de cette ville. Pop. 1,850 hab. Commerce de vins dits de Saintonge; bois, laines, nombreuses et importantes tanneries.

COULOUGLIS, nom donné par les Algériens aux descendants des Turcs qui s'établirent dans leur pays.

COUMASSI, ville de la Guinée supérieure, capitale de l'Etat d'Aschanti ou Aschantie, à 167 kil. de Cape-Coast. Pop. 18,000 hab. Résidence du souverain. Entrepôt de commerce de l'intérieur avec la Côte-d'Or.

COUP, impression que fait un corps dur sur un autre, en le frappant, le perçant ou le divisant. Ce mot s'emploie aussi pour désigner le brusque mouvement de la foudre ou du vent; ainsi l'on dit un coup de tonnerre, un coup de vent. Le mot coup exprime aussi l'action meurtrière des armées:

La victoire et la nuit, plus cruelles que nous,
Nous excitaient au meurtre et confondaient nos [coups.

Le chirurgien donne un *coup de lancette;* le coiffeur un *coup de peigne*, ou un *coup de rasoir;* le peintre un *coup de pinceau;* on se réunit au premier *coup de cloche;* un ministre enrichit ou ruine l'Etat d'un *coup de plume;* les musiciens commencent leur morceau au premier *coup d'archet* du chef d'orchestre; des voleurs font un *mauvais coup;* une affaire procure un gain, qui est un *beau coup de filet;* une entreprise maladroite est un *coup d'épée dans l'eau;* on boit un *coup;* un étourdi fait un *coup de tête;* le malheureux un *coup de désespoir;* une première réussite est un *coup d'essai*, et c'est quelquefois un *coup de maître;* on reçoit le *coup de la mort;* on achève un animal mourant en lui donnant le *coup de grâce;* un événement heureux est un *coup de fortune;* un *coup du ciel* est souvent un *coup du hasard;* le pamphlétaire donne des *coups de dent;* des saillies se produisent *coup sur coup;* le changement radical et imprévu apporté dans un pays est un *coup d'Etat;* une situation surprenante et qui ajoute à l'intérêt d'un drame est un *coup de théâtre;* on dit, d'un bon général, qu'il a le *coup d'œil sûr*. Ce mot reçoit encore plusieurs autres acceptions.

COUPANG, ville et port franc de l'île de Timor, dans l'archipel de la Sonde. Pop. 5,000 hab. Port de commerce, établissement hollandais.

COUPE, vase dont les anciens se servaient pour boire; en architecture on appelle ainsi les plans détachés des diverses parties d'un monument, de manière à pouvoir apprécier la largeur, la longueur et l'épaisseur des diverses faces; l'architecte étudie la *coupe* des pierres; *coupe* est le nom d'une constellation de l'hémisphère méridionale; le poëte ménage la *coupe* de ses vers; on règle la *coupe* d'un bois; un tailleur pratique la *coupe* d'un habit; le joueur de cartes fait une *coupe* heureuse; le fripon fait sauter la *coupe;* un nageur fait la *coupe*.

COUPELLATION, opération chimique qui consiste à faire, dans des vases appelés *coupelles*, des lingots composés d'un alliage de divers métaux.

COUPELLE, vase en forme de mortier, dont on se sert pour fondre les alliages d'or et d'argent. Les petites coupelles, employées à de simples expériences, n'ont qu'un diamètre de quelques centimètres; les grandes coupelles ont plusieurs pieds de hauteur. Elles sont formées d'argile ou de brique; l'intérieur est couvert d'une couche d'os calcinés, de cendres lessivées ou d'argile mêlé de cendres. Les alliages de l'or ou de l'argent sont séparés au moyen du plomb.

COUPERET, sorte de couteau de cuisine. On a aussi donné ce nom à la lame d'acier dont on se sert pour trancher la tête des condamnés à mort.

COUPERIN (François), célèbre organiste, surnommé *le Grand*, né en 1668, mort en 1738. Il fut organiste de Saint-Gervais, puis de la chapelle du roi. Il n'a laissé aucune composition; mais il s'est distingué par une exécution dont la pureté contrastait avec le mauvais goût de son temps. Son frère, Couperin (Louis), fut organiste de la chapelle de Louis XIII. On trouve dans cette famille un grand nombre d'artistes de premier ordre.

COUPEROSE. On a donné ce nom à des sels métalliques, employés à la fois en médecine, dans les arts et dans l'industrie. Ces sels offrent une combinaison de l'acide sulfurique avec une base. La *couperose blanche* ou sulfate de zinc, est employée en médecine comme collyre ou comme émétique; la *couperose bleue* ou *vitriol bleu*, est un sulfate de cuivre. Elle est aussi employée en médecine. La *couperose verte*, appelée aussi *vitriol de fer* ou *de Mars*, est un proto-sulfate de fer. Cette substance est employée pour le polissage des métaux et du verre, ainsi que pour la teinture.

COUPLET, stance d'une chanson érotique ou bachique. La chanson en contient plusieurs qui doivent comprendre le même nombre de vers. L'histoire du couplet se lie à celle de la chanson. Le vaudeville s'en est emparé; mais il a perdu cette verve et cette originalité piquantes qu'il avait dans les anciens théâtres de la foire. Le couplet était vraiment de circonstance et était bourré de lazzis. Aujourd'hui le couplet de vaudeville est généralement froid et interrompt trop souvent l'action sans motif. Parfois il n'est bon qu'à mettre en relief, dans le dernier vers, une idée bouffonne ou plaisante, et, pour arriver à ce trait d'esprit, il faut subir l'audition des autres vers plats et insipides de la strophe; tout l'effet est dans la pointe. Ces sortes de couplets se chantent sur des airs connus qu'on nomme ponts-neufs. La désignation d'un air s'appelle timbre; elle est indiquée soit par le premier vers de la chanson dont on emprunte l'air, soit par le titre de cette chanson. Les vaudevillistes se contentent souvent de prendre les couplets d'un autre vaudeville, en choisissant une situation analogue, et calquent la mesure; c'est ce que les faiseurs appellent un monstre. On distingue trois sortes de couplets, suivant leur caractère et leur appropriation au sujet: le couplet *de situation* est lié à l'action; il termine une scène à effet et achève d'enlever le public. Le *couplet de circonstance* fait allusion aux événements du jour: la prise de Pékin ou de Mexico devient dans le temps où ces faits se produisent, le thème d'un couplet de vaudeville destiné à émouvoir la fibre patriotique. Le *couplet final* couronne le vaudeville; chaque personnage vient chanter le sien. Cet usage n'a guère été conservé que dans les revues.

COUPOLE, voûte en forme de coupe renversée; elles couronne ordinairement une base ronde ou polygonale. Le mot *coupole* désigne particulièrement la voûte intérieure, tandis que le mot *dôme* désigne plus spécialement la partie extérieure opposée à la coupole, et qui va en s'arrondissant. La coupole peut exister sans qu'il y ait de dôme, et réciproquement. Ainsi l'Ecole militaire, au Champ de Mars, présente un dôme sans coupole; il en est de même du palais des Tuileries. Quelquefois on n'exécute qu'une moitié de coupole. Les Byzantins ont adopté la coupole pour couronner leurs temples, qui figurent une croix grecque. Le Panthéon de Paris offre un exemple de ce style.

COUPON, mot qui a reçu diverses acceptions. Un morceau d'une largeur quelconque, détaché d'une pièce d'étoffe, se nomme *coupon*. On donne aussi ce nom à une pièce de toile qui se fabrique en Chine. Enfin, en termes de finance, le *coupon d'action* signifie une *part d'action*, ou une portion du *dividende*. Ce mot fut mis en usage au temps de Law. Chaque action de sa banque célèbre se divisait en six parties, sur chacune desquelles était porté le montant de 3 années du dividende. Ces divisions formaient autant de coupons qu se négociaient séparément. Les coupons facilitaient le payement des dividendes; le détachement du coupon qui restait aux mains de l'administration lors du payement du dividende semestriel, lui valait quittance. Plus tard, le mot *coupon d'action* a été réservé au titre même, qui était coupé d'un registre à souche au talon. Certaines compagnies ont créé des actions et des coupons d'action: ainsi des actions de 500 francs ont pu être fractionnées en coupons de 100 francs chacun. On a quelquefois donné le nom de coupons de loges à des billets de théâtre réservés par les directeurs de théâtre aux personnes influentes dans la critique et le journalisme.

COUPTRAIN, ch.-l. de cant. de l'arrond. de Mayenne (Mayenne), à 32 kil. de cette ville. Pop. 455 hab.

COUR, espace vide entouré de bâtiments, de murs ou de grilles; un espace d'un accès à plusieurs voies porte le nom de place. On donne aussi le nom de cour aux palais habités par un souverain. Par extension, on a nommé cours les tribunaux supérieurs qui rendent la justice au nom du souverain. Dans un autre sens, la cour comprend tous les autres membres de la famille souveraine, les ministres, les principaux officiers et fonctionnaires attachés au souverain. Dans les monarchies despotiques, la faveur du souverain fait toute la puissance des courtisans:

Les courtisans sont des jetons,
Leur valeur dépend de leur place;
Dans la faveur des millions.
Et des zéros dans la disgrâce.

Montesquieu a défini la vie de cour l'échange de sa grandeur naturelle contre une grandeur empruntée. Dans ces monarchies, l'intrigue est souvent le moyen de parvenir aux grandeurs; elle est souvent l'asile de la médisance. Ce qui serait un crime pour le malheureux est excusable de la part du courtisan:

Selon que vous serez puissant ou misérable,
Les jugements de cour vous rendront blanc ou noir.

COUR D'AMOUR, tribunal composé de dames illustres. Cette juridiction, empreinte du caractère chevaleresque du moyen âge, était en vigueur dans toute la France. On y résolvait les questions de galanterie, et l'on y jugeait les contestations que fait naître l'amour. On sait de quel respect les chevaliers entouraient les dames; aussi les arrêts des cours d'amour avaient-ils pleine autorité. Plusieurs de ces arrêts ont été rapportés. Les décisions des cours d'amour devaient être conformes à un code composé de 31 articles, qui ont été conservés par André Chapelain. Les parties appelaient quelquefois d'une cour à l'autre. La dernière cour d'amour qui ait siégé fut tenue à Rueil: il s'agissait d'examiner une question de galanterie soulevée à l'hôtel de Rambouillet. La princesse palatine en faisait partie, ainsi que sa sœur Marie, depuis reine de Pologne, qui présidait. Il fut admis, sur les conclusions de Mlle Scudéry, avocat général, « qu'un véritable amant doit être plus occupé de son amour que des sentiments qu'il inspire. »

COUR DU COMTÉ, tribunal qui existait autrefois en Angleterre dans chaque comté. Il était présidé par le shérif, et composé de jurés choisis parmi les francs tenanciers.

COUR D'ÉGLISE, juridiction ecclésiastique qui connaissait de toutes les affaires intéressant les biens temporels du clergé; cette cour jugeait les différends entre les clercs et les laïques.

COUR DE HAUTE COMMISSION, instituée par Elisabeth, reine d'Angleterre, en 1584. Cette cour recherchait et punissait les ennemis de l'Eglise anglicane, et ceux même qui professaient une autre religion que celle qui était reconnue par l'Etat. Elle fut dissoute en 1641.

COURS MARTIALES, nom donné autrefois aux conseils de guerre.

COUR DES MIRACLES. On appelait ainsi, à Paris, une place située entre la rue Neuve-Saint-Sauveur et l'impasse des Filles-Dieu. C'était là le rendez-vous général de tous les mendiants et filous de la capitale. Sur la place, entourée de logis bas et obscurs, on voyait chaque matin tout un peuple en guenilles s'exercer à l'envi à qui contreferait le mieux, soit un borgne, soit un bossu, soit un paralytique ou bien encore un sourd-muet. Il n'y avait pas de difformité qui n'eût son noble représentant du sein de cette république de larrons. Les rues de la Truanderie, des Francs-Bourgeois et de la Mortellerie faisaient encore partie de leur domaine. Leur nombre a été évalué à 40,000. Ils vivaient dans une promiscuité révoltante. Leur chef suprême, qui portait le nom de coësre, exerçait sur eux un pouvoir très-étendu. Leurs différentes catégories portaient les noms de *callots*, *orphelins*, *malingreux*, *capons*, etc. La police resta longtemps sans pouvoir pénétrer parmi ces audacieux mendiants. La Reynie réprima enfin leurs désordres.

COUR NATIONALE (haute). Elle fut instituée en 1791, pour connaître des crimes et délits des grands fonctionnaires de l'Etat et des représentants de la nation; elle connaissait aussi des attentats contre la sûreté de l'Etat. Cette cour se composait de 4 conseillers du tribunal de cassation et de 24 jurés élus par les départements. Elle siégea à Orléans en 1791 et 1792, et à Vendôme en 1796 et 1797. Sous l'empire, on institua la haute cour impériale, composée des princes, des grands dignitaires, du ministre de la justice, de 60 sénateurs, de 10 présidents, des sections du conseil d'Etat, de 14 conseillers d'Etat et de 20 membres de la cour de cassation. Sous la Restauration et le gouvernement de Juillet, les attributions de la haute cour furent dévolues à la Chambre des pairs. La constitution de 1852 a établi une haute cour de justice composée de membres de la cour de cassation désignés chaque année par l'empereur, et de jurés tirés au sort parmi les conseillers généraux des départements.

COUR DU NORD, tribunal institué en Angleterre par le roi Henri VIII, en 1537, à l'effet de réprimer les désordres que la suppression des monastères avait amenés dans les contrées du Nord dévouées au parti catholique. Cette juridiction devint, par sa dévotion au pouvoir royal, un instrument de despotisme d'autant plus dangereux que ses attributions n'étaient pas limitées.

COURS PLÉNIÈRES, assemblées solennelles que tenaient, au moyen âge, les rois et les grands aux jours de fête, notamment à Pâques et à Noël, et aussi lorsqu'ils voulaient donner quelque tournoi. Ce n'était guère qu'une cérémonie.

COURS PRÉVÔTALES. On donnait ce nom à un tribunal qui avait pour mission de punir certains crimes ou délits, que l'ordonnance de 1731 définissait sous le nom de vagabondage, escroquerie, vol de grand chemin. Pendant le consulat, ces cours se multiplièrent à l'effet de réprimer les délits, qui se répétaient de plus en plus; elles sévirent contre les crimes politiques, les désertions et la contrebande. Lors de la Restauration, les cours prévôtales furent instituées pour sévir contre les patriotes et les débris de nos glorieuses armées, qu'on flétrissait du nom de brigands de la Loire. Elles étaient composées de juges des tribunaux de 1re instance et réunies entre elles par un prévôt, officier supérieur de l'armée. Elles connaissaient de tous les délits qui portaient atteinte à la *sûreté publique*. On conçoit combien la définition vague de ce mot prêtait à l'arbitraire; aussi les cours prévôtales furent-elles trop souvent l'instrument de vengeances politiques et de réactions dangereuses. Instituées en 1815, elles subsistèrent jusqu'en 1817.

COUR SOUVERAINE, nom donné à un tribunal supérieur qui connaît, sans appel ni recours, des affaires qui lui sont soumises. La cour de cassation, la cour des comptes et dans certaines espèces le conseil d'Etat, sont des cours souveraines.

COURS IMPÉRIALES, tribunaux d'appel institués pour connaître en second ressort des contestations déjà jugées par les tribunaux de 1re instance. Il faut remarquer que tous les appels indistinctement ne sont pas déférés à cette cour; ainsi le tribunal de 1re instance connaît des appels des jugements de justice de paix, et le tribunal de commerce des appels des sentences des prud'hommes. Il y a aussi certaines affaires qui ne sont pas susceptibles d'appel : ainsi le tribunal de 1re instance connaît en premier et en dernier ressort des contestations dont la demande est inférieure à 1,500 fr. L'Assemblée constituante n'osa pas instituer de tribunaux spéciaux d'appel : les tribunaux d'arrondissement connaissaient tour à tour de l'appel des jugements rendus par les tribunaux de même degré. On craignait alors d'établir des tribunaux supérieurs qui empiétassent sur l'autorité politique, suivant l'exemple des anciens parlements. Les tribunaux d'appel furent institués par la loi du 27 ventôse an VIII. Un sénatus-consulte du 28 floréal an XII leur donna la qualification de *cours d'appel*; elles devinrent bientôt après *cours impériales*. En 1814, elles s'intitulèrent *cours royales*. On en compte 28 sur le territoire français, indépendamment de celles qui sont établies dans les colonies. Le nombre des conseillers varie de 60 à 40 à Paris, et de 40 à 24 dans les autres cours. Le parquet se compose d'un procureur général, d'avocats généraux et de substituts.

COURS D'APPEL (*Voir* COURS IMPÉRIALES).

COURS D'ASSISES (*Voir* ASSISES).

COUR DE CASSATION (*Voir* CASSATION).

COUR DE CHANCELLERIE, tribunal anglais composé du lord haut chancelier, président, et de trois vice-chanceliers. Ce tribunal fonctionne à la fois comme tribunal de cassation, chargé de surveiller l'observation, par les autres tribunaux, des lois et coutumes, et comme tribunal d'équité suppléant, en matière civile seulement, à l'insuffisance de la loi. On peut appeler de ses décisions à la chambre des lords.

COUR DE CHRÉTIENTÉ. On donnait autrefois ce nom à une juridiction exercée par le clergé, et au lieu où se tenait cette cour.

COUR DES COMPTES (*Voir* COMPTES).

COUR DE L'ÉCHIQUIER (*Voir* ECHIQUIER).

COUR DES MONNAIES (*Voir* MONNAIES).

COUR DES PAIRS (*Voir* PAIRS).

COUR DES POISONS. On donnait ce nom à la chambre instituée à l'Arsenal, en 1679, « pour connaître et juger, dit l'ordonnance, les accusés, prévenus de poison, maléfices, impiétés, sacriléges, profanations et fausse monnaie, circonstance et dépendance, tant dans la ville de Paris qu'en divers autres lieux du royaume. » Les crimes d'empoisonnement étaient devenus si fréquents et des personnages importants s'étaient tellement compromis depuis quelques années, qu'on jugea nécessaire d'instituer cette juridiction exceptionnelle. Des empoisonneuses de profession exerçaient leur industrie au profit de personnages que leur position élevée mettait à l'abri du soupçon. Cette cour remplit assez mal son but; elle ne frappait que les coupables obscurs pour épargner les nobles; elle jugeait moins suivant sa conscience que suivant les ordres qu'elle recevait.

COURS ROYALES (*Voir* COURS IMPÉRIALES).

COURS VEHMIQUES (*Voir* VEHME (sainte)).

COURAGE, instinct et souvent même sentiment raisonné qui porte l'homme à braver les dangers. Il y a plusieurs sortes de courage : il peut être inspiré par une fureur bestiale, par l'ignorance du danger, quelquefois même par la peur. Le *vrai courage* est celui qui est inspiré par le sentiment du devoir et par le besoin qu'éprouve une âme généreuse à se dévouer pour ses semblables. Quelques hommes sont braves ou poltrons par instinct; il est cependant certain que l'éducation peut modifier la nature. Certaines races sont naturellement belliqueuses et aiment à braver le danger; d'autres, au contraire, sont timides et acceptent la domination. On distingue aussi le *courage militaire* du *courage civil*, le plus rare de tous. C'est cette dernière qualité qui engendre les martyrs religieux ou politiques.

COURANT, mouvement des masses liquides déterminé par ce principe que l'élément liquide tend toujours à prendre son niveau. Il y a aussi des courants de fluides déterminés par la dilatation et la raréfaction de l'air qui produisent les vents. Les courants des masses liquides sont plus ou moins rapides, suivant la pente du lit dans lequel elles coulent. Ces courants se rencontrent même dans la mer. Les principaux, qui sont considérés comme les deux grandes artères du globe, sont ceux de l'Océan atlantique et de l'Océan pacifique.

COURBE, ligne géométrique dans laquelle il ne se rencontre pas deux points à côté l'un de l'autre qui forment ensemble une ligne droite. Newton a décrit la théorie des courbes. Il a démontré qu'un corps qui se meut dans une courbe subit l'action de deux forces divergentes : l'une qui tend à le conduire en ligne droite, l'autre à l'en détourner et qui agit perpendiculairement à la première force.

COURBEVOIE, ch.-l. de cant. de l'arrond. de Saint-Denis (Seine), à 9 kil. de Paris. Pop. 6,760 hab. Port sur la Seine; entrepôt de vins, vinaigre, eaux-de-vie. Fabriques de céruse, toiles peintes. Distillerie, féculerie. Vaste caserne d'infanterie.

COURCELLES-LE-COMTE; village de l'arrond. de Béthune (Pas-de-Calais), à 35 kil. de cette ville. Pop. 750 hab. Sucrerie de betterave. Rencontre d'Edouard Ier, roi d'Angleterre, et de Philippe le Bel, roi de France (1288).

COURÇON, ch.-l. de cant. de l'arrond. de la Rochelle (Charente-Inférieure), à 20 kil. de cette ville. Pop. 1,050 hab.

COURCY, village de l'arrond. de Falaise (Calvados), à 15 kil. de cette ville. Pop. 280 hab. Ancienne baronnie. Ruines d'un vieux château.

COURIER DE MÉRÉE (Paul-Louis); né en Touraine, le 4 janvier 1772. Il se destina d'abord à la carrière militaire, et fit les campagnes de la république et de l'empire dans l'artillerie. Son corps d'armée ayant été envoyé en Italie, Courier fut séduit par le climat enchanteur de ce pays; il se démit du grade de chef d'escadron et vint se réfugier à Florence, où il s'adonna entièrement aux recherches littéraires. Dans une bibliothèque de cette ville, il découvrit un manuscrit de Longus, contenant une partie de son roman intitulé, *Daphnis et Chloé*. En restituant au monde savant ce petit chef-d'œuvre que l'on croyait perdu, et en le traduisant en français, Courier obtint aussitôt un rang distingué parmi les hellénistes. Les médiocrités mesquines s'attaquent volontiers au mérite réel : le bibliothécaire qui avait sous sa garde le précieux manuscrit et qui n'y avait jamais porté les yeux jusqu'au jour de son exhumation, aperçut une légère tache d'encre qui maculait le texte. Il en prit occasion de commencer contre Courier cette suite de persécutions dont sa vie offre tant d'exemples. Courier donna ensuite des traductions d'Isocrate et l'*Hippiatrique* de Xénophon. Il publia dans le même temps quelques satires sur l'esprit de l'armée : Courier regrettait l'élan patriotique des vieilles troupes républicaines; il déplorait avec amertume l'esprit nouveau du soldat qui n'était guidé que par l'ambition de conquérir des décorations et des grades. L'indépendance de ses opinions avait d'abord entravé son avancement. Ayant été un jour témoin de la timidité de César Berthier dans une occasion décisive, il s'approcha d'un caisson sur lequel on lisait le mot *César*, qui indiquait le nom du propriétaire, et enlevant les caractères avec la pointe de son sabre, il s'adressa en ces termes au conducteur : « Tu diras à ton maître que Courier veut bien qu'il continue à s'appeler Berthier, mais pour César, il le lui défend. » Courier, tourmenté du désir d'observer et de connaître à fond le système stratégique de Napoléon, reprit du service en 1809 et combattit à Wagram. Après cette campagne, il donna sa démission. Il porta sur cette expédition, qui avait motivé un rassemblement de 100,000 hommes, le jugement suivant, qui pouvait passer pour une prédiction : « Avec de semblables masses, on avance, mais on ne peut pas reculer; une défaite, et l'ennemi est à Paris. » Courier accueillit la Restauration comme un gouvernement qui devait assurer le règne de la liberté et, suivant son expression, *il donna en plein dans la charte*. Les événements qui suivirent de près la Restauration, l'institution des cours prévôtales, l'accroissement de l'influence cléricale lui inspirèrent ses premiers pamphlets politiques. Il ne laissa pas cependant de continuer l'étude du grec, et il donna, dans la vieille langue d'Amyot, une traduction du fragment par lui découvert de *Daphnis et Chloé*. Ce curieux travail lui démontra que notre vieux français convenait mieux à la traduction que la langue moderne. Il traduisait de la même manière l'*Ane* de *Lucius*. Il avait entrepris une traduction d'Hérodote quand il fut surpris par la mort. Ses pamphlets politiques lui ont valu le premier rang parmi nos satiriques en prose; on y trouve une malice que n'auraient pas désavouée la Fontaine et Molière. Le simple discours à l'occasion de la souscription de Chambord lui valut une condamnation à 2 mois d'emprisonnement. Il raconta les circonstances de son procès avec une malice inimitable. Il fut plus heureux lors d'un second jugement : le jury l'acquitta. Il se disposait à quitter Veretz, où il dirigeait une exploitation agricole, sous le modeste pseudonyme de *vigneron de la Chavanière*, quand une main inconnue le frappa d'une balle meurtrière le 10 avril 1825.

COURILS, sorciers représentés dans les légendes de la Basse-Bretagne. Ils apparaissent comme des génies tantôt bienveillants et tantôt malicieux et méchants. On les retrouve, à peu près sous le même nom, dans les contes et les légendes de divers peuples.

COURLANDE, gouvernement de la Russie d'Europe, sur la Baltique. Ch.-l. Mitau. Il forme une partie du gouvernement général de Livonie, Esthonie et Courlande. Sup. 27,335 kil. carrés. Pop. 567,150 hab. Sol plat et assez fertile, dont les 2/5 sont couverts de forêts. Climat très-froid en hiver. Exploitation de fer, argile; récolte d'ambre; élève de bestiaux et d'abeilles. Industrie très-arriérée. La Courlande fut conquise en 1243 par l'Ordre teutonique, et fut érigée en duché héréditaire dépendant de la Pologne.

Ducs de Courlande.

Kettler	1561
Frédéric et Guillaume	1587
Jacques	1587
Frédéric-Casimir	1672
Frédéric-Guillaume	1698
Ferdinand	1711
Biren	1737
Louis-Ernest de Brunswick	1740
Charles de Pologne	1758
Biren, pour la seconde fois	1762
Pierre	1769

Pierre abdiqua et céda le duché à Catherine II, qui l'incorpora à la Russie. En 1818, l'empereur Alexandre effectua l'affranchissement des paysans.

COURNAUD (Antoine DE), poëte né à Grasse en 1747, mort à Paris en 1814. Il embrassa la carrière ecclésiastique; mais il renonça à ses vœux et se jeta dans le parti révolutionnaire. En 1792, il fit partie de la commission administrative du département de la Seine. Il fut nommé ensuite professeur de littérature au Collége de France. Il a laissé divers poëmes aussi faibles par la versification que par la conception; il traduisit en vers l'*Achilléide* de Stace et les *Géorgiques* de Virgile.

COURNON, bourg de l'arrond. de Clermont-Ferrand (Puy-de-Dôme), à 11 kil. de cette ville. Pop. 2,607 hab.

COURONNE, marque de dignité, et, le plus souvent, attribut de la royauté. Chez les anciens, les triomphateurs portaient une couronne; les divinités portaient aussi des diadèmes; dans les festins, les convives se couronnaient de fleurs. On offrait des couronnes d'or aux dieux. Dans les funérailles, on mettait sur les sépulcres des couronnes de laurier, d'olivier ou de lis. Il y avait des couronnes *civiques*, des couronnes *murales*, des couronnes *castrenses*, des couronnes *navales*. Les Grecs distribuaient des couronnes aux vainqueurs des Jeux olympiques et isthmiques. Sous la féodalité, les grands portèrent des couronnes à l'exemple des rois.

COURONNES DE FESTINS. Dans les festins et réjouissances publiques, on se couronnait de lierre, de roses et d'autres fleurs naturelles ou même artificielles. Les unes se plaçaient sur la tête, les autres autour du cou ou sur la poitrine. Les anciens voyaient dans l'usage de ces fleurs un préservatif contre l'ivresse. Menestus et Callimaque, célèbres médecins de l'antiquité, proscrivaient l'usage des couronnes dans les festins en prétendant avec raison que les émanations en étaient nuisibles; d'autres soutenaient le contraire. On mettait un certain luxe dans le choix des fleurs. En hiver, on employait les feuilles d'amarante. Sous les empereurs, on fit usage de fleurs artificielles qui reproduisaient non-seulement la couleur, mais encore le parfum des fleurs naturelles.

COURONNE DES JEUX PUBLICS. Les vainqueurs étaient couronnés dans les jeux de la Grèce : la couronne était d'olivier dans les Jeux olympiques dédiés à Jupiter; de laurier aux Jeux pythiques, en l'honneur d'Apollon, vainqueur du serpent Python; d'ache aux Jeux néméens; de branches de pin aux Jeux isthmiques, qui se donnaient, dans l'isthme de Corinthe, en l'honneur de Palémon. A Rome, le président des jeux décernait aux vainqueurs des couronnes de laurier; Grassus introduisit l'usage de décerner des couronnes artificielles à feuilles d'or ou d'argent. Les gladiateurs, à qui l'on donnait la liberté en récompense de leur courage, recevaient une couronne de laine.

COURONNES MILITAIRES. Ces couronnes étaient de neuf sortes, suivant que celui qui en était jugé digne s'était distingué à l'attaque d'un camp, d'une ville ou dans certaines circonstances spéciales.

COURONNE CASTRENSE OU VALLAIRE. Elle était décernée à celui qui avait franchi le premier les retranchements d'un camp ennemi. Elle était d'or avec des pointes en forme de palissade.

COURONNE CIVIQUE. C'était la récompense donnée, par un général d'armée, au légionnaire qui avait sauvé la vie à un compagnon d'armes, en tuant l'ennemi qui le menaçait. Cette récompense était donnée, qu'il s'agît du dévouement pour un général ou pour un simple citoyen romain. Celui qui l'avait reçue était l'objet de distinctions particulières; il était exonéré d'impôts lui et ses ascendants; quand il paraissait en public, les assistants se levaient pour l'honorer, et les patriciens lui donnaient place parmi eux. La couronne civique était de simples branches de chêne.

COURONNE GRAMINALE. Les soldats la décernaient à leurs chefs, généraux, tribuns, ou centurions qui les avaient tirés d'un grand danger; cette couronne était de gazon.

COURONNE MURALE. Elle était accordée par le général au légionnaire qui était monté le premier à l'assaut d'une ville assiégée ou qui était entré par la brèche.

COURONNE OBSIDIONALE. Elle était offerte par les assiégés au chef qui avait fait lever le siége d'une ville ou d'un camp. Elle était faite de gazon cueilli dans l'enceinte même de la ville assiégée.

COURONNE OLÉAGINALE, de branches d'olivier; elle servait d'ornement au légionnaire qui suivait, à son entrée dans Rome, le général qui avait mérité l'ovation.

COURONNE OVALE, de myrte ou de laurier. Elle était la récompense de l'ovateur (*Voir* OVATION).

COURONNE ROSTRALE OU NAVALE. Elle était donnée à celui qui, dans un combat naval, était monté le premier à l'abordage de navires ennemis. Elle était aussi décernée au général qui avait capturé des navires. Elle était d'or, et son cercle imitait des proues ou rostres de navires.

COURONNE TRIOMPHALE, réservée au général qui avait remporté une grande victoire. Elle était décernée par les soldats ou même par les villes des provinces que le général avait délivrées par ses armes. Cette couronne fut d'abord de laurier; ensuite on la fit d'or, et l'on en porta même plusieurs devant le char du triomphateur.

COURONNE DES SACRIFICES. Les prêtres et les sacrificateurs portaient une couronne sur la tête pendant les cérémonies du sacrifice. Les couronnes étaient d'or ou de branches d'olivier; celles des flamines étaient de laurier.

COURONNES DE SOUVERAINS. Chez les premiers peuples, la couronne fut un insigne sacerdotal; les souverains l'adoptèrent quand ils réunirent à leur empire le pouvoir du sacerdoce. Les premières couronnes consistaient dans des bandelettes, nommées diadèmes, dont les prêtres se ceignaient la tête et qu'on liait par derrière. C'est ainsi qu'on représente les diadèmes des rois d'Égypte et de Syrie. Plus tard, on prit des branches d'arbre auxquelles on ajouta des fleurs. La couronne des empereurs romains était de laurier, quelquefois d'or, et enrichie de pierreries. Les empereurs byzantins portèrent une couronne couverte par le haut. La couronne des papes ou tiare est ornée de 3 couronnes qui signifient que les papes réunissent la puissance ecclésiastique et impériale. La couronne que les papes donnaient aux empereurs était surmontée d'une mitre semblable à celle des évêques, plus petite cependant, plus large et moins pointue; son ouverture est au front; au-dessus d'un cercle d'or est placée une petite croix. Quand la féodalité s'établit, les rois, les marquis et les comtes prirent la couronne. Elle était composée d'un cercle d'or. Les rois de la première race portèrent soit des diadèmes de perles, soit un chapeau terminé en pointe surmontée d'une grosse perle. La couronne des rois de la seconde race consistait en un double rang de perles, et quelquefois en une couronne de laurier. Ils portaient aussi la mitre impériale surmontée d'une croix. Les rois de la troisième race adoptèrent pour couronne un cercle d'or enrichi de pierreries et parsemé de fleurs de lis. François Ier adopta, pour ne le céder en rien à Charles-Quint, son rival, la couronne fermée par le sommet.

Couronne de fer. C'était celle des rois lombards. Elle fut adoptée par Agilulfe en 590. Elle était d'or; mais elle était ornée d'un anneau de fer formé, suivant une légende, d'un des clous qui servirent à crucifier Jésus-Christ. Les empereurs d'Allemagne n'étaient reconnus rois d'Italie qu'après avoir reçu cette couronne à Pavie. Napoléon Ier la porta quand il fut couronné roi d'Italie à Milan. On la conserva dans la cathédrale de Monza. En 1859, les Autrichiens, à la suite de l'évacuation du Milanais, l'emportèrent dans leur retraite.

Couronne (la), village de l'arrond. d'Angoulême (Charente), à 6 kil. de cette ville. Pop. 2,000 hab. Nombreuses papeteries. Récolte de vins rouges. Ruines de la célèbre abbaye des Augustins de la *Couronne*, fondée en 1122.

Couronne (Grand-), ch.-l. de canton de l'arrond. de Rouen (Seine-Inférieure), à 11 kil. de cette ville. Pop. 1,165 hab. Fabrique de tulle de coton.

Couronne, ancienne monnaie française. Philippe de Valois fit frapper, en 1339, des couronnes d'or, ainsi nommées de ce qu'on y voyait une couronne dans un champ parsemé de fleurs de lis; un marc d'or en fournissait 45. Philippe de Valois fit aussi frapper des blancs à la couronne, en argent, valant le quart d'une livre sterling, soit en monnaie française, 5 fr. 81 c.

COURPIÈRES, ch.-l. de cant. de l'arr. de Thiers (Puy-de-Dôme), à 15 kil. de cette ville. Pop. 3,590 hab. Exploitation d'argile réfractaire. Fabriques de poterie, de passementerie, de rubans, de laine, de camelot, verrerie. Commerce de bois; eaux minérales froides.

COURRIER, porteur de lettres ou de nouvelles; l'usage des courriers remonte à la plus haute antiquité. Hérodote signalait leur existence en Perse. Xénophon parle des courriers institués par Cyrus. Le courrier voyageait à cheval, parcourait la distance d'un relais à un autre, et remettait la correspondance à un autre courrier, qui l'apportait ainsi à son tour à une journée de là. Ces courriers faisaient de 20 à 25 lieues par jour. Les Grecs avaient des courriers à pied, nommés *hémérodromes*, qui couraient tout un jour. Les *Commentaires de César* signalent des courriers qui faisaient jusqu'à 40 lieues par jour dans le cirque pour gagner le prix de la course. Les Romains avaient aussi des courriers à cheval appelés *viatores*. Les empereurs d'Orient avaient des *cursores*. Le courrier le plus extraordinaire qu'on cite dans l'antiquité est un certain Palladius, du temps de Théodose; il allait en 3 jours de Constantinople en Perse, parcourant ainsi 80 lieues par jour. L'empereur Auguste institua un service de poste qui était pratiqué par des chars. Au moyen âge, il y eut des courriers que leur maître envoyait en avant pour reconnaître si les chemins étaient sûrs. Louis XI établit, au xve siècle, des courriers pour la correspondance de l'État avec le pape. Le transport des lettres avait lieu par des messagers qui se mettaient en route lorsqu'ils avaient un nombre suffisant de paquets. On institua plus tard les courriers de la malle qui faisaient un service régulier. Aujourd'hui la poste est desservie par les chemins de fer. Les divers cabinets emploient des courriers spéciaux, nommés courriers de cabinets. Les armées en campagne emploient aussi des courriers ordinaires ou extraordinaires. Le pape a ses courriers apostoliques, chargés de convoquer ses cardinaux.

COURROIE, bande de cuir plus ou moins longue, simple ou composée de plusieurs morceaux, et garnie d'une boucle à l'une de ses extrémités, tandis que l'autre est percée de trous de distance en distance, de façon qu'on puisse les réunir. Dans la mécanique on se sert de courroies sans fin pour transmettre le mouvement d'un arbre de couche à différents métiers.

COURROUX, sentiment qui est le résultat d'une violence irritante. Quoique synonyme de colère, elle ne peut s'appliquer que d'un supérieur à l'inférieur. On dit: la colère des soldats, le courroux de l'officier.

COURS, village de l'arr. de Villefranche (Rhône), à 38 kil. de cette ville. Pop. 4,478 hab. Fabriques de toiles, fil et coton.

Cours. Ce mot reçoit diverses acceptions: un *cours d'eau* désigne les masses d'eau sans cesse renouvelées qui s'épanchent en suivant une certaine pente. Les ruisseaux, les rivières et les fleuves sont des cours d'eau. On entend par *cours de la bourse* ou *d'une valeur publique* le prix moyen de la rente et des diverses valeurs cotées à la Bourse (Voir Bourse (opérations de)). Le mot cours sert encore à désigner un enseignement public. Ainsi il y a dans les collèges et universités des *cours scientifiques et littéraires*.

Cours d'eau. On désigne par ce mot les rivières et les fleuves, par opposition aux marais et aux lacs dont les eaux sont stagnantes. On distingue les rivières navigables ou flottables, qui sont du domaine public, des cours d'eau non navigables ni flottables, qui sont du domaine privé. Les riverains ont sur le lit des cours d'eau non navigables ni flottables un droit de propriété jusqu'au milieu du lit, pour chacune des propriétés de l'une ou l'autre rive. Le riverain peut utiliser le cours d'eau, et même pratiquer des rigoles à la seule condition de rendre l'eau à son cours naturel. Il ne peut, par des barrages, aggraver la servitude des fonds inférieurs.

COURSAN, ch.-l. de cant. de l'arrond. de Narbonne (Aude), à 8 kil. de cette ville. Pop. 2,000 hab.

Vue de la Chapelle de Dreux.

COURSE. Action de courir, de se rendre d'un point à un autre pour affaire, etc.

COURSE EN MER, expédition maritime organisée par des corsaires. La course pouvait se justifier chez les peuples barbares, pour lesquels la guerre était un besoin. Les corsaires étaient les auxiliaires des peuples belligérants. La civilisation moderne, qui ne permet pas le pillage aux armées en campagne, devait interdire la piraterie, qui n'a d'autre objet que le butin. Il était d'usage, au moyen âge, que la course fût autorisée par des lettres de marque ou permissions de *courre sus aux ennemis.*

COURSEGOULES, chef-lieu de canton de l'arrondissement de Grasse (Alpes-Maritimes), à 30 kil. de cette ville. Pop. 580 hab.

à l'Angleterre, les courses les plus célèbres sont celles de New-Market, Epsom, Saint-Alban, Ascot, Chester, etc. Le goût des courses s'est répandu depuis quelques années dans toutes les parties de l'Europe. L'Autriche, la Prusse, le Hanovre, le Mecklembourg, etc., comptent aujourd'hui de nombreux hippodromes. Le culte brillant dû turf n'est pas non plus négligé aux Etats-Unis, et il n'est pas rare de voir les Américains consacrer à l'achat d'un étalon en Angleterre des sommes considérables.

COURSEULLES-SUR-MER, village de l'arrond. de Caen (Calvados), à 20 kil. de cette ville. Pop. 1,065 hab. Port de commerce, grand parc d'huîtres; pêche du hareng et du maquereau. Commerce de cabotage.

COURSIER. Terme dont on se sert dans

en 1125, l'émir Balack, dont il avait été le prisonnier. Il mourut peu de temps après, en allant au secours de l'une de ses forteresses, assiégée par le sultan d'Iconium. — Josselin II, dit le *Jeune*, fils du précédent. Ce fut sous son règne qu'Edesse tomba au pouvoir des musulmans; ce fait détermina la seconde croisade. — Josselin III, fut fait prisonnier par les infidèles dans l'une de ses tentatives pour reconquérir ses Etats, et mourut à Alep, en 1148. — *Membres de la seconde famille* : Pierre, l'un des fils de Louis le Gros, épousa Elisabeth, dame de Courtenay, et devint ainsi, en 1150, propriétaire de cette seigneurie. Il mourut en 1183. — Pierre II, son fils, accompagna Philippe-Auguste à la croisade. Il fut élu empereur de Constantinople à la mort de Henri Ier. Fait prisonnier, il mourut après deux années de captivité. — Robert, fils du précédent, se rendit à Constantinople, en 1221, pour prendre possession de l'héritage paternel; mais il eut à lutter contre des compétiteurs et perdit son armée. Il mécontenta le peuple par son orgueil et se rendit à Rome, où Grégoire IX l'engagea à changer de conduite et à rentrer dans ses Etats. Il mourut pendant ce voyage, en 1228. — Baudouin II, dernier empereur latin de Constantinople (*Voir ce mot*). — Philippe, fils de Baudouin; il épousa Béatrice, seconde fille de Charles d'Anjou, roi de Naples, qui s'était engagé, de concert avec les Vénitiens, à appuyer ses prétentions à l'empire grec; mais les *Vêpres siciliennes* mirent obstacle à ce projet. Philippe mourut en 1285. — Catherine, sa fille unique, épousa Charles de Valois, fils de Philippe le Hardi.

Drouet arrêtant Louis XVI à Varennes.

COURSES, jeux en usage chez les anciens (*Voir* JEUX PUBLICS).

COURSES DE CHEVAUX. Chez les anciens, les courses de chevaux se faisaient sans selle et sans étriers, dans des hippodromes longs de quatre stades. Chez les modernes, les courses ont pris un essor si général, si puissant, qu'il n'y a pas une seule grande nation en Europe où elles ne soient en honneur. Même avant l'Angleterre, qu'on se plaît à nous opposer constamment, nous avons tenu en Europe le sceptre hippique. Il suffirait de parcourir nos vieilles chroniques pour trouver des preuves suffisantes du goût de la vieille France pour les exercices équestres. C'est Napoléon Ier qui introduisit, en les organisant, les courses de chevaux en France. Et aujourd'hui, outre les courses que le gouvernement prend sous sa protection et pour lesquelles il décerne des prix d'une certaine valeur, il existe encore des courses particulières aux frais des villes et par souscription volontaire. Les lieux où se font les principales courses, sont : Paris, Chantilly, Vincennes, Versailles, le Pin, Nancy, Saint-Brieuc, Caen, Nantes, Angers, Limoges, Aurillac, Bordeaux, Tarbes, etc. Quant

le langage poétique pour désigner un cheval brillant et courageux.

COURSON, ch.-l. de cant. de l'arrond. d'Auxerre (Yonne), à 22 kil. de cette ville. Pop. 1,500 hab. Exploitation de belles pierres de taille. Commerce de charbons et chaux. Fabrique de draps.

COURTAGE. (*Voir* COURTIER.)

COURTALIN, bourg de l'arrond. de Châteaudun (Eure-et-Loir), à 14 kil. de cette ville. Pop. 850 hab. Foires et marchés importants. Château du XVe siècle, appartenant aux Montmorency.

COURTAUD. Individu dont la taille courte et ramassée manque de grâce. On donne également ce nom aux garçons de boutique et aux jeunes gens novices dans le commerce, dont les manières sont gauches et empruntées.

COURTENAY, ch.-l. de cant. de l'arrond. de Montargis (Loiret), à 25 kil. de cette ville. Pop. 2,570 hab. Tanneries, teintureries; commerce de bois et charbon. Ancienne seigneurie; beau château.

COURTENAY (maison de). Deux familles célèbres dans l'histoire de France ont porté ce nom. — *Membres de la première famille* : Josselin Ier, comte d'Edesse, fut,

COURTHEZON, bourg de l'arrond. d'Avignon (Vaucluse), à 18 kil. de cette ville. Pop. 3,360 hab. Patrie de Saurin.

COURTIER, ainsi nommé en raison des courses et démarches nombreuses que lui impose sa profession, est un intermédiaire chargé de nouer les rapports entre les marchands et de faciliter les achats et les ventes. Ils diffèrent des commissionnaires en marchandises en ce qu'ils ne s'obligent pas en leur nom; il leur est même interdit de faire, pour leur compte personnel, aucune opération commerciale. De même que les agents de change, ils sont officiers publics, et sont soumis aux mêmes obligations que les commerçants, le courtage étant considéré comme un acte de commerce. Avant la Révolution, les fonctions de courtier se confondaient avec celles d'agent de change. La loi de 1791 permit l'exercice du courtage à toute personne qui payerait la patente fixée par la loi, et qui aurait prêté serment. La loi du 28 vendémiaire an v rétablit les courtiers avec le privilége exclusif d'être les intermédiaires des commerçants; leur nombre fut porté à 60. On a compris la nécessité de classer les courtiers suivant la nature de leurs opérations; ainsi il y a des courtiers de marchandises, des courtiers d'assurances, des courtiers interprètes et conducteurs de navires, des courtiers de transports par terre et par eau, et enfin des courtiers gourmets piqueurs de vins. Le même courtier peut cumuler plusieurs sortes de courtages, à la condition d'y être autorisé; cependant les courtiers de transports par terre et par eau ne peuvent cumuler les fonctions de courtiers de marchandises, d'assurances ou de conducteurs de navires. Le cumul est aussi interdit aux gourmets piqueurs de vins, excepté dans les villes où il n'y a qu'une espèce de courtiers. Il y a des courtiers dans toutes les villes où il existe une Bourse de commerce et dans quelques autres places; leur nombre est déterminé suivant les besoins du commerce. Ils sont nommés par l'empereur; ils sont tenus d'inscrire sur un carnet les marchés dans lesquels ils s'entremettent. Ils délivrent des bordereaux aux parties qui en font la demande; ils ne peuvent recevoir aucune somme pour le compte de leurs commettants; cependant l'usage contraire s'est assez généralement répandu. Le courtage clandestin exercé par les *courtiers marrons* est puni par la loi. Les courtiers nomment une chambre syndicale qui constate les cours des marchandises.

COURTILLE, vieux mot qui désigne une petite cour ou un enclos fermé de haies ou de palissades. Les courtilles de Saint-Martin et celles du Temple étaient autrefois des marais. Le nom de Courtille a été donné à un village bâti dans le faubourg du Temple; c'était un lieu consacré à l'ivrognerie. Ramponneau y acquit une grande réputation; pendant les jours de carnaval, la Courtille devenait le rendez-vous de tous les gens de la basse classe. Des hommes de distinction ne craignirent pas de s'y compromettre quelquefois.

COURTINE (la), ch.-l. de cant. de l'arr. d'Aubusson (Creuse), à 31 kil. de cette ville. Pop. 850 hab.

COURTINE. On appelle ainsi, en termes de fortification, une des parties d'une face d'une forteresse qui sert de liaison à deux bastions.

COURTISAN, familier de la cour des princes. (*Voir* COUR.)

COURTISOLS, village de l'arrond. de Châlons-sur-Marne (Marne), à 13 kil. de cette ville. Pop. 1,930 hab. Culture de céréales; élève d'abeilles. Fabrication de bonneterie. Ce village fut fondé à la fin du XVIIe siècle par une colonie d'Helvétiens. Ses habitants, industrieux et bons agriculteurs, ont conservé leurs coutumes et un langage particulier; ils se marient entre eux.

COURTOIS (Edme-Bonaventure), né à Arcis-sur-Aube en 1756. Il fit tour à tour partie de l'Assemblée législative, de la Convention, du conseil des Anciens et du Tribunat. Le 16 nivôse an III, il présenta à la Convention un rapport relatif aux papiers saisis chez Robespierre et ses complices. Il se mêla à quelques tripotages sur les grains; mais c'est à tort qu'on prétend qu'il fut, pour ce motif, exclu du Tribunat. Ayant voté la mort de Louis XVI, il dut, à la Restauration, se réfugier en Belgique. Il adressa à Louis XVIII une lettre de Marie-Antoinette écrite après sa condamnation à mort, et obtint ainsi la faveur de rentrer en France. Il mourut le 6 novembre 1816.

COURTOISIE. On entend par ce mot la civilité, l'urbanité. Un homme courtois est celui qui est poli, gracieux dans ses discours et dans ses manières. « Combien de gens, dit Montaigne, sont incivils par trop de politesse, et importuns par trop de *courtoisie*! »

COURTOMER, ch.-l. de cant. de l'arr. d'Alençon (Orne), à 35 kil. de cette ville. Pop. 1,264 hab.

COURTRAI ou COURTRAY, ville forte de Belgique, ch.-l. d'arrond. de la Flandre occidentale, à 120 kil. de Bruxelles. Popul. 28,000 hab. Tribunal de 1re instance, tribunal de commerce, chambre de commerce, bourse, collége, bibliothèque, hôpitaux. Fabrication de toiles damassées, de linge de table, le plus beau de l'Europe; toiles de coton, mouchoirs; filatures de lin et de coton; blanchisseries pour les toiles unies, dites *toiles de Courtrai*. Fabrication de dentelles, blondes de fil, percale, flanelle. Teintureries en rouge d'Andrinople; savonneries, huileries, raffineries de sel; fabriques de chicorée, tabac. On cite parmi ses monuments : l'hôtel de ville, les églises Notre-Dame et Saint-Martin. Courtrai avait déjà le titre de ville municipale lorsqu'elle fut évangélisée par saint Éloi, vers 650. Les Flamands s'y rencontrèrent avec les Français en 1302. En 1643, elle fut prise par les Français, qui y bâtirent sa citadelle. En 1645, les Espagnols s'en emparèrent; les Français la reprirent en 1647 et se la virent enlever par l'archiduc Léopold en 1648. Elle fut donnée à la France par le traité d'Aix-la-Chapelle, en 1668. Au traité de Nimègue (1678), elle fut rendue à l'Espagne; elle fut reconquise en 1683 et rendue de nouveau à la paix de Ryswick (1697). Elle fut encore prise par les Français en 1744, 1792, 1794, qui la gardèrent jusqu'en 1814.

COURTRAI (bataille de). Elle se livra à la suite d'une insurrection qui éclata à Bruges. Courtrai venait de tomber au pouvoir des insurgés, et l'on avait mis le siége devant Cassel, lorsque Robert d'Artois entra en Flandre par la route de Tournay. Guillaume de Juliers, qui commandait l'armée insurrectionnelle, alla rejoindre son parent, Gui de Flandre, qui était revenu à Courtrai avec le gros de l'armée. On ne pouvait soutenir un siége dans cette ville, dont le château était encore occupé par les Français; et une retraite était impossible pour une armée si puissante, à travers de vastes plaines, sans s'exposer à être enveloppée. On résolut donc de livrer bataille. L'armée prit position dans la plaine, en avant de Courtrai, derrière un canal peu profond que l'ennemi n'avait pas remarqué. Gentilshommes et bourgeois s'étaient placés sur un même rang; Gui de Flandre et Guillaume de Juliers parcouraient les rangs, et exhortaient les bourgeois à mourir pour leur pays. Robert d'Artois, avec une armée de 7,500 cavaliers, 10,000 archers et 30,000 fantassins, disposait, de son côté, ses troupes. Son armée, divisée en 10 colonnes, était commandée par les 10 principaux seigneurs. L'un d'eux, le connétable Raoul de Nesle, ayant voulu proposer une manœuvre qui eût séparé l'armée flamande et eût décidé la victoire, reçut cette réponse du comte d'Artois : « Avez-vous peur de ces lapins, connétable, ou bien avez-vous de leur poil. » Le connétable, craignant d'être soupçonné de trahison, répondit alors avec colère : « Sire, si vous venez où j'irai, vous irez bien avant. » La bataille ayant eu lieu, l'armée française fut complétement battue; on ne se souvenait d'aucun combat où la noblesse eût éprouvé tant de pertes. Le comte d'Artois, Jacques de Châtillon, lieutenant du roi, le connétable de Nesle et son frère Gui, maréchal de France, Godefroy, duc de Brabant, les comtes d'Eu, d'Aumale, de Dreux, de Soissons, etc., y trouvèrent la mort.

COURVILLE, ch.-l. de cant. de l'arrond. de Chartres (Eure-et-Loir), à 18 kil. de cette ville. Pop. 1,445 hab. Patrie de Panard. Sully mourut dans le château de Villebon, aux environs de cette ville.

COURVOISIER (Jean-Joseph-Antoine DE), né à Baume près Besançon, en 1775, mort en 1833, dans son pays natal. Les événements révolutionnaires le firent sortir de France avec son père, qu'il accompagna en émigration. Il prit du service dans l'armée de Condé, et s'y distingua. En 1815, il put revenir dans sa patrie, et fut envoyé par le Doubs à la Chambre des députés. Royaliste modéré, il y lutta 8 ans contre les exagérés de son parti. Le ministère Richelieu eut toutes ses sympathies. Envoyé à Lyon comme procureur général, M. de Courvoisier sut mettre fin à la déplorable réaction du Midi. N'ayant pas été réélu en 1824, il était sorti de la politique, lorsque le *Moniteur* du 9 août 1829 annonça que M. de Courvoisier était appelé à faire partie du ministère Polignac. Il fut mandé de Lyon à Paris, alla trouver le prince et lui exprima ses opinions constitutionnelles, que le roi parut approuver. Cependant il ne resta dans le cabinet que jusqu'en avril 1830, s'étant retiré avec M. de Chabrol devant la dissolution de la Chambre. La révolution de Juillet, qu'il avait prévue sans pouvoir l'empêcher, lui causa une douleur qui, sans doute, hâta le terme de sa vie.

COUSCEA, ville d'Afrique (Guinée supérieure), à la source de la Nonte. Pop. évaluée à 15 ou 20,000 hab.

COUSIN. Ce mot désigne tous les membres d'une même famille qui sont issus de frères et de sœurs. Dans la première génération, les cousins s'appellent *cousins germains*; dans la seconde, *cousins issus de germains*; dans la troisième et la quatrième, *cousins au troisième et quatrième degré*. La loi civile autorise le mariage entre les cousins et les cousines germaines. Permis autrefois par l'Église, il est défendu aujourd'hui par elle jusqu'au quatrième degré inclusivement, à moins de dispense.

COUSIN (Jean), né à Soucy, près de Sens, vers 1501, mort vers 1590. Il vécut, très-estimé, sous les rois Henri II, François II, Charles IX et Henri III, travailla avec une ardeur soutenue soit comme peintre, verrier, soit comme sculpteur, soit comme graveur, soit enfin comme écrivain, toujours grand dans ce qu'il entreprenait. Son mausolée de l'amiral Philippe de Chabot et ceux de Louis de Brezé et de Diane de Poitiers le mirent au premier rang parmi les statuaires, tandis que son tableau du *Jugement dernier*, qui fut longtemps placé chez les Minimes de Vincennes, lui valut une grande réputation d'originalité. On présume qu'il fut calviniste, mais rien n'en donne la preuve. On voit encore à Sens la maison qu'il habita.

COUSIN-DESPRÉAUX, littérateur français, né à Dieppe, le 7 août 1743, mort le 30 octobre 1818. Son principal ouvrage a pour titre : *Leçons de la nature*; il est remarquable par le charme du style et l'enchaînement des idées.

COUSINERY (Esprit-Marie), numismate remarquable, né à Marseille le 8 juin 1747, mort en 1833. Il était consul à Thessalonique en 1793; mais, ayant quitté son poste sans autorisation, on lui enleva son consulat, et il fut inscrit sur la liste des émigrés. Il ne s'occupa dès lors que de numismatique et ne rentra en France qu'en 1803, où il fut parfaitement accueilli par M. de Talleyrand, qui lui fit accorder une pension de 6,000 francs. Il fit plusieurs collections remarquables de médailles; il vendit la première au cabinet de Munich, pour la somme de 130,000 francs; la deuxième au roi de Bavière, moyennant 75,000 francs; la troisième à l'empereur d'Autriche pour 33,000 francs, et la quatrième fut achetée par le cabinet de Paris, pour le prix de 60,000 francs. La Restauration lui rendit le consulat de Thessalonique, qui lui fut retiré peu de temps après, parce qu'il avait accordé la protection de son pavillon à un individu suspect. Il ne s'occupa plus, dès lors, que de sa science favorite et écrivit quelques ouvrages assez estimés par les numismates.

COUSSAC-BONNEVAL, village de l'arrond. de Saint-Yrieix (Haute-Vienne), à 11 kil. de cette ville. Pop. 3,000 hab. Manufacture de porcelaine. Exploitation de kaolin. Haut fourneau, affineries.

COUSSEY, ch.-l. de cant. de l'arrond. de Neufchâteau (Vosges), à 7 kil. de cette ville. Pop. 855 hab.

COUSSIN. C'est le nom qu'on donne en général à une espèce de sac de toile ou d'autre étoffe plus ou moins rempli d'une substance molle, compressible et élastique. Il y a des coussins de soie, de satin, de velours, de toile, etc. Les coussins sont destinés à soutenir doucement le corps qui s'appuie dessus. L'usage des coussins sur les meubles ne remonte pas au delà du XVIe siècle.

COUSSINET, demi-cylindre en métal qui sert à maintenir les tourillons des axes d'une machine. On appelle encore coussinets les pièces de fonte, assujetties sur des barres de bois, qui servent à maintenir les rails.

COUSTOU (Nicolas), sculpteur français, né à Lyon en 1658, mort en 1733. Son père, sculpteur en bois, lui donna les premiers éléments de l'art. A 18 ans, il vint à Paris étudier sous la direction de son oncle Coysevox; à 23 ans, il obtenait le grand prix de sculpture, et était envoyé à Rome, où Colbert avait, en 1667, acheté au nom du roi un palais pour les pensionnaires français. Déjà Coustou avait une manière à lui, et l'influence de son séjour à Rome n'y changea rien. Il acquit promptement la vogue à son retour, et fut reçu membre de l'Académie en 1693. Son plus beau titre de gloire est l'œuvre colossale qu'on admire aux Tuileries : *La jonction de la Seine et de la Marne*. Nous citerons également sa *Descente de Croix*, exécutée pour Notre-Dame, à l'occasion de la cérémonie du vœu de Louis XIII. Coustou, aidé de quelques artistes contemporains, peupla de statues Versailles, Marly et les Tuileries. Il travailla jusqu'à 75 ans, toujours habile, toujours apprécié.

COUSTOU (Guillaume), sculpteur, frère du précédent, né à Lyon en 1678, mort à Paris en 1746. Comme Nicolas, une vocation irrésistible l'entraîna vers l'art; comme lui, il obtint le grand prix de Rome. Mais son caractère indépendant ne lui permit pas de rester à la ville de Médicis. Il s'enfuit, sans ressource, sans asile, et il fût mort de faim si sa bonne étoile ne lui eût fait rencontrer Legros, sculpteur français, alors en réputation, qui le prit chez lui, et le laissa travailler librement. Lorsque enfin Guillaume fut nommé de l'Académie, grâce à l'appui de son frère, il se trouva tout à coup triompher des difficultés qui l'avaient affaibli. Il est vrai qu'il se soumit à l'omnipotence de Lebrun, premier peintre du roi, et accepta de lui les sujets que celui-ci distribuait en maître. Alors le ciseau laborieux de Coustou produisit les groupes de l'*Océan* et de la *Méditerranée*, pour Marly; la statue colossale du *Rhône*, qu'on voit à Lyon; le *Bacchus*, la *Minerve*, l'*Hercule*, la *Pallas*, et surtout ces fameux *Écuyers* faits pour Marly et qui décorent aujourd'hui l'entrée des Champs-Élysées; ces groupes furent le dernier legs de son génie; ils en sont le plus sublime témoignage. La fierté de Guillaume ne le quitta jamais. En voici un trait entre mille. Un puissant financier lui ayant demandé de faire pour lui un magot chinois : « J'y consens, répondit Coustou, si vous voulez bien me servir de modèle. »

COUSTOU (Guillaume), sculpteur, fils du précédent, né à Paris en 1716, mort dans la même ville en 1777. Héritier de la gloire de son oncle et de son père, il obtint le grand prix de Rome et fut reçu à l'Académie (1742). Quatre ans après, il était nommé professeur; mais malheureusement il trouva la route trop facile, et ne fit que copier la manière de ses illustres prédécesseurs. Mme de Pompadour lui commanda une statue d'*Apollon* pour son parc de Bellevue. Il travaillait avec insouciance et faisait même exécuter, par des artistes peu connus, les ouvrages que l'État lui payait fort cher, par exemple, le *Fronton de Sainte-Geneviève* qui est réellement l'œuvre de Dupré. Dans sa vieillesse il fut honoré du cordon de Saint-Michel.

COUTANCES, sous-préf. du départ. de la Manche, à 28 kil. de Saint-Lô. Pop. 7,920 hab. Siége d'un évêché suffragant de Rouen; tribunal de 1re instance, tribunal de commerce, lycée, bibliothèque, jardin public. Fabriques de parchemins, coutils, siamoises, droguets, mousselines. Marbrerie. Commerce considérable de grains, beurre, volailles, œufs, bestiaux, chevaux. Belle cathédrale gothique; ruines romaines. Patrie de l'abbé de Saint-Pierre, du littérateur Dessessarts, du ligueur Feuardent. On croit que cette ville fut fortifiée par Constance Chlore. Charles V la saccagea en 1378, et les Anglais en 1431. Les Français la reprirent en 1449. Elle se soumit en 1465 au duc de Berry. Le présidial du Cotentin y fut établi en 1580.

COUTEAU, instrument tranchant, composé d'une lame et d'un manche. Le *couteau à hacher* est un couteau dont se servent le doreur et l'argenteur pour tailler les pièces, afin que l'argent et l'or y prennent plus aisément. Le *couteau à pied* est un couteau qu'emploient tous les ouvriers qui travaillent le cuir et les peaux. Le *couteau à rogner* est l'outil du relieur. Le *couteau courbe* est un instrument de chirurgie, qui sert à couper les chairs dans les amputations des membres; il a la forme d'un demi-croissant. Le *couteau lenticulaire* est un autre instrument de chirurgie dont on se sert pour l'opération du trépan. On donne aussi le nom de *couteau* à l'arête du prisme triangulaire sur laquelle repose le fléau d'une balance.

COUTELIER. Le coutelier est l'ouvrier qui fabrique des couteaux; on donne également ce nom à celui qui les vend. La coutellerie française est, peut-être, moins élégante que celle fournie par l'Angleterre; mais elle est mieux soignée et beaucoup plus solide. Les principales fabriques de France sont : Caen, Châtellerault, Nogent, Paris, Thiers et Saint-Étienne.

COUTHON (Georges), avocat, célèbre conventionnel, né en 1756. Il était de l'Auvergne; la Révolution le trouva président du tribunal de Clermont, et en 1791 il fut élu, par ses concitoyens, député à l'Assemblée nationale. Il prit de suite rang parmi les plus ardents républicains; déploya une activité prodigieuse et montra une tête et un cœur de feu dans un corps débile et paralysé. Ses idées dominantes furent d'écraser la royauté et de supprimer les ordres. Tous les amendements déclamatoires, toutes les mesures énergiques, toutes les poursuites rigoureuses passèrent par sa bouche. Adoré de la Montagne et du club des Jacobins, membre du comité de salut public, ses discours étaient toujours vivement applaudis; et alors cet homme, à la physionomie assez douce dans ses moments de calme, prenait à la tribune une expression sauvage et effrayante. Après la mort du roi, œuvre à laquelle il travaillait depuis si longtemps, Couthon hésita un instant, disposé à s'unir aux Girondins; mais, par calcul, il se voua à Robespierre, dont il devina le triomphe, devint son organe, et fit partie de ce triumvirat terrible, avec lequel il tomba à son tour. Le 8 thermidor (26 juillet), il fut mis hors la loi, transféré sur un brancard à la Conciergerie, et, étendu dans la fatale charrette, fut conduit à l'échafaud et foulé aux pieds par ce même peuple dont il avait été l'idole.

COUTIL. Sorte de tissu croisé en fil, et même en coton, qui sert à faire des pantalons de petite tenue pour la cavalerie, des enveloppes pour différents usages.

COUTRAS, ch.-l. de cant. de l'arrond. de Libourne (Gironde), à 19 kil. de cette ville. Pop. 3,300 hab. Récolte de vins rouges. Commerce de farine, lieu d'approvisionnement de Bordeaux. Le château de cette ville fut habité par Catherine de Médicis, la reine Marguerite sa fille, Henri IV, la duchesse de Longueville. Victoire de Henri IV sur les ligueurs en 1587.

COUTUMES EN FRANCE. Montesquieu place l'origine des coutumes à l'époque où la féodalité prit naissance. Quelques auteurs ont prétendu que les coutumes prirent, au contraire, naissance dans la fusion des mœurs franques et germaniques avec les traditions romaines conservées par les peuples vaincus. Quand les coutumes commencèrent à se préciser et à se compléter, elles furent rédigées par écrit, soit par les tribunaux, soit par des particuliers : tels sont les *Recueils et Commentaires* de Pierre de Fontaines et de Beaumanoir. Les tribunaux conservaient ce qu'on appelait le *Livre coutumier du greffe*. Charles VII, cédant au vœu des États généraux, rendit, en 1453, une ordonnance datée de Montil-lès-Tours, qui prescrivait la rédaction officielle des coutumes. Cette ordonnance défendait aux avocats et aux juges de proposer ou d'admettre d'autres coutumes que celles qui auraient été officiellement rédigées. La coutume de Bourgogne fut rédigée la première, et Charles VII lui donna force de loi. Louis XI poursuivit ce travail sans pouvoir l'achever. Sous Charles VIII, la rédaction des coutumes reçut une nouvelle impulsion, il en fut publié un grand nombre. Louis XII acheva l'œuvre. Il est remarquable que les rédacteurs ne se bornèrent pas à formuler et à interpréter les anciennes coutumes; ils les corrigèrent et les amendèrent; c'est ainsi qu'on vit s'introduire des principes nouveaux de droit civil et de droit public. Ainsi il fut admis qu'au souverain seul appartenait le droit de faire rédiger des coutumes. En 1789 on comptait dans le royaume 60 coutumes générales, observées dans des provinces entières; il y avait en outre plus de 300 coutumes locales qui n'étaient observées que dans une seule ville, bourg ou village. Peu de provinces offraient plus de divergence dans les coutumes que l'Auvergne et la Flandre. La coutume de Paris est celle dans laquelle les rédacteurs du Code Napoléon puisèrent le plus abondamment. Dans les pays méridionaux, le droit romain exerçait une plus grande influence que dans les provinces du Nord; aussi disait-on que les premiers étaient des pays de droit écrit.

COUTUMES, usages transmis d'abord par la seule tradition, et ayant force de loi à défaut de dispositions écrites.

COUTUMES A ROME. Les Romains n'avaient pas de coutumes proprement dites. La loi des Douze-Tables fut la loi fondamentale. Par suite des besoins nouveaux, des progrès de la civilisation et de l'extension de la république romaine, ces lois, créées par une société à son enfance, devinrent bientôt insuffisantes. C'est alors que les jurisconsultes introduisirent des fictions, qui, tout en respectant le texte de la loi, en modifiaient profondément l'esprit. L'usage s'était introduit parmi les préteurs urbains de délivrer des formules de droit qui contenaient l'exposition de la demande et la question de droit à résoudre. Les préteurs des pérégrins jugeaient suivant l'équité. Ils introduisirent un droit nouveau qui fit invasion dans le corps de la jurisprudence romaine. Il s'ensuivit qu'un droit coutumier s'établit à côté de la loi écrite. Les jurisconsultes les plus subtils s'appliquèrent à interpréter les sentences et les édits des préteurs. Quelques-uns même acquirent une autorité telle, que leurs décisions sur les divers points de la jurisprudence étaient acceptées comme raison écrite. Justinien entreprit la refonte des travaux des jurisconsultes, et leur donna une sanction légale.

COUTUMES EN ANGLETERRE. Il y a peu de pays où le droit romain ait eu moins d'influence qu'en Angleterre. Les invasions successives des Normands, des Saxons et plus tard des Danois ont apporté dans le droit coutumier de ce pays des éléments divers ; de tout temps, la coutume a eu force de loi en Angleterre. Il suffisait qu'une coutume fût affirmée par témoins pour que le juge fût enchaîné. L'institution du jury, même en matière civile, est, pour le peuple anglais, une garantie contre l'arbitraire du juge. Dans ces derniers temps, l'influence des cours d'équité a modifié, dans une forte mesure, l'esprit étroit des anciennes coutumes. L'Angleterre n'ayant pas une constitution politique écrite, le gouvernement, essentiellement aristocratique, met obstacle à la rédaction d'un corps de loi qui pourrait mettre ses priviléges en question et établir un nouveau droit public.

COUTUMES EN ALLEMAGNE. Dans ce pays, le droit romain constitue le droit commun. Il existe cependant des coutumes locales et même des lois spéciales ; mais le droit romain ne cesse pas d'être appliqué dans le silence de la loi écrite. Les coutumes locales sont affirmées par des consultations de jurisconsultes ou par des *pareres*. Dans ces dernières années, l'Allemagne a tenté de grands efforts pour introduire l'unité dans sa législation. Ainsi elle est dotée d'une loi générale sur le change, et l'on prépare même une loi générale sur la procédure. Les circonstances politiques ont cependant ralenti ce grand mouvement.

COUVENT, nom donné aux maisons ou monastères dans lesquels les religieux de l'un et l'autre sexe vivent en commun sous la même règle. Dans l'origine, les membres de ces communautés étaient des laïques. On ne pouvait établir de couvents sans la permission de l'évêque diocésain, le consentement des villes, des habitants et des seigneurs ; plus tard, on exigea même des lettres patentes du roi. Le couvent a été, dans tous les temps, le refuge de ceux qui, par découragement, souvent aussi par indifférence et presque toujours par égoïsme, renonçaient au monde. Les dames s'y retiraient volontiers, afin de paraître quitter le monde avant que le monde ne les quittât. Sous Louis XIV, alors que la dévotion était à la mode, les dames qui avaient fait assaut de galanterie à la cour se retiraient dans un couvent. On faisait grand bruit de leur dévotion, qui aurait eu un certain mérite si elles avaient renoncé sincèrement à la vie mondaine. Loin de là, elles sortaient volontiers du

couvent pour reprendre la vie de plaisir. On connaît les élans de ferveur de la duchesse de Berry, qui quittait, pendant plusieurs jours, une vie de débauche pour se plonger dans la solitude d'un couvent et édifier les religieuses par son repentir apparent. Les désordres qui se produisirent dans les couvents, à certaines époques, motivèrent l'intervention de l'autorité séculière. Les couvents de filles surtout, qui devaient être « autant de citadelles où la pudeur devait trouver un asile contre le déréglement et la corruption du siècle, » étaient souvent peuplés de pauvres filles, qu'on avait contraintes à embrasser ce régime. Les passions trouvaient un aliment dans la contrainte même. De là ces enlèvements et ces aventures romanesques qui ont donné lieu à tant de récits, qui ne sont que trop réels. Plus d'une fois les parlements intervinrent pour ordonner la fermeture des couvents, où le relâchement des mœurs était devenu une cause de scandale. Il y a un grand nombre de couvents qui sont destinés à l'éducation des filles. Rousseau, dans son *Émile*, examine les avantages et les inconvénients de l'éducation qu'on y reçoit. Il préfère les couvents, sous le rapport du développement physique ; mais, sous le rapport moral, il les condamne comme de dangereuses écoles de coquetterie, « non de cette coquetterie honnête dont j'ai parlé, dit-il, mais de celle qui produit tous les travers des femmes et fait les plus extravagantes des petites maîtresses. En sortant de là, pour entrer tout à coup dans des sociétés brillantes, de jeunes femmes s'y sentent tout d'abord à leur place ; elles ont été élevées pour y vivre ; faut-il s'étonner qu'elles s'y trouvent bien ? Il me semble qu'en général, dans les pays protestants, il y a plus d'attachement de famille, de plus dignes épouses et de plus tendres mères que dans les pays catholiques ; et si cela est, on ne peut douter que cette différence ne soit due en partie à l'éducation des couvents. »

COUVERTURE, matière servant à couvrir les bâtiments pour les préserver de la pluie et du soleil. Elle est ordinairement en ardoises, tuile, plomb, zinc, ou même en carton bitumé ; dans les pauvres villages, on emploie les couvertures en gazon ou en chaume. — On appelle aussi couvertures les sommes ou valeurs remises à un agent de change par son client, pour le couvrir des pertes que peut entraîner l'opération que ce dernier le charge de faire.

COUVIN, ville de Belgique (Namur), à 17 kil. de Philippeville. Pop. 3,500 hab. Riches mines de fer, hauts fourneaux. Usine à fer.

COUVRE-FEU. Usage fort ancien d'éteindre la lumière et le feu à une heure indiquée par le son d'une cloche. Cet usage avait aussi pour but de faire rentrer les habitants d'une ville dans leurs demeures dans les moments de trouble, qui étaient si fréquents au moyen âge.

COUVREUR, ouvrier qui fixe les tuiles et les ardoises sur les toits.

COVE, ville d'Irlande, à 17 kil. de Cork, dans l'île Great-Island. Pop. 7,000 hab. Vaste port pouvant contenir toute la flotte britannique. Station navale permanente, défendue par plusieurs forts. Bains de mer très-fréquentés. Paquebots à vapeur pour Londres, Dublin, Bristol, Cork.

COVENANT, pacte conclu entre les catholiques écossais pour soutenir la réforme menacée. Ce fut vers la fin du XVIe siècle que les Écossais s'unirent par un pacte de défense mutuelle, alors que Philippe II, roi d'Espagne, menaçait l'Angleterre. L'*Armada* venait d'être réunie ; la reine Élisabeth venait de s'unir à Jacques VI, roi d'Écosse, pour résister à l'ennemi commun. Les Écossais imitèrent alors l'exemple

donné par les Juifs pour la défense de leur religion ; les nobles, les bourgeois, les paysans et le clergé s'empressèrent de signer une adhésion au culte protestant, une renonciation à la religion romaine et un engagement solennel de combattre toute tentative de restauration catholique. Le covenant survécut à la destruction de l'*Armada*. L'attachement secret de Charles Ier, roi d'Angleterre, à la religion catholique, alarma les Écossais et fortifia le covenant. Cette institution prit dès lors un caractère religieux et politique. Le roi blessa la susceptibilité des Écossais, en rendant l'édit de conformité. L'Écosse avait adopté dans toute sa rigueur le rite presbytérien ; l'Église anglicane, au contraire, avait conservé l'ancienne hiérarchie cléricale et même la plupart des rites de la religion catholique. L'édit de conformité fut accueilli comme un acte tyrannique ; les Écossais y virent le prochain triomphe du papisme. Le haut clergé, qui voulut se soumettre à la nouvelle loi, fut chassé par le peuple. Le roi voulut vaincre cette résistance et souleva toute l'Écosse. Un parlement écossais se réunit à Édimbourg et renouvela le covenant. Une armée de 60,000 hommes se forma pour le défendre. Charles crut devoir alors faire des concessions et s'en remettre à la décision d'une assemblée ecclésiastique et d'un parlement. Ce parlement ayant été en effet réuni, se prononça contre le roi. Celui-ci vit dans ces décisions une véritable rébellion, et envoya 30,000 hommes en Écosse. Il n'osa pas tout à fait engager la lutte et licencia son armée après avoir proposé une vague transaction. Une seconde fois, Charles voulut renouveler la lutte, mais il n'avait ni argent ni armée. Sur le refus du parlement de lui fournir des subsides, il eut recours au clergé, qui lui procura les moyens de lever 22,000 hommes. Cette armée fut battue ; l'indiscipline se manifesta dans le camp du roi, qui se décida alors à convoquer un autre parlement. Les nouveaux députés se montrèrent favorables aux covenantaires. La lutte avait changé de caractère : Charles avait enfin cédé aux réclamations des Écossais ; il avait même qualifié leur rébellion d'entreprise faite pour l'honneur et l'avantage de Sa Majesté. C'était contre le parlement que le roi avait à se défendre. Le parlement de Londres, d'accord avec celui d'Édimbourg, demanda lui-même l'introduction du rite presbytérien. Par un nouveau pacte, les deux chambres abolirent l'Église anglicane, et firent appuyer par une armée l'exécution de cette loi. Les Écossais entrèrent en Angleterre et s'emparèrent de Newcastle. Après quelques avantages remportés par Montrose, les troupes du roi furent battues à Philiphaugh, en 1645. Le roi n'eut plus d'autre parti à prendre que de s'en remettre à la fidélité des covenantaires écossais, ses ennemis de la veille. Ceux-ci l'accueillirent d'autant plus volontiers qu'ils étaient jaloux de l'influence croissante de la secte des indépendants, à la tête desquels était Olivier Cromwell. Les indépendants voulaient la proclamation de la république, tandis que les Écossais, attachés davantage aux principes monarchiques, auraient consenti à soutenir le roi s'il s'était franchement rallié aux presbytériens. Charles voulut discuter les conditions que lui imposaient les Écossais. Ceux-ci, irrités contre le roi captif, le livrèrent aux Anglais, en stipulant pour l'armée une somme de 400,000 liv. sterl. Les Écossais ne tardèrent pas à se repentir de ce honteux marché. Les partisans de Cromwell demandaient déjà la liberté de conscience, que les Écossais regardaient comme une violation du covenant. Les royalistes jugèrent le moment favorable pour tenter la délivrance du roi. Hamilton, qui espérait le concours des Écossais, échoua pour avoir refusé de se soumettre au covenant. Il fut battu par Cromwell. Lorque Charles Ier eut payé de sa tête ses fautes politiques, les covenantaires refusèrent de se soumettre à la forme républicaine et proclamèrent Charles II, à la condition toutefois qu'il jurerait d'observer le covenant. Charles II se crut assez fort pour faire valoir ses droits à la couronne, sans accepter la condition qui lui était imposée. Il envoya Montrose en Écosse, espérant soulever le pays ; mais cet aventurier fut battu par les covenantaires, fait prisonnier et condamné à être décapité. Charles II comprit alors qu'une restauration était impossible, tant qu'il ne donnerait pas satisfaction aux préjugés de la nation. Après avoir signé le covenant, il parut à la tête d'un corps de troupes. Ce mouvement avorta ; il fut défait à Dumbar, puis à Worcester. Plus tard, les tentatives de Monk furent plus heureuses. Le covenant fut solennellement aboli par le parlement écossais en 1661. Les covenantaires essayèrent une dernière tentative pour maintenir le covenant ; mais ils furent définitivement vaincus à la bataille du pont de Bothwell.

COVENTRY, ville d'Angleterre, dans le comté de Warwick, à 16 kil. de cette ville. Pop. 41,600 hab. Siège des assises et des sessions trimestrielles du comté. Nomme deux députés. Fabriques de rubans de soie. grande fabrication de montres. Commerce important avec les principales villes du royaume. Belle église gothique de Saint-Michel. Ruines de la cathédrale, détruite par Henri VIII. Deux parlements furent convoqués dans cette ville, en 1404 et en 1459 ; ils sont connus sous le nom de *Parliamentum indoctum* et *Parliamentum diabolicum*. Marie Stuart y fut prisonnière.

COVILHAM ou COVILHAO (Pierre DE), voyageur portugais du XVIe siècle, mort vers 1550. Né en Portugal, il alla fort jeune encore prendre du service chez don Alfonse, duc de Séville. Des différends qui s'élevèrent entre les deux pays l'obligèrent de retourner dans sa patrie, où il fut accueilli en qualité d'homme d'armes par don Alfonse V. Ce souverain l'employa dans les guerres contre l'Espagne. Jean III surtout mit à profit l'intelligence de Covilham et sa connaissance parfaite du castillan pour lui confier des missions secrètes. Expédié dans les États barbaresques, Covilham y apprit l'arabe. Il s'acquitta parfaitement de plusieurs négociations avec le roi de Tlemcem et l'empereur du Maroc. Il fut chargé ensuite de parcourir, avec Alfonse de Paiva, les régions inconnues de l'Afrique et de l'Orient. Ce fut une expédition à la fois scientifique et commerciale : elle ouvrit la route à celle de Vasco de Gama. Paiva et Covilham partirent de Lisbonne le 7 mai 1487, se dirigeant vers des contrées dont l'existence était à peine soupçonnée. Arrivés en Égypte après bien des aventures, et arrêtés à Alexandrie par des fièvres violentes qui décimèrent leur équipage, ils se joignirent à une nombreuse caravane qui se dirigeait sur Aden. Ayant visité la côte d'Abyssinie, et munis de documents positifs, ils se séparèrent, afin de diriger leurs efforts sur deux points différents, se donnant rendez-vous au Caire. Le pauvre Paiva succomba en Éthiopie. Quant à Covilham, il s'embarqua pour les Indes, et visita successivement Cananor, Callicut et Goa. Rejoint en route par deux de ses compatriotes, Josepe et Rabbi Abraham, l'un et l'autre israélites, accrédités par le roi Jean II, Covilham renvoya en Portugal, par ses compagnons, les précieux renseignements qu'il avait obtenus. Puis il gagna l'Abyssinie où régnait le mystérieux *Prêtre-Jean*, nom fantastique donné alors au souverain africain. L'accueil qu'il reçut à la cour du Négous fut sans doute parfait ; mais, selon l'usage du pays, Covilham y fut retenu jusqu'à sa mort. Il y épousa une femme très-riche ; mais il ne put jamais revoir son pays. La seule consolation qu'il eut peut-être fut d'apprendre par l'ambassadeur Francisco Alvarès les avantages immenses que le Portugal avait tirés de ses courageuses explorations.

COVILHAO, ville de Portugal, province du haut Beira, à 26 kil. de Guarda. Pop. 6,350 hab. Fabriques de drap, lainages. Sources thermales.

COVINGTON, ville des États-Unis (Kentucky), vis-à-vis Cincinnati, à l'embouchure du Licking et de l'Ohio. Fabriques de cotons et articles en fer.

COWES (West), ville d'Angleterre (Hampshire), à 18 kil. de Southampton. Pop. 4,500 hab. Port sur la côte N. de l'île de Wight. Consul des États-Unis. Bains de mer. Chantiers de construction pour navires de commerce. Commerce de denrées pour la marine.

COWLEY (Abraham), poëte anglais, né à Londres en 1618, mort en 1667. Devenu professeur à l'Université de Cambridge, il fut forcé de quitter cette carrière devant la lutte des partis. Son zèle pour la cause de Charles Ier fut un titre à la faveur de la reine, qui l'emmena avec elle en France, où il demeura 12 ans à son service. Après la Restauration, il fut déçu dans son espoir de parvenir à d'importantes fonctions. Malgré les opinions royalistes qu'il professait, on ne lui pardonna pas à la cour d'avoir écrit dans sa jeunesse une ode à Brutus. Il obtint seulement la jouissance d'un domaine royal, mais celui qui avait célébré la vie des champs dans ses vers n'y trouva que l'ennui. Dégoûté de la vie politique, il s'était livré à l'étude des sciences naturelles, et s'était fait recevoir docteur en médecine. Ses poésies érotiques furent d'heureuses imitations des chefs-d'œuvre grecs. Son grand mérite fut surtout dans la hardiesse des pensées et dans l'énergie de l'expression. Mais Cowley fut loin de mériter le surnom de *Pindare anglais* que lui donna une pompeuse épitaphe gravée sur sa tombe dans l'abbaye de Westminster.

COWLEY (Anne), femme auteur anglaise, née à Tiverton en 1743, morte en 1809. Par sa grand'mère, elle était cousine du poëte Gay, et elle fut digne de cette parenté glorieuse. En 1772, elle épousa un capitaine au service de la Compagnie des Indes orientales. Sa vocation se révéla au sortir d'une représentation dramatique. « J'en ferais bien autant, » dit-elle à son mari, qui ne fit qu'en rire. Cependant elle justifia ses paroles en écrivant, dès le lendemain, le premier acte du *Déserteur*. Ses pièces connues sont au nombre de 12 ; la sensibilité, l'observation y éclatent à chaque scène, et toutes furent très-bien reçues par le public.

COWLEY (Henri-Wellesley, lord), diplomate, né en 1773, mort en 1847. Il commença sa carrière diplomatique en accompagnant lord Malmesbury au congrès de Lille. Puis il partit comme secrétaire particulier de son frère aîné, le duc de Wellington, nommé gouverneur des grandes Indes. Là, par d'habiles négociations, il fit passer sous la domination anglaise la province d'Aoude et y exerça les fonctions de sous-gouverneur. De retour en Angleterre, il fut nommé membre de la chambre des communes et secrétaire de la trésorerie. Deux ans après, on l'envoya comme ambassadeur en Espagne, en remplacement de son frère. Lord Cowley resta auprès de Ferdinand VIII jusqu'en 1822, et fut mêlé à tous les événements qui se passèrent dans la Péninsule. Puis il fut appelé au poste d'ambassadeur à Vienne. C'est sous le règne de Louis-Philippe que lord Cowley, mandé par le ministère Peel pour représenter la Grande-Bretagne à Paris, fit apprécier ses qualités privées et ses talents diplomatiques, et contribua puissamment, par une habileté et une modération hors ligne, à maintenir la paix entre les deux gouvernements. Son mandat terminé, il prouva combien il aimait la France en venant s'y établir comme simple particulier. Il acheta le beau domaine des princes de Condé à Chantilly et continua d'habiter Paris jusqu'à sa mort.

COWPER (William), poëte anglais, né en 1731, mort en 1800. Une sensibilité maladive et une timidité nerveuse dont ce grand et malheureux poëte fut affecté et qui plus tard dégénérèrent en folie, rendirent cet esprit faible et délicat incapable de soutenir les luttes et les tracas de la vie active. Malgré la protection de sa famille, dont plusieurs membres occupaient de hautes positions dans la magistrature, il ne put remplir les places qu'on lui conféra ; alors il tomba dans une sombre monomanie. Les préoccupations religieuses prirent sur lui un tel empire, qu'il passa plusieurs années dans une maison d'aliénés. En 1778, la bienfaisante influence d'une amie lui rendit la santé et le calme, et développa son talent jusque-là arrêté par les tendances mystiques. C'est alors qu'il fit paraître la délicieuse ballade de *John Gilpin* et la *Tâche*, qui le fit comparer à Thompson. Il ne tarda pas à retomber dans sa noire mélancolie. Pour se distraire, il entreprit de traduire en vers blancs l'*Iliade* et l'*Odyssée*. Cette traduction a été placée au-dessus de celle de Pope. Cowper, toujours accablé par ses maladies mentales, mourut en 1800. Sa correspondance très-piquante et ses écrits d'un caractère mâle contrastent singulièrement avec la vie malheureuse de l'auteur.

COXE (Guillaume), historien anglais, né en 1747, mort en 1828, il entra dans les ordres et eut la cure de Denham, mais l'abandonna pour faire l'éducation du fils du duc de Marlborough, emploi auquel une maladie l'obligea de renoncer. L'amitié de lord Herbert le dédommagea : en compagnie de ce seigneur, il visita une partie du continent, surtout la Suisse, peu connue à cette époque. Dans un second voyage, fait en 1779, il poussa ses excursions et ses études jusqu'en Russie. Il ne cessa de voyager qu'en 1796. Sa position était devenue aisée : il avait eu plusieurs rectorats ; en 1803, il possédait un canonicat à Salisbury ; en 1805, il eut l'archidiaconat de Wills. Ses places lui laissaient assez de loisirs pour entreprendre et suivre d'importants travaux historiques. Frappé de cécité en 1818, il n'en continua pas moins de travailler ; sa mémoire prodigieuse suppléait aux livres. Ses ouvrages eurent beaucoup de succès ; l'histoire moderne de son pays lui doit une foule de renseignements neufs et précieux.

COXIE (Michel van), peintre flamand, né à Malines en 1497, mort à Anvers en 1592. Il étudia sous la direction de van Orley, à Rome, et s'attacha à imiter Raphaël. Après s'être marié en Italie, il voulut retourner dans son pays, où il acquit une grande fortune. Parvenu à l'âge avancé de 95 ans, il fut appelé à Anvers pour y décorer la maison de ville. Une chute malheureuse qu'il fit en descendant de son échafaud causa sa mort. Son chef-d'œuvre est un *Christ en croix* qui se trouve à Halsemberg près de Bruxelles.

COYPEL (Noël), peintre français, né à Paris en 1628, mort en 1707. Noël fut le premier de cette famille d'artistes qui a compté quatre hommes éminents. Nous devons dire que ni son fils ni son petit-fils ne l'égalèrent, tout en ayant des qualités éminentes. Son apprentissage de peintre se fit un peu au hasard ; d'abord à Orléans chez un nommé Poncet, puis à Paris chez Errard, qui employa son élève dans ses travaux au Louvre. Noël Coypel, parvint à révéler son talent et obtint d'importantes commandes pour le Louvre, les Tuileries et Fontainebleau. Reçu en 1663 à l'Académie, il traita pour son tableau d'admission le sujet de la *Mort d'Abel*. Cet admirable ouvrage le rendit célèbre et lui valut la direction de l'Académie française à Rome.

COYPEL (Antoine), peintre, né en 1661, mort en 1722. Fils de Noël, il conquit plus de célébrité que son père, auquel il était cependant inférieur. Son éducation avait été très-soignée. A ce fonds précieux il joignait une imagination ardente et une grande force d'expression. Dès l'âge de 15 ans, il fit avec son père, directeur de l'École française à Rome, le voyage d'Italie. Michel-Ange et les Carrache eurent toutes ses prédilections; mais il eut le malheur de s'attacher à la manière de Bernin et d'y puiser un goût affecté. Directeur de l'Académie, premier peintre du roi, place qui n'avait pas été donnée depuis Mignard, il se vit, de plus, conférer des lettres de noblesse. Il a gravé lui-même à l'eau-forte un grand nombre de ses compositions. On a de lui des écrits estimés.

COYPEL (Noël-Nicolas), second fils de Noël, né en 1691, mort en 1734, perdit à l'âge de 15 ans son père, qui avait été son maître. Il avait beaucoup d'invention, une grande fraîcheur de coloris, un dessin correct. Son *Triomphe d'Amphitrite* est le plus célèbre de ses tableaux mythologiques. On a pu comparer cet artiste au Corrège. Il mourut, jeune encore, des suites d'un coup violent qu'il avait reçu à la tête.

COYSEVOX (Antoine), sculpteur français, né à Lyon en 1740, mort à Paris en 1820. Sa famille l'envoya à Paris; il entra chez Leranbert, homme de mérite qui ne chercha qu'à le produire. Les décorations qu'il exécuta en 4 ans, pour le palais de Saverne, où l'avait appelé le cardinal prince Guillaume de Furstemberg, évêque de Strasbourg, posèrent sa réputation. Nous ne saurions énumérer les travaux qu'il fit pour Versailles: statues, bas-reliefs, trophées, figures allégoriques, vases; il vint à bout de cet immense labeur, ce qui ne l'empêchait point de faire en même temps, pour les Invalides, *Saint Grégoire de Nazianze*, *Saint Athanase* et *Charlemagne*. Coysevox étudiait ses modèles avec le plus grand soin. Tout le monde connaît et a admiré les *Chevaux ailés* qu'il fit pour les jardins de Marly et qui furent ensuite placés aux Tuileries. Le *Flûteur*, la *Flore*, l'*Hamadryade* sont aussi d'excellents morceaux. Coysevox travailla beaucoup; il produisit jusqu'à la vieillesse la plus avancée.

COYTHIER (Jacques), médecin de Louis XI, né au xve en Franche-Comté, mort vers 1500. Étant venu à Paris étudier la médecine, il acquit une telle réputation de savoir, que le roi voulut l'attacher à sa personne. Il mit habilement à profit la crainte que Louis XI avait de la mort: une seule maladie du farouche souverain valut à Coythier une gratification de 100,000 écus, somme énorme pour le temps. On prétend qu'il affermit son ascendant en disant un jour au roi: « Je sais bien que vous ferez de moi ce que vous avez fait de tant d'autres; mais je vous jure que vous ne me survivrez pas huit jours. » C'était prendre Louis XI par son côté faible. Enfin, se trouvant assez riche, fatigué peut-être aussi de lutter contre des envieux, il quitta la cour et se retira dans le somptueux hôtel d'Orléans, rue Saint-André-des-Arts, qu'il devait à la munificence royale. L'orage qu'il avait conjuré par sa retraite volontaire se ranima lors de la mort de Louis XI. Accusé de malversations, de maléfices, Coythier eut la bonne idée de faire à Charles VIII un don gracieux de 50,000 écus pour l'aider à son expédition d'Italie; et à ce prix, on lui permit de mourir tranquille.

COZES, ch.-l. de cant. de l'arrond. de Saintes (Charente-Inférieure), à 26 kil. de cette ville. Pop. 1,870 hab.

CRABBE (Georges), poëte anglais, né en 1754 à Altborough, comté de Suffolk, mort en 1832 à Trowbridge. Destiné à la profession de chirurgien, il fut mis chez un frater du voisinage par son père qui n'avait qu'une très-petite place. Il fit tant bien que mal des études qui ne le conduisirent même pas à gagner son pain. Cependant le goût de la poésie lui était venu; il avait composé des vers inspirés par une jeune et charmante miss; il avait même obtenu un prix pour son poëme: *A l'Espérance*. Comme tant d'autres, il alla à Londres tenter la fortune; il y trouva la misère, et y fût sans doute mort de faim si l'idée ne lui était venue d'écrire à Burke une lettre pleine de dignité. Burke comprit cet appel, vit et entendit Crabbe et donna un poëte à l'Angleterre. Mais, en protecteur prudent, il lui conseilla d'entrer dans les ordres pour y trouver une carrière assurée. Crabbe, docile à cet avis paternel, se mit à étudier la théologie, et, par un travail opiniâtre, se créa une position. Il devint chapelain de la noble famille de Rutland. Ce fut dans le paisible séjour ouvert à son inspiration qu'il composa son poëme le *Village*. Plusieurs bénéfices ecclésiastiques lui furent donnés; il put donc épouser miss Elmy, cette jeune fille qui l'avait encouragé dans ses débuts.

CRACOVIE, ville des États autrichiens, à 247 kil. de Varsovie et à 1,918 de Paris. Pop. 48,200 hab. Siége d'un évêché catholique. Tribunaux supérieur et d'appel. Université fondée par Casimir le Grand; bibliothèque, cabinet d'histoire naturelle, jardin botanique. Observatoire, séminaire ecclésiastique, école normale pédagogique, école d'arts et métiers, institut ophthalmique du prince Lubomirski, institut des sciences forestières, etc. On cite parmi ses édifices la cathédrale, du xive siècle, contenant les tombeaux de saint Stanislas Jagellon, des trois Sigismond, Bathori, Sobieski, Kosciuzko, Joseph Poniatowski; le palais épiscopal, le beffroi de l'hôtel de ville, la chapelle de Saint-Adalbert, l'église gothique de la Sainte-Vierge Marie, les églises Sainte-Anne et Saint-Pierre, la halle aux draps bâtie en 1358 par Casimir le Grand. On cite encore la porte Saint-Florian. Tous ces monuments sont compris dans une partie de la ville appelée la *vieille ville*. La *nouvelle ville* possède le palais de la Régence, les églises de Sainte-Catherine et du Saint-Sacrement, l'église de la Visitation, l'hôpital Saint-Lazare, l'Observatoire. Commerce de produits agricoles; exportation de blé, seigle, graines, alun, soufre, cuirs, laines, soies de porc, bétail, etc. Cracovie fut fondée au viiie siècle, et, dès le xiiie, elle fut la capitale de la Pologne. Elle fut prise par les Mongols en 1241, par les Suédois en 1655 et 1702, par les Russes en 1768. Cracovie appartint à l'Autriche lors du partage de la Pologne en 1795. La république de Cracovie fut instituée par le congrès de Vienne en 1815; elle avait une superficie de 126,115 hectares et une population de 140,000 habitants; elle était placée sous la protection de la Prusse, de l'Autriche et de la Russie. La constitution était aristocratique, et le pouvoir exécutif appartenait à un sénat composé d'un président et de 12 sénateurs. Cracovie fut occupée par la Russie en 1830, et par l'Autriche en 1836, puis de 1838 à 1841. En 1846, la république, au mépris des traités, fut incorporée à la Galicie, et, en 1850, elle forma le grand-duché de Cracovie.

CRAIE. Nom donné à une variété de carbonate de chaux, très-abondamment répandue dans la nature. La craie reçoit dans les arts de nombreuses applications. Dans certains endroits, elle est employée comme pierre à bâtir; elle est surtout recherchée pour la construction des laboratoires où se fabrique le sulfate de soude. Elle sert aussi aux fabricants de produits chimiques. Réduite en poudre fine, lavée, tamisée et agglomérée en pains, la craie prend le nom de *blanc d'Espagne*.

CRAIG (John), géomètre écossais du xviie siècle. Ce fut lui qui fit participer l'Angleterre à la découverte du *calcul différentiel* que Leibnitz venait de révéler à l'Allemagne. Il eut ensuite l'idée assez étrange d'appliquer l'algèbre à la théologie. D'après ses calculs de diminution basée sur la mesure du temps où les témoins ont existé, la religion chrétienne pourrait durer encore jusqu'à l'année 5150. Ce terme passé, elle s'annulerait si Jésus-Christ ne la ranimait par un second avénement. Ce système absurde eut pour réfutateurs Diton et Houteville.

CRAIL, ville d'Écosse (Fife), à 62 kil. d'Edimbourg. Pop. 1,800 hab. Port de pêche. Ville autrefois importante.

CRAILSHEM ou KRAILSHEIM, ville de Wurtemberg, à 22 kil. d'Ellwangen. Pop. 3,000 hab. Bonneterie, bijouterie, cuirs.

CRAINTE, mouvement, inquiétude de l'âme par l'approche ou la menace d'un mal présent ou à venir. La crainte provient d'une cause réelle ou imaginaire; elle peut être produite par le trouble des organes. La peur exprime un sentiment plus prononcé que la crainte; la terreur est ce sentiment même poussé à l'excès; la timidité est le premier degré de la crainte; une crainte purement momentanée s'appelle frayeur; enfin, on donne le nom de *panique* à cette terreur qui est en quelque sorte générale, et qui se communique aux masses par un mouvement presque irrésistible. En droit, la crainte grave est une cause de nullité du contrat; aussi celui qui n'a donné son consentement que dans la crainte d'un mal considérable et présent, soit pour sa personne, soit pour sa fortune, peut invoquer la nullité d'un tel consentement. La crainte purement révérencielle et par pure obéissance, respect ou reconnaissance, ne vicie aucunement les obligations.

CRAINTE (la), divinité des anciens. Elle était fille de Mars et l'accompagnait à la guerre. Les Spartiates eux-mêmes élevèrent un temple à la crainte, implorant la divinité pour qu'elle frappât de terreur les ennemis de Sparte.

CRAMAIL (Adrien de MONTLUC, comte DE), né en 1568, mort en 1646. Il était petit-fils du célèbre maréchal de Montluc. Il devint gouverneur du comté de Foix; il allait même être reçu chevalier des ordres du roi, lorsqu'il fut sollicité par Mme de Fargis d'entrer avec elle dans une intrigue contre Richelieu. Il se compromit dans la journée des dupes, en 1630, et fut mis à la Bastille: il y resta pendant 12 ans. Il est auteur d'une comédie assez faible, intitulée: *Proverbes*. On lui attribue aussi *les Pensées du solitaire*.

CRAMER (Jean-André), poëte allemand, né en 1723, en Saxe, mort en 1788. On ne connaît de sa jeunesse que les travaux de diverses natures qu'il publia dans des ouvrages périodiques. En 1754, il fut appelé à Copenhague pour y remplir les fonctions de prédicateur de la cour; dix ans après, il entrait comme professeur de théologie à l'université de cette ville. De Lubeck, où il était allé occuper la place de surintendant, il revint à Copenhague, et fut nommé successivement vice-chancelier, premier professeur de théologie et chancelier à l'université de Kiel. Quoiqu'il ait habité presque toute sa vie le Danemark, ses nombreux ouvrages sont tous écrits en allemand,

CRAMER (Charles GOTTLOB), romancier allemand, né en 1758, dans la Saxe prussienne, mort en 1817. Après avoir fait ses études de théologie à Leipzig, il occupa divers emplois et fut notamment nommé professeur à l'Académie forestière de Dreissigacker, près Meningen. Ce fut dans ce lieu, où il resta jusqu'à sa mort, qu'il publia un assez grand nombre de romans. Son *Erasme Schleicher* fut fort goûté, mais on a reproché à cet auteur de s'être plus attaché à la variété des événements qu'à la peinture vraie du cœur et des sentiments élevés.

CRAMOISY (Sébastien), célèbre imprimeur français, né à Paris en 1585, mort dans la même ville en 1669. On sait que l'imprimerie royale fut fondée par Louis XIII en 1640; Cramoisy en fut le premier directeur. De très-belles éditions des Pères de l'Église sortirent de ses presses, entre autres les *Œuvres de saint Jean Chrysostome*, l'*Histoire ecclésiastique* de Nicéphore, les *Écrivains de l'Histoire des Francs*, de Duchesne. Ces ouvrages ont une grande valeur pour les bibliophiles.

CRAMOND, village et paroisse d'Écosse, dans le comté d'Edimbourg, à 8 kil. de cette ville, près de l'embouchure de l'Amond dans le golfe de Forth. Pop. 1,880 hab. Forges et affineries de fer. Patrie de Law.

CRAN. En mécanique, on appelle ainsi une entaille qui se fait dans un corps pour pouvoir y faire entrer un autre corps et l'y arrêter. — En typographie, le cran est un petit vide demi-circulaire, pratiqué au pied de la lettre par le fondeur pour indiquer au compositeur le sens dans lequel il doit la placer.

CRANACH (Lucas DE), peintre et graveur allemand, né à Cranach en 1472, mort à Weimar en 1553. Contemporain d'Albert Durer et d'Holbein, il est resté loin de ses maîtres. Cependant il y eut dans ses œuvres assez de qualités d'ordonnance et de mouvement pour les faire apprécier. Son observation exacte de la nature le fit surtout réussir dans le portrait. Le Louvre possède notamment ceux de Jean-Frédéric de Saxe, de Luther et de Mélanchthon. Ses tableaux manquent absolument de perspective et sont d'un goût gothique. Cranach jouit de la faveur des princes de la maison de Saxe. En 1550, il alla par reconnaissance rejoindre son protecteur Jean-Frédéric, alors prisonnier de Charles-Quint. Il partagea sa captivité à Inspruck. Le duc et l'artiste revinrent ensemble en Saxe. Ce fut l'année suivante (1553) que mourut Cranach, devancé dans la tombe par son fils Jean, qui avait étudié à Rome avec fruit, et laissant un second fils connu pour son talent sous le nom de *Cranach le Jeune*.

CRANAIS, nom d'une des tribus de l'Attique.

CRANAUS, roi de l'Attique, régnait dans le ve siècle av. J.-C. Il eut une fille, Attis, qui donna son nom à l'Attique.

CRANBROOK, ville d'Angleterre (Kent), à 60 kil. de Londres. Pop. 4,000 hab. Cette ville fut longtemps le centre du commerce des draps; les premières manufactures furent établies par des Flamands sous le règne d'Édouard III.

CRANMER (Thomas), né à Aslacton (Angleterre), en 1489; chapelain de Henri VIII, il fut chargé par ce roi de négocier la rupture de son mariage avec Catherine d'Aragon, mais le pape ayant refusé de donner son adhésion à ce divorce, le roi nomma Cranmer archevêque de Cantorbéry (1532). Celui-ci, sans s'inquiéter du refus du pape, bénit l'union du roi avec Anne de Boleyn; il refusa de reconnaître l'autorité de la cour de Rome, fit fermer les couvents et propagea le culte du luthéranisme. Il fut arrêté par ordre de Marie Tudor comme hérétique et partisan de Jane Gray. La peur du supplice lui fit d'abord faire une rétractation; mais quand il fut sur le bûcher, il renouvela sa profession de foi de luthérien (1556).

CRANSAC, village de l'arrond. de Villefranche (Aveyron), à 34 kil. de cette ville. Pop. 930 hab. Sources minérales.

CRANTOR, philosophe grec, disciple de Xénocrate et de Palémon, florissait vers 306 av. J.-C. Il s'occupa de morale et enseigna la philosophie de Platon.

CRAON, ch.-l. de cant. de l'arrond. de Château-Gontier. Pop. 3,850 hab. Élève très-important de porcs. Patrie de Volney. Ancienne baronnie, berceau de la famille de Craon. Célèbre par une victoire du duc de Mercœur sur les royalistes (1592).

CRAON (Pierre DE), seigneur de la Suse; il prit part à la guerre de Bretagne lorsque le gouvernement de ce duché était disputé par Jean de Montfort et Charles de Blois (1350); il fut fait prisonnier à la bataille de Poitiers, et fut l'un des otages du roi Jean.

CRAON (Pierre DE), seigneur de la Teste-Bernard; il accompagna le duc d'Anjou (1384) dans son expédition contre le royaume de Naples; mais il compromit la cause de ce prince, en dépensant, dans le jeu et la débauche, l'argent destiné à la solde des troupes. Chassé de la cour de Charles VI, il tenta d'assassiner le connétable de Clisson, qu'il accusait d'avoir causé sa disgrâce, et se réfugia en Bretagne, où il vécut dans la piété.

CRAONNE, ch.-l. de cant. de l'arrond. de Laon (Aisne), à 20 kil. de cette ville. Pop. 1,050 hab.

CRAONNE (bataille de). Ce village fut témoin, les 6 et 7 mars 1814, d'un combat mémorable. Les hauteurs de Craonne étaient occupées par les divisions russes de Sacken et Wintzingerode. Napoléon les débusqua de cette position, et attaqua ensuite le plateau de Craonne, défendu par 60 pièces de canon, et qui n'était accessible que par un défilé étroit. Les Russes, forcés dans cette position, furent poursuivis pendant quatre heures, et canonnés par 80 pièces d'artillerie.

CRAPAUDINE, pièce de métal fixée sur une assise en pierre ou en bois, dans laquelle on pratique une cavité destinée à recevoir le pivot de l'arbre qui fait tourner la meule d'un moulin ou un arbre vertical.

CRAPELET (Charles), célèbre imprimeur français, né à Levecourt en 1762, mort à Paris en 1809; il sut par son bon goût typographique donner des éditions véritablement classiques; elles se distinguent autant par la pureté de la correction que par l'élégance des types employés à leur impression, qui est d'une netteté remarquable.

CRAPELET (Georges-Adrien), fils du précédent, imprimeur et littérateur, né à Paris en 1789, mort en 1842. Il continua la réputation que son père avait acquise dans l'imprimerie. Il a laissé plusieurs ouvrages sur cette profession, entre autres: *Études pratiques et littéraires sur la typographie*, 2 vol. in-8°.

CRAPONNE, ch.-l. de cant. de l'arrond. du Puy (Haute-Loire), à 39 kil. de cette ville. Pop. 3,760 hab. Fabriques de dentelles, draps. Ancienne église; tour carrée, reste de vieilles fortifications.

CRAPONNE (canal de), canal d'irrigation qui unit Arles à la Durance. Longueur 70 kil. Ses embranchements sont: au N. le canal de Réal; au S.-O. le canal de Farnion; au S. le canal d'Istres; le canal de la Toulonbre.

CRAPONNE (Adam DE), célèbre ingénieur, né à Salon en 1519, mort en 1559. Il commença le canal qui joint Arles à la Durance, et qui porte son nom: il fut empoisonné à Nantes par des misérables jaloux de sa gloire.

CRASSUS (L.-Lucinius), orateur romain, né vers 150 av. J.-C. Il fit fermer, en sa qualité de consul, les écoles de rhéteurs, qu'il considérait comme un foyer de corruption pour la jeunesse; il était ami d'Antoine et mourut peu de temps avant la proscription de Marius.

CRASSUS (Marcus-Licinius), triumvir, mort 53 ans av. J.-C., effrayé par le meurtre de son père et de son frère ordonné par Marius, il s'enfuit en Espagne; après le triomphe de Sylla, il se rendit près de ce dictateur, qui l'accueillit avec faveur. Il battit Spartacus, qu'il défit complétement, et fut l'année suivante collègue de Pompée dans le consulat. Il fut compromis dans la conspiration de Catilina. Nommé triumvir avec César et Pompée, il eut en partage le gouvernement de la Syrie, marcha contre les Parthes, les défit d'abord, mais perdit tous ses avantages près de Carrhes (Mésopotamie), où son armée fut taillée en pièces; Suréna, général des Parthes, le fit assassiner [illegible] dans une entrevue où il devait traiter de la paix ([illegible]).

CRATÈRE, bouche d'un volcan éteint ou en activité. La cavité que représente le cratère, et qui imite la forme d'une coupe, lui a fait donner par les anciens le nom qu'il porte. Les cratères des volcans perdent avec le temps leur forme et leurs proportions; la direction des courants de lave indique l'emplacement des cratères des volcans éteints.

CRATÈRE, lieutenant et favori d'Alexandre, il eut assez de force d'âme pour ne jamais cacher la vérité à son maître. A la mort de ce conquérant, il eut le commandement de la Macédoine et de l'Épire; gendre d'Antipater, il aida ce général à terminer la guerre Lamiaque; il contribua puissamment à la victoire de Cranon (322); se ligua contre Perdiccas, et fut tué en Cappadoce dans une bataille contre Eumène, qui, en souvenir de leur ancienne amitié, envoya ses cendres à sa femme (321 av. J.-C.).

CRATÈS, de Thèbes, philosophe cynique du IVe siècle av. J.-C. Ruiné par les Macédoniens, il vint à Athènes, où il suivit les leçons de Diogène; il était laid et bossu, et affectait de montrer ses difformités; malgré ces défauts, et peut-être à cause de son originalité, il sut plaire à une jeune fille riche qui l'épousa et partagea avec lui sa bonne et sa mauvaise fortune. Il fut le maître de Zénon, et c'est à son école que le stoïcisme prit naissance.

CRATÉNUS, d'Athènes, poëte comique du IVe siècle av. J.-C. Il débuta bien tard dans la carrière littéraire, il fit 21 pièces, dont 9 furent couronnées. Il est le premier auteur qui flagella dans ses comédies les vices des personnages vivants.

CRATHY, paroisse et village d'Écosse (Aberdeen), au centre des monts Grampions. Pop. 1,890 hab. Carrières de granit, excellentes ardoises. Reste de l'ancienne forêt de Marr. On remarque près de ce village la résidence royale de Balmoral.

CRATI, rivière du royaume d'Italie (Calabre citérieure), prend sa source à 6 kil. de Rossano, reçoit le Bussento et se jette dans le golfe de Tarente. Cours, 88 kil.

CRATO, ville de Portugal (Alentejo), à 22 kil. de Portalègre. Pop. 3,000 hab. Ancienne résidence du grand prieur de l'ordre de Malte.

CRAU (la), plaine pierreuse dans le départ. des Bouches-du-Rhône, entre le canal de Craponne, les étangs de Baux, de Berre et le Rhône. Sup. 1 myriam. carrés. Culture de la vigne et d'arbres à fruits.

CRAVATE. On appelle ainsi une pièce d'étoffe ou de soie qui entoure le cou et dont la forme varie suivant le caprice de la mode. L'usage de la cravate nous vient des cavaliers croates. Cet ornement, qui a remplacé le collet à fraise, est aujourd'hui d'un usage universel; les dames mêmes l'ont adopté.

CRAVATE DE DRAPEAU. Au XVe siècle, l'usage s'établit parmi les porte-cornettes de s'attacher leur cornette au milieu du corps, avec une écharpe de taffetas. Sous Louis XIV, le porte-enseigne attacha à la lance du drapeau l'écharpe ou *cravate* que le roi lui avait confiée. Cet usage a été conservé. Les couleurs de la cravate sont les mêmes que celles du drapeau.

CRAVATES ou CROATES. On donnait ce nom à des régiments de cavalerie légère, formés sur le modèle des cavaliers croates. Ils furent établis sous Louis XIV et abolis en 1748. Cette milice, composée en partie d'Allemands, était ordinairement placée sur les flancs de l'armée, pour éclairer la marche.

CRAWFORD (William-Henry), homme d'État américain, né en 1772, à Nelson-County (Virginie), mort en 1834. D'abord maître d'école pour vivre, il se fit recevoir avocat en 1799. Député de la Virginie, il vota pour la guerre avec l'Angleterre. Il

personnes déterminées la délivrance d'une chose, l'exécution ou l'abstention d'un fait. On est créancier en vertu d'une obligation librement consentie par une autre personne, ou en vertu d'une sentence judiciaire qui déclare, en dehors de toute obligation consentie, une personne débitrice d'une autre pour la réparation d'un fait dommageable résultant d'un quasi-contrat, d'un délit ou d'un quasi-délit. Les créances, de même que les obligations, peuvent être conditionnelles, éventuelles, exigibles ou à terme, alternatives, solidaires, liquides ou non liquides, privilégiées, hypothécaires, chirographaires, mobilières ou immobilières. La créance donne au créancier un droit sur les biens de son débiteur, à charge de respecter les privilèges ou hypothèques qui peuvent être accordées à d'autres créanciers, et dont

est quelque chose ne peut pas devenir rien. Cependant, bien que, suivant ce système, tous les éléments préexistassent à la naissance du monde, la plupart des philosophes admettaient un être supérieur qui aurait présidé à la distribution des éléments, atomes qui erraient dans l'espace éthéré. Après l'œuvre de la création ainsi conçue, le Dieu-créateur serait devenu Dieu-providence. Pythagore et les platoniciens admettaient la création à peu près dans les mêmes termes que la Genèse biblique. D'autres philosophes, entre autres les panthéistes et les athées, ont nié la création et affirmé l'éternité de la matière, qu'ils considèrent comme se régénérant par des transformations successives. Quel que soit le système qu'on adopte à cet égard, les naturalistes sont aujourd'hui d'accord pour reconnaître

Duguesclin se défendant contre Dom Pedro.

représenta les États-Unis près la cour de France de 1813 à 1815 ; à son retour en Amérique, il fut appelé à la direction des finances, où il montra une grande habileté ; il refusa la présidence de la république, et mourut dans la retraite.

CRAYER (Gaspard DE), peintre flamand, né à Anvers en 1582, mort en 1669. Né de parents riches, il eut tout le temps de se livrer à l'étude de son art ; quoique ses peintures approchent de celles de Rembrandt, Crayer eut un genre qui lui fut propre. Beaucoup d'églises de Belgique possèdent de ses tableaux. Les plus renommés sont : *le Centenier aux pieds de Jésus-Christ*, *l'Adoration des Bergers* et *la Descente de croix*.

CRAYFORD, ville d'Angleterre (Kent), à 4 kil. de Dartford. Pop. 2,000 hab. Défaite des Bretons par Hengist.

CRAYON, substance terreuse, friable et colorante dont on se sert pour dessiner sur le papier ou la toile. On fabrique des crayons de toutes couleurs. Les crayons noirs, communément en usage, sont composés de carbure de fer.

CRÉANCE, CRÉANCIER. La créance est le droit qu'on a d'exiger d'une ou plusieurs

la loi détermine l'ordre et le rang. En matière commerciale, le créancier peut, en outre, exercer la contrainte par corps contre son débiteur. La déclaration de faillite interrompt les poursuites des créanciers (*Voir* FAILLITE). Les preuves admises par la loi à l'appui de l'existence ou de l'extinction d'une créance sont : la preuve littérale résultant d'un titre écrit, la preuve testimoniale lorsqu'il s'agit d'une créance qui n'excède pas 150 francs ou lorsqu'il existe un commencement de preuve par écrit, la présomption, l'aveu de la partie et le serment. Le créancier peut, pour la conservation de ses droits et de ses actions, pratiquer des actes conservatoires (*Voir* CONSERVATOIRES (actes)); il peut aussi exercer certaines actions au nom de son débiteur ; on en excepte les actions qui se rapportent au statut personnel.

CRÉATION, principe qui, suivant certaines philosophies, et suivant les théodicées, aurait tiré tous les êtres du néant. Les philosophes de l'antiquité, et parmi eux les épicuriens et les atomistes, ont contesté l'idée de création en vertu de cet axiome : *ex nihilo nihil, et in nihilum nil posse reverti* (rien ne se fait de rien,

que les êtres qui apparaissent à la surface du globe se sont développés successivement, et non simultanément. Toutefois, il n'y a pas de certitude parfaite quant à l'ordre successif dans lequel les divers êtres seraient apparus ; l'échelle de la création reste encore l'un des plus beaux problèmes des sciences naturelles. — Le mot création s'applique également aux productions du génie humain qui ont un tel caractère de grandeur et d'originalité qu'on ne puisse citer aucun autre ouvrage qui en soit considéré comme le modèle.

CRÉATEUR, nom qui désigne, dans le langage religieux, un être suprême qui aurait tiré tous les êtres du néant.

CRÉATURE, être animé et sensible. Ce mot se dit quelquefois, en mauvaise part, d'une personne de mauvaise vie. Regnard a dit, dans ce sens :

Ce n'est pas pour dîner avec des créatures
Qui viennent comme vous chercher des aventures.

Ce mot s'entend aussi d'une personne qui attache sa fortune à l'élévation d'une autre, et qui devient en quelque sorte son *homme lige*.

CRÉBILLON (Prosper-JOLYOT DE), poète

tragique, né à Dijon en 1674, mort en 1762; fit ses études chez les jésuites et vint à Paris, où il entra dans l'étude d'un procureur qui, voyant que ses dispositions naturelles l'entraînaient vers la poésie, l'engagea à travailler pour le théâtre; les comédiens lui refusèrent sa première tragédie qu'il brûla de dépit; ce ne fut que sur les sollicitations de son patron qu'il se décida à écrire une deuxième pièce ayant pour titre *Idoménée* (1705). Quoique l'action en soit faible et languissante, cette pièce fut bien accueillie du public. Crébillon donna successivement *Atrée et Thyeste*, *Électre*, *Rhadamiste et Zénobie*, *Xerxès*, *Sémiramis* (1707-1717). Les succès de Voltaire lui firent abandonner la scène pendant quelques années. Après *Pyrrhus*, il resta près de 20 ans sans rien produire et comme s'il eût été poursuivi par des furies ou tourmenté par les remords, le prit pour un grand criminel. Crébillon eut à souffrir des attaques de Voltaire, qui ne put lui pardonner la faveur dont il jouissait à la cour et le traitait de barbare.

CRÉBILLON (Claude-Prosper JOLYOT DE), fils du précédent, né à Paris en 1707, mort en 1777. Il composa quelques romans licencieux qui peuvent passer pour une peinture assez exacte de l'époque où il vivait; les principaux sont: *le Sopha*, qui, en 1849, fournit le sujet d'une comédie assez graveleuse, *les Lettres de la marquise* ***, *Tanzaï et Néadarné*, etc.

CRÈCHES, maisons établies sous la surveillance de l'autorité, où l'on prend soin, pendant le jour, des enfants âgés de moins de 2 ans, dont les mères sont occupées à

CRÉCY, ch.-l. de cant. de l'arrond. d'Abbeville (Somme), à 20 kil. de cette ville. Pop. 1,650 hab. Résidence des rois de la 1re race.

CRÉCY (bataille de), bourg du départ. de la Somme, où fut livrée, en 1346, la bataille de Crécy. Édouard III, à la tête d'une armée anglaise, avait été poursuivi par Philippe VI, roi de France, pendant plus de 40 jours, et se trouvait acculé dans le Ponthieu, adossé à la mer et dans l'impossibilité de refuser le combat. Ses troupes arrivèrent à Crécy, harassées de fatigue. Il eut le temps de prendre position et de ranger ses troupes en ordre de bataille. Philippe, dès qu'il eut atteint l'armée anglaise, donna le signal du combat, sans s'inquiéter des dispositions commandées par la prudence. Il se croyait d'ailleurs sûr de la

Bataille de Dreux (Condé fait prisonnier).

vécut en grand seigneur; mais il ne tarda pas à se ruiner; la mort de sa femme et de son père le plongea dans la plus profonde tristesse, et par un étrange contraste, il offrit à ses amis le spectacle d'un homme malheureux, d'une malpropreté repoussante et vivant dans un taudis en compagnie de chiens et de chats; malgré la répugnance qu'il inspirait, l'Académie française l'appela dans son sein, par singularité; il écrivit son discours de réception en vers; il n'avait rien de bien remarquable; il n'en reste que ce vers, qui fut applaudi parce qu'il était vrai:

Aucun fiel n'a jamais empoisonné ma plume.

La protection de Mme de Pompadour lui fit avoir une pension de 3,000 francs. En 1748, il fit paraître *Catilina*, qui fut monté avec un luxe inouï et obtint un véritable succès. Crébillon mourut des suites d'un érysipèle aux jambes, et fut enterré dans les caveaux de l'église Saint-Gervais, où le gouvernement lui fit ériger un mausolée. Le caractère de Crébillon est peint dans ses écrits; il était plein de feu et d'éclat. Un homme le surprit un jour composant, et l'entendant pousser des cris effroyables,

travailler dans les ateliers ou les fabriques. Cette institution philanthropique est dans l'esprit de notre siècle, et due à l'initiative de M. Marbeau, ancien adjoint au maire du 1er arrondissement de Paris. La première crèche fut instituée à Paris en 1844; on en comptait 25 dans le département de la Seine en 1852. Depuis, le nombre s'en est encore accru, et l'on en trouve aujourd'hui dans toutes les grandes villes. Les résultats obtenus par les crèches ont été appréciés par les économistes aussi bien que par les moralistes. Les premières impressions sont toujours les plus durables. Or, les yeux de l'enfant étant frappés par le spectacle de l'ordre et de la propreté qui règnent dans les crèches, on conçoit qu'ils reçoivent certaines impressions qui ne peuvent qu'influer heureusement sur leur développement moral et physique.

CRÉCY, ch.-l. de cant. de l'arrond. de Meaux (Seine-et-Marne), à 12 kil. de cette ville. Pop. 1,050 hab. Commerce de charbon. Ville autrefois fortifiée.

CRÉCY-SUR-SERRE, ch.-l. de cant. de l'arr. de Laon (Aisne), à 16 kil. de cette ville. Pop. 2,030 hab. En 1180, cette ville obtint une charte de commune.

victoire. Les Anglais ne disposaient guère que de 30,000 combattants, tandis que le roi de France venait de rassembler près de 100,000 hommes, et l'armée à la tête de laquelle il se trouvait en comptait plus de 70,000. Les arbalétriers génois reçurent l'ordre de commencer l'attaque. Ils s'élancèrent avec résolution, mais la supériorité des archers anglais les força de reculer. D'ailleurs les rangs de ceux-ci étaient entremêlés de bombardes dont le bruit était un objet d'effroi pour les assaillants. Les Génois, ayant voulu fuir, se virent arrêtés par les gendarmes. Le roi de France, voyant le champ de bataille embarrassé de fuyards génois, donna lui-même à ses gendarmes l'ordre atroce de les frapper sans pitié: « Or tôt tuez toute cette ribaudaille, car ils nous empêchent la voie sans raison! » L'exécution de cet ordre entraîna la perte de la bataille. L'impétuosité française échoua devant le sang-froid et l'impassibilité des Anglais, dont l'artillerie épouvantait les chevaux. Le vieux roi de Bohême, qui avait voulu combattre quoique aveugle, dit à ses compagnons: « Je vous prie et requiers très-spécialement que vous me meniez si avant que je puisse férir un coup d'épée. Ses chevaliers lièrent les freins de leurs chevaux au sien, et ils se précipitèrent sur l'ennemi. Le lendemain on les retrouva tous morts sur le champ de bataille. On ne peut douter que l'embarras causé par le massacre des Génois et l'affreux désordre qui s'ensuivit n'aient été la cause de la perte de la bataille. Dès ce moment les rangs de l'armée française furent rompus; elle combattit sans ordre et sans discipline, et quelques actes isolés de courage ne purent faire éviter un désastre. Les princes français se comportèrent bravement. Le duc de Lorraine, les comtes d'Alençon, de Blois, de Nevers, de Flandre, d'Harcourt, d'Aumale, d'Auxerre, de Sancerre, de Saint-Pol, de Bar, les archevêques de Nîmes et de Sens, le comte de Savoie et six comtes allemands restèrent sur le champ de bataille. Les historiens du temps prétendent qu'il périt dans cette journée plus de 1,500 nobles, sans compter les gens de pied. Philippe, désespéré, s'obstinait à ne pas quitter le champ de bataille; son cheval avait même été tué sous lui. Il fut entraîné par les siens, et arriva par une nuit pluvieuse et obscure au château de Broye. Le lendemain de la bataille, deux corps d'armée, qui accouraient pour rejoindre le roi de France, furent encore détruits. Après sa victoire, Edouard se retira à Calais. Philippe, qui n'avait plus d'armée pour continuer la lutte, revint à Paris.

CRÉDI (Laurenzo DE SCIARPELLONI, surnommé), célèbre peintre italien, né à Florence en 1454, mort en 1531. Il s'appliqua à imiter Léonard de Vinci; il produisit de si belles copies des tableaux de ce grand maître, qu'il était presque impossible de les distinguer des originaux. Parmi ses principales compositions, on conserve, à Florence, une *Nativité* et une *Sainte Vierge*.

CRÉDIT. Les économistes entendent par ce mot la faculté pour les entrepreneurs d'industrie ou de commerce d'emprunter aux capitalistes les fonds qui leur sont nécessaires pour exploiter leur commerce ou leur industrie. Le crédit ainsi considéré est une des premières conditions de la production. En effet, c'est lui qui procure les instruments de travail. Le crédit est d'autant plus facile que celui qui y a recours offre des garanties solides. Le crédit est ainsi variable, et il est susceptible d'être affecté non-seulement par le degré de confiance que mérite l'emprunteur, mais encore par les combinaisons politiques, économiques ou financières établies par l'État. Le système de crédit est l'ensemble des institutions suivant lesquelles les capitaux sont transmis à l'emprunteur. Le crédit proprement dit ne s'entend que du crédit productif et non du crédit voluptuaire qui vient en aide à la prodigalité. Le crédit proprement dit se distingue en *crédit de commandite* et *crédit de circulation*. Le premier fournit les instruments de production, c'est-à-dire les capitaux aux travailleurs; le second, par la négociation des effets de commerce, facilite la vente des produits et permet d'en attendre l'écoulement. Parmi les économistes, quelques-uns ont proposé le crédit social. Ce système, qui ne tendrait à rien moins qu'au communisme, est généralement repoussé. Un grand nombre d'économistes considèrent même comme dangereuse l'intervention de l'État. Suivant eux, l'État doit recevoir le crédit et ne peut le donner. Dans le système du crédit particulier, au contraire, l'État abandonne aux capitalistes le soin de distribuer le crédit comme ils l'entendent. Tel est le système généralement admis dans les sociétés modernes. Il s'est produit aussi un système de crédit mixte, qui permet à l'État de consacrer une partie de la richesse nationale à fonder certaines institutions de crédit ou certaines grandes compagnies. Ce système a été pratiqué, notamment quand l'État est venu au secours des compagnies de chemin de fer.

CRÉDIT FONCIER. On donne ce nom au crédit attribué au propriétaire d'un immeuble, en raison de la valeur de cet immeuble. Il repose sur la terre et non sur la personne. On le distingue du crédit agricole, qui a pour objet de fournir à l'agriculteur les capitaux qui lui sont nécessaires pour l'exploitation de ses terres. C'est à Law que revient la gloire d'avoir imaginé les institutions de crédit foncier. Ainsi il proposa au parlement écossais un projet d'association entre les emprunteurs propriétaires d'immeubles, moyennant un gage hypothécaire. Les emprunteurs recevaient en échange de la constitution d'hypothèques des titres négociables. Cette combinaison fut adoptée par la banque foncière de Silésie, instituée en 1770; elle se répandit ensuite en Allemagne, en Pologne et en Belgique. Ces associations ne sont pas, à vraiment dire, des banques foncières, car elles n'ont pas de capital circulant, ne remettent pas de capitaux aux emprunteurs et ne créent pas de billets de banque; elles délivrent seulement à l'emprunteur des lettres de gage qu'il négocie à ses risques et périls. Ces obligations sont appelées *lettres de gage*; elles portent intérêt et se transmettent sans frais; on les négocie à la Bourse de la même manière que les titres de rentes. C'est cette négociation qui procure à l'emprunteur les fonds dont il a besoin. Celui-ci se libère en payant les intérêts annuels et en versant aussi annuellement une somme destinée à amortir le capital emprunté. L'association de crédit foncier garantit au porteur des lettres de gage le service des intérêts. Ce système, malgré les avantages incontestables qu'il présentait, n'a pas été admis par le législateur de 1852, qui a institué la banque foncière. Nous ne trouvons, dans l'histoire de notre législation, qu'une seule tentative pour fonder le crédit foncier en France. Une loi hypothécaire du 9 messidor an III permettait aux propriétaires d'immeubles de constituer une hypothèque sans désignation hypothécaire, attendu que les titres du gage hypothécaire étaient au porteur. Cette constitution d'hypothèque avait lieu devant le conservateur des hypothèques, qui délivrait, sous le nom de cédules hypothécaires, des billets de circulation jusqu'à concurrence de la somme empruntée. Le montant de la somme qu'on pouvait emprunter était déterminé suivant la valeur de l'immeuble. L'estimation était l'objet d'une expertise faite contradictoirement avec le fonctionnaire, et ce fonctionnaire restait garant envers les tiers de la valeur par lui donnée au fonds. L'emprunt ne pouvait dépasser les trois quarts de la valeur des biens ainsi hypothéqués, y compris les sommes pour lesquelles l'immeuble pouvait déjà être hypothéqué. Les cédules étaient transmissibles par voie d'endossement. Cette loi ne fut jamais mise à exécution et fut abrogée après des ajournements successifs. Le préjugé qui s'attache à la conservation du domaine territorial dans les familles, fit considérer cette loi comme dangereuse; on lui reprochait précisément de remplir son but, c'est-à-dire de constituer le crédit foncier sur les bases les plus larges *en mobilisant le sol*, en le convertissant en un papier négociable. En effet, la propriété territoriale constituait, à cette époque, la presque totalité de la richesse nationale, et la fortune mobilière, qui dépasse aujourd'hui de beaucoup la fortune immobilière, était comptée pour peu de chose. La caisse hypothécaire, fondée à Paris en 1820, essaya d'introduire en France le système des sociétés allemandes. Le succès ne répondit pas à l'attente des fondateurs de cette banque. Les bases de l'estimation des immeubles étaient défectueuses; il n'y avait aucune garantie contre les évaluations exagérées. De plus, les vices du système hypothécaire, tel qu'il est réglé par le code civil, faisaient naître fréquemment contre la compagnie des demandes en revendication. Il en résulta des pertes considérables qui amenèrent la liquidation de cette société en 1847. Le gouvernement de 1848 s'occupa activement de cette question. L'Assemblée constituante, puis l'Assemblée législative furent saisies de diverses propositions et d'un projet qui allait être converti en loi, quand survinrent les événements de 1852. L'un des premiers actes de ce gouvernement fut de constituer le crédit foncier en France par un décret du 28 février 1852. Ce décret autorisait la fondation de sociétés ayant pour objet de fournir aux propriétaires d'immeubles qui voulaient emprunter sur hypothèque, la possibilité de se libérer au moyen d'annuités à long terme. Il contient d'importantes modifications à la loi civile, en ce qui concerne la purge des hypothèques légales des femmes et des mineurs, les formalités d'expropriation, etc. Ces modifications avaient pour objet d'obvier aux inconvénients qui avaient paralysé les opérations de la caisse hypothécaire et qui auraient compromis l'avenir du crédit foncier. Le décret constitutif de ces sociétés les autorisait à émettre des obligations ou lettres de gage jusqu'à concurrence du montant des prêts. Ces lettres de gage sont insaisissables de même que les rentes sur l'État. La banque foncière de Paris, instituée par décret du 28 mars 1852, absorba les autres sociétés formées ou en voie de formation dans les départements. Elle devint alors le *Crédit foncier de France*. Elle était autorisée à prêter jusqu'à concurrence de 200 millions, à raison d'une annuité de 5 pour 100, qui éteindrait la dette en 50 ans. L'État lui accordait une subvention de 10 millions. Les premiers statuts subirent une modification en 1853. Le *Crédit foncier* fut autorisé à élever, à l'avenir, le taux de ses annuités d'après une échelle mobile calculée sur le taux moyen de la rente 3 pour 100; elle put alors émettre des obligations à 5 pour 100. Le *Crédit foncier* est dirigé par un gouverneur et deux sous-gouverneurs nommés par l'empereur. La société prête soit en numéraire, soit en lettres de gage; elle ne prête que sur première hypothèque, et seulement jusqu'à concurrence de la moitié de la valeur de l'immeuble pour les terres où s'élèvent des bâtiments, et du tiers seulement pour celles qui ne constituent que des plantations. La société ne prête pas sur les théâtres ni sur les mines et carrières. Le maximum des prêts consentis à une seule personne ne peut dépasser un million. En cas de retard dans le payement des annuités, l'immeuble hypothéqué est placé sous séquestre, et l'expropriation en est poursuivie.

CRÉDIT MOBILIER (société générale du). Cette société dont le siége est à Paris, et dont la durée a été fixée à 99 ans, a pour objet les opérations suivantes: 1° la souscription ou l'acquisition des effets publics, des actions ou obligations dans les différentes entreprises industrielles ou de crédit constituées en société anonyme, et notamment dans celles de chemins de fer, de canaux, de mines et d'autres travaux publics déjà fondés ou à fonder; 2° l'émission de ses propres obligations pour une somme égale à celle employée à ces souscriptions et acquisitions; 3° la vente de tous effets, actions et obligations acquis à la société, leur échange contre d'autres valeurs et les emprunts en nantissement de ces titres; 4° la soumission de tous emprunts, leur cession et réalisation, ainsi que toutes entreprises de travaux publics; 5° le prêt sur effets publics, sur dépôts d'actions et obligations, et l'ouverture de crédit en compte courant, sur dépôt de ces diverses valeurs; 6° l'encaissement des sommes en compte courant; 7° le recouvrement pour le compte des compagnies sus-énoncées, le payement de leurs coupons ou dividendes, et généralement toutes autres dispositions; 8° la tenue d'une caisse de dépôts pour tous les titres de ces entreprises. Le fonds social a été fixé à 60 millions. La société peut en outre émettre des obligations pour une somme de 60 millions. Elles peuvent être créées à vue. Cette société est dirigée par un conseil d'administration, qui nomme un comité de 5 membres au plus pour l'exécution de ses décisions.

CRÉDIT (ouverture de). Ce mot s'applique à l'autorisation que donne le gouvernement à un ministre d'ouvrir un crédit supplémentaire. (*Voir* CRÉDIT SUPPLÉMENTAIRE). Dans le langage commercial, l'ouverture de crédit s'entend des marchés passés entre commerçants, dans lequel celui qui livre la marchandise n'en exige le payement qu'au bout d'un certain temps, et ouvre, au profit de l'acheteur, un compte personnel à son grand-livre. L'ouverture de crédit s'entend encore de la négociation d'effets de commerce par un banquier, avec ou sans cautionnement.

CRÉDIT (lettres de). C'est une sorte de mandat par lequel celui qui dispose d'un crédit chez un banquier lui donne ordre de compter une certaine somme à un tiers, ou même au porteur du mandat. Les lettres de crédit sont aussi négociables par la voie de l'endossement, ou dans la même forme que les lettres de change. — Dans le langage diplomatique, on entend par lettres de crédit les missives remises par une puissance étrangère à ses ministres plénipotentiaires ou ses consuls, pour les faire accréditer auprès d'un gouvernement étranger.

CRÉDIT SUPPLÉMENTAIRE, s'entend de certaines dépenses prévues par le budget, mais pour lesquelles il a été alloué des sommes dont on a plus tard reconnu l'insuffisance. Le crédit supplémentaire est accordé par une loi. Cependant il est souvent arrivé que ces crédits ont été autorisés par de simples décrets, sauf au gouvernement à en référer aux chambres, à la prochaine session, pour que ces allocations soient converties en lois.

CRÉDIT EXTRAORDINAIRE. On appelle ainsi, en style parlementaire, la loi en vertu de laquelle le pouvoir législatif accorde, en dehors des fonds accordés par le budget de chaque année, les sommes nécessaires pour faire face à des dépenses imprévues. Les armements par suite de déclaration de guerre, les expéditions d'outre-mer, donnent ordinairement lieu à des demandes de *crédit extraordinaire*.

CREDITON, ville d'Angleterre (Devon), à 11 kil. d'Exeter. Pop. 5,920 hab. Eglise anglo-saxonne. Fabriques de serges. Commerce de bétail. Autrefois siége d'un évêché transporté à Exeter.

CREDO. On désigne communément par ce mot le Symbole des apôtres. On commença à le réciter à la messe vers l'an 510; Timothée, évêque de Constantinople, fut le premier qui le prescrivit. Il fut imposé à l'Espagne lors du concile de Tolède, en 585. La France l'adopta au temps de Charlemagne. Ce prince voulut même qu'il fût chanté à l'office divin. Rome ne l'accepta que plus tard, en 1014.

CRÉDULITÉ, travers d'esprit qui porte à croire comme vrai, sans examen, tout ce qui est avancé par un autre. La crédulité engendre la superstition, mais elle en diffère en ce que celle-ci consiste dans un penchant à croire au merveilleux. On a souvent parlé de la crédulité populaire, résultat de l'ignorance; mais les progrès inouïs de la société, et l'immixtion de l'élément populaire dans les affaires publiques, ont peu à peu détruit cette crédulité; les coutumes ridicules ou superstitieuses disparaissent. Il n'est plus vrai de dire que le peuple soit encore la dupe des intrigants, qui, à diverses époques de l'histoire, ont exploité les grossières croyances des peuples.

CREEKS, peuple indigène à l'ouest du Mississipi, dans l'Amérique du Nord. Ce nom leur a été donné par les Anglais à cause de la nature de leur territoire, qui est coupé par une infinité de petites rivières. Ils cultivent le coton et le riz, et font aussi un grand commerce de bestiaux; on évalue leur nombre à 20,000.

CREHANGE ou CRICHENGEN, petite ville du départ. de la Moselle, à 30 kil. de Metz. Elle formait autrefois un comté indépendant, relevant de l'empire d'Allemagne. En 1680, elle fut adjugée à Louis XIV par la chambre de réunion de Metz; en 1607, elle fut restituée lors de la paix de Ryswick, et fut incorporée à la France en 1789.

CREIL, ch.-l. de cant. de l'arrond. de Senlis (Oise), à 10 kil. de cette ville. Pop. 3,550 hab. Fabriques de poterie de grès. Manufacture de faïence, occupant plus de 900 ouvriers. Les rois mérovingiens avaient leur résidence dans cette ville. Ruines du château réédifié par Charles V et habité par Charles VI.

CREMA, ville forte du royaume d'Italie, ch.-l. d'arrond. de la province de Crémone, à 40 kil. de cette ville. Pop. 8,660 hab. Siége d'un évêché suffragant de Milan. Fabriques de dentelles, soieries, toiles. Récoltes de très-beau lin. Cette ville fut fondée en 570. Frédéric Barberousse s'en empara en 1159; elle fut occupée par les Français en 1794.

CRÉMAILLÈRE, instrument qui supporte le crochet de la marmite; il s'attache sur le contre-cœur des cheminées de campagne. La crémaillère se meut par l'engrenage d'un pignon ou d'une roue dentée. *Pendre la crémaillère* est une expression vulgaire qui s'entend de la prise de possession d'une nouvelle habitation.

CREMÈRE, rivière d'Italie (Etrurie), affluent du Tibre. C'est sur ses bords que périrent les Fabius, l'an de Rome (477 av. J.-C.).

CREMIEU, ch.-l. de cant. de l'arrond. de la Tour-du-Pin (Isère), à 32 kil. de cette ville. Pop. 2,290 hab. Ruines d'un château qui fut la résidence des dauphins du Viennois.

CRÉMIEU (édit de). C'était un réglement composé de 31 articles, qui avaient pour but de régler les matières dont les baillis, sénéchaux, prévôts et châtelains pouvaient connaître comme juges.

CRÉMONE, ville forte du royaume d'Italie, à 73 kil. de Milan. Pop. 29,000 hab. Ch.-l. de province. Siége d'un évêché suffragant de Milan. Lycée, bibliothèque. Institution de sourds et muets. Belle cathédrale, achevée en 1309, qui est surmontée par un campanile de 123 mètres de hauteur. Fabriques de toiles et de soieries, de poterie, de grenats, de violons renommés. Commerce de grains, lin, soie, huile, cire, miel. Octave s'empara de cette ville, qui avait adopté le parti de Brutus, et la partagea entre ses vétérans. Elle fut saccagée pendant la lutte entre Vitellius et Vespasien. En 1702, le maréchal de Villeroy y fut surpris et fait prisonnier par le prince Eugène. En 1796, elle fut rendue aux Français; les Autrichiens s'en emparèrent en 1799, et les Français la reprirent en 1800 et la gardèrent jusqu'en 1814. La province de Crémone a une superficie de 204,200 hect., et une population de 334,650 hab. Le sol est fertile en lin, huile, vins. Elève du bétail.

CRÉMONINI (César), professeur de philosophie, né à Ceuto, dans le Modénais, en 1550, mort de la peste, à Padoue, en 1631. Il s'acquit une telle réputation de dialecticien, que les princes et les rois voulurent l'entendre. Ses talents étaient gâtés par une certaine dose de médisance et d'envie. Il a laissé divers écrits sur la philosophie d'Aristote et quelques poèmes pastoraux.

CREMS ou KREMS, ville des Etats autrichiens (basse Autriche), à 61 kil. de Vienne. Pop. 7,000 hab. Grand commerce de vin. Poudrière impériale.

CRÉNEAU, nom donné autrefois à la construction en maçonnerie formant l'entre-deux des *archières*. Contrairement à l'idée commune, le créneau était la partie pleine en maçonnerie d'un rempart; les archières formaient la partie vide.

CRÉNEQUINIERS. Le crénequinier était un instrument formé de pieds de biche qui servait à tendre la corde d'une arbalète. On a appelé crénequiniers les corps d'arbalétriers à cheval. Il y en avait encore au temps de François Ier.

CRÉOLES, nom donné aux enfants nègres nés en Amérique. Par extension on a aussi donné ce nom aux blancs nés dans ce pays. Cependant, on appelle généralement créoles ceux qui sont nés sous le tropique. L'institution de l'esclavage a beaucoup contribué à la dégradation de cette race. Ils ne sont généreux que par ostentation; mais l'habitude d'être obéis les rend insociables, inconstants, et explique, par suite, l'instabilité de leurs constitutions politiques.

CRÉON, ch.-l. de cant. de l'arrond. de Bordeaux (Gironde), à 20 kil. de cette ville. Pop. 915 hab. Cette ville était autrefois le ch.-l. de la prévôté, dite de l'*Entre-Deux-Mers*. Elle doit son nom à la famille de Craon, qui occupa des charges éminentes auprès des rois d'Angleterre.

CRÉON, roi de Thèbes et frère de Jocaste. Il s'empara du gouvernement après la mort de Laïus, mari de sa sœur. Suivant la mythologie grecque, Œdipe, à qui Créon céda le sceptre, s'étant retiré à Athènes après s'être crevé les yeux, entreprit de remonter sur le trône. Il se signala par d'horribles cruautés. Ainsi, il fit mourir Argie, à qui il reprochait d'avoir donné la sépulture à ses frères, Etéocle et Polynice. Il fit mourir aussi Antigone, qui avait inhumé son époux. Hémon, fils de Créon, épris d'Antigone, se donna la mort sur son tombeau. Les dames thébaines ayant imploré le secours de Thésée, ce héros lui enleva la couronne avec la vie, en 1250 av. J.-C. — Un autre Créon, roi de Corinthe, donna sa fille en mariage à Jason, quand celui-ci répudia Médée.

CRÉOSOTE, substance découverte en Allemagne par le chimiste Reichenbach. Cet encaustique, assez violent, est même un poison. Il agit sur l'albumine du sang, et est ainsi propre à arrêter les hémorragies. Il se trouve en quantité assez considérable dans les diverses espèces de goudrons. La créosote a, comme le charbon, une propriété antiputride. Elle calme les douleurs des dents cariées. La créosote se dégage de la suie des cheminées. Ainsi, l'on a expliqué les empoisonnements qui se sont quelquefois produits par des préparations de charcuterie trop longtemps exposées à la fumée.

CRÉPI, couche de matière qu'on jette sur un mur, avec la truelle, pour boucher les aspérités et les joints.

CRÉPIDE, chaussure en usage chez les Grecs, où elle était particulièrement adoptée par les philosophes. A Rome, c'était la chaussure du bas peuple.

CRÉPIN et CRÉPINIEN (saints). Des légendes prétendent que ces deux personnages étaient frères, et qu'ils avaient appris le métier de cordonnier, afin de voyager pour prêcher l'Evangile et de vivre du produit de leur industrie. Ils seraient venus dans les Gaules, et notamment à Soissons. Sur un ordre de l'empereur Maximilien, Hercule, le préfet des Gaules, leur fit trancher la tête, en 1287. On prétend que Notre-Dame de Paris possède leurs reliques, qui y furent apportées sous le règne de Louis XI. Ceux qui ont écrit sur les martyrs, et notamment le P. Longueval, prétendent qu'il n'est pas établi que Crépin et Crépinien aient été cordonniers.

CRÉPUSCULE, passage de l'éclat du jour à l'obscurité de la nuit, par les mêmes gradations que l'aurore qui annonce, au contraire, le commencement du jour.

CRÉQUI, village de l'arrond. de Montreuil-sur-Mer (Pas-de-Calais), à 28 kil. de cette ville. Pop. 1,400 hab. Ruines d'un château appartenant à la famille des Créqui, éteinte en 1801.

CRÉQUI (ancienne famille de), originaire de l'Artois, remonte au IX° ou au X° siècle. La branche aînée, celle des *sires de Créqui*, est la plus célèbre. En 1543, elle s'unit à la maison de Blanchefort, et de ces deux maisons sont sortis les ducs de Créqui et les princes de Poix.

CRÉQUI (JACQUES DE), nommé le maréchal de Guyenne. En 1408, il fut mis par Jean sans Peur à la tête des troupes envoyées pour apaiser la révolte des Liégeois. Il fut fait prisonnier par les Anglais en 1413. On le retrouva plus tard à la bataille d'Azincourt, où il fut repris et mis à mort (1415).

CRÉQUI (JEAN DE), seigneur de Canaples, l'un des 24 premiers chevaliers de la Toison d'or, servit dans les rangs des Anglais. En 1429, il défendit Paris contre Jeanne d'Arc. L'année suivante, il se trouvait au siége de Compiègne, où la grande héroïne fut faite prisonnière. Il fut fait prisonnier à la bataille de Germigny, mais il fut remis en liberté peu de temps après. Il reparut encore sur les champs de bataille, et défit Chabannes, Blanchefort et Longueval. Il était au service de Charles le Téméraire quand il mourut, en 1473. Son cri de guerre était : *A Créqui, Créqui le grand baron, nul ne s'y frotte.*

CRÉQUI (ANTOINE DE). Il se distingua par sa valeur guerrière à la bataille de Ravenne, en 1512. Un an plus tard, enfermé dans Térouane, il résista aux armées réunies de Henri VIII et de Maximilien. Il ne capitula qu'après la malheureuse journée des Éperons. Créqui se fit remarquer à la journée de la Bicoque, en empêchant l'entière déroute de nos armées. Il alla ensuite dans le nord du royaume battre les Anglais et les Espagnols. Cet illustre guerrier trouva la mort dans le fort d'Hesdin, en 1523.

CRÉQUI DE BLANCHEFORT ET DE CANAPLES (CHARLES Ier DE), prince de Poix, gouverneur du Dauphiné, pair et maréchal de France. Il épousa successivement les deux filles de Lesdiguières. Il se distingua dans toutes les guerres de son temps, et notamment au siége de Laon, en 1594. Son duel contre don Philippin, bâtard de Savoie, servit beaucoup à répandre son nom. Cette querelle n'avait d'autre motif que le port d'une écharpe que don Philippin avait laissée par mégarde aux mains d'un soldat; Créqui lui reprocha d'être trop peu soigneux de conserver les faveurs des dames. Il n'en fallut pas davantage pour donner lieu à deux duels dont le dernier coûta la vie au bâtard de Savoie. Créqui reçut le bâton de maréchal en 1622, s'empara de la Maurienne en 1630 et défit les Espagnols au combat de Tésin en 1636. Il fut emporté par un coup de boulet, en 1638, au siége de Brème dans le Milanais.

CRÉQUI (FRANÇOIS DE BONNE), fils du précédent, maréchal de France en 1668 : « C'était, dit Voltaire, un homme d'un courage entreprenant, capable des actions les plus belles et les plus téméraires, dangereux à sa patrie autant qu'aux ennemis. » Après avoir échappé à grand'peine au combat de Consarbruck, il alla braver de nouveau le danger ; il aima mieux être pris à discrétion dans Trèves que de capituler. Il fut livré au duc de Lorraine par la trahison d'un de ses officiers, qui signa la capitulation à son insu. Il montra des talents incontestables dans les campagnes de 1677 et 1678, entreprises contre le duc de Lorraine. En 1684, il s'empara du Luxembourg. Il mourut en 1687 avec la réputation d'un habile capitaine ; il fut jugé seul digne de remplacer Turenne.

CRÉQUI (CHARLES III, duc DE), prince de Poix, frère aîné du précédent. Il était ambassadeur à Rome, quand le palais de l'ambassade fut assailli par la garde corse. Plusieurs personnes de sa maison furent tuées ; il ne dut son salut qu'au cardinal d'Este, qui vint le délivrer avec une troupe de 300 hommes. Louis XIV exigea que le cardinal Imperiali, qui était alors gouverneur de Rome, lui fît des excuses publiques. Créqui mourut en 1687, à Paris, dont il était gouverneur.

CRÉQUI-MAGEBBE (JEAN-CHARLES, marquis DE), lieutenant général, mort en 1771. Il a laissé plusieurs ouvrages servant à l'histoire de sa maison et quelques écrits de philosophie religieuse.

CRÉQUI (ANNE LE FÈVRE D'AUSBY), épouse du précédent, morte en 1803. Elle acquit une certaine réputation par ses écrits moraux et philosophiques.

CRESCENTINI (Girolamo), sopraniste italien, né près d'Urbain en 1769, mort à Naples en 1846. Il se fit entendre à Paris, au théâtre des Italiens, de 1806 à 1812. Il a laissé quelques morceaux de chant.

CRESCENTINO, ville du royaume d'Italie (province de Novare), à 21 kil. de Verceil. Pop. 7,230 hab. Abbaye de Saint-Gennaro, fondée au VIII° siècle.

CRESCENZI (Jean-Baptiste), marquis DE LA TORRE), peintre et architecte, né à Rome en 1595, mort à Madrid en 1660. Il était frère du cardinal Crescencia. Philippe IV, roi d'Espagne, le nomma surintendant des musées royaux et le combla d'honneurs. Le Panthéon de l'Escurial a été construit d'après les dessins de Crescenzi.

CRESPHONTE, arrière-petit-fils d'Hercule, rentra avec ses deux frères, Aristodème et Téménos, dans le Péloponèse, 8 ans après la prise de Troie. Il se fit roi de la Messénie, qui devint le siége des Héraclides.

CRESPI (Jean-Baptiste, dit le *Cerano*), peintre italien, né à Arano en 1557, mort en 1633. Il fut directeur de l'Académie de Milan, fondée par le cardinal Frédéric Borromée. Les travaux qu'il a exécutés en peinture, sculpture, architecture sont considérables. Le reproche que lui adressent les critiques est d'avoir été inégal dans ses productions.

CRESPI (JOSEPH-MARIE, dit l'*Espagnol*), peintre italien et graveur à l'eau-forte, né à Bologne en 1665, mort en 1747. Esprit facétieux, dans les tableaux qui devaient commander le plus de retenue, il ne pouvait s'empêcher d'y glisser quelques scènes comiques. Son chef-d'œuvre en gravure est le *Massacre des Innocents*.

CRESPINO, bourg des États autrichiens (Vénétie), dans la délégation de Rovigo, à 13 kil. de cette ville. Pop. 4,000 hab.

CRESPY (traité de) ; ce traité mit fin à la guerre qui avait éclaté en 1542 entre François Ier et Charles-Quint, et qui avait duré deux ans. Charles-Quint s'était vu forcé, par suite de la disette qui s'était fait sentir dans son armée, d'évacuer le territoire français. Le dauphin, depuis Henri II, avait usé les forces espagnoles par une sage temporisation. Les deux princes étant également épuisés, et Henri VIII, roi d'Angleterre, allié de Charles-Quint, ayant partagé ses désastres, la paix devenait inévitable. Elle fut signée à Crespy, près de Meaux, le 18 septembre 1544. Les deux parties stipulaient la restitution réciproque des provinces conquises depuis la trêve de Nice. Charles-Quint consentait au mariage de sa fille aînée ou de la seconde fille de son frère Ferdinand avec le duc d'Orléans, second fils de François Ier. Il donnait en dot à sa fille les provinces des Pays-Bas, à la condition qu'elles passeraient aux enfants mâles qui naîtraient de ce mariage. Il était entendu, si Charles-Quint préférait donner sa nièce, qu'elle apporterait en dot le duché de Milan. L'empereur devait notifier son choix dans un délai de 4 mois. François Ier restituait la Savoie à son duc, excepté Pignerol et Montmélian ; il renonçait, en outre, à ses prétentions sur Naples, la Flandre et l'Artois. Charles, de son côté, renonçait au duché de Bourgogne et au comté de Charolais. Il était convenu enfin que François Ier ne viendrait pas au secours du roi de Navarre, et que les deux monarques s'uniraient pour faire la guerre aux Turcs. Il avait été convenu entre Charles-Quint et Henri VIII que les deux princes ne feraient point de traités l'un sans l'autre ; mais Henri VIII, ayant refusé de discontinuer les hostilités, Charles-Quint se crut dégagé de sa parole.

CRESPY-EN-LAONNAIS, village de l'arr. de Laon (Aisne), à 10 kil. de cette ville. Pop. 1,645 hab. Traité de paix entre François Ier et Charles-Quint, le 18 septembre 1544.

CRESPY ou CRÉPY-EN-VALOIS, ch.-l. de cant. de l'arrond. de Senlis (Oise), à 24 kil. de cette ville. Pop. 2,875 hab. Fabrique de toiles et gros fils. Cette ville était autrefois fortifiée et était la capitale du Valois.

CRESSIER-SUR-MORAT, village de la Suisse, dans le canton de Fribourg, près de cette ville. Pop. 330 hab. Chapelle construite en 1476 en l'honneur des Suisses tués à Morat.

CREST, ch.-l. de cant. de l'arrond. de Die (Drôme), à 39 kil. de cette ville. Pop. 4,950 hab. Filatures de soie, de coton. Fabriques de couvertures de laine, de draps ; sucre de betterave ; teintureries. Commerce de truffes. Église consistoriale calviniste. Ruines d'un ancien château, qui commandait la vallée de la Drôme et appartint aux comtes de Diois et de Valentinois. Il fut attaqué par Simon de Montfort pendant la guerre des Albigeois et par Lesdiguières, en 1576, mais il ne put être pris. Il fut démoli en 1627. La tour servit de prison d'État jusqu'à la Révolution ; plus tard, on en fit une caserne, une maison de correction, enfin une prison militaire. Avant la Révolution, Crest était le siége d'une sénéchaussée, et ses consuls siégeaient aux États particuliers de la province.

CRÉSUS, dernier roi de Lydie, né vers l'an 591, mort vers 546 av. J.-C. Il monta sur le trône à l'âge de 35 ans, et ne tarda pas, par diverses conquêtes, à acquérir un grand nom ; ses richesses, au dire de ses admirateurs, avaient quelque chose d'inouï, et Crésus lui-même était persuadé qu'on ne pouvait l'approcher sans être ébloui de sa magnificence. Solon, qui était venu à Sardes, capitale de la Lydie, blessa Crésus en ne manifestant aucun étonnement à la vue de tant de richesses : « — Ne suis-je pas l'homme le plus heureux ? lui dit Crésus. — Nul ne peut être salué du nom d'heureux qu'après sa mort, » lui répondit le sage. Crésus ne goûta pas cette réflexion ; mais bientôt, il put s'apercevoir que Solon avait dit vrai : un de ses frères fut tué dans une chasse, son fils devint muet, et il eut Cyrus pour ennemi. Malgré une armée nombreuse, il perdit la bataille de Thymbrée, et s'enfuit dans sa capitale, qui ne tarda pas à devenir la proie du vainqueur. Il allait être massacré, lorsqu'un cri de son fils, auquel la peur avait fait recouvrer l'usage de la parole, le sauva des fureurs de la soldatesque ; mais Cyrus le condamna à périr sur un bûcher. Ce fut alors que, monté sur son bûcher, il se rappela ce que lui avait dit le sage athénien, et il s'écria : « Solon ! Solon ! Solon ! » Cyrus, qui était présent au supplice, voulut avoir l'explication de ces cris, et, dès qu'il la lui donna aussitôt, Cyrus se sentit touché de pitié en présence de cette victime de l'instabilité des grandeurs humaines. Il fit grâce à Crésus, et l'admit au nombre de ses conseillers.

CRÈTE, île de la Méditerranée. Cette île joue un grand rôle dans la Fable et dans l'histoire ancienne. Les premiers peuples qui l'habitèrent furent les Etéocrètes et les Cydoniens; mais on ignore leur origine. Au milieu d'eux vinrent s'établir les Pélasges, chassés de la Grèce. Puis ce fut le tour des Hellènes, des Achéens, des Eoliens et Doriens, des Phéniciens ; et ce furent les Doriens qui dominèrent dans cette île. On y comptait cent villes, dont les principales étaient Gortyne, Gnosse, Cydonie, Aptymna, Minoa, etc., ce qui lui valut le surnom d'Hécatompolis. On y plaçait le labyrinthe construit par Dédale, et le mont Ida, qui fut le berceau de Jupiter. La civilisation ne s'était pas encore montrée parmi les populations de cette île, lorsque des Dactyles de Phrygie vinrent s'y établir et y prirent le nom de Curètes (XVe siècle av. J.-C.). Les Dactyles civilisèrent les habitants antérieurs, leur donnèrent des lois et introduisirent parmi eux le culte des dieux de la Phrygie, l'an 1300 av. J.-C. La forme monarchique avait prévalu dans le gouvernement ; un Curète, Minos, s'empara de la souveraineté de l'île, détruisit la piraterie dans la mer Égée, conquit les Cyclades et édicta des lois qui devinrent plus tard très-célèbres ; Lycurgue, dit-on, les prit pour modèle. A Minos succédèrent Rhadamante, son frère ; Idoménée, qui prit part à la guerre de Troie, et Etéarque qui fut le dernier de ces princes (800). A la mort de ces derniers la royauté fut abolie. Chaque grande ville devint une république particulière, et bientôt elles furent en guerre l'une contre l'autre ; le besoin d'une nouvelle législation se fit alors sentir, et elle leur fut donnée par Onomacrite. Chaque ville eut alors son sénat composé de 10 inspecteurs ou cosmes, chargés du commandement des armées et des ambassades. Le peuple se divisait en deux classes : l'une vouée au service militaire, l'autre à la culture des terres. Les faits les plus saillants de l'histoire de la Crète furent l'anarchie dans les cités et la guerre entre Gnosse et Gortyne. Leurs pirateries furent souvent la cause de guerres avec les Rhodiens. Renommés comme habiles frondeurs et archers, les Crétois furent beaucoup recherchés comme soldats mercenaires, et on les retrouve dans toutes les armées des temps anciens. Leur alliance avec les pirates de Cilicie leur suscita l'animadversion des Romains, qui s'emparèrent de l'île. Elle fut dévastée plus tard par Antoine, père du triumvir. Enfin Métellus fit la conquête de l'île et établit une colonie romaine à Gnosse. Sous Auguste, elle fut réunie à la province cyrénaïque; sous Constantin, elle fit partie de la préfecture d'Illyrie, et lors du partage de l'empire, elle fut rattachée à l'empire d'Orient. Les Arabes s'en emparèrent en 823, et y fondèrent Candie. (Voir CANDIE.)

CRÈTE (mer de), bassin de mer, borné au N.-O. par la Grèce, à l'E. par la mer Egée, au S. par l'île de Crète. Il fait aujourd'hui partie de l'archipel grec.

CRÉTEIL, village de l'arrond. de Sceaux (Seine), à 11 kil. de Paris. Pop. 1,830 hab. Exploitation de pierres et de liais, de plâtre. Scierie de pierres. Filatures de coton, de laine. On y voit un pont de chaînes suspendu, sur la Marne. Sous les Mérovingiens, ce village eut un atelier monétaire.

CRÉTET (Emmanuel, comte DE CHAMPMOL), homme d'Etat français, né à Pont-de-Beauvoisin (Dauphiné) en 1747, mort en 1809. Patriote éclairé, il fit partie du conseil des Anciens, devint, sous l'empire, gouverneur de la Banque de France et ministre de l'intérieur; dans cette dernière fonction, il contribua puissamment à de grands travaux d'utilité publique.

CRÉTENET (Jacques), né à Champlette (Franche-Comté), en 1604, mort en 1666; il étudia la chirurgie, à la suite d'un mariage qui lui apporta une fortune considérable, et, avec l'aide du prince de Conti et du marquis de Coligny, il fonda la congrégation des joséphistes. Crétenet se mit dans les ordres après la mort de sa femme.

CREULLY, ch.-l. de cant. de l'arrond. de Caen (Calvados), à 18 kil. de cette ville. Pop. 1,050 hab. Fabriques de dentelles, tulles; tanneries. Commerce de grains. On y remarque une église romane, un château fort très-ancien, auquel on a fait quelques additions au XVIe siècle. Cette ville fut autrefois le chef-lieu d'un doyenné rural, d'une baronnie et d'une sergenterie.

CREUS (cap de), situé à l'extrémité N.-E. de l'Espagne. Il forme la limite O. du golfe de Lion.

CRÉUSE, fille de Priam et d'Hécube, première femme d'Enée et mère d'Ascagne, se perdit en fuyant avec son mari pendant le sac de Troie.

CRÉUSE, fille de Créon, roi de Corinthe; elle était femme de Jason, lorsqu'elle reçut de Médée, qui la poursuivait de sa vengeance, une boîte d'où sortit une flamme qui la dévora.

CREUSE, rivière de France, affluent de la Vienne ; elle prend sa source au Mas d'Artigues (Creuse), arrose les départements de l'Indre et d'Indre-et-Loire. Cours, 270 kil.

CREUSE (la), département du centre de la France; ch.-l. Guéret; sous-préfectures : Aubusson, Bourganeuf, Boussac. Il est borné au N. par le départ. de l'Indre, au S. par celui de la Corrèze, à l'E. par ceux du Puy-de-Dôme et de l'Allier, à l'O. par celui de la Haute-Vienne, et au N.-O. par celui du Cher. Sup. 558,341 hect. Pop. 270,100 hab. Il est arrosé par la Creuse, qui en est la rivière principale. Ce département est couvert de montagnes se rattachant à celles d'Auvergne. Le sol est sablonneux et peu fertile. Le fond des vallées est seul fertile; châtaignes, fruits. Élève de bétail et d'abeilles. Exploitation de houille, carrières de granit, terre à potier, sources thermales et minérales. L'industrie y est à peu près nulle, cependant il faut en excepter les manufactures et tapis d'Aubusson et de Felletin. Ce département dépend de l'évêché et de la cour impériale de Limoges.

CREUSET, nom donné à des ustensiles que l'on emploie dans les laboratoires de chimie et dans plusieurs opérations des arts, pour porter diverses substances à des températures élevées. Les creusets se font en argent, en fonte, en grès, en fer forgé, en platine, en porcelaine, en plombagine, et le plus ordinairement en terres réfractaires. La base de tous ces creusets est l'argile. Les meilleurs creusets en terre viennent d'Allemagne, et sont connus sous le nom de *creusets de Hesse*.

CREUX, manière d'être d'un objet, qui indique le vide ou l'absence de matière. Au figuré, ce mot reçoit des acceptions diverses. Ainsi l'on dit de celui dont les paroles sont vides de sens et n'expriment que des mots, *verba et voces*, qu'il a l'esprit creux ; un ventre affamé est un ventre creux ; celui qui n'a pas de nourriture suffisante n'en a que pour sa dent creuse ; celui qui ne vit que d'espérances vaines et chimériques *se repaît de viandes creuses*. On dit encore qu'il fait des *songes creux* ; celui qui tombe dans une fosse tombe dans un creux ; une basse-taille dont la voix descend fort bas a un *bon creux*. En anatomie, on entend par creux les cavités du corps humain.

CREUZÉ-LATOUCHE (Jacques-Antoine), né à Châtellerault en 1749, mort en 1800. Député à la Constituante et à la Convention, il vota, dans le procès de Louis XVI, pour le bannissement, fut l'un des rédacteurs de la Constitution de l'an III et fit partie du sénat.

CREUZÉ DE LESSER (Auguste), littérateur, né à Paris en 1771, mort en 1839; d'abord sous-préfet à Autun et membre du corps législatif; il fut, sous la Restauration, préfet à Angoulême et à Montpellier. Il a laissé plusieurs ouvrages de poésies et deux opéras-comiques délicieux : *M. Deschalumaux* et le *Nouveau Seigneur de village*.

CREUZOT (le), village de l'arrond. d'Autun (Saône-et-Loire), à 24 kil. de cette ville. Pop. 10,700 hab. Mines de houille. Usines à fer ; hauts fourneaux ; fonderies. Construction de machines à vapeur pour la navigation, et de locomotives. Fabr. de rails pour les chemins de fer, d'ancres pour la marine. Le bassin houiller du Creuzot et de Blanzy produit par an plus de deux millions de quintaux métriques de charbon.

CREVANT ou CRUVANT, bourg de l'arrond. d'Auxerre (Yonne), à 19 kil. de cette ville. Pop. 1,270 hab. Ruines d'une tour et d'une enceinte murale. Défaite des Français et des Ecossais par les Anglais (1423).

CRÈVECŒUR (Jacques DE), conseiller de Philippe de Bourbon, duc de Bourgogne, mort vers 1441. Son maître l'employa dans diverses négociations diplomatiques.

CRÈVECŒUR (Philippe DE), maréchal de France, fils du précédent, mort en 1494, près de Lyon. D'abord conseiller de Charles le Téméraire, duc de Bourgogne, qu'il suivit à l'armée, il se vendit à Louis XI à la mort du duc de Bourgogne et lui livra Arras. Il commanda les troupes françaises à Guinegate en 1479, et par son imprudence fit perdre cette bataille; il n'en conserva pas moins l'amitié du roi. Sous Charles VIII, il s'empara de Térouane et de Saint-Omer, et fut fait maréchal de France en 1492. Il s'opposa à l'expédition d'Italie.

CRÈVECŒUR, ch.-l. de cant. de l'arrond. de Clermont (Oise), à 35 kil. de cette ville. Pop. 2,400 hab. Beau château. Fabr. très-importantes d'alépines, mérinos, mousselines-laine ; bonneterie de laine et de cachemire. Filatures de laines peignées.

CRÈVECŒUR, village de l'arrond. de Cambrai (Nord), à 10 kil. de cette ville. Pop. 2,500 hab. Victoire de Charles Martel sur les Neustriens, en 717. A cette époque ce village portait le nom de *Vincy*.

CRÈVECŒUR (J.-Hector SAINT-JOHN DE), agronome français, né à Caen en 1731, mort en 1813. Il s'exerça à la culture à New-York (Amérique), où il avait fondé un établissement agricole. Il revint finir ses jours en France. Il a publié plusieurs ouvrages sur l'agriculture, qui eurent beaucoup de succès. C'est à lui qu'est due l'introduction de la culture de la pomme de terre en Normandie.

CREVELT ou CREFELD, ville de la Prusse rhénane, à 17 kil. de Dusseldorf. Pop. 48,955 hab. Fabr. de soieries et de velours, toiles, lainages, coton. Ferdinand de Brunswick y défit le comte de Clermont le 23 juin 1758. Après la révocation de l'édit de Nantes, des réfugiés français furent la cause de la prospérité de cette ville. Sous Napoléon Ier, Crevelt fut la sous-préfecture du départ. de la Roër.

CREVIER (Jean-Baptiste-Louis), né à Paris en 1693, mort en 1765. Professeur de rhétorique au collége de Beauvais, il continul, *Histoire romaine* de Rollin, dont il était l'élève. Il fut au-dessous de son maître au point de vue du style, mais lui fut supérieur dans la distribution. On lui doit d'autres ouvrages sur l'histoire.

CREVILLENTE, ville d'Espagne, dans la prov. d'Alicante, à 28 kil. de cette ville. Pop. 7,200 hab.

CREWKERNE, ville d'Angleterre (Somerset), à 25 kil de Taunton. Pop. 3,790 hab. Fabriques de toiles à voile et bonneterie. Belle église gothique.

CRI, voix inarticulée qui, sans formuler une parole précise, n'en a pas moins un sens facile à déterminer. Il n'est question ici que du cri humain. La joie, de même que la douleur ou l'effroi, s'exprime par un cri. Les intonations diverses déterminent la nature du sentiment qui l'a fait pousser. — On a nommé *cri public* l'annonce faite par un huissier ou crieur, afin de faire connaître au peuple les avis qui l'intéressent. Ce mot est souvent employé aussi dans le sens de clameur publique. Le cri public consistait autrefois dans une annonce à son de trompe, de caisse ou même de tamtam; aujourd'hui que l'instruction est plus répandue, les affiches sont généralement employées.

CRI D'ARMES, CRI DE RALLIEMENT. Le cri d'armes ou cri de guerre était autrefois en usage chez les nations barbares. Les soldats le poussaient, soit pour s'encourager à marcher contre l'ennemi, soit pour se rallier; les bandes indisciplinées lançaient le hourra avant de donner la charge. Au moyen âge, le cri d'armes était une devise propre à faire distinguer dans la mêlée les amis des ennemis, alors surtout que l'usage de l'uniforme n'était pas encore introduit dans les armées. La devise était inscrite sur les drapeaux et les cottes d'armes. Les gentilshommes bannerets, c'est-à-dire ceux qui avaient droit de porter bannière et d'armer une compagnie de 50 hommes, avaient seuls droit de cri. On conçoit la confusion qui, par suite, régnait dans les combats. La devise générale de l'armée française était le fameux cri : Montjoie Saint-Denis.

CRIC. En technologie, on donne ce nom à un engin dont les tailleurs de pierre font un grand usage, et qui se rapporte au tour. Il se compose d'un pignon qu'une puissance, appliquée à une manivelle, fait tourner, et qui agit sur une *crémaillère* ou barre inflexible dentée. Cette barre, mobile seulement dans le sens de sa longueur, porte un fardeau dont le poids ou la résistance agit dans le même sens. Pour l'équilibre, il faut que le rapport de la puissance à la résistance soit égal à celui du rayon de la manivelle au rayon du pignon.

CRIC, nom donné à une espèce d'arme à manche, dont la lame est plate et assez large; c'est une espèce de poignard dont la lame est ordinairement ondulée et hérissée en crochets. Cette arme redoutable est en usage dans les Indes, en Chine et dans les îles de Java et de Sumatra.

CRICHTON (James), savant écossais. Sa famille était alliée aux Stuarts. Il vint à Paris et soutint, en plusieurs langues, des controverses contre les plus habiles professeurs. Il visita les principales universités de l'Europe; il mourut à Mantoue, où il s'était fixé, d'un coup d'épée que lui donna par méprise, dans les fêtes du carnaval, Vincent de Gonzague, son élève (1583). Il connaissait près de vingt langues; les écrits qu'il a laissés sont faibles et sont loin de nous laisser de ce polyglotte la réputation que lui ont faite ses contemporains.

CRICKET ou **CRIQUET**, jeu qui est fort usité en Angleterre et surtout en Irlande, et qui se joue à deux personnes. L'une des deux se place auprès d'un but consistant en deux pierres ou deux piquets de bois éloignés environ de 40 centimètres. L'adversaire lance vers le but une balle qui doit passer entre les deux piquets; le premier joueur repousse la balle avec un bâton recourbé, et la chasse assez loin pour pouvoir atteindre un autre but placé un peu plus loin, le toucher de sa crosse, et enfin revenir au premier but avant que l'adversaire n'ait eu le temps de ramasser la balle pour l'envoyer de nouveau entre les piquets. S'il parvient à lancer sa balle vers le but, il prend la place du premier joueur. Ce jeu a été introduit en France, et l'on a vu récemment au bois de Boulogne des joueurs anglais et français rivaliser d'adresse.

CRIÉE, mot qui s'applique spécialement aux ventes publiques, soit par autorité de justice et devant une chambre spéciale appelée *chambre des criées*, ou devant un notaire chargé de recevoir les enchères et de présider à l'adjudication. On distingue l'adjudication forcée de la vente volontaire.

CRIEFF, bourg d'Écosse, dans le comté de Perth. Pop. 4,215 hab. Fabrique de papiers, toile. Ce bourg possédait autrefois un marché aux bestiaux, le plus important de l'Écosse, et fut transporté à Falkirk, en 1770.

CRIEURS. La profession de crieur public a été réglementée par la loi du 16 février 1834. Cette profession ne peut être exercée qu'en vertu d'une autorisation spéciale de l'autorité municipale. Le crieur doit faire estampiller par l'administration les écrits qu'il vend sur la voie publique.

CRILLON, village de l'arrond. de Carpentras (Vaucluse), à 12 kil. de cette ville. Pop. 680 hab. Ce village, autrefois seigneurie du Comtat venaissin, fut érigé en duché en 1785.

CRILLON (Louis DES BALBES DE BERTON DE), célèbre guerrier, né en 1541, à Murs (Provence), mort en 1615. Il servit sous les règnes de Henri II, François II, Charles IX, Henri III et Henri IV. Il parut, pour la première fois à l'armée, au siège de Calais, et combattit ensuite contre les protestants. Il assista à la bataille de Lépante, gagnée par don Juan d'Autriche contre les Turcs; revint en France, blâma la Saint-Barthélemy, suivit le duc d'Anjou, depuis Henri III, en Pologne, et ne l'abandonna pas quand il eut à combattre la Ligue; il proposa à ce prince de provoquer Henri de Guise en combat singulier. Après l'assassinat de Henri III, il se rallia à Henri IV, qu'il servit avec fidélité dans toutes ses rencontres avec l'ennemi : à Ivry, au siège de Paris, à la prise d'Amiens, etc. Henri IV fit toujours le plus grand cas de Crillon, qu'il estimait autant pour sa bravoure que pour sa franchise. Un jour, devant un groupe de courtisans, on parlait des grands hommes de guerre : « Voici le plus grand capitaine du siècle, dit le roi en désignant Crillon. — Vous en avez menti, sire, c'est vous, » repartit Crillon. Cette réponse, toute brusque qu'elle était, ne déplut pas au roi. Crillon, était colonel général de l'infanterie française. Il n'eut pas de successeur dans cette charge, qui avait été créée pour lui.

CRILLON (Louis DES BALBES DE BERTON DE), duc de Mahon, né en 1718; fit la campagne d'Italie en 1734, sous les ordres du maréchal de Villars, et assista à la bataille de Fontenoy. Il était maréchal de camp lorsque, par dépit d'avoir perdu son commandement de Picardie au moment où il s'apprêtait à tenter une descente en Angleterre, il prit du service en Espagne, alors en guerre avec l'Angleterre; il s'empara de l'île de Minorque, et fut, en récompense, créé duc de Mahon; il échoua devant Gibraltar, et mourut à Madrid en 1796.

CRILLON (Louis-Alexandre-Nolasque-Félix, marquis DE), maréchal de camp, fils aîné du duc de Mahon, né à Paris en 1742. Député aux États généraux, il vota avec le côté gauche; il émigra en 1793, et obtint, sous le consulat, la radiation de son nom de la liste des émigrés; il mourut en France en 1806, sans laisser de postérité.

CRILLON (François-Félix-Dorothée, duc DE), général français, né à Paris en 1748, mort en 1820; il fut député aux États généraux, et fut un des premiers à se rallier au tiers état, avec lequel il vota constamment, et fut un des fondateurs de la société des Amis de la constitution. En 1798, il fut nommé général de division, et servit sous les ordres de Luckner; mais son titre l'ayant rendu suspect, il passa à l'étranger, et refusa de porter les armes contre sa patrie. A sa rentrée en France (1816), il fut nommé pair de France, et, fidèle à son rôle, il vota constamment avec l'opposition libérale.

CRILLON (Louis-Antoine-François de Paule DE), fils du précédent, grand d'Espagne, général espagnol, d'origine française, né à Paris en 1775; grâce à la protection de son grand-père, le duc de Mahon, il obtint un avancement rapide dans l'armée espagnole; il combattit d'abord avec avantage les généraux Dagobert et Dugommier, mais il ne tarda pas à succomber et fut fait prisonnier avec son corps d'armée en novembre 1797; le grand nom qu'il portait le sauva de l'échafaud. Il retourna en Espagne et obtint divers commandements. Il se rallia à Joseph Bonaparte, roi d'Espagne, ce qui le fit proscrire en 1814. Il se retira à Avignon, où il mourut en 1832.

CRIM ou KRIM, ville de la Russie d'Europe (Tauride), à 70 kil. de Simféropol. Cette ville a donné son nom à la Crimée.

CRIME, action réprimée par la loi et entraînant une peine infamante. Le crime se distingue du délit, en ce que ce dernier, bien qu'il porte, dans la plupart des cas, une atteinte grave à l'honneur, n'entraîne qu'une peine correctionnelle. Enfin, les crimes et les délits se distinguent de la contravention en ce que les premiers supposent une intention coupable, tandis que la contravention, qui n'entraîne aucun déshonneur, est punissable indépendamment de toute intention, et par cela seul que le fait est constant. La classification des crimes et délits est abandonnée à la discrétion du législateur. On distingue les crimes contre les personnes, les crimes contre les propriétés et les crimes politiques, c'est-à-dire contre la sûreté de l'État. Le crime est consommé par la simple tentative, c'est-à-dire par un commencement d'exécution qui a manqué son effet par des circonstances indépendantes de la volonté de son auteur. L'intention étant nécessaire pour qu'il y ait crime, il en résulte que le mineur âgé de moins de 16 ans, et celui qui est atteint de démence, peuvent être considérés comme non coupables, attendu qu'ils ont agi sans discernement. Les crimes sont jugés par la cour d'assises; le jury prononce seul sur la question de culpabilité et sur les circonstances atténuantes ou aggravantes; les juges appliquent ensuite la loi. Le ministère public a seul le droit, au nom de la société, de prescrire des poursuites contre les criminels. La partie civile à qui le fait a porté préjudice ne peut saisir directement la cour d'assises de la connaissance d'un fait qualifié crime, bien qu'elle puisse saisir directement le tribunal correctionnel d'un fait qualifié délit. La loi pénale détermine rigoureusement les caractères des divers crimes. Un fait coupable, mais qui n'aurait pas été prévu par le code pénal, ne saurait entraîner de pénalité.

CRIMÉE, presqu'île de la Russie d'Europe, au S. (gouv. de Tauride), unie au continent par l'isthme de Pérékop. Elle est baignée par la Mer noire et par le golfe que forme la mer d'Azov. Ch.-l. Simféropol. Villes principales, Sébastopol, Eupatoria, Balaklavo, Baktschi-Seraï, Ieni-kaleh, Kaffa. Sup. 198 myriam. carrés. Pop. 300,000 hab. de diverses nations. Cette contrée est divisée en deux parties de l'O. à l'E. par la rivière Salghir. La partie nord est basse, marécageuse, et le climat y est malsain; cependant on y rencontre d'excellents pâturages où l'on élève d'immenses troupeaux de bœufs, chevaux, moutons; des marais et des lacs salés, dont l'exploitation est une des richesses du pays. La partie sud offre de fertiles vallées qui produisent des vins estimés, des fruits du midi, des graines, du tabac. Elève de vers à soie et d'abeilles. Commerce de peaux d'agneaux. On y trouve aussi le plateau de Jaila; le Tschadyrdagh (montagne de la Tente). Des colonies grecques furent fondées dans ces contrées dès le VIe siècle av. J.-C. Après avoir été sous la domination de Mithridate, la Crimée passa aux Romains, puis aux Goths, aux Huns, aux Hongrois et aux Tartares de Kaptchak (1237). Les Vénitiens et les Génois y eurent des établissements sur les côtes, et ces derniers y fondèrent Kaffa. Mahomet II chassa les Génois en 1475, et la Crimée forma alors un Etat tartare dépendant de la Turquie. Sous le règne de Catherine II, cette contrée fut indépendante, et en 1783 elle fut occupée par les Russes, à qui elle fut cédée par la paix de Jassy, en 1792.

CRIQUETOT-LESNEVAL, ch.-l. de cant. de l'arrond. du Havre (Seine-Inférieure), à 22 kil. de cette ville. Pop. 1,010 hab.

CRISE, se dit, en médecine, d'un changement dans la constitution physique d'une personne, amené par un état morbide. Au figuré et dans le domaine de la morale, ce mot s'entend d'un changement dans les sentiments de l'homme, produit par la fermentation des passions. En politique, ce mot s'entend de l'état maladif d'une société qui souffre des vices de sa constitution. Chez les peuples doués de vitalité, la crise est le signe précurseur d'un changement dans la constitution politique; la crise qui laisserait le peuple indifférent à ses maux, accuserait un état de décadence. On a donné, en politique, le nom de *crise ministérielle* à la désorganisation momentanée d'un ministère qui dirige les affaires de l'Etat. La crise ministérielle n'a d'influence que dans les Etats constitutionnels qui inscrivent en tête de leurs chartes la responsabilité directe des ministres et l'irresponsabilité du chef de l'Etat. Ce système a été répudié par la constitution de 1852 qui nous régit. L'économie politique signala les crises commerciales (on en voit un exemple dans la crise cotonnière), les crises monétaires ou financières. Les crises monétaires sont produites par la rareté du numéraire sur le marché et par l'élévation du taux de l'escompte, qui en est la conséquence. Les crises financières sont dues à des causes plus générales, et souvent purement politiques. Les dépréciations anormales des valeurs publiques doivent être attribuées à des causes de cette nature.

CRISPIN, personnage de la comédie aux XVIIe et XVIIIe siècles. Crispin est le type du laquais de bonne maison. S'il a l'habileté du courtisan, s'il est à la fois souple, discret et intrigant, il sera apprécié de celui qui l'emploie et sera même quelquefois plus estimé que le cheval de selle du maître, ou autant que le lévrier de la maison. Le maître fermera volontiers les yeux sur ses vices, qui seront au contraire des qualités, parce qu'ils attesteront la facilité de sa morale. Crispin est dans la maison du maître comme chez lui; tout ce qui appartient à son maître est plus ou moins sa chose. Heureux quand il ne va pas à établir une confusion que l'élasticité de sa conscience rendrait presque excusable à ses yeux. Son maître s'appelle ordinairement Géronte; celui-ci est nécessairement vieux, avare et d'humeur difficile; mais il a un fils qui ne manque jamais de racheter les péchés de son père par les vices contraires: il est prodigue, quelque peu libertin et toujours amoureux; il se nomme Léandre ou Valère. Crispin est son confident obligé. Crispin appelle la soubrette, de même que Léandre appelle Isabelle. Cette dernière est soumise à un père ou à un vieux tuteur, et voilà les éléments d'une comédie et d'une intrigue. Crispin nouera et dénouera l'intrigue. Quelques coups de bâton reçus avec un parfait stoïcisme attesteront l'héroïsme de son attachement à son jeune maître. Tel est le personnage qui, pendant près de deux siècles, a amusé nos pères, que Molière et quelques autres après lui ont su peindre avec tant de vérité et de verve comique.

CRISPUS (Flavius-Julius), fils de Constantin et de Minerva, sa première femme, né vers le commencement du IVe siècle de notre ère, mort en 326; il eut Lactance pour précepteur, et fut créé césar en 317. Il battit la flotte de Licinius; sa gloire lui rendit hostile Fausta, sa belle-mère, qui l'accusa de l'avoir voulu séduire. Constantin ayant ajouté foi à cette calomnie, fit empoisonner son fils.

CRISTAL. On nomme d'une manière générale *cristaux* tous les solides réguliers terminés par des faces planes et analogues aux solides de la géométrie. Tous ces solides, d'une forme symétrique et constante pour chaque nature de matière, sont des cristaux, quelle que soit la substance qui en ait fourni les matériaux, et le phénomène de solidification qui les a produits a reçu le nom de *cristallisation*. On dit donc qu'un corps se *cristallise* quand ses molécules se groupent, se rapprochent, s'accolent, de manière à donner naissance à des figures régulières et déterminées. On appelle *cristal de roche* le quartz pur et cristallisé; c'est une pierre transparente, non colorée et composée de prismes à six côtés, terminés à leurs deux extrémités par une pyramide hexagonale. Moins dur que les pierres fines, le cristal de roche raye le verre et résiste à la lime. On nomme aussi *cristal* une sorte de verre blanc remarquable par sa beauté et sa transparence; il ressemble beaucoup au cristal de roche.

CRISTAL (palais de). On a donné ce nom, à Londres, au palais où se fit l'exposition universelle de l'industrie et des arts en 1851. Cet édifice fut élevé dans Hyde-Park, sur les plans de Paxton. Les cloisons étaient en fonte et en fer, avec des panneaux de vitre. La longueur était de 563 mètres et la largeur de 139, la superficie carrée était d'environ 9 hectares. Cet édifice provisoire coûta plus de 4 millions. Il fut construit en moins de 6 mois. On a aussi donné le nom de palais de cristal à un autre palais élevé en 1854 à Sydenham, près de Londres. Munich est aussi en possession d'un palais de cristal dont les dimensions sont un peu moins considérables que celles du palais de Londres.

CRISTALLISATION, formation de cristaux. Elle s'opère par la dissolution dans l'eau ou par une fusion ignée. La cristallisation naturelle est plus parfaite que la cristallisation artificielle. Suivant les lois de la physique, les corps se cristallisent en passant de l'état fluide ou gazeux à l'état liquide. Les roches sont de véritables cristaux qui peuvent être formés par l'évaporation ou l'ignition, telles que les granits, les porphyres et les laves.

CRITIAS, l'un des 30 tyrans établis à Athènes par Lysandre; il fut disciple de Socrate, et exilé d'Athènes; il revint dans sa patrie à la suite de Lysandre, et fit périr un grand nombre de personnes, pour s'emparer de leurs biens; il fut tué par Thrasybule, qui était venu attaquer les tyrans à la tête des exilés (403 av. J.-C.). Critias avait cultivé avec succès la poésie et l'éloquence.

CRITICISME. On appelle ainsi le système philosophique exposé par Kant. Ce philosophe explique la nécessité, pour comprendre l'origine des idées et définir le monde moral, de soumettre toutes notions à la critique et à la sanction de la raison. Cette doctrine est la base du système panthéiste.

CRITIQUE. Dès qu'il y a eu des maîtres dans l'art d'écrire on a vu surgir des critiques. Homère a eu son Zoïle; mais par l'exemple de celui qui mérita d'être surnommé le fléau d'Homère, on peut juger des dangers que présente un tel rôle. On assure en effet que Ptolémée Philadelphe fit mettre Zoïle en croix, à moins qu'on admette, avec d'autres auteurs, que les habitants de Smyrne le brûlèrent vif. Il y a différentes sortes de critiques: le puriste, l'antiquaire et le commentateur; tous sont utiles, mais dans une sphère différente. Le puriste est plus philologue que poète ou littérateur. L'antiquaire ne s'inquiète que de recomposer les personnalités, de classer des faits ou d'établir des rapprochements. Le commentateur est à la fois un scrutateur d'idées et un gardien sévère des règles de l'art. S'il joint à la profondeur de ses connaissances une certaine verve, il s'appelle Zoïle ou Boileau; il lui faut souvent du courage pour remplir la mission que lui inspire sa passion pour le beau et le vrai. Barette, le célèbre critique italien, faillit être assassiné; on sait de quels chagrins fut abreuvé Boileau. La critique, en effet, ne manque jamais d'éveiller la colère des médiocrités titrées ou rentées. Dans la république des lettres, les écrivains, il est vrai, ont pleine franchise, tant qu'ils ne s'attaquent pas à l'arche sacrée des lois; mais, dans cette république, on pratique souvent l'ostracisme, et l'homme de mérite attend souvent trop longtemps le jugement en dernier ressort de l'opinion publique. Trop heureux quand on ne lui rend pas un hommage si tardif, que la postérité n'ait plus à couronner qu'un tombeau. Le critique ne remplit qu'imparfaitement sa mission, s'il ne produit rien lui-même. En effet, la critique la plus sûre et la mieux sentie, est celle qui résulte de la composition d'un modèle. Parmi les critiques, il faut encore distinguer ceux qui proscrivent toute méthode nouvelle, et qui trouvent de mauvais goût de penser ou d'écrire autrement que les hommes du passé, et ceux qui cherchent au contraire à frayer des voies nouvelles et encouragent l'audace de l'imagination. De nos jours, on peut dire que les admirables productions de l'école romantique, et il faut citer parmi les chefs de cette école, Chateaubriand et surtout Victor Hugo, constituent la critique la plus vive, mais aussi la plus juste de l'école classique. Honorons la critique, sans laquelle l'humanité n'aurait jamais trouvé les lois du progrès; c'est elle qui indique le mérite des ouvrages, qui assigne aux grands génies le rang qu'ils doivent occuper dans l'histoire de l'humanité. Sans elle, on ne connaîtrait pas le prix de tant de productions qui ont fait progresser l'esprit humain. Outre la critique littéraire ou philologique, nous voyons encore la critique artistique et la critique scientifique. La première a pour objet de déterminer les règles de l'observation, du beau et du vrai dans le domaine des arts. L'étude de l'esthétique nous fournit l'ensemble de ces règles. On peut dire que la comparaison des différentes écoles et des productions des différents âges constitue par elle-même une véritable critique. C'est par la comparaison que se détermine le goût; c'est par elle que le génie artistique arrive à tracer des voies nouvelles. La critique scientifique est celle qui apprécie le mérite des divers systèmes qui se produisent dans les sciences physiques et naturelles ou métaphysiques. On doit citer encore la critique historique, qui classe les événements, les rapproche, en examine les causes et les conséquences, et en tire un enseignement utile. Dans quelque domaine que s'exerce la critique, on peut dire qu'elle varie suivant les temps, et que les règles nouvelles introduites dans la critique littéraire, par exemple, influent indirectement sur les règles de la critique artistique. Il y a unité dans les principes immuables du beau et du vrai; mais les faces sous lesquelles on peut les observer sont susceptibles de variations infinies. Les points de vue auxquels se placent les génies novateurs varient suivant les siècles. D'un autre côté, en raison de la connexité souvent étroite qui existe entre les arts, les lettres et les sciences, il est impossible que les progrès et les changements accomplis dans un ordre d'idées ne réagissent pas dans les autres domaines de l'intelligence humaine. Ainsi la peinture et le dessin des grands artistes du siècle de Louis XIV feraient deviner le génie littéraire des Racine, des Corneille et des Molière, de même que les admirables travaux de nos peintres modernes, de nos dessinateurs, et même de nos photographes, font deviner le génie des Balzac et des Victor Hugo.

CRITOLAUS, philosophe péripatéticien. Vivait dans le IIe siècle av. J.-C., fut envoyé par les Athéniens en ambassade à Rome en compagnie de Carnéade et de Diogène, pour demander la remise de l'amende imposée à la ville d'Athènes (155 av. J.-C.).

CRITOLAUS. (*Voir* ACHÉENNE (ligue.)

CRITON, riche Athénien, disciple et ami de Socrate, s'offrit à favoriser son évasion de la prison; mais ayant vu ses offres repoussées par ce philosophe, il l'assista jusqu'à sa mort. Il forma plusieurs disciples, et écrivit 17 dialogues qui ne sont pas arrivés jusqu'à nous. Mort vers l'an 380 avant J.-C.

CROATIE, région d'Europe bornée à l'E. par l'Esclavonie et la Bosnie, à l'O. par l'Illyrie. Elle est divisée aujourd'hui en deux parties, dont l'une appartient à l'Autriche, l'autre à la Turquie. La Croatie forme la partie de l'Illyrie à laquelle les Romains donnèrent le nom de Liburnie, puis de Corbavie. Elle fut conquise par les Ostrogoths en 489, par Justinien en 535. Au VIIIe siècle, elle se soumit à Charlemagne, et se mit ensuite sous la protection des empereurs grecs au IXe siècle. Les Hongrois la conquirent en grande partie de 1091 à 1102. En 1342, elle fut réunie à la Dalmatie et à l'Esclavonie sous le nom de Triple-Royaume. Ce fut ainsi qu'elle passa à l'Autriche, moins une partie qui fut conquise par les Turcs et resta sous la domination ottomane. De 1767 à 1777, la Croatie, l'Esclavonie et la Dalmatie portèrent le nom d'Illyrie, et plus tard se constituèrent chacune en royaume, tout en restant attachées à la Hongrie. De 1809 à 1814, la partie de la Croatie au S. fit partie du premier empire français.

CROATIE - ESCLAVONIE, partie de l'empire d'Autriche bornée au N.-E. et à l'E. par la Hongrie, au S.-E. et au S. par les confins militaires, au S.-O. par l'Adriatique, au N.-O. par la Carniole et la Styrie. Sup. 18,954 kil. carrés. Pop. 876,000 hab. Ch.-l. Agram. Le sol est couvert de montagnes boisées; les vallées sont très-fertiles en grains, fruits et vins. Les principales rivières sont : la Drave, la Save, la Muhr, etc. Eaux minérales à Sainte-Hélène, Sztubicza, Krapina, Toplitze, Toplica. Carrières de marbres. Trois routes, qui aboutissent à Carlstadt, favorisent le commerce avec cette ville. La Croatie-Esclavonie forme, depuis 1849, un domaine de la couronne; elle est divisée en plusieurs comitats : Agram, Warasdin, Essek, Posega, Fiosme, Syrmie.

CROATIE TURQUE, nom donné à la partie occidentale de l'empire ottoman et à la partie de la Bosnie, située entre l'Unna à l'O. et la Verbasz à l'E. Les principales villes sont : Bizacz et Novi.

CROCE (Santa-) bourg de Toscane, à 6 kil. de San-Miniato. Pop. 6,280 hab. Fabriques de soieries, lainages.

CROCQ, ch.-l. de cant. de l'arrond. d'Aubusson (Creuse), à 19 kil. de cette ville. Pop. 750 hab. Cette ville fut le centre d'une insurrection de paysans auxquels on a donné le nom de crocquants (1592).

CROCQUANTS ou CROQUANTS, Ce nom fut d'abord donné à quelques gentilshommes, moitié soldats, moitié bandits, qui, après la reddition de Paris, en 1594, signalèrent leur retour dans leurs châteaux par le pillage des campagnes. Les paysans se vengèrent de tant de cruautés par des révoltes. C'est alors que, par une singulière interversion d'idée, on leur donna à eux-mêmes le nom de croquants. La Fontaine a dit dans ce sens :

Là-dessus,
Passe un certain croquant qui marchait les pieds nus.

CROIA, ville de la Turquie d'Europe (Albanie), à 68 kil. de Scutari. Pop. 6,000 hab. Patrie de Scandesberg.

CROISADES, guerres religieuses entreprises au moyen âge par les chrétiens catholiques, pour délivrer la Palestine de la domination des mahométans; plus tard les croisades furent encore entreprises pour extirper l'hérésie de l'Europe. Ces guerres prirent le nom de croisades, parce que ceux qui en faisaient partie portaient sur l'épaule droite une croix d'étoffe. Cette croix était rouge pour les Français, jaune pour les Italiens, noire pour les Allemands, blanche pour les Anglais et verte pour les Flamands. Longtemps avant les croisades, les chrétiens allaient visiter par dévotion les lieux où Jésus avait été crucifié. On poussait la superstition si loin, qu'on envoyait en Europe de la terre de Palestine, de la même manière qu'on débite aujourd'hui l'eau de la Salette; quelques grains de poussière suffisaient pour protéger de la ma-

Vue de Dublin.

lice de Satan. Vers le IVe siècle, on publia que la croix sur laquelle Jésus avait été immolé venait d'être découverte à Jérusalem. On vit accourir aussitôt une foule fanatique pour se partager les morceaux de ce bois. C'est à l'impératrice Hélène qu'on devrait la découverte de la croix. Aussi ne voit-on généralement dans cette prétendue découverte qu'une manœuvre politique ayant pour objet d'augmenter l'influence de l'empire d'Orient, en ravivant les superstitions. Vers le VIIIe siècle, le clergé de Palestine annonça que, par un nouveau miracle, les lampes de l'église de la Résurrection s'éteignaient la veille de Pâques pour se rallumer d'elles-mêmes. Des bandes de pèlerins accoururent aussitôt de l'Occident pour être témoins de ce nouveau miracle, et recueillir une étincelle de la flamme divine, qui avait la propriété de guérir toutes les maladies du corps. Ces pèlerinages avaient l'avantage d'attirer les commerçants en Palestine. Ceux-ci faisaient un commerce considérable, et trouvaient même protection de la part des Arabes, maîtres de la Palestine, qui exigeaient une légère rétribution des pèlerins. Cependant la Palestine ayant échappé aux kalifes de Bagdad pour tomber entre les mains de ceux d'Égypte, vers 996, les pèlerins commencèrent à être inquiétés. A la fin du Xe siècle, surtout alors que les chrétiens attendaient la fin du monde prédite par saint Jean, les pèlerins affluèrent plus que jamais en Palestine. Les persécutions auxquelles ils furent en butte excitèrent l'indignation de toute la chrétienté. En 1038, les Turcs Seldjoucides ayant enlevé Jérusalem aux kalifes du Caire, la condition des chrétiens d'Orient devint plus périlleuse encore. Les empereurs grecs, dépouillés de l'Asie, appelèrent à leur secours l'Occident, qui frémissait de voir les chrétiens insultés par les infidèles. Le moment parut favorable au pape pour entreprendre les croisades : la chevalerie ne cherchait que des aventures extraordinaires; les grands vassaux espéraient obtenir des établissements en Asie; les serfs voyaient dans une guerre religieuse un moyen de s'affranchir de la glèbe. Enfin le pouvoir religieux, d'accord avec les souverains, accordait des privilèges à ceux qui partaient pour la croisade : ils étaient à l'abri des poursuites pour dette, ils étaient exempts des intérêts des sommes empruntées pendant le temps de la croisade, ils étaient dispensés de payer les taxes et les impôts, ils pouvaient aliéner leurs terres sans l'autorisation seigneuriale, ils avaient l'avantage de ne pouvoir être jugés que par les tribunaux ecclésiastiques, et non par les tribunaux civils. Leurs personnes et leurs biens étaient sous la protection de saint Pierre, au nom de qui l'on anathématisait ceux qui molestaient les croisés; enfin ceux-ci obtenaient des indulgences plénières et la rémission de leurs péchés. Pierre l'Ermite, gentilhomme picard, prêcha avec enthousiasme la guerre de Palestine. En 1095, le pape Urbain II convoqua un concile à Clermont en Auvergne. Du haut d'une tribune, il prêcha la croisade, et au cri de *Dieu le veut! Dieu le veut!* tous les assistants s'enrôlèrent. Seigneurs, évêques, moines, artisans, laboureurs, vieillards, femmes, enfants, voleurs, meurtriers, prirent à l'envi la croix. On ramassa ainsi une multitude que les historiens du temps évaluèrent à plusieurs millions. Les croisés se partagèrent en plusieurs troupes. La première, commandée par Pierre l'Ermite, Gautier *Sans-avoir* et Godescalc, moine allemand, se signala par d'horribles cruautés en Hongrie et en Bulgarie, et fut massacrée sur la route de Constantinople. Gautier *Sans-avoir* put passer l'Hellespont avec les débris de son armée; mais il fut défait et trouva la mort à Nicée. Une seconde troupe, composée de 200,000 aventuriers, prit pour guides une oie et une chèvre qu'ils supposaient inspirées de Dieu. Avant leur départ, ils crurent se rendre la Divinité favorable en égorgeant tous les juifs. Le dernier corps d'armée comprenait 100,000 cavaliers et 600,000 fantassins; ils avaient pour chefs Godefroi de Bouillon, duc de Lorraine, Eustache et Baudouin, ses frères; Raymond, comte de Toulouse; Robert, comte de Flandre; Robert, duc de Normandie; Étienne, comte de Chartres et de Blois; Hugues, frère du roi de France; Bohémond, prince de Tarente; Tancrède; Adhémar, évêque du Puy. Ils arrivèrent à Constantinople en 1096. Alexis Comnène, empereur d'Orient, insulté par les croisés jusque dans son palais, ne vit d'autre moyen de se débarrasser de ses dangereux alliés que de leur fournir au plus tôt les moyens de passer le Bosphore. Les chrétiens s'emparèrent d'Antioche après un siège de 9 mois. Jérusalem fut ensuite emportée. Les vainqueurs massacrèrent 70,000 musulmans et brûlèrent les juifs. L'armée des chrétiens ne contenait plus alors que 30,000 combattants. Godefroi de Bouillon fut élu roi de Jérusalem. La Palestine fut divisée en fiefs. L'introduction de la féodalité amena la guerre civile entre les vassaux; on en vit même plusieurs s'allier aux mahométans. Les ordres des Hospitaliers, des Templiers et des Teutoniques en vinrent plusieurs fois aux prises. Au commencement du XIIe siècle, 300,000 chrétiens prirent encore le chemin de la Palestine; ils furent écrasés dans l'Asie mineure. Après ce désastre, le pape Eugène III prêcha une seconde croisade. Conrad III, empereur d'Allemagne, et Louis VII, roi de France, amenèrent 400,000 hommes à Constantinople. Les nouveaux croisés furent trahis par les Grecs, parce qu'ils étaient plus redoutables que les infidèles mêmes; d'un autre côté, la division des vassaux et l'indiscipline des soldats ayant désorganisé les deux armées, elles furent vaincues sur le mont Taurus en 1148. Quelques débris de cette armée purent se sauver à Constantinople. Louis et Conrad entreprirent encore le siège de Damas; mais ils furent abandonnés et même trahis par les chrétiens de Jérusa-

Entrée triomphale de Dunois et de ses troupes à Bordeaux.

lem, qui craignaient d'avoir à partager avec les nouveaux venus le fruit de leurs conquêtes. Les deux souverains reprirent le chemin de l'Europe. C'est alors que parut le fameux Saladin, qui défit Gui de Lusignan, roi de Jérusalem, et s'empara de cette ville. A cette nouvelle, l'Europe s'arma pour une troisième croisade. L'empereur Frédéric Barberousse, Philippe-Auguste, roi de France, et Henri II, roi d'Angleterre, firent vœu d'aller combattre en Palestine. Saladin, de son côté, fit alliance avec l'empereur de Constantinople. Frédéric Barberousse, à la tête de 150,000 hommes, contraignit Isaac l'Ange, empereur d'Orient, à lui livrer passage; le duc de Souabe, fils de Barberousse, essuya plusieurs défaites, et ne put sauver que 8,000 hommes, qu'il conduisit devant Saint-Jean-d'Acre, dont les chrétiens faisaient le siége depuis longtemps. Philippe-Auguste et Richard Ier, roi d'Angleterre, débarquèrent à leur tour. Leur arrivée ne fit qu'augmenter la confusion. Tandis que Richard prenait parti pour Gui de Lusignan, qui maintenait difficilement une ombre de royauté, Philippe se déclara pour Conrad, marquis de Tyr, son compétiteur. La peste s'était déclarée dans le camp des musulmans. Saladin, ayant été atteint par l'épidémie, ne put soutenir plus longtemps le siége de Saint-Jean-d'Acre. Il fut vaincu par Philippe. Cependant le vainqueur revint en France sans avoir pu achever la conquête de la Palestine. En 1204, Foulques, curé de Neuilly, prêcha une nouvelle croisade. Une armée française s'ébranla sous la conduite de Baudouin, comte de Flandre. Venise procura des vaisseaux, moyennant une énorme rétribution. Avant de s'engager en Asie, Baudouin s'empara de Constantinople et souilla sa victoire par le pillage et les massacres. Baudouin prit la couronne d'Orient et abandonna aux Vénitiens la Morée, les Iles de l'Archipel et les Iles ioniennes. Tel fut l'unique résultat de la quatrième croisade. En 1212, 50,000 enfants furent envoyés par quelques fanatiques à une mort certaine. On leur avait dit que leurs succès étaient certains, *parce que Dieu tirait sa gloire des enfants*. Ils étaient accompagnés de prêtres et de marchands qui eurent la cruauté de les vendre comme esclaves aux Egyptiens. Une cinquième croisade, qui fut conduite par André, roi de Hongrie, en 1217, échoua, comme les précédentes, par suite de la division qui se mit entre les chefs. La sixième croisade fut entreprise, en 1228, par Frédéric II, empereur d'Allemagne. On vit alors un singulier spectacle. Frédéric II, qui avait promis sous serment d'aller combattre les infidèles, ayant refusé d'accomplir sa promesse, se vit menacé d'excommunication par le pape. Il partit; mais comme il dut relâcher à Brindisi par suite d'une grave maladie, le pape l'excommunia. Frédéric s'embarqua l'année suivante; mais il fut excommunié de nouveau pour être allé en Terre-Sainte sans s'être fait absoudre avant son départ. L'anathème qui pesait sur lui ne l'empêcha pas de remporter de plus grands succès que ses prédécesseurs. Il prit la couronne de Jérusalem. Après son départ, la Palestine se vit saccagée par les Perses, qui fuyaient devant les Tartares. C'est alors que Louis IX, roi de France, prit la croix en 1248. Il porta ses armes en Egypte et s'empara de Damiette. Le séjour du saint roi dans cette ville altéra la discipline de ses troupes; les chrétiens se livrèrent à de honteuses débauches. « On voyait, dit Joinville, des lieux de prostitution jusqu'à l'entour du pavillon royal. » Malgré les renforts amenés par le comte de Poitiers, les croisés se virent assiégés et affamés dans leur camp retranché entre les deux branches du Nil. On sait la manière misérable dont finit cette expédition, et comment saint Louis revint en France. La huitième et dernière croisade marque la fin de l'occupation de la Palestine par les chrétiens. Kélaoun, sultan d'Egypte, et son fils Khabil achevèrent d'expulser les chrétiens; ils rasèrent leurs villes et en égorgèrent les habitants ou les conduisirent en captivité. L'histoire a enregistré les résultats politiques de la croisade. On leur reproche avec raison d'avoir exalté le fanatisme religieux, qui se manifesta en Europe même par des guerres cruelles. Cependant elles ont eu indirectement pour effet de préparer la ruine de la féodalité en fortifiant l'autorité royale. C'est alors que prit naissance le tiers état, qui acheta à vil prix les terres des seigneurs. Les croisades ont aussi contribué au développement du commerce et de l'industrie.

CROISÉE. Au moyen âge, on appelait ainsi le montant et la traverse de pierre ou de bois, en forme de croix, que l'on mettait aux baies percées dans les murs pour l'introduction de l'air et de la lumière. Aujourd'hui que ce genre de menuiserie a été abandonné, le mot croisée ne s'emploie plus que comme synonyme de fenêtre.

CROISIC (le), ch.-l. de cant. de l'arrond. de Savenay (Loire-Inférieure), à 44 kil. de cette ville. Pop. 2,550 hab. Son port sur l'Océan est assez commerçant. Pêche de harengs, sardines, maquereaux. Commerce de sel. École impériale d'hydrographie. Etablissement de bains. Le phare du Four, situé sur un rocher, est à 8 kil. en mer.

CROISIÈRE. C'est l'action de croiser, c'est-à-dire de poursuivre des vaisseaux ennemis, de parcourir des parages déterminés, de donner la chasse aux corsaires, de défendre les bâtiments du commerce, etc. C'est le gouvernement qui donne ces missions à certains vaisseaux. On appelle aussi croisière le parage où s'établit un bâtiment croiseur; les bâtiments qui croisent se nomment également croisières.

CROISILLES, ch.-l. de cant. de l'arrond. d'Arras (Pas-de-Calais), à 10 kil. de cette ville. Pop. 1,500 hab.

CROISSANCE, exprime le développement d'un homme, d'un animal ou d'une plante. La croissance est le résultat de l'absorption des sucs alimentaires qui, par suite de l'élaboration chimique qui s'opère dans le corps humain, se transforment en sang ou en matière charnue ou osseuse. La période de l'enfance et celle de l'adolescence sont celles où la croissance se manifeste le plus activement; lorsque l'homme atteint l'âge mûr, la nourriture cesse de servir à la croissance et n'a plus d'autre objet que de réparer les pertes produites par la transpiration; le vieillard mange moins encore; ses organes s'ossifient, perdent leur albumine, leur humidité naturelle et s'atrophient ainsi par degrés. Les êtres naturellement mous parviennent à un degré de croissance supérieur à celui des êtres plus secs et plus durs. On a remarqué que les arbres dont l'accroissement était le plus rapide étaient généralement poreux, tendres et moins vivaces que les bois qui, comme le chêne, contiennent une certaine masse dure.

CROISSANT. Le croissant était le symbole de Byzance; c'est encore aujourd'hui l'emblème de l'empire ottoman. Les étendards de l'empire turc portent le croissant.

> Du prophète imposteur les tribus insolentes,
> Arboraient le *croissant* sur vingt cités tremblantes.
> (ARNAULT.)

CROISSANT, ordre militaire, institué en 1448 par René d'Anjou. Il était ainsi nommé parce que les 50 chevaliers qui le composaient portaient au bras droit un croissant d'où pendaient autant de petits bâtons que chacun d'eux avait combattu de fois. Le serment était prêté dans les termes suivants :

> Fête et dimanche doit le croissant porter,
> La messe ouïr et pour Dieu tout donner.

CROISSET, hameau de l'arrond. de Rouen (Seine-Inférieure), à 5 kil. de cette ville. Pop. 900 hab. Petit port de cabotage.

CROISSY, village de l'arrond. de Meaux (Seine-et-Marne), à 28 kil. de cette ville. Pop. 990 hab. Filature de coton. Ancienne seigneurie de la Brie champenoise.

CROISSY (Charles COLBERT, marquis DE), né à Paris en 1629, mort en 1696, premier président du parlement de Metz, fut un des négociateurs des traités d'Aix-la-Chapelle et de Nimègue.

CROIX, signe adopté par les chrétiens en mémoire de la mort de Jésus. Presque toutes les sectes religieuses ont adopté ainsi des signes pour se reconnaître entre elles. Les divinités égyptiennes portaient à la main une sorte de croix dont la partie supérieure était terminée par un anneau; c'était le signe de la divinité. Ce fut sous le règne de Constantin que la croix fut généralement adoptée comme ornement des médailles, des monuments et des tombeaux. Constantin admit ce signe non-seulement parce qu'il rappelait le supplice de Jésus, mais encore parce qu'il était un souvenir de la croix ou *labarum* qu'il aperçut dans l'air au moment de livrer bataille à Maxence.

CROIX (exaltation de la), fête célébrée annuellement par les catholiques, le 14 septembre, en souvenir de ce que l'évêque Héraclius planta sur le calvaire, en 629, la croix de Jésus, qui en avait été arrachée par Chosroès II, roi de Perse.

CROIX (invention de la), fête célébrée annuellement par les catholiques le 3 mai, en mémoire de ce que sainte Hélène, mère de l'empereur Constantin, retrouva la croix de Jésus enfouie sous le calvaire.

CROIX (jugement de la). C'était une épreuve judiciaire à laquelle on soumettait les plaideurs. Celui qui restait le plus longtemps les bras élevés en croix avait gain de cause. Cet usage absurde fut maintenu jusqu'au Xe siècle. Bridoison, qui, selon Rabelais, sentenciait au sort des dés, était certainement plus logique.

CROIX PECTORALE. C'est celle que les évêques portent sur la poitrine comme marque distinctive.

CROIX-HELLÉAN (la), village de l'arrond. de Ploërmel (Morbihan), à 10 kil. de cette ville. Pop. 850 hab. Combat des Trente, gagné par les Bretons ayant à leur tête Beaumanoir (1350).

CROIX (Sainte-), îles des Antilles danoises, ch.-l. Christiansted. Sup. 264 kil. carrés. Pop. 20,000 hab. Sol plat et fertile. Récolte de canne à sucre, coton, indigo, café. Le produit annuel du café et de la canne à sucre s'élève à 11,250,000 kilogr. environ, et le sucre a 6,356,000 litres de rhum. Elève important de bétail. Les ports les plus fréquentés sont Christiansted et Frédéricsted. Cette île fut découverte par Christophe Colomb à son second voyage. L'Espagne, la France, l'ordre de Malte, le Danemark la possédèrent successivement; depuis 1733, elle appartient à ce dernier Etat.

CROIX (Sainte-), bourg de Suisse (Vaud), à 10 kil. de Granson. Pop. 2,975 hab. Fabr. de dentelles.

CROIX (Sainte-), ch.-l. de cant. de l'arrond. de Saint-Girons (Ariége), à 16 kil. de cette ville. Pop. 1,760 hab. Fabr. de draps et poterie.

CROIX-AUX-BOIS (la), village de l'arrond. de Vouziers (Ardennes), à 8 kil. de cette ville. Pop. 800 hab. Combat livré en 1792, quelques jours avant la bataille de Valmy.

CROIX-AUX-MINES (Sainte-), bourg de l'arrond. de Colmar (Haut-Rhin), à 17 kil. de cette ville. Pop. 3,625 hab. Filatures de coton, laine; fabriques de cotonnades, distilleries.

CROIX-DU-MONT (Sainte-), village de l'arrond. de Bordeaux (Gironde), à 48 kil. de cette ville. Pop. 1,125 hab. Récolte de

CRO

bons vins blancs fins, les meilleurs des côtes.

CROMARTY, ville d'Ecosse, ch.-l. du comté de son nom, à 280 kil. d'Edimbourg. Pop. 2,200 hab. Bon port entre le golfe de Murray et la baie de son nom. Douane. Chantiers de construction pour bâtiments. Pêche active. Fabr. de toiles de chanvre; corderie. Ce comté est composé de 14 enclaves du comté de Ross, et a une population de 11,300 hab.

CROMER, village d'Angleterre (Norfolk), à 33 kil. de Norwich, sur la mer du Nord. Pop. 1,255 hab. Pêche de harengs et de homards. Bains de mer. Commerce de charbons, bois, tuiles. Bibliothèque publique.

CROMFORD, village d'Angleterre (Derby), à 20 kil. de Derby. C'est dans la manufacture de coton de ce village que la machine à filer d'Arkwright fut employée pour la première fois.

CROMLECHS, nom par lequel on a désigné certains monuments druidiques du genre des *menhirs*. Ils sont ordinairement disposés en cercle autour d'une autre pierre plus élevée. Ces enceintes étaient réservées aux réunions des guerriers et aux sacrifices. On les rencontre particulièrement en Bretagne.

CROMWELL (Olivier), protecteur de la république d'Angleterre, né le 24 avril 1599, à Huntington, mort le 3 septembre 1658. Sa famille jouissait d'une certaine notoriété dans le comté. Après avoir tenu une conduite déréglée, on le vit tout à coup changer et devenir un des plus zélés fervents de la secte des puritains. Il fut député au Long-Parlement (1640), et s'y signala par ses attaques contre le papisme et la royauté; lorsque la rupture fut complète entre le parlement et le roi, Cromwell leva un régiment à ses frais et en prit le commandement (1642). Il battit les troupes royales dans plusieurs rencontres, à Morston-Moor (1644) et à Nosabey (1645); il empêcha toute réconciliation entre le parlement et Charles Ier, que les Ecossais venaient de livrer aux Anglais, marcha sur Londres avec son armée, chassa du parlement ceux de ses membres qui lui étaient hostiles, et comme un retour dans l'esprit des populations se manifestait en faveur du roi, et que les Ecossais, qui l'avaient vendu, parlaient de venir le délivrer, Cromwell alla à leur rencontre, et quoiqu'il n'eût que 5,000 hommes sous ses ordres, les battit à Preston, à Warrington et à Vigon. Charles Ier, prisonnier dans l'île de Wight, fut amené à Londres, condamné à mort et exécuté. On prétend que Cromwell voulut voir le corps du roi, et que soulevant le couvercle du cercueil, il le contempla quelques instants : « C'était là, dit-il, un corps bien constitué et qui promettait une longue vie. » Cromwell fit proclamer la république et partit en Ecosse combattre Charles II (1650-1651), et après avoir étouffé tout germe de rébellion, il se fit proclamer protecteur. Dès lors il régna en maître absolu. Son règne fut des plus prospères pour l'Angleterre. Il enleva la Jamaïque aux Espagnols, établit la supériorité de la marine anglaise, se montra en toutes choses administrateur habile, et bientôt l'on vit les plus fiers potentats rechercher son alliance : Mazarin l'acheta en lui livrant Dunkerque. Les protestants le regardaient comme leur protecteur naturel. Cromwell, avant de mourir, désigna pour son successeur son fils Richard ; peut-être s'il eût désigné son second fils, Henry, beaucoup plus capable, eût-il fondé une dynastie. Cromwell peut être considéré comme le plus grand guerrier et le plus grand politique de l'Angleterre. Il y avait dans sa politique quelque chose de celle de Louis XI; profondément dissimulé, il cacha toujours ses projets ambitieux sous les dehors du fanatisme religieux, et l'Angleterre, qui lui doit sa puissance, reste froide à son nom, tout en le reconnaissant comme un homme extraordinaire; elle ne lui a consacré aucun de ces monuments, témoignages de la reconnaissance des peuples pour un de leurs héros! L'on ne peut s'expliquer cette froideur qu'en songeant qu'après Cromwell survint la Restauration et la maison d'Orange, et qu'à cette époque exalter Cromwell, héros issu du peuple, c'eût été un crime.

CROMWELL (Richard), fils du précédent, né à Huntington, en 1626, mort en 1712, succéda à son père avec le titre de protecteur. Il n'avait aucune des qualités nécessaires pour maintenir les choses dans l'état où son père les avait laissées; il fut même assez inhabile pour rétablir l'ancien système d'élection, qui donnait le pouvoir aux bourgs pourris, et il arriva que les royalistes furent plus nombreux que les républicains dans le parlement. En face des intrigues, Richard ne montra que de l'indécision, et signa son abdication. Il quitta l'Angleterre, voyagea quelque temps en Europe, revint dans sa patrie en 1680 et finit ses jours dans un petit village du comté de Hertford, se consolant de sa grandeur passée en s'amusant à lire, dans ses jours de gaieté, les adresses de félicitations qu'il avait reçues pendant son court passage aux affaires, et qui, s'il faut en croire les historiens, avaient peine à tenir dans deux grandes caisses.

CRONIÈRE (la), petite île située sur la côte du département de la Vendée, près de l'île de Noirmoutiers. Pop. 250 hab.

CRONSTADT. (*Voir* KRONSTADT.)

CROQUIS. C'est ainsi qu'on nomme une esquisse légère et qui n'est pas encore finie. En d'autres termes, c'est la première idée d'un dessin, jetée à la hâte, soit à la plume, soit au crayon, dans le but de rendre les formes seules, sans aucun embellissement, des différents groupes, etc. L'habile dessinateur se reconnaît dans le plus simple croquis, et les croquis des grands maîtres sont fort recherchés des véritables artistes.

CROSSE, insigne de la dignité épiscopale. Le pape est le seul évêque qui ne porte pas de crosse. Autrefois, certains abbés obtenaient du saint-siége de porter la crosse; seulement ils devaient porter la courbure en dedans, pour montrer que leur juridiction ne dépassait pas leur monastère.

CROSTOLO, rivière du royaume d'Italie, prend sa source à 19 kil. de Reggio et se jette dans le Pô. Cours 52 kil.

CROTALES. Nom donné à des espèces de castagnettes fort en usage chez les peuples de l'antiquité. Cet instrument de musique était employé dans le culte de Cybèle, et l'on s'en servait fréquemment aussi pour accompagner la danse :

Et le rauque tambour et les doubles *crotales*,
Qu'agitaient en dansant le faune et le sylvain.
(A. CHÉNIER.)

CROTONE, ancienne ville d'Italie (Brutium), au fond d'un petit golfe, au N.-O. du promontoire Lacinium. Elle fut, dit-on, fondée par Myscelus, venu d'Ægès. Dès l'an 600 avant Jésus-Christ, cette ville était assez considérable pour envoyer contre les Locriens une armée de 120,000 hommes. En 510, elle détruisit Sybaris. En 494, elle se soumit au tyran Célinius. A partir de l'an 400, elle tomba au pouvoir des Denys, des Lucaniens, d'Agathocle (381), de Pyrrhus, qui la ravagea. Annibal perdit, sous ses murs, la dernière bataille qu'il livra en Italie. Bientôt après, les Romains s'en emparèrent et en firent une colonie romaine (194). Crotone était célèbre pour ses écoles de philosophie et ses exercices athlétiques. Crotone porte aussi le nom de Cortone.

CROTOS, fils de Pan, fut élevé par les Muses, et découvrit l'art de battre la mesure.

CROTOY (le), petite ville de l'arrond. d'Abbeville (Somme), à 25 kil. de cette ville, près de l'embouchure de la Somme. Pop. 1,430 hab. Port pour bâtiments de 3 à 400 tonneaux. Commerce de transit. Important parc aux huîtres. Ruines d'un château fort où Jeanne d'Arc fut enfermée en 1430.

CROUPES. C'était le nom que les fermiers généraux donnaient aux dons qu'ils faisaient à des personnages bien en cour, pour obtenir leur crédit et s'assurer l'impunité de leurs vols.

CROUPIER, s'entend de celui qui s'intéresse au jeu d'un autre, et qui lui fournit sa mise, à la condition de partager les gains et les pertes. Une telle convention est nulle aux yeux de la loi. Dans les sociétés anonymes, le commanditaire serait considéré comme un croupier, si ce mot n'était pris en mauvaise part.

CROWLAND, ville d'Angleterre (Lincoln), à 12 kil. de Peterborough. Pop. 2,800 hab. Pont antique. Ruines d'une riche abbaye, fondée en 716. Grand commerce de canards sauvages et autre gibier.

CROWN-POINT, ville des États-Unis (New-York), située sur la côte S.-O. du lac Champlain. Elle fut prise par le général anglais Casleton, en 1776, après qu'il eut détruit sur le lac la flotte américaine.

CROY ou CROUY (maison de), l'une des plus anciennes et des plus illustres de l'Europe, descend des rois de Hongrie de la race des Arpades. Cette famille, qui a donné des illustrations à la France, à l'Espagne, à l'Italie, à l'Angleterre, a fourni 2 cardinaux, l'un archevêque de Tolède (1517), l'autre archevêque de Rouen (1823-34); 5 évêques, 1 grand bouteillier, 1 grand maître, 1 maréchal de France, 6 chevaliers du Saint-Esprit, 1 premier ministre de Charles-Quint, des ambassadeurs, des ministres, et 8 chevaliers de la Toison d'or. L'origine royale de cette famille a été revendiquée par deux maisons du même nom; certains généalogistes croient que le roi André III a laissé 2 fils : le premier Félix de Hongrie, qui a fait la lignée des Croy ou Crouy-Chanel; et le second, Marc de Hongrie, qui a fait celle des Croy-Solre et d'Havré.

CROY (Gustave-Maximilien-Juste, prince DE), prélat français, né en 1773, mort à Rouen en 1844. Pendant la Révolution, il passa en Autriche; en 1817, il fut appelé à l'évêché de Strasbourg, devint, en 1821, grand aumônier de France, et l'année suivante, pair de France ; ce fut en 1824 qu'il vint occuper le siége de Rouen, où il reçut le chapeau de cardinal. Le prince de Croy a su mériter l'estime des hommes de bien, autant par l'aménité de son caractère que par sa charité, qui était inépuisable.

CROY-SOLRE (Emmanuel, prince DE), né à Condé (Hainaut), en 1718, mort en 1787, contribua au succès de la bataille de Fontenoy; nommé gouverneur de la Picardie, il consacra une partie de sa fortune à fortifier sa province et le port de Dunkerque; il y a près de Calais une tour célèbre, qui porte son nom. Il fut élevé à la dignité de maréchal de France, en 1782.

CROYANCE, adhésion à un système moral, religieux ou politique qu'on prend pour l'expression de la vérité. La croyance n'a pas les mêmes caractères que la certitude et s'inspire souvent du principe de la foi et des préjugés.

CROYDON, ville d'Angleterre (Surrey), à 14 kil. de Londres. Pop. 16,000 hab. Belle église, contenant les tombeaux de plusieurs des archevêques de Cantorbery, qui y eurent autrefois un château. École militaire de l'ex-compagnie des Indes orientales. Fabrique de papiers. Blanchisseries. Importants marchés aux grains.

CROZAT (canal de), canal de grande navigation; il joint l'Oise à la Somme. Il coûta 4 millions à son auteur.

CROZAT (Antoine, marquis DU CHATEL), célèbre financier, né à Toulouse en 1655, mort à Paris en 1738; après avoir acquis une fortune colossale dans des spéculations maritimes, il obtint, en 1712, le privilége du commerce de la Louisiane; mais les bénéfices qu'il en tira n'étant pas en rapport avec ses sacrifices, il y renonça 5 ans après, et eut Law pour successeur.

CROZAT (Joseph-Antoine), président au parlement de Paris, fils du précédent, né à Toulouse en 1696, mort à Paris en 1740; il légua aux pauvres sa collection de dessins et pierres gravées, qui était des plus remarquables: ce fut le duc d'Orléans qui s'en rendit acquéreur. Quant à sa belle galerie artistique, il la laissa à son frère, le marquis du Châtel.

CROZON, ch.-l. de cant. de l'arrond. de Châteaulin (Finistère), à 30 kil. de cette ville. Pop. 8,860 hab. Cette ville est située sur la presqu'île qui sépare la baie de Douarnenez de la rade de Brest. Port de mer. Pêche de sardines. On y remarque les grottes de Morgat, une tombelle connue sous le nom d'Arthur, et de nombreux monuments druidiques, parmi lesquels on cite le Kercoléoc'h, nommé vulgairement la Maison du curé.

CRUAUTÉ. On entend par ce mot l'inhumanité, l'inclination à répandre ou à voir répandre le sang, à faire souffrir ou à voir souffrir les autres «L'instinct de la cruauté romaine, dit Chateaubriand, se retrouvait dans les peines applicables aux crimes et aux délits: la loi prescrivait la croix, le feu, la décollation, la précipitation, l'étranglement dans la prison, la fustigation jusqu'à la mort, la livraison aux bêtes, la condamnation aux mines, etc. »

CRUCES, village de la Nouvelle-Grenade, dans l'isthme de Panama, entre Chagres et Panama. Pop. 1,800 hab. Entrepôt de commerce entre Porto-Bello et Panama. Cette ville a perdu de son importance depuis 1855, à cause de l'ouverture du chemin de fer de Panama.

CRUCHE. C'est un vase de terre ou de grès, à anse, qui a ordinairement le ventre large et le cou étroit. Il paraît que certains traducteurs ont confondu la *cruche* avec le *tonneau*. « Prenez garde! dit P.-L. Courier, au temps de l'ancienne Tarente, on ne connaissait point encore nos tonneaux; Les *cruches* en tenaient lieu; partout où vos traducteurs disent un tonneau, entendez une cruche. »

CRUCIFIX, image de Jésus attaché à la croix. Les protestants bannissent le crucifix de leurs temples; les catholiques, au contraire, n'admettent pas que la messe puisse être célébrée sur un autel devant lequel ne serait pas placé un crucifix.

CRUPÉZIA, sandale à laquelle étaient ajustées des castagnettes. Les joueurs de flûte, chez les anciens, s'en servaient pour battre la mesure en accompagnant les chants.

CRUSADE, monnaie de Portugal sur laquelle est figurée une croix de feuilles de palmier. Cette monnaie fut frappée à l'époque des croisades. La crusade nouvelle vaut 480 reis, soit en monnaie française 3 fr. 25.

CRUSCA (Académie de la), société littéraire, fondée à Florence en 1541, par quelques membres de l'Académie florentine qui s'en étaient séparés. Elle se proposait, par ses statuts, l'épuration de la langue italienne; elle avait pris pour emblème un blutoir avec cette devise: *Il più bel fior ne cogne* (il en recueille la plus belle fleur). Les siéges des académiciens imitaient des objets de meunerie et de boulangerie. Ainsi ils imitaient des sacs de farine ou des hottes. Les académiciens prenaient des surnoms analogues: le *gramolato* (pétri); l'*infarinato* (enfariné), etc. Cette académie composa un dictionnaire qui est resté célèbre. Napoléon Ier la reconstitua en 1811.

CRUSSOL (famille DE). Cette famille, originaire du Languedoc, ne prit le nom de Crussol qu'au XIIe siècle, à la place de celui de Bastel qu'elle avait porté jusqu'alors. Elle s'est divisée en plusieurs branches: 1° les barons de Crussol, qui plus tard, par suite de leurs alliances, devinrent ducs d'Uzès: cette branche a donné le jour à Jacques de CRUSSOL, maréchal de France, mort en 1584; — François-Charles de CRUSSOL qui fut gouverneur de Landrecies, mort en 1736; — François-Emmanuel de CRUSSOL, son fils, qui se distingua par sa bravoure et mourut gouverneur d'Oléron, en 1761; Marie-Emmanuel de CRUSSOL, qui fut pair de France sous la Restauration, mort en 1843; 2° les marquis de Crussol et de Montausier; 3° les marquis de Florensac; 4° les comtes d'Amboise et d'Aubijoux; 5° les marquis de Montsalès, etc.

CRUYBEKE, village de Belgique (Flandre orientale), à 19 kil. de Dendermonde. Pop. 2,900 hab. Beau château. Fabriques de sabots.

CRUZ (Santa-), ville forte de l'île de Ténériffe, ch.-l. de la province espagnole des Canaries. Pop. 8,500 hab. Place de garnison défendue par trois forts. Port sur la côte E. Résidence du gouverneur, siége d'un évêché. Cour d'appel. L'île fournit un vin renommé dont on fait un commerce important. Le pic de Ténériffe n'est qu'à 4 kil. de cette ville.

CRUZ (Santa-), ville de Portugal, située sur la côte E. de l'île Flores, l'une des îles Açores.

CRUZ (Santa-), ville de Portugal, située sur la côte N. de l'île Graciosa, l'une des îles Açores.

CRUZ (Santa-), bourg du Brésil, province de Baïa, à 26 kil de Porto-Seguro. Premier établissement portugais dans le Brésil. Agriculture florissante.

CRUZ (Santa-), village du Brésil, province de Rio-Janeiro, à 52 kil. de cette ville. Palais impérial qui appartenait autrefois aux jésuites.

CRUZ (Santa-) ou îles de la reine Charlotte, archipel du grand Océan équinoxial. Iles principales: Santa-Cruz, Swallons, Duff, etc. Mendana les découvrit d'abord en 1595, puis Carteret, qui leur donna le nom d'îles de la reine-Charlotte.

CRUZ DE LA SIERRA (Santa-), ville de la Bolivie, ch.-l. du départ. de son nom, dans une immense plaine, près du Rio-Grande. Pop. 9,700 hab. Siége d'un évêché. Le département de Santa-Cruz est borné au N. par celui de Beni, à l'E. par le Brésil, au S. par le départ. de Tarija, à l'O. par ceux de Cochabamba et de Chuquisaca. Il comprend les territoires des Moxos et des Chiquitos. Pop. 153,170 hab.

CRUZADA, nom donné à un impôt de 200 maravédis que les rois d'Espagne levèrent depuis 1457 jusqu'en 1753, sur ceux de leurs sujets qui, ne prenant pas part à la croisade contre les Maures, voulaient profiter des indulgences attachées par le pape à ces expéditions. Cet impôt avait été établi par une bulle du pape Calixte III.

CRUZEIRO (ordre du) ou de la Croix du Sud. Cet ordre fut créé en 1822 par don Pedro Ier, empereur du Brésil.

CRUZY-LE-CHATEL, ch.-l. de cant. de l'arrond. de Tonnerre (Yonne), à 20 kil. de cette ville. Pop. 1,350 hab. Belle fontaine. Commerce de truffes.

CRYPTES. Chapelles souterraines, placées ordinairement sous le chœur de l'église; quelques églises dont la fondation est antérieure au XIIIe siècle, en possèdent, car c'est à cette époque que l'on abandonna ce genre de chapelles; les plus anciennes sont celles de saint Eutrope à Saintes, et de sainte Radegonde à Poitiers.

CSABA, village de Hongrie, dans le comitat de Bekès, à 10 kil. de cette ville. Pop. 25,000 hab. Ce village fut fondé en 1715. Elève de vers à soie, bestiaux: chanvre, grains.

CSAJKISTES (bataillon des), district des Etats autrichiens, dans les confins militaires, ch.-l. Titel. Sup. 764 kil. carrés. Pop. 27,000 hab.

CSANAD, ville de Hongrie (Etats autrichiens), à 70 kil de Temeswar. Pop. 7,300 hab. Siége d'un évêché catholique suffragant de Tolocsa et dont le titulaire réside à Temeswar. Reste de l'ancien château qui a donné son nom à la province. Le comitat de Csanad, capitale Mako, est borné au N. par celui de Bekès; au S. de Torontal; à l'E. d'Arad; à l'O. de Czonyrad. Sup. 1,600 kil carrés. Pop. 80,000 hab. Le sol est plat et très-fertile en grains de toute espèce, en vins, en tabac.

CSANYI (Ladislas), ministre hongrois, né en 1790 à Csany (comitat de Szalad), mort en 1849. Lorsque la Hongrie se souleva pour recouvrer son autonomie, il devint ministre des relations. L'intervention de la Russie ayant replacé la Hongrie sous le joug de l'Autriche, Csanyi fut arrêté, et ce grand citoyen, au mépris du droit des gens, fut envoyé à la potence comme un vil criminel.

CSARIN, ou KSARIN, ou GASRIN, ville de la régence de Tunis, située sur les bords de l'Oued-Derle, au pied du versant méridional du Djebel-Chambi. Arc de triomphe nommé, dans la langue du pays, Porte des Nouvelles Mariées. On y voit encore deux mausolées antiques, dont l'un est à demi ruiné et l'autre bien conservé a environ 15 mèt. de haut; sa construction remonte au IIIe siècle av. J.-C.

CSEPEL, île du Danube (Hongrie), dans le comitat de Pesth. Superf. 45 kil. sur 4. Récolte de vins renommés. Raczkévé, ch.-l. de cette île, possède le magnifique château du prince Eugène. Le comte Zichy fut exécuté dans cette ville, en 1848, par les ordres de Georgei.

CSERNA, rivière d'Europe, prend sa source aux monts Oszla, en Valachie, sépare la Valachie et la province autrichienne des confins militaires, et se jette dans le Danube entre les deux Orsova (Hongrie). Cours 75 kil.

CSIK ou SCIKSZEK, district de la principauté de Transylvanie (pays Szeklers), ch.-l. Csikszereda. Il est borné au N. par le comitat d'Oberweissenbourg, à l'E. par la Moldavie, au S. par le district de Haromtzek, à l'O. par celui d'Udvarhely. Sup. 100 myriam. carrés. Pop. 138,755 hab. Sol montagneux et très-élevé, couvert de forêts; les produits de la culture sont insuffisants pour la nourriture des habitants. Exportation de bois et planches. Exploitation de mines de cuivre, fer, houille, soufre. La mine de cuivre de Csik Szentomokos produit annuellement 1,200 quintaux. Eaux minérales à Borszek. Le climat est très-froid.

CSOMA (Alexandre), célèbre voyageur hongrois, né en Transylvanie, mort en 1842. Il étudia la médecine; mais, porté vers l'étude des langues orientales, il passa en Asie, où il voyagea pendant près de dix années. Son ouvrage le plus remarquable est une *Etude sur les livres sacrés des Thibétains.*

CSONGRAD, ville de Hongrie, dans le comitat du même nom, à 35 kil. de Szegedin. Pop. 32,520 hab. Ruines d'un ancien château qui a donné son nom à la province. Le comitat de Csongrad, ch.-l. Szegedin, est borné au N. par celui de Solnok, à l'E. de Bekès et de Csanad, au S. celui de Torontal, à l'O. par la Petite Cumanie. Sup. 3,400 kil. carrés. Pop. 153,500 hab. Pays plat et très-fertile en grains de toute espèce; chanvre, tabac, pastèques. La culture du tabac emploie 8,000 personnes, et fournit annuellement à l'exportation 40,000 quintaux. Élève de gros bétail renommé; de chevaux et de moutons.

CTÉSIAS, médecin et historien grec qui vivait vers l'an 400 av. J.-C. Il profita d'un long séjour qu'il fit à la cour du roi de Perse, Artaxercès Mnémon, pour écrire l'histoire de la Perse. Plutarque a critiqué cet ouvrage, et émet des doutes sur la véracité des faits avancés par Ctésias.

CTESIBIUS, mécanicien égyptien, né vers 250 av. J.-C., sous le règne de Ptolémée Philadelphe. Il inventa une clepsydre (horloge à eau), des orgues hydrauliques et une pompe aspirante et foulante. Quelques auteurs prétendent qu'il fut le père de Héron d'Alexandrie, mathématicien célèbre.

CTÉSILAS, sculpteur grec qui vivait au ve siècle av. J.-C. On est assez porté à croire qu'il est l'auteur de la remarquable statue le *Gladiateur mourant*.

CUBA, la plus grande île des Grandes-Antilles appartenant à l'Espagne, séparée de la Floride et des Lucayes, au N. par le golfe du Mexique et le canal de Bahama; au S. de la Jamaïque et d'Haïti par la mer des Antilles et le canal du Vent; à l'O. du Mexique et du Guatemala par le canal d'Yucatan et le golfe d'Honduras. Elle est de forme longitudinale, et a 1,150 kil. carrés de l'E. à l'O., et 170 dans sa plus grande largeur. Pop. 1,832,060 hab. Cette île est formée par une chaîne de montagnes prenant naissance au cap Maysi et se divisant en plusieurs branches. Les principaux points culminants sont: le pic de Matonzas (394 mèt), celui de Guayabon (780 mèt.), les Lomas de San-Juan (666 mèt.), la Sierra de Tarquino (2,800 mèt.). Les côtes sont généralement plates et d'un accès difficile; cependant on y trouve plusieurs bons ports, parmi lesquels on cite celui de la Havane, un des meilleurs du monde. Le principal cours d'eau est le Canqui, dans la partie S. de l'île; les autres, très-nombreux, sont de peu d'étendue. Climat très-chaud; sol excellent et d'une grande fertilité. Canne à sucre, tabac, maïs, millet, vigne, caféier, cotonnier, cocotier, bananier, cassier, cacaotier, indigotier, arbre à pain, oranger, palmier, chêne, sapin. Vastes forêts. Les richesses minérales sont très-peu connues; mines de cuivre exploitées par des compagnies américaines et anglaises; mine d'argent, houille, carrières de marbre et de jaspe. Exportation de sucre, rhum, café, cire, tabac, etc. Élève important d'abeilles. Industrie peu développée. Cuba formé, avec les Antilles espagnoles qui en dépendent, un gouvernement dont le chef-lieu est à la Havane. Cette île est le siége d'une capitainerie générale et est divisée administrativement et judiciairement en 3 départements: le départ. occidental, ch.-l. la Havane; le départ. du centre, ch.-l. Puerto-Principe; le départ. oriental, ch.-l. Santiago-de-Cuba. Le siége de l'archevêché de l'île est à Santiago-de-Cuba, et la Havane est le siége d'un évêché non suffragant. Cuba fut découverte par Christophe Colomb en 1492. Diégo Velasquez fut le premier qui s'y établit (1501), et 10 ans après l'île appartenait à l'Espagne. Les Anglais la ravagèrent de 1760 à 1762, et, en 1763, elle fut rendue à l'Espagne. En 1812, 1844, 1848, elle fut ensanglantée par des révoltes d'esclaves. En 1850 et 1851, le général Lopez, à la tête des corps francs qui voulaient l'enlever à l'Espagne, fut repoussé deux fois, pris et mis à mort.

CUBA (Santiago de). (*Voir* SANTIAGO.)

CUBAGUA, île de Vénézuéla, dans la mer des Antilles. Au XVIe siècle, elle était renommée par sa pêcherie de perles. Sa ville importante, Nouveau-Cadix, disparut à cause de la cessation de la pêche.

CUBE. En géométrie, on appelle ainsi un corps solide régulier, terminé par six faces carrées, égales entre elles et ayant la forme d'un dé à jouer. Le cube sert de terme de comparaison dans l'évaluation de tous les volumes en général. C'est ainsi qu'il y a des pieds, des mètres *cubes*. La forme *cubique* se rencontre fréquemment dans les cristaux.

CUBIÈRES (Simon-Louis-Pierre, marquis DE), écuyer du roi, né en 1747, à Roquemaure (Gard), mort en 1821. Il fut fidèle à Louis XVI, et n'émigra pas. Il voyagea en Italie, et fut même l'un des commissaires désignés par le Directoire pour présider à l'envoi des chefs-d'œuvre de sculpture et de peinture. Il forma un cabinet de minéralogie très-remarquable, et reprit les fonctions d'écuyer calvacadour sous Louis XVIII. Il faisait partie de l'Académie royale des sciences.

CUBIÈRES (Michel, chevalier DE), frère du président, né en 1752, mort en 1820. Ce fut Dorat qui l'initia à la poésie; ses poésies, fort médiocres du reste, sont signées: Dorat-Cubières.

CUBIÈRES (Amédée-Louis DE DESPANS), lieutenant général, fils du marquis de Cubières, né à Paris en 1786, mort en 1853. Il sortit de l'école militaire de Fontainebleau; en 1804, en qualité de sous-lieutenant, et fit avec distinction les campagnes d'Allemagne, de Prusse et de Pologne. Il combattit à Waterloo à la tête du 18e léger, dont il était colonel, et fut grièvement blessé. Laissé sans emploi par le gouvernement de la Restauration, à cause de ses opinions libérales, il ne reprit du service qu'en 1823, lors de l'expédition d'Espagne. En 1832, à Ancône, il commandait les troupes de débarquement, devint lieutenant général, pair de France, et eut deux fois le portefeuille de la guerre (1839-40). C'est à ce ministre qu'est due l'organisation des chasseurs de Vincennes. Mais qui eût pu prévoir qu'une vie si bien remplie devait se terminer par une catastrophe! Le général s'entremit pour obtenir du ministre de la justice, M. Teste, une concession minière à Gouhenans, et lui versa une somme de 100,000 fr. qu'il tenait de MM. Pellapra et Parmentier. L'affaire étant devenue mauvaise, M. Parmentier feignit de croire que la somme n'avait pas été remise au ministre, et en demanda la restitution au général Cubières, qui, pour éviter le scandale, en arriva à des sacrifices; il n'en fut pas de même de M. Teste, qui refusa de rien restituer. M. Parmentier provoqua un procès scandaleux qui mit tout à découvert et amena devant la cour des pairs MM. Teste, le général Cubières, Pellapra et Parmentier. Devant l'évidence, M. Teste cessa de nier, et dès lors la question d'escroquerie fut écartée; mais restait celle de corruption d'un ministre, et, malgré les efforts de son défenseur, M. Baroche, qui le déclarait assez puni par les tortures que son complice, Parmentier, lui avait fait endurer en le menaçant constamment de révélations, le général Cubières fut condamné à 10,000 fr. d'amende et à la dégradation civique. En 1852, il obtint un arrêt de réhabilitation de la cour d'appel de Rouen.

CUBZAC, village de l'arrond. de Bordeaux (Gironde), à 20 kil. de cette ville. Popul. 1,050 hab. Récolte de vins. Nombreuses distilleries. Port sur la Dordogne. Beau pont suspendu très-élevé, sous lequel peuvent passer des vaisseaux tout mâtés. Ruines d'un château du XIIe ou XIIIe siècle, nommé le *Château des quatre fils Aymon*.

CUCURBITE. C'est la partie la plus inférieure de l'alambic, et celle dans laquelle on met les substances que l'on veut distiller. Les cucurbites sont des vaisseaux d'étain, de cuivre ou de verre.

CUDOWA ou KUDOWA, village des États prussiens (Silésie), dans le comté de Glatz. Il possède une source d'eau alcaline ferrugineuse.

CUDREFIN, village de Suisse (Vaud), à 8 kil. de Neuchâtel. Pop. 650 hab. Port sur le lac de Neuchâtel. Ce village fut pris par les confédérés en 1475.

CUELLAR, ville d'Espagne (Vieille-Castille), dans la province de Ségovie, à 46 kil. de cette ville. Pop. 3,000 hab. Culture de la garance.

CUENÇA, ville forte d'Espagne (Nouvelle-Castille), ch.-l. de la prov. de son nom, à 123 kil. de Madrid. Pop. 8,670 hab. Siége d'un évêché suffragant de Tolède; résidence des autorités de la province. Collége, séminaire, belle cathédrale. Fabr. de papiers, lainages, toiles, etc. Récolte de miel, cire. Patrie du jésuite Louis Molina et du peintre Salmeron. Alphonse IX, de Castille, prit cette ville aux Maures en 1177. La province de Cuença, division administrative d'Espagne, est bornée au N. par celle de Guadalaxara; à l'E., de Valence et de Teruel; au S., d'Albacète; au S.-O., de Ciudad-Real; à l'O., de Madrid et de Tolède. Superf. 170 myriam. carr. Pop. 229,959 hab.

CUENÇA (Santa-Anna de), ville de la république de l'Equateur, à 101 kil. de Guyaquil. Pop. 20,000 hab. Siége d'un évêché catholique. Séminaire et collége; couvent de jésuites, le seul beau monument de la ville. Fabr. de cotonnades, chapeaux, confitures estimées, etc. Mines d'argent et de mercure. On remarque aux environs des ruines et des monuments indiens, parmi lesquels on cite la grande chaussée des Incas, la forteresse du Canar. Au S. de la ville se trouve Tarqui, montagne que les astronomes français, Condamine, Godin et Bouguer choisirent, en 1742, pour base du méridien.

CUERS, ch.-l. de cant. de l'arrond. de Toulon (Var), à 22 kil. de cette ville. Pop. 4,300 hab. Récolte de vins, huile, cire.

CUEVAS-DE-BAZA, ville d'Espagne (Andalousie), prov. d'Alméria, à 61 kil. de cette ville. Pop. 9,500 hab.

CUFIQUE ou COUFIQUE (écriture), ancienne écriture arabe, ainsi appelée parce qu'elle fut d'abord en usage à Cufa ou Koufa. Elle se rapproche beaucoup de l'ancienne écriture syriaque.

CUGLIERI, ville de l'île de Sardaigne, à 26 kil. d'Oristano. Pop. 4,100 hab. Récolte d'huile la plus estimée de l'île.

CUL-DE-LAMPE. Ouvrez le premier volume qui vous tombera sous la main, et à la fin d'un livre, d'un chapitre, etc., vous trouverez un *cul-de-lampe*, c'est à dire un petit ornement qui se termine ordinairement en pointe et qui a pour objet de remplir le blanc d'une page, blanc qui serait désagréable à la vue. Peut-être demanderez-vous d'où lui vient ce nom si mal séant. Nous vous dirons que cette dénomination lui vient de sa ressemblance avec le fond de ces grandes lampes en métal que l'on voit suspendues au moyen de trois chaînes, et qui offrent l'apparence d'un cône renversé plus ou moins surchargé d'ornements.

CULÉE. C'est ainsi qu'en termes de construction on appelle chacun des deux massifs de pierres ou de briques qui soutiennent la voûte des dernières arches d'un pont et toute leur poussée.

CUILLER. Ustensile de table connu de tout le monde et dont tout le monde fait chaque jour usage pour manger le potage, les crèmes, etc., etc. Les plus belles cuillers sont en vermeil ou en argent; on en fait aussi depuis longtemps en fer ou en acier, plaquées en argent, en maillechort, etc., etc. L'usage de la cuiller ne date que du commencement du XIVe siècle, s'il faut en croire nos encyclopédistes; mais ce n'est pas l'avis d'un de nos érudits, de M. Léo de Laborde. Suivant lui, les cuillers sont vieilles, non comme le monde, mais assurément autant que la soupe, et les textes les plus anciens sont bien certainement moins anciens qu'elles.

CUIR. C'est ainsi que, dans le langage du peuple, on nomme un vice de langage qui consiste à mettre à la fin des mots un *t* pour une *s* et réciproquement, ou bien à employer à tort l'une de ces deux lettres pour lier les mots entre eux, comme les *quatre-s-officiers* de la chanson de Marlborough, etc. Mais quel rapport peut-il y avoir entre un *cuir* et une faute de langue, entre une peau d'animal préparée par le tanneur et un solécisme ou un barbarisme échappé à l'ignorance d'un impertinent bavard, d'un sot suffisant? Ce n'est pas chose facile à expliquer. Pour peu qu'on veuille rendre compte de cette monstrueuse anomalie, on se perd dans le labyrinthe des hypothèses, et on est presque tenté de s'arrêter à une supposition dont MM. les tanneurs pourraient bien se fâcher. Mais comment croire que, dans cette profession, il y ait moins d'instruction parmi ceux qui l'exercent que parmi d'autres industriels également honorables? Quoi qu'il en soit, après avoir altéré ou dénaturé ainsi la signification primitive du mot *cuir* au profit du persiflage et de la moquerie, on a donné le nom de *cuirassiers* aux gens qui se permettent des licences condamnées par tous les Lhomond de France et de Navarre.

CUIR. Peau d'animal préparée pour résister à la putréfaction. Les peaux fraîchement enlevées s'appellent *cuirs verts*. On les soumet ensuite au tannage à l'aide d'une combinaison qu'on nomme *tanin*. Cette opération a pour effet de donner plus de dureté au cuir en serrant les tissus. On nomme *cuir de Russie* une peau préparée par un procédé qui lui communique une odeur particulière qui éloigne les insectes et les vers. Cette propriété rend ce cuir précieux pour la reliure.

CUIRASSE. Armure qui sert à protéger la poitrine et le dos contre les coups des ennemis. Cette arme défensive nous vient des anciens. Les Perses en faisaient usage, et les Grecs la nommaient *égide*. C'est aux Gaulois qu'on attribue l'usage des cuirasses de fer; car, avant eux, elles étaient en peaux, en tissus divers, en airain, en cornes taillées en lames, en écailles minces. Quant aux Romains, leurs cuirasses étaient faites de cuir cru. Après avoir été abandonnée par les Romains et par les Byzantins, vers 380, la cuirasse fut prise par les Francs vers le commencement de la 2e race. Puis, peu à peu, les chevaliers du moyen âge adoptèrent les cuirasses de métal plein, et, depuis environ 1300, ce mot donne en général l'idée d'une espèce de corset en métal battu et consistant en deux plaques s'ajustant ensemble au moyen de courroies latérales. Aux XIVe et XVe siècles, Milan était renommée pour la fabrication des cuirasses. Sous Louis XIII, l'infanterie quitta la cuirasse pour le justaucorps. En 1733, elle fut reprise jusqu'en 1775, époque à laquelle elle fut de nouveau abandonnée. Elle reparut pendant les guerres de la Révolution, et Bonaparte l'introduisit dans l'armée. C'est aujourd'hui l'arme défensive de la cavalerie de réserve, c'est-à-dire des carabiniers et des cuirassiers. Les premiers l'ont en cuivre, les seconds en acier.

CUIRASSIERS. Les cuirassiers sont des cavaliers armés d'une cuirasse. Ils forment, avec les carabiniers, la grosse cavalerie ou cavalerie de réserve, dans l'armée française. Tous les gens d'armes, au moyen âge, portaient la cuirasse; mais ce ne fut qu'en 1666 que furent formés en France les premiers régiments de cuirassiers proprement dits. Six ans après, ils furent supprimés, à l'exception d'un seul régiment, et ce n'est qu'en 1808 qu'ils ont été réorganisés tels qu'ils sont aujourd'hui. Les régiments de cuirassiers sont au nombre de dix; la partie distinctive de leur uniforme est une cuirasse en acier, un casque à la romaine également en acier, etc.

CUISEAUX, ch.-l. de cant. de l'arrond[t] de Louhans (Saône-et-Loire), à 21 kil. de cette ville. Pop. 1,750 hab. Cette ville était autrefois fortifiée et défendue par 36 tours.

CUISERY, ch.-l. de cant. de l'arrond. de Louhans (Saône-et-Loire), à 21 kil. de cette ville. Pop. 1,730 hab. Ville autrefois fortifiée.

CUISINE. On a dit que l'animal mangeait et que l'homme seul savait manger. Dès lors la cuisine devait être un art, si tant est que l'orgueil de certains génies dans cette spécialité n'en fasse pas une science. Les Orientaux ont appris de bonne heure les trésors qu'on pouvait tirer de la variété et de la succulence des épices. Il ne suffisait pas d'exciter le goût, il fallait que tous les sens à la fois fussent chatouillés agréablement. Le luxe vint en aide à la gourmandise. Les Athéniens avaient trop d'esprit pour ne pas devenir les maîtres de l'art de la cuisine. Leurs banquets étaient des fêtes, et c'était au milieu des repas les plus joyeux et les plus délicats qu'on rendait grâce aux dieux. Les Athéniens étaient causeurs : aussi l'on doutera toujours si la table était une occasion de se réunir pour converser, ou si la conversation n'était qu'un prétexte pour dresser la table. On philosophait ou l'on chantait après boire; les plus jolies courtisanes devenaient parfois les oracles de la sagesse philosophique. On était socratique au début du festin, sceptique après une pointe d'ivresse, et épicurien alors que l'enivrement des sens avait voilé la raison. Platon disait alors qu'il aimait les retraites furtives au milieu des ombres de la nuit, avec les joyeuses prêtresses d'une philosophie peu austère. La cuisine, chez les Grecs, eut de savants maîtres; on cite notamment Archétraste, qui parcourut les pays les plus reculés pour en connaître les produits. Il avait répandu son art dans des contrées jusqu'alors inconnues. Quelques gourmets allaient jusqu'à prétendre que l'influence du nom athénien pouvait se répandre par l'art de ses cuisiniers aussi bien que par la conquête. On citerait, en effet, des diplomates modernes qui ont eu autant de confiance dans l'habileté de leurs cuisiniers que dans leur habileté diplomatique ou dans la force des armes. Nous abandonnons cette observation aux physiologistes. La cuisine romaine fut plus savante et plus grandiose que celle des Grecs; Rome, maîtresse de l'univers, pouvait mettre à contribution les produits de toute la terre. C'est à Athènes que les Romains allaient achever leurs études et se perfectionner dans l'art de bien dire; c'est aussi d'Athènes qu'ils tiraient leurs cuisiniers. Alors que Rome gémissait sous le plus brutal des despotismes, elle trouvait encore des consolations dans la table; il semblait que toute la vie d'un grand peuple se fût réfugiée là. Les empereurs ne s'attendrissaient qu'au moment de se mettre à table; une pointe d'appétit les rendait bienveillants; mais cette heureuse disposition durait peu : l'ivresse faisait bientôt revivre les instincts cruels. Claude, le tyran imbécile, fut un jour spirituel. Il siégeait dans un tribunal, lorsqu'il interrompit tout à coup les avocats : « Oh! mes amis, l'excellente chose que les petits pâtés! Nous en mangerons, n'est-ce pas, à dîner? » La gourmandise éveillait la libéralité. Antoine faisait présent d'une ville à son cuisinier. Il l'avait jugé digne du rôle d'homme d'État. Le luxe et la délicatesse des festins de Rome éveilla cependant l'appétit des Barbares; mais, insatiables de jouissances, ils éventrèrent la poule aux œufs d'or. La décadence des sciences et des arts amena celle de la cuisine. « Ces incursions consécutives pendant des siècles, dit Carême, établissent, de fait, une nuit profonde : lorsqu'il n'y a plus de cuisine dans le monde, il n'y a plus de lettres, d'intelligence élevée et rapide, d'inspirations, de relations liantes; *il n'y a plus d'unité sociale*. » Toutefois, les moines recueillirent les fragments des grands auteurs de l'antiquité; ils recueillirent quelques recettes, et, tout en reconstituant les monuments de l'esprit humain, ils reconstituèrent et réhabilitèrent la bonne cuisine. On ne dînait que chez les moines. L'époque de la restauration des lettres et des arts en Italie coïncide avec le développement de l'art des cuisiniers. Les croisades firent connaître les épices de l'Orient. Qu'on conteste après cela leurs résultats politiques! Nos pères pratiquèrent le culte de la cuisine; mais ils s'y entendaient mal : ils buvaient trop! Les souverains eurent le tort d'intervenir parfois pour réprimer le luxe de la table. Ils ne soupçonnaient pas que les lois somptuaires sont les plus tyranniques. Un peuple consent bien à faire le sacrifice de sa liberté, pourvu qu'on ne touche pas à sa table. « Voulez-vous faire soulever un peuple, disait un diplomate, serrez-lui le ventre. » Pourquoi Henri IV fut-il, de tous les rois de France, le plus justement populaire, c'est qu'il voulait que chaque paysan pût mettre la poule au pot le dimanche. La véritable cuisine française date de la Régence. Personne n'ignore que c'est de cette époque que date aussi le développement des idées révolutionnaires. Est-ce parce que le bon régent prépara cette double révolution que certains esprits ont dit de lui *qu'il avait tout gâté en France?* Quoi qu'il en soit, de nos jours la cuisine brille d'un éclat qui fait croire que ses succès seront difficilement dépassés. On a codifié dans un recueil immortel les traditions des Talleyrand et des Brillat-Savarin.

CUISINIER. C'est celui qui préside aux choses de la cuisine, et, à ce titre, il est notre premier médecin. Une bonne définition de la cuisine suffit pour faire comprendre tout le mérite du cuisinier. Il y a lieu de s'étonner que l'antiquité ne lui ait pas donné une origine divine et n'en ait pas fait un fils de Prométhée qui déroba le feu au ciel. Que de gens ne sont en honneur qu'à cause du talent de leur cuisinier. « Dis-moi ce que tu manges, a dit un grand homme, je te dirai qui tu es. »

CUISSARDS. Portion d'armure dont l'usage fut admis en 1300, pour remplacer les *chausses de mailles*. Les cuissards formaient le prolongement de la cuirasse. L'usage en cessa sous Henri III.

CUISSON. C'est l'action de cuire ou de faire cuire. Quoi de plus simple en apparence? Tout le monde cuit : le cuisinier, la ménagère, le plâtrier, le confiseur. Mais qu'il s'en faut que la cuisson soit parfaitement connue! Placé entre le chimiste et le physicien, le cuisinier surtout doit approfondir l'art de modifier les aliments par l'action du feu, art inconnu aux anciens. Cet art exige de nos jours des études et des combinaisons savantes. Aujourd'hui que la gastronomie a fait de si grands progrès, le cuisinier européen est celui qui brille surtout dans l'art de cuire. En effet, qu'y a-t-il de plus succulent qu'un gigot cuit à point! Balzac lui-même, le fameux Balzac, ne nous parle-t-il pas avec éloge d'une vieille bonne femme qui n'avait à ses yeux qu'un seul mérite, c'est qu'elle savait faire cuire admirablement un canard aux navets! Et Brillat-Savarin ne nous raconte-t-il pas la maladresse de maître La Planche. « Maître La Planche, dit le professeur avec cet accent grave qui pénètre tous les cœurs, tous ceux qui s'asseyent à ma table vous proclament *potagiste* de première classe, ce qui est fort bien, car le potage est la première consolation de l'estomac besoigneux; mais je vois avec peine que vous n'êtes encore qu'un *friturier* incertain. Je vous entendis hier gémir sur cette sole triomphale que vous nous servîtes pâle, mollasse et décolorée. Tous les convives déplorèrent cet accident à l'égal d'une calamité publique. Ce malheur vous arriva pour avoir négligé la théorie dont vous ne sentez pas toute l'importance. Vous êtes un peu opiniâtre, et j'ai de la peine à vous faire concevoir que les phénomènes qui se passent dans votre laboratoire ne sont autre chose que l'exécution des lois éternelles de la nature, et que certaines choses que vous faites sans attention, et seulement parce que vous les avez vu faire à d'autres, n'en dérivent pas moins des plus hautes abstractions de la science. Ecoutez-donc attentivement, et instruisez-vous pour n'avoir plus désormais à rougir de vos œuvres. Les liquides que vous exposez à l'action du feu ne peuvent pas tous se charger d'une égale quantité de chaleur ; la nature les y a disposés inégalement ; c'est un ordre de choses dont elle s'est réservé le secret, et que nous appelons *capacité de calorique*. Ainsi, vous pourriez tremper impunément votre doigt dans l'esprit-de-vin bouillant, vous le retireriez bien vite de l'eau-de-vie, plus vite encore si c'était de l'eau, et une immersion rapide dans l'huile bouillante vous ferait une blessure cruelle, car l'huile peut s'échauffer au moins trois fois plus que l'eau. Une bonne cuisson fournit au cuisinier bien des moyens pour masquer ce qui a paru la veille, et lui donne au besoin des secours pour des cas imprévus; car il ne faut pas plus de temps pour frire une carpe de 4 livres que pour cuire un œuf à la coque. » Nous abrégeons ces détails sur l'art de cuire, car nous ne voulons pas qu'il en cuise à nos lecteurs d'être forcés de subir une trop longue disquisition. Qu'on ne l'oublie pas, la cuisson est la base d'un bon dîner, et sans cuisson il n'y a pas de bons cuisiniers, et encore moins de bons rôtisseurs. (*Voir* COCTION.)

CUIVRE. Ce métal était employé chez les anciens à raison de sa facilité d'extraction. Il est rouge-brun, d'une saveur et d'une odeur désagréables et même nauséabondes. Il est plus dur que l'or et l'argent, malléable et ductile comme ces métaux, mais à un moindre degré. C'est un excellent alliage pour la composition des objets d'or et d'argent. Il fond à la chaleur rouge, soit à 27 degrés pyrométriques. Il s'oxyde dans l'air humide, et il se forme ainsi à sa surface un sel vénéneux. Cette propriété rend dangereux l'emploi des instruments de cuisine en cuivre qui ne seraient pas soigneusement étamés. Ce métal peut s'allier à tous les métaux, à l'exception du plomb et du fer.

CUJAS (Jacques), célèbre jurisconsulte, né à Toulouse en 1522, mort à Bourges en 1590. C'est en grande partie à ses travaux sur Ulpien, Paul et surtout sur Papinien, que nous devons la reconstitution du droit romain. Après avoir étudié le droit sous Ferrier, il l'enseigna à Cahors, à Bourges, à Valence, à Avignon et à Paris. Marguerite de France, épouse du duc de Savoie, sur le bruit de sa renommée, fit venir Cujas à Turin, où il professa quelque temps et reçut le titre de conseiller du duc. Henri III l'avait pourvu d'une charge au présidial de Bourges. Après l'assassinat de ce roi, le parti de la Ligue essaya de le corrompre pour qu'il écrivît en faveur du cardinal de Bourbon contre Henri IV; on employa même les menaces; mais Cujas refusa noblement: « Ce n'est pas à moi, répondit-il, à corrompre les lois de ma patrie. » Il mourut au milieu de la tourmente, et pourtant sa réputation était telle, que l'on vit un instant s'arrêter toutes les préoccupations pour ne s'occuper que du vide que faisait dans la nation la mort de ce grand jurisconsulte. Une statue lui a été élevée, à Toulouse en 1850.

CULANT, village de l'arrond. de Saint-Amand-Mont-Rond (Cher), à 24 kil. de cette ville. Pop. 1,170 hab. Mines de manganèse. Ruines du château de Croy.

CULIACAN, ville du Mexique, capitale de l'Etat de Cinaloa, à 171 kil. de cette ville. Pop. 11,000 hab. Commerce de transit entre Guaymas et le golfe de Californie.

CULINAIRE (art). On a remarqué que l'homme était essentiellement omnivore, ce qui était caractérisé par son système dentaire : ses incisives et ses molaires broient les graines et les fruits ; ses dents canines déchirent les chairs. Il a été d'abord carnivore et frugivore ; car les légumes n'ont pu entrer dans sa subsistance que dans un état déjà avancé de la civilisation. Dans les premiers temps du monde, il s'est nourri de viande crue. Les anciens Huns n'en usaient pas autrement : après avoir pendant quelque temps placé la viande sous la selle de leurs chevaux, ils la déchiraient à belles dents. On assure que les cavaliers tartares, cosaques et croates, observent encore cette coutume de nos jours. L'homme apprit l'emploi du feu, d'abord pour sécher les viandes, et ensuite pour les cuire. C'était déjà un progrès. On connaît les festins homériques. Le divin poëte nous a tracé, dans toute sa simplicité, l'historique de l'art culinaire chez les premiers Grecs. Les rois ne dédaignaient point de couper et d'embrocher les viandes. Les Orientaux initièrent les Grecs dans l'art de la cuisine. Cadmus, qui introduisit l'écriture en Grèce, avait été cuisinier des rois de Sidon. Les Grecs connurent bientôt les sauces et les coulis ; cependant ils en usèrent peu. Ainsi l'on a reproché à Athènes d'avoir trop abusé du miel, des fleurs et des fruits. Rome connût mieux la grande cuisine. Les vins que les Romains admettaient sur leurs tables avaient l'avantage sur ceux des Grecs. Lucullus et Pompée introduisirent dans les festins un luxe jusqu'alors inconnu. Chaque convive avait ses parfums et ses esclaves. Un héraut proclamait à haute voix la nature et la qualité des mets qu'on servait. Après chaque service, on renouvelait les parfums et les fleurs; la musique se faisait entendre par intervalles. Les poissons et les oiseaux rares étaient servis à profusion. Les cuisiniers avaient trouvé des secrets pour ranimer les appétits. Il s'en fallut de peu que Rome n'accordât les honneurs du triomphe à celui qui découvrait un mets nouveau : le nom d'Apicius devint immortel pour avoir trouvé le moyen de conserver les huîtres fraîches. Rome était le ventre qui absorbait toutes les productions du globe et qui en engloutissait toutes les richesses : elle admettait tous les dieux étrangers, et donnait asile au même titre à tous les grands prêtres de l'art culinaire. Les haines politiques s'apaisaient parfois lorsqu'elles étaient dominées par le sentiment du goût. L'ancienne Carthage avait eu des cuisiniers distingués ; les Romains s'en souvinrent et rebâtirent Carthage. Les questions d'art culinaire étaient, comme on le voit, mêlées à celles d'intérêt politique. Domitien ne fit-il pas assembler le sénat en hâte et au milieu de la nuit pour délibérer sur la manière dont on ferait cuire un magnifique turbot qui venait d'arriver d'Ischia.

Et le turbot fut mis à la sauce piquante.

Avec les Barbares triompha l'orgie sanglante. La chevalerie rétablit l'ordre dans les festins. On servit le faisan aux pattes dorées et le paon à la queue épanouie. Le mouvement ne se ralentit plus. L'art culinaire s'enrichit de la charcuterie, de la pâtisserie, du sucre. Les découvertes de Christophe Colomb firent connaître, outre le sucre, le cacao, la pomme de terre. Le nouveau monde reçut le caféier, et nous renvoya la graine de cet arbuste, après que son sol l'eut imprégné d'une saveur nouvelle. C'est de nos jours surtout que l'art culinaire s'est enrichi de précieuses découvertes. La physique et la chimie sont venues à son secours ; on a découvert divers procédés pour la conservation des aliments; l'horticulture a enrichi nos vergers d'espèces nouvelles; les serres chaudes nous ont donné les produits des tropiques ; de nouveaux légumes ont été acclimatés ; enfin l'industrie vinicole paraît avoir dit son dernier mot.

CULLEN, ville d'Ecosse dans le comté de Banff, à 20 kil. de cette ville. Pop. 2,650 hab. Fabrication de toiles damassées et autres ; bonneterie de fil ; blanchisserie. Petit port dans le golfe de Murray. Cette ville donne le titre de baron à lord Seafield.

CULLEN (William), célèbre médecin, né en Ecosse en 1712, mort en 1790. Il occupa les chaires de chimie et de médecine à l'université de Glascow. Admirateur des doctrines de Boerhaave, il fonda sa physiologie sur l'étude de l'état des puissances motrices de l'organisme. Il fut médecin du roi d'Angleterre en Ecosse.

CULLERA, ville d'Espagne, province de Valence, à 36 kil. de cette ville. Pop. 9,400 hab. Commerce d'exportation et denrées du pays. Port sur la Méditerranée.

CULLERIER (Michel), chirurgien, membre de l'Académie de médecine, né à Angers en 1758, mort en 1827. Se rendit célèbre par ses études sur les maladies syphilitiques.

CULLODEN (champs de), en Ecosse, dans le comté d'Inverness-et-Nairn, à 13 kil. de Nairn et près du village de Croy. Défaite du prétendant Charles-Edouard par le duc de Cumberland, en 1746.

CULM ou KULM, ville de Prusse, dans la province de Prusse, à 63 kil. de Marienwerder. Pop. 5,400 hab. Ecole noble pour 150 cadets, fondée en 1775 par Frédéric II. Siége d'un évêché dont la résidence est à Culmsee. Fabriques de draps et bonneterie. Cette ville fut fondée en 1230 par les chevaliers teutoniques. Elle reçut en 1233 des lettres d'affranchissement du grand maître Hermann de Salza.

CULM, village des Etats autrichiens (Bohême), dans le cercle de Leitmeritz, à 24 kil. de cette ville. Pop. 620 hab. Fabriques de tapis. Victoire des Russes et des Prussiens réunis sur Vandamme, les 29 et 30 août 1813. La défaite éprouvée par ce général fit perdre à Napoléon tous les avantages qu'il avait remportés deux jours auparavant par la bataille de Dresde.

CULMBACH ou KULMBACH, ville de Bavière. (Haute-Franconie), à 19 kil. de Beyreuth. Pop. 4,000 hab. Fabriques de toile, bière, potasse. Cette ville fut détruite par un incendie en 1430. Patrie du graveur Martin Schoen. On trouve aux environs un ancien château de Plassenbourg, aujourd'hui maison de détention.

CULMSEE ou KULMSEE, ville de Prusse, province de Prusse, à 63 kil. de Marienwerder, sur un lac. Pop. 1,600 hab. Résidence de l'évêque de Culm.

CULOTTE. Ce vêtement était connu de nos pères, qui l'appelaient *braie*, *brayette* et *braguette* ; il était même en usage chez les Gaulois, qui lui donnaient la forme d'un caleçon. Pendant longtemps les bas étaient attachés à la culotte; les hauts-de-chausses ne dépassaient pas le dessus du genou ; on les porta même bouffants. Plus d'une fois la tyrannie s'exerça en ce qui concerne la manière de se vêtir. Dans certains pays le port de la culotte devint une question politique. Ainsi la maison de Hanovre, lorsqu'elle s'établit en Angleterre, voulut astreindre les montagnards écossais à porter des culottes, pour faire disparaître l'ancien habillement écossais, qui distinguait leur nationalité. Quelques-uns se soumirent ; et, dans un pays formaliste où les règlements s'exécutent selon la lettre et non selon l'esprit qui les a dictés, ils portèrent leurs culottes au bout d'un bâton. Lors de la guerre de l'indépendance américaine, le parlement anglais discuta sérieusement le bill des culottes. Il s'agissait des milices américaines, dont la simplicité du vêtement offrait une trop grande ressemblance avec celui des écossais. Notre première révolution eut les *sans-culottes*. La culotte était considérée, en effet, comme un insigne monarchique; elle fit place au pantalon. La Restauration essaya de la faire revivre; mais le système politique n'était qu'un replâtrage, et le pantalon triompha.

CULPABILITÉ. Etat de la personne qui a commis un acte réprimé par la loi pénale. La culpabilité est, à un certain point de vue, indépendante de la criminalité d'un fait, car un fait peut être qualifié criminel sans qu'il s'y rencontre l'intention qui constitue la culpabilité, à savoir l'intention; un fait criminel peut aussi être déclaré excusable dans les cas prévus par la loi; il peut s'être produit dans le cas de légitime défense. En matière criminelle, le jury détermine s'il y a culpabilité, c'est-à-dire intention coupable; il répond à cette question par *oui* ou par *non*.

CULROSS, ville d'Ecosse, dans le comté de Perth. Pop. 600 hab. Petit port sur l'estuaire du Forth. Exploitation de houille. Ruines d'une célèbre abbaye de Cisterciens, fondée en 1217, et du château de Macduff, Thanes de Fifes.

CULTE. On appelle ainsi l'ensemble des rites et cérémonies affectés à une religion quelconque. On distingue le culte intérieur du culte extérieur. Le premier doit rester en dehors de toute intervention de la part de l'autorité sociale. La plupart des législateurs ont jugé, au contraire, que l'autorité avait le droit d'intervenir dans les cérémonies du culte extérieur pour veiller au maintien de l'ordre public et des institutions sociales. Le culte intérieur, quelles que soient ses manifestations, est protégé par la liberté de conscience, principe de droit naturel, inviolable et sacré, qui domine les croyances religieuses elles-mêmes. Les gouvernements théocratiques ont pu violer ce grand principe par l'inquisition et par les persécutions; mais ils sont tombés victimes de leurs propres excès. Aujourd'hui l'inquisition n'existe plus qu'à Rome, où l'on considère comme criminels d'Etat ceux qui, par l'inobservation des prescriptions religieuses, mettent la foi romaine en péril. En Russie, en Suède et en Espagne, la liberté de conscience est également foulée aux pieds. Ce principe, proclamé pour la première fois par la loi constitutionnelle de 1789, est universellement respecté. La loi française reconnaît les cultes établis, et autorise même, sous la surveillance de l'autorité, l'établissement de nouveaux cultes. En effet, la liberté des cultes est une conséquence de la liberté de conscience. Depuis 1789, le principe de la liberté a été plusieurs fois compromis, et ce n'est guère qu'en 1830 qu'il a été solennellement proclamé. Il est depuis passé dans les mœurs. Le pays où la liberté de conscience, et par suite la liberté des cultes, est affirmée avec plus de force, c'est la république des Etats-Unis. Là chacun est libre de professer publiquement, et sans surveillance ni garantie de l'autorité, le culte qui lui convient. Aucune religion n'étant officiellement reconnue, les partisans des divers cultes s'administrent comme ils l'entendent, sans avoir droit à aucune subvention de l'Etat. Par suite de cette liberté absolue, les controverses religieuses ne passionnent pas davantage que des questions purement littéraires ou philosophiques; et la persuasion étant la seule arme qui puisse assurer la supériorité à un culte sur les autres, les guerres et même les querelles religieuses sont impossibles dans ce pays, malgré la diversité des religions qui y sont observées.

CULTIVATEUR. Ce mot s'entend de celui qui a pour profession de cultiver la terre. Le cultivateur est propriétaire du sol ou il en est seulement le fermier. Le cultivateur qui s'occupe de la théorie agricole plus encore que d'exploitation est un *agronome*.

CULTORISME. On a donné ce nom en Espagne, au XVIIe siècle, au genre littéraire inauguré par le poëte Gongora. L'Espagne renonça bientôt à ce style extravagant et de mauvais goût qui cachait le vide des pensées sous une forme à la fois emphatique et pointilleuse.

CULTURE. Les propriétaires ont le droit de cultiver leurs terres comme ils l'entendent, sans que l'autorité ait à intervenir dans le mode de culture ou d'exploitation, à moins que l'ordre public n'y soit intéressé. Ainsi le propriétaire de bois ne peut les abattre et mettre le sol en culture sans y être autorisé; il ne peut, dans certaines localités, employer certaines fumures insalubres avant qu'elles ne soient réduites en poudrette. Le cultivateur doit jouir de sa terre sans nuire aux propriétés voisines; ainsi il ne lui serait pas permis de convertir son fonds en rizière ou d'établir un étang, s'il n'y était autorisé par l'administration. La culture du tabac n'est permise que dans certains départements. Une loi de 1791 prescrit aux maires des communes rurales de veiller à l'enlèvement des récoltes des cultivateurs absents ou malades, qui sont hors d'état de le faire eux-mêmes, et dans la nécessité de réclamer ce secours. Les ouvriers sont payés sur la récolte de ces cultivateurs.

Le général Drouot à la bataille de Wagram.

CUMANA, ville forte de Vénézuéla, ch.-l. de la prov. de son nom et du départ. de Maturin, sur la côte S. du golfe de Cariaco et à 299 kil. de Caracas. Pop. 12,000 hab. Rade vaste et sûre. Commerce de mulets, bétail, viandes fumées, poissons, cacao. Cette ville fut fondée en 1523 par Diego Castellon, et fut plusieurs fois détruite par des tremblements de terre.

CUMANIE (Grande), prov. administrative de Hongrie, enclavée dans la partie E. du comitat de Szolnok, ch.-l. Kardzag-uj-Szallas; elle est située à l'O. des districts de Szabolcs, Bihar et Békès, entre la Theiss et le Kolat. Superf. 1,100 kil. carrés. Pop. 65,000 hab. Récolte abondantes de céréales. Elève de gros bétail, chevaux, moutons.

CUMANIE (petite), prov. administrative de Hongrie, enclavée dans le N. et l'E. du comitat de Pesth et s'étendant entre le Danube et la Theiss. Ch.-l. Felegyhasa. Sup. 2,376 kil. carrés. Pop. 800,000 hab. Sol plat, très-fertile en grains, tabac, melons, gros bétail, chevaux et moutons. Exploitation de soude.

CUMANS, dits aussi COMANS. Peuple de la Sarmatie européenne qui tire son nom de la Kouma, affluent de la Mer caspienne. Avant le IIe siècle, ils étaient établis entre le Volga et l'Oural, dans le pays d'où ils avaient chassé les Pétchénègues. Ils se ré-

prenant sa source dans les montagnes de Cumberland (Kentucky), traverse les Etats de Kentucky et Tennessee et se jette dans l'Ohio au-dessus de l'embouchure du Tennessee (Kentucky). Cours 800 kil. environ, navigable sur 500.

CUMBERLAND, ville des Etats-Unis (Rhode-Island), à 10 kil. de Providence. Pop. 5,500 hab. Manufacture importante de coton.

CUMBERLAND (CLIFFORD, comte DE). (*Voir* CLIFFORD.)

CUMBERLAND (Guillaume-Auguste, duc DE), né en 1721, mort en 1765 ; 3e fils de Georges II, roi d'Angleterre, perdit contre le maréchal de Saxe la bataille de Fontenoy (1745); battit le prétendant Charles-Edouard à Culloden (1746); il ne fut pas heureux dans les différents combats qu'il eut à soutenir sur le continent.

CUMIANA (la), ville du royaume d'Italie dans la prov. de Turin, à 13 kil. de Pignerol. Pop. 5,670 hab.

CUMMOCK, village et paroisse d'Ecosse, dans le comté d'Ayr, à 17 kil. de cette ville. Pop. 2,350 hab. Fabriques de tabatières et boîtes dites d'Ecosse.

CUMNOR, paroisse d'Angleterre (comté de Berks), à 23 kil. d'Abington. Pop. 1,300 hab. Ancien château de Cumnor-Place, ayant appartenu au comte de Leicester, favori d'Elisabeth. C'est dans ce château que périt assassiné Amy Robsart.

CUMUL. Certaines constitutions politiques ont défendu le cumul des traitements des fonctionnaires qui exerçaient à la fois plusieurs emplois. Le cumul des pensions n'est pas admis quand la masse des pensions dépasse 700 francs.

L'amiral Dumont-d'Urville conduisant Charles X et la famille royale en Angleterre.

pandirent ensuite au nord de la Mer noire jusqu'au Danube, entre le Dniéper, le Tanaïs, le Volga et l'Iaïk. Au XIIIe siècle, quelques-uns passèrent en Hongrie et se fixèrent dans le pays nommé aujourd'hui Cumanie.

CUMBERLAND, comté du N.-O. de l'Angleterre, sur la mer d'Irlande. Ch.-l. Carlisle. Sup. 389,888 hectares. Pop. 205,300 hab. Pays montagneux dans les parties E. et S.-E. Climat froid et sain. Sol fertile, arrosé par la Derwent, l'Esk et l'Eden, et contenant plusieurs lacs, tels que Derwent-Water, Bassenthwaite, Borrowdale, Buttermere et Ulles-Water. Récolte de froment, orge. Elève de bétail. Exploitation du produit des mines, plombagine, plomb, houille, cuivre, ardoises, pierres à chaux. Forges à Carlisle, Dalston, Seaton. Filatures de coton et fabriques de toiles.

CUMBERLAND (montagnes de), chaîne de montagnes des Etats-Unis (Tennessee et Virginie). Elle sépare le bassin de la rivière de Tennessee de celui de la rivière de Cumberland. Cette chaîne peu élevée et boisée est une ramification de la branche occidentale des Alleghanys.

CUMBERLAND, rivière des Etats-Unis,

CUMBERLAND (Ernest-Auguste DE). (*Voir* ERNEST-AUGUSTE, roi de Hanovre.)

CUMBRAY (Great-), île du golfe de la Clyde dans le comté de Bute (Ecosse), à 3 kil. de la côte. Sup. 6 kil. sur 3. Pop. 1,420 hab. Sol fertile. Pêche active. Fabrique de fil et toiles fortes. A 1 kil. au S. est la petite île Little-Cumbray où se trouve un phare.

CUMES, ancienne ville de Campanie, sur les bords de la Mer tyrrhénienne et au milieu des champs phlégréens. Elle fut fondée vers 1130 av. J.-C., par deux colonies, l'une de la Cumes d'Eolie, l'autre de la Chalcis en Eubée, et donna naissance à Neapolis (Naples). Souvent attaquée par les Etrusques, elle tomba sous la puissance d'Aristodème, puis au pouvoir des Campaniens (419 av. J.-C.), à qui les Romains l'enlevèrent. Cumes passait pour être le séjour d'une sibylle qui vendit à Tarquin les livres dits sibyllins, et qui conduisit Enée aux enfers. Cumes fut détruite par les Napolitains en 1203. Il ne reste plus aujourd'hui de cette ville qu'une muraille en grosses pierres qui formait une partie de la ville. On voyait encore en 1827 les restes d'un célèbre temple d'Apollon.

CUNAXA, ville de l'ancienne Babylonie, à 130 kil. de Babylone, et près de l'Euphrate. Célèbre par la bataille qui s'y livra entre Artaxerce II et son frère Cirus; Artaxerce fut vaincu et Cirus périt dans le combat (401 av. J.-C.).

CUNDINAMARCA, Etat de la Confédération grenadine, borné au N. par le Rio-Meta, à l'E. par le Vénézuéla, au S. par l'Equateur et le Brésil, à l'O. par la Cordillère occidentale. Sup. 2,000 myriam. carrés. Pop. 621,180 hab. Capitale Santa-Fé-de-Bogota. Sol fertile et bien cultivé dans l'O. de cette contrée. Cundinamarca formait avant 1858 un des 5 départements de la république de la Nouvelle-Grenade.

CUNEGONDE (sainte), fille de Sigefroi, comte de Luxembourg, mariée à l'empereur Henri II, elle se consacra à des exercices de piété; devenue veuve en 1024, elle se retira dans un monastère près de Cassel, où elle mourut en 1040.

CUNÉIFORME (écriture). C'est ainsi qu'on a appelé une sorte d'écriture qui paraît avoir été répandue autrefois dans une grande partie de l'Asie. Cette écriture est formée de caractères qui ont la figure d'un coin ou d'un clou, et, mieux encore, d'un fer de flèche. On a trouvé sur les bords de l'Euphrate et du Tibre des inscriptions dans ce genre de caractères, tracées en creux sur des rochers, des tables de marbre ou de pierre, sur des briques et de petits cylindres. Toutes les traditions de l'Orient sont muettes sur l'origine et la valeur de ces caractères, et les travaux remarquables des Grotefend, des Heeren et des Burnouf n'ont pu encore en faciliter la lecture.

CUNETTE. Ce qu'on appelle ainsi, c'est un conduit souterrain, un petit canal large de 6 à 7 mètres, ayant environ 2 mètres de profondeur, et rempli de 1 ou 2 mètres d'eau, que l'on pratique dans le fond d'un fossé de fortification. La cunette, tout en servant à l'écoulement des eaux pluviales, a surtout pour objet de rendre plus difficile à l'ennemi le passage de ce fossé.

CUNIBERT, dit *le Pieux*, roi des Lombards. Son père, Pertharète, l'associa au trône en 678. Il lui succèda vers 686; il eut à combattre Alactier, duc de Trente, qui, pendant un moment, était parvenu à s'emparer de ses Etats. Mort en 700.

CUNLHAT, ch.-l. de cant. de l'arrond. d'Ambert (Puy-de-Dôme), à 20 kil. de cette ville. Pop. 3,435 hab. Fabriques de serges, toiles, etc.

CUNNINGHAM (Alexandre), historien, né vers 1654 à Ettrick, mort vers 1737, fut gouverneur du duc d'Argyle et ministre près la république de Venise. Il a laissé une *Histoire de la Grande-Bretagne* qui est fort estimée.

Cunningham (Allan), poëte écossais, né en 1784 à Blackwood, mort en 1842. D'abord ouvrier maçon, il se livra à la poésie; l'amitié de Walter Scott lui fut d'un grand secours dans sa carrière littéraire; ses poésies se distinguent par leur fraîcheur, et traitent la plupart des légendes écossaises.

CUOCO (Vicento), publiciste italien, né en 1770 à Campomarano (Italie). Joseph Bonaparte, roi de Naples, le nomma membre de la cour de cassation; il devint ministre des finances à l'avénement de Murat. La rentrée des Bourbons brisa sa carrière. Il mourut en 1823, atteint d'aliénation mentale.

CUPAR-ANGUS, bourg d'Ecosse, en partie dans le comté de Perth et dans le comté d'Angus, à 20 kil. de Perth. Pop. 2,050 hab. Fabriques importantes de toiles. Blanchisseries. Ruines d'une riche abbaye de Cisterciens, fondée en 1164.

CUPAR-FIFE, ville d'Ecosse, ch.-l. du comté de Fife, à 48 kil. d'Edimbourg. Pop. 4,300 hab. Fabriques importantes de toiles fortes, de cuirs; brosseries, tuileries, briqueteries. Prison du comté. Cette ville eut un château fort qui appartint à la famille des Macduff, comtes de Fife.

CUPIDITÉ, soif insatiable de posséder qui nous porte à dédaigner ce qui nous honore pour nous faire courir après un sordide intérêt. On regarde la cupidité comme un vaste bazar, où chacun, par un moyen quelconque, s'enrichit et palpe le plus d'argent possible pour se procurer toutes les jouissances du luxe.

CUPIDON, ou Éros, dieu de l'amour. Hésiode le fait fils du Chaos et de la Terre, indiquant ingénieusement par cette fiction que c'est par la loi de la génération que toutes les choses ont été produites; Simonide le fait fils de Mars et de Vénus; Sapho du Ciel et de Vénus, Sénèque de Vénus et de Vulcain. Les Grecs distinguaient Cupidon de l'Amour, le premier s'appelait *Imeros*, *Cupido*; le second *Eros*, *Amor*. Le premier, violent et emporté, le second doux et modéré. Cicéron écrit que l'Amour était fils de Jupiter et de Vénus, Cupidon de la Nuit et de l'Erèbe. Tous les deux faisaient partie de la cour de Vénus. Jupiter voulut un jour proscrire l'Amour, pressentant les maux qu'il causerait à l'humanité. Vénus le cacha dans les bois, où il suça le lait des bêtes fauves. L'Amour fabriqua alors un arc et des flèches, avec lesquelles il fit de profondes blessures. Il porte une torche pour embraser les cœurs, une rose pour indiquer le plaisir qu'il procure, et il conduit un char attelé de lions et de panthères qu'il dirige à son gré. On le représente avec un bandeau sur les yeux, sous la figure d'un enfant nu, pour indiquer qu'on ne voit jamais les défauts de celle qu'on aime.

CUQ-TOULZA, ch.-l. de cant. de l'arrond. de Lavaur (Tarn), à 20 kil. de cette ville. Pop. 1,200 hab.

CURAÇAO, île des Antilles hollandaises, près de la côte de Vénézuéla. Ch.-l. Wilhelmstadt. Sup. 68 kil. sur 22. Pop. 19,670 hab. Sol montagneux et stérile en certains endroits. Récolte de sucre; tabac, indigo, oranges, citrons, etc. Les Espagnols prirent possession de cette île en 1527; elle leur fut enlevée par les Hollandais en 1634. Les Anglais s'en emparèrent en 1798 et en 1807; elle fut restituée à la Hollande en 1814.

CURATEUR ou **Procurateur des aliments**, magistrat des colonies romaines qui jouissaient du droit de cité. Ces colonies étant admises, ainsi que Rome, aux distributions gratuites du blé qui étaient faites aux citoyens, le curateur était chargé d'en faire la distribution.

Curateur, Curatelle. On donne le nom de curateur à la personne qui a été chargée, soit par la justice, soit par un conseil de famille, d'obéir aux intérêts d'autres personnes qui ne peuvent y veiller elles-mêmes: le curateur diffère du tuteur en ce sens qu'il est chargé seulement de l'administration des biens, tandis que le second est aussi chargé de la direction et de l'éducation de l'incapable. Un curateur est donné au mineur émancipé, à l'absent, à l'aliéné. On nomme aussi *un curateur au ventre* à l'enfant qui n'est que conçu et dont une femme est enceinte à la mort de son mari. En effet, cet enfant peut être habile à hériter, en vertu de ce principe de jurisprudence, que l'enfant conçu est considéré comme né toutes les fois qu'il s'agit de ses intérêts.

CURE, rivière de France, prend sa source sur les limites du département de Saône-et-Loire et de la Nièvre, près de Château-Chinon, et se jette dans l'Yonne près de Crevant. Cours, 100 kil.

Cure, Curé. On appelle ainsi les ministres de la religion chargés de l'administration de certaines circonscriptions appelées cures ou paroisses. Le curé préside aux cérémonies du culte et à l'enseignement religieux, sous la surveillance de l'évêque, son supérieur immédiat. Avant la Révolution, les curés n'étaient pas subventionnés par l'Etat; ils subsistaient du casuel et du produit des dîmes. Rien de plus triste que la condition des malheureux cultivateurs réduits à disputer à leur curé quelques gerbes de blé. L'Assemblée constituante supprima la dîme. Le concordat rétablit les curés et les divisa en deux classes. La première comprend les curés dans les villes de 5,000 âmes et au-dessus et dans les chefs-lieux de préfecture; la seconde, les curés des communes dont la population est inférieure à ce chiffre. Les curés sont inamovibles; ils sont nommés par les évêques avec l'approbation du gouvernement. Leur situation a cela d'avantageux, qu'ils ne peuvent être destitués que suivant les formes canoniques et par une sentence qui doit, pour être exécutée, recevoir la sanction du souverain. La condition des humbles desservants, qu'on a compris sous la dénomination générale de curés de campagne, est beaucoup moins heureuse; ils sont sous la dépendance immédiate de leur évêque, qui peut les révoquer à volonté. En dehors du clergé, cette situation a été diversement appréciée. Cependant aucune réclamation sur cette inégalité n'a pu s'élever de la part des desservants, en raison même de la soumission qui leur est imposée. Les curés reçoivent les actes de baptême, de mariage et de décès des catholiques; toutefois leurs registres n'ont aucune sanction légale. Il leur est même défendu, sous peine d'amende, de donner la bénédiction nuptiale aux futurs époux qui ne justifieraient pas de la célébration préalable du mariage devant l'officier de l'état civil.

CURÉE. Se dit, en termes de vénerie, du repas que l'on fait faire aux chiens après une partie de chasse. On dit familièrement d'une personne qu'elle est âpre à la curée quand elle se montre avide de gain.

Curée (Jean-François), conventionnel, puis membre du conseil des Cinq-Cents, né en 1755, mort en 1835. Ce fut lui qui proposa, après le 18 brumaire, de rétablir la monarchie en faveur de Napoléon Ier. Il entra au tribunat et devint plus tard sénateur et comte de l'empire.

CURÈTES, peuple originaire de Phrygie, qui vint civiliser et défricher l'île de Crète. On leur attribue l'art de forger et de fondre le fer. On a supposé qu'ils étaient enfants de la Terre et du Ciel, parce qu'ils introduisirent en Crète le culte de ces divinités. On institua en leur honneur des mystères à peu près semblables à ceux de Samothrace et d'Eleucis.

CURIACES. (*Voir* Horaces.)

CURIAL, citoyen de première classe dans les villes et municipes de l'empire romain. On comprenait dans la curie tous les citoyens possédant 25 jugaires ou arpents de terre. C'était parmi eux qu'on choisissait les fonctionnaires. Les charges qui leur étaient imposées devinrent si lourdes, surtout en raison de la responsabilité du payement intégral de l'impôt, que les citoyens qui en faisaient partie cherchaient à se soustraire à des honneurs qui entraînaient de telles obligations, en entrant dans l'armée ou dans le clergé. On en vit même prendre la fuite et se résigner à la condition la plus misérable. On les contraignait à revenir, et, en cas de refus, ils étaient condamnés à une amende de trente livres d'argent.

Curial (Philibert-Jean-Baptiste-Joseph, comte), général français, né en 1774 en Savoie. Il se distingua dans la plupart des campagnes d'Allemagne. En 1813, il commandait les douze bataillons de la jeune garde. Louis XVIII le créa pair de France, et quoiqu'ayant combattu à Waterloo, le roi lui conserva ses dignités à son retour de Gand. Il fit partie de l'expédition d'Espagne, et mourut, en 1829, des suites d'une chute de cheval qu'il fit au sacre de Charles X.

CURIATE (loi). C'était la loi qui était soumise à la sanction du peuple assemblé par curies. On institua plus tard, sous Servius Tullius, les comices par centuries. Les patriciens avaient l'avantage sur les plébéiens dans les comices par curies.

CURICO, ville du Chili, ch.-l. de la prov. de Colchagua, à 158 kil. de Santiago. Pop. 2,000 hab. Riches mines d'or.

CURIE, l'une des divisions du peuple romain, instituée lors de la fondation de Rome. Chacune des trois tribus était divisée en 10 curies. — Sous les empereurs romains, on donna le nom de curie à la classe des *curiales*, qui étaient à la tête des municipalités.

Curies (comices par). C'étaient les assemblées du peuple romain, divisé par curies.

Curie des Saliens sur le mont Palatin. C'est là que s'assemblaient les prêtres saliens.

Curies, nom donné par les Romains aux édifices publics, soit civils, soit religieux. Le peuple ne pouvait s'assembler dans ces édifices que lorsqu'ils avaient été consacrés par les augures. On y célébrait des fêtes et des sacrifices. A l'origine, il n'y en eut que 30; par suite de l'accroissement de la population, on en établit 30 autres.

Curies sénatoriales, édifices particulièrement consacrés aux assemblées du sénat romain. Il y en avait 3: la curie Hostilia, instituée par le roi Tullus Hostilius; la curie Pompeia, où César fut assassiné; et la curie Octavia, où l'empereur Auguste établit sa cour.

Curie, espèce de sénat à l'image de celui de Rome, institué, sous les empereurs romains, dans les villes et municipes; il était chargé du gouvernement des villes; il avait aussi pour attributions la répartition et la levée de l'impôt. La curie se composait le plus souvent de 30 membres. (*Voir* Curial.)

Curie. Nom par lequel on désigne, en Allemagne, l'autorité judiciaire.

Curie, nom affecté aux tribunaux pontificaux et aux diverses administrations publiques, qui sont administrées par des fonctionnaires ecclésiatisques.

CURION (C. Scribonius), tribun du peuple (43 ans av. J.-C.); il suivit d'abord le parti de Pompée et passa ensuite dans le camp de César, chassa Caton de la Sicile et alla en Afrique combattre un lieutenant de Pompée; il trouva la mort dans un combat, en 48.

Curions. On appelait aussi, dans les premiers temps de Rome, les prêtres placés à la tête des tribus romaines. Ils présidaient aux sacrifices, et chacun d'eux exerçait une surveillance sur les habitants de son quartier. Il y avait un curion à la tête de chaque curie. Ils étaient tous subordonnés au *grand Curion.*

Curion (grand), chef des curions des diverses tribus romaines. Il était élu dans les comices par tribu.

CURIOSITÉ. C'est une qualité, puisqu'elle nous conduit à l'instruction; mais elle devient un vice quand on en abuse pour surprendre des paroles, des confidences qui ne nous sont pas adressées.

Curiosités. Ce mot désigne tout ce qu'il y a de rare et de singulier dans la science ou dans les arts. De tout temps, les objets de curiosité ont été recherchés. Leur valeur est proportionnée à la grandeur du souvenir qu'ils rappellent. Du temps de Lucien, un particulier paya jusqu'à 3,000 drachmes la lampe de terre qui servit à Epictète. On connaît la manière grotesque dont Scarron énumère les reliques de Troie:

> La béquille de Priamus,
> Le livre de ses *oremus*;
> Un almanach fait par Cassandre,
> Où l'on ne pouvait rien comprendre.

Il faut convenir que ce culte pour les restes du passé ne peut qu'être loué. Quel plus bel hommage à rendre au génie humain que de conserver avec soin tout ce qui nous rappelle, soit un philosophe, comme la canne de Voltaire, soit un satirique, comme la robe du joyeux curé de Meudon. Dans la littérature, quelle satisfaction pour celui qui découvre tout à coup soit quelques fabliaux du bon vieux temps, soit quelque page inédite d'un auteur en renom! Les curiosités artistiques offrent aussi d'agréables recherches à nos antiquaires. Celui qui a fait une belle collection d'émaux, de porcelaines, d'armes, de coquillages, de pierreries, de costumes des divers peuples, serre ses découvertes avec autant de soin que l'avare qui dort sur ses lingots. Le commerce de curiosités, qui était passé de mode depuis 10 ans, reprend un nouveau développement. Dans plusieurs de nos villes, on remarque des cabinets de curiosités.

CURIUS DENTATUS (Manius), Romain célèbre par son désintéressement et par les services qu'il rendit à sa patrie. Il fut nommé trois fois consul et soumit les Samnites, en 290 av. J.-C. On raconte que les Samnites, étant venus pour le séduire en lui offrant de l'or, ils le trouvèrent mangeant des racines dans un vase de bois; sur la remarque qu'ils en firent, il répondit qu'il aimait mieux commander à ceux qui avaient de l'or, que d'en avoir lui-même. Il battit ensuite les Sabins, les Ombriens, Pyrrhus à Bénévent, en 276 av. J.-C., et les Lucaniens. Dans le partage des terres, il ne voulut accepter que 7 arpents, comme le plus simple soldat, et employa sa part du butin à faire venir à Rome les eaux du lac Vesinus. Curius jouit deux fois des honneurs du triomphe et mourut revêtu de la dignité de censeur.

CURTIUS (Marcus). Tite-Live rapporte que vers l'an 390 de Rome (362 av. J.-C.); un gouffre énorme s'était ouvert sur la place du Forum, à Rome, et que, malgré les monceaux de terre qu'on y jetait, rien ne pouvait le combler. L'oracle, consulté, répondit que ce gouffre ne serait comblé que lorsque Rome y aurait jeté ce qui faisait sa force. Curtius Marcus, jeune patricien romain, qui s'était distingué dans différentes guerres, monta sur un cheval richement caparaçonné et se précipita dans le gouffre, disant que ce qui faisait la force de Rome, c'était le dévouement de ses citoyens.

CURULES (dignités). Les magistratures curules, c'est-à-dire qui donnaient le droit de s'asseoir sur la chaise curule, étaient: la dictature, le consulat, la censure, la préture et l'édilité.

Curule (chaise), siége des principaux magistrats romains, et insigne de leur autorité. Il était en ivoire, sans bras ni dossier, et avait la forme d'un pliant.

CUSA (Nicolas de), cardinal, né à Cusa (Moselle) en 1414, mort en 1464. Homme d'un grand savoir, il entra dans les ordres et se distingua dans l'œuvre de la prédication. Il fit partie du concile de Bâle, et demanda une réforme, non-seulement dans l'Eglise, mais encore dans l'empire germanique. Il fut évêque de Brixen, dans le Tyrol, et fut chargé par le pape de diverses fonctions importantes. On lui doit la *Concordance catholique*, ouvrage qui a toujours servi à ceux qui ont voulu s'occuper de réformer l'Eglise.

CUSSET, ch.-l. de cant. de l'arrond. de la Palisse (Allier), à 22 kil. de cette ville. Pop. 5,130 hab. Tribunal de 1re instance. Fabriques de couvertures de laines, de ganses, de cordes, de produits chimiques, et vases à cols étroits destinés à rafraîchir l'eau. Tanneries, mégisseries. Ruines des fortifications élevées par Louis XI, et qui faisaient de cette ville l'une des plus fortes places de l'Auvergne.

CUSSY-LA-COLONNE, village du départ. de la Côte-d'Or, à 16 kil. de Beaune. Pop. 250 hab. Il doit son nom à une colonne antique érigée, dit-on, où César défit les Helvètes, l'an 695 de Rome (58 ans av. J.-C.).

CUSTINE (Adam-Philippe, comte de), né à Metz en 1740. Il se distingua dans la guerre d'Amérique, sous les ordres de Rochambeau, et, en récompense de sa belle conduite, fut nommé maréchal de camp et commandant de Toulon. Il fit partie des Etats généraux et vota avec le tiers état. En 1792, il fut envoyé à l'armée du Rhin avec le grade de lieutenant général; il s'illustra par la défense de Landau. Il remplaça Luckner à l'armée du Rhin; mais Custine n'était pas fait pour commander en chef. Après être entré en Allemagne jusqu'au delà de Francfort, il fut forcé de rétrograder, et ne put empêcher l'armée prussienne de franchir le Rhin. On demanda qu'il fût décrété d'accusation; mais la Convention déclara que le général Custine n'avait pas perdu sa confiance. Il fut envoyé à l'armée du Nord, mais il en fut rappelé par un ordre du comité de salut public. Traduit devant le tribunal révolutionnaire, il fut condamné à mort et exécuté le 28 août 1793.

CUSTODE, nom affecté, dans le langage ecclésiastique, au supérieur de certains ordres religieux. Ce mot s'entend aussi du ciboire où l'on garde les hosties consacrées, du pavillon qui couvre le ciboire, et enfin des rideaux qui ornent le grand autel.

CUSTOZZA, village des Etats autrichiens (Vénétie), dans la délégation de Vérone, à 3 kil. de cette ville. Le roi de Sardaigne, Charles-Albert, y fut défait par le maréchal autrichien Radetzki, les 23-25 juillet 1848.

CUSTRIN ou Kustrin, ville forte des Etats prussiens (Brandebourg), à 28 kil. de Francfort. Pop. 3,000 hab. Beau château, magasins à grains. Navigation fluviale des plus actives. Cette ville fut bombardée par les Russes en 1760, et occupée par les Français de 1806 à 1814.

CUTTER, navire de forme légère, avec de larges voiles. Ces navires ont une grande rapidité. Ils n'ont ordinairement qu'un seul mât, un peu incliné sur l'arrière. Le cutter, étant extrêmement ras sur l'eau, donne peu de prise au boulet.

CUVE, vase d'une certaine grandeur, en bois, en métal ou même en terre. On s'en sert pour la fermentation ou la distillation des liquides.

CUVÉLIER DE TRYE (Joseph-Guillaume-Antoine), auteur dramatique, né à Boulogne-sur-Mer en 1766, mort en 1824. Il a donné au théâtre un grand nombre de pièces populaires qui obtinrent un grand succès. Il excellait dans le mélodrame, et fut dans ce genre le rival de Pixérécourt. Ses principales pièces sont: *Jean Sbogar*, la *Main de fer ou l'Epouse criminelle*, la *Fille mendiante*, etc.

CUVERT, terme de mépris par lequel on désignait, au moyen âge, le serf descendu au dernier degré de l'abjection et de la misère.

CUVETTE, petit vase en faïence ou en métal, d'une forme ronde ou ovale. On l'emploie généralement pour les usages domestiques.

CUVIER (Georges-Léopold-Chrétien-Frédéric-Dagobert, baron), célèbre naturaliste, né à Montbéliard le 23 août 1769, mort à Paris le 13 mai 1832; son père était officier dans un régiment suisse au service de la France. La protection de la belle-sœur du duc de Wurtemberg lui fit obtenir une bourse à l'Académie Caroline de Stuttgard, où il se familiarisa avec la langue allemande; il étudia également le droit administratif. Chargé d'une éducation particulière, en Normandie, près de Fécamp, le voisinage de la mer fut pour Cuvier une révélation, et c'est à partir de cette époque qu'il se livra à l'étude de l'histoire naturelle, et commença un herbier avec une classification qui lui était propre; en 1792, il envoyait des mémoires à la Société d'histoire naturelle de Paris. Un savant agronome, M. Teissier, qui l'avait visité dans sa retraite et l'encourageait dans ses études, le mit en rapport avec plusieurs savants, et entre autres avec Geoffroy Saint-Hilaire, qui le fit venir à Paris en 1794. Lors de la réorganisation du Muséum, Cuvier fut chargé du cours d'anatomie comparée. C'est de ce moment que commence la grande réputation de Cuvier. Le système de ce savant, quoiqu'il ait été beaucoup contesté, a amené un grand nombre de découvertes. «Tout être organisé, dit Cuvier, forme un ensemble, un système unique et clos, dont les parties se correspondent mutuellement et concourent à la même action définitive par une réaction réciproque. Aucune de ces parties ne peut changer sans que les autres changent aussi, et, par conséquent, chacune d'elles, prise séparément, indique et donne toutes les autres.» Ainsi, d'après son système de la corrélation des formes, « celui qui posséderait rationnellement les lois de l'économie organique pourrait refaire tout l'animal en commençant par l'un des organes. » Ces *leçons d'anatomie comparée* obtinrent le grand prix décennal en 1810; de 1821 à 1824, il publia ses *Recherches sur les ossements fossiles*, précédées d'un *Discours sur les révolutions du globe*, 7 vol. in-4°. Cuvier succéda à Daubenton au Collège de France; il devint inspecteur des études, conseiller, et plus tard chancelier de l'Université; son passage dans l'instruction publique eut pour but de développer l'étude des sciences. Cuvier joua également un rôle politique sous la Restauration, qui le nomma conseiller d'Etat; il attacha malheureusement son nom à des lois impopulaires, et si, par suite de son passage aux affaires, la politique gagna peu, la science y perdit beaucoup; car, bon nombre de ses ouvrages ne purent être terminés, entre autres son *Anatomie comparée*, pour laquelle il avait réuni d'immenses matériaux. Cuvier appartenait à toutes les académies savantes du monde; il était membre de l'Académie française, de celle des sciences, dont il était secrétaire perpétuel, et de l'Académie des inscriptions et belles-lettres. A sa mort, sa veuve reçut une pension à titre de récompense nationale, et sa bibliothèque et ses collections furent acquises par l'Etat. M. Flourens a donné dans un volume l'historique des travaux de G. Cuvier, et c'est à ce document que nous renverrons ceux de nos lecteurs qui désireraient connaître la liste des nombreux ouvrages dus à ce savant, qui fût une des plus belles gloires de la France scientifique.

CUVIER (Frédéric), frère du précédent, né à Montbéliard en 1773, mort à Strasbourg en 1838. Il fut directeur de la ménagerie du Jardin des plantes et inspecteur général des études. On lui doit l'*Histoire naturelle des Mammifères*, 70 vol. in-folio, qu'il a publiée en collaboration avec Geoffroy Saint-Hilaire. Cet ouvrage, un des plus importants qui aient été publiés, est écrit dans un style élégant et fait le plus grand honneur à leurs auteurs, tant au point de vue scientifique qu'au point de vue littéraire. F. Cuvier était membre de l'Institut.

CUXHAVEN, bourg du territoire de Hambourg, à 90 kil. de Hambourg. Pop. 950 hab. Port à l'embouchure de l'Elbe dans la mer du Nord. Navigation et pêche très-importante.

CUYABA, ville du Brésil, ch.-l. de la province de Matto-Grosso, à 286 kil. de Villa-Bella. Pop. 18,000 hab. Siége d'un évêché. Riches mines d'or et de sel aux environs.

CUYP (Albert), peintre hollandais, né à Dordrecht en 1605, mort vers 1683. Ses tableaux furent peu prisés de son vivant, et il fut obligé de se faire brasseur pour vivre. Le Musée du Louvre possède six tableaux de ce peintre.

CUZCO ou CUSCO, ville du Pérou, à 651 kil de Lima. Pop. 40,000 hab. Siége d'un évêché catholique. Université fondée en 1692; collége. Belle cathédrale, couvents. Ancien temple du Soleil, occupé aujourd'hui par un couvent de Dominicains. Ruines d'une forteresse bâtie par les Incas. Son industrie consiste en objets d'art, ouvrages de broderie, galons d'or et d'argent; draps, cuirs. Cuzco fut prise par Pizarre en 1554. Le départ. de Cuzco est borné au N. par celui d'Ayacucho, au S. de Passo, à l'E. la Bolivie, à l'O. d'Arequipa. Pop. 362,800 hab.

CYAMITES, Athéniens auxquels les Grecs attribuaient l'introduction de la culture des fèves. Ils avaient un temple près d'Eleusis.

CYANATE, sel produit par la combinaison de l'acide cyanique avec une base. Ce composé est sans usage.

CYANHYDRIQUE (acide), appelé *acide prussique*, composé d'hydrogène et de cyanogène. Il se présente sous forme d'un liquide incolore d'une odeur forte; il est extrêmement volatil, et se congèle de lui-même par l'évaporation. Il a été découvert, en 1780, par Scheele.

CYANIQUE (acide), combinaison du cyanogène avec l'oxygène.

CYANOGÈNE, composé d'azote et de carbone. C'est un gaz incolore d'une odeur vive, impropre à la respiration et à la combustion. Si on l'enflamme, l'azote se dégage par la combustion, et le carbone se transforme en acide carbonique. Ce gaz a été découvert, en 1815, par Gay-Lussac.

CYANURE, combinaison de cyanogène avec un corps simple autre que l'oxygène. Sérullas a découvert cet acide en soumettant l'acide urique à une distillation sèche.

CYATHE, petit vase que les anciens employaient dans les festins. Il était ainsi appelé en mémoire de Cyathus, échanson d'Œneus. Dans un festin, Cyathus ayant offert à Hercule de l'eau pour une ablution, lui répandit l'eau sur les pieds. Hercule l'ayant repoussé du bout du doigt, ce coup suffit pour lui ôter la vie.

CYAXARE Ier, roi des Mèdes et des Perses (655-595 av. J.-C.), fils et successeur de Phraorte, chassa les Assyriens, qui avaient envahi ses Etats; il ruina et détruisit Ninive (625), et étendit les limites de son empire jusqu'à l'Halys. Astyage, son fils, lui succéda.

CYAXARE II, fils d'Astyage (560 à 536 av. J.-C.) Il confia le commandement de ses armées à Cyrus, son neveu, qui remporta de grands avantages sur ses ennemis et lui succéda.

CYBÈLE ou VESTA, femme de Saturne et fille du Ciel et de la Terre. Elle fut exposée dans une forêt, où les bêtes fauves prirent soin de la nourrir. Elle aima tendrement un jeune berger phrygien, nommé Atys; celui-ci l'ayant dédaignée, elle se vengea en le changeant en pin. On la représente avec une tour sur la tête, une clef et un disque à la main, couverte d'un habit vert semé de fleurs; tantôt elle est assise sur un char traîné par quatre lions, tantôt elle est entourée d'animaux sauvages. Plusieurs de ses prêtres se faisaient eunuques pour imiter Atys, à qui Cybèle infligea une mutilation de cette nature. Les Romains ne connurent le culte de Cybèle qu'au temps d'Annibal, et ils l'adorèrent comme la déesse de la terre. Sur un avis de l'oracle de Delphes, des députés romains furent envoyés à Attale, roi de Pergame, pour lui demander une pierre qui avait été conservée en Phrygie, et que les Asiatiques disaient être la mère des dieux. On la porta à Rome en grande pompe, et on la plaça dans le temple de la Victoire, sur le mont Palatin.

CYBO (Arano ou Aaron), Génois, né en 1377, dans l'île de Rhodes, mort à Capoue en 1457. Il conduisit des secours au roi René d'Anjou, en 1440, qui lui donna la vice-royauté de Naples. Alphonse d'Aragon étant venu mettre le siége devant Naples, Cybo fut fait prisonnier; il négocia la paix, et Alphonse le maintint dans sa dignité. Il fut préfet de Rome sous Calixte III. Il laissa plusieurs enfants, dont l'aîné, Jean-Baptiste Cybo, fut plus tard pape sous le nom d'Innocent III.

CYCINNIS, satyre de la suite de Bacchus; il inventa une danse moitié grave, moitié gaie, qui prit son nom.

CYCLADES, groupe d'îles de l'Archipel, au S., dont les plus importantes sont: Andros, Tine, Mycone, Syra, Thermia, Seriphos, Zeæ, Milo, Amorgos, Nio, Anafi, Stampalia, Santorin, Paros, Naxos, Kimoli, Sifanto, Poli, Kandros, Siknos. D'après la Fable, ces îles étaient des nymphes qui furent changées en rochers pour n'avoir pas sacrifié à Neptune. Au VIIe et VIIIe siècle, les Cyclades furent dévastées par les pirates sarrasins. Après la 4e croisade, elles formèrent un duché qui dura jusqu'au XVIe siècle. Ces îles forment aujourd'hui une nomachie du royaume de Grèce. Pop. 142,960 hab.

CYCLADES. (grandes) (*Voir* HÉBRIDES) (Nouvelles).

CYCLE, mot qui, en grec, signifie cercle. Il s'emploie pour indiquer une période de temps au bout de laquelle s'accomplissent certains phénomènes astronomiques; ainsi l'année constitue un cycle. L'objet du cycle est d'éviter, pour l'indication d'une année, les fractions d'heures et de minutes indiquées exactement par l'astronomie, mais qui auraient été un embarras dans l'application vulgaire. Ces erreurs sont corrigées dans le calendrier grégorien, par une intercalation séculaire. (*Voir* CALENDRIER GRÉGORIEN.)

CYCLIQUES (poëtes). On donne ce nom à ceux qui, à l'exemple d'Homère, ont raconté les événements qui ont précédé ou suivi la guerre de Troie, les fables de la mythologie, les généalogies des dieux, l'expédition des Argonautes, les exploits d'Hercule ou les combats des Titans et des Géants. On distingue le cycle mythique, qui se rapporte à l'histoire des dieux, et le cycle troyen, qui se rapporte à la guerre de Troie. Parmi les principaux poëtes cycliques, on cite Cléophile, de Samos, Siagrius, contemporain d'Homère, Stasinus, de Chypre, qui chanta les noces de Thétis et de Pélée; Carcinus, qui chanta les héroïnes; Hésiode et plusieurs autres dont nous n'avons que quelques fragments.

CYCLOPÉENS (monuments). Ce sont des constructions gigantesques attribuées aux Cyclopes, originaires de la Sicile, qui se répandirent plus tard en Italie et en Grèce. Pausanias affirmait, deux siècles av. J.-C., avoir vu, en Argolide, les ruines de Mycènes et de Tirynthe, « dont les murs, dit-il, étaient bâtis avec des pierres si énormes, que deux mulets attelés ne pouvaient pas même remuer les plus petites. » On rencontre en Italie des ruines antiques qui attestent des constructions du même caractère. Ce sont d'énormes blocs entassés les uns sur les autres sans ciment. Après l'époque cyclopéenne, qui atteste l'enfance de l'architecture, est venue l'époque pélasgique, qui indique plus d'intelligence dans l'emploi des matériaux, et enfin l'époque hellénique, qui correspond au développement de l'art architectural.

CYCLOPES, géants monstrueux. Ils étaient, selon Hésiode, fils du Ciel et de la Terre; et selon Homère de Neptune et d'Amphitrite. Ils forgeaient dans l'Etna les foudres de Jupiter. Le bruit des éruptions du volcan était produit par les coups que les Cyclopes donnaient sur leurs enclumes. Ils n'avaient qu'un œil au milieu du front, allégorie qui indique la forme du cratère des volcans. La Fable rapporte qu'Esculape ayant été frappé de la foudre, Apollon s'en vengea sur les Cyclopes qui l'avaient fabriquée en les perçant de ses flèches. Parmi les principaux géants, on distinguait Polyphème, Brontès, Stéropès et Pyracmon.

CYCLOPES (îles des), îles de la Trizza, près de Catane. Ces îles sont formées de roches de basalte.

CYCNUS, fils de Neptune et d'une Néréide, allié des Troyens, passait pour être invulnérable. Achille, ne pouvant le percer avec ses armes, se jeta sur lui et allait l'étouffer quand Neptune changea Cycnus en cygne.

CYDNUS, rivière de Cilicie qui se jette dans la Méditerranée, après un cours de 60 kil. Alexandre faillit y perdre la vie en s'y baignant couvert de sueur (333 ans av. J.-C.). Aujourd'hui Kara-Sou.

CYGNE (ordre du), association fondée en Prusse pour assister les malades. Cette fondation appartient à Frédéric II, électeur de

Brandebourg. Le roi de Prusse en est le grand maître.

CYGNES (rivière des). (*Voir* AUSTRALIE OCCIDENTALE.)

CYLINDRE. On appelle ainsi, en technologie, un rouleau mis en mouvement par une manivelle, et dont le frottement produit divers résultats, suivant que ce cylindre est lisse, comme celui qu'on emploie pour lustrer les étoffes, ou qu'il est garni de cardes ou de dents de fer pour peigner le crin, la laine, etc. On emploie pour les orgues de Barbarie des cylindres notés.

CYLINDRE, montagne de la chaîne des Pyrénées, qui a environ 3,322 mètres d'élévation.

CYLON, né en 660, mort vers 610 av. J.-C.; il avait épousé la fille de Théagène, tyran de Mégare; il voulut s'emparer du pouvoir, et profita de la grande fête de Jupiter pour se rendre maître de l'Acropole; mais les Athéniens le forcèrent à prendre la fuite, et ses complices furent massacrés.

CYMAISE, se dit, en architecture, d'une moulure moitié convexe, moitié concave, qui orne l'extrémité d'une corniche.

CYNIQUES (philosophes). (*Voir* CYNISME.)

CYNISME, mot qui désigne la doctrine des philosophes cyniques. Cette secte eut pour fondateur Antisthène, disciple de Socrate, dont il exagéra les principes rigides. On a établi un certain parallèle entre la doctrine de Jésus et celle des cyniques. « Savez-vous, dit Arrien, quels sont les devoirs d'un cynique? C'est d'être insulté, battu et d'aimer ceux qui l'insultent et le battent; de se regarder comme le père et le frère de tous les hommes; d'endurer les maux dans l'adversité, en les considérant comme des épreuves suscitées par Jupiter, ainsi qu'Hercule endura les travaux que lui fit subir Eurysthée. C'est ainsi que doit se conduire celui qui ose prétendre à porter le sceptre de Diogène. Un jour, continue Arrien, ce philosophe, dans un violent accès de fièvre, criait à ceux qu'il rencontrait: « Insensés, où courez-vous? n'avez-vous pas la curiosité de voir un combat de la fièvre et d'un homme! » Le mot cynique vient du grec *cuôn* (chien). « Ils sont ainsi nommés, dit Ammonius, à cause de la liberté de leurs paroles et de leur amour pour la vérité; car on trouve que le chien a dans son instinct quelque chose de philosophique et qui lui apprend à distinguer les hommes : en effet, il aboie contre les étrangers et flatte ceux de la maison; de même que les cyniques accueillent et chérissent la vertu, ainsi que ceux qui la pratiquent, tandis qu'ils réprouvent et blâment les passions de ceux qui s'y livrent, quand même ils seraient assis sur un trône. » Les cyniques estimaient que la vertu suffit pour le bonheur; qu'elle consiste en actions et non en paroles; que les sciences et les arts sont inutiles; qu'enfin le philosophe doit se conformer aux lois de la nature et non à celles des hommes. Ils protestaient par leurs mœurs et la grossièreté de leurs discours contre les raffinements de la civilisation hellénique. Diogène répudiait le titre de citoyen d'Athènes pour prendre celui de citoyen du monde. La morale des cyniques n'était pas exempte d'orgueil. Aussi étaient-ils pour le peuple des objets de risée. Ils évitaient de s'engager dans les liens du mariage. Un cynique se devait à l'univers. C'était un médecin que le ciel envoyait pour guérir les malades. Suivant eux, le propre des dieux était de n'avoir aucun besoin, et l'homme qui avait le moins de besoins était celui qui approchait le plus de la divinité. « Et quant à la politique, dit Arrien, savez-vous quelle est celle qui doit faire l'occupation du cynique? Ce ne sera point celle qui ne concerne qu'Athènes, Corinthe ou Rome, mais celle qui embrasse l'humanité entière; ce ne sera point celle qui traite de la guerre ou de la paix, des finances de l'État, mais celle qui traite du bonheur ou du malheur, de la liberté ou de l'esclavage des hommes. »

CYNOCEPHALE, divinité égyptienne qui paraît être la même qu'Anubis. On donnait aussi quelquefois ce surnom à Mercure, parce que le chien lui était consacré.

CYNOSCURE, nymphe du mont Ida, l'une des nourrices de Jupiter, qui, en reconnaissance de ses soins, la changea en étoile et la plaça près du pôle.

CYNTHIE, surnom de Diane, et *Cynthien*, surnom d'Apollon. On les appelle ainsi parce que Latone les mit au monde près du mont Cythus, sur la côte de l'île de Délos.

CYPARISSE, adolescent de l'île de Céos; ayant tué par mégarde un cerf auquel il tenait beaucoup, il voulut se donner la mort. Apollon le changea en cyprès.

CYPRIEN (Saint-), ch.-l. de cant. de l'arrond. de Sarlat (Dordogne), à 17 kil. de cette ville. Pop. 2,375 hab. On trouve aux environs les sources minérales de Panasson.

CYPRIEN (saint), père de l'Eglise latine, né à Carthage au commencement du IIIe siècle, mort en 258. Il devint évêque de Carthage. Lors de la persécution de Valérien, il refusa de sacrifier aux faux dieux, et fut envoyé à la mort. Saint Cyprien est considéré comme l'un des plus éloquents parmi les Pères de l'Eglise. Il a laissé plusieurs ouvrages; son *Traité sur les spectacles*, où il s'élève avec force contre les cruautés qu'on y commettait, est précieux à consulter, en ce qu'il donne une idée des jeux chez les Romains.

CYPRIS, surnom de Vénus adorée dans l'île de Chypre. C'est près de cette île qu'elle était née de l'écume de la mer.

CYR (Saint-), village de l'arrond. de Versailles (Seine-et-Oise), à 5 kil. de cette ville. Pop. 1,720 hab. École militaire occupant les bâtiments de l'Institut de Saint-Louis, fondé par Mme de Maintenon.

CYRÉNAIQUE, vaste contrée de l'Afrique ancienne, à l'O. de l'Egypte. Cap. Cyrène. Villes princ.: Cyrène, Ptolémaïs, Arsinoé, Apollonis. Déserts de sable à l'intérieur, sol fertile et bien cultivé. C'est à l'O. de cette contrée, que les mythologues placent le jardin des Hespérides. La Cyrénaïque forme aujourd'hui le pays de Bosco, dans l'eyalet de Tripoli.

CYRÉNAÏQUE (école). La secte cyrénaïque prit son nom de Cyrène, patrie d'Aristippe, fondateur de l'école. A la différence des cyniques, Aristippe plaçait la vertu dans la satisfaction des sentiments. Il avait pour maxime : « Agis toujours de manière qu'il en résulte la plus grande somme de bonheur. Cette pensée, mal interprétée par ses disciples, fit dégénérer la secte cyrénaïque, qui bientôt ne se distingua plus que par la licence des mœurs. A la différence du maître, ils donnèrent la préférence aux plaisirs des sens sur ceux de l'âme. Parmi les successeurs d'Aristippe, on distingue : Hégésias, Annicéris, Théodore, surnommé *l'Athée*.

CYRIAQUE (saint), patriarche de Constantinople en 596. Il prit le titre d'évêque œcuménique; un concile le confirma dans ce titre 3 ans après; mais l'empereur Phocas ayant décidé que ce titre n'appartenait qu'à l'évêque de Rome, Cyriaque en mourut de chagrin.

CYRILLE (saint), père de l'Église grecque, né à Jérusalem en 315, mort en 386. Patriarche de Jérusalem, il fut chassé de son siége par les ariens, et ne rentra à Jérusalem qu'au commencement du règne de Julien. Les *Catéchèses*, composées par Cyrille pour l'instruction des catéchumènes sont regardées comme la meilleure exposition de la religion chrétienne.

CYRILLE (saint), patriarche d'Alexandrie (412); il persécuta les novatiens, ferma leurs églises et chassa les juifs; ces mesures donnèrent lieu à des luttes sanglantes. Il fit condamner Nestorius par le concile d'Éphèse.

CYRILLE et MÉTHODE (saints), dits les apôtres des Slaves; ils étaient frères, et étaient nés à Thessalonique vers le IXe siècle. Ils allèrent prêcher la foi chez les Bulgares, dans la Moravie et la Bohême. Cyrille convertit Bogoris au christianisme, et inventa un alphabet composé de 38 lettres, qui lui servit à propager la religion chrétienne chez les Slaves.

CYRUS, roi des Perses, fils de Cambyse et de Mandane, naquit vers l'an 599 av. J.-C. Astyage, roi des Mèdes et père de Mandane; averti par un songe que son petit-fils le dépouillerait de sa couronne, le remit à sa naissance aux mains d'Harpagus, un de ses officiers, avec ordre de le faire mourir; mais le courtisan, pris de pitié, abandonna l'enfant à un pâtre qui l'éleva comme son fils. En grandissant, Cyrus se fit remarquer dans les luttes et les jeux avec les enfants de son âge, et, Astyage, ayant découvert le secret de la naissance de Cyrus, et voyant dans ces victoires s'accomplir les prédictions de son rêve, renvoya l'enfant à la cour de Cambyse. Mais ce ne fut que plus tard que l'oracle devait être accompli, alors que Cyrus, fatigué du joug des Mèdes, poussa son peuple à le secouer, et arracha la couronne à Astyage pour la mettre sur son front, vers l'an 560 av. J.-C. Tel est le récit d'Hérodote; mais Xénophon, laissant de côté les prodiges et l'auréole dont les historiens anciens aiment à entourer la naissance et le front des héros et des rois, nous raconte que Cyrus fut élevé sévèrement à la cour de Cambyse et à la manière des Perses. Aussi, plus tard, chez les Mèdes, étonna-t-il par son esprit et surtout par son austère conduite, les courtisans efféminés de son grand-père. Cyrus commanda les armées du fils d'Astyage, Cyaxare II, et lui succéda sur le trône en 536. Descendant des Achéménides, ce jeune prince suivit les traces de ses ancêtres et commença la série de ses exploits en Mésopotamie par la défaite et la mort de Nériglissor, roi de Babylone. Il la continua en Lydie contre Crésus, qu'il défit sur les bords de la rivière d'Halys et à la célèbre bataille de Thymbrée, en 548. Après la prise de Sardes, Cyrus se rendit maître d'une grande partie de l'Asie mineure et des colonies doriennes, ioniennes et éoliennes que lui soumirent ses lieutenants Harpagus et Mazarès. Pour s'emparer de Babylone, il détourna le cours de l'Euphrate et tua Balthasar ou Labynétus qui, comptant sur la hauteur des murailles de sa capitale, passait son temps en orgies avec ses principaux officiers (538 av. J.-C.). En 536, il délivra les Hébreux de leur captivité, et les renvoya dans leur patrie en leur permettant de rebâtir le temple. C'est alors que par la mort de Cyaxare II, il réunit la Médie à son royaume, qui, comprenant les empires de Babylone, d'Assyrie, de Médie, de Perse et d'Asie mineure, s'étendait de la mer Erythrée à la rivière d'Oxus et, des montagnes de l'Inde à la mer Méditerranée. Il organisa l'administration de son empire, qu'il divisa en 120 satrapies dont les gouverneurs, chargés de fonctions civiles, telles que levée des impôts, exécution de la loi, etc., communiquaient rapidement avec le roi à l'aide de courriers échelonnés sur les routes. Ces officiers se gorgèrent bientôt de butin, et leurs richesses devinrent proverbiales. Si nous en croyons Hérodote, en complet désaccord avec Xénophon, qui fait mourir ce conquérant à un âge très-avancé et au milieu de ses enfants, Cyrus, ayant voulu conquérir la Scythie, tomba au pouvoir de Thomyris. Cette reine des Massagètes vengea la mort de son fils tué, dans une bataille précédente, en faisant couper la tête du conquérant, l'an 529. Elle la plongea dans une outre pleine de sang, en lui disant, « Rassasie-toi de ce sang dont tu fus toujours si altéré! » Mais les historiens sont loin d'être d'accord sur le genre de mort de Cyrus; Diodore de Sicile le fait mourir en croix; Ctésias, d'une blessure à la cuisse; Quinte-Curce nous dit qu'Alexandre trouva son tombeau dépouillé des richesses dont on l'avait orné.

CYRUS LE JEUNE, fils de Darius Nothus et de Parysatis, et frère d'Artaxercès Mnémon. Darius lui donna le gouvernement de l'Asie mineure, d'où Cyrus soutint Lysandre contre les Athéniens. A la mort de Darius, Parysatis voulut, mais en vain, le faire monter sur le trône, laissé par le mourant à Artaxercès. Après cet échec, Cyrus, dévoré d'ambition, tourna ses armes contre son frère, qui le vainquit et le fit prisonnier pour lui rendre ensuite, aux supplications de sa mère, non-seulement la liberté, mais encore le gouvernement de la satrapie de l'Asie mineure. Cet acte de clémence, qu'il prit pour de la faiblesse ou de la crainte, lui fit recommencer la guerre, et, avec le secours de Sparte et des Barbares, il s'avança contre Artaxercès, qu'il rencontra dans la plaine de Babylone, à Cunaxa. Malgré son courage, Cyrus fut battu et trouva la mort en combattant contre son frère, en 401. C'est à la suite de cette bataille qu'eut lieu, sous la conduite de Xénophon, la célèbre retraite des Dix mille. Cyrus avait des qualités qui le firent aimer des Grecs, et l'on rapporte cette parole adressée par lui à Cléarque qui le priait de ne pas exposer sa vie : « Quoi! quand je combats pour devenir roi, tu veux que je me montre indigne de l'être? »

CYSOING, ch.-l. de cant. de l'arrond. de Lille (Nord), à 15 kil. de cette ville. Pop. 2,465 hab. Filature de coton. Fabriques de calicot. Salpêtrière. Louis XV y établit son quartier général en 1745, et partit de là pour aller vaincre à Fontenoy. Le parc d'une ancienne abbaye possède une pyramide élevée en mémoire de cette guerre.

CYTHÈRE, aujourd'hui *Cerigo*, île de la mer de Crète. Vénus y avait un temple magnifique.

CZARKI (Tadeusz), littérateur et homme d'Etat, naquit en Pologne, à Poryck, en 1765, mort à Dubno en 1813. Après de bonnes études, il eut une place au tribunal aulique de Varsovie, et fut chargé par Stanislas Auguste des archives secrètes de sa patrie. Nommé commissaire des finances, Czarki, pour mieux connaître l'impulsion à donner à l'industrie, visita les principales villes de la Pologne, et obtint la charge de staroste de Novogrodek. Lors du partage de la Pologne, il fut dépouillé de ses biens; mais Paul Ier les lui rendit. Sous le règne d'Alexandre, il fut nommé conseiller privé, et s'occupa surtout de l'instruction de la jeunesse, pour laquelle, en 1803, il fonda un gymnase ou école supérieure, et y fit venir les professeurs les plus distingués. Sa patrie lui doit la création d'un grand

nombre d'écoles, d'un observatoire, d'un jardin botanique, etc. Il s'occupa aussi de l'histoire de la Pologne; mais la mort ne lui permit pas de compléter ses recherches. Son principal ouvrage est un *Essai historique et philosophique sur les lois de la Lithuanie et de la Pologne.*

CZAR. (*Voir* TZAR.)

CZARNIECKI (Etienne), surnommé le *du Guesclin de la Pologne*, naquit en 1599 et mourut en 1664. Il débuta dans la carrière militaire en portant les armes contre les Russes et contre l'hetman Chmielnicki, au pouvoir duquel il tomba. Il recouvra la liberté après le traité de Zhorow, et obtint la charge de castellan de Kief en 1654. Lors de l'occupation d'une partie de la Pologne par les Suédois, Czarniecki soutint pendant deux mois le siége de Cracovie, assaillie par Charles-Gustave. Forcé d'abandonner cette place, il se mit à la tête de la noblesse et repoussa les ennemis. Pour le récompenser de ses services, le roi Jean-Casimir le nomma comte de Tykoezin et libérateur de la Pologne. Il trouva la mort dans une guerre contre les Cosaques.

CZARTORYSKI, noble famille de Pologne, descendant des Jagellons. Elle joua un certain rôle dans les affaires politiques de la Pologne. Elle doit son nom à Czartorysk, ville située sur le Styr. Les principaux représentants de cette famille, auxquels Ladislas Jagellon conféra le titre de princes, en 1413, sont:

CZARTORYSKI (Adam-Casimir), né en 1731, mort en 1823. Il fut successivement nommé palatin de Russie, staroste de Podolie et feld-maréchal d'Autriche; il porta même sa candidature au trône de Pologne, à la mort d'Auguste II; mais il échoua par les efforts de Catherine II, impératrice de Russie, qui fit donner la couronne à Stanislas Poniatowski. Quand sa patrie fut démembrée, il demanda du service à l'Autriche, se rendit à Dresde pour offrir la couronne à l'électeur de Saxe et réclama l'appui de l'Autriche contre la Russie. Napoléon le créa maréchal de la diète de Pologne, et Alexandre Ier sénateur palatin. Depuis 1815, de concert avec sa femme Elisabeth, comtesse de Fleming et amie de Delille, il cultiva les lettres, fonda des écoles, réunit une collection d'antiquités et créa de splendides jardins à Pulawy. On l'a surnommé le Mécène de la Pologne.

CZASLAU, ville de Bohême, ch.-l. du cercle de son nom, à 70 kil. de Prague. Pop. 4,000 hab. Industrie agricole. Eglise remarquable par une tour, la plus haute du royaume et renfermant le tombeau de Ziska, chef des Hussites. Le cercle de Czaslau est borné au N. par celui de Jung-Bunzlau, à l'E., par ceux de Chrudin et de Gitschin; au S., par la Moravie; à l'O., par les cercles de Prague et de Tabor. Sup. 3,834 kil. carrés. Pop. 356,680 hab. Pays montagneux et boisé. Sol fertile.

CZENSTOCHAU ou CZENSTOCHOWIE, ville de Pologne, à 120 kil. S.-E. de Kalisz. Pop. 2,000 hab. Elle est célèbre par le couvent dit de Czenstochau, de l'ordre de saint Paul l'Ermite, et dont la fondation remonte au duc d'Oppeln, Ladislas, en 1382. En ce lieu, où se portent encore beaucoup de pèlerins, on voit le portrait de la sainte Vierge, dû, d'après la tradition, au pinceau de saint Luc, et une table de bois, que l'on prétend avoir été faite par saint Joseph. Ce couvent fortifié soutint plusieurs siéges contre les Suédois en 1655, contre les Français en 1812 et contre les Russes en 1813; l'empereur Alexandre fit alors démolir ses défenses. Au pied de ce couvent sont deux villes: le Vieux Czenstochau et le Nouveau Czenstochau.

CZÈQUES. (*Voir* TCHÈQUES.)

CZERNI ou GEORGES LE NOIR (Georges PETROVICH, dit), ainsi nommé à cause de son teint basané, né à Nancy ou près de Belgrade en 1770, et mort en 1817. Forcé de se sauver des armées autrichiennes pour avoir tué son capitaine, il réunit une troupe de Grecs, d'Esclavons et de Croates, et résolut de délivrer Belgrade du joug odieux des Turcs. En 1800, après plusieurs victoires qu'il dut surtout à la sévère discipline qui régnait parmi ses soldats, de nations si différentes, il s'empara de cette ville, se fit donner le titre de généralissime des Serviens, puis celui de prince de Servie en 1806. Dès lors sa vie militaire fut mêlée de succès et de revers; vainqu à Widdin en 1806, il ne lui restait plus rien de la Servie en 1813. Créé prince russe et général par Alexandre, Czerni, s'étant rendu en Turquie, fut fait prisonnier et envoyé au pacha de Belgrade, qui se débarrassa de ce redoutable ennemi en le faisant mourir. On dit que Czerni pour faire respecter son autorité, eut la cruauté de tuer son père et son frère sur un soupçon de trahison.

CZERNOWITZ ou CZERNOWICE, ville des Etats autrichiens (Bukowine), à 740 kil. de Vienne. Pop. 26,320 hab. Siége d'un évêché grec. Fabriques de joaillerie, d'orfévrerie.

CZERSK, ville de Pologne, dans le gouvernement de Varsovie, à 35 kil. de cette ville. Pop. 820 hab. Ruines d'un ancien château des ducs de Mazovie. Cette ville, autrefois importante, fut ruinée par les Suédois.

CZORTKOW, ville des Etats autrichiens (Galicie), à 70 kil. de Lemberg. Pop. 2,000 hab. Le cercle de Czortkow est borné au N. par celui de Tarnopol, à l'E. par la Russie, au S. par la Bukowine, à l'O. par le cercle de Stanislawow. Sup. 374,326 hectares. Pop. 275,849 hab. Ch.-l. Zaleszczyki.

CZUDEC, bourg des Etats autrichiens (Galicie), à 39 kil. de Jaslo. Pop. 1,30[illegible] hab.

D

DAC

D, quatrième lettre de l'alphabet français, et la troisième des consonnes. Elle répond au delta des Grecs. C'est une des consonnes qu'on appelle dentales, parce qu'elle se prononce des dents ; elle est la douce de *t*. Au commencement et au milieu des mots, cette lettre conserve le son qui lui est propre ; mais à la fin des mots, le *d* est presque toujours nul, comme dans *chaud*, *fond* ; *froid*, *abord*, *Picard*, *Edouard*, *nid*, *muid*, etc. Il se fait entendre toutefois dans quelques noms, tels que *Joad*, *David*, *Obed*, *sud*, etc. Il prend accidentellement le son du *t* à la fin des mots, comme dans *grand homme*, *profond abîme*, *de fond en comble*, *pied à boule*, *de pied en cap*, qu'on prononce *granthomme*, *profon-tabime*, *de fon-ten-comble*, *pié-ta-boule*, *de pié-ten-cap*. D, en chiffres romains, vaut 500. Dans le calendrier romain, c'était la 4e des lettres nundinales ; il est encore dans notre calendrier la 4e des lettres dominicales. Sur les monnaies, D est la marque de la ville de Lyon. Sur les pierres tumulaires, D. M. signifie *Diis manibus*, aux dieux mânes. Sur le fronton des temples et des églises, D. O. M. se met pour *Deo optimo maximo*, au Dieu très-bon, très-grand. D est l'abréviation de *don* ou *dom*, titres donnés aux seigneurs espagnols, portugais et italiens et aux anciens moines bénédictins.

DABO, village de l'arrond. de Sarrebourg (Meurthe), à 20 kil. de cette ville. Pop. 2,170 hab. Scieries de planches ; fabriques de boissellerie. Ce village se forma près de l'emplacement de la ville de Dachsbourg (XVIIe siècle) et était la capitale du comté.

DABOUL, DABOL ou DABUL, ville de l'Hindoustan anglais (présidence de Bombay), dans la province de Bedjapour, à 290 kil. de cette ville. Port sur la côte de Konkan, dans la mer des Indes. Cette ville fut prise et pillée par les Portugais, en 1509, et reprise par les indigènes le siècle suivant.

DACH (Simon), poëte allemand, né à Memel en 1606, mort en 1659. Il professa la poésie à l'université de Kœnigsberg. Il se rendit célèbre par ses poésies, et surtout par ses odes, parmi lesquelles on distingue la *Rose*, l'*Aigle*, le *Lion* et le *Sceptre de l'Electorat de Brandebourg*.

DACHAU, bourg de Bavière (cercle de la haute Bavière), à 22 kil. de Munich. Pop. 1,230 hab. Brasseries, distillerie, moulins à huiles, briqueteries.

DAC

DACHSBOURG (comté de). Ce comté était situé au pied des Vosges, dans l'ancienne Lorraine allemande (départ. de la Meurthe), et dépendait de l'empire d'Allemagne. Il devint plus tard la propriété des comtes de Linanges. La capitale de ce comté, Dachsbourg, fut fondée par Dagobert II et fut détruite au XVIIe siècle ; près de là s'éleva le village de Dabo. Dachsbourg fut la patrie de Brunon, évêque de Toul et pape sous le nom de Léon IX.

DACHSTEIN, petite ville de l'arrond. de Strasbourg (Bas-Rhin), à 15 kil. de cette ville. Pop. 915 hab. Elle fut cédée à la France par le traité de Ryswick, en 1697.

DACIE, grande région de l'empire romain, bornée au N. par les *Alpes Bastarnicææ*, ou monts Krapacks, au N.-E. par le Danaster ou Dniestr, à l'E. par le Pont-Euxin ou Mer noire, au S. par le Danube, à l'O. par la Theïss ; faisant aujourd'hui partie de la Hongrie, de la Valachie, de la Bessarabie et de la Bukowine. Avant les Romains, la Dacie était habitée à l'O., par les Daces, qui se divisaient en 15 tribus, et à l'E. par les Gètes. Le mont Cokajon (Kaszon) s'élevait au centre, et était la résidence sacrée du pontife des Gètes. Les Daces furent arrêtés dans leur incursion par Auguste ; et Domitien, qui avait voulu les soumettre à sa domination, fut vaincu et obligé d'acheter la paix. L'an 105 ap. J.-C. la Dacie fut réduite en province romaine par l'empereur Trajan. Elle fut d'abord divisée en Dacie riveraine, sur les bords du Danube, Dacie intérieure ou méditerranée, Dacie alpestre ou montagneuse. La capitale était Zarmizegethusa ou Augusta-Dacia (Gradisch). Les Daces, dont le nom, le même que Deutsch, indique une origine allemande, étaient farouches, braves et incivilisés. La Dacie fut négligée par les successeurs de Trajan, et abandonnée par Aurélien (274). Elle tomba bientôt après sous la domination des Goths, des Gépides, des Avares. Sous les empereurs suivants on a donné le nom de Dacie à un diocèse divisé en Dacie riveraine, entre les rives de la Theiss et du Danube, aujourd'hui partie de la Hongrie, et le Banat, capitale Ratiaria ; Dacie intérieure, aujourd'hui la Transylvanie, capitale Sardique ; Dacie transalpine, aujourd'hui la Valachie, la Moldavie et la Bessarabie ; Mœsie supérieure, capitale Viminacium ; Dardanie, capitale Scupi ; Prévalitune, capitale Scodra. Les Moldaves et les Valaques descen-

DAC

dent des colons du XIe siècle, et prennent le nom de *Roumouni* ou Romains.

DACIER (Anne Lefebvre Mme), née à Saumur en 1651, morte en 1720. Tanneguy Lefebvre, son père, était un érudit distingué. Sa fille profita si bien de ses leçons qu'elle publia divers commentaires des auteurs latins, qui attirèrent l'attention du monde savant. Son mari, qui était bibliothécaire du cabinet du roi et membre de l'Académie française, partagea ses travaux. On disait de leur union que c'était le mariage du grec et du latin. Cependant Boileau mettait Mme Dacier au-dessus de son mari. Ils vivaient tous deux dans la plus parfaite intelligence. A la mort de son mari, Mme Dacier obtint sa survivance à la place de bibliothécaire du roi. Elle était d'une rare modestie, et fort éloignée de cette pruderie qu'affectent trop souvent les femmes savantes. Elle eut toutefois le tort de ne pas comprendre suffisamment le mérite de nos grands auteurs, et de leur préférer, de parti pris, ceux de l'antiquité. Elle venait de publier une dissertation pour prouver que l'*Amphitryon* de Plaute était supérieur à celui de Molière, quand elle apprit que le grand comique allait donner sa comédie des *Femmes savantes*. La crainte du ridicule lui fit supprimer aussitôt sa dissertation. L'ouvrage capital de Mme Dacier est sa traduction de l'*Iliade* et de l'*Odyssée* d'Homère, avec une préface, et des notes pleines d'érudition. Quoique les beautés du modèle aient été souvent affaiblies, cette traduction est une des meilleures que nous possédions. La question de supériorité des modernes sur les anciens, soulevée par La Motte donna lieu entre celui-ci et Mme Dacier à une discussion peu instructive pour le public, et qui mit seulement en relief le défaut de logique de la part de Mme Dacier et l'ignorance de La Motte. Cependant, il fut dépensé beaucoup d'esprit de part et d'autre. Le caractère de chacun des controversistes fit dire que La Motte s'était montré femme d'esprit, et Mme Dacier homme de science. Mme Dacier a traduit encore *Aristophane*, *Anacréon* et *Sapho*. La réputation de cette femme extraordinaire se répandit dans dans toute l'Europe. Christine de Suède la complimenta, et voulut même l'attirer à sa cour.

DACIER (Bon-Joseph), né à Valognes en 1742, mort en 1833. Il se fit remarquer de bonne heure par une grande érudition, auque par la causticité de son esprit. Sa traduction d'*Elien* le fit admettre à l'Académie des inscriptions et belles-lettres. Il publia bientôt après une traduction de la *Cyropédie*. Il s'occupa ensuite de l'étude des chroniqueurs français, et laissa des mémoires précieux sur divers points de notre histoire. Sous le consulat, il devint secrétaire perpétuel de l'Académie des sciences. Il fit pendant quelque temps partie du corps législatif. A la Restauration, Louis XVIII lui offrit le portefeuille des finances. Il était d'autant mieux versé dans cette partie de l'administration publique qu'il avait dirigé, pendant la Révolution, l'établissement du nouveau système de contributions directes. Il fut admis à l'Académie française en 1823.

DACTYLES. Prêtres d'Uranus, et de la Terre, originaires du mont Ida, en Phrygie. On les considère comme des *lares* ou dieux domestiques. Diodore de Sicile a prétendu qu'ils avaient découvert l'usage du feu, du fer, du cuivre et l'art de travailler les métaux. Les dactyles furent dans leur pays les premiers prêtres et les premiers instituteurs. Ils établirent, en Crète, où ils passèrent avec le sage Minos, les premières cérémonies religieuses; ils enseignèrent la magie, la médecine et la musique. Sophocle prétend qu'ils portaient le nom de dactyles à cause de l'adresse qu'ils avaient pour les ouvrages manuels. Ils étaient 84, d'après Phérécide, suivant d'autres, on en comptait jusqu'à 100. On appelait danse pyrrhique la danse que les dactyles exécutaient devant l'autel de Jupiter en attisant le feu sacré.

DACTYLIOTHÈQUE. On appelle ainsi diverses collections d'anneaux ou de pierres gravées. L'art de graver ainsi les pierres fines prend le nom de glyptographie. L'usage des collections d'anneaux ou dactyliothèques remonte aux temps les plus anciens.

DACTYLOLOGIE, art de parler par les doigts, c'est-à-dire à l'aide de divers signes, indiqués par la position des doigts. C'est le langage admis pour les sourds-muets. On représente ainsi les diverses lettres de l'alphabet. On est même arrivé à établir un système de signes qui représentent des idées, des propositions complètes.

DACTYLOMANCIE. Ce mot, qui vient du grec *dactylion*, petit anneau, et *manteia*, divination, désignait une sorte de divination, au moyen d'anneaux qui figuraient certaines constellations. La dactylomancie, suivant les néo-platoniciens, était connue bien avant Platon. L'histoire rapporte que Gygès se rendait invisible au moyen d'un anneau.

DADA, mot enfantin qui exprime l'idée de la course à cheval ou du cheval lui-même. Les hommes, qui sont parfois de grands enfants, ont leur *dada*, c'est-à-dire une idée fixe, à laquelle ils rattachent toutes les autres. Il leur semble que le globe ne tourne que pour la manifestation de cette idée qu'ils cultivent avec amour. Le vieux guerrier qui aura assisté à Waterloo, racontera mille fois les péripéties de cette bataille, et sans qu'il se lasse jamais, tout deviendra prétexte pour qu'il recommence encore son récit : c'est son *dada*. Chacun enfourche ainsi une monture, objet de distraction pour celui dont le cerveau galope, toujours à cheval sur la même idée, mais source d'ennui pour celui qui essuie de tels récits. De cette manière on peut dire en employant l'argot moderne, dont on ne saurait contester l'énergie et l'esprit, que la *toquade* des uns est une *scie* pour les autres.

DADUN-KHAN, ville de l'Hindoustan anglais (Pendjab), près de la rive droite du Djelem. Pop. 6,000 hab. Mines de sel gemme.

DADUQUE, l'un des quatre principaux ministres des mystères d'Eleusis. C'est à lui qu'appartenait le soin de purifier les adeptes avant l'initiation. Dans les solennités, qui étaient une représentation des courses de Cérès errant par toute la terre avec un flambeau allumé dans le feu de l'Etna, le daduque marchait à la tête des lampadophores, c'est-à-dire *porte-flambeaux*. Le daduque avait le droit de ceindre le diadème. Cette dignité était perpétuelle. On donnait aussi le nom de daduque au ministre des mystères de Bacchus et au grand prêtre d'Hercule.

DAEL (Jean-François Van), peintre flamand, né à Anvers en 1764, mort à Paris en 1840. Il fut d'abord apprenti chez un peintre de décors. Son application au dessin lui valut le premier prix de l'Académie. Il vint en France et fut chargé de la décoration des châteaux de Chantilly, de Saint-Cloud et de Bellevue. Son habileté à peindre les fleurs et les fruits lui valut une grande réputation. Il fut successivement recherché de Napoléon et de Louis XVIII.

DAENDELS (Hermann-Guillaume), général hollandais, né à Elburf en 1760, mort en Guinée en 1818. Lorsque les Provinces-Unies devinrent le théâtre de troubles occasionnés par les orangistes, Daendels, séduit par les idées révolutionnaires, embrassa le parti des patriotes. Il suivit Dumouriez dans son expédition en Hollande. Moreau le nomma général de brigade. Il se distingua à la prise de Courtrai et à la bataille de Tournay. Il rentra dans sa patrie en 1795, avec le grade de lieutenant général. Le gouvernement batave était alors organisé sur le modèle de la république française; il avait aussi son Directoire. En 1797, Daendels fut accusé de favoriser la réaction. Il quitta momentanément son pays, s'entendit avec le Directoire français, et, fort de son appui, il revint à la Haye, fit investir le Directoire batave par quelques compagnies de grenadiers hollandais, et s'empara du pouvoir. Lorsque les Anglo-Russes tentèrent une descente en Hollande, il repoussa énergiquement l'invasion. En 1806, il fit la campagne de Prusse sous Napoléon, et devint colonel général de la cavalerie hollandaise. L'année suivante, il fut promu par le roi

Le consul Druillius livre pour la première fois un combat sur mer.

de Hollande au grade de maréchal et de gouverneur général des Indes orientales. Ce fut pendant son gouvernement que la culture du café prit l'accroissement le plus rapide. De retour en France en 1811, il prit part à la campagne de Russie. En 1814, il fut vivement attaqué par la presse, qui lui reprocha la dureté qu'il avait déployée dans son gouvernement colonial. Il rentra cependant en activité, et fut nommé gouverneur des possessions hollandaises sur la côte de Guinée.

DAGANA, bourg de Sénégambie (pays de Ouâlo), ch.-l. d'un des 4 cercles du Ouâlo, près de l'embouchure du Sénégal, à 114 kil. de Saint-Louis. Pop. 1,200 hab. Résidence du roi de cet Etat. Etablissement français pour le commerce de la gomme.

DAGMAR, princesse danoise, dont le nom signifie *vierge du jour*, et dont le véritable nom était Margaritah. Elle a été célébrée dans les légendes du Nord. Elle naquit en 1186, et mourut en 1213. Elle était fille d'Otocard, roi de Bohême. Elle épousa Valdemar, roi de Danemark, en 1205. Elle se distingua par sa piété et sa charité.

DAGHESTAN ou GOUVERNEMENT DE DERBENT, subdivision administrative de la Russie d'Asie, bornée au N. par le gouvernement de Stawropol, à l'E. par la Mer caspienne, au S. et à l'O. par les gouvernements de Chamaki et de Tiflis. Cap. Derbent; villes princip. Tarkhou, Barschly, Jarassy, Ekourah. Sup. 29,680 kil. carrés. Pop. 474,300 hab. Climat très-chaud dans les plaines. Sol montagneux et fertile; culture du froment, de la garance et du safran; exploitation de fer et de soufre; élève considérable de bétail, la principale richesse du pays. Le Daghestan est divisé en un grand nombre de petits Etats, et habité par plusieurs peuples distincts, les Lesghiz, les Koumucks, les Nogais, des Arabes et des juifs, qui reconnaissent presque tous l'autorité de la Russie, depuis que Schamyl, le principal de leurs chefs, s'est soumis (1859). Ce pays fut disputé aux Russes par les Persans et les Tcherkesses. La Perse abandonna ses droits sur le Daghestan en 1813, par le traité de Tiflis ou Gulistan.

DAGO, île de la Russie d'Europe, dans la Mer baltique, à l'entrée du golfe de Finlande, séparée de l'Esthonie à l'E., et de l'île d'Oesel au S. par le Sele-Sund. Sup. 1,100 kil. carrés. Pop. 10,000 hab. environ. Sol stérile; vastes forêts; pêche importante, surtout sur la côte O.; Tewenharen est le seul port de cette île.

DAGOBERT Ier, roi de France, fils de Clotaire II et d'Haldétrude, né vers 600, roi d'Austrasie en 622, de Neustrie, de Bourgogne et d'Aquitaine en 628. Il se signala dans plusieurs guerres contre les Saxons, les Esclavons, les Gascons et les Bretons. Il ternit ses victoires par ses cruautés. On lui reproche aussi d'avoir répudié sa première femme pour en épouser jusqu'à trois à la fois sans compter de nombreuses concubines. Le clergé de son temps le mit néanmoins au rang des saints. Ainsi Dagobert, ayant subjugué les Saxons, fit mettre à mort tous ceux dont la taille excédait la longueur de son épée. Il est vrai que nos épées ne supporteraient guère la comparaison avec celles des anciens Francs; mais, d'un autre côté, les Saxons étaient d'une haute stature; aussi en fit-on un horrible massacre. Dans une autre circonstance, Dagobert fit massacrer 40,000 Bulgares, poursuivis par les Huns, auxquels il avait promis asile. Ce prince contribua à l'agrandissement de Paris. Sur la fin de son règne, les maires du palais commencèrent déjà à absorber l'autorité. Il s'entoura de ministres gallo-romains, parmi lesquels on cite saint Eloi, saint Ouen et Ega. On lui doit la rédaction de la loi salique. Son goût pour les plaisirs et le luxe le fit surnommer le Salomon des Francs. Il mourut à Epinay en 638, et fut enterré dans l'abbaye de Saint-Denis, qu'il avait enrichie de ses libéralités, et dont il est considéré comme le fondateur.

DAGOBERT II, roi d'Austrasie, fils de Sigebert II. Il devait succéder à son père en 656; mais Grimoald, maire du palais, après l'avoir fait enlever et conduire secrètement en Angleterre, donna la couronne à son propre fils Childebert. Cependant Clovis II, roi de France, chassa Childebert à la mort de Grimoald, et donna le trône d'Austrasie à Clotaire III, puis à Dagobert II, qui épousa une Saxonne nommée Mathilde. A la mort de Childéric II, il reprit la couronne d'Austrasie (674). Cinq ans après, comme il se disposait à marcher contre Thierry, roi de France, Ebroïn, maire du palais, le fit assassiner.

DAGOBERT III, fils de Childebert III, lui succéda au trône de Neustrie en 711, et mourut en 715. Il laissa un fils nommé Thierry; mais les Francs préférèrent Chilpéric II, fils de Childéric II, roi d'Austrasie.

Drolling faisant des portraits dans un cabaret de Dublin.

DAGOBERT (Luc-Siméon-Auguste), général français, né près de Saint-Lô en 1736, mort en 1794. Il fit ses premières armes dans le régiment de Tournaisis. En 1793, il était général d'avant-garde à l'armée d'Italie, sous Biron, quand il attaqua et défit, près de Nice, 2,000 Piémontais avec 800 soldats français. Il fut nommé commandant en chef de l'armée des Pyrénées orientales, et tailla en pièces 30,000 Espagnols avec une poignée de soldats. Il battit les Espagnols notamment à Olette; à Campredon et à Manteilla. La mort interrompit le cours de ses succès. Il a laissé des travaux remarquables sur la stratégie grecque et romaine comparée à la stratégie française.

DAGON, divinité des Philistins, qui avait un temple à Azoth et à Gaza. Quelques auteurs ont prétendu que Dagon était l'Astarté des Phéniciens, et d'autres l'Isis des Egyptiens. Dagon signifiant froment en langue phénicienne, il y a lieu de croire qu'il s'agirait ici d'un personnage qui aurait enseigné le labourage aux Phéniciens, et aurait été déifié après sa mort. Les Phéniciens attribuaient à Dagon l'empire de la mer.

DAGOUMBA, royaume de Nigritie, dans

la Guinée supérieure. Cap. Yanhdi. Commerce de poudre d'or, d'esclaves, de peaux de chèvres, etc. Ce pays est tributaire des Achantis.

DAGUE, sorte de poignard à forte lame et à pointe acérée, en usage au moyen âge. Elle était employée dans les combats pour traverser les cottes de mailles, et pénétrer dans le défaut de la cuirasse. Les archers et les troupes d'infanterie légère portaient la dague, ainsi que l'épée.

DAGUERRE (Louis-Jacques-Mande), peintre décorateur, inventeur du daguerréotype, né à Cormeilles, près Paris, en 1787, mort en 1851. Il se distingua d'abord comme décorateur. Il inventa le diorama, appareil ingénieux basé sur la combinaison de procédés de peinture et d'éclairage naturel. En 1839, le bruit se répandit tout à coup que Daguerre venait de perfectionner le procédé de Niepce, tendant à fixer les images de la chambre obscure, et que le monde savant venait enfin d'être doté du daguerréotype. Depuis longtemps, des alchimistes étaient parvenus à combiner l'argent avec divers acides, et avaient obtenu ainsi une combinaison qui jouissait de la propriété de noircir à la lumière, et cela d'autant plus vite que les rayons étaient plus vifs. Un physicien du nom de Charles était arrivé à obtenir des silhouettes par l'action de la lumière; mais il avait emporté son procédé dans la tombe. Après lui, quelques physiciens anglais avaient imaginé, à l'aide de peaux et de papier enduits de chlorure ou de nitrate d'argent, de copier des peintures de vitraux d'église; cependant ils n'avaient pu enlever à leurs images la propriété de noircir à la lumière. Niepce père, propriétaire aux environs de Châlon-sur-Saône, était arrivé, après 13 années d'études, à découvrir le système héliographique, et reproduisait instantanément, par l'action de la lumière, avec des gradations de teinte du noir au blanc, les images reçues dans la chambre obscure. Il employait une dissolution de bitume sec de Judée dans de l'huile de lavande. Il eut l'idée, n'obtenant encore que des images imparfaites, de plonger la plaque dans un mélange d'huile de lavande et de pétrole. Il vit alors que les parties de l'enduit qui avaient été exposées à la lumière restaient intactes, tandis que les autres se dissolvaient rapidement et laissaient le métal à nu. Après un lavage à l'eau, il avait l'image formée dans la chambre noire. Les clairs correspondant aux clairs étaient formés par la matière blanchâtre provenant du bitume; les ombres, par les parties polies du miroir. Les demi-teintes résultaient de la partie du vernis qui avait été moins pénétrée par le dissolvant. Cependant le contraste entre les clairs et les ombres n'était pas assez marqué. En 1829, Niepce s'associa avec Daguerre, qui, depuis plusieurs années, s'occupait des mêmes expériences. Daguerre imagina une autre méthode : il substitua au bitume le résidu de la distillation de l'huile de lavande. La sensibilité de cette composition lui permit de renoncer au tamponnement pratiqué par Niepce. Le résidu de l'huile de lavande était encore trop peu actif; Daguerre imagina de plonger la plaque dans une solution d'hyposulfite de soude, puis de la laver avec de l'eau distillée. Le daguerréotype était enfin arrivé à un degré de perfection qui en permettait l'application dans les sciences et dans les arts. L'inventeur céda son procédé à l'Etat, moyennant une pension annuelle et viagère de 6,000 francs.

DAGUERRÉOTYPE, du nom de Daguerre, inventeur de l'appareil à l'aide duquel on fixe les images de la chambre obscure. Voici, d'après les derniers perfectionnements apportés au daguerréotype, la manière dont on emploie cet appareil. Il se compose d'une chambre obscure destinée à recevoir les images sur une plaque de métal qui a reçu une certaine préparation. La plaque est de cuivre argenté; elle est recouverte d'une légère couche d'iodure ou de bromure d'argent. Après cette préparation, la plaque placée dans la chambre obscure étant impressionnée par les rayons qui émanent des objets placés devant l'objectif, leur image s'y reproduit. La plaque retirée de la chambre obscure ne laisse pas encore voir les images; mais à peine est-elle exposée à l'action des vapeurs du mercure, que ces vapeurs s'attachent aussitôt aux parties qui ont été frappées par la lumière, en ménageant les parties restées dans l'ombre et en variant les demi-teintes. L'image se fixe définitivement lorsqu'on plonge la plaque dans une solution d'hyposulfite de soude, et qu'on la lave ensuite dans l'eau distillée. Plus tard on a substitué le papier sensible aux plaques métalliques (*Voir* PHOTOGRAPHIE).

DAGUESSAU (Henri), né à Paris en 1635, mort en 1716. Il seconda les efforts de Colbert, qui le fit nommer successivement intendant de Limoges, de Bordeaux et du Languedoc. Il donna une vive impulsion aux travaux du canal du Midi. En 1685, Louis XIV l'appela au conseil d'Etat.

DAGUESSEAU (Henri-François), né à Limoges en 1668. Dans sa jeunesse, il rechercha les gens de lettres, et se lia notamment avec Racine et Boileau. En 1691, il fut nommé avocat général au parlement de Paris, où il parut avec tant d'éclat que Talon, alors président à mortier, dit « qu'il désirait finir comme ce jeune homme commençait. » A 32 ans, Daguesseau était déjà procureur général. Le chancelier de Pontchartrain le chargea plusieurs fois de la rédaction des lois. Pendant le fameux hiver de 1709, Daguesseau contribua par de sages règlements à forcer les détenteurs de blé à approvisionner les marchés. Il eut le courage de résister à Louis XIV, qui voulait le contraindre à enregistrer la bulle *Unigenitus*. Il s'opposa à l'introduction du système de Law, et le fit rejeter la première fois qu'il fut proposé. Plus tard, l'intrigue modifia la volonté du régent. Celui-ci, ne pouvant vaincre la résistance de Daguesseau, lui retira les sceaux, en 1718, et lui ordonna de se retirer à sa terre de Fresnes. Deux ans après les sceaux lui furent rendus; mais il ne dut sa rentrée au pouvoir qu'à une transaction avec Law, assez sévèrement qualifiée par l'histoire. La faiblesse qu'il montra dans cette circonstance a fait dire à ses admirateurs mêmes : *et homo factus est*. Il montra un peu plus de dignité dans sa résistance contre Dubois, qui prétendait à la première place au conseil du roi. Il fut exilé pour la seconde fois en 1722. Rappelé par le cardinal Fleury en 1727, il ne reprit les sceaux que dix ans plus tard. Pendant son séjour à Fresnes, il partagea son temps entre l'étude des livres sacrés et celle de la jurisprudence. On lui doit plusieurs ordonnances empreintes d'une certaine sagesse, notamment celles relatives aux donations, de 1731; aux testaments, de 1735; aux faux, de 1737; aux évocations et règlements de juges, de 1737; aux substitutions, de 1747; et enfin l'édit sur les gens mainmortables, de 1748. On lui a reproché, néanmoins, trop de partialité pour les gens de robe. Ainsi il pardonna à des juges coupables, pour ne pas déconsidérer la magistrature; il refusa de toucher aux règlements de procédure en alléguant qu'il ne voulait pas ruiner les procureurs et les huissiers. On a conservé de lui un certain nombre de plaidoyers qui attestent une certaine élégance de style, mais peu de profondeur et de chaleur. Il cultiva la poésie, mais ne fut jamais qu'un poète médiocre. Il mourut à l'âge de 80 ans.

DAHLEN, ville de Saxe, cercle de Leipzig, à 10 kil. d'Oschatz. Pop. 2,000 hab. Fabriques de belles toiles, de cotonnades; blanchisseries, garance, tourbe.

DAHLEN, ville de Prusse (prov. du Rhin), dans le cercle de Gladbach, à 8 kil. de cette ville. Pop. 4,500 hab. Fabriques de toiles, velours, soieries. Commerce de lin et de toiles.

DAHLMANN (Nicolas), général, né à Thionville en 1769, mort en 1807. Au commencement de la Révolution, il s'engagea comme enfant de troupe. Il se signala dans divers combats par des actions héroïques. Au retour de la campagne d'Egypte, Bonaparte le fit entrer dans la garde consulaire. Après la victoire d'Austerlitz, il fut nommé commandant des chasseurs à cheval de la garde impériale. Il trouva la mort sur le champ de bataille d'Eylau.

DAHME, village de Prusse (Brandebourg), à 70 kil. de Berlin. Pop. 3,500 hab. Fabriques de toiles, lainages. Les Français y furent défaits en 1713.

DAHOMEY, vaste Etat de l'Afrique, dans la Guinée supérieure ou Nigritie maritime; borné à l'E. par le royaume de Bénin, au S. le golfe de Guinée, à l'O. le pays des Achantis; les limites du N. sont inconnues. Cap. Abomey. Climat chaud et assez malsain. Pays plat, entrecoupé de rivières et de marais. Sol fertile. Forêts immenses. Riche végétation tropicale. On y remarque le baobab, le manglier, le cactus, l'arbre à résine et à gomme, la canne à sucre, le tabac, le maïs, le millet, le riz, l'ananas, la banane, l'orange, etc. Bêtes féroces nombreuses : lions, tigres, rhinocéros, éléphants; etc. Bétail en abondance. Commerce d'huile de palmier. Ce pays est gouverné par un roi absolu qui exerce un despotisme cruel sur ses sujets. Il est gardé par une armée de femmes, et son trône est incrusté de dents humaines. D'après le rapport d'un officier français, qui s'y trouvait en 1843, on sacrifia 1,000 victimes humaines à l'occasion d'une fête en l'honneur des aïeux du roi. La religion de ce peuple est un fétichisme hideux. La France a un petit établissement à Whydah, sur la côte.

DAHRA, région de l'Algérie dans la prov. d'Oran, située entre la rive droite du Chetif et la mer. Les colonels Leroy de Saint-Arnaud et Pélissier y réprimèrent, en 1845, une insurrection de Kabyles, suscitée par Bou-Maza.

DAIR-EL-KAMAR, ville de Syrie (eyalet du Liban), à 36 kil. de Beyrouth. Pop. 15,000 hab. En 1860, cette ville fut le théâtre d'un massacre de chrétiens par les Druses.

DAIRA, mère de la nymphe Eleusis. On prétendait qu'elle était fille de l'Océan et de Mercure, et même sœur du Styx. Quelques-uns l'ont confondue avec Vénus, Cérès, Junon et Proserpine.

DAIRI, souverain pontife du Japon; on l'appelle aussi *Teusin*, qui signifie *fils du ciel*. Il est adoré à l'égal d'un dieu. Avant le IIe siècle, il réunissait en sa personne les deux pouvoirs spirituels et temporels. Une révolution, qui s'accomplit à cette époque, lui enleva le pouvoir temporel. Jusqu'en 1585 les empereurs japonais étaient encore considérés comme les vicaires du Daïri; mais ils restreignirent plus tard le pouvoir du Daïri aux seules affaires ecclésiastiques. Le Daïri réside à Meako, où il est l'objet de la plus grande vénération.

DAIS, couverture plus ou moins richement ornée mise au-dessus d'un siège. Le trône est ordinairement placé sous un dais; enfin le dais est un attribut de la puissance ecclésiastique.

DAKCHA, dieu indien. Suivant la mythologie hindoue, il était issu de Brahma, qui le fit sortir de son orteil. Les Indiens lui attribuent la révélation des premières notions astronomiques.

DAKHEL, oasis d'Afrique (Egypte), ch.-l. El-Qasr. Pop. 5,000 hab., de race arabe et tributaires de l'Egypte. Récolte d'orge, riz, dattes, grenades, figues.

DAKKA ou DACCA, ville de l'Hindoustan anglais, ch.-l. du district de son nom, dans la présidence de Calcutta, à 250 kil. de cette ville et sur le Vieux-Gange. Pop. 200,000 hab. Ville autrefois très-considérable, et aujourd'hui l'une des plus importantes du Bengale. Siége d'une cour d'appel, factorerie et collége anglais. Cette ville fut la capitale du Bengale de 1608 à 1639. — Le district de Dakka a une superficie de 11,580 kil. carrés et une population de 1,100,000 hab. Il est arrosé par le Gange et le Brahmapoutra. Culture de la canne à sucre, indigo, coton, etc.

DAL ou DAL-ELF, fleuve de Suède, formé par la réunion des deux rivières Oester-Dal et Wester-Dal, à 31 kil. de Fahlun. Il forme le lac de Silian, passe à Hedemora, Avestad, et se jette dans le golfe de Bothnie, à 15 kil. de Gefle. Cours, 460 kil. Il offre une belle cascade dans la paroisse d'Elf-Karleby.

DALAYRAC (Nicolas), célèbre compositeur, né à Muret, en Languedoc, en 1753, mort en 1809. Son père le destinait au barreau, il débuta même dans cette carrière, mais entraîné par son goût dominant, il se fit entendre dans plusieurs concerts de Paris, et acquit bientôt une vogue prodigieuse. Il fit représenter à la Comédie-Italienne le *Petit Souper* et le *Chevalier à la mode;* on trouva dans sa composition de la grâce, de l'esprit et une mélodie nouvelle. Il reproduisait assez bien le genre de Grétry; il obtint le même succès dans l'*Eclipse totale* et le *Corsaire*. L'habileté avec laquelle il entendait l'art scénique aussi bien que la composition musicale le fit surnommer le *musicien-poëte*. Il composa 56 ouvrages, chiffre qui correspond au nombre d'années de sa vie. Ses derniers instants furent un véritable délire de composition; il répétait les airs de son dernier opéra. Il contribua beaucoup à mettre la romance à la mode; les airs tendres et mélancoliques convenaient particulièrement à son génie musical. Il se signala par un trait de générosité qui lui fit le plus grand honneur : il renonça au bénéfice d'un testament par lequel son père l'instituait son unique héritier, et cela au moment où il venait d'être ruiné par une faillite.

DALBERG (Charles-Théodore-Antoine-Marie, baron DE), né à Hernsheim en 1744, mort en 1817. Il entra dans les ordres et devint successivement chanoine de Worms, coadjuteur de Mayence, et enfin électeur de Mayence et archichancelier de l'empire en 1802. La paix de Lunéville ayant amené la cession à la France de Constance, Mayence et Worms, il reçut en échange Ratisbonne, Aschaffenburg et Wetzlar. En 1806, il devint primat de la confédération du Rhin et grand-duc de Francfort-sur-Mein. Sa fidélité à Napoléon Ier lui fit enlever, lors de nos désastres de 1815, la plus grande partie de son territoire. C'était un prélat éclairé et un esprit tolérant. On lui doit, en Allemagne, la fondation de nombreuses écoles. Il a laissé plusieurs écrits philosophiques qui témoignent de l'étendue de ses connaissances.

DALÉCARLIE, ancienne province de Suède, comprise aujourd'hui dans le Fahlun. Elle était située entre les montagnes de Norwége au N. et à l'O., l'Helsingie et la Gestricie à l'E., la Westmanie et le Wermeland au S. Climat très-froid, sol montagneux et sauvage, arrosé par le Dal, carrières de porphyre, mines de cuivre, fer, plomb. Des révolutions se sont souvent produites au milieu des populations de ce pays, parmi lesquelles Gustave Vasa chercha l'appui nécessaire pour affranchir la Suède de la domination des Danois.

DALEMBERT (Jean LE ROND), célèbre mathématicien, né à Paris le 16 novembre 1717, mort le 29 octobre 1783. Il était fils naturel de Mme de Tencin, femme célèbre à la fois par son esprit et sa beauté, et de Destouches, commissaire d'artillerie, qu'il ne faut pas confondre avec le poëte du même nom. Il fut abandonné au berceau, et ne dut peut-être le bonheur de vivre qu'aux apparences d'une mort prochaine. Le commissaire du quartier où il avait été abandonné hésita à l'envoyer aux Enfants-Trouvés, et le confia aux soins de la femme d'un pauvre vitrier; cette femme, dont le nom mérite d'être conservé à la postérité, se nommait Rousseau. Elle fit inscrire l'enfant sur les registres de sa paroisse sous le nom de Jean le Rond, parce qu'il avait été exposé sur les marches de l'église de Saint-Jean-le-Rond; il prit plus tard le surnom de Dalembert. Il avait à peine 10 ans quand son maître d'école, qui eut le mérite de pressentir le génie de son élève, déclara à la mère adoptive qu'il n'avait plus rien à lui apprendre. Il acheva ses études au collége Mazarin, où l'on n'enseignait pas encore les mathématiques, pour lesquelles il se sentait déjà doué d'admirables dispositions. Il entreprit l'étude du droit, puis de la médecine, mais il revint toujours à ses mathématiques; il les étudia sans maîtres et presque sans livres. Quelques lectures rapides aux bibliothèques publiques lui indiquaient les problèmes; rentré chez lui, il cherchait et trouvait les solutions. Plus d'une fois il crut avoir découvert des propositions nouvelles; il avait ensuite la satisfaction mêlée d'un sentiment de regret de les retrouver dans les livres. Il concourut pour le prix proposé par l'Académie de Berlin au meilleur mémoire *sur la cause générale des vents*. Non-seulement il remporta le prix, mais encore l'Académie l'admit dans son sein par acclamation. Frédéric de Prusse, à qui il avait dédié son travail, le gratifia plus tard d'une pension de 1,200 livres; il lui offrit même la place de président de l'Académie de Berlin. Dalembert refusa cette honorable fonction pour ne pas quitter la France. En 1750, il entreprit avec Diderot et d'autres savants la fameuse *Encyclopédie*. Il en composa le fameux *Discours préliminaire*, qui est un chef-d'œuvre d'éloquence; jamais avant Dalembert on n'avait si nettement tracé l'enchaînement des connaissances humaines. Il se chargea des articles de mathématiques et de quelques articles historiques et littéraires; il est probable que si l'*Encyclopédie* se fût toujours maintenue à la hauteur où l'avait placée Dalembert, elle n'aurait pas essuyé tant de critiques. Dalembert ne put résister plus longtemps aux instances du roi de Prusse, qui désirait le voir; ce prince, dès qu'il le vit, lui sauta au cou et l'embrassa avec effusion. Il lui demanda ensuite, avec une malice légère, « si les mathématiques fournissaient quelque méthode pour calculer les probabilités en politique. » Le grand mathématicien refusa les avances de l'impératrice de Russie, qui lui proposait de se charger de l'éducation de son fils, moyennant une rente de 100,000 livres et des avantages considérables. Il était en rapport avec Voltaire, Frédéric de Prusse et les hommes les plus célèbres de son siècle. L'Académie française l'avait reçu dans son sein après la mort de Duclos; il ne se servit de sa haute influence que pour manifester une bienfaisance éclairée et pour encourager les talents naissants. Plus d'une fois il éleva la voix en faveur des savants en butte à la malice ou à la persécution. En présence de tant de succès, Mme de Tencin, sa mère naturelle, devint fière du fils qu'elle avait abandonné; elle l'appela chez elle, et lui découvrit le secret de sa naissance; il répondit simplement : « Oh! madame; vous venez m'avouer que vous êtes une marâtre et vous reconnaissez que la vitrière est ma mère. » Sa reconnaissance pour sa bienfaitrice ne se ralentit jamais; pendant 30 ans il demeura chez elle et ne consentit à en sortir qu'après une longue maladie et sur la représentation qu'il devait chercher un logement plus sain. Les frères d'Argenson l'avaient autrefois assisté; ce fut pendant leur disgrâce que Dalembert les honora autant qu'il s'honora lui-même en leur dédiant ses ouvrages. Il mourut à l'âge de 66 ans, par suite de l'opération de la pierre; il était encore dans la force de son génie. Outre ses travaux encyclopédiques, il publia les ouvrages suivants : *Mélanges de littérature, d'histoire et de philosophie*; *Éléments de musique théorique et pratique*, où l'on trouve un exposé des principes de Rameau, avec des vues plus élevées; *De la destruction des jésuites*; *Traité de dynamique*, où l'auteur expose plusieurs calculs nouveaux et diverses découvertes importantes; *Traité de l'équilibre et du mouvement des fluides; Recherches sur divers points importants du système du monde; Opuscules mathématiques*.

DALESME (Jean-Baptiste, baron), général français, né à Limoges en 1763, mort en 1832. Il servit pendant les guerres de la République et de l'Empire, et fit partie du corps législatif. Il était gouverneur de l'île d'Elbe en 1815. Après la révolution de 1830, il fut nommé commandant de l'hôtel des Invalides.

DALESME (André), physicien français, mort en 1727. On lui doit de nombreuses inventions, et notamment celle du fourneau qui porte son nom, dans lequel la fumée descend dans le brasier et s'y convertit en flammes. Il entra à l'Académie des sciences en 1699.

DALIBRAY (Charles VION), poëte bachique, né à Paris vers la fin du XVIe siècle, mort en 1654. Il était fils d'un auditeur de la chambre des comptes; il embrassa la carrière des armes, s'en dégoûta bientôt et passa le reste de sa vie à cultiver la poésie. Il trôna au cabaret, et n'eut jamais tant de verve qu'après boire; il a laissé un recueil d'œuvres poétiques dans lequel il s'est peint comme un épicurien. Il ne voulait pas d'autre épitaphe que celle-ci :

> Moquons-nous de cette fumée
> Que l'on appelle renommée,
> Et dont se moque l'esprit fort.
> Un verre plein durant la vie,
> Est cent fois plus digne d'envie
> Qu'un tombeau vide après la mort.

DALILA. (*Voir* SAMSON.)

DALKEITH, ville du comté d'Edimbourg (Ecosse), à 9 kil. de cette ville. Pop. 5,345 hab. Marché aux grains, l'un des plus importants du royaume. Riches houillères. Beau château des ducs de Buccleugh, qui appartint autrefois aux Douglas.

DALLAGE. Opération qui consiste à recouvrir de dalles une superficie quelconque. Pour éviter les infiltrations, les dalles doivent être jointes entre elles par un ciment imperméable. Le dallage des boulevards et des quais de Paris a été remplacé par le bitume.

DALLE. C'est une pierre calcaire, coupée en tranches de peu d'épaisseur, qui sert à paver des terrasses, des péristyles, l'intérieur des églises, des balcons, des salles, etc. Souvent on emploie des dalles en marqueterie, c'est-à-dire de couleurs différentes mélangées ensemble. En général on donne le nom de dalle à toute substance employée, dans la construction des édifices, en grandes lames peu épaisses.

DALLEMAGNE (Claude, baron), général français, né dans le Bugey en 1754, mort en 1809. Il fit ses premières armes dans la guerre d'Amérique, et s'illustra ensuite dans les grandes guerres de la République et de l'Empire. Dans la campagne d'Italie, sous Bonaparte, il décida du succès de la bataille de Lodi. Il était général de division dans l'armée de Hollande en 1809.

DALMATIE, division administrative de l'empire d'Autriche, portant le titre de royaume, bornée au N. par les confins militaires, à l'E. la Bosnie et l'Herzegowine, au S. l'Albanie turque. Elle comprend également les îles Coronata, Pago, Meleda, Lesino, Brazza, Curzola, etc., situées dans l'Adriatique. Sup. 127 myriamètres carrés. Pop. 372,480 hab., dont 296,700 catholiques, 70,600 Grecs, etc. Ch.-l. Zara. Ce pays est couvert par les rameaux des Alpes dinariques et juliennes, dont les principaux points sont le Wellebith ou Velebich (1,700 mètres), le Biocovo ou Viscovitsch (1,810 mètres), le Dinara (1,858 mètres), le Parvo (1,823 mètres). Climat chaud, sol en général peu fertile ; arrosé par la Zermagna, la Kerka, la Narentha, etc. Récolte de froment, orge, vins. Elève de bœufs, chevaux, moutons. Source minérale à Spolatro. Vastes forêts, d'où l'on tire d'excellents bois de construction. La Dalmatie est divisée en 4 cercles : Zara, Spolatro, Raguse, Cattaro ; elle forme le diocèse de l'archevêché de Zara comprenant 5 évêchés. — Dans l'antiquité, la Dalmatie faisait partie de la grande région illyrique et comprenait la contrée située entre l'Adriatique à l'O. et les monts de la Liburnie à l'E. Les habitants se subdivisaient en Dalmates proprement dits, Ardyéens ou Vardéens, Autariates, Daorises. Les villes principales étaient : Tragurium (Trau), Solona, Epidaure, Delminium ou Dalminium. Après que les Romains eurent soumis les Ardyéens et les Labeates, les Dalmates devinrent sujets des Romains (156-155 av. J.-C.), et la ville de Delminium fut détruite. La Dalmatie devint province sénatoriale, puis impériale sous Auguste. Sous Constantin, elle fut comprise dans la préfecture et dans le diocèse d'Illyrie. Après la chute de l'empire d'Occident, elle fut conquise par les Hérules, ensuite par les Ostrogoths (481), et au milieu du siècle suivant, elle fit partie de l'empire d'Orient. En 640, les Slaves sorabes vinrent s'établir en Dalmatie et détruisirent Salone, Epidaure et les villes les plus importantes. A la même époque les Croates s'emparaient de la Liburnie (Croatie). Par le traité de 812, Zara, Trau, Spolatro, Ragun, qui formaient la Dalmatie maritime, furent attribuées à l'empire grec. En 997, elles tombèrent au pouvoir de Venise, en lutte avec les pirates slaves, qui infestaient l'Adriatique. Le Croate Crescimir Pierre les reprit et s'intitula roi de Dalmatie et de Croatie. Son successeur, Demetrius Zwonimir, se reconnut vassal du pape Grégoire VII pour la Dalmatie et la Croatie (1076). Etienne, successeur de Zwonimir, céda tous ses droits sur la Croatie aux Hongrois (1088). Ceux-ci s'emparèrent ensuite de la Dalmatie, à l'exception de Zara. En 1301, Venise reconquit la Dalmatie maritime et la garda jusqu'en 1797, époque où elle fut donnée à l'Autriche par le traité de Campo-Formio. En 1805, le traité de Presbourg la céda à l'Italie, et Napoléon l'annexa aux provinces illyriennes en 1809. En 1815, elle fut rendue à l'Autriche par le congrès de Vienne. Napoléon créa duc de Dalmatie le maréchal Soult, qui s'était distingué dans ce pays (1806).

DALMATIQUE. Espèce de tunique à longues manches, ainsi nommée de la Dalmatie où elle était en usage. Ce vêtement caractérisait les peuples du Nord, que les Grecs et les Romains appelaient des Barbares. Chez les Romains, peuple guerrier et ennemi de tout ce qui sentait le luxe et la mollesse, les habits longs étaient méprisés. Aussi quelle haine et quelle colère l'empereur Commode, déjà si détesté par ses cruautés, ne souleva-t-il pas à Rome, quand un jour on le vit se promener sur les places publiques vêtu du long vêtement qu'il avait emprunté aux Barbares ! La dalmatique fut donc mal accueillie à Rome. On regardait alors comme une chose honteuse de cacher ses bras dans les replis de larges manches flottantes. Plus tard, par un motif tout différent, le pape saint Sylvestre substitua la dalmatique au *collobe* parce qu'elle donnait aux prêtres un aspect plus grave et plus décent ; il blâmait l'usage d'avoir les bras nus. Dès lors la dalmatique fut introduite à Rome pour les diacres. L'usage en devint commun lorsque Charlemagne substitua dans les églises l'ordre romain aux anciens rites. Aujourd'hui les diacres et les sous-diacres portent la dalmatique, quand ils assistent le prêtre à l'autel. La forme de ce costume se retrouve dans les vêtements de plusieurs nations, entre autres des Arabes. Les dalmatiques sont ornées de galons d'or et d'argent.

DALRYMPLE (Alexandre), célèbre géomètre, né à Edimbourg en 1737, mort en 1808. Il entra au service de la compagnie des Indes, et reçut le commandement d'un navire avec la mission d'explorer les côtes de l'Archipel et d'y établir des comptoirs. Ses cartes hydrographiques et géographiques furent très-estimées dans le monde savant. Il a laissé des mémoires sur la *Formation des îles* et des *Relations de voyages et de découvertes*.

DALTON (Jean), professeur de physique et de mathématiques au collége de Manchester, né dans le Cumberland en 1766, mort en 1844. Il s'illustra par de belles découvertes scientifiques. Il étudia les phénomènes de la dilatation du gaz ; il dressa un tableau des chaleurs spécifiques des gaz, basé sur ce principe que les moindres molécules des fluides aériformes ont la même quantité de chaleur sous la même pression et à la même température. Son plus beau titre de gloire est d'avoir découvert la théorie atomistique, et d'avoir ainsi établi un système complet d'équivalents chimiques. Il a publié, outre de nombreux mémoires, un *système de philosophie chimique*. Il appartenait à la secte des quakers.

DALTON-IN-FURNESS, ville d'Angleterre comté de Lancaster, à 35 kil. de cette ville. Pop. 3,300 hab. Bon port sur un canal allant à la Mer d'Irlande. Mines de fer, hauts fourneaux, forges. Ruines de l'abbaye de Furness, l'une des plus riches du royaume, fondée en 1127 par Etienne, et supprimée en 1537.

DALZIEL (Thomas), général écossais. Il combattit avec Charles II, roi d'Angleterre, à la bataille de Worcester et passa ensuite au service de la Russie. Quand Charles II remonta sur le trône, il fut appelé au commandement en chef de l'armée d'Ecosse. C'était un homme d'une singularité étonnante ; son habillement était si bizarre, qu'il ne pouvait se montrer en public sans être accueilli par la risée des enfants. Après la mort de Charles II, il laissa croître sa barbe en signe de deuil. On ignore la date de sa naissance ainsi que celle de sa mort.

DAM. Vieux mot qui signifie perte, dommage, préjudice. Il n'est guère usité que dans ces locutions adverbiales : *à son dam, à votre dam, à leur dam*. — En terme de théologie, on dit *la peine du dam*, pour désigner la principale peine des damnés, laquelle consiste dans la privation de la vue de Dieu, le bien suprême. — DAM, DANT ou DOM, se disait autrefois pour *seigneur*, et ce titre se donnait à Dieu et aux personnes distinguées. Ainsi l'on disait : *dam* Dieu, *dam* roi, *dam* chevalier.

DAM. En flamand, ce mot signifie : *digue, levée de terre*. Il est entré dans la composition de plusieurs noms géographiques, tels que ceux d'*Amsterdam*, ou digue de l'Amster ; *Rotterdam* ou digue de Rotter.

DAM ou DAMME, ville de Belgique (Flandre occidentale), à 5 kil. de Bruges. Pop. 840 hab. Commerce de grains et de bétail. Belle église. Cette ville était autrefois fortifiée ; elle fut attaquée par Philippe-Auguste qui détruisit son port, dans lequel il avait pu mettre une flotte de 1,700 voiles (1213). Elle se rétablit en 1238 et soutint un long siège contre Charles VI de France (1384). Marlborough s'en empara en 1706.

DAMALA, bourg de Grèce, à 60 kil. de Tripolitza. Ruines de la Trézène des anciens Grecs.

DAMAN, ville de l'Hindoustan portugais, à 131 kil. de Bombay. Pop. 6,000 hab. Port sur la mer des Indes, chantiers de construction. Cette ville renferme un temple de Parsis où les prêtres conservent le feu sacré apporté, disent-ils de Perse, il y a 1,200 ans.

DAMANHOUR, ville de la basse Egypte, à 80 kil. d'Alexandrie. Pop. 10,000 hab. Culture et commerce de coton.

DAMANHOUR-SCHOBRA, village d'Egypte, à 7 kil. du Caire. Palais d'été du pacha d'Egypte.

DAMAR, ville d'Arabie (Yémen), dans la prov. de Sana, à 100 kil. de cette ville. 5,000 maisons. Résidence célèbre de la secte des Zeïtes. Château fort. Haras aux environs.

DAMAS, ville forte de Syrie, ch.-l. de l'eyalet de son nom, à 206 kil. de Jérusalem. Pop. 200,000 hab., dont environ 20,000 chrétiens. Cette ville a de vastes faubourgs autour de ses murailles flanquées de nombreuses tours carrées. Au centre de la ville s'élève un château fort qui sert de citadelle. Résidence du patriarche grec d'Antioche et d'un mollah de 1re classe. Consul d'Angleterre. Nombreuses écoles où sont enseignées les belles-lettres et la théologie. Industrie assez développée : bijouterie, soieries, sellerie, tanneries, imprimeries, fabriques de sabres autrefois célèbres et encore estimés aujourd'hui, nombreux bazars. Commerce de cachemires, perles, fruits confits, sucreries, huiles de rose, ouvrages en nacre. Des caravanes partent chaque année de cette ville pour la Mekke, Bagdad, Alep, Beyrouth, Tripoli, Acre. Les principaux monuments de Damas sont : le Serai ou palais du pacha, la grande mosquée, celle des Ommiades, la plus vénérée des musulmans ; les Khans d'Asad-Pacha pour le logement des marchands des caravanes ; l'hôpital construit par Selim Ier ; 59 bains publics, nombreuses fontaines, couvents catholiques, églises grecques, maronites ; plus de 200 mosquées. Damas, dont le nom est cité dans la Genèse, fut la capitale d'un petit Etat syrien et fut prise par David. Elle appartint tour à tour aux Perses, aux Grecs, aux Romains, sous lesquels elle fut très-florissante. Prise par les Sarrasins en 632, elle devint la capitale des kalifes ommiades. Elle fut assiégée par les croisés en 1148, prise par Tamerlan en 1401 et par les Turcs en 1516. Ibrahim-Pacha la leur prit en 1832 au nom de l'Egypte. Damas fut rendue à la Turquie par le traité d'Alexandrie en 1842. En 1860, ses habitants chrétiens furent massacrés par les Druses. Patrie du géographe et historien arabe Abou'l-Feda.

DAMAS (eyalet de), une des 4 divisions de la Syrie moderne, bornée au N. par l'eyalet d'Alep, à l'E. par le désert de Syrie, au S. par l'Arabie, à l'O. par l'eyalet de Bairouth. Il est divisé en 4 sand-jaks : Damas, Hama, Homs, Adjloum. Capitale Damas. Pop. 1,200,000 hab. environ.

DAMAS (Roger, comte DE), né en 1758, mort en 1829. Il servit en qualité de colonel dans la guerre de l'Indépendance américaine. Il fut arrêté avec Louis XVI à Varennes, puis relâché. Il combattit avec les alliés, et ne revint en France qu'au moment de la Restauration. Il entra alors à la chambre des pairs.

DAMAS (Charles, comte, puis duc DE),

frère du précédent, né en 1765, mort en 1823. Il entra au service de Catherine II, impératrice de Russie, et combattit contre les Turcs dans la campagne de 1787. Il s'engagea ensuite dans l'armée de Condé, puis dans celle du roi de Naples. La Restauration l'éleva au grade de lieutenant général. Il siégea à la Chambre des députés en 1815.

DAMAS-CRUX (Louis-Étienne-François, comte DE), né en 1750, mort en 1814. Il était, au moment où éclata la Révolution, gouverneur des Trois-Évêchés. Il émigra en 1792, et devint chevalier d'honneur de la duchesse d'Angoulême. Il venait d'être appelé à la Chambre des pairs, en 1814, lorsqu'il mourut.

DAMAS-CRUX (Étienne, chevalier, puis duc DE), frère du précédent, né en 1753, mort en 1846. Il servit dans les rangs des émigrés, et dirigea la fatale expédition de Quiberon. Il devint, en 1815, gentilhomme de la chambre du duc d'Angoulême, et entra à la Chambre des pairs.

DAMASCÈNE, petite subdivision de la Célésyrie, au S., qui avait Damas pour ch.-l.

DAMASE Ier (saint), pape de 366 à 384. Il était fils d'un scribe qui était plus tard entré dans les ordres. Damase était simple diacre, lorsque le pape Libère fut chassé de Rome par l'empereur Constance. Damase inspira au clergé la résolution de s'engager, par un serment solennel, à ne pas reconnaître d'autre évêque de Rome que celui qui venait d'être envoyé en exil. Cet acte énergique valut à Damase l'évêché de Rome à la mort de Libère. Le nouveau pape eut à lutter contre le diacre Ursin, qui s'était fait élire par quelques partisans. Damase s'appliqua à réformer les mœurs ecclésiastiques, qui s'étaient singulièrement relâchées : les prêtres et les religieuses vivaient dans le commerce des femmes mondaines, et arrachaient à la superstition les donations et les legs. L'empereur Valentinien fit des lois contre ce double abus et Damase en surveilla l'exécution. Cet évêque manifesta la plus vive intolérance contre les hérétiques. On lui attribue la construction de plusieurs églises à Rome.

DAMASE II, appelé auparavant Popon, était évêque de Brixen, lorsqu'il succéda à Clément II, le jour même où Benoît XI abdiquait. Il mourut à Palestrino, trois jours après son élection (1048).

DAMASQUINER. Action d'enjoliver le fer ou l'acier par des dessins en or ou en argent. Quand on veut damasquiner une lame, on la fait bleuir sur le feu, on grave dessus le sujet qu'on veut figurer, et on incruste dans le trait un fil métallique; ensuite on amatit le métal et l'on polit la lame; le dessin se trouve alors noyé dans le métal. Les anciens connaissaient l'art du damasquineur, et cet art, qui nous est venu de Damas, d'où il a tiré son nom, n'a pris naissance en France que sous Henri IV.

DAMASSÉ (linge), se dit particulièrement du linge de table dont le tissu représente des fleurs, des personnages ou d'autres dessins. Les nappes et serviettes damassées tirent leur nom de l'étoffe appelée *damas*, avec laquelle elles ont une grande ressemblance. Leur fabrication est originaire de Flandre et remonte au XVe siècle. De la Flandre, cette industrie se répandit en France, en Hollande, en Saxe et dans toute l'Europe. C'est surtout dans les départements de l'Aisne, du Nord, du Doubs et des Basses-Pyrénées que l'art de damasser le linge a atteint la plus grande perfection.

DAMATRIOS, 10e mois de l'année chez les Grecs, correspondant au mois de juillet; il était consacré à Cérès.

DAMAZAN, ch.-l. de cant. de l'arrond. de Nérac (Lot-et-Garonne), à 23 kil. de cette ville. Pop. 1,505 hab. Cette ville était autrefois fortifiée.

DAMBACH, petite ville de l'arrond. de Schelestadt (Bas-Rhin), à 9 kil. de cette ville. Pop. 2,275 hab., presque tous juifs. Elle est entourée de vieilles murailles.

DAMBOURNEZ (Louis-Alexandre), né à Rouen en 1722, mort en 1795. Il fut secrétaire de l'Académie des sciences et belles-lettres de sa ville natale. Il s'était d'abord adonné au commerce, il cultiva ensuite la musique, la peinture, sans toutefois négliger les lettres. Il fut nommé intendant du jardin botanique en 1761. Il fit alors des recherches utiles sur l'emploi des végétaux dans la teinture; c'est lui qui imagina de tirer par la fermentation le bleu du pastel, qu'on a appelé depuis *indigo-pastel*. Il a laissé des mémoires intéressants sur les procédés de teinture.

DAMBRAY (Charles-Henri, vicomte), né à Rouen en 1760, mort près de Dieppe en 1829. Avant la Révolution, il fut successivement avocat général à la cour des aides, puis au parlement. Il dut quelque célébrité aux divers procès soutenus par Beaumarchais. Il vécut dans l'obscurité pendant la Révolution, et quoiqu'il eût accepté, sous l'empire, les fonctions de juge de paix et de membre du conseil général de la Seine-Inférieure, il ne cessa d'entretenir une correspondance secrète avec les Bourbons. La Restauration l'appela à la présidence de la Chambre des pairs. Sa mémoire reste chargée du procès du maréchal Ney.

DAME. Au temps de la féodalité, on ne donnait le nom de *dame* qu'à la femme noble, ou aux châtelaines non mariées. La *dame* avait alors son écu, sa bannière, ses pages et son écuyer; elle recevait l'hommage de ses vassaux, et elle avait la première place à l'église. On attachait alors une grande idée de respect au titre de dame; les reines elles-mêmes s'honoraient de le porter. Au temps de la chevalerie, tout chevalier faisait choix d'une *dame*, à laquelle il consacrait tous ses soins et rapportait la gloire de ses exploits, et dont il portait les couleurs. Plus tard, le titre de *dame* ne fut plus qu'un titre banal donné à toute femme mariée. La *dame à carreau* était celle qui occupait la première place dans l'église, où elle avait droit de se faire donner un carreau de velours et de faire porter la queue de sa robe. *Dame* est aussi un titre honorifique ou un titre d'office. On appelle *dame d'honneur* la première dame de la maison et de la suite des reines et des princesses du sang royal. La *dame d'atours* est celle qui est chargée spécialement de leur toilette. En général, on appelle *dames du palais* toutes les dames qui composent la cour de la reine et des princesses. Leur origine remonte à François Ier; Catherine de Médicis avait établi à sa cour 12 filles d'honneur, prises parmi les demoiselles de haut rang, mais en 1673, Anne d'Autriche les remplaça par 12 dames du palais.

DAMER, ville de Nubie, capitale d'un petit État indépendant qui fut soumis à l'Égypte en 1821, au confluent du Nil et du Tacazzé, à 308 kil. de Vieux-Dongola.

DAMERY, bourg de l'arrond. d'Épernay (Marne), à 7 kil. de cette ville. Pop. 1,950 hab. Récolte de vins rouges fins.

DAMES BLANCHES. Dans la croyance des peuples de l'Allemagne et de l'Écosse, les *dames blanches* étaient des êtres surnaturels attachés à la destinée de quelques familles illustres. Elles apparaissent, suivant la tradition, à l'occasion d'un mariage ou de la naissance d'un enfant, et lorsque la mort menace un grand prince ou un grand seigneur. La *dame blanche* paraît-elle avec des gants noirs, c'est signe de mort; paraît-elle, au contraire, avec des gants blancs, c'est signe de bonheur. La *dame blanche* n'est pas d'un naturel méchant; sa bonté s'étend à tout le monde. On a donné le même nom à des êtres malfaisants, qui habitaient des cavernes souterraines, surprenaient les voyageurs égarés la nuit, les bergers, les hommes et les enfants. Quand les *dames blanches* rencontraient des enfants, elles les égaraient et en substituaient d'autres à leur place. Le moyen de retrouver l'enfant perdu était de faire rôtir sur des charbons celui qu'on lui avait substitué. Ces superstitions existent encore, et en Belgique on voit des femmes coudre dans les vêtements de leurs enfants des morceaux de cierge bénit, afin de les soustraire à toute espèce de maléfices. La *dame blanche* a fait le sujet d'un opéra-comique qui a eu un immense succès qui n'est pas près de finir. Tout le monde se rappelle encore ce refrain devenu populaire:

Prenez garde,
Prenez garde,
La Dame blanche vous regarde;
La Dame [illegible] vous entend.

DAMES (jeu de). Après le jeu des [illegible] vient, sans aucun doute, le jeu de dames, noble divertissement de l'esprit, où le calcul et la science donnent seuls la supériorité. Son origine est fort ancienne et difficile à établir d'une manière certaine. On distingue deux sortes de jeux de dames; l'un se nomme les *dames à la française*, et l'autre les *dames à la polonaise*. Le premier, qui est moins étendu et moins varié que le second, se jouait sur un damier de 64 cases, et l'on n'y employait que 24 pions, dont 12 blancs et 12 noirs. La marche et les règles en sont les mêmes que pour les dames polonaises, si ce n'est que dans la manière française les pions dames ou les dames ne peuvent faire qu'un pas à la fois, soit en avant, soit en arrière. Le jeu de *dames polonaises* se joue sur un damier composé de 100 cases, dont 50 noires et 50 blanches. Chaque joueur a 20 pions de couleur différente. Ce jeu est à peu près le seul usité aujourd'hui. Les pions peuvent se placer indifféremment sur les cases noires ou sur les cases blanches; mais en France l'usage le plus général est de les placer sur les cases blanches.

DAMESKYOLD-SAMSOE (famille DE), la plus ancienne maison du Danemark; elle remonte à Christian V et à sa maîtresse Sophie-Amélie Moth, comtesse de Samsoe.

DAMGHAN, ville de Perse (Tabaristan), à 237 kil. de Téhéran. Chef-lieu d'un district. Ville déchue, autrefois florissante.

DAMIANI ou DAMIEN (Pierre), cardinal-évêque d'Ostie, né à Ravenne en 988, mort à Faenza en 1072. Il s'enferma dans le monastère de Sainte-Croix d'Avellana, près de Jubbio. La sévérité de la vie monastique altéra sensiblement sa raison. Il était doué d'une certaine dose de crédulité qui lui faisait voir des miracles dans les actes les plus ordinaires de la vie. Ses sermons, pleins d'allégories et de visions ridicules, lui valurent cependant d'être promu au cardinalat par le pape Étienne IX.

DAMIANO (San-), ville du royaume d'Italie, dans la province d'Alexandrie, à 45 kil. de cette ville. Pop. 7,920 hab. Élève de vers à soie.

DAMIENS (Robert-François), régicide, né à Tieulloy, dans le diocèse d'Arras, en 1715. Il fut d'abord soldat, et se trouva au siège de Philipsbourg. De retour en France, il entra en qualité de domestique au collège des jésuites de Paris. Il se fit ensuite laquais, et se maria avec une des femmes de la comtesse de Crussol. Il fut poursuivi pour un vol qu'il avait commis au préjudice de son maître, et erra pendant plusieurs mois aux environs de Bruxelles. On remarqua que sa raison paraissait altérée; il ne cessait de dire que s'il rentrait en France, il mourrait, et que le plus grand de la terre mourrait avec lui. Vers la fin de décembre 1756, il tint de semblables propos chez un de ses parents. Damiens essaya vainement de calmer ses accès frénétiques par de fréquentes saignées. Au commencement de 1757, il prit de l'opium pendant plusieurs jours, et, sous l'influence de l'ivresse, il médita d'assassiner Louis XV. Comme ce prince se rendait de Versailles à Trianon, il le frappa d'un coup de canif au côté droit. Il fut arrêté sur-le-champ et enfermé dans la tour de Montgommery, où on lui prépara la même chambre que Ravaillac avait autrefois occupée. On le soumit à la torture sans pouvoir lui arracher le moindre aveu; il protesta seulement que s'il avait été saigné, ainsi qu'il l'avait demandé, le jour même de l'assassinat du roi, il n'aurait pas commis ce crime. Il fut condamné à l'horrible peine des régicides et subit ce supplice sur la place de Grève. On lui brûla la main droite, on le tenailla aux bras, aux jambes, aux cuisses, aux mamelles; on jeta dans les plaies du plomb fondu, de l'huile bouillante, de la cire et de la résine; enfin on le fit écarteler par quatre chevaux pendant près d'une heure. Malgré les horribles souffrances causées par ces tortures, la vie persistait chez Damiens. Les bourreaux lui coupèrent les membres; il respirait encore après l'amputation des cuisses, et ne succomba que pendant l'amputation du dernier bras. Son supplice avait duré une heure et demie, et pendant tout ce temps son front habituellement taciturne s'était déridé; il avait même laissé échapper d'ignobles plaisanteries. A la suite de cette exécution, la police redoubla de zèle contre ceux qu'on accusait de sédition. Un garde du corps et un huissier furent pendus pour quelques propos légers. Des jansénistes et des membres du parlement se virent jetés à la Bastille.

DAMIETTE, ville de la basse Égypte, sur le lac Menzaleh et sur la branche du Nil de son nom qui se jette dans la Méditerranée, et à 158 kil. du Caire. Pop. 30,000 hab. Siège d'un évêché copte; agences consulaires européennes; école militaire d'infanterie. Bains magnifiques. Son port est accessible seulement pour des bâtiments d'un faible tonnage. Filature et tissage de coton. Culture de café, lin, coton, riz, dans les environs. Exportation de riz, le meilleur de l'Égypte, poissons séchés du lac Menzaleh, soie, coton, etc. Cette ville fut prise par les croisés en 1219, par saint Louis en 1249, et rasée en 1250.

DAMJANICS (Johann), général hongrois, né dans le Banat en 1804, mort en 1849. En 1848, il lutta pour l'indépendance de son pays, et fut appelé au commandement des Honveds; il remporta divers succès sur les Autrichiens, puis sur les Russes. Il défendait le fort d'Arad quand la trahison de Görgey le força de se rendre aux Russes. Ceux-ci eurent la cruauté de le remettre aux Autrichiens, qui le firent passer par les armes.

DAMM, ville forte de Prusse (Poméranie), dans la régence de Stettin, à 6 kil. de cette ville. Pop. 2,700 hab. Fabr. de toiles; pêche.

DAMMARTIN, ch.-l. de cant. de l'arr. de Meaux (Seine-et-Marne), à 22 kil. de cette ville. Pop. 1,820 hab. Fabrication de blondes, dentelles, tulle et passementerie. Fort marché aux grains. Sur une hauteur voisine de cette ville, on trouve les restes d'un château construit en briques, enveloppé de larges fossés et flanqué de 8 tours octogones. — Les descendants de Hugues possédèrent Dammartin en franc-alleu depuis le Xe siècle. Au XVIe siècle, ce comté passa à Anne de Montmorency, et resta dans cette famille jusqu'à la mort du maréchal de ce nom. Louis XIII le confisqua et le donna à la maison de Condé, et le château fut alors démantelé.

DAMNATION. C'est la punition des damnés. Chez tous les peuples, même les plus sauvages, on a retrouvé le dogme de l'existence de Dieu, et, comme conséquence rigoureuse, la croyance aux peines et aux récompenses de la vie future. Toutes les religions ont donc eu et ont encore leurs *damnés*. La peine du *dam* est celle qu'on souffre dans l'enfer. Cette peine consiste dans la privation de la vue de Dieu et dans les tourments les plus violents sans adoucissement. L'Écriture nous désigne ces tourments par le feu, et nous donne tout lieu de croire que le feu de l'enfer sera un feu réel et véritable qui, par une vertu surnaturelle, agira sur les corps et sur les âmes sans les détruire. C'est le sentiment de la plupart des Pères de l'Église et des théologiens. Les peines des damnés seront éternelles, et la privation de la présence de Dieu sera égale pour tous les réprouvés.

DAMOCLÈS, courtisan de Denys l'Ancien, tyran de Syracuse. Il se faisait remarquer par ses flatteries emphatiques; il ne cessait de vanter les richesses, la magnificence, et surtout le bonheur des monarques. Denys, pour faire apprécier à Damoclès la valeur de ses flatteries, lui offrit de prendre sa place pendant un jour. Le courtisan accepta, prit place sur le trône et ordonna un festin magnifique. Pendant qu'il savourait avec ivresse les jouissances de l'autorité suprême, il leva les yeux, et vit suspendue au-dessus de sa tête une épée nue, qui ne tenait que par un crin de cheval. Il se leva tout tremblant, en suppliant Denys de faire cesser le danger qui le menaçait. Il avait ainsi compris ce que c'était que la félicité d'un tyran. *L'épée de Damoclès* est devenue une locution proverbiale qui sert à peindre l'instabilité des grandes fortunes.

DAMOISEAU. Nom que l'on donnait autrefois aux fils de chevaliers, de barons, et en général aux jeunes gentilshommes qui n'étaient pas encore chevaliers et qui aspiraient à le devenir. Ce nom se donna également aux fils des rois et des grands qui n'étaient pas en état de porter les armes. Le damoiseau accompagnait le châtelain et la châtelaine à la chasse, à la promenade, en voyage; il les servait à table et faisait leurs messages. On l'appelait aussi *damoisel*:

> ..... C'était un *damoisel*,
> Brave, de haut lignage et d'antique noblesse.
> (C. DELAVIGNE.)

DAMOISEAU (Marie-Charles-Théodore, baron), savant mathématicien, né à Besançon, mort en 1846. Il émigra au commencement de la Révolution et entra dans l'armée de Condé. Il se réfugia plus tard en Portugal, et devint sous-directeur de l'Observatoire de Lisbonne. De retour en France, en 1808, il fut admis au Bureau des longitudes, et rendit quelques services à l'administration de la guerre. Il entra à l'Académie des sciences en 1825. Il a laissé divers *mémoires astronomiques*, des tables de la lune et des satellites de Jupiter.

DAMOISELLE. Titre donné autrefois aux filles nobles dans les anciens actes publics. On dit aujourd'hui *demoiselle*.

DAMON et PYTHIAS, philosophes pythagoriciens, qui vivaient en Sicile environ 400 ans av. J.-C. Ils étaient liés d'une étroite amitié; leur sagesse et leur vertu portaient ombrage à la cour de Denys le Jeune, tyran de Syracuse. Pythias fut accusé de conspiration, et des témoins se chargèrent de fournir des preuves qui n'étaient pas irrécusables. Sa mort fut résolue. Cependant Pythias ayant demandé quelques jours de grâce pour régler ses affaires, Denys y consentit, à la condition que Damon, son ami, se constituerait prisonnier à sa place jusqu'à son retour. Les uns crurent que Pythias avait trahi son ami et qu'il ne reviendrait pas, d'autres accusaient Damon d'une stupide confiance. Le moment fatal approchait quand Pythias parut à l'heure marquée, au moment où Damon allait être conduit au supplice. Une lutte généreuse s'engage alors entre les deux amis. Damon, qui avait conçu l'espoir de se sacrifier pour Pythias, s'offre pour victime; Pythias ne veut pas accepter un tel dévouement. Le bourreau, étonné d'avoir à choisir entre deux hommes également décidés à mourir, reste muet d'étonnement; la multitude applaudit, et le tyran lui-même, pénétré d'admiration, ordonne qu'on les laisse vivre tous deux.

DAMPIER (William), célèbre navigateur anglais, né à East-Coker en 1652, mort en 1711. Il fit trois voyages autour du monde; le premier en 1690, le second en 1699, et le troisième en 1704. Dans ses différentes expéditions, il ne cessa de désoler les colonies espagnoles. Il passa trois années avec les flibustiers, qu'il dirigeait dans leurs expéditions. Il a publié le recueil de ses voyages autour du monde depuis 1673 jusqu'en 1691. Il est le premier qui ait décrit l'isthme de Darien. On trouve dans cet ouvrage une foule d'observations utiles à la géographie et à la navigation. Il parcourut les côtes occidentales de la Nouvelle-Hollande depuis le 28e degré jusqu'au 15e parallèle, la terre des Papous, la Nouvelle-Guinée, et découvrit le passage qui porte son nom. Il donna le nom de Nouvelle-Bretagne à la grande île qui forme ce détroit à l'E.

DAMPIERRE (Guy DE), comte de Flandre et pair de France, accompagna Louis IX dans son expédition d'Égypte, en 1270. Sa fille ayant été mariée à Édouard, prince d'Angleterre, sans l'autorisation de Philippe le Bel, roi de France, celui-ci fit arrêter Dampierre et sa fille au moment où ils se disposaient à passer en Angleterre. Dampierre n'obtint la liberté que sur la promesse de se conformer au traité de Melun, et de ne contracter aucune alliance avec l'Angleterre. Sitôt que Dampierre fut libre, il déclara la guerre à Philippe le Bel, qui mit ses domaines en interdit et le défit à Furnes. Dampierre et ses deux fils furent faits prisonniers. La Flandre reçut des gouverneurs qui, par leurs exactions, provoquèrent la révolte des Flamands; une armée royale fut battue par les rebelles. Pendant que le roi négociait avec son prisonnier, celui-ci mourut à Pontoise, en 1305.

DAMPIERRE (Auguste-Henri-Marie PICOT, marquis DE), né à Paris en 1756, mort en 1792. Il s'enrôla dans les gardes françaises à l'âge de 15 ans. Il quitta bientôt le service, et voyagea pour perfectionner son éducation. Méprisant avec raison les préjugés de race, il épousa, quoique noble, une petite-fille de Lulli. Cet acte lui suscita l'inimitié de sa famille. Il rentra dans la carrière militaire, et devint aide de camp du général Rochambeau, puis colonel des dragons de la colonelle-générale. Ce régiment, où dominait l'élément noble voyait d'un mauvais œil la formation de bataillons de volontaires. Dampierre, malgré son appel à des sentiments plus généreux et plus patriotiques, ne put empêcher une grande manifestation dirigée contre le bataillon de l'Oise. Cette première marque d'insubordination fut suivie d'une révolte ouverte. Les dragons, qui avaient réclamé en vain la restitution de leur masse, saisirent le prétexte d'un refus pour se débander devant l'ennemi, au cri de: « La masse! nous ne marcherons pas. » Dampierre s'élança aussitôt au-devant des fuyards: « Officiers, et sous-officiers, leur criait-il, vous répondez sur vos têtes de l'ordre que je vais donner, que les dragons mutinés suivent les soldats fidèles! » Cette proclamation produisit son effet, et les rangs se rétablirent. Dampierre accorda alors à la soumission ce qu'il avait refusé à la révolte, et chaque dragon reçut six francs sur sa masse. Dampierre fut bientôt après élevé au grade de général de brigade, et servit sous Dumouriez, pour qui il manifestait cependant une certaine antipathie. Il se distingua à la bataille de Jemmapes, et décida du succès en chargeant les batteries autrichiennes à la tête des volontaires parisiens. Dès qu'il se vit maître de cette position, il fit exécuter une habile manœuvre pour envelopper l'artillerie ennemie, et fit 1,500 prisonniers. Après la bataille de Nerwinde, il sauva l'armée par une savante retraite. Après la trahison de Dumouriez, Dampierre prit le commandement de l'armée; il rallia aussitôt les divisions qui avaient été éparpillées de manière à ouvrir les frontières à l'ennemi. Il fut ainsi en mesure de repousser une attaque générale; mais il fut blessé mortellement dans un combat d'avant-garde. La Convention décréta que son corps reposerait au Panthéon et que son buste serait placé dans la salle de ses séances.

Dampierre, village de l'arrond. de Rambouillet (Seine-et-Oise), à 14 kil. de cette ville. Pop. 670 hab. Beau château construit sous le règne de Louis XIV.

Dampierre-lez-Fraisans ou Dampierre-lez-Dôle, ch.-l. de cant. de l'arrond. de Dôle (Jura), à 22 kil. de cette ville. Pop. 570 hab. Forges, hauts fourneaux.

Dampierre-sur-Salon, ch.-l. de cant. de l'arrond. de Gray (Haute-Saône), à 16 k. de cette ville. Pop. 1.425 hab. Hauts fourneaux, forges. Exploitation de pierres de taille.

DAMRÉMONT (Charles-Marie-Denys, comte de), né à Chaumont (Haute-Marne), en 1783, mort en 1837. Il se distingua dans les grandes guerres de l'Empire; il combattit à Austerlitz, à Iéna, à Friedland, puis en Dalmatie et en Espagne. Il fut nommé colonel sur le champ de bataille de Lutzen. Napoléon le retrouva à ses côtés parmi les valeureux soldats qui défendirent pied à pied le territoire français en 1814. Cependant il se rallia plus tard au gouvernement de la Restauration et fut nommé maréchal de camp en 1821. Il fit la campagne d'Espagne de 1823, et en 1830, la campagne plus glorieuse d'Algérie; il fut chargé d'emporter Bone, et fut récompensé de ses services par le grade de lieutenant général. En 1832, il fut nommé commandant de la 8e division militaire. En 1837, il fut envoyé en Algérie en qualité de gouverneur. Il trouva une mort glorieuse à l'attaque de Constantine; un boulet le frappa au moment où il allait reconnaître la brèche qui venait d'être ouverte.

DAMVILLE, ch.-l. de cant. de l'arrond. d'Evreux (Eure), à 19 kil. de cette ville. Pop. 835 hab. Damville était une ancienne baronnie qui donnait droit de séance à l'Echiquier de Normandie. Elle appartint à Pierre de Labrosse et ensuite aux Montmorency. Elle fut érigée en duché-pairie en 1610.

DAMVILLERS, ch.-l. de cant. de l'arrond. de Montmédy (Meuse), à 22 kil. de cette ville. Pop. 1,075 hab. Cette ville se nomme ainsi parce qu'elle fut bâtie sur l'emplacement du couvent de Dam et de la forteresse Villers. Charles-Quint la fortifia en 1528, et Louis XIV la démantela en 1673.

DAN, cinquième fils de Jacob et premier fils de Bala, servante de Rachel. Il fut le chef de la tribu juive qui porta son nom, et d'où sortit Samson. Il mourut à l'âge de 127 ans.

Dan, ville de Palestine, dans la tribu de Nephtali, sur un affluent du Jourdain.

Dan, rivière des Etats-Unis qui prend sa source dans la Caroline du Nord, traverse la Virginie et se jette dans le Roanoke. Cours 180 kil.

DANAÉ, fille d'Acrisius, roi d'Argos, et d'Euricyde, fille de Lacédémon, fondateur de Lacédémone. Son père ayant reçu d'un oracle l'avis que le fils qui naîtrait de sa fille lui arracherait un jour le trône et la vie, fit enfermer Danaé dans une tour d'airain. Jupiter pénétra dans cette tour en se changeant en pluie d'or, et rendit Danaé mère de Persée. Cette fable cache évidemment la corruption exercée à force d'or, par un amant épris des charmes de la princesse. Le tyran d'Argos fit enfermer dans un coffre l'enfant et la mère, et ordonna qu'on l'abandonnât à la merci des flots. Un pêcheur recueillit la précieuse épave. Persée fut élevé à la cour de Polydecte, roi de Sériphe. Devenu grand, Persée alla combattre les Gorgones, femmes redoutables par leurs cruautés. A son retour, il tua Polydecte, son bienfaiteur, qui était devenu l'époux de sa mère.

DANAIDES, nom donné aux cinquante filles de Danaüs. Egyptus et Danaüs, fils de Bélus, régnaient ensemble sur l'Egypte, lorsque Egyptus fit une alliance étroite avec Danaüs, et la cimenta en offrant ses cinquante fils en mariage aux cinquante filles de Danaüs. Ces dernières, pour échapper à cet hymen, se réfugièrent à Argos auprès de Pélasgus. D'autres, rejetant la tradition d'Eschyle, racontent que Danaüs averti par un oracle qu'il périrait de la main d'un de ses gendres, chercha un asile à Argos, où il régna. Egyptus, redoutant la puissance de Danaüs, et voulant à tout prix que ses fils obtinssent la main de leurs cousines, les envoya contre Danaüs à la tête d'une nombreuse armée. Les filles de Danaüs se virent forcées d'accepter des époux qui s'imposaient ainsi; mais leur père remit à chacune d'elles un poignard pour égorger dans la nuit les époux qu'elles allaient accepter; elles devaient, au lever de l'aurore, lui apporter les cinquantes têtes. Les Danaïdes obéirent scrupuleusement. Une seule manqua à sa parole: Hypermnestre n'eut pas le courage d'égorger le beau Lyncée, elle lui fournit même les moyens de s'enfuir. Elle se présenta cependant devant son père. Danaüs la fit jeter dans un cachot, et la dénonça au peuple; mais les Argiens la jugèrent innocente. Jupiter confirma ce jugement, et condamna même les quarante-neuf sœurs d'Hypermnestre à remplir éternellement dans le Tartare un tonneau percé.

DANAKIL. Nom d'un peuple de la province de Dankali, en Afrique, et qui erre le long de la côte, depuis le Bab-el-Mandeb jusqu'à Arkixo. Il est formé de tribus indépendantes ayant chacune un chef particulier. Elles ont toutes la même langue et professent l'islamisme.

DANAUS, fils de Bélus, né à Chemmis, régna sur l'Egypte avec son frère Egyptus (*Voir* Danaïdes). Il donna son nom aux Ioniens de l'Argolide. Homère désigne même tous les Grecs par le nom de *Danaoi*.

DANBURY, bourg des Etats-Unis (Connecticut), à 52 kil. de New-Haren. Pop. 4,500 hab. Les Anglais la prirent et la brûlèrent en 1777.

DANCHET (Antoine), poëte français, membre de l'Académie française et de celle des inscriptions et belles lettres, né à Riom en 1671, mort à Paris en 1748. Il fut bibliothécaire du roi. Bien qu'il fût fort modeste, il avait, comme poëte, un mérite très-réel; il cachait même un certain esprit sous une apparence de niaiserie. Ses opéras, dont Campra composa la musique, ont eu plus de succès que ses tragédies. On cite notamment: *Tancrède*, les *Fêtes vénitiennes* et le *Triomphe de l'Amour*.

DANCOURT (Florent-Carton), poëte dramatique, né à Fontainebleau en 1651, mort en 1726. Il fit ses études chez les jésuites; mais il résista aux avances du père Larue, qui voulait enrôler dans son ordre un sujet qui donnait de belles espérances. Il entra au barreau. L'amour qu'il éprouva pour la fille du médecin la Thorillière le détourna de cette carrière. Il enleva sa maîtresse, l'épousa et se fit recevoir dans la troupe des comédiens du roi. Il se distingua à la fois comme acteur et comme auteur. Voltaire lui a rendu justice en ces termes: « Ce que Régnard était à l'égard de Molière dans la haute comédie, le comédien Dancourt l'était dans la farce. » Ses comédies champêtres sont les plus remarquables; il savait faire parler les paysans et les mettre en scène; les dialogues qu'il met dans leur bouche sont étincelants de gaieté et de saillies. Il réussit assez bien dans la satire des *Ridicules du jour*. Sa prose est généralement supérieure à ses vers, qui sentent le travail difficile. Louis XIV aimait à l'entendre lire ses ouvrages. Les comédiens l'avaient choisi pour leur orateur. Etant allé un jour porter à l'Hôtel-Dieu la contribution due par les comédiens, il représenta au premier président de Harlay qu'il n'y avait pas de bonnes raisons pour excommunier les comédiens, alors qu'on acceptait leur argent. Il reçut cette réponse digne d'un casuiste: « Dancourt, nous avons des oreilles pour vous entendre, des mains pour recevoir vos aumônes, mais nous n'avons point de langue pour vous répondre. » Parmi ses meilleurs ouvrages, on cite: les *Bourgeois à la mode*, le *Chevalier à la mode*, le *Moulin de Javelle*, la *Foire de Bezonce*, les *Vendanges de Suresnes* et les *Agioteurs*.

DANDE ou DANDA, fleuve d'Afrique (Guinée méridionale); prend sa source dans le Ginga et se jette dans l'Atlantique, au-dessous de la ville de Dande (Angola), à 61 kil. de Saint-Paul-de-Loanda. Cours, 700 kil.

DANDELOT (François de Coligny), fils de Gaspard de Coligny et frère puîné de l'amiral, né à Châtillon-sur-Loing en 1521, mort en 1569. Il rendit de grands services à la cause des protestants. Il devint colonel général de l'infanterie après la démission de son frère. Il se distingua à la bataille de Cérisoles, en 1544, et passa ensuite en Ecosse pour soutenir Marie Stuart. Il fit la campagne d'Italie, fut fait prisonnier dans Parme, et amené en captivité à Milan. Dès qu'il fut en liberté, il reprit les armes pour combattre les Espagnols, et défendit vigoureusement Saint-Quentin. Il y fut fait prisonnier ainsi que son frère; mais il trouva le moyen de s'échapper, et servit l'année suivante au siége de Calais. Peu de temps après, il se prononça en faveur des calvinistes. Il fut emprisonné à Melun. On le rendit à la liberté à condition qu'il entendrait la messe. Il souscrivit à cette condition; ce qui ne l'empêcha pas de prendre le parti des protestants dans la guerre civile. Il se distingua, en 1562, à la bataille de Dreux, puis à la défense d'Orléans. Il assista à la bataille de Jarnac en 1569. Il mourut peu de temps après, et l'on accusa la cour d'avoir abrégé ses jours par le poison.

DANDIN. Ce personnage appartient à la fois à la satire et à la comédie. Au temps de Rabelais, c'était un bon paysan qui savait chanter au lutrin et qui était assez versé dans les finesses de la procédure pour être l'oracle de son voisinage. Il ne recevait pas encore d'épices, mais il était de toutes les noces et festins. Son fils ne se contentait pas, comme son père, d'appointer les procès et de réconcilier les plaideurs, il voulait retenir l'huître et même les écailles. Dandin siégeait sur un escabeau, où, pour se distraire en écoutant les plaideurs, il remuait les jambes de façon à imiter le mouvement des cloches: *Dan din, dan din*. La langue s'enrichit dès lors du verbe *dandiner*. La Fontaine nous a fait connaître Perrin Dandin; Molière, Georges Dandin, et enfin Racine, le Dandin de la comédie des *Plaideurs*. Tous ces gens-là ont un certain air de famille; aussi le Caton de basse Normandie peut-il dire avec orgueil à son fils:

> Vois dans ma garde-robe
> Les portraits des Dandin; tous ont porté la robe.

DANDOLO (les), noble famille vénitienne dont l'origine remontait aux Romains. Elle a donné quatre doges à la république vénitienne.

Dandolo (Enrico ou Arrigo), né en 1108, mort en 1205. Il fut élu doge de Venise en 1192, à l'âge de 84 ans. Les Français ayant préparé la quatrième croisade, envoyèrent, en 1201, des députés à Venise pour obtenir des vaisseaux qui transportassent les croisés en Orient. Dandolo accéda à leur demande, mais les croisés, au lieu de se rendre à Jérusalem, s'arrêtèrent en Dalmatie, et placèrent sur le trône de Constantinople le prince Alexis, qui avait été dépossédé par son oncle. Dandolo accompagnait l'expédition. Il débarqua le premier sur le rivage ennemi, et, malgré son grand âge, on le vit constamment au premier rang des assaillants. Dans une occasion, il sauva les croisés, qui avaient été repoussés par les Byzantins. Les croisés voulurent le récompenser en lui offrant l'empire d'Orient. Il eut à la fois la gloire de mériter cet honneur et la sagesse de le refuser. C'est alors que la couronne impériale fut placée sur la

ajouta six livres de lois aux statuts de Venise. Il a laissé aussi des travaux remarquables sur les principaux faits de l'histoire de la République. Il était l'ami de Pétrarque, avec lequel il entretenait une correspondance.

DANDOLO (le comte Vincent), savant chimiste, né à Venise, en 1759, d'une famille étrangère à celle dont sortirent les doges, mort en 1819. Il fit connaître à l'Italie les œuvres de Lavoisier, Guyton-Morveau, Fourcroy et Berthollet. Il fut admis à l'Institut de France, et Napoléon le nomma sénateur en 1809.

D'ANDRÉ (Antoine-Balthazar-Joseph, baron), né à Aix en 1759, mort en 1827. Avant la Révolution, il était conseiller au parlement d'Aix depuis l'âge de 19 ans. Il fut député par la noblesse de Provence aux

pendant les guerres que ce pays eut à soutenir contre les Danois, au Xe siècle; cette taxe frappait les immeubles; elle fut abolie au XIIe siècle.

DANEMARK, État de l'Europe septentrionale, composé d'une partie continentale et de plusieurs îles. La partie continentale est composée de la presqu'île du Jutland, comprenant la partie septentrionale du Schleswig danois. Les îles les plus importantes sont : dans la Mer Baltique, Bornholm, Seeland, Moen, Falster, Femern, Langeland, Lolland, Fionie, Samsoe; dans le Cattégat, Anhalt, Lessoe; dans la mer du Nord, Sylt, Foehr, Nordstrand; de l'Islande, des îles Féroé, du Groënland, et des trois petites Antilles, Sainte-Croix, Saint-Thomas et Saint-Jean. La superficie du Danemark et des îles qui l'entourent est de 56,155 kil.

Vue de Dunkerque.

tête de Baudouin, comte de Flandre. Cependant dans le partage des provinces de l'empire, Venise ne fut pas oubliée. Les chefs de la croisade lui cédèrent la Morée, les îles de l'Archipel et les îles Ioniennes. Dandolo fut couronné par les Grecs. Il mourut l'année suivante, et fut enterré dans l'église Sainte-Sophie.

DANDOLO (Jean), doge de Venise de 1280 à 1289. Il soutint, contre le patriarche d'Aquilée, en Istrie, et contre les habitants de Trieste révoltés, une guerre ruineuse qui dura autant que son gouvernement.

DANDOLO (François), doge de Venise de 1328 à 1339. Ses concitoyens l'avaient surnommé *le Chien*, pour flétrir ses protestations de soumission au saint-siège. Clément V ayant excommunié la république, Dandolo s'était jeté aux pieds du pontife avec une chaîne de fer au cou, en déclarant qu'il ne se relèverait pas qu'il n'ait obtenu l'absolution de sa patrie. Sous le règne de Dandolo, Venise s'agrandit des domaines de la maison de l'Ascala de Trévise, de Céneda et de Conegliano.

DANDOLO (André), doge de Venise de 1342 à 1354. Il était profondément versé dans la jurisprudence et le droit public. Il

États généraux de 1789. Il embrassa les idées nouvelles, se prononça pour l'abrogation des privilèges de la noblesse et du clergé et fut plusieurs fois appelé à présider l'Assemblée constituante. Cependant il se prononça contre la déchéance de Louis XVI, et vota contre la liberté de la presse. Il émigra en 1792, et ne revint qu'après la Restauration. Il fut alors nommé directeur général de la police, puis intendant des domaines de la couronne.

DANEBROG, mot danois qui signifie *morceau d'étoffe* et qui correspond au mot drapeau. C'est l'étendard principal de l'armée danoise; il porte une croix blanche sur champ rouge.

DANEBROG. Nom d'un ordre de chevalerie fondé vers 1672 par Christian V, à l'occasion de la naissance du prince royal Christian-Guillaume, son fils. Les chevaliers de cet ordre portaient en écharpe, sur l'épaule gauche et droite, un ruban blanc bordé de vert, auquel pendait une croix de diamants, et sur lequel on lisait cette devise : *Pietate et justitia* (par la justice et la piété), devise qui fut supprimée dans la suite.

DANEGELD, taxe établie en Angleterre

carrés. Pop. 2,605,000 hab. Cap. Copenhague. Le Danemark est borné au N. et à l'E. par le Skager-Rak et le Cattégat; au S. par le Hanovre, le Mecklembourg, le Schleswig, le Holstein, l'Oldenbourg, et les territoires de Lubeck et Hambourg; à l'O. par la mer du Nord. Les détroits du Danemark sont : le Sund, entre la Suède et Seeland, le Grand-Belt, entre Seeland et Fionie; le Petit-Belt, entre Fionie et la presqu'île danoise. Les principales rivières sont : le Guden, qui se jette dans le Cattégat; l'Eyder, qui se jette dans la mer du Nord; l'Elbe et la Trave. Le principal golfe est le Lumfjord, qui coupe la partie septentrionale dans toute sa largeur; les autres sont : ceux de Randers, de Mariager, de Kaloee, de Colding, d'Aapenrade, de Flensborg et de Slie, sur la côte orientale; et ceux de Ring-Kiœbing et de Rissum, sur la côte occidentale du Jutland. Les lacs les plus considérables sont ceux de Ratzebourg, de Ploen et de Westen. Le climat est froid et les rigueurs de l'hiver sont tempérées par l'effet de l'air de la mer. Le sol est plat et assez fertile, et présente des marécages d'où l'on tire de la tourbe, des forêts de hêtres, et beaucoup de terrains sont vahis par le sable. Récoltes de céréales, pommes de terre, colza, lin, houblon, chanvre, tabac. Mines de houille; carrière de marbre, craie, chaux, pierres meulières; terre à porcelaine, terre à foulon. Source saline à Travensaltz. Élève de chevaux, bêtes à cornes, moutons. Industrie insuffisante. Fabriques de draps, de papiers, de dentelles, de gants, d'armes; raffineries de sucre, fonderies de fer, tanneries, distilleries d'eaux-de-vie de grains, brasseries. La pêche de la baleine, autrefois florissante, décline aujourd'hui sur les côtes du Groenland. Pêche de phoques. Le Danemark est couvert, dans de certaines parties, de forêts nombreuses et touffues, qui fournissent d'excellents bois pour les constructions navales. Exportation de grains, chanvre, cuivre, zinc, etc. Importation de vins,

3 corvettes, 3 chaloupes canonnières, 13 bateaux : ensemble 326 canons; 3,114 chevaux. Il y avait 20,000 marins environ. Sous le rapport administratif, le Danemark est divisé en 19 préfectures, et celles-ci en prévôtés. La religion dominante est le luthéranisme, et doit être celle du roi; il y a sept évêques dans le Danemark; 62 prévôts, 1,677 ministres, 1,907 paroisses. La liberté de conscience est garantie par les lois. Dans l'antiquité, le Danemark fut habité par des peuples guerriers, qui n'ont laissé que peu de souvenirs, parmi eux on remarque les Jutes, les Cimbres et les Teutons, qui se rendirent redoutables aux Romains. Les Goths, sous la conduite d'Odin, pénétrèrent dans les pays scandinaves et donnèrent au Danemark des souverains de leur nation. Skiold fut, dit-on,

États le margraviat de Slesvig que lui céda l'empereur Conrad II. L'Angleterre se sépara du Danemark en 1042 et la Norwége en 1044. La dynastie skioldungienne s'éteignit en 1047 et une dynastie nouvelle, celle des Estrilhides, monta sur le trône de Danemark. Le système féodal se propagea sous les princes de cette famille, et la royauté s'affaiblit beaucoup, de sorte qu'à partir de 1320, lorsque les rois montaient sur le trône, ils devaient jurer une capitulation qui consacrait les droits et priviléges de l'aristocratie. De 1152 à 1162, le Danemark, devenu fief de l'empire d'Allemagne, se fit craindre de ses voisins, et acquit Rugen, Stettin et une partie de la Poméranie. Le Danemark perdit bientôt de ses possessions, la Poméranie et l'Esthonie. Marguerite, fille de Waldemar IV, succéda

Vue de dolmens près de Lannion.

eaux-de-vie, drogueries, fers, charbons de terre, articles de Paris, etc. Les relations commerciales et maritimes sont facilitées par des canaux dont les principaux sont : le canal de Sleswig-Holstein, qui réunit l'Eyder au golfe de Kiel; le canal de la Steckenitz, qui joint l'Elbe à la Baltique; le canal de Nestred, le canal d'Odensée. Depuis le 1er janvier 1820 le souverain prend les titres de roi de Danemark, des Wendes et des Goths, duc des Dithmarses, d'Oldenbourg et de Lauenbourg. La couronne est héréditaire dans la ligne masculine directe, et à défaut de celle-ci, dans la ligne féminine qui s'y rattache immédiatement. Le conseil d'État se compose d'un premier ministre, d'un ministre des affaires étrangères, d'un ministre de l'intérieur, d'un ministre des finances, de la justice, des cultes, de la guerre et de la marine. Avant la guerre qui éclata en 1863 contre l'Allemagne, l'armée sur pied de paix comptait 24,000 hommes et la réserve 28,000; sur le pied de guerre 80,000 hommes. La marine se compose : bâtiments à voiles, 3 vaisseaux de ligne, 6 frégates, 4 corvettes, 8 bricks, 2 schooners, 1 cutter, 67 petits bâtiments : ensemble 868 canons; bâtiments à vapeur, 1 vaisseau, 4 frégates,

le premier roi qui régna sur le Danemark et donna son nom à une dynastie, les Skioldunger. A cette époque le pays était divisé en plusieurs petits États gouvernés par des chefs ou rois, et la piraterie constituait le principal moyen de subsistance de ses populations. Roland, à la tête des Normands (on désignait ainsi les Danois et les Norwégiens), en 911, vint envahir les côtes de l'empire carlovingien, peupla les îles Feroë, les Orcades, les îles Shetland, l'Islande et une partie de l'Irlande, et se répandit ensuite en Espagne, en Italie et en Sicile. Dan le Magnifique, réunit Seeland et les autres îles danoises à la Scanie, et donna à ce royaume le nom de Danemark. En 863, Gorm le Vieux soumit le Jutland et réunit encore une fois les divers États de l'ancienne monarchie. Son petit-fils Sven (Suénon) conquit une partie de la Norwége (1000), et l'Angleterre (1012). Knut (Canut), fils de ce dernier fit la conquête de l'Angleterre et réunit à ses États le reste de la Norwége et une portion de l'Écosse. Il embrassa la religion chrétienne et introduisit le christianisme dans le Danemark, favorisa l'agriculture et l'industrie. Vers la fin de son règne, il ajouta à ses

à son fils Olaüs, dans les royaumes de Danemark et de Norwége et ajouta à ces deux couronnes celle de Suède. En 1397, elle constitua l'union de Calmar et engagea les États de Danemark, de Suède et de Norwége à reconnaître pour souverain son petit-fils Eric. L'union de Calmar fut rompue en 1448, et ne put être rétablie. Christian Ier, comte d'Oldenbourg (1448), réunit la Norwége au Danemark, obtint en 1457 la couronne de Suède, et hérita du comté de Holstein. C'est sous son règne que fut institué l'ordre de l'Éléphant, qui subsiste encore aujourd'hui. Le gouvernement des princes d'Oldenbourg fut toujours entravé par l'aristocratie. La réformation luthérienne s'introduisit en Danemark sous Christian II (1527). Christian III partagea le Sleswig et le Holstein avec ses deux frères Jean et Adolphe, et ce dernier fut la tige de la maison de Holstein-Gottorp, et Jean celle de la maison de Holstein-Sonderbourg. Christian IV fut le souverain le plus remarquable du Danemark, quoiqu'il n'ait recueilli que fort peu de gloire dans la guerre de Trente-Ans. Une rupture avec la Suède le contraignit, par le traité de Brœmsebrœ, de céder les provinces d'Iæmpland, d'Herjedalem, de Gotland et d'Œsel. Frédéric III se vit enlever par le traité de Rœskilde et de Copenhague, de 1658 et 1660, les provinces de Scanie, de Blekingen, de Bahus, et la propriété de celle de Halland. Ces désastres furent la cause du renversement de la constitution aristocratique des Etats de la confédération et de la création d'un pouvoir monarchique absolu (1660) en vertu de la loi du roi (*lex regia*). Cette loi régla la succession dans la descendance de Frédéric III. Sous Christian IV l'administration civile et judiciaire fut réorganisée par le Code danois (1683) et le Code norwégien (1687). Sous Frédéric IV, le servage fut virtuellement aboli (1702), et ne le fut complétement qu'en 1803. En 1789, la législation criminelle fut notablement améliorée, on abolit la torture, on supprima la question, la marque au fer rouge, la bastonnade. L'armée fut l'objet de nombreuses améliorations et l'instruction publique prit un grand accroissement. En 1792, on décréta l'abolition de la traite des nègres dans les colonies. En 1815, la Sainte-Alliance enleva la Norwége au Danemark. Par ordonnance du 28 mai 1831, Frédéric VI accorda des assemblées d'Etats provinciaux au Holstein, au Sleswig et au Danemark. En 1848 une révolte des duchés allemands amena une guerre qui dura 3 ans, pendant laquelle le Danemark triompha des Prussiens qui secouraient les insurgés. Le 8 mai 1852, le traité de Londres, signé par les grandes puissances de l'Europe, annula la loi royale d'hérédité et désigna pour successeur au trône après Frédéric et son oncle le duc Ferdinand, le prince Christian de Sleswig-Holstein-Sonderbourg-Glucksbourg. Mais cet état de choses ne pouvait être que transitoire : l'Allemagne, en 1848, n'avait poussé les duchés à la révolte que dans le but de se les annexer et de prendre par là en Europe la position de puissance maritime qu'elle convoite. Aussi, après la mort de Frédéric VII, les diplomates allemands fouillèrent dans leurs vieilles paperasses, et, avec beaucoup de bonne volonté, y trouvèrent des motifs suffisants pour recommencer la guerre. On reprochait au souverain danois d'accorder aux habitants des duchés plus de libertés, de priviléges, qu'à ses autres sujets; on lui faisait un crime de ses bienfaits. Après des séances où l'on discuta pour la forme, la diète de Francfort envoya des ultimatums auxquels le Danemark ne pouvait accéder sans manquer à ce qu'il devait à sa dignité; puis une exécution fédérale fut décidée, c'est-à-dire qu'une nation de 50 millions d'habitants se mit bravement en campagne contre un petit Etat pouvant à peine mettre 40,000 hommes sur pied. Le Hanovre, la Bavière et la Saxe furent chargés de cette exécution, et, pour délivrer les habitants du Sleswig-Holstein du prétendu joug des Danois, ils leur envoyèrent force soldats à héberger, à nourrir, et leur procurèrent toutes les douceurs d'un pays livré aux horreurs de la guerre. L'armée danoise se retira sans coup férir devant l'armée fédérale, respectant ainsi, même dans son injustice, la décision de la diète. Les puissances chargées de l'exécution, respectant également cette décision, se contentèrent d'accomplir leur mission; mais la Prusse et l'Autriche, toujours d'accord avec la diète lorsque celle-ci entre dans leurs vues, n'imitèrent pas la conduite de la Bavière; et, prenant possession de tous les points occupés par l'armée allemande, s'emparèrent de la direction de la guerre, écrasèrent la petite armée danoise sous des masses d'hommes. Nous citerons, entre autres faits, la prise de Düppel, où les Prussiens étaient, de leur propre aveu, dix fois plus nombreux que l'ennemi. Les deux grandes puissances allemandes conclurent la paix sans la participation des autres Etats, et enlevèrent au Danemark le Lauenbourg, le Holstein, le Slesvig allemand et une bonne partie du Slesvig danois, avec un grand nombre d'îles, et lui imposèrent le payement d'une somme importante. Quant aux duchés, leur état est demeuré à l'état provisoire, le pire de tous les états, car on ne saurait prévoir quand il doit finir.

ROIS DE DANEMARK :

Skioldungiens.	
Harald II Blaatand	936
Suénon I Tveskiæg	985
Canut II le Grand	1016
Canut III (Hardeknut)	1036
Magnus le Bon	1042
Estrithides.	
Suénon II	1047
Harald III	1077
Canut IV le Saint	1080
Olaüs IV	1086
Eric III	1095
Nicolas	1103
Eric IV	1134
Eric V	1137
Suénon III et Canut V	1147
Valdemar Ier le Grand	1157
Canut VI	1182
Valdemar II le Victorieux	1192
Eric VI le Saint	1241
Abel	1250
Christophe Ier	1252
Eric VII	1259
Eric VIII	1286
Christophe II	1320
Valdemar III	1340
De diverses familles.	
Olaüs V	1376
Marguerite	1387
Eric IX le Poméranien	1397
Christophe III le Bavarois	1439
Maison d'Oldenbourg.	
Christian I	1448
Jean	1481
Christian II	1512
Frédéric Ier le Pacifique	1523
Christian III	1534
Frédéric II	1559
Christian IV	1588
Frédéric III	1648
Christian V	1670
Frédéric IV	1699
Christian VI	1730
Frédéric V	1746
Christian VII	1766
Frédéric VI	1808
Christian VIII	1839
Frédéric VII	1848
Christian IX	1863

DANEMORA ou DANNEMORA, village de Suède, dans la division administrative d'Upsel, à 40 kil. de cette ville. Pop. 1,200 hab. Mine de fer la plus considérable du royaume, dont on tire chaque année environ 15,000,000 de kilog. d'un fer d'une qualité supérieure et rare que 800 ouvriers affinent à la forge de l'Œsterby, à 2 kil. de là.

DANEWERKE ou DANEWIRKE. On donnait ce nom à une muraille élevée par les Danois, vers le milieu du xe siècle, pour fermer ce pays près de la frontière du Sleswig. Ce rempart était parallèle à la rivière Leyder. Sa hauteur variait de 10 à 15 mètres. Ce rempart fut pris, en 1863, par l'armée fédérale d'exécution, et l'ordre fut donné de le détruire.

DANGAN, village d'Irlande (comté de Meath), à 40 kil. de Summer-Hill.

DANGÉ, ch.-l. de cant. de l'arrond. de Châtellerault (Vienne), à 14 kil. de cette ville. Pop. 730 hab.

DANGEAU (Philippe de Courcillon, marquis DE), né dans la Beauce en 1638, mort à Paris en 1720. C'était, à la cour de Louis XIV, un de ces serviteurs commodes qui arrivent aux grandeurs parce qu'ils possèdent le secret de ne blesser personne. Dangeau s'est fait connaître par quelques mémoires, qui contiennent des anecdotes curieuses, mais d'une authenticité suspecte. Mme de Montespan, qui avait apprécié sa médiocrité et qui prenait en pitié son orgueil courtisanesque, disait de lui « qu'on ne pouvait s'empêcher de l'aimer et de s'en moquer. » Voltaire le dépeint comme « un vieux valet de chambre imbécile qui se mêlait de faire à tort et à travers des gazettes manuscrites de toutes les sottises qu'il entendait dans les antichambres. » Voltaire fit cependant imprimer le *Journal de la cour de Louis XIV*, qui se trouvait dans les manuscrits de Dangeau.

DANGEAU (Louis de COURCILLON, abbé DE), frère du précédent, membre de l'Académie française, né à Paris en 1643, mort en 1723. Il fut élevé dans la religion protestante; l'intérêt politique contribua à sa conversion plus que l'onction du grand Bossuet, qui se fit cependant un mérite de cette conversion. Il cultiva l'histoire, le blason, la géographie et la grammaire française; mais, malgré son application et ses prétentions littéraires, il fut médiocre en toutes choses. Il avait plutôt la manie de la science qu'il n'était vraiment savant. Il passa plusieurs années à conjuguer des verbes grecs, latins, français, espagnols et allemands. Il eut même le courage de publier cette lourde et indigeste collection. Comme on lui parlait un jour des désastres de nos armées : « Que m'importe! reprit-il vivement, j'ai 4,000 conjugaisons prêtes à paraître. » Il eut encore la patience d'inventer une combinaison qu'il appela *jeu historique des rois de France*, qui n'est qu'une sorte de jeu de l'oie.

DANGEAU, village de l'arrond. de Châteaudun (Eure-et-Loir), à 15 kil. de cette ville. Pop. 1,470 hab.

DANGER. On entend par ce mot tout ce qui est ordinairement la situation créée par un malheur probable, tout ce qui peut causer une perte, un dommage. Pris dans sa signification la plus générale, le mot danger exprime, non-seulement la perte de tout ce qui est utile à l'existence et de l'existence elle-même, mais encore le sentiment pénible causé par l'idée de cette perte dont on est menacé de près ou de loin. Depuis l'homme jusqu'aux animaux, même les plus inférieurs, qui sont doués de divers degrés d'instinct et d'intelligence pour fuir leurs ennemis naturels, tous les êtres animés possèdent, d'une manière très-remarquable, le sentiment instinctif et l'intelligence du danger qui menace leur vie. Aussi les voit-on se tendre des piéges les uns aux autres pour se procurer une proie, et se pratiquer des retraites, des terriers, etc., pour se dérober aux attaques de leurs destructeurs. Mais les êtres inanimés, plus ou moins susceptibles de destruction, tels que les corps minéralogiques, les végétaux, etc., connaissent-ils aussi le danger? Grave question qu'il n'est pas facile de résoudre dans l'état actuel de nos connaissances, car les savants ne s'en sont pas encore occupés. — On dit : *la patrie est en danger*, pour déclarer que le pays est dans un péril imminent et appeler les citoyens aux armes. — En marine, le mot *danger* se dit d'un écueil, d'un rocher, d'un banc, etc. — En termes d'ancienne jurisprudence, le mot *danger* désignait un droit de dixième qu'on payait au seigneur pour la permission de vendre un bois qui relevait de lui. Le *tiers et danger* était le droit que le roi prélevait sur plusieurs bois, et entre autres sur ceux de Normandie. Ce droit consistait dans un tiers et un dixième du prix de la vente. On appelait aussi *fief de danger* le fief dont l'acquéreur ne pouvait prendre possession avant d'avoir rendu foi et hommage.

DANGEVILLE (Marie-Anne BOTAT, dite Mlle), célèbre actrice de la Comédie-Française, née à Paris en 1714, morte en 1796. Elle excella dans les rôles de soubrette. Elle s'était surtout attachée à reproduire fidèlement les mœurs et les caractères; aussi était-il difficile de surpasser le naturel et la vérité de son jeu. Son buste fut couronné, en 1794, à une séance du lycée.

DANIEL, 4e des grands prophètes, prince du sang royal de Juda, fut amené en captivité à Babylone, en 602 av. J.-C. Nabuchodonosor le fit élever à sa cour et lui donna le nom de Balthasar. Il devint savant dans la langue des Chaldéens, et, par sa sagesse et son esprit, se fit aimer du grand roi, qui le mit à la tête des mages. A la suite de grandes conquêtes, Nabuchodonosor voulut se faire rendre les honneurs divins; il commanda à ses sujets d'adorer sa statue, qui était d'or; Daniel et ses compagnons de captivité s'y refusèrent. Le roi les fit jeter dans une fournaise ardente; mais, protégés par Dieu, ils en sortirent sans avoir souffert. Sous le règne de Balthasar, Daniel donna à ce prince l'explication des paroles qu'une main mystérieuse avait tracées sur la muraille de la salle du festin. Les événements qui survinrent justifièrent la prophétie de Daniel, qui avait annoncé la prise de Babylone par Cyrus et la mort de Balthasar. Après la mort de ce prince, Darius le Mède choisit Daniel pour son premier ministre. Cependant il refusa de rendre les honneurs divins à son nouveau maître et fut condamné à être enfermé dans la fosse aux lions. Dieu le protégea miraculeusement. Il fut jeté une seconde fois dans cette fosse, pour avoir confondu les prêtres de Dagon. Il fut encore délivré par la main de Dieu. Daniel mourut à 88 ans, vers la fin du règne de Cyrus, après avoir obtenu un édit qui permettait aux Juifs de retourner à Jérusalem et d'y reconstruire leur temple.

DANIELE (San-), bourg des Etats autrichiens (Vénétie), dans la délégation d'Udine, à 19 kil. de cette ville. Pop. 3,600 hab. Commerce de grains et jambons.

DANISCHMEND, mot persan qui signifie littéralement *possesseur de la science*, et qui se donne, dans les pays musulmans, aux directeurs et professeurs des collèges, aux maîtres d'école, à tous les hommes qui exercent des fonctions judiciaires, aux magistrats ainsi qu'aux ministres de la religion. Mais la véritable acception du mot *danischmend*, en Turquie, est celle d'*étudiant*, et on l'applique aux jeunes gens qui étudient dans les collèges, et parmi lesquels sont pris tous ceux qui parviennent aux charges des *ulémas*. On leur apprend, avec le *Coran*, la grammaire, la théologie, la tradition, la rhétorique, la philosophie, la jurisprudence et la poésie.

Danischmend est le nom ou le surnom du fondateur d'une dynastie turque, qui a régné, dans les XIe et XIIe siècles, sur une partie de la Cappadoce.

DANKALI, nom donné à la partie S. de l'Abyssinie, le long de la Mer rouge. Ce pays est aride et brûlant. On y rencontre de riches salines. Les habitants sont des tribus nomades, indépendantes les unes des autres et obéissant à un chef particulier. Leur religion est l'islamisme, qu'ils professent tous avec fanatisme.

DANKARA, ville de l'Afrique (Guinée supérieure), cap. d'un royaume de son nom qui dépend des Achantis, à 74 kil. de Coumassie. Riche exploitation d'or.

DANNECKER (Jean-Henri DE), célèbre sculpteur, né à Stuttgard en 1758, mort en 1841. Le roi de Wurtemberg encouragea son talent en l'envoyant en Italie; il y connut Canova, qui le guida de ses conseils. Il fut nommé professeur de sculpture à l'académie Caroline. On cite, parmi ses compositions les plus remarquables : le Monument de Schiller, les sculptures des châteaux de Stuttgard et de Hohenheim et la *Sapho* du château de Monrepos; il a laissé, en outre, d'admirables bustes de Schiller, de Gluck et de Lavater.

DANNEMARIE, ch.-l. de cant. de l'arrond. de Belfort (Haut-Rhin), à 23 kil. de cette ville. Pop. 1,240 hab. Teintureries.

DANNENBERG, ville du Hanovre, dans l'arrond. de Lunebourg, à 51 kil. de cette ville. Pop. 1,350 hab. Greniers de réserve. Commerce de grains et farines, fils, toiles, houblon. Cette ville était autrefois la résidence des ducs de Lunebourg.

DANSE. Dans l'origine, elle était étroitement liée aux pratiques religieuses; dans chaque ville, le peuple se réunissait sur la place publique et chantait des hymnes en dansant. Les danses religieuses étaient accompagnées de musique. La Bible nous représente David dansant devant l'arche du Seigneur. Les mêmes danses étaient pratiquées chez les Egyptiens; elles furent importées en Grèce. Le plus souvent, les danses étaient mimées et représentaient les aventures du dieu qu'on célébrait; telle était la danse bachique et celle des corybantes. Plus tard la danse devint tantôt un exercice gymnastique et militaire, tantôt une danse mimique, qui exprimait certaines idées et certains sentiments par des attitudes et des gestes cadencés. Homère nous représente les prétendants de Pénélope se divertissant par la musique et la danse. Cet exercice était tellement en honneur chez les Grecs, que ceux qui y excellaient recevaient des couronnes d'or, et qu'on leur élevait souvent même des statues. Parfois les danseurs étaient travestis; ainsi Xénophon décrit une danse représentant les amours de Bacchus et d'Ariane. Sous la république romaine, la danse était considérée, en dehors des solennités religieuses, comme un exercice indigne d'un homme libre. « On ne danse guère, disait Cicéron, sans être ivre ou fou. » Sous les empereurs romains, ce préjugé disparut. Néron était aussi jaloux de sa célébrité comme danseur que comme joueur de flûte. Dans les premiers siècles de l'Eglise chrétienne, les fidèles dansaient dans le sanctuaire, et la danse était conduite par l'évêque, qui prenait alors le nom de *præsul* (qui conduit la danse). L'Eglise catholique, qui emprunta au paganisme la plupart de ses rites, avait pris le titre de *præsul* aux prêtres de Mars ou Saliens, qui dirigeaient les danses dans les fêtes célébrées en l'honneur du dieu de la guerre. Les chanoines dansaient en chœur en chantant l'*Alleluia*. En Espagne, où les pratiques religieuses se maintiennent avec obstination, on chante encore dans les psaumes :

> Saint Martial, priez pour nous,
> Et nous danserons pour vous.

La danse profane fut importée d'Italie en France par Catherine de Médicis; il y eut bientôt des ballets dansants et des ballets comiques. Sully ne dédaignait pas de s'occuper de l'ordonnance des ballets, qui étaient l'amusement favori de Henri IV. Sous Louis XIII, les ballets devinrent de véritables opéras, où les danseurs représentaient des personnages allégoriques. Louis XIV ne dédaigna pas de se montrer dans le ballet de *Flore*. Parmi les danses qui furent alors en honneur, il faut citer le *menuet*, danse grave et monotone; la *sarabande*, espèce de menuet; la *pavane*, dont le *quadrille des lanciers* semble une réminiscence assez ridicule; la *courante*, qu'on ne dansait qu'en marchant; la *gaillarde*, un peu plus animée. Le siècle suivant eut la *gavotte*, et emprunta la *valse* aux Allemands. La *contredanse* nous vint des Anglais; on y ajouta le *galop*. Nous avons eu au XIXe siècle plusieurs danses étrangères, importées de Pologne et de Hongrie, notamment la *polka*, la *mazurka*, la *redowa*, la *schotish*, la *varsovienne*, etc. Il y a encore d'autres danses qui se sont perpétuées dans certaines parties de la France, telles que la *bourrée*, d'Auvergne; la *branle*, de Bretagne, et la *farandole*, du Languedoc. L'Espagne a conservé le *boléro*, la *cachucha* et le *fandango*. A certaines époques de notre histoire, l'intolérance religieuse s'est quelquefois attachée à proscrire la danse en tant que récréation. Les rigoristes oubliaient cette leçon donnée par Fénelon à un curé de campagne : « Ne dansons pas, monsieur le curé, mais permettons à ces pauvres gens de danser. Pourquoi les empêcher d'oublier un moment qu'ils sont malheureux? » Paul-Louis Courier, abordant ce sujet, en a fait l'objet d'une protestation des plus spirituelles dans sa *Pétition à la Chambre des pairs*, en faveur des villageois qu'on empêchait de danser.

DANSE DES MORTS ou **Danse macabre**. Le moyen âge, avec ses idées superstitieuses et mystiques, présentait toujours à l'esprit des fidèles l'image de la mort; dans un tel monde où les existences et les fortunes étaient si précaires, le chrétien aimait à se familiariser avec l'idée de la mort. Le cénobite en était effrayé, et ne vivait cependant que pour s'y préparer; le peuple oubliait volontiers, féroce dans ses joies et ses plaisirs, il aimait qu'on représentât devant lui la danse des morts, que les Bohémiens avaient introduite en Europe, et qu'ils appelaient *danse macabre*, de l'arabe *macabire*, qui signifie cimetière. Dans plusieurs églises, on trouve des fresques qui représentent la danse des morts; les plus remarquables sont celles du cimetière de Dresde, de l'église de la Chaise-Dieu en Auvergne et du cloître des Dominicains à Bâle. Ce dernier ouvrage est de Holbein; celle-ci est remarquable entre toutes : il ne s'agit pas, en effet, d'un bal où la mort donne le branle et conduit une chaîne de danseurs, en tirant des sons d'un rebec. Holbein nous représente chaque danseur accompagné d'un mort costumé selon l'état du mourant, de manière à indiquer que les hommes ne meurent pas tous de la même manière; il a su varier les attitudes, le caractère et la pensée des mourants. Le soldat tombé en conservant son air fanfaron; le visage du prêtre conserve un air tranquille. Holbein a bien représenté des morts, mais on comprend qu'il reste toujours une pensée qui semble encore animer le cadavre.

Danse pyrrhique. C'est la plus célèbre des danses guerrières des Grecs. Elle se dansait au son de la flûte, et dans un mouvement vif et léger; les danseurs, vêtus de tuniques écarlates, étaient pourvus d'armes innocentes, d'épées de bois, de lances courtes et de boucliers de bois. Rien de plus bruyant et de plus animé que cette danse; c'était le simulacre dramatique de quelque action de guerre, un apprentissage des évolutions de la phalange, une suite de quadrilles et de figures convenus sous la direction d'un chorége. On en place l'invention à l'âge mythique, et on l'attribue généralement à Pyrrhus, fils d'Achille, ou, suivant d'autres, à un certain Pyrrhicus, de la ville de Cydon, dans l'île de Crète. Platon la prenait pour type des danses guerrières; elle était quelquefois dansée par des femmes pour divertir des convives assemblés. A Athènes, elle se dansait aux grandes et aux petites Panathénées; elle était exécutée par des Ephèbes, que l'on appelait *pyrrichistes*, et qui étaient instruits aux frais du chorége. Des Grecs, cette danse passa aux Romains. Jules César l'introduisit à Rome dans les jeux publics; elle y fut même si goûtée que Caligula et Néron, et aussi l'empereur Adrien, la renouvelèrent à plusieurs reprises. Après avoir duré longtemps, la pyrrhique fut remplacée par d'autres danses où les figurants étaient armés. C'est ainsi qu'encore aujourd'hui, dans les parties montagneuses de la Thessalie et de la Macédoine, on voit des danses exécutées par des hommes armés d'épées et de mousquets.

DANSEUR, **Danseuse**. Ces noms désiment les personnes des deux sexes qui cultivent l'art de la danse. C'est surtout sur la scène de l'Opéra que brillent les chorégraphes. Louis XIV encouragea vivement les danseurs et leur donna un rang distingué après les chanteurs ; il n'alla pas cependant jusqu'à leur accorder, ainsi qu'aux nobles qui chantaient à l'Académie royale de musique, des lettres de non-dérogeance. L'Opéra vit briller successivement les Pécourt, les Sallé, les Camargo. On vit ensuite Marcel, Vestris ; puis, dans notre siècle, Taglioni et Fanny Essler. La vanité de certains danseurs a donné cours à un axiome ainsi formulé par Balzac : « Les jambes de Vestris sont à sa tête ce que 2 est à 0. »

DANTE (Alighieri), le prince des poëtes italiens, né à Florence en mai 1265. Son véritable nom était Durante, dont on fit Dante par abréviation. Son imagination vive et ardente, animée d'ailleurs par un amour précoce, éveilla en lui le génie de la poésie. Dès l'âge de 9 ans, il connut Béatrice Partinari, qu'il aima de l'amour le plus ardent, et à qui il consacra son grand poëme. Il se prononça de bonne heure pour les gibelins contre les papes, qui avaient embrassé le parti des guelfes. C'était se signaler à la persécution, et elle ne lui fut pas épargnée. Il combattit à Campoldino, et contribua par sa valeur à la victoire de Caprona, remportée par les Florentins sur les Pisans. En 1291, il épousa Jemma, de la famille des Donati. Cette union ne fut pas heureuse, et il s'en consola en se jetant dans les luttes politiques. Il fut nommé, en 1300, l'un des 8 prieurs de Florence, mais il fut exilé par l'un des partis qui déchiraient cette cité ; sa maison fut rasée et ses domaines dévastés. On lui fit son procès, alors qu'il était en exil, et il fut condamné à être brûlé vif, comme coupable d'extorsions. Il répondit à cette sentence inique en adressant à ses compatriotes une éloquente paraphrase de ce texte de l'Écriture : *Popule meus, quid feci tibi?* « Mon peuple, que t'ai-je fait ? » Il résolut de délivrer sa patrie d'une faction qui l'opprimait ; il forma, en 1304, une petite armée, qui fut dispersée à son entrée sur le territoire de Florence. Il se rendit à Vérone avec sa famille ; Can de la Scala, prince de Vérone, lui donna asile. Un courtisan disant un jour à Dante : « N'êtes-vous pas surpris de ce qu'un bouffon reçoit tant de caresses de la part du prince, tandis qu'un homme savant et sage, tel que vous, est négligé ? » Dante répondit : « Chacun chérit son semblable. » Cette phrase, répétée au prince, entraîna sa disgrâce. Le poëte mena alors une vie errante en Italie, en Allemagne, et à Paris ; il dépeignit avec amertume les souvenirs de sa vie : « Partout où se parle cette langue toscane, on m'a vu errer et mendier. J'ai mangé le pain d'autrui et savouré son amertume. Navire sans gouvernail et sans voile, poussé de rivage en rivage par le souffle glacé de la misère, les peuples m'attendaient à mon passage, sur un peu de bruit qui m'avait précédé, et me voyaient tout autre qu'ils n'auraient osé le croire ; je leur montrais des blessures que me fit la fortune, blessures qui déshonorent quiconque les reçoit. » Dante revint à Ravenne, où il mourut misérable, le 14 septembre 1321. Le prince de Ravenne, Guido Novello, lui fit de magnifiques funérailles et prononça son oraison funèbre ; deux siècles plus tard, les Vénitiens lui érigeaient un superbe mausolée. Le grand œuvre de Dante est sa *Comédie de l'enfer, du purgatoire et du paradis*; les Italiens l'appellent *divin*, et le nom de *divine comédie* a été consacré par la postérité pour désigner cet ouvrage. Le travail de Dante ressemble assez bien à ces immenses cathédrales du moyen âge qui ne laissent pas voir d'unité de conception dans le plan, mais dont toutes les parties s'harmonisent cependant, même lorsqu'elles paraissent offrir des points disparates ; c'est l'œuvre d'un fou sublime, une monstruosité idéale. Ainsi apparaît le poëme du Dante : l'invention est bizarre, les situations souvent heurtées, mais que de pensées justes et profondes, d'images fortes, de peintures tantôt terribles, tantôt délicates et charmantes. Le spectre d'Ugolin est l'une des plus belles conceptions de l'esprit humain. Dante trouve, à l'entrée de l'enfer, un lion et une louve. Le doux Virgile lui apparaît pour lui faire les honneurs du lieu ; il lui montre dans d'agréables demeures Homère, Ovide, Horace et Lucain qui s'entretiennent ensemble ; ailleurs il trouve Électre, Hector, Lucrèce, Brutus et Saladin ; dans un troisième cercle, il rencontre Socrate, Platon, Hippocrate et Averrhoës, imposant cénacle où l'auteur nous montre réunis dans la même pensée, et sans distinction de temps, de religions, ni de préjugés, les hommes qui ont bien mérité de l'humanité. Il n'est pas jusqu'à l'aventure d'Ugolin qui n'ait un sens mystique, en nous représentant sous la figure d'un homme altéré du sang de ses enfants l'image de ces sociétés barbares condamnées à dévorer leurs propres enfants. Le voyageur arrive dans le lieu où Pluton juge les réprouvés ; il y reconnaît des cardinaux, des papes. On sent, dans tout le cours du poëme, que Dante est sous l'influence de cette idée, qui avait frappé tous les hommes de son siècle : la fin du monde, le jugement dernier et l'attente d'un nouveau monde. La divine comédie est animée par deux belles figures qui apparaissent pour guider le voyageur et le consoler de l'affligeant spectacle qu'il a sous les yeux : c'est Virgile, le poëte par excellence, qui le conduit aux enfers et au purgatoire ; c'est Béatrice, cette amante qu'il aima si passionnément et qui lui fut ravie par la mort. L'effet que produisit le langage du Dante fut immense dans toute l'Italie. Florence se repentit de son ingratitude, elle éleva des monuments au grand homme qui l'avait illustrée ; mais, comme le peuple, qui ne s'est pas dégagé de la superstition, va toujours trop loin dans les manifestations de sa haine ou de sa sympathie, Cecco d'Ascoli, qui avait attaqué le poëte, fut condamné par les magistrats florentins à être brûlé vif. Outre la *Divine comédie*, Dante a laissé quelques autres ouvrages que les Italiens considèrent encore aujourd'hui comme une des premières sources des beautés de leur langue, le *Convive amoureux*, la *Vie nouvelle*, l'histoire de ses amours avec Béatrice, *de la monarchie du monde, de la Juridiction impériale*. Dans ce dernier ouvrage, Dante soutient, avec une hardiesse inouïe pour son temps, que l'autorité des rois ne dépend point de celle des papes.

DANTON (Georges-Jacques), né à Arcis-sur-Aube, le 26 octobre 1759. Il était avocat avant la Révolution. C'était un homme d'une haute stature, aux formes athlétiques, aux traits fortement caractérisés, et doué d'un puissant organe. L'ardeur de son imagination et sa facilité d'élocution devaient le placer au premier rang des orateurs de la Révolution. Danton fut signalé à la cour comme un homme dangereux, et Louis XVI donna à Lafayette l'ordre de l'arrêter. Un pareil ordre n'était qu'une imprudence, car le roi n'avait pas les moyens de le faire exécuter, et il ne contribua qu'à exalter la haine que Danton portait à Louis XVI. Danton était lié avec Mirabeau ; Marat, qu'il appelait son aboyeur, était à sa dévotion ; Legendre n'était pour lui qu'un chef de brigade révolutionnaire. En 1790, il présenta à l'assemblée nationale, au nom des 48 sections de Paris, une dénonciation contre les ministres de Louis XVI ; en 1791, il fut envoyé à l'Assemblée constituante par la ville de Paris. Après l'arrestation de Louis XVI, il dirigea la manifestation du Champ de Mars pour demander la déchéance du roi. Cette manifestation ayant été réprimée par la force des armes, Danton se tint caché pendant quelque temps ; mais il ne tarda pas à reparaître plus audacieux et plus énergique. Il fut cependant recherché : l'huissier Damien qui avait reçu l'ordre d'arrêter Danton partout où il le rencontrerait, s'étant présenté dans le sein d'une assemblée électorale où siégeait Danton, cet acte fut considéré comme une violation de la souveraineté du peuple, et l'huissier fut mis lui-même en état d'arrestation. Cet incident ne fit qu'augmenter la popularité et l'influence de Danton ; il fut nommé procureur de la commune de Paris. Il était l'âme du club des Cordeliers. Après avoir fait décider à ce club qu'on devait prononcer la déchéance du roi, il fut assez hardi pour présenter, à cet effet, une motion à l'Assemblée nationale ; il ajouta même que si l'Assemblée hésitait à prononcer la déchéance du roi, le peuple était prêt à s'insurger contre elle ; la royauté fut dès lors abolie. L'étranger avait envahi la France, pénétré en Champagne, et s'approchait de Paris. Dans cette circonstance, les principaux chefs de la Révolution se réunirent pour aviser. Danton prit la direction des affaires, et montra une énergie sublime : « Regardez-moi, dit-il à ses collègues, la nature m'a donné la physionomie âpre de la liberté ; j'ai dans mon cerveau des ressources capables de faire trembler l'univers ; j'irai demain à l'Assemblée vous fouetter le sang. » En effet, il monta le lendemain à la tribune, et termina par ces mots qui firent passer dans la foule l'ardeur patriotique qui l'animait : « Représentants, la patrie est en danger ! Pour sortir de ce danger, il faut de l'audace, toujours de l'audace, et encore de l'audace. » Danton s'empara de tous les pouvoirs, et prit pour la défense du pays les mesures les plus énergiques. Il s'opposa à la translation de l'Assemblée au-delà de la Loire ; il voyait dans cette proposition un acte de faiblesse. L'énergie qu'il déploya dans cette occasion lui attira l'animosité de Robespierre. On a reproché au dictateur d'avoir provoqué les massacres de Versailles et ceux de septembre, et quels que soient les services qu'il ait rendus à la cause de la République, sa mémoire reste chargée de ces massacres, car, comme ministre de la justice, il eût dû se rappeler l'exemple d'un de ses illustres prédécesseurs, Achille de Harlay. Lui-même semble avoir été au-devant du jugement de la postérité, par ces paroles : « J'ai regardé mon crime en face, et je n'ai pas pâli. » Danton se sépara bientôt de Marat, comme il s'était séparé de Robespierre. Tous trois oublièrent cependant leur ressentiment lorsqu'il s'agit de lutter contre les Girondins. Après la victoire des Jacobins, les dictateurs se séparèrent de nouveau. Danton s'aliéna encore les partisans d'Hébert et de Chaumette, en proposant de substituer le culte de l'Être suprême à celui de la Raison pure. Robespierre ménageait peu Danton, à qui il reprochait de vouloir porter le peuple au-delà des bornes de la Révolution. De son côté, Danton attaquait le despotisme de Robespierre, en disant : « Cet homme perdra la Révolution avec la guillotine ; un massacre en masse est quelquefois nécessaire, mais tuer les hommes à coups d'épingle est une fausse mesure. » Cependant Danton, qui parlait toujours d'agir, hésitait à prendre une détermination. Robespierre, au contraire, veillait constamment. Quand il jugea le moment favorable, il fit déposer par Saint-Just un rapport contre Danton, et celui-ci fut arrêté, le 31 mars 1794, sur un ordre du comité de salut public. Lors de son interrogatoire, il répondit avec calme : « Je suis Danton, assez connu dans la Révolution ; ma demeure sera bientôt au néant, et mon nom vivra dans le panthéon de l'histoire. » Danton fut condamné à mort le 5 avril 1794, comme coupable d'avoir voulu rétablir la royauté. Il marcha à l'échafaud avec courage. Toutefois, il parut ému en songeant à sa femme et à ses enfants, pour qui il avait l'affection la plus vive. Puis, se redressant vivement : « Allons, Danton, point de faiblesse ! » Et s'adressant au bourreau : « Tu montreras ma tête au peuple, il n'en voit pas souvent de pareille. » Il était âgé de 35 ans seulement.

DANTZIG, ville des États prussiens (province de Prusse), ch.-l. de la régence de ce nom, à 107 kil. de Kœnigsberg et 387 de Berlin, et à 4 kil. de l'embouchure de la Vistule, dans la Baltique. Pop. 70,000 hab. Ville forte, entourée d'un rempart et d'un fossé à sec, et défendue par les forts de [illegible], Bischofsberg et Zigankenberg. Quartier général de division militaire. Conseil d'amirauté. Tribunaux de cercle et de ville ; écoles de navigation, de commerce, d'arts et métiers. Observatoire, musée d'histoire naturelle, bibliothèques publiques de 47,000 volumes. Port sur la Baltique couvert par les forts Westerschanze et Weichselmünde. Entrepôt de douanes. Consul général de Russie ; consuls de France, d'Angleterre, de Danemark, de Suède, de Sardaigne. Parmi ses édifices, on remarque la cathédrale de Sainte-Marie (XIVe siècle), où se trouve un fameux tableau du *Jugement dernier*, par Hemling, l'hôtel de ville (XVe siècle), la Bourse, dite Artushof (XIVe siècle). Industrie active : distilleries, raffineries de sucre, manufactures de tabac, de soieries, d'armes, de produits chimiques, etc. Construction de machines agricoles. Commerce de fourrures, laines, blé, bois, cuirs, goldwasser ou eau-de-vie de Dantzig. Chemin de fer pour Berlin et Kœnigsberg. — Patrie de l'astronome Hevel, de l'historien Archenholtz, du physicien Farenheit, du peintre Chodowiecky. Depuis la fin du XIIe siècle, Dantzig appartint successivement aux duc de Poméranie, aux Danois, aux margraves de Brandebourg, aux Polonais, à l'Ordre teutonique. Dès le XIIIe siècle, elle était la plus riche des côtes de la Baltique. En 1454, elle passa sous le protectorat de la Pologne. Elle fut plusieurs fois assiégée : en 1577, par le roi Étienne Bathoric ; en 1656, par les Suédois ; en 1734, par les Russes et les Saxons. Son port et ses faubourgs furent cédés à la Prusse en 1793, lors du 2e partage de la Pologne. Les Français s'en emparèrent en 1807, sous le commandement du maréchal Lefebvre, et la conservèrent jusqu'en 1813, époque où elle fut reprise par un corps russo-prussien, après neuf mois de siège.

DANTZIG (régence de), division administrative des États prussiens, dans la province de Prusse, ch.-l. Dantzig. Elle est bornée au N. par la Baltique, à l'E. par la province de Kœnigsberg, au S. par celle de Marienwerder, à l'O. par la Poméranie. Sup. 834,480 hect. Pop. 453,630 hab.

DANUBE, fleuve d'Europe le plus considérable après le Volga. Il prend sa source dans la Forêt-Noire (grand-duché de Bade), et se jette dans la Mer noire par 5 embouchures ; son delta se divise en 3 bras principaux : Kilia, Sulina et Saint-George, larges chacun de 100 à 200 mètres. Cours 3,000 kil. Ce fleuve traverse l'Allemagne méridionale, la Hongrie et la Turquie ; arrose les villes de Sigmaringen, Riedlingen, Ehingen, Ulm, Donauwerth, Neubourg, Ingolstadt, Ratisbonne, Passau, Lintz, Krems, Vienne, Essling, Presbourg, Komorn, Gran, Bude, Pesth, Mohacz, Peterwardein, Semlin, Orsova, Belgrade, Semendria, Widdin, Silistrie, Brailov, Galacz, Reni, Ismaël, Kilia. Les principaux affluents du Danube, sont ceux de droite : l'Iller, la Lech, l'Isar, l'Inn, la Truun, l'Ens, la Trasen, la Leitha, le Raab, la Sarvitz, la Drave, la Save, la Morava, l'Isker ; ceux à gauche : la Brenz, la Wernitz, l'Altmühl, le Naab, la Regen, l'Ilz, la March ou Morova, le Waag, le Gran, la Theiss, l'Aluta, l'Ardjich, le Sereth, le Pruth. Le Danube avec ses affluents forme le plus important bassin fluvial de l'Europe ; sa sup. est de 792,000 kil. carrés. Les Alpes de Souabe, le Jura franconien, le Fitchtelgebirge, les monts de Bohême et de Moravie, les monts Sudètes et les Karpathes forment la ceinture de ce bassin sur la rive gauche ; les Alpes de Constance et du Vorarlberg, les Alpes rhétiques, carniques, juliennes, dinariques, et les Balkans, sur la rive droite. Le Danube, après avoir traversé des pays accidentés par des collines, depuis sa source jusqu'à Ulm, [illegible] traverse jusqu'à Vilshofen des marécages, qui, s'écartant d'abord sur sa gauche, et ensuite sur sa droite, se rapprochent à Passau et encaissent le lit du fleuve. De Passau à Krems, il accélère sa marche, et l'escarpement de ses rives cause des tourbillons dangereux. La vitesse de ses eaux, à Vienne, est de 2 à 4 mètres par seconde. Dans la partie inférieure de son cours, le Danube traverse lentement un pays plat et marécageux, et forme une foule d'îles et de bras divers qui se réunissent à Brailov. A l'embouchure, son courant est encore assez fort pour qu'à 60 kil. de leur sortie, ses eaux ne se soient pas encore mêlées à celles de la Mer noire.

DANUBE (cercle du), un des 4 cercles administratifs du royaume de Wurtemberg, ch.-l. Ulm. Borné au N. par le lac de Constance, à l'E. par le cercle de Schwarzwald, au S. par celui de l'Iaxt, à l'O. par la Bavière. Sup. 630,370 hect. Pop. 398,650 hab. Vastes tourbières. Récolte abondante de grains. Élève de bétail.

DANUBE (cercles du), anciennes divisions du royaume de Hongrie. 1° *Cercle en deçà du Danube*, il était situé entre le Danube au N. et à l'E., la Drave au S., l'Autriche propre et la Styrie à l'O. ; 2° *cercle au-delà du Danube*, entre le 1er à l'O., la Galicie à l'E., le Danube au S., l'Autriche propre et la Moravie au N. Ces cercles furent en partie remplacés en 1850, par les *Territoires administratifs* d'Œdenbourg et de Presbourg, et furent rétablis en 1860.

DANUBE (Bas-), un des 8 anciens cercles du royaume de Bavière, ch.-l. Passau ; il été borné au N. et à l'O. par l'Autriche, au S. par la Bohême, aujourd'hui cercle de Bavière.

DANUBE (Haut-), un des 8 anciens cercles du royaume de Bavière ; ch.-l. Augsbourg. Il était borné au N. par le lac de Constance, au S. par le Wurtemberg. Il forme aussi celui de Souabe-et-Neubourg.

DANVERS, bourg des États-Unis (Massachussetts), à 27 kil. de Boston. Pop. 5,000 hab. Fabrique de chaussures, occupant 1,800 ouvriers, qui confectionnent chaque année 1,420,000 paires de souliers. Grande usine à fer dans les environs.

D'ANVILLE (Jean-Baptiste-Bourguignon), savant géographe, né à Paris en 1694, mort en 1782. Il montra de bonne heure des dispositions étonnantes pour les études géographiques. Il ne travailla pas moins de 15 heures par jour, pendant 50 ans. Il rendit de grands services à la géographie ancienne en déterminant la longueur des mesures itinéraires de l'antiquité, et en les comparant avec celles des modernes. Il éclaircit aussi plusieurs points importants de la géographie et même de l'histoire. Parmi ses travaux les plus remarquables, on cite 14 cartes qu'il composa pour l'histoire ancienne de Rollin ; 12 pour l'histoire romaine de Rollin et Trévier ; et 5 pour l'histoire des empereurs, de Trévier. Il a laissé, en outre, des éclaircissements sur l'ancienne Jérusalem, l'ancienne Égypte, les États formés lors de l'invasion des Barbares, et l'ancienne Gaule. L'Académie des sciences l'admit à l'âge de 78 ans. Il fut aussi premier géographe du roi, et secrétaire du duc d'Orléans.

DANVILLE, bourg des États-Unis (Pensylvanie), à 17 kil. de Northumberland. Mine de cuivre.

DANVILLE, bourg des États-Unis (Virginie), à 112 kil. de Lynchburg. Collège. Port au centre de la ville. Commerce actif.

DANVILLE, bourg des États-Unis (Vermont), à 44 kil. de Montpellier. Pop. 5,000 hab.

DANZI (François), compositeur de musique, né à Manheim en 1763, mort à Carlsruhe en 1826. Il fut maître de chapelle de l'Électeur de Bavière. Il a laissé des opéras [illegible], mais ses compositions religieuses attestent un grand talent musical.

DAO ou DAMO, île du grand Océan équinoxial (Malaisie néerlandaise), au S.-O. de Timor. La fabrication de la bijouterie est la principale occupation des habitants.

DAOULAGHIRI ou DHAWALAGIRI, montagne d'Asie, dans la chaîne de l'Himalaya, elle est située sur la limite du Népaul et du Thibet. Cette montagne est un des points les plus élevés du globe.

DAOULAS, ch.-l. de cant. de l'arrond. de Brest (Finistère), à 20 kil. de cette ville. Pop. 684 hab.

DAOULETABAD ou DAULATABAD, ville forte de l'Hindoustan, dans les États de Nizam, à 11 kil. d'Aurengabad. La citadelle est située sur un rocher de granit, haut de 188 mètres. Elle fut pillée par les mahométans en 1293, et Mahomet III en fit sa capitale. Elle fut possédée tour à tour par les dynasties d'Ahmed-Djellah et par les Français.

DAOURIE, partie de la Sibérie entre le lac Baïkal, la Léna et la Mongolie (territoire du Trans-Baïkal). Ch.-l. Nertschinsk. Les habitants se composent de Russes, de Bourètes, de Toungouses et de Mongols. Sol montagneux et sauvage. Climat très-âpre. Expl. des mines et des forêts. Commerce actif avec le Nord et la Chine. Élève de bestiaux.

DAOURIE (monts de), ramification de l'Altaï, dont le point culminant est le Tchékondo, hauteur, 2,580 mètres.

DAPHNÉ, fille du fleuve Pénée, elle fut le premier objet de l'amour d'Apollon, exilé du ciel par Jupiter. Ce dieu berger, poursuivant sa maîtresse, l'atteignit sur les bords du Pénée. La nymphe, se voyant vaincue de fatigue, conjura son père de la sauver des attentats de son audacieux persécuteur. Il exauça ses vœux et changea Daphné en laurier. Apollon, qui ne pouvait embrasser qu'un tronc inanimé, en détacha un rameau dont il se fit une couronne, et depuis lors le laurier lui fut consacré. Daphné fut honorée comme une divinité par les habitants de Sparte. On voit à Herculanum une peinture qui représente Daphné changée en laurier. Poussin a pris aussi cette fable comme sujet d'un de ses tableaux.

DAPHNIS, berger et poète sicilien, fils de Mercure. Le dieu Pan lui avait appris à chanter et à jouer de la flûte. Aussi est-il considéré comme le premier qui excella dans la pastorale. Il aima une nymphe et l'épousa ; les deux amants obtinrent des dieux que celui des deux qui violerait la foi jurée deviendrait aveugle. Daphnis, ayant oublié son serment entre les bras d'une autre nymphe, fut sur-le-champ privé de la vue.

DAPHNOMANTIE. Sorte de divination dont le laurier faisait tous les frais. Voici comment elle se pratiquait. On jetait dans le feu une branche de laurier. Pétillait-elle en brûlant, et faisait-elle un certain bruit ?

c'était un heureux présage ; mais brûlait-elle silencieusement, sans produire le moindre bruit? c'était au contraire un fort mauvais signe. Il y avait encore une autre manière : on pouvait se contenter de mâcher des feuilles de laurier, et il n'en fallait pas davantage, dit-on, pour être aussitôt doué du don de prophétie. Les pythonisses, les sibylles et les prêtres d'Apollon ne manquaient pas, on le pense bien, d'accomplir cette cérémonie ; aussi le laurier fut-il dès lors regardé comme le vrai symbole de la divination.

DAPIFER, mot qui signifie porteur de mets, et qui désignait les intendants de la cour impériale de Constantinople. Charlemagne institua cette charge à sa cour. Sous les Capétiens, l'intendant prit le nom de *sénéchal, grand maître de la maison*. Ce n'était plus seulement un officier de la couronne; il exerçait aussi un commandement dans les armées. Les rois eurent aussi leurs dapifers. L'électeur palatin et l'électeur de Bavière remplirent plusieurs fois cet office, lors du couronnement de l'empereur.

DAQUIN (Louis-Claude), célèbre organiste, né à Paris en 1694, mort en 1772. Son talent musical fut si précoce, qu'il n'avait que 6 ans quand Louis XIV voulut l'entendre. A l'âge de 12 ans, il fut nommé organiste de l'église du Petit-Saint-Antoine. En 1739, il fut nommé organiste de la chapelle du roi. Comme compositeur, il fut fort médiocre ; mais comme exécutant, il n'eut pas de rival, et l'emporta sur le célèbre Rameau lui-même. Haendel vint d'Angleterre en France afin de l'entendre.

DARABJERD, ville de Perse (Farsistan), à 248 kil. de Schiraz. Pop. 20,000 hab. Cette ville est entourée de bois d'orangers et de citronniers. Exploitation du *moun*, pétrole liquide qui découle des rochers, et auquel les Persans attribuent des vertus médicinales. Darabjerd fut fondée, dit-on, par Darab (Darius Nothus), 8e roi de Perse, de la dynastie des Caïanides.

DARA-CHEKOUH, prince mogol de l'Hindoustan, fils aîné de Chah-Djihân, né en 1616. Il monta fort jeune encore sur le trône de l'Hindoustan. Il eut à combattre la rébellion de son frère Aureng-Zeyb; mais il fut vaincu dans une grande bataille, près d'Agra. Il tomba au pouvoir du vainqueur, qui le fit mettre à mort. Ce prince était fort lettré; il a laissé une traduction de plusieurs livres des Védas, du sanscrit en persan; la bibliothèque impériale possède en manuscrit un recueil de recettes médicales qui lui est attribué.

DARAH ou **DRAHA**, partie de l'empire du Maroc située entre le Maroc proprement dit, à l'O., et le pays de Tafilet, à l'E., et au N. du Maroc, sur le versant S.-E. de l'Atlas.

DARAN (Jacques), savant chirurgien, né à Saint-Frajou, en Gascogne, en 1701, mort en 1784. Il servit comme chirurgien-major dans l'armée impériale, puis dans l'armée sarde. Il se distingua par son dévouement, lors de la peste qui ravagea Messine. Il fit embarquer sur un navire tous les Français qui se trouvaient dans la ville, et, grâce à ses soins, ils furent tous sauvés, à l'exception d'un seul. Daran s'était surtout attaché à la guérison des maladies de la vessie, et à celles qui proviennent du rétrécissement de l'urètre. Il fut le premier qui employa les bougies pour le traitement de ces maladies. Il amassa une fortune de plus de 2 millions; mais sa bienfaisance inépuisable fit évanouir cette fortune; il mourut même dans un état voisin de la misère. Il a laissé plusieurs traités remarquables sur *les Maladies des voies urinaires*.

DARAPOROUM, ville de l'Hindoustan anglais (Madras), à 61 kil. de Coïmbetour. Cette ville fut le quartier général d'un corps d'armée anglais, en 1805.

DARC (Jeanne, surnommée la *Pucelle d'Orléans*), née à Domrémi, village situé entre Neufchâteau et Vaucouleurs, en 1410. Son père se nommait Jacques Darc, et sa mère Isabelle Ramée. Jeanne manifesta de bonne heure un grand penchant pour la dévotion mystique. C'était une fille de mœurs simples, d'un caractère doux et timide ; ses principales occupations étaient de coudre, de filer et de garder les bestiaux ; elle ne savait ni lire ni écrire. Elle aimait à fréquenter le bois Chenu, près de Domrémi, que l'on disait avoir été hanté par les fées, et que Jeanne apercevait de sa maison. On y voyait un magnifique hêtre, désigné sous le nom d'*arbre des fées*. Jeanne se rendait fréquemment sous cet arbre pour y chanter de pieux cantiques; elle y suspendait des bouquets et des guirlandes de fleurs. Elle était à peine âgée de 13 ans, lorsqu'elle eut des extases. Elle entendait une voix inconnue qui semblait venir du côté de l'église; en même temps, le clocher semblait illuminé par une grande clarté. Elle voyait alors l'archange Michel, l'ange Gabriel, sainte Catherine et sainte Marguerite. Elle s'entretenait avec eux. Jeanne semblait parfois plongée dans un état d'extase. Elle aimait à monter à cheval et choisissait, dans le troupeau de son père, l'animal le plus fougueux. Cependant Charles VII, constamment battu par les Anglais, se défendait péniblement dans Orléans; cette ville allait même succomber. Vers ce temps-là, Jeanne Darc eut des visions plus fréquentes. *Ses voix*, et c'est ainsi qu'elle s'exprimait, lui commandaient d'aller en France et de faire lever le siége d'Orléans. Elle communiqua son dessein à un de ses oncles, qui en fit part lui-même à un capitaine de Vaucouleurs, nommé Baudricourt. Celui-ci se moqua d'un tel discours. Mais Jeanne se rendit elle-même à Vaucouleurs, alla droit à Baudricourt, qu'elle reconnut au milieu de la foule, et lui dit : « J'ai reçu ordre de mon Seigneur de délivrer Orléans et de faire le dauphin roi, en l'amenant sacrer à Reims. » Baudricourt lui ayant demandé quel était son Seigneur : « C'est le roi du ciel. » Baudricourt se rendit enfin, et donna son consentement. Jeanne fit couper sa longue chevelure, prit un habillement d'homme, et partit accompagnée de son frère, Pierre Darc et de quelques gentilshommes. Elle arriva à Chinon le 24 février 1429. Le roi, informé de l'arrivée de Jeanne, la fit venir dans une chambre remplie de jeunes seigneurs, parmi lesquels il restait confondu à dessein. Elle reconnut aussitôt Charles VII, quoique celui-ci eût essayé de la tromper en lui disant : « Ce n'est pas moi le roi. » Elle assura qu'elle le connaissait bien ; elle lui parla avec tant de simplicité et de grandeur, que la cour fut frappée d'admiration. Elle promit hautement de secourir Orléans et de faire sacrer le roi à Reims. » Le roi ordonna cependant que Jeanne fût examinée par plusieurs évêques, afin de savoir si elle était inspirée par Dieu ou par le démon. Après cet examen, elle fut interrogée par les théologiens de l'Université. Le roi se rendit au milieu d'eux. Jeanne répondit avec sagesse à toutes les questions qui lui furent adressées. Après une affirmation solennelle touchant son honneur, on la surnomma Jeanne la Pucelle, et on n'hésita plus à lui confier une troupe de gens d'armes. Le roi lui fit présent d'une armure, et, sur sa demande, d'un étendard de couleur blanche, parsemé de fleurs de lis, et sur lequel on lisait ces mots : *Jhésus Maria*. Jeanne demanda l'épée qui se trouvait ensevelie derrière l'autel de Sainte-Catherine à Fierbois. Cette épée lui fut remise. Jeanne se mit alors à la tête de l'armée, dont elle excita l'enthousiasme par ses discours, et marcha vers Orléans. Une flèche l'atteignit à l'épaule. Elle arracha aussitôt le trait sanglant, en disant : « Il m'en coûtera un peu de sang; mais ces malheureux n'échapperont point à la main de Dieu. » Elle s'élança sur le rempart d'Orléans, et y planta elle-même son étendard. Jeanne ne se servait jamais de l'épée; elle marchait cependant au premier rang, l'étendard à la main, pour guider les combattants et enflammer leur courage. Huit jours après l'arrivée de Jeanne, les Anglais levaient le siége d'Orléans, qui avait duré près de sept mois. Elle enleva ensuite la ville de Jargeau, vaillamment défendue par Suffolk. Jeanne parut encore la première sur les remparts, son étendard à la main. Cependant une lourde pierre l'atteignit et la renversa au pied de la muraille. Les Anglais poussaient déjà un cri de triomphe; mais Jeanne ranima les Français en leur criant : « Amis, amis! ayez bon courage; notre Seigneur a condamné les Anglais; à cette heure, ils sont tous nôtres. » Elle entraîna ses soldats, et l'ennemi fut culbuté et mis en fuite. Jeanne enleva ensuite Meaux et Beaugency; et, après avoir défait les Anglais dans la plaine de Patay, elle leur enleva Montpipeau, Saint-Sigismond et Sully ; puis elle marcha vers Reims, et y fit sacrer le roi, le 17 juillet 1429. Elle assista à cette solennité, son étendard à la main. Dès que sa mission fut accomplie, l'héroïne voulut retourner auprès de son père et de sa mère; mais le roi ne voulut pas y consentir. Jeanne s'imaginait qu'ayant rempli les desseins de Dieu, son pouvoir était détruit. Sa fameuse épée de Fierbois s'étant un jour brisée entre ses mains, elle crut voir là un avertissement du ciel, et refusa, dans la suite, de prendre part au conseil. Elle se distingua encore dans plusieurs circonstances, notamment dans l'attaque de Paris, où elle fut blessée à la cuisse. Après avoir battu Franquet d'Arras, elle se renferma, avec une poignée de chevaliers, dans Compiègne, dont le duc de Bourgogne faisait le siége. Le 24 mai 1430, elle fut faite prisonnière dans une sortie. A cette nouvelle, la joie des Anglais fut inexprimable; il y eut parmi eux des réjouissances publiques. Jeanne fut conduite successivement dans plusieurs châteaux, d'où elle chercha vainement à s'échapper. Le duc de Bedfort, qui commandait les Anglais, entreprit de prouver que Jeanne avait dû ses succès aux sortiléges et à la magie. L'Université de Paris demanda qu'on la livrât à un tribunal ecclésiastique. Peu de temps après, Jeanne, qui était restée jusqu'alors entre les mains de Jean de Luxembourg, fut livrée aux Anglais et conduite à Rouen. Là, elle fut enchaînée et jetée dans un cachot. On institua, pour la juger, un tribunal, composé de 60 assesseurs, présidé par Pierre Cauchon, évêque de Beauvais, et un inquisiteur, nommé Lemaire. Rien ne put ébranler le courage de Jeanne; non-seulement elle résista aux menaces, mais même elle confondit ses juges et les faux témoignages invoqués contre elle, par l'énergie et la dignité de ses réponses. Elle ne contesta pas qu'elle eût fait des prédictions; elle en ajouta même une nouvelle, en disant qu'avant 7 ans les Anglais seraient chassés de France. Plusieurs des assesseurs se montrèrent favorables à Jeanne, et entreprirent même de la sauver. L'évêque de Beauvais usa de la menace et de l'intimidation pour leur arracher une sentence de mort. Ils y furent déterminés dans les circonstances suivantes : le 24 mai 1431, Jeanne fut conduite au cimetière de Saint-Ouen, à Rouen. Là, un prêtre, aussi féroce qu'ignorant et superstitieux, insulta, dans un sermon, le roi Charles et son héroïne. Celle-ci, ayant contredit quelques calomnies injurieuses, irrita ses juges, qui la condamnèrent à mourir comme sorcière, devineresse, sacrilége, idolâtre, blasphémant le nom de Dieu et des saints, désirant l'effusion du sang humain, séduisant les princes et les peuples, et ayant dépouillé la pudeur de son sexe. Après avoir entendu sa sentence, Jeanne demanda et obtint la faveur de communier; et cela, bien qu'elle eût été excommuniée par la sentence. Le 31 mai, elle parut sur le bûcher. On lui avait posé sur la tête une mitre, sur laquelle on lisait ces mots : « Hérétique, relapse, apostate, idolastre. » Sur une pancarte, en face du bûcher, on lisait cette autre inscription : « Jeanne, qui s'est fait nommer la Pucelle, menteresse, pernicieuse, abuseresse de peuples, devineresse, superstitieuse, blasphémeresse de Dieu, mal-créant de J.-C., vanteresse, idolastre, cruelle, dissolue, invocateresse de diables, schismatique et hérétique. » Pendant que les flammes l'environnaient, elle ne cessait de chanter des cantiques. Quand elle eut rendu le dernier soupir, le cardinal de Winchester fit recueillir ses cendres et les fit jeter dans la Seine. Charles VII, cédant aux conseils de son entourage, ne fit aucun effort pour venir au secours de celle qui lui avait rendu le trône, ni pour la venger.

DARCET (Jean), savant chimiste, né à Donazet, dans les Landes, en 1725, mort en 1801. Il fut d'abord précepteur du fils de Montesquieu. Après avoir étudié la médecine, il s'adonna spécialement à l'étude de la chimie, qu'il enseigna au collége de France. On lui doit en chimie une foule de découvertes importantes : ainsi il trouva un mode de fabrication de la porcelaine; il parvint à extraire la gélatine des os et la soude du sel marin; il est aussi l'inventeur de l'alliage fusible, qui a diminué les dangers de l'emploi des machines à vapeur par la soupape de sûreté. Il fut directeur de la manufacture de Sèvres et inspecteur des essais à l'hôtel des Monnaies. Il fut admis à l'Académie des sciences et à l'Institut; Napoléon le nomma sénateur.

DARCET (Jean-Pierre-Joseph), fils du précédent, né à Paris en 1777, mort en 1844. Il fut élevé par son père, et se distingua comme lui par de savantes découvertes en chimie. Ainsi il constata la faculté des oxydes de recueillir le principe aqueux, même après avoir été chauffés jusqu'à l'ébullition; il découvrit un procédé de fabrication en grand de l'hydrate de baryte cristalline et du chlorure de baryum; il basa, le premier, la fabrication du savon sur la théorie chimique, et parvint à extraire le sucre de la châtaigne. On lui doit l'art de fabriquer les cymbales et les tamtams au moyen d'un alliage de cuivre et de zinc; on lui doit encore l'invention des pastilles de bicarbonate de soude, de l'écaille factice; il analysa les fusées à la Congrève et en révéla le procédé de fabrication. Il y a peu d'industries qui n'aient été enrichies par lui de découvertes qui contribuèrent à leur donner la plus vive impulsion. Il fut commissaire général des monnaies et membre de l'Académie des sciences; les sociétés savantes les plus célèbres tinrent à honneur de le compter parmi leurs membres.

DARD. Arme des anciens qui n'est plus guère en usage aujourd'hui que parmi les sauvages. On lance le dard avec la main. Comme les flèches, les dards sont armés à l'un de leurs bouts d'une pointe de fer ou d'acier très-acérée; et à l'autre bout ils ont plusieurs plumes, afin que, fendant l'air pour arriver au but, la pointe soit toujours dirigée en avant.

DARD. En architecture, ce mot sert à désigner cette partie qui divise les oves que l'on sculpte sur les quarts de rond, et qui est taillée en forme du bout d'une flèche.

DARDANELLES (détroit des) ou de Gallipoli, l'Hellespont des anciens. Détroit de la Turquie séparant l'Europe de l'Asie, en unissant la mer de Marmara à la Méditerranée. Longueur, environ 64 kil.; plus petite largeur, 1,750 mèt. Le courant des Dardanelles est le même que celui du canal de Constantinople. Des vents violents déterminent parfois un mouvement si rapide que la navigation est souvent entravée. Ce détroit, que l'on considère comme la clef de Constantinople, est défendu par cinq forteresses, dont trois en Asie : Koum-Kalé, Kal'aï-Sultanié et Nogara, et les deux autres en Europe : Sel-ul-Bahar et Kiliti-Bahar. La ville de Gallipoli est située sur la côte d'Europe, à l'extrémité du détroit donnant sur la mer de Marmara.

DARDANELLES (villes des). On donne ce nom à deux villes situées au milieu du détroit et en face l'une de l'autre. Elles portent toutes deux le nom de Tchanaq-Kal'acy, en turc *Kal'aï-Sultanié*. La ville d'Europe a une population de 6 à 7,000 habitants, tous musulmans. Son commerce consiste en coton, laines, poil de chèvre, sésame blanc; distillerie d'eau-de-vie et d'esprit-de-vin récemment établie par les Français. — La ville d'Asie, dont la population est de 4 à 5,000 habitants musulmans, grecs, européens, juifs, arméniens, est la résidence du gouverneur des châteaux et de l'arrondissement; elle est aussi la résidence des consuls de toutes les nations. Chantiers de construction pour de petits bâtiments de commerce. Fabriques de poteries grossières. Commerce de vins estimés dans le Levant, d'alizaris, noix de galles, sésame. C'est devant la ville d'Asie que tous les bâtiments de guerre ou de commerce, à voiles ou à vapeur, doivent s'arrêter pour remettre le firman de la Porte qui autorise soit leur entrée, soit leur sortie.

DARDANELLES (petites). On appelle ainsi deux forts de la Livadie situés sur le détroit qui unit le détroit de Patras à celui de Lépante.

DARDANIE, ancienne contrée de l'Asie mineure, bornée par la Mysie à l'E., l'Hellespont au N.-O. et l'Archipel à l'O. C'est dans la Dardanie que se trouvait l'ancienne Troade, dont Troie était la capitale. La Dardanie dut son origine à une colonie conduite dans ce pays par Dardanus. On retrouve encore ce nom dans celui des Dardanelles, qui fut donné plus tard à l'Hellespont.

DARDANUS, fils de Jupiter et d'Électre, né à Corythe, en Tyrrhénie. Il fut obligé de s'enfuir en Samothrace après le meurtre de son frère Jasius. De là, il passa en Phrygie, où il épousa la fille du roi Teucar, et bâtit, en 1480 av. J.-C., près du détroit de l'Hellespont, une ville qu'il appela Dardane, de son nom. Plus tard, cette ville fut appelée Troie.

DAR-FOQ, partie de la Nubie située au S. du Sennaar, sur la rive gauche du Tournat. Les habitants sont féroces et fétichistes; le sol est montagneux et boisé. Commerce de peaux.

DARFOUR, royaume de l'Afrique centrale, entre le désert de Nubie au N., le Kordofan à l'E., le pays des Chilouks au S. et au S.-E., et le Soudan à l'O. Cap. Kobbé et Tendelty. Sup. 41,000 kil. carrés. Pop. 250,000 hab. Le climat est chaud et sain. Le sol, bas et sablonneux, est très-fertile lors de la saison des pluies. Récolte de coton, poivre, riz, tabac. Vastes forêts; grande quantité de gros bétail et de bêtes féroces. Mines de cuivre et de sel gemme. Commerce avec l'Égypte et la Nubie.

DARIEL (défilé de), défilé fortifié du Caucase. Il fait communiquer Mozdok à Tiflis, et l'Europe à l'Asie.

DARIEN ou URABA (golfe de), golfe de la mer des Antilles, sur la côte N. de la Nouvelle-Grenade.

DARIEN, ville des États-Unis (Géorgie), à 88 kil. de Savannah. Pop. 2,000 hab. École supérieure; port sur un bras de l'Alatamaha. Commerce de bois, sucre, etc.

DARIQUE, ancienne monnaie d'or et d'argent en usage chez les anciens Perses. Elle fut frappée pour la première fois sous le règne de Darius Ier. Cette monnaie portait pour empreinte un archer lançant une flèche.

DARIUS Ier, roi de Perse, fils d'Hystaspe. Il détrôna le faux Smerdis qui avait usurpé le trône de Perse, et se fit proclamer à sa place en 522 av. J.-C. On rapporte qu'il avait formé contre Smerdis une conjuration avec sept autres personnages. Les sept conjurés convinrent de donner la couronne à celui dont le cheval hennirait le premier dans un lieu et à un endroit désignés. L'écuyer de Darius ayant eu la ruse d'attacher, la nuit d'auparavant, une cavale à l'endroit où il devait se rendre, et y ayant mené le lendemain matin le cheval de son maître, cet animal hennit le premier, et Darius devint roi. Le premier acte de son règne fut de confirmer l'édit par lequel Cyrus avait permis le rétablissement du temple de Jérusalem. Il eut à combattre les Babyloniens révoltés contre lui; il ne s'empara de cette ville qu'après un siége de 20 mois, par l'adresse de Zopyre, un de ceux avec qui il avait conspiré contre le faux Smerdis. Zopyre se mutila le corps et se jeta dans Babylone, sous prétexte de tirer vengeance de mauvais traitements dont il disait avoir été l'objet. Il gagna ainsi quelques habitants et livra l'une des portes de la ville à Darius. Ce prince porta ensuite ses armes contre les Scythes, en 514 av. J.-C. Cette expédition ne fut pas heureuse pour lui : la plupart de ses soldats périrent dans les déserts où les Scythes les avaient attirés par une fuite simulée. Il combattit ensuite les Indiens et s'empara de leur pays. Enivré de ses succès, il se crut assez fort pour lutter contre les Athéniens, à qui il reprochait l'incendie de Sardes. Un de ses officiers était chargé de lui répéter tous les jours avant son repas : « Seigneur, souvenez-vous des Athéniens. » Darius chargea Mardonius, son gendre, du soin de sa vengeance; mais ce général ne put pénétrer en Grèce et se fit battre par les Thraces. Une seconde armée, plus considérable encore que la première, fut défaite à Marathon par 10,000 Athéniens; en 490 av. J.-C., 200,000 Perses furent tués ou faits prisonniers. Darius voulut alors commander son armée en personne, et ordonna une levée générale dans tout son empire. Il mourut sans avoir pu exécuter son projet, en 485 av. J.-C.

DARIUS II, 9e roi de Perse, surnommé *Nothus*, c'est-à-dire bâtard, et dont le véritable nom était Ochus. Il était fils naturel d'Artaxercès Longue-Main. Il s'empara du trône après la mort de Xercès, assassiné par Sogdien, en 423 av. J.-C. Il entreprit plusieurs guerres avec succès; il mourut en 405 av. J.-C. Il avait épousé Parisatis, sa sœur, dont il eut Artaxercès-Mnémon, qui lui succéda, et Cyrus le Jeune.

DARIUS III, dont le véritable nom était Comodan, 12e roi de Perse; il était fils d'Arsame et de Sisygambis et descendait de Darius-Nothus. L'eunuque Bagoas le fit proclamer dans l'espoir de régner sous son nom; mais voyant que Darius était disposé à agir en maître, il tenta de l'empoisonner. Le roi, prévenu de son dessein, lui fit prendre le poison qu'il lui destinait, en 336 av. J.-C. Alexandre le Grand, ayant préparé une expédition en Asie, Darius s'avança contre lui à la tête de 600,000 hommes. Mais cette armée, embarrassée de valets et d'hommes inutiles, ne put tenir devant l'impétuosité et la discipline des Grecs; elle fut défaite dans trois rencontres successives: au Granique, dans la Phrygie, puis vers le détroit du mont Taurus, et enfin près de la ville d'Arbelles. Darius ne dut son salut qu'à la fuite. Sa mère, sa femme et ses enfants tombèrent au pouvoir des vainqueurs qui les traita généreusement. Darius, réfugié en Médie, y fut poursuivi par Alexandre. Il fut assassiné par Bessus, gouverneur de la Bactriane, en 330 av. J.-C. Avant d'expirer, il se fit apporter un peu d'eau par un Macédonien, et le chargea de témoigner à Alexandre sa reconnaissance pour la bonté avec laquelle il avait traité sa famille. Darius fut le dernier roi de l'empire des Perses, qui avait été fondé par Cyrus, et qui avait duré 230 ans.

DARLINGTON, ville d'Angleterre, dans le comté de Durham, à 28 kil. de cette ville. Pop. 11,000 hab. Ecole de sciences appliquées. Industrie active. Fabriques de tulles, lainages, cotons. Fonderie de fer. Instruments d'optique. Belle église gothique du XIIe siècle.

DARMA, fils d'un roi des Indes, et l'un des successeurs de Bouddha, vers le VIe siècle ap. J.-C. Les légendes asiatiques racontent, sur ce souverain, des faits merveilleux, et vantent sa piété et sa sagesse. Il avait fait vœu de ne plus dormir; mais n'ayant pu résister au sommeil, il se coupa les paupières. Les Chinois prétendent qu'elles furent changées en arbre à thé.

DARMAING (Jean-Achille-Jérôme), journaliste français, né à Pamiers, en 1798, mort en 1836. Il doit sa célébrité à la fondation de la *Gazette des Tribunaux*. Sous la Restauration, il avait été attaché à la rédaction du *Surveillant* et du *Constitutionnel*.

DARMÈS (Marius-Edmond), régicide, naquit à Marseille. Le 15 octobre 1840, il attenta aux jours du roi Louis-Philippe; mais il fut arrêté et expia son crime sur l'échafaud, en 1841.

DARMSTADT, ville capitale du grand-duché de Hesse-Darmstadt, à 23 kil. de Francfort-sur-le-Mein. Pop. 32,000 hab. Résidence du grand-duc. Siège du gouvernement et des administrations centrales du grand-duché, de la haute cour d'appel et de l'administration de la province de Starkenburg. Écoles militaire, d'artillerie et polytechnique élémentaire. Bibliothèque grand-ducale, avec 130,000 volumes. Musée d'antiquités, d'objets d'art et de curiosités, d'histoire naturelle, d'armes, etc. Les principaux édifices sont: le château grand-ducal, l'église catholique moderne, le théâtre. Fabriques d'instruments de précision et de musique, d'orfèvrerie, de bougie, de tabacs, de draps, de produits chimiques. Darmstadt fut fondée au VIIe siècle, érigée en ville en 1330, et fut alors la résidence des comtes de Katzenellenbogen, et, depuis 1567, la résidence des landgraves de Hesse-Darmstadt.

DARMSTADT (grand-duché de HESSE-). (*Voir* HESSE.)

DARNÉTAL, ch.-l. de cant. de l'arrond. de Rouen (Seine-Inférieure), à 3 kil. de cette ville. Pop. 6,100 hab. Industrie très-importante; filatures de coton; tanneries; manufacture de machines à filer et à tisser.

DARNEY, ch.-l. de cant. de l'arrond. de Mirecourt (Vosges), à 28 kil. de cette ville. Pop. 1,880 hab.

DARNLEY (Henri STUART, lord), époux de Marie Stuart, reine d'Écosse, né en 1541. Il était fils du comte de Lenox et de Marguerite Douglas, nièce de Henri VIII, roi d'Angleterre. Il épousa Marie Stuart, sa cousine, malgré les menaces d'Élisabeth. Ce mariage déplut aux protestants, parce que Darnley était catholique. Le nouveau roi oublia bientôt les bienfaits de Marie Stuart et se livra au libertinage le plus effréné. Irrité de la froideur de la reine à son égard, il fit assassiner un musicien, nommé Rizzio, qui passait pour son confident. Dès ce moment, la reine éprouva pour lui l'aversion la plus vive. Il dut se retirer à Glasgow, où il fut atteint d'une maladie qu'on attribua à un empoisonnement. Il fut transporté à Édimbourg, dans une maison isolée que Marie avait fait disposer pour lui. Dans la nuit du 9 février 1567, cette maison sauta en l'air. On trouva dans le voisinage le cadavre du prince.

DAROCA, ville d'Espagne, dans la province de Saragosse, à 32 kil. de Calatayud. Pop. 2,800 hab. Alphonse Ier la prit aux Maures en 1123.

DARQUAR ou DARWAR, ville forte de l'Hindoustan anglais, dans la présidence de Bombay, à 154 kil. de Bedjapour. Prise sur les Mahrattes par Tippoo-Saëb en 1784. Reprise en 1761.

DARTFORD, ville d'Angleterre (Kent), à 24 kil. de Londres. Pop. 4,750 hab. C'est dans cette ville que fut établie la première fabrique de papier d'Angleterre, en 1588, et la première mécanique à papier continu, en 1808.

DARTMOOR, contrée d'Angleterre (Devon), comprise dans la paroisse de Lidford. Sup. 52,650 hectares. Sol stérile, en partie couvert de forêts et semé de rochers granitiques. Colonie agricole de pauvres, établie dans l'ancienne prison des marins français prisonniers au temps de Napoléon Ier.

DARTMOUTH, ville d'Angleterre (Devon), à 44 kil. d'Exeter. Pop. 4,600 hab. Grand port fortifié à l'embouchure du Dart, dans la Manche. Cabotage. Chantiers de construction.

DARU (Pierre-Antoine-Noël-Bruno, comte), homme d'État et littérateur, né à Montpellier en 1767, mort en 1829. Au commencement de la Révolution, il se distingua par ses sentiments patriotiques. Cependant ses opinions modérées ne trouvèrent pas grâce devant la Terreur; il dut la liberté aux événements de thermidor. En 1796, il fut nommé commissaire ordonnateur en chef dans l'armée, puis il entra au ministère de la guerre. Napoléon l'appela successivement au tribunat et au conseil d'État. En 1806, il fut nommé intendant général de la grande armée; et en 1811, ministre d'État. Après la campagne de Russie, à laquelle il s'était vivement opposé, il reprit l'administration de la guerre. Sous la Restauration, il accepta la pairie sans

Dumouriez passant à l'ennemi.

cesser de défendre les idées libérales. Il a laissé une *Histoire de Venise* assez estimée et une *Histoire des ducs de Bretagne*. Ses poésies, assez nombreuses, attestent un versificateur facile, mais sans originalité ni inspiration poétique.

DARUVAR, bourg des États autrichiens (Croatie-Esclavonie), dans le comitat de Poséga, à 58 kil. de cette ville. Pop. 470 hab. Carrières de beaux marbres. Sources d'eaux thermales, bains très-fréquentés.

DASCHKOF (Catherine ROMANOWNA, princesse), née en 1744, morte à Moscou en 1810. On a prétendu que sa rivalité avec sa sœur Élisabeth, maîtresse de Pierre III, la porta à entrer dans la conjuration qui aboutit à l'élévation de Catherine II. Après avoir longtemps brigué les faveurs de la cour, elle s'en éloigna, et chercha des distractions dans la culture des lettres et le commerce des savants. Elle fut très-liée avec Voltaire, et demeura avec lui quelque temps à Ferney. Elle publia plusieurs comédies qui lui valurent l'honneur d'être appelée à la présidence de l'Académie russe. Elle travailla à la rédaction du dictionnaire entrepris par cette Académie. Ses mémoires ont été publiés à Londres.

Vue de Dusseldorf.

D'ASSOUCY (Charles COYPEAU, surnommé le *Singe de Scarron*), né à Paris en 1604. Il était fils d'un avocat au parlement. Il manifesta de bonne heure son caractère burlesque. A 9 ans, il se sauva de la maison paternelle, et alla à Calais, où il se fit passer pour fils de César Nostradamus. Dans ce temps d'ignorance et de superstition, on le prit au sérieux, et les malades accoururent à lui pour se faire guérir. Il eut des succès auprès d'un malade imaginaire; le peuple cria au miracle; mais il attribua sa science à la magie, et peu s'en fallut qu'il ne fût jeté à la mer. On le vit ensuite à Londres, à Turin et à Montpellier. Il était accompagné de pages qui amusaient la foule avec les chansons que composait d'Assoucy. Il alla à Rome; mais le joyeux enfant eut trop d'occasions de lâcher bride à son humeur satirique, et les prélats, piqués jusqu'au vif par ses propos malicieux, le firent jeter dans les cachots de l'Inquisition, qu'il appelait un pieux enfer. Il ne rentra en France que pour être enfermé à la Bastille. Il en sortit cependant, et mourut bientôt après, en 1679. Il eut un certain succès dans le genre que Scarron mit à la mode. Ses *Métamorphoses d'Ovide*, versions burlesques, et ses *Pensées sur le saint-office de Rome* attestent un talent réel qu'il eût pu mieux employer. Boileau s'indignait en ces termes de la popularité de d'Assoucy :

Et jusqu'à d'Assoucy tout trouva des lecteurs.

DATAME, fils de Gastamare. Il devint de simple soldat capitaine des gardes d'Artaxerxès Ochus, et fut l'un des plus grands généraux de l'empire de Perse. Il comprima les révoltes des satrapes de Paphlagonie et de Cappadoce; mais, ses ennemis l'ayant desservi auprès du grand roi, il se révolta à son tour, et défit Artabase, qui avait été envoyé contre lui. Il fut assassiné, en 362 av. J.-C., par Mithridate, fils du satrape de Lydie.

DATE. On entend généralement par ce mot l'indication du lieu, des temps où les actes, les lettres, les diplômes, etc., ont été donnés ou écrits, et auxquels une chose s'est faite. Il y a donc deux sortes de dates : les dates de temps et les dates de lieu. Les dates de temps déterminent l'année, le mois, la semaine, le jour et même l'heure de la confection des actes, lettres, etc. Les dates de lieu indiquent dans quelle ville, dans quelle place, dans quel château, etc., un acte, un diplôme, une lettre, etc., ont été dressés ou écrits. Les dates sont le fondement de la chronologie. — Pour qu'une date soit certaine, incontestable, il faut qu'elle résulte de la déclaration d'un officier public. Les actes sous seing privé acquièrent cependant date certaine par l'enregistrement et par l'énonciation de leur substance dans les actes publics, et aussi par le décès de l'une des parties contractantes. — Dans la chancellerie romaine, *date* se dit d'une inscription qu'on faisait sur un registre lors de l'arrivée de la demande d'un bénéfice.

DATERIE. C'était autrefois à Rome l'office du dataire et le lieu où il exerçait ses fonctions. La daterie était composée de trois officiers principaux : le dataire ou prodataire, le sous-dataire et le préfet des vacances *per obitum*, qui était une espèce de substitut du dataire, auquel il fallait s'adresser lorsque le bénéfice venait à vaquer par suite d'un décès. Outre ces officiers principaux, il y avait à la daterie 4 réviseurs nommés par le pape et amovibles, 20 registrateurs et beaucoup d'autres officiers. C'était à la daterie que s'expédiaient les dispenses et les nominations aux bénéfices ecclésiastiques réservés au pape.

DATION, acte par lequel on donne quelque chose. La dation diffère de la donation en ce que celle-ci exprime une libéralité, tandis que la dation s'entend d'une chose délivrée sans libéralité. Le mot dation est aussi employé pour exprimer l'action de conférer une fonction. Ainsi on dit la dation d'un tuteur, d'un subrogé-tuteur.

DATSCHITZ, ville des États autrichiens (Moravie), à 35 kil. d'Iglau. Pop. 2,000 hab. Beau château des barons de Dalberg.

DAUBENTON (Louis-Jean-Marie), célèbre naturaliste et anatomiste, né à Montbar en 1716, mort en 1800. Il fut le collaborateur de Buffon, qui le chargea de la partie anatomique de l'*Histoire naturelle*. Il enrichit cette partie des sciences naturelles d'un si grand nombre d'observations nouvelles qu'il ne soupçonna jamais, suivant l'expression de Camper, toutes les découvertes dont il était l'auteur. C'est à Daubenton, autant qu'à Buffon qu'on doit l'agrandissement considérable du cabinet d'histoire naturelle de Paris, qui n'avait été, jusqu'en 1750, qu'un modeste herbier. Daubenton fut reçu à l'Académie des sciences en 1744; il adressa à cette Compagnie une foule de mémoires précieux pour la science anatomique, la zoologie, la minéralogie et la physique végétale. Il publia le premier une méthode pour la classification des numéros. La Révolution n'interrompit pas ses travaux. Napoléon l'appela au Sénat. Ses restes ont été déposés dans le magnifique jardin qu'il avait su créer, et sa statue a été placée au jardin d'acclimatation du bois de Boulogne. Cuvier a établi le parallèle suivant entre Buffon et Daubenton : « Buffon n'écoutait guère que son imagination; Daubenton était presque toujours en garde contre la sienne. Le premier était plein de vivacité; le second, de patience. Le premier voulait plutôt deviner la vérité que l'observer : le second remarquait tous les détails, et se défiait toujours de lui-même. »

DAUBERVAL (Jean BERCHER, dit), célèbre danseur de l'Opéra, né à Montpellier en 1742, mort en 1806. Il excella surtout dans la danse comique, et fit pendant plus de 20 ans les délices de l'Opéra. Il fut surnommé le *Préville de la danse*. Il composa les ballets du *Déserteur*, de l'*Epreuve villageoise* et de la *Fille mal gardée*.

DAUBIGNY (Jean-Louis-Marie VILLAIN), né à Saint-Just en Picardie. Il fut d'abord procureur au parlement de Paris. Pendant la Révolution, il s'attacha à Danton et fit partie de la municipalité de Paris. L'énergie qu'il déploya dans la journée du 10 août 1792 le fit nommer membre du conseil de salut public. Lorsqu'il vit diminuer l'influence de Danton, il se rangea du côté de Robespierre, et fut assez heureux pour ne pas être compris dans les exécutions qui suivirent la réaction thermidorienne. Il fut cependant mis en arrestation; mais il dut sa liberté à l'amnistie du 25 octobre 1795. Il fut deux fois mis en accusation sous la honteuse inculpation de vol. On l'accusait notamment de détournements d'objets placés dans le garde-meuble de la couronne. Cependant le tribunal révolutionnaire le renvoya absous. En 1801, il fut impliqué dans le fameux complot de la machine infernale, bien qu'il ait été établi plus tard que cette conspiration était l'œuvre des royalistes; il fut déporté aux îles Séchelles, où il mourut en 1808.

DAUMESNIL (Pierre), général français, né à Périgueux en 1776, mort en 1832. Il entra au service dès l'âge de 15 ans, fit les campagnes d'Egypte et d'Italie, et se distingua sur les champs de bataille de la république et de l'empire. Il était colonel des chasseurs de la garde impériale, quand il eut la jambe emportée par un boulet à Wagram. Napoléon le nomma commandant de la place de Vincennes avec le grade de général de brigade. En 1814, les alliés le sommèrent de rendre le fort de Vincennes. Il répondit avec une simplicité et une énergie toute française : « Rendez-moi ma jambe! » Un général allié menaçait de le faire sauter. « Eh bien, répliqua Daumesnil, j'ai là 1,800 milliers de poudre, nous sauterons ensemble. » On prit garde de le mettre au défi, car on savait qu'il aurait accompli sa parole. Les alliés négocièrent pendant plus d'un an; ils offrirent même secrètement un million au brave Daumesnil pour qu'il capitulât. Il refusa avec mépris, et ne voulut remettre Vincennes qu'aux Bourbons, alors qu'ils avaient été acceptés par la France. Il sortit de Vincennes avec le drapeau aux trois couleurs. Il fut mis à la retraite; mais le triomphe populaire de 1830 le rappela au commandement de Vincennes. *La Jambe de bois*, ainsi qu'il avait été surnommé par le peuple, fut chargé de la garde des ministres de Charles X, enfermés dans le donjon.

DAUN (Léopold-Joseph-Marie, comte DE), prince de Tiano, feld-maréchal autrichien, président du conseil aulique de guerre, né à Vienne en 1705, mort en 1766. Il se distingua par sa fidélité à Marie-Thérèse, et prit une glorieuse part aux guerres que cette princesse eut à soutenir pour la conservation de ses Etats. Il remporta contre le roi de Prusse une victoire célèbre à Chotzemitz, le 18 juin 1757. C'est à cette occasion que Marie-Thérèse fonda l'ordre militaire qui porte son nom. Daun s'illustra encore à la bataille de Hochkirch, puis devant Dresde, dont il força le roi de Prusse à lever le siége. En 1759, il fit mettre bas les armes à toute une armée prussienne, commandée par le général Fienck. Il fut moins heureux à Siplitz, en 1760 : il reçut une blessure qui le força d'abandonner le commandement, et cette circonstance lui fit perdre une victoire qui s'annonçait en sa faveur. Les stratégistes lui ont reproché de n'avoir jamais su, cédant à une prudence exagérée, tirer parti de ses victoires. Frédéric, son digne adversaire, savait mieux que lui prendre avantage de ses défaites mêmes.

DAUNOU (Pierre-Claude-François), littérateur français, né à Boulogne-sur-Mer en 1761, mort à Paris en 1840. Il entra dans l'état ecclésiastique en 1787, après avoir professé la littérature chez les oratoriens. Il remporta plusieurs prix académiques; il eut Bonaparte pour concurrent sur la question suivante : *Quelles vérités et quels sentiments importe-t-il d'inculquer aux hommes pour leur bonheur?* Pendant la Révolution, il s'attacha au parti des girondins, et éleva la voix en faveur de Louis XVI. Il fut arrêté après l'exécution des girondins; mais il rentra à la Convention après le 9 thermidor. Il fut chargé du rapport de la loi sur l'organisation de l'instruction publique et de l'Institut. Il fut appelé à la présidence du conseil des Cinq-Cents. En 1797, il fut envoyé à Rome avec Monge et Florant, pour constituer la république romaine. Le gouvernement du 18 brumaire le fit entrer dans la commission chargée de préparer la constitution de l'an VIII. Son opposition à certains actes politiques des consuls amena sa retraite. Dès lors, il se consacra entièrement aux études littéraires et historiques. En 1807, il fut nommé archiviste de l'empire. Il a laissé des *Recherches sur l'origine de l'imprimerie*, un *Essai historique sur la puissance temporelle des papes*, une *Histoire de Pologne*, un *Essai sur les garanties individuelles*.

DAUPHIN, titre qui appartenait autrefois, en France, aux héritiers présomptifs de la couronne. Il fut d'abord réservé aux comtes du Dauphiné; mais, par suite de la cession du Dauphiné, faite en 1349 par Humbert à Jean, fils de Philippe VI, de Valois, ce titre appartint aux fils aînés des rois de France. — Le titre de dauphin fut aussi porté par les seigneurs de la branche aînée de la maison d'Auvergne.

DAUPHIN, machine de guerre en usage chez les anciens dans les luttes maritimes. C'était une masse énorme de plomb, qu'on suspendait aux antennes d'un navire, et qu'on laissait retomber de tout son poids sur le bâtiment ennemi; on parvenait ainsi à le perforer et à le faire sombrer.

DAUPHIN. La mythologie fait souvent mention de ces animaux marins. Les poëtes rapportent que des hommes furent métamorphosés en dauphins par les dieux. Le dauphin passait pour être l'ami de l'homme; il apparaissait aux marins à l'approche de la tempête. Ænolas d'Eolie s'étant jeté à la mer en apprenant que les Penthilides venaient d'y précipiter son amante, un dauphin le recueillit et le porta sain et sauf dans l'île de Lesbos. Télémaque ayant été sauvé par un de ces animaux, Ulysse, son père, porta depuis l'image d'un dauphin sur son anneau. Le dauphin aimait la musique et les poëtes, comme le prouve la fable d'Orion. Il était l'attribut de Vénus, de Téthys, de Nérée, de Protée et de Neptune, dont il était le messager.

DAUPHINE, titre que portait, en France, la femme du dauphin, et qu'elle conservait même après la mort de son mari, s'il décédait sans avoir régné.

DAUPHINÉ, province de l'ancienne France, capitale Grenoble. Elle se divisait en deux parties : le haut Dauphiné capitale Grenoble, comprenant tout le pays situé à l'E., le Grésivaudan, le Royanez, le Champsaur, le Briançonnois, l'Embrunois, le Gapençais et les Baronnies. Le bas Dauphiné, capitale Vienne, formé de la partie occidentale de la province, comprenait le Viennois, le haut et le bas Valentinois, le Tricastin, et le Diois. Le Dauphiné est aujourd'hui compris dans les départements des Hautes-Alpes, de l'Isère et de la Drôme. Le Dauphiné était occupé par les Allobroges et les Voconces; il fit partie de la Viennaise et de la Narbonnaise IIe, puis du royaume des Burgundes, de la Bourgogne cisjurane, du royaume d'Arles. Dans tout le IXe siècle, il se divisa en un grand nombre de petits comtés; le principal fut celui d'Albon, dans le diocèse de Vienne, dont les titulaires prirent le titre de Dauphin. La maison des dauphins se divise en 3 races : la 1re issue de Guigues Ier (1063-1212); la 2e commence à Guignes André et finit avec le XIIIe siècle, la 3e, dite maison de la Tour-du-Pin (1281-1349). Humbert II, par un acte signé à Vincennes le 23 avril 1349, céda le Dauphiné à Jean, fils de Philippe VI, le Valois, à condition que le fils aîné du roi de France prendrait toujours le titre de dauphin. Le Dauphiné eut beaucoup à souffrir pendant la lutte acharnée des catholiques contre les protestants.

DAVE, personnage de comédie chez les Romains; c'était le type des valets. On le retrouve avec la même ruse, la même adresse et le même esprit dans les Crispins, les Frontins et les Scapins de la comédie moderne.

DAVENANT (sir William), poëte anglais, né à Oxford en 1605, mort en 1668. Il était fils d'un cabaretier chez lequel Shakespeare avait coutume de s'arrêter dans les voyages qu'il faisait à Londres. Il montra de bonne heure un grand talent poétique. En 1637, après la mort de Johnson, il fut déclaré poëte lauréat. Il se montra fidèlement attaché à Charles Ier, à qui il devait sa fortune. Lorsque ce prince mourut sur l'échafaud, Davenant passa en France. Il eut l'imprudence d'accepter du gouvernement français une mission en Virginie. Son bâtiment fut pris par les Anglais, et il eût été condamné à mort, si Milton n'était intervenu en sa faveur. Il eut l'occasion de manifester sa reconnaissance envers ce poëte; il lui sauva la vie à son tour après la restauration de Charles II. Davenant a laissé un grand nombre de tragédies, de tragi-comédies, de comédies et de mascarades. Ses meilleures pièces sont intitulées. *Albouin; roi des Lombards; le Temple de l'amour*, *l'Amour et l'Honneur*.

DAVENTRY, ville d'Angleterre dans le comté de Northampton, à 20 kil. de cette ville. Pop. 4,200 hab. Centre principal de commerce de chevaux.

DAVID, né à Bethléem, en 1085 av. J.-C., fut sacré roi d'Israël par Samuel; il n'avait alors que 22 ans; mais il s'était déjà signalé par son courage. Il avait osé combattre le géant Goliath et l'avait terrassé. Saül avait été jaloux de ses succès. Il avait vainement essayé de le faire périr en lui assignant des postes dangereux dans les combats contre les Philistins. David s'était vu enfin forcé de s'enfuir et de se retirer à la cour d'Achis, roi de Geth. Il fut assez généreux, pendant les guerres entre les Juifs et les Philistins, pour épargner Saül, qui était tombé deux fois entre ses mains. Quand Saül mourut, David punit ses meurtriers. Il établit sa résidence à Sion, où il fit bâtir un palais. Il y fit transporter l'arche sainte, et conçut le projet d'ériger un temple au dieu qui lui avait donné la couronne. Il soumit les Philistins, les Moabites, les Syriens et les Ammonites. Cependant il souilla sa mémoire du meurtre d'Urie, époux de Bethsabée, qu'il avait séduite. Le prophète Nathan lui annonça les maux qui allaient l'affliger en punition de ce crime. David vit sa maison souillée par le viol et le fratricide; il fut contraint de fuir devant son fils Absalon, qui voulait le détrôner. Cette révolte ne fut apaisée que par la mort d'Absalon. Il irrita le Seigneur en faisant par vanité le dénombrement de son peuple. Dieu envoya une épidémie qui fit périr 70,000 Juifs. David choisit Salomon pour son successeur, et mourut bientôt après, en 1015 av. J.-C. Il a été démontré que les psaumes attribués à David n'avaient pas été composés par lui, mais bien par des lévites, sur l'ordre de ce roi.

David (Georges), né d'un bateleur de Delft, en 1501. Il fut d'abord peintre sur verre. Exalté par la lecture de quelques ouvrages mystiques, il voulut fonder une religion nouvelle. Il s'imagina qu'il était le vrai Messie, fils de David, né de Dieu par l'opération du Saint-Esprit. Il n'admettait pas la vie éternelle, la résurrection des morts, le jugement de Dieu; il approuvait la communauté des femmes, et soutenait que, l'âme étant incorruptible, le corps seul pouvait être souillé. Il fut obligé de se réfugier à Bâle, où il mourut, en 1556. Il publia le *Livre de la perfection* et le *Livre merveilleux*, qui rallièrent des adeptes à sa doctrine. Trois ans après, son corps fut exhumé et brûlé avec ses écrits.

David (Emeric), historien et antiquaire, né à Aix en 1774, mort en 1839. Il fut d'abord avocat, puis imprimeur. Il a beaucoup écrit sur l'histoire de la statuaire et celle de la peinture au moyen âge. Il a laissé des biographies des artistes anciens et modernes et des *Recherches sur Jupiter, Vulcain et Neptune*.

David (Jacques-Louis), peintre d'histoire et l'un des conventionnels, né à Paris en 1748, mort à Bruxelles en 1825. Dès ses premières années, il manifesta un goût irrésistible pour la peinture. Le hasard lui fit connaître Boucher, qui reconnut son aptitude et engagea ses parents à le placer chez Vien. David obtint le grand prix après avoir concouru cinq fois. Il suivit son maître et son protecteur qui venait d'être nommé directeur de l'école de Rome. Il s'appliqua surtout à l'étude des grands maîtres et de l'antique, et fit deux belles copies de la *Cène*, de Valentin, et de la *Peste*, de Saint-Roch. Quand il revint en France, il exécuta *Bélisaire* et *Andromaque pleurant la mort d'Hector*. Ces peintures le firent admettre à l'Académie royale de peinture. Il se maria avec la fille de Pécoul, architecte du roi, puis il retourna à Rome, où il exécuta le *Serment des Horaces*, qui obtint le plus grand succès. Le style de cette composition amena une révolution dans l'art de la peinture. On soigna davantage les costumes et les ameublements, et on s'attacha désormais à la vérité historique. Il donna ensuite le dessin du *Vieil Horace défendant son fils devant le peuple romain*. On admira l'énergie toute cornélienne du vieil Horace, et l'intelligence du génie romain qui règnait dans cette composition; la *Mort de Socrate* et *Brutus rentrant chez lui après avoir condamné ses fils* vinrent après. Il fit le dessin du *Serment du Jeu de Paume*, composition pleine d'imagination, et qui offre un reflet de la grandeur de la Révolution. L'assassinat de Lepelletier, conventionnel qui avait voté la mort de Louis XVI, et qui fut victime d'une vengeance politique, fournit à David l'occasion de signaler son talent inspiré par le patriotisme. Il représenta *Lepelletier étendu sur son lit de mort* et fit hommage de ce tableau à la Convention. Il donna ensuite le portrait de Marat et une ébauche du jeune Barra au moment où il tombe mortellement frappé. Il essaya vainement de défendre Robespierre contre ses accusateurs; il alla même jusqu'à lui dire: « Si tu bois la ciguë, je la boirai avec toi. » Il fut emprisonné deux fois, après la réaction de thermidor et dut la liberté à l'amnistie du 4 brumaire an IV. Dès ce moment, David ne quitta plus son atelier. Il exécuta, en 1799, l'*Enlèvement des Sabines*, l'une de ses plus belles conceptions. A la demande de Bonaparte, il composa le *Passage du mont Saint-Bernard*. Ce tableau fut enlevé au musée national en 1814. Pendant la Restauration, David fut forcé de s'exiler et se réfugia à Bruxelles, où il mourut, après avoir composé quelques ouvrages qui n'ont pas l'énergie de ses premières peintures.

David Ier, roi d'Ecosse, succéda à son père en 1124, et mourut en 1153. Il épousa une nièce de Guillaume le Conquérant, qui lui apporta en dot les comtés de Northumberland et de Huntingdon. Il fut particulièrement honoré en Ecosse comme un saint.

David II. (*V.* Bruce (David)).

David Comnène, dernier empereur de Trébizonde; il usurpa le trône au préjudice de son frère Jean, dont il fit périr le fils. Il fit alliance avec les Perses contre Mahomet II, qui menaçait ses Etats. Il ne put prévenir la prise de Constantinople, en 1453. Mahomet II lui avait promis un apanage considérable; mais il viola la capitulation, et proposa à David d'embrasser la religion de Mahomet, sous peine de périr, lui et ses fils. L'infortuné empereur préféra la mort. Mahomet, par un raffinement de cruauté, le força à être témoin de la circoncision d'un de ses fils, nommé Nicéphore. Ce prince put s'échapper et trouver un refuge chez les Maniotes, qui descendaient des anciens Spartiates. Les Maniotes le nommèrent sénateur, et cette dignité fut perpétuée dans sa famille.

David (saint), mort en 544. Il prêcha l'Evangile dans la Grande-Bretagne, et y fonda plusieurs monastères. Il fut évêque de Menévie en 512.

DAVID'S (Saint-), ville d'Angleterre (Galles), à 25 kil. de Milford-Haven. Pop. 2,300 hab. Ruines de la cathédrale, beau palais épiscopal. Cette ville doit son origine à un couvent fondé par saint Patrick, auquel succéda saint David.

DAVILA (Henri-Cathérin), savant historien, né au Sacco, près de Padoue, en 1576, mort en 1631. Son père, qui était connétable de Chypre, fut forcé de quitter cette île lorsque les Turcs s'en furent rendus maîtres, en 1571. Il demanda vainement des secours à la cour d'Espagne. Son fils se fixa en France et servit sous Henri IV; il se retira ensuite à Venise, où il fut favorablement accueilli par le sénat. Pendant qu'il était à Venise, Davila publia son *Histoire des guerres civiles de France*. On lui reproche d'avoir manifesté trop de partialité pour les catholiques, et d'avoir entrepris de justifier le massacre de la Saint-Barthélemy. Les bienfaits dont le combla Catherine de Médicis lui firent fermer les yeux sur les crimes de cette princesse. Cependant Davila mérite, avec de Thou, le premier rang parmi les historiens de son siècle. La pureté de son style, la fidélité des détails et l'intelligence de la politique de son temps, donnent un grand prix à son travail. D'ailleurs il a été témoin de la plupart des faits qu'il raconte. Il fut tué d'un coup de pistolet dans un voyage dont il avait été chargé pour le compte de la république. Son jeune fils, qui l'accompagnait, vengea son père en tuant le meurtrier.

DAVIS (John), navigateur anglais, né à Sandridge, dans le Devonshire, en 1565. En 1585, il entreprit un voyage dans les mers de l'Amérique septentrionale, pour trouver un passage, par le N.-O., aux Indes orientales; mais le succès de trois voyages qu'il entreprit successivement, se borna à la découverte d'un détroit auquel il donna son nom. Il fut sur le point de réaliser les découvertes qui, plus tard, illustrèrent Baffin; mais il se vit arrêté par les glaces. Il mourut en 1605, dans une expédition aux Indes.

Davis (détroit ou canal de), bras de mer de l'Amérique septentrionale faisant communiquer la mer de Baffin avec l'Océan atlantique. Il fut découvert par le navigateur dont il porte le nom, en 1585.

DAVOS, village de Suisse (Grisons), dans la vallée de son nom; ch.-l. de la ligue des Dix-Droitures, à 20 kil. de Coire. Pop. 1,700 hab.

DAVOUST (Louis-Nicolas), maréchal de France, prince d'Eckmühl, né à Annoux, en Bourgogne, en 1770, mort en 1823. Il sortit de l'école de Brienne à l'âge de 15 ans et entra, comme sous-lieutenant, dans le régiment de Champagne-cavalerie. Il servit dans l'armée du nord, sous Dumouriez, en qualité de chef de bataillon, et, après la défection du général en chef, il sut maintenir son bataillon dans le devoir. En 1793, il était déjà général de brigade. Il servit dans les armées de la Moselle et du Rhin, et fut souvent employé, par Moreau, dans des circonstances difficiles. Il prépara l'expédition d'Egypte, et y suivit Bonaparte. Il se distingua, dans différentes expéditions, par la sagesse de ses combinaisons stratégiques. A son retour en France, il fut arrêté en mer, ainsi que Desaix, par des bâtiments anglais, et cela au mépris d'une convention. Il fut rendu à la liberté un mois après. En 1802, Bonaparte le nomma commandant en chef des grenadiers de la garde consulaire. A la proclamation de l'empire, il passa maréchal de France. Il parut au camp de Boulogne, puis sur les champs de bataille d'Ulm, d'Austerlitz et d'Iéna. Dans cette dernière bataille, il soutint, avec 3 divisions, le choc de l'armée prussienne, et détermina la victoire par la sagesse de ses mesures autant que par son courage. A Eylau, il décida encore du succès de la journée par une attaque rapide sur le flanc de l'armée russe. Il se distingua à Wagram. Napoléon, qui voyait en lui l'un des plus habiles de ses stratégistes, l'envoya en Pologne, où il se montra administrateur aussi maladroit qu'il était excellent général. Il mécontenta la population par la rigueur de ses mesures. D'un autre côté, il fortifia son autorité militaire, et forma une belle armée, composée de 60,000 Polonais et Allemands. Ses ennemis, et ils étaient nombreux à la cour de Napoléon, accusaient hautement son ambition, et lui prêtaient l'intention de se rendre indépendant en Pologne. En 1812, il prit le commandement du 1er corps d'armée et marcha le premier contre les Russes. Il montra, dans la retraite, une prudence qui était dans sa nature. Le maréchal Ney lui reprocha cependant d'avoir interrompu ses communications avec l'arrière-garde, et de l'avoir ainsi laissé seul aux prises avec l'ennemi. Il s'enferma dans Hambourg et résista aux attaques combinées des Suédois, des Prussiens et des Russes. Lorsque la Restauration fut accomplie, Davoust rentra en France, et se retira dans sa terre de Savigny-sur-Orge. Pendant les Cent-Jours, il fut nommé ministre de la guerre, et réorganisa l'armée. Mais, après Waterloo, sa fidélité à Napoléon devint suspecte. Loin de profiter des ressources que la France offrait pour lutter contre l'étranger, il paralysa l'élan des 100,000 hommes dont il disposait encore, et signa, avec les alliés, une convention par laquelle il s'engageait à se retirer au-delà de la Loire. D'un autre côté, il stipulait que personne ne pourrait être recherché ni pour ses opinions, ni pour sa conduite politique. Ses amis ont prétendu qu'il avait cédé à la nécessité, jugeant que la continuation de la lutte n'aurait fait qu'attirer de nouveaux malheurs sur la France sans qu'il fût possible de sauver la dynastie impériale. Quoi qu'il en soit, Davoust se montra assez dur envers l'empereur; quand celui-ci lui redemanda le commandement de l'armée, il répondit aux commissaires envoyés vers lui à cet effet : « Quoi! c'est encore lui. Dites à votre Bonaparte que je vais aller l'arrêter s'il ne part pas sur-le-champ. » Le général Flahaut répondit à Davoust avec un calme et une dignité qui contrastaient avec l'insolence de cet homme qui méconnaissait ainsi son bienfaiteur. Davoust se repentit plus tard du rôle qu'il avait joué, et essaya de se réhabiliter en faisant entendre, lors du procès du maréchal Ney, quelques paroles généreuses.

DAVY (sir Humphry), baronnet, célèbre chimiste anglais, né à Penzance, dans le duché de Cornouailles, en 1778, mort en 1829. Il étudia presque sans maîtres, et aborda à la fois la poésie, l'histoire naturelle, la physique et la chimie. Il fut mis en apprentissage chez un pharmacien; mais il s'accommoda mal de ce genre de vie : il avait l'habitude de se promener dans la campagne et de pêcher à la ligne, et ces exercices lui fournissaient l'occasion de méditer dans la solitude. La pêche à la ligne fut pour lui une passion dominante, et il faut d'autant moins l'en blâmer qu'elle lui a fourni le sujet d'un charmant ouvrage intitulé *Salmonia*, dont la lecture est vraiment attachante. L'apprenti pharmacien n'annonçait pas d'heureuses dispositions pour sa profession. Il connut, chez sa mère, le fils du célèbre Watt, qui s'occupait de chimie, et il étudia les ouvrages de Lavoisier pour pouvoir s'entretenir avec lui. Cette circonstance détermina sa vocation. Il découvrit des vues nouvelles dans une science où l'on croyait qu'il restait peu à faire après Lavoisier. Il se composa un laboratoire qui ferait sourire, si l'on ne songeait aux grands résultats qu'il obtint : quelques pipes cassées lui servirent de cornue; une seringue devint, entre ses mains, une machine pneumatique. Il se livra à l'analyse des gaz et démontra que l'air atmosphérique contenu dans l'eau de la mer est modifié par les plantes marines, de la même manière que les végétaux modifient l'air à la surface de la terre. Ces premières expériences valurent à Davy la protection du professeur Beddoes, qui l'attacha à son *institution pneumatique*. Son maître pharmacien ne demandait pas mieux que d'être débarrassé d'un *aussi pauvre sujet*. Bientôt Davy découvrit le *protoxyde d'azote*, et il en décrivit les singuliers effets, assez semblables à ceux de l'opium. Dans un moment d'extase, il formula cette pensée, qui résumait son système philosophique : « Rien n'existe que la pensée; l'univers n'est composé que d'impressions et d'idées de plaisir et de souffrance. » Il continua à expérimenter sur les gaz les plus dangereux, sans s'inquiéter de l'altération de sa santé. Il n'avait que 22 ans, quand il fut appelé à professer la chimie à Londres. Le comte de Rumfort, qui avait désiré le voir, le jugea assez mal au premier abord, et ne lui accorda que l'autorisation d'ouvrir un cours particulier. Bientôt la vogue du jeune professeur fut immense. La Société royale de Londres l'admit dans son sein. En 1807, il reçut le témoignage le plus honorable de sympathie : malgré la guerre acharnée que se livraient l'Angleterre et la France, l'Institut de France lui décerna un prix. La science lui doit d'importantes découvertes, notamment sur le moyen de constater l'existence d'un alcali fixe dans les pierres soumises à l'analyse par l'acide boracique; sur certains dépôts des eaux thermales de Lucques; sur le feu des volcans et les matières volcaniques; sur la composition des brouillards; sur l'emploi, comme agents mécaniques, des gaz amenés à l'état liquide par la pression; sur la décomposition des corps par l'action de la pile galvanique; sur la propriété du chlore et ses combinaisons; sur les acides formés sans oxygène; sur la décomposition des terres par le galvanisme. Ces deux dernières découvertes ont été surtout importantes par leurs applications. Il s'embarqua pour continuer ses expériences dans les mers du Nord; mais sa santé avait subi une altération trop profonde; il fut obligé de revenir et d'aller chercher quelque repos sous un climat plus doux. Il se rendit à Genève, où il mourut presque en arrivant.

DAWIDOF (Denis-Vasilievitch), général russe, né à Moscou, en 1784, mort en 1839. Il fut aide de camp de Bagration, et se distingua dans les guerres que la Russie eut à soutenir contre l'empire français. Il a laissé un recueil de chansons militaires et de poésies diverses assez estimé en Russie.

DAWLISH, village d'Angleterre (Devon), à 15 kil. d'Exeter. Pop. 2,700 hab. Bains de mer très fréquentés.

DAX ou **ACQS**, sous-préf. du départ. des Landes, à 52 kil. de Mont-de-Marsan. Pop. 8,700 hab. Tribunal de 1re instance, collège, cabinet de minéralogie. Ancienne enceinte de murailles, château fort. Sources thermales, bains très-fréquentés. Exploitation d'asphalte. Préparation de jambons dits de Bayonne; commerce de planches, goudron et résines; vins, eaux-de-vie, liqueurs fines. Entrepôt de commerce entre la France et l'Espagne. Parmi les constructions de cette ville, on remarque le beau pont de l'Adour, la cathédrale, la sous-préfecture (ancien palais épiscopal). Patrie de Borda et de Roger-Ducos. La ville de Dax, l'*Aquæ Tarbellicæ* des Romains, était la capitale des Tarbelli; elle passa tour à tour sous la domination des Goths, des Francs, des Vascons, et devint très-florissante; elle fut le siège d'un évêché. Les Anglais la possédèrent pendant 3 siècles environ.

DAYAKS, peuplade féroce de l'île de Bornéo, répandue dans toute l'étendue de cette île, spécialement au S. et à l'O., où elle forme les Etats du grand et du petit Dayak. Les Dayaks adorent un dieu invisible qu'ils nomment Touppa. Ils se livrent au commerce, à l'agriculture et à l'exploitation des mines.

DAYTON, ville des Etats-Unis (Ohio), à 83 kil. de Cincinnati. Pop. 20,150 hab. Tribunal d'arrondissement; collège; nombreuses usines.

DAZINCOURT (Joseph-Jean-Baptiste ALBOUY, surnommé), né à Marseille en 1747, mort en 1809. Il fut d'abord secrétaire et bibliothécaire du maréchal de Richelieu, qui l'avait chargé d'écrire ses Mémoires. Il eut l'occasion de se faire entendre dans des théâtres de société; bientôt il sentit une vocation irrésistible pour la comédie. Il débuta à Bruxelles dans les rôles de Crispin. Le prince de Ligne le fit débuter à la Comédie-Française, où il fut reçu sociétaire en 1777. Marie-Antoinette, qui jouait la comédie à Trianon et qui remplissait les rôles de soubrette, voulut recevoir des leçons de Dazincourt. La Révolution lui fit perdre sa fortune; il fut même emprisonné, quoiqu'il eût reçu avis qu'il allait être arrêté; il jugea qu'il eût été lâche de prendre la fuite. Il fut cependant mis en liberté, et fut chargé, en 1799, de la réorganisation du Théâtre-Français. L'empereur le nomma professeur de déclamation au Conservatoire et directeur des spectacles de la cour. Son jeu était facile, naturel, plein de pénétration, mais manquait souvent de gaieté. Aussi Préville disait-il de cet acteur : « C'est un bon comique, plaisanterie à part. »

DE, Particule nobiliaire. Devant un nom propre, *de* indique la noblesse, et le plus souvent aussi la prétention à la noblesse, car l'abus qu'on a fait de cette particule n'est pas une des moindres causes qui ont discrédité la noblesse. Combien de pauvres diables n'a-t-on pas vus qui, à peine sortis de leur village, se sont empressés d'en prendre le nom pour l'ajouter au leur, afin de se donner par là un vernis de noblesse!

DÉ. Jeu qui se joue avec de petits cubes d'os, d'ivoire ou de bois, qui ont six faces carrées et égales, renfermant les nombres depuis 1 jusqu'à 6. On joue aux dés en lançant deux dés sur une table; celui qui a le plus de points est vainqueur. Le jeu de dés remonte à une haute antiquité. Les dés viennent après les osselets, ces petits os singuliers que les enfants font aujourd'hui encore rouler sur la poussière de nos places. Le jeu de dés était en usage chez les Grecs et les Romains. Aucun jeu n'a eu peut-être une influence plus générale; il a réellement décidé du destin des Etats, et les prophètes eux-mêmes n'ont pas dédaigné de le mêler à leurs prédictions. Sophocle, Pausanias, Suidas parlent du jeu de dés; Hérodote en attribue l'invention aux Lydiens; si maintenant, quittant les auteurs profanes, nous ouvrons saint Jean, nous y trouverons que la robe du Christ fut tirée au sort, à l'aide des dés, par les soldats chargés de le garder. Le jeu de dés, annoncé par nos prophètes, se rattache donc aux traditions les plus saintes! Herculanum, cette ville, surprise par la mort dans un seul moment, nous a révélé encore la popularité du jeu de dés chez les anciens. Le Musée de Naples est rempli de dés d'ivoire et en terre cuite qu'on a découverts dans la contrée. En Allemagne, dans les environs de Bade, près de ces eaux thermales où les légions romaines ont fait un si long séjour, on recueille tous les jours des dés de bois, instruments des jeux des soldats de César. Suétone nous apprend qu'Auguste était un grand joueur de dés, et l'on doit bien penser que Mécène, Virgile et Horace ne négligeaient pas, de leur côté, de jouer à un jeu qui plaisait tant au maître du monde. L'empereur Claude prenait presque autant de plaisir à jouer aux dés qu'à manger des champignons, et le fils d'Ænobarbus, Néron, joua et perdit d'un seul coup 4,000 sesterces (818 fr. 80 c.); joli coup de dés pour son adversaire! Les anciens jouaient à trois dés, et la rafle de six se nommait le coup de Vénus; le coup le plus malheureux était celui des trois as, d'où venait le proverbe grec : *Trois six ou trois as*, c'est-à-dire *tout ou rien*. Ou bien celui qui tenait les dés disait un nombre avant de les jeter, et il gagnait s'il devinait juste. Le jeu de dés fut, dit-on, introduit en France sous Philippe-Auguste. Le bon curé de Meudon nous représente Panurge l'esprit préoccupé de deux choses, à savoir : s'il doit se marier et s'il ne sera point trompé. Il trouve que le meilleur moyen de savoir à quoi s'en tenir est de recourir à trois beaux dés. Les dés furent tirés et jetés, mais la chance fut contraire; les points qu'amena Panurge lui annoncèrent que sa femme serait ribaude; et que, par conséquent, il serait trompé. Voyez la puissance des dés!

DEAKOVAR ou **DIAKOVAR**, bourg des Etats autrichiens (Croatie-Esclavonie). Pop. 1,200 hab. Siége d'un évêché catholique suffragant de Colocsa.

DEAL, ville et paroisse d'Angleterre (Kent), juridiction des Cinq-Ports, à 22 kil. de Cantorbéry, port sur le détroit du Pas-de-Calais. Pop. 7,540 hab. Cette ville est divisée en deux parties : la ville haute, défendue par le fort Sondown; et la ville basse, défendue par les châteaux de Deal et de Walmer-Castle. Vastes magasins d'approvisionnement pour la marine. Magnifique bâtiment de la Douane.

DÉALBATION, terme de chimie qui exprime le changement du noir au blanc opéré par le feu.

DEAN-FOREST, contrée d'Angleterre (Glocester). Sup. 12,150 hect. Pop. 5,550 hab. Cette contrée est en partie couverte des restes de la grande forêt qui porte son nom. Carrières de marbre; houillères; bois pour la marine.

DEBA, ville d'Arabie (pays d'Oman), à 176 kil. de Mascate. Port sur la mer d'Oman. Commerce important avec l'Arabie, la Perse et le Sind.

DEBA, ville du Thibet, située près de la Tiltil. Résidence d'un lama.

DÉBACLE, se dit de la rupture des glaces dont se trouve couverte la surface d'un cours d'eau par un froid rigoureux. Les plus graves accidents ont été occasionnés par le dégel subit des rivières et des fleuves. Lorsque les vents du midi viennent à souffler tout à coup, la glace se rompt avec fracas, le fleuve charrie les parties qui se détachent, et, sous l'action du vent, des blocs énormes s'amoncellent et produisent quelquefois des débordements considérables. On s'applique aujourd'hui à faire disparaître peu à peu ces inconvénients par diverses constructions.

DÉBARDEURS. Nom donné aux ouvriers qui attendent sur le port l'arrivage des bateaux chargés pour transporter à terre les marchandises qu'ils contiennent, et qui dépècent aussi les trains de bois. Ils formaient autrefois une corporation sous la juridiction du prévôt des marchands; ils sont encore organisés en compagnie avec syndics, et ont seuls le droit de décharger les bateaux sur les bords de la Seine, à Paris.

DÉBATS. On entend, par ce mot, la discussion qui s'élève entre deux personnes, soit sur leurs intérêts, soit sur toute autre question. Cette expression s'applique aussi aux *débats littéraires*, aux *débats politiques*, et plus spécialement toutefois aux *débats judiciaires*.

DÉBATS (journal des). (*Voir* BERTIN (Louis-François).

DÉBATS PARLEMENTAIRES. On appelle ainsi la discussion des actes législatifs dans les assemblées nationales. C'est dans l'étude de l'histoire parlementaire, en Angleterre, que nous avons puisé les règles qui président à la marche des discussions dans nos parlements. La publicité des débats a été introduite par l'usage dans les parlements anglais. Cependant le secret des discussions peut toujours être déclaré, et même la loi écrite semble l'exiger, contrairement à la coutume. La chambre des communes est présidée par un *speaker*, ou orateur, ainsi nommé parce qu'il prend la parole au nom du parlement; il n'a pas le droit de prendre part aux discussions, ni celui de voter. C'est à lui que les députés demandent la parole pour la discussion des lois. Là, comme aujourd'hui en France, il n'y a pas de tribune, et l'on prend la parole de la place qu'on occupe. La chambre prend l'initiative des projets de loi. Chaque député a le droit de proposer des lois nouvelles, en faisant connaître, quelque temps à l'avance, l'objet de sa motion. Un bill ne peut être adopté qu'après avoir subi trois épreuves successives. Cette disposition a été reproduite dans nos constitutions de 1791, de l'an III et de 1848. La proposition d'ajournement d'un bill à plusieurs mois équivaut, dans les usages parlementaires, au rejet du bill. La discussion générale ne s'engage qu'après la seconde lecture. Les répliques sont alors admises, et les amendements proposés. Quelquefois la chambre nomme un comité spécial pour amender le bill. En cas d'urgence, les trois lectures peuvent avoir lieu le même jour. La présence de 45 membres et du président suffit pour que la chambre soit légalement constituée. Le règlement est adopté ou modifié par la chambre. Les États-Unis ont à peu près conservé, sur les débats parlementaires, les lois et coutumes de l'Angleterre. Le sénat est présidé par le vice-président de la République, tandis qu'en Angleterre, la présidence de la chambre des lords est attribuée au lord chancelier. Dans les anciennes assemblées républicaines, de même que dans les assemblées qui ont fonctionné pendant la Révolution de 1848, l'assemblée était saisie des projets de loi par les rapports des comités ou les pétitions. Les délibérations étaient généralement publiques; mais elles pouvaient aussi être secrètes. Trois lectures étaient nécessaires pour l'adoption d'une loi, et il devait y avoir un intervalle de 8 jours au moins d'une lecture à l'autre. La discussion s'engageait après chaque lecture. Le projet était imprimé et distribué avant la seconde lecture; s'il était rejeté avant la troisième, il ne pouvait plus être produit pendant la session. En cas d'urgence, on pouvait se contenter d'une lecture. Suivant la constitution de l'an III, le pouvoir exécutif avait le droit de signaler aux législateurs des projets de lois à discuter. La nécessité des trois lectures avait sa raison d'être dans le besoin de résister aux entraînements du moment. Sous le consulat et l'empire, le corps législatif faisait les lois en statuant par scrutin secret et sans discussion. Le sénat veillait au maintien de la constitution (*Voir* CORPS LÉGISLATIF). Sous l'empire des chartes de 1815 et de 1830, le pouvoir législatif reconquit son initiative. La constitution de 1848 laissait à l'assemblée nationale l'initiative des lois; chaque représentant avait le droit d'initiative parlementaire; toute proposition était formulée par écrit, et remise au président, qui, après en avoir donné connaissance à l'assemblée, la renvoyait à l'examen d'une commission spéciale pour les propositions. Cette commission devait présenter à l'assemblée un rapport dans les dix jours. Les amendements pouvaient être proposés séance tenante, et là discussion s'engageait s'ils étaient appuyés. Ensuite chaque représentant avait le droit de proposer des interpellations au gouvernement; et, si la proposition était appuyée, l'assemblée déterminait le jour où les interpellations devaient avoir lieu. Sous le régime de la constitution de 1852, le droit de proposer des lois n'appartient qu'au gouvernement. Les projets ne sont soumis au corps législatif qu'après avoir été discutés au sein du conseil d'État. Les projets amendés sont renvoyés à la commission. Le président du corps législatif est désigné par l'empereur. Les députés n'ont pas le droit d'adresser des interpellations aux ministres; le corps législatif ne peut qu'exprimer ses vœux dans l'adresse en réponse au discours du trône. Le compte rendu des séances publiques est arrêté par les membres du bureau, et les journaux ne peuvent en publier d'autres.

DÉBET. C'est la somme qu'un comptable se trouve devoir sur ses recettes, après la vérification et l'arrêté de ses comptes; les débets des comptables de deniers publics portent intérêt. En matière civile, le mot débet est généralement synonyme de reliquat.

DÉBIT, DÉBITER. Dans le langage commercial, ce mot s'entend de la vente au détail. — Dans la comptabilité, *débiter* signifie porter une certaine somme à la page du grand livre où se trouve le *doit*. Débiter quelqu'un, c'est porter un article, une dette à son compte; débiter un compte, c'est porter une somme au débit de ce compte. Lorsque deux négociants sont en compte courant, chacun porte au crédit de l'autre toutes les sommes ou valeurs reçues de lui ou pour lui, et au débit toutes les sommes payées et toutes les traites à quelque échéance qu'elles soient, faites ou acceptées pour son compte. — Le mot débit s'emploie aussi pour exprimer la déclamation :

> Mes vers paraissent si mauvais,
> Paul, de l'air dont tu les débites,
> Qu'il semble, quand tu les récites,
> Que ce soit toi qui les as faits.

On entend par débit oratoire la manière de prononcer un discours. Ainsi le débit peut être facile, brillant et clair, ou, au contraire, monotone et lourd. — Le débit doit changer de caractère suivant la nature du sujet.

DÉBITEUR. C'est celui qui doit une somme ou une chose quelconque. Le terme de *débiteur* est corrélatif de celui de créancier, le créancier étant celui à qui la somme ou la chose est due. Une personne n'est légalement constituée débitrice d'une autre que lorsque celle-ci est munie d'un titre authentique, tel qu'un acte notarié ou d'un jugement qui reconnaisse la dette et condamne à payer. Notre législation admet la contrainte par corps comme sanction de la loi commerciale. C'est au droit romain que nous avons emprunté les rigueurs de la contrainte par corps. Toutefois, à Rome, elle s'exerçait même contre les débiteurs en matière civile. La république romaine fut souvent troublée par les plaintes des plébéiens que l'usure des patriciens avait ruinés et réduits à un dur esclavage. De temps en temps, les tribuns proposaient l'abolition des dettes pour soulager les misères du peuple. La loi française ne distingue qu'en matière de faillite le débiteur de bonne ou de mauvaise foi. Le débiteur non commerçant, tombé en déconfiture, peut aussi, s'il est de bonne foi, être admis au bénéfice de la cession de biens.

DÉBONNAIRE, se dit de celui qui, sachant se plier aux volontés d'autrui, se trouve toujours bien avec tout le monde. L'homme débonnaire ne blesse jamais personne; il ne s'imagine pas qu'on veuille le blesser lui-même. Certains de nos rois n'ont pas eu d'autre titre de gloire. Pour n'en citer qu'un seul, Louis le *Débonnaire* a été ainsi surnommé parce qu'il a su se concilier l'amour de ses sujets par sa bonté et son aménité.

DÉBOUCHÉS. On désigne ainsi les moyens d'écoulement des marchandises, en d'autres termes, les moyens de vente ou d'échange. Pour apprécier l'importance de l'étude des débouchés au point de vue économique, il faut tenir compte de ce point de départ, que la production ne trouvera de débouchés qu'autant que la valeur des produits n'excédera pas celle des produits de même nature fabriqués en concurrence. Il faut aussi tenir compte de ce que la valeur est déterminée par le besoin. Il ne faut pas que la quantité des produits apportés sur un marché excède les besoins, sous peine de dépréciation. L'industrie doit s'appliquer, en conséquence, à se perfectionner et à abaisser assez le prix des produits pour lutter contre les industries rivales. Si cet équilibre est détruit, il se produit des crises souvent dangereuses. Il en est de même lorsque les produits sont frappés d'impôts excessifs. Depuis l'établissement du libre échange, le champ de la rivalité industrielle s'est agrandi. Les peuples ont renoncé à ces procédés barbares qui consistaient à fermer leurs colonies aux autres peuples, pour y trouver seuls des débouchés à leurs produits. On s'est aperçu qu'à la longue cette politique étroite ruinait à la fois les colonies et la mère-patrie. On a ainsi vu le terme des longues guerres qui ont si longtemps désolé le monde. Aujourd'hui la concurrence ne lutte plus avec d'autres armes que celles du génie industriel. Nous avons définitivement rompu avec le préjugé que les anciens économistes définissaient ainsi : « L'importance du commerce international est en raison directe du nombre de boulets de canon qu'une nation peut envoyer sur une place donnée. »

DÉBOUTÉ. Terme de jurisprudence qui exprime que la demande d'une partie a été rejetée, attendu que celle-ci était mal fondée dans sa prétention. Le débouté ne doit pas être confondu avec la non-recevabilité par suite d'un vice de forme. On appelle débouté d'opposition le jugement par lequel un tribunal rejette l'opposition formée par le défendeur à un jugement par défaut rendu contre lui.

DÉBRAUX (Paul-Emile), chansonnier, né à Ancerville (Meuse) en 1798, mort en 1831. Il fut le héros des goguettes et sociétés chantantes. Sa muse s'inspirait des sentiments patriotiques; aussi la plupart de ses chansons eurent-elles une vogue considérable. Parmi ses chants les plus populaires on cite: *Marengo, Fanfan la Tulipe, la Colonne, la Veuve du soldat, Soldat t'en souviens-tu?* et *le Mont Saint-Jean.* Les persécutions ne lui furent pas épargnées sous la Restauration. Il eut aussi à lutter contre la misère. L'insouciant poëte s'en consolait dans la société de Béranger. Sa vie fut courte; il l'abrégea, dit-on, par des excès. Elle coulait, suivant l'expression du poëte national, *comme le vin d'un tonneau défoncé.* Ses refrains attestent de la verve et de la facilité; mais ils sont déparés par de nombreuses incorrections.

DEBRECZIN, ville de Hongrie, la seconde après Pesth; ch.-l. du comitat de Nord-Bihar, à 182 kil. de Pesth. Pop. 36,285 hab. Siége de la cour d'appel. Colléges de réformés et de piaristes, école catholique. Bibliothèque de 20,000 volumes. Manuf. de lainages, cuirs, chaussures, quincaillerie, salpêtre, soude, etc. Commerce de bestiaux, tabac, cire, miel. Grandes foires.—Debreczin fut prise et abandonnée par les Turcs en 1684; elle fut érigée en ville libre en 1715.

DEBRET (Jean-Baptiste), peintre d'histoire, né à Paris en 1768, mort en 1845. Il fut élève de David, et s'appliqua à reproduire la manière du maître. On trouve beaucoup d'inspiration dans son chef-d'œuvre: *Napoléon saluant un convoi de blessés autrichiens.* Lors de la Restauration, il s'exila volontairement et se fixa au Brésil, où il resta pendant 15 ans. Il devint peintre de la famille impériale et directeur de l'académie de peinture de Rio-Janeiro. A son retour en France, il publia un *Voyage pittoresque et historique au Brésil.* Cet ouvrage, qui révèle l'artiste plutôt que l'homme politique, a été lithographié par lui.

DEBROSSE (Jacques). Il bâtit le palais du Luxembourg en 1615. Ce palais fut ainsi nommé parce qu'il fut bâti sur l'emplacement de l'hôtel du Luxembourg. On lui doit encore l'aqueduc d'Arcueil, le portail de Saint-Gervais, le château de Monceaux, construit pour la belle Gabrielle, le temple calviniste de Charenton. Il a laissé une *Règle générale d'architecture des cinq manières de colonnes.* Mort en 1621.

DE BROSSES (Charles), premier président au parlement de Bourgogne, né à Dijon en 1709, mort à Paris en 1777. Il cultiva les lettres avec un certain succès. Il se fit connaître par une traduction de Salluste; il entreprit même de rétablir les fragments de cet auteur, qui ne nous sont pas parvenus. Le supplément qu'il a laissé est plein d'incorrections de style et d'idées. Malgré les éloges de la Harpe, ce travail n'a pas survécu à son auteur. Il a laissé, en outre, un *Parallèle de l'ancienne religion de l'Égypte avec la religion actuelle de la Nigritie*; une *Histoire des temps incertains et fabuleux jusqu'à la prise de Babylone par Daraha*, et une *Histoire des navigations aux terres australes.* Dans ces divers ouvrages, on trouve plus de prétention à l'originalité que de véritable érudition. Il en est de même de son traité de la formation mécanique des langues. Voltaire représente de Brosses comme un homme avide, jaloux des distinctions littéraires, et n'ayant pas assez de titres pour justifier ses prétentions.

DEBRY (Jean-Antoine), avocat, né à Vervins, en 1760, mort à Paris en 1834. Il se signala, au début de la Révolution, par ses propositions révolutionnaires. Il flatta alors le gouvernement populaire avec la même bassesse qu'il flatta tous les gouvernements qui lui succédèrent. Il fit déclarer le comte de Provence, depuis Louis XVIII, déchu de ses droits à la couronne, pour avoir rejoint les émigrés; il demanda à l'Assemblée législative la création d'un corps de 1,200 *tyrannicides* qui se seraient chargés d'assassiner les rois de l'Europe. Il fit partie de la Convention, où il vota la mort de Louis XVI. Devenu antiterroriste après le 9 thermidor, il alla poursuivre et traquer les républicains du Midi. Il entra au conseil des Cinq-Cents et favorisa le coup d'État du 18 brumaire. Sous le Consulat, il fut tribun, puis préfet du Doubs. En 1815, il ne put faire agréer ses services par les Bourbons, malgré la ferveur de ses soumissions; il fut même exilé en Belgique, où il resta jusqu'en 1830.

DÉBUREAU (Jean-Baptiste-Gaspard), né à Neukolin, en Bohême, en 1796. Comme le paillasse de Béranger, il fut envoyé sur la place par son père, vieux grognard français qui possédait 12 enfants pour toute richesse. Déburau chercha longtemps sa voie, et, à ses débuts dans les cabrioles, reçut plus de coups que d'écus. Il parut à Paris sur un théâtre du boulevard avec la figure enfarinée du Pierrot des Romains. Ce fut le commencement de sa popularité. On s'écrasait dans le couloir du petit théâtre des Funambules pour aller assister aux désopilantes aventures de Pierrot. C'est qu'aussi Débureau était bien amusant avec son esprit et son sourire narquois, et puis c'était la mode; Nodier l'applaudissait, les journalistes le payaient en louanges, Janin lui prêtait sa verve et son esprit dans le livre de *Paillasse*, et Bouquet le croquait avec sa figure enfarinée, son bâton, son échelle et son serre-tête de percale. Mais, un jour, Pierrot ayant rêvé d'autres applaudissements, alla se brûler l'aile aux quinquets du Palais-Royal. Le *Lutin femelle* fut accueilli froidement. Pierrot comprit qu'il faisait fausse route et retourna aux Funambules. On l'oubliait, quand soudain les Parisiens entendirent circuler ces mots: « Pierrot a tué un homme! » C'était vrai; Débureau, dans une promenade, avait assommé un jeune ouvrier qui avait eu le tort de pousser à bout l'artiste en le poursuivant de ses sarcasmes au milieu de la foule. Débureau fut délivré, par l'influence de ses amis, des conséquences de sa malheureuse colère. Débureau fit, en 1846, dans son théâtre, une chute qui causa sa mort. Son fils lui succéda aux Funambules; mais il n'eut pas la vogue de son père.

DÉCADE. (*Voir* CALENDRIER RÉPUBLICAIN.)

DÉCADENCE. Lorsque l'on jette les yeux sur les pages de l'histoire qui nous montrent les origines de certains peuples, et que l'on compare l'état de leur civilisation primitive avec l'état de dégradation dans lequel ils sont plongés aujourd'hui, ou au contraire, lorsque, examinant le point de départ de certaines races privilégiées, on voit les immenses progrès qu'elles ont accomplis, on se demande quelles sont les lois qui président à la grandeur et à la décadence des nations. Qu'est devenue l'ancienne civilisation asiatique? Celle des Grecs, des Romains? Comment se sont précipités tant d'États fondés par la conquête, et qui brillèrent au moyen âge? Montesquieu a entrepris, dans l'*Esprit des lois*, de tracer les causes générales qui président au développement des nationalités ou à leur décadence. Il l'a entrepris spécialement pour le monde romain. Cependant il manquait une idée qui éclairât son système, et qui en fût en quelque sorte la clef de voûte. Montesquieu n'a pas même pressenti la loi du progrès, dont la révélation sera le principal titre de Turgot à l'immortalité. Il a admirablement développé les causes particulières; mais les causes générales lui échappent souvent. Il est constant que les institutions politiques d'un peuple sont basées sur ses mœurs sociales, et que ces institutions, à leur tour, contribuent à maintenir les mœurs. Il est également incontestable que les mœurs sont plus fortes que la loi. Ainsi, chez les nations douées d'une grande énergie, les lois sont en petit nombre; on y supplée par les conventions acceptées par tous. Chez les peuples en décadence, la multiplicité des lois essaye, mais vainement, d'opposer une digue au débordement général. C'est donc dans l'état des mœurs d'un peuple, plutôt que dans ses institutions politiques, qu'il faut chercher le secret de sa décadence. Les gouvernements théocratiques sont généralement faibles, et les peuples qui y sont soumis offrent une proie facile aux conquérants. Ces peuples portent dans leurs institutions mêmes le germe de leur décadence. Chez eux la soumission est plus absolue encore que dans les monarchies. Habitués à n'attendre leur salut que de ceux qui ont mission de les gouverner, ils abdiquent l'initiative individuelle. L'Égypte a pu produire les pyramides, mais elle eût été impuissante à enfanter les arts de la Grèce. De nos jours, nous pouvons constater par l'état du Paraguay, où dominèrent les jésuites, à quel degré d'abâtardissement conduit le régime théocratique. Dans les monarchies, la grandeur de l'État dépend de la vertu du souverain. Aussi, les gouvernements de cette nature ont-ils été plus exposés que les États libres à la décadence. Dans certaines monarchies, l'autorité du souverain a été tempérée par les mœurs du peuple. Alors les pouvoirs ont été brisés, quand ils ont cessé de se soumettre au génie de la nation. Il faut, pour cela, supposer une certaine vitalité dans la race; il faut admettre que le peuple poursuit un but d'affranchissement, ou qu'il lutte pour le maintien de ses libertés. Malheur à la nation qui a perdu et qui abdique entièrement, en faveur de l'autorité d'un seul, le sentiment de son indépendance. Elle est soumise par la conquête avec d'autant plus de facilité qu'il importe peu aux consciences brisées par le despotisme de dépendre de tel ou tel maître. Dans ces conditions, les révolutions politiques n'ont d'autre objet que d'amener l'avénement d'une dynastie plus favorable à certains courtisans; la masse du peuple restera indifférente. Tel était l'état de Rome sous les empereurs; tel est aujourd'hui l'état des monarchies asiatiques. Dans les républiques, la prospérité se maintient tant que le peuple semble animé d'un génie qui inspire à la fois tous les citoyens; c'est ce que les Romains entendaient par vertu. Tous les citoyens semblaient conspirer pour atteindre le même but. Rome était rongée par une plaie hideuse: l'esclavage! Tant qu'il n'y eut de luttes intérieures qu'entre les plébéiens et les patriciens, l'idée patriotique put encore réunir tous les citoyens dans le danger commun. Mais après les vaines tentatives de Spartacus et de plusieurs autres tribuns militaires, Rome était fatalement condamnée à périr. Les esclaves qui n'avaient pu obtenir l'affranchissement, se vengèrent de leurs maîtres en leur inoculant ces vices qui affaiblirent peu à peu la vertu romaine et firent dire à Brutus désespéré: « Vertu, tu n'es qu'un mot. » Rome ainsi dégradée s'appliqua à avilir les autres peuples, qui pouvaient dire au sénat de Marc-Aurèle par la voix de leurs députés :

Rome est, par nos forfaits plus que par ses exploits,
L'instrument de notre supplice.

Rome dégénérée devait un jour ouvrir ses frontières aux Barbares. Le despotisme devint si effrayant, que les populations n'hésitèrent souvent pas à appeler le flot de l'invasion. Les républiques du moyen âge ont quelquefois progressé par la vertu militaire; mais leur organisation féodale les faisait peu différer des constitutions monarchiques. Aussi ces républiques ne purent-elles se maintenir qu'en mettant leurs ennemis aux prises les uns avec les autres. Tel est le sens de la politique machiavélique qui triomphait au sein des anciennes républiques italiennes, dont le gouvernement aristocratique présentait tous les inconvénients de la monarchie sans en avoir les avantages. L'un des effets les plus remarquables de la décadence d'un peuple, c'est qu'elle entraîne aussi l'appauvrissement du sol. La perte de la liberté amène l'abandon des lettres, des sciences, des arts ; l'agriculture est délaissée et la population diminue. Nous en voyons des exemples frappants quand nous comparons les champs aujourd'hui déserts de Rome, de la Grèce, de la Palestine, de l'Égypte, et de tant d'autres pays, avec les champs fertiles qu'on y voyait autrefois. Cependant les principes de la civilisation, que notre siècle a su définir, nous montrent qu'il ne faut jamais désespérer d'une nationalité, quelque perdue qu'elle paraisse. Toutefois, la régénération ne peut s'opérer que lentement, et d'autant plus lentement que les causes de décadence sont plus profondes.

DECAISNÉ (Henri), peintre, né à Bruxelles en 1799, mort en 1852. Il fut élève de Girodet, puis de Gros. Dans sa jeunesse, il eut à lutter contre les privations. Il triompha cependant des difficultés qu'il rencontra, et se plaça immédiatement au rang de nos meilleurs peintres par ses tableaux représentant *Milton dictant le Paradis perdu à ses filles* et la *Mort de Louis XIII*. On cite encore de lui *la Belgique distribuant des couronnes à ses enfants illustres*.

DÉCALOGUE. Ce nom désigne, chez les juifs et les chrétiens, le code sacré renfermant les dix commandements que Dieu donna à Moïse sur le mont Sinaï, et qui furent gravés sur deux tables de pierre. Sur la première table sont les trois préceptes qui regardent les devoirs de l'homme envers Dieu. La deuxième table comprend les sept autres préceptes qui regardent les devoirs de l'homme envers son prochain.

DÉCAMPEMENT, se dit d'une armée en campagne, lorsqu'elle lève le camp. Pour que le décampement soit effectué il faut que l'armée ait été prévenue par trois batteries. La première, appelée la *générale*, donne l'ordre préparatoire du départ; la seconde nommée *assemblée*, indique le moment d'arracher les piquets et de plier les tentes; la troisième, dite *batterie aux drapeaux*, donne le signal de l'extinction des feux et de la prise d'armes pour le départ.

DECAN (Charles-Mathieu-Isidore, comte), général, né à Caen en 1769, mort en 1832. Il s'enrôla comme volontaire au commencement de la Révolution, et fit les guerres de Vendée et d'Allemagne. Il fut nommé général de division sur le champ de bataille de Hohenlinden, en 1800. Bonaparte le nomma gouverneur de nos possessions dans l'Inde. Il revint en France après huit années, et reçut le commandement en chef de l'armée de Catalogne. La Restauration le mit en disponibilité.

DÉCAN, DECCAN, DEKKAN ou DEKHAN, partie méridionale de l'Inde en deçà du Gange. Il est borné au N. par le Nerbedda et le Kattack, qui le séparé de l'Hindoustan, et il se termine au S. qu'au cap Comorin.

Climat tempéré. Végétation riche et variée. Sup. 13,750 myriamètres carrés. Pop. 50 millions d'hab., Mahrattes, Afghans, Arabes, Parsis, Siamois, Malais, Chinois, Persans, Européens, etc. Le Décan se divisait autrefois en deux parties : le Décan septentrional, qui renfermait les provinces de Kandeisch, Aurenyabad, Hyderabad, Bedjapour, Bider, Berar, Gundewanah, Orissa, et le nord des Cercars; et en Décan méridional, qui comprenait le Kanara, le Malabar, le Kotchin, le Travancore, le Coïmbetour, le Karnatic, le Salem ou Barramahal; le Maïssour et le Balaghan. Toute cette contrée, qui forma longtemps un État particulier, fut conquise par Aureng-Zeyb au XVII siècle. Les Mahrattes s'étant soulevés au XVIIIe siècle, devinrent la nation prépondérante. C'est après ce dernier peuple que le Décan tomba au pouvoir des Anglais.

DE CANDOLLE : (*Voir* CANDOLLE).

DÉCANTATION. C'est une opération qui a pour objet de séparer d'un liquide les matières solides qui y sont déposées. La décantation se fait au moyen d'un siphon, d'un robinet, ou même simplement d'un chalumeau. Le résultat de cette opération est à peu près le même que celui de la filtration.

DÉCANUS, nom donné par les Romains du Bas-Empire au chef qui était placé à la tête d'un peloton de 10 hommes.

DÉCAPER. Terme de chimie, qui désigne l'action d'enlever, de détacher la rouille, l'oxyde qui s'est formé à la surface d'un corps. Pour décaper les métaux, on emploie le sable ou les acides affaiblis.

DE CAUX (Louis-Victor BLACQUETOT, vicomte), né à Douai en 1775, mort en 1845. Il entra dans le génie militaire en 1793. Il s'éleva par son courage jusqu'au grade de maréchal de camp. La part qu'il eut à la défaite des Anglais à l'île de Walcheren lui valut d'être nommé baron de l'empire. La Restauration accepta ses services, il devint successivement directeur général au ministère de la guerre, lieutenant général et ministre de la guerre. Il fit partie du ministère Martignac.

DÉCAZES (Élie, duc), homme d'État, né à Saint-Martin de Laye (Gironde) en 1780, mort en 1860. Il trouva un protecteur dans le comte Muraire, premier président à la cour de cassation en 1805, qui lui donna sa fille en mariage et le fit nommer juge au tribunal civil de la Seine. Il passa ensuite au service du roi Louis Bonaparte, dont il devint le conseiller. Il l'accompagna en Autriche après son abdication. En 1810, il fut nommé conseiller à la cour impériale de Paris, et choisi par Mme. Lætitia, mère de Napoléon Ier, pour son secrétaire des commandements. En 1814, on le vit parmi les combattants de la barrière de Clichy. Il se rallia cependant à la Restauration, et refusa, pendant les Cent-Jours, de prêter un nouveau serment à Napoléon. Les services qu'il rendit au nouveau gouvernement le firent nommer ministre de la police générale en septembre 1815. En 1818, il entra à la Chambre des pairs. On lui doit cette justice qu'il employa son influence à faire rappeler bon nombre de proscrits, et qu'on lui doit peut-être de n'avoir pas vu le rétablissement de la traite des nègres. Il fut nommé ministre de l'intérieur en 1818, et marqua son passage au pouvoir par des institutions utiles ; il rétablit l'exposition de l'industrie française, organisa le conseil général de l'agriculture et les chambres de commerce. Par suite des attaques des ultra-royalistes, il donna sa démission après l'assassinat du duc de Berry. Louis XVIII, qui avait pour lui la plus grande estime, lui confia pendant quelque temps l'ambassade de Londres. Sous Charles X, il siégea à la Chambre des pairs et s'opposa au rétablissement du droit d'aînesse et à la loi sur le sacrilège. Sous le gouvernement de Juillet,

il accepta la place de grand référendaire.

DECAZEVILLE, bourg de l'arrond. de Ville-Franche (Aveyron), à 30 kil. de cette ville. Pop. 7,160 hab. Forges à fer très-considérables.

DÉCEMBRE, 10e mois de l'année chez les premiers Romains. Il devint le 12e sous Jules César. Les Saturnales se célébraient pendant ce mois, et, le 25, l'Église fête la naissance de Jésus-Christ.

DÉCEMBRE 1851 (journée du 2). C'est à cette époque que Louis-Napoléon changea la constitution de 1848, et dota la France d'un nouveau système politique. Il proclama la présidence décennale, qui était une transition au rétablissement de l'empire. Un décret du 2 décembre 1851, émané du président de la république, prononçait la dissolution de l'Assemblée nationale, et ordonnait la convocation du peuple dans ses comices à partir du 14 décembre jusqu'au 21 du même mois. En même temps une proclamation adressée au peuple français par le président de la République exposait les motifs de sa conduite et exprimait l'intention d'appeler la nation à se prononcer sur les résolutions suivantes, qui étaient la base fondamentale d'une constitution que les assemblées seraient chargées de développer plus tard : 1° Un chef responsable nommé pour 10 ans; 2° des ministres dépendants du pouvoir exécutif seul; 3° un conseil d'État formé des hommes les plus distingués, préparant les lois et en soutenant la discussion devant le corps législatif; 4° un corps législatif discutant et votant les lois, nommé par le suffrage universel sans scrutin de liste; 5° une seconde assemblée formée des illustrations du pays, pouvoirs pondérateurs, gardiens du pacte fondamental. Un second décret convoquait le peuple pour accepter ou rejeter le plébiscite suivant : « Le peuple veut le maintien de l'autorité de Louis-Napoléon Bonaparte, et lui donne les pouvoirs nécessaires pour faire une constitution d'après les bases établies dans sa proclamation du 2 décembre. » Ce plébiscite fut adopté par 7,500,000 suffrages.

DECEMPEDA, mesure romaine, longue de 10 pieds (2 m. 96), et servant aux arpenteurs.

DECEMPEDATOR, arpenteur qui, chez les Romains, employait le decempeda pour mesurer les terres.

DÉCEMVIRS. Magistrature temporaire établie à Rome pour donner à la république un code civil, politique et religieux ; il était composé de 10 citoyens. Jusqu'alors le sénat avait eu seul le droit de faire les lois, et la révolution accomplie par l'expulsion des Tarquins n'avait profité qu'aux patriciens. Le tribun Terentius Arsa proposa alors de faire rédiger par des dictateurs un code de lois écrites. Après des discussions orageuses, le sénat se soumit au plébiscite. On institua alors les décemvirs, et l'on chargea des commissaires d'aller étudier les lois de la Grèce pour y puiser les dispositions qui pouvaient convenir aux Romains ; il fut décidé que, pendant le décemvirat, tous les pouvoirs publics seraient suspendus ; les décemvirs eurent même le droit de ne se déposer que quand ils le jugeraient convenable. Ils furent presque tous choisis parmi les patriciens. Le plus influent d'entre eux était Appius Claudius. Les décemvirs entrèrent en fonctions en 451 avant J.-C. Au bout de deux années, ils promulguèrent les lois des 12 tables. Cependant Appius Claudius ne voulut pas abdiquer le pouvoir ; il s'adjoignit même de nouveaux collègues choisis parmi les plébéiens, et ne se servit plus de son autorité que pour outrager le peuple. Pour la seconde fois, l'honneur outragé d'une femme arma le peuple romain pour sa liberté. Appius Claudius voulut se faire adjuger Virginie comme esclave. Son père, qui aimait mieux la voir morte que déshonorée, la frappa de son poignard, et appela le peuple à venger le sang de sa fille. Les décemvirs succombèrent alors devant l'armée et le peuple réunis. Dans la suite, on institua, sous le nom de décemvirs, des juges qui assistaient ou remplaçaient les préteurs. Ils étaient spécialement chargés de la vente des biens à l'encan. Il y avait encore des décemvirs qui gardaient les livres sibyllins. Les colonies romaines étaient administrées par des décemvirs.

DÉCENCE, s'entend de l'observation des usages qui ont pour objet de faire respecter l'honnêteté des mœurs. Les habitudes des différents peuples variant beaucoup, il s'ensuit que ce qui est décent dans un pays, peut ne pas l'être dans un autre, et réciproquement. La décence extérieure n'est pas toujours une garantie d'innocence et de bonnes mœurs; mais il faut convenir qu'il serait dangereux de s'en affranchir.

DÉCENNALES, fête instituée, à Rome, par Auguste pour se faire maintenir dans la puissance impériale; qu'il n'avait d'abord acceptée que pour 10 ans. Comme son nom l'indique, elle avait lieu tous les 10 ans.

DÉCENTIUS MAGNUS, frère de Magnence, qui le créa césar, en 351, et lui donna le commandement des armées romaines dans les Gaules. A la mort de Magnence, vaincu et tué par Constance, il s'étrangla à Sens, en 353.

DÉCENTRALISATION, système opposé à la réunion dans un seul centre des diverses branches de l'administration d'un pays.

DÉCEPTION, explique l'idée d'une attente trompée. La vie n'est souvent qu'une suite de déceptions. L'habileté consiste à détruire les illusions qui peuvent seules amener les déceptions. Celui qui sait le mieux apprécier les choses, y est plus rarement exposé.

Eh! que m'importe à moi la faveur décevante,
Que dispense au hasard la fortune inconstante.

DÉCÈS, s'entend de la mort naturelle d'une personne. Au point de vue juridique, il s'entend même de la mort violente. Quand une personne vient à mourir, la loi veut que son décès soit constaté par un officier de l'état civil. Si la mort a été violente, elle donne lieu à une instruction criminelle. Les représentants du défunt sont tenus de faire la déclaration du décès à l'administration de l'enregistrement et des domaines, afin d'assurer au fisc la perception du droit de succession. La mort a pour effet de mettre les héritiers du défunt en possession des biens qu'il délaisse, et les droits sont acquis aux héritiers au moment même du décès, suivant cette énergique expression de l'ancien droit : Le mort saisit le vif. Les officiers de l'état civil doivent s'entourer de tous les renseignements de nature à bien connaître la filiation et les qualités de la personne décédée. Si les renseignements fournis par les déclarants sont erronés ou incomplets, il y a lieu à une rectification par le tribunal compétent. L'officier de l'état civil ne peut procéder à la rédaction de l'acte de décès qu'après la visite du cadavre. Si le décès survient en mer, l'acte de décès est rédigé par le capitaine du navire assisté de deux témoins. Les difficultés dans la constatation des décès sont plus grandes dans les armées en campagne; l'officier chargé de la rédaction de l'acte ne doit admettre le décès que sur des renseignements certains.

DÉCHARGE, acte par lequel on reconnaît qu'une personne a remis des sommes, des effets mobiliers ou des titres dont elle était dépositaire. Ce mot est quelquefois employé dans le sens de quittance. Les juges et les avoués sont déchargés des pièces 5 ans après le jugement des procès; les huissiers le sont après 2 ans, depuis l'exécution de la commission ou la signification des actes dont ils étaient chargés.

DÉCHÉANCE, C'est la perte d'un droit pour défaut d'accomplissement d'une condition ou d'une formalité dans un délai déterminé par la loi. Ainsi, l'appel qui ne serait pas interjeté dans le délai légal entraînerait une déchéance de l'action. Il y a déchéance d'un brevet d'invention faute de versement de la consignation annuelle dans le délai prescrit par la loi. La déchéance diffère essentiellement de la prescription. Cette dernière constitue, en faveur d'une personne, une présomption de propriété ou de libération, basée sur la jouissance ou le non-exercice d'un droit pendant un certain espace de temps.

DÉCIMAL (système). Ce système est basé sur l'emploi de 10 unités d'un même ordre. Le système duodécimal, qui admet 12 unités, et le système octaval, qui n'en admet que 8, ont été aussi en usage; mais le système décimal a généralement prévalu. Les unités sont exprimées par les chiffres :

0, 1, 2, 3, 4, 5, 6, 7, 8, 9.

Alexandre et Diogène.

On convient que tout chiffre placé à la gauche d'un autre, acquiert une valeur 10 fois plus grande que s'il occupait la place de celui-ci. Ainsi l'on peut écrire tous les nombres possibles avec ces 10 caractères. La théorie du calcul décimal et des fractions décimales appartient à l'arithmétique. Le système décimal a été adopté non seulement pour le calcul des nombres, mais encore pour celui des poids et mesures.

DÉCIMATEUR, seigneur ou prêtre qui avait droit de lever la dîme. Il y avait les *décimateurs privilégiés*: évêques, abbés, etc.; les *gros décimateurs* et les *dîmeurs*.

DÉCIMATION, mot qui indiquait chez les anciens Romains, la peine infligée à la lâcheté et à l'insubordination en masse. On tirait au sort les noms des soldats, et chaque 10e homme était livré à la hache du licteur. Tite-Live rapporte qu'Appius Claudius est le premier qui ait appliqué ce châtiment. Les Barbares pratiquèrent quelquefois la décimation; on en trouve même des exemples dans l'histoire de Charlemagne. Le maréchal de Créqui fit décimer, en 1675, la garnison de Trèves, qui s'était révoltée. Nous avons vu, dans notre siècle,

Mina renouveler en Espagne ces barbares exécutions.

DÉCIME, subvention autrefois imposée au clergé au profit du trésor royal. On distinguait les *décimes ordinaires*, votés par les prélats qui assistèrent au colloque de Poissy en 1561, des *décimes extraordinaires*. Les premiers étaient renouvelés tous les 5 ans, et les seconds suivant les circonstances. Les congrégations attachées au service des hôpitaux étaient exemptées des *décimes ordinaires*. On a appelé *décimes sur les spectacles* la perception d'un décimé par franc prélevée sur les recettes des théâtres, bals et concerts. Le *décime de guerre* est un impôt extraordinaire d'un décime par franc à percevoir en sus de certaines contributions directes ou indirectes. Cette subvention a été prescrite par une loi du 6 prairial an VII. On a quelquefois même imposé un double décime de guerre. Décime se dit aussi d'une pièce de monnaie de la valeur de 10 centimes.

DÉCISION, se dit du parti qu'on prend sur une question après délibération. Ce mot s'applique, en matière judiciaire, aux sentences des tribunaux, et en matière administrative, aux arrêtés et décisions des diverses autorités administratives.

DÉCISION, cap de l'Amérique du Nord, dans l'archipel du Prince-de-Galles. Ce cap fut ainsi nommé par Vancouver, qui crut, en y arrivant, avoir *décidé* la question du passage par le N.-O.

DÉCIUS MUS (Publius), consul romain, sorti de la classe plébéienne. En 344 av. J.-C., il dégagea l'armée de Cornélius Cossus, que les Samnites avaient enfermée dans le défilé de Soticula. Pour assurer aux Romains la victoire sur les Latins, il se dévoua aux dieux infernaux, à Vésiris, où il mourut criblé de blessures. Son fils et son petit-fils imitèrent, dit-on, cet exemple d'héroïsme, l'un à la bataille de Sentinum contre les Gaulois et les Samnites, en 295; l'autre à celle d'Asculum contre Pyrrhus, en 279

DÉCIUS (Cnéius-Messius-Quintus-Trajanus), empereur romain, né d'une famille obscure de la Pannonie, en 201. Philippe l'Arabe venait de lui donner le gouvernement de la Mœsie, d'où il avait chassé les Goths, quand ses soldats le proclamèrent empereur. Un combat eut lieu à Vérone entre les deux rivaux; Philippe mourut de la main de Décius, qui fut reconnu par le peuple et par le sénat. Son règne dura de 249 à 251, et fut souillé par une terrible persécution contre les chrétiens. Décius périt sur les bords du Danube en voulant refouler une invasion des Goths.

DECIZE, ch.-l. de cant. de l'arrond. de Nevers (Nièvre), à 42 kil. de cette ville. Pop. 3,360 hab. Ruines d'un château des comtes de Nevers. Usines à fer. Fabriques de verreries, porcelaines. Exploitation de houille, pierres de taille, plâtre rouge. Commerce de bois et charbons pour Paris. Patrie de Guy Coquille et de Saint-Just.

DÉCLAMATION. C'est l'art de rendre un discours en faisant concourir, à l'expression de la pensée, la voix, le geste et le jeu de la physionomie. La déclamation ne produit d'effet que quand elle est animée par une passion vive; alors seulement elle peut être naturelle. Le geste et le jeu de la physionomie doivent être spontanés, arrachés par un mouvement de l'âme, sinon ils laissent l'auditeur froid et insensible. Les anciens connaissaient la puissance du geste dans l'art oratoire, aussi le proscrivaient-ils souvent afin de diminuer l'effet des orateurs.

DÉCLARATION DE GUERRE. Le droit de déclarer la guerre n'appartenait, avant 1789, qu'au roi seul. En 1790, ce droit fut contesté pour la première fois, au sein de l'Assemblée nationale. Barnave proposait de transporter à l'Assemblée le droit de déclarer la guerre; l'orateur fut combattu par Mirabeau. Jamais le grand orateur n'atteignit à une plus grande hauteur d'éloquence. Comme on l'accusait de trahison, en lui mettant sous les yeux un libelle publié contre lui : « J'en ai assez, répondit-il, on m'emportera de l'Assemblée triomphant ou en lambeaux. » Le décret proposé par Mirabeau fut adopté. Ce même décret déclarait que la nation française renonçait à entreprendre aucune guerre dans la vue de faire des conquêtes, et qu'elle n'emploierait jamais ses forces contre la liberté d'aucun peuple. La Convention s'arrogea le droit de déclarer la guerre. La constitution du 5 fructidor an III, qui institua le Directoire, décidait que la guerre ne pouvait être déclarée que par un décret du Corps législatif, sur la proposition du Directoire. Les chartes de 1814 et de 1815, de même que la constitution de 1852, concèdent au souverain le droit de déclarer la guerre.

DÉCLARATION DES DROITS DE L'HOMME ET DU CITOYEN. La reconnaissance des droits naturels et imprescriptibles de l'homme a été proclamée pour la première fois par les Américains, en tête de leur constitution politique. Mirabeau proposa à l'Assemblée nationale de donner à la France une déclaration semblable comme base de la constitution et des lois. La constitution du 3 septembre 1791 était précédée d'une déclaration des droits de l'homme et du citoyen composée de 17 articles. Elle consacrait la liberté individuelle, l'égalité devant la loi, l'inviolabilité de la propriété, l'exercice du pouvoir législatif par des représentants l'admissibilité de tous les citoyens aux fonctions publiques, l'égale répartition de l'impôt entre tous, la liberté de la presse, la liberté de conscience et la liberté des cultes. Les constitutions qui furent promulguées dans la suite continrent des déclarations ayant le même objet.

DÉCLARATION DES DROITS. On appelle ainsi le pacte que Guillaume III fit serment d'observer dans une assemblée tenue à Westminster en 1689. Cette déclaration est le fondement de la constitution politique de l'Angleterre; il reconnaît au parlement l'exercice du pouvoir législatif, le droit de veiller à l'exécution des lois et celui de vo-

Tanneguy Duchâtel tue Jean-sans-Peur sur le pont de Montereau.

ter l'impôt; il assure aux citoyens l'élection des députés de la nation et consacre l'institution du jury.

DÉCLARATION DU CLERGÉ DE FRANCE. On appelle ainsi la déclaration qui fut formulée, le 12 mars 1682, par une assemblée de prélats de l'Église française, convoqués par Louis XIV. Cette déclaration, qui fait le fondement des prétentions de l'Église gallicane, contient les propositions suivantes : les papes n'ont pas le droit de disposer des trônes en déliant les sujets du serment de fidélité qu'ils doivent à leurs souverains; les décisions des conciles généraux ont plus d'autorité que celles des papes; les jugements du pape ne sont réputés infaillibles que quand ils ont reçu la sanction de l'Église. Les papes combattirent cette déclaration du clergé gallican; mais Louis XIV, soutenu par le parlement et le haut clergé français, ne tint aucun compte de la résistance de la cour de Rome et de celle du bas clergé. Bossuet se mit à la tête des gallicans. Napoléon Ier avait exigé que cette déclaration fût enseignée dans les écoles de théologie, mais cette mesure a été abandonnée depuis.

DÉCLARATION, manifestation par une personne soit de sa volonté, soit d'un fait qui est à sa connaissance. Les déclarations faites par un individu, alors même qu'il n'a pas eu l'intention de se lier par une obligation, peuvent constituer contre lui un commencement de preuve. On reconnaît aussi les déclarations faites au bureau de l'enregistrement, dans les cas de mutation d'immeubles par suite de vente ou de transmission par décès. L'administration de l'enregistrement peut exiger la déclaration estimative des objets dont la somme ou la valeur n'est pas désignée dans un acte, alors qu'ils peuvent donner lieu à un droit proportionnel. Le défaut de déclaration des objets frappés d'un droit de douane ou de contributions indirectes peut donner lieu à une contravention.

DECLIC. On appelle ainsi une machine autrefois en usage pour enfoncer des pieux; elle consistait en un énorme bloc suspendu entre deux poteaux, et qu'on laissait retomber de tout son poids sur le pieu.

DÉCLINAISON MAGNÉTIQUE. On appelle ainsi, en physique, l'angle formé par le méridien d'un lieu avec le plan vertical mené par l'aiguille aimantée. Ce plan est nommé méridien magnétique. L'aiguille ne se dirige pas exactement du S. au N., elle subit une certaine déviation. L'angle n'est pas le même pour tous les méridiens terrestres, ni pour tous les points d'un même méridien; il varie même d'année en année, mais lentement. Aussi l'usage de la boussole suppose que la déclinaison magnétique dans le lieu où l'on s'en sert est préalablement connue.

DÉCLINATOIRE, exception par laquelle le défendeur à un procès demande le renvoi de la cause devant un autre tribunal que celui saisi par le demandeur. Le déclinatoire est opposé dans les cas suivants : 1° pour incompétence du tribunal saisi, soit à raison de la matière, soit à raison du domicile des parties ou de la situation de l'objet litigieux; 2° quand l'affaire est connexe avec une autre affaire dont un autre tribunal est saisi; 3° quand il y a litispendance, c'est-à-dire qu'un autre tribunal a déjà été saisi de la même affaire.

DÉCOCTION. Opération chimique qui consiste à faire bouillir une ou plusieurs drogues ou plantes médicinales dans un liquide, mais plus ordinairement dans de l'eau, afin de les ramollir ou d'en extraire les principes solubles qu'elles renferment. Lorsque l'opération est terminée, il faut passer le liquide à travers un linge. Il ne faut pas confondre la *décoction* avec l'*infusion*. Dans l'infusion, l'eau est versée bouillante sur les matières organiques dont on veut extraire certains principes, tandis que dans la décoction ces matières sont bouillies simultanément avec l'eau. Chacune de ces opérations présente des résultats différents : une plante ne cède pas les mêmes principes par la décoction que par l'infusion.

DÉCOLLATION. Ce mot, synonyme de *décapitation*, désigne l'action de couper le cou avec un instrument tranchant, comme le glaive, la hache, etc. L'histoire mentionne la décollation de sainte Reine; mais ce mot se dit plus particulièrement de la décollation de saint Jean-Baptiste, supplice infligé à ce saint par ordre de Salomé, maîtresse d'Hérode Antipater. On désigne également par ce mot les tableaux qui représentent ce supplice et la fête établie en souvenir du martyre de saint Jean-Baptiste.

DÉCOMPOSITION. Opération chimique par laquelle on réduit un corps en ses éléments. Les acides, les alcalis, le feu, l'électricité, etc., décomposent la plupart des corps composés. La décomposition est le fondement de la chimie; c'est par elle qu'on est parvenu à connaître les éléments constitutifs des corps. Un grand nombre de corps composés, surtout dans le règne organique, se décomposent spontanément lorsqu'on les abandonne à eux-mêmes sous l'action de l'air. La décomposition des corps se confond avec l'analyse chimique.

DÉCONFÈS. C'est ainsi qu'on nommait ceux qui mouraient sans confession, ou qui mouraient sans avoir fait de testament. Il est bon de noter qu'on les appelait ainsi parce que l'on refusait les sacrements et la sépulture à ceux qui mouraient sans faire de dons à l'Église. Quand un individu mourait *déconfès*, les prêtres fixaient, par supposition, ce qu'il aurait dû donner par testament, et naturellement faisaient la part large. Plus tard, les biens des *déconfès* furent confisqués au profit du roi ou du seigneur haut justicier.

DÉCOR. Ce terme général sert à désigner tous les ornements de peinture, de sculpture qu'on emploie pour décorer les salles de spectacles, de réunions et de bals, les cafés, etc.

DÉCORATION. On entend généralement par ce mot les châssis, les toiles de fond et, en un mot, tout ce qui sert de décor au théâtre. La peinture de ces objets constitue un art particulier, dans lequel se sont distingués Cicéri, Gay, Daguerre et Bouton. — On appelle également *décorations* les insignes qu'on porte comme récompense ou distinction pour des services rendus à la patrie, des inventions utiles ou des actions glorieuses. Ces insignes consistent en croix, rubans, colliers, médailles, armes ou vêtements d'honneur. A Rome, on donnait des anneaux à ceux qui se distinguaient dans les armées. Les ordres les plus fameux dont on a accordé les décorations sont ceux de la Sainte-Ampoule, de la Toison-d'Or, de Saint-Michel, du Chardon, du Saint-Esprit, de la Légion d'honneur, de Saint-Louis, etc.

DÉCORUM. Ce mot signifie bienséance, bonne tenue. Le *décorum* est un assemblage de convenances, d'attentions ou d'égards qui peuvent se diversifier à l'infini selon les différents rapports que nous pouvons avoir dans la société les uns avec les autres. Nous sommes dans le monde comme sur un théâtre, où le *décorum* est toujours la première des règles. « Que tous les membres de la société, dit le P. André, se rendent sans cesse attentifs et à l'égalité de nature et à l'inégalité des rangs, il n'y aura point de condition qui ne se trouve relevée par le *décorum* qu'on y verra régner de toutes parts. »

DÉCOURAGEMENT. C'est l'état de celui qui a perdu le courage, qui éprouve un abattement de cœur. Les peuples accablés à la fois par des guerres malheureuses, par des impôts et par le besoin, sont bientôt livrés au *découragement* et au désespoir.

> Qu'en vous jamais ne se répande
> Le *découragement* amer!
> (Victor Hugo.)

DÉCOUVERTE. C'est l'action de découvrir quelque chose de nouveau dans les sciences ou dans les arts. Se dit surtout des choses curieuses, utiles ou difficiles à trouver, et qui ont un certain degré d'importance. (*Voir* INVENTIONS.)

DÉCRÉPITUDE. C'est le dernier degré de la vieillesse, qui succède à la caducité et précède la mort. La décrépitude s'observe chez tous les animaux.

DECRÈS (Denis), amiral français, né à Châteauvillain en Champagne en 1761, mort en 1820. Il se distingua dans le combat que livra l'amiral Grasse contre la flotte anglaise dans la mer des Antilles, en 1782. Un vaisseau français, privé de tous ses mâts, ne pouvait plus se mouvoir; Decrès, alors garde-marine, s'élança dans un frêle canot, et, sous le feu de toute la flotte anglaise, apporta à ce vaisseau un câble à l'aide duquel une frégate le prit à la remorque et le tira du milieu des ennemis. En 1786, il fut nommé lieutenant de vaisseau et passa bientôt dans les mers des Indes avec les fonctions de major d'une division navale. Nommé capitaine de vaisseau en 1793 et chef de division en 1795, il devint contre-amiral en 1797. Il assista au combat d'Aboukir, et, après le désastre qui s'ensuivit, il se retira à Malte, où il tint pendant 17 mois contre les Anglais. Le 7 mars 1800, il tenta un effort désespéré pour sortir du port, se jeta au milieu de l'escadre anglaise, et fut pris après avoir vainement tenté de faire sauter son vaisseau. En 1802, Napoléon le nomma ministre de la marine et des colonies. Il se retira des affaires lors de la Restauration. Il mourut en 1820, victime d'un attentat inouï. Son valet de chambre plaça plusieurs livres de poudre sous le lit de Decrès et y mit le feu. Il en résulta une explosion terrible suivie d'incendie. On a toujours ignoré le motif qui avait poussé le meurtrier. On doit à Decrès l'agrandissement des ports de Cherbourg et d'Anvers, et la construction de 80 vaisseaux et 60 frégates.

DÉCRET, nom donné aux règlements et arrêtés rendus par le chef du pouvoir exécutif pour assurer l'exécution des lois ou pour statuer sur certains intérêts administratifs ou privés, en conformité de la loi. Le décret ne peut, sans être taxé d'inconstitutionnalité, empiéter sur les attributions du pouvoir législatif, à moins que la constitution politique ne partage l'autorité législative entre le corps politique qui est spécialement chargé de l'exercer et le chef de l'État. Napoléon Ier a édicté, sans l'intervention des pouvoirs délibérants, des décrets qui sont de véritables lois.

DÉCRÉTALES et FAUSSES DÉCRÉTALES. On désigne sous le nom de décrétales les épîtres des papes faites en forme de réponses aux questions qu'on leur a proposées, à la différence des constitutions qu'ils rendent de leur propre mouvement et qu'on appelle décrets. On distingue les décrétales antiques antérieures à Grégoire IX, qui réunit dans un seul recueil les décrétales de ses prédécesseurs, et les décrétales nouvelles qui ont été rendues depuis cette époque. C'est à l'occasion des décrétales antiques que s'agite entre les théologiens la question de savoir quelle créance on doit accorder à ces documents dont l'authenticité a été constamment mise en question. Il y a lieu de croire que les canons des papes et anciens évêques de Rome sont l'œuvre d'un certain Isidore, si tant est que ce nom ne cache pas un pseudonyme. Quoi qu'il en soit, la jurisprudence française leur refusait autrefois toute force en France.

DÉCREUSAGE. Opération servant à préparer le blanchiment et la teinture des tissus autres que les lainages. Le décreusage n'est autre chose que l'enlèvement des corps étrangers au tissu. Il s'opère par des procédés chimiques; on emploie généralement la soude.

DÉCRUMENT, DÉCREUSEMENT. Ces deux mots indiquent l'opération du lessivage du fil et de la soie. On emploie pour cela la lessive de cendres.

DÉCUMANE (Porte). Elle s'ouvrait au fond du camp romain, à l'endroit où se tenait la 10e légion, dite décumane.

DÉCUMATES (Champs). Territoire de l'ancienne Germanie, aujourd'hui le Brisgau. Ces champs s'étendaient entre le Necker et le Rhin, et étaient colonisés par des vétérans qui payaient la dîme au trésor public de Rome. Les Alemans et les Francs s'en emparèrent au IIIe et au IVe siècle.

DÉCURIE. Division militaire du peuple romain; elle était la 10e partie d'une centurie et se composait de 10 hommes sous les ordres d'un décurion. — Division civile; elle renfermait 10 citoyens et souvent plus, également sous la conduite d'un décurion. — Division judiciaire; de 3 qu'elles étaient, les décuries judiciaires furent portées à 4 par Auguste. Chacune comprenait 1,000 membres; mais pour faire partie de la 4e, il fallait payer un cens de 200,000 sesterces (environ 40,940 fr.).

DÉCURION. Chef d'une décurie civile ou militaire, ou d'un escadron composé de 32 cavaliers légionnaires. — Conseiller municipal d'une colonie, choisi par les colons eux-mêmes. — Au moyen âge, on appelait ainsi le chef de 10 écoliers.

DÉDAIN. Manière de trahir par le geste le mépris qu'on éprouve pour une personne. Le dédain est l'arme des puissants pour écarter les solliciteurs. Dans une société où les sentiments les plus violents sont dissimulés, le dédain provoque souvent les haines. Les femmes y sont très-sensibles. C'est surtout en Angleterre que le dédain est pratiqué; mais là il est généralement moins dangereux, et n'exprime le plus souvent que l'indifférence pour une personne *qui n'a pas été présentée* suivant les règles de la politesse britannique.

DÉDALE, fils d'Hymétion, disciple de Mercure, sculpteur athénien. Il inventa, dit-on, des instruments, et fit des statues supérieures à celles qu'on avait vues jusqu'alors. Il fut cependant jaloux de Talus, son neveu, qui avait inventé une roue à l'usage des potiers; il le précipita du toit d'une maison. Obligé de s'enfuir, il se réfugia à la cour de Minos, roi de Crète. C'est là qu'il construisit le fameux labyrinthe auquel on donna son nom. Accusé d'avoir favorisé les amours de Pasiphaé, fille de Minos, qui s'était éprise d'un taureau, il fut enfermé dans le labyrinthe avec son fils Icare. Tous deux parvinrent cependant à s'échapper par le secours d'ailes artificielles qu'ils appliquèrent à leurs épaules. Ils purent alors gagner la Sicile. Les poëtes ont attribué à Dédale l'invention de la cognée, du niveau et des voiles de navires; il fabriqua des automates; enfin, il fut le premier sculpteur grec qui renonça au relief pour détacher du bloc les pieds et les mains. L'historien Pausanias affirme avoir vu des statues de Dédale qui n'avaient rien de merveilleux au point de vue de l'art.

DÉDICACE, hommage public d'un ouvrage littéraire fait à une personne sous le patronage de laquelle on produit cet ouvrage. Lucrèce dédia son poëme de la *Nature* à Memmius Jemellus. On voit que cet usage remonte à une haute antiquité. — La dédicace s'applique aussi aux monuments. Les Égyptiens, et après eux les Grecs et les Romains, dédièrent leurs monuments aux dieux. Plus tard, on en fit la dédicace aux rois et aux empereurs.

DÉDIT, mot qui indique le refus qu'une personne fait de tenir sa promesse; il s'applique, en droit, à la rétractation d'une obligation. Le dédit non justifié entraîne une condamnation à des dommages-intérêts. Sous l'ancienne coutume de Normandie, il était permis de se dédire dans les 24 heures qui suivaient la signature du contrat. Ce délai passé, la convention devenait irrévocable. — La dation d'arrhes peut être considérée comme une convention de dédit. On donne aussi le nom de dédit à la peine stipulée dans un acte contre celui des contractants qui ne voudra pas l'exécuter. Les clauses de dédit peuvent s'employer même dans les promesses de mariage.

DÉDUCTION. Procédé de l'esprit qui consiste à tirer les conséquences d'un principe ou d'une vérité. La déduction se distingue de l'induction en ce que celle-ci a surtout pour objet l'examen des rapports entre les choses qui offrent des points de comparaison. Ce sont les deux procédés du raisonnement.

DEE, fleuve d'Angleterre, formé par la réunion de deux torrents, dans le comté de Merioneth (Galles), traverse la vallée de Llangollen, les comtés de Denbigh et de Chester, et se jette dans la mer d'Irlande. Cours 114 kil.

DEE, fleuve d'Écosse, affluent de la mer du Nord, à Aberdeen. Cours 150 kil. Pêche abondante de saumons.

DEERNESS, village d'Écosse (Shetland), dans l'île de Pomona. Pop. 700 hab. Il est situé près du cap de Deerness, sur le havre de Deer-Sound.

DEES, ville des États autrichiens (Transylvanie), ch.-l. du comitat de Szolnok intérieur, à 45 kil. de Klausembourg. Pop. 5,550 hab. Mines considérables de sel.

DÉESSES, divinités du sexe féminin, adorées par le paganisme. Les Égyptiens et les peuples de l'Asie transmirent aux Grecs le culte des déesses. Le nombre s'accrut de ces dernières, d'autant plus que les anciens divinisèrent leurs passions, leurs vertus et leurs vices. Ainsi on éleva des temples à la Victoire, à la Fortune, à la mauvaise Fortune, à la Peur. On sacrifiait aussi aux Furies, aux Tempêtes, à la Fièvre. Il y avait six grandes déesses : Junon, Vesta, Minerve, Vénus, Diane et Cérès. Ces déesses présidaient aux choses du ciel, de la terre, de la mer et des enfers. Elles quittaient parfois l'Olympe et oubliaient leur divinité dans le commerce des mortels. Vénus fut faible pour Anchise, Thétis pour Pelée, et la chaste Diane, s'il faut en croire la mythologie, pour le bel Endymion. Quelques divinités étaient hermaphrodites, et de ce nombre était Minerve. Il y eut aussi une foule de déesses d'un ordre inférieur; chaque source, chaque montagne, chaque forêt avait sa naïade, ses oréades ou ses napées; d'autres déesses présidaient aux fruits de la terre. Les chrétiens ont longtemps rappelé par leur croyance aux fées le culte de ces divinités. Pendant les deux derniers siècles, nous avons vu revivre les déesses de l'antiquité; mais il ne s'agissait que des déesses de la cour ou de l'Opéra. Vénus, sortant du sein des flots, se montrait volontiers avec des mouches et du rouge au visage. Sous la République nous eûmes le culte de la déesse Raison et celui de la déesse Liberté. Ce fut le dernier effort que tenta l'esprit humain, abusé par la superstition ou le délire, pour reconstituer le culte des déesses. Elles s'en sont allées depuis avec les dieux.

DÉFAITE, mot qui indique l'état d'une armée qui se voit forcée de céder le champ de bataille à l'ennemi, et de se retirer en désordre après une perte plus ou moins considérable en hommes ou en matériel de guerre. Certains généraux ont été assez habiles pour tirer parti de leurs défaites mêmes, soit pour apprendre l'art de la guerre,

soit pour profiter de certaines positions avantageuses dédaignées par le vainqueur qui ne savait pas profiter de la victoire. Pierre le Grand et Frédéric le Grand nous en offrent des exemples.

DEFAUCONPRET (Aug.-J.-B.), littérateur, né à Lille en 1767, et mort en 1843. Il vendit sa charge de notaire et se retira en Angleterre, où il s'occupa à composer divers ouvrages sur les mœurs anglaises. Il est surtout connu par ses traductions de Walter Scott, de Cooper, du capitaine Marryat, etc.

DÉFAUT, non-comparution sur une assignation ou une demande extra-judiciaire. On donne aussi ce nom au jugement rendu contre une partie qui ne comparaît pas, ou qui n'a pas constitué avoué. On distingue le *défaut faute de comparaître* du *défaut contre avoué*, qui est prononcé contre la partie dont l'avoué constitué n'a pas posé qualités. On appelle spécialement *défaut-congé* le jugement par défaut pris contre le défendeur.

DÉFAUTS. On appelle ainsi les imperfections du corps ou de l'esprit. En morale, les défauts doivent se distinguer des vices. Cependant, dans le domaine politique, les défauts des hommes d'État ont souvent entraîné des conséquences plus désastreuses que les vices les plus honteux. Talleyrand a pu dire dans ce sens, en faisant allusion à une maladresse politique : « C'est plus qu'un crime, c'est une faute. » Les imperfections physiques amènent parfois des imperfections morales. L'éducation seule peut modifier les tendances fâcheuses et les travers de l'esprit qui constituent les défauts. Il y a des défauts qui sont particuliers à certaines races.

DÉFAVEUR, indique l'état du courtisan qui ne jouit plus de la bienveillance de son maître. Elle est un acheminement à la disgrâce, c'est-à-dire à la privation des honneurs et des dignités :

> Car de faveurs aux moindres apparences,
> Comme chacun vous courtise et vous suit,
> En défaveur aussi chacun vous fuit.

DEFENDERS. Société secrète qui se forma dans le nord de l'Irlande, sous le règne de Guillaume III, et qui envahit bientôt l'île tout entière. Les Irlandais, ayant vu ruiner leurs espérances par la défaite de Jacques II, formèrent une ligue entre catholiques et presbytériens, afin de lutter pour l'affranchissement du pays et surtout pour la liberté de conscience. Les defenders luttèrent souvent contre les orangistes, nom sous lequel étaient connus les partisans de la domination anglaise. Les defenders ont provoqué de terribles insurrections, en 1797 et en 1803. Bien que cette société ait disparu avec Daniel O'Connell, on a continué de donner la qualification de défenders aux adversaires des orangistes qui, dans ces derniers temps, ont encore ensanglanté l'Irlande.

DÉFENDEUR, partie contre laquelle est formée une demande judiciaire. En appel, le défendeur prend le nom d'intimé.

DÉFENESTRATION DE PRAGUE. On a donné ce nom à un événement qui devint le signal de la guerre de Trente-Ans. L'empereur Mathias ayant violé la promesse qu'il avait faite de reconnaître les libertés religieuses et politiques de la Bohême, le comte de Thurn se mit à la tête d'une insurrection populaire, envahit le palais de Prague, et fit jeter par les fenêtres les gouverneurs impériaux (23 mai 1618).

DÉFENSE. On appelle ainsi l'ensemble des moyens employés par une partie pour repousser une demande intentée contre elle. Le défenseur est celui qui est chargé de présenter la défense. Le droit de défense est un droit sacré, en matière civile aussi bien qu'en matière pénale; il est en effet de principe fondamental qu'une personne ne peut être légalement atteinte dans son honneur, dans sa personne ou dans sa fortune, sans avoir été mise à même de se défendre. Il est universellement admis qu'une partie ne peut être condamnée sans avoir été entendue ou mise en demeure de présenter sa défense. Devant les tribunaux civils, le défendeur est assisté d'un avoué qui pose les conclusions, et d'un avocat qui les développe. En matière criminelle, le droit de défense s'exerce avec toute liberté; il n'a d'autres limites que le respect dû aux lois établies. L'accusé est assisté d'un avocat, qu'il est libre de choisir. Le ministère public doit faciliter les communications entre l'accusé et son conseil.

DÉFENSE (légitime). L'homme injustement attaqué doit repousser la force par la force. Il y aurait même lâcheté à agir autrement. Il n'est pas coupable d'avoir donné la mort, s'il prouve qu'il n'a pu conserver sa vie qu'aux dépens de celle de son agresseur. Ce principe a été consacré par toutes les législations. De simples menaces ne pourraient faire excuser l'homicide ou les blessures; il faut qu'elles soient accompagnées d'actes qui rendent le danger imminent. De même, celui qui, après avoir repoussé une agression, se vengerait par des violences, ne serait plus dans le cas de légitime défense.

DÉFENSE, se dit, dans l'art militaire, de la situation d'une armée qui s'établit dans une position pour résister aux attaques d'une armée ennemie supérieure en forces. On entend par *lignes de défense* les positions qui forment un prolongement, s'étendant sur une grande étendue de territoire. Ces lignes peuvent consister en forteresses et retranchements, ou même en fortifications naturelles. Ainsi une rivière, une chaîne de montagnes, constituent une ligne de défense.

DÉFENSEUR. C'est celui qui défend les intérêts d'une personne en cause, en matière correctionnelle ou criminelle. Les avocats sont les défenseurs des accusés. Cependant il est admis que l'accusé peut faire présenter sa défense en cour d'assises par un ami officieux, même étranger au barreau. Sous la première Révolution, l'ordre des avocats fut supprimé, et il n'y eut plus que des défenseurs officieux qui n'étaient soumis à aucune condition de capacité, n'avaient aucun caractère officiel et ne portaient point de costume. Ils n'étaient tenus que de produire un certificat de civisme. Ils devaient être assistés du client ou justifier d'un pouvoir pour être entendus. La loi du 22 ventôse an XII rétablit les avocats.

DÉFÉRENCE. Hommage, accompagné d'une certaine soumission. La déférence a un plus grand prix lorsqu'elle est manifestée par un supérieur envers son inférieur.

DÉFI. Provocation à une lutte par paroles ou par écrit. Le défi qui n'a pour objet que de venger un outrage personnel ou d'éprouver sa force, ne peut être qu'une lutte ridicule ou barbare. Mais le défi prend un caractère plus noble quand il s'y mêle une idée patriotique, ou quand il s'agit de venger le faible opprimé par le fort. Ainsi David terrassant Goliath qui avait défié les guerriers juifs, les Horaces défiant les Curiaces, méritent d'être mieux jugés qu'Antoine provoquant Octave à un combat corps à corps, qui aurait laissé l'empire du monde au survivant.

DÉFIANCE. « La *défiance* est, comme le dit la Bruyère, un défaut de l'esprit qui nous fait croire que tout le monde est capable de nous tromper. » Si les charmes les plus doux de la vie sont d'aimer et d'espérer, quel plus grand malheur que le caractère défiant! Il est presque toujours l'effet des vices les plus sombres, les plus bas, et il en est le châtiment. Qu'on n'oublie pas qu'on rend les hommes défiants en l'étant soi-même.

DÉFICIT. Mot qui s'applique à la situation de toute personne qui, comptable de deniers ou d'objets matériels dont elle était dépositaire, ne les représente pas, sans pouvoir justifier régulièrement de leur disparition.

DÉFILÉ. Dans l'art militaire, on entend par ce mot un passage ou chemin étroit dans des montagnes, à travers lequel un corps d'infanterie ou de cavalerie ne peut passer qu'en défilant.

DÉFLAGRATION. Opération chimique par laquelle un corps est brûlé avec flamme, élévation de température, mouvement violent et bruit plus ou moins fort. Ce phénomène a lieu lorsque des corps, en réagissant fortement l'un sur l'autre, produisent une grande chaleur, entrent en fusion, et lancent autour d'eux des parcelles embrasées. Le phosphore, les chlorates, les nitrates, la poudre à canon et la poudre fulminante, sont des substances qui brûlent avec déflagration.

DEFTERDAR (qui garde le rôle), espèce de ministre des finances en Turquie et en Perse. Il s'occupe des rôles de la milice, de la perception et de l'administration des impôts, et dispose à son gré du trésor public.

DÉGAUCHIR. C'est rendre plane une surface qui ne l'est pas. On dégauchit ordinairement le bois, la pierre, le marbre, les métaux, etc., c'est-à-dire qu'on enlève de la surface là où il y en a trop.

DÉGEL. C'est la fonte de la glace, de la neige, par suite de l'élévation de la température. Le dégel n'a jamais lieu dans les montagnes couvertes d'une grande quantité de neige.

DÉGÉNÉRATION, mot qui exprime une dégradation physique ou morale, tantôt particulière à un individu, tantôt affectant la race même; dans ce dernier cas, la dégénération constitue l'abâtardissement. La dégénération s'applique non-seulement à l'homme, mais encore aux animaux et aux plantes. On s'est demandé si la soumission des animaux à la domesticité n'était pas une cause de dégénération. Il serait vrai de dire que la domesticité et l'état sauvage constituent des milieux différents dans lesquels se produisent des êtres qui deviennent, à la longue, d'une nature différente, sans qu'il soit exact de voir la dégénération dans la domesticité. Dans un autre ordre d'idées, l'homme à l'état sauvage nous paraît doué d'une force physique souvent supérieure à celle de l'homme civilisé. Mais en admettant même que cette observation, souvent contestée par les voyageurs, soit généralement vraie, il est constant que l'homme civilisé a, par son intelligence, une immense supériorité sur l'homme sauvage. Chez les individus, on remarque des dégénérations qui affectent tout l'organisme ou qui n'affectent que certains organes. On ne peut contester que le développement excessif de l'intelligence ne nuise, dans une certaine mesure, au développement physique. Toute la vie est alors concentrée dans le cerveau. Si la vie, au contraire, est purement animale, les membres prennent alors de plus grandes proportions et acquièrent plus de vigueur. Par suite, il ne faut pas s'étonner de la force prodigieuse que développaient les anciens guerriers du moyen âge. La lourdeur de leurs armes et de leurs cuirasses, que nous aurions peine à soulever, attestent une constitution physique plus robuste. La vie ne peut se concentrer avec force dans une partie de nos organes, sans que les autres aient à en souffrir.

DEGGENDORF ou DECKENDORF, ville de Bavière (Basse-Bavière, à 77 kil. de Passau. Pop. 2,900 hab. Distilleries, brasseries.

DEGGINGEN, bourg du Wurtemberg, situé près de Geislingen. Pop. 1,900 hab. Tous les ans, au printemps, les habitants de ce bourg vont exercer au loin la profession de maçon; puis reviennent à l'hiver et s'occupent de la fabrication de fuseaux et de paniers.

DÉGO, bourg du royaume d'Italie, dans la province de Gênes, à 52 kil. de cette ville. Pop. 2,150 hab. Les Français s'en emparèrent après la bataille de Millesimo, le 14 avril 1796.

DÉGOUT, répugnance morale pour certains objets ou certaines personnes. Le dégoût, lorsqu'il s'applique à tous les êtres qui nous entourent, de telle sorte que nous ne comprenons plus le but de notre existence, constitue une maladie morale à laquelle les Anglais, qui y sont particulièrement sujets, ont donné le nom de *spleen*.

DÉGRADATION MORALE, altération des mœurs qui fait perdre le sentiment de la sociabilité. La misère, l'ignorance et la superstition sont les principales causes de la dégradation morale.

DÉGRADATION CIVIQUE, peine infamante généralement appliquée pour punir les crimes qualifiés : attentat à la liberté, coalition des fonctionnaires, forfaiture, concussion, contrefaçon des sceaux, timbres et poinçons de l'État, corruption de fonctionnaires, faux témoignages, subornation de témoins, etc. La dégradation civique consiste dans la destitution et l'exclusion des condamnés de toutes fonctions, emplois ou offices publics; dans la privation du droit de vote, d'élection, d'éligibilité, et en général de tous les droits civiques et politiques, et du droit de porter aucune décoration; dans l'incapacité d'être juré, expert, d'être employé comme témoin dans des actes, et de déposer en justice autrement que pour y donner de simples renseignements; dans l'incapacité de faire partie d'aucun conseil de famille, et d'être tuteur, curateur, subrogé tuteur ou conseil judiciaire, si ce n'est de ses propres enfants et sur l'avis conforme de la famille; dans la privation du droit de port d'armes, du droit de faire partie de la garde nationale, de servir dans les armées françaises, de tenir école ou d'enseigner, et d'être employé dans aucun établissement d'instruction, à titre de professeur maître ou surveillant.

DÉGRADATION MILITAIRE. Aux termes de la loi du 21 brumaire an V, toute condamnation d'un militaire à la peine des fers emporte dégradation. Les effets en sont les mêmes que ceux de la dégradation civique. Le militaire qui a été ainsi condamné est amené devant le front du régiment; un sergent lui enlève les boutons de sa tunique, les décorations qu'il peut porter et le repousse ensuite entre les bras des gendarmes. On trouve dans ces usages une partie de ceux qui étaient autrefois observés pour la dégradation des chevaliers.

DÉGRAISSEUR. Ouvrier qui fait profession d'enlever les taches de toute espèce de dessus les étoffes, et de restituer les couleurs altérées dans leur état primitif.

DÉGRAS. Mélange d'huile de poisson et d'acide azotique qu'emploient les chamoiseurs, les tanneurs et les corroyeurs pour préparer les peaux et les cuirs.

DEGRÉ. On nomme degré la 360e partie d'une circonférence. Bien que la terre ne soit pas parfaitement sphérique, on divise pourtant sa longitude et sa latitude en degrés. Plus on s'éloigne de l'équateur, plus les degrés ont d'étendue; en France, ils valent 114 myriamètres.

DEGRÉS, grades conférés dans les universités. C'est à l'ancienne université de Paris que l'on doit l'introduction des degrés en France. On prétend qu'ils furent établis, vers le XIIe siècle, par Pierre Lombard et Gilbert de la Porrée, théologiens de l'université de Paris. Cet usage nous serait venu de l'Italie. Les différents grades étaient alors, de même qu'aujourd'hui, ceux de *bachelier*, de *licencié* et de *docteur*.

DÉGROSSIR. C'est ébaucher, c'est ôter le plus gros d'une matière, la préparer, la disposer à recevoir la forme qu'on veut lui donner, l'approprier à un usage particulier. On dégrossit une pièce de bois, un bloc de marbre.

DÉGUISEMENT. Pris dans le sens moral, ce mot signifie l'action de travestir, de changer, de cacher une chose sous des apparences trompeuses. On déguise sa pensée, on déguise son nom, on déguise sa voix, son écriture, etc.

DÉGUISEMENT, changement qu'on apporte à son costume habituel, pour adopter des costumes usités chez d'autres peuples ou à d'autres époques. L'origine des mascarades se perd dans la nuit des temps. Dans l'antiquité, on célébrait les fêtes de Bacchus en se travestissant. La licence qui régnait dans ces fêtes autorisait et expliquait l'emploi des masques et des déguisements. Pendant les fêtes d'Isis, les hommes prenaient des habits de femme, et celles-ci des habits d'homme. Les masques consistaient alors dans des peintures dont on se couvrait le visage. On se travestissait non-seulement dans les bacchanales, mais encore dans les lupercales, et dans les fêtes en l'honneur de Pan et de Phallus. Les lupercales étaient l'occasion de scènes de débauche; on y a vu avec raison l'origine de notre carnaval. Sous les empereurs romains, on n'hésitait pas à revêtir le costume des dieux et des héros célèbres. Néron se montrait en Apollon, et Claude en Jupiter. Le christianisme fut obligé de conserver les saturnales; le clergé chercha cependant à réagir contre cette folie populaire. Au reste, on allait si loin que les déguisements en abbés, en évêques et en rois étaient admis. On simulait des sacres, des couronnements, des mariages grotesques. Les dieux de la mythologie jouaient aussi un certain rôle. Les Italiens eurent plus que nous encore le goût des déguisements; ils contribuèrent à l'introduction en France de nouveautés qui séduisirent tout d'abord. Charles VI manqua de perdre la vie dans un travestissement d'hommes sauvages. Catherine de Médicis encouragea les folies de Rome et de Venise; les personnages de la cour donnèrent le branle, et dirigèrent les grandes mascarades. Sous Louis XIV, les dieux de la Fable furent surtout mis à contribution. De nos jours, le déguisement est bien déchu, sans que nul songe à s'en plaindre; d'ailleurs, la suppression du masque lui a enlevé son originalité la plus piquante.

DÉGUSTATION, essai que l'on fait des liquides en les goûtant. La dégustation est en usage dans l'administration des contributions indirectes pour déterminer la nature des liquides et assurer ainsi la perception des droits. La dégustation est encore pratiquée dans les ventes de liquide dont le prix ne peut être fixé qu'après l'essai. La loi a institué à cet égard les courtiers gourmets piqueurs de vins. L'article 1587 du code Napoléon dit que la vente de certains comestibles n'est parfaite qu'autant qu'ils ont été goûtés et agréés. Le code cite, comme exemples de ces choses, le vin et l'huile; mais la disposition peut s'appliquer encore aux autres boissons, telles que: eaux-de-vie, vinaigre, etc., au beurre, et autres denrées alimentaires, suivant les usages locaux.

DÉIDAMIE, fille de Lycomède, roi de Scyros. Elle fut aimée d'Achille, qui s'était caché à la cour de son père sous le nom et les vêtements d'une femme. Elle eut de lui Pyrrhus ou Néoptolème.

DÉIFICATION, action de diviniser et de mettre au rang des dieux. Les peuples de l'antiquité ont souvent déifié les hommes qui se distinguaient par des actions héroïques. L'Olympe des Grecs se peupla ainsi de dieux et demi-dieux qui avaient purgé la Grèce des monstres qui la dévastaient, ou qui s'étaient signalés par des inventions utiles. A Rome, les empereurs étaient déifiés après leur mort. Ainsi on éleva des autels à César et à Auguste; ils reçurent les honneurs divins. Cette coutume se perpétua jusqu'au triomphe du christianisme. Il n'était pas rare de voir l'apothéose des empereurs, même de leur vivant.

DÉIPHOBE, fils de Priam et d'Hécube. Après la mort de Pâris, il épousa Hélène, qui le laissa mourir sous le poignard de Ménélas.

DÉIPHOBÉE, sibylle de Cumes. Elle fut aimée d'Apollon, à qui elle demanda de vivre autant d'années qu'elle tenait de grains de sable dans sa main. Le dieu lui accorda sa demande, mais elle avait oublié la jeunesse. Elle vécut mille années, guida Enée aux enfers et donna à Tarquin les célèbres livres sibyllins.

DEIPNON, principal repas des Grecs primitifs, qui le faisaient au coucher du soleil. Ce repas était terminé par une libation de vin pur et par un hymne.

DEIRA ou DAIRA. On appelle ainsi les colonies militaires que les Turcs fondèrent au XVIe siècle dans les Etats barbaresques. Chaque tribu composait une colonie; on lui fournissait une certaine étendue de terre, des chevaux, des troupeaux et des instruments aratoires. Cette organisation a été à peu près conservée sous la domination française.

DEIRA ou DEIRIE, petit royaume fondé par les Angles, dans la Grande-Bretagne, au VIe siècle. Il fut réuni à celui de Bernicie, et forma le royaume de Northumberland.

DEIROUT, bourg de la Basse-Égypte, à 22 kil. de Rosette, sur le bras O. du Nil, en face de Sendiou.

DÉISME, système religieux de ceux qui, tout en croyant à l'existence d'un Dieu, rejettent tout culte extérieur et ne reconnaissent pas de révélation. Tous les hommes, sans exception, reconnaissent la nécessité d'une cause universelle et éternelle. Si cette cause est appelée Dieu, ceux-là mêmes auxquels on donne le nom d'athées doivent être rangés parmi les déistes. Il est certain que tout effet a une cause. Aux diverses époques de l'histoire philosophique, l'esprit humain a tenté des efforts pour substituer le rationalisme à la foi et à la révélation. Depuis l'ère chrétienne, Socin est le premier qui ait marché dans cette voie. Il en appela à la lumière naturelle, et n'admit que les dogmes qu'il trouva conformes aux principes de la religion. Le déisme se développa surtout au XVIIIe siècle. Il fut favorisé par le sentiment populaire qui réagissait contre le bigotisme de la cour de Louis XIV; mais tandis que quelques philosophes cherchaient de bonne foi la raison des choses, l'incrédulité des masses n'était qu'apparente; la licence des mœurs avait amené le mépris du clergé, et, par suite, celui de la religion même. Les philosophes y gagnèrent cependant le droit de discuter librement et de répandre la doctrine qui a semé des germes si profonds en France et en Allemagne. Bayle rechercha avec une étonnante profondeur de génie et une grande puissance de dialectique l'origine et le principe des existences. Il démontra que les lois de la vie et le but de l'homme peuvent être déterminés par les inductions de la raison et de la conscience. Les naturalistes, les géologues et les physiciens vinrent en aide aux philosophes. C'est au XIXe siècle surtout que les conquêtes de la science ont fortifié la doctrine du déisme. Les déistes se séparent des athées proprement dits en ce que les premiers reconnaissent un Dieu, cause première, et admettent un Dieu conscient, qui aurait tiré par sa volonté les êtres du néant; les autres, au contraire, tout en admettant une cause fondamentale, prétendent qu'elle agit de toute éternité, qu'elle est parce qu'elle est; que cette cause doit s'appeler vie ou nature; qu'elle ne se perpétue que par la génération sans avoir jamais été créée, c'est-à-dire tirée du néant, rien ne se faisant de rien, et quelque chose ne pouvant devenir rien. Bayle, à ce point de vue, peut être classé parmi les athées, bien qu'on ait vu en lui l'un des plus grands apôtres du déisme pur. Il a démontré qu'il fallait rejeter la raison tirée de la conscience universelle des peuples pour faire admettre certains dogmes fondamentaux, tels que la connaissance d'un Dieu, l'immortalité de l'âme, les peines et les récompenses éternelles. Il affirme d'abord que rien dans la conscience humaine ne lui révèle la connaissance d'un Dieu. Ce n'est que par la raison qu'il s'élève à la connaissance de la cause à laquelle il donne le nom de Dieu. Les religions et les cultes lui paraissent être l'œuvre des législateurs. Les fondateurs de la religion ont pu, suivant lui, être nécessaires dans les temps d'ignorance pour dompter les hommes, les amener à se lier par l'association, les civiliser et les instruire. C'est par cette raison que les anciens législateurs ont donné à leur loi une sanction religieuse pour y soumettre plus facilement les peuples. Les prêtres égyptiens attribuaient leurs lois à Mercure; Minos, législateur des Crétois, à Apollon; Lycurgue, législateur des Spartiates, à Jupiter; Moïse disait aux Juifs qu'il avait reçu la loi religieuse de Jéhova sur le mont Sinaï; Numa rapportait ses inspirations à la déesse Egérie; Minerve avait dicté à Solon les lois qu'il donna à Athènes; Zoroastre inspira à Oromaze les lois des Perses; enfin l'ange Gabriel apporta à Mahomet les feuillets du Coran. L'antiquité ne fut pas dupe des raisons politiques qui avaient imposé les divers cultes. Euripide, dans sa tragédie de Sisyphe, considère le culte comme une invention des magistrats pour régner avec plus d'autorité; et Cicéron dit: « Ne voit-on pas que les dieux immortels ont été fabriqués pour l'usage des hommes? » Et Pétrone:

La crainte dans le monde imagina les dieux.

A côté des déistes, nous trouvons les panthéistes, qui, en admettant que Dieu est tout et que tout est en Dieu, consacrent une doctrine qui ne serait pas répudiée par les athées eux-mêmes. C'est surtout en Allemagne que le panthéisme s'est répandu. La morale des déistes est particulièrement fondée sur le principe de la sociabilité.

DEISTER, chaîne de montagnes du Hanovre s'étendant dans le S.-O. de l'arrond. de Hanovre, entre le Weser et la Leine. Le point culminant est le Hœbel (400 mètres). Carrières de grès, mines de houille. Salines.

DÉJANIRE, fille d'Œnée, roi de Calydon, en Etolie, fut fiancée à Achélaüs, puis à Hercule, ce qui amena une querelle entre ces deux héros. Achélaüs fut vaincu, et la belle Déjanire devint le prix du vainqueur. Hercule l'emmena dans sa patrie; mais arrivé sur les bords du fleuve Evène, il ne put le franchir parce que les eaux étaient grossies. Comme il allait revenir sur ses pas, Nessus s'offrit pour passer Déjanire sur son dos. Hercule y consentit; il traversa le premier le fleuve; mais arrivé à l'autre bord, il vit le centaure qui tentait de faire violence à son amante. Il lui décocha une flèche, et Nessus tomba expirant. Avant de rendre le dernier soupir, il remit à Déjanire sa robe ensanglantée, en lui disant que si elle pouvait engager son mari à la porter, elle serait à jamais assurée de sa fidélité. Plus tard, la jeune épouse, ayant appris qu'Hercule l'oubliait dans les bras d'Iole, fille d'Euryte, lui envoya par un esclave la tunique de Nessus. Hercule en fut à peine revêtu qu'il éprouva d'horribles douleurs, et lança à la mer le messager, qui fut changé en rocher. Cependant Hercule, ne pouvant se délivrer de ses souffrances, dressa un bûcher sur le mont Œta, et pria son ami Philoctète d'y mettre le feu. Déjanire, en apprenant le sort de son époux, se tua de désespoir.

DEJEAN (Jean-François-Aimé, comte), général français, né à Castelnaudary en 1749, mort à Paris en 1824. Il entra dans le génie militaire, et servit sous Pichegru en qualité de commandant. Il parvint en peu de temps au grade de général de division. Il fut l'un des commissaires chargés d'organiser la république ligurienne. Napoléon le fit entrer au sénat et le nomma inspecteur du génie. En 1812, il fut chargé de diriger le procès de ceux qui s'étaient compromis dans la conspiration de Malet. Il montra autant de sévérité dans la répression qu'il avait montré de faiblesse au moment du danger. Il se rallia à la Restauration, et entra à la Chambre des pairs.

DEJEAN (Pierre-François-Marie-Auguste), fils du précédent, né à Amiens en 1780, mort en 1845. Il fit ses premières armes en Espagne, et fut nommé général de brigade à 30 ans. Il passa général de division après la campagne de Russie. Il combattit à Waterloo comme aide de camp de l'empereur. Il fut exilé au commencement de la Restauration; mais il rentra en France en 1819, et obtint la pairie. Après 1830, il reprit du service, et fit la campagne d'Anvers. Il s'occupa d'histoire naturelle, et étudia particulièrement les insectes. Il a publié l'*Histoire naturelle et Iconographie des coléoptères*.

DÉJEUNER, repas du matin plus léger que celui du milieu du jour. Le déjeuner bourgeois avec le café au lait devenu classique n'a rien que d'assez prosaïque; mais on distingue aussi le déjeuner d'amis, le déjeuner littéraire, scientifique ou philosophique. Là, l'esprit pétille avec le vin. Sous le premier empire, quelques littérateurs, à qui la politique était interdite, fondèrent la *Société du Déjeuner*. Il a même existé un journal intitulé le *Déjeuner*, fort spirituel et qui méritait de vivre.

DEHORS. On entend par ce mot tout ce qui constitue l'extérieur, l'aspect d'une personne; c'est, en un mot tout ce qui distingue un individu d'un autre. Les dehors parlent uniquement aux yeux et frappent tout d'abord; ou ils nous attirent ou ils nous repoussent. L'usage du monde peut donner de belles manières, mais des dehors gracieux sont un pur don de la nature. Celui qui possède cet avantage précieux n'a qu'à se laisser apercevoir pour être sûr de plaire. Les femmes se laissent plus facilement que les hommes surprendre par des dehors séduisants.

DELACROIX (Ferdinand-Victor-Eugène), célèbre peintre, né à Charenton-Saint-Maurice en 1799, mort à Paris en 1863. Après de bonnes études littéraires dont il donna des preuves plus tard par des articles qu'il publia dans la *Revue des Deux Mondes* et dans le *Plutarque Français*, Delacroix suivit les leçons de peinture dans l'atelier de Pierre Guérin. On était en pleine révolution littéraire, le romantisme s'incarnait dans la personne de Victor Hugo; il en fut de même en peinture, et ce fut Delacroix qui donna le signal en exposant ses toiles; *le Dante et Virgile* en 1822, et surtout *le Massacre de Scio*, donnés en 1824, furent, pour ainsi dire, le drapeau autour duquel se groupèrent les enthousiastes de la nouvelle école. Les classiques émus essayèrent de rendre impossible l'accès des expositions au jeune audacieux qui souleva au sein de l'Académie et de la presse une violente tempête. S'il eut de nombreux détracteurs, il eut du moins de son côté des plumes éloquentes pour le défendre : Thiers, George Sand et des hommes de lettres d'un mérite réel ne lui refusèrent pas leurs encouragements. Dans cette lutte de parti pris, la victoire devait nécessairement rester au peintre : Delacroix n'entra pas à l'Institut, mais ses tableaux sont dans tous les musées, dans les églises. Le talent d'Eugène Delacroix est multiple; son pinceau a traité tous les sujets, cependant il se complaît surtout dans les scènes orientales. On peut lui reprocher peut-être l'incorrection des lignes de son dessin, mais il rachète ce défaut par des qualités si brillantes que l'on ne peut qu'admirer et que l'on a peine à croire que certaine coterie lui ait longtemps refusé le titre de peintre. Ses toiles fougueuses et passionnées s'éclairent d'ardents effets de lumière; sa couleur si riche, qui rappelle jusqu'à un certain point celle de Rubens, l'énergie de ses compositions, si dramatiques et si originales, attachent et fascinent. Les toiles les plus célèbres de Delacroix sont : *Marino Faliero, la Grèce sur les ruines de Missolonghi, Justinien* (au conseil d'État), *un jeune Turc caressant son cheval, la Mort de Sardanapale*, qui souleva tant de disputes. Delacroix était commandeur de la Légion d'honneur depuis 1855.

DÉLAI. En jurisprudence, on appelle ainsi le temps accordé à une partie citée devant un juge, pour préparer sa défense et comparaître. Le délai court du jour de la citation. Il est quelquefois abrégé en cas d'urgence; le demandeur peut alors, en vertu d'une ordonnance du juge, citer pour un délai plus rapproché. En matière civile ordinaire, le délai est de huitaine; il est augmenté d'un jour par trois myriamètres de distance entre le lieu où siège le tribunal et le domicile du défendeur. — Dans l'art militaire, on appelle *délai de repentir* les jours de grâce qui sont accordés à un militaire qui a déserté pour rejoindre son corps. Le bénéfice du délai de repentir ne peut être invoqué en temps de guerre.

DÉLAISSEMENT. Au moral, se dit de cet état d'abandon où l'on se trouve lorsqu'on voit secours, consolations, assistance, tout nous manquer à la fois. Il n'est peut-être pas de supplice plus grand que celui de nous voir condamné à un état de délaissement absolu.

DÉLAISSEMENT. C'est l'abandon que l'assuré fait à l'assureur de la chose assurée, et de tous ses droits à l'occasion de cette chose pour être payé du montant de l'assurance. Le délaissement n'a guère lieu que dans les assurances maritimes, à l'égard des marchandises détériorées par les accidents de mer. La faculté de délaisser ne s'applique pas aux assurances terrestres, à moins de convention contraire.

DELAMBRE (J.-B.-Joseph), astronome, né à Amiens en 1749, mort en 1822. Delambre, adonné à la littérature avec Delille, n'étudia qu'à l'âge de 36 ans l'astronomie, dans laquelle il eut pour maître Lalande. Il débuta par les *Tables d'Uranus et les satellites de Jupiter*, et, en 1792, entra à l'Académie des sciences, dont il devint le secrétaire perpétuel en 1803. Il fut chargé avec Méchain de mesurer la méridienne de la France. Il fut nommé ensuite, à peu d'années d'intervalle, membre du bureau des longitudes, inspecteur général des études, professeur au Collège de France, à la place de Lalande, trésorier de l'Université et membre du conseil de l'instruction publique, d'où il fut éliminé en 1815. Ses ouvrages firent faire un grand pas à l'astronomie; les principaux sont : *Histoire de l'astronomie, Base du système métrique*, etc.

DELANDINE (Antoine-Joseph), littérateur, né à Lyon en 1756, mort en 1820. D'abord avocat, il publia l'*Histoire des États généraux* et fut envoyé par le Forez comme député aux tiers état. A l'Assemblée constituante, Delandine se montra partisan de la royauté, et fut jeté en prison. Rendu à la liberté, Delandine ne s'occupa plus que de littérature et devint bibliothécaire de sa ville natale. Entre autres ouvrages il a laissé l'*Enfer des peuples anciens, Tableau des prisons de Lyon*, etc.

DÉLASSEMENT. Se dit du repos, du relâche qu'on prend pour se délasser de quelque travail, et des moyens qu'on emploie pour se délasser. Pour remédier à la lassitude, il faut recourir à des distractions agréables, à des occupations légères et très-variées.

DÉLATEUR, DÉLATION. Ce fut dans les derniers temps de la république romaine, et surtout sous les empereurs, que la délation devint un véritable métier. Le délateur était le courtisan d'un triumvir ou d'un empereur. Il cherchait à connaître les ennemis de son maître, épiait leur conduite, dénonçait leurs soupçons, et faisait ainsi prononcer, le plus souvent sans jugement, une condamnation à mort ou au bannissement. Ces deux peines étant accompagnées de la confiscation des biens, le délateur en était récompensé par une large part. Bientôt les délateurs ne se contentèrent plus de dénoncer les crimes politiques, ils dénoncèrent les riches qui étaient seulement coupables de posséder la fortune et de ne pas être assez puissants auprès de l'empereur pour faire taire la délation. Les délateurs recherchaient surtout les crimes de lèse-majesté et la définition de ce crime était tellement vague que les actions les plus innocentes devenaient criminelles. Les choses en vinrent au point qu'on méritait la mort pour avoir battu un esclave, ou changé de vêtement devant une image de l'empereur, pour avoir désapprouvé un mot ou une action du prince. Un esclave pouvait tout oser contre son maître même. Les femmes n'étaient pas exemptes de péril; quand on ne pouvait les convaincre de conspiration, on les accusait pour leurs larmes. Une matrone fort avancée en âge fut mise à mort sous Tibère pour avoir pleuré son fils victime de la délation. Les biens confisqués de tant de condamnés remplissaient le fisc impérial et servaient à payer les soldats et à contenir les citoyens par la terreur. Caligula voulait que les pères assistassent au supplice de leurs fils. L'un d'eux s'excusant sur sa santé, il lui envoya une litière. Il suffisait de ne l'avoir pas admiré, de n'avoir pas juré par son génie, pour être dénoncé et jugé digne de mort. Quand ce monstre eut perdu Drusilla, on considéra comme un crime de lèse-majesté de ne pas la pleurer, puisqu'elle était morte, ou de la pleurer puisqu'elle était déesse. Le fils se faisait le délateur de son père. Cependant les abus en vinrent à un tel point qu'on sentit la nécessité de sévir contre les délateurs, et l'on formula une loi qui les punissait de mort. On distinguait les délateurs des crimes de lèse-majesté des délateurs des crimes communs, qui prenaient le nom de curieux ou stationnaires. — La délation ne doit pas être confondue avec la dénonciation, admise par nos lois; celle-ci est quelquefois un devoir imposé à l'égard de certains attentats.

DELAVIGNE (Casimir), célèbre poète français, né au Havre en 1793, mort à Lyon en 1843. Il s'exerça de bonne heure à la poésie. A l'âge de 18 ans, il composa, sur la naissance du roi de Rome, un dithyrambe qui attira l'attention sur le jeune poète. Il reçut des encouragements d'Andrieux. A peine eut-il terminé ses études qu'il concourut pour les prix académiques et obtint des mentions honorables. Cependant ses premiers essais, tout en attestant un certain sentiment poétique, offrent peu d'originalité. Il s'inspira surtout de la littérature classique. Les événements de 1815 lui fournirent l'occasion de donner l'essor à son talent. Il composa, en 1816, ses premières *Messéniennes*. Le patriotisme que respirent la bataille de *Waterloo*, la *Dévastation du musée*, du *Besoin de s'unir après le départ des étrangers*, excitèrent un vif enthousiasme en France. Delavigne eut l'adresse d'entretenir l'esprit libéral qui animait la nation sans offenser le gouvernement établi :

> Adoptons les couleurs du héros de Bouvines,
> En donnant une larme au héros d'Austerlitz.

Louis XVIII accueillit favorablement le poëte, qui n'avait été jusqu'alors qu'un modeste employé du ministère. Le garde des sceaux créa pour lui une place de bibliothécaire à la chancellerie. Bientôt après il publia deux autres *Messéniennes sur la vie et la mort de Jeanne Darc*. Il aborda le théâtre; il écrivit ses *Vêpres siciliennes*. Le comité de lecture du Théâtre-Français accueillit mal cette tentative. Picard, le célèbre auteur comique, comprit le mérite de cette pièce, et la fit représenter à l'Odéon, dont il était directeur. Ce fut un événement et presque une révolution littéraire. Depuis Racine, on n'avait pas vu sur le théâtre de poésie plus pure; c'était la grâce de Racine unie à la hardiesse de Voltaire. En 1820, il aborda la comédie, et fit représenter les *Comédiens*, satire habilement dirigée contre les sociétaires de la Comédie-Française. L'intrigue est languissante, il est vrai, mais ce défaut est racheté par un dialogue piquant et animé. L'Académie française lui décerna un prix pour son ode sur l'*Enseignement mutuel*. En 1821, il fit représenter à l'Odéon, le *Paria*. Les critiques ont établi un parallèle entre cette tragédie et l'*Athalie* de Racine. Cependant l'indépendance de sa muse lui valut la perte de son emploi de bibliothécaire. Le duc d'Orléans, qui devint plus tard Louis-Philippe l'en dédommagea en le choisissant pour son bibliothécaire particulier. *L'École des vieillards*, qui eut pour interprètes Talma et Mlle Mars, obtint plus de succès encore que ses autres comédies; elle est considérée comme son chef-d'œuvre. L'Académie française dut lui ouvrir ses portes, en 1825. Il voyagea en Italie pour rétablir sa santé, et fit représenter à son retour la *Princesse Aurélie*. Cette production fut accueillie moins favorablement. Le public s'était rallié à l'école romantique. Delavigne dut céder au goût de son siècle et s'essayer dans le drame. Il donna *Marino Faliero*, où le genre tragique est mêlé au genre comique. La révolution de juillet, qu'il avait appelée de ses vœux lui fournit l'occasion de manifester son ardent patriotisme. Il donna la *Parisienne*, qui est devenue un chant national. La tragédie de *Louis XI*, inspirée par le roman de *Quentin Durward*, de Walter Scott, nous montre une heureuse alliance du classique et du romantique. Il donna ensuite les *Enfants d'Édouard*, *Don Juan d'Autriche*, *une Famille au temps de Luther*. Cette dernière tragédie, en un acte, donna à Werner l'idée du *Vingt-quatre Février*. Delavigne fit représenter encore la *Popularité*, composition qui était alors d'actualité; la *Fille du Cid*, le *Conseiller rapporteur*, et l'opéra de *Charles VI*. Tant de travaux avaient altéré la santé du grand poëte. Il alla chercher un climat plus favorable dans le midi de la France. Mais la mort le surprit en voyage. On a généralement reproché à Delavigne la faiblesse de ses intrigues; mais si on songe combien de nos dramaturges ont abusé de ces effets souvent contre nature, il devient difficile d'être sévère sur ce point; d'ailleurs Delavigne excelle dans les tirades dramatiques et dans les peintures de sentiment. La pureté et l'élégance de son style le font ranger parmi nos auteurs classiques.

DELAWARE, fleuve des Etats-Unis, qui prend sa source au mont Catskill (New-York). Il sépare les Etats de Pensylvanie et Delaware, de ceux de Philadelphie et se jette dans la baie de son nom. Cours 480 kil. Ce fleuve est navigable jusqu'à Philadelphie pour les bâtiments de guerre, et jusqu'aux chutes qu'il forme à Trenton pour les bâtiments de commerce.

Delaware (baie de). Baie des Etats-Unis, formée par l'estuaire de la Delaware dans l'Océan atlantique, entre le cap Henlopen (Delaware) et le cap Mey (New-Jersey). Sa profondeur est de 104 kil. et sa largeur de 40 kil.

Delaware, un des Etats-Unis de l'Amérique septentrionale, borné au N. par la Pensylvanie, à l'E. par le New-Jersey et l'Océan atlantique, au S. et à l'O. par le Maryland. Capitale Daver; ville principale et la plus importante, Wilmington. La superficie de cet Etat est de 5,400 kil. carr. Pop. 112,230 hab., dont 1,790 esclaves. Climat sain et tempéré. Sol fertile. Industrie active. Les premiers établissements furent fondés par les Suédois en 1627, enlevés par les Hollandais en 1655 et par les Anglais en 1664. Le Delaware fut cédé à William Penn en 1682 et réuni à la Pensylvanie jusqu'en 1775. L'Etat est représenté au congrès par deux sénateurs et un membre de la chambre des représentants. Le pouvoir exécutif est délégué à un gouverneur pour 4 ans, et ce gouverneur, élu par le peuple, ne peut être réélu.

Delawares, tribu indigène de l'Amérique septentrionale, de la famille Lenni-Lenapes, autrefois très-nombreuse. Ils occupaient une partie de la Pensylvanie, du New-Jersey et de New-York, sur les bords de la Delaware. Les Delawares combattirent longtemps contre les Anglais, puis contre les Américains du Nord. Par le traité de Sainte-Marie, en 1818, ils furent transportés, au nombre de 1,000, à l'O. du Mississipi, sur les bords de l'Arkansas.

DELDEN, ville de Hollande (Over-Yssel), à 11 kil. d'Almelo. Pop. 4,000 hab.

DÉLECTATION. Plaisir qu'on savoure, qu'on goûte avec sensualité ou avec réflexion. La délectation est le plaisir autant qu'il est senti, ou l'émotion voluptueuse causée dans l'âme par cette affection.

DÉLÉGATION, une des divisions administratives des Etats de l'Eglise et de la Vénétie. Le délégué est au moins prélat, quand c'est un cardinal, il se nomme légat. Il n'y a que la justice, les finances et les questions ecclésiastiques qui ne soient pas du ressort de son administration.

Délégation. Toute obligation peut généralement être transmise à une autre personne; il s'opère alors une novation. La délégation peut s'opérer entre le créancier et le débiteur, sans le concours du débiteur délégué; il n'y a là, à vraiment dire, que l'indication faite par le débiteur d'une personne qui doit payer à sa place. C'est un véritable mandat usité surtout en matière commerciale. Ainsi le tireur d'une lettre de change acceptée par le tiré peut indiquer une autre personne qu'il charge de payer *au besoin*, au refus de l'accepté. La délégation est parfaite quand elle a lieu avec le concours du créancier, du débiteur déléguant et du délégué, qui s'oblige alors personnellement envers le créancier.

DÉLÉMONT, ville de Suisse, canton de Berne, à 48 kil. de cette ville. Pop. 2,100 hab. On y remarque un château qui servait d'habitation d'été aux évêques de Bâle. Collége catholique. Horlogerie, blanchisserie, toiles peintes. Cette ville était, sous Napoléon Ier, un ch.-l. d'arrond. du dép. du Haut-Rhin.

DELESSERT (Etienne), banquier, né à Lyon en 1735, mort en 1816. Il se livra à l'industrie et au commerce et contribua à développer l'industrie des tissus de gaze. En 1782, il prit part à la fondation de la caisse d'escompte qui fonctionnait de la même manière que la Banque de France, instituée plus tard. Il emprunta à l'Angleterre le système d'assurances contre l'incendie, et créa la première compagnie d'assurances. Il s'occupa aussi d'agriculture, et son exemple favorisa l'introduction des machines perfectionnées.

Delessert (Benjamin), fils du précédent, né à Lyon en 1773, mort en 1847. Il reçut la plus brillante éducation. J.-J. Rousseau qui était l'ami de sa famille, composa pour lui les *Lettres sur la botanique*; Deluc lui enseigna la géologie. Il voyagea en Angleterre, où il connut Adam Smith et plusieurs industriels célèbres, qui l'initièrent aux principes de l'économie politique. La Révolution exalta ses sentiments patriotiques; il s'engagea comme volontaire en 1790, et servit sous Pichegru. Deux ans après, il quitta le service militaire pour prendre la direction de la maison de banque de son père. Il rendit un grand service à la nation en créant une raffinerie de sucre de betterave, et en dotant ainsi la France d'une industrie d'autant plus utile que l'Angleterre avait rendu très-difficiles les rapports avec les colonies. En 1802, Bonaparte le nomma régent de la Banque de France. Vers la même époque il affranchit la France des contributions qu'elle payait à l'étranger pour l'introduction des fils et tissus, en créant la première filature. Il fut récompensé par le titre de baron. Sous la Restauration, il siégea dans les rangs de l'opposition. Après 1830 il appuya vivement le nouveau gouvernement constitutionnel. C'est à son initiative que la France doit une foule d'institutions utiles, la fondation de la Société d'encouragement pour l'industrie nationale, de la société philanthropique, l'amélioration du système pénitentiaire, l'abolition de la loterie et des maisons de jeu, le développement de l'instruction primaire, l'établissement des salles d'asiles, et surtout celui des caisses d'épargne. Il laissa même à la caisse d'épargne de Paris une somme de 150,000 francs, destinée à délivrer chaque année des livrets de 50 francs à 3,000 ouvriers. Il ne cessa jamais de s'occuper de la botanique; aussi il a laissé l'un des plus beaux herbiers du monde, et une fort belle collection de coquilles. Il a publié de nombreux mémoires sur des questions d'économie politique et un ouvrage assez curieux intitulé : *Guide du bonheur*.

DELFT, ville forte de Hollande (Hollande méridionale), sur le canal de Rotterdam à la Haye, à 13 kil. de Rotterdam. Pop. 20,000 hab. Place de guerre de 3e classe. Arsenal; écoles d'artillerie de génie, de marine, de commerce et d'industrie. On cite parmi les principaux monuments : l'hôtel de ville, la vieille église avec les tombeaux des amiraux Tromp et Pierre Heyn, l'église neuve avec le mausolée de Guillaume, prince d'Orange, assassiné en 1584. Cette dernière église possède aussi un carillon de 50 cloches. Fabriques de faïence, poterie de grès, draps, couvertures, tapis, instruments de mathématiques estimés; distilleries, brasseries. On trouve près de la ville une fonderie de canons, la plus importante du royaume après celle de la Haye, et une poudrerie. Patrie de Grotius, du physicien Leeuwenhoek et du peintre David Beck. Delft fut fortifiée en 1004 par Godefroy le Bossu, duc de la basse Lotharingie.

Delft, île de l'Océan indien, dans le détroit de Palk, au N.-O. de Ceylan. Le gouvernement colonial du Ceylan y possède un haras.

DELFTLAND, nom donné à la partie de la prov. de Hollande méridionale située entre le Rhinland, le Schieland, la Meuse et la mer. Le sol est très-fertile.

DELFTSHAVEN, bourg de Hollande (Hollande méridionale), à 3 kil. de Rotterdam. Pop. 4,000 hab. Chantiers de construction, pêcheries importantes, distillerie de genièvre. Ce bourg sert de port à la ville de Delft.

DELFZIL, ville forte de Hollande, dans la prov. de Groningue, à 25 kil. de cette ville. Pop. 4,000 hab. Port situé à l'embouchure de la Fivel, dans le Dollart. Un canal joint cette ville à la mer du Nord, en passant par Groningue, Leeuwarden, Francker, Hurlingen. Delfzil fut fortifiée par Cohorn.

DELGADO (cap), cap situé sur la côte E. d'Afrique, à la limite S. de la côte de Zanguebar.

DELHI ou DEHLI, ville forte de l'Hindoustan anglais, dans la présidence des provinces N.-O., à 179 kil. d'Agra. Pop. 200,000 hab. Ruines de palais et de mosquées. Belle mosquée de la Djoumnah, bâtie en granit rouge. Fabrique et commerce de châles, tissus de coton, joaillerie, ouvrages renommés d'ivoire sculpté, pierres précieuses. Delhi appartint d'abord à des souverains hindous; elle fut conquise en 1101 par Mahmoud, sultan des Gaznévides; en 1193 par les Afghans; en 1398 par Tamerlan; en 1525 par Babour, qui commença le règne des Mogols. En 1739, elle fut prise et pillée par Nadir Schah. Les Anglais s'en emparèrent en 1803, ainsi que le royaume dont elle était la capitale. Depuis cette époque jusqu'en 1857, elle fut la résidence de l'empereur ou grand mogol; un résident anglais veillait à la garde de sa personne et au gouvernement intérieur et extérieur; l'Angleterre assurait à l'empereur un revenu de près de 4 millions de francs. Le 11 mai 1857, les cipayes révoltés prirent la ville, massacrèrent les Européens et proclamèrent le grand mogol roi des Indes. Le 14-27 septembre de la même année, Delhi revint au pouvoir des Anglais.

DELHI (province de), ancienne province de l'Hindoustan, appartenant à l'Angleterre, compris dans la présidence des provinces N.-O. Cap. Delhi; villes principales: Bareilly, Phillibheet, Rampour, Moradabad, Anopshehr, Meerat. Cette province est bornée au N. par la province de Lahore, à l'E. par celle d'Oude, au S. celle d'Agra, à l'O. celle de Moulton. Sup. 918 myriam. carrés. Pop. 8 millions d'hab. Climat doux et tempéré. Sol peu fertile.

DÉLIBÉRATION. Ce mot indique, en philosophie, l'opération de l'esprit qui consiste à examiner les différentes faces d'une question pour adopter une solution. La délibération peut avoir un objet d'utilité ou intéresser la conscience. Dans le second cas, la décision est purement morale. Elle suppose la spontanéité, la liberté et la parfaite connaissance du bien et du mal. Les décisions imposées par la conscience constituent des *devoirs*. L'honnête homme n'hésite jamais à les accepter, même au prix de la ruine de ses intérêts matériels. Certains théologiens se sont appliqués à amoindrir le rôle de la conscience et, trop souvent, à dénaturer la morale, en introduisant les *cas de conscience*. Le grand Pascal a fait justice, dans ses *Provinciales*, d'une doctrine qui tend, en obscurcissant la saine raison, à établir que la fin justifie les moyens.

DÉLIBÉRATION, résolution arrêtée par une personne ou par une assemblée. Les délibérations n'ont de caractère légal et obligatoire que lorsqu'elles émanent d'assemblées instituées conformément à la loi, pour prendre des résolutions sur certaines questions dont l'examen est dans leurs attributions. Les assemblées législatives, le conseil d'Etat, les conseils généraux, les conseils d'arrondissement, les conseils municipaux, les conseils de préfecture sont des assemblées délibérantes. Les tribunaux ne rendent leurs jugements qu'après délibération. Les conseils d'administration des grandes compagnies industrielles prennent aussi le nom de délibérations. Le conseil de famille délibère sur les diverses questions qui intéressent les mineurs et les interdits. Le capitaine d'un navire ne peut ordonner le jet à la mer qu'après une délibération des principaux de l'équipage. La délibération n'est valable qu'aux conditions suivantes: il faut que la convocation soit régulière, les suffrages exprimés librement, et les décisions prises à la pluralité des voix.

DÉLIBÉRER. Ce mot s'applique, en jurisprudence, à la conférence dans laquelle les membres d'un tribunal arrêtent leurs sentences. Le délibéré a lieu dans la salle d'audience ou dans la chambre du conseil. Quelquefois les délibérés n'ont lieu que sur le rapport d'un juge délégué par le tribunal pour l'examen des pièces.

DÉLICATESSE, sentiment intime, vif et habituel de la convenance des paroles, des actions et des procédés. La délicatesse ne s'attache qu'à ce qui touche et attire le cœur; elle se manifeste dans les impressions qu'elle reçoit; elle fait distinguer et apprécier les qualités les plus recommandables, les rapports les plus estimables, les diverses nuances qui forment le mérite des hommes et des choses. La délicatesse est un don de l'âme; elle diffère donc essentiellement de la finesse, qui vient de l'esprit, et ne se prend jamais qu'en bonne part. Pour qu'une expression soit délicate, il faut qu'elle imite la délicatesse du sentiment qui l'inspire; il faut qu'elle en ait toute la *simplesse*, toute l'ingénuité, ou bien encore qu'elle soit enveloppée d'une sorte de voile léger qui ne laisse qu'entrevoir le sentiment.

DÉLICES, jouissances qui enivrent et plongent dans un certain état de bien-être.

DELILLE (l'abbé Jacques), poëte français, né près de Clermont, en Auvergne, en 1738, mort en 1813. Après avoir terminé ses études, il se vit forcé, pour subsister, d'accepter les fonctions de maître d'étude. Il s'occupa alors de la traduction des *Géorgiques*. Ce premier travail obtint le plus grand succès. Il donna ensuite des odes remarquables par la correction et l'élégance. Son *Ode sur la bienfaisance* lui valut le prix de l'Académie. Après de si brillants succès, le poëte fut présenté à la cour, où il gagna particulièrement la protection du comte d'Artois, qui lui donna l'abbaye de Saint-Séverin. En 1772, il fut nommé à l'Académie; mais son admission fut ajournée pendant deux ans sur la représentation du maréchal de Richelieu, que Delille était bien jeune pour figurer dans la docte assemblée. Quelques années après, Delille publia son poëme des *Jardins*. On y trouve de brillantes descriptions, mais peu d'imagination; c'est l'œuvre d'un versificateur habile. Delille prouva que son talent convenait mieux à l'interprétation en vers des poëtes latins. Le succès des *Géorgiques* nuisit beaucoup à celui des *Jardins*. La critique ne voulut voir dans l'œuvre de Delille qu'un potager poétique. On remarqua malicieusement qu'il avait omis, dans ses descriptions, le chou et le navet. Rivarol disait à cette occasion :

Les jardins passeront, le navet restera.

Delille répondait dédaigneusement: « Les libellistes n'en sont qu'à la septième critique; tandis que mon poëme en est à sa seizième édition. » Delille suivit en Grèce Choiseul-Gouffier, envoyé comme ambassadeur en Orient. De retour en France, Delille occupa la chaire de littérature à l'Université et de poésie latine au Collége de France. Ses leçons eurent un succès inouï. Il lisait les vers latins avec tant de charme que les poëtes étaient expliqués quand il les avait lus; aussi l'avait-on surnommé le *dupeur d'oreilles*. Il montra du courage en 1793; Robespierre lui ayant demandé une ode pour la *fête de l'Etre suprême*, il refusa, et brava même les menaces en disant : « N'avez-vous pas la guillotine? elle est commode et expéditive. » Cependant, il jugea prudent de s'éloigner de Paris et se retira à Saint-Diez, où il acheva sa traduction de l'*Enéide*. De là, il chercha un asile plus sûr en Suisse, où il composa l'*Homme des champs* et les *Trois règnes de la nature*. Pendant un voyage en Angleterre, il prit goût à la littérature anglaise et traduisit le *Paradis perdu* de Milton. Comme on le félicitait de ce nouveau succès, il répondit que ce travail serait sa dernière production et lui coûterait la vie. En effet, il sentit bientôt la première atteinte de la paralysie qui devait le conduire au tombeau. Il revint en France en 1804, et assista régulièrement aux séances de l'Académie jusqu'au moment de sa mort.

FIN DU PREMIER VOLUME

PARIS. — IMPRIMERIE PARISIENNE. — DUPRAY DE LA MAHÉRIE, BOULEVARD BONNE-NOUVELLE, 26 (IMPASSE DES FILLES-DIEU, 5.
Encre typographique de Bréham, 32, rue de la Harpe.

www.ingramcontent.com/pod-product-compliance
Lightning Source LLC
Chambersburg PA
CBHW060539280326
41932CB00011B/1343
9782012656048